Volume 2003–2007

2003 – 2007年卷 上册

中国文化产业学术年鉴

ACADEMIC ANNUAL OF CHINA`S CULTURAL INDUSTRY

文化藝術出版社

Culture and Art Publishing House

图书在版编目（CIP）数据

中国文化产业学术年鉴（2003～2007年卷）/王育济 齐勇锋 侯样祥 韩 英 主编. —北京：文化艺术出版社，2009. 8
ISBN 978-7-5039-3747-7

Ⅰ. 中… Ⅱ. 王… Ⅲ.文化—产业—中国—2003～2007—年鉴 Ⅳ.G124-54

中国版本图书馆CIP数据核字（2009）第130157号

中国文化产业学术年鉴 2003～2007年卷

主　　编　王育济　齐勇锋　侯样祥　韩　英
责任编辑　方玉菊　王　红　王及源　田守强　齐大任　刘　爽
　　　　　李　鹏　张勍倩　胡　晋　陶　玮　斯　日　程晓红
封面设计　李　鹏
出版发行　文化艺术出版社
地　　址　北京市朝阳区惠新北里甲1号（100029）
网　　址　www.whyscbs.com
电子邮箱　whysbooks@263.net
电　　话　（010）64813345 63813346（总编室）
　　　　　（010）64813384 63813385（发行部）
经　　销　新华书店
印　　刷　山东鸿杰印务集团有限公司
版　　次　2009年10月第1版
印　　次　2009年10月第1次印刷
开　　本　889×1194毫米 1/16
印　　张　169
字　　数　正文5500千字+索引2091千字
书　　号　ISBN 978-7-5039-3747-7
定　　价　软精装（上、中、下）598.00 元

版权所有，侵权必究。印装错误，随时调换。

《中国文化产业学术年鉴》编纂委员会

编审委员会

主任委员：

王文章　文化部副部长，中国艺术研究院院长，研究员，博士生导师

李　群　中共山东省委常委，省委宣传部部长

副主任委员：

明立志　中共中央宣传部新闻局副局长

高玉清　中共山东省委宣传部副部长

委　员：（按姓氏笔画排列）

于化民　中国社会科学院近代史研究所研究员，博士生导师

王次炤　中央音乐学院院长，教授，博士生导师

王育济　山东大学历史文化学院院长，教授，博士生导师

尹韵公　中国社会科学院新闻研究所所长，研究员，博士生导师

叶　朗　北京大学哲学系、艺术系教授，博士生导师

卢　伟　北京交通大学软件学院院长，教授，博士生导师

阮仪三　同济大学历史文化名城研究中心主任，教授，博士生导师

齐勇锋　国家发改委文化产业研究中心主任，研究员，博士生导师

吴必虎　北京大学旅游研究中心主任，教授，博士生导师

吴思强　《中国现代企业报》主编，山东艺术学院客座教授

张艺谋　著名导演，2008年北京奥运会开幕式总导演

范　曾　著名画家，中国艺术研究院研究员，博士生导师

胡正荣　中国传媒大学副校长，教授，博士生导师

胡　颖　新华社研究员，中国新闻摄影学会常务副会长兼秘书长

胡惠林　上海交通大学教授，博士生导师，《中国文化产业评论》主编

郝振省　中国出版科学研究所所长，首席研究员，博士生导师

侯样祥　中国艺术研究院研究员，文化艺术出版社副社长兼副总编辑

唐锡光　山东大学文化新闻传播学院教授，博士生导师，《山东大学报》主编

海　岩　著名作家，影视编剧，制片人

顾　江　南京大学商学院文化产业研究中心主任，教授，博士生导师

谭　平　中央美术学院副院长，教授，博士生导师

熊澄宇　清华大学文化产业研究中心主任，教授，博士生导师

颜吾佴　北京交通大学党委副书记、文化产业研究所所长，教授，博士生导师

《中国文化产业学术年鉴》编纂委员会

工作指导委员会

主任委员：

朱正昌　原中共山东省委常委、省委宣传部部长，现山东省人大常委会副主任、山东大学党委书记

徐向红　中共山东省委宣传部副部长

委　员：（按姓氏笔画排列）

于　冲　山东省旅游局局长

尹慧敏　山东省财政厅厅长

孙志恒　山东省信息产业厅厅长

刘长允　山东省广播电视局局长

齐　涛　山东省教育厅厅长

李国琳　山东省文化厅副厅长

杨学锋　山东省新闻出版局副局长

张洪涛　山东省体育局局长

季缃绮　山东省商业集团董事长，党委书记

董国勋　山东省劳动厅厅长

《中国文化产业学术年鉴》编纂委员会

编辑部

主　编：

王育济　山东大学历史文化学院院长，教授，博士生导师

齐勇锋　国家发改委文化产业研究中心主任，研究员，博士生导师

侯样祥　中国艺术研究院研究员，文化艺术出版社副社长兼副总编辑

韩　英　山东大学历史文化学院文化产业管理学系主任，副教授

主要参编人员：（按姓氏笔画排列，带*号为各课题组第一负责人）

丁培卫*　山东大学历史文化学院文化产业管理学系讲师，博士

于瑞桓*　济南大学文学院副教授

孔令顺　山东大学文学院新闻传播学系讲师，文化产业方向博士后

王广振*　山东大学历史文化学院文化产业管理学系副教授，博士

王　青　山东大学历史文化学院考古学系主任，教授，博士

牛淑萍　山东大学历史文化学院文化产业管理学系副教授

李　伟　山东大学历史文化学院文化产业管理学系讲师，在读博士

李秀金　山东财政学院副教授，山东大学文化产业方向博士后

朱　伟*　山东大学历史文化学院文化产业管理学系讲师，在读博士

刘进军　山东大学文化产业方向博士后

杨东篱*　山东大学历史文化学院文化产业管理学系讲师，博士

杜丽芬*　河北经贸大学副教授，山东大学文化产业管理学系访问学者

张友臣　山东大学历史文化学院文化产业管理学系副教授，博士

张凌云*　山东经济学院讲师，山东大学文化产业方向在读博士

张　瑞*　山东工艺美术学院讲师，山东大学文化产业方向在读博士

何振科　山东大学国际交流学院副教授，文化产业方向在读博士

郑　群*　山东大学历史文化学院历史学系副教授

唐月民　山东艺术学院讲师，山东大学历史学博士，南京大学商学院博士后

唐建军*　山东大学历史文化学院文化产业管理学系讲师，博士

盖金敏　山东大学历史文化学院讲师，比利时鲁汶大学大众文化专业在读博士

付晓青　山东大学文化产业方向博士后

董雪梅*　山东大学历史文化学院文化产业管理学系副教授，博士

参与《中国文化产业学术年鉴》各卷
基础资料整理工作的部分研究生、本科生名单

1.山东大学文化产业管理学专业、历史学专业、档案学专业博士、硕士研究生

（共48人，按姓氏笔画排列）

于海　于嘉　马亮　孔祥军　尹怀玉　尹明亮　王爽　王敬　王艳艳　厉建梅　史圣立　刘敏

刘单平　刘梦琳　孙大东　孙文丽　孙志逾　朱肖肖　朱国辉　吴琏　宋暖　张克伟　张艳青　李莉

李皎　李晓丽　李逢甲　李翠屏　杨坤　杨蕾　陈少峰　周丽明　周恩帅　罗丽　金洁　姜文丽

胡炎莉　胡俊超　赵中华　骆飞　唐宁　徐东霞　桑瑞霞　秦然然　顾方哲　程晓君　韩金　熊姝闻

2.山东大学文化产业管理学专业2004级至2008级本科生

（共120人，按姓氏笔画排列）

于嘉超　马思遥　乌澜　尹立娜　文景驹　王文婷　王伟　王帆　王成　王灿　王昌林　王玮珏

王浩　王海玉　王海燕　王培　王琳　付雪娜　冯司旸　冯绍华　卢梦晋　任文娜　刘铭　刘今

刘付庆生　刘丽丽　刘丽姿　刘思远　刘晓花　刘晓玲　刘晨　刘靖靖　孙志伟　孙泽宇　孙楠　孙颖

安冰　朱祥　朱鹏　许梦青　闫玉　阮飞　齐一放　吴贞　宋旭　宋宜　宋继斌　张汉语

张丽　张树建　张倩倩　张晓颖　张继科　张蓉　张赫逸　李娜　李丹凤　李许燕　李志鸿　李茂茂

李金辉　李思忆　李洪武　李珺瑶　李翔宇　李翠翠　杨谦　杨志龙　杨泽林　杨荣　苏春雷　连曦

邱静　陈东　陈志龙　陈芳　陈建　陈倩　陈朝浩　陈琳　周方　周星凯　周梦珊　林元

罗阳　罗岭梅　郑华俊　郑美云　侯宛祎　俞文叙　姜烁　姜鹏　柏凤菊　胡建军　胡晓瑜　赵丹阳

钟长杰　钟利红　夏嫣婷　徐雅琨　徐新　涂静　秦聪聪　索龙嘎　贾慧敏　常海峰　曹晋彰　章军杰

符舒耘　阎丽　龚勋　喻鑫　塔娜　彭涛　程玉香　董婉秋　谢刚　钟嘉怡　谭银博　瞿云祥

《中国文化产业学术年鉴》出版说明

《中国文化产业学术年鉴》是国内首次编纂，按年度持续反映中国文化产业理论走向和研究水准的大型学术文摘类权威著作，也是目前文化产业研究领域信息容量最大、资料索引最全的大型权威工具书。它的基本定位和预期目标是：

①满足有关研究者、决策者和产业界人士的理论需求；

②为不同行业、不同区域的文化产业发展，提供思路启迪和尽量丰富的信息参照；

③在全面反映学术理论界的相关研究成果的同时，对文化产业领域具有"引领意义"的区域企业项目进行综合考量，以强化学术理论、政策、实践之间的综合互动。

《中国文化产业学术年鉴》的编纂上限为1979年，目前编纂和出版的是2008年前各卷，其中《1979-2002年卷》约160万字，《2003-2007年卷》约550万字；以上两卷反映的均为2007年之前各年度中国文化产业的学术理论状况。2007年度的相关内容单独编纂为《2008年卷》，约400万字。今后将以《2009年卷》、《2010年卷》……的方式每年出版一卷，以期对中国文化产业的学术研究、政策制定、行业模式、产业实践等产生持续而深刻的影响。

一、 编纂缘起与过程

2002年，党的十六大报告明确提出发展中国文化产业的战略构想，这不但成为中国当代文化产业发展的一个界标，也成为中国文化产业学术理论研究和学科建设的一个重要起点。

2003年底，山东省委宣传部在山东大学设立"山东省文化产业研究基地"。与此同时，教育部也在山东大学、中国传媒大学等四所高校首次设立"文化产业管理专业"。基于长期形成的办学传统，山东大学历史文化学院文化产业管理学系成立伊始，即会同有关单位对2002年以来有关文化产业研究的学术理论成果进行了系统搜集和整理，经过数年积累，形成了过亿字的资料。2008年1月，正式启动《中国文化产业学术年鉴》（以下简称《年鉴》）的编纂工作。

2008年底,《年鉴》完成了2002-2008年之间各卷初稿编纂，随即以"特快专递"的邮寄方式，向435名专家学者寄送了《年鉴》简介、各卷详细目录和征求意见表，收回反馈意见421份。根据反馈意见，我们对初稿进行了三次较大修订。同时，根据专家学者的建议，将《年鉴》编纂上限由2002年上溯到1979年，以形成对近30年中国文化产业学术理论研究的完整总结，进而为2008年后《年鉴》的编纂奠定一个最坚实的基础。

《年鉴》的编纂，得到了山东省委宣传部和省直有关部门的支持和指导；2008年底，"《中国文化产业学术年鉴》的编纂及相应学术评价体系的建立"，被评定为山东省社会科学规划重大项目。

《年鉴》主体结构的确立和主要内容的调整，以及其他相应的学术工作，是在《年鉴》编审委员会及有关专家学者的指导和把握下进行的。

《年鉴》编辑部设于山东大学，主要负责《年鉴》基础资料的整理和前期编辑工作。具体编纂工作由山东大学历史文化学院文化产业管理学系负责，档案学系、历史学系、考古与博物馆学系的部分师生也参与其事，故文化产业的学科优势以及档案学的规范和历史学的严谨都在《年鉴》的编纂中有所体现。

山东省文化产业研究基地（设于山东大学历史文化学院）、国家发改委文化产业研究中心、中国艺术研究院、文化艺术出版社等有关专家学者也参与了《年鉴》的编纂及后期的编审加工工作。上述单位的通力合作，不但保证了《年鉴》的学术质量和出版质量，也使《年鉴》在“文化”与“产业”、“学术”与“政策”、“理论”与“实践”等诸多界面上保持着活跃的综合优势。

山东省商业集团（鲁商集团）的相关文化产业部门与《年鉴》编辑部共同组建“《中国文化产业学术年鉴》社”，主要负责《年鉴》的编纂、出版、发行，以及与《年鉴》有关的各类学术文化活动。通过卓有成效的合作，以形成优良的产业模式，把《中国文化产业学术年鉴》打造成具有高度学术权威性和社会影响力的著名图书品牌。

在纸质《年鉴》出版的同时，数亿字的“中国文化产业学术年鉴网”也将开通，以期打造中国当今信息量最大的文化产业研究资讯平台。

二、主体栏目

专栏一 中国文化产业学理研究与理论综合研究。该本栏目包括文化产业的概念、定义、逻辑内涵、行业边际、学科特点等学理方面的研究，中国文化产业的特点、历史、现状等宏观理论研究，文化产业的发展布局及应用战略研究，文化产业的区域研究，文化产业的立法研究，文化产业学科建设与人才培养研究，中外文化产业的比较研究，海外文化产业研究等。

栏目由“年度权威论文选编”和“年度重要学术观点摘编”两部分构成，可较全面地反映中国文化产业研究的学术走向、理论趋势和前沿进展，并可从不同层面满足研究者、决策者、行业管理者和产业界人士的理论需求。

对年度权威论文的选择，除了考量其学术性、思想性和权威性外，是否能够反映业界动向，是否能够站在中国文化产业研究的前沿，也是需要考虑的。《年鉴》是按一定学术标准对以往学术研究成果进行编选的，所以，尽管部分文章表达的观点目前已被广泛接受，但由于在当时曾产生过相当影响，自然也应在《年鉴》中予以体现。

按照学术文摘类书刊的惯例，我们还对所编选的论文作了某些技术上的处理，包括删除论文原文的内容提要、关键词、注释等；删除会议讲话式论文中的某些礼貌性用语；个别篇幅较大的论文略予删节；校正了相关论文中原有的字句讹误等。

“年度重要学术观点摘编”所秉承的标准大致同上；每篇摘录格式相同，字数一般控制在

200–500字之间。

专栏二 中国文化产业行业研究。《年鉴》按行业将中国文化产业大致划分为七类：①图书、报刊产业；②影视、网络传媒产业；③动漫、游戏产业；④广告、会展、节庆产业；⑤旅游、生态观光、休闲产业；⑥体育产业；⑦艺术品、演艺、文博收藏产业。

该栏目按年度、行业精选"年度权威论文"和"年度重要学术观点"，以具体反映中国文化产业各行业的理论进展和实践经验。这样既可为各级宣传、文化部门和行业管理部门提供广泛的决策参考，又可为业内相关企业提供准确的行业发展态势和丰富的业内信息。编选标准与"专栏一"大致相同。

专栏三 中国文化产业"年度业内亮点"评价集成——统计、分析与结论。文化产业既是"文化"的，又是"产业"的，既要有合理的文化价值，又应体现产业的本质属性，即明显的经济利益和优良的产业模式。依据上述原则，《年鉴》选取历年为媒体、大众和管理层所广泛关注的文化产业项目，如"超级女声"、"临沂旅游产业链"、"《闯关东》"、"二人转演艺产业"、"分众传媒"、"百家讲坛"等为"年度业内亮点"，围绕着每个"业内亮点"，对民众、学术界、管理层所发表的各种评价进行了迄今为止最彻底、最全面的检索，并将这些评价进行分门别类的量化统计，由此做出关注度、评价向度、产业模式等方面的分析和结论。

专栏四 中国文化产业年度研究资料索引。该索引包括论文索引、著作索引和博士、硕士论文索引。

① **年度论文分类索引**。广泛搜集刊发于各类正式期刊、报纸、研究文集、会议论文集中的有关中国文化产业研究的各类文章，按年度编排成便于查检和使用的论文索引。在目前已编纂完成的2008年前各卷中，共收录论文索引约5.2万条，专业论文的检索量远远超过"中国期刊网"、"报纸网"的总和，是目前文化产业研究方面最为完备的信息检索平台。

论文索引按年度分类搜索、编排。其分类包括中国文化产业学理研究与理论综合研究论文资料索引和中国文化产业行业研究论文资料索引；其中行业研究又分为七类（同专栏二）。每一类目中所收篇目以汉语拼音字母先后为序。这种细致的分类索引虽然费时耗力，却可以给使用者提供极大的方便。

编制论文索引的基本原则是"宜宽不宜严"，以最大限度地汇集与文化产业相关的研究成果。

虽属于文化范畴，但与"产业"无关，或属于传统文化事业方面的条目不在收录范围之内，如纯粹的新闻业务、体育教学和运动技巧及图书馆图书分类等。

文化产业各行业中有关纯技术性的研究文章，一般不予收录，如"饭店客房整理"、"手机外壳加工技术"等。

对于新闻报道类的文章，凡能够提供一定业内信息的条目均予以收录，如"××地方文化产业发展上新台阶"、"××文化产业座谈会纪要"等；其余的则不予收录。

对于题目相同、作者相同但出处不同的文章只收录其中一篇。

标题未涉及文化产业，但正文中却包含着相关内容的文章酌情予以收录。

② **文化产业年度研究著作索引**。按年度收录文化产业方面的著作。同一年度按书名的汉语拼音首字母顺序予以排列。2008年前各卷共收录著作2331部。专业图书的检索量超过了《全国总书目》（电子版）、《全国新书目》（纸质）、国家图书馆查询系统、上海图书馆查询系统、中国图书资讯网，以及卓越、当当购书网的总和，是目前中国文化产业研究类著作收录量最大的信息检索平台。

对年度著作的查询，各年度检索路径不一，如2004年-2006年，主要从《全国总书目》电子版中根据确立的筛选标准进行检索；2002年-2003年，主要检索《全国总书目》纸质版；而2007年度，由于《全国总书目》电子版还没有出版，主要依靠《全国新书目》（纸质版）、国家图书馆查询系统、上海图书馆查询系统、中国图书资讯网以及卓越、当当等商业购书网进行搜索查询。目前，依托于《年鉴》的编写，我们已开始建立广泛的作者、读者信息网，来自作者、读者的信息也将成为我们年度著作搜索的重要途径，以有效弥补《全国总书目》（电子版）出版滞后所带来的缺憾。

"年度著作索引"收录原则和标准同"年度论文分类索引"。排列方法按年度以汉语拼音字母先后为序。

③ **文化产业年度博士、硕士论文索引**。文化产业类研究生的培养分布在文学、史学、哲学、艺术和经济、管理、计算机等二十几个不同的学科中，《年鉴》首次将分散于各学科的相关博士、硕士论文加以专业化整理，系统显示了该方面的完整信息。年度博士、硕士论文主要依托"中国期刊网全文数据库"中的"中国博士学位论文全文数据库"和"中国优秀硕士学位论文全文数据库"进行检索，没有入库的论文暂不在收录之列。

三、彩色插页

《年鉴》设"行业与区域典范综合考量——理论的张力与实践的自觉"栏目，以彩页的形式呈现。彩页部分约占《年鉴》总页数的10%，择优选登文化产业领域中"具有引领意义"的典范区域/企业/项目等，以强化《年鉴》源于实践的学术张力。

彩页中选登的产业实践项目，与《年鉴》的学术宗旨相一致，并与《年鉴》的理论性、政策性、权威性相吻合；基本范围限定在：

① 国家级、省级文化产业示范企业、示范基地；

② 已形成集团规模的大型文化企业；

③ 国营大型企业集团所属的文化产业项目；

④ 被党和国家领导人视察过，或被中央电视台正面报道过的文化企业；

⑤ 国家级旅游景区及相应的休闲观光产业；

⑥ 具有开创性意义和广泛影响，并形成优良产业模式的文化产业项目；

⑦ 各省、市、县文化资源与文化产业的综合展示；

⑧ 文化产业"新业态"及所属行业的综合展示，如"手机传媒产业"、"网上娱乐软件"（如

“酷我音乐盒”、“迅雷”）、“娱乐移动存储”（MP3、MP5）等。

彩页中除对相关业绩的情况进行介绍外，着重突出相关人员，尤其是企业领导人在文化与文化产业等问题上的理论洞察力、学术观点、文化视野、前瞻意识和发展思路等。彩页中不出现相关领导人、企业家单独照片，不刊登营销电话等。彩页的表现风格均与《年鉴》的学术性质相一致。

四、价值与意义

《年鉴》编纂出版的价值和意义可大致归纳为以下三个方面。

第一，资料的完备性。文化产业是一个典型的“公共应用性学科”，不分业内业外，也无论哪一个领域的专家学者，更无论管理层还是一般群众，几乎所有人都可以在文化产业问题上发表见解，而这些见解又分布在人文、社科甚至理工等各类报刊中。要将如此分散，又如此海量的信息分门别类地进行整理，仅仅依靠网络技术是远远不够的。

（1）“文化产业”一级关键词就有“文化产业”、“文化创意产业”、“文化经济”、“文化营销”等几十个，而“文化产业”之下的各个行业，如“图书报刊业”、“影视传媒业”、“演艺业”等又可涉及到更多的关键词，甚至包括“票房”、“李宇春”、“拇指经济”等等。显然，没有科学、合理的关键词系统，网络检索是不可能奏效的。

（2）网络检索夹杂着大量的无用信息和重复信息，在google输入“文化产业”一词，可得到493万条相关信息（据2008年9月21日信息），这些信息必须经过专业筛选，方能便于使用。

（3）有相当数量的研究论文并不上网；还有大量的论文，因技术及授权限制等原因，不能通过网络获得。

《年鉴》就是在充分重视并解决了上述一系列难题的基础上完成的，它的价值和意义体现在资料搜集的每一个艰苦环节中。

第二，通过相应栏目的设置、成果选择的向度、批评标准的斟酌、产业模式的分析，以及政策走向的诠释等，可以逐步确立中国文化产业研究的学术评价标准和评价体系，进而为文化产业的学术研究和实践层面的操作，提供更科学、更准确的理论参考。以中国文化产业“年度业内亮点”为例，《年鉴》不但提出“合理的文化价值”和“优良的产业模式”这一总的确认原则，而且还对“合理的文化价值”确立了更具体的标准：

（1）综合统计民众、主流媒体、非主流媒体、学术界、业内、管理层对某一“亮点”的评价，其结果应该正面评价大于负面评价。

（2）在话语日益多元、传播媒介日益开放的今天，同一事物产生正负两方面的影响也是正常的，如“美女经济”、“选秀”等等。只要其负面影响保持在适度范围内，即没有从根本上触犯国家利益和民族情感，就可以认定其文化价值是“基本合理”的。

（3）“文化价值”既表现为某些一以贯之的文化精神，又因时代、生活方式乃至富裕程度而有重大变异，正是由于这种“变异”，才真正体现出“凡是存在的，就是合理的”。

这些原则和标准的提出，无论对中国文化产业的学术理论研究，还是对这一产业的多元发展，都应该是有意义的。

第三，既可以满足研究者、决策者、行业管理者和产业界人士的理论需求，又可以为不同行业、不同区域的文化产业发展提供多样化的运作思路和丰富的信息参照。文化产业作为21世纪的朝阳产业，它的巨大产业价值已经越来越为人们所关注，文化通过创意产生财富已经成为社会共识，各行业、各地区都对发展文化产业充满热情。但是，文化产业究竟应该怎样发展？有哪些经验可以借鉴？有哪些教训值得反思？这些经验教训又应该到哪里寻找？人们对此并不十分清楚。甚至包括什么是文化产业、文化产业的基本要素是什么等基础理论问题，人们也不是十分明了。在这种情况下，《年鉴》的编纂出版就有着特别重要的普及意义：不同行业、不同区域的文化产业发展，都可以从中获得丰富的信息参照，也可以从中受到观念、思路、眼界乃至运作模式的启迪。

《中国文化产业学术年鉴》的理论价值和应用价值无疑是巨大的，但它的编纂， 尤其是初始数卷的编纂，则是一项极为艰辛繁杂而又需多方探索的工作，因而它也必然会存在这样那样的缺陷。用出版的方式接受社会各界的批评和建议，以利后续各卷的编纂，是我们最真诚的期待！

目录索引

上 册

中 册

下　册

1739 中国文化产业年度研究资料索引

887~934 1707~1738 2665~2705 行业与区域典范选登：理论的张力与实践的自觉

目 录

上 册

319 中国文化产业行业研究

319 年度权威论文选编

中　册

下　　册

中国文化产业学理研究与理论综合研究

年度权威论文选编

创建有中国特色文化产业之路

李铁映

随着中国社会主义市场经济体制的确立和发展，中国融入全球经济一体化进程的加速，以及以信息科技为代表的新经济的迅猛发展，文化产业在国民经济中的重要性也将日益凸显。世界上一些发达国家，一些文化出口大国，它们的文化产业，业已成为本国重要的经济支柱，特别是信息产业和文化产业的联姻，正推动文化产业进入一个飞速扩张的时代。许多国外的政要、专家学者，不约而同地将其看成是21世纪全球经济一体化时代的朝阳产业；他们甚至断言，21世纪的经济将由文化与产业两个部分构成，文化必将构成经济进步的新形象。这样的判断包含着发人深省的预见性，是不可等闲视之的。

在我国，文化产业近年来发展迅速，成为国民经济发展富有潜力的增长点。但毋庸讳言，我国的文化产业，还处于刚刚起步阶段，发展还不充分，无论是产业规模、结构，还是社会化、产业化的程度，比起发达国家来，都有相当大的差距。因而，对文化产业的认识、研究、规划和实践，对如何创建有中国特色的文化产业之路，以及加入WTO后如何应对国外文化资本进入中国市场的挑战，所有这些理论和实践问题，都是重要而急迫的，都是需要我们以创新进取的精神，在实践中不断探索和总结的。

文化产业的重要性或特殊性在于，它提供的并不是一般的产品，而是精神产品，满足的是人民精神和文化上的需求。一方面，文化产业中的劳动在创造着价值，劳动的结果有些已是商品，用于商品交换。这种劳动是商品生产劳动，这种产业是一种正在发展的经济。另一方面，文化产业又包含着精神文化的创造，不同于一般的物质成品的生产。随着“温饱”问题的解决，中国进入“小康”社会，在获得物质需求的同时，人民也将更多地渴望获得更高层次的精神和文化上的满足。而且，更为重要的是，信息传播技术的革命，更使得文化产品在传播速度、覆盖面和对公众的影响力上达到了前人难以想象的程度。可以预见到，这将会是一个无比巨大和广阔的市场。由此可知，文化产业不仅仅是经济领域的市场行为，它同时也承载着建设社会主义精神文明和发展社会主义新文化的任务。古语说：“观乎人文以化天下。”世界上没有不包含着内在价值观的文化。培养一代又一代有理想、有道德、有文化、有纪律的公民，促进全民族思想道德素质和科学文化素质的不断提高，为我国经济发展和社会进步提供精神动力和智力支持，是文化产业应有的方向性目标。因此，将文化产业提高到代表先进生产力、先进文化，代表最广大人民的根本利益这样的高度来认识和要求，是我们首先必须坚持的。事实上，这两者并不矛盾，相反，文化产业的发展，对精神文明建设的内容、机制、手段的创新发展都具有十分重要的推动作用。它不仅为精神文明建设形成自我发展、自我更新的良性循环提供了强大的物质基础，而且为精神文明建设成为千百万人民群众共同参与的自己的事业，创造了社会氛围和社会环境。当然，我们在看到市场对文化资源合理调节和配置的杠杆作用的同时，也应认识到，市场并不可能完全解决文化发展的一切问题。这就要求我们既要顺应市场经济的一般规律，又要有政治的眼光、文化的抱负、创造性的魄力和长远的规划，尊重文化发展自身的规律和特性，使文化产业得到健康、快速和持续的发展。21世纪是中华民族伟大复兴的世纪，我相信，文化产业的发展和壮大，必将在这一令人振奋的伟大进军中发挥重要的不可替代的作用。

中华民族有着五千年悠久的历史和灿烂的文化，有着多民族创造、兼融和共构一个伟大的文化共同体的辉煌。其文化累积之丰厚、文化形态之多样和文化哲学之深刻，是世界上其他国家少有的。这是一笔怎么估价也不过分的宝贵的文化资源，是我们得天独厚的优势。对于中国新兴的文化产业来说，启动并整合、包装这些文化资源，就有可能形成具有中国特色的文化产业，并在全球市场的激烈竞争中占有可观的优势。此外，20多年的改革开放，社会主义市场经济体制的确立和综合国力的增强，也为文化产业的发展提供了强大的物质基础、宝贵的经验和人才储备。其中，文化产业所依托的信息产业的快速发展，使我们在硬件方面与发达国家的差距已不那么明显。“十五”计划纲要中更是明确提出了“要推动信息产业和有关文化产业结合”，这实在是一个高瞻远瞩的提法，使得文化产业的发展有了一个强大的助推器。另一个有利的形势，是2008年奥运会将在我国举办。这是一次体育的盛会，同样也是发展文化产业的难得的契机，许多有识之士已经提出“人文奥运”这样的口号，可以想见未来几年内，我们将会如何地借助这个令世人瞩目的奥运舞台，来加速发展我们的文化产业，向世界展示和传播我们优秀的文化产品。

当然，在看到希望的同时，我们也应正视挑战与压力。毕竟我们还是一个现代经济、现代文化相对后发的国家，我们的文化产业还刚刚起步，文化市场机制尚不健全，在全球经济一体化的过程中，必然会面临外国跨国文化资本的冲击和挑战。而中国加入WTO，将对文化产业的发展、影响更为深远。首先，是文化资本和文化产品的冲击。在一个开放的国际文化环境中，越是强势的文化产业，就越有市场优势。到2005年，大致上中国文化产品的消费能力将达到5000亿元，这么大的一块市场蛋糕，正虎视眈眈的外国资本是决不会轻易放过的。其次，是价值观念和传统文化面临挑战。文化产品作为精神产品，不仅负担着文化成果的积累和传承的责任，更潜移默化地影响着人的世界观和人生观。对于世界上优秀的文化遗产我们当然要吸收，但这种交流和吸收应该是有利于发展的，是拿来主义的，是有自身的主体性的，是创造性的，是不应该以散失本民族固有文化血脉的传承为代价的。再次，是对我们的文化市场的管理造成冲击。“入世”将使我们传统的偏重依靠行政手段治理文化市场、指导文化产业发展的管理模式发生变革，因此，如何转变旧有管理模式使文化产业得到健康发展，则是产业的规划者和管理者需要解决的迫切的问题。

事实上，冲击和挑战并非坏事。如果能够正视冲击和挑战，我们就会发现其中也蕴含着机遇。只有在竞争中才能求生存，只有在竞争中才能提高生存的质量。挑战同时也是发展的契机。它有利于我们对文化产业和文化市场性质、功能和作用的再认识，促进人们观念的转变和思想的解放；有利于文化产业的结构调整、市场化改革和产业管理的法制化进程；也有利于促进国际文化交流，输出本民族的优秀文化产品。面对这些挑战和机遇，我们要有长远的眼光、冷静的头脑、细致的规划以及笃定的行动，积极而妥善地处理好文化先进性和市场运作机制的关系、文化的中国特色和吸取外国优秀成果的关系、文化领导权和信息超国界流通的关系，建立起既具有先进性、时代性、原创性和开放性，又具有强大的媒体传播效能和市场竞争能力的现代中国特色的文化产业。惟有这样，我们的文化产业才能在激烈的国际竞争环境中，立于不败之地，为弘扬中华文化，为现代世界文化的共同繁荣做出贡献。

（选自《上海交通大学学报》哲学社会科学版2002年第1期）

WTO背景下的文化产业发展

王文章

加入世界贸易组织，标志着中国改革开放进入新的阶段，也标志着中国经济、社会、文化发展走上一个新的起点。世界贸易组织的规则，为中国正在兴起的文化产业，带来了新的发展机遇和严峻挑战。

无疑，中国文化产业的发展将成为带动文化事业发展的突破口，文化产业的增加值会在GDP中占有越来越大的比重，并逐步成为国民经济新的增长点和支柱产业。中国文化产业的发展有广阔的前景，但就目前的发展现状而言，严格说来，尚处在分散、孤立的状态。热烈的研讨和热情的期望，与文化产业发展的实际进程形成强烈反差；以行政方式实现的文化产业集团组织形式，大都缺乏创新机制和高效运营的活力。

入世背景下考察我国文化产业发展的现状，可以明显地看到我国文化产业相对于发达国家的弱势地位。

但是，入世之后，同我国经济体制改革会产生的变化一样，文化产业的发展也会在机遇与挑战中展现新的面貌。政府管理文化的传统方式，必然会产生重要的改变，公开、透明、非歧视的文化市场准入机制会逐渐确立，多种所有制形式和多种经营方式的产业集团，以及多渠道、多形式的社会资本与国际资本的进入，会使文化产业领域涌现蓬勃发展的活力。在这种不可抗力的推动下，文化体制改革也会融入国家经济、社会的整体性深度改革进程，先进生产力发展的要求会真正体现在社会文化的发展之中。

同时，文化产业发展的实践，也会推动更快地建立、健全完整的国家文化产业政策系统和法律系统，作为构成有效的法律保障机制的政策支持系统，会成为文化产业持久规范发展的有力保证。

入世背景下的文化产业在机遇与挑战并存的蜕变性发展进程中，产业资本结构会有深层全面的变革，并由此带来以资本为纽带而非以行政隶属关系来组建的真正意义上的跨地区、跨行业、跨所有制的以联合、重组、兼并等为形式的文化产业集团的出现，市场在资源配置中的基础性作用将得到真正发挥，以政府行政力量组建的各种形式和各种类型的文化产业集团，必将在重组和并购的大潮中面临生死考验。

市场的洗礼，会形成真正具有活力的文化产业集团，到那时，目前分散、孤立的发展状态将会有根本性改变，中国文化产业只有在全面竞争态势中才会真正成长为国民经济新的增长点和支柱产业。

立足于现状，我国文化产业的发展，我认为应从以下四个方面予以关注。

建立健全文化经济政策，增强我国文化产业的发展能力

我国文化产业发展相对于发达国家处于弱势地位。而我国加入世贸组织之后，无歧视的贸易原则，加快和扩大了国外文化产品向我国本土市场进入的力度和范围，这就必然为我国的文化艺术发展带来了更大的压力。

闭关自守早已不可能，抵制排斥也不能解决根本问题。只有以完善、健全的文化经济政策为依托，增强我国文化产业的发展能力，才能“与狼共舞”。对国外优秀的文化艺术成果要实行“拿来主义”，对我们的优秀文化艺术产品也要实行有效的“送出主义”。

我们一贯坚持以开放的姿态广泛吸收世界各民族的优秀文化。但这必须是在确立自身文化主体地位的基础上进行。而这种主体地位的确立，必须依靠符合国际惯例的文化经济政策来保证。世界各国都有资助和保护本民族文化艺术发展的经济政策，尤以各主要发达国家最为完备。比如法国制定的产业政策，为法国电影的制片、发行、放映提供了制度和资金上的支持，使得法国电影在电影产业的各个环节都具备了竞争力。法国民族电影产业不仅未被美国电影挤垮，而且始终在国际影业占有一席之地。

我国也应该尽快制定颁布完善的文化艺术经济政策法规，保护扶持具有独特价值的民族优秀文化艺术的发展。只有以完善的文化经济政策为依托，才能使体现先进文化前进方向、代表国家民族优秀艺术水平的文化艺术产品，借助文化产业发展的动力，得到前所未有的发展。在文化产业发展方面与国际接轨，首先是保护民族文化艺术的经济政策应当接轨。

我国文化产业处于弱势地位，主要原因之一是对文化建设和民族艺术的扶持投入资金不足及政策不完备。现在我国的文化事业费投入每年仅占 GDP 的 0.06% 多一点。这样低的投入与发达国家在文化产业方面平等竞争几乎是不可能的。而文化经济政策方面的具体法规，也几乎是空白。

文化产业发展的主体之一是表演团体，这也是我国舞台传统艺术精粹的主要载体。而目前许多专业艺术表演团体都面临着难以发展的困境，其中包括一些代表国家和民族优秀艺术水平，以及有独特艺术保留价值的表演团体。之所以如此，与没有完善的经济政策有直接关系。

就艺术经济政策的制定而言，我认为应注意以下几个方面：第一，要按照各个艺术表演团体体现的不同价值区分出层次性，在规范艺术表演团体的经营行为上起到作用；第二，对代表国家和民族的艺术水平的表演团体或带有实验性、示范性的表演团体，以及有特殊保留价值的古老剧种的表演团体、少数民族传统艺术的优秀表演团体、以健康有益和较高的艺术质量坚持在基层演出的表演团体，不仅要实行基本保障性补贴，还要实行政策性补贴及奖励性资助。

现在全国大多数这类表演团体只由国家保证 60% 的工资。这类表演团体，是我国演艺产业发展的主体，怎么可以设想，这样一支为保证发 100% 工资而奔波演出，难以有资金投入再生产的主体队伍，去打造演艺产业的旗舰？

打造名牌，积极占领国内外文化市场

我们的文化产品还没有实力与国外跨国文化产业集团相竞争。但我们有自己在世界上独树一帜具有独特优势的文化产品。而这些产品从文化产业角度考虑不能占有国际市场，重要的原因是虽有优势而无名牌，比如京剧、杂技等艺术表演团体。

1999 年，加拿大太阳马戏团在香港一个广场搭建的临时演出场地连演 3 个月，应观众要求一再加演，欲罢而不能。加拿大太阳马戏团每年在世界各地的演出有巨额的利润，而中国的一些杂技团则是以精湛的杂技节目参与其名下的演出。

而我们自己的不少艺术表演团体，为什么有艺术优势却不能演变成为产业优势？资金投入不足、宣传包装不够，等等，可以罗列出一连串理由。但根本性的有两点：

第一，徘徊于文化产品的艺术性与商品性、社会效益与经济效益之间，把较多属于文化产品的生产性、消费性、交换性的因素，注入到了构成整个艺术生产有机整体的艺术创造中的精神层面。艺术生产过程中属于精神创造的层面，是一个微妙纯洁的精神家园空间，不允许有其他杂质介入。只有纯粹、纯洁的精神空间，才可能孕育出丰满鲜活生动的艺术形象，在进行艺术创造的过程中是不允许商品性因素介入的。目前普遍存在于艺术生产全过程的商品性因素的浸染，使艺术产品缺乏形象的独创性。

除了以精湛的技艺性、欣赏性而形成艺术产品品牌以外，能够提供激动人心的独特的人物形象，这种鲜活的人物形象可以是家喻户晓、众口相传，那么，这种情况也可能形成艺术产品品牌。艺术产品是社会客观实际在艺术家头脑中反映的产物，但不应是这一作品本身商品性在艺术家头脑中反映的产物。商品性在艺术生产全过程中的泛

化，必然导致作品的粗疏、平庸甚至低级媚俗。

与此相反，另一个可能使优秀产品不能成为名牌的因素，则是在艺术生产整个过程中的物质制作、交换、营销阶段，淡化其商品性，“艺术品不是商品”，不问市场，不问观众，使艺术生产不能完成面对观众的生产过程，便失去了展现其思想、艺术、审美魅力的可能性。马克思在《〈政治经济学批判〉导言》中提出“艺术生产”的命题，他认为艺术生产也与自身的分配、交换、消费等要素构成一个有机整体，像一般生产一样，艺术生产“决定一定的消费、分配、交换和这些要素相互间的一定关系”，而且艺术的消费、分配、交换本身就包含在艺术生产之内，并且在一定程度上是作为不可缺少的要素决定着艺术生产。只有承认艺术产品的商品性（主要表现在消费、分配、交换等环节），但又不使商品性浸染于艺术生产中精神创造的层面，才有可能从艺术性与商品性、社会效益与经济效益这样的对立夹缝中争脱出来，生产制作出思想、艺术、审美性俱佳而又能吸引观众、占领市场的优秀产品。

占领市场，首先要从占领脚下的市场开始

“走向世界”，表达的是我们加入世贸组织之后，一种应有的积极主动的应对心态。但如果没有占领国内市场的实力，是很难真正走向世界的。

就国内演艺团体而言，全国2600多个专业艺术表演团体，各有不同的特点或优势。大多数基层团体如果以优秀的剧目、高质量的演出占领所在地区的市场，那么，非中国文化产品填充中国本土艺术市场的范围和深度就会小得多。而不少代表国家水平的演艺团体，急迫的是要建立起规范的演出制度，三天打鱼两天晒网的演出，形不成观众市场效应，脚下的市场都不能占领，“走向世界”恐怕也只能是坐而论道了。

美国百老汇叫响的剧目，基本上都不是直接进入百老汇演出，而是先从百老汇外演起，一步步进入，如无人喝彩，则中途折返。产品品牌和团体品牌，都是在艺术演出实践中形成的，都是靠精湛的艺术品格和一场场的演出积累形成的，“走向世界”，不能跨过脚下的市场，只有从脚下的市场走出去，才可能走遍世界。

要以国际化眼光，大力推进体制创新和管理创新，激发文化产业发展的持久活力

从表面上看，引起社会效应的文化产品是靠技术或艺术进入市场的。但实际上，这些产品本身，都凝结着生产这个产品的企业或团体的管理、营销能力，折射着企业或团体的文化特征，反映着企业或团体的体制活力。就文化领域而言，从文化产业发展角度说，体制创新和管理创新比技术创新、艺术创新更迫切。

从发展文化产业应具备的条件而言，我国丰厚的文化资源亟待开发利用，独特的传统文化优势和众多的艺术人才，都是大多数国家难以企及的，而我国文化市场的需求空间更是广阔。为什么我国文化产业发展进程迟缓？重要的原因是与社会主义市场经济不相适应的体制严重束缚文化生产力；同时，管理观念、方式、机制的因循，也从另一方面严重制约文化产业规模、效益的形成。整体上，文化体制改革滞后于经济体制改革进程，这与目前实行的改革政策有直接关联。随着入世，文化政策必然会有调整，国家文化体制与经济体制运行的逐步协调，从而使文化生产力能够与中国先进生产力发展的要求相适应。在这样的进展中，体制的创新将是反映社会文化实践发展要求的一种迫切的变革。目前资金规模小、单位（团体）孤立运作的状态应有较大改变；同时，千条舢舨绑成一条大船的行政性集团组合，也将会在兼并、重组中经受历练。做大与做强，或兼而得之，都决定于体制创新和管理创新成功与否或创新达到的程度。

我国文化产业行业，至今为止还没有哪一家集团、企业以骄人的成绩和管理理念令人耳目一新。青岛海尔的经验值得文化产业集团、企业研究。可以看到，海尔经验的本质即是创新。技术创新是它成功的动力，文化创新是它成功的灵魂，战略创新是它成功的方向，而体制创新是它成功的主导，管理创新是它成功的基础。当然，众多文化产业企业与海尔不在一个发展层面上，但海尔也是从昨天的窘境中走出来的。在与外来文化产品的竞争中，我国文化产业发展与文化产品生产能否赢得消费者及占领市场，关键在于增强我们自身的活力。这种活力又首先来自于体制的创新和管理的创新。

（选自《中国文化报》2002年4月13日）

论文化产业及其运作规律

张曾芳　张龙平

文化产业的基本性质

文化产品有两种基本的物化形态：一是形成既有物质形态又有文化符号并用于交换的文化产品，如书画、摄影、音像、工艺制品等；二是以交换为直接目的向社会提供劳务形态的文化服务，它除了传统的艺术表演外，还包括文化设计、经纪、策划、咨询、公关、代理等广泛的范畴。文化服务是现代文化商品中的重要内容，它既可以满足直接的文化需求，也可以通过有形的文化服务将无形的文化内涵、文化构思、文化形象和文化象征等文化因素渗透到其他产业及产品中去，从而实现普通商品的文化增值。

作为人类精神活动的物化成果，文化产品具有以自己的属性来满足人们某种需要的“有用性”，即使用价值。它可以直接作用于人的精神领域，也可以作用人的物质生产和生活领域。但是，作为一种精神产品，文化产品主要以自己的精神属性或精神要素满足人们的需要，这是区别于物质产品的本质特征。

文化产品不仅具有使用价值，还具有作为商品赖以交换的价值。作为产品的精神文化，其“有用性”的形成需要耗费一定的劳动时间，它形成文化产品的交换价值，具有同其他社会产品交换的价值基础，它构成了文化产品参与商品交换的内部驱动力。事实上，在价值这种内部动因的作用下，文化产品参与直接的市场交换古已有之，比如，古代的民间艺人走上街头卖艺、卖唱、卖字、卖画聊以糊口，实际上就是零星而个别的文化商品行为。

文化商品化进程的加快，与社会分工细化和市场经济的发育等外部催化因素密切相关。人类历史上的社会大分工，特别是脑力劳动与体力劳动的分工，使一批劳动者相对独立地从事精神文化的创造成为可能，这对文化生产的社会化和职业化有决定性意义。到了社会分工日益细化、市场经济日益发达、文化活动日益广泛的现代社会，文化不再是少数人创造、少数人享用的精英文化和特权文化，文化产品也不是少数人的私人产品或业余产品，它更多地表现为社会专业人员有成本、有核算、大规模的、社会化的职业行为，即文化产品逐渐成为一种用于交换的职业产品。社会化、职业化是一种强制的力量，它外在地推动着文化产品参与交换并实现其价值，即文化人作为平等的社会生产者所投入的一般人类劳动得到相应的补偿。对绝大部分文化工作者来说，文化产品不但可以用于交换，而且必须用于交换，这是社会分工规律的必然。

商品属性是文化商品化的原动力，它内在地驱动着文化生产者将文化产品推向市场以使文化劳动耗费得到必要而及时的补偿，在社会分工和市场经济等外部因素的催化下，作为一种追求劳动价值实现的过程和结果，文化产品的商品化是一种不可逆转的历史趋势。

产业化是商品化的高级阶段，是对工业化和商品化的提升和超越。一个产业的基本特征是，产业整体具有独立生产和扩大再生产能力，产业内部具有强大的自我协调和自我积累能力，产业内部各行业之间形成一个完整而不是相互断裂的链条。有了商品化，文化的生产方式由传统的手工作坊过渡到现代工业，但如果只有小规模的、零散的生产和销售行为，没有按照生产、流通、销售、消费这样一个循环去生产文化产品，就不算是文化产业；有了工业化，但靠政府财力不断地注入资金这样的一种外部力量去维持文化生产链条的连续，也不能算是一个产业。只有按照产业标准进行生产、再生产、储存以及分配，并在自我积累基础上实现扩大再生产的才是文化产业，而这至少需要两个方面最基本条件：

第一，社会整体文明程度的普遍提高创造了有效的文化需求。这主要依赖于现代民主政治的推进、现代国民教育的普及以及社会经济发展程度的提高。现代民主保障绝大部分人拥有文化消费和发展的权利和机会，国民教育的普及使绝大部分人能够产生文化需求，物质生活的普遍富足使大多数人可以进行文化消费。

第二，产业资本的渗透与文化产业意识的觉醒。在完成了对物质产品控制后，资本也逐步向精神文化领域延伸，把文化至少是其中一大部分纳入商品范畴，使其成为资本增值的工具和途径，从而使文化生产具有技术革新、效率革命的内部利润动因和外部市场压力。与此同时，还需要有文化产业意识的觉醒和文化管制政策的松动，因为产业资本只能沿着经济轨道运行，对于非经济壁垒是无法超越的。在一个意识形态控制和文化行业管制严格的地方，不可能有文化产业。

据介绍，联合国教科文组织对文化产业的定义是：文化产业就是按照工业标准，生产、再生产、储存以及分配文化产品和服务的一系列活动。在这里，“工业标准”包含了工业生产的专业化、程序化等一般内容，它侧重指文化生产中的物化劳动，并不意味着文化劳动中精神劳动部分的模式化和标准化。我们所指的文化产业，不仅仅是指物化劳动过程市场化和企业化，更不仅仅是文化活动的创收和盈利问题，而是指文化生产的各个系统和环节有机关联并达到社会化、规范化、规模化的程度，是文化商品化、市场化由个体的、自发的局部行为上升到社会的、自觉的整体行为，是文化生产的企业化、工业化由量变到质变、由零散到系统的重大飞跃。

现在我们可以对文化产业下一个基本的定义：广义的文化产业，是指生产文化产品或提供文化服务以满足社会需要的各类行业门类的总称；狭义的文化产业，是指生产文化产品或提供文化服务以满足社会精神需要的各类行业门类的总称，它排除指向于物质生产和物质生活领域的文化活动，例如某些高科技产业化活动、技术贸易和服务活动等。本文采用广泛意义上的文化产业。无论是广义的文化产业还是狭义的文化产业，在资源配置方式上，都以市场为基本手段；在生产方式上，都采用社会化大生产的方式，尤其是工业生产的方式。

文化产业的结构与形态

文化产业不仅包括了科学、教育、文艺、出版、影视、旅游、娱乐、体育等主体产业部门，还包括了推销、印刷、中介、管理、咨询等服务配套行业。从实体结构上看，文化产业包括了文化产业的本体部门群（以文化自身的形态进行生产的部门）、文化产业的交叉产业链（以文化形态为重要资源和手段向相关行业纵向递进或横向延伸形成的部门或行业）以及文化产业的延伸行业网（在文化产业交叉产业链的基础上进一步向其他产业行业延伸形成的综合产业网络）。在组织结构上，文化产业包括了以政府部门、行业协会、管理咨询机构为主的行业管理系统；以记者、作家、艺术家、编辑、计算机技术人员、节目制作机构、印刷机构、拷贝机构为主的文化生产系统；以发行机构、推销处、专业商店、文化经纪人、广告公司、代理机构为主的商品推销系统；以相关设备制造机构、技术咨询机构、通用研究开发机构、舆论研究机构、数据统计机构、学术研究机构为主的技术支持系统等。

文化产业是在文化经济一体化发展的高级阶段出现的。在这一阶段，产业机制和经济因素以愈来愈多的形式和愈来愈高的程度融入到文化活动的过程和状态中，它直接导致产业形态的各类文化经济实体悄然兴起。此时，文化发展已不再是经济发展的配角，而是通过提供文化产品或文化服务的方式直接参与到国民经济的运行之中并成为国民经济结构中的重要组成部分。依据文化生产的特点和内容，当代文化产业有以下主要形态：

科教产业。包括科技产业和教育产业，是以生产技术产品或提供知识服务创造财富的特殊产业。科技产业以物质文化形态的高科技产业园区为主要表现形式，并包括了技术贸易和服务贸易在内的广泛内容。教育产业是教育机构（主要指非基础类的高等教育机构）对产业活动主动介入、社会力量对教育活动的主动介入以及教育界产业意识的觉醒、企业家精神的增强、对学校品牌的主动追求等诸多因素所引致的相关行业实体兴起的结果。

休闲产业。文化休闲产业是包括旅游业、艺术表演业和娱乐服务业等行业在内的、以满足人们休闲、娱乐等精神需求为主的大产业，其主要的特点是“将文化资源转变成需要付钱的个人经历和娱乐”。休闲是“上帝给予人类的赠品”，随着人类生产力的提高，必需的社会劳动时间缩小，人们的休闲时间增多，有效的休闲需求不断增加，休闲产业应运而生。

媒介产业。媒介产业是以新闻出版、广播影视等机构为主要载体，以文化传播的独特优势为依托，向产业领域挺进形成的综合性产业，包括报业产业、广电产业、出版产业、发行产业和文娱产业。在欧美国家，巨型的文化托拉斯不断出现，报纸、广播、电台之间和企业之间相互持股形成了传播媒介集团。这些传播媒介集团以广告业为基本武器，裹挟着巨大的资金向广泛的产业领域迈进。自1995年以来，美国媒介产业的综合化出现了新的变化，与媒介相关的其他产业如娱乐、电信、电脑等与媒介又特别是与广播电视台的兼并购买和联合成为新潮流。西屋电气公司兼并了哥伦比亚广播公司（GBS），时代—华纳公司与美国有线电视新闻网（CNN）所属的特纳广播公司合并，而全国广播公司（NBC）则与信息产业巨子微软公司联手成立MCNBC公司，开发一种兼具有电子报纸与电视音像综合优势的新闻产品，它代表了媒介传播的网络化与传播手段的高科技化趋势，表明美国媒介产业集团已经突破单纯的媒介业，向更大规模的综合信息产业集团发展。

体育产业。体育产业是一个新兴的文化产业，它意味着是以体育运动自身形态进行生产并提供财富，包括体育器材、设备生产销售业，还包括保健运动、体育表演、设施建设、设施经营、情报信息、彩票业、门票收入、电视转播、企业赞助等。体育成为产业的历史虽不足百年，但发展速度远远超过其他产业，每年以20%速度增长。目前，全世界体育产业产值在4000亿美元左右，相当于1997年中国GDP产值的一半，在北美、西欧、日本，体育产业年产值排在国内十大产业之内。

文化产业演进的历史意义

文化产业的兴起在20世纪80年代以来的经济结构优化与升级的结构性变革中发生了独特作用。按照传统的产业划分法，文化产业属于第三产业。但是，文化产业的发展，不仅仅表现为推动第三产业总量的扩大，更重要的意义在于它对原有的第三产业结构有着巨大的提升和催化作用，它促使传统的第三产业迅速裂变出第四产业直至第五新兴产业群。文化产业是智力型、知识型的产业，它以信息基础科学知识的成果为信息技术的兴盛提供了基本条件，由此诱发一场信息革命，形成了当代经济发展的第四产业——信息产业，将人类社会的产业结构提升了一个档次。信息技术的变革为文化产业的发展奠定了坚实的物质技术基础，在第四产业大发展的基础上，文化产业以精神产品商品化、社会化、系列化、规模化的方式直接进入到产业经济的循环中，在满足人类文化需求的同时创造着巨大的经济效益，给物质生产过剩的世界经济疲软注入了一剂强心针。从生产特点、生产内容和作用的方式与范围上看，文化产业远远超越了信息产业的物质领域，它以其特有的广泛性和渗透性提升着物质生产领域的文明程度，带动着科教、休闲、传媒、体育等继信息产业之后的庞大的第五产业群体蓬勃兴盛，由此推动着人类知识经济时代高级阶段的来临，由此带来的是经济结构的根本性变革。正如华盛顿经济发展基金会主席杰里米·里夫金在《大肆宣扬的合并的背后：超资本主义》中所指出的那样，“以产品和财产所有权商品化为起点的资本主义旅程将随着人类文化自身的商品化而终结”，即人类将进入以非物质资本为主的文化经济时代。如果说信息经济是知识经济的初期阶段的话，那么文化经济时代的来临则意味着知识经济高级阶段的来临。

20世纪90年代以来，面对日益枯竭的自然物质资源和日渐恶化的人类生存环境，“可持续发展”的概念随着一场关于人与自然的大讨论被响亮地提了出来。以经济增长为核心的传统发展模式把经济增长视为目的，忽视人的全面发展，其活动中心是发展的客体即物质对象，它使人成为物的奴仆。文化经济时代的发展观将人的不断完善当作发展的战略旨归，强调发展在生态上、经济上和社会上的持续性，它要求人类从以破坏自然为代价向人与自然及社会和谐发展转变，要求人类从以发展的客体为中心向以发展的主体为中心转变，要求人类追求真善美统一的境界，保证人的素质和潜力不断得到提高和发挥。人类的自然资源是有限的，而人的资源却是无限的，是一种比自然资源更为可贵的资源。文化产业作为智力型、清洁型、增值型的产业，以精神生产开发为主，将人类发展转向自身资源的开发。由于人类精神需求的无限弹性，文化产业没有传统产业的扩展边界，这使得人类的可持续发展变得可能。正因为如此，20世纪60年代的罗马俱乐部主席佩恰依在谈论“增长的极限”时就预见性地指出“未来的发展只能是文化的创造”；同一组织的博特金也说：“人类依然拥有没有束缚的想象力、创造力和道德能力等资源。这些资源可以被动员起来帮助人类摆脱它的困境。”因此，只有依赖于文化产业的不断发展以及人类精神生活的根本改观，人类面临的资源匮乏问题才能真正解决，社会的可持续发展才有希望。

产业化之前的文化停留于精英文化形态，即由少数文化人创造、供少数上流社会享受，这是一种垄断型、特权型的文化，以求古、求纯、求玄为特征，这种阳春白雪的象征性文化曲高和寡，与人民群众离得很远。现代信息化、民主化、市场化进程打破了文化垄断和文化特权，在产业机制的作用下，文化走出权力的樊篱，相当一部分文化机构由无偿的事业型、公益性向有偿的企业型、法人型生产转变，大众文化及其消费市场应运而兴，大大缩短了精英文化与大众之间的距离，社会文化资源为社会大众所共享。大众文化是为人民大众所喜闻乐见的文化内容与文化形式的统一，其优点是大众性、娱乐性、参与性、消费性和社交性，具有可流行性、通俗性以及商品化特点，它使群众性文化消费市场迅速扩大，从而推动着文化艺术在内容和形式上实现前所未有的改革和创新，网络文艺、电脑艺术、工艺美术、娱乐电影、家庭肥皂剧、现代广告、消遣文学、卡拉OK、MTV、摇滚乐、流行歌曲、交际舞、时装表演、选美甚至追星等新文化现象层出不穷，大大推动了传统文化艺术的多元化和现代化进程。大众文化的兴起对精英文化的生存构成了威胁，它从外部施予精英文化以变革的动力和压力，一些高雅艺术不得不在深刻反省的基础上加速通俗化、大众化的步伐，精英文化及其相伴的传统文化也开始了由说教化向大众化、由灌输型向贴近型的变革与调适。大众文化给社会公众带来了实惠，人民真正成为文化“主人”。改革开放以来，社会主义文化市场空前繁荣，广大人民群众的精神生活也日益丰富，图书、报纸、期刊、音像制品、电子出版物以及电影、电视、摄影、雕塑等文化产品丰富多彩，精品纷呈，文化领域出现了繁花似锦、百家争鸣的新局面，这些成绩的取得，离开文化产业是无法想象的。

冷战后，经济全球化带来了资本自由流动和信息自由交流，民族文化的边界正在被消解，文化领域成为许多国家政治渗透的特殊渠道。以美国为首的西方国家无视世界上二百多个国家和地区在社会制度、价值观念、历史传统和文化背景上的差异，借助其完备的文化产业体系不遗余力地向世界各地输出西方的文化价值观。利用一些国家思想文化混乱的局面和法律上的漏洞，西方国家大量收买或接管其新闻媒体等文化设施，从而使文化通过电视、电影、计算机等领域向其广泛渗透。在美国，文化产业拥有巨量的资本，在产业经济的众多领域纵横捭阖，支撑起世界头号文化大国的地位，并通过其完备的文化产业系统将“美国制造”的文化推向全世界，成为其全球战略的得力工具。改革开放以来，伴随着中国对外经济文化交流活动的扩大，西方国家“文化演变”也趁虚而入，通过广播节目、影视产品和电子软件等文化产品的输出和倾销制造巨大的文化贸易逆差，从而将资本主义的生活方式和价值观念推销过来。我国文化领域面临严峻形势。在产业化之前，文化发展受制于意识形态的束缚，没有相应的物质基础和群众基础，文化发展局限在狭小的圈子里，文化传播效益十分微小，这种生产方式使得文化独立发展和自我积累的能力十分薄弱。中国是具有五千年文明积淀的文化资源大国，但由于社会经济综合实力较弱，文化发展的规模和结构都很脆弱，在咄咄逼人的“文化帝国主义”和“文化霸权主义”面前，民族文化的发展受到了严峻挑战。20世纪90年代以来，我国的文化生产逐渐走上市场化和产业化的道路，文化产品固有的商品属性得到承认和张扬，文化生产者的劳动价值得到了最大程度的实现，劳动者的积极性得到充分的调动，更多的优秀人才投入到文化生产队伍中来。借助于产业机制，文化生产投资走向主体多元化和社会化之路，它解决了政府力量解决不了也解决不好的资金、技术、人力和管理问题，文化走上自我积累和自我发展的道路，文化生态的良性循环成为可能。借助于产业机制特殊的倍增效应，民族文化的凝聚力和生命力大大提高，社会主义优秀文化的影响力、渗透力和战斗力也得到了明显的增强，社会主义精神文明建设的各个领域都发生了可喜的变化。

在揭示文化产业化的必然趋势充分肯定其进步意义的同时，也应看到其负面效应。“文化工业”是法兰克福学派对“晚期资本主义社会”大众文化的总称，在西方学界具有广泛影响，并已成为现代西方文化研究中最著名的批判性、否定性话语。文化生产批量方式及其商业运作机制对文化价值的贬损是“文化工业”批判的核心，此外，反工业文明论者还认为，在逐利资本的指引下，文化生产的重心将逐渐向以取悦人的感官需要为主的娱乐文化倾斜，规模化、机械化的文化生产方式助长了重复化、媚俗化、游戏化的享乐主义文化。这种色彩缤纷、松软而甜爽但是缺乏审美价值的市场娱乐文化助长了金钱享乐生活方式，它削平了人们的审美空间，把审美变成单纯的消费，将复杂的审美过程简化为感官的刺激反应。当大众文化被商业机制催化为一种单纯的享乐文化时，它会让人逃避现实、忘掉矛盾、磨灭意志、涣散精神、离析社会的凝聚力、吞噬社会创造力，并容易使人变为本能的奴隶。在无孔不入的享乐主义文化的影响下，文化价值失落到文化游戏的低层面，大多数人难以保持缄默与庄重，人的尊严与责任销蚀于嬉戏之中，其极度泛滥的结果是消解权威、消解价值，打乱了文化发展的正常秩序，模糊了人们的文化价值追求，妨碍主流文化价值在社会生活中的推行。

但是，文化产业的发展并没有带来“文化工业”论者所预料的那种“导致资本主义系统结构性崩溃”的结果，其原因在于它忽略了政府调节对市场缺陷的弥补和修正作用以及文化产业本身具有的自我调节的产业自觉性。经过政府、市场、社会、历史的多重选择和维护，产业机制与文化艺术价值之间的对立可以缓解，其间并不存在不可调和的矛盾。我们可以看到，即使在美国这样大众消费文化高度发达的社会里，高雅艺术与大众文化仍然能够保持距离并充满活力。借鉴“文化工业”的批判理论，对文化生产的商品拜物教倾向保持警惕是必要的，但必须看到文化产业负面效应的有限性，肯定文化产业的正面效应是主流，否则就会“一叶障目，不见森林”。

文化产业运作的双重价值规律及其调控

价值规律是商品生产的基本规律，凡有商品生产和商品交换的地方，价值规律就一定存在并发挥作用。价值规律的基本内容是，商品的价值由生产商品的社会必要劳动时间决定，商品以价值为基础实行等价交换。马克思指出：“宗教、法庭、国家、法、道德、科学艺术等等，都不过是生产的一些特殊形态，并且受生产的普遍规律支配。”价值规律就是这种“生产的普遍规律”之一，它对于社会化的物质生产和精神生产普遍地发挥作用。在文化产品的生产、流通和消费过程中，价值规律的作用具体表现为：文化生产受到供求机制、价格机制和竞争机制的强烈影响，等价交换原则、盈利最大化原则不以人的意志为转移地渗透到文化生产过程中并进一步影响到文化生产方向、效率和文化生产者的行为选择。

产业化以市场为基本取向，生产由市场调节是产业化的基本内容，这也是价值规律作用于文化产业的基本形式。但是，由于价值规律作用的自发性，市场机制本身不可避免地带有盲目性和局限性，这是因为：

其一，文化产品供求矛盾的特殊性决定了市场调节手段的有限性。文化产品是满足精神需要的精神产品，精神产品的需求弹性很大，影响需求量的因素很多，这使得文化需求具有特殊的层次性、多样化和不确定性的特点；与此同时，文化生产也因为文化资源的丰富性、生产过程的主观性而具有强烈的独创性和个性化色彩，这使得文化产品的供求矛盾比物质产品更为突出。文化产品的供求矛盾，一部分是可以通过市场价格机制得到调节的，如那些满足公众直接的、现实的文化需求的娱乐类、劳务类文化产品，价格可以成为文化需求的真实反映，它的生产可以根据市场行情及时做出相应调整。但是，还有相当部分的文化生产是市场价格机制无法调节的，如那些具有超前性、基础性和公益性的文化产品，它们满足的是人们长远的、整体的文化需求，这种需求不是个体即期文化需求的简单相加，而是经过社会机制提升后表现为带根本性的社会需求，对于这类产品，价格信号无法反映其供求的真实信息，这是市场手段失灵的文化领域。

其二，商品交换基础的单一性决定了市场机制调节文化生产的局限性。价值规律里的价值是单一的交换价值，等价交换以文化生产过程中的劳动价值为基础，撇开了文化产品的社会价值，它只反映和调节交换价值，不能够反映和调节社会价值。社会价值是一种超经济的价值诉求，它是对商品使用价值的根本提升和相对规束，并为使用价值的创造和实现设置社会空间。在市场上，一些社会价值很低甚至毫无社会价值的淫秽书刊、反动读物等，由于有包装、推销等相当的“社会必要劳动时间”投入，它在市场上的标价会很高，显然，价格机制对于这些文化产品的社会价值调节是失灵的，因此，寻求市场之外的调节手段就显得非常必要。

价值规律的自发性使得文化生产的一部分在得到价格信号的有效调控时处于一种充满活力的自觉状态，而文化生产的另一部分却因为市场机制的局限处于一种缺乏激励约束的自在和自为状态，这种文化领域中的市场失灵需要国家在规划、政策、管理等方面加以宏观调控，避免在文化发展中出现结构性失衡、放任自流等问题，以保证文化的健康、有序发展。关于这一问题，后面还将谈到。

由于文化还具有超经济的社会性特点，即文化不仅仅是一种经济产品，它更重要的是一种“社会产品”。如前所述，尽管大部分文化活动及其产品具有经济意义的商品属性，但是，只有超经济的社会属性才是文化的本质属性。马克思在用“经济基础”与“上层建筑”等术语说明社会构成时，将文化现象归属于“上层建筑”的范畴中，从而与“经济基础”领域内的物质活动加以区别。文化的社会属性在文化消费中表现得更为明显。文化产品以精神观念的形态存在着，不因附着物的消失而消失，不因为一个人使用而排斥另一个人使用，这使得文化产品在消费过程中具有持久性、兼容性、外部性和连续性特点。正因如此，文化产品在满足人们精神需要的过程中表现出特殊的自我扩张机制，即文化的消费效用可以通过消费过程得以不断地自我扩散、自我强化、自我增值。好的文化产品之正面效应可以无限扩张、流芳百世；当然，坏的文化产品之负面消费效应也会同样加速扩散、遗害万年。文化消费的增值性特点是文化产品的社会属性在消费领域中的动态反映，它使得文化消费远远超出了单纯的物质消费领域，从而在广阔的社会空间上展开并对整个社会产生综合的全面的影响。

文化产品作为一种社会产品，具有深刻的社会属性，它内在地规定：文化的存在与发展不仅仅是对于个人的、群体的或经济的、政治的意义和作用，更主要地是对于整个社会存在的意义和作用；文化活动及其产品不是单一的个体行为或群体行为，也不是纯粹的经济行为或政治行为，它有着广泛的外部性、社会性。

文化的社会价值是文化内在的社会属性在价值层面的外化和凝结，同时也是文化的一般“有用性”在社会范畴内的升华。最一般意义上的价值，即哲学意义上的价值，是指客体对主体的某种需要的满足，“价值这个概念所肯定的内容，是指客体的存在、作用及它们的变化对于一定主体需要及其发展的某种适合、接近或一致”。价值是主客体之间在实践关系与认识关系中产生的，社会价值则是社会作为主体与一定的客体在实践关系和认识关系中形成的。价值的主体是人，它分为个体主体、群体主体和社会主体三个基本层次而不仅限于单个的人，当社会作为主体参与到价值实践中时，社会价值问题就产生了。社会价值的形成与某一客体的“有用性”即使用价值有关，但客体的使用价值只是社会价值的载体而不是它的实体，“有用性”只有进入社会主体的实践关系中才能升华为对于社会整体的“有用性”即社会价值，因此，客体具有使用价值并不意味着它具有社会价值，因此，社会价值是某一客体对于社会主体需要的某种适合、接近、一致或满足，这种需要是社会生存、发展和完善的根本需要。具体说来，文化的社会价值可以表述为：文化生产、文化产品、文化发展以其要素、结构、属性和功能对社会的生存、发展和完善的积极意义。

社会效益是社会价值的显性化和具体化，文化的社会效益则是文化作用于社会各领域时所产生的对于社会生存、发展和完善的积极功效，它是文化内在的社会价值在社会领域的显性化和具体化。因此，文化的经济功效和政治功效是文化社会效益的主要表现形式和重要构成部分，但绝不是文化社会效益的全部。除此之外，文化还具有某种相对独立和超脱的社会功效，这种社会功效不具有阶级属性和利益属性，主要体现在文化具有益智功能、教化功能、凝聚功能、审美功能等，它既不囿于阶级的私利，也不限于经济的实用，从而形成了文化的社会价值并具体化为内涵丰富的文化社会效益。

社会价值规律的基本内容是：事物的社会价值由社会生存、发展和完善的根本需要决定，社会主体的价值标准（在阶级社会主要指统治阶级的意识形态）对于价值实践活动和认识活动具有内在的规定性。社会价值规律的作用方式主要表现为相对稳定的社会价值评估体系对文化生产和消费经常性的规制和引导作用。社会价值规律作用的基础源于社会价值本身的某种可把握性，这是因为，在具体的社会历史条件下，社会价值可按某些标准进行度量，如历史的标准、公众的标准、集团的标准、专家的标准等直至形成法规形式的社会价值评估体系。社会价值的评价活动通常是按照公众投票、国家立法等形式强制地发挥作用，政党政策的行为导向、国家法规的事后追惩、公众舆论的道德强制是社会价值规律发挥作用的经常性形式。由于社会价值实践活动的主体具有高度的主观能动性，社会价值规律的作用也具有高度自觉性特点。政党执政、法律规制、舆论监督、专家评审等社会价值实践活动的全局性、公正性、科学性、超前性等特点，无一不体现着社会价值规律发挥作用的自觉性。

文化生产的社会价值规律是文化的社会属性反作用于文化活动所形成的规定性，是社会价值规律在文化领域的具体化。虽然，社会价值规律不是文化生产特有的规律，但是，由于文化产品具有特殊的社会属性、特殊的生产过程和特殊的作用方式，社会价值规律在文化生产领域表现得更为直接、更为深刻。在阶级社会，社会价值的标准与统治阶级的意志密切相联，意识形态在社会价值规律中具有重要的作用。当然，在内容浩繁的文化生产中，还有相当一部分是非意识形态属性的文化产品，它们与生产力直接相联系，不具有阶级性，评判此类文化生产的价值必须代之以超越阶级私利的社会价值，按文化的社会价值规律配置资源、组织生产，否则，文化生产本身就难以为继。总之，忽视文化生产的意识形态规律是错误的，但把意识形态价值与社会价值等同、无限夸大意识形态规律的作用也是十分危险的，文化大革命就是深刻教训。

商品价值规律与社会价值规律是文化产业运作中的基本规律，也是政府调控文化产业的基本依据。为此，政府调控应以商品价值与社会价值的最大化为直接目的，在保证社会价值最大化的前提下，致力于达成二者的默契与平衡，这就需要做好两项基本工作：一是转变和优化调控职能，努力为商品价值规律发挥作用创造必备的外部条件。政府逐渐从直接办文化、管文化的具体事务中摆脱出来，抓好宏观性、根本性、基础性的重大文化活动，着重解决文化产业中市场解决不了、解决不好的问题，其中尤其需要强化战略规划、政策指导、产业协调、配套服务及外部环境建设等职能，努力保持文化市场的活力。二是充分发挥社会价值规律的自觉性优势，致力于弥补和修正商品价值规律的自发性缺陷。首先是要解决好文化产业内部的结构效益问题。文化产业是一个有机联系的庞杂体系，由于文化产业内部分工的差异，各部门的文化劳动及其产品在质效上有较大区别，相应地在产业行为的融合过程中程度有深有浅、形式有隐有显、速度有快有慢，由此导致文化产品参与社会交换的“深度、广度和形式”有差异，并在产业内部形成了不同生长态势。有些文化产品参与社会交换的程度深一些、广度大一些，所获得的直接经济利润就多一些，在市场经济中处于优势地位；反之，另一些文化产品在市场经济中就处于劣势。在这种情况下，应该尽快地建立一整套内部转移制度，运用文化产业内部的利润转移来防止“商品拜物教”倾向的文化变异行为。在调控的方向上，应加大对文化产业中弱质部分的扶持力度，特别是对交响乐、芭蕾舞、歌剧以及图书馆、博物馆、文物机构、美术馆、宗教寺庙等代表民族优秀文化水准、满足社会根本性文化需求并带有公益性的文化生产活动，通过自觉的内部利润转移政策弥补市场机制的自发性缺陷，从而保证在整个文化产业的规模效益与结构效益之间达成协调；另一方面，政府需要扶持一种中介性或中立性的文化批判力量，对文化产业保持一定的压力，给大众以一定的提醒，进而保持住文化产业中的艺术理性与价值导向。

（选自《中国社会科学》2002 年第 2 期）

文化何以能够成为产业

周晓虹

在我们这样一个国民经济连续 20 余年以平均近 10% 的速度高速增长的国度，在一栋栋摩天大厦、一条条高速公路、一片片工业园区以意想不到的顽强劲头拔地而起的时代，人们自然十分容易将经济上的创业、开发和 GDP 的增长视为社会发展的动力，同时常常难免忘却文化的影响力，以为文化不过是文化人闲情雅致下的消遣，是一个踏入文明与发达门槛的国家应该具备的“摆设”，是一架只会“烧钱”的消费机器。很少有人会意识到，文化其实也是现代化产业的一部分，文化同样能够成为制造 GDP 的生产力。

文化能够成为产业，首先是因为，在现代社会，随着科学技术的发展、大规模的都市化和人口的高度集中，以及精英教育向大众教育的转变，孕育了庞大的文化消费市场。在文化成为产业的过程中，由科学技术上的发明带来的促进是显而易见的。正是 20 世纪上半叶通过收音机、留声机、电影，20 世纪下半叶通过电视机、录像机、录音机、激光唱盘和视盘以及电脑和互联网，使得原先为上流社会或精英阶层垄断或欣赏的文学艺术作品，能够通过大批量的复制和生产进入普通人的视线，并在同样由技术进步带来的大规模的生产力提高和普通人日常闲暇增多的前提下，牵动他们的神经（这是大批“发烧友”产生的前提）、为他们消解因现代社会的整齐划一而产生的沉闷枯燥。虽然这个被称为“大众文化”的洪流受到过包括法兰克福学派在内的文化精英们的抨击，但事实上越来越多的人被卷入到这个巨大的文化消费市场中。有两个个案能够说明文化产业生产 GDP 的能量：其一，自 1958 年开始，加拿大的一家名叫禾林（Hallequin）的出版公司开始出版程式一律的言情小说——书中的女主人公最终赢得了一开始似乎不正眼看她的男主人公。通过将图书直接送到读者面前（即所谓“直销”），禾林营造起一个庞大的发行网络。不仅书店，而且包括超市、便利店、汽车站、铁路餐厅、高速公路休息区、机场候机室等一切有人的地方都可以方便地买到禾林小说。到 1977 年全世界有 140 名女作家在为这家公司写作，而到 1993 年它在全球销售的图书竟然达到 2 亿册！其二，据报载，现在英国“造星”产业的年销售额达到 250 亿—290 亿英镑，出口额为 38.5 亿英镑，进口额为 25.2 亿英镑，贸易顺差为 13 亿英镑；1996 年，英国摇滚乐的产值竟然超过了这个老牌帝国主义国家的钢铁产值（这其实也是文化殖民能够代替军事殖民的原因之一），而 1998 年英国最大的出口项目居然是“辣妹”！

文化能够成为产业，其次是因为各种文化要素本身就能够成为孵化人类消费欲望的资源，或者说成为人们的现代消费生活的对象。以我们一向津津乐道的历史文化遗产或历史文化名城为例，以前我们也把它视为某种资源，但总是认为除了作为旅游景点赚取点门票收益，或者作为为经济“搭台”的素材外，它的作用总是那么的有限。但是近年来，许多地方尤其是有着悠久的历史文化传统的城市开始跳出了“文化搭台，经济唱戏”的老路子，它们开始为文化搭台，让文化自己唱戏。在这些城市中，杭州一年一度的西湖博览会和南京 2004 年开始的“历史文化名城博览会”是两个典型的案例。每年金秋举办的西湖博览会，除了大型的经济和贸易交流外，文化构成了它的主旋律，其中的“西湖狂欢节”更是创意迭出、精彩纷呈。据统计，2003 年的西湖博览会带动的杭州 GDP 的增长高达 0.9%！南京 2004 年 5 月开幕的历史文化名城博览会更是明确声明让文化唱主角，7 天的上百项各类活动极大地提高了南京这座古城的知名度和美誉度，同时也让南京人民自己“狂欢”了一把。虽然没有 GDP 被拉动多少，或盈利多少的统计，但想必长此下去、策划得当，这类活动决不会是一项赔本的“买卖”。其实，这样的例子比比皆是。单以英国诺丁山的狂欢节为例。每年的狂欢节都给伦敦带来了大约 1.5 亿美元的经济利益，它每年可以创造出大约 3000 个全职工作机会，而当地的商界也可以赚取大约 7500 万美元的利润。难怪 2003 年狂欢节干脆首次交给了商业公司运作，也难怪英国人会说：“诺丁山狂欢节创造了营销机会，吸引了投资的机会，并围绕狂欢节提供了建设永久性建筑的机会。”

文化能够成为产业，再次是因为人不仅是一种经济动物，更是一种文化动物，是文化的实践者。人类在基本的生理需求获得满足后，势必会产生满足自己的精神生活的需求，而我们这里说的“文化”，正是与人类的精神活动有着密切联系的产物：一方面，文化是人类精神活动的创造物；另一方面，文化又可以成为人们精神生活的消费对象。按照马斯洛的说法人类有五大需要，生理需要、安全需要、社交需要、尊重和自我尊重的需要，以及被称作“顶峰体验”的自我实现的需要。尽管这种“需要层次论”因为流传太广，早已不是什么新鲜的玩意，但低级需要满足后，人们会产生更高一级的需要却被当作常识接受下来。确实，在中国的改革开放之前，尽管我们的生活中也到处充满了包括“八个样板戏”在内的“革命文化”，但是，一者这没有什么长久生命力的文化是靠抑制了多少有生命力的文化推广开来的，二者因为贫瘠的物质生活使人们或使大多数人无心它顾，使得这单调的“革命文化”虽有一些市场，但其“政治挂帅”的主题是无法推动一门产业的进步的。真正的文化发展的春天是在改革开放以后出现的，正是改革开放以后出现的政治的清明和宽松，出现的与外部世界越来越多的联系与交流，更重要的是出现了“温饱”乃至“小康”的生活之后，人们对包括娱乐、运动、消遣以及精神上的品位的追求，使得文化的需求前所未有的增长起来。这种增长其实为一门新兴的产业的诞生做好了铺垫，从发达国家的经验中我们也可以了解到，同其他许多产业相比，文化产业现在称得上是真正的“朝阳产业”。在一些“夕阳产业”越来越不景气的情况下，广告、设计、图书、电影、音乐、录像、电脑、软件、游戏、旅游以及广告电视行业无一不从业者众，展示出一派繁荣的景象。现在，老百姓的收入越来越多，而恩格尔系数却越来越下降。因此，可以预测的是，人们在文化上的消费会越来越大，除了体制的制约外，文化具备了成为产业的一切条件。如果我们的制度配置能够更灵活一些，文化的本性就能够获得更充分的表达。那时我们就能发现，文化不仅能够创造通常意义上的 GDP，还能够创造另一种 GDP：优雅（Grace）、多样化（Diversity）和积极向上的人格（Personality）！

（选自《探索与争鸣》2004 年第 11 期）

文化产业发展机理解析

孟晓驷

党的十六大报告指出，“发展文化产业是市场经济条件下繁荣社会主义文化、满足人民群众精神文化需求的重要途径”，并进一步提出了“完善文化产业政策，支持文化产业发展，增强我国文化产业的整体实力和竞争力”的明确要求，这是中国文化事业发展的重要里程碑。那么，为什么要提“文化产业”，“文化产业”究竟是一个虚无缥缈的空中楼阁，还是有其发展的充分理由，或者说文化产业发展的经济学内核究竟是什么？对于这个问题，本文拟从以下三个方面进行分析。

社会需求与文化产业

商品经济的发展从生产方面表现为物质产品的丰富，从消费方面则首先表现为消费者收入的提高。收入的提高使得收入结构或者说工资结构发生了改变，收入结构的改变带来了需求结构的变化。根据恩格尔系数所揭示的规律，需求结构变化表现为物质产品效用的下降和文化产品效用的提高，物质产品重要性相对降低，在消费方面表现为更加注重对生活质量的追求；消费行为也从对廉价品、耐用品的追求向舒适品、奢侈品和多样化、个性化消费的方向转变，以满足消费者不断变化的精神和心理方面的需求。恩格尔定律和马斯洛的需求层次理论都在证明着这一变化趋势。消费者的消费需求成为产业结构升级的力量，进而成为拉动文化产业发展的内在动力。这是社会需求与文化产业的一个总的关系。

具体地说，在商品经济社会，社会生产发展表现为两个方面，一方面是生产效率的提高，另一方面是收入水平的提高。

首先来看社会生产发展的第一个表现——生产效率提高。生产效率提高的一个重要表现是社会用于生产方面时间的减少，而休息时间则相对延长。“约在一万年前，人们只能腾出10%的时间用于休闲；在公元前6000年到公元1500年期间，工匠和手工艺人担负了艰苦劳作，使部分人可以分出17%的闲暇时间；到了18世纪初，机器化革命使闲暇时间增至23%；而到20世纪90年代，电力机械使闲暇时间增至41%；在21世纪，新技术的发展使人们的闲暇时间有望增加到50%。每周总工作时数，从18世纪的72小时下降到1859年的69.8小时，到20世纪90年代不足40小时。”这就为文化产品消费提供了时间上的保证。

社会生产发展的另一个表现就是收入水平的提高。收入水平的提高使得人们用于物质产品方面的消费相对减少，而用于文化产品方面的消费相对增加，使人们所固有的文化产品需求得以释放出来，进而带动文化产业的出现，并且为文化产品消费提供了经济上的保障。在现实中，往往经济越发达的国家，收入水平也就越高，对文化产品的消费需求也就越高，消费量也就越大。为了说明问题，这里选择了发达国家（美国）、新兴发展中国家（韩国）、欠发达国家（印度）三个国家的消费结构来作为分析问题的根据。美国20世纪90年代消费结构的变化表现为吃穿住三大项生活必需品的消费比例在逐步下降，家庭用品和交通等两项非必需品变化不是很明显，而文化娱乐教育和医疗保健两项的支出则明显上升，尤其是食物这一传统的必需品消费大项已经在消费总支出中从第一位下降到第二位，而文化娱乐教育的支出则已经超过了服装鞋类珠宝的支出，恩格尔系数比较低。而韩国作为新兴发展中国家的代表，随着国民收入水平的提高，恩格尔系数虽然比美国略高，但其消费结构也发生着明显的变化，即20世纪90年代的变化表现为吃穿住等基本生活必需品消费支出明显下降，家具用品和医疗保健方面的支出也呈下降趋势，而文化娱乐教育方面的支出不仅有比较大的提升，而且支出比重超过了服装、住房、家具用品、医疗保健、交通通信等方面的支出，成为除食品等必需品消费品外在总支出中所占比重最大的一项。印度作为欠发达国家，恩格尔系数高达50%以上，文化娱乐教育方面的支出仅为收入的3%。通过对这三个国家的比较，我们看到，经济发达程度不同，决定了收入水平的不同，进而决定了需求结构和消费结构的差异。收入越高的国家对文化娱乐教育的需求也就越大，消费水平也就越高。如果我们抽掉国别因素而只把这三个国家作为人类社会发展的落后—发展—发达三个不同阶段来看的话，我们同样可以得出这样的结论：经济越落后，收入越低，文化娱乐教育的支出和消费水平越低；经济越发达，收入越高，文化娱乐教育的支出和消费水平也就越高。从文化产品消费的角度来看，商品经济社会从落后到发展再到发达的过程就是一个文化产品消费水平不断提高的过程，就是文化产品生产与物质产品生产走向均衡的过程。

因此，在商品经济条件下，社会进步首先表现为物质产品生产的优先发展，物质产品生产的发展影响着收入水平，收入水平表现为消费需求的基础，也是制约需求结构的重要因素，收入的水平与构成决定了需求的水平与结构，需求结构的变动直接影响着产业结构。随着物质产品生产的发展和收入水平的提高，需求结构变动中对文化产品的需求日益增长，需求结构的变动通过市场中供求结构的变动表现为文化产品供给和需求的增加，形成了消费结构中文化产品消费比重的上升，消费结构的变动直接影响着产业结构的变动，进而带动了文化产品的生产，并进一步形成了文化产业。

文化产业的科学技术基础及其作用形式和变化趋势

科学技术属于文化的范畴，科学技术人员本身就是文化产品的生产者。因此从物质与文化的关系来看，科学技术与文化同属一个范畴，而与物质则是并行的两个范畴。

但在商品经济条件下，科学技术作为文化范畴的组成部分并没有首先作用于文化产品的生产，而是由于物质产品效用大于文化产品效用，物质产品生产相对于文化产品生产更重要，其对科学技术的需求也更大一些。因此，在商品经济时代，科学技术不是首先作用于文化产品生产，而是首先作用于物质产品生产，表现在提高劳动者素质、扩大劳动对象的广度和深度等方面，也正是因为这个理由，才有了“科学技术是第一生产力”的提法。科学技术由物质产品生产向文化产品生产的转移是一个逐渐的过程，当某种文化产品的效用相对提高、需求增加时，科学技术就会从物质产品生产领域转移到文化产品生产领域。当科学技术从经济发展的实践中被提炼出来并运用到文化产品生产中时，就成为文化产业发展的重要推动力量。从科学技术在文化产品生产领域应用的过程来看，在文化产品上表现为一个科技含量不断增加的过程，在文化产品生产上表现为科学技术应用范围逐渐广阔的过程（本文在这里主要讨论的是科学技术在文化产品生产本身发展过程中的作用，同时，由于文化产品的特殊性，这里仅探讨与技术进步相关的文化产品生产的部分）。

文化产品生产是社会生产的一部分，其目的是为了满足人们不断增长的文化生活需求。伴随着文化产品效用的提高和需求的增加，就必须不断通过对科学技术的采用来改进生产方式，提高文化产品的生产效率。因此，科学技术在文化产品生产领域的运用是人的本能或者说人类社会生产目的的内在要求。

在文化产品生产的发展过程中，科技进步的作用是显著的，其重要性也日渐体现出来。历史上，印刷术的革命曾极大地推动了文化产品生产的发展，加快了知识传播的速度，进而极大地带动了社会的进步。马克思曾经说过，印刷术变成了新教的工具，总的说来变成科学复兴的手段，变成对精神发展创造必要前提的强大杠杆。在文化产品生产的发展过程中，文化产品生产的技术含量不断增加，文化产业结构不断由技术含量低的层次向技术含量高的层次演变。最初，科学技术虽然是作为文化产品的范畴出现的，但它是以物质产品生产为中心，服从和服务于物质财富的生产，科学技术在文化产品生产领域的运用是滞后的和被动的，文化产品生产仍然处于原始的个人手工作业的阶段，其传播是以人与人之间的直接的方式进行，文化产品生产者本身就是文化产品的载体和媒介，以实物服务和体力服务为主，服务区域小、传播速度慢。随着经济的发展、文化产品维权体系的建立，科学技术开始在文化产品生产中出现并得到广泛的采用，比如印刷术的革命，极大地提高了文化产品的生产效率，使以纸质传播媒介的图书报刊等产品广为流传；电影则作为一次人类的“视觉革命”，极大拓宽了人类的视野。但是在这一阶段，在文化产品生产的某些领域，存在着文化产品生产与科技进步相抵触的观念，认为科技进入文化产品生产领域将破坏文化产品的文化属性，使文化产品变得反文化（如早期的法兰克福学派）。虽然如此，在这一阶段科学技术还是进入了文化产品生产领域，并提高着文化产品的生产效率，改善着文化产品的传播方式。在维权成本日渐降低并与物质产品维权成本逐渐趋同的情况下，由于经济的发展和收入水平的提高，物质产品效用相对下降，文化产品效用和需求的提高使得文化产品消费激增，文化产品生产本身也成为科学技术创新的目标。在这一阶段，科学技术以文化产品生产的需求为科技进步的带动力，为文化产品的生产和传播制造工具和载体，并形成了以声光电子为媒介的文化产业服务系统，卫星、激光、网络及相关信息产品因为人类文化产品生产和消费的需求而广泛地进入到文化产品生产领域，文化产品的生产工具不断更新，文化产品的传播以更快的速度在更广阔的范围内进行，这也是文化产业出现的技术基础。由于科学技术的作用，文化产品的产量不断增加，文化产品生产的效益也越来越明显，进一步强化了科学技术在文化产业中的应用。人类社会进入 20 世纪 90 年代以来，在信息技术的推动下，文化传播媒介不断更新，文化产业成为新技术的汇集点和对新技术的最敏感的领域，而高科技的采用又使文化产业获得了空前广阔的发展空间。

文化产品生产从原始的手工操作、口头上的叙述和流传，一直到今天的影视、激光、卫星等方面先进技术的采用，这一科技进步的过程表明了文化产品生产的发展过程，也表现了文化产品生产与科学技术相互关系变化的轨迹。适应于文化产品的需求，科技进步不仅改变着文化产业的生产方式和传播方式，而且带来了文化产品形式的不断更新和丰富。印刷术的诞生使图书、报刊等纸质媒介产品在社会上广为流行；摄影照相技术的出现，使影视产品占领了人类的精神生活；网络和信息产品的出现又使得众多消费者迷失在虚拟的世界中。

由此可见，经济发展带动了收入的提高和需求结构的变化，进而带动了文化产品生产，表现为文化产业的出现，文化产业发展的需求又带动了科学技术在文化产业领域的应用；而文化产业的生产技术体系的变化，又会进一步作用于文化产业，进而影响文化产业的生产方式、传播方式以及文化产品的品种、规格和数量，从而使文化产品生产在国民经济中的地位、作用也发生变化，这种趋势就是文化产品生产与物质产品生产的逐步均衡。

文化产品的内在需求与文化产业

文化产业的出现，从一定意义上说，是文化自身目的的要求或者说是角色的回归。

人类社会的生产分为物质产品生产和精神文化产品生产，物质产品生产的目的是为了满足人们的物质生活需要，精神文化产品生产的目的是为了满足人们精神文化生活的需要。无论哪种生产，无论哪种需要，都是人类生存和发展所必须的。人们为了满足物质产品的需要，就必须不断提高征服自然、改造自然的能力，不断提高科学技术水平和生产效率；精神文化产品的生产也是如此，为了能够满足人们不断增长的文化生活需求，就必须不断提高文化产品的生产能力，扩大文化产品生产的规模，增加文化产品的品种、质量和产量，以满足人类的这一需求。为满足这一需求，一些成功的、被证明是有效的物质产品的生产方式、组织方式以及先进的科学技术在文化产品需求的作用下渗透到文化产品生产领域，而产业化或者说工业化的生产方式就是其中提高生产效率、促进经济发展的最有效的手段，这种物质产品生产方式在文化产品生产领域的渗透，就形成了文化产业，进而形成了多种门类、多种层次和多种类型的文化产品生产和服务体系，并从数量、质量、品种等多个方面满足着人们的文化产品需求。因此，文化产业的出现是文化产品自身目的的一种自我实现，是自身角色的回归。通过这种自我实现和回归，文化产品实现了其满足人们精神文化生活需要的目的。

首先，文化产业的出现是文化产品生产方式和传播方式的要求。传统意义上的文化产品生产主要以个人生产为主，效率低、产量低，文化产品的传播也主要以生产者和传播者自身作为产品的载体和传播的媒介，传播范围窄、速度慢，不利于文化知识的传播和推广以及社会的进步。文化产品生产和传播作为观念、符号和意义的生产和传播，要求有着更快的速度和更大的范围，这是文化产品本身所需要的。在经济不断发展的情况下，物质产品效用的相对降低使得人们有了对精神文化交流的更迫切的渴望，于是打着科学技术印记的生产工具被越来越多地应用于文化产品生产领域，从活字印刷术、机械印刷再到今天的电子印刷术，科学技术在文化产品生产中的应用越来越深入，极大促进了文化产品的生产，使文化产品能够以更快的速度在更广泛的范围内传播，也在更大程度上满足了人的文化需求，实现了文化自身的目的。

其次，文化产业的出现是受众也就是文化产品需求者的要求。受众是传播学中的一个概念，是指文化产品的接受者或者说消费者。由于传统生产方式和传播方式的落后，使得文化产品的受众范围狭窄。在传统的文化产品生产方式中，文化产品生产周期长，难以复制，产量少、成本高、价格昂贵，因此它只能是作为一种精英文化、经典文化产品而只被上层社会所享用，对于普通消费者来说，文化产品只能是可望而不可及的奢侈品。而普通消费者作为社会最广大的需求和消费群体，对文化产品同样有着需求和消费的欲望，并且这种欲望随着收入水平的提高也变得越来越迫切。那么，如果文化产品继续维持在精英文化、经典文化的定位，就难以实现文化自身的目的，为了实现这一目的，就有了文化产业。文化产业的出现，使文化产品能够得以大规模地生产和复制，成本降低，价格也变得低廉起来，适应了大众的消费能力，拓宽了受众范围。从这个角度来看，这也是文化自身角色或定位的回归。在文化产业的作用下，文化产品从个别走向了一般，从精英文化转变为大众文化，从奢侈品转变为普通的消费品，它使得大众能够更多地消费文化产品，实现自身的享受需求和发展需求，从而在更大范围内满足了人们的文化产品需求，提高了人们的精神文化素质。

第三，文化产业的出现，是文化自身价值的体现，或者说是文化价值的回归。文化产品价值可分为两个层次，第一个层次是文化产品的经济价值。在商品经济发展初期，文化产品是作为物质产品的附属物存在的，文化产品的生产和交换都在低水平上进行，文化产品生产者是非生产性劳动者，其生产劳动不作为社会生产性劳动的一部分，文化产品生产者在社会中地位低下，正如斯密所说，“有一些非常令人愉快的和优美的才能，其拥有者能得到某种赞赏；但是为了施展这种才华，出于理性或偏见，被认为是出卖色相。”因此，文化产品生产没有自身独立的存在形式，而只能成为物质产品生产的附属物存在。在这种情况下，文化产品生产者的劳动不被社会所认可，文化产品的价值也就很难得以体现，“这些非生产劳动者，艺术家、音乐家、律师、医生、学者、教师、发明家等等”也就只能获得菲薄的报酬。由于文化产品的生产也是一种投入产出的经济行为，在文化产品不成其为商品的情况下，文化产品生产的投入就很难得到补偿，密尔顿出于同春蚕吐丝一样的必要而创作《失乐园》，那他也就只能得到5磅的收入，谈利润也就更是一种奢望了。文化产业出现以后，文化产品生产获得了正当的形象和社会地位，成为生产性劳动，文化产品生产者成为生产性劳动者，文化产品也变成了商品，成为必须通过市场交换、通过有偿手段才能获得的消费品。在文化产品的交换中，文化产品生产者的劳动得到社会的承认而成为社会劳动的组成部分，生产者的投入也得到了补偿，文化产品生产获得了连续生产的经济保证。在这一文化产业化的过程中，文化产品的经济价值得到真正的体现。

文化产品价值的第二个层次是文化产品的文化价值或者说文化产品的智力价值。在传统经济时代，由于文化产品生产者社会地位的低下，不仅本身得不到社会的认同，而且文化产品由于是无助于生产力发展的纯消费品也得不到社会的承认。因此，文化产品以及凝结于其中的生产者的心血成为任何人可以任意处置的东西，文化产品生产者的智力成果被忽略和滥用，影响了文化产品生产的积极性。伴随着文化产业而来的是文化产品的商品化，在文化产品商品化的过程中，文化产品生产者的智力成果受到尊重，文化产品生产者成为自身智力成果的占有者，而要对智力成果这一无形资产进行使用必须通过有偿交换的方式才能取得。文化产品智力价值在文化产业条件下的实现，成为文化产业进一步发展的动力，提高了文化生产者的积极性和创造性，推动了文化产业的发展。

综上所述，文化产业从社会需求、科学技术、文化产品自身三个方面来看，都有其产生和发展的合理的经济基础。文化产业是符合历史和社会发展规律的结果，是经济、社会发展的必然产物，是文化产品生产在商品经济条件下的具体表现形式。文化产业不是虚拟的，而是现实的，它需要我们更多地关注、思考和发展。

（选自《光明日报》2004 年 6 月 2 日）

文化产业发展的几个基本逻辑

章建刚

什么是文化产业

（一）定义。我们首先要给文化产业下一个定义，并了解几个基本概念。联合国有关机构将文化产业定义为“按照工业标准生产、再生产、储存以及分配文化产品和服务的一系列活动”。这里强调了“工业标准”和“分配”。对这样一个定义该如何理解呢？

我觉得，在“文化产业”这四个字或由两个词构成的偏正词组中，“文化”是其中相对容易理解和界定的一半。文化产业就是提供精神消费产品和服务的产业。文化产品或服务的载体上负荷的主要是诉诸人们观听、体验、理解、共鸣的，符号化了的精神性产物；它们或者是各种公共信息，或者是种种个人表达，尤其是在各种文化中流传下来的思想、信念；文学、艺术；印象、文字等。在西方的文献中，这样一些精神寄托物也往往被概括地称作价值、（生活的）意义或（文化）内容。有了这些内容或意义，个人的生命过程才被提升为社会生活，日常的生活才成为更纯粹的存在。

“产业”才是这个词组的主要成分，文化是对它的限定。“产业”（Industry）的通常含义或现代含义包括两个方面：一是大规模制造；二是市场化营销。

产业的第一层含义是技术性的。产业就是工业，工业是标准化的批量制造（Manufacture）。产业的第二层含义是商业性的。产业的产出（含服务）通过市场销售，甚至是以市场（即消费者的需求）为导向的。大批量的产品要通过市场环节送到同样大量的消费者当中，这就是所谓的“分配”。有了这两方面，文化产业就可以说是“按照工业标准生产、再生产、储存以及分配文化产品和服务的一系列活动”。但是，文化产业的特殊性似乎还没有被讲出来。

那么它的特殊性是什么呢？首先，文化产业所推销的产品（或服务）主要是通过对原创文化符号大批地复制（Copy）生产出来的。其次，文化产业市场营销活动的社会功能在于文化传播。所以我们的定义是：文化产业就是应用复制技术完成文化传播的商业活动的总和。极端地说，文化产业主要是生产、销售各种文化载体、媒介物，它的主要技术、主要业务部门都是关于载体的，通过这种种技术渠道把文化内容、把那些无形的“精神”“罐装”在它们的载体里送出去，送到消费者身边。让我们记住“复制传播”这四个字。

（二）复制。文化产业的复制生产与传统制造业的批量生产有什么不同吗？所有的制造业不都是大批量地制造同一标准、型号、尺寸的产品吗？比如汽车，同一型号的“宝马”都是一样的。这不也是复制吗？

不同。这样的生产只能叫制造而不是复制。复制的意思是将一个产品重新编码，然后作为自己的内容去反复重现，而自己制造的仅仅是这一内容的传播载体。

人们蒸一锅馒头，一个跟一个都很相像，但这不像柏拉图说的，是对馒头那个理念（Idea）的复制。我们消费它也（主要）不是在体会馒头这个理念的含义，而是实实在在要消化、吸收这个馒头的物质成分及营养。我们使用一件机器设备也一样，我们用的就是它实实在在的加工功能，使用的同时也就在消耗它，而（一般）不是为了了解它的设计思想或体验它的种种含义。但我们消费一件文化制品（比如一部电影）时不一样，我们要消费、体验的是它所负载的艺术作品（形象及其寓意），而不直接是那些信息编码、比特，不在乎它是胶片拷贝，还是 VCD 或 DVD。也是在这个意义上，我们说文化产业担负传播功能。它把那些编码化的信息传过去就了事，这时主要是考虑传播的逼真度，不要让它失真。所以从技术方面说，当代文化产业与信息产业尤其是信息服务业非常接近。使用过网络和电子邮件的人都知道，我们发出一封信的时候，并不需要将自己“写”的信真正“发”（传递）过去，而只是再复制一件走就行了，而且在传输的过程中，每一个环节都是一次复制。计算机技术使复制变得非常简单。文化产业的标准化生产指的就是复制品的“逼真”性和无差异性。就其生产了大批的高科技载体而言，文化产业是在进行制造；而就其产品所负载的文化原创来说，这个产业是在进行复制。

（三）原创。我们实际有三个概念需要区分，除了复制和制造还有原创（创作、创造）。我们知道，尽管文化产业可以被理解为文化的生产，但这里“生产”的含义与一般精神产品创作的含义不同，“生产”这个概念是比较含混的，用于文化产业的经营活动时它的意思是复制和传播，而用于传统意义上的文化艺术创作相对于复制品来说，需要特别区别性地称为原创。艺术原创是拒绝模仿甚至复制的；伟大的艺术作品总是唯一的。

（四）原创与产业的区分。作家在家里进行小说创作、音乐家关在屋子里作曲都是原创，未必与文化产业相关。但书稿或曲谱被出版商接受，印刷出版在市场上销售，这后一部分程序就是典型的文化产业活动：收购原创作品进行复制传播。这里的意思是说，当我们阅读一本文学杂志的时候，前面实际上有两个商业环节：第一个是出版商看好一个作品，与它的作者达成交易；第二个是出版商将小说印制出版在市场上销售给我们。作为一个作家及其文化艺术活动，完全可以有自己的目的，或者是商业的，或者是非商业性的。文化，作为人的生存方式首先是教养，是乐趣，是对生活意义的体验和感悟。文化创作并不一定全部被文化产业所接受，所负载，甚至必然会有一些极其重要的部分处于市场的边缘内外。文化也有其非市场化发展的各种方式，人们的精神享受、抒情表达也有大量非商业化的方式。从范畴上说，一个社会的文化原创或艺术生产要大于其在市场上进行交易和传播的艺术作品，而且在市场上以艺术的名义交易的商品未必都是真正的艺术。所以我们说大力发展文化产业也不等于说要让全部文化仅仅靠市场来发展，政府和公众都有其不可推卸的文化责任，公司也可以有其超商业动机的文化使命。文化比文化产业所涉及、所吸纳的内容要广泛得多。发展文化产业的意思就是要发展这些传播机构，让具有相当历史合理性的市场机制也为文化的传播发挥作用。

作曲家的作品被乐团选中，排演乃至正式演出，这种情况要稍复杂一些。即便乐团的活动可以尽量商业化（比如通过经纪人和各种演出公司的商业操作），但由于不能大规模地复制，所以很难自负盈亏（像《阿依达》在上海的演出、“三高”在北京的演唱，这些演出效果的功过利弊都还有待评说）。尤其是表演属于再创作的范畴，有对作品进行解释的成分，甚至就属于整个音乐作品创作的全过程，没有它，音乐作品就不算创作完成，所以它还说不上是文化产业。而一旦有广播电视机构对音乐会进行转播、录音，制成音像制品销售，其文化产业的性质就确定无疑了。这里也可以看出，文化产业是将传统的艺术创造尤其是艺术作品当作资源，当作内容装到自己的载体上去；相对艺术家的作品，它们的产品是艺术制品的制品，即复制品。

电影的情况更复杂。一部电影的创作是集体完成的。在这一个集体里，我们很难说谁的作用是最主要的：是文学脚本作者，还是导演；是摄影师，还是明星的出色表演。但是，有一点很清楚：直到电影剪辑完成，原创的过程才结束；电影洗印厂里拷贝的批量生产才是产业环节的开始，艺术的东西变成了化学过程；院线的放映是产业化的经营，艺术成为声光电的演绎。当然，制片厂或制片人都是商业性质的，它们的运作将整个原创作为一个环节包容进营销过程当中了。这与现代报业雇用职业记者的性质相同。

现代旅游业的商业模式不能追溯到徐霞客的经历上去，而只能从 19 世纪四五十年代诞生于英国、主营城际间交通住宿安排的托马斯·库克旅行社算起。现代旅行社并不“克隆”旅游景点，却把旅行线路及导游服务（导游词）做成产品批量出售，它把一批批游客带到艺术现场或历史遗迹面前，从而把各种景观复制到游客的脑海里。这也提示我们，虽然复制是现代文化产业的基本特征，但细分起来，又有复制传播和展示传播两个类型。展示是复制的一个特殊方式。

在一般情况下，导游是一种职业，他与游客的关系不同于先前带亲戚朋友出游做解说，无法个性化，因此他的职业行为很像一种表演。城市里的各类博物馆、展览馆与乡间的民俗历史景观、自然风景区一样，就是人类文明的演示场所。它们的大批兴建实际上是由旅游业的繁荣推动的。

（五）产业群圈定。按照这样的思路，文化产业的外延可以逐步被确定下来。我们把艺术展演、新闻出版、广播影视、网络及计算机服务、旅游、教育等看作文化产业的主体或核心行业；传统的文学、音乐、美术、摄影作品的创作和时装、工业与建筑的设计，以及各种博物馆、图书馆等看成文化产业争夺的前沿；广告业、娱乐业和体育健身则是它成功开拓的新边疆。文化产业实际上是一个巨大的“产业群”。

文化产业兴起的条件

（一）文化产业兴起的经济原因。产业的下游化和消费的“脱物化”。文化产业的兴起在国际上是丰裕社会（消费社会）到来的产物；在中国既是摆脱匮乏、人民生活水平提高后的新要求，又是深化改革、产业结构调整和环境保护等的必然选择。

在现代技术和商业条件下，一个社会有20年甚至10年的安定局面（无国内外战争困扰）就足以使经济及人民生活水准有一个较大的提高。第二次世界大战以后，无论战胜的美国、英国和法国，还是战败的德国、日本，经济都迅速发展起来，到20世纪70年代相继进入了所谓“后工业时代”或知识经济时代。在这个时代，文化产业引人注目并迅速崛起。

在所谓“后工业时代”，主要工业制品不再是那种污染环境、耗费资源的大型机械设备，城市的景象也不再以疲惫的工人、肮脏的车间、林立的烟囱来代表；这时的工业制品下游化，企业争相生产最终消费品；为了对付激烈的市场竞争，这些消费品经久耐用，有日益增加的知识含量和良好的人性化设计，价格不断降低，产品却不断升级换代。服务的质量和售后服务成了商家竞争的最后手段；有效需求成了众矢之的，顾客成了上帝。当然，这是在市场制度很好营造起来的条件下；而且这里通行的仍是拜金主义。

这时的企业，研发部门不断加大（相对地是制造部门不断萎缩或向发展中国家转移），还与社会上各种教育、科研机构形成了种种合作关系，缩短了科技转换产品的周期。知识向企业的流动不断增加，速度加快，在每个环节都有增值，知识投入带来的产出效益日益明显。这就是以知识为基础的经济（the Knowledge Based Economy）或知识经济。对于发达国家（OECD成员国）或所谓发达国家俱乐部来说，其知识经济部分对其GNP（或GDP）的贡献率都在70%以上。

达尔·尼夫（Dale Neef）的《知识经济》一书这样描述：“自60年代起，服务价格以超过工业价格三倍的速度飞快地增长。服务业对美国GNP的贡献率（典型的OECD国家的例子）从50%增长到80%以上。在这些服务业中，63%被认为属于高技术服务类型。根据世界银行的报道，现在世界上64%的财富由人力资本构成。最近由麦肯锡公司完成的一项研究推断，到下世纪初，美国所有工作中，80%以上的工作在实质上属于‘脑力’工作。”

与生产部门的变化相对应的是消费的趋势。按照彼得·德鲁克的说法，在工业革命（技术、工艺革命）之后的“生产力革命”中，工人起码是美国工人不仅得到了技能培训，而且得到了收益的改善。这种结果表现在两个方面，一是工资收入增加，另一个是闲暇时间增加。在1910年前，发达国家工人每年的工作时间至少是3000小时，而现在即使是日本的工人每年也只工作2000小时，美国工人是1850小时，德国工人是1600小时。从收入上说，1910年前后，美国工人的日工资只有0.80美元，年收入大约是250美元左右。那时的“医生每年也很少能挣到超过500美元。今天，美国、日本、德国的工人，一星期只工作40个小时，工资就可以达到5万美元，交税后，工资为4.5万美元，这大约是今天美国便宜小汽车价格的8倍”。

实际上经济学家已经发现，人均收入在超过3000美元之后，消费就会出现“脱物化”的倾向，人们开始在教育、健康、信息、娱乐方面投入，依次出现普遍的国内、国际和洲际旅游动机。1910年后的80年间，发达国家GDP中来自卫生健康方面的收入从几乎是零增长到8%—12%；教育则从2%左右增长到10%或更多。这就是说，不仅是文化消费所需要的各类硬件设施如电视机、音响等已经被生产出来了，而且文化产业迅猛发展的有效需求一方也成为了现实。文化产业没有理由不取得迅猛的发展。

（二）文化产业兴起的技术条件。三种复制技术。我们说文化产业的主要功能并不在于创作或原创，而是复制传播。因此这个产业首先就需要对各种原创的文化产品重新进行技术化编码，以使它能够被低成本地大量复制。

批量复制技术的第一种形态应该是印刷。这甚至是一项在前工业社会就已经产生了的技术。除了活字排版的智慧外，印刷本身是一项力气活。工业动力技术的出现才使它得以实现更大批量、更低成本的复制。尤其是现代制造业的发展和城市人口的迅速增加，现代报刊业出现了。以前一般书籍的出版印刷规模小，而且对日常生活的影响也小。一本新书出来就如同新星的爆发或流星的闪过，完全不可预知和期待，那是奇迹。而报刊的出现不一样，人们知道明天肯定有事情将要发生，至于是什么事倒不重要。以前人们只有关于天国或来世的信仰，而明天与今天不会有多少差别。现在人们有了未来意识、时间意识，而不再是宿命。同时这些消息是世俗的、公众性的、集体的，是共同的关注，是对利益的关注，是各种各样的机会。现在，未来首先是以信息（文字、图片、新闻）的方式出现的，首先出现在人们的期盼当中，而这种普遍的期盼成了一种巨大的需求，需求又推动了这个产业（报业及整个印刷业和著述）的增长。

随后出现的第二种重大的复制技术是广播（电视），录音和录像（包括唱片、磁带等）都是这个方向上的系列技术扩张。这种有线或无线的电磁物理技术尽管仍是在有限的时段里发挥作用，但这种“在线”的复制方式极大地拓展了各类“现场”的空间。通过广播，人们可以在极远的距离之外，听到现场的声音，感受到现场的气氛；而电视还可以传达现场的图像。比起书籍报刊来，广电来的更快捷，能够进行“实时的”（实况）转播；尤其是它所传递的信息直接就是声音和图像，不必经过文字的中介，所以它的受众可能包括不识字的大众和不懂特定语言的观众。

这样我们也看到了一种时间即历史在加速度发展的轨迹：首先是偶然的、时不时“惊现”的书籍；其次是周期性出版的报刊；然后是随时的、每时每刻的，即实时播报的广播电视。人类历史中的时间密度在加大，人们跟随时间进程的距离在缩小。

第三种重大的复制技术出现在最近的10年当中，这就是计算机技术或者叫比特技术、微电子技术基础上出现的网络。这里所有的信息都是用0和1两个代码编制的。如果说，广播技术还主要是单向传播的话，那么网络技术要实现的是实时的、互动的、普遍参与的信息传递和对话；网上的信息资源越来越丰富，构筑起一个空间相当广阔的虚拟现实。它的绝对资源耗用量不断降低，而工作速度却不断提高。这个行业中的摩尔定律是说每18个月，芯片的运转速度就会翻一番，而其价格基本不变。听上去就像奇迹。人们在这种技术面前几乎已经不再想得起复制这回事。它的高保真性能、高可复制性性能甚至威胁到原作的权威；它还从最高层次上向下整合资源，统合各种复制传播技术，造成各种媒体的汇流趋势，改变着传统媒体和整个文化产业的产业格局。

文化与市场的互动关系

（一）市场带动传播。前面谈到，美国的知识经济占到其GDP的一个极高的比例，可以说，文化产业是美国经济中的一个强有力支柱。那么这个产业对国民经济的拉动是一种什么样的态势呢？让我们以艺术产业为例作一点说明。高雅艺术作为高档商品恐怕不会十分畅销，其成交量也不会太大。我们选它为例正是因为它小，所以逻辑清晰。

简单地说，历史上的艺术存在曾主要是两个环节或两个端点构成：创作和保存（占有）。少数人创作，同样是少数人在生活的很少时间里观赏。古典艺术曾被封闭、收藏在贵族或皇室的小圈子里。我们用公式A－C表示：A是艺术家、艺术作品（Artist，Artistwork），C是收藏家或消费者（Collector，Consumer）。

进入现代社会情况有所不同，工业和城市文明给数量迅速增加的城市下层居民带来教育的因素。现代化是普遍的开化，是普遍的分权，因此广泛的文化分享的需求产生了。这样就在绝对数量总是很小的原创性文化作品与广大的文化消费者之间出现了巨大的供需落差，而文化传播的商业机会也到来了。画廊与艺术博览会等产业形式应运而生。这样原来的公式之间出现了一个新的项B即Business，交易。原有公式也成为A－B－C。在我国市场化改革之初，艺术交易只是在艺术家和收藏者之间进行的，严格说这是有种种弊病与不便的场外交易，商业环节被掩盖了，所以其公式应当是A（－B）－C。

现代文化产业的兴起，在传统艺术活动的原创保存两极结构中插入了一个第三者、一个中项；凭着大规模复制技术和商业传播技巧，它要把必然比较稀缺的原创性作品最大限度地传递到尽可能多的消费大众面前。现在画廊直接签约画家，收购其艺术作品然后卖给收藏家和消费者。画廊是中间人，提供信用服务，收取中介费；同时他们通过复制（印画册）、展示（办展览）和做评论进行宣传，使新人新作迅速得到市场的认可。这就拉动了出版、印刷业和会展业的发展。国内一些大城市如北京、上海、广州、成都都开始出现了画廊，纷纷举办年度的艺术博览会。艺术品的销售还为拍卖行的发展提供了契机。凡是致力于收藏的人总有倒手的需求，艺术品和审美时尚的变迁也使艺术品的二手交易活跃，而且著名的拍卖行有鉴别真伪的“绝活”，比地方性画廊有更广阔的市场辐射力，能吸引更多收藏家与“神秘”买主，往往拍出更高的价位。有人将画廊称为低端市场，将拍卖行称为高端市场就是这个意思。再者，有些收藏者事实上也是企业或展示单位，它们从拍卖行拍得的是艺术品的经营权。这就是说，在A与C之间，出现了不止一个B，A－B－C成了A－B－B－C或A－b1－b2…bn－C。这里一连串的B将艺术产业的内在扩张趋势和外在拉动作用凸显出来。事实上这样的产业链有不少，如文物考古发掘业—博物馆业—旅游业—工艺品及旅游纪念品制造业、影视制作业—音像制品业—旅游业（主题公园），等等。

一种更具影响的艺术生产与交易，不是一个经营规模、范围都有限的企业可以单独完成的，必须有更多的企业参与，专门的艺术产业可以与传统的产业联手，将艺术传播到更广的范围里去。比如，迪斯尼的米老鼠、唐老鸭或者是抽象派画家蒙德里安的绘画都可以被复制转移到服装设计中去。日本动画片中曾经出现过一只凯蒂猫（Hello Kitty），现在使用凯蒂形象的消费品（如转笔刀等）有多少，连创造了这个形象的公司老板都说不清，“大概有1.5—2万个吧”。“9·11”后的美国，凯蒂猫尤其受到美国人的青睐，在美国畅销。

所以，这个 A－B－C 的简单公式现在应扩展为：A－B（b1－b2…bn）－Cs；其中每一个小写 b 代表一个企业或一个商业活动，有一些小写的 b 很可能是媒体（从 Broadcast 到 Broadband），另一些则是传统产业部门；而 C 后面的 s 表示比 A 大得多的复数：既是指消费者的众多，也是指消费内容的迭加。我们尤其乐于强调的是，其中 B 的无限扩张反映了产业化程度提高的趋势；而 B 的丰富则表明文化产业各部门及相关产业之间有着相互促进、相互烘托的特征。

如果这种描述是正确的，那么我们就要承认，文化艺术的市场化过程不仅是一种单纯的商业过程，它也在客观上打破了前工业社会的文化垄断局面，落实了公民文化权利，提高了公民素质，增强了社会参与度。让我们想想，我国电视业的发展是否大大推进了汉语普通话的普及程度?! 人们现在也许开始担心我们的方言会不会过快地消失了。

（二）文化穿透市场。文化产业这种经商业动机中介和刺激的复制传播和展示传播，不仅较经济地配置了资源，而且迅速向传统文化艺术的原创和保存两个基本环节渗透，将商业原则向两个方向推导：一方面是将原创变成不竭的资源和丰厚的知识产权；另一方面将保存变成大规模的展示和单元化切分的多层次文化消费。例如我们看到许多名作家、名演员，他们的创作还没有开始，价格就已经开得高高的了；而一个地区知识产权得不到有效保护，当地的原创性活动就必然低迷。应该说，最终一定是（有效）需求的旺盛才可能推动一个产业的迅猛增长。商家最先看清甚至制造出了需求，所以才会向原创订货。但现在有不少理论家对需求提出质疑，认为这种需求档次太低，而商家更是对某些低级趣味曲意迎合。

大众传媒或文化产业（尤其娱乐业）的问题是很明显的，主要是：1. 短期行为；2. 媚俗。

短期行为的问题企业自己会克服。无非是为了效益就盲目降低成本、追求速度。各类媒体还自以为是地制造需求，引导时尚，搭配包装；而饥渴的电视观众不得不忍受大量与节目情节气氛风马牛不相及的广告没完没了地插播。但这样做实际也不利于企业的长期发展。著名的文化企业如“好莱坞”也要讲求名牌效应，用明星拍“大片”，在细节上不偷懒；而有线电视通过稍高的收费删除了广告。

第二个问题比较复杂。媚俗说到底是缺少真诚，不把人（观众）当人看，同时亵渎艺术。或者刺激、挑逗人的欲望（性与暴力），去除了道德监督，使视觉观赏变成了一种窥视和替代性宣泄；或者煽动浅薄的观众为自己尖叫，以为这就可以制造明星形象。

其实真正的艺术与商业化的艺术还是比较容易分别的。前一种艺术是对冥冥中的最高存在倾诉的，是与真理的谋面。用海德格尔那种已比较世俗化的说法就是“让（真理）在”。因此这时的艺术有三个方面的参与者，其结构是三极的，真理君临其上。而后一种“艺术”则只有两个参与方，即作者与受众，其结构是两极的：作者——受众。这与市场上买卖双方的结构很相似，比较单薄，在市场不规范、信息不对称的情况下也难免出现坑蒙拐骗、相互算计的事。

要克服后一种情况，一方面是要靠市场规范的建立，市场不能只用“看不见的手”调控，也需要看得见的手（即政府、社会舆论）来调控、监督，也要靠社会监督如艺术批评的存在。另一方面由于市场交换是建立在双方自愿的前提之下的，所以公众艺术修养、文化素质的提高才是最根本的办法。这只能是一个长期的历史过程。

然而美国学者戴安娜·克兰（Dianacrane）的研究使人们看到一种希望。她将传播媒体分为三类，即全国性核心媒体，包括重要报纸和影视；边缘媒体，包括书刊、广播录像等；都市文化，包括音乐会、展览、博览会、戏剧表演等。她还注意到：核心媒体的受众尽管最多却是“异质性的”，即所谓没有城乡、工农和阶层差异的大众传媒对象，相互间未必有深入的了解与沟通；边缘媒体的受众是以生活方式的近似划分的，具有地方性的特点；都市文化的受众是按阶层划分，甚至是有圈子、相互认识的，相互间沟通较为充分。这就使我们想到麦克卢汉对“冷媒介”和“热媒介”所做的分别。麦克卢汉说：“热媒介要求的参与程度低；冷媒介要求的参与程度高，要求接受者完成的信息多。”克兰实际上揭示了麦克卢汉论点的深层原因。这就是说，尽管传播范围广泛，但大众媒体的传播效果、受众与媒体及受众之间相互理解的深度反而不如都市文化；媒体本身是按照三极结构的模式操作还是按照两极结构的模式操作还需要打问号。

克兰还发现，“新思想和新形象往往始自于核心领域之外的边缘和地方领域，其中少数会被核心领域吸收。在核心领域的边界，存在高度的‘喧哗声’，这是大量个体和组织争相进入核心领域的活动的集中体现。”而在相对精英倾向比较强的都市文化中，最容易产生文化创新。这就是说，由于有媒体及其受众的分类或分层，市场中的文化创新仍然可能存在并逐步影响整个社会。边缘的媒体影响力未必低于大众传媒，都市文化的影响力还是可能逐步渗透进核心媒体。

如果情况是这样，我们就看到了问题的两个方面：一是市场可以出于需求和资源化的要求，向原创提供经济支持；二是真正的原创也可能在市场环境中获得对消费者的影响力。说到底，经济人必然是理性的。经济学家决不会假定消费者整体上永远缺少判断力、鉴赏力，因而市场上永远只有假货大昌其道。但另一方面说，理性本身的含义是丰富的，决不仅仅等同于计算，而首先应该是思，是对生活质量和生活意义的感悟和体味。所以经济人的理性是需要在一个更大的文化语境中不断得到培育和滋养的，他也要求把更多的文化因素带到市场内部来流通（其实和马克思一样，法兰克福学派的思想在西方也都是通过文化市场传播的；他们享有着比马克思更多的言论自由）。如果说，文化由于进入了市场所以难免沾上了几分铜臭的话，那么反过来说，市场由于有文化的进入也会带上些许书香。对于人类迄今的历史而言，这样的结果应该说并不算太坏！历史和文明的进程有它自己的节律。

我们的结论是明显的，即党中央关于在“十五”期间加快发展我国文化产业的建议是正确和适时的，与当今的世界形势及中国经济发展的国情相适合，是“与时俱进”的具体体现。我们要继续深化改革、扩大开放，全面融入世界经济大潮，我们要满足富裕起来的人民群众不断增长的文化需求，要发展先进文化，凡此种种，都要求迅速发展我们的文化产业，构筑我们健康的文化市场。而在理论方面，我们还有必要更深入地思考文化产业的问题，深化对历史唯物主义的当代理解，为实践提供极具前瞻性的指引。

（选自上海交通大学国家文化产业创新与发展研究基地编：《中国文化产业评论》第1卷，上海人民出版社2003年版）

文化产业概念的正式提出及其背景

韩永进

2000年10月，在党的十五届五中全会通过的《中共中央关于制定国民经济和社会发展第十个五年计划的建议》中，第一次在中央正式文件使用了文化产业这一概念，提出了完善文化产业政策，加强文化市场建设和管理，推动有关文化产业发展的任务和要求。文化产业概念的提出，具有重要的意义。

一

首先我们有必要回顾改革开放以来对“文化产业”的认识过程，仅以中央3个关于国民经济和社会发展五年计划的建议为例。1985年《中共中央关于制定国民经济和社会发展第七个五年计划的建议》中提出“进一步发展新闻出版、广播电视、文学艺术等各项文化事业”。1990年《中共中央关于制定国民经济和社会发展十年规划和“八五”计划的建议》中提出“新闻出版、广播电视、文学艺术等各项文化事业在社会主义现代化建设中具有重要作用。坚持贯彻为人民服务、为社会主义服务的方针，进一步繁荣文化事业”。1995年《中共中央关于制定国民经济和社会发展“九五”计划和2010年远景目标的建议》中提出“大力发展各项文化教育和社会福利事业，加强公共文化和福利设施建设”；“加强新闻、出版、广播电视等方面的工作”。从以上的3次“建议”中我们可以看出，文化只是和事业、和工作联系在一起的，这反映了当时我们对文化问题的认识。

与此同时，随着社会主义市场经济体制的逐步建立，随着文化功能逐步丰富、多样化，文化在实践中已经显现了产业性质的一面，在一些文件中也有所体现。20世纪80年代初期，文化工作者开始探索在有计划的商品经济条件下发展文化的新方式。“以文补文”、“多业助文”就是当时文化领域出现的重要政策措施，它教会人们要注重文化的商品一面，培养了一批经营人才。1987年文化部、公安部、国家工商行政管理局发布了《关于改进舞会管理的通知》，正式认可营业性舞会等文化娱乐经营活动。以此为契机，文化市场迅速发展，文化产业逐步兴起。1992年6月，中共中央发出了《中共中央国务院关于加快发展第三产业的决定》，正式提出要以产业化为方向，加快发展包括文化生产和服务在内的第三产业。

在提出“文化产业”概念之前，我们从党和政府的角度一直强调：精神文明建设要有物质保障。早在1986年党的十二届六中全会通过的《中共中央关于社会主义精神文明建设指导方针的决议》中就提出国家要从政策上、资金上保证这些事业（指教育、科学、文学艺术、新闻出版、广播影视、卫生、体育、文物、图书馆、博物馆等各项文化事业）的发展，并且鼓励社会各方面力量支持这些事业。1996年党的十四届六中全会通过的《中共中央关于加强社会主义精神文明建设若干重要问题的决议》专门写了“切实增加精神文明建设的投入”一个部分，明确提出建设社会主义精神文明要有物质保障。没有必要的物质保障，精神文明建设的许多任务就难以落实。国务院也制定和颁布了有关支持文化事业发展若干经济政策。

综合上述我们可以看出，以前虽然文化产业已经在实践中发展了，在一些政策文件中也提到相关的一些概念，但只有到十五届五中全会的《建议》中，才正式提出“文化产业”这一概念。这决不仅仅是提出一个新名词、一个新概念，而是建立社会主义市场经济体制对文化发展的必然要求，是有中国特色社会主义文化发展的必然选择，是文化产业自身实践和理论研究的必然结果。它的提出，反映了我们对精神产品与物质产品生产共性与个性认识进一步深化，反映了我们对文化发展客观规律认识进一步深化，反映了文化自身发展的多侧面和复杂性。

二

“文化产业”概念的提出决不是偶然的，它具有历史发展的必然性。

社会主义市场经济体制——背景之一。我国的文化产业是伴随改革开放的不断深入发展，伴随着社会主义市场经济体制目标的确定，伴随着国家大力推进第三产业发展而迅速壮大起来的。1992 年，邓小平同志视察南方重要谈话和党的十四大胜利召开，明确了中国经济体制改革的目标就是建立社会主义市场经济体制。建立社会主义市场经济体制，涉及到我国经济基础和上层建筑的许多领域，需要有一系列相应的体制改革和政策调整。我们的文化发展也必须与经济体制改革相适应，实现由计划体制下的发展模式向社会主义市场经济体制下的发展模式转变。人们对社会主义文化特性的认识也逐步深入，文化作为一种上层建筑和意识形态，必须遵循其自身发展规律，同时也必须遵循社会主义市场经济规律，努力适应市场经济要求。在社会主义市场经济的环境中，部分文化产品具有了商品的特性，有的本身已经成为了商品，其生产、分配、交换和消费等各个环节都融入到市场经济的大循环。文化生产也要尊重市场经济的一般法则，要注重成本核算，提高经济效益。文化与经济相互渗透，经济的发展中有文化的作用，如企业文化、社区文化、劳动者素质的提高等，文化反过来推动经济的发展。文化产业本身也是经济的一个组成部分，文化产业的充分发展，可以优化国家产业结构，有利于繁荣经济，扩大就业，提高人民生活质量，有利于全面实现社会进步。正是在这个背景下文化产业才能应运而生。

先进文化的前进方向——背景之二。在当代中国，要发展先进文化，就必须牢牢把握中国先进文化的发展趋势和要求，坚持以马克思列宁主义、毛泽东思想、邓小平理论为指导，立足于建设有中国特色社会主义实践，着眼于世界科学文化发展的前沿，不断发展健康向上、丰富多彩的，具有中国风格、中国特色的社会主义文化，满足人民群众日益增长的精神文化需求，引导广大人民群众从思想上精神上正确武装和不断进步。要做到这一点，就必须进一步强化市场经济意识，大力发展文化产业。因为在社会主义市场经济体制下，文化产业是专业文化和群众文化的经济支撑，是文化事业发展的物质基础，是解放和发展文化生产力的有效途径。文化的繁荣发展应通过加强自身的造血功能，从市场上获得旺盛的生命力和充足的发展后劲。发展文化产业重要目标就是要在文化建设中引入产业机制，实现文化的自我积累和长期稳定发展，形成文化发展中独立的扩大再生产机制。要在坚持“二为”方向和“双百”方针，坚持“弘扬主旋律，提倡多样化”的前提下，建立符合文化发展规律的文化生产机制，建立符合市场经济规律的文化选择机制。

在新世纪之初，我们已胜利实现了现代化建设的第二步战略目标，进入全面建设小康社会、加快推进社会主义现代化的新的发展协调阶段。全面建设小康社会，包括物质文明和精神文明建设两个方面。精神文明建设要按照始终代表中国先进文化前进方向的要求，繁荣社会主义文化，满足人民群众日益增长的精神文化需求。随着群众收入的增长，文化娱乐支出比重的增加和文化消费时间的增多，文化消费总量迅速提高，群众对文化产品的选择性日益增强。只有发展文化产业，不断形成多门类、多层次、多类型的文化生产和服务体系，才能从数量、质量、多样化等方面满足群众的文化需求。

高新技术的发展——背景之三。高科技对传统文化的支配和渗透，使文化本身的发展出现巨大的变化，可以说文化产业是高新技术与文化紧密结合的产物，体现了文化与经济互相渗透的趋势。20 世纪以来，印刷复制、录音录像、电子排版、网络传输、数字化等技术在文化领域的广泛应用，使文化艺术品可以批量生产。过去，京剧只能在剧场里演，演一场只能有限的观众观看，从技术基础条件上看，形成不了产业。现在，同样是一场京剧，电视可以转播，可以录音、录像，然后用现代化、工业化的方式，大量生产录音带、录像带、CD、VCD、DVD等，这使得文化有可能成为产业。正是文化产品具有的技术性、复制性和商品性，为文化的产业化发展奠定了基础。现代经营管理方式和组织形式，以及市场经济的规则在文化领域的运用和推广，更加速了文化产业的发展步伐。高科技的发展，特别是信息产业的渗透，使文化产业出现多种形态。最典型的就是互联网的出现使其成为第四媒体，并由此产生了网上电影、网上出版、Net论坛等一系列新的文化形态。在知识经济时代，文化产业的发展可以促进知识的传播和普及，它是知识经济时代的先导性产业，它已经成为提供知识、教育、审美和休闲娱乐的重要载体。

文化产业在实践中的发展——背景之四。进入20世纪90年代，随着社会主义市场经济体制的建立和发展，文化领域面向市场改革步伐明显加快，文化产业加速发展。据统计，1990~1998年全国文化系统文化产业增加值增长了6倍，文化产业机构增长了35%，从业人员增长了46%。到1998年，仅文化部门管理的文化娱乐、音像、演出、艺术品等文化经营单位已达25.7万个，固定资产合计600多亿元，从业人员116万人，年实现利税47.9亿元，年创造增加值1486亿元。我国现有图书出版单位500多家，出版产业总资产已达700多亿元。包括文艺演出市场、电影电视市场、图书音像市场、文化娱乐市场、文化旅游市场、艺术培训市场、艺术品市场等在内的文化市场体系初步建立，并成为20年来我国发展速度最快的产业之一。

与此同时，中央和一些地方制定了相关文化产业发展规划。开展了文化产业理论研究和讨论，有关部门先后举办了国际文化产业研讨会、加入WTO与中国文化产业发展研讨会等多种会议。国家设立了相应的机构，管理有关事宜，1998年国务院机构改革方案中，文化部主要职责中有一条就是“拟定文化产业规划和政策，指导、协调文化产业发展”，在其内设机构中设立了“文化产业司”，其任务是研究拟定文化产业发展规划和文化产业发展政策、法规；扶持和促进文化产业的发展和建设；协调文化产业运行中的重大问题。这些都为“文化产业”概念的提出提供了实践基础。

国际文化发展的竞争——背景之五。从国际上看，世界多极化在曲折中发展，经济全球化步伐加快，科学技术突飞猛进，综合国力竞争日趋激烈。在这个大背景下，人们对文化及其在经济和社会发展中的特殊作用表现出了更多的关注，在探讨重大经济、政治社会问题时，都要涉及到文化因素，文化实力已经成为综合国力的主要内容，文化发展已经成为当今世界的新型战略课题。文化产业作为新兴的朝阳产业，在各国经济发展中具有越来越重要的地位，许多发达国家的文化产业已经成为国民经济的支柱产业，文化产业的从业人员已占全社会从业人员的3%到6%。据统计，日本文化娱乐消费占国民生产总值的4%，日本的娱乐业产值仅次于汽车工业。美国和西欧一些国家文化消费（包括旅游等）占家庭消费的30%左右。美国文化产业的产值已占GDP总量的18%~25%，400家最富有的美国公司中，有72家是文化企业，美国音像业已超过航天工业居出口贸易的第一位。另外，文化产业已成为国际贸易中的重要组成部分，1980~1998年间，在人文艺术、娱乐、文化活动、旅游服务等领域的世界贸易额，从953.4亿美元增加到3879.3亿美元。

随着我国加入WTO，外国的文化资本和文化产品会越来越多地进入我国，国际文化交流与合作更加活跃，国际间不同文化的相互渗透和激荡更加激烈，西方发达国家力图凭借其经济实力和文化传播优势，将大量精神文化产品、社会政治理念、价值观念等输入我国，并力图占领我们的文化市场。对此，要有清醒的认识。要保持中华文化的主权和独立，抵御外来文化的消极影响，特别是消除腐朽文化的侵蚀，就必须大力发展我们自己的文化产业，提高文化产品的市场竞争力和市场占有率。我们应当看到中国文化的巨大优势，伟大的中华民族在人类文明发展的历史长河中，创造了博大精深的中华文明，留下了光辉灿烂的文化瑰宝，具有极大的独特性、丰富性、完整性和消化变通能力，这是任何其他文化所无法取代的。不断壮大的经济实力、开放的环境和高度发达的现代化科学技术，也为中国文化产业发展，为文化产业走向世界创造了良好的条件。

三

关于“文化产业”的定义，据统计有上百种之多。至于理论上如何正确定义不是在短时间内能够解决的问题，关键是看实践的发展。但是，在目前情况下，我们又必须为“文化产业”准确定位，因为这是实践的需要。在与其他行业比较中，以下两个方面是必须进一步明确的。

1. 文化与文化产业

文化是一个大的概念，文化产业只是文化中的一部分，是文化中可以采用市场方式运作的一部分。由于市场的作用不同，文化产业的范围并不是很严格的，在一定的条件下是可以转化的。根据与市场的关系，我们可以把文化分成三大类：公益文化、亚市场文化、市场文化。所谓公益文化，最大特征就是无偿性，主要任务是满足公众的文化需求。无论是以什么样的形式投入，修建博物馆、图书馆、文化馆、纪念馆也好，举办大型文艺晚会、文艺演出，拍摄电影电视节目等等也好，投资人无论是政府，还是企业，无论是基金会等社会组织，还是个人，其投入是没有经济回报的。当然，公益性文化在运作过程中，也要讲成本核算，讲经济效益，但其最终结果不是为了挣钱。所谓亚市场文化，最大特征是市场经济法则只在一定范围内、一定程度上发挥着作用。比如，我们的报纸、电台、电视台是党和政府的喉舌，这个性质是明确的，但是，这些单位的广告业务工作和印刷业务工作，则在一定程度上受市场经济法则的制约。再比如，我们国家所属的艺术院团在艺术生产过程中，其人员经费是由财政拨付，从这点上看不是市场，但他们排演出来的节目，则需要通过市场，通过售票，通过观众出钱买票观看实现其价值，从这点上看，又是受市场经济法则制约的。所谓市场文化，最大特征是主要通过市场调节文化活动，配置相关资源。像歌舞厅、电子游戏机等行业，其经营目的主要是为了盈利，它随着市场的供求关系而不断自我调节资源配置。

这3种文化的界限不是严格的，特别是亚市场文化，有时会多种文化相互融合，你中有我，我中有你。有时条件成熟，各种文化会发生相互转化。文化产业的发展，主要应在市场文化这个层面；在亚市场文化之中，文化在一定条件下，也会以产业的形式出现；在公益文化之中，也有文化产业的因素。另外，我们所讲的“文化产业”是有一定范围的，决不是可以任意扩大的，更不能把“产业”与“产业化”混为一谈。

2. 文化产业与文化事业

文化产业与文化事业都是大文化范畴内的具体概念。文化事业概念本身也分几个层次：第一层次是泛指整个文化，像我们通常使用的“发展文化事业”就是指发展整个文化；第二层次是指与文化产业相对的整个文化事业，具体包括公益文化和部分亚市场文化，其特点主要是国家投资为主，其他投入（包括社会基金会、社会捐赠等）为辅，主要目的是为了满足公众文化生活需要，不是盈利。第三层次是指文化事业单位，所谓文化事业单位是指受国家各级文化行政部门直接管理的、生产文化产品和提供文化服务的独立的社会组织。具体包括如下几类：音乐、歌舞、戏曲、话剧、杂技等艺术表演团体，地方公共图书馆、博物馆、文化馆等，文学艺术、文物研究单位及画院等。文化事业单位既不同于文化行政管理机关，也不同于文化企业单位，其资金主要是由国家财政拨款（目前也有些单位实行自收自支），没有创利创税任务，服务对象是全社会的公众。

通过上述论述，我们可以清楚地看出文化产业与文化事业是有很大区别的。文化事业是国家文化发展的主流，文化产业是其必不可少的补充。这两者之间有联系又有区别，对它们的功能定位、运行机制和政策支持都是不同的，文化事业单位和文化企业单位也是不同的。我们必须注意“事业”与“产业”的区别，明确哪些是事业，哪些是产业，哪些可以进入产业，哪些不能进入产业。在此基础上确定不同的政策，实行不同的体制和运作方式。

（选自江蓝生　谢绳武主编：《2001—2002年：中国文化产业发展报告》，社会科学文献出版社2002年版）

创意何在

——对当代文化创意产业的解读

胡正荣

当下，“文化产业”、“文化创意产业”非常热门，已经成为焦点性的词汇。但是，“文化创意产业”或者“文化产业”究竟指的是什么？在发达国家，不管叫“文化产业”或者叫“创意产业”，这个行业本身发展已经有很长的历史。称“创意产业”的有英国、韩国。欧洲其他国家有的愿意叫“文化产业”。在美国，没有“文化创意产业”的概念，因为社会高度的法制化，一切创造力产生的产品都有版权，比如绘画、歌曲、舞蹈、电视节目、广播节目都受到版权保护，不能抄袭，因此基本叫做“版权产业”。虽然在发达国家的概念叫法不一样，但是实际上这个产业最核心的就是创造力。

创造力是文化创意产业的生命

文化创意产业中的创造力是两个力量整合结果。

首先是个体力量。创造力就是每个个体人创造能力的释放，是个性的释放、差异的张扬。虽然在我国这样一个推崇共性的社会中这种要求的确会有阻力，但是文化创意产业就是需要创作者对共有的素材资源进行个性化处理，同时对通用的传播渠道进行差异化选择。

其次是群体力量。社会要有自由宽容的机制，鼓励企业家精神，即创新精神。如果社会的政策环境、制度安排、整体风气都是鼓励多元、宽容、差异、求新的，那么这样的社会才会是具有创造力的社会。因此可以说，创造力以个体为核心，以群体为条件。

“文化创意产业”最核心的、最本质的“创造力”包括两个方面。第一是“原创”，即创造出前人没有的东西，由原创激发的“差异”和“个性”是文化创意产业的根基和生命。比如，中国京剧，这就是中国人的原创。美国的迪斯尼集团生产的动画片《米老鼠与唐老鸭》先在电视电影上播放，然后又将片中人物形象做成玩具、服装，再做成迪斯尼主题公园。人的创造力是无限的，可以实现创造力的途径也是无限的。迪斯尼的许可产品一年在全球的零售1120亿美元，其中290亿来自于娱乐人物形象，不管是玩具、服装、电影还有电视，迪斯尼倚靠的这些人物形象，都是自己原创的。国内目前比较时髦的一个词叫“软力量”，这是哈佛大学教授约瑟夫·奈提出来的概念，其中很关键的一个方面就是要通过在世界范围内推广本国的文化，增加文化上的吸引力，从而扩大自己国家的实力。这方面美国自不待言，而在亚洲，典型是韩国，韩国政府出面、出资、出政策大力地推进韩国文化产业向外发展，从而在亚洲形成人所皆知的“韩流”，扩大了韩国文化在亚洲的影响。而韩国在这一过程中倚靠的关键内容都是自己原创的。第二是“创新”，就是对前人创造好的东西进行改造或者更新。比如，《卧虎藏龙》用了一个西方化的艺术表达方式来包装中国内核的故事，这就是一个创新过程而不是原创。《花木兰》是迪斯尼拍的，虽然文化素材和资源是中国的，但是表达方式是全球的，制作方是美国的，因此这也是美国人的创新。

文化创意产业的结构和特征

文化创意产业的结构就是在大创意下支撑或者大创意下引导的多元产品形态的产业结构。从发达国家的文化产业的结构来看，不管广播、电视、电影、动漫、报纸杂志、图书出版、艺术娱乐、旅游、体育、会展活动，所有这些行业都是文化创意产业。在发达国家，一个创意可以带来很高的价值，而且一个创意还可以转化成多种产品形态去实现它的价值。但是目前我国的文化创意产业目前还是预热阶段。虽然很多地方都开始了体制改革的试点，但总的来说只是摸索，根本谈不上整体的起步，原因在于文化体制结构问题。现有的政府结构和体制使得文化产业成为壁垒重重的行业，而如果要真正促进这个产业的发展，只能按照产业自身的结构规律去构建这个产业。

文化创意产业有两个特征。第一是规模经济。通俗的说法就是做大，规模经济是指边际成本低于平均成本。同样排练一个剧目成本要20万元，如果只上演两场，则平均一场成本就是10万元。但上演200场平均每场成本才1000元，效益就回来了，这就是规模效益或规模经济，文化产业是需要规模经济的。比如《哈利·波特》卖了几百万册书之外，还要拍成电影让全世界几亿人观看，规模经济就体现出来了。只有规模做大，成本才可能降低，效益才会提高。规模做大了，产业才可以细分，才能有分工。第二是范围经济。范围经济第一就是要多样化。比如你有一个好的剧本，但是不只能够做成话剧，还可以做成小说、电影，如果电影很好的话，还可以改编成电子游戏，或者做成一个主题公园。第二是交叉化，把一个产品创意带到另一个产品中去，既可以做小说也可以是电影。产品形态多了之后，就形成最后一个层次的含义就是品牌，一说到迪斯尼马上想到动画片，迪斯尼已经形成了一个品牌。目前国内比较缺乏的就是把自己的创意转化成多元产品去多次实现价值的概念和能力。另外，没有适当的政府结构和健全的法律体系，文化创意产业也很难获得大的发展。

文化创意产业的运营和营销

首先，政策必须鼓励文化产业竞争，也必须鼓励文化产业融合。不过文化产业也不可能完全放到市场中去，要有公共服务，有些文化还是需要政府支持的。

其次，文化产业的链条化。即文化创意产业要把价值创造的环节和程序完全整合起来做一个大的文化产业结构。整个文化创意产业的产业链有两个部分，即内容和渠道。整个中国的文化创意产业已经开始进入渠道过剩、内容短缺的时代。文化创意产业有几个最核心的链条，第一个链条就是一定要拥有文化资源。中国发展文化创意产业是有条件的：我们拥有五千年不间断的历史文化资源，我们拥有世界上最多样性之一的自然地理资源，所以我们的资源非常丰富；第二个环节，光有资源不够，还要有创作；第三个环节是制作，有了好的创作，但是制作不出来也不行；第四个环节是渠道，包括媒介、流通、发行、包装、演出、会展、文化场馆，这都是创作的产品实现价值的场所；最后是展示，做成多样性的产品去销售，去创造价值。以美国时代华纳为例，它分为两个集团，一个是娱乐与渠道集团，主要做娱乐、电影、唱片与电视频道等；一个是媒介与传播集团，控制着有线网、互联网、杂志和发行渠道。时代华纳既做上游又做下游，同时又以上游即内容为主，它还是非常重视内容这个部分的。我们国家的文化创意产业和媒介产业的收入非常单一，而时代华纳集团26%的收入来自电影和娱乐，21%来自互联网，20%来自有线网，其余收入来自电视频道、唱片、杂志、图书、艺术品等，他的收入渠道是非常多样化的，一旦一项有损失，其他渠道还有补充。

第三，要学会营销文化产品。一般来说文化机构分为四个类型：生产型文化机构，忙着排节目、演出、展览，而不顾效益，现在这种类型的文化机构基本不存在了；我国大部分的机构属于产品型机构，通过很长时间做出来一个好的作品，只关注于生产一个好的作品，不会做市场，这也是比较落后的；销售型文化机构，对市场已经开始有一定的研究；最好的是营销型的文化机构，在创作之前先了解目标市场，找到独特的策略应对目标市场。营销型文化机构的关键在于，市场是中心，消费者是导向，同时要学会营销，目标是盈利。

第四，文化产品的营销和运营的策略。文化创意产业的营销策略非常多，但核心只有两点：新产品要不断开发和相关的营销策略必须要跟上。首先，要明白文化产品定位的目标对象。第二，产品要系列化。例如电影《指环王》要拍第三、四集，《哈利·波特》小说到第六集，电影已经到第四集还在接着往下拍。第三，明星策略。做文化创意产业不能缺少明星，这方面典型的例子是以赵本山为代表的东北特色的小品和电视剧。文化创意产业是要鼓励个人，没有了个人就没有了文化创意产业，没有个人的创造、没有个性就没有文化创意产业。明星制是文化创意产业必须推的一个体制，明星制的优势就在于他的创造力。第四，大制作。虽然不是个个大制作，但是一定要有投资去做大制作。第五，学会相关产品的销售。比如京剧院可以做剧团的演出、可以做 DVD、可以做盒带，可以做很多相关产品。文化产品完全是一个多样性的相关产品的联动，因此，对相关产品的宣传也是必不可少的。宣传对于一个产品来说是非常之核心的，形象的包装、推广活动的设计都是非常重要的。

（选自《数据》2006 年第 5 期）

关于文化产业概念在实践中的界定

彭卫国

什么是文化产业，文化产业包括哪些行业，它与现有的各种产业是什么关系，学术界、理论界对此见仁见智，狭义广义、微观宏观说并存，目前尚未形成较为一致的意见。但是，界定文化产业的含义，不仅仅是一个抽象的理论问题，而且也是一个很现实的实践问题。

因为，如果我们不能达成一个大体一致的意见，就不能用同一尺度（统计指标）认识文化产业的现状和走势，就不能提出相应的政策建议，更无法制定发展文化产业的规划，从而使支持文化产业的发展失去实践意义。所以，不管在理论上是否成熟，现实迫切需要我们先在实践上界定文化产业的含义。有鉴于此，笔者就大家普遍关注的有关文化产业的范畴和所涉及的统计指标体系等问题，提出自己的一得之见，与关心文化产业发展的同仁一起探讨。

从文化产品和文化服务的功能上考察文化产业

在文化产品和文化服务的功能上界定文化产业，应当说文化产业是满足人们的精神需求，而不是满足衣食住行等物质需求的产品和服务。以此视角界定文化产业的范围，大致有三种见解：

第一种是比较狭义的，指传统概念上的文化事业，即宣传文化系统的文化事业活动单位的集合，包括新闻、出版、影视、报业、演出、艺术、娱乐业等。这是一个微观的文化产业概念。

第二种是比较广义的，将上述文化产品和文化服务生产作为一个整体的链条加以考察，不仅包括文化产品生产的“原版”，还包括了它的“复制”；不仅包括了它的“自产自销”部分，还包括了“专业销售”部分；不仅包括了它由传统“文化事业”发展出来的文化产业，还包括随经济发展而新兴的文化产业。也就是说，不仅包括新闻、出版、影视、报业、演出、艺术、娱乐业，也包括图书报刊印刷与发行、音像制品复制与销售、文化经纪与代理、文化艺术教育、竞技体育与相关活动、文化旅游及相关产品制造和销售，等等。这是一个扩展了的可称为中观的文化产业概念。

第三种是更宽泛的，将文化向经济、社会的延伸和渗透继续加以囊括，把文化含量越来越高的行业诸如文化用品业、网络信息业、建筑与装饰艺术、园艺与工业品造型艺术、服饰艺术、观光农业以及展览业等包括进来。有些发达国家的文化产业统计就程度不同地包括了这些。不仅如此，还有的主张把教育、社科研究也归于文化产业。这是一个十分宏观的、继续下去就要找不到边界的、有些“泛文化”的文化产业概念。

笔者认为，上述三种意见在理论上都是有道理的。但是，我们界定文化产业概念的现实意义，在于考察当今文化产业之与经济、社会发展及老百姓生活的关系，把握文化产业自身的发展规律和趋势，从而比较自觉地为文化产业的发展拓宽道路，提供支持。所以，从文化产业的现实意义出发，概念界定可以不拘泥理论上的困惑，而应当着眼于有利于文化产业自身发展的角度来考虑。

如果这一思路能够被接受的话，那么，综观上述三种意见来看：第一种见解比较“纯”，但过于保守，在国内外坚持的人越来越少了。第二种见解的视野扩展了，基本上能够为大多数人所接受，国外一些文化产业比较发达的国家和国内一些发达省份考察文化产业的口径大都接近这种意见。但其中也有一些值得探讨的问题，比如，艺术品的生产归为文化产业，与之相连的销售商算不算？体育用品的生产和销售算不算？旅游产业的统计把旅游交通、食宿也包括在内了，这是否超出了“提供精神需求”的范畴？至于第三种意见虽然太宽泛了，但其中也有合理之处，园林艺术的文化含量和文化品位越来越高，显然是提供精神需求的；还有观光农业、玩具业也是提供精神需求的；如果把乐器制造和销售列入文化产业，那么，VCD、电视机、照相机的制造和销售呢？看来，要在文化产业的生产与销售的范围和链条上，划一条绝对合理的清晰的界线是十分困难的，在实践上也会搞到纠缠不清的境地。

从文化产品和文化服务的生产方式上考察文化产业

在文化产品和文化服务的生产方式上界定文化产业，应当是指那些工业化生产的、有市场需求的、由消费者直接购买的文化产品和文化服务。以此视角划分文化产业的范围，也有三种见解：

第一种意见认为，生产文化产品、销售文化产品、展示文化产品、各种文化设施的运转、各种文化活动的开展，包括各种文化现象，都可以归于文化产业的发展。历年来，文化主管部门的《年度文化产业统计资料》，基本如此。其中，公益性文化事业的有关数据，如图书馆藏书多少和借阅人次，演出团体人数和演出场次，博物馆开馆情况和参观人次，等等，均统计在内。

第二种意见认为，非经营性的、公益性的文化现象和文化活动，不能算文化产业。只有进入市场的生产、销售环节的文化产品和文化活动才算文化产业。这虽然把非经营性的文化产品和服务分离出去了，但把单个人的、间断的、零星的文化产品的制作和销售也算作了文化产业。例如，老太太摆地摊卖自己做的剪纸，集市上个人卖对联、字画等。

第三种意见认为，文化产业就是面向市场的、按照工业化标准生产、储存、销售、分配、再生产的文化产品和服务的活动。它是批量的、有规模的、连续不断地去生产、流通、销售、消费，不是小规模地、零散地、一次性地生产和销售；它是以盈利来维系生产和再生产链条的，自然不包括由政府负担或由社会捐助维系的公益性文化事业。

从理论上说，我们在审视文化产业的发展、制定有关文化产业政策时，应当采纳第三种意见。因为，只有第三种意见，才是文化之产业，才是产业了的文化。但是，在实践中，非经营性的、公益性的文化设施和文化活动，如图书馆业、博物馆业、文物业、城市美化与装饰等由政府或社会集团购买且无偿提供给社会成员的文化产品和服务，也进入了文化产业的统计指标体系，至于那些代表国家意志与民族精神的公益性文化产品和文化服务，自然也在其中。从国内其他文化产业先行省份的文化产业统计情况看，也多是这样。如果从世界上一些国家把警察、军队、律师的工作也算为产业（第四产业），也列入 GDP 统计的角度看，这样统计也未尝不可。何况，文化产业本来就是横跨三次产业的产业，并非都是第三产业的一部分，有的在制造业，属于第二产业，有的属于第一产业——如果把观光农业也列入文化产业的话。

把握文化产业的含义与确定文化产业统计范畴及指标体系

经过以上分析，笔者以为，对文化产业的界定可以从以下几点来把握：(1) 它必须是用来（直接）满足人们精神需求的文化产品和服务的行业；(2) 它必须是市场取向的工业化、产业化生产与销售文化产品和服务的行业；(3) 它不是独立于工业、农业、服务业诸产业之外或三次产业之外的一个产业，而是存在于以往那些产业分类之中、日益显现出独立加以考察之重要意义的文化产品和服务的那一部分。

至此，我们也可以比较出文化产业和文化事业的主要区别了：一个是经营性的，需要消费者购买的、满足大众文化消费需求的文化产品和服务；一个是公益性的，通常由政府购买的、无偿提供给所有社会成员的文化产品和服务（如图书馆、博物馆、城市雕塑、街景艺术等）。但是，理论上的界定和实践意义上的界定往往是不一样的，把握文化产业确切含义的意义，在于我们认识的深化和明晰，并非意味着要按理论上的界定去给文化产业建立统计指标体系。因为那不仅是难以做到的，而且是不必要的。

那么，确定什么样的文化产业的统计范畴和指标体系，既有利于我们从整体上了解和把握文化产业的发展现状及趋势，又便于我们通过制定文化产业发展规划和相关产业政策支持文化产业的发展呢?

从国外看，有的国家和地区把文化产业作为一个产业门类来统计，有的将其分解为若干领域，分别并入其他产业。美国有时将书籍出版业和录音制品生产列入制造业，将电影生产编入服务业，有时纳入到信息产业；日本把文化产业理解为能满足人们的文化和爱好的产业部门，生活、消费、工作、娱乐、消遣等活动都与文化结合在一起，在文化与产业交错的领域里，不断产生出新的文化和新的产业，文化教育、体育、旅游、饮食、传统手工艺、美容等也都进入了文化产业的行列。有的国家将生产包含某些文化要素的产品统统视为文化产业。实际上，各国的文化产业发展的数字均是在这种界定不清、统计指标不一的情况下产生的，并非是严格意义上的可比较的数字。一般来说，文化产业包括：出版及相关印刷业、信息传播业（含报纸、广播、电视等媒体的广告、信息服务等扩展性业务）、电影业、娱乐业（含体育比赛、观光游览、电子游戏及各种游乐场）、艺术业、演出业等。

从国内看，上海市提出了按现行的（国民经济行业分类与代码）的标准，从生产、流通、服务三个过程来构造文化产业的行业结构。一是文化产品制造业，指从事文化消费品生产和物质文化载体生产的工业部门。其中文化载体生产指精神文化产品的生产（精神文化产品要进入文化消费市场需与一定的物质载体相结合才能实现，如图书即书稿的物质文化载体）。因此，文化产品制造业包括图书报刊印刷业、记录媒介的复制、文化娱乐用品制造业、工艺美术品制造业四个行业。二是文化产品零售业。三是文化服务业，指专门从事各种文化工作的服务部门，包括娱乐服务业、艺术业、出版业、图书馆业、档案馆业、博物馆业、群众文化业、文物业、文化艺术教育业、文化经纪与代理业、广播、电影、电视以及不属于以上分类的其他文化产业。北京市确定的文化产业范围则包括新闻出版、广播影视、文化娱乐、旅游休闲、体育健身等五大方面。并细化确定了12个行业类别，包括出版业、印刷业、图书报刊批发零售业、文化体育用品制造业、文化体育用品零售业、艺术业、文物保护业、图书档案馆业、群众文化及其他文化业、广播电影电视业（含新闻）、娱乐服务业、广告业。江苏省提出的文化产业包括：传媒业、文化旅游业、文化信息业、会展业、文艺演出业、艺术品业和文化娱乐业等。

从国内外对文化产业范围的划定看，共同点是主要的，但需要考虑的问题是如何对待体育业和旅游业。北京市把体育用品的制造和零售都归到文化产业中来，却没有明确是指竞技体育运动本身（足球俱乐部是典型的产业运作），该市文化产业五大方面之一“体育健身”中，显然也包括了满足生理需要（而非精神需要）的群众性的健身活动。北京市的“旅游休闲”和江苏省的“文化旅游业”统计中，恐怕很难剔除交通、酒店和“假日经济”的一些收入数字。江苏省的“文化信息业”、“会展业”是其他行业的延伸，还是文化之产业，值得商榷。

对河北省确定文化产业统计范围和指标体系的建议

目前，河北省尚未建立起文化产业的统计指标体系，这使得相关管理部门还无法清晰地了解全省文化产业的家底。一些单位与部门所做的全省文化产业调查活动和搜集的一些数据，由于没有一个统一的口径也难以与其他省份的统计资料相比较。这直接影响了河北省文化产业发展规划的制定，因而成为迫切需要解决的问题。为此，笔者特提出以下建议：

（一）统计范围

从便于现有行政管理体制运作的前提出发，大体参照北京市的做法，将文化产业划分为五个方面，即新闻出版业、广播影视业、文化娱乐业、观光旅游业、体育业；具体分为12个行业类别：图书报刊出版业、印刷业、书报刊批发零售业、广播电影电视业、广告业、表演艺术业、工艺美术业、图书馆博物馆业、群众文化业、游艺娱乐业、观光旅游业、体育及用品制售业。考虑到非经营性公益性文化事业与文化产业的关联性，以及与其他省、市指标的可比性，将其也包括在文化产业的统计范围。随着经济和社会的发展，“文化”与“产业”结合的领域也将不断扩大，将来文化产业的统计范围也可以扩展得更宽一些。

（二）指标设置原则

1. 统计指标要反映文化产业在整个国民经济总量中的比重；反映社会成员在文化产业发展和文化活动中的参与度；反映文化产业自身发展的规律、速度和趋势。

2. 统计指标设置一律以“增加值”为核心指标，与国民经济核算体系接轨，便于与国内外统计资料的对比。

3. 统计指标要适合市场经济发展的需要，有利于文化企事业单位走向市场，参与市场竞争，促进文化产业发展。

4. 要充分考虑建立文化产业统计指标的实用性和可操作性。

（三）主要统计指标

1. 反映文化产业总量和规模的共有指标——总产值（总收入、销售收入）、增加值、从业人数、年末资产总计、年末固定资产总值。

2. 反映文化产品制造业的其他指标——工业总产值、工业销售产值、固定资产净值（年平均额）、流动资产

(年平均额)、利税总额。

3. 反映文化产品零售业的其他指标——文化娱乐用品零售额、图书报刊零售额、工艺美术品零售额、利税。

4. 反映文化服务业的其他指标——受众人次、利税。

5. 反映公益性事业的其他指标——受众人次、财政补贴收入、总收入、总支出。

上述指标的统计工作，主要部分可分别由新闻出版局、广播电视局、文化厅、旅游局、体育局等行政主管部门承担，但是一些文化产品的生产和销售并不在上述五个部门的管理范围，在统计上需要另作要求。

需要指出的是，要自上而下建立起文化产业发展的统计指标体系，只确定了行业还不够，还要确定到提供原始统计数据的具体单位，因为有相当多的生产企业、流通企业、服务性企业不是单纯提供文化产品或文化服务的，在企业营业额或销售收入中，彻底分开统计会很困难或统计成本太高。是否从经营内容的比例上切一下，比如以经营文化产品和服务为主的确定为文化产业统计单位，为次的为其他产业单位，加权平均下来应能反映文化产业状况。考虑到文化产业与其他产业并不在一个平面上，文化产业的统计指标数据与其他产业的统计指标数据并不并列，会在（也应该在）很大程度上交叉、重复。所以，确定具体的统计范围时，划分的线条不必特别精细，而是要着眼于统计结果能在宏观上反映文化产业发展的全貌。

（选自《河北学刊》2002 年第 2 期）

文化品价值与价格

刘诗白

文化品的内在价值

本文分析的文化品，指的是文学、艺术创作物，新闻报道，印刷出版物和文化、艺术演出、影视品以及光碟，也包括文物。

文化品作为商品，它由此获得价值性，后者是作为经济物品的文化品的最重要的秉性，商品性文化生产的最重要经济功能，如像创造与实现产品价值和资本增值，进行积累，促进经济增长等等，均是立足于文化品的价值性的基础之上。

文化品价值有多样表现形式：1. 文化原品市场交换价值。如像文学、艺术原作品的交换价值，歌唱家、舞蹈家的演出以及音乐家的器乐演奏等带来货币价值，人们称之为票房价值。2. 文化附加值。文化嫁接于物质产品产生的有文化含量产品，如名家设计的最新款式的服装，著名大师设计的建筑物，它们以其高文化含量使产品获得很高的新增交换价值，人们称之为文化附加值。上述作品的市场交换价值，演出票房价值，文化附加值均是文化品价值的表现形式。文化精神产品是知识产品的一种具体形式，文化品的价值性具有下述特征：

1. 内在价值性。文化品在市场交换中表现出的价值性，不是“外铄的”，即产生于购买者对产品的主观感受和主观效用，而是文化生产中的主体劳动所创造的。任何真正的文化原品——区别于复制品——是文化工作者的精神劳动以及用于绘制、写作、打字等体力性劳动的产出物。在文化品作为商品生产和交换的体制下，上述生产主体的社会劳动耗费——主要是智力和情感力的耗费——“凝结”、“体现”和对象化于文化品中，成为文化品固有的价值实体或内在价值。在竞争性较充分的文化生产领域，由抽象人类劳动构成的价值实体，通过文化生产的“成本”范畴，对从较长时期看的文化产品市场价格变动起着制约作用。

2. 高价值性。文化产品具有高价值性，它表现在：①文化名家创作的绘画、书法或是雕塑品的市场价值畸高，与普通工人加工制造的物质产品市场价值不可同日而语。②名家的演出，无论是歌唱家、舞蹈家以及戏剧表演家的演出，都拥有很高的票房价值。③著名作家的文学、艺术作品版权转让费用高昂。④包孕有高文化含量的物质产品或服务产品能获得“高文化附加值”，即人们通常说的“文化赋值”现象。⑤文化生产者较之物质生产部门的普通职工有较高的收入。

文化品的高价值来源于文化生产劳动的高价值创造能力。这在于：①文化艺术劳动是一种高知识、高技巧的高级熟练劳动，需要有更高的学习费用。作为规律性的是：

文化名家的精神生产能力是通过长期的多方面的训练与培育而形成，他们的劳动是一种高度熟练劳动，而文学艺术杰作正是这种高度熟练劳动的体现和结晶。②文化艺术创作劳动是一种精神创新劳动，不仅需要高度专注，而且需要创作激情，为保持创作激情、抓住灵感，需要一气呵成，为此作者往往日以继夜，不眠不休，从而使劳动具有高强度性质。③文化艺术作品，特别是文化精品，并不是可以轻易打造而成，而往往是长期艰苦劳作的结果。④文化生产过程，还包括前期生产过程，例如题材选定，主要内容的酝酿，体验生活和素材的搜集，草稿创作，等等，上述前期劳动都是生产劳动总过程的一部分。因此，文化品生产过程除即期生产外还包括有较长的前期生产，从而具有生产过程长的特点。一些创作，乍一看是作家凭借“灵感”的触发，在文思如泉中以较短时期完成，实际上这种“短期、快速”生产，是以很长的前期生产过程为基础。文学艺术精品，特别是鸿篇巨制，更是庞大工作日的劳动产出物。可见，文化生产劳动的高熟练、高强度的性质，决定了产品中抽象人类劳动含量高，这是文化产品具有高内在价值的根本原因。

文化品价格与价值的经常背离性

一个充分的、自由竞争的市场经济体制会使商品价格通过不断的波动，趋向和定位于某一个价格轴心，这个价格轴心水准决定于生产中的社会劳动耗费，即价值。英国古典政治经济学鼻祖亚当·斯密区分了价值范畴和价格范畴，阐明了交换价格尽管是不断变动的，但是它总要回归于价值，马克思则基于唯物辩证法有关现象与本质的分析方法，通过对商品交换关系和价值形式的历史发展变化的缜密的考察，特别是通过竞争中商品市场价格对内在价值的背离和回归的运动形式的理论分析，进一步科学地揭示了商品市场价格不是一贯等同于价值——生产商品的社会必要劳动量，而是在价格不断的波动和对价值的偏离中趋同于价值。

基于对价值与价格范畴内涵的科学理解，人们就不难发现市场经济中多种多样的价格与价值相背离模式。例如：

1. 有价格无价值。进入市场交换的不完全是劳动生产品，也可以有自然生成物，如土地、自然花木、山禽奇石等，它们有价格但没有内在价值，而其市场价格则取决于供求状况。

2. 以价值为轴心的市场价格。在充分的竞争，即不存在对生产、技术的垄断和信息不对称的“完全竞争”势态下，尽管有日常的价格波动，但从长期看，市场价格定位于价值轴心。

3. 垄断价格。在不充分的竞争中，即某些市场主体对生产要素拥有垄断性占有条件下，市场价格水平高于价值，而且价格不回归于价值中轴，价格水平对价值的偏离度取决于市场供求的状况，这种市场价格对价值中轴的高偏，体现了垄断价格形成模式。

文化原品的高市场价格就属于垄断价格。李嘉图未能从垄断价格与价值偏离的角度来认识文物品以及自然垄断物品的高市场价格现象，他把上述产品的市场价格决定作为劳动价值规律不适用的特例。这表现出李嘉图不能将他在阐述商品的劳动价值本质中使用的理论分析方法贯彻到底，他还不善于区分价格与价值，他对于价值规律总是要表现为价格与价值的背离，是一种作为趋势的经济规律，而不是精确的自然规律还缺乏理解。

总之，科学认识价值与价格这一对范畴的内涵，用之于分析当代发达市场经济中更加复杂的商品结构和多种多样市场价格模式，人们并不难以劳动价值论原理来对包括文物、文化品及其它知识产品等的价值决定做出科学阐明。

文物品的竞卖和垄断价格

文物品指的是经过一定历史年代的文化品，如像远古人类遗存的器物以及历时久远的前人的绘画、书法、典籍、抄本、服饰、器皿等等。作为文物的文化品尽管也是古人劳动所创造，但它不是现实的商品性文化生产的产物，因而，谈不上产品中体现有古人的劳动价值。文物没有原价值，但在市场经济中文物可以交换，是商品，然而，初始持有者将文物投入市场像将它持有的稀有自然奇石投入市场一样，这是一种有价格、无价值的交换对象，它的价格纯然决定于市场需求和供给的状况。

一些文物品如古代人的日用工具、器皿等，它们的数量较多，而一些文物品如古代帝王特制的用于庙堂祭祀的钟鼎，艺术名家的绘画、书法作品等等，它们均只是唯一之作，而且是不可复制的。稀有文物被持有者用来交换时，不存在多数售卖者的竞卖，从而产品的市场价格从属于购买者的竞购，更具体地说，是从属于寡头垄断价格机制。

大体说来，文物市场价格的决定因素是：1. 某一文物品本身的社会历史意义和重要性。就绘画、书法、雕塑来说，是其创作者的“知名度”；就器物来说，是它的社会、历史重要性。2. 文物品的艺术价值。文物品本身在艺术品质上有高低，有的是精品，有的是一般之作。3. 进入市场的文物品的数量。文物市场上，通行着（文）物以稀为贵（价高）的价格规律。4. 有效需求和竞争的状况。文物品的价格，主要决定于：A. 文化消费者的数量及其购买能力；B. 购买者的竞争状况，特别是拍卖行中使用的博弈式的竞争起着哄抬价格的作用。文物品市场竞争价格决定机制可以用以下数学公式来加以表述：

AP＝（Af＋Au）×（CA×CM）/An＋（AR＋AE）。AP——文物品A的价格；Af——文物品A的社会、历史价值；Au——文物品A的艺术价值；CA——文物品A的购买者数量；CM——文物品A购买者的购买力，即他们愿意付出的购买价格；An——文物品A或A类产品的数量；AR——文物品A的保藏费用；AE——文物品的交易费用。

以上公式表明进入市场交换的文物品的价格，与Af、Au、CA、CM成正比，与An成反比，另外，还需加上追加成本（AR＋AE）。上述文物市场价格机制的理论模式的解读是：

1. 应该将文物品的价格和价值予以区分。文物品有价格但它本身无价值，因为，文物品不能再生产，复制品不是文物。尽管文物品是前人的劳动生产物，但在远古、古代、中古时期，文物品是作为产品来生产，文物品创作劳动是非商品性劳动，在非商品交换经济中不存在生产劳动对象化为价值的机制，也不存在文物品价值范畴。即使是对那些曾经是商品交换对象而曾经具有过价值实体性的文物品，由于它的生产发生在千百年前，与现实的生产不相干，文物中曾经拥有但却早已逝去了的价值不会对现实的生产发生作用。

2. 文物品无原始价值，但进入市场交换的文物品含有附加值。经营文物品需要有维持费用：如文物品的保管、维修费用，以及包装费用；组织销售、进行广告宣传以及拍卖等交易费用。上述费用体现文物为经营中的劳动付出，它构成文物品的附加价值。

3、文物品是稀缺品，在市场交换中它表现为垄断价格。文物是不可再生品。历史上的艺术大师创作的名画、书法名贴、名雕塑等只能是唯一之作，上述名品的持有者在交易中处于独一无二的垄断售卖者地位，这种文物品的市场竞争属于寡头竞卖，其成交价格是垄断价格，后者的价位取决于需求方的购买能力和市场竞卖机制，从而具有完全听任于买方市场力量的性质。

归结起来，进入交换的文物是非价值物，但有市场价格，人们称之为“市值”；文物的市场价格决定，从属于市场竞买机制。

（选自《经济学家》2005年第1期，原标题为《论现代文化生产》，全文共11节。此处选编了其中的一节，文章标题即该节的原标题）

解读文化产业概念的新视角

——论文化产业的两个基本特征

蒙一丁

目前，在关于文化产业概念的诸多定义中，有两类定义方法是不科学的，即：按照体力劳动和脑力劳动的劳动性质进行定义；按照物质产品和精神产品的产品性质进行定义。这两种定义方法的问题是，没有真正抓住文化产业的时代特征和深刻内涵，因而不能科学解读文化产业概念。当今时代，体力劳动和脑力劳动、物质产品和精神产品已经在较高层次上出现了汇流趋势，其严格的界线已经开始消除，经济中的文化附加值越来越高，用体力劳动和脑力劳动、物质产品和精神产品这种定义方法来解读文化产业概念，不可能深刻理解文化产业的科学内涵。而不能对文化产业概念进行科学解读，也就不能对文化产业的行业范围进行科学划分，同时也就不可能制定出正确的发展战略和措施。

文化产业作为当代一种全新的财富创造方式，有着自己特定的运行规律和科学内涵。准确理解文化产业概念的科学内涵，必须把握文化产业的两个基本特征。

文化供给的市场化营销

准确理解“文化产业”这一概念，必须从文化供给的角度强调文化的产业性质，也就是说，“文化产业”首先是产业，然后是产业结构分类中的一个行业领域。

产业的基本特征是：产品的标准化批量制造和市场化营销分配。产业的结构是由不同的行业领域构成的，随着社会的科技进步和经济发展，产业结构中代表着先进生产力发展要求的新行业领域不断涌现，文化产业就是现代社会中生长出来的一个新的产业行业领域。

联合国教科文组织对文化产业所下的定义是：按照工业标准，生产、再生产、储存以及分配文化产品和服务的一系列活动。我国文化产业规划研究课题组的《文化产业发展第十个五年计划纲要》认为，《中华人民共和国国民经济和社会发展第十个五年计划纲要》中所称的文化产业，是指文化部门所管理和指导的从事文化产品生产和提供文化服务的经营性行业。这两个定义虽然在表述上有所差异，但是在内涵上却是基本一致的，其中都特别强调了文化产品与服务的经营性，或者称市场化的营销分配，这也说明文化产品的供给是由市场机制决定的。这是文化产业的一个基本特征，不具备这个基本特征就不能称之为文化产业。

文化产业的崛起和发展不是取决于人的主观意志，而是受制于社会的客观需求以及经济发展的内在规律。应该看到，文化生产早已有之，但是在人类历史漫长的发展过程中，文化生产始终处于自然经济生产方式状态，文化产品的供给与服务也是以自给自足、自娱自乐为主要目的。产业与市场经济相伴而生，市场经济机制的强大推动力，不仅不断地深化着产业的内涵，而且也不断地扩大着产业的外延。文化生产引入市场经济机制，是文化发展内在规律的需要，也是社会进步和发展的必然。

文化产业的诞生是文化生产引入市场经济机制的结果，并不是说文化产业诞生后的所有文化生产都必须产业化。能够和应该产业化的文化生产属于文化产业，不能够和不应该产业化的文化生产则属于文化事业。文化事业概念有广义和狭义之分，广义的文化事业涵盖了文化产业；狭义的文化事业是相对于文化产业而言的，指国家有目的有重点地组织的文化生产和无偿分配文化产品和服务的事业。文化生产的根本目的是满足公众的文化需求，提高人的文化素质，实现人的全面发展。在那些市场机制不灵或不能正确发挥作用的文化领域，只能靠国家兴办文化事业予以支持和保障，这是任何其他手段所不能替代的。因此，文化产业诞生后，文化事业与文化产业都需要进一步得到发展，两者相得益彰，而不能偏废任何一方。

文化需求的享受型消费

文化产品与服务不能够市场化营销分配的产业就不能算作文化产业，那么，能够市场化营销分配文化产品与服务的产业就一定都是文化产业吗？当然不是！要想准确把握文化产业的科学内涵，还必须进一步弄清楚文化产品与服务中的文化涵义是什么。相对于经济、政治而言，文化是指人们在实践活动中所形成的意识形态及其成果，其基本要素包括知识体系、价值观念、思想信仰、道德规范四个方面。作为文化成果，有些可以独立存在，如文学艺术、图书报刊、影视戏剧等，有些则体现在经济、政治、生活的方方面面，并不是独立存在的，如体现在经济中的意识形态是经济文化，体现在政治中的意识形态是政治文化，体现在民族生活习惯方面的意识形态则是民族习俗文化。我们不能把与意识形态有关系的一切生产都称作文化生产，只能把文化成果可以独立存在的生产活动称作文化生产。属于文化生产活动的范围很广，包括科学、教育、文学、艺术等，因此，不能把所有的文化生产活动都当成文化产业。文化产业作为一个新崛起的产业行业，有其特定的行业范围。如果我们把所有的文化生产活动都当作文化产业，就无法准确把握文化产业独特的运行规律。

文化产业属于文化生产活动中的一个组成部分，区分文化生产活动中哪些属于文化产业，还必须从文化需求的角度深入研究人们的文化消费结构。文化消费需求是用来满足人们精神需求的消费，按照文化消费的效用进行分类，人们的文化消费结构由生存型消费、发展型消费、享受型消费三个层次构成。生存型消费是为了满足人的最低精神需要的消费，如必不可少的学习、研究和娱乐等；发展型消费是为了不断提高人的自身素质的消费，如科技、教育等；享受型消费是为了追求更高的精神生活质量的消费，如表演艺术、报刊出版、广播影视、旅游娱乐等。随着生活水平的提高，生存型、发展型和享受型文化消费都会不断扩大消费的绝对数量。但是，生存型消费需求是有限度的；发展型消费需求虽然从长远来看是无限度的，但从一定时期的社会需要程度来说，又是有限度的；由于人们追求美好生活的欲望是无止境的，因此假定不受任何客观消费条件限制，享受型消费需求则是无限度的。

文化产业作为现代经济高度发展中新崛起的产业，代表着先进生产力的发展要求，文化生产力已经成为生产力的重要组成部分。按照消费决定生产的原理进行分析，文化产业的崛起毫无疑问是由享受型文化消费决定或推动的。文化产业的产品与服务消费属于享受型消费，对于人的需要程度来说，不如生存型和发展型文化消费那么迫切，那么不可或缺，因此也可以称之为引致消费，也就是说这种消费是依存于收入的消费，在收入已经能够满足生存型消费最低需要和发展型消费基本需要的情况下，收入增加则消费增加，收入减少则消费减少。从消费与生产的函数关系来分析，假定享受型文化消费者能够完全自主地决定自己的消费，那么，消费者的消费决策决定生产，也可以说社会的享受型文化总生产规模取决于社会的享受型文化消费总需求。享受型文化消费与生产的函数关系成正比，消费增加则生产增加，消费减少则生产减少。文化产业的诞生正是享受型文化消费拉动文化生产规模迅速扩大的结果。发达国家的经验表明，人均国内生产总值突破1000美元水平时，文化消费占居民消费的比重开始进入明显提高的阶段；人均年收入超过3000美元之后，消费就会出现“脱物化”的倾向，人们开始出现普遍的文化娱乐和旅游动机。

由上，我们对文化产业两个基本特征的分析，可以给定出文化产业概念的完整定义：市场化营销分配享受型文化产品与服务的产业。

把握两个基本特征的重要意义

第一，把握文化产业的基本特征，可以对文化产业的行业范围进行比较科学的划分。目前，世界各国对文化产业的行业范围划分标准很不一致，甚至差距很大，直接影响着各国的文化产业贸易交往和文化交流。矫正认识，形成共识，统一标准，和谐交往，对于促进文化产业的国际合作和交流发展具有重要作用，而以文化产业的这两个基本特征为理论依据来划分文化产业的行业范围，更具有科学性，容易得到认同。

根据文化产业这两个基本特征，我国的文化产业行业范围应该主要包括表演艺术、报刊出版、广播影视、旅游娱乐四个领域。这四个领域的供给和需求虽然并不完全属于文化产业，但是都具有供给的市场化营销可能性和需求的享受型消费趋势。作为行业范围划分，不可能苛求于理论依据的至清至纯。在这四个行业领域中，具备了供给的市场化营销和需求的享受型消费这两个基本特征的，就属于文化产业，不具备这两个特征的，就不属于文化产业，而属于文化事业。

第二，把握文化产业的基本特征，可以对文化资源进行更加有效的配置。文化供给的市场化营销是文化产业的一个必备特征，并不是说文化资源配置只有市场配置一种。由于文化供给负有社会效益和经济效益双重责任，文化资源配置也必须从社会效益和经济效益双重责任出发，可以采用三种不同的方式：市场配置、计划配置、计划市场配置。

市场配置，是指由市场主体完全按照市场经济法则自主投资配置文化资源。其基本特征是，文化生产经营单位为了实现自己的利润最大化，按照价格反映的供求关系，各自独立决策生产什么、生产多少文化产品与提供多少服务，并对自己的经营决策承担风险责任。市场配置起基础性作用，就是要使价格机制、供求机制和竞争机制在文化资源配置中充分发挥作用，凡是能够通过市场进行配置的文化资源，都要进行市场配置。这是文化产业的资源配置基本方式。

计划配置，是指由国家投资配置文化资源，并且完全由国家直接进行垄断经营管理。其基本特征是，市场经济法则在这里不适用，强调无偿性和社会效益。文化资源的计划配置与市场配置不是对立的，而是相融的。这种相融是你中有我、我中有你的水乳交融，而不是界线必须严格分清的板块式相融。至于在哪些文化行业和领域计划配置应该多一些或者少一些，也不是必须固定不变的，而是可以根据国家和社会的发展需要灵活地变动。这是文化事业的资源配置基本方式。

计划市场配置，是指为了促进文化事业和文化产业的发展，由国家投资配置文化资源，然后按照市场经济法则经营管理。其基本特征是，这种文化资源配置方式负有社会效益与经济效益双重责任。这是文化产业和文化事业可以共用的资源配置方式。

第三，把握文化产业的基本特征，可以更加切合实际地确定我国的文化产业发展战略。文化产业是靠享受型消费拉动的产业，因而没有巨大的享受型消费需求，文化产业就不可能有较大较快的发展。而受目前我国经济发展水平所限，国内的享受型文化消费需求不可能在短期内改变较低水平的状态。即使我国经济进一步发展，享受型文化消费需求有了很大提高，相对于世界市场而言，再大的国内市场都是小市场，再大的国内需求也是小需求。而且眼光局限于国内市场，文化生产内容缺乏再创造的想象力，也不可能产生强大的国际竞争力。这就决定了我国的文化产业发展必须实施“出口替代”战略，按照国际市场需求，把我国的文化产业尽快推上国际市场。目前，用外需拉动内需，已经成为世界各国文化产业发展的普遍战略选择。

改革开放以来，我国经济之所以能够迅速腾飞，取得令世界瞩目的成就，是从封闭保守的计划经济向开放竞争的市场经济转型开始的。实践证明，经济开放是生产力内在要求发展到一定历史阶段的必然趋势。文化产业既然是适应当代生产力发展要求的最先进的产业，它就必然是更加开放的产业。文化产业作为当代人类社会新的财富创造形态及其所产生的巨大的乘数效应，正日益引起国际社会的普遍关注和激烈竞争。我国现实经济的发展水平虽然尚不足以形成强势文化产业，但并不等于说中国可以不发展文化产业，或者放慢文化产业发展步伐。恰恰相反，抓住机遇，知难而进，乘势而上，把我国的文化产业作为跨越式发展的新突破口做大做强，必须成为我们国家的重大发展战略。

（选自《长白学刊》2005 年第 3 期）

文化产业：形态演变、产业基础和时代特征

荣跃明

文化产业的兴起和发展是当代社会经济、政治、文化融合发展在产业层面的具体表现。上个世纪80年代以来，文化产业在信息技术的推动下，日益呈现出规模不断扩大、内涵日趋丰富的发展趋势。文化产业以其独特的形态演变和运行方式与其他产业发生广泛而复杂的联系，极大地影响一个国家的经济运行和社会文化的发展，并因此成为当代社会重要的经济文化现象。由于传统的文化产业研究观念和方法已经无法涵盖文化产业发展的当代特征，因而，有必要从更广阔的视野来审视这一现象。本文以现代产业和产业组织理论为依据，从梳理、辨析文化产业相关概念的区别和联系入手，以文化产业的形态演变、产业基础和运行方式为分析对象，力图勾勒出当代文化产业的发展趋势和一般特征。

文化产业相关概念的区别与联系

1. 文化产业

文化产业概念的最早提出可以追溯到20世纪40年代，法兰克福学派理论家最早注意到了艺术创作在资本主义生产条件下转变为大量复制的文化生产。阿多诺和霍克海默把由传播媒介的技术化和商品化推动的主要面向大众消费的文化生产称之为“文化工业”（Culture Industry）。除阿多诺、霍克海默外，法兰克福学派其他重要人物如本杰明、马尔库塞等都对文化产业做过深入研究。尽管法兰克福学派的理论家对文化产业的论述各有侧重，观点也不尽相同，但出发点都是视艺术为独立于经济社会的批判力量，因而其批判锋芒直指因商业化和技术化而成为资本主义操纵大众的意识形态工具的文化产业。

在资本主义经济史上，文化产业的兴起受制于生产和消费两个方面的条件变化。一方面，资本主义社会化大生产形式借助于技术的发展，对艺术生产过程不断进行分化重组，进而形成分工明确、具有完整产业链的艺术品生产行业，如电影业、出版业、音乐业等等；另一方面，从20世纪30年代起，特别是二战以后，随着欧美国家生产力的发展，人数不断扩大的中产阶层在衣食无忧之后文化消费需求不断增长，促使大众文化生产规模不断扩大。艺术生产的生产力和生产关系两个方面的条件变化推动了文化产业的持续发展，特别是其所包含的内容日益多样化。

尽管法兰克福学派在理论上对文化产业持否定态度，但是，二战以后欧美发达国家文化产业的持续发展与经济、社会和文化的巨大变化紧紧联系在一起，文化产业的发展从一个侧面折射了这一变化。自20世纪70年代起，这一概念所含的否定性含义日渐褪去，而逐渐成为学术界描述现实社会中文化生产、传播和消费，以及经济、社会、文化相互关系的理论分析工具，并最终成为国民经济统计中的产业分类概念。联合国教科文组织（UNSECO）和欧盟委员会都在其正式文件中使用这一概念。

但是，由于各国的经济、社会和文化发展状况有着较大差异，文化产业作为产业分类概念，其内涵没有统一标准。有些国家，比如美国甚至没有将这一概念运用于国民经济统计。另一方面，出于同样的原因，文化产业在各国的发展从内容到形式都有很大的不同。特别是随着技术的发展，文化产业自身的业态不断发生着变化，而这一变化又在各国表现出巨大的差异性。因此，自20世纪70年代以来，文化产业研究不仅是社会文化发展变化研究的热点，同时也是产业经济学研究的热点。而在持续的文化产业热中，有关文化产业概念的实质、内涵、边界、分类，文化产业的业态形式、产业组织、运营特点、产业政策、社会文化特征等成为研究的焦点问题。

由于上述原因，目前，国际上有关文化产业的概念没有得到十分严格和统一的界定。尽管如此，国际学术界和各国政府都一致认同这一概念具有多重含义，并在不同的历史和文化背景下和不同的意义上理解和使用这一概念。这一概念所具有的多重含义及其特点可以从三个层面来观察。一是作为学术概念，各国学者们用这一概念来研究文化生产、传播和消费，以及文化生产与其他生活物质产品生产、流通和消费的区别，因此，从学术层面看，学术界对一概念的理解和使用尽管存在着分歧，但是共同点大于不同点；二是作为产业分类概念，世界各国政府通过这一概念对本国的文化产业进行分类和确定，并据此制定相应的文化产业政策。而作为产业分类概念，文化产业这一概念在各国的使用存在明显的差异。三是大众文化、媒体文化、大众传媒、通俗文化、内容产业、信息产业、知识产业、创意产业、版权产业等与文化产业有着内在关联的概念称谓，实际上，或者是反映了文化产业在特定国家和历史时期的产业业态，或者是揭示了文化产业某个侧面的特征，或者是旨在说明文化产业与社会某一方面变化发展的联系。

联合国教科文组织将文化产业定义为“结合创造、生产与商品化等方式、运用本质是无形的文化内容。这些内容基本上受到著作权的保障，其形式可以是货品或服务”，

“一般来说，文化产业形成的条件是，文化产业和服务在产业和商业流水线上被生产、再生产、储存或者分销，也就是说，规模庞大并且同时配合着经济考虑而非任何文化发展考虑的策略”。

我国学术界早在20世纪80年代中期已经开始了对文化产业的研究，进入90年代中期以后，文化产业研究在国内形成高潮。2000年10月，党的十五届五中全会通过的《中共中央关于制定国民经济和社会发展第十个五年计划的建议》中，首次正式使用了文化产业这一概念，并提出了完善文化产业政策、加强文化市场建设和管理，推进文化产业发展的任务和要求。由于我国正处在经济体制转轨过程中，在计划经济体制时代形成的文化事业体制在改革的大背景下，正在演变为两大部分，即文化事业和文化产业。党的十六大报告根据我国经济体制改革进程和经济社会发展实际，把我国社会主义文化事业的发展规定为公益性文化事业和经营性文化产业两个部分。这一定义为我国社会主义文化事业和文化产业的健康发展指明了方向。2004年，国家统计局发布最新制定的《文化及相关产业分类》（国统字［2004］24号），这一文件把我国的文化产业界定为：为社会公众提供文化、娱乐产品和服务的活动，以及与这些活动有关联的活动的集合。这一界定虽然在区分文化事业与文化产业、公益性文化活动与经营性文化活动方面具有一定的模糊性，但其出发点无疑考虑到了我国正在进行体制改革的文化发展现状。由于文化体制改革尚未完成，数量庞大、种类多样的文化单位和部门其活动的公益性和经营性尚未得到明确的界定和分离，相关的管理体制和运行机制还有待建立和完善。因此，我国作为国民经济统计的文化产业分类概念的定义，将会随着文化体制改革的不断深入而做出调整。

2. 内容产业

内容产业概念的提出同信息在生产活动中的传递、运用，以及信息技术的发展紧密相联。1962年，马克卢普首次对知识信息的生产、传递和运用在经济活动中的作用做了考察。1977年，波拉特在费希尔—克拉克—库兹涅茨三次产业分类方法的基础上，开创性地把信息业从服务业中划分出来，提出了第四产业即信息业的产业分类概念。

信息一词具有广泛的内涵。与此相近的另一个概念是“内容”，而内容是一个古老的词汇，相对具有确切的内涵，但应用同样极为广泛，只有对生产者和消费者有意义、有价值的信息，才能被称之为内容。自20世纪70年代起，随着信息技术的发展以及在生产和生活中应用的迅速普及，信息产业呈爆发式成长态势，其产业的规模和内涵不断扩大。从信息产业所提供的产品和服务来看，其产品主要包括两部分：一是与计算机、网络通讯相关的硬件设备制造；二是在计算机上运行、用以处理各种信息和满足不同需要的软件。

文化产品的核心价值是其产品所具有的精神内涵，即内容。形式各异、内涵多样的文化产品因其内容而有价值，因此也可以称之为内容产品。信息技术在内容产品生产、传播和消费上的应用，极大地提高了内容产品的生产能力。自20世纪90年代中期，欧洲出现了内容产业（Content Industry）的提法。欧盟在名为“INFO2000”的计划文件中将内容产业的主体定义为：“那些制造、开发、包装和销售信息产品及其服务的企业”。根据这一定义，内容产业包括了各种媒介上传播的印刷品内容（书刊、报纸等）、音像电子出版物内容（联机数据库、音像制品、电子游戏等）、音像传播内容（广播、电视、录像和影院）、用作消费的各种数字化软件的生产、销售和服务。欧洲学者提出内容产业的概念，其着眼点是把握信息技术为提高欧洲文化产业及其文化产品竞争力所提供的机遇。而信息技术在文化产业领域的广泛应用，突现了文化产业内容创造在整个产业运作中的核心地位。

我国学者比较分析了内容产业与信息产业、文化产业和大众传媒产业的区别和联系，认为：“随着数字技术的发展，内容产品融合并逐渐规模化，内容逐渐摆脱了媒介的附属关系，成为一个独立的产业。从目前的情况看，内容产业还处于一个发展和成形的过程，所以内容产业的定义还处于探索的阶段。”通过比较分析可以看出：“内容产业是依托内容产品数据库，自由利用各种数字化渠道的软件和硬件，通过多种数字化终端，向消费者提供多层次的、多类型的内容产品的企业群。”按照这一定义，可以纳入内容产业的行业主要有：教育、音乐、广播、出版、报刊、电影、电视等。

显然，内容产业概念的形成与信息技术对产业发展的影响有着直接的关系。尼古拉斯·尼葛洛庞蒂把信息社会的生产划分为原子生产和比特生产两个部分，受这一思路的启发，有学者把以比特加工为主（以数字技术为核心的生产加工）的产业部门称为内容产业。由于内容产业大都是由传统的文化产业经信息化改造后形成的（如数字排版技术全面取代传统排版技术），或由传统的文化产业与新兴的网络通讯业融合而成（如网络媒体业）等。因此，并不是所有的文化产业都可以称为内容产业，反之也一样，并不是所有的内容产业都是文化产业，比如，远程教育和网络咨询等行业部门不具有文化产业的一般特征。但是，随着信息化进程的深化和拓展，内容产业无论是其涵盖的行业部门，还是整个产业的规模正在呈现不断扩大的趋势，而内容产业发展的这一动态特征必须放在信息化这一背景下才能理解。

3. 创意产业

创意产业作为产业分类的概念，最早见于英国政府的官方文件《英国创意产业特别工作组文件》（CITF，

2000），英国政府为强调文化创意活动在经济发展中的重要地位，把创意产业定义为："源于个体创造力、技能和才华的活动，而通过知识产权的生成和取用，这些活动可以发挥创造财富和就业的潜力。"这份文件同时把广告、建筑、艺术和古董市场、手工艺、设计、时尚设计、电影、互动休闲软件、音乐、电视和广播、表演艺术、出版和软件等13个行业划归于创意产业领域。

自英国政府提出创意产业这一概念以来，这一概念在世界范围迅速流行，并为世界各国所重视，许多国家和地区都先后提出了发展创意产业的计划和设想。学术界也兴起了研究创意产业的热潮，2001年至2002年两年间，美国至少出版了两部有关创意产业或创意经济方面的研究著作。哈佛大学经济学教授理查德·凯夫斯的《创意产业：艺术与商业之间的契约》（中译本名为《创意产业经济学——艺术的商业之道》）序论中对创意产业所包含的行业门类作了描述。该书的研究重点是有关创意行为的组织构成，即从创意行为的经济特性出发研究创意活动的交易和合同方式。凯夫斯的创意产业定义在行业门类上与英国政府的定义并没有多大差别。不过，他的着眼点不是创意产业概念所包含的内容，而是重点分析以往经济学很少涉足的文化创意活动的经济特性。

但是，有关创意产业概念的确切内涵却一直存在争议。西蒙·鲁德豪斯认为英国创意产业特别工作组对创意产业的定义，歪曲了有关创意活动的文化特性以及这一产业与当代社会经济和技术发展的相互联系。而美国经济学家约翰·霍金斯《创意经济：人们跨媒体从思想中创造金钱》（2001）一书给出了一个十分宽泛但令人耳目一新的定义。他认为，版权、专利、商标和设计产业等四个部门共同构建了创意产业和创意经济。约翰·霍金斯的定义大大扩展了创意产业概念原有的内涵，把以科学—工程—技术为基础的部门中所有以专利为基础的研究与开发活动也囊括其中，并从概念定义上解决了一直以来令西方感到困惑的创意活动中艺术与科学相分离的问题。澳大利亚学者斯图亚特·坎宁安通过考察文化产业概念的历史演变，分析文化产业与创意产业这两个概念之间的关联性。他对创意产业的描述并不着意于创意产业所涵盖的内容，而主要在于强调这一产业在新经济条件下所包含的创意特征。

创意产业的兴起同样引起了我国学术界的关注和讨论，关注点主要是对这一产业分类概念的介绍和引进以及对我国已经兴起的文化创意企业发展现状的研究。由于创意产业作为产业分类概念还没有被纳入我国国民经济统计体系，因此，我国学术界对创意产业内涵和外延的研究还没有形成一致的认识，并且目前还缺乏系统的研究成果。但已有的研究成果体现了中国学者对创意产业发展趋势及其概念定义的独特认识。

文化、内容和创意生产的产业基础和经济特性

1. 文化资本：文化资源转变为生产要素

从工业革命开始，人类生产的分工形式进入了社会化大生产阶段，文化生产从个体的劳动进入了分工协作的新阶段，从而为产业化发展奠定了基础。生产方式的变革是文化产业兴起的历史条件。文化生产是人类生存需要的一部分，但是，相对于物质生产，文化生产在人类生存需要中是占第二位的。只有当人的基本物质生活条件得到满足之后，文化需求才成为人的内在需要。文化产业生产的文化产品作为社会大众的需求，就成为文化产业兴起的必要前提。文化产业是人类精神生产的商品化、社会化、序列化的生产形式。文化生产与物质生产的最大不同是文化生产的产品内容在使用时不具有独占性；同时，其内容在使用过程中不会被消耗，可以反复使用。由于文化产品不具有排他性，因此通过法律的形式来确定生产者和使用者的行为方式，对维持文化生产、传播和消费的正常进行十分重要。但是，在生产和交易过程中，文化产品的价值如何确定始终是一个难题。历史上，文化生产无论是个体方式还是分工协作的方式，都以垄断的形式存在，以减少文化生产和交易中竞争行为对产品定价的影响，产品定价的主要依据是生产的难易程度和产品稀缺程度。例如，中世纪欧洲的抄书匠行会长期垄断书籍的定价，当时的书籍价格极为昂贵。这一局面直到古登堡印刷书籍的出现才被打破。

实际上，传统的文化产品定价方式并不能充分反映产品所含内容的价值，或者说，产品的价格与其内容的价值往往不一致。随着文化生产规模的不断扩大，如何认识文化生产在社会生产、生活中的地位、作用和价值需要有一种新的理论来解释，文化资本理论的提出为确定文化资源的价值和文化产业的社会功能提供了基础。文化资本概念的形成，使人们可以用资本来衡量文化生产和交易过程中的价值的增长和转移。由布迪厄首先提出的文化资本理论对理解文化生产的过程具有重要的现实意义。

布迪厄认为，社会领域是一个积累的世界，为了理解社会领域的积累性，必须引进资本的概念。布迪厄认为资本已经深化为三种形式：第一种是经济资本；第二种是文化资本；第三种是社会资本。布迪厄区分了文化资本的三种存在形态：一是以精神或肉体的持久的"性情"形式存在的具体形态；二是以文化产品方式存在的客观形态；三是通过外化的可观察得到的各种规范、资质体现的制度形态。实际上，布迪厄所说的三种文化资本形态大体上可以对应于人们通常所理解的人力资本、文化产业和文化制度。布迪厄的文化资本理论强调了文化产品是客观化的经济资本和文化资本的统一。当然，布迪厄关于文化资本的

论述不仅仅着眼于文化生产，在他看来，文化资本在社会领域所发生的作用，主要是由文化生产和消费而构成的社会文化在人的社会构成方面所产生的影响，这种影响很大程度上决定并区分了社会成员的阶层、地位、生活方式和自我认同。

继布迪厄提出文化资本理论之后，文化资本的研究形成了热潮。思罗斯比认为，文化资本是继物质资本、自然资本、人力资本之后出现的第四种资本。文化资本的本质是以财富形式表现出来的文化价值的积累，它以有形的或无形的方式存在。有形的文化资本其经济价值由文化资本内涵的文化价值所提供，例如古建筑。而无形的文化资本虽然具有广泛的文化价值，但不能直接产生经济价值，必须在一定的条件下才能生产出经济价值，如民间故事和神话传说。思罗斯比认为，文化资本在经济活动中所具有的生产功能增强了不同形式的资本之间的相互替代性和转换性，因而对推动经济增长有着不可估量的作用。

文化资本理论为理解文化产业的发展趋势提供了新的视角。首先，基于文化资本和经济资本的相互转换，规模不断扩大的文化生产将越来越多的文化资源投入到文化生产、流通和消费之中。其次，由于文化资本与经济资本的相互转换，生产中经济与文化真正地融为了一体，投入文化生产的文化资本已不仅仅是作为软实力而存在，而是作为生产资源成为一国资源的重要组成部分。第三，文化资本理论为文化资源的价值评估和开发利用提供了理论基础。目前，一些国家已经在文化遗产的保护和开发利用方面，以及以历史文化为核心的观光旅游业发展等方面，形成了有关文化遗产、历史文物、民族风俗等文化资源的价值评估体系。

2. 文化生产与知识产权保护

人类传播技术的发展一直都在不断地提高思想文化和科学技术的传播效率，但是，文化自身的生命力及其对社会进步的推动作用集中表现在文化的创新上，从这一点看，文化发展与技术创新具有相同的特征。文化产品与一般物质产品的最大区别是其内在本质具有的非物质的精神内涵，因而，文化产品在经济学上具有外部性，即消费和使用这些产品不具有排他性。因此，运用法律手段来建立文化产品精神内涵的明确产权边界，人为地制定出产品使用的排他性，以保护原创者的利益，就成为了激励创新、保持思想文化和科学技术发展以及在社会生产中广泛应用的必要前提。知识产权是关于思想文化和科学技术的知识所有的财产权。知识产权制度是保护人的智力劳动成果的法律制度，知识产权制度的形成是人类社会进步的产物。从1474年威尼斯共和国诞生世界上第一部专利法到1994年TRIPS协议的正式签约生效，从最初的国内法到目前的国际法，从中世纪由地方官吏和封建君主通过颁布敕令授予的“特权”到现代国家以法律形式将“特权”制度化，进而使知识产权成为依法产生的“法权”，知识产权制度的发展经历了漫长的历史进程。

在现代社会的经济活动中，文化产品的真正价值源自于它的内容，因而文化产品的价值本质上具有无形和虚拟的特征，在使用中可以转移和重复使用而不会被消耗。在复制技术高度发达的条件下，未经授权对文化产品进行复制、交易以谋取商业利益变得轻而易举且成本十分低廉。因此，如果没有知识产权制度的保护，文化创新活动也会像没有知识产权保护的技术创新一样，因无利可图而最终陷于停滞甚至枯竭。由于文化产品具有公共性质，使用者可以在现代技术的帮助下以很小甚至是零成本来使用这一产品，而创作者想要向每一位使用者收取使用费用需要支付极大的交易成本。故现代知识产权制度在不断完善过程中，已经将著作权保护按作品的形式、体裁、内容特点以及涉及的相关领域加以细化，并发展成一个庞大而内容丰富的法律体系。事实上，文化产业的正常运作，生产规模的不断扩大，产品生产和交易方式的不断创新都是建立在知识产权制度基础之上的，可以说，现代知识产权制度是文化产业健康发展的法律基础。

道格拉斯·诺思在评价近代工业革命时期知识产权制度形成的历史作用时指出：“思想的经济收益面临的基本困难就是对思想自身的考核，为此，规则的设计旨在约束行为。商标、版权、商业秘密和专利法都旨在为发明创造者提供某种程度的排他性的权利……就象我们在现代世界所见，改进技术的持续努力只有通过提高创新者个人的收益率时才会出现。”正是由于知识产权制度的形成和发展，近代以来人类思想文化和科学技术的创新活动一直以几何级增长方式向前发展。进入20世纪80年代以后，思想文化和科学技术更是出现了爆炸式增长态势。1996年经济合作与发展组织（OECD，主要由经济发达国家组成的国际经济合作组织）发表的报告《以知识为基础的经济》提出，人类社会已经进入了知识经济时代，知识经济区别于农业经济和工业经济，是建立在知识和信息的生产、分配和使用之上的经济。在知识经济时代，以科技和文化创新为核心的知识生产推动了经济持续增长，而文化产业在知识经济时代正在将文化生产与科技创新相融合，进而形成一种新的创意产业形态，一举成为知识经济时代的主导产业。

3. 文化、内容、创意生产的企业组织运行模式

物质生产反映了人与自然的关系，产品交易则反映了人与人之间的关系。而文化生产及其交易除了反映人与自然的关系外，更主要地是反映人与社会的关系，因而，文化生产以及交易过程远比一般的物质生产和交易要复杂。在文化生产和交易中，虽然可以依据行业生产经验、文化创意行为者的品位，以及经济学有关文化资本理论所提供的方法来确定文化创意行为的价值，但是，上述方法不能

保证一项具有创意特征的文化产品在市场上一定能获得成功。因为，文化需求相对于人的生存需要来说是第二位的，并非生存的必需品，因而，从需求方来看，表现出随机性和选择性，这使文化生产的供给和需求之间存在着较为普遍的信息不对称（即使某个大制片公司化大价钱进行市场调查，然后投入巨资进行拍摄、宣传，但仍有可能最终出品了一部不受市场欢迎的滥片，这种事例在好莱坞比比皆是）。文化生产的需求不确定性表明文化生产行业是一个高风险的行业。

文化的生产和交易在企业组织层面上逐渐形成的高度分工和专业化，是为了适应文化生产和交易所具有的复杂性。在复杂的文化产品生产中，众多参与创作的人员专业有别、审美观不同，喜好和品位各异，这就使文化创意生产的组织行为变得十分复杂，因而，必须由等级分化的管理机构来组织协调整个生产过程，并通常都以项目形式组成艺术创作团队进行产品生产。在好莱坞，电影行业由少数大的电影制片公司垄断整个行业的情况，早在 20 世纪 50 年代已经成为历史。自那时起，电影制片公司分化为各种更为专业化的公司组织，其中至少包括了电影制片、租赁制片、道具公司、电影剪辑、灯光、录音合成、影片加工、市场调研、艺术家代理等各种专业化的公司。一些专业性很强的服务型公司虽然规模不大，但在电影生产过程中所提供的服务较之大的制片公司所属部门更为出色，从而迫使大制片公司为节约成本而精简这些部门。这样，一部电影的生产已经不再由一家公司独立完成，通常都是围绕一部电影的生产制作成立专门的、由分属各个专业化公司的人员组成的团队，其中有制片人、导演、编剧、演员、道具制作者、代理商、发行商等各种专业人士。这种围绕项目而形成的生产分工合作，在运作过程中都以合同形式明确各人的风险和利润分配。合同约束了所有参与者的行为规范，而合同的法律效力直接来源于知识产权法律制度。电影行业的产品生产和交易的复杂过程很大程度上是整个文化产业生产和交易的缩影。文化生产和交易的特殊运作方式为这一产业提供了具有普遍意义的新的运营模式。

文化产业的历史演变及产业特征

1. 技术进步、产业发展阶段和形态

文化传播的方式在人类历史上历经变化，而每一次变化都对文化发展产生重要影响。从早期人类的口口相传到结绳记事，从文字的发明到书籍的诞生，从造纸术到机械印刷，从模拟影像到数字化，随着技术的发展，传播的空间和时间制约不断被突破，传播的内容日趋多样化、大容量、逼真还原和虚拟的现场展现。传播方式和传播媒介的发展演变是人类生产技术发展的一个组成部分，生产技术的发展相应地推动了人类生产方式的变革：既推动了社会分工的深化，也促使生产组织形式发生演变。文化产业的形成和发展所经历的每个历史阶段都有其特殊的产业形态。这一过程既是文化产业内涵和外延不断扩大的过程，又表现为文化活动在社会经济、政治生活中重要性不断增长的过程。

现代文化产业是在 19 世纪科学技术大发展，并在生产领域得到广泛应用的基础上发展起来的。近代科学发明中的声、光、电技术在文化生产领域的应用，直接催生了现代文化产业的形成和发展。早在2000 多年前，光学成像现象已被发现，文艺复兴时期达·芬奇对这一现象作过深入研究，1825 年至 1829 年，法国人尼埃普瑟和达盖尔发明并不断完善摄影技术，到了 19 世纪 90 年代，以光学成像为基础的摄影技术与电学技术相结合，引发了电影的诞生。自英国工业革命以来，欧美崇尚科学技术之风盛行，这种风气鼓励人们在各行各业中开展应用新技术的探索，新技术在电影、广播和音乐唱片业的形成和发展中发挥至关重要的作用。二战后，以影像技术与无线通讯技术相结合为基础的电视机的发明，使电视工业迅速崛起。自 20 世纪 60 年代以来，随着计算机网络通讯技术的发展和应用，科学技术在生产领域尤其是文化生产领域的广泛应用在时间上较以往任何历史时期都更为迅速，从而造成了新型文化产业的大量涌现和文化产业形态变化周期的日益缩短。

科学技术的发展与应用在不断扩大文化产业生产规模的同时，也在不断改变文化产业的内部结构。而这种产业内部结构的变化，一方面反映了特定历史时期文化生产的技术特点，另一方面也表现出文化产业形态的分化、融合和重组。内容产业在其所涵盖的行业，与传统意义上使用的文化产业概念具有相当部分的重叠，但内容产业这一概念突出了这一产业以数字技术应用为基础的技术特征，即当数字技术使文化生产、传播能力得以空前提高，并能同时满足消费者多元化、个性化、小批量的需求时，媒介技术已经具备了无所不能的潜力，而正是在这种条件下，内容生产的重要性反而摆脱了媒介技术的制约，更突显出其核心的地位。

创意产业的形成和其概念的提出也具有相类似的特点。文化产业的产业特征如同一般制造业，即其产品可以大批量复制。当文化产业的生产能力因新技术的发展和应用而不断提高，即产品的复制变得十分容易时，产品及其内容的创新性要求在文化产业的生产中开始占据核心地位。另一方面，新技术的应用促使文化要素与生产中的其他要素如工艺、工程、营销、管理等发生融合，从而使创意活动不仅在文化生产中占据主导地位，而且在所有生产领域都占据主导地位，仅仅把创意活动与文化联系在一起是远远不够的，事实上，创意生产活动已经遍布科技和文

化领域。因此，创意产业概念在其内涵和外延上都超越了文化产业。

2. 文化、内容和创意生产与产业结构升级

现代文化产业在空间分布上具有集聚于经济中心城市的地理特征。文化产业的这种空间集聚的特征除了遵循产业空间集聚的一般规律之外，还与城市经济、社会的发展形成了共生共荣的关系。文化产业在城市经济的持续发展中发挥着重要作用，这种作用突出地表现为文化产业具有不同于一般产业的产业特征：一是文化产品虽然有其物质化的载体，但文化产品所体现的真正价值是其内涵的精神内容；二是由于文化产品的真实价值具有虚拟性和符号特征，而文化产品价值的这种虚拟性和符号特征在一定条件下可以转移、嫁接或附加到任何实用商品之上，成为某种实用商品的造型、工艺、品牌等产品差异性的标识；三是文化产业在现代技术的条件下，其复制生产能力无限扩大，因而，产品的价值增值集中体现在其内容的原创性上，而这一生产特点与生产制造中的研究开发的特点相一致；四是文化产业在生产过程中所使用的生产资源即文化资源不同于物质生产所消耗的物质资源，它具有重复使用和自我再生能力，同时文化生产又可以通过不断开发新的文化生产资源，来扩大生产范围和规模，因此，文化产业体现出强盛和持久的产业生命力。

从产业发展层面看，文化产业在新技术发展的支撑下，通过在产业边界上与其他产业相融合形成新的文化生产行业来扩大整个产业的规模。如电视机的诞生使电视这一媒体能够融合报刊的新闻功能和电影、演艺业的娱乐表演功能进而形成电视传媒业，但电视传媒并没有取代传统的报刊、电影和演艺业；网络媒体的出现同样如此，网络数字传播技术使网络媒体具有了通讯、新闻、出版、娱乐、游戏等多媒体功能，但它并没有取代其他原有分立的通讯、新闻、出版、娱乐、游戏行业。文化产业的这一产业特点使其具有自我扩张和融合其他产业的能力，世界经济中心城市的产业结构变迁验证了文化产业内部结构的演进以及在城市产业结构变迁中所发挥的突出作用。例如，纽约扭转城市经济在制造业转移后出现的衰退局面，是依靠了服务业内部结构的优化升级。在这一进程中，文化产业成为了整合和带动其他产业快速发展的主导产业。

产业结构的演进与企业组织结构变化互为因果。自20世纪70年代中期起，全球经济陷入滞胀，大批企业破产倒闭。许多大企业特别是制造业的跨国公司集团为摆脱经营困境，纷纷掀起“企业再造”运动。大企业和跨国公司通过广泛运用新技术特别是应用刚刚兴起的计算机网络通讯技术来重组企业的业务流程，改革企业组织的内部结构。在这一转变过程中，企业实际上从制造业转变成了以新技术开发和应用为主的知识型企业。道格拉斯·诺思认为：技术创新保证了市场规模的急剧扩大，也使企业生产过程中的思想、知识、技术和文化等因素的经济收益有了大幅度的提高。自20世纪80年代以来，集中在经济中心城市的制造业大企业集团大部分都已经完成了从制造业企业向服务业企业的转型。例如，国际商用机器公司即IBM公司从最初的工具性设备即工业机械加工设备制造企业转变为专门从事计算机生产的企业，20世纪90年代以后，IBM已经把制造生产部分全部通过业务外包的形式分包给其他专业生产公司或厂商，而自己专门从事有关信息技术的研究和开发。事实上，创意产业之所以形成，在企业层面上主要源于制造业大企业集团在“企业再造”运动中的成功转型；同时，城市政府为振兴城市经济，以各种优惠政策开办科技园区，鼓励充分利用城市拥有的科技、文化、教育资源进行创业，从而形成了以创意生产为特色的小型企业在园区中集聚成创意小企业集群，而创意生产中大企业集团与中小企业相互竞争的局面进一步激发了创意生产的热潮，进而推动了欧美发达国家经济中心城市创意产业的快速发展。

3. 文化产业、内容产业和创意产业的产业分类特征

产业的形成与发展同社会分工的产生与发展紧密相联。在现代西方经济学中，由费希尔、克拉克、库兹涅茨等人提出的三次产业分类方法对18世纪英国产业革命以来人类生产的社会分工状况进行了分类描述，从而形成了产业结构和产业组织理论。产业分类概念是经济学用以研究和描述经济活动的理论工具，同时被应用于国民经济统计。但作为理论和经济统计的工具，产业分类概念相对于现实中的具体产业运行，总是滞后于实际的产业发展，且由于世界各国经济状况的差异，同一产业分类概念在各国的具体应用中所包含的内涵也千差万别。文化产业概念最早并不是作为经济学和国民经济统计的产业分类概念而提出来的，但这一概念的提出反映了人们对文化活动在经济中不断增长的重要性的认识。

按照三次产业分类方法，文化产业作为狭义产业分类概念，应归属于三大生产部门中的服务业。但现实中文化产业的生产运营同时具有工业生产和商业服务的特征。新技术在文化产业领域的应用，使文化产业的生产规模不断扩大，内涵日益丰富，与其他产业的联系更趋广泛复杂，在国民经济和社会生活中的重要性更趋突出，同时，文化产业因内涵的日益丰富以及在各国的发展所存在的差异性而在形态上显得不确定。20世纪60年代起，欧美发达国家相继进入到后工业社会。有关后工业社会的社会经济特征和主导产业都曾引起广泛讨论，作为对后工业社会经济文化特征的概括，知识社会、信息社会、网络社会等概念已经得到了广泛的认同，而信息经济、知识经济、新经济这些概念是用来描述后工业社会整体经济状况的。20世纪90年代以来，欧美发达国家的社会经济在信息技术尤其是网络通信技术发展变化的影响下开始了信息化进程。社会

经济的信息化过程在产业层面上表现为信息技术率先在个别产业领域普及应用，然后向其他相邻产业拓展延伸。从实际情况看，即使是在后工业化国家，信息化进程也还没有完成。但在信息化进程中，产业与产业之间传统的分立关系以及不同产业在整体社会经济中的产业地位都在发生改变。由于信息化进程具有产业融合的特征，而产业融合首先发生于文化产业与其他相邻产业的边界之处，进而融合形成新的产业。在产业融合中，文化产业的规模和边界进一步扩大，文化产业概念的内涵不仅因为这种动态变化而日益显得不确定，同时，文化产业这一概念也难以反映产业信息化所导致的产业分化融合的最新趋势。因此，内容产业和创意产业概念的提出，正好验证了文化产业在信息技术推动下本身出现的产业分化以及与其他产业融合的产业特征。

产业的社会经济特征总是反映这一产业在社会生产中的经济关系和地位。在产业经济学中，主导产业的概念反映了某一社会形态整体经济中发挥决定性作用的产业活动状态，如农业社会中的种植业，工业社会中的制造业。信息化进程中率先发生在文化产业与其他相邻产业边界的产业融合现象及其不断扩展所催生的新的产业形态：内容产业和创意产业，已经呈现出信息社会、网络社会主导产业的趋势。不仅如此，甚至有学者认为随着信息化进程的不断推进和产业融合的普遍发生，内容产业有可能在新的产业分类体系中成为广义产业。

（选自《社会科学》2005 年第 9 期）

文化产业：范围、前景与互动效应

李江帆

文化产业的界定

1. 狭义文化产业与广义文化产业。产业是指介于微观经济单位企事业等与宏观经济单位国民经济之间，以投入一定的经济资源为代价，生产某类具有共同特性的产品的集合体。文化产业就是国民经济中生产具有文化特性的服务产品和实物产品的单位的集合体。

文化产业概念可以在三个宽窄不一的范围中使用。

（1）狭义文化产业。这是人们通常所说的“科教文卫”中的“文化”概念，包括文化艺术业（艺术、出版、文物保护、图书馆、档案馆、群众文化、新闻、文化艺术经纪与代理、其他文化艺术业）和广播电视电影业，不包括教育、科技和卫生，可简称为文艺广电业。

狭义文化产业生产的产品包括两大类，最主要的产品是服务产品，即服务型文化产品，又称服务型精神产品，如表演艺术（音乐、舞蹈）、语言艺术（文学）和综合艺术（戏剧、影视）服务，以及图书馆、博物馆、展览馆、广播、电视、电台提供的表演性演出服务、阅读展览服务、游艺娱乐服务和广播电视电影服务。另一类是实物产品，即实物型文化产品，又称实物型精神产品，如造型艺术（绘画、雕塑）品、出版和新闻业生产的美术品、工艺制品、书籍、报刊、文物、音像制品和软件光盘等。实物型文化产品实际上是由第二产业和第三产业联合生产的。

（2）广义文化产业。广义文化是指人类在社会发展过程中所创造的物质财富和精神财富的总和，即物质文明与精神文明的总称。广义文化产业包括文化艺术业、广播电视电影业和教育业，可简称为文教广电业。

（3）文化相关产业。更进一步说，我们还可以把与文化产品的生产、交换、分配和消费直接相关的行业，三大产业中较多地体现文化特征和审美艺术特征的行业，纳入文化相关产业的范畴。这样，文化相关产业就包括工艺美术品批发业、图书报刊零售业、园林绿化业、自然保护区管理业、市政工程管理业、理发及美容化妆业、摄影及扩印业、旅行社、娱乐服务业、广告业、信息咨询服务业、计算机应用服务业、教育、科学研究和综合技术服务业，甚至包括部分饮食业（饮食文化）、制造业（如工艺品、音像制品制造）、建筑业（如旅游点，文化艺术建筑物）和农业（如观光农业）等。

2. 文化产业与文化事业。时下对文化产业的主流看法是认为只有市场化的文化部门才是文化产业，“吃皇粮”的文化事业不是文化产业。其实，文化事业和文化企业都属于文化产业。因为，产业并不是市场化的同义词，而是指既有投入、又有产出的部门。传统经济学无视无形产品的存在，把提供服务产品的文化部门视为只有投入、没有产出的行业，划为非生产部门或非产业部门，这种片面性理论已被第三产业的发展所否定。按照第三产业经济学的理论，所有文化部门，不管是市场化的文化部门（文化企业），还是靠财政支持的文化部门（文化事业），在不生产废品的情况下，都是既有投入、也有产出的部门。它们的产出就是服务产品（如表演服务）或实物产品（如文艺光盘），因此它们都具有产业特质，都属于第三产业。由于它们都生产具有共同文化特性的同类产品即文化产品，因而都被称为文化产业，划入第三产业的第三层次。因此，以是否市场化作为标准，在本来就属于第三产业的文化部门中划分产业和非产业，是完全不合逻辑的。实际上，文化部门是否市场化与它们是不是产业毫不相关，只要它们生产出文化产品，就证明了它们的产业性。至于文化产品如何处置，是卖给他人（如购票观看文艺演出），还是送给别人（如免费参观博物馆），或半卖半送（如半价优惠服务），与文化部门的产业属性完全没有关系。文化部门的产业性不需要以文化产品的市场化来证明，正如第一产业和第二产业的产业性不需要以工农业产品的市场化来证明一样。即使工农业产品免费送给他人（如工厂、农场免费提供的抗洪抢险物资），生产这些产品的工农业部门同样是产业。

文化产业中的一些行业不采取市场方式运营，与第三产业的特性密切相关。在现代社会中，第三产业主要采取三种方式运营：（1）服务的市场运营方式，即通过向市场出售服务获得收入以维持运营，如营利性生产服务业和大部分生活服务业。（2）服务的非市场运营方式，即通过财政或社会赞助方式获得收入以维持运营，如国防、政府服务业，免费的教育、图书馆、博物馆、展览馆、广播、电视业等。（3）服务的半市场运营方式，即在财政资助的条件下以低价向市场出售服务获得收入以维持运营，如基础教育业、部分文化、卫生服务业等。实行非市场分配方式和半市场分配方式的是非营利性服务业，包括部分文化产业在内的非营利性服务业的存在和发展，是对现代社会生产社会化客观要求的适应，也是现代国家促进社会平等，改善居民整体利益和基本福利状况的社会职能的一种体现。

首先，一些具有全局性、长期性社会效益，但局部或短期经济效益较差的服务，虽然对整个社会大有裨益，却没有得到人们足够的重视，不能成为在市场上自愿交换的对象，所以必须由国家通过强征税金支付，以非营利方式经营。其次，为了保障低收入居民也可消费一些基本的服务，国家有必要建立社会保障体系，低价甚至免费向低收入居民提供相应的服务。再次，某些服务以非营利方式经营，可以防止服务业作出忽视他人的、有消极的外在效应的、不符合居民整体利益的经营决策。最后，一些公共性服务产品的消费不具有排他性，同时也难以排除对它不付费的消费，故以社会形式共同（免费或优惠价）消费比通过市场交换以个体形式消费效率更高。

因此，非营利性服务普遍存在于现代社会中，发达资本主义国家的第三产业中的相当一部分行业也一直由国家财政补贴扶持。所以，还服务行业本来具有的产业面目，绝不是要取消非营利性服务业，全部把它们推向市场。特别是第三产业中公共产品性质较强的服务，宏观和长期效益好但微观和短期效益不佳的服务，如代表国粹的文化和艺术服务、基础理论研究、基础教育、全民卫生保健服务等，如推向市场，由于“市场选票”不足，将走向衰落而产生所谓“公共悲剧”，那时损失的将是整个国家、整个民族。

可见，文化产业并非指实行市场化的文化部门，而是指所有生产具有文化特性的服务产品和实物产品的部门，不管它们是以市场分配方式运营的，还是以半市场分配方式或是非市场分配方式运营的。很多文化产业部门要靠市场来维持其发展，但不少文化产业必须依赖政府给予财政资助才能存在和发展。

全面小康与文化产业的发展

从产业演变的规律来看，文化产业在国民经济中的地位正在迅速提高。收入水平的提高，闲暇时间的增长，社会化、信息化和全球化以及全面小康社会的建设，正推动着文化产业的大发展。

1. 收入水平提高引起的消费结构的变化为文化产业提供了日益扩张的发展空间。收入水平的提高使食品消费在家庭生活开支中的比重下降，文化消费比重提高，这为文化产业的发展提供了日益扩张的发展空间。1985—2001年，我国城镇居民家庭年人均消费支出由637元增加到5309元，食品消费由352元增加到2014元，恩格尔系数由52.3%下降到37.9%。同期，文化、娱乐、教育消费由55元增加到690元，消费比重由8.2%增加到13.0%（农村居民这一比重为11.1%）。对比国外一年教育休闲与娱乐消费在生活消费中的比重，新加坡为14.5%，韩国为12.5%，加拿大为11.1%，英国为10.2%，美国为10.3%，日本为10.3%，澳大利亚为9.8%，可以说，我国居民文娱教育消费支出比重与发达国家大致相当。不过，发达国家居民实际消费的教育服务中有很大部分是免费的（由社会基金支付），只有一部分是自己直接掏腰包支付的。所以，即使其居民文教消费开支占家庭消费开支的比重与我国相同，其文化消费的实际比重也会比我国高。考虑到发达国家居民人均消费开支比我国高数10倍，即使两者的文化消费比重完全相同，我国人均消费文化产品量也比发达国家少得多。因此，我国的文化消费与发达国家相比还有相当大的差距。随着我国全面小康社会的建设，文化产业还有非常广阔的发展空间。

2. 闲暇时间增长推动文化产业发展。经济发展和社会进步带来的闲暇时间增多有力地推动着文化产业的发展。文化产品消费与工农业产品消费的明显差异是闲暇时间对消费量的影响不同。相当多文化产品的消费要占用大量闲暇时间。如果没有闲暇时间，即使收入水平很高，这些文化产品的消费量也不可能有大幅度增长。人们也许因没有闲暇时间而不能到剧院看戏，但是不会有人因没有闲暇时间而不消费食品、饮料和衣服。由于闲暇时间有利于人们休息、娱乐、健身、自修、发展个人爱好或从事创造性活动，所以从本质上说，人们对闲暇时间的态度是多多益善的。

但是，在经济发展水平不同的阶段或社会，人们对闲暇的评价不一。闲暇与工作和收入实际上存在着矛盾：闲暇意味着放弃工作和收入，工作则意味着放弃闲暇获得收入。在经济不发达社会，低收入水平使增加收入的边际效用很大，人们迫切希望提高收入，所以倾向于放弃闲暇、增加工作以增加收入。在经济发达社会，高收入水平使增加收入的边际效用下降，增加工作、放弃闲暇所造成的时间价值和个人享受的损失相对来说比较大，故人们倾向于放弃部分工作（如加班加点）及相应收入以增加闲暇。因此，经济越发达，居民生活质量越高，人们对闲暇的评价就越高，闲暇成为发达社会中人们追求的目标，成为高生活质量和高消费水平的标志。一百年来，随着科技革命的发展和生产率的迅速提高，加上社会道德、工会力量、政界和社会领袖及有远见的雇主的影响，西方国家劳动时间减少了一半，从每周72小时减少到35小时。人们拥有的闲暇时间日趋增多。

闲暇时间与文化产品的需求存在着正相关关系，闲暇时间的增长，必然促进文化产品的消费。据《经济日报》在北京、上海等10个城市的抽样调查，人们将绝大部分闲暇时间用于看电视、旅游、打牌、看录像、上网、玩电子游戏等文化消费。这显然有利于文化产业的发展，我国从2000年起实行“五一”和“十一”7天长假期引起对旅游文化的火爆消费就是明证。可以想见，全面小康社会中闲暇时间增长对文化产业的发展将是利好消息。

3. 社会化、信息化和全球化推动全球文化产业群成长。经济的社会化、信息化和全球化的广延化和纵深化发展，推动着庞大的文化产业群的成长。经济的社会化使一系列文化产业的前向、后向和横向关联产业诞生和发展。信息化在一定程度上扩大了文化服务产品生产与消费的范围，使文化消费面有可能同时波及全球。经济全球化使一国文化产业的生产、交换、分配和消费环节变成全球的经济行为，促成了跨国文化产业集团的发展。因此，经济的社会化、信息化和全球化发展，会推动文化产业沿着逆向波及、顺向波及和横向波及方向发展，形成以特定文化产品为核心的、以一系列与文化产品的生产、交换、分配和消费直接或间接相关的专业公司为依托的特大型文化产业群。美国举世瞩目的好莱坞电影文化，法国发达而卓越的博物馆文化，英国影响甚广的英伦三岛文化，意大利璀璨夺目的旅游文化，日本与经济同飞的企业文化，澳大利亚心旷神怡的生态文化，中国历史悠久的东方文明古国文化，都向世人昭示文化产业群在当代的崛起。世纪的信息技术、网络技术在文化产业的广泛应用，将以电脑合成音像、虚拟演员、电子图书馆、网络电影院、文化产品的电子商务等现代技术刷新文化产业的历史。

文化产业与国民经济的互动效应

1. 文化产业对国民经济的波及效应。文化产业与国民经济的互动效应，可以从文化产业对国民经济的波及效应来了解。产业波及是指国民经济产业体系中，产业部门的变化按照不同的产业关联方式，引起与其直接相关的产业部门的变化，然后导致与后者直接和间接相关的其他产业部门的变化，依次传递，乃至影响力逐渐消减的过程。产业波及对国民经济产业体系的影响，就是产业波及效果。

文化产业与国民经济中的其他产业存在着种种联系，其发展会在国民经济体系中产生波及效果。文化产业主要沿着三条线路对国民经济产生波及。

（1）逆向波及。文化产业的发展，会沿着文化产业→生产文化产业中间产品的先行产业→这些先行产业的先行产业的线路，向其先行产业发生逆向波及。例如音乐、舞蹈、戏剧表演，带动了影剧院建设和道具、灯光、音像等演出设备的生产，这是逆向波及的第一波。影剧院的建设和演出设备的生产，带动了建筑材料、装饰材料、电子元器件的生产，这是第二波。建筑材料、装饰材料和电子元器件的生产带动了电力、煤炭、铜材的生产，这是第三波。与此类似，学校、图书馆、博物馆、展览馆、广播、电视、电台提供各种服务，美术品、工艺制品、书籍、报刊、音像制品和软件光盘的生产，也会对国民经济产生逆向波及。逆向波及可以用中间投入率来衡量，它是指某产业在一定时期内的生产过程中的中间投入与总投入之比，它反映了该产业的总产值中从其他产业购进的中间产品所占的比重。根据我指导的博士研究生李冠霖博士的计算，1997年，我国娱乐服务业、文化艺术广电业、教育业的中间投入率分别为55.05%，51.14%，45.93%。这表明我国娱乐服务业、文化艺术广电业、教育业生产文化产品所需的每10000元总投入中，分别有5505元、5114元、4593元是其他产业购进的中间产品。这说明文化产业对上游产业的波及效应是很强的。

（2）顺向波及。文化产业的发展，会沿着文化产业→以文化产品为中间产品的后续产业→这些后续产业的后续产业的线路产生顺向波及。电视台播放的广告（文化产品）被钢铁厂用作中间产品，钢铁厂生产的钢材被建筑公司用作中间产品，就是文化产业的顺向波及。顺向波及效应可以用中间需求率来衡量。中间需求率是一个产业的产品被国民经济部门用作中间产品的部分占该种产品总量的比重。中间需求率越高，表明该产业就越带有提供中间产品的性质，反之则表明该产业就越带有提供最终产品的性质。依据中间需求率，可比较精确地计算出各种产品用作生产资料和消费资料的比例，从而把握各产业在国民经济中的地位与作用。1997 年，我国娱乐服务业、文化艺术广电业、教育业的中间需求率分别为 40.04%，24.37%，10.32%，这表明在我国娱乐服务业、文化艺术广电业、教育业每 10000 元产品中，分别有 4004 元、2437 元和 1032 元产品充当了国民经济的中间产品生产要素，有 5996 元、7563 元和 8968 元产品被居民直接消费。娱乐服务业的顺向波及效果较强，文化艺术广电业、教育业次之。概括地说，文化产业的产品有 10%—40% 被其后续产业用作中间产品。

（3）间接波及。文化产业的发展会沿着文化产业→与文化产业具有消费互补性的产业→这些互补产业的先行产业和后续产业→与这些先行产业和后续产业的直接相关和间接相关产业的线路，对国民经济产生波及。这是因为，文化产品具有消费互补性，文化产业的发展，会波及网络、金融、通信、交通、商业、饮食等互补性产业。

2. 文化产业对国民经济的影响力。文化产业对国民经济的影响，可以用产业影响力指标来衡量。产业影响力反映了某一产业的最终产品的变动对整个国民经济总产出变动的影响能力。从另一个角度说，产业影响力就是一个产业对国民经济的影响乘数。例如，某产业的影响力为 3，这意味着该产业每增加一个单位的最终产品增加值，将会推动国民经济增加 3 个单位的总产出。影响力的相对水平用影响力系数来表示。它是某产业的影响力与国民经济各产业影响力的平均水平之比。影响力系数大于或小于 1，说明该产业的影响力在全部产业中居平均水平以上或以下。与发达国家相比，我国目前国民经济发展处在总体小康水平，文化产业在国民经济中的比重还不大。2001 年全国广义文化产业即文教广电业在就业结构中占 2.15%，在 GDP 中占 2.96%，因此文化产业的影响力不算大。据计算，1997 年，我国娱乐服务业、文化艺术广电业、教育业的影响力分别为 2.466，2.3488，2.2572，这意味着这些产业每增加 1 亿元最终产品，将会推动国民经济增加 2.2 万元—2.5 万元的总产出。这三个行业的影响力系数分别为 1.0294，0.9805，0.9422，说明娱乐服务业对国民经济发展的推动水平略大于全部产业的平均水平，文化艺术广电业、教育业对国民经济发展的推动水平接近全部产业的平均水平。

3. 国民经济对文化产业的影响。文化产业与国民经济的互动效应，还可以从国民经济对文化产业的影响来了解。这一影响，可以根据文化产业感应度系数、生产诱发系数等指标来判断。产业的感应度反映某一产业受其他产业影响的能力或程度，也就是国民经济对某一产业的影响乘数。感应度的相对水平用感应度系数来表示，它是某产业的感应度与国民经济各产业的感应度之比。感应度系数大于或小于 1，说明该产业的感应度在全部产业中居平均水平以上或以下。生产诱发系数可以揭示各最终需求项目对各产业生产的诱导作用程度。1997 年，我国娱乐服务业、文化艺术广电业、教育业的感应度分别为 1.0372，1.2108，1.1724，感应度系数分别为 0.4330，0.5054，0.4894。其感应度系数低于 1，说明感应能力低于全部产业的平均水平。

最终消费对教育业、文化艺术广电业、娱乐服务业的生产诱发系数，分别为 0.1051、0.0274、0.0013，这表明最终消费对教育业的生产诱发程度很高，对文化艺术广电业、娱乐服务业的生产诱发程度很低。最终消费 10000 元，对教育业生产的拉动高达 1051 元，对文化艺术广电业、娱乐服务业的生产拉动仅为 274 元和 13 元。教育业的生产诱发系数高，说明居民把教育消费放在比较重要的位置上。文化艺术广电业的生产诱发系数较低，是由免费消费的广播电视服务在居民文化和艺术消费中占有很大比重造成的。娱乐服务业生产诱发系数极低，则可能反映了我国居民目前整体上对娱乐服务的消费量还很少的现状。

出口对娱乐服务业、文化艺术广电业、教育业的生产诱发系数分别为 0.0194、0.0033、0.0025，这表明出口对娱乐服务业、文化艺术广电业、教育业的生产诱发程度较低，每出口 10000 元，只诱发娱乐服务业、文化艺术广电业、教育业分别产出 194 元、33 元、25 元。

根据以上分析可以认为，就全国范围来说，狭义文化产业在国民经济中占据比重很小，其前向关联效果较强，但后向关联效果较弱，产业关联和产业波及效果在第三产业中处于中下水平，尚未具备成为国民经济支柱产业的条件。文化产业虽能较多地吸引先进技术，面对大幅度增长的需求，自身保持较高增长速度，但对其他产业发展的带动作用并不算强，因此也不具备成为我国国民经济主导产业的条件。尽管如此，文化产业能较多吸收先进技术，代表产业发展方向，保持长期增长并需超前发展，因此有可能成为国民经济中的先导产业。“十五”期间，在我国一些特大型中心城市，第三产业比重将超过国民经济的 50%，以第三产业为主体，波及第一产业、第二产业的广义文化产业群，如能高瞻远瞩地分析社会需求的发展前景，推进技术创新和供给创新，突出加强服务输出，增大辐射半径，将有可能成为中心城市区域经济的支柱产业。

（选自《经济理论与经济管理》2003 年第 4 期）

文化产业理念与应用

黄光男

作为全体人类的共同利益，文化产业便是各个政府必须重视并付诸行动的工作，亦即所谓“文化产业政策的订定”。文化产业之所以受到国际社会的重视，其原因不外是：经济迅速发展，人民生活获得改善；过度物质化后人性生活的寻求，即量化后的质化要求；创作力之于知识经济的作用，精神价值驾驭在物质开发与美化上；其他相关于增加大众生活的全面关照，如交通、城乡造景、影像、传讯、工艺、家具等，大如国家工业建设，小如针织应用，都促发了文化产业的兴起。然而，文化产业受到重视的深层意义，则是生活品质的讲究与提升，如人的寿命增长，除了要求健康外，更重视生活环境品质的美好与舒适；如假日到郊外活动，选择有艺术性与知性的场所，一方面是生活消费，另一方面再学习知识，最少是感悟愉快而积极的力量。

西方学者葛瑞夫（Xavier Greffe）指出：文化产业受到重视的深层因素有三：（一）都市化增加；（二）传统的价值观念：作为较高水平的文化，包括博物馆门票价格平衡时，博物馆成为正面的文化事业，参观人数与教育程度成正比，博物馆与古迹的参观率是同时并进的，参观博物馆与看电影之间具有相互取代的关系等；（三）补充性的价值观念：休闲的社会学演变，它包括：1. 休闲功能性角度——现代性。消费的形态必须与生产的形态一致。适当的休闲将能促进大众消费的发展。休闲不再是现代消费经济的副产品，它成为良好调节的必要条件；2. 休闲的人性角度——后现代。随着后现代性，我们发现许多新的价值，如沟通系统的延伸、女性主义、生态保育、世界性的工作市场重新分配等，从而颠覆既定的休闲观念，亦即休闲不再是中心价值附属品，而具有独立的价值；印象与情感和客观的经验一样重要，符号与象征成为休闲活动的核心；专家与非专家、行家与生手、事物与其仿品之对立不再存在。

休闲与文化产业有必然的联系，当休闲的态度不同于往昔后，传统的现代、后现代的社会现象，汇集一股时代的新潮流。它在信息传播上迅速扩散，影响了大众对于生活品质的要求，引发文化产业政策与休闲意义的改变。多元性、自由性与平衡性替代了权威与一元，或是一成不变的价值观。台湾社会当然也感受到这股潮流的力量，近年来，亦积极在文化政策上有诸多的措施与执行方法，正如“文化政策越来越重视文化工业的经济重要性。这些工业以创造艺术为核心，并延伸至出版、广播、电影、录像带、新兴媒体等。许多人包括艺术家认为，文化工业是艺术屈服于市场的代名词，是对审美价值的否定与商业价值的崇拜。但我们也可以认为文化工业提供给创作者更加丰富的空间，并可使这些创作对经济下文化所应扮演的角色有更正确的思考。它从而可回馈文化政策与文化经济，服务一个文化政策与文化经济”。当文化政策有产业含义时，必定有经济的考量，尽管非营利事业的博物馆，数百年来的营运方法，也有大幅度的改变。

首先，博物馆的功能除古典的研究、典藏、展览、教育外，信息、图证、沟通、休闲的现代性功能更形增益项目，如娱乐、学习、冒险、征信、考据等功能亦加入其中，尤其博物馆成为旅游业的重点和最为明显的观光事业，其衍生为带动文化事业，增加社会发展机制，强化国家的活力。

博物馆成为旅游重心，是战后各国所营造的事业，在大举重视并兴建博物馆的同时，博物馆的组织、服务项目也更臻多元与完整。以旅游业来说，是很具休闲意义的实践。狄肯曼博士（Sharron Dickman）说：“旅游的主要动机有教育（Education）、探险（Adventure）、自我放纵（Self - indulgence）、相聚（Togetherness）、实现梦想愿望（Dream and Wishful Fillment）、跳脱常规（a Change From Routine）、休憩放松（Relaxation）、结识新友（Meeting New People）、新经验（New Experiences）、幻想（Fantasy）。”从这些动机来看，旅游地区是否有足够的准备，才能引起观众的兴趣，以招徕更多的游客，是值得思考的问题。但若以观光为起点，旅游业必须寻求景点，或景点中的焦点，恐怕就是人文设施的布置，更具体地说，博物馆或各地文物中心，是一项旅游观光对象时，其参与动机更接近人性的需求，也更具高品质的提升。因此，博物馆作为文化产业的理念与营运，早已成为先进国家社会发展以及施政的重点。就一般资料显示，捷克的布拉格近十年来平均每年的观光客，据说有6000万人次左右，西班牙的每年观光客有8万人次；欧洲的英、法、德等国观光更具吸引力。近年开放的前苏联国家亦受到很大的欢迎；而中南美洲地区、美国、加拿大的度假、商旅观光亦在稳定成长；其他如澳大利亚、新西兰、印度、非洲，也都有新的观光景点；位居亚洲的日本、韩国、泰国、马来西亚等国观光人数也在大幅增加；就开放后的中国内地，每年前往探访的人士，已凌驾许多国家之上。

观光旅游的对象，除了自然景观外，大部分都朝向人文设施，人文工程或人文工业、博物馆、古迹或古生态建筑是最主要被参观的景点。一般好奇或以舶来品为对象的旅游动机已渐次减少，相对地都以博物馆文化工程为主体。观众的性向与兴趣，可造成文化产业的机制，也是博物馆营运的动力。就世界著名的博物馆参观人数统计，英国全国的博物馆每年约有8000万人次，共有1500万左右人次的外国观光客；卢浮宫美术馆参观人数有600万人次，蓬皮杜中心参观人数约有170万人次，即如圣母院大教堂也有400万人次；至于美国史密桑尼美术馆群每年参观总人数为2900万人次；而纽约大都会美术馆每年参观人数为500万人次，古根汉姆美术馆纽约总馆每年有100万人次，观光客则占50%，纽约现代美术馆则有120万人次，海外观众则占60%。以此类推，德国博物馆数量与人口密度成正比，日本、韩国博物馆的数量均被列为社会发展的主要标记。

近两年博物馆发展虽然受到泡沫经济影响，有略显保守的增长，但博物馆采用企业体行销方法，也有大幅增长的案例。例如古根汉姆美术馆在西班牙毕尔包的成绩，以及英国泰德现代美术馆（Tate Modern）在伦敦以旧发电厂改设的馆舍，应用全新的行销方式，第一年的观众就有520万人次。相较于西方博物馆的运作，包括韩国、日本、印度、新加坡在内的东方国家及中国台湾地区，采用与企业合作，而注重成本概念的营运方法，都有很好的成绩表现，尤其列为国家发展、社会资源整合之运作，成为文化生产的重点之一。任何一个国家与地区，不论是文化传承或作为民众终身学习，博物馆有更大的发展空间，其效果更优良。

（选自《中国美术馆》2005年第6期）

中国文化产业竞争力评价和分析

赵彦云　余　毅　马文涛

研究背景

新世纪伊始，文化以它前所未有的影响力和亲合力逐步渗透进整个经济社会和大众生活。经济、社会和文化的不断互动和融会，使得经济文化化和文化经济化逐渐凸显为社会经济发展的新特征，从而使文化产品和服务有了更广阔的市场化前景。以数字化、网络化和多媒体化为代表的信息革命，为我们带来了崭新的文化形态——数字文化、网络文化和多媒体文化，这些文化传播的新媒体、新载体的出现，以及随之而来的以高科技为支持的信息生产和复制技术，使得文化产品和服务以产业化的规模快速发展，文化产业应运而生，文化产业的发展势不可挡。

除了无可比拟的巨大的经济驱动力和高增长、高投入产出比的特点之外，文化产业和其他产业类型相比，有着其独特的产业内涵和演进轨迹。总体来看，文化产业可以从“文化”和“产业”两个层面来理解。在产业层面，它兼顾市场和公共服务的双重导向，在市场化经营的大力推进下，产业的经济效率正在发挥越来越大的作用。然而在文化层面上，它则有着其他产业所没有或少有的魅力，诸如社会影响力，对民众的熏陶、诱导和教化力，艺术感染力，创意，文化内涵和民族传统等精神方面的内容。欧美文化产业强国以其雄厚的经济基础、成熟的市场策略、富蕴的科技含量、崭新的表现形式，并裹挟着本土的思想观念、生活方式和政治主张在全球范围内进行文化产业的推进，不仅获得了经济层面和产业层面的垄断，而且进一步加强了对文化产品输入国的文化影响，使得文化产品成为经济收益和文化影响的双重载体。

文化产业竞争力已经逐渐成长为国家竞争力的重要一极。所以，全面了解我国各地区文化产业的发展现状和发展趋势，对我国文化产业竞争力的总体水平进行准确而客观的评价和分析，是十分有益而且必要的。

文化产业竞争力评价理论和方法

（一）文化产业竞争力基本理论

从文化产业概念诞生以来，在文化产业究竟包括哪些行业这一问题上，至今世界各国并没有一个统一的分类标准，主要是因为对文化产业进行界定和分类，既涉及文化概念本身的模糊性和多义性，也涉及国家文化政策的制定和调整。在我国，目前纳入政府统计口径并有较为详实的统计数据支持的文化产业包括：艺术表演业（表演团体和表演场所）、新闻出版业、文化娱乐业、广播影视业、音像业、图书馆业、群众文化业、文化遗产和古迹的保护和展览。在延伸产业层，诸如广告、旅游、设计及工艺品制造等，与其他产业有所交叉和重叠，目前还没有明确的统计口径将其纳入政府统计的范畴。

与其他传统类型的产业相比，文化产业无论是发展内涵、发展脉络还是产出的社会效应，都有其特殊的产业个性。国际上一般把文化产业分为两类：一类是具有强烈大众需求的通俗性娱乐，对这类文化产业的生产组织，一般强调其营利目的而不过分强调其艺术价值。这类产业需要完全市场机制的商业运作。另一类是文化艺术附加值较高的行业，包括音乐、戏剧、诗词欣赏、古典与现代舞蹈、文学出版、美术、艺术电影、高雅艺术等，该类文化产品更强调其艺术价值，同时对人的精神影响也更大。对这类产业组织来说，在文化消费市场没有形成一定的消费规模时，组织自身在市场的环境下生存和发展的处境也很艰难，考虑到产业发展未来的收益，政府应给予扶持。这也是发达国家对文化产业所采取的政策的基本导向。

理论与实践表明，决定文化产业需求的是文化消费者的艺术趣味和欣赏水平，而这种艺术趣味和欣赏水平具有积累性和不可逆性。人们为音乐、文学、戏剧及表演的欣赏及其消费而愿意付出的代价，取决于人们对该种艺术所具备的知识与理解。这种文化趣味要通过教育与经验来获得。因此，公共图书馆、文化馆和艺术馆等公共文化机构，以免费或象征性收费的方式向公众提供阅读、咨询和定期的文化文娱活动，从公益性来看，它是政府向社会提供公共产品的重要组成部分，从文化产业未来发展的角度来看，这更是对文化消费市场和文化受众艺术欣赏和趣味的培育。公共文化机构的发展壮大和公共文化活动的丰富，为文化产业的发展创造了更新更好的发展平台，因此需要政府的进一步鼓励和财政支持。

文化产业竞争力是基于文化产业需求与供给活动的内在发展能力，包括文化内容的竞争力和文化产业活动的竞争力。文化产业是最重视内容和最具有原创力的产业，具体表现在每一件文化产品或服务都是建立在本民族的文化立场、文化传统和文化资源之上，并具有自身的文化内涵和创意，无法进行简单的模仿。文化创造力是文化产业最重要的发展要素。据此，致力于大力发展文化产业的英国政府把文化产业称作创意产业。之所以用“创意”这个词代替“文化”，是为了强调人的修养、技能、才华和创造力，强调文化艺术因素对经济的渗透和贡献的强大能力。

和任何产业的生产过程一样，必须有原料的投入才会有产出，文化产业的原料就是该国可利用和发掘的文化资源。一个国家和民族的文化历史越悠久，文化积淀越深厚，那么，该国文化产业发展可利用的资源就越丰富。中国有五千年的文化与文明历史，如何有效地保护和进一步发掘华夏文明不断演进所沉积的文化财富，并将其有效地转化成文化产品和服务，是我国文化产业发展的巨大潜在竞争力。

图1　我国文化产业竞争力结构关系图

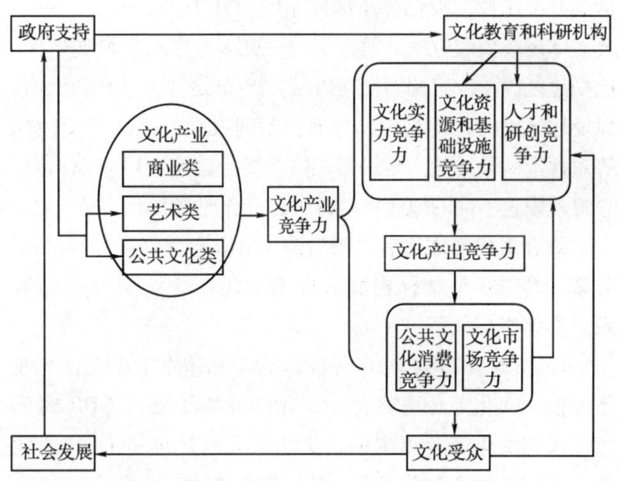

基于上述理论和分析，我们可以归纳出影响文化产业发展的诸多要素。图1展示了我们对于文化产业竞争力的结构解说。

（二）文化产业竞争力指标体系设计

在分析文化产业竞争力内涵和诸多要素的各项特质的基础上，我们结合《中国文化文物统计年鉴（2004）》和《中国统计年鉴（2004）》及部分省市的2004年年鉴，收集到36个省市（31个省及直辖市，加上青岛、大连、深圳、宁波、厦门五个副省级城市）文化产业相关竞争力指标及数据，设计出中国文化产业竞争力评价的指标体系。

在文化产业竞争力评价指标的设计中，我们主要考虑和遵循了综合性、层次性、对称性和公允性四项原则。（1）综合性是指在对文化产业的产业内涵、总体结构和影响要素的分析与认识的基础上，结合可得数据，用比较全面和立体的指标体系，来反映文化产业竞争力的各个领域和侧面，从而建立文化产业竞争力全方位的信息平台。（2）层次性是指整个竞争力体系分为三级来呈现。在文化竞争力下设七个文化产业竞争力要素，在每个要素下根据具体内涵又分别设置若干子要素。在子要素下设置相关的文化产业竞争力指标。对具体竞争力指标，我们以正态分布的标准化方式，直接显示各个文化产业竞争力指标的具体水平特征。各个要素及下属子要素的竞争力水平，通过对其所涵盖的全部指标的标准化数值进行汇总与平均而得出。文化产业的整体竞争力则是对指标体系内所有竞争力指标水平的汇总平均。这种做法展示了文化产业竞争力的竞争力信息平台，说明整体竞争力的所有层次和关系，有利于系统地进行评价和分析。（3）指标的对称性是指，在设计指标体系时充分利用定性的分析理论，设计好对称性层次和要素结构，在理论上保证每个指标的对称作用，这样可以更好地解释多个指标构成的竞争力评价网状结构，强调各个“网点”对竞争力的平行贡献和均衡作用，避免某个方面对整体竞争力产生过大的影响。（4）指标的公允性是指，由于参与评价的地区有省份也有城市，为了使不同级别的行政区具有可比性，我们在指标体系的设计中除了引用一些必要的体现规模效应的总量指标外，更多考虑的是强度指标，比如地区内单位机构的发展情况，产出收益与GDP的比值，以及地区内的人均指标，从而使不同级别行政区的规模优势对评价结果可能产生的影响降到最小，使人口规模不同，总量规模也不同的地区可以得到公正合理的评价。

综合上述考虑之后，我们设计出由7个要素，27个子要素，共106个指标构成的中国文化产业竞争力指标体系。具体指标如下：

1. 文化实力竞争力。包括：(1) 总体水平：文化产业增加值、文化产业总产出、文化产业增加值占GDP的比重、人均文化产业增加值、文化产业总产出占GDP的比重、人均文化产业总产出。(2) 发展潜力：文化事业单位固定资产累计完成投资占GDP的比重、文化事业单位固定资产当年完成投资占GDP的比重、人均文化事业单位固定资产累计完成投资、人均文化事业单位固定资产当年完成投资、文化事业单位固定资产累计完成投资、文化事业单位固定资产当年完成投资。(3) 就业规模：文化产业从业人员数占就业人口比重、文化产业从业人员数占第三产业人口比重、单位文化产业组织从业人员数、文化产业从业人员数。(4) 文化消费需求：人均消费支出、人均文化娱乐用品和服务支出、人均文化娱乐用品和服务支出占总支出的比重、小学及以上文化程度人口所占比重。

2. 市场收益竞争力。包括：(1) 文化出版市场：图书纯销售收入、定点印刷企业产品销售收入、图书纯销售收入占GDP的比重、定点印刷企业产品销售收入占GDP的比重、人均图书纯销售收入占GDP的比重、人均定点印刷企业产品销售收入占GDP的比重。(2) 文物市场：文物业经营收入占GDP的比重、文物业经营收入、文物商店销售收入、文物商店销售收入占GDP的比重、人均文物业经营收入、人均文物商店销售收入。(3) 艺术演出市场：艺术表演团体演出收入、艺术表演场所业务收入、艺术表演团体演出收入占GDP的比重、人均艺术表演团体演出收入、艺术表演场所业务收入占GDP的比重、人均艺术表演场所业务收入。(4) 音像传播市场：音像制品销售收入、音像制品销售收入占GDP的比重、人均音像制品销售收入。(5) 娱乐经营市场：文化娱乐业营业收入、文化娱乐业营业收入占GDP的比重、人均文化娱乐业营业收入。

3. 文化产出竞争力。包括：(1) 艺术演出市场：艺术表演团体演出场次、艺术表演场所演出场次、人均艺术表演团体观众人次、人均艺术表演团体演出场次、人均艺术表演场所观众人次、人均艺术表演场所演出场次。(2) 文物业市场：文物机构业务活动数（陈列和展览）、文物机构总参观人次、人均文物机构业务活动数（陈列和展览）、人均文物机构总参观人次。(3) 音像发行市场：录像制品出版数量、录音制品出版数量、人均录像制品出版数量、人均录音制品出版数量。(4) 出版市场：图书总印数、杂志总印数、报纸总印数、人均图书总印数、人均杂志总印数、人均报纸总印数。

4. 公共文化消费竞争力。包括：(1) 图书馆服务：图书馆平均解答咨询人次、图书馆平均代检索课题人次、图书馆平均总流通人次、图书馆平均为读者举办活动人次。(2) 公共文艺服务：文化馆平均举办展览个数、文化馆平均组织文艺活动次数、文化馆平均举办训练班结业人次。(3) 公共文化活动：人均文化俱乐部个数、人均群众业余演出团队个数、人均农村集镇文化中心个数。

5. 人才和研创竞争力。包括：(1) 人力资本：文物业机构平均拥有高级职称人数、文化文物科研单位平均拥有高级职称人数、文化部门教育机构平均拥有高级职称人数。(2) 文化科研：文化文物科研单位平均完成科研项目、文化文物科研单位平均获国家和省部级奖的科研项目、文化文物科研单位平均创办刊物种数。(3) 文化装备：文化文物科研单位平均设备购置费、文物单位平均保护专项经费、文化部门教育机构平均设备购置费。(4) 文化教育：文化部门教育机构平均在校生数、文化部门教育机构平均毕业生数。

6. 政府文化竞争力。包括：(1) 文化艺术：艺术表演团体平均财政与上级补助、艺术表演场所平均财政与上级补助。(2) 群众文化：图书馆平均财政与上级补助收入、群众文化艺术馆平均财政与上级补助。(3) 科研教育：文化文物科研单位平均财政与上级补助、文化部门教育机构平均财政与上级补助。

7. 文化资源和基础设施竞争力。包括：(1) 文化资源：人均文物藏品数量、人均图书总藏量、人均文化馆藏书。(2) 图书馆设施：图书馆平均书库和阅览室面积、图书馆平均阅览室坐席、公共文化艺术馆平均固定资产、公共图书馆平均固定资产。(3) 文物与文化教育设施：文物业机构平均展览服务用房、文物业机构平均固定资产、文化部门教育机构平均教学用房、文化部门教育机构平均固定资产。(4) 娱乐表演设施：艺术表演场所平均坐席个数、文化娱乐业机构平均固定资产、艺术表演业固定资产、艺术表演团体平均操练和练功用房。

（三）文化产业竞争力评价方法

中国文化产业竞争力的评价是以我国36个省（市）为对象，测度各省（市）文化产业竞争力的现状水平，分析其存在的竞争力优势和劣势。

对36个省（市）的各竞争力指标数据进行统计正态标准化，换算成0到100之间的标准化数值。这种测度结果，可以让我们直观地了解各省（市）在竞争力指标上的客观水平。数值80及以上是非常优秀的竞争力，数值20以下是非常差的竞争力，数值50反映了一般的竞争力水平。

具体方法是：在每一个竞争力指标内，将各省市的指标值视为一个正态分布的样本。计算出样本的均值 μ 和标准差 σ。在假定样本服从正态分布 N（μ，σ）的基础上，计算出样本中每一个单元 x 的下侧累计概率值 P（X < = x），再将其乘以 100 得到最后的正态标准化数值。由于概率值 P 在 0 和 1 之间分布，因此最后的标准化数值的范围为 0 到 100。由于指标设计时遵循了对称性的原则，因此在每个指标标准化数值的基础上，将要素内的指标进行等权平均即得到上一级的要素竞争力水平，再逐级汇总得到最终的整体竞争力水平。

文化产业竞争力分析，主要是从文化竞争力 7 个要素及其子要素的竞争力水平和排名出发，作出文化产业竞争力优势和劣势的分析。具体操作是在综合竞争力的优势和劣势分析中，从综合竞争力的各要素的排名出发，将某地排名在前十位和后十位的要素定义为该省区的优势要素和劣势要素，由此展开文化产业竞争力的优劣势分析。在要素竞争力的分析中，我们将优势子要素的定义范围缩小到前六位。

按照产业竞争力原理，不均衡的要素结构是不利于竞争力系统的持续发展和提升的。为此，我们设计了竞争力均衡度分析模型。具体操作为：计算出各省市在不同要素层次上的变异系数（变异系数是指样本的标准差和均值的比值，是刻画样本分布离散程度的指标），将其定义为该地区的竞争力结构均衡度，从而进行比较分析和评判。

中国文化产业竞争力评价和分析

（一）文化产业综合竞争力评价

在本指标体系中，文化实力竞争力、文化市场竞争力、文化生产竞争力、公共文化消费竞争力、人才和研创竞争力、政府文化竞争力、文化资源和基础设施竞争力基本包括了对中国文化产业竞争力具有相对重要影响的因素。从横向来看，这些要素及下属指标覆盖了文化产业中商业类、艺术类和公共文化类 3 个主要产业类别的发展情况，并涉及文化产品和服务的生产能力和生产情况，文化消费者即文化受众的消费能力和意向，文化市场的发展水平，产业发展中人力资源和研创能力，产业发展的原料资源和设施，以及政府支持力度等文化产业系统的诸多侧面。从纵向来看，这些要素也构成了“生产者 + 人力资源 + 文化资源和设施→文化产品和服务的生产→商业和公共文化消费市场”这一完整的产业内产品和服务的生产与消费过程。本文将 7 个要素全部纳入，对各要素竞争力的水平采取等权平均的方法，得到文化产业竞争力综合评价（见图 2）。

从图 2 中可以发现，各省市文化产业竞争力发展水平总体分四个梯队：以上海、广东、浙江、深圳和北京为代表的第一梯队，以天津、厦门和江苏为代表的第二梯队，以宁波、湖南和山东为代表的第三梯队，以广西、内蒙古和西藏为首的第四梯队。由于指标体系中以强度和人均指标为主，因此省份和城市之间也有了可比性。从结果来看，首次纳入评价体系的 5 个副省级城市都有上佳的表现。深圳以较高的数值位于第三位，可见近年来深圳的文化产业伴随着经济的发展也不断得以壮大。厦门和大连凭借强度和人均指标的良好表现，克服了总量上的不足，分别跻身于所在省份的前列。从各省和直辖市的表现来看，经济较发达和人民生活水平较高的省份在文化产业的发展上，同样也有一定的优势。上海、广东、浙江、北京和天津处于最前列，江苏、山东和湖南紧随其后。

上述竞争力的综合评价反映了总体综合实力的大小。但总值高并不代表各要素的水平一致。要素发展的不均衡将导致文化产业竞争力进一步发展的不稳定，短板要素的存在，将会影响整体竞争力的提升。我们以七个要素的标准化数值为基础，计算出综合竞争力变异系数，作为反映某地竞争力发展的平衡性和稳定性的有效指标（见图 3）。

图 2　中国文化产业综合竞争力

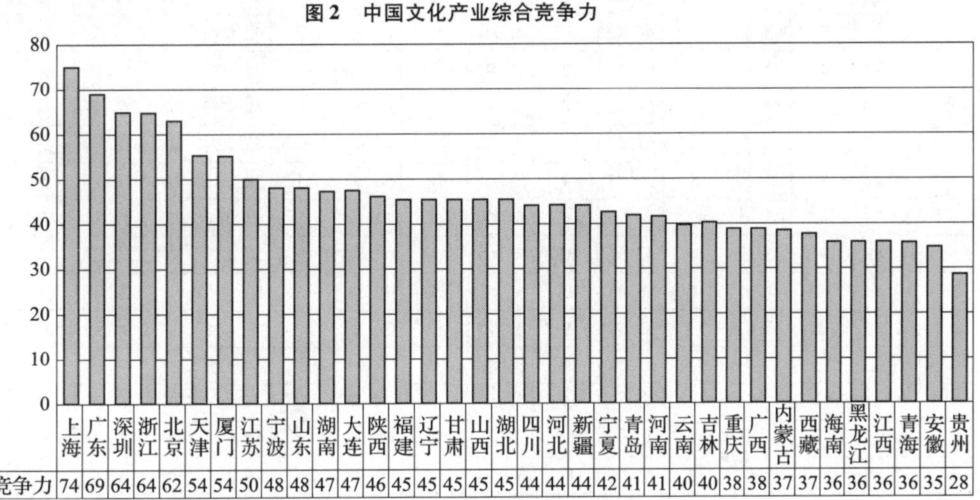

图3 中国文化产业竞争力要素综合变异系数

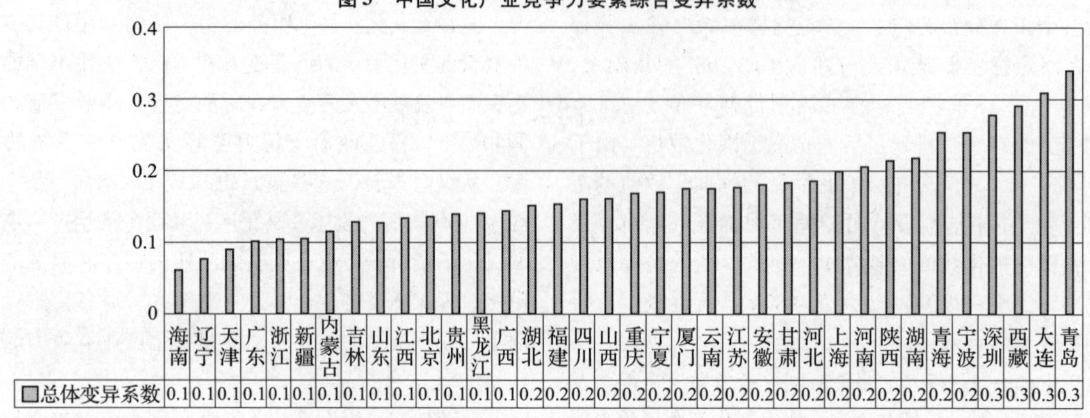

在竞争力总水平与竞争力综合变异系数的排名中，各省市的位次有了一定的变化。在竞争力总水平中进入前十位的省市，同样能进入变异系数前十位的只剩下4个，分别是天津、广东、浙江和山东。而上海、陕西、深圳和厦门在变异系数的排名中竟然落到了后十位。这说明尽管有些省市的文化产业竞争力水平在总体上达到了一定高度，但在竞争力内部的要素水平分布上严重不均衡，或者存在一定的短板要素。而且从5个副省级城市的表现来看，除了厦门的变异系数稍好一点之外，其他4个城市的均衡度都处在参与评价省市的末端。

究竟是什么原因造成这种情况呢？我们借助优劣势分析的方法来进一步分析各地的文化产业发展现状，找出问题所在。

文化产业竞争力优势排名的结果表明，竞争力总体排名比较靠前的省市，在文化产业各要素的均衡发展上有着很强的实力，在优势要素的占有上还是比较集中的。比如第一梯队的广东、北京、浙江和上海四个省市，优势要素高达6~7个。天津、深圳、江苏和宁波也都有3~4个优势要素，其他地区的优势要素占有量则比较分散。优势要素的分布也存在一定的规律性。文化实力竞争力、政府文化竞争力和资源与基础设施竞争力三个要素的分布相对比较集中，主要分布在前十个经济较发达的省市。从各地区的优势要素占有情况来看，除了前四个拥有6个以上优势要素的地区，5个副省级城市在公共文化竞争力和政府消费竞争力上有较大的优势外，由于文化生产、文化市场和人才研创竞争力与总量指标和产业规模有关，因此，主要分布在一些人口规模较大或有着一定传统优势积累的省份。

（二）文化产业各要素竞争力分析

在这部分的分析中，我们采用要素评价与综合评价结果同时显示的方法，可以直观地看出各省市某要素水平和综合水平的差别，参见表1。

表1 2005年我国36个省市文化产业竞争力评价结果

省市	综合竞争力		文化实力		文化市场		文化生产		公共文化		人才和研创		政府文化		文化资源和设施	
	水平	排名	水平	排名	水平	排名	水平	排名	水平	排名	水平	排名	水平	排名	水平	排名
上海	74.44	1	82.95	2	88.20	1	75.90	1	71.65	3	40.61	28	81.32	2	80.47	2
广东	69.04	2	77.15	3	72.70	2	75.84	2	60.24	7	58.04	7	72.65	4	66.65	4
深圳	64.36	3	83.52	1	47.72	11	45.07	16	66.47	6	42.90	24	84.32	1	80.55	1
浙江	63.77	4	72.70	4	69.65	3	62.82	4	53.70	10	58.99	6	69.69	6	58.80	6
北京	62.20	5	54.88	6	61.15	4	52.81	8	66.52	5	53.49	10	76.49	3	70.09	3
天津	54.45	6	48.37	11	51.40	7	47.95	15	58.47	8	62.22	2	58.90	7	53.84	9
厦门	54.43	7	65.20	5	50.75	9	44.01	18	50.96	11	52.36	12	71.16	5	45.54	12
江苏	50.35	8	47.41	12	54.96	6	63.60	3	54.27	9	41.63	25	35.83	26	54.76	8
宁波	47.83	9	45.14	14	42.04	21	39.61	24	67.85	4	29.13	33	53.27	8	57.74	7
山东	47.56	10	41.52	20	46.47	15	59.52	5	47.81	16	50.97	13	39.27	20	47.35	11
湖南	47.07	11	47.01	13	51.35	8	49.78	13	33.20	31	66.42	1	36.99	25	44.57	17
大连	46.95	12	33.94	34	31.14	33	36.88	26	73.07	1	44.17	23	47.69	11	61.74	5
陕西	45.65	13	50.75	9	60.52	5	52.66	9	43.28	20	44.89	21	29.01	34	38.41	23
福建	45.20	14	51.36	8	46.53	14	55.46	7	49.48	12	37.88	31	37.94	23	37.73	25
辽宁	45.05	15	42.80	17	44.06	17	52.18	12	45.07	18	46.81	19	39.43	19	44.99	15

续表

省市	综合竞争力		文化实力		文化市场		文化生产		公共文化		人才和研创		政府文化		文化资源和设施	
	水平	排名	水平	排名	水平	排名	水平	排名	水平	排名	水平	排名	水平	排名	水平	排名
甘肃	44.89	16	36.83	28	48.59	10	43.13	20	34.75	29	61.39	3	45.23	14	44.31	18
山西	44.65	17	43.94	16	46.58	13	52.39	11	43.44	19	55.50	8	34.00	29	36.74	26
湖北	44.55	18	38.83	23	42.43	19	52.48	10	33.43	30	52.76	11	42.86	15	49.03	10
四川	44.27	19	44.30	15	44.14	16	44.02	17	39.61	23	60.28	4	40.91	17	36.61	27
河北	43.89	20	37.24	26	39.36	24	48.25	14	48.34	15	59.60	5	34.97	28	39.46	21
新疆	43.67	21	41.90	18	37.69	25	38.48	25	48.46	14	49.99	16	48.42	10	40.71	20
宁夏	41.98	22	35.24	31	33.56	32	33.40	31	49.08	13	50.51	15	46.95	12	45.15	14
青岛	41.42	23	36.89	27	35.76	29	33.47	30	71.86	2	24.58	34	42.06	16	45.36	13
河南	41.14	24	35.84	30	40.04	22	56.53	6	39.74	22	49.94	17	31.96	32	33.90	33
云南	40.65	25	49.63	10	43.27	18	31.17	34	37.19	26	50.77	14	38.03	22	34.48	31
吉林	40.06	26	41.23	21	37.49	26	35.16	28	40.64	21	39.37	29	51.31	9	34.78	30
重庆	40.05	27	41.06	19	39.44	23	32.72	32	36.53	27	54.96	9	39.00	21	36.12	29
广西	38.03	28	38.61	24	35.99	28	36.53	27	45.18	17	37.01	32	28.11	35	44.76	16
内蒙古	38.00	29	38.17	25	28.08	35	43.87	19	38.57	24	40.62	27	37.89	24	38.79	22
西藏	37.25	30	53.88	7	47.11	12	40.26	21	28.68	33	19.29	36	35.09	27	36.46	28
海南	36.70	31	39.02	22	34.47	31	35.52	29	36.22	28	40.75	26	33.10	30	37.79	24
黑龙江	36.16	32	34.95	32	27.81	36	32.47	33	38.37	25	44.50	22	40.65	18	34.38	32
江西	35.77	33	36.39	29	42.31	20	40.24	22	31.02	32	39.14	30	27.78	36	33.53	34
青海	35.59	34	34.61	33	29.52	34	31.10	35	20.67	36	45.17	20	45.51	13	43.56	19
安徽	35.07	35	29.93	36	37.28	27	39.78	23	27.42	34	46.84	18	32.93	31	31.32	35
贵州	27.91	36	30.28	35	34.74	30	27.17	36	22.51	35	23.18	35	29.91	33	27.58	36

1. 文化实力竞争力要素分析。文化实力竞争力主要反映的是某地文化产业的规模和相对强度。涉及文化产业的总体增加值、文化事业单位的固定资产投资规模、文化产业就业人员的规模，以及文化受众的文化水平和文化消费规模的绝对量及相对量的大小。从表 1 中可以发现，深圳、上海、广东、浙江和厦门与其他省市拉开了一定的距离，并且这些地区的文化竞争实力要普遍高于自身的综合竞争力水平。而紧随其后的北京则在这个要素的数值上低于综合水平。并且，北京在强度指标和相对指标上的数值和前五位的地区相比，水平相对较低。西藏和云南跻身于这个要素的前十位，反映了这些地区在文化产业方面的不俗实力。从指标的数值来看，它们主要在规模水平、发展潜力和劳动就业三个子要素的相对指标上数值较高，因此提升了它们的要素水平。

优势分析的结果表明，上海和广东的 4 个子要素全部进入了优势要素的行列，深圳、西藏和浙江以 3 个优势子要素的总量紧随其后，厦门为 2 个，北京、宁波、云南、陕西和新疆则只有 1 个优势子要素。

2. 文化市场竞争力要素分析。文化市场竞争力主要是对各地商业性较强的文化产业行业的市场收益进行测度。在文化市场竞争力中，主要涉及文化出版市场、文物业市场、艺术演出市场、音像市场和娱乐艺术经营市场 5 个子要素，基本上囊括了我国目前文化产业内部有着规模以上收益的行业类型，涉及艺术表演业（表演团体和表演场所）、新闻出版业、文化娱乐业、广播影视业、音像业、文化遗产和古迹的保护和展览。在市场机制下，只有良好的市场收益才会收回成本，取得利润，带来产业发展的持续动力和继续投资的信心，因此，这是文化产业系统中较为关键的环节。从该要素的数值排名看，上海、广东、浙江、北京和陕西占据了前五强的位置，上海以较大的优势名列第一。与综合竞争力水平相比较，上海市和陕西省的市场收益数值远远高出综合竞争力水平，反映了相对较高的收益能力。而深圳市在该要素上的表现则较差，要素水平明显低于综合竞争力水平。从子要素的竞争力水平来看，上海市在艺术演出、音像和娱乐经营 3 个市场上均取得了 90 以上的竞争力标准化数值，广东省和浙江省的高水平子要素则为音像，北京市在艺术演出市场竞争力水平上表现十分突出。

优势子要素分布结果表明，只有上海市和广东省在 5 个行业上都占有优势，特别是上海市在除了音像之外的 4 个行业中都处于第一的位置。浙江、北京和陕西紧随其后，占有 3 ~ 4 个优势行业，天津则有 2 个优势行业。其他地区优势要素的集中度较小，以占有 1 个优势子要素为主。从要素的地区分布来看，文化出版、文物和艺术演出市场要素的分布较为集中，而音像和娱乐经营市场要素则相对分散，并且不为大省所垄断，宁波、厦门和深圳等城市都榜上有名。

3. 文化生产竞争力要素分析。文化生产竞争力与上述的市场竞争力相对应，也是处于从投入到产出转化的关键环节，只不过是从实物产出的角度得以反映。由于娱乐业的产出活动难以进行量化的统计，因此本要素主要测度的是文化出版市场、文物业市场、艺术演出市场和音像市场的产出情况。从产出竞争力的数值来看，文化产出较高的地区还是以人口规模较大的省份为主，上海、广东、江苏、浙江和山东占据前五名的位置。但是实物产出和市场收益却没有显示出对等的关系。在排名前15位的省市中，除了上海、浙江、北京、陕西的市场收益竞争力水平高于产出竞争力水平，以及广东、湖南和天津两种竞争力水平相当之外，其余大省的收益竞争力都大大低于产出竞争力水平。

与市场收益竞争力要素相比较，在文化生产竞争力方面，各地的优势子要素集中度有所降低，表现最好的上海、广东和江苏也只有3个优势子要素，浙江、山东和陕西都只有2个优势子要素，其余省市均为1个。从优势子要素的地区分布来看，文物业和文化出版业的优势子要素集中分布在江苏、广东、浙江、山东和陕西等地，而艺术演出和音像产品生产则没有呈现明显的集中趋势。

4. 公共文化消费竞争力要素分析。我国的公共文化发展以各地的公共图书馆、文化艺术馆和各种民间的群众文艺活动组织为依托，以公共产品的形式免费或以象征性收费的方式向公众提供阅读、咨询和定期的文化文娱活动。因此，公共文化消费竞争力的高低，既是该地区公共文化生活繁荣程度的测度，也是各省市对文化消费市场远期培育重视程度的反映。本竞争力要素由图书馆服务、公共文艺服务和公共文化活动组织3个子要素组成。从文化消费竞争力数值来看，5个副省级城市在该要素上的表现是十分突出的，大连、青岛和宁波更是处于第一、第二和第四的位置，可见这些地区在经济发展的同时，也比较注重市民的文化生活水平的提高和文化类公共产品的供给。从排名前六位的地区来看，它们在各子要素上竞争力水平也比较有特点，大连、上海、北京、深圳在图书馆服务、公共文艺服务的子要素竞争力上表现比较明显，青岛和宁波则在公共文艺服务和公共文化活动组织子要素上更具竞争力优势。

竞争力优势子要素的分布结果表明，即使是排名靠前的省市，也没有包揽全部的优势子要素。总体来说，竞争力优势子要素分布比较平均。但是比较特殊的情况是，部分省市优、劣子要素都存在。比如上海和深圳，都是图书馆服务和公共文化部分为优势子要素，而在文化活动组织方面为劣势子要素，可见文化活动的民间化、自发化程度还不高。但是北方的一些地区，比如内蒙古、新疆、河北、山西等地，文化活动组织比较密集，具有明显的竞争力优势。从地域分布来看，北方的民间文化活动组织繁荣程度要比南方地区高。

5. 人才和研创竞争力要素分析。作为一种更加重视内容和创意的产业，文化的原创力凸显为最重要的发展因素。因此，某地区文化人才和研创竞争力的高低是影响文化产业现状和未来发展潜力的重要因素。在本文的评价体系中，人才和研创竞争力主要由人力资源、文化装备、文化教育和文化科研4个子要素组成，对文化产业研创方面人才、设施、后续人才的教育以及研究成果等各项情况进行了综合评价。从竞争力标准化数值来看，要素竞争力和整体竞争力水平基本不吻合。湖南、天津、四川、甘肃、河北、山西和重庆等地首次进入前十名。而在前面的要素上表现比较突出的地区，除了浙江、广东、北京、厦门继续保持稳定之外，上海、江苏和其他4个副省级城市在该要素上的竞争力水平都大大低于整体竞争力水平。与文化产业的其他环节不同，文化教育和科研基地的建设和发展周期更长，影响力和整体实力的形成与提高也是一个厚积薄发的过程。因此，经济发展的新兴地区在这个要素上要得到提高，需要长期的培育。

通过文化产业竞争力优势分析，我们发现各省市竞争力优势子要素的集中度比较分散。优势要素最多的地区也只有2个优势子要素，更多的省市则只有1个。从各竞争力优势要素分布的情况来看，似乎缺少一定的规律性。北京、浙江等要素竞争力数值较高的地区也只有文化装备这一个优势子要素，与其他要素相比，这个子要素和当地的经济实力的相关度更高。

6. 政府文化竞争力要素分析。文化产业的发展不能仅仅面向市场，因为文化产业不仅包括可以完全市场化的商业娱乐业和文化艺术附加值较高的诸如音乐、戏剧、古典与现代舞蹈、高雅艺术等行业，还包括以公共图书馆、文化馆和艺术馆等公共机构为主要载体的公共文化业。这些行业在对人的精神熏陶和素质提高，以及推动社会的全面进步方面，有着举足轻重和不可替代的作用。但是这些公益性较强的行业是不能完全推给市场培育的，需要政府投入一定的财力和物力来进行扶持。因此，在文化产业的政府文化竞争力要素中，我们主要考察了政府对文化艺术、公共文化和科研教育三个主要领域的转移支付情况和资助力度。

从政府文化竞争力要素数值和排名的情况来看，有着一定的规律性。数值排名靠前的地区要素竞争力普遍高于综合竞争力，而数值靠后的地区则要素竞争力普遍低于综合竞争力。要素竞争力的高低一方面和政府本身的财力有关，另一方面可能和政府本身对文化产业的认识和重视程度有关。江苏、陕西、山西、湖南等文化大省的要素竞争力和综合竞争力水平差距较大，在文化产业全面发展的进程中，政府需要加大对文化产业的扶持力度，因为这种投入虽然不会立刻见效，但是从文化产业的长远发展来看还是值得投资的。

该要素竞争力优势分布的结果显示，这个要素上的优势集中度还是相当高的。北京、上海和厦门在全部子要素上都进入了优势行列，广东、浙江、宁波、深圳都以 2 个优势子要素为主，天津为 1 个。

7. 文化资源和基础设施竞争力要素分析。文化资源和基础设施是文化产业发展的物质基础，也是整个文化产业发展壮大赖以成功的土壤。因为文化以各种形式传播，必须要有一定的媒介与硬件来支持，这些资源和配套设施的强弱，直接影响文化产业的成长力度。在这个竞争力要素中，我们主要考察了各地区的文化资源、图书馆设施、文物与文化教育设施以及娱乐表演设施 4 个子要素的发展情况。从文化资源和设施的要素竞争力数值来看，各地区的要素竞争力和综合竞争力的差距不大。从排名上看，各省市的位次和综合竞争力相比没有出人意料的变动。深圳、上海、北京和广东还是处在前四名的位置。几个副省级城市的表现依然强劲，这个要素的发展和当地的经济发展实力，以及由此带来的物力支持水平是有较大联系的。

在文化资源和基础设施竞争力上，优势要素的分布也是比较集中的，北京和上海都拥有 4 个优势子要素，广东和深圳也有 3 个优势子要素。优、劣势要素分布也显示出一定的区域性，优势子要素都集中在经济发展较为迅速的地区，劣势子要素分布虽然比较分散，但从分布区域来看以西北和西南地区为主。

中国文化产业竞争力的提升

通过对中国文化产业竞争力多角度的描述，我们对于各地区目前的文化产业竞争力有了较深入的认识和了解，文化产业竞争力发展中所存在的一些问题也得以凸显。

从各地的文化产业竞争力发展水平来看，地区间的文化产业竞争力发展水平两极分化的现象比较严重，优、劣势要素的分布也比较集中。广东、浙江等第一梯队的省市，基本上集中了大部分的优势要素，而另外一些较弱省份则集中了大部分的劣势要素。发展比较好的第二、三梯队的省市，优势要素的分布则比较零散，只是在少数的几个要素上占有一定的领先优势，在文化产业生产链条上，没有形成系统的较强的实力，甚至在一些环节上还有劣势要素存在。

从优势、劣势要素在各地区间的分布来看，也呈现出一定的规律性。经济发展比较迅速的发达地区在政府文化竞争力、文化资源和基础设施竞争力等与地方经济实力相关性较强的要素上，优势比较明显。但在文化产业的研创能力和产能方面，比如文化市场竞争力、公共文化竞争力和人才研创竞争力上则有明显的不足，甚至存在劣势要素。对于传统的文化大省来说，在体现地区悠久的文化传统的要素上，比如公共文化消费竞争力、人才和研创竞争力，有一定的优势，但在资金投入及文化产业的市场化产出和收益上则实力不强。在文化市场竞争力、文化生产竞争力等方面发展比较好的地区，则在公共文化产品提供上有所不足。

如何在文化产业发展的过程中同时兼顾经济效益和社会效益，如何处理好文化产业中艺术类、商业类、公共文化类三种竞争力的均衡发展，以及在具体的产业政策上对不同的文化产业类别如何重点施力，这是各地区在文化产业竞争力发展的过程中共同面对的问题。借鉴文化产业起步较早的国家的经验，结合前面分析的问题，我们认为，我国文化产业竞争力提升应主要关注以下方面。

一是注重培养高素质的文化经营队伍。国际经验表明，发展文化产业，需要有一大批高素质的文化创作、生产和经营人才。这些人才不仅需要对文化和经济、管理有相当的造诣，更需要对文化产业这一特殊产业类型的特点、发展脉络有自己的理解，同时对文化产业下的不同行业领域也要有深刻的认识，在与消费者的互动中，不断产生优秀的创意，真正把文化产业变成一种“以创意为中心”的经济。

二是吸收社会各界的力量，增加多种渠道，发展需要较多资金扶持的公共类和艺术类文化产业。通过立法，鼓励个人和企业赞助文化事业，建立各种文化基金会。为了激励资助者的热情，基金会可以用捐赠者或企业的名字命名，同时政府对赞助的企业和个人还可给予相应的优惠政策，以引导赞助的投向。

三是组建行业协会，强化协会的管理作用。许多国家通过建立文化产业行业协会，增强行业自律。如韩国的影像协会、光盘协会，既接受政府的指导，又受政府的委托对音像市场进行监督。在这两个协会中还设立了文化稽查队伍，经常配合警署对一些文化经营活动进行监管。意大利的戏剧旅游部则是通过四个专业咨询委员会，提出对音乐、戏剧、电影、舞蹈以及流动演出的资助意见，而后由该部审定下达拨款指标，并设有 11 个专门机构，对这些受到资助的团体进行监督。

四是在管理体制上，我国应实行从办文化到管文化，从行政管理为主到法制管理为主的转型。政府部门应逐步退出对文化产业的计划行政式管理，改为以法律、经济等间接方式为调控的主要手段，工作重点从微观的具体操作转向宏观的产业规划和调控。

五是鼓励规模化经营和专业化协作，以促进资产、人才、技术等要素的合理组合，形成以优秀人才、高新技术、名牌产品、高效益经营单位为龙头，以资产为纽带，跨地区、跨部门、跨所有制乃至跨国经营的大型文化企业集团。

文化产业已经成为21世纪全球最有前途的产业之一，积极健康地发展我国文化产业已成为新世纪的必然选择。正确认识我国目前文化产业的发展现状，了解各地文化产业发展的优势和不足，有重点地加以改进和提高，同时借鉴其他国家文化产业发展的成功经验，提高我国文化产业的总体水平，这是我国目前文化产业发展的重要途径。

（选自《中国人民大学学报》2006年第4期）

文化产业统计指标和分析方法探讨

殷国俊

文化发展是全面建设小康社会的重要内容。为满足政府规划文化产业发展蓝图，制定文化产业发展政策的迫切需要，必须建立科学的文化产业统计指标体系，以统一文化产业的界定范围、统计口径，规范数据来源渠道，提高文化及相关产业统计信息收集和分析的科学性、可比性和可操作性，正确反映我国文化产业发展状况。

文化产业是个全新的概念。我国目前对文化产业的定义和其行业构成尚无一个明确、统一的标准，本文中的行业界定仅仅是一家之言，期望通过研讨起到抛砖引玉作用，尽快建立我国文化产业统计指标体系，为我国文化管理体制改革服务。

建立文化产业统计指标体系的必要性

数字技术的崛起，传播媒介的高速发展和信息时代的来临，为文化产业突破传统模式的全新超速发展提供了技术平台，使得文化产业的发展前景更为广阔，文化进入市场，文化进入产业，文化中渗透经济的、科技的、商品的要素，使文化产业具有了经济力、科技力的属性，成为社会生产力中的一个重要组成部分，在高科技和现代化发展模式中日趋显要，已成为世界经济中的支柱产业之一。同时，文化与经济和政治相互交融，在综合国力竞争中的地位和作用越来越突出。

随着我国社会主义市场经济逐步建立，文化市场得到了迅速的发展，从而带动了文化产业的迅速崛起。特别是党的十五届五中全会提出了发展文化产业后，全国各地的文化及相关产业得到迅猛发展。电视、电影、出版、音像、文艺演出、工艺美术，乃至广告、信息、传播、娱乐等行业，已越来越发展为庞大的产业集团，成为国民经济运行体系中的重要组成部分。但文化产业总体发展水平仍然较低，突出表现在文化产业发展规模小、科技含量少、竞争力差、市场机制不健全、市场对文化资源的基础配置力较弱、文化要素市场流通不畅、文化资源没有得到充分有效的利用、文化产品不能很好地满足人民群众日益提高的精神文化需要。

目前我国文化产业管理体系缺乏集中管理，尚未形成一个统一领导、组织协调的权威性机构和统一的国家文化产业政策体系。相应对文化产业缺乏总体研究，至今还没有我国的文化产业统计指标体系，未能对我国文化产业做出全面、科学的揭示和评估。文化及相关产业涉及的部门较多，统计内容、统计标准不统一，现行统计所提供的信息，无论是范围还是指标，都不能从总体上全面反映我国兴起不久的文化产业现状和满足其未来发展的基本需要。

制定我国文化产业统计指标体系，用科学的统计方法和工具全面、及时、动态地把握文化产业的发展水平、速度、规模、比例、结构和效益，目的是为政府制定文化产业规划和政策提供量化依据，为各地方在制定文化产业规划时统一产业界定范围、统计口径。建立我国文化产业统计指标体系已迫在眉睫。

文化产业统计指标体系框架设想

1．文化产业统计范围的界定。进行文化产业统计指标体系研究，首先要明确文化及文化产业的概念。文化产业统计范围的界定，也就是对文化产业概念的外延进行选择。“文化”是一个非常复杂的、多层次的概念。而本文仅限于对社会主义市场经济体制下的“文化事业”运行模式变化的研究，从产业发展角度研究一般意义上的“文化事业”及相关行业的发展规模、发展趋势及其在国民经济整体结构中的比重和影响。为此将文化产业定义为：从事文化产品的生产、流通和提供文化服务的经营性活动的行业总称。其特征是以产业作为手段来发展文化事业，以文化为资源来进行生产经营，向社会提供文化产品和服务，目的是为了满足人民群众日益增长的精神文化生活需要。由此也就圈定了传统意义上的“文化事业”及其相关行业的外延范围。

2．文化产业的行业构成。以上界定的我国文化产业范围在我国现行的最新国民经济行业分类中，是一个跨多个行业部门的集合体。虽然产业不等同于行业，但却是行业的延伸，考虑我国目前统计的体制和现状，进行我国文化产业统计的基础仍将是分行业统计。我们将所界定的文化产业范围按最新的《国民经济行业分类 GB/T4754—2002》的标准（这一标准已于 2002 年 10 月正式实施），从文化产品的生产、流通和服务三个环节来构造我国文化产业的行业结构。（附表略）

3．建立文化产业统计指标体系的原则。

（1）以增加值为核心，重点反映文化产业的经营规模、运营效益。增加值是国内生产总值（GDP）的同度量指标，将增加值作为我国文化产业统计核算的核心指标，有助于与国民经济核算体系相接轨，以反映文化产业总量规模、发展水平以及对整个国民经济的贡献力，也有助于与其他产业和文化产业内的各行业进行同度量的对比分析。

（2）指标体系的设置要适应我国文化产业发展的现实需要。建立文化产业统计指标体系要突出“实用性”、“目的性”和“客观性”。要根据中国的国情，充分考虑目前文化产业的特殊性——“公益性”和“事业性”与一般产业存在的较大差异。所建立的文化产业统计指标体系要有利于我国文化的发展，促进我国文化产业单位走向市场，参与竞争，加快我国文化产业化的进程。

（3）密切结合现行统计和财务体制，有利于数据的收集和调查实施。文化产业统计核算指标力求简便，具体统计指标具有可测度、可比较、便于操作的原则，应尽量利用现行的统计和财务资料。

4．指标体系的设置内容。文化产业增加值作为核心指标，能够反映文化产业的发展规模和水平。但只靠这一价值量指标不能从不同的角度、方面、层次来动态反映文化产业的变化趋势，不能够全面客观考核文化产业行业（单位）的运行业绩。为此需要建立一套以增加值为核心的文化产业统计指标体系来反映文化产业的全貌。文化产业统计指标体系可以分为四大类指标。

（1）文化产业分行业的核算指标。文化产业涉及诸多行业，为测算文化产业的增加值，考核其在国民经济中的地位和贡献，必须建立以文化产业分行业增加值的总量和构成为主的核算指标，目的是满足文化产业增加值的汇总需要，分析文化产业增加值的行业构成，比较各行业的发展总体状况。

（2）文化产业单位（行业）统计分析指标。是为各产业单位（行业）提供一个分析比较的统计标准，力图从产业活动的生存、发展和盈利（社会和经济）的角度去分析我国文化产业单位（行业）的发展情况。设置时按经营条件、效益状况、资产运营、偿债能力、发展前景等五个方面进行。

（3）文化产业单位的基础指标。是为满足文化产业行业的核算和统计分析的需要而提供基础数据的指标。考虑现行各文化产业单位执行的会计制度不同，设置时分为三类指标：Ⅰ类，执行工业企业会计制度；Ⅱ类，执行商业企业会计制度；Ⅲ类，执行行政事业会计制度。

（4）文化产业的相关辅助指标。为了能够全面、系统地反映我国文化产业的整体状况，便于分析对比和国际比较，为预测决策提供较为翔实的相关基础资料，我们尚需设置一些相关的统计指标。

5．文化产业统计指标数据来源渠道建议。文化产业统计指标体系涉及面广。因此，在收集文化产业统计数据时要依托各行业、各单位现有的统计和财务资料，并使之有机结合；不足的部分可做出合理的科学推算或进行小型的抽样调查和重点调查。以下是文化产业中八个行业数据收集方式，可供参考：

（1）新闻出版业的数据收集根据新闻出版部门现有的相关财务、业务、统计资料整理取得。

（2）文化艺术业的数据收集根据有关部门（文化、文物、档案等）现有的相关财务、业务、统计资料整理取得。

（3）广播、电视、电影和音像业的数据收集根据现行广播电影电视部门现有的相关财务、业务、统计资料整理取得。

（4）文化产品印刷和记录媒体复制业的数据收集可直接从现行统计部门的工业、批发零售贸易、劳动统计年报资料取得。

（5）文化用品制造业的数据收集可直接从现行统计部门的工业、劳动统计年报资料取得，不足部分通过科学估算来获得。

（6）文化用品批发零售业的数据收集根据现行统计部门的贸易统计、劳动统计和专门调查资料进行分别推算。

（7）文化信息传输服务业的数据收集根据有关主管部门和相关服务业调查资料整理取得。

（8）文化社会娱乐服务业的数据收集利用现行统计部门的相关年报、劳动统计资料和文化主管部门的财务、业务资料进行核算，不足部分通过科学估算来获得。

文化产业统计分析方法研讨

对文化产业的发展过程进行统计监测，可利用统计指标体系开展以下两方面的工作：一是用一般描述性统计方法得出我国文化产业及行业的总量、规模、速度、结构、效益、行业对比及对国民经济的贡献等多方面的信息，以此来反映我国文化产业状况、揭示文化产业发展趋势和规律。二是用多指标综合评价技术或多元统计分析方法，对我国文化产业整体、行业和产业活动单位进行多角度无量纲综合评估，得出我国文化产业综合发展水平、文化产业竞争能力高低的结果，进行地区、行业和产业单位之比较分析。

（选自《中国统计》2004 年第 2 期）

文化产业行业界定的比较研究

苑　洁

对文化产业的研究起步于法兰克福学派对“文化工业”的批判，之后随着文化产业在现代社会的异军突起和蓬勃发展，各个国家和国际组织关于文化产业的基础理论研究和应用研究也逐渐展开和不断深入。在这些研究中，对文化产业行业界定和分类标准的研究成为国内外文化产业基础理论研究的一个空白点。有鉴于此，本文试图从各国对文化产业行业界定和分类标准的差异入手，通过比较各国和各个历史时期文化产业的不断分化和整合，了解各国文化产业发展的历史和现状，从文化产业内涵和外延的差异和变化这一现象中找出背后的原因进而获得对文化产业的更深认识，为进一步发展和研究文化产业提供一个视角。

关于文化产业概念内涵和外延的理论研究

要想对文化产业的行业范围做出准确界定和分类，必须首先明确文化产业的概念。一般认为，法兰克福学派的霍克海默和阿多诺在他们于 20 世纪 40 年代出版的《启蒙辩证法》一书中最先提出了“文化产业”的概念，他们当时称之为“文化工业”。他们所谓的文化工业是指凭借现代科技手段大规模地复制、传播和消费文化产品的工业体系。它包括了传统的或前工业化时代的文化产品，如书籍和报纸；也指工业化的大众文化产品，如广播和电影。他们站在纯艺术的立场上批判这些大众文化和文化工业产品对人的控制、诱惑和欺骗。他们认为文化工业是对现实的一种逃避和妥协，是文化所应具有的自由意志和批判精神的丧失。尽管如此，到目前为止，文化产业的概念仍未得到十分严格的、统一的界定，人们在或宽泛或狭义的意义上理解并使用着这一概念。在这种情况下，对文化产业概念外延及行业范围的界定较之对其内涵的界定具有更大的实用性和可操作性，这也是本文采取这一角度对文化产业进行研究的目的之一。下面我们就着重从文化产业外延的角度，选择比较有代表性的观点进行分析，以便从文化产业概念演进的脉络中摸清文化产业行业界定的标准和分类的依据。

英国著名媒体理论家尼古拉斯·加纳姆（Nicholas Garnham）最早从文化的商品性和服务性的角度出发来界定文化产业。他认为：“大多数人都有对文化的需求和渴望，无论这种需求和渴望是好是坏，它们都要由商品和服务等市场化的东西来提供。如果一个人不重视对占主导地位的文化进程的分析，那么他就既不能理解我们这个时代的文化，也无法理解占主导地位的文化对公共政策制定者提出的挑战和机遇。”在此基础上，他将文化产业定义为那些“生产和传播文化产品和文化服务”的机构，“如报纸、期刊和书籍的出版部门，影像公司，音乐出版部门，商业性体育机构等等”。

澳大利亚学者坎宁安从文化产业概念发展史的角度来界定文化产业。在谈到文化产业的发展历程时，他同样强调了文化产业的服务性，同时还强调了文化产业的创造性。他认为“文化产业的概念经历了从艺术到文化、再到创意的发展过程，这一过程表明，艺术、文化正在日益广泛地与教育和学习、出版、设计、信息设备以及电子商务等内容繁多的服务产业联系在一起，因此文化产业的概念范围正在不断扩大，对文化产业的界定也应该更具包容性。相对于文化产业来说，坎宁安更愿意使用创意产业一词，以此表明文化产业正在发生的历史性变化，即它已经开始进入一个新的发展阶段——新经济阶段，这一阶段的文化产业与传统文化产业的区别就在于它更注重创意和创新。

澳大利亚麦觉里大学的大卫·索斯比在《经济与文化》一书中综合了加纳姆和坎宁安的观点，一方面指出文化的商品性和服务性是文化产业的基本特性，另一方面又强调艺术的创造性和独特性对于文化产业的重要性，他把文化产业的范围比作一个由许多大小不同的圆圈组成的同心圆，每一个圆圈都代表着文化产业的一个行业，圆圈与圆圈之间没有明显的界线，表示各行业之间的界线模糊。创造性是这个同心圆的核心，处于中心位置并且向外辐射。同心圆可以大致分为三个层次。处于同心圆核心层的有音乐、舞蹈、戏剧、文学、视觉艺术、工艺，也包括新科技形式中所表现的艺术（如多媒体艺术）。围绕核心层的是那些具有文化产出的行业，虽然具有较高的文化内涵，但不像前一类那样具有创意，其创造的核心是其他目的而非艺术，这一类行业主要包括书籍、杂志、电视、广播、新闻、电影。处于最外围的是那些有时候具有文化内容的行业，包括广告、旅游、建筑等。

英国曼彻斯特大学大众文化研究所执行主任贾斯廷·奥康纳（Justin O－connor）则认为，文化产业应兼顾“文化价值”和“商业价值”，后者提供了财富和就业，但对大多数人来说，它也是一个文化消费的主要场所，所以“文化产业的内涵必须是开放的”。文化产业概念的这种不确定性反映了当代社会“文化”角色的深刻变化，它表明了文化与经济之间的一种新型关系，为此，奥康纳认为：“文化产业是指以经营符号性商品为主的那些活动，这些商品的基本经济价值源自于它们的文化价值……它首先包括了我们称之为“传统的”文化产业——广播、电视、出版、唱片、设计、建筑、新媒体，和“传统艺术”——视觉艺术、手工艺、剧院、音乐厅、音乐会、演出、博物馆和画廊。

英国学者约翰·霍金斯在《创意经济：人们如何从思想中创造金钱》一书中，则直接用创意产业一词来代替文化产业。他认为创意这个词可以更准确地表达文化产业的内涵，他把创意产业界定为其产品都在知识产权法的保护范围内的经济部门，包括版权、专利、商标和设计产业，这些产业都在某种程度上体现了创意这一主题，其产品都是创意的结果。

与霍金斯相比，英国开放大学教授大卫·赫斯蒙德哈尔什（David Hesmondhalgh）更重视文化所展现的意义而非创造性，因此他比较忽视工艺、设计等以创意为主的产业。他认为，文化产业的本质在于创造、生产和流通文本（Text）。之所以将文本作为文化产业的本质，是因为赫斯蒙德哈尔什认为，文本会影响我们对世界的看法。在《文化产业》一书中，赫斯蒙德哈尔什将文化产业分为核心的文化产业和边缘的文化产业。他认为“文化产业的核心应包括广告、大众传播（广播、电视等）、影像产业、网络产业、音乐产业、印刷出版业、电脑游戏等”。而戏剧表演等传统文化事业则被他看作边缘文化产业，他的解释是，这些产业没有大量的再生产特质。此外，体育以及电视机等与文化有关的电子产品也被他看作边缘文化产业。

芬兰学者芮佳莉娜·罗马则以金字塔式模型来展现文化产业的概念发展史，该模型总结了文化产业概念的各个方面和涉及的范围。按照芮佳莉娜的说法，在金字塔的顶端是必须要得到解释的文化产业，金字塔的底部是由经济、技术和艺术组成的三角，它们在一个格局中发生联系。首先，当一件产品通过技术被生产或者再生产出来并且在商业上是有利可图的，它就可能具有文化产业的性质（文化产业—经济、技术）。这个三角结构代表了文化产业的经典定义。其次，如果一件产品通过技术生产出来，但在商业上无利可图，不过却具有某种艺术上的创新，那么它也会具有文化产业的性质（文化产业—技术—艺术）。这个三角结构反映了对文化产业概念的另一种理解。最后，即使一件产品不存在技术方面的特性，但却比如说是一种流行的独特现场表演，那么它也可能具有文化产业的特性（文化产业—艺术—经济）。这是对文化产业的第三种见解。芮佳莉娜在比较全面地综合了目前各界对文化产业的不同界定和看法的基础上，也提出了她本人对文化产业的界定。她认为，不管从何种角度来界定文化产业，都要以艺术、经济和技术为支点，文化产业的大厦正是建立在这三者的基础上，其中的任何一个都根据情况在文化产业中或多或少地发挥着作用，缺一不可。

从上面对文化产业概念的考察中我们可以看出，对文化产业的界定因研究的方法、立场、角度的不同而众说纷云，但大都强调下面几个要素：第一，以文化内容作为获取商业价值的手段；第二，以服务为目的；第三，内容具有创意。对文化的商业价值的认同，使文化成为产业。对文化的服务性的强调，使文化产业更多地被归入服务业（第三产业）的范畴；对文化的创造性的重视，意味着文化产业进入了新的发展阶段。

国际标准产业分类体系与文化产业分类标准的建立

在文化产业究竟包括哪些行业这一问题上，至今世界各国也没有一个统一的分类标准。这主要是因为对文化产业进行界定和分类具有一定的难度和复杂性，既涉及文化概念本身的模糊性和多义性，也涉及国家政策的制定和调整、科学技术的不断发展、各国历史文化的差别等诸多方面。因此，对文化产业的界定和分类需要综合各方面的因素和变量，进行全面权衡和综合考虑。

就目前来看，对文化产业的行业界定和分类标准一般是在各种产业分类标准的基础上延伸出来的。因此，在考察和比较各国文化产业行业界定和分类标准之前，我们须对国际上比较权威和常用的产业分类标准有一个初步的认识。

在目前国际上各式各样的产业分类标准中，以三次产业分类法的历史最为长久，并广为人知。世界上许多国家都是以三次产业分类法为基础来制定和修改本国的产业分类标准的。所谓三次产业分类法就是将全部经济活动划分为第一产业、第二产业和第三产业。这种分类法是根据社会生产活动历史发展的顺序对产业进行的划分。一般认为，三次产业分类法是由英国著名经济学家费希尔首次提出的。费希尔认为，第一产业和第二产业并未穷尽全部经济部门，于是把第一产业和第二产业之外的所有其他经济部门统称为第三产业。此后，经过克拉克和库茨涅兹等英美经济学家的进一步发展和充实，逐步成为世界上较为通用的产业分类方法。按照这一分类法，第一产业为农业；第二产业为工业和建筑业；第三产业主要是指“服务业”，即为生产和消费提供各种服务的部门，它包括了除第一、二产业以外的其他各业。

除三次产业分类法之外，目前国际上最具权威性的产业分类标准当属联合国的产业分类系统——《全部经济活动的国际标准产业分类》。它是联合国为了统一世界各国的产业分类而制定的，1971 年第一次颁布。它将全部经济活动分为 A－Q 共 17 个部门 99 个行业类别，现在通行的是 1988 年的第三次修订本，它的作用是使不同国家的统计数据具有了可比性。

除了上述两种最为常见的分类方法以外，各个国家和一些国际组织还有自己的产业分类标准。如世贸组织在《服务贸易总协定》中的分类标准、《欧盟经济活动统计分类体系》（NACE）等。各个国家如美国有《标准产业分类》（SIC），日本有《日本标准工业分类体系》（JSIC）。我国统计部门也在 1985 年正式采用了与世界上多数国家一致的产业分类方式来划分各个行业，现在实施的分类标准又称《国民经济行业分类》，是国家统计局于 2004 年第三次发布的。它具有这样几个特点：第一，它是以三次产业分类为基础制定的。第二，它“吸取了世界各国行业分类标准的经验，在具体分类中尽可能向联合国的国际标准分类靠拢，以便于进行国际资料对比”。第三，它“着重充实了第三产业的分类，并新增或调整了部分行业类别，以同国际标准接轨”。

但是，无论是国际通行的标准，还是各国自己制定的标准，大都属于传统的产业分类，没有把文化产业作为一个独立的产业部门划分出来，而是散见于服务业、制造业等大的行业中。如果按三次产业分类标准来看，文化产业所属的主要行业部门大都可以在服务业中找到，这与大多数人对文化产业的界定基本一致，但是随着文化产业发展新趋势的出现，第二产业甚至第一产业中一些与信息、设计、创意有关的行业部门也逐渐加入到文化产业中来，成为文化产业的一部分，或者文化产业的相关产业。在这种情况下，传统的产业分类标准显然落后于产业发展的现实，使我们难以全面考察和把握正在蓬勃发展的文化产业在整个产业发展中的地位和现状，制定相应的政策。这就进一步将文化产业行业界定的研究和分类标准的建立问题提上议事日程。

最早建立文化产业分类标准的是联合国教科文组织。联合国教科文组织曾把文化产业定义为：“按照工业标准生产、再生产、储存以及分配文化产品和服务的一系列活动。”1986 年，联合国教科文组织为了收集各国的文化统计数据，率先制定了文化统计框架，并于 1993 年作了进一步修正，成为规范各国文化统计工作以及各国建立自己的文化产业体系的参考标准。这个框架把文化产业定义为以艺术创造表达形式、遗产古迹为基础而引起的各种活动和产出，具体包括文化遗产、出版印刷业的著作文献、音乐、表演艺术、视觉艺术、音频媒体、视听媒体、社会文化活动、体育和游戏环境和自然等十大类。

联合国教科文组织建立的文化产业分类标准为各国政府建立自己的文化产业分类框架提供了参考。随着文化产业的飞速发展，各国政府纷纷开始采取措施，制定自己的文化产业分类体系，以应对文化产业的发展带来的机遇与挑战。

各国文化产业分类标准的比较研究

文化产业分类标准的研究和制定应以国家标准分类为基础，并根据文化产业发展的新趋势做出相应的调整。调整后的文化产业分类不再单纯地属于服务业范畴，而应横跨三大产业。这里我们来看看文化产业发达国家对文化产业的界定和分类，以及在这些界定和分类背后所包含的对文化和文化产业的不同态度和政策。

澳大利亚政府一向重视文化产业的研究和开发。1994 年，澳大利亚文化主管部门通讯和艺术部出台了《创意之国——澳大利亚联邦的文化政策》。1997 年，通讯和艺术部改为通讯、信息技术和艺术部。2001 年，该部颁布了《全国文化娱乐业统计分类》。同时，澳大利亚统计局下属的全国文化和休闲统计中心也制定和颁布了《澳大利亚文化和娱乐分类》，这一分类包括行业分类（4 种）产品分类（26 种）和职业分类（9 种）三大块。在行业分类里，澳大利亚的文化和娱乐产业被划分为遗产类、艺术类、体育和健身休闲类、其他文化娱乐类四大类。其中遗产类又包括博物馆、古董和收藏品、环境遗产、图书馆和档案馆；艺术类包括文学和印刷媒体、表演艺术、音乐创作和出版、视觉艺术和手工艺、设计、广播、电子传媒和电影、其他艺术；体育和健身休闲类包括赛马和赛狗、体育和健身休闲场所、体育和健身服务、体育和健身休闲产品的制造和销售；其他文化娱乐类包括赌博、娱乐行业、饭店、户外娱乐、社区和社会组织、其他文化和娱乐服务、文化和娱乐设备的建设、其他文化和娱乐产品的制造和销售。

法国是一个非常重视本国文化传统和文化遗产保护的国家，这个国家面对英语文化和好莱坞电影的冲击采取了捍卫法语地位和保护民族电影的文化政策，但在对待文化产业的问题上却采取了非常谨慎的保留态度，这也从另一个角度表明法国对文化传统的尊重以及对文化商业化和产业化的疑虑和抵触。尽管如此，法国政府及其法国文化部在其官方文件中还是使用了“文化产业”一词。不过，法国政府在如何界定和划分文化产业的范围这一问题上也有所保留，它更多地不是尽量扩大文化产业的领域和疆界，以求文化成为国民经济的另一个增长点，而是试图通过文化产业找寻民族文化生存的可能，扩大传统文化发展的空间。因此，法国对文化产业范围的界定没有寻求向外扩张，而是以表现传统文化为主，其文化产业的范围因此也相对较窄，主要包括为展现传统文化服务的文化基础设施建设、文化设施的管理、图书出版、电影、旅游业等几个方面。而体育健身、广告咨询等文化产业的边缘产业以及信息传播和信息服务等文化产业与信息产业的交叉行业不在政府文化政策所强调的范围内。

与法国同为欧洲国家的英国虽然也十分重视传统，但英国政府在重视传统的同时，还积极鼓励创新。英国是世界上第一个提出创意产业政策的国家。英国政府认为，个人的知识、智慧、灵感、技艺才是创造价值的核心要素，是文化产业发展的不竭动力和源泉。1997 年，新上台的英国布莱尔政府为了大力推进英国文化创意产业的发展，提倡和鼓励人的原创力在英国经济发展中的贡献，成立了创意产业特别工作组。1998 年，创意产业特别工作组在制定文化政策时弃用文化产业一词，而代之以创意产业的概念。这一概念后来被许多国家和地区甚至学者们所沿用。之所以使用创意产业而不是文化产业的概念，更多地是从政策性的角度来考虑的。英国政府期望通过创新来增强经济发展的活力，为社会创造就业机会，进一步推动文化产业的发展。在英国创意产业特别工作组的《文化产业路径报告》中，创意产业被定义为“源于个体创造力、技能和才华的活动，而通过知识产权的开发和利用，这些活动可以发挥创造财富和就业的潜力”。创意产业总共包括了 13 个部门，它们是广告、建筑、艺术和古董市场、手工艺、设计、时尚设计、电影、互动休闲软件、音乐、电视和广播、表演艺术、出版和软件。由于重视创意在文化产业中的作用，所以英国的文化产业所涵盖的领域多是强调个人创造性的行业，比如广告、建筑，这两个产业在许多国家最多只被看作文化产业的相关产业，甚至延伸产业，在英国却被列为创意产业的头两项。至于体育健身、旅游观光、娱乐休闲等难以展示创造性的产业却没有被纳入 13 项大名单中。

芬兰的国家标准产业分类（2002）中没有文化产业一项，但芬兰统计局早在 20 世纪 70 年代就开始了对文化统计的收集和研究工作，并且与芬兰教育部合作出版了大量研究调查报告。与欧洲其他国家相比，芬兰可以说是除英国外最重视文化产业的国家。但是与英国钟情于“创意产业”一词不同，芬兰更倾向于使用“内容产业”一词，这与芬兰信息产业十分发达不无关系。内容产业（Content Industries）又译节目产业，具体讲是指生产、包装、传播、销售文化内容或节目的产业。1995 年的“西方七国信息会议”首次提出了这一概念，第二年的欧盟《信息社会 2000 计划》（European Commission $Info2000）把内容产业的主体定义为“那些制造、开发、包装和销售信息产品及其服务的产业”，而其传播必须经过信息渠道即音像、网络等，总之，内容产业是文化产业与高新技术相结合的产物。由于将文化产业界定为内容产业，芬兰的文化产业范围十分宽泛。主管文化事务的芬兰教育部于 1997 年成立了文化产业委员会，在其 1999 年发表的年终报告中沿用了欧洲文化产业委员会的界定，即在最抽象的意义上，文化产业可以被定义为生产文化意义内容的产业，其范围可以涵盖所有传统产业，包括服装和其他商业品牌。这实际上是对文化产业所做的最为宽泛的一种界定。但是芬兰文化产业委员会的这一界定也带来了这样一个问题，即是否所有具有意义内容的产业都可以被看作文化产业？如果回答是肯定的，那么是否可以进一步说文化产业可以包含一切产业，或者说文化产业的范围就几乎可以延伸至一切产业，不仅包括第三产业即服务业，而且包括第二产业即工业，甚至包括第一产业即农业，这是一个值得深入探讨的问题。因为一切产业都是有价值、有意义的。

日本无疑是亚洲国家中文化产业最发达的国家，日本的文化产业以文化服务为主。1989 年（平成元年）日本文部科学省文化厅成立了日本文化政策推进会。1995 年，日本文化政策推进会制定了《新文化立国：关于振兴文化的几个重要策略》，提出了 21 世纪“文化立国”的战略方针。2002 年 12 月，日本内阁会议通过了关于振兴日本文化艺术的基本方针，提出了振兴文化艺术的主要领域：艺术、媒体、传统工艺、民间艺术、文化生活、国民娱乐出版物以及文化遗产。此外，国民的鉴赏活动、文化设施的充实、信息通讯技术的完善等，也被纳入文化艺术的振兴范围。但是日本政府对文化产业并没有统一的界定，各地方政府、企业、科研机构对文化产业的认识不同，所采取的政策也各不相同。不过日本各界对文化产业还是有一个基本共识，即文化产业更多地被称为娱乐观光业，具体包括：文化艺术业（音乐及戏剧演出、电影制作及放映、美术展览）、信息传播业（出版、电视、网络）、体育与健身、个人爱好与创作（包括历史、文学、摄影、登山）及其相关的各种讲座等。娱乐包括各种游戏、博彩、竞赛等。日本以娱乐和观光来界定文化产业至少说明这两个产业在日本具有更重要的地位，是日本经济发展的重要推动力。其中游戏和动漫的开发和生产是日本娱乐业乃至整个日本经济的支柱产业，而旅游观光业也是日本经济的努力方向。

真正在整个产业分类系统中对文化产业进行明确界定和分类的目前只有以美国为首的北美自由贸易区三国。1993年，美国白宫管理与预算办公室宣布成立“经济分类政策委员会”负责建立新的分类系统。1994年，墨西哥与加拿大也参加进来。三国共同制定了《北美产业分类系统》（NAICS），取代三国各自原有的产业分类系统。该分类标准根据现代信息技术对传统文化产业不断渗透的趋势，把计算机和通信设备的生产排除出信息产业，归入传统的制造业，而把传统文化领域中的出版、电影、广播电视等纳入信息产业领域。根据北美产业分类系统的最新界定，信息产业是指那些将信息转化为商品的行业，它不再以信息设备制造和软件开发为本，而是以信息内容为本，而这信息内容主要是文化内容。所以信息产业又被称为信息文化产业或文化信息产业。这样，在北美产业分类系统中，文化产业实际包括信息文化产业与艺术、娱乐和消遣两大类。前者包括出版业（不包括英特网）、电影和录音业、广播（不包括英特网）、英特网出版和广播、电讯业、英特网服务提供、其他信息服务等。后者包括表演艺术、体育比赛和相关的行业，古迹遗产机构、游乐、赌博和娱乐业等。

我国对文化产业的行业划分和界定可以追溯到1985年。这一年国务院转发了国家统计局《关于建立第三产业统计的报告》，首次把文化艺术作为第三产业的一个组成部分列入国民生产统计项目中。虽然这只是在我国整个国民经济产业分类标准的框架内为文化艺术产业开了一个小小的窗口，但它标志着我国开始迈出了建立文化产业分类标准的第一步。2003年7月，由中共中央宣传部牵头，成立了由国家统计局、文化部、广电总局、新闻出版总署、国家文物局等相关部门组成的文化产业统计研究课题组。2004年3月29日，课题组在《现有国民经济行业分类》的基础上经过攻关研究，首次制定了《文化及相关产业分类》标准，并通过国家统计局颁布实施。《文化及相关产业分类》将文化产业的概念界定为：“为社会公众提供文化、娱乐产品和服务的活动，以及与这些活动有关联的活动的集合。”在将整个文化产业界定为“文化服务”的基础上，该分类标准进一步将文化服务分为九个部分：新闻服务，出版和发行服务，广播电视电影服务，文化艺术服务，网络文化服务，文化休闲娱乐服务，其他文化服务（包括文化艺术商务代理服务、文化产品出租与拍卖服务、广告与会展文化服务），文化用品、设备及相关文化产品的生产，文化用品、设备及相关文化产品的销售。

通过对各国文化产业分类标准的比较研究，可以得出以下结论：

第一，根据大多数学者或国家对文化产业的界定，文化产业基本上来说属于服务业。但随着文化产业的不断发展，文化被广泛地应用到各项经济活动中去，这就促进了一些相关产业不断地加入到文化产业中来，从而使文化产业的范围不断扩大。从这个意义上讲，文化产业分类体系应该是一个开放的系统，其标准的制定一定要适应文化产业发展的现实。

第二，文化产业的发展与知识、技术、创新等概念有着千丝万缕的联系，文化产业概念和范围的变化始终同知识的发展、技术的发明、内容的创意、艺术的变革紧密联系在一起，是科学和创新开辟了通往文化艺术殿堂的新途径。我们对文化产业的概念界定和行业分类也应该以此为基础。

第三，对文化产业的行业分类和界定没有统一的标准和尺度，因国家或研究者不同而存在差异，各国政府对文化产业也存在不同的行业界定和分类标准。这些差异既是各国经济、文化、政策等实际状况的差异的反映，也是各国对文化产业的性质、功能等方面认识上的差异的反映，同时还是文化产业飞速发展的结果。

第四，文化产业是一个由核心产业、相关产业和延伸产业构成的完整的产业群。至于哪些行业可以归入文化产业的核心产业、相关产业及延伸产业，看法不一。在我国，通常来说，文化产业的核心产业即主导产业，主要以传统意义上的文化产业为主构成，包括了新闻、出版、广播电视和文化艺术。而文化产业的相关产业则以改革开放以来发展起来的新兴文化产业为主构成，包括网络文化、休闲娱乐、文化旅游、广告和会展。文化产业的延伸产业则是那些具有文化附加值的产业，主要包括服装设计、工业设计、建筑装饰、文化咨询、旅游业等。文化产业的核心产业、相关产业及延伸产业之间没有明确的界线。因此，对文化产业的行业界定具有伸缩性。

第五，文化产业分类虽然没有统一的标准，但也应遵循一定的分类原则。首先，文化产业的行业界定和产业分类只是整个经济产业分类的一部分，因此应遵循产业分类的一般原则和标准，我国文化产业的分类也应以我国国民经济产业分类标准为基础来研究和制定。其次，文化产业的行业界定和产业分类既不能割断历史，又要从现实情况出发，同时还要具有预见性。也就是说，一要考虑本国的历史文化背景；二要反映社会经济的发展、科技的进步和产业结构的变化；三要保持开放性，可以随着各方面情况的变化及时增加新兴的行业内容，删减过时的行业类型。第三，研究和制定文化产业的行业界定和产业分类还要与国际保持一致性，在总体结构框架方面与联合国的分类标准接轨，以便于进行比较研究。

（选自《理论建设》2005年第1期）

大力发展我国文化产业

孙家正

文化产业是指从事文化产品生产和提供文化服务的经营性行业。当前，我国文化产业的发展受到党和国家的高度重视，也受到社会各方面的密切关注。党的十六届四中全会在强调不断提高党建设社会主义先进文化的能力时，提出要深化文化体制改革，解放和发展文化生产力，促进文化事业全面繁荣和文化产业快速发展。在去年中央经济工作会议上，中央领导同志强调要加快文化事业和文化产业发展。国家进入全面建设小康社会的重要战略期后，把发展文化产业摆在文化建设的重要位置来抓，是国家文化发展和产业结构调整的战略选择。我们应着重从以下几个方面来理解其深刻意义。

发展文化产业是满足人民群众日益增长的精神文化需求的重要渠道，是我国国民经济和社会发展到新的历史阶段的必然要求

任何事物的产生、变化和发展都有其必然性，文化产业也不例外。改革开放25年来，我国经济持续快速增长，经济总量已居世界第七位，初步达到小康水平。其中最重要的是2003年我国人均国内生产总值达到1090美元。据国家统计局资料显示，全国人均收入在3000美元以上的约占1/10，也就是说中国已有1.3亿人口、大约4000多万个家庭步入中等收入国家的收入水平。从国外的经验看，当一个国家人均GDP超过1000美元时，城乡居民的消费结构就会发生根本性的变化，精神文化消费支出的增长将会大大高于物质消费支出的增长。正是这种多样化、多层次的精神文化需求的日益增长，有力地拉动了我国经济结构转型升级，推动着我国文化产业快速发展。据有关部门测算，中国文化市场的潜在消费能力为3000亿元，占2000年GDP的3%左右，而在实际生活中文化产品的消费是800亿元，只占消费能力的1/3还不到。如果按照目前中国经济的发展水平和文化产品的消费水平继续发展，那么2005年，中国文化产品的潜在消费能力将达到6000亿元。发展文化产业的根本目的，正是为了不断满足人民群众这种日益增长的精神文化需求。

发展文化产业是贯彻科学发展观、转变我国经济增长方式的一条重要途径

我国取得的巨大经济成就举世瞩目，不容质疑。但是我们应该看到，我们的经济增长很大程度上是依靠“高消耗、高排放、低效益”的粗放增长方式。正因为如此，党的十六届四中全会强调要坚持以人为本、全面协调可持续的科学发展观，推动建立统筹城乡发展、统筹区域发展、统筹经济社会发展、统筹人与自然和谐发展、统筹国内发展和对外开放的有效体制机制。中央经济工作会议提出，要大力推进结构调整，促进经济增长方式转变。文化产业正是推动我国经济发展的一个新的增长点。文化产业在我国既有潜力很大的市场空间，又有众多的消费群体，同时，基本属于“无污染、低消耗、高效益”的无烟产业、朝阳产业。日本、美国等发达国家的成功经验已经告诉我们，文化产业完全可以成为支撑一个国家经济发展的支柱产业。我国许多知名文化企业的成长发展也充分证明了文化产业对国家经济发展的贡献丝毫不逊于第一、第二产业。

发展文化产业是提高党建设社会主义先进文化能力的具体体现

党的十六届四中全会明确提出加强党的执政能力建设的重要任务，它包括经济、政治、文化、外交及国家主权和安全等各个方面。这是以胡锦涛同志为总书记的党中央站在时代和战略的高度，根据新世纪新阶段国内外形势的深刻变化和党肩负的历史使命，对党的总体执政能力建设提出的新要求。其中，坚持马克思主义在意识形态领域的指导地位，不断提高建设社会主义先进文化的能力，是总体要求的重要组成部分。

文化建设的出发点和最终目的是为了满足人民群众的精神文化需求和促进人的全面发展，检验我们是否具有建设社会主义先进文化的能力，就看我们能否真正实现这一目的。现阶段，我国的文化建设是在社会主义市场经济体制已经建立并正在逐步完善这样一个大的背景下进行的，自然不能游离于市场经济之外。过去我们往往习惯于把文化艺术仅仅作为单纯的宣传教育和公益性事业看待，而对其所具有的商品属性和服务功能认识不足、重视不够。随着形势的发展，我们逐步认识到，文化不仅具有意识形态属性，而且具有经济属性和商品属性；不仅具有公益事业的属性，而且具有服务业生产经营的特征。加强文化建设不仅要符合精神文明建设的特点和规律，而且要适应社会主义市场规律的要求。

近几年来，根据新的科学发展观和中央领导的要求，文化部及时调整工作思路，坚持一手抓公益性文化事业发

展，加强政府的主导作用，一手抓经营性文化产业发展，加强市场的主导作用，使我国的文化建设出现蓬勃发展的新局面。据国家统计局测算，2003年，我国文化及相关产业有从业人员1274万人，占城镇从业人员的5.0%；实现增加值3577亿元，占GDP的3.1%。其中直接从事文化活动的文化服务各行业共有从业人员645万，占城镇从业人员的2.5%；实现增加值1718亿元，占GDP的1.5%。从就业总量而言，文化服务业就业人员规模已经高于“批发和零售业”；从经济总量而言，文化服务业的经济总量与“房地产业”大体相当。文化系统的文化产业也已初步形成了演出业、影视业、音像业、文化娱乐业、文化旅游业、网络文化业、图书报刊业、文物和艺术品业以及艺术培训业等比较完整的行业门类。截至2003年底，据不完全统计，文化部门主管的文化娱乐业、音像分销业、演出经纪与代理业、艺术品经营等门类的产业单位共有34.9万个，从业人员近166.97万人，创增加值近307亿元。由此可以看出，我国文化系统的文化产业已初具规模，产业门类比较齐全，两个效益比较好，大大增强了我国文化产业的总体实力。

发展文化产业是深化文化体制改革、解放和发展文化生产力的重要目标

发展文化产业靠什么？靠文化企业，文化企业才是市场主体。目前我国文化系统内真正具有国际竞争力的大型国有文化骨干企业还比较少，要大力发展文化产业、应对加入WTO后的挑战，必须按照四中全会的要求，从深化文化体制改革入手，以创新体制和机制为重点，培育市场主体，增强微观活力。要结合结构调整，积极推进国有经营性文化单位转企改制，培育一批自主经营、自负盈亏、自我发展、自我约束、有竞争力、有影响力的大型国有或国有控股文化企业和企业集团。目前，通过一年多的文化体制改革试点，从中央到地方涌现出中国对外文化集团公司、北京儿艺股份有限公司、深圳歌剧团、北京歌剧舞剧院、沈阳杂技团等一批大中型国有或国有控股文化企业。这些单位“身份”一变，立即取得了明显的进步。

应对日益激烈的国际市场竞争，仅仅依靠国有资本不行，还必须吸引社会力量参与发展文化产业。近年来，文化部采取了一系列鼓励非公有制经济发展文化产业的政策措施，全国涌现出许多像上海盛大网络发展有限公司、浙江宋城集团、北京麦乐迪等在全国影响较大的民营龙头企业。从文化系统文化产业看，全国非公有制经济所创造的文化产业增加值已占全部增加值的一半以上，就业人数占2/3。非公有制文化企业已经成为与国际文化企业竞争的一支重要力量。以国有文化企业为主导、多种所有制经济共同参与、投资主体多元化、融资渠道社会化、投资方式多样化、项目建设市场化的文化产业新格局正在逐步形成。

发展文化产业是维护国家文化安全、增强国家整体实力的迫切需要

当今世界日趋激烈的综合国力竞争，越来越突出地表现在知识力量和文化力量的竞争。蓬勃发展、潜力巨大的文化产业是当代及未来综合国力的重要组成部分，其竞争力的强弱直接关系到国家整体实力的高低。近几年来，随着经济全球化和我国加入WTO，我们面临着激烈的国际文化竞争。少数西方发达国家凭借其雄厚的资本实力、强大的文化传播优势和丰富的市场运作经验，借助现代市场机制和高新科技手段，将大量的精神文化产品输入中国，在获得巨大的商业利润的同时，对我国进行文化的扩张和渗透，抢占、争夺我国的文化市场、文化资源和文化阵地，严重威胁到我国的文化主权和文化安全。面对来自文化的严峻挑战，我们必须以文化的手段来应对，要以强大的文化产业为依托实施“走出去”发展战略，赢得国际文化竞争中的主动权。

中华文化博大精深，源远流长，具有丰厚的文化资源。在广袤的土地上原生、历经至少五千年而不衰、并不断发展壮大的中华文化植根于世界1/5以上的人口之中，具有独特的巨大优势。不断壮大的经济实力，良好的外部环境和高度发达的现代化科学技术，为我国文化产业快速发展提供了强大的经济基础、开放的外部条件和充分的技术手段。只有大力发展文化产业，扩大我国文化产品和服务的出口份额，缩小文化贸易逆差，扩大国际市场占有率，中华文化才能凭借自身的潜力、实力和魅力立于世界文化舞台，赢得自身应有的世界文化地位。我们应当针对新的形势，及时调整策略，立足于我国丰厚的文化资源，充分开发我国广阔的文化市场，并将资源优势和市场优势转化为产业优势和竞争优势，让我国从文化资源大国走向文化产业大国，从文化市场大国走向文化生产大国。

随着形势的发展和文化产业工作的不断深入，近年来，党和国家发展文化产业的指导思想越来越明确，文化部发展文化产业的工作思路越来越清晰。这个工作思路可以概括为五句话，即“打好两个基础，完善两个体系，突出两个重点，打造两个平台，面向两个市场”。两个基础，是指发展文化产业的理论基础和文化产业的统计基础。这两个方面近几年来都有突破性进展。两个体系，一是指不断完善文化产业政策体系，二是指不断完善人才培养体系。两个重点，一个重点是指通过深化文化体制改革，积极培育市场主体，增强微观活力；另一个重点是指加速发展高科技文化产业和新兴文化产业。两个平台，一是我们创办开通了中国文化产业网，建立了一个文化产业的信息

交流平台；二是去年文化部与广播电视总局、新闻出版总署、广东省政府、深圳市政府共同举办了首届深圳国际文化产业博览会，打造了一个文化产品的交易平台。两个市场，一个是国内市场，这是文化产业发展的主市场；另一个是国际市场，积极实施“走出去”战略，在国际文化市场抢占一席之地，不断扩大中华文化在世界的影响。

（选自《现代企业》2005 年第 3 期）

当前我国文化产业发展的特点与趋势

胡惠林

文化产业正在以全新的方式改变着中国文化建设与文化发展的形态，影响着中国社会的发展和国家战略的创新和实现，在创造性地破坏在计划经济条件下形成的国家文化形态和文化结构的同时，正在创造性地建构中国的新文化、新经济和新政治格局。从这个角度看问题，不仅可以帮助我们正确地认识文化产业发展在当代中国社会发展和国民经济发展中的特殊地位和作用，而且更重要的是可以帮助我们建立起关于中国新文化变革的新观念，以为我们深刻地认识和理解文化产业和文化产业发展对于当代中国发展的全新的意义关系和战略关系。

发展文化产业作为国家战略目标提出的历史背景

中国文化产业作为国家战略的提出或者说作为一个完整的战略目标的提出，是在党的十六大。党的政治报告专论“积极发展文化事业和文化产业”，并且就发展文化产业问题正式成为党的政治决议，这在中国共产党的历史上是没有的。这一战略是经过战略权衡、战略评估提出来的，是在分析和把握全球化发展进入了一个新的战略时期所作出的一项具有战略开局意义的战略决策，经历了一个从模糊到清晰的战略决策过程。

中国文化产业是在中国社会开始进行全面改革的历史过程中被提出来的。十一届三中全会以后，中国开始深刻的国家改革运动。人民群众的智慧、胆识和对文化发展规律把握惊人的深刻性是它的一个重要逻辑起点和依据。群众的文化选择和需求往往包含着文化发展深刻的规律性。它和市场经济的运动规律往往有惊人的一致性。这是中国改革发展的内在动力，也是中国文化产业发展的内在动力。

中国文化产业是在中国全面融入现代世界体系和全球化的过程中被提出来的。中国加入世界贸易组织改变了中国社会进步和发展的动力模式。世界贸易组织首先是一种制度、一种法律体系和政策系统。是以进一步对外开放推动国内的全面改革。文化市场准入的挑战，使得文化产业第一次成为一种国家力量进入国际竞争领域。

中国文化产业是在中国经济结构的战略性调整的战略转型进程中被提出来的。积极参与新一轮国际分工，在经济全球化背景下推进经济体制改革，转变了经济体制改革的路径选择；经济结构的战略性调整，必然提出改革成本转移的产业空间问题，文化产业成为一块重要的能够提供、也可以提供的产业空间，成为国家的重大战略性政策选择。文化不再仅仅是意识形态的载体，而且也是国家新的财富增长方式和增长领域。

中国文化产业是在中国文化建设进入新的历史发展时期被提出来的。文化的这种功能的丰富性由于文化产业而被重新发现。文化建设形态不只是作为观念形态的意识形态和思想理论建设，而且也可以是在创造社会的物质财富的同时、在满足人民群众精神文化消费需求的过程中创造。在市场经济的条件下实现先进文化建设的重要途径和方式。通过积极发展文化产业和文化创新能力的培养，实现公民文化权利的充分享有，积极推进全球化背景下的中国文化民主化进程，从而使中华文化在民族伟大复兴的目标下开始了一个全新的发展时代。

执政党与时俱进，深刻地把握住了历史发展的客观规律，做出了战略调整和战略部署，从全球整体发展趋势和中国根本的国家战略利益的高度，把发展文化产业确立为国家战略。积极推进全球化背景下的文化民主化进程。

现阶段中国文化产业发展的几个主要特征

1．文化产业发展正在深刻地改变着我国国民经济和社会文化发展的面貌。

2004年下半年和2005年初，国家统计局先后发布了《文化及相关产业分类》、《文化及相关产业分类统计指标体系》两个文件。这两个文件，一方面给文化产业下了一个定义，一方面对我国现行文化产业进行了行业划分。这是一个重要的指导性文件。国家关于文化产业分类指标体系的提出，实际上对我国产业结构体系根据已经发生了的条件和情况进行了建国以来最重要的一次战略性的调整。如果说，1985年国家统计局第一次把文化艺术纳入第三产业范畴只是完成了对文化艺术形态在国民经济和社会发展体系中的属性定位的话，那么，2004年国家统计局关于文化产业分类指标体系的提出，则是完成了对文化产业形态的统计学划分，为国家制定新一轮国民经济和社会发展计划提出了新的国家产业发展标准及其合法性依据。而国家统计局的这个划分是对已经发生了的文化产业发展对国民经济和社会发展的作用的肯定和确认。这是一项重要的国家产业政策，它将深刻地影响国家和地区经济结构与产业结构的调整和空间布局。文化及其产业形态将以前所未有的方式改变中国经济和社会发展的动力结构，这就是和平崛起。

2. 文化产业发展正在改变着我国意识形态和文化建设的传统和模式。

长期以来，我们在处理文化和政治、经济三者关系的过程中，我们有一个经典性的依据，就是毛主席在《新民主主义论》中关于文化和政治、经济的表述：文化是政治、经济的反映，反过来又反作用于政治和经济。这样一个关系性判断，在今天仍然是我们正确处理三者关系的重要指导思想。但是，毛主席主要谈的是“作为观念形态的文化”和政治、经济的关系。还不包括文化事业和文化产业。党的十六大第一次全面系统地提出和阐述了“积极发展文化事业和文化产业”的重要观点和思想。这是我们党的文化思想的一次重大的理论突破，它标志着我们党对文化建设的认识不再仅仅停留在作为观念形态的文化上，而是根据对如何建设社会主义文化的崭新认识，进入了一个全面建设有中国特色文化的新阶段。作为执政党，我们在坚持马克思主义在意识形态领域里的指导地位不动摇的同时，还要积极大力发展公益性文化事业，向广大的人民群众提供公共文化服务和公共文化产品；同时还要根据市场经济的规律，积极发展文化产业，把发展文化产业看作是满足人民群众不断增长的精神文化需求的重要途径和实现方式。这样，中国的文化建设和文化发展就呈现出三维结构：作为观念形态的文化建设及先进文化前进方向的建设，始终是我国文化建设的主导方向，指导文化事业和文化产业的发展。我们将其分开，都加强。怎样分开，靠什么加强？靠指导思想来加强。所以，作为观念形态的建设是思想建设，是首脑建设。在这个领域里，我们必须坚持马克思主义在意识形态领域里的指导地位不动摇。这不仅是一项必须坚持的原则，而且也是一项必须努力履行的实践。马克思主义在意识形态领域里的指导地位只有充分体现和落实在文化事业发展和文化产业发展的过程中的时候，社会主义文化建设才是一个完整、丰富的内容。对文化发展规律的认识和把握更加深刻，作为观念形态的文化、文化事业和文化产业，构成了党的文化执政能力的新的内容结构和新的历史使命：要把文化产业作为坚持先进文化前进方向和意识形态建设来抓；要把在市场经济条件下发展文化产业作为满足最广大人民群众的精神文化需求来抓；要把文化产业发展作为发展文化生产力来抓。先进文化的前进方向和意识形态建设是具体的，不是抽象的。如今，先进文化和意识形态的接收和传播方式发生了根本变化。如果我们不能掌握意识形态传播和接受的全新方式和革命，我们就会落后，我们就不能完成历史使命。因此，在这个深刻的变化过程中，我们要善于把握事物发展的客观规律，适应新的发展了的形势去进行和开拓新的意识形态建设工作。而要做到这一点，在今天离开了发展文化产业和文化产业的发展，是很难实现的。

中国加入世界贸易组织之后，我国的文化产业政策和文化市场准入机制发生了很大的变化。国家允许民营和社会资本进入国家没有明令禁止的文化领域从事文化产品的生产、销售活动；允许境外资本进入我国没有明令禁止的文化产品的生产、销售和服务领域。在这样的一个历史进程中，中国文化发展的格局和意识形态建设的力量型格局就发生了一个生态学的变化：原来以单一的国有文化为主体的文化建设机制，发展成为国有的、民营的、其他社会资本的、境外资本的这样一个多元的文化力量结构。在这样一个多元的文化结构里，我们的文化建设和文化的意识形态建设的传统动力模式就发生了变化。这个变化的一个最大的特点就是文化建设主体的多元化。这就给我们的文化建设和宣传工作带来了新的任务：文化产业多元发展政策和文化市场准入，提出了先进文化建设和意识形态管理的新要求。外资和社会资本进入文化产业领域带来的新的挑战：资本以盈利为目的和先进文化建设之间必然存在着深刻的矛盾和冲突。文化市场主体结构的战略性调整必然同时要求文化市场管理制度的创新。如何实现创新？这是一个很大的难题，而且又是必须给予回答的难题。

3. 以数字化为先导的新型文化产业发展正在深刻地改变着我国文化产业结构和文化生态结构，数字文化在缔造一种文化形态的同时，正在塑造着全新的文化新生代。

文化产业是现代工业文明的产物。现代科学技术的任何变化，都会带来文化产业形态的深刻变化和文化建设与发展的深刻变化。产业形态的扩张空间在不断地营造和培育着新的文化市场消费主体。传统的文化产业遭遇到了前所未有的危机。人们的阅读习惯、阅读方式和阅读注意力随着文化产业的现代化和数字化转移了。以数字化为特征的新的文化产业形态的出现正在引发一场深刻的文化产业革命。数字电视、动漫游戏、大众传媒等等正在挑战传统文化产业的生存空间和人们的市场注意力。一代人有一代人的文化生存方式，一代人有一代人的文化社会需求，一代人有一代人的文化使命。在这种情况下，文化资源优势并不等于就一定构成文化市场优势。动漫游戏产业的出现，数字技术在某种程度上决定了这个产业的兴起。年轻一代对于数字文化的偏爱，显示着新的一代文化取向的转型，这种转型具有和五四时期从文言文向白话文转型同样重要的意义，问题是我们能否在这个不可逆转的转型过程中掌握文化创造的主动权，成为又一种新文化的缔造者。在这里，“超级女生”给我们提出的关于新文化建设的命题远远超过了其本身的意义。

4. 文化体制试点改革正在深刻地改变着我国文化力量格局和文化生产力形态。

文化体制改革是中国改革必须经历和完成的一项重要的战略过程和目标。深化文化体制改革，加快文化事业和文化产业的发展，是全面构建社会主义和谐社会的必然内容和要求，是增强综合国力的迫切需要和重要途径。

积极推动非公有资本进入文化产业是我国国家文化制度创新的战略安排，具有深远战略意义。多元文化资本的进入和原有文化利益格局的冲突，形成了新的文化利益需求。新的文化利益需求包含着对和谐文化建设的深刻诉求。中国文化产业发展的体制性障碍和结构性矛盾如何在构建和谐社会中得以有效地克服，成为中国文化建设的重要指标，文化体制改革推动政府从办文化向管文化转变，政府职能转变的实质是文化权力构成形态的转变，是从文化集权向文化分权的转变，这种转变不是放弃政府的文化权力，而是通过这种文化权力的转移，充分地实现公民文化权利，重新提炼政府文化权力的质量；是从粗放型向集约型转变，这种转变是文化生产力构成质量和构成形态的转变。他提高党的文化执政能力的现代指数，形成了政府、社会、公民共同办文化的新格局。

5. 文化产业发展正在成为区域文化建设和经济增长的重要战略选择。

文化产业作为现代财富重要增长方式的发现及对繁荣和发展社会主义先进文化的重要地位和作用的重新认识，使得文化产业第一次作为一种社会进步和文明发展的重要力量而作为地区科学发展的战略资源和要素被列为各地编制“十一五”规划和中长期发展规划的重要内容；被作为实现经济结构战略性调整的重要目标和战略措施。区域文化产业发展必然导致区域文化增长方式的竞争，文化创新能力的竞争决定了区域文化产业竞争的最后格局的形成。区域文化产业竞争和区域文化产业合作将同时影响区域文化产业发展。

6. 文化产业政策、文化经济政策和文化法制建设的不断推进，正在建构中国特色的文化产业发展保障体系和制度支撑体系。

文化产业的发展和文化体制改革的深入必然提出法律和制度保障体系建设的要求。近两年来，国家出台了一系列文件和政策，如《关于深化经济体制改革的决定》、《关于加快投融资体制改革的决定》、《关于文化体制改革试点单位的若干经济政策》、《关于非公有资本进入文化产业的若干决定》以及《关于文化领域引进外资的若干意见》和《关于文化产品进出口的政策》等等。如此集中地出台了这么多文化产业政策，这在我国文化产业政策发展史上是不多的。它一方面说明了我国文化产业发展和文化市场开放的不断走向成熟，另一方面也体现了国家致力于依法管理文化市场推进文化产业发展的决心。规范和有序是一个市场成熟程度的标志，也是一个国家和政府驾驭市场经济和文化发展规律成熟性程度的一个标志。中国的文化产业发展不能走西方发展文化产业的道路。建设有中国特色的文化产业发展体系只有在建构中国特色的文化产业发展保障体系和制度支撑体系的过程中才能实现。

中国文化产业发展趋势

1. 构建和谐社会的伟大目标将成为校正我国文化产业发展战略走向的指南。

和谐社会是对理想目标的一种表述，同时也是对未来中国社会存在于社会运动形态的一种生态描述，是全面实现小康社会的一个重要标志。他是我们党在战略机遇期和矛盾凸现期同时并存而提出来的一项既要抓住战略机遇、又要克服各种矛盾冲突的国家发展战略。

克服文化矛盾、消除文化危机、实现公民文化权利的充分实现、公民文化利益的充分享有和公民文化民主的充分建立，是构建和谐社会过程中文化建设的重要内容。文化产业发展要为社会提供新的权利、利益实现方式和实现途径，为文化事业发展提供资本支持和产品支持。能否把文化产业的积极成果转化成可供公共文化消费的公共文化产品和公共文化服务，经济效益转化成社会效益，为社会公平和公民精神健康提供价值体系和价值观支持，将成为我国文化产业发展战略的新的价值取向和衡量标准。文化产业应当成为新的文化积累的重要途径和方式。

2. 文化体制改革的不断深化和新鲜经验的积累，将为中国文化产业创新体系的建设开辟新的发展道路和制度创新。

中国是在“内忧外患”的情况下进行文化体制改革的。所谓“内忧”，是指文化体制改革滞后于经济体制改革，不能满足经济体制改革的不断深入所带来的社会的深刻变革对文化提出的新要求；所谓“外患”，是指中国加入世界贸易组织后面临着全球文化市场的巨大挑战，文化产业的市场准入和中国尚未准备好之间形成了尖锐的矛盾和冲突。加快扩大开放的步伐，要求加快文化体制改革的历史进程。

中国是在理论和政策两个方面都还没有准备好的情况下推进文化体制改革的，这就决定了中国文化体制改革的渐进性特点：从试点开始，逐步积累经验，在改革中探索市场经济条件下中国文化产业创新体系的建立和国家文化创新体系的建立。

文化发展不平衡和东西南北的巨大差距决定了中国文化体制改革的艰巨性、改革成果和经验的多样性。巨大的智慧将在艰难的改革进程中作出中国文化体制和制度的全新创造。

3. 文化产业市场行为规范将随着文化产业市场准入的进一步开放而进一步制度化和法制化，文化法律建设的进一步到位将使中国文化民主建设进入一个依法管理的历史新时期。

开放的文化市场并不是一个无政府主义的市场。文化市场开放的程度是衡量一个国家文化民主的一个标志，同样文化市场规范化的现代程度也是衡量一个国家文化民主的一个标志，而且是一个更重要的标志。这一标志是以文化法制建设的现代化程度表现出来的。宪政精神是最终反映一个国家文化民主进程的。中国的文化法律建设还很不完备，离开完善的文化法制体制的建立还有很多路要走。但是，国家法制化进程的巨大努力和政治民主进程的加快发展，已经为我国文化法制建设提供和创造了条件，中国加入世界贸易组织后所大力推进的国家文化市场法制建设所营造的环境，已经为中国文化法制体系建设创造了前所未有的良好条件。因此，随着中国文化市场的更加开放，各项文化产业法规建设的进一步到位，将使中国文化民主建设进入一个依法管理的历史新时期。

4. 传统文化产业和新兴文化产业的竞争将更加激烈，文化产业数字化将继续引领中国文化产业发展的技术革命潮流。

文化产业数字化在深刻地改变传统文化产业增长方式的同时，构成了对传统文化产业生存与发展的巨大挑战。传统与现代的冲突必然引发传统文化产业与新兴文化产业之间的激烈竞争。传统文化产业在通过数字化革命提升自身的优势竞争力的同时，也向新兴文化产业提出了内容革命的要求。文化产业数字化发展是未来中国文化产业发展的总趋势，将继续引领中国文化产业技术革命的潮流。数字技术将进一步实现从手段和工具向力量和内容的战略转移，数字技术如果不能完成内容的战略转移，将会造成中国文化产业发展的深刻危机。

5. 区域文化产业发展不平衡在进一步被拉大的同时，大区域文化产业集群的崛起将深刻改变中国文化产业区域发展的力量结构，传统的文化产业发展模式和管理体制（条块分割、行政区划）将面对更加严峻的挑战。

实现文化产业的跨行业、跨地区、跨媒体发展，打破传统的文化产业空间模式，是近几年来文化体制改革努力的方向。我们现在的文化产业力量很分散，由于行政区划体制的限制，我们还不能在规划新的区域经济空间布局的同时实现对区域文化产业空间布局的战略性调整。中央明确提出长三角、珠三角（泛珠三角）和东北振兴、西部开发、中部崛起，这都是区域发展的概念。这种区域发展又成为大城市集群发展的概念。如何整合区域资源和力量，形成共同市场，共同的利益群体，以最小的资源消耗换取最大的利益增长，这是中国社会发展面临的问题。中国农村的城市化发展道路正在为传统的行政区域理念输入新的智慧元素。这就给文化产业的区域发展和区域布局提供了巨大的想像空间和改革空间。这就使中部崛起和西部开发在新的中国文化产业力量格局和整个中国文化产业综合国力的形成过程中将起决定性作用。中部和西部都曾经辉煌过。现在我们要重新创造辉煌，这就是崛起，即变中国文化产业的力量格局，在新一轮整个中国文化产业发展中起到决定性作用。

6. 创意产业的兴起和发展，在为传统的制造业发展与改造提供新的支持系统和可持续发展因素的同时，将深刻地带动中国文化发展的创造性，为文化产业发展提供新的思维空间。

中国文化建设的形态将更加多样化，中国传统文化资源和文化元素将在这个过程中获得新的发展形态，特别是在经济结构的调整过程中对老工业基地的改造。上海、杭州等城市在利用创意产业对传统的工业结构进行艺术重建的过程中已经取得了很好的经验。在这里，艺术设计和艺术创造起着十分关键的作用。艺术设计和艺术创造在改变传统制造业和传统经济的同时，正在改变着人们对废旧厂房的重新认识。历史人文价值的再发现，会对文化产业的发展和我们关于发展文化产业的思维方式提供巨大的推动力。

7. 文化产业在为转变经济增长方式提供新的战略选择的同时，将面临自身增长方式的战略性转移，以版权产业为核心的文化产业将成为文化产业发展的主流和文化产业综合竞争力强弱的战略性标志。

文化产业属于集约型文化经济形态。这是由于文化产业在本质上是智力创造所决定的。在经济结构的战略性调整和经济增长方式的战略性转型过程中，人们之所以选择文化产业作为战略对象，其中一个重要的原因就在这里。这就给文化产业的发展提出了一个命题，那就是文化产业自身增长方式的战略性转型问题。前不久在北京结束的全国音像制品论坛上传出了这样一个令人关注的信息：中国的唱片贸易都是成品贸易，通过远洋船队的集装箱运输实现；而美国等国际文化贸易大国则是通过转让版权来实现自己的增长方式和文化市场扩张。这就是文化产业的增长方式问题。我国对外文化贸易与西方发达国家相比的一个最大的战略性差异就是：我们输出产品，他们输出版权，成本与效益呈现出截然的反差。因此，以版权产业为核心的文化产业将成为文化产业发展的主流和文化产业综合竞争力强弱的战略性标志。中国文化产业发展的国际化战略不能走低端产品发展的老路，只有实现文化产业增长方式的战略性转型，中国文化产业发展才能够在文化和经济两个方面在国民经济和社会发展过程中，在中国构建和谐社会的进程中发挥战略作用。

8. 国家文化安全将随着我国文化市场的进一步开放而呈现出更加严峻的形势，国家文化安全管理和国家文化安全预警系统的建立将成为我国文化产业健康发展和文化建设顺利实施的重要保障。

中国的对外文化开放不是无原则的，也不是不要制度保障的。我们的文化开放是在法律框架内的开放，是按照中国加入世界贸易组织议定书所作出的承诺开放的。中国必须建立起自己在市场经济条件下的国家文化安全保障体系。笔者在承担国家社科基金课题《开放条件下的中国国家文化安全问题研究》的过程中，对当前中国面临的国家文化安全形势曾经做了一个比较全面的考察研究。我们国家的文化安全确实存在着比较严重的问题，这是我们在发展文化产业过程中必须同时引起高度重视的。

中国文化产业是一个正在发展中的中国文化建设与发展的重要内容，在不同阶段呈现出不同的特点是它的基本特征。关注中国文化产业发展的特点，把握中国文化产业发展的总体趋势，是选择和制定文化产业发展战略，坚持科学地发展文化产业的重要前提。中国正在走向文化产业的战略时代。

（选自《开发研究》2006 年第 1 期）

发展文化产业是实践科学发展观的必然要求

丹　增

发展文化产业在实践科学发展观中占有重要的地位。20 世纪 60 年代以来，人类的发展经历了从经济增长至上到社会发展优先，从片面发展到综合发展的重大转变。我国改革开放以来，经济社会取得了长足的发展，人民生活水平大大提高，但也带来了经济、社会、环境生态等方面的问题，大大降低了社会可持续发展的能力。特别是在精神文化领域，一些人的价值观扭曲、错位，拜金主义、享乐主义、极端个人主义思想蔓延，色情、暴力、凶杀等腐朽、反动、堕落的思想有所抬头。所有这些恰恰是腐败和各种违法乱纪活动产生的一个重要思想根源。因此，转变人们的发展理念，树立正确的世界观、人生观和价值观这一文化建设的重要任务，是与经济发展和政治文明建设密切相关的。只有大力推进文化产业的健康快速发展，才能充分满足人民群众文化消费的要求，提供高质量的精神产品，保障社会主义建设的进程，并为建设过程中的可持续发展提供智力支持。同时，发展文化产业是我国经济社会全面、协调、可持续发展的必然要求。大量统计资料表明，我国的短缺经济时代已基本结束，人们物质需求的增长正逐步趋向饱和，开始追求一种精神文化含量更高的生活和消费。满足人们的精神文化需求成为经济增长的极其重要的美好前景。在全面推进小康社会建设进程中，发展文化产业集中体现了科学发展观的全面、协调、可持续、以人为本的要求。

首先，发展文化产业是以人为本、实现人的全面发展的内在要求。正如联合国发展计划署在《1992 年人文发展报告》中指出的那样："人文发展是一个广泛的、全面的概念。它包罗在所有发展阶段所有社会中的所有人类选择。它把发展对话扩大为不仅仅是讨论手段（国民生产总值）而是讨论终极目的……人文发展的概念不是从任何预定模式开始的。它从社会的长远目标得到启示，它使发展围绕人的中心，而不是使人围绕发展的中心。"全面发展的个人应当具备的素质，不仅包括劳动技术和专业特长，还应包括对历史、社会和自然的比较全面的认识和创造能力，以及多方面、多层次的发展要求等。人的全面发展固然与历史的、社会的、政治的和经济的发展状况密不可分，但如果没有积极有效的文化建设，社会不可能自发形成有益于人的全面发展的文化环境。以人为中心、以人为本在社会主义条件下，就是满足人民群众不断增长的物质文化需求和人的全面发展的要求，切实保障人民群众的经济、政治和文化权益，让社会发展的成果惠及全体人民。

发展文化产业，可以满足人民群众日益增长的精神文化需求。随着我国社会生产力的发展和物质生活水平的提高，人民群众对精神文化生活的需求也必然日益增强，这就要求我们在大力发展物质文明的同时，积极进行精神文明和文化建设。我们建设的中国特色社会主义各项事业，既要着眼于人民群众的物质文化生活需要，同时又要着眼于全民族思想道德和科学文化素质的提高，也就是要努力促进人的全面发展。实现人的全面发展，不仅要通过发展经济不断改善人们的物质生活，而且要通过精神文明建设，通过文化产业发展，提供充分、丰富、完善、系统的文化产品，不断丰富人们的精神文化生活，提升人的素质、协调人际关系，激发创造潜能。

其次，发展文化产业是促进人与自然和谐发展的重要环节。在我国，经济的快速增长主要归功于第二产业的迅猛发展。与此同时，第二产业在发展过程中对资源的需求不断攀升，对资源的消耗极度扩大。为了发展经济，一些地方不同程度地出现环境恶化、生态危机等问题。我们绝不能走西方发达国家那种“先发展、后治理”的老路，应该在可持续发展、“绿色GDP方面”寻求有中国特色的发展道路。同时，知识经济时代的到来，进一步凸显了知识在经济社会发展中的重要地位和作用。文化作为知识的显性表现形式，越来越深刻地渗透到各种物质产品当中，成为提升物质产品品质的关键因素。文化含量高的产品和服务，人们趋之若鹜，反之，则无人问津，这已是消费市场上的一个不争事实。我们也可以看到，许多产业正是借助文化的力量而取得了长足的进步。文化产业的发展壮大，不仅可以产生巨大的经济效益，促进文化的繁荣，带动国民经济的发展，而且会对其他产业的发展产生强大的助推力。科学发展观实质上就是协调发展观的延伸和发展，以资源的开发保护相协调为主要特征的文化产业正好契合了科学发展观的要求，并且文化产业所赖以发展壮大的文化资源与其他资源相比，具有显著的可再生性。在我国大力发展文化产业，既符合人民群众需求发展变化的前进方向，又能大大减轻经济增长对自然资源和生态保护的压力，是践行科学发展观的必然要求。发展文化产业，能够通过文化产品传达的积极信息，确立和弘扬科学的发展观，妥善处理好经济发展与人口、资源与环境的关系，大力发展有利于生态环境的绿色生产力和绿色科学技术，科学地进行人与自然之间的物质变换，建构有利于人与生态环境共存共荣的生产方式和生活方式，从而有效地改善经济结构，减少对自然资源的消耗，实现人与自然的和谐发展。同时，文化产业是一个劳动力密集、资源消耗极低的新兴产业，在发扬光大本国本土文化的同时还能够贡献不菲的GDP增长率，从经济发展的角度降低资源的消耗，保护自然环境。因此，文化发展越来越成为社会进步的重要标志。当今世界，文化与经济、政治相互交融，在综合国力竞争中的地位和作用越来越重要。在一些发达国家，文化产业已经占到国民生产总值的50%甚至80%的比例。

第三，发展文化产业是走“绿色GDP”发展之路的必然选择。改革开放20多年来，我国GDP年均增长9.4%，同时，我国也成为世界上单位GDP能耗最高的国家之一。现行的GDP中只能看出经济指标，却看不出其背后的环境生态破坏。比如，我国人均自然资源是世界平均值的约1/2，人均水资源量是世界人均值的1/4，单位产值的矿产资源消耗与能源消耗是世界平均值的3倍，单位产值的废物排放量是世界平均值的数倍，单位面积的污水负荷量是世界平均值的16倍多，等等。绿色GDP则扣减了环境和生态成本，其数据反映了国家的真实发展水平，能够为决策提供判断依据。这将以科学发展观的标准来调整单纯关注经济增长与过度消费的观念，为全社会的协调发展，为弱势群体的公共利益，为执政党的长治久安提供重要支撑；这有利于促使政府职能从单纯抓经济转为主抓公共事务，关注经济增长与环境保护之间的联系。在这方面，作为“从事文化生产和提供文化服务的经营性行业”的文化产业，无疑具有先天的优势。相对来说，文化产业是一个能耗低、污染轻而又高产出、具有高附加值的行业，比较符合“绿色、环保、健康”的理念。尤其随着互联网等高新技术的发展，由文化产业与信息产业融合产生的信息文化产业迅速崛起，其低能耗、轻污染的优势显露无疑，已成为新的经济增长点。以网络游戏为例，据预测，2004年我国网络游戏产业将创造42亿元的产值，带动连锁网吧潜在投资近1000亿元。

第四，发展文化产业是加快全面建设小康社会步伐、构建社会主义和谐社会的巨大动力。建设中国特色社会主义，经济、政治、文化必须协调发展，共同建设，必须把物质文明、政治文明和精神文明都搞好。如果没有物质文明的发展，政治文明建设和精神文明建设就失去了物质基础；没有政治文明和精神文明的进步，物质文明建设就没有动力，经济发展目标就难以实现。发展文化产业和（加强）文化建设从来都不是孤立进行的，其内容贯穿在经济建设和政治文明建设之中。就经济建设而言，文化建设所蕴含的价值导向、所造成的消费心理、为社会所提供的精神动力和智力支持，是影响经济创新能力和可持续发展能力的重要因素。就政治文明建设来说，在一定意义上，政治文明建设就是政治文化的建设，只有使公民意识、民主意识、法制观念等深入人心，政治文明建设才能卓有成效。周恩来同志曾讲过这样一段话：一个国家的政府就像一架飞机的机身。飞机的两个翅膀，一边是经济，一边是文化。离开了文化，经济是不能起飞的。这确实是高瞻远瞩的见解，明确指出了文化建设和发展文化产业的重要性。从国际上看，美国从1995年到2001年，按产值高低连续6年文化产业一直排在第二位到第六位之间。无数事实证明，经济上的强国，往往也是文化上的强国。文化产业的发展，对于社会主义文化建设而言无异于排头兵、推动器，能够结合社会主义文化市场的消费需求、人民群众的精神需求和文化进步的发展方向进行文化产品的生产，为小康社会的顺利实现提供强大的思想保障，让人民群众的生活真正丰富多彩。我国只有建设面向现代化、面向世界、面向未来，民族的、科学的、大众的社会主义文化，才能满足人民群众日益增长的物质文化生活的需要，不断促进广大人民群众思想道德素质和科学文化素质的提高，才能为经济发展提供坚实的思想保证、强大的智力支持，也才能真正实现全面小康。党的十六届四中全会提出了构建社会主义和谐社会的要求，和谐社会最重要的就是要实现民主法制、公平正义、诚信友爱、充满活力、安定有序、人与自然和谐相处。在这其中，人们的文化素质、精神素质、道德素质、民主素质的整体提高是极为关键的，而这一切都与文化建设密切相关，都与文化的全面发展紧密联系，或者说这些必须通过加强精神文明建设、加强文化建设来完成。从这个角度来说，文化建设和文化产业发展是构建社会主义和谐社会不可分割的一个有机组成部分，同时也是加快构建进程的重要推动力，意义极为特殊。

（选自北京大学文化产业研究所　国家文化产业创新与发展研究基地主编：《中国文化产业年度发展报告（2006）》，湖南人民出版社 2006 年版）

我国文化产业发展的机遇、挑战与战略对策

熊澄宇

信息、传媒和文化，因其拥有人类社会持续发展所必需的资源、沟通和人文三大要素，成为 21 世纪战略家、思想家和科学家们关注的焦点。综合这三大热点形成的文化产业，已成为综合国力竞争的重要方面。

在新的形势下，我国党和政府对文化产业的发展十分重视。2000 年 10 月，中共中央十五届五中全会第一次提出要“完善文化产业政策，加强文化市场建设和管理，推动文化产业发展”。2001 年 3 月，文化产业发展正式被纳入全国“十五”规划纲要。2002 年 11 月，党的十六大报告明确提出积极发展文化事业和文化产业，深化文化体制改革，要求“完善文化产业政策，支持文化产业发展，增强我国文化产业的整体实力和竞争力”。文化产业在中国特色社会主义建设中的战略地位得到了充分肯定。

我国文化产业发展面临的机遇与挑战

我国发展文化产业有着自己的优势。中华文明博大精深、源远流长，国民经济持续健康快速发展，人民群众精神文化生活需求日益增长，文化事业、文化产业有了长足进步，党和政府对文化事业、文化产业发展高度重视，这些都是我国文化产业得以进一步发展的有利条件。

（一）源远流长的文明传统为文化产业的发展提供了极其丰厚的资源

我国是文化资源大国，有五千多年的文明史，有五十多个民族，文化积累十分深厚，文化类型极其丰富，为我们积累了难以估价的文化资源。经对夏商周断代工程研究，中国历史上第一个有记载的王朝是约建立于公元前 2070 年的夏朝。以甲骨文、青铜器、先秦思想、汉唐文学、宋元科技为代表的中国文化，几千年来绵延不断。15 世纪前，我国文化、科技、经济等都领先于世界，并且世界 80% 以上的重要发明创造都出自中国人之手。虽然遭遇过鸦片战争以后一百年的低潮，但作为世界四大古文明硕果仅存的中华文化，今天仍然在发扬光大。

当今世界文化的冲突、环境的破坏、战争的灾难、贫富的差距、科学的负面性等，都是人类社会发展面临的问题。消除和解决这些问题和矛盾，中国文化具有西方文明无法取代的作用：“大道之行，天下为公”的理想，“先天下之忧而忧，后天下之乐而乐”的胸怀，“苟利天下生死以，岂因祸福避趋之”的精神，“天人合一，君子和而不同”的观念，“老吾老以及人之老，幼吾幼以及人之幼”的态度，“己所不欲，勿施于人”的行为，这些中国文化的精髓在今天仍然具有强大的生命力。英国科技史学家李约瑟博士曾经指出：“今天保留下来的和各个时代的中国文化、中国传统、中国社会的精神气质和中国人的人事事物在许多方面，将对日后指引人类世界作出十分重要的贡献。”

（二）文化建设的巨大成就为文化产业发展提供了坚实的基础

改革开放以来，我国文化事业、文化产业有了长足发展。以图书出版和广播电视为例，图书出版从改革开放之初的年出书1.4万种，增长到2002年的17万种，发行数量达156亿册，销售金额920亿元。我国现有广播电台1988座，广播节目1777套，电视节目1047套，广播和电视的人口覆盖率发展到90%以上，全国有线电视用户9000多万。经过二十多年的培育和建设，我国已经初步形成了以广播电视业、图书报刊业、电影业、音像业、演出业、娱乐业、文物艺术品业以及网络文化业等门类为主干的产业体系。

在应对加入世贸组织的新形势下，文化事业、文化产业进一步深化改革，加快发展。到2003年7月，我国已组建各类新闻出版广播影视集团76家，积极探索转换管理体制和运行机制，努力做大做强。在近年改革实践基础上，经中央批准，2003年6月底，在全国启动了35个文化企事业单位和9个省市的文化体制改革试点工作，新一轮改革正在积极稳妥地推进。

（三）经济和社会的繁荣为文化产业发展提供了空前的市场需求

近十年来中国的经济发展取得了举世瞩目的成绩。按国家统计局2003年2月的数据，我国国内生产总值从1997年的7.4万亿元增加到2002年的10.2万亿元，按可比价格计算，平均每年增长7.7%。城乡居民人民币储蓄存款余额达8.7万亿元，人民生活总体已达到小康水平。

文化事业和文化产业发展是经济发展到一定程度的必然要求。按经济学家波特的从“要素驱动”、“投资驱动”、“创新驱动”到“财富驱动”的经济发展四阶段理论，当人的初级的、低层次需求得到充分满足以后，高级的、高层次需求的地位就会日益突出；当物质需求得到充分满足以后，人们就会更加注重生活质量的全面提高和个体的全面发展。

目前，我国的文化消费市场有着巨大的发展空间。据国家统计局统计，2001年我国城乡居民直接用于娱乐、教育、文化类支出总额为4555亿元。专家估计，2002年城乡居民直接文化消费支出总额大约应在5000亿元左右，今年将逼近5500亿元。经济发展推动文化发展，文化发展又向经济发展提出了更高的需求。满足人民群众不断增长的物质和文化生活需求，为人民群众提供更多更好的精神食粮，是文化产业发展的责任之所在。

（四）加入世贸组织的新形势为文化产业发展提供了新的机遇和挑战

加入WTO使我们能够更好地利用两种资源、两个市场，用中国高质量的文化产品和服务去获取全球市场更大的份额，向世界传播优秀中国文化，可以更好地吸收国外优秀文化成果，借鉴国外发展文化产业的做法，为我所用。WTO的规则和协定仍然是在动态的发展过程中，作为正式成员，我们可以在讨论和协商有关问题的过程中，引导最终结果向有利于中国文化产业的方向发展。

在这方面，我们也有特有的优势，就是全球华人的文化认同。这是中国文化产业开拓海外市场的有利条件。以汉字和华语为传播符号的中华文化拥有世界上最多的受众群：13亿大陆人口加上台港澳和海外华人构成了相对稳定的文化圈。同文同种的文化传承与乡情亲情的心理暗示，形成了共同的文化认同。

同时，我们对我国文化产业发展面临的挑战也要有足够的估计。随着加入世贸组织承诺的兑现，西方发达国家的资本、文化产品正在以前所未有的规模力图进入中国市场。国外流行音乐、数码影视和其他流行文化产品在校园和城乡日渐风行，外国网络游戏与相关文化信息产品升温热卖，好莱坞影视大片分享我国城乡电影市场。世界五家最大的文化产业集团已经以不同方式进入。时代华纳在上海合资建立了电影院线，贝塔斯曼把经营核心的书友会引入中国，新闻集团在珠江三角洲落地，维亚康姆的MTV进入了4000万户中国家庭，迪斯尼的米老鼠准备在我国的主题公园中登场。

这些在市场观念、产业资本、高新技术、经营机制和管理经验上有着明显优势的外国资本和产业集团的进入，对我国文化产业、文化传统、文化主权、意识形态阵地带来了强烈冲击。我国文化产业在体制机制转换、结构调整、市场整合等方面还有大量的工作要做。在这种情况下，外来文化的价值观念、行为方式潜移默化的影响，将是我们不得不面对的现实。

挑战也是一种机遇。如果积极应对，完全可以化被动为主动，在激烈的市场竞争中，把我们的文化产业做大做强。

我国文化产业发展的战略与对策

我国的文化产业是建设中国特色社会主义事业的组成部分，必须符合社会主义精神文明建设的特点和规律。我国文化产业的起步和发展是在经济体制改革初步建立的基础上进行的，必须努力适应社会主义市场经济的发展要求。我国的文化产业是在现代高新科技日新月异的新形势下提出的，必须体现先进生产力要求，努力实现跨越式发展。这是我们提出文化产业发展战略与对策的基础。

（一）始终坚持先进文化的前进方向，发展中国特色的文化产业

文化产业首先是文化，其次是产业。在我国，凡是提供文化产品和服务的生产部门都应当是传播先进文化的重要阵地。面对世界范围各种思想文化的相互激荡，我们要保持高度的政治警觉，牢牢把握先进文化的前进方向。

1. 始终坚持把社会效益放在首位，努力做到社会效

益与经济效益统一。邓小平同志1985年9月在中国共产党全国代表会议上指出："思想文化教育卫生部门，都要以社会效益为一切活动的惟一准则，它们所属的企业也要以社会效益为最高准则。"市场机制的引入对文化产业的发展有巨大的促进作用，也不可避免地会带来一些负面影响。俄罗斯M1电视台为提高收视率推出的"赤裸裸的新闻"节目就是一个极端的事例。因此，在发展文化产业的过程中，如何坚持社会效益第一、处理好经济效益和社会效益的关系，是一个重大的现实问题。

社会主义的文化产业应当追求经济效益和社会效益的统一。不讲求经济效益，产业难以形成投入产出的良性循环；不被消费者接受的文化产品，其社会效益也无从谈起。在现实中，优秀的文化产品往往都是经济效益和社会效益的完整统一。上海电影制片厂的《生死抉择》和北京人艺的话剧《万家灯火》都有非常好的票房和社会影响力。把握好经济效益和社会效益的关系，关键在人，而不在市场经济本身。市场经济是一种经济形态，是工具和手段，关键看人如何运用它。

2．弘扬民族文化和吸收借鉴全人类优秀文化相结合。中国文化产业的发展负载着弘扬中华民族历史文明的重大责任。英国历史学家汤因比认为，在近6000年的人类历史上，出现过26个文明形态，只有中国的文化体系长期延续而从未中断。我们看到，奥地利交响乐团在维也纳金色大厅的新春音乐会上演奏中国民族交响曲时，掌声最为热烈。2008年北京奥运会会徽选用中国篆刻和书法为特征的标志受到中外评委的一致推崇。积极发展文化产业，就要充分发挥好民族文化这个优势，利用好这些资源。通过推动文化复兴完成民族复兴，是摆在我们面前的历史任务。

中国文化产业的发展要有世界眼光，要注意吸收和借鉴国外先进文化的内涵。现在世界上约有63种宗教，192个国家，292个民族，6700种语言，在不同文化环境的生产生活过程中，不同的国家、民族、宗教和语言都产生了自己的优秀代表。古希腊的神话、贝多芬的交响曲、巴尔扎克的小说、达·芬奇的油画等等，这些人类文明的结晶，是全人类的共同财富。今天在发展文化产业的过程中，我们仍然要把弘扬民族文化与吸收和借鉴外来优秀文化结合起来，展现中国作为一个文化大国的泱泱风范。

3．正确处理公益性文化事业与经营性文化产业的关系。在整个社会主义文化建设中，公益性文化事业和经营性文化产业都是十分重要的组成部分，各自发挥着不可替代的独特作用。

发展公益性文化事业是保护和实现人民群众基本文化利益的重要途径。目前，我国文化设施建设，特别是中小城市和西部地区的图书馆、博物馆、影剧院、文化站等设施建设较为薄弱。农村基本文化条件严重不足，农民的基本文化权利得不到实现。"九五"期间国家投资亿元以上的文化设施项目44个，除云南省图书馆、成都艺术中心、陕西省图书馆、西安光明电影院和西安文商大厦外，其他39个项目均在东部地区和大城市，其中上海8个、北京5个、广东5个。

发展经营性文化产业是市场经济条件下繁荣社会主义文化、满足人民群众精神文化需求的重要途径。文化产业是具有精神产品特点的经济形态，是文化事业发展的物质基础和解放文化生产力的有效途径。积极发展文化产业，一方面有利于调动广大文化工作者的积极性和创造性，活跃和繁荣文化市场；另一方面还可以创造更多的物质财富，通过产业方式实现文化的经济价值和自我积累、自我发展的任务，使国家有更多的物力和财力用以支持公益性文化事业的发展。

4．发展文化产业要做到繁荣与管理并重。在文化产业发展过程中，繁荣和管理是相辅相成的两个侧面。对涉及意识形态和社会稳定层面的文化产业类型，所有与新闻、宣传、舆论等意识形态相关的内容产业，都要由国家主导或监管。对市场反应敏锐、经济属性明显的某些类型文化产业，要通过制定规则，建立公平竞争的市场环境来体现政府的管理职能。对加入世贸组织承诺放开的领域，政府的管理方式要向综合运用法制、经济、行政、舆论等多种调控手段转变。宏观调控与市场规律并重，努力促进文化产业和文化市场的繁荣发展。

（二）尽快制定总体发展规划，把文化产业纳入国家整体发展战略

文化产业的发展是一项巨大的社会系统工程，是国家经济和社会发展的重要组成部分，在国家总体发展规划中必不可少。建议根据国家国民经济和社会发展纲要，组织力量，制定跨部委的国家文化产业发展中长期规划，以指导全国涉及文化产业的各行各业在统一规划下有序发展。

建议在国家文化产业发展总体规划中考虑以下因素：

1．把文化产业发展纳入国民经济与社会发展的整体战略和国家整体改革之中，使之在经济结构的战略性调整中扮演重要角色，促进经济增长和推动社会全面发展，使文化体制改革能够接应经济体制改革所带来的放大效应，让先进生产力的发展要求体现在先进文化的前进方向之中，为文化发展提供一种产业动力机制。

2．确定一批重要文化发展项目，推动精品生产。从一定意义上讲，文化产业就是内容产业。如果没有一批反映先进文化前进方向的文化产品，中国特色社会主义文化产业就无从谈起。建议像当年搞两弹一星那样，制定切实可行的项目规划和实施方案，发挥社会主义制度能够集中力量办大事的优势，动员全社会的力量广泛参与，把兴起文化建设新高潮与十六大提出的建设全民学习、终身学习的学习型社会结合起来，把五千年的中华文化精髓贯穿到教科书、知识读物和各种学习型活动中，做到目标落实、

组织落实、经费落实、效果落实。

3. 建立健全国家文化产业政策法规体系。根据现阶段发展文化产业的需要，要研究和制定相关法规和政策，为文化产业的快速发展提供法律保障机制和政策支持系统。

4. 努力提高集约化经营水平，提高产业集中度。要以资产和业务为纽带，运用市场机制，推动兼并、联合、重组，实行跨媒体经营和跨地区发展，打造文化品牌，培育和发展一批拥有自主知识产权和文化创新能力、实力雄厚的大型文化产业集团。

5. 制定发展文化产业人才培养规划。搞文化的人多数不懂经营或不屑经营，搞经营的人不少又不熟悉文化。经营人才的缺乏是制约文化产业发展的一个瓶颈。2002年，南方某市面向全国公开选拔150名处级以上干部，7天中有5236人报名，可是大剧院总经理的职位竟无人应聘。因此，要有计划地培养一批有文化、懂科技、会管理的复合型文化产业人才。建议在有条件的高等院校开设文化产业的专门课程，与文化产业单位和国际机构合作，联合培养有实践经验的高级管理人才。

（三）推动文化体制和机制创新，促进文化产业快速、持续、健康发展

当前，我国文化产业在经济发展和综合国力竞争中的重要作用尚未得到充分发挥，文化建设与全面建设小康社会奋斗目标的新要求，与人民群众日益增长的精神文化需求，与社会主义市场经济体制的逐步完善，与我国加入世贸组织后对外开放的新形势还不适应。有相当一部分文化企事业单位还保留着计划经济旧体制的影响。主要靠行政方式配置资源，文化资源浪费严重。部分文化产品生产和文化服务不是以满足市场需求为目的，而是只限于系统内部的“小循环”，成本高，效率低。政企不分、政事不分、管办不分现象还很严重。文化产业链和文化市场被条块分割，缺乏一个统一、开放、竞争、有序的市场体系。文化法制建设相对滞后，管理方法比较单一，过多地依靠行政管理和政策调节。缺乏统一的行政执法力量，有法不依、执法不严的现象大量存在。

最近，中央召开了文化体制改革试点工作会议，部署了“健全文化管理体制、健全微观运行机制、健全文化市场体系、健全文化经济政策、健全资源优化配置机制、健全对外文化交流机制”的六大任务。结合文化产业的发展，深化文化体制改革需要突出解决以下几方面的问题：

1. 把深化改革与调整结构、促进发展结合起来。要充分发挥市场在国家宏观调控下对文化资源配置的作用，逐步打破条块分割和市场封锁；推动文化产业结构、产品结构和所有制结构的调整；运用现代高新技术，加快产业升级；提高企业的集约化经营水平和产业集中度。

2. 理顺政府和文化企事业单位的关系。要实行党委领导、政府管理、行业自律、企事业单位依法运营，实现政企分开、企事分开、管办分开；行政主管部门进一步转变职能，减少行政审批、作品评奖等具体事务，强化宏观调控、政策引导、依法行政、市场监管和公共服务。

3. 加强文化法制建设，加强宏观管理。要适应社会主义市场经济发展、社会全面进步和加入世贸组织的新形势，构建文化法制建设基本框架；提高立法质量，推进依法行政；建立统一的文化执法队伍，切实解决文化管理中长期存在的多头执法问题。

4. 着力进行体制机制创新。要使我们的文化管理体制和运行机制，既能适应社会主义市场经济的发展，遵循一般产业发展规律，又能体现意识形态工作的要求，遵循文化发展的内在规律。既要放得开，又要管得住。

（四）把握科学技术发展趋势，开拓文化产业新的增长点

现代科技与传统文化的结合与互动，是文化产业得以形成的基础。当今，以计算机信息处理技术为代表的科学技术不仅为文化产业的发展开拓了新的广阔空间，而且在文化基础设施建设、传播渠道、经营模式、受众对象以及人们的消费习惯方面产生了革命性的影响，对现有的产业格局和管理政策提出了新的挑战。

除了继续大力发展广播电视、电子音像制品等科技含量较高的文化产业之外，目前有三种与高新技术直接相关的文化产业形式值得我们关注：

1. 电脑与网络游戏。在美国，这个产业近年来的年产值均以百亿美元计，已经可以和传统媒介产业如电影业比肩而立。在韩国，由于政府的大力扶持和其他因素，游戏市场产值从1998年的5亿美元增到2001年的11.6亿美元，也为韩国经济从1997年金融危机中复苏贡献了力量。据2003年初在广州召开的广东首届网络游戏文化高层研讨会透露的信息显示，我国现有网络游戏玩家已接近4000万人，网络游戏产业年产值约10亿元人民币，并以每年近50%的速度快速增长，预计明年中国网络游戏产值将突破20亿元人民币。

应该看到，电脑游戏不仅是娱乐，还是一种新的传播媒介。它综合了文本、图像、音频、视频等各种媒介符号形式，并允许使用者进行多种层次的信息传播和交互行为。它已经拥有超过两亿的遍布世界各国的使用者，超越了种族、性别、年龄界限。电脑游戏和流行音乐、电视剧、广告等文化现象一样，客观上已成为青少年成长的背景。建议政府应该考虑积极的应对政策，在规范管理的同时，鼓励开发具有中国文化特色的电脑游戏产品，以推动这个新兴的文化产业在中国的发展。

2. 基于移动通信的文化消费。手机短信在2002年已形成热潮，2003年春节拜年和SARS事件又推动手机短信的应用上了一个新的台阶。据有关统计数据，到2002年

底，我国移动电话用户已达2.066亿，2002年国内的短信发送量为750亿条。以目前短信基本资费每条0.1元来计算，这750亿条信息意味着75亿元的收入。

一般人知道手机短信可以发信息和浏览网页，而实际上，手机也可以收发的文件格式包括文字、声音、照片、视频、游戏和小动画，其内容和一份小型杂志差不多，还可不断更新和互动。从产业发展的角度看，从多媒体到互联网是一大飞跃，单机版的光盘变成了可链接全世界数据库的网络，这一步解决了存储空间的问题；从网络到无线移动又是一大飞跃，这一步解决了任何时间、任何地点与社会的联系。今后两三年将迎来与移动通信相关产业的发展高峰。目前，信息业、媒体业与通信业已形成三位一体的发展态势，如再加上与文化相关的内容业，其发展势头将不可阻挡。

可以设想，在不远的将来，这一产业领域还将随无线技术的发展衍生出许许多多新的增值文化业务，如随身听、视频点播、互动游戏等。这些与文化直接相关的移动消费形式肯定会牵动一个大的文化产业链的正式形成，其对文化产业的影响可能不亚于现在的电脑游戏、电影和电视。建议对这一新兴产业形式组织专家学者进行跨部门、跨学科的对策研究，为政府提供决策依据。

3. 大容量数字化文化资源库的开发与应用。图书馆、博物馆和美术馆是人类文明保存和传播的重要场所。以计算机和互联网的普及为标志的信息社会和知识经济社会的到来，使人们对数字资源的需求量越来越大。数字图书馆、数字博物馆、数字美术馆等大容量数字化文化资源库的出现则反映了人们在现代高新技术条件下对文化资源共享的要求。

按我国文化信息化发展规划，“到2010年，争取做到全国重要的民族文化遗产、艺术作品、文化艺术科研成果和历史文物，都制成数字化产品；在城市和发达地区建构虚拟文化社区，对文化事业的发展起到主干作用。”在数字空间中弘扬我国民族文化的同时，如何对这批资源进行产业化开发与利用是时代的要求，是一项新的任务。

文化信息数字化后，其易复制、易存储、易传输，以及多媒体、跨时空、可交互、易检索等特性使其在文化遗产的保存、复制和传播方面有无可匹配的优势，发达国家不仅对自己拥有知识产权的数字化资源库进行产业开发，而且已经把手伸向了发展中国家，通过技术援助获取产业利益。随着网络用户数量的不断增加，数字资源的市场也在不断扩大，考虑到中国文化网吧内容的缺失和街头报刊亭的增多，建议对文化信息化的产业功能加以规划，在已经有了前期投入的基础上，用小钱办大事，也在一定程度上缓解不发达地区面临的数字鸿沟问题。

（五）主动参与国际文化产业竞争，积极维护国家文化安全

文化产业既是民族产业，又是世界产业。发展文化产业要主动参与国际文化市场的竞争。

西方发达国家在当代文化、自然科学和社会科学成果的发现、传播和社会影响上占有明显的优势地位。据联合国教科文组织《世界文化报告2000》发表的1980年和1996年两次对作品最经常被译成其他文字的作者统计：前100名当中没有一个中国人。国际文化交往和学术活动中的议程设置和话语权由他人主导，中国学者多数只能在既定的话题中去阐述自己的观点。学术评估体系、人文和自然科学领域的七大文摘和索引都由西方发达国家掌握。有一项统计说，全球以英语为母语的人有4.2亿。相比之下，中国的人口数量是世界第一，使用中文的人数也是世界第一，然而，中文不是信息世界的强势语言。目前，全球75%的电视节目是英语节目，80%以上的科技信息用英文表达，几乎100%的软件源代码用英文写成。

据北大一位教授研究，从1900年到2000年10年间，中国全文翻译的西方学术著作将近10万部，但是西方完整翻译中国的书不到500部。与这个数字相关，值得我们思考的另一个数字是：1894年，就是“甲午海战”之前，日本每年要翻译70部中国的著作，1895年后到1911年16年间，日本翻译中国的书只有3部。

我们应加大把中华文化送出去的力度，除专项国际文化交流活动外，可利用各种商务、外事和其他国际交流场合，为文化传播搭台唱戏，在积极参与国际文化的建构与交融中，塑造中华文化的整体形象。利用WTO和各类国际平台，推动境外高品位资金和资源的引入，增大中国文化产品进入发达国家文化市场的可能性。民族语言一直是文化争论的焦点。要利用联合国官方语言的有利地位，坚持中文的使用场合和空间；积极参与文化领域的国际对话，以及相关国际标准、规则的制定；始终做到以我为主，在运动和发展中争取话语和议程设置的主导权。

在认同中华文化的前提下，要最大限度地调动一切积极因素，关注华语文化产业的整合与互动，主动吸纳港澳台和海外华人的资金与产业运营经验，共同拓展华文、华语在世界文化市场的份额，并通过文化的整合力和凝聚力，促进祖国统一。

用民族语言和先进文化去占领网络空间，一直是近年来文化传播和交流领域的热点问题。我国已出台了近两百个管理网络空间的法律和法规，涉及参与管理的部委级机构有十来个之多。建议有关部门进一步加大管理力度，让家长、老师和孩子们放心地在一个健康有益的网络空间里去交流，去创造，在理想与现实的交互中去构筑他们的未来。

在扩大对外开放、加快文化产业发展中，要高度关注文化安全问题。要看到，文化属于意识形态。随着人们的社会生活进一步发生变化，经济成分、组织形式、就业方式、利益关系和分配方式的多样化日益明显，社会价值取

向呈现复杂性、独立性、多变性和差异性的特点。随着全球经济文化交往的加深，西方敌对势力依仗其在经济、科技、军事及文化上的优势，千方百计利用一切途径进行思想文化渗透，旨在输出其价值观念，对我进行“西化”、“分化”。文化产业发展处在一个更加开放更加复杂的环境之中。

对文化发展和文化建设的支持、引导、管理和调控是现代政府的重要职能。任何一个国家的政府对文化都不会放任自流，不会听任外来文化泯灭本民族的文化特征。要积极维护国家文化主权和文化安全，在文化产品的生产、进口和流通的各个环节掌握发展和管理的主动权。特别要注意境外资本对媒体的渗透，采取有效措施，坚守和发展壮大思想文化阵地。

法国启蒙主义思想家伏尔泰1745年在《人类思想史新提纲》中写道：“吃着印度、中国等东方古国土地上生产出来的食粮，穿着他们织就的布料，用他们发明出来的游戏娱乐，以他们古老的道德寓言教化习俗，我们为何不注意研究这些民族的思想？而我们欧洲的商人，则是一等找到可行的航路便直奔那里的。当你们作为思想家来学习这个星球的历史时，你们要首先把目光投向东方，那里是百工技艺的摇篮，西方的一切都是东方给予的。”

在伏尔泰所生活的年代，世界思想库和现代化标杆在东方，在中国；三百年后，世界的目光又一次转向了经济持续高速增长的中国。中国能够再一次实现经济和文化的同步辉煌吗？中国文化事业文化产业发展的结果将回答这个问题。

（选自《文化产业研究战略与对策》，清华大学出版社2006年版）

国外文化产业发展现状、措施与经验

董为民

文化产业的概念由英文 Culture Industry 翻译而来。一般认为，所谓文化产业，是指通过工业化和商品化方式进行的文化产品和文化服务的生产、交换和传播。文化产业是生产文化产品和提供文化服务的行业，以满足人们的文化需求为主要目标。

美国文化产业的概况和发展经验

就行业范围而言，美国文化产业主要包括文化艺术业（含表演艺术、艺术博物馆）、影视业、图书业和音乐唱片业。

（一）美国文化产业的发展概况

1. 文化艺术业。自美国国家艺术基金会1965年成立以来，美国文化艺术业获得了长足发展。据统计，美国非营利性文化艺术产业每年直接或间接拉动的经济效益为369亿美元，提供130万个就业机会。美国的社会组织按其经济性质可大致分为政府机构、商业机构、非营利机构三种。美国对非营利性机构的基本界定标准，一是为社会公益事业服务，二是盈利不分红。除了百老汇的音乐剧团等少量团体属于商业机构外，美国文化艺术业大都属于非营利性机构。

以下将从表演艺术和艺术博物馆两方面来看美国文化艺术业的运作。

（1）表演艺术。演出团体的最高机构是理事会，由各界著名人士组成，重大事宜均由理事会决定。理事会负责招聘剧团的艺术指导和行政经理。艺术指导负责剧团的演出和演员等一切与艺术创作有关的事宜。行政经理负责所有的经营性事务，包括市场发展、票务、财务等。在美国的演出市场上，演出活动主要是在演出经理公司、表演团体或个人、剧场或演出协会三方之间形成的。演出经理公司是美国演出市场的重要枢纽。据统计，全美共有演出经理公司千余个，哥伦比亚艺术家经理公司、ICM 艺术家经理公司等大公司占据了主要的演出市场。演出经理公司在一定程度上代表艺术团体或个人利益。演出经理公司对艺术家演出的场次、场地、方式等都作精心设计，以尽可能提高艺术家的知名度及身价。演出经理公司向承办演出活动的各地剧场及演出协会推荐艺术团体或个人并分别商签演出合同。各地剧场或演出协会承办演出的宣传广告、售票及剧场的安排等一切具体事务。

（2）艺术博物馆。美国有1200家艺术博物馆，其中以纽约大都会艺术博物馆、纽约现代艺术博物馆、华盛顿国家美术馆影响最大。大部分艺术博物馆实行董事会制度。除了政府资助、企业赞助、捐赠等收入外，一些大博物馆举办的特别展览和巡回展览也会给它们带来不俗的收入。美国艺术博物馆每年至少举办1200场大型展览。这些展览规模大，通常展出名家的作品，如梵高、德拉斯、马蒂斯等，或者向公众举办一些平时很少有机会看到的古代文明展。观众对此十分踊跃，博物馆因此也收取较高的门票。

2. 影视业。美国的电影公司大部分集中在洛杉矶市的好莱坞地区，好莱坞已成为美国影片的代名词。现在，美国影视业基本上被迪斯尼、索尼、米高梅、派拉蒙、20世纪福克斯、环球、华纳兄弟共7家大公司所瓜分（由于市场竞争激烈，这些公司也都是兼营其他行业或隶属于其他集团的）。为追求票房价值，好莱坞大公司不惜投入巨资制作影片，以吸引观众。2000年，大公司共拍摄84部故事片，平均每部投资达到8210万美元。同年，美国国内影院票房收入达到77亿美元，创历史最高记录，电影观众达到14.2亿人次。美国人到影院观看电影的人次在世界上仍居冠首，每人年均5次。

从全球市场范围看，美国影视产品已取得绝对优势地位。美国电影在世界150个国家和地区放映，现已占有欧洲票房收入的70%，在加拿大、拉丁美洲、大洋洲和亚洲，美国影片的优势地位也日趋明显。美国电视节目在世界125个主要市场播出，在欧洲电视播放的电影中，美国电影占70%以上，全球销售的各类影视录像制品大多数都是美国公司生产。据统计，1999年全球视听产品（包括影院票房、电视节目和家庭录像带）中，美国公司占57.6%。

3. 图书业。美国现有图书出版社约1000家，主要包括大众类出版社、大学出版社和美国政府下属的少量专业性出版社，其中约20家大公司占据主要市场份额。美国出版社的稿件来源，一种是接受作者投稿，这类稿件数量很大，另一种途径是通过“代理人”获得稿件。“代理人”负责物色高水平的作者，向出版社推荐，并代表作者与出版社谈判合同。作者通常根据图书销售情况接受版税，售出越多，得到的版税越高。图书发行的主要渠道是，出版社通过批发商将图书发行给零售商，而在零售商中，大型图书零售的连锁店和图书俱乐部在大众类图书的发行中占主导地位。20世纪90年代后，一些图书出版公司将资料储存在电脑内，根据读者的需要运用先进的印刷和装订设备印制相应数量的书籍。

4. 音乐唱片业。美国音乐唱片业（泛指所有音乐录音产品）的主要参与者是唱片公司、制作人和音乐家。他们的合作形式多种多样，公司与音乐家可直接签订合同，由本公司制作人制作，制作人除工资外，提成一定比例的版税；也可由独立音乐家与独立制作人合作出母带，卖给某个唱片公司，取得版税；如果音乐家已经签约某公司，可由该公司物色独立制片人，该制片人按公司的预算制作出母带获取制作费，并从唱片销售中提取版税。

全美有约1000家唱片发行公司，主宰唱片业的主要是华纳兄弟公司、索尼音乐娱乐公司、BMG娱乐公司等十几家。2000年，全球音乐唱片市场总值是385亿美元，其中，美国市场所占份额为37%，达到了143亿美元；而日本、英国、德国和法国几大市场占全球市场份额的比例依次为16.7%、7.6%、7.4%、5.5%。另据统计，由美国公司生产的音乐唱片已占世界音乐唱片消费总量的60%。

（二）美国文化产业发展的经验

1. 投资主体多样。联邦政府主要通过国家艺术基金会、国家人文基金会和博物馆学会对文化艺术业给予资助，州和市镇政府以及联邦政府某些部门在文化方面也提供资助。而美国文化艺术团体得到的主要社会资助则来自于公司、基金会和个人的捐助等，其数额远远高于各级政府的资助，如1997年文化艺术业的经费总额为175.83亿美元，其中社会赞助为37.6亿美元，政府直接资助20.96亿美元。

2. 注重加大科技投入。以影视业为例，每一项对影视产业的创制与传播可能产生影响的科技成果，几乎都会同步运用于电影、电视之中。在图书业，从20世纪90年代开始，出版公司开始将因特网技术运用于图书销售，网上售书方便了顾客挑选图书，极大地推动了出版业的发展。美国的大唱片公司也争相建立网上唱片销售渠道。

3. 实行商业运作、按市场规律经营是美国文化产业常盛不衰的重要保证。美国的影视业、图书出版业、音乐唱片业已建成庞大的全球销售网络，控制了许多国家的销售网和众多电影院、出版机构及连锁店。在经济全球化的发展进程中，采取全球战略的跨国文化企业从资金、技术、信息等要素的全球自由流动中受益，获取高额垄断利润，扩张海外销售市场，占据国际竞争的有利地位，其影响力日益增大。

4. 拥有丰富的人才是美国能够在文化产业领先的另一个重要原因。美国从世界各国搜罗了大量优秀艺术人才，仅1990~1991年间，独联体各国就有10万文化界人士外流西方各国，移居美国的就有3万多人，其中著名人士达1500人。这些移民对美国文化艺术各个方面的发展都作出了重大贡献。

美国对文化管理学的研究和文化管理人才的培训处于领先地位。文化管理已形成一门专门学科。全美有30所大学开办了艺术管理专业，培养本科生、硕士生和博士生等大量高质量的文化管理人才，提高了文化管理水平。

5. 通过法律法规和政策杠杆来鼓励各州、各企业集团以及全社会对文化艺术进行支持。1917年美国联邦税法就明文规定对非营利性文化团体和机构免征所得税，并减免资助者的税额。美国不设文化部，1965年美国通过了

《国家艺术及人文事业基金法》，依据此法，美国创立了致力于艺术与人文事业发展的机构：国家艺术基金会与国家人文基金会。这一立法，保证了美国每年拿出相当比例的资金投入文化艺术。此外，美国政府还依据文娱版权法、合同法和劳工法推动文化产业的发展。

6. 美国政府充分利用其国际政治经济优势来支持美国的文化商品占领国际市场。一直以来，美国都在积极推动包括文化商品在内的所谓贸易和投资领域自由化，为其文化商品输出提供保障。在中国加入世贸组织的双边谈判中，美国坚决要求中国开放文化市场，要求中国在视听服务行业允许设立外资企业，让外资企业从事视听产品的制作和发行，并强烈要求中国取消进口配额，接纳美国各类影视制品。美国在与欧盟就影视业进行的谈判中，同样强硬坚持影视业应和其他产业一样实行贸易自由化和公开竞争，并受多边规则监督。

（三）制约因素及其负面效应

美国文化产业的产业化程度高，许多经验值得我们借鉴，但其中不可避免地存在着不少问题。因受市场驱动，文化产品的制作大都旨在满足人们的娱乐性需求，过多迎合通俗文化和流行艺术的需求，过分应用技术来渲染，因而使文化制品更多地趋向娱乐性色彩，使创作活动受到制约，降低了文化产品的艺术品位，助长了文化产品媚俗化的趋势。

英国文化产业状况

（一）英国政府的文化产业政策

英国政府为促进文化产业的发展，在政策上为它提供了更大的发展空间。其政策要点是：

1. 强调文化艺术产品面向大众，鼓励广大民众尤其是青少年积极参加各种文化活动，并为广大民众提供尽可能多的参与机会。这能够为文化艺术产品培养潜在的文化消费市场。

2. 支持文化艺术门类的产业发展，特别是对那些优秀的、具有创造性的文化艺术门类提供帮助。经费主要拨向与公众文化生活密切相关的重点文化单位和艺术品种。并且，提高对文化艺术经济价值的认识，积极鼓励文化产业的发展。

3. 强调必须保证文化艺术成为教育服务体系的组成部分。政府认为，艺术教育是启发人的思维的教育，是提高个人综合素质和创造力的教育。创造力和创新精神是新一代高科技产业、高职业技能的基础。思维是发明的组成部分，而发明却能创造新的产业。

（二）英国文化产业的现状、趋势及发展措施

1. 现状。英国文化产业已发展到相当大的规模。根据1998年英国政府授权进行的调查统计，文化产业所创造的年产值接近600亿英镑，直接从事文化产业的就业人数接近100万人，间接就业人数约为45万人，文化产业就业人数占全国总就业人数的5%。1995年的统计早已表明，文化产业净收入约为250亿英镑，产值约占国民生产总值的4%，超过了任何一种传统制造业所创造的产值。在外贸出口方面，文化产业的成绩也不俗。除软件产业无具体统计数字外，其他12种文化产业1995年出口总值约75亿英镑，其中出版（19亿英镑）、音乐（15亿英镑）、广告（5.65亿英镑）、设计（3.5亿英镑）的产品在海外市场具有较强的竞争能力，在贸易进出口中处于盈利地位。

2. 趋势。由于受到国内市场规模及人口数量的制约以及外国同行的激烈竞争，英国的传统工业，如制造、加工等产业日趋萎缩。而与此同时，某些与文化相关的产业却异军突起，逐步形成在经济生活中极具活力的新的经济增长点。英国政府在总结战后50多年尤其近十几年经济发展的基本形态及走向的基础上，力争使文化产业在英国整体经济格局中的定位，不仅仅要体现出其产业本身已经实现了的巨大经济价值，更重要的是要体现出在战略上顺应时代发展的需要。英国发展文化产业的有利因素主要是：（1）文化产业将直接受益于其产值的高速增长（其发展速度平均2倍于英国国民经济增长率），以及不断开发的国际市场。（2）数据网络所开辟的新型全球性市场。（3）英国工业革命所带来的英国文化在海外的广泛影响。（4）发展中国家人民的收入和受教育水平大幅提高所带来的潜在消费英文产品、英国发明及设计的海外市场。英国文化产业的发展得益于上述有利因素，凭借高新技术手段开发海外市场，成为其文化产业发展的趋势。

3. 措施。如何在信息时代继续保持社会和经济的持续发展，如何看待文化产业对保持社会和经济持续发展的重要作用，已成为英国政府，特别是文化主管部门、商界及学术界普遍关注的问题。英国政府为扶持文化产业发展，采取了以下具体措施：（1）采取政策的和经济的手段保护和发展国粹文化，以此提高全民的文化意识和素质，以及英国文化在国际上的地位。（2）提倡创新，鼓励优秀艺术门类的发展，培养和保护重点人才。（3）加强正规教育体系和成人业余教育等领域中艺术教育的投入，前瞻性地培养富于创造性、懂经营的人才。（4）拓宽文化经营筹措资金的渠道，以法规的形式将国家彩票的部分收入投资文化设施的建设，支持优秀艺术门类的发展和人才的培养。（5）通过外交、对外文化交流以及贸易等手段扩大英国文化在海外的影响，加大国际知识产权的保护力度，重点支持海外市场的开发和文化产品的出口。（6）增强旅游、画廊、博物馆、文化遗产等部门的协调配合。

英国政府认识到，随着经济全球化，国际市场对文化产品及服务的需求迅速增加，因此完善自我、抓住机遇、

扩展国内外市场是促进文化产业发展的当务之急。1997年5月大选后，工党政府上台仅一个月，在布莱尔首相的直接推动下，便成立了以文化大臣为首的文化产业行动小组，其成员包括了外交部、英国文化委员会、财政部、贸易和工业部、教育和就业部、科学和技术部、环境交通和区域部、苏格兰事务部、威尔士事务部、北爱尔兰事务部、妇女部、唐宁街10号政策研究室等部门首长、政府高官以及与文化产业有关的重要商业公司的负责人和社会知名人士。此举本身足以说明英国政府对这一特殊产业的重视程度。

（三）英国主要文化产业简介

1. 表演艺术产业。根据英国文化部对文化产业的分类，表演艺术门类中的芭蕾舞、现代舞、歌剧、话剧和音乐剧构成英国的表演艺术产业（英国政府将交响乐、现场音乐会划归音乐产业类）。该产业的核心商业活动是作品创作、节目制作、演出、巡回演出、道具的设计及生产和灯光；相关产业包括电视、广播、设计、音乐、电影、出版和特技效果；相关的商业活动还有旅游和餐饮业。表演艺术业的产业结构多样化，形成大型商业公司和完全依靠公共或私人经费生存的小型团体共存的局面。大型商业公司分别在产品的制作、包装、发行等环节发挥其专业性经营的作用。英国表演艺术产业的发展首先得益于政府的经费支持。据政府公布的资料，1998~2001年间，政府对该行业陆续注入1.25亿英镑的补贴，用于鼓励优秀作品的创作，实施针对开发青少年观众群体市场的计划和强化表演艺术教育功能的“人人参与艺术”等计划。

2. 音乐产业。英国的音乐产业是该国文化产业的支柱之一，近年来平均每年对国民经济的贡献达30多亿英镑，其中半数来自出口。就出口而言，英国音乐产业的地位在世界上仅次于美国，纯出口利润甚至大于钢铁的出口，1985~1998年间出口额增长了3倍，达到12亿英镑，据预计到2007年将增至30亿英镑。英国是欧洲第四大音像载体销售市场。音乐制品销售连续10年以10%的速度增长，其中流行音乐占2/3，古典音乐占7%，外国音乐占3.9%。历届英国政府都对音乐产业给予高度重视。保守党执政时于1995年特别设立“全国音乐日”，以提高全民的音乐意识；工党政府上台后不久，于1998年1月又专门成立了“音乐产业论坛”组织，邀请商界各个方面的人士共商发展大计，讨论与产业有关的CD盗版、音乐制品的数字化发行和音乐教育等问题，旨在大力扶持英国的音乐产业。

从发行领域来看，专业发行公司显然仍占垄断地位，但多种经营发行公司特别是超级市场的发行呈迅猛增加之势。英国音乐产业人士特别重视促销，促销费用逐年增长。而在这方面，英国政府的税收政策也给予了倾斜性支持。如政府对音乐产业中的唱片销售增收17.5%的增值税（VAT），而对于音乐出版物则不收增值税。因此，音乐出版物在英国非常畅销，不仅通过大量发行获益颇丰，而且直接引导消费，左右市场。

3. 文化艺术品市场。伦敦是世界商业中心之一，也是全球著名的艺术品销售市场。从综合指数来看，伦敦是欧洲最大的艺术中心，全世界每年有1亿人前来光顾各种博物馆和画廊。伦敦艺术品拍卖销售额仅次于纽约，位于世界第二。伦敦之外的地区拥有规模相对较小的艺术品市场，包括画廊、艺术品的修复、保险、鉴定和托运等相关行业，雇用了大约5万多名具有专业知识的从业人员。如果把整体行业加以考虑的话，英国艺术品市场所产生的经济影响远远大于音乐行业。商业画廊及其相关行业在全英国形成的艺术品市场网络吸引着来自世界各地的顾客，从而也为旅游业等其他行业带来了消费者，为英国赚取了大笔外汇。

4. 彩票业。英国政府通过发行国家彩票，为文化事业创造了大笔经费，有力地推动了英国文化事业的发展。英国国家彩票作为一项特殊的文化产业，取得了良好的经济效益。据统计，自1994年12月—1999年4月，彩票共为文化公共领域筹资63.8亿英镑。4年中仅直接文化事业即获得资金25.5亿英镑，平均每年6亿多英镑。一批重大文化项目依赖彩票资金得以实现。

英国彩票业由政府宏观调控，分经营、拨款两条渠道管理。政府主管部门文化新闻体育部全权负责彩票事宜，在彩票管理中起主导作用，其职责包括立法权、经营者选择权、收入分配权、经营及资金监督权。彩票经营由政府通过招标竞争授权私营公司具体运作，并规定经营合同期限为7年，期满另行招标。如目前经营者卡美乐（Camelo）公司是一家纯商业集团，由英、美五家公司为竞争英国彩票经营权联合组建。其经营方式是，彩票收入的50.7%作为奖金，28%用作文化公益事业，12%上缴经营税，5%作为公司利润，3.3%为管理开支，1%为印花税及附加税。如此分成使41%的彩票销售总额以不同名目成为国家财政收入。彩票销售额逐年上升，1995年45亿英镑，1996年47亿镑，1997年、1998年两年均超过60亿英镑，成为国家财政的一项重要来源，并越来越成为文化事业获得资金的主要渠道。

彩票收入的分配由英国文化新闻体育部按一定比例分配、划拨到全国11个地区、行业文化公益事业主管部门；所有希望得到彩票资助的机构和个人均可向这11个部门提出申请，由它们审定拨款额度。这样，由行政体制和拨款类别共同构成了一套行之有效的彩票收入拨款机制。英国国家彩票由于经营得法，管理有效，自发行以来逐年发展，获得了巨大的经济效益。尽管社会上批评的意见不少，但英国政府出于经济考虑，将会坚持推行下去。

法国文化产业的发展状况

（一）法国文化产业政策

法国政府的文化产业政策是：通过文化产业的发展创造就业机会，促进国民经济的发展。近年来，法国的经济增长缓慢，失业率较高。在这种形势下，法国政府增加了文化投资，积极发展文化产业，以便通过文化产业来增加就业，带动经济发展。由于政府增加了文化投资，文化机构和设施则成为解决就业的途径之一。中央和地方政府不断兴建文化设施，其中有些是大型工程，投资巨大，工期延续数年。这些工程在施工过程中，需要大量设计和施工人员，工程结束后，还需要不少的管理和维护人员。在这些设施内或周围还建有不少餐饮、娱乐、服务等附属设施，这就解决了不少人员的就业问题。而且，随着文化的普及和群众文化水平的提高，社会对文化产品的需求量也不断增大，文化产业已成为一种比较活跃的工业门类。法国政府积极支持文化产业的发展，为其提供了一些优惠政策和资助，使图书出版、影片生产、音像制品、报刊杂志等行业都取得了较好的经济效益，既提高了从业人员的收入，又增加了政府的税收。除此之外，为了抵制美国文化的渗透和影响，保护和扶持民族文化的发展，法国还采取了以下几项具体措施：规定电视台播放比例；大力宣传本国文化；资助本国影视制作业；加强同欧盟国家的文化合作，等等。

（二）法国的重点文化产业

法国文化的各个门类均涉及文化产业问题，但支柱性文化产业主要有以下几个方面。

1. 文化基础设施建设。法国政府非常重视文化基础设施的建设，每年都拨出几十亿法郎用于兴建图书馆、博物馆、剧场等文化设施。这些资金先由政府拨给文化部，再由文化部分配给各施工项目。近几年，法国兴建了一批大型文化工程。如巴士底歌剧院、新国家图书馆、大卢浮宫扩建工程等。这些工程耗资巨大，施工时间长，每年均需十几亿法郎的投资。1999 年，文化部用于文化基础设施建设的资金为 35.43 亿法郎。因此，文化设施的建设是法国最重要的文化产业。

2. 文化设施的管理。法国拥有众多的文化设施，除了国家级重点设施外，各省市均有数量不等的文化设施。这些设施均按企业方式进行管理，设有董事会和财务管理委员会，定期开会，讨论并决定重要问题。国家级文化设施的董事会由文化部、财政部官员和职工代表组成，省市级文化设施的董事会由地方政府官员和职工代表组成。国家级文化设施的行政负责人，如国家图书馆馆长、国家剧院院长等，由文化部长任命。省市级文化设施的行政负责人由省长或市长任命。在一般情况下，公共文化设施虽然能创造一部分经济收入，如门票费、场租费、小卖部收入等，但大部分经费仍来自政府拨款。

3. 图书出版。法国管理图书出版事业的政府机构是文化部图书阅览司。图书的出版、发行和销售均由私人企业经营，文化部通过国家图书中心（Centre National Duliver）对图书出版业给予扶持和资助。图书中心是政府机构，创办于 1947 年，中心主任由文化部图书阅览司司长担任。1998 年，国家图书中心为图书出版业提供了 1.36 亿法郎的资助。图书中心的资金主要来自图书生产和销售方面的税收。

法国是图书生产、销售和出口大国，图书出版也是法国一项重要的文化产业。法国有各类出版社 1300 余家，其中规模较大的有 1300 多家，年营业额超过 5000 万法郎的有 41 家出版社。法国出版界设有自己的行业组织——全国出版协会（Sydicat National De L'Edition），法国最主要的 300 多家出版社均为该协会的成员。

法国最大的出版集团是阿歇特（Hachette）出版集团。它是一家规模庞大、资金雄厚的集团公司，有自己的创作、印刷、经销和发行系统。阿歇特出版集团主要分为两大部分：阿歇特新闻出版公司和阿歇特图书出版公司。阿歇特新闻出版公司是世界上最大的新闻杂志出版公司，每年的营业额约为 123 亿法郎，年利润为 4.57 亿法郎。阿歇特图书出版公司是法国最大的图书出版公司，有工作人员 5500 多名，每年出版图书 1000 多种，年营业额达 55 亿法郎。

法国的图书发行主要通过数家大的发行公司来进行。一些大的出版社拥有自己的发行系统，但许多出版社只编辑出版图书，而不发行，它们将图书委托给发行公司发行。有的发行公司承担数十家出版社的发行业务。

4. 电影。法国是电影生产大国，法国政府通过国家电影中心对电影业进行政策指导、法律监督、行政管理和财政资助。国家电影中心既是文化部直属机构，又是电影行业的协调组织。它具有法人资格和财政自主权。为了促进和保护本国电影业的发展，提高国产影片的竞争力，法国从 1948 年便颁布了政府令，规定国家对电影业的生产、发行和放映等各个环节给予扶持性资助。政府对电影的扶持资金均由国家电影中心管理和提供。1998 年共提供了 26.3 亿法郎的资助，其中 24.25 亿法郎来自本行业的各种税收，2.05 亿法郎来自国家的拨款。国家用于资助电影片的资金主要来自以下几方面：门票税、电视播放税、录像带税，对色情和一般暴力影片征收特别税，以及其他收入，包括企业和个人的赞助、保险公司赔款等。法国的电影制作、发行和放映公司均可获得政府资助。

5. 旅游业。法国是具有悠久历史的文明古国，灿烂的文化艺术、众多的名胜古迹和得天独厚的自然地理环境使法国成为世界著名的旅游国家。法国文化遗产的数量之多令人赞叹不已。法国拥有许多历史名城，大约有 1.4 万座古代建筑和遗址被列为历史古迹，有4000多个博物馆。法国不但拥有众多的名胜古迹，而且兴建了许多新型的文化设施，其中不乏在国内外具有重要影响的大型文化工程，如蓬皮杜文化中心、新国家图书馆、大卢浮宫工程等。这些名胜古迹和文化设施吸引了大量的国内外参观者，1998年赴法国的游客超过7000万人，连续三年成为世界第一旅游大国。政府还鼓励私人开办和兴建文化旅游设施，以便达到既促进文化事业的发展，又增加旅游收入的目的。地处安布瓦斯市的克鲁吕斯城堡就是一处对公众开放的私营博物馆，文艺复兴时期的著名画家达·芬奇在此度过了他一生中的最后三年，并在此逝世，城堡中存有他的绘画作品和珍贵文物，每年前来参观的游客达25万人，为该市创造了几十个就业机会，并获得了可观的旅游收入。该城堡将扩建成达·芬奇艺术展示中心，不仅介绍他的绘画成就，还展示他在解剖、天文、航天、机械、水利等方面的研究和成果。该项目得到了政府的支持和资助。

（三）典型的国有文化企业：法国国家剧院

法国国家剧院属政府文化机构，受文化部直接领导，它包括两个剧场：巴黎歌剧院和巴士底歌剧院。

巴黎国家歌剧院的决策机构是理事会，由9名政府代表（其中包括文化部行政司长、音乐舞蹈司长、戏剧司长和财政部预算司长）、4名职工代表和2名由文化部长推荐的文化界人士组成，理事会主席在理事会成员中推选。理事会每年至少召开2次例会，并可在理事会主席和文化部长的提议下随时开会。理事会对剧院的重大问题进行研究并作出决定，其中包括剧院的管理方针、年度演出计划、财政预算、借贷事项、演出票价及其他事宜。理事会的重要决定需上报文化部和财政部。院长由文化部长任命，任期6年，任满后可继任3年。院长负责剧院的行政领导工作，其职责是任命剧院的部门负责人，有权接纳和辞退演员和管理人员；制订年度演出计划和财政预算，报理事会审批；以及其他常务管理工作。

1998年，巴黎国家歌剧院的经费收入为8.35亿法郎，其中国家投资5.35亿法郎（占预算的66%），门票收入2亿法郎（占预算的24%），其他收入（参观费、出租场地费、商店收入、社会赞助等）8500万法郎（占预算的10%）。同年，剧院的经费支出情况为：职工工资4.83亿法郎（占支出的58%），剧场的维护费用1.52亿法郎（占支出的18%），与演出有关的费用（服装、道具、布景等）2亿法郎（占支出的24%）。剧院实行严格的财会管理制度，总会计师由文化部长和财政部长共同任命。剧院设有财务管理委员会，由文化部音乐舞蹈司长、总务司长和财政部预算司长、国家财政监察员以及剧院理事会主席、院长、总会计师组成。财务管理委员会每两个月召开一次例会，在需要时可随时召开会议，讨论剧院的财政收支情况和有关财务方面的重要问题，并将财政情况报告剧院理事会。

日本的文化产业概况与特点

在日本，文化产业统称为娱乐观光业，并且已逐渐成为日本经济得以发展的一个重要支柱产业。当前，日本的文化产业的发展现状仍较为乐观。2000年度电影和音乐创收分别列世界第二位；CD销售额为5398亿日元，约占世界的17%；游戏软件已成为世界第一生产大国。从整个文化市场来看，有些行业的收入在减少，但有些行业却仍在持续增长，在激烈的市场竞争中，文化产业内部也出现了两极分化。

（一）日本文化产业概况

1. 音乐及戏剧演出、电影制作及放映、美术展览等文化艺术业

（1）音乐、戏剧演出：日本大部分剧场、剧团以及美术馆和博物馆等，都有自己的各类会员组织，它们组织健全，成为动员观众的极好途径。人们只要交纳少量会费，就可享受各种优惠待遇。此外，日本还有专门负责从事动员观众观看演出和电影的团体。大城市的演出市场接近饱和，而中小城市尽管有此需求，但由于成本回收等问题，演出仍然很少，市场亟待开发。随着电脑售票系统的普及，随着实施无店铺销售、入场券销售价格浮动制、销售入场券手续费的引进等，演出市场会出现新的商机。

（2）电影：日本电影市场的特点是是否有“大片”是影响电影收入的主要因素。2000年因没有大片问世，致使电影业受到影响，观众连续两年呈现减少趋势。而此时，日本卡通片市场却一片利好。日本共有235家动画片制作公司，市场规模为1519亿日元，如果加上与卡通片相关的商品开发和销售，整个市场约为10000亿日元。自从根据卡通片制作的“口袋妖怪”玩具畅销以来，相关商品正逐渐扩大。随着数字化技术的发展和向国外承包，动画片成本还将会大幅度降低。

2. 信息传播

（1）出版业：由于因特网和电视等高信息传媒的普及，使得周刊杂志的销售大受影响，期刊杂志的订购也大为下降，虽然仍有大量新杂志创刊，但其销售却非常不理想。据日本出版科学研究所统计，2000年度，新书比上一年增加3.8%，达到6752种，杂志新创刊209种，比上一年增加37种。但是，杂志和书籍的销售却比上一年减少2.6%，书籍已连续4年下降，杂志也连续3年下跌。

（2）电视：日本有日本放送协会（NHK）和其他六大民营电视台，六大民营电视台又各隶属于各自的报社，这是日本的一大特色。报纸和电视台互相补充，相得益彰，可获得综合效益，比如朝日新闻社有朝日电视台，产经新

闻社有富士电视台等。2000年NHK的营业额是在民间电视台中营业额最高的富士电视台的1.6倍。NHK有资金在50%以上的“子公司”20家，另外有“子公司”的下属公司68家。各家电视台都保持着增长势头，电视已经确立了其本身在影视行业中的核心地位，成为文化产业中的拳头行业。

（3）网络：据日本总务省《通信白皮书》透露，截至2000年12月底，日本共有上网人口14780万人，其中每天上网者2593万人。此外，由于可以提供手机直接上网服务业务，使得上网人口急剧增加，2000年一年增加了2000万人。2000年日本国内电子商务市场规模为6233亿日元，比上一年约增加78%，经销电子商务商品种类——电脑及相关产品已达到1800亿日元；其次为机票和新干线车票，为776亿日元。

1999年，个人用电脑比上一年增加32%，为994万台，销售额增加21%，为19739亿日元，创迄今最高记录；而且，第一次超过彩电的销售总数，彩电的销售数量为9758000台。

3. 体育与健身。2000年，体育与健身市场销售规模达49590亿日元，比上一年减少2.9%，回落很大，尽管出现了大型零售商店大量增加分店的倾向，但远未奏效。不过，体育服装和运动鞋仍十分有市场。在体育服务方面，健康俱乐部由于抓住中老年顾客的需要，盈利呈现持续增长态势。2000年，观看各类体育比赛的观众为1750万人次，市场规模1230亿日元，人次和规模都比上一年有所减少。但观看职业足球比赛的观众呈现增长趋势，这得益于电视等媒体的参与。随着国际化和媒体多样化的到来，观众的可选择性越来越大，各类体育比赛的观众市场，也正在发生着变化。2002年，日、韩联合举办了世界杯足球赛。据滨银综合研究所估算，这届比赛给日本带来了高达18000亿日元的经济效益。

4. 个人爱好与创作。近年来，各类针对个人的讲座出现多样化趋势，讲座数量大增。不仅民间的文化中心，而且政府的公共讲座和大学的公开讲座也加入激烈的竞争。这些讲座有亏有盈，符合顾客需求、设施齐全的文化中心，才能抓住顾客，营业额每年都能有大幅度增长。目前，较受欢迎的讲座为历史、文学、素描、摄影、登山、自然、海外旅游等。日本各大报社的文化中心很受欢迎。这些文化中心举办的各类讲座，讲师几乎都是大学教授、专家和学者，讲座面向普通百姓，只需交纳少量的听课费，因而受到人们的广泛欢迎。

5. 娱乐方面。所谓娱乐市场，包括游戏中心、电视游戏及游戏软件、公营博彩业、赛马、赛艇、自行车比赛、彩票、弹子游戏等。娱乐市场成为日本文化产业的重要支柱，其发展的优劣直接影响着文化市场。其中，博彩业势头不减。据第一劝业银行彩票部统计，日本2000年彩票的销售额达到9548亿日元，彩票购买人口大约为4800万人。彩票的收入已经成为地方自治体的一大财源。彩票的分配比例是，奖金约占46%，成本为14%，各自治体的收益约为40%，收益金将用于公益事业。而游戏软件的国内市场规模逐年递减，2000年为4131亿日元，1999年为4851亿日元，1998年为5137亿日元，1997年为最高，达5833亿日元。

6. 观光旅游。2000年，旅游市场开始复苏，海外旅游升温。2000年到国外的旅游者约有1782万人，比上一年增加了约146万人，创近年来的最高记录。因此，旅游业的消费总额也相对得到大幅度增加。到日本的外国游客约有476万人，比上一年增加了约32人，连续两年刷新以往最高纪录。但是，2001年9月11日发生在美国的恐怖事件，致使日本的旅游业也遭受到影响。据10家大型旅行社统计，截至10月1日，共36万人申请取消海外旅游，其损失高达550亿日元。日本最大的旅行社——交通社已有11万游客取消海外旅游，损失约为200亿日元。目前，来日本的外国游客多来自美国、欧洲、韩国、中国以及中国台湾，因此日本政府主管部门提出，把这些国家及地区定为当前加强动员的重点对象，并将制定符合当地实际情况的观光计划。

（二）日本文化产业的特点

日本文化产业十分发达，具有以下几个特点。

1. 企业积极参与和从事文化体育活动。在日本，大型文化交流活动的举办，多依赖于企业、公司的参与和资金赞助。企业也常常通过支援文化艺术协议会来参与文化体育活动。该协议会成立于1990年，为社团法人。日本已经有16个府县、地方自治体设立了这类组织。另外，日本约有800家企业拥有自己的博物馆和美术馆，多展出各自的美术收藏品。

2. 报社、电视台举办文化体育活动。在日本，报社不仅以办报为主要经营业务，而且还举办各类文化活动，扩大影响，提高知名度，以招徕更多的读者。报社举办文化活动，加之有电视台的配合，因而具有规模大、文化含量高、观众多的特点。《东京新闻》认为，报社举办文化艺术活动，就是为了繁荣文化，在文化上作贡献，可以说这是日本独有的现象。报社举办文化活动的做法，值得国内了解和借鉴。通常报社都设有专门从事文化体育活动的部门，高雅表演艺术、美术、书法、摄影展览等，这些都是报社的长项。

3. 广告业的发展较为完善。日本的广告业很发达，日本电通公司是世界上最大的广告公司，拥有职员近6000人，年营业额14758亿日元。2000年，日本广告营业额为61102亿日元，电通占其中的24.2%。电通公司除为客户提供专业服务外，也举办各类文化、体育活动。因为文化体育活动同报纸、杂志、电视、广播一样，也是广告媒介的一种，也是广告公司业务的载体之一。迄今为止，电通公司参与了电影、电视的拍摄制作，主办过音乐会和文物展览，参与博览会和各种大型体育比赛，如奥运会、地区运动会等。

4. 有着成熟的经纪人和完善的经纪公司。在日本，画家、电影演员、歌手等都有自己的经纪人。签约都由经纪人出面，艺术家本人基本上不露面。一旦有违约和出现问题时，都由经纪人或委托律师出面解决。在日本，经纪人的作用非常大，他们不仅起到发掘和培养画家、演员和歌手的作用，而且更重要的是，他们激活和培育了良好的文化艺术市场，使得大家都遵守游戏规则，从而更加规范地从事文化产业。

5. 围绕同一作品，电影、戏剧、书籍、唱片等同时推出，以获得综合效益。一部小说出版后，改编成电影，同时发行电影音乐磁带，这是迄今日本电影、出版和音乐的一种综合经营模式，也是文化产业中较为成功的做法。由此产生的综合经济效益，比单单出版小说或拍摄电影以及制作唱片都要高得多。如2001年，中国影片《那山那人那狗》在日本推出时采用的就是这种模式。同名小说于3月下旬发行，电影于4—9月放映，加上事前的宣传，从而取得了极大成功。小说已先后再版8次，共售出76000多册，电影营业额高达3亿多日元。这是中国电影和小说在日本同时推出所获得的最好成绩。

6. 充分发挥文化交流对文化产业发展的推动作用。综观日本文化产业的发展，仅靠本国的文化艺术难以形成丰富多彩的文化市场。必须开展形式多样的文化交流活动，才能使文化产业形成旺盛和持久的活力。且不说1964年的东京奥运会和1998年的长野冬季奥运会给日本带来的巨大经济效益，就是日本举办的各种文化主题年等大型国际文化交流活动，以及众多的来自国外的艺术演出和美术及文物展览等，都产生了巨大的经济效益。因此。越是在全球化的时代，文化交流对一个国家文化产业的发展越是有着重要意义和独特作用，这已是不争的事实。引进外资和国外先进技术，为本国文化产业注入活力，也是重要的一环。成功的例子有1983年建成的东京迪斯尼乐园、2001年开业的东京海上迪斯尼乐园和在大阪建成的环形影院等。因此，如何恰当地引进外资和国外先进技术，是文化产业发展进程中的重要问题。

7. 文化产业带来的消极影响。日本文化产业尽管获得了如此大的经济效益，但仍具有一些难以解决的问题和负面影响。由于只注重经济效益，社会效益往往就容易被忽视。例如不少犯罪行为就是对小说、电影的模仿。另外，由于因特网的普及，侵犯著作权的现象十分严重。据日本唱片协会和电脑软件著作权协会统计，目前在网上发送音乐，导致音乐家和作曲家的受害金额已高达143亿日元。

（三）日本文化产业的政策和法律法规

政府大力支持和发展文化产业，为文化企业提供方便，制定相关保护政策，这是日本文化产业得以发展的一个根本原因。日本政府的主管部门，主要有文部科技省、文化厅、经济产业省、总务省、国土交通省以及各地方自治体，它们对发展文化产业都给予大力支持。在文化产业中，最具代表性的法律法规就是1970年5月6日颁布的《著作权法》，迄今已经修改20次。该法明确规定，保护各类著作物作者的所有权利，以及对有关部门作品和表演、唱片、广播电视等的权利及相关权益。其目的是公正使用这些文化成果的同时，有效维护作者的权利，使文化产业得以健康有序地发展。

日本等专门从事音乐著作权的法人团体——日本音乐著作权协会成立于1939年。根据《著作权中介业务法》，它主要负责征收电视、广播、卡拉OK、CD、BGM等所使用的音乐著作权的使用费。该协会拥有作曲家和作词家会员12000人，管理着165万首曲目。2000年度音乐著作权的征收费为1063亿日元，其中CD最高，达377亿日元。日本已定于2001年10月1日开始，施行新的《著作权管理法》。

综上所述，日本文化产业得以发展的主要因素是：法律法规健全，通过法律法规调控文化市场的手段已经逐渐机制化；拥有完备和成熟的文化市场体系和网络；积极参与国际或地区文化市场的竞争；总量规模大，产业程度高，竞争能力强；产业结构合理，文化产品科技含量高。日本文化产业，由于市场规模大，持续时间长，经济效益大，只要按照经济规律和市场经济运行，今后还将得以持续发展。

澳大利亚文化产业的发展概况及其商业赞助

（一）澳大利亚文化产业构成

澳大利亚文化部长委员会按照联合国教科文组织的标准将澳大利亚文化产业（包括娱乐业）划分为四大类。

1. 遗产类。（1）博物馆、古物和收藏品：艺术博物馆、其他博物馆、古物、收藏品的零售和修复；（2）环境遗产：自然公园和保护区、动物园和水族馆、植物园；（3）图书档案馆：图书馆、档案馆。

2. 艺术类。（1）文学和印刷：文学创作、报纸出版印刷、期刊出版、图书出版、其他印刷、图书资料批发、图书资料零售；（2）表演艺术：音乐演奏、戏剧、舞蹈、音乐剧和歌剧、其他表演艺术、艺术表演场地；（3）音乐创作和出版：音乐创作、音乐作品出版、唱片公司和分销商、音乐唱片零售；（4）可视艺术作品和手工艺品：可视艺术作品和手工艺品的创作、商业摄影业、可视艺术作品和手工艺品零售；（5）设计：建筑设计、广告设计和制作、图形设计、其他设计；（6）广播、电子媒体和电影：广播服务、电视服务、电影和影像产品、电影和影像产品分销、电影放映、影像产品出租、人机对话类的创作、电子信息服务；（7）其他艺术：乐器零售、艺术教育、版权受理机构、录音录像媒体制作、其他艺术。

3. 体育和健身娱乐类。（1）赛马和赛狗；（2）体育和健身场地：健身和健美中心、其他体育和健身场所、设施；（3）体育和健身服务：体育和健身管理机构、体育和健身俱乐部、小组及体育专业人员、户外健身指导、体育和健身辅助服务；（4）体育和健身器材的制造和销售：体育和健身器材制造、体育和健身器材批发、体育和健身器材零售。

4. 其他文化娱乐类。（1）博彩：赌场、其他博彩服务；（2）娱乐业：娱乐和主题公园、娱乐中心：（3）餐饮业：酒馆、酒吧、咖啡馆、餐馆、餐饮性质的俱乐部；（4）户外娱乐：露营场地、风景观光旅游；（5）社区组织：兴趣俱乐部、兴趣小组、宗教组织；（6）其他文化娱乐服务：票务代理机构、代理服务、文化项目管理、专业人员协会、其他文化娱乐服务业；（7）文化娱乐设施建设；（8）其他文化娱乐产品的制造和销售：其他文化娱乐产品制造、其他文化娱乐产品批发、其他文化娱乐产品零售。

（二）澳大利亚文化产业简况

1. 产业规模。澳大利亚文化娱乐业现有2万多个企业，其中电影、广播、电视服务业共有3600多个单位，图书馆、博物馆、艺术单位4600多个，体育和娱乐业单位近13000个。澳大利亚文化企业的职工人数都不多，绝大部分都属于小型企业。如果按职工人数来划分，19人以内的小型企业有19000多个，20—99人的中等企业有1500多个，100人以上的大型企业只有200多个。

2. 就业人数。澳大利亚总就业人数为764万人（1998年统计数据）；文化娱乐业就业人数为8万人，占总就业人数的1.05%，若包括以文化娱乐工作为主、兼职其他工作的人数，则就业人数为15万。据一项调查显示，在1998年11月至1999年8月之间，约有350万人（占18岁以上人口的25.6%）从事过某些文化工作，其中40%是有偿的，60%是无偿服务。

3. 文化事业的投入和产出。随着文化产业的不断发展，各级政府对文化事业的投入有所减少。联邦政府从七八年前的14亿澳元减至2001—2002年度的11.7亿澳元，占联邦政府预算的近1%（2001—2002年度联邦政府预算为1260亿澳元）。虽然澳政府将文化作为一种产业来进行管理的历史并不长，但其在国民经济中的地位则日趋提高，现已成为澳大利亚第三产业中的支柱产业和主要出口行业。其文化产业的产出占国民生产总值的2.5%左右，与陆地运输业、住宅建设业、教育产业等相当。但是，从文化产品进出口的角度来看，仍然是贸易逆差。

（三）澳大利亚文化产业政策

澳大利亚政府将文化作为一种产业进行管理只能追溯到20世纪70年代初期。1968年澳政府成立澳大利亚艺术委员会，1973年更名为澳大利亚委员会。但直到1994年，联邦政府才第一次出台了其文化政策——《创造之国度》，这标志着其政府开始重视文化产业。1996年，新政府上台后又出台了《艺术面前人人平等》的文化政策。1999年10月，原政府（联盟政府）在大选中获胜继续执政，其文化政策仍以此为基础，联盟党在该文件中承诺，联邦政府不仅不会削减目前对文化事业的拨款，还要增加对艺术家和澳大利亚艺术团体的支持。这一支持将为所有澳大利亚人参与文化活动提供更多的机会。

总括来说，澳大利亚文化政策一是重视传统，二是鼓励创新。澳大利亚建国只有200多年，文化遗产并不丰富，却十分注意保护文化遗产，有保护文化遗产的专门机构（澳大利亚遗产委员会）和专项法律。政府拨款大部分是用来支持传统艺术和博物馆、图书馆、美术馆等文化设施和机构的。澳大利亚文化传统属于西方，西方艺术流派和品种仍是澳大利亚文化的主流。

但是，坚持文化多元的政策，亦是澳大利亚文化的一个重要特点。近几年来，文化的多元化趋势越来越明显。而政府文化政策鼓励创新有两个概念，一是在原有艺术品种基础上的创新，二是引进新的艺术品种以丰富文化生活，活跃文化市场。澳大利亚对少数民族文化，如土著艺术十分看重；对外来有特色的文化如我国的京剧、杂技等也兴趣很大。这与澳大利亚公众求新、求异心理一脉相承。在政策指导下，政府通过直接拨款、文化组织登记制度、税收减免等扶持措施来鼓励大家对文化产业的投入。和其他国家一样，澳大利亚文化产业从政府得到的资助也不可能满足其需要，但政府的作用主要是为其创造良好的产业发展环境，使其能得到各方面的资助。

（四）澳大利亚文化产业中的商业赞助

1. 澳政府重视商业赞助。20世纪80年代，商业赞助在澳大利亚还处于萌芽状态，那时企业和文化机构之间的赞助关系，带有极大的盲目性且不稳定。进入90年代以后，政府和文化机构越来越认识到，对文化产业的扶持只靠传统形式上的政府拨款远远不能满足其发展所需的资金，政府和文化机构的目光均逐渐转移到了企业，寻求赞助以弥补政府财政拨款的不足。1991年3月，澳政府出台了文化组织登记制度，任何单位和个人向这些已登记的文化组织（目前已有将近1000个）提供赞助，便可免纳相应数额的收入所得税。同时澳政府设立了专门机构（澳大利亚人文基金会）为企业和文化机构双方牵线搭桥，提供咨询；出版期刊宣传和指导；实施有关减免税政策。为了加强文化机构与商业企业之间的合作，达到互惠互利的目的，澳政府还设立了商业艺术基金。这些措施大大激发了企业和个人向文化机构提供补偿捐赠或商业赞助的积极性。过去几年中，澳文化产业之所以向前发展，文化市场日益繁荣，商业赞助起到了至关重要的作用。通过赞助形式表现出来的商业参与文化活动，正成为一个重要的筹集资金的方式，同时文化产业也显示出与其他行业竞争赞助的能力。

2. 商家赞助的动因。观众（参与者）的人数显然是赞助资金流向的一个举足轻重的因素，另外观众类型、投资回报率等也是企业投资的重要考虑因素。有数据表明，每年参观美术馆、博物馆等文化设施的人数远多于观看体育比赛的人数。但是商家坦言，参观文化设施的观众虽多，但大多数并不留意赞助商系何人，也就是说他们的品牌意识不及体育观众。这就是为何体育赛事得到更多赞助的重要原因之一。面对这一状况，文化项目有何优势呢？Optus公司市场经理莱特一语道破天机：我们赞助文化活动的目的是要加强和我们客户的高层代表的联系，把我们的品牌展现给一群有社会影响的人——有钱阶层、社交场合的活跃人物、文化人，这些人是群众的代言人。这意味着，我们的品牌加深了对他们的影响，而他们将间接地影响他人，在我们和社会大众之间搭起了一座桥梁。看来文化产业所吸引的阶层，正是其寻求赞助的优势所在。

加拿大的多元文化政策及文化产业管理

加拿大地处北美，是一个移民国家。因立国较晚，其文化底蕴并不十分深厚。20世纪70年代初，加拿大议会通过决议，将多元文化政策作为政府的基本国策。这一决议的重要历史意义在于它不仅使加拿大率先放弃了第二次世界大战前后盛行于世的同化政策，成为世界上第一个奉行多元文化政策的国家；更重要的是，这种多元文化政策加强了国内各族裔的团结，极大地繁荣了本国文化，丰富了加拿大文化的内涵，为日后文化产业的形成奠定了坚实的基础。加拿大文化产业的形成与发展，不仅是本国社会、经济、文化发展的需要，也是发展和弘扬民族文化，强化自身地位，抵制外来文化特别是美国文化渗透，推动国家外交政策的需要。如今，加拿大文化产业已具相当规模。据加拿大联邦统计局统计，从1990年至1997年，文化产业就增长了14%。超出主要产业即汽车制造业和农业的同期增长。据统计局预测：1991～2005年，加拿大文化产业将增加43%。而且，随着科学技术日新月异的发展，加拿大文化产业各个方面的管理机制也已日臻完善。

（一）加拿大文化产业的内涵

加拿大联邦政府无文化部，所有文化事务由遗产部管理。该部管辖范围为：广播、影视、音像、出版、体育、遗产、人权、表演艺术、视觉艺术、美术馆、图书馆、档案馆、博物馆、多元文化、国家公园、历史景点、官方语言、土著人文化及语言、国家庆典、志愿者行动等。前不久，遗产部在其职能框架中对加拿大的文化产业作了如下概述：文化产业包括以国家社会、经济及文化为主题的出版、广播、电影、电视、图书、杂志、音像等在内的印刷、生产、制作、广告及发行；包括表演艺术、视觉艺术、博物馆、图书馆、档案馆、书店、文具用品商店等在内的服务。最近，遗产部又在其中增加了信息网络、多媒体等内容。加拿大最具权威性的统计机构——加拿大联邦统计局，在年度统计中，除分门别类地对诸如电影、广播、图书出版等作单一的统计外，还将文化产业划分为文化产品和文化服务及知识产权两大类。其中文化产品包括报刊、杂志、图书、音像制品、视觉艺术品等；文化服务及知识产权包括电影、广播、印刷出版、音乐、表演艺术等。应当看到，随着科技的进步和世界新经济的发展，传统的文化产业与现代科技产业也在不断地进行新的组合，文化产业的新形态还在不断涌现。

（二）加拿大政府对文化产业的行业管理

1. 强调立法，用法律进行行业的宏观管理。加拿大是联邦制国家，文化由联邦、省、市政府分别管理。一般情况，联邦政府负责全国性的文化事务，主要是通过颁布各种法规对全行业进行指导和管理。省、市政府也依据所辖范围，通过颁布各种法规和条例进行指导和管理。加拿大的许多文化组织和机构，包括联邦级的，都是先立法后成立的。如国家电影局，是在1950年颁布《国家电影法》后成立的；加拿大理事会，是在1957年颁布《加拿大理事会法》后成立的（副部级文化机构，管辖范围甚广，从表演、视觉艺术的资助、管理到代表政府执行与外国签订的交流项目、参加联合国教科文组织的一切活动等）。甚至有一些部委也是在立法之后建立的，如遗产部的前身——通讯部，就是按照1969年出台的《通讯法》与1970年出台的《通讯部法》组建的。

在文化领域，不同的方面，譬如广播、影视等，政府均制定有相关的法律，如《国家图书馆法》（1953年）、《国家艺术中心法》（1966年）、《电影发展公司法》（1967年）、《文化财产进出口控制法》（1977年）、《加拿大多元文化法》（1985年）、《公共档案法》（1987年）、《国家公园法》（1988年）、《艺术家地位法》（1992年）、《电讯法》（1993年）等。这些法规自颁布至今并无大的变更。有些则随着社会的发展在不断地完善，如《版权法》最初实施于1924年，直至1993年才进行修订；《广播法》于1968年问世，于1991年重新修订；《国家博物馆法》于1968年生效，1990年再次修订；《官方语言法》于1969年开始执行，1988年作首次补充等。从上述法规的修订年限上看，间隔时间均较长，有的长达半个多世纪。加拿大健全和完善的文化法规为各级政府和主管部门管理文化产业提供了切实可行的法律依据。

2．对文化产业的行政管理。以加拿大对表演艺术行业的管理为例，可略见其管理机制对表演艺术行业的管理，在加拿大文化产业的管理中占有举足轻重的地位。政府对该行业的管理是通过加拿大理事会实施的。该会主要通过以下方法和手段行使其管理职能：

（1）设立基金，进行财政资助管理。该理事会每年为本国艺术家和表演团体、演出商提供资助（其中1/3给艺术家个人），以鼓励和促进文化艺术的发展。为此设立了各种文化基金作为资助经费的来源，其中包括演出基金（凡是在音乐、戏剧、舞蹈、哑剧和木偶领域工作的专业表演艺术家、团体和演出商均可申请）、协调基金（专门用于资助加拿大演出商的）、边远地区艺术开发基金（鼓励年轻、有专业水平的艺术家去边远地区演出）、表演艺术管理基金（用于培训表演艺术的管理人员）、艺术节基金（为鼓励专业表演艺术家或团体去外省或外国参加艺术节提供旅行补助费）、对外文化交流基金（用于邀请外国的艺术家与团体来加拿大演出）等。

（2）通过各种服务进行管理。主要有两个方面的服务：①协调服务。演出过程中出现的问题均须报告给加拿大理事会的巡回演出部，该部将派有经验的官员负责解决。②后勤服务。上述巡回演出部将负责预定场地，检查演出设施，解决有关技术、交通和食宿等问题。

（3）对市场信息进行管理。巡回演出部拥有一套完整的信息服务系统，可准确地向艺术家和团体、演出商及票房代理提供各种文化市场信息，并以此密切与他们的联系，进行协调和指导。具体手段有：①技术讲座。为艺术家和团体、演出商及票房代理，在制订演出计划、谈判、签约、财政预算、开发市场及广告宣传时提供法律咨询服务和技术性协助。②商务讲座。专门为演出活动的组织者提供市场预测，预报票房价格和上涨指数，协助制订经费计划，并提供自愿服务人员和进行有关的培训。③联席会议。随时召集艺术家和团体、演出商、剧场老板和票房代理，举行联席会议，宣布新的政策法规，公布资助名单，提供各类演出活动信息。④各种刊物。定期或不定期印发各种专业刊物，向本行业及时提供信息。这些刊物有《表演艺术演出指南》、《表演设施指南》、《表演艺术组织机构手册》、《剧场手册》、《加拿大艺术理事会巡回演出部新闻简报》等。⑤咨询中心。这是巡回演出部主持的一个专门的咨询服务机构，由资深专家组成，面向全国艺术家和团体、演出商和票房代理。该中心可提供广告宣传和市场分析资料，并协助上述团体和个人通过宣传画小册子、海报以及报纸刊物、电视广告作商业广告。

（三）加拿大文化产业的经营管理

任何一种产业，要想求生存、求发展，就必须首先做好产业内部的经营管理。文化产业也不例外，其内部管理包括：组织、财务、计划、艺术生产、营销、服务、复合和联合经营、人事管理和人才培训、现代科学理论和技术的应用等各个环节。下面以加拿大的表演艺术业和博物馆业来加以分析。

1．表演艺术业。其中，艺术生产是关键。决定因素包括市场预测和信息反馈的各种参数，诸如票房价格涨落指数、剧场预定淡旺幅度、流动观众（主要是游客）走势、观众欣赏趣味趋向、本星期上演节目反映、综合经营价值评估等。由此才能更好地确定上演节目，特别是创新节目。营销管理被视为整个管理中至关重要的一环。广告宣传的效果直接影响观众的上座率，所以各艺术团体内部都有专门的部门和人员从事此项工作。通常是演出计划一经确定，广告宣传即开始进行。营销活动包括将演出计划输入加拿大理事会巡回演出部的信息系统；印刷和散发海报、节目单、说明书和宣传册；召开新闻记者招待会，宣布演出计划、资助单位名单，并借机宣传本团成就；利用广播、电视、报刊等新闻媒介刊登广告等。在众多的管理环节中，颇值得一提的是复合经营和联合经营。加拿大艺术团体，尤其是亏损的团体，为扩大收入、弥补生产资金的不足，大都兼营其他业务，被称为“复合经营”。复合经营的项目一般都与文化艺术相关，如影视、音像产品的制作和经销等，收入纳入艺术团统一财务。有的跨行业经营，收支须另立账目。有的则与公司、企业结合，或依附于大公司、企业，这种情形日渐增多，属于联合经营。现代科学理论和技术的应用，在当今科技日新月异的时代显得尤为重要。在加拿大艺术团体的经营中，信息论、系统论、控制论和计算机技术的广泛应用，大大提高了管理效率和水平。在市场竞争日益激烈、复杂多变的情况下，无论是组织管理、财务管理、生产管理、还是营销管理，离开它们，便不能以最快的速度获取大量的信息进行综合分类评估，以至于无法及时作出准确决策，贻误时机。

2．博物馆业。众所周知，服务意识是许多产业赖以生存的根本。作为加拿大文化产业的重要组成部分，博物、美术、档案、图书等场馆在经营中十分重视多元化服务意识。它们提供的服务可以概括如下：

（1）会员服务：会员制既可以为各类场馆筹集经费，又可使会员享受到一些优惠及特殊的服务，如免费参观、优先目睹一些特别的展览及在馆内商店购物时享受10%—20%的折扣等。（2）导游服务：多为免费提供的多语种导游服务。（3）免费参观服务：加拿大博物馆、美术馆等大多为非营利性文化机构，均设免费参观日，例如航空博物馆每星期一免费，文明博物馆每周日上午免费等，旨在让更多的人有参观机会。（4）接送服务：有些场馆对本地和外地的个人或团体，按约定负责接送。（5）研究服务：为本国或外国的专家学者提供研究某一课题或某一领域的方便，有的是免费的，有的则要求做研究的人员为该馆作一些义务性工作，如讲演、导游或表演等。(6) 教学服务：学生在教师的带领下免费到博物馆、美术馆等地上课，听专家讲演，看节目或电影，进行有关历史、艺术的教学与研究等。(7) 巡回展出服务：为充分利用现有资源、提高社会效益，作不定期巡回展出。(8) 计划维修服务：视自身条件和能力，为社会提供展品的设计、古物的修复、复制，及修理照相机、录像机等项服务，也有承接制作教学模型的。(9) 其他服务：如出租场地、提供停车场、开办礼品店、咖啡厅、餐厅等。

(四) 加拿大社会力量对文化产业的扶持

在加拿大文化产业的发展过程中，全社会的参与和支持功不可没。在此，我们把社会参与分成三大类：私人企业、民间组织和志愿者。

许多大型公司、私人企业越来越把文化产业视作一种新的投资场所。据联邦统计局发表的数字，表演业1996—1997年度税收为4.18亿加元，其中有7000万加元来自私人企业。私人对影视业的投资也在1991～1995年间增长了33%，达4.25亿加元。他们认为这种投资所获得的回报是双重的，其无形的好处是直接利润所无法与之相媲美的：一部成功之作（影视、音像、图书等）可以通过发行、版权等获得丰厚的利润，同时也通过其内容传播加拿大的价值观和加拿大文化，获得极佳的社会效益，有助于塑造企业形象。

民间组织则出于各自的需要经办文化艺术活动。如社区团体为了发展民族传统文化，学术团体为了研究和交流，慈善机构为了募捐等。属于非营利目的的这类活动还可以申请获得各级政府的资助。正是这些活动，使文化市场的关系和结构不断发生变化，促进了文化产品的多样化。另外由公共和私人集资、加拿大慈善中心发起的“创意项目”，遗产部创立的“文化志愿者”和“受益者项目”等，也长期以来一直鼓励人们积极投身到文化志愿者行列，为加拿大文化的发展添砖加瓦。

韩国文化产业振兴经济的启示

在韩国经济恢复过程中，文化产业最活跃、成长最快。现在，韩国是公认的文化出口大国。数字游戏被确定为韩国的国家战略产业，自1998年以来产值翻了一番。其中最突出的“天堂”游戏不仅风靡亚洲，而且与微软和索尼在游戏产品市场形成犄角之势；电影出口1995年为21万美元，到2001年达1100多万美元，增长50倍；韩国三大电视公司之一的MBC，在2003年6月上海电视节上卖出100多万美元的片子，而几年前在上海电视节才卖了5万美元的片子。

韩国文化产业就像一股活水，把整体经济激活了。网络游戏产业崛起，使韩国的宽带网络普及率在世界上遥遥领先，还直接促进了电子商务在其他领域的发展：一种新的、注重设计的创新文化渗透到各个产业，逐渐把“韩国制造”推向“韩国创作”。

韩国文化产业在经济发展中的核心作用不是偶然的，而是基于政府对其战略意义的共识。1998年金大中任总统后的韩国发展战略，已经认定文化是21世纪最重要的产业之一。遭遇金融危机之后，韩国政府许多部门都在裁减，只有文化部门不减反增。除增加预算外，1999年韩国国会还通过“文化产业促进法”，给予文化、娱乐等产业以推进协助。1997年，设立“文化产业基金”，提供新创文化企业贷款。在组织推进上，1998年韩国成立游戏产业振兴中心，2001年又成立文化产业振兴院，该院每年可得到政府5000万美元的资助。为了促进文化产品的出口，政府还特别成立影音分轨公司，对韩文翻译为外语和制作的费用几乎给予全额补助。

(选自《经济研究参考》2004年 第10期)

全球化背景下中国传媒的核心竞争力初探

尹　鸿

一位学者曾经这样总结：“在过去10年里，因为商业和军事目的而引发的关于所谓即将到来的‘信息时代’或‘信息社会’的争论，已经成为国际政治、经济和文化斗争的主要领域。”的确，未来国家之间的竞争，在很大程度上取决于信息创造、流通的数量、质量、强度和速度。因而，支配媒介市场，就是保护国家的政治经济利益，主动创造媒体产业就是主动创造国家政治经济利益。随着中国加入WTO，面对这块拥有全球1/5人口的大市场，尽管受到法规、意识形态、文化和经济方面的种种限制，西方传媒仍然正在通过各种直接间接的渠道、方式进入中国的传媒市场，特别是随着中国加入全球经济步伐的加快，当西方国家递给中国进入WTO通行证的同时，他们也推开了中国传媒市场的大门。随着祖国传媒领域有限开放的扩大，西方传媒加快进入中国的步伐，显然，在未来，中国传媒面对的就不仅是几部好莱坞“大片”，而是西方传媒赖以发展的整个政治经济产业体制，是他们百年中积累下来的所有传媒国际化、全球化的经验和优势，是被称为“音影巨兽”的那些超级跨国公司的横冲直撞。因此，如何利用本土资源，保持中国传媒的国内主体地位和提高国际影响力，就是一种具有现实紧迫性的重要政治经济学问题。

全球化压力

作为一个政治经济体制处在复杂转型时期的特殊的发展中国家的中国，一方面坚持“改革开放”的现代化决策，走“与国际化接轨”的市场化道路，另一方面又坚持“具有中国特色”的社会主义制度，保持政治经济的相对独立性。因此，西方传媒进入中国，已经和还将继续面临三大主要障碍：首先，中国政府对西方传媒的行政限制；其次，中国独特的文化传统和文化经验与西方文化的疏离；第三，中国传媒市场的垄断和无序。对这些“硬”障碍和“软”障碍，西方传媒都有清醒的认识。所以，这些年来，西方传媒采取了种种策略来试图克服或者减少这种障碍，最大限度地争取准入空间或者为将来的进入做准备和预习。这些策略主要包括：首先，利用国家政治力量在外交谈判和外贸交易中有意地扩大传媒的准入空间；其次，在中国政策底线下，通过对传媒制片业、发行业和播映业的直接和间接有限介入进入中国媒介市场；第三，通过对华人媒介、华人的吸收，采用东方题材来制作拍摄符合中国和东方观众观赏情趣的媒介产品；第四，通过种种媒介形式培养中国观众广泛的西方趣味，培养潜在的传媒市场。应该说，这些策略大多数在西方传媒的国际化历史上已经被使用，而且都取得了相当程度的经济成功。中国，正如一位西方传媒人所说，在拥有最多跨国巨型传媒的美国人看来，只是他们心中的第一个欧洲，是媒介帝国期待已久的一个经济和文化的新大陆。

这不仅意味着西方传媒产品很难替代中国本土媒介产品的文化亲同性，而且也意味着中国传媒产品在亚洲、在世界的华人文化区都可能具有西方文化所不能替代的文化亲同性。因此，中国传媒如果能够创造性地利用中国的文化传统资源，不仅是题材的资源，而且也是价值观、审美观的资源，中国传媒文化就可能在中国自己的电影市场，甚至亚洲和世界的华人传媒市场、华文化圈乃至更广义的包括日本、韩国这样的泛华文化圈中获得广阔的位置。电视剧《三国演义》、《水浒》、《雍正王朝》等在亚洲地区受到广泛关注就是文化亲同性的重要例证。从另外角度来说，东方文化传统也可能为西方观众提供一种新鲜的文化参照和互补，从而进入西方文化主流，在这一点上，《卧虎藏龙》的成功就是一种启示。

更重要的是，中国有自己特殊的国情。与西方发达国家不一样，中国正在经历一个从传统社会向现代社会转型的过渡时期，任何过渡时期都是本土文化的黄金时代。急剧的社会变迁使社会关系、人际关系、家庭关系都处在不断的变动和调整中，人的命运以及人们的价值观念、心理状态都在转型中动荡、变化，几乎所有人都在这个翻云覆雨的社会动荡中丢失和寻找自己的人生位置，现实的生活本身已经提供了比任何戏剧都更加富于戏剧性的素材，也提供了比任何故事都更加鲜活的人生传奇。因而，对于中国受众来说，当然不仅仅是需要好莱坞电影一样的西方媒介产品带给人们一段短暂的梦幻想象和心理刺激，同时也需要通过媒介这面“镜子”来“反映”心灵的变异和外观世界的诡异，通过媒介来与同样处在转型时期的其他人共享苦难、迷惘、欣悦和渴望，通过媒介来理解、面对和解释人们遭遇的现实。因而，中国本土传媒可以比西方传媒更直接地连通中国受众对现实的体验。应该说，20世纪90年代以来，像张艺谋的《秋菊打官司》、《有话好好说》、《一个也不能少》，黄亚洲的《没事偷着乐》，黄建新的《站直了别趴下》、《背靠背脸对脸》、《埋伏》等影片，以及政治电影《生死抉择》、战争影片《黄河绝恋》、中西文化冲突的影片《刮痧》，还有《雍正王朝》、《贫嘴张大民的幸福生活》、《激情燃烧的岁月》等电视剧，以及《焦点访谈》、《实话实说》、《对话》等著名栏目，都充分利用了本土现实文化资源，都善于将风云变幻的社会图景、离合悲欢的普通平民命运与通俗文化模式相结合，不仅表达对转型期现实的体验，而且也表达人们的生存渴望、意志、智慧和希冀，从而赢得了中国受众的喜爱。特别是冯小刚的电影将本土的文化资源与类型剧的商业策略相结合，用后现代性的通俗、幽默化的宣泄，喜剧明星+漂亮女性的固定组合，大社会荒诞背景的小人物调侃、悲剧元素正剧温情对喜剧风格的适量注入、媒介立体推广、贺岁档期推出等等，共同构建了一种具有中国特色的商业电影模式，并且一直成为国产影片的票房中坚。这些都表明，本土现实是西方传媒目前还不可能替代的中国传媒的文化优势。

在全球化过程中，中国传媒还有一个重要的本土优势，就是潜在的巨大的媒介消费市场。在中国，电视综合人口覆盖率超过了92%，电视机拥有量已经超过了3.5亿台，共43套卫星节目，8000多万户有线电视用户，1997

年统计中国电视观众每天看电视时间为2.54小时。中国的电影市场前景也很广阔。好莱坞估计，中国电影市场每年具有10亿至15亿美元的“票房潜力”，此后，每年还可能增长5.1%。仅以北京为例，如果市民人均每年看5场电影，就会有6个亿的票房收入。而中国有12亿以上的人口，如果达到平均每人每年看1场电影，即使按照5元钱的平均票价计算，全年票房收入也能够达到60个亿。换句话讲，如果一部国产片在全国有1%的人观看，按照5元钱的票价计算，全国票房收入就能够达到6000万人民币，这个市场回报完全可以支撑中国制作本土“大片”。目前，由于中国媒介产品的品种单一，从消费意义上看的“伪劣”产品众多、媒介消费环境落后、盗版猖獗、文化市场无序，加上国民经济和文化状况的总体水平不高，因而，中国传媒市场还没有完全成熟。面对这样的全球化环境，中国作为一个发展中国家，特别是因为自己特殊的历史进程和社会制度，至今，不仅还没有积累足够的经济实力，而且也缺乏开展传媒市场的经验。这一切都意味着中国传媒在西方传媒的全球化扩展中必然会处于竞争的劣势之中。中国传媒与西方相比，其劣势不仅仅体现为资金缺乏、设备陈旧、人才短缺，最重要的是中国传媒根本没有形成成熟的产业机制，也缺乏成熟的市场支持，更缺乏使用文化产业发展的体制保证。在中国的各行各业中，传媒也许最缺乏加入WTO的现实准备，也是最不适应全球化流通的环境。

显然，西方传媒所具有的种种优势，对于中国传媒的发展来说都必然是一种巨大的挑战。中国传媒虽然从20世纪80年代后期开始改革，但这种改革还远远不能适应中国已经面临的挑战和即将面临的更加严峻的考验。中国的文化市场还是一块几乎没有完全开垦的处女地。中国的电影、电视、音乐、歌曲、唱片、录像、影碟等文化产业，截至1998年底，共有产业机构33万多个，从业人员170多万，所创增加值仅仅133亿元人民币。与美国等国家相比，中国的文化产业明显资金不足、技术落后、企业规模小。以电影为例，尽管在中国加入WTO以前，仅仅配额发行10多部分账的外国新片，但是这些只占国内电影发行量15%左右的进口影片却占有了中国60%以上的电影市场。美国1998年的电影、电视制作及相关的录影带、音乐出版行业总收入达600亿美元，占美国出口第一位。2001年，美国电影国内电影票房收入高达84亿美元。而在中国，国内影片不到20%的盈利，至少60%的影片都亏损。2001年全国共放映电影214万场，观众下降为2.2亿人次，平均6年看1场电影，全大陆电影票房总收入仅为8亿多元，还不及香港每年所拥有10亿以上的票房，只相当于美国国内电影票房的大约1.5%；中国从事电影事业的人有28万，人均产值才3000元人民币，月产值不足300元。严格来说，中国电影如果是产业的话，每年亏损达到了投入的60%以上。目前，电影几乎是在一种政府直接或者间接的无偿资助下生存的。这种资助因为无助于电影产业链条的完善和循环，与其说是输血不如说是输液。无疑，由于中国媒介产品缺乏市场竞争力，随着西方传媒准入的扩大，其面临的压力将更加严峻。

核心竞争潜力

应该说，对于中国这样一个有着几千年独特文化历史的民族来说，西方传媒不可能也不应该替代中国人自己对本土现实、本土化和本土体验的殷切关怀。因而，在全球化背景中，中国传媒并非没有自己的核心竞争力，关键在于中国传媒需要发现、发掘、培养、扩大自己的潜在竞争优势，利用自己的优势来改变自己的劣势，扶持壮大中国传媒自己的生命力和生长力。从一定程度上说，中国传媒具有的核心竞争潜力在一定程度上，既为中国传媒提供了一种承受压力的缓冲空间，也提供了一种发展潜力。

对于中国传媒来说，也许最显而易见的优势就在于中国有着自己不同于美国和其他西方国家的悠久的而且渗透到现代生活各个层面的文化传统。中国有几千年相对独立的文明发展历程，尽管从19世纪末以来，西方文化对中国产生了广泛影响，但中国人在生活方式、价值观念、语言使用方面，仍然与西方文化有着深刻的差异。正因为这样，在欧美国家轰动一时的《星球大战前传》在中国却没有得到人们认可，取材于东方故事的《花木兰》在美国获得了成功但在中国市场却遭遇了失败，由华人导演李安执导的《卧虎藏龙》在中国没有引起轰动但在西方却备受欢迎。这些例子证明，尽管由于全球化进程的加快、地球村的形成，似乎文化的民族疆界越来越模糊，但中国与西方世界毕竟有着巨大的文化传统差异，这种差异都决定了中国传媒市场具有日本等世界上多数国家和地区都不具备的巨大潜力。因而，即使中国传媒在相当一段时间里都很难具有西方跨国媒体那样的国际性优势，但是广阔的本土市场仍然可以成为传媒生存和发展的根据地。此外，除中国大陆以外，台湾还有2100多万同胞，香港和澳门有700余万同胞，另外还有数千万华人华侨分散在世界各地，而受到华语文化历史和现实影响的人口数量就更是难计其数，虽然人们处在已经改变过的空间中，但共同的文化、语言和历史仍然能够为他们带来或多或少的联系，正像有学者在讨论这种文化的亲同现象所指出的那样，“观众将倾向于选择那些与它们自己的文化最接近和更紧密的节目”。应该说，这样一个巨大的已在或者潜在的消费群对于中国传媒的发展来说是一种重要的支撑。

特别应该提到的是，中国传媒目前并没有置身于一个“自由”的全球市场处境中，中国政府还通过种种行政和经济措施保护着中国的民族传媒业，因而，国家还可以在一定时期“作为构成的角色”支持本土传媒抵抗全球的经济规则。目前，国家不仅在经济政策上支持国有传媒，而且通过政策限制国外境外资本、机构、产品进入中国，同时对于主流的国有传媒，也采取了一定的保护措施。中国政府在未来估计还会坚持将传媒不列入“贸易自由化”的交易范围，对进口传媒产品实行限额或限制，并对外国资金、节目和人员进入中国传媒生产、发行和播映行业继续给予种种限制……应该说，国家不仅仅只是一个限制和保护的角色而是一种积极的“构成角色”，利用政府力量来支持本土传媒业的发展，来为本土传媒开辟国际国内市场，客观上就可能为中国传媒自身的存在和发展提供缓冲的空间，也即是说，如果政府措施不仅是一种政治保护措施，而且是一种产业保护措施，那么中国传媒就可能在这种国家保护下争取到发展的时间和空间。

更何况，中国还有数百万的媒介从业人员，改革开放20多年形成的传媒市场化考验的经验，数以万计的媒介机构，一批在各种环境中都仍然能够生存和发展的传媒人才，这些都是中国传媒的竞争资源。特别是由于中国的社会经济水平相对较低，因而传媒的生产和管理成本远远低于西方传媒，这种低成本生产和流通作为一种积极经济策略，正如在家电、纺织等行业所证明的那样，可能成为发展中国家与发达国家进行媒介的产业和市场角逐的重要手段。

所有这一切，都是中国传媒在未来全球化大潮冲击下的立足之根，而这些根是否能够扎下来、延伸开，将直接决定中国传媒的命运。而中国传媒根深叶茂的基础则在于传媒业必须成为能够适应文化消费市场需要的真正意义上的现代传媒企业，尽管不是所有的市场规则都适应于作为文化产业的传媒，但是如果中国传媒不能走向市场，那么它不仅在以产业化为支撑的西方传媒冲击下失去竞争力，而且也因为没有被观众消费失去再生产的条件。

市场作为政治

市场从根本上来说将成为中国传媒的试金石，而一切是通过传媒来传达的人文理想和意识形态观念也必须借助于市场才能成为现实，没有受众的媒介就是死亡的媒介，所有的政治导向都必须通过市场得到实现。因此，对于中国传媒来说，在一定程度上，市场就是最大的政治，有了市场才有导向，没有市场就没有导向。因此，适应市场需要进行产业改革，不仅是新世纪中国传媒面临的重要经济主题，同时也应该是最重要的政治主题。

中国政治对于媒介目前还采用一种对外有限封闭和对内多重保护的策略。但是，保护并不是终极目的，用邓小平的话来说“发展才是硬道理”，保护是为了让幼小的孩子能够健康成长，而不是为了让她永远童年。以“国情”为理由的保护措施必然会随着中国与世界各国的互动关系越来越密切，受众对媒介市场的开放要求越来越强烈、外来传媒渗透力度和强度越来越明显而不断减弱。如果那个时候中国传媒仍然还像一个幼小的孩子，那么势必一旦离开保护就经不起任何雨打风吹。显然，保护和扶持只能是一种手段，通过保护和扶持，中国传媒业必须尽快完成自身的产业改造，成为现代文化产业。这样，中国传媒才能够充分利用自己的本土优势和文化资源参与文化全球化竞争和交流。

一位西方学者在谈到发展中国家如何抵抗全球化背景下的西方霸权时提出：“反对的政治越来越意味着在两种方案之间进行选择，一是成功地建立资本主义经济，另一个是边缘化或被排挤在外。”显然，随着中国加入WTO，对于中国传媒来说，已经不可能选择退出全球化循环被边缘化，那么就只有另外一条道路，就是成功地建立具有中国特色的传媒市场经济。所以，中国传媒发展的根本动力和目标仍然是最简单的道理——解放生产力，最大限度地调动传媒从业人员的创造性和积极性。而解放生产力的关键则在于从制度上而不仅仅是从观念上确立传媒的文化产业属性，真正从体制上完成传媒生产和流通方式从计划经济模式向市场经济模式的适应，创造健全、开放、竞争和富有活力的媒介产业环境和机制。没有条件，机制可以调动人去创造条件，从这个意义上说，机制就是生产力。

从20世纪90年代末期以来，针对中国传媒产业规模小、封闭性运作等现象，有关部门提出要以资本为纽带，实行强强联合，组成强大的具有国际性竞争力的传媒产业集团，实现传媒业的规模化、产业化、集团化。但是，对于目前的中国传媒来说，企业改革并不是粗放型的规模扩大或者横向联合，而是产业体制和机制创新，否则，所有的联合都将是联而不合。由于利益分配机制、权力控制机制的无序，根本不可能做到人、财、物的优化配置，其结果仍然是大集团下的作坊式的生产方式，或者充其量只是大工业包装下的“小农经济”，各个生产组就是一个“联产承包家庭”，传媒的工业流水线体系、专业运作体系、资本循环体系都不可能建立。因此，中国传媒业的改革，不是建立形式上的集团，而是建立现代的企业制度，这一点，不仅西方传媒业提供了丰富的产业经验，而且中国各行各业成就卓著的改革也已经提供了丰富的本土经验。甚至也许在相当一段时间之内，最具有经济活力的并不是那些体制僵化的传媒“大企业”，而是那些产业化程度高的“民营”企业。有了产业化的前提，中国传媒才能找到适当的经济体制，集中和吸收人力、物力、财力进行传媒艺术和技术的创新。所以，中国传媒改革的根本不是改革规模，而是改革体制，拆除纵向与横向的行政垄断的篱笆，分离政府管理职能和企业自主经营权力，将传媒的行政管理体系转化为与市场体系相适应的具有中国特色的文化产业体系，逐步建立公平规范、竞争有序、优胜劣汰、充满活力的市场运作机制。

双向开放

从理论上来说，市场开放应该是双向的，中国传媒如果按照市场的需要，按照国际市场的运作规律进行，那么虽然在相当的时期内都不可能获得西方主流媒体那样的国际地位和影响，但是仍然可以培育一个相对于国内市场来说并非无足轻重的国际市场。

对于目前的中国媒介来说，走向国际市场至少具有四个有利条件：1. 从经济上说，媒介生产成本低使中国传媒具有一定的市场竞争的价格优势；2. 从文化上看，全球化环境下的东方文化提供了一种参照性的“还乡”意义已逐渐被西方人关注，中国传媒因而具有一定的文化优势；3. 从地域和文化的传统上看，中国内地、香港、台湾、澳门以及新加坡、马来西亚等东南亚华语地区，日本、韩国等亚洲其他泛华文化地区，以及世界各国的华人群落等则构成了一个具有共同性的接受中国传媒的文化交流空间，中国传媒具有市场潜力的优势；4. 从西方传媒来看，近年来由于片面地强调数字虚拟化、大制作，单纯追求商业价值最大化，传媒的人文地位和社会公益品质都明显下降，为其他国家传媒文化的乘虚而入带来了契机，中国传媒也具备了时机优势。

面对这些显在的和潜在的优势，中国传媒目前需要做五方面的努力，开拓中国传媒的国际空间：1. 组建经过所有制改造的具有国际营销实力的国际性的传媒制作、发行机构，形成规模适当的符合现代企业发展规律的专业化、流水线化的国际性传媒企业；2. 积极从国外的、国内的一流大学以及奇特企业吸收一批能够从事跨国经济的具有专业素质的传媒经营管理人才；3. 从资金和政策上支持生产一批按照国际需要制作的媒介产品，创造“中国制造”的媒介品牌；4. 要求国产的传媒产品在制作技术和艺术标准上而不是制作规模上与国际传媒产品接轨；5. 积极推进传媒的横向整合，开发多种媒体的媒介产品，实现整合营销。

归根结底，中国传媒无论是要在国内市场立足或者是在国际市场上占有一席之地，目前来说都不是没有可能，甚至从一定程度上来说，都可能具备某些机不可失的有利条件，关键在于中国传媒必须从计划经济的模式解放出来，尽快完成符合市场经济发展规律的产业改造，按照传媒市场的不同需要，按照不同传媒市场的需要来制定传媒发展规划，确定传媒的经济、文化、艺术乃至技术策略。因而，产业化而且适度和现代经济发展规律的产业化相适应是中国传媒的前途所在。

在全球化的背景下，我们应该意识到，民族性不能成为中国拒绝加入全球化进程的借口。如果民族化成为妨碍改革开放的一种力量，那么全球化则是一种推动力量，因此，面对全球化，抗拒或者卷入并不是目的，重要的是，我们真正能够“利用 WTO 这个机遇，利用压力、竞争，冲破现有不合理的机制，引进先进的机制和观念，先进的技术和管理方式，学习别人的管理经验，利用别人的资金和技术，壮大我们自己”。只有这样，中国传媒才能建立一个活跃、健康、生机勃勃的产业机制，才能够创造与好莱坞不同的更显示、更韧性、更关怀、更丰富的中国媒介文化，从而积极地参与全球文化的交流，创造具有国际化胸怀的民族媒介文化，建构华夏文化的认同和交流平台。只有这样，中国的媒介文化才能成为世界性多元化思潮的组成部分，为全球化提供多元的而不是一元的格局。保持这种多元，当然不是根源于一种复活保守传统，推广民族神话的国族一体的狭隘的民族主义，但不是用“文化帝国主义”的借口来自我封闭，而是试图维护一种能够相互补充、相互借鉴、相互影响的世界格局。“全球化的未来也许不应该是霸权化同质化而是意味着更多的选择，更多的相对平等的权力。从一定程度上说，文化的多元，是文化活力的前提。”

（选自上海交通大学国家文化产业创新与发展研究基地编：《中国文化产业评论》第 1 辑，上海人民出版社 2003 年版）

WTO 与中国传媒业

尹韵公

对于当代中国人来说，有两个年头是特别值得记忆的。一个是1971年，就在这一年，联合国恢复了中华人民共和国的合法席位，这标志着中国作为一个大国从此介入全球性的国际政治事务之中；再一个是2001年，就在这一年，中国正式加入WTO，这标志着中国作为一个发展中国家从此介入全球性的国际经济事务之中。中国从政治、经济这两个大的方面介入全球事务之中，这标志着：中国的发展离不开世界，世界的发展离不开中国，中国与世界的联系已经越来越密切，二者的相互依存度已经越来越高。

下面，我们将着重探讨WTO给中国传媒业带来怎样的影响；面对WTO，中国传媒业有哪些利弊得失；中国传媒业将如何应对。

我们承诺了什么

中美结束双边谈判后不久，外经贸部部长石广生同志来我院作报告，我所同志连续递条询问：中美入世谈判中，我方对美方在传媒业方面究竟做了哪些方面的承诺？实际上，这也是整个新闻传媒界非常关注的热点和焦点。石广生部长见条后，淡然回答："中美双方谈都没谈这个问题。"我当时的理解是，中国在传媒领域似乎未做任何承诺。还有一种理解是，石部长可能不愿透露细节，或许碍于某些不可道出的原因。

后来显山露水的一些事实证明，中国政府在新闻传媒领域还是做出了一些承诺。2002年1月15日，通常发布官方权威信息的中国最大的国家通讯社新华社北京报道：记者从有关部门负责人处了解到，我国加入世贸组织涉及新闻出版、音像制品及电影方面的承诺的主要内容是：

在分销服务方面，3年内逐步向外国服务提供者放开在国内市场的书报刊批发零售业务；

在音像制品方面，在不损害中国审查音像制品内容权利的情况下，允许外国服务提供者按照中国法律法规的有关规定，与中方伙伴设立合作企业，从事国内市场音像制品的分销；

在电影方面，允许外国服务提供者建设、改造电影院，外资比例不超过49%，在与中国有关电影管理条例相一致的情况下，中国允许每年以分账形式进口20部外国电影，用于影院放映。

以上承诺，不涉及广播电视领域，不涉及新闻出版行业的出版制作和经营管理领域。

这则报道还强调：新闻媒体是党和人民的喉舌，是宣传思想阵地，事关国家安全和政治稳定，负有重要社会责任，在改革中一定要以大局为重，从党的事业和国家利益的高度来处理问题。无论在什么情况下，党和人民喉舌性质不能变，正确的导向不能变。

然而，从其他媒体透露的内容来看，我们的承诺还涉及传媒业的其他两个领域：

在电信业方面，允许外商全面进入互联网市场，允许外资在所有电信服务业中占49%的股权，在增值服务和寻呼服务中占57%的股权；

在广告业方面，跨境提供服务及境外消费必须通过中国注册的有外国广告经营权的广告代理，只允许外国服务提供者在中国设立中外合营广告企业，外资比例不超过49%；2年后，允许外资控股；4年后，允许外国服务提供者在我国国内设立外资独资子公司。

以上资料表明：承诺内容是粗线条的、框架式的、方向性的、原则性的，要害是缺乏细节。可以断定，入世谈判不仅要谈方向和原则，而且要谈框架和细节。随着时间的推移，一些细节也开始透露出来。譬如，关于出版业的入世承诺，国家新闻出版总署副署长柳斌杰通过媒体，作了详细的回答。

"入世承诺中涉及出版业的主要是出版贸易、分销服务和版权保护的开放，挑战最大的是出版物分销服务的开放问题。"

"出版物分销服务业，我们承诺入世1年后开放一部分城市的分销市场，3年后零售领域全部放开；第3年，出版物批发也要放开；5年后，出版物的分销企业在数量、范围、股权方面不再进行限制。我们目前正在做的就是落实承诺。"

显然，柳斌杰副署长比上面提到的新华社报道透露出来的承诺内容要丰富得多。2002年10月27日，中央电视台第二套节目播出了题为《新闻出版广播影视业改革》的对话节目，广播电影电视总局局长徐光春、新闻出版署署长石宗源、中宣部副部长李从军就大家普遍关注的新闻出版广播影视业改革的任务、目标以及集团化建设，加入世贸组织后我们的应对措施等作了精辟阐述。其中，石宗源署长说：国家新闻出版总署正在与国外经贸部联合搞一个《设立外商投资图书、报纸、期刊分销企业的暂行规定》，不久将会面世。这个信息说明，第一，针对承诺细节，我们正在制订详细的实施措施；第二，中国政府是认真、负责的政府，说话算数，承诺必应。

入世利弊得失谈

毫无疑问，入世是为了国家的发展和民族的未来，为了中华民族能够在经济全球化的不可逆转的浪潮进程中获得21世纪应有的席位和份额。这是我们入世的根本目的，也是我们应该争取的最大的利与得。

但是，从另一个方面看，入世犹如开掘一个高品位的金矿，其间充满风险。风险与利益同在，就看当事者能否把握住机会。

我们还要看到，入世给予一个国家所带来的利弊得失，因不同行业、不同领域的特征势必会造成不同的正负影响。各个国家因国情不同，面对入世的反应也会不同。所以，对每个入世国家来说，它既会遇到普遍性问题，也会遇到特殊性问题。

（一）利与得在哪里

第一，有利于经营成本下降。目前，我国新闻传媒业相当多地使用了国外的物资、设备和原材料等。随着入世后关税的逐步降低和非关税壁垒的逐步放开，我国进口的物资、设备和原材料，都会有程度不同的降低或消除，从而降低了经营成本，增强了竞争力。譬如，纸张印刷成本在报业整个成本中占有相当部分。据美国报业协会调查，报社发行报纸的费用中有50%～60%是包括用纸在内的印刷费用。这个比例，与我国报业同类状况基本一致。由于新闻纸的制造技术落后和森林资源有限，造成国内新闻纸不仅在制造成本上、而且在纸张质量上都远远落后于西方发达国家，一度进口新闻纸的平均每吨价格要比国内同类产品低1000～1500元人民币。现在，我们已如期将平均关税水平的17%降至发展中国家的10%，国外新闻纸的进口势必造成报业经营成本更加低廉。除纸张外，还有印刷设备、广播电视设备、通讯器材、音像设备、电脑器材等的价格都会降低。这意味着，我国新闻传媒业不仅在经营成本上将进一步下降，而且在硬件设备、设施的使用层次上，也将跃上一个新的发展平台。

第二，有利于对外交流，参与国际竞争。入世后，我国的对外开放将获得新的发展空间，创造更多的发展机会。一方面，有利于我们更及时、更方便、更快捷地吸纳和借鉴国际社会的优秀文明成果，丰富我们媒体的节目内容，提高传播效果和传播质量。另一方面，有利于我们进一步走出国门，扩大我国在国际传媒市场上的占有率。只有广泛、积极、深入地进行对外交流，参与国际竞争，才能推动我国文化事业的加速进步。

第三，有利于合理配置新闻传播资源，学习国外同行的先进管理经验。目前，我国传媒业普遍存在着效率低下、资源浪费的现象。例如，我国一度拥有3000多家电视台，节目重复、内容单一、可视率低，是这些电视台共有的毛病。后虽经整顿，减少了几百家，但根本性毛病仍然未能修正过来。我们要借入世契机，利用WTO新的游戏规则，学习国外同行的优秀经验和先进办法，使我国传媒业逐渐向集约化、规模化的经营模式靠拢，向市场化、信息化的运作方式靠拢，加快传媒业在技术层面和管理层面的更新改造，从而逐渐缩短与国外先进水平的差距。

第四，有利于进一步解放思想，与时俱进，更新观念，深化新闻传媒业的改革。入世必然会给我国社会、政治、经济、文化生活等各个领域、各个方面、各个层次都带来深刻变化。面对同一游戏规则，各行各业都必须积极而认真地应对，在更高层面、更宽领域下与发达国家展开竞争。这一点，新闻传媒业自然也不例外。入世加快了中国社会的转型频率和转型步伐，这种立体交叉式的全方位的社会变化必将直接导致人们的思想解放和观念更新，有利于人们开拓创新，与时俱进，积极为新闻传媒的深化改革而出谋划策，促进新闻传媒业在社会主义政治文明的轨道上健康运行。

（二）弊和失在哪里

虽然在入世的法律文本中，我国并没有承诺开放新闻媒体，但在达成的相应协议条款中，明确规定在一段时间后，外国资本可以有条件地进入我国部分传媒市场，如电信市场、影视市场、期刊市场、出版市场和广告市场等。因此，国外媒体和国外资本事实上已经抓住了进入中国新闻传媒领域的间接渠道和有利时机，假以时日，必然会给我国新闻传媒业带来直接和间接的或多或少的负面影响。主要表现在以下方面：

第一，有可能加剧意识形态领域内的竞争和较量。在任何国家、任何时候、任何情况下，媒体都具有强烈的意识形态属性，都承担着传播价值观念、散布思想文化的责任。随着我国文化市场的进一步开放，西方的报刊书籍、广播电视、影像制品等必然会以缓慢渗透的方式渐入我国。这些裹挟着西方价值观念、政治理念、经营模式、运作方式的媒体，将不可避免地影响着更多的人们，给社会产生很大的冲击，将不可避免地同我们坚持的文化、价值、观念、意识形态等发生交融、碰撞、对峙。事实上，以美国为首的西方发达国家，一直在加大对非西方国家的文化扩张和渗透的攻势，一直在把自己的价值观念、生活方式、政治制度通过各种方式灌输给其他国家。中国作为世界上最大的发展中国家，同时又是世界上最大的社会主义国家，我们势必面临西方发达国家媒体的更加严峻的挑战，势必面临更加凶猛的意识形态领域内两种不同观念的斗争和较量。

第二，有可能加剧媒体产业的竞争。入世以后，我国媒体在相对封闭环境下的生存格局被彻底打破，迫使我们在国内市场上直接或间接地面对外国资本和文化产品的挑战与竞争。从目前来看，我国媒体的实力相当弱小，与外国同行相比，差距非常大。以新闻出版业为例，我国新闻出版业年销售总额现为1500亿人民币左右，而德国贝塔斯曼集团年销售额就高达154亿美元。我国8000多家期刊年销售额约为100亿人民币，平均每家销售额为100多万元，真正盈利的期刊不足20%。再以电视广告市场为例，我国在世界上2002年的电视广告市场规模为20亿至23亿美元，而美国的电视广告市场规模为520亿美元，前者仅为后者的一个零头。事实上，一些外国媒体已经通过不同方式渗入到中国境内，如默多克新闻集团已获得在珠江三角洲地区的电视频道落地权。国外媒体取得的这些进展，肯定会损害国内媒体的相关利益。因此，从媒体产业竞争的角度来讲，我们必须做大做强，加快媒体集团化的步伐。

第三，有可能加剧新闻资源、受众资源、人才资源的争夺。入世以后，国外媒体的新闻报道和电视节目，将通过外资网络和网络内容服务提供商享有准入政策的这个渠道而源源不断地涌入，这些媒体内容以其制作精良和迎合受众口味而大量抢夺国内传统媒体的新闻资源和受众资源，从而对国内媒体形成强大的冲击。

不管外国媒体以什么样的方式、什么样的面孔、什么样的渠道进入我国市场，它都必须实行本土化战略，其核心就是要挖掘渗入国的媒体人才。我国新闻传媒界号称百万大军，其中不乏精英人才。在机制灵活、待遇优厚的诱惑下，我国媒体人才肯定将大批流向国外媒体的在华机构，为他们服务。

我们再以期刊业为例，现我国公开发行的期刊已有8000多家，但人均年占有只有2册，而西方发达国家人均年占有则高达15册。这个事实说明了两个问题：一是我国期刊业的发展还有很大的市场空间，二是国外期刊入境参与竞争的空间与机会也会很大和很多。可见，国外期刊威胁最大，他们成熟而强大，远不像我国期刊业那样势单力薄，分散而弱小。国外期刊只须依靠高稿酬这一招，就可直接损害国内期刊的资源市场和人才市场以及受众市场。既然我们已经承诺开放，那么国外媒体运用多种“侵入”方式抢占中国期刊市场，就是不言而喻的了。

第四，有可能动摇国内媒体的既定宗旨，进而达到甚至左右或操纵国内媒体的目的。这绝不是危言耸听，而是存在着很大的现实可能性。众所周知，在西方发达国家，广告大户历来是左右媒体倾向和媒体宗旨的重要势力，甚或是媒体方式的决定性因素。因为几乎所有媒体都是依赖于广告大户提供的巨额广告资金而获得生存与发展，否则，媒体是很难支撑下去的。以美国为例，广告收入在媒体的全部收入中占有很大的比重，电视几乎是100%，报纸是75%，广播是50%，期刊是25%。正是因为离开了广告大户媒体就很难存活下去，所以美国媒体对广告大户从来都是俯首帖耳，毕恭毕敬。正如美国报业普遍认为的那样：总编室是广告部的拉拉队，即只要广告部一张纸条发到总编室，总编辑就得乖乖地按照广告部主任的命令行事，说登在几版什么位置就依令登在几版什么位置，不敢有半点差池。怪不得有的美国学者讥讽道：美国媒体不是为读者服务，而是为广告商服务。应该说，一般小广告客户和广告散户，美国媒体还是得罪得起的，但每年提供几百万、几千万美元广告费的广告大户，美国媒体是从来不敢轻易得罪的，倘若真要得罪，就必须召开最高层次的董事会，经过反复掂量，才敢抉择。这方面的事例，在美国新闻传媒界不胜枚举。不仅如此，一旦有人侵犯媒体或广告大户的利益，媒体和广告大户就会联手置对方于死地。

美国媒体这种“拉拉队”现象，实际上在我国已经开始渐露端倪。用时下流行的一句话说，美国媒体的“拉拉队”基因，已在我国部分媒体中成功地“克隆”出来。我曾到南方一家著名报纸考察，当了解到房地产商提供的广告费用占该报年广告收入的36%左右以后，我直言相问报社老总：假如现在有读者来信批评某房地产修建的商品住宅楼，而这位房地产商恰好又是贵报的广告大户，你们敢登那封读者来信，对广告大户进行舆论监督吗？刚才还十分健谈的诸位老总顿时面面相觑，不知如何回答。少顷，一位副老总吞吞吐吐地说：我们可以反面文章正面做。我明白，他们终究还是不敢得罪广告大户。在一家著名都市报社调研时，该报一位副老总直言不讳地告诉我：报社上层掌握着一份红色保护名单，名单上全是广告大户。凡要刊登批评稿件，首先将被批评者拿去与名单对号，对上号的，则不得批评，稿件撤消；对不上号的，则不在保护之列，可以大力鞭挞，穷追猛打。报社老总坦率地说：我们怎么能批评广告大户？得罪了广告大户，收入就上不去；收入上不去，报社的设备更新、基础建设和职工待遇等等，就根本无法解决。

由此可以断定，入世以后，外国广告资本必然大量涌入，从过去的家电业、汽车业、医药业等有限领域，到全行业、全领域、全方位的市场准入。在这种态势下，我国媒体必然成为外国广告资本瞄准进军的重要目标。一方面，他们企图利用中国媒体为他们的商品打开市场销路；另一方面，他们企图利用中国媒体普遍存在的贪财心理，先让我们吃掉他们提供的巨额广告费用，尝到甜头后，再让我们对他们产生严重的依赖，产生害怕他们撤掉广告费的恐慌心理。这样，一旦他们提出刊登有违我们一贯坚持的办报宗旨的稿件时，我们很可能最终不得不改变初衷而服从他们的意志，成为他们在中国培养的“拉拉队”，使中国媒体沦为外国广告在华资本的附庸。因此，在我看来，外国广告资本对改变我国媒体宗旨的威胁性最大，意图最明显，切不可低估之。说实在话，面对外国广告资本投注的巨额费用，我真不知道我们的媒体老总能否抗御他们提出的不合理要求？

以上利弊得失的分析，是宏观上的、大视角的和战略上的，或者是从主要方面和主要方向上谈的。倘若要讨论和研究具体领域的具体细节，恐怕已超出了本文探讨的范围。据悉，构成世界贸易组织多边贸易体的三大支柱，即《关税及贸易总协定》、《服务贸易总协定》和《与贸易有关的知识产权协定》，基本上涵盖了媒介的所有业务形成。世界贸易组织将服务贸易分为11个大业和142个服务项目，无论是媒介的种类，还是媒介产品的产出形成，有许多方面均属于服务贸易协定中规范和管辖的范围。既然如此，本文就只能从普遍意义上进行分析和研究，也只能从全局上讨论利弊得失。对于入世的结果，一言以蔽之，搞得好，利大于弊，搞得不好，失大于得；或从短期看弊大于利，从长远看又得大于失。

我们应该有怎样的应对策略

记得鲁迅先生说过这样一句惊心动魄的话："我独不解中国人何以于旧关况那么心平气和，于较新的机运就那么疾首蹙额；于已成之局那么委曲求全，于初兴之事就那么求全责备?"联想到入世前后的我国国民心态变化，真可谓深刻至理，入木三分。不管过去有多少不同，中国入世已是大势所趋，木已成舟，一切埋怨和后悔都无济于事，惟有积极寻求对策，倡导进取精神，将全球眼光同国家利益有机地结合在一起，化被动为主动，化挑战为机遇，化不利为有利，既要敢于抓住WTO的机遇来发展自己，又要善于运用WTO的一系列规则来保护自己，与时俱进，锐意开拓，才能全面推进新闻传媒事业向前发展。

第一，认真履行承诺，掌握游戏规则

中国是一个大国，是联合国五个常任理事国之一。作为国内生产总值位居世界第六的国家，中国是一个负责任的国家，中国政府是一个负责任的政府。我们承诺的事情，必须认真履行，决不能有丝毫的含糊。说话算数，讲究诚信，是中华民族的优秀传统和一贯精神。认真履行承诺，也是一个民族自信、自强的表现，证明这个民族具有很强的心理承受能力。面对入世这个前所未有的特大承诺，中华民族过去不曾有过，所以它意味着巨大风险，意味着不管是丽日蓝天还是狂风暴雨，我们都不能畏缩和恐惧，即使遇到不利东西，我们也只能吞下去自己消化。

入世的基本要求是法律法规的透明化和国内法律法规与世贸组织的条款进行国际接轨，统一协调。在新闻传媒业方面，我国已经按照WTO的规则，认真履行承诺，逐步地进行相关法律法规的建立、修订和废除工作，如《著作权法》、《出版管理条例》、《音像制品管理条例》，还有印刷业的管理条例等等。中宣部主管新闻的副部长吉炳轩在党的十六大会议期间，向与会国内外记者表示，我们将按照互相了解、互相信任、互惠互利的原则，有选择地和那些管理规范、技术先进、资讯可靠及"对我友好"的境外媒体进行合作。

在认真履行承诺的同时，我们还要熟悉和掌握世贸组织的游戏规则。仅仅有践诺的态度是不够的，我们还要培养一大批熟悉和掌握入世规则的专门人才。世贸组织有一批职业谈判专家，他们既熟悉世贸规则，又熟悉入世国家的法律法规，非常善于钻空子，抓对方把柄。世贸组织的游戏规则是庞大而复杂的系统工程，我们也要早日培养一大批职业谈判专家，尤其是需要一批新闻传媒领域的高手，以便我们一方面不违背入世承诺，另一方面又能巧妙地利用游戏规则本身存在的活动空间来维护自身利益，而不被对方制约。

第二，正确认识做大做强，坚持中国特色道路

做大做强，曾是新闻传媒界入世前以全球化为背景思考中国如何更为有效地参与国际竞争的战略目标。正如业内某些有识之士所认识的那样："将新闻传媒等文化产业做大做强，创造更多的文化财富和商业利润。因为强大的新闻文化产业通过规模经济和采取多样化策略，可以为不同的目标受众提供更多、更好、更便捷的知识、信息和娱乐服务，也可以防止国内市场被西方传媒占领，更好地保持民族文化的独立性。"

一般而言，从世界范围看，弱小媒体的生存空间相对于强势媒体要更为艰难，故整合资源、做大做强，乃是传媒产业化的不可阻挡的趋势。加拿大220家报纸分属三大报业集团；美国1500多家报纸由20多家报业集团所控制，其中甘奈特报团、耐特—里清报团、新屋报团和时报镜报报团等四大报团就控制了美国70%的报纸，它们占有全美报纸总发行量83%的市场份额。刚刚进入新世纪，世界上最大的英特网服务商——美国在线公司宣布：以1640亿美元的天价，并购已连续七年荣登全球电视产业100强头把交椅的美国时代华纳公司（1999年，时代华纳的电视收入为188亿美元，而美国在线的收入仅48亿美元），此举震撼全球，助长了全球范围内的新闻传媒业兼并浪潮。

中国新闻传媒界迈出做大做强的步伐是从1996年广州日报社成立中国首家报业集团开始的，迄今为止，我国已成立传媒集团70家，其中报业集团38家，出版发行期刊集团15家，广电电影集团17家。尤其是2001年12月6日中国广播电影电视集团的成立和2002年4月9日中国出版集团的成立，标志着中国实施以组建传媒联合舰队、打造传媒航空母舰为目标的改革已进入了一个新的阶段，并将有力地进行新一轮更深层次的体制创新的全方位改革。

中国新闻传播业的做大做强，具有鲜明而突出的中国特色，这就是行政力量的干预。在媒体集团建立过程中，无论是机构合并还是资产重组，都可以触摸到行政干预的力量。由于我国媒体尚未完全建立现代企业制度，且大多数媒体对资产重组的自发性不够，行业条块分割严重，组建集团不可避免地会触及各个部门的既得利益等等，因此，如果没有政府的介入，就不可能在较短时间内达到做

大做强的目的。有人指责政府和上级部门搞“拉郎配”，但仔细思之，如果媒体集团的建立完全走市场主导型的集团化道路，那恐怕需要相当长的时间，可能到现在都还没有成立起一家！这里还要强调，在媒体集团创建初期，行政干预具有一定的合理性和必然性，但决不意味着具有持久性和一贯性。

必须指出，在做大做强的问题上，业内一直存在着认识误区。做大，做到什么广度才为大？做强，做到什么程度才为强？许多人都不约而同地拿西方发达国家为标准。其实，西方发达国家并非都是大而强的。例如，美国的广告收入年均在1700亿美元左右，占全球广告收入的50%以上，而日本的广告收入近几年一直保持在600亿美元左右。连日本都远不如美国的大和强，其他国家就更不用说了，如我国2001年广告收入近800亿元人民币。那么，这些小而弱的国家的媒体是不是就没法活了！卡塔尔的半岛电视台既不大，更不强，但却活得有滋有味，全世界都迫切地收看它的节目，连财大气粗的美国SNN也不得不与之套近乎。半岛电视台的成功，就在于它的独具特色。所以，我认为，中国媒体集团一方面确实需要做大做强，增加抗拒风险能力，另一方面，还要注意发挥中国特色，走中国特色道路。只有这样，才能让党和国家的声音走入千家万户，让中国的声音飞向世界各地。

据最新消息传来：美国在线一时代华纳公司前年亏损540亿美元，去年一季度亏损512亿美元，股票已缩水63%，还有假账等一系列问题。这一事实，给那些一心想做大做强的人们无疑敲了一记警钟。

我们反对的是假冒伪劣媒体集团，而需要的是经过几年努力，培育成若干个具有较强的竞争力、影响力的跨地区、跨行业、跨领域、跨国界的中国特色传媒集团，是真正的实实在在的大而强。

第三，正确认识我国新闻传媒业的双重属性，积极探索融资投资的新途径

中国新闻传媒体制是非常独特的一种体制，它的独特性主要表现在我国的新闻传媒具有意识形态和产业的双重属性。过去很长一段时间，我们过分强调了媒体的宣传教育功能，而忽视了它的商品属性和产业作用。改革开放以后，随着社会主义市场经济体制的逐步建立，我们逐渐认识到：作为一种特殊的产业，新闻媒体必须遵守市场经济规律，进入市场参与竞争。作为党和人民的喉舌，新闻媒体必须坚持正确的舆论导向和社会效益，唱响主旋律，打好主动仗，这是新闻媒体第一位的任务。然而，如果不把新闻媒体当作产业来抓，它的经营就举步维艰，在残酷的市场竞争中就难以生存。倘若媒体的生存出现了问题，那导向问题就无从谈起。所以，我们一定要坚持社会效益和经济效益齐头并进的媒介经营理念，两手都要抓，两手都要硬。

既然新闻媒体要企业化管理，势必涉及资金问题。有人认为，资金问题已成为严重制约我国传媒产业发展的“瓶颈”。资本不足引起的投入不足，已妨碍了我国新闻媒体的做大做强。新闻媒体要发展成规模经营，没有雄厚的资本是无法办到的。从目前来看，我国新闻媒体的资金来源主要来自于广告收入。据上世纪末的一项调查，在媒体的全部收入中，广告收入占69%，发行或节目占21%，多元化经营占8%，其他占2%。这表明，我国新闻媒体对广告收入有很大的依赖性，而这种相对单一的收入，又进一步限制了新闻媒体资本的积累及其速度，自然也就制约了新闻媒体的发展和扩张。因此，媒介资本问题引起了业内人士的普遍关注，大家都在积极探索新闻传媒领域投资、融资的新办法、新途径。特别是入世以后，新闻传媒领域已成为新的投资热点，在这种情况下，业外资本包括境外资本可不可以进入这个领域、怎样进入这个领域、这个领域哪些可进、哪些不可进等等，人们也异常关心。

自20世纪80年代初，美国国际数据集团与我国合作了第一份中外合资报纸《计算机世界》以后，迄今共有50家媒体拥有境外媒体投资和融资的背景，如期刊业有《财富中国》、《IT经理世界》等，电视业有中国体育报道、阳光卫视等，网络业有上海美亚在线网站等。还有一些媒体“借船出海”，以多种方式通过上市公司进入资本市场，筹集发展资金。

拥有雄厚资本的西方发达国家投资发展中国家和其他国家的媒体，其目的显然不仅仅只是为了攫取丰厚的传媒市场利润，而且也是为了控制别国的新闻传媒业。发生在2001年前后围绕俄罗斯独立电视台的争夺战，就是跨国资本争夺国外媒介市场的一个典型事例。故此，我认为入世以后，对我新闻媒体和传媒体制构成最大威胁的，就是国外的广告和投资。这两个东西，搞得不好，是直接夺命的。

我国有关方面注意到境外资本投资和融资于我国新闻媒体后可能产生的潜在危害，在2002年上半年出台了8条政策：

1. 可在新闻出版广播影视系统内融资，或采取银行信贷、企业债券及股份等形式募集资金，而融资必须确保国有资本主体地位。

2. 报纸、电台、电视台及频道、频率等由国家主办经营，不得吸引境外资本和私人资本。

3. 报刊的印刷、发行等经营业务可以吸收国有资本，组建有限责任公司或股份有限公司；业务可吸收国有、非国有资本和境外资本。

4. 报纸、广播、电视的新闻网站，可吸收系统外国有企业的资金参与网站建设和非新闻宣传业务的经营，但不能吸收境外资本和私人资本，并且暂时不准上市。

5. 国有企事业单位及国有控股企业可以参与广电传

输干线网建设，系统内资金可以参与分配网建设，但系统外单位不得参与宣传业务和经营管理。

6. 广电传输网络公司可以吸收国有资本进行股份制改造。吸纳广电系统外国有大型企事业单位资金的，不得超过49%，同一国有企事业单位参股省级网络公司的股权比例不得超过25%，广电系统的董事应占传输网络公司董事会成员的一半以上。

7. 经股份制改造并经有关部门批准后，广电传输网络公司可在内地证券交易所申请上市。暂不允许广播电视传输网络公司在香港以及境外证券交易所上市。

8. 电视剧、电影制作机构可吸收国有资本、非国有资本参与制作、发行、放映和技术改造等方面的合作，允许建立股份制公司。电影集团、电影制片单位、电影院等可以吸收境外资金合作拍摄影视片。允许外资改造基础设施和技术设备，允许以中外合资、合作方式改造成新建电影院，但不允许在内地建立中外合资的电影制作公司。

依据这8条政策，我国政府决定对已经出现的违规融资现象进行清理和整顿。对那些违规介入媒体的外资和私人资本，实行“收、转、退”三种处理办法。所谓“收”，即由报业集团、广电集团以收购的方式收回违规介入资金；所谓“转”，即将违规介入资金转让给符合条件的国有大型企事业单位；所谓“退”，即违规介入资金主动退出传媒领域。八条政策和三种措施，实际上向世人宣示了我们的两大重要原则：一是我国新闻传媒均是由国家统一主办经营的，它不对外融资，也不向私人资本开放；二是所有媒体的编辑业务和经营业务均相对分开，一切外资都不得进入编辑业务。

我们这样做会不会意味着往后退缩了呢？不会。因为我们是以发展中国家身份入世的，我们在市场准入、国民待遇、最惠国待遇等方面承诺较少，故我们把新闻传媒业的开放限制在一定范围内。实际上，全世界140多个世贸成员中，只有7个国家承诺开放媒体的编辑业务。可见，真正敞开市场大门的，也只有极少数。我们开放经营业务大门，关闭编辑业务大门，是符合国际惯例的。

第四，正确认识国民待遇原则，维护自身利益，保护民族文化

有的专家学者撰文说：按照世贸规定的国民待遇原则，外国媒体可在中国办媒体，就像中国可在国外办媒体一样。我认为，这完全误解了国民待遇原则。首先，国民待遇原则确实是WTO的一个重要原则，但这条原则只适用于经济领域，而不适用于政治领域，它是有前提的，而不是任意的。按照世贸文本规定，国民待遇原则只限于商业、服务贸易和知识产权等领域。其次，世界上任何国家的政府都不会允许别国政府在本国创办媒体。有人会说，美国的《侨报》和《世界日报》事实上不就是我们和台湾在美国办的吗？的确如此，我们和台湾之所以能够在美国办《侨报》和《世界日报》，是我们和台湾都利用了WTO的另一重要原则即透明度原则，而不是根据国民待遇原则。按照WTO的规则，世贸成员国的法律和政策必须是透明的，并不针对某一具体国家，搞双重标准。美国的法律允许私人办报，我们法律则是不许私人办报，这一点我们和美国的法律都是透明的。我们办《侨报》实际上是钻了美国法律和政策的空子，台湾人也是如此，但美国人却无法钻我们法律和政策的缝隙。再者，国民待遇原则并不表示在别国能做的一切，也可以在中国做，否则，就是歧视，就是违反世贸精神和原则。事实上，任何国家都绝对不可能将国民待遇无限扩张，因为弄得不好，会惹出无数麻烦。如果按照有些人理解的国民待遇原则，那么中国人去美国，或美国人来中国，都应该享有选举权和被选举权，但这可能吗？根本办不到！所以，我前面说过，世贸组织的国民待遇原则只限于经济领域，跟政治领域完全无关，我们绝不可以曲解和误解WTO的国民待遇原则。

更有许多同志担忧：文化市场开放以后，不健康的有害的电影电视剧涌入怎么办？西方腐朽的文化和落后的价值观念冲击我主流思想怎么办？这些确实是我们碰到的新问题，而要解决这些问题，依我看，一方面，我们一定要履行承诺，严格遵循WTO原则和规则，另一方面又要勇敢面对，积极谋划，切实防范。从已经入世的大多数国家来看，他们都对外国媒体采取了一定的限制性措施，以减缓冲击，保护本国的民族文化。且不论中国与美国因意识形态的差距太远而不得不加以防范，即使意识形态观念相似或接近的不同国家，他们之间也会互相提防。譬如，加拿大在价值观念和生活方式方面与邻近的美国大致无二，可为了对付美国的“文化侵略”，加拿大政府曾经规定：黄金时段一定要关于加拿大的节目占主导；电视剧日播出时间，美国电视剧不得超过总长度的1/3；电视台的主要频道和主要栏目主持人，不得聘用美国“脱口秀”，而必须是加拿大人等。又如，德国规定：广播电视节目中，信息、文化和教育内容必须占有相应的比例，以反映德语地区和欧洲地区的多样性。法国政府规定：法国报刊不得接受任何外国政府的资金或优惠。为了抵御美国文化的“疯狂侵略”，针对好莱坞影片中色情和暴力镜头通常过长的特征，法国专门制订了征收特别电影电视税的措施。意大利政府规定：私人经营的全国性广播电视网在播放时，本国制作的节目不得少于50%。据我所知，还有一些国家如新加坡、埃及、波兰、尼日利亚等，都出台过一些既不违反世贸原则，又能保护本国民族文化的政策措施。

我国在这方面也有动作。如国家广播电影电视局已针对进口电影和电视剧的内容出台了相关政策，如不得攻击我国体制、不得破坏社会稳定、不得煽动民族分裂等，否则，将取消播放。说实话，我们入世晚，是遗憾，也是好事。遗憾就不去说它了，好事就在于我们能够更好地学习

别国应对WTO的经验与教训，使我们可以不走或少走弯路，尤其是可以避免一些其他国家犯过的重大错误与挫折。

结语

现在，中国入世已近两年。

入世前的某些惊恐和慌张似乎已成为笑料和记忆。原先最担心的中国农业并未像某些人预料的那样要倒下一大片，汽车工业更是茁壮成长。然而，我们没有任何理由丢掉居安思危的忧患，低估对手往往是挫败和挫折的前兆。

党的十六大胜利召开，昭示着中华民族实现伟大复兴的灿烂前景。而这一进程，与中国越来越深地融入世界的进程具有同步性和一致性，二者休戚相关，互促互进。只有彻底地参与全球的政治事务和经济竞争以及文化交融，中国才能完成自1840年以来一直梦想的脱胎换骨，以一种崭新的姿态笑傲于世界。

（选自《山西大学学报》哲学社会科学版2003年第5期）

中美文化贸易的新特点及中国入世后的对策

李怀亮

随着中国加入WTO，中国的文化产业市场正在发生着重要的变化。加入WTO以后，外国文化企业和文化产品将不可避免地大量进入中国。在文化经济化、经济文化化、经济文化高度一体化的今天，美国主要是通过文化产品和文化服务来输出其价值观和生活方式，其意识形态带有浓重的商业意味。早在1932年，英国的斯蒂芬·泰伦兹爵士就指责美国人“把世界上每一家电影院都变成了一座美国领事馆”。电影、电视节目、音像制品及各种文化艺术服务项目已经成为美国意识形态“软权力”的主要载体，外国人在消费这些商品的时候，也就是在接受美国“主旋律”的宣传，而美国则获得了经济和宣传的“双赢”。因此，从文化经济学的角度来对美国文化产业的运作机制，特别是其文化产品贸易的特点进行分析，将会是十分有益的。

一、美国文化产品的全球化策略

1. 文化企业“冲锋陷阵”、政府“保驾护航”是美国进行对外宣传和对外文化扩张的基本模式，但也不排除中央情报局在宣传上直接插手。

美国文化的全球性扩张，在大多数情况下属于非政府部门的文化产业企业为巨额利润所驱动而进行的经营性活动，但在实际操作中受到政府的支持，尤其在对外宣传方面已与美国外交不可解脱地联系在一起。美国中央情报局的元老艾伦·杜勒斯说过：“如果我们教会苏联的年轻人唱我们的歌曲并随之舞蹈，那么我们迟早将教会他们按照我们所需要他们采取的方法思考问题。”美国政府常常通过自身的行为促进美国文化的扩张。如美国在同意中国享受最惠国待遇时把不要干涉“美国之音”作为一个前提条件。美国国会在《1995年中国政策法》中将开办“自由亚洲电台”列为重点条款之一。在中美知识产权谈判中，美国谈判代表奉政府之命，强硬地要求中国开放国内文化市场，接纳美国各类影音制品。

美国和西方国家对我国进行文化渗透的一个重要策略是在中国国内寻找其代理人。代理人的形式有两种，一种是政治、意识形态的直接收买，另一种是商业上的雇佣、合作关系。商业上的雇佣与合作关系属于正常的经济现象，但对于前一种形式，我们决不可麻痹大意。1999年，美国出版了一本名为《文化冷战：中央情报局和文化艺术界》的书，披露了美国中央情报局秘密资助许多国际性大型文化艺术活动的内幕。根据该书所透露的资料，美国中央情报局资助这些活动的目的是试图影响人们的政治观点，培养人们对美国的亲近感情。它收买了一些国家的编辑、作家和学者，让它所收买的报刊的编辑卡住批评美国的文章，让它所收买的作家和学者来替美国进行宣传。当然，这一切都是在十分隐蔽的情况下进行的。中国现在有没有这种情况，笔者不得而知，但这本书所披露的情况不能不引起我们的注意。

2. 文化产业已经成为美国国际战略格局中重要的“软权力”。现在，美国的软权力已经渗透到世界各个角落，它的进一步发展可能会影响和制约这些国家的国际行为甚至世界秩序。1990年，美国前负责国家安全事务的助理国防部长、现哈佛大学肯尼迪政府学院院长约瑟夫·奈出版了《美国定能领导世界吗》一书。在该书中，他第一次明确提出了“软权力”概念。所谓“软权力”，是相对于“硬权力”（Hard Power）而言的。所谓“硬权力”是指一个国家凭借经济实力、军事力量，通过对其他国家进行经济制裁和武装军事干涉，去胁迫他国干他们不想干的事情。“软权力”是指文化、生活方式、价值观和国民凝聚力等。软权力是一个国家的文化与意识形态诉求（Appeal）。它是一种通过吸引力、感召力和同化力而不是强力获得理想结果的能力。“软权力”在很大程度上依赖信息的说服力。价值观念是重要的“软权力”资源。如果一个国家可以使它的行为标准和制度在其他人眼里具有吸引力，那么它就无需扩展那些传统的经济和军事资源。在今天这个全球信息时代，“软权力”变得越来越重要。

美国“软权力”的核心内容是其“民主、人权、自由、法制”观念和美国的生活方式。美国自由欧洲电台和自由电台委员会副主席本·瓦滕伯格宣称：“今天只有美国的民主文化才有基础，只有美国人才拥有使命意识……我们在历史上是最强有力的文化帝国主义。”20世纪60年代以来从美国输出的文化具有一种强烈的反集权主义倾向。美国的流行歌曲和影视节目都流露出个人自由高于社会责任、个人权力高于政府统治的倾向，会对其他国家政府的威信造成直接的损害。美国大众文化扩张造成的影响非常广泛，“通过电视和电影院中的广告节目、连环漫画、杂志广告，美国公司对墨西哥处于底层的一般人民的思想的影响，毫无疑问，比墨西哥政府和墨西哥教育制度的影响更为持久。”美国的生活方式对世界各地的青年人都有一定的诱惑力。总之，美国媒体所产生的影响要远远多于人们可以从屏幕上看到的一切。

“软权力”的表现形式也要比“硬权力”温和得多，它是无形的，甚至是低俗的，但其影响力要比“硬权力”来得丰厚和久远。美国在生活和娱乐方面对世界其他国家和地区的影响和渗透可以说是无所不在的。可口可乐和麦当劳快餐风靡全世界，许多国家和地区都面临着被“可口可乐化”和“麦当劳化”的危险。现在，美国的“软权力”已经与世界许多国家平民百姓的日常生活联在一起，它的进一步发展可能会影响和制约这些国家的国际行为甚至世界秩序。

3. 美国人把WTO当成输出美国价值的一种最有效的工具。这个“新的工具”使美国能够深深地介入别国的内部事务，强迫他们改变相关的法律和措施。然而，美国要把文化产品的自由贸易写进WTO的企图遭到了坚决的抵制。从克林顿政府开始，美国政府逐渐摒弃通过联合国的传统的方法，转而利用新成立的世界贸易组织来实现“输出美国的价值观念”。《纽约时报》的政治分析家戴维·桑格曾撰文庆贺世界贸易组织就远程电讯业达成协议，认为它将给华盛顿提供一个“实施外交政策的新的工具”。协议“允许世界贸易组织介入70个签署国的内部事务”。众所周知，国际性机构只能是按照强国——特别是美国——的命令行事。在现实世界中，这个“新的工具”使美国能够深深地介入别国的内部事务，强迫它们改变相关的法律和措施。美国议会法律顾问索非尔公开声明美国自始至终的原则就是，“对于任何本质上属于美国内政的事情，美国不接受强制性的仲裁，是否属于美国内政的标准，也应由美国自己决定。”

总之，美国一直试图通过国际性机构，“根据自己的形象”来设计世界。“美国对自由贸易的狂热”意味着美国政府可以随意地违背贸易协定。当联合国的大多数成员国能靠得住并附和华盛顿方面的观点时，它就是一个适用的论坛，但当大多数成员国在重要的国际问题上都反对美国时，它就是一个不适用的论坛了。世界贸易组织对美国来说也只不过是这样一个论坛。最近，美国单方面提高进口钢材关税与农产品补贴，再一次证明美国只根据自己的利益来办事，根本不会顾忌各种各样对它不利的规则。多年来，美国一直在寻求利用WTO来进行对外自由文化扩张和对外宣传。

（1）美国试图把文化产品等同于所有一般性商品，主张文化产品应该自由流通、自由贸易。在乌拉圭回合的谈判中，美国政府出面要把关贸总协定（GATT）的范围扩大到服务领域，包括电影电视节目之类娱乐服务。对于美国来说，这意味着自由贸易决不会容许配额的存在。但在谈判中，法国提出了“文化例外”原则，对美国的企图进行了坚决的抵制。

（2）此后，美国政府又试图在《多边投资协议》（MAI）中写进文化条款，由于联合国的反对，没有达到目的。

（3）美国曾经成功地运用WTO作为打破加拿大文化保护壁垒的手段。在加拿大的期刊市场上，美国杂志占到了80%的份额。加拿大为了保护其期刊市场，出台了一系列保护措施。美国认为加拿大方面所采取的措施违反了WTO的有关条款，遂向WTO提出仲裁。结果美国胜诉。这件事情给我们的启示是，空喊打倒“文化帝国主义”口号是于事无补的，我们应该学会新的游戏规则，学会理性地保存自我，战胜对手。

4. 美国不制定文化政策恰恰是一种实现“文化霸权”的最为有效的策略，隐藏着更深层的意识形态性。

绝大部分的国家都设有专门管理文化事业的政府部门，而美国这样一个政府职能部门非常完善的文化产出大国，却单单没有所谓的文化部。他们声明之所以不设文化管理部门，甚至不制定文化政策，就是为了保护言论自由和产业自由。这样，不设文化部，不制定完整统一的文化政策，看上去好像是一种“无为而治”，而事实上完全不是这样。

从目前的情况看，美国已经占据了全球文化的制高点，它本身就是全球文化游戏规则的操纵者。美国自身无需文化保护的策略。它即使无需任何一种文化政策，任凭文化产业随着市场规则来独自运转，也会在全球市场中独占鳌头。实质上，这是一种更深层、更有效的文化霸权战略。美国由于在文化产业上具有经济主导性，因而，他们反倒无需文化上的特权，而只需其它国家和地区不设置文化保护之类的障碍即可。美国根本不会顾及那些边缘化国家中早已十分突出的文化问题，他们感受不到那种民族文化受倾轧的危机。他们深知，自身不设文化监管部门也是一种表率，假若其它国家的政府也如法炮制，那美国将无疑是更大的受益者。由美国自身文化霸权所决定，在同样多方位开放的文化市场之间，美国的巨大压强必定使其文化向其它国家渗透和转移，而根本不必担心自身受欺的问题。这种驱除了文化限制的自由市场诉求，会为美国文化产业大开方便之门，其实就是要求文化服从于市场。这样，这种“没有政策的政策”、“没有策略的策略”恰恰是一种实现“文化霸权”的最为有效的策略。美国这种表面上看去十分开放的文化策略其实隐匿了更深层的意识形态性。

二、中国在文化出口方面应该采取的对策

1. 规模经济使美国的文化产品具有很强的国际竞争力。我国需要大量的进口电视节目，电视台出于经济方面的考虑，就有可能把美国的影视节目作为首选对象。

美国的文化产品由于巨大的发行量和经济潜力，其投资回报在国内已基本实现，因而，在国际市场上其产品自然便具有非常强的竞争力。1999 年中国的电视观众占了世界电视市场的 1/4，占亚洲市场的 44%。以年度来计算，中国的中央电视台和为数众多的省市电视台每年大约需要 500 万小时的电视节目。在所有的节目当中，每年要播出大约 8000 多集电视剧，其中 1/4 需要进口。由于专业人才和资金的匮乏，中国自己的编播制作单位不能生产出足够的节目来满足电视台和观众的需求。中央电视台的节目有大约 30% 是从国外购买的。各省级电视台只有能力制作所播出节目的 20%。这样，对外国节目的需求就是不可避免的。外国的纪录片、科学技术文献片、动画片和儿童节目、商业和经济节目、表演艺术及故事片都会成为中国电视台引进的对象。由于美国的影视节目在其国内已基本收回了成本，其在国际市场上的价格就可以具有非常强的竞争力。电视台出于经济方面的考虑，就有可能把美国的影视节目作为首选对象。

2. 多哈会议之后，WTO 启动了新一轮的多边贸易谈判。在新一轮多边谈判中，我们应该坚持“文化例外”原则、文化多样性原则，强调我们的文化主权与文化安全。

文化安全直接关系到我国的政治安全和意识形态安全。对此，我们应该有一个清醒的认识，做到旗帜鲜明、立场坚定。在新一轮的多边谈判中，我们可以援引以下国际惯例，维护我们的国家利益。

（1）文化主权。从 20 世纪初开始，许多国家对文化产品的贸易实行了限制。1948 年的《贝鲁特协议》规定取消教育用视听材料国际贸易中的进口关税、许可证和数量限制。1950 年的《佛罗伦萨协议》注重对知识产品如图书、期刊和报纸等的自由流通。然而，这些国际协议没有包含娱乐性文化产品或文化特征。事实上，《关贸总协定》和《经合组织无形标准》都批准了电影放映保留配额，以保持各国的文化身份。各国为保护其国内文化产业的发展，经常把文化主权问题作为主要理由提出来。从实质上讲，文化主权并不是关于艺术产品本身的消费问题，而是关于消费者对文化产品的选择问题。政府会运用价值判断来促进、刺激国内文化产品的消费，因为这些文化产品表达了本国的价值观和文化。文化主权是支持贸易壁垒的核心观点，经济和政治问题也常常被提出来支持贸易限制。

（2）文化例外。在 1993 年关贸总协定乌拉圭回合的最后一轮谈判中，以法国为代表的一些国家表示，关贸总协定对于商品、服务及受版权保护的产品的原则的实施，特别是最惠国及国民待遇原则，侧重于商业方面的考虑，会破坏这些国家的文化独特性及其独特地位。如果仅仅受商业利益的支配，许多地方的文化产业很快就会被跨国公司及具有垄断地位的资本所代替。作为一种“主张”，“文化例外”没有任何法律地位，也就是说，它没有被写进任何协议或条约。“文化例外”的主张是基于这样一种原则：文化不像其他任何产品那样，因为它的价值超过了商业价值。文化商品和服务传达着观念、价值和生活方式，这些反映了一个国家的多重身份及其公民的创新的多样性。

几年之后，在斯德哥尔摩召开了关于文化发展的政府间会议。1999 年，联合国教科文组织又召集有关专家讨论“文化一种独特的商业形式”，作为对上次会议的回应。这次研讨会的结论得到了普遍的共识：“文化不仅仅是一个经济事件或一个经济学概念。”

一些欧盟成员国家曾经在关税与贸易总协定的谈判过程中成功地运用“文化例外”的概念来拒绝文化服务的自由化。由于文化的敏感性及特殊性，欧盟拒绝开放视听服务如电影、广播、电视及其它相关文化服务市场。“文化例外”的主张在保留 GATT 第二部分第四条的决议中也得到了反映。这一条有关电影放映配额，允许国产影片在总

放映时间中有一个具体的最低比例。GATT 还把“保护具有艺术价值、历史价值和考古学价值的民族宝库”的措施作为例外保留下来（第 XX 条第 f 款）。所有其他文化产品，除了电影和家庭录像，都适用于 GATT 的全部条款。“他山之石，可以攻玉”，在 WTO 新一轮的多边贸易谈判中，涉及到文化宣传方面的服务内容，我们完全可以援引这方面的先例。

（3）文化多样性。联合国教科文组织策划了“世界文化发展十年”（1988—1997）活动，并于 1992 年成立了以联合国前秘书长佩雷斯·德奎利亚尔为主席的世界文化与发展委员会。1995 年世界文化与发展委员会经过数年的调查、积累、撰写和修改，发表了题为《我们的创造的多样性》的报告，深入论述了文化在人类发展中的重要作用。报告认为，经济的发展是一个民族的文化的一部分，脱离人或文化背景的发展是一种没有灵魂的发展。发展不仅包括得到商品和服务，而且包括过上充实的、满意的、有价值的和值得珍惜的共同生活，使整个人类的生活多姿多彩。因此，文化作为发展的手段尽管很重要，但它最终不能降低到只作为经济发展的促进者这样一个次要地位。发展与经济是一个民族的文化的组成部分。发展是一个对个人和集体产生强大的思想和精神影响的现象。所以，对发展和现代化的各种问题的认识，说到底都集中在文化价值和社会科学两个方面。文化是一种行为方式的传播。1998 年，联合国教科文组织又在斯德哥尔摩召开了“文化政策促进发展”政府间会议。这次会议提出了一份《文化政策促进发展行动计划》。这份《计划》指出，“发展可以最终以文化概念来定义，文化的繁荣是发展的最高目标。”“文化的创造性是人类进步的源泉。文化多样性是人类最宝贵的财富，对发展是至关重要的。”因此，“文化政策是发展政策的基本组成部分”，“未来世纪的文化政策必须面向和更加适应新的飞速发展的需要。”无疑，未来世界的竞争也将是文化或文化生产力的竞争，文化将成为 21 世纪最核心的话题之一。

3. 面对复杂的国际局势，在文化问题上，我们必须坚持国家利益高于一切的原则。各文化企业及地方政府的局部利益必须服从于整个民族和国家的最高利益。一些西方国家把中国看作是一个潜在的巨大的文化消费市场，已经制定出了进入中国文化市场的战略计划。西方一些国家已经注意到中国幅员辽阔、人口众多，各地的经济文化发展极不平衡，地域和地域之间的差别非常大，在一个地方适用的情况在另外一个地方就可能完全不同。他们的策略是不把中国作为一个总体上统一的市场，而把中国看作是许多有着独立特征和不同机会的市场的组合。在经济领域，中国各地的地方保护主义已是屡见不鲜。在文化领域，一些地方政府为了发展经济所采取的一些各自为政、急功近利的做法也需要引起我们的注意。比如，有的省市政府的《政府工作报告》中就已经出现了要把文化“产业化”的提法。再有，为了获取文物的经济价值，一些地方政府一开始“创造性”地“将原本由政府实施保护与管理的文物单位转移到旅游企业开发经营，掀起了一股旅游企业对文物单位的兼并热。”这种做法既严重的违反了《中华人民共和国文物保护法》，也会严重破坏我国的优秀文化遗产，妨害民族精神的发扬，并且会损害我国人文大国的形象。

除了一些地方政府之外，国内一些文化传媒机构，出于自身商业利益的考虑，有时也会做出一些有损全局的事情。比如对奥斯卡金像奖颁奖晚会的直播，电视台出于利益驱动是有积极性的。一家电视台如果通过购买直播权成为大陆唯一有权对晚会进行现场直播的电视台，就可以吸引大批广告、赞助。但这样做对于国家的利益，至少对于整个中国电影产业的国际竞争来说，是十分不利的。因为，第一，国内企业付给电视台的广告费以直播权购买费用的形式转移到了美国电影科学院，实际上也就是资助了美国电影业；第二，对奥斯卡颁奖晚会的直播，给好莱坞电影产业进行了大规模的宣传，起到了培育美国电影在中国的消费市场、引导中国观众的消费偏好的作用。现在有电视台正在积极申请直播奥斯卡奖颁奖晚会的事宜。奥斯卡奖和奥运会、世界杯等体育赛事是完全不同的事情。奥斯卡奖是美国好莱坞的集体广告、是美国电影产业的市场营销策略，要在中国有影响的电视台播出，应该给中国的电视台付费才行。我们不要把事情搞颠倒了，就像美国作家马克·吐温在《汤姆·索亚历险记》中所写的其他小孩要给汤姆·索亚糖果才能替他刷墙那样。

上面所说的这两种情况说明，必要的国家干预是应该的。国家应该从国际政治、经济、文化竞争的总体格局出发，站在国家利益高于一切的制高点，结合国家文化发展的长期规划，对地方政府以及本国文化企业的文化活动进行宏观的调控，尽量减少不同地域文化发展的不平衡性，增强我国的综合国力和民族凝聚力，培育和弘扬民族精神。

4. 在跨国垄断已经形成的情况下，中国必须动员国内各部门与国际上一切力量来保护自己的文化价值，不能让自己的文化产业听凭国际市场的摆布。

许多发展中国家包括中国的文化及其文化产业正面临着国际竞争的挑战。目前，多媒体综合性跨国文化企业的垄断已经形成，它们越来越多地控制着全球文化产品消费市场的份额。而发展中国家由于相关政策的滞后，如缺乏对原创作者的激励机制、投资不足、对自己国家处于发育期的文化产业缺乏信心、对管理人员的培训力度不够、不注重对自己产品的促销工作等原因，在文化贸易方面根本无法与这些跨国公司竞争。

目前，中国的文化市场已经受到严重的挑战，越来越多的高附加值、低成本的外国文化产品出现在中国的文化市场上。中国的儿童动画片市场已基本上被美国和日本公司所支配。在中国儿童中最流行的卡通人物是美国的米老鼠和日本的机器猫。而中国的文化产品在国际上却处于非常边缘的地位。这种情况在视听领域由来已久，在其他新的多媒体领域，也越来越引起人们的关注。中国的文化企业在企业规模、经济实力、成本、生产与发行的相关服务等方面的差别，以及知识、产品质量等方面的局限，以及法律环境和投资体制等方面的因素，严重制约了中国文化产品在国际上的竞争力。

在这样的国际环境当中，单独靠市场的自我调节已经不能保证文化产品的国际贸易能够得到公平的发展。在这种情况下，让发展中国家的还在幼稚期的文化企业去和这些跨国公司的庞然大物“公平竞争”，只能是一句美丽的谎言。在世界范围内，仅仅靠市场机制的自发调节已经不能保护文化选择的多样性，不能保护文化产品的公平竞争。

中国加入WTO，不能只是被动地接受WTO的现有规则，而应该以自己的努力和影响参与塑造WTO的制度和条款。在文化问题上，中国应该把保护世界的文化多样性作为一个基本立场，为建立一个开放、公正、透明的，具有可参与性的多边贸易体系而努力。在这样的贸易体系内，应该保证中国及其他发展中国家的文化产品有进入国际市场的公平的商业机会，保证选择的多样性，保证竞争。

联合国教科文组织第十三届大会曾提醒各国注意，文化商品和服务的自由流通不能任凭国际市场法则的摆布。中国必须动员国内与国际上的一切力量来保护自己的文化产品、文化价值与文化身份。否则，我们的人文学科、我们的文化、我们的民族认同、我们的民族凝聚力乃至我们的意识形态，都会不可避免地受到毁灭的威胁。

（选自《燕山大学学报》哲学社会科学版2002年第4期）

关于发展文化产业的几个问题

尹世杰

发展文化产业的意义和作用

为了要说明文化产业的作用，首先需说明什么是文化产业？联合国教科文组织在蒙特尔会议上把文化产业定义为：“按照工业标准生产、再生产、储存以及分配文化产品和服务的一系列活动。”我们认为，从更高的要求来说，文化产业应该是在先进文化的指导下，生产文化产品和服务，以满足人们日益增长的文化需求的产业。应该说，文化产业和文化产品，包括物质形态和服务（劳务，下同）两个方面。从文化的发展趋势来说，以服务形式存在的文化产品将越来越多，说明精神文化消费的作用越来越大。

但有人谈到文化产业、文化产品的性质时，却认为：“文化服务产品同工农业产品的本质一样都是物质产品。对于教育和文艺、体育表演等文化服务有人怀疑它们的物质性。这是不对的。物质的就是客观的。一部文学作品，一本科学著作，是人的思维的结晶，是精神的东西，但是客观存在，影响着人们的思想和行动。”这种说法是不确切的，不能认为文化服务“都是物质产品”。马克思早就说过：“在提供个人服务的情况下，这种使用价值是作为使用价值来消费的，没有从运动形式转变为实物形式。”“服务这个名词，一般地说，不过是指这种劳动所提供的特殊使用价值是因为劳动不是作为物，而是作为活动提供服务的。”很多文化服务，如教师的讲课，艺术家的表演，生产服务的过程，也就是消费的过程。正如马克思所说：“一个歌唱家为我提供的服务，满足了我的审美的需要；但是，我所享受的，只是同歌唱家分不开的活动，他的劳动即歌唱一停止，我的享受也就结束。”像这种例子是很多的，怎么能说各种服务特别是文化服务“都是物质产品”呢？至于文学作品、科学著作等，已经“物化、固定在某个物中”，成为实物形式存在的消费品，当然是物质产品了。

文化产业（包括科技、教育、旅游、文化艺术、体育等产业）对社会经济、文化的发展具有极其重要的作用：

一是有利于满足人们日益增长的文化需求，提高消费质量，促进人的身心健康和全面发展。发展文化产业，使文化产品丰富多彩，就能提高文化消费在消费结构中的比重，提高消费中的文化含量，有利于从根本上提高人的素质，促进人的全面发展。发展文化产业，更好地满足人民现实的物质文化生活需要，是实现江泽民主席提出的“建设社会主义新社会的本质要求”的重要条件。

二是有利于促进社会经济的发展。文化是发展的摇篮。发展文化产业、文化产品，有利于扩大消费需求，促进消费结构的优化和升级，从而促进产业结构的优化和升级，形成新的经济增长点，实现消费需求与经济增长之间的良性循环。特别应该看到，文化是提高消费力和生产力的重要源泉。我在十年前就提出：文化教育是第一消费力，发展文化教育，能提高人的素质，提高消费消费资料的能力，提高消费质量，就能提高生产力，从而实现消费力与生产力之间的良行循环。发展文化产业，有利于实现消费力和生产力之间的良性循环，促进社会经济的发展。事实上，很多国家发展文化产业有力地促进了经济的增长。例如，近几年英国文化产业的产值接近600亿英镑，平均增长速度为国民经济增长率的两倍。澳大利亚文化产业年产值约占国内生产总值的215%。美国更是文化产业最发达的国家，仅文化娱乐业平均每年收入就达4000亿美元，仅次于航天工业，成为第二大支柱产业。影视、音像产品占有40%以上的国际市场份额。一部《泰坦尼克号》电影，就创造14亿美元的收入。美国NBA篮球赛的年利润达650亿美元。迪斯尼把高新技术应用于文化娱乐业，1993年销售额为85亿美元，到1997年仅4年时间就达到了225亿美元。近年来，美、日、英、意等发达国家文化产业增加值占GDP的比重已达20%左右。很多国家就是利用发展文化产业作为新的经济增长点。

三是有利于吸收劳动力，解决劳动力就业问题。文化产业是高层次的劳动密集型产业，能吸收大量的劳动力。在一些发达国家和地区，文化产业吸收劳动力的能力一般超过劳动力总量的2%。美国从事文化艺术及相关的工作人员达1700万人。我国是一个劳动力极其丰富的国家，而就业问题又是当前一个极大的问题。有人估计，开发文化资源，发展文化产业，能吸纳1000万以上的劳动力，这对解决我国劳动力就业具有重要的作用。

四是对社会文明和社会全面进步有巨大的促进作用。恩格斯早就说过：“通过社会生产，不仅可能保证一切社会成员有富足的和一天比一天充裕的物质生活，而且还可能保证他们的体力和智力获得充分的自由的发展和运用。”又说：“文化上的每一进步，都是迈向自由的一步。”发展文化产业，更好地满足人们的文化需求，使人“迈向自由”，使“他们的体力和智力获得充分的自由的发展和运用”，不仅提高了个人的文化水平，而且能提高全社会的文明程度，促进社会全面进步。

以上都说明：发展文化产业具有极重要的作用。特别是我国当前，即将全面进入小康社会，正面临着消费结构的优化和升级。小康水平的重要特点，是人们的消费由以追求数量为主向追求质量为主的转变，以生存资料为主向享受、发展资料比重不断提高的转变，这就需要大大增加文化消费，特别是提高精神文化消费的比重，就必须大力发展文化产业、文化产品，以满足我国13亿人口的文化需求和社会主义精神文明建设的要求。有人测算，2000年我国实际文化消费大约为800亿元，而潜在的文化消费能力大约为3000亿元。2005年将达到5500亿元。如此巨大的文化需求，必须加速发展文化产业，更好地满足人们日益增长的文化需求，这是发展的必然趋势。

当前我国文化产业的现况和问题

近年来，我国文化产业虽在逐步发展，但还存在不少问题：

一是文化资源还没有充分开发利用，资源优势还没有转化为产品优势。我国地大物博，是一个有五千年历史的文明古国，有极其丰富的文化资源。不仅有极丰富的历史文化，而且有56个民族，各具民族文化特色。就以旅游文化而言，我国有极丰富的历史文物和自然景观，但很多还没有好好开发。有的甚至以“开发”为名，破坏了自然景观和文物古迹。如世界闻名的泰山，前几年修索道，把著名的景点日观峰炸掉三分之一，周围树木砍伐殆尽，造成不可弥补的损失。著名的黄山风景区，大修宾馆、水库，开山炸石，砍伐树木，破坏了生态环境，破坏了黄山这个著名的世界遗产。这种例子存在不少，还有的用“文化垃圾”去“制造”所谓人文景观，什么“西游记宫”、“封建演义宫”以及一些怪模怪样的“人间仙境”、“幽灵世界”，宣扬“鬼文化”，丑化了文化景点，这不是在发展文化产业，而是在破坏文化产业。旅游方面如此，其他文化领域也有类似情况。

二是文化产业体制还没有理顺。我们过去一直把文化作为福利，把文化部门作为“事业”，不作为产业，采取“包”和“统”的办法，大大影响文化的发展。这几年，虽在逐步改革，但还没有完全摆脱传统体制，政府管得太多，管得太死，甚至出现部门垄断、行业分割的格局，没有形成合力，没有形成“大文化，大产业”，集约化程度低。因而影响文化产业的发展，特别是在农村，文化消费极其落后，文化设施少，很多文化设施科技含量、文化含量低。人们日益增长的文化需求和现有的文化产品，特别是高质量的文化产品的供应之间还有很大的差距，还不能满足城乡人民消费升级的要求。

三是对文化产业的投入偏少。我们现在对文化产业投资，特别是对公共文化设施建设的投入偏少，影响了文化消费的发展。2000年，全国有756个图书馆全年无一分购书费，占图书馆总数的28.2%；799个文化馆全年无业务费支出，占文化馆总数的27.5%；1222个剧团无排练制作费，占文化系统剧团的46.7%。对公共教育的投入也偏少。例如，我国公共教育经费占国民生产总值的比重，以1996年为2.5%，法国为6%，波兰为7.5%，马来西亚为5.2%。和很多国家比，我们的差距还很大。我国拥有13亿人口，居世界首位。人口如此之多，对文化教育的需求量很大，但公共文化设施和公共教育经费却偏少，这就必然影响文化教育的发展。

四是我们现在文化市场还很不干净，影响文化消费和文化产业的发展。一些低级庸俗甚至宣扬封建迷信、色情、暴力的东西还四处泛滥。非法出版、侵犯知识产权、盗版、走私倒卖文物的活动，屡禁不止。有人分析，全国80%的音像市场份额被非法音像制品侵占。去年全国大力整顿文化市场秩序卓有成效。从2001年4月到11月间，对全国各地统计上报的914万家经营性“网吧”进行了清理整顿，互联网上网服务场所过多过滥、管理混乱、经营无序现象初步得到控制；查处卖淫嫖娼、赌博等案件34561件，清退营利性陪侍人员34409人；收缴非法出版书刊2000万册，非法光盘及软件1.1亿张，查获非法光盘生产线15条。整顿出版物、计算机软件市场和印刷业，仅在珠海一次就集中销毁了1640万张走私盗版光盘。这些情况说明我们的文化市场问题还很多，影响城乡居民的文化消费，也影响正当的文化产业的发展。这几年的整顿是良好的开端，今后的工作任重而道远。

文化产品能不能完全商品化

文化产业既然是一种产业，就应该按产业的发展规律来办文化，就应该按市场经济的要求进行运作，改变过去把文化作为“事业”、作为福利的传统格局。但是，也必须看到文化产业不同于一般的产业，它是一种特殊的产业。文化产品（包括文化服务，下同）既有私人产品的属性，又具有公共产品的属性；既具有商品的属性，又具有社会意识形态的属性。它不是“纯商品”，有一部分可以商品化，有一部分不能商品化。这是由文化的本质属性和根本任务决定的。

有人认为：“商品属性是文化商品化的原动力，文化产品的商品化是一种不可逆转的历史趋势。”有人说：“文化产品和文化服务，都应该是商品。”有人说：“文化产业、文化产品酝酿着很大的商机。”有人说：“商业与文化结合，文化成为促销的手段。”还有人为文化全盘商品化制造“理论依据”，在谈到什么是产业时，认为：“生产和提供商品（或服务）即商品化，是产业的本质内涵，盈利则是产业发展的根本目的。如果不提供商品（服务），或虽提供产品或服务而非营利性，那就不能成其为产业”，“随着人类文明的进步，任何商品都凝结着一定的文化内涵、文化附加值和文化特色。”我认为这些说法都是欠妥的：第一，文化产品虽然具有商品属性，但它的根本特征是具有意识形态属性，是从根本上提高人的素质、促进人的全面发展的精神支柱，是培养“四有”新人、发扬社会主义精神文明的重要杠杆，决不能完全商品化，这在前面已经说过。第二，文化决不能成为“促销”的手段，发展文化产业、文化产品，决不能以牟利为目的，必须以社会效益为第一位。邓小平同志早就说过：“思想文化教育卫生部门，都要以社会效益为一切活动的唯一准则。它们所属的企业也要以社会效益为最高准则”，要反对“把精神产品商品化的倾向”。文化产品如果完全商品化，以牟利为目的，那就违反了发展文化的本质要求，甚至会毁灭崇高的文化。就是在发达的资本主义国家，也遭到很多有识之士的反对。布热津斯基1992年在《失去控制》一书中指出：以好莱坞影片和电视片厂家为代表的商业化大众媒介，出于商业利益，迎合人们最低级的本能，倡导自我放纵和贪婪的价值观念，不断传播自我毁灭的伦理，其结果造成道德败坏和文化堕落，使社会日益腐败。”美国著名学者杰姆逊指出：“商品化进入文化，意味着艺术作品正成为商品，甚至理论也成为商品；当然这并不是说那些理论家们用自己的理论来发财，而是说商品化的逻辑已经影响到人们的思维。”把文化完全作为商品，作为牟利的工具，后果是不堪设想的。第三，我们说文化是产业，是针对过去把文化作为“事业”而言，要计算投入产出，要核算成本。就是国家完全投资的文化产业，也要计算投入产出，按产业发展规律进行经营。个人、企业、社会投资办的文化产业，更要计算投入产出，更要核算成本。不能说商品化是“产业的本质内涵”，更不能说“盈利是产业发展的根本目的”，那就完全歪曲了产业的本质，更是违反了发展文化产业的根本目的和客观要求。

从实际情况来说，就是在发达国家也不是把文化产品和文化服务完全商品化的。瑞典就明确反对文化商品化。瑞典议会早在1974年就通过了国家文化政策的八点主张，其中之一就是“反对文化艺术的商品化”。瑞典国家文化事务委员会主席罗夫尔先生1991年对中国前去考察的人员说：“文化艺术要完全实行商品化，行不通。比如一本书很有价值，但需要量少，就必须由政府补贴，不能完全由市场管。只靠市场调节，西方的歌剧院、交响乐团就都完了。”事实上，很多发达国家一部分文化产业都是依靠政府重点保护与扶持，如中央政府用于文化、娱乐和宗教的支出：日本1992年为1100亿日元，1993年为1590亿日元；加拿大1994年为29.42亿加元，1995年为27.44亿加元；美国1997年为53亿美元，1998年为92亿美元；英国1997年为12.97亿英镑，1998年为12.71亿英镑；澳大利亚1996年为14.85亿澳元，1997年为13.4亿澳元，1998年为13.72亿澳元。法国学者保尔·卡特曾指出：在市场经济占主导地位的资本主义经济中，也出现了“非商品”的经济因素，包括教育、卫生、社会保障和环境保护等，而且有不断扩大的趋势。资本主义国家尚且如此，我国是一个社会主义国家，更应强调文化消费和文化市场的价值导向，充分发挥文化产品的意识形态属性，发展文化产业，发展文化消费。

有人在谈到文化产业时，强调"文化经济化"，"文化即经济，经济亦文化。这是文化经济一体化的最高层次和核心层次"，"经济渗透进文化，使文化具有经济力，增加了文化的商品属性，增加了文化的造血功能"，还特别强调"文化物化、精神产品产业化和商业升华"，并认为"拳王争霸赛，明星、巨星、红星、巨腕、大款、追星族，当这一切如潮似水在我国经济、文化生活中风行，像阳光、空气一样充满的时候，我们已经亲身感受到了精神文明的迅猛增长和迅猛扩张"。这些说法更是错误的。第一，文化是一个很广泛的范畴，其中有经济的因素，也有很多非经济的东西；经济中有文化的因素，也有很多非文化的因素，甚至有反文化的东西，怎么能说"文化即经济，经济亦文化"呢？第二，"巨腕、大款、追星族"等，其中也有很多是无文化甚至是反文化的东西，怎么能说是"精神文明的迅猛增长和迅猛扩张"呢？这样会把精神文明引向何方？这不是对崇高的精神文明的沾辱和歪曲吗？

总之，发展文化产业必须强调文化产业、文化产品的本质特征，决不能把它作为牟利的工具，决不能强调一切商品化，这是我们必须坚持的一项重要原则。这就必须划清文化的商品化与非商品化的界限：哪些是可以商品化的，哪些是不能商品化的？如历史文物及公共文化设施等，是不能商品化的。就是那些个人或集体自主经营的经营性企业，可以搞产品化，也不能片面追求经济利益，也应强调社会效益。

如何发展文化产业

近年来，随着我国居民收入水平的提高，城乡居民文化消费不断增加。以城镇居民而言，1996年平均每人消费性支出为3919.5元，其中娱乐教育文化服务支出为375元；2001年平均每人消费性支出为5309元，其中娱乐教育文化服务支出为690元。以农村居民而言，1996年生活消费支出为1572.08元，其中文化教育娱乐用品及服务支出为132.46元；2001年生活消费支出为1741.09元，其中文化教育娱乐用品及服务支出为192.64元。五年间，城镇居民娱乐教育文化支出增长近1倍，农村居民文化教育娱乐用品及服务支出增长近40%，增长均较快，但在消费结构中的比重还是偏低。直到2001年，城市居民的文化消费在消费结构中的比重还不到10%，农村居民也只10%多一点。比之一些发达国家文化消费在消费结构中占30%以上，差距还很大。当前正面临着全面进入小康社会，正面临着消费结构的优化和升级，需要加速发展文化产业、文化产品。在国际上，人均GDP达到1000美元时，文化消费开始大发展，文化产业必然大发展。我国2001年人均国内生产总值已达7543元，将近1000美元，正是文化产业开始大发展的有利时机。今后，需要做的工作很多，主要是：

第一，进一步开拓文化资源，把资源优势转化为产业优势。我国是一个有几千年文明的古国，历史悠久，有极其丰富的文化资源，但很多还没有很好的开发和利用。这就要积极保护，合理开发，有效利用。如何提高原有人文资源的文化艺术含量？如何合理开发新的文化艺术产业和产品？如何合理开发新的旅游景点，并挖掘其文化底蕴，提高文化品位？如何根据高科技发展特别是信息产业发展的新形势，开拓发展新的文化资源，发展新型文化产业，使高科技与高文化密切结合？"十五"计划《纲要》提出："要推动信息产业与有关文化产业结合。"如何"结合"这方面还大有可为。所有这些，都牵涉到如何把文化资源优势转化为产业优势，这些都是很值得研究的问题。

第二，要改革文化产业管理模式。要改变过去文化管理高度集中的体制，政府由"办文化"向"管文化"转变，加快文化产业的资产重组和结构调整。有些重要的文化产业和文化设施，如重要的图书馆、博物馆、科技馆、文化馆、艺术研究院，应该由政府主办或重点扶持。有些文化产业，可以投入市场，改变投资主体单一化，形成投资主体多元化的格局，可以组建自主经营、自负盈亏的经营型企业，如演出公司、电视公司、音像出版社等。要打破地区封锁、部门割据，搞跨地区、跨国经营。要增加对文化产业的投入，特别是增加对图书馆、博物馆、文化馆等公益文化事业的投入。事实上，很多发达国家，对公益型文化产业，如公共图书馆、博物馆、文化馆、科技馆等，政府大量投资。全美国图书馆年度开支总额有90.2%来自政府补贴，私人赞助占9.4%。法国新国家图书馆，政府投资80亿法郎。很多国家在税收、信贷、价格等方面给发展文化产业、文化设施予以优惠。我们现在，国家对公益型文化产业的投入还是偏少。对基层公共文化设施建设，特别是农村，也应尽量增加投入，使其成为发展基层文化消费的重要基地。"十五"计划《纲要》中提出"深化文化、广播影视、新闻出版体制改革，建立科学合理、灵活高效的管理体制和文化产品生产经营机制。继续实行支持文化事业发展的有关政策，增加对重要新闻媒体和公益文化事业的投入"，强调"完善文化产业政策，加强文化市场建设和管理，推动有关文化产业发展"。落实这些计划、措施，对我国文化产业的发展，将起着重要的作用。

第三，发掘、培育文化艺术精品。中共中央"关于加强社会主义精神文明建设若干重要问题的决议"中，早就强调："树立精品意识，实施精品战略。"江泽民同志在庆祝中国共产党成立八十周年纪念大会的讲话中提出："要努力提高全民族的思想道德素质和科学文化素质，实现人们思想和精神生活的全面发展，繁荣社会主义文化，使人们的精神世界更加充实、文化生活更加丰富多彩。"要实现这些要求，更需要发展、培育文化艺术精品，创建有中国特色的社会主义文化产业、文化产品，发展社会主义新文化，发扬社会主义精神文明。最近，有些省市已在大力开展这方面的工作。如上海提出"集中力量办大事"，坚持高定位、高起点、确立精品意识，发挥国有文化控股产业集团的主导作用。江苏最近展出300多件工艺美术精品和文物，包括东海水晶、宜兴紫砂、扬州漆器、苏州石壶雕刻以及玉雕、牙雕精品等，吸引了大批群众，弘扬了民族文化。其他很多省市，也在开展这些工作。可以预计，我国文化艺术精品将不断涌现，为繁荣文化消费增添异彩。

第四，加强对文化市场的管理，进一步整顿文化市场秩序。要进一步抑制、打击非法文化产品经营活动，要加大"扫黄打非"的力度，包括网络消费。网络消费的发展，给我们的消费生活带来根本性变革，这是大好事。网络消费大发展是必然趋势。据信息产业部预测：我国2003年上网人数将达6000万人，主要是青少年。网络消费的发展也会带来一些新问题。近年来，电脑黄毒、网络黑客的问题越来越多。如何加强对网络消费的管理，防止、打击一些不法之徒利用网络贩卖精神垃圾毒害人们，特别是青少年，是极为重要的问题。

我国已加入世界贸易组织，这对发展文化产业既是机遇，又是挑战。适应入世的要求，尽快制定发展文化消费、文化产业的政策与法规，与国际市场接轨，既适应发展中国新文化的要求，又有利于保护优秀的传统文化，反对文化霸权；既有利于抵抗国外腐朽文化的侵袭，保护消费者权益，又有利于我们的文化创新，鼓励优秀的文化产品出口，发展外向型文化产业，弘扬中华民族文化。所有这些，都是值得我们进一步研究的重要问题。

（选自《经济科学》2002年第5期）

文化产业竞争力的内涵、结构和战略重点

花　建

文化产业竞争力的四大能力

借鉴国际学者的研究成果，立足于中国参与全球化竞争包括国际文化市场竞争的实际，我们认为："竞争力"通常包括微观竞争力、中观竞争力和宏观竞争力三大层次。

从微观层次上说，企业是直接进行具体生产经营活动的主体，企业竞争力主要表现为将一定的资源（如资本、信息、原材料、人力、物力、财力等），按照预定的目标进行处理后的产出能力。它具体表现为：对于产品或者劳务的研发能力、对成本和价格的控制能力、对市场的占有能力、对企业内部的管理能力、对政府和其他公共组织的协调能力等。

从宏观层次上说，一个国家或者地区的综合竞争力，包括经济实力、军事实力、科技实力和文化实力。它不但包括"硬实力"，也就是资源总量、经济实力、军事实力、科技实力，而且包括"软实力"，也就是政府和民间组织的动员能力、文化的生产和传播能力、在国际组织中的作用及对国际社会的影响能力等等。这种能力在一个地区或者一个国家遇到危机的时候，尤其会显示出巨大的抗风险能力和再生能力。韩国在遇到20世纪90年代后期的亚洲金融风暴时，迅速地动员了各种社会资源，比较快地克服了经济困难，而且反过来调整了产业结构，形成了IT产业和文化创意产业的研发和出口优势，就是一个明显的例证。

从中观层次上说，产业竞争力是指某一产业如金融产业、造船产业、汽车产业、文化产业等，通过对生产要素和资源的高效配置和转换，稳定、持续地生产出比竞争对手更多、更好的财富的能力。它不仅仅表现为市场竞争中现实的产业实力，而且还表现为可预见的未来的发展潜力。

从整体上看，文化产业竞争力既有与一般产业如养殖业、种植业、家电制造业等相同的共性，也有它作用于社会伦理、国家凝聚力、文化普及程度、国际影响等而具有的特殊性。它包括了四大核心能力：

第一，整体创新能力。它指文化产业在产品内容、产

品形式、科技手段、组织结构等方面的整体创新能力，由于文化产业的核心价值是原创性的文化内容，而文化内容是影响千百万人的心理，唤起社会的广泛认同，扩大国际和国内影响的根本要素，决定了该产业最重要的价值内涵。没有文化内容的创新，产品数量再多也只是一堆没有价值的空壳。所以，它比知识含量比较低的传统种植业、传统养殖业、低端服务业等，更倚赖于内在的创新活力。可以说，创新能力已经成为最宝贵、最核心的产业能力。

第二，市场拓展能力。它指文化产业不断拓展市场空间的能力，这不但包括在已有的市场中占据更多的份额，而且包括率先去开拓新的市场，打开新的文化消费空间。产业竞争力的强与弱，归根结底是由市场来决定的。没有市场的需求，也就无所谓竞争力。市场对文化产业的产品和劳务需求比较大，则该产业就相对有竞争力。需求既是竞争力提高的结果，也是竞争力进一步提高的前提。

第三，成本控制能力。它指文化产业内部通过组织的合理化，促进有效竞争有效地配置资源，从而不断降低成本，充分利用和获得规模经济效益的能力。成本越低，则产品和劳务的竞争力越强。而降低成本的要素，是合理竞争。美国政府之所以要分拆微软公司，恰恰在于担心微软公司愈演愈烈的兼并和垄断，最终将导致美国 IT 产业组织僵化，成本越来越高，而丧失了在国际市场上的活力。

第四，可持续发展能力。它指文化产业与社会、人文、生态环境、资源等相协调，从而获得可持续发展的能力。文化产业并不是一个自我维持、独立运转的封闭系统，它要不断获得信息、智能、技术、资金、自然资源等的支持，避免过多地消耗不可再生的自然资源和人文资源（如某些地区为了获取短期效益，对宝贵的历史文化遗产进行掠夺性开发，造成自然资源和人文资源的巨大破坏），而通过智能资源等的不断投入与优化整合，推动文化产业实现扩大再生产。

文化产业竞争力的七大内容

从上述文化产业四大核心能力出发，可以展开为七个竞争力指标的板块，这实际上就是文化产业竞争力的七大内容：

第一，产业实力。它是市场拓展能力的基础，市场竞争首先是实力的较量。它可以采用主要的经济总量指标来反映，最核心的是文化产业增加值的增长率和文化产业占当地 GDP 总量的比重，其次可以采用文化产业万元资产的利税额、文化产品和服务的进出口总量等。

第二，产业效益。它是成本控制能力的直接体现，可以选择投入产出比和动态指标来反映。文化产业的投入产出比越高，证明它的产业效益越高，它的文化产品和文化劳务在文化市场上的竞争力就越强。所以，美国《财富》杂志在评选世界 500 强时，不仅仅列出了年度产值的指标，而且列出了利润、资本和股东权益的指标，评选最有增长潜力的企业，说明产业效益与产业规模在体现产业竞争力方面具有同样重要的意义。而在产业效益的指标中，最核心的是文化产业的全员劳动生产率、资产利税率以及本地文化产品在国际市场上的占有率。

第三，产业关联。它是成本控制能力的间接体现，也是文化产业竞争力的重要标记。文化产业的最大特点之一，就是通过一个上下游联动的产业链条，利用文化资源的投入，对内容进行深入开发而达到反复产出，包括为相关产业提供丰富的市场附加值。比如当代动漫产业所创造的文化价值，扩散和延伸到了相关的礼品业、服装业、文教体育用品制造业、广告业、娱乐业、电子游戏机业等，产生了非常明显的带动效应。在国际上许多著名文化节庆会展期间，如洛杉矶的奥斯卡颁奖庆典、法国戛纳电影节、里约热内卢狂欢节、法兰克福图书展、汉诺威工业展览等，都给当地相关产业带来了明显的效益，成为名副其实的“黄金周”、“黄金月”。所以，在研究文化产业关联度时，可以选择本地人均教育文化娱乐服务支出占家庭总支出的比重、文化产业对相关产业比（如旅游业、交通业、文教体育用品制造业、广告业等的带动率）、海外游客与本地人口的比率等来体现。

第四，产业资源。它是整体创新能力的基础，包括发展文化产业所需要的人力、装备、资本、技术、信息等方面的条件。它一般可以选择资源的存量和强度指标来反映。由于文化产业不但需要资本、自然资源等硬资源，而且需要人类自然遗产、人类文化遗产、受过良好教育并且具有较高支付能力的人口等，所以，在考虑文化产业的资源方面，要考虑人文发展指数 HDI，本地拥有世界遗产数量，本地每万人口中艺术家、科学家和工程师数量，文化产业投入的 R&D 比重等。

第五，产业能力。它是文化产业的成长性因素，包括科技创新能力、产品研发能力、资源汇聚能力等。最核心的是本地文化产业的技术进步贡献率、获得专利的数量、获得省市以上文化艺术奖项的数量、举办国际展览的数量等。凡是强势的文化产业，无不在新产品和新服务的开发方面，体现出源源不断的巨大活力，处在全球文化市场的中心位置，而弱势的文化产业，首先在于创新活力的缺失，而停留在模仿和跟随的境地，逐渐处在全球文化市场的边缘。

第六，产业结构。它是可持续发展能力的前提。产业结构是产业发展到一定程度的结果，但是产业结构的主动性调整和升级更是提升产业竞争力的重要前提。产业结构的高度化可以从产业、人员、资本、技术、贸易等方面的结构要素来选择指标，比如本地上市公司总市值占文化产业 GDP 的比重、本地文化产业的外贸依存度、高新技术类文化企业占本地文化产业企业总数的比重、外国直接投资占本地文化产业年投资总额的比重等。

第七，产业环境。它是产业可持续发展能力的重要基础。因为产业发展必然在一定的体制和机制的背景下进行，文化体制和机制是文化产业得以运行的法律性、制度性整体框架，是培育和发展文化生产力的规则性平台。它包括文化产业的总体制和运作的分类体制，如文化投资体制、文化市场体制、文化管理体制等，具有刚性的特点；而文化机制是指由政策、措施等构成的运作性模式，具有弹性的特点，是在人为实施过程中形成的一套规则和办法。两者相互依托，对产业竞争力将产生更持久和根本影响。为了描述和分析文化产业的环境要素，可以采用一个地区颁布（或实施）的有关文化产业的法律法规数量、本地当年人均创业投资额、本地人均每天使用互联网时间、本地人均公共文化服务设施面积等。

提升中国文化产业竞争力的重点战略

明确了文化产业竞争力的基本内涵和结构规律，才有可能形成面向世界、立足国情、后来居上的中国文化产业竞争力重点战略：

（一）发挥创意优势战略

中共十六届四中全会提出了“发展文化生产力”的理念，而文化生产力的核心要素之一则是人的创意，即形成原创内容的能力。无论从全球还是从全国看，当今一些充满活力、辐射广泛的文化产业重镇，并不一定是有悠久历史传统、遍布名人故居、文化人集聚成堆的地方，相反，一些原来文化遗产并不深厚、传统也不雄厚的地方，一旦选择了正确的发展战略，反而后来居上，诞生了生机勃勃的文化/创意产业园区、艺文特区等新的形态，释放出令人惊讶的文化生产力。可以说：文化生产力的释放，取决于建立一套能够激发创意资源的组织体系！

从许多国家和城市的实践看，所谓“文化/创意产业园区”没有一定之规，规模可大可小，其中，有像加拿大渥太华—卡尔顿地区那样，以大学为基础而连接信息、软件等产业的科技型园区，充满了科技和研发的活力；有像中国台北市的华山艺文特区那样，由“第三部门”主办，洋溢着自由创造的气息，吸引大批文化人、艺术家、会展工作者、设计师等，来这里举办各种创作、会展和交流活动，成为“艺文乐园”；也有像上海、深圳的文化创意产业园那样，在中国加入 WTO 和实施 CEPA 的国际化大背景下，以“孵化＋投资”作为基本模式，按照“企业运作，政府支持，行业集中，功能完善”的原则，形成具有研发、投资、制作和培训的产业基地；还有像英国的许多中型创意园区，比如雪菲尔德市（Sheffield），为英国第四大城市，人口约有 50 万，在火车站对面有一个名声很大的文化产业区（Cultural Industries Quarter），它并没有巨大的空间面积，而是以“族群效果”(Cluster）为主，包括了 31 栋文化和创意建筑，比如千禧年博物馆、大学科学区、图书馆、BBC 电台、Site 画廊、艺术家村、油画陈列馆、艺术工作室、投资机构、中介代理、电影院和娱乐中心、咖啡厅等，他们组合在一起，形成相互聚合、渗透激活的“引爆效果”。

欧盟、日本和台湾地区的学者，对此进行了许多研究，并提出了“释放创意资源，必须有一个良好的社会经济构造”的理念。香港著名时装设计师郑兆良提出：“创意令普通的事务变得特别，并以非一般的解决方法令事物变得更好。”香港大学许焯权博士为首的课题组则提出了推动“创意经济”的四大资本形态，即结构/制度资本、人力资本、社会资本和文化资本。这四大创意资本中的某一些如文化多样性，如果拆分开来的话，从金融角度看，并没有表现出资本的活跃特性。但是，从创意的角度看，资本的四种形式是相互补充的，也是一个相互依托的系统。比如，一个城市如果缺乏承付给艺术和文学发展的公共部门和法人的资源，缺乏对创意、艺术、艺术教育和知识产权保护上的普遍文化标准，缺乏全社会参与文化活动的广度和比较高的水准，那么，它就难以产生新思想和新主见，难以加大创意的生成。随之，它就难以建立信用、互惠、合作和充足的社会网络，难以丰富集体福利，活跃社会表达机制和市民承诺机制。这样，就难以吸引优秀的创意精英和其他优秀的人力资源，而经济增长就失去了最根本的发展动力。

而且，由四大创意资本所推动的文化产业不仅具有经济意义，而且具有广泛的社会意义，它使普通民众更多地分享社会的财富和福利，提高了社会的平等和谐程度。一个国家或一个城市，制度的先进性和创新性达到什么程度，四大创意资本的匹配和谐达到什么程度，决定了文化/创意产业的生产力，也决定了这个国家和城市的发展后劲。所以，我们认为“资本制胜，文化致远”这一对理念，是高度统一的。从这个意义上说：中国发展文化产业不应该奉行“尾灯路线”，不要去简单重复别人的布局，不应实施“既然你有，我也要有”的“赶超战略”，而要贯彻“有所为有所不为”的“竞争选择战略”和稳步推进的“制度创新战略”，从体制和机制的创新入手，充分激发中华民族的文化创意资源，从内涵上增强中国文化产业的竞争力。

（二）实施资源整合战略

参照著名经济学家熊彼得的观点，创新是经济发展的持续动力和源泉。创新的核心就是把一种从来没有过的关于生产要素的新组合引入生产体系，它既包括技术创新，也包括组织创新，就是各种可提高资源配置效率的新活动。越是智能型和知识型的产业，它越需要突破常规，采用新的资源配置方式。

文化产业也是这样，它不但需要资金、技术、设备等“硬”资源，而且需要品牌、信息、客户等“软”资源，特别需要人才、创意和经营的核心资源。作为中国文化产业的企业，往往有这样的通病：它们在廉价的劳动力、传统的文化资源、政府的许可证方面，拥有相对的优势，但是缺少优质的资本、国际化的人才、强大的研发能力、含金量高的品牌等，一句话，它们所拥有的资源是单一的，而不是复合的；是区域性的，而不是国际化的；是停滞的，而不是活跃喷发的；是“本地通行证”，而不是“国际执照”。所以，中国文化产业的资源整合，就必须向着国际化、复合型发展，而这种整合，套用海尔集团的创新理论，那就是：目的是获得创造性的订单，本质是创造性的破坏，途径是创造性的移植和重组。

在这方面，2004 年 5 月 13 日盛大网络有限公司在美国纳斯达克成功上市，是一个令人鼓舞的例子。作为当时中国国内最大的网络游戏运营商，盛大公司深深体会到与国际强者的差距，特别是缺乏自主研发核心技术的能力。他们所跨出的关键一步，就是利用盛大公司在网络游戏领域高速扩张的势头，加快在纳斯达克上市，引入大量的国际资本以求在核心技术研发方面的关键性突破。但是，要整合国际资源，绝非易事。从表面上看，是适应纳斯达克游戏规则的问题，而从深层看，是中国网络游戏产业要获得国际上创造性的订单，就要经历创造性的组织破坏，进行创造性的移植和重组。盛大采取了四条战略性的举措：

举措之一，邀请微软中国公司原总裁唐骏加盟。这是博得华尔街股票市场好评的一着妙棋。唐骏在微软工作十年，曾经两次获得比尔·盖茨签发的国际职业经理人“诺贝尔奖”、“比尔·盖茨总裁杰出奖”，在华尔街也获得很高的声誉，而中国盛大公司在华尔街还是一个名不见经传的新手，难以获得投资者的青睐。唐骏加盟盛大不久，就开始率领盛大上市团队进行全球路演，途经新加坡、德国、美国等十几个国家和地区。业内人士感慨道：“就像是英国皇室的一次封爵仪式，出身贫寒的‘盛大’从此有了标准的贵族血统。”它证明：中国网络游戏公司正以日益增长的实力，整合国际上最优秀的人力资源，向美、日、韩等产业强国发起新的挑战。虽然当时在海外资本市场中弥漫着“看空”中国概念股的氛围，中芯国际等新上市的中国概念股跌破发行价，但盛大上市第一天仍取得上涨 8.8% 的成绩，此后的股价也是稳步上升。

举措之二，进军网络广告业务。盛大成立了专门的网络广告业务部门，第一批订单就签了 100 万人民币。有趣的是：电视观众都讨厌看广告，一按遥控器很容易避开广告，而网络游戏的玩家却不可随意关闭游戏，这样很可能“中弹身亡”。比较而言，盛大基于网络游戏发展起来的 135 万在线用户对于开拓广告媒体业，具有传统媒体无法比拟的优势。

举措之三，投入大量资金用于核心技术的研发，全力突破技术瓶颈。盛大在成都、上海、深圳等地通过投资、兼并、控股等形式设立了多个研发中心，从事网吧管理软件、手机游戏、短信服务的技术开发，还把收购的触角伸到了海外。

举措之四，盛大与杭州乐园和宋城主题公园合办了“游戏嘉年华”。把网上的游戏和网下的游戏结合起来，让中国最大的网络游戏世界和西子湖畔最有趣的主题公园携手。恰如盛大总裁陈天桥所说：“我们会学习 HBO、时代华纳、迪斯尼的做法来构建集团的商业模式。在五到十年之后……盛大会建造《传奇世界》的网络游戏主题乐园，《传奇世界》的综艺节目，《传奇世界》的电影、电视剧，就像迪斯尼建立一个立体化的娱乐世界。”

（三）贯彻企业发展战略

企业是文化产业的主体，企业强则产业兴，企业弱则产业衰。在中国国家体制的大框架内和计划经济向市场经济转型的背景上，中国的文化企业既不能走一些西方国家纯私有化的娱乐媒体企业模式，也不能重复计划经济体制下国有企业的老路，而要从中国国情出发，结合建立现代的企业制度，提升企业的核心产品和核心专长，全面提高中国文化产业的综合竞争力。

必须指出，文化产业包括影视、出版、放映、演出、设计、软件、网络、制造等多个领域，不同领域的产业链有不同的形态，不同领域的生产力和生产关系有各自的特点：有的适合于组建大型产业集团，以规模优势获得市场扩张；有的推崇“小的就是好的”，以精干灵活的专家工作室和创作室见长；有的可以打造成为“产业园”或者“文化街”，汇聚多种多样的文化服务企业；而有的则需要跨地区跨国的连锁经营网络，把一个优秀的商业品牌向广阔的国际市场同时推出。所以不同领域的文化产业也要“因物赋形”，决不能照搬别人的模式。正如一位中国民营企业家所说：我们搞文化经营的人，差不多都要过三关：企业初创，必须找准自己的核心定位和专长，先有抵抗风浪的一席之地；企业发展，必须从一个幼稚团队走向一个规范管理的现代企业，逐步形成核心产品和核心专长；企业扩张，必须从单一市场走向相关多元化市场，并且借助资本市场、产权城市等，来达到扩张的目标。

以建设宋城公园而闻名的浙江宋城集团是生动一例。它善于因物赋形，创新形态，短期有效，长期有利。2003 年 6 月 8 日，举世瞩目的杭州湾跨海大桥正式奠基，它飞跨在以大潮闻名的钱塘江口，将在 2009 年全部建成通车，总投资达 118 亿元。它的建设除了 70 亿元银行贷款外，以宁波占 9 成、嘉兴占 1 成的资本比例组建了大桥公司。其资本金中，民营资本的比重达 50% 多，而宋城集团以

17.3%的股份夺得民营投资的头把交椅。一家以文化旅游起家的民营企业，却以巨额投资进入超大型桥梁建设项目，其长远的战略设计在于：

在宋城集团看来，杭州湾跨海大桥绝非普通的基建项目，而是具有世界级工程意义的超大型标志性景观，本身的起步就很高。大桥引入了杭州西湖苏堤“长虹卧波”的美学理念，对景观的包装要求很高，这恰好能够发挥宋城善于打造旅游景点的长处。而在跨海大桥靠近宁波的南端将建一个1万多平方米的海中平台，上面有观光塔、酒店、咖啡馆、休闲厅、加油站等项目，正好由宋城集团进行设计和包装。

更重要的是，杭州湾有许多奇特的景观资源，它俯瞰东海，有“雾锁钱江，浪遏飞舟”的美景；有澎湃海潮，每年夏秋都是观潮的大好时机；有飞翔的海鸟，展示了“鹰击长空，鱼翔浅底”的辽阔；站在海中平台高高的观光塔上，感到脚下怒潮的摇撼，与在岸上观潮的感觉完全不一样。还有乘海中游轮观桥的设想，试想一下雄伟的美国旧金山金门大桥和加拿大温哥华阿娜西斯大桥的游轮观光项目吧，吸引了多少游人的目光啊！宋城集团率先投资大桥建设，就能够以大桥第一民营大股东的身份，为企业长远发展奠定重要的资源。

（四）推进双向开放战略

中国不但要善于吸收境外的文化产业优质资本，而且要扩大文化产品的对外贸易，形成双向开放、你来我往的竞争新格局。

跨入21世纪以来，中国日益成为世界经济体系的一个重要组成部分，中国不仅以吸收外国投资累积4500多亿美元而成为全球吸引外资最多的国家之一，而且以贸易、经常转移和直接投资项下连续多年的顺差，保持了国际收支的整体顺差，继2002年成为世界贸易五强之后，在2003年又以8500亿美元的总额成为世界贸易三强之一。然而，中国在文化产品和文化服务的对外贸易方面，远远落后于国家对外贸易的总体增幅，并且存在巨大的逆差。根据联合国教科文组织提供的资料，从1980年到1998年间，印刷品、文学作品、音乐、视觉艺术、摄影、广播、电视、游戏和体育用品等的年贸易额，从953亿美元猛增到3879亿美元。但是，这些贸易主要在少数发达国家之间进行。1990年，日本、美国、德国和英国是最大的文化贸易出口国，占全球当年文化贸易出口额的55.4%，而文化贸易的进口额也高度集中在美国、德国、英国和法国，占全球当年文化贸易进口额的47%。美国版权和授权费用出口增长在2000年高达377亿美元。对比之下，中国文化产业的出口有巨大的发展空间。

随着中国走向国际贸易大国，中国的对外文化贸易有了历史性的增长。但事实上，中国出口的文化商品50%以上是游戏、文教娱乐和体育设备及器材，而文化软件的出口还是一个薄弱环节。这与中国作为国际贸易第三大国的地位不相符合。根据统计资料，2001年中国电影、音像制品出口总额为0.3亿美元，而同年进口额为0.5亿美元；2001年度，中国图书、报纸和期刊贸易逆差达到5140万美元，进口增长率19%，出口增长率为5.5%。

中国文化产业“走出去”不但要激发内容原创，生产大量适应国际文化市场的优秀产品，还要解决三个大问题，就是“谁走出去”、“走到哪里去”和“怎样走出去”，即贸易主体、区位选择和出口路径的问题。

要加强文化产品出口，就要强化主体。长期以来，中国企业“走出去”的主体是国有大企业，特别是中央级企业。实际结果是，由于国有经济体制与国际市场运作规则很难融合，国有企业对外投资多半亏损。而另一方面，以中国企业“走出去”成效最显著的省份为例，截至2003年，浙江已在美国、欧洲、日本、香港等国家和地区设立贸易公司和办事处500多家，江苏已在38个国家和地区建立境外贸易企业160多家，广东也在境外设立企业、研发机构和办事处400多家，其成功者大多是民营企业，还出现了华为公司在印度班加罗尔设立软件研发企业的成功先例，这对加强文化产品的出口是重要的借鉴。中国文化产业要加强“走出去”的实力，就要不断进行体制改革和机制创新，给民营企业以“走出去”的同等待遇，在税收、贷款、许可证等方面，鼓励民营企业以灵活的机制、优势的产品、多样的手段，不断开拓境外文化市场。

要加大文化产品出口，就要选择区位，从中国对外直接投资企业的分布情况看，虽然遍布160多个国家和地区，但投资额主要集中在澳大利亚、加拿大、美国、香港、泰国、俄罗斯、秘鲁、新西兰、南非、澳门等，在这10个国家和地区的海外直接投资总额都分别超过了1亿美元，其相加之和占总投资额的80%。这是很值得思考的。文化产业的对外贸易涉及文化传统的相关性、文化心理的相容性以及政策的限制等问题。所以，美国、西欧和日本的跨国公司，往往首先进入地缘上相近或者文化传统上相近的外国市场，如媒体巨头贝塔斯曼起兵于德国，其国际贸易和投资首选法国、英国等西欧国家，20世纪70年代扩张到美国，80年代后才扩张到亚洲太平洋地区。当前，中国文化产业拟借助中国与周边国家的区域合作关系，加大“走出去”的步伐，如借助中国—东盟自由贸易区的建立，逐步进入东盟文化市场；借助中日韩三国的区域合作，进入日韩两国市场；借助中法文化年等双向合作形式，逐步进入欧盟市场等。在2000年世界贸易排名中，中日韩分别居第六、第三和第十一位。中日韩在文化上有悠久的合作和沟通，随着区域经济合作的深化，中国与日、韩在边境贸易、旅游开发、落地签证、合作研发等方面都保持了加强合作势头，中国对外文化贸易应该利用这些区位优势。

要扩大文化贸易流量，就要拓展路径。目前中国文化产业的“走出去”的形式还太单一，通路太狭窄，必须参照国际文化贸易的“游戏规则”和文化产业的规律来拓宽多样化的“走出去”形式。不仅要走向国外文化商品市场，而且要走向国外文化要素市场和文化附加值市场；不仅要选择传统形式，而且要选择创新形式。它应该包括商品出口、服务贸易、合作研发、委托国际代理、兼并控购等多种路径。近年来，中国艺术家原创的《野斑马》、《太极时空》等优秀文化产品成功地打入国际市场。其成功原因之一，就是与荷兰星辰国际娱乐公司等国际著名的演出商合作。如中国古人云：“借势胜于造势，借力强于发力。”星辰公司是欧洲地区从事杂技、马戏等演出最大的演出商之一，具有丰富的市场推广经验和很高的声誉，该公司不仅负担《太极时空》在欧洲演出的所有国际旅费和演职员生活费，而且每场支付的演出费比一般高出50%。这不仅使《太极时空》较容易地打进了国外主流演出市场，而且带来了较高的收益，这是中国文化企业走出去的一条宝贵经验。

（五）推进中心辐射战略

中国要改善文化产业的空间布局，就要以大城市为核心，与周边的次级中心城市和中小城镇形成城市群，建立文化产业的研发中心、生产中心、传播中心，推动文化产业形成“Cluster”即“族群效应”，加快各类生产要素的聚集，在这个基础上结成覆盖全国的文化产业协作、流通和服务网络。

俯瞰全球，发达国家全球文化产业的核心领域，如影视业、出版业、印刷业、演出业、网络业等，主要集中在大城市群。比如美国以洛杉矶为代表的西部城市群，集中了全国电影产业生产能力的70%；日本东京城市群，集中了全国电影产业的60%、出版产业的35%、印刷产业的40%；加拿大以多伦多、渥太华和蒙特利尔三大城市组成的中部城市群，集中了全国电影产业的45%、报业的55%；韩国汉城，不但集中了全国50%的人口，而且集中了全国主要的报业、电视台、广播电台、出版社、软件研发机构；至于赫赫有名的美国麦迪逊大街，则成为广告业的代名词，集中了全美主要广告公司，并且辐射国内外市场。

国际学术界给予“城市群”（Urban Agglomerations）的基本定义是：在特定的地域范围内，具有相当数量的不同性质、不同类型、不同等级规模的城市，依托一定的自然环境条件，以一个或者两个超大型城市作为地区经济的核心，借助于现代化的交通工具和综合运输网以及信息网络，构成一个相对完整的城市“集合体”。而作为文化中心，它们必须具备如下条件：第一，具有区域内外的连接性和开放性，能够集中各种人群的文化需求，刺激文化市场的迅速扩大；第二，具有各类文化资源的互补性，能够促进城市之间的密切交流和合作，提高资源的有效利用率；第三，文化基础设施，形成了多层次的空间网络结构，能够提高文化资源使用的有效性；第四，培育了大量文化组织和机构，增强文化活动的分工协作。这样，它们的文化生产成本最低，文化产业的投入产出比最高，形成对周边地区的强大辐射力。目前，中国以若干大城市为中心，包括长三角城市群、珠三角城市群、京津唐城市群以及华中城市群、辽沈城市群、长江上游城市群等，形成了明显的经济增长极。

随着城市化的浪潮，中国的许多城市群应该趁势而上，创造集聚文化产业资源的基础条件：第一，要努力培育和吸引大批的优秀人才，特别是文化创意精英“Creative Class”，他们以强烈的创作冲动为特征，不但善于冲破旧的发展观念，颠覆旧的要素组合方式，而且善于创造新的理念，重新组合各种要素，焕发出比过去大得多的生产力；第二，要吸引大量灵活高效的创业投资，进入文化产业领域。要形成与国际文化市场接轨的投资和退出机制、中介服务机制、信托责任机制等，以便迅速地实现文化艺术成果的市场转化，提升文化生产力；第三，要营造包容多元文化、社会秩序良好而宽松和谐的城市环境，如同巴黎塞纳河左岸的许多艺术家工作室、创意坊和文化社区，成为繁忙的“蜂房”，让艺术家在“和而不同”的多元文化氛围中迸发出强烈的创意火花；第四，要坚决而稳妥地推进体制改革，打破不适应文化生产力的行政区域分割，促进文化资源的自由流动。目前，各省市的文化管理体制，还存在明显的地域分割情况，必须形成一个统一的文化产品和文化要素的大市场，逐步实现各类要素的合理配置，才能在文化产业领域“放手让一切劳动、知识、技术、管理和资本的活力竞相迸发，让一切创造社会财富的源泉充分涌流，以造福于人民”。

（选自《北京大学学报》哲学社会科学版2005年第2期）

新兴文化产业的地位和文化产业发展趋势

祁述裕　韩骏伟

李长春同志在2006年年初召开的全国文化体制改革工作会议上指出："世界高新技术特别是数字技术的飞速发展与应用，为加快我国文化发展，形成新的文化创造力提供了极好机遇。""要积极运用高新技术改造传统文化产业，运用电子出版、数字影视、网络传输等现代技术，催生新的文化业态，大力发展文化创意、文化博览、动漫游戏、数字传输等新兴产业。要在高新技术开发区、经济技术开发区的建设中注重培育文化创新产业，形成一批特色鲜明的文化创新集聚区，大幅度提高我国文化产业的科技水平。"深入分析新兴文化产业在当代文化产业中的地位与作用，把握文化产业的未来发展趋势，是促进我国文化产业发展迫切需要解决的重大课题。

科学技术带来文化产业的深刻变革

新兴文化产业是与传统文化产业相对的概念，主要是指在现代科学技术推动下出现的新的文化行业。

科学技术对文化产业种类、形式、格局始终产生着极为深刻、从某种意义上甚至是决定性的影响。文化作为商品进行生产和消费古已有之，但文化产品成为大规模的工业化生产，文化产业的业态、种类和格局发生深刻的变革，则往往有赖于科技进步之功。1877年，美国爱迪生发明了留声机，标志着音响业的诞生。1895年，法国卢米埃尔兄弟发明了电影，于是诞生了一个巨大的产业——电影业。1901年，意大利人马可尼成功实现了跨越大西洋的无线电通讯，随后无线电广播业开始兴起。1936年，英国伦敦进行了第一次正式的电子电视系统的公开广播，预示着电视时代的来临。20世纪50年代，诞生了彩色电视。20世纪70年代以后出现了激光照排技术，带来了图书出版业的革命性变化。20世纪80年代以后则出现了CD唱盘、VCD、DVD等光电和数字声像设备。

20世纪90年代以来，以网络技术和数字技术为主的高新技术成为引领文化产业变革的火车头。当代高新技术主要有以下三个新的特点：

数字化。比特（英文Bit，仅存在0和1两种状态）构成信息世界的基本单元，图像、声音、数据都可以通过"0"和"1"两个数字信号的不同组合来表达，信息第一次不仅在内容上而且在形式上获得了同一性。数字化的革命意义不仅是便于复制和传送，更重要的是实现了不同形式的信息之间的相互转换。

全息化。信息实现文字、图片、声音、图像、视频、动漫的有机结合，多媒体、全方位、立体化的内容传输，融合了传统传媒与内容的所有特长。

交互性。信息的传播者和受众之间实现双向互动交流，产品呈现人性化、个性化、互动性特征。

高新技术的上述特点，对文化产业产生了深刻影响。以动画卡通、网络游戏、手机游戏、多媒体产品为代表的新兴文化产业，成为21世纪知识经济的核心产业之一，也是继IT产业后最具潜力的产业之一。一些信息产业高度发达的国家或地区，已经逐步形成包括网络服务产业、数字游戏产业、电脑动画产业、移动内容产业、数字影音应用产业等为主的数字内容产业群。

在高新技术推动下，新兴文化产业层出不穷。主要有：

电脑特技。美国好莱坞影视公司十分注重将电脑特技运用于影视制作中，实现了数码技术和表演艺术的完美结合。《泰坦尼克号》、《侏罗纪公园》、《指环王》等一系列具有很高技术含量的电影，昭示着技术在越来越大的程度上影响着影视艺术的走向，产生了巨大的影响，也获得了丰厚的票房价值。

电脑动画。电脑动画是指采用图形与图像的处理技术，借助于编程或动画制作软件生成一系列的景物画面，其基本原理是采用连续播放静止图像的方法产生物体运动的效果。电脑动画的关键技术体现在动画制作软件及硬件上，分二维动画和三维动画。电脑动画极大地丰富了动漫的表现手段和表现形式。

电脑游戏。以计算机为操作平台、通过人机互动形式实现的一种新形式的娱乐方式。随着计算机技术的不断提高，电脑游戏也在更新换代。游戏产业被公认为是具有巨大潜力的新兴文化产业之一。

移动媒体。移动电视、手机游戏等，将随着第三代无线通讯技术而逐步普及，具有广阔的市场前景。

数字电视。数字电视是指电视节目的拍摄、编辑、制作、播出、传输、接收全过程，都使用数字技术。

网络电视。即IPTV，是利用宽带有线电视网，集互联网、多媒体、通信等多种技术于一体，向家庭用户提供包括数字电视在内的多种交互式服务的新技术。

在当代社会，高新技术对文化产业的渗透和影响主要表现在以下三个方面：

（1）高新技术创造了全新的文化产业。以数字技术、互联网技术、信息通讯技术为主要特征的现代科技，与文化产业相融合，不断产生新的文化产业的形态和种类。互联网载体的出现,带来了网络文化产业,数字技术的出现推动了全球数字内容产业的兴起,计算机信息技术则促进了新媒体产业。

(2)高新技术促进了传统文化产业的产业升级。现代科技为传统文化产业注入了新的元素和功能。如基于纸质媒体的图书出版在数字技术的改造下，形成的数字图书、数字化出版；基于模拟信号的广播电视在数字技术改造下形成的数字广播电视，由网络技术传播形成的网络广播电视、播客；基于卫星传输技术形成的移动电视、车载电视；基于胶片制作的电影，在数字化技术的改造下形成的数字电影，等等。传统的演出业、会展业等，在引入现代技术后，也呈现出完全不同于以往的崭新的表现形式，如大型山水歌舞、演出舞台的数字化设计等。

(3)高新技术推动了不同文化行业之间的融合。一方面，现代科技促进了传统文化产业与新兴文化产业相互转化，如：

图书 —数码扫描、转存 / 数码排版、打印→ 数字图书

广播 —数字化、网络化广播 / 通过电台播出→ 网络播客

电影 —数码特技、后期数码编辑 / 按胶片标准转录→ 数字电影

电视 —数字化、互动式节目频道 / 通过电视台播出→ 数字电视

另一方面，现代科技促进了多媒体融合，形成了新媒体产业，如网络游戏、动画漫画、MP4、多媒体手机。传统的传输技术是分离的，服务内容彼此区别，使用不同的技术平台运作。数字技术可以将各种服务内容（包括声音、数据、图像）统一在一个技术平台上，连接所有的用户设施。数字技术带来传统的广播与电讯、网络相互融合，实现了跨产品、跨平台发展，以及跨部门合作。这就是人们所说的“三网合一”。由于宽带和移动通讯技术的结合，广电和电信统一的技术平台和商业平台正在出现。多种新媒体的融合打破了以往文化艺术固有的边界，将图像、文字、影像、语音等内容运用数字化高新技术手段和信息技术进行整合，囊括了媒体产业、信息产业和计算机产业三个基本板块，横跨通讯、网络、娱乐、媒体及传统文化艺术的各个行业，形成了全新的、综合性的产业形态。

国家“十一五”规划提出了“加强宽带通信网、数字电视网和下一代互联网等信息基础设施建设，推进‘三网融合’”，这对打破广电和电信分业经营的格局、重组文化产业的产业链具有重大意义。可以预计，以信息产业带动文化产业，将成为促进我国文化产业发展、提升我国文化产业竞争力的主要方向。

文化产业的未来发展趋势

在高新技术影响下，当代文化产业结构面临深刻的调整，主要趋向是：新兴文化产业将引领文化产业潮流，部分传统的文化行业将逐步走向衰微，适应市场需求的文化行业将继续保持活力，文化内容将成为文化产业的核心竞争力。

（一）新兴文化行业将引领时代潮流。新兴文化产业在文化产业中的比重迅速上升，尤其以动画、漫画、游戏最为突出。从2001年的世界市场规模来看，动画、游戏、漫画达到3674亿美元，超出电影、音乐、广播电视的2794亿美元的市场规模。在发达国家如美国、日本、韩国，新兴文化产业所占比重尤其高于传统文化产业。

美国。美国十分注重把高新技术应用到文化娱乐业。2004年迪斯尼公司关闭了其在佛罗里达的最后一个传统手工动画室，标志着美国已经全面进入三维动画时代。全球电子游戏产业年产值为200亿美元。美国电子游戏业年产值约为110亿美元，其中3/4来自软件销售，其余的来自硬件销售。从1998年开始，美国电子游戏业增长率达到29%以上，超过了电影业的票房收入。2003年，美国《时代周刊》认为，2015年前后，世界将进入数字娱乐信息时代，数字娱乐在美国国内生产总值中将占一半的份额，新技术、新产品将使数字娱乐全面超越传统娱乐方式。

日本。进入21世纪，日本文化产业依托数字化信息技术，完成了从早期文化产业向现代文化产业的转型。日本数码协会公布的调查数据表明，2003年度（2003年4月至2004年3月）日本的动漫市场销售额达3739亿日元，比2002年度的2135亿日元增长了1604亿日元，增幅高达75.1%以上。而日本电影业同期收入仅2000多亿日元。目前，日本动画漫画艺术及相关产业的年总产值已逾1万亿日元，仅次于旅游业。根据日本贸易振兴会公布的数据，2003年销往美国的日本动画片以及相关产品的总收入为43.59亿美元。与漫画、动画、游戏业巨大的“贸易顺差”相比，日本的电视节目、电影、音乐、文学等，输入明显大于输出。

（二）部分传统的文化行业将逐步走向衰微，适应市场需求的文化行业将继续保持活力。新兴文化产业对报刊、图书出版等传统文化产业构成了严峻的挑战。20世纪90年代中期以后，国际报业明显出现了萎缩的趋势。如英国的《独立报》在1990年发行量超过40万份，从1995年起发行量开始下滑，到2003年9月只剩下20万份。北美是全球报业最发达的地区，发行量也出现停滞或萎缩，进入2005年，北美出现了近10年来发行量最大幅度的下滑。2005年5月，美国发行量审计局公布的一项统计数字表明，与一年前的发行量相比，《洛杉矶时报》、《芝加哥论坛报》和《旧金山纪事报》的发行量都下降了6%，老牌报纸《达拉斯晨报》发行量在半年中下跌了12%。不仅报纸的发行量在下降，广告收入也在减少。据统计，世界报业自2001年以来，各国报纸10%的广告收入（约15亿

美元）被网络媒体所代替。

随着数字化和互联网的迅速发展，图书出版业也面临市场萎缩的窘境。以日本出版业为例，日本出版业的销售额在1996年以后连续下滑，到2003年减少了17%。杂志从1999年至2003年，广告收入减少了8%。据日本《出版指标年报》的统计，1996年图书杂志销售总额最高，为2兆6563亿日元，其后逐年下降，到2003年下降到2兆2278亿日元。

新兴文化产业的崛起，对传统文化产业特别是传统媒体构成冲击是毫无疑问的，但影响的范围和程度仍有待进一步观察和研究。一些适应市场需求的传统文化行业仍将继续保持活力。比如，随着世界经济的稳步增长，展览业仍将保持持续发展的势头。目前，世界上定期举行的大型展览会与博览会达4000多个，内容涉及各个领域，每年不仅直接创造经济效益达2800亿美元，还对其他行业如娱乐、观光、交通、餐饮、服务等行业有着强有力的拉动作用。在过去30年间，世界经济曾经经历了四次衰退（1971年、1979年、1981年、1991年），传统媒体所受影响较大，但展览业仍稳步增长。随着全球经济的增长，广告业也仍将保持持续增长的局面。

（三）文化内容将成为文化产业的核心竞争力。高新技术使文化表现形式日新月异，“传媒汇流”为文化传播手段提供了极为广阔的空间。过去稀缺的媒体资源、传输资源出现了过剩的现象，文化内容短缺问题日益突出。没有内容，新兴文化产业就成为毫无意义的空壳，如同一台无效运转的机器。正因为如此，韩国文化产业振兴院院长徐炳文认为，经过20世纪70年代的硬件时代、80年代的软件时代、90年代的信息通讯网时代之后，在21世纪，“创意性文化内容的时代”已经到来，在未来的竞争中，文化内容是最重要的竞争力。这就是现在人们所说的“内容为王”。

在现代社会，文化内容与知识产权紧密联系在一起。英国给创意产业下的定义就是：源于个人创造力、技巧和才能，通过知识产权的生成和交易，可以发挥创造财富与就业功效的产业。《美国经济中的版权业：2002年报告》指出，美国的就业、经济增长和外贸已经越来越多地依赖于以版权为基础的文化产业。以版权产业为代表的文化产业已经成为美国的支柱产业，在推动美国的经济增长和充分就业方面起的作用超过了很多传统产业。

美国的电影、日本的动漫、韩国的网络游戏之所以强大，就是因为它们能够不断提供原创性产品。一些大的跨国公司如美国在线、新闻集团、贝塔斯曼、维亚康姆等，大举收购各类内容资源，试图以网站、掌上电脑、有线电视、报纸等各种方式，对这些内容资源进行组合，使自己成为“最大的内容集成供应商”。2000年美国在线与时代华纳合并就是一个典型的例子。

在文化内容创造中，发掘民族（区域）特色内容具有特殊重要的意义。这是因为在经济全球化时代，越是民族的也就越是世界的。同时，民族文化内容关系到国家和民族文化传统的传承和现代化，关系到国家和民族的国际文化形象和国际影响力。还要看到，在现代社会，文化资源具有共享性，有价值的文化资源本国不去开发，其他国家就有可能开发。美国大片《花木兰》就是一个例证。

我国新兴文化产业的发展现状和建议

随着我国经济健康持续快速发展，人民物质生活水平和文化生活水平不断提高，文化消费需求旺盛，文化产业有着广阔的发展空间。近些年来，特别是进入21世纪以来，党和政府高度重视文化体制改革，高度重视文化产业发展，出台了一系列政策、法规，文化产业出现了加速发展的局面。如何以文化资源为依托，以结构调整为主线，以体制改革为突破口，在继续发展传统优势文化产业的同时，大力扶持新兴文化产业发展，促进新兴产业与文化产业的融合，是“十一五”期间的一项重大任务。

（一）我国新兴文化产业的发展迫切需要解决的问题

1. 产业结构不够合理。文化制造业在文化产业中所占比重过大；文化服务业中，传统的演出业、影视业、音像业、图书报刊业等仍占有绝对优势，创意设计业、动漫产业、网络游戏业等新兴产业仍处于起步状态，在我国文化产业中所占比重过小。在新兴文化产业中，也普遍存在着现代科技应用程度还不高、技术开发能力还不强、原创能力弱等问题。

2. 产业链不完整。目前，在新兴文化产业方面，缺乏对产业链上游控制力的问题较为突出。比如，网络游戏产业中的游戏运营企业多是从代理起家，大都位于产业链下游，中国自主开发的网络游戏市场占有率还不高，游戏产业内容严重匮乏。我国动漫产业也存在着类似的情况。由于缺少原创品牌，目前国内动漫市场多以引进、加工、代理运营为主，动漫企业大都在为西方国家做附加值较低的加工工作。总之，我国动漫产业尚未形成完整的产业链。

3. 投融资体制不适应新兴文化产业发展的需要。新兴文化产业具有高风险、高回报的特点。目前，对新兴文化产业，政府财政金融支持力度还不够，社会资本参与程度还比较低，还没有建立起市场化、多元性、使文化企业能够有效规避风险和获得合理回报的投融资机制。如何完善我国投融资体制，为新兴文化产业发展提供强有力的支持，也是当前迫切需要解决的重要问题。

（二）几点建议

发展新兴文化产业是一个极富挑战性的重大课题，也是一个系统工程。需要组织政府相关人员、科研人员、企业家等各方面力量，周密筹划，深入研究，拿出指导性意见。具体实施应谨慎起步，应通盘考虑新兴文化产业与传统文化产业的关系、各自作用和相互影响，选准着力点。笔者认为，以下几点可考虑：

1. 加大扶持力度。政府应把文化产业，尤其是新兴文化产业作为我国经济发展的支柱产业来加以推动。具体做法应包括：借鉴国外一些国家的做法制定《文化产业振兴法》，从法律上为文化产业发展提供法律依据；设立国家文化产业发展基金，为加大文化产业发展中的科技含量、促进文化产业结构调整提供资金支持。推进文化体制改革，为文化产业发展提供体制保障。

2. 鼓励文化创造。采取更加强有力的措施，鼓励文化创造，鼓励拥有知识产权的原创作品。应通过设立创新基金，为作家、艺术家等，提供生活环境和创作环境，加大奖励原创性作品的力度，采取政府购买、政府或委托社会组织推介具有创造性的作品的方式，鼓励创造性活动，在全社会形成崇尚创新的风气和氛围。

3. 完善产业链。打破部门界线和行业壁垒，大力推动报纸、广播、电视等传统媒体与互联网、移动通讯的相互融合，促进文化产业与教育、信息、体育、旅游等相关产业联动发展。积极探索建设一批以高新技术开发区为依托的文化创意产业园区，形成具有科技含量的文化产品生产、营销体系。

4. 完善市场竞争机制。建立统一、规范、公平的文化市场，关键在建立和完善市场竞争机制，重点是维护中小文化企业的利益。就现阶段来说，既要创造条件做大做强国有文化企业，也要防止大企业对文化资源的垄断，要重视积极扶持中小文化企业，为中小文化企业发展创造条件。从发达国家的经验来看，政府的工作重点是扶持中小文化企业。因为，中小文化企业是文化创新的主力军，也是解决就业的主渠道。同时，中小文化企业又是市场竞争的弱者，需要政府援之以手。美国洛杉矶地区，除了七大世界著名影视公司之外，还有8200多家中小文化企业，这些大的文化企业和中小文化企业互为依托，互相促进，共同支撑着美国影视业的发展。完善市场竞争机制，另一个极为重要内容是应采取更严厉的知识产权保护措施，尊重知识产权。

（选自《马克思主义与现实》2006年第5期）

关于21世纪中国文化产业发展战略的思考

聂瑞平

20世纪80年代以来，文化产业已经成为发达国家国民经济中一个举足轻重的产业部门，它在带动经济结构升级，促进经济持续、健康发展方面正在发挥着日益显著的作用，并被认为是21世纪社会发展的朝阳产业、时尚产业和主导产业。中国作为世界上最大的发展中国家，由于择取了以市场取向为目标的有中国特色的社会主义道路，实行了改革开放和社会主义市场经济政策，在社会经济发展迅猛的同时，文化事业也获得了长足的发展。但是，由于计划经济体制的长期影响和“左”的思想束缚，中国文化领域的改革一直滞后于经济领域的改革，文化产业的发展和对文化产业的研究都处于刚刚起步的阶段。在新世纪，面对加入世贸组织后扑面而来的经济、科技全球化大潮，迫切要求文化产业的理论和对策研究向纵深迈进，以发挥理论的先导作用。

中国文化产业的基本特点

首先，让我们来看一组数据。据中国国家统计局发布的2001年国民经济和社会发展公报，2001年底，全国共有艺术表演团体2621个，文化馆2899个，公共图书馆2689个，博物馆1394个。广播综合人口覆盖率92.9%，电视综合人口覆盖率94.1%。全国有线电视用户8803万户。全年出版全国性和省级报纸216亿份，各类杂志29亿册，图书63亿册（张）。从这组数据中，我们可以看出中国文化事业发展的现实概貌。然而，从文化产业的角度讲，其特点并不明显。下面，我想从三个方面对其特点进行描述：

1. 转型性。中国自改革开放以来，尤其是20世纪90年代实行社会主义市场经济政策以来，中国的文化机构和单位正在顺应市场经济的大潮，进行着由事业向产业的转型。早在改革开放之初，中国文化部门就深受文化的投入与产出和市场需求尖锐矛盾的困扰，开始寻求文化的自助自救之路：从文化企业的完全自收自支、事业单位实行企业化管理到全额事业单位的逐步“断奶”，从“以文补文”、“多业助文”到文化产业的兴起，文化部门和单位一直在试图探索一条同市场经济相适应的文化生存、发展和繁荣之路，而这实际上就是一条文化的产业化之路。1998年7月，文化部正式成立了“文化产业司”，把文化产业的管理与发展纳入到了与文化事业其他职能部门同等重要的位置。应该说，中国文化产业的发展历程是一直带着转型性这一特点向前推进的。

2. 复杂性。中国文化产业的发展是建立在新中国成立之后长期实行社会主义计划经济的基础上的。进入20世纪70年代末80年代初以来，在社会改革的新背景下，中国文化产业从一开始就背负着一种双重要求的矛盾。这种矛盾主要表现在：一是社会效益和经济效益的矛盾。文化不可避免地要为人类社会文明的健康发展承担义不容辞的责任，它被要求把文化的社会效益放在首位自然是题中应有之义；而文化作为一种产业，作为一种与现代经济社会共融共进的生产方式，又必然具备追求经济效益的本能。二是意识形态属性和商品属性的矛盾。任何一个国家的文化产业发展都必须体现这个国家统治阶级的根本利益和指导思想，因此它具有意识形态属性，而文化产品只有进入流通领域才能实现它的价值，故它又有市场上一般商品的属性。三是文化生产规律与市场经济规律的矛盾。一方面，文化生产是一种精神产品的生产，文化由于其质的规定性而具有追求文化价值、提高文化品位的不断上升的主体性发展规律，否则就不是文化；另一方面，市场经济社会又要求它遵循市场经济的价值规律。这三对矛盾是一个问题的不同表现形式，它们相互交织在一起，给予了文化产业双重的要求和期待，使之在发展过程中呈现出一种错综复杂的态势。这种复杂性在当前中国这样一个奉行社会主义制度、实行市场经济政策的国家表现得尤为突出。

3. 增长性。中国文化产业在中国政府改革开放的政策支持下，多年来呈现出一种全方位的增长态势：

一是投入的增长。以1981年至1995年的15年发展为例，全国文化艺术基本建设和事业费总投入累计达451.53亿元，年均递增16.16%；广播电影电视业总投入累计达615.83亿元，年均递增23.87%；国家新闻出版署直属单位“八五”期间基本建设投资累计达4.15亿元，年均增长速度为34.46%；“九五”期间的文化事业费比“八五”期间更是大幅度增加。“九五”全国文化事业费累计达254.51亿元，比“八五”增加了133.38亿元，增长109.9%。

二是消费的增长。以音像视听技术产业为例，据不完全统计，由于经济的发展和技术的进步，中国居民目前拥有电视机3.5亿多台，收录机1亿多台，CD机1000多万台，VCD机3000多万台，LD影碟机500多万台，多媒体电脑1500多万台，由此构成了巨大的音像产品的消费需求。而这在20年前是不可想像的天文数字。

三是收入的增长。据文化部产业司提供的材料，1990至1998年，全国文化系统文化产业的增加值由12.1亿元增加到83.7亿元，增长了6倍；文化产业机构由6.8万个增加到9.2万个，增长了35%；从业人员由49.5万人增加到72.1万人，增长了46%。据1997年的统计，仅文化娱乐机构全国就有近18万个，从业人员近100万人，固定资产超过400亿元，年增加值近130亿元。上海广播电视业1993年创收4亿元，1994年为6亿元，1995年为7亿元，其固定资产约50个亿，是80年代末资产总值的25倍。浙江省1997年文化产业增加值为7.525亿元，占全省第三产业增加值的0.5%。从广东省文化产业的增加值看，1997年与1996年相比，艺术业由1.1718亿元增加到1.1783亿元，增长0.6%；图书馆业、群众文化业和文物保护业的增长幅度都在17%以上。其他省市的文化产业收入也有不同程度的增长。据不完全统计，目前全国已建立了近2万个网站，而且还在以每年30%的速度增长，1997年中国网络广告总收入不足100万美元，而到了1998年就超过了1000万美元，其增长速度令人瞠目。

这种增长性雄辩地说明，文化产业是极具发展潜力和增值潜力的“黄金产业”，是中国在21世纪应着力培育的新的经济增长点。

中国文化产业存在的主要问题

根据笔者目前掌握的资料分析，中国文化产业存在的主要问题可大致归结为以下几个方面：

1. 文化产业在国民经济中所占比例偏低，经济效益不高。据统计，1998年全国文化产业增加值（广播电影电视、新闻出版）仅占GDP增加值的0.26%，占第三产业增加值的0.8%；1997年全国城镇居民人均文化娱乐消费支出（部分项目合计）仅占其经常性消费支出的2.35%。1996年全国文化产业中的文化艺术业增加值为211.8亿元人民币，在第三产业的增加值中仅为1.04%，在GDP中所占比例就更小了。中国文化产业目前的总产值占GDP总量不足1%，很多省份和地区连0.5%也达不到。而其中最大的娱乐业全国就业人数据估计也不到200万，产值超不过200亿元。就是文化产业水平在全国处于领先地位的上海市，其文化产业总产值也不过占GDP的3%左右。中国1996年的图书出口仅为1700万美元，只占世界图书市场0.1%的份额。与世界先进国家相比，这个劣势就更加明显。据统计，美国电影、音像、计算机、传媒等版权产业的出口额占所有行业的第一位，1996年产值达4250亿美元，占美国GDP的6.7%。美国娱乐产业迪斯尼的产业规模和盈利已稳入世界超大企业前十强，一部电影《泰坦尼克号》就创下十几亿美元的票房价值，美国《读者文摘》已发展成为年收入近30亿美元的国际性大企业。据1998年第30号《中国音像》载，美国的视听产品在国民经济中的位置从1985年的第11位迅速跃居1994年的第6位，并成为仅次于飞机的第二大出口商品，占国际市场份额的40%。1999年8月6日《环球时报》说，目前传播于世界各地的新闻，90%以上由美国和西方国家垄断；其中美国控制了全球75%的电视节目的生产和制作；美国影片产量占全球影片总产量的6%—7%，却占据了总放映时间的50%以上。德国贝塔斯曼集团1997—1998年度营业额为257亿马克，其中图书出版业就达73亿马克。英国的艺术品经营业拥有170亿美元的产业规模，与汽车工业并驾齐驱，旅游业收入的27%来自艺术。在日本，文化产业也是仅次于汽车制造业的第二大产业。近年来，澳大利亚文化产业的年均产值近200亿澳元，占GDP的2.5%，从业人员比例占全国劳动力市场的10%，约220万人。即使是在一些发展中国家如阿根廷，其1992年的文化产业就占国民经济比重的4%，现在的比重还会更高。相比之下，中国文化产业还属于弱质产业，其经济效益和在国民经济中所占比重都很低，支柱性地位远未确立。

2. 整体发展不均衡。文化产业的发展体现着一个社会的文化繁荣程度，也体现着一个地区文明进步的水平。中国幅员辽阔，地域广大，民族众多，文化产业的发展就更需要把握一种总体平衡。从目前情况看，中国文化产业的发展极不平衡：一是地区发展不平衡。中国文化产业的大部分生产能力或资源主要集中在经济较为发达的沿海地区，如上海、江苏、广东等地，而内陆地区，尤其是老少边穷地区的文化产业化程度非常低，有的甚至还没有形成产业形态。从文化投入方面比较，1985年，沿海六省三市的文化艺术事业费只占全国地方文化艺术事业费总量的1/3，而到1993年，已增加到1/2，基建投入也从1/5增加到1/2。其他地区的文化投入增长明显低于这个数字。1997年，仅上海一个市就出版报纸19.34亿份，各类杂志1.66亿册，图书2.7亿册，其出版物的总量就占了全国的1/10强。二是门类发展不平衡。传统文化行业与新兴文化行业的发展差距拉大。以文化艺术业和广播影视业为例，1991年，两个行业的总投入76.71亿元人民币，其中广播影视业占54.93%；到1994年，两行业的总投入182.81亿元人民币，广播影视业所占比重提高到64.07%。1991—1994年，文化艺术业总投入的年均增长速度为23.85%，广播影视业则为40.60%，后者比前者高出16.75个百分点。三是城乡发展不平衡。由于历史原因，现有的文化产业大部分集中在全国的大中城市，农村地区由于各种客观条件的制约文化产业很少。在边远和贫困地区，经济基础薄弱，很难开展文化活动，不少地区的农民一年看不上一两次电影，有的地方至今还收听不到广播，当然也就更谈不上发展文化产业了。

3. 文化产业基础薄弱。中国文化产业起步比较晚，底子不厚，规模较小，基础十分薄弱。长期以来，中国文化产业基本上处于求生存的阶段，开展文化经营活动所取得的各项收入常用于弥补财政经费的不足，根本就谈不上产业积累和扩大再生产。美国商务部1994年的报告显示，资产在100万美元以上的420家大众传播业公司，其总收入为1525.28亿美元，几乎相当于中国1998年国内生产总值的1/7，而许多中小型规模的公司还没有计算在内。中国这样一个拥有13亿人口的大国，到1999年底，刚刚建立起来的文化产业集团只有20个左右，其中的佼佼者广州日报集团1999年的营业额才1亿多美元，只相当于美国一个很不起眼的小型文化企业的营业额。从总体上说，中国缺乏有国际竞争力的文化产业大集团，缺乏有规模、有实力的文化企业，缺乏科技含量高、创新能力强的文化企业。中国的专业文化艺术团体，据1997年的统计有2600多个，年演出42万场，这个数量并不低。但是，它们的大多数还属于事业型的文化单位，由于演出市场发育不够，文艺院团的经营机制不完善，在转轨过程中它们还背着安排分流职工、负担离退休员工等沉重包袱，目前还做不到自负盈亏、自主经营。

4. 产业结构不合理，总体运行质量不高。中国文化产业的内部结构长期以来一直处于盲目发展的状态，导致文化产业的总体运行质量不高，发展后劲不足。例如广东省文化娱乐业，1997年其经营利润已由上年的523万元人民币减少到119万元人民币，上缴税金也相应减少。但全省文化娱乐业的布局却没有进行相应调整，全年文化娱乐经营机构总数量仍比上年增加了24.1%，其中效益滑坡较严重的歌舞厅数量增加了8.2%。从娱乐场所的配置看，面向"大款"和收入较高阶层的很多大中城市的高档豪华歌舞厅随处可见，远远超过了这个阶层的需求总量，而面向广大工薪阶层的大众化娱乐场所却相对匮乏；从生产经营的方式看，目前以传统的文化生产模式为主的文化单位占了大多数，而以高新技术为依托的现代文化生产方式的文化企业数量很少；从文化经营的内容看，单一性的文化经营单位较多，而综合性的文化经营单位较少。

出现上述问题的原因是多方面的，但仔细归纳起来，不外乎五个方面。

一是思想观念不适应。中国长期以来一直受计划经济体制的影响，改革开放以后，思想观念才开始逐步转变。在中国各个产业领域的思想观念转变过程中，文化产业思想观念的转变尤为艰难，其滞后的程度最为突出。思想观念的滞后和不适应主要表现在：首先，不能正确认识文化和经济关系。当今世界，经济和文化一体化的浪潮风起云涌，经济中有文化，文化中也有经济，文化和科技一样都是生产力。尽管中国政府一再强调“两手抓，两手都要硬”，但各地在执行政策过程中往往只重视经济建设，而忽视文化建设，经济和文化“两张皮”的现象一直没有得到很好地解决。其次，文化产业观念淡漠。长期以来，很多人只把文化当做一种事业来做，还没有认识到文化的经济属性，没有把文化资源当做一种物质资源能量进而当做一种产业来对待，因此，对文化走向产业化的路径看得不是很清楚。再次，市场观念没有跟上。中国推行社会主义市场经济以来，各行各业都在乘势向前推进，但文化领域却反应迟缓。面对市场，任何产业都要遵守投入和产出、价值和价格、成本和收益等一系列规定性的生产规律，否则就不能称之为产业。中国文化产业的市场观念没有及时跟上，没有面向市场作出有效的调整，致使文化产业的内在活力和创造力没有得到充分的释放和展示。

二是运行机制僵化，管理体制缺乏活力。长期以来，国家对文化的管理，是按照行政事业的模式，实行统包统管。文化事业靠国家来办，国家无偿投入，社会无偿消费，国家对文化事业只计投入，不计产出。这种计划体制下的管理模式，突出了文化的公益性和福利性，掩盖和抑制了它的经济属性，忽视了它的产业性质，没有把它作为文化产业纳入国民经济的整体运行之中。同时，体制不顺，多头管理，部门分割，地方保护主义严重，由此而形成的文化运行机制，在市场经济体制下显得僵化死板、不知所措。中国很多已进入市场的文化企业，经营机制不健全，经营目标模糊，经营约束软化，现代企业经营管理方式还没有完全建立起来。不容否认，目前中国文化产业在宏观管理、产业布局、人事财务等方面的管理体制，在投入产出、市场营销、扩大再生产等方面的运行机制，与产业化的要求还相差很远。

三是文化基础设施落后，发挥作用不够。如果说管理体制和运行机制是文化产业的软件，那么，文化基础设施就是文化产业的硬件。在硬件的建设上，中国是下了很大气力的，投入了相当多财力。但与文化产业发展的要求相比，仍有很大差距。一方面，文化设施建设滞后，水平不高。很多省份和地区文化设施布局不合理，有的过度集中在少数城市之中，造成功能重叠，有的又过度分散，不能建设具有代表性和标志性的文化工程。另一方面，现有的文化设施没有充分发挥作用，不能为文化产业的发展提供有力支持。很多地方的文化设施由于经费紧缺走上了开餐馆、卖家具等与文化主业无关的路子，造成了文化生产要素和资源的严重浪费。

四是产业经营人才缺乏。发展文化产业的根本在于人才，尤其是需要经济和文化兼通的人才。中国文化产业的大多数单位普遍缺乏懂经营、善管理、精业务、作风正的文化产业人才。许多单位由于缺乏经营人才，产业项目很好但效益不佳，有的单位由于不懂经营而使文化项目出现了众多漏洞，蒙受了不少损失。有专家估计，中国文化机构中的文化专业人才众多，但文化产业人才却不足总量的1/50。应当说，产业经营人才的缺乏是制约中国文化产业发展的重要因素。

五是文化经济政策不配套，落实不完全。文化经济政策的含意在于，对不同种类的文化生产，应有不同的资金投入和不同的税收标准，依此来扶持社会必需但又在市场挤压下暂不景气的文化生产门类，以调整文化发展格局和结构，支持和引导文化产业向有利于社会主义精神文明建设的方向发展。中国已出台了不少文化经济政策，但缺乏一种连续性，有的政策在深化改革过程中没有作出相应的调整；有的政策由于种种原因虽然需要但还没有出台。在许多地方，文化经济政策喊得很响，但落实不到位、不完全。这就使国家给予的政策优惠在发展文化产业上得不到充分的利用和发挥，在一定程度上延缓了文化产业的发展步伐。

发展中国文化产业的战略和对策

当前的中国文化产业总体上还是一种弱质产业，在世界经济全球化、知识经济兴起和加入世贸组织的客观形势下，中国文化产业已面临着严峻的挑战，同时也面临着巨大的机遇。必须采取正确策略，抓住机遇，迎接挑战，中国文化产业才能在新一轮的世界经济大潮中站稳脚跟，获取应有的地位。中国是一个奉行社会主义制度的发展中国家，其文化产业的发展有其自身特有的规律和特征。要立足基本国情，观照世界新的形势，走有中国特色的文化产业之路。

（一）总体战略

考虑总体战略，需要把握以下三个基点：一是要有全局性，要能通过总体战略的实施达到带动全国文化产业发展的目的。二是要有特殊性，要认清中国是一个具有五千年文明史的奉行社会主义制度的大国，文化积淀深厚，国情特殊，不同于其他国家。三是要有针对性，要从前文所述的中国文化产业状况的特点、问题及其原因出发，站在系统整治的高度，提出有针对性的发展战略。据此，笔者以为，在新的世纪，中国文化产业应实施以下三大主体战略：

1. 特色优势战略。这个战略的实施建立在以下基本考虑之上：中国作为文明古国，文化底蕴深厚，民族文化源远流长，在世界文化之林，特色鲜明浓郁，风格独树一帜。这是中国文化走向世界的立足之本。面对世界文化产业的迅猛发展和加入世贸组织后外国强势文化的大举入关，起点低、起步晚的中国文化产业无疑处于非常不利的弱势地位。在这种情势之下，中国文化产业只有突出自身特色才能求得立足之地，这也是我们与外国文化产业进行对抗和交流的最大资本和优势。近几年的文化发展实践表明，越是中华民族文化的东西，就越能打开国际市场，这也正好验证了“只有民族的才是世界的”的基本道理。

实施特色优势战略，就要对中国的现有文化资源尤其是民族文化资源进行全面的盘点和梳理，对各个文化艺术门类的优势和劣势进行准确的分析和把握，依此确定各自的主打品牌，并不断壮大自身实力，以此作为突破口，来带动中国文化产业的全面推进。

2. 分类推进战略。根据中国的社会制度要求和现实的文化发展状况，文化产业大致可分为三个类型：一是文化产品的商品价值与市场价格一致的文化生产单位，可以进行市场化。这类文化单位的服务或产品大多是直接为广大群众所消费的，可以直接进入市场流通领域，政府对它只需“管”不需“办”。二是文化产品的商品价值与市场价格有的一致、有的高于市场价格的文化生产单位，只能半市场化。这类单位有一个“度”的问题，如电视台，既有国家投入又有广告收入，不能仅靠市场杠杆来调节。三是文化产品的商品价值高于市场价格的文化生产单位，不能市场化。这类文化单位如高雅艺术、学术研究等，必须由国家来“办”。

对以上三类文化单位，要分门别类制定不同的政策进行管理。但无论是哪一类，都应按照发展文化产业的总体要求来推进，对于半市场化和不能市场化的单位也要按照产业的发展规律来进行配置和推动，用产业的规则和手段来调控与运作，实现国家和民族的根本利益。

3. 以东带西战略。目前，中国文化产业总体上看东强西弱，“东”主要是指中国东部和东南沿海经济发达地区，“西”主要是指中国西部和西南、西北经济欠发达地区。实施以东带西战略，一方面可以有效配合中国目前已经实施的“西部大开发”战略，另一方面可以实现东部产业优势（如资金、技术、人才等）与西部文化资源优势的互补，便于东西部文化产业的协调发展。要按照优势互补、资源共享、便于开发的原则，对以东带西战略制定可行性方案，实行对口帮扶，时机、条件成熟的可先行一步。国家要给予相关的政策支持。

（二）具体对策

1. 制定文化产业发展规划。要通过广泛深入的调查研究，切实掌握本地区本部门文化产业的情况，在定性分析和定量分析的基础上，结合本地区本部门实际，确定发展思路、工作重点和目标任务，制定出本地本部门的文化产业发展的中长期规划。发展规划要与当地国民经济和社会发展规划相衔接，突出重点和特色，特别是要将文化产业纳入国民经济和社会发展总体规划，制定相应的扶持政策和措施，协调各有关政府职能部门形成合力。在此基础上，国家要尽快形成一个具有宏观指导意义的文化产业发展规划。

2. 优化文化产业政策环境。文化产业政策不同于以往的文化经济政策，它要解决的是怎样扶持和引导文化产业稳定、持续发展问题，是市场经济条件下政府对文化进行宏观调控的重要手段，而不仅仅是增加对公益性文化事业的投入问题。文化产业在中国的发展尤其需要政策的支持，需要政策环境的优化。制定一整套科学、完备的文化产业政策，特别是要针对文化产业的特殊性尽快出台相应的产业政策，明确总体发展政策和保障措施。

首先，进一步优化文化产业外部政策环境。尽快制定相应的文化资源占有使用政策、财政税收金融政策、人才分配流动政策、投资融资鼓励政策，为文化产业的稳定持续发展创造良好的外部环境。其次，建立和完善文化产业政策体系，逐步建立包括产业结构政策、产业技术政策、产业组织政策、产业市场政策在内的各项主导政策，通过文化产业政策环境的优化来调控和促进文化产业的发展。其他产业政策的制定也应注意向文化产业倾斜。

3. 建立法律保障体系。长期以来，我们对文化的管理主要靠行政手段为主，忽视了文化方面的法制建设。在社会主义市场经济条件下，这就显得远远不够了。对于文化产业而言，这方面的法律法规少之又少，因此，加快文化立法进程是当务之急。一方面，要通过法律来规范文化市场，重塑文化市场秩序，建立适应加入世贸组织的法治游戏规则；另一方面，通过法律来加强文化管理，保证社会主义精神文明建设的方向，保证文化产业的健康有序发展，减少违背社会主义精神文明建设规律和文化产业发展规律的“人治”行为。

要把文化立法纳入到人大工作的重要日程中去，争取每年都有一批急需的文化法律法规出台。要把条件成熟的行政法规尽快完善上升为法律。要对文化产业发展过程中出现的新问题进行统筹研究，制定出相应的解决办法，并尽可能以法律形式确定下来，为文化产业的健康发展保驾护航。要注意运用法律手段来有效履行检查监督职能，使文化产业的管理尽快进入法制化、规范化的发展轨道。

4. 构建适应文化产业发展的管理体制和运行机制。管理体制和运行机制的僵化是发展文化产业的两大“拦路虎”。必须下力解决这个问题。在管理体制方面，要加快推进文化体制改革步伐，进一步转变政府职能，明确政府对文化产业的管理职责。必须改变过去由政府统包统管的办法，实现管理体制的彻底转变，形成多主体、多方面办文化的格局，该下放的权力一定要下放，使文化企业真正成为自主经营、自负盈亏、自我发展、自我约束的生产者和管理者。在运行机制方面，要着力进行文化生产单位的企业化改造。要按照市场的要求对文化产业资源和生产要素进行优化配置和重组，逐步形成一系列符合现代化产业扩大再生产需要的生产、流通、营销、分配、消费机制，努力转变经营机制，使文化产业的运行机制充满活力。要强化体制创新和机制创新意识，鼓励一切有利于解放文化生产力的制度探索和创新。

5. 提高文化产业的科技含量。中国科技水平与国外先进国家相比仍处于非常落后的地位，这对于中国文化产业的发展来说是一种严重的制约。因此，提高文化产业的科技含量，是一项十分急迫的重大课题，必须引起各部门的高度重视。一是要注重科技创新，积极推动文化产业的科技进步，加强艺术科技的研究和开发，使文化自身的科技水平不断提高。二是要加强对其他领域新技术的研究，注意运用其现代高科技手段，加大文化制作、包装、传播等环节的科技含量，使文化产业发展始终与科技进步同步合拍，改善文化形象，以适应现代人不断提高的审美品位和心理期待。三是建立科技与文化的对应沟通机制，文化部门和科技部门要加强协调，加快进行全国文化产业科技管理信息网络系统建设，为文化产业发展提供及时、有效的技术支持。

6. 加强文化产业的硬件建设。文化产业硬件的建设是文化产业实现可持续发展的物质基础。首先，要注意优化文化设施布局。要根据文化产业发展需要兴建文化设施。国家和省要对导向性、标志性、基础性设施加大投入力度，各地方要对群众性、娱乐性、普及性的文化设施进行重点建设，合理布局，科学安排。其次，鼓励社会各种融资手段的运用，注意吸引社会各方力量来投资建设文化设施，建立起多渠道、全方位的投资机制，使文化产业的阵地建设也逐步走向产业化之路。最后，要注意文化设施的长期效益和日常效益的发挥。文化设施建成后，不能长期闲置，更不能转作他用，而要真正用在发展文化产业上。要加强文化设施的日常管理和维护，充分发挥其功能。

（选自《河北学刊》2002 年第 4 期）

文化产业社会效益与经济效益的关系

王永章

党的十六大指出，发展文化产业要把社会效益放在首位，这是对两个效益关系问题的最好理论提升和实际论证。

文化产品和文化服务的双重属性决定两个效益的关系

什么是经济效益？什么是社会效益？经济效益是指一个文化企业通过组织生产、销售文化产品或提供文化服务所获得的一定的利润回报，具体反映在经济指标和统计数字上。社会效益则指文化产品和文化服务对社会所产生的效应，主要表现在公众反映和社会评价体系上。两者实现形式大不相同，衡量标准和尺度也不一样。

在市场经济条件下，任何商品进入流通和消费领域，都存在两个效益问题，为什么文化产业要强调把社会效益放在首位呢？首先因为其他商品所满足的是人们物质层次的需要，而文化产品和文化服务既具有商品的属性、经济的属性，又具有精神的属性、意识形态的属性，满足的是人们文化上、精神上、心理上的需求，不可避免地对人们的思想、意识、观念、心理、行为带来影响。其次，各国文化的相互冲击必然要反映到文化产业中来。早在 1980 年，联合国教科文组织大会就对文化产业的作用有两种不同观点：一种认为文化产业带来希望，大众传播媒体是文化对话的工具和手段，而文化对话是和平的基础；另一种则强调文化产业可能带来副作用，可能会对原生文化和生活态度造成破坏。

在这种形势下，我们要在充分认识发展文化产业的战略意义的同时，认清文化产业的两面性。在世界文化多样化面前，趋利避害，扬长避短，按照党的十六大关于“大力发展先进文化，支持健康有益文化，努力改造落后文化，坚决抵制腐朽文化”的要求，保持发扬中华民族文化的特色，借鉴汲取人类文明的成果，坚持文化创新精神，不断提高我国文化产业的整体实力和竞争力。

社会效益和经济效益都是通过市场得以实现的

没有市场就没有文化产业，只有通过市场的具体运作，实现了文化产品和文化服务的经济价值，社会效益才能得到体现。因此，两个效益应该统一在文化产品和文化服务这个载体中，应该实现在市场经营中。当然，这里所说的文化产品，不包括那些需要国家重点扶持和保护，着重强调社会效益，不能以市场的大小、经济效益多少来衡量的某些文学艺术门类。要使文化产品和文化服务取得两个效益的统一，生产者必须既遵循艺术生产规律，又遵循市场经济规律，克服生产目的和消费对象不明确，为创作而创作、为领导而生产的不正常现象，根据群众多样化多层次的精神文化需求去决定文化产品的生产与否。如果文化产品和文化服务在市场上不受欢迎，没有销路，自身的经济价值实现不了，还谈什么社会效益！所以，衡量一个文化企业成功与否的重要标志就是看它有没有市场欢迎、消费者接受的、好的文化产品和文化服务。

把好文化产业链的上游对坚持社会效益至关重要

我国文化产业有几个重要方面，它们是我们在谈论社会效益问题应该面对的现实和出发点。

一是目前我国文化产业已初步形成演出业、影视业、音像业、文化娱乐业、文化旅游业、网络文化业、图书报刊业、文物艺术品业和艺术培训业等行业门类。二是文化产业与传统文化的主要区别在于：它的文化产品和文化服务的生产是以产业链彼此连接起来的。整个产业分上游包括原创、写作、编剧、设计等等，中游包括加工、生产、制作、包装等等，下游包括流通、批发、销售等等。这个产业链分工明细、结构严谨、环环扣紧、前后呼应。但上中下游的性质、职能、任务明显不同，承担社会效益的责任也不一样。三是文化产品和文化服务所体现的社会效益，主要渗透在内容中。如电影、电视剧、音像、舞台剧节目等，导演、摄影、摄像、演员等艺术生产要素固然重要，但真正决定作品内容的是作者和编剧。四是现在我国对部分文化产品和文化服务的生产，还保留行政审查制度和分级负责制度，审查、编辑、编审决定了部分文化产品和文化服务最终能否进入市场。五是文化事业单位还有政府拨款，它的重要任务应该弘扬政府所倡导的主流文化，而文化企业特别是民营文化企业主要是面向市场，自主经营，自负盈亏，所以必须追求经济利益，否则就无法生存。

从以上分析不难看出，坚持社会效益要区别不同情况、分清不同对象、根据不同层次、提出不同要求。把社会效益放在首位，更多的应该是原创者的责任，是政府管理部门的责任，是文化产业链上游的责任，是文化事业单位的责任。如果不区分对象、不区分层次强调社会效益，就好比让百货商场的经理来把工厂产品的质量关，让卖报纸的老太太来把报纸的社会效益关，既不合理也不公平。

科学认识两个效益关系的现实意义

正确认识两个效益的关系，有以下几个重要方面需要我们重新认识：

目前，西方国家的文化产品特别是美国好莱坞大片和韩国、日本网络游戏软件在我国文化市场上已占据相当大的份额，它们所宣扬的文化精神、道德观念、社会价值观已经对人们特别是青少年产生了潜移默化的影响。在这场没有硝烟的竞争中，我们只能因势利导，积极出台相关政策扶持我国自己的文化产品，而不至于丧失发展机遇，处于被动挨打的境地。

今后总的发展趋势应该逐步淡化行政管理的色彩，把社会效益管理纳入依法管理的轨道。通过法律法规规范文化产品和文化服务内容的标准，加大法律监督和舆论监督的力度。个别企业销售盗版音像制品、非法出版物，非法艺术团体组织色情淫秽表演，属于违法经营的范畴，应依法予以打击和取缔。这样认识至少有以下几点好处：一是有利于调整所有制结构，把闲置的社会资本和人力资本吸引到文化产业中来，逐步形成多渠道多元化投资、多种所有制相互竞争共同发展文化产业的局面。二是有利于提高管理水平，改变用搞运动的方式指导文化产业的做法，使各项政策措施更加符合实际，更具有针对性和可操作性。三是有利于政府部门进一步转变职能，逐步实现从微观管理向宏观管理、从直接管理向间接管理、从经验管理向依法管理的方向转变，鼓励各类文化企业在“依法经营、照章纳税”的前提下，理直气壮地追求经济效益，不断扩大投资，不断发展壮大，逐步形成一批拥有知名品牌和自主知识产权的市场开拓能力较强的文化企业集团，使我国文化产业在短时间内能有一个较大的发展。

（选自《光明日报》2003 年 7 月 9 日）

论文化产业面向市场与面向群众的一致性

朱建纲

在社会主义市场经济条件下，发展文化产业，繁荣文化市场，已经成为文化建设乃至整个精神文明建设的一个重要任务，成为我国经济结构调整和产业结构升级的一个战略举措，同时也是加入WTO以后逐步缩小我国国际服务贸易逆差的一个努力方向。李长春同志在近期召开的文化体制改制试点工作会议上强调，要进一步认识市场经济条件下文化产业的性质和作用，校正文化产品的功能定位。要进一步解放和发展文化生产力，把社会效益与经济效益在新的基础上更好地统一起来，建设具有中国特色、符合文化特性、体现时代特征的新型文化产业，重点就是“围绕面向群众、面向市场进行体制和机制创新”。因此，我们必须深刻认识文化产业面向群众与面向市场的关系问题。

马克思主义群众观点的根本要求——面向群众

在马克思主义的政治观点中，群众观点是第一位的。马克思主义经典作家对此有大量的精辟的论述。把全心全意为人民服务作为自己的根本宗旨的中国共产党，也就必然要把面向群众作为自己一切言行的最高标准和根本出发点。江泽民同志“三个代表”重要思想，把代表先进文化的前进方向同最广大人民群众的根本利益统一起来，正是马克思主义群众观点的集中体现，也是党的性质、宗旨和使命的集中体现。

胡锦涛同志在“七一”讲话中强调，学习贯彻“三个代表重要思想”，必须以最广大人民的根本利益为出发点和落脚点。只有不断解放和发展生产力，增强国家的经济实力，才能为建设中国特色社会主义文化和实现广大人民群众的根本利益提供雄厚的物质基础；只有不断发展和繁荣社会主义文化，才能不断满足人民群众日益增长的精神文化生活需要，才能为发展生产力提供强大的精神动力和智力支持；只有不断提高人民群众的物质文化生活水平，改革和建设才能具有坚实的群众基础，人民群众才能始终以饱满的热情投身到建设中国特色社会主义的伟大事业中来。胡锦涛同志鲜明地提出了群众利益无小事的重要论断，强调凡涉及群众的切身利益和实际困难的事情，再小也要竭尽全力去办，深刻揭示了我们党为人民服务、以人民群众为本的价值观。

是否自觉地树立以人民群众为本的价值观，不仅是思想境界和工作作风问题，而且是一个严肃的政治问题。从根本上说，就是对人民群众的态度问题，同人民群众的关系问题。因此，繁荣社会主义文化，必须牢固树立群众观点，坚持实行群众路线，切实为人民群众谋利益；必须以群众赞成不赞成，群众高兴不高兴，群众满意不满意，作为衡量我们文化建设工作的根本尺度；必须始终代表中国先进文化前进方向的要求，面向群众发展文化产业，不断形成多门类、多层次、多类型的文化生产和服务体系，从数量、质量、多样化等方面满足群众日益增长的精神文化需求。

产业经济的客观要求——面向市场

经济的快速发展往往是以技术、管理、人才等为基础和手段的。在这个过程中，各种高新科技手段被更加广泛地运用到经济活动中。同时，文化也作为一种超出单纯技术和管理手段之外的东西被成功地运用到经济活动中，成为推动经济发展、赢得竞争主动的“法宝”。经济活动中所包含的文化因素越来越厚重，文化成分的含量越来越高，各种各样、各个层次的经济活动对文化的依赖性也越来越强，许多经济活动都包含一定的文化内涵或以一定的文化方式来运行。一方面，文化围绕经济建设这个中心来展开，并在其中发挥着重要的服务、保证和促进作用；另一方面，文化在新的社会经济运行平台上不再拘泥于围着经济打转的从属地位，而是直接走上市场经济的舞台，成为经济活动的重要组成部分，扮演着调整产业结构、推动经济和社会发展的十分重要的角色。

我国文化产业的兴起，是社会主义市场经济深入发展的必然结果。建立社会主义市场经济体制，涉及到我国经济基础和上层建筑的许多领域，需要有一系列相应的体制改革和政策调整。随着社会主义市场经济体制的逐步建立，人们对社会主义文化特性的认识也逐步深入。文化作为一种上层建筑和意识形态，必须遵循其自身发展规律，同时也必须遵循社会主义市场经济规律，努力适应市场经济要求。在社会主义市场经济的环境中，市场机制已经由物质生产领域渗透到文化生产领域，部分文化产品又有了商品的特性，有的本身已经成为了商品，其生产、分配、交换和消费等各个环节都融入到市场经济的大循环，大部分文化产品的生产或文化服务的提供由行政行为变为经营行为，文化生产也要尊重市场经济的一般法则，要注重成本核算，提高经济效益。

在社会主义市场经济体制下，文化产业是专业文化和群众文化的经济支撑，是文化事业发展的物质基础，是解放和发展文化生产力的有效途径。只有面向市场，在文化建设中引入产业机制，建立符合文化发展规律的文化生产机制，建立符合市场经济规律的文化选择机制，才能使文化发展形成独立的扩大再生产机制，通过加强自身的造血功能进一步繁荣发展，才能从市场上获得旺盛的生命力和充足的发展后劲，实现文化的自我积累和长期稳定发展，真正做到坚持先进文化的前进方向，不断发展健康向上、丰富多采的，具有中国风格、中国特色的社会主义文化，满足人民群众日益增长的精神文化需求，引导广大人民群众从思想上精神上正确武装和不断进步。

内在与外在的统一——面向市场与面向群众的一致性

有人担心，文化产业面向市场是把双刃剑，它在开拓文化市场，使文化产品的生产和消费社会化的同时，也可能为了追逐利润最大化而牺牲社会效益；它在大批量生产文化产品满足大众需求的同时，也可能把一种文化风格普通化，从而压抑和抹杀人的自由个性；它在融入世界文化产业体系、促进文化开放的同时，也可能为外来文化冲击民族文化打开方便之门。有人担心面向市场就会出现导向失控。因此，在很长一段时期内，我们的文化建设不敢提面向市场的问题。当然，这种担心不无道理。要解决这一问题，关键是解决思想认识问题。其实，我们讲的面向市场，是面向有中国特色社会主义的市场，面向市场就是面向人民群众。必须看到，面向市场与面向群众是一致的。

群众是历史的创造者。历史是人民群众创造的，人民群众不仅是物质财富和精神财富的创造者，而且是社会变革的决定性力量。没有人民群众，就没有社会的一切；没有人民群众，就没有社会发展的历史。可以说，文化本来是人民群众创造的，如果它不能反映人民群众的愿望和心声，就失去了它赖以发育和发展的沃土。

群众是市场消费的主体。文化培育民族精神、提高人的素质、推动社会进步的社会作用。只有在人民群众积极的消费中才能实现。没有人愿意消费的文化产品是废品，生产废品只能丢失市场而不能占领市场。只有思想性艺术性相统一、群众喜闻乐见的作品，才有可能获得良好的社会效益和经济效益。在发展社会主义市场经济条件下，文化产品的两个效益主要是通过市场来实现的。优秀的作品，受众越多，社会效益、经济效益才会越大。

文化产业的兴起和发展，就是要把文化融入到市场经济的总体格局中，使文化的生产、交换、消费经受市场的选择。而市场的主体——人民群众，随着收入的增长，文化娱乐支出比重的增加和文化消费时间的增多，文化消费总量迅速提高，对文化产品的选择性日益增强，并通过市场把这种多样化需要反映出来，使得文化的结构、内容、品位以市场为中介紧紧地与群众联系在一起，借助于产业化的图书出版发行、大众传媒、娱乐市场春风化雨般进入千家万户，起着熏陶、传播、教育等作用，使广大人民群众及时得到知识、信息、艺术，开阔视野，增长见识，发展能力，全面提高文明程度，最终实现文化产业面向市场与面向群众的一致性，达到社会效益与经济效益的高度统一。

我们要顺应经济社会发展规律，积极推动文化产业发展，努力实现面向市场与面向群众的一致性。既遵循市场经济的一般规律，又尊重文化发展的恃性和内在规律，做到市场调节与政府调控的有机结合，使文化产业的发展最大限度地满足人民群众的精神文化需要，为人的全面自由发展创造条件，促进社会主义精神文明建设的不断进步。我们要从计划经济体制下形成的传统文化发展观中解放出来，树立与社会主义市场经济体制相适应的新的文化发展观。应按照“三个代表”的根本要求，自觉地把思想认识从那些不合时宜的观念、做法和体制的束缚中解放出来，从对马克思主义的错误的和教条式的理解中解放出来，从主观主义和形而上学的桎梏中解放出来。我们要以创新体制、转换机制、面向市场、增强活力为重点，抓好文化产业的改革和发展，使我国文化产业呈现出勃勃生机。

（选自《湖南日报》2003 年 8 月 29 日）

中国文化产业发展的现状、走势及政策选择

李京文

中国文化产业发展现状

中国经济的快速发展和人民群众文化需求的提高，为文化产业的发展提供了内驱力。中国共产党十六大将发展文化产业作为改革发展的重要目标提出来，为发展文化产业提供了政策保障。近年来，全国文化产业迅速发展，试点改革不断取得新成效，并向全面推开过渡，文化产业发展的前景十分广阔。

（一）文化产业进一步发展的基础已经具备

据统计数据显示，2004 年，我国共有文化产业单位 34.6 万个（其中法人单位 31.8 万个），个体经营户 36.2 万户，从业人员 996 万人（其中个体从业人员 89 万人）；文化产业从业人员占我国全部从业人员（7.52 亿人）的 1.3%，占城镇从业人员（2.65 亿人）的 3.8%。文化产业当年实现增加值 3440 亿元（其中法人单位 3102 亿元，个体经营户 219 亿元），占 GDP 的 2.15%。属于文化产业的法人单位共有资产 1.83 万亿元，个体经营户共有固定资产 235 亿元；全年共实现营业收入 1.72 万亿元，其中个体经营户收入 426 亿元。

从产业结构分层看，传统的新闻服务、出版发行、广播影视、文化艺术等“核心层”文化产品，仍是文化产业的主体；近年来发展较快的网络文化、文化休闲等“外围层”文化产品，已具一定规模。2004 年，文化产业“核心层”从业人员 278 万人（不包括个体经营户），实现增加值 1210 亿元；“外围层”从业人员 154 万人，增加值 627 亿元；“相关层”从业人员 475 万人，增加值 1383 亿元。核心层、外围层和相关层的从业人员之比为 31∶17∶52，增加值之比为 38∶20∶42。

从注册类型看，我国文化产业仍以内资单位为主。2004 年，内资单位占法人单位总数的 96%，港澳台投资单位占 2%，外商投资单位占近 2%；内资单位占从业人员的 75%，而港澳台投资单位和外商投资单位仅占 15% 和 10%。从实现的增加值和营业收入来看，内资单位分别占 72% 和 63%，而港澳台投资单位占 12% 和 15%，外商投资单位占 16% 和 22%。从总体上看，外资单位的经济效益好于内资单位。

我国文化产业发展已初具规模，为进一步发展奠定了一定基础，对于推动整个产业结构优化升级将发挥越来越重要的作用。但相比之下，其对国民经济的贡献和影响还远远低于发达国家。2000 年日本文化产业的规模为 85 万亿日元，占国民生产总值的 7%。美国文化产业产值占 GDP 总量的 18% ~25%，400 家最富有的美国公司中，72 家是文化企业，20 世纪 90 年代，美国消费视听技术产品出口达到 600 亿美元，美国已经抢占国际性产业升级运动的制高点。随着经济全球化的进一步发展和国际竞争的加剧，如何使文化产业的发展跟上经济发展的步伐，提高中华文化的国际影响力和市场竞争力，还是非常艰巨的任务。

（二）区位优势日益凸显

目前，我国主要中心城市人均 GDP 已经超过 3000 美元，北京、上海、深圳等大城市人均 GDP 均超过 5000 美元。从国外发展经验看，城市人均 GDP 达到这一水平后，国民经济开始进入持续稳定增长、结构快速升级、城市化水平迅速提升的新阶段。社会消费结构将向发展型、享受型转变，部分居民的消费重心开始向教育、科技、文化、旅游等领域转移，为文化产业的发展提供更广阔的成长空间。上海、北京、广东、浙江等经济发达地区凭借资金、人才、资源等优势，积极开展试点改革，文化产业快速崛起，势头强劲，在全国处于领先地位。

上海：着力打造特色创意产业基地。上海是我国文化产业发展较早的地区，具备相当的发展基础。上海的影视、出版、时尚设计、广告等行业曾一直处于全国领先地位。2004 年 10 月，上海首家文化科技创意产业基地正式在浦东张江高科技园区成立。2005 年上海市政府工作报告及《上海 2004—2010 年文化发展规划纲要》已经明确提出发展创意产业。据统计，上海市已有 18 个创意产业基地，近 30 个国家和地区的 400 多家各类设计创意企业入驻，集聚了 1 万多名创意人才。目前，文化创意产业产值已经占到上海 GDP 的 7.5%。

北京：重点培育八大文化创意产业中心。北京作为全国政治文化中心，历史文化积淀深厚，人才集中度高，科技创新实力突出，具有发展文化创意产业的独特优势。北京市“十一五”规划中也明确提出要加快推动文化创意产业发展，使之成为首都经济的支柱产业。《2004—2008 年北京市文化产业发展规划》中提出重点培育六个文化创意产业中心，不久前又调整为“八大中心”，并且即将出台促进文化创意产业发展的扶持优惠政策。北京文化创意产业发展态势良好，据初步测算，2005 年产值达 960 多亿元，占北京市 GDP 的 14% 以上。北京现有 2 万多家工业设计、服装设计、广告设计等领域的文化创意企业，从业人员达 10 万人。

深圳：积极构建“创意设计之都”。在国际、国内城

市竞争日趋激烈的情况下，深圳市2004年推出了《深圳市实施文化立市战略规划纲要》，并提出建设“创意设计之都”的目标，重点发展动漫、建筑设计、装饰设计、印刷、服装设计等产业。深圳市还规划建设了文化创意产业园区，建筑面积8万多平方米，具备研发、投资、孵化、制作、培训、交易等功能。深圳设计业近几年保持40%以上的高速增长，拥有一支2万多人的设计队伍，2003年设计业总产值已达到85.06亿元。

此外，南京、青岛、大连、成都、杭州等城市，也纷纷依托各自优势，建设各具特色的文化创意产业基地或文化创意产业示范园区，积极推动文化创意产业发展。这些中心城市的快速发展，在积聚自身实力的同时，也为全国文化产业的改革和发展积累了经验。

（三）体制改革在探索中前进

自2003年6月全国文化体制改革试点工作会议以来，北京、上海、重庆、广东、浙江、深圳、沈阳、西安、丽江9个省市和35个文化单位进入文化体制改革试点。经过两年多的实践，各试点地区和单位在体制改革和机制创新上都取得一定进展，在文化市场体系和政策法规体系建设上取得了新的成就。比如，上海成立了文广集团，并成功进行了机构和资源整合；北京广电体制进行了两轮改革，向政事分开、政企分开、管办分离迈出了重要一步；湖南、广东、浙江等省市，也不同程度地进行了文化体制的调整。

在市场主体的塑造上，进行了可经营部分的剥离改制。如上海新华书店在上海联合产权交易所开标，通过市场竞价转让股权进行产权改革，成为通过市场机制实现混合所有制的第一家企业；《北京青年报》将广告等可经营资产剥离，组建了北青传媒股份有限公司，并在香港上市；北京儿童艺术剧院成功进行了转企改制和股份制改革。这些改革，促进了管理机制和运营模式的创新，增强了文化单位的活力。2005年湖南卫视的“超级女声”节目可谓创新商业模式的典范，它将电视、电台、报纸、杂志、手机、网络等媒体充分融合，实现了多种营销渠道的整合和盈利模式的多元化，改变了以往电视台主要依靠广告创收的单一营利模式，各环节的参与者所获得的直接经济回报累计超过7.6亿元，品牌商业价值超过20亿元。

上述改革，推动了一批重点产业的发展，形成了一批产业基地和大型产业集团，并使一部分综合改革试点地区的文化产业成为国民经济的支柱产业。同时，由于改革还处在起步阶段，一些问题还有待解决。

1. 宏观管理有待进一步改善。统一、高效的组织管理体系还未形成。文化产业的高度关联性，要求各行业之间进行有效协同，实施统一管理，以保持产业链条的完整和自然延伸。从目前来看，中央与地方各级之间、部门与行业之间，条块分割还未打破，壁垒分割还未消除，市场配置资源的基础性作用还得不到充分发挥。政府职能转变还不到位，产业发展服务体系还不完备，信息流动不畅，创业辅导机制缺乏，导致文化创意不能及时转化为产业实践；政府管理以行政手段为主，政策风险较大，缺少法律的稳定性，影响资本进入的积极性。市场要素体系还不完整，产业中介机构还不健全，行业协会的职能还不完善，诚信、维权等问题都制约着产业的发展。

2. 市场主体塑造有待进一步加强。20世纪90年代初明确改革目标模式后，文化体制改革几乎与经济体制改革同时起步，但一直在“事业单位企业管理”这一双轨制模式下运行，企事业单位市场主体的身份一直未能明确。经过两年试点，“分类改革”的基本原则已经确定，大批经营性文化事业单位以不同方式实现整体转制，但作为“新型市场主体”的体制和机制设计远未完成。首先是产权不清晰，国有文化资产出资人还处于缺位状态，所有权与经营权的分离、法人治理结构的建立、激励约束机制的完善等进一层的问题更是无法落地。其次是职责不清还普遍存在，事业、产业、公共服务等概念切割不清，行为主体的职责划分比较模糊，与事业、产业主体改革相适应的事业发展和公共服务机制还未形成，甚至有些上市公司还要直接承担部分事业职能。最后，“剥离转制”后的企业经营自主权还存在疑问，业务发展常常受到与主业相关的多方面制约，上市公司很难完全按照行业规范操作以获得资本市场的认可。另外，受传统事业体制的长期影响，人事、保障制度等方面的改革还需要一个过程。

3. 地区差别有待缩小。统计资料表明，我国文化产业发展与经济发展格局基本相同，呈现东高西低的态势。从文化产业单位数量、从业人员数量和拥有资产的地区分布看，东部地区分别占全部的66%、69%和78%，远高于中西部地区；从收入情况看，东部地区的营业收入占全部的82%，而中西部仅占18%；从实现的增加值看，东部占74%，中西部占26%；从对GDP的贡献看，东部地区实现的增加值占2.56%，中西部地区分别为1.28%和1.35%。文化产业从业人员数超过50万人的有广东、浙江、山东、江苏、北京和上海，六省市占全国文化产业从业人员的56%；年营业收入超过1000亿元的有广东、上海、北京、山东、江苏和浙江，六省市占全部收入的72%；实现增加值超过100亿元的有广东、北京、山东、浙江、上海、江苏、福建、湖南和河南，九省市占全国文化产业增加值的73%。文化产业增加值占GDP的比重高于全国水平的有北京、广东、上海、福建和浙江。如果这种文化发展上的不平衡继续下去，将使东西部经济社会发展的不平衡进一步加剧，差距拉大的速度进一步加快。如何突破恶性循环的桎梏，是亟需筹划解决的重大战略问题。

（四）法律法规建设有待进一步加强

由于文化领域长期处在管办合一的事业体制，管理主要靠行政手段，法律法规建设严重滞后，建设完善的法律法规体系，营造公开、公平、公正的文化市场环境，还任重道远。就拿知识产权的保护来说，舆论支持、制度保证、法律保护都不够，进行内容原创的企业常常损失惨重，致使培育的品牌中途腰折，产业链条脆弱断裂。据有关材料显示，2004 年 7 月盗版 DVD 压缩碟（容量是普通 DVD 的 5 ~ 7 倍）入侵音像制品市场后，北京、上海、广东三个国家级音像批发市场的音像制品发行数额都出现较大幅度下降。广东音像城 2003 年曾达到 16 亿元的销售高峰，而 2005 年截至 11 月份，销售额仅为 2.15 亿元。上海全市 2005 年上半年正版音像制品的销售额仅为 2.07 亿元，同比下降 70% 左右。这是业界强烈呼吁，需要下大力解决的问题。

中国文化产业急需战略性贸易政策支持。由于关税壁垒的作用已越来越受到世贸规则的限制，通过法律、政策等形成的限制进口的非关税贸易壁垒便成为开展国际贸易竞争的主要手段。技术标准是检验产品是否符合标准和法规的依据，拥有完备的技术标准体系，就能够有效地掌握市场竞争的主动权。而我国拥有自主知识产权的技术及产品很少，尤其是核心技术的命脉基本上都掌握在他人手中，除了在汉字编码字符集和 VCD 等少量标准被纳入国际标准外，至今尚未在文化技术的核心领域和关键部位拥有自己的标准系统，从而在大多数情况下我们的文化产品在进入国际市场时只能被动地受制于人。以美国为首的西方发达国家，凭借着部分文化产品或文化产品生产设备的技术标准，不仅把自己的产品大肆销往中国，在占领市场的同时，而且又用这些标准保护本国利益，将中国的文化产品挡在门外。因此，在文化产业领域里，急需运用战略性贸易政策，来保护和促进中国文化产业的发展。

中国文化产业发展走势

随着我国经济、技术的快速发展和改革的进一步深化，文化生产力将进一步得到释放，文化产业必将进入一个快速发展时期。

（一）产业生长空间将进一步扩大

根据国家统计局最新预测，我国经济发展速度将进一步加快。按照 GDP 年均 8.5% 的增长率计算，“十一五”末 GDP 总量将超过 26 万亿元，人均 GDP 近 1.9 万元，折算美元将超过 2000 美元；2015 年将达到 3000 美元，提前实现小康；到 2020 年将达到 5000 美元，进入中等发达国家水准。权威部门提供的数字还显示，随着新一轮宏观调控经济政策效应的逐步显现，到 2020 年我国人均消费将可能实现年均 10.8% 的增长，新的消费高峰就要来临，消费结构将不断升级。文化消费将成为拉动消费结构升级的主力军。近两年经济增长的主要动力已由投资拉动转变为消费拉动，出现了以住房和汽车消费为代表的消费升级，在深圳、上海、北京、广州等城市，居民消费已由以实物消费为主走上实物消费与服务消费并重的轨道，下一轮消费升级的带动性项目将是教育、医疗、旅游、电信、信息和家庭娱乐等等。考虑到“十一五”期间国家将重点加强教育、医疗等领域的公共服务体系建设，制约居民消费支出的因素将进一步减少，消费升级的速度将更快，从而为文化产业发展提供巨大的市场空间。文化产业若能抓住这一前所未有的战略机遇，加快体制改革和机制创新步伐，顺应经济社会发展的潮流，将对促进经济增长方式转变、调整经济结构、落实科学发展观、促进和谐社会发展，发挥举足轻重的作用。

（二）体制改革的步伐将进一步加快

促进体制改革的思想认识基础已经奠定。近几年的改革试点使人们认识到，在市场经济条件下，大多数文化产品和服务必须占领市场，才能占领阵地，才能更好地贴近群众，实现社会效益和经济效益的统一。革除体制弊端，充分发挥市场机制在文化资源配置中的基础性作用，进一步解放和发展文化生产力，“早改早主动，晚改就被动，不改没出路”等观念已深入人心。

推动改革的方针政策进一步明确。经过一段时间的改革和总结，文化体制改革和机制创新的经验开始向方针政策转化。2005 年，中共中央、国务院和有关部门陆续下发了《关于非公有资本进入文化产业的若干决定》（国发［2005］10 号）、《关于文化体制改革中经营性文化事业单位转制为企业的若干税收政策问题的通知》（财税［2005］1 号）等一系列文件，将深化改革与调整结构结合起来，将履行入世承诺放开准入和加强规范结合起来，将完善管理与促进发展结合起来，进一步明确了改革发展的目标、原则和方式方法，宏观思路更加清晰，方法举措更加配套，为进一步的改革提供了依据，指明了方向，使文化产业发展逐步进入有序推动的阶段。

政府职能转变已有良好开端。2003 年以来，试点地区积极推进政府职能转变，“党委领导、政府管理、行业自律、企事业单位依法运营”的文化体制改革目标模式已基本清晰，按照政企分开、政事分开、管办分离的改革思路，不断理顺政府与文化企事业单位的关系。宏观管理得到加强，“十一五”文化产业发展规划全面启动，已有大约 2/3 以上的省、市、自治区提出建设“文化大省”和以“文化立市”的发展战略；有关国家机关和地方行业管理部门，在机构设置、力量调配等方面，也在着重加强宏观管理能力的建设。监管方式不断改进，审批事项和程序得以简化，管理工作更加科学规范；对文化国有资产监管的有关问题也进行了有效探索。试点地区政府部门的职能转变和改革思路的探索，将对其他地区产生很强的示范带动作用。

观念的转变、方针政策的出台、政府职能转变的良好开端，都将为宏观体制的改革增添新的动力，并进一步推动微观领域的体制改革和市场体系的发育，推动整体改革步伐的加快。

（三）在开放中发展文化产业

在全球经济结构调整的过程中，文化产业兴起并发展成为一种战略产业，文化贸易则是其中一个重要的推动力量。文化贸易不仅构成国际贸易的越来越重要的内容，而且也是塑造国际新秩序的重要力量。面对西方发达国家文化产业占据强势的现实，发展中国家必须采取正确的文化贸易战略，以推动自身文化产业的发展。

战略性贸易政策的推行并不是走向闭关锁国，而是在认识现实世界秩序和情形的基础上作出的理性选择。事实上，开放与贸易不仅是经济发展的重要推动力，而且也是文化繁荣的基本途径。在历史上，正是文化之间的交流和融通，极大地改变了世界的面貌，推动了世界文明的进步。因此，对外开放是中国毫不动摇的国策，进行文化贸易也是中国文化产业发展的基本途径。只不过中国必须改变文化贸易中的绝对输入国地位，在自我发展的基础上更多地输出，从而实现一种相对的平衡和平等。

文化贸易的重要方面包括区域文化产业发展的合作与交流。中国与东盟各国都是发展中国家，大致说来都属于不同于西方文化的东方文化圈，因此有着诸多共同的价值取向和利益选择。历史上，各国之间的文化交流就是彼此发展的重要途径；今天，在共同面对西方强势文化的冲击面前，也有着诸多共同的立场和利益。因此，加强彼此之间的沟通与交流，发展文化贸易，是中国与东盟各国合作的重要内容。

在现实经济需要的条件下，战略性贸易政策理论应运而生。1981 年，伯兰特和斯宾塞发表了一篇题为《潜在进入条件下的关税与外国垄断租金的提取》的论文，率先提出了在面临外国寡头垄断的条件下，进口国政府可以利用征收关税的方法，从外国寡头厂商那里提取部分垄断租金的观点。这篇论文被多数学者认为是战略性贸易政策理论的开端。1983 年，伯兰特和斯宾塞，针对许多国家为争夺国际市场而对国内厂商的研究与开发进行补贴的情况，提出了一种解释在不完全竞争国际市场上用研究与开发补贴、或出口补贴等“产业战略”政策进行政策干预的论点。1984 年，克鲁格曼提出了在市场由寡头垄断并可分隔，存在规模经济效应的前提下，一国政府通过贸易保护（关税或配额）全部或部分地关闭本国市场，赋予本国厂商在特定市场上的特权地位，受保护厂商的销售会增加，边际成本会下降，而外国企业的销售会减少，边际成本会上升，这样本国的保护措施会增强本国厂商在第三国市场上的竞争力，从而扩大本国出口的论点。1985 年，伯兰特和斯宾塞发表另一篇有影响的论文，对不完全竞争条件下出口补贴为什么会成为一种有吸引力的政策进行了分析。这些论文分别从不同的角度证明，在规模经济和不完全竞争市场的某些条件下，一国政府可以通过关税、配额等进口保护政策和出口补贴、研究与开发补贴等出口促进政策，来加强本国厂商的竞争地位，扩大本国厂商的国际市场份额，从而实现垄断利润由外国向本国的转移，增加本国的国民净福利。由于这种“利润转移”理论对市场结构和厂商（包括政府）行为性质有着较严格的限制，它能够应用的情况非常有限，故可以将它称为“狭义战略性贸易政策理论”。与“利润转移”理论所受到了关注相比，另一种以外部经济为基础的贸易政策理论可以称为“广义战略性贸易政策理论”。以外部经济为基础进行贸易干预是一种较老的观点，它至少在格雷厄姆（Graham）时代就已出现，并被用来作为保护幼稚产业的依据。随着新贸易理论的产生，在不完全竞争贸易模型中才可以较好地考虑市场规模和收益递增的作用，才较好地从理论上证明了外部经济在国际专业化分工中的重要性和针对外部经济的贸易政策的合理性。新贸易理论所支持的“外部经济”政策理论认为，政府应当对那些能够产生巨大外部经济的产业给予适当的保护和促进，使之能够在外部经济的作用下迅速形成国际竞争能力并带动相关产业的发展。由于那些能够产生巨大外部经济的产业主要是人们通常所说的“战略性产业”（如高科技产业），促进这些产业发展的贸易政策也是发挥着战略性变量的作用。

从新贸易理论中衍生出了两种不同的贸易政策理论，一种是主要以内部规模经济为基础的“利润转移”理论，另一种是主要以外部规模经济为基础的“外部经济”理论。“利润转移”理论主要包括三个论点：第一，用出口补贴为本国寡头厂商夺取市场份额。第二，用关税来抽取外国寡头厂商垄断利润。第三，以进口保护作为出口促进的手段。“外部经济”理论的论点则较为集中。该理论认为，某些产业或厂商能够产生巨大的外部经济，促进相关产业的发展和出口扩张，但由于这些外部经济不能够完全被有关厂商所占有，这些产业或厂商就不能发展到社会最优状态，如果政府能够对这些产业或厂商提供适当的支持和保护，则能够促进这些产业和相关产业的发展，提高其国际竞争优势，获得长远的战略利益。

针对克林顿所谓每个国家“像一个大公司一样，在全球市场上参与竞争”的说法以及克林顿政府顾问们“偏执”于世界市场竞争，克鲁格曼坚决反对国家竞争力的提法和研究，认为国际贸易不是零和游戏（Zero - Sumgame）。但实际上任何一种竞争都既有可能是正和也有可能是零和，即使是正和博弈（Positive - Sumgame）也还有得益与支付多少之别。因此，与战略性贸易政策对应的产业政策就是当某些产业处于不完全竞争状况，少数大公司垄断市场，能够取得高额垄断利润，这时如果政府采取多种方式加以干预，如提供本国公司补贴、支持其 R&D 活动、限制其竞争对手的市场进入等，就有可能实现“利润转移”，增加本国福利。战略性贸易与产业政策理论用一个假想的例子来推演的结论是，在某种不完全竞争市场结构的情况下，积极的政府干预政策可以改变不完全竞争厂商的竞争行为和结果，使本国企业在国际竞争中获得占领市场的战略性优势，并使整个国家获益。

由于认识到文化产品市场的争夺对一个主权国家民族文化的存在和发展会构成威胁，因此，世贸组织许多成员国都纷纷采取文化产业战略性贸易政策。如法国政府在关贸总协定乌拉圭回合1993年谈判中，就坚决反对美国将文化列入一般服务自由贸易范畴，提出“文化不是一般商品”、“文化例外”的新概念，拒绝美国的文化产品自由地进入欧洲市场。“文化例外”的概念有效地保护了法国的文化产业特别是影视业。欧洲各国为了抵制美国影视作品的侵入，还纷纷采取两项措施：一是对国产电影实行补贴，如法国政府规定对电影的票房收入加收11%的特别税，然后在有关机构的监督下，补贴到国产电影的制作当中。二是对电视节目实行配额制度，1989年10月欧共体通过一项关于“无边界电视”指导政策，建议各国所有电视频道至少播放50%的“欧洲原产”电视节目。我国也应根据国情和保护发展的需要，借鉴世贸组织成员抵制美国文化“入侵”的经验，确立以国家利益为最高利益的文化产业战略性贸易政策，制定出相应的文化保护措施，维护我国的文化主权。

（四）文化产业的区域特色将逐步显现

我国地域辽阔，各地尤其是经济欠发达地区，都有深厚的文化底蕴和颇具特色的文化资源，这为通过发展特色文化产业缩小地区差距提供了基础条件。从国家发展思路上看，已将区域协调发展列为“十一五”规划的重要指导思想，并将发展各个地区的文化产业作为重要着力点。继2004年深圳成功举办首届中国文化产业国际博览会之后，2005年我国又先后举办了中国东北地区文化产业博览会和中国西部（昆明）文化产业博览会。通过发展各具特色的区域文化产业促进经济结构的调整和布局的优化，已成为国家超越传统产业更替的重要战略选择，将为区域特色文化产业的发展提供强大支持。

各地文化产业发展规划也在突出本地特色文化的发展，并制定了相应的发展战略。全国人均收入超过1000美元后，珠三角、长三角、京津冀三大城市群已经开始进入3000～5000美元的中等发达国家水平。这些地区文化消费活跃，消费层次不断提高，不少省市力求通过大力发展创意产业推动文化产业升级，并力求走出去。中西部地区人均收入大部分在1000美元上下，文化消费刚刚起步。这些地区注重利用丰富的区域性文化资源，借助现代传播手段，面向全国市场，打造各具特色的文化品牌，开发特色文化产业。海南旅游卫视的成功运作，广西卫视“女性”频道的成功定位等，都彰显了区域特色文化的魅力和广阔的发展前景。

（五）“三网”融合将为文化产业发展注入新的活力

文化产业是社会文化与现代技术特别是信息传播技术高度融合的产物，传播媒介对文化产业的发展起着至关重要的作用。随着技术进步，宽带和移动通讯技术的结合已经实现，广电和电信统一的技术平台和商业平台正在出现，相应的技术标准即将出台，商业模式趋于成熟，新媒体产业凭借多媒体的综合优势快速成长。比如，2005年盛大公司上市以后，“家庭互动娱乐平台”战略浮出水面，内容领域涉及电影、音乐、游戏、在线广告和电子商务等多方面，昭示着广电业和电信业共同发展的方向。

传播形态正在酝酿着革命性变革。传播的时空局限被打破，媒体信息几乎无处不在；传受双方主客易位，受众变被动接收为主动选择，变单纯接收为双方甚至多方互动交流，播出内容的安排也将变供给主导为需求主导。这些变化将促使传播内容向分众化、个性化、专业化发展，最大限度地刺激受众的文化消费需求，为文化产业的规模化、专业化发展提供强大牵引。加强宽带通信网、数字电视网和下一代互联网等信息基础设施建设，推进“三网融合”，已被国家“十一五”规划确定为重要发展目标，大的政策已经明确，广电和电信分业经营格局的打破也将为时不远。这种发展和改革，将促进文化产业的产业结构和链条发生历史性重组，在促进文化生产力快速发展的同时，推进文化体制改革进一步走向深入。

政府应通过战略性贸易政策推动文化产业的发展

波特在《国家竞争优势》一书中提出政府在追求竞争力提升与繁荣时，应该扮演新的、具有建设性和行动性的角色。政府的首要任务是要尽力去创造一个支撑生产率提高的良好环境。并提出政府不仅是“钻石模型”要素的一个组成部分，政府对“钻石模型”的每一个因素都应产生影响，这种影响是理解政府与竞争之间关系的最佳方式，即政府对产业参与国际竞争作用的方式应该在促进“钻石模型”各因素的提高与改善上。这种提高与改善的意义在于政府通过对有外部性的领域作用，形成规模经济，可以将整个产业的成本降低并形成差异化优势。因此，政府影响产业国际竞争力的两类途径就是贸易政策与产业环境。

事实上，政府越来越成为国际市场博弈的重要主体，政府通过贸易政策与谈判手段的灵活运用可以影响一国的产业国际竞争力。20世纪80年代新贸易理论为这种博弈提供了理论支持，新贸易理论强调工业品国际贸易市场的垄断竞争性和规模经济，在一定程度上认为国家对贸易的干预可以增加福利，一国应把产业政策和贸易政策结合起来由国家支持。新贸易理论提出了贸易干预的两个论点——利润转移论和外部因素论。利润转移论是由于垄断竞争使某些产业的产品价格高于生产的边际成本，进口这一类产品的国家要向出口公司支付租金，进口国政府应该通过贸易政策把生产和有关的租金转移给国内的公司从而增加国民福利。外部因素论认为，一些可以产生积极的外部因素的行业和公司无法发挥它们的最佳社会效应，有赖于政府的有效促进。

对外贸易政策如关税、补贴等无疑会对整个产业的价格直接产生扭曲作用，形成在国际市场上的价格优势；对外贸易政策也可以通过非关税壁垒如绿色壁垒等形式对本国产业形成保护，这种保护是在强化本国产业差异化优势的基础上进行。可见对外贸易政策是政府影响产业国际竞争力的直接手段，也是短期手段，因为贸易政策对本国产业的保护会招致竞争对手国家的反保护，但处于竞争博弈中的各国是不应该忽视贸易政策工具的。一国政府通过适度且适当的贸易政策，会使某些产业中产品的销售增加，进而边际成本将随生产的扩大而降低，外国企业因销售减少、边际成本随生产缩小而上升。因此，贸易政策可以为本国企业提供超过其国外竞争对手的规模经济优势，这种优势将转化为更低的边际成本和更高的市场份额，最终提高了本国产业的国际竞争力。但是这个过程是需要较长一个周期的，会被竞争对手仿效和报复。因此，各种贸易政策工具提高本国产业国际竞争力的内在机理主要还是通过短期内直接影响价格而起作用。随着20世纪90年代以来各国在贸易领域日趋激烈的竞争，各种旨在提高本国产业国际市场占有率的措施，纷纷出现。各国政府使用的贸易政策工具一般包括：自动出口限制、技术、行政与其他法规限制、倾销、进出口补贴等。按照这些贸易政策工具的作用方式不同，可以将其分为两类：一是壁垒性工具，如关税壁垒与非关税壁垒，这类政策以降低进口国产品价格与差异化优势进而提高本国产品的竞争力为目的；二是鼓励支持类工具，如出口补贴、国内支持等。

从国际文化贸易的现实看，各国政府也都在世贸组织的框架内寻求积极的文化贸易政策。由于世贸组织在同文化产品有关的政策和法律规制中几乎涉及到了当下所有的文化产业形态，而也恰恰是这些领域构成了当今国际文化交往中的最一般的秩序和最一般的关系。因此，世贸组织所确立的就不仅仅只是一般的国际经贸原则，而且也是当今国际社会一种新的国际文化关系准则，成为处理国与国文化贸易关系和文化产业发展关系的准则。国际文化贸易所从事的是关于文化精神产品的国际交换，涉及到意识形态和不同文化传统的诸多领域。这些意识形态和文化传统所体现的不同价值观念，有许多方面就是根本对立的。通过向他国输出自己的文化产品，传播自己的文化观念和意识形态是当代国际社会斗争与较量的重要形式和主要手段，美国依仗其在文化产业领域里的强势地位强行要求“市场准入”它想“准入”的任何一个国家和地区，最终达到不战而胜的目的，就是最典型的表现。因此，世贸组织在它的政策系统中，就不仅规定了市场准入、透明度、非歧视、最惠国待遇等原则条款，同时也包括“涉及保持传统文化的艺术品和文物”、“允许例外和实施保障措施”、“维护国家安全”等。这就可以使任何一个国家，特别是一些发展中国家或最不发达国家从维护本国的根本文化利益和文化安全出发，制定相关政策保护自己。世贸组织的原则是保护本国文化的个性化，支持各国文化的多样并存，维护世界文化的丰富性和多样性。

中国要走出一条具有中国特色的文化产业发展之路，中国有自己的国情，有丰富的文化资源，发展文化产业必须走出一条符合中国国情、具有中国特色之路。这就必须：第一，继续深化文化体制改革，进一步解放文化，加快文化产业发展。对正在进行的文化体制改革，要毫不动摇地坚持下去。这场改革，既要遵循文化艺术发展的自身规律，又要适应社会主义市场经济的运作规律，要严格遵循区别对待、分类指导、循序渐进、逐步推开的原则，要进一步培育市场主体，培育一批文化企业使之逐渐壮大；第二，转变政府职能，为文化产业发展服好务，做好文化发展的规划、政策、思想等工作；第三，依靠科技进步，以数字化、信息化技术带动文化产业发展；第四，实施“人才强国”战略；第五，大力开拓国际市场。

（选自《沿海企业与科技》2006年第10期）

文化体制改革断想

王梦奎

我主要是研究经济问题的，对于文化问题研究不够。说几点外行的意见，供参考。

新阶段的形势和任务

这是讨论文化体制改革问题的大背景。

一是经济发展进入新阶段。开始实施第三步战略部署，产业结构和消费结构发生重大变化。现在，第三产业占 GDP 的 1/3，有继续提高的趋势，文化是第三产业的重要组成部分，增长速度会快于 GDP 的增长速度。城镇恩格尔系数已经降到 40% 以下，乡村恩格尔系数已经降到 50% 以下。恩格尔系数有继续降低的趋势，文化消费有增长的趋势。无论从生产看，还是从消费看，文化产业都有很广阔的发展前景。这是全面建设小康社会和实现现代化的一个重要方面。现在的实际情况是，文化的发展落后于经济发展和人民生活的客观要求。

二是经济体制改革进入新阶段。社会主义市场经济体制初步建立，多种经济成分发展，市场竞争在日益广泛的领域展开，经济基础发生了深刻变化，作为上层建筑的文化体制也需要进行相应的改革。现在的实际情况是，文化体制改革滞后于经济体制改革，在完善社会主义市场经济体制的改革中面临着很大的压力。

三是加入 WTO 标志着我国的对外开放进入新的阶段。外国文化将会更多地进入我国，我们要积极吸收国外优秀文化成果；对于可能进来的不好的东西，也不能单靠“堵”的办法，要靠发展壮大自己来战胜它。还要以更积极的姿态进入世界市场，扩大中国文化的影响，这是我们争取成为世界大国的努力的一个重要部分。这些都离不开文化体制改革。

四是新的科技革命，特别是信息技术，使得文化产品的制作和传播手段现代化了。经济发达国家因此加强了它们在文化上的优势地位。这对社会的影响，特别是对于我国这样处于转型期的发展中国家的社会影响是非常之大的。一方面为文化事业的发展创造了方便的条件，同时也给我们的思想和文化工作带来很大压力，对文化体制改革提出了新的要求。

文化体制改革要解决两个带根本性的问题

一是发展多种所有制文化主体。在过去的计划经济体制下，文化事业也是单一的公有制。与社会主义市场经济体制下经济上的多种所有制共同发展相适应，文化事业应是多种所有制共同发展的趋势。基于我们国家的社会主义性质和文化的特殊社会功能，国有文化单位应该起主导作用，但公有制的实现形式也需要积极探索，采取股份制等现代企业办法。对非公有制要扩大市场准入范围。公有制和非公有制对于文化的投入，都是投资行为。

二是扩大市场机制的作用。在市场经济体制下管理和发展文化事业，总的方向应该是逐步扩大市场机制发挥作用的范围。要逐步由以行政手段为主，转变为在国家管理下充分发挥市场机制的作用，实现政企分开。

要解决的一些重要问题

为了顺利推进文化体制改革，在思想认识和管理上需要做如下改进。

一是要区分经营性文化事业和公益性文化事业。经营性文化事业，可以充分发挥市场的作用，以营利为目的，国家加以引导和监督，保证其正确方向。公益性文化事业，以政府投入为主，也可以采取市场经济的办法，例如建设项目的招标。经营性和公益性的划分并不是固定不变的，政府投入的公益性文化事业，在发展进程中也可以转化为经营性，例如有些高雅艺术，随着社会经济发展，受众人群可能扩大，可以由公益性变为经营性，并不是永远需要补贴的。公益性的文化事业，也可以是多种投资主体，例如博物馆、展览馆、图书馆也可以是非公有的。

二是不仅要区分先进文化和反动、落后文化，还要区分居于二者之间的有益而无害的文化，许多民间艺术属于此种性质。这部分文化因为有群众需要，在文化体制改革中可以有更多的投资主体介入，也可以更多地发挥市场的作用。

三是区分政治性和非政治性，意识形态和非意识形态。文化产品和服务，有些是有强烈的政治性和意识形态色彩的，有些并不是，或者并不强，在管理体制和方法上要有区别。做这样的区分，适当放宽一些，有利于发展文化事业和文化产业。

四是考虑到文化产品和服务的特殊属性，不宜提“文化产业化”或者“文化市场化”的口号，因为文化领域终究有些东西是不能“产业化”或者“市场化”的，是靠市场的作用不能解决或者不能完全解决的。文化有其特殊的规律，不能把经济领域的东西简单地搬到文化领域，把政府应尽的职责都推向市场。

最后建议组织关于当代文化生产、消费和传播规律的研究，以及关于文化同政治、经济关系的研究，以及关于文化发展战略和政策的研究。这不仅对于我国文化事业和文化产业的发展具有重要意义，对于实现现代化和国家的长治久安也有重要意义。今年的全国社会科学规划，可以把这作为重点课题，加以分解，列为几个课题，给以必要的资助。

我讲的这些意见可能不大切题，讲错的地方希望大家批评。

（选自《今日中国论坛》2005 年第 12 期）

国家文化发展战略与国有文化部门的战略性改组

齐勇锋

国有文化部门的现状分析

中华人民共和国成立至改革开放的 30 年间，由于历史的原因，我国对发展包括文化事业在内的整个经济建设，长期实行计划经济的行政性资源配置方式。一方面，与新中国成立前相比，在国家、文化部门和广大文化工作者的不懈努力下，我国的文化基础设施建设、文化队伍建设，以及文化产品的创作和生产有了长足的发展；另一方面，行政性资源配置的方式形成了国家对文化事业单一的投资主体，这种资源配置方式的低效率，加之频繁的政治运动的干扰破坏，导致了对文化产品、文化服务供给的严重不足；短缺经济和低工资政策则极大地抑制了人民群众对文化产品、文化服务的消费支出能力。如果说，这一时期广大人民群众对物质产品的消费还仅仅是处于相对的“短缺状态”，那么，对精神文化产品的消费则是处于一种饥不择食的“饥渴状态”。

改革开放以来，国有文化单位也和其他部门一样，插上了腾飞的翅膀。20 世纪 80 年代，在“计划调节和市场调节相结合”理论的指导下，改革首先从一些国有文化单位试行承包制和企业化经营开始，在国有文化生产、文化服务单位转换经营机制，文化产品进入市场的途径和方式等方面进行了初步的探索。进入 20 世纪 90 年代，随着党中央、国务院提出建立社会主义市场经济理论，大力发展包括文化产业在内的第三产业，以及“十五”计划明确提出“文化产业”的概念，国有文化部门作为整个国有经济进行战略性改组的一个有机组成部分，以建立现代企业制度为目标，改制重组的步伐明显加快。总体来看，经过近年来的改革发展，以国有经济为主导的我国文化产业的面貌已经和正在发生深刻的变化，国有和国有资本控股的文化单位在繁荣文化市场，推动社会主义精神文明建设，加快国民经济发展，吸纳失业人口，以及开展国际文化交流，参与国际竞争等方面日益发挥着重要的作用。

一是以建立现代企业制度为目标，国有文化部门改制重组的步伐明显加快。一大批国有文化单位通过改制重组实现了专业化经营和经营机制的初步转换，生机和活力大大增强，效益逐年增长，在市场竞争中脱颖而出。国有和国有资本控股的文化单位的改革发展，不仅推动了包括文化产业在内的第三产业的快速发展和国民经济的高速增长，而且还吸纳了部分城镇失业人员，在缓解城镇就业问题方面发挥了积极的作用。

二是随着文化产业投融资体制的改革和行业壁垒的逐步开放，国家作为单一投资主体对文化事业“大包大揽”的局面初步改观，以国有经济为主体，包括集体、民营、外资等多种所有制并存的局面初步形成。中视股份、东方明珠、电广传媒、歌华有线、中体产业等少数国有文化单位经股份制改造，成功的登陆资本市场，在依托资本市场实现产权多元化与国际惯例接轨方面进行了有益的探索。由于国有文化部门较多地承担了包括国际文化交流、国家领导人来访接待在内的国家指令性文化项目、非盈利性文化项目（图书馆、博物馆等）的投资建设和办社会的责任，同时一大批国有文化部门的管理、技术人才通过各种途径和方式流动到非国有文化企业，成为这些企业进行创业和发展壮大的骨干力量，因而，国有文化部门在自身改革发展的同时，还为非国有文化企业的资本积累和迅速发展创造了条件。

三是国有文化部门在“抓大放小”，组建企业集团方面取得了积极的进展。据统计，到 2002 年 6 月底为止，全国已组建国有或国有资本控股的文化企业集团 45 家，其中，报业集团 26 家，出版集团 6 家，广电集团 8 家，电影集团 1

家，图书发行集团4家。国有或国有资本控股的文化企业集团已成为我国加快发展文化产业，繁荣国内文化市场，开展国际文化交流，参与国际文化市场竞争的基本力量。

在肯定国有文化单位改革发展已取得重要进展的同时，还应当看到，由于国有文化单位长期实行国有资本单一投资主体的事业体制，加之改革起步较晚，因而，其改革步伐仍滞后于整个经济体制改革的进程，市场化、产业化和国际化的水平较低，其主要问题是：

（一）国有资本在文化产业各行业中的布局过宽，投资过于分散，国有资本布局调整的步伐缓慢。目前，国有资本在新闻出版、广播电视、基础教育、文物、图书馆和博览场馆等行业处于垄断地位，在高等教育、专业教育和职业教育，以及旅游、体育、会展、音像、演出、文化娱乐等行业处于支配或重要地位。由于国有资本布局很不合理，致使国有盈利性文化单位难以形成国有资本的投入和补偿机制，其结果，大企业不强，小企业不专，技术装备落后，文化项目和文化产品重复建设，结构雷同、粗制滥造的问题仍十分严重；相当一部分国有非盈利性文化单位，尤其是中西部一些文物单位和县、乡两级的图书馆、博物馆、文化站等，普遍存在着由于经费来源不足而导致的规模小、条件差和运营困难的问题，部分单位拖欠人员工资的现象时有发生，连正常的工作都难以开展。

（二）国有文化部门的国有资本管理、运营与监督体制改革滞后。由于国有盈利性文化单位实行政企分开、政资分开的改革进展缓慢，其结果，一方面国有企事业文化单位的法人财产权还未真正落实，来自文化主管部门的行政干预难以避免；另一方面，经营者对国有资本保值增值的责任制度、经营业绩的考核和奖惩制度也没有真正建立起来。国有盈利性文化单位实现政企分开、政资分开，建立现代企业制度，成为真正的市场竞争主体的改革目标还远远没有实现。

（三）国有文化单位的改革滞后。目前国有盈利性文化单位仍普遍存在着“事业壳、企业体”的体制特征，经营机制活力不足、管理粗放、各种负担沉重和效益低下、竞争力不强，以及一些单位长期亏损，资不抵债，以致国有资产存量、文化资源存量、人才资源存量闲置和流失的问题仍然十分突出。国有文化单位以市场为导向的优胜劣汰机制、自负盈亏机制、激励和约束机制还未真正建立起来，其所占有的庞大的文化资源、人才资源和对国家、社会所做出的贡献还很不相称。

（四）国家文化宏观管理体制仍未理顺。目前，我国文化产业的各个行业分属于文化部、教育部、国家广电总局、新闻出版署和国家旅游局等行业主管部门，国家计委、国家经贸委参与文化产业政策的制定，财政部负责国有资产的管理。其主要问题，一是由于政府行业管理分工过细，以至在国家层面上的跨部门、跨行业的文化发展战略和产业政策则往往没有人去考虑。二是职能交叉。以音像行业为例，其进口产品的内容审查、发行和市场管理，出版和复制，分属于文化部、国家广电总局、新闻出版署三个政府主管部门，各省、市、自治区也分别确定了归口的政府部门，文化、广电、新闻出版三个部门都有份，个别地方的管理职能甚至在党委宣传部，结果造成实际工作上的混乱，群众形象地形容为“上面三国演义，下面春秋混战”。三是政府主管部门不仅负责制定文化政策和市场监管，行使“管文化”的职能，而且还直接投资举办各类企事业文化单位，承担“办文化”的职能，“管办不分”的结果是，国有文化单位政企不分、政资不分的问题依然如故，至今仍没有实质性的改观。

总体来看，目前国有文化部门以建立现代企业制度为目标，转换经营机制，以及部分单位脱困的任务仍十分艰巨。这些问题，只能通过进一步深化改革，对国有文化部门进行战略性的改组才能从根本上得到解决。

国有文化部门面临的形势分析

新世纪之际，在党中央、国务院的正确领导下，面对国际政治经济风云变化，我国继续实行积极的财政政策和扩大内需的方针，经济发展持续高速增长，经济体制改革进一步深化，金融体制、财税体制、社会保障体制等方面的改革进展，以及法制建设进程的加快和市场秩序的好转，为国有文化部门的改革发展创造了较好的外部环境。随着我国正式加入WTO，全面参与国际竞争，以及近几年来城乡居民收入水平的提高和消费结构的变化，国有文化部门既面临着历史性的发展机遇，同时也面临着严峻的挑战。

（一）我国城乡居民收入水平的提高和消费结构的变化，为国有文化部门加快改革发展提供了巨大的市场空间和历史性的机遇。据国家统计局有关权威人士预测，我国今年的GDP将突破10万亿人民币大关，人均GDP将达1000美元左右。发达国家的经验表明，在人均GDP为1000—3000美元的阶段，消费者对精神文化产品的需求将会大幅度增长。有关研究显示，20世纪90年代，我国城乡居民对文化产品的消费支出已呈现出逐年增长的态势，其增速明显超过对物质产品的消费增长。新世纪之际，随着我国进入全面建设小康社会阶段，城乡居民这一消费结构的重大变化已悄然来临，其中，人均GDP率先达到或超过1000美元的大中城市和沿海地区的约5亿人口，已成为文化市场的现实消费者；中西部地区和广大的农村人口，由于受益于西部大开发的政策导向，其收入水平逐年提高，从而为文化产业的发展提供了巨大的市场空间和历史性的发展机遇，国有文化部门则无疑是这一机遇的受益者。近几年来，以国有经济为主体的我国教育、广播电视、新闻出版行业的快速发展，已明确无误地揭示了这一点。

（二）民营经济的迅速发展既给文化市场的繁荣带来了生机和活力，同时也对国有文化部门带来新的竞争压力和改革动力。20世纪90年代以来，我国市场取向改革目标的确立和国家关于各种所有制经济共同发展的政策导向，使民营经济进入高速发展的黄金时期。一大批文化人的“下海”和文化产业巨大的市场潜力，促成了民营经济在文化产业中一般竞争性行业的迅速崛起。民营经济的发展壮大，在给文化市场的繁荣带来了生机和活力的同时，其灵活的经营机制和强大的市场扩张能力也对国有文化部门带来新的竞争压力和改革动力。

（三）加入WTO为国有文化部门进入国际市场，参与国际竞争提供了新的发展机遇，同时也带来严峻的挑战。加入WTO意味着我国文化产业与国际市场和国际惯例的全面接轨，一方面，国有文化部门因此而有更多的机会借鉴跨国公司先进的管理经验和文化产品生产机制，开展国际文化交流，将我国优秀的民族文化节目推向国际市场；另一方面，根据我国政府的承诺，在加入WTO的5年过渡期内，我国在目前国有文化部门居于垄断或支配地位的新闻出版、广播电视、教育、体育、旅游、会展、音像、演出、文化娱乐等行业的文化产品的内容供给和营销网络建设方面将逐步开放市场，国际跨国公司所具有的强大资本优势、成熟的管理经验和先进的文化产品创作与生产加工能力，将对国有文化部门形成巨大的冲击。不仅如此，我国的国家文化安全也将因此而面临考验。

国有文化部门进行战略性改组的目标、方针和原则

文化产业与国民经济物质生产部门的最大区别在于，它向社会提供的产品和服务，是一种满足人们心理需求和身心体验过程的精神消费。文化产品作为人类历史文化积累和知识创新的结晶，既具有一般消费品的商品属性，同时也具有思想道德教育和意识形态的属性；既具有人类一般无差别的消费品的共性，同时也具有鲜明的民族特性。在经济全球化、文化多元化的条件下，各国、各民族之间的文化交流、文化融合已大势所趋，成为不可阻挡的历史潮流。与此同时，保护民族历史文化遗产和民族文化的多样性，保障国家的文化、信息安全也不容忽视，作为一项紧迫任务，提上各国政府的议事日程。

中华民族具有五千年的悠久历史文化。以马克思主义为指导的我国社会主义文化具有先进性、开放性、兼容性的鲜明特点，在继承民族优秀文化传统的基础上，源源不断地汲取世界各民族的优秀文化，从而在创新中使自身不断得到提高和发展，始终保持其青春活力，因而具有强大的生命力。可以预见，在未来几十年内，随着我国经济的持续高速增长和人民群众收入的迅速提高，必将出现一个社会主义经济和文化的高度繁荣时期。中华民族将以富庶、文明的崭新姿态立足于世界民族之林，对推动人类文明的发展作出应有的贡献。

国有文化部门作为我国文化产业的主导力量，在发展和繁荣社会主义文化，以及精神文明建设中肩负着重要的责任。但是，目前国有文化部门的现状与其所担负的责任还很不相称。对国有文化部门进行战略性改组的目的，就是要使国有文化部门在新形势下与时俱进，跟上时代发展的潮流，通过改革，解放和发展国有文化部门的生产力，使其所蕴涵的巨大的资源潜力进一步得到发掘，经济潜能进一步得到释放，以满足人民群众日益增长的精神文化需要，在发展和繁荣社会主义文化，推动精神文明建设和经济增长的过程中发挥更大的作用。

（一）国有文化部门进行战略性改组的目标。到2010年，国有文化部门通过战略性的改组、改制和改造，实现政企分开、政资分开，建立比较完善的现代企业制度，形成国有资本布局合理，产业和产品结构优化，技术装备先进，大、中、小文化单位合理分工的产业群体和具有优胜劣汰机制、自负盈亏机制、激励与约束机制相结合的市场竞争主体，为我国全面建设小康社会，发展和繁荣社会主义文化作出积极的贡献。

（二）国有文化部门进行战略性改组的方针和原则。实现国有文化部门进行战略性改组的总体目标，要以邓小平理论和“三个代表”重要思想为指针，以市场化、产业化、国际化为导向，以加入WTO，迎接国际挑战的紧迫感和加快发展我国民族文化产业的责任感为动力，进一步解放思想，实事求是，转变观念，深化改革。为此，可考虑采取“两步走”的战略方针：

第一步，国有文化部门通过“十五”计划期间的综合配套改革和资源整合，到2005年，初步完成国有资本在文化产业各行业布局的战略性调整，以及对国有文化部门的改组、改制和改造，国有和国有资本控股的文化企事业单位基本落实法人财产权，实现政企分开、政资分开，初步建立现代企业制度。

第二步，在下一个五年计划期间，国有文化部门通过进一步深化改革，优化结构，到2010年，建立比较完善的现代企业制度，形成国有资本布局合理，产业和产品结构优化，技术装备先进，大、中、小文化单位合理分工的产业群体和具有自主经营、自负盈亏，激励和约束机制相结合的市场竞争主体，为加快发展我国文化产业全面参与国际、国内文化市场竞争提供组织体制保证。

国有文化部门在进行战略性改组过程中应坚持以下

原则：

1. 有利于建立科学合理、灵活高效的文化宏观管理体制和文化产品生产经营机制，保障国家的文化和信息安全；

2. 有利于国有文化部门建立新型的投融资体制和国有资本的管理、监督与运营体制，使国有资本在保值增值的同时，布局更加合理，结构进一步优化；

3. 有利于国有和国有控股的企事业文化单位实现政企分开、政资分开，建立和完善现代企业制度，形成科学规范的法人治理结构；

4. 有利于促进国有和国有控股的企事业文化单位转换经营机制，调动经营者和广大职工的积极性、创造性，激发其生机与活力；

5. 有利于在国有文化部门改革中，调动各方利益主体的积极性，确保出资人、债权人的权益不受侵害；

6. 有利于国有文化部门改组、改制的平稳过渡和社会稳定。

加快国有文化部门战略性改组的对策

（一）制定国家文化产业发展战略规划

国家“十五”计划已明确将文化产业的发展提上日程。按照“十五”计划的要求，目前国务院各有关文化主管部门和一些地方政府，已经或正在制定其行业或区域的文化产业发展战略规划，但行业规划、区域规划并不能代替国家层面上的文化产业总体发展战略规划，因为文化产业是一个由其各个行业、区域和企事业单位有机构成的大系统，各个行业和区域之间既相互区别而又相互联系，各自为政的发展既不利于对文化产业进行跨地区、跨行业的资源整合和优化配置，也无益于整体效益的实现。依据“三个代表”重要思想，面对我国已经加入 WTO 的新形势，以及近几年来我国文化产业快速发展的良好态势，制定国家文化产业发展战略规划的时机不仅已经成熟，而且也迫在眉睫。我们认为，应当站在国家和民族利益的高度来认识制定国家文化产业发展战略的重要性。为此，建议组建由中宣部或国家有关综合经济部门牵头，各文化主管部门参加的领导小组和工作班子，尽快着手制定国家文化产业发展战略，对包括国有文化部门进行改组、改制在内的整个文化产业的改革发展，做出前瞻性和战略性的中长期规划安排。

（二）调整国有资本在文化产业各行业中的布局

根据党中央、国务院对国有资本布局进行战略性调整的精神，结合文化产业投融资体制的改革，按照国有资本“有所为，有所不为”和保证国家文化、信息安全的原则，以及垄断性文化行业和竞争性文化行业，盈利性文化行业和非盈利性文化行业（图书馆、博物馆、文化站等）的不同特点，确定文化产业投融资体制改革的框架和对国有资本布局进行战略性调整的方案。据此，我们认为，对关系到国家文化和信息安全的垄断性行业和非盈利性行业，国有资本应当“有所为”，并逐步增强投入的力度；而对于国家文化和信息安全关系不大的盈利性的竞争性行业，尤其是这一行业中的中小型企事业文化单位，国有资本应当“有所不为”，除保留部分大型或骨干企事业单位外，应逐步退出。国有资本退出盈利性的竞争性文化行业中的中小型企事业单位，可以为非国有经济在这一领域留出足够的发展空间，既有利于国有资本调整布局结构，收缩战线，同时也有利于非国有经济的发展壮大，促使文化产业的所有制结构进一步优化。

具体而言，在关系到国家文化和信息安全的新闻出版、广播电视行业，国有资本应进行垄断性经营或控股经营，并逐年增加投入，形成国有资本的投入和再投入机制；基础教育和基础体育、文物、图书馆、博物馆、文化站等向社会提供公共产品和服务的非盈利性文化行业，主要由国家和地方财政进行投资建设，形成非盈利性文化行业由国家财政投资和社会捐赠相结合的投融资机制；旅游、演出、会展、音像、文化娱乐、竞技体育，以及高等教育、专业和职业教育等盈利性的竞争性文化行业，要放开行业进入门槛，允许集体、民营、外资和自然人等各种所有制的投资主体进行投资经营，充分发挥市场机制的调节作用。目前这些行业中由国有资本全额投资建立的隶属于国家和各省、市、自治区的大型或骨干企事业文化单位，国有资本可保持全资或控股地位，同时积极探索通过改组、改制，实现产权多元化的途径和方式。由国有资本全资或控股的中小企事业文化单位，要广泛吸纳集体、民营、外资和自然人等社会资本，通过改组、改制加快产权多元化的进程，放开搞活，同时采取转让、出售、关闭、破产等多种方式，使国有资本逐步退出。

（三）加快国有营利性文化单位的改组、改制和改造步伐

国有营利性文化单位是发展我国文化产业的主导力量，其改组、改制和改造要以实现政企分开、政资分开，建立现代企业制度为目标，按照营利性的垄断性文化单位、营利性的一般竞争性文化单位的不同特点，根据分类指导的原则，分别确定各自的改革重点和不同方式。

新闻出版、广播电视等国有营利性的垄断性文化单位，由于其经营业务关系到国家的文化和信息安全，因而其改组、改制和改造的重点：一是在积极推进政企分开、政资分开的基础上落实法人财产权，实现自主经营、自负盈亏、自我积累和自我发展；二是通过推行资产经营制度、岗位责任制度、干部和职工的全员竞聘制度、收入分配制度等方面的改革，实现经营机制的转换；三是在细分消费群体的基础上实现面向市场的专业化经营；

四是加快技术创新和设备更新的步伐，实现技术装备的信息化和现代化。其特点是非产权式的内部管理体制的制度化变革。

旅游、会展、音像、演出、文化娱乐、竞技体育，以及高等教育、专业和职业教育等营利性的一般竞争性文化单位，由于其经营业务一般不涉及国家的文化和信息安全，因而应以产权制度改革为突破口，以公司制为主要的财产组织形式，通过广泛吸纳社会资本，实现产权多元化，进而带动内部的管理体制改革，通过推行资产经营制度、岗位责任制度、干部和职工的全员竞聘制度、收入分配制度等方面的改革，进一步实现经营机制的转换。

对于中小型国有营利性文化单位，应区别不同情况，在清产核资、清理债权债务和摸清家底的前提下，采取不同的措施，加大改革的力度。凡产品和服务有市场，略有微利或暂时经营亏损，但主营业务有发展前景的中小型国有营利性文化单位，应积极推进股份制改造，实现产权多元化和民营化，或采取兼并、租赁、承包、出售等多种方式放开搞活；凡长期亏损，资不抵债，经营陷于困境且扭亏无望的中小型国有营利性文化单位，则应坚决采取关、停、并、转，或最终破产的方式予以了断，久拖不决，只能使问题越积越多，解决的难度越来越大。

科学管理是企业的永恒主题，也是国有营利性文化单位的薄弱环节。要在国有营利性文化单位进行改制重组的同时，强化以财务管理为中心的基础管理和专业管理，实现由事业核算体系向企业核算体系的转变。

与此同时，还要在国有营利性文化单位改组、改制的同时，加快技术改造和技术进步的步伐。面对当今世界信息化、数字化的浪潮，文化产业作为与高技术结合最密切的行业，最有条件也有必要率先采用信息化、数字化技术。国有营利性文化单位应抓住当前的有利时机，广泛筹措资金，通过技术引进和技术改造，实现设备更新，加快信息化、数字化的步伐，不断提升核心技术能力。

（四）盘活国有文化部门中的人力资源

文化产品的生产和服务，在一定程度上可以说是一种个性化的文化积累和知识创新的结果。因而，文化企事业单位的一个基本特点，就是大多是一种轻型化的资产结构，即固定资产规模不大，而主要是依赖高技术、高智商的人才对文化资源进行深度的发掘，从而源源不断地产生出新的创意、策划，以及文化产品或文化服务项目，进而以创意、策划和项目为依托，来吸引和配置资金、管理、营销等其他要素，最终实现产业化经营的过程。由此可见，文化产品和服务的生产与再生产过程，在本质上是具有一定的知识结构和创新能力的人才对文化资源的不断重新认识、挖掘和创新的过程。人才，尤其是各类高级人才作为国有文化部门中最宝贵的财富，也是存量资源中含金量最高的一种稀缺资源。目前，我国最优秀的文化人才主要集中在国有文化部门，但由于体制、机制等方面的原因，其人才闲置、流失的问题仍十分严重。面对加入 WTO 以来跨国文化公司和民营企业咄咄逼人的人才竞争，我们要解放生产力，最重要的是解放生产力中最积极、最活跃的人的因素。我们要盘活存量资源，最重要的是盘活存量中的人力资源，并进一步依托人力资源来盘活存量资产和存量文化资源，使国有文化部门中所蕴涵的巨大的资源潜力和经济潜能尽快释放出来。

有鉴于此，我们认为，在国有文化部门的战略性改组中，应当把盘活存量人力资源作为一项紧迫任务，摆上重要的议事日程。一是要通过管理制度的改革和创新，继续推进干部和职工的全员竞聘制度，搞活用人机制，形成“能者上庸者下”，优秀人才脱颖而出的生动活泼局面；二是继续推进收入分配制度的改革，通过实行经营者岗位的年薪制、关键岗位的技术和管理津贴制以及独立核算单位和某些特定项目的承包制等多种灵活多样的市场化的收入分配方式，逐步拉开收入分配差距，形成激励机制与约束机制相结合的收入分配制度，使具备技术、管理和营销等生产要素的各类高级人才的收入与其贡献相适应；三是继续采取专业培训、出国培训和学历教育等多种形式，不断提高经营者和各类管理、技术、营销等专业人才的素质，形成具有市场导向的专业化、国际化的人才群体；四是建立内部人才市场，并与社会人才市场相衔接，通过实行人才的招聘制度、交流制度等，形成经营者和各类专业人才通过市场不断进行优化资源配置的良性循环机制。这样，也可以避免在干部和人才任用方面的“暗箱操作”和腐败行为；五是打破国有文化部门各行业、单位以及所有制的界限，积极支持各类专业人才，通过市场机制在国有文化部门的内部或外部进行合理的流动，做到人尽其才。

（五）积极推进国有文化企业集团的发展和规范

近几年来，我国在组建各类国有或国有控股的文化企业集团试点方面取得了重要的进展，这项改革措施，对于实现国有文化资源的优化配置，实施大集团战略，迎接 WTO 的挑战具有积极的意义。但同时也应当指出，由于政府各级主管部门在组建各类国有或国有控股的文化企业集团的过程中，较多地采取了行政性的措施和手段，因而目前已挂牌运行的多数国有或国有控股的文化企业集团，不可避免地带有浓厚的行政色彩，在实施集团统一的发展战略、管理体制和运行机制等方面，与跨国文化企业集团以资本为纽带、以母子公司为特征，实行多元化或专业化经营的运行模式还有较大的距离。为此，我们认为，当前国有或国有控股的文化企业集团改革发展的重点，一是在后续组建各类国有或国有控股的文化企业集团的过程中，要尊重市场自愿的原则，防止翻牌集团的产生；二是应当不失时机地把国有或国有控股的文化企业集团的规范工作提上日程，建议有关主管部门在调查研究的基础上，针对目前国有或国有控股的文化企业集团存在的突出问题，提出规范和改进完善的具体意见，并尽快予以组织实施。三是一般竞争性文化行业的国有文化企业集团，要进一步吸纳各类社会资本，调整和优化资本结构，形成一批具有市场竞争实力的由国有资本控股的混合所有制的文化企业集团，在企业体制和管理制度方面，率先与国际接轨；四是目前少数已初具实力的专业化的国有或国有控股的文化企业集团，应抓住当前的有利时机，在规范和完善集团体制的同时，逐步向跨地区、跨行业的综合性的文化企业集团方向发展。

（六）分离国有文化部门的办社会职能，建立健全社会保障体制

由于历史的原因，国有文化部门和其他国有经济部门一样，存在着部分富余人员和离退休人员，以及办社会的负担。这些问题不解决，国有文化部门就难以与民营、外资等其他所有制的文化企业在同一起跑线上进行平等竞争，建立现代企业制度也将是空中楼阁，成为一句空话。为此，要把分离办社会职能，建立健全社会保障体制，作为国有文化部门进行战略性改组的一项重要内容，抓紧做好。一是要借鉴近几年来国有工业企业分离办社会职能的经验，国有文化部门在对下属的后勤服务单位定岗定编，实行内部核算，减少补贴的基础上，待条件成熟，逐步予以分离，推向市场；二是借鉴和推广高教系统实行后勤服务社会化的经验，引入社会经营法人，与其后勤服务单位展开竞争，或对之进行嫁接改造，逐步实现后勤服务的社会化。应当指出，由于我国绝大多数的国有文化单位都位于城市，具有分离办社会职能和实现后勤服务社会化的外部条件，加之在资产、人员方面，办社会的负担比国有大中型工业企业要小得多，因而，只要改革的思路对头，分离办社会职能就不应该是一件难事；三是根据国家和所在地区的改革进程安排，建立健全医疗、养老、失业等社会保障制度和住房公积金制度。有条件的单位，应进一步参加商业保险，从而使职工免除后顾之忧，同时也为深化改革创造良好的条件。

（七）积极、稳妥地推进国有文化部门的投融资体制改革

国有文化部门投融资体制的改革目标，是建立与市场经济相适应、与国际惯例接轨的新型投融资体制，为国有文化部门加快改革发展提供金融支持。当前的改革重点，一是调整一般竞争性文化行业的资本准入制度，降低各类投资主体的进入门槛，通过引入包括自然人、民营、外资在内的各类投资者，加快对国有文化单位，特别是中小型国有文化单位的嫁接改造，以及国有文化资源的深度开发；二是结合国有资本管理与运营体制的改革和国有资本布局的调整，将国有资本从一般竞争性文化行业退出的收入，用于对国有文化部门进行结构调整的人员安排和坏账处理，或国有大中型文化单位的再投入，形成国有资本的投资和补偿机制；三是逐年增加国家和地方财政对国有文化部门，尤其是对非盈利性文化行业的投资比例，形成国有资本的投资增长机制；四是有计划地安排一批一般竞争性文化行业的国有大中型文化单位，通过股份制改造，在条件具备时，在国内外资本市场发行股票，上市筹集资金，强化资本市场对国有文化部门改革和发展的支持力度；五是不失时机地组建文化产业基金，用于对有市场发展前景的国有文化资源深度开发项目的专项资金支持；六是鼓励国内外各界人士和社会法人捐资兴建各类非盈利性文化项目，形成国家和社区非盈利性文化项目的多元化资金筹措机制。

（八）着手进行国家文化宏观管理体制的改革

结合政府机构改革和职能转变，对国家文化宏观管理体制进行改革，为国有文化部门加快改革发展创造条件，是国有文化部门进行战略性改组的题中应有之义。针对当前国家文化宏观管理体制存在的问题，我们认为，其改革的重点：一是建议借鉴发达国家对文化产业的宏观管理经验，对现有的国家文化宏观管理部门进行优化整合，组建“大文化部”，对教育、体育之外的文化行业实行统一的宏观管理，以改变目前国家文化宏观管理部门分工过细、职能交叉的弊端；二是进一步转变政府职能。国家文化宏观管理部门通过对现有职能进行分解，保留并加强诸如制定国家文化发展战略规划和文化产业政策、特许行业的市场准入审批等行政职能，而将行业管理与自律、市场管理与监督等方面的职能分解到行业协会，以强化综合管理职能，弱化行业管理职能；三是国家文化宏观管理部门要改变“管办不分”的积弊，逐步与所属企事业文化单位在产权关系和人事关系上脱钩，促使国有企事业文化单位及早实现政企分开、政资分开，建立和健全现代企业制度，完善法人治理结构。

（选自上海交通大学国家文化产业创新与发展研究基地编：《中国文化产业评论》第1卷，上海人民出版社2003年版）

文化体制改革、政策环境与文化产业发展

范建华　姜若宁

经历了20多年的改革开放之后，一种更加与社会生产力发展相适应的崭新的经济体制——社会主义市场经济体制在中国破茧而出。然而，作为社会发展最重要的组成部分之一，文化多年来却承载着太多的政治重压，表现出与市场经济体制格格不入的一面，由此而来的计划经济式的文化体制极大地束缚着文化生产力的发展，已然成为阻碍社会发展、人类进步甚至政治文明发展的一块巨大绊脚石。经历了多次细枝末节的修修补补而从未取得实质性进展之后，中国文化体制的深度改革，历史地摆到了中国共产党这个执政党的重要议事日程上。党的十六大掷地有声地发出号召："一切妨碍发展的思想观念都要坚决冲破，一切束缚发展的做法和规定都要坚决改变，一切影响发展的体制弊端都坚决革除。"文化体制领域的一场深刻革命，伴随着文化产业的发展，不可避免地拉开了历史大幕。但世上从来就没有免费的午餐，改革的深化、产业的发展，绝不会一帆风顺。近两年来，在全国上下热火朝天的表象背后，文化体制改革的局面并不令人乐观，改革所遭遇的阻力令人难以想像，文化产业发展的体制性障碍依然存在。彻底突破严重束缚文化生产力发展的旧有体制桎梏，为文化建设、文化产业发展创造一个有利的体制环境和政策环境，成为当前我们深化文化体制改革的重中之重。

体制改革与产业发展的关系辨析

文化体制是现存一切文化关系的制度性反映与总和，是一个政党、一个国家在文化领域体现其基本意志、基本制度、基本目标的一种具有长期性和稳定性的通则和制度，是一个关于文化的领导管理、调控引导、生产经营和开放交流等多方面的制度性概念。从这个意义上来讲，文化体制是国家上层建筑的一个重要组成部分。按照国家统计局制定并印发的《文化及相关产业分类》，文化及其相关产业是指为社会公众提供文化、娱乐产品和服务的活动，以及与这些活动有关联的活动的集合。它与其他社会生产过程一样，由生产、交换、分配、消费等环节构成。也就是说，文化产业体现的是在一定文化生产力发展水平上的生产关系，属于经济基础范畴。因此，文化体制与文化产业在一定程度上体现着经济基础决定上层建筑，上层建筑反作用于经济基础的社会矛盾运动规律，它们是社会矛盾运动的对立统一体。相应地，文化体制改革与文化产业发展之间便存在着密不可分的辩证关系。文化体制改革的实质是革除不适应文化生产力发展的体制弊端，目的是解放和发展文化生产力，推动社会主义先进文化的建设。在社会主义市场经济体制下，发展文化产业是发展文化生产力的有效途径，是繁荣社会主义文化、满足人民群众精神文化需求的重要途径。

纵观当前从中央到地方的文化体制改革探索实践就会发现，深化文化体制改革的程度与文化产业的发展速度已历史地联系了起来，呈现出科学合理的正比促进关系。在很大程度上，我们可以认为，发展文化产业本身就是文化体制改革的有机构成，是推进文化体制改革的最佳切入点。产业发展带来的观念更新、认识转变，以及对文化的再认识，深度和广度都是空前的。正是有了文化产业的发展，才会使人们更加深刻认识到解放和发展文化生产力的紧迫性，也才会使传统文化体制不适应现代市场经济发展、阻碍和束缚文化生产力发展的种种弊端更加突出地暴露无遗，进而使文化体制的深入改革成为无法避免的历史必然。从这个意义上说，文化产业的发展既是文化体制改革的原因，又是文化体制改革的结果。在解放和发展文化生产力这个共同点上，文化体制改革与文化产业发展达到了有机的辩证统一。

文化体制一旦形成，并在人们的文化生活中长期占据主导地位，改革起来就必然会面临着巨大的阻力和压力。因为任何一种体制都会有其历史惯性，改革、变革的完成绝不可能一蹴而就。在我国，由于受到极"左"思想的影响，文化的意识形态属性曾一度被强调到无以复加的地步，文化体制被打上了深深的政治烙印，文化产品的政治功能长期被过度强化，而其本身固有的经济属性却遭到无情的抹杀。要从这种计划色彩极其浓烈的文化体制中解脱出来，需要付出更大的代价和努力，面临着巨大的思想观念障碍，甚至一些既得利益集团的人为阻挠。更为可怕的是，一部分人以改革文化体制，回归文化意识形态属性和经济属性兼具的两重属性，强调文化的产业化，似乎就会动摇我们的意识形态根基，国家的文化安全似乎就难以保障，从而以此来千方百计延缓改革进程。殊不知，正是由于旧有体制的诸多弊端和种种束缚，使我国的文化产品生产长期游离于市场之外，文化产品市场竞争力几近于无，文化市场被西方文化产品所充斥。长此以往，我们丧失的将不仅仅是巨大的文化消费市场和意识形态阵地，我们失去的将可能是新一代人的世界观和价值评判标准，从而培养自己的掘墓人。这才是我们必须认真思考的严峻的国家文化安全问题。

事实上，如果以一种冷静的心态来看待我国近两年来的文化体制改革实践，我们就能够轻而易举地发现，改革的步伐何其缓慢，改革的成效何其微不足道。文化行政机构交叉重叠，条块分割，多头管理，职责不清；党企不分，政企不分，政事不分，企事不分，管办不分；文化企事业单位产权制度不明晰，职责不清楚，市场主体地位难以确立；国有文化企事业单位管理水平低下，经营机制落后，内部管理制度形同虚设；所有制结构不合理，投资渠道单一，投资效益低下；文化市场规模小、层次低，市场机制不健全，市场在文化资源配置中的基础性作用不能体现等等，这些旧有文化体制的种种弊端依然故我。一些真正大刀阔斧对传统体制进行改革的地区，往往会产生高处不胜寒的感觉，甚至被视为“异端”，这是一个非常奇怪的现象。相对于文化体制改革而言，文化产业发展的状况就要好了许多。由于旧有体制的部分松动，长期以来受到束缚的文化生产力已在不同层面上得以释放，借助于文化产业这一有效的途径和手段，正在日益显示出其强劲的生机和活力。

一般认为，文化体制改革能够为文化产业提供发展动力，文化产业的发展又反过来促进文化体制改革。按照这一理论逻辑，文化产业的发展壮大，应该以文化体制的深入改革为前提。那么，在当前我们暂时不能彻底突破旧有体制的条件下，文化产业是否就一定要看着旧有体制的脸色而缓慢前行呢？答案当然是否定的。我们是否可以换一种思路，让文化产业率先发展壮大，进而不以人的意志为转移地推动文化体制改革的深化，最终为文化产业发展彻底扫清体制性障碍，获取更大的发展。其实，我国经济领域的改革发展实践，已经为我们摸索了路子，做出了榜样。20多年前从微观经济领域开始的改革，推动了计划经济体制向市场经济体制的转变，而在这个转变过程中，中国的政治制度也随之发生了极为重要的变化，政府不再全面控制社会的经济活动，社会中最重要的活动和最重要的资源也逐步脱离了政府的控制。更令人深思的是，市场化进程不仅改变了中国的经济结构，也改变了它的政治结构和社会结构，甚至改变了它的文化和意识形态。而且，这样的结果是我们所有人在改革开放之初所始料未及的，这个社会变革过程同时又是不以人的意志为转移的。经济基础决定上层建筑在这一过程中表现得淋漓尽致，这一点在文化体制改革和文化产业发展中应该引起高度关注，并充分地加以借鉴。

突破所有制壁垒，依靠多元力量发展文化产业

在其他经济领域，经过20多年来的改革开放，随着社会主义市场经济体制的逐步建立和完善，曾经森严的所有制壁垒已被彻底打破，投资主体多元化的格局已经形成。党的十六届三中全会通过的《中共中央关于完善社会主义市场经济体制若干问题的决定》就明确提出：“大力发展国有资本、集体资本和非公有资本等参股的混合所有制经济，实现投资主体多元化，使股份制成为公有制的主要实现形式。”“放宽市场准入，允许非公有资本进入法律法规未禁入的基础设施、公用事业及其他行业和领域。非公有制企业在投融资、税收、土地使用和对外贸易等方面，与其他企业享受同等待遇。”以公有制为主体，多种所有制并存的经济发展模式，为大力发展非公有制经济创造了条件，也是我国经济得以持续快速增长的前提和基础。

但在文化经济领域，在长期大一统、管办不分的传统文化管理体制下，文化生产资源高度集中在国有文化企事业单位手中，同时由于国家是文化建设投资的惟一主体，而且是采取只管投入、不问产出的财政投入模式，使文化生产资源得不到有效而合理的配置和利用，也养成了国有文化单位的生产惰性，丧失了文化产品生产面向市场、面向群众的主动性，国有文化生产资源因此大量闲置，人民群众的文化消费受到极度制约。人们一定不会忘记，在我国改革开放初期，一部进口电视剧《大西洋海底来的人》就能使万民空巷，一部港产电视剧《霍元甲》就能使全国人民同操粤语高唱“昏睡百年，国人渐已醒”，反映出当时人民群众的文化生活是何等贫乏，而文化消费品又是何等的匮乏。经过改革开放以来20多年的发展，文化消费品虽然有了很大的丰富，但仍然远远不能满足人民群众日益多样化、多层次化的精神文化需求，而且还因为投资主体单一，责权利不明晰，投资效益的低下，造成文化产品和服务的结构性过剩与战略性短缺并存的局面。

在当前条件下，引入社会资本，形成文化产业发展的投资主体多元化的格局，是改变这种状况的一个极为有效的途径。借助于社会资本利益驱动的特质，一方面可以通过市场竞争压力，迫使国有文化单位不断创新运行机制，激活竞争潜力，面向市场、面向群众进行文化生产；另一方面，则可以通过社会资本的注入，改变国有文化单位一成不变的生产经营模式，盘活国有存量文化生产资源。翻开我国文化产业发展的众多成功案例，就可以发现很多这样的例子：少量社会资本的注入，就可以挽救一份报纸的命运，就可以盘活一个国有演出团体，就可以兴起一个新产业集群等等。社会资本在社会主义市场经济体制的激励下，早就无法按捺追逐文化领域巨大利润空间的冲动，在旧有体制的夹缝中求生存，为发展和壮大文化产业进行了积极探索。比如在广告、娱乐、演艺、培训、印刷、图书发行销售、音像制品分销、影视制作，甚至在进入门槛极高的文化生活类传媒等等诸多领域，社会资本或是直接介入，或是以一种较为隐蔽的形式嫁接进入，使社会资本参与文化产业发展成为一个无可争议的既成事实，单一的公

有制模式正在一点点被打破。在部分领域，社会资本甚至已变为事实上的主导力量。我们必须勇于承认这一现实，而且还应该看到，正是由于民营、私有、外资等多种形式的社会资本的介入，文化消费市场才开始显露出初步繁荣的迹象，文化消费品才有了多样化的可能。

因此，在文化经济领域，应该与其他经济领域一样，放宽市场准入，法律法规未明令禁入的就要允许非公有资本进入。目前还有一部分人担心社会资本的介入，会使文化变味，会使我们失去对文化领域的控制权，因为在他们的思维定式里，首先不是看一个文化产品究竟是鲜花还是毒草，而是先要追究这枝鲜花或是毒草是浇谁的水、施谁的肥长出来的。如果换一种思维，只要它是一朵美丽迷人的鲜花，我们又何必非要求它一定要用社会主义的养分来浇灌。用句极端的话来说，就是如果能用资本主义的钱来进行社会主义文化建设、壮大社会主义先进文化的总体实力，这又何尝不是一件好事呢？一位有民营资本背景的文化生活类报纸总编辑与笔者曾经说过一段令人深思的话，他是这样说的："与那些党报、党刊相比，我们更为重视坚持正确的舆论导向，更为坚持四项基本原则，也更加注意杜绝出现任何政治问题，因为稍有疏忽，就可能面临停刊关门的危险，也就意味着我们的投资顷刻间化为乌有。而党报、党刊出现问题，最严重的后果仅仅是更换总编辑而已，报刊照出不误。"也就是说，不管怎样改革，执法权和舆论控制权都始终牢牢掌握在我们的手里，只要我们在国家宪法及相关法规的大框架内制定合理的规则，严格实行市场退出制度，我们就没有理由担心社会资本（包括外资）的介入会改变文化产业的社会主义性质，我们同样也不会因此失去对文化领域的控制权。在这一点上，目前普遍存在的"叶公好龙"和"杞人忧天"心态，都是完全错误和毫无必要的，改革就必须要用博大的胸怀、巨大的勇气去面对市场的挑战。这实质上也是对我们执政能力的一次全方位的考验。

进一步完善产业政策，壮大文化产业实力，加快文化体制改革进程

产业政策是政府促进文化产业发展的重要手段。政府的文化产业政策体现产业发展的导向，提供产业发展必需的环境，是政府履行公共管理和公共服务职能，促进文化产业发展和文化事业繁荣的重要手段。政府对文化产业发展的态度、导向、规范以及管理措施等，最终都要体现在产业政策当中，政府引导文化产业发展的理由、依据及至合法性，最终也要体现在产业政策当中。我国的文化产业发展尚处于零散而自发的幼稚阶段，或者说是正处于前产业化阶段，距离构建一个在经济社会发展中真正发挥重要作用的大产业，还有很长的路要走。其表现在资源整合程度低，资本融合力度小，文化消费市场体系发育不健全，产业发展所急需的各类人才还存在结构性匮乏，整体实力和市场竞争力都还显得非常弱小，尤其在目前旧有体制的消极影响尚未消除的时候，科学合理地制定和完善促进文化产业发展的相关产业政策，加大政策扶持和引导力度，更加凸显出其重要性和紧迫性。

令人欣慰的是，目前从中央到地方，都对为文化产业发展营造积极良好的政策环境，给予了高度重视，制定了一系列促进改革发展的政策，正在为构建一个完善的文化产业政策体系而努力。国务院办公厅印发的《关于在文化体制改革试点中支持文化产业发展和经营性文化事业单位转制为企业的若干规定》（国办发［2003］105号），《国家统计局关于印发〈文化及相关产业分类〉的通知》（国统字［2004］24号），《文化部关于支持和促进文化产业发展的若干意见》（文产发［2003］38号），《文化部关于鼓励、支持和引导非公有制经济发展文化产业的意见》，国家广电总局《关于加快电影产业发展的若干意见》（广发影字［2004］41号）等等政策措施的制定出台，为我国文化产业的发展提供了必要的政策支持。几乎所有的省市区也以意见、决定、规划等形式制定出台加快文化产业发展的政策措施，为文化产业发展营造了一个良好的政策环境和社会环境。

但现有的政策仍然存在一些不足，如政策的执行强制力不够，部分政策的可操作性不强，有的甚至没有把文化产业真正视为一个独立的经济门类，甚至在改革中出现了一个个不伦不类的"事业集团"怪胎，这些都是我们文化产业政策本身的毛病所致，使传统体制的痕迹依然没有彻底抹除等等。产业政策本身应有的巨大推动力和引导作用还没有完全显现出来。

在所有的单个文化产业政策中，几乎都涉及到放宽市场准入条件，允许社会资本进入法律法规未明令禁入的领域，给予非公有制经济在文化产业发展领域的国民待遇，与国有经济享受同等待遇等内容。但是在许多地方和领域，文化行政权力在资源重组和优化配置的名义下，出现了前所未有的高度集中，使得从计划经济向市场经济转型过程中制定的文化产业政策不仅没有失去原有的制度基础，反而获得了新的支持，加剧了文化政策法规体系的歧视性和不平等。而且，不少部门没有彻底改变对民营资本和民营文化企业的歧视性态度，使民营文化企业的国民待遇未能真正得以落实，在生产经营运行过程中还有诸多限制和障碍。此外，各地几乎都把组建大型国有文化集团作为壮大和增强文化产业竞争力的一个重要手段，这是完全符合现代经济运行规律的。但令人担忧的是，集团的组建大多并非以资产为纽带通过经济手段来完成，而是通过行政命令、行政手段对国有文化单位进行重组，形成了新的行政垄断和行业壁垒，在一定程度是对市场经济规律的背

离。而且，多数新组建的集团还保留着浓重的事业体制痕迹，而不是真正意义上的市场竞争主体。这样的集团虽说改变了“政企不分”的状况，实质上却强化了“党企不分”，甚至变成了党委宣传部门直接领导下的办事机构。它们在短期内或许能对壮大文化产业实力发挥一定作用，但如果不能按照建立现代企业制度的要求进行规范，最终不但不会对文化产业发展有所促进，而且会制造新障碍。而这些被视作改革成果的集团，必然会成为下一轮改革的对象。

因此，我们必须看到文化产业发展在我国所承载的巨大意义，进一步完善产业政策，加大文化立法力度，用法律法规来保证文化产业政策的顺利实施，切实推进文化产业发展，壮大文化产业实力，推动文化体制改革的深入进行。文化产业本身就是一个市场经济意味浓厚的概念，也是市场经济发展到一定阶段的必然产物，虽然与其他物质生产领域相比具有一定的特殊性，但归根结底仍然是一个经济门类。为文化产业的发展制定政策，就必须更多地考虑文化产业的经济属性，而非其意识形态属性。此外，文化的意识形态属性可以通过文化产业的发展，通过文化产品的生产、传播、消费得到更有效的实现。因为一个文化产品如果不被市场所接受，不被消费者所接受，其经济效益就难以实现，更谈不上会有什么社会效益，即使其包含再多的政治意义、教化功能，也无法体现出来。在这一点，我们完全可以借鉴其他经济领域的成功经验，利用已有的改革发展成果，在通过法律和政策手段引导和控制文化产业发展方向的前提下，制定和完善与其他经济领域类似的产业政策，减少限制、降低门槛，利用一切手段发展和壮大文化产业实力。

一旦文化产业发展到一定程度，文化产业政策的调整、文化投融资体制的创新、文化市场准入条件的放宽等等，为加快文化产业发展所做的一切都将成为文化体制改革的有机组成部分，也会更加直接地提出文化生产关系适应文化生产力的要求，成为文化体制改革的重要推动力。而且，文化产业所开发出来的这一崭新的经济领域，将借助文化的意识形态属性，通过文化产品及服务的形式，深刻地改变人们的思维和观念，并渗透到文化上层建筑的每一个角度，从而以不可阻挡的文化产业发展大势，把文化体制改革化为不以人的意志为转移的社会趋势，推动文化产业进一步发展。

（选自《云南大学学报》社会科学版 2005 年第 5 期）

事业单位改革要以人为本

高书生

一、文化事业单位改革涉及人的若干做法

2003 年 6 月，中央召开了全国文化体制改革试点工作会议，确定 35 家文化企事业单位为试点单位、9 个省市为综合试点地区，试点行业囊括文化艺术、新闻出版和广播影视等领域，试点内容涉及宏观管理体制和微观制度创新等方方面面，核心是面向群众、面向市场，实现体制和机制创新。经过 1 年多的试点，试点单位大都经历了方案的制订、论证、修改、报批和实施等阶段。无论处于哪个阶段，人的问题都是备受关注的，也是最令决策者劳心费神以至于提心吊胆的，特别是那些承担转制或改制任务的文化单位。

根据部分试点单位的实施方案，改革试点过程中涉及人的做法，主要包括以下方面：

（一）人员分流安置

提前退休和提前离岗是试点单位优选的人员安置办法，此外，部分试点单位采取身份置换的方式分流富余人员。

1. 提前退休。试点政策对提前退休政策没有做出规定，尽管如此，不少试点单位还是用足了这项政策。比如，某市电影公司在职人员共 126 人，其中 58 人被批准办理提前退休手续，提前退休人数占在职人员总数的 46%。

关于提前退休的条件，各地掌握差别较大。比如，某市对文艺演出院团的演职人员，掌握男年满 53 周岁、女干部年满 48 周岁、女职工年满 45 岁；再如，某省对演艺集团人员提前退休规定的条件，包括工龄和年龄两个方面，即工龄满 30 年，或男年满 55 周岁、女年满 50 周岁且连续工龄满 20 年的。

2. 提前离岗。试点政策明确：距法定退休年龄5年以内人员，可以提前离岗，习惯上称之为内部退养（简称"内退"）。对于年龄偏大人员，试点单位一般允许其先选择提前退休，只是在办不成提前退休的情况下，才允许办理"内退"。关于"内退"的条件，各地规定也不同。鉴于是否允许"内退"，一般由试点单位决定，所以条件较宽。比如，某出版社允许转制时女年满45周岁、工龄满25年，男年满50周岁、工龄满30年的人员，在本人自愿、社长办公会批准的前提下，为其办理"内退"。

关于内退人员"内退"期间的生活费标准，试点单位的规定也有所不同。大多数单位按内退人员办理"内退"前工资的一定比例发放，比如，某市电影公司规定：按人事部门批复的档案工资标准的75%发放；再比如，某省新华发行集团规定：按内退人员2002年12月事业单位标准工资（即固定部分加上活动部分）的80%发放。

为鼓励年龄偏大人员办"内退"，一些试点单位还给予一次性奖励。比如，某省新华发行集团规定在一定期限内，内退人员可从原单位领取6000元的社保补助费；再比如，某出版社给予内退人员一次性补贴的优惠，补贴金额为每人6万元。

3. 身份置换。根据目前文化事业单位转制所采取的做法，身份置换包括两种形式，即"了断式"和"管理式"。

所谓了断式身份置换，就是转制单位通过支付经济补偿金同职工了断劳动（人事）关系，人们习惯上称之为"买断工龄"；所谓管理式身份置换，就是转制单位将在岗职工的无固定期的身份关系变为合同聘用关系。二者的区别在于：其一，了断式是针对分流人员而言的，身份置换后个人同转制单位理论上不存在任何关系，身份从"单位人"完全变为"社会人"；而管理式则是针对在岗职工而言的，身份置换不影响就业，所置换的只是合同期限，即从无固定期变成有固定期。其二，虽然身份置换都要支付经济补偿金，但了断式是在转制时，管理式是在转制后。通俗些说，了断式叫做"拿钱走人"，管理式叫做"走人领钱"（不离开转制单位不支付经济补偿金）。其三，采用了断式是为了减人，属于人员分流；采用管理式是为了管理，属于用工制度改革。

从试点情况看，身份置换方两个系统。其中，电影放映系统一般采用了断式，新华书店系统则兼而有之。比如，某省新华书店集团有限公司自2003年下半年起，对全省69家基层书店进行全面转制。到2003年底，2714名职工中有497人提前退休，有406人按照了断式同集团解除劳动（人事）关系（集团称之为"自动辞职"），其余在岗人员则完成管理式身份置换，即从无固定期限的身份关系转为合同制聘用关系。

再如，某省新华发行集团分两步进行身份置换。第一步实行的是了断式。到2004年5月，集团已对所属112家事业单位性质的市县新华书店完成了转制，共有3485名职工同转制单位解除了劳动（人事）关系，约占集团总人数的61.4%，集团为此支付了2.7亿元的费用。第二步实行的是管理式。依照全省新华书店改制的总体实施方案，集团计划在2004年内实施"全员转换国有职工身份"，即所有上岗员工签订新的劳动聘用合同，同时解除与原新华书店的劳动（人事）关系，从原来的身份管理转变为岗位管理。按照集团规定：转换职工国有身份也要支付经济补偿金，但在职工离开本店或公司前不予发放，只作负债处理。

了断式也好，管理式也罢，身份置换都是需要支付经济补偿金的，但补偿标准各不相同且差别非常大。某省新华发行集团了断式身份置换按每年工龄2500元的标准支付经济补偿金。同时规定：在2003年9月30日前办完手续者，再发给5000元的生活补助费。某市电影公司按人事部门核批的工资标准，每年工龄发给本人1个月的工资，同时发给8000元安置费和1500元医疗补助。此外，对一次性办理自谋职业人员，公司还从在岗职工现金入股中拿出一部分资金，按实际工龄每年补偿1000元，本单位服务工龄每年再补偿2500元，合计每年3500元的标准给予经济补偿，并一次性兑现房改补贴。

4. 组织安排。政府对文艺演出院团转制时，通常采取这方面的措施。比如，某市对干部身份的歌舞团演职人员，拟安排在市文化系统的群众艺术馆、艺术学校、交响乐团、图书馆和市文联，充实基层文化力量；对具有一技之长的职工人员，则安排在市演出服务中心（市演出公司）或相关文化企业；对要求由组织安排的，则由市文化局统一推荐安排到文化系统内国有企业单位工作。

（二）社会保障制度衔接

无论从理论上讲还是从操作上看，社会保障政策对于试点单位而言属于外生变量，它是由当地政府制定的。在改革试点过程中，社会保障政策制定中的难点，主要集中在两个大的方面：一是转制或改制前已经离退休人员的社会保障待遇调整和社会化管理问题；二是在职人员将来退休时待遇确定方式。后者是社会保障政策中的最大难题。

1. 离退休人员的养老待遇调整。对此，综合性试点地区和试点单位都在政策和实施方案中明确，转制或改制前已经离退休人员的养老待遇保持不变，难点在于今后调整时是随企业养老金一起调整，还是随机关事业单位一起调整。根据科研院所转制时的教训，试点政策明确规定要随机关事业单位一起调整。但个别地区忽视了这个问题。比如，某省演艺集团改制方案规定要随企业养老金调整而调整。这是很大的隐患。

2. 离退休人员的社会化管理。在这方面，西南某省新华发行集团做得较为彻底，但代价也很大。该集团已将离退休人员、病退人员、提前退休人员整体移交社会保险经办机构，移交内容包括养老金社会化发放和离退休人员社会化管理，移交费用标准有所不同：离退休人员的移交费用标准的上限为人均3.5万元，病退人员和提前退休人员的移交费用标准不得高于按分流人员经济补偿金核算的本人经济补偿金总额。该集团已将1901名离退休人员中的1171名整体移交社会保险经办机构，按人均3.5万元测算，移交费用为4098.5万元。

3. 在职人员将来退休时的养老金待遇确定方式。核心的问题在于在职人员将来退休时，究竟是按事业的办法还是按企业的办法计发养老金待遇。按照试点政策规定，转制后要执行企业社会保险制度，在职人员只能按企业的办法确定养老金待遇。但在改革试点过程中，许多地方突破了试点政策规定。具体的突破方式分为两种：

一种是由当地政府发文明确，转制单位原事业单位身份的在职人员，仍然按事业渠道缴纳养老保险统筹费用，将来退休时按事业单位标准计发养老金。采取这种方式妥善处理在职人员将来退休时的养老金待遇差，前提是当地政府在养老保险制度上一直实行“双轨制”，即机关事业单位虽然同企业一样参加养老保险制度改革，但缴费标准和计发办法是有区别的。

另一种是在集团内部保留事业单位，把事业编制内在职人员的关系放在事业单位，将来退休时仍按事业单位办法计发养老金待遇，但在职期间通过竞争上岗到所属企业工作，落聘人员只能领取基本生活费。这种处理方式的最大特点是把工作和退休分开，在职时按岗位确定薪酬，退休时按事业单位办理退休手续。

二、事业单位改革中涉及人的成本和风险分析

事业单位改革涉及人的问题，焦点在于人员分流安置的方式选择和社会保障的制度衔接，难点集中于在职人员这一人群中。

（一）人员分流安置方式的成本比较

人员分流主要发生在转制或改制单位，而且前面所说的四种人员分流安置方式，转制或改制单位往往是几种方式同时采用。

人员分流的成本负担主体不只是转制或改制单位，地方政府和被分流人员都要负担一定比例的成本，而且这些成本中有些表现为费用，能够用金钱衡量，有些是无法用金钱衡量的。

先看提前退休。对于转制或改制单位而言，提前退休的成本几乎为零，它将转制或改制成本转嫁给地方政府和提前退休人员。地方政府所负担的成本是显性化的，表现为社会保险基金收入减少，而养老和医疗保险基金支出增加。通俗地说，就是交钱的人少了、花钱的人多了。如果文化事业单位提前退休的比例很高且很集中，这一减一增对社会保险制度就是一种严峻考验。相比较而言，提前退休人员所负担的成本也是显性化的，它直接表现为将失去在职时的工资外收入（主要是奖金）。

再看提前离岗或内部退养。对于地方政府而言，提前离岗或内部退养的成本基本为零，因为这属于企业行为，其大部分成本要由转制或改制单位负担。具体说包括两部分：一是内退人员“内退”期间的生活费，比如内退人员在职时工资收入的70%～80%；二是为内退人员继续缴纳社会保险费。对于内退人员来说，也要负担一定的成本，包括生活费同在职时收入所得的差额，以及正式办理退休手续时养老金待遇差。

最后看身份置换。在人们心目中，身份置换无论是了断式还是管理式，似乎只有赢家。对于转制或改制单位来说，虽支付一笔巨额的经济补偿金，但属于“花钱买机制”。多余人员被推向社会，未来的人工成本被大大压缩；继续留聘人员不再具有国有职工身份，劳动合同从无固定期转为有限期限，便于今后管理。总之，所付成本同制度效应相比，转制或改制单位是绝对的赢家。至于地方政府和职工，似乎也不能算输家。对于地方政府来说，身份置换同提前离岗一样，也属于企业行为，只要转制或改制单位同职工协商一致，不用政府花一分钱，何乐而不为；对于职工来说，用虚幻的国有身份换取一笔数目可观的经济补偿金，总体上也划算。

采用身份置换的方式分流人员，除了转制或改制单位支付经济补偿金外，被分流人员和地方政府也要相应负担一定成本，具体包括两块：一块是由职工负担的，即职工同原单位解除劳动（人事）关系后，要接续社会保险关系，必须由本人负担全部的社会保险费用，包括个人负担部分以及应由企业负担的部分。仅养老和医疗保险两项费率，就相当于工资收入的36%以上。另一块则由地方政府负担，即支付失业救济金。因为身份置换人员同原单位解除劳动（人事）关系即算失业，这批人员一旦登记为失业人员，最长可领取24个月的失业救济金。

需要指出的是，在身份置换的背后隐藏着潜在的风险。对于职工来说，这种潜在的风险表现为社会保险关系无法被接续。无论是新华书店，还是电影公司，或者其它文化单位，转制或改制的大背景是它们过去都属于事业单位。目前，我国养老保险所覆盖的只是城镇企业职工，机关事业单位养老保险制度改革虽在部分地区开展试点工作，但至今没有出台全国性方案；医疗保险虽覆盖城镇所有职工，但制度要求必须由单位统一参加，非组织化就业人员也能参加医疗保险只在部分地区试点。

在这样的大背景下，了断式身份置换者在接续社会保险关系上面临两大风险：其一，原供职单位始终没有参加养老保险，分流后即使参加了养老保险，缴费年限也只能

从零算起，过去工作十几年甚至二十几年不被承认。这对分流人员就是非常残酷的、无情的。正因为如此，试点政策强调：转制单位转制时一定要同原事业编制内人员签订劳动合同，转制后确实需要分流人员，再按企业分流安置办法办理，目的能接续上社会保险关系。其二，身份置换后再就业属于非组织化就业，即不是单位式就业，而所在地医疗保险不接纳个人参保，这就意味着大批分流人员将游离于医疗保险之外。

无论出现上述哪种情况，身份置换的潜在风险，都会转嫁给地方政府。身份置换人员一般距法定退休年龄都在10年以上，一旦这些人员到退休年龄不能办理退休手续，不能按时领到养老金，势必造成严重的社会问题。到那时，主张并实施身份置换的转制或改制单位及其负责人可能找不到了，地方政府却难以置身以外，不得不“埋单”。1997年和1998年企业离退休人员领不到养老金的那一幕，会不会在10年后重现，真是一个未知数。

（二）身份置换的费用推算

在文化体制改革试点过程中，尽管身份置换只是出现在个别行业或少数试点单位，但其影响较为深远，盲目仿效甚至推崇不是个别现象。即使撇开前面所分析的身份置换的潜在成本和风险不论，单就身份置换所需费用而言，足以令人毛骨悚然，不得不慎言身份置换。

根据目前所掌握的资料，我们从两个方面对了断式身份置换所需费用进行了推算，一是全国新华书店系统的费用推算，二是全国宣传文化系统的费用推算。

1. 全国新华书店系统身份置换的费用推算

据统计，截至2002年底，全国国有书店共有职工6.94万人。如果按西南某省新华发行集团一次性同61.4%的职工解除劳动（人事）关系估算，全国国有书店采用了断式身份置换的总人数约有4.26万人。若按西南某省新华发行集团同3300人解除劳动（人事）关系支付2.7亿元成本估算，全国国有书店分流4.26万人需支付的成本约为34.86亿元。到2003年底，西南某省新华发行集团的净资产规模为13亿元。如果全国新华书店系统按西南某省新华发行集团了断式身份置换的比例分流人员，需要卖掉2.68个相当于该新华发行集团净资产规模的发行集团。保守估计，假定全国国有书店分流现有1/3的人员，经济补偿金标准按人均8万元估算，约需支付18.48亿元的成本，需要卖掉1.42个西南某省新华发行集团、1.5个东部某省新华书店集团有限公司。

2. 全国宣传文化系统身份置换的费用推算

据国家统计局统计分析，全国文化、新闻出版和广播影视三个部门所属单位，2003年共有311.99万人。如果了断式身份置换比例为15%，分流人数约为46.80万人。按人均8万元估算，所需费用约为374.39亿元；按人均10万元估算，所需费用约为467.99亿元。如果了断式身份置换比例为总人数的1/3，分流人数约为104万人。按人均8万元估算，所需费用约为831.97亿元；按人均10万元估算，所需费用约为1039.97亿元。如果了断式身份置换比例按西南某省新华发行集团的比例估算，分流总人数为187.19万人。按人均8万元估算，所需费用约为1497.55亿元；按人均10万元估算，所需费用约为1871.94亿元。

（三）转制或改制中的社会保障成本估算

社会保障是文化事业单位改革中难以逾越的一道坎，特别是转制和改制单位为此要付出很大的代价。下面，我们以全国文化体制改革试点单位——某出版社为例予以分析：

该出版社现有在职人员690人，其中事业编制内人员为293人，聘用人员近400人；离退休人员168人，其中离休26人。2003年工资总额为3800万元。该社已被列为转制单位，按要求转制后要执行企业社会保险制度，其转制中的社会保障成本包括以下方面：

1. 缴纳社会保险费

按照该出版社所在地政府的规定，养老、医疗和失业三项保险中由企业负担的费率为35.5%。该出版社2004年一年负担的费用为1349万元。

2. 离退休人员待遇差补贴

从理论上讲，转制前已经离退休人员的离退休金，应当由所在地社会保险经办机构发放。但实际上，离退休人员已经拿到手的离退休金，有一部分社保机构是不承认的，专业术语叫统筹外项目。为不降低离退休人员的待遇水平，统筹外项目应当由该出版社自行负担。目前，不被社保机构承认的统筹外项目人均每月将近300元，每年需55.8万元，约占2003年工资总额的1.5%。

3. 补充养老和医疗保险费用

按照医疗保险政策和105号文规定，该出版社可为职工建立企业年金和补充医疗保险，相当于工资总额8%的部分可从成本列支。

4. 在职人员养老金待遇差补贴

这是转制带来的大问题。因为按事业办法计发的退休金要比按企业办法计发的养老金高很多，少则高出一半，多则高出一倍以上。对此，上海某出版社曾做过测算，为保证1149名事业编制内无固定期人员退休时养老金待遇不降低，约需支付费用1.9亿元，人均16.5万元。据此估算，该出版社解决现有事业编制内的293人的养老待遇差，大约需支付费用4834.5万元。

以上四项费用中，前三项占工资总额的比例为45%。就是说，该出版社每支付100元工资，同时还要再拿出45元支付社会保险费用。至于第4项费用，相当于该出版社总资产的1/10强，相当于1998年—2002年年平均利润的28倍。

事业单位改革
应在社会保障改革思路上寻求突破

在事业单位改革过程中，社会保障如同幽灵一样，只要涉及人的问题，总能看到它时隐时现的影子。不仅转制或改制单位如此，公益性文化单位也是如此。这些年来，国家在社会保障体系建设上投入了很大力量，初步建立起社会保险的制度框架。从理论上讲，事业单位转制为企业，就应被纳入社会保险体系。但科研院所和文化事业单位改革几乎已被社会保险撞得“头破血流”，倘若不在社会保障改革思路上谋求突破，势必极大地制约甚至阻碍事业单位改革。

（一）改革中涉及人的问题都同社会保障相关联

1. 人员分流中涉及的社会保障问题

提前退休，本质上就是把就业压力向社会保障转移。站在文化单位的角度看，人多，人工成本就高，对提升其竞争力是不利的，并且容易产生人浮于事等弊病，裁减人员本来无可非议。但是，站在政府的角度看，允许提前退休的结果是减收增支，社会保险资金的收支状况已经十分严峻，再给文化单位开个口子，社会保险“出险”的可能性无疑会增大。进一步讲，如果社会保险入不敷出的状况继续恶化，国家要么提高退休年龄（减支），要么提高缴费率（增收），无论哪种方式都对企业或文化单位产生不利影响。

提前离岗或内部退养，这种被国有企业改革已证实属于最稳妥的人员分流方式，同社会保障保持密切关系。因为转制或改制单位在为内退人员支付生活费的同时，还要为内退人员缴纳各项社会保险费，目的是确保内退人员能够老有所养、病有所医。

身份置换，它同社会保障的关系更加密切。首先，身份置换所要置换的身份，说到底就是国家对国有单位职工过去在社会保障上的承诺，而这种承诺原本是同工作岗位连在一起的。因为计划经济时期国家实行的是就业—工资—保险福利三位一体，只要在国有单位就业，就如同进了保险箱，工资虽低，但辅之于相应的保险福利，即使生活上遭遇困难，如患病、工伤、年老直至亡故，都能获得物质上的帮助。现在，为建立适应市场规律的灵活的用工制度，要打破“铁饭碗”，这本身没错，但身份置换端掉了职工的饭碗，能否把国家过去的承诺也一笔勾销，这恐怕是一厢情愿的。其次，前面所分析的了断式身份置换面临的潜在风险，主要就是忧虑社会保险关系无法接续。这又同社会保障分不开。

2. 转制或改制中社会保障制度衔接问题

在人们的印象里，事业单位职工过去似乎没有社会保障制度，这是一种严重误解。建国初期，国家就为企业职工建立了劳动保险制度，同时对机关事业单位工作人员即公职人员的社会保障也做出了相应的制度安排，如退休养老制度、公费医疗制度等。改革开放初期的1978年，全国人大常委会在对工人退休、退职做出决定的同时，还对公职人员的离休、退休等做出决定（习惯上称为104号文）。所以，在文化事业单位改革中，应当处理好社会保障的继承和改革的关系。

在社会保障制度的衔接过程中，目前所面临的最大问题是，文化事业单位转制或改制为企业后，必须执行社会保险制度，由此而产生了两个突出问题：

其一，转制或改制单位负担的社会保险费率太高。养老、医疗、失业、工伤和生育5个险种的综合费率高达40%以上，其中由企业负担的费率高于30%。根据全国制造业1998年人工成本抽样调查数据估算，社会保险费用使企业总成本增加2.24个百分点。同制造业相比，文化单位人工成本要高出一大块，因为文化单位属于知识密集型的单位。

其二，在职人员退休时因按企业办法计发养老金而造成待遇水平下降。上海市对企业养老金规定了上限，即最高每月不高于1500元，而对事业单位退休金上不封顶，每月平均为3400元，二者相差1倍以上。这种状况在其他地区也同样存在。比如，云南省丽江市电影公司一位工龄达43年的老干部，按事业办法计发退休金为每月1500多元，而按企业办法计发只有801元。

（二）社会保障制度改革要寻求共赢之路

根据文化体制改革试点情况，转制或改制单位在社会保障制度衔接上的基本做法有两种：一种叫做“不折不扣”，即完全执行社会保险制度，转制或改制单位为此付出很高的成本，并造成在职人员人心浮动；另一种叫做“绕着走”，尤其是在处理在职人员将来养老金待遇差上，仍然执行事业办法并封闭运行。

在事业单位改革全面铺开以前，应当认真研究解决社会保障制度衔接问题。为此提出以下建议：

1. 事业单位不宜纳入社会保险体系

随着我国人口老龄化程度逐年提高，对社会保障制度进行改革是非常必要和及时的。改革包括“破”和“立”两个方面，“破”就是要打破社会保障的旧制度，而“立”就是要建立社会保障的新制度。现在的问题是，我们究竟应当建立起什么样的社会保障新制度。

按照目前的情况，未来的社会保障新制度就是社会保险制度。这里有三个问题需要认真研究：其一，社会保险的费率畸高，事业单位无论转制或改制为企业，还是继续保留事业性质，都会因负担这么高的社会保险费用而被压垮。其二，社会保险的不可持续性已经显现，近几年，中央财政每年补贴400亿元以上的资金，用以维持养老保险制度的运转。其三，事业单位要纳入社会保险体系，只会加剧社会保险资金的收支不平衡，因为事业单位离退休人员的数量也不少，而且在改革中还会出现大批提前退休人员。

鉴于此，我们建议事业单位不宜纳入社会保险体系，而是同机关以及其余未被纳入社会保险体系的人员捆绑在一起，实行一种不同于社会保险的社会保障新制度。根据设想，新制度在保障项目设置上主要包括养老保障和医疗保障两大块，其中养老保障包括老年保障、遗属保障和伤残保障（习惯上称之为“老遗残”）；新制度的另一个特点是，不再硬性规定退休年龄，只明确享受社会保障的年龄。也就是说，年满65岁的人员，只要过去按时缴纳社会保障税，都能享受社会保障待遇；新制度的第三个特点是，不设个人账户，仍然实行现收现付，但要实行全国统筹。

上述设想自2002年提出后，已被世界银行和我国财政部组成的课题组进行精算，精算期限为75年（从2001年到2075年），精算结果为：养老一项所需的缴费率为12%，比现行养老保险制度设定的28%的费率，低出16个百分点。而且企业和职工各负担一半，单位负担仅此一项就可比现在降低14个百分点，职工个人降低2个百分点。根据设想，社会保障的综合税率不超过15%。同社会保险相比，单位负担至少降低22.5个百分点。更为重要的是，按照上述设想建立的新制度，在75年内是可持续的，不仅能安全渡过人口老龄化高峰，而且在人口老龄化高峰的前后还有一定数量的资金结余。

2. 制度转轨要采用新方式

以上所说的社会保障新制度，对于事业单位新参加工作的人员来说是强制性的，但对于在职人员来说就是非强制性的，即允许在职人员选择，可以选择加入新制度，也可以选择留在旧制度。

如果在职人员选择加入新制度，单位可为其设立个人养老账户，供款率在一定比例内可从成本中列支；如果在职人员选择留在旧制度，单位不为其设立个人养老账户，退休年龄和待遇确定仍然执行1978年的104号文。

在医疗保障方面，社会保障新制度只负责65岁及以上老年人和伤残人员的医疗保障费用，65岁以前的医疗费用则由单位和职工通过购买商业保险的方式解决。对此，政府一要积极鼓励，二要监督执行，包括出台税收优惠政策引导用人单位保障在职人员的利益，同时要加大监管力度。

3. 人员分流要做好社会保障制度衔接

在处理人员分流问题上，面临两种选择：是给现金（经济补偿金），还是给预期（年老时生活无忧）。我们反对以身份置换的名义分流人员。对于那些确实不能适应工作要求的在职人员，在同本人协商一致的情况下，允许解除劳动（人事）关系，但单位必须将这些人员的相关资料移交社会保障机构，同时要为其购买一定年限的商业医疗保险，对生活确有困难者给予一定的生活费补助。应当指出的是，社会保障新制度充分考虑到我国就业方式的变化，不仅能覆盖所有非国有单位和自雇人员，而且在缴纳社会保障税上采取灵活办法，比如允许间断式缴税，也可以把缴税额折合成“信用点”，只要在65岁以前缴够一定年限（比如20年或25年），年满65岁后即可享受社会保障待遇。这种制度安排，不仅对于分流人员接续社会保障关系非常有益，而且非常适合文艺演出院团演职人员以及民间艺人等。

此外，我们也不提倡采用提前退休方式分流人员。对于那些年龄偏大、体弱多病等在职人员，可以实行内部退养，但单位必须为其支付生活费，并缴纳社会保障税。

如果按照上述办法进行人员分流和社会保障制度衔接，事业单位改革的成本就会大大降低。所有改革的当事人，不会谈改色变；改革，也不会被演变为“富人”行为。

（选自《科学决策》2005年第3期）

从国家利益看文化产业的管制

罗争玉

市场经济的一个基本理念就是人们相信有一只“看不见的手”——市场，能有效地引导资源的优化配置和经济的优化运行。同时，人们也相信，市场本身可能存在着不完善，这个不完善，会阻碍社会利益最大化的实现，这时就需要管制。管制，就是要被管制者按照某种规则做事。市场的运转是靠一只“看不见的手”的引导和一只“看得见的手”的管制同时起作用。

文化产业管制的成因

在西方，企业是否盈利是企业的事情，与政府无关。政府要管制的是企业损害社会、损害国家、损害民众、损害自由市场竞争的行为。在西方经济学中，管制的一般成因被认为是市场运转出问题后的一种纠正，其基本理念是维持市场的公平竞争和有序运行。因此，管制是事后对问题的纠正，而不是基于某种假设的事前作为。当然，这种纠正对企业行为会有积极的导向作用。

我国文化产业在进行集团化运作的过程中，特别是传统的出版、广电、影视等，并未像一般的国有产业集团一样，归政府的国有资产管理部门管理，而是实行双重管理。文化产业的体制性障碍并未在集团化改革过程中得到有效解决，国有文化产业集团高度垄断，不仅使集团没有发挥期望中的改革效应，相反，计划经济时代的某些做法又得以复苏。集团内的高度集权，以及集团内各单位之间的自主经营权的萎缩，使得集团化不仅没有有效地起到整合资源的作用，在某种程度上，甚至使集团化以前取得的发挥各个单位自主权和积极性、主动性、创造性的优点也弱化了。

加上双重管理的原因，这样就出现了一个很有意思的问题：首先，国有资产管理部门对文化集团的国有资产管理和产业发展没有发言权；其次，政府文化行政管理部门实现“办文化”到“管文化”转变后，由于改革配套措施未能同步到位，这就使得政府文化行政部门地位模糊，无法有效地行使文化管理职能；第三，党委宣传部门管文化产业，但并不对国有文化资产保值增值进行考核，无法对国有文化产业发展进行科学的绩效评价。

由此出现了管理文化产业的错位。这种错位自然会导致文化产业发展中出现一系列问题，而这些问题的存在，又将加剧对文化产业的管制。管制者认为，只有加强管制，以上问题才会消除，文化产业才能发展。

管制的损益

管制是发生在管制者与被管制者之间的一种行为，但这种行为的损益却不只是发生在这两者之间，它是否符合国家整体利益，可以通过分析得到答案。

一般来说，如果管制成为一种权力，那么，管制最大的受益者是管制者。但是，国家利益往往并没有因此得到相应真正的体现。文化产业的管制者会和其他产业的管制者一样，以维护社会、政府和政党利益的名义要求不断加强管制，他们会列出好多理由证明市场是多么的不完善，意识形态是何等的需要控制，从而说明文化产业管制是如何的重要，但事实上管制者利益的最大化与国家利益的最大化并不一定呈正相关。

如果没有国家层面的统一规划以及站在国家整体利益行事的话，各级权力部门对文化产业的管制，可能会出现这样的情况：名为维护市场公平、保护国家利益，其实是保护部门和地方甚至是部门或地方领导人或经办人的利益。这样的管制会造就一批既得利益者，由于管制带来巨大的既得利益，既得利益者自然不想放弃管制带来的好处，导致的直接结果是关于管制问题的思考的出发点不是如何促进产业的发展，而是如何维护管制者的既得利益。这样，在推进文化产业的改革与发展的过程中，会出现为了局部的、小团体的、个人的利益而置国家的根本文化利益于不顾，给国家文化利益造成重大损失的情况。

国家授权有关部门对文化产业的发展进行管制，本意是希望维护市场秩序，促进文化产业的发展。但有些具体的管制者有了这种权力后，他们的兴趣不是去维护市场的公正，而是去设租。由于管制权力的存在，被管制者必然来寻租，就会形成一种权钱交易。设租和寻租，对于管制者和被管制者似乎都是一件好事，却会导致信誉丧失，经济活力减弱，产业发展受到压制，对于整个社会而言会导致效率的下降。

可见，不良管制不仅会带来社会效率的下降，还极有可能会导致腐败的增多。各国的经验表明，不良管制最大的弊病是导致腐败的滋生，只要存在不良管制，就会存在腐败。不良管制越多，腐败越严重，腐败问题越难以解决。因此，我们需要站在国家利益的角度来重新思考管制问题。

不良管制最大的受害者是被管制者，最终最大的受害者是国家。文化产业的管制越多，被管制者就必须花大量的人力、物力、财力与管制者打交道，被管制者通常会从不愿意发展到愿意花大量人力、物力、财力与管制者打交道，因为这种交道远比通过自由公平的市场竞争更容易获得收益，是可以少花钱、多办事、办成事的。从表面上看，这种管制似乎并未对被管制者造成损害。但仔细想想不难发现，花大量的人力、物力、财力与管制者打交道给被管制者留下了巨大的经营风险。另外，大量守法诚实的企业，如果不与管制者打交道，就进入不了市场，就算进入了，也难以获得公平的市场主体待遇，最终导致生存艰难。不良管制会导致文化产业的不发达，对内无法形成产业的规模效益，对外无法形成产业的国际竞争力，其结果是损害了国家利益。

为了落实入世承诺，中国必须放宽对国外文化企业市场准入的限制，但对内却加强了对民营文化企业市场准入的管制，这种管制带来的文化产业领域内的政策歧视，使民营文化企业不只是无法和国有文化企业站在同一起跑线上进行资源整合，形成互补优势，更无力与国际文化产业集团进行竞争，一些民营文化企业有可能成为国外文化资本收购的对象，民营文化企业成为国外文化企业的一部分，国家利益因不良管制而遭受了不该有的损失。

管制的减少和不良管制的解除

随着社会主义市场经济的建立和完善，我们已意识到管制除了会导致以上的损失，即管制的间接成本，管制本身还需要大量的直接成本。管制组织的设立、管制规则的制定、管制行为的实施，无不需要大量的直接成本。

此外，不良管制有一个弊端就是自我膨胀：越管制，越出问题，出了问题，还会认为是管制不够造成的，于是不是解除管制，而是强化管制。当出现问题时，主管部门和主管人员并不认为是管制带来的问题，而认为是管少了，并不断强化这一概念，他们会到处宣扬这些问题的出现就是由不管制、少管制带来的“恶果”。

还有，中国文化产业领域的广大被管制者也不容易认识到管制的无益和不良管制的危害。管制者不愿意放弃既得利益，被管制者意识不到不良管制对自己的损害，管制无法减少，不良管制得不到解除。

因此，要减少对文化产业发展的管制，解除不良管制。中国文化产业发展有很多“准入”的限制，这些管制要大大减少，还有很多不应当进行审批的手续，这些管制应当解除。文化产业的发展不是不要管制，但不是我国现行的一些不是基于国家利益的管制。党和政府可以制定规则，但只要企业不违背这些规则就不要管，不能事前就认定企业一定会违背这些规则，从而成为管制的借口。不良管制是不利于文化产业发展的。

要减少文化产业领域的管制，解除文化产业领域的不良管制，促进文化产业的快速健康发展，当务之急是区分公益性文化事业和经营性文化事业（被称之为文化产业）。对于公益性文化事业，以政府投入为主，加强管理；对于经营性文化事业，充分发挥市场的作用，国家加以引导以保证其正确方向，而不是通过管制而制约其发展。

文化事业与文化产业之争，很多人认为是意识形态属性造成的。其实不然，事业、产业之争是从市场属性来划分的，不能认为文化事业就是意识形态色彩浓厚的，文化产业就是意识形态色彩不浓的。意识形态属性与市场属性不是同一层面的问题。

无论是文化事业还是文化产业，有些是具有强烈的政治性和意识形态色彩的，有些并没有或者并不强，在管理体制和方法上要有区别。属于政治性和意识形态色彩很强的，党和政府应加大投入，产权可以归属为特殊的国有资产，从产权上可以进行管制，内部运作和管理可以引进市场机制。政治性和意识形态色彩不强的，在文化体制改革中可以有更多的投资主体介入，可以更多地发挥市场的作用，产权可以多元化。这种情况下，应充分发挥市场的作用，尽量减少管制和解除不合理的管制。

没有经过市场风浪的洗礼，文化产业就像温室里的花朵，非常脆弱。只有解除了不合理的管制，将文化产业推向市场的汪洋大海，才能茁壮成长。

自由的市场竞争与文化产业的发展

不良管制会损害文化产业的发展。减少管制，解除不合理的管制，有利于市场的形成，有利于文化产业的发展。

我国现行的文化产业政策主要是由党和政府的不同主管部门制定的，因此，行业和部门的利益保护色彩比较重，整个政策应有的公共性、公正性和公平性还比较差。政府的主要职能是理清发展思路，出台政策法规，制定竞争规则，加大监督力度，把握结构调整的方向和速度，引导市场，最终引导文化产业的发展。

建立与社会主义市场经济相适应的文化产业的运行体制，就是要进行文化事业的改革，以实现企业行为市场化。只有通过建立自由的市场体制和完善的运行机制，才能将文化产业发展的方针、政策、思路转化为现实文化产业的生产力。

中国的文化产业是在政策垄断的呵护中成长起来的，浓厚的行政色彩、矛盾丛生的制度设计和较差的经济效益，成为中国文化产业发展的重症。中国文化产业必须按市场经济和现代企业的要求进行改革。其基本思路应是：改事业体制为企业体制，改产权一元为产权多元，改一股独大为相对控股，从分行业的、局部的改革，逐步进入到整体性的改革。

中国的文化产业是世界文化产业的一部分，企业的自由市场竞争应当放到国际市场的背景下。经济全球化是这个时代的特征，我们反对文化全球化，但文化产业必须与国际接轨，这种接轨就是企业与市场接轨。在信息化时代，随着世界经济一体化进程的加快，文化产业各门类互相渗透、各区域互相融合的格局已经形成，通过自由市场竞争培育我国文化企业的竞争力迫在眉睫。

当然，我们要清醒地看到，作为全球自由市场形成的一个直接后果，“文化全球化”已经成为资本掠夺的一种新的形态，直接威胁着一些民族文化产业的生存与发展。要在对中国文化产业基本国情广泛调查分析的基础上，建立起全球化背景下的中国文化产业发展的安全“红线”，确保国家文化安全。对那些坚持民族文化和传统文化成就的企业，应当给予更大的支持。

因此，规范文化产业发展和应对国际挑战不应当成为文化产业管制的借口，而应成为解除文化产业领域不良管制最重要的理由。特别是从国家战略利益的角度来看，只有解除了不良管制，才能建立让企业充分竞争的自由市场，才能促进文化产业的发展和国家文化竞争力的形成，真正保证国家文化安全和国家利益不受损害。

（选自《湖南师范大学社会科学学报》2006年第2期）

论中国新闻媒体的双轨制

——再论中国新闻媒体的双重性

李良荣

1995年初，我在《试论当前我国新闻事业的双重性》一文中，正式提出了中国传媒具有上层建筑和信息产业双重属性的概念。当然，这一概念的提出只不过是对已经走向市场的中国传媒业实践的一种追认。中国新闻媒体双重属性的确立为新闻媒体走向市场提供了理论支撑，并由此引发媒体经济的起飞。从1991年到2000年的10年间，中国传媒广告经营额从35亿增长到712亿，年平均增长率达35%，远高于同期GDP年均8%的增速。传媒业不但成为中国国民经济的一个支柱产业，而且，无论从产值看，还是从社会影响力看，传媒业已经成为中国文化产业的龙头老大。

突破禁区，对新闻媒体属性的重新认识导致了媒体产业的腾飞，这已是不争的事实。但同样一个不争的事实是，由于对新闻媒体属性的认识再次陷入盲区，新闻媒体的发展开始“失速”。为此，我们不得不再次检讨中国新闻媒体的双重属性。

误读双重性，困扰传媒业

“事业性质，企业化运作”是传媒业双重属性的具体运作模式。虽然这一模式造就了中国传媒业的10年繁荣，目前它却深深地困扰着中国的传媒业。

经过20余年的新闻改革，中国传媒业以不同的办刊（台）方针、不同的功能定位、不同的受众定位呈现出多样化的格局。但多样化的媒体正遭遇着单一管理模式、单一经营模式的捆绑。

作为事业单位，中国的传媒业无一例外都必须以党性原则统帅一切，无条件接受党政机关的直接领导，无条件地完成上级领导所确定的宣传任务，这使中国的传媒业成为“准行政部门”。

传媒的所有权归属于党政机关，上级领导部门可以任意处置任何一家媒体，就像在媒体集团化过程中所显示的，要并要拆，要办要关，全由领导决定。

传媒主要的人权、财权、事权归属于党政机关，包括重要的人事任免、重要的投资决策、重要的改版等最后审批权都在党政机关，甚至连报刊的发行定价、报刊的版面增减都得经党政领导批准。

传媒的报道方针、重要报道内容都由党政机关审批决定才能实施。一些重大的新闻，比如当地党政领导人的活动，几乎所有媒体都无一例外要求报道。

然而，传媒业作为事业单位，却得不到政府财政拨款，少数媒体有一点财政支持，也是象征性的，媒体必须自己去打拼市场，自己养活自己，自己发展自己。

作为企业，中国传媒必须自负盈亏，依法纳税（营业税、所得税一项都不少）。为此，全国近万家媒体（约2000家报纸，约2000家电台，约3000家电视台，约3000家生活时尚、新闻财经类杂志）都齐步走向市场，以广告收入作为主要收入来源。其中电台、电视台的收入95%以上来自广告；报刊除发行收入外，98%收入来自广告。广告市场僧多粥少，竞争之激烈近乎残酷。

但是，传媒业却享受不到企业的任何权利，不能自主经营、自主决策。它们的发展除了自我积累、银行借贷之外，不允许有业外资本注入。中国的传媒是产业却不允许产业化，是独立法人却不能独立行事，实行企业化管理却不能企业化。

中国的传媒业就处在这样一个只有义务，没有权利的尴尬境地：它有事业单位的义务，却不能享受事业单位的权利；它有企业的义务，却不能享受企业的权利。用“驼背落地，两头不着力”来形容中国传媒业的境况是再恰当不过了。

中国的传媒业长成了“计划的脑袋”和“市场的肚子”，不得不在事业和企业之间小心翼翼地像走钢丝那样寻求平衡。比如，在报业出现了大报小报化、小报大报化的趋同怪现象。为什么呢？大报即党委机关报，一方面要尽力完成党的宣传任务，另一方面为占有市场，不得不刊登许多小市民喜欢看的娱乐、生活时尚、市场动态类内容；而小报像都市报、晚报以消闲、服务为特色的报纸，也不得不刊些宣传内容。可这是何等的艰难。于是，有些媒体人大声疾呼，要否定传媒业的双重属性，要废除“事业性质，企业运作”的模式。

我认为，传媒业所具有的双重属性是传媒业本身的客观存在，不是人为的；而传媒业运作模式却是人可以选择的。目前媒体所陷入的困境，并非是双重属性的必然结果，而是我们对双重属性的误读所致。

正确理解传媒业的双重性才能让我们重新选择传媒业的运作模式。

党的喉舌：重回一报两台

要正确解读传媒的双重属性，前提是正确认识我国新闻媒体的基本性质。

我国新闻媒体的基本性质是什么？最经典、最概括的表述是：新闻媒体是党和政府的喉舌。“喉舌”就是宣传机构。正因为如此，我们历来把新闻媒体看成是党的一个工作部门。1942年9月22日《解放日报》社论《党和党报》明确提出：“报纸是党的喉舌，这是一个巨大集体的喉舌”，报纸是党的言论机关和代言人。1954年中共中央专门作出决议指出：“党委的机关报是党委的一个工作部门。”1981年中共中央在《关于当前报刊新闻广播宣传方针的决定》中再次明确：“报刊、新闻、广播、电视是党的舆论机关。”可以说，把新闻媒体当作党和政府的宣传机构（即所谓的事业性质）是从我们党成立开始就意识到，在延安时期明确提出，一直沿袭到今天的认识或提法。

但是，当我们追溯历史的时候，我们必须看到新闻媒体的巨大变化。

从1921年党成立到1949年新中国成立，在整个革命年代，党所办的报纸、电台屈指可数，除了党中央机关报《解放日报》、《新华日报》外，其余抗日根据地、解放区陆陆续续创办了二三十种报刊，都是由党中央和当地党委创办的。所有报纸都是党委的机关报。所以，完全可以把所有报纸称作党的舆论宣传部门。

建国以后到80年代初的30多年间，中国处在计划经济时代，所有媒体都是按计划来设置的大一统格局。全国的情况是一报（《人民日报》）、一刊（《红旗》杂志）、一台（中央人民广播电台），后来中央电视台开播，党中央的喉舌就是一报一刊两台。从省（市）一级看，基本格局长期是一报一台，到70年代末80年代初有了电视台，才形成一报两台成为省（市）委的喉舌。而地（市）级的媒体格局也基本如此。在30多年间，从中央到地（市），媒体的基本格局就是一报两台，除了像《光明日报》、《文汇报》、《新民晚报》、《北京晚报》等屈指可数的几份非党报外，党委机关报就是报纸的全部，没有其他性质的报纸、电台、电视台。所以，沿袭革命战争年代的提法，把报纸、广播、电视都称作党的喉舌同样是合理的。

但是，20世纪80年代中期以后，尤其整个90年代中国传媒从规模到格局发生了巨大的变化。报纸至少可以分三大类，即党委机关报、晚报都市报、专业报；电台可以分三大类即综合台、经济交通台、以文艺为主的专业台；电视台也可以分三大类，即新闻综合台（频道）、专业台（频道）、教育台（频道）。众多的媒体由于办刊（台）方针不同，功能定位和受众定位不同，呈现出各自特点和不同的价值取向。面对如此庞杂的多元的媒体，沿袭过去的提法，把所有的报纸、电台、电视台统统称之为党的喉舌，作为党的代言机关显然是不适当的。以《解放日报》报业集团为例，除了《解放日报》是上海市委机关报外，尚有《申江服务导报》——面对白领阶层的消闲、时尚周报；《新闻晨报》——以动态新闻和股市行情为主的面向上班族、股市投资者的综合性报；《新闻晚报》——以生活服务、社会新闻见长的晚报等。别的不说，如果把《申江服务导报》和《解放日报》等量齐观当作党的喉舌，那么怎么能在版面上容得下消闲、时尚内容？难道那些消闲、时尚的内容也称之为“党的声音”？

很清楚，党的喉舌只能是一个，党的喉舌只能有一种声音。把如此庞杂的媒体群一视同仁都当作党的喉舌，那么必然是七嘴八舌。目前，我国媒体在某些地方、某个时候所出现的主调不明、噪音四起的局面，和笼而统之把所有媒体都当作党的喉舌的做法有很大关系。

我们可以说，中国的新闻媒体除个别民主党派所办的报纸外，都是在党领导下的。但党领导下的新闻媒体和党的喉舌是两个概念。党领导下的新闻媒体要求媒体自觉接受党的领导，和党中央在政治上保持一致；而党的喉舌除上述要求外，还必须把宣传党的方针政策、国家的法律法规当作最主要的任务。

什么是党的喉舌？我认为，党的喉舌就是原先的一报两台——党委机关报、以新闻报道为主的电台、电视台（它们一般都是新闻综合台）。它们最主要的功能就是宣传——宣传党的决议、方针、政策，宣传国家的法律、法规、法令。除此之外，其他的媒体都不是党的喉舌。

双轨制：中国媒体的现实选择

如果把党的喉舌限定为一报两台的论断能成立的话，那么，我们很自然地可以把中国庞杂的媒体划分为两大类：一块是属于党的喉舌的新闻媒体，就是一报两台；另一块是不属于党的喉舌的新闻媒体。中国的新闻媒体都具有双重属性，双重属性是就新闻媒体的整体而言。但就个别媒体，双重属性的体现会有不同的偏重。属于党的喉舌的新闻媒体具有更多的上层建筑属性即更多的事业性质，而不属于党的喉舌的新闻媒体具有更多的信息产业属性即企业性质。

这两大类的媒体有其共同点即共性：它们都是党领导下的新闻媒体，都必须接受党的领导，都必须在政治上和中央保持一致；它们都有共同责任，对党对人民高度负责；它们都要实现企业化管理；他们都必须遵守新闻工作专业的理念，真实、全面、客观、公正。

这两大类的媒体在运作上有着明显的区别。李长春同志在《用“三个代表”重要思想统领宣传思想工作》中指出：“属于党的喉舌性质的单位，实行事业性质，企业化管理。不属于党的喉舌性质的公益性事业单位，要努力加强管理，增加活力，提高服务水平。鼓励完全面向市场的经营性行业和单位走向市场，走产业化、企业化的道路，在市场竞争中发展壮大并实施‘走出去’战略，努力跻身于国际市场。”

李长春同志对属于党的喉舌的单位和不属于党的喉舌性质的单位的运作模式已作了极好说明。

作为党的喉舌的新闻媒体其显著的特点是：

1. 它们是党和政府的一个工作部门，必须以党性原则来保证无条件接受党的领导，无条件地宣传党的方针政策。虽然它们和一般党政部门有区别，即它们要实行企业化管理，实行独立的经济核算，但它们像一般党政部门一样，接受上级机关的直接领导，接受上级机关指令性的工作要求。与此相适应，它们得到特殊的优惠政策，必要时得到政府的财政补贴。

2. 它们的主要功能是宣传——宣传党的基本理论和方针政策、国家的法律法规。它们也传播信息，但主要是政治、经济、军事、社会的硬新闻。一报两台就是以思想性为主导的硬新闻作为主要内容，真正成为中国舆论宣传的主阵地、硬新闻的主渠道、社会舆论导向的引航员。

3. 它们的受众主要是党政部门的工作人员、企事业单位的各级主管、知识分子以及其他社会精英。它们影响社会上有影响的群体。

4. 它们也会进入市场，与其他媒体展开竞争，在广告市场上争取广告。但它们不能也不可能完全市场化、完全企业化，而是以行政调控为主，以市场运作为辅。对党报来说，它们的发行主要以公费订阅为主，它们的广告收入有相当一部分来自于政府部门。

非党的喉舌的新闻媒体的基本特点是：

1. 它们不再是党的工作部门，也不是“准行政部门”，而是一个独立的法人单位。因此，它们拥有相对独立的编辑权。除了特殊时期和特别重大报道外，它们对本报本台所传播的内容负完全独立的责任。党政部门对它们的工作要求只是指导性的、鼓励性的。

2. 它们也承担着宣传任务，但它们的功能主要在信息沟通、提供娱乐、提供知识，同时发挥舆论监督的功能。

3. 它们实行产业化、企业化运作，自负盈亏，自主经营，以广告和其他经营收入维持自己的生计，谋求自己的发展，在市场上优胜劣汰。它们不得接受任何形式的政府财政补贴或其他形式的经济支持。一旦无法在市场上立足，或者资不抵债，难以为继，就得破产，该关就关，该并就并。

以党的喉舌的新闻媒体和非党的喉舌的新闻媒体形成的两大阵营就构成了中国媒体的双轨制。

这样做，可以让党的媒体减轻市场竞争的压力，专心致志地做好宣传工作，使我们的宣传工作更有成效，更能深入人心。可以让非党的媒体减轻宣传压力，给予它们更大的发展空间，给予它们更多的自主经营的积极性和责任感，使它们能增强活力，壮大实力，提高竞争力，并发挥市场资源配置的功能，打造中国传媒的真正的航空母舰，走向国际舞台。

分层发展、分级管理

为便于对新闻传媒业的管理，我认为应对当前中国的传媒集团实行重大改组。首先在省（市）一级，把党的喉舌媒体剥离出来组建单独的跨媒体的传媒集团。这个集团以一报两台为核心，包括：一家党委机关报、一个新闻综合电视频道、一个新闻综合电台频率，还可能包括一家政府办的网站、党的刊物、一家出版社。非党的喉舌的新闻媒体另外组建一家或几家传媒集团，可以以当地最具影响的都市报或晚报为龙头。

非党的喉舌的传媒集团最初还不得不由党政主管部门来组建或协调，一旦组建完成出台，让它们独立运转。

既然党的喉舌媒体承担着宣传党的政府方针政策的任务，并且要让它们专心致志地去工作，那么必然有相应的特殊政策来支持、来扶植。正如江泽民同志在十六大报告中所提出的“扶持党和国家重要的新闻媒体”。我认为，最主要的政策支持有以下方面：

1. 给予重大新闻的独家报道权。例如，重大政策、举措出台，重要党政领导的任免，党政主要领导的访谈等等。这有利于树立党的媒体的权威性。一名市级党报主编说：“一年中，只要有几次重大新闻的独家发布，党报的权威自然就树立起来。”

2. 公费订阅。党政机关除个别单位外，只能订党报党刊，其他的报刊自费订阅。对大中型国营企事业单位的党组织也要规定订阅。对于拥有大学本科以上学历的知识分子允许他们以党费订报（可以规定一个额度，以订报收据作为党费），从而确保党报党刊的发行量。

3. 频道频率垄断。在省（市）一级，以时政新闻为主的电视专业频道、电台专业频道只允许办一家，那就是党的喉舌媒体。

4. 必要的财政补贴。在经济欠发达地区，广告收入不足以支持党的媒体的正常运作，可以以党费作为补贴。

5. 必要的广告政策。政府的广告只刊登在党的喉舌媒体上，例如工商行政管理局的广告。

6. 输送高质量人才。通过相关单位，尤其是高校的思想政治工作，吸引、动员高质量的人才进入党的喉舌媒体。

当然，对于党的喉舌的媒体必须是高标准、严要求，决不能允许它们依仗行政保护措施得过且过混日子。必须建立一套严格的考核标准，要真正通过新闻从业人员自身的努力，重树党的喉舌媒体的权威性，真正成为中国媒体的核心，成为中国新闻从业人员的遵纪守法、遵守职业操守的楷模。毫不留情地撤销那些不思进取、碌碌无为的领导干部的职务，毫不手软地把那些破坏纪律和严重违反职业道德（例如制造假新闻造成恶劣影响者）的从业人员开除出党的喉舌媒体的队伍。

对于非党的喉舌的新闻媒体，党政机关不再有直接的管辖权。对它们的管理和指导，应该有三个层次：

一是非党喉舌媒体的管理委员会。这是非党喉舌媒体的直接管理机构，因为非党喉舌媒体的资产所有权属于国家，国家当然有权对它们实行管理和监督，类似公司的董事会。媒体管委会决定媒体主要领导的任免，决定媒体的办刊（台）方针，决定媒体的重大投资融资，通过媒体每年的工作计划和财务预决算，决定一切关系媒体存亡和发展的重大事宜。

二是媒体的行业协会。例如报业公会、电台电视台协会，保护新闻从业人员合法权益；协调媒体间关系，处理相互纠纷；监督新闻从业人员的职业操守；处理公众投诉。

三是政策通气会和学习会。由党委主管部门定期向非党喉舌媒体主要领导通报党委的工作部署，学习党的重大方针政策，引导他们从实际出发自觉地贯彻执行。

非党喉舌媒体拥有相对独立的人权、事权、财权，其中最重要的是相对独立的编辑权和相对独立的经营权。除个别重大新闻外，媒体公开传播的内容由各媒体独立负责（当然必须在党纪国法和其他规定的允许范围内），无需事先批准。重大错误，作事后追惩。媒体的改版、定价、报纸版面的数量、播出时间长短等等，都由媒体自行决定。

非党喉舌媒体在政治上和中央保持一致，这是铁定的纪律，这包括党的基本理论，党和政府重大方针政策，国家的法律法规，容不得任何媒体说三道四。但在具体问题上，应该允许非党喉舌媒体有不同意见的公开表达。市场经济允许并保护不同群体利益。不同意见有一部分就是代表着不同群体的利益，有一部分是不同的认识，比如说一些专家的意见、建议。中国如此之大，领域如此之广，有不同意见是正常的，只要无伤大局，无碍大计方针，不同意见的公开表达，可以开阔言路、活跃思想，有助于创新，有助于形成一个活泼的政治局面。大事小事，统统都是“一致认为”、“共同认识”，只能造成思想僵化，造成被动，这已被无数事实所证明。

中国的媒体要做大做强，必须实行跨媒体、跨行业、跨区域的运作，必须广泛吸收业外资本，才能在和国际传媒巨头的竞争中站稳、壮大。由于我们把所有媒体都定性为党的喉舌。跨媒体、跨行业、跨区域和资本运作都失去了前提。如果我们把媒体分成两大类，那么，作为党的喉舌的媒体是不允许被兼并的，也不允许吸收业外资本的。因为它们属于党政机关的一个工作部门，世界上哪有党政机构可以被其他部门兼并或跨区域去兼并其他党政机构？世界上哪有党政机构可以让业外资本来投资的呢？而非党喉舌媒体剥离出来以后，为大媒体集团的建立创造了条件。非党喉舌媒体可以在清产核资的基础上相互兼并，并吸收业外资本（是否对外国资本开放应由国家决策）。这样做，可在全国范围内，建立几家十几家跨媒体、跨行业、跨区域的媒体“航母”。

对中国媒体属性的重新定位，在此基础上实行媒体的双轨制，是中国传媒体制的创新，一旦实施，将对中国传媒的管理、经营、传媒格局带来巨大变革。上述的设想是否合理，暂且勿论，但是，中国的传媒要增强活力，壮大实力，提高竞争力，必须以制度创新为动力，这已是刻不容缓的事情。

（选自《现代传播》2003 年第 4 期）

文化资源的产权属性演变与文化体制改革

焦斌龙

自从2000年文化产业一词在中央文件中首次出现以来，我国兴起了研究文化产业、发展文化产业的热潮。十六大报告首次对文化产业的地位作用、发展目标、发展手段及文化产业与文化事业的辩证关系作了全面论述；十六届三中全会对文化管理体制改革目标、经营性文化企业和公益性文化事业单位改革方向的明确，进一步推动了这股热潮的兴起。可以说，大力发展文化产业和进行文化体制改革的舆论氛围已经形成，文化产业的合法化过程已经结束。但是，当我们进入文化体制改革和文化产业发展的实际操作阶段时，遇到诸多困惑：如何合理划分文化事业与文化产业、如何构建有效的文化投融资体制、如何建立文化和自然遗产管理体制、政府如何从政策上支持和推动文化产业的发展和文化体制改革等。在本人看来，这些困惑都根源于对文化资源产权属性的认识。本文拟根据对文化资源产权属性演变的考察，提出其对我国文化体制改革的启示。

传统意义上的文化资源产权属性

“所谓产权，意指使自己或他人受益或受损的权利”(德姆塞茨语)。即，产权是指排他性地使用某种产品的权利。对于文化资源和产品而言，传统上人们认为，它是一种公共产品，具有以下产权特性：

（1）消费的非排他性。即当一位消费者消费文化产品时，并不影响其他消费者对文化的消费，其他消费者也可以同时消费。比如当一位听众收听广播时，其他听众也可以同时收听同一个节目。

（2）消费的非竞争性。即当一个消费者消费某种文化产品时，其他人同时消费此种文化产品，并不会增加提供此种文化产品的成本。还是以收听广播为例，所有人收听同一个节目，并不会增加这个节目的制作成本。

（3）产权的公共性。由于文化产品的消费非排他性和非竞争性，消费者往往不愿为消费付费，即出现强烈的“搭便车”行为，使文化产品的供给者难以收回自己的成本。也正是在此意义上，传统理论认为文化产品的产权属于公共产权，应该由政府提供文化产品。

（4）产权的难以交易性。拥有产权就要通过交易获取收益，但是，文化资源和产品的消费非排他性和非竞争性，使其拥有者难以向消费者收费，从而使产权难以交易。

（5）强烈的持久的外部效应。文化产品是精神产品。精神产品与物质产品的一个根本不同之处就在于，精神产品具有强烈的、持久的外部影响，即外部效应。物质产品消费之后，其物质形态就逐步消失了。而精神产品消费之后，虽然其物质形态消失了，但其精神影响仍然要持续较长时间。

文化资源产权属性演变

产权并不是关于人与物的关系，而是指由于物的使用而引起的人与人之间的关系，即建立在物的基础上的人与人的关系。作为社会工具，产权有助于在一个人与他人进行交易时，形成那些可以合理持有的预期。根据生产力决定生产关系的基本原理，当生产力发生变化时，生产关系要随之发生变化。随着社会生产力的发展、文化资源和产品的使用而建立起来的人与人之间的关系必然随之发生变化，即文化资源和产品的产权属性要发生变化。

（1）文化消费需求上升提高了人们克服其公共产品属性的收益

在起初，由于生产力水平比较低，普通大众主要从事物质产品的生产和消费，对文化产品几乎没有什么需求。文化是精英文化，文化产品属于奢侈品，只有贵族和皇室成员等极少数人才能够消费。文化产品由国家组织有关人才提供，不存在文化产品的交易，更不存在文化市场。文化资源和文化产品也就没有任何经济价值。随着社会发展，人们的生活水平得到提高，温饱问题逐步得到解决，开始产生文化消费需求，并且随着社会发展，这种需求越来越强。据有关学者的考察，当人均GDP达到1000美元、1600美元和3000美元时，人们的文化消费支出将占个人消费总量的18%、20%和23%。文化需求的上升，使原先缺乏经济价值的文化资源具备了经济价值，而且随需求强度的增强，文化资源的经济价值不断提高。

文化资源和产品经济价值提高，一方面为人们进行文化产品和服务的生产和交易提供了原动力，另一方面提高了人们克服其公共产品属性的收益，极大的调动了人们克服文化资源和产品公共产品属性的积极性。

（2）传媒技术的发展拓展了文化产品市场空间，进一步提升了文化资源和产品的经济价值

随着文化需求的增长，首先提出了对如何扩大文化消费范围和文化传播范围的技术要求，即对传媒技术的要求。传媒技术最初的形态就是印刷术，现代工业动力技术

则进一步使印刷术趋于完善。印刷术不仅使文化可以记载，从而延长了其存在时间，而且纸质媒体的出现使文化获得了物理传播途径。以广播为代表的电磁技术突破了文化传播的地理空间，大大拓展了文化传播的物理空间；以计算机为基础的网络技术突破了文化传播的物质空间，开创了文化传播的虚拟空间。传媒技术的发展在扩大文化传播空间的同时，事实上也拓展了文化产品的市场空间和市场容量，从而大幅度地提高了文化资源和产品的经济价值。

（3）技术进步降低了克服文化资源和产品公共产品性的成本

文化消费需求的兴起带来了文化资源和产品的经济价值，但是，要实现文化产品中蕴藏的市场机会，必须克服文化资源和产品消费的非排他性和非竞争性带来的“搭便车”行为，这就需要技术上的支持。比如，加密技术的产生就为克服文化产品的消费非排他性提供了技术支持，只有缴纳相关费用之后，才能够消费相关文化产品。在其他公共产品属性转化过程中，还有诸多这样的技术，如卡式电度表的出现就解决了多年来电费收取的困难，将电力这种公共产品逐步转化为私人产品。技术进步在提供克服文化资源和产品公共性可能的同时，随着这些技术的普遍采用，大大降低了克服文化资源和产品公共性的成本。成本的下降，进一步推动了人们克服文化资源和产品公共性的进程，也使越来越多的文化资源开始具有了私人产品的性质，开始成为经济资源。

总之，随着社会发展、技术进步和人们认识水平的提高，一方面文化资源和产品的经济价值不断提升，吸引大量投资者逐步进入文化产品和服务的经营领域；另一方面技术的发展为人们克服文化资源和产品的公共产品属性提供了可能，大大降低了人们克服文化资源和产品公共产品属性的成本。这样，在人们对经济利润的强烈追求和文化资源和产品产权属性的博弈过程中，首先在那些消费的非排他性和非竞争性相对容易突破的文化资源和产品中取得成效。人们采用一定的技术手段，通过相应的制度安排屏蔽和克服文化产品的消费非排他性和非竞争性，逐步赋予文化产品消费排他性和竞争性，使其产权逐步由公共产权转变为可以交易的私人产权。比如，通过设置进入门槛，以购买门票方式阻止人们免费消费名胜古迹，从而克服人们对名胜古迹的消费非排他性；通过将文化内容赋予到产品上，迫使人们要消费此文化资源，必须缴纳相应费用购买该文化产品；通过加密技术解决人们对电视节目的免费观看等等。并且，随着技术的发展，尤其是以数码技术为代表的计算机技术的发展和人们文化需求的进一步提升，文化资源和产品公共产品属性将进一步得到克服，越来越多的文化资源和产品进入到经营领域，不仅成为文化的载体，而且直接成为现实的利润来源。这时，文化资源和产品的公共产品属性不断减弱，私人产品属性不断增强，它们已经不再是纯粹的公共产品，而成为介于公共产品和私人产品之间的“准公共产品”，其产权属性也随之发生了根本性的变化。

1．消费的非排他性和排他性并存。由于排他性技术的采用，文化资源和产品的消费非排他性得到一定程度的克服，部分文化资源和产品甚至已经具备了完全的消费排他性。但是，受技术发展程度和文化的特殊属性的限制，仍然有大量的文化资源和产品难以克服消费非排他性。因此，总体而言，文化资源和产品产权属性演变仍然处于消费的非排他性和排他性并存的状态。

2．消费的竞争性和非竞争性并存。消费的非排他性和非竞争性存在紧密联系。一方面，消费非排他性被克服的同时必然带来消费非竞争性的克服。如在文化内容转变为文化产品情况下，消费者数量增加的同时带来了文化产品数量的增加，这就必然引起文化产品成本的增加，从而引发文化资源和产品消费的竞争性。又如在采用设置进入门槛情况下，在消费者数量不超过一定容量时，消费者数量的增加并不引起供给成本的增加；但是，当消费者数量超过一定容量后，消费者数量增加就会引起供给成本增加，从而带来消费的竞争性。另一方面，仍然有大量文化资源和产品消费非排他性难以得到克服，从而决定了其消费非竞争性依然存在。因此，文化资源和产品的消费非竞争性和竞争性并存成为一种常态。

3．逐步获得产权的部分交易性。随着文化资源和产品消费非排他性和非竞争性得到克服，文化资源和产品成为经营性资源和产品，进入交易领域参加市场交易。交易的本质是产权交易，消费者在支付一定费用的同时获得该产品的产权，销售者在让渡该产品产权的同时获得收益。文化资源和产品参与市场交易本身就表示其产权具备了交易性。但是，正如前文所述，由于文化资源和产品消费非排他性和非竞争性的克服仅仅处于起步阶段，并非所有的文化资源和产品的产权都可以交易，作为“准公共产品”的文化资源和产品所具有的仅仅是拥有部分交易性的产权。

4．公共产权与私人产权并存。消费排他性、竞争性和产权的部分交易性的获得都表明文化资源和产品的产权已经部分具有了私人产权的特征。这时，文化资源和产品的产权属性出现了分化，部分直接成为私人产权，如版权、知识产权等；部分仍然是公共产权，介于二者之间的是部分私人产权和公共产权的结合，即所有权仍然属于国家，但经营权、使用权和收益权等权利可以交易。与文化资源和产品产权属性的演变对应，文化资源和产品出现了明显的分化，一些文化产品的公共产品属性较强，一些产品的公共产品属性较弱，更接近私人产品。私人性较强的文化资源和产品获得了市场化和产业化的发展，逐步成长为我们现在的文化产业，而公共性较强的文化资源和产品则继续保留其公共产品的产权属性。

文化资源产权属性演变对我国文化体制改革的启示

由上述对文化资源和产品产权属性的演变可以看出：文化资源和产品的产权属性是一个动态的演变过程，随着技术进步和文化市场的发展，文化资源和产品的公共性将会逐步减弱。以此结论来看我国的文化体制改革，可以得出以下启示：

（1）我国当前的文化体制改革是对文化资源产权属性演变的制度回应。我国文化资源和产品由公共产品向准公共产品的转化，事实上在20世纪80年代就已经开始。但是，由于我国当时的重心放在经济改革上，并没有及时作出相应的制度安排。后来，由于文化事业发展陷入困境，我国才出台了“以文补文”和“多业助文”的相关政策，允许文化单位从事经营性活动。后来在部分文化单位建立起“事业编制，企业体制”的文化管理体制。这些调整是我国对文化资源和产品产权属性变化的适应性调整。在进入21世纪之后，随着我国整体步入小康社会，人们文化消费需求的强劲增长，进一步提高了文化资源和产品的经济价值，加速了我国文化资源和产品产权属性转变的进程，从而提出了对我国的文化体制进行根本性改革的要求。

（2）文化事业和文化产业的划分应该基于文化资源和产品的产权属性。在当前的文化体制改革过程中，对文化事业和文化产业的划分无疑是具有根本性质的改革措施。但是，一个具体的单位属于文化事业，还是文化产业，从根本上取决于该单位所拥有的文化资源和产品的产权属性，而不是依据它是否属于国家的喉舌进行划分。即使是国家喉舌，如果其文化产品的产权属性是可以实现消费排他性的，那么，它也应该实行产业化经营，它本身属于文化产业，而不是文化事业。当然，一个单位拥有的文化资源和产品并不是单一品种的，这依然需要我们根据文化资源和产品的产权属性进行具体分析，分类指导。

（3）文化事业和文化产业的划分是一个动态的过程，我们不能寄希望于国家迅速在二者之间作出明确的区分。由于文化资源和产品的产权属性是一个动态的变化过程，在一定程度上讲，我国文化资源和产品由公共产品向准公共产品甚至私人产品的转变进程才刚刚开始，因此，在当前寄希望于国家作出一个明确的区分是不切实际的。国家迫切需要做的是尽快给出一个划分的框架，将那些被证实产权属性已经发生了根本性变化的部门列为文化产业部门，明确其产权，解除体制改革滞后带来的负面影响。

（4）对于在当前难以明确作出划分的部分，可以采取模糊产权的方式，不可强制划分，尤其是对于事业体制，不可一刀切地将其完全改为纯粹企业体制。在进行文化事业和文化产业划分过程中，对于那些公共产品性比较强，但同时也带有私人产品性的文化资源和产品，不宜强制地将其划分到文化事业或文化产业类别之中，可以采取模糊产权的方式，实行事业和产业共存的体制。当条件成熟时，再作出划分。

（选自《开发研究》2004年第5期）

加强我国文化产业立法的几点思考与建议

明立志

一

文化产业立法是我国文化法制建设的重要方面，是中国特色社会主义法律体系的重要组成部分。改革开放以来，尤其是党的十三届四中全会以来，先后出台和修订了《电影管理条例》、《广播电视管理条例》、《出版管理条例》、《音像制品管理条例》、《印刷业管理条例》、《营业性演出管理条例》、《营业性歌舞娱乐场所管理办法》、《中外合作音像制品分销企业管理办法》等一批重要法规，文化产业立法工作取得明显进展，为促进和保障文化产业健康发展提供了一定的法制基础。但从总体上看，由于文化产业立法起步较晚，基础薄弱，至今尚未形成文化产业法规的基本框架，现有文化产业法规的数量、层次已远不能满足文化产业快速发展的需要，还存在以下亟待解决的突出问题：一是立法滞后。我国文化产业立法进程远远落后于实践需要，现行法规数量少，涵盖面不够。一些文化产业和高新科技的发展孕育产生的新的业态，如手机短信息、网络视听点播等，立法空白点较多。二是立法层次低。电影法、广播电视法、演出法等这些文化产业的基本法律，在我国目前仍停留在行政法规或者是部门规章的层次，直接影响了管理的权威性和有效性。一些管理规范尚停留在政策文件管理层次上，一些行之有效的政策尚未以法律法规的形式确定。三是重审批管理、轻保障发展。有些文化产业法规还带有计划经济体制的痕迹，偏重于管理、限制、义务和处罚内容的设定，权利意识薄弱，发展、保障和服务的思想体现得还不够。四是部门利益法制化造成有些法规规章相互交叉。有些部门偏重于通过立法为本部门设定甚至超范围设定各种审批权、管理权、处罚权，带来多头审批、多头执法、交叉处罚等问题。文化产业立法仍是我国整个法制建设的薄弱环节之一，立法的任务十分艰巨和紧迫。

二

（一）我国文化产业立法面临有利时机和环境

2002年11月，中共十六大报告明确提出：“完善产业政策，支持文化产业发展，增强我国文化产业的整体实力和竞争力。”在执政党的全国代表大会中第一次明确提出了发展文化产业的理念，为文化产业立法提供了重要政策依据。2004年3月国家统计局按照十六大报告的要求，制定了《文化及相关产业分类》，明确提出文化及相关产业活动的6方面主要内容：①文化产品制作和销售活动；②文化传播服务；③文化休闲娱乐服务；④文化用品生产和销售活动；⑤文化设备生产和销售活动；⑥相关文化产品制作和销售活动。这既为建立科学、系统、可行的文化产业统计体系提供了框架，也为文化产业立法厘清了概念和范围。加快我国文化产业立法的条件已经成熟，环境十分有利。要认真贯彻十六大精神，加大文化产业立法力度，加快文化产业立法进程，这既是文化法制建设自身的迫切需要，更是发展我国文化产业的必然要求。

（二）行政审批制度改革对文化产业立法提出新的要求

中共十六届三中全会提出了建设完善的社会主义市场经济体制的目标，要求文化行政管理部门进一步转变职能，依法行政，逐步实现文化产业管理的法制化、规范化。《行政许可法》的实施，要求文化行政管理部门适应行政审批改革趋势，提高监管和服务的水平。2004年以来，国家文化行政部门认真贯彻《国务院关于贯彻实施〈中华人民共和国行政许可法〉的通知》，抓紧做好有关行政许可规定的清理工作，凡与行政许可法不一致的规定，自《行政许可法》施行之日起一律停止执行。国家广电总局共清理、废止有关法规文件8项，新闻出版总署共清理、废止法规和政策性文件170余项，有力地推动了文化行政审批改革，推动了文化产业立法进程。

（三）我国加入世贸组织后急需依法维护国家文化安全，提高文化产业竞争力

世界贸易组织作为当今世界多边贸易体制的法律基础和组织基础，规定了各成员在国际贸易领域的基本行为准则，形成了较为广泛有效的约束机制。加入世贸组织后，我国承诺在音像、电影、书刊发行、广告等行业有条件开放，我国文化产业面临着来自国外文化产品、文化资本和文化价值观的挑战，面临着更大范围的国际文化交流和更加激烈的文化竞争，这就要求通过立法维护国家文化主权，依法对允许进入国内的国外文化产品、文化资本进行规范管理，同时还要运用法律手段保障和促进我国文化产业的发展，提高文化竞争力。这方面的文化产业立法工作亟须加强。

（四）深化文化管理体制改革需要法律法规的保障和推动

文化体制改革既会引起现有文化产业法规的变动，也会产生新的法规需求。随着以体制机制创新为突破口的文化体制改革的不断深化，外资、社会民营资本办文化产业的机会增多，文化产业的社会化程度越来越高，政府管理将由内部的系统管理转向社会管理，这就要求将改革的成果、经验用法规的形式予以确认和巩固，逐步做到从以行政手段为主，转向以法律手段为主，辅之以必要的行政手段，实行依法管理。2004年10月国家广电总局和商务部先后联合颁发了《电影企业经营资格准入暂行规定》和《中外合资、合作电视节目制作经营企业管理暂行规定》两项法规，分别对社会资本成立电影制片公司和电影技术服务公司，外资通过合资、合作成立电影制片、电影技术和广播影视节目制作公司做出明确规定。这是中国广播影视产业加大改革力度、加快发展的重要举措，必将促进中国广播影视产业的快速发展。

（五）实现公民文化利益需要法律法规的有效保障

我国已进入全面建设小康社会的新的发展阶段，满足人民群众日益增长的多方面多层次精神文化需求，已成为全面建设小康社会的重要内容。经过20多年的改革开放，人民群众物质生活水平有了很大提高，文化消费能力大大增强，更加渴望满足精神文化方面的需求。文化产业是为广大人民群众提供文化服务、消费的重要方面，发展文化产业是实现广大人民群众文化利益的重要途径。用法律法规保障公民享有的文化利益，是党和政府维护好、发展好、实现好人民群众根本利益的重要体现，也是文化产业立法的重要目标和内容。保障公民文化利益，既要保护公民文化消费和参与权利，也要保护公民创造文化的权利，调动公民参与文化产业发展的积极性和创造性。这就要求

我们在文化产业立法过程中，既要对公民享有的文化服务、文化消费权利予以明确规定，又要对公民参与文化产业发展与创造的权利以法予以保障。

三

我国文化产业立法要坚持依法治国的方略，坚持以宪法为基础，适应社会主义市场经济的发展，适应文化体制改革和文化产业发展的需要，加快立法步伐，经过几年的努力，逐步形成以《电影法》、《广播电视法》、《广播电视传输保障法》、《文化产业促进法》、《演出法》等基础性法律为主干，以行政法规、地方性法规和部门规章为补充，法律、法规、规章相互配套、协调统一的文化产业法规框架，保障和促进我国文化产业健康有序地发展。

加强我国文化产业立法要认真把握好以下几点：

1. 要使文化产业立法适应产业快速发展的需要

当前我国文化产业正处于快速发展时期，新闻出版、广播影视、文化艺术、网络信息等产业发展的新情况新问题不断涌现，文化产业立法要顺应发展趋势，尽快出台急需法规，对文化产业的发展予以保障、促进和有效管理。

2. 要坚持文化产业立法与体制改革相促进

文化产业立法要与体制创新、机制创新相结合，通过立法引导和保障文化体制机制的创新，把创新的成果用法律法规的形式予以确立；通过改革创新推动和促进文化产业立法，使文化产业法制建设得到完善。

3. 要把立法试点先行与整体推进相结合

要考虑各地文化产业发展的不平衡性，按照《立法法》的要求，支持和鼓励在文化产业立法条件比较成熟的地方，先出台地方性法规和政府规章。根据文化产业立法的需要，可由文化产业发展较快并积累了一定实践经验的地方，先行制定出地方性法规、规章，为制定全国性的文化产业法规提供具体范例和有益尝试。

4. 要遵循国际准则和借鉴国外有益经验

文化产业立法要在立足我国国情的基础上，适应加入世贸组织的要求，遵循国际公约、双边多边协定，并运用法律手段有效维护国家文化主权、促进民族文化产业发展。同时，要注意借鉴国外发达国家以法保障和促进文化产业发展的有益经验，为我所用。建议国家立法机关和有关研究机构就此进行专题研究，为我国文化产业立法提供可资借鉴的依据。

（选自《今日中国论坛》2005 年第 12 期）

创意产业的核心价值与知识产权

邓　达

创意产业作为一种新兴的产业门类，在发展中已明显地遇到了一系列问题，自主创新不足、市场化程度不够、人才匮乏、知识产权保护不力等都已成为人们关注的焦点。那么，发展创意产业、创造创意经济的关键问题是什么？笔者认为，创意产业以创意为核心资源，其核心价值在于知识产权，因此，完善知识产权制度是创意产业发展战略中务必率先解决的核心问题。

从霍金斯的定义说起

关于创意产业概念，最多次被提及和引用的是1998 年英国出台的《英国创意产业路径文件》中明确提出“创意产业”概念：“所谓创意产业是指那些从个人的创造力、技能和天分获取发展动力的企业，以及那些通过对知识产权的开发可创造潜在财富和就业机会的活动。”这个概念的提出强调了个人的创造力、技能和天分在创意产业中的重大作用。而笔者认为，下面这个界定角度，更有助于我们更好地认识、理解和发展创意产业。

被称为“创意产业之父”的经济学家霍金斯在他的《创意经济》（The Creative Economy）一书中，把创意产业界定为：其产品都在知识产权法的保护范围内的经济部门。知识产权有 4 大类：专利、版权、商标和设计。每一类都有自己的法律实体和管理机构，每一类都产生于保护不同种类的创造性产品的愿望。霍金斯认为，知识产权法的每一类别都有庞大的工业与之相应，加在一起“这 4 种工业就组成了创造性产业和创造性经济”。在这个定义上，创意产业组成了一国经济中非常庞大的部门，甚至有版权的产品（书籍、电影、音乐）带来的出口收入超过了像汽车、服装等制造业。

创意产业以创意为核心资源，但一个创意能否在强大的市场竞争中形成产品、进入流通和消费，还取决于这个创意能否在知识产权的层面上具有价值。霍金斯的定义让我们能严肃地把文化和创意作为一种产业进行思考——一个可以提供就业、培训、出口税收和外汇的产业。区别于《英国创意产业路径文件》中提出的“创意产业”概念，霍金斯的定义有以下的优点：

1. 统一了不同种类的创造性。在不同的定义下，创意产业包含不同的行业门类。仍以英国为例，广告、建筑、艺术和文物交易、工艺品、设计、时装设计、电影、互动休闲软件、音乐、表演艺术、出版、软件、电视广播等行业被确认为创意产业。欧洲其他国家及美国、澳大利亚发布的报告和研究成果中，创意产业部门的范围甚至包括博物馆，乃至交响乐。显然，这些不同行业中所表现出的创造力和技能都是各不相同的。通过知识产权来界定创意部门，霍金斯避开了该职业是否具有创造性这一潜在难题。也就是说，“印刷书籍和摆放舞台布景的人与作者、舞台上的表演者一样都只不过是创造性经济的一部分”，他的定义将不同种类的创造性统一在了一起。

2. 有效地衡量是否有创造性。创意具有无形性、一定的公共性、不易控制性、易逝性等特点。一种活动，仅仅是无形的创造力所产生的创意，还是具有和经济相联系的市场价值，需要一个有效的、可操作的衡量标准。以法律法规的形式存在的知识产权制度作为法定的判断标准，是一种有效而又一致的方式。

3. 表明了能从单个创意发展到产品和产业的潜在可能性和未来经济价值。只有被知识产权法所支持和保护的创造性才能转化为产品，才能实现与知识产权相联系的收益权利。“把创造力视为资产似乎是件十分合理的事”，而知识产权制度正是创造力这种投资得以实现回报的必要条件，知识产权制度所保护的收益支配权正是对未来经济价值的衡量。

4. 指出了创意产业的政策取向，有利于推动产业的发展。在这个定义下，更清晰地提出，创意产业的发展必须依赖于知识产权的国家强力保护体系。创意的产权问题必须由知识产权法律法规进行保障，并以健全的知识产权保障体系激励创意活动。

因此，与基于“创造力”的定义相比较，霍金斯的定义更有可操作性和指导实践意义。

从知识产权的特征展开分析

知识产权概念的定义一直以来都存在着诸多不同。以《法律辞典》为例，知识产权的定义为：“自然人或法人对自然人通过智力劳动所创造的符合法定条件的智力成果，依法确认并享有的权利。”有学者在对知识产权的各种不同定义进行了较为深入的分析，指出知识产权具有5个特征：（1）知识产权系由法律直接创设；（2）知识产权的内容是对智力成果的直接支配性；（3）知识产权依附于无形的智力成果；（4）在有的情形下，可以由多个主体同时对同一智力成果享有知识产权；（5）知识产权可以由多人同时行使。

从上述特征出发，进行深入分析和思考，以知识产权为核心价值的创意产业有以下几个值得关注的特点：

1. 创意产品具有信息的无形性和易于传播性特征。创意产品的特点和知识产权的客体一样，具有信息特征。知识的有用性已为世人广泛知晓，在有用的前提下，信息的特征就是知识区别于其他有用客体的本质特征，即信息是无形的，可以被无穷复制，易于传播，不因使用而消耗，且可以多主体同时使用等。知识的信息特征及知识发展和人类进步的历史决定和证明了知识是人类的共同财富。知识本身通常被公之于众，以便扩散、学习、研究和创造新的知识。

在此前提下，对以知识产权为核心价值的创意产品，往往也可以被无穷复制和易于传播的，创意产生之后，不具有天然的稀缺性，因而不具有边际效用价值，从而不能成为财产，必须由法律造成人为的稀缺性，才能使知识产权成为经济学意义上的财产，知识产权制度就是作为社会对创意产品权利人的知识产权标的提供的法律保护。

2. 创意活动的相关权利具有法定专属性。创意活动是创造性的活动，目的是运用知识和创造力来创造财富。知识产权保护的并不是知识本身，而应当是与知识相关联的权利。法定（legislated）是指由法律赋予、规范和保护的。作为私有财产，知识产权是法律设定的，而不是天然产生的。在知识产权法律诞生之前，私有财产并不包括知识产权。没有法律规定，知识和信息难以作为财产进行市场估价和交换。有形财产则是天然产生的，其私有财产属性早在法律诞生之前就已形成。法律的作用仅仅是加以认可和规范而已。所以法定专属性是知识产权与有形财产权的重大区别之一。知识产权的排他性、时间性及地域性等，都是由于“法定”而产生的。

对创意产业来讲，尤其重要的是知识产权相关权利中支配权的法定性。支配权（Dominating Right）是指对知识的经济意义上的排他使用权、复制传播权、凝结该知识使用效果的产品销售和许诺销售权、修改权、使用知情同意权、利益分享权等以及对上述权利及支配权本身的处分权，如转让、许可、赠与、继承等。支配权所包含的具体内容会随着时代的发展和技术的更新而不断变化。支配权的具体内容应当在法律中详细规定，并随法律的变更而变更。创意活动需要人、财、物和时间的巨大投人，需要承担失败的风险，需要创造者的艰苦付出和智慧。知识的保存也需要特定的条件和付出特定的代价。法定的支配权就为创意活动和创意产业的价值实现创造了条件。

3. 创意产业能实现知识的保护和共享并存。知识产权制度既要实现保护创新的目的，也有让人们能够分享已经被创造出的知识的目的，也就是保护与共享并存。正如霍金斯曾强调的，21 世纪知识产权保护法律体系中有一个核心问题："如何在这两个目的之间即私人知识产权保护与公共信息分享之间寻求一种平衡。"2005 年 10 月，英国皇家学会发表了《知识产权宪章》，就是强调制定版权法时要考虑权利同公共领域之间的平衡，这是一个普遍性的使经济良好运行的规则。

在知识产权制度保护下的创意产业，是在市场经济下开展规模化生产和交换来实现创意产品的复制和传播，这个过程正是在实现知识产权制度所鼓励的活动——知识的公开、传播、学习、研究以及在此基础之上的创新，包括在科研和文艺创作过程中使用任何已有知识。这样的保护不会妨碍公众对知识的非经济意义上的获得和使用。不仅如此，创意活动的产品化、产业化发展，乃至创意经济的实现，更是知识产权的规范化、规模化推广和分享。像在欧洲及新加坡和马来西亚政府资助的信息技术创新所证明的那样，促进以知识为基础的文化产业与经济发展之间有许多交叉点。创意产业的推动正是这一发展战略的核心。创意产业在这个意义上被用来区分传统的受赞助的艺术部门和通过知识产权的产生和开发而具有创造财富的巨大潜能的文化产业。

创意产业发展的对策思考

首先，完善知识产权保护制度要对创意、创意产品和创意产业的发展规律展开系统的研究，而不能就法规谈法规。知识产权制度是一个技术、经济与法律相结合的产物，是当代经济发展的保障机制。知识产权制度，是指涉及知识产权的法律、法规和国家政策的总和。知识产权制度不仅仅是"保护知识产权的法律制度"。知识产权事业的发展涉及知识产权的各个环节，保护知识产权只是其中一个环节，而不是全部。例如，禁止滥用知识产权的法律制度、规范知识产权中介机构及其活动的政府规章、专利申请费用的减免或资助及促进专利技术产业化等政策，也应当是知识产权制度的组成部分。因此，完善知识产权制度应当服务于知识产权事业发展的各个环节。具体到创意产业来讲，应当在系统研究创意产业的发展规律的基础上，围绕产业链的每个环节，研究与知识产权相关的制度、政策体系和市场环境，系统归纳提出创造、保护和利用知识产权的政策体系。这些环节包括：创意研发阶段的鼓励创新、创意产品转化和生产阶段的知识产权保护、创意产品交易（中介服务）阶段的知识产权利用等。

其次，知识产权保护的制度建设要宏观与微观相结合，既要从国家整体的角度研究与知识产权制度有关的政策体系，又要从具体问题入手。也就是说，一方面，既要完善知识产权管理和执法体系、国家文化产业发展规划的知识产权管理、建立与知识产权制度有关的市场秩序等制度建设，另一方面，也要关注创意产业园区、创意企业和个人的知识产权保护和利用问题。例如，在创意研发阶段，进一步完善有关知识产权保护和资助制度；在知识产权交易阶段，加大政府对保护和利用知识产权的公共平台建设和投入，加强公共信息网络建设和服务，重视对新兴的创意产业中小企业的知识产权服务，鼓励原创。建立知识产权交易平台和完善产权交易体系，为企业投融资和产权交易提供高效、便捷和规范服务，也是文化产业创新体系的重要一环。知识产权主管部门还可以在创意产业园区或企业里设立知识产权保护服务机构，对企业和产业项目提供的知识产权保护综合服务。

第三，知识产权保护的制度建设贯彻创意权利人利益和公共利益平衡的原则。在归纳提出创造、保护和利用知识产权的配套政策体系的研究和实践中，坚持保护创意权利人利益与保护公共利益相结合，保护与鼓励创新并举，保护与合理利用、社会分享并举。既要合理保护知识产权，也要制定统一适用的限制滥用知识产权的反垄断法规，促进知识产权的公平竞争和创意的更新发展。

知识产权保护制度与市场经济发达程度和产业发展水平密切相关，知识产权保护标准并不是越严越好。知识产权保护制度的建立应与国家发展阶段相适应，与创意产业的发展阶段相适应。对发展中的创意产业来讲，宽松的政策环境和市场环境也是必不可少的。中国是发展中国家，在制度和规则上与国际接轨，具体标准要体现国情，不赶超，不照搬；利用 WTO 的合理政策空间，制定切合实际的保护标准。

（选自《管理世界》2006 年第 8 期）

文化产业发展中的反垄断法制建设问题

方小敏

2002年中国拉开了文化体制改革序幕，2003年中央确定了9个文化体制改革综合试点省市和35个试点单位，原先的一些文化单位改制成企业，直面市场，在竞争中求生存、得发展。经不起市场风浪的则被淘汰。市场竞争优胜劣汰的机制第一次在文化领域里显示其有效促进创新、增强生产力发展的神奇威力和淘汰劣势产品、低效企业的冷酷面容。

2006年1月，中共中央、国务院发出《关于深化文化体制改革的若干意见》（以下简称《意见》），我国进入全面推进文化体制改革的时期。文化体制改革的总目标是解放和发展文化生产力，核心内容体现在两个方面：公益性文化事业的改革，经营性文化产业的发展。其中经营性文化产业的发展是文化体制改革的重点也是难点，其主要任务一方面是要对公益性文化领域以外的原先的文化事业单位进行公司制、股份制改造，使其成为新型的市场主体，面向市场发展，在竞争中增强活力和实力；另一方面要打破文化领域的垄断经营，放宽市场准入，培育新的多元化的市场经营主体，引进竞争机制，建立开放性的创新发展机制。简言之，文化产业建设的核心就是文化产品、文化要素的市场化。而市场化的含义是：文化产品和要素的生产和经营应主要以市场为主导，管理体制、经营机制和效益评价等方面要遵循市场经济规律，文化产品和要素在服务于人们精神需求的过程中实现其经济效益，实现产品的价值补偿和资产增值。

文化产业的市场化经营需要竞争法的调整和保障

文化产品和要素一旦进入市场对其进行市场化经营，就要在服务于人们精神需求的同时，在市场竞争的大潮中实现文化资源的最大经济价值。和其他商业领域一样，竞争可能对文化产业发展导致正负两方面的结果：竞争优胜劣汰的机制激励文化产业经营者的创新热情，敦促他们运用新技术、改善经营管理手段、推出优秀的适合市场消费需求的新作品，在增进竞争胜出者个体利益的同时促进文化产业的发展和文化的繁荣；但和普通商人一样，追逐个体利润最大化的本性不可避免地使一部分文化产业经营者在竞争中不惜损害他人正当竞争利益、损害市场整体秩序而行事。为了在市场中获得交易机会，在竞争中获胜，有些经营者从事违反诚实信用原则、违反公认的商业道德的不正当竞争行为，如通过夸大的广告宣传不当引诱消费者、通过偷梁换柱的不实手段非法利用竞争对手的市场优势地位、通过诋毁竞争对手的商誉推销自己的产品和服务等等；同样地，为了取得优于对手的竞争地位，获得高额的利润，市场经营者总是倾向于不断扩大经营规模，并尽可能地限制和排除其他人的竞争自由。这在文化产业市场的竞争中也不例外。

发展文化产业的本质是以市场机制替代原先的计划体制作为文化资源合理配置的基础性力量。但是，不仅传统的计划经济体制会扼杀竞争、阻碍文化产业发展，自发的市场竞争过程本身也蕴含了不正当竞争、限制竞争、垄断等竞争的固有弊端，最终会导致市场机制失灵，损害正当竞争者的利益和文化产业赖以存在和发展的自由、公平、有效的竞争秩序。传统的局限于调整工商业领域不正当竞争行为和限制竞争行为的竞争法因此必须扩大其适用范围，用于规范包括文化市场、体育市场等在内的新兴市场领域中的竞争行为和竞争秩序。

与竞争的两大弊端不正当竞争和限制竞争相对应，竞争法从内容上一般分为反不正当竞争法和反垄断法。前者主要是通过制止经营者违反诚信原则的具体违法行为，维护竞争的正当性，保护特定经营者的合法权益，维护公平的竞争秩序和诚信的竞争环境；而后者侧重于制止虽然可能没有特定的受害者，但对自由竞争秩序造成客观危害的排除或限制市场竞争的行为，旨在确保自由竞争机制正常发挥其有效配置资源的功能。不正当竞争行为因其本质违背人类社会及其商业活动共同遵循的诚实信用原则，在性质上毫无例外都是非法的。而反垄断法上规定的经营者之间的联合行为、企业合并行为、利用市场支配地位谋取利益等行为，只有在没有正当理由而排除或妨碍竞争或有排除或妨碍竞争目的的情况下，才受法律禁止。

表现在反垄断法的适用范围上，可以规定对特定的市场主体、特定的市场行为、特定的经济领域不适用反垄断法中的一项或多项制度，或者设定适用某些反垄断制度的特殊的前提条件。和在其他的商业领域中一样，反不正当竞争法和反垄断法也普遍适用于文化产业竞争秩序的建立和维护，其中涉及不正当竞争行为的，一律属于违法行为，但在反垄断法的适用方面，鉴于文化产业的特殊性，对反垄断法制建设提出了新的课题。

文化产业的创新性和反垄断法制建设

文化产业是从事文化产品生产和提供文化服务的经营

性行业，是文化与经济结合的产物。文化产业的经济属性决定了它具有工业文明的烙印，经营管理的技术性、复杂性，以经济效益为中心等商业领域的典型特征。但作为新经济的代表，文化功能在产业中的作用显得十分突出，文化产业呈现出与传统产业迥异的特殊性，其中最为核心的特征是文化产业的创新性。

在市场环境下，文化产业的发展需要大力提倡体制的创新、组织管理的创新、产品的创新，企业通过创新参与竞争并在竞争中取胜。和传统产业相比，创新更加广泛和深入地影响着文化产业的发展和命运，这是由文化产品的创新性特征决定的。与一般产品不同，文化产品完全是纯粹的智力成果，具有特定主体的智慧和心理特征，反映特定时代的精神和文明品质。

文化产业中的文化创作极具创造性和个性，而文化产业的发展和繁荣归根到底取决于对自由创作和创新创作的激励和保护。

首先，与文化产业的创新性紧密联系的是确认和保护文化产品创造人对其智力成果享有专有权的知识产权法。知识产权法确认知识产权和一般财产权一样具有排他性或称专有性，禁止他人任意侵犯，目的在于鼓励创新性竞争，以推动科技和文化的进步、促进社会发展。由于文化产品的创作生产需要投入智力和物力方面巨大的成本和代价，如果对他人的创新性成果可以任意地、无偿地使用，那么创新活动就得不到补偿，创作者的利益就得不到保护，继续创造的积极性就会受到抑制。这种情况下，人们不愿意去创造和开发新的文化产品，不会对文化产业的产品创新进行投资。结果是阻碍文化进步，扰乱文化市场秩序，损害文化产业发展。著作权法授予文化产品创作者一定程度的垄断权——版权，以利益驱动机制刺激文化创造活动持续进行，目的就是为了鼓励文化产品的创作，保障创作者的创新积极性，并刺激其他人加入创新竞争。从这个意义上讲，知识产权保护与鼓励竞争的目标是一致的。为此，知识产权这种垄断权一般在反垄断法中被明确规定为反垄断法的适用除外情形，是一种合法的排他性权利。

其次，对于和著作权紧密联系在一起的文化产业来说，对著作权的有效保护对于维护和鼓励文化产品的创作和创新尤其重要。鉴于著作权人通常都是分散的个人，在文化产业化的过程中，他们常常要面对比他们强大得多的专业文化市场经营者，在这样的市场环境下，如何才能更好地保护著作权人的利益？在著作权实现的过程中，特别是实现作品的复制权、发行权、展览权，或者朗诵权、上演权、播放权等相邻权时，著作权人会依赖于组成著作权使用协会并借助其力量保护个人著作权，这在文化产业化程度较高的西方国家早已不是新闻。何况，信息技术时代著作权使用呈现出前所未有的高频率和规模化，重复授权使用已成为平常事，由著作权使用协会统一处理相关事务更符合文化市场的要求。但是，著作权使用协会的组建及活动带有很强的联合、协调的性质，会对作品有偿使用市场造成影响，本属于反垄断法上禁止的联合限制竞争行为；然而，著作权使用协会是为保护著作权人合法正当权益的实现、确保交易双方当事人地位的实质平等进行的必要的联合，对作品有偿使用市场的有效竞争一般也不会产生实质性危害，因为著作权人实现正常的著作权市场价值的愿望以及著作权使用协会内部的自律机制为开展公平、高效的著作权交易活动提供了经济上的动力和制度上的保障。这类行为因此在许多西方国家被明文规定为可得豁免的限制竞争协议。如 1998 德国《反限制竞争法》第 30 条。欧洲法院也一贯主张，为有效实现和保护著作权所必要的决议和协议不是欧共体竞争法意义上的限制竞争行为，不受卡特尔禁止规定的约束。在我国大力推进与著作权紧密联系的文化产业发展的过程中，为了有效保护著作权人权利，在 2001 年新修订的《著作权法》中增设了第 8 条，明确了著作权集体管理组织的非营利性和独立的诉讼主体地位；2004 年 12 月国务院又颁布了《著作权集体管理条例》，著作权集体管理这一带有限制著作权使用市场竞争性质的制度已逐步成为我国知识产权保护机制中的有机组成部分。相应的，为了建立我国法律体系的内在逻辑合理性，建议我国在确定反垄断法适用范围时应该考虑著作权使用市场上著作权保护的特殊需要，将著作权使用协会（或称著作权集体管理组织）的建立和活动明确为反垄断法的适用除外领域。

最后，必须明确包括著作权法在内的知识产权法主要是从静态权利的角度对创新给以保护，而对知识产权这一合法性专有权的不当行使在一些特殊情况下也会构成反垄断法禁止的滥用垄断权利的行为，其实质涉及对合法权利的非法使用问题。具体到文化产业中，创新活动并不仅限于作品的创作，只有把创作出来的新作品带入市场运营的过程，创新才能由此实现其完整的价值（文化价值、社会价值、经济价值的统一）。文化产业将文化活动和经济活动相联系的特点，使得一方面该产业通常是与可以获得版权等自主知识产权的新作品、新技术紧密联系，并且权利人依赖于知识产权的排他性特征可以获得一定的市场竞争优势；另一方面，经济活动中追逐经济利润最大化的本性，使知识产权权利人或其代表很有可能利用其排他性权利千方百计地为自己谋取市场垄断权，甚至阻扰和排斥正常的竞争，从而走向以鼓励创新为本意的知识产权保护制度的反面，最终损害消费者权益。对这种由滥用知识产权造成的对市场竞争的威胁和阻碍，在过去 10 多年里，无论在欧洲还是在美国，已引起人们越来越多的关注。如欧洲法院就通过判例提出并巩固了它的强制性许可解决方案。在上世纪 90 年代的 Magill 案中，原告，在爱尔兰和北爱尔兰地区经营广播电视业务的 RTE、ITV 和 BBC 三家电视台，分别通过报纸预告它们当日的或者两日内的电视节目。根据爱尔兰法和英国法，三家电视台分别对其周期性节目预告享有著作权。被告玛吉尔是爱尔兰的一家出版商，出版了一个名为《玛吉尔电视节目指南》的周刊，预告在爱尔兰可以收视的所有电视节目，包括在这个周刊出版之前上述三家电视台预告的电视节目播出情况。这三家电视台以玛吉尔侵犯了它们的著作权为由向爱尔兰法院起诉，要求法院以保护著作权为由禁止玛吉尔公司出版其电视指南。针对由此产生的争议，欧共体法院于1996年4月6日作出终审判决，认定原告——这三家电视台存在违反欧共体竞争法的滥用市场支配地位的行为，强制要求其向玛吉尔公司授予著作权有偿许可。

上述判决对于文化产业特别是软件业、数据库、电信业以及信息技术产业等新兴文化产业有着特别重要的意义，也向我国文化产业领域的竞争法制建设提出了新的课题。我们虽然一方面应当保护权利人合法行使知识产权的活动，另一方面不应当容忍滥用知识产权的行为。特别是与欧洲及美国、日本等相比，我国文化产业的发展还处于起步阶段，在相当长一段时间内可能仍然是一个文化产品进口国。我国的反垄断法必须适用于滥用知识产权限制竞争的行为，以抵制文化产业中外来的损害竞争的行为。

文化产业的多样性和反垄断法制建设

文化产业的多样性主要是指文化产品的多样性，这是由文化的多元化特性所决定的，而文化的多元化特性又是由文化产品的创新属性决定的。维护文化的多元化是尊重文化产品创新性的表现，也是人类各种文明得以传承和发展的前提。在世界因全球化而变得越来越小的今天和未来，人类所有文明都必须学习共存，人类各种优良的文化精神都应当得到尊重和发扬。从深层次上看，文化产业的多样性体现了社会民主和思想自由对文化产业发展的要求。文化产品是思想和精神的载体，多元文化体系中必然引起各种不同思想、观念的碰撞和交锋，对言论自由和社会政治民主的宪法保障要求必须维护文化的多元化发展，以满足人们多样化的精神需求。

要实现文化产业的多样性发展，维护文化的多元化属性，竞争是体制保障。通过向不同性质的文化资本适度开放市场，积极推动非公有资本进入文化产业，在不同所有制企业间开展公平竞争，形成多样的文化利益需求，创造出不同的文化资源利用方式和成果。通过向多种文化传播手段提供自由公平地参与竞争的机会，使报刊书籍或是电视广播，传统媒体或是新媒体，各种媒体或平行、或交叉、或联合，以确保媒体多样性来保障多元文化的共存。竞争法特别是反垄断法以阻止市场强权地位形成，禁止滥用公权力和其他经济强权干预私人经济活动，保障所有市场参与者的经济自由、公平竞争为规范重点。通过在文化产业中发挥维护市场开放，维护创新自由，制止垄断，削弱强权的功能，反垄断法不仅为文化产业的经营者作出富有创造性的经济决策提供了制度上的可能性和保障，而且成为在文化领域中维护创作自由、维护民主权利、维护文化产业多样化发展的有效的法律机制。

文化产业的多样性发展不仅要求在该产业适用一般意义上的竞争法律规范调整市场经济活动，还对适用于该领域的反垄断法律规范提出了独特的要求，具体表现为适用于文化产业企业合并审查的特殊规定。文化产业市场化以后，为了在激烈的市场竞争中生存发展，获取尽可能高的利润，必然会大量出现同类文化企业之间或不同类文化企业之间甚至文化企业和非文化企业之间实行合并、资源重组的现象，如报业集团的组建、不同出版社之间的跨地区协作发展等行为。与普通企业相同的是，文化企业间的合并一方面可能有利于企业通过资本、人才、技术、管理等各方面要素的联合，扩大经济规模，提高经济效益，增强企业的竞争力；另一方面，如果企业合并损害了相关文化市场上有效竞争的市场结构，危及自由的竞争秩序，就为反垄断法所禁止。与普通企业不同的是，文化产业对经济民主提出了更高的要求。因为文化产业市场上如果没有足够多数量的经营者，不能保证各种类型的媒体参与竞争，不允许不同性质的资本平等进入市场，那么不仅阻碍文化产业经济层面上的竞争，还会由此损害言论的自由和多样性。所以，在文化产业必须大力推行市场经济而非权力经济，推行竞争而非集中。

特别是在对言论自由、民主制度十分关键的新闻出版业，必须慎重对待企业集中行为，对文化企业合并应当较通常的企业合并进行更为严格的控制，以充分自由的市场竞争来保障言论的自由和多样性。这是总结世界上许多国家的经验教训得出的结论。如德国在合并控制制度制定仅3年后的1976年就增加了专门适用于新闻出版单位的特殊的合并控制制度。

通常企业合并达到一定规模，表现为所有参与企业合并者的销售总额超过法定的申报门槛时，就必须在实施合并前向反垄断机关先行申报，由反垄断主管机关审查该合并是否对市场竞争造成严重损害，以决定是否允许合并；此外在任何情况下，一个企业与一个前一年销售额未超过法律规定的可忽略不计的较小额度的小企业的合并始终是合法的，对此不适用合并申报审查制度，这就是所谓的“微小值条款”或“忽略不计条款”。但是，针对报刊出版社或者广播业等新闻产业的专门的合并控制制度则规定，新闻企业相互之间合并的，参与合并企业的销售总额只要达到一般企业合并申报门槛的1/12，就必须进行申报，然后按通常的合并审查程序接受审查；而且对新闻产业的合并不适用“忽略不计条款”，毕竟一份报纸虽然可能读者很少，但两份独立报纸的合并出版对言论多样性的影响是显而易见的，所以竞争法通过降低申报门槛至少可以对新闻业进行更多的有利于维护文化多样性的监督。与德国相比，其他一些国家对新闻企业合并的控制制度甚至更为严格，例如在美国、英国、法国、意大利等对合并后企业的报刊最高出版发行量作了限定，或者制定有所谓的禁止交叉所有规则，阻止新闻企业与相邻媒体的企业合并。

虽然我国新闻出版业有自己的特点，但是为了繁荣社会主义文化，保障公民言论自由的宪法权利，推进社会主义政治、经济和社会民主进程，同样需要建立相应的法律制度来维护符合文化产业多样性要求的市场竞争结构。在德国就有统计资料表明，企业合并申报门槛越高，可忽略不计的销售额最小值设定得越高，新闻市场的集中度就越高，所以提高企业合并申报审查门槛，将导致德国国内独立新闻出版机构的大幅度减少。特别是法律设定的可忽略不计的最小值提高后，大企业将不受自身规模的影响，任意兼并中小出版社，对文化的多样性发展构成实际的或者潜在的巨大危害。由于德国新闻出版业面临很大的生存压力，经济状况严峻，并且还受到来自因特网的巨大挑战和竞争，2003 年以时任经济部长 Wolfgang Clement 为代表的德国政府提出了改革新闻业合并控制制度的主张，要求提高新闻企业合并审查的门槛，并且只要合并后被合并出版商的报刊继续保持独立出版物的地位，合并就不应被禁止，希望以此提高德国新闻业的规模和竞争力。但是在 2003 年至 2005 年间，德国政界、学界和新闻、反垄断等实务界展开了充分、透彻、针锋相对的研究和大讨论后，还是保留了原来的规定，强调政府在新闻领域内的监管可能性。

前车之鉴，后事之师，他国的经验和教训应当为我们重视，对于完善我国反垄断法的相关规定是大有裨益的。当然，例外的制度只适用于有限的范围，不能无限扩大例外范围，如上述特殊的合并控制制度只针对新闻出版企业的合并，与新闻出版有关的文化产品的印刷、销售、投递、客户服务以及广告业务等方面的合并因为这些环节与文化产品的内容相分离，不存在损害言论自由和多样性的问题，还是应当适用一般的企业合并控制制度。

文化产业的导向性和反垄断法制建设

文化产业的多样性发展是以尊重文化产业正确的导向性为基础的。文化产业作为一个经济行业以追求经济效益为目标，但文化产业又不同于一般产业，它有很强的文化属性，必须要将文化的进步和繁荣作为最终目标。文化产业实现良性运行、获得经济效益的目的最终也是为了落实到更好地实现文化产业的社会效益上。文化产业取得的积极经济成果要转化成可供公共文化消费的公共文化产品和文化服务，为社会公平和公民精神健康提供价值体系和价值观的支持。文化产业的经济效益应该与社会效益统一起来，并以实现社会效益为核心和指导，这是文化产业以社会效益为导向的特殊性。

虽然与一般商品不同，没有客观明确的标准可以对文化产品具体内容的优劣进行评价，但原则性的价值判断是必须坚持的，它对文化产业的发展起着第一性的指导作用。文化精神产品应是健康向上的，融知识性、娱乐性与思想性于一体；凡属颓废的、封建迷信的、反动没落的东西，就不能交由市场选择取舍，应该严格予以禁止。与意识形态相关的文化领域，国家必然实行监控。市场规律也不适合公益性的文化事业，而必须以宏观调控手段来推动其发展。所以，首先要坚持区别对待、分类指导原则，划定适合由市场配置文化资源的文化产业和主要靠宏观调控手段规划发展的文化事业的范围。二是在文化产业发展中也要坚持竞争与监管相结合的原则。一方面，不应把文化经营市场化与文化内容市场化混同起来。从文化产品和要素的经营和运营方式来讲，要求文化产品和文化要素进入市场领域，遵循市场规律。但文化的内容不能简单地交给市场来定夺。另一方面，市场化经营方式的运用也应当服务于推动优秀文化、先进文化，促进文化全面繁荣的目标。为此文化产业的市场化经营理念和方式也呈现出不同于一般行业中的特点，突出表现为依据供求关系决定价格、推行自由价格竞争等通常的经济学原理和市场竞争理念在文化产业中不再是放之四海而皆准的普遍真理，而是强调通过政府监管，使文化领域的商业运营保持内容干净。典型例子是文化产业领域中非常特殊的出版物定价制度。

出版物在文化产业中始终占有十分重要的地位，无论从出版市场相对于其他文化市场的经济规模上，还是从出版业在文化传播中的基础性地位上。特别是图书、报刊的出版发行和销售，关乎全民的文化素质、道德品质、精神修养和意识形态等等。图书报刊不仅仅是商品，它们还是文化的载体；出版业也不仅仅是一个商业部门，其兴衰关乎民族精神的升华张扬或萎缩寂寞。实践证明，出版业作为文化产业市场化的一部分，如果没有特别的规定，听由市场竞争的自发调节，可能会遇到许多不利于该行业健康、高效发展的难题。例如出版物的定价问题。目前我国除对少数图书（主要是课本、教材）制定严格的价格标准进行管理外，其他图书基本实现出版社自行定价、国家出版行政管理部门宏观调控的格局。而在出版物市场上对出版物的最终销售价格目前存在明显的规范漏洞，导致我国出版物市场上既存在新书一上市就打折的怪现象，也存在各种各样无限度的特价书市。表面上看，特价书让出版社、经营者各取所需，读者也从中获益，似乎是一举多得，但实质上低价竞争无异于饮鸩止渴，严重妨碍出版业的健康发展，也使出版物定价的严肃性和权威性荡然无存。

作为最基础的、最大众化的文化产品，出版物价格必须特殊对待。定低价大量促销一些大众化的书刊，会拉低整个出版市场的价位，一方面可能影响投入大、周期长的高品质文化产品的定价，打击创新成果的创作热情和高品质书刊出版经销者的积极性；另一方面也会降低出版业的整体经济收益，造成文化产业的衰退。将一些质量不错但市场需求量不大的滞销书刊低价处理，例如高质量的专业书刊的无原则打折销售，会打击科学研究的积极性和学术作品出版事业。

高价销售则可能会影响作品创作者以及读者的选择，阻碍文化的合理传播。而且如果相同出版物在不同地区、不同书店销售价格不同，实践上是人为设置一项文化产品自身原因以外的（价格不确定）因素，成为读者即时购买的障碍，侵犯了受宪法保障的人人享有的参与文化活动的基本自由。所以和一般商品不同，出版物销售价格必须适度固定，避免低价竞销、过高定价、价格歧视。

从各国的立法和执法实践来看，实现出版物理性销售价格的法律途径有二。一是通过出版社和书店自愿签订固定转售价格合同确定适当的出版物价格。这里订立的合同是私法合同，体现了当事人意思自治原则。但固定转售价格合同具有明显的限制竞争的后果，是典型的垄断行为，故在竞争法上应当将这类合同明文规定为禁止纵向联合限制竞争行为的例外情形特别予以豁免，才能明确其合法地位。二是由国家制定专门的出版物价格法，为出版社设定对新出版物必须确定全国统一价的法律义务，确定的价格对所有书店都有约束力，从法律上和政策上进一步加强出版物固定价格制度。除英国和爱尔兰因为英语出版物已经形成统一的世界市场，很难在本国国内设定和维持一个固定销售价格以外，其他的欧共体国家绝大多数已经制定有专门的出版物固定价格法。一些新兴经济腾飞国家如韩国也拥有了相似的法律，规定出版社要明示发行物的定价，书店等销售业者原则上按定价销售，利用网络信息资源的网上书店也必须遵守“自发行之日起的一年内，折扣率不得超过10%”的规定，还对打折销售、囤积居奇等非法价格行为规定了处罚机制。

各国实践证明，统一出版物售价不失为维护文化市场健康发展的明智之举，可以使制作的经济成本相差不大，但文化含量迥异的传统型文化产品间的竞争成为强调作品品质的创新性的竞争，而不是无意义的，甚至脱离实际成本的价格竞争。固定合理的出版物销售价格对整个出版业而言是一次松绑减压，可以使出版社和书店获得合理的销售利润，保障教育和文化领域的发展。出版社的经济利益获得法律上的保障，有利于出版社全面规划出版计划，并利用交叉补贴原则，将由销售情况好的书籍获得的利润用于补贴销售业绩弱的文化产品的生产，为各种各类文化产品的供应特别是科学文化书籍的供应提供保障。当然，出版物固定价格并非铁板一块的绝对性的制度。合理实施一定程度的定价自由制度是对固定价格制度的有效补充，如可以规定仅在首次出版后一定时间内固定价格；部分出版物固定价格制度；在一定范围内授权书商可以给与顾客折扣等等。

（选自《现代法学》2006年第5期）

论中国创意产业的国家扶助

张　磊

创意产业的概念

早在1912年，德国经济思想家熊彼得（Joseph Aloischumpeter）就明确指出：现代经济发展的根本动力不是资本和劳动力，而是创新，而创新的关键就是知识和信息的生产、传播和使用。到了1986年，美国经济学家罗默（Romer）也撰文指出：新创意会衍生出无穷的新产品、新市场和财富创造的新机会，所以新创意才是推动一国经济成长的原动力。正是在这样的理论背景下，1997年，英国成立了世界上第一个专司创意产业国家扶助的政府部门——创意产业特别工作小组，并在1998年颁布了《英国创意产业路径文件》，第一次明确阐述了“创意产生”的含义——“所谓创意产业，就是指那些从个人的创造力、技能和天分中获取发展动力的企业，以及那些通过对知识产权的开发可创造潜在财富和就业机会的活动。”“具体包括休闲游戏软件、电视与广播、出版、表演艺术、音乐、电影与录音带、时尚设计、工艺、广告、建筑、时装设计、软件、古董等13个行业。”

我国创意产业急需国家扶助

在全球最早扶助创意产业的英国，从1997年以来，英国创意产业年均增长9%，大大超过传统工业2.8%的增长率，是其他产业的3倍，对经济的贡献率达到4%。

英国的创意产业政策很快引起发达国家的高度重视。世界各主要经济强国都纷纷推出了自己的创意产业扶助计划，一场新的产业角逐在你追我赶中拉开了序幕。

美国创意产业在联邦政府的积极扶助下进展神速，并迅速成为美国目前最大、最富有活力并带来巨大经济收益的经济部门，其中版权产业最为典型。

此外，我国的近邻日本、韩国、新加坡也已经行动起来，追赶世界产业革命的潮流。日本人喊出了“独创性关系到国家兴亡”的口号。韩国人则贴出了“资源有限、创意无限”的标语。新加坡政府在2002年公布了《创意产业发展战略》以推动文化产业为主体的创意产业发展。近年来，新加坡政府希望到2012年创意产业的增加值能达到6%，并树立起“新亚洲创意中心”的声誉。

英国著名经济学家约翰·霍金斯（John Howkins）在《创意经济》一书指出：“目前，全世界创意产业每天创造的产值高达220亿美元，并正以5%左右的速度递增。”眼下，英国创意产业增加值占GDP的比重接近8%，美国是4%，香港也达到了3.8%，而在中国大陆经济最具活力的上海浦东这个比例最多不超过2%。与我国物资贸易巨额顺差相反，我国文化贸易逆差极大，中国游戏产品的自主开发率仅为10%—20%，其中网络游戏70%—80%依靠进口。

产业发展理论以及各国经济实践告诉我们，推进一个新兴产业的发展、成熟和壮大都离不开国家的扶助，因此，国家扶助对创意产业来说具有举足轻重的作用。

我国创意产业的扶助措施

（一）建立多元化的融资渠道

发展创意产业的主体是中小型创意产业公司，由于该类公司规模较小、风险较高，因此，在筹集资金开办公司或进行业务拓展方面，融资问题就成为关键。目前，我国中小型企业融资渠道单一极大地制约了我国创意产业的发展。而在英国伦敦，每年将近有两亿美元用于文化创意产业，其中财政拨款46.1%，地方政府31.1%，彩票15.2%，赞助商5.3%，信托基金1.5%，欧盟资助0.2%，其他资金0.6%。由此可见，我国应当建立多元化的融资渠道来保证创意产业的资金支持。笔者认为，我国可以采取以下措施：

1. 建立政策性银行

政策性银行是为政策支持的项目筹集资金、不以盈利为目的银行。在西方，尤其是一些后起的资本主义国家，政策性银行是国家干预经济、支持重点产业的一种有效手段。笔者认为，我国应当在中央一级设立“中国创意产业发展银行”（简称“中国创发银行”）。在一些适合发展创意产业的地区，地方一级也可以单独成立区域性的“创发银行”。中央和地方的“创发银行”，其资金来源可以有以下渠道：一是财政拨入的资金；二是经过批准发行的金融债券；三是企事业单位捐赠、投资和海外资金等。各级“创发银行”的主要业务应该按照国际上的通常做法，兼顾公益性和保本微利，即主要用于创意产业的基础性大型项目融资。其中地方一级的“创发银行”应当侧重扶助具有本地特色的创业产业。

2. 建立各类创意基金

国家在政策性银行之外，还可以成立各类创意基金，其中主要有两类基金：一类是有国家财政资金参与的国家创意基金；另一类是纯粹由社会资金组建的社会创意基金。社会创意基金又可以分两类，一类是不以盈利为目的的基金，即事业性基金；一类是以盈利为目的的基金，即商业性基金。国家创意基金和社会事业性基金主要服务于需要长期资金支持的基础性创意项目。与政策性银行相比，它的资助条件较为放宽，资助对象主要是小型项目。商业性创意基金应当依据我国《证券投资基金法》进行融资、投资，其主要资助对象是那些有明显经济效益的创意项目。它应遵循有偿使用，自求发展的基本原则，在国家允许的范围内运作和发展。

3. 发行创意企业彩票

经过近20年的发展，彩票为我国的社会主义经济建设作出了巨大的贡献。例如2001年，中国福利彩票销售额为140亿元，创下历史新高。事实证明，彩票的融资功能是巨大的，作用是明显的。我国除了国家彩票外，对于创意产业可以允许发行企业彩票，即将彩票与企业的原始股相结合，这会大大增加人们购买彩票的兴趣。为此，国务院可以以1987年民政部出台的《发行社会福利有奖募捐券试行办法》为蓝本，制定相应的“创意企业彩票发行管理办法”，适当降低返奖率，未中奖资金可以作为企业的原始股，同时尽量降低发行成本率。

除了上述措施外，在融资领域，国家还可以出台各种优惠政策，鼓励组建创意投资公司、创意融资租赁公司等多种融资渠道，并建立诚信信息体系等配套保障体制。

（二）提升知识产权保护环境

发展创意产业，单单有便利的融资渠道是不够的，还需要有健全的知识产权保护体系。一个国家或地区对知识产权的保护是否完善直接决定了其创意产业的是否能够落户发展。英国制定了非常完善的知识产权法律体系，为创意成果提供最为全面细致的法律保护。英国专利局还专门设立了一个知识产权网站，提供创作者提供关于版权、商标、专利及设计等方面的法律信息。

随着社会主义市场体制的建立和完善，我国已经建立起比较完整的知识产权保护法律体系。特别是中国加入WTO以后，我国的知识产权保护已基本上与国际惯例接轨。但是，现在的问题主要有两个方面：首先，应当把重点放在对知识产权的执法力度上，坚决打击各种盗版行为，杜绝各种形式的有法不依、执法不严；其次，不仅要打击侵权行为，也要发挥知识产权法律法规的市场调节作用，使不同部门间，尤其是密集分布于教育、科技、文化部门的创新资源要素，能够在知识产权制度的保护下更为有效而充分地流动，并在流动中与其他相关要素充分结合，实现最佳配置，从而使更多的创新活动能直接转化为社会生产力。

（三）发挥产业集群化的竞争优势

产业集群化（Industry Cluster）是指在某个特定产业中相互关联的、在地理位置上相对集中的若干企业和机构的集合。联合国贸易与发展会议《2001年世界投资报告》指出：产业集群以超越低成本优势，正成为吸引国际资本的主导力量。因此，产业的集群化是当今全球产业发展的趋势之一。

产业集群的崛起是产业发展适应经济全球化和竞争日益激烈的新趋势，它具有的群体竞争优势和集群发展的规模效益是其他形式难以相比的。作为新兴产业的创意产业，其集群化趋势也非常明显。英国谢菲尔德市（Sheffield）曾在20世纪80年代，尝试建立“文化工业特区”，将设计、软件、摄影、演艺、建筑及测量等制作和服务集中于同一地区，各个行业、企业之间相互刺激和支持，取得了很好的效果。目前，我国一些大城市也已出现了一些文化创意产业集群区——如上海已有18个创意产业基地；2004年10月，深圳也成立了文化创意产业园；2005年5月，北京成立了中关村创意产业先导基地和中关村创意产业联盟。

设立创意产业集群区是可圈可点的，但是，盲目追求集群规模并不一定会形成竞争优势。创意产业集群区的形成，本身只是打造了一个外壳，培育了一种形态。形态必须有内容来填充，创意产业集群区的形态如果不能将创意产业化、产业创意化，那么产业集群化的竞争优势将无法发挥。这是因为，创意产业与传统产业的最大区别在于创意产业的原动力在于人的创造性思维，而创造性思维并不是物质环境所能催生的。因此，与其说创意产业的集群化是企业集群，不如说是创造性人才的集聚。所以，政府在规划创意产业集群区时应当注意以下两点：

首先，着重建设产业集群的知识协作机制。产业集群的知识协作机制包括信任机制和知识共享机制。信任机制表现为：集群信任的形成是企业（或私人）的内在利益诉求的必然结果，也是集群环境下市场选择与市场竞争监督的产物；知识共享机制表现为：集群的空间集群与信任特征创造了“面对面交流”的有机条件，集群的社会文化特征促进集群整体默契性知识的扩散与共享，集群的网络特征加速知识外溢与创意流动，为群内企业工作人员的知识开发与创造构筑协作平台。只有建立的一个产业集群的知识协作机制才能真正发挥产业集群的竞争优势，避免貌合神离。

其次，创意产业集群区本身只是提供了一个概念，要真正形成集群，个性定位很重要。比如上海四行仓库创意园区，始创人刘继东在创园伊始就明确了园区定位，即建筑设计业。因此，在建园过程中充分保留了建筑师们青睐的建筑个性元素。所以一亮相便好评如潮。创意本身是个性化的东西，如果一哄而上发展成千园一面，最终只能是南辕北辙。因此，创意产业的集群规划也需要创意。

（四）积极培养和吸引创意人才

创意产业要发展，人才也是关键，或者说，创意产业最重要的资源就是人才。例如在美国纽约，创意产业的从业人员占到总就业人数的12%，而伦敦、东京则分别高达14%和15%。面对巨大的人才需求，发达国家已将吸引人才，尤其是创造性人才作为现代国家战略的重要内容。

首先，应当积极全面推进学校素质和社会成人教育。众所周知，应试教育抹煞创造力，素质教育培养创造力。而推进素质教育光靠改变教学方式是远远不够的，改革必须触及我国开科取士的人才标准——打破考试成绩决定一切的单一的衡量标准，寻找和尝试多方位筛选学生的评价体系。此外，社会成人教育也是创造性人才的重要培养手段。由于传统观念的束缚，长期以来，我国社会过于重视正规的学校教育，对于社会成人教育抱有一定的成见。而在西方国家，尤其是在美国，社会成人教育的地位与学院教育相比，有过之而无不及。正是将科学知识向全社会开放，使得社会成员都能便捷地获取自己需要的知识，才使得美国诞生了为数众多的平民发明家，例如爱迪生、富兰克林等。

其次，应当积极营造吸引创造性人才的外部环境。美国卡耐基梅隆大学的佛罗里达（Floridar）教授在《创意阶级的崛起》中提出了“创意阶层”（the Creative Class）的概念。不同于以往的阶层划分，他很难用持有的财富生产工具作为区分标准。广义上说，从事创造工作的人就属于所谓的创意阶层，他们往往十分注重生活的质量，比较以自我为中心。为度量创意阶层对外部环境的需求，佛罗里达教授提出了“3T创意指数”——富有创造力的人喜欢居住在科学技术（Technology）、人的才能（Talent）和宽松容忍环境（Tolerance）三项指数排名很高的城市。明确这一点后，我国在规划创意产业集群区就应当将“3T创意指数”作为参照，努力营造吸引创造性人才的外部环境。除了培养、留住和吸引人才外，我们对于创意产业的人才观念也应当有一个正确的认识：创意产业不但需要设计师、美术家等创意发源者，还需要擅长将创意作品“产业化”和“市场化”的产业经营和市场营销人才。最典型的例子就是美国大片《哈利·波特》，它的故事脚本是由英国女作家罗琳（J. K. Rowling）创作，其超凡脱俗的想象力令人赞叹，影片的策划、营销方则是美国著名的华纳兄弟公司（Warner - Bros）。正是这样的强强联手，才共同创造了《哈利·波特》的票房奇迹。

（选自《江南论坛》2006 年第 3 期）

论文化产业的法律调整

李友根　肖　冰

法律视野下文化产业的特殊性

一般来说，法律调整的特殊性取决于其调整对象本身的特殊性。但是，为法律调整社会关系所具有的抽象性与概括性所决定，并非所有客观特殊性都会对法律调整的内容与方式产生影响。因此，探讨文化产业的法律调整，其先决条件是其存在着调整对象的足够特殊性。

从法学角度看，法律是调整社会关系的规范，具有一定的抽象性与概括性。一国的法律体系正是基于其对社会关系的类型化认识，而建立相应的法律部门，分门别类地对各种社会关系进行相应的调整。在部门法层面上，我国建立起了民商法、经济法、行政法、刑法、诉讼法、社会法等相应的法律部门，从各自的角度对各种社会关系进行有效的调整。因此，某一具体领域（如文化产业）的各种行为、社会关系，均分别按照其不同性质纳入相应的法律部门进行调整。尽管其可能具有一定的具体特性，但只要这种特性仍然符合法律规范调整的基本要求，则统一纳入既有法律的调整之中。例如，文化产业发展中的企业组织形式问题，应按照我国《公司法》的要求进行调整，尽管其具有经营范围、经营方式上的特点，但此种特点不足以构成其法律上的特殊性，因此并不存在文化企业的特殊法律调整；文化产业中的合同问题，虽然在合同权利义务等方面具有一定的特点，但仍统一适用我国《合同法》的调整，也无需从法律角度确立其特殊的合同制度。

那么，文化产业究竟存在何种特殊性，使得文化产业的法律研究具有必要性，而不仅仅是法律规范的罗列与整合呢？这就需要我们从法律的角度去认识文化产业。

学者们在研究文化产业问题时，均不同程度地涉及其特殊性问题，即：一方面是文化的“产业”，以区别于文化的事业，特别是强调其与传统体制下文化发展思路及制度的区别；另一方面是“文化”的产业，以区别于其他传统产业，特别是强调其文化特性。例如，丹增先生认为：“文化产业与一般的物质生产领域相比，是一种特殊的产业，其产品是为了满足人们的精神文化需求，其生产具有极强的创造性和个性，生产者必须是文化人力资本的拥有者，劳动者必须是具有创造或创意才能的个体。尤其是文化产业要通过创造供给来培育和引导消费需求，在文化产品未被生产出来之前，市场对此的需求是难以判断的，投资文化产品是要承担高市场风险的。”花建教授认为文化产业具有三大特征：文化产业必须是提供文化产品和文化服务的大规模商业运作；文化产业必须以追求利润最大化的企业为核心；文化产业的主体是一条以企业为主的协作链条。法国在《文化多样性保护国际公约》草案的讨论中也提出了文化产业领域的特殊性：“文化具有二重性，不是一般商品；文化产品生产因此需要政府政策的保护和扶持。”

我们认为，从法律角度认识文化产业的特殊性，应准确地把握其分析的参照系，即从法律调整的角度，着眼于其与一般产业的区别加以观察，而这种观察应从其产品（包括服务）的特殊性入手。

第一，文化产品的二重性。文化产业的主要任务是提供文化产品和文化服务以获得商业利润，在这一意义上它与其他产业没有区别。文化产品与物质产品一样，均首先在于满足消费者的消费需求。正如食品可以满足消费者的果腹、营养之需，文化产品可以满足消费者的精神享受之需，尽管一为物质需求、一为精神需求，但从法律角度看并无本质区别。

但是，文化产品的特殊性在于其具有另一重要功能即意识形态属性。它对消费者的世界观、价值观以及具体行为能起到指导、影响甚至决定性作用。因此，与一般物质产品的法律调整不同，文化产品的法律调整与国家的主流价值观、意识形态取向存在密切的联系。

文化产品的二重性，对于文化产业的法律调整具有至关重要的作用。长期以来，我们过多关注甚至仅仅关注文化产品的意识形态属性，将其作为宣传教育的工具，导致了法律调整上的偏面性，特别是禁止社会资本进入文化领域。但是，在强调文化产品作为消费品属性的同时，我们也应当关注其意识形态载体的属性，实行不同于物质产品的法律调整机制，而不应当从一个偏面走向另一个偏面。

第二，文化产品的非标准化。正如人们有时将文化产业称为创意产业，这一产业的特殊性在于其产品的个性化与非同质性。物质产品无论其具有多大的创造性，最终必然存在着相应的基本标准，以更好地实现产品的功能，保障消费者的安全，因此具有可衡量性与比较性。但是，文化产品的首要功能在于满足人们的精神需求，而此种精神需求的满足并无固定的格式，相反越具有个性，越具有此种功能，因此文化产品从其内容角度看并无统一的标准。即使人们能够总结出文化产品创作的基本规律、依据专家或消费者的判断进行评价，但从法律角度看并不存在一种具有可操作性的客观标准。例如，我们可以按照国家标准对一个面包从营养、原材料、重量、成分等角度进行评判，却无法按照法定的标准对一件文学作品进行评判，往往出现“公说公有理、婆说婆有理”的局面。即使新闻出版署的《图书质量管理规定》对于内容质量也只是作出笼统而不具有可操作性的简单规定：“在思想、文化、科学、艺术等方面，有一定的学术价值、文化积累价值或使用价值的，为合格。在思想、文化、科学、艺术等方面，没有价值，有严重问题，或违反国家有关政策禁止出版的，为不合格。”该《规定》的主要内容主要是有关物质产品方面的质量规定。

文化产品的这一非标准化特性，决定了文化产业法律调整的特殊性。对于物质产品，国家制定了《产品质量法》，以保证产品的质量、保护消费者的利益。如果物质产品存在着质量的瑕疵甚至缺陷时，产品的生产者要承担相应的法律责任，而此种责任承担的前提是产品存在着质量的标准（无论是合同约定的标准还是国家规定的标准，甚或是全球普遍采用的国际产品标准）。但是，如何保证文化产品的内容以保障消费者的合法权益，却是法律调整的一个难题。例如，消费者以高价观看一部电影作品后却发现“质量”太差、无法满足其精神需求时，能否要求电影作品的生产者承担相应的法律责任（如赔偿损失）？显然，无论是立法还是司法实践，由于难以提供一种文化产品内容的质量标准，此类案件是无法解决的。而如果是在跨国的文化产品交易中涉及产品质量问题时，由不同国家、民族间巨大的文化差异性所决定，根本无法建立起如同一般货物或服务那样的ISO标准化体系，其间的问题将更为复杂。

第三，文化产品的知识产权属性。总体而言，文化产业中，无论是电影、广播电视、报刊，还是图书出版、音像、娱乐业、广告业等主体产业，其产品或服务的内容，均普遍存在着知识产权特别是著作权（版权）问题，具有很强的知识产权属性，一定程度上文化产业可以直接称为版权产业。物质产品虽然也存在专利权、商业秘密权、商标权等问题，但是无论是法律角度还是现实角度，没有知识产权的物质产品仍然是大量存在的。但是，文化产品生产者如果不拥有著作权，则往往存在着侵犯他人著作权的可能。因此，该产业与知识产权法特别是著作权法存在着天然的联系，相比其他产业对法律的依存关系更为紧密，甚至可以说，文化产业的发展取决于知识产权法律制度的发展完善与实施。

第四，文化产业的产业政策特殊性。从产业经济学角度，任何一种产业均存在相应的产业政策，由于不同产业的特性，国家需要实行不同的产业政策。例如将某一产业确定为主导产业、支柱产业、幼稚产业和衰退产业，采取不同的政策措施。尽管作为一种产业，文化产业与其他经济产业具有共性，但在我国作为一种新兴的产业，文化产业既具有特殊的战略意义，又背负着沉重的历史包袱，既具广阔的发展前景，又面临着严重的问题与制约，需要国家实行相应的产业政策，以保障、扶持、推动其健康发展。此种特殊的产业政策，就必然要求从法律角度加以规定与落实，从而呈现出文化产业法律问题的特殊性。

笔者认为，文化产品及其产业的上述特殊性，足以表明，没有充分考虑到文化产业的现有法律体系或者并不能完全有效地调整其特殊问题，或者需要着眼于其特殊性而进行丰富与完善，或者需要针对文化产业的新问题而制定相应的制度。总而言之，有必要对文化产业的法律问题进行相应的研究，以保障与推动该产业的健康发展。

文化产业法律调整现状的分析

1. 法律体系框架下的文化产业法律调整

文化产业虽然具有一定的特殊性，但是从文化产业的主体（企业单位、事业单位、从业人员等）、文化产业的产品（特别是其物质载体），到文化产业的管理机制、权利保护，与其他领域的主体、行为及社会关系一样，均属于我国社会主义市场经济法律体系的调整范围之中，更多地具有法律问题的共性，并不具有特殊性。因此，其法律调整的成就、存在的问题，均与我国法治建设整体的成就与存在问题是完全一致的，并无必要置于文化产业法律调整这一题目下予以单独讨论。在此，需要对文化产业研究中几个问题予以澄清。

（1）文化产业法规的总体框架问题

有学者认为应当构建我国文化产业法的总体框架："由于文化产业立法起步较晚，基础薄弱，至今尚未形成文化产业法规的基本框架，现有文化产业法规的数量、层次已远不能满足文化产业快速发展的需要。"文化部在1999年制定的《文化立法纲要》中明确提出："到2010年形成在社会主义法律体系中以专项文化法律和行政法规为骨干，以部门规章和地方性文化法规为配套的有中国特色社会主义文化法律框架。"

我们认为，上述意见值得商榷，有必要予以澄清。在立法活动中，不应当刻意追求某一领域的法律体系构建。

第一，法律规范以及法律规范体系是以社会关系的类型化为基本标准而制定与构建的，并不以活动领域为标准而构建。在一国法律体系的构建中，以宪法为基本的指导与准则，分别根据社会关系的性质而确立民商法、行政法、刑法、经济法、社会法、诉讼法等几大法律部门，规定相应主体的权利义务、法律责任及相关程序，从而确立起社会运行的基本规则。各个具体领域的相关主体，分别根据其活动及社会关系的性质，适用相应的法律规范。从这个意义上，并不存在某一特定领域的独特的法律框架与法律体系。在文化产业领域，相应的政府管理部门依照行政法律法规的规定行使自己的管理职责（如行政许可法、行政处罚法、行政复议法等），文化企业及从业人员依照民法、知识产权法等法律法规行使自己的权利、履行自己的义务，并不存在完全基于文化产业特殊性的行政法、民法、知识产权法规范。

第二，刻意强调文化法律框架或文化产业法律体系，其后果必然是导致大量法律文件的制定。这些法律文件或者是重复国家基本法律的内容，或者是规定文化领域具体的细节问题，或者是强化政府管理部门的权力，"通过立法为本部门设定甚至超范围设定各种审批权、管理权、处罚权，带来多头审批、多头执法、交叉处罚等问题"。这些现象并不意味着文化领域法治建设的成就，相反可能导致立法资源的浪费与法治的破坏。

第三，立法活动应当强调问题导向，即当社会现实中已经或必然即将出现普遍存在的社会关系，既有法律规范无法进行有效调整而又具有现实紧迫性时，才需要通过立法程序制定法律规范。我国立法活动以及理论研究中，存在着一种从以往偏面强调"成熟一个，制定一个"的立法指导思想走向偏面依照理论逻辑批量制定法律文件的倾向，对法律的实效性、针对性有所忽略。

因此，文化产业的立法应当纳入国家整体立法框架中，在充分运用国家基本法律的前提下，结合文化领域的问题特殊性与现象普遍性，制定相应的实施性规范，并无必要强调文化产业法律体系的构建。

（2）文化产业立法的层次问题

文化产业领域立法层次过低是研究者们的普遍看法，因此其对策建议中一般均要求提升立法层次，如有的认为："电影法、广播电视法、演出法等这些文化产业的基本法律，在我国目前仍停留在行政法规或者是部门规章的层次，直接影响了管理的权威性和有效性。"有的认为："立法层次不高，缺乏可操作性……文化管理的一些专项政策法规，如出版法、文化市场管理法、民族民间文化保护法、文化产业促进法等，要么尚未制定出台，要么其规章条款原则性太强，不便于操作，而且绝大多数法规是行政部门制定的，立法机构在文化管理上严重缺位。"

我们认为，上述观点虽然具有一定的合理性，但也不乏值得商榷之处。

第一，法律的层次性问题。任何一国的法律体系均是由不同层次的法律规范（或称为法律渊源）所组成，在我国是由宪法、法律、行政法规、地方性法规和规章所组成，它们内部之间各有分工与要求，我国《立法法》对此作了明确的规定。因此，不可能要求所有领域的立法均上升到"法律"层面，行政法规及行政规章的存在是必然的。文化产业领域的立法，究竟是需要以法律还是行政法规或行政规章的形式，取决于其规定内容的性质、重要性以及其他法律的调整情况。例如，研究者们强烈呼吁的《电影法》或《电影促进法》的立法问题，从其内容来看，主要包括电影管理、审查、制片等各个方面的细则，以及打击盗版、维护知识产权以及健全电影准入制度等。从法律角度看，该法的内容主要涉及行政管理、行政许可及知识产权保护问题，而这些内容均分别已经由《行政许可法》、《著作权法》等法律作出了明确的规定，所需要的只是根据电影行业的特殊情况予以具体细化，而这些完全可以由行政法规甚至行政规章加以解决，是否制定为法律并不影响电影事业的发展与相关主体的权益维护。

第二，法律高层次性与可操作性之间的关系。人们一方面认为文化产业领域立法层次过低，另一方面又抱怨法律规范的可操作性不强。事实上，从立法理论与我国立法实践角度看，立法高层次性与可操作性往往存在着一定的冲突。由于基本法律的高度概括性与普遍适用性，其所规定的权利义务往往具有原则性，需要行政法规、地方性法规、规章予以细化进而具有可操作性。从我国文化产业立法的现状来看，主要问题恰恰在于缺乏可操作性，而这一问题的解决是难以通过高层次立法来实现的。因此，从解决问题的实效出发，依照高层次法律的一般性规定，结合文化产业的特殊性予以细化，正是行政法规或规章（即所谓低层次立法）的优势与任务。

第三，现行文化产业立法所存在的问题并非单纯立法低层次所导致。无论是缺乏可操作性，还是过分体现行政主管部门的部门利益，均与文化产业立法的指导思想与立法技术有关。如果不解决指导思想与立法技术，即使制定高层次的法律，现行弊端仍将存在甚至其危害更为严重。

2. 现行文化产业立法存在问题的分析

从规范意义上讲，我国现行的文化产业立法，特指针对文化产业特殊问题而制定的法律规范，并且其表现形式体现为法律渊源的那些规范。因此，并非基于文化产业而单独制定的法律规范，并不包括在内，例如《著作权法》、《计算机软件保护条例》等；以中共中央、国务院、文化部文件为表现形式的政策性规定也不包括在内，尽管这些政策文件对于文化产业的发展具有更为重要的意义。研究分析我国现行文化产业立法的现状，我们认为存在以下一些问题。

（1）以政策取代法律，导致政策的具体化与法律的空虚化

法律是规定相关主体权利义务、权力责任的行为规范，凡是涉及相关主体权利义务确立、变更的内容，均应通过法律的形式加以规定，这既是权利保障的基本需要，也是法治国家建设的内在要求。政策在未转化为法律之前，则应强调其方向指导作用，为法律的规定确立一些基本的原则与指针。由于法律与政策具有不同的调整对象、产生过程与作用，两者的分工总体上是比较明确的。

但是，在我国文化产业的立法中，却出现了两者的错位现象，即法律规范的权利义务虚化，而政策由抽象转为实际的权利义务规定。

例如，2003 年国务院办公厅转发的经国务院同意的《文化体制改革试点中支持文化产业发展的规定（试行）》和《文化体制改革试点中经营性文化事业单位转制为企业的规定（试行）》，2005 年国务院颁布的《关于非公有资本进入文化产业的若干决定》，2006 年中共中央、国务院颁布的《关于深化文化体制改革的若干意见》等，均以文件的形式发布，不符合《立法法》及《行政法规制定程序条例》规定的要求，因此不属于行政法规的范围，而属于政策的范畴。

但是，研究这些政策的内容，其所规定的却是相关主体实实在在的权利。例如，《文化体制改革试点中支持文化产业发展的规定（试行）》规定："对政府鼓励的新办的报业、出版、发行、广电、电影、放映、演艺等文化企业，给予免征 1 ~ 3 年的企业所得税照顾。"这一规定虽然符合 1994 年的《企业所得税暂行条例》第 8 条的规定，即："对下列纳税人，实行税收优惠政策：法律、行政法规和国务院有关规定给予减税或者免税的企业，依照规定执行。"换言之，只要国务院作出规定即可对特定企业实行免税的优惠。但是，依照我国 2001 年修订的《税收征收管理法》，国务院的这一规定是违法的。该法第 3 条明确规定："税收的开征、停征以及减税、免税、退税、补税，依照法律的规定执行；法律授权国务院规定的，依照国务院制定的行政法规的规定执行。"也就是说，该法要求的减免税规定必须是由法律或行政法规作出。按照后法优于前法、上位法优于下位法的原则（《税收征收管理法》是由全国人大常委会通过与修订的，其效力高于国务院制定的《企业所得税暂行条例》）。

这一问题突出地反映了在政策与法律的关系处理上的混乱。虽然在理论上，法理学界普遍地认识到，政策（特别是党的政策）可以主要由或完全由原则性的规定组成，可以只规定行动的方向而不规定行为的具体规则，法律则是以规则为主，不能仅限于原则性的规定。但是在实践中，鉴于政策规定在程序上的简易性、社会公众特别是政府部门对于政策文件执行的更大积极性及其时效上更大的及时性等因素，我国的众多政策特别是产业政策基本上均以国务院文件的形式加以规定，置法律明确的规定于不顾，从而使法律规定基本上处于被架空的状态。

从实际效果来看，由于规定这些权利义务的政策性文件缺乏法律规范所应有的约束力与实施的强制保障，在文化产业发展的实践中，这些文件的贯彻效果并不理想。如学者们认识到：尽管几乎所有的省、市、区以意见、规划等形式制定出台加快文化产业发展的政策措施，为文化产业发展营造了一个良好的政策环境和社会环境，但"现有的政策仍然存在一些不足，如政策的执行强制力不够，部分政策的可操作性不强"。此种执行强制力的不足可以说是政策本身所内在的特质，因为它主要是依靠宣传教育以及内部组织纪律而实施，缺乏法律责任的约束与强制。"政策往往更多的是采用行政手段实施，而'上有政策，下有对策'，由于欠缺法律责任的约束，使得其实施欠缺实效……政策的实施依靠各部门的综合协调，但由于各部门各有自己的利益，在实施中部门利益发生冲突，表现为各部门政策相互冲突，统一性欠缺，使产业政策的要求在实践中被搁置。"

因此我们认为，在我国建设法治国家的背景下，过分强调政策特别是具有实际权利义务性质的政策在社会经济发展中的作用，是不利于法治建设也无益于文化产业发展的，应当逐渐予以摒弃。相应地，应当通过立法的方式将政策规定转化为法律的权利义务，以推进法治化进程，并真正发挥政策的应有作用。

（2）立法的指导思想过于强调管理而忽视规范与促进

正如有学者所指出的，我国现行的文化产业立法存在着指导思想上的严重问题：重审批管理、轻保障发展。有些带有计划经济体制的痕迹，偏重于管理、限制、义务和处罚内容的规定，权利意识薄弱，发展、保障和服务的思想体现得还不够。

首先，从我国相关的文化产业法规的名称来看，普遍

性地冠以“管理条例”等名，如：《电影管理条例》、《音像制品管理条例》、《营业性演出管理条例》、《中外合作摄制电影片管理规定》、《美术品经营管理办法》、《互联网文化管理暂行规定》、《出版物市场管理规定》等。

其次，总结这些法规的通篇规定，其贯穿始终的精神就是以管理为核心。《电影管理条例》第1条关于立法宗旨的规定就是如此：“为了加强对电影行业的管理，发展和繁荣电影事业，满足人民群众文化生活需要，促进社会主义物质文明和精神文明建设，制定本条例。”《互联网文化管理暂行规定》第1条也是开宗明义即强调“为了加强对互联网文化的管理”，其他一些管理条例也均如此规定了立法宗旨。在这些立法宗旨指导下，这些法规的内容主要是有关许可、审批、审查、备案、禁止性内容、处罚等规定。

上述文化产业立法的指导思想固然有一定的必要性与合理性，但相对于我国法治建设的进程与成就，相对于文化产业发展的要求而言，明显是落后与不适应的。

第一，任何经济活动与经济产业的发展，主要取决于活动主体与产业主体的积极性。一切法律制度与政策均应以推动产业的健康发展为核心任务，根据某一产业的特殊性与发展要求，为相关主体设立权利义务规则，并以法律责任作为实施的保障。在文化产业立法中，尤其需要强调充分调动与发挥产业主体的积极性。无论文化产业整体是否均可称为创意产业，但文化产业的核心部分主要是创造性的文化活动，需要法律制度提供与保障其从事文化创造的充分自由与权利。以管理、限制为基本宗旨的立法显然是不符合文化产业的这一特性的。

第二，在市场经济建设中，政府加强管理是不可缺少的，在特定情形下还应加强管理的力度。但是，我们应当看到，政府管理的目的在于从社会整体利益出发，防止和消除产业发展中各种损害、破坏社会整体利益的行为与现象，是以产业主体存在活动的自由与权利为前提的。简言之，管理是为了推动产业发展，而绝不是阻碍产业的发展。

第三，在法治国家建设进程中，我们应当不断完善政府管理的领域与手段。从经济学角度看，政府管理与干预不仅存在着政府失灵的可能，还存在着巨大的管理成本。只要不影响社会整体利益，政府应尽可能缩小其管理的范围与领域，充分运用社会自治管理的机制和市场调节的机制，提高管理的效益。此外，政府管理的手段与措施应突破传统的审批、禁止、处罚等内容，在管理主体多元化、信息渠道广泛化、管理措施体系化等方面不断予以探索和完善。

(3) 法律效力的稳定性与权威性不断被消解

尽管我国有关文化产业的现行法律规定存在着立法宗旨、规范内容上的弊端与缺陷，但是只要这些法律规定未被修改与废止，则仍然具有法律约束力，应当成为政府管理及产业主体的基本行为规范。但是，在我国文化产业的立法中，相关政府管理部门为了片面适应文化产业发展的需要，普遍性地存在着破坏法律稳定性与权威性的现象。

例如，2001年11月，为了适应我国电影产业发展的需要，国务院废止了1996年的《电影管理条例》，新制定了《电影管理条例》，对电影的制片、审查、进出口、发行放映和电影事业的保障等作了全面的规定，确立了相关主体明确的权利义务。然而，两年后，广电总局却对该行政法规中的相关制度与规则作出了原则性的突破，从而使《电影管理条例》实际上被架空，其稳定性与权威性受到了挑战。

①关于电影审查

《电影管理条例》第24条明确规定，未经国务院广播电影电视行政部门的电影审查机构审查通过的电影片，不得发行、放映、进口、出口。据此，电影审查机构是国务院广播电影电视行政部门（即广电总局）。而2003年广电总局制定的《电影剧本（梗概）立项、电影片审查暂行规定》却在第10条规定：“经申请，省级广播影视行政部门可以受广电总局委托，对本省持有《摄制电影许可证》并依法注册登记的国有、非国有单位制作的部分电影片进行审查。”从而将省级广电部门规定为受委托的电影审查机构。

虽然广电总局的这些规定受到学者们的好评，认为“下放剧本审批权限；实行属地审查，将影响审查与艺术评价分离，相对放宽了电影审查的尺度，对电影创作和制片起到鼓励促进作用”，但是，行政法规将广电总局确定为电影审查机构，既是广电总局的权力，也是其担负的法律义务，在行政法规未作修改的情况下将审查权力下放到地方行政部门，显然是违反法治原则的，也表明了法治观念的淡薄。如果说下放审查权力、放宽审查尺度是我国电影产业发展的迫切需要，则应通过修改行政法规的方式加以实现。

②关于中外合作摄制电影

《电影管理条例》第19条明确规定：“中外合作摄制电影片，应当由中方合作者事先向国务院广播电影电视行政部门提出立项申请。国务院广播电影电视行政部门征求有关部门的意见后，经审查符合规定的，发给申请人一次性《中外合作摄制电影片许可证》。”据此，许可证的申请人、审批机构、申请与审批程序是非常明确的。

然而，2003年广电总局制定的《中外合作摄制电影片管理规定》第9条却修改了该申请程序：申请人由中方合作者修改为中外合作者双方；确定中国电影合作制片公司为初审机构，由其在收到申请材料后提出初审意见并报送广电总局，再由广电总局作出立项决定。

虽然从理论上似乎可以理解为广电总局关于初审程序

的规定只是对《电影管理条例》内容的补充与细化，但是由于该《管理规定》是《电影管理条例》的下位法，其补充与细化实质上是对行政法规基本制度的突破与修改：申请主体扩大，授权非行政机关作为行政许可的初审机构。这些均不符合作为上位法——行政法规的基本规定，是对行政相对人义务的扩大和程序的增加，同时也违反了我国《行政许可法》的相关规定。我国《行政许可法》第16条规定："法规、规章对实施上位法设定的行政许可作出的具体规定，不得增设行政许可；对行政许可条件作出的具体规定，不得增设违反上位法的其他条件。"如果将中国电影合作制片公司理解为受广电总局委托的机构，也同样不符合《行政许可法》的规定，该法第24条规定："行政机关在其法定职权范围内，依照法律、法规、规章的规定，可以委托其他行政机关实施行政许可。委托机关应当将受委托行政机关和受委托实施行政许可的内容予以公告。"也就是说，受委托机构必须是行政机关，而中国电影合作制片公司的性质显然不属于行政机关。虽然笔者也认为，上述两个部门规章的规定可能是非常需要的，也符合我国电影事业发展的趋势与要求。但是，笔者想强调的是，在《电影管理条例》已经作出明确规定而上述内容又与其直接相悖的前提下，从维护上位法效力的角度，应当采用修改上位法而不是以制定部门规章从而违反上位法的方式来推动电影事业的发展。

我国文化产业立法所存在的上述问题，无论是对文化产业的发展，还是对我国的法治建设，都不同程度地产生消极的影响，应当予以有效的解决。

完善文化产业法律调整的思路与基本对策

在我国加入WTO因而世界范围内的文化产业竞争形势愈益严峻、我国经济与社会事业发展进入新的阶段进而文化事业的发展具有越来越重要的意义也面临着广阔的前景、我国法治国家建设进程不断加快的背景下，全面检视我国文化产业领域的法律调整，以党和国家对文化事业的基本政策导向为依据，重新确立文化产业法律调整的指导思想、基本原则与基本制度，加快文化产业法治化进程，已经成为文化产业发展的重中之重。我们认为，在完善文化产业法律调整的过程中，应当将立法的指导思想从管理与限制转变为规范与促进，以适应新的历史条件下文化产业发展的内在要求。在解决这一前提性问题的基础上．文化产业领域的法律调整应重点注意以下几个问题。

1．充分发挥我国法律体系对文化产业的调整作用

如前文所述，文化产业领域的法律调整属于我国社会主义法律体系和法治建设的一个部分，其所面临的众多问题，也是其他领域法律调整所面临的共性问题。这些问题的解决与完善，并非基于文化产业发展的特殊目标与任务，而是基于法治社会建设本身的需要。更为重要的是，这些问题的解决，必须取决于我国法律体系整体的健全与完善。随着我国建设的完善，这些问题也将得到解决。因此，文化产业界应当充分运用我国社会主义法律体系（不包括文化产业领域的特殊法律规范）的各种规范的调整作用，规范各种行为与社会关系，并且保障自己的合法权益，以推动文化产业的健康发展，而不应将所有的问题寄托于文化产业领域的特殊立法。

例如，制约文化产业发展的一个重要问题是侵犯知识产权尤其是侵犯著作权现象的普遍化（其中尤以俗称的盗版问题最为严重）。尽管我国建立了与国际基本接轨的知识产权保护法律体系。近年来更是大幅度地加大了打击侵犯著作权行为的力度，但盗版问题依然存在，使文化产品生产者的合法利益受到严重损害，并使产业竞争与产业发展陷入一种恶性循环之中。其原因除了盗版者追求巨额非法利益的动机外，还有公众的版权意识、部门保护主义、地方保护主义等因素。解决这一问题，绝非简单地加强文化产业立法所能达成，而是一个从立法、执法、司法、法律意识、文化传统等多种因素在内的系统工程，需要依赖社会各界、各个环节、各个领域的共同努力。

又如，文化产业的发展需要其主力军——文化企业的做大做强。在这一进程中，文化企业如何妥善处理各相关主体（投资者、经营管理者、劳动者、广大消费者、政府管理部门等）的利益关系，如何建立适应现代国际化市场竞争要求的企业治理结构和激励机制，将是一个重要的决定因素。对此，《公司法》等企业法律法规和《劳动法》、《消费者权益保护法》以及各种行政法律法规均提供了基本的规则与制度。遵守和有效运用这些法律法规，将有效地保障文化企业的正常营运与合法利益，从而使文化产业获得健康发展的基本条件。

2．依法规范文化产业领域的各种活动与社会关系

（1）依法规范的第一层含义

"依法规范"首先是指在法治国家建设的背景下和当今社会历史条件下，文化产业领域的相关主体——从政府到文化产业相关主体和广大消费者，均应自觉地树立起法治观念，将各种活动与社会关系纳入到法制的轨道之中，接受法律调整。现代社会的法治，要求通过制定法律规范，为社会主体的各种活动与社会关系（除了少数的特殊领域外）确立相应的权利义务规范，从而为人们提供明确的行为规则和合理的预期，以达到社会秩序的安定与经济社会的发展。

在文化产业领域，依法规范的重点是政府管理部门。长期以来，政府管理部门习惯于以政策、行政的手段管理文化事业，忽视甚至漠视相对人的合法权益，无论是在行政法规、规章的制定过程中，还是在具体管理活动中，均不同程度地缺乏依法规范的理念与实践。在此，试以《电

影管理条例》的具体条文为例加以分析。

《电影管理条例》第29条规定了电影审查中的救济程序："电影制片单位和电影进口经营单位对电影片审查决定不服的，可以自收到审查决定之日起30日内向国务院广播电影电视行政部门的电影复审机构申请复审；复审合格的，由国务院广播电影电视行政部门发给《电影片公映许可证》。"以现代法治原则和法学理论分析之，该条规定至少存在着四个问题。

第一，"申请复审"的提法欠妥，应为"申请复议"。依据我国行政法的相关规定，电影审查行为的性质属于具体行政行为，电影制片单位对审查决定不服而提出的申请行为，属于《行政复议法》所规定的"行政复议"行为，即该法第6条第8项所规定的"认为符合法定条件，申请行政机关颁发许可证、执照、资质证、资格证等证书，或者申请行政机关审批、登记有关事项，行政机关没有依法办理"的复议行为（为了分析方便，下文仍然采用"复审"的提法）。

第二，对受理复审的"电影复审机构"没有明确规定。《电影管理条例》仅规定了电影审查机构，而对电影复审机构与电影审查机构的关系没有作出任何解释与规定，即使在广电总局制定的《电影剧本（梗概）立项、电影片审查暂行规定》中也未作任何规定与解释。依照《行政复议法》第3条的规定，"行政复议机关负责法制工作的机构具体办理行政复议事项"，条例或暂行规定对此应当作出明确规定，以利于当事人的复审申请。

第三，申请复审的期限不符合《行政复议法》的规定。该法第9条规定："公民、法人或者其他组织认为具体行政行为侵犯其合法权益的，可以自知道该具体行政行为之日起六十日内提出行政复议申请；但是法律规定的申请期限超过六十日的除外。"该条内容及其立法精神在于，提起复议的期限不得少于60天，以给申请人足够的时间来分析与判断是否应当或者需要提起复议，而《电影管理条例》给予申请人的时间只有30天，显然对于申请人的权利保护不足。

第四，该条对复审决定的表述及其救济均存在缺陷。一方面，"复审合格"的提法既不科学也不合法。一般来说，电影制片单位之所以提起复审，是因为电影审查机构认为其影片存在问题而不予发放《电影片公映许可证》。因此，《电影管理条例》所谓的"复审合格"，其实质含义是指复审机构认为电影片不存在问题因而审查机构的决定是错误的，则其复审决定应当是"撤销原审查机构的审查决定"，而不应当使用含糊的"复审合格"的提法。另一方面，该条没有规定复审机构维持了原审查机构的决定后申请人如何救济的问题。从理论与实践来看，复审机构维持原具体行政行为的情形是存在的，换言之，电影复审机构可能完全同意电影审查机构不予发放《电影片公映许可证》的决定，则此时电影制片单位是否还可以救济呢？对此，条例未作任何规定。人们对此可以作两种理解，一种理解是复审决定是终局的因此申请人只能接受，另一种理解是可以依照《行政复议法》和《行政诉讼法》的规定向人民法院提起行政诉讼。由于长期以来电影审查是个比较敏感的领域，人们完全有可能作第一种理解。但是，依照《行政诉讼法》的规定，不能提起行政诉讼的只能是下列几项：国防、外交等国家行为；行政法规、规章或者行政机关制定、发布的具有普遍约束力的决定、命令；行政机关对行政机关工作人员的奖惩、任免等决定；法律规定由行政机关最终裁决的具体行政行为。显然，电影审查行为不属于上述任何一项，因此当事人是有权向法院提起行政诉讼的。

上述问题的存在并非简单的立法技术原因，《电影管理条例》制定于2003年，而《行政复议法》早在1999年就由全国人大常委会制定通过，《行政诉讼法》更是早在1989年就已制定通过！我们认为，其深层原因可能是条例起草者以政府管理为本位，片面强调管理者的利益、方便甚至面子或者灵活性，而未从管理相对人即电影制片单位的权利与利益出发，因此或者是使用"复审合格"这一不涉及对审查机构评价的用语，或者是缩短复审申请期限，或者是模糊复审机构是哪个部门，或者是未明确规定申请人的起诉权。

我们很难想象，存在着上述指导思想与具体问题的文化产业立法，如何能够起到尊重和保护文化产业从业者的合法权益、激励其发展创造性和积极性？因此为了推动文化产业的发展，提高文化产业的国际竞争力，在文化产业立法中，应当彻底改变原有的立法思路，从政府管理本位转向文化产业主体本位，以尊重和维护产业者合法权利与利益，发挥其创造性与积极性。

（2）"依法规范"的第二层含义

依法规范的第二层含义是：立法者应当顺应法治、人权的潮流，解除文化产业领域的限制与束缚，确认和保障社会公众的文化权利和投资自由。由于以往我们对于文化事业的片面理解，从宣传、意识形态等角度强化对文化事业的管理与约束，为文化领域设置了过多的禁止、限制与束缚。这些政策与措施，在当时的社会历史背景下具有一定的合理性。但是当我们处于加入WTO、建设社会主义市场经济、步入法治国家进程的背景下，尊重和保护广大社会公众的合法权利与正当诉求，解除文化产业领域的过多束缚与限制，就成为一种时代的必然选择。因此，无论是文化部2003年制定的《关于支持和促进文化产业发展的若干意见》所提出的"逐步放宽市场准入政策。文化行政部门管理的各个文化产业门类，要降低门槛，向民营资本开放"，还是国务院2005年制定的《关于非公有资本进入文化产业的若干决定》所指出的"鼓励和支持非公有资本进入相关文化产业"，都是依法规范文化产业的第一步。

但是，上述政策更需要到达依法规范的第二步，即需要以法律的形式予以明确规定。当然，此种规定，既可以采取正面的方式即赋予非公有资本投资特定文化产业的权利，也可以采取反面的方式即仅明确规定非公有资本禁止或限制进入的文化产业项目。基于"法无明文规定皆可为"的法治原则，以及文化产业日新月异、不断创新的发展趋势，我们认为应当采用后一种方式予以适当的规定，以为文化产业创新与发展保留足够的空间与可能性。

之所以对第二层含义予以特别强调，是因为学者们容易将这一问题理解为文化产业政策的具体举措。例如，有学者指出："目前从中央到地方，都对为文化产业发展营造积极良好的政策环境，给予了高度重视，制定了一系列促进改革发展的政策，正在为构建一个完善的文化产业政策体系而努力。"有关非公有资本进入文化产业的规定便是其所理解的产业政策的一个重要内容。在我国的特殊历史背景下，上述论断是可以理解的，也具有一定的合理性。但是，我们应当清醒地意识到，允许非公有资本进入文化产业，只是确认了社会公众应有的投资自由与权利，属于一种"还权于民"的举措，尽管客观上有助于文化产业的发展，但本质上不应作为一种产业政策措施来理解和对待。否则，不仅曲解了产业政策的应有含义，客观上也极易导致误导政府的产业发展责任和政策取向。

3. 制定《文化产业促进法》，推动产业政策法律化，促进文化产业的发展

产业政策是针对市场经济运作中可能出现的市场失灵和错误导向，政府为修正市场机制作用和优化经济发展过程，对产业发展、产业结构的调整和产业组织所采取的各种经济政策的总和。那么，政府对于文化产业是否应当制定和实施相应的产业政策呢？

依照经济学家的分析，之所以存在和需要产业政策，是因为市场失灵的存在、优势劣势产业的区别、产业结构转换的需要以及规模经济、技术开发特殊性等因素。依照文化部2003年的评价，"从整体上看，我国文化产业仍处于起步、探索、培育、发展的初级阶段，与发达国家相比差距很大。具体表现为文化产业发展很不充分，总量规模偏小，市场机制不完善，文化产业的发展速度和效益都需要有一个较大的提高……产业结构调整乏力，社会化、市场化程度低。部门分割、行业垄断和地区封锁现象严重，难以形成统一开放、竞争有序的市场体系。文化产品科技含量较低，创新能力不足，竞争能力不强。"由此可见，我国文化产业的现状及其原因，既存在市场失灵，又处于国际文化产业中的落后地位，亟须政府通过产业政策予以扶持与促进。同时，又由于文化产业对于提高我国的综合国力和社会发展具有极为重要的意义，推动和促进文化产业的发展也成为国家的优先战略，同样需要通过产业政策予以实现。

正如前文所指出的，在当今法治时代，产业政策必须要通过立法的方式予以体现与落实。正是在这个意义上，文化产业需要予以特殊立法，即文化产业政策的法律化。我们认为，当前文化产业立法工作的重要内容是制定《文化产业促进法》。

第一，前文已经指出，我国的文化产业需要采取产业政策以促进其发展。

第二，通过《文化产业促进法》的制定，既可以全面整理我国现行文化产业领域的各种政策措施，并通过法律形式予以固定化、制度化，又可以统一制定适用于各种文化产业的优惠措施，避免各个领域的各自为政。例如，电影界提出制定《电影促进法》，"保障电影投资者、电影经营者、电影参与者的利益，提供进入电影产业的优惠条件和激励机制，规范电影市场，促进产业的持续稳定发展。"那么，电视产业界、出版产业界、动漫产业界、演出表演界等何尝不存在相同的要求，以促进各自产业的持续稳定发展呢？制定如此众多的促进法，既是立法资源的严重浪费，也极易存在着谋求本行业特殊利益的可能性，更与我国立法机关的立法工作安排不相符合，因而不具有现实可行性。相反，文化产业各个具体领域所面临的问题以及需要采取的产业政策措施具有共同性，通过制定统一的《文化产业促进法》，再辅之相应的法规、规章以细化各具体产业的特殊性，是推动文化产业政策法律化现实可行的途径。

第三，文化产业的特殊性决定了《文化产业促进法》不能被《产业促进法》所包容。或许有人会提出，正如文化产业各个具体领域具有共同性一样，其他产业如机电产业、建筑产业、食品产业等与文化产业也存在着产业的共同性，也需要国家采取产业政策予以促进，因此也无需制定《文化产业促进法》，而只需要制定统一的《产业促进法》即可。我们认为，这一观点的不当之处在于：其一，并非任何产业均需要采取产业政策，或者说不同产业所需要采取的产业政策是不同的。即使是韩国的《产业发展法》，也是针对制造业而制定的，并非适用于所有产业。其二，文化产业与其他产业相比，最大的特殊性在于该产业具有强烈的意识形态色彩和内在的社会效益内涵，由此决定了其所面临的问题以及需要政府扶持的迫切性区别于其他产业；其三，在我国的法律体系中，基于特殊的产业或活动领域制定相应的促进法，已有其他立法，说明了立法机关对此种立法模式的肯定。例如，我国制定有《清洁生产促进法》、《民办教育促进法》、《农业机械化促进法》等，这些促进法均针对特殊的产业或活动领域规定了相应的促进措施。

第四，将文化领域历史悠久、行之有效而又争议不断的奖励予以规范化、制度化，以充分发挥政府奖励在促进文化产业发展中的特殊作用。文化产业的产品多为精神产品，极具个性化与创造性，是高层次、异质性人力资本的

外化成果，并不存在一种客观、可衡量的质量标准，因此难以通过法律的制裁手段来保障和推动产品质量的提升，更多的只能是通过正面的激励尤其是奖励制度加以实现。而且，对于文化产品的创造者而言，政府与社会对其产品的奖励，是一种更高层次的肯定，是其自我价值实现的最高层次，能够对创新与创造起到最大限度的促进作用，因此奖励制度对于文化产业而言具有极为重要的意义。此外，对文化产品的奖励，还可以向全体消费者传递其产品质量的有效信息，尤其是运作规范化、评价权威性的奖励对于文化产品的市场推广与经济效益，具有不可替代的作用。但是，我国文化产业领域的奖励项目繁杂、奖励机构众多、奖励程序混乱、社会评价各异等弊端，导致了奖励制度不仅未能发挥其应有的积极作用，反而导致信息混乱、争端纷起，严重地影响了文化产业的健康发展。在《文化产业促进法》中，国家可以统一规定奖励项目与主体，以法律形式严格规范奖励程序，并辅之以法律责任、救济制度等，以充分发挥奖励制度的促进作用。

结论

虽然，"产业的发展最终取决于产业本身的素质和发展潜力，而不是产业政策。产业政策对绝大多数产业的发展来说，主要是一种外生变量。"当制度不健全时，制度因素或许是制约产业发展的根本原因，而当制度健全后，产业能否得到很好的发展，将主要取决于产业从业人员的创造能力、经营艺术等一系列非制度性因素。因此，法律调整的完善特别是产业政策的法律化，只是为文化产业的健康而快速的发展提供一种制度与规则条件，并不能包治百病，更不能起到立竿见影的效果。

但是，基于我国文化产业的现状，鉴于当前文化产业领域法律制度所存在的问题是制约其发展的重要因素，也鉴于文化产业对我国提高综合国力和推动社会经济发展所具有的不可替代的作用，完善法律调整以推动文化产业发展是当前的一项重要而迫切的任务。这一任务具体来说包括三个方面：健全完善我国的法律体系，进而为文化产业发展提供有利的制度环境；全面完善我国现有的文化立法，特别是立足于服务和规范，以使文化产业领域理顺关系、依法规范，使文化产业的发展得到良法之治的有力保障与推动；制定《文化产业促进法》，使文化产业政策法律化，最大限度地发挥产业政策对文化产业发展的促进作用。

（选自顾江主编：《文化产业研究》第 1 辑，南京大学出版社 2006 年版）

文化市场化、产业化的转型过程分析

顾　江

分析背景

1. 文化产业政策的相关理论

新古典经济学认为，完善的自由竞争市场机制是优化资源配置最有效的手段。因此，新古典经济学从本质上讲是否定政府对经济生产进行干预和调节的，而强调要充分利用市场的调节力量，使各类经济活动在市场机制的作用下达到均衡。文化产品的消费和生产作为一种经济活动也不例外，市场中形成的文化产品价格是调节文化产品供求的最好信号，供求通过价格波动而达到均衡。同其他产品一样，这是文化产品通过市场配置资源的表现。但是，许多经济学家也指出基于文化产品的公共产品特征、外部性、垄断性、交易过程中的信息不对称、投资的高风险和不确定性，单纯地依赖市场机制会造成"市场失灵"，需要通过政府不同程度和不同方式的干预来加以校正。

2. 文化产业全球化趋势明显

随着全球经济的日益一体化，文化市场的发展越来越具有全球的性质，文化的产品和服务必须适应全球的需要。所以，越来越多的企业采用了国际投资，跨国生产，分散风险，共享成果的方式来进行。而且在人才培养，创新机制，管理更新等方面也逐步进入全球性的资源配置。中国和发达国家文化产业实力的巨大差距，包括生产总值，市场占有量，产业结构，研究开发投资，科技含量，产品和服务质量等的落差。以市场占有量为例，全球 50 家媒体娱乐公司占据了当今世界上 95% 的文化市场。目前传播于世界各地的新闻，90% 以上由西方七大国垄断，其中又有 70% 是由跨国公司垄断。美国控制了全球 75% 的电视节目的生产和制作，许多第三世界国家的电视节目有60%～80%的栏目内容来自美国，几乎成为美国电视节目的转播站，而在美国的电视节目中，外国节目的占有率只有1.2%。美国公司生产的影片产量只占全球影片产量的6.7%，却占了全球总放映时间的50%以上。互联网上的中文信息不到总量的万分之一，而不受西方控制的英文信息也不到万分之一。

3. 文化经营性资源和公益性资源的区分是文化市场化、产业化转型的客观基础

这里我将二者作了三个方面的区分：首先是服务的对象和生产的目的不同。文化公益性资源主要是用来生产公共产品，生产的主要目的是为了满足社会效益。经营性资源主要是为市场生产商品，以市场需要为转移，以追求经济效益最大化为目的。其次，资本来源不同。经营性文化资源所需的资本是由社会资本和多元化的混合资本形成的；而公益性资源主体生产所需资本一般由国家或社团提供。第三，产权主体性质不同。公益性资源产权主体一般是隶属于政府部门的附属单位，大多数是以行政干预方式进行管理的；经营性文化资源产权主体是法人主体的企业单位，是以现代公司法人治理结构来进行经营和管理的。

原有文化事业运作模式的弊端

过去对于整个文化事业都是归属国有产权主体，文化事业单位的经营，如广播电视业、娱乐业、艺术业等，基本上采取的是如下步骤：先由上级主管部门根据下级的项目申请要求，定期编制项目投资计划，然后由上级主管部门批准财政拨款，最后由下级部门负责管理、维护和更新。从表面上看，这有利于上级主管部门站在一个比较宏观的角度进行统一规划，利于项目实施和执行，可以满足人们的工作、生活和娱乐的需要。事实上，由于缺乏严格的项目控施和成本审核体制以及科学的管理体制，导致项目成本估计过高，为各个部门进行寻租创造了有利的“租源”，从而造成了社会资源的极大浪费。综合看来，当前文化事业运作模式的弊端主要表现在以下四个方面：

第一，投资计划完全由政府主导，不能很好地满足市场需求，不能有效地控制成本。由于缺乏项目成本的核算，从而导致市场竞争的匮乏，不能形成以市场价格来评估项目，容易导致项目预算成本过高，造成资源的浪费。

第二，激励型管理体制的缺乏，造成过高的公益性资源项目运行成本。对公益型和经营型文化单位，主管部门往往采取直接管的办法，抑制了文化单位的活力；以行政方法管理文化经营单位，导致其不能按照市场需求运作，阻碍了它们自主经营、自负盈亏和自我发展机制的形成与完善；政事不分、政企不分的现象，不但不能使公益型文化单位提高效益，反而使经营型文化单位的运作受到牵制。目前，国有文化企业建立现代企业制度实质性进展不快，两个转变不明显，经济整体素质和运作质量不高，经济增长动力不足，多数缺乏生机与活力。

第三，公益性资源的资本运作模式的单一性和产权属性定位不清，导致国有资产保值愿望难以实现。在转轨前的文化体制下，所有的项目运作都是按照一个模式进行，即从头到尾均由政府操作，由于缺乏市场竞争、外部性和预算软约束，往往导致项目追加的资本投资大大超过政府预算。另一方面，由于产权不明晰，造成了不能合理地实现所有权和经营权分离，不能合理地利用一些潜在的、尚未界定明晰的权力。

第四，文化商品计划供给与文化市场需求之间存在结构性矛盾。长期以来，文化事业单位在文化资源配置上实行的是高度集中统一管理，通过计划等确定每一个年度的文化商品供给数量、结构和内容。这一计划能在多大程度上反映出未来市场需求则无法确定，也没有一个科学的标准。然而在市场经济条件下，个人及家庭消费倾向取决于诸多因素，如消费心理变化、收入结构变动、宏观经济状况、物质商品供需状况、社会消费物价指数、社会家庭人员年龄结构等等，消费需求呈多样性，这就造成市场供给与现实需求之间存在结构性的矛盾。

从以上分析中不难看出，首先由于文化事业单位基本上都属于国有，因此在国有产权制度中，由于产权不具排他性，外部性较大；同时产权所形成的委托—代理关系范围大和层次多，造成代理成本非常高。这说明国有产权是一种成本比较高的制度安排，导致较低的经济活动效率。其次国有文化事业单位由于存在多级委托代理关系，导致产权约束弱化，国有文化事业单位越来越难以有效地形成对各级委托方行为的约束激励机制，委托方也逐渐丧失产权主体的特征。针对这一现实问题，有必要对文化事业单位的产权关系和管理模式进行改革与调整，将改革、调整与转型过程结合起来考虑，将文化经营性资源从文化事业中分离出来，用现代法人公司治理来将这些经营性文化资源产业化和市场化。

转型过程的理论实质

转型过程是决策模式由过去上级指令计划的模式向市场经济主体分散决策的模式逐步转变，资源定价由过去单纯的上级部门评估和统一定价向市场分散定价和自由浮动的模式转变；同时，伴随着决策过程模式的转变，必然会带来决策的风险承担和收益占有的转变，所以转型过程也是决策结果的风险和收益在市场规则的指导下，重新进行分配的过程。尤其对于文化产业中的经营性资

源，其不同于公益性资源的最大区别就是，它可以进行市场运作，按照市场竞争的规则和规律，参与市场化、产业化的过程。下面将对文化产权主体转型过程的实质，从产权多元化与再定位、收益风险的分配、集权分权的较量以及文化市场失灵如何补救四个方面进行分析。

1. 转型过程是产权主体多元化和再定位的过程

产权是指对财产的占有、支配、使用等方面的权利，产权主体多元化能保证各产权主体都能充分行使权利，形成相互制约机制，在转型过程中，将文化事业中的公益性资源和经营性资源进行分离，正是体现不同产权所有者对文化事业中各项资源的支配权和处置权的体现。塑造出人格化资本所有者代表，克服了在传统国有文化企业运行中，政府支付了过高的监督审计成本，国有文化资本的收益往往不能抵偿为监督审计而支付费用的种种弊端。同时由于产权主体多元化和清晰化，各产权主体可以通过产权交易来实现企业间资本的合理流动，使资本集中到最能产生经济效益的地方，这有利于调整产业结构和产品结构，进而提高经营性资源的运行效率，保证国有资本的保值增值。此外公益性资源和经营性资源定位不同，各自的行为方式、行为目标和承担责任也不同，相应的它们之间的绩效评价体系和标准也必然不同。这样，通过对这两种资源的产权主体所规定的权利和义务的不同，必然会带来文化资源的产权再分配和产权主体的再定位。

2. 转型过程是风险和收益重新分配的过程

将文化事业中公益性资源和经营性资源进行分离，对公益性资源和经营性资源进行市场定位、并对保值增值权和市场价值取向等方面作不同的划分和规定，降低了公益性资源运作的风险，保证其社会公益性功能基本不受转型结果影响；另一方面将经营性资源的市场风险由国家完全或部分承担转移给其他多元产权主体和经营主体承担，将相应带来的收益也由国家完全占有转换到由国家和其他产权主体共同占有。比如，文化事业中的经营性资源仍由国家所有，通过国家授权给特定的产权主体经营，产权主体按照国家授权的规定，享有资产的保值增值权、自主经营权和部分收益权。所以说，这种转型过程必然是伴随着风险和收益的重新分配的过程。

3. 转型过程是集权和分权两种力量“较量”的过程

分权意味着决策权从一个组织的核心层（最高层）转移到下层单位，并且从下层单位逐级转到更基层的单位。从这个定义中可以看出所谓的分权也是一定程度上的集权，事实上没有组织只是依靠核心层来决策，因此在不同的情况下，集权的程度也是不同的。

这里讨论的集权是指文化事业中过去那种完全由上级部门决定具体投资项目的选择、资源的开发和使用，重大决策的风险和收益完全由上级部门来承担。而分权主要是指对各种不同类型的公益性文化资源，在遵守上级部门指导性原则的前提下，由各个产权主体按照各自的定位和目标自主选择适合自身的运作模式；特别是对于经营性资源而言，产权主体根据授权协议规定和限制的条件，充分的选择自己的投资目标、投资方向、资本运作模式、经营管理和收益分配方案。通过这样的定义比照，可以看出转型的过程正是集权和分权进行“较量”的过程，一方面强化了各级产权主体的集权，对授权资源有了更大的权利；在具体决策上，削弱了上级部门的决策权力，同时也降低了决策的风险程度。另一方面加强了文化事业中资源的分权化决策导向，通过将资源类型的细化和授权，允许各个产权主体按照市场规则和规律参与市场中的资产运作、管理模式的改革和激励机制的建立；同时通过产权交易将维护股东主权的充分表决权，股东利益才可能在不同时期、不同形态下得到有效的保证，力求实现社会效益和经济效益的双重功能。所以，与其说转型过程是集权与分权的较量过程，倒不如说是集权与分权的相互融合、取长补短的过程，是适应经济发展需要而采取的一种集权与分权相结合的混合决策方式。

4. 转型过程是弥补文化市场失灵的过程

文化公共物品指的是：在消费和使用上不具有竞争性和排他性的纯文化公共物品和服务，任何人增加对这类商品的消费和使用都不会降低其他人所可能得到的消费水平。市场上的生产者都是利润的追求者，从而不具有供应公共产品的动机，这导致文化产品市场失灵。转型过程的一个重要的方面就是将公益性资源和经营性资源分离，分离后会产生两个效用：一方面通过分离出公益性资源，为了保证公共产品和公共服务继续得到提供，满足人们正常生活和社会正常运转的需要；原有文化事业中的公益性资源可以通过以下两种渠道来提供公共产品：一是由集体来提供，这主要是针对小群体而言，人们可以形成一个私人合作制，通过达成协议共同承担该公共产品所需的成本。二是可以通过政府将有限财力和物力集中配置在纯文化公共产品上，行使政府弥补和干预文化公共产品市场失灵的职责。另一方经营性资源和准公益型资源与公益性文化资源分离，经营性文化资源遵守市场机制和价格规律，使得文化公共产品的私人供给有了实现的基础，公共部门可以将生产该产品的合同承包给私人厂商，这是因为公共产品的政府提供较私人提供效率要低得多。所以经营性文化主体可以增加文化公共产品和服务的有效供给，从而达到有效的配置文化资源的目的。

转型过程的有效途径与案例分析

针对文化事业过去运作过程中存在的一些不足，如资产贬值、资源浪费和效率低下等，可以考虑在文化资源开发的实施和运作过程中，通过市场化运作模式，引入竞争；通过所有权和经营权的分离，提高资源的利用率。为了实现这一既定目标，有必要探讨转型过程的有效途径：

第一，对资源项目的开发，实行公开投标、市场化运作，最大限度的降低预算成本，利用市场化的优势。一个公益性资源项目的开发，可以分为：项目规划、项目实施和项目运作三个阶段。在项目规划阶段，可以由政府提出一个提纲性的规划内容，然后向社会公开招标设计和实施方案；只要满足政府规划要求的方案，都可以参加投标；为了保证投标的公平性和公正性，至少同时有五家参加竞标，最后选三家来进行项目的实施。这样一方面可以保证政府在满足社会需要的前提下，能够以最低的成本完成文化项目，减少财政预算；另一方面通过建立双向的治理结构，可以防止项目实施过程中的“道德风险”，即通过确定三家单位共同中标和实施，保证他们之间有一定的替代性，降低任何一家通过“专用性投资”来威胁政府的可行性。

第二，在资源运作过程中，对经营权进行拍卖，实现所有权和经营权有效分离。当公益性资源投入使用后，政府层级结构的复杂不可避免地会带来管理上的困境和低效率，尤其是可能带来项目维护和更新投资上的“预算软约束”问题。为了避免这个情况，一方面可以对项目的经营权在市场上进行公开拍卖（为了避免竞标过程中的“逆向选择”，可以对竞标者的资格进行严格的审查），这样可以尽可能节约政府预算开支；另一方面，对项目维护和更新投资的产权也可以进行公开竞标（具体操作同经营权的拍卖），这样就可以降低“预算软约束”的问题。

第三，对于完全不能市场化运作的公益性资源，在内部实行投标和责任制，采用事业单位企业化管理模式，模拟市场机制运作。对于一些特定的公益性资源运作，可以根据本身的情况，通过在组织内部实行招标的方式，然后建立责任负责制。通过采取这种模拟市场化运作的方式引入竞争机制，以利用市场化整合资源的能力，提高资源利用率。

下面以南京广电集团的改革为例来探讨文化市场化和产业化是如何转型的。

对南京广电集团来说，集团有限责任公司的成立在集团发展历史上具有里程碑意义，它的成立是集团发展内在需求和外在压力的产物。

从内在需求来看，以往集团的经济活动往往表现出组织的无序性。各个创收部门各自为战，缺乏系统的组织，没有形成集中的创收能力。特别是成立集团以后，面对集团18亿资产、1000多名员工的庞大规模，一方面需要对集团内部的经济资源进行有效的整合，另一方面又要充分利用集团的资源进行面向未来的发展。

从外在压力看，市场运行规律要求集团拥有一个规范的投资主体，而有限责任公司的缺位显然对集团全面经济活动的展开构成了相当的障碍。有限责任公司的成立，使公司能够以集团资产经营者的身份全面展开业务；同时，也能够打开通向社会资本的大门，吸纳更大规模的社会资金，为社会资金进入广电集团提供一个可靠的平台。

正是在这样的背景下，南京广电集团（以下简称“集团”）开始组建集团有限责任公司（以下简称“公司”），组建公司实际操作的第一步就是要进行集团资产剥离。集团认为，根据集团的现状和广电行业的特殊性，将集团的资产和业务分为经营性资产和非经营性资产两个部分。并提出，对经营资产强调的是其经营能力，而非经营性资产强调的是其社会效益；为始终保持广播影视作为党和政府的喉舌性质，正确处理新闻宣传与产业经营的关系，把南京广电集团的产业做大做强，集团资产剥离的原则是将非经营性资产仍然留在集团，将经营性资产部分剥离到有限责任公司。

集团将经营资产和业务剥离到公司，实行分步走的原则，即先剥离主要的经营性资产和业务，其他的待时机成熟再逐步进入公司。集团进行资产剥离的第一步先将与广告经营相关的资产和业务、与有线网络相关的资产和业务、与媒体经营有关的资产和业务、与内容产业有关的资产和业务、与平面媒体有关的资产和业务以及部分三产公司的资产和业务划入到有限责任公司。在对频道和频率资源进行分配的时候，集团提出，由于频道和频率是属于国家的资源，媒体经营产业应采取集团委托有限责任公司经营的方式，所经营的4个频道和2个频率应在有限责任公司下设专门从事该业务的公司，目前正在使用的属于这4个频道和2个频率的设备等固定资产均不划入有限责任公司。

集团有限责任公司的成立是寻求一种科学的有效的现代公司治理组织形式，以现代法人治理结构和激励机制为手段整合集团内外资源，从产业链的角度组织各种要素和社会资本，运用市场手段和竞争规律，推动广电产业的快速发展。总之，集团有限责任公司与集团只是职能上的分离，更好的体现了“宣传与产业分离”的精神，从更根本的层次来说就是公益性资源（资产）与经营性资源（资产）的分离，实行专业化运作，最大程度地推进广电业的壮大与发展。

（选自顾江主编：《文化产业研究》第1辑，南京大学出版社2006年版）

论文化产业资源配置

江奔东

我国文化产业崛起的过程，就是使市场在国家宏观调控下发挥文化资源配置的基础性作用的过程。本文围绕文化产业资源配置，讨论文化体制改革的路径和文化产业的创意及其趋向，这些问题对我国文化产业理论的研究和实践，都是极具前沿性和针对性的。

文化产业资源的特征

所谓文化产业资源，是指文化商品生产和服务中的一系列要素，包括资金、技术、设备、人才、文化等，其中文化要素是指过去的文化遗产和当今创造的文化信息的总和。从产业经营学意义上讲，文化产业中的资金、技术、设备和人才等要素，同其他产业中的要素的性质大致相同，而唯独文化要素是其他产业涉及较少的。文化要素是文化产业运营中最核心的资源，文化资源的开发、运用以及搭配的成功与否，是文化产业能否崛起以及能否可持续发展的关键。作为文化产业运营要素的文化资源具有以下特征：

一是无形资源占有很重的份量。文化资源包含有形的物质和无形的精神两种资源。有形的物质资源指自然生态景观、文物、文化历史遗址、民俗制品、文化设施和设备等。无形的精神资源指艺术审美观、民俗风情、文化品牌、民族精神传统、非物质文化遗产等。无形的精神资源在文化产业资源中占很大的比重，是其他产业资源所不具备的。

二是多重价值集于一身。文化资源本身蕴藏着文化价值、精神价值和思想价值，通过社会生产及市场转换，还可以产生巨大的使用价值和经济价值，它是集多重价值于一身的独特资源。优化文化资源配置，就是使其社会价值和经济价值都能发挥出来，实现社会效益和经济效益的统一。

三是具有纵横传播功能。无形文化资源可传播流动。一方面，艺术审美观、民俗风情、民族精神等无形文化资源可以纵向世代相传，潜移默化，且相对稳定。另一方面，它又在不同的地域和民族间不断地横向流淌，相互借鉴和融合，丰富和发展人类的精神文化生活。

四是再生性和稀缺性并存。与自然物质资源的不可再生性不同，文化资源中的无形精神资源都是非消耗性的，可反复利用，这是文化资源的一大特征，是经营文化产业的重要考量和优势所在。但这并不等于说文化资源取之不尽、用之不竭。文化作为一种产业经济资源，它的脆弱性又显而易见。一个自然生态景观、历史文化遗址被破坏了，再难复原。一种优秀民族精神被异化变劣了，也难复兴。我们不同意法兰克福学派关于文化工业吞噬文化艺术的观点，也不赞成过分渲染文化资源的非消耗性和可再生性。经济学强调资源的稀缺性，对文化资源而言也不例外，我们必须用可持续发展观去善待文化资源。

市场化是文化产业崛起的根本条件

纵观世界各国文化产业发展的历史和现状，文化产业崛起要具备三个条件：其一，经济基础实力。人均 GDP 达到 1000 美元时，伴随着文化艺术消费升级，社会需求增加，社会供给受到刺激，文化产业就会乘势而上。其二，科技教育水平。文化产业是一个文化、知识、艺术和科技含量较高的产业，文化产品的生产者和消费者都须具备较高的文化知识水平。其三，市场经济体制。文化产业资源通过市场机制去配置，生产、提供什么样的文化商品和服务，生产和服务多少，形成什么样的文化产业结构和布局，都由市场价值规律这支“看不见的手”去操纵。

在以上三个条件中，市场经济体制是最根本的条件，因为它是制度性的。有了好的经济体制，可以促进另外两个条件的形成。没有好的经济体制，GDP 和科技教育水平也不会较快增长和提高。由于文化产业的形成，100 多年来人类所创造的文化生产力比过去几千年创造的全部文化生产力还要大、还要强，大大推动了人类文明的发展。毋庸讳言，发达国家的文化产业之所以发达，主要得益于他们成熟的市场经济体制，我国的文化产业相对落后，主要是由于传统计划经济体制的阻隔和文化体制改革滞后造成的。

我们必须加速改革，使市场在国家宏观调控下发挥文化产业资源配置的基础性作用，这是社会主义市场经济体制改革向纵深攻坚的必然选择。文化体制改革包括微观改制和建立宏观管理体制两个方面的内容。文化体制改革既要大胆探索、勇于创新，又要细致稳妥、有序推进。具体思路如下：

第一，推进文化事业单位改制。一般的艺术院团和出版单位、文化艺术及生活科普类报刊社、新华书店、电影制片厂、影剧院、电视制作和销售单位、文化经营中介机构等要逐步转制为企业；新闻媒体中的广告、印刷、发行、传输网络部分，以及影视剧等节目制作与销售部分，要从事业体制中剥离出来，转制为企业。转制为企业的上述文化单位，要按照现代产权制度，构建法人管理机构，建立起现代企业制度。

第二，培育现代文化市场体系。要加强文化商品服务和文化要素市场建设，发展连锁经营、物流配送、电子商务和电影院线等现代流通组织形式，建立和完善现代流通体制；建立市场准入和退出机制；发挥市场中介机构和行业组织的作用；积极参与国际文化市场竞争，构建统一、开放、竞争、有序的现代文化市场体系。

第三，重塑文化产业结构。要调整、重塑文化产业组织、行业、所有制和产品结构，大力提高文化产业的规模化、集约化和专业化水平。对文化企业要实行战略性的联合重组，提高文化产业集中度，支持交叉持股和跨地区行业并购，打造一批大型文化企业和企业集团。同时积极探索公有制多种有效实现形式，鼓励和支持非公有资本以多种形式进入政策许可的文化领域，构建以公有制为主体、多种所有制形式共同发展的文化产业结构，明确外资进入范围，提高利用外资的质量和水平。

第四，健全文化宏观管理体制。要加快政府职能转变，政府应该从办文化为主向管文化为主转变；从直接包揽人、财、物的调配审批向强化政策调节、市场监管、社会管理和公共服务的间接管理转变；从以行政手段为主向综合运用法律、经济、行政手段转变。要推进政企、政资、政事、政府和市场中介四分开，完善预报、引导、奖惩、调节、责任、监督、保障、应对等机制，建立职责明确、反应灵敏、运转有序、统一高效的宏观调控体系。

创意是文化产业崛起之源

文化产业是文化的“经济化”，这意味着文化本身被当作商品生产和交换的对象，具有在市场条件下的经济资源配置的全部特征。文化资源配置的构思过程即创意，文化产业意义上的创意，是指以文化生产和服务为对象的思维和观念活动，包括文化项目的策划、文化产品和服务的设计、文化内容的研发、文化活动的构思，以及文化生产经营的理念。创意的宗旨，是把有限的文化资源转换为文化商品或服务，并占领市场，获得回报。

创意在文化产业资源配置中处于主导位置，创意能力体现为文化企业的核心竞争力。企业创意能力强，产品内容丰富多彩，视听感觉效果好，给人以美的享受，让人身心愉悦，提升人文素质和道德水准，就能够形成品牌。有了品牌，就有了高的市场占有率和巨额回报。创意能力强，文化资源优势可以转化为品牌和市场优势，没有文化资源优势也可以创造出品牌和市场优势。创意是文化产业崛起之源，事关文化企业或项目成功与否乃至生死存亡。文化产业创意能力包含两项内容：一是文化产品、活动或服务的设计构思能力，二是上述设计构思与市场衔接的水平。前者是文化人或艺术家的任务，后者则需要经纪人或企业家的眼光。创意是文化人、艺术家与企业家结合的过程，结合得越紧密、默契，越能够产生高水平的创意，做出品牌。

美国是一个历史短、文化底蕴并不深厚、但文化产业却非常发达的国家，文化产业产值已占 GDP 的 25% 左右，并仍以较高的速度增长，其主要原因是美国的文化产业界具有很强的创意能力。它取材于 1912 年发生在大西洋上世人皆知的泰坦尼克号海难事件，加上一个凄美的爱情故事，做成了一个给人以震撼和催人泪下的电影大片，创造了数十亿美元的票房收入，并另从衍生纪念品中赚了大把的美元；它从 1992 年中国四川恐龙蛋棉絮状核的考古新发现得到灵感，科幻生物基因复活恐龙，做成了侏罗纪公园续集《失落的世界》，获票房收入 6 亿美元；它的《米老鼠和唐老鸭》、《猫和老鼠》、《白雪公主》都是著名的文化产业品牌形象，好莱坞、迪尼斯则是很有实力的文化产业链，内涵多项丰富的文化创意项目。由爱尔兰乡村舞厅演化而成的大型舞剧《大河之舞》，自 1994 年首演以来在四大洲许多国家演出 6000 多场，引燃了全球的踢踏舞热潮，创造了 5.5 亿美元的票房神话，这说明乡间民间艺术也可以做大。德国的出版产业在世界上是最发达的，其书刊的品种、纸质、封面设计和装帧，高雅、精美、华丽，令人赏心悦目，概源于它的创意能力。亚洲文化产业发达国家首推日本，其文化产业产值约占 GDP 的 17%。娱乐观光业是日本经济的一大支柱，电子游戏是娱乐业中最赚钱的项目，游戏软硬件销售总额为世界第一。日本动画片风靡全球，铁臂阿童木、聪明的一休、花仙子是世界各地儿童熟知喜欢的艺术形象，其创意能力可见一斑。韩国是公认的文化出口大国，它的“天堂”网络版游戏与美国微软和日本索尼在全球游戏产品市场上形成犄角之势。韩国电影以其整体水平和东方文化特色在亚洲电影中脱颖而出。韩国正是因为加大了文化产业发展力度，才摆脱了亚洲金融危机的阴影，文化产业出口额计划 2007 年占世界市场份额的 5%，跻身世界文化产业五强，其创意能力不可小视。“江山代有才人出，各领风骚数百年”。中国是一个有着数千年历史的文明大国，文化积淀、文化资源极其丰富。改革开放以来做出了若干成功的文化产业品牌，如深圳的《锦绣中华》、《世界之窗》等等。中华民族是一个智慧勤奋和具有创造力的伟大民族，目前我国人均 GDP 已达 1000 美元，文化消费开始升级，文化市场前景广阔，也已具备了文化产业研发制作的科技能力，有 10 万亿以上的居民储蓄，加上好的文化产业引导政策和文化体制改革的环境。可以预期，中国文化产业崛起已为时不远。

文化产业资源配置的趋向

我国文化产业的崛起，意味着文化产业资源配置一改过去单一的事业化传统管理模式的低效状态，而代之以高效状态，文化产业资源的流向、流速和组合方式都将发生重大变化。具体说，中国的文化产业将以文化创意为先导，围绕文化市场的需求和供给，呈现以下六个趋向。这六个趋向，也是有志于振兴中国经济和先进文化的仁人志士需要努力的方向。

第一，创意与儿童的结合将更加紧密。儿童是世界的未来和希望，观察各国文化产业，以儿童消费为对象的创意、形象和品牌很多。我国人口多，实行计划生育，独生子女多，都特别重视对孩子的培养和教育，儿童消费是文化产业的一个大市场。研发儿童文化产品、创造儿童喜爱的艺术形象品牌、拓展儿童文化市场，必然是一大趋向，并大有可为。

第二，创意与农民的结合将更加紧密。我国人口众多，城市化需要一个过程，在一个较长的时期里农民仍占居民的大多数，满足农民日益增长的精神文化需求，是文化产业创意的一大课题。不论是“阳春白雪”还是“下里巴人”，只要走上市场，都可以做大。在一定意义上讲，没有农民的文化消费，就没有中国文化产业的崛起。伴随文化体制改革的深化，文化商品和服务下乡将获得巨大的动力，文化创意与农民的结合将更加紧密。

第三，创意与国际文化市场的结合将更加紧密。当今中国经济对外开放已经有了相当的广度和深度。文化产业作为一个经济产业，不可能游离于国民经济之外而与世界隔绝，因此必须大胆地走向世界，参与国际文化市场的竞争。要充分利用国际国内两种文化资源，开拓国际国内两个文化市场，逐步改变国际文化市场“西强我弱”的局面，推动我国文化产品进入境外主流社会。这不仅是发展中国经济的需要，也是保障我国国家文化安全的需要。

第四，创意与投资的结合将更加紧密。如果说我国上个世纪的社会投资热点在80年代是商贸、乡镇企业、工业，在90年代是餐饮、房地产等服务业的话，那么，进入本世纪的今后十年间投资热点无疑将是文化产业。这三个投资热点的变迁，既是我国经济增长和产业升级趋势的反映，也是人们投资决策经营能力增强的必然结果。三次投资热点，一次比一次回报率高，当然对项目策划和经营管理能力的要求也越来越高。文化投资的成败关键在创意。有了好的创意项目，有了可预见的回报，融资不应该是大问题。

第五，创意与工程技术的结合将更加紧密。文化产业是一个与其他产业关联度很高的产业，是文化人的事业，也是科学、技术和工程人员的事业。改造传统的文化创作、生产和传播模式，延伸文化服务领域，拓展服务内容，发展文化创意、文化博览、动漫游戏、数字传输，促进传统媒体与互联网以及移动通信的互动融合，促进文化与教育、信息、体育和旅游行业的联动发展，都离不开文化创意与工程技术的紧密结合。

第六，创意与教育的结合将更加紧密。文化产业是知识经济，需要大批意志强、业务精、作风正的领军人物和掌握现代传媒技术的专门人才、懂经营善管理的复合型人才。文化产业对人才的需求，必将促使学校调整学科建设方向、改革课程设置和更新教学内容，学校在向社会输送艺术创作和表演人才以及经济管理人才的同时，必将向社会输送更多的文化创意、影视制片、文化项目经纪等文化产业需要的专门人才。以美国俄亥俄州保龄格林州立大学设计艺术学院为例，他们的教学贴近社会需求，计算机设备非常先进，产、学、研融为一体，多次参与好莱坞影片的创意制作。可见，只有教育跟上了，文化产业的崛起才能成为现实。

（选自《齐鲁学刊》2006年第4期）

文化实现产业化的可能及途径的理论思考

李　炎

随着我国加入WTO以及全球性的知识经济时代的到来，文化产业与信息产业一道成为21世纪的两大新兴产业。早在2000年10月《中共中央关于制定国民经济和社会发展第十个五年计划的建议》中，就首次正式使用了

“文化产业”这一概念，提出了完善文化产业政策，加强文化市场建设和管理，推动有关文化产业发展的任务和要求。党的“十六大”报告更明确了我国发展文化产业的必要性与紧迫性，提出“发展文化产业是市场经济条件下繁荣社会主义文化、满足人民群众精神文化需求的重要途径”，“完善文化产业政策，支持文化产业发展，增强我国文化产业的整体实力和竞争力”。

众所周知，20 世纪最后 20 年，我国信息产业在国际信息业发展的大背景下，超常规发展，信息业依托现代邮政、电信、网络、传媒等载体，达到了前所未有的发展速度，推动了我国经济的高速发展，同时也满足了人民群众的物质、文化的需求。然而，在走向市场化的进程中，文化能否实现产业化，如何实现产业化，怎样实现产业化却有诸多理论与实践的问题值得认真推敲。刚刚走向市场的文化，如何实现产业化？文化庞大而复杂的体系中，哪些要素可以实现产业化，带动经济的发展？文化可以实现产业化的那些要素应该借助什么样的产品和行为载体走向市场，实现产业化？这些问题不仅对于大众，即便对于不少文化产业的管理者、执行者、经营者而言，也不大清楚。部分从事文化研究的学者甚至认为文化是意识形态领域的东西，观念形态的价值体系不可能转化为具体的产品和实现产业化。

一

文化有狭义和广义之分。狭义的文化一般指特定民族的文学、艺术、宗教、哲学的基本形态、理念和价值体系。在英语词典中，对文化（Culture）一词亦有多种解释，其中一个解释就认为：“文化是对于文艺的深刻的了解和鉴赏（Refined Understanding and Appreciation of art, literature, etc）。”广义的文化则指特定民族的生存方式、行为方式和文学、艺术、宗教、哲学背后的价值体系。因此有学者认为文化是一个民族的生存方式的总和。爱德华·伯纳德·泰勒就认为：“文化就其广泛的民族学意义来说，是作为社会成员的人所习得的包括知识、信仰、艺术、道德、法律、习惯以及其能力和习惯的复合体。”克拉克·威勒斯认为，文化是“在史学及社会学领域中所讲的各个民族的生活方式（The Mode of Life of The This or That People）”。

文化总是和人、和具体的民族联系在一起的。民族性是文化的基本特性。一个在特殊的地域、气候下生存发展的群体，在长期的生产、实践过程中创造了文化，同时也形成了民族。整个民族共同拥有的文化，又形成一种无形的强大力量让这个民族遵守相同的语言、行为规范、生产方式、宗教、礼俗、审美观念，形成一个民族共同的心理素质和性格，从而区别于其他民族。

从系统论的观点看，文化还是一个有机的系统。文化系统由实物文化、行为文化和观念文化三个文化层面构成。实物文化层面由劳动产品—人文景观、观念化的自然物—自然景观组成；行为文化层面由生产—技术行为（生产实践、技术操作和交换行为等）、语言—符号行为（语言表达行为，其他符号传达行为等）、伦理—政治行为（道德行为、伦理行为和管理行为等）构成；观念层面的文化则由实证知识、价值观念和思维方式组成，涉及实用观念、生产—交换观念、求知—爱智观念、伦理—政治观念、信仰—宗教观念、审美—意识观念等。

“产业”，在英文中和“工业”是同一个词。都用 industry 来表示。其含义是制造或生产的部门（Branch of Manufacture or Production）。它既可以作为一个名词使用，表示某类产业，也可以作为一个动词使用，表示某种对象的工业化或产业化过程，在英文中则用 industrialize 表示，其词根都是 industry。因而“文化产业”这个概念，既可以指一种特殊的因文化而产生的新兴生产部门，也有使文化工业化的过程含义。

产业化，即工业化，是指一个完整的工业化的生产模式，是如何将一种理念、想法、需求、价值、观念转化为一种产品，然后进入市场，拥有买方市场，进入营销体系，实现利润的过程。从传统经济学的观念看，第一产业和第二产业较好理解，已经为人们所接受。第一产业和第二产业是将人们生存、发展需要的物质的、实用的、工具的东西生产出来，进入市场，转化为商品，产生利润的农业、工业商品的生产模式。当社会发展到一定程度后，为他人和社会提供的服务业成为了第三产业，这也好理解。但是文化转化为产品，进入市场营销体系，带来利润和效益，成为一种特殊的第三产业就不大好理解，尤其是文化系统的行为文化和观念文化，能否转化为产品，进入市场实现产业化，在大众阶层和学者心中，都曾产生过不同的看法，甚至有学者持否定、批判的态度。实际上，从文化产业 20 世纪 80 年代在中国一露头，就遭到了不少学者的批判，在西方也如此。由于中国传统文人的文化趣味和当代主流意识形态，精英文化成为了批判文化产业的思想资源。但是，随着中国经济的快速发展，人民群众对物质文化的需求越来越高，文化产业得到一定的发展。在西方，20 世纪 60 年代以后，伴随着高科技、信息业、影视业、旅游业、教育和传媒业的快速发展，文化产业作为第三产业的一种特殊形式，其产值在以美国为代表的西方国家的 GDP 中占有的比例越来越高。出版业、信息业、影视业、旅游业、教育业等特殊的第三产业附加了文化的信息和性质，文化产业甚至成为推动西方经济发展的新兴产业。以阿多诺为代表的法兰克福学派对文化产业的批判也逐渐失去了地位和影响，取而代之的是本杰明对大众文化持积极态度的理论。

确实，实现文化的产业化（工业化），带来经济效益，从经济学和市场的观念看，需要在文化和市场中搭建一个中间客体，即文化的物质产品化过程，也就是说，需要将有形的实物文化、行为文化和观念文化转化为具体的产品并产生营销行为，实现利润。应该说在文化的三个层面中，部分实物文化，只要进入市场，转化为商品，这些实物文化的实物或产品，就实现了产业化。但是，文化系统中的行为文化和观念文化在传统的市场行为中，则很难直接转化为有形的产品，进入市场和营销过程，转化为具有文化特质的商品。从传统的市场观念和经济学观点看，行为文化和观念文化只有依附在具体的载体上，才可能转化成为商品，实现产业化。比如，某个民族的生产行为、婚姻、礼仪、审美、宗教、文学的行为、价值观念只有通过书写、描述、表现的形式进入具体的书籍、影视、绘画、艺术品，进入市场，才能产生经济利润，实现产业化。

那么，文化，尤其是行为文化和观念文化能否转化为具体的产品，实现产业化呢？随着经济、社会的发展，人民群众的物质生活得到满足后，需不需要适合大众消费的文化产品呢？

毋庸置疑，文化的核心和基础是观念文化。观念文化的表现形式往往是具有特殊性和个性的、一次性的、独一无二的文学艺术、宗教、道德、价值、哲学、审美观念。这种文化往往是不可复制、不可替代的。这种独特性、个性和现代大工业的复制、生产过程是相互矛盾的。对文化产业持有批判态度的学者一般认为："文化产业真正关心的决不是什么'文化'，而是最大限度地获取利润。文化品的生产完全是受交换原则和市场法则的支配，获取利润成为主导一切的动机。这显然与文化的性质相抵触。"持否定态度的学者还从文化产品的享受和消费观和传统文化的价值、独特的审美内涵的冲突角度认为，在文化产业的过程中艺术、审美必然让位给廉价、低级的感官刺激，甚至暴力，从而导致文化、艺术的庸俗化。

值得注意的是，文化不仅仅属于一个社会的精英层，它同时也属于大众阶层，只不过当一个社会的经济尚不发达，大众的生活追求仍然处于生理的需求阶段时，文化不可能走进大众阶层，大众文化的消费现象也不可能产生。经济学认为：人均 GNP 为 300 美元以下的低收入阶段，恩格尔系数较大，人们的需求处在"生理需求与传统地位的阶段"；在人均 GNP 在 300 美元以上的一般收入阶段，需求结构的重点转向非必需品，消费需求进入"追求便利和机能的阶段"；在人均 GNP 为 1500 美元以上的高收入阶段，物质产品十分丰富，人们的消费选择余地大大增强，从而进入"追求时尚和个性"的需求阶段。中国人均 GNP 已经进入1000 美元，进入了小康社会，随着经济的快速发展将很快进入经济学家们划定的第三阶段。对精神生活的需要、质量将越来越高。这为文化的大众消费奠定了坚实的基础，也为文化产业的起步与发展铺平了道路。

事实上，从我国近年来城镇居民消费结构及消费支出的统计数据可以看出，大众文化需求在不断增加。1996 年，城市居民娱乐教育文化及服务消费为 375.0 元，1997 年为 448.4 元，1998 年为 499.4 元，到 2001 年则上升到 690.0 元。反之，1996 年食品消费为 1904.7 元，1997 年为 1942.6 元，1998 年为 1926.9 元，2001 年为 2014.0 元。从这组统计数字不难看出，6 年来，城市居民满足生理的物质消费需求基本没有增加，文化消费却在不断上涨，人民群众对文化生活的需求在不断增加。

从西方发达国家文化产业的发展进程也不难看出，尽管有不同的学者对文化产业提出异议，但这些异议无法阻挡文化产业的快速发展，反倒是这些批评意见和忠告对文化产业的健康发展起到了促进作用。同时，资本的全球化和高科技的发展为文化产业发展提供了资本运营和技术基础，出版、新闻、影视、教育、信息技术、现代传媒、旅游、体育、现代服务行业为文化找到了相应的新兴的物质和行为的载体。这些载体通过规模化的运营，进入市场营销体系，以丰富多彩的商品和消费行为方式提供给大众，进行消费，形成了文化产业。

二

文化系统中，实物文化、行为文化和观念文化三个层面共有劳动产品—人文景观、观念化的自然物—自然景观；生产—技术行为、语言—符号行为、伦理—政治行为；实用观念、生产—交换观念、求知—爱智观念、伦理—政治观念、信仰—宗教观念、审美—意识观念 10 组要素组成。就这 10 组要素而言，要将之转化为成为具体的、拥有商品价值的商品和消费行为，就需要一定的载体或途径。结合西方文化产业的发展情况和我国的国情和文化的特殊性看。目前我国实现文化产业化（或文化产业的类型）大致有以下五种主要的途径。

第一，教育产业化的途径。教育是现代社会的产物，是以培养人、教导人、塑造人为目标的精神活动。随着社会的发展，教育不仅仅是知识和能力的培养，不仅仅是传道、授业、解惑。教育过程越来越多地包括文化的内涵，智力教育、审美教育、艺术教育、文化教育、健康教育、休闲教育、娱乐教育开始在教育中占有很大的比例。尤其在完成作为一个劳动者必须具备的基础教育、高等教育以后的终身的教育，其文化教育逐渐成为教育行为的核心和主体。当终身教育的观念形成以后，人的定义开始发生转变，有人甚至认为人就是终身接受教育的过程。一个国家、一个社会的很大精力和财力放在了教育上。围绕教育，带动了相关产业的发展，现代教育的体系已经明显呈现出产业化的特征。当然，在教育中，有一个庞大的组成部分，即基础教育，在不少国家是强制性的义务教育，是国家投入巨资，从国家长远的利益培养下一代的工程。不能简单把基础教育看作文化消费，也不能简单把它作为文化产业看待。但是，从大文化和大教育的观点看，教育应该是一种特殊的文化产业。运作得好，其良好的资本运作和规模效应不仅可以产生经济效益，更重要的是教育的产业化可以更好地满足人民群众日益增长的接受教育的需求，提高人民大众的素质。

第二，报刊、图书等传统媒体的产业化途径。报刊、图书等传统媒体是文化产业的基础，也是文化产业的中枢，是文化最直接的载体，也是大众最能接受、最易接受、最具悠久历史传统的文化产业。它是一个社会、民族、国家的文化最直接的承载者。报刊、书籍通过销售，进入营销系统，直接转化为有形的商品，产生经济效益。随着资本运营的国际化和我国市场经济的发展，在图书、报刊背后，开始了现代经济、资本的运作。出现了从报业集团、出版集团到营销服务集团的庞大的产业化系统，开始了集团化产业经营的道路。在现代都市里，前些年已经减少的书店、图书馆又再度红火；城市里的休闲报纸、消费书刊不断增加，满足不同趣味、不同年龄、不同职业需求的个性化报刊亭充斥街头。这一切预示着报刊、图书等传统媒介的产业化有很好的前景和广阔的空间。

第三，以广播、电影、电视和互联网以及附属的音像制品、硬件设施商品为主体的文化产业化途径。广播、电影、电视和互联网是20世纪文化的产物，也是文化产业化的重要载体。随着现代技术和高科技的进一步发展，广播、电视、电影和互联网必将取代传统的报刊和图书的稳固地位，成为文化产业中最重要的组成部分。广播、电影、电视和互联网由于具有影像、声音、文字的多重组合和传播速度快以及保存、复制的便利。它以前所未有的速度得到普及，进入千家万户，拥有巨大的消费群体。在广播、电影、电视和互联网上，实物文化、行为文化、观念文化通过声像集成在具体的广播节目、电视、电影作品和互联网中，使文化得以产品化，进入市场，产生利润。此外广播、电视、电影、互联网的音像制品、设备和硬件设备的生产同时还带动了其它产业的发展，使之成为利润、规模、效益最大、最明显的文化产业。

第四，以艺术表演和艺术生产为主体的文化产业化途径。随着社会化的进程和民族与民族、国家与国家的交往的便利，具有民族性的艺术表演也就随之成为文化产业的重要部类。舞蹈、杂技、魔术、相声、评书、地方戏曲通过商业性的演出和通过电视、电影等载体满足不同民族、大众的需要，同时也获得巨大商业利润。而书法、绘画、雕塑、服饰、文物、民间工艺等有形的艺术产品也打破了过去的自我欣赏，进入市场，成为商品，成为方兴未艾的文化产业。在不少民族地区，民间工艺、服饰生产长期以来只是满足自身需求的生活必需品，或者说最多在本民族、本区域内交换的商品，但在今天商品经济时代，开始走出家园，走出国门，换取利润，带动了地方经济的发展，推动了文化产业和文化市场的发展，也使自己民族、区域的文化走向世界。

第五，以旅游、休闲业为主体的文化产业化途径。旅游是文化交往的最好形式，也是当代人的一种生存方式。进入大众生活的旅游只可能在交通日益发达、国家富强、社会稳定、服务设施齐全的时代才可能得以实现。在旅游的过程中，人们可以通过观察、体验感知另外民族、区域的文化，进行文化的消费和体验，获得身心的满足。在这个过程中，某个地区的实物的、行为的、观念的文化以最直观的形式进入其他地区、民族的游客眼中、心中。旅游成为一种行为载体，附着了文化的因子。同时，为实现旅游的过程而建设、发掘的旅游设施、景点、饮食、工艺品、服务也可以直观地充塞进去文化的因子。文化和旅游成为一种互动，旅游实际上是文化产业的一个重要组成部分，一种特殊形式。无论是国外还是我国，今天旅游业已经成为不少地区的支柱产业，成为带动地方经济、社会发展的重要产业。随着我国加速城市化发展的进程，旅游，作为文化产业的重要形式，还将得到迅猛的发展。

休闲往往是和旅游业相伴生的，它已经成为都市人文化生活的一个重要组成部分。从行为经济学看，休闲业作为一种特殊的文化产业，它应该是第三产业，即服务业发展到高级阶段的一种表现形式。国外的经济学家已经注意到休闲产业的经济学问题，有学者把休闲产业对应的经济行为称之为休闲经济学，认为它来源于服务经济。它追求的消费不再是单纯的服务，追求的目标更加细化，不单是生理上的满足，更看中的是文化的、精神的、审美的、价值观念上的体验。不难看出休闲产业的文化附加值极高，它应该是多元的、多形式的、多层面的文化集合。尽管这种休闲文化产业在我国还仅限于大都市，其表现形式主要通过度假、会馆、茶室、俱乐部进行，其形式较为单一，但随着经济的发展，休闲产业很快将成为一种时尚。围绕着休闲产业的发展，可以带动其它类型、途径的文化产业的发展。

第六，以体育、文化性会展为主体的产业化途径。体育是古老的行为文化，具有悠久的历史传统，早在古希腊就已经有现代奥林匹克运动会的雏形。在我国民间体育的形式多种多样，丰富多彩，具有旺盛的生命力，也极具产业化的基础。随着文化交往的便利和人民生活水平的提高，体育不仅仅是人们强身健体的一种形式，而逐渐演变成为文化交往、交融，民族文化体现的一种文化行为，熔铸了丰富的文化内涵。大规模的体育活动和国际的体育盛会，往往可以带动基础设施、市政建设、建筑产业、交通设施、旅游产业、新闻传播业、饮食业的迅速发展，从而推动地方、国家经济的发展。正是开始看到体育背后巨大的商业利润，现在不少发达国家和发展中国家通过不同方式，竭尽全力，争办全球性的和洲际性的体育赛事，以此来带动经济的发展。体育不可置疑地成为文化产业化的重要途径。

和大规模体育赛事成为文化产业化途径相关的是文化性会展业的发展。上世纪90年代中后期，人们注意到，中国各大中城市，各种文化性的会展名目繁多，从纯商业性会展到花卉、文化会展，从选美、服装展示会到旅游性的会展，一应俱全。政治的、商业的、经济的、教育的、文化的各种会展运作背后，文化的色彩越来越浓，其经济效益也越来越明显。上海率先提出了要发展会展经济，以此带动上海经济的发展，凸现上海国际性金融大都市的文化风采。

文化是一个民族生存方式的总和。文化产业的过程实际上也是当代人的一种生存方式，说到底也可以把它看成是文化的一种表现形式。其本质是要将文化中可以转化为经济利润的要素、因子通过现代经济行为的方式，即第二产业（工业化）或第三产业（服务业）的形式转化为文化产品和经济行为，产生效益。在文化这个巨系统中，实物文化、行为文化、观念文化三大层面的10组要素相互交织，动态发展，不可分割，形成一个复杂的、动态的、变化、发展的系统。因此，文化的产业化过程实际上也是一个复杂、动态的过程。以上概括的五种主要文化产业化的途径，也只是对目前我国文化产业的发展现状和日常经济生活的最直观的理论思考。只是文化产业化进程中一个“他者”的观点，在具体的产业化，不同层面的文化如何附着在具体的文化产品和行为中，转化为文化商品，获得利润，使文化产业化，也许要复杂、艰难得多。在《2003年中国文化产业蓝皮书》中，文化产业指标体系课题组《我国文化产业统计指标体系研究》一文就将文化产业的行业构成分为8大类55小项。随着我国文化产业的不断发展，文化行业的构成还将更加复杂。但是，有一点是不争的事实，那就是，文化产业正逐渐在我国的物质、文化、经济生活中占有越来越重要的地位，因而，它的健康发展也就迫切需要理论的支撑和引导。

（选自《民族艺术研究》2003年第5期）

文化产业化与传统文化资源的开发

李书文　尹作升

文化价值与文化产业化

民俗学家、人类学家和其他社会科学家对文化给出了一百多个定义，但广义的文化本质上是人类社会生存的基本方式，包括生产方式、生活方式、社会组织、风俗习惯、知识形态、价值观念和处理人类社会生存所涉及的众多关系的技术系统等内容。就是说，人是文化的存在物，人通过文化把自己的自然本性和社会本性实现出来。因而，文化不仅渗透在人类社会生活的方方面面，而且是人类社会生存和发展的内在需要。这种内在需求就是文化价值。狭义的文化特指人类在历史上发展起来的高度符号化的知识系统、价值系统和工具系统，包括各种思想形态、价值观念以及科学技术、经验技艺和宗教。这套符号化的复杂系统为人类在特定历史地理环境中生存和发展提供必要的知识、价值和解决实际问题的工具。正是在这一意义上，文化哲学家才把文化定义为：“工具×符号=文化”。

文化价值包含着丰富的内容：首先，文化价值是在不同地理环境中人类发展起来的有效的价值实现形态，人类文化的多样性和演化特征揭示了人类内在世界的丰度，展示了人类价值实现的辩证发展的轨迹。这表明，世界各民族文化的形成/存在和发展有着各自的合理性和必然性。从远古到现代，每个民族都在各自的环境中创造他们独特的历史、独特的生活和富有民族特色的文化，这些文化都是他们在与其独特的自然环境“博弈”的产物，既是自然的选择，也是每个民族特有的生存智慧的创造。尽管各民族在其自身历史发展的不同阶段发展出的社会制度、风俗习惯、生活方式、知识系统、价值观念和工具系统有诸多差异，但每个民族的文化作为人性的实现形态具有不可替代的价值，每个民族的文化都有其特有的有效性、合理性和必然性。如原子主义世界观主导的西方文化和“天人合一”的有机世界观主导的中国文化在东西方社会发展过程中实现着各自独特的价值。其次，在世界历史演化的曲折进程中，从特定地域中发展起来的各民族文化总是处在与其他民族文化的交流、冲突和融合的过程中，发生在不同民族间的文化竞争和文化进化推动着人类走向更丰富更复杂的价值实现形态，推动着人类的进步。在这一过程中，每个民族文化的涓涓细流总是不断汇入人类文化的历史潮流中。

古埃及文化、两河流域的苏美尔文化经过血腥的民族征服、商贸交流和宗教传播，汇成为蔚为大观的古希腊罗马文化，奠定了西方文化的基础，西方文化在近代的殖民浪潮中席卷全球，改变了从好望角到安第斯山的文化存在形态，同时西方文化所到之处，都在被本土文化所染色。从三皇五帝到现代中国，中国传统文化的基调尽管为儒道所确定，但在中国浩荡的历史长河中，中国文化以海纳百川的胃口不断消化诸多蛮夷文化、佛教文化和来自西方的基督教文化，并在近代悲壮的历史挫折中，“师夷长技”，走向文化的新生。当今世界，不管名之为西方文化，还是称其为东方文化，实际上都是全人类文化的结晶。因而，从古到今，各民族文化都在共同熔铸现代世界文化，每个民族文化在现代世界文化的生成和发展具有不同程度的价值和作用。

文化价值植根于人类社会生存的内在需要，而文化产业化则根源于文化价值。文化产业是一个生气蓬勃的朝阳产业，它是市场经济的产物，更是经济全球化的必然。作为市场经济的产物，文化产业适应了市场经济社会不断发展的需要，通过市场利用文化资源和智力资源为人类提供高层次的精神产品和服务。这既是社会经济发展到高级阶段的需要，也是人类价值实现的必然选择。马斯洛认为，当人的基本物质需求得到满足以后，更高级的精神需求就成为人的主导价值需求。处在生理需要层之上的安全需要、社会归属需要和自我实现需要（尊重需要、满足感、轻松、乐观、正义、真善美等需要）除了一部分由社会公共部门实现以外，主要还由社会文化部门来实现。如喜剧带来的放松，悲剧产生的美感升华，文化古迹引起的满足感，宗教对广大信众的抚慰，等等，在高速运转的经济社会中孕育着巨大的市场商机。再从经济全球化来看，经济全球化不仅激发了人们对知识、信息和技术的需要，而且把不同地域的文化卷入到全球交往的潮流中，为世界各地的人们认识地球村的文化和历史提供了史无前例的可能和条件，同时新科技和网络技术也为满足世界各地人们的多层次丰富的精神需要提供了可能。

正是在全球化的背景下，埃及的金字塔、伊斯兰的圣地、佛教的寺院、道教的养生法、黑人的摇滚唱片、卡耐基的成功术和好莱坞的大片才可能风行全球。

因而，文化产业化应立足全球文化市场，用知识、资本和技术去开发各民族固有的文化资源，或用智慧和技术创造新的文化产品，为全球提供优质的产品和服务。

这些产品和服务既可以是有形的产品，如工艺品、玩具、书籍、影视产品等，也可以是无形的服务，如文化之旅、娱乐服务等。世界各民族在历史过程中累积了丰富的文化资源，其中文化遗迹、文化典籍、宗教圣地、民间工艺和风土民俗蕴含着无穷商机；各民族的艺术才华、知识智慧和技术创新也是文化产品的重要源泉。但这些资源只有在专门的管理知识、技术和一定规模的资本投入的情况下才能转化成有核心竞争力的文化产品和服务，而且还要有良好的文化产业政策背景。因而，在合理的文化产业政策背景下，可把文化产业化的要素简单表述为：文化资源＋企业（管理＋技术＋资本）＋市场。

在市场经济条件下，文化企业必然是文化产业化的市场主体，文化企业负责调研和开发文化市场，选择、评价、有效开发和管理文化资源的责任，筹集资本，募集人才，寻找相关技术，以一定规模为全球文化市场或区域文化市场提供有核心竞争力的文化产品和服务，自担风险，自负盈亏。文化产业的产品，不再是工人、农民的劳动产物，而是知识和审美文化密集的新型产业。

文化产业系统中的文化企业必须学会捕捉市场中基于人的精神需要的文化商机，发掘文化资源的市场价值。文化企业必须通过评估、整理、合理理解和升华转化，实现对特定文化资源的再赋形与商品化，并使之占取应有的市场。文化产业的核心竞争力主要取决于企业对文化资源的认识和转化赋形的能力。

传统文化资源及其开发

文化产业是当今世界最有前途的产业之一，也将成为21世纪中国经济的一大支柱产业。

五千年的中国文明史，给我们留下了十分深厚的文化积累，其中蕴藏着极为丰富的独有文化类型，这是一种难以估量的文化资源。科学评估和开发这些文化资源，构造具有中国自己特色和优势的文化产业体系，培育自己的有世界竞争力的文化企业，参与国际文化产业竞争，是摆在中国政府和企业界的重大课题。

传统文化资源为中国发展文化产业提供了得天独厚的条件。第一，传统文化历史悠久，源远流长，一脉相承。世界古代几大文明如埃及文明、苏美尔文明、古希腊罗马文明、印度河流域文明和印加文明等都被埋入历史的尘埃下，唯有中国文明长盛不衰从远古洪荒一直延续到现代。这一历史事实表明，传统文化主导的中华文明具有强大的生命力和世界其他文化所不具有独特文化价值。其生存智慧和文化魅力本身就是一个极富吸引力的谜，具有吸引文化市场目光和思维的奇异性。第二，传统文化在其演化的历史过程中留下了文化瑰宝，这些珍奇的文化遗存从上古时代一直排列到现代的整个中国文明史序列，而且分布在从新疆到台湾、从漠河到海南的山山水水之间，谱写着中华大地上勤劳的人们从石器时代走到网络时代的壮丽诗篇。辉煌的故宫，巍巍的长城，谜一样的秦皇陵，神秘的三星堆，神圣而金碧辉煌的布达拉宫，不胜枚举的古迹如星斗一样闪烁在中华大地。这些古迹都是富有世界竞争力的中国独有的品牌资源。第三，传统文化在其发展过程中，兼收并蓄，融合外来文化，并在六朝以后以儒释道为主流的文化形态，遗留下许多灿烂的文化圣地，儒教的文庙，佛教的寺院，道教的宫观，成为文化旅游的热点。第四，传统文化的生存智慧、价值理论和技术系统几乎完整地保存在儒家的经典、道教的《道藏》和佛教的《大藏经》中，其世界观、伦理思想和中国科技思想成为世界文化的宝藏。随着中国经济政治的复兴，以中国传统文化为核心的东方文化成为西方社会关注的焦点。在现代中西文化对话中，中国传统文化独具魅力。这其中也蕴含着巨大的文化商机。第五，中国56个民族既吸取着传统文化的营养，又在各民族的地理环境中保有和发展着自己的传统，其民情风俗、工艺技术和宗教信仰构成一道道多姿多彩的文化风景线。

总之，丰富多彩的传统文化资源既是世界人民共有的文化财富，也是中国文化产业化的宝贵财富。

市场就是现实中活生生的需求，开发传统文化资源，将使传统文化更多地获得被社会接纳和发展的可能性，使中华文明获得新生，以自己的独特性屹立于世界民族之林。为此首先要科学评估和保护好传统文化资源。科学评估就是要对传统文化资源的社会文化价值（是人类文化的有机部分）、科学技术价值（其科学研究价值、科学思想和技术工艺价值）、社会伦理和宗教价值、艺术价值和满足文化市场的经济价值等等。保护好传统文化价值就是要建立切实的制度和采取有效措施，防止造成对文化资源的浪费和破坏，尤其应对具有品牌价值的文化资源进行保护和开发。其次，把开发传统文化资源纳入社会经济发展的框架中，给予法律和政策上的合理地位，发挥文化产业化在整个产业化中的作用。

最后，把开发传统文化资源同国际经济、技术和文化交流结合起来，使文化产业化既成为中国传统文化走向世界的有效途径，又成为中外经济技术交往的契机。

开发传统文化资源，促进文化产生化，首先应转变政府的管理方式。文化从事业到产业的转化进程中，政府的职能主要是制定合理的文化产业政策，保护文化知识产权，维护文化市场秩序，确保公平竞争，提供信息服务等。政府文化部门要从这种转变中提高效率，文化企业要从这转变中获得市场的主体地位。其次，要培育和发展一批有品牌、有规模、有参与世界文化市场竞争的具有核心竞争力的企业。只有靠文化产品和服务才能分割文化市场的蛋糕，而只有真正作为市场主体的有核心竞争力的文化企业才能生产出具有获取文化市场的大块蛋糕的文化产品和服务。再次，文化企业要创造自己的核心竞争力。核心竞争力是由普拉哈拉德和加里·哈默尔于1990年在《企业的核心竞争力》中首先提出，其基本涵义是指能使公司为顾客带来特殊利益的一类独有技能和技术，是公司能持续开发新产品和拓展市场的特性。文化企业的核心竞争力源于对要开发的传统文化资源的评估和选择、对文化市场的知识、开发文化资源的技术、对文化产品和服务的分销体系以及对整个过程的控制和管理，这些要素构成文化企业的独特的价值链，决定着企业的竞争优势。再次，企业应学习和借鉴国际文化企业的成功经验，可以探索独资、合资或合作等多种方式开发传统文化资源，可根据企业的知识技术和人才储备来选择不同类型的传统文化资源，如从传统文化资源中发掘其旅游价值、艺术价值、医药价值等。最后，文化企业在开发传统文化资源过程中应和区域经济和社会发展结合起来。如，西部地区保存了浓厚的传统文化资源，丰富的民族文化、传统宗教文化、众多的人文自然景观、连续而悠久的历史文化背景，使西部在面临文化产业时代到来之际，发挥文化产业化在西部大开发中重要作用。

开发传统文化资源具有重大的现实意义和深远的文化战略意义。第一，有利于促进中国文化产业化，发挥优化国民经济结构的重要作用。第二，有利于有效地保护和利用传统文化资源。第三，有利于培育和发展文化企业，改善中国参与国际经济的企业结构。第四，有利于深度发掘传统文化资源的多维价值，文化产业化是弘扬和发展传统文化内在价值的重要方式。第五，有利于中国传统文化与世界其他文化的博弈、对话和交流，而使双方从中受益，共同得到发展。

（选自《社会科学研究》2004年第3期）

产业集群与文化产业竞争力的提升

康小明　向　勇

按照美国哈佛大学教授迈克尔·波特（Porter，1998）的看法，产业集群（Cluster Industries）是在某一特定领域中（通常以一个主导产业为核心），大量产业联系密切的企业以及相关支撑机构（包括研究机构）在空间上集聚，通过协同作用，形成强劲、持续竞争优势的现象。产业集群包括了一批对竞争起重要作用的、相互联系的产业和其他实体。此外，产业集群具备着天然的横向扩张和纵向扩展的内在动力机制，因此，产业集群的形成和发展将伴随着产业规模的不断扩张，不断扩张的产业规模又反过来促进产业集群的发展和壮大，从而对文化产业竞争力的提升发挥着重要的作用。

产业集群的理论基础

随着世界经济一体化步伐的不断加快，各国都在不断探索符合本国特色的国家竞争优势，而国家竞争优势的重要源泉又是与科技进步和经济发展密切相关的产业竞争优势，产业竞争优势的养成自然而然催生了产业集群理论和实践的不断发展和完善。产业集群的竞争优势不仅在发达国家体现得非常明显，而且也在发展中国家的竞争优势的形成过程中发挥着日益重要的作用。从传统产业的美国加州的葡萄酒产业集群、意大利萨索尔洛的瓷砖集群等，到高新技术产业的硅谷微电子产业集群、印度班加罗尔的软件集群等，到文化产业的美国好莱坞、摩纳哥公国的文化产业集群等，这些独具特色的产业集群一方面为所在的国家带来了巨大的经济效益和社会效益，另一方面又为所在国家竞争优势的提升发挥了非常重要的作用。随着经济全球化进程的日益深入，很多西方发达国家在追求传统产业和高新技术产业的竞争优势的同时，还在投入巨大的精力提升其文化产业的竞争优势。由于文化不仅是一个民族赖以生存和发展的土壤，还是一个民族得以屹立于世界民族之林的精神纽带，因此，提升文化产业的核心竞争力不仅具备着重大的经济价值，还具备着无限深远的社会意义以及民族价值。而文化产业核心竞争力的提升又离不开完善而高效的文化产业集群。因此，文化产业集群的发展不仅事关区域经济核心竞争优势的形成，而且还关乎一个国家和民族的生命力、创造力和凝聚力。

正是在这种宏观背景下，美国哈佛大学教授迈克尔·波特首次系统地阐述了产业集群理论。因此，一般意义上的产业集群既包括了下游产业的企业、互补产品的供应商、专业化基础结构的供应者和提供培训、教育、信息、研究、技术支持的其他机构，例如大学、智囊团和技术标准机构等。很多产业集群还包括了商会和涵盖集群成员的其他集体组织。这种集合了系统产业价值链在内的产业集群从诞生之初就具备了明显的竞争优势，特别是在规模经济性、范围经济性、知识积累性和学习创新性领域所具备的独特优势，从而在世界各国获得了蓬勃的发展。文化产业领域的好莱坞、迪斯尼等产业集群也是其中的典型代表。

文化产业和文化产业集群

正是伴随着产业集群理论和实践的不断发展，文化产业集群才开始得到了学者、官员和企业家们的广泛关注。只是由于我国文化产业的市场化程度还比较低，从而使得文化产业集群的发展仍然停留在初期阶段。

1．文化产业的概念和特点

无论是法兰克福学派于20世纪40年代对文化工业的批评和抨击，还是我们现在耳熟能详的文化产业，都是以大众传播媒介（包括出版、报刊、广播、电影、电视、音像、广告和网络传媒等）为核心的产业集合。随着发展文化产业成为我国党和国家最高领导集体的共识后，我国的文化产业开始获得了突飞猛进的发展。这种发展不仅体现在我国加入世界贸易组织（WTO）时的承诺条款中，而且还体现在我国正在如火如荼地进行着的文化体制改革试点工作中。虽然学术界对文化产业概念的内涵和外延尚存在着一定的争议，但是概括起来，目前比较一致的观点是：文化产业是由市场化的行为主体实施的，以满足人们的精神文化消费需求为目的而提供文化产品或文化服务的大规模商业活动的集合。因此，文化产业主体应该存在着如下特点：

（1）以生产和经营文化产品和文化服务为主要业务；

（2）满足广大消费者的精神消费需求；

（3）文化产品和文化服务的提供过程就是创意的转化过程；

（4）以创造经营利润为核心，追求商业利润的最大化；

（5）以文化价值转化为商业价值的协作关系为纽带。

正是因为文化产业主体为人们提供的是以精神消费需求为目的的文化产品或文化服务，因此，“创意”一直被公认为是文化产业的核心属性。因此，西欧很多国家都将文化产业称为“创意工业”。如果考虑到很多文化产品和文化服务的传输都是通过音频或视频实现的，文化产业又经常被称为“内容产业”。无论是“创意工业”，还是

“内容产业”，“创意”都是该产业得以存在和发展的基础。由此，我们可以发现，文化产业价值链就是一条以“创意”的产生、传输和消费为核心环节的价值链。

2. 文化产业集群的概念

综合上面所说的产业集群和文化产业的概念可以知道，文化产业集群就是在文化产业领域中（通常以传媒产业为核心），大量产业联系密切的文化产业企业以及相关支撑机构（包括研究机构）在空间上集聚，通过协同作用，形成强劲、持续竞争优势的现象。因此，一般意义上的文化产业集群既包括了下游产业的文化产业企业、互补产品的供应商、专业化基础结构的供应者和提供培训、教育、信息、研究、技术支持的其他机构，例如大学、智囊团和技术标准机构等。根据文化产业的“创意”属性的强弱，我们可以将文化产业集群划分为如下类别：核心文化产业集群、外围文化产业集群和相关支撑机构等。

文化产业的核心产业集群主要包括了图书出版产业、报刊产业、电影产业、广播电视产业、音像产业、广告产业、艺术产业等。之所以将这七大产业确定为文化产业的核心产业集群，一方面是因为这些产业都是以“创意”为核心的文化产业群体，另一方面，这些产业在我国的文化产业集群中的市场化程度相对较高。更为重要的是，这些产业具备着文化产业区别于其他产业的基本特点：创造性和精神性。因此，这些产业的发展状况将直接反映着一国文化产业最核心的竞争能力——文化创新能力。无论是在西方发达国家，还是在发展中国家，这些产业都被界定为文化产业的核心产业集群。

文化产业的外围产业集群主要包括了旅游产业、体育娱乐产业、会展产业（由于会展产业在特定区域的文化产业体系中占据着非常重要的位置，因此，在考察特定区域的文化产业集群的发展过程中也会将文化会展产业纳入核心文化产业集群中一并考察）和网络传媒产业等。从总产值角度看，虽然这些产业在整个文化产业体系中，甚至在国民经济体系中都占据着举足轻重的地位，但是由于这些产业的属性离“创意”属性和“精神”属性都还有一定的距离，因此，我们将这些产业统一纳入文化产业的外围产业集群。

文化产业集群的相关支撑机构则包括了为使文化产业集群获得可持续发展所需的各类外部配套机构的总和。这些相关支撑机构包括了教育产业、科研机构、资本市场、经济发展水平、物流体系等。正是因为有了文化产业集群的相关支撑机构的发展和完善，才使得文化产业集群获得了可持续发展的基础。

产业集群竞争力的理论模型

与任何产业集群的分析和讨论一样，文化产业集群的分析和考察也离不开特定的理论模型基础。而在产业集群竞争优势的诸多基础理论模型中，波特的“钻石理论”模型（又称菱形模型）堪称其中最具说服力的理论模型。波特认为，产业是为生产直接相互竞争的产品或服务的企业集合，产业竞争力则是指一个国家能否创造一个良好的商业环境使该国企业获得竞争优势的能力。波特的产业竞争优势理论将企业、产业和国家有机地结合起来，将影响产业发展的各主要因素纳入到其理论模型中来。波特理论中最为显著的特点就是突出强调产业集群中企业战略结构的重要性。由于世界各国都在通过强大的产业竞争优势在全球范围内推销其文化价值观和文化产品（例如美国和法国就是最为典型的代表），同时我国在2001年12月正式成为世界贸易组织成员国时也明确承诺了相关文化产业的开放进度表，为了在这种复杂的全球市场格局中讨论我国的文化产业集群发展战略，波特的“钻石理论”模型将更具现实意义。

按照波特有关产业竞争优势的“钻石理论”模型，影响文化产业集群竞争优势的要素主要包括了生产要素系统、需求状况系统、文化企业战略系统、相关辅助产业系统和政府行为系统等。其中文化企业战略系统和需求状况系统共同组成了核心竞争力模块，生产要素系统和相关辅助产业系统共同组成了基础竞争力模块，政府行为和机遇因素共同组成了环境竞争力模块。

图1 波特产业集群的“钻石理论”模型

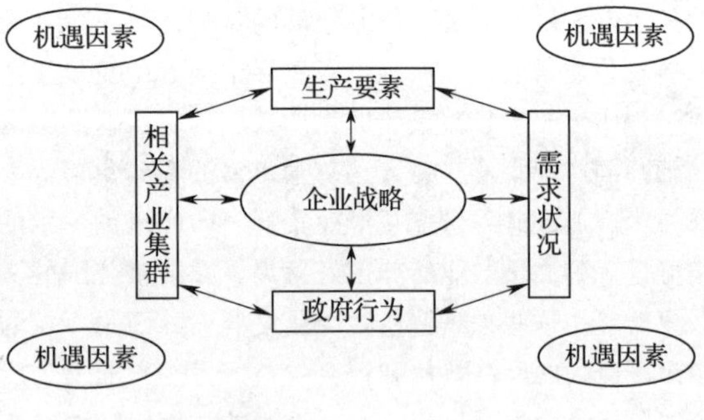

1. 核心竞争力模块

核心竞争力模块主要包括了文化企业战略系统和需求状况系统。文化企业战略系统包括了文化企业的经营战略、治理结构、营销方式和竞争状况等。文化企业是文化产品和文化服务的具体提供者，因此，一国文化企业的竞争力状况将直接影响着该国文化产业的竞争力状况。而需求状况系统则反映了公众对文化产品和文化服务的需求，是文化产业集群发展的原动力。有效需求能够不断刺激文化产品产业集群与文化产业竞争力的提升和文化服务的有效供给，进而促进文化产业集群和文化产业结构的不断优化。在经济全球化的宏观背景下，需求又包括了国内需求和国际需求两个层次的需求状况。

2. 基础竞争力模块

基础竞争力模块主要包括了生产要素系统和相关辅助

产业系统。文化产业生产要素包括文化资源、人力资源、资本资源和基础资源等。上述生产要素又可以进一步划分为基本要素（天然拥有或者不用付出太大的代价就能获得）和高级要素（需要经过长期投资和培育才能形成）两大类。在文化产业集群的发展过程中，天然要素的重要性正在不断下降，而高级要素的重要性正在不断提高。由于文化产业集群通常都是由一系列产业价值链所组成，从上游产业一直延伸到下游产业，而且产业关联度都比较大。文化产业集群竞争优势的形成必然离不开相关辅助产业群的强大支撑，只有具备强大的相关辅助产业群才能真正发挥出文化产业集群的整体竞争优势。例如信息、网络、教育和金融等都是文化产业集群赖以发展的基础产业。

3．环境竞争力模块

主要包括了政府行为系统和机遇因素。在文化产业集群的发展过程中，政府将发挥着至关重要的作用。对于处在转型发展期的中国来说，政府在文化产业集群的形成和发展过程中将发挥出更加重要的作用。综观全球成功的产业集群案例可以看出，政府在文化产业集群发展过程中的作用应主要体现在文化产业政策制定的科学性、合理性和适时性以及对文化产业的扶持力度和文化市场的规范程度等方面。而机遇因素虽然可以对文化产业集群的形成和发展发挥重要的催化作用，但是这种机遇因素并不是依靠人工努力可以获得的。因此，机遇因素虽然很重要，却很难在文化产业集群的发展规划中进行人为预测（例如北京市主办2008年奥运会这一历史性机遇就并非文化产业政策的制定者所能左右）。

当然，文化产业集群的竞争优势并不能由某一特定的竞争模块决定，而是多个竞争模块综合作用的结果。因此，我们在应用波特的“钻石理论”模型分析文化产业集群的竞争优势时，还必须将上述的各大竞争力模块综合考虑在内。

启示和政策性建议

正是由于产业集群所具备的独特竞争优势，使得产业集群理论和实践都获得了飞速的发展。特别是在创新和创意要求比较高的文化产业领域，产业集群的理论和实践又将具备着更为鲜明的比较优势。随着我国文化事业和文化产业的职责分工日益明确，特别是随着我国加入世界贸易组织（WTO）时承诺的文化产业领域的开放条款逐步兑现，文化产业的市场化进程将不断深化。不断深化的市场取向改革必将对我国的文化产业发展模式提出更高的要求。因此，在文化产业的发展模式上，我们可以从如下方面着手强化我国本土文化产业集群的竞争实力。

1．在区域比较优势的基础上启动并完善文化产业集群战略

我国幅员辽阔，历史悠久，各地都有着深厚的历史和文化底蕴。为了在新的历史条件下将这些静态的文化资源转化为文化产业优势，完全可以通过充分挖掘自身的比较优势，然后在此基础上启动并完善本区域的文化产业集群战略。当然，文化产业集群的启动和完善还有别于传统的制造加工业和高新技术产业，只有在寻找出自己的区域比较优势和行业比较优势的基础上才能制订出完善的文化产业集群发展战略。

2．充分发挥文化产业集群的比较优势

由于文化产业是以创意为核心的产业形态，因此，创意的竞争优势（包括静态文化资源的比较优势）将直接关系到文化产业的竞争优势。而在文化产业集群内，除了需要强化创意的竞争优势外，还必须充分发挥出文化产业集群的比较优势。产业集群所具备的规模经济性、范围经济性、知识积累性和学习创新性不仅将对文化产业集群的发展产生巨大的推动作用，而且文化产业集群的发展又将反过来强化文化产业集群所具备的各类天然优势。因此，在发展各地的区域性文化产业集群的过程中，还必须充分重视并发挥出文化产业集群自身的比较优势。

3．制定科学而完善的发展规划

要启动并完善区域性文化产业集群发展战略，必须首先制订出科学而完善的发展规划。虽然我们目前很多地方政府已经意识到了文化产业集群在当地文化产业发展战略中的重要性，但是尚未完全意识到科学而完善的发展规划的重要性。随着文化产业领域的市场竞争日渐加剧，融战略定位和战术安排于一体的科学发展规划的重要性将日益突显。

4．完善文化产业集群的政策体系

文化产业集群的发展离不开完善而稳定的产业政策体系。要形成区域性的优势文化产业集群，不仅需要在宏观层面界定清楚政府和市场的作用范围，划清文化事业和文化产业的效率边界，还必须在文化产业集群区域内改善政府的投入和管理，优化政府对公共性文化资源的配置能力，强化文化产业集群内各类企业的市场竞争能力。只有这样，才能真正提升区域性文化产业集群的竞争能力。当然，上述各方面都是建立在文化产业和文化产业集群基础上的原则性建议。要想真正发挥出区域性文化产业集群的竞争优势，还必须充分结合本区域的既有资源优势和政策安排，辅之以深刻的文化和市场的双重洞察力，才能制定出科学而完善的发展规划。

（选自《北京大学学报》哲学社会科学版2005年第2期）

文化资本：经济增长源泉的一种解释

高　波　张志鹏

对增长理论的简要回顾与评论

经济增长理论一直围绕着经济是否会持续增长及经济增长是否会收敛这两个问题而努力探索。这两个问题的解答又都可以归结到对经济增长源泉的分析上，因为只有揭示出是哪些因素推动或制约着一国地区的经济增长，人们才有可能进一步分析这些因素能否推动经济实现持续增长或趋向收敛。

对于经济增长源泉的分析一般总是从具体事实出发。最初是靠研究者的直觉，而后是计量经济工具所揭示出的一些相关关系为分析经济增长的决定因素提供了思路。例如，跨国比较研究显示投资—产出比率与实际GDP增长率存在正相关关系；以不同指标，如识字率和入学率，衡量人力资本存量与经济增长同样有正相关关系；出口占其国内产出份额较高的国家似乎比其他国家增长更快；人口增长率较低的国家似乎也比其他国家增长更快；对发达国家的研究还表明，从事研究工作的科学家和工程师越多，产出的增长率也越高；而研究发展中国家的学者也指出，生产率的增长与一国地区的经济规模及该国地区制造业占其GDP的份额有显著的相关关系。此外，历史数据表明，不同的政府政策与经济增长业绩的关系较密切。与此相适应，经济增长理论的演变也经历了这样几个阶段：资本积累论—技术进步论—人力资本论—制度决定论—新增长理论（将知识、技术、人力资本及制度等因素内生化）。

从传统的经济增长理论到新增长理论的演变，是一个持续的深化内容与突破假设的过程。这样的一个研究进程体现了经济学家对于经济增长决定因素认识的不断拓宽，即从寻找一种决定性因素转向多种因素的综合；从静态分析转向对长期变量的重视；从有形物质转向对无形因素的关注；从对增长动力的研究转向对增长陷阱的解释。

20世纪80年代以来，新增长理论的出现代表了主流经济学对于经济增长的最新认识。虽然新增长理论是由持有相同或类似观点的经济学家提出的多种模型组成的一个松散集合体，但其所关注的决定因素却较为一致，即技术与知识。这一认识是从索罗模型的结论开始的，该模型在一般均衡的分析基础上产生，它的结论是人均产量的长期增长率决定于劳动放大型技术进步的速度，技术进步是外生的。索罗模型的一个预测就是在缺乏技术进步的条件下，人均增长将停止，即实现条件收敛（Conditional Convergence）。这一结论与世界上并存着长期高增长和长期停滞的事实并不相符。而索罗使用全要素生产率分析方法检验其模型时，发现有大量的产出无法解释，被称为“索罗剩余”。这些剩余通常被归结为技术进步因素的贡献。为此，对技术进步乃至知识积累的研究构成了经济增长理论自20世纪80年代以来演进的主线。

研究者普遍认为，技术是一种知识，其载体或是物质资本或是人力资本，或是制度及其他无形要素。准确地说，技术只是知识的一个子集，经济学家从最初对技术的重视而逐步拓展到更广泛的知识领域。从广泛的意义上来说，人类的一切认知成果都可以称之为知识，但是按照其属性的不同与研究的需要，一般可以将其分为具体的知识类别。汪丁丁将知识划分为四类：物化于资本品的知识，蕴涵于劳动者的知识，蕴涵于制度的知识，可以见诸文字的知识。在这里，他显然遵循了把文化视为“非正规制度”的看法，将其包含在制度范畴之中。

从上述对知识内涵的不同理解出发，经济学家对于技术和知识的处理方法上表现出较大差异。一种方法是将技术进步因素转变为人力资本来研究，代表性的如乌扎华—卢卡斯模型；第二种方法是直接把技术进步内生化，主要是阿罗—罗默模型；第三种方法是将制度知识考虑在内，发展出“内生劳动分工”理论及制度变迁理论。前者主要体现在杨小凯、博兰德在美国《政治经济学杂志》1991年刊出的论文《经济增长的一个微观机制》和1992年哈佛大学《经济学季刊》发表的贝克尔等人的《分工，协调成本与知识》中，两篇论文从不同角度分析了知识积累与交易成本（协调成本）对分工深化与经济增长的制约。而制度变迁理论则强调影响经济增长的长期制度（包括文化）因素，其代表人物是道格拉斯·C·诺思。他的观点是制度和意识形态共同决定经济绩效，“制度（与所利用的技术一起）通过决定交易和生产成本来影响经济绩效”。

文化或意识形态在诺思的框架里具有重要的地位，他不仅认为文化影响着衡量与实施合约的费用，而且他还强调通过知识、观念和意识形态对企业家决策的影响。由于“意识形态”乃至文化是一个不容易“操作化”的概念，所以难以被经济学主流接受。而将文化当作一种非正式制度，也在一定程度上限制了对文化与经济增长关系的深入探索。但是，诺思的直觉与他已做的工作无疑具有重大意义，它启迪我们去挖掘更为深刻的长期变量。

综上所述，尽管新增长理论已尽可能地将人力资本、技术及制度内生于模型之中，但其仍未能提供令人信服的统一理论。集中表现在，一是它解答不了经济增长与停滞长期并存这一事实形成的原因。例如，贝克尔建立的内生的人力资本增长理论得出结论，发达国家与不发达国家的差别在于人力资本增长出现“高水平均衡”与“低水平均衡”的情况，至于这一情况出现的原因，他认为是某种“运气”。罗默的研究则表明，一些国家投入于研究开发的人力资本太少，从而被“锁定”在“低收入陷阱”里，但他没有说明是什么原因使一些国家陷入低收入均衡。二是对于各种决定性因素之间的关系缺乏深入分析。当前，研究者对于经济增长依赖于物质资本、人力资本、技术以及制度诸因素已不存在更多争论，问题在于，这些因素之间是如何相互作用的，是否存在着更具有决定性意义的因素呢。三是忽视了企业家在推动经济增长中起决定性作用的事实。“经济学家总是忽视企业家，无独有偶企业家也总是不理睬经济学家。”与熊彼特重视企业家创新能力不同，在新增长理论模型中企业家被抽象掉了，似乎企业仅仅依靠人力资本与物质资本就可以运转。然而，事实上，我们发现无论是家庭业主制企业还是股份制的跨国公司，企业领导或管理层的决策才是推动经济增长的真正微观基础。四是对企业无形资源的研究不全面。“企业的无形资源包括技巧、知识、关系、文化、声誉以及能力，与企业的有形资源一样，它们都是稀缺的，都代表了企业为创造一定的经济价值而必须付出的投入。”现代管理学研究也表明，企业的核心竞争力体现在产业集群以及学习型组织上，而企业文化则成为塑造企业竞争能力的重要途径。

在本文作者看来，文化资本是决定长期经济增长与衰退的关键性因素和最终解释变量。我们将研究那些企业家（Entrepreneur）是如何通过发挥他们所拥有的文化资本而促进经济增长的。或者说，是这些企业家的文化资本投资推动了其他物质资本、人力资本及制度资本的高效使用。

文化资本的内涵与特性

西奥多·W·舒尔茨认为在涉及人力资本投资这一概念时，“小心谨慎是有道理的”，因为“把人看作是通过投资便可得以增加的财富，是与根深蒂固的价值观念相违背的”。但是，当我们将研究的视角深入到这些所谓的“根深蒂固的价值观念”，并将其称之为“文化资本”时，就需要更多的勇气和细心。因为“文化具有的内在价值观和态度能引导民众，从这个意义上说，它令学者们害怕。它带有种族和继承的刺鼻气味，带有免疫力的味道”。同时，“对文化的批评是会得罪人的，会伤人感情和自尊心”。因此，尽管在整个20世纪都有人试图用文化来解释各种问题，但它总是一种比较不受欢迎的解释范畴之一（对种族因素论者而言）。除此之外，文化问题与价值判断的难以分离且与定量方法相距较远，更使得经济学家们避而不谈，将这一领域让与社会学家、人类学家、政治学家及历史学家们去耕耘。

在接受文化资本这一概念之前，有必要重新回顾一下资本理论的内容。因为“许多研究增长理论的经济学家并没有明确地说明他们所说的‘资本’概念包括什么”。“如果‘资本’仅仅是指机器设备，那么这一假设是合理的，但是如果资本概念包括无形的人力资本和知识资本，那么传统的增长模型便无法很好地处理这些具有特殊的经济特性的资本。”一个最宽泛也是最本质的资本定义是费雪（又译菲歇尔、费沙）给出的，他指出：“资本，就资本价值的意义讲，只不过是将来收入的折现，或者说是将来收入的资本化。任何财产的价值，或财富权利的价值，是它作为收入泉源的价值，是由这一预期收入的折现来求得的。如果我们高兴的话，为了逻辑上的方便起见，也可将对我们自身的所有权包括在财产之内，但也可依照习惯，把人类看作单独的范畴。”从这一定义出发，进一步可以将投资看作是消费在时间上的权衡轻重，是放弃今天的消费换取明天的消费。人们放弃眼前的消费来制造机器、学习技能以及建立规章制度都意味着为了换取将来的收入与消费。从这个意义出发，经济学家将物质资本、人力资本与制度资本都看作是资本的不同类型。

然而，我们还观察到，人类所习得与遵从的特定文化实际上也是一种最普遍最一般意义上的资本形态，因为它是人们为了换取将来的利益而在早期进行的投资活动。

在对文化资本进行深入探讨之前，需要清楚文化的内涵。尽管各门社会科学对文化提出了众多的定义，但文化的基本核心由两部分组成：一是传统（即从历史上得到并选择）的思想，一是与人们有关的价值。从经济活动的角度来看，文化是指人们所选择与遵从的特定价值观体系，它构成了人们的主观模型。人们无论是进行生产、交换，还是分配、消费活动，总是需要一个特定的价值观体系来帮助判断决策。事实上，习得特定的传统文化观念甚至从婴儿就开始了，每个人都是通过在家庭以及学校、社会中接受教育，观察模仿，在一个空白的大脑中建立起诸如“值得”与“不值得”、“应该”与“不应该”、“公平”与“合理”等陈述语句构成的价值观体系。这种价值观体系并不同于人类的本能，例如一些报道中的“狼孩”同样具备饮食及生存的本能，但“他”根本不了解任何一种人类的文化传统。获取特定的价值观体系为每个人将来的生活提供极大的便利，它减少了人们在每件事上都需要作出分析判断所消耗的精力和资源。从这一意义出发，人们所习得的能够为其未来带来收益的特定价值观体系就被称为文化资本，因为它是未来收入的资本化。文化资本不仅是人类走出蒙昧所积累的第一笔资本，也是每个人一生中所开始积累的第一笔资本。

事实上，文化资本并不是隐藏的神秘物，我们能够在大量的人类行为中观察到它的存在。缺少文化资本，人们将寸步难行，而进行文化资本投资则是普遍的行为。例如，一个人从少儿时期就要从家庭中接受大量的关于伦理道德及观念信仰的说教；当他进入学校时，所学习的不仅是专业技能，而且包括大量的由国家所强制灌输的价值观以及意识形态理论；即使在工作中，还必须熏陶在企业或其他组织的特定文化中。正如诺思所指出的：“一个社会的教育制度，用狭隘的新古典术语是不能简单地解释清楚的，因为其中许多情况显然是指反复灌输一套价值观念而不是对人力资本投资。”他还描述了一系列即使在今天也仍然存在的现象，“虽然最近的马克思主义文献强调美国教育制度的这一价值观灌输的方面，但某些马克思主义作者显然忽略了这一点并不是‘资本主义’所独有的。对合法性投资是苏联和中国社会的一个更突出的特征。诚然，在中国的共产主义中，这种投资既支配正规的教育机构，也支配非正规的教育机构。无论新古典经济学家们忽略或未领会每个社会的本质部分也罢，或者他们是正确的也罢，每个社会对合理性进行的巨大投资都是多余的支出。”诺思的观察是敏锐的，但他却没有意识到人们灌输价值观念的行为并非是“多余的支出”，相反，这是一种同人力资本投资性质不同的文化资本投资。

文化资本不仅具有资本的一般性质，更多的特性将它与其他的资本类型区分开来。

（1）文化资本具有多层次的内部结构。通常人们会把思想信念、意识形态、伦理道德、风俗习惯、生活态度等都归属于文化范畴。而作为一个个体所拥有的文化资本，同样是由众多价值观子系统所构成的复杂结构。这些价值观子系统用于处理各类不同的事务，但是它们之间是相互联系、存在着一致性的。

（2）文化资本具有一定的物化形式与现实载体。特定的价值观体系虽然是无形的，但是它往往通过特定的行为、物品或信息储存手段而得以表现。历史遗迹、家庭传统、生活习俗都能够承载特定的文化观念。

（3）文化资本投资或积累的实质是价值观体系的不断扩展。投资意味着文化资本的不断积累与变化，但我们能否对不同的文化资本进行比较呢？事实上，这也是制度资本所面临的一个难题。因为在增长理论研究中，物质资本的积累可以通过数量的增加而体现，技术进步的不同阶段也可以反映出来，人力资本则以所掌握的技能与教育年限为比较准则。而制度资本与我们所提出的文化资本的先进与否则难以比较。事实上，文化资本的积累是一个动态的历史的过程，这就是文化资本投资或积累的实质是价值观体系的不断扩展。随着这种价值观体系的不断扩展与包容、扬弃，文化资本得以不断积累与增长。同样，制度资本的投资与积累也是如此，它是哈耶克所说的“人类合作秩序的扩展”，人类合作秩序扩展的规模与深度反映了不同制度的特性。

（4）文化资本完全不同于人力资本。进一步区分文化资本与人力资本是有必要的，因为二者都是主要以人为载体且都与教育联系密切。应该看到，习得特定文化的活动与人力资本投资中的教育活动是不同的。一般而言，人力资本投资表现在人们对特定操作技能的掌握，体现在人们获得“怎么办”的知识；而文化资本则体现在人们获得“为什么”的知识。即使在教育的内容上，二者也是可以得到清楚划分的，且文化资本的投资途径远不止学校教育。在企业培训上也是如此，人力资本体现在员工技能的学习与提高上，文化资本则表现在员工要习得与操作技艺绝不相同的特定价值观、态度与企业文化上。林毅夫曾提出“意识形态是人力资本，它帮助个人对他和其他人在劳动分工、收入分配和现行制度结构中的作用作出道德评判”。他还详细列举了意识形态的人力资本理论的内容：较大的意识形态拥有量能减少消费虔诚的影子价格，因此个人搭便车或违反规则的可能性较小，而他对周围的制度安排及制度结构是合乎道德的意识形态信念较强；个人的意识形态是相对稳定的，对个人而言需要时间以剥除旧的意识形态资本；如果发生永久性变迁，青年人会比老年人更快地投资来获得新的意识形态；对现行制度安排的合乎义理性（Legitimacy）的意识形态信念，能淡化机会主义行为。因此，按权威们的观点，意识形态是能产生极大外部效果的人力资本。为此，任何政府都通过向意识形态教育投资来对个人意识形态资本积累进行补贴。然而，与广告相类似，它对人们行为的影响并不是通过改变口味而是通过改变相对价格来实现的。无疑，这些认识是深刻的，注意到了人力资本理论所忽视的东西，但是，将意识形态或文化归属于人力资本却并不合适。这不仅因为意识形态并不属于人力资本的内涵，更为重要的是，它实际上是一种新的称之为文化资本的要素。而林毅夫所描述的意识形态作用也是对文化资本特性的一个较好概括。

（5）文化资本同样不同于制度资本。因为文化不同于制度，尽管当前流行的说法是将文化视为一种“非正式制度”。但我们知道，人们用文化一词所描述的现象已远远超过制度的内涵，相反，文化可以将制度包含于其中。比较恰当的说法应当是“文化是制度之母”。在一定意义上来说，制度资本可以通过复制法律体系而得以迅速获得，而文化资本的获得则不能够这样做。尽管二者都在促进经济增长中发挥了重要的作用，但显然作用的机制并不相同。

（6）文化资本是经济增长的最终解释变量之一。随着对资本范畴的拓展，人们对于物质资本、技术资本特别是制度资本在经济增长中重要作用的认识也日益得到深化。但由于忽视了人类生活中最具有原生性的因素——文化资本，上述诸因素尚不能完全解释长期经济增长与停滞的现象。作为一种经济增长的最终解释变量，文化资本一方面体现了人类行为的本质特征和决定人类选择的基本依据；

另一方面文化资本又是潜在地制约和影响着制度安排、技术进步及物质利用。对于因文化资本不同所导致的个人、组织、地区乃至国家在收入上即经济增长的重大差异，我们将在论文的后两节进行更为详尽的论述。

表明文化资本客观存在的另一方面证据来自经济的微观层面——企业（当然家庭、政府也是如此）。研究经济增长的学者倾向于从国家的宏观统计数据中寻找规律，却忽略了支撑经济增长的微观基础，事实上，人们很少去试图解释为什么企业文化成为企业成败的关键？为什么企业家的创新可以挽救一个濒临倒闭的企业？为什么企业家精神成为管理学所关注的重要问题？总之，至今经济学尚未合理解释在同一制度背景、同样资源投入与人力资本的条件下，是什么因素导致了企业绩效的重大差别。

回归熊彼特：文化资本投资、企业家精神与企业的性质

影响企业绩效的因素是多层次的，在不同的假设条件下，人们所认识到的决定性因素并不相同。随着研究的深入，同质和匀质的企业假设逐步加入了市场结构、区位差异、企业内部结构差异、产权制度差异等新的内容，这种转变推动着微观经济学逐步分化出产业经济学、区域经济学、管理经济学及制度经济学。当然，打开企业这个“黑箱”，我们还发现价值观差异的存在（它表现在企业理念、企业伦理、企业经营宗旨乃至企业精神的巨大差异）决定着企业绩效的差异，这正是本文所研究的内容。与其说上述认识是研究的深化，倒不如将其看作是在经济学研究方法上向古典理论的回归。

回顾经济学的发展，似乎能发现这样一个回归。古典经济学主要是从现实社会出发来提出问题与分析问题，而新古典经济学则逐步演变为“象牙塔”的学问，看不到历史与现实中丰富的事实。数学工具的滥用，使研究者舍弃了对当时社会背景的考察，事实上，社会科学的发展很容易进入所谓的“锁定”状态，一个小小的事件会改变以后的进程。当前经济解释潮流的兴起则复兴了古典经济学从现象出发分析问题的传统。对经济增长的分析也是如此，古典经济学所观察到的是事实，而新古典经济学分析的出发点是概念，如熊彼特能够看到的创新与企业家精神，在现代增长理论的模型中就没有存身之处了。然而，一个趋势，尽管很微弱的趋势，就是注重历史与事实的经济增长理论正在重新出现。

古典经济学虽认识到企业家及其才能在财富增长中的作用，但是由于那时企业家与冒险家、经营者、资本家等角色相混合，自然就难以进行深入分析。例如，穆勒尚未区分开资本家与企业家；到马歇尔时，他就观察到，“在大多数营业中，都有企业家这个特殊阶级参与其事”。而市场的力量会“使资本适应善于运用资本所需的才能”。但是，只有熊彼特真正深入探索了企业家在促进经济增长中的作用。

熊彼特比约翰·梅纳德·凯恩斯早去世 3 个月，在世之时，后者声名显赫得多，但是现在越来越多的人认识到，熊彼特提出并研究了更深刻的问题。他认为创新在经济发展过程中具有至高无上的地位。创新促使资源从旧的、过时的产业转向新的和更富有生产性的产业。创新的主体是什么呢？熊彼特认为是有见识、有组织才能、敢于冒风险的企业家，他们是“创新者”，是经济增长的动力，而创新则是企业家能力的标准。“典型的企业家，比起其他类型的人来，是更加以自我为中心的，因为他比起其他类型的人来，不那么依靠传统和社会关系；因为他的独特任务——从理论上讲以及从历史上讲——恰恰在于打破旧传统，创造新传统。虽然这一点主要是适用于他的经济行动上，但也可以推广应用于他的经济行动的道德上的、文化上的和社会上的后果。在企业家类型的人物兴起的时期也产生了功利主义，这自然不只是一种偶合。”

熊彼特认为企业家进行创新的目的之一在于谋取额外的利润，他指出：“它（利润）附着于新事物的创造，附着于未来的价值体系的实现。它既是发展的产儿，也是发展的牺牲品。”“没有发展就没有利润，没有利润就没有发展。对于资本主义制度而言，还要补充一句，没有利润就没有财富的积累……因此我们可以说，是企业家的行动创造了绝大部分的财产。”除此之外，企业家还有心理上的特征：他们为了证明自己不同于凡人，为了表现出自己“出类拔萃”，而去竭力争取事业成功。这是一种非物质的精神力量，一种“战斗的冲动”，这种精神被称作“企业家精神”。熊彼特的深刻见解是，利润并不归结于风险或不确定性，相反，他认为企业家所冒的风险是最少而不是最多的。

在这里，我们看到，熊彼特所提出的创新并不是指科学技术上的发现与发明，而是指价值观的创新，或者用我们的术语说就是文化资本的积累与增长。无论是采用一种新的产品、新的生产方法，还是开辟一个新市场，利用一种新资源，实现一种新组织，这些创新都意味着企业家价值观体系的扩展。例如，从需求的角度看，企业家精神体现为将更多的消费者的价值观纳入自身的价值观体系，使其不断扩展，从而发现和发掘消费者的新需求，以此来开发新产品和新市场。从这个意义上讲，企业家就是那些具有更多文化资本积累的人，他们提供给社会的是创新的观念。企业家是一种极其稀缺的资源，这是因为进行文化资本投资是困难的，主要在于人们要突破传统价值观念的束缚很不容易。诺思的观察又是一个证明，他说：“每当由于不同经验而大相径庭的关于我们周围世界的观点发展时，企业家便涌现出来。”这样看来，企业家已不再等价

于一个资本家，一个投机商，或一个只想赚钱的人，已经不仅仅是人格化的资本，而是一个人类文化和精神财富的创造者了。这一观点与诺思将产生意识形态的人称之为“知识企业家”就不谋而合了。

如果将生产新的价值观念的人都称之为企业家的话，就会有助于我们理解“新观念”的生产主体与生产过程。对于这一问题，汪丁丁做了前沿性的探索，他认为现实经济已经提出了“带有观念投入的生产函数问题”。为此，他分析了观念创新的“伴随条件”，并讨论了“观念生产函数”的特征，认为“正规教育、家庭熏陶、个人阅历这些体验与先天因素一起决定了创新者的个性”。在他所列举的创造性思维发挥作用的必要条件中，我们发现这些因素其实同样制约着企业家的产生。汪丁丁还提出“新经济”是“观念经济”（the Economy of Ideas）的观点，用我们的术语表达，“新经济”系企业家文化资本积累的结果。事实上，一些研究也对企业家给予了充分的重视，他们将企业家定义为异质型人力资本的所有者，认为这种人力资本具有边际报酬递增生产力价值的特征，其形成是制度变迁的基本成果。在文化资本概念提出之前，将企业家才能归入人力资本是顺理成章的，但是强调其“异质型”本身就表明这是一种不同于人力资本的东西。

准确地说，企业家是文化资本的所有者，在生产过程中，企业家所投入的正是这种稀缺资源。事实上，特定文化资本投入是企业建立的前提，而后才会吸引物质资本、劳动力以及技术的投入。在这里，企业家与其他资本所有者不仅签订了所有权合约，同时还达成了隐含的心理合约，实际上，一个企业的成立往往是由那些具有相同或相近文化观念的人组成，这就是家庭企业最早出现和成功的原因。

说企业的实质是合约并不全面，普遍存在的心理合约也是制约企业规模与边界的重要因素。例如，在从家庭手工场向现代企业转变过程中，因文化成本太高而导致心理合约难以达成。工人们喜欢摆脱纪律的约束，喜欢享有随心所欲地停机离开的特权。但企业的建立要求工人们最终集合在一起，在监视和监督下劳动。不过，制造商们发现他们不得不出钱来说服人们走出庭院进入工场。然而，在纺织业中为集中劳力所做的努力，虽然在英格兰可以上溯到16世纪，却一律失败了。在使用动力机械以后，产品价格以越来越大的幅度低于庭院产品。尽管工人工资高一些，但对于守旧派来说，工厂依然像是监狱。那么，早期的工厂主是从哪里寻求到他们的劳动力呢？除了那些不能够说不的人以外，他们还能从别的什么地方找到工人呢？在英格兰，这就意味着往往是从贫民院招募（买来）的儿童，还有妇女，尤其是年轻的未婚妇女。在欧洲大陆上，制造商们能够通过谈判利用囚犯劳力和军人。

同样，企业中的任何创新，如技术革新、管理制度改变等，都要面临强烈的反对。只有那些成功实现了价值观体系扩展的企业才能不断推进创新。这种文化资本投资的行为首先是由企业家来完成的，而后又不断地扩展到企业的员工中去。诺思也曾强调说，大的利益集团如公司和社团都会在意识形态教育方面进行投资以说服它们的成员相信它们的合法性，而对意识形态的分析也应该适用于其他非正式的制度安排，如伦理规则、道德规范和习惯。上述假说的最显著证据就是企业文化的重要作用。对于企业文化的重要作用，管理学给予了充分的肯定。不仅认为企业文化就是企业核心能力，而且还提出企业文化对企业绩效有着重大影响，是企业成败的关键。企业家们也是这样看待企业文化的。例如，杰克·韦尔奇认为文化可以发挥管理的作用，是文化使他获得了成功。他在公司里也只讲文化战略，其余的让副手们去干。中国著名企业家张瑞敏也说，海尔过去的成功是观念和思维方式的成功。企业发展的灵魂是企业文化，而企业文化最核心的内容应该是价值观。但是，长期以来，经济学家对此视而不见。

按照本文的假说，企业文化的实质在于企业家进行了持续的文化资本投资，文化资本投资的直接产出是创新性观念，这是企业生产过程中不可缺少的一种要素。具体来说，企业家直接影响着企业文化的塑造和企业的兴衰。企业家不仅是一种经济现象，也是一种文化现象。《经济和文化》一书的作者、日本学者名和太郎说：“作为一种经济现象，企业家是工业社会的产物；作为一种文化现象，他们是现代文化社会中一个特殊的阶层，拥有自己独特的价值观念、思维模式和行为特点。”而这种独特的价值观念能够通过投资行为进一步扩展为更多人的观念，成为企业不断创新的内在动力。

文化资本对经济增长的解释

企业是国家与区域经济增长的微观基础，制约企业发展的因素同样在国家与区域经济增长中扮演重要角色。要较全面地解释经济增长现象，就必须重视决定企业绩效的文化资本因素。简单地说，没有文化资本的不断扩展和投入，经济增长几乎是不可能的，即使有科学技术的发现与发明，也难以被利用起来。人类历史上经济革命的前提是文化资本的积累与扩展，同样一些国家和地区的长期停滞则反映在文化资本的缺乏甚至减少。现在我们就应用文化资本理论来初步解释经济增长现象，具体来说，“有两个有关世界经济中经济增长的事实亟待解释。第一，有许多国家在相当长的一段历史时期内，人均收入持续地增长而且这一增长速度似乎并不会下降。第二，同一历史时期内不同国家的经济增长业绩相差悬殊，同一个国家在不同的历史时期内经济增长的业绩同样相差悬殊。而更为重要的是，经济增长似乎并非随机现象，而是与一些可考察的经济特征有着系统的关联，其中包括不同国家所实施的各种政策影响。”

第一个事实与文化资本的报酬递增特性有关。

汪丁丁曾指出：“大量关于收益递增的经济研究很可能证明企业家能力是与非凸性联系的。”准确地说，企业家所具有的文化资本是能够实现边际报酬递增的稀缺要素。这是因为文化资本具有自组织的能力，它一旦形成就会不断地自我强化，这也是一切文化所具有的特性。一种文化一旦在竞争中胜出被人们接受时，它就会竭力形成垄断，排除其他文化的存在。道金斯的观点更为直接和彻底，他认为文化的传播有一点和遗传相类似，即它能导致某种形式的进化。他将文化传播单位称作觅母（Meme），觅母应该是一种有生命力的结构，这种自私的觅母不断地进行复制传播。从而他认为一种文化特性可能是按其自己的方式形成的，因为这种方式对其自身有利。

在经济增长过程中，或许是文化资本的偶尔积累带来了利润，利润吸引更多的人来迅速地学习或复制特定的文化资本，要想阻拦这种观念的传播几乎不可能。当更多的人习得了特定文化资本后，该国家或地区的文化资本似乎被“锁定”在一个独特的路径上并沿着这一方向持续扩展下去。而导致经济增长的特定文化资本会进一步同各种相近的思想观念混合在一起，自我组合，互相传递。有利于经济增长的文化资本的自我强化行为推动着那些有机会进入增长轨道的国家，在相当长的一段历史时期内人均收入持续地增长而且这一增长速度似乎并不会下降。

报酬递增的特性使得文化资本具有很强的“溢出效应”，当一个群体中更多的人拥有相同的文化资本时，群体的规则就更容易遵循。如在一个市场中，人人都很讲信用，则市场的整体信用程度就会提高。但是，这也隐含着这样一个推论，在一个不讲道德、欺骗成风的社会，整体道德水平一定是低下的。不仅如此，文化资本形成的长期性也导致了其改变的缓慢性。历史研究表明，当外来文化与原有文化接触时，外来文化要符合原有文化价值，或至少不与之冲突时，才可能比较容易地得到广泛的接受。当众人直接看到带入新价值的改革可以有益于增进既成价值时，便比新的价值单独出现容易被一般人接受。文化在改变时，不一定是要全盘的，而是有选择的。在选择或拒绝西方文化时，如果不致冒重大风险，则比较易于接受。新来的文化事物如果不扰乱原有的社会组织，或者与现存的风俗习惯综合起来，就比较容易接受。

第二个事实则与文化资本制约其他生产因素的利用有关。

文化资本这一要素的独特性和重要性在于，它是通过制约其他生产要素而起作用的。如它制约着对物质资本的选择，表现在大量的禁忌阻止发展中国家去利用自己丰富的资源；文化资本要求技术引进同样必须考虑与当地文化的融合；它还影响着人力资本的发挥，被管理学归属于“效率”中；同样，它对于制度选择有着重要作用，可以说，文化资本变迁决定了制度变迁。总之，无论在什么社会中，与生产活动和财富积累有关的价值观念都将是决定经济发展的程度和方向的重要因素。

应用文化资本理论能够更恰当地解释特定国家或地区文化经济发展的现象。即使一个国家或地区具备了物质资本、技术和一定的人力资本，但文化资本的缺乏同样会束缚资源配置和经济增长。例如，对于“温州模式”的成功，在同样的产权制度背景下，仅仅用物质资本、技术和人力资本来解释是不够充分的。如果我们归因于观念的改变那就不如说文化资本在起作用。再如，人力资本理论虽然能够解释受教育时间与工资收益之间的关系，但是它不能解释的是，在现实中大多数的大学毕业生是学非所用，即使所学专业与工作内容一致，其真正能用到的专业知识至多不过二三成（这一现象在发达国家和发展中国家都存在）。我们对此的解释是，企业更看重的是毕业生所拥有的文化资本，即通过大学学习所获得的对社会规则的遵循和理解，这种文化资本不仅使其更容易接受管理，也同样有利于其能力的发挥。在一定程度上，文化资本重于人力资本。这一点从大公司招聘新人的要求上也可以看出。

应用人力资本理论对中国区域发展差异的研究表明，体现在教育和健康水平上的人力资本禀赋是导致发展差距的重要条件。但是这一研究却忽略了一个事实，温州、深圳、广州等经济发达地区的教育并非最被重视和发达，相反，沿海发达地区的大量人才是从内地流入的。与其说沿海的人力资本禀赋较好，不如说沿海发达地区的文化资本吸引了内地的人力资本和物质资本。而1994年统计表明，当时我国的30位亿万富翁中，70%是农民出身，且70%只有小学文化水平，这绝不能说他们的人力资本高。同时他们的启动资金也少得可怜，他们的“成功秘诀”被归结为“最具有市场经济的意识”，共同所凭借的是“誓死一搏”的理念。

文化资本对于国别和地区经济增长差异与增长趋同或收敛问题同样具有一定的解释力。制度差异可能是制约不同国家间经济增长无法实现收敛的一个重要因素，但并不是惟一的因素。在一些拉美国家，即使复制了美国的宪法，仍然无济于事。同时，增长在一国内部各地区则出现了收敛趋势的事实。显然，文化资本在一国内部更容易流动，制度可以复制，文化资本却难以学习。一种可能的答案是，文化资本的存在最终制约了各国经济增长的趋同，而同时为一国内部各地区的收敛提供了条件。

文化变迁的缓慢性与长期性能够较好地说明为何经济增长与发展是如此少见，一些国家为什么长期进入“发展陷阱”难以改变。诺思关于“国家的存在对经济增长来说是必不可少的，但国家又是人为的经济衰退的根源”的疑问可以得到解答，这是因为文化资本制约着制度的变迁，而当某种特定文化被国家力量尊为正宗而拒绝创新时，该文化就会不断地自我强化且制约着制度以及技术等变革的发生。同样，我们可以解释为什么同一历史时期内不同国家的经济增长业绩相差悬殊、同一个国家在不同的历史时期内经济增长的业绩相差悬殊的事实。文化资本一旦存在就很难改变其基本结构（路径依赖性、固定成本、资产专有性）。正因其固定成本和资产专有性，才会产生规模收益递增和相应的风险，降低了系统对外界变化的适应性与创造力。总之，文化资本的扩展成为经济增长的动力，而文化资本的停滞则意味着经济进入了发展的“低水平均衡陷阱”。

结论与建议

罗默曾经比喻说，人类历史告诉我们，经济增长发端于更好的“食谱”而不是更多的“烹饪”。每一代人都低估了发现新“食谱”和新观念的巨大潜力。进一步说，穷国所需要转变的是观念，而不是物质。如果一个穷国投资于教育且不去损害人们向外部世界获取观念的动机，它就会迅速从世界范围的知识储藏的可利用部分中获益。罗默的总结是深刻的，他为经济增长指出了可能的途径。这一途径就是进行文化资本投资，文化资本投资不仅对于个人是必要的，对于一个社会也是不可缺少的，长期以来，宗教与各种哲学、主义以及学说在文化资本投资上发挥了主要的功能。对促进经济增长而言，文化资本投资的具体方法则是教育及向外部世界获取新观念。

如果说国家能够为经济增长提供政策支持的话，最重要的就是实现人权与思想、言论自由。我们知道，文化资本的积累是与自由思考、广泛交流密切联系的，一国的国民失去了独立思考的权力与观念交流的机会，文化资本只会萎缩而不会积累。哈耶克说：“但是颇为遗憾的是，许多新兴国家都缺乏一种企业精神；当然，这种情形并不是个体居民所具有的一种不可改变的本性，而是那些现行的惯例和制度强加于这些个人的诸多压制性措施所造成的后果。”压制思想观念产生与传播的制度确实从根本上束缚了经济增长。当然也有人提出，“文化素质没有束缚任何一个人去寻求改善他自己的命运，束缚他的只是在承受变迁时有希望得到足够多好处的机会的缺乏”。“对一个民族的经济增长来说，比文化素质更为重要的是政府的政策”。这一观点并没有看到政府政策与文化资本积累之间的关系，政府政策可以推动或阻碍文化资本的积累，但促进经济持续增长的决定因素却是文化资本本身。

进行多种文化的交流也是推动文化资本扩展的重要方法。文化资本的积累如果单由某一国家或地区内部进行，那将不仅耗时甚长，而且极可能停顿。多种文化的交流是实现文化资本积累的最快捷的方法，世界经济发展的历史也证明了这一点，闭关自守逐步为对外开放所代替。汪丁丁的研究结论也与此相同，他指出“而一种可能的出路是，多种文化的交流与竞争将会更容易促进人们文化的变迁。为了使‘观念’能够成功地转化为‘生产力’，观念必须获得某种‘主体间性’，即参与生产的社会成员愿意共享这一观念及对这一观念的解释。”

促进文化资本投资的最后一点认识是，重要的是改变教育内容，而不仅是延长教育年限。人力资本理论将受教育年限作为考察人力资本投资的一个重要指标，并将投资教育作为一项重要的政策建议，这一点无疑是正确的。但文化资本的研究则表明，更重要的是需要改变教育内容。任何一个国家的教育内容中都包含了很大一部分价值观灌输，也就是我们所称的文化资本投资，但是只进行单一的特定文化灌输是不利于文化资本积累的，文化资本的积累需要多元文化的共存与交流，需要多种价值观念的冲撞与选择，需要多角度的思维模式与创新。这就意味着在各级学校的教育内容上更应开放与丰富，而非保守与单一。例如，在许多发展中国家长期将“计划经济”的信条灌输给学生，使他们绝不愿去尝试“市场经济”的“危害”，这无疑从根本上压制了经济增长。

波拉尼在分析工业革命的形成原因时主张制度变迁而不是技术变迁是经济发展的动态原因。按照这一线索，道格拉斯·C·诺思和P·托马斯将西方经济增长的主要原因归结于在人口对稀缺资源赋予的压力增加时，那些支配产品的规则的制度发生了变迁。但是本文的分析表明，这一认识并不全面且误解了主动精神在人类发展过程中的主导作用。如果正确理解进化论的话，物种的进化并不是依赖被动的选择与适应，事实上，主动的学习与创新才是生命繁荣的源泉。本文的一个重要结论是，是人类的主动精神，或者说发现与接受新价值观的能力推动了经济增长与社会发展，而不是环境的变化所导致的被动结果。国家贫穷不仅是因为人力资本与制度资本缺乏，更重要的是文化资本的匮乏。

（选自《南京大学学报》哲学、人文科学、社会科学版2004年第5期）

文化产业的经济价值及其他

柳斌杰

随着信息时代的到来，文化生产、传播、消费的方式正在发生巨大的变化，文化的价值在人类创造文明历史和追求各种生活目标中凸显出来。以文化价值为灵魂，以科学技术和现代传播载体为支撑，由文化创意、文化产品制造、文化传播、文化消费、文化服务、文化交流所构成的产业链已经形成，世界文化的现代化和工业化已经走上了快车道。实践证明，文化产业不仅是建设先进文化的物质基础和重要途径，也是国民经济的重要产业门类。以2004年为例，在美国，文化产业已经占当年GDP的21%；在日本，文化产业已经占当年GDP的18.5%；在韩国，文化产业已经占到当年GDP的15%。在一些国家，文化产品已经成为对外贸易的主要产品。由此可见，文化产业所带来的不仅仅是精神文化成果，而且会创造出巨大的物质财富。

一

中国的文化产业虽然起步晚，但发展快，势头好。特别是党的十六大以来，党和国家作出了树立和落实科学发展观，构建和谐社会，坚持以人为本，实现人的全面发展等一系列重大决策，为文化产业发展创造了历史机遇；解放思想，与时俱进，深化文化体制改革的重大举措，解放和发展了文化生产力，为文化产业发展注入了巨大的活力。我们完全可以相信，文化产业一定是中国经济的新的增长点，文化产品一定会成为居民消费的新热点。

1. 从生产的角度看，文化产业将是国民经济的支柱产业。我国历史文化源远流长，我国各族人民勤劳、勇敢而又聪明，拥有丰富的文化资源和很强的文化创造力。这些资源和能力，一旦与先进的科学技术手段相结合，就会创造出新的奇迹来。改革开放以来，我国的文化产业逐步迈开了新步伐，从业人员之多、产业进步之快都是前所未有的。据2004年有关调查表明，我国的出版业、报刊业、电影业、广播电视业、音像业、印刷复制业、广告业、旅游业、演艺业、网络传播业等文化产业的总产值已达到1.2万亿元人民币，加上由此带动的基本建设、机电设备和相关服务，总产值在2万亿元人民币左右，已经成为经济增长的新亮点，在创造财富和扩大就业、提高人民生活上作用巨大，是新兴的支柱产业。

2. 从技术的角度看，文化产业是高新技术的前沿产业。科学技术是第一生产力，它的每一个进步不仅创造了文化，成为文明的标志，而且推动了文化生产和文化传播的革命。互联网技术、电子技术、光储存技术、计算机技术、移动通讯技术、动漫制造技术等等，在文化产业中被普遍使用，提升了文化产业的技术含量，使文化产品的制造和流通进入了大工业时代。高新技术和新材料、新工艺的运用，使文化的增加值成倍上升，一部电影、一条信息、一款游戏、一种书报刊、一次运动会，创造亿万收入的例子，已经比比皆是。高新技术进入文化产业，已经催生了新的文化产品，使文化产业发展的速度和规模大大超过其他一些产业，统计表明，高新技术文化产品的品种年增加60%以上，产值年增长30%以上，等等。

3. 从投资的角度看，文化产业是投资回报最好的行业之一。当代社会各种产业利润主要是依靠自主创新和技术进步来实现的，而文化产业正是自主创新和技术含量最高的一个门类。

加上政策因素和市场因素的作用，文化产业的资本盈利率比较高。所以，文化产业成了吸引资本的一个高地，国家投资者、企业投资者、民间投资者、国际投资者都争先恐后地进入这个投资领域，“文化是个好生意”已成为经济人士的共识。文化产业方面的投资热将会长期存在，一定会推动文化产业发展，带动经济持续增长。

4. 从消费的角度看，文化产品成为与日俱增的消费热点。随着经济的发展，人们衣食住行的问题解决了，就会追求精神消费，在文化生活上提高质量成为自然需求。据我国十个城市调查，最近五年社会和居民文化购买力超速发展，文化产品消费增长超过物质产品消费增长16个百分点，特别是教育、培训、旅游、通讯、信息、文化娱乐等精神消费增长更是惊人，带动了相关文化设备（电视机、计算机、音像播放机等）的消费，现在的文化消费市场大约为2万亿元人民币。专家预计五年内会达到4万亿元人民币以上。而国际文化市场，也是中国文化产业的进军方向，有广阔的前景。国内外两大市场正是推动文化产业发展，支撑国民经济增长的潜在力量。显而易见，文化产业所具有的生产、技术、投资、市场等几个方面的优势，决定了文化产业必然成为国民经济的新的增长点，无论是城市还是农村，无论是东部还是中部、西部，都可以抓住机遇，在文化产业发展上大有作为。

二

文化产业的确立，不只是承认文化生产能创造物质财富、扩大消费市场和增加国民经济总量，更重要的是标志着文化是一种社会生产力，文化生产、流通、消费的方式发生了重大变化，有利于形成以公有制为主体、多种所有制共同发展的文化产业格局和以民族文化为主体、吸收外来有益文化、推动中华文化走向世界的市场格局。这表现在以下几个方面：

1．文化投资主体多元化。文化不再仅仅是精神生产活动，而是成为独立的产业部门，开始由政府办文化走向社会办文化。在许多领域，国资、民资、社会资本、外资都可以投资兴办文化产业，文化投资体系多元化，文化市场主体公平竞争，成为一种必然趋势，这有利于打破文化资源垄断，解放文化生产力。

2．文化生产工业化。产业化的本质特征就是用工业化的方式生产文化产品。几千年来，文化生产都是手工劳动，即使某些环节使用了机器生产，也仍然没有摆脱手工劳动、自由职业的基本模式，自创、自产、自销占主导地位，缺乏现代产业的设计、加工、流通的商业模式和市场中介的参与。产业化就引入了大工业的模式，使文化企业的规模、运行、流通环节，都可借鉴工业的成功经验，迅速壮大起来，培育出跨国的文化企业集团。

3．文化经营市场化。主体多元化和生产工业化，资本、产品、消费都必然通过市场找到自己的价值。资本要增值，产品要销路，消费者要选择，这就打破了计划配置资源的框框，进入市场竞争，文化经营就真正实现了市场化，为卖而产，在竞争中发展。

4．文化竞争国际化。资本和产品的流动，开拓了国际市场和国际竞争领域，这在其他领域已经实现。而文化跨国传播也已是一个不争的事实。过去我们由于不承认文化是产业、是产品，所以没有进入国际竞争，仅仅叫对外宣传。这种错误认识导致我们的文化缺乏国际竞争力。现在发展文化产业，就要立足两种资源、两种市场，运用我们五千年的文化积累，打造具有国际竞争力的、高质量的名牌文化产品，进入世界文化市场，参与国际竞争。

三

文化产业的经济价值不只是在增强经济能力和改变文化生产运营模式上带来新的热点和亮点，在创新经济理论方面也有它的历史意义，对传统经济理论是一个挑战。

1．资本问题。知识是不是资本，这是确定知识经济和知识分子劳动价值的关键点。传统经济理论认为资本只有两种：一种是货币资本，一种是自然资源（土地、矿山等）；形式上也只有两类：一类是不变资本（投在机器、设备、原材料上的货币），一类是可变资本（用在劳动力生产和再生产方面的货币）。劳动力不是资本，那么劳动力的知识也不是一种资本，这正是长期否认知识分子价值的理论根据。文化产业的确立则突破了这一理论。第一，文化产业是知识经济的类型，在这里知识变成了资本。就像工业社会货币是主要资本一样，知识经济社会最主要的资本就是知识。第二，知识要素成了文化产业的核心生产力，因而它作为资本要素参加了生产和分配。第三，知识分子的劳动在产业化的运行中实现了它的市场价值。这就有许多值得研究的问题。

2．劳动问题。劳动价值理论认为，人类的活劳动创造价值，劳动的二重性决定了商品的二重性，商品的价格围绕着价值波动，商品的价值量取决于生产商品的必要劳动时间，社会的总劳动应均衡地投入社会的不同产业、不同行业。可是在文化产业中，劳动者的知识能力，劳动者的创意、发明、专利、版权等知识产权，转化成了现实资本，拥有知识、资本的劳动者参与的生产劳动和经营管理，就成了极有价值的创造性劳动。这里的知识资本和劳动者不是对立的不可调和的矛盾，而是统一在一个产业的生产过程中。这是知识经济时代劳动价值论的划时代的变化，应该用创新的理论去认识它。

3．分配问题。一般认为，是资本都要追求利润，有利润就是剥削了，这是我们长期不能触及的问题。文化产业的资本和劳动者统一起来了，那么这个分配怎么认识。在文化产业中，拥有知识的劳动者其劳动也有两重性，一方面参加劳动，创造核心价值；一方面是指挥劳动和管理“生产劳动”、监督“生产劳动”，这些都是加入产品价值的劳动。因此，他的资本和劳动都应该参加分配，知识分子有较高收入就是合理的，实现了知识的价值。但很多人对此不理解，认为知识资本不能参加分配，参加分配就成了剥削行为。党的十六大报告指出，“确立劳动、资本、技术和管理等生产要素按贡献参与分配的原则，完善按劳分配为主体、多种分配方式并存的分配制度”，“放手让一切劳动、知识、技术、管理和资本的活力竞相迸发”，以造福于人民。我认为知识要素参加分配在理论上迟早要突破、要升华，因为文化产业带来了理论创新的机会。

这就是我在“经济价值”之后所说的“其他”，也许这个“其他”比增加一些 GDP 更重要，更能促进中国社会主义现代化事业蓬勃发展。

四

作为中国政府主管文化产业的部门之一，中华人民共和国新闻出版总署将从以下几个方面支持和推动我国文化产业的发展。一是认真落实科学发展观，贯彻党和国家发展文化产业的方针、政策，制定文化产业发展的规划纲要，进行宏观调控。二是大力推进文化体制改革，转换机制，进一步解放和发展文化生产力，着力培育文化市场的企业主体和战略投资者，建设一批现代化的文化创意、制造、流通企业，扩大市场，服务人民。三是充分运用高新技术装备文化制造业，改造传统文化生产工艺、模式，调整结构，大力创新，带动文化产业升级。四是积极培育现代文化市场体系，加强文化产品和要素市场整合，健全行业组织和经纪人、经理人等市场中介，促进文化产业市场化经营。五是制定和完善各种扶持文化产业发展的优惠政策。鼓励国资、民资、社会资本、外资积极投资兴办文化企业，调整所有制结构，逐步形成以公有制为主体、多种所有制共同发展的文化产业格局。六是转变政府职能，坚持依法行政，加强市场监管，规范市场行为，打击违法犯罪，保护知识产权，为文化产业发展创造良好的法制环境和市场环境。事实会证明，只要解放思想，与时俱进，我们就有能力把文化产业做大做强，使之为我国经济发展、政治民主、文化繁荣和社会和谐作出更大贡献。

（选自《中国编辑》2006 年第 3 期）

文化产业市场化与投融资体制的改革

卫兴华　孙咏梅

文化产业作为国际社会公认的朝阳产业，其发展潜力具有可持续性。促进文化产业和其他产业的协调发展，是我国落实科学发展观的重要方面。目前，文化产业在我国国民经济中的作用日益显现，吸纳社会资本、带动经济增长的能力逐步提高，正在步入能够产生规模经济效益的市场化进程。党的十六大报告指出，“发展文化产业是市场经济条件下繁荣社会主义文化、满足人民群众精神文化需求的重要途径。完善文化产业政策，支持文化产业发展，增强我国文化产业的整体实力和竞争力。”要实现这一目标，我国就必须坚持走市场化道路，以资本为纽带，按照专业分工和规模经营的要求，加快文化产业投融资体制改革，大力促进文化产业的发展。

文化产业市场化是适应社会主义市场经济体制的需要

文化产业的作用是由其政治属性和经济属性决定的，过去，我们注重文化的政治和精神属性，却往往忽视文化的经济属性。现在建立社会主义市场经济体制，就必须深化对文化的经济属性的认识。一般来说，除了部分公益性的文化生产与经营外，文化产业主要以市场经营性生产为主，它既要服务于人们的精神需求，也要追求利润，实现产品的价值补偿和资产增值。因此，文化产业应摆脱“与市场割裂”的局面。在管理体制、经营机制和效益评价等方面遵循市场经济的规律，充分发挥文化资源的经济价值和产业价值。

1. 文化产业是产业化的文化事业和产业的有机结合。文化资源具有经济价值和产业价值，文化资源的产业化不仅对其他行业产生了显著的拉动作用，文化经济本身更是一种高成长性的经济，同时，传统产业也能在与文化相互融合中得到提升。当前，文化产业的发展应当包含两个方面的内容，一是文化的市场化，二是产业的文化化。

所谓文化市场化，是从整体上的市场取向改革着眼的，不能绝对地理解。有些主要属于公益性的文化事业，如博物馆、图书馆等就不能完全市场化。

多数文化产品如报刊、影视、传媒、书画、历史名胜等进入市场，完全按市场规则运作，是市场经济发展的客观要求，这是由现阶段我国国民收入水平、消费结构的变动决定的。经济发展到一定阶段，文化消费需求的增长速度就要远远快于物质消费需求的增长速度，人们在满足了最基本的生活需求之后，对文化产品的需求就必然上升，从而表现出物质层次需求的文化化。有资料估算，如果文化消费按照 10% 的年增长率计算，今后几年可能的文化产品的消费量是：2004 年 6410 亿元，2005 年 7050 亿元，2006 年 7760 亿元，2020 年可能达到 29460 亿元。文化产品与文化消费的增长速度大大超过其他产品及消费的增长速度，这为文化的产业化提供了良好的市场基础。

文化的经济属性不仅产生了新的文化经济形态，更产生了产业的文化化这一独特的命题。与文化的市场化相对应，经济与产业的文化化也代表了未来经济发展的一种趋向。产业的文化化要求传统产业必须适应新的需求结构的变化，增加产品的文化特性，提升产品附加值。中国经济的增长仍属投资拉动型，文化的高附加值及文化产业的高成长性，对一些传统产业中有理性思维的经营管理者与投资决策者应具有巨大的吸引力。传统产业与文化的结合，可以打造独特的产业文化，创造更高的经济增长热点，聚拢更多的投资和资源，带动整个经济结构的自发调整，并使产业经济因文化因素而加快发展。

2．我国文化产业市场化的障碍。由于目前我国的文化产业经营体制相对滞后，文化产业经营单位相对不足的经济实力与文化产业较大的投入需求相矛盾，文化产业的市场化程度还很低，其原因是多方面的。从观念上来说，人们对文化的产业化认识不足，将文化与经济割裂开来，只注重文化的精神和政治属性而忽视或不讲其经济效益，忽视其产业性质。这种对文化产业价值标准评判的非全面性和非科学性，导致了对文化市场管理的随意性，使社会资本介入文化产业存在诸多准入障碍，从投融资上割断了文化产业从社会上吸引资本的渠道，加剧了资本要素在文化产业中的稀缺程度。从管理体制上说，优质文化资源被“事业单位体制”所垄断和束缚，文化资源配置效率低下，文化产业的物资、资金和文化资源仍处于计划配置状态，社会资本不能充分伸展。从文化产业政策上说，文化产业市场准入政策显得狭窄，一些文化区域还存在着严重的资源配置不合理的现象。从微观上说，文化产业生产主体单一，尚未形成规模经济。

3．建立社会主义市场经济必须加快发展文化产业。客观地看，我国的文化产业还属于弱势产业。有资料表明，在一些西方经济发达国家，文化产业的产值已超过了某些传统行业，占国内生产总值的4%左右，而我国目前还不到3%，这表明与发达国家相比，我国文化产业既有差距，也有很大的发展潜力。全面建立社会主义市场经济，文化产业必须加快市场化发展，要充分利用市场这一巨大的杠杆，以市场为导向来生产、提供文化产品和服务，拓展文化市场，积极引导文化产品的消费，使文化产业真正成为新的经济增长点。

4．实现文化产业的市场化，并不排斥反而是以发挥政府宏观调控作用为前提。如果没有政府的指导与调控，文化产业中的假冒伪劣货色，包括思想反动、盗版侵权、封建迷信的“文化”产品，会泛滥成灾。只有将政府调控与市场化相结合，才能促进文化产业的健康发展。

实现文化产业市场化必须加快文化产业投融资体制改革

文化产业投融资体制改革是影响我国文化产业市场化和积极发展的关键因素，也是当前文化产业发展的重点和难点，其核心是在投融资领域导入市场机制，改变主要依靠政府直接投资格局，放开社会资本进入文化产业的准入限制，形成社会资本公平竞争的市场环境。近几年我国有效投资需求不足，固然是因为最终消费率低、总体消费需求增长缓慢，但实际上也与文化产业领域政府投融资政策对民间投资限制过多有关，文化产业领域表现得更为明显。

1．当前我国文化产业投融资体制对文化产业发展的制约。由于我国文化产业市场化程度不高，长期以来，我国文化投融资过分依赖于政府，形成投资主体单一，民间资本与外资渠道不畅，影响了社会资本进入文化产业，不利于我国文化产业的发展。其主要原因在于：其一，由于我国原有的文化产业单位大多是国家事业单位，没有资产处置权，其资产不属于法人资产而是属于国家资产，不能用来作为抵押，这不仅限制了我国文化产业单位的资产重组和资源共享等，更限制了文化产业单位向银行贷款的融资渠道。其二，国家作为事业单位的投资主体，由于财力所限，又拿不出更多的资金来大力扶持文化产业的发展，这又使我国原有的文化产业单位大多处于捉襟见肘的尴尬境地。由此可见，我国文化产业投融资体制的根本弊端在于未能形成一种市场化投融资机制，而这又与政府垄断投资有关。政府不愿调动民营资本，还常常用非经济非市场的手段限制民营资本进入文化产业，这无形中抬高了文化产业的“准入门槛”，使文化产品不能按市场规律进行定价和有效竞争，导致文化市场资本效率低下。

2．投资社会化是实现文化产业市场化的前提。文化产业作为具有高附加值、高盈利性的经济领域，只有大量吸纳社会资本，走投资社会化的道路，才能达到市场化的要求。投融资社会化具有市场反应快、决策效率高、筹资成本低廉的优势，它有利于实现政府由全面投资向重点投资的战略性转变，为社会资本进军文化产业创造一个基本的体制环境。投资社会化意味着第一，减少政府直接投资范围，扩大民间投资的领域，进一步拓宽文化投融资渠道，降低投资“准入门槛”，大量吸收社会资本，鼓励各类社会资本对文化产业进行投资经营，形成政府投资与社会投入相结合的多渠道和多元化投入机制。第二，建立较宽松的外部竞争环境，使多种投资主体按市场规律进入文化市场，提高文化产业的竞争力。第三，不管是在业务准入，还是在稀缺资源的配置上，都应该对包括民营资本在内的其他社会投资主体，采取平等的态度，为急于寻找投资渠道的民营资本创造商机，调动起全社会建设文化产业的积极性、主动性和创造性。

3．改革和完善投资方式，形成新的投资格局。文化产业投融资体制的改革不仅能充分挖掘国有文化资源，还能释放民营文化资本的潜在能量。在投融资方式上，应使资本的投入产生高效益预期，充分发挥资本刺激文化产业发展的功能，按市场要求实现从“一元化”向“多元化”方式的转变。在投资渠道上，今后应实行两手都要抓的策略：一方面，继续加大国家对文化事业的投入，落实“对文化事业投入增长幅度不低于财政收入增长幅度”的政策。另一方面，以市场引导投资，形成国有资本、民营资本、国外资本等多渠道的投资格局。此外，对资本的进入和退出机制要进行再造，尤其对于创业投资者，要制定有效的资本退出方案，减少投资者的风险成本，提高资本使用效率，为我国文化产业的发展注入更强大的资本动力。

实现文化产业市场化需重视民营资本的作用

目前，我国资本要素稀缺与民间资本存量迅速膨胀但投资意愿不强的矛盾尤为突出，从文化产业存在的资金缺口分析，我国文化产业消费需求距理论需求尚有5000多亿元的缺口，而中国目前至少有12万亿元闲置的民间资本存量，文化产业的发展存在着资本供给与需求严重不对称的状况。因此，实现文化产业市场化，必须打破国有垄断格局，通过激活民营资本投资热情，为民营资本介入文化产业扫除障碍。

民营资本是发展文化产业的一支重要力量。我国文化市场的投融资现状一方面是显性和隐性投资需求在逐年扩大，另一方面却是国家财力十分有限，如果仅仅依靠政府，资金的缺乏将严重制约文化产业的发展。而允许和鼓励民营资本注入文化产业，可以有效地解决这个矛盾，并加快文化产业市场化目标的实现。其机理在于它能带动民间投资、增加文化资本市场的有效供给，拓宽融资渠道，还可以吸纳新的生产要素，提高文化资源的配置效率。具体地说民营资本的作用体现在：

第一，打破生产者与消费者脱节的僵局，把潜在的需求转化为现实的需求，进而拉动文化产业的发展。第二，能最大程度地提高产品的边际利润率，减少投资的盲目性。第三，经过市场的优胜劣汰，最终会形成具有竞争力的资本运营模式。

民营资本进入文化产业市场必须破除体制障碍。文化产业的经济属性为民营资本的介入提供了理论支持，但现实环境是民间资本仍面临着体制性障碍，民营资本进入文化产业受到一定的限制。有些领域虽然允许民间资本进入，但政府计划型的投融资垄断导致明显的不公平竞争。无论间接融资还是直接融资，对民间资本的开放程度都仍然偏低等。由于融资渠道不畅，一些民间资本容易选择非正规的投资渠道，投资缺乏稳定性和可持续性，导致文化产业建设过程中的盲目性和无效性。显然，不改变这些制约因素，民营资本就难以有效参与文化产业的市场化进程。

民营资本进入文化产业的路径选择。我国文化产业的发展已经历了一段时间的实践，为民营资本进入文化产业提供了宝贵的经验。民营资本进入文化产业应有备而来，找准文化产业发展的关键的增长点和高增长区，掌握产业发展链条上的重要环节，减少盲目性。在做法上可借鉴一些地区的成功经验，以集约化和规模化为导向，民营国营同台竞争，多元主体优势互补，从而凸显文化产业经济属性，实现文化资源和企业资本结合、可持续发展和制度创新互动、保护和开发人文文化资源并重的目的。

要正确处理好投资社会化与文化产业市场化的关系

构建文化产业新格局是建立社会主义市场经济的新探索的组成部分，必须处理好投资社会化与文化产业市场化之间的关系，不能以投资社会化取代文化产业市场化。

投融资体制障碍的破除只能说是降低了社会资本进入文化产业的“门槛”，但并不代表文化产业的市场化模式已形成。因此要充分利用市场杠杆，采用政府主导和市场推动两只手，不断打造附加值更高的文化产业链条，提高文化产业的投入产出效益。文化市场应进一步开放，文化产品所需资源应以市场配置为主，参与市场公平竞争，资本要素按市场规律流动和重新组合，使市场配置文化资源的范围进一步扩大。

文化产业投融资改革必须与文化资源的整合相统一。从文化产业竞争的意义上说，文化资源的开发与整合已经成为关键环节，并成为投资文化产业的基础，文化资源的整合要在劳动力资源、土地资源、资本资源整合的基础上，实现对信息资源、技术资源、智能资源等的整合。文化资源开发与整合的目的是实现文化资源商品化，用产业化的思路对文化资源进行有效的商品开发，使潜在的文化资源成为可供大众消费的文化产品。解决这一问题的实质不仅是产业与市场的整合、经济资源与文化资源的整合，更是现代经营观念与传统人文资源的整合，营销体系与集约的竞争模式的整合。

资本流动和配置必须与文化产业市场化的发展方向相统一。受市场规律的影响，资本始终是流向收益率较高的新兴市场，按照西方经济学的观点，资本流动的方向和数量不仅依赖于新兴市场对投资的相对吸引力，还依赖于资本交易的难易程度，依赖于产业市场化发育的程度。市场的不断变化性，使得文化产业中的风险始终是存在的，在资本流动和配置上应适时实施投资转移战略，始终掌握市场动态，以市场需求、市场导向来及时调整投融资方向。

文化产业投融资改革必须与提高国际竞争力相统一。经济的全球化已带来了文化的全球化，文化产业发展的长期目标应是把我国文化的发展纳入到世界大文化发展的格局中。一方面要扩大我国文化在国际范围的影响力和竞争力；另一方面，应积极吸收国外先进的文化经营理论、经验和市场运作模式，逐步建立完善的具有中国特色的文化市场与文化产业体制，建立科学的发展计划，促进文化产业的发展。

处理好文化产业市场化和产业文化化的关系。在我国社会主义市场经济体制下，实现经济市场化，包括产业市场化和企业市场化，这个方面已获得理论和实践的大力推行。但产业文化化和企业文化化，虽然已在研究，但还没有获得普遍的有效成果，特别应重视企业文化的重要作用。

企业文化化与市场化是相互促进的，二者的有效结合，会成为经济增长与发展的动力。企业的诚信问题是企业文化的灵魂。以海尔公司的企业文化为例，海尔企业的价值观是人的价值高于物的价值，共同价值高于个体价值，共同协作价值高于独立单干的价值，社会价值高于利润的价值。同仁堂的两句名言也代表它的文化底蕴，“炮制虽繁必不敢省人工，品味虽贵必不敢减物力”。企业的高品位文化，代表企业的高品牌，会促进企业的健康发展。

（选自《教学与研究》2005 年第 1 期）

论民族文化品牌

施惟达

文化产业从 20 世纪下半叶以来在世界范围内有了长足的发展，特别是随着信息传输和复制技术的日新月异，文化产业在世界经济增长的份额中已经占据了非常突出的位置。在一些发达国家中，文化产业成为了它们的支柱产业。美、英、日等国，文化产业的 GDP 比重已经超过传统的制造业。美国 1999 年的音像、电影等产品的出口额高达 600 亿美元，取代航空航天工业的位置，成为第一大出口业；英国的文化产业的年产值将近 600 亿英镑；日本 2000 年的文化产业产值为 85 万亿日元，约占国内生产总值的 17%。我国的文化产业虽然已于改革开放后开始起步，并在最近几年有了迅猛发展的势头，特别在北京、上海等大城市，文化产业的产值已占到全市 GDP 的 4% 多。但比之于世界特别是发达国家的文化产业，还显得非常落后，我们不仅无力向国际市场拓展，就是面对着国内巨大的文化消费市场，也缺乏足够的产品去满足市场的需求。据专家估计，我国文化消费的余量缺口应在 3000—4000 亿元人民币。这种形势在我国加入 WTO 后，显得更加严峻，因为还要加上面临国外文化产品大规模进入对我国文化产业所形成的巨大压力。不仅如此，最为严峻的是，文化产品还不同于一般产品。在国外，如日、韩等国，人们对文化产业的通常的名称是内容产业，文化产品强调的就是其内容，它对于产品消费者的观念、意识、态度、趣味乃至价值标准、行为方式等都有着非常重要的潜移默化作用。今天人们漫步都市和乡镇的大街小巷，在音像市场、电影市场、游戏软件市场、图书市场上，国外的产品（包括直接进口的、购买版权自己生产的等）已经占了相当的份额，这些产品的大肆流行对消费者的潜在影响是非常大的，更不用说这种趋势还方兴未艾。因此，发展我们民族自己的文化产业，不仅有着经济方面的巨大意义，从长远看，更有着卫护国家和民族安全的巨大政治意义。现实要求或呼唤我们国家要大力培育和发展我国自己的民族文化产业。刚刚召开的党的“十六大”政治报告中，在文化建设和文化体制改革部分中明确提出，“完善文化产业政策，支持文化产业发展，增强我国文化产业的整体实力和竞争力”。这无疑是有重要战略意义的安排。

一个产业的培育和发展依赖于有成熟的能规模化生产的产品，依赖于一个完整的产品链的形成。培育和发展我国的民族文化产业，就需要培育生产丰富的规模化的并为市场所接受的民族文化产品。同时，从今天的国际市场竞争的角度看，培育民族文化产品的品牌是一个重要的内容。

品牌（Brand）一词来源于古挪威文字 brandr，在英语中 brand 的意思是指（古时烙在犯人身上的）印记、（今烙在牲口身上，表示所有权的）标记。随着市场经济的发展，品牌成为某一产品的独有标记，具有非常重要的市场营销意义。美国市场营销学会将品牌定义为，品牌是用以识别一个或一群产品或劳务的名称、术语、象征、记号，或设计及其组合，以与其他竞争者的产品或劳务相区别。美国品牌专家琼斯认为，品牌，指能为顾客提供其认为值得购买的功能利益及附加价值的产品。他认为品牌的附加价值是品牌相区别于一般产品的重要内容。可以说，品牌是以其独特的形象和服务获得消费者认可和信赖的标记。一般产品只具有某种实用的功能，而品牌产品具有可信赖的质量和周到的服务，它并且能为消费者提供不断跟进发展的后续产品，它同时注重提供给消费者某些额外的功能。这就是所谓附加价值。而品牌的这一存在又是以某种独特的形象或标记为象征的。著名的斯沃琪手表公司总经理尼古拉·哈耶克将他的手表销售描述成情感购物。他说，“情感产品是关于信息的产品——一条有力、令人兴奋而可靠的信息，它告诉人们你是谁，以及你为什么做你所做的事。构成斯沃琪手表信息的成份有许多，但最重要的成份最难被他人所照搬。我们供应的不仅是手表，我们还提供我们自身的特有文化。”又如，新加坡航空公司依赖其品牌形象——新加坡空姐的宣传取得了极大的成功。身着新加坡民族服装、体态修长婀娜的新加坡空姐充分展示了亚洲女性的坦诚待人、温文尔雅的传统，这些小姐代表了独特的服务风格，展示了公司提供“浪漫之旅”的文化经营理念。可以说，品牌产品的附加价值在相当程度上是由它所包含的文化意义所构成的。比如产品形象的审美特征、表现力、象征意义、个性化程度、人情味、与自然的和谐关系等等。随着社会生产的发展和人们生活质量的提高，人们对产品的附加价值越来越重视，对产品所能够提供的文化消费（意义消费）越来越重视。即使是一件纯实用的产品，人们也会越来越重视它在精神（文化）方面的价值。比如，开某一牌子的汽车，象征着主人的什么身份地位及品位；穿什么牌子、什么款式的衣服，表示主人的什么阶层、性格、情趣；购买生态产品，说明对自然环境的爱护和崇尚；送什么样的礼品，传达什么样的信息等等。在这样的情形下，产品的文化含量越高，越会提升它的经济价值。因此，亚洲品牌专家伊恩·贝蒂认为，品牌由三个部分组成：本体，灵魂和意识。本体是变化的载体，它代表着你所供应的实物，以及持续进行中的产品开发和改进。品牌灵魂代表你所供应物品的情感方面，它通常是根深蒂固的，反映着你品牌的独有个性、特点和文化。所谓意识，作者又称之为良心，是作者所希望的产品在环境、生态、社会方面的责任。由于品牌所具有的这种意义和作用，品牌研究者们都认识到品牌使用的广泛的适用性和价值，品牌可以存在于生产、消费、流通、服务、金融、非盈利组织、教育等任何领域。市场经济发展到今天，产品的竞争、市场的竞争就是品牌的竞争。由于品牌是经消费者（使用者）和市场所认可的，因此拥有品牌就拥有消费者（使用者），就拥有市场。

品牌的附加价值与其中的文化意义密切相关。严格地说，人们所生产的一切产品都含有文化的要素在其中，只不过有的明显，有的不明显；有的含量多，有的含量少而已。因为任何一个产品都有设计（尽管设计者和生产者可能同一，也可能分离），都会有意无意地体现设计者的文化性格、文化特征。但是，比较一般产品，品牌产品更注重其文化的意义和价值。或者说，一般产品的文化要素是不经意的，这种文化要素并未显现出来，更未得到消费者的认同，因此从市场的角度看它就没有这一方面的价值。而品牌产品着重考虑的除了其质量和服务外，正是它所表达的文化意义，因此品牌产品在这一点上也鲜明地区别于一般产品。文化意义对有一般实用价值的物质产品尚且如此重要，对没有一般实用价值的内容（精神）产品即文化产品就更加重要了。

文化产品是以文化为主要内容的。而文化产品的特殊性在于，它没有固定的、明确的物质实用价值。我们所讲的文化产品，是区别于一般物质产品或服务及科学、技术、教育、体育、卫生等方面产品或服务而言的，也即通常意义上的文化产品，它大致包括文学、艺术、影视、音像、图书、广告、博物馆、咨询、娱乐、旅游等这样一些范围内的产品或服务。这样的文化产品或服务，在我们过去的传统观念中，大多是属于社会公益事业的部分，但今天，它们其中的一部分或相当一部分正在向产业化方向发展，有的则已经产业化了（当然文化的生产和享用永远也不能全部产业化）。人们购买或使用一件文化产品并不是有什么具体的实用目的，而常常是一种精神方面的消费。文化产品的价值来自其文化意义。具体而言，又可以分为审美的意义、娱情的意义、教育的意义、启智的意义、象征的意义、表现的意义、交流的意义、识别的意义、认同的意义等诸多方面。这种文化价值从存在形式看，它的确不像物质实用价值那样明确具体，并且是实实在在的，这种价值存在常常是无形的；另外它也不是固定不变的，它不仅依赖于生产（创造）者，而且依赖于使用（接受）者。同样一件产品，可能对有的人来说有价值，对有的人来说就无价值。而且从使用（接受）的角度说，某种意义作者作品方面可以未必有，但对使用（接受）者来说则会未必无。因此文化价值是一个变量。但是变量不是空无。一个作品（或说产品）是有文化内涵还是无文化内涵毕竟是两回事。无文化内涵或文化意义甚小的作品或许会因某种原因而走俏一时，在市场条件下，虚假和泡沫现象都是难免的，但它决不可能有长久的生命力和价值。因此，文化产品要有文化内涵，这是一个非常明显的道理。但这个道理却未必为人们所充分认识和重视，因为我们看见有太多粗制滥造的文化产品（商品）充斥在城市的街头，乃至穷乡僻壤，但其中许多积满灰尘，根本就无人问津。如果说，一般产品品牌的构成在于它的功能效益及附加价值，或者说本体和灵魂的话，那么文化产品的品牌的构成就在于它的文化功能效益，和它的独特的文化意蕴。文化功能效益取决于文化产品的信息含量，文化信息含量多的其文化功能效益就高。比如文化信息含量多的就可能同时具有审美的意义、娱情的意义、教育的意义、启智的意义、表现的意义、交流的意义、认同的意义等，而文化信息含量少的可能只具有其中的某一种或两种意义。一部好的优秀的影视作品由于它的文化信息含量高，能够给予观赏者多方面的感受，而一部平庸的作品由于它的文化信息含量低，就使观赏者觉得没意思，浪费时间，或顶多博得观者无谓的一笑而已。构成文化品牌的独特的文化意蕴是指产品所包含的此一产品所具有的不同于其他同类产品的独特的文化视角，及给予消费者的独特的文化感受。当然，文化产品的消费不同于一般产品的消费。它的确与消费者本人的条件、状态有着密切的关系。同样一个展览，有的人看得津津有味，有的人觉得兴趣索然。文化产品与文化消费有着密切的互动关系，这里仅是就普遍一般的情况而言。

严格地说，任何文化都具有一定的民族性，任何文化产品都是民族文化产品。不过由于人类社会的发展，世界各民族之间的联系和交流日益加强，不同文化之间的碰撞与融合也日益频繁，因此在许多文化产品中，民族的特色已经不太明显。于是我们所指称的民族文化品牌，就是具有鲜明的民族特色的文化产品品牌。民族文化品牌的构成与一般文化品牌的构成一样，也是由它的文化效益功能和独特的文化意蕴构成的。不过与一般文化品牌所不同的是，民族文化品牌的文化效益功能和它的独特的文化意蕴都必须突出它的民族性特色。人类的审美情感、道德情感、思维模式、认知心理、价值取向等文化要素，既有相通的一面，也由于不同的社会历史条件自然生态环境而形成相异的一面。虽然地球村在科学技术迅猛发展的今天日渐变小，民族文化间相通的一面日渐扩大，相异的一面日渐缩小，但文化永远不可能走到同一。“和而不同”是人类文化生态保持平衡的理想格局。保存优秀的民族文化成果，弘扬优秀的民族文化传统是每一个民族要自立于这个世界上的必然选择。要发展文化产业就要非常重视发展民族文化产业，要打造文化品牌就要非常重视打造民族文化品牌。这就要求在设计民族文化产品，打造民族文化品牌时，不仅要有丰富的文化信息含量，提高产品的文化功能效益，而且要突出文化信息的民族性要素，满足民族的审美偏向、符合民族的认知心理等（当然也注意提升的作用）；不仅要融铸进独特的文化意蕴，而且要把握和表现民族的深厚文化底蕴。当然在文化产品的本体的选择上，有的形式比较容易打造其民族特色，有的会相对困难一些。如艺术品（包括艺术表演品）、民间手工艺品、广播影视作品、文化出版物、文化旅游产品等是应该突出也能够突出其民族特色的，民族文化产业的发展，民族文化品牌的打造，应该在这些领域内多下功夫。

从一个民族的角度来看，笔者认为，民族文化品牌的内核是活的、充满生命力和创造力的民族文化。具体说，能够形成品牌的民族文化产品首先要能充分地、完满地表达一个民族对世界的认识与把握、对生命的感受与体悟、对真善美的追求与向往、对现实的执着与超越，如此等等。好莱坞的大片行销全球，首先在于它充分地、完满地演绎了美国人的英雄主义，他们的生活信念、道德精神。而我们现有的众多民族文化产品，诸如人们所常见到的音像制品、歌舞表演、旅游产品等，却还停留在民族文化事象的表层，满足于“奇”与“异”上，缺乏对民族文化底蕴的深刻把握与展现。这样的产品只会有短暂的生命，是无论如何做不成品牌的。而做得比较成功的民族文化品牌，比如云南丽江古镇，就着重突出了纳西族注重天人合一、保护生态、合理利用自然的文化传统。强调民族文化品牌必须以活的、充满生命力和创造力的民族文化为内核，其意义是非常重要的。其一，只有活的、充满生命力和创造力的民族文化，才能赋予民族文化品牌生命力和持续发展的动力；这是本与末的关系，或说是源与流的关系。其二，活的、充满生命力和创造力的民族文化，能够为民族文化品牌提供丰富的附加价值，因为它能使消费（欣赏）者感受到他从未感受过的新鲜的体验，从而大大地提升文化品牌的经济价值。其三，换个角度说，民族文化的内在价值首先在于维系、调适民族自身的生存与发展，只有活的、充满生命力和创造力的文化，才能适应民族自身的生存与发展的需要。把民族文化开发成产品是利用其经济价值，经济价值对于民族文化来说是第二位的价值，而且民族文化的有些内容是永远也不可能开发成商品出售的。简言之，文化的自身价值是其本，文化的经济价值是其末。这是又一层次的本末关系。

民族文化品牌能够在市场上立足，得到大众（包括异文化的大众）认可的关键在于独特性与普遍性的统一，也即相异性与相通性的统一。独特性或说相异性除了表现于形式方面外，——如产品独特的外观设计与视听效果（造型、色彩、旋律、节奏、行为、姿态等），以及独特的服务等都可以表现出产品的独特性——还可以表现于内容方面，如本民族所具有的独特的审美体验、情感方式和价值内涵，都可能展现其独到之处。当然在这里，形式和内容也是相对的。对上一级形式说成为内容的东西对下一级内容就成为了形式。一个艺术形象它可能是形式——相对它所表达的意义讲，它也可能是内容——相对表现这个形象的形式讲。普遍性或说相通性指文化品牌所展现出的审美趣味与价值内涵符合人类发展的总体价值取向而又对它文化有借鉴启示作用，倒不必是具体价值观的完全雷同。例如云南的旅游产品要做成品牌，就必须在美丽的山水景观、奇异的民族风情之中，充分表达云南民族文化融于自然、亲向乡土、宁静平和的观念意识与价值取向。因此，打造民族文化品牌首先必须发掘、整理、总结、提升民族文化。把民族文化中那些有意义、有价值、符合时代发展之需要的因子发掘、整理出来，并对之进行总结、提升，用有的专家的话说，就是重新进行编码。更重要的是，这一过程不能脱离开民族社会的现实生活，经过总结、提升的民族文化，必须是活的文化、溶于现实的文化，而不是表演的文化。这样，在打造我们富有特色的民族文化品牌的同时，也是弘扬民族文化、增强民族自信心和认同感的绝好过程。

（选自《中国文化产业评论》第一卷）

全球化的本土振兴

——中国的文化创意产业与内生经济增长

魏鹏举

中国的发展其实也正处于这样一个在全球化背景下经济、社会与文化交困的关节点上。如何既能通过全球化的产业分工合作发展本地经济，满足就业与社会发展的需要，同时又能保持本土文化、生活方式以及环境生态的稳定与延续？是否有调和全球化与本土化冲突的“全球本土化（Glocal）”这样一种第三条道路呢？文化创意产业的兴起为此提供了新的发展思路和可能性。

全球化时代的文化创意产业

现代社会显示出了这样一种悖论：当今世界既处于一个以商业和科技的发展为纽带的高度整合、趋于同质化的全球化时代，同时也处于一个以文化的多元化为价值坐标的日益注重文化差异性和追求个体独特性的时代。经济、科技与文化的关系密切地交织在了一起。文化与创意的元素对于全球政治经济的影响越来越深刻，文化的经济化和经济的文化化成为一种关于当今社会发展总体趋势的共识。

所谓“文化的经济化”是指文化日益成为一种具有巨大商业价值的绿色资源，这显然是与知识经济或体验经济时代日益增强的精神消费需求密切相关。审美融入了人们的日常生活，审美的消费拉动了审美的生产。法国著名社会学家皮埃尔·布迪厄在其著名的论文《资本的形式》中最早比较完整地提出了文化资本理论。布迪厄将文化资本与经济资本、社会资本并称为资本的三种基本类型，提出在特定条件下，文化资本可以转换为经济资本。

所谓“经济的文化化”是指一向以“不道德”自居的经济发展日益人文化，一方面是指宏观领域整个经济的发展强调与自然、社会的发展相和谐，经济的文化责任已然成为一种基本的全球伦理；另一方面是在微观领域企业的经营管理引入人性化的管理机制和生产与营销模式，比如灵活的柔性管理和个性化的定制营销与服务。基于这样一种经济现实，创意能力成为经济竞争的核心要素。美国卡耐基美隆大学汉兹公共政策管理学院的教授理查德·佛罗里达（Richard Florida），在2002年出版的《创意新贵》（The Rise of the Creative Class）一书里，就提出了创意指数与创意资本理论（Creative Capital Theory），追踪国家与地区内含的创意能量如何影响该地的经济发展（尤其是知识经济时代的新创产业）。

从国际上文化创意产业的发展来看，英国、美国、澳大利亚、新西兰、日本、韩国、新加坡等国都是文化创意产业的典范国家，他们都有自己的发展特色，并产生了巨大的经济效益。约翰·霍金斯在《创意经济》一书中明确指出，创意经济现在每天创造220亿美元的产值，并以5%的速度递增，在一些国家增长得更快，美国为14%，英国为12%。

发展文化创意产业主要源于两种经济动力：其一是完成后工业化的升级替换和产业结构的高度化；其二是突破资源瓶颈，抢占战略性发展先机，实现跨越式发展。

前一种情况最具代表性的国家是英国。作为资本主义工业化先驱的英国，在工业化充分发展之后，面临着被后发国家赶超以及国内的环境保护与经济增长极限的多重压力。1997年，布莱尔政府上台，提出了发展创意产业的构想，作为提升国际竞争力和改善国内经济增长方式的重要举措，给予基础性的公共文化与创意环境建设以大力的政策扶持和财政资助。目前创意产业已经成为英国的支柱型产业，成为伦敦的核心产业。

后一种情况最具代表性的国家是韩国。1997年金融危机之后，韩国意识到外向型经济的致命脆弱性，致力于发掘基于本土优势的新经济增长点。在国土狭小，自然资源相对短缺的情况下，韩国人认识到文化创意资源的巨大价值，金融危机结束当年即成立了“文化产业基金会”；1998年，韩国政府就提出了“文化立国”方针，提出2001年起5年内把韩国文化产业产值在市场上的份额由1%提高到5%，成为世界五大文化产业强国之一；1999年通过了《文化振兴法》；2001年，韩国设立文化产业振兴院，致力于文化产业的发展。韩国政府对于文化创意产业的高度重视获得了丰硕的回报。据《北京现代商报》（2006年1月12日）报道：“前年还位居我国进口来源地第5位的韩国，凭借其文化产业对中国输入的带动，以高于进口总体增速5.8个百分点的速度，一跃成为我国第二大进口来源地。从海关总署的统计数据看，2005年我国自韩国进口768.2亿美元，比2004年增长了23.4%，我国与韩国双边贸易总额首次超过千亿美元。”

中国文化创意产业的发展现状与问题

基于文化创意产业在国际以及国内的迅猛发展态势，

国内知识界乃至政府部门热炒文化产业或创意产业的概念。但遗憾的是，由于对文化创意产业在全球化背景下的后工业时代的兴起和发展的特定背景与内涵的理解偏差，造成实际使用中一定程度的扭曲。

从英国政府对于创意产业的发展理念的描述来看，给人突出印象的是对于文化和创新精神全面发展的重视，首先是把文化与创新视为实现公民的文化权利，增进社会总体福利，丰富个体发展机会与能力，以及推动社会整体进步与发展的动力；然后进一步肯定文化与创新对于经济领域的重大意义和贡献。于是，把建设有利于社会整体福祉与创意人才培养的宜居城市与和谐社区作为发展文化创意经济的基础性条件来发展。

目前来看，我们国家对于文化产业或创意产业概念的鼓噪，主要是出于急欲发展经济的急功近利的目的，对于文化创意产业深层的意义和价值探讨不够，重视不足，这种状况不仅有可能导致文化创意产业本身的发展迷失方向，而且也不利于中国向“创新型国家”发展的战略目标的实现。

在国内某些经济基础较好的城市出现了一些零散的文化创意产业聚集现象，比如北京的“798”、宋庄画家村，深圳的大芬油画村等。从产业发展的形态来看，这些聚集现象还处于萌芽状态，在文化产业成为关注的热点之前，这些地区其实长期是处于一种半地下的外向型生存状态。例如，北京宋庄画家村和深圳的大芬油画村，一北一南，两个长期生存于现代化都市边缘地带的小村庄，由于特殊的地理位置，分别自发地聚集了一批作画的人们。一个以原创为特色，一个以人工复制见长，长期以来默默无闻。二者的生存之道也惊人地相似，北京宋庄画家村是依托北京的外国使领馆，深圳大芬油画村几乎全部的收入都来自外销。有意思的是，由于深圳大芬油画村形成了流水线工业化的生产规模，创汇卓著，被文化部定为“中国文化产业示范基地”，而以原创为特色的北京宋庄画家村却远离此国家级的殊荣！唯“产业”是瞻，置“文化”和“创意”于不顾，这体现了当前有关政府部门的某种急功近利的偏好，显然不利于中国文化创意产业乃至整个国家创新能力的发展。

鉴于我国目前在发展文化产业方面的认识和实践的双重偏差，一方面需要及时强调“文化创意”的概念，另一方面更要从理论层面深入认识文化创意产业在国家的社会发展和经济增长中的重大价值与意义。

本文认为，文化创意产业其实质应该是一种新的经济理念或产业范式。文化创意产业的真正内涵不是鼓动人们通过将文化直接商品化、产业化去获取经济利益，而是要通过构建具有本土特色、本土魅力与本土活力的内生型经济增长体系，以独特而自信的身份和实力融入全球化的文化与经济的竞争与交流中。

基于文化创意的内生经济增长观

就其重要性而言，无疑经济增长是经济学的核心问题之一，同时也是一个争议分歧非常大的经济学领域。从亚当·斯密开始，经济增长的方式与极限以及人类社会是否能够保持长期经济增长等问题就困扰着经济学界乃至整个社会。回顾经济学发展史，大致有如下五种经济增长观：

1. 基于土地的经济增长观。在古典经济学时期，关于经济增长的问题存在两种针锋相对的看法：亚当·斯密持乐观的经济增长观，他相信随着人口的增长，新的土地被不断开垦，经济产出也会跟随增长；托马斯·马尔萨斯则警告世人，经济发展将导致人口膨胀，而有限的土地必然使得土地的产出收益递减。在此后的经济学发展过程中，乐观的增长观和悲观的增长观始终没有中断过争论与较量。

2. 基于资本积累的经济增长观。20世纪大多数主要工业化国家持续的经济增长事实表明，由于技术的进步，资本存量增加的速度远比人口和就业量的增长速度快，导致资本深化（Capital Deepening），人均资本量随时间推移而增长，劳工的实际工资水平呈现强劲上升趋势。由罗伯特·索洛（Robert Solow）在20世纪50年代提出的新古典经济增长模型相信，技术创新和资本投资可以克服边际收益递减规律。

3. 基于人口爆炸和能源危机的经济增长观。20世纪70年代“罗马俱乐部”的一系列研究，表现出了对于人口爆炸和能源危机矛盾所引发的“增长的极限”的深深忧虑，引发了国际社会对于经济增长的极限的高度关注。

4. 基于环境约束的经济增长观。20世纪80年代以后，由于世界能源价格的回落以及发展中国家人口增长控制效果明显，基于资源的有限性的增长恐慌时过境迁，但新一轮的关于增长极限的讨论引发全球更大的反响。我们只有一个地球，而工业乃至科技发展正在显著改变着地球的气候和生态环境，人们不仅担忧经济增长的可能性，也对于人类未来乃至整个生态环境的可持续性感到寝食不安。

5. 基于公共科技创新的经济增长观。有些国家或地区能保持长期的创新活力和经济增长，有些却不行，这说明科技进步不是几个天才的科学家或发明家偶然的产物，科技进步的源泉来自一种不断对于科技教育进行投入并有效保护知识产权的经济体系。以保罗·罗默（Paul Romer）为代表的新增长理论，也叫“内生增长理论”（The Theory of Endogenous Growth），20世纪90年代初期逐渐成形，试图揭示产生科技变革的过程，这种理论强调科技的公共品属性，科技创新高昂的研发成本和便捷低廉的复制成本很容易导致市场失灵，因此需要政府的财政投入与法制保护。

纵览以上五种经济增长观，其中最核心的关键词无非是三个：资源、环境和科技。在人类对于资源的有限性和生态环境的失衡日益担忧的同时，也越来越把科技进步视为拯救世界的希望。但人类近现代的文明史证明，科技既可以造福人类，也可以毁灭人类，失去人性的科技将给人类带来灭顶之灾。科技的发达，不会解决文明的冲突；科技的发达，让人着迷，令人高度依赖，人类的异化问题进一步凸显。

著名的未来学家约翰·奈斯比特和他的伙伴们敏锐地意识到："科技为我们的身心带来愉悦，但是迷上它，却像灵魂被榨干，使人更想追寻人生的意义。"他提醒人们要"知道善用科技，可以支援及改善人类生活，否则会疏离、孤立、扭曲、毁灭人类……学习在科技主宰的时代如何过人的生活"。越是在高科技时代，越需要人性化的高情感与之相协调。文化创意产业的日益兴盛正是这种趋势的体现，同时，文化创意经济为人类社会的经济增长与和谐发展提供了新的思路和可能性。

在此，本文特提出第六种经济增长观——基于文化创意的内生经济增长观。随着科学技术的发达和全球化时代的全面到来，一方面生态环境的达摩克利斯之剑依然危悬人类的头顶，另一方面知识经济"赢者通吃"的技术标准与规模霸权导致的全球单一化以及文明的冲突问题使得全人类的发展休戚与共地联系在了一起，多元共存、和谐发展成为时代的最强音。文化的经济化和经济的文化化双向互动趋势显著，财富的积累改变着人类的财富观。文化性个性化的消费凸显出文化创意的经济价值；经济发展中人文性和人性化的因素日益重要和突出。文化创意经济成为一种全新的人类经济发展模式，寻求的是个性化的内在价值与社区化的公共价值和谐发展的经济增长之路。

从国家层面上来说，重视和发展文化创意产业，其意义表现在三个层面：①文化创意产业对于人类过去的意义在于保护和开发人类的文明成果和文化资源，使其成为人类继续发展的动力和重要资源；②对于现在的意义在于丰富人类的生活，提高人们的生存质量，建构和谐繁荣的文化生态，促进经济的发展和结构的升级；③对于未来的意义在于，培养具有广泛人文关怀和良好精神风貌的新人，尽可能地减少对于自然资源的开采掠夺，依托日益丰富的文化资源和创意精神，建设人类绿色可持续发展的未来和谐社会。

全球化的本土振兴：强化本土竞争环境，注重开发本土消费

在相当长的一段时期内，我国在经济发展方面采用的是赶超战略的发展思路，建国初期大干快上的大工业化做法，改革开放以来对于自然资源涸泽而渔的小城镇工业化之路，以及如今招商引资修路建房的经济政策其实是异曲同工。"赶超战略的实践者们，都把促进资本积累作为发展经济的首要任务。在实践中，往往追求重工业优先发展或进口替代战略……但几乎所有实行赶超战略的经济，后来大都陷入诸如日益加深的城乡贫困化、旷日持久的高通货膨胀，以及经济结构失衡和国有企业效率低下的困境之中"。中国为近50年的经济增长付出了巨大的代价，高度依赖自然资源的消耗、高度依赖投资推动、高度依赖外部资本与订单的发展之路，事实已证明其成本和副作用都很大，不仅造成国内的环境污染和资源浪费，同时也带来高通货膨胀威胁和国民经济依赖外资的结构性脆弱。

中央在十六届五中全会以来提出了建设创新型国家的战略思路，反映出了我国在经济增长方面的危机意识和高屋建瓴的远见卓识。在国家的创新体系的建设中，文化创意产业以及基于文化创意的内生经济增长方式具有举足轻重的重大作用。

韩国在1997年金融危机之后，对于外向型经济带来的国民经济脆弱的问题进行了深刻反思，痛定思痛，认识到发展具有本土优势和本土活力的经济产业，对于国家的经济发展和核心国际竞争力的培育的重大价值。发展文化创意产业成为他们一个重要战略选择。以韩国影视业为例，考察韩国的文化创意产业发展，之所以能在短短的六七年的时间内，一跃成为全球文化创意产业强国，除了诸如政府放松管制、加强产业化的扶持保护以及培育多元化的市场主体等因素以外，其最成功也是最值得关注的做法是：影视产品的内容、资金来源以及市场消费的高度本土化。

在长期被好莱坞、日本乃至香港的电影垄断票房市场的背景下，1999年青年导演姜帝圭自编自导了韩国电影史上的第一部本土大片《生死谍变》。影片耗资350万美元，而最后的票房、录像带和出口三项总收入超过3500万美元，首破韩国本土有史以来由《泰坦尼克号》创下的最高票房纪录。从此韩国本土电影的票房成绩不断提升，到2004年本土电影的票房比重达到了62%。韩国电影的文化特色鲜明，内容创意独特，制作精良，随着国内影视业的日益发达，凭借国内的巨大成功，在东亚乃至全球掀起了巨大的"韩流"。"2005年韩国文化产业产品的出口额高达7亿美元。仅2004年一年，中国30多家电视台共播出了60多部韩国电视剧。从韩国产业政策研究院对'韩流'和经济波及效果分析上来看，'韩流'对韩国经济产生的效益达45亿美元，其中在中国产生的效益达33亿美元"。

竞争战略大师迈克尔·波特通过对世界多个国家的跟踪研究，他发现国内竞争越是充分，该国的产业国际竞争力也就越强。对于文化创意产业来说，国内竞争和本土市场的意义就更为重大了。文化创意产业的产品与服务具有共同消费品的特征，在经济学上具有典型的规模收益递增

的特征；同时，文化创意产业的产品与服务具有显著的文化性与体验性，因此文化创意产业的市场水平直接与区域内群体的日常生活方式有密切关系；跨文化交易时，因为文化的差异，相对于本土市场，会不同程度地导致认同程度和受众规模的缩减，也就是所谓的“文化贴现（Cultural Discount）”。

《全球电视和电影产业经济学导论》一书探讨了美国何以能在国际文化贸易中占据主导地位的问题，通过模型分析证明了文化产品的国内市场规模对于该国的文化创意产业的国际竞争力具有决定性的影响。该书指出了两个相关的经济学规律：其一，“共同消费品的文化贴现和市场大小交互作用是微观经济学认为拥有最大的国内市场的国家最具竞争优势的核心原因”；其二，“庞大的国内市场会为本土文化产品带来较大的、理想的（利润最大化）生产预算”。韩国影视业的崛起以及国际竞争力的增强也印证了这两条经济学规律。

在中国，文化创意产业的国际竞争力问题一直是一个理论探讨的热点，但更多的讨论是集中在中国的文化产品如何走出去，如何去赚取外汇，似乎只要走出去了，就意味着与国际接轨了，我们的文化产业的国际竞争力就有了。这种简单化的“走出去”思维偏差，是因为没有真正认识到文化创意产业作为一种新型的内生型经济现象，其最突出的市场特征首先是在地（Local）消费，首先要满足、深化和涵养本土的文化体验与文化消费。在激发文化认同的同时也强化文化认同，在以创意提升产业附加值的同时也培育涵养全民创意活力，在满足本土文化创意消费的同时也增强本土文化创意产业的竞争与创新能力。

在这一意义上，近年在中国最值得称许的文化创意产业现象是“超级女声”。湖南卫视借鉴了国外同行比较成熟的经验和方式，通过本土化的消化吸收，在中国创造了一个本土传媒奇迹、一个本土文化景观、一个巨大的产业链。作为一个比较典型的基于文化创意的内生经济增长的个案，“超级女声”对于中国文化创意产业乃至整个社会文化的影响有待深入探究和评估。

（选自陈少峰主编：《北大文化产业》第二辑，湖南教育出版社 2006 年版）

国际产业分工与中国文化产业

吕　方

文化产业不但是与人民群众的精神文化需求相关的产业，而且是与整个三次产业发展相关的产业。因此，在当前我国大力发展文化产业之际，还应充分认识文化产业，尤其是以创造为核心的创意产业对于转变我国经济增长方式、推进制造业产业升级等方面的重要意义。

产业演变中的文化产业

在世界经济史的视野中，人类的经济活动是沿着农业到工业，再到服务业这样的轨迹演变发展的。20 世纪 30 年代，英国经济学家费希尔提出了三次产业分类的学说，在整个人类经济活动中划分出了一、二、三产业，从统计学实证的角度证实了人类经济活动的演变发展规律。之后英国经济学家克拉克和美国当代经济学家库兹涅茨在费希尔研究成果的基础上，研究了经济发展同产业结构之间关系，发现了由于需求、效率的变化而产生的劳动力、产业重心和产值比重转移的规律。

他们的发现表明，在人类从农业社会进入工业社会后，随着生产力的发展、国民收入的提高及其社会需求的变化，三次产业的地位会发生相应的变化，表现为三次产业的劳动力、国民产值比重等结构由“一、二、三”向“三、二、一”转移的趋势。同时，这种比重结构，不仅可以从一个国家经济发展的历史序列中看到，而且可以从同一历史节点的不同发展水平国家的三次产业结构横断面中看得到：人均国民收入水平越高的国家，其二、三产业的劳动力占全部劳动力和产业产值占全部国民产值的比重相对来说就会越大，而农业劳动力在全部劳动力中和农业产值在全部国民产值所占的比重就会越小；反之，人均国民收入水平低的国家，则三次产业的劳动力和产业产值比重结构呈相反的情况。

在三次产业的关系中，“三、二、一”的关系，呈现为一种复杂的情况。工业在为整个社会提供日用轻工产品的同时，还为一、三产业提供现代化的技术装备、劳动手段。在这个发展阶段，工业成为国民经济的主导部门，以直接的物质性手段提高了一、三产业的劳动生产率。三产对二、一产业的作用，则是通过多元化、专业化的服务，降低产业劳动成本，扩大产业规模，提高了劳动生产率和产业经济效益等。第二产业对其他产业的作用是纯物质性的，三产对其他产业的作用则既有物质性的，又有非物质性的，包含专业服务和知识信息的作用。

20 世纪 80 年代后，随着第三产业中一些提供知识信息专业服务部门的作用越来越突出和计算机技术的发展，西方一些学者将第三产业中的物质性的专业服务与知识信息专业服务相区分，把如管理咨询、广告策划、市场调研、战略规划和后来的计算机软件开发、计算机信息和网络服务等 IT 产业称之为“第四产业”，又称之为“知识信息产业”。

知识信息业的出现和发展，实际上表明伴随着人类经济和社会活动中“电脑”的出现，整个社会神经网络和社会“大脑”科学决策系统的产业化和现代化。知识信息产业将一、二、三产业经济活动中的原个人化的或组织化但非专业化的知识信息活动分离出来，成为知识信息的商业化专业组织，借助于计算机和计算机网络技术，以准确、快捷和低边际成本的知识信息服务，增强了知识信息的有用效能，减少了经济与社会领域中各种信息不对称的现象，使各产业组织和整个社会关系更加协调，决策更加科学，从而在减少各产业和整个社会运作成本的基础上，提高了各产业和整个社会的运转效能。

文化产业作为一种自觉的产业形态，是在西方知识分子的批判态度的洗礼中被逐步认知的。二战后，随着欧美工业化过程中的社会大众的出现及其文化娱乐需求产生了与传统精英文化相对的商业大众文化。这引起了西方知识分子精英的忧虑，担心这种“粗俗”的商业大众文化会冲击精英文化并造成人的异化状态。德国的法兰克福学派首先开始了这种批判，并将商业大众文化的生产称之为“文化工业”。欧美的“文化工业”并没有因为知识精英的批判而止步，相反，随着科学技术的进步，借助于电影、电视、电脑、音像、印刷、传播等各种技术手段和专利知识产权保护体系，在社会需求的不断推动下，文化工业如“洪水猛兽”般迅猛发展成为欧美一些国家的支柱产业，因而也促使人们从人类社会产业演变发展的角度去再认识文化工业。在今天和未来的产业和社会生活中，将很难找到没有文化标记的产品，很难找到不借助文化影响的销售，很难找到不体现文化意义的消费。这样，这种人类需求与产业互动而推进的产业与社会生活的发展，促使人们发现了在第三产业、第四产业中发育成长出的满足人类审美和生存意义体验心理感觉的服务业，而把这类服务业称之为“第五产业”。

文化产业的出现，突出地表现了市场经济条件下人性和人的需求的发展，表达人在满足了物质需求后对以美的方式创造和追求自身自由、全面发展的需要。在产业发展上，文化产业对一、二、三、四产业的作用，则表现在以文化引领产业发展，以创意和审美提升产业品质的作用上。在文化产业系统中，以人性和人的精神文化需求为基点，以产业化为手段，通过市场关系中的理念创意、形象造型、品牌塑造、企业文化、大众娱乐、传媒传播、高雅艺术欣赏、消费中的审美体验等一系列的文化过程所实现的文化意义交流、评价和自我赋予等，在推进产业发展和满足人的精神文化需求的同时，也就推进人的自由全面发展与社会的全面进步，虽然这其中包含着法兰克福学派所担心的一些缺憾与异化。

国际产业分工与文化产业

在产业发展中，在根据自身自然禀赋寻找比较优势过程中，随着资源最优配置空间的不断扩大，就必然出现了在世界范围内进行产业分工的发展趋势。当然，从人类工业化整个进程看，在国际产业分工中，也包含着当年殖民主义和帝国主义以暴力的方式掠夺殖民地和落后国家原材料资源所形成的最初的产业分工格局。二次世界大战前工业制成品与原材料生产的产业分工就是当时政治格局下的国际产业分工的原始形态。

二次世界大战后，在新的政治格局下，随着国际贸易发展而形成的更大规模的国际市场体系的出现，国际产业分工开始走上各个国家以自身资源禀赋、产业发展阶段和社会整体文明程度而决定的比较优势参与世界产业竞争与分工的新时期。在这个时期，发展中国家处在向工业化社会转型的工业化建设期。在建立了初步的工业化体系后，通过推行出口导向型战略，一些发展中国家迅速地推动了经济与社会发展。而发达国家则开始向中后期工业化阶段发展。发达国家则由于科技发展所带来的产业升级，开始向资本、技术和知识密集型的产业发展，文化产业（文化工业）在法兰克福学派的批判洗礼中获得了自觉意识和自觉形，从原始的大众娱乐向多元化、规模化、集团化的产业形态发展，并开始获得了国家文化政策和产业政策的支持。因而，这个时期，由于科技进步和文化产业的发展，西方发达国家在国际经济贸易中获得了新的比较优势，而把一些资源密集型、劳动密集型行业转移到发展中国家；发展中国家则由于工业化体系的建立而具备了承接资源密集型和劳动密集型产业转移的能力，也在这些产业群中获得了比较优势，从而在一个特定时期形成了发达国家与发展中国家之间的“垂直水平型”的产业分工。

20 世纪 90 年代后，国际产业分工又出现新的发展趋势，即产业链的垂直分工。在这种产业分工格局中，发达国家掌握着产品设计、核心技术研发、经营管理创新或产业链的战略环节，从而具有了产业的核心竞争力，如计算机制造中的芯片设计、操作软件，汽车制造中的发动机核心技术等，而将更多产业的下游产业或非战略环节，主要是各种加工业转移到发展中国家特别是亚洲地区。

正是在国际分工的这种新趋势背景下，1998 年英国政府发表了《英国创意工业路径文件》，明确地提出了“创意工业”（Creative Industries）的概念，要以“创造性”和推进创意产业的国家政策导向，来全面振兴英国经济，提升英国产业，增强英国在全球化经济中的竞争力，推动英国经济的可持续发展。

我们认为，英国提出推进创意产业发展，除了满足人们精神文化需求上的意义外，更深刻的意义在于创意产业的发展可以实现对所有产业的提升和改造，并因此可以进一步推进英国在产业链垂直分工中占据更为有利的地位。

根据英国政府的统计报告，英国所划定的 13 项文化创意产业 2001 年产值达 1120 亿英镑，占英国 GDP 的 8.2%，英国成为仅次于美国的世界第二大创意产品生产国。1997—2001 年，英国文化创意产业产值年均增长率都在 6% 以上，平均年增长率为 8%，而整体经济增长率则为 2.8%；1997—2005 年，英国培育了 12 万家创意企业。创意产业相关从业人员，竟占全英就业人口的一半。正因为如此，英国在 1997 年提出的要重新振兴英国的制造业的重大举措才取得了巨大成功。除了传统的制造业获得新生外，英国的能源、生命科学等几大产业领域成为了新的经济增长点。

面对这种发展趋势，令发展中国家担忧的是，发展中国家在国际产业分工的垂直水平分工阶段所拥有的获得比较优势的某些产业被发达国家重新进入产业链的上游或战略环节，而这些发达国家在国际分工中驾驭了整个产业，在获取丰厚利润的同时也剥夺了发展中国家在这些产业上的原有比较优势，压迫发展中国家比较优势向产业链的下游低端或非战略环节转移，只能获取微薄的加工费，并以较低的劳动力工资、较高的能源消耗和污染环境作为代价。从某种意义上讲，这正是发展中国家参与经济全球化所面临的风险。

在这种发展趋势中，我们看到，当代国际分工已经超越了以自然禀赋和物质性产业比较优势参与国际分工的时代，而已经走向以科技进步、人才优势和文化创新的比较优势参与国际分工的时代。在当代国际分工中，如果要重新获得产业的比较优势，驾驭产业的发展，以低能耗、低污染而获得丰厚的利润，就必须大力发展那些服务于三次产业的知识信息产业、文化创意产业，以产业化的方式，将文化全面融入各种产业的研发、制造、销售、服务等各个环节，把握产业链上游和战略环节，锻造产业的核心竞争力，实现产业链上游化的战略转移。而这对发展中国家而言，除了市场体系中的产业自身发展外，还是一个涉及体制制度、思想文化、价值观念等诸多方面转型的艰难的现代化过程。

中国文化产业发展的战略选择

进入新世纪后，发展文化产业成为我国各级党委、政府一个强烈的共识。从 2001 年 3 月，中央关于“完善文化产业政策，推动文化产业发展”、“推动信息产业与文化产业相结合”等政策建议被九届人大四次会议所采纳，正式纳入国家“十五”规划纲要，到十六大提出积极发展文化产业，不但表明我国需要发展文化产业来满足人民群众日益增长的精神文化需求，而且表明着我国三次产业发展的态势，以及迫切需要提升我国在国际分工中的地位的诉求。

据国家统计局发布的数据，2005 年我国人均 GDP 达到 1700 美元，而江苏、广东、上海、北京等地人均 GDP 则超过 3000 美元。按照国际经验，人均 GDP 达到 2000 美元后，文化产业将进入起步发展阶段。美国 1960 年人均 GDP 为 2787 美元，文化产业开始有了较大的发展，逐步成为美国的支柱产业之一。目前，上海、北京三次产业已经是“三、二、一”的结构，江苏是“二、三、一”的结构，表明现代服务业已有相当的发展。在现代服务业中，中国的信息产业也高速发展。江苏南京 2006 年软件销售已达 120 亿元，整个“十五”期间大约保持每年 50% 以上的增幅，计划到“十一五”末，南京的软件产业规模要达到 800 亿元。

与此同时，中国的文化产业从新世纪初起步，经过 5 年的时间，开始显示出强劲的发展态势。广电、报业、出版、大众娱乐和文化旅游等产业都取得了巨大的发展成果。江苏目前有 9 家文化产业集团。江苏的凤凰出版集团 2006 年销售额已达 80 亿元，预计“十一五”末将达到百亿元，其销售额位居中国出版业第一。2006 年江苏旅游总收入已接近 2000 亿元，总量全国第二。江苏书报刊出版发行业经济总量达 500 多亿元。上海 2004 年文化产业总产出达到 1563.87 亿元，实现增加值 445.73 亿元，其增加值已占全市 GDP 的 6%，对全市经济增长的贡献率达到 7.9%；预计到 2007 年，上海文化产业总值将达到 2200 亿元，增加值将达到 600 亿元。浙江 2004 年产值超 10 亿元的文化企业有 6 家，上亿元的文化企业则多达 50 多家。浙江民营文化企业更是快速发展。据有关资料，目前浙江已有民营文化企业 4 万余家，投资总规模逾 230 亿元，总收入达 300 亿元以上，从业人员 50 余万人，涉及影视、印刷、艺术品经营、会展等 10 个行业。

对中国文化产业的这种发展，人们更多是从满足人民的精神文化需求的角度去看的。当然，满足人民群众的精神文化多样性需求既是发展文化产业的目的之一，也是文化产业发展的一种动力。但这背后所反映的，则是中国经济和社会结构的复杂演变趋势。从经济学的角度，新兴产业的产生、产业结构的变化，是与社会需求结构的变化趋势、自然资源禀赋状态、生产要素的供求变动以及传统产业发展的边际空间等多种要素相关的。这些要素通过某种信号会反映出来。如出口利润微薄而国内大众娱乐市场却日益火爆时，就表明着经济和社会结构正悄然发生着一种变化，一种新的发展趋势正在形成。因而，原本作为社会经济运动中一种内含的价值要素的文化，其作用越来越强大，并通过经济效益显示出来时，文化就转变成为一种资本，以产业化的方式进入到社会生产的各个产业之中，成为整个产业链中的战略环节，也就成为优化产业结构、促进产业升级、推动整个产业发展的一种核心竞争力。正是在这种背景下，文化产业发展的必然性和合理性才能被解读。因此，我们说，当代中国文化产业的发展正表明着中国目前已经处在以文化产业来进一步推进中国经济与社会发展的历史时刻。

但从当代国际分工格局看，中国的文化产业，尤其是其中以创造性为核心的创意产业并不具有比较优势，还不能在各个产业的上游和战略环节来驾驭产业发展，把握国际贸易的主动权。因此，我们在其中看到的不仅是中国影视、出版、演艺等国际贸易量太小，而且是中国的制造业因为没有核心技术，没有国际知名品牌，没有符合技术美学要求的创意设计等而处在国际制造产业的低端。这样，在中国以出口导向战略积极参与当代经济全球化过程中，中国虽然每年获得了相当的外汇收入，但在国际分工中所处的地位决定了这些大量出口而换取的外汇是以高能耗、低工资、污染环境和微薄利润为代价的。

那么如何来解决这个关系中国可持续发展的问题呢？显然，从中国经济和社会演变趋势看，其战略思路就是大力发展文化产业来推进中国经济增长方式的转变，加速中国制造业的产业升级，促进“中国制造”向“中国创造”的转变，生产和出口更多的“精工”产品。但需要指出的是，这并不是文化产业发展指向制造产业的单向过程，而是人的精神文化需求、制造业与文化产业之间的一种互动过程。

首先，基于人性的精神文化需求的提高和满足，虽然是为人本身的自由而全面的发展，但在社会的经济系统中，却是产业发展、产业升级和产业结构高级化的必要前提。在这个系统中，人成为人力资本、人力资源，是最重要的生产要素，只有高素质的人才群体，才会有高素质的产业。市场经济体系中的文化产业在消费者的自由选择的文化消费中，培养了具有文化个性的各种人才，从而为产业发展、产业升级和产业结构高级化奠定了人力资源基础。1998年，英国在对“创意产业”下定义时，就特别强调了创意活动“源自个人创意、技巧及才华”。

其次，只有制造业的发展到一定高度，才能有效地推进与制造业相关的创意产业的发展。从实践的角度看，创意产业的产生首先是源自企业家精神，源于企业家对利润的追求，而不是源自艺术家、文化人对企业发展的关注。同时，只有制造业发展到一定阶段，才能为创意产业提供要素资源，大致包括资金、人才和研发中心，才能紧密联系市场需求来进行产品的创意设计。总之，只有制造业发展到一定阶段，如管理咨询、广告创意、产品的造型设计、文化销售、品牌和企业形象塑造等活动才有实践需求的支撑，才能更具效率，避免盲目性。

最后，从三次产业的发展规律看，推进文化创意发展正是实现经济增长方式转变、加速中国制造业的产业升级的必然路径。英国的成功经验充分地证明了这一点。目前中国推进文化创意发展的问题是，更多依靠政府推进，还是更多让市场发挥作用。我们的结论是，将政府的理性指导与市场的自然演进结合起来。政府更多应是制定政策、创造环境、提供帮助，站在公正与理性的立场上推进市场多元主体的共同发展；而市场主体则应更加注重文化、文化创意在形成和提升自身比较优势和核心竞争力中的作用，通过推进经济文化的一体化发展，来共同推进我国经济增长方式的转变，加速中国制造业的产业升级，从而在国际分工和国际贸易中占有更为有利的位置。

（选自《世界经济与政治论坛》2006年第5期）

世界文化产业与城市竞争力

林　拓

文化产业在当今全球范围内已展现出强劲的发展态势，并对全球化进程的诸多方面产生了广泛而深刻的影响。20世纪90年代以来，文化产业已成为人们普遍关注的热点问题。而城市竞争力早已被众多有识之士所密切关注。实际上，文化产业与城市竞争力这两个热点的相继兴起，隐含了两者之间密切而深刻的内在联系，也反映了全球化发展进程的新动向。

能级提升：文化产业与城市发展的双向推动

自从城市出现以后，人类文明一直是与城市发展相依相随的。雅典作为城市的发祥地，反映了公元前500—前400年间的文明观，佛罗伦萨、伦敦、维也纳、巴黎和柏林提供了艺术和科学的繁盛。第一个工业城市曼彻斯特是1760—1830年间工业文明的熔炉，在随后的一个半世纪中，工业文明进程中的许许多多革新发生在诸如哥拉斯哥、伦敦、柏林、底特律、旧金山、伯克利和东京等城市。正是工业文明和城市文明的进步，促使文化产业相伴而生，其中洛杉矶（以电影业闻名）和孟菲斯等城市尤为突出，它们促进了20世纪人文艺术和工业技术的联姻。20世纪40年代，法兰克福学派的阿多诺（T. W. Adorn）和霍克海默（M. Horkheimer）对文化产业几乎抱着完全否定的态度，他们认为文化产业意味着技术型的大众文化转而要取代个体型的文化，大众被倒置的大规模生产所压垮。但与之同时代的本雅明（W. Benjamin）却看到了艺术和技术的进步为民主和解放提供了机会。艺术品的复制可以把艺术从宗教仪式的古老传统中解放出来。两者的严重分歧引发了战后对大众文化的争论。不过，此后文化产业的发展，并没有出现像法兰克福学派所预料的那种所谓的“资本主义系统结构性崩溃”。相反，正是在产业化进程中，大众文化及其消费市场应运而生，文化突破了社会阶层的局限，精英文化和大众文化逐步拉近了距离。实际上，如果说工业化导致了城市化大量的人群集聚，那么文化产业则为满足人们的文化需求提供了必要的途径。

文化产业至少在20世纪上半叶已崭露头角。在20世纪中叶以后，随着发达国家的城市逐步从工业型功能向服务型功能的转变，第三产业的比重不断上升，文化产业也同步取得长足的进展。但文化产业更进一步的跃迁却是来自于城市信息化的推动。正如安蒂·卡斯维奥（Antic Kazvio）在《传媒和文化产业》一文中所说，现代信息社会的发展过程从科技创新开始，其“重心从信息收集与科技的传送，逐渐转向这些科技所传播的内容。在这一阶段，最大的增长期望是从信息技术产业转向传媒和文化产业”。文化产业发展之迅猛已无需赘言，即使在发展中国家，文化商品贸易的增长也已成为其贸易的重要特征，按照联合国教科文组织的统计，从1980年到1997年，其贸易量增长了10倍。

与此同时，文化产业的发展出现了两种密切相关的新趋势：一是产业整合的趋势，文化产业在产业内部及其他产业之间的结盟或重组如火如荼。1998年埃克森与移动通讯公司、MCI与斯普林特公司、旅游人集团与花旗公司（Citicorp）合并，1999年英国沃达丰（Vodafone）与德国曼内斯曼（Mannesman）合并，2000年美国在线公司与时代华纳公司合并，这五大合并案成为这一趋势的代表性事件，而美国在线公司与时代华纳公司合并成为迄今为止历史上最大的收购案，其总值高达3500亿美元。二是空间聚合的趋势，文化产业在特定的城市空间形成高度的集聚倾向。例如，一些中心城市的信息化与媒体活动融为一体，突显了信息时代新媒体的作用和地位。像纽约就拥有4家日报社、2000多家周刊和月刊杂志、80多家新闻有线服务机构、4家国内电视网络和至少25家大型广播公司以及数百家如《时代》、《新闻周刊》等国家级杂志的总部，正是其城市信息化的结构特征导致了以互联网为基础的新媒体及其产业的空间集聚。

相应地，文化产业的快速发展也促使了现代城市经济社会产生了一系列重大变化。文化产业以其巨大的文化附加值及其对相关产业的带动作用，正在使整个城市增值，并以巨额利润吸引了越来越多的投资者；而它所催生的城市新环境，又加快了城市人流、资金流、物流和信息流的流动速度，从而大大提升了现代城市的集聚和扩散功能。文化产业成为社会经济政策关注的重要内容，提摩·坎泰尔（Timo Cantell）认为，20世纪80年代，当文化产业被视为整个社会经济政策的一部分时，被阿多诺赋予否定性色彩的文化产业开始获得了新的、积极的含义。尼克拉斯·盖恩海姆（Nicholas Garnham）在1983年把文化产业的概念囊入地方经济政策及计划。不仅如此，现代城市生活诸多方面的变化也悄然发生。在文化的“市场需求”和市场的“文化需求”两者相互作用的过程中，意义的交换成为生活消费的重心，布迪厄所讲的“日常生活美学化”渐趋明朗，“体验经济”、“心理消费”、“梦想社会”等新理念应运而生。澳大利亚研究者约翰·辛克莱（John Sinclair）则认为文化产业的社会作用在于，文化产业生产商品和服务是一种通过声音、精神想象、文字和图像给社会生活以形式的工业：文化产业所提供的概念和符号，使我们得以思考和交流存在于社会模式、社会价值及社会变革之间的种种差异。事实上，文化商品创造的活动或阐释也是不同文化间的对话，不同的文化取向并存于产品自身内在的价值象征活动之中，在产品内部，古今交汇，不同的文化传统纵横交错。由此，我们不难发现，如果说城市信息化增强了城市的经济流量，提升了城市的现代功能，那么，文化产业在自身实现新的跃迁的同时，既成为城市流量的加速器，城市经济重要的组成部分，也在其中构建了意义交换和流动不可或缺的平台。

与信息化密切相关的全球化进程的加快，再度促进了文化产业的发展及其重要性的突显。美国等发达国家的文化产业赢得了巨大的发展空间和利润。在全球化进程中，文化及文化产业已成为一个基本的维度。不仅法国、加拿大等发达国家对文化和文化产业竞争的重要性和特殊性已形成深刻的认识，提出国际贸易的“文化例外”，而且也生发了众多拥有丰厚文化资源的发展中国家的危机感。加勒比地区仅有150万人口的特里尼达和多巴哥以及圣路西亚就孕育了三位荣获诺贝尔文学桂冠的诗人，但伊丽莎白·所罗门（Elizabeth Solomon）在《加勒比文化产业：全球化的命运和负担》一文中感概道：“加勒比地区的历史和现实为文化产业提供了大量的机会。然而，并不像北美，在那里娱乐业一直是三种税收最高的产业之一。对于如何将这些机会转化成提高人们生活的可持续能力以及使艺术家们真正获得文化表达的潜能这一问题上，加勒比地区是如此的惨败。”至于太平洋地区、非洲等46个发展中国家（ACP），则面对更多的困难和挑战。阿兰·桑赛尔尼（Alain Sancerni）在《文化产业和ACP国家：文化和民族的特征》一文中流露出他的忧虑：“为了追赶全球化的趋势，在文化秩序中占有位置，就必须生产‘突出的’产品以适应最低水平贸易的市场规则，ACP国家生产的艺术产品表达了一种强烈的和不同的特征。在这场文化侵蚀的游戏中，这些国家扮演着消极被动的角色，承受着失去文化独创性的风险。”

全球化进程对城市发展提出了打造城市竞争力的客观要求，这已是众所周知的事实。而文化产业与城市竞争力正在形成深刻的内在关联：一方面，文化产业以其强大的创造性激发了城市的活力，并直接构成城市竞争力的主要来源，对此，汤姆·奥里根教授曾论述道：“比起其他问题，国家、地区和城市的竞争力是政府在全球化环境中面临的首要问题。作为公开追求‘位置’竞争力的后果，各级政府越来越把其通讯、文化和创造性资源当作竞争（因而成为比较）优势的来源。”另一方面，文化产业的竞争在城市层面展开的走向更趋突出。奥康纳（Justin O'Connor）博士在论述欧洲的文化产业和文化政策时十分中肯地指出，“文化产业的繁荣在城市”，“在围绕文化产业的讨论中，地方层面是十分重要的。大多数欧洲的讨论集中在成员国层面上。但是就文化产业的内部动力而言，我们应当观察地方城市或者地方城区。”“全球经济在损害国家利益的情况下赋予了地方城市层面的重要性，这反映了文化产业具有强烈而又自觉的地方特征的真实状况。”事实上，如果说全球化进程强化了城市之间的相互依存与竞争，那么，文化产业既从中获得了坚实的支撑，也成为城市之间相互联系的纽带及城市竞争力的主要来源。

显然，在工业化、信息化、全球化的进程中，城市发展促进了文化产业的形成与发展，而文化产业也在不断的自我更新和调整中相继成为满足城市生活需求的必要途径，城市经济重要的组成部分，乃至城市竞争力的主要来源，正是文化产业与城市发展的双向推动，促使其能级逐层提升；而当今文化产业的发展态势所呈现的与城市竞争力共生共荣的趋向，也正是在这一基础上逐步形成的。

发展态势：
文化产业与城市竞争力的共生共荣趋向

文化产业与城市竞争力的共生与共荣在众多的层面中展开。目前，对城市竞争力的具体界定众说纷纭。本文主要从以下三个层面着手：一是作为城市竞争力核心的城市创新能力，二是作为城市竞争力基础的城市环境引力，三是作为城市竞争力本质的城市功能活力。

（一）产业发展水平与城市创新能力

作为城市竞争力核心的城市创新能力主要涵盖文化与科技创新能力、企业创新能力、政府创新能力等三个方面，而一个城市文化产业的发展水平正是城市创新能力的重要反映和基本标志。

文化产业的发展水平首先是从文化产品的市场价值体现出来，而文化产品的市场价值在相当大程度上取决于文化产品本身的意义含量。可以说，文化产品就是包括文化意义、社会意义和政治意义等在内的意义综合体。目前国外的相关研究大多将之视为考察文化产品市场价值的基本前提。尽管文化产品作为意义综合体的表现形态千差万别，但是，它意义含量的高低就是产品生产者们所拥有的创造力水平的充分体现，也是城市文化创新能力的折射。应该指出的是，城市特别是大城市，在长期的历史形成过程中积累了丰富的传统文化遗产，但文化资源的丰富为文化产品开发提供了潜在的可能，却不是直接的现实，这也是前文所讲的当前不少发展中国家所面临的文化资源丰富、文化产业薄弱的重要原因。

再有，文化产业是以众多相关企业为主体，把艺术家、经纪人、生产商、销售商等不同参与者连接起来的产业链条，从产业组织上讲，它是一条企业协作链；从产品增值上讲，它又是一条文化价值链，因而企业的竞争力及其协作程度在文化产业的发展中至关重要。正如加拿大学者亚当·芬恩、司徒亚特·麦克法蒂因和科林·霍斯金斯指出的，由于文化产业面临越来越大的竞争压力，企业不可能只是关注艺术性和创造性，他们还不得不把资源投向有市场需求的项目上去，并且必须以竞争的姿态来处理所有的商业事务，否则就会因亏损而败倒途中。因此，文化企业必须顾及如何在文化产业竞争中稳操胜券的方方面面，包括市场运作和分配、账务制度和信息管理制度、人力资源管理、财务管理、生产管理和运营管理以及在全球化环境中的法律和竞争策略，等等。就此而言，文化产业的发展水平正是城市企业创新能力的体现。

不仅如此，文化产业的发展水平更是城市乃至国家政策与体制创新能力的反映。苏格兰学者詹姆斯·赫姆斯利在比较欧盟新兴的文化技术产业时指出，作为世界文明城市之一的巴黎，起初，一些有创新能力的小公司与大的博物馆合作，开发多媒体系统及网站，并受到了法国文化部的扶持与大力支持。现在参与的公司范围从小到大（如法国电信、法国电气等大集团），并已达到相当高的发展水平。相反，德国的博物馆资源和信息技术实力与法国相比肩，但不尽成功的文化政策却使两者大相径庭。德国第一个主要的艺术博物馆 CD—ROM 直到 20 世纪 90 年代早期才出现，其滞后的严重程度由此可见一斑。另外，德国比欧洲的其他任何国家都拥有更多的博物馆（约 5000 个），但即使柏林和慕尼黑的主要博物馆，也比不上卢浮宫、乌菲兹美术馆、普拉多博物馆、冬宫、特列季亚科夫美术馆这样规模的博物馆。20 世纪 80 年代和 90 年代，德国这种支离破碎的文化遗产市场导致其不能像法国和意大利那样的快速发展。实际上，对于政府来说，政策与体制创新已被普遍认为是推进文化产业发展的基本途径。

文化产业对城市经济的巨大贡献是显而易见的。以纽约为例，文化产业在 2000 年的经济贡献超过 120 亿美元之多，其中非营利性艺术事业占纽约整个艺术产业经济贡献率的 30%。20 世纪 90 年代文化产业成为纽约经济发展的一个主要动力，吸引了大量的外来游客和赞助人，连同金融业、商业服务业等一起，成为了一个重要的就业部门和城市经济的出口部门。更重要的是，文化产业正展露出对城市创新能力的强力催化。这不仅在于文化企业运作效率、融资效率和运营效率的提高，既增加企业产出，又为人们提供更加丰富的文化生活，还在于文化产业为构造城市创新能力提供了极为重要的新方式。

欧洲理事会委托维也纳的文化研究组织——“媒体帝国”（Mediacult）——展开一场大规模调查，考察欧洲人文艺术和新技术创新中心的情况。自 1998 年 2 月到 1999 年 10 月，该组织所开展的调查范围几乎遍及东欧与西欧所有城市的人文艺术与新技术创新中心，它还关注了那些独立的、多学科的、私营的文化组织。该组织研究发现，新兴的数字文化实践“通过人文艺术、产业、政府与公民社会之间的伙伴关系，创造出新的经济增长点”，而这些实践增强了社会凝聚力。这些文化产业内的创新中心的共同特点是，打破了人文艺术与产业之目的传统障碍，并且具有“数字文化运作上的极端多样性”；他们的共同使命则是，既为获取新技术提供各种机会，又为创造发明提供各种手段。因此，研究认为，与新兴媒体相关的文化既为多媒体产业创生新的内容，又把握原有的文化遗产，更为社会的沟通与创新提供崭新的方式。21 世纪的世界正在经历一次典型的变化，对于城市来说，尤其是对于在 21 世纪蓬勃发展的全球性城市来说，这种变化需要有创造力的文化，需要有远大抱负的工商企业家群体和机会，需要拥有对构成物质和社会环境的高质量的都市设计的品位和敏锐，故而当前许多发达国家的城市和地区相继制定了种种促进文化产业发展的行动计划。文化产业对于推进经济发展之所以显得如此重要，奥康纳曾一语中的地指出：“这里的关键是文化与经济之间的新关系。这并不是单纯的赞美——经济最终要评估人类的创造性以及个体的潜能。”

（二）产业空间集聚与城市环境引力

长期以来，文化的地域格局是行政空间体系和经济空间结构相互作用的派生产物。随着社会经济的发展，文化逐步形成文化事业和文化产业的分野，文化的地域格局也相应发生变化，文化事业一般与行政空间体系较为密切，而文化产业则是另一种地域形态。近年来，文化产业的空间集聚特征日益引起关注，是国际文化产业研究的新趋向。在像洛杉矶、纽约、巴黎、米兰或者东京这样的国际化城市，或是如美国的拉斯维加斯、法国的科特达祖瓦、意大利西北部和中部的新工艺产业地区等都已成为现代文化产业的集中地。这些地方的一个共同特征是，它们对文化经济活动的参与，都是以强烈依赖当地复杂的劳动力市场的生产者的密集网络为基础的。文化产业及其集聚地之间是具有一定共生关系的。作为电影业的好莱坞与作为地点的好莱坞之间的联系便是典型的一例。好莱坞的电影业以街道布置、自然风光、生活方式等形式拥有大量的地方文化资产。这些资产在给电影业产品加上独特外观、精神风采方面，起到了关键的作用。而这些产品也塑造着好莱坞或者南加州的新形象（或者是现实的，或者是虚构的），或者赋予以往的形象以全新的意义。因而电影业又受到该地区文化资助的青睐，当新一轮生产开始的时候这些资助就成了新的生产投入。在南加州，上述形象的不停变动也经常受到其他文化产品的产业推动，例如音乐唱片业、电视制作业、服装业等等。

文化产业的空间集聚特征，除了遵循产业空间集聚的一般逻辑以外，还有文化产业自身规律的作用。美国加利福尼亚大学教授阿伦·斯科特指出，文化经济中的企业间交往和地方劳动力市场过程鼓励了生产制度与地理环境的聚合，经常出现的高回报效应更大大抬高了这种势头。这种聚合倾向和相关的高回报效应，不仅提高了生产制度的效率，而且提高了其创造性；这在其他任何生产场合都没有文化生产场合那么明显。正是在这种空间联系的制度下，创造性领域才会以一种特定的形式显现出来。同时，产地也为产品提供了重要的声誉保证，从而提高了产品价值。正如莫洛奇（Molotch）曾经指出的，产地给了产品一种保证，这有点像时装设计师的标记所具有的慢慢积聚起来的符号价值，因此，它是以产地为特征的垄断租金的来源之一。正是基于此，文化产业的空间集聚对城市环境引力的作用主要体现两个方面：一是强化城市外在影响提升的吸引力，从而“重塑城市形象”；二是催生城市内在布局优化的牵引力，从而“重绘城市地图”。

对于前者来说，文化产业在塑造城市整体形象、增加城市文化含量以及提升城市文化品位方面具有显著的强化作用，从而使整个城市增值，促进城市流量经济扩展，这是众所周知的事实，已无需赘言。对于后者来说，在工业化条件下，城市中心区承担着生产或制造的职能，城市边缘区则提供原材料；经济发展到今天，城市中心区承担着研发、设计、管理和控制等职能，城市边缘区则为世界范围的消费提供廉价劳动力，并生产低成本的产品。进一步的变迁趋向是，文化产业的集聚对城市空间布局的调整产生巨大的牵引力，不断促进城市“中心—边缘”空间结构布局不断趋于优化。一方面，城市中心区的文化地位更趋突显，大博物馆、著名歌剧院、芭蕾剧院、大小电影院、大图书馆音乐厅等向城市中心区不断集中。尽管购物中心或网络、电视等可以使城市中心区和边缘区分享大量的文化资源，但是，宏大的文化设施所提供的体验，却是购物中心或网络、电视不可能复制的，城市中心区具有郊区不可取代的功能，并成为文化和艺术创造力的焦点和中心。另一方面，不同类型的文化产业又在不同城市区位中集聚，形成了不同的文化氛围。在伦敦，“伦敦文化的首要问题是房产价格，它推动了地点的选择，也带来了伦敦各地区特有的气氛。在价格不断攀升的西区（West End）作为大本营仍然是举足轻重的。在这一中心，是价格不断攀升的服务——金融、商业服务和广告或房地产中介等的活动，以及形象鲜明的文化机构或文化产业组织的总部。围绕这一中心的是近郊地区，它为中心提供代理服务——从事印刷工人、信差、承办娱乐服务等工作。它还是少数提供创新和热闹氛围的创意产业的家园，而它的氛围可以造就设计公司、年轻的多媒体企业家，甚至艺术家。正是他们愿意从事新产品和服务的试验，使伦敦市郊区成为从事这种试验的典型地区。这里目前正在向南伦敦扩展——格林威治和绍斯沃克正在形成所谓的南伦敦现象（South London Phenomenon）。‘文化的类型’反过来往往会为那些市中心的固定人群所向往的饭店提供顾客。”在纽约，布鲁克林音乐协会（BAM）附近街区是一个有很高创新性的文化中心，但它处在布鲁克林区的偏僻地方，比较孤立。最近形成的改造计划，将在这个伟大而古老的协会周围，修建一系列的舞蹈室、艺术家工作室，给艺术家团体提供场地，并给艺术家们提供住所和表演场所。在香港，迪斯尼乐园将建在位于香港市区到新机场途中风景非常优美的大屿山竹篙湾，作为这个项目的配套措施，特区政府计划增加通往大屿山到元朗的出入口道路，还要建造横跨马湾海峡的新大桥，使之成为亚洲大陆上最大的主题乐园；它将带动周边地区的宾馆业、餐饮业、交通业，特别是香港的旅游业，也促进了周边地区的经济发展。可以说，尽管城市空间布局中“中心—边缘”的区位差别，在地价杠杆的作用下产生具有高低之别的空间层级性差异，但是，文化产业巨大的附加值却在为不同区位的土地增值，并不断调整地价杠杆的作用，使整个城市社会空间形成类型之异，而非层级之别。文化产业正是以其独特的集聚形态引发人流、资金流、信息流等流量和流向的一系列变化，从而改善城市内部结构，提高城市竞争力。

（三）产业结构优化与城市功能活力

作为城市竞争力本质的城市功能活力，在不同学科视野中各有侧重：城市经济学认为，城市经济的基本特征主要表现为经济资源及其配置活动的集聚和扩散效应，而集聚和扩散能力又主要取决于城市的综合服务功能，因而综合服务功能是城市竞争力的本质所在；城市社会学认为，城市社会的首要特征是大量的人口集聚及不同社会阶层并存，城市社会能否健康发展、实现社会进步的关键在于城市社会的整合程度，故而社会整合功能也是城市竞争力的本质特征；至于城市地理学强调的是从城市与城市之间、城市与区域之间的联系来界定城市竞争力的本质特征。在这里，我们着重从综合服务功能与社会整合功能两个方面进行探讨。

根据城市产业经济学的传统观点，既然作为城市竞争力本质的综合服务功能活力，是以服务业为主要产业载体的，而文化产业又是服务业的重要组成部分，那么，文化产业的发展绩效必然会提升城市综合服务功能的活力。不过，文化产业对城市竞争力的贡献绝不仅仅局限于此，它以特有的产业结构整合方式强有力地激活了城市的综合服务功能。文化产业结构整合的最显著特征是，以具有意义含量的文化创造性活动为中心，由此层层扩散形成文化产业生产体系（CIPS）。以城市流行音乐唱片的生产为例，流行乐队为了生产唱片，首先需要录音室，这里一开始就涉及相关的专业人员和高科技的设备；唱片投入生产又与制造业相联系，这需要通过科技手段和工业生产形式相结合，大量复制文化产品，同时，唱片所需要的包装又与设计、印刷等相联系；唱片的发行过程不仅牵涉到销售业，还涉及到广告业以及电影、电视和电台等的服务活动，乃至多媒体业的介入。不仅如此，当前文化产业的扩展所形成的“亚文化产业”，或者说是文化产业与其他产业融合以后产生的混合型产业，既包括传统制造业、种植业、养殖业和服务业的基本形态，同时又包括具有很高文化含量的会展业、咨询业、旅游业、职业培训业等。目前文化产业国际通用的标准产业分类的依据，正是将文化产业视作一个包含四部分的生产链：内容创意、生产输入、再生产和交易。也正是文化产业的这一特性，使城市不同经济形式的传统边界变得模糊。据此，我们不难看出，文化产业通过强力带动相关产业的发展极大地提高了城市的综合服务功能，而文化产业自身生机勃勃的创造性，又成为城市综合服务功能活力的重要源泉。实际上，信息技术的变革奠定了坚实的物质技术基础，而文化产业又以精神产品商品化、社会化、系列化、规模化的方式直接进入到产业经济的循环中。从生产特点、生产内容和作用的方式与范围上看，文化产业远远超越了信息产业的物质领域，它以其特有的广泛性和渗透性提升着物质生产领域的文明程度，带动着科教、休闲、传媒、体育等继信息产业之后庞大的产业新群体蓬勃兴盛，推动着人类知识经济时代高级阶段的来临以及经济结构的根本性变革。它不仅对原有的包括服务业在内的城市第三产业结构有着巨大的提升和催化作用，还促使传统的城市第三产业迅速裂变出新的产业群，由此将城市第三产业结构提升一个档次，推动城市的综合服务功能攀升到更高的境界，从而大大增强城市的竞争力。

就社会整合功能而言，文化产业的积极作用正日渐引起高度重视。在文化产业化之前的文化停留于精英文化形态，即由少数文化人创造、供少数上流社会享受，是与阶层分化、阶层特权密切相关的。在产业机制的作用下，大众文化及其消费市场应运而兴，大大拉近了精英文化与大众之间的距离，社会文化资源为社会大众所共享。网络文艺、电脑艺术、工艺美术、娱乐电影、卡拉 OK、MTV、交际舞、时装表演等为大众所喜闻乐见的文化现象相继出现。文化产业以其大众化和共通性，既促使城市社会在文化维度上形成新的整合，又催生了涵盖不同阶层、不同人群的城市文化主流的形成，而城市文化主流的形成反过来又将提高城市社会的凝聚力及整合功能。在这一城市社会文化重构的过程中，社会底层乃至少数民族的文化也时常相应地获得特有的发展空间。在加拿大过去的十几年间，以少数民族文化团体和土著人团体为基础的组织参与文化产业的数量急剧增长。土著人广播公司的出现对这些团体的文化生活产生了深远的影响。由少数民族文化团体创办的广播公司也在加拿大的几个城市获得了成功，有线综合频道取得很好的播出效果，特别像多伦多这样拥有多语种的电台城市。土著人团体和少数民族团体在出版业，大多是杂志出版业方面也略有起色。由土著人团体或少数民族团体创办的文化产业之所以能展现出它们的影响力，正是因为他们在受众群体中能产生共鸣，因而同样拥有一定的市场份额。

文化产业对城市社会的整合功能并不局限于此。近年来，欧洲文化政策一个极为重要的趋向是，促使文化产业以社会就业和培训等为主要功能改善社会结构。1996 年，在斯波莱托举行的 CIRCLE 年度会议，就集中探讨了文化与就业问题。1997 年，在阿姆斯特丹举行的学术会议——“通向欧洲媒体文化之路：从实践到政策”，对文化产业与就业关系提出了一系列政策建议。文化在创造就业机会方面的作用成为同年 11 月欧洲特别理事会的核心论题之一，并纳入到了欧盟的“全面就业战略”之中。1998 年颁布的“有关信息社会文化工作的建议草案”指出，如果要创造新的就业机会，“新媒体领域的资格培训，对在充满竞争的全球市场造就欧洲文化产业和体制来说，具有决定性的战略意义”。同年，奥地利担任欧盟轮值主席国期间于林茨举办的一次研讨会的主题是“文化力：新技术、文化与就业”。

该会议的背景文件指出：“我们的政治目标是把文化（因素）融入到欧盟的就业指导方针中去。”该会议的一个重要论题是：“作为非常规知识的文化：就业框架下文化的重新配置”，着重考察了作为其他行业发展先驱的文化产业的就业新形式，以及艺术家、科学家或所谓“创作者”的社会地位的变迁。欧盟的轮值主席国英国确立了作为会议中心议题的“运作中的文化：文化、创新与就业”。而这次“运作文化”会议所涵盖的诸多子议题都围绕文化与就业的发展而展开，不仅涉及到文化部门在创造就业机会上的经济潜力，而且涉及到 20 世纪末的工作的新特性，尤其是其中新技术所发挥的作用。同年，欧洲委员会的重要文献之一——《文化产业与就业》，就是按照文化对就业的影响，把就业划分为三类：直接就业、间接就业（如旅游）与“衍生就业”。该报告还分析了私有部门，以及小型公司与大型公司是如何从各文化部门所创造的“欧洲附加值”（European Added Value）中受益的。1999 年，文化与就业的关系已成为整个欧盟的文化主题。2000 年，欧洲文化产业发展的框架性合作计划——“文化：2000—2004”启动。卡西·布里克伍德对相关规划的研究表明：“新的文化领域被赋予了新的使命，那就是：改善欧洲的社会结构。”隶属于欧洲议会的“区域电信理事会”更提出了拓展文化定义的必要性：“文化不再被视为一种辅助性行为，而是社会的一种驱动力。”

路径选择：文化产业发展的战略取向与策略安排

近年来，我国文化产业的研究已充分展开，并取得一系列可喜的成果。面对全球化背景下世界文化产业与城市竞争力共生共荣的新趋势，本文试图从打造城市竞争力的角度，对我国文化产业进一步发展的战略取向与策略安排作出若干思考，并提出相关的政策建议。

（一）时序性推进与跨越式发展

纵观世界文化产业的发展，尽管文化产业的发展要求以城市经济社会达到相应的水平为基础，但是，文化发展与文化产业的发展有所不同，前者一般需要较长时间的磨合与积累，而后者因其特有的产业属性，实现跨越式发展是完全可能的，世纪之交日韩文化产业异军突起，哈日、哈韩潮流盛行，便是其中典型的例证。当然，文化产业的跨越式发展不是一哄而起，而是与城市的竞争优势息息相关的，其发展往往遵循着一定的逻辑次序，并呈现出相应的时序模式。

就我国的具体情况而言，文化产业虽然仍处于起步阶段，但是，北京、上海、广州、深圳等城市已脱颖而出，产生了十分积极的先导作用。最近的相关报告表明，目前我国城市的竞争力强弱排序，处于第一序列的 4 个城市，依次正是上海、北京、深圳和广州。我国文化产业的发展是以政府为“第一推动力”，其发展之初面临的主要问题在于：一是产业资源明显不足，二是文化体制相对滞后。前者是显性的，后者是隐性的，两者相互牵制。正是对这两个问题的突破构成我国文化产业发展的逻辑起点，而不同城市依据自身不同的竞争力优势，其时序性推进模式各有不同。20 世纪 80 年代以来，上海在产业资源的调配上大致经历了三个阶段：第一阶段（80 年代至 90 年代初），以扩大政府投入为主，兼及开拓多元投资渠道，标志性事件如上海文化发展基金会、上海少儿基金会及上海文学基金会等的建立；第二阶段（90 年代中前期），以市场运作为主，辅之以人才资源开发，从上海本地人才资源开发向国际人才资源拓展；第三阶段（90 年代后期至今），优化产业结构，发挥综合效益，标志性事件如 1996—1997 年上海广播电视局与上海电影局合并以实现“影视合流”，1998 年文汇新民报业集团成立，1999 年上海世纪出版集团成立等。

可以说，上海将社会主义制度的集中性优势和市场经济的基础性作用相结合，以规模化、集约化的推进，不断造就全球化背景下文化产业资源的新优势。相对而言，北京拥有更为充沛的人才资源，而首都文化机构多、文化部门多、文化层次多的客观现实形成了多元并存的体制现象。因而北京文化产业的推进特征是国营民营共存、多元优势互补。

而深圳是以其作为改革开放“试验场”的优势，促使文化资源与企业资本相结合，以制度创新为支撑，逐步发挥企业家的推动作用。至于广州则依托较为成熟的市场经济背景，注重市场导向与产业属性，坚持社会效益与经济效益相结合。目前，上海、北京、深圳和广州文化产业对城市经济社会发展的贡献率正快速提高，文化产业的跨越式发展已初露端倪。大致地讲，尽管上述城市的时序性推进模式各有不同，但其基本取向是，从文化事业型向文化产业型转变，从行政化资源调配向社会化资源配置转变，从政府推动向市场推动转变。上述城市的时序性推进模式是值得借鉴的。文化产业进一步的制度创新所面临的新任务，将是如何促进公益性文化事业与经营性文化产业共同繁荣、相互推动、协调发展。

（二）保护性策略与开拓性战略

对于特定城市或地区文化竞争力的培育来说，公益性文化事业与经营性文化产业的关系，不应是简单的此消彼长的关系，而应是相辅相成的有机结合。而在全球化背景下城市文化的发展中，两者的良性互动需要以保护性策略与开拓性战略的功能互补作为重要的支撑。对于我国不少大中城市正在相继制定的种种富有开拓性的文化产业规划来说，这是尤为值得关注的。

我们知道，全球化背景下文化产业的竞争所引发的一系列问题正在引起世界性的关注。正如加拿大的通讯部长所指出的，正是文化产业才使得金融方面的预测更加扑朔迷离。电影、书籍杂志出版、广播电视和音像业等产业，面临着多媒体时代所特有的、本质上不同的发展环境。加拿大国内的制造商们在遭遇高成本风险的同时，还要面对低价进口的文化产品充斥市场的挑战。经济全球化逐步要求文化产品均匀分布，这加剧了他们在竞争中的劣势。实际上，文化产业的竞争不仅直接体现为文化产品自身的竞争力，更间接地反映出文化力的强弱状况，而文化力的强弱状况，从根本上讲，是需要公益性文化事业与经营性文化产业共同推进的，需要保护性策略与开拓性战略的灵活运用。前文提及的处于文化产业竞争劣势的加勒比地区，人们发现，公益性文化事业某种程度的削弱是造成竞争劣势的重要原因，如发展战略普遍没有善待艺术家们，也没有专项资金培育文化产业。针对这种空白，出现了大量尝试设置保护地区的、国家的及国际的艺术家和文化产品的倡议。其实，即使是文化产业高度发达的纽约，也有同样的呼吁：“纽约非营利性艺术机构，不论大小，都需要在预算周期中有可靠的资金来源。”他们认为，政府的保护性策略不仅有助于守护美国的文化传统，为美国公众获得文化机遇增加了途经，并激发了艺术家和学术工作者的创造性，而且给整个文化部门提供了用其他收入负担不起的重要领域。不仅如此，依托其领导作用，政府保护性的扶持还激发了私人部门对美国艺术和文化事业的鼎力支持。来自于联邦和州立机关的馈赠，等于给它们盖上了“红头图章”，这鼓励了公共和私人的额外捐献。此外，政府严格的申请程序、公开的价值评判、专业审定会的使用，也给艺术和文化获奖者的作品赋予了一定程度的合法性和权威性。这些政府机关的评判和审定，既对公共部门和私人部门的决策产生了重大影响，也促进了各个基金会和公司等的资助。

当然，不能简单地认为，公益性文化事业着眼于文化资源，因而需要保护性策略；而经营性文化产业着眼于文化市场，因而需要开拓性战略。文化资源可以依托产业化的途径而得到保护，并作出新的开拓。就在加勒比地区，夏洛特·爱丽亚斯（Charlotte Elias）创立了著名的CCA7——加勒比当代艺术中心。CCA7提供了一个促进艺术教育、艺术交流、艺术研究的空间，并力图将众多岛屿国家和塑造加勒比地区的拉丁美洲目标联结在一起。作为一个国际艺术组织，该组织接纳了许多来自加勒比和分散在世界各地的加勒比当代艺术家、作家、艺术教育工作者，他们云集于此，开展出版、展览等活动，把艺术作为一种企业投资，发展艺术产业。最近，CCA7还探索举办加勒比的影视节，实施一些能产生更多收入的计划，包括发展观众以拓宽市场，开展艺术鉴赏以及咨询服务等。目前至少有150名来自加勒比地区的艺术家从中获益。经营性文化产业的保护同样需要文化事业进一步的开拓与扶持。例如，关于芬兰音乐文化产业的一项研究就表明，着眼于培训摇滚乐管理者的项目开始于1997年西贝柳斯（Sibelius）研究院继续教育中心，而这一适应市场需求的培训项目，有希望成为发展深层教育项目的手段。生产商的缺乏常被认为是芬兰音乐产业发展的绊脚石，目前生产商的培训也正为芬兰教育部所关注。从某种意义上讲，如果说文化产品竞争力是城市文化竞争力的重要反映，而其竞争力的强弱又是来自于城市文化资源在价值链中层层提升的程度，那么文化事业的发展正是对隐性文化资源公益性的培育，文化产业是对显性文化资源市场化的整合，两者犹如中国太极图的黑白鱼，谁也代替不了谁，但谁也离不开谁；而保护性策略与开拓性战略的实施将更有助于两者的相互协调与促进。

（三）集团型扩张与基地型集聚

既然文化产业的发展必然形成对显性文化资源市场化的整合，那么，文化产业内部的集团型扩张就是其主要的表现形式之一。尽管我国的文化产业尚处于起步阶段，但是，关于文化产业的集团化建设，不论在理论或是在实践上均取得了相当程度的进展。以传媒产业为例，20世纪90年代，在我国上海、北京、深圳、广州、哈尔滨、沈阳、成都等城市就先后崛起了16家大型报业集团，而它们大多又与出版业、多媒体业联合，成为我国新型的传媒产业集团，这也是与全球性传媒产业的集中化、世界化发展趋势相适应的。

然而，正如前文所指出的，当前世界文化产业发展的另一个普遍趋势——文化产业的空间集聚，却被不同程度地忽视了。事实上，文化产业的空间集聚乃至文化产业区的设立正在被广泛地纳入产业发展的战略理念之中。魁北克的文化产业基地已经成为加拿大文化产品生产与经销的中心之一。英国英格兰北部城市舍费尔德及其“文化产业区”正不断促进着城市经济的发展。南伦敦的路易斯翰正着手开辟一个“创意商业企业区”（Creative Business Enterprise zone），并以低于市场的价格把场地卖出，以确保文化活动的正常开展。文化产业这种基地型发展除了前文所分析的原因之外，还与中小企业在文化产业发展中的重要地位有关。在20世纪八九十年代，大量小型企业公司的涌现使苏格兰出版业出现了重要的复苏期。奥康纳甚至认为，“文化产业主要是由小企业承担的。在英国，文化部门里56%的主要工作人员都受雇用于25人以下的公司。在这样的部门，25人已经是个大企业了。事实上，40%都是自谋职业者。与整体经济增长53%相比，20世纪80年代的自谋职业者增长了81%。团体年龄越小，比例就越高。”今日的好莱坞也正是依靠着无数小型的适应性强的企业，实现不同项目之间的承接，从而形成特有的产业链。另外，值得一提的是，中小企业对于文化产品的丰富也具有重要作用。佩特森（Peterson）和伯格（Berger）在关于美国音乐唱片业的类型的研究中发现，当大型唱片公司主导市场的时候，产品的类别就减少；当小型唱片公司掌握了主动，产品类别就增加。他们还进一步指出其中的发展逻辑：当热门唱片的类别由于大型唱片公司控制市场而处于低水平的时候，新气息在当前主流的外围出现；继而有冒险勇气的小型唱片公司大量吸纳了这些新气息，当某些新气息获得大众喜爱的时候，热门歌曲的类别增加；但当这些新气息在商业上有利可图的时候，大型唱片公司又将它们吸纳进去，从而创造了一种新的主流，产品种类最终趋于减少；对于有冒险勇气的小型唱片公司来说，又出现了新的边缘和不确定因素，并如此循环下去。后来，亚历山大（Alexander）、克里斯琴森（Christianen）和格罗纳（Gronow）等分析家再次证明了佩特森和伯格的上述结论。尽管大型唱片公司越来越倾向于吸纳小型唱片公司，以便扩大市场占有率，但是，这种文化产业内部产品类别增多与减少的交替发展的趋势并未根本改变。在这里，我们要指出的是，对于我国的文化产业发展在推进集团化建设的同时，也应重视文化产业基地的规划；在打造文化产业“航母”的同时，也应鼓励中小企业的发展。

另外，鉴于当前世界文化产业竞争的激烈程度及其复杂性，建立指标体系，并确立相应机制，对文化产业发展作出必要的绩效性评估与预警性监测，这对于我国文化产业的可持续发展及国家文化安全将产生重要的作用。

（选自《马克思主义与现实》2003年第4期）

文化产业发展与城市发展的互动性分析

陈寿灿

序言

加快城市化发展是我国当前经济社会发展面临的一项重要任务，大力发展文化产业亦是文化界和经济界共同关心的热门话题。然而，长期以来，两者往往被当作各自独立的过程，文化产业发展与城市化发展之间密切的内在互动联系没有得到应有的重视。文化产业化进程更多地被看作是文化现代化进程的必然要求与结果，或者被看成是政治文化意识形态与市场经济接轨的产物。而城市的发展更多地只是被赋予经济的内涵，在某种意义上被当作工商产业扩张的容器。这种二元分离的理论研究与现实发展倾向，有可能导致以下一些有害的结果：一是城市的文化产业功能被忽视，在城市规模扩张过程中，不能为文化产业留下足够的发展空间；二是文化产业的经济社会功能被减缩，文化产业发展对城市发展的积极促动效应难以有效发挥。因此，有必要重新调整理论和发展视角，把文化产业和城市化纳入一个统一的发展框架中加以考察，了解它们的相关互动作用与相得益彰的影响。

文化产业发展对城市发展的相关带动作用

1953 年，英国经济学家费希尔第一次提出了三次产业分类法。从此，不同类型产业的特征和功能，以及不同时期产业结构及其功能的变化趋势，受到理论界的普遍重视。按照产业分类的基本经济学原理，可以把文化产业分成狭义和广义两类。狭义文化产业包括文化艺术业和广播电视电影业。其提供的服务产品有音乐、舞蹈、戏剧、影视表演，以及图书馆、博物馆、展览馆、电台、电视台等文化性服务。其提供的实物产品有绘画、雕塑等美术工艺品，以及书籍、报刊、文物、音像制品等。而广义文化产业还应包括教育、科研、体育、旅游等行业。从产业发展的自然规律看，不同产业有依次延递、由低级向高级演化的趋势。人类进入工业社会以后，以工业为主体的第二产业取代农业成为国民经济的支柱产业，工业产值和工业就业成为国民总产值和总就业的重要部分。随着后工业社会的日益临近，第三产业又逐渐成为国民经济的主导产业，成为就业和经济增长的主要领域。文化产业是继第三产业之后的更高层次产业，有的研究者把它与信息服务业同归为第四产业，还有的研究者把它归为信息产业之后的第五产业，因此，它将随着产业高级化的进程变得日益重要。文化产业的这种发展趋势，是人们收入增加和需求层次上升所导致的结果。美国人格心理学家马斯洛把人的需求分为五个层次，对文化产品的需求属于较高层次的需求。这种高层次需求只有在较低层次需求得到满足之后才会出现。而人的需求层次又是由收入水平决定。在低收入阶段，大部分收入只能用于满足基本生存需求。随着收入增加，则更多的收入被用于满足高层次需求。经济学家用恩格尔系数来估测消费和收入所处的发展阶段。一般认为，恩格尔系数在 50 以上是贫困阶段，50—40 是小康阶段，40—30 是富裕阶段。近 20 年来，我国城镇居民的收入消费水平有很大提高，消费支出结构也发生了很大变化，恩格尔系数由 52 下降到 41，文化、娱乐、教育消费开支由 55 元增加到 567 元，占总消费开支的比例与发达国家已大致相当。消费结构的变动必然导致市场需求结构的变动，从而导致产业结构的变动，并进一步引起整个城乡经济结构和城市主导产业结构的变动。对近代几百年以来世界城市化发展的历史进程作一番认真回顾与分析，可以清晰地看到不同产业在不同历史阶段对城市化发展先后起过主导作用。由这种历史发展脉络我们还可以准确地把握文化产业发展对今后城市发展可能具有的主导影响。

（1）近现代城市与近现代工业具有同根同源性。工业是一种集聚产业，它要求在特定的时空界限内，集合较多的自然资源与人力资源，经过特定的工业装置与流程，使对象物发生特定的物理、化学、生物变化，生产出满足人类各种需求的物质产品。不但单个企业需要将生产活动和大量物质资源在一个特定的时空界限内高度集中浓缩，不同企业之间也有相互靠拢集聚，以形成有着密切的相关联系和外部效应的企业群区的要求，以节省相互之间信息传递和市场交易的成本费用和时间耗损。工业产业集聚的结果是工业化城市的出现。使在农业社会时期人口的离散性空间分布格局逐渐被人口聚集分布格局所替代。工业化城市以强大的吸引力不断从周围乡村吸纳越来越多的人口和其他各类经济资源。

（2）第三产业发展成为推动城市化发展的第二波产业浪。工业发展和大量人口的聚集，导致对生产和生活服务业发展的强烈需求，从而使交通运输、餐饮旅馆、电讯邮政、零售批发、娱乐休闲、医疗保健等行业相继发展起来。服务业的发展，不仅为工业的产前、产中、产后环节提供了便利的条件，为城市工业人口提供了良好的工作与生活环境，而且自身就成为日益重要的产业领域，吸纳了越来越多的就业人口，创造了越来越多的经济价值。进入 20 世纪 50 年代以后，世界大部分城市的服务业在产值和就业比重上逐渐超过了工业，成为城市的主导产业和推动城市规模扩张的主要动源。而工业企业有向城市边缘和郊区迁移的趋势。

（3）文化产业发展将成为推动城市化发展的第三波产业浪。以信息技术为核心的新技术革命使社会生产效率极大提高，并使社会生产方式发生巨大改变。直接从事生产活动的蓝领劳动者数量日趋减少，而从事管理、研发、市场规划与拓展的白领劳动者数量不断增加。物质与货币资本在经营活动与经济增长中的作用边际下降，而人力资本的作用显著增强。文化产业的发展，不只是适应人的需求的变化，而且适应了现代经济发展对人的知识素质能力提高的要求，适应了不断增长的对教育和文化服务的需求。因此，文化产业越来越成为重要的城市产业。而城市不再仅仅是工商业中心，也日益成为教育、科学、旅游、文化交流、信息传播中心。文化产业的发展，日益成为城市扩展的主要动源。

文化产业发展对城市化发展的推动作用主要从以下几个方面反映出来：第一，文化产业发展将带动城市规模扩张。各类文化基础设施的建设，如大中小学校、体育场馆、文化旅游场所的建设将成为重要的城市建设项目，将增加容纳大量的城市人口。如杭州市规划在近五年内建成八个以上万人大学，以及大批各具特色的专业院校，并在城东沿江地带规划了近万亩的高教园区。到2005年时，杭州仅高校在校学生就可以吸纳15万人。发展旅游产业也是杭州城市发展的重要契机，杭州西部旅游区的开发建设将使杭州城区的边界往西部大大拓进。第二，文化产业的发展将带动城市生活质量提高，从而进一步增强城市的凝聚吸引力。人们从乡村迁居城市，除了就业和收入的考虑，另一个重要的考虑就是城市的生活质量和生活环境。城市生活质量与生活环境对乡村的优越，主要并不表现在物质消费和自然环境上，而是表现在文化消费和文化环境上。通过发展城市文化产业，可以给人们提供各种类型、风格、特色的文化产品与文化服务，满足人们不断增长和变化的文化需求。高质量的文化环境不仅依赖于各种类型的文化设施和文化活动，还依赖人群的平均文化素质。高文化素质人口的相互交往和信息交流是高质量文化环境必须具备的因素。而高文化素质人口是文化产业发展的自然结果，文化产业的一个重要的功能，就是对人们进行文化素质的重造。丰富的文化交往和文化消费，高质量的文化环境和文化生活，不同特色的文化内涵和文化风格，是吸引人们迁居城市的主要原因之一。第三，文化产业发展可以进一步带动城市工商业和其他各种产业的繁荣。首先，文化产业发展可以提高人的综合素质包括人的知识水平、行为方式、道德境界。现代经济在很大程度上是高度依赖人力资本的“人本经济”。一个城市的竞争力和城市经济发展的快慢，与城市人口的总体综合素质直接相关联。因此，通过发展文化产业来提高人的综合素质，可以增强一个城市长期发展的内在潜力。其次，发展文化产业还可以带动提高整个城市的商品与服务的文化品位。不仅可以提高产品与服务的内在质量，提高经营者诚信度，还可以使商品生产与各类消费服务更具有文化特色，更适应人性的需要。

城市发展对文化产业发展的相关带动作用

城市发展对文化产业发展也具有一种很强的推动与规约作用。从历史源头上看，近现代城市的出现与发展，导致延续达数千年之久的传统农耕文化向城市工商业文化过渡。早期的农耕文化，是充满自然主义的宗教精神与封建宗法伦理规则的蒙昧文化。城市和工业的发展，导致了一种以人为中心，以理性和契约为规则，以最大满足人的需求效用为导向的新文化的出现。城市工业资产阶级是新兴城市文化的代表者，他们提出并发展了一整套全新的文化理念，诸如“自由、平等、博爱”，“天赋人权”，“经济理性”，“万物皆是自然”，与封建土地贵族的等级宗法理念和天主教会的神学理念相抗衡。随着资产阶级在政治上的胜利以及城市成为整个社会的政治经济文化中心，作为传统主流文化的农耕文化被新的城市工商文化所替代。城市的出现不仅创新了一种全新的文化理念，而且带动了各类城市文化产业的兴起。城市发展对文化产业发展的推动作用，具体可以从以下几个方面来认识。

1．城市发展是文化产业发展的基础条件。首先，城市为文化产业的发展提供了基本的物质设施空间。包括聚居生活空间、交流交往空间、文化产品生产交易与消费空间。文化是人群密集交往的产物，人群相互交往的频率越密集，交往层次越深，人群所拥有的观念或物质形态的文化的内涵就越丰富。在交往过程中，不同人格、知识、观念、习惯、传统的相互碰撞、交融与渗透，会不断衍生出新的文化意象和观念，产生新的文化需求，并导致出现新的文化产品。人群密集交往的前提条件是聚集居住。在一个自然散居的农耕社会里，由地形地理状况和农业耕作需要所决定，人们的交往对象是一个主要依血缘关系形成的狭小的人群集合体。城市的出现与发展，改变了凌乱分散的生存居住格局，为人们提供了一个聚集的生产和劳动空间，人们开始面临一个不断扩大的交往群体。城市为人民提供了各种便利的交往手段，如各种交往的场所，各种交往的工具媒介，等等。城市还是文化产品的生产与消费的物质空间载体，城市的大量文化设施和文化场所就是文化产品生产与消费最主要的空间场所。其次，城市为文化产业发展提供了良好的市场条件。城市不仅容载和催生了各类商品和生产要素市场，也越来越多地成为文化产业市场的摇篮。随着城市规模的不断扩张，城市产业结构不断递进，文化产业市场逐渐萌生扩展。如大众传媒市场包括报纸、杂志、图书、电台、电视台，今天已经成为辐射广远，对社会政治经济等各个领域具有重要影响的文化市场。它通过各种特有的传播媒介，如文字、图像、声音，把具有多种功能的文化信息产品传递给消费者，满足消费者对智、知、乐、真、善、美的需求。再如各种艺术和戏剧表演市场，也是城市发展的必然产物。人群的聚集，各种不同风格的历史文化、宗教传统、思想观念的交流与碰撞，会产生各种不同类型的艺术形式和戏剧表演形式，出现各种不同类型的艺术团体，把各种不同的艺术和戏剧产品提供给具有不同偏好的众多消费者。再次，城市为文化产业发展提供了资本积累条件。城市发展过程同时就是社会资本与社会财富的积累过程。社会资本与社会财富的积累以两种形式实现，一种是实物形式，一种是货币形式。随着城市的发展，不仅出现了大量物质资本而且出现了大量货币资本的闲置与冗余，这就为文化产业发展提供了资本供给的可能。文化产业的资本投资，除了用于文化物质设施的购置与建设，更多用于高素质文化人才的教育与培养。从一定意义上说，文化产业是一种人力资本密集型的产业，需要耗费大量的人力资本投资。如果没有充足的社会资本供给条件，文化产业很难获得一个快速的发展。所以，城市发展过程带来的资本积累和资本冗余，是文化产业发展的不可或缺的资本前提。

2. 城市发展是文化产业发展的主要动力源。城市规模的扩展、功能的提升、城市生活质量的提高都会对文化产业的规模、功能与形态产生直接的影响。首先，城市规模的扩大会导致文化产业的绝对规模和相对比重增加。城市是一个多种功能的复合体，既具有生产的功能，商业交易的功能，娱乐消费的功能，休闲居住的功能，还具有各种文化传播与教育科研的功能。在城市规模扩张的过程中，城市的文化功能会同步扩张，城市的文化产业将同步发展。城市文化是一个城市的灵魂，文化产业是市场体制条件下承载和传导城市文化的产业体。文化产业如果不能与城市规模同步扩张，城市的各种功能就会出现紊乱与残缺，影响城市运行的总体效率。

因此，文化产业应该与城市工商业和其他各种产业同步发展，这是一个难以违背的规律。随着城市的发展，文化产业在城市各类产业中所占的比重还应该不断扩大。因为文化产业具有正的外部性，它不仅有益于文化产品与服务的提供者和消费者，而且，对于其他广大城市人群也有大量盈余扩散效应。譬如，城市教育的发展，不仅直接受教育者得益，非直接受教育者也会因直接受教育者素质提高的影响发生潜移默化的改变。这种正的外部性的存在，会导致城市政府对文化产业发展给予财政扶持和补贴，使城市文化产业的实际规模超过由文化产业本身的成本收益均衡所决定的规模。其次，城市功能的转换和递升会直接推动文化产业的规模扩张和质量提高。在工业社会时代，城市的主要功能是作为工业和商贸服务业发展的容器。在后工业社会时代，信息和知识的生产、分配、交换、传播、消费成为决定经济社会发展的核心领域，因此也成为城市重要的产业领域。城市知识和信息功能的扩展会直接导致城市文化产业的扩展，如教育业的发展，大众传播业的发展，新闻出版业的发展，基础和应用科学研究业的发展。再次，城市人口素质的提高，也是推动城市文化产业发展的重要因素。高素质劳动人口是城市文化产业发展直接依赖的人力资本，是增加高质量文化产品供给的前提条件，同时也是文化产品与服务的主要需求群体。城市人口素质提高对文化产品供给的直接效应是：第一，降低供给成本，使供给曲线向右移；第二，提高文化产品供给的质量与档次；第三，增加文化产品供给的内容与形式。城市人口素质提高对文化产品需求的直接效应是，为文化产业扩展提供了不断扩大的潜在市场需求。

简短结语

通过上述分析，文化产业发展与城市化发展之间的复杂的相关联系被给出一种清晰的解释。这种解释可以为我们制定文化产业发展和城市发展规划提供有益的知识背景。从上述分析中，我们可以抽取和演绎出一些极有用的政策建议。

1. 应该把文化产业作为重要的城市产业来加以推动，纠正只重工商轻视文化的城市产业发展倾向。

2. 通过发展文化产业来全面提高城市品位和城市的综合竞争力。

3. 在城市发展规划中，要为文化产业发展留下足够的空间。

4. 妥善处理文化产业发展与其他各类城市产业发展的关系。

（选自《江淮论坛》2002 年第 2 期）

论文化创意产业的城市基础

阮仪三

自从城市出现以后，人类文明就一直与城市发展相依相随。近半个世纪以来，在社会经济生活发展中，出现了一个崭新的产业——“文化产业”，文化产业的快速发展，促使现代城市经济社会产生了一系列的重大变化。在欧美的一些先进城市里，由于文化产业产生的巨大的文化附加值和相关产业的带动作用，以其巨额利润吸引了越来越多的投资者，提升了城市的投资环境，促进了城市的繁荣。更由于其文化的作用，对改善城市的文化品质和城市生活环境起到了更为显著的效果。

旧城更新与文化创意产业的兴起

近年来我国经济大发展，导致了所有的城市有了前所未有的大发展，但在许多城市中对待历史上留下的旧城区，大多是采取了整片的拆掉旧房盖新房，大多数城市旧貌换了新颜，这就是普遍进行的“旧城改造”。使我们联想到五六十年代对知识分子所谓的“思想改造”，要“脱胎换骨，重新做人”，把人性也湮灭了。同样粗暴的城市改造适应了经济快速发展的要求，却把许多珍贵的城市遗产、有历史文化价值的建筑及其周围的环境全都损毁了。同样快速的、粗糙的、新建起来的建筑又把原来富有特色的、蕴藏丰富文化内涵的城市风貌全都变成了千篇一律的、简陋的现代新城市和乡镇。德国人说：“几个世纪以来，充满魅力和神秘感的中国北京，现在满眼都是短时间窜起来的新房子，灰蒙蒙的一片毫无特色。”（《德国商报》1992年）日本人说：“走在上海高架上看到许多高楼像是一群穿着花大褂的乞丐，拥立在街头。”（三村浩史，前日本建筑学会主席）

北京要开奥运会，上海要开世博会，我们拿什么样的城市来接待世界来客？近年来，北京和上海开始意识到城市遗产保护的重要，而着手保护尚存的优秀历史建筑和历史风貌地区，“亡羊补牢，犹未晚也”。但在城市遗产中，许多产业建筑，那些在城市工业生产中被转型和淘汰的工厂厂房、仓库，还有不少的生产构筑物，还没引起人们的重视。人们一般认为只有那些大型的历史性建筑或是特色民居才应该去保护，而这些产业建筑等是不值得留存的。但在一些先进国家的城市中，这些厂房、仓库被一些艺术设计师所利用，使得这些建筑获得了新生，成为新的亮丽的城市风景。

文化创意产业，这新兴的属于服务业范畴的产业，包括娱乐业和电子传媒业、出版业和印刷业、旅游和旅游产业，包含了从事文化事业的绘画、音乐、戏剧、文学等传统文化艺术领域。近年来，又具体形成了艺术、展览、工业设计、艺术设计、建筑环境设计、广告、创意、影视动漫制作、视觉艺术创作、工业美术等新兴产业。从业者大多是艺术家、文化人、设计师、工艺师和拥有各种才能的自由职业者。他们具有创作的独立性、活动的自由性、工作的灵活性以及领域的广泛性。更由于文化艺术的创作和业务活动一般是独立的个体活动，有时又要前后工艺的配合或群体协作，不像一般生产及科学技术工作那样有规律和有秩序，带有随意和松散的特点。许多文化创意产业的初创，往往又带有探索、试验、目标不鲜明的情况，从业者多不拥有雄厚的资本，于是大多是利用了城市中废弃的工厂、仓库，只要付出很少的代价就能取得较大的空间和场地。可以适应他们这种可变、可塑的内容和要求。

城市中的旧工厂区，由于原来工业生产的集约性和系统性，有连片的厂房，集中的库房，而使许多活动具有聚焦和便于交流的特点，非常符合文化创意产业的需求。当这些文化产业进入到这些旧工厂、旧仓库、旧建筑里面，并加以利用改造再创，使之成为生产力。这些旧房老屋就完全改变了它们原来自身的情况，它们成为新的生产力的载体，它们所存在的资源得到了充分的利用，它们原有的功能得到了转变。这些旧建筑经过这些艺术家们、设计师们的艺术的再造、环境的改良，改变了原来内在的布局特色，赋予了新的艺术内涵，因而转变和提升了原来的价值。这些旧建筑的重新利用，免除了原来被拆毁的命运，使其得以留存。对于城市而言，保护了城市的历史建筑，留存了这部分历史，留存了城市的记忆，而它也同样取得了经济利益。文化创意产业的艺术家、设计师们是点石成金的城市魔术师。

文化创意产业正是城市科学发展的“旧城更新”的动力，它很好地利用旧城的产业建筑，并赋予新的生命，是城市健康发展的新的激励因素。

“苏荷”的经验和上海文化创意产业的萌发

“苏荷”（SOHO）即纽约市休斯顿街以南（South of Houston Street）的缩写，原是纽约的工业区之一，遗存有50多幢由独特精致铸铁工艺构件的小工厂和仓库。二战后纽约制造业衰落，这些工厂大批关闭或外迁，许多房屋空置破败。20世纪50年代，苏荷地区所有老建筑都被艺术家们所占用。然而到60年代初，在城市改造浪潮中，苏荷的旧房将被铲平，代之以高层楼房和开拓10个车道的高速公路，当地人们和艺术家们联合起来强烈反对，遭到了政府的压制。但更引起了更多人民的反对，并得到世界上许多艺术家的支持。1969年，纽约市终于宣布永远取消原来开路和建房的计划，当局修改了法律。1973年，苏荷被列为保护区，这是世界上也是美国首次将工厂仓库列为历史文化遗产，而得到法律保护的地区。政府在新的城市规划中明确规定：苏荷以艺术品经营为主，辅以餐饮、旅游和时装设计的历史文化景区。政府的政策导向，促进了苏荷的再生与繁华，许多艺术家纷纷入住苏荷，旧建筑里开出了百余家画廊，还吸引了许多著名品牌的时装、家具、摆设等时尚店铺和设计机构。许多成功人士纷纷迁入到苏荷，苏荷区成为时尚代名词，也成为纽约曼哈顿岛房地产最昂贵的地段。在苏荷区法规明确规定：任何人不得破坏老房子外貌，不能改变原来建筑的基本结构，改造只能集中于内部的现代化。这些经过改造的老房子，乍一看还是原来的工厂仓库，反映原来建筑特征的砖石墙体、铸铁窗子、柱子仍是不加掩饰地暴露着。而辅以现代的材料和手法，赋予了新的内容，使这些建筑显得现代而时尚，人们都看到这是历史文化和现代艺术的融合。苏荷长达10年的斗争，反映了美国人民对大拆大建旧城市改建模式的反感与不满，反映了人们对历史文化的追忆与需求，也是人们对新的居住和城市环境的追求。它引起了人们的反思，新的城市建设，是否一定要铲除旧建筑，老东西能否进入到新时代。历史并不都是沉重的，问题是你怎样去对待它。

在欧洲，20世纪70年代开始也重视产业建筑的保护与利用，像英国的伯明翰、利物浦这些老工业城市，它们的一些老厂房老码头地段成为新的文化休闲旅游的景观地。

在经济迅速发展的上海，文化产业已经兴起，从业人员不断增加，并逐步形成规模，文化产业已从个体分散的经营而逐步聚集归拢，已经形成文化创意产业群，给上海活跃的经济和不断丰富的文化又增添了一分亮色，也将影响全国经济和文化的发展。

上海卢湾区的泰康路街区有许多老上海的弄堂工厂，所谓弄堂工厂就是与民居混杂在一起的厂房，近年来上海工业格局的转型以及城市环保的要求，许多老厂已经倒闭和转移。这些厂房被一些艺术家看中，他们租用了这些房屋加以整修改造，变成工作室、展览馆、艺术馆，这些艺术家用他们独特的艺术眼光，出乎一般的审美观，打造出一片既实用又经济、又具有艺术魅力的天地。陆续入住的企业和商铺有162家，有17个国家和地方的人士，就业人数达780余人，已被媒体称之为上海视觉产业的“硅谷”。许多为其服务的咖啡店、酒吧、娱乐场所、餐饮店也纷纷开了起来。这里保留了老街区、老建筑，有老里弄居民的生活，有丰富多彩的买卖艺术品的老字号，也逐渐成为一处人们旅游观光的地方。在苏州河南岸半岛地段的莫干山路50号，是一群高大的老厂房，原来是棉纺厂、毛纺厂、面粉厂等。按原制定的城市规划，这些厂房都要拆除，要建造高层住宅楼。在一时还没有实施的时候，许多艺术家看到这里有宽敞的空间，廉价的租金，就租用来做工作室和艺术作坊，后来人越聚越多，经常在这里举行各种艺术交流活动。这里聚集了许多国家和地区的60多个艺术家的画廊和平面设计、建筑师事务所、影视制作、动漫制作、环境艺术、服装艺术品设计等，众多的艺术家和国内外游客也慕名而来，一个新的文化创意产业正在这里形成。原来要拆迁厂房的计划，也由于艺术家们的不断请愿呼吁而停止下来。这两个地区加上杨浦区的黄浦江畔的工厂码头区都可以称之为上海未来的“苏荷”。这都将是上海文化创意产生的基地。2004年我们同济大学国家历史文化名城研究中心和泰康路、莫干山路这两个地区的企业房屋管理者进行了合作，做了认真的科研调查，协助这两个地区制定了城市遗产保护和文化产业发展规划，确定了哪些要保护、哪些要整修、哪些要改造、哪些要拆除，增加了必要的设施，丰富了内容、提升了城市的功能。

上海的泰康路和莫干山路的这些工厂、仓库，虽然没有纽约那种铸铁工艺装饰的带阁楼的车间，但是这里有弄堂工厂，留存了上海早年市井生活的印痕，有人们挥之不去的里弄情怀。这里有上海最早开办的厂子，著名的爱国资本家撑起了民族工业的半边天，有旧日创业的艰辛历程，有上海这个当时全国工业发展先驱的足迹。今天新型的文化产业的萌发和进驻，赋予它以崭新的内容，是新和旧、是过去和现在、是原生和艺术的结合，我们期待它在困境中成长，走出一条新的保护和发展的路子。

保护城市遗产，创建有中国特色的新城市

韩正市长最近说：“保护也是发展。”改变了过去人们错误地把城市遗产保护看作是城市建设发展的障碍。事实上城市历史文化遗产是一项重要的资源和财富。从文化创意产业进入到旧工厂中去的时候起，这些旧厂房就改变了原来将被丢弃成废物的状态，改变了人们过去只看重房子底下那块地才有价值的情况，这些房子将发挥出原来意想不到的作用，它们真正的价值得到了重视并有了新的发挥。

我们保护老建筑，不仅是用来作为观赏、旅游或开展文化活动，更重要的是留住寄存在这些老建筑上的历史信息。我们要建设有中国特色的城市，必须要从中国自己原有建筑城市中去传承、去汲取。我们留下了上海的历史建筑，我们可以不断深入地研究上海过去如何形成中外交融的海派文化，保存旧的为了发展新的。我们保护了上海的

传统里弄建筑，也就出现了上海“新天地”这种以历史景观为特色的新的时尚休闲地。我们保护了二三十年代的上海万国建筑博览会的外滩，就出现了新旧交相辉映的上海新老外滩富有特色的雄伟风光。我们保护了朱家角历史古镇，青浦区就能向全世界征集规划和设计方案来创建新江南水乡城镇……

过去20多年的建设，我们开始有了生活的温饱和有了初步现代化的城市，但中国传统城市特色逐渐地在退化在消融。新一轮的大发展又在进行，上海要担负起引导中国城市建设方向的重任，再不要热衷于什么城市长高了、什么欧陆风情，不要去做假古董或重新打造老上海等等的肤浅的意念。要中国的，要地方的，要民族的，要我们自己的城市特色。保护城市遗产是弘扬城市特色之本，是滋长新的城市特色之根，是维护民族文化地方文化之魂。让我们借助于文化创意产业的新发展，保护城市历史文化遗产，振兴中华文化。

（选自《同济大学学报》社会科学版2005年第1期）

从“功能城市”到“文化城市”

单霁翔

中国具有保护古代遗存的悠久传统。早在一千多年前的宋代，收集、研究和刊布金石铭刻就已经形成学科，文人雅士则热衷于收藏与鉴赏“古玩”。20世纪初，通过对古代遗存发掘和研究而重建古代历史的现代考古学带来了“文物”的概念，从此，古代遗存的文化内涵和价值得以不断揭示。20世纪末，中国文物保护进入了一个新的阶段。在理论和实践中对于文化遗存有了更加深入的认识，无论在保护的对象和范围方面，还是在保护的手段和措施方面，“文化遗产”的概念具有更为深刻、更为丰富的内涵。

文化遗产保护领域的扩大

文化遗产是一个博大的概念，随着时代的进步，我们对它的认识在不断深化。从保护宫殿、寺庙、教堂等建筑艺术精品，发展到保护传统民居、作坊等反映人类生活方式的普通历史建筑；从保护单体的文物建筑，到保护建筑物群及周围的历史环境，再到保护成片的历史文化街区，进而发展到保护完整的历史性城市。认识的不断深化推动着保护工作的实践，呈现出令人欣喜的发展轨迹。

文化遗产的保护领域还将不断扩大，我们已经认识到对那些体现不同时代、不同民族、不同地域的文化景观、文化线路，对那些在群体上更能体现人与自然的和谐，更能作为社会发展生动例证的文化遗产廊道、文化空间，同样应当给予更多的关注和呵护。同时我们也注意到，在文化遗产保护工作中，尊重文化多样性，重视保护不同文化背景的非物质文化遗产也逐渐成为世界潮流。我们要注重对这些文化遗产保护领域新成员的研究，在城市规划和建设中切实加强对他们的保护。

今天，我们没有必要担心列入文化遗产保护的内容和数量太多，和居住在这个星球上人类共同的需要相比，和我们子孙后代的需求相比，在这个每日每时都在变化着的世界上，可供我们保护的文化遗产已经不是太多，相反，却是太少。我们有理由紧急行动起来，争分夺秒地为当代、更为后代把那些难得的、反映人类社会进程的文化遗产抢救下来，把更多的文化遗产列入保护之列。

文化遗产保护的现实作用

文化遗产是一个永恒的话题，它既是历史的，又是现实的，还是将来的，同时，文化遗产更是大众的。当人类文明发展到21世纪时，仅仅把文化遗产狭义地当作一件物品“保留下来”是不够的，更重要的是发现、发掘、发扬文化遗产所蕴含的历史的、科学的、艺术的价值，使文化遗产进一步融入人们生活、融入社区、融入城市，既给专业人士，但更多的是给大众以启迪和精神的、情感的、美的享受。越来越多的人认识到，在城市化加速进程中，城市优秀的文化遗产也是城市现代化的重要内容，城市现代化不仅仅意味着具备完善的基础设施、良好的生态环境，更要求拥有深厚的文化底蕴和内涵。有了这样的共识，就必然引发人们在城市现代化进程中竭力保护原有文化传统与特征的渴望与努力。

文化遗产对于当代社会的可持续发展，具有多重意义，有社会的也有经济的，有精神的也有物质的。我们永远要把它的社会效益放在第一位，把保护放在第一位。在此前提下，还要主动地发挥文化遗产多方面的作用。作为文化遗产的管理部门，有责任探索更积极、合理、有效的途径，为保护文化遗产提供更广泛、更强大的舆论支持和更丰富的物质保障，使文化遗产真正为社会公众所共享，取得更大的社会效益和经济效益，更有力地推动文化遗产所在地经济社会的和谐发展。

规划应更加关注文化遗产保护

城市是一种历史文化现象，是一个民族的记忆载体，每个时代都在城市的建设中留下了自己的痕迹。保存城市的记忆，保护历史的延续性，保留人类文明发展的脉络，是现代社会发展的需要。正如一位哲人所说：了解过去的一千年，是为了更好地建设今后的五百年。

不幸的是，我们注意到，在很多城市的规划和建设中，人们更多的是从经济和市政发展角度考虑城市的功能问题。处于强烈发展激情中的城市，包括众多具有悠久文化传统的历史性城市，都无一例外地以规模化和形式划一的模式，扩展着原有的城市规模。这样发展的城市留给时代一个最大的问题就是，失去了它与其他城市之间的区别，失去了其固有的文化特征，同时也失去了这个城市的“根”与“魂”。

发展经济是当今世界的主旋律，这本身无可非议，任何一个时代都要考虑生存与发展问题，人们可以为现代城市建设中的各种现象寻找到许多种理由，但是失去记忆的城市无论如何不是我们理想中的城市。如果仅仅强调经济发展而忽视城市的文化价值，必将极大地影响文化城市的生存，属于文化城市重要载体的文化遗产就无疑会受到威胁，传统文化和特色的消失也就势在必然了。城市规划当然要考虑功能与发展的问题，但不是唯一要考虑的问题。在考虑文化城市延续的前提下考虑城市的功能，虽然可能延缓了城市发展中的某些短期行为，但是获得的却是城市的恒久价值。

规划与保护应建立起和谐关系

城市规划是综合性、全局性、战略性的城市发展蓝图，涉及城市居民生活中的各个领域，而每一处文化遗产的兴衰，也无不与民众的利益息息相关，因此，必须将文化遗产保护的思想贯彻到城市规划的各个层面。根据文化遗产保护的需要，在规划上进行整体性控制，使城市建设既展示现代文明的崭新风貌，又突出文化城市的高雅品位。

如果我们不是将功能城市与文化城市相对立，如果我们在历史性城市的规划中，充分考虑到城市的文化特点，将文化遗产和城市特色作为城市形象的基础，文化遗产就不再被看作城市发展的包袱，而是城市中无可替代的重要财富，是城市可持续发展的资本和动力。这样我们就会看到，城市发展与文化遗产的保护和城市特色的保持并不矛盾。

我们期待在城市规划师与文化遗产保护工作者的共同努力下，将城市发展与保护文化遗产的关系处理得更加和谐，建立起一种相互促进和相互依赖的协调关系。

（选自《瞭望》2005年第22期）

区域文化发展战略规划的前提、目的与要素

沈望舒

主观产物的战略规划必须以客观文化需求为基础

客观需求和消费力是事业、产业、市场的长久动力与第一资源。文化发展战略规划同样受此规律制约，它应建立在真实的需求和可能构成规模化文化消费能力的基础之上。研究文化需求和消费力，对于不同地域，一般主要把握四大方面。

1. 实际经济发展水平

社会经济学已经证实，人均GDP达到800美元之后，恩格尔系数开始与文化消费成反比：前者下降，后者上升。它表明形成规模的文化消费是社会发展到一定经济阶段后的产物，总体文化消费力是文化建设发展的大背景。人均GDP达到3000美元之后，文化消费增速大幅超过社

会家庭其他消费增速，将呈现爆发值。据国家统计局数字，2003 年中国城乡人均 GDP 超过 1090 美元，恩格尔系数降为 44%。有专家推算文化消费应占到个人消费的 18%，全国文化消费总量当为 10900 亿元人民币，实际 2003 年全国文化消费总量为 5800 亿元。这是我国大力发展文化事业和文化产业的决策基础。

每个省市经济发展水平存在显著的不平衡，至少特大型城市远远高于全国平均值。如北京市，2002 年全市 GDP 已达 3130 亿元人民币，人均 GDP 为 3355 美元；2003 年全市实现 GDP 为 3600 亿元人民币，恩格尔系数接近 30%，包括旅游在内的家庭文化消费向发达国家和地区的下限迈进，已接近消费总量的 30%。正是有如此的文化消费力，才能出现“大卫·科波菲尔”魔术在首都体育馆连演 8 场的盛况，创单项节目 5000 万元票房的纪录；才能出现占全国面积 1%、人口 1% 的北京，电影票房超过全国总量 10% 的文化消费现象。

在不同地域，经济发展水平的差异也是明显的。北京城区从古至今一直可以划成不止三个档次。如核心四城区中的宣武区，2003 年区财政收入 19 亿元，人均 GDP 为 4330 美元，东城区财政收入 30.38 亿元，人均 GDP 为 6280 美元；反映在个人、家庭、集团文化消费上，其门类、层次、总量等也有诸多不同。东城区比起包含大面积城郊土地的朝阳、海淀两区，在国民生产总值、财政收入等方面又有很大差别。所以各区近年来的文化发展路子就很不一样。经济发展水平激发不同的文化消费需求，又产生不同的文化建设积极性和实力。

2. 区域地位和历史背景

文化建设的重点主要在城市；地理和历史又使城市呈现不同的类型和功能。既有政治型城市（日内瓦、布鲁塞尔等）、经济型城市（苏黎世、沈阳等）、交通型城市（新加坡、郑州等）、文化型城市（威尼斯、戛纳等）、宗教型城市（耶路撒冷、麦加等）、综合型城市（纽约、上海等）的划分，又有地域中心城市、国家中心城市、国际中心城市的分野。首都城市有政治中心的地位，有些还具有国家文化中心、经济中心的属性，少数历史和文化特点突出者还是高知名度的国际性中心城市。地域的历史、背景、地位差异，造成吸引外部文化兴趣、消费、投资的差异，而后者是增加区域收入和实力的主要因素。

以两大文化产业——会展和旅游为例。一方面国内许多大城市面临发展会展产业的高昂热情和“有会展无经济”的尴尬，一方面又有北京、上海、广州争夺会展中心城市的火热场面。上海会展业以年均 20% 的增速发展，从 1990 年举办国际会展 50 个，到 2003 年超过 260 个；2001 年会展直接收入 18 亿元，是全国展会可统计收人总量的 45%，开始形成“会展经济”的规模效应。而 2002 年纽约仅 4 天会期的“世界经济论坛”就给城市注入上亿美元的收益；世界著名会展城市汉诺威，仅统计 50 个大型会展，一年便吸引各国参展商 24800 家，观众 250 万人次。

旅游上，对游客数量、结构、文化消费的影响也有历史地位或地理的差别。国内许多将旅游列入新兴支柱产业的地区，在最初一个高速发展期过后，开始感受到总收入增幅下降、游客平均滞留期太短、国内游客消费率低、国际游客比重小的困惑。相对不少省会大城市每年吸引国际游客十几万人次的状况，名列国内城市第一位的北京，2002 年接待国际游客 310.4 万人次，旅游外汇收入 31.1 亿美元，是让人羡慕的数字。但是当眼光再次转向先进城市，同样作为首都城市，人口仅为北京 1/12 的维也纳，1996 年接待国际游客已突破千万人次，旅游外汇收入百亿美元以上。拥有悠久历史和丰富古迹的西安和北京，国际游客平均滞留期多年来不足 1 天和 4 天，而欧美一些城市这一数字是 7 天～15 天，对于文化消费需求的吸引力和吸纳力可见一斑。

3. 差别优势和竞争环境

文化建设规划的核心业务定位必须扬长避短，与周边地域的差别往往就是发展空间，“人无我有，人有我优”等说法讲的就是差别的正面意义。现在城市文化形象趋同，产业类型重叠，同质产品泛滥，造成利润微薄、资源浪费。所以决策者和规划制定者要充分重视差别优势和竞争环境问题。例如曾有一县，从辖区资源出发看好当地“佛道同山”的景点，拟纳入规划重点开发，然而在其周边县市已有类似景观，同省还有包含该文化内容的国家级名胜，这种情况下做一般性修缮，利用此景点就可以了，如果投入重金开发建设就会形成恶劣竞争，是缺乏比较优势的低质投资行动。

4. 文化机遇和焦点效应

文化消费需求与文化生产供应与经济发展水平息息相关是又一规律，是人类历史屡屡证实的一种文化现象：长期出现经济强势增长的地区和国家的文化，有上升为主流文化和世界文化的趋势，反之经济长期低迷地区和国家曾经贡献的主流文化或世界文化，有被边缘化或还原为地域文化的可能。上升期的文化和经济，多数是凭借一两次重大国际性主题文化活动的机遇，实现历史性的跨越。所以考虑扩大文化消费力、加强文化建设的战略规划时，培育、创造、利用文化机遇和它所带来的焦点效应，形成对区域各行业、各产业的关联度与带动力，汇聚来自于内外部的消费流、信息流、资本流、人才流十分重要。2004 年苏州举办世界遗产大会，2006 年杭州举办世界休闲博览会，2008 年北京举办奥运会，2010 年的上海举办世博会等等，说明国内各地域已经认识到文化机遇的宝贵，只是在处理关联度和带动力的自觉性、主动性和清晰度上还不够到位。个中意义实际很简单——主题文化活动是世界的，建成的设施是地域的，因活动而树立的品牌、引发的文化消费和综合收益最终是地域的。悉尼借奥运会创造的418亿电视人时焦点效应和世界总人口62%、可收看电视人口95%的关注度，使澳大利亚在奥运会前一年和举办期的两年间，对外旅游收入就达153亿澳元，合214.2亿美元；会后又吸引1700万国际游客，仅中国旅游者就增加52%。巴塞罗那也是借助奥运焦点效应，从一个普通欧洲城市一步跨入欧洲第七大城市行列。区域发展与文化消费需求的扩大，文化建设与文化投入、经营运作的互动连动，是文化发展战略规划的主要研究课题。北京各区域应将2008年底以前的四年作为黄金发展期。

区域文化战略规划必须以优化文化形象和强化文化产业为目的

目的是规划制定者最容易统一的东西，又是最容易虚化并被轻视、忽视甚至无视的东西。区域文化发展战略规划，针对不同时期和文化阶段会有不同的具体目的、发展重点，但是都应该有其稳定的、适应可持续发展要求的共同点——优化文化形象与强化文化产业。

第一，区域文化形象是名片，是品牌，是生产力，也是拓展区域文化经济服务半径的无形资产、有形价值；文化形象在现代社会日益与包括经济效益在内的综合发展效益联系在一起。一定意义上，文化形象就是区域与外部世界最重要的纽带和桥梁。因此，以分步实施的内容举措树立完善的区域文化形象，应该是规划制定者清晰坚定的目的。

涉及文化形象，在区域战略规划中要认真对待其两种属性，即实体文化形象和虚拟文化形象。二者本来浑然一体，相互依存，相得益彰或彼此拖累，由于功能作用方面各有侧重，所以需要注意它们的主要共性和特性。作为形象，无论实体还是虚拟，一定有可感知、可体会、可品味的地方，这是二者最主要的共性。

实体形象的载体是地域内包括建筑、街道格局、生态和人们工作生活场景在内的现象，它们具有直观性、表面性、质朴性，本身是文化战略规划服务、建设、发展、完善的对象，也是虚拟形象依托的基础。由于不到现场难以对实体形象产生个性化真实感受，区域实体形象存在传播性局限。虚拟形象的载体是各类或传统或现代传播媒体，其内容具有选择性、多层面、间接性、修饰性，是实体形象的反映和折射，具有独立于地域之外远程传播的能力。虚拟文化形象的优劣好坏和传播数量、质量的高低，关系到外界有无愿意接触实体形象，区域在全国和世界的舆论环境，全球化形势下区域获取外部资源和机遇的渠道。所以，它同样是区域文化战略规划要优先重视的目的。

第二，强化文化产业的主张，是因为中国走过一条坎坷曲折的文化建设道路。结论是：失去强大产业力支持的文化事业、公益文化，是非生命型的有残缺文化，是竞争力和感召力严重不足的文化，是难以保障地域、国家与民族文化安全的文化，是不能为建设和发展区域社会文化经济创造良好的外部舆论环境的文化，也是无法做大做强做远做长久的、使从业者精神振奋、令国民自信自豪、让外人赞叹羡慕的文化。正由于作为真正文化产业的产品、服务、项目，是建立在满足不断发展的客观文化需求和不断增长的社会文化消费力基础上的文化经济选择，有着社会责任和市场动因双重激励机制，有造血功能和自身生命活力，所以将其纳入文化发展战略规划的目的是一种观念的提升。

区域文化战略规划必须重视发展环境、核心业务和执行力等要素

文化发展战略规划在近十几年才用于区域文化建设中。用战略规划的思维线索连结起来的要素，能使为区域文化服务的战略规划保持因地制宜、与时俱进的同时，体现可操作的特征；要素往往是建立在“前提”之上，对“目的”发挥支撑作用的重要方面。从经验角度出发，可列入文化战略规划的要素，主要是发展环境、核心业务、执行力、强势产品（服务）、供应链、置业团队和运作流程等。

1. 发展环境

环境指围绕区域文化建设目标的情况和条件。目前区域文化发展战略规划的制定主体多为政府，然而从长远看，文化建设的主体绝不仅是政府，将日益包括愿意在文化范畴投入热情与资本的多元社会力量，和在文化经济领域发挥支柱作用的文化企业。改变政府一元化投资文化建设的局面，改变社会对文化设施、文化产品、文化服务的供应满意度不高的局面，使四面八方文化资源和文化投资汇聚地方，杰出文化人才和品牌文化机构落户地方，优秀文化产品、服务、项目涌现于地方，关键在于区域是否是先进文化和无害文化适于生长的良田沃土。因此，政府将发展环境当成战略规划的要务是有很高价值、意义深远的抉择。

由于政府在文化建设中，拥有法律赋予的最多资源和最大权力，自然要在环境塑造上承担主要责任。我国文化体制改革的主要目标之一，就是政府要从办文化向管文化转变，文化的生产和传播要贴近市场、适应和满足社会需求。所以政府今后对于文化建设的兴奋点、关注点、着力点更不应囿于直辖所属文化单位，而要代表公平与正义，为法律允许的各类型文化生产力优化发展环境。

这种环境包括坚持正确的文化舆论导向，倡导先进的文化价值，颁布必要的文化法令、制度、规则，用严肃高效的执法维护文化业运行秩序，以丰富准确的信息和科学

得力的政策，扶持健康的文化事业和文化产业，抑制不良倾向，用公共财力不断提高区域文化形象、群众文化生活质量，提高区域文化辐射传播能力。

2. 核心业务

具有感召力和拓展力的文化产品、文化服务往往具有惟一性，区域文化战略规划需要视之为核心业务，用它来代表独有文化形象和特殊文化价值，表现核心文化竞争力，对广泛的文化产业和非文化产业产生紧密关联度和显著带动力。核心业务释放的品牌效应和信誉价值，会促使相关产业与衍生产品和服务的跟进。美国一个中等城市曾因传统产业的衰败走向没落，有人后来将一座体育场改造培育成为美国著名的棒球爱好者圣地、职业联赛的举办地而放射异彩。这一核心业务的成功带来棒球相关业务的兴旺，也带来包括服务业、交通业、旅店业在内的城市百业的复兴。核心文化业务是区域文化的主题、旗帜和形象代表，是区域文化建设正面效益弹性的最大变数；选择、发掘、塑造、培育它，重视、珍视、爱护它，将使战略规划有了脊梁，更让实施工作有了底气。

3. 执行力

2002 年，拉里·博西迪和拉姆·查兰的《执行——如何完成任务的学问》在美国出版，迅速跻身《纽约时报》、《华尔街日报》、《商业周刊》等畅销书排行榜。“没有执行，一切都是空谈”，执行是“公司战略、发展目标和领导者职能的核心部分”，执行是“没有实现预定目标的主要原因”一时间成为经营管理界的“世界语”。“执行力”问题随之也成为企业高层和相关专家的热门话题。

编制文化发展战略规划兼顾执行力问题，这是一种进步，也是对以往规划工作所强调的实用性和可操作性的科学补充。《执行》一书认为，执行是“将商业的三个主要流程——人员、战略和运营计划，结合起来的一种途径”。按上海社科院花建先生的定义，“执行力”是指贯彻战略意图，完成预定目标的操作能力，它是企业竞争力的核心，是把企业战略、规划转化成为成果的关键。优化领军人物，有效组织监督，落实员工培训，是现实中提升执行力的重要路径。从执行的高端，到执行的保障，到执行力体现的基础终端的全面清晰化，将解决区域文化发展战略在未来的生存和发展前景问题。长期以来，各类战略决策者都对执行是“缺失的一环”深感忧虑，因此确保集中集体智慧、代表区域文化发展根本利益的规划价值能够实现，主要的发展战略任务能够如期完成，就要在决策层决定战略规划的同时，在统一意志的前提下，对“执行”有所安排，从编制和规划的起点上就形成想、说、做的一致，目的与行动的一体。

4. 产品（服务、项目、企业）、供应链（产业链）、置业团队、运作流程等也是文化战略规划的要素内容

（1）关于产品。企业要靠品牌产品或服务来生存、发展，区域文化同样需要靠核心业务，要靠优秀的产品和服务以及强势文化企业来填充内容、支撑形象。当拥有系列化的、具备强大文化经济竞争力的产品和企业群体时，区域文化建设的发展目标就会产生质感，相关文化产业就会因为有了规模化文化消费吸纳力而成为地方财政认可的支柱产业，区域文化就会召唤更多的投资置业者参与其建设。因此，区域战略说到底是文化产品、文化服务、文化企业的成长战略。

（2）关于供应链。文化内容和形式功能的丰富性、复杂性，使得文化生产总体上无法靠单一体全部完成，于是在社会文化产业、行业甚至大型集团内部都形成一个个链形组合。所以要把文化供应链和产业链包括在区域战略目标之中。由于情况的不同，供应链有大小、范围的不同。以出版为例，创作、出版、印刷、装订、批发、零售，加上纸张等主辅材料是一种产业链；内容延伸到音像制品、电子出版物、广播影视频道、互联网，又构成拓展型供应链。上升到社会文化供求关系，又有文化需求——基础文化产业和枢纽文化产业——文化消费的循环供应链。规范高效的供应链、产业链体系，是市场化程度的标志，是核心业务和相关业务发生良性互动关系的基础，是区域文化竞争力的保障。

（3）关于置业团队。出色的文化建没、卓越的文化产业无一不是依赖于职业化水准很高的文化置业团队。团队是一切事业和产业保持发展势头的根本要素。对于需求、内容、复杂度都有极大变量弹性的文化市场和文化产业，保持文化经济可持续的拓展能力，更依赖置业团队的质量和规模。团队负载着文化产业创新力和文化企业执行力，决定着各层次文化形象。适应文化发展战略需要的优秀置业团队的成长、壮大，关系到区域文化核心竞争力的强弱和战略规划的前景。

（4）关于运作流程。科学、清晰、高效的流程，是思路成熟完整的化身，是决策贯彻成功的保障，是资源配置的条件。对项目的领导、管理、运作，将通过流程主要环节体现出来；团队执行力也是通过分散到流程上每个细节加以落实。流程已和决策、成果一体化，是文化发展战略规划内容的现代组合，也是以往规划中实施步骤的升级。

总之，区域文化发展战略规划应注重前提、目的和要素的梳理，做出对策性安排，不要让规划输在起跑线上。

（选自张晓明　胡惠林　章建刚主编：《2005 年：中国文化产业发展报告》，社会科学文献出版社 2005 年版）

县域文化产业发展的关键问题及对策

柏定国

县域文化产业正处在一个迅速发展的时期，人们长期被抑制的文化消费渴求逐渐高涨，无论是市场经营规模，还是利润增长规模都取得了骄人的成绩，而且各县域从政府到普通居民对发展文化产业的前景也都充满信心与期待。但是，县域文化产业的发展问题同时也显得越来越复杂，某些问题甚至已经严重地阻碍了产业发展。在此形势下，如何加强县域文化产业管理研究已成为新的严峻课题。我们基于对全国500个县级行政单位的问卷调查，梳理出了一些带有普遍性的县域文化产业发展问题，并作了一些初步的研究，希望有助于业界解决这些问题。

2003年全国县域文化产业发展的基本数据

2003年全国县域文化市场持续发展，经营单位稳步增加，并在数量上超过了城市文化经营单位。全国文化市场经营单位292171家，其中城市文化市场经营单位132076家，县域文化市场经营单位160095家，比上年增加22238家，增长16.1%，超过城市增幅1个百分点。县域文化市场经营单位业务指标占全国总数的比重比2002年均不同程度增加。经营单位数增加0.2个百分点，从业人员减少4.4个百分点，固定资产减少4.2个百分点，主营营业收入增加4.3个百分点，主营业务利润增加17.7个百分点，上缴各种税金增加6.1个百分点，新创增加值增加1.9个百分点。

以上数据说明，近年来全国县域文化市场经营单位虽然在总体数量上超过城市文化市场经营单位，但经济规模上的差距仍然比较大。中国文化市场的重点仍然在城市，主要消费群体仍然是城市居民。但2003年以来县域文化经营单位的发展速度却远远超过城市，呈现出迅猛增长的势头。县域文化经营单位与城市文化经营单位相比，前者主营业务收入增幅是32.9%，后者是8.2%，相差4倍；前者主营业务利润增幅是40%，后者不增反降9.5%；前者交纳税金增幅是48.4%，后者是14%，相差3.4倍；创增加值的增长幅度，前者是后者的1.3倍。

目前，全国有2860个县级行政单位（不含台湾、香港、澳门3区），自2004年2月30日以来，我们陆续向24个省、区、市的500个县级行政单位发出500份县域文化产业调查问卷，调查覆盖率为17.48%。问卷内容包括“关于县（市）的一般问题”、“关于文化产品基本状况的问题”和“关于文化产业发展环境的问题”3部分，共39个分析点。截止到8月30日，共回收有效问卷187份，回收率为37.4%。调查问卷的回收率之所以比较低，主要原因有：①大部分县级政府未设置专门的文化产业管理部门，收到问卷之后，不知道由哪一个部门负责作答、回寄；②直到2004年3月29日，国家统计局才发布《文化及相关产业分类》，文化及相关产业的归口、范围才得以明确，因此，单列的文化产业统计只能从2004年开始，此前有关县域文化产业发展的数据，分散于各相关产业之中，问卷不好回答。

以下数据，是我们基于187份有效问卷统计得出的。我们认为这些数据能够反映当前我国县域文化产业发展的基本状况。

表1 县域文化产业归口管理方式

归口部门	数量	比例（%）
文化产业办公室	3	1.60
县（市）委宣传部	109	58.29
文化局	66	35.29
其他	9	4.81

表2 县域文化产业主营业务

主营业务	数量	比例（%）
文化旅游	127	67.91
文博、会展、演艺	26	13.90
传播媒体	2	1.06
民办教育	34	18.18
体育	5	2.67
其他	11	5.88

表3 县域文化产业主营业务资源分类

文化旅游主要资源	数量	比例（%）	文化旅游主要资源	数量	比例（%）
古代建筑	33	17.65	文化遗址	59	31.55
名人故居	27	14.44	革命遗址	22	11.76
考古遗址	18	9.63	古代战场	11	5.88
民族风俗	139	74.33	宗教道场	29	15.51
主题公园	19	10.16	稀有文化	12	6.42
农耕文明	27	14.44	其他	4	4.81

表4 县域政府对县域文化产业的介入方式

政府介入方式	数量	比例（%）	政府介入方式	数量	比例（%）
政策制定	187	100	项目评价	29	15.51
市场拓展	187	100	主持年报	9	4.81
产权转让	33	17.65	直接经营	103	55.08
民族风俗	139	74.33	宗教道场	29	15.51
其他	4	2.14			

表5　地方政府推动县域文化产业的主要困难

主要困难	数量	比例（%）	主要困难	数量	比例（%）
资源单一	187	100	融资困难	133	71.1
人才匮乏	187	100	产品单一	154	82.4
政策不到位	187	100	宣传不到位	109	58.3
配套服务差	56	29.9	异地顾客少	99	52.9
无集群优势	96	51.3	缺少规划	155	82.9
缺启动资本	107	57.2	其他	13	6.9

分析表1～5的数据，我们对县域文化产业的发展状况有如下判断：

（1）县域文化产业的主营业务单一，主要集中在文化旅游及其相关产业等领域，有127个县域以文化旅游为文化产业主营业务，覆盖率为67.91%；

（2）受多种因素影响，对文化产业的市场地位认识不明确，有55.08%的县级政府直接经营文化产业，误把文化产业当文化事业来办；

（3）县域文化产业整体规划率不高，政府直接经营的具体的文化产业项目也普遍缺少专业评价；

（4）县级政府对县域文化产业发展状况知之不多，年报率仅4.81%，从而影响了政府对产业宏观态势的调控能力；

（5）资源单一、专业人才匮乏、产业政策不到位，是地方政府在推动县域文化产业发展过程中遭遇的最严重的困难，这些问题的覆盖率均为100%；

（6）尽管县级政府都以各种方式积极地介入县域文化产业，但启动和发展具体项目的投融资问题相当突出。

当前县域文化产业发展面临的主要问题

当前县域文化产业发展面临的问题很多，下面我们把最紧要的资源单一与规模效益问题和“三农”背景与投融资问题提出来，以引起决策者的高度重视。

（1）资源单一与规模效益问题。在县域文化产业发展的过程中，普遍因为无法形成产业集群从而缺乏规模效益，这一问题已经严重地制约了县域文化产业的良性发展。其实，资源单一固然影响了产业集群的形成和规模效益的发挥，但其中还存在一个认识误区：县域文化产业只能搞搞旅游、民间文艺表演和小工艺品生产之类。正是这种认识上的误区造成了县域文化产业主营业务单一，并且严重地依赖地方文化资源存量。

中共中央宣传部、国家统计局、文化部、国家广电总局、新闻出版署、国家文物局等部门共同制订的《文化及相关产业分类》界定的文化产业范围包括：①为社会公众提供实物形态精神文化产品和娱乐产品的活动，如书籍、报纸、杂志、音像制品、电子出版物的出版、制作、发行等；②为社会公众提供可参与和选择的精神文化服务和休闲娱乐服务以及相关的文化保护和管理活动，如广播电视服务、电影服务、文艺表演服务、博物馆展览服务、图书馆服务、档案馆服务、网络服务、旅游休闲服务、文物保护、文化研究、文化社团活动等；③提供文化、娱乐产品所必需的设备、材料的生产和销售活动，如印刷设备、文具、纸张、磁带、光盘等生产经营活动；④提供文化、娱乐服务所必需的设备、用品的生产和销售活动，如广播电视设备、电影设备、电视机、收录机、影碟机、音响设备、乐器、游艺器材、玩具等生产经营活动；⑤与文化、娱乐相关的其他活动，如工艺美术、设计等活动。由此可见，文化产业的涵盖是十分广泛的。目前的县域文化产业项目，主要是文化休闲娱乐服务项目及网络文化服务项目和文化艺术服务项目。当然，在文化产业的某些领域，城市的基础和发展条件远远优越于县域，但是，县域文化产业还有巨大的拓展空间。浙江横店的文化产业，就得益于其决策者对单纯的“文化资源存量”的超越，较早地摆脱了狭隘的农耕小生产思维模式，将县域文化产业融入到现代化大生产之中。横店的经验，值得那些有较好的投融资基础和环境的县域借鉴。

（2）“三农”背景与投融资问题。县域文化产业与城市文化产业的最大不同在于其“三农”背景。尽管城市文化产业也存在投融资的问题，但是，相比较而言，县域文化产业因“三农”背景使其投融资问题变得更加复杂。改革开放以来，县域金融组织体系的不断完善，为县域发展提供的金融服务有了较大改善。但从总体上来看，县域信贷支持量不足，县域资金外流比较严重。目前，县域贷款仅占全国贷款余额的5%左右，乡镇企业贷款占全国贷款余额的6%左右。据资料显示，2003年我国储蓄存款余额达11万亿元之多，按二八原则计算，仅限县域农民的存款就有两万多亿元。这说明县域并不缺少资金，缺少的是现代市场经济投融资体制。本来急需资金寻求发展的县域实际上有钱，只是由于投融资体制缺位造成了有钱不能用于发展的难堪局面。可见，投融资体制的缺位使县域失去了发展的支点和杠杆，成了阻碍县域发展的最大障碍。

目前我国县域投资主要来源于政府财政支出，如2004年中央财政的投入可达1500亿元，这表明现在和将来很长的时期内政府仍然是县域的投资主体。但是，由于政府该项投入基本上其实只能下达到政府部门及其所属单位，贪占挪用在所难免。在“政资不分”造成责任缺失和产权不明并最终导致县域居民市场主体地位不清两大因素作用下，加上县域财政状况普遍不好，县域投资主体必定缺位。

据有关资料统计，仅县域义务教育、公共卫生、基础设施、养老救济、农业科技等5项县域公共服务体系的建立，就需要10000亿元的资金。而县域文化产业离开这些公共服务体系的建立和完善，根本就没有发展的可能。这么大的资金缺口，仅靠政府财政支出是不现实的。用市场机制引导资本投向县域的投融资体制改革与创新是解决县域文化产业投融资问题的突破口。就目前县域发展的金融需求来看，商业金融、政策性金融和合作金融功能并举才有可能满足县域多样化的金融需求。而制定市场引导型县域文化产业投入政策，改善县域投融资环境，营造文化产业投资的盈利环境，拓宽民间投融资渠道，创新县域个人投融资方式，构筑一个以县域个人投资为主体、国家财政性投资为引导、信贷资金为支撑、外资和证券市场资金等各类资金为补充的多元化的县域投融资体系，是解决县域文化产业发展投融资问题的关键。因此，探讨整合县域农村信用社、农业银行、农业发展银行功能的可行性，在此基础上创办县域发展银行，以及鼓励其他商业银行为县域发展提供金融服务，已经成为重构县域金融体系、推动县域文化产业发展的紧迫任务。

对策与建议

我们关于资源单一与规模效益问题的建议是：第一，在资源普查的基础上建立科学的项目评价与决策机制。在全国范围内提倡发展严重依赖特殊文化资源的产业项目存在诸多弊端，但是，对于那些经济欠发达的县域，我们主张在项目评价的基础上，量力而行，择优发展，积极盘活资源存量，要尽量避免非市场因素和投机行为（政绩意识）操纵县域文化产业发展决策。第二，县域文化产业及其产权人要充分认清自己的生产者、服务者身份，以多样性产品和高品质服务为前提，提高生产集约度和市场辐射能力，追求产业规模效益；县域文化产业的消费者主要来自城市和异域，本县域居民不可能成为自己的文化产业的主体消费者；这是由居民文化属性以及拥有的购买力决定的；县域居民只能是县域文化产业的生产者、服务者。县域文化产业业主应当设法依托产业集群，以多样性的文化产品和高品质的服务掌握市场，从而获取最大规模效益。

关于投融资问题的建议是：第一，建构多元产权体系，完善文化市场管理机制。县域各级政府应当更多地通过政策制定介入文化产业管理，而不是直接去经营、推介具体的项目。在繁复的市场管理机制中，县域文化产业项目及其依赖资源的产权问题是核心。从中央到各省市政府的有关职能部门，都应积极完善文化产业政策，县域行政部门更要把握机遇，结合本地实际，积极探索文化产业的市场规律，解决其产权核心问题。第二，降低准入门槛，突破（三农）背景，以吸引社会资本为主攻方向，以产权置换为最佳模式，解决投融资问题。降低县域文化产业准入门槛的关键是尽量卸下政府办文化事业时期强加于（文化）的种种额外负担，突破狭隘的思维模式，尊重市场规律，相信公民的文化良知。民营资本、境外资本等社会资本是发展县域文化产业集群最主要的融资对象，吸引这些资本的最佳模式是通过改组、联合、兼并、租赁、承包经营、股份合作乃至收购等形式，逐步完成产权置换。与城市文化产业不同的是，在发展县域文化产业的过程中，我们不必过多地担心国家文化和信息安全问题，国有资本完全可以从中撤离。第三，最现实的办法就是充分调动民间闲散资本的积极性，关键是民间大资本的积极性。在现阶段特别强调的是要充分调动县域居民自己的积极性，使他们的资金用于县域的发展。改变过去用行政手段配置经济资源的方式，移植高新技术产业领域中的创业，用市场机制和金融资本的力量整合县域自然经济资源，让资本获取超平均利润。

（选自《科技进步与对策》2005年第3期）

区域文化产业发展模式研究

陈少峰

问题与趋势

尽管各个地区都相应地提出十一五期间发展文化产业，建设文化大省、文化大市的设想，但在实际中，在明确区域发展模式和理论指导实践方面，都还刚刚起步。在总结国内外经验、根据各地的实际情况提出发展文化产业的具体模式方面，也才刚刚开始。可以说，各地都需要在区域的发展模式上做更深入的探讨和更具体的研究。在过去的二十几年中，文化产业增长的特点是自发性的。尽管各种管理体制和机制上的原因，许多领域并没有发挥民营企业的竞争和创造力，但总体上，文化产业仍然伴随国民经济的快速增长和我国居民消费水平的提高而有长足的进步。当然，自然自发的力量必须和体制改革、政府支持相结合，才具有可持续的力量。

我们发现，文化产业主要集聚在资源丰富的区域，特别是经济发达的城市。大城市的娱乐、媒体和旅游等产业取得了很大的发展。一些开始起步的区域有很大的突破，广告、出版、演出和会展活动等方面的企业的进步最为显著。但总体来说，一些领先城市，仍然没有完全发挥出资源效益。与大城市相比，地级市及其以下的城市，除非资源特别丰富，一般而言在产业化方面才刚刚开始。许多城市在战略规划方面并没有比较成熟的观念和实践方案。可以说，发展文化产业的任务任重而道远。

总之，各个地区需要在战略上来整体考虑资源开发和发展模式。也需要思考如何结合文化产业的新趋势。如何对应新兴媒体及数字化之后的内容产业，青少年娱乐文化的变迁，传统媒体受到挑战，手机内容产业的兴起，四C合一与制造业升级等等，是今后五年中区域发展文化产业的重要机遇和挑战。

资源与发展模式的层次划分

我们可以从两个层面来划分区域资源和总体的发展模式。一个层面是以传媒特别是辐射全国的传媒等基础资源为核心，尽管由于目前仍在改革中，基本是自发发展的态势，但对于国际上以跨媒体经营为核心资源和经营策略的区域来说是十分值得重视的优秀资源。另一个层面是基础资源不足，主要依靠旅游等特色资源、经济基础和文化创意活动设计来发展。这个分类的主要依据是“传媒型和非传媒型”，即把需要依靠传媒或可以利用传媒作为核心平台的称为传媒型，而把以利用旅游和经济基础为条件的称为非传媒型。我们也可以把有传媒（辐射全国）资源的省、市、自治区和省会城市视为资源优等级区域，非传媒核心资源城市作为资源普通级区域。

以上层面的划分所强调的是区域的资源形态和经济水平，主要关注是否以及如何发展产业链或产业集聚，形成现代文化产业的规模。总体来说，省会城市以上的优势一般比其他中小城市有较大的基础资源优势。当然，是否能够达到可持续发展，取决于制定发展战略和进行深刻的规划。而由于普通级的资源不足，更需要着眼于未来和创新。

以传媒为核心的层面，包括传媒、跨媒体集团，以传媒为纽带的活动经济和产业链，也包括与传媒相关的产业整合。在这个层面的发展模式的思考上，电视、电影、广播等传媒的作用需要得到充分的挖掘，或者说，评价一个省会以上城市的文化产业发展水平，传媒的比重和传媒所拉动的整合效应是最基本的尺度。我们可以设想，假如旅游资源比较丰富的云南省和山西省等地区在做大传媒集团的同时，实现以媒体为大平台并进行资源的综合和整合，那么显然可以达到如虎添翼、规模化发展的效果。比较而言，尽管一些省市的卫视在娱乐产业上有一定的领先性，但在作为文化产业发展平台的地位是非常不够的，国内许多卫视台所在的省、市、自治区也没有获得很高的资源利用效率。

对普通型资源的地区而言，一般各自拥有区域特色的资源，如可与创意产业结合的制造业基础、旅游或生态农业旅游、基础娱乐产业等资源。但由于缺乏以传媒为核心的资源整合，今后必须发挥自身的创意水平和规划实效，一方面需要挖掘和建设具有全国影响力的品牌资产，发展优势产业，另一方面则需要务实地重视区域市场和本地市场、重要产业链形态的产业集聚和发展模式选择。

以区域资源为核心的发展模式

第二层面的以区域相对有限资源为核心的发展模式正在探索中，许多方面已经有许多成功的案例可以借鉴。中国现有的成功实践可以归纳为以下几种模式。

1. 活动经济型

我认为，通过人为组织的活动来吸引人们参与消费并形成规模消费、产业规模效益的现象便是活动经济型。总体上说，奥运、会展、商业交流、教育交流、大型有影响力的演出、旅游等等都符合要求。活动经济要求持续性或规模化，不是所有的活动都能满足这个要求。那些经济落后地方或具有旅游资源的地方，应当重视活动经济。活动经济是旅游概念的扩展，尤其强调文化旅游和会展的概念，也包含综合休闲娱乐收入。但要避免建设场馆多、负担过重，因而有硬件但缺乏内容规划的结果。同时避免摊派、成为为明星敛财铺路的行为。

2. 产业集聚规模型

文化产业的某些行业可以达到规模和集聚化的效果。产业集聚规模需要产业相当的集聚，从而实现整体成本降低和价格领先的优势。另一方面，中国的文化产业集聚在一些方面可以借鉴制造业的经验。广东的出版印刷，特别是报业和印刷是个规模化的文化产业，但产业链不够长。需要注意的是，有些产业会迅速衰落，广东的音像业会受到很大的冲击。

3. 以文化氛围为龙头的品牌型

各地围绕酒吧街的文化消费已经形成品牌，包括表演、餐饮等的收入达到一定的规模，这是传统产业和年轻人消费者结合紧密的一个市场。因此，酒吧街建设是各地可以发展的一种模式。这种模式中，需要发展出演艺的特殊风格和种类，以及特色表演。结合各个城市（城镇）打造城市名片和娱乐区域的目标，可以实现规划和品牌推广的带动作用。

4. 项目带动型

以某些项目或某个项目带动旅游等或推广城市形象，世博会·云南映象等是有效的项目带动型，包括像北京的潘家园和辽宁的乐器城都是项目带动型。那么，可以说，一些有影响的项目对于某些地方的价值不仅仅是经济或项目本身的，而是具有后续效应的。项目带动型的活动或项目必须规划得很具体，必须反映区域文化特色或具有品牌效应。

5. 综合项目型

可以分为固定综合型和流动综合型两类。迪斯尼乐园是个典型的综合项目型，包括景观地产、酒店、餐饮、工艺品、授权产品、门票、礼品、胶卷等，是一系列消费的集成。“超女”是一种流动型综合项目的代表，也是国内最成功的商业模式。但它需要具备媒体平台，所以可以说，电视特别是卫视是省市以上的规划资源之一。不过，大多数传媒集团本身并不擅长综合项目型，例如它们所开办的主题公园、会展中心和酒店等，一般都没有体现固定综合型和流动综合型的核心要素。

6. 综合拓展型

所谓的综合拓展型，主要是指区域（主要是城市）向深度、广度拓展或产业链的延长拓展。例如，在一些旅游定位的城市，需要增加休闲娱乐的设施和活动内容，它不是一般的任意的拓展，而是结合文化产业功能的拓展。例如，在许多旅游地，缺少像样的夜晚娱乐生活，这就需要拓展。在一些旅游城市，缺乏举办会展的会展酒店，就可以进行拓展。产业链延长拓展是一个基本的选择。例如，在一些刺绣、陶瓷和手工艺发达的地区，可以提高设计、艺术授权、规模效益、名画与手工艺结合等等的拓展，也包括人力资源培训等等的拓展。

7. 企业综合价值型

经营新兴媒体或媒体内容的企业具有综合价值，但尚未带动区域整体产业升级或产生产业集聚效应。如北京朝阳的古董市场、艺术家和拍卖公司是一体化发展的，拍卖公司的拉动效应没有那么明显。目前，只有战略前瞻性的企业或垄断企业才产生一定的企业综合价值效应。但是，地方有实力的民营企业必须追求综合价值型的效应，否则就难以形成竞争优势。

战略性发展模式

在研究区域发展模式的过程中，我们强调区域在战略上重视发展模式，并在战略规划中体现战略性发展模式的特点或要素。或者说，各个区域应该在哪些战略角度来确定发展模式。当然，这就意味着需要对资源做新的评估，对品牌的内涵做新的定位。以广东为例的话，广东的制造业和创意产业结合的机遇是巨大的，通过发展设计产业、软件、传媒、电子宠物玩具产业和数码内容产业来整合产业资源、促进产业升级转换都将具有重要的战略性价值。而北京无疑应当打造成国内最大的活动经济之都。以下是对有关战略性发展模式的思考。

1. 战略先导型

按照战略规划来做产业的整合，通过发挥企业和政府的招商力度来实现项目带动、区域集聚和规模化发展。上海目前所做的创意产业园建设和会展中心建设就属于这个形态。北京、邯郸、云南等地针对区域的特点做有效的规划，也能够把战略落实。

2. 品牌号召型

需要品牌性的产业链、规模效益或项目。例如，好莱坞是一个品牌号召的文化产业，它持续滚动发展。英超联赛、奥斯卡奖、法兰克福书展等都是品牌号召型文化产业模式。湖南的娱乐已经初步具有品牌号召力，丽江的文化休闲和北京的培训与会展都是品牌号召的代表。

3. 资源整合型

旅游、会展、培训、交流、酒吧街、特色表演等，产业链或产业集聚是一种资源整合型。例如，人们到青海，是否把各种艺术、旅游、活动结合起来呢？在工艺品发达的地方，是否把中西美术大师的作品结合起来？在影视发达的地区如北京，是否把人才培养、授权产业等结合起来打造更大价值的产业形态？

4. 活动经济型

活动经济要结合产业趋势和地区特点来发展。体育产业将在2008年以后逐渐体现市场主导的格局，而且以国际上所重视的产业为主体来发展。对许多地区来说，体育产业是活动经济的重要构成要素，也是产业链延长价值最高的产业之一。当然，一定要结合区域特点和形成规模的活动经济。

5. 附加值提升

知识经济中高科技或服务型知识经济都已经或正在开始和文化产业相关联。创意产业是附加价值较高的产业，特别是设计、传媒和娱乐内容等，是跨越时空的精神财富和物质财富。另一方面，结合创意产业来推动我国各地特别是制造业工厂向制造业基地的转型，是一个战略意义显著的课题。

6. 产业集聚

产业链中的高附加值需要在产业集聚中体现出来。产业集聚包括价值链为基础的集聚，也包括同一种产业生产产品丰富性的集聚。产业集聚需要更多的附加值，包括高端的品牌、高新技术的产品。产业聚集应避免多而杂，同质化反而降低了附加价值。

7. 多点开花

对许多区域和城市来说，由于不容易在某个方面达到很大规模的集聚，因此，可以采取繁星闪烁式的多点开花的布局。实际上，只有文化产业中的各个行业得到发展，才能体现发展的潜力。发达国家也是在这样的产业平衡中保持竞争力和发展势头的。或者说，发达国家在高科技和文化产业领域的发展是近年来最主要的原动力。

8. 新媒体参与型

无疑，在省市级的层面上，应当充分重视数字内容产业和网络文化产业，这既和网吧等服务业和新型媒体相关，也和今后最有影响力的文化产业发展模式相关。文化产业作为新媒体不仅要参与数字化内容产业、媒体平台建设以及其他产业广告增长相关联，而且关涉到今后区域的竞争力水平。不过，我们应当知道，网络文化娱乐和手机增值服务将是主体。动漫网游等等仅仅是一个小部分，拥有搜索技术、吸引注意力的内容和其他营销平台和营销能力，是参与新媒体的重要方式。

战略规划与项目规划

战略和战略规划，在战略指导下的具体项目规划都是很重要的。如何在规划与实践中体现出成果，包括通过产学研一体化来完成系列的工作。结合以上对发展模式的研究，我们认为，应当注意一些实践的程序。

我们需要抽象的理念、品牌和具体的产品，也需要无形的思想、思路和具体的结构性思路和具体项目的分析。因此，在一种规划中，既需要前瞻性，也需要操作性。

不过，对于许多地方政府来说，理论的缺陷是很分明的。因此，需要考虑在制定战略的时候先进行必要的理论研讨，这样，理论与实践（可操作性）的结合就比较有的放矢。实际上，中央领导的集体学习对地方政府应当有很大的启发，可以说，只有达成理论上的共识，对于实践项目的领会和创意才具有指导性。

另外，实践主体的定位也很重要。例如，在规划中，有些跨媒体、跨部门（这在文化产业是常态）的项目没有主体来负责和统筹，就会陷入困境。例如，在科技园区有文化创意园或重点项目，是应当由专门的管理机构还是由开发区管委会管理，就存在实践主体的问题。

在战略上，区域政府需要考虑具有整体价值的布局和优先突破的项目，这个整体价值不是全国或全球的市场空间，而是区域各个产业拉动作用或优秀企业脱颖而出的整体价值。优先突破的项目应当是与当地资源衔接、补充当地资源缺漏的环节。以西藏的旅游文化为例，西藏需要根据铁路开通之后的总体预期情况来规划发展，它既有整体价值，也包含了优先项目，就是保障旅游繁荣之后的衣食住行和其他消费。

根据各地差异性来完善自身的发展战略，实现具有竞争力的模式思考和战略规划，以及在此基础上的全面发展，是文化产业繁荣的关键。

其他问题

在分析有关区域发展的模式时，我们需要澄清一些相关问题的认识，以及在引导各界努力时注意避免或减少不必要的风险。

首先，关于“区域”的概念，它和大的跨省市的概念有明显的不同，更加集约化和集聚化。不是环渤海、长三角什么之类的大概念，而是一个具体的行政区划，大到省市自治区，小到村镇，是一个个产业链或小型集聚形态。像迪斯尼公园就是一个园区产业链。

其次，不是所有的历史文化资源都有文化产业资源整合的价值。有一些资源则要么是知识普及化，如成语典故、名人传说，要么是知名度不高而不具备实际的文化产业资源的意味。

再次，尽管动漫产业没有成熟，商业模式不可靠，但已经出现了泡沫。动漫是一个长期发展的课题，在眼下已经出现了过热的势头。实际上，在中国还没有一个成功开发品牌的经验。因此，地方政府不宜为了得到虚名而鼓励企业盲目跟风。

最后，要使企业作为主体发挥作用。必须在战略规划的阶段就了解企业的意向，发动他们参与招商和发挥推进项目的作用。企业的目标有时和区域规划是冲突的，因此，只有在严格落实战略规划，要求按期建设的基础上，对企业在土地使用、贴息贷款和税收优惠方面有支持作用，才能吸引企业投资，也才能保障企业投资并促进区域的繁荣。

（选自陈少峰主编：《北大文化产业》第二辑，湖南教育出版社 2006 年版）

中国农村文化产业发展的若干问题

李新市

如果我们对文化产业稍加注意就会发现，在各国的经济发展中，文化智力优势正在取代自然资源优势，在经济发展中唱主角。美国、英国、法国、德国甚至不惜修改法律，以促进电信、电视、计算机、媒体、娱乐业的收购、合并，实现规模经营，促进文化产业快速发展。人们不禁要问，发达国家为什么对文化产业产生如此浓厚的兴趣，又不惜血本发展这种产业，中国文化产业的当代命运怎样？中国农村文化产业如何摆脱瓶颈、实现历史性跨越呢？面对种种困惑和疑问，笔者愿意对中国农村文化产业存在的问题及解决的基本思路谈谈自己的看法。

中国城市、农村文化产业 GDP：冷静看待

当前，文化产业包括的门类很多，如传媒业、影视业、音像业、演艺业、网络业、会展业、体育业等。有统计显示，进入新世纪以来，美国音像业的出口额已超过航天工业，成为美国创造利润最多的行业之一，目前世界上主要发达国家文化产业的产值在 GDP 中的份额在 10% 以上，美国文化产业的产值已占其 GDP 总量的 18%—25%，400 家最富有的美国公司中，72 家是文化企业。2003 年，中国文化产业及相关产业所创造的产值为 3577 亿元，占 GDP 的 3.1%。这说明，就文化产业的总体状况而言，我国文化产业与发达国家文化产业相比，存在着很大的差距。然而我们在这方面也并非无所作为，我国大城市的文化产业已经有了很大的发展，比如，据 1999 年 5 月北京市统计局的统计，1998 年北京市文化产业所创造的增加值为 2812 亿美元，占全市 GDP 的 14%。2002 年，广州市文化产值占到 GDP 的 13%。中国大城市文化产业在快速发展是有目共睹的事实，但这并不等于已经可以和世界上发达国家的大城市并驾齐驱。在这方面我们应该消除一个认识误区，就是不能拿我国某些大城市近年来文化产业的发展速度或者文化产业增加额在 GDP 中所占的比重同发达国家的整体文化发展状况进行类比，这是其一；其二是，在 GDP 中所占份额和 GDP 总量是两个完全不同的概念。即使我国某些大城市的文化产业与发达国家的大城市的文化产业在 GDP 中所占的份额相当，我们还必须看到，我国的 GDP 总量与西方发达国家相比，还有很大的差距。其实，我国某些大城市的文化产业发展状况与发达国家的文化产业发展状况的差距依然很大，仅我国大城市中最富有的公司中文化企业的比重很小这一项就能说明问题。我国农村文化产业不能说是一张白纸，至少可以说是制约我国经济社会发展的一个瓶颈，发展的空间很大；对西部农村文化产业的乐观估计，产值只占 GDP 的 2%，在某些老少边穷地区的农村，根本谈不上有什么文化产业。这说明，我国文化产业的总体发展水平还比较低，城市和农村很不平衡。从农村文化设施条件来看，东西部不同地区就更加不平衡。从我国现有的农村文化设施的种类来看，真正代表农村文化产业化水平的计算机网络建设还比较少，而且呈现出严重的发展不平衡，村民们能够掌握计算机操作技术上网查询农业信息的比例很低，东部发达地区仅占 2%，就全国农民而言，比例还要低得多。因此，发展农村文化产业的任务十分艰巨。

农村文化体制改革：分类进行

我国党和中央政府也从政策和财力上加大了对发展农村文化产业的支持力度。但就地方政策制定者、广大投资者和普通农民而言，似乎对这种投资周期短、收效大的农村文化产业的发展仍缺乏足够的紧迫感和相应的措施。当务之急是对现有的农村文化产业进行有效的保护，选择效益好的典型进行广泛宣传，从法律和财政上提供鼓励发展的措施，营造良好的发展氛围。

促进农村文化产业发展，必然有一个对现有乡村文化进行改革、加快农村文化产业化问题。笔者认为，并不是说一提农村文化产业化，就要把所有的乡村文化事业单位进行产业化改造，全部推向市场，也并不是说只要农村同志有精神文化需求，就要自己掏腰包。这不符合中国农村文化产业化发展的现实情形。然而我们也必须注意到，在市场经济条件下，许多产品需要通过市场交换才能进入消费领域，就是说，要使农村文化产品商品化。因而，从事文化产品生产和经营的行业——农村文化产业应运而生。农村文化产业的发展，对最大限度地满足农民的精神文化诉求，促进农民朋友解放思想、更新观念将起到积极的推动作用。然而，我们又不应忽视其消极影响。文化产业主体把追求利润最大化作为其投资经营的直接目的，容易使经营者过分注重经济效益而忽视社会效益，这与中国特色社会主义建设要求的文化产品要把社会效益放在首位的政治目标有时可能相佐。不可否认，在中国广大农村，存在着文化市场微观主体的“二元结构”，即农村集体文化企业和其他所有制的文

化企业处于缺乏产权联系的分离状态。笔者不赞成那种一提到农村文化产业发展，就一概实行彻底打破二元结构体制，彻底打破市场准入壁垒，对农村所有的文化产业由国家、集体、个人，合资、民营、外资一齐上的不负责的想法和做法。在农村文化产业发展的过程中，必须根据农村文化事业和产业的实际情况，使多数单位实行文化产业化，或者实行强强联合，或者实行企业兼并；少数核心领域由乡政府和村民委员会负责经营。就是说，对不便于进行文化产业运作的公益文化采取另类处理办法。如义务教育、农民图书馆、农村新闻广播站、电视播转台（站）等公益文化单位，由乡、镇政府和村民委员会统一管理，作为发展农村文化产业的理论支持部门和宣传促进阵地。

农村文化产业人才短缺：长远战略和当下措施

事实上，农村文化产业对人才的要求很高，需要的是复合型人才。参与农村文化产业经营的人必须是既热爱文化、懂文化，又懂经营、善管理的人才。目前的中国农村，纯文化人才较少，复合型人才更少。那么，这种人才从何而来呢？在普及初等文化教育的基础上，“进行适用技术培训和职业教育，大力发展农村成人技术教育，达到从根本上提高农民的科学文化素质，培养造就一代有文化、懂技术、善经营、会管理的新型农民”，这是从根本上解决农村文化产业人才短缺的战略性措施。当然，深化劳动、人事、分配等改革，建立农村文化人才的竞争、激励、约束机制和岗位目标责任制，是促进人才培养的好办法。笔者还认为，为了解决人才短缺的燃眉之急，促进城市大学生向农村文化产业合理流动不失为明智之举。当前，我国城市高等教育发展很快，文化人才培养的数量和质量正在迅速提高。而这些人才在城市就业面临着不小的困难，对政府综合解决就业问题造成了很大的压力。许多大学生感叹在城里找到称心如意的工作并非易事。而在我国广大农村，系统数字艺术软件开发人才和媒体产业经营管理等文化人才奇缺，城市大学生的文化优势是一个潜在的、巨大的发展农村文化产业的人力优势。况且，这种创业又是一种能够充分满足当代大学生希望发挥自己专业优势、以文明而不失优雅的姿态圆自己创业梦想的良好场所。换句话说，去农村实现文化就业是当代大学生实现自身价值和发展农村文化产业的良好的结合点。各级人民政府的当务之急是制定和尽快出台鼓励城市大学生到农村发展文化产业的优惠的创业政策，比如，保留大学生在城市里的户口，鼓励大学生成立各类农村文化经营实体，在资金和税收等方面给予优惠，吸引具有发展文化产业能力和创新精神的大学生到农村来，鼓励他们发挥聪明才智，创新发展思路，既减少了城市就业压力，又发展了农村文化产业，为国家增长了财富，是一举两得的善事。

欠发达地区：发展农村文化产业大有可为

这里，我说一句人们常常挂在嘴边的话，中国是一个历史文化传承极为久远的国家。其实我并不是像朋友见面那样为了制造热烈的气氛，也不是无病呻吟，而是说历史文化传承久远其中隐含着一个深刻的道理：并不是说经济落后地区就不可能发展自己的文化产业，而是说几乎每一个地区都有发展其农村文化产业的优势。因为中国五千年的文明几乎在当代中国的每个角落都留下了印迹，况且，文化产业具有知识密集、技术含量高、附加值高的特点，是一种“软资源”，具有“环保产业”的美称。这种特点告诉我们，文化产业的产出比例高，受人口、资源、环境等因素的制约比较小，容易在经济落后的地区形成比较先进发达的农村文化产业基地。西藏的雪域高原文化基地、井冈山红色旅游基地、宁夏西部电影城等足以说明这一点。所以，中国农村文化产业的发展，与其他文化产业发展所需条件大不相同，换言之，中国农村文化产业的发展，由于受经济和环境的制约相对较小，它能够跨越中国广大农村自然条件和生存状况的藩篱，扎根在大江南北、长城内外、边疆海岛。又赶上党和政府实施西部大开发的大好机遇，加之于各地人民政府的认真谋划，社会各界的广泛的积极的参与，中国的农村文化产业必定会在各不相同的区域实现历史性的跨越式发展，形成多点并发、多处开花、争奇斗艳的局面。

发展农村文化产业：产业链和集约化

产业链是指农村文化产业生产产品的系列化，系列运转的持续化、科学化。形成中国农村文化产业链，最基本的是农村文化基础设施建设。

就目前情形而论，我们在这方面的建设仍相当薄弱，而且建设还很不平衡。构建中国农村文化产业链，必须切实采取措施加强农村文化基础设施建设。这种建设的目标，主要是为了提高产业链链条的整体质量。各地的文化产业链既要在产业、生产、产品上互助促进，又要在国家总体的农村文化产业布局中体现明显的区位优势。中国农村文化产业链的第二个重要标志是农村文化市场的建立和完善。从目前我国农村文化市场的现状来看，初具规模的是文化商品市场和文化服务市场，而至关重要的文化要素市场，如文化资金市场、文化艺术设施（设备）市场、文化艺术人才和劳务市场等等，尚未发育成熟，必须加快建设步伐。

要构建中国农村文化产业链还要重点扶持和发展农村文化支柱产业，形成支柱产业群。一个地区的支柱型农村文化产业的形成和发展，必须同时满足两个基本条件，即既具有民族特色、地方特色，又属于该区域的拳头文化产品。中国农村文化产业链链条中还有一个重要环节，这就是农村文化旅游业的大发展。确切地说，旅游产业中的很大一部分是文化产业。所以，旅游产业必须依靠文化的支持。旅游景点，旅游设施，旅游产品必须具有丰富的文化底蕴。应从以往的"观光游"、"体验游"的单纯而狭隘的思想观念中解脱出来，提升旅游景点的高文化含量，增加旅游产品的高附加值。通过发展地方特色旅游，将潜在的民族文化资源转化为文化产业实力。农村文化产业链形成以后，还要使之保持一个强劲的动态发展过程。要拓宽农村文化产业发展的渠道和种类，使之在整体结构安排上最大限度地发挥作用。集约化是指中国农村文化产业结构的优化配置，是一种在宏观上强调内涵的发展模式。文化信息共享是加快中国农村文化产业集约化发展的一项战略性措施。既需要转变传统的信息交流观念，又需要打破信息壁垒，实现各地农村的互利互惠。以资本和业务为纽带组建综合文化产业集团是农村文化产业集约化的必由之路。要注意分别情况，采用联合、重组、兼并等现代资本运作手段。

以产权结构与产权关系的深层次变革，带动以资本和业务为纽带组建的跨地区、跨行业、跨媒体、跨所有制的综合文化产业集团的迅速发展。我们还须注意，实现中国农村文化产业的集约化发展，必须强化文化产业管理，确保发展的正确方向。

笔者认为，这种管理至少包括五方面的内容：一是对农村文化企业的管理，二是对文化产品的管理，三是对农村文化市场的管理，四是积极探索和筹划对农村资本文化要素市场进行有效的管理，五是对那些在文化产业化过程中仍保持原来的公益性文化事业单位的管理。从表面上看，这最后一种虽然不是农村文化产业管理的范畴，但其与这种产业的发展密切相关，所以对其管理也必须跟上。文化管理部门要引导各市场主体以更多、更好、新颖、精致的文化产品主导农村文化市场，对从业人员定期培训，对经营活动定期检查，对假丑恶等腐朽文化产品予以及时、坚决的打击，依法整治农村文化市场秩序；在广大农民中倡导和鼓励健康文化消费，确保农村文化产业集约化建设沿着正确的方向健康发展。

概而言之，笔者通过上述分析，试图为我们重新审视中国农村文化产业的战略地位和与之发展相关联的问题提供一种新的视角。无论这种产业在当下的中国展现出自身发展过程中的某种局限性、风险及消极后果，我们仍然可以清晰地看出，农村文化产业在未来的发展中将凸现其在中国现代社会中所具有的安身立命、富民强国的内在特质。

（选自《科学社会主义》2006 年第 3 期）

保护农村文化生态　发展农村文化产业

潘鲁生

"文化产业"最早是由 20 世纪三四十年代法兰克福学派阿多诺和霍克海默提出的，他们在联合撰写的文章《文化产业》中首次使用了"文化产业"的概念。英国政府组建的创意产业特别工作组将"创意产业"定义为："源于个体创造力、技能和才华的活动，而通过知识产权的生成和取用，这些活动可以发挥创造财富和就业的潜力。"文化创意产业特别强调对文化内容的开发利用，是以内容为素材以创新为牵引的一种新的产业模式，又被称为内容产业。

中国的文化创意产业起步相对较晚，但发展势头较好，其优势在于中国丰富的传统文化为其提供了足够的可利用资源。对于积淀厚重的中国传统文化来说，农村文化是一种母体文化，她内部蕴含着潜在的文化生长空间和产业拓展空间。但当前，农村及民间文化仍未完全"脱贫"、健康文化缺位以及文化生态在变化中失衡等问题带来的消极影响已不能不引起我们的重视。农村文化产业应是整个文化创意产业的重要内容，中国农村文化资源丰厚，需要重新整合资源，服务于社会。

农村文化的存在现状和政府作为

一讲到中国传统文化，尤其是农村文化，人们首先想到的往往就是风水、祖坟、算命、阴阳八卦等与封建迷信相联系的东西，其实这是对中国传统文化的误解。真正的中国传统文化有其久远的历史渊源和传统，积淀厚重，更为广博，更为切合人性的不同层面的生存需要。中国农村文化的延续性、传承性和包容性较强，是特色的传统文化储存库。

随着经济发展和社会生活的变迁，农村文化面貌也产生了或深或浅的变化。20 世纪 50 年代到 60 年代，中国传统文化受到了极大的破坏；到 20 世纪七八十年代，农村恢复了传统的划旱船、踩高跷、听大戏等游艺形式，同时借助现代技术手段的露天电影等文化形式开展得有声有色；90 年代中后期，农村乐队、家庭卡拉 OK 也风行了一段时间。进入新的发展阶段，农村经济快速发展，农村大众的物质文化水平不断提高，农村建设向城镇化方向发展，多元文化形式共存的局面正在逐渐形成。但与此同时，一味追求都市生活方式也给农村经济固有的传统精神文化带来了极大冲击。如城镇生活中追求流行时尚的生活方式正在使农村的生活习惯发生转变：传统的民俗被淡化了，取而代之的是简简单单的所谓“现代生活”；传统的节日被遗忘了，取而代之的是西方的“情人节”、“圣诞节”；“端午节”、“七夕”被淡化了，中国的特色传统节令文化被其他国家“申遗”成功；甚至连中国传统中的首要节日——“春节”，都缺少了“年味”等等，不一而足。对于传统的遗忘影响着民族的文化生态健康均衡发展，试想假如有一天我们身边的所有的传统文化符号都真的消亡了，我们会不会像忍受自然对人类的惩罚一样忍受文化的枯竭，忍受文化生态的失衡呢？这些问题值得大家思考。

传统文化资源及其生存环境如同自然资源和生态环境一样遭受破坏，有许多优秀的民族民间文化艺术濒临灭绝、亟待抢救，“抢救”要成为振兴民族文化的一项重大工程。政府基于经济和文化均衡发展的考虑加大了对传统文化保护发展的关注和投入。2003 年 2 月 18 日，中国民间文艺家协会主席冯骥才宣布“中国民间文化遗产抢救工程”正式启动。这次由学界牵头政府支持的遗产抢救工程将历时 10 年，对我国的民间文化进行系统、密集的普查和抢救，成为我国历史上最大规模的一次民间文化遗产整理、保护工程。为进一步实质性地推动中国民间文化遗产抢救工作，2005 年 4 月又启动了“中国民间文化杰出传承人调查认定和命名”项目。冯骥才认为，文化传承人是文化的载体，抢救民间文化遗产必须从挖掘和抢救文化传承人开始。中国民间农村文化博大精深，这次民间文化遗产抢救工程不仅仅是对中华民间文化的抢救，更重要的意义在于，这是一次树立中华民族精神的建设工程，同时也是一次进行文化寻根、唤醒民众文化意识、普及优秀文化遗产的文化行动。民族精神是一个民族赖以生存和发展的精神支撑，抢救民间文化就是拯救民族精神。2005 年 3 月，国务院办公厅下发《关于加强我国非物质文化遗产保护工作的意见》，2006 年 2 月，国务院又下发《关于加强文化遗产保护工作的通知》，提出了加强文化遗产保护的指导思想、基本方针和总体目标，要求进一步加强文化遗产保护，并决定从2006 年起每年 6 月的第二个星期六为我国的“文化遗产日”，以发挥文化遗产在传承中华文化，提高人民群众思想道德素质和科学文化素质，增强民族凝聚力，促进社会主义先进文化建设和构建社会主义和谐社会中的重要作用。2005 年 12 月《中共中央办公厅、国务院办公厅关于进一步加强农村文化建设的意见》中指出，解决好农业、农村和农民问题，是全党和全国工作的重中之重。加强农村文化建设，是全面建设小康社会的内在要求，是树立和落实科学发展观、构建社会主义和谐社会的重要内容，是建设社会主义新农村、满足广大农民群众多层次多方面精神文化需求的有效途径，对于提高党的执政能力和巩固党的执政基础，促进农村经济发展和社会进步，实现农村物质文明、政治文明和精神文明协调发展，具有重大意义。这些举措表明了政府对优秀传统文化的重视。

值得关注的是，如今的农民除了电视广播等基本文化生活之外，还缺乏更加丰富的文艺样式，还缺少借助自身文化优势发展的农村文化产业群。在这种情况下，农民在农闲时主要通过打牌饮酒、走门串户、亲朋聊天等方式来消磨时光，几乎没有什么具有文化特色的集体娱乐活动。因此，在建设新农村的同时提升农村文化品位，发展农村文化产业，重视农村经济结构的重组迫在眉睫。

对于我国农村文化产业发展的反思

自 20 世纪 90 年代以来，中国本土文化形象逐渐在国际舞台占据一席之地，像具有浓厚农村特色的电影《黄土地》、《红高粱》等等，西方观众从一个侧面开始了解中国当下本土文化的艺术作品。从某种程度上说，这些电影的成功依靠了对农村文化的深入发掘。进入 21 世纪后，中国文化对世界的影响逐渐随着经济实力的增强而逐渐升温，汉语甚至成了加拿大的第三大语言，中国人遍布世界各地，特色的中国文化符号也以各种形式出现在各种场合。吸引世界各国民众的是中国文化特有的形态和样式，是中国农耕文明孕育的民居、服饰、风俗、观念与行为方式的特征。

在文化产业中，通过农村文化、农村手艺、民间艺术辐射出来的是中国精神。但是，我们现代的很多文化产品却恰恰丢弃了这些可贵的东西，盲目地对西方文化形态进行模仿与抄袭，而导致太多的中国优秀的民艺品类濒临灭绝。我们的农村文化基因为什么不能注入到现代产品中去？中国民间艺术是一座无比灿烂、丰富多彩的宝库，其中经典的艺术符号数不胜数，如年画、剪纸、皮影、刺绣等等，其造型图案成熟完美，富有中国风格，而且具有厚重的文化接受背景，为什么不能直接运用到现代动漫和网络游戏中呢？就动漫及网络游戏的开发而言，发展中的中国与欧美、日本、韩国等发达国家基本处于同一起跑线。虽然基础是有差距的，但创造性的机遇靠自己把握。这就看我们如何抓住机遇，开发属于自己的原创产品，塑造本土文化形象，确立创意产业的导向作用。《花木兰》是前几年美国制作的动画片，为了占领中国动画市场，他们在中国传统文化中选取元素，以西方人的思维方式阐释中国文化，并取得了巨大的商业成功。而我们却由于缺乏民族文化自信，盲目崇外，将丰富的民族文化资源闲置，最终无法在世界舞台占据自己应有的一席之地。我们对未来如何阐释？现代的中国风格符号在哪里？当代的中国文化形象是什么呢？这些的确值得我们深刻反思。农村文化记录的是历史文明的沉淀，是综合了文化人类学、民俗学、社会学、艺术学的重要课题，不仅蕴含了民俗内涵、科技内涵等，富有深沉的文化价值、历史价值以及独特的艺术思维观念，而且它是传统文明的活化石，同时又是现代精神文明的源泉，对它的发掘、记录、整理、研究和开发不仅是对传统文化的充实与丰富，同时对弘扬民族文化、增强民族自尊心以及加快经济、文化的建设步伐都具有促进作用。

中国漆艺、草柳编织、金银首饰、刺绣以及陶瓷、印染等我国传统的民间艺术，曾为国家的轻工、纺织行业以及对外文化交流做出过很大的贡献，一度影响着旅游业和市场经济的发展。作为旅游商品，鲜明的地方特色和精致的工艺技术是其重要特征，而具有民间艺术风格和时代特色的旅游纪念品必定具有良好的发展势头。在以农村为主体的多种经营条件下，如何利用农村的优势发展作坊加工业，提升手工艺品的市场价值，是一条发展农村创意文化产业的可行思路。我们的旅游商品发展的整体思路应该围绕历史名胜、民间艺术、手工技艺，结合现代科学技术趋势进行研究、设计、开发、生产。作为民间艺术风格的旅游纪念品的设计、开发与研制，应具有传统韵味和地方特色，并顺应我国经济发展和文化建设的需要。我们还要对传统文化生态保持较完整，并具有特殊价值的村落或特定区域，进行动态整体性保护，逐步建立科学有效的民族民间文化遗产传承机制。积极开发具有民族传统和地域特色的剪纸、年画、编织等民间工艺项目，戏曲、杂技、花灯、龙舟、舞狮舞龙等民间游艺项目，古镇游、生态游、农家乐等民俗旅游项目。实施特色文化品牌战略，培育一批文化名镇、名村、名园。根据时代的特色和农民群众精神文化需求的变化，不断充实活动内涵，创新活动形式。

中国农村传统文化活动需要继承，并进一步发展为农村文化产业项目，适应现代农村经济发展的主流，保留一些传统节令活动，丰富百姓的生活，贴近群众生产生活实际，充分利用农闲、节日和集市等时机，组织花会、灯会、赛歌会、文艺演出、劳动技能比赛等有地方标志性的文化活动。发挥致富农村的经济优势和文化资源，拓展文化产业相关的领域，使文化产业在农村经济发展中占有一席之地。紧密结合农民脱贫致富的需求，倡导他们读书用书、学科学、学文化、学技能，普及先进实用的农业科技知识和现代文化常识。以创建文明村镇、发展文化产业基地等为载体，积极引导广大农民保护传统文化，发展文化产业，提高思想道德水平和科学文化素质，充分利用传统文化资源，创建农村文化产业基地，形成文明健康的生活方式和社会风尚。

农村文化生态保护“三步走”

农村文化生态作为传统文化的母体，对于我们的文化可持续发展具有重要的意义。保护并发展农村文化生态，不可一蹴而就，应在深入考察农村文化生态的基础上通过发展农村文化产业的方式予以开发性的保护。基于上述论证，我们认为保护工作从以下三个步骤进行。

第一步，应该考虑农村民众的文化心理。这是发展农村文化产业的基础，后续复杂、多样、多变的文化形式都是由此生发出来的。在中国传统的民间文化心理中，有一点值得关注，就是寻求和谐、吉祥的心理。中国虽然有丰富多彩的民间艺术形式，但主题却相对集中，一些学者曾归纳为：求生——追求生命繁衍；趋利——追求生命质量；避害——追求生命护佑。中国民间文化突出的特点就体现为追求和谐、吉祥、富贵，这一恒定的艺术主题造就了稳定的艺术形式，如祥鸟、瑞兽、福禄寿喜、如意、八宝等等吉祥符号，以不同材质不断重复地出现在不同的环境之中，构成了传统生活方式的重要因素，由此也奠定了中国人传统的文化心理，即积极、主动的人生状态。中国的农村文化产业必须立足于中国文化与现代生活方式的结合，才能适应当代的消费观念，并有利于民族民间文化的传承、保护与发展。

第二步，大力发展农村文化产业。农村文化产业不应该仅仅是一个单纯的文化行为，而且还是一种经济行为，其巨大的包容性有利于资源的整合，其运作方式应该符合文化发展的规律和经济运作规律。另外，应该倡导致富的农村主动介入新科技，使之与农村文化相结合，这并不仅仅意味着文化产业的手段和形式的变化，关键在于它能够与产业内容相融合形成新的文化样式。作为一种新型的经济形式，农村文化产业，包括农村生态旅游、影视拍摄基地、动漫创作基地、手工艺品加工生产、民俗活动展示、民间游艺展演等等。农村文化生态不可避免地对我国经济发展产生着重要影响，现在大家都不能回避的一个现实，就是我们是在全球化的时代背景下谈论本土文化生态问题。农业与工业、商业的社会构架开始趋同化，农村的城乡差别在逐渐缩小，农民的知识结构开始多元。由于经济与文化的互动性在加强，文化产业的生产领域与拓展空间呈现出了前所未有的开放状态，从生产方式、运作方式到产品样式都产生了巨大的包容性与多变性。文化产业的消费与影响也是全球性的，同时由于本土文化的介入，文化产业的发展愈来愈显现出地方文化的国际化倾向，借助强大的全球化网络媒介，传播速度极快，无形中产生了文化霸权主义的倾向。其传播向度往往是由发达国家流向发展中国家，由强势民族流向弱势民族，本民族的文化产业与世界的文化产业生产之间存在着某种紧张对峙状态，文化产业的全球化使得民族国家的主权弱化和传统文化边缘化。在这样的背景下，民族优秀的传统文化、农村艺术与文化创意产业的密切结合，以及充分挖掘中华民族传统文化与民间艺术资源，打造富有创意、适应现代社会的文化产业，就具有了文化战略和经济战略两方面的现实意义。只有这样，中国文化产业在世界文化产业的巨大链条中才能显现出强大的发展潜力，也才具有国际市场竞争力。应该说，农村资源在中国未来的文化产业中占有相当重要的份额，甚至具有一定的发展导向作用。

第三步，营造适于农村文化产业发展的政策及社会环境。如农村新的经济增长优势、健全的知识产权保护法、文化产业管理机制、因地制宜的民间文化资源整合、借助巨大的传媒网络与快速更迭的传媒技术、农村文化产业人才培养等等，只有健全这些因素，充分认识当代农村的文化与科技的双向资源，才可能有针对性地开发发达地区和欠发达地区的农村文化产业。但除了这些外围因素之外，目前存在的最大的问题，恐怕还是在现代化文明进程中，农村经济发展的不平衡，富裕起来的农村对传统精神、传统文化、民族民间艺术的漠视。欠发达地区为了快速致富，在发展过程中又无意识地破坏自身宝贵资源，如一些具有历史价值的村落建筑，传统手工技艺等不能再生的文化遗产。一方面，民众对现代生活方式的期盼并迅速接纳，另一方面，对本土文化的认识过于简单化，特别是在经济较发达的农村，对中国传统的生活方式、传统的文化精神却表现出了疏离和陌生。尤其是年轻一代，对传统文化传习不够，没有情感交流与传承。这种情况下，社会乃至各级教育部门应加大这方面的关注和支持，因为发挥教育的作用或许能够拯救传统的文明。例如，从设计艺术教育的角度而言，将传统文化、传统生活方式、民间艺术、传统造物艺术作为选题，并服务于农村文化产业的研发，进行深入研习的做法在设计院校并不普遍。社会各界广泛关注农村文化产业的问题，并从教育、培训的角度加大人才培养的力度，或许可以为今后的发展奠定无形的基础。近年来，随着国家相关文化政策的引导和社会的日益关注，这种现象有所改善，但与农村快速发展的进程还有一定的差距。种种原因导致我国年轻一代的文化产业工作者不了解本民族的历史与文化，不熟悉经典的文化语汇，缺乏了解本土文化的热情，他们如何能够在传统与现代之间实现传承及超越？改变这种现状，需要大学、中学乃至小学的教育承担起责任。

总之，保护农村文化生态，需要我们加大对农村文化现存状况的分析，认真研究农村文化现状及资源整合问题，重视农村文化资源对文化产业的开发价值，加强农村文化情怀培养和传统手工技能的培训。只有通过社会的关注和积极的努力，才能真正做到农村文化产业与现代生活方式的有机结合，实现农民的物质富裕和精神富有。

（选自《山东社会科学》2006 年第 5 期）

我国东西部地区文化产业之特点与发展模式

张胜冰

一

中国的文化产业发展明显表现出地区性的差异和特点，从根本上来说这是中国社会经济发展状况和水平的反映，直接决定了文化产业发展模式的不同。相比较而言，由于中国社会经济发展呈现出地域性的特征，总体上表现出东西部发展上的差异，这种差异也相应地形成了东西部文化产业发展上的不同特点与模式。东部地区地处中国沿海一带，基础设施和条件较好，经济发达，信息便利，人均收入较高，文化市场也相对成熟，近年来文化产业发展较快，尤其是表现在文化体制和文化产业的市场机制的转换方面总体上要比西部地区完善和健全，城市对文化产业的带动作用也十分明显。

中国文化产业发展较快的城市大多数分布在东部地区。例如，上海2004年文化产业的总产值已达到1563.87亿元，实现增加值445.73亿元，占上海市GDP的6%，比上海GDP增长幅度高出1.7个百分点，对全市经济的贡献率则达到7.9%。预计到2007年，上海文化产业的总产值将达到2000亿元，实现增加值600亿元。

上海从20世纪90年代开始，随着浦东开发，不仅着力打造作为国际经济、金融、贸易、航运中心的形象，也在努力塑造作为国际文化中心的形象。近年来上海在文化建设方面下大力气，有大手笔、大动作，为文化产业发展奠定了坚实基础。上海先后投资200亿元建造了上海大剧院、东方明珠塔、上海博物馆、上海科技馆等标志性文化设施；还举办了大量的与文化艺术有关的各种艺术活动，如上海艺术节、上海电影节、上海国际旅游节等；邀请了一些世界著名艺术团体的来沪演出，如俄罗斯马林斯基芭蕾舞团、日本宝塚歌舞剧团、苏格兰交响乐团、瑞士洛桑芭蕾舞团、朝鲜万寿台艺术团等；举办了重要的国际体育赛事，如承办了F1国际赛事、NBA季前赛等。这些重大文化活动不仅使上海的国际地位和影响力得到极大提升，而且也带动了文化产业的迅速发展。

深圳近年来文化产业发展也十分迅猛，深圳提出要把文化产业作为龙头产业来抓，早在“十五”期间就制定了“文化立市”的城市发展战略，并把两年一届的“中国（深圳）国际文化产业博览会”改为一年一届。文化产业的增长率已高出其他产业的3.46%，成为深圳发展最快的产业。深圳的文化产业除了在印刷、传媒、文化娱乐、文化旅游等领域继续保持传统优势外，在依托于高新技术的动漫、网络游戏、数字影视产品等方面也显示出强劲的发展势头，在国内外已产生重要影响的大芬油画村更成为全国首批文化产业示范基地。文化产业发展离不开文化建设，深圳从20世纪80年代开始加大文化设施建设的力度，兴建了“八大文化设施”，进入90年代以来又兴建了“新八大文化设施”，以及后来的“四大文化项目”等，使深圳在文化上迅速崛起，同时也极大地带动了旅游业的发展。深圳的发展主要是依赖于高科技产业和文化产业等新兴产业来带动起来的，通过发展这些新兴产业，进一步打造了城市的科技竞争力和文化竞争力。

作为“长三角”地区核心城市之一的杭州，也在积极进行产业结构的调整，大力发展符合时代潮流的新兴产业，如IT产业和文化产业等。杭州市委书记王国平这样说过：要把杭州建设成为“东方休闲之都”、“动漫之都”，打造“人间天堂”的文化竞争力。2006年，杭州将举办“世界休闲博览会”，为期6个月的世界休闲博览会计划接待游客1500万人次，海外游客100万人次。正在兴建的杭州世界休闲博览园，是一个集休闲、旅游、会展、度假、人居为一体的休闲主题城，杭州市政府为此项目投资100多亿元。另外，杭州的动漫产业基地已于2004年由国家广电部批准成立，杭州将动漫产业作为新的经济增长点，使其成为建设未来的“天堂硅谷”的重要内容。2005年6月1～6日，杭州成功地举办了“首届中国杭州国际动漫产业博览会”。如今，动漫产业在杭州等东部沿海地区已初步形成了规模化的发展格局和基础，吸引了国内许多知名的IT企业和国际风险投资集团进入这一领域。这些都是充分利用东部沿海地区发达的经济条件和良好的外部投资环境来带动的，形成了经济发展与文化发展的相互促进关系。这也是东部地区发展文化产业的先天优势。

从总体上来看，中国西部地处经济欠发达地区，而且多数属于少数民族省份，长期以来由于受社会经济发展水平、基础设施、资金、人才和科技实力等条件的限制，文化产业的发展总体上相对于东部地区来说要缓慢一些。但西部地区在文化产业的发展上也有自己的鲜明特点和独特的地域优势，这也是文化产业不同于其他产业的一个显著特点。近年来随着国家大力实施西部大开发的战略，无疑为西部地区的社会发展带来了更多的机遇。值得注意的是，西部地区对于发展文化产业，从政府到地方都非常重视，并且很多方面都是由政府出面来直接推动的，形成文化产业运行机制上的良好氛围和政策环境。例如，地处西部少数民族地区的云南省，近年来就把大力发展文化产业作为建立民族文化大省的重要发展战略来加以实施，省委、省政府高度重视文化产业发展工作，提出要“像研究经济工作一样来研究文化产业，像抓烟草产业一样来抓文化产业，像培育工业企业一样来培育文化企业，像保护生态环境一样来保护优秀民族文化资源。”早在2003年6月全国文化体制改革试点工作会议结束不久，云南省就把文化体制改革和文化产业发展列入省里的重要议事日程，并正式组建了云南省文化体制改革和文化产业发展领导小组，在全省16个地州也相应成立了有关领导机构。先后出台了《中共云南省委、云南省人民政府关于深化文化体制改革、加快文化产业发展的若干意见》、《云南省关于加快文化产业发展的若干政策》、《关于开展文化产业统计工作的意见》等一系列的政府文件。2005年12月8～11日，云南省成功地举办了“首届中国西部（昆明）文化产业博览会”，进一步提升了云南文化产业在全国的重要地位和影响力。

中国西部地区共有12个省市区，是中国少数民族最为集中聚居的地区。近年来西部地区把发展文化产业作为一项重要发展战略来认识和大力推行，形成西部地区文化产业发展特有的文化现象和发展模式。例如，四川省充分利用本省在电子信息、人才和文化资源等方面的优势，在省委、省政府的大力支持下，大力发展以网络和动漫游戏产业为主导的新兴文化产业，经过近年来不断的努力，已取得可喜的成绩。2005 年，经文化部批准，在成都温江区建立了国家动漫游戏产业振兴基地。成都在努力打造中国西部动漫游戏之都的形象，有效地带动了与动漫游戏产业相关的其他产业的发展。作为全国最大的少数民族聚居地的广西，在深入挖掘自身优势文化资源的基础上，把发展文化产业当作振兴广西的一项重要战略举措来抓，文化产业已成为拉动本地区经济增长的重要因素，并起到了突出的示范作用。例如，作为国内首部大型实景歌剧《印象·刘三姐》的成功上演，不仅极大地促进了当地文化旅游业的发展，而且也为地方文化资源的开发利用，提供了一个很具有典型意义的范例。《印象·刘三姐》的成功就在于，它把广西优美的以山水为特色的自然风光与多姿多彩的民族文化资源加以完美的融合，并借用现代科技所体现出的特殊现场效果和视觉冲击力，使各种艺术元素和文化内涵到达了有效整合和尽情发挥。自 2004 年 3 月 20 日正式开演到年底，已实现票房收入超过4000 万元，取得了很好的社会效益和经济效益。

二

从文化产业发展与运作来看，东部地区和西部地区明显表现出不同的特点和模式，这也是结合本地区的实际形成的一种战略选择。

首先，东部地区大都地处沿海，市场经济较为活跃，市场体系较为完善，融资渠道较多，加之经济发达，信息灵便，文化消费市场的潜力巨大，消费能力较强，这些有利条件直接决定了东部地区文化产业发展的特点与模式，那就是通过市场化的机制来推进文化产业的发展，文化产业与市场经济结合得非常紧密，市场化的程度较高，这尤其突出地反映在一些民营资本在文化产业中所发挥的巨大作用，民营文化企业非常活跃，实力强且影响力大。相比较而言，西部地区的文化产业则更注重依靠政府的行政推动作用来加速文化产业的发展，而且文化产业往往因成为当地的支柱产业而受到政府的特别重视与大力扶持。云南、广西、四川、贵州、重庆、陕西等西部省市区，近年来在文化产业发展方面都表现得比较突出，取得了显著的成效，其中一个重要原因就是得到当地政府对文化产业的大力支持，这种支持包括资金、政策和市场，形成文化产业发展上的政府主导模式，这种模式显然是适应了西部地区文化产业发展的实际需要的，为西部地区文化产业的发展创造了良好的外部环境和生存条件。因为在市场机制还不是充分完备的条件下，政府主导作用的发挥，对发展文化产业来说就显得非常重要，也是必不可少的外部因素。

其次，从文化产业的存在形态来看，西部地区主要是充分利用本地区丰富多彩的文化资源（尤其是民族文化资源）来发展文化产业，形成文化产业形态的特点，即资源型文化产业。这一文化产业形态主要是加速对文化资源的整合与开发利用，构成以文化资源为主的文化产业结构和产业链。一般说来，东部地区的文化资源显然不如西部地区丰富多彩，更缺少独特的少数民族文化资源，所以，东部地区的文化产业发展不可能走主要依赖资源型文化产业的道路，而是利用东部地区特有的优势和条件，侧重在文化创意产业的发展与产业价值的提升上，也就是说，东部地区文化产业发展主要是一种以创意型文化产业为主的模式，其产业发展重在与个人创造所形成的知识成果对社会的贡献率和影响力。主要表现为两个方面：一是与数字技术相结合的内容产业，这是知识经济时代出现的文化产业的新形态；二是以提供知识服务为主的文化创意活动。这些从形态到内涵都已不同于传统的文化产业。正如有学者在论述到东部沿海地区城市的作用时说到的：“在一些大城市，由于生活费用昂贵，在制造业上已渐渐失去了优势。目前，发达国家已进入了后工业社会，中国的沿海开放城市将成为中国内陆工业化城市和发达国家的后工业社会的联结点和中国经济的神经系统。这样的城市不可能再是传统意义上的工业中心，而应该成为金融、信息、教育、文化、高科技和国际交流中心。”

创意型的文化产业更强调的是个人在文化活动中的创造性和风险投资的介入，因此也就更加注重保护由创意成果所形成的知识产权。例如，近年来上海文化产业中就明显加大了文化服务产业的发展，2004 年，文化服务产业的总产值已占整个文化产业总产值的 70.6%，到达了 795.99 亿元。杭州近年也在大力发展与数字技术有关的动漫和游戏产业，并把 IT 产业作为加大创意产业发展的重要支撑。深圳也在进一步加速发展现代设计产业、会展业、传媒业、信息服务业等新型文化产业，把文化创意活动作为深圳文化产业发展的关键来重点培育，使得深圳已经成为我国重要的“设计之都”和“会展之城”。作为我国为数不多的每年 GDP 超过了 2000 亿元的沿海开放城市青岛，是国内外有名的制造业基地和山东省的龙头城市，拥有的中国名牌、中国驰名商标的数量仅次于上海，名列全国第二，更诞生了像海尔、海信、澳柯玛、青岛啤酒等著名企业，为我国赢得了国际性的声誉。为了进一步提升传统制造业的附加值和产业集合效应，青岛在“十一五”规划中明确地把“创意产业”这一文化产业的核心构成作为打造未来六大产业集群的重要内容来大力实施，并推进创新型城市的发展。2005 年，青岛就和北京电影学院、美国加州大学进行合作，在著名旅游度假区薛家岛建立了影视创意产业基地——青岛创意媒体学院。今年又将在城市中心开辟创意产业园，作为“五大新兴产业”的重要内容，其中包括研发、设计、软件开发、影视广告传媒、公司总部、贸易投资和会展、国际国内大型会议、文化体育等重大赛事、文化咨询服务等。创意产业近年来在北京、上海、广州、深圳等东部地区城市越来越受关注，据有关资料介绍，北京目前规划建设中的国家新媒体产业基地，“十一五”期间总投资达到100亿元，引进一些世界级的知名企业，计划到2010年实现产值100亿~120亿元。

创意产业对当代社会的价值正在被人们不断认识。正如香港大学文化政策研究中心总监许焯权先生所说的：“政策层面来讨论创意产业，创造了多少财富，增加了多少就业机会，是必要的基础和前提，但对整个社会的改造和更新才是创意产业的最高境界，创意产业是在发展经济的同时发展社会，发展每一个人的创造力和潜能。”东部地区由于占有科学技术、信息、国际交流和人才等方面的巨大优势，在创意产业发展方面明显要领先于西部地区。尤其是东部地区的一些国际化程度较高的经济发达城市，创意产业以及相应的创意指数的提升更是成为带动城市发展和社会进步的重要推动力量。

下表是《中国文化报》2005年9月9日报道的香港近年来从事创意产业的就业人数统计，从中可以看出沿海城市从事创意产业的情况：

1995年至2004年香港创意产业的就业人口

年度	创意产业就业人口	创意产业就业人口（不包括互联网及游戏中心、游乐场）
1995	156715	147029
1996	157168	146973
1997	160893	150526
1998	149858	136718
1999	147841	133818
2000	154354	136491
2001	168453	135244
2002	171310	132560
2003	159927	123810
2004	163367	126074

第三，东部地区的文化产业发展对城市的依附性较大，很多文化产业离不开城市的作用，而西部地区在发展文化产业方面对城市的依附性则相对较小，这也体现出东西部地区在文化产业发展上的明显不同。西部地区的文化产业主要是依赖于当地的文化资源，而这些文化资源很多并不是分布在人口密集的城市空间区域，而是更广泛的流散于自然空间的范围。正因为如此，使得文化产业与旅游业得以很好地结合，形成一种合而为一的关系，文化资源同时也就是旅游资源，文化产业也就是旅游产业，形成两者间的互动。这种文化产业模式是西部地区文化产业的一大特点。而东部地区的文化产业则对城市的依附性较为突出，城市在发展文化产业方面起到了非常重要的作用，特别是城市群对文化产业发展的促进作用更为明显。东部地区的几个重要的城市群，如长江三角洲、珠江三角洲、京津唐等地区，往往是文化产业最发达和最聚集的地区。东部地区充分利用城市的空间优势和条件来加大文化产业的发展，反过来城市也为发展文化产业发展提供了广阔的市场、资金、技术、信息和智力的支持。

国家统计局2005年12月24日发布的中国百强城市显示，GDP超过1000亿元的城市达到23个，除重庆和成都外，绝大多数都分布在东部沿海地区。其中按人口与劳动力资源利用、经济发展、社会发展、基础设施、环境保护与循环经济指标，百强城市中的前10位除哈尔滨和沈阳外，全都是东部沿海城市。文化产业发展离不开一定的经济基础，没有一定的经济基础文化产业要获得大发展是很困难的，这也就是为什么世界文化产业大国一般都是一些经济发达国家和地区，如美国、英国、澳大利亚、德国、法国、日本、韩国、新加坡等。中国文化产业发达的地区也大都在一些经济发达城市，这体现出城市对文化产业的带动作用，这在东部地区表现得更加明显。

下表是2003年中国报刊广告量在中国各城市的分布，广告额列前五位的城市都在东部地区，从中也反映了这些城市的文化产业发展在全国的重要地位（单位：亿元）。

排名	城市	广告额	增长率（%）	比重（%）
1	北京	132.82	20.71%	22.06%
2	广州	53.91	25.57%	8.95%
3	上海	42.96	16.87%	7.14%
4	深圳	29.86	−3.51%	4.96%
5	青岛	22.31	131.19%	3.71%

（资料来自《中国文化产业年度发展报告》（2004年），第63页，湖南人民出版社，2004年版。）

另外，在文化资本方面，东部地区显得更加多元化，尤其是民营资本发挥的作用较大。这也与城市发展带来的市场机制的完善有密切关系，有效地加速了文化资本的整合。以传媒产业来看，中国最具实力和影响的民营传媒企业的总部大都分布在东部地区的一些大城市，如新浪（北京）、盛大网络（上海）、网易（广州）、搜狐（北京）、星美（北京）、阳光媒体（北京）等。这也反映出文化产业对城市的依赖性。除传媒外，影视、图书、报业、音像制品、演艺、文化服务等核心文化产业层面，更与城市息息相关。所以，西方学者一再说的“文化产业的繁荣在城市”，也就是这个道理。相比较而言，西部地区由于受地域条件和自然环境的限制，城市和城市群作用的发挥不像东部地区那样突出，再加上资源型文化产业在整个文化产业结构中占据了相当大的比重，相对来说文化产业不会太受城市作用的制约，文化产业的发展空间自然就比较大。

三

东西部地区文化产业发展的不同特点与模式，从根本上来说，是从本地区实际出发所做出的一种合理选择。我国东西部地区的差异，既有自然条件方面的，也有社会发展水平方面的，还有历史和文化方面的。如何根据自己的特点和需要找到一条符合本地区实际的文化产业发展模式，这是东西部地区在文化产业发展上首先应该考虑的问题。文化产业不同于其他产业的地方就在于，它不仅仅是一个经济的问题、市场的问题，更重要的还是一个文化的问题。从这个意义上说，发展文化产业也就是对文化模式的一种自我选择，而这种选择涉及到对文化的态度和文化尊重与文化认同。

文化产业的发展最终还是取决于社会需要。美国文化产业是世界上最发达和最完善的，它的成功就在于社会需要对文化做出的一种自我选择。美国文化的历史较短暂，本身缺少深厚的文化根基，主要还是继承和延续了欧洲的文化传统，所以，这为在美国盛行实用主义思潮提供了土壤。实用主义立足于现实生活的需要，奉行有用性就是合理性的原则，以现实需要作为衡量一切的标准，美国文化产业正是在实用主义的基础上获得充分发展的，并且直接受到市场经济的驱动。市场经济是以大众文化作为价值取向的，美国文化产业的模式是建立在对大众文化的认同上，这也符合美国社会的价值观念，因为“大众社会代表了多元价值及多元权力的出现”，这也就是为什么美国文化产业会走向世俗性的大众文化，表现出一种迎合大众需求的娱乐化倾向的原因。

中国发展文化产业也应该立足于中国社会现实的需要，应根据自己的文化特点来发展文化产业。具体到东西部地区而言，由于中国存在着东西部社会发展的差异，所以，东西部地区在发展文化产业上只能是根据自己的实际特点和社会需要进行，不可能也没必要去模仿别人的发展模式。无论是资源型文化产业，还是创意型文化产业，都是文化产业发展的一种特定模式，本身并无优劣之分，况且，这两种文化产业模式的区别也是相对的，并不是毫无关联。事实上，它们之间有很密切的联系，文化产业都与一定的文化资源有关，而文化资源的开发利用又离不开文化创意活动。两者之间事实上是你中有我、我中有你的关系，并非是截然分开的。我们这里所说的西部地区文化产业发展模式是一种文化资源型的，而东部地区文化产业发展模式是以创意为主的，这也是相比较而言的。这两种不同的文化产业模式正是从东西部地区的文化特点和社会需要出发，是符合本地区实际的一种选择。

中国西部地区蕴藏着极为丰富的文化资源，是文化资源的富矿区，很多文化资源不仅具有极其珍贵的历史价值和文化价值，而且还具有很高的商业价值和市场价值，可以转化为当代社会的一种极具开发潜力的经济资源。例如，大型原生态歌舞集《云南映象》，是云南省近年来在民族文化资源开发上的成功尝试，已取得了良好的社会效益和可观的经济效益。该歌舞除了在国内很多城市上演外，在国外也引起很大轰动，在世界很多国家巡演。2005年11月，又成功地在美国辛辛那提市进行了16场商业演出，总票房收入突破200万美元。芝加哥、旧金山等城市已明确表示要引进《云南映象》，未来3年内该歌舞计划将在美国进行500场以上的商业演出。这是西部地区独特的文化优势带来的。而东部地区虽然文化资源上不如西部地区丰富多彩，但在资金、技术、人才、市场等方面又具有很大优势，这又是西部地区无法相比的。东部地区之所以在创意产业的发展上较西部地区更为突出和活跃，也正是东部地区这种优势的体现。

东西部地区在文化产业发展上应该更多地突出各自的优势和特点，并且通过积极的合作与交流，把各自的这种优势和特点更好地发挥出来，以带动中国文化产业的更大发展。

（选自《民族艺术研究》2006年第1期）

西部地区文化产业向主导产业发展的理论与实践

——云南文化产业试点县、特色县的可行性分析

林 艺 李 炎

在21世纪的两大朝阳产业（信息产业和文化产业）中，文化产业作为人类精神产品的载体，备受瞩目。它反映出人们对精神需求的渴望和追求，体现了“以人为本”的价值观。文化产业打破了文化长期以来作为意识形态的角色定位，作为已经“看得见”的经济驱动力在人类物质文明与精神文明建设中发挥着越来越重要作用。文化产业这一具有强大生命力的新兴产业，甚至被经济界视为知识经济时代的一种强大动力。本文用产业经济学的基本原理，就文化产业如何向主导产业发展作一种尝试性的探讨。

一、文化产业与主导产业的内涵

文化产业的概念和内涵，学术界普遍相同的看法是：就所提供的产品而言，文化产业可以理解为向消费者提供精神产品或服务的行业；就其经济过程的性质而言，文化产业可以被定义为“按照工业标准生产、再生产、储存以及进行分配文化产品和服务的一系列活动”。文化产业是一种在全球化的消费社会的背景下发展起来的，推崇创新、个人创造力，强调文化对经济的支持与推动的新兴理念、思潮和经济实践的活动，因此，文化产业是一种创意产业。文化与经济、文化与科技的相互融合、相互渗透，形成了具有新功能的文化经济力或文化生产力。这种文化力构成成为许多国家与地区经济起飞的强力驱动器。有专家学者提出，倘若以人文发展指数（HDI）作为一国发展战略目标，将比单纯的经济指标（GDP）更为合理。HDI实质上是经济、社会、文化发展的复合指数。它既包括经济增长指标又涵纳文化发展与环境保护等一系列指标。可见，文化价值的实现在社会发展中的作用与意义，因而以多种组合形式形成的文化生产、消费构成了文化产业的内涵：一是文化产业必须是正式提供文化产品和文化服务的大规模商业运行，通过市场化和产业化的组织形态，进行可持续的简单再生产和扩大再生产；二是文化产业必须是以追求利润最大化的企业为目标，在提升企业竞争力的过程中，不断提高文化生产和经营的效益，并着力实现经济与社会效益的统一；三是文化产业的主体是一条以企业的协作链条，把不同的产业与参与者连接起来，并通过分工协作，把文化价值转化为商业价值，又通过商业价值的实现过程促成文化价值的传播。

主导产业的概念是随着产业发展理论的兴起而逐步形成的。美国经济学家赫希曼首先提出主导产业概念，其后另一美国经济学家罗斯托对主导产业的研究做出了开创性的贡献。他在吸收了熊彼特的创新理论和赫希曼的不平衡发展理论的基础上，强调用主导产业理论来解释现代经济增长，认为区域经济增长阶段的演进与经济部门重要性的依次变化存在着对应关系，整个经济的增长一定意义上是某些关键部门的迅速增长所产生的直接或间接效果。也就是说，在众多的产业部门中，每一发展阶段都有与之相对应的、起主宰作用的产业，即主导产业。经济增长总是先由某一部门采用先进技术开始。由于采用了先进的技术，降低了成本，扩大了市场，增加了利润和积累，扩大了对其他一系列部门产品的需求，从而带动了整个区域经济发展。因此，提出主导产业理论的核心是“创新”和“扩散”。即主导产业具有两个显著的特征：一是具有较高的创新性，二是主导产业具有极强的扩散效应，能够带动其他产业部门的发展，这种扩散效应包括前向效应、后向效应和旁侧效应。前向效应是主导产业对以其产出为投入的产业影响；后向效应是主导产业为其提供投入的产业影响；旁侧效应是主导产业对区域经济发展的间接影响。根据这一理论，可以诠释主导产业的一些内涵特征。首先，主导产业在区域产业结构系统的产出方面应占据较大比重，这样才能形成主导作用；其次，主导产业和其他辅助产业有较强的产业关联度，这样才能更好的发挥主导产业的引导和扩散作用；最后，起带头作用的部门不是一成不变，因为一旦有先进的技术及其影响扩散到各个部门之后，也许它就会陷入衰败，新的主导产业就有可能取而代之。在罗斯托之后，日本产业经济家筱原三代平在规划日本产业结构时提出了选择主导产业的两个著名的准则即“需求收入弹性准则”和“生产率上升率准则”，认为应选择需求收入弹性大、生产率上升快和技术水平高的产业部门为主导产业。另外，其他经济学家也从不同的角度对主导产业作了进一步研究，提出了一些新的准则。如霍夫曼基准、要素密集度基准、短缺替代弹性准则、瓶颈效应准则和增长后劲准则、可持续性准则等，进一步丰富了主导产业的选择理论。

由此可见，主导产业的选择对一个地区经济发展具有影响力的问题。因此，从理论上说，倘若把文化产业作为主导产业发展，是符合产业理论具有较高的“创新性”和“扩散性”特征的，并能带动其他产业部门，使这一区域

经济发展具有良好势头的行业，换句话说，文化产业是一种极具比较优势和竞争优势的行业。

二、主导产业对区域经济的影响

长期以来，我国东部地区以农业比重小、工业比重大、工业中加工业比重大、经济扩张能力强为标志；西部地区则以农业比重大、工业中以原料工业为主、经济扩张能力弱为产业结构特征。经过20多年的改革开放，中国与世界同步发展，经济社会日新月异，东西部地区产业结构也随之发生了结构性的变化。事实上，产业结构的变化必然带来主导产业及相关产业群的确立，一个地区一旦确立了产业发展的指向后，就会以此围绕和形成以该产业为核心的产业群体，并最终对该区域的经济发展造成极大的影响，具体体现在：

（一）主导产业的发展能产生扩散效应

主导产业具有较强的关联效应。主导产业对产业结构系统的引导功能是通过其带动作用实现的，而带动作用的实现则依赖于扩散效应。一个产业是否具有较强的扩散效应，被认为是能否成为主导产业的主要特征。如果一个产业具有了扩散效应，它就可能带动其他产业的发展，引导整个产业结构的发展方向；反之，就至多只能得到自身的发展。以云南省为例，近几年，把旅游作为建设云南民族文化大省的主导产业，通过行政引导与推动、资源重组、合理布局、开拓市场等有效措施，发展起了一个庞大的旅游产业集群。云南旅游在自身规模不断扩大的同时，带动了基础设施建设、交通运输、餐饮住宿（服务业）、旅游产品生产甚至房地产等相关产业的发展。云南通过旅游产业的超常规发展及其对关联产业的扩散效应，形成了中国旅游市场上颇具产业竞争力的区域产业集群。

（二）主导产业的发展能加快城市化进程

主导产业的发展，要求生产要素的集约化经营，这样才能将区域内分散的资源有效地整合，这种集聚化经营有利于节约建设资金，节约耕地，降低工业成本。同时，还通过带动关联产业的协同发展而形成产业集群，产业集群的发展可以促进区域经济内产业分工和协作，而产业分工和协作又能促进人口、资金、技术、信息等生产要素的集聚，进而加快城镇化步伐。

（三）主导产业的发展能推动产业结构升级

产业结构升级的实质是随着科技发展、分工精细，产业结构不断向高附加值化、高技术化、高集约化演进的一种趋势。创新（包括制度创新和技术创新）是推动产业升级关键的动力。主导产业能够迅速吸收先进的科学技术成果，创造较高的生产效率和更多的附加价值。产业结构的升级表现为对需求的更大满足和对资源的更有效利用，而要达到这一目标，产业技术必须不断得到提升。主导产业作为产业结构升级的“领羊头”，必然要求其能够迅速吸收先进的科学技术成果，提升自身的产业技术水平。从主导产业对其他产业的影响角度，同样要求主导产业能够迅速吸收先进的科学技术成果。因为通过吸收先进的科学技术成果，取得产业技术的进步，一方面可以改变产业间的投入产出关系，波及影响其他产业的发展；另一方面，产业结构的升级也可使主导产业本身获得产业的扩展和提供更多的产品。

（四）主导产业的发展能够减轻就业压力

区域经济中的主导产业，通过其发展带动关联产业发展，能形成规模较大的产业集群，集群内的分工和协作又进一步衍生出更多的专业化经济实体。随着产业集群内部经济实体规模不断扩大、竞争力不断增强，劳动力的需求也会相应增长，达到减轻人口就业压力的目的。劳动力需求的增长又反过来进一步促进区域经济快速增长以及主导产业的发展，最终形成一个良性的循环。（如图1）

图1　区域经济主导产业对劳动力需求的影响

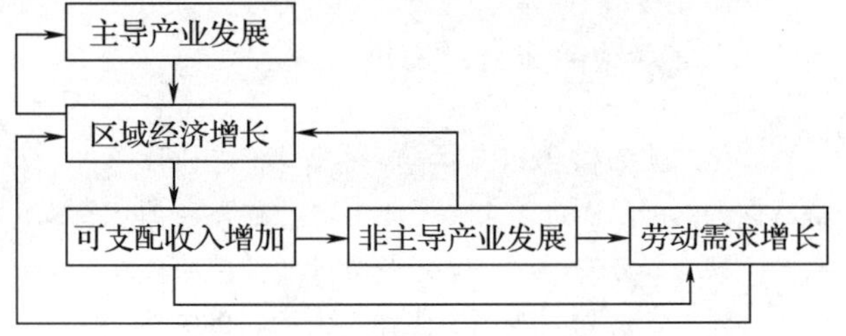

三、主导产业选择的标准及其优势理论

主导产业的选择是产业政策的一项重要内容。区域经济主导产业的选择正确与否，对区域经济的发展起着至关重要的作用。作为主导产业的选择标准，主要遵循以下几点：

（一）产业的区位商

区位商是衡量一个地区产业结构专门化程度的指标，其计算公式为：

$$LQij = (Yij/Yj) \div (Ti/T)$$

上式中，$LQij$ 为 j 区域 i 产业的区位商，Yij 为 j 区域 i 产业的经济活动水平（以总产值、增加值或就业水平等表示），Yj 为 j 区域所有产业的总水平，Ti 为基础经济（通常为全国）i 产业总水平，T 为基础经济总水平。$LQij$ 的值越大，i 产业的专业化程度越高，其转化为主导产业的可能性就越大。区位商反映了一个产业在全国的相对优势地位，区域经济主导产业应当选择区位商较高产业。我国文化中心城市和沿海地区为什么能早于西部地区启动文化产业发展的脚步，这与区位商较高无不有很大的关系，上海、广东、浙江等地之所以会成为我国现代文化产业的策源地，这与它们作为我国现代工业的崛起是相吻合的。

（二）产业关联度

产业关联度是衡量产业间关联程度的指标。可将它又分为二类指标：一类是反映直接前向关联关系、后向关联关系强度的指标，另一类是反映包括间接消耗在内的具有综合波及关联关系强度的指标，通常用产业影响力系数和感应度系数表达。区域经济首先应发展关联强度较大的产业，因为强度较大的产业首先获得发展后，通过前项关联和后项关联的波及效应，可以影响和带动其他产业的发展。关联强度效应较大的产业，对其他产业发展的直接带动和推动作用也比较大。而感应度系数和影响力系数较大产业，则可通过产业间的波及效应，对其他产业的发展产生较大的综合影响。浙江横店影视城就是这方面很好的案例——影视拍摄带来了影视旅游相关的产业拓展，如餐饮服务业、娱乐业的发展，由此相互照应，双方都形成了良好的发展势头，并取得可观的经济效益。

（三）产业的发展潜力

任何产业都有生长、成熟以及衰退的生命周期。作为区域经济的主导产业，应当在较长的时期能支撑、带动区域经济的发展。因此区域经济的主导产业必须是有发展前途的，代表区域经济发展方向的产业。同时，我们应认识到，发展潜力标准是相对的和动态的。随着技术的进步和产业结构的升级，有些朝阳产业成为成熟产业，有些成熟产业步入衰退期，因此，在区域经济主导产业发展的过程中，政府还应加强对潜力产业的培育和扶持，这样才能形成一个持续发展和充满活力的产业体系。

（四）产业的市场需求

市场的需求容量是产业竞争力形成的外部条件，它包括市场需求的产品构成、市场需求的增长状况和对产品品质要求的需求变化等。作为平均经济规模达不到一定水准的区域经济，应当选择市场需求量大、有市场增长潜力的产业作为主导产业。区域经济圈内的潜在市场，是提升区域经济产业竞争力不可忽视的力量。如果在一个本地市场及外来市场需求不大的区域内选错了不恰当的产业作为主导产业，其后果只会造成该地区丧失竞争力，经济发展滞后的局面。

（五）比较优势与竞争优势

按照战略产业→优势产业→主导产业或支柱产业的一般演进规律，主导产业或支柱产业的形成应该以优势产业的形成为基础。

比较优势理论是由英国著名经济学家李嘉图在亚当·斯密“绝对优势”理论的基础上提出的。其创立和发展经历了三个阶段，即亚当·斯密的绝对优势论、大卫·李嘉图的比较优势论和赫克歇尔·俄林的要素禀赋论。其中，比较优势论是绝对优势论的扩展，而要素禀赋论则从根本上说明了比较优势论的原因和基础。此后，“比较优势”理论又有了进一步的发展。总之，从比较优势理论的提出到现在，其包涵的生产要素在不断变化，从自然资源到生产技术，从静态比较到动态差异。具体来讲，比较优势是指本地区在经济和生产发展中所独具的资源与有利条件。

20世纪80年代，美国哈佛大学教授迈克尔·波特发表了著名的三部曲，即《竞争战略》、《竞争优势》、《国家竞争优势》，系统地提出了自己的竞争优势理论。即一个地方要形成竞争优势必须符合四个条件：一是该地区有什么廉价的要素，在生产过程中就要多利用这些廉价的要素；二是市场规模——一个地区生产什么产品、发展什么产业，只要这个产品和产业在国内市场有很大的市场规模，就可以发展；三是发展的产业最好是在当地形成产业群；四是该产业是竞争性的产业。从本质上来说，一方面，比较优势强调的是区域内不同产业之间的生产间的比较，而竞争优势强调的则是区域间相同产业之间的生产间的比较。另一方面，比较优势是资源拥有（占有）量的反映，竞争优势是资源（转换）能力的反映。因此，对区域经济而言，主导产业的选择既要考虑比较优势，更要考虑竞争优势，要以比较优势为基础，既突出地区的特色和优势，更要在与区域外的产业竞争中体现较强的竞争优势，而将这种思想体现在主导产业的选择的全过程中，这样选择的产业将拥有区域外的竞争力，将成为更高层次区域同类产业或全国的主要生产供应基地，具有跨区意义。

就具体运用来讲，区域在主导产业选择过程中，首先选择多个公认的在该产业有较强竞争力区域作为参照，然后针对该产业设置评价指标体系，通过运用综合相对指标来分别反映比较优势和竞争优势，根据各指标的重要程度来确定指标权重，结合实际利用因子分析、回归分析的方法确定指标的权重，输入各区域同一产业的数据，了解到本区域该产业在全国产业体系中的地位，可以确定本区域该产业与在该产业有较强竞争力的其他区域相比是否具有区际竞争能力，如在与其他区域的竞争中占据有力位置，那么政府应通过制定相关的法规、政策，改革体制，推动人才和知识的流动等等方面对该产业进行大力的扶持。对于排位较低的行业，政府就应果断放弃，将有限的资源投入到最具比较优势与竞争优势的产业之中。

云南文化产业试点县、特色县的可行性分析

作为历史发展的产物，区域文化经济是区域经济和区域文化综合发展的结果，它反映了一个地区文明发展的水平。人类社会从以农业为主导的经济形态，到以制造业为主导的经济形态，再到以服务业为主导的经济形态，既是产业演进的规律，也是文明进步的表现。区域经济落后的地区不可能有先进的区域文化经济，区域文化经济的差异也最终决定了区域经济的差异。文化产业作为一个新生事

物，在中国刚刚起步，其发展和区域经济一样呈现出明显的区域特征。以东部沿海经济发达地区为代表的“都市文化产业”显露其明显的比较优势：在以文化服务业（文化产品制造业）占优势地位的前提下，形成了以新闻、书报刊、音像制品、电子出版物、广播电视、电影、文艺表演和互联网、旅行社服务、大众娱乐、休闲健身、网吧、文化中介、文化产品租赁和艺术品的投资与拍卖、广告、会展服务以及广播电视设备、电影设备、家用视听设备、工艺品的生产和销售等为核心及相关产业层的产业群体，每年GDP的增加值都以高于8%的速度在递增，文化产业形成了经济发展中的强劲态势，成为这些地区经济发展的新亮点和增长点，并产生了主导产业的效应，带来了当地经济与社会的繁荣。

拥有丰富资源的西部地区因国家长期实施东部产业政策的倾斜，一直未能得以良好的发展。西部大开发展战略的提出，使这些地区的一些产业优势在新一轮经济调整中显现出良好的发展势头。云南率先提出建立“民族文化大省”的战略定位，其目的就是要发掘民族文化资源，提升其文化附加值，营销极具比较优势的民族文化，使之商品化、市场化，在依托云南旅游平台发展的基础上走差异性竞争的道路。多年来，云南因注重自然生态环境与民族文化环境的双重保护，保持了自身内力驱动的可持续发展后劲，在以旅游为先导的产业发展中，跨越了以制造业为主的经济形态，提前进入了以服务业为主的经济形态，带来了云南产业结构跨越式升级的现象——以旅游度假业为起步平台，开发城乡特色文化核心产业（《云南映象》以及《丽水金沙》已是成功典范），发展高文化含量的关联产业（云南会展业及高原体育服务业），以高文化附加值辐射提升传统产业（做强做大的云南花卉产业），探索出一条依托特色资源大力发展旅游业和相关的文化产业的发展之路。

文化产业“云南模式”的异军突起，引起了社会各界的广泛关注并对此现象作出研究。云南省委、省政府在清醒地认识到形势、机遇的情况下，大胆地提出欲将文化产业发展成为继云南烟草、旅游、生物、矿产、能源之后的第六大主导产业。继而，很快就从云南129个县中按照点面结合、重点突破、整体推进的原则，选择了鹤庆、石林、广南、沧源、陆良、会泽、昆明五华区、丽江古城区、禄丰县、瑞丽市10个有特色文化资源的县区市作为全省文化产业特色县；把巍山、建水、香格里拉、普洱、水富、福贡、景洪、江川、元阳、澄江、蒙自、剑川、罗平、昆明西山区、保山隆阳区15个文化资源丰富、文化事业发展基础好、前景好的县市区确定为全省县域文化建设试点县，重点加以引导和扶持，并希望这些地区以此为突破口，从实际出发把握住自身优势，确定符合实际的正确思路与对策，在短期之内将特色文化资源优势转化为产业优势，使特色县、区的文化产业增加值比重占本地GDP水平超过全省水平（5%为全省水平），试点县、区的文化产业增加值的比重在本地经济发展中有一个显著地增长，最终形成这些县域经济的主导产业。

云南省委、省政府的这一举措在全国是首创的，具有前瞻性和创造性，它开启了文化产业探寻不同发展途径的先河。云南有着十里不同天的立体气候和植被环境，汇聚着百濮、百越、氐羌三大族群的25个少数民族，形成了“同族不同类”的文化特征。26个民族（含汉族）在不同的小地域环境内繁衍生息，环境、植被、气候、生产方式、生活方式、语言、服饰、节日、宗教、文学、舞蹈演绎出了众多的具有浓郁地方特色的民族文化，形成了“文化富矿”的多彩内容。这些丰富而独特的文化资源非常适应现代市场经济和知识经济的特征、要求、方向及趋势，蕴藏着极高的经济价值。特别是在经济一体化、文化全球化的今天，对于具有服务业经济结构特征的市场，文化异质性带来了云南旅游业的兴旺繁荣，附着其上的文化价值也随着大众游客的观光、体验就此得以实现，全省文化旅游达到一定的市场预期。

因此，我们从实际情况看，文化产业是可以走一条超常规发展的产业发展之路的，且云南的成效也是有目共睹的。但客观地说，云南省的文化产业要向主导产业、支柱产业发展的道路却是布满荆棘的，也并非会如我们想像的那么顺畅。因为，一个地区的文化产业的发展，必需依赖一个与该地区的经济发展水平、居民的富裕程度、消费偏好密切相关的容量较大的市场，也就是说，文化的发展必需建立在与经济同步发展的基础上。如果我们脱离实际，在文化产业发展过程中存有急功近利的思想和态度，难免会使我们在大好机遇面前由于布局不当、选择偏差，而错失良机留下遗憾。

首先，一个地区如果要将文化产业视为今后经济结构中的主导产业，我们还得考虑区位商、产业关联度、产业发展潜力、产业市场需求的问题。从我们所选的县（区）域来看，比如昆明的五华、西山、石林，玉溪的江川、澄江，大理的剑川、鹤庆，丽江的古城区，迪庆的香格里拉，保山的隆阳，德宏的瑞丽，西双版纳的景洪，昭通的水富由于它们原来的基础条件相对较好，又具有一定的区位优势，区位商会好一些，产业的关联度也较为强一些。因此，发展起来可能就会顺畅些，难度也会小些。相反，另外一些县域就存在这样或那样的问题，比如文山的广南、临沧的沧源、怒江的福贡、昭通的会泽、大理的巍山、思茅的普洱，尽管它们拥有较为丰富的民族文化资源，但由于这些资源处于一种零散、分散的状态，使之在短期内不完全具有形成经济价值的文化产品，再加之交通的不利，基础设施的落后，消费市场的狭小，要想在这些地区实现文化产业向主导产业（或支柱产业）的转变，难度会很大，需要我们进行很大的投入和较长时间的市场培育。这就需要我们在把文化产业打造成主导产业的过程中，从客观实际出发，作出长远的发展规划，使之起点高、特色强、整合性能优越，谨防搞一哄而上的“政绩工程”，使文化资源得以较好的市场开发。

其次，就强调主导产业的比较优势和竞争优势而言，云南文化产业目前市场上雷同产品造成不必要的恶性竞争。人们往往忽视了自身的优势和竞争优势，片面理解文化产业。在对本地消费市场、消费群体状况分析不足，对外来消费群体乐观高估的情况下，以为随潮流另起炉灶，就可做出文化产业的惊人之举，对已生产的产品营销、卖点问题缺乏周密、系统、长远的考虑。这一现象至今尚未引起有关方面的足够重视，如果不引以为戒，必然造成市场的低价与无序竞争，最终产生负面波及效应，影响到相关产业的发展，使刚刚起步的云南文化产业遭受重创。

第三，将文化产业看成是一个实施赶超战略的产物，而事实上却并不具备比较优势。文化企业在竞争的市场环境中没有形成自生能力时，需要政府的补贴和保护。同时，云南在考虑25个特色县、试点县文化产业作为支柱产业发展的过程中，其规模经济（规模效应）、文化产业的产业升级、可吸纳劳动力就业以及可持续发展能力等相关性及连贯性问题，应考虑得更透彻些。如何细化这些指标，怎样逐一落实，需要进行科学的论证和研究。抓住机遇与理性发展是两个不能相互替代的概念。

区域经济主导产业的选择对区域经济的快速增长、产业结构的升级乃至城镇化水平、工业化进程都起着举足轻重的作用。针对云南25个文化产业特色县和试点县的有益尝试，我们认为，县域经济在文化主导产业的选择上应坚持“有所为，有所不为”的原则，集中有限的资源进行发展。同时，文化主导产业的发展要以市场为导向、以资源为依托、以协调发展为目的，并利用它的关联效应和扩散效应从文化产业的某一两个门类实现中心突破，在比较优势和竞争优势的双向渠道中，尽快形成文化产业的核心竞争力和“极化效应”，从而带动整个区域经济的全面可持续性发展。

（摘自《云南民族大学学报》2006年第2期）

确立发展目标　盘活文化资本

——关于加快江苏文化产业发展的思考

章剑华

江苏历史悠久，文化资源非常丰富，这是先祖们留下的宝贵财富，为我们今天发展文化产业奠定了坚实基础。江苏文化产业发展，蕴藏着巨大的潜力和强劲的势头，我们必须用科学发展的思维，统筹规划、合理开发文化资源，同时采取多种措施提高文化资源转化成为文化资本的效率，保障和促进文化产业快速健康地发展。

丰富的文化资源为文化产业发展奠定了良好的基础

资源是可供开发，或可能具有开发潜力的物质性存在。文化资源，包括历史资源、民俗资源、知识资源、信息资源等，是一种以人为载体的特殊资源，蕴藏于历史文化传统和社会文化现状之中。江苏是中华民族最早进入文明开化的地区之一，有着丰富的文化资源。几千年形成的金陵文化、吴文化、淮扬文化、楚汉文化，为我们积累了难以计数的优质资源。

丰富的物质文化资源。江苏有地面文化遗存近万处，已有近2800处被各级政府公布为文物保护单位，各类博物馆90个；全省拥有国家级历史文化名城7座、历史文化名镇7座，省级历史文化名城5座、历史文化名镇13座、历史文化保护区3处；苏州古典园林、南京明孝陵被联合国教科文组织列入《世界遗产名录》；江苏境内有15个中国优秀旅游城市，是全国七大重点旅游省份之一，55个4A级旅游景区，位居全国首位。此外，文化艺术、新闻出版、广播电视、体育、娱乐、艺术教育等设施相对完备，这些都成为我省重要的物质文化资本。

渊源深厚的非物质文化资源。江苏非物质文化遗产资源存量极大，民俗文化、民间文学、表演艺术、手工技艺以及各种民间知识，在中国的传统文化中占有较大的份额和重要的地位。江苏有近百种民俗节庆活动，有吴门画派、扬州八怪、金陵八大家以及泰州学派、常州学派等艺术学术流派，有昆剧、京剧、锡剧、扬剧、淮剧等7个地方剧种。江苏还有着众多优秀的民族传统工艺，如南京的云锦、苏州的刺绣、无锡的泥人、扬州的漆器、南通的蓝印花布等等。江苏非物质文化遗产保护得到高度重视，有33个县（市、区）、乡镇被命名为国家级民间艺术之乡、特色艺术之乡，56个县（市、区）、乡镇被命名为江苏民间艺术之乡。

密集的文化人才和高科技资源。现代思想大师布尔迪厄认为“文化资本”重要的是教育和教养。全省现有普通高校115所，居全国第一；有两院院士79名，数量仅次于京沪；仅南京就有各类科技研究机构543家，国家和省级重点实验室31个。江苏高中阶段教育普及率达到89%，高等教育毛入学率达33.5%，高等院校、在校大学生、职校生数保持全国领先。我省有较强的科技实力，各类专业技术人员53万人，科技进步对江苏工业、农业经济增长的贡献率分别达到了45.5%和55%。

文化资源通常是以传统或历史遗存的形式而分布在我们的生活中，在没有开发之前，并不具有产品的性质，只是历史的结晶。因此，我们需要区别对待，有针对性地加工整合。有的资源可以多次开发创新和重复利用，如传统工艺、历史人物、名篇名著、戏曲、绘画、民间传说等，这类资源可复制、加工，转换、融入文化产品之中；有的资源具有不可复制性、稀缺性和非消费性特征，如国家保护的历史遗存、珍藏于博物馆的镇馆之宝；有的文化资源既要开发更要加强保护，如南京明城墙、江南古镇；有的资源只能加以长久的保护，如暂无技术条件开发的地下文物资源、或随时代发展而日渐消亡的资源，如南京明孝陵、苏州的桃花坞木刻、无锡的纸马等。

必须加速文化资源向文化资本的转化

文化资源转化为文化资本的过程，实质上就是文化产业发展的过程。通过对文化资源的优化配置所形成的文化生产、文化服务，以物质财富和精神财富的形式具体表现出来的文化价值的积累及其形态，经过市场运作生成经济价值，这就是文化资本的形成过程。因此，要对江苏现有文化资源进行梳理、归类，准确把握各类文化资源的特性，同时在产业发展的目标上进行科学定位，探索不同的开发利用模式，做到因地制宜区别对待，这是文化资源向文化资本转化的前提和基础。

依托物质文化资源丰富的地区发展文化旅游业。加强对文化名城、名镇、名乡、名村、名馆、名山、名园的建设，将文化与旅游、经济、科技、教育、体育等有机结合起来，做到互相联动、优势互补、共同开发、共同发展。如苏南、苏中、苏北，分别以吴文化、江淮文化、两汉文化和江苏特有的“江河湖海”、红色文化、文化经典、各地不同的风土人情，打造特色各异的文化旅游带、文化旅游品牌。

依托非物质文化资源优势，开发以影视、动漫等内容产业为主的特色产业。需要加以整合的是那些江苏地域内的历史人物、传说、民俗、手工技艺、琴棋书画、诗词歌赋、地方戏曲等等。对这类资源，首先需要判断它们的文化价值和历史价值，再为这些文化资源注入当代元素，让资源与当代人的精神生活形成一种相互融合、相互接纳的互动关系，从而构成文化生产和文化服务，再通过相关或系列资源的相互补充与烘托，最终成为具有完整市场吸引力的商品。如南京的秦淮文化，淮安、连云港《西游记》原型遗迹，流传大江南北的《白蛇传》、《天仙配》神话遗迹等等，如果经过恰当的策划和相关资源整合，这些都有可能成为具有市场潜力的文化产业项目。

依托不同城市不同区域的特点，建设文化产业基地，发展优势产业。利用苏北的民族民间特色文化，打造工艺美术产业基地、特色演艺中心等重点项目；利用苏中地区城市化发展，进一步增强城市作为文化中心和文化产业载体的功能，加快区域专业市场的形成与统一；利用苏南的人才、科技优势，在各地的高新开发区，大力发展技术和知识密集型、资本密集型的现代文化产业，形成文化创意生产集聚区和文化产品交易中心，形成江苏文化产业的创意中心。

依托沪宁线、沿江线、高新开发区等资源，发展数字产业。充分利用以电视网络为核心的数字多媒体综合平台，推动影视业产品结构层次不断提高。推进全省文化资源数字化，扶持开发反映江苏文化传统和特色优势的数字文化产品，加快信息技术对出版、影视、音像等行业的改造和升级。建设数字内容产品技术创新平台，提高游戏、娱乐、动漫、影视等数字内容产品研发和生产能力，促进数字内容产业集聚。以苏（州）、（无）锡、常（州）动漫制作基地为中心，聚集顶尖科技人才，不断推进民族动漫精品工程，推出和打响游戏品牌。

依托品牌活动和营销网络，促进我省文化产品“走出去”。利用我省历史传统文化品牌和有影响力的地方知名文化节庆，开展会展业、展销会、博览会等活动，不断扩大规模，提高服务档次和品位。如南京历史文化名城博览会、无锡太湖艺术节、苏州昆山国际旅游节、常州国际数码卡通艺术周、扬州“烟花三月”国际经贸旅游节、姜堰溱潼会船节等等，有的已经成为提高城市竞争力、凝聚力、创造力，实现文化与经济良性互动的重要载体和优质资本。要着力培养出江苏知名的演出经纪、展览等中介机构，同时选择知名度高、有影响力、对我友好的境外文化中介机构进行合作，利用其成熟的营销网络及渠道优势，把江苏的文化产品尽可能多地打入国际市场。

在文化资源向文化资本转化过程中值得注意的几个问题

加速文化资源向文化资本转化是一个复杂的过程，不仅要充分认识到文化资源的不可再生性，而且需要从全面打造江苏文化产业着手，综合研究分析，切实做到科学规划、合理开发和利用，绝不能采取粗放式的开发方式，给文化资源造成灾难性的破坏。

确立重点优先转化。对文化含量、文化内容、文化价值最大，能够顺利进入文化市场、融入当代人生活方式的文化资源优先发展。而对那些难以进入市场的文化资源，或暂时缺乏实现文化产业经济规模的技术、资金、人才，缺乏市场观念和有效市场化运作的，就要暂时放一放，不要急于开发。

传承传统创新转化。文化资本作为衡量一个地区综合实力的重要指标，既靠历史的积累，也需要不断发展和创造。文化资源转化为文化资本主要在于创新，包括内容创新、形式创新、技术创新等。2008 年奥运会吉祥物“五福娃”的设计，吸收了我国多重传统文化元素，是创新的产物。江苏也有不少成功转化的典型，如南京的 1912、常熟沙家浜红色经典景区开发、网络游戏《航海世纪》、动画《红孩儿大话火焰山》、青春版《牡丹亭》昆曲名剧等。

制定政策引导转化。文化资源要转化为资本所需要的资金是巨大的，必须充分整合社会的参与意愿，不断完善投融资环境，让更多的投资者认识到投资文化产业的光明前景。首先，要有一个好的文化产业发展规划，这是江苏文化资源向文化资本转化的基础和前提。其次，制定行之有效的产业政策，扶持文化企业的发展。要在用地、税收、金融等政策上，充分考虑文化产业的特殊性而采取有别于其他产业的政策。这样可以保障文化产业在精神娱悦、教育审美方面的内在功能，避免以追求利润最大化为唯一目的。第三，放宽准入要求、鼓励多元投资，着力调动全社会参与发展文化产业的积极性。

集聚人才加快转化。文化产品、文化服务凭的是专业人才对文化资源、文化资本的深度开发，通过反复论证、提炼出新的创意，从而吸引和配置资金、管理、营销等其他要素。随着社会不断发展，各地对人才资源的竞争会越来越激烈，人力资本在文化产业领域内的流动将会不断加快。应该说江苏不缺资金、不缺文化资源、不缺技术，缺的是优秀的文化经营人才。我们一方面可以与高校联手有计划地培养一批具有开拓精神和创造力的高层次文化产业人才；另一方面，积极探索能够使优秀人才脱颖而出的新机制，引进各层次、各门类，尤其是高层领军人物入驻江苏，为我省文化产业发展积蓄人力资本。

此外，开发文化资源，发展文化产业是一种集多种要素于一体的综合行为，需要建立一个由政府牵头的协调机构。主要任务是协调处理长远目标和短期目标之间、政府管理部门与开发者之间、政府投入与有效开发之间、外来投资收益与当地辖区利益之间、区域与区域之间等各方面的关系。这样可以有效避免文化资源的无序和无度开发，甚至同质文化产品形态的恶性竞争。

（选自《群众》2006 年第 8 期）

香港创意经济的发展战略

何志平

全球化对经济的冲击

20 世纪世界经济的一个大趋势，就是规模扩大的、速度加快的全球化，这个趋势一直延续到新世纪。简单而言，全球化就是资金、技术、人力和信息这些生产要素，以跨越国界的方式，在日趋统一的国际协议的安排下，流动和重组，以期谋取最有盈利能力的安排。数码化通讯和互联网的普及，也加速了全球化的步伐，并催生了新的经营方式。

对于已发展的经济体系来说，全球化的具体冲击，第一是产品、服务和信息的过度供应，成泛滥之势，品牌、宣传、售后服务、新科技和新品种成为消费者选择时的考虑；第二是复制成功经验的速度加快，经济上的成功经营方式例如特许经营、生产线、技术园区、税务优惠、旅游度假区和游乐博彩等，很快被成本较低的地区所学习，其产品或服务，反过来威胁成本较高的地区。另外，资金外流和生产工序外流，导致当地出现工作职位流失、工作岗位不稳、税收外流和人才外流，削弱公共财政的基础，影响基层劳工的生计。对于处于经济开发之中的后进地区而言，虽然暂时受惠于外资投入，解决初级资本累积和基层劳工就业，但增值不足、技术低下、环境污染、劳工健康和区域之间的发展失衡等问题，依然不能漠视。香港处于祖国大陆的后进地区与西方先进经济体系的交界，而对全球化冲击和创意工业开发，必须内外兼顾，总揽全局。

创意经济——先进城市的生存策略与香港经济转型

全球化的冲击下，企业与经济体系一定要转型，转型的部分不单只是体系本身，整个经济策略都要重新定位。在新经济体系下，企业增强竞争力的方法，是以“创意经济”（Creative Economy）作为转型的策略。“创意经济”是指保住产业首尾两端，即创新部分和盈利再投资部分；而可以放弃中间的部分，即具体生产的部分。创新部分是指掌握工业生产和商业服务的最核心部分、最具有增值能力的部分，例如产品开发、新科技与新品种、文化形象构造、经营方法和市场推销的手法，这些部分，竞争者难以模仿，或者必须付出一定的代价来模仿，如支付知识产权费用。中间部分，属于产品的生产和制造部分，则会外发给生产成本低廉的地区代办——不论是本国的还是外国的。盈利部分，是指提高优质的投资环境，吸引企业家把盈利保留在自己的城市里，再投资或经营企业的总部，即通过提供优质生活，提高生活品质，完善城市的法治水平（特别是产权保护）、公共秩序、市场自由、金融服务、民生服务、商业服务，创造自由活泼的文化气氛，制造一个多元化而又有主流文明的创意社会，力求将离岸贸易的盈利，通过投资、财富保值（如置业）、资产管理或者游乐消费的方式，保留在自己的城市里面。

创意工业（Creative Industries）之所以成为创新概念，是因为全球化使得文化创意可以跨行业和跨区域流动，赚取更多的利润，发挥更大的文化影响力。全球化的营运模式，令构思设计、生产制造和市场推销的产业链（Production Chain）可以分隔进行，例如在先进经济地区设计产品以彰显文化品牌，在工资廉宜的地区制造产品以降低成本，再向广阔的区域推销产品以扩大收益，然后再以优质生活来回收海外利润。正是这个道理，世界性的创意工业中心，如伦敦、纽约等，往往以金融中心的地位为发展基础。考虑到香港在世界和中国的战略地位，我们必须以全球化营运的角度来发展创意工业，以区域市场的经营来达成文化产业的全球化生产，而且更要超越文化产业的行业范围，以创意经济的总体视野来制定政策。政府要以整体经济与人文社会的发展为本，制定公平的经济政策，不应偏重某类行业而制定违反公平竞争原则的产业政策，因为这会影响整个自由经济制度。

创意工业的定义与概况

创意经济的首端是创新部分，创意工业可以在产品内容和销售手法方面，达成创新。创意工业是指一些以文化艺术创意为增值手段，而在可能的情况下，以原创的经营方式辅助推销，以知识产权保障收益的行业。创意工业是一个统称。目前围绕这些行业，有创意工业、创意产业、文化工业、文化产业、闲暇产业、内容产业、版权产业、创意文化产业、文化创意产业、艺术工业、创意经济、体验经济等不同的统称；不同的统称之下，包含的行业种类亦略有出入。在划定行业范围之时，若坚持行业必须含有知识产权保护成分，则行业的范围较窄；若不坚持知识产权成分，则一般的文化旅游、博物馆、主题公园与体育娱乐都可包括在内。在统计行业产值的时候，有人试图从现时的行业分类之中，找出若干含有文化创意增值的行业，并试图计算该行业中创意增值部分的产值（如建筑业中建筑设计的成分），试图从产值、公司数目、雇用人数等，量度文化创意的经济贡献，并做出国际比较，寻求某些基准。

我们选择沿用“创意工业”或“创意产业”之词，是因为其定义相对简单和稳定，有传统的行业统计数字可援，也有国外的先例可援，而且在这两项核心定义（文化创意和知识产权）之下，可以导出政府的两项核心任务：促进文化创意和保护知识产权。总括而言，只要包含了文化艺术创意和知识产权两项核心内容，为了便利国际交流，各种统称仍然可以交替使用。

在香港，狭义的创意工业，根据香港政府中央政策组的顾问报告，分为三类，包括 11 个行业。第一类是文化艺术类，包括艺术品、古董及手工艺品，音乐，表演艺术。第二类是电子媒体类，包括数码娱乐，电影与视像，软件与电子计算，电视与电台。第三类是设计，包括广告，建筑，设计，出版与印刷。

广义的创意工业，则毋须局限于产品是否具有创新的文化内容，凡是利用文化艺术形象，结合原创经营手法，为顾客提供与众不同的体验的服务业，如健体美容、新兴饮食、文化旅游等，都可称为创意行业（Creative Businesses）。例如，美国的星巴克（Starbucks）咖啡店本身不是创意工业，但由于它将意大利食品以创新的文化体验销售出去，再以全球化的文化品牌保证收益，因此也是一门创意行业。

根据香港特区中央政策组完成的研究报告，在 2001

年，香港创意工业为本地经济带来461.01亿港币，占本地生产总值3.8%。就业人数方面，在1996~2002年这7年之间，文化产业的就业人数持续增长。在2002年，机构数目增长至30838家，总就业人数高达170011人，占就业人口的5.3%。与国外不同，香港的文化产业人口（94%）多为受雇的，而非自雇人士或自由工作者。

健全的自由市场体制

1. 自由市场政策

香港缺乏天然资源，但在过去30年里，其实质经济增长却是世界上最快的地区。传统基金会及加拿大弗雷泽学院长期评定香港为全球最自由的经济体系。香港的自由市场政策，表现在企业可以自由经营、自由贸易、市场自由及对外开放；无贸易限制、无关税、无配额，对各地商家一视同仁；欢迎外来投资，亦不限制向外投资；同时，无外汇限制，对企业或个别行业的拥有权亦无国籍限制。香港为世界上主要金融中心，但香港政府除了发行最高为十元面额的辅币之外，没有中央银行和存款保险制度，印发法定钞票由私营商业银行负责。香港政府对银行业的监管，也较其他金融中心宽松。

正因为香港的自由经济政策，使企业能保持高增长、高度适应性和灵活性，跟随政经形势转变经济结构，找寻生存之道。回顾过去，香港的经济发展曾经过多次经济结构转型，由20世纪50年代的转口港，发展为20世纪六七十年代的制造业中心及旅游中心，20世纪70年代以后，再发展成为世界主要金融中心，提供融资和各种商业服务。近年随着内地的开放，成为国内企业融资的主要渠道。同时到国内直接投资，或为产品加工，以此保持其国际贸易中心的地位。在短短几十年间，能够应国际政经环境的改变，做出急速的经济结构转变，是灵活的自由经济政策所致。

2. 司法制度及法治精神

香港是法制社会，社会行为受到法律规范，独立的司法制度，保证法律面前人人平等。香港的司法制度沿用英国的普通法，司法人员独立于行政及立法机关。终审庭设于香港，并由本地的资深法官及海外有名望的法官轮流执行审判工作。除了主权国中国管辖的外交事务、国防及中国宪法外，终审庭是其他一切事务的最终裁决机关。香港又于1985年成立国际仲裁中心，现已发展成为全球主要仲裁地之一。香港在商业、金融、船务及建筑方面的专长，能为仲裁提供经验丰富的各行各业的专家，包括会计师、律师、建筑师、工程师、银行家等。治安方面，香港警队警力充足，设备现代化，香港的犯罪率低，街头治安亦为全球最良好的城市之一。

3. 政府运作透明廉洁

香港于20世纪70年代初期通过《防止贿赂条例》、《廉政公署条例》，1974年成立廉政公署，建立了有效的肃贪倡廉的执法制度，并在社会上提倡廉洁风气。廉洁的政府确保各公司可在商业上公平竞争，而无须顾虑贪污带来的不公平和隐秘不清的交易成本。

4. 信息流通自由

香港享有受宪法保障的新闻及言论自由。香港有传媒机构约130家，有以中英文发行的报章40余份及期刊700余份。香港并无新闻审查，各种刊物均可自由流通。所有顶尖的国际新闻机构均在港设有办事处，不少跨国刊物亦在港印行亚洲版，包括亚洲华尔街杂志（Asian Wall Street Journal）、远东经济评论（Far Eastern Economic Review）及时代杂志（Time Magazine）亚洲版。世界各地的报章和杂志，均可在本港中区的书报摊买到。全球主要新闻通讯社，包括路透社、美联社、法新社、道琼斯通讯社及彭博，均在港设有办事处。他们可在港自由采访及发布新闻、数据及财经信息。

香港本地电视台有两家，以英文及广东话广播，同时，有线及卫星网络亦提供多个频道，包括美国有线电视新闻网络国际频道（CNN International）、英国广播公司国际频道（BBC World）、HBO、CNBC及新知台（Discovery Channel）。香港是全球第一个推出通过电视频道自选影片的地方。公营广播机构香港电台的运作享有编辑自主权。香港的电台大部分都会以英文、广东话及普通话广播，并转播其他广播公司的节目。

香港是全球最广泛应用互联网的城市之一。现在，有超过98%的家庭用户，超过95%的商业大厦可使用宽频上网。

5. 国际化的生活方式

香港的生活方式充满刺激与动感，紧贴大都会的节拍，是一个不夜城。但香港也有宁静的一面，有很多建设及保护得很好的郊野公园，以及只有乘船方可抵达的偏远沙滩。香港约40%的土地被列为郊野公园，受保护而不用做其他发展，虽然市区房屋密度很高，但是自然环境在亚太区的主要城市中处于极为优越的地位。动植物学家仍可在这些地方陆续找到尚未有记载的稀有动植物品种。香港的湿地更是全球最多鸟类出没的地方之一。自然保留地和城市绿化地邻接，使得香港的公园可以看见蜻蜓、蝴蝶，听到鸟语。

香港是个汇聚东西文化的城市，设有艺术中心、博物馆、大会堂、电影院及图书馆。每年的艺术节、电影节及各项文化节目都有世界顶尖的表演者演出。香港也是美食之都，在这里可以品尝到国内每个地方省份的佳肴，也可以品尝到国际美食，不管是日本寿司、印度咖喱、法国红酒、美式汉堡、意式薄饼、瑞士巧克力及巴西咖啡，香港的老饕都有无限的选择。

6. 人才汇集

香港在吸引人才方面也极具竞争优势，人才汇集。对于海外人才的引进，香港都持着自由开放的态度，令各类人才可以根据行业变化的需要自由流动。企业可以聘用海外人才，海外人才可以自由申请工作签证或以其他身份居留。因此，在很多方面，香港都拥有众多高水平的专业及管理人才。不同国家、文化背景出身的人才汇聚，产生交流，碰撞出更多火花，增加企业的创意与活力。

自由市场下的政府角色

香港在文化产业方面的发展与内地最大的不同之处，是香港本身已有相当健全的自由市场体制，文化商品与其他商品无异，都是由市场主导，可以自由生产与进出口，生产要素、商业服务和市场信息都可以自由流通，政府只提供必不可少的法治基础与商业环境，并且资助公共文化服务。管理方面，香港采取事后机制，即市场的文化商品只在违法或受到市民正式投诉之后，政府才依法处理。在自由市场之下，政府的政策范围有限而执行力度准确，政府只需承担有限度的责任，在私人企业能力不达的范围，在符合公共利益和资源许可的情况下，才予以协助。香港的文化产业人才，普遍具备企业营运技巧，而且有长期的国际合作经验，精通国际融资、成本控制、人才搜罗与市场开拓。这几年来，电影业也与银行业达成共识，由政府成立电影贷款保证基金，银行以履行合约保证的方式，可以发放贷款予电影制作公司。

创意工业与其他产业一样，有着相同的产业链，那就是研究发展、融资生产，市场开拓及盈利再投资这几个部分。政府依照这几个部分的需要，考虑承担恰当的角色，采取有效的政策。

在研究发展方面，特区政府主要有四项具体措施：一是着重研究开发，搜集行业资料，了解行业发展现状和面临的具体困难；二是人才培养，加强艺术教育，令消费者品味多元化，刺激创意产品的生产；三是吸引人才，鼓励外来人才来港参与创意产业；四是鼓励市民多运用创意、沟通商业与创意。

在融资生产方面，香港特区政府推广创意工业的概念，协助举办展览会、交流会等活动，促进信息交流，建立合作机会，其中包括艺术家协会、投资者、总商会、企业家和艺术文化机构；同时，积极研究方案，使创意思维、商业投资及科技知识结合，亦致力提供富有艺术文化气息的环境，推动丰富和多元的文化盛事，使各界在不同的平台下相遇，缔结更多的创意良缘。

在市场开拓方面，香港特区政府有以下三项具体措施：一是产权保护，在本地产品行销的地区，保护香港的创意产业版权；二是促进联盟，协助一系列与文化创意相关的工业，结成策略性的发展联盟，促进内部合作、人才交流及资金流通等；三是开发市场，政府负责为香港的产品争取公平的贸易待遇，加强推广香港创意工业的整体品牌，并尝试利用内地与香港更紧密经贸关系（CEPA），促进香港与内地在创意工业的合作，谋求更大的市场。

在盈利再投资方面，香港特区政府有以下措施：一是鼓励投资，向本地和外地的商界宣传香港创意工业的潜力，吸引投资；二是构思方案，配合目前的人口政策，吸引创意人才来港发展及定居。

公民社会主导管理的文化艺术市场

有牟利成分的创意工业，须以创意社会为基础，在人才培养、观众拓展、研究保存与文化环境之养成方面，公益性质的公共文化服务都不可或缺。香港社会自由开放，创意蓬勃而又公共秩序良好。在公益性质的公共文化服务方面，政府虽然有大比例的经费资助，也拥有各类文化场馆，但总是通过公民社会来协助管理。公民社会（或称市民社会）在18世纪或以前是指由一群享有自由权利的市民组成的社群，与帝王争取公民权；今天的市民社会，一般指公民自发组成的民间组织，有发表意见、提供服务和参与问政等功能。这些组织在不损害独立自主的情况下，很多接受政府注资和委托任务，与政府形成伙伴合作关系。组成公民社会，要求社会重视公益。单单减税并不能刺激民间对公益基金会的捐献，社会必须对持续的财富增长、社会安定和公义有信心。只有在一个重视多元价值、民间自主和思想创新的社会，而该社会也认同民间组织参与或主导公共服务的合法身份时，公民社会才得以茁壮发展。

香港民间的公益服务超越百年，规模庞大，管理现代化。文化服务在近年也通过咨询组织、法定组织和法人团体提供，保证服务的公益性质，也容纳不同的人才与创意，政府保持“一臂之隔”的管治距离（Arms Length Approach）。民间的法人团体，同样受到公司法的监管，而且须遵守廉政条例，向政府申请经费补助的话，也必须证明有相当的公司治理水平（Corporate Governance），如董事局制度、专业会计、年度审计等，防止滥用公款。

至于公益性的文化艺术活动方面，则由政府提供资源。香港开埠初期至20世纪50~60年代，香港文化艺术以大众文化形式产生，但是缺少正规的文化设施。香港经济在20世纪50年代起步，1962年，第一座具国际水平的多用途文娱设施落成。20世纪70~80年代，随着经济的发展，文化艺术活动亦生机蓬勃，1973年，香港艺术节设立；1974年，香港管弦乐团职业化；1975年，香港艺术双年展创办；1976年，亚洲艺术节创办；1977年，香港电影节创办。另外，亦同时成立了香港艺术中心、音乐事务处、香港话剧团及香港中乐团；1980年，伊利沙白体育馆及荃湾大会堂落成，1981年，香港舞蹈团成立。这段时期的发展是政府应社会需求，投放资源并结合民间力量而带动的。与此同时，这些公益文化团体与商业娱乐保持良性互动关系，人员、题材和技术都可互通有无。

20世纪80年代是香港经济的高速增长期，1982年，香港演艺发展局成立，主要负责发展表演艺术政策。1984年，香港演艺学院成立，提供演艺及相关的专业训练。同时，由市政局、区域市政局管理的文化设施亦纷纷落成，主要场馆包括香港体育馆、高山剧场（1983年）；沙田、屯门大会堂（1987年）；香港文化中心（1989年）和大埔、牛池湾、上环及西湾河文娱中心。当时，文化艺术工作者亦可从两个市政局和演艺发展局取得资助。

踏入20世纪90年代，社会对文化艺术政策开始有较活跃的讨论，1995年，香港艺术发展局成立，取代香港演艺发展局，负责的范围不再局限于演艺方面，还包括视艺、文学、艺术教育等其他更广泛的艺术范畴。2000年，两个市政局取消，民政事务局辖下的康乐及文化事务署负责文化艺术方面的职能。而两个市政局筹建的几项重要文化设施，包括中央图书馆、香港文化博物馆、葵青剧院、元朗剧院、香港历史博物馆亦相继落成。

基于以上的历史发展，可以归纳香港的文化艺术表演模式为以下四项：

1. 官资官办——政府全资拥有和全权管理

至今为止，主要的演艺与文博场馆，仍由政府兴建和管理。政府对文化艺术场馆的管理，由民政事务局辖下的康乐文化事务署负责。其主要职责为演艺场馆管理及筹办文化活动等，各场馆都有委任的非官方专家顾问，提供咨询。

2. 官资民办——法定的中介组织

香港艺术发展局是一个法定组织，于1995年6月由政府正式成立，目的是策划、推广及支持艺术发展，以及提倡艺术教育。艺术发展局的经费由民政事务局拨款，以独立理事会的运作方式资助艺团，并以委托艺团的方式举办艺术推广和教育活动。

3. 官督民办——独立运作的公司化艺术团体

香港有完备的公司法，有热心参与公益事务的社会贤达和众多公益性质的法人团体，艺术团体一直运作良好。康乐文化署三个艺团成功公司化，包括“香港中乐团”、“香港话剧团”及“香港舞蹈团”，这三个艺团都是公共拥有的法人团体，以非牟利团体形式运作，分别由三个独立的理事会管理。康乐文化署会继续按年拨款资助这三个艺团，并鼓励艺团开发商业赞助和其他市场收益。香港艺术发展局亦于2004年参考三个艺团公司化的模式，把“香港国际电影节”公司化。

4. 官委民督——政府委托民间监督政府设施

2004年，图书馆管理委员会、博物馆管理委员会及演艺管理委员会成立，负责监督政府场馆的运作并提供专业咨询，这些委员会的成员来自民间，目的是增进民间参与，同时建立政府与民间的合作关系，在运作成熟之后，可以委托更多的监管任务。在文娱演艺场馆方面，亦着力促进及培养民间参与，培训民间管理演艺场馆的人员。

建造创意社会以保留人才

21世纪是一个人才战略的世纪，人才就是创意，就是生产的资本。创意的人才各出奇谋，在创意经济的创新部分起着重大的作用。创意的企业家，带来资本，投资在创意人才聚集的地方。一个地方有足够的创意人才，有足够的企业家，这个地方便有竞争力。但是，创意人才与资本家的独立性与流动性强，他们处在全球化的尖端，掌握全球化的资料，因此，会在全球范围内寻找最合适自己、最有利自己工作的地方、定居的地方、设立总部的地方以及再投资的地方。

创意经济及创意工业的尾端是吸引创意人才和资本回流当地。创意社会，作为一个吸引创意人才的社会，必须具有以下数项条件才能吸引人才前来发展与定居，吸引企业家前来投资，以及吸引游客前来消费：

（1）信息、资金、人才及货物流通，因此，这个社会必需自由、开放、政局稳定、政策公平。

（2）法规全面而贴近现实，使知识产权得到保障。在全球化进程中，最大的资产是创意及知识产权。一个具法治精神及廉洁的政府，能为知识产权提供足够的保护。

（3）社会包容性强，多元化及多层次，能容纳不同的意见和想法，使各种不同的思想可以发表和辩论，不同的价值观可以互相撞击。只有这样，才能提供一个良好的环境予创意人才去尝试、去创新，而不会遇到排斥，最终令四方贤才都可以如鱼得水，各显神通。

（4）多彩多姿的文化、艺术及创作生活，文化活动频繁，使创意人才不断接受新意识形态冲击，思想活跃，创意蓬勃，精力充沛，容易找到新题材及灵感。

文化艺术是文明价值之所系，也是营造创意社会的根基。因此，我们首要的任务是积极鼓励香港市民，尤其是年轻的一代，增加对文化艺术和文化传统的认识和参与，以丰富整体社会的文化内涵，增强社会凝聚力和共同价值观，建立香港人对国家、人民和社会的自信和自豪感。香港特区政府同时致力提供一个自由、开放、灵活、变通的社会氛围，并鼓励社会各界提倡中国传统的价值观，如亲情、睦邻、念旧等，使社会风气更和谐，文化素质得到提高。我们同时认识到，在香港有自身的定位之余，还应该广泛接触其他文化，互相交流，扩展世界视野，开创香港文化的新机，使香港继续成为与国际接轨的现代大都市。

开拓区域性的文化市场体系——利用香港现有的自由市场体制

香港与内地，同文同种，同声同气，内地是新兴的文化消费市场，也是各种创意人才和生产支持的基地。两地接合，可以减低制作成本，增加生产力，增大市场销量。例如在香港制作的一套歌剧，原本是要亏本的，但如果能够在内地巡回演出，观众马上增加，但制作成本基本一样，这样便提升了盈利能力。反过来说，内地的文物展览、电影、动画和流行音乐来香港也是一样，也可以进一步推销到东南亚和世界各地，扩大市场，增强中华文化的影响力。

全球化竞争的基础在于区域市场，我们的经济实力要在区域市场站稳脚跟，才可以在全球化的激烈竞争中立足。对于后进的国家，这个区域市场基础更为重要，否则难以开拓世界市场，勉强走进去的，也会被对方市场的主流力量所消解。自由贸易是产品与服务的交流，也是文化价值观的交流。中国本土和中国的邻近地区，以至海外华人社区，都是我们的共同文化区，我们要用自由贸易，特别是文化产业贸易来巩固我们的共同市场，进一步缔造区域联盟。

发展文化产业，最重要的是自由的市场机制，让产品可以适应消费者真实的需求和多层次的品位，更让部分创新的产品可以迅速根据市场反应而灵活调整，进而带领市场，领导潮流。缺乏自由市场的基础建设，文化产业很难壮大发展，更难打入国际市场。在20世纪50年代，香港的文化产业特别是电影开始蓬勃发展，当时香港的市场规模不够大，单靠本地市场难以获取足够盈利，于是香港的文化产业企业家利用南洋华侨和美加华人聚居地的市场来扩大发行网。外地的销路保证了资金回笼，投资者的信心加大了，而且市场的扩大，也令香港的文化产业在制作之初已经有了跨地域、跨市场的文化意识，内容具备较多的普世价值和娱乐功能，比较耐看，不是一二文人的玩意。在武打片和动作片方面（如李小龙和成龙的电影），故事情节简单，对白不多，甚至外国观众也乐于欣赏。

利用跨地域的市场来锻炼自己的文化商品这条路，中国内地现在的制作条件比过去的香港更优厚，市场也更大，只要策略得宜，可以带动中国的文化商品走向世界。香港毗邻的珠江三角洲，区域整合中的一大优势，是我们拥有香港和澳门的自由市场机制，而广东的市场机制也不断改革，务求尽量贴近市场。这保证了这个地区之内的生产要素、商业服务和信息可以流通和结合。粤港澳三个地区，过去有不同的发展阶段和社会制度，但是文化相近，香港和澳门的回归，在笔者看来，在区域整合方面，在跨越制度的合作方面，会为中国带来一个难得的实践机会，可以为将来更大的区域整合提供经验，协助中国的文化产品和服务走向海外。假如得到内地的政策支持，香港可以全力发展创意工业，并与内地形成优势互补，协助中国文化出口。

21世纪的竞争，不仅是产品与产品的竞争，而是文化体系与文化体系的竞争；不仅是国家与国家的竞争，而是区域市场与区域市场的竞争。因此，城市与城市之间一定要组成城市群的区域联盟，优势互补，发挥更大的创意经济力量。创意工业是一条流动而开放的产业链条，可以将各地的文化创意、生产要素和销售市场连接起来，你中有我，我中有你。大中华文化区，幅员辽阔，地大物博，包容性大，每个地方都有独特的文化色彩。期望国人可以利用创意产业的金色链条，将整个国家各方面的优势都结合起来，再将中国与周边的区域市场统一，再与世界连接，发展中华民族的先进文化，也让世界分享到中国的先进文化。

（选自张晓明　胡惠林　章建刚主编：《2005年：中国文化产业发展报告》，社会科学文献出版社2005年版）

澳门博彩旅游业的发展与制度改革

冯邦彦　黄佳佳

回归前澳门博彩旅游业的发展及其症结

长期以来，博彩旅游业一直在澳门经济中占有重要地位，除20世纪80年代中期的一段时期以外，它一直是澳门经济中最大的产业支柱，到20世纪90年代中已成为澳门经济的半壁江山。博彩旅游业的收益一直占澳门公共财政收入举足轻重的特殊地位，其中又以博彩收益为绝大部分。1999 年的公共收入中，由博彩专营权批给所得的公共收入占总收入的 52.4%。

不过，从 1997 年起，受到内部自身条件的局限，尤其是外部亚洲金融风暴的冲击，澳门博彩旅游业受到颇大冲击，来澳旅客人数、旅客消费额及博彩收入等均告下跌。1997 年和 1998 年，来澳旅客人数分别是 700 万人次及 695 万人次，下跌 14% 和 0.7%；1998 年澳门的博彩税收入为 50.57 亿元，比 1997 年大幅下跌 14%。到回归前夕，澳门的博彩旅游市场已陷入空前的不景气，其治安之不靖，更引起国际社会的高度关注。

澳门博彩旅游业的不景气，原因是多方面的，从澳门社会经济内部来看，主要是：

第一，黑社会活动猖獗，社会治安环境恶化。从 20 世纪 90 年代中期起，澳门的治安情况就明显趋于恶化，杀公务人员、绑架富商、纵火烧车等连串暴力事件的发生，其背后是澳门黑社会帮派因赌场利益分歧而爆发的冲突，最后演变为向澳门治安当局的公然挑衅。迅速恶化的治安环境不仅严重地影响了澳门社会稳定及民生安危，而且沉重打击了澳门的旅游博彩业和整体经济，外界舆论甚至将澳门喻为“西西里岛”。当时，据香港大学一项民意调查的结果显示，超过 7 成被访市民表示因澳门治安差，完全不涉足或减少去澳门。

第二，博彩专营权制度已严重阻碍了博彩旅游业的发展。澳门长期实行的博彩专营制度虽然曾对博彩旅游业发展起过积极的作用，然而，经过 30 多年来的演变，到澳门回归前夕，它的弊端亦已充分暴露，诸如使澳门博彩业经营出现垄断因素，造成博彩业经营保守，传统色彩过浓，设施陈旧，在国际及区域的竞争中逐渐落伍等问题。相比之下，邻近地区则相继放宽禁令，引入竞争机制，发展赌业，就是邻近的香港，也发展起游弋公海的赌船，对澳门博彩旅游业构成了相当大的冲击。

在博彩专营合约的制度下，澳门的博彩业缺乏内部竞争机制，经营传统、保守，设备落后、形式单一，无力应付外界日益严峻的挑战。尤其是 20 世纪 90 年代中期以来，叠码式回佣制度泛滥，博彩业派生的外围利益丰厚，每年约有数十亿港元的博彩营业额落入回佣灰色地带，甚至被黑社会从中汲取财政资源、壮大势力，并引发日趋激烈的利益冲突，进而令治安环境恶化，游客望而却步。这种情形已严重削弱了澳门博彩业的竞争力。

第三，公平竞争的市场机制和环境远未建立。由于种种历史因素，长期以来澳门的资本主义经济并未得到很好的发育，市场的对外开放程度较低，在经济的一系列重要领域，诸如博彩业、电讯业以及其他公用事业等均存在垄断因素，公平竞争的市场机制尚未形成。因此，即使到了 20 世纪 90 年代，澳门的资本结构仍以港资、中资及本地华资为主体，国际化程度不高。这种情况表现为社会较封闭、观念保守，无论政府或商人都存在不同程度的排外心态。由于缺乏外资的进入，整体经济失去活力，陷入病态。这可以说是澳门经济衰退更深层次的原因。

此外，当时澳葡政府行政程序的繁琐和行政效率的低下，以及澳法律制度的严重滞后成为经济发展的障碍。

澳门的新经济定位：“亚洲的拉斯维加斯”

1999 年澳门回归中国前后，澳门社会各界就澳门在新时期的经济发展定位曾进行了相当深入的探讨，并逐步取得共识：澳门应充分发挥博彩旅游业的国际竞争优势，发展为“亚洲的拉斯维加斯”。拉斯维加斯和澳门一样缺乏资源，但在政府政策的引导和有效监督之下，开放博彩业的内部竞争，以博彩带动旅游娱乐和整体经济，经过几十年的发展，今日的拉斯维加斯已经发展成为一个具有安全法治环境的世界著名旅游娱乐城市和会议、展览中心，经济蓬勃发展，在沙漠上创造了一个经济神话。

事实上，澳门素以“东方蒙地卡罗”之称享誉全球，其博彩业不但历史悠久，而且规模宏大、设备齐全、丰富多彩，与美国的拉斯维加斯、摩纳哥的蒙地卡罗并称世界三大赌城。其独特形象已深入人心，每年吸引了来自世界各地的数百万名游客。正因为如此，在一个相当长时期内，旅游博彩业一直是澳门经济的最大产业，它对政府的财政收入、市民的就业乃至整体经济的带动，具有重大的影响。历史上，澳门曾是中西文化、宗教长期交汇的城市，具有“博物馆”式的都市风貌和丰富的历史文化遗产。这些独特的旅游博彩业的发展潜力不容低估，因此，澳门旅游博彩业具有发展成“亚洲的拉斯维加斯”的竞争优势与潜力。

从长远的战略考虑，澳门要继续维持和增强旅游博彩业的国际竞争力，就必须打破专营垄断的局面。只有打破专营垄断，引入内部竞争机制，澳门博彩业才能形成良性竞争，才能引进新的、现代化的经营管理模式，改善设施，并加强多元化发展，逐渐将澳门目前的旅游博彩转变为拉斯维加斯模式的综合性旅游。

在专营制度下，澳门的博彩与旅游其实是分开的，主要为成年人提供服务，因而主要属博彩旅游。根据美国拉斯维加斯的经验，在博彩经营开放之后，竞争机制将推动投资者转变经营方式和经营观念，并将竞争扩展到综合性旅游的各个方面，综合的设施将包括赌场、酒店、配套娱乐设施、主题公园、食街、博物馆、小型影院、大商场、民族文化馆、表演场等，从而将旅游及博彩原来惠及的对象，综合性地结合起来，使服务对象从原来的男性成年人扩展到家庭的大小成员和工商团体，从而大大增加客源，特别是来自度假的家庭。拉斯维加斯正是这样创造了沙漠上的奇迹。

澳门要成为区域内的综合性旅游博彩城市，即“亚洲的拉斯维加斯”，就要在继续发展博彩业的同时，大力发展非博彩旅游业，将澳门目前以博彩业为核心的旅游博彩业拓展为博彩旅游、家庭式度假旅游、观光旅游、文化旅游、商务旅游、保健旅游、会议旅游、展览旅游互相融合及互相带动的综合性旅游服务业。

特区政府的改革措施：开放“赌权”，引入竞争机制

1999年12月澳门回归祖国后，新成立的特区政府在实施“固本培元，稳健发展”方针初见成效后，即根据澳门经济发展的新定位，展开制度改革。2001年11月，行政长官何厚铧先生在2002年度施政报告中指出：“在仔细观察、分析客观环境的变化，认真考虑本澳的优势和条件后，我们不难发现，本澳正逐渐形成以博彩旅游业为龙头、以服务业为主体，其他行业协调发展的产业结构。”其后，何厚铧先生在2003年度施政报告中进一步明确表示：“根据定位的规划，旅游博彩业是我们近期重点发展的产业。我们必须把握目前的有利时机，推动博彩业提升档次、优化服务，使其更具竞争力，以巩固其龙头地位。”

当时，就有学者指出，特区政府的“这个定位突显了澳门在区域经济内的比较优势，亦体现了特区政府贯彻最优发展策略（Optimal Development Strategy）——即发展澳门成为一个以博彩带动，配合家庭度假设施的综合旅游商务、会议娱乐中心……此一博彩、娱乐及旅游综合体，将可令澳门达致‘核心’或‘中心’优势，令区内或邻近城市要和它作相类竞争，难度越来越高。”为推行这一最优发展策略，特区政府决定待澳门旅游娱乐有限公司经营博彩的专营权于2001年12月31日（后延长至2002年3月31日）期满后开放“赌权”，引入竞争机制，推动博彩业采纳现代化营运及管理模式，以巩固澳门作为区域内博彩旅游中心的地位。

2000年7月，特区政府成立研究博彩业发展的专责委员会，听取各方意见，以便对博彩业的营运和管理做出研究，制定相关政策。该委员会于同年8月举行首次会议，并决定聘请安达信（Arthur Andersen）国际顾问公司提出研究报告，供特区政府参考。2001年8月30日，特区立法会正式通过16/2001号法律《娱乐场幸运博彩经营法律制度》。该法律除了明确界定娱乐场及幸运博彩的涵义外，并就开放“赌权”的具体批给制度、条件及竞投工作等定出细则。根据该法律，政府准备发出最多批出3个博彩经营牌照，有效年期不得超过20年；博彩特别税由31.8%提高到35%；博彩中介人须申领执照及依法纳税。

2001年10月，特区政府成立“娱乐场幸运博彩经营批给首次公开竞投委员会”，正式展开向国际社会的招标工作，结果收到21份标书，投标公司分别来自澳门本地、香港、美国及马来西亚。经过3个多月的激烈竞争，澳门博彩股份有限公司、永利度假村（澳门）股份有限公司和银河娱乐场股份有限公司突围而出，分别夺得特区政府批给的3个博彩经营牌照。其中，由原澳门旅游娱乐公司组成的澳门博彩股份公司计划投资40亿澳门元，以增强经营竞争力。由美国西岸赌王史提芬·永利（Steren Wynn）、有23年赌场营运经验的Mare Dennes Schorr和澳门商人黄志成共同投资组成的永利度假村公司，打算在澳门建设一座具有拉斯维加斯式全新风格、并融合澳文化特点的赌场。由美国拉斯维加斯规模最大的威尼斯人酒店集团和香港假日酒店集团组成的银河娱乐场公司，将投资近100亿元，在凼仔兴建一个糅合拉斯维加斯规模和威尼斯特色的娱乐场。澳门特区政府认为，该3家公司是最有利于澳门长远发展的“最佳组合”，期望各自发挥所长，将澳门发展成珠江三角洲休闲度假及会务展览中心之一。

澳门特区政府在改革博彩专营制度的同时，又积极向世界大力推荐澳门旅游形象。2001年8～9月，特区政府拨款5000万澳门元，推行“宾至如归澳门欢迎您”计划，主要包括旅游认知的宣传运动、宣传推广以及产品发展计划。其中最重要的是全民宣传运动，透过各种形式的活动，向居民灌输旅游业对澳门的重要性以及与旅游相关的知识，务求引发全民效应，让大众齐来担当“旅游大使”，向全世界推广澳门。特别行政区还积极申办2005年亚太旅游协会年会，旨在通过年会，向世界各地人士推广，加深世界各地人士对澳门的认识。

特区政府的制度改革取得了良好的效应。澳门回归后，整体经济逐步从低谷走出，扭转了回归前连续4年负增长的局面。2000年和2001年，澳门经济增长率分别达4.6%和2.1%，博彩旅游业更是取得了瞩目的发展。据统计，2001年和2002年，澳门全年入境旅客连续两年突破1000万人次大关，超过1996年最高水平。2002年，博彩业为特区政府库房创造的税收高达76.4亿澳门元，较2001年大幅上升24%。在博彩旅游业的带动下，澳门经济的各个环节，包括运输、饮食、酒店、零售等都活跃起来。2002年，澳门经济复苏步伐加快，增长率高达9.6%，整体经济逐渐呈现勃勃生机。

未来发展：以博彩业推动旅游业的多元化发展

澳门打破博彩经营的垄断，引进竞争机制，实际上只是澳门重整博彩业国际竞争力的第一步，未来的发展仍然任重道远。澳门必须加强监督，使取得经营牌照的3家博彩公司落实它们在竞投时的全部承诺，以形成行业竞争的局面。为配合新的形势，政府应重视相关法律、制度的修

订及跟进。从长远看，还应该研究如何进一步推动澳门博彩业的升级转型，以形成在区域内的领先竞争优势。

澳门的赌城形象是保持其城市未来旅游及经济发展的基本特色。但博彩业并非健康产业，长期发展亦会带来严重的社会治安问题，降低其旅游价值和吸引力。因此，澳门政府在努力推行旅游博彩业的同时，大力发展其他旅游产业，使澳门旅游朝着多元化产业结构发展，并努力改变从前仅对单身男性具有吸引力，转向吸引香港及广东内地家庭式休闲度假来澳门停留二日以上。其实澳门也具有发展家庭式度假的潜力。

澳门要将现行以博彩业为核心的旅游业发展成为博彩、观光、文化、度假、保健、商务、会议、展览融为一体的综合性旅游服务业，就必须加强对澳门潜在的历史、人文等旅游资源的深度开发，要充分利用澳门在历史上曾是中西文化交汇的枢纽，具有"博物馆"式的城市风貌和丰富历史文化遗产的优势，突出澳门作为亚洲的"欧陆小镇"的特色。充分利用和发挥澳门现旅游资源的潜在优势，重点搞好旅游配套，将是能保存原有特色的，投入少、见效快的可行性策略。

在发展策略上，澳门应加强整体城市的发展规划，对具有历史价值的以西湾——议事亭前地——大三巴牌坊一线为主轴的历史古城区加强保护、重建工作，强化其南欧风格和休闲情调。地产业的发展亦应注重发展欧陆特色的建筑。与之相配合的，可创建葡国风味食品街、步行街、土风舞表演亭、现代化并具有澳门特色的跳蚤市场、葡语短期培训班，进而强化澳门在粤港澳旅游三角中的特色和差异。此外，澳门应在继续办好现有的国际性活动，如国际音乐节、国际艺术节、格兰披治大赛车、国际烟汇演、国际龙舟赛的同时，重点兴建一些小巧玲珑的、具丰富文化内涵的主题景观，致力将澳门建设为具欧陆风情的亚洲旅游度中心和中小型国际会议、展览中心。

澳门还应进一步加强其与广东的经济合作，尤其是与珠海旅游方面的合作。目前，珠海市已决定将毗邻澳门的横琴岛开为"国际特别旅游区"。澳门应积极加强与珠海的合作，研究联合开发横琴岛可行性，使澳门的旅游博彩业的发展与横琴岛开发衔接，以避免形成正面竞争达到相互补充、相得益彰的效益，澳门兴建成粤港澳大三角旅游区中独具特色的一个不可或缺重要环节。

20 世纪 90 年代以来，旅游业这一享有"永久朝阳产业"美誉的新兴产业，在国际经济中越来越展现出勃勃生机。旅游业已成为包括香港、澳门在内的大珠江三角洲经济区一个日益重要的产业，也是 21 世纪初粤港澳经济合作的重要领域之一。粤、港、澳 3 地的历史背景相近，但各具不同特色的旅游资源。历史文化悠久的广东省，是中国近代史的发源地，也是中国现代经济发展最迅速的地区；香港作为亚太区的国际大都会，汇集了中西文化精粹，充满现代化城市的活力；澳门则兼容中国传统及葡萄牙文化，漫着独特的欧陆风情，是世界 3 大赌城之一，被誉为"东方蒙地卡罗"。3 地在旅游业的合作，将可组成一个世界级的旅游区域。

根据世界旅游组织估计，到 2020 年每 4 名旅客中就有 1 人是去东亚——太平洋区，将达到 4 亿人的入境人数，其中中国将成为全球第一的旅游地区。目前，香港特区政府已将旅游业作为香港经济发展的四大支柱产业之一，澳门特区政府更明确将博彩旅游业确定为龙头产业。因此，推动粤港澳旅游业的合作，对 3 地经济发展具有极为重要的意义。澳门还应充分发挥粤港澳 3 地官方或半官方机械的区域旅游协作功能，办好"粤港澳大三角旅游区"。粤港澳 3 地应形成各自的旅游特色，将"购物天堂"与"博彩胜地"、"欧陆小镇"以及"南粤风情"结合起来，形成分工互补、互惠互利的旅游路线，共同提高竞争力和开拓新的旅游市场。

（选自《特区经济》2003 年第 10 期）

台湾主流媒体生态环境与竞争方式

戴仲燕

今年 7 月，笔者有幸参加江苏省海峡两岸新闻交流协会考察团赴台参观访问。在台期间，参访团主要访问了台湾最大的《中国时报》和《联合报》两大报系，访问了东森电视台，与媒体的高层进行了新闻交流和探讨。通过对台湾媒体近距离的接触，听取台湾同行的有关情况介绍，深刻感受到台湾媒体间的激烈竞争，也了解了他们面对此种竞争所采取的种种应对之策。

高度竞争的新闻生态，现场主义报道无孔不入

台湾媒体给人的最大印象是传媒众多、竞争激烈。在3.6万平方公里、受众仅2300万的台湾岛上，目前有20多家电视台，200多家广播电台，100多家报社及各类刊物，由此，台湾媒体的竞争可见一斑。据说，一个小小台北市就有卫星电视现场转播车十多辆，全岛有87辆。电子媒体间的竞争已到争分夺秒的地步，甚至每15分钟就有收视情况统计。各种刑事、民事的事故现场，新闻车比警车还多还快。

据台湾报界同仁回顾：平静了40多年的平面纸质媒体也因为前几年香港《壹周刊》与《苹果日报》的登陆风暴而燃起战火。由于《壹周刊》与《苹果日报》的价值观完全受市场左右，以充分服务市民为宗旨，以最受关注题材为头条，以冲击力照片为版面主体（每版的文字量只达千字左右），甫一露面，就在台湾报刊行销业体现了一种摧枯拉朽的力量。《壹周刊》与《苹果日报》专事揭露名人隐私、社会新闻突击式采访、版面安排图像化编辑的风气一开，当时就有人形容“台湾传媒业血雨腥风的日子正式开始了”。用台湾联合报资深编辑谢慧玲的话说，《联合报》、《中国时报》、《自由时报》三大报系全都被迫上紧了发条。在台湾时我们看到，《中国时报》头版头条的政界大事不时变成社会新闻；《联合报》在头版开了半版广告；《自由时报》干脆就在头版安排广告。三大报各版内容中，标题变大，照片增多，从形式到内容有改版变味一致向《苹果日报》看齐的趋向。观察台湾市面上的报摊，打开宾馆房间里的电视，各大报小报、大台小台对突发新闻、社会新闻、揭露式新闻的报道百无禁忌：挖政经黑幕、揭阿扁家丑、政要与记者辩争等无不纤毫毕现。至于社会新闻，在台期间打开电视，不是结婚几个月的新娘怎样被发现为男人，就是对邻里纷争、对跳楼自杀妇女的全方位拍摄与追访。

这种过度的“快速反应”，一方面使台湾新闻呈现快速、真实、贴近、可读、可看的特色，另一方面又现出新闻节目没有沉淀、分析、思考的质量性缺陷，新闻显得太过低俗、负面、猎奇和琐碎。8月2日，我们离开台湾的那一天，电子传媒和几大报纸的头版都是关于夜间一起7人死亡的车祸报道。血淋淋的尸体、破烂不堪的汽车、痛不欲生的亲人都直露地呈现眼底，让人触目惊心。难怪联合报系《民生报》主编项国宁说：在这种以收视（发行）率为最高价值追求的态势下，台湾新闻的品质没有保障，暴力画面的收视率居高不下，国际新闻的收视率常常还不及一些地方的奇闻逸事。

传统报业力保“质报”路线，探索切合民生的特色与定位

近年来岛内外有些学者把台湾媒体泾渭分明地划分出了“质报”和“量报”两个阵营，说它们以不同的媒体特色满足现代读者多元化的阅读口味。参访期间我们了解到，虽说台湾看《苹果日报》的人不会看三大报，但三大报还是尽力在抢回年轻的读者。联合报系中的《民生报》、《经济日报》，正努力开掘大陆新闻，他们有记者常驻北京，常跑江苏和上海，东莞也派驻了记者。相对于政治解读性新闻，这些记者更多关注地方新闻大事件，关注与民生相关的新政策。在联合报系“正派办报”的传统下，报系还办了两份杂志：《联合文学》和《历史》。这两本刊物不以盈利为目的，以引导民众崇尚艺术、注重人文品位为己任。并设有书局、出版社，刚刚合作成立了上海书店，出版销售简体中文图书。

在新闻竞争激烈、众多媒体议题捡拾八卦新闻牙慧的现状下，《民生报》90%以上是自采新闻。该报有5—6人的言论班底，强化新闻的分析和评论。同时，走休闲娱乐路子，关注切合民生实际的衣食住行医教六大主题。为了扩大发行，营造影响，他们还试水免费报的水温，以新闻内容简单的4开24版《可乐报》吸引年轻读者，每天在地铁等地送出报纸10万份，力图在有一定影响后，以广告来消化成本。

传统产业，创新经营，着手放大媒体结构和文化产业的边际效应

台湾的中国时报系和联合报系都在闹市区拥有恢宏气派的办公楼。据《中国时报》发行部李家德总经理介绍，这是过去报业大发展时攒下的家产。报纸赚大钱的时候，可以买当时最贵的、靠近铁路的地皮，楼也建得敦实厚重。现在城市中心转移了，台北黄金旺地的新地标里有了新产业，做报纸这一行的利润相对地薄了。

联合报系介绍传统报业面临的挑战非常直观：《联合晚报》最好时发行达50万份，现在30万。究其原因，一是因为台湾发达的有线电视，80多个频道中，新闻频道就有近20个，6家有线电视新闻台24小时滚动播出新闻与股票市场的信息；二是受股市低迷的情况影响；三是股评不如电视快且直观；四是5张新闻纸售价10元，报纸的卖价越来越便宜，但民众还是嫌太贵。台湾民众现在整体的阅报率从6年前的78%下降到现在的46%。

各报纸的订数越来越少，报纸已没有盈利空间，《中国时报》的工作人员说：我们的报纸卖得越多亏得越多，完全靠其他产业来支撑。

在这种局势下，台湾传统报业开始了创新经营。就拿

中国时报系来说，2002年老创始人过世，新老板余建新着手收购电视频道。他认为，2010年以后，媒体面貌将产生巨大变化，所有新闻都会数码化，电视和手机将成为新载体，报社成为新闻内容提供者，而不是现在高成本的印刷报纸方式。为适应这种形势，报社开始涉足电视。据李家德总经理介绍，目前中国时报系拥有台湾报系中最完整的媒体结构，有3张报纸、2家杂志、2个旅行社、1个出版社运输公司、4个电视频道、4个网站等产业，力求在未来竞争中拥有竞争力。在数码化方面向有线和无线两个领域同时拓展；开始拍摄电子报特有的内容，开设了“线上晚报”。这份独特的晚报60%的内容来自平面，10%来自中央渠道，30%为独立采访和编辑深度加工。虽然盈利不是太多，50多人去年盈利1000多万台币。有广告投资后还可以加大视频投资，使基础工程的条件越来越好。

创新经营的第二招是拓展文化服务工作，着力于文化产业带来的边际效应。中国时报系旗下的时艺多媒体策展了四川三星堆、热河故宫、西藏文物展等活动；时报旅行社正积极推进两宫联展。通过这些广受民众欢迎的活动，中国时报系感觉到了文化产品包装后的名利双收，也冀望通过不断开拓，创新创意地开掘两岸三地的文化资源。

追求经济效益最大化，开创异业结合新契机

这方面典型的例子是以公司办媒体的东森集团。东森电视台只是其经营的一个方面，是集团公司实现盈利目标和发展的途径之一。15年来，东森电视台已有32套节目落地全球52个国家。根据台湾网络传媒发展迅速，每天有300多万人上网的特点，东森网利用新闻优势，进行热点新闻的民意调查，及时调整报道要点，始终保持对上网族的吸引力。它整合了东森新闻台的8个电视频道，以及《民众日报》等不同媒体的资源，有丰富的文字、影音、图片，每分钟都要更新新闻，是目前岛内发稿速度最快、点击率最高的网络媒体。

与此同时，东森集团利用媒体进行多元化发展，延伸开发，台北市的标志性建筑之一——台北小巨蛋今年就由东森电视台租赁经营。

位于台北市南京东路与敦化北路口热闹的环亚商圈内的台湾巨蛋是台湾第一座室内多功能体育馆。它由台北市政府兴建，委托民间经营。面积为地下两层、地上五层，有15000席主馆与800席溜冰副馆。东森电视台接手后，2月19日晚就和中华文化联谊会、福建省对外文化交流协会、福建省广播影视集团和台北市电影电视演艺业职业工会在台北巨蛋体育馆联合主办了一场《情声艺动相约东南》大型电视晚会。两岸著名艺术家、知名歌手和当红演艺明星联袂出演，开启了东森电视台打造台湾“世界级表演舞台”的大幕。据说东森电视台将叠加媒体和体育设施优势，举办各色娱乐活动、艺文表演、展览、大型集会等活动，使之成为精品纷呈的“世界之窗”。与此同时，东森电视台还利用巨蛋内独一无二的VIP包厢、美食广场与特色餐厅、健身中心等优质便利之设施，引导民众走近精致优质文化生活的新载体。今年春节，东森电视台在巨蛋内举办了新年餐会，把台北巨蛋的冰上乐园，化身成大舞台，台下席开150桌，台上还有精彩表演。这场豪门盛宴通过电视现场播放引发了一场时尚生活新概念，一时间人们谈兹论兹体验兹，创造了可观的餐饮效益。平时，东森电视台以电视为主轴，在巨蛋内不仅开设了寓教于乐的室内溜冰场，还结合少儿节目的拍摄，开设了带有经营性质的相关活动室。东森新闻报不断推出全新商讯服务，在全年重大节庆期间，和玩乐商家们共同举办反馈巨蛋会员的优惠活动，获得消费者广大回响。

一个时尚的巨蛋在东森电视台手中不再仅仅是一个凝固的建筑景观，它变得有声有色、有型有款，正日益成为一个流光溢彩的文化产业。

此番和江苏有着初步合作意向的是东森台开办的延伸服务——东森购物台。据说这个购物台每天不停地向观众介绍商品和商品知识，并通过电话接听实现电视购物，将购物指南、商品广告、电话购物、物流配送等结合起来，形成形象而有辐射力的行销能力。据东森电视台介绍，一个小小的电视购物台，其销售商品总额已超过投资数亿元的台北最大的购物城。加上有线电视和仓储航运的收入，2005年东森台获得了570亿台币的收入。目前电视台最大的战略，是加速达成全球化营运新目标。

经营管理、成本结构、管理机制充分与市场接轨

在酷烈竞争的环境下，台湾各媒体的新闻很注意及时快速，贴近民众和受众关注度，公开透明并具有多样性。与之相适应，媒体的经营管理、成本结构和管理机制也与市场接轨。这些媒体没有庞大的后勤班子，员工绝大多数是在一线的采编人员。为了抢新闻，各媒体的奖励等措施都很灵活。台湾媒体通过新闻资源整合、减少记者人员、压缩人力资本，增强媒体的竞争力，是台湾各媒体正在进行的重大变革。如中国时报系旗下的《中国时报》、《工商时报》，依据各个报纸不同的强项，设立了新闻采写供稿中心，大陆新闻由《中国时报》统一提供，财经新闻由《工商时报》提供。在报系设统一的编务平台。新闻资源的整合，推进了新闻采集与编辑的专业化，有效地提高了新闻传播的速度和水平。

以上种种，均给了我们新闻从业人员以新的新闻认知和业态思考：他们以民为本尊重知情权的办报理念、深入现场细致挖掘的新闻作风、紧跟科技领先发展的经营手

法，对我们大陆新闻从业人员都有一定意义上的启发和借鉴作用。在社会经济文化日益开放发展的大格局下，台湾媒体置身和面对的生态环境与竞争压力也是大陆媒体正在面对和将要面对的。我们在抢抓第一手新闻的过程中，已日益强调深入现场、滚动发稿；新闻选题日益要求贴近民生；版面处理日益追求视觉冲击力；就连发展壮大媒体结构（建立健全的新闻网站）、以媒体资源打造新的生活热点（成功地举办盱眙龙虾节）等也做得有声有色。观察台湾媒体的创新发展，有助于我们更快更好地深化改革，当然在接触了解的过程中我们也要对其充分市场化的做法去粗取精、去劣存优，探索以更符合中国国情的新闻方式做好媒体工作。

（选自《传媒观察》2006 年第 10 期）

文化产业与我国 21 世纪的经济发展

叶　朗

文化产业将是 21 世纪全球最有前途的产业之一

国内外很多学者认为，21 世纪全球最有前途的产业有两个，一个是信息产业，或者说以信息产业为代表的高新技术产业，一个是文化产业。高新技术产业的重要性大家都看到了，而文化产业的重要性很多人还没有看到。

文化产业，是指从事文化产品与文化服务的生产经营活动以及为这种生产和经营提供相关服务的行业。文化产业分为知识型文化产业、休闲型文化产业和娱乐型文化产业，目前主要包括图书报刊、电影、广播电视、音像、演出、文化娱乐、文化旅游、艺术博览会、艺术品经营、民间工艺、广告以及其他生产文化产品或提供文化服务的行业。文化产业的最终目的是满足人们的精神文化需求。所以它们必须坚持经济效益和社会效益的统一。

随着 20 世纪高新技术的发展，文化艺术品可以大批量生产和复制，可以通过现代传播技术在全世界迅速传播，获得亿万观众，同时可以运用现代经营管理方式和组织方式，通过市场交换实现自身的价值。所以文化产业和世界市场以及高新技术有紧密的联系，是一种时代的产物。

为什么说文化产业将是 21 世纪最有前途的产业之一呢？主要根据有以下三点：

（一）在高科技、数字化的条件下，物质需求与精神需求的平衡已成为人类社会生存和发展的必要条件。

高科技的发展，一方面可以为人们的精神生活提供更多的物质技术手段的支持，可以缩短人和人的距离，但另一方面却可能起相反的作用，可能压缩人们的精神生活空间，拉大人和人之间的距离，拉大人与自然的距离，使人与人的关系疏远化、陌生化，使人与自然的关系疏远化、陌生化。我们可以举几个最常见的例子。照相机是 19 世纪 30 年代发明的。它可以帮我们记录外界景物。但是大家都看到，在很多旅游景点，一家人来了之后，赶紧要小孩摆好姿势照相，照完相就走了。他们根本没有欣赏、体验这里的自然景色。他们的小孩尽管到了很多景点，但他在每个景点所看到的只是照相机的镜头。这个照相机不是拉大了人和自然的距离吗？同样的道理，你到海滩度假，如果带着移动电话或随身听，你就听不到海涛的声音，你也感受不到凉爽的海风了。再如电话，它缩短了人与人的距离，你和纽约的朋友通话，同你和北京的朋友通话一样清晰。但从另一方面看，它又拉大了人与人的距离。比如过年了，本来你要到朋友家拜年，现在可以打电话拜年。一个上午，你打十多个电话，就等于给十多位朋友拜了年。所以，有了电话，就减少了人与人的直接交往。同样，有了电视，家里人相互之间的交谈就少了。现在很多人对“禅学”感兴趣。“禅学”的一个特点就是强调直接性，强调人对自然的当下的直接的体验。但高科技往往减少了人对生活、对自然的直接体验。有了电脑，可以不上街购物，不去办公楼办公，有人甚至认为有电脑就可以不要学校了。现在有的人一起床就坐在电脑前，一直坐到晚上上床睡觉。从一方面说，他通过电脑可以知道天下一切事情，但从另一方面说，电脑隔绝了他和外界的直接交往。大家想，如果每个人整天只和一台电脑打交道，这个世界会变成什么样？所以美国未来学家约翰·奈斯比特说，今天许多美国人是同居屋檐下，独自过生活。

过去看荒诞派戏剧家的戏剧，觉得很荒诞，现在看，荒诞之中包含了对人的异化的某种预言。它写两个人在车站见面，坐着聊天，聊着聊着发现两人原来住在一条大街上，感到很亲切；聊了一会儿又发现两人原来住在一幢大楼里，更亲切了；再聊了一会儿竟发现两人原来是夫妻，夫妻也不认得了。如果一个人整天只和电脑打交道，谁是他的妻子真有可能会忘掉。这是摆在人类社会面前一个严重的问题。实际上，物质生活与精神生活的失衡，已经成为当代社会面临的重大危机。前面提到的美国未来学家约翰·奈斯比特在《大趋势》这本书中提出，在高科技的条件下，高科技和高情感的平衡是社会生活要解决的一个很紧迫的课题。他说："我们必须学会把技术的物质奇迹和人性的精神需要平衡起来。"他在1999年出版的《高科技、高思维》一书中再一次指出，科技的确已在使人疏远人、疏远自然、疏远自我，使人孤立，使人剥离自己的生活。他强调，在这种情况下，人除了温饱与安全之外，更迫切地要寻找人生的意义，要追求更高、高深、更远的东西。所以我们在前面说，在高科技、数字化的时代，发展文化产业（包括知识型文化产业、休闲型文化产业和娱乐型文化产业），以更丰富的精神－文化产品来满足人们越来越多、越来越紧迫的精神需求和文化需求，已经成为人类社会生存和发展的重要条件。如果我们在极端重视发展高新技术产业的同时，没有给予发展文化产业以足够的重视，那么我们的国民经济和社会生活就可能出现畸形，从而为我们民族的生存和发展带来严重的危机。奈斯比特说，美国人由于精神上越来越空虚，所以从宗教中找寄托的人越来越多，现在加入教会的美国人已从1776年的17%增加到68%，每年有超过1000个不属于任何宗派的新教会在美国成立。

（二）随着社会生产力的发展和人类物质生活的逐步富裕，人们的闲暇时间将比过去大大增加。拿我们中国来说，一年当中，有114天是法定休息日，也就是说一年中我们1/3的时间是在休假。其中还有"五一"、"十一"、春节三个长假。这么多的休假日怎么度过？而且随着人类平均寿命的增加，人们退休之后的时间也在增加。有人说人的正常寿命是120岁。如果真是这样，那么如果一个人60岁退休，他退休之后还有60年的时间。这60年怎么过？不外两个方面。一个方面是继续学习，继续增加自己的知识和修养，一个方面就是追求艺术享受和审美享受。这两个方面都是文化需求。总之，闲暇时间的增多，必将大大增加文化消费、精神消费的需求。据国外的未来学家预测，21世纪全球经济将出现五大浪潮，首先出现的是休闲时代的浪潮（2015年）。国外很多学者都在研究休闲问题，他们认为，休闲已成为我们这个时代的最重要的特征之一，成为与每个人的生存质量息息相关的领域，成为社会进步的标志。休闲在哲学、社会学、经济学上都是一个大课题。休闲并不是无所事事，而是在职业劳动和工作之余，人的一种以文化创造、文化享受为内容的生命状态和行为方式。马克思说过，闲暇时间"是社会成员自身全面发展所需要的时间"。休闲的本质和价值在于提升每个人的精神世界和文化世界。据报道，2015年美国的休闲产业将占他们全部产业的50%。而休闲产业中很大比重就是文化产业。

（三）从20世纪60年代开始，世界各国的经济出现一个重大变化，即商品的文化价值、符号价值逐渐超过商品的使用价值和交换价值而成为主导价值。与此相联系，在新的时代条件下，资本形式也开始发生重大变化，单一的货币资本逐渐转化为货币资本、文化资本、社会资本和象征资本等多元资本形式。文化资本的表现形式是多种多样的。从个人来说，表现为接受文化教育和文化修养的程度，以及某些特殊的文化禀赋、气质等等；从产品来说，表现为产品的文化含量和文化附加值；从一个国家或地区来说，文化资本表现为文化资源的积累的厚度和文化资源开发的能力。文化资本已经成为衡量一个国家或地区的综合实力的重要指标。文化资本的加入，为一些经济资本相对较弱而文化资源比较丰富的国家提供了新的机遇。我们应该抓住这个机遇。

文化产业将成为21世纪中国经济的支柱产业

上面是从世界范围看，文化产业的大发展乃是一种必然的趋势。就我们中国来说，除了全球的普遍性的根据之外，还有我们自己特殊的根据。

（一）我国有五千多年的文明史，有五十多个民族，文化积累十分深厚，文化类型极其丰富，为我们积累了难以估价的文化资本。启动这些文化资本，就有可能形成具有中国特色的文化产业，它们是在我国独有的文化资源的基础上开发的，是独特的、唯一的，别人无法重复和模仿的，因而在全球的市场竞争中占有比较优势。例如，我们各民族的音乐、舞蹈、戏曲、建筑、雕塑、绘画、书法，以及各地区的民族文化、民俗文化、宗教文化、手工艺术，等等，都是独特的、唯一的，如果把这些资源加以开发，形成文化产业，别人无法和我们竞争。现在的问题是，我们中国的文化资源虽然很丰富，但是文化资源的商品转化率很底，文化产品的精神内涵和艺术精致程度也很低，很难适应全球化时代的市场竞争。

（二）经过改革开放二十多年特别是"九五"的建设，我国经济建设和社会发展已经取得重大的进展，我国生产力水平迈上了一个大台阶，人均GDP超过800美元。商品短缺的时代基本结束。现在我们市场上"供不应求"的商品几乎没有。一些商品大量积压，经常出现"降价"大战。在这种情况下，经济发展必然要寻求新的市场空间。与此同时，随着社会成员人均占有财富逐步增多，以及闲暇时间的增多，社会需求结构和消费结构正在发生深刻的变化。食品支出在整个消费性支出中占的比重（即“恩格尔系数”）下降。我国城镇居民消费的恩格尔系数从1995年49.9%下降到1999年41.9%，降幅为8%。农村居民消费的恩格尔系数从1995年的58.6%降到2000年的50%，降幅也是8%。人们开始追求一种精神－文化含量更高的生活和消费，社会经济开始向精神－文化消费转型。现在人们花钱已不完全是购买物质生活必需品，而是越来越多地购买文化艺术，购买精神享受、审美体验，甚至花钱购买一种气氛，购买一句话、一个符号（名牌就是符号）。在这种情况下，精神－文化需求以及由它带动的需求成为经济发展的新的空间。满足人们的精神－文化需求成为经济增长的极其重要的动力。发展文化产业成了我国经济发展的内在的必然的需求。

（三）在第十个五年计划期间，我们国家将实施西部大开发的宏伟战略。西部大开发当然首先要加大交通、通讯等基础设施建设、生态建设和教育的发展。但同时，文化产业在西部大开发中也应占有一个重要的战略位置。西部地区拥有丰富的民族文化、民俗文化、宗教文化、人文景观、自然景观，但大部分没有开发，有的是低层次的开发，有的甚至是破坏性的开发。中央多次强调，西部大开发的过程同时应该是一个产业结构调整的过程。照我的理解，产业结构调整的一个重要内容应该是大力发展西部的文化产业。文化产业是环保产业。文化产业可以吸收大量劳动力，提供大量的就业机会。发展文化产业可以把西部地区丰富的文化资源加以开发，推动整个西部地区经济的发展。

现在大家都比较关注发展西部的旅游产业。其实，旅游产业的很大一部分是文化产业。旅游产业必须依赖文化来支撑，旅游景点、旅游设施、旅游产品必须具有丰富的文化内涵。而这正是我国旅游产业最薄弱的环节。如果这个问题不引起重视，我们的旅游产业就不可能得到大的发展。

我们现在各省市自治区都想大力发展旅游经济。但是我们发展旅游经济的最大的瓶颈就是缺乏文化内涵和艺术的品位。很多地区缺乏有文化战略眼光和审美眼光的旅游文化整体规划。没有地区的特色，没有文化的深度。没有特色、没有深度，当然就没有优势。旅游产品也缺乏地方特色和文化内涵，缺乏艺术独特性和艺术精致性。全国各地区的旅游商品往往是千篇一律。你在甘肃、宁夏买到的旅游纪念品和在广东、福建买到的一样。还有就是在艺术上十分粗糙。西安的兵马俑，云南的木雕，都一个模样，而且粗糙。旅游者带了钱来，但他花不出去。还有，旅游景区的歌舞表演也缺乏文化内涵，有的脱离本地的特色和传统，把港台歌星和摇滚引进来打造“文化”，显然缺乏文化战略眼光和审美眼光。

（四）目前我国的城市化的进程滞后于工业化进程。进入21世纪之后，我国将进一步加快城市化的进程。加快城市化进程是我国现代化第三步的一个重大战略。专家们认为，城市化、经济全球化、信息网络化和生态环境建设是影响21世纪世界经济发展的四大趋势。我国现有城市人口4.6亿人。据估算，2050年城市人口要达到11.2亿。也就是说，未来50年有6亿多人要从农村转到城市。到那时，我国城市要从现有的668个（除台湾省）增加到2000多个，其中特大城市（非农业人口超过200万人）20个，大城市150个，中等城市500个，小城市1500多个。另外还有人口10万以下的小城镇1万个。大家可以想到，从农村转到城市的这6亿多人口的就业机会、生产方式、生活方式、消费需求必然会发生全方位的转变，因此，在城市化的进程中文化产业的大发展是一个必然的趋势。在20世纪50年代和60年代，我国兴起了许多以矿山为支柱的城市。我们可以设想，在21世纪，我国将会兴起许多以文化产业为支柱的城市（或小城镇），如以山水园林为主题的休闲城市，以恐龙化石等为主题的科普城市，以雕塑、壁画等为主题的美术城市，以陶瓷作坊等为主题的手工艺城市，以花卉等为主题的园艺城市，以及音乐城市、影视城市、民俗文化城市、民间艺术城市等等。这些城市（小城镇）各有主题，各有特色，这将防止出现千城一貌、千篇一律的现象出现。这些以文化产业为支柱的城市，将吸收和容纳大量从农村转入城市的劳动力，提供大量的就业机会，推动经济的发展，同时满足广大群众（包括从农村转入城市的6亿多人口）的日益增长的精神需求和文化需求。

（五）在经济全球化和中国加入WTO的条件下，发展文化产业还具有一种国家文化安全的战略意义，具有一种紧迫性。

现在，国际各大文化产业集团正在加紧准备向中国市场大规模进军。他们宣称，对他们来说，中国的文化产业市场不仅仅是一座金矿，而且是一座尚未开发的钻石矿。我们必须研究这种局势，采取措施，应对挑战。我们必须用全球化的眼光来看待发展文化产业的问题。我们今天发展文化产业，不仅要面向全国，而且必须面向世界，必须增大文化产业国际化程度。一方面把我们的文化产品送出去，送到世界各国的消费者面前，一方面把全世界的旅游者和文化消费者吸引到中国来。我们要把中国丰富的、独特的、珍贵的文化资源加以开发、包装，使之转化为全世界亿万人都能享受的文化商品。这样一方面可以创造数以百亿计的利润，另一方面又可以把中国的文化（价值观、审美观）传播到全世界，以防止在经济全球化的条件下出现美国文化（价值观、审美观）一统天下的局面。在经济全球化的条件下，美国的文化霸权也在扩张。大家知道，文化霸权是美国霸权的重要内容。据统计，美国生产全世界75%的电视节目，60%的广告节目。发展中国家75%以上的文化产品来自美国，而美国市场上的外来文化产品只占1%－2%。这种强大的文化实力是美国综合国力的重要组成部分。这里有意识形态的扩张，布什就明确宣告要用美国的价值观改造世界。同时这里还有美国霸权的扩张。所以，像法国这样的欧盟国家和加拿大这样的美洲国家都一直在抵制美国文化霸权的扩张，并为此制定了许多法令和法规。这种情况告诉我们，对于发展文化产业，我们还要从国家文化安全的战略高度来认识。江泽民主席不久前在《在中国文联第七次全国代表大会、中国作协第六次全国代表大会上的讲话》中指出："当今世界激烈的综合国力竞争，不仅包括经济实力、科技实力、国防实力等方面的竞争，也包括文化方面的竞争。""总体上处于弱势地位的广大发展中国家，不仅在经济发展上面临严峻挑战，在文化发展上也面临严峻挑战。保持和发展本民族文化的优良传统，大力弘扬民族精神，积极吸取世界其他民族的优秀文化成果，实现文化的与时俱进，是关系广大发展中国家前途和命运的重大问题。"我国有的学者已经提出在全球化的形势下构筑国家文化安全体系的必要性，他们提出发展文化产业应该是构筑国家文化安全体系的一个重要环节。这是讨论文化产业的一个重要角度。

当前发展文化产业的几个问题

（一）首先要进一步转变观念。过去在我们的观念中，文化行业是非生产性部门，文化没有经济价值，因而文化行业只能花钱，而且由国家出钱，文化行业不能赚钱，不能成为产业。这种观念应该改变。文化产业的迅速发展已成为一种世界潮流。当然，文化行业中由一部分属于公益性文化（如图书馆、博物馆、科技馆、文化馆、革命烈士纪念馆等）。这种公益性文化当然要由国家花钱来支撑，而且今后国家还要逐步加大投入，使它得到更快的发展。但是，文化行业中还有一大部分是经营性文化。这种经营性文化应该进入市场，实现产业化。国家通过制定必要的政策法规，规范、引导、推动它的经营和发展。介于二者之间的还有一类可以称为准公益性文化（如反映国家水平的学术成果和艺术成果，代表国家水平的艺术院校、表演团体和国家重点文物保护单位，具有民族特色和地方特色的传统工艺和传统艺术等）。这类文化可以通过产业方式经营，获得一定的经济效益。但其收入远不能达到其所付出的劳动价值，需要国家予以补偿。我们在关注公益性、准公益性文化发展的同时，要关注文化产业的发展。我们可以看到，发达国家的文化产业在整个国民经济中的比重越来越大。这方面的资料很多。例如，英国的艺术产业规模已达170亿美元，相当于本国汽车工业总产值。美国的音像产品是仅次于航天航空的第二大出口产品，占了40%的国际市场的份额。日本娱乐业的年产值早已超过汽车工业的年产值。在这些发达国家中，文化产业已成为它们的重要的支柱产业。文化产业已为国际上许多大公司带来的高额利润。《财富》1999年全球500家企业排行榜中，索尼、迪斯尼、时代华纳、新闻集团、贝塔斯曼、维亚康姆、西格拉姆等公司都把文化、媒体作为主要经营业务。这些公司控制了全球5大唱片公司中的4家，好莱坞8大电影公司中的7家，以及全球一些最重要的电视、报刊、出版集团，它们是航空母舰式的文化产业集团。其中仅贝塔斯曼集团1997－1998年年总销售额就达147亿美圆。有的经济学家主张把文化产业列为第四产业，这个产业包括与精神－文化产业的生产、服务相关的所有行业。他们认为，这种第四产业必将成为国民经济的占据极大优势的主导产业。

（二）组织力量，对全国（特别是西部地区）的文化资源进行全面的发掘调查和价值评估。每个省都要全面调查，包括民族、民俗文化的资源，宗教文化的资源，人类学意义上的文化资源（古代文化，原始文化），地方特色的工艺品资源，饮食文化资源，自然景观资源，城市文化资源，等等。很多资源不经过专家的评估和鉴定，人们往往看不到它们的价值。同时，要对国际的文化产业和文化市场进行调查研究。在此基础上，做出全国的和各省的文化产业发展规划（包括发展战略、品牌战略）。在这方面，也要突出重点。每个省要集中力量发展若干大的文化产业，使它成为国际知名的品牌。知名品牌是一个国家和地区的经济实力和活力的重要标志，在当代已成为决定消费者购买行为的主要因素。

（三）制定完善的文化产业政策法规，创建适应社会主义市场经济需求的文化产业的经营体制和经营组织。一方面要对现有的经营性文化生产单位进行产业化改造，另一方面要制定政策，鼓励民间资本向文化产业投资，鼓励发展具有民族特色的文化产业，鼓励在文化产品和文化服务中体现社会主义精神文明建设的要求和"以德治国"的精神，同时要加大文化执法力度，坚决清除腐朽的、有害的"文化毒品"和"文化垃圾"。要在市场竞争的基础上，形成若干强大的、有可能抗击境外文化资本冲击的文化产业集团。要防止文化市场的行政性垄断。这种垄断排斥市场的平等竞争，带有计划经济的色彩，不利于加入WTO之后抗击境外文化资本的冲击。

（四）组织力量，研究如何把高科技引入文化艺术领域，开发新产品，从而加大文化产品的高科技含量。高科技和人文、艺术的结合将为文化产业开辟新的天地。在这方面有极大的发展空间。

（五）当前，我国文化产业的人才危机已经十分明显，人才成了制约我国文化产业发展的一个瓶颈。所以我们要尽快实施发展文化产业的人才工程，例如在各省组建文化产业学院，开设各种培训班，大批量地培养文化产业方面的各种层次的专家和经营管理人才，包括具有较高文化素质的旅游产业所需要的人才。

文化产业需要复合型的经营管理人才。文化产业领域的人才需要具备较高的文化艺术素养和创新能力，同时要懂得文化产业经营管理的规律，要有产业经营管理的素质与能力。目前在文化领域从事文化艺术工作的人往往缺乏企业战略眼光和规划能力，缺乏财务、营销和管理方面的技巧，缺乏投资和风险管理的能力，特别缺乏规模化集团的经营管理的能力和经验，所以他们在进军文化产业时常常会遇到挫折。另一方面，从事其他产业的经营者在进军文化产业的时候，由于缺乏对文化艺术独特性的认识，缺乏内容策划以及在这些领域的创新设计能力，所以他们经营文化产业也会遇到很多困难与挑战。因此，人才的培养是目前的紧迫问题。

（六）注意发展文化信息产业。文化产业和信息产业这两个21世纪最有前途的产业，他们的相互结合是一种内在的需求。美国在线和时代华纳的合并，就是这方面的一个强烈的信号。可以预见，它们合并后成立的公司，必将依赖它们在信息传播方面的强大优势，以过去所没有的广度和深度，把美国的文化和美国的价值观传播到地球的每一个角落。我们也必须尽早启动这项工程，利用网络技术，把丰富灿烂的中国文化传送到全球每个消费者面前。这是一项体现一个国家的文化内涵、技术含量和管理水平的综合性的工程

（本文是作者在全国政协九届四次会议上所作发言的基础上修改而成）

文化经纪人与文化产业

刘玉珠

文化经纪人在文化经济活动中，在文化市场和文化产业发展中，都起到了很大的作用。我对文化经纪人的了解，只是在文化市场管理实践中接触的一点知识，所以想在此就文化经纪人的作用及管理发表点个人意见以求教于诸位。

文化市场的发展催生了文化经纪人

一、文化商品是用来交换的文化产品，众所周知文化产品最大的特点是具有意识形态性。优秀的文化产品，能够增长人们的科学文化知识，培养人们树立正确的世界观、人生观、价值观，而劣质文化产品则污染人们的灵魂，降低人们的思想、道德、文化素质，甚至把人引入歧途。任何时代、任何社会都重视精神文化的教化功能，孔子说：“诗三百，一言以蔽之，曰：思无邪。”指的就是这个道理。文化商品在流通过程中体现出来的政治效果、思想效果、道德效果、知识效果、审美效果、娱乐效果以及文化积累效果的总和，才是文化商品获取的总收益。因此，我们文化经纪人要认清文化商品的特殊性，不能将之等同于一般商品，在经纪活动中不但要追求经济效益，更重要的是将社会效益放在首位。

二、我国文化市场与其他国家相比有一定的特殊性。它是政府导向型的有序竞争的市场，正处在向社会主义市场经济体制转变的过程中。一是基于市场机制的盲目性、自发性的缺陷，因此必须由政府手段来弥补。二是基于国家的整体战略目标，文化市场的建设必须服从、服务于我国社会主义现代化建设的整体目标。江泽民同志在党的十四大报告中指出：“精神文明建设必须紧紧围绕经济建设这个中心，为经济建设和改革开放提供强大的精神动力和智力支持。”三是基于国际竞争中的文化安全，在全球化特别是我国已加入世贸组织的今天，这一点显得格外突出。由于经济落后导致的事实上的不平等竞争，文化产业尚未形成，市场体系尚未健全，管理机制也未完善的大背景下，只有在政府的主导下，我们才能够做到在积极宏扬我国优秀民族文化的同时，既能有效抵制各种腐朽、没落文化的侵蚀，又能博采各家之所长，来促进民族文化的创新与发展，才能使我们在激烈的国际文化竞争中永远居于不败之地。

针对这些特殊性，我国制定了一些有别于其他市场的政策：一是文化市场准入规则。这是各文化市场主体进入市场必须遵循的法规和应具备的条件。比如举办营业性演出活动，必须符合《营业性演出管理条例》及实施细则的有关规定；设立音像制品连锁经营单位，必须符合《音像市场管理条例》及《音像制品批发、零售、出租管理办

法》规定的条件等。二是公平竞争规则。这是各文化市场主体在平等的基础上充分展开竞争的行为准则。比如《营业性演出管理条例实施细则》关于取消演出市场进入的所有制限制的规定，就是为了给演出市场的各类竞争主体以平等的国民待遇。三是文化市场交易规则。这是各文化市场主体之间交易行为的准则。比如举办营业性演出活动，各当事方必须签订合同，广告宣传必须真实可靠等。所有文化经纪人都应了解和遵循这些规则，才能做到合法经营、规范操作。

三、简要介绍一下我国文化经纪人的有关情况。改革开放以来，随着人民生活水平的提高，文化消费结构有了很大变化。不少文艺团体为了摆脱入不敷出的困境，探索多业助文，开始走向市场，以图生存和发展。同时进行管理体制改革和文化产品的调整，树立文化经济理念是很重要的。随着经济体制的不断完善，文化市场的繁荣，文艺团体引进了市场机制，改革人事制度和分配制度，解放了文化生产力，一批具有现代经营管理知识和文化素养的文化管理人才和经营人才，特别是经纪人才脱颖而出，将潜在的资源化为财富。文化市场中与经纪人密不可分的主要是演出市场和艺术品市场。

演出市场，是以演出服务为主要交易对象的文化市场，是文化市场中结构较为完整的市场。法规也比较健全。演出经纪人是文化经纪人的重要组成部分，是演出市场活跃的群体，在加快演出市场信息的有效传递、密切演出市场生产经营者与消费者之间的联系、促进演出市场资源的合理配置、推动演出市场的规范发展等方面有着不可替代的作用。所谓演出经纪人，简言之，就是指在演出市场上为实现演出产品的交易进行中介服务并获取佣金的文化商人。他们虽不是演出产品的生产者，但懂得产品的价值；虽不是演出产品的消费者，但熟谙消费者的消费心理并可以把这种心理转化成实际的消费。随着演出市场的日益发展，演出经纪人地位将越来越突出。

目前我国演出经纪人主要有两种类型：一是演出经纪机构，二是文艺表演团体。

演出经纪机构是指依法成立的从事演出经营及演出经纪活动的法人经济组织。根据其可以从事的业务范围，分为演出公司和演出经纪公司两种。

演出公司是指从事演出的策划、组织、联络、制作、营销等经营活动和演出的代理、行纪、居间等经纪活动的经营单位，即演出公司既可以从事演出经营业务并从中获取经营利润，又可以从事演出经纪业务并从中获取佣金。演出公司是目前我国演出经纪人的主体。

演出经纪公司是指从事演出代理、行纪、居间等经纪活动的演出经纪机构。演出经纪公司只能从事演出经纪业务，不能从事演出经营业务。国家对演出经纪活动的管理主要通过以下三种手段：1. 演出经纪机构资格认定。2. 演出项目审批。3. 演出项目监督。

艺术品市场，包括画廊、画店、艺术品公司及从事艺术品代理、行纪、拍卖、评估咨询、鉴定及其他中介业务的艺术品经纪机构等。但目前我国艺术品市场的法制建设还不健全，艺术经纪人制度也没有确立，这就造成了艺术品市场中存在私人交易频繁、走私严重、赝品泛滥等弊端。法人资格的经纪人通过宣传、包装、发掘有潜力的艺术家，可以实现艺术家的追求，引导市场的审美倾向，依法进行的艺术品交易，可达到艺术市场规范化的目的。因此，通过立法立规的方式完成艺术经纪人制度的确立，是艺术市场法制化的开始。在国际艺术品市场中，由于我们缺乏专业的经纪人，丧失了很多商机。如“广州双年展”曾作为国内惟一的参展者第一次参加了国外的艺术博览会，虽然带去的都是获奖的优秀作品，但成交量并不乐观，因为这些作品的作者没有一位有代理经营者，而来自世界各地的买主仅对与有代理权的画廊建立合作关系有兴趣，“广州双年展”的运作目标与博览会客户圈的运作惯例错位。这次的教训使经营者认识到以前地下的、直接的、走私性的交易是不可能在国际市场中得到认可，必须建立经纪人制度，采用符合国际惯例的模式。就像批评家吕澎曾提到“在未来市场里没有代理人和经营者，艺术家的创造是很难社会化的，这是个社会分工的问题”。我国的艺术品市场还刚刚起步，但市场潜力很大，将会有越来越多的经纪人参与其中。我们将尽快完善艺术经纪人的各项法规政策，给他们提供良好的政策环境和更广的发展空间，以促进艺术品市场的健康发展。

与其他行业经纪人相比，文化经纪人应具备的一些专业素质

一、要熟悉了解文化艺术，有强烈的文化使命感

文化经纪人经纪的是文化产品和文化服务，随着信息传播技术的革命，文化产品的传播速度、覆盖面和对公众的影响力达到了前人难以想象的程度。一首歌、一部电影、一幅画，能够带动时尚的浪潮，影响一代人的思想感情。如现在流行的韩国电视剧和音乐，造就了一批“哈韩族”的年轻人，他们接受的不仅是文化产品，更是种文化观念，向往电视中的生活方式，模仿剧中人的语言和着装，这对年轻人价值观念的影响是巨大的。因此，我们文化经纪人应该有文化使命感，不仅仅着眼于经济利益，更要时时刻刻把社会效益放在首位。因为每一个公民都担负着促进全民思想道德提高的使命，建立诚实、守信、有美好情操的道德社会是我们的理想，这不是空话，而是现实。力所能及地普及优秀文化作品，对于公民的道德建设十分重要。而且，文化也是一个民族的形象，国家的形象。在很多不了解中国国情的外国人心目中，他们能接受

的中国，都是从文化作品中来的，因此，我们的文化经纪人应本着爱国主义的理想，向社会推介先进文化，有文化眼光和文化抱负，整合、包装我国优秀的文化资源，促进文化产业的健康、快速、持续地发展。

二、要有分析市场、了解国家文化政策走向的能力

文化经纪人，要能对文化市场未来可能的有关环境和发展变化的取向，作预先的推测和估计。关注文化市场买卖双方交易活动的发展、变化，收集、记录有关的信息资料，加以归类整理、分析，并对文化产品及服务进行整体评估。包括首先了解消费者的群体特性、购买动机、购买情景、购买需求、购买意向和购买潜力。其次了解商品资源，市场流通的文化产品的质量、数量、风格、流派和价位。第三了解文化企业的情况、数量、规模和经营状态，这关系到文化市场的竞争态势。第四了解文化商品的可塑性、质量稳定性和生产潜力。第五了解与生产活动相关产业的情况，如经营艺术品，还应对艺术材料市场作调查。同时对社会新潮有敏锐的感染力，把握时代脉搏，注意社会焦点。凡能产生重大反响的作品大都能反映社会心理变化和人民共同关心的社会焦点。经纪人必须善于捕捉、融汇到经纪活动中去，很好地烘托这个主题，才能收到良好的社会效益和经济效益。曾有位经纪人对广州市民的艺术消费心理做了社会调研，其中46%喜欢写实作品，20.5%的喜欢写意作品，12.3%喜欢抽象作品，2.8%喜欢观念作品，因此他代理的艺术作品大多是与人民生活经验靠近的写实艺术，取得了很好的经济效益。

三、要有法制观念，确保文化生产者、经营者、消费者的合法权益

除了宪法和其他法律法规关于文化法制的内容以外，文化经纪人要熟悉并掌握两个方面的法规；一是文物保护法，二是保护知识产权方面的立法。以涵盖文化市场的文化法律《文物保护法》和《著作权法》为龙头，通过相应的法规、规章和其他规范性文件，已形成了比较完备的文物保护法系和知识产权法系，为文物市场乃至整个文化市场管理提供了强有力的法律依据。

截至目前，国务院已经颁布施行了《广播电视管理条例》、《电影管理条例》、《出版管理条例》、《印刷管理条例》、《音像制品管理条例》、《营业性演出管理条例》、《娱乐场所管理条例》等7部法规。另外还有《美术品经营管理办法》、《涉外文化艺术表演及展览管理规定》、《营业性演出管理条例实施细则》等规章。这些法规和规章的出台，改变了文化市场无法可依、无章可循的局面，使我国文化市场建设逐步走上了有法可依、有章可循的轨道，并且为进一步完善文化市场法规体系奠定了基础，使文化市场法制建设走到了文化领域法制建设的前列。文化经纪人应能熟悉这些法规，有高度的法律意识，能替委托人解决法律纠纷，代请律师，签订有效合同，保证合法经纪。

另外文化经纪人还应有较强的经营管理能力，有很强的风险意识，要有很强的社会交际能力，建立良好的人际合作关系，有坚忍不拔的毅力。

当前我国文化经纪人面临前所未有的发展良机

一、文化产业的发展，给文化经纪人带来更多的市场机会

改革开放极大地解放和发展了社会生产力，使我国经济取得了飞速发展。党的十六大提出全面建设小康社会，而小康社会的文化含量较大，文化产业在我国大城市的发展尤其迅猛，以北京、上海、长沙为例，文化产业增加值占全市GDP的比重，分别是4.4%、4.3%和5.94%，已呈现出支柱产业的势头。同时，科技和信息产业的发展，也影响到文化产业的形态，如传统的音像业在居民的VCD、DVD的拥有量急剧增加的条件下，正在迅速地技术升级和产业重组，这些都造成了大众娱乐形式的变化，形成了一个又一个新兴的文化市场。这也给文化经纪人带来更多的市场机会。

二、文化市场的进一步开放，给文化经纪人提供了良好的政策环境

首先，独立自主的文化企业制度在逐步建立。在计划经济体制下，我国绝大多数文化经营单位都是国家机关的附属，人、财、物都由国家通揽通包，既没有自主性，也缺乏积极性。改革开放以来，随着社会主义市场经济体制的逐步确立，国有文化经济单位政企不分的局面有了较大转变，但距建立符合市场经济发展规律的现代企业制度还有相当距离。因此，政府部门正下力气推动国有文化经济单位的转制工作，同时积极培育非公有制文化市场竞争主体，使各类文化企业即文化商品的生产者、经营者真正成为自主经营、自负盈亏、自我发展、自我约束的独立法人实体，从而为文化市场的持续繁荣发展建立良好的产业基础。最近颁布的《营业性演出管理条例实施细则》，取消了对演出单位所有制资格的限制，鼓励社会各界参与演出市场的竞争，实行经营与管理分开、经营与经纪分开，对于建立现代演出企业制度起到极大的推进作用。

其次，逐步开放文化市场，民营、个体、外资都可以参与文化市场的建设。文化市场的系统开放性，即文化商品和文化服务的流通、交换，不为不同地域所阻隔，不为行政条块所分割，而是按照市场经济的内在联系，遵循价值规律的要求自由地流动。对内是畅通无阻的，对外是有条件开放的。特别是加入世界贸易组织后，这一点显得更加突出。但由于受现行管理体制的制约，我国文化市场被人为地分成了若干块，加上地方保护、部门保护等因素，真正统一的国内文化市场体系尚未形成。这将是今后我国文化市场进一步发展的严重障碍。《营业性演出管理条例

实施细则》关于取消所有制壁垒、行业壁垒和地区壁垒的规定，就是为建立统一开放、竞争有序的国内演出市场体系而作出的重大举措。同时，在世贸谈判中，我国作出在音像制品、游戏软件、电影及书报刊等外资准入并降低相应进口关税的承诺。这些只是我们开放市场的起步，以后，在文化市场的其他领域，也将扩大准入范围，努力打破行业壁垒，反对地方保护和垄断，扩大市场准入，加快市场结构调整和产业重组，提高我国文化市场整体实力和竞争力。我相信开放的政策将吸引更多的文化经纪人投身于文化市场的建设。

第三，政府采取有效的宏观调控机制，引导市场合理发展，规避文化经纪人的经营风险。市场能对文化资源的配置发挥重要作用，能够刺激文化生产力的巨大发展，但市场也有自发性、盲目性的缺陷，容易导致文化生产在总量、结构、布局、效益上的失衡。因此必须采取行政的、法律的、经济的、舆论的等多种手段对文化市场的发展进行宏观调控，以弥补市场自身的缺陷。需要指出的是，健全的宏观调控体系应以经济的和法律的间接手段为主，而以行政的直接手段为辅，同时调控范围应主要限制在宏观领域。越过了这一点，就会削弱市场经济，甚至变成计划经济。近年来，文化部在电子游戏经营场所、音像市场、演出市场的管理中采取经济、行政、法律、舆论等手段相结合的办法，有效遏制了市场散乱、盲目发展的现象，调整了产业布局，市场比例更加趋向合理。这些措施，将引导文化经纪人调整经营策略和经营方向，一定程度上规避了风险。

三、国际化的趋势，给我国文化产业带来挑战和发展机遇

从国际上看，世界多极化在曲折中发展，经济全球化步伐加快，综合国际竞争日趋激烈。在这个大背景下，人们对文化及其在经济和社会发展中的特殊作用表现出更多的关注，文化实力已经成为综合国力的主要内容。在许多发达国家文化产业已成为支柱产业。随着世贸的加入，外国文化资本和产品将会越来越多地进入我国，国际文化交流和合作更加活跃，国际间不同文化的相互渗透和激荡更加激烈，西方发达国家力图凭借经济实力和大众文化传播的优势，将文化产品占领我国的文化市场。这是挑战也是机遇，我们一方面要保持中华文化的主权独立，抵制外来文化的消极影响；另一方面要大力发展我们的文化产业，提高文化产品的市场竞争力和占有率。在政策层面，我们鼓励国家、集体和个人参加国际文化交流。鼓励各种经济成分的文化力量按照国际惯例，开拓国际间的文化代理和中介服务。因此，我们的文化经纪人面临的不仅仅是国内市场，更是广阔的国际文化市场。信息的国际化、物流的国际化、消费的国际化，都给文化经纪人增加了应战资本。只要我们以积极的姿态参与竞争，利用他们的先进技术、管理经验和全球性的市场网络，敢于开拓国际市场，相信是能取得巨大经济效益的。

毫无疑问，文化经纪人正面临着前所未有的发展机遇，祝愿所有的文化经纪从业人员，都能在新形势下取得新的成就。

（选自《经纪人》2003 年第 1 期）

高校应成为中国文化产业发展的强大基地

纪宝成

随着知识经济浪潮的兴起和经济全球化的深入，人类社会发展到了一个新的阶段，人们在基本物质需求逐步满足的基础上，精神文化消费的需求日益增长。这种需求推动着作为一个新兴的社会生产门类的文化产业迅速发展起来。党的十六大报告把文化事业和文化产业作为两个紧密相关的概念提出来，指出“发展文化事业和文化产业是社会主义文化建设的重要组成部分”。这充分显示了新一届中央领导对文化事业和文化产业发展战略所给予的前所未有的关注和强有力的支持。

文化力——社会可持续发展的一种深层动力

随着“知识经济”理论与实践的不断升华与深入，文化的经济驱动力在人类物质文明与精神文明建设中所发挥的作用，越来越令人关注。文化产业这一具有强大生命力的新兴产业，甚至被经济界视为知识经济时代的一种强大动力。

从国际环境来看，今天的发达国家已进入后工业社会和信息化时代，文化的发展与经济、科技的发展全面交

融，文化的经济化、科技化，经济和科技的文化化，已是一个不争的事实。文化消费在人们的生活消费上已经占有相当大的比重，文化产业已经成为发达国家重要的经济增长动力，文化竞争力已成为全球竞争的最重要的因素之一。我们要全面建设现代化，建成小康社会，就必须大力发展文化产业，开创先进文化与文化生产力发展的广阔天地。

中国有着极其丰厚的文化资源，文化产业的市场潜力非常巨大。当前我国已迈入全面建设小康社会的进程中，人们的精神文化消费需求越来越高，文化产品的生产和消费日益繁荣，文化产业进入了加速发展的新阶段。13 亿人口的人力资源和潜在的巨大市场构成了世界上其他任何国家所无法比拟的优势。毋庸置疑，这个市场将是 21 世纪世界上最大的文化消费市场。同时，中华五千年灿烂而深厚的文化蕴积，雄浩宏博，赫奕天下，是世界上唯一从未间断的古老文化，它极为丰富的自然与人文景观，很多都是世界上独一无二的、具有民族和中国特色的精品。这些文化资源一旦转化为文化资本，将成为文化生产力的重要因素，未来参与国际文化市场竞争，同样具有无可比拟的竞争优势。

文化产业自身还具有有别于其他产业的优越性，诸如：文化产业很少环境污染；文化产业可以提供大量就业机会；特别是文化产业有着深厚的文化底蕴，有着广阔的发展前景等等。这对于高速行进在现代化建设道路上、处在世界发展中国家水平的中国来说，不可谓不是一个福音。

文化与经济、文化与科技的相互融合、相互渗透，形成了具有新功能的文化经济力或文化生产力。这种文化力构成了当今世界经济社会全面进步的主要推动力，成为许多国家与地区经济起飞的强力驱动器。已有许多专家学者提出，倘若以人文发展指数（HDI）作为我国发展战略目标，将比单纯的经济指标（GDP）更为合理。HDI 实质上是经济、社会、文化发展的复合指数。它既包括经济增长指标又涵纳文化发展与环境保护的一系列指标。以 HDI 作为战略目标，将有利于文化经济力的形成与加强。加入世界贸易组织后的中国在新世纪中要占据主动，争创优势，实现经济社会全面、协调的可持续发展，就必须高度重视这种社会永续发展的深层次动力——文化经济力的挖掘、利用和建构。

高校应该成为文化产业研究基地和人才培育的摇篮

大学应教给学生什么？答案是创新意识、创新思维、创新方法、创新能力。创新应是大学的办学理念，也是一所大学的灵魂。

文化产业正是一种创意产业，是一种在全球化的消费社会的背景中发展起来的，推崇创新、个人创造力，强调文化对经济的支持与推动的新兴的理念、思潮和经济实践，是知识经济体系中的重要环节。文化产业的发展需要千百万创造性人才，这正是高等院校的责任所在。无疑，高等院校的科研与教学要努力探索和把握社会发展的脉搏，紧跟时代前进的步伐，成为中国文化产业发展的强大推进器和人才培养的最佳孵化器。

综观经济全球化趋势，其中的一个重要特征是社会发展的民族化、本土化倾向。各个国家和民族都不遗余力地寻找自身最具特色的优势，以期在全球化浪潮中展示自己，而文化产业正是一个国家和民族文化个性在文化市场上的表现，带有极为强烈的国家特色、民族特色。从这一点说，文化产业是特色产业，它往往是在国家独有的文化资源的基础上开发的，因而在全球的市场竞争中占有优势。

然而，我们也必须看到，尽管我国的文化资源极为丰富，但文化资源的商品转化率却很低，文化产品的精神内涵和艺术精致程度也很低，很难适应经济全球化时代的市场竞争。文化产业，作为以市场运作方式来实现文化之价值的产业，关键在于把文化产品推向市场，让市场对相应的文化资源进行合理配置，以产生巨大的经济效益和社会效益。

今天，文化产业的迅速发展已成为一种世界潮流，我们已充分认识到党中央号召大力发展文化产业的深远战略意义。中国人民大学是一所以人文学科、社会科学、管理科学为主的综合性、研究型大学，拥有诸多的全国重点学科。学校教师关注社会，直面现实，对国家经济建设、文化建设和社会发展的许多重要理论和实践问题进行了深入研究，获得一系列重大成果。这种厚实的教育与研究基础以及雄厚的师资力量使人民大学成为国内著名的人文社会科学、管理科学的科研孵化器和人才培育基地。中国人民大学将顺应时代的潮流，发挥教育与研究的双重功能，整合校内的优势资源，积极参与国家文化产业的创新研究与专业化教育实践；努力构建文化产业学科与研究体系，培养文化管理高素质人才。

在文化部的支持与指导下，中国人民大学培训学院与中国文化报社于 2004 年春季启动的“全国文化市场与文化产业区域调研活动”即是对文化产业研究的积极探索与实践。我们将秉承客观准确、系统科学、理论严谨与实践创新的原则，对这一重大课题进行深入地研究与探索：

第一，尊重市场经济规律，遵循企业管理的科学法则，特别是中国加入世界贸易组织以后亟须遵守的国际产业的游戏规则，从中国文化产业可持续发展的角度，客观仔细盘点中华民族传统文化“库存”，并积极有效地整合现代科学文化的有用资源，确立中华大文化产业的可持续发展战略系统课题的创新研究。

第二，组织校内专家学者并诚邀各地高校以及科研机构从事文化产业研究的专家学者以及文化业界成功人士，扎扎实实地开展区域文化资源调研、发掘、整合工作。协同有关部门，深入实际，调查研究，广泛收集基层文化产业实践者的意见和建议，及时了解各地区的文化产业发展信息、动态，提出发展文化产业的具体政策和措施建议。

第三，积极参与并开展文化市场与文化产业管理队伍培训。根据我国文化产业管理的发展与现实需求，优化整合国内外的智能资源，加速研发培训课程，并采取多种形式，分期、分批、分类培训从事文化事业与文化产业的干部及有关管理人员，为不断提高文化产业管理队伍的素质作出努力。

中国人民大学向来以人文立校，又躬逢“科教兴国，人才强国”盛世，作为我国人文社会科学与管理学科教育研究基地与培养高层次建设人才的学府，责任在肩，我们将奋力前行，为我国文化产业创新发展与人才培育贡献出绵薄之力。

（选自《中国文化报》2004 年 2 月 9 日）

培养文化产业管理的合格人才

王育济

编者按：文化产业的发展需要千百万创造型人才，而高等院校自然成为中国文化产业发展的强大推进器和人才培养的最佳孵化器。今年初，国家教育部在压缩、整顿、合并现有本科专业的大背景下，破例在全国高校中首次增设“文化产业管理”本科专业。我校历史文化学院成为这一新设专业的具体承担者。3 月 11 日中央电视台午间 30 分钟，对此给予了报道。与此前后，山东省有关部门也将“山东省文化产业研究基地”设于该院，该院的“传统文化”博士点也开始以“文化资源与文化产业研究”为方向，正式招收博士研究生。这一系列举措，在校内校外引起很大反响，尤其是今年七月即将首次招生的“文化产业管理”本科专业（学制四年，招生暂定为 60 人，颁发管理学学士学位），更是为广大师生所关注。不少大三、大四的同学甚至咨询能否选择“文化产业管理”作为第二学位。为此，本报学生记者采访了历史文化学院院长王育济教授，以期通过此次采访，从更多的角度向我校师生提供有关这一专业的具体信息。

初衷：推动中国文化产业发展

本报学生记者问（以下简称“问”）：

王院长，请问当时是什么启发你们积极地申报“文化产业管理”这一本科专业的？

王育济院长答（以下简称“答”）：

第一，有感于党和国家对发展中国文化产业的高度重视，有感于“文化产业”作为“21 世纪的黄金产业”在国民经济中所占有的重要地位。这些，我不需要做太多的介绍，你只要从网上搜索一下“文化产业”这个词，就会得到大量与此相关的信息和数据。

第二，与中国文化产业的特点和我校“文史见长”的学术优势有关。关于中国文化产业的特点，原中国社科院院长李铁映同志曾经有一段很好的叙述：“中华民族有着五千年悠久的历史和灿烂的文化，这是一笔怎么估价也不过分的宝贵的文化资源，是我们得天独厚的优势。对于中国新兴的文化产业来说，启动并整合、包装这些文化资源，就有可能形成具有中国特色的文化产业，并在全球市场的激烈竞争中占有可观的优势。”很明显，中国文化产业的特点和优势，与我校素以“文史见长”的学术优势是一致的，我们有责任而且有能力发挥我们已有的学术专长，从人才培养入手，为国家的文化产业发展尽职尽责。

第三，申报这一专业，也有我本人作为学者层面上的一些考虑。一是近年来，随着文化产业热的兴起，文化资源包括历史人文资源向产业转化加速，如何科学地、合理地、有序地实现这一转化，是一个学者、一个教育工作者必须正视的问题。二是随着中外文化交流加强，西方文化产品大规模进入中国市场，这些文化产品表面上是产品，其实含有深刻的文化内容。与此同时，中国传统文化资源也正在大量流失（如美国好莱坞以中国民间故事为主题制作的动画片《花木兰》），不断增加的西方文化产品输入，正在改变着国人的价值观与伦理观。原山东省委宣传部长、现任我校党委书记的朱正昌同志曾对我们说过这样几句话:“外国的一件文化产品,往往可以改变我们对青少年多年的教育。要维护我们国家的意识形态安全,就必须推动我们自己的文化产业的发展。”作为学者,我们同样有责任在维护中华民族的文化价值观,在维护国家文化安全方面,做出我们的努力。推动文化产业管理专业的学科建设,是我们努力的一个方向。

目标:培养复合型管理人才

问:据我所知,“文化产业”是一个相当宽泛的领域,如广电传媒、报业出版、网络游戏、演艺娱乐、艺术品市场、文化贸易与投资、文博、文化旅游、广告传播等等,这大都是目前的一些“热门”行业。你们招收和培养的学生,怎么适应如此众多的“热门”行业?

答:这是我们在确定学生的“培养目标”时已考虑得比较成熟的问题了。我们培养的是策划、经营、管理人才。就文化产业的策划、经营、管理而言,各个行业对人才的要求是有相当的“共性”的:都要有纵贯古今的文化视野,都要有策划经营的文化理念,同时也都要有现代产业意识和经营思路。这是任何一个文化产业的具体部门都需要的“复合型”人才,也是我们这个专业所要达到的“培养目标”。而从目前的社会需求看,恰恰是这类“复合型”的人才最为急需。山东省广播电视局刘长允局长就曾对我说过:“我们广电系统目前不缺具体的编导制作人员,缺的是既懂文化又懂观众市场,既有宽广的人文视野又有精深的产业理念的复合型的策划、管理人才。”

问:要培养这种“复合型”的人才,显然要有相应的课程设置,请您大致给我们介绍一下这方面的情况。

答:好的。文化产业管理专业的课程设置大致可分为六类:(一)文化基础与文化资源类课程,如文化资源概论、文化传播学、艺术基础、美学概论、宗教文化、中外文学艺术比较、中国传统艺术、应用民俗学等;(二)一般管理类及文化产业管理类课程,如文化产业概论、管理学概论、公共管理学、文化经济学、文化投资学、文化产业管理;(三)文化产业项目策划、文化产业经营管理的案例教学等;(四)政策法规类课程,如经济法学、文化法规基础、人文自然遗产与保护、知识产权与文化产业、中外文化体制与产业政策比较、文化法规案例分析等;(五)语言类课程,如专业外语、西方文化原著选讲等;(六)信息技术应用与管理类课程,如信息技术与文化产业、网络管理等。

通过上述课程的系统学习,尤其是原理教学和大量的案例教学,使学生毕业后,既能从事文化资源与文化产业管理方面的理论研究,又能在宣传文化系统、文化管理部门和文化产业各个行业(如广播电视、报业出版、网络游戏、文化旅游、演艺、文化贸易与投资、文博、广告等行业)的综合管理层中,从事相关的实际工作。

优势:师资力量日渐充足

问:课程设置的确很吸引人,但是否具备开设这些课程的师资力量呢?

答:我院在文化资源的研究、整理方面积淀深厚,这是人所共知的。“文化产业”是“文化资源”与“产业”的有机结合。在文化资源的研究方面,我们有“一级学科”、“博士后流动站”及“山东省文化产业研究基地”作依托,这为我们吸引、整合省内外高层次教育人才提供了条件。去年年底,在研究生院的支持下,我们在传统文化这一博士点中增设了一个“文化产业研究”的方向,招收硕士、博士研究生。这对本科教学也是一种互动式的支持。

此外,学院在申报“文化产业管理专业”时,已经先期聘请了国务院发展与改革委员会微观经济室主任齐勇峰研究员,国家文化产业创新与发展研究基地负责人、上海交通大学胡惠林教授,北京广播学院副院长、博士生导师胡正荣教授,山东艺术学院副院长、博士生导师江奔东教授等文化产业理论研究专家担任兼职教授。

几个月前,山东大学历史文化学院、上海交通大学国家文化产业创新与发展研究基地、北京大学艺术系及文化产业研究所、清华大学新闻传播学院等7所高校联合召开了首届“高校文化产业学科建设联席会”,与会各高校也达成了在师资等方面相互支持的意向。

问:在文化产业管理人才的培养方面,学院的确有相当前瞻性的考虑和很完整的思路,师资队伍也较充足,这是否意味着在文化产业管理人才的培养上,山大已经领先了一步?

答:从正规本科教育专业的申报和获准招生看,的确可以说我们领先了一步。但从整个文化产业管理领域的人才培养看,国内许多高校起步比我们要早。十年前,上海交通大学就在公共管理专业招收“文化市场管理”类本科生,并成立了“文化管理系”,学生学习的课程中有相当一部分是“文化产业管理”方面的内容。他们培养的学生,毕业去向都很好,除了进入广电、出版、演艺等有影响的文化产业集团和政府机关外,还有相当一部分进入海关、银行等部门从事国际文化贸易管理及文化投资咨询等工作。2000年《经济日报》曾以《传统文化出国门,文化产业呼唤专门人才》为题,连续发表了一组文章,呼吁培养“既有传统文化功底,又要懂外语、懂经营策划的复合型人才”。北京广播学院等单位开始以二年制的培训班形式培养"国际文化经纪人"。2001 年，全国政协常委、北京大学艺术系主任叶朗教授发表了《文化产业与创建世界一流大学》的文章，引起了极大反响。以叶先生为所长的"北京大学文化产业研究所"在前两年已开始在传统文化方向中设立一个分支，招收博士、硕士研究生。港台地区这一方面的人才培养，则以香港城市大学最为突出，他们有一个很热门的"文化创意专业"，就是专门培养文化产业策划、经营人才的。

我们现在的优势是拥有教育部正式审批的第一个文化产业管理的本科专业，我们的人才培养是从正规本科招生开始的。所以，我们可能会在正规本科生专业人才的培养上暂时领先。前几天（2004 年 2 月 9 日）《中国文化报》上用几乎整版的篇幅发表了中国人民大学校长纪宝成教授的文章《高校应成为中国文化产业发展的强大基地》，可以看出，国内其他院校对文化产业问题也是极为重视的。

重点：近期专业筹建与长远发展规划相结合

问：这一专业的设立是否可以被认为是历史文化学院探索新的发展道路的一个信号？

答：作为一个传统人文学科的学院，我们是希望通过文化产业这个切入点，探索一条人文学科与市场经济良性互动的发展道路，探索一条将人文知识与现代产业理念、乃至现代技术紧密结合的育人新路。

文化产业的本质是"创意"，它是以"文化创意"为核心，通过技术的介入和产业化的方式制造、营销不同形态的文化产品的行业。我手头刚好收到 2004 年 3 月 3 日的《中国新闻出版报》，其头版头条的一则消息讲，湖南三辰影库公司以"蓝猫形象"为核心创意的卡通产业，"二年中，版权收入 1.2 亿元，产业群销售收入 20 亿元"，美国迪斯尼公司派人实地考察后认为："'蓝猫'将成为继'米老鼠'、'铁臂阿童木'之后销售收入超过一千亿美元的又一国际卡通品牌。""蓝猫卡通"的成功，从其核心创意看，是因为它代表了同"米老鼠"、"阿童木"所不同的一种"中国文化的范式"，同时，它又是通过现代技术的介入，现代产业理念的运用，才最终得以成功的。我们对"文化产业管理"这一专业的建设，正是为了实现历史人文学科与现代产业理念乃至现代技术的互动，追求在文化精神、产业理念、现代技术相融合的最佳状态中培养出合格的文化产业管理人才。而对整个历史文化学院来说，由于文化产业管理这一专业的设立，可能会形成历史、考古等"传统专业"与文化产业管理这一"现代专业"之间的良性互动。

问：在专业筹建方面，目前的重点是什么？

答：主要有四个方面的工作。第一，加强学术研究，因为缺少学术支撑的学科建设往往后劲不足。第二，聘请一批文化产业界的知名学者担任专家顾问。第三，加强师资队伍建设。第四，就目前来说，我们还有一个重要任务，就是担负着向社会宣传文化产业理论，示范文化产业人才培养的义务，通过多种方式把此专业的概念、内涵、特点、人才需求情况等介绍出去，以引起社会的关注。

（选自《山东大学报》2004 年 3 月 23 日）

文化产业高层次人才需求及其培养模式构建

欧阳有旺　舒　明　赵立秋

在经济全球化和中国加入世贸组织的新形势下，中国文化产业获得加速发展的机遇，也面临着前所未有的巨大挑战，充分利用国内外两种资源、两个市场，积极主动地参与和应对国际竞争是中国文化产业适应经济全球化潮流实现跨越式发展的必然选择。中国文化产业应对全球化竞争，抓住机遇，应对挑战，实现跨越式发展的关键是培养和造就一大批既懂文化专业创作又懂经营管理和市场运作的高素质人才。而培养和造就高素质人才就必须遵循人才培养规律，借鉴国外成功经验，结合文化产业发展的特点，构建一套切实可行的文化产业高层次人才培养模式。

文化产业发展对高层次人才的需求

当今国际市场的竞争归根到底是技术和人才的竞争。经济发展的主要约束已经开始由物的结束向人的约束转变，调整人力资源结构、争抢人才资源成为经济发展新的关注点。按照迈克尔·波特的国家竞争优势理论，人才是高级要素，在当代产业发展中高级要素对国际竞争优势的作用变得越来越大，而非熟练劳动、物质资本和自然条件等基础要素对国际竞争优势的作用则变得越来越小，或由其形成的国际竞争优势难以长期维持。文化产业作为一种知识密集型或技术密集型的产业，人才的竞争和储备显得尤为重要，特别是对既有深厚的文化底蕴和艺术素养又懂经营管理和技术应用操作的高层次人才有巨大的需求。迈克尔·波特认为，高级要素一般比较稀缺，创造高级要素需要进行大量的、持续的人力和物力的投资。也就是说，人才作为高级要素并不是先天就有的，也不是无限丰裕的，必须投入大量、持续的人力和物力（包括物质资本）进行培养和造就。文化产业高层次人才同样必须通过精心培养和造就才能拥有和壮大。总之，高层次人才培养对于文化产业发展和国际竞争力的提高具有至关重要的意义。

美国、韩国等发展文化产业的成功经验也说明了文化产业发展对高层次人才的特殊的巨大需求。拥有丰富的人才是美国能够在文化产业领先的一个重要原因。美国从世界各国搜罗了大量优秀艺术人才，仅1990年～1991年间，独联体各国移居美国的文化界人士就有3万多人，其中著名人士达1500人。美国对文化管理学的研究和文化管理人才的培训处于领先地位。文化管理已形成一门学科。全美有30所大学开办文化管理和艺术管理专业，培养本科生、硕士生和博士生等大量高质量的文化管理人才。韩国在发展文化产业的过程中也非常重视文化产业人才的培养。培养和造就一批适应文化科技发展形势的人才也成为韩国发展文化产业的重要经验之一。在文化科技人才的培养上，韩国加强艺术学科的实用性教育，扩大文化产业与纯艺术人员之间的交流合作，构建了“文化艺术和文化产业双赢”的人才培养机制。近年来，韩国新建汉城游戏学院、全州文化产业大学、清江文化产业大学、大邱文化开发中心、网络信息学院、传统文化学校等。此外，还在一些大学开设了文化产业相关专业共80余种，目前在校学生5000多人。

相对于美国、韩国等文化产业发展较先进的国家，我国文化产业高层次人才的培养比较滞后，远远不能满足文化产业发展对高层次人才的巨大需求。由于我国文化产业化程度较低，加上居于主导地位的文化产业类企业大都是从原来的国有企业单位转制而来，带有浓厚的计划经济色彩，缺乏文化产业化经营的经验和基础，文化产品和服务的开发和经营人才很难满足市场化需要。我国文化产业人力资源的整体现状是，专业艺术类、行政类出身人员所占比重过大，管理类出身人员所占比重过低，整体人力文化知识层次偏低，形成专业化力量有余、经营管理能力不足的局面。目前我国文化产业发展的突出问题是严重缺乏文化产业创新人才和经营管理人才，既懂文化艺术专业知识又精通经营管理的复合型人才则更少。高校和科研机构开始有意识地重视和加强文化产业人才的培养也仅是最近几年的事，而且只有少数高校和科研机构开设了文化产业或艺术管理的院系或专业，规模小，师资力量较薄弱，办学经验不足，培养体系和模式有待完善。文化产业高层次人才培养的滞后严重地制约了我国文化产业的快速发展，文化产业人力资源的严重匮乏已成为制约我国文化产业发展的最大障碍之一。因此，加强文化产业高层次人才的培养，构建和完善人才培养模式对实现我国文化产业跨越式发展显得尤为紧要，尤为迫切。

文化产业高层次人才培养的总体目标

新形势下为满足文化产业发展对高层次人才的需求，使我国文化产业积极有效地应对国际竞争，提高国际竞争力，实现跨越式发展，我国文化产业高层次人才培养必须根据文化产业对高层次人才的特殊要求，借鉴国外发展文化产业的成功经验，结合我国的国情，以全球化、系统化的理念，设计一套符合中国实际的切实可行的人才培养模式，做到高起点、高要求、高水平。我国文化产业高层次人才培养的总体目标是：瞄准世界文化产业发展的制高点，动员一切力量，调动所有资源，注重产、学、研、官联动，加强国际合作办学，大力培养高素质的“四型”文化产业人才——国际型、复合型、创新型、实用型人才。

经济全球化（及由此引致的文化全球化）和中国加入世贸组织的新形势，使国内文化市场与国际文化市场的对接和文化产业市场竞争的国际化势在必行，与此相适应，我国文化产业高层次人才必须是国际型人才。文化产业人才的国际型，主要是强调文化产业人才要具有国际视野和大开放的理念，通晓国际惯例，了解世界文化产业发展动向，熟悉国际文化市场行情，掌握跨国经营和“走出去”的知识和本领。文化产业对高层次人才的特殊要求和当代文化产业发展的特征（文化产业化、产业文化、文化产业高科技化）要求我们培养复合型的文化产业人才。文化产业人才的复合型，主要是指文化产业人才要认清文化产业学（或文化管理学）是一门综合性、交叉型的边缘学科，按照“宽口径、厚基础”的要求，在夯实基础、掌握扎实基础知识的基础上，拓宽知识面，掌握广博的知识，既要有深厚的文化底蕴和艺术素养，又要掌握经济管理知识和市场营销知识，并掌握必要的科技知识（特别是信息技术、数字化技术和网络技术等）。文化产业学科理论性与实践性和实用性相统一的特点决定了我们所培养的文化产业人才必须是实用型的人才。文化产业人才的实用型，主要是强调文化产业人才必须掌握文化产业的有关实用知识和技能，注重培养和提高动手能力和实践能力，包括独立工作能力、社交能力、表达能力、实际操作能力、文化创作和鉴赏能力、信息技术和数字化技术应用与操作能力、组织管理能力等，减少企业的培训成本，满足“一上岗就能独挡一面”和胜任工作的要求。文化产业作为创意产业或内容产业，相对于其他产业（如第一产业、第二产业以及第三产业）而言，对创新型人才的培养提出了更高的要求。文化产业人才的创新型，是指文化产业人才要适应文化产业作为创意产业或内容产业的要求，在全面掌握扎实的基础知识、专业知识和不断提高能力的基础上，通过有目的引导和必要的训练，将所学知识和实践经验内化为自身的素质，培养和提高自身的创新思维、想象思维、创意能力以及开拓创新的能力。

文化产业高层次人才培养模式的构建

根据文化产业发展对高层次人才的巨大需求和特殊要求以及文化产业高层次人才培养的总体目标，文化产业高层次人才培养模式的构建应从以下几个方面寻找着眼点和突破口：

（一）加强人才培养的规划、认证和监管

鉴于人才培养对于文化产业发展的战略意义和极端重要性，做到人才培养的规范、有序、优质、高效，政府有关部门应加强对人才培养的规划、认证和管理。政府有关部门应成立专门的文化产业人才培养管理机构，负责文化产业人才培养计划的制订、协调和经常性监管等。同时，还应考虑设立文化产业教育机构认证机构，对文化产业教育机构实行认证制，对优秀者给予奖励和资金支持，对不合格者给予警告、处罚直至吊销其办学资格。

（二）拓宽人才培养渠道，充分利用各种力量加大人才培养力度

为满足文化产业发展对高层次人才的大量需求，应采用多渠道、多形式、多途径的立体化人才培养架构。首先，利用高等院校和科研机构培养文化产业高层次人才。具备条件的高等院校和科研机构可开设文化产业的院系和专业，培养文化产业专业的本科生、硕士生、博士生以及MBA，也可考虑将与文化产业联系紧密的专业学校（包括中专、大专或本科院校）改造成文化产业专业院校或职业学院。为使文化产业的学历教育能得到国家的承认和社会认可，国家教育部应尽快修改专业目录，增设文化产业专业，并明确其学科属性。其次，发展文化产业网络教育。网络教育可由高校和科研机构主办，也可成立专门的文化产业网络教育办学机构。不管采取哪种形式，都应整合和利用产、学、研的力量，提高人才培养的质量和水平。再次，加强专业资格培训。为提高文化产业从业人员的素质和道德规范，应实行文化产业的专业资格认证制度。为加强文化产业从业机构和人员的自律管理，可考虑成立文化产业的自律组织——文化产业协会。专业资格认证工作可交由文化产业协会组织，政府有关部门则负责进行监管。专业资格认证应通过全国统考和考前培训等环节进行评判和确定。文化产业从业人员资格培训可委托高校、科研机构和具备条件的文化产业企业负责。最后，加强国际交流与合作。其形式包括选派人员到国外研修、中外合作办学等。国际交流与合作的培养方式对于利用国外教育资源，提高人才培养质量和水平，培养国际型文化产业人才具有重要的意义，尤其是选派人员出国研修，有利于培养具有世界水准的高素质人才，对于培养师资、CEO、中层管理者、业务技术人员等高层次人才收效明显，但费用一般比较昂贵，因此，为体现对文化产业作为朝阳产业的扶持和激励，政府应为受训人员提供一定的经济补贴。

（三）科学设置专业结构和专业方向

在高等院校和科研机构里可开设综合性的文化产业（或文化管理或文化产业管理）专业，专门培养文化产业经营管理和营销策划的高层次人才。这种专业设置所培养的人才应是符合“宽口径、厚基础”要求的，可以适应文化产业各个领域或子行业的经营管理和市场营销的需要。另外，由于文化产业是多行业和宽领域的行业，包括图书出版业、报刊业、广播音像业、影视业、演出业、会展业、网络游戏业、动漫画业、体育业、文化旅游业等诸多子行业和领域，而各个子行业和领域之间虽然有一定的联系，但也有各自的特点和运行规律，所以，可考虑在文化产业专业下面开设有关专业方向，以深化某一子行业知识和技能的教育。在开设专业方向时，应突出专业性和技术性较强的子行业方向的设置，如影视业、传媒业、会展业、网络游戏业、动漫画业等。也可考虑在原有院系和专业里增设文化产业相关专业和方向，在强化原有专业教育的基础上，增设经济管理类和科学技术类（特别是信息技术、数字化技术和网络技术）课程，培养既懂文化艺术创作又懂专业技术和经营管理知识的复合型人才，如在中文系或艺术系里增设文学管理或艺术管理专业，在体育系里增设体育管理专业，在计算机系里增设网络游戏管理专业，在广播影视表演系增设广播影视管理专业或传媒管理专业，等等。

在研究生教育层次，可开设专门的文化产业硕士点或博士点，也可在原有研究生专业中开设文化产业方向，如在产业经济学、企业管理、现代传播学、文学艺术、广播影视、历史文化等专业中开设文化产业方向。为加强高层次文化产业专业人才的培养，可考虑借鉴MBA教育模式培养文化产业人才，招收和培养文化产业MBA。

（四）建立科学合理的课程体系

根据文化产业专业特点（即综合型、交叉型的边缘专业）和复合型文化产业人才培养的要求，文化产业专业教学的课程设置应体现跨学科、复合型、模块式的原则，既

要开设培养文化底蕴和艺术素质的课程，如人文历史、艺术设计、艺术表演、音乐、舞蹈、体育等课程，又要开设经济管理类课程，如经济学、金融财务学、企业管理、项目管理、投资学、财务管理、资本运营、商业策划与管理、市场营销以及国际商务管理等课程。但值得注意的是，文化产业所开设的经济管理类课程尤其是管理学类课程应结合文化产业及其子行业的经营管理特点，必须是“文化产业的经济管理类课程”，避免成为脱离文化产业实际的泛泛而谈的经济管理类课程。另外，为顺应文化产业高科技化和数字化的潮流，还应开设科技类课程，如信息技术、数字化技术和网络技术等。文化产业专业应实行模块教学，可划分为通用能力模块、专业能力模块和辅助能力模块三大模块。通用能力又由各项能力指标构成，如外语能力、人文能力、汉语能力、数理化能力、体能、人际交往能力等，每一种能力视为一个教学模块；专业能力由专业基础知识、专业能力、专业技能等专业教学模块组成，这一模块的课程应由文化创作能力和鉴赏能力、经营管理能力和科学技术应用与操作能力的教学课程组成。有特色的辅助能力如演讲交际等能力可视为一个模块。通用能力是要求学生必须达到的标准，然后每个学生根据自己的个性爱好选择专业教学模块和特长课程。这一点，可借鉴日本高等教育人才模式中“二二分段制”，即大学本科前两年学习基础课程（即通用能力模块），后两年选择专业进入专业能力课程学习阶段。这种安排可搭建既有通用能力又有专业能力的平台，使学生能适应文化产业发展对高素质人才的要求，提高学生应对竞争的生存和发展能力。

（五）加强和完善师资配备与培训

我国文化产业发展和人才培养比较滞后，既有政策体制的羁绊、产业发展阻滞、专业设置和教学管理滞后导致的缺乏经验等原因，也与文化产业专业师资配备不合理、师资素质不符合文化产业高层次人才培养目标要求、师资力量薄弱有密切的关系。我国高校原有师资配备处于专业分割、以邻为壑的状态，文化创作、经营管理和科学技术的教师分散在不同的院系和专业，彼此缺乏整合与交流合作，导致文艺创作教师不懂经营管理和科学技术，而经营管理和科学技术教师又不懂文艺创作，这种师资配备结构培养出的学生必然是不符合文化产业人才复合型和实用型要求的。高校和科研机构文化产业专业师资配备必须整合原有院系和专业师资的力量，既要配备文化和艺术类教师，也要配备经营管理和科学技术（特别是信息技术、数字化技术和网络技术）类教师，并且要求不同专业特长的教师彼此之间应加强交流与合作，取长补短，努力使教师成为适应文化产业人才培养要求的复合型教师。高校文化产业专业师资配备还应考虑整合和吸收企业的师资，可考虑聘请文化产业企业的管理人员和业务技术人员作兼职或客座教授，利用他们实践能力强和在经营管理、文化创作、科学技术应用等方面实践经验丰富的优势加大实用型人才培养力度，也可考虑实行高校、科研机构和企业联合办学，整合教育资源，加强和完善师资配备，特别是应重视与跨国文化产业巨头合作办学，促进培养高素质的国际型人才。高校和科研机构教师也应重视自身实践能力的培养，到企业挂职锻炼或担任企业顾问或与企业合作开发项目，应努力使自己成为“双师型”教师（即同时拥有高校职称和实际部门职称的教师）。高校和科研机构应重视教师的培训和人力资本投资，特别是重视派出教师出国研修、搞访问学者等，对研修教师由高校、科研机构或国家给予一定的经济补贴。

（六）不断改革和完善教学手段和方法

与文化产业信息化、数字化、网络化特征和文化产业高层次人才培养的目标要求相适应，文化产业专业教学应采用现代化、信息化、网络化的教学手段，包括采用 CAI 多媒体课件教学、网络教学、信息化教学等手段。大力推行案例教学、实验教学、项目教学、模拟经营管理和营销、角色扮演、小组讨论、专家和企业家讲座等教学方法，满足高层次文化产业人才培养的要求。另外，为加强国际型人才的培养，还应大力推行双语教学和跨国经营管理技能的教学。文化产业专业教学既要重视理论知识教学，更要重视创新思维、创意能力、实用性技能以及实践动手能力的培养。

（七）大力推进实践教学和实践基地建设

要培养实用型文化产业人才，提高学生的实践动手能力，使学生掌握实用性管理技能和现代化技术，教学环节和场所不能仅仅停留在教室或讲堂上，不能只满足于理论教学，应重视和加强实践教学和实践基地建设。首先，应建立实验室，包括电子商务实验室、文化产业管理模拟或仿真实验室、信息技术实验室、网络游戏实验室、数字化技术实验室、文化创作和鉴赏室、动漫画设计室等，加强学生的实践训练，培养和提高学生的实践操作、文化创作与鉴赏和技术开发与应用能力。另外，还应考虑创立和采用社会（企业）调查、参与研究咨询、企业代职实习、学生自办企业等多种实践教学方式和手段，尤其是要积极探索在文化产业企业特别是跨国文化产业企业建立教学、实习基地，与企业联合培养学生的途径。

（选自《生产力研究》2006 年第 11 期）

中国文化产业学理研究与理论综合研究

年度重要学术观点摘编

入世后我国文化产业的发展对策

吕前昌在《理论探讨》2002 年第 1 期（总第 104 期）撰文指出，入世后我国发展文化产业的应有对策是：第一，更新传统观念，大力发展中国的文化产业。在新的形势下，必须更新传统观念，重新审视和认识社会主义文化的特性。要充分认识到，文化也是一种宝贵的社会经济资源。第二，形成国有经济为主体、多种经济成分参与的文化产业结构，实行民营文化战略。第三，注重经济效益与社会效益的统一，实现文化产业的可持续发展。文化产业是具有物质生产与精神生产相统一、经济效益与社会效益相统一的产业类型。我们在重视其商品性的同时，还必须从文化产品的特殊性出发，考虑其“意识形态性”，实现其社会效益和经济效益的最佳结合。第四，确立文化产业的市场主体，转变政府职能，实现文化产业的市场引导、市场运作与政府的有效管理、有效调控的有机统一。第五，适应经济全球化趋势，在保证国家文化安全的条件下，处理好发展我国文化产业与市场准入、文化交流的关系。

加入 WTO 对我国文化产业的影响及对策

李俊霞在《甘肃社会科学》2002 年第 1 期撰文指出，我国文化产业发展的“入世”对策：第一，转变观念，转变机制。要摒弃“文化都应是福利事业、公益事业”、“文化产业是副业”等落后的观念，要以市场经济观念取代传统计划经济观念，使文化真正进入市场。要转变政府在文化发展中的传统角色和作用，实行政事分开，政企分开，按照市场经济的法则来规范政府文化部门的行为。第二，制定文化产业发展的战略规划和实施计划。应站在世界高度，对我国文化产业政策实施战略性调整。第三，借鉴国外经验，采取文化保护政策和建立防范机制。采取对国产电影实行补贴，还应建立文化安全预警系统。第四，推进法制建设，发挥行业协会作用，规范国内市场。第五，建立多渠道文化产业发展的投融资机制。国家和地方政府在经济政策上予以扶持，采取发行股票、债券、彩票等方式，吸纳民间资金发展文化产业，除一些特殊领域外，进一步开放文化市场。

文化产业与我国 21 世纪的经济发展

叶朗在《经济人》2002 年第 2 期撰文指出，文化产业是 21 世纪全球最有前途的产业之一的原因是：一是物质需求和精神需求的平衡已成为人类社会生存和发展的必要条件。二是人们的闲暇时间将比过去大大增加。三是单一的货币资本逐渐转化为货币资本、社会资本和象征资本等多元资本形式。四是发展中国家的文化产业具有巨大的潜力。中国发展文化产业的潜力有：（一）中国历史文化资源极为丰厚。（二）中国经济建设和社会发展已经取得重大的进展。（三）在“十五”期间，中国将实施西部大开发的宏伟战略。目前我国文化产业发展所面临的挑战有：第一，观念滞后。第二，缺乏一大批善于经营管理的人才。第三，文化产业市场化程度很低。第四，对知识产权保护不力，阻碍了创新的积极性。第五，我国至今还没有形成大型的、有一定规模的文化产业企业。当前发展文化产业的几个问题有：首先，要进一步转变观念。其次，组织力量，对全国的文化资源进行全面的调查和评估。第三，创建适应社会主义市场经济需求的文化产业的经营体制和经营组织。第四，实施发展文化产业的人才工程。第五，组织力量开发新产品，加大文化产品的高科技含量。第六，注意发展文化信息产业。

中国文化产业投资战略的思考

花建在《上海社会科学院学术季刊》2002 年第 2 期撰文指出，现在一方面是国内文化消费的需求日趋增大，另一方面是文化产业存在投资规模偏小、技术含量偏低、总体结构偏低的情况，所能提供的文化产品和文化服务远远不能满足需求。所以，要从加大投资规模入手，解决文化市场需求和文化生产能力不足的矛盾。同时，必须根据文化产业的效益特点——第一个特点，是文化价值可以反复使用，形成延伸的回报链条；再一个特点，是文化内容涉及到人们不同的价值观念和意识形态——合理引导长期投资和短期投资、公共投资和商业投资在文化产业中的比重，使投资责任均衡化。此外，在中国加入 WTO 的背景下，应该努力与国际惯例接轨，积极发挥市场对于文化投资的正面引导作用，必须以法治的原则，营造一个公开、公平和公正的投资市场环境。在法律的框架内，充分发挥市场杠杆对于投资者的选择、淘汰和激励作用；同时，积极培育文化投资的两大形式——产业投资和风险投资，鼓励金融介入文化领域，以拓宽文化投资的渠道和来源。还应适应国际化和信息化潮流，先抢占与文化紧密结合的技术制高点，然后扩大相关的文化内容的生产，以达到全面增强文化产业竞争力的目的，扶持技术含量高、创新力度大的文化产业，实施积极的投资鼓励政策，促进投资分配重点的转移。

文化产业资源市场整合的障碍及其克服途径

麻挺松在《北京社会科学》2002 年第 2 期撰文指出，由于传统计划体制的原因，我国的文化产业资源大都沉积在各地方政府或行政部门的文化单位中，且彼此分离，独立运作，以致资源利用率较低。这就迫切需要在市场机制的作用下，通过改组、联合、兼并、收购、租赁和承包经营等多种形式，实现资源的整合。但是，文化产业资源的市场整合面临着重重障碍。其中，非体制性障碍包括观念障碍、资源专用性障碍、人才障碍、信息障碍和交易成本障碍；体制性障碍包括体制遗留的障碍和新体制不完善的障碍。克服资源市场整合障碍的途径第一是解放思想。克服障碍首先就要求各文化单位及其主管部门以“三个有利于”为标准，进一步解放思想、转变观念。第二是产权改革。产权改革就是要按政企、政事分开的原则积极推进文化事业单位的企业化改制或实行企业化经营，同时允许和鼓励包括外资在内的多种所有制成分，共同参与到文化产业的发展中来。第三是体制创新。包括管理体制创新、投资体制创新、社会保障制度完善。第四是立法保障。政府应该尽快建立健全相关法规，以保障整合的规范性。第五是政策引导。对于那些符合文化产业政策要求的整合行为，应给予全方位的大力支持。第六是中介服务。在当前文化资源整合的中介机构尚不发达的情况下，资源整合要发挥政府的中介替代功能。第七是人才培养。政府要鼓励院校面向市场办学，实行从业资格考核和持证上岗制度。同时，文化单位也要改进人才管理、使用制度。

WTO 与中国文化产业发展

杜长胜在《戏曲艺术》2002 年第 2 期撰文指出，加入 WTO 也为中国文化产业的发展，为中国特色社会主义文化事业发展带来了历史性的良好机遇。机遇之一是，中国文化市场向世界开放，越来越多的国外文化艺术产品和服务进入中国的文化市场。机遇之二是，我们可以利用进入 WTO 的大好时机，大胆引进国外境外高品质的文化资本和文化资源，并将其与中华民族独特的文化艺术资源相结合，形成新的文化产业优势。机遇之三是，我们加入 WTO 以后，必将进一步提升我国在国际文化事务和竞争中的国际地位，必将进一步增强我们在国际文化事务和竞争中的影响力。我们的发展战略和应对措施是：第一，要研究制定积极的文化产业发展战略，构建既与 WTO 原则相适应又符合中国国情和文化发展需要的文化管理与文化产业政策。第二，整合文化资源，打造一批具有竞争力的大型综合型文化产业集团。第三，提高文化资本运营水平，学习借鉴外国文化产业经营管理经验。第四，要进一步完善我国知识产权法律体系，提高全民族的知识产权保护意识，提高掌握和动用知识产权法律的能力和水平。第五，熟悉掌握世贸规则，培养熟悉世贸规则的专门人才，学会运用世贸组织协议中的例外和保障条款，保护自己，发展自己。

论入世后的中国文化建设

欧阳友权在《桂海论丛》2002 年第 3 期撰文指出，入世后我国的文化事业面临的机遇是：1. 文化产业结构调整步子加快。2. 将带来一些新的文化娱乐方式。3. 有利于创造有中国特色的社会主义文化。挑战是：1. 思想道德建设将面临严峻的考验。2. 中华民族传统文化有被排挤、被异化的可能。3. 文化防范将变得日益重要。推进文化建设进步的方法为：1. 依法治文，加强文化法制建设。首先是要根据世贸组织规则和入世后的现状制定相关的文化法律法规。其次，要按照 WTO 规则要求对现行文化管理法规进行一次全面清理。另外，应根据 WTO 规则对知识产权方面的相关法律进行审视和修改。2. 规范管理，适应 WTO 的游戏规则。首先是要提高各级政府的管理水平和效能。其次是要纠正政企不分的现象。一是政府不要干预企业的经营管理；二是改变文化各部门条块、行业和区域分割的状况；三是解决好管理机构管理水平不高的问题；四是要注意抓导向、抓精品。3. 重塑形象，营造良好的文化生态环境。一要改善文化的政治环境，注意政治导向的正确性；二要改善文化发展的经济环境；三要改善文化发展的人文环境。入世对文化民族化的负面影响表现为：1. 西方文化对民族文化的渗透和吞噬。2. 消费文化造成文化批判意识的弱化。3. 中文拉丁化的民族语言消解。

文化产业如何应对入世的挑战

欧阳友权在《湖南社会科学》2002 年第 3 期撰文指出，加入 WTO 后，我国的文化产业将面临激烈的竞争和挑战，我们应该以积极的文化产业发展战略为打拼入世的挑战建立崭新的平台，将挑战转化为发展机遇。广播电视业需要从管理体制上实施改革，认真解决政府机构传媒化、广播电视业官办化、政府权威与市场权威分化的问题；新闻出版业的应对措施主要有将现有的出版产业继续做大做强，鼓励外商和国内各种经济实体、个人投资新闻出版业，并组建新闻报业集团；信息网络业应以电子技术、电子计算机、微电子技术、光纤通信、激光技术为核心的科技进步，扩展文化信息资源，为知识经济增添活力和财富；电影业应加快电影市场化进程，提高影片质量，加快电影业立法步伐；文艺演出业要立足地方特色和民族文化，组建演出公司；大众娱乐业须提高服务质量，提升娱乐档次，加快行业市场化动作，规范行业管理；文化旅游业要积极鼓励开发文化旅游资源，强化文化文物部门与旅游部门的相互合作，力争形成具有较强实力的旅游产业集团，拓展特点鲜明的文化旅游线路，开发特色突出、层次分明的各级各类文化旅游产品。

中国文化产业的发展及对策

张晓明、胡惠林、章建刚在《中国经贸导刊》2002年第4期撰文指出，在近年来科技革命的浪潮中，与信息产业相关的文化产业异军突起，成为带动第三产业，以至于带动整个国民经济发展的主导产业；我国的文化产业成为地区经济和地区发展的新的主要增长点。我国文化产业的现状与问题是：文化产业低水平供求关系与非对称结构性矛盾；文化产业经营单位众多，但产业组织集约化程度不高；文化产业传统的资源配置机制与市场化要求之间正在形成尖锐矛盾；文化产业发展的先进性要求与文化原创能力不足之间形成战略矛盾，资源潜力不能转化为产业实力；WTO规制与现行中国文化产业政策支持系统之间的矛盾。必须加强中国文化产业政策的创新，具体包括：制定积极的文化产业政策；放宽市场准入标准；改革我国的文化外贸体制，积极实施“走出去”战略；建立国家文化安全预警系统，加强文化安全立法建设。

中国媒体产业法律制度创新初探

向东在《现代法学》2002第24卷第5期撰文指出，中国媒体产业的法律制度创新在压力和动力的驱使下，在具体的法律文本的增加和删减的过程中应遵循如下四个基本原则：宪法与立法的基础原则；政府、媒体、公众三者利益均衡的原则；法律与政策合谋的原则；产业推动力与制约力相均衡的原则。媒体产业的法制创新不是个别法律文本的增删和制定，而是构架一个创新的法律体系，政府以法规和规章形式制定的产业政策也是法律体系中的内容构成，包括：媒体产业的产业组织政策创新；媒体产业的产业结构政策创新；媒体产业的产业分布政策创新。

发展我国文化产业须突破六大观念误区

陈辽在《南京师大学报》（社会科学版）2002年第5期撰文指出，发展我国文化产业必须在观念上突破以下六大误区：首先，文化产业不创造国民收入。其次，文化产业必须官办。第三，文化产业注定是赔钱货，赚不了钱。第四，文化产业是现代产业，手工艺文化产品没前途。第五，高雅文化进不了文化市场。第六，中国的文化产品在国外难以销售。我们既要看到我国文化产业弱势的现实，又要看到只要我们走出了这六大观念误区，又采取了有效的措施，我国的文化产业定能变弱势为强势。

关于发展文化产业的几个问题

尹世杰在《经济科学》2002年第5期撰文指出，近年来，我国文化产业虽在逐步发展，但还存在不少问题：一是文化资源还没有充分开发利用，资源优势还没有转化为产品优势。二是文化产业体制还没有理顺。三是对文化产业的投入偏少。四是我们现在文化市场还很不干净，影响文化消费和文化产业的发展。除此之外，文化产品也是一大问题。它既有私人产品的属性，又具有公共产品的属性，既具有商品的属性，又具有社会意识形态的属性。它不是“纯商品”，有一部分可以商品化，有一部分不能商品化。这是由文化的本质属性和根本任务决定的。因为：第一，文化产品虽然具有商品属性，但它的根本特征是具有意识形态属性，决不能完全商品化；第二，文化绝不能成为“促销”的手段，发展文化产业、文化产品，绝不能以牟利为目的，必须以社会效益为第一位。第三，我们说文化是产业，是针对过去把文化作为“事业”而言，要计算投入产出，要核算成本。从实际情况来说，就是在发达国家也不是把文化产品和文化服务完全商品化的。

发展文化产业必须树立的三个理念

彭波、晏礼庆在《企业经济》2002年第6期撰文指出，大力发展文化产业，首先必须解放思想、更新观念，牢固树立“三个理念”即产业理念、资本理念和科技理念。文化的产业理念包括以下内容：一是以企业经营的形式发展并获取利润；二是以市场化的方式运作并通过服务和竞争来壮大企业实力；三是走规模化与集约化的经营之路。文化产品的竞争必将发展为文化资本的竞争，这就是文化产业的资本理念。它要求企业在自我积累发展到一定阶段的时候，必须发展集约化、专业化经营，寻求规模与综合效益；并通过投资、融资、兼并、收购，以及对存量资本的重组、调整等方式实施资本经营，使企业的产权在不同的经济主体之间理性流动，从而实现企业的超常发展。引入科技理念，发展文化产业，就是要积极推动文化产业内部结构的战略性调整优化，包括产业结构、产品结构、组织结构、所有制结构、地区布局结构等。引入科技理念，发展文化产业，还要充分重视发展高科技的文化产业市场，带动整个社会产业的结构调整。引入科技的理念，发展文化产业，从人才的角度讲，这是一种战略的需求。

我国民营文化产业的成功探索

黄胜平、张卓、朱晓梅在《南京社会科学》2002年第8期撰文指出，随着文化市场的开放，我国文化事业的发展进入了一个新的历史时期，文化的内涵不断得到深化和延伸，民营文化产业化也成为其中的一个亮点。无锡市吴文化博览苑是我国第一座民间乡镇创办的特大型文化园林，融园林展示、文化观赏于一体，成为国内享有盛名的富有中国传统文化的旅游景点，其独树一帜的文化风貌在全国乃至世界上都产生了广泛的影响。吴文化博览苑的现状是：宏大的建筑规模，绚丽的文化特色，丰硕的学术成果，成功的社会经济效益。吴园适应农民富而思文的要求，确定并实施文化建园的主题；适应农村精神文明建设的要求，将吴园建成乡情、国情教育的大课堂；适应农村现代化建设的要求，为经济社会发展提供文化支持；适应市场经济的要求，勇于探索文化经营新路，为我国民营文化产业化提供了许多有益的经验：既自力更生立足民办，又千方百计争取官助；既把文化当作事业来办，又把文化当作产业来办；既重视使用在职人才，又重视使用退休人才；既抓自然景观的整合与再造，又抓人文资源的开发与利用。

加入 WTO 后中国文化产业面临的机遇与挑战

戴维新在《中共福建省委党校学报》2002 年第 8 期撰文指出，加入 WTO，我国文化产业所面对的既是一次挑战，也是一次机遇。我们的战略措施，就是抓住机遇，全面客观地分析研究其带来的各种影响，未雨绸缪，做好应战的准备。具体包括：第一，创新文化产业观念。走出观念的误区，强化文化意识。第二，拓展文化产业发展空间。扩大文化消费市场，加强特色文化资源的开发和利用，加快民营文化产业大发展，加大文化交流，主动参与国际文化市场竞争，提高文化产业的资源配置的国际化程度。第三，增大文化产业规模。第四，调整文化产业结构。实施体制创新，加快资产重组和产业政策调整，制定和完善文化产业政策，实现政企分离，转变政府职能，加快建立现代企业制度。第五，加强文化产业管理。第六，构筑文化产业人才培养高地。

关于加快培育我国文化产业集团的思考

罗雷在《中国出版》2002 年第 9 期撰文指出，中国文化产业应走多媒体兼营的集团化发展道路，这是因为：第一，我国现有文化企业与国际传媒集团相比实力相差悬殊，如果资本实力达不到国际同等水平，难以在全球竞争中立足取胜。第二，只有实行跨媒体的联合经营，才能有效地以市场经济的手段来建设和维护民族文化。第三，建立大型文化产业集团，有利于加快产业结构调整，促进产业更新升级，打破地区分割，建立统一市场，增强综合实力。第四，发展文化产业集团也是我国文化事业对外发展和传播的需要。推进构建文化产业集团的主要对策是：重新认识文化传媒的事业属性和产业功能，在管理理念和体制上不断探索创新；加快改革步伐，形成体制优势；为文化产业集团的构建创造良好的政策环境和市场环境；立足政府主导与市场机制结合，加快集团化建设步伐；拓展对外合作，形成运营优势；实施精品工程，提升民族文化的原创力；加快对人才的培养。

关于我国文化产业发展的若干思考

郑百灵、周荫祖在《当代财经》2002 年第 9 期撰文指出，当前我国文化产业发展既面临着机遇，也存在着挑战。就国际机遇而言，最大的机遇是经济全球化和知识经济历史潮流下经济与文化一体化趋势强劲，构成了“经济文化”或“文化经济”的新经济形态。其次，经济全球化使文化产业和文化竞争力在综合国力的竞争中居于更加突出的地位。再次，经济全球化尤其是文化全球化也已经对我国的文化和文化产业发展产生了深刻的影响，而随着加入 WTO，这种影响将更加强烈。以国内机遇而论，首先，党中央关于文化及文化产业的理念及政策十分明确，对发展我国文化产业的紧迫性和重要性有清醒的认识。其次，我国发展文化产业已经具备许多有利因素。再次，我国文化产业自 20 世纪年代以来，尤其在“九五”期间已得到充分的发展，为进一步发展奠定了必要的基础。就国际挑战而言，首先，发达资本主义国家的文化产业十分强大，相比较我国文化产业仍十分弱小，“弱势文化”面临着“强势文化”的扩散渗透。其次，中外文化产业存在强弱势差距，不仅关系到我国的经济利益，而且涉及到文化安全，即我国面临着“文化霸权主义”、“信息殖民主义”、“网络文化殖民”、“文化交流逆差”、“数码鸿沟”的挑战。以国内方面的挑战而论，首先，文化体制性障碍还比较严重。其次，公共文化基础设施建设落后。再次，文化市场经营秩序较乱。抓住机遇，迎接挑战，发展我国文化产业，其思路和对策至少应该有以下五个方面：第一，观念的解放与创新，树立全新的文化产业意识，是发展文化产业、提高文化竞争力的前提。第二，文化体制和机制的改革创新，是发展文化产业、提高文化竞争力的根本。第三，发展文化产业必须做好战略定位。第四，科技和人才是文化产业腾飞的两只翅膀。第五，发展文化产业，要积极主动地开展对外文化交流。

入世后我国文化产业怎样做大做强

程恩富、王小文在《宏观经济管理》2002 年第 9 期撰文指出，加入世贸组织之后，发展我国文化产业的主要对策：第一，改进宏观调控，健全文化管理体系。要体现无歧视、公平竞争的原则，要体现透明和可预见性原则。第二，完善文化产业法规，加强依法行政。必须注意与相关的国际规则衔接，必须注意法律关系主体的平等，同时提高依法行政水平。第三，调整产业政策，确立比较优势。积极出口民族特色文化产品，积极出口劳动密集型和技术密集型的文化产品。第四，发展“三控型”企业集团，提高文化经营单位竞争力。加速国有文化经营单位所有制改革，积极出台优惠政策，鼓励文化经营单位连锁化发展，设立多种奖励机制，积极鼓励文化领域的技术创新。第五，提升文化产业科技含量，增大文化产业的比重。文化产业是知识密集、信息密集、技术密集的领域，现代科技成果的运用对其产生着巨大的影响。第六，学习世贸组织成员保护本国文化产业的经验。第七，增强行业的自我管理和实现有序竞争，联合弘扬民族文化。

关于发展我国文化产业的思考

刘莉在《江西社会科学》2002年第11期撰文指出，现阶段中国文化产业只能说正处于待开发的低级水平和不成熟的初级阶段。总体规模弱小，质量偏低；资源浪费现象严重、效率低下；宏观管理上政出多门，管理失控；从业人员素质参差不齐，不容乐观。发展我国文化产业的对策建议是：第一，制定积极的文化产业政策，构建既与WTO原则相适应又符合中国文化国情和文化发展需要的文化管理与文化产业政策系统。第二，放宽市场准入，以市场机制为基础调整和重组文化经济利益关系。第三，改革中国的文化外贸体制，大力鼓励文化产品出口，发展国际和国内两个市场。第四，进一步改善文化产业发展的经济环境，培育一批有强大国际竞争能力的文化企业集团。

文化生产力与文化产业

金元浦在《求是》2002年第20期撰文指出，应该重新认识马克思的文化生产力思想。物质生产力主要面对人同自然的物质关系，具有实用的、基础的、物质形态的主导品格；而文化生产力则主要是“精神方面的生产力”，但是两种生产力又是密切相关，不可分割的。一方面，文化生产力具有其精神生产的独特性，另一方面，文化具有明显的物质性。从二战以后，人类开始进入第三次科技革命时期，这就是发展以信息技术为核心的智能生产力时期。这一生产力的一个显著标志，就是文化与经济崭新关系的建立。智能化生产的重要特征便是“文化的经济化”和“经济的文化化”，以及由之产生的当代文化经济一体化趋势。

论文化产业的特殊性及市场定位

陈文玲在《2001－2002年：中国文化产业发展报告》（江蓝生、谢绳武主编，社会科学文献出版社2002年2月版）中撰文指出，要真正使文化产业成为代表先进文化并创造产值和利润的产业，首先应明确文化产业不同于一般产业的特殊属性；其次要准确确定文化产业的市场定位。要注意以下几个方面：第一，文化产业应定位为，通过文化产品的创造和传播，把先进文化转化为先进生产力。第二，加快文化产业的发展，应从提高“五化”入手——文化产业的市场化程度，文化产业的国际化程度，文化产业的产业化程度，文化产业的社会化程度，文化产业的组织化程度。第三，推动文化产业的科技进步，造就大批有创造力的文化产业专门人才。第四，建立有利于刺激文化消费的市场环境。

国家财政政策与文化产业的发展

董德刚、宋文玉在《2001－2002年：中国文化产业发展报告》（江蓝生、谢绳武主编，社会科学文献出版社2002年2月版）中撰文指出，国家财政政策与文化产业的发展密切相关，在党中央、国务院正确方针的指引下，国家财政逐年加大文化经费投入力度，不断制定和完善文化财税优惠政策，极大地促进了我国文化产业的发展。国家财政文化经费投入主要呈现出以下特点：经费总量持续增长；对文化单位进行科学界定和分类，确定投入重点；改革经费投入机制，促进文化体制改革。国家财政调节文化产业的经济政策主要包括四个方面：制定税收优惠政策，建立宣传文化发展专项资金；开征文化事业建设费；实行国家电影经济政策；鼓励对文化事业的捐赠。“十五”期间国家财政支持文化产业发展的政策建议包括：进一步加大文化经费投入；深化文化体制改革，调整支出结构，优化资源配置；落实和完善文化经济政策，支持先进文化产业的发展；采取相关措施，推动文化产业实现集团化经营。

“十五”时期中国的宏观环境与文化产业发展

林晨辉在《2001—2002年：中国文化产业发展报告》（江蓝生、谢绳武主编，社会科学文献出版社2002年2月版）中撰文指出，应该客观估计中国文化产业发展面临的问题和有利条件。当前中国文化产业发展存在的问题首先是产业的组织化、规模化程度低，结构性、功能性缺陷突出，缺乏真正有竞争力的、上规模、上水平的大型文化企业。其次是我国的文化产业和相关产业的企业，比较缺乏国际竞争与合作的经验。第三是经营管理水平相对较低，文化产业的技术发展和创新能力不足，技术手段和管理手段落后。第四是文化产业发展缺乏要素支撑体系，融资的渠道、手段和方法不多，缺乏健全的投融资体系，人才结构不合理等问题突出。同时，中国文化产业的发展有着特殊的优势和巨大的潜力，突出体现在资源、特色和市场三个方面。应制定和实施国际竞争导向的文化产业发展战略，充分认识文化产业发展的战略重要性。加强迎接国际竞争挑战的总体战略准备，为文化产业发展进一步创造良好的政策环境。进一步改善文化产业发展的经济环境，培育一批有强大国际竞争能力的文化企业集团。

论消费主义的文化意识形态

李康化在《中国文化产业评论》（第1卷）（上海人民出版社2003年版）撰文指出，目前中国居民的生活既有生产社会的特点又有消费社会的特点。消费主义可以概括为三个主要特征：1．消费的高档、名牌倾向。2．消费的广告效应。3．消费的符号象征意义。消费主义受到三个主要信息来源的刺激和引导，即广告与大众媒介、高档消费购物场所以及攀比与模仿。在消费过程中主要达到三种明显的目的：1．满足高档商品和服务的实际使用价值方面的欲望。2．满足占有方面的欲望。3．满足虚荣的欲望。消费主义的生活方式是由商业集团的利益以及附属于它们的大众传媒通过广告或各种商业文化和促销艺术形式推销给大众的一种生活方式。消费主义价值观念不是社会的经济水平发展到一定程度的自然结果，而是文化灌输的结果。消费主义的显著特征是千百万人的“积极同意”和“主动实践”。消费社会中人们所消费的商品不但具有使用价值，而且还具有符号象征意义。对商品符号意义的消费可以说也就是对欲望本身的消费，这种对商品符号意义的消费欲望以及由这种欲望所推动的消费行为的现实意义与后果，不仅是消费主义文化意识形态的特征之一，而且也是理解现代消费社会和消费主义文化意识形态的关键。

论中国文化产业可持续发展的几个问题

沈殿忠在《中国文化产业评论》（第1卷）（上海人民出版社2003年版）撰文指出，中国文化产业可持续发展的缘由是：可持续发展要解决的问题并不局限于一种或几种文化资源的保护，而是要在一个更大的范围内，更长的时期里，实行对一切文化资源的必要保护、合理开发和有效利用。边保护边开发的方式是一种最有利的开发方式，也是最有效的保护方式。我们要在文化资源的利用和文化产业的开发过程中实行可持续发展的战略。中国文化产业可持续发展的完整含义，不单纯是实现横向公平或纵向公平，而是要实现两种公平的统一。中国文化产业的可持续发展实现横向公平与纵向公平的统一，关键在于把握一种分寸。把对不同地区和不同时代人们利益的损害降到可以接受的最低程度，或把对不同地区和不同时代人们利益的满足提升到可以实现的最高的程度，这种统一其实也是经济文化资源、社会文化资源与环境文化资源的统一。在文化产业领域落实可持续发展战略，有三项要点：其一是规划，其二是规范，其三是组织。其中，规划是战略思想的体现，也是战术原则的体现；规范往往更多地体现在政策和法规之中；组织则是实在的东西。所以，实现中国文化产业的可持续发展，就要着重去解决规划、规范和组织问题。

大力培育信息文化产业

孟晓驷在《信息空间》2003年第1期撰文指出，当代信息革命已经从“硬件为王”走过了“软件为王”的转型过程，正从“网络为王”时代走向“内容为王”时代，网络只是躯干，内容才是灵魂。另外，技术水平低下一直是制约我国文化产业发展的瓶颈，内容贫乏则是信息产业发展的瓶颈。信息技术的发展为我国文化产业的跨越式发展提供了新的可能，在世界范围内内容产业的崛起则为我国信息产业的升级换代创造了新的机遇。用先进科技传播先进文化，实现高科技与高文化的和谐发展是中国文化建设的必然选择。有关部门应该进一步明确包括网络游戏在内的网络文化的产业定位，争取给予其更优惠政策，努力促进文化信息资源的产业化开发利用，推动我国信息文化产业持续快速健康发展，将我国丰厚的资源优势和巨大的市场优势转化为产业优势和竞争优势，让我国从文化资源大国走向文化产业大国，从文化市场大国走向文化生产大国。

文化产业：世贸规则整合下的文化经济发展

傅守祥在《中共浙江省委党校学报》2003年第1期撰文指出，“文化与经济相互交融”揭示了当代社会发展的一个规律性或者说是带发展趋势性的重要现象。当代经济的确发生了重大变化：第一是文化产业即生产文化产品和提供文化服务的企业大量涌现，并在国民经济中扮演越来越重要的角色。第二，传统制造业中的产品设计、生产、营销（宣传包装）及交易过程中文化因素的份额，或者说产品中的文化含量、文化附加值都在日益加重，有时甚至占据首要位置。第三，知识和科技对经济发展的支撑分量日益增大。“文化经济”作为“新经济浪潮”的一部分，应该是一种“人文化的知识经济”。按照世贸规则办事，对中国来说是一种全新的体验和考验。中国的经济管理部门和文化管理部门应该在指导思想上扭转一些传统的认识：首先，要改变“中国是一个资源贫乏国家”的传统观念。其次，要改变单纯从“物质生产”角度评价我国经济发展水平的传统习惯。第三，要改变对文化创作、传播、接受活动的“非生产性”的看法。第四，要彻底改变以前在文化认识上的单一的“意识形态观念”，真正确立新型的“文化经济”理念。第五，要用产业的手段来经营文化，这才是正确的文化产业运作方式。指导思想的扭转和观念的改变，其落脚点还在于制度的创新和政策的制定上。最后，文化开放是经济全球化中的文化竞争与文化生态平衡。

论高校文化产业的现状与整合

龚维忠在《求索》2003 年第 2 期撰文指出，文化产品从其属性上可划分为两种类型，第一种为既具有精神文化传播功能，又具有物质商品价值的双重属性产品，第二种类型为无须通过置换方式，直接生产提供给社会，只具有物质商品价值性的产品。根据文化产品的属性特征，文化产业也可划分为两种不同类型，第一种为策划、设计、生产具有双重属性的专门文化产业，第二种是生产各类不同传媒载体所需要的出版文化产业和直接生产各类文化活动器具和用品的企业，第二种类型的文化产业可被称为亚文化产业。高校既拥有第一种类型的文化产业，即期刊社、报刊社和图书出版社、电子音像出版社等，也拥有亚文化类型的产业，即书报刊印刷厂，部分高校还拥有磁带、光盘与文化用品店、服饰厂等。但是高校与社会的文化产业相比较具有鲜明的异同性。解决这些差异的关键是改变高校文化产业的管理体制问题，同时进一步对高校文化产业的整体现状和管理进行分析。最后，应该更新观念，创新机制，构架高校文化产业工程，具体包括：正确评估高校文化产业的价值与作用，改变学校文化产业条块分割管理模式，合理地调整和配置文化资源，构架高新文化产业集团。遵循文化产业发展规律，开发高校自身及地域文化资源，达到文化产业间的优势互补。坚持以出版文化产业为龙头，结合市场文化需求，开创新的文化产业资源。

积极稳妥推进文化产业发展

王永章在《政策》2003 年第 3 期撰文指出，文化事业和文化产业是两个概念。我们要把握好文化事业和文化产业两者的关系，发展文化产业。文化产业是与公共文化事业相对应的概念。文化事业单位主要靠政府扶持、社会赞助，为公众提供公共文化服务；文化产业单位则主要面向市场，依法经营，自我积累，自我发展。文化事业与文化产业作为我国文化建设的两个重要组成部分，相辅相成，缺一不可。在处理两者关系上要注意克服片面性，应该坚持一手抓文化事业，一手抓文化产业，两手抓两手都要硬，忽视、偏废哪一方面都是不对的。推进文化产业发展，工作要生动，思路要开阔，头脑要冷静，操作要稳妥。政府管理职能部门，要把发展文化产业作为一项重要战略任务来抓。具体做好以下几项工作：一是深入学习领会党的十六大精神，进一步加深理解党中央对发展文化产业提出的各项要求。二是把“搞好调研，完善政策”作为今年的重要任务。三是继续抓好文化产业管理队伍的培训。四是及时了解各省市的文化产业发展情况，选择有特点的文化产业试验园区作为试点，抓好典型示范。五是办好第二届西部文化产业博洽会。六是根据国家有关政策和文化产业发展的现状，推动文化产业中介组织的发展。

论文化产业发展的新阶段

金元浦在《文艺理论与批评》2003 年第 3 期撰文指出，进入小康社会，当代经济的产业下游化与公民需求上游化、高级化的趋势决定了经济的文化化趋势和文化的经济化趋势，而文化作为日益强大的产业结构已成为整个国民经济的重要的、以至支柱性的产业。人们的初级的、低层次的、偏于物质层次的需求得到充分满足之后，高级的、更高层次的、精神的、心理的需求就会凸现出来。另外，高新技术需要文化产业的支持。在基础设施和技术手段达成之后，在传播或发送的方式解决之后，传播或发送什么就显得极为重要，建设与未来世界新的经济形态和技术形态相协调的新的文化产业形态——内容产业与创意产业，就成了新经济发展的重要战略目标之一。

论中国文化产业的可持续发展

林熠在《天津行政学院学报》2003 年第 5 卷第 3 期撰文指出，文化产业竞争力是指一国或一区域文化企业的产品及其服务在国际上开拓市场、占有市场并以此来获取利润的能力，同时也是文化企业保持竞争优势的能力。它既是国家竞争力的有机组成部分，又是产品和企业竞争优势的集合，但绝不是二者的简单相加。中国加入 WTO 后，文化产业的国际竞争力受到严重挑战，提高我国文化产业竞争力是我们锲而不舍追求的目标，因此，我们应当建立文化产业竞争力评价体系。该体系以美国迈克尔·波特的钻石体系为理论依据，以显示性指标体系体现文化产业的核心竞争力，包括竞争实力、竞争能力、竞争潜力、竞争压力、竞争动力、竞争活力六个方面的内容，从内在和外在的逻辑去建立解释性指标体系，遵循大不等于强的原则，目的在于得知中国文化产业的国际竞争力水平，从而消除其竞争劣势，“做”出中国文化产业竞争力的明日的辉煌。

关于发展文化产业的对策与思考

逯弘秀在《当代世界与社会主义》2003 年第 3 期撰文

指出，要促进文化产业的健康发展，就必须切实转变观念，树立文化产业意识，找到政策层面乃至整体产业链上的不足，进而促使我国文化产业向着规范化、体系化、科学化的方向发展。要改变过去那种政府对文化产业管得过多过细的做法，坚持“有所为有所不为”的原则，搞好统筹规划。要注重分类指导。根据我国现阶段的实际情况，文化生产仍有三种不同类型，因此要实施分类指导的原则，不能一概地强调产业化。现阶段还难以产业化的文化生产，只能由政府予以保护性投入和管理；某些应以产业化为取向的文化生产还只能半产业化，政府应予以必要的扶持，使其在市场中不断增强自我发展能力；可以完全产业化的文化生产领域，政府对其生产经营应只“管”不“办”，通过制定必要的政策法规，规范其经营，促进其发展。除此之外，应该建立和完善国家文化安全系统。首先，要建立国家文化安全预警系统，以把握种种可能对我国文化产业发展构成灾难性后果的不良趋势，并及时而准确地做出预告性和警示性反应。其次，要启动相应的国家机制，运用法律的、行政的、市场的以及其他文化安全管理手段。再次，要确保国有企业在整个文化产业发展中的主导地位。最后，要制定和实施文化产业民营化的发展战略。还应建立和完善国家文化创新系统和知识产权保护体系。此外，文化管理体制改革，要突出重点、整体推进：加快文化部门的职能转变；加快文化领域的结构调整；加快文艺团体和文艺单位的内部改革；加快演出、展览等中介机构的改革与建设。而政府职能的转变，主要体现在从“办文化”的传统计划经济管理模式向“管文化”方向的转变。

论文化产业结构的战略性调整与制度创新

胡惠林在《思想战线》2003 年第 4 期撰文指出，关于文化权力的重新配置，是要在制度经济的层面上，实现对于文化生产力的制度性解放，从而在根本上克服长期以来一直困扰我国文化产业发展的条块分割，行业壁垒的弊端，真正实行放松管制和市场的自由准入，而这恰恰是当前中国文化产业结构的战略性调整在制度方面遭遇到的最大障碍和挑战。文化产业结构战略性调整的制度层面，必然涉及文化产业的所有制结构的调整，而文化产业结构的战略性调整，必然包括关于文化产业生产力结构调整。文化产业发展要在经济结构的战略性调整中承接解决制约我国经济发展的结构性矛盾的责任，不仅要接受它的作为改革深化的成本转移，而且也要接受它改革成果的放大效应。尤其是在与信息产业的结合上，通过对文化产业的数字化，全面实现文化产业生产力结构战略性调整，并以此为基础，推进国家文化产业战略。同时，文化产业结构的战略性调整，由于是在中国加入 WTO 的背景下展开的，这就使得中国文化产业结构的战略性调整被赋予了国际性的内容。中国文化产业结构的战略性调整的路径选择与目标定位，就不能只有国内市场这一个向度，而且同时还必须有对于国际文化产业结构变动趋势的观照，在多元多重结构的路径选择和制度变迁中实现。

论城市竞争力中的文化产业因素

姜杰在《山东大学学报》（哲学社会科学版）2003 年第 4 期撰文指出，文化产业是城市的外在现实形态，文化产业越来越成为国民经济中主要门类之一，它不仅自己能直接贡献经济效益，而且还有强大的拉动辐射效应。另外，构建我国城市文化产业体系应做到以下几点：第一，加强引导，完善相关法规体系，健全管理制度。第二，推进改革，清理障碍和限制，大力推进文化产业化发展。第三，建立文化产业发展基金。第四，分类指导，区别对待，拉开档次，因势利导，促进文化产业多元化发展。第五，扩大开放，引入资产重组经验，鼓励民间资本流入，扩大吸引外资，实行资金投入和产业经营形式多元化。第六，严格质量管理。第七，开办文化产业教育。

全球化背景下国际文化投资的趋势

花建在《社会科学》2003 年第 5 期撰文指出，文化投资的投入和回报规律，与其他产业同中有异，它区别于向文化领域的非盈利性投入，也区别于一般性的商业投资，而以“面向文化产业领域”、“以盈利为目的”、“投入经济量”为主要定义，并且延伸出三个基本特点：文化价值可以反复使用，使文化投资形成延伸的回报链条；人们对文化内容的判断具有多义性，文化投资的市场回报受社会评价的影响巨大；文化投资的回报具有间接延伸性，通过多种形式体现出来。文化投资的基本目的之一是资本增值，资本增值的最重要条件是社会资本的介人，只有社会资本的介人，才能使资本发生质的飞跃和量的变化。因此，全球文化投资中的大趋势之一就是不断加大社会资本的比重，用货币资本与其他社会资本结合，包括智力资本、技术资本、信息资本等相结合，并把全球的资源富集地区和市场空间有机地结合起来，形成富有竞争力的优质资本结构。当代文化投资的一大趋势是对全球化和本土化的一个辩证把握，在全球化的过程中使人才、节目和经营走向本土化，又通过本土化的渗透不断加快全球化的扩张，并且利用丰富多彩的本土文化资源，在全球文化市场上达到更大的内容优势。国际文化投资的另一大趋势，就是使政府、金融、企业、民间组织对文化方面的基础性、竞争性、公益性投资相互配合，以提高整体效益。

全球化与文化产业发展

王锦在《河南社会科学》2003年第11卷第5期撰文指出，全球化的趋势对我国文化发展带来了深刻的影响。第一，全球化使我们的物质生活日益国际化，从而也使得文化的载体日益国际化。第二，全球化进程直接或间接地影响了我们的生活方式和审美习惯。第三，文化产品、文化资本的跨国流动和文化生产、文化贸易的全球运作，使得全球文化在生产、贸易、投资等环节间的国际依赖性日益增强。第四，在思想观念上，不同文化在冲突、碰撞的过程中日益互相吸收与融合。在确定我国或某一地区的文化产业发展对策时，必须注意把握以下三点：第一，坚持以发展为主线。第二，要有一个既能充分发挥比较优势，又能防范和控制风险的开放性的文化战略。第三，不断深化文化体制改革，提高文化产业和文化产品的国际竞争力。

中国文化产业发展的困境与对策

赵继伦、毕秀梅在《社会科学战线》2003年第6期撰文指出，目前中国文化产业有三个发展态势值得注意：一是在国内经济的战略调整中，文化产业的比重日益增大。二是信息技术和网络手段更为深入地用于文化产业的产品开发和传播。三是文化产业管理向企业管理的转变已经启动。当代中国的文化产业，无论是产业形态、产业结构，还是产业组织、产业政策等方面都与发达国家之间存在很大的差距。文化产业的发展存在诸多的矛盾和问题，人们在观念里也存在许多困惑：文化产业的总体规模与文化产业国际化进程不相称；文化产业经营机构多，但集约化程度低、效率差；文化产业的资源配置机制混乱；文化产品批量复制，但缺乏文化的原创性；文化产业发展缺乏健全的投融资体系；文化产业从业者素质不高，人才结构不合理；文化产业法制建设滞后，导致管理失控。针对上述问题，对中国文化产业发展的对策建议：坚持文化产业的先进文化前进方向；确立文化产业的资本化、工业化和规模化发展观念；规划文化产业发展战略；健全文化产业多元化经营管理体制；重组现有的文化产业结构；开发文化产业的国际市场；增强民族文化产业的原创力；制定积极合理的文化产业政策；完善文化产业发展的法规体系；培育文化产业的职业人才队伍。

简析文化产业发展路径及其选择

焦斌龙在《前进》2003年第7期撰文指出，文化产业发展路径可以概括为以下类型：第一，文化产品、资源自身的产业化经营。第二，文化产品、资源的产业化经营带动相关产业发展。第三，通过其他产业发展，拓展文化产业发展空间，带动文化产业发展。进行文化产业发展路径选择时，要综合考虑每种路径实施的条件和各地的自身条件。从各地的经验看，要综合考虑以下因素：第一，文化资源状况。第二，文化产业发展水平。第三，文化市场状况。第四，经济发展水平。第五，政策环境及其发展趋势。

刍论我国文化产业的发展

侯建会在《理论导刊》2003年第11期撰文指出，加入世界贸易组织，对我国文化产业带来的挑战主要是：第一，不对等竞争使我国文化产业在短期内承受巨大的压力。第二，外资抢滩中国，市场面临分割。第三，人才争夺将使我国文化企事业单位的人才短缺雪上加霜。在新的形势下发展我国文化产业，必须立足于文化产业的特殊性，充分考虑社会主义市场经济和经济全球化条件下国内外环境的新变化，紧紧抓住我国文化产业发展面临的矛盾和问题。第一，坚持社会效益与经济效益相统一。第二，坚持市场调节与政府调节相结合。第三，打破地方垄断和行业壁垒，加快结构调整和资产重组。第四，打造新型文化产业团体，提高我国文化市场主体的整体素质。第五，重视人才培养和技术进步，增强文化产业的创新能力。

信息化与文化产业：互动、问题与对策

王国荣在《社会科学》2003年第12期撰文指出，对信息化与文化产业互动的考察，一般趋向于正面效应，诚然，这是两者互动中的主流，但互动中的负面效应不应忽视，其产生的新问题，需要我们思考如何趋利避害。这包括：文化产业的泛“大众文化”化；图像信息作为主流符号与思维力的退化；文化产业的管理瓶颈；新型文化产业的人才紧缺；互动中的社会心理及行为方面的负面影响；互动中更为深刻的有关法律、自由、“信息霸权”、“话语权”问题。研究信息化与文化产业的互动所产生的新问题，应当正视并尝试解决这些问题，特别是在信息化与文化产业互动的进程刚刚开始的中国，应当有一系列的对策，包括法律的与行政的、舆论的与教育的各个领域的对策。要制定一个信息化带动的文化产业发展战略，积极参与全球文化产业市场竞争，完善文化管理体制，重视文化产业的商业运作与经营人才。

文化产业：国际贸易竞争的新领域

蒋伟在《商业研究》2003年第16期（总第276期）撰文指出，国际文化服务贸易迅速发展，引起各国对文化

贸易发展的关注。文化贸易的迅速发展是多种因素作用的必然结果：首先世界范围内对文化产品和文化服务的消费需求逐渐增加，其次是迅速发展成熟的文化产业，再次是自由贸易的发展，同时，现代科学技术的发展也极大的促进了文化贸易的发展速度。文化贸易的迅速发展以及文化贸易发展的不平衡，引起各国对文化服务贸易的重视。并且由于文化贸易所具有的经济和文化的双重属性，使一国在国际文化贸易中的地位对该国在世界经济、文化中的发展占有举足轻重的地位，文化产业已经成为各国在国际贸易中积极竞争的新领域。随着经济全球化的纵深发展，文化贸易的自由化和多元化是必然的发展趋势，一国在国际文化贸易中的地位不仅仅是纯粹的经济意义上的贸易问题，而且反映了该国本土文化在世界范围内的传播和与其他国家进行文化交流的状况。无论如何，一国在文化贸易中所占的地位取决于本国文化产业的发展状况，因此各国都在积极发展本国的文化产业，文化产业已成为各国经济和社会发展的战略重点。

论信息产业与文化产业的互动发展

倪志娟在《科学进步与对策》2003 年第 20 期撰文指出，应该利用现代信息技术，提高文化产品的原创力，开发新的信息文化产品，增强我国文化产业的生命力。其次，大力发展文化遗产的数字化技术，保证我国文化产业的民族性。信息技术的发展给文化遗产的继承和发展提供了一种新的途径，即“文化遗产的数字化”。再次，加强信息技术的人文内涵，促进信息技术的健康合理发展。现代信息技术对社会生活各个领域的渗透，使其超出了传统意义的技术范围，它不仅提供了新的技术手段，对人类社会的各个领域产生了革命性的变革作用，而且其本身也成为了人们精神世界的一种展现，成为人们的一种生活方式和思维方式。

牢牢把握先进文化前进方向与推进文化产业发展

杨立新在《南京社会科学》2003 年 S1 期撰文指出，应该把握文化产业发展中的几个关键环节：树立新的文化和文化产业发展理念；加速制定文化产业发展战略；切实加强文化立法和执法工作力度；大力推进文化管理体制改革。完善文化产业创新体系必须做到以下几点：一要培育创新价值观念，包括培育机遇和发展观念，培育竞争和建设观念，培育改革和开放观念。二要增强创新能力，培养人们的创新精神、创新意识。三要建立创新的保障体系，加强党对文化建设的领导，建立有利于文化产业创新的政策和法制体系，形成有利于文化产业创新的环境。

制定国家文化发展战略规划推动国有文化部门的战略性改组

齐勇锋在《2003 年：中国文化产业发展报告》（江蓝生、谢绳武主编，社会科学文献出版社 2003 年 1 月版）中撰文指出，要加快发展文化产业，全面建设小康社会，就必须抓紧制定国家文化发展战略，对国有文化部门及其企事业单位进行战略性的改组。其中包括：制定国家文化产业发展战略规划和文化体制改革总体方案；调整国有资本在文化产业各行业中的布局；加快国有盈利性文化单位的改组、改制和改造步伐；盘活国有文化部门中的人力资源；积极推进国有文化企业集团的发展和规范化建设；分离国有文化部门的办社会职能、建立健全社会保障制度；积极、稳妥地推进国有文化部门的投融资体制改革；着手进行国家文化宏观管理体制的改革。

认真学习十六大精神，积极发展文化产业

韩永进在《2003 年：中国文化产业发展报告》（江蓝生、谢绳武主编，社会科学文献出版社 2003 年 1 月版）中撰文指出，中国共产党第十六次全国代表大会报告第一次出现了“文化产业”这一概念；第一次提出了积极发展文化产业这一要求；第一次对“文化产业”的地位作用、发展目标、发展手段、文化产业与文化事业发展的辩证关系做了全面论述。积极发展文化产业，必须坚持马克思列宁主义、毛泽东思想和邓小平理论在意识形态领域的指导地位，用“三个代表”重要思想统领文化产业的发展。积极发展文化产业，必须坚持体制改革，推动文化创新。积极发展文化产业，推动文化创新，必须坚决冲破一切妨碍发展的思想观念；积极发展文化产业，推动文化创新，必须坚决改变束缚发展的做法和规定，必须坚决革除影响发展的体制弊端；积极发展文化产业，推动文化创新，必须做大做强文化产业集团；积极发展文化产业，推动文化创新，必须加强和改善党的领导，加强宏观管理。

积极探索，大胆实践，努力走中国特色的文化产业发展道路

王永章在《2003 年：中国文化产业发展报告》（江蓝生、谢绳武主编，社会科学文献出版社 2003 年 1 月版）中撰文指出，积极发展文化产业，是“十六大”提出的全面建设小康社会、推动文化建设的一项战略任务。当前应特别注意以下几个工作重点：制定好文化产业发展规划是

推动文化产业发展的基础工作；加快文化结构调整是文化产业发展的重要前提；广泛吸纳社会资本进入，是壮大文化产业的积极举措；培养一支有文化、善经营、懂科技、会管理的人才队伍是搞好文化产业的关键环节；坚持高新技术与文化产业项目的结合，是实现文化产业跨越性发展的必要途径；大力培植“文化品牌”，积极打入国际市场，是文化产业发展的战略目标。

中外文化产业之比较研究

孟晓驷在《中外文化交流》2004 年第 1 期撰文指出，中外文化产业的差距是明显的，在差距巨大的情况下，国外文化资本和文化产业的进入必然对中国文化产业、文化市场产生强烈的影响，并进而影响到中国经济的发展、社会的稳定和文化产业的发展。首先，在开放的条件下，中国的文化资源不再为中国文化产业所独有，国际化的生产方式使传统上对物质资源的争夺转变为对文化资源的争夺。其次，中国的文化市场必然受到强烈的冲击。丰富的文化资源和广大文化市场独占性的消失及国外文化资本和文化产业进入的结果，就是文化产业利润的巨大流失，在这一利润的流失中，伴随的是中国文化产业的萎缩及文化价值观念的冲突。中国文化产业的选择应该是：坚持以经济发展为中心，满足人民日益增长的物质文化生活需要。以市场为中心，塑造文化市场的经营主体。完善文化市场的游戏规则，健全知识产权保护体系，加大对侵权盗版的打击力度。建立合理有效的政策服务体系和办事机构，推动出口导向型企业发展和产品生产，加快现代化科学技术在中国文化产业中的应用。

国外关于文化产业统计的界定

国际统计信息中心课题组在《中国统计》2004 年第 1 期撰文指出，尽管国际社会关于文化产业定义和统计范围还存有争议，但在文化产业统计范围的总体框架上仍有较大的共识，认为文化产业是以文化遗产古迹、文化艺术和休闲娱乐为主体而引发的一系列生产、销售和服务活动的产业群。借鉴国外的经验，在确定文化产业概念和统计范围时，应注意以下几点：一是要服务于文化政策目标和研究目的的需要，应根据制定政策的具体需要建立文化产业统计框架。文化产业的口径范围不是固定不变的，可以根据不同需要来制定。二是应以国家标准产业分类、标准产品分类为基础建立文化产业统计口径范围，这是开展文化产业分析研究的前提。如果没有一个较详细的国家标准产业分类和产品分类体系，文化产业统计工作将是很困难的。三是要尽量按国际一般惯例确定文化产业概念和范围，增强国际可比性，同时还要考虑到我国的国情，满足文化产业发展的需要。

深化文化体制改革，加快文化产业发展

傅守祥在《长白学刊》2004 年第 1 期撰文指出，首先，文化建设需要把握好经济与文化相互作用的辩证关系。在文化的外部关系，尤其是文化与经济的关系中，存在着“一手软，一手硬”的现象，在文化建设内部也有类似的倾向。必须进一步更新文化观念，从更大的视野看待文化建设。其次，必须进一步深化文化体制改革。可以说，文化体制改革已成为当前制约我国文化发展的瓶颈。最后，必须加快文化产业市场化的步伐。目前，我国的文化产业发展还没有形成公平的、规范的、竞争性的统一市场。市场对人才、资金、技术、信息、项目等文化资源配置没有起到基础性作用，文化资源闲置、浪费的现象较严重。

从政治经济学的视角看文化产业的特性

冯士新在《中国出版》2004 年第 1 期撰文指出，马克思对商品属性及其生产的分析，特别是关于劳动价值论的分析，对于文化产业的分析具有重要的指导意义。首先，从使用价值看，大多数文化商品满足的是一种精神上的需要。其次，从价值——即文化商品的生产过程看，“文本性”产品和“功能性”产品表现出明显的不同。最后，从交换价值看，文化商品可能与价值之间存在更为明显的背离。文化作为一种上层建筑，其商品的再生产过程，也是意识形态的再生产过程。对文化产业的特性进行分析，强调文化产业与其他产业的不同之处，突出文化产业的特点，对我国文化产业的长远健康发展具有重要意义。从长远着眼，我们一是要加快推进文化体制改革，尽快发展壮大自己文化产业的实力和竞争力，这是应对国际竞争的最有效手段。二是要按照先进文化的前进方向，弘扬民族精神和民族优秀传统文化，提高群众对不良和有害文化的辨识和抵制能力，这是维护我国文化安全的最根本的保证。

当代西方文化产业理论研究概述

苑捷在《马克思主义与现实》2004 年第 1 期撰文指出，总结国外文化产业的有关研究，可以概括出以下特点：第一，从研究的对象来看，目前国外对文化产业还没有权威的界定，其内涵因国家或研究者的不同而存在差异。第二，从研究的领域来看，随着现代科学技术对传统文化产业的不断渗透，文化产业的外延也在不断拓宽，而

且越来越多地表现出新技术和高智力含量的双重特征。第三，从政策的取向来看，并非只有推向市场的文化活动和文化部门才可以被称之为文化产业。第四，从研究方法上看，国外对文化产业的共性的、一般性的研究比较多，而对各国差异的比较分析则很少。第五，从研究的侧重点来看，国外文化产业的研究存在着另一个更为严重的缺陷，即对大城市的关注较多，对农村和地方发展的关注则少之又少。

大众文化与文化产业

傅守祥在《求实》2004 年第 2 期撰文指出，正当文化产业与大众文化在中国大地上成为新宠之际，一个迫在眉睫的现实难题摆在了人们面前，这就是：文化产业与大众文化在中国语境中的混乱和不规范。这种混乱不单出现在各种文化实践活动中，同时也存在于理论界的热烈争论中。首先是概念使用上的语境规范问题。其次是理论引进中的照搬和使用中的硬套。中国大陆现有的关于文化产业与大众文化的研究成果几乎都以照搬法兰克福学派的批判理论为蓝本。在文化产业肯定会急剧扩张的现实情势下，对文化产业的合理的批判、审慎的矫正，反倒是难能可贵、相当需要的。因为这是一种有积极意义的对抗，而不是简单的拒绝或反对。要健康地发展中国的大众文化与文化产业，就必须注意倾听反对的声音，并不断地作出自我调整。事实上，有力的理性批判与再批判，正是西方文化产业持续地良性发展的外部动力之一。

文化产业的税收法律环境探析

周亮在《焦作大学学报》2004 年第 2 期撰文指出，税收可以而且应当对社会关系，特别是经济关系的调整起到规范、制约作用，对于文化产业同样如此。通过税收优惠手段，给文化产业的投入以鼓励，为文化产业创造有利的发展条件；税收的直接调整，使文化产业的某些领域能够在直接得益于税收优惠的前提下得到超常发展，并以此促进整个文化产业及相关产业的发展。目前，我国整体上对文化产业实行了优惠税率，但是文化产业中各行业的税负依然比较重。完善文化产业中的差别税率政策应以政府的文化导向为依据，对不同种类的文化事业和不同社会效益文化产品以及文化服务，实行不同的税率。可以借鉴国外的经验，设立文化产业发展基金，对文化产业的主导行业和重要产品提供资金支持。通过优惠税收政策加大鼓励企业和个人捐赠，对于企业和个人的捐赠行为，应制订和落实有关政策和法规，调动其积极性。

西方国家文化产业发展模式与发展趋向探析

雷光华在《湘潭大学学报》（哲学社会科学版）2004 年第 28 卷第 2 期撰文指出，西方国家文化产业的发展模式有：第一种是竞争——保护模式。这一模式的主要特征体现在，在国家内部既采取一系列措施鼓励文化产业领域的市场竞争，又制定相应的政策和投入大量的资金扶持、促进文化产业的发展；在国际市场竞争中既利用国家力量积极推进文化产业全球化、文化市场自由化与文化贸易自由化的政策，又制定一系列政策措施保护本国文化产业和文化市场。第二种是产业综合模式。目前，文化产业综合主要有以下三种方式：相关行业内部综合，跨行业综合，跨国产业综合。第三种是集约化经营模式。随着经济全球化和文化产业集团的兼并化的发展，文化产业的集约化经营模式日益显现。当今世界的文化产业市场，绝大多数被以强大的经济实力为依托的少数发达国家垄断。第四种是特色推动模式。特色文化经营已经成为一种趋势，并深刻影响着这个国家和地区的文化发展。西方国家文化产业的发展趋向是：文化市场的全球化取向，文化产业资源配置的国际化趋向，文化产业发展的数字化、网络化趋向，文化产业发展的多极化趋向。面对经济全球化迅速发展的时代潮流，在中国参与经济全球化不断向广度与深度迅速发展的情况下，西方国家文化产业的发展模式和发展趋势既会对中国文化产业的发展产生重大的影响，也给中国文化产业的发展战略和发展模式的选择提供了有价值的参考。

回首 2003：蓬勃发展的中国文化产业

张晓明、胡惠林、章建刚在《中国经贸导刊》2004 年第 3 期撰文指出，2003 年文化产业已经开始加入中国新一轮增长周期，成为中国经济增长率提升的一个新热点。第一，国民经济持续发展，推动消费结构升级换代，传统文化产业开始向新兴文化产业转移。第二，文化体制改革进入实质性启动，存量领域的产业发展潜力开始得到释放。第三，信息产业与文化产业关联运动引人注目，产业格局出现大范围重组，增量领域的新兴产业力量异军突起。第四，市场开放提速，文化管理体制和机制谋求多方创新。第五，深化文化体制改革，推动文化产业快速发展。

论中国文化产业发展的“走出去”战略

胡惠林在《思想战线》2004 年第 3 期撰文指出，不仅经济要“走出去”，文化也要“走出去”，必须在全球化的背景下重新考虑中国文化产业的发展道路和发展模式。文化贸易特别是对外文化贸易，其量的规模和质的占有，都是一国一地区文化发展现代化程度的反映。大力发展对外文化贸易，就成为许多国家重要的国家战略，当代世界的文化发展正是在这样的过程中获得了极大的发展。改革开放以来，我国引进了大量的国外优秀学术成果和先进技术，对推动我国思想解放、观念变革、理论创新和文化现代化程度的提高起到了重要作用，然而，在这个过程中也带来了巨大的文化贸易逆差，使得在思想文化影响上形成严重的不对称。中国要改变这种地位，就必须调整国际贸易结构，制定和实施文化与文化产业的“走出去”战略，实行“引进来”与“走出去”并举的方针。在融入现代世界体系的过程中，实施“走出去”的战略，就不仅可以参与新的世界文化秩序的重建，而且在这个过程中，可以获得文化增长所必不可少的来自需求的动力。同时，实施“走出去”的文化产业发展战略，必须根据加入WTO后我国对外开放的整体战略需求重建我国文化外贸的政策系统和法律体系，改革我国的文化外贸体制，建立新的国家文化外贸制度，大力鼓励文化产品出口，充分利用WTO提供的全球文化市场的平台，积极参与国际文化贸易竞争。

文化产业之社会效应初探

张艳在《学术论坛》2004年第3期（总第164期）撰文指出，文化产业其重大而深远的社会效应包括：第一是产业发展的整合效应。整合效应体现在对生产要素的整合上，体现在与其他产业的广泛的技术经济联系与整合上，体现在市场的消费需求的整合上，体现在产业的基本资源的整合上。第二是城市建设的聚集效应。文化产业的发展有利于保持国际大城市和地域中心城市的活力与导向功能，有利于城市发挥中心文化辐射的功能，“聚集效应”的发挥使城市成为了人类文明的高级载体，并塑就了未来人类生活的主要舞台。第三是市场经济的超前效应。超前效应主要体现在生产要素的自由组合及有序流通、鼓励技术入股和提倡智力投资上较之其他产业走在了前列；资源配置的灵活多样；产业基础及行业结构受传统束缚少，在经营模式、管理体制和营销方式上更具有先进性。第四是社会进步的基础效应。文化产业使精神文明建设有了现实的操作平台和具体的文化载体；文化产业为精神文明建设的长足发展增添了丰富的内容和深远的意义。第五是国际竞争的王牌效应。我国文化产业能为我国在国际上打响“文化产业王牌”提供潜在的巨大推动力，同时，文化产业发展的空间非常大，具备“时间上的加速度”的优势。

文化产业发展研究十论

李沛君在《生产力研究》2004年第3期撰文指出，发展文化产业应做好十个方面的工作：第一，进一步解放思想，转变观念，大力发展文化生产力。第二，明确不同文化形式的性质，创新文化管理体制。第三，遵循市场规律，对文化产品进行产业化开发。第四，遵循精神文化生产的新特点，实现文化产品与服务创新。第五，利用民族文化资源，发掘传统文化的产业潜力，加快资源优势向产业优势的转化。第六，建立文化产业综合开发体制，实行多种行业联合开发、交叉开发，壮大文化产业规模。第七，调整和优化文化产业结构，增强发展文化产业的合力。第八，扩大文化企事业的数量和规模，壮大文化产业的实力。第九，加快专门人才培养，构筑文化产业人才高地。第十，不断完善文化产业政策法规，促使文化产业健康发展。

经济全球化与中国文化产业的发展

朱启松、黄致真在《西南师范大学学报》（人文社会科学版）2004年第30卷第4期撰文指出，经济全球化和我国加入WTO，对中国文化产业的发展是一次重大的挑战，可能会感受到意想不到的强烈冲击。包括国外文化产品的冲击，西方文化价值观念的冲击。同时，经济全球化背景下中国文化产业也面临发展机遇。经济全球化有利于我国借鉴国外文化发展有益经验，提高我国文化产业竞争力。经济全球化有利于引进外资，拓宽融资渠道。我国发展文化产业具备有利因素，因为我国具有广博的有特色的文化资源，而且我国发展文化产业也已具备坚实的经济基础，此外，我国人力资源极为丰富，充分发挥智力优势，大力发展文化产业，也是符合我国国情、扬长避短的一种战略选择。中国文化产业的发展对策有：进一步提高竞争意识；制定积极的文化产业政策；改革我国的文化外贸体制；重视人才培养和引进高科技，增强文化产业的创新潜力；建立国家文化安全预警系统，加强文化安全立法建设。

正确把握若干重要关系 促进文化产业健康发展

黄南珊在《学术论坛》2004年第4期、第5期撰文指出，大力推进我国文化产业的跨越式发展，就必须与时俱进，开拓创新，高度重视、科学把握和正确处理文化产业发展中的十二个重要关系问题。包括：文化产业与文化事业的关系；意识形态属性与商品属性的关系；文化产品与文化服务的关系；人文素质与科技素质的关系；社会效益与经济效益的关系；政府推动与市场导向的关系；结构调整与产业改革的关系；集团化建设与空间化建设的关系；对外文化开放与国家文化安全的关系；市场经济规律与文化内在规律的关系；环节把握与队伍建设的关系。

论网络文化产业市场法律制度的完善

李冬梅、贾丽平在《中国合作经济》2004年第5期撰文指出，网络文化产业市场存在的法律问题主要表现为以下几个方面：网络媒体发布虚假信息和有害信息的法律问题，网络合同的法律问题，网络文化产业知识产权保护的法律问题，网络文化产业运营中侵犯人格权的法律问题，网络文化产业运营中的消费者权益保护问题，网络文化产业市场中不正当竞争的法律问题，网络文化产业运营中的网络犯罪问题。我国对网络的立法还刚刚起步，已经显示出许多问题，目前尚存在如下缺憾尚需弥补：立法位阶较低，立法缺乏针对性，立法缺乏稳定性。因此应从以下几个方面完善网络文化产业市场的法律制度：强化对网络信息的法律控制；制定《电子商务法》，以规范电子商务活动；完善保护网络知识产权的相关法律制度；完善保护网络人格权的相关法律制度；加强对网络消费者权益的法律保护。

建立健全文化产业的法律体系

郭玉兰在《理论探索》2004年第5期撰文指出，总体来说，我国的文化立法还处于初级阶段，和蓬勃发展的文化产业很不相称，更不能满足全面建设小康社会的需要，主要体现在：第一，法律不健全，许多重要法律尚属空白。第二，法律不完备，许多法律缺少严密性，操作困难。第三，法律太滞后，不能适应现实需要。第四，法律法规混乱，互相矛盾抵触，缺少系统性。我国文化产业的立法要把握人文性原则、宽容性原则、系统性原则、国际性原则。并注意以下问题：文化资源的共享问题；文化立法的超前问题；民族文化产业的保护问题。

从文化到文化产业：涵义与功能的演变

朱以青在《山东大学学报》（哲学社会科学版）2004年第5期撰文指出，从文化到文化产业，体现了文化涵义与功能的变化。文化产业赋予文化以物质含义与经济内容，并在文化原有价值的基础上增添了物质价值与经济价值，这是对文化的内涵、价值和意义的丰富与提升，其结果是使文化同时具有了上层建筑与经济基础的双重性质与功能，在综合国力的竞争中发挥着越来越重要的作用。作为意识形态重要组成部分的文化具有两个基本功能，一是引导人、熏陶人、规范人的教育功能，二是适应人、拓展人、满足人的服务功能。在市场经济条件下，文化的基本功能主要是通过文化产业所生产的产品及其服务来实现的。文化产业在按照价值规律实现经济效益的同时，必须兼顾社会效益的原则，更多地服务人，有效地满足不同层次人的精神文化需求。在坚持社会效益的同时，文化产业必须遵循价值规律，把人的文化需求变为文化消费，通过生产、交换、消费来得到价值补偿，实现文化生产的扩张，取得更大的经济效益。

我国文化产业发展的战略思考

马国柱在《辽宁大学学报》（哲学社会科学版）2004年第32卷第5期撰文指出，我国文化产业在发展过程中是机遇与挑战并存。从机遇方面看，我国文化产业有着坚实的发展基础，突出表现在三个方面：社会主义先进文化建设为文化产业奠定了坚实的政治基础，改革开放的经济成果为文化产业奠定了坚实的经济基础，丰富的文明历史为文化产业奠定了坚实的发展基础。从挑战方面看，我国文化产业在发展过程中还存在着一些需要克服的困难，主要包括三个方面：观念认识问题，产业规模与自我发展问题，创新能力不足的问题。由此，我国文化产业发展的对策是：树立新型文化产业观；调整文化产业结构，创造集约化经营模式；提高文化产业的科技含量；建设都市文化产业群，带动我国文化产业的整体发展；加强文化市场管理，培育健康的文化消费市场。

国外文化产业：概念界定与产业政策

安宇、田广增、沈山在《世界经济与政治论坛》2004年第6期撰文指出，各国对文化产业的界定虽然表述不一致，但是具有共识和互补性，其内涵包括：符号性商品和服务、凝结知识产权、传递象征意义、传统与现代共存、具备产业体系。文化产业的概念可以表述为：凝结一定程度的知识产权，并传递象征性意义的创造性的文化产品和服务的生产、扩散、聚合体系。文化产业政策被许多地方政府赋予高度期望，认为文化产业的引入将改变既有城市和地方的经济发展，并重建经济活动中文化所扮演的角色。文化产业政策就是从经济学的角度来考察文化，并将经济学方法应用于政策分析：投资、杠杆、就业、直接与间接收入效应、社会与空间定位等等。目前，文化产业政策制定正在变成从整体上振兴"市区"、"城市"和"地区"的更大规划的一部分。文化政策趋向于文化规划，即一整套相互关联的项目和用来联结文化和经济发展的战略，越来越被城市、市政当局、地方团体所接纳，并关系到"地方制造"、鼓励文化旅游、文化和创意产业能力的建设以及文化可持续性发展和社会公正。

分工、比较优势与文化产业发展

冯子标在《中国流通经济》2004年第9期撰文指出，

发展中国家必须突破资源禀赋的束缚，塑造新的比较优势，培育新兴主导产业，获得在国际分工中的有利位置，争取更大的国际经济总量分配份额，才能真正实现经济长期发展。而在“后工业化”时代，服务业成为时代主宰，文化产业可能成为新世纪的主导产业。具体到我国而言，发展文化产业的必然性与可能性同样突出，文化产业将是21世纪的主导产业。但是，从目前来看，我国缺乏发展文化产业的比较优势。文化产业的主导生产要素无疑是高层次的人力资本，因此我国政府有针对性地加大高层次人才的培养力度，突出发展高等教育，将是我国培育文化产业比较优势的根本举措。

科学发展观与文化产业

冯潮华在《福建论坛》（人文社会科学版）2004年第10期撰文指出，文化产业的发展将有利于进一步树立和落实科学的发展观，坚持全面、协调和可持续的发展。首先，文化产业的发展有利于经济结构的优化。其次，发展文化产业有利于经济增长方式的转变和环境、生态的可持续发展。再次，发展文化产业也是实现“三个文明”协调发展的必要保证。必须以科学的发展观指导文化产业的发展。第一，要从落实科学发展观的战略高度，充分认识发展文化产业的重要性和必要性。第二，坚持统筹兼顾，深化文化体制改革，促进文化产业发展。第三，发展外向型文化产业，实施“走出去”的发展战略。第四，加强文化市场管理，确保文化产业健康发展。第五，拓宽文化产业融资渠道，形成多渠道投入机制。第六，加快文化产业人才培养，为文化产业可持续发展提供人才保证。

发展两种文化形态，推动多元文化投资

花建在《学习月刊》2004年第11期（总第229期）撰文指出，文化事业，主要是公益性的文化形态，在现阶段的中国，应该以政府投资为主导，社会投资为辅助。而文化产业，主要是商业性的文化形态，从全球文化产业的潮流看，它应该以企业投资和社会投资为主体，政府投资为辅助。对文化事业和产业这两种形态，我们都要坚定不移地抓好，决不可偏废。政府对文化事业的投入越多，其他各种形态的文化就越是繁荣，反过来对文化产业的促进也越明显。现在一方面是国内文化消费的需求越趋增大，另一方面是文化产业存在投资规模偏小、技术含量偏低、总体结构偏低的情况，所能提供的文化产品和文化服务远远不能满足需求。政府在扩大文化投资方面的职能定位，主要不是“投资”，而是“融资”，即建立良好的社会信用系统和服务平台，规范文化投资市场，让富有市场潜力的文化项目与国内外的优质资本“亲密接触”。同时，近年来，大量民营资本活力澎湃，应该鼓励他们进入更多的文化产业领域。

建设先进文化的能力与文化政策

陈卫平在《探索与争鸣》2004年第11期撰文指出，制定正确的文化政策是提高建设社会主义先进文化能力的题中之义。文化可以分为文化产业和非产业文化，前者以市场经营的方式来运作，后者则以非市场经营的方式来运作。文化产业分为三类：1. 生产与销售以相对独立形式呈现的文化产品；2. 以劳务形式出现的文化服务行业；3. 向其他商品和行业提供文化附加值的行业等。非产业文化主要包括义务教育、自然科学和哲学社会科学的学术研究以及图书馆、博物馆等公益性文化。我们现在这两种文化发展都不理想的原因是在产业文化领域的政策没有贯彻彻底市场化的原则，而在非产业文化领域的政策则市场化的倾向越来越厉害。产业文化最本质的要求是其投资者、经营者和从业者必须走向市场，遵循市场运行的规则。而我们没能有效推动产业文化按市场化方式来运作的表现为：首先，在产品的取向上有着浓厚的受“官方”主导的色彩。其次，从业人员缺乏按照市场原则的自由性、流动性。再次，组织机构官方化，没有真正的行业协会。只有在政策上彻底贯彻市场化原则，才能有效地促进产业文化的发展。非产业文化的根本特点是原创性和公益性。在学术研究领域，现在阻碍个性自由的是经济控制。我们要求公共设施在经济上自负盈亏，所以导致公共文化设施越来越多，而其公益性则越来越少。

文化体制改革与文化产业发展论析

朱三平在《求索》2004年第11期撰文指出，文化体制改革必须着力于体制和机制创新，根本的问题是要创新面向群众、面向市场的体制和机制。文化体制和机制创新要抓住重点：第一，重塑文化市场主体。公益性文化事业单位要进一步推进劳动人事、分配和社会保障三项制度改革。以骨干文化企业为龙头，推进集团化建设。大力发展民营文化企业，形成以公有制为主体，各种所有制共同发展的文化产业格局。第二，改革文化管理体制。行政主管部门要进一步转变职能，逐步实现由办文化向管文化转变，由管微观向管宏观转变，由主要面对直属单位转为面向全社会。第三，培育和规范文化市场。加快文化产品和文化市场建设，发展市场中介组织，形成统一、开放、竞争、有序的文化市场体系，打破条块分割和行业垄断。积极实施“走出去”战略，使我国文化产品和服务，更多地进入国际市场。

文化产业的兴起与产业结构调整

孙咏梅在《经济理论与经济管理》2004 年第 12 期撰文指出，文化产业作为一个新兴产业，要完全进入市场，必须尊重市场经济的一般法则，要注重成本核算，提高经济效益。对一个产业的效益评价应从三个方面考察：最终产品效益、资源利用效益、产业比较效益。文化产业作为一个新兴的产业，其发展具有绝对优势、比较优势和规模优势。文化发展也必须与经济体制改革相适应，要打破过去那种文化产业的发展落后于其他产业的旧的发展模式，打破过去那种文化产业由某一所有制结构垄断的局面。文化作为一种上层建筑和意识形态，必须遵循其自身的发展规律，同时也必须遵循社会主义市场经济规律，努力适应市场经济的要求。要充分发展文化产业，体制创新是最重要的环节。发展文化产业的重要目标就是要在文化建设中引入产业机制。发展文化产业要做好整体规划，调整布局，整合资源，优化结构。要发挥文化产业向周边地区辐射的效应。

关于文化产业主体多元化发展的思考

彭南林在《理论前沿》2004 年第 14 期撰文指出，对文化产业的管理应逐步走上依法管理与行政管理结合，以依法管理为主；行政监管与政策促进结合，以政策促进为主；政府力量与社会力量结合，以社会力量为主；文化例外与文化开放结合，以文化开放为主；有限垄断与商业经营结合，以商业经营为主之路。文化产业主体多元化模式的形成只是水到渠成的选择，但当前仍需要通过发展与改革来解决一些深层次的问题。积极推进文化管理体制改革的措施主要有：建立有序、开放与法治相结合的文化体制，建立统一的文化大市场，完善文化投融资体系，发挥非政府组织在文化中的作用。构筑健全的文化产业主体结构应该：第一，健全产业组织结构。第二，鼓励创意企业的发展。第三，转换固有文化企业经营机制，建立风险预警、监控、处置机制，加强国有文化资产的管理与考核，建立与企业经营绩效和员工工作业绩相联系、有激励与约束作用的考核与分配制度，管理措施精细化，保证固有文化资产的保值增值。第四，从内涵提升产业组织的水平。

文化产业建设债券：从资产到资本的天堑通途

高宗仁在《中国文化报》2004 年 7 月 16 日撰文指出，资本市场法制化、社会融资市场化、规范化和诚信化，正在成为我国投融资体系的基本氛围。在这个崭新的大背景下，我国文化产业建设债券发行势在必行，仅是个时间问题。通过债券融资，是今后资本筹集的主要形式之一，是个方向。当前资本市场的利率是很低的，从宏观上说，是利用借贷资本的好机会，而通过债券融资取得的借贷资本，若是处理得当，筹资成本会很低。文化产业建设债券发行将是我国文化产业领域内的新生事物，将是我国文化产业开拓资本市场的新篇章。推广发行文化产业建设债券，是促进、加速文化企业国有资产向国有资本转化的推动因素和压力，在宏观上，对当前文化体制改革具有重大意义。在这种情况下，任何一家文化企业能率先以发行文化产业建设债券方式集资，必将赢得发展的主动性和社会的赞誉。

我国文化体制改革历程的回顾与启示

韩永进《2005 年：中国文化产业发展报告》（社会科学文献出版社 2005 年版）撰文指出，我国新时期的文化体制改革经历了三个发展阶段：第一阶段（1978—1992 年）；第二阶段（1993—2002 年）；第三阶段（2002 年至今）。20 多年的文化体制改革历程给予我们的启示是：（一）与时俱进——充分认识文化体制的重要性和必要性。我们现行文化体制改革表现出诸多“不适应”：1. 与社会主义市场经济体制逐步完善不适应。2. 与大力发展社会主义先进文化和全面建设小康社会奋斗目标的要求不适应。3. 与人民群众日益增长的精神文化需求不适应。4. 与我国加入 WTO 后对外开放的新形势不适应。5. 与世界高科技发展不适应。（二）解放和发展文化生产力——文化体制改革的根本目的。（三）先进文化的前进方向——文化体制改革的根本原则。（四）实事求是——充分认识文化体制改革的艰巨性和复杂性。（五）“两分开”、“两手抓”——文化体制改革的关键。（六）搞活微观主体——文化体制改革的重点。目前培育市场主体有两个主要途径：一是国有文化单位转企改制，尽快建立现代企业制度，成为参与市场竞争的主体。其次，必须搞好公益性文化事业单位的改革。（七）加强领导，综合配套——文化体制改革的重要保障。

发展中国文化产业的三大战略举措

孟晓驷在《北京大学学报》（哲学社会科学版）2005 年第 2 期撰文指出，在新的历史条件下，应该从文化的突破，文化的换装，文化的出征三大战略高度理解并制定、实施我国文化产业发展的战略举措。中国文化的突破，首先要突破行政壁垒，全面实行国有文化单位布局结构的战略性调整；其次要突破政策性障碍，全面实行国有文化单位体制的根本性改革；再次，对外开放应当优先对内开放，全球化应当优先全国化。用现代高科技和先进适用科技改造和提升文化产业，是推进文化科技创新的重要内容。当代信息产业已不再是单纯的信息技术产业，而是信息技术产业与信息文化产业的统一。同样，文化产业只有与信息产业相结合，以信息化带动产业化，以产业化促进信息化，走新型产业化道路，才有可能实现超常规跨越式发展。另外，应当从经济的角度把对外文化交流看作是文化外贸的手段之一，采取市场经济的运作方式从事对外文化交流。

中国文化产业国际竞争力评价和若干建议

祁述裕、殷国俊在《国家行政学院学报》2005 年第 2 期撰文，参照国外有关竞争力研究的通行做法，以生产要素、需求状况、相关辅助产业、文化企业战略、政府行为等 5 大要素为基本内容，并将上述 5 大要素具体分解为 17 个竞争面、67 个竞争力评价指标，建立了全面反映一个国家文化产业竞争力的综合评价指标体系。以中国、印度、日本、美国、英国、澳大利亚等 15 个国家作为文化产业国际竞争力比较的研究对象。运用文化产业国际竞争力评价指标体系，对上述 15 个国家文化产业国际竞争力进行量化分析，包括 15 个国家文化产业国际竞争力综合评价，中美、中日文化产业国际竞争力对比分析，中国文化产业竞争力优劣势评析。综合 5 大要素分析，中国文化产业国际竞争的强优势点有 7 个，弱优势点有 6 个，劣势点 54 个，优劣比为 1:4，劣势多于优势。当前，重点要在提高文化企业竞争力、改善需求状况和改进行政管理上下功夫。在提高文化企业竞争力方面，要深化国有文化企业改革，大力扶持中小企业，加快投融资体制改革。在改善需求状况方面，要重点扶持有市场前景的文化产业，转变国民消费观念，提高文化消费者成熟度，加强配套服务体系建设。在改进行政管理方面，要改进党的执政方式，转变政府职能，建立公平竞争的市场机制。最后应加强对文化产业发展的理论研究，加快对各类文化产业人才的培养。

文化体制改革与我国文化产业竞争力

任彦申在《北京大学学报》2005 年第 2 期撰文指出，当前制约文化发展的最大瓶颈依然是体制障碍。国有的文化单位，资产比较雄厚，效益也比较好，日子过得不错，再加上这些领域的国家垄断和行政保护，来自外部的挑战也不大，因而改革的内在动力不足。还有一部分文化单位，资产很小，包袱很重，改革的成本很高，没有政府的强大支持，他们改不动，也改不起。原有文化体制的弊端主要表现在：一是政事、政企不分，管办不分。直接从事文化生产和经营的单位没有自主权，没有形成文化市场竞争的主体。二是国有文化资产被条块分割，上下分割，部门分割，资源分散，低水平重复建设，造成资源的巨大浪费和效益低下。三是政府包办文化、公款消费文化，文化市场发育缓慢。文化体制改革的根本目的是解放人才，解放文化生产力，以满足广大人民群众日益增长的精神文化需求，闯出一条在市场经济条件下繁荣振兴文化的道路。文化体制改革的关键是实行政事分开、政企公开，管办分离。文化体制改革的重点，或者说当务之急是打造现代文化企业，培育文化市场竞争主体，真正把文化生产经营单位放活。

略论树立科学的文化产业观

张凤琦在《探索》2005 年第 2 期撰文指出，为了将中国丰富的文化资源尽快转变为现实的生产力，紧跟世界文化产业的发展趋势，参与文化全球化竞争，就必须转变观念，树立科学的文化产业观，这已刻不容缓。要树立科学的文化产业观，应着重以下几方面工作：第一，要树立科学的文化产业观，首先就应当正确地认识文化，认识文化产品的属性及其功能，构建正确的文化认识论。第二，树立科学的文化产业观，应当坚持把社会效益放在首位，努力实现社会效益与经济效益的统一。第三，树立科学的文化产业观，应当坚持一手抓繁荣，一手抓经济，处理好文化事业和文化产业的关系，促进文化事业与文化产业共同发展。

文化产业的对位性机制：市场条件下的文化艺术保护

金元浦在《艺苑》2005 年第 3 期撰文指出，当代文化艺术保护问题的提出，源于现代传播媒介的高速发展对传统艺术方式的巨大冲击，源于全球文化的同质化或同步化对当代世界各国、各民族、不同地域文化艺术形式的冲击，源于当代消费社会的文化逻辑对人类精神文化遗产及其存在意义的消解，源于经典艺术、高雅艺术的退场，席卷世界的市场化文化特别是大众娱乐性文化对非盈利文化的强力冲击。然而长期以来，我们从没有把文化艺术的保护当作一个关乎全民的问题来关注和研究。据此我们的对策是：应加快政府保护方式的改革，改革和完善政府保护方式是文化艺术保护制度改革的关键环节，主要是改变政府文化部门的职能，注重于文化艺术整体发展的宏观管理与保护。应尽快建立完善法律保护方式，法律方式保证了当代艺术保护的法律地位与运作程序，也保证了艺术保护的公众意识与社会责任。应迅速建立市场保护体制，努力发展上规模、上档次的一批大型文化产业，对于那些不能以产业形式发展的文化艺术，则必须通过市场，寻求企业资助的道路。最后，应该争取广泛的社会支持与全民保护，当代艺术保护中的社会支持和全民保护具有最广泛也最强大的力量。

文化产业的原动力与中国当代媒介文化生态

于德山在《新闻界》2005 年第 3 期撰文指出，中国当代实践层面的文化产业充满着各种复杂的矛盾，各种问题也就显现出来。其中最为重要的问题是，现在几乎难以界定与找出中国文化的内涵与主导因素。美国学者戴安娜·克兰在分析文化生产中的文化组织与媒介关系时充分揭示了西方尤其是美国文化产业的现代特征，对我国文化产业的理论研究与媒介文化实践具有很强的借鉴作用：第一，重新对中国当代文化资源进行归类整理。可以把中国当代文化产业分为四个类型：全国性的核心媒体，边缘媒体，都市文化，乡村文化。第二，根据不同层面的文化组织，采取不同的对位政策。对于全国性核心媒体与边缘媒体，要在注重社会效益的前提下，进一步扩大其自主经营权，强化其核心竞争力与经济效益；对于都市文化与农村文化层面，必须采取文化产业的对位性保护机制，在市场条件下区别对待，强调某种传统文化与精英艺术的生存、创新与传播。第三，从技术创新到内容创新。文化产业只有成为信息产业的“内容”才能焕发新的生机，而信息产业只有成为文化产业的操作平台，才具有真实价值。在中国当代媒介技术更新与媒介资源整合的同时，我们更要进行媒介内容的创新，这才是我们组建文化产业的根本。

全球化背景下发展民族传统文化产业的思考

覃萍在《改革与战略》2005 年第 3 期撰文指出，民族传统文化产业是文化产业的重要组成部分，培育和发展民族传统文化产业是壮大我国文化产业的必然要求。首先，民族传统文化资源商品化是全球化背景下发展民族传统文化产业的基本前提。改变现状，适度提高民族传统文化资源商品化程度，必须从以下两个方面入手：一是要走出认识上的误区，正确处理民族传统文化的保护与开发之间的关系。二是要根据市场需求，明确市场定位，整合和包装民族传统文化资源，生产和销售适销对路的民族传统文化产品。其次，民族传统文化产品技术化是全球化背景下发展民族传统文化产业的关键。随着中国加入 WTO，文化产品和服务面临着国际文化市场的激烈竞争，而这种竞争归根到底是文化产品科技含量的竞争、品质的竞争、品牌的竞争。提高文化产品的科技含量不仅要立足于提高产品自身的生产工艺和技术水平，而且要提高文化产品传播手段的科技水平。最后，培育和完善资本市场是全球化背景下发展民族传统文化产业的重要环节。大力发展文化产业资本市场，不仅可为文化事业和民族传统文化产业的发展提供充足的资金来源和物质保障，而且对于推动民族传统文化产业的所有制结构调整、产业和行业结构调整，推进国有文化企业的改组、改造和机制转换，优化资本结构，促使一批大型民族传统文化企业集团尽快成长壮大，增强我国文化产业的整体实力和国际竞争力，都具有十分重要的作用。

解放思想，更新观念，以文化体制改革促文化产业发展

章建刚在《人文杂志》2005 年第 4 期撰文指出，观念的僵化一直是文化体制改革的第一道障碍。首先是对市场化的恐惧，和它相似的还有所谓产业化的问题。已经进行了两年来的文化体制改革试点工作，最大的问题就在于改革的目标不清晰，改革的总原则不明确，说到底就是不敢理直气壮地提市场化。市场是一个复杂的构建过程，而不是一个撒手不管、自由放任的过程，重要的是在进行市场化改革的时候必须极其严肃、认真地进行市场建设和市场规范，而这种建设也依赖于极其严肃认真的理论探讨。其次是对文化内容放松管制的恐惧。文化体制改革要以大规模开放市场为前提，尤其是传媒。但有人总以为文化产品与物质产品不同，涉及到观念、价值观尤其是意识形态的问题，而意识形态问题放开是要出乱子的。发达国家的传媒中不同声音很多，但国家却显得更为团结。这说明并非所有的意识形态都与市场经济与商业相冲突，更不是说文化产品由于有意识形态属性就不可以市场化。

论文化体制改革

胡惠林在《开发研究》2005 年第 4 期撰文指出，文化体制改革的重点是理顺文化事业与文化产业的关系，转变政府文化管理职能，建立新的国家文化管理体制，其核心是转变党管理意识形态的执政方式，从根本上提高党的文化执政能力。具体包括：第一，文化体制改革需要改革理论的创新，为文化体制改革提供合法性依据和政策选择的合理性基础。第二，转变党管意识形态的执政方式，为全面推进国家文化制度建设创造新的政治文明架构。第三，调整配置文化资源的传统机制，改革与文化生产力发展要求不相适应的文化生产关系，解放文化生产力。第四，全面落实和实现公民文化权利，提高与先进的政党性质相符合的党的文化执政能力。

经营文化：大竞争时代的城市博弈

金元浦在《人文杂志》2005 年第 4 期撰文指出，当代都市只有成功应对文化的挑战，才能在竞争中插上腾飞的双翅，城市的“文化度”，它直接影响一个城市的吸引力。

对于中国的城市来说，创意经济是在寻找最好的大脑。首先，在IT革命的背景下，数字内容产业已逐渐成为21世纪经济舞台上的重要角色，建设与未来世界新的经济形态和技术形态相协调的新的文化产业形态——内容产业与创意产业，就成了新经济发展的重要战略目标之一。必须加紧构建强大的数字文化平台。其次，当代世界进入了一个眼球经济与注意力经济的时代，注意力本身就是财富。此外，在当代，体验已经逐渐成为继农业经济、工业经济和服务经济之后的一种经济形态。随着经济的发展，消费水平的提高，越来越多的消费者渴望得到体验。而在城市的竞争中，一个国际化大都市，不仅要有生动丰富的创意和创意者阶层，还要将自身创建为一个消费和体验创意的城市。

健全文化市场体系，加快文化产业发展

宋奇慧在《人文杂志》2005年第4期撰文指出，健全文化市场体系既是完善社会主义市场经济体制的外在要求，也是推动文化体制改革、促进文化产业发展、满足人民群众文化消费需求的内在要求。必须着眼于“统一、开放、竞争、有序”的建设目标，必须着力于文化发展的原动力和原有体系不甚健全的薄弱环节，必须着手于文化市场创新体系、融资体系、流通体系、信用体系等四大新体系建设。第一是创新体系。文化市场创新体系作为国家文化创新体系的组成部分，亦是对文化市场理论、制度和科技创新的整合。第二是融资体系。应该设立国家引导资金，建议中央和有条件的地方的文化部门与财政部门联合建立国家文化创业引导基金；倡导建立国内风险投资基金；建立国内中小文化企业上市直通车。第三是流通体系。应该积极推进流通方式创新，继续引导和大力发展现代流通方式，推进连锁经营、电子商务、物流配送和电影院线、票务系统建设；建立现代文化市场营销体系；充分发挥中介机构、行业协会的作用。第四是信用体系。应该进一步加强契约制度建设；加快培育文化市场主体，提高企业信用等级；建立信用监督和失信惩戒制度。

文化产业、文化市场与文化管理

苗丽静在《经济理论与经济管理》2005年第4期撰文指出，文化产业是一个经济运行的概念，必须通过从业人数、产业结构、创造的总价值、所上缴的税收以及占GDP的比例等具体指标来体现。在市场经济条件下，文化产业也存在着市场机制发挥作用的空间，可以通过市场经营的方式来运作。文化资本是与市场经营联系密切的一个范畴，是能够启动和推动文化产业发展的现实投资。文化资本不同于经济资本属性的一个基本差异是，文化资本结合了精神文化与物质文化，并且赋予其新的含义。经济和政治利益的整合已经成为影响文化资本的一个很重要的因素，市场力量对于文化有重大影响。同时，处于成长阶段的我国文化市场，存在着这一阶段不可避免要发生的一些问题。鉴于文化产业的重要作用和文化市场的现状，我们必须对文化市场进行合理有效的管理，对文化市场和文化产业进行适当的建设与整合。文化管理要推行导顺制逆的方法，文化管理要通过文化产业政策来执行，文化管理要有法可依，文化管理要有组织制度保证。

发展文化产业战略意义探析

范玉刚在《人文杂志》2005年第4期撰文指出，发展文化产业的战略意义是：首先，发展文化产业对捍卫国家经济安全和文化安全，维护国家文化主权具有意义。其次，文化产业的发展对促进“中国制造”向“中国品牌”转向起着积极作用。再次，发展文化产业有利于文化体制改革走向深入，在实践中进一步理清理论上难以说清而又相互缠绕的问题，可以通过调整文化政策和发挥市场配置资源的基础性作用，提升文化在两个市场的辐射力。最后，发展壮大文化产业并采取“走出去”的文化输出策略，主动参与世界文化秩序的重组，在全球化平台上铸造和展示中国“和平崛起”的国家文化形象，以及复兴中华民族精神的伟大工程中起积极作用。

关于发展文化事业和文化产业的一些思考

卫兴华在《社会科学研究》2005年第5期撰文指出，进行文化建设，发展文化产业，首先是要发展先进的社会主义文化，发展先进文化要做到四个坚持：一是坚持马列主义、毛泽东思想和邓小平理论在意识形态领域的指导地位；二是坚持为人民服务，为社会主义服务的方向和百花齐放、百家争鸣的方针；三是坚持以科学的理论武装人，以正确的舆论引导人，以高尚的精神塑造人，以优秀的作品鼓舞人；四是弘扬和培育民族精神。进行文化建设，发展文化产业，需要对各种文化进行鉴别：哪些是先进的，哪些是健康有益的，哪些是落后的，哪些是腐朽的。在建设和发展社会主义先进文化过程中，要注意已经出现的崇媚外国文化、照搬照套倾向。从经济学的角度说，既要克服对马克思主义的教条主义，也要克服对西方经济学的教条主义。支持健康有益的文化，要运用法律对文化品牌实施保护。

文化产业学科建设的构想

向勇在《中国文化报》2005年6月24日撰文指出，文化产业学科建设目标是：1. 文化产业学科建设的最高

目标应该定位在一级学科。2. 文化产业应该培养专科、本科、硕士、博士、博士后、继续教育六个方面的人才。3. 分别适应各层次教学的文化产业教材必须完备。4. 文化产业的高水平研究为学科的可持续发展提供科学保证。目前中国文化产业面临的问题为：1. 各地文化产业发展层次不一。2. 具有文化产业理念先进的人才短缺。3. 文化产业的投入严重不足。4. 国民对文化产业的认识与接受能力不一。5. 系统的文化产业开发没有形成。6. 文化企业建立现代企业制度的工作还在摸索之中。7. 中国文化产业总量占世界的比重较小。大学在文化产业学科建设中的作用为：1. 通过教育的普及培养大批参与文化产业学科建设的合格人才。2. 造就洞悉世界文化发展潮流的大师。3. 发挥各学科综合优势，造就高水平的研究人才队伍。4. 积极进行国内外文化资源的整理与开发，丰富文化产业的内容。5. 研究国民的文化需求与国家文化发展的现状，为文化产业学科规划与发展提出政策建议。

现代性追求与反思：鸳鸯蝴蝶

李松在《重庆工商大学学报》（社会科学版）2005 年第 22 卷第 5 期撰文指出，鸳鸯蝴蝶——《礼拜六》派作为文化产业萌芽阶段的始作俑者，可从近现代大众传媒、大众文化市场两个方面来分析其现代性内涵。从文学的生产、消费角度看，蓬勃发展的大众传媒为商品文化市场具备了便利的销售渠道与媒介。各行各业的商业机构容纳了不同层次具有一定文化水平的职业劳动者，他们闲暇时间的文化生活需求形成了巨大的精神消费市场。与此消费需求相应的刊物蓬勃崛起。同时，文学的商品化根本上改变了传统的作者、读者、文本、语言、文学体裁的形态。鸳鸯蝴蝶——《礼拜六》派小说在延续晚清小说的路径上，有着鲜明的商业运作意识与手段：对通俗期刊进行自身的调整，包括报刊的创办、作品的商业性发行，作为畅销书在题材、形式、模式等方面技巧性的讲究以及促销手段等等。

简析文化产业与城市发展的互动关系

王琳在《天津社会科学》2005 年第 5 期撰文指出，文化产业与城市在 21 世纪的发展形成了一种互动关系，文化产业的活跃对城市发展产生了一系列的累积效应。一方面是城市的发展与竞争促使文化产业快速成长。同时，城市在发展文化产业方面有着巨大的优势——区位优势，智力优势，文化资源优势。正因如此，20 世纪中叶以来，随着发达国家的城市逐步从工业制造型功能向服务型功能的转变，第三产业的比重不断上升，文化产业也相应取得长足的发展。城市信息化的推动，更实现了文化产业的进一步跃迁。另一方面是文化产业对城市发展的推进作用。当前，文化产业在城市的发展出现了空间聚合的趋势，这种趋势对城市的当代发展起到了巨大的推进作用：一是对城市经济增长的推动。文化产业不仅在国民经济中的地位越来越重要，也带动了相关产业的发展，促进了城市经济结构的多样化，也能增进城市内部的经济文化协作。二是文化产业的发展直接增加了城市的就业机会。三是文化产业直接改善了城市形象，提高了城市文化品位。四是文化产业的发展有利于城市竞争力的提升。文化产业激发了城市的活力，并直接构成城市竞争力的主要来源。五是文化产业促进了城市的可持续发展。

文化产业：内涵、特质与定位

范富在《理论探索》2005 年第 5 期撰文指出，什么是文化产业，众说纷纭，没有一致的定义。学术界普遍的共同的趋向是，认为文化产业就是指为消费者提供精神、文化产品和服务的产业，是满足人民精神文化生活需求的重要途径，是当今社会新的财富创造形态的表现形式。发展中国的文化产业，必须把握文化产业四个方面的特质：产业建设的传承性，产业地位的主导性，市场空间的巨大性，产业发展的滞后性。当前我国社会的主要矛盾是人民群众日益增长的物质文化生活需要同落后的社会生产之间的矛盾。仔细分析这对矛盾，我们可以发现这对矛盾其实可以分为三对矛盾：第一对矛盾是人民群众日益增长的物质生活需求同落后的社会物质生产之间的矛盾；第二对矛盾是人民群众日益增长的精神文化生活需求同落后的社会精神文化生产之间的矛盾；第三对矛盾即随着社会主义市场经济的发展和人民群众的政治参与意识进一步觉醒，人民群众日益增长的政治参与意识与社会政治体制和政治制度改革相对滞后的矛盾。

发展文化创意产业的若干思考

范钦臣在《协商论坛》2005 年第 7 期撰文指出，文化创意产业与传统文化产业的关系十分密切。文化创意产业源于传统文化产业，文化创意产业又高于传统文化产业。创意不是对传统文化的简单复制，而是依靠创意人才的智慧、灵感和想象力，借助于高科技对传统文化资源的再创造、再提高。文化创意产业对经济发展具有巨大的催发和拉动作用。资源有限，创意无限，发展创意产业是发展先进生产力的一个重要内容，是促进国民经济由粗放式经营向集约式经营转变的有效途径。社会消费结构向发展型、享受型转变，社会进步的速度也随之加快，从而为文化创意产业的发展提供了更多的商机。文化创意产业的发展，反过来又推动了社会进步，促进了人的全面发展。发展文化创意产业，人才是第一位的。新思想的产生，完全靠人。没有人才，创意产业的发展就无从谈起。发展文化创意产业离不开文化、科技、企业这些重要载体。文化是发展创意产业的灵魂，科技是发展创意产业的支撑，企业是发展创意产业的主体。

工业化时代的文化产业

焦斌龙在《生产力研究》2005年第9期撰文指出，文化产业作为一种产业，本身是工业化的产物，可以说没有工业化不可能有文化产业，文化产业与工业化存在紧密的联系。工业化为文化产业的发展提供了相对成熟的经营管理技术和制度体系；工业化为文化产业发展提供技术支持；工业化为文化产业提供经营管理人才；工业化使人们的生活方式发生改变，有助于文化消费习惯的形成和文化市场的培育；工业化中的产业结构调整为文化产业发展提供发展契机。在我国工业化还处于中期阶段的情况下，文化产业的发展必须以工业化为依托。以工业化为依托，并非是被动的根据工业化水平发展文化产业，而是要实现与工业化的有机结合，在结合中实现发展。这种结合体现在两个方面：要充分运用工业化的成果和手段发展文化产业，促进文化产业化经营；要通过向工业化中注入文化内涵，提高工业化的水平、档次和效率，推动经济文化化进程，最终实现工业化和文化产业的协调发展。

从文化产业到数字内容产业

金元浦在《今日中国论坛》2005年第12期撰文指出，我国当代文化产业已进入一个全面展开的新阶段。这一新阶段的重要标志之一就是内容产业走向新世纪文化经济世界大舞台的中心。新的媒介革命形式下，原有文化艺术领域内部发生了行业内的大调整、大改组，当代信息产业也已不再是单纯的信息技术产业，而是信息技术与文化内容的交融汇合。从世界范围看，文化内容产业是具有高增长性、能够创造高附加值的新型产业，而且对各国民族文化的宣传发扬、国家形象的塑造和提升以及向其他产业领域进军都具有重要的现实意义。在我国，数字化的内容产业正在以前所未有的速度迅速崛起。网络文化从根本上为人类创造了新的数字化生存方式。同时，网络这种新型技术方式也塑造了适应网络文化的一代新人、一代新的消费者和一种新的消费方式。它已经全面打开了中国内容产业的巨大市场。

对我国文化产业“走出去”策略的探讨

徐庆峰、吴国蔚在《经济问题探索》2005年第12期撰文指出，我国文化产业限于历史因素和旧文化产业体制的限制，和文化产业发达国家相比暂时处于劣势之中，但是我国文化产业走出去有着其他国家不具备的、得天独厚的优势：良好的发展背景；巨大的潜在国内市场；丰富多彩的民族文化与历史文化资源；海外华人对中国文化的认同感。使文化产业“走出去”策略和实行对外文化贸易，是维护我国文化主权、保障我国思想文化独立的重要手段，也是对外服务贸易的一个重要组成部分。首先要健全与文化产业相关的外贸政策和法律体系。第二，积极培育具有较强竞争力的文化产业和大型跨国文化企业。第三，实施好的文化产业人才战略。第四，实行市场营销战略。最后，抓住2008北京奥运会良机力促我国文化产业走出去。

统筹发展文化事业和文化产业

马中平在《求是》2005年第23期撰文指出，在文化领域落实科学发展观的要求，就是要把文化的繁荣发展作为一个有机整体，从各方面、各层次的相互关系中把握文化建设的本质和规律，做到文化事业和文化产业两手抓，两加强，双丰收。一是必须牢牢坚持马克思主义的指导地位。二是统筹文化发展的继承与创新。三是统筹城乡文化的发展。四是统筹文化事业与文化产业。五是统筹文化精神与文化精品。六是统筹文化发展的社会效益与经济效益。七是统筹文化和经济的发展。八是统筹管好与放活的关系。以人为本是科学发展观的核心，发展文化事业和文化产业，说到底，就是必须紧紧围绕这个核心，全心全意服务于这个核心。

文化事业与文化产业若干问题探讨

胡攀在《求实》2005年第S1期撰文指出，文化事业与文化产业的共同特征是：产品的属性相同；产品的社会功能相同；均须坚持社会效益优先的原则。同时，文化事业单位与文化产业单位性质不同，投资渠道不同，生产目的不同，调控方式不同，经济政策优惠不同。二者的关系是：文化产业是文化事业发展的物质基础和解放文化生产力的有效途径；文化事业为文化产业提供文化资源；发展文化公益事业，可以培养和发展人们的文化消费需求，为文化产业创造和拓展文化市场。目前，我国文化事业与文化产业主要问题是：全国文化发展不平衡；文化产业发展尚属初级阶段，规模比较小，文化生产力低；文化事业经费短缺；文化管理体制不畅、运行机制不活；文化资源丰富与产业转化能力不足之间存在矛盾。针对文化事业和产业的状况，在文化体制改革中目前应着力解决以下问题：清晰界定文化事业与文化产业；建立健全对文化事业和文化企业不同的管理模式和运行机制；进一步完善文化经济政策，制定积极的财政和税收等政策，为文化事业、文化产业发展提供资金支持。

科技融合创新拓展文化产业空间

熊澄宇在《瞭望》2005 年 Z1 期撰文指出，融合创新已成为当代科技发展趋势。文化产业在科技融合创新中获得了巨大的发展空间。文化产业综合发展的基础就是人以及人的社会需求。以人为最小的核心单元，以人群为中心的行为模式和以社会为中心的文化形态，构成了我们讨论的文化产业的全部内容。从表象上看，文化产业是创意和内容，是产业和经济；而实际上文化产业反映的是人类的生存环境、交往方式和社会结构。文化产业的发展与社会的综合发展是密不可分的。说到底，文化产业的发展就是人的综合发展，就是人和社会的协调发展。发展文化产业涉及不同领域，不同方面，不同诉求。因此，跨部门、跨领域、跨行业的综合协调尤为重要。在今天中国文化产业的发展过程中，这种为着一个同一的目标，跨行业、跨领域整合资源、分工协作的工作模式，仍然值得借鉴。在今天小政府大社会的管理模式下，跨行业的非政府组织在综合协调方面有着广阔的发展空间。

中国文化产业的现状与未来

张晓明、胡惠林、章建刚在《文化时报》2005 年 7 月 13 日第 002 版撰文指出，我国文化产业发展还存在一些问题，应当引起我们的关注。我国文化产业发展存在“战略性短缺”问题，这是一种非常规的短缺状况，如何以文化产业的发展参与国民经济战略结构调整，促进经济、社会、文化的全面协调均衡发展，仍是一个需要强调的重大主题；文化产业关键性领域的关键制度创新有待突破，如文化体制改革在短时间内没有较大突破，增量资本将可能越来越向新兴文化产业领域集中，传统文化产业领域将被边缘化；文化产业发展出现“泡沫化”形象，一个前所未有的文化投资高潮正在兴起，但与此形成鲜明对照的是，我国文化体制改革还在酝酿之中，文化产业领域资源配置机制和政府职能转变还未完成。我国文化产业发展将受两个因素的影响：一是文化体制改革试点结束，将可能在全国铺开；二是加入 WTO 过渡期结束，文化分销领域承诺开始生效，外国文化资本将进行战略布局。具体建议包括：通过建立公平、统一的市场体制，扩大文化体制改革试点的示范效应，推进各种所有制市场主体之间的联合、兼并、重组，大幅提高市场集中度；将投融资体制改革作为改革的重点和产业跨越式发展的杠杆，推动新一轮传媒资本投资浪潮的形成；抓住“十一五”规划机遇，规范产业发展，推动区域文化产业格局成型；建立文化产业与传统产业的战略联系，拓展我国文化产业发展的新商机。

什么是文化产业

刘志彪在《文化产业研究》（第 1 辑）（南京大学出版社 2006 年版）撰文指出，文化部和全国政协对文化产业的定义有四个大的缺陷：第一，它把产业和行业联系进行了同义反复。第二，它自己指出了文化产业的四个领域，实质上这是一种最可怕的定义行为。第三，最大的缺陷是没有强调构成产业的技术体系。第四，这个定义里面缺少一个市场的概念。文化产业应该是把文化产品和服务市场化经营以谋取利润的公司，生产同类产品、提供同类服务的企业集合。第一它是以文化产品和服务作为定义的系统。第二强调它是以盈利性为目的的、市场化的。第三就是把它定义为企业的集合。文化产业的第一个性质是外部性极强。第二个性质是服务产品，特别是创造性的服务产品，它具有产品的巨大差异。第三个就是参与主体的多元化，所以它就又有一定的市场竞争性。第四就是这个产业的边界是不确定的。第五就是这个产业具有高度创造性思想，因此它是高度知识密集型的行业。它以文学艺术、精神产品的创造为主体，是高固定成本、低边际成本甚至是零边际成本的。

文化产业需要正确的发展战略

张国有在《中国文化产业年度报告（2006）》（湖南人民出版社 2006 年版）撰文指出，我国文化产业同社会主义市场经济同步成长，协调发展，已经成为我国市场经济体系的重要组成部分。发展文化产业的重点在于把握微观的基础上推动宏观的发展。没有政府的规范也就没有产业的健康发展，无论是宏观层面还是微观层面，现在政府都需要采取相应的措施。一个文化产业企业的利润状况不仅取决于企业本身的盈利能力，还取决于它所处行业的整体吸引力。要使企业在竞争中获得胜利，就必须确认行业中主要的竞争对手，并理解竞争对手的战略及其意图，预测其可能采取的行动。还应估计潜在的最主要竞争对手，并积极采取应对之策。一个行业成功的关键因素，包括产品与服务属性、资源要求、竞争能力、特定战略等。正确的战略决策必须建立在完善和正确的信息的基础之上，无论是政府还是企业，在作出决策之前都必须获取相关信息。要充分发挥出文化产业在我国和谐社会中的重要作用，不仅离不开相关政府部门制定出完善而科学的产业政策，同时也离不开文化企业竞争实力的提升以及强大的人才支持。

认识文化产业发展不平衡规律，科学制定文化产业发展战略

张晓明在《理论与当代》2006 年第 1 期撰文指出，从经济到文化以及从文化到经济，是两组基本的逻辑线索，循着这两组发展逻辑，文化与产业作为两个风马牛不相及的概念，才在历史的发展中走向融合。可以从产业经济学的角度，将从前现代化以来的经济发展归结为五个阶段，其基本特征是从经济走向文化，经济生活和文化生活不断融合：以农业为基础的经济；以工业为基础的经济；以服务业为基础的经济；以知识性服务业为基础的经济；以艺术和文化知识服务业为基础的经济。与经济到文化的发展阶段相应，从文化到经济也有五个发展阶段，呈现出与经济生活不断融合的态势，分别是：传统文化阶段；从传统文化到商业文化；从商业文化到文化产业；从文化产业到内容产业；从内容产业到创意产业。

塑造文化产业强势

孟晓驷在《今日中国论坛》2006 年第 1 期撰文指出，从一定意义上说，文化产业的出现，是文化自身目的的要求。首先，文化产业的出现是文化产品生产方式和传播方式的要求；其次，文化产业的出现是受众的要求；第三，文化产业的出现是文化价值的回归，文化产品价值可分为两个层次，第一个层次是文化产品的经济价值，第二个层次是文化产品的文化价值或者说文化产品的智力价值。国外发达国家的文化产业经过多年的探索和发展，已经走出了一条成功的道路，形成了一套成熟的运作模式，这无疑对发展中国文化产业有着积极的借鉴意义。包括：科学技术应用；市场营销体系建设；创新能力；国际市场竞争能力；资本运作能力。最后，谋划未来，进行发展中国文化产业的理性思考，应该坚持以经济发展为中心，塑造文化市场的经营主体，健全知识产权保护体系，建立文化娱乐产品出口促进机构，重视现代化科学技术在文化产业中的应用。

文化产业与体验经济

金元浦在《21 世纪商业评论》2006 年第 1 期撰文指出，文化产业是体验经济产业。当代文化产业是娱乐性、休闲性、注重体验的产业，体验是服务性产业的新方向和高境界。体验已经逐渐成为继农业经济、工业经济和服务经济之后的一种经济形态。在城市竞争中，一个国际化大都市，不仅要有生动丰富的创意和创意阶层，还要将自身创建为一个消费和体验创意的城市。体验就是以服务为舞台，以商品为道具，围绕消费者创造出值得消费者回忆的活动。按照体验经济的观点，商品是有形的，服务是无形的，而创造出的体验是令人难忘的。文化商品内部充满了矛盾，自身具有两重性。一方面，文化商品有一种扩大市场份额的动力，这往往是以开辟一种文化消费门类和赢得观众的形式出现的。文化商品的使用价值之一便是提供新奇的和与众不同的感受（体验）物。但另一方面，文化商品又不像其他商品，它们不会在消费过程中被损坏，从而可以无限重复使用。

我国文化产业发展面临的问题及对策探讨

吴宏放在《中共四川省委党校学报》2006 年第 1 期撰文指出，目前文化产业发展面临的问题主要有：思想观念落后，影响文化产业的发展；文化体制改革滞后，政策法规支撑不力；文化产业结构不合理，未形成规模优势；文化产业市场化程度低，文化市场发育不充分；文化产业人才严重不足，不适应发展的需要。所以，应该积极探索加快文化产业发展的有效途径：第一，深化认识，增强发展文化产业的自觉性。第二，加快文化体制改革，解放和发展文化生产力。第三，健全文化市场体系，繁荣文化市场。第四，推进文化产业结构调整，实现文化产业集约型增长。第五，加强文化队伍建设，为发展文化产业提供人才支撑。

试论全球化背景中的区域文化产业组织经营

夏国英在《学术论坛》2006 年第 1 期（总第 180 期）撰文指出，全球化背景中，区域文化产业从结构分析的角度上讲，更须具有个性鲜明的区域文化产业要素及其构成；而从价值判断的意义上看，则更应具有鲜明的区域文化产业标志。区域文化产业要素可分为两部分：一部分是区域文化方面的；另一部分是区域经济方面的。区域文化产业标志通常有两类形态：一类是形式性标志；一类是意志性标志。全球化背景中的区域文化产业，从计划与筹备到组建与实施，更为多因与复杂、困难与多变，故必须进行科学而合理的组织经营，而且须充分而现实地考虑到其丰富而深刻的内涵。从状态与过程的定性上分析文化产业组织经营的“组织”内涵，应该明确目标与任务，构建程序与配置，发挥自律与调控，规范结构与法则。从任务与行为的定性上看文化产业组织经营的“经营”内涵，应该科学探索与决策，合理聚集与安排，全力吸引与推介，有效操作与总结。

全球文化产业发展的最新趋势及政策分析

苑浩在《国外社会科学》2006 年第 1 期撰文指出，文

化产业在经济发展中所扮演的角色越来越重要，对国民经济作出直接贡献，还为各国创造了更多的潜在社会经济价值。文化产业的全球贸易反映了文化产业的全球化趋势和多样性要求，文化产业的全球化一方面带来了全球文化市场的繁荣，增进了不同种族和民族之间的了解和交流；另一方面导致了话语霸权和文化帝国主义的产生，加剧了贫富差距和文化鸿沟。文化产业的结构调整则体现了文化产业对创新、知识和技术日益广泛的依赖性。主要表现在：第一，通过文化产业向创意产业的转型，增强文化产业的活力。第二，通过文化产业向内容产业转型，带动整个文化产业的升级换代。第三，通过采取横向联合和纵向一体化战略，提升文化企业的竞争力。第四，通过寻求与其他产业的最大融合，带动文化产业自身以及其他产业的发展。

数字娱乐、营销传播与民族品牌

李思屈在《杭州师范学院学报》（社会科学版）2006年第2期撰文指出，关于数字娱乐产业的特殊重要性，在中国已经越来越成为普遍的共识，但对数字娱乐产业的研究却相当缺乏，国内各省市在数字娱乐产业方面的竞争，大都集中在引进外资、数字技术和优惠政策等方面，而对于数字娱乐产业的“产业化特征”和品牌营销传播方面的特殊性则重视不够。现代营销学所谓的“营销即传播，传播即营销”，运用到文化产业尤其是数字娱乐产业上，最为恰当不过。可以从“品牌战略”的角度切入数字娱乐产业研究，研究的重点主要集中在以下三个方面：内容生产与受众审美接受心理研究；数字娱乐产业发展中的政府行为模式；城市数字娱乐产业发展与城市形象提升的互动模式。

试谈区域文化的区域经济效果

李秀金在《求实》2006年第2期撰文指出，区域文化研究是区域经济研究中的一个新进路。一方面，区域经济构成区域文化的基础，另一方面，区域文化建设可以影响区域经济建设。这种影响有两个方面引人注目：一方面，区域文化环境影响区域内个体经济意识。另一方面，区域文化影响区域内企业文化的形成。要改变落后地区的经济状况，就要重视区域文化建设，把区域文化建设放到经济发展战略的高度来考虑。要培育植根于区域文化的价值观念和经济意识。区域文化建设要对症下药，扬长避短，积极培育人们的市场经济意识，按市场经济原则办事，由此思想解放，给经济发展提供精神动力，实现思想变物质。要强化区域文化创新能力的培育。要大力发展区域性文化产业，启动文化发展的内在动力。发展文化产业为一些经济资本相对较弱而文化资源比较丰富的地区提供了新的机遇。文化管理部门可以推出一些文化基础设施建设项目，使经济活动渗透到区域文化活动中，由此增强区域经济的文化含量，形成经济与文化相辅相成的一体化格局，从而实现文化产业的大发展，并最终把文化力量转化为推动区域经济发展的力量。

关于我国文化产业人才培养的忧思

张友臣在《东岳论丛》2006年第2期撰文指出，我国的文化产业发展仍然差距巨大，人才短缺无疑是其中最重要的原因：一是经营管理人才数量偏少、结构不合理、专业化程度不高。二是熟悉国际惯例和规则、擅长媒介市场运作、具有战略思维的外向型经营人才短缺。三是文化经营管理人才开拓能力、创新精神和创新能力尚不够强，缺乏大型集团经营管理经验。四是文化经营管理后备人才不足、活力不强。造成我国文化产业人才状况处于如此窘迫的境地的原因是多方面的，但首当其冲的则是体制方面的原因。从教育业本身来看，受计划经济体制的影响，我国高校设立专业的审批权一直没有下放，而高校也已习惯于消极等待。国内的文化企业本身在人才培养方面的不足，更加剧了文化产业高层次人才的短缺。当前文化产业人才培养所必需的一些基础性条件存在不足：首先就是基础理论研究的不足，其次是师资力量的匮乏，第三是教材的缺位。要彻底解决文化产业的经营管理人才短缺问题，还必须依赖高等院校这一人才培养的主渠道，加快新上文化产业专业的审批，发展文化产业网络教育，加强专业资格培训，大力推进实践教学和实践基地建设。

文化的全球化及文化产业的全球竞争策略

王琳在《天津大学学报》（社会科学版）2006年第8卷第2期撰文指出，文化产业的国际性发展是经济全球化和文化全球化的集中反映，它既包含物质成分，又凝聚着精神和意识形态的成分，综合地反映着经济全球化和文化全球化的互动关系。它既为文化全球化提供手段和载体，也反映着文化全球化的发展水平。在文化产业全球化的进程中，必须重视各国的文化竞争。在全球化过程中，多元文化格局的冲突与融合将长期存在。但融合是主流，这是世界发展的大趋势；冲突是支流，主要源于不同国家的经济利益之争。而在冲突之中，表现最为突出和明显的就是不同国家文化产业的竞争。文化产业要融入全球化的大潮，就要使文化产业发展形成一套与世界相接轨的体制、机制和法制，同时要使文化产品的生产标准与国际接轨，能够为中国以外的其他国家的消费者所接受。

文化产业对艺术创作与生产的影响

李涛在《艺术百家》2006年第2期（总第88期）撰文指出，在整个文化产业体系中，文化艺术的创作和生产占有重要的地位，即是原发的核心。文化产业化，说到底就是在文化艺术创作基础上的生产延伸过程。如果没有文化艺术的创作与生产，文化艺术品的技术处理、加工、销售以及与物质载体的结合等环节就无从着落，在这一链条中，文化艺术创作与生产决定了文化产业的基本内涵。同样，文化产业的发展也会影响到文化艺术创作与生产的环境和状态。文化与经济的结合，形成了文化产业，给传统的文化艺术创作和生产带来了巨大的社会变化，也打破了文化产品的生存状态。其一，创造了新型的文化生产者。其二，在生产过程上，改变了传统文化艺术品的个体生产——传播模式。其三，在产品形式上，推进了文化艺术多样化的历史进程。其四，在产品效果上，促进了文化消费日常化和文化品味的社会分层。

中国文化产业发展的障碍及对策

王庚年在《中国广播电视学刊》2006年第3期撰文指出，同发达国家相比，我国文化产业整体上仍处于起步、探索、培育、发展的初级阶段。文化产业发展很不充分，有许多深层次问题需要尽快解决。第一是认识问题。长期以来我们对发展什么样的文化产业和如何发展文化产业认识不明确，缺少应有的战略眼光。第二是机制问题。长期以来，我国国有经营性文化产业混同于公益性文化事业，脱离市场，缺乏活力。第三是政策问题。文化产业政策不完善，立法层次低，统计指标体系不健全，专门人才缺乏。第四是体制问题。我国文化产业结构调整乏力，社会化、市场化程度低。第五是市场问题。文化产业部门分割、行业垄断与地区封锁现象严重，难以形成统一开放、竞争有序的市场体系。为了实现中国文化产业发展战略，必须实现如下“五个结合”：一是将制定国家文化发展战略与推进文化体制改革相结合。二是将释放国有文化资源的存量潜力与放开民营文化资本的增量实力相结合。三是将建设现代企业制度与意识形态管理机制相结合。四是将开放公益性和非营利性文化事业服务领域与将发展公益性社会服务事业相结合。五是将国家对文化产业的支持与文化企业自我发展相结合。明确了中国文化产业发展的战略举措之后，科学的营销策略安排就显得格外重要，品牌化、专业化、企业化、市场化、产业化，是中国文化产业克敌制胜的“五大法宝”。

加强文化产业的基础理论研究

郑群在《东岳论丛》2006年第3期撰文指出，在文化产业的基础理论研究方面，目前有四个问题应当引起重视：首先是文化和文化产业的关系问题。文化是文化产业的前提，文化产业是文化发展的结果。其次是我们如何把文化产业提到文化战略的高度去认识。在后现代社会，各个国家综合国力的竞争，已经不仅仅是政治和经济的比拼，更重要的是文化的比拼，文化已经被看作一个国家的“软实力”。第三，必须注意文化产业迅速发展有可能带来的负面影响。文化产业是一把双刃剑，它既可以推动经济和文化的发展，也可能带来许多始料不及的问题。第四，我们必须去分析文化产业出现和迅速发展的深层的人性基础。文化不仅是人的一种属性，而且是人的一种生存方式。因此，我们应当从哲学本体论的高度理解文化对于人的重要性，理解我们这个时代文化产业崛起的必然性和合理性。

我国文化产业现状与实证分析

李昭赢在《东南传播》2006年第3期撰文指出，我国文化产业的现状表现出以下几个方面的特征：第一，我国文化产业存在巨大的市场空间。从绝对值来看，我国居民的文化消费需要与文化产业部门的供给之间并没有很大的出入，但是由于还存在着各种体制性问题，所以它还只是一个存在结构性矛盾的、非对称性的平衡。第二，我国文化产业发展迅速。其增速是GDP的近2倍，同时，居民的文化消费不论是绝对值还是相对值均呈快速长之势。第三，我国文化产业经营单位众多，但产业组织集约化程度不高，资源极度分散和不讲经济效益，在文化市场迅速成型的今天，这些特点全部转化为弱点。第四，我国文化产业发展的先进性要求与文化原创能力不足之间形成战略矛盾，资源潜力不能转化为产业实力。

我国文化产业投融资存在的问题及基本对策

张伟、周鲁柱在《现代传播》2006年第4期撰文指出，我国文化产业投融资存在的主要问题有：一是文化产业中的政府投入不足。二是文化产业外资利用水平不高。三是文化产业投融资效率低。四是文化产业投融资渠道缺乏。我国文化产业投融资问题一直以来是文化产业发展的瓶颈问题，形成这种状况的原因很多，既有政府管理理念的落后、文化产业政策的不健全、法律法规的不完善等方面的原因，也有投融资客体（文化产品或服务）自身的问题。要促进文化产业的快速发展，就要解决文化产业的投融资问题，健全文化产业投融资机制，这就需要建立一个“国民结合、以国资为引导、以民资为主体”的多元化投融资体系来支撑文化产业的发展。对这种情况的一些基本对策是：一是改变政府管理理念，调整政府投资布局。二是制定扶持文化产业投融资的财政税收政策。三是疏通文化产业投融资渠道。四是加强资本市场在文化产业投融资中的作用。五是提高文化产业投融资客体（文化产品或服务）的科技含量。六是规范文化产业法律法规。

也谈文化与文化产业的关系

董雪梅在《东岳论丛》2006 年第 3 期撰文指出，从文化生态上，可以把我国当今的社会文化分为以中国特色社会主义文化为代表的主流文化、体现社会人文价值理想和科学理性的精英文化以及满足普通民众生活需求的民众文化。民众文化由大众文化、民间文化和宗教文化等方面组成，他们既互相独立又彼此联系密切，以其接近民众、深入生活、受众广泛的特点，迅速向“文化产业”发展，民众文化是实现“文化产业”的主要基础和来源。然而，文化产业的概念至今还没有十分严格和统一的界定，或宽泛或狭义的称谓说明了文化产业的“文化”属性，也反映了文化产业概念本身的丰富性和不确定性，我们必须从发展的意义上来理解其概念和范畴。20 世纪下半叶或本世纪初开始进入以文化为中心的时代。这个时代的特征是文化处于社会中心的地位，文化渗透到社会政治、经济、生活、消费、教育各个领域，文化产业在产业结构中占据重要地位，文化产业越来越多地表现出新技术和高智力含量的双重特征。所以，在这个意义上，文化产业是文化的历史积淀的时代硕果。

文化产业发展的若干趋势分析

王亚川在《北京社会科学》2006 年第 4 期撰文指出，随着全球化和信息技术革命的不断推进，知识经济大潮的涌动，文化产业的发展将呈现以下的发展趋势：第一是产业高度集群化，是指大量同一或相近产业的相关企业，按照一定经济联系集中在特定地域，形成一个产业群落有机体。第二是产业广泛融合化，是指不同产业或同一产业内的不同行业通过相互渗透、相互交叉，最终融为一体，逐步形成新产业的动态发展过程。第三是会展经济核心化，会展经济是文化产业的组成部分，它是指通过举办各种形式的会议和展览展销，能够带来直接或间接经济效益和社会效益的一种经济现象和经济行为。第四是 E 因素强烈渗透化，因为现代社会已由“身经济”时代步入了“心经济”时代。人们已不再满足于物质消费数量与质量的增长，越来越多的消费者渴望得到体验。第五是 OL 产品主角化，所谓 OL 产品是利用电子模拟和数字技术，将文化内容传承上载，使之传遍世界的产品形态，与在线产品相联系的是影视业和互联网。

形者神质，和谐共生

王蔚在《东岳论丛》2006 年第 3 期撰文指出，文化是文化产业发展的内核，是文化产业发展之“神”；而文化产业发展是文化传承的外在表现形式，是文化之“形”。文化与文化产业的关系可以从以下几个方面来阐释：首先，文化是文化产业发展的内核，文化产业的发展围绕文化全面展开。文化资源的丰度直接决定了文化产业的发展规模；文化是民族的灵魂，是一个国家或地区的实力、文化力、向心力和凝聚力的内在精髓，也是文化产业发展的魅力所在；文化是一种重要的社会生产力；文化与文化产业通过科技的桥梁相衔接，实现由量变到质变的飞越。其次，文化产业发展是文化传承的有效手段。文化产业是发展先进文化的“推进器”；文化产业是文化赓续和创新的有效手段；文化产业是优秀文化输出的有效平台。最后，还应正确认识文化与文化产业的关系，注意挖掘和整合本国文化资源，适当实行“拿来主义”，申请“国际援助”；通过文化产业发展的效益来强化一地的文化保护意识，树立前瞻性的战略思路，由被动保护转变为积极保护，实现文化发展的长远利益；注重发展文化产业的联动效应；此外当前文化产业的发展由于缺乏对文化资源的全面分析和正确评估，文化资源的浪费现象还普遍存在。

文化生产力与文化产业

沈学君在《天府新论》2006 年第 4 期撰文指出，马克思所持的生产力观念是一种大生产力观念，既包括了物质生产力，也包括了文化生产力。物质生产力主要面对人同自然的物质关系，具有实用的、刚性的特征。而文化生产力则主要是“精神方面的生产力”。首先，文化生产力具有其精神生产的独特性。其次，在一定程度上文化生产力也具备物质性的特征。再次，文化生产力是人类为了满足自身的文化需要而特有的一种文化创造力。第四，发展文化生产力目的是“人化”和“化人”。文化与经济相互交叉、相互融合、相辅相成，形成一个有机的发展过程。这一相互融合的过程就是文化产业兴起的过程，也是文化生产力在信息社会的一种表现。当前，在我国大力发展文化产业的条件已经基本具备。首先，人们的需要结构正在发展变化。其次，知识产权意识正得到人们的接受。第三，信息技术的发展对文化经济的一体化起到关键作用。

文化复兴与民族文化产业“走出去”战略思考

张凤琦在《中华文化论坛》2006 年第 4 期撰文指出，如何在时代变化与保留传统价值之间找到平衡，创造性地运用传统文化遗产，尤其是文化精神遗产，是中国民族文化产业走出去的必然选择，抑或是做大做强民族文化产业的重要前提。无论是出于“和平崛起”的国家意志的战略需要，还是实现构建和谐社会的宏伟目标，都不能不考虑我们的文化资本、本土价值的当代意义。中国文化精神要在建立“宇宙秩序”中担当起“共同参与创作者”的职责，就必须坚持和传播中国文化精神，让民族文化产业走出去。首先，在广泛的国际文化交流中，我们应该生产出更多的体现中华文化精神的文化产品，让中华文化精神在构建世界普遍价值中发挥重要作用。第二，构建独具特色的国际教育体系和足够强大的传媒实体，为传播中国文化价值提供强有力的保障。第三，注重文化传播内容和形式上的创新，将传统文化与现代文化密切结合，创造更多的适应现代人、乃至世界其他民族文化需求的文化产品。

关于文化创意产业的几点认识

唐建军在《东岳论丛》2006 年第 3 期撰文分析了文化创意产业与传统文化产业的区别。文化创意产业是文化产业发展到一定阶段后裂变出来的新兴产业，是人们对文化产业的认识逐步加深的结果。文化产业可以分为简单、物化的生产型产业和高端、抽象的创造型产业。前者被称为传统文化产业，后者被称为文化创意产业。文化创意产业与传统文化产业关系密切：一方面文化创意产业源于传统文化产业，另一方面文化创意产业又高于传统文化产业，具有比传统文化产业更多的优势。文化创意产业的产业优势首先在于相比于传统文化产业，它更真切地实现了低能耗、高产出。文化创意产业的产业优势还在于它始终处于文化产业的上游。文化创意产业的这些产业优势，使世界各国在不可再生资源日益紧张、全球化趋势不断加强、国际间竞争日趋激烈的今天，都高度重视培育本国的文化创意产业。在我国发展文化创意产业具有重要意义：文化创意产业是我国文化产业发展与国际文化产业接轨的根本途径；文化创意产业是文化产业形成核心竞争优势的根本要素；文化创意产业是文化产业结构调整的催化剂；文化创意产业是变资源优势为产业优势的关键；文化创意产业是文化产业可持续发展的保障。

对文化产业的哲学思考

赵宝晨在《理论学刊》2006 年第 5 期（总第 147 期）撰文指出，在商品经济社会中，受市场价值实现机制的左右，文化资本成为文化商品。文化商品是一种特殊的商品，其特殊性决定了文化产业与其他社会产业的不同属性：一是文化商品有与生俱来的知识产权。二是内在意义价值的隐现性。三是意义世界魅力的永久性。四是价值量的不确定性。文化商品的价值应当是凝结在文化资本商品中的人类一般劳动，即主体创造性劳动的结晶。观察文化商品的价值实现机制，可知文化商品的潜在价值能否转化为合理的交换价值，取决于两个因素：一是社会的文化背景，二是文化商品的社会运作机制。正是大众文化的文化产业方式，使当代文化与经济双向交互作用，相互交叉，相互融合，相反相承又相辅相成有了一个最好的结合点。文化产业的社会功能包括：文化功能，经济功能，政治功能，美学功能。文化产业发展的社会条件和机制包括：文化资本的开发利用；资金和技术的投入；让市场机制发挥积极作用和加强政府宏观调控。

文化事业与文化产业协调发展的路径探新

蒙一丁在《长白学刊》2006 年第 5 期（总第 131 期）撰文指出，在中国特色社会主义文化建设中，处理好文化事业和文化产业的关系需要采取三种不同的文化资源配置方式：市场配置、计划配置和计划市场配置。市场配置，就是由市场主体按照经济效益原则自主投资配置文化资源。其基本特征是：文化生产经营单位为了实现自己的利润最大化，按照价格反映的供求关系，各自独立决策生产经营什么、生产经营多少文化产品与服务，并对自己的生产经营决策承担风险责任。市场配置起基础性作用。计划配置就是由国家按照社会效益原则无偿投资配置文化资源，并且完全由国家进行事业性管理。其基本特征是：市场经济法则在这里不适用，强调无偿性和社会效益。计划配置起补充性作用，主要应该采取两种方式，一是国家无偿出资兴办文化事业，二是国家无偿出资补贴有关文化产业。计划市场配置，就是由国家按照社会效益和经济效益双重原则投资配置文化资源。其基本特征是：这种文化资源配置方式负有社会效益与经济效益双重责任。计划市场配置起调控性作用。

论文化产业的财富观

李冬梅在《东岳论丛》2006 年第 3 期撰文指出，文化产业的“文化”及“产业”的双重属性，决定了文化产业的发展要追求物质财富和精神财富的双赢。文化产业的创意产品通过文化市场交换、流通、消费，为消费者接受，才能转换为产业财富。文化消费者和文化消费市场是文化产业财富的源头活水，文化产业研究必须关注文化消费特点和消费规律。从消费者的角度看，有个人消费、企业消费和机关团体消费等多种形式。从消费市场看，有本地市场、国内跨区域市场（不包括本地）、国际市场。此外，还应避免几种错误的“取财”观。如果要使山东的文化产业发展由弱变强，在国内外文化市场上赢得一席之地，必须调整文化产业发展战略，提高山东文化企业创造财富的能力和核心竞争力，形成优势产业集群，推动山东文化产业的健康快速发展。发展战略包括：市场竞争力战略；品牌运营战略；“引进来，走出去”战略；合作联盟战略；产业人才发展战略。同时，财富的获得不是文化产业发展的终极目的，山东的文化产业要想持续发展，更好地满足人民群众的精神化需求，必须建立合理的财富分配回报机制，积极进行发展性投资，促进文化产业可持续发展。

“自由市场”还是“文化例外”

李宁在《世界经济与政治论坛》2006 年第 5 期撰文指出，当前世界文化产业主要集中在两大区域：美国与欧盟。与此相应，当前西方发达国家的文化政策也主要区分为美国模式和法—加模式。美国的文化政策模式禀承自由主义传统，以强调文化产品生产、销售的高度市场化和最小化政府干预为主旨；而法国、英国、加拿大等国，则强调文化产品不同于一般商品的“文化”属性，对自由主义的文化政策提出质疑，其文化政策模式大多强调政府对本国文化产业的理性规划，只是在文化发展目标以及规划、调节的力度与方式上各国有所区别。美国文化产业政策和法—加文化产业政策为我们提供了一些值得借鉴的思路与措施。按照目前国内的文化产业政策来看，我们实际上在走“双行线”。这一文化政策考虑得比较周详，既顾及迫在眉睫的国际竞争，又顾及我国文化产业的长远发展，可谓攻守兼备。然而，这两条道路实际上是有矛盾的，二者不可得兼，其间埋藏的隐患不可忽视。

论发展文化产业的几个理论问题

李海洋在《湖北社会科学》2006 年第 5 期撰文指出，第一，发展文化产业，要正确处理经济活动与文化活动的关系。不能把一切文化活动都当作经济活动，把一切文化活动都进行产业化运作。第二，发展文化产业，要正确处理商品生产与文化生产的关系。从一般意义上等同于商品生产的文化产业的发展，要限于可以进行文化产业运作的那部分文化，实现商品生产的目的，但不能扩展到一切文化领域。第三，发展文化产业，要正确处理文化产业与文化事业的关系。文化产业部门以为市场生产商品作为其生产目的，以市场需要为转移。文化事业部门生产的是以国家需要为转移的公共产品。文化产业与文化事业联系紧密，从根本上说，二者统一于社会主义先进文化建设事业，是建设小康社会、实现社会和谐的基本要求。

文化产业、信息技术与城市空间三者间的互动趋势

花建在《社会科学》2006 年第 6 期撰文指出，文化产业的创新，包括了四大形态：原始性的创新，组合式创新，延伸性创新，再生性创新。而随着信息化技术的快速发展，在创意产业的各个门类之间，又出现了新的融合趋势，正在催生新的产业门类和新的产品形态。创意产业的各个门类以及其他都市型产业之间，通过相互渗透，来创造一种复合型的体验，包括：产业融合拓展，技术融合拓展，功能融合拓展，服务融合拓展。这种新的融合，实际上潜藏着新的挑战和机遇，要求政府部门、企业、科技机构和非政府组织，形成一种新的合力发展与监督共享机制，力求在最重要的关键技术和关键领域有所突破，有所创新，从而带动整个产业的进步。随着信息化技术的突飞猛进和创意产业及相关产业的融合趋势，人类在城市中的文化空间也出现了新的集聚态势。它包括几种情况：文化遗产的集聚区，文化活动的集聚区，文化产业的集聚区。这些集聚区的形成，就其深刻的内在动因来说，却是共同的受到现代文化产业发展规律的推动：竞争推动创新，利用共生优势，加强品牌优势，传递文化传统。

文化产业的理论阐释与政策取向

王晓刚、贾静在《长白学刊》2006 年第 6 期撰文指出，文化范畴的外延从时间向度上可以分为三个层次：逝去文化，延续文化，创新文化。文化活动主要包括文化生产与文化管理。文化生产与文化管理是文化产业发展的两极，文化生产是文化产业发展的动力，文化管理是文化产业发展的保证。进行文化体制改革、加快文化产业发展应该强调保护逝去文化，推广延续文化，重点发展创新文化。文化范畴的三层次之间相互渗透，其中逝去文化是延续文化和创新文化形成的基础，延续文化是依然有生命力的文化，继承性是延续文化的前提，它构成了民族文化的主体。发展社会主义先进文化，要重点发展创新文化。发展创新文化要以逝去文化和延续文化为根基。

文化产业发展中的政府行为研究

孙志英在《河北学刊》2006 年第 26 卷第 6 期撰文指出，文化产业发展中政府行为的必要性是：文化产品与服务的外部性和不确定性，需要政府加强调控；公益性文化产品的生产和流通，需要政府给予必要扶持；文化产业发

展所需公共产品的供给，需要政府提供保障。文化产业发展中的政府驱动行为，是指政府本身在文化产业发展中的投入与行为。政府通过规则制定、组织建设和环境优化等行为推动文化产业持续、规范、健康发展，政府通过建立健全宏观调控手段规范、约束和完善政府的推动职能。具体而言，政府在文化产业发展中的驱动行为方式主要有以下两种：职能行为促动方式；环境优化拉动方式。而中国文化产业发展中的政府行为缺陷主要有：角色错位，职责越位，管理缺位。借鉴发达国家政府驱动行为的成功经验，在中国文化产业发展中，政府应该确定合理的行为取向：确立决策者角色，以规划、布局、政策引导等为己任；确立服务者角色；以建立公共服务体系、促进行业组织建设为己任；确立监督者角色，以规范市场、维护经营与竞争秩序为己任；确立管理者角色，以完善运行机制、构建文化产业新格局为己任。

论制度创新对文化产业扩张的市场价值

向东在《理论与改革》2006 年第 6 期撰文指出，是制度创新因素而不是市场因素推动了文化产业的形成和扩张。应该从两大制度创新领域突破文化产业扩张的瓶颈：一是培育文化企业。必须对国有单位进行改制，通过政企分开、企事分开、政事分开让更多的文化单位成为产权明晰、自主经营、权责明确的市场主体。通过整合资源，优势互补成立大型的企业集团，实现大集团带动大产业，大产业带动大发展的局面。同时，还应大力扶持中小文化企业的成长。二是建立文化产业发展的配套法规政策。用法律法规来限制政府利用政策进行过程干预，推动文化产业区域结构的制度创新，创新国有文化企业的绩效考核标准。

如何看待中国城乡文化产业 GDP

李新市在《北京社会科学》2006 年第 6 期撰文指出，在看待中国文化产业 GDP 时应对以下诸点进行正确把握：第一，要注意我国大中城市文化产业在 GDP 中所占份额的可喜变化，由此进一步坚定我们的信心。第二，要注意我国大城市 GDP 总量与西方发达国家大城市在 GDP 总量上的差距。第三，要透过各主要国家的文化产业在国际竞争中所占份额来理解 GDP。第四，我国文化产业对 GDP 的贡献率突破 5% 为期不远。第五，我国的文化产业在走向世界方面也取得了初步成就。最后，当前中国发展文化产业的目标是要使文化产业对国家 GDP 贡献率突破 5% 大关。根据当前的发展实际来看，达到这一目标既是可行的，同时也是至关重要的。

突破瓶颈制约，推动文化产业发展

匡导球在《江苏社会科学》2006 年第 6 期撰文首先进行了文献综述及文化产业相关概念的界定，指出文化产业的特征：意识形态和经济生产双重属性；原创性与复制性同在；大众性与多样化并存。文化产业对现代服务业的影响机制是：首先，文化产业作为服务业中的一种，是现代服务业中的一个新的经济增长点。其次，文化产业的社会功能推动了现代服务业的发展。再次，文化产业独特的“文化特性”提升了现代服务业的层次。而且，文化产业的发展具有强烈的波及效应，还会对相关的现代服务业产生互动效应。针对我国文化产业发展中存在的一些制约因素，提出以下针对性的建议：深化文化体制改革，提高文化产业市场化程度；营造良好的创新创业环境，加快新技术的应用；加强人力资源开发，培育文化产业人才；完善文化产业法律、法规体系。

以产业融合为动力，促进文化产业发展

毛蕴诗、梁永宽在《经济与管理研究》2006 年第 7 期撰文指出，文化产业将成为经济持续增长的推动力，下一轮产业大规模融合将是以文化产业为基础的融合。当前，我国文化产业面临着前所未有的发展机遇，正在进入新一轮高增长时期。在保持和发扬传统文化的基础上，加快其他产业与文化产业的融合，借助数字技术、网络技术等现代信息科技，制定适合产业发展的政策，建立符合市场经济和现代经营管理理念的平台，是促进文化产业健康快速发展的最佳途径。第一，加快制度创新，为文化产业与其他产业融合创造条件。第二，改变分业经营，调整产业政策，促进产业间融合。第三，引导各种资本和人才进入文化产业。第四，打破地域分割，鼓励公平竞争。第五，加大知识产权的保护和利用力度。第六，做好配套服务工作，引导产业融合的发展。

民营企业进军农村文化产业需要解决的几个问题

李新市在《重庆社会科学》2006 年第 8 期撰文指出，我国民营企业在发展城市文化产业中已经起到了很好的作用。要形成以公有制为主体，多种所有制共同发展的农村文化产业格局，民营企业在其中同样可以发挥重要作用。第一，民营企业寻求农村文化产业的入场券要求政策法规体系的完善。第二，民营企业进军农村文化产业的优势是熟悉农村，适合产业转型的时机和要求。第三，民营企业肩负的责任是建设布局合理、特色突出的文化产业体系。第四，民营企业发展农村文化产业的目标是实现战略资产

增值。

文化产业发展我们向发达国家学习什么

邹广文在《人民论坛》2006年第8期撰文指出，在西方发达国家文化产业发展的过程中，一个重要的特点就是全球范围内的经济文化渗透。美国文化产业之所以雄霸全球，得益于它所推行的自由经济和开放战略，更得益于其通过电子媒介向全球输出文化及其价值观念。对此，中国应该保持警惕，在接受外来文化的同时，在世界范围内推广中华民族文化，发扬光大中华民族文化的优良传统。此外，发达国家文化产业发展过程中，政府对其支持起到了重大的甚至是关键性的作用。可以说，没有政府的支持，发达国家文化产业的发展不会像今天这样繁荣和兴盛。美国政府对文化产业的支持主要体现在它的宏观战略方面。英国政府支持文化艺术门类的产业发展，特别是对那些优秀的、具有创造性的文化艺术门类提供帮助。韩国游戏产业的发展得到了政府的支持，其力度之大在世界各国都是罕见的。发达国家政府对文化产业的扶持给了中国一个非常好的启示：政府扶持文化产业的最好方式是，从国际市场的长远发展出发，以一个能够立足国际文化市场的产业为突破口，全力以赴支持这个产业走向国际市场。

贯彻落实科学发展观与文化产业的改革发展

王飞在《理论学刊》2006年第9期撰文指出，制约文化产业健康发展的主要问题归纳起来，普遍性的深层次问题主要有四个方面：一是结构性矛盾，二是体制性障碍，三是资金性瓶颈，四是人才匮乏。以科学的发展观来指导文化产业的发展，首先就必须排除把文化事业和文化产业当作从属和零碎的观念，要按照其本身的规律和发展的需要，来正确对待其发展的问题。发展文化产业首先要解放思想，更新观念，增强文化产业意识，“文化搭台经济唱戏”时代应当结束了。各级政府要把文化体制改革纳入重要议事日程，各级文化行政主管部门要转变职能，加强对本行业、本系统和直属单位改革工作的指导。要紧紧抓住关键环节，科学谋划改革进程，合理安排各项任务，确保改革平稳有序推进。要认真贯彻“区别对待、分类指导，循序渐进、逐步推开”的原则，借鉴试点工作的成功经验，坚持先点后面、以点带面，积极稳妥地推进改革。明确文化产业的发展前景和潜力，区分哪些是文化事业，哪些是文化产业，同时放开文化产业的市场进入。

文化资本的交易模式对文化产业发展的影响

刘丽娟在《经济纵横》2006年第10期撰文指出，遵循文化资本交易的特殊规律，应该在文化产业发展的思路上进行战略性调整。一是变文化资源为文化资本。文化资源分有形和无形两类，有形资源能发掘价值，无形资源同样能发掘价值，类似品牌的培养，就会发挥乘数效应。文化资源变为文化资本的关键是进入市场交易。二是变产品制造为产业链的价值延伸。文化资本是以文化产品及其衍生品的形式存在的。所谓的衍生品的开发，以电影为例，就是电影放映之外的一切下游产品。三是变平面开发为立体开发。延长文化产业链条，仍然是平面线性的开发，仅停留在这个水平是不够的，文化经济是经济与文化互相渗透的经济，文化资本的扩张是无边界的扩张。与影视文化产业相关的玩具业、餐饮业、服装业、旅游业等具有立体交叉性。四是变传统经营为现代经营。应采用现代方法和手段，如电子商务、现代物流配送等，以适应文化资本交易模式的演变，发展现代文化产业组织。

坚持改革创新，促进文化事业和文化产业全面发展

周顺明在《江汉论坛》2006年第10期撰文指出，推进文化体制改革是公共财政管理理论与改革实践的需要。公共财政要求文化单位根据其进入市场的条件和可能性进行分类改革，并确立不同的财政投入和支持政策。对于具有公益性的文化事业，要加大财政投入力度，改进和完善财政扶持方式，促进公共文化事业的发展；对于市场前景好、具有较大的市场需求的文化产业，要减少扶持，推动它们更多地走向市场，在市场竞争中不断发展壮大。推进文化体制改革需要有新思路：一是明确重点，加大对公共文化事业的投入力度。要向基本公共文化需求倾斜，向农村文化倾斜，向保障文化行政管理部门转变职能倾斜。二是区别对待，促进各类文化事业单位的发展。加大对公益性文化事业单位的支持力度，明确政府重点扶持的部分事业单位，对其他类型的经营性文化单位要积极创造条件，加大政府扶持力度。

关于我国现代文化产业创新建设的思考

王俊、朱道才在《特区经济》2006年第11期撰文指出，我国现代文化产业发展存在的问题主要有：总体规模小，运行质量低；地区、结构发展不平衡；观念需要强化；市场潜力巨大，但现阶段开发利用较小。据此，加强我国文化产业创新的具体措施有：面向市场，制定积极的文化产业法规和政策；放宽市场准入标准，积极实施“走出去”战略；发挥文化资源优势，打造民族文化品牌；以创新为动力，推动文化产业的快速发展；利用高科技手段提升文化产业的综合实力与竞争力；文化产业的发展有赖

于文化观念的转变；借鉴国外成功经验，采取积极措施发展我国文化产业。

发展文化产业应注意的几个问题

邱嘉锋、姚虹霞在《工业技术经济》2006 年第 25 卷第 12 期撰文指出，世界各国非常重视文化产业的发展，文化产业已经成国民经济的支柱产业。但我国文化产业的发展与发达国家相比还有很大差距，仍然存在着一些值得关注的问题。第一，对文化市场培育和规范问题。第二，对文化产业保护和扶持问题。第三，对文化资源开发与保护问题。第四，文化产业投融资问题。第五，文化产业集团化发展问题。第六，文化产业“走出去”问题。随着我国国际影响力的日益提高，我国文化产业的国际市场空间会越来越大，需要制定新的对外文化贸易战略，实施文化外贸新机制。

“十一五”文化产业发展的八大趋势

齐勇锋、季森在《中国经贸导刊》2006 年第 13 期撰文指出，“十一五”期间，我国文化产业发展的八大趋势：第一，文化产业进入高速增长阶段，其增速将高于 GDP 的增长速度，成为国民经济新的增长点。第二，结构调整步伐加快，跨地区、跨行业经营成为发展趋势，各个文化行业将会出现非均衡增长的局面。第三，非公有经济快速发展，以国有资本为主导、各种所有制共同发展的文化产业格局将逐步形成。第四，区域文化产业异军突起，文化创业投资热潮、文化资源开发热潮将持续升温。第五，文化产业自主创新、转变增长方式提上日程，内容产业、版权产业将成为投资热点。第六，文化创意产业和制造业日益融合，推动产业、产品结构的优化和升级换代。第七，文化人才严重短缺，文化教育培训体系将在市场需求的推动下迅速发展形成。第八，文化市场进一步对外开放，文化产业的国际化水平明显提高。

发达国家科技促进文化产业发展战略与策略研究及借鉴

张翠敏、沈爱霞在《商场现代化》2006 年第 19 期撰文指出，美国文化产业发展经验及对我们的启示是：注重加大科技投入，顺应国际市场的竞争趋势变化，拥有丰富的人才。英国文化产业发展措施及对我们的启示是：文化产业将直接受益其产业值的高速增长，以及不断开发的国际市场，还有数据网络所开辟的新型全球市场。日本文化产业发展措施及对我们的启示是：充分发挥文化交流对文化产业发展的推动作用，对数字内容产业高度重视，把内容产业定位为“积极振兴的新型产业”。韩国发展文化产业措施及对我们的启示是：增强文化的科技含量，发展文化科技，培养和造就一批适应文化科技发展形势的的人才，建立集约化生产机制，大力开拓国际市场。借鉴发达国家经验促进我国文化产业发展的措施主要有：第一，建设与未来世界新的经济形态和技术形态相协调的新的文化产业形态——内容产业与创意产业。第二，加强中外科学文化交流，建立开放的科技文化体系。第三，重视人力资本与无形资产在文化产业中的特殊作用，培养和造就一批适应文化科技发展形势的人才。

关于文化产业的美学思考

陆环在《电影评介》2006 年第 23 期撰文指出，生产性复制可作为文化产业追求规模效应和利润最大化的基本手段。所谓生产性复制，又称直接复制，它含有两种形式：一种是手工复制又称作坊式复制，多见于书画艺术品收藏拍卖与文博业，旅游业中民俗用品和工艺品的复制；另一种是工业复制，又称机械复制，全部使用高科技手段，主要见于影视音像业和出版业。尽管手工复制与机械复制的生产方式与生产工具不同，但通过一定的技术手段批量生产与原创品完全一样的文化产品，在这点上二者并无二致，同属一级资源化产物。生态性复制可作为人类模仿行为的原始冲动和文化产业的创新动力。超越时空的文化复制远不止于具体文化物品的仿造，更是特定文化空间的整体挪移，其中包括特定氛围的再现，特定形象的重塑，当然也包括特定物品的克隆。因此，无论是横向的跨地域的文化影响和交流，还是纵向的同一地域的文化传承和创新，文化复制行为都是发展的助动力。我们把这类有别于生产性复制的，有着资源重组、意义开掘和价值增生特征的创造性复制称为生态式复制。生态式复制有着时空的置换和转移，有情节和细节的创新和丰富，有形式的更新和改造，还须有高新技术手段的介入，使文化产品以全新的视觉、听觉效果遮蔽着深层次的重复。

文化产业研究的学科建设与当代人文社会科学的重构

皇甫晓涛、熊澄宇在《清华大学教育研究》2006 年第 S1 期撰文指出，跨学科、跨领域的文化创新与文化产业研究正在开放有序的信息结构与复杂巨系的文化书写中重构当代人文社会科学，文化自觉与文化创新，内容产业与文化经济大潮。在创意经济的认知飞跃与内容产业的媒介书写中带来了文化复兴与民族复兴的认知科学新发展与人文社会科学重构的文化大融合。自然科学核心技术体系的裂变与创新，奠定了认知科学的技术理性基础；中国文化的复兴与创新，提供了内容、资源与经验、规律；生态文明的认知科学重构与后经济学的文化重构，正在形成人文社会科学文化创新与文明创造科学融会的核心体系与应用发展的广阔前景。当代中国正处于文化体制改革的转型期、文化经济发展的跨越期、文化产业创新的成长期，文化产业研究在与实践的融合中形成了原理与理论研究、对策与战略研究、案例与创新研发三大部分。文化产业研究的学科设置各不相同，集中了各学术文化领域尖端与人文社会科学前沿的专家群。文化产业研究正在整合知识力、创造力与文化力、生产力，向前跨越与突破，形成新的知识领域与学科群，文明轴心的话语权与叙述策略，文化生产力与传播力，国家智库与创新活力。中国在以城市化促进知识化、以知识化提升城市化的文化创新中整合中西文化与文化经济优势，发展为中国特色的大陆和谐文化国家创新体系，它在同心圆式的文化经济轴心文明结构中走出了跨越发展、科学发展、和谐发展的以新型文化为核心的创新之路。

人类学、比较文学与文化产业研究

皇甫晓涛在《文艺报》2006 年 11 月 21 日第 003 版撰文指出，从人类学的知识工具到比较文学的话语制略，文化产业完成的是内容生产的经济诉求与世界财富中心的文化领土构筑。从另一角度来说，内容生产的文化创新，更需要人类学的知识元素与人类学文化资源发掘的产业元素，我们正是从这一点来说，要用好人类学的知识工具与比较文学跨文明阐发的文化创新，来完成文化产业的内容制作与知识集成，文化资源动员的科学基础与文化资本运营的资源配置形式。总之，人类学不仅要与比较文学融合，完成精神生产与内容生产的文化创新与文化产业跨越，人类学还要超越殖民主义的历史局限与文化局限，为人类的和谐幸福与发展服务；比较文学也要超越文化侵略的后殖民文化影响，为世界文化的和谐互动与平行交流服务；文化产业则要超越全球化的文化帝国主义局限，为人类非物质经济发展的文化创新与资源动员服务。而从人类学、比较文学到文化产业研究，我们看到人文科学与社会科学的融通，世界文化和谐互动的博弈，创意经济跨越发展的文化创新。

关于发展我国文化产业的指导思想与基本思路

王永章在《文化产业兰州论剑——中国民间文化艺术产业建设研讨会论文集》（白庚胜、许柏林主编，民族出版社 2006 年 4 月版）撰文指出，党和国家发展文化产业的指导思想越来越清晰，可以把它归纳为“确立两个目标、遵循两个规律、坚持两个原则、树立两个意识、达到两个目的”。确立两个目标即：一个目标是满足人民群众的精神文化需求和促进人的全面发展；另一个目标是努力使文化产业成为国民经济新的增长点。遵循两个规律即：遵循社会主义精神文明建设的特点和规律；遵循社会主义市场经济的发展规律。坚持两个原则即：坚持发展先进文化的原则；坚持把社会效益放在第一位的原则。树立两种意识即：改革创新意识和求真务实意识。达到两个目的即：达到增强我国文化总体实力的目的；达到提高我国文化产业竞争力的目的。

共同推动海峡两岸文化产业繁荣发展

王永章在《中国文化产业评论》（第四卷）（叶取源、王永章、陈昕主编，上海人民出版社 2006 年 5 月版）中撰文指出，一个以国有文化企业为主导、多种所有制经济共同参与的文化产业发展新格局正在逐步形成，具体表现在：第一，文化产业初具规模，增长速度明显高于经济增长速度，开始对国民经济运行产生深刻影响。第二，文化产业政策体系不断完善，为文化产业快速发展提供了强有力的支撑。第三，积极推进文化体制改革，不断增强国有文化企业活力。第四，不断扩大对非公有资本和外资的开放，逐步形成多元化的文化产业投资格局。第五，积极扶持与高新技术密切相关的新兴文化产业的发展。第六，鼓励和支持国家文化企业“走出去”，主动参与国际竞争。第七，充分发挥政府公共服务职能，为文化产品和文化服务搭建交易平台。

关于建立海峡两岸共同文化市场的构想

祁述裕在《中国文化产业评论》（第四卷）（叶取源、王永章、陈昕主编，上海人民出版社 2006 年 5 月版）中撰文指出，充分利用祖国大陆和台湾地区在文化上的亲缘关系，顺应海峡两岸文化交往不断紧密的趋势，逐步建立两岸共同文化市场，是加强海峡两岸文化交流、促进两岸文化共同发展的必然选择。所以，根据上述情况所制定的建立两岸共同文化市场的基本思路是：1. 海峡两岸要形成基本的文化认同。2. 进一步开放两岸的文化市场。3. 积极探讨和实施有关法律的修订和补充工作，完善相关法律。4. 加强对促进海峡两岸文化产业、建立共同文化市场等方面的理论研讨。5. 加强海峡两岸文化产业创意、管理、经营人才培训。6. 共同建立文化创意产业园区。7. 保护和弘扬中华文化。

努力打造统一的两岸文化产业链

李向民在《中国文化产业评论》(第四卷)(叶取源、王永章、陈昕主编，上海人民出版社 2006 年 5 月版)中撰文指出，目前，两岸文化的交流尽管在一定程度上有所活跃，但由于意识形态、社会制度等诸多原因，两岸文化产业的互动依旧存在着方方面面的问题和不足，主要表现在以下多个方面：两岸沟通的渠道不畅，影响了文化交流；两岸市场的开放程度不同，存在着“文化壁垒”；两岸优势未能共同发挥，增加了交易成本。如何充分加强两岸合作，相互启发，相互借鉴对方的优势，打造共同的文化产业链，应是双方合作和互动的重点之所在。就如何打造海峡两岸共同的文化产业链，如何加强双方的文化合作提出如下具体看法：一是进一步扩大两岸的文化交流，取消各类歧视性政策。二是进一步开放文化市场，逐步取消文化产品贸易关税。三是加强双方在共同的重大文化产品和技术领域的合作，增进双方在产业链上的分工合作关系。四是积极支持台湾文化类人才来祖国大陆寻求发展的机会。

海峡两岸文化产业互动与发展的二重奏

叶世明在《中国文化产业评论》(第四卷)(叶取源、王永章、陈昕主编，上海人民出版社 2006 年 5 月版)中撰文指出，海峡两岸文化产业互动与发展面临契机：首先，两岸文化市场有着巨大的消费群；其次，两岸文化有着同样的根脉与源流，文化的相近以及语言的共同性更有利于两岸文化产业的互动与发展；第三，两岸文化产业互动契合了中华民族复兴和发展中华民族文化的需要。同时，两岸文化产业的互动与发展也存在张力：其一，越是后发国家，越能够直接使用最新的技术成果，加快产业升级和经济发展的速度，有后发优势；其二，两岸文化的交流融合，为文化产业方面的共同发展打下了坚实的基础，而且现在两岸都意识到加强产业合作的重要性和紧迫性；其三，我国幅员辽阔，有五千多年的文明史，文化类型极其丰富，积累了难以估价的文化资本。转化与再造可作为思考两岸文化产业互动与发展的架构和实践的取向。这里所谓的“转化”主要包括两个层面，即“经济转化”与“文化转化”，而“再造”主要侧重于文化创意产业。转化与再造的文化产品构筑了两岸文化产业的新图像。两岸文化产业的互动与发展刚刚起步，还有很长的路要走，在此提出如下建议：1. 提高文化产业的科技含量。2. 整合两岸民间力量。3. 着力培养文化产业人才队伍。4. 以市场影响力作为提升文化产业国际竞争力的关键。

新文化变革：中国文化产业发展的新特点、新走向

胡惠林在《中国文化产业评论》(第四卷)(叶取源、王永章、陈昕主编，上海人民出版社 2006 年 5 月版)中撰文指出，现阶段中国文化产业发展的几个主要特征是：1. 文化产业发展正在深刻的改变着我国国民经济和社会文化发展的面貌。2. 文化产业发展正在改变着我国意识形态和文化建设的传统和模式。3. 以数字化为先导的新型文化产业发展正在深刻的改变着我国文化产业结构和文化生态结构，数字文化在缔造一种文化形态的同时，正在塑造着全新的文化新生代。4. 文化体制试点改革正在深刻地改变着我国文化力量格局和文化生产力形态。5. 文化产业发展正在成为区域文化建设和经济增长的重要战略选择。6. 文化产业政策、文化经济政策和文化法制建设的不断推进，正在建构中国特色的文化产业发展保障体系和制度支撑体系。由此可见，中国文化产业发展的新走向是：1. 构建和谐社会的伟大目标将成为我国文化产业发展战略走向的指南。2. 中国文化产业创新体系的建设将开辟新的发展道路。3. 文化产业市场行为规范将进一步制度化和法制化。4. 文化产业数字化将继续引领中国文化产业发展的技术革命潮流。5. 传统的文化产业发展模式和管理体制将面对更加严峻的挑战。6. 创意产业的兴起和发展，将深刻地带动中国文化发展的创造性。7. 在为转变经济增长方式提供新的战略选择的同时，文化产业将面临自身增长方式的战略型转移。8、国家文化安全将随着我国文化市场的进一步开放而呈现出更加严峻的形式。

中国文化产业化背景下的文化经纪人

程翠英在《中国文化产业评论》(第四卷)(叶取源、王永章、陈昕主编，上海人民出版社 2006 年 5 月版)中撰文指出，文化产品的双重属性和经纪人的职业特性决定了文化经纪人必须是综合素质高的复合型人才。主要包括：较高的思想觉悟和政治素质；良好的职业道德和法律素质；较强的文化艺术专业素质；善于经管，有较强的市场运作能力；较强的公关能力。在培育这一新兴职业中，政府应扮演重要角色。首先，政府应进一步建立和完善文化市场经济体系和法律体系。其次，政府应根据具体国情，加强经纪人领域的法律法规建设，加强制度的贯彻实施。第三，政府部门还应当尽快出台专门的文化经纪人管理办法，并根据实际情况进行调整。当然，文化经纪人自身也应该自律自重，规范运作，具备相应的素质和能力，才能为本行业创造更加广阔的天空。

关于我国发展区域文化产业的要素分析与空间布局

陈占彪在《中国文化产业评论》（第四卷）（叶取源、王永章、陈昕主编，上海人民出版社 2006 年 5 月版）中撰文指出，发展区域文化产业的主要障碍是行政分割，这种区域文化产业发展中的“行政分割”现象，从本质上是我国“行政区经济”的一种表现形式。要大力发展文化产业，就必须打破文化产业中的行政分割，促进部门与部门之间、地域与地域之间的密切合作，改革文化行政组织管理制度。空间布局与产业特点是紧密结合的，只有对我国产业发展概况有一个清晰的认识，才能对我国空间布局有恰当定位。总体而言，传统文化资源从西部和北方向东部和南方倾斜，现代文化资源从南方和东部向北方和西部倾斜，这一“双倾斜”的特点决定了我国发展区域文化产业布局的空间特性：以京、津为核心的环渤海城市经济区文化产业布局；以沪、宁、杭为核心的长三角城市经济区文化产业布局；以粤、港、澳为核心的珠三角城市经济区文化产业布局；以西安、兰州、乌鲁木齐为核心的西北经济带文化产业布局；以成都、重庆、拉萨为核心的西南城市经济区文化产业布局。

香港创意产业的发展及经验

熊凌在《发展研究》2004 年第 3 期撰文分析了香港创意产业发展的现状，在此基础上提出了香港创意产业发展经验给大陆的启示：1. 创意产业的核心在于创意，促进文化市场化。知识产权、技术创新、文化理念是三个其不可或缺的组成部分。2. 创意产业的经济价值较大程度上受当地经济发展的制约，弹性相当大。3. 随着资讯业等高新技术产业的迅猛发展，创意产业的发展潜力巨大。4. 严格完善的法律法规和有效的经济政策为创意产业创造了一个适合生存发展的有利空间。给我们的启示是：1. 创意产业的发展空间巨大。2. 重视人力资源的培养与引进。3. 保留各地区推动文化的自主权。4. 完善我国有关法律法规，尤其应该重视保护知识产权。

由几米品牌看文化创意品牌的塑造

张姮在《企业研究》2004 年第 5 期撰文认为，全球化的消费正从物质功用转为一种符号化的产品和意义“服务”。在此背景下，从欧美发展起来的创意产业、创意经济正影响港台并传至大陆。在创意产业兴起的背景中，那些来自于创意与文化积累，透过智慧财产权的生成与运用，有潜力创造财富与就业机会并促进整体生活环境提升的活动大量出现，文化从纯艺术创作的圣台迅速与商业接轨。文化和商业怎样平衡和游走，是文化品牌经营的重要课题。台湾的墨色国际打造的“几米品牌”无疑是一个成功范例，值得我们分析并从中汲取经营文化创意品牌的经验。一是需要具有创造、保持、提升品牌的能力的营销人员。二是学习国外成功模式：明确品牌定位。三是确立文化创意品牌的核心价值。四是异业结合，打响知名度。五是周边产品开发。六是国际营销，拓展品牌。七是给予艺术与商业的平衡，激发创意。

创意文化在市场经济中的作用

高海清在《武汉科技学院学报》2004 年第 17 卷第 8 期撰文指出，企业创意文化建设在市场竞争中具有独特的引力和效益功能。1. 企业创意文化要有中华民族的特色，重视仁爱的传统，团结一致的传统，自强不息的传统，爱国主义传统。2. 企业创意文化要有鲜明的企业特色。3. 企业创意文化要有创新特色。企业创意文化是构筑企业的隐性根基，是企业持续发展的内在驱力，是人才集聚、管理创新的黏合催化剂，是赢得长期绩效的切实保障，企业创意文化的缺憾必然导致企业发展的畸形。

试论新的经济增长点——创意产业

周莉华在《南方经济》2005 年第 1 期撰文指出，创意产业的比较优势包括：创意产业源于个人的创造性活动，是最契合知识经济时代特征的产业形式；创意产业相对而言所需资金少，占用空间小，绿色环保，符合可持续发展的产业要求；创意产业对其他产业的关联度高；创意产业能增强民族创新力，提高全民科学文化素质。我国创意产业发展的对策是：第一，政府宏观主导作用。政府应该着力理顺产业体制，积极打造适合创意产业发展的制度平台，从而形成成熟的创意产业链，培育出有国际影响力的品牌。第二，加强知识产权保护。创意产业以知识产权为核心资产，要营造适宜创意产业发展的外部条件，保护知识产权是当务之急。第三，扩大投融资渠道。按照创意产业市场规律来制定和健全相关法规和制度，进一步改善投融资环境，促进企业、民间、外商对我国创意产业投资的积极性，从而形成“谁投资，谁受益”的产业化运作机制，搭建创意产业化的平台。第四，培养创意产业人才。我们可以借鉴国外创意产业教学和科研上的先进经验，与我们的实际相结合，培养出立足本土同时又有国际视野的创意产业人才。

上海创意产业发展的现状和前景

荣跃明在《毛泽东邓小平理论研究》2005 年第 1 期撰

文认为，创意产业作为新兴服务产业的悄然兴起，表明上海服务业内部结构的优化升级趋势日趋明显，其速度正在不断加快，并为上海产业结构的调整、城市功能的重塑和现代服务业的加快发展创造条件和积蓄力量。目前，就上海已经形成的创意产业整体而言，无论是规模还是能量都还处在发展的起步阶段，其进一步发展的空间和潜力十分巨大。加快发展上海创意产业的对策有：1. 着力培育创意产业领域里的国有企业。2. 进一步完善有利于创新的制度环境建设。3. 加快创意人才的培养和集聚。4. 从功能开发的角度加快创意产业领域重点行业的培育。我们要进一步认识创意产业的产业特征及其在上海产业结构优化升级中的重要作用，把创意产业作为具有自主知识产权的核心技术创新发展的基拙和主要载体来加以培育，突出创意产业在产业结构调整特别是现代服务业发展中的主导作用。

走向创意产业

张晓明、韩谨在《出版参考》2005 年第 4 期中指出，创意产业是这两年国内谈论较多的话题。文化产业的概念与分类复杂多样，表现了不同国家经济与文化的复杂关系。只有对其进行历史和具体的理解，才能真正认识现代文化产业。从产业经济学的角度，可将经济发展归结为五个阶段，其基本特征是，从经济走向文化。第一阶段，以农业为基础的经济。第二阶段，以工业（制造业）为基础的经济。第三阶段，以服务业为基础的经济。第四阶段，以知识性服务业为基础的经济。第五阶段，以艺术和文化知识服务业为基础的经济。文化与经济生活也不断融合，经历了五个发展阶段。第一阶段，和农业为基础的经济相适应，是传统文化。第二阶段，和工业为基础的经济相对应，是商业文化阶段。第三阶段，和以服务业为基础的经济相对应，是文化产业阶段。第四阶段，和以知识性服务业为基础的经济相对应，是内容产业阶段。第五阶段，和以艺术和文化知识服务业为基础的经济相对应，是创意产业阶段。创意日益为人看重，并出现三个趋势：一是上游化的趋势。二是下游化的趋势。三是网络化趋势。

柏林与上海文化创意产业发展比较

于雪梅在《上海经济》2005 年第 S1 期撰文指出，柏林文化创意产业的发展对上海很有借鉴意义：1. 加强资源整合。在产业的发展初期，迫切需要整合各方面的资源，在政策的制定和措施的实施方面加强联系与合作，以避免资源的浪费，集中力量推进产业的发展。2. 加强理论研究。加强理论研究，制定符合上海文化创意产业发展实际的分类方法和统计方法，对理顺产业关联、有针对性地引导产业健康发展具有重要意义。3. 创造多元文化。上海应以开放的心态来大力吸收外来文化，创造多元的文化生活。4. 加强人才引进。我们的文化政策和人才政策应该是开放的。5. 扶持中小企业。创意产业不同于传统产业，若要获得健康的发展，正是要依靠自由、灵活而又富于创新的中小企业。6. 促进多元投资。应该进一步推进企业体制改革，重新构建新的企业集团、产业实体，允许各种资本包括个体资本以参股形式投入，从而吸纳更多的社会资金，壮大文化创意产业的自身实力。

创意型企业产品特征及其生产决策研究

李向民、王萌、王晨在《中国工业经济》2005 年第 7 期撰文指出，创意型企业首先是一个知识型企业，生产的产品凝结着很高的精神含量，对产品的研发成本投入很高，产品销售的价格或销售量很大程度取决于企业对产品的宣传力度、企业的声誉、品牌等。创意型企业的生产投入包含了有形的物质资产和金融资产，以及无形的人力资本、信息资本、关系资本等精神要素。其中无形资本主要构成是：人力成本，研发投入，宣传投入。精神产品的价值形成与普通物质产品的差异，决定了创意型企业在生产模式、价格决策和市场策略等方面具有其特殊性。在进一步的研究中，还要深入地分析精神内容产品的价值决定因素和价值形成的机理，以及由此决定的创意企业在公司治理、企业商业模式、企业组织和战略方面的特征。

关于上海文化创意产业基地发展的思考

厉无畏、于雪梅在《上海经济研究》2005 年第 8 期撰文指出，上海创意产业基地的发展特征有：1. 依托大学，发展创意产业园区。2. 改造旧厂房及仓库，创立创意产业基地。3. 利用旧厂区，培育创意产业园区。4. 依靠传统布局，建立创意产业基地。5. 开辟新区，创立创意产业基地。上海创意产业基地发展的集群优势有：1. 集聚区内产业业态完整，竞争力提高。2. 促进信息和人员的交流及创意商品化。3. 集聚和辐射功能强大。上海创意产业基地存在的问题及对策思考是：1. 加大集群规模效应。2. 保护开发工业遗产。3. 大力培养文化经纪和经营人才，促进创意成果转化为经营资源。4. 倡导主流文化，发展亚文化。5. 打造自我品牌，注重创意产业发展本土化。

关注创意新产业

林华在《经纪人》2005 年第 12 期撰文认为，一种以人的创造力、技能和天分来获取发展动力，并通过知识产权的开发和运用，创造潜在财富和就业机会的产业——创意产业，正在世界范围内受到普遍关注。作为国际大都市的上海，在与世界经济发展的互动中，探寻着从传统产业向现代产业的跨越。第一，新产业蕴藏新的商机。创意产业的发展将带动周边制造业公司的发展，一个小设计公司虽然只有十几、二十来个人，但其设计却占据了产业价值链的高端，对成百上千家加工企业能起到巨大的带动作用。第二，创意催生新的平台。设计创意集聚区的崛起，使上海的都市型产业迈上了一个新台阶。设计创意集聚区，既建设了创意产业发展的平台，又保护了历史建筑。旧厂房用新的模式改造，注入时尚、创意的元素，不仅有利于形成设计创意产业的产业链，而且保留的旧厂房又成为城市景观中的“盆地”，使城市建筑的天际线高低起伏，成为新的城市景观。第三，创意产业的发展面临着新的挑战。改造几个老厂房，吸引几十、几百家创意工作室入驻，并不意味着创意产业就此诞生。创意产业集聚区本身只是提供了一个概念，要真正形成集聚效应，个性定位很重要。

在传统与时尚的交融中打造文化创意园区

于雪梅在《德国研究》2006年第1期撰文指出，旧式建筑，保留着城市人文遗存。这种对人文、对历史的召唤，有着弥足珍贵的社会意义。文化创意园区与城市旧区的有机结合，可以避免城市文脉的中断，文化创意园区同时也不仅仅是文化创意产业成长壮大的外部空间环境，而是凭借其独具魅力的内涵成为一个城市的标志性建筑或区域，是这个城市的著名人文景观及最具代表性的名片。文化创意产业为北京798的发展提供了新的思路。在珍贵的工业建筑遗产受到保护的同时，文化创意产业也获得了理想的发展空间。通过文化创意产业对传统的工业建筑进行保护和再利用，是历史遗迹和新的时代精神的结合，是城市风格与活力的体现。

技术创新与文化创意：发展中国家经济崛起的思考

胡晓鹏在《科学学研究》2006年第24卷第1期撰文指出，较技术创新而言，文化创意是一种更为高级的竞争性资源。进一步来讲，文化创意与技术创新作为两种相对独立的资源，具有密切的关联性。技术创新带来的是成本竞争型，文化创意则形成了差别型竞争格局；文化创意具有黏性，技术创新具有流动性；较技术创新而言，文化创意是培育国家竞争优势更为高级的资源；技术创新具有价值结构调整功能，文化创意则具有价值总量提升功能；仅就两者的关系而言，技术创新与文化创意具有强烈的互动性。推动文化创意及其产业载体的发展绝不能盲目地“跟风追热”，必须从自身的实际情况出发确立合适的产业发展思路。发展中国特色的文化创意产业并非易事，这不仅需要在政策上给予必要的引导和支持，也需要集合各类主体乃至全民的智慧和努力才可能完成。其中，知识产权的保护、技术创新的激励、文化理念的推广是三个不可或缺的组成部分。

创意产业与城市再生

王伟年、张平宇在《城市规划学刊》2006年第2期撰文指出，城市再生这种已出现于西方的城市发展途径，将成为新时期我国城市开发的必然选择。创意产业与城市再生不可避免的即将相遇，两者如何融合是一面临的现实问题和值得研究探讨的课题。城市更新是创意产业发展的基础，创意产业在城市再生中有提高城市竞争力、增加城市就业、延续城市文脉、塑造城市景观特色的作用。发展创意产业最有效的途径是建立创意产业园区。目前，我国创意产业的发展还处于初期阶段，近些年来，上海以保护和开发利用工业历史建筑为切入点较为成功地推动了创意产业的发展，是城市更新与创意产业发展相结合较为成功的典范。创意产业的发展对于我国城市老工业区的再生尤其具有突出的现实意义，可为城市老工业区的改造提供很好的动力机制。以创新为核心、以知识产权为依托的创意产业，符合我国未来城市产业发展的客观趋势，我国必然会走上在国际上日益新兴的创意产业发展之路。

论北京文化创意产业发展

赵弘、王俊红在《北京市经济管理干部学院学报》2006年第21卷第2期撰文指出，文化创意产业已经成为北京服务业的重要组成部分和推动北京经济发展的重要力量。从空间上看，一批特色文化创意产业集聚区正在逐步形成，并呈现不同的发展模式。概括起来主要有三种模式：第一种是以数字娱乐为主要内容，利用现代信息网络技术，重点发展软件、游戏、动漫等行业的文化创意产业集聚区。第二种是以北京传统工业资源为基础发展起来的文化创意产业集聚区。第三种是以大型文化创意企业集团为龙头，带动上下游其他企业聚集而形成的文化创意产业集聚区。北京要做大做强文化创意产业，使其成为北京经济发展的支柱产业，必须着力做好以下三个方面的工作：1. 加快文化体制改革，激发文化创意产业的发展活力。2. 着力发展重点行业，打造文化创意产业特色基地。3. 加快法制、政策体系建设，优化文化创意产业发展环境。

中国发展创意产业的战略思考

荣跃明在《电影艺术》2006年第3期撰文指出，产业政策是政府影响和推动产业发展的重要调控工具。目前，创意产业在国家层面，没有形成具体的创意产业发展政策。从一定意义上说，文化体制改革本身就是一项推动文化产业发展的产业政策。创意产业的形成，已经昭示我们生活的世界诞生了新的生产方式，它正在并且还将改写经济学的传统定律，催生新的市场规则和生产规则。我国经济增长的阶段性特征呈现出极大的地区差异。不同地区的经济发展处在不同阶段，经济发达地区的主要经济中心城市已经进入创新集聚的阶段，但创意产业的空间集聚是有条件的，其中最为根本的是，必须在对外开放、引进国外创意产业的同时，坚持自主地发展我们国家的民族创意产业。同时，新技术的迅猛发展和广泛应用，给创意活动提供了极大的现实可能性。有一个鼓励创新、宽容失败的观念和制度的社会文化氛围，是对自主创意涌流的最大便利。

当代世界创意产业的概念及其特征

金元浦在《电影艺术》2006年第3期撰文指出，创意产业是文化产业发展到新阶段的产物。从发展看，创意产业的主要性质表现为：创意产业不再简单地囿于过去的传统文化产业，它是适应新的产业形态而出现的创新概念；创意产业的根本观念是通过“越界”促成不同行业、不同领域的重组与合作；创意产业中既有生产活动领域的内容，也有传统三产中的一般服务业，更有与高科技相关的内容产业以及所谓“第五产业”；创意产业是科技文化化和文化科技化的高端产业；从产业运作模式上看，文化创意产业的发展更加动态化，它是市场经济运行的高端方式。最后，创意产业的基本经济特点可以从创意需求、创意产品、创意人员等三方面来探索。包括：需求的不确定性与产业的风险；创意为王与创意产业的精神特质；创意产品的多样性与差异性；纵向区别与横向区别。

论文化、创意、财富三者间的关系

唐锡光在《东岳论丛》2006年第3期撰文指出，发展文化产业的决定性因素是财富。作为文化产业基本属性之一的文化，首先是一种消费主义的文化；其次，它是被产业化所定义和改造的文化；再次，它是一种流行主义的文化。文化产业中的文化内容，是专门用于消费的一些关于意义和快感的去差异化的话语结构。发展文化产业是依托现代科技，根据现代人的需求，以现代化的生产方式做文章。创意是文化和财富相互转换的关键，是发现文化现象中具有商业价值的内涵，并设计一种合适的形式，使这种商业价值最大化，同时设计一整套生产流程和营销方案以实现其商业价值。在文化生产过程中，创意是被资本所限定的。文化的财富之路和财富的文化之舞两者之间特定的互动关系为：一方面，市场经济作为当前社会生活的主要内容和主要社会交往方式，不可避免地会成为文化传播的主要途径之一。另一方面，资本也一直寻求高附加值、高回报率、低成本、低风险的发展之路，而文化产业恰恰符合这种需要。文化产品通过营销环节到达消费者手中，消费者在文化消费的同时，完成了文化传播的使命，同时也实现了财富的增值。但发展文化产业并不是解决一切文化问题的万应灵药，也不是我们做这件事情的主要目的。

创意产业规律的探索和应用

花建在《电影艺术》2006年第3期撰文指出，创意改变命运。为了把握好文化/创意产业链的开发，就必须把握好以下四对关系：文化与市场的关系，规模与结构的关系，产业与企业的关系，做大与做强的关系。随着金融自由化、贸易全球化和生产跨国化的趋势，各类跨国公司已经无可争辩地成为文化/创意产业的主体。中国的文化/创意产业要参与全球竞争，也要建立自己的跨国公司和跨国产品，形成自己的跨国竞争策略，不但在内容上要适应全球化的市场需要，而且要在经营方式上包括投资方式、品牌推广、明星打造、合作伙伴等各个方面，都努力在全球化的风浪中趋利避害。创意资源将是中国最为巨大的宝库之一，顺应全球化的竞争潮流，开发中国特有的文化内容，中国的文化/创意产业可以为人类创造更丰富、更辉煌的财富。

文化创意与非物质设计

陈麦在《上海戏剧学院学报》2006年第3期撰文指出，随着高技术、高消费和高端产业发展的增强，以智能化和数码艺术为标志的当代设计新理念正朝着一种多功能、超功能、甚至是无实用（物质）目的的“超前”方向发展。当代的设计应当“放大”纯功能的束缚，同时“放松”形式对功能的依赖，采取更为灵活的更有表现力的设计思路。摆脱功能主义所倡导的唯标准化和无视个性表现的传统，从而在更大程度上解决更为复杂的功能需求，做到不但在技术上、功能适用上、而且在艺术上，也要对人类的心理层面要求给予考虑。设计的最终目标与最高要求是创造与创新。作为创造性的一种活动，可以为文化创意和艺术创新，可以为创意产业的构建和发展提供最初的创意和设计。

大力发展北京创意产业，打造我国首个创意城市

盛垒、钟辉华在《城市》2006年第3期撰文指出，北京发展创意产业与建设创意城市拥有得天独厚的优势：1. 文化传统优良，新式思潮澎湃。2. 创新资源丰富、创意氛围浓郁。3. 城市形象良好、国际声誉卓越。4. 人居环境和谐、基础设施完善。5. 发展机遇难得、集聚规模初现。北京发展城市创意产业的对策有以下六点：1. 深入认识、科学定位、正确引导。2. 合理规划、积极培育、鼓励发展。3. 健全法制、保护产权、刺激消费。4. 拓宽渠道、加强投入、营造环境。5. 找准切入点、重点突破、创造优势。6. 引进人才、重视培养、增进交流。

创意产业推动城市发展

厉无畏在《团结》2006年第4期撰文指出，首先，创意产业改造城市面貌，促进城市经济可持续发展；创意产业高增值、强辐射、广融合的特征促进城市产业升级；创意产业可以将各种资源转化为经营资源，振兴城市经济；创意产业凭借多种盈利模式来获取经济效益，增强城市经济基础。城市发展需要经济基础，由于高收益性是创意产业的基本特性，因此发展创意产业对增强城市的经济实力具有重要的意义。

文化、创意、财富与法律保护

张庆盈在《东岳论丛》2006年第4期撰文指出，文化、创意、财富之间的关系可以表述为，文化是一个开放的系统，财富同样是一个开放系统，这两个系统有很大的重叠部分，并且两个系统之间不断进行着交换；创意是两个系统交集中的一个子系统，这个子系统同样是开放的，与文化、财富两个系统进行物质、能量、信息等的交换。在此意义上，文化是财富，创意是文化中的创意，创意同样是财富，是应当受到法律保护的精神财富，属于知识产权范畴。但是现在，创意在现行法律和司法实践中没有作为一个独立的对象受到应有的合理的使用和保护，较之于专利、专有技术和著作权等，创意的使用和保护不够规范。现行法律和司法实践中如何界定、如何保护创意还应值得更多的关注。

发展青岛创意产业的思考

王军在《中国海洋大学学报》（社会科学版）2006年第4期撰文指出，创意产业有利于青岛产业结构的升级，有助于加快青岛现代制造业基地的建设。在加快发展传统消费性服务业的同时，注重发展以创意产业为主要内容的现代服务对先进制造业的全方位服务，实施现代服务业和先进制造业的“两轮驱动”，是加快青岛打造现代制造业基地进程的现实需要，与青岛提升城市形象相得益彰。一方面，创意产业的发展需要有创意人才，青岛作为人们最向往的城市，具有了吸引人才来青岛居住创业的人脉根基，为创意产业的发展提供了强有力的人才智力支持；另一方面，创意产业的发展又提升了青岛这块金字招牌的含金量，使青岛的人脉根基更加坚实、可持续。要促进青岛创意产业的发展，需要在产业发展的操作过程中开展创意产业理论研究，将创意产业纳入国民经济统计体系，制定保障制度，逐步打破阻碍创意产业资源要素流动的体制壁垒；将青岛现有的创意产业资源进行整合，找准青岛创意产业发展的重点行业，制定产业专项规划；在创意产业发展的人才保障方面要注意国外智力引进。

对当代文化创意产业的解读

胡正荣在《数据》2006年第5期撰文指出，“文化创意产业”最核心的、最本质的“创造力”包括两个方面。第一是“原创”，即创造出前人没有的东西，由原创激发的“差异”和“个性”是文化创意产业的根基和生命。第二是“创新”，就是对前人创造好的东西进行改造或者更新。文化创意产业有两个特征。第一是规模经济，就是做大。第二是范围经济，就是要多样化。“文化创意产业”的运营和营销应当注意：首先，政策必须鼓励文化产业竞争，也必须鼓励文化产业融合。其次，文化产业的链条化，即文化创意产业要把价值创造的环节和程序完全整合起来做一个大的文化产业结构。第三，要学会营销你的文化产品，营销型文化机构的关键在于，市场是中心，消费者是导向，同时要学会营销，目标是盈利。第四，文化产品的营销和运营的策略，核心只有两点：新产品要不断开发和相关的营销策略必须要跟上。要明白文化产品定位的目标对象，产品要系列化，实施明星策略，进行大制作。

经济增长模式的转变与发展文化创意产业的政府策略

王琳在《国家行政学院学报》2006年第5期撰文指出，随着信息产业和网络经济的发展，人们进一步要求在第三产业中区别第四产业和第五产业，文化创意产业正是适应这个时期的历史阶段而崛起的。我国文化创意产业的发展格局，一是将创意产业与知识经济、城市创新和经济发展结合起来，以此获得先动优势。二是形成了特色和功

能突出的创意产业园区。三是以文化节庆为依托，打造了一批文化创意产业品牌。目前，我国创意产业发展的首要问题是全社会必须加强和提高对创意产业的重要性、前沿性和未来发展态势的理解、认识与认同，特别是在各级决策层。中国发展文化创意产业迫切需要建立一个总体发展规划，确定未来若干年发展的政策导向，完善和优化创意产业发展的内部与外部环境。通过反映文化消费需求信息平台来引导文化创意力的趋向。同时，在积极发展文化创意产业时，政府不能忽略文化生态环境的建设，应直面文化贸易中的问题，狠抓文化生态环境、产业政策、良好氛围的到位率。

创意产业集群化初探

符韶英、徐碧祥在《科技管理研究》2006 年第 5 期撰文指出，要解决中小型创意企业在要素条件获取上的困难，集群化是一条值得探讨的路子。当然，首先要强调的是，集群化并不是让创意企业汇集到一起就大功告成了。政府和相关组织要积极引导群内企业建立起合作机制，给予集群内组织一定的支持并监督其向健康的方向发展。要推动创意产业的集群化发展，各方须作好以下方面工作：建设相应的配套设施；建立专业人才市场；促进职业培训机构的产生和发展；加强与院校的合作；推进行业会展的繁荣；建立集群风险投资机制；搭建专业信息平台；营造自由创作的氛围；促进非正式交流；保护知识产权。

创意产业：方兴未艾的现代服务业

彭际作在《经济师》2006 年第 5 期撰文指出，创意产业进一步发展的主要趋势表现在：1. 在制定创意产业规划时注重国际化战略。以国际化的视野、高起点的要求，以重塑国家、城市形象为载体，以提高经济、社会、文化等领域的综合竞争力为目标，大力推进创意产业的发展。2. 创意产业企业组织集团化。伴随着经济全球化、政治多极化、文化多元化的发展趋势，世界范围内的创意产业竞争日益激烈，创意产业企业组织的集团化趋势也日益明显。3. 创意产业空间发展主要集聚于世界经济中心城市，与这些城市的产业基础直接相关。其一，文化消费是现代消费的一个主要方面，而经济中心城市都集聚着大量的文化生产部门，是文化产业的集聚地，是创意思维的基础。其二，经济中心城市的第三产业中的现代服务业如知识产权保护、金融、保险、通讯、技术服务、教育等十分发达，构成了创意产业的发展基础。其三，经济中心城市国际化特征主要表现在新移民是城市人口的重要组成部分，新移民注入了不同文化元素。

文化创意产业的兴起与分类

朱相远在《数据》2006 年第 5 期撰文指出，所有属于文化创意产业的行业，有两个必须的条件，缺一不可，一是同文化相关的创意。二是要能形成知识产权的科技行业。因此，我们将目前公认的文化创意产业的分类同我国文化产业分类目录相比较，就发现许多是被涵盖的。但另一方面，也有不少在目录中没有涉及或不明细。因此，随着文化创意产业的兴起与发展，统计部门应组织力量进行调研，一方面要对原有文化产业分类目录进行补充与调整，一方面可以着手准备编制我国的文化创意产业分类目录。这对规范文化创意产业的口径与范围，促进这个新兴产业的健康发展，将起基础性作用。

文化创意产业：北京发展的新引擎

金元浦在《数据》2006 年第 5 期撰文指出，北京市提出和发展文化创意产业恰逢北京进一步转变经济增长方式、实现新的跨越的重要战略机遇期，在北京发展史上具有里程碑的意义。对于北京来说，发展文化创意产业具有现实必要性与历史必然性：1. 及时容纳并推动新产业类别及其发展。2. 适应产业发展下游化的必然趋势。3. 以高科技推动文化经济高端发展是必由之路。4. 消费需求上游化、高档化的必然趋势。5. 更加动态化的产业运作模式。

创意产业的发展与知识产权

刘东威在《知识产权》2006 年第 5 期撰文，就北京市创意产业的发展问题，提出以下建议：一是加强相关的软科学研究。二是调整宏观调控思路。三是搞好三个重点、十个方面的项目规划。四是加强创意产业的投入产出分析并实现投资主体的多元化。此外，如果没有知识产权的强有力的保护，创意产业是极为脆弱的产业，为此，必须加强知识产权保护，明确知识产权工作范围，形成统一科学的理念，建立顺畅的管理体制，进行策略指导，加强行政干预，建立诚信体系。

创意产业是引领哈尔滨创新型城市发展的新动力

马瑞秋在《商业经济》2006 年第 7 期撰文指出，把创新产业经济纳入经济发展的总体规划之中，哈尔滨市发展创意产业拥有基础良好的科技教育资源，深厚的文化底蕴，地缘优势。发展创意产业是哈尔滨市转变经济增长方式，提高城市综合竞争力，实现创新型城市的重要途径。哈尔滨这座全国老工业基地应乘势而上发展创意经济，对原有产业实施文化渗透，实现科技与文化的融合。积极发展文化、旅游、软件开发、计算机服务、时尚设计等创意产业，借以改善经济结构，提高产品的附加值，从而实现创新型城市的发展目标。哈尔滨市应该借助于创意产业的发展，为东北老工业基地注入生机和活力，加速推动科技创新与文化创意的共同发展，尽快实现创新型城市目标。

创意产业与国家尊严、国家实力

仲大军在《新远见》2006 年第 10 期撰文指出，我国创意产业的兴旺必然出现在硬件建设基本完成之后。从发展战略角度看，这一时期大约从2010 年以后拉开序幕。创意必须建立在国家尊严、民族尊严、企业尊严、个人尊严的基础之上。创意首先取决于人格的建立，如果缺乏自信心，缺乏自尊、自强人格的建立，创意是不会发生的。发展中国家必须首先建立起自己的人格尊严，才会有自己道路的选择，才会有新价值的创造，才会改变自己的命运以及国家的地位。对于中国来说，一味模仿和引进的时代已经过去。如果我国再不调整发展方向和发展模式，我们的经济结构便可能沦落入发达国家附庸经济的模式。中国必须成为一个自主发展、自主掌握核心技术的大国，在国家分工中，中国再也不能仅仅是扮演一个生产车间的角色。中国再不创新，等待我们的将是危机——发展的危机，资源的危机，生存的危机。

创意产业的内涵、发展概况与趋势分析

彭际作、冉小毅在《经济论坛》2006 年第 10 期撰文指出，创意产业进一步发展的主要趋势是：一是在制定创意产业规划时注重国际化战略。创意产业的特征决定了一个国家或地区在制定规划战略时必须超越本地区区域界限、超越本地区文化局限，必须具有国际的视野、全球的眼光、世界的市场。二是创意产业企业组织集团化。创意产业的企业呈现出“少量的大企业、大量的小企业”的特点，小型化、个性化、扁平化的特征，适合创意产业企业灵活设计、灵活经营、灵活发展的要求。三是创意产业空间发展主要集聚于世界经济中心城市。创意产业源于并繁荣于世界经济中心城市，如伦敦、纽约、新加坡等。

文化创意：文化产业勃兴的点睛之笔

陈俊东在《江汉论坛》2006 年第 10 期撰文指出，中国创意产业的发展已经具备一定的基础，有着良好的势头，但仍然存在着以下几大问题：决策层思想未完全解放；理论研究薄弱；体制滞后，推广难；文化创意产业市场还不成熟；急于求变，“泡沫”多。提出以下几点建议：第一，政府应积极推动创意产业的发展，全面规划发展战略。第二，从源头入手，加强创意人才的培养以及营造适宜培养创意人才及创意产业发展的外部条件。第三，完善产业部门的系统划分，形成一条完整的产业链。第四，注重区域文化资源的利用和特色产业的发展。

创意产业促进经济增长方式转变

厉无畏、王慧敏在《中国工业经济》2006 年第 11 期撰文指出，当世界经济步入知识社会，向创意经济发展的今天，文化要素和人的创造力成为推动经济增长的主导要素，这种主导要素的变迁带动文化创意产业的兴盛，也逐渐改变了经济增长的模式。创意产业促进经济增长方式转变的模式有：资源转化模式，价值提升模式，结构优化模式。创意产业促进经济增长方式转变的路径和对策主要有以下三个方面：要营造适宜文化创意生成和生存的生态环境，缔造全景产业链；激发消费欲望，培育新型产业群；创意产业融入城市产业结构的优化，融入城市文脉的延伸，融入城市形象的塑造，提升区域竞争力。

基于资本属性的文化创意产业研究

胡晓鹏在《中国工业经济》2006 年第 12 期撰文指出，体现为资本属性的文化创意是一种能够被广泛利用的柔性资本，它通过与不同的载体相结合，产生了多重的经济绩效，并日益成为促进经济发展的重要元素。此外，如果说创意资本是创意产业的概念形态，那么，创意资本的独立生产和交易就是创意产业的实体形态，从概念形态创意产业到实体形态创意产业的转化，也是经济阶段演进的历程。创意产业在概念形态和实体形态的分离为我们理解创意产业的现实意义提供了一个新的视角。对于许多地区而言，它急需做的是如何提高本地区创意资本的数量和质量，人为地把某些产业划归到所谓的创意产业之中，只能起到拔苗助长的作用。

传媒文化创意产业及发展

周鸿铎在《中国经贸》2006 年第 12 期撰文指出，传媒文化创意产业是文化创意产业的重要组成部分，它既有文化创意产业的共性特征，又有传媒文化创意产业的个性特征。要发展传媒文化创意产业，就必须解决好以下几个问题：第一，解放思想。第二，科学认识传媒文化创意产业的经济性。第三，纠正文化创意产业发展过程中的跟风现象。第四，强化对传媒文化创意产业人才的培养。第五，明确创意是传媒文化创意产业的原动力。第六，对传媒文化创意产业进行科学定位。第七，积极开发传媒文化

创意产业运营系统。第八，强化传媒产业理论研究。第九，科学确立传媒文化创意产业在文化创意产业体系中和经济社会发展中的地位。第十，注意凸显其个性，为传媒文化创意产业的发展营造更多的机会。

中国创意经济发展的问题研究

李卓华、纪艳彬在《集团经济研究》2006 年第 14 期撰文指出，中国应当把创意产业提升到国家战略产业的高度，制定有针对性的产业政策，制定促进文化创意产业发展的战略规划和行动计划，创造良好的内外环境，引导文化创意产业实现持续、快速、协调、健康发展。当前我国创意产业发展尤其要注意解决以下几个问题：1. 明确创意经济的理念。2. 创意产业的规划。3. 知识产权的法律保护。4. 体制的建设与完善。5. 人才与教育。

文化创意产业：创新型中国的战略选择

金元浦在《人民日报》2006 年 12 月 29 日第 014 版撰文指出，创意中国，创新型国家，是我国未来发展的主导方向，具体原因和特征有以下几点：一是我国当前的创意产业推动在社会生活中发生重要影响的一些新生的产业类别的发生、发展和壮大，并推动传统文化产业的升级、变革。二是我国北京、上海、广州、深圳等走向国际化的中心城市正处于一个产业升级、全面调整产业结构的非常重要的历史时刻，这是全面实施科学发展观的极好机遇。三是创意产业是科技文化化和文化科技化的高端产业。四是创意为王，创意产业具有文化经济的精神性特质。五是文化创意产业是与艺术、文化、信息、休闲、娱乐等精神心理性服务活动相关，满足小康形态下人们精神文化娱乐需求的所谓“第五产业”，是城市精神消费与娱乐经济融合发展的新载体，是现代服务业的高端组成部分。

中　国　文　化　产　业　行　业　研　究

年度权威论文选编

图书、报刊产业

关于出版产业、出版事业的界定以及分类指导问题

阎晓宏

关于出版产业、出版事业的界定以及分类指导问题，出版界有过许多讨论，由于这个问题在图书出版改革与发展的实践中是一个不能回避的现实问题，因此，受到业内外的广泛关注。

党的十六大报告指出要大力发展文化产业，积极扶持重要的文化事业。这对于出版产业、出版事业的界定以及分类指导有着重要的指导意义，也为我们理解并解决这一问题提供了思路。石宗源署长在2003 年全国新闻出版局长会议上所做的报告中也明确提出了发展出版产业，繁荣出版事业，坚持和完善分类指导的原则，使出版产业、出版事业的界定以及分类指导问题摆上了新闻出版工作的重要日程。

这里讲图书出版产业、出版事业的界定主要指出版的属性问题，分类指导问题是根据出版的不同属性而采取的不同的政策和管理办法。出版产业和出版事业都是宏观的、集合的概念，但是它的界定与出版单位的属性有着直接的联系，所有的出版单位都是事业性质的而出版自身却是产业，这似难以理解。但是，把出版产业与出版事业分为两块，看成是两个相互无关的体系，一块是出版产业，一块是出版事业，则更是简单的、形而上学的。

出版产业和出版事业的概念应是相对于不同的系统和目标而言。从建设小康社会，推进国民经济与社会发展的角度看，出版是产业；从出版编辑、加工、生产精神产品的特征看，从出版的生产要素已基本实现由市场配置的角度看，出版也是产业；从出版在国民经济发展中的作用以及潜在的力量看，出版还是产业。但是，从物质文明和精神文明建设的角度看，从两个文明相互作用的角度看，出版是社会主义神文明建设的重要组成部分，出版是事业。因此，出版是事业主要是相对于社会主义精神文明建设的要求而言，相对于国家有满足保证人民群众基本的精神文化需求而言。但是，繁荣出版事业，满足人民群众对出版物的基本需求，其实现的手段主要应当是通过出版产业发展和国家对一部分出版事业单位、对一部分重要出版项目的扶持这两个方面来实现的。

现在的重要问题并不是没有说清楚什么是出版产业、什么是出版事业，而是由于出版产业和出版事业这种界定具体到一个地区、一个部门或一家出版单位、一个出版项目，就失去了操作的意义。我们对出版产业或出版事业的界定及分析是从整体而言，从全局而言，出版产业或出版事业提出的目标、要求和原则也是宏观的、指导性的，但是把它具体到一个出版单位就会遇到两种原则和两种要求，这两种原则和两种要求虽说在满足人民群众文化需求的根本利益上是一致的，但是在具体的出版实践中又往往是矛盾的。一个出版单位既要满足市场经济和出版产业发展要求，又要履行和承担出版事业单位的责任与义务。这在出版实践中既缺乏操作性，又会遇到许多矛盾。比如说，党和国家的文件、文献，一些印数小不适宜市场销售的出版工程、民族文字出版物、古籍整理图书、学术专著等，这些出版物或者是文化积累价值高、学术价值高，或者是人民群众精神文化需求中基本的东西，但是不适合市场运作，读者面窄，社会效益好而经济效益差。由于对出版的定位宏观上是准确和清楚的，而微观上是没有区别的，因此，谁来出版这种需要补贴和扶持的出版物，政策导向不明确。按照出版社的分工原则，应该出版这类书的缺乏出版的实力，国家倡导出版单位自愿承担的方式来出版又远不能满足需要。因此民族文字图书、古籍整理图书、高水平的学术专著等长期以来存在的问题难以从根本上解决。大概有以下两种情况：一种是出版单位效益好、利润高，从出版社利润中拿出一部分专门用于出版上述出版物，这种方式存在两个问题，一是基于自愿的原则，基于政府的倡导号召，出版单位自愿出版亏损出版物，这种仅依靠道德鼓励、倡导的原则不是解决问题的根本办法；二是基于道德原则能够出版的此类出版物远不能满足精神文明建设和文化建设的需求。还有一种方式是由出版社的分工来保证此类出版物的出版，如有几十家出版古籍整理和民族文字的出版社本应是能够满足出版要求的，但由于这类出版物的性质和特点基本上是投入大产出小，民族、古籍出版社和别的出版社又一样都是自负盈亏，经济政策是一样的，虽然政策规定它们要出版此类出版物，但往往力不从心，致使出版此类图书的数量和质量都不能得到保证，有的民族出版社一年出不了几本民族文字类图书，这类出版社热衷于出版其他市场上畅销的书。实际上虽有几十家民族古籍整理类出版社，但其出版此类书的数量、规模，却是很有限的。因此，出版经济政策一刀切，仅用国家提倡与号召和道德要求的办法是解决不了、也解决不好出版事业发展中的问题，还会直接、间接地影响出版产业的发展。

必须说明，党和国家对出版是十分关怀和重视的，从“八五”开始，出版单位一直享有所得税返还以及部分出版物增值税先征后返的优惠政策，但是上交的这一块税金

又原渠道返了回去，虽然各地区、各部门、各出版单位上交与返往的比例是一样的，但实际情况是利润高、效益好的地区、部门或出版单位返还的也多，利润低、效益差的地区、部门或出版单位返还的就少，有些民族地区基本没有返还，而它们却可能是更需要资金、更需要国家优惠政策扶持的。

关于出版分类指导问题是否可以设想：出版单位可以分为事业和企业两种情况，实行两种不同的管理办法，确定很小部分出版社作为事业单位，承担国家出版物（党和国家文件、文献、公报、法律文本等）、民族文字出版物、古籍整理图书等的出版任务，退出市场竞争，国家在维持出版经济政策总体不变的原则下，切出一块专门解决这类问题；其他大部分出版单位作为企业（或仍为事业单位企业化管理），把它们作为市场竞争主体，完完全全地放在市场的环境下去竞争、去发展，按照现代企业制度的原则进行改造和管理。这两部分出版单位虽然定位不同，但党和国家对出版和出版物的根本要求是完全一致的，它们都是发展出版产业、繁荣出版事业的生力军，不同的只是实现出版物生产的方法和手段不同。

（选自《出版发行研究》2003 年第 2 期）

当前中国图书出版生态的十大失衡现象

周蔚华

近年来我国图书出版业保持了平稳发展，但在发展过程中也存在一些失衡现象，影响了出版产业的健康的、和谐的和可持续的发展。本文对我国图书出版生态中的这些失衡现象进行了归纳总结，以期引起业内外人士对这些问题的关注，不当之处希望书业同仁批评指正。

社会总需求下降，阅读人群分流严重

需求决定供给。我国图书的社会总需求主要由以下三方面构成：团体购买（包括单位政治性、业务性学习资料购买，图书馆采购等）、个人购买以及教材尤其是中小学教材的订购。随着国家加大对教育、文化等公共资源的投入，近些年团体购买有增长的趋势，但下一阶段有三个动向会减少对图书团体购买的需求。一是随着政府职能转变和管理体制的改革，过去对各种学习材料的集中购买、免费发放的习惯做法会相应改变，弱化了这一部分图书的需求量；二是过去团购中的大户——高校图书馆有限的经费将优先保障数据库、外文著作以及连续性出版物即学术期刊的采购，相应减少了对国内图书的订购；三是随着图书内容的数字化以及数据库建设的飞速发展，团购资金会加速向购买数据库分流，这也相应地减少了对现有纸质图书的需求。就个人购买而言，当前一个显著特点是大众对于图书的阅读兴趣下降，2005 年公民阅读率为 48.7%，首次低于 50%。人们的阅读方式多样化，报纸、期刊、手机尤其是网络等快餐式阅读越来越流行，阅读人群严重分流的现象十分明显。与图书阅读率趋势相反，近年来我国国民网上阅读率正在迅速增长，上网阅读率从 1999 年的 3.7% 增加到 2003 年的 18.3%，再到 2005 年 27.8%。这两种变化都呈加速趋势，从而直接影响了图书需求总量。未来的教材总需求也呈现下降趋势：中小学总人数开始减少，例如 2005 年全国在校小学生人数减少 381 万，这种状况会直接导致下一阶段中学生的总人数下降，课本需求量减少；教材循环使用的直接后果也会减少对出版单位供给的需求；对教辅图书征订目录的限制，以及高考命题方式的变化同样使得学生对教辅图书的依赖性下降，直接减少了教辅图书的需求；教材招标和政府对教材的集中采购和免费供应虽然不会影响总需求量，但由于压缩了价格和利润空间，会增加图书出版单位的经营压力。高校教材将随着高校扩招的放慢而降低增长率。上述三个方面都会从根本上影响到对图书出版的需求。

社会总供给能力提升，供给渠道增多

与总需求下降形成鲜明对照的是图书供给总量持续扩大，供给能力提升。随着电子网络技术的发展，一方面知识获取范围和速度都进一步扩大，节约了信息搜寻和检索查询时间，创作能力大大提升；另一方面电子扫描技术、网上下载技术又提高了“作者”的写作效率，极大地增加了图书稿源供给量。由于有各种各样的以著作数量为导向的科研考评体系，使得研究者有了著书立说的压力，而名目繁多的科研资助基金又给图书出版提供了资金的支持，使得过去学术著作出版难的问题变得不是那么尖锐了。由于高校合并和扩招，单个学校在校生人数急剧增加，这就为“校自为政”自编教材提供了基本用户，很多不知名或很少研究成果的教师都可以编写教科书。因此几乎所有基础课都有几十种甚至几百种内容大同小异的不同版本教材，出现了中国出版界特有的教材低水平严重重复的现象。由于电子书稿的普及和校对技术的发展，编辑能力和生产效率都大大提升。从图书供给类别看，按照教育、专业和大众三类图书来分析，教材出版面临的问题是总需求减少，而品种急剧增加，摊薄了出版和发行环节的利润；大众图书的“跟风”现象盛行，“克隆书”猖獗，一旦某种书畅销，马上跟上一大批名字相同或相近的图书，搞得读者真假难辨，极大挫伤和损害原创者的积极性，同时也损害了出版者和作者的利益；在国外，专业出版虽然总市场份额不大，但利润很高。然而在我国出版界的情况却不是这样，一方面由于有各种补贴，使得学术著作或专业图书的整体质量不高，有创新性和独创性观点的精品很少，另一方面由于我国的复印成本很低，而且缺乏知识产权保护意识以及有效的知识产权保护措施，一旦专业图书定价偏高，那么就给复印者留下了机会，从而减少了专业图书应有的销售数量和利润。而网上读物、电子产品所显示的便捷、海量、互动、可检索等优势又扩展了内容供应和服务的渠道，使传统图书业雪上加霜。

改革微观动力不足，改制进展缓慢

党的“十六大”后，中央加快了文化体制改革的步伐，出版改制也提到了议事日程。在2003年中央确定的文化体制改革35家试点单位中，图书出版发行单位11家。随后中央出台了一系列文件和政策来推动出版单位转制，深化体制改革。但三年来，体制改革总体上进展缓慢，不仅原先预想的2005年试点基本结束的目标没有如期实现，而且试点单位经验向其他出版单位推广的进展也不是十分理想。一方面，已经列入试点的出版单位其相关的优惠政策和配套实施办法并未完全到位，企业转制中的人事、分配和社会保障制度改革遇到很多政策性障碍，改革举步维艰；另一方面，其他未被列入试点的大多数出版社积极性不是很高，进行体制改革的动力不足，采取观望态度。出版社内部因为转制要面临身份转换、利益再分配的不确定性、改变过去长期以来事业单位旱涝保收的稳定性、富余人员安置所带来的沉重包袱等现实问题，使得出版单位缺乏改制的积极性。同时，出版单位则担心一旦改制，就不能像过去那样得到主管主办单位的有效保护，失去既得的利益，不想转制；主管主办部门担心一旦出版社实行转制，有可能弱化对出版单位的控制力，因此不愿推动转制工作。这种情况在中央各部委出版社和高校出版社表现得较为明显。因此，出版体制改革出现了外热内冷中梗塞的尴尬局面。

出版结构失衡，结构调整和优化任重道远

中国图书出版的结构失衡突出表现在两个方面：产业结构失衡和产品结构失衡。产业结构失衡是指出版产业的地区结构、组织结构与现代经济一般发展规律不协调。目前我国出版业在地区结构上基本是均衡发展，而由于信息和知识产业的集聚效应明显，必然要求在地区结构上采取向知识、信息资源充足的地区集中。产业组织结构失衡的主要问题在于：由于竞争主体的缺失而导致的竞争不充分；产业集中度低，属于原子型市场结构，企业规模普遍偏小，企业之间难以形成有效的竞合关系；产品差异化程度很低，存在很大的替代性；进入壁垒很高，没有有效的进入和退出机制，形成了超稳定结构。产品结构失衡表现为对教材尤其是中小学教材和教辅的高度依赖。例如，相比2004年，2005年教材种数增长38.63%，总印数增长8.65%，总印张增长15.52%，定价总金额增长20.45%。教材种类50028种，占图书总种数的22.49%，印数增至35.29亿册，占图书总印数的54.58%，定价总金额上升为266.77亿元，占总金额的42.19%。这表明我国图书出版界对教材的依赖性进一步增强。而一般图书尤其是大众畅销书和专业图书的运作模式没有很好形成，这两大领域的产品开发远远不够。此外，图书出版业对新技术给传统出版带来的冲击认识不足，对由于信息网络技术的发展所形成的替代品威胁的严重性认识不足，电子图书、按需印刷等产品所占的比例微乎其微，对下一步如何应对感到茫然。所以，调整和优化出版业的产业结构和产品结构还有很长的路要走。

出版产业链条断裂，出现诚信危机

中国图书出版在发行环节形成了以寄销为主要特征的销售和结算体制；在材料和印刷环节基本上也是先货后款。这样在读者（直接购书人）－书店（批销商）－出版社－印刷厂－纸厂之间形成了一条完整的供应链，整个出版业的和谐发展取决于这整个链条的顺畅运行。一旦一个环节出现问题，整个链条就会断裂。现在主要的问题出现在书店（批销商）－出版社这个环节。这个环节的问题表现为：由于出版社因追求码洋增长或提高上架率而向书店盲目发货，或者由于书店基于各种原因而盲目订货，在书店形成大量存货，造成库存转移，无法向出版社正常结算；有些规模较大的书店将销售获得的现金用于多种经营，把本该支付给出版社的资金挪作他用，对出版社正常还款进行拖欠；有些书店由于恶意打折或不正当竞争无法获得利润甚

至亏损，同时也造成了同业的恶性竞争可能挤垮其他书店，造成自身以及其他书店都无力偿还出版社的书款；更有些书店存在恶意欺诈，骗取出版社的图书，销售获款后逃之夭夭。诸如此类的事件越来越多，造成了出版社与书店之间的诚信危机。出版社不能及时得到回款，就面临资金周转困难，反过来挤压印刷厂，拖欠印刷厂的印制款或者拖欠纸厂的货款。印刷厂辛辛苦苦为出版社印制，搭人搭物搭钱却不能及时得到印刷费用，有些印刷厂就采取与不法书商勾结加印进行销售的方式取得回报。同时这种行为又冲击了市场，影响了出版社和规范经营的书店的利益。如此一来，整个图书出版供应链条出现了混乱和断裂，更为严重的是出现了诚信危机。现在很多出版社要求与书店签订诚信合同之类的举措，恰恰是这种危机的突出表现。

销售环节布局失衡，中小书店经营困难

一个健康的图书市场应该是渠道多样化、功能定位各异、在竞合中共同发展的销售市场。现在的情况是，出版社为了扩大发行渠道，网点遍地开花，导致自身各个网点之间恶性竞争。中盘批销体系不健全，或者中盘定位不准，可供品种过分向畅销性品种倾斜，不能形成功能齐全的图书集散中心。各地盲目上规模，书店营业面积越来越大，超出了当地居民的图书消费能力，导致资源闲置或者效益低下甚至亏损。大书城的扩张能力较强，辐射面较广，使得中小书店以及专业独立书店生存困难，甚至纷纷倒闭。例如，过去很有影响的社科书店、财经书店、法律书店等等专业书店很多都不复存在或者惨淡经营。连锁经营模式、俱乐部销售模式在书业没有像在其他行业那样有效运转，包括像席殊书屋、贝塔斯曼书友会这样有很高知名度和品牌影响的连锁店或俱乐部近些年都基本处于停滞状态。而新华书店本来是最有条件进行连锁经营的，但由于很多新华书店习惯于用计划经济手段来运作，剥夺了基层店的人财物等各项自主权，而总部又信息滞后、物流不畅，陷入了一统就死、一放就乱的怪圈。书店的品种规模要求与图书周转诉求存在的矛盾越来越突出：由于追求更好的经济效益或更高的利润，书店希望加快图书周转，提高图书周转率，这势必导致重视畅销书忽视常销书的现象，出现了常销书和畅销书的矛盾；而书店有限的经营面积和出版社不断膨胀的图书品种之间也存在尖锐的矛盾，从而导致了很多图书根本没有上架的机会，这又进一步增加了具有文化传承价值却不能常销的图书的出版难度，影响到出版文化功能的发挥。

市场运行环境恶劣，劣币驱逐良币

市场环境恶劣突出表现在两个方面：一是市场规则没有有效建立，形成了不正当竞争甚至行政垄断。例如，目前很多重要出版资源仍掌握在有关行政部门手中，这些行政部门又通过发文、评估等等手段来掌控出版物市场，通过行政垄断来控制下游，为部门或者行业、地区利益寻租，导致了腐败。图书价格制度、销售资金结算制度、出版物市场信用制度、出版风险投资规避制度等等都处于空白地带。二是市场秩序出现混乱。从假书、伪书，到生产环节的质量低劣产品通过降低折扣和高回扣等手段进入市场，使正常出版的高质量图书的名誉也受到损害；在发行中高定价、低折扣等不正当竞争行为时常发生；一些出版社通过买卖书号获得蝇头小利，使得书商赚去大部分利益，导致了出版社的空壳化；一些省级新华书店通过渠道控制人为形成区域封锁；一些大的书城以进货折扣甚至低于进货折扣来开展不正当竞争，扰乱市场秩序；一些不法商人以盗版、盗印等手段来侵犯出版社和著作权人利益，某些地区盗版、盗印严重，形成了一些有名的盗版、盗印出版物的集散地；商业贿赂案件频发，败坏了社会风气；出版诚信屡遭质疑，给出版社的正常经营和发展带来了灾难性后果，也使得多年建立的信用体系出现了危机。这些现象导致的直接后果是合法规范经营者的利益得不到有效保护，出现了“劣币驱逐良币”的情况，扰乱了正常的市场经营秩序，打击了遵纪守法经营者的信心。

经济效益增长缓慢，滞涨现象明显

这些年我国图书出版的增长率一直较低，平均增长率低于 GDP 的增长率。2000—2005 年我国年均 GDP 增长 9.3%，而出版业图书定价总金额的年均增长率情况是 6.6%，总印数连续三年下降或者基本持平，总印张的增长率也很低，但库存年均增长码洋却达到 12.3%。2004 年中国图书品种增长 9.4%，总印数下降 3.8%，定价总金额增长 5.5%；发行业纯销售数量下降 1.32%，销售金额反而增长 5.28%；库存数量增长 8.04%，金额增长 11.9%。这些数据所体现的产业状态为：出版品种大幅上升，但印数和销售册数继续下降；增长速度趋缓，且增长后劲不足，增长稳定性差；图书价格上涨，总量增长主要靠价格拉动和要素投入拉动，定价上涨速度大于实物（总印张）增长速度；各项经济效益指标都在呈现下滑趋势，如总利润、单品种利润、人均利润等都在逐年下降；而退货和库存却持续增加。这就是巢峰先生所说的出版业本期话题的“滞涨”现象。

外来竞争压力加剧，“走出去”步履艰难

从 2004 年开始，在党和政府的大力推动下，“走出去”战略取得了明显的成效，引进和输出之间的比例正在

缩小。但是，我国“走出去”所取得的成效仅是初步的，版权购买、版权销售的品种比例从2001年的12.6：1降至2005年的6.5：1。但我国向西方发达国家引进的居多，而向这些国家输出的很少，2005年向国外引进和输出之比大体上为30：1；版权贸易的版税额之间的逆差比例要远远大于这个数字。龙新民指出，我国出版“走出去”至少面临五个问题：逆差较大，结构有待优化；实物出口总量小、市场份额低；名牌产品缺乏，单品效益不高；数字产品出口亟待加强；“走出去”的专门人才奇缺。同时我国出版业在国际化背景下所面临的竞争压力会更大。一方面，国外大的出版集团通过设立办事处或者与国内出版机构合作，直接参与中国图书市场的竞争，他们在资金、出版资源、版权、管理运作、市场推广、人才等方面都有着明显的优势，使得他们对中国国内出版社有着很大的竞争优势和现实威胁；另一方面，随着中国出版走出去战略的推进，国外必然向中国施加强大压力，要求中国开放出版市场。单方面的市场准入是不可能维持长久的，这将使得中国出版社必然面临国外出版集团的直接市场进入，共处于一个竞争平台，国内出版社将会面临着更加激烈的竞争。

图书批评集体失语，高校出版教育错位

书评和出版教育是图书出版产业链上不可缺少的两个环节，是出版产业的延伸。一个健康的出版生态需要良好的图书评价系统，从而起到褒奖和向社会推荐优秀作品，对格调低下、质量不高、出版价值不大的作品提出严正批评的作用。但是，目前书业除了个别专门书评期刊外，报刊的书评文章很少，互相吹捧的居多，炒作痕迹明显，书评和广告没多少实际差别，正常批评如空谷足音。出版教育表面上发展迅猛，蒸蒸日上，短短20年已经有50多所高校开设编辑出版学专业，每年毕业的编辑出版学大学生也有几千名，但现在该专业教育面临很大的问题：一是供求脱节，学非所用、用非所学，二是人才培养的课程结构、学历结构、知识和能力结构存在很大问题，在专业定位方面很模糊，在学历结构方面本科招生过多过滥，而编辑专业硕士没有得到发展，在教学内容上比较陈旧，缺乏系统性和规范性，在教学方式上理论和实践严重脱节，在师资队伍上既懂出版科研和教学又有出版业从业经验的教师匮乏。因此，高校辛辛苦苦培养出来的编辑出版本科生，出版单位不愿意吸纳，而出版社所需要的既懂编辑规律又有经营方面能力的人才，高校无法提供，从而造成了一方面出版业需要大量的人才而另一方面高校相关专业的学生分不出去、就业极其困难的尴尬局面。

造成以上图书生态环境失衡的原因是多方面的，但这些失衡现象是图书出版产业中的不和谐音符，它们造成的直接结果就是会破坏出版生态，影响到中国图书出版产业的产业安全。因此，整个出版业必须对此有清醒的认识，共同行动起来，树立科学出版发展观，在全社会倡导全民阅读、营造书香社会，增强自主创新能力，通过创新和优化结构来提高出版企业的核心竞争力；通过进一步体制改革来调整出版各方面的利益格局，促进产业链条各个环节的平衡发展；通过建立全国统一、竞争、有序的出版大市场来规范图书市场，维护图书市场秩序；通过科技创新来促进传统图书出版向现代网络出版转型；通过各种途径来加快出版“走出去”的步伐，提高“走出去”的数量和质量等等。实施这些措施的根本目的就在于维护出版生态平衡，捍卫书业产业安全，促进书业和谐发展。这是中国图书出版业的自救行动，也是每一个出版工作者的使命！

（选自《国际新闻界》2006年第11期）

创建新的出版商业模式

何承伟

随着文化产业的发展，中国出版产业也在调整中获得发展。读书，仍然是中国人获取知识、信息、情趣的主要方式之一。

目前，我国图书品种上升、平均印数下降、成本上升、利润走低、退货上升、库存增加等问题引起出版界的重视。经营性出版社从事业单位改制为企业单位，为解决以上问题从体制上创造了条件。出版社正转变为面向市场的文化产业的经营主体。

伴随着出版社内部体制和观念的转变，图书产品的生产模式和进入市场的商业模式正在发生着变化。不少出版

集团，正从单一的规模化发展向规模专业化发展转变，他们将最终根据自身的特点，集中发展某一领域的出版业务。在专业化的基础上实现规模化，由此获得更大的效益。如何选择和创建企业得以生存和发展的核心图书产品，是出版社图书产品的生产模式和进入市场的商业模式正在发生变化的关键所在。笔者认为，出版社图书出版模式和进入市场的商业模式，集中体现的基本形式为：整合集成模式。

整合集成模式的特点是：在分析出版社的人才优势、传统出版优势、所在地的文化优势的基础上把握市场的阅读趋势，尤其是在把握文化产业发展过程中，根据图书出版业所承担的责任和应具备的功能，形成个性化的出书板块。

按板块模式进行图书生产，改变以往零星杂乱的选题结构，强调在市场意识的统领下运作体系的整体性和科学性。在图书出版的起步阶段，就以最终形成品牌为目标来进行科学严密的工程体系设计。在正确的出版导向指引下，在一个特定的出版领域里有所选择，有所扬弃，有所创新，从而形成一个编辑思想独特、内在品种结构合理、对市场有冲击力、个性化色彩鲜明的编辑出版方式和经营方式。

当然出版社图书出版的某一个板块，不一定立即就成为市场认可的品牌。只有当读者的某种需求与出版社的某一类图书关联度越来越高时，才有可能发展成为品牌。

上海文艺出版总社所属书画出版社的书法类图书、上海人民美术出版社的设计类图书、上海音乐出版社的钢琴类图书就是在这种市场意识的指导下形成的板块出版模式。

类别	品种数（种）	所占百分比	码洋数（万元）	所占百分比
上美社设计类图书	351	34.93	1495	41.01
上音社钢琴类图书	226	20.30	13931	42.80
书画社书法类图书	504	67.40	4082	30.00

这种板块出版模式的外部表现特征：

A. 整体效益突出

图书出版所形成的板块，是指在激烈的市场竞争中能支撑起一个出版企业图书出版的核心项目。如上海音乐出版社的钢琴类图书，占该社发货总码洋42.8%，这为其在整个音乐图书市场占有率中名列全国第一位起到了举足轻重的作用。而且，这类书退货极少，它又为降低整个上音社的退货率起到很大作用。同时，由于这类书的品牌效应正在形成，这对加快资金周转，带动其他图书的销售也起到不可忽视的作用。更重要的是，出版社依靠这些图书塑造了自身在读者中的良好形象。

B. 市场冲击力强

这一类图书能引起销售商和读者的关注，而同行又将它视为竞争对手或赶超目标。由于市场对这些图书产品价值的认同，图书品牌正在逐渐形成，它们进入市场的成本相对较低。这三类图书，对这三家出版社市场占有率排位提前，具有举足轻重的作用。

C. 数量和品种具有相当的规模

这类图书在出版数量上具有一定的规模，不仅有一定的品种数（最多的有500种以上，如书画社的书法类图书），更追求单品种的发行册数（上音社的《汤普森钢琴教程》单本发行近50万册）。

板块出版模式有如下内在特征：

A. 在同一个板块中，多层面、有选择地立体开发，形成一个系统工程。

经过深入了解某一特定出书门类的专业情况和发展趋势，深刻分析这一门类的文化现象与市场的关系，不仅以一个专家学者的眼光，更以一个职业编辑家的眼光，在同一图书门类里，多层面、有选择地立体开发，从而形成一个系统工程。

B. 在同一个板块中，各个层面都有重点品种。

依靠各自所在的优势出版领域，从深度开掘，从广度覆盖，寻找最佳的出版资源（在国内要物色到一流的作者，在国外要引进这一领域中的顶尖著作），进而占领这一板块图书出版各个层面的制高点和创新点。要做到这一点，不仅要有市场意识，更需要有文化追求意识。

C. 要注重在同一个板块中图书产品的延伸，产品的创新与变化，始终追求和保持与同类图书的“差异性”。靠这种“差异性”，确保特定图书板块的生机与活力，吸引市场与读者的关注度和购买欲望，以保证优势项目在市场中的领先地位。

图书出版的板块工程进入市场有自己的特点和规律，主要表现在：

A. 图书出版的板块工程的营销推广是实现其价值的关键一环。从事这部分工作的人员，必须对整个图书板块的内涵、特点、运作、目标等动态情况了如指掌，并能够根据市场要求随时提出营销推广意见。

B. 整合创造出一个清晰、稳定、富有竞争力的符合该图书板块特征的外在宣传形象，是板块工程营销推广的重要任务。

C. 板块工程的营销收益。营销人员既是板块图书进入市场的推广者，又是得益者。由于板块图书的市场覆盖面和占有率较大，可以预见，一旦板块图书的营销成功，往往能够带来较大的出版利润。很难想象，手中没有品牌图书的营销人员，能够把业绩做大。

D. 板块图书产品推广营销一般要经历两个阶段。在板块产品推广营销的初期阶段，营销人员的工作重点是向客户细致、周详地宣传、介绍产品的特点和受众对象，出版社则根据骨干工程的自身特点做符合其性质特征的告知性广告。在成熟阶段，要加大宣传力度，多方位、多手段地进行宣传，重点是介绍图书产品所具有的不可替代的核心价值以及延伸变化的新型产品。

E. 不断提高读者、市场对板块图书产品的关注度，是营销人员自始至终的工作重点。

在这种出版商业模式下，出版社改革进程中的市场化发展要经历以下几个主要阶段：

A. 自办发行阶段；

B. 注重出版成本的计算和控制阶段；

C. 以考核编辑为主的激励机制实施阶段；

D. 小规模的图书选题整合阶段；

E. 以创建品牌为目标，以图书出版板块工程为抓手，在项目负责人的带领下，从产品策划入手，把策划、编辑、设计、生产、营销、发行作为一个系统工程来实施的阶段。

由板块工程建设带来的变化：

A. 市场意识前移：以创品牌、争效益为目标，市场化的经营思路贯穿于图书出版整个过程，而绝不是局限于制作和发行两个阶段，以致造成图书内容和图书营销两者之间的脱节。进入工程设计的第一天起，就要在正确的出版导向指引下，为夺取最大的市场效益，一个环节一个环节抓工作。作为工程的领军人物，必须是一手抓市场，一手抓内容。

B. 生产规模扩大，团队合作加强：以建设和发展图书出版的板块工程为抓手，调整出版社内部生产关系，挖掘出版社内先进的生产力，以每个人为核心、局部的小范围的整合发展到大手笔的设计、大范围的合作，讲究专业分工，追求图书出版在整个流程中效益的递增。

C. 出版资源和先进技术共享，加快产业发展的进程。作为一个成功的图书出版工程，在领军人物的带领下，其必定拥有强大的出版资源和先进的编辑技术，而这些技术和资源，又为所有参与工程建设的人员共享。改变了编辑个人单打独斗的局面，大大提升了图书产品的两个效益，加快产业发展的进程。

综上所述，所谓图书出版的板块工程，是指在激烈的市场竞争中对一个出版社的产业发展具有举足轻重作用的图书出版系统工程。它是在同一图书出版门类中，经过精心的选择和扬弃，由若干个重点项目所组成。板块图书产品在内容和形式上具有鲜明的特色，追求多层次的开发，在出版数量上具有一定的规模，社会效益和经济效益突出，与同类书比较，处于领先的地位。经过市场的检验，其中有一部分能逐步地发展为社会认可的品牌项目。

（选自《中国出版》2006 年第 11 期）

外语教学与研究出版社品牌图书选题策划的机制与策略

李朋义

外语教学与研究出版社（下称“外研社”）从成立到现在短短 23 年的时间里，得到了快速发展，成为我国目前最大的外语出版基地之一。外研社现在每年出版 20 多种语言的外语图书，品种达到1500 多种；出版音像制品和电子出版物近百种；出版《外语教学与研究》、《当代语言学》、《英语学习》等十几种外语期刊。2002 年外研社销售码洋预计达到 8 亿元。

外研社出版的外语读物已形成了一个品牌图书群，在我国外语图书市场上占有领先地位。据北京开卷图书市场研究所对 2000 年我国英语图书市场分析：2000 年，全国有 400 多家出版社出版英语图书，但外研社一家的英语图书就占了全国英语图书市场的 21.43% 的份额；外研社全年营销品种在1000 种以上，居同类出版社第一位；在全年英语图书销售总排行榜上，全国畅销的前 100 种英语图书，外研社的图书就占有 63 种。该研究报告称，外研社的市场占有率为：教材占全国外语教材市场的 31.77%，读物占 39.36%，工具书占 22.22%。因此，该研究所得出了这样的结论，外研社是我国外语图书市场上的真正意义的产业领导者。

外研社大量品牌图书的出版是与我们在长期发展过程中形成的选题策划机制和编辑管理体制分不开的，是我社全体员工集体智慧的结晶。下面我简略地谈一下我社品牌图书选题策划的机制与策略，以抛砖引玉。

选题策划的机制——分级策划，互为补充

我社的选题策划机制共分三级。第一级为整体策划，是由社长、总编辑、副社长、副总编辑组成的社委会和编

辑委员会策划选题。这一级的选题策划主要是有关出版社整体选题方向和重大项目的策划。近10年来，由社委会和编委会集体策划的重大选题如《许国璋英语》、《新概念英语》、《走遍美国》、《英语口语教程》、《英语听力教程》、《新编大学英语》、《当代大学英语》、《汉英词典》（修订版）、《实用英语语法》等，这些重大项目为我社赢得了良好的社会效益和可观的经济效益。以上品种每年都被列入我国英语畅销书排行榜，每种图书每年盈利都在300万元以上。第二级为分部策划，主要是各部门策划与自己的主攻方向一致的选题，如大学英语部主要策划大学英语选题；中小学英语部主要策划中小学英语选题；外研社读者俱乐部（儿童英语部）策划儿童英语选题和专版图书；电子出版部策划英语教育类电子产品；音像中心策划制作与图书配套的音带和录像带。我社的每一个编辑部门都有自己的策划人，定期召开小编委会，讨论选题项目。我社对编辑部门实施激励机制，给各编辑部门制定任务指标，奖惩与业绩挂钩，调动了编辑的积极性。以上各部的选题策划都要进行大规模的市场调查。如我社德语部计划开发德语图书市场，通过调查写出了长达40多页的市场调查报告，对该市场有了较详细的了解，为外研社市场进入创造了条件。第三级为项目策划，主要策划编辑部门主攻方向之外的，但是又在总的选题规划之内的选题。项目策划的主要实施者是编辑，他们的策划不仅是拾遗补阙，有时也能策划出重大选题。20世纪80年代外研社出版了一批英汉对照简易英语文学名著，但到了90年代，这批读物不再适应读者的需要。针对这一情况，我社的一位年轻编辑进行了一个月的市场调查，走访了几十家书店和学校、图书馆，散发了上万份读者调查表，经过分析得出的结论是：（一）我国的书店从没有公开发行过英语原版名著，中高层次的读者需要这类高层次的读物；（二）我国的高等院校图书馆这类藏书远不能满足英语文学课借阅的需要；（三）没有一家国内出版社成批出版过这类图书，在出版界是一个冷门。于是外研社首先出版了《简爱》、《傲慢与偏见》、《格列佛游记》等10种英语原版文学名著，每种各印15000册“投石问路”。第一版出版3个月后，15万册图书即告售罄。于是又各重版5万册，全套共50万册，一年内售完。在此基础上，我社大规模组织出版了一套“90年代英语系列丛书”，共100种，平均销售8万册。这套丛书几年内销售800多万册，曾于1993年至1996年占领着中国英语读物市场80%的份额。这套丛书为我社赢得了近千万元的利润。

选题的来源——市场策划和国际合作

首先是向市场要选题。从20世纪80年代后期开始，我社就提出“以质量求发展，向市场要效益”的方针，要求编辑根据读者需求策划选题，要做到“心中有读者，眼里有市场”。通过市场调查，编辑们写出了大量有数据、有分析的市场调查报告，推出一批优秀选题。为配合选题策划，我社曾成立专门的策划编辑室，目前又以重大选题为基础成立了一系列的事业部，使选题的策划和开发更加专业化和市场化。其次是国际合作，国际大出版公司在教育出版上有成熟的选题，这些选题往往是经过市场检验的，引进或开发这些选题，可以减少出版的周期和风险。我社的国际合作的内容一是直接购买版权，二是与国际上大出版公司共同策划选题。据统计，我社的国际合作业务占到总业务的20%以上。

选题的策划观念——选题策划与发展战略、市场营销相结合

我社的策划观念做到了两个结合，即选题策划与发展战略策划相结合；选题策划与市场营销策划相结合。选题策划不是一种孤立的行为，个体策划要符合整体策划的方向，要和全社的发展战略保持内在的联系。选题策划来源于市场，最终又要走向市场，因此，选题策划要与市场营销策划相结合。市场经济条件下的策划编辑不仅要懂选题策划，还要懂经营管理、懂市场营销，成为出版领域的全才。知识经济时代的到来以及我国“科教兴国”战略的实施，为大学出版社的发展提供了良好的发展机遇。为了抓住这一机遇，加速发展，我社于1998年制定了“以教育出版为中心，以人为本、科技创新”的发展战略。全社的选题策划围绕着这一战略的调整而进行，编辑机构围绕着这一战略调整而设置。3年前，我社的编辑机构由原来的5个编辑室调整为“大学英语工作室”、“中小学英语工作室”等5个工作室，全面进军大学和中小学英语教材市场，组织出版了3套大学英语教材、7套中小学英语教材。“大学英语工作室”和“中小学英语工作室”不仅负责教材的选题策划、编辑出版，还负责宣传推广和教师培训。2001年我社大学英语和中小学英语教材的码洋已达到2亿元。

选题的特色——以外语教育出版为重点

任何一个出版单位，其人力、物力和财力总是有限的，出版产品不能漫无目的、普遍撒网，而应该精挑细选，选择目标，重点出击。就选题而言，要求结构合理，特色鲜明。我社曾一度年出新书250种，但因品种杂、专业特色不明显而无良好的经济效益。从20世纪90年代初开始，我社依托北京外国语大学的资源信息与人才优势，将出版的重点放在外语教育图书的出版上。我们调整图书结构、压缩图书品种、优化图书选题，陆续出版了一批精品图书，如《许国璋英语》、《新编许国璋英语》、《大学

英语教程》、《英语口语教程》、《英语听力教程》等，逐步形成了品牌规模与专业特色，最近连续多年再版率达到近60%—80%，形成了以外语教材、外语辞书、外语读物、外语电视教育、外语学术专著为特色的“精品群”。选题的特色鲜明，质量上乘又适应市场的需求使我社在国内外语图书市场上占有优势地位。

选题的开发——出版资源在多种媒体间综合利用

有了好的选题，并不等于一定就有好的效益，关键是看你怎么开发它。开发得好，它所产生的效益不是简单的数字相加，而是几何级的增长。我社对选题资源实施立体开发，在图书出版的基础上逐渐开发了音带、录像带、光盘、电视教学节目及期刊等产品，实现了出版资源在多种媒体间的综合利用，实现了效益的最大化。1995 年以前，外研社没有音像出版权，在发展上受到了很大的制约。1995 年，外研社和北京外语音像出版社合并，图书的出版带动了音带、像带的发行；音像带的出版又促进了图书的发行。两社合并后的当年，两社的发行码洋和利润都翻了番。1997 年，我社出资兼并了北京银盘电子技术有限公司并成立了外研社电子出版部。电子出版部配合我社的图书和教材先后出版了《随大山访问加拿大》、《许国璋电视英语》、《新编大学英语》、《新标准小学英语》光盘版，有力地配合了图书的发行。1991 年，我社与北京电视台合作拍摄了第一部电视教学节目《初级电视英语》，获得了极大成功。接着，我社先后引进了《维克多英语》、《走遍美国》、《走向未来》、《进步美语》等外语教学节目；与加拿大政府合作拍摄了《随大山访问加拿大》；自行拍摄或出版的《电视俄语》、《许国璋电视英语》、《商贸英语》、《TRP 儿童英语》、《大众英语》、《新标准英语》等，均获得成功。外研社是我国出版外语教学节目最多的出版社。我社利用北外多语种的优势，承办了 10 种外语期刊，如《英语学习》、《德语学习》、《俄语学习》、《法语学习》等，这些期刊的出版既扩大了我社的影响，又是对我社出版结构的补充。

选题的推广——大项目、大投入、大产出

塑造一个知名产品品牌跟推广的方式和力度有很大关系。由于外语读者的分散性和不确定性，决定了对出版产品宣传的重要性。在选题的推广上，我社形成了一套自己的操作模式，那就是——大项目、大投入、大产出。只要我们看准了一个好项目就不惜投入大量的人力、物力，形成强大的宣传攻势，铺天盖地，四面出击。实践证明：大项目、大投入、大产出的操作模式适合出版行业。

选题的维护——通过深度开发和创新使品牌图书选题永葆青春

随着社会的发展和时代的变化，再好的选题也会陈旧和落伍，因此精品选题需要不断地维护，通过深度开发和推陈出新使其永葆青春。我社对精品选题的维护主要做两方面的工作：一是对重大项目花重金购买其著作权，并进行资源的深度开发；二是对作品修订、整合，使旧的精品焕发新的青春。如外研社的一系列辞书，每隔两三年都要进行一次修订，使其保持市场领先地位。

培养市场经济条件下的策划人才

我社重视策划及专业人才的培养，制定了整套人才培养计划并得以实施。我认为，搞好品牌图书选题策划的最根本策略是要在管理上以人为本，而以人为本的核心就是要关注人的终生发展。从 1990 年起，我社每年选派优秀的编辑到国外攻读出版学、文学或语言学硕士学位，至今已有 20 多人出国留学并取得硕士学位。除此之外，我社还培养了一支自己的儿童心理学专家、基础教育专家、词典专家、测试专家队伍。2001 年，我社实行了“出版人制度”，即在原来编辑部和工作室的基础上成立了“事业部”。事业部的负责人就是“出版人”。出版人有独立的选题策划权、编辑管理权、市场营销权以及财权。实践证明，专业的策划人才是出版社发展的关键性人才。

（选自《编辑之友》2002 年第 6 期）

中国报业的涅槃之痛与发展契机

喻国明　刘　旸

改革开放以来，报业经历的两次涅槃之痛

到目前为止，报业经历的两次困境，无疑是时代背景转换之下受众需求与报业现状产生张力的结果，也正是这些困境，加速了报业在中国传媒发展的“快车道”上的速度，激发了报人和报业的潜能，从而获得一次又一次的突破和重生。

1. 信息短缺时代的困境和厚报时代的到来

改革开放初期，整个社会还处于信息短缺的状态，报纸作为党和政府的喉舌，行使着其政治宣传的功能。然而，随着市场经济的深入发展，一个人是否成功与他对信息的掌控关系越来越密切。这样由于人们对信息时效性和丰富性的饥渴程度的增加，就使得信息短缺时代的“宣传纸”逐渐陷入了一种功能单一、形式陈旧、市场覆盖能力低下的困境之中。

在客观上，为了突破这种困境，中国报业在传播模式上由“传播者本位”位移到了“读者本位”，开始了由“宣传纸”向“新闻纸”的转变。不仅如此，利用“事业单位、企业化管理”的契机，新报种大量涌现，继而发展到大规模的“厚报时代”，报纸的功能日趋完善，不仅及时提供新闻资讯，还指导经济、娱乐大众、进行舆论监督，由此“新闻纸”又完成了向“实用纸”、“情感纸”、“专业纸”的转变，基本上满足了受众对多元化文化需求的使命，突破了由计划经济向市场经济转换中所造成的报业困境。

2. 渠道过剩时代的困境和新竞争时代的到来

虽然厚报时代的到来给传媒业带来一片景气的局面，然而好景不长，当传播技术革新的同时，信道的数量、规模及质量发生爆发式增长的时候，报业不得不面临新的困惑：这就是人们对报纸这一信道的依赖程度降解所带来的困境。

加之宏观经济同比增长放缓和传媒产业“失速”等因素的影响，报纸广告收入20多年来第一次出现负增长的现象，使得渠道过剩这一矛盾在2005年变得尤为尖锐。具体表现如下：

（1）报业广告收入同比增速下滑

据慧聪媒体研究中心监测，2005年前3季度，我国报纸广告仅增长6.80%，这是20多年来的最低增长，而此前十几年，国内报刊的广告收入平均增速曾高达30%以上。

（2）传统媒体中，报业广告同比下降幅度最大

传统媒体受整个经济环境和新兴媒体出现的影响是共同的，但在这一共同的影响之下，报业广告的下降幅度却是最高。根据CTR市场研究媒介智讯部提供数据，2005年1—9月主要媒体报纸、杂志和电视广告投放同比增长分别为：-22.9%、-8.6%和-7.9%，与此同时，作为传统媒体形式的电台和户外广告却持续增长，同比增长比例分别为8.7%和9.2%。

（3）多数主流报纸广告经营额下滑

更令人担忧的是，这种下滑趋势已在国内几家最有竞争力和影响力的报纸中普遍出现，例如，据慧聪媒体研究中心监测，2005年1—7月北京青年报和广州日报广告额分别下降了24.14%和6.25%。

根据上述现象，我们可以粗略地体会到报业在渠道过剩时代所面临的困境。那么，我们该如何理性应对，才能适应新的竞争时代的要求呢？这就需要我们从导致困境的原因入手进行分析，同时也要清醒地认识到，这些“苦其心志，劳其筋骨，饿其体肤，空乏其身，行拂乱其所为”的困顿和艰难也正是报业“浴火重生”的又一次契机。

中国报业遭遇“拐点”与未来发展契机

2005年报业广告经营额下滑的现象，不能被简单地视为是新媒体出现带来的传媒生态圈内“零和竞争”的产物，而是应该着眼于整个国民经济的规模与发展程度、传媒产业的现状以及它们与广告的关联度、受众构成和需求变化等一系列因素的综合影响。

1. GDP对报业广告影响的“倍速效应”与经济再度走旺助长未来发展势头

有学者认为：美国报业广告收入的周期性变化，与宏观经济景气周期大体一致，且其波动的幅度均大于GDP。可见美国报业广告收入，一向对GDP十分敏感，加之，工商服务业在削减成本时也会首先想到广告投放，因此，GDP的每一次微小变化体现到报业里都会有一种“倍速效应”。

如果上述逻辑在中国传媒现阶段的发展中也成立的话，换言之，如果我们认定我国报业与美国报业有一定可比性的话，那么，随着中国经济活动的再度走旺，未来的报业广告收入仍然可能恢复强劲增长的势头。

2. 宏观调控、行业政策对报业广告收入的影响，与广告结构的优化组合

我国的宏观调控延迟了内地房地产项目的审批和销售

活动，导致过度依赖房地产广告的媒体收入大幅度下降，且在一线城市影响较大，但这仍不影响房地产广告在2005年仍然居报业广告收入的老大（2005年1—9月达到79.9亿元，同比增长19.2%）。

另外，广告管理政策对医疗、医药、保健品广告的制约，导致它们增长大幅放缓（2005年1—9月分别为41.3亿元、22.9亿元、20.8亿元，同比增长为13.88%、-11.12%、-0.72%）。由于燃油价格上涨和国产手机缺乏核心技术，无法与国外厂家打价格战，导致汽车、通讯业的广告投放也相应减少（2005年1—9月分别为27亿元、22亿元，同比增长-8%、-16%）。

在慧聪国际媒体研究中心与中国人民大学舆论研究所联合出版的《中国媒体广告市场研究（2001年）》中提到，"据权威部门基于我国广告发展的预测，自2001年至2010年我国广告经营额的总量将有3倍的增量空间"，报业广告的发展也将有更大的拓展空间。另外，与西方发达国家的广告收入结构相比，我国报业广告过分依赖某一行业，其抵御风险的能力较低，因此，今后零售广告、分类广告应作为都市报广告投放的主要力量予以重视和发展。

3. 受众构成和需求的变化，与对年轻人读报习惯的培养和内容优势的发挥

年轻受众流失是报业面临的一个严峻的问题。据CTR媒介与产品研究从2001年到2005年监测发现，报纸的读者结构就发生了很大的变化：30岁以下的读者流失最快，下降了27.8%，同时，51岁以上的中老年读者却增长了11.5%，可以看出我国报业读者的平均年龄在迅速老化，而与此同时，互联网的受众却在不断地年轻化。这也是很多国外媒体在校园对年轻人开展读报习惯培养活动的原因。

不仅报纸的受众结构在变化，受众的需求也在发生着悄然的改变。在瞬息万变的知识经济时代，读者过去连报纸"中缝"都看的读报习惯，已经被他们"快节奏"的生活方式所淹没，而沉浸在"文化快餐"的甘露中。报纸作为一种信息的载体，如果在今天还和新兴媒体比拼报道速度的话，则是拿自己的弱势和别人的强势比较，显然这种竞争理念是行不通的。报纸对于原创内容的生产与集成能力才是其竞争优势。况且，多年以来，读者们养成的阅读习惯和报纸版面大小提供给读者最佳的视觉舒适感，在短期内均不会发生更迭。据一些研究显示，许多读者不但通过电子传媒看新闻，同时也阅读报纸，这就揭示了上述两种媒介形式在未来将长期共存的局面。

4. 传媒产业"失速"的预言，我国报业所处生命周期的基本判断

早在两年前，我们就曾经依据传媒业发展的有关数据做出过这样的判断：中国的传媒业发展已经进入了一个"拐点"。所谓"拐点"的含义就是：中国传媒的发展，在具有巨大的现实可能性的情况下，其发展速度却在急剧下跌。事实表明，20世纪90年代初，传媒业广告以80%甚至90%的速度递增，20世纪90年代末下降到10%，2002年更是落到10%以下。这种失速、下调，表明中国传媒业的发展不能再按照原有逻辑，必须转型。

然而，当时"呼风唤雨"的中国报业并没有真正聆听这一警示，因此，在矛盾从潜在突显为"表面化"，报业体制和运作规则的调整还未真正完成的今天，看似突然的这场"暴风雨"又几近浇灭了报人的"熊熊"壮志，报业未知的前景变得苍白起来。

任何事情都是一分为二的，当我们冷静下来，就会发现尽管新兴媒体的出现对报业有一定程度的冲击，但是经过对我国报业生命周期的分析可以看出，它正处于震荡期末期和成熟期初期，还有着相当长的生命历程和极大的发展空间。

判断我国报纸所处的阶段，不能简单地与国外报纸相比较，还应考虑我国报业市场增长率和增长的可能性、产品线的宽度、竞争者数目和其市场占有率、顾客忠实度，以及进入本行业的障碍和技术等外部因素。

由于受我国市场经济发展程度和对外开放程度的影响，我国报业在千人拥有率、集团化程度、报纸及其衍生产品的宽度等方面较之西方还有一定的差距，加之"报号"这种传媒资质被政府管控、报业盈利模式单一、终端营销功能有待挖掘等一系列问题，使得报业现今在我国还未能茁壮成长。

5. 新兴媒体对报业资源的分流和价值链的侵蚀，促使报业打造复合影响力

上述原因是报纸广告下滑的外部诱因，更为深刻的原因是：新兴媒体打破了报业的生态环境，造成了报纸受众资源和广告资源的分流及其价值链遭受侵蚀。

中国人民大学舆论研究所所做的调查显示，在不到几年的时间里，互联网对报纸读者的影响就从可以忽略不计的不足2%，上升到了2004年的11.6%，网民过亿人。而与此同时，报纸的受众年龄却呈现出了老龄化的趋势，北京综合性报纸读者的平均年龄均已超过了41岁。

新兴媒体在分流报纸受众的同时，也分流了大量广告资源。如，中国目前手机用户达3.8亿部，2004年，手机运营商仅短信收入一项就接近600亿元，而这差不多是目前我国四大传统媒体广告收入的总和。这是由于包括报纸在内的传统媒体是"广播式"、"泛众化"的传播方式，而新兴媒体是一种"广取式"、"分众化"的模式，这更符合广告主日益强调的"精准投放"与"有效到达"的要求。

不仅如此，新兴媒体还侵蚀着报业的价值链。过去，报纸所处的是以采编环节为利润重心的完整价值链，但现

在报业内容的生产与传播的链条被拉长了，利润重心悄然下移，报纸在某种程度上成为身处网络传播链条最低端的分散内容提供商。媒介对于外部机构的依赖，也是现今媒介市场利润平均化的一个原因。反过来想，任何一个其他链条进入到传统媒介市场，事实上它就变为了传统媒介多元化市场领域中的一个通道，使得报业能够获得提供衍生产品和服务的额外收入。

总之，打破媒体介质形式的壁垒，进行跨媒体合作，打造复合影响力，是报业世界性发展的趋势。比如，针对网络媒体的兴起，几乎国内所有的大型报业集团，都已建立了自营网站，发挥自己在内容采集方面的优势，这就是一种可行的尝试。

6. 报业同质化竞争下的“天花板效应”与报业基于内容掌控和终端营销的整合力

每一种盈利模式都有一个增长极限。比如，一份以广告为主要盈利来源的周报，如果是每周一刊，广告经营额在目前的市场格局和经营模式下极限一般是1.2—1.5亿元之间。超过这个峰值，出现所谓的“透明的天花板效应”。然而此时，在原有模式基础上的“精雕细琢”和画“延长线”的方法都不能使得报业产生更大的发展，甚至还会发生“规模不经济”的现象。

如果我们把传媒产业的竞争力来源大致分为传播内容的原创和集成配置能力、传播渠道的拥有和掌控能力、以及对于销售终端的掌控能力、终端服务链产业链价值链的扩张能力三个基本方面的话，今天已经开始的新传播竞争时代的特点就在于，传播渠道的拥有和掌控能力对于传媒产业核心竞争力形成的贡献将越来越小，而传播内容的原创能力及内容资源的集成配置能力，以及对于销售终端的掌控能力、终端服务链产业链价值链的扩张能力却越来越成为形成传媒产业核心竞争力的关键。

突破困境的报业整合力

解决问题的出路在于我们能否成功地“突围”，也就是突破传统观念、传统体制、传统盈利模式与传统介质形态的羁绊。而突围的程度又决定着报业今后发展空间的大小。也就是说，按照数字化时代新媒介产业发展的逻辑，去打造传统报业的运作体制和盈利模式，促使传统媒体之间、传统媒体与新兴媒体之间在数字化平台之上，剥去介质的壁垒，相互交融为一体。因此，我们可以得出这样的结论：在新的发展阶段，报纸等传统媒体的核心竞争力表现在是否具备对相关产业资源的整合能力上，整合优则胜，整合劣则败。

1. 突围传统观念——文化整合力

市场经济之下传媒的竞争可以分为四个阶段，并且呈现层层递进的关系：刚开始是传媒产品的竞争，接着是质量和功能的竞争，然后上升为品牌的竞争，最后是文化整合力的竞争。

所谓的文化整合力就是一种据之以魂的东西，它能将时代发展的车轮碾碎的视点粿合成系统性的价值体系，昭示新的游戏规则和新的生活方式，给人们思维和决策行为提供一种方向感。

文化整合力之下的媒介具有双重功能，既有“导验性产品”——走在社会发展的前列，提供具体的信息，从而拉动人们潜在的需求并形成可操作化的范本；也有系统性的价值呈现方式，为了改变人们生活富裕了、精神层面却相对贫乏和“碎片化”的状况，告诉他们如何过一种有尊严的社会生活，这时媒体贩卖的是一种态度和一种主张。而这种“公共性”的社会责任，也只有具有较高公信力，平民化、群体性的传播与接收方式之下的报纸才能承担。

2. 突围传统体制——制度资源整合力

在我国的意识形态领域，当今最大的资源仍然是体制资源。一旦传媒体制资源释放，将会给传媒业带来巨大的发展空间。

我国报业一直以来是在体制的束缚之下进行“增量改革”，当所有可以解决的边缘问题消失殆尽，深层面的利益问题于是凸显。同时，报人也应该认识到，现行的许多政策都有过渡性和转换性的特点，在大方向明确的前提下，具体步伐与节奏处在不断调整之中，从这种调整中寻找机会和资源，也是报业竞争力比拼的一个重要方面。

3. 突围传统盈利模式——战略资源整合力

要想获得突破性发展，依靠陈旧的盈利模式是行不通的，就如同一个吃苦耐劳的搬运工，也许他的工资会因他不断加班加点的努力工作，从五百元涨到一千元，但如果他不改行的话，无论他再辛苦，也永远不会成为百万富翁的。一个人赚钱的模式尚且如此，更何况报纸的盈利模式。

报纸的战略资源包括报业自身的版面资源、受众资源、广告资源、社会网络资源和长期积累的品牌公信力资源。从内外两方面来整合这些资源，从而实现盈利模式的创新，也是我们解决现有困境的一个策略。

（1）报业内部：传播要素整合力和采编营销模式

从要素开掘的竞争转为要素整合的竞争，这符合市场经济要求差异化竞争的基本逻辑。要素的整合不是简单的相加，而是像数学中的“阶乘效用”那样，使要素获得几何速度增长的结果。

报业内部传播要素的排列组合，为报业产生了新的增长点，也增加了其被市场选择的可能性。这种组合不仅表现在内容层面“可读性”的差异，也可体现为报纸形式和盈利结构的差异化共存。

比如，免费报纸就可以应对付费报纸发行量降低的困境，以低价位赢得广告收入；同时，它通过对时尚生活方式的描摹、富于动感和色彩的版式设计，并辅之以大量实用的生活信息，来吸引付费报纸流失的年轻读者。

再如，版面少的“薄报”也可以作为“厚报”的一种补充，用以帮助“快节奏”生活方式之下的都市人以尽可能小的时间成本来换取其对信息饥渴的满足，发挥“信息漏斗”的作用。

另外，在一种报纸内部，进行采编和广告营销的整合也是一种对内部资源最大化利用的方式，但是目前对此的创新和开发力度不够。

这里可以以某报的一次采编广告统合策划为例：

2005 年，北京房地产业迈入了市场化的第 15 个年头，该报推出大型活动——2005 北京房地产 15 年，活动内容涉及深度新闻报道、业界及相关机构研讨会以及评选活动。活动从 7 月到 9 月，联合专家、业界人士、消费者进行关于北京房地产 15 年的持续探讨；房地产新闻部全面、深入解读北京房地产 15 年发展面面观；丰富的读者互动活动：精心设计征集回顾展、征文、短信大赛等活动，充分调动广大民众的参与热情，形成全民参与风潮；整合传播网络：电台、电视台、报纸、网络，各大主流媒体编织立体传播渠道；新闻报道、广告宣传、地面推广、发行促销，形成多维宣传网络。

版面资源开发在这里并没有停留在单纯的广告载体或新闻载体的层面，而是将两者融合交织，并且为更深层的后续活动铺叙造势。“追溯 15 年来北京房地产风雨历程，追寻房地产政策演变轨迹，历数北京房地产名优产品，盘点风云人物与事件，挖掘地产文化内蕴，探索房地产品牌之路，描绘新北京房地产发展愿景”，这种全景式的扫描与勾勒呈现出很强的内在相关度；在切入点的选择上，“民生视角，产业经纬”，很好把握住了读者关注点与广告贡献度之间的平衡关系，版面内容与广告有机融合。

同时，以传媒品牌和影响力整合为支点，以多层次、多角度的商家、读者互动共振为形式，将线上广告和线下广告有机结合，着力于开发行业性广告资源，树立行业标准评介的话语权。

（2）报业外部：“它介质”和“它行业”层面上的整合力

在外部，战略资源整合力从“它介质”和“它行业”两个层面，实现了盈利模式的两大突破：

一是突破传统媒体发行传输的局限性，在“它介质”形态中求得自己的延伸发展。利用品牌和内容资源库优势，以数字化内容介入不同传播介质形式进行社会表达，使媒介内容（如报纸）有效覆盖本埠发行和纸质发行未曾到达的人群，来让自己的内容价值和影响力价值充分实现。（详见第 4 点）

二是利用自身的品牌和渠道优势向“它行业”进入和延伸。

研究一种媒体形式向其他行业的延伸，首先应该解析出这种媒体形式的优势，因为只有这样双方才有合作的基础和前提，也才能积极地扬长避短达到共赢的局面。

和新兴媒体相比，报纸的优势有两个方面：除了原创性内容的生产和集成能力之外，就是其对终端的营销能力。这种营销能力体现在两个方面，一方面是利用长期以来读者对于报纸的忠诚度和公信力评价高的特点进行的延伸服务，如：报业和新兴媒体的结合；另一方面是利用客户对于报纸某种品牌的高黏度进行受众资源的多元化开发，如：迪斯尼乐园。

要想实现向“它行业”的延伸，基本思路就是走多元化发展的道路。而多元化的发展又有着由以分散风险为主旨的不相关多元化，向以获取协同效应为目标的相关多元化转变、再向以核心能力为基础的有限相关多元化发展的基本脉络。此间基本的利益诉求就是将在盈利模式上实现传统盈利模式和非传统盈利模式并重的局面。

4. 突围传统的介质形态——“数据转换引擎”、电子报纸和“触网模式”

判断一种媒介形式是否衰亡，要看它的功能价值树被新媒介的覆盖程度。如果所有功能枝权都被新媒介所覆盖，它则会消亡；如果有部分残留，它则会把存活的枝权伸进新媒介的功能价值树中，吮吸新鲜血液，“嫁接出”新的媒介形态和共赢模式。

报纸媒介便是如此，它在内容的原创与集成、拥有社会公共责任和高公信力、排版方式之下潜在的信息告知功能、阅读习惯下养成的一定生活方式等，并不能被新媒体所简单覆盖。它与数字媒介、数字技术的融合，将产生出许多新的媒介表现形式和盈利模式。从世界范围来看，目前二者融合的方式，从易到难大体有三种：

（1）“触网模式”。现在世界最通行的方法就是报纸建立自营性网站，这样报纸可以通过部分内容的订阅收费，来弥补网络读者流失引起发行收入减少的窘迫，同时，网络广告也成为网络报纸赚钱的主要手段。

（2）“数据转换引擎”。二维条码的技术就是这样一种用于报纸和手机之间的“数据转换引擎”。它通过手机的照相功能将二维条码拍摄下来，并通过手机内置或下载的专门程序，实现对于条码所含信息的解读。这种数字化信息可以以电子文档、图片、表格、音视频等各种方式表达出来，从根本上突破纸介质对信息表达的限制，将我们带入了一个数字化全介质表达的世界。它完全避免了传统图书发行的纸张、运输、销售等方面的成本，也使盗版失去了市场。据统计目前日本国内超过 50% 的手机用户已经应用此项技术。

（3）电子报纸。利用可变形显示屏技术、以环氧树脂基印刷线路板为关键部件的电子报纸阅读器，已在飞利浦实验室研制成功，该设备目前提供给索尼，用于其新型

"电子书籍"产品。据有关专家分析，这种电子报纸将在3—4年内上市。且最终的电子报纸设备由电子墨水材料制成，将有杂志大小的尺寸。同时，报纸对内容的原创和集成的能力将不会消失。

总之，中国的传媒业正在酝酿着重大的发展和突破，今天纸质媒介所面临的一切困境，事实上都是新生命降临前的一种阵痛。

新竞争时代，可以说就是按照数字化逻辑去进行资源整合的时代。这需要报人采取积极入世的态度，吸纳数字化的传播手段，发挥报业在内容掌控和终端营销方面的优势，增强资源要素的整合力，打造多元化产品形态。然而，文无定法，只要是符合新竞争时代发展要求的竞争理念和竞争模式都可以拿来使用，其判断的唯一标准就是汤因比曾经说过的一句话——"一部人类文明史，不过是人类面对自然和社会的挑战而不断应战的历史。"也就是说，任何一种好的媒介产品和媒介运作形态，一定是通过解决社会发展与实践当中的问题时，体现自身价值和能力的。

（选自《青年记者》2006年第3期）

中国报刊业改革与走势

石　峰

2005年4月18日上午，新闻出版总署石峰副署长在办公室接受了《出版广角》记者的专访，石峰就中国当前报刊业的改革发展问题发表了看法。

2004年是我国报刊业改革和发展取得重大突破的一年

1. 改革的试点工作稳步推进。在中央的直接指导下，2004年在全国进行了颇有声势的文化体制改革试点工作，在35家试点单位中，属于新闻出版系统的有21家，其中有4家党报集团（大众日报报业集团、新华日报报业集团、深圳报业集团、河南日报报业集团），4家经营性报社（北京青年报、今晚报、中国证券报、电脑报）。党报集团的改革主要以机制创新、增强活力为主，进行企业、事业两分开的试点，即将党报的主业部分（采编）与经营分开，也就是把报纸的广告、发行、印刷等经营业务从主体业务中剥离出来，组建为企业。经营性报社的改革主要以体制创新为主，进行从事业体制向企业体制转变的改革。期刊业的改革没有纳入全国的试点，但广东作为全国文化体制改革的试点省份，对家庭期刊集团进行了改革试点。"家庭期刊集团整体改革方案"经广东省文化体制改革领导小组批准，目前正在有步骤地组织实施。改革试点工作取得了积极成果，为推进报刊业改革积累了宝贵经验。

2. 以北青传媒有限公司在香港联合交易所正式挂牌上市为标志，我国报业融资渠道进一步拓宽，对我国报业的改革发展将产生深远影响。北青传媒有限公司由北京青年报社控股87.9%，去年12月在香港H股上市，一举成功，成为内地传媒业海外公开上市"第一股"。电脑报社与香港巨商李嘉诚旗下的Tom集团支付2亿元人民币的现金，占有这家合资公司49%的股份。这是继《计算机世界报》后25年来经政府部门批准的国内首例报社合资项目。

3. 跨地区、跨媒体办报作了新的尝试。继光明日报报业集团合作主办了《新京报》、安徽日报报业集团与法制日报报社合作主办《世界报》后，去年又批准了上海文广集团与广州日报报业集团、北京青年报社在上海合作主办《第一财经日报》、解放日报报业集团与成都日报报业集团合作主办《每日经济新闻》。虽然跨地区、跨媒体合作办报目前尚处在试验阶段，这种合作形式的管理体制和运作机制也还有待完善，但从报业发展的规律来看，这是一种必然趋势，对于建立全国统一的报业市场体系，实现优势互补，都有积极的意义。

所以，我们说2004年是我国报刊业改革取得重大突破的一年，是完全有根据的。虽然也出现了一些新情况和新问题，面临许多新的困难和矛盾，但整个发展态势是健康的、平衡的、有序的，既没有因改革而失控，也没有因怕出问题而停止不前。去年我到各地走访了一些报刊社和试点单位，我总体感觉大家的精神面貌很好，改革愿望强烈，发展信心十足，反映出一种上下齐心协力谋改革、促发展的新气象。

报刊管理部门要转变职能、依法行政、强化监管，为报刊业的改革和发展创造良好环境

面对新的改革发展形势，作为管理部门，我们的压力很大，既要推动行业的改革，又面临管理工作自身的改革，而且如果管理工作、管理部门不改革，就很难推动行业的改革，这给我们管理部门提出了一个新的课题，破解这个课题，很现实，又很紧迫。为适应改革发展的新形势，新闻出版总署正在努力实现管理理念、管理职能、管理行为的转变，主要包括三个方面：

一是在管理理念上，由监督型管理向服务型管理转变，在管理中增强服务意识。如去年记者证的换发，我们建立了中国记者网，可在网上申报办理、网上查询，在提供服务中加强了管理，把整个管理工作纳入到现代化管理轨道。又如我们拟推出《报业年度发展报告》，为各报社的经营决策提供参考。再如我们委托中国经营报社组织召开报业竞争力年会，既对报业的改革发展起到了引导作用，又为各报社之间的研讨交流搭建了舞台等。

二是在管理职能上，从重审批向重监管转变。目前新闻出版部门还有较多的审批事项，按照国务院的部署和要求，经过清理，新闻出版总署的69项行政审批事项中，取消了28项，保留了36项，向省级新闻出版局下放5项，报刊变更刊期的审批就已经委托省级新闻出版局执行。应当说审批也是一种监管，该做的审批事项还要把好关，但是审批不能代替监管，行政机关要从注重审批向注重社会监管、市场监管转变，为行业的改革发展营造良好的外部环境。如这两年来我们加强了报刊的审读工作，发现问题及时打招呼、作处理。又如我们加强了对违规出版活动的查处力度，规范出版行为，优化市场环境等。

三是在管理行为上，由凭主观管理向依法管理转变。长期以来，管理者对被管理者都是我定规则你执行，我说什么就是什么，我要怎么处罚就怎么处罚，管理者的主观意志决定一切。今天不同了，定规则要有法律法规依据，行政部门不经授权，不能任意设定行政许可。管理部门不能再说什么就是什么，对被管理者的处罚要合法，要讲程序，要进行听证，允许申辩。所以，管理者自己要重新定位，摆正与被管理者的关系。管理者与被管理者实际上从法律地位上说应该是平等的，依法行政的要求使管理者面临许多新的考验。

报刊业改革正处于一个重要而关键的时期

我们整个国家目前正处于一个重要的发展机遇期，报刊业也同样处在重要的发展机遇期，主要体现在以下几方面：

1. 大环境越来越有利于报刊业改革。这里指的大环境包括国家改革发展的形势，全面建设小康社会的进程，科学发展观深入人心，建立和谐社会成为社会共识等等。应当承认，相对于我们国家改革发展进程，报刊业的改革发展相对滞后，这是因为报刊业有其特殊性，没有什么可以指责的。但是，报刊业是社会主义现代化事业的重要组成部分，不能长期处于滞后状态，必须适应全面建设小康社会的需要，在这一点上，可以有特殊性，但不可以有例外。其实，报刊业的改革一直在推进，随着我国政治体制、经济体制改革的不断深入，报刊业的改革正在向纵深发展。

2. 报刊业改革的方针政策逐步完善。改革要有相关的政策支持和引导。这些年，中央连续颁发有关文件，报刊业改革的方针方向已经很明确，政策措施逐步到位，改革思路愈来愈清晰，为报刊业的体制改革创造了条件。如中央把文化事业划分成公益性文化事业和经营性文化产业两部分，实行分类指导，这就打开了文化体制改革中的一个“结”，为经营性报刊的转制提供了理论、政策依据。又如改革过程中对人员的分流安置等，也做了相应的政策规定，为改革铺轨架桥，减轻了报刊业的改革成本。

3. 社会和业界对报刊业改革的承受能力增强了。在很多人的思想观念中，认为报刊是宣传思想文化的阵地，总担心面向市场、转制、融资等项改革必然会影响舆论导向。也有的长期“铁饭碗”拿惯了，担心改革会影响既得利益。还有的单位历史包袱沉重，改革迈不开步子。现在情况不同了，党的十六大报告明确指出：“发展文化产业是市场经济条件下，繁荣社会主义文化、满足人民群众精神文化需求的重要途径。”对业界和社会公众来说，这是对文化产业包括报刊业性质认识的一个巨大飞跃，报刊业要作为产业来发展，惟有改革才有出路。业界和公众对报刊业的改革有了一种内在动力，有了一种期待，改革的心理承受能力增强了，这是推动报刊业改革的极好时机。

4. 全面建设小康社会的奋斗目标对报刊业的改革是个有力的推动。目前，我国人均消费报刊的水平还很低，与经济和社会的发展很不相称，搞得不好会形成“拖后腿”的局面。这不是危言耸听，根据有关部门对小康社会指标体系的研究，报刊的人均消费指数没有达到设定的指标。可以说，全面建设小康社会的奋斗目标“追着”报刊业改革发展。仅仅这些情况就足以说明，我国报刊业已进入了一个改革发展的关键时期，我们应该抓住机遇，大力推进改革发展。

2005年报刊改革发展的主要思路、新举措和要达到的主要目标

根据整个新闻出版业改革发展的指导思想和工作部署，2005年报刊业改革发展的主要思路是：以体制、机制

改革为重点，以保证正确导向为根本，以促进发展为目的。最终的目标是，建立适应社会主义市场经济体制的，体现先进文化建设要求的，符合我国报刊业发展规律的管理体制和运行机制。据此，2005年推进报刊业改革发展的主要举措有以下几个方面：

一是认真总结改革试点单位经验，巩固和推广试点工作成果。如上所述，去年报刊业的改革取得了多方面的进展突破，十分可贵但这些经验要个面推广，需要进行总结和提高，有的还需要完善，有的目前个别试点可取，在面上推广还不行。因此，我们将召开若干专题研讨会、现场交流会等，把试点单位的经验有计划、有步骤地加以推广，共享改革成果。

二是在试点工作的基础上全面推进报刊事业单位的改革。在相关政策完备的前提下，首先要推动经营性报社转企改制，重点是进行体制机制创新，完善法人治理结构，逐步建立规范的现代企业制度，有条件的还要进一步加快产权制度改革，实行投资主体多元化，对党报党刊和社会公益性较强的报刊由国家主办，实行新的事业体制。所谓新的事业体制，就是要改变国家投入的方式，实行灵活的事业机制，养事不养人，以提高投入的效益。改革的重点是在科学划分宣传业务和经营业务的前提下，实行宣传和经营两分开，把广告、印刷、发行、传输等业务和其他经营性产业从事业体制中剥离出来，转制为企业，面向市场，搞好经营，为壮大主业服务的同时要继续深化内部劳动、人事、分配制度改革，建立新的运行机制。为此，将出台《深化新闻出版事业单位人事制度改革实施意见》。已组建的党报集团要深化改革，重点是剥离集团控股的企业，理顺管理机制，改革运行机制，抓好经营，壮大实力。

三是探索和实行报刊退出机制。我国报刊业缺乏退出机制，已经成为报刊业健康发展的痼疾，成为深化改革的一大障碍，只生不死，可以说对任何事物都是违背生存规律的。我们曾尝试实行期刊试办期制度，但是由于体制问题，由于没有建立报刊质量指标体系，难以真正实行。这一步跨不出去，报刊业的改革发展没有希望。今年我们准备下大力量建立报刊质量评价系统，各方面的要求都要具体化、量化。有的省近年来实行报刊质量末位淘汰制取得了一些效果，我们支持这种尝试。

四是合理规划报刊业发展的结构布局。现在大家都认为报刊业结构布局不合理，但怎么不合理，怎样才算合理，谁都说不清楚。而且实施《行政许可法》以后，申请人申办报刊，批准或不批准的依据是什么，《出版管理条例》规定，新办报刊“应当符合国家关于出版单位总量、结构、布局的规划”，规划都没有凭什么审批？但这个问题很复杂，需要进行大量的调查论证，不但要有明确的指导思想，还要有政策措施、目标任务、指标体系等，要用数据说话。我们认为这是项基础性工作，要作为今年的一个重点工作来做。

此外，今年还有几项工作要做，一是要尽快完成出版数据库建设。这是实行现代化管理的重要手段，力争在今年上半年完成。二是规范报刊市场秩序。现在报刊发行成本越来越高，严重影响了报刊社的效益。我调研时了解到，有的报社一年光花在发行促销上的资金就是上千万元，那么全国是个多大的数字？我们初步计划联合有关部门重拳出击，运用法律的、行政的、纪律的手段，共同规范市场秩序，优化竞争环境，纠正行业不正之风。三是修订报纸和期刊的两个管理规定。这两个管理规定都已经实施十几年了，一直没有修订，我们本来想等到改革相对到位再修订，但现在看来是等不及了，已经越来越不适应现实管理工作需要，我们要求今年上半年修订完成。四是要对高校学报进行一次调研。高校学报约占刊物总量的三分之一，数量很大，但总体质量不高，面向市场的很少。教育部正在对学报实施“名刊工程”，我们大力支持。我们准备在充分调研的基础上，对高校的学报进行整顿。五是建立新闻采编人员的资格准入制度。出版专业人员实行资格准入制度以来，效果很好，对提高出版队伍素质起到了很大作用。目前我们正在与人事部沟通，争取尽快确立和实施新闻采编人员的资格准入制度。六是实行报刊发行量认证制度。经民政部批准，成立了“国新出版物数据调查中心”，正在制定报刊发行量认证规则和办法，先对报刊发行量试行认证。此举对规范报刊业的发展、建立诚信机制将起到积极作用。七是建立新的期刊物流配送体系。我国期刊的市场规模在1985年就达到了25亿册，到现在20年间，一直在25—30亿册之间徘徊，其中我认为很重要的原因就是覆盖率不够，我们的物流配送体系不行。我们正在与国铁传媒公司接触，探讨建立新的期刊物流配送体系的可能性。最近计划开一个研讨会，吸取各方面的意见和建议，同时还学习借鉴外国的经验，争取尽快建立一个全新的期刊物流体系。由此可见，我们今年的工作任务很重。

中国报刊业改革面临的问题

突出的问题是转制以后如何坚持党管媒体的原则，如何坚持社会效益第一的原则。应当承认，企业经营的指导原则与思想意识形态工作的指导原则存在矛盾的一面，传媒业有自身特点，转制以后两个效益的矛盾、党管媒体的问题会尖锐起来，这是一个很现实的问题。不是说改为企业就一定会出现导向问题，但可能性和几率可能会高一些，要有这样的思想准备。

还有一个比较实际的问题，就是改革的成本。人员分流，富余人员安置，离退休人员待遇都需要钱，这不是一个小数目，尤其是一些历史包袱较重的老报社，这是个难题。解决这个问题，在发达地区可能好办些，不发达地区怎么办？在全面推开时，改革成本的负担问题是很复杂的。

报刊业改革的三个层面：管理体制的改革、报刊社经营机制的改革和报刊社内部用人制度的改革。这三者的关系与这三个层面的改革不是并列的，而是一种梯形构架，相对而言，体制是宏观，机制是中观，用人制度是微观。体制改革是根本，抓住体制问题才抓住了“牛鼻子”。机制是体制的体现，有什么样的体制就会有什么样的机制，体制适应市场经济，机制才能适应市场经济。用人制度是为体制机制服务的，体制机制变了，用人制度才能变。现在看来，难度还是在管理体制改革上。

对跨媒体、跨地区经营的政策要求

目前经批准实行跨地区合作经营的报社就是前面提到的4家，还处于实验阶段，在操作层面上还存在不少问题，特别是管理体制问题。如果跨地区合作经营以后削弱了对媒体的有效监管，这种形式就值得研究。我认为报刊跨地区经营是改革发展的必然趋势，形式应该是多种多样的，现在这几家的形式还比较单一。由于管理体制改革还不到位，目前还不宜全面铺开。无论何种形式，跨地区经营有一个原则必须坚持，就是属地管理的原则。报刊跨媒体经营目前已经很普遍了，但效果并不明显。主要问题是，跨媒体经营的动力是市场的还是行政的。不是市场行为的选择，而是靠行政推动，走起来会很困难，不见得能做强做大。只有按市场要求，采用经济手段，才会有生命力。

2005 年在报刊治理方面的新举措

在中央的直接领导下，各有关部门密切配合，报刊治理整顿已经取得了重大阶段性成果。所谓“阶段性”，就是说治理整顿的任务不是全部完成了，只是阶段性成果，而且这个成果还有待巩固。

目前还有两个问题没有解决好，县级被停掉的报纸，有的还在千方百计地变相出版，而且解决起来很难，要加大解决力度。二是党报党刊的发行问题比较突出，特别是地市级党报的发行问题。党报党刊作为党的宣传主阵地，需要在基层有一定的发行量，党的声音下不去，就与报刊治理整顿的目的相悖了。但老百姓认为用行政手段征订就是摊派。现在我们对这个问题正在做专题调研。我认为，党报党刊要改进宣传报道工作，按照“三贴近”的要求，办成老百姓爱看的报刊，这应该是根本出路。

根据我国入世承诺，出版物的分销市场将全面放开，对外资进入报刊零售、批发业的前景和可能的影响

随着改革开放的深入，外资进入报刊的分销领域也是报刊业改革发展的需要，总体上说，是有利的。由于长期以来我国报业缺少竞争，外资进入可促进行业竞争，同时为我们构建报刊市场体系提供资金和先进的管理。但另一方面也必须看到，报刊的分销市场毕竟是一个宣传思想阵地，外资进入以后，实际上也为西方思想文化的渗透提供了一个可以利用的渠道。况且市场对生产的反作用也不能忽视，搞不好，报刊分销市场也会影响报刊出版环节。因此我们要牢牢把握主导权，在对待外资问题上，我们既要解放思想，又要保持清醒的头脑。

（选自《出版广角》2005 年第 4 期）

中国报业数字化的进程与前瞻

闵大洪

数字化时代，面对新技术和新媒体，中国报业如何应对挑战？这成为目前报业高层人士普遍关注的焦点问题。

中国报业的数字化进程

中国报业的数字化大致可以分为两个阶段：

（一）20 世纪 80 年代开始进入计算机时代。在这一阶段，报社采用计算机编辑激光照排系统，印刷环节淘汰铅活字，编辑记者逐步以计算机为工具，取代了手中的笔。

（二）20 世纪 90 年代中期起开始进入计算机信息网络时代。在这一阶段，报社各部门组成计算机信息网络，综合新闻业务网（NISN，News Integrated Services Network）

的建立和运作成为报社的数字化平台，并且与外部的信息网络及互联网连接在一起，内容产品生产、传输的数字化达到更高的程度。

20 年来，中国报业在数字化进程中取得了令人瞩目的成绩。主要表现在以下六个方面：

1. 报纸印前（编排）环节数字化，即实现了新闻采编系统的一体化工作流程。

2. 在印刷环节，不少报业集团建立了数字化、自动化程度极高的印务中心。

3. 报社尤其是报业集团，从现代企业生产管理的角度，近年来纷纷引进 ERP（Enterprise Resource Planning，企业资源规划）系统，建立起了一个以集团财务为核心，集财务预算、核算、控制与资金运作一体的企业经营管理系统，有效提升了企业经营的能力。

4. 报纸以光盘介质为产品形态，打破了纸介质的唯一产品形态。

5. 报纸媒体网站已在中国网络媒体中占有重要的地位。中国于 1994 年正式接入互联网，至 2005 年底，中国网络用户已达 1. 11 亿。今天，任何人都无法忽视互联网传播的能量与威力。1995 年是中国网络媒体元年。1 月，《神州学人》杂志率先上网。10 月，《中国贸易报》上网，成为中国首家进入互联网的报纸。

值得注意的是，中国报业集团的诞生与中国进入网络媒体时代是同步的。1996 年 1 月 1 日，《广州日报》网络版（即今天的大洋网）正式开通，而 1 月 15 日，我国第一家报业集团广州日报报业集团便获准组建。

中国报纸媒体在互联网上的发展，从形态上说，经历了两个阶段：从 1995 年至 1999 年下半年，是报纸网络版（或称电子版）阶段；2000 年以后，进入以新闻为主的综合性网站阶段。报纸网站不断紧随互联网技术的发展，积极探索网络媒体的规律，在新闻和信息内容的数量、质量及表现形态、各项服务功能的提供、基础设施和工作平台的改善、内部资源的整合与对外战略合作、自身体制、机制的改革与完善、经营领域的开拓等诸多方面，不断登上新台阶。

目前，报业集团的媒体结构大体是“N 报 N 刊一网站”。不少报社和报业集团的网站更成为重点新闻网站，如人民网、中国日报网站、中国经济网（经济日报网站）是中央重点新闻网站；一批报业集团的网站成为省、区或计划单列市、省会城市的重点新闻网站。这些网站在占领网上新闻传播和舆论引导阵地方面发挥着重要作用，一些网站在当地已取得与党报、广播电台、电视台同等的地位。

6. 报纸媒体与现代通信技术结合。

至 2005 年 10 月，中国手机的拥有量已近 3. 9 亿，几乎是中国互联网用户的 4 倍。手机技术应用的发展，使其不仅是双向语音通话的工具，而且成为个性化的随时随地收发信息的媒体终端。新闻媒体在利用手机方面，一是可以将自己的内容通过这一大众化的终端进行传播及销售，二是可以成为媒体与受众间互动的中介（主要体现在广播、电视媒体）。

报纸内容进入手机终端，目前主要有三种方式：新闻短信、手机报、WAP 网站。

早在 2000 年 6 月 19 日，人民网（当时尚为人民日报网络版）日文版、英文版 Imode 手机网站在日本正式开通，实现了《人民日报》无线上网，这是国内第一家实现手机上网的网站，而且是使用外文进入国外市场。

在新闻短信方面，目前有影响有实力的报纸网站均提供这一服务，并取得了良好的效益。在手机报方面，2004 年 7 月，《中国妇女报》网站首先开通，随后不少中央和地方报社也相继开通。在 WAP 网站方面，人民网于 2005 年 2 月“两会”期间，开通无线新闻网站。李长春同志为此作出重要批示：“国家主流媒体要占领网络、手机等新的舆论宣传阵地。”12 月 16 日，人民网、新华网、千龙网更联合创办了“掌上天下”手机网站，成为重点新闻网站在移动通信领域中的旗舰。在利用手机发送新闻方面，一些网站有不少创新之举，如《中国日报》（China Daily）网站对重大事件、突发事件进行图文连续发送，达到直播的效果。

利用电信技术与读者、客户互动沟通。不少报社采用呼叫中心（Call Center）技术，通过一个特服号码，向读者和客户提供电话、传真、电子邮件、手机短信、网站访问等多种手段接入的相应服务。2000 年 11 月 14 日，天津《今晚报》开通全国第一家报业呼叫中心（特服号：96860）。山东大众日报报业集团的呼叫中心“96626 万事通”更是将其功能扩大至为社会提供信息服务。

中国报业的数字化前瞻

不论是 2005 年 5 月在韩国举行的第 58 届世界报业大会，还是刚刚出版的《中国报业发展报告（2005）》所发布的数据，都显示中国报业近年来始终保持快速发展的态势。但是，在数字化的大环境下，世界和中国报业均已感受到数字化、网络化带来的惊涛拍岸般的冲击。如 2005 年两个新闻专业的英国学生制作了一个 8 分钟的短片：《媒体未来的历史》，最后的预言是 2014 年印刷版的《纽约时报》将收摊，仅为少数执著者与年长者印制简讯。面对 2005 年中国报业广告的下滑，不少业内人士也发出惊呼，《京华时报》社长吴海民在 2005 年 11 月的《中国报业》杂志上发表了一篇长文《媒体变局：报纸的蛋糕缩小了》。文中写道：“以 2005 年为‘拐点’，传统报纸停下了持续多年的上升脚步，进入一个抛物线般的下滑轨道。”在分析各种原因后，他指出：“深层原因在于，在以互联网为代表的新兴媒体冲击下，媒体的生态环境和基本格局已经并正在发生重大变化。网络广告、户外广告、广播广告、楼宇广告、电梯广告、直投广告等媒体方阵迅猛崛起，瓜分、蚕食着报纸的广告份额。新兴媒体目前尚未撼动电视，但对报纸发起了挑战。在新的媒体结构中，报纸的生存空间受到严重挤压，传统的强势地位被从根本上动摇。”

尽管不能简单地认为今天全球尤其是中国的报业市场已经进入冬天，但必须看到，数字化进程会在三个层面给予报业深刻的影响：①数字技术的发展会给报业格局及报业市场带来变化；②数字技术的发展会给报社和报业集团的运作经营带来变化；③数字技术的发展会给报业从业人员的工作方式带来变化。

从传受的角度看，数字新媒体对传统报业的长远冲击主要表现在：①网络媒体已不是早期另类媒体的概念，在短短几年内它已跻身与报刊、广播、电视平起平坐的地位，且是最具发展潜力的媒体形态，更重要的是，互联网已成为成熟的产业门类；②年轻受众尤其是未来完全成长在数字媒体环境下的一代，其接受信息的习惯和方式与老一代会完全不同，他们的消费会逐渐主导市场。

所谓媒体，就是专业人员从事新闻及信息的收集、整理、加工，通过某种传播形态或传播平台将内容产品传播（销售）出去，产生社会效益和经济效益的机构。说到底，报社最主要的角色是内容生产者和内容提供者。在数字时代，报社的角色则成为“数字内容提供者”（Digital Content Provider，DCP），其内容产品可以通过多种媒介和渠道（如光盘、互联网、广电网、电信网）进行传播及销售，而受众则可以通过多种终端（如计算机、数字电视机、数字收音机、eBook 阅读器、PDA、手机等）进行接收和消费。在数字时代，报纸媒体内容生产者的本质并未改变，关键在于报纸自身是否具有川剧中“变脸”的能力，根据传播格局和媒介市场此消彼长的变化，以不同的内容产品形态（当然也包括纸介质印刷形态）产生效益。

“渠道为先，内容为王。”随着传播渠道和终端的多样化，数字内容产业将继续以一路高歌猛进的势头，不断扩大市场，取得良好收益，这就是大趋势。数字技术改变了以往报纸仅提供单一形态信息的特点，使其具有了提供多媒体信息及产品的能力。因此，在数字时代，报社尤其是报业集团需要不断用先进的技术装备自己，从而提高报道时效性、扩大读者覆盖面、开拓新的经营领域、保持和提升自己的传播影响力。在各种传媒激烈的竞争中，包括在国际传媒市场的竞争中，立于不败之地。

推进数字化进程，有五个方面的工作应该落到实处：

在认识层面，要对数字化工作给予高度重视，尤其是领导核心。

在决策层面，要做到科学化，避免因失误而造成损失。

在管理层面，要形成规范化、制度化、日常化，不要此一时彼一时。

在操作层面，要重视以新闻数据库为核心的多媒体采编系统的开发和利用，实现内容产品多种平台发布并取得多次增值的效果。

在培训层面，要使从业人员掌握数字传媒的知识和技能的水平不断提高。新的技术不断开辟新的业务市场和新的经营市场。各报社在应用方面也有不少创新，在网站方面，如2005 年有的网站推出新形态的网络杂志等；在无线移动方面，手机报、手机电视等正在迅速发展。但新技术带来的新应用，能否形成足够大的市场规模，并能产生较大的经济收益，这仍然是一个具有挑战性的课题，需要在经营模式上进行不断摸索。

（选自《传媒》2006 年第 2 期）

中国报业的产业空间与政策支撑

陆炳炎

纵观传媒产业的发展，始终与社会的政治、经济、文化的发展息息相关。媒体发展空间与国家政策的互动关系，存在一定的共性与规律。这种共性与规律不仅存在于中国社会的发展过程中，也普遍存在于世界范围内。站在一个更宏大的格局上看，研究其间的互动关系，不仅仅是对中国，而且对世界传媒业的发展也同样具有深远意义。

政策：中国报业发展的有力支撑

中国报业的发展，与中国政治、经济、文化的发展步伐是相一致的。

在改革开放前的20多年里，我国新闻传媒是国家行政事业的一部分，报纸在经济上基本都是依靠各级政府财政拨款；随着改革开放政策的逐步深入，报业发展进入“事业单位、企业化管理”的双轨制时期，产业经营实践活动进入一个新时代；而市场经济体制的确立，使得中国报业的产业发展空间趋向多样化。我国报业产业经营政策由双轨制向“自主经营、自负盈亏、自我约束、自我发展”的产业发展方向转变，“报业经济”的概念被率先提出，报业经营由此全面铺开。短短几年间，我国的报业获得了前所未有的巨大发展。

鉴于传媒业的特点，国家在政治、经济体制上做出的重大变革，往往也是对中国报业经营发展方向具有决定性意义的政策。报业产业经营这一课题，无论对中国报业还是政府，都是一项尝试性的事业，没有现成的经验可供借鉴。政府产业政策的制订往往体现出“摸着石头过河”的特点，而“先行者”的示范效应格外显著。

20多年来，中国报业的“先行者”们不断探索和前进。其间，五次突破颇具代表性：

1. 广告经营的突破

1979年1月28日，《解放日报》率先刊登了两条通栏广告，引起社会各界强烈反响。当时，对属于国有机构、党的宣传工具的报纸是否适合刊登广告，终究还是敏感的话题。

2. 发行经营的突破

1985年，《洛阳日报》率先宣布打破邮发渠道的“垄断”，开创自办发行的道路。这一发行改革带来的经济效益，再次推动了媒介市场化的进程。

3. 经营机制的突破

1994年，《金华日报》率先进行股份制改造。《金华日报》股份制的最大创新之处在于，它实现了采编与经营两分开，并尝试了国有资产、集体资产和个人资产共存的经营机制。

4. 报业体制的突破

1996年，“广州日报报业集团有限公司”正式成立，意味着一向属于传统的事业单位的报业，在改革开放的市场经济形势中，开始以集团公司的形式在市场中寻找更好的位置。

5. 资本经营的突破

1999年，《成都商报》通过其控股的成都博瑞投资有限责任公司，收购上市公司四川电器原大股东的大部分股份，实现了报业资本经营的突破。

我国报业由完全依靠政府行政拨款，到实现自身“造血”，直至形成较大产业经济规模，仅在短短20余年内完成，成就举世瞩目。然而，在承认中国报业已有成就的同时，我们也不能回避中国报业发展中存在的问题：在国内报业与国际报业之间、在市场经济发展与报业的适应性之间和群众文化需求和报业的满足程度之间仍存在较大的差距。

纵观新中国报业的发展历程，正是产业政策与报业经营实践活动的互动与交替。“事业单位、企业化管理”政策出台，促使中国报业走向市场；“自主经营、自负盈亏、自我约束、自我发展”政策确立，则将中国报业产业经营推向深入。在实践的推动下，一些具有超前性的报业改革为市场经济下媒介产业政策法规的形成探路；而勇敢的“先行者”的突破引发了中国报业政策的制度创新，直接推动或加速了报业在特定领域经营改革的进程。

面对日益严峻的挑战，我们必须研究报业发展的新变化，适应报业发展的新形势，以“三个代表”重要思想为指导，解放思想，与时俱进，深化改革，才能实现报业从内容到形式、从运行机制到管理体制的创新，实现报业产业空间的提升。

现行政策与报业的产业空间

由于传媒业天然具有的意识形态要素，任何国家都不会将自己的传媒市场完全向世界敞开。中国报业现行政策总的方针可理解为：加强宏观调控，强而有力；放宽微观调控，灵活多样。其要点是：1. 必须把国家利益放在首位；2. 采编与经营分开，以保证新闻事业的客观公正；3. 有相应的准入条件；4. 实行领导层任命制。由于中国报业资产属于国有资本，从某种意义上说，国家是报业最大的股东，因此对领导层实行任命制。

1984年以来的经济改革，使得中国社会在政治、经济、文化领域发生了深刻的变化。变化有利于发展，变化促使了发展。但在我国报业“事业单位”性质这一底线不可更改的情况下，传媒首要职责仍是宣扬符合国家利益的声音。即便出台了关于深化改革的相关文件，对这些根本性政策的贯彻仍始终如一。但是，从另一方面来理解，这个文件犹如春风拂动，在相关的政策规定下，衍生了很大的报业产业空间。主要有五大方面的变化：1. 允许多种媒体兼营；2. 允许跨地区经营；3. 允许跨行业经营；4. 开辟安全有效融资渠道；5. 建立符合市场体系、规范的报业运行体制。

基于对现行政策的认识，我们认为，把握好当前良好的发展机遇，创新是拓展中国报业产业空间的关键。创新的内核为：“一体两用”，即以事业单位为体，采编、经营各自为用。“一体两用”将大大延伸报业的发展空间。作为报业改革的一种创新手段，要积极探索、积极实行、积极推进。

在“一体两用”具体运作上，要做到以下三点：

1. 党委领导与法人治理结构相结合

各报业集团的领导体制都体现出党委领导与法人治理

结构相结合的特点。

2. 采编与经营各自为用

形成新闻业务和经营业务必须相对独立又密切联系的组织结构，经营管理既适应市场需要又调控有力的管理模式。

3. 人事管理制度创新是保障

过去中国报业只重内容、不重经营的格局，造成从事新闻采编的队伍强大，而报社的经营人才缺乏，与“一体两用”相关的管理人才也空前贫乏。因此，培养与之相适应的采编、经营、管理三支队伍的人才是最根本的任务，否则，“一体两用”无法推行。

总之，从发展趋势看，政府对报业产业的调控，将由重管理转为重服务，由重审批转为重监管，由重权力转为重责任。转变带来空间，创新制造空间。中国的报业集团通过探索创新运作机制，促进了报业经营管理水平的提高，加快了报业市场的整合，增强了报业的核心竞争力。

中国报业发展的广阔前景

由于尚未得到系统的市场开发，中国报业存在着丰厚的利润回报率，市场空间巨大。入世所产生的社会生活各方面的变动，将极大地丰富信息资源，刺激读者信息需求，这必将大大促进中国报业的发展。广告市场发展空间巨大，在媒体投放总量上大约有一倍左右的增量。业外资本的注入将大大加速中国报业的产业进程。随着市场经济的深入展开，我国社会情况呈现出的“四个多样化”不仅促进了人们对于精神领域需求的多样性，而且推动了社会民主政治更加开放，为报业发展提供了更为宽松的环境。信息化带来报纸传播方式的巨变，延伸了报纸传播的空间和时间，覆盖更广阔的人群。

在未来，中国报业发展将呈现四大趋势：

1. 报业集团做大更需做强

我国目前的报业集团总数已达到38家，报业集团已逐渐成为中国报业市场的竞争主体。

在报业整体“小、散、滥”的情况下，依靠行政举措组建报团，实现区域内资产整合无疑是明智的。而仅“以资产为纽带”，没有“以市场为导向”，随之出现的主报（党报）地位弱化、子报结构重复、内部机制不畅等一系列矛盾，表明现阶段的集团化模式只是一个极其短暂的过程。集团不是对几个实体的简单相加，集团化运作强调的是整合资源形成的集中管理效益和规模效益，有序、规范、科学的管理是集团化高效运营的有力保障。中国报业的集团化进程刚刚迈出第一步，这一阶段的当务之急是整合资源，优化结构。报业集团化发展目的是获得规模经济和规模效应，做大之后如何做强才是最重要的。

2. 跨媒体、跨地区、跨行业：如箭在弦

在外来媒介资本、媒介产品、媒介文化的直接或间接的冲击下，通过跨媒体、跨地区、跨行业的经营，及时调整政策，优化结构，整合资源，在做大的基础上做强我国的媒介集团，已经成了我国媒介产业发展战略的必然选择。

3. 资本运营：大势所趋

传媒业作为“高技术、重装备”的产业，发展需要大量资金的支持；加之“入世”所带来的国际媒介市场的激烈竞争，中国传媒业从来没有像今天这样需求资金。逐步对国内投资者开放报业投资市场，拓宽报业发展的融资渠道，将增强我国报业产业的整体实力。政府可以制定一定的法律和政策，对投资者的资格及投资行为进行规范和管制。

4. 政府作用：由“前台”转向“后台”

在市场经济尚未完全建立的情况下，运用行政力量对传媒业加以整合重组，能有效推动传媒业采用更为先进的生产经营方式。但在市场经济条件下，必须以资本为纽带，结合市场运作，共同发挥作用。换言之，政府的作用将更多地体现在“后台”，在坚持社会主义新闻方向，不违反国家新闻政策的前提下，放松对报业经营和发展的直接管制，减少对报业市场主体经营行为的行政性干预，充分发挥市场机制的调节作用，形成报业市场有效竞争的格局，促进我国报业的发展和更大繁荣。

（选自《新闻记者》2003年第1期）

报业集团体制创新和组织再造的九大着力点

徐熙玉

从组织学理论认识报业集团

研究和解决报业集团组织机构的改革与设计问题，应首先按照组织学理论达成以下三点共识：

第一，报业集团是一个组织。所谓组织，是人们为了特定目标的实现而进行合理的组织和协调，并具有一定边界的社会实体。按照这个定义，我们认定报业集团是一个组织，有三层意思：①报业集团是由若干从业人员组成的；②报业集团是有一定目标的；③报业集团是一个具有自身组织属性的社会实体，与别的社会组织有所不同。

第二，提高报业集团的组织素质是十分重要的。组织是由人及其相互关系组成的。如何设计组织并通过管理提高组织素质，使其有效地发挥作用，是提高组织竞争力并完成其特定目标的基本问题。“三个臭皮匠合成一个诸葛亮”，但三个和尚也可能没水吃。这就是组织效应。两家报社人员的数量、年龄、学历等可能差不多，但在竞争中可能高下悬殊很大，原因固然是多方面的，但组织素质的差异可能是个基本的问题。竞争，说到底是人才的竞争，但往往体现为组织的竞争，组织素质的较量。

第三，按照组织学原理，从宏观上探讨报业集团的组织结构问题非常必要和紧迫。组织学侧重于研究组织整体本身和组织的主要构成部分之间行为的协调以及对组织整体效益的影响作用，如组织整体机构框架的设计与规划、各机构部门的职权和相互间的协调运转、影响组织机构设计的环境因素、机构的变革或再构造、组织中的正式组织与非正式组织、组织中的信息沟通模式和信息决策系统以及组织的界线和活动行为等等。在报业发展的新形势下，以组织学理论为指导，结合实际，从宏观的角度对报业集团进行研究，对于深化报业集团内部改革，建立健全有效的领导体制、管理体制和运行机制，显得尤为迫切。

弄清楚制度的三个层次

概念不清，没办法研讨问题。要弄清楚报业集团的体制概念含义，那就应弄清楚一般的体制概念含义：要弄清楚一般的体制概念含义，就应弄清楚制度概念含义。

制度河分为三个层次：根本制度、体制制度和具体制度。根本制度属宏观层次，是指人类社会在一定历史条件下形成的政治、经济、文化等方面的体系，如封建宗法制度、资本主义制度、社会主义制度等；体制制度属中观层次，可以是某些社会分系统方面的制度，如政治体制、经济体制、文化体制等，也可以是国家机关、企业、事业单位整体意义上的组织制度，如领导体制、学校体制等；具体制度属微观层次，是指要求大家共同遵守的办事规程或行动准则，如财务制度、工作制度等。

报业集团作为以办报为主业、以事业法人为主体的多法人联合体，作为一个具体组织，无论规模多大，相对于整个社会来说亦应属微观层次。但是，从其组织所具有的整体性、系统性而言，在组织设计、组织管理中，也可使用“体制”的概念，如说报业集团的领导体制、管理体制等。我们习惯所说“报业集团的体制改革”，实际是专指报业集团的组织制度变革，是从整体意义上进行组织形式即存在方式的变革。

明确报业集团的组织属性：报业集团是个复合体

我国现有报业集团，绝大多数是以省、市党委机关报为龙头组建的，其性质是党的喉舌，是党的生命的一部分。因此，省、市党委首先把报业集团作为党委的一个工作部门来对待。从这个意义上来说，报业集团具有党委机关性质。

报业集团以办报为主，目前一般有 10 家左右的报纸。报纸具有鲜明的政治属性，担负着正确引导舆论的重任，直接关系到国民素质的提高、社会的稳定、国家的安全，具有很强的公益性质。鉴于这种情况，国家把报社定为事业单位，报纸一般都登记为事业法人。

报纸是报业集团的主体，因此报业集团被中央确定为事业性质，就是理所当然的了。

改革开放以来，报纸从做广告开始，逐渐扩大报业经营，20 世纪 90 年代以来一般都办了些经济实体。随着经营总收入的提高，许多报社相继“断奶”不再吃财政饭了，而且有些经济实力很快壮大到相当可观的程度。既有报业经济，就有经营组织——企业，凡成立报业集团的，原来报社或多或少总有那么一些公司。这种状况说明，报业集团虽然是事业性质，但又有部分企业，当然不同于企业集团，但确有部分企业属性。我国 2002 年颁发的国民经济行业分类，把除第一、第二产业之外的各产业统归第三产业，并明确把新闻出版业划入第三产业。

综上所述，我国的报业集团可以说兼有机关、事业、企业特点的复合，是多法人联合组成的事业性质的报业集团。对其政治属性产生怀疑，或者不敢承认其产业属性和企业属性，都是不科学的，也是不合实际的。“复合体”不同于单体，其突出特点是复杂性，因复杂而管理的难度很大。

报业集团以事业为本，又是机关，又是企业，从哲学意义上来说，也可看作三矛盾过程，每个过程都是个复杂的矛盾系统，三个矛盾系统之间的大小矛盾又是相互关联的。这些矛盾组合而成的复合体，其复杂程度、管理难度大大高于单纯的机关单位、单纯的事业单位、单纯的企业单位，也大大高于三者的简单相加。

辩证认识“麻袋装土豆”

有人讥讽组建报业集团是“翻牌”，是“麻袋装土豆”，成立报业集团没什么实质性变化。我认为这种善意的讥讽不无道理，凡新组建的报业集团基本都存在这个问题。然而我的观点是：“麻袋”未必不可以“装土豆”，但肯定不能老装下去。

我们是在什么背景下组建报业集团的呢？在改革开放大潮的推动下，省委、市委机关报根据市场需求，面对不同的读者群，逐渐办起了系列子报刊。在市场发育尚不完全的情况下，其广告、发行难以实行代理制，所办各报刊基本都是宣传、发行、广告“三位一体”，和社会上的单体报刊没什么差别。

这些系列报刊，也可以比作一堆“土豆”，“土豆”成了堆，报刊形成了系列，事实上就是个报业集团了，台湾大概是叫做“报系”的，我们把原来报社牌子翻过来叫集团，没什么不可以的，若谁叫我们“翻牌公司”，大可不必在意。

这种“麻袋装土豆”式的管理模式，从全球的视角来看，它曾是企业发展史上一种备受推崇的先进管理模式，只是随着时代的变迁，后来被新的模式取代了。20世纪20年代早期斯隆任通用汽车公司总裁时，汽车市场是福特汽车公司的天下。斯隆认为通用公司不能模仿福特的大批量生产的流水线方式，于是他就来了个“麻袋装土豆”，在公司内“装”了8个分割的单位：5个汽车生产单位和3个零部件单位。这些单位是半自主的，每个单位都对自己的业务负责，在自己的专业领域里维持市场占有率和盈利；它们有自己的设计、生产、销售部门，同时公司有一个专门负责监督的机构，监督这8个单位的政策和财务。斯隆把这种组织形式称为“联邦分权制”，又称多单元公司。当时许多权威人士评论：分权式多单元的组织既能扩大规模和保持产品的多元性，又能超越按职能分工进行组织的局限性，这可能是最好的组织创新的方式。

分权组织在20世纪六七十年代得到了大发展。然而，随着组织规模的不断扩大和时间的累积，斯隆组织模式的缺陷也逐渐暴露出来。一方面，斯隆组织模式只期望第一线的经理人在现有的责任范围内争取高绩效，上级光凭眼前的利润和市场占有率来评估他们的绩效，这样就导致经理人不会去主动寻找新的商机，只是固守在组织图表定好的产品或范围里；另一方面，由于有活力的新发展多半都是从小规模的新业务开始的，不可能在负担了巨额管理费用之后还带来高利润，但没有高利润就无法向总公司交代，这就导致经理人不会对创新项目做出财力和人力资源方面的投入。于是公司的专业知识和技能渐渐过时落伍，与迅速变化的环境脱节，极大地限制了公司的发展。到20世纪末，许多分权组织已纷纷转型，不断创造新的组织模式。

来一次组织再造

企业界公司组织结构的变化过程，给我们的启示是：组建报业集团，就是要改变“麻袋装土豆”即企业界所谓“联邦分权制”结构模式，来个“组织再造”，更好地发挥整体优势，更好地完成报业集团的任务、目标。“麻袋装土豆”的报刊组合方式，好处是每个报刊都是宣传、发行、广告“三位一体”，颇具独立意识、竞争意识，在市场化运作中进退自如，适应性较强。如此这般，为什么组建集团后还要进行组织再造呢？因为社会主义市场经济体制已基本建立起来报业市场越来越红火，报刊的市场竞争开始从“单打”向“团体赛”转变，集团化整体优势越来越重要，而“麻袋装土豆”的结构模式越来越不适应，其诸多弊端日益显现：第一，因集团各报刊独立性强，更容易受利益驱动，往往过于追求卖点，在舆论导向上屡出差错；第二，因其独立性强，本位主义、分散主义倾向严重，集团统一协调的难度很大；第三，因其独立性，“麻雀虽小五脏俱全”，致使集团内部结构重叠，人浮于事，总体上管理成本高，造成人、财、物力的浪费；第四，因其独立性强，更容易小富即安，老守田园，缺乏张力，妨碍创新发展。要革除这些弊端，就必须改变报业集团单体报刊简单叠加的组织模式，来一次组织再造，从“物理变化”到“化学变化”，把“联合舰队”变成捕捞、加工、运输、服务等专业化分工协作的大型“远洋捕捞船队”。

宣传、经营混在一块，宣传的精力难以集中，经营的利益驱动还容易直接干扰舆论导向，因此可以说，“两分开”最根本的目的就是要保证坚持正确舆论导向。另一方面，报纸办好了，导向正确，读者喜欢，那么赢得了读者也就赢得了市场，市场份额大，自然广告就多，如此就能实现“抓好宣传，搞活经营”的目标。

“两分开”是体制创新的突破口

报业集团要进行组织再造，从“物理变化”到“化学变化”，从“联合舰队”到“远洋捕捞船队”，是一项浩大的整体性工程。从哪儿入手呢？在全国文化体制改革试点工作会议上，刘云山部长对报业集团提出了四项任务，第一项就是“对新闻媒体的宣传、经营业务进行科学划分，实现宣传与经营两分开，抓好宣传，搞活经营”。我们理解，“两分开”既是试点工作的首要任务，也是报业集团体制创新的突破口。

之所以选择“两分开”作为突破口，主要是由组织机构设计的条块结合原则和任务目标原则决定的。条块结合原则中“条”有利于整体的联系和统一，“块”有利于局部内部的联系和发展。过于强调“条”，不利于各局部的发展；过于强调“块”，则不利于整体的统一性。条块结合原则对各类组织设计同样适用。作为还是“麻袋装土豆”的报业集团来说，事实上是有点太“块”了，要予以矫正，就要强调“条”。何谓“条”？系统之谓也。按报业集团的基本业务划分，应该是两大系统，一是宣传，二是经营。宣传、经营若老统一于一个个“土豆”里，集团总体上成不了系统，以上列举的种种弊端就不可能革除，报业集团就不会发生质的变化。任务目标原则，任务目标是目的，设置机构是手段；任务目标是组织机构设置的出发点和归宿。报业集团的根本任务是什么？坚持正确舆论导向。

机构设置扁平化

按照条块结合原则和任务目标原则进行组织再造，我们成立集团后较早进行的是调整和改革机构设置。

由于长期受计划经济体制的影响，报业集团在机构设置和内部运行机制方面不同程度地存在着欠缺和弊端，存在的主要问题，一是对口设置，二是部门分割过细，三是过于集权且层级太多，四是机构机关化，行政人员过多，后勤机构庞杂，人浮于事，管理效率低、费用高等严重制约市场经济条件下报纸质量的提高和报业的发展。从报业组织现状和报业发展要求出发，结合大众报业集团的改革实践，我们认为，在进行机构改革时，要坚持精干高效、指挥统一、分工协作、有效幅度、集分权等原则，突出强调以下重点：

第一，坚持党性原则，加强党的领导。完善领导体制，保证党组织政治核心作用的发挥。报业集团的最高决策层和最高权力机构必须以党委或党组为核心，党委书记必须是“一把手”。

第二，进行管理再造和流程重组，建立分权型、板块式、扁平化组织。大众报业集团成立后，积极推进组织创新，整合大众日报工作流程，纵向的部门尽量压缩层次，横向的部门尽量分类合并，形成了政教采编中心、经济采编中心、文体采编中心等几个大板块（综合部门），集团副总编分别分管大综合部门，与大综合部门领导班子一块进行宣传策划、决策，并组织实施。在经管系统进行机构重组，减少管理层次，细化部门职能，明确岗位责任，以集约化经营为方向，对印刷、发行、广告、信息、财务、后勤等部门进行改革和调整。在党群系统的机构设置上，在按上级要求对口设立集团办公室、人事处、老干部处、机关党委（含机关纪委）、机关工会等五个部门的同时，又跨部门设立了纪检监察室、研究室、培训室、群团活动室等四个不列编制但承担具体任务的综合机构，工作人员“一个萝卜几个坑”，来自党群系统不同部门，采取柔性管理，实行交叉兼职、协作办公。这样改革机构设置，有利于调动各方面积极性，创造性地开展工作；有利于加速信息的传递与反馈，提高效率；人员可在较大范围内灵活调配，有利于优化组合，更好地发挥整体功能。

第三，坚持执行和监督分设的原则，设立和完善监督机构。按照组织学原理，组织中的执行机构和监督机构应当分开设置，不应合并为一个机构。分设开来，有利于暴露矛盾，及时解决矛盾。针对目前报业集团在管理模式上一般存在的薄弱环节，进行组织设计时要强调以下几点：①成立报业集团的应尽快建立监事会。②建立审计委员会（审计处）。③建立新闻和广告发布、经营等方面的政治、法规把关机构，形成把关体系。④建立新闻采编和其他人员的考评机构，形成考评体系。根据事业发展的需要，大众报业集团在完善组织监督方面进行了一系列积极有效的探索。一是在《大众报业（集团）有限责任公司章程》中，完善法人治理结构，强调董事会、经理层、监事会要各负其责、规范运作、有效制约。特别强调完善监事会机构，发挥监事会的作用。最近集团党委出台了《大众报业（集团）有限公司监事会制度》，进一步明确了监事会应依法履行的职责和基本工作方式。二是设立了与采编机构平行同步运转的审读、考评、培训三个委员会，经集团编委会授权，对集团所属各媒体采编系统实行政治把关、业务考核和指导、监督。三是强化纪律检查委员会严肃查处违纪违规问题。四是专门成立了财务结算中心、法律事务中心、统计审计处、物品采购中心等机构，提高管理的科学化、规范化、专业化水平。同时，以纪委为龙头进一步整合集团纪检、监察、监事、人事、审计、财务、法律等部门的职能，人员统一调配，问题分类处置，努力构建大监督体系。

建立党委领导下的“两纵”、“三横”式报业集团新体制

大众报业集团作为全国文化体制改革试点单位，近两年进一步进行理论探讨，调整机构，完善组织体系，从而基本形成了党委统领下的“两纵”（宣传、经营组织指挥系统）、“三横”（上中下三层次的横向协调组织）为基本构架的集团管理体制。主要工作过程可概括为“一分”、“两统”、“三协调”。

“一分”，就是把宣传和经营互相时分开，即习惯上说的“两分开”，其实质性的内涵，是改变原来各媒体宣传、广告、发行“三位一体”的状况，把广告、发行等经营业务、经营机构、经营人员从媒体中分离出去，成立若干专业性的公司。

大众报业集团相继成立了广告、发行、印务、信息、物资、物业、置业、大厦等有限责任公司，这些公司都是集团成立时就组建的大众报业（集团）有限公司（简称集团公司）控股的子公司。

经营业务、机构、人员从各媒体分出去之后，如何认识和处理媒体宣传和报业经营二者关系？我们认为，宣传和经营是矛盾的对立和统一，它们是相互分离的，又是相互联系的，还是相互促进的。在目前情况下，我们在操作上注意三点：一是要求宣传、经营双方携手共同做大做强舆论引导力，要在引导的方向、广度、深度上下功夫。二是要求媒体集中精力搞好宣传，同时也让它承担利润指标及工资总额随利润增减上下浮动。媒体为完成好利润指标，工作上不是去具体地抓经营业务，主要是：竭尽全力办好报纸，为扩大发行、增加广告收入创造条件；抓好内部管理，降低成本费用；选择好的广告、发行、印务等代理公司，签订合同，争取最佳经营绩效。三是要求各专业公司强化为媒体服务的意识，在服务上创佳绩，求实效。我们认为，这样处理宣传、经营两者关系，符合中央关于宣传要面向群众、面向市场的要求，符合权、责、利相结合的管理原则，符合集团内部要素重组后在新的层次上互相作用的发展规律。

“两统”，就是以党委为龙头，把宣传统起来，把经营统起来，即建立健全宣传组织指挥系统和经营组织指挥系统。

成立集团的本质意义在于“统”。何谓“统”？“统”的本意是茧的头绪，《说文解字》注：“众丝皆得其首，是为统”。“统”之“首”，就是党委，党委来“统”。加强党委对宣传和经营的领导，可以说是“两分开”的要义，是搞好集团体制改革的根本。党委是管总的，是抓大事的。因此，我们制定了《党委议事要项》和实施细则，有关重大宣传报道、机构设置、人事任免、投资决策、战略规划、工作部署等重大事项都由党委研究决定。党委的决定要贯彻实施，主要是通过“两分开”后形成的宣传、经营两个纵向系统。要把这两个系统统起来，确保信息畅通，运作高效，前提是理顺这两个系统。试点工作中，我们一是建立健全编委会，基本理顺党委会—编委会—子媒体编委会—采编部门—采编人员组成的宣传组织指挥系统，集团党委下设集团编委会，集团编委会由集团总编辑、副总编辑和从主报中层和子报刊、网站总编辑中选拔出的三名委员共同组成。各报刊和网站也都建立了编委会。集团编委会是集团党委会新闻宣传决策的执行机构，是集团日常新闻业务工作的领导指挥机构；集团编委会和各媒体编委会，是领导与被领导的上下级行政关系，集团编委会的指令通过各媒体编委会贯彻到底，从而形成集团新闻宣传的组织指挥系统。集团编委会制定章程，规定对各媒体的管理细则，确保导向正确，并负责根据读者和市场需求调整报刊结构，促进各报刊之间新闻、信息、人才等资源的优化配置，形成既明确分工、又紧密协作的传媒联合体。二是建立健全董事会、经理层，基本理顺党委会（董事会）—集团公司经理层—各子公司董事会、经理层—子公司部门—业务人员组成的报业经营管理组织指挥系统。为加强党委对经管系统的领导，集团党委会、集团公司董事会是一班人马两个牌子。按照《公司法》，对集团的报业经营的决策、组织、控制，必须是董事会，因此，我们把集团党委会和集团公司董事会一致起来，集团公司重大事项由党委会以董事会名义研究决定。去年初，我们充实了经理层，经董事会（党委会）同意，两名党委常委兼任集团公司总经理、副总经理，再从经管系统中层主管人员中推选两位懂经营、善管理的同志担任副总经理，组成集团公司经理层，执行董事会（党委会）决议，主持集团公司日常经营管理工作。经理层执行《总经理办公会议制度》，主要研究决策的事项是：制定集团公司董事会决议的落实方案；审定集团经管部门的业务目标和工作计划，审定各子公司的业务目标和执行计划；拟定督导、指挥及支援各经管部门、子公司和经管协调组织完成工作目标的措施；定期分析经管方面的倾向性重大问题，及时研究指导性意见，改进管理；评估经管人员的工作表现等等。

“三协调”，就是围绕宣传、经营两大纵向的系统，抓好三个层次的横向协调。

一是建立社委会，搞好高级管理层的协调，主要是集团编委会和集团公司经理层之间的协调。社委会由集团党委书记、董事长兼任主任，总编辑、总经理分别兼任副主任，纪委书记兼任秘书长，从宣传、经管、党群三个系统正处级干部中推选三位能力强、威信高的同志，担任社委会委员，党委制定了《社委会办公制度》，规定社委会是集团党委领导下的高层行政管理机构，执行党委决议，协调集团的整体行为，解决一些带综合性的重大问题，加强

集团的总体管理和协调。二是健全集团职能部门，搞好各媒体和子公司之间的协调。宣传、经营两方面的协调，离不开外部力量的推动。集团的职能部门，如人事、财务、审计、资产、采购、纪检、法律等部门，要在做好服务和管理工作的同时，通过资产调配、财务监控、纪检监察、督察调解等工作，公正、公平地协调集团中层单位之间的利益和行为。三是每个媒体和各子公司之间建立协调小组（或委员会），以联席会议形式，搞好宣传和经营的协调。协调小组（或委员会）人员来自有关各方，一般都是“兼职”，负责签订合同、沟通情况、交换意见、协调动作。

以上三个层次的横向协调组织能否发挥好作用，关键在人。各种矛盾都要通过人来协调解决，人际关系是基础性关系。人与人之间需要竞争，没有竞争就没有活力；但在保持适度竞争的前提下，必须特别提倡协作，因为许多工作没做好百分之八十的原因是不协调。因此，大众报业集团在“大众报人价值观”中强调要“抱团打天下”，在各类各层次会议上强调协调的作用，强调培养和提高合作精神和协调能力。“竞争就是竞和”、“领导就是协调”、“协作出生产力”、“团结出干部”、“联合出效益”等观念日渐深入人心，从而为“和合”机制的建立和运作创造了良好的文化基础。

坚持事业性质和授权经营

大众报业集团在建立“两分开”管理体制过程中，党委认真领会和把握中央关于报业集团体制改革试点的基本要求，始终保持清醒的头脑，特别注意做到两个坚持：坚持报业集团的事业性质，坚持实行国有报业资产授权经营。

坚持报业集团的事业性质，前提是认定其事业性质。报业集团的主体是报刊，而报刊的性质是事业，所以报业集团当然就是事业性质。各类集团都是多法人联合体，多法人可以是多个也可以是多种，一般企业集团都是多个（企业法人），而报业集团既是多个，又是多种，即以事业法人为主导的多个企、事业法人的联合体。

坚持报业集团的事业性质，必须解放思想，更新观念，冲破认识上的桎梏。我们的报业集团和所属媒体、公司全部实行的是企业财务，要核算成本、费用和利润，而且照章纳税，和一般企业没什么不同，按计划经济时期形成的定义和标准，现在的报业集团其性质应定为企业。但是，我们一定要抱着计划经济的观念和概念不放吗？为什么不能创造新的观念和概念呢？为什么不可以在“公益性文化事业”中再细分经营性和非经营性的呢？从实际出发综合各方面情况，我们认为报业集团既不同于纯粹的事业单位，也不同于纯粹的企业集团，而是介于二者之间的经营性事业集团。

既然坚持报业集团的事业胜质，为什么又要按企业办法坚持实行国有资产授权经营呢？

国有资产授权经营，前提必须是国有资产，并进行企业化经营。目前我国的报业集团国有净资产一般是几亿、十几亿、几十亿元，都实行企业化管理，报业经营是客观存在。在市场经济条件下，经营国有资产必须取得经营权。按照《国有资产管理条例》规定，经营权要由政府国有资产管理机构授予。因此，2000 年大众报业集团成立的同时就向省政府提交了国有资产授权经营的申请报告，因为国有资产经营权只能授给具有企业法人地位的公司，因此大众报业集团成立时就组建了大众报业（集团）有限公司，2003 年省政府国资局正式批准大众报业集团实行国有资产授权经营，如今大众报业（集团）有限公司对全部国有资产拥有经营权。

在“两分开”体制改革后，集团形成了宣传、经营两大纵向系统，内部产权关系如何处理？首先，大众报业（集团）有限公司对所属广告、发行、印务、物业、置业、信息、大厦等子公司，基本是绝对控股关系，个别离主业较远的如置业（房地产）是参股关系。经营系统产权明晰，与一般企业集团大体相同。其次，大众报业（集团）有限公司与集团各媒体在产权上不存在母子关系，因为各媒体是事业法人。各媒体都实行独立核算，照章纳税，其利润计入大众报业（集团）有限公司总收入，但使用大众报业（集团）有限公司的所有固定资产都向大众报业（集团）有限公司交纳租金或折旧费。再次，媒体与各子公司的关系，是不同法人之间的协作关系，媒体向发行公司交付发行代理费，向广告公司交付广告代理费，向印务公司交付印刷费等等。媒体也搞经营，其经营业务只限于前面所述三个方面；媒体的宣传业务，由宣传系统的层层编委会直至集团党委来管，经营系统的各级公司不干扰宣传业务。

报业集团坚持事业性质和授权经营，是经营性事业集团正常运作的必然要求，有利于从组织上保证宣传系统和经营系统的相对独立性，有利于在相互分离又相互联系中建立起党委领导和法人治理结构相结合、以“两纵”、“三横”为基本构架的“两分开”管理体制。大众报业集团党委在“两分开”改革实践中体会到，这种中国特色的新型管理体制适合目前我国政治、经济、文化发展环境，有利于增强报业集团的凝聚力、竞争力和整体实力。

像世界上没有两片完全相同的叶子一样，各报业集团在体制创新上不可能也不应该绝对相同。报业集团不管体制如何创新，不管如何进行结构重组，新闻媒体党和人民喉舌的性质不能变，党管媒体不能变，党管干部不能变，正确的舆论导向不能变。在共同坚持四项原则的前提下，百花可以齐放，大同可有小异。在共同原则下同一性态势必有多种样式表现，如此既符合自身发展实际，彼此又相得益彰。

同时，报业集团像所有社会组织一样，必须针对其内外环境的变化而变化，不适应形势变化是难以发展的。我们应进一步加强对组织理论的研究，自觉地在环境变化中进行组织变革、创新和再造，逐步建立起适应社会主义市场经济体制要求，适应意识形态工作规律和报业发展规律的组织结构，形成有利于加强宏观控制力和微观竞争力的管理体制，形成快捷、畅通、灵活、高效的运行机制，为跨媒体、跨行业、跨区域发展打牢组织基础，使我们的报业集团不断增强活力，壮大实力，提高竞争力。

（选自《青年记者》2005年第2期）

论报业竞争力的再造

郝克远　李　艳

2005年上半年，齐鲁晚报党总支提出，在今后相当长的一个时期内，齐鲁晚报的全部工作，都要紧紧围绕着落实一个核心价值理念来开展，这个核心价值理念的内容是："服务读者，奉献社会，成就自我——办主流大报，树百年品牌。"

令我们想不到的是，这个理念一公布，无论是内部职工，还是外部同行，都有人提出异议。他们的意见主要集中在"树百年品牌"上，认为一个时期以来报纸行业已经出现明显颓势，过了今天，难料明日，何谈"百年"！

的确，在2005年，"报业寒冬论"广为流传。不容回避，报业现存的问题是很多的，但我们不能任意放大。早在几年前就有人放言，我国报业跑马圈地时代已经结束，其实呢？直到目前，既有大量未圈之地，也有很多可变之地。中国报业涉水市场经济不过是近十来年的事情，说刚刚蹒跚起步也不为过。在北京，综合性新闻报纸虽然有十多种，可加起来版面也没有华盛顿邮报多；在山东，一共有80多份报纸，但实际发行量真正超过5万份的也没几家，齐鲁晚报一家独大，发行过了百万份，但相对于近亿人口一个大省而言，也根本不算多。

问题的症结是明显的，并不是所谓的大势所趋——"冬天"来了；根本上讲，是我国报业发展到现阶段，变化了的社会需求与适应社会需求变化的能力的矛盾开始凸显出来。一方面是随着市场化程度的加深，读者、管理层与广告客户对报纸乃至报业发展的要求发生了明显变化，另一方面是由于管理体制、管理办法与管理水平的制约，改革迈不开步伐，创新精神得不到激发，报纸乃至报业发展不能满足变化了的社会需求。这个问题，说大了是生产关系限制了生产力的解放，说小了是管理体制影响了竞争力的再造。

所以，报业的问题，不能怪"天寒"，只能怪自身"体虚"，而报业要继续发展，必须解放生产力，再造竞争力。

再造报纸的引导力

报纸是报业的核心竞争力。再造报业竞争力，首先是再造报纸的竞争力，而再造报纸竞争力，最重要是再造报纸的引导力。有一种名酒的广告词是这样写的：世界上只有两种方向，指引与被指引。报纸存在的价值，就在于其有效的指引功能。

再造报纸引导力，我们必须认可现有的舆论管理框架，并相信在这个框架下也能有所作为。不少晚报都市报的老总，把过多的精力放在对管理框架的抗争上，老总的情绪影响到职工，一些职工把消极的工作态度也当作合理抗争，这样一来，只能使心情越来越糟，业绩越来越差。其实，现有的舆论管理框架对大家基本上是一视同仁的，抱怨没必要，也不解决问题；想作为，空间还是很大的。

再造报纸引导力，必须正确坚持"三贴近"，既要源于贴近，也要高于贴近。我们现在一些报纸引导力较差，实际是误读了"三贴近"。大篇幅刊登低俗与琐碎的东西，以为这就是贴近读者与贴近市场了，其实不然，艺术讲究源于生活，高于生活；新闻也不能"有求必应"，更不能"降格以求"。西方传媒专家有言："总编辑如果单纯依靠市场调查来做办报决定，那他就一文不值。"贴近是为了了解，了解是为了引导，可引导并不是简单的满足，而是既要满足现有的高尚的需求，还要提升现有的低级的需求。如果我们的报纸只是跟在读者与广告客户身后亦步亦趋，那就不是引导了，而是成了被引导，那样，一旦外界形势有变，就会陷入被动局面，2005年上半年一些报社效益不好，就有这个原因。

再造报纸引导力，必须正确坚持“差异化”，多写原创新闻，少编网上通稿。现在的报纸，摘抄文章比重太大，这是同质化的重要原因，与报社老总对“差异化”的误读有直接关系。各家报社为降低成本，人手普遍偏紧，又都想办厚报，便只好大量从网上摘稿填版，人同此心，结果各报大同小异。当这个问题泛滥成灾以后，一些老总又提出要“编”出特色来，即同样的稿子，力争通过编辑手段，在形式上做到与众不同。其实这不过是一种投机取巧而已。一份报纸的立身之本或者是存在价值，就在于有自己的声音、自己的新闻、自己的形象。要达到这一点，必须强化自采新闻、原创新闻、独家新闻，惟此，方能由可读进步到必读，否则，无法实现引导力，更遑论实现属于自己的引导力。

再造队伍的战斗力

队伍的战斗力是报业竞争力中最活泼的最关键的因素。没有战斗力的队伍，或许可以生存，尤其在市场不够规范的情况下，甚至还可以过得挺好，但一定不能长远发展。当前在报业队伍方面存在的问题：一是人手紧。多数报社编辑记者都不够用，劳动强度非常大。有的报纸编辑每天要做好几个版，而且常年得不到休息；记者一天也要写好几篇稿才行，否则版面填不满。是所谓“女生当男生用，男生当畜牲用”。二是人才缺。老人跑不动，新人不成熟，老总明知有些题材该做，但就是找不到合适的人来做。水管爆了、井盖丢了，好多人能写；采访大人物、报道大事件，则没人了。三是人事死。有的报社是人员进出不畅，或者进畅而出不畅；有的是员工分多种身份，什么正式的，招聘的，临时的，层次繁杂；有的是根本没有用人权，老总干着急也没办法。

再造队伍战斗力，最主要的是要保证队伍有基本的数量，形成充分的内部竞争。如果每天都是版面等着稿子，有稿就能发，这样，队伍是不会有战斗力的。现在几乎所有报社，都是进人速度赶不上扩版速度，实习生没干两天就成记者，记者没干两天就做编辑，编辑没干两天就当主任，于是一种奇怪的现象出现了：指挥别人写稿子的人，自己并没写过几篇稿子。所以，有些报纸小错不断，大错常见，也就不足为奇了。这只是问题的一方面；另一方面由于人少版多，等米下锅，采编人员内部形不成基本的竞争，时间一长，疲塌风气蔓延，报纸质量自然难以保证。现在许多报社搞发行、上设备往往是大手笔，偏偏在办报上、用人上能省则省，真是舍本逐末呀！

再造队伍战斗力，必须建立一整套科学合理的进人、育人与用人的机制。应该以事业为重，实事求是，真正做到进人不问出身，育人不惜投入，用人不拘小节。

再造队伍战斗力，要引导大家把心思放到业务上，要充分发挥先进业务典型的带动作用。最根本的是，要消除“官本位”，要让名编辑、名记者名利双收。其实，编辑记者都是带着新闻理想来报社的，在进入报社之前，几乎没有人会想“官”这码事儿，但后来就变了。这与社会大环境有关，也与我们引导不够有力有关。做报纸，就是要把新闻业务放在第一位，就是要让名编辑、名记者唱主角，要形成这样的风气，健全这样的制度。

再造品牌的带动力

同一市场上，有几份报纸，办报队伍差不多，报纸内容差不多，但一比较效益，就差大了。差的报纸没少费劲，就是不行，好的报纸费劲不大，总是挺好。问题出在哪里？品牌！

没有品牌要创立品牌，创立品牌贵在坚持。品牌不会凭空出现，它是通过坚持办好报纸、坚持搞好活动、坚持做好服务积累而成。一个成熟品牌的主要标志在于它的统一性，统一的内容，统一的形式，统一的个性特色，统一的文化内涵，令别人无法简单仿效。因此，创立品牌最忌讳的是短期行为，是浮躁；干了今天不管明天，干着这里想着那里，是创不出品牌的。而在现实中，恰恰这个问题十分严重，当努力消除之。

有了品牌要用好品牌，用好品牌贵在带动。长期以来，报人们过于拘谨，守着品牌愁效益、愁发展。其实品牌可以做好很多事情，可以创造很大效益。报可以带报，报可以带刊，像南方报业集团的子报刊系列，已经取得了成功。报可以带网，这是实现传统媒体与新兴媒体融合发展的一条可行之路，不少报社已经开始进行实际运作。报可以带活动，报可以带企业，报可以带出版、医院、学校……沿着这个思路走下去，再想想我们现在闲置的版面、闲置的关系、闲置的智力……我们的事业没有理由不做得更大更强！美国甘奈特集团，拥有发行物300多个，21家电视台，130家网站，25万名职工。和人家比，我们相差何止十万八千里。

再造工作的创新力

对于品牌要善于珍惜，珍惜品牌贵在创新。2005年报业形势不好，很重要的原因是由于广告源头市场形势不好，但是，广告源头市场形势不好，为什么对报业的影响要比对其他媒体的影响大呢？这在很大程度上是因为，与其他媒体相比，报纸更加传统，更加保守，从而也说明，报业更需要创新。

报纸要创新。晚报对党报是创新，都市报对晚报是创新，现在各种类报纸出现了趋同之势，如何再进行创新？

创新应该在两个方面，一是经营报纸，二是编辑报纸。前者是如何让报纸资源创造最大效益，后者是如何让报纸资源本身不断增值。国外出现了大报改小报、收费改免费，国内也出现了二次送报、报纸出租，这些现象都值得关注。

广告要创新。一方面，结构要创新。我国报纸广告，主要客户是房产、汽车、医药、通讯，结构很不合理。美国区域性报纸分类广告面积约占报纸广告总面积的50%以上；分类广告收入约占广告总收入的35% -40%。而我国分类广告做得比较好的报纸，也不过占到10% -15%。2005年，广州日报招聘广告过亿元，占广东该类广告市场份额的80%；旅游餐饮广告也过亿元，增幅达到140%。但这只是个案，多数报纸差距很大，所以承受力比较弱，政策一变动，整体受影响。在国外早已开发成功的插页广告、婚丧嫁娶广告、影视戏剧演出广告、媒体之间联动广告，在我们这里所占比重还很小。另一方面，服务要创新。好报社像衙门，店大欺客；孬报社像乞丐，低三下四。整体服务水平偏低，难以满足客户需求。

发行要创新。一份报纸成本1.2元，售价仅0.5元，再把60%给发行环节，实际每份净赔1元，如果发行量到50万份，每天就要赔50万元，一年下来就近2亿元。发行要讲效益，讲回报，不能是无底洞，无节制地吞钱。同时发行也要有合理的结构：在保持发行量绝对领先的前提下有合理的订量结构；在保持较高的阅读率的前提下有合理的读者结构。

再造体制的激发力

体制如果不能决定一切，至少可以决定根本。必须建立合理的体制，不合理是走不远的。

目前我国主要报纸都被集团化了，但集团化以后体制问题并没有被“化”掉。多数集团行政机关特色浓厚，没有成为真正的市场主体，经营粗放，管理僵化。

对什么是合理的体制，可以有多种描述，但最基本的，是集体利益必须与个人利益挂钩，是最大限度地解放生产力和产生激发力。老总干两年想升迁，职工干两年想跳槽是不行的。按照这个思路，应该尽快完成事企分开，组建集团控股企业，构建母子公司与两级法人框架，并且尽可能让职工参股。这是再造报业竞争力的根本，必须下大力气突破，否则，一切都是徒劳。

再造文化的粘合力

事物之间最大的差异是特质，文化就是一个单位的特质。做报纸，追求人无我有、人有我新、人新我深，但如何才能做到呢？当然要靠人。但如果人也不少，却只能写写街道上的老大妈，只能写写马路上的脏乱差，大事件写不来，大人物写不来，又有何用？在一车祸现场，记者可能远比伤者多，独家新闻没有了，但你对车祸的独家认识是可以有的。然而如果你对工作不再热爱，对集体不再忠诚，你就不会费那个心思，信笔一写完了。要让理想长久，让激情持续，必须注重文化建设。

文化最根本的是理念，就是共同约定遵守一个观念，追求一个目标，营造一个氛围，维护一个形象，人同此心，心同此理，非“理”勿思，非“理”勿为。当然，理念要靠制度保证，靠纪律约束，靠领导带动，靠舆论引导。要变党委与读者“两满意”，为党委、读者、员工与投资者“四满意”。具体体现为：其一是用新的高度进行全员管理，每个员工既是决策参与者，也是决策执行者。其二是以人为本，顺应人性，尊重人格，激发员工的主动与创造精神。其三是通过文化管理，营造和谐向上的氛围。其四是顺应社会经济运行的自然法则，塑造更为科学有效的管理机制。

再造整体的协调力

现在报业方面的问题，很多时候不是报纸没办好，而是报纸以外的一些环节出了问题。编辑记者千辛万苦地把报纸编出来了，出版系统有问题，机器老出故障，也不行。印刷质量低劣，慢慢腾腾，也不行。发行不到位，读者订了报纸收不到，也不行。而现在，许多报社就都存在这些问题，如果协调不好，报纸办得再好也白搭，品牌再有影响也会被糟蹋了。

齐鲁晚报从创刊到现在，已经走过了18年的历程。18年来，一直保持着稳步发展的态势，这主要得益于我们始终注重竞争力的再造，始终保持着旺盛的竞争力。我们在同行当中，较早自办发行，较早卫星传版，较早彩色印刷，较早改出早报，较早实行全员聘任，较早进行文化建设，较早创办地方版，较早经营多元化等等。

这两年，我们根据报业发展的新形势，及时提出了“一个核心，两个突破，三个提升”的发展指导思想。一个核心，就是我们的核心价值理念，即“服务读者，奉献社会，成就自我——办主流大报，树百年品牌”；两个突破，就是拓展事业面，延伸产业链；三个提升，就是提升报纸引导力，提升队伍战斗力，提升品牌带动力。我们还专门确定2006年为“竞争力再造年”，出台了一系列措施。

实践中，我们一直在努力实现以下几个方面工作的和谐开展与良性循环：

1. 以队伍强报纸。我们始终认为，报纸质量是队伍素质的外化，只有抓好队伍建设，才能办好报纸。在这项工作中，我们始终坚持理想与纪律“两手抓，两手都要硬”的指导思想。一方面建章立制，强化督察，一方面加强文化建设，营造良好氛围。我们出台了九章八十八条的《完全分数考评办法》，涵盖了每一个工作环节，几乎使工作中的每一种情况都有章可循，同时设立督察考评部，聘任6名督察员，专门负责这个办法的落实。我们还出台了《加强文化建设的意见》，成立了一个文化建设领导小组以及6个职工文化建设业余活动小组，不断开展有益于职工身心健康的各类活动。

2. 以报纸立品牌。我们的品牌核心是一张报纸——《齐鲁晚报》。因此，做好报纸是我们所有工作的重中之重。这两年，我们提出了“三人”、“三重”与“三高”的定位，保证了报纸质量的稳步提升。“三人”，就是内容的人文特色、采访的人道方式与报纸整体的人本精神；“三重”，就是队伍的稳重、报纸的厚重与工作的慎重；“三高”，就是打造高素质的团队，提供高质量的新闻，满足高品位的需求。

3. 以品牌带事业。以报纸为核心的品牌树起来之后，就要让这个品牌带动事业发展。于是，我们办起了齐鲁晚报棋院，请名家培养棋类运动后备力量，主办了一系列比赛；同时组建了围棋甲级队、国际象棋队等职业队伍，参与全国重大赛事。我们办起了日新传媒投资公司，并投资百脉泉矿泉水项目。我们还办起了艺术团、书画院、律师团、青年话剧团……还举行了房展、车展、高考咨询、数字生活展……

4. 以事业育队伍。事业发展了，规模扩大了，效益增加了，品牌的地位更加牢固，也更增强了队伍的凝聚力。我们给名编辑、名记者出书，让他们出国学习、考察，给记者编辑借钱买车，让职工带薪休假……2005 年，我们在这方面进行了更为深入的探索，由职工自愿出资组成了日新传媒投资有限公司，从而将职工个人的利益与报社集体的利益真正绑在了一起；同时我们地方版也在一些重要城市落地，为大家提供了更多干事创业的机会。凡此种种，让大家深切感到，“树百年品牌”的目标并非可望而不可及，而是完全可以实现的。

（选自《青年记者》2006 年第 7 期）

从本土化、国际化看香港出版业的可持续发展

宗　第

香港作为世界三大主要华文图书市场之一，一直奉行贸易自由、公平竞争的准则，加上其得天独厚的地理位置，现已成为亚太地区的出版印刷中心。这里不仅是世界著名的商贸中心，同时也成为东西方文化交流的汇点。由于香港自身在政治、经济、文化等方面有自己的独特发展轨迹，其出版业有着鲜明的本土化和国际化特征，在百年多的发展进程中，形成了独具“香港特色”的行业态势。

香港出版业的本土化

可以说，传播媒介是香港政治和经济运行中不可缺少的日常工具，是香港人生活方式和社会意识形态的重要组成部分，因此，在香港，报刊及图书市场非常繁荣。

1. 报纸多

香港报纸发行量平均每千人逾 300 份，在亚洲仅次于日本，而两倍于世界平均数量。香港的报纸分类非常细，有每日出版的综合性中文日报、中文晚报、英文日报，有每周出版 5 天或 6 天的英文报纸，有刊登国际国内电讯的日报，有纯粹刊登电影、电视新闻和艺员生活的报纸，有每周预测跑马博彩结果的报纸等等。此外，还有以日文印行的通信式报纸、综合性的日报、晚报，各家日、晚报每天的销数，由一万多份到三四十万份不等。一个城市出版如此众多的报纸，在世界上是少见的。

2. 杂志期刊繁

香港不断有新的杂志期刊出版，品类繁多。有以时事和政经评述为主的新闻刊物，如《经济导报》、《广角镜》、《镜报》等；有报道电影电视演艺员动态和娱乐讯息的刊物，如《明报周刊》、《东方新地》等，十分畅销；有分别以青年、妇女等为特定对象的期刊，如《突破》、《姊妹》等。同时，还有介绍工贸、财经、文艺、科技等各方面的专业杂志和集中讲述烹饪、时装、裁剪、室内设计、电脑、模型等知识的期刊。许多外国杂志也在香港发售，有

些还与港商合作出版中文版。

3. 图书出版活跃

在香港，书籍的出版也很活跃。香港由于地理位置适中，通讯发达，又可藉自由港的有利条件输入现代化的印刷设备、科技和纸张原料，因而得以迅速发展为亚洲的印刷与出版中心，印刷品的出口比例超过日本，图书产品主要销往美国、英国、澳大利亚和中国大陆及台湾等地。同时，香港由于有着比较完善的版权法保护知识产权，受到外国信任，因而出版机构很多，目前共有出版社500多家，不少是国际性的出版机构附设的分支，他们利用香港相对低廉的印刷成本，以及印刷品自由进出的便利，在此发展自己的事业。

4. 受追捧的流行文化

香港目前有500多家出版社，2003年出版新书13000余种。由于香港人生活节奏快、压力大，因此喜欢通俗轻松的读物，如旅游、饮食和风水等读物。近年来，港人的阅读热情有所提高，每届香港书展都吸引了40余万香港市民前来购书，达到全港人数的1/15，成为香港文化界的一大盛事。今年举办的第十五届香港书展上，流行读物及医药卫生、宗教、文学、儿童类图书的销售排在前5位，这基本反映了香港市民的阅读热点。另外，明星写真集、明星自传、减肥纤体攻略、商业电影原著小说、张小娴和陶杰等香港本土流行读物作家的作品也很受追捧，可见娱乐文化在香港的主流地位。

5. 显著的商业性

香港是以商品经济高度发达闻名于世的。在香港的社会生活中，商品的生产和交换决定一切，利润主宰一切，市场涵盖一切，所有文化活动无不受经济因素的制约，受市场机制的调节。文化产品要投入市场，变成商品，其经济效益是列为首位的。文化机构按商品原则经营，文化活动以盈利为目的。所以，一切文化活动都具有商业特点，大众需求就成为文化产品制造者生产的驱动力，迎合市民文化消费需求就成为必然的选择，通俗化和娱乐性就成为各种活动的主流。香港文化的商业化带来通俗文艺异常发达，但却对严肃和高雅的文艺作品造成强烈冲击，人文社会科学不被重视，纯学术文化研究领域少有人至，具有思想深度和艺术价值的文化产品少有人欣赏和接受。由于市场成了检验出版的最高标准，因此有人认为，香港出版业是纯粹的经济产业，商业味很浓，而文化味则显得淡薄。

6. 很自我的市场

香港本土出版市场有其独特性。在畅销书排行榜上出现的最频繁的经常是香港三联、皇冠、天地图书等机构出版的图书，可见香港本地出版社规模较大的为数并不多，而出版集团在香港却随处可见。在香港，很少有出版社只做出版和发行而放弃零售和服务这些重要的业务，因而在一些出版社，出版和书店零售同等重要。香港本地的出版社多为小型出版社，或以出版为主兼售书刊和文具，或以批发、零售书刊为主兼营出版。也有的小型出版公司的专业很特色化，只定位于出版某一类图书，出精品，突出特色。网上销售的出现，也为香港小型出版社提供了网上图书营销的新思路。可以看出香港出版业在机制上是灵活多元、因势制宜的。

7. 管理上的分权

香港文化管理体制将决策机构、执行机构、监督机构分开，并设立不同层次的决策咨询机构或委员会，从体制上保证管理的民主化。政府作为社会的管理者，其扮演的角色就是提供服务、组织实施对公众有益的文化活动，并且接受公众的监督。香港政府对财政投入经费的管理严格实行收支两条线，像公共图书馆、政府办的报社等的收入与其可支配的开支完全无关。另外，香港文化法制化程序较为规范，制定了一系列文化行政法，如《本地报刊注册条例》、《版权条例》、《管制色情及不雅物品条例》等，这些条例为香港出版业的法制化提供了明确的法律依据，使得文化出版行为处于相当稳定、合法和明确的尺度与范围，也为有关行业各方权益的实现提供了坚实的保障。

香港出版业的国际化

1. 多元的资本结构

香港是世界上最自由、最开放的国际大都市，形成了以金融为主导的多元化经济结构，吸引了世界各国的资本，因此，市场日益国际化，资本也日益国际化，香港把自己的市场向全世界开放，并从国际市场引进自己急需的种种资源。这种独特的经济模式吸纳了世界各地的资本，形成了世界上罕见的多元化资本结构。这里可以找到世界上几乎所有重要地区的资本，有本地中国人的资本，有英资、日资、美资等各国的资本，有来自东南亚国家的资本，有来自新兴工业地区如台湾的资本，有来自中国内地的国家资本。香港在吸纳世界各地资本的同时，又将本地资本越来越广泛地投入国际市场。

2. 文化的包容

随着世界各国资本的流入，各国各民族的文化也随之而来。为了吸引各国资本来港，特区政府通过各种方式改变投资环境，接纳各种文化，并促其发展。在香港，出版物种类繁多、五光十色，以反映不同民族、不同肤色、不同人种的思想、愿望、信仰。在香港有多家外国传媒机构，外国报刊杂志可以自由在香港发行，反映不同政见、不同观点、不同信仰、不同思想的书报杂志都可以自由出版发表。由于文化的多元性，极大地带动了出版业的发展，为香港成为亚洲出版中心和世界印刷中心奠定了基础，创造了条件。

3. 华语、英语带动的商机

在香港多元文化中，主体文化还是中国文化。从文化内部环境来看，香港文化对全球华人的精神生活产生了深刻的影响，香港出版人利用这一优势用出版物形式联系着广泛的华人读者，特别是回归后的香港，多元文化不仅继续发展，而且日益繁荣，殖民文化渐渐消退，民族文化进一步凸显。随着汉语热席卷全球，香港华文出版业也受到极大的推动与促进，特别是从20世纪80年代中后期起，香港中文出版的集团化现象越来越明显。《星岛日报》、《明报》、联合出版集团、博益出版集团等相继成立，为香港的中文出版竞争增加了砝码。另一方面由于香港有长期的英语教育的历史，而英语又是国际性出版语言，利用英语出版各类出版物在香港有得天独厚的优势。有头脑的香港出版人正在把这些优势变为推动香港出版走向国际化的活力。资本、文化、市场的国际化特点使得香港的出版业在经营布局和角度上有了全球化的高度。

4. 强劲的出口

香港是世界著名的印刷中心，许多国际性的报纸、杂志都是在香港印刷的。香港地区60%—70%的印刷品出口业务定单是直接来自海外的，其中，大概15%来自香港境内重要的国际出版商。包括牛津大学出版社、朗文公司和麦克米伦出版社。其他的海外客户包括迪尼斯、企鹅、读者文摘等知名出版机构。在香港经营出口业务的主要是大型的印刷企业和出版集团，它们已经和海外客户建立了稳定的业务关系。为获取海外业务，大型的出版印刷企业都在海外建立了自己的分支机构。近年来，香港印刷品总出口量持续保持强劲势头，特别是近年来通过中国大陆的再出口而迅速发展，如2003年6月印刷品再出口增长18%，其中92%来自大陆。美国曾经一度成为香港印刷品的最大市场，近年来，美国市场需求有所减弱，但对日本的出口额有所增长。

5. 云集国际型人才

在香港出版业云集了一大批国际型专业人才，他们有良好的知识背景和全新的理念，勇于尝试创新，这批中坚力量的涌现在整体上提高了出版质量，提高了出版社的品位，使香港出版业不断呈现出活力，并在世界范围内占有一席之地。

6. 技术创新的空间

在香港出版业中，现代计算机技术得到了广泛应用。计算机和信息网络技术被运用于出版管理、编辑、生产和营销等各个方面。一些出版社和大型连锁书店从选题申报、出版进度、成本核算，到发货途径、回款情况都编入网络系统，一目了然，发现问题及时处理，实现了出版全系统的动态管理。由于有了技术的支持，香港出版经营呈现多样化，很多出版机构从单一图书出版向综合媒体出版发展。另外，随着高新技术的应用，跨媒体经营成为新热点。如香港土产的麦兜·麦唛系列，推出了电话《麦兜故事》，还获得国际奖项。出版与网络、电影、唱片等行业的合作，拓展了出版业新的发展空间。

香港出版业的可持续发展

在知识经济时代，任何行业都面临可持续发展问题。香港的出版业也急需加速发展、扩大规模、壮大实力、做大做强、提高竞争力。随着经济的全球化和中国的国际地位日益提高，华语越来越受到人们重视。这一切为华语的推广创造了先机，为中国的出版业带来了机遇。

1. 重视华文市场的巨大空间

在经济全球化、一体化的大背景下，国际上许多出版家都预言，全球下一个惊人成长的出版市场将是华文市场。据粗略统计，现在整个华文市场销售总值大概是60亿美元，主要分布在四大地区，中国大陆占34亿美元，台湾地区占20亿美元，港澳地区占5亿美元，剩下的1亿美元分布在新加坡、马来西亚、美国和加拿大等地的华人地区。在全世界每年出版的图书中，有1/4的图书是采用英语出版。华文阅读人口有12.9亿，约为英文阅读人口的3倍，但目前华文出版市场总销售额只是英文出版市场的1/7。照此推算，华文市场大有发展余地。而三大华文出版市场中，港、台的市场发展已接近饱和，中国内地由于近年教育程度日渐提高，国民收入也有长足增长，从而给华文出版市场最大限度的发展壮大提供了足够的空间。

2. 与内地市场紧密合作

随着CEPA的签署实施，眼下内地与香港的经贸合作处于历史上最好的时期。香港是内地第三大贸易伙伴，第二大出口市场，最大的境外投资来源地、目的地。两地的经济融合必将惠及两地经济发展，这个作用对香港更明显，香港与内地的出版业如果能够组成联合舰队，将会极大地提升竞争力。

（1）内地市场庞大，合作充满机会。据香港贸发局的有关报告指出，近年来，内地居民文化娱乐消费抬头，内地共有报纸2100多种，杂志近9000种，每年出版图书超过17万种。预测于2010年，报刊的广告投放额可达460亿元人民币。另外长三角、珠三角等核心基地，蕴含能量相当可观。

（2）内地出版业生产成本相对低廉。

（3）技术设备日趋成熟。内地出版物的印刷、装帧质量已接近国际水平，合作潜力无限。

（4）具有丰富的出版资源。中华五千年文明史，是一座蕴藏丰富的宝库，可为出版业提供取之不尽的源泉，提供恒久的文化积淀。

（5）中国日益成为世界最有吸引力的地方之一。汉语将会成为国际重要的通用语言之一，华文出版前景广阔。

（6）合作与发展正逢其时。若干年后，内地一旦超过香港，香港要与之竞争将更困难，所以对香港来说最好的发展途径就是从现在开始即与内地展开更加广泛的合作，以求得长久的发展。

3．应对国际竞争，注重策略部署

香港虽然是弹丸之地，但是作为一个国际大都市，其出版业有着大陆和台湾所无法比拟的国际性，其企业在运作机制、国际市场网络等方面都具有优势。香港出版业要面对国际竞争，积极推进华文出版业的整体繁荣，应在策略上进行部署。

（1）知识经济条件下，国际出版业的竞争实质是人才资源的竞争。香港应建立优质人才库及网络，成立相关人才培训中心。

（2）与内地结合，共同研究及开发完备的配套服务体系。

（3）实行跨行业结合及建立互动资源库，实现优势互补。

（4）港商目前主要以版权贸易方式进入内地，或是与内地图书进出口公司及报刊出版分销集团成立合资企业进入分销领域。展望将来，报纸与杂志等平面媒体将是外资较集中介入的领域，其中发展最好的将是大众性、地方性报纸，以及与财经、生活娱乐相关的期刊。

经济学者认为，当前香港经济转型的机会存在于经济全球化下，以中国为主导的亚洲经济整合之中。推动经济转型的动力存在于香港固有的优势当中。香港经济转型的方向和定位应是立足香港、服务以中国为主导的亚洲经济整合，成为中国和亚洲的主要服务中心。可以说，CEPA的实施开启了加速内地与香港经济融合、共同发展的大门。CEPA 的理念，涵盖了从深港合作、粤港合作、珠三角合作到泛珠三角合作，乃至香港与整个内地经济体的全面合作。这种合作本身，对于港澳和内地未来经济发展至关重要。香港的出版业在新形势下，应抓住机遇，充分发挥香港本土特色优势，秉承国际化的风范，积极开展两岸三地携手合作，共创华文出版的辉煌未来。

（选自《出版发行研究》2004 年第 10 期）

影视、网络传媒产业

WTO与广播影视业改革

徐光春

广播电影电视业作为中国社会主义现代化建设事业的重要组成部分，在我国加入世界贸易组织的新形势下，必须审时度势，采取既适应我国国情又符合行业发展规律的相关对策，才能始终保持主动和优势，努力建设成为舆论宣传主力军和坚强的思想文化阵地，以繁荣发达的雄姿进入世界广播影视业的前列。

我国广播影视业对世贸组织的承诺

广播影视业既有一般行业属性，又有意识形态特殊性，既是大众传媒，又是党的宣传思想阵地，事关国家安全和政治稳定，负有重要社会责任。因此，在我国加入世贸组织的谈判过程中，我们一方面注意吸收世界各国的先进文化，一方面也积极保护民族文化和国家安全不受外来不良文化的侵袭。本着这两项原则，我们在视听产业的某些方面做了一定的承诺，但未对广播电视业做出任何承诺。

一、电影方面的承诺

在我国加入世贸组织的协议中，我们承诺在与中国《电影管理条例》相一致的情况下，加入时，中国允许每年以分账形式进口20部外国电影，用于影院放映；加入时，允许外国服务提供者建设和改造电影院，外资比例不得超过49%。

我们的承诺包括以下含义：一是进口电影要与我国《电影管理条例》相一致，包括进口电影要严格执行审查规定（第24条、第25条、第31条）；放映单位年放映国产电影片的时间不得低于年放映电影片时间总和的2/3（第44条）；在质量上坚持引进思想艺术质量较好、技术制作水平较高和受中国观众欢迎的优秀作品。二是允许每年以分账形式进口20部外国电影，这里的“允许”不是“必须”的意思，20部是许可进口的数量上限，具体进口数量由中影公司按市场规律具体安排；这里的“以分账形式”进口外国电影，是指中外双方以风险共担、收入分享的形式对制作精良的外国大片进行市场放映经营，不包括通过买断版权或其他方式的进口。三是这里的“进口20部外国电影”要坚持多国别、多品种的原则，一般一个国家或地区的分账电影数量，不能超过年引进分账电影总数的1/2。四是允许外国公司、企业和其他经济组织或个人经批准同中国的公司、企业设立中外合资、合作企业，建设、改造电影院，从事电影放映业务；中外合资电影院，合营中方在注册资本中的投资比例不得低于51%；中外合作电影院，合营中方应拥有经营主导权；不允许外商独资设立电影院。

二、与广播影视业相关行业的有关承诺

音像方面，我国承诺在不损害我国审查音像制品内容权利的情况下，加入时，允许设立中外合作企业，从事除电影以外的音像制品的分销（包括零售、批发和租赁）和录像带的租赁。这里的音像制品，指磁带、VCD、DVD等形式的音像载体，不包括广播电视节目和电影片。但音像制品中有大量广播电视节目和电影片的内容。

广告方面，我国承诺加入时，允许外国服务提供者在中国设立中外合营广告企业，外资比例不超过49%；加入后两年内，允许外资控股；加入后4年内，允许外国服务提供者在华设立外资独资子公司。外资广告公司将涉足广播影视的广告领域。

电信方面，我国承诺在加入后两年内，取消对增值电信（包括互联网ISP/ICP的相关业务）的地域限制，外资比例不超过50%。根据世贸组织《服务贸易总协定》的电信附则第2条B款规定：广播电视网络不包括在世贸组织基础电信协议范围之内。互联网信息服务是指ICP和ISP两类互联网服务，也不涉及广播电视网络。但随着互联网的发展，网上传播广播影视类节目将会逐步增多，这属于广播影视管理的范畴。

我国广播影视业面临的机遇和挑战

江泽民总书记2001年11月27日在中央经济工作会议上的讲话中指出，加入世界贸易组织，“是我国改革开放进程中具有历史意义的一件大事，也是进一步推进全方位、多层次、宽领域对外开放的重要契机，对经济发展具有深远的影响。加入世贸组织符合我国根本利益，有利于改善经济发展所需要的相对稳定的外部环境，可以直接参与国际经济规则的制定，维护我国权益；有利于我国平等地与其他国家和地区进行经贸活动，促进市场多元化战略的实施，更多地扩大出口；有利于完善国内相关的法律法规，改善投资环境，增强外商对我投资信心，更好地利用外资；有利于促进国内经济体制改革，推动经济结构的战略性调整和技术进步，提高国民经济的整体素质和竞争力。对加入世贸组织后带来的挑战，也要有足够的估计。在一定时期内，某些行业和产品会受到很大冲击，还可能出现一些难以预料的困难和问题。”江总书记的这一论述对我们广播影视业具有十分重要的指导意义。从表面上看，入世带来的影响经济领域首当其冲，但一项重大的经济举措，其深远影响往往远远超出经济本身的范畴。入世后我们的社会经济生活和经济体制都将发生很大变化，广播影视业作为社会意识形态和上层建筑，与经济基础紧密相连，入世对广播影视业也将带来深刻的影响。

一、增加了广播影视业改革发展的紧迫感和推动力

入世给我国的经济和社会生活带来了全方位开放的新格局，而广播影视领域的开放仍然是很有限度的，因为世贸组织尚未就视听领域的开放达成协议。但新一轮服务贸易的谈判已经开始，包括广播影视在内的视听领域的开放将是主要议题之一。这为我国在加入世贸组织后，广播影视尽快缩短与世界先进水平之间的差距提供了难得的机遇。同时，入世将改变我国广播影视生存和发展的大环境，原来条块分割、自成系统和相对自我封闭的旧模式将被打破，广播影视和其他相关行业的规模、实力差距将日益凸显，“小富即安”、“又松又散”已难以为继，不进则退，广播影视的危机感日见明显，促使广播影视全系统人心思变，人心思进，下决心解决带有计划经济色彩的广播影视管理体制和内部运行机制中的深层次矛盾，这必将大大增强广播影视业深化改革、加快发展的紧迫感和推动力。

二、拓展了广播影视国际合作和对外交流的发展空间

入世将为我们进一步借鉴吸收世界优秀文明成果，丰富广播影视节目内容，提高广播影视产品质量，提供更多的机会。例如，增加分账式外国电影的引进数量，将使我国的电影观众通过正常渠道同步欣赏到最新的外国电影，满足广大人民群众的文化需求；同时，可以增加我国电影发行放映企业的票房收入，有利于电影院积累资金进行改造；对我国民族电影制片业来说，也会带来先进的电影技术和创作观念。入世后中外经贸交往的增多，将使越来越多的外国人希望更多地了解中国，这为广播影视走出国门，进一步开拓广播影视节目国际市场，扩大国际节目市场的占有率，参与国际竞争提供了良好的机会。入世后，随着技术设备引进关税的降低，广播影视业技术更新改造的速度将明显加快，在实现低成本运营的同时，更多的国外先进技术设备也将应用于我国广播影视领域，为提高广播影视的技术含量，提高整体技术水平创造了有利条件。入世还有助于促进广播影视大力开发符合个性化需求的专业视频服务、影视点播服务、高速数据广播服务、高速互联网接入服务等宽带网上服务和高清晰度电视、交互式电视等新一代广播电视形态，拓展广播影视生存和发展的空间，更好地满足人民群众精神文化需求。

三、开辟了广播影视学习借鉴国外先进科技和管理经验的新渠道

入世后广播影视国际交往的扩大，交流合作项目的增多，带来国外广播影视集约化规模化的经营模式、市场化信息化的运作方式，这将有助于我们学习借鉴国际广播影视领域的先进经营管理经验和先进的科技手段，充分享受和利用世界广播影视文化和产业资源。同时，加入世贸将会促进政府管理广播影视方式的转变，促进广播影视的法制化进程，改善广播影视的立法和执法环境。我们还可以全面参与有关广播影视国际贸易的谈判和国际规则的制定，扭转被动接受其他成员国谈判结果的不利局面，维护我国民族文化利益，在世界贸易组织中发挥积极的、建设性的作用。

四、广播影视将面临西方意识形态及价值观念的更大冲击

入世后，随着文化市场的进一步开放，西方文化产品的进口会有所增加，这既为我们吸收借鉴国外优秀文化成果提供了便利，又不可避免地带来一些消极影响。以美国为首的西方国家长期以来对我实行“西化”、“分化”图谋，往往采取较为隐蔽、含蓄的方式，特别是利用文化产品的输出和文化交流，进行西方政治理念和价值观念的宣传。在意识形态宣传方面，总的态势是西强我弱，这种态势还将持续相当长一段时间。同时，随经济产品涌入的异域文化和所附带的价值观念、意识形态、运作方式、经营理念等都将潜移默化地影响人们的思想意识、价值观念，这些都会对密切关注社会、反映公众生活的广播影视带来深刻影响，都是对广播影视坚守好意识形态阵地的严峻考验。

五、广播影视将面临境外文化产品涌入的更大压力

在全球迈向“信息时代”的今天，世界传媒呈现出跨媒体、跨行业、跨国界垄断的趋势，西方发达国家的传媒凭借强大的经济实力、丰富的经营经验和高新科技的大量投入，对全球进行渗透，“挤压”本土文化的生存空间。随着入世，大量音像制品的进入，形成千千万万个家庭影院，冲击我广播电视的收视市场，瓜分我影视收入。国外强势媒体将千方百计进入我国，挤占我国广播影视节目市场，最大限度地掠取经济利益。特别是随着卫星直播技术的广泛应用，境外媒体会想方设法将广播电视节目覆盖并落地我国，我们对境外卫星电视的管理和控制难度会不断增加。尤其是在我国社会的转型期，人们的思想观念日益复杂，呈现出个性化、多元化的文化需求，我国传统的广播影视产品已难以充分满足观众的需求，西方视听产品借助讲究艺术质量、商业性强、制作手法新颖等有利条件吸引受众，继而造成广播影视业的“生态环境”发生变化。

六、广播影视将面临相关行业激烈市场竞争的更大挤压

入世后，我国在信息技术设备等硬件设施方面，将更多地引进外资，直接接收卫星广播电视信号的技术和设备也会更容易进入中国市场。甚至外资进入国内的电信、互联网增值业务，与广播影视增值业务发生交叉与碰撞。广告收入是目前广播影视业的主要经济来源。入世后，国际上具有强大实力的跨国广告公司会严重冲击力量分散、实力弱小的国内广告业。上述这些因素将不可避免地造成包

括广播影视在内的传媒领域的人才资源、信息资源、受众资源、广告资源等发生重组，并对广播影视业产生更大挤压。最为明显的是人才资源的竞争加剧。入世后，国外强大的信息传媒将会以高薪争夺我国内人才资源，给本来就人才不足的我国广播影视业带来人才流失和短缺的威胁。

我国广播影视业的应对措施

加入世贸组织，对于广播影视业，机遇稍纵即逝，挑战迫在眉睫。做得好就将利大于弊，做得不好就会弊大于利。只要我们始终保持良好的精神状态，解放思想，改革创新，坚定信心，沉着应对，大胆开拓，与时俱进，善于抓住机遇而不是丧失机遇，勇于应对挑战而不是畏缩不前，就一定能够开拓广播影视事业发展的新局面。

一、深化改革，加快发展

广播影视业将以发展为主题，以结构调整为主线，以理论创新、体制创新、科技创新为动力，以与时俱进的精神，全面推进改革与发展，努力把我国广播影视业做强做大。这是我们应对加入世贸组织最根本的措施。

一是以集团化发展为重点，推进广播影视业体制和机制的改革。要逐步建立以广播影视为主业，以新闻宣传为中心，以繁荣创作为重点，兼营其他相关产业的新的事业发展格局。要在全国逐步建立起若干实力较强的广播影视集团，做到广播、电影、电视三位一体，省、市（地）、县三级贯通，优势互补、资源共用、利益共享、风险同担、协调发展。湖南、山东、上海、北京、江苏、浙江等省级广电集团或总台已先后成立，2001 年 12 月 6 日，中国广播影视集团也正式挂牌成立，标志着广播影视业的改革发展进入了新阶段。我们要进一步加快集团化建设步伐，增强我国广播影视业的竞争实力，最终形成多媒体、多品种、多功能和跨地区、跨行业的综合性大型传媒集团，建立中国广播影视业的“航空母舰”、“联合舰队”，迎接国外强大传媒集团的挑战。

二是以组建传输网络公司为突破口，加快广播电视网络整合的步伐。国家级的中广影视传输网络有限责任公司已于 2001 年 12 月 18 日成立。各地也正在抓紧以省自治区、直辖市为单位组建企业化的广播电视网络传输公司，统一经营管理广播电视传输业务。今后，将采取经济、技术、业务、行政等多种手段，加快全国广播电视网络的有效整合，建立以资本为纽带、以现有网络资产为基础、以节目为龙头、以科技创新为动力，全程全网、星网结合、上下贯通、技术先进、覆盖全国的广播电视网络运营新格局，形成全国统一管理、统一运营、统一业务、统一标准、全程贯通的广播电视传输覆盖网络体系。确保广播影视节目的完整、高效、优质、安全传输和覆盖，并开拓新的信息服务领域，为国家信息化建设做出应有的贡献。

三是以高新技术的广泛应用为先导，大为拓展广播影视新的发展领域。按照强化优势产业、扶持弱势产业、改造传统产业、开发新兴产业、重视高新产业的原则，加快开发，扩大业务，加强对广播影视新业务和节目市场、受众市场、技术市场、资本市场、演出市场等的调研、分析，制定事业开发项目可行性研究和实施方案，组织力量重点实施、重点突破。要充分利用有线电视网络，开发数据广播、股票证券、因特网接入、远程教育、电子商务等新业务。继续做好视频点播（VOD）试点，加快推进视频点播业务的开展。利用卫星直播平台，开展卫星高清晰度电视（HDTV）、家庭影院试验，组建若干电子（数字）影院放映院线。要为适应数字化、网络化、智能化和交互式的发展趋势调整广播影视的技术政策，建立新的技术体制、标准体系和管理模式。要建设强大的广播电视覆盖及实验系统、卫星数字传输与直播卫星系统、广播电视监测系统，建立数字广播影视交互式节目平台和宽带综合业务平台。要促进网络优化升级和规模效益增长，为广播影视宣传提供强有力的技术保障。

四是以深化内部改革为基础，建立与完善富有活力的广播影视微观运行机制。我们要大力推进电视频道、广播频率的专业化，开发互动电视、数字电影、广播电视网上增值业务等新领域，为人民群众个性化的需求提供服务。要探索和建立促进广播影视事业发展的融资机制，拓宽安全有效的融资渠道。要按照专业分工和规模经营的市场要求，通过组建若干全国性或区域性的广播影视节目交易中心，进一步规范和完善广播影视市场。要深化内部改革，引进现代企业管理模式，建立健全各项规章制度，加强成本管理，改革用人制度和分配制度。要转变经营方式，加强市场运作，健全激励机制，形成有效的资本积累、资源配置和规模经营机制，建立科学、规范、灵活、高效的运行机制，增强广播影视自我发展的活力与能力。

五是以深化电影体制与机制改革为重点，培育和完善电影市场。重点是加大电影制片企业的机制改革，加快组建大型电影集团和现代电影企业。加大电影发行放映体制和运行机制改革的力度，鼓励电影制片厂和发行公司、影院组建跨区域院线，打破条块分割和市场垄断，减少发行层次，扩大发行渠道，逐步建立以院线为主的供片机制，实现影片收入在制片、发行、放映三个环节上的合理分配，形成全国统一开放、竞争有序的市场格局。积极引进高新技术，加速城市影院改造，适度发展新形式影院，改善视听条件以吸引观众。加大国产影片的市场占有率，增强国产电影的影响力和辐射力。

二、提高质量，丰富节目

节目和内容是广播影视的立业之本。广播影视业的改革发展、做大做强，根本还要靠节目和内容包括新闻宣传吸引受众，说服人心。因此，广播影视要适应不断发展的社会主义市场经济和加入世贸组织的新形势，把握正确的舆论导向，切实落实以科学的理论武装人，以正确的舆论引导人，以高尚的精神塑造人，以优秀的作品鼓舞人的任务，认真研究和探索新时期广播影视宣传的特点和规律，不断创新宣传手法，开拓报道领域，提高节目质量，丰富节目形式，努力推出一大批思想精深、艺术精湛、制作精致，具有鲜明中国特色和强烈吸引力、感染力，真正代表先进文化前进方向的广播影视节目，增强在全球传媒中的竞争力和影响力。

一是实施精品战略。要继续强化精品意识，要精心选题、精心创作、精心拍摄、精心制作，集中人力、物力、财力着力打造一批思想性、艺术性和观赏性高度统一，深受广大群众欢迎，经受历史检验，能立于世界文明之林的精品力作和传世之作。要精办一批能够立得住、叫得响、传得开的名牌节目、名牌栏目、名牌频道和名牌频率。

二是把握受众需求。要认真研究听众观众的收视习惯、收视心理、收视特点，着力于为群众所喜闻乐见，努力增强广播影视节目的生动性、贴近性，满足人民群众不断增长的精神文化需求。要充分发挥广播影视的优势和特色，增强新闻宣传的信息量、时效性和现场感，增强文艺节目的知识性、趣味性和娱乐性，增强专题节目的针对性、服务性和教育性。

三是加强节目评估。要建立科学的节目评估机制、节目反馈机制、节目监督机制和节目奖惩机制，从机制上引导节目的发展方向，提高节目质量。做好各类广播影视节目的评奖工作，积极开展有益的节目评论，促进优秀节目的发展和繁荣。

四是创新节目形式。要大力提倡理论创新、思维创新、体制创新、节目创新，努力实现在深入中创新，在创新中提高，在提高中发展，不断丰富和创新广播影视节目的表现形式，大力开拓广播影视的发展空间，要弘扬主旋律，提倡多样化，让广播和荧屏百花齐放，五彩纷呈。要积极借鉴外国广播影视节目的新样式与新经验，紧密跟踪节目制作的世界先进水平。要注重现代新技术的开发和应用，以一流的设备和技术，创造一流的质量和水平。

五是优化节目布局。要精心规划，狠抓落实，继续深化以新闻改革为龙头的节目全面改革，优化节目布局，调整节目结构，改进节目编排，推进节目资源重组，大力开发频率频道资源，积极推进频率频道专业化、多样化、个性化。

三、完善法规，健全制度

世贸组织规则基本的要求就是法规透明化和法规的统一协调。因此，入世后广播影视应对的关键措施，就是要加强法规制度建设，加快推进广播影视法制化的进程。广播影视法制建设的总目标就是要紧密围绕广播影视改革与发展的主题，探索和构建以宪法为根本，以广播影视专业法律为主干，法规、规章、政策相互配套，协调统一，集立法科学、普法广泛、执法从严、违法必究为一体的，符合国家法制建设总体要求、符合广播影视基本规律和特点、符合改革发展总体目标的广播影视政策法律新体系。

要对广播影视法规、规章进行全面的清理，修改、废止不相适应的法规，制订和公布新的法规。与我入世承诺直接相关的新修订的《电影管理条例》已于2001年12月25日以国务院第342号令予以公布并于2002年2月1日起施行。国家广播电影电视总局、文化部、对外贸易经济合作部已经发布了《外商投资电影院暂行规定》，对设立外商投资电影院的条件、审批程序、法律责任等做出了明确的规定。为了规范网上传播广播影视类节目，国家广播电影电视总局已经颁布了《信息网络传播广播电影电视类节目监督管理暂行办法》，对通过信息网络从事传播广播电影电视类节目业务活动予以规范。我们要借鉴国外保护民族文化和社会安全的立法经验，调研起草广播电视法和电影法以及配套的法规规章，建立健全中国广播影视的法律体系，依法更好地促进和保障广播影视业的改革开放、加强宏观调控、规范市场秩序、维护公民文化权利。同时要加强知识产权保护工作，全面贯彻实施《著作权法》等有关法律，建立规范、完备的广播影视知识产权保护制度。

要充分运用世贸组织的规则，保护我国的民族文化和广播影视的权益。世贸组织有关广播影视的规定、规则主要在《服务贸易总协定》和《与贸易有关的知识产权协定》中。我们要认真学习、准确掌握和熟练运用世贸组织的有关规则，如国民待遇原则、争端解决机制等来保护自己，化解争议，履行承诺，把握好开放的程序、形式和程度。同时，凡是对外开放的广播影视领域，首先要对内开放；允许外资进入的部门，首先要允许内资进入。另外，我们要积极参与世贸组织有关文化和广播影视贸易规则的制定。

四、加强管理，规范秩序

入世后我们要进一步加强广播影视的监管力度，全面落实依法行政，严格依法管理，积极推进政务公开制度、行政执法责任制度、过错追究制度和评议考核制度，努力提高全行业依法行政和依法管理的水平。加强制作和播出广播电视节目的管理，防止以任何形式出租、出让广播电视的频率、频道和节目时段。实行广播电视节目制作、发行行业准入制度，建立广播电视节目出品人持证上岗制和出品人负责制。进一步健全完善广播电视宣传宏观管理和行业监管机制。建立播出机构技术监管、电视剧信息管理、视频点播监看网络、网上传播广播影视类节目监看系统等日常监管机制。严格执行广播电视播出机构年检年审和事故警告制度。加强对电视剧的管理，完善境外电视剧统一引进、集中审批制度，加强对境外影视剧播出时间和比例的检查管理。抓好境外卫星电视地面接收设施的管理，逐步形成规范有序的状态，建成境外卫星电视节目统一监管平台，加强境外卫星电视节目的落地管理工作。在总结有线电视视频点播试点经验的基础上，稳步推进视频点播业务的开展。加强对宾馆饭店视频点播业务的管理。

五、借船出海，走向世界

实施广播影视外宣“走出去”工程，巩固原有阵地，逐步拓展空间，让中国的声音传向世界各地。继续采用本土发射、租机互转、节目交换、租买时段和频率、发展环球广播等手段，重点抓好中央三台在重点国家、重点地区的落地，积极推动我电视节目进入国境外旅游宾馆饭店并取得明显进展。努力扩大边境省区的少数民族语言节目在周边国家和地区的有效覆盖，积极创造条件，开办境外宣传。以中央为主、地方为辅，全方位推进广播影视对外交流与合作，开展交流和研讨，加强沟通，扩大影响。组建广播影视节目海外营销队伍，形成海外发行渠道，促进广播电视节目、电视剧和电影的外销，努力开拓国际市场。积极参加国际影视节展，办好在国外的中国电影节展，加强与对象国家媒体的节目交换、互派摄制组、合作拍摄影视剧等业务交流活动。积极参加国际广播组织的国际多边及双边活动，加强广播影视外宣规律的研究，了解不同国家和地区的文化需求和欣赏习惯，提高对外广播电视节目质量，增强对外节目的针对性、可视听性和亲和力，提高节目落地后的收视（听）率。

六、提高素质，建设队伍

广播影视应对加入世贸组织，在开放的格局中展开全面的竞争，最终要靠人才和队伍。要从制度上、体制上、机制上建立起有利于人才健康成长和优秀人才脱颖而出的良好环境，吸引人才、造就人才、留住人才，使人尽其才，才尽其用，这是入世后广播影视创新发展的需要，也是抢占未来制高点的需要。要进一步更新用人观念，放宽选人视野，拓宽知人渠道，加大培养选拔优秀人才的力度，努力造就一大批具有坚定的政治信念、高尚的道德情操、精湛的业务技能，又具有创新意识和现代知识的名记者、名编辑、名主持人、名导演、名演员和优秀的党政干部、优秀的经营管理人员、优秀的技术人才，建设一支政治强、业务精、作风正、纪律严、懂经营、善管理的广播影视队伍。要加强各级领导班子建设，建立健全干部选拔任用和监督制约机制。要加强专业人才队伍建设，采取各种方式招聘各类急需的优秀人才，特别是经营管理人才、金融财会人才、高新技术人才、宣传策划人才以及编播复合型人才。

（选自《新闻战线》2002 年第 7 期）

关于中国广播影视“十一五”发展战略的思考

朱　虹

中共中央办公厅、国务院办公厅近日印发了《国家“十一五”时期文化发展规划纲要》，从贯彻落实科学发展观、构建社会主义和谐社会的战略和全局的高度出发，对未来五年我国文化发展进行了科学全面的规划和部署，也为我国广播影视业指明了发展的重点和方向。贯彻落实好《纲要》提出的各项目标，以导向为灵魂，以改革为动力，紧紧围绕发展这个主题，解放和发展文化生产力，为人民群众提供更多更好的精神食粮，促进广播影视业的全面繁荣和发展，是中国广电今后五年最重要的任务。

加强新闻媒体建设

新闻媒体是党和人民的喉舌，是广播影视的主阵地，加强新闻媒体建设是我们最重要的任务。

1. 加强广电媒体的硬件和软件建设，不断增强宣传实力

一是加强基础设施建设。加快广电媒体设备更新速度。加强电台、电视台、广播电视发射转播台（站）的基础设施建设。加大中央人民广播电台、中央电视台和省级电台、电视台重要频率频道的覆盖。高质量完成中央电视台新址建设工程，确保北京奥运会期间投入使用。努力改善国际广播业务条件，增加国际台对周边国家的播出频率、功率和时间。加快安全播出保障体系建设，构建国家广播电视监测信息平台。加强中国电影资料馆、中国电影博物馆建设和完善。

二是加强频道频率和栏目建设。进一步优化广播电视播出机构频道频率布局结构，促进频道频率专业化、对象化、品牌化发展。加强少儿、农业、少数民族、外宣等公益性较强的专业频道、频率和节目栏目的建设。积极推进节目改版和创新，着力打造精品频道频率和节目栏目，中

央和省级电台、电视台播出的有一定影响的品牌节目和重点栏目占总数的20%以上。中央和省级电视台要创造条件逐步开办添加手语的新闻类节目栏目。

三是深化内部机制改革。继续深化频道频率管理改革，积极推行频道频率总监制，减少管理层次，提高工作效率。大力推进内部人事、收入分配和社会保障制度改革，深化内部成本管理改革，建立一套完整的竞争机制、激励机制和约束机制，增强内部活力和发展后劲。

2. 把握正确舆论导向，提高舆论引导水平

一是加强重点宣传。努力完成党和政府交给的宣传任务。加强党的基本理论、路线、方针和政策的宣传，加强党的重大理论创新成果的宣传，着力做好贯彻科学发展观、构建社会主义和谐社会的宣传。加强经济建设的宣传，加强精神文明建设的宣传，加强法制建设和依法治国的宣传。

二是改进宣传方式方法。认真贯彻“三贴近”的原则，进一步改进会议和领导同志活动的新闻报道，改进和加强重大主题宣传报道，特别是要抓住奥运契机进行宣传，努力提升中国形象。完善重大突发性事件新闻报道快速反应机制，做到准确、真实、快速、客观，提高舆论引导能力。继续加强和改进舆论监督、典型宣传及社会热点问题引导。

三是净化荧屏。进一步加大广播电视节目低俗问题治理力度，以文艺、娱乐、情感类栏目、节目和电视剧为重点，以提高播音员、主持人素质为突破口，制定、完善规章制度，建立抵制低俗之风的长效机制。积极采用高新技术手段，加大违纪违规处罚力度，加强对广播电视广告的监管。

四是完善审查机制。改进重大题材备案制度，落实电视剧拍摄制作备案公示制度和电影实行剧本（梗概）备案制度，强化宏观管理，严把放映、播出关。电台电视台进一步完善广播影视节目审查、播出的各项管理制度和机制，加强事前审查。

五是拓展宣传新阵地。鼓励支持中央和各省及省辖市电台、电视台依托自身资源和优势，加强网络广播电视宣传，积极占领网络舆论宣传新阵地。加强中国广播网、国际在线、央视国际等重点新闻网站的建设，提升技术水平，拓展业务领域，丰富网上节目，培养发展网络受众，努力将其办成世界知名的综合性新闻网站。积极利用手机电视、移动多媒体广播等新兴媒体进行宣传。

构建公共服务体系

文化分公益性和经营性两类。广播电视公共服务由政府主导，不以盈利为目的，通过大力提高公共节目质量和服务质量，保证每一个公民不受身份、地域和经济状况限制，享受到广播电视的基本服务，真正满足广大人民群众的公共需求和普遍需求，实现和保障广大人民群众的基本文化权益。“十一五”期间广播电视公共服务的主要任务是，大力推进农村广播影视重点工程建设，着力解决广大群众听广播、看电视、看电影难的问题。

1. 大力实施新时期广播电视村村通工程。认真贯彻落实国务院办公厅《关于进一步做好新时期广播电视村村通工作的通知》精神，按照“巩固成果、扩大范围、提高质量、改善服务”的要求，因地制宜，积极利用无线、卫星、有线等多种技术手段和措施推进村村通。在巩固已有村村通建设成果的基础上，实现20户以上已通电自然村“盲村”的村村通，使当地的农民群众能够收看收听到包括中央和本省4套以上广播节目和8套以上的电视节目。大力提高农村地区的广播电视无线覆盖水平，使广大农民群众能够无偿收听收看到4套以上的无线广播节目和电视节目，其中包括中央第一套广播节目和第一套、第七套电视节目以及本省第一套广播电视节目。

2. 继续实施广播影视西新工程。加强西藏、新疆等少数民族和边疆地区广播电视基础设施建设，增加发射功率，提高收视质量，扩大有效覆盖范围。扶持西藏、新疆、内蒙古、延边等地区少数民族语言广播电视，保证节目源，提高节目译制水平和节目质量。扶持少数民族电影译制中心，形成年译制多语种影片的能力，使全国主要少数民族地区都能看到配有民族语言的电影。

3. 继续推动农村电影放映工程。按照“企业经营、市场运作、政府买服务”的思路，加快农村电影改革发展，积极改善农村电影放映基础设施条件，大力推进农村电影数字化放映，进一步丰富农村电影片源，认真做好农村电影拷贝配送工作，建立以数字化放映为龙头、以农村电影院线为主体、以固定放映和流动放映相结合的农村电影发行放映新体系，基本实现全国农村一村一月放映一场电影的目标。在全国每个地级市建立一个数字节目卫星接收站，重点资助西部地区所有行政乡，中部地区国贫县所辖乡每乡配备一套农村电影数字放映设备，开展农村电影放映。按照全国行政村一村一月放映一场电影的要求，逐步落实场次补贴。推进农村流动影视放映服务，重点扶持西部和其他老少边穷地区，为西部地区行政县和中部地区国贫县每县配备电影流动放映车一辆、数字电影放映设备一套、发电机一台。

4. 进一步丰富广播影视对农节目。中央和省级电台、电视台要加大农村和农业报道的分量，增加农村节目、栏目和播出时间，提高对农村节目的实用性、贴近性和可看（听）性。农业大省的电台、电视台或具备条件的省级广播电视播出机构，可逐步开办专门对农频率频道。市（地）县电台、电视台要把面向基层、服务“三农”作为

主要任务，积极开办有关节目栏目。

5. 建立公共服务长效机制。要按照“增加投入、转换机制、增强活力、改善服务”原则，加强公共服务体系建设。坚持分级负责，推进县乡（镇）广播电视管理体制改革，认真落实保障公益性服务的有关机构、人员和经费，建立完善公益服务各项设施设备运行维护机制，确保公益服务的效益长久留存。

大力发展广播影视产业

在广播影视事业快速发展的同时，广播影视产业也在蓬勃发展，并初步形成了广播产业、电影产业、电视剧产业、网络产业、广播电视广告产业等多元产业发展格局。要按照“创新体制、转换机制、面向市场、壮大实力”的要求，全面推进经营性广播影视产业发展，在广播影视内容制作、广告经营、网络经营以及新媒体新业务开发等重点领域取得新突破，为保证广播影视的巨大影响力创造良好的物质基础。

1. 深化产业体制改革。按照建立现代企业制度和现代产权制度的要求，积极稳妥地推进经营性国有广播影视单位包括电影制片厂、电影发行放映公司、影剧院、广播电视节目和电视剧制作机构、网络传输经营机构等的事转企和公司制、股份制改造，这是广播影视产业快速发展的起点。转制企业要在清产核资的基础上，建立产权清晰、权责明确、政企分开、管理科学的现代企业制度，培育新型文化市场主体，健全现代市场体系。股份制改造后的国有广播影视企业，符合条件的经批准可申请上市。转制后的文化公司要在确保国有资产保值增值的基础上，实现投资主体多元化，真正成为自主经营、自负盈亏的法人主体和市场竞争主体。要把存量的改造、盘活和增量的创新、扩张结合起来，推出一批有发展潜力的重点文化项目，培育新的经济增长点。

2. 扩大投融资渠道。认真落实国务院《关于非公有资本进入文化产业的若干决定》，坚持以公有制为主体，鼓励和支持非公有资本以多种形式进入政策许可的广播影视领域，逐步形成以公有制为主体、多种所有制共同发展的文化产业发展格局。鼓励和支持国内非公有资本进入电影、电视剧、影视动画制作发行，电影院和电影院线以及农村电影放映等领域。电台、电视台所属的节目制作公司可以吸收社会资本参股或合资组建电台、电视台控股的节目制作经营企业。在国有广播影视单位控股51%以上的前提下，国内非公有资本可以投资参股县级以下（不含县级）新建的有线电视分配网，参与有线电视接收端数字化改造。非公有资本可以控股从事有线电视接入网社区部分业务的企业。

3. 发展新兴产业。加快发展网络广播、网络电视，使之成为广播影视发展的新亮点。在现有基础上扩大IP电视试点，进一步规范主体、规范业务，探索有效的监管方式和手段，促进健康有序发展。紧紧依托地面数字电视技术、卫星数字电视技术和第三代移动通信技术的发展应用，强化市场运作，积极发展手机电视、移动多媒体广播等数字新媒体新业务。

4. 建立健全市场体系。继续推进电影院线制改革，着力建设跨区域规模院线、特色院线和城乡数字电影院线，发展城市多厅影院。大力开拓电影电视剧和影视动画播映市场，认真办好已批准的电影频道、少儿频道、动画频道。积极培育发展网络付费电视、网络付费电影市场，使之成为电视、电影的重要消费市场。加强广播电视产品和节目、影片的交易流通，重点办好中国国际广播影视博览会、中国国际广播电视信息网络展览会、中国国际动漫节、上海国际电影电视节、长春电影节、四川电视节和中国（广州）纪录片大会。

繁荣广播影视创作

坚持“二为”方向和双百方针，弘扬主旋律，提倡多样化，以建设和谐文化为主题，大力实施精品战略，努力推出更多更好地体现民族特色和时代精神，具有中国作风和中国气派、为人民群众所喜闻乐见的优秀广播影视作品。

1. 抓好电影创作。电影年产量继续保持在200部以上，着力提高电影质量，力争“三性”统一、两个效益显著的优秀电影作品占到20%。采取措施扶持重大革命和历史题材、现实题材、农村题材、青少年和少数民族题材的电影创作。加强科教、纪录影片和电视电影的生产，保证每年生产科教、纪录影片30部左右，生产电视电影不低于110部。

2. 抓好电视剧、广播剧创作。电视剧的创作生产要在保持数量增长的同时，着力提高质量，实现数量、规模、质量同步发展，争取优秀电视剧达到总量的20%。采取措施扶持重大革命和历史题材、现实题材、农村题材、青少年和少数民族题材的电视剧的创作生产。加强广播剧的创作生产，增加数量，提高质量。

3. 抓好影视动画创作。通过加强基地建设和人才培养、强化宏观调控和市场建设、做好优秀国产影视动画的推荐播出工作等措施，大力推进国产影视动画的振兴，提高原创制作能力，打造有影响力的国产品牌。电影动画片年产量要达到5—10部，电视动画片年产量要达到8万分钟。

4. 抓好广播影视节目制作。积极改进和加强广播影视经济、文艺、社教类节目制作，促进专题、专栏等节目制作，不断丰富节目形态，提高节目质量。通过举办电视剧“飞天奖”、电影“华表奖”、“夏衍杯”优秀电影剧本评选等广播影视文艺评奖活动，鼓励创作优秀影视节目。

5．打造节目品牌。要树立品牌意识，掌握提升品牌的诀窍，组织和培养核心品牌，形成打开市场的拳头产品，形成只要是该品牌，用户不用直接收听收看节目，就愿意购买和消费。要加强节目创新，打造一批知名品牌节目和栏目以及有影响力的品牌制作机构。

全面推进广播影视数字化

科学技术是第一生产力。新一代数字技术、网络技术、信息技术作为世界高新技术发展的大趋势，正以锐不可挡之势，给广播影视行业带来巨大而深刻的变革。广播影视要积极顺应科技发展趋势，加快广播影视数字化改造和技术升级换代，全面推进广播影视由模拟向数字化转换，以数字化带动广播影视科技创新和全面发展。

1．加快推进电台电视台数字化。提高数字节目内容生产能力，满足多种数字播出平台、多种数字接收终端对数字节目内容的海量需求。通过数字化，再造节目制作工艺新流程，再造运行和管理新方式，着力构建采、编、播、存、用一体化、网络化的数字技术新体系，构建高质高效、开放集成、资源共享、版权保护的数字节目内容资源管理系统和集成分发交换平台。全国省级以上电台、电视台要在2010年前基本实现节目制作、播出、存储一体化。

2．加快推进有线电视数字化。继续坚持"政府领导、广电实施、社会参与、群众认可、整体转换、市场运作"的思路，逐步推进有线电视数字化由部分城市试点向全国大中城市全面铺开。按照大容量、双向交互、多功能的要求大力推进网络改造，积极拓展网络业务和服务，推动数字有线电视全功能网的建设，构建连接千家万户的信息化系统。

3．积极推进地面无线广播电视数字化。利用现有发射台站和频率资源，积极开展数字音频广播、数字调幅广播试点，建立试验系统，开展多种业务。认真组织实施国家地面数字电视标准，开展地面数字电视、高清晰度电视、移动电视的试验和试点工作，确定技术参数，完成技术和发展规划。推进地面电视向数字化转换，2008年实现北京奥运会的高清晰度电视转播，2010年在有条件的地区全面开播地面数字电视。

4．积极推进卫星广播电视数字化。我国广播电视专用直播卫星已于日前在四川西昌成功发射。这是广播电视发展史上具有转折意义的大事。要充分利用这个巨大的资源，建立广播影视卫星直播系统，形成村村通节目源统一技术平台。建立卫星移动多媒体广播技术平台与业务支撑系统，确定技术标准和技术体制，2008年面向流动人群和多种便携终端开展卫星移动多媒体广播业务。

5．积极推进电影数字化。加强中国电影基地国家电影数字制作工程建设，努力扩大数字技术在电影生产特别是在电影特技制作、后期加工中的应用，争取达到制作胶片影片80部、数字电影100部、电视电影200部、电视剧500集的年生产能力，成为规模较大、功能齐全、技术一流的影视前后期制作基地。加大电影数字节目集成服务平台、数字示范院线等重点建设工程项目的实施力度，积极开发付费电影点播业务，发展城市数字影院，普及农村电影数字化放映。加快实施档案影片数字化修护工程，实现5000部国产影片数字化修护、转换目标。

加快实施广播影视"走出去"工程

近年来，广播影视走出国门已经形成了奔涌前行的新态势，国际影响力和竞争力明显提升。广播影视要继续实施走出去工程，不断扩大覆盖面，提高收视率，增强影响力，尽快成为国际上有重要影响力的全球性媒体，实现"成为世界重要一极"的目标。

1．大力推进广播电视节目海外落地。大力推进中国国际广播电台节目在海外的本土化落地和英语、华语及多语种环球广播网建设，实现在世界各地黄金收听时段英语、华语和当地官方语言广播的全球覆盖。加强中央人民广播电台"全球华语广播协作网"建设，促进全球华语广播节目、技术、人才的交流与合作。巩固发展长城卫星电视北美、欧洲、亚洲、非洲平台，扩大用户群。扩大中央电视台三个国际频道海外落地范围，进一步提高我电视节目在全球的有效覆盖率和收视率。积极推动中国电影频道（CMC）在境外整频道落地，使之成为中国电影的国际频道。提高节目质量，改善对外传播效果，贴近国外实际、贴近当地群众需求、贴近国外受众的欣赏习惯，增强节目的针对性，增强对国外受众的吸引力和影响力。

2．扩大广播影视产品和节目、影片出口。坚持政府推动和企业运作相结合，培育发展外向型广播影视企业，重点推动国产电影电视剧和影视动画片出口，不断扩大国际市场份额。鼓励和支持民营等各种所有制文化企业参与和从事广播影视产品和服务出口业务，调动社会各方面出口广播影视产品的积极性。要通过在国外设立的影视节目制作和营销机构，逐步构建影视剧国际营销网络。积极鼓励和扶持国内广播影视机构参加有影响的国际影视节展，把展览和销售结合起来，扩大海外销售。

3．积极开展广播影视对外交流。继续做好在国外举办电影周、电视周等工作，积极参与中外互办文化年等有关广播影视的交流活动。加强中外广播电视合作交流与节目交换。积极利用亚广联等国际组织、国际会议加强广播影视领域国际对话，推动多层次、多样化的国际交流与合作。

4．加强对台港澳及周边国家、地区的广播电视宣传。地方广播影视要充分利用各种渠道，把自己的节目打出去。边境地区的地方台要充分利用地域优势，扩大与周边国家的交流与合作，扩大在周边国家的节目落地。加强对台港澳及周边国家、地区的广播电视覆盖，增加播出功率，强化节目推广，提高节目编播制作及闽南话、客家话等地方方言节目的译制水平和能力。加强相关互联网站建设，在上述地区积极参加和举办有关广播影视节目展。

“十一五”是我国全面建设小康社会、构建社会主义和谐社会的关键时期，也是广播影视发展的重要战略机遇期。广播影视要始终坚持发展不动摇，全面落实《国家“十一五”时期文化发展规划纲要》，与时俱进，开拓创新，通过“十一五”期间的持续、快速、健康、协调发展，使广播影视舆论引导能力和宣传水平大大提高，产业整体实力迅速扩充，人员素质大为改善，法律法规更加健全，国际影响力和竞争力显著增强，建立与我国综合国力相称、与我国国家地位相称、与我国总体发展水平相称的现代化广播影视事业产业发展体系，为未来的全面发展奠定更加坚实的基础。

（选自《学习与实践》2006 年第 12 期）

中国广电产业改革的奋进与迷思

——对“广电集团化现象”的理论思考

孟　建

大整合体现出深层改革的意蕴

时下，中国广电产业进行了前所未有的体制变革，即传媒领导高层所倡导并推进的“先着手组建中央一级和省一级的广播电视集团。这些集团要做到广播、电视、电影三位一体，无线、有线、教育三台联合，省、地、县三级贯通，资源共享，人才共用，优势互补。”电视界有些人士将此举称之为中国广电产业的“大整合”。虽然，这次的大整合并非仅仅涉及电视业，但由于电视业在广播、电视、电影三者间的龙头老大地位和实际上以电视为主来进行“组阁”的方式，使得人们用电视业“大整合”来简称这次广播、电视、电影业的大整合就不奇怪了。

应当说，眼下谁都承认中国广电产业面临的诸多问题只有通过深层次的改革来解决。可问题在于，这种深层次的改革由谁、在何时、用何种方式进行。国务院办公厅早在 1999 年 82 号文件中所提及的“资源整合”、“网台分离”，就让人们感受到电视业“大整合”的一些气息。但是，真正作为上层的正式决定和全力推进，还是 2000 年 1 月的中宣部部长会议，特别是 2000 年 8 月在兰州召开的全国广电厅局长会议。在中宣部部长会议上，不仅系统地提出了组建传媒集团的战略性决策，而且还提出了诸如“股份制改革、多媒体兼并、跨地区经营”等重大问题。在全国广电厅局长会议上，针对广播、电视、电影业的改革，不但提出了“大整合”的整体方案，而且还制定了“大整合”的时间表：2001 年 7 月 1 日前省与计划单列市的广播电视部门要先行到位。

2000 年 12 月 27 日，湖南率先开始了动作，宣布成立全国第一家广播影视集团，并颇为火爆地提出了“六分开”的原则：“政事政企分开”；“宣传经营逐步分开”、“制作播出分开（新闻、广告除外）”、“创作制作与制作生产分开”、“经营性国有资产与非经营性国有资产分开”、“有线的网台分开”，争取在 5 至 10 年的时间里，集团的总资产要从现在的 40 亿元增长达到 100 亿元人民币，影视剧生产每年达到 1000 集，电视节目制作能力每年达到 10000 小时。最值得关注的是，在相关的基础硬件建设上，一个占地 6 平方公里的“金鹰影视娱乐城”正在兴建中，这将是湖南新兴的娱乐产业的第一个起点。也就是现在湖南广播影视集团所说的“要成为全国重要的影视产品生产基地和文化产业基地”。我们通常把这种模式比喻为“中国的好莱坞”。2001 年 4 月 20 日，上海文化广播影视集团正式挂牌成立。上海文广集团堪称航空母舰，它拥有 3 家电视台、4 家报纸、16 家演出机构，大大小小近 70 家公司，总资产超过 100 亿元。2001 年 12 月 6 日，中国最大的新闻集团中国广播影视集团正式挂牌成立。中国广播影视集团成立后，将形成拥有广播、电视、电影、传输网络、互联网站、报刊出版、影视艺术、科技开发、广告经营、物业管理的综合性传媒集团，其固定资产将超过 200 亿元人民币，年收入也将过百亿，被中国新闻界称为“传媒航母”的集团诞生了。而后，江苏、浙江等地以不同形式先后成立的诸多广电集团，构成了中国广电产业重新“洗牌”的惹人景观。

此间，十分值得注意的是，中央宣传部、国家广电总局、新闻出版总署《关于深化新闻出版广播影视业改革的若干意见的通知》（即17号文件）进一步明确了要积极推进媒体集团化改革，组建跨地区、多媒体大型新闻集团的目标，对比较敏感的传媒业融资问题、媒体与外资合作、跨媒体发展等问题都做了积极、具体的回应。这更为中国广电产业“大整合”奠定了理论依据，注入了政策活力。对于中国这样的社会制度形态和传媒管制方式，这一“文件”显然应当成为我们分析研究问题的重要逻辑起点之一。

大整合彰显着整治、探索和焦虑

对中国广电产业“大整合”的认识，其本质还得归于：这毕竟是中国广电产业进入新世纪以来的重大改革。这种改革以电视业体制改革的形式充分地表现出来，其实质却体现着中国媒体业，特别是电视业的一次思想解放。当然，对此我们还应当有更深入的透析。

首先，这次的“大整合”，体现了政府对居于强势地位的电视媒体进行治理整顿、加强管理的意图。在中国，由于早就确立了“四级（中央、省、市、县）办电视”的指导思想，因此，中国的广电产业采取的基本是外延扩张式的发展模式。中国报刊业的数次治散、治滥、治乱大整顿，都没涉及电视业。但是，这次电视业“大整合”，推进“两级（中央、省）办电视”做法，明显地带有治散、治滥、治乱的大整顿意味。

其次，这次的“大整合”亦表现出对电视等媒体多重本性的某些认可。改革开放以来，政府、业界、学术界对中国媒体的属性进行了不少的探究，但至今尚未有一个达成共识的界定。但是，中央领导同志1996年视察《人民日报》时发表的“如今，在市场经济条件下，新闻传媒既要宣传，又要经营”的讲话，显然体现了中央高层在媒体问题上的开放思想。而后中国主管领导在多次讲话中涉及的“媒体具有一定的产业属性”、“媒体是一种相当特殊的产业”等提法，都显露了对电视等媒体具有多重属性的某种认可。在中国，对电视媒体的看法，也许以这样的描述较为合适：从政党政府角度看电视是喉舌，从社会系统运作看电视是媒体，从信息经济形态看电视是产业。从这一角度看，特别是从第三方面看，这次的电视业“大整合”，无疑带有十分强烈的产业发展意识，只不过主管高层在“提法”上仍留有很充分的回旋余地。

再者，中国加入WTO的紧迫与焦虑，促成了中国广电产业的这次“大整合”。与前面二者不同，在这一问题上，无论是政府、业界，还是学界，几乎都表达了同一看法。无论我们怎样看待中国经济、中国媒体与世界的接轨，“海外媒体的直接进入、海外媒体资金的介入、跨国度跨地区媒体经营的实现”总是悬在我们头上的“达摩克里斯”利剑。这几柄利剑，都正在显示着逼人的“寒光”。包括美国在线—时代华纳、新闻集团、维亚康姆以及迪斯尼等在内的“传媒帝国”的潜在威胁，更是让中国传媒界如坐针毡。维亚康姆的当家人雷石东毫不掩饰其对中国市场的浓厚兴趣。他表示，潜力巨大的中国、印度等新兴市场，将是其下一步战略进攻的重点。其旗下的MTV频道不仅与中国广电产业的霸主中央电视台合办音乐盛典，还通过与内地37家有线电视台的合作，把其节目推向了内地，受众超过5000万。目前维亚康姆正在争取把NICK-EIODEON节目引进中国。新闻集团将凤凰卫视成功引进到内地，但其野心显然不止于此。目前在中国三星级以上酒店可以接收到的总计22个境外频道中，新闻集团就占了7席。STAR资深副总裁刘香成更是预言，未来只有中国的传媒市场才有可能与美国相媲美。美国在线—时代华纳与联想在FM365上的合作，一直被人看成其曲线试探中国媒体市场的一块敲门砖；加上时代华纳先后在中国上海以及香港举办《财富》论坛，为中国经济增长造势不遗余力，可谓用心良苦。随着海外两大传媒集团的整体频道广东落地等更为现实状况的纷至沓来，人们都清楚，虽然中国“入世”，除电影外，并没有在其他传媒，特别是广播电视方面做出过更多的具体承诺，但随着中国更全面和深刻地融入到全球化的浪潮之中，在汹涌暗流的冲击之下，中国传媒业将面临着巨大的冲击和随机的变局。如果我们采取“机遇说”（即中国加入WTO是“挑战与机遇并存”），而不采取“涅槃说”（即中国加入WTO后，将一时无法抗御海外媒体的强大入侵，要“死”而后生），那么我们只有通过改革，特别是尽快实施集团化战略，打造一批能与海外媒体抗衡的中国媒体集团。当然，这种改革必须是深层次的！

大整合凸现着不可否认的迷思

纵观世界媒体业的发展，政府主导变革确实是潮流。无论是1987年德国的“广播电视发展协议”，还是1990年的意大利“公共和私人的广播电视体制的规定”（即223法），还是1996年2月美国的“96年电信法”，都体现了政府在媒体业发展上的主导作用。这种“规制产业”的特点，亦带有国际化的色彩。由是，中国广电产业的这次“大整合”作为政府行为，不但无可厚非，而且还体现了强烈的国际化倾向。但是，中国广电产业的“大整合”，也面临着若干问题，值得深刻反思。

（一）这场改革是否真正成为了“大整合”？在中国，电视业如此大的改革动作，在行业内确实有些“惊天动地”。何况，这种“大整合”在主管领导的改革方案中还有相当大的发挥余地（如成立跨媒体集团，进行跨地区经营等），似乎是为了求稳，尚未把拳脚都施展开来。但是，面对世界媒体业的急遽变革，即便我们把手脚全部放开，使出浑身解数，这样的“大整合”在世界媒体业改革中，恐怕也仅仅是游离深层的“小动作”。在这方面，我们其他暂且不论，即便仅就美国1996年2月8日由当时美国总统克林顿签署的“96年电信法”而言，那种彻底打通电信业、传媒业、娱乐业等行业壁垒的重大改革举措，那种大大放宽媒体经营范围的做法，不仅引发了美国，而且引发了世界范围内的媒体业和其他行业的石破天惊的变革：并购、联合、重组。经过近五年的实践，这种变革的巨大成功已使世界瞩目，在机构重组、产业关联、资金融合、技术平台等方面不仅形成了新兴的实力巨大的“娱乐传讯业”，并很快地成为美国出口业榜首，而且，使之扶摇直上，成为了“新经济”的极其重要的产业支柱。如今在美国，娱乐传讯业被归为“以版权为基础的”制造业。2000年被称之为“王中王”的影视业，以及其所带动的相关的录像带、录音带、音乐出版行业等方面的总收入高达600多亿美元，占美国出口额的第一位，其中120多亿美元是由影视业直接创造的。在美国影视巨子的眼中，中国不但是一个有13亿人口的巨大影视市场，而且是世界影视最后的一个大市场。

而在这方面，我们仅局限在狭小视野内进行的“大整合”就显得十分局促了。别的不说，我们至今还将电视业与电信业割裂开来的做法，根本无法实现战略上的“大整合”。为什么近来盛传的信息产业部与广播电视电影总局可能合并的消息一经权威网站披露，就引起那么强烈的反响甚至是震荡？在此问题上，网通首席科学顾问侯自强教授认为“成立一个高效的通信管理委员会是通信业管理的方向所在”。侯自强教授说，在欧洲和美国，都是由一个机构来管理国内的电信运营，在美国有FCC（联邦通信管理委员会），在英国有OFTEL，只有中国同时有两个通信管理部门并存，将有线电视和电话网、计算机网分开管理。信息产业部和广电总局双头管理的结果是导致三网分离、重复建设、互不买账、消费者受损，同时也延误了中国信息产业的发展。按照侯自强对通信管理机构改革步骤的理解，首先是信息产业部将IT产品制造业管理功能剥离出去，由国家经贸委归口管理，同时广电总局将电视内容管理功能剥离出去划归新闻出版总署，然后国务院在此基础上组建一个新的机构来管理国内的通信运营业。显然，我国在电视业进行的“大整合”中存在着缺陷。这种缺陷，可能使我国丧失电视业发展的良好机遇。面对如此重大的问题，我们切不可让所谓的“有效并购”、“有效整合”等提法遮蔽了问题的实质。

（二）中国广电产业的“大整合”是否缺乏市场经济的法制基础？中国广电产业在市场主体缺位的情况下实施整合，显然有着先天的缺憾：缺乏“大整合”的市场经济法制基础。缺乏产权的媒体成为行政附属，必然带来与虚设的所有者权益保护间的冲突，即政事不分、政企不分带来矛盾。在这种产权不清的情况下，必然带来电视部门的身份不明：我们的电视部门究竟是党和政府的宣传机构（行政性的组织机构）呢还是新闻传播事业单位（事业性单位）？是带有福利性质的公共事业单位呢还是产业化运作的商业企业？中国电视集团化发展是事业型还是产业型的不同思路，客观上反映了国家体制转轨过程中复杂并且不平衡发展的一面。在中国电视没有形成公办公营和公办商营两大系列的今天，面对滚滚市场大潮，政府的取舍在目前想变难变的重重矛盾中偏重前者，所以在集团化中仍然坚持推行至今已是相互矛盾的一种典型二元化结构的运行体制“事业单位，企业化管理”，其中来源于背后更深层次的原因，就是政府对媒体行政控制权是否因产业改革而受到削弱的最大担忧上。要化解这一担忧，推动产业集团化的进程，这里不能不涉及时下让人讳言的“产业化”情结。这些，无疑构成了中国广电产业改革的症结。也许有人会说，前面不是已经论及政府主导媒体变革是世界性的潮流，为什么在这儿又出现这样的矛盾呢？显然，问题在两方面：一是海外政府主导媒体变革大多是在明晰产权的基础上进行的；二是海外政府主导媒体变革往往是用出台法律、法规形式来推进的，而我们在这两方面都与之有很大的差别。总之，中国广电产业的改革尚缺少市场经济的法制基础，这是中国广电产业“大整合”必然要碰到的重大问题。

在这方面仍以美国为例。2001年9月13日，也就是美国遭受到“9·11”袭击后的两天，美国又通过了刺激美国媒介产业发展的更为宽松的法案。2002年2月19日，美国上诉法院作出判决，驳回了美国联邦通信委员会（FCC）有关禁止一家企业在同一座城市里同时拥有有线电视系统及电视台的规定，同时上诉法院还取消了有关禁止一家企业拥有的电视台为超过35%以上的美国家庭提供电视服务的规定。1996年、2001年、2002年美国三次极为重要的“制度性安排”都为电视业的发展提供了巨大的发展空间，其昭示的意义不言而喻。面对2002年新举措，有分析人士指出，上述判决有可能导致包括AOL—时代华纳、迪斯尼以及Comcast在内的大型媒体公司纷纷寻求收购其他公司或是成为其他公司的收购对象，也许新的传媒购并浪潮又将惊涛拍岸。显然，中国广电产业寻求“体制创新”的问题，决不是仅仅用政府行政文件所能替代的。

（三）中国广电产业的“大整合”后，电视业是否缺乏市场经济惨厉的竞争带来的活力？这一问题显然放到了我们的面前。中国广电产业的“大整合”实施的本身，已经基本结束了“中国广电产业要不要实施战略性重组”的争论，某种意义上说，“怎样重组”的问题也不在争论之列。“尊重国情、尊重现实”成为中国广电产业目前改革的“口头禅”。但是，接踵而来的突出问题是，“大整合”

后电视部门事实上形成的“大一统”运行机制，连带有经济学意义上的“分拆模式”（简称“两两竞争模式”）都难以保留。在这种情况下，如何在电视业“集团化”发展中保持市场经济的最根本动力要素——“竞争”，就成了突出的问题。因此，在政府框定的“大整合”有限改革空间内，我们如何逐步形成现代企业的法人治理结构（尽管这种治理结构在中国广电产业特有的规制下，在市场主体缺位的情况下，带有相当的模拟性），构建相应的竞争机制，保持电视业的竞争活力，已成当务之急。当下，尽快建立“相对独立的频道制（独立经营，独立运作）”是较为切实可行的方法。在目前电视部门大都还实行总台制、中心制的情况下，要尽快将这两种运行机制过渡或改造为以频道负责人（或频道承包人）、制片人（或项目经理）两级操作为基础的频道制，这是在现阶段保持电视业发展具有一定竞争活力机制的基础。在目前尚不可能做到海外频道制所拥有的“五权”（人事权、财权、节目购买权、节目审查权、播出权）独立的情况下，先行放下“四权”（人事权、财权、节目购买权、播出权），实行“四权”独立等诸多做法，已是迫在眉睫。

（选自上海交通大学国家文化产业创新与发展研究基地编：《中国文化产业评论》第1卷，上海人民出版社2003年版）

转型摸索：广播经营的过去、现在与未来

——关于广播媒体应对市场挑战的三个视点

黄升民

过去：广播是弱势媒介吗

1. 经营规模弱小说。从四大媒介的广告经营额来看，全国2001年的广告费为794亿元，广播仅为18亿元，占全体的2.3%，和电视（179亿元）、报纸（157亿元）相比，当然就是一个弱小的媒介。然而在发达国家，广播经营规模虽不大，但并没有看作是“弱小”。1999年美国的广播广告经营额为172亿美元，占全体广告费的8%，属于发展较快的媒介。当年发展最快的是互联网，其次是有线电视，广播为第三位，增长率为14.2%。美国广播广告的发展，得益于媒体的兼并、收购而形成的经营大型化。

2. 广播效果低效说。数年来，在传播效果调查中，人们的信息来源不是报纸就是电视，广播总是排列在较后的位置。但从广告效果的角度看，对一个物品的接受乃至购买，通常要经过“知名—理解—好感—行动”四个阶段。不同媒介的广告在这四个阶段中发生不同的作用。电视对于传播知名度和好感度的确有效，报纸和杂志能够增进信息的理解，然而，在行为的方面影响最大的却是广播。在一个信息洪水的时代，图像的信息传递效果巨大且强力，但当消费者感到无所适从、犹豫不决的时候，如果有一个声音确切地告诉他，购买吧，参与吧，结局会是如何呢？声音可以让你行动。

3. 听众流失老化说。这个说法来自于广播者自身，认为近年来广播听众尤其是年轻听众大量流失，只剩下一些弱势群体收听广播。然而看看北京路面每天堵车的情况谁都明白，驾车族天天增大，他们上车的惯常小动作就是打开收音机，与他们接触最多的媒介，就是广播。有企业为这类劳碌之人推出“听书”（Audio Book，将内容录入CD、MP3之类，方便接收）。

现在：看广播如何由弱变强

今天，在盘点广播媒体经营中发现，许多电台经营额从区区数百万跃升过亿元。除此而外，广播系统还有许多的试验和创新，无法悉数列举。应当强调一点，广播媒体由弱变强，除了自身的努力，当然也要感谢市场环境的变化。城市交通的发达和年轻消费群的勃起，为广播媒体的经营提供了一个难得的历史机遇。音乐、交通广播成为广播经营的起爆点，成为向年轻的行动飘忽不定的受众群提供服务的媒体，这无论是内容定位，市场细分以及成本控制都是一个巨大的挑战。广播媒体经营者大胆应对种种挑战的最大的一个理由就是他们定位于市场底层，无所畏惧应对经营的难局。应当承认，进入新世纪以来，整个媒体正面临一场深刻的改革，无论是市场格局还是管理体制，都在发生不可逆转的变化。在这个场合之下，最具危险的

事情是什么呢？是内部的改革动力极度的匮乏，用IT界的行话来说就是“内驱不足”。相比之下，广播经营的转折可以归因于内部澎湃的改革动力，一往无前的开拓精神。由弱到强这是广播媒体产业经营的第一步，那么，下一步是什么呢？是做专做强，还是做大做强？这对于已经成为强者的广播媒体来说，意味着更大的挑战，而且充满风险。

将来：看广播如何应对经营转折

在传统媒体出现拐点的同时，新媒体经营进入一个转折。何谓新媒体？不妨参考一下《连线》杂志的“新媒体”定义：由所有人面向所有人进行的传播（Communications for all，by all）。这个定义可谓一语中的，把握住了新与旧媒体的根本区别。“旧媒体使用两分法把世界划分为生产者和消费者两大阵营，我们不是作者就是读者，不是广播者就是收听者，不是表演者就是欣赏者。这是一种一对多的传播。而新媒体与此相反，是一种多对多的传播，它使每个人不仅有听的机会，而且有说的条件。”

如此美妙的概念如何进行经营操作呢？围绕新媒体商业模式有种种争论。什么是新媒体的经营环境呢？我们沿袭“生产、传输、消费”的三个环节对新媒体经营环境进行梳理。

第一，生产无限。生产者急剧增加，稀释了原有“内容稀缺”、“内容垄断”的状况，而以“草根”内容为标志的新内容的崛起，必然对传统内容生产形成新的挑战。

第二，传输无限。现在文字、音频、视频可以接近零成本的传输，而且速度越来越快。说到传输手段，有线的、无线的、广播的、电信的任君选择，传输的无限意味着多种手段和多种信息消费模式的可能，而且将激发原有的产业经营重点的转移。另一方面，以往的信息传播，考虑最多的就是饱和式的“轰炸”：大量覆盖导致大规模接触，然而受众越来越分散的趋势下，覆盖将成为问题，灵活机动的“狙击”、“吸引”和“粘着”将成为新的战略基础。

第三，需求无限。精神产品和物质产品的需求最大的不同就是前者存在无限的空间，而物质需求往往受制于物理条件。消费者潜藏心中的精神需求将在新技术形态下被解放出来，成为文化市场生生不息的澎湃动力。而消费者“碎片化”的消费态度和消费行为也将成为主导产业链条重构的基础。

总之，传统的广播行业体系将逐渐瓦解，将按照“生产、传输、消费”的产业链条进行构建与聚合。原有的广播组织和广播机构需要按照产业链条寻找自己的发展阵地。

首先，技术产生的平台融合将显现威力，广播将在技术推动下，一方面可以进入视频领域，进入手机平台和网络平台，借助音频的内容基础，进行视频方向的拓展，网络和手机是最为恰当的载体。目前诸多电台都已纷纷构建网站，并在网站开展一定的视频内容，可以看作是端倪。而诸多电台都已经主动构建播客平台，也是增强自己内容魅力的一种手段。对于电台而言，更为恰当的是依据自己在传统产业中集聚的能量，进行内容集成，构建视音频内容中心，并构建或者找到传输中心进行合作，通过内容平台将内容销售出去，传输到形形色色的终端中去。在未来，内容将成为真正的产业经营的源泉，能否在这一领域有所建树，是传统媒介命运转折的关键。

在此，值得注意的是海量内容所带来的管理缺口，这是传统电台管理方式所无法应对的。建立和形成媒体资产管理系统，也就成为构建内容中心的一个核心。通过它，可以为媒体资产提供收集、保存、查找、编辑、发布的平台。

其次，以内容为标志的新产业链条也意味着新经营模式的形成，与此对应，消费者成为关键。以往的“大众化”的广告模式，将基于营销模式的转变而出现变化，数据库营销所带动的多渠道、多形态和内容销售服务，将成为关注的焦点。

以前的营利模式，是建立在大量生产和销售的基础之上的，8∶2的帕累托定律成为选定“高端市场”、“重度用户”的一个核心的策略依据。所谓营销就是抓好那些大用户即属于20%而占有80%资源的客户，而那些属于80%只占有20%资源的客户虽然总数很多，因为效益不佳而被忽略不计。新媒体的出现改变了这个现状，当网络技术把星星点点的小客户需求串联起来成为巨大的有利可图的市场时，一种崭新的“长尾营销”理论开始登场，众多而分散的80%的“长尾”成为重要的经营资源。

环境与观念互动，形成新媒体的经营潮流，而这种潮流之所以成气候，还要有赖于数字网络基础的形成。我们必须注意到这么一个事实：社会急剧分化碎片的同时，一个崭新的数字网络社会正在发展壮大且无所不在。在数字技术进步的今天谁也不能脱离互联网、手机、电视生存，而且，这些网络人口的行为处处留下痕迹，信息数据几乎接近透明，现代战争所展示的“精确打击”、“手机寻踪”也陆续用于市场实践。巨大的数字网络构成无限传输，成为无限生产、无限需求的平台，所谓的一对一传播不再是虚幻，而是真实，最终导致旧有营销体系的崩溃。

至此，需要回到另外一个更为重要的话题，发轫于广播业的“产业化”必将在新的历史阶段有了新的解读和延续。作为弱小媒体，在技术变革当中，依然探寻规模扩充和市场扩充，利益与存亡依然是潜台词。而广播媒体所必须依循的原则，是在机遇中纳入新的技术，注入新的资源，并构建新的机制。对于广播而言，能否在未来的数字格局中争到一席之地，就在此一举。

（选自《中国传播》2007年第1期）

传媒业的改革与发展五人谈

王国庆　高书生　张东强　张伯海　喻国明

王国庆（新闻出版总署报刊司副司长）：根据中央关于文化体制改革的总体要求，今年我们在推进报刊业改革上，准备从以下几个方面抓一些重点工作：

第一，按照中央文化体制改革的总体要求，总结报业试点单位的试点经验。准备在四五月份分别对八家试点单位进行调研，并召开座谈会，帮助总结试点经验。特别是对试点单位的体制创新、改制和采编经营相分离等方面进行重点研讨和总结。除此以外，在去年推进试点过程中，我们在中央单位也选择了几家试点单位，也准备对这些试点单位进行总结。

第二，继续推进跨地域、跨媒体的发展。这项工作分为两方面，一方面是跨媒体，目前报刊业的跨媒体主要还是集中在平面媒体范围内进行推进。另一方面就是跨地域，去年以来，我们先后批准了《新京报》、《每日财经日报》、《每日经济新闻》、《世界报》四家跨地域合作的报社和报业集团，在总结监管经验的基础上，还要逐步寻求符合条件的试点单位进行推行。一方面要总结经验，另一方面要对跨地域出版合作进一步规范。

第三，根据我们当前报刊业在改革发展过程中的问题，要召开专题研讨会。如目前改革发展中，突出的问题是片面追求市场发行效益或片面追求规模，而实际上同质化竞争的问题，或报业整体效益还存在明显的差距的问题等。特别是在报刊市场规范秩序还存在问题，我们还将针对这些问题通过召开研讨会给予报刊业在改革发展当中的具体引导。

第四，报刊司作为管理部门，如何适应市场经济和报业改革的发展的需要。这块改革我们有四项重点：一是要变过去行业和系统管理为全社会管理，主要是调整现在的管理思路和方式。我们现在建立了中国记者网，通过该网的查询，来扩大、转变政府职能，提高公共服务的能力。二是要调整和修订一些政策法规。调整我们计划经济痕迹过重的政策法规，特别是要修订报纸出版的管理规定，使它更适应报业改革发展的需要。三是加强队伍的监管。通过对记者证的使用和管理进行监管，重点调整这方面的思路。四是加强宏观调控，要在国家总量控制的前提下，对报业结构和布局进行优化和调整，现在各省新闻出版局，都在着手制定这方面的规划，我们今后要根据这些规划调整我们的审批，通过年检，对一些经营不善或不具备出版条件的报刊进行淘汰。

第五，今年上半年，我们要集中加强新闻采编从业人员的队伍建设。配合关于新闻记者证的使用和管理的规定，我们发了一个通知，要求各个新闻出版管理部门、报刊社加强对记者证的使用和管理。特别要对目前社会上新闻队伍内部有人利用记者名义对企业进行敲诈的行为进行严厉制裁，同时对社会上假冒记者名义进行违法活动的行为坚决打击。最近，中宣部、广电总局、新闻出版总署、全国记协将下发一个新闻采编从业人员的十条规定。会做具体的规定。今年上半年将把加强记者管理作为重点工作。

高书生（中宣部改革办事业发展处处长）：全国文化体制改革从2003年6月正式启动，标志是6月底全国文化试点工作会议。2003年6月到目前，经过将近两年的试点工作，如果说做出一个评价，简单地说是：进展顺利、开局良好，出现了许多改革发展的亮点。“开局良好”主要体现在两个层面，第一个是9个综合性试点地区试点工作已经从点上向面上拓展，从较少的单位向更多的单位拓展，从部分地方向更多的地方拓展，试点单位的数量在增加。第二，出台了相关政策之后，非试点地区现在对试点工作极为关注，积极、主动、自愿地要求加入到试点行列当中来。应该说试点工作在思想发动方面已经达到了预期的效果。

试点工作的特点也有很多，最主要的是以下几个特点：一是各级党委政府高度重视；二是改革中很重要的方面就是抓住了产权改革这样一个核心问题，通过改制和转制实现体制和机制的创新，创造了许多有益的经验；三是改革举措以人为本，消除了改革就是裁人的这样一种误解，为推进改革营造了一个良好的环境。

我们现在正在做的工作主要有以下几项：第一项工作是总结推广试点工作的成功经验，逐步扩大试点。第二项工作是加强对试点工作中发现的重点和难点问题的调研并提出相应政策。这些问题，有些试点单位、地方已经在破解，下一步的工作就是认真总结这些单位和地区在破解这些难点方面的做法和措施，然后形成一些政策，来推动我们的文化体制改革的试点工作。第三项工作就是修改和完善关于深化文化体制改革的若干意见和国家文化发展纲要。第四项工作是抓紧制定文化发展和体制改革的政策。

为了加强对文化体制改革的政策引导，现在我们牵头在制定5个文件：第一个是关于非国有资本进入文化产业的规定，第二个是文化领域引进外资的规定，第三个是文化产品进口管理的办法，第四个是鼓励文化企业走出去的政策规定，第五个是鼓励和引导动漫和网络游戏发展的政策规定。前3个规定已经基本完成，后2个政策已经制定出来，但要与相关部门沟通后下发。

张东强（国家发改委综合经济体制改革司专项改革一处处长）：这是一个很重要的会议，我就文化事业单位改革的几个重大问题谈几点个人意见：

第一，关于社会主义市场经济中文化事业单位的定位。事业单位企业化经营的管理模式是我国特有的，在这一体制下，各文化事业单位既可享受事业单位和企业拥有的利益，又可以不承受市场竞争的压力。但由于缺少竞争，很难发展和壮大。文化事业单位应该是政府基本文化服务的载体，而人民群众在基本文化服务以外的需求主要由文化企业按市场化原则来提供。从性质上看，文化事业单位不应以收费为主，即便收取少量费用也不能以赢利为目的。改革以后，文化事业单位应该是独立于政府之外，为人民群众提供基本文化服务的非赢利组织。

第二，关于分类推进文化事业单位改革。目前，我国文化事业单位内容和性质各不相同，针对这一现状，我们要按照社会主义市场经济的情况，把现在的文化事业单位归类，分类推进文化事业的改革。

第三，关于文化事业单位法人治理结构。建立科学的事业单位法人治理结构，可以有效地处理好利益相关者之间的责权利关系，有利于建立规范的表决、利益分配、人事任免等程序。根据文化事业单位的特点，可以探索由出资人代表、业内专家、消费者代表、事业单位职工代表等组成的理事会，作为文化事业单位的决策机构，理事会向社会公开选聘执行人，负责文化事业单位的日常管理，并建立由有关部门、消费者代表、职工代表组成的监事会，形成理事会、监事会和执行人之间相互制衡的机制，保证文化事业单位的正常运行。

第四，关于文化企事业单位的行业管理。文化企事业单位改革以后，要求政府进一步转变职能，弱化对文化企事业单位的直接管理，加强对文化企事业单位的行业管理，保证文化企事业单位的正确方向，促进其社会效益与经济效益的有机统一。

第五，关于构筑充满活力的文化市场主体。文化企业只有置身于市场中，才能提升自身的竞争力，才能在国内文化市场上获得发展，才能在国际文化市场上占有一席之地。构筑充满活力的文化市场主体，关键是要在政企分开、事企分开的基础上，按照现代企业制度，把文化企业塑造成自主经营、自负盈亏、自我约束、自我发展的市场主体。

第六，关于文化企业国有资产的管理体制。文化企业国有资产既有一般国有资产的自然属性，又有不同于一般国有资产的社会属性。理顺文化企业国有资产管理体制，对推动文化事业单位转企改制，保证文化企业国有资产保值增值具有重要意义。

张伯海（中国期刊协会会长）：走出去这个课题既遥远又紧迫，既高难度又有吸引力，不及早从战略、战术方面酝酿和谱写这篇文章，出版业会出现致命的缺憾。

第一，为什么要走出去？

这是三千万海外华人的需要。只有对海外华人的需要把握好，才能很好地为海外华人服务。海外华人的中坚分子比较集中地体现在年纪较轻、学历较高、直接在职场打拼的人群上，他们的优势体现在中国背景上，给他们提供有关中国的政治、经济、科技、文化领域的深度信息，将给他们以生存、创业不可缺少的支持。此外，还有因子女等原因移居海外的年纪较大的海外华人，以及华人女性读者和海外第三代华人，他们都非常希望得到来自祖国精神上、文化上和信息上的支持。我们出版业如果能重视海外华人在价值观念、消费心理等方面的变化，努力做到海外落户、本土化，那我们的出版业就能把走出去的工作做的很好。

走出去也是各国读者的需要。中国20年取得的改革开放成果，正在为国际关注，很少有国家会忽视中国，很多国家都在思考与中国建立关系。中国出版业应针对不同国家读者的需要及时做出有深度的中国报道，为国外人士指引进入中国的通道，这会受到国外各层次读者的欢迎的。而中国出版业应把宣传内容从以中国传统文化为主要内容变为以中国现在的政治、经济信息即“今信息”为主要内容。

走出去是出版业改革的应有之意。不善于传播自己文化的国家是民族文化势微、甚至文化个性泯灭的国家。中国出版市场开放后，中国出版人不仅要在国内竞争中取胜，还要敢于在竞争激烈的国际市场上一试身手。

第二，中国出版怎样走出去？

1．海外华文出版业一直在十字路口徘徊，现在要走出去需要拿出大手笔，做大文章。目前，海外华文出版实践还是试探性的，如《女友》杂志和《读者》杂志。现在北美华文市场反而是香港、台湾的华文媒体比较强大，主要因为他们有着很强的投资背景，经得住挫折和摔打。因此要调动国内大出版集团、国内主要的发行公司以及各类企业家投资海外华文出版，打造品牌华文出版物、海外华文出版物的营销渠道等。

2．借水行船。中国出版业可以直接把出版物运往国外销售，也可以在海外办出版，既要面向海外华人，也要考虑到各国其他读者的需要，中国出版业可与海外出版业合作出版华文出版物和外文出版物。

3. 要努力培养相关的精干人才。这样的人才一定要熟悉世界出版业的大格局，没有语言的障碍、出版业务的差距和市场运作的障碍，把弘扬中国出版事业作为自己的目标，把弘扬中国出版业的利益作为自己的利益。

总而言之，中国出版业既要有走出去的宏伟目标和热情，也要保持清醒的头脑，要量力、循序而行。开拓海外出版市场是一项艰巨的任务，每走一步都要做可行性调查，切勿盲动。

喻国明（中国人民大学舆论研究所所长）：在谈到传媒改革时，人们最关心的话题就是安全问题。因为，传媒的影响力越大，它所负有的社会责任就越大。但是，安全性是要通过改革才可以获得的。不改革只能获得表面、暂时的安宁，最终会以一种恶性方式爆发出来。

对于中国的传媒业而言，我认为现有两个突出的问题要解决。

第一，从经营层面上来说，如何解决媒介单位碎片化生存情况。传媒的整合力是导致传媒竞争力和生存能力最重要的一种能力。这是解决碎片化生存，媒介实现产业化必然的逻辑。因为个别媒介的市场化运作达到一定程度后，就进入到一个平台期，一个发展的透明天花板，在这样的天花板下，它的市场延伸受到了阻滞，整个竞争成本在加大。市场扩张、市场价值链条本身都无法得到延伸，所以它进入到一种发展的瓶颈期。这是在我国普遍存在的一个事实，也就是说到一定阶段，它的发展就受到了极大的限制，看起来好像还有发展余地，但实际上进入到了低速发展时期。就像我们赚钱一样，赚十万块钱可以用打苦工的方式、背麻包的方式、洗盘子的方式，十万块钱是可以赚到，但是要用这种方式赚一千万，想赚一个亿这是不可能的。赚了一千万，赚了一个亿，再想赚十个亿、一百个亿，用同样的模式也是不可能的。所以任何一个上台阶都意味着运营模式、发展模式的一种根本性的转变。我的判断是说，简单地按照过去的发展去画延长线，已经不能适应今天传媒业的发展，而今天传媒业的发展一定要去解决传媒业碎片化生存的问题。而事实上过去几年在这方面已经做出了探索。但是这种探索总体上来说是不成功的。我们把过去的探索，即解决碎片化生存的问题，称做权力扩张模式。也就是说用行政权力的手段来实现碎片化生存问题的解决，这种集团化组合的方式，它是不成功的，或者说主要的方面是不成功的。

第二，就是在资讯领域、在内容领域要解决的就是主流资讯里的开放。中国传媒业改革开放二十多年，它发生的一切变化，我认为是微观改革胜于宏观改革，观念改革胜于体制改革，增量传媒改革胜于存量传媒改革。今天所看到的媒介的活跃、媒介的发展、媒介的丰富，都是微观改革、观念改革、增量传媒改革所带来的，也源自于宏观改革滞后、体制改革滞后、存量传媒改革滞后，而宏观体制和存量传媒所把持的正是主流媒介、主流资讯的传播。

从提高执政能力的角度上来说，新闻治国已经成为今天实现对社会调控最重要的一种职能。而如何通过政府和政府主要领导人的活动、讲话来引导舆论，控制舆论，决定了媒介的主流资讯如何开放、如何引导这两个车轮的运转。

一方面要开放，这是一个不可遏制的趋势。你可以通过某些技术、体制、政治的规定手段，对传统媒介加以各种限定。这样做可以得到一时安宁，但是它不解决根本问题，不是长效的安全机制。长效的安全机制是建立在资讯、信息相对分享的基础之上，只有面对这样的自由分享，然后我们再来考虑如何去引导、去设定规则、如何进行管理，这才是有长效机制的方式。另一方面，不同的利益集团现在不断面对社会资源整合，现在不同文化、不同利益集团之间的冲突、矛盾、磨擦，在市场经济条件下，日益成为社会必须要解决的问题。而解决这个问题当然是一个复杂的系统工程，提供一个公共话语平台，让不同的利益群体、不同的文化背景的人，通过这样的交流消除隔阂、消除偏见，增强宽容和理解，这是发达国家走过的路当中一个最重要的经验和教训。

（选自《传媒》2005 年第 4 期）

建设高素质人才队伍　提升广播影视综合实力

雷元亮

人才资源是广播影视改革、发展的第一推动力

建设高素质人才队伍，是提高广播影视业发展水平的基础性、决定性工作，发展广播影视，关键在于建设一支数量充足，素质优良，结构合理的广播影视人才队伍。这支队伍素质的高低，直接影响广播影视宣传和舆论引导水平；直接影响能否为广大人民群众提供健康丰富的精神文化产品，满足人民群众日益增长的精神文化生活需求；直接影响能否为改革发展稳定和构建社会主义和谐社会创造良好的思想舆论环境。建设高素质人才队伍，是应对广播影视竞争的迫切需求。我国的广播影视正面临着来自境外媒体和国内其他行业的日益激烈的竞争，竞争的实质和核心是人才的竞争。要紧紧围绕广播影视改革发展，创新人才工作机制，优化人才工作环境，着力营造有利于优秀人才大量涌现，健康成长的良好氛围；要加大工作力度，促进人才结构优化，加快人才布局调整，要大力加强人才培养培训工作，全面提高人才队伍素质；建设高素质人才队伍，必须牢固树立和落实科学的人才观，要牢固树立人才资源是第一资源的观念、人人都可以成才的观念、以人为本的观念。

加强人才的能力建设
是人才队伍建设的首要任务

要根据各类人才成长的规律特点和广播影视业发展的需要，研究提出人才资源能力建设标准，探索人才培养的机制、内容和方法，全面提高广播影视人才队伍的实践能力和创新能力。重点要培养和提高各类管理人才的开拓创新能力、科学管理能力、应对复杂局面能力。培养和提高编辑记者、播音员主持人、演艺人员、工程技术运行维护人员的专业素养和能力，（培养和提高技术工人的岗位业务知识和专业技能。

要充分发挥教育培训在人才能力建设中的基础作用，培训工作要加强针对性，要根据个人的知识结构，岗位的专业需要来安排，同时要改革创新人才培训内容和方式，从通用型知识培训向能力型知识培训转变，从偏重课堂培训向课堂培训与实践锻炼相结合转变，探索建立培训考核激励机制以及国家、单位、职工个人多渠道山资开展培训的经费保障机制，把广播行业建成学习型行业。

建设高层次人才队伍
是广播影视人才开发工作的重中之重

抓人才工作和队伍建设，首先是抓好领导干部队伍建设，要始终把培养优秀年轻干部作为长期战略任务抓紧抓好，培养造就一批“政治强、业务精、纪律严、作风正”的后备干部队。进一步加强专业技术人才队伍建设，要积极探索建立重要栏（节）目首席记者、首席编辑、首席播音主持人等制度，培养一批适应广播影视需求的、具有广泛影响力的名记者、名编辑、名播音员主持人、名导演、名演员。积极探索建立重大工程技术项目总设计师、总工程师负责制，重要科研或课题学科带头责任制，培养造就一批具有领先水平、具有较高知名度和影响力的高级专家。建立高层次专业技术人才库，健全专家咨询制度，聘请国内有关知名专家为广电行业重大决策提供咨询，对重大技术规划和发展纲要进行审核。进一步加强经营管理人才队伍建设，要制定激励政策，吸引优秀人才充实经营管理队伍，努力培养了解国内外广播影视产业发展状况、熟悉文化产业政策和市场经济规律、精通媒体经营的经营管理人才。采取选送中青年经营管理人员参加学习培训，挂职锻炼等方式，锻炼队伍，提高经营管理水平。

创新工作体制、机制
是广播影视人才开发的重要保障

建立和完善依法管理的执业资格管理制度。广播电视编辑记者、播音员主持人、工程技术运行维护人员是广播电视行业的要害、关键岗位，直接影响舆论导向、节目质量、宣传效果和播出安全，对要害、关键岗位人员实行职业资格管理，是提高专业技术人员队伍素质、加强广播影视人才队伍建设的重要手段。要认真贯彻《行政许可法》和中央有关文件要求，做好落实《广播电视编辑记者、播音员主持人资格管理暂行规定》（总局26号令）的各项工作，精心组织好编辑记者、播音主持人资格考试，加强执业资格注册的管理工作。总局正在起草的《广播影视传输保障法》，将对广播影视传输覆盖要害、关键岗位的工程技术运行维护人员实行职业资格认定制度。

建立和完善广纳群贤、人尽其才、能上能下、充满活力的用人机制，以扩大民主，加强监督为重点，进一步深化领导干部选拔任用制度改革，严格按照规定的原则条件、

程序纪律选拔任用干部，进一步完善民主推荐、民主测评、民主评议、任前公示以及考察预告等制度。建立健全干部选拔任用和监督管理的科学机制，推进干部工作科学化、民主化、制度化。要全系统继续推进公开选拔、竞争上岗等干部选拔任用制度改革。在行政机关实行领导干部任前公示、任职试用期制，试行领导干部任期制。在事业单位实行领导干部聘任制、任期制，进一步探索和完善领导干部任期管理办法。改革和完善广播影视企业经营管理人才选拔任用方式。对国有资产出资人代表依法实行委派制或选举制。对广播影视经营管理人才进行聘任制和合同化管理，全面推行事业单位岗位管理。完善广播影视人员聘用制度，探索适应广播户影视发展需要的岗位设置原则、设置方法和岗位评价体系，提出设岗指导性意见。探索研究广播影视关键要害岗位的岗位职责、考评要素、考评标准。逐步规范聘用制度，打破人员身份界限。健全岗位管理制度、收入分配制度、社会保险制度和辞退解聘制度等各项配套措施。建立完善单位用人的自我约束机制。维护用人单位和聘用人员双方的合法权益，加快编制外聘用人员管理规范化、制度化进程。推进实行劳务派遣和人事代理制度。

建立和完善以能力和业绩为导向的科学的人才评价机制。逐步完善领导干部考核制度，针对广播影视系统内机关、事业、企业不同类型、不同层次领导干部的岗位特点、岗位职责，研究建立和完善体现科学发展观和正确政绩观的实绩考核评价标准和机制。按照科学的发展观、人才观和正确的政绩观要求，考虑不同情况下领导班子和成员的差异，探索以宣传舆论导向、安全播出、事业发展、队伍建设、党风廉政建设等为主要内容的实绩考核评价标准，体现干部实绩考核的针对性、科学性和可操作性。完善定期考核和日常考核制度，丰富年度考核内容，健全考核工作责任制。对企业经营管理干部的考核重在市场和出资人认可，逐步完善反映经营业绩的财务指标和反映综合管理能力等非财务指标相结合的考核体系。围绕任期制和任期目标责任制，突出对经营业绩和综合素质的考核。以打破专业技术职务终身制为重点，改革和完善职称评审办法，采用更加客观公正的评价指标和评审办法。实行职称评聘分开。健全广播影视行业职业技能鉴定管理制度。加强对广电职业技能鉴定站的管理，加快制定广电行业特有技能工种职业标准，逐步建立和完善广播影视行业职（执）业资格认定体系。

建立和完善激发人才积极性和创造性的激励机制，要充分考虑广播影视行业不同类别、不同层次人才需求，充分发挥事业留人、待遇留人、感情留人的综合作用。研究采编播、工程技术、艺术高层次人才评选、管理、奖励制度，逐步建立具有行业特色、体现工作绩效的内部收入分配制度，使分配向关键岗位和优秀人才倾斜。逐步建立市场机制调节、企业自主分配、职工民主参与、政府监控指导的企业薪酬制度。积极参加社会基本保险，逐步建立重要人才单位投保制度。同时，要努力提高广播电视发射、转播台站等艰苦岗位和关键岗位人员待遇。

建立和完善合理有序的人才流动机制。加强干部交流工作，积极推动系统内中央和地方之间、东西部之间的干部交流和学习，积极推动广播影视干部到基层挂职锻炼工作，建立和完善干部轮岗锻炼制度。在机关、事业单位、企业单位之间推动干部交流锻炼、相互学习、增长才干。采用多种形式，鼓励和支持人才向西部地区、基层和艰苦地区等广播影视发展最急需的地方流动。做好对口支援新疆、西藏及其他地区的工作。加强西部地区人才培训工作。在政策、经费上向西部地区尤其是西部少数民族地区倾斜。鼓励专业技术人才通过兼职、定期服务、咨询等方式进行柔性流动，逐步打破单位、部门、身份、地区界限。

（选自《中国广播影视学刊》2005 年第 10 期）

全球化与民族电影产业

颜纯钧

中国加入 WTO 已成事实，全球化不再是难以预测的发展前景，而成了不可回避的现实处境。问题的性质由此也发生了变化——在获得新的国际身份的同时，并没有现成的应对和必要的预演可供我们装备自己，中国又一次不得不摸着石头过河。撇开不同的观察角度与阐释方式，从本质上看，全球化其实是在建构一种新的世界秩序，越来越多的民族/国家未及等待意识完全清醒，便争先恐后地蜂拥而入。那是因为这个过程不管如何模糊和不确定，对自己而言都意味着一次新的机会。一旦全球化的外部环境得以转换成民族/国家内部新的结构要素，必然出现整体的扰动与重组，带来前所未有的发展能量与社会活力。这对于像中国这样历史文化积淀深厚、现实发展欲望强烈的后发国家而言更是实属难得。

提及中国的民族电影，有两个新的迹象激起了对全球化问题更深切的焦虑与不安：一个是两岸三地越来越多的电影人在各种利益的诱惑下，纷纷把他们的影响力和号召力转让出去，变成好莱坞全球霸权丰厚的文化资本。另一个是好莱坞大公司在接连拍出一系列与中国有关的好莱坞影片如《上海正午》、《龙之吻》、《庭院中的女人》之后，又加入了投资中国影片《大腕》和《天地英雄》的行列，那也是看中了中国的民族文化有为好莱坞的霸权扩张作出贡献的可能。中国加入 WTO 的谈判刚刚结束，好莱坞跨越民族疆域的脚步声已经震动耳鼓。其在文化战略上的勃勃野心，便是用自己雄厚的经济资本来购买中国的文化资本，再以这些文化资本为诱饵，在中国电影特别诱人的文化产业中占据更大的份额，以换取经济资本的更大收益。不知不觉中，中国电影的文化资本正在加快流失的速度，民族电影的文化产业也在面临着更大的威胁。当文化产业对民族电影的未来发展越来越显得事关重大之时，那些原有的守护壁垒却在接二连三地塌陷。而对这个形势的毫无省察，必将很快显示出恶果，导致民族电影在全球竞争中处于不利的文化地位。

全球化与本土化

中国加入世贸组织之后，有关电影的条款似乎正在预告好莱坞在中国的美妙前景。民族电影的危机因为这个强大的文化入侵更加一片风声鹤唳。思想文化界的反应同样敏感、尖锐，而且试图将它提升到更高的理论层面去认识。关于全球化/本土化的二元对立，被置于好莱坞电影与民族电影对立的背景上，于是问题得到一种想象性的解决——在电影领域，所谓的全球化就是指好莱坞电影，所谓的本土化就是指民族电影。全球化/本土化的二元对立，包含着东方知识分子，特别是中国知识分子复杂的历史情结。因为这一点，基本上通过想象来建立的这种逻辑关系，益发显得可疑。结合了冷战思维、民族国家的意识形态、殖民地东方惨痛的历史经验，全球化/本土化在无形中加强着如下的印象：全球化既然是由西方来发动，并指向东方，要求东方接受，那么就有理由从不平等的历史关系出发，合乎逻辑地想象它们不平等的现实关系。毫无疑问，全球化确实是由西方首先提出的，也是由西方开始发动的。至今为止，由西方提出的全球化只是在经济领域采取了实际的步骤，在文化领域仍然处于理论探讨的层面，在政治领域则几乎完全没有涉及。虽然在零星的资料上有所谓“世界国家”、“世界社会”的提法，但尚未引起广泛的关注与讨论，表明它作为一个问题的时机并未完全成熟。显而易见，全球化并不是一种政治图景，并不具有在政治架构上统一全球的野心。事实上，全球化正是从经济领域起步的，同时也是出于为经济谋利的目的的。它只是适应西方跨国资本全球扩张所提出的一种新理念，目的在于通过经济贸易的协调与组织，为西方打开全球市场扫清道路。在思考全球化问题时，不能不注意这个基本的前提。而本土化所指向的东方民族国家，尽管从表面看是一个坚持民族利益和民族文化传统的问题，但这并不意味着试图回到闭关锁国的社会状态。本土化之所以成为一个问题，首先是东方的民族国家意识到对外开放的重大意义，希望从全球性的经济交往中获取利益，从而走上现代化的发展道路。本土化同样不是什么空穴来风，这个概念的提出本来就是以一个设定的“他者”为参照的。没有这个“他者”，没有与这个“他者”建立的实际关系，如何可能进一步去讨论全球化还是本土化呢？东方的民族国家同样急于把自己纳入全球化的进程，这是迫于自身发展的需要，而不是迫于西方的霸权和侵略。于是在全球化与本土化表面的冲突下面，其实有着一个共同的前提：不管是西方还是东方，它们都希望能够从国际间的经贸活动中为自己的国家谋求更大的利益。全球化/本土化的问题所以是个可疑的问题，就在于忘记了这个共同的前提，而只看到彼此之间的对立，并且进一步在暗中偷换成西方/东方的对立。它已经不知不觉地被当作一个分析框架。更多的现象和问题被纳入到这个分析框架进行判断，作出分析，形成认识。

从一种宏观的大尺度来看，在整个宇宙走向“热寂”的时间轴上，远离平衡态的复杂系统存在着自组织的过程，它总是通过提高内部的组织化程度来实现与外界的交换，进而维持自身的生存与发展。人类社会正是这样一个复杂系统。在今天看来，所谓“世界秩序”其实是个历史的概念。服从于最高的宇宙法则，人类的诸多活动如地理考察、宗教远播、军事征服、疆域拓展、商业贸易、文化交流等等，其实都是在不自觉地参与自身的一个组织化过程。从原始时代的“鸡犬之声相闻，老死不相往来”，到建立封建的小公国，再到像唐王朝这样的封建帝国，最后发展到资本主义的现代国家，人类社会的自组织过程就表现在社会建构的日益复杂、成熟与完善。除了疆域不断被整合成更大的地理空间之外，更重要的是各种社会结构要素的生成与关系建立，比如制度、观念、宗教、国家机器、科技生产力等。当然，这个自组织的过程远远没有结束。时至今日，各种跨国间的社会组织如雨后春笋一般出现，世贸组织、欧盟、北约、绿色和平组织、人权同盟……跨国组织正在不断侵蚀、破坏、瓦解民族国家的权力范围和社会系统，把新的结构要素置于其中，使国际性成为民族国家重要的现代特征。政治国家的影响力、统治力在全球化的进程中正在不断下降，这是一个整体的趋势。人类的生存正在被纳入日益广大、复杂的自组织之中。不管愿意不愿意，这都是人类无法回避的命运。伴随着时代的更替，民族/国家参与这个组织化过程的方式也一直在发生相应的变化。20世纪上半期以前，主要是以军事的方式为主。二战结束以后，整个冷战时代建立在意识形态的对立上，于是政治的方式变得更为突出。世纪之交，跨国资本主义又使得全球化首先在经济领域里发动，资本、技术、商品、金融等与经济活动密切相关的要素在跨国间快速流动，不断得到组织。越来越多的民族/国家意识到彼此联系和互相依存对于自身利益的重大意义。人类社会正在一个更广大的范围和更深入的程度上被整合成一个整体。

全球化虽然是西方提出的，却不是西方独享的。它所体现的是人类社会发展的历史逻辑。这种历史逻辑基于不尽相同的两种力量来推动，这就是西方资本的跨国扩张和东方民族国家的现代化进程。于是全球化意味着民族国家的国际依赖度和国际相关性的全面提升，不管是对西方而言还是对东方而言都是如此。全球化并不是西方强加给我们的，而是我们主动争取进入的。它既是我们不可回避的，同时也是我们所需要的。为了这个进入，中国和美国进行了持久而艰苦的谈判。两个不尽相同的出发点，却基于基本相同的前提，指向同一个发展前景。在全球化语境中，不管是西方还是东方，仍然是以民族国家作为利益主体的。在利益争夺的过程中，西方和东方自然不可能没有矛盾与冲突。问题仅仅在于，这种矛盾与冲突是西方和东方共同处于全球化进程中才发生的。对东方来说，全球化已经不再是一种外部语境，而是民族国家内部的现实处境和新的发展条件。东方的民族国家要想更快发展，就要善于利用这个新的条件，改变不适应的社会结构和传统观念。在民族国家已经实际进入全球化进程的情况下，全球化/本土化的二元对立日益显得可疑了。

恰恰是在经济日益频繁和密切的国际交往中，文化所具有的正面推动作用和负面制约作用也逐步为人们所认识。全球化是在经济领域首先发动的，经济的全球化却引出关于文化全球化（而不是政治、军事、宗教等方面的全球化）的讨论，那只有一个原因，这就是经济的全球化碰到了文化的问题。跨国资本主义时代的高科技特性和信息特性，使经济运作带上了强烈的人文色彩。不管是西方还是东方，在全球化进程中，文化比任何一种社会的结构要素都显得更加举足轻重。不同民族文化在观念上、形态上、习惯上和价值取向上的差异，造成诸多交流的障碍。西方碰到的是东方的文化抵抗，东方碰到的是西方的文化侵略。在这种情况下，越是把本土文化视为与全球化进程相敌对的利益预期，只能导致冲突的进一步强化。与亨廷顿基于冷战思维的“文明冲突论”不同，关注交往关系的哈贝马斯则提出：“不同文化类型应当超越各自传统和生活形式的基本价值的局限，作为平等的对话伙伴相互尊重，并在一种和谐友好的气氛中消除误解，摈弃成见，以便共同探讨对于人类和世纪的未来有关的重大问题，寻找解决问题的途径。这应当作为国际交往的伦理原则得到普遍遵守。”出于经济利益的考虑，不同文化之间的渗透、冲突、包容、共存已经成了不得不正视的现实。在新的世纪中，国际关系的建立与发展将越来越倚重于文化的方式。

民族电影在尚未做好充分准备的情况下同样被掷入全球化的进程。与其他的大部分行业相比，民族电影在这个进程中一开始就不是坐收渔利的一方，而是雪上加霜的一方。时至今日，民族电影在与好莱坞电影的比拼中所处的劣势是多方面的，归根结底却是一个文化的问题。好莱坞电影所以能在全球范围内仰首阔步，那正是它——从文化的层面上看——有特别适应全球化时代的特征与形态。而民族电影的从容应对，当然也只有从文化的分析开始。

民族电影的产业属性

好莱坞电影一直就是美国文化实现全球传播，在国际间拓展文化空间，进行文化征服的主要工具。透过消费意义与快感，诸如个人奋斗、享乐主义、追逐财富、崇尚成功这些所谓的美国精神和美国价值观正在向世界的各个角落散播和渗透。在普遍接受美国文化的前提下，美国的电信业、汽车业、软件业、餐饮业等，在文化的外衣包裹之下找到了日益广大的国际消费群体。类似的经济资本与文化资本之间的转换也反映在好莱坞的文化产业中。一旦消费这种电影文化成为世界性的时尚，民族/国家的观众弃自己的电影有如撇履，转而对好莱坞趋之若骛，于是吁求反过来参与了对它的造就。好莱坞的文化实践印证了如下一点：文化的全球化与文化的民族性其实正是问题的两个方面。作为漫长的历史过程，全球化在未来的一个时期仍然是以民族/国家作为利益主体的。不可能有哪个民族/国家（包括美国）真正站在人类文化的立场上对全球化作出公正的回应。加入文化的全球化，尽管可以吸收先进文化来装备自己和提升自己，但其目的还是为了民族/国家在国际间争取更为优越的文化地位和拓展更大的文化空间。在这种情况下，文化的全球化以文化冲突的形式表现出来就不难理解了。

从电影这个领域来看，抵制好莱坞与发展民族电影的文化产业正是众多民族/国家所面临的共同问题。长期以来，面对好莱坞的文化强势，民族/国家大都采用配额制度来作出无奈的回应。早在1927年，英国政府就以政府法令的形式在电影动议案中引入电影工业的配额制度。其后，众多的民族/国家也纷纷仿效其做法，试图通过政府的行政干预来制止好莱坞电影日益猖狂的市场扩张。除了进口的配额限制之外，还有发行限制以及放映时间限制。然而几十年过去，结果如何呢？“在20世纪60年代中期，美国电影占据了欧洲大陆年平均票房收入35%，30年后，在大多数欧洲国家，美国电影的票房收入已占据全国票房的80%以上，在有些国家甚至高达90%以上。”配额制度规定了从进口、发行到放映时间的一系列数量限制。在有配额的情况下，政府对好莱坞的限制只能停留在数量比例上，但却无法影响观众对这些影片的观赏选择。也就是说，更具有商业性的好莱坞电影即便是在配额限制的情况下，仍然能够凭借其对观众的吸引力，争取单片票房的最大收益。配额制度的失败主要在于政府行为与市场行为的矛盾。真正掌握电影市场命脉的，并不是政府出面干预所限定的影片数量，而是观众对电影不同的观赏选择。今天，类似的情况也在中国出现：即便好莱坞大片被限定在十部的范围内，但一部《泰坦尼克号》仍然夺去了当年全国票房的近一半。保护民族电影文化产业的另一个政府措施是提供拍摄资金。众多的西方国家如法国、丹麦、日本等都通过税收抽取、票房分成、设立政府基金等方式，为民族电影筹集资金。在政府资金的支持下，民族电影得以在失去市场的情况下维持一定的拍片数量。然而，资金支持的结果是养成了一批文化竞争中的懒汉。政府的一味保护导致了文化生产中的恶性循环。市场仍然被排除在拍摄条件之外，电影人无须为影片的资金回收担忧，于是坦然地躺倒在旧有的电影文化观念上，闭着眼睛继续做他们的精英艺术之梦。诚如D·普特南所批评的：“全欧洲的公共策略过多地集中于供需矛盾方面，多集中于提供电影制作资金，而缺乏对消费者的变化需求的思考。”

全球化带来的国际交往中文化因素的急速上升，迫使民族电影不得不去思考这个新的外部条件所提供的机遇和出路。好莱坞电影的强势入侵和民族电影的市场萎缩构成一个此消彼长的变化过程。依靠政府的配额限制和资金支持，还是沿用了过去的行政手段，还是没有意识到本质上的文化较量，注定了强势的一方可以预期的胜局。地理政治的坚壁一旦被文化经济的重拳所击穿，民族电影的处境必将更加雪上加霜。当然，全球化并不是坐等别人来攻城掠地，并不是把对经济弱势的省察转换成文化弱势的想象。当文化大踏步进入国际关系，成为国际事务中国家行为的重要基础，后发国家反倒有可能凭借其文化的独特性而挺起腰杆。细究起来，二十多年里中国民族电影一步步走向世界，其所仰仗的成功秘诀既不是政治的，也不是艺术的，而是文化的。上个世纪80年代初的电影语言现代化，那种耳目一新的感觉是相对于中国十七年电影而言的。在艺术上，它所借鉴的主要是法国新浪潮和意大利新现实主义的美学观念——在西方看来，它们早已是“明日黄花”。然而，民族电影在艺术上的创新尽管有限，却包裹了非常新鲜的民族文化与民族寓言的表述。从第四代的《牧马人》、《良家妇女》、《城南旧事》，到第五代的《菊豆》、《大红灯笼高高挂》、《霸王别姬》，再到第六代及新生代的《过年回家》、《洗澡》、《菊花茶》等，都在不同方面和不同程度上体现了民族文化独有的形态与特征，进而在国际交流中收获成果。尤其是这两年来，《英雄》、《天地英雄》、《十面埋伏》、《功夫》等影片在国际商业发行上所获得的前所未有的成功，更昭示着民族电影在文化资本的运作上的巨大潜力。相反，一系列革命历史题材电影、改革题材电影和新都市电影，要么因为过于浓烈的政治色彩，要么因为过于强调都市文化的现代共性，反倒失去了国际的竞争力。二十几年过去，尽管那种展现东方奇观去迎合西方的策略不再能像过去那样成效显著了，但并不意味着民族电影的文化表述已经成了无足轻重的因素。恰恰相反，无论是在政治、经济、科技、艺术还是市场等方面，中国民族电影都没有什么优势可言，唯独可以一搏的只有自己的文化资本。即便不采取奇观式的迎合态度，民族文化资本的运作仍然大有可为，并且正在新生代的电影人那里呈现出更多的可能。

任何一种事物都存在着诸多属性。依照事物本身的演化及所建立的外部关系，不同的属性在人类实践的价值尺度上轮番地被置于本体的地位，这是一个常识。全球化时代赋予民族电影新的国际身份，同时也迫使我们去思考电影本体所发生的新变化。长期以来，中国电影一直主要是在民族疆域之内生存与发展的。建国后的27年中，电影合乎逻辑地呼应着民族内部的文化需求，在纳入政府的行政运作之后，始终被当作意识形态的工具使用着。改革开放以来，民族电影作为精英艺术的这一面逐渐抬头，电影人的艺术个性通过对历史文化的思考和展现，不断冒险式地去突破政治实用的重围。进入新世纪，民族电影在国内逐步走向市场化，加入WTO更带来不同以往的国际竞争环境，于是对电影本体的认识也开始发生变动。原本固若金汤的意识形态本位和自视甚高的精英艺术本位相继出现动摇以至飘移。一种把电影视为文化产业的观点正在被越来越多的人们所接受。有识之士注意到了民族电影本体的这种变化，并且呼吁从电影政治和电影经济的层面上进行改革：“……中国电影发展的根本动力和目标仍然是最简单的道理——解放生产力，最大限度地调动电影从业人员的创造性和积极性。而解放生产力的关键则在于从制度上而不仅仅是从观念上确立电影的文化产业本性，真正从体制上完成电影生产和流通方式从计划经济模式到市场经济模式的转型。”世纪之交，民族电影的发展所遭遇的最重大事件，也许不是别的什么，而是电影开始被视为一种文化产业。把电影视为一种文化产业，并不是说意识形态属性和精英艺术属性全都消失殆尽，而是调整了属性之间的内部关系。在这种情况下，民族电影的意识形态表述和精英艺术表述都会有所改变。把电影置于文化产业的本位上，是民族电影为适应电影的市场化和国际化所作出的一次自我调整，也是民族电影参与民族/国家的全球化进程所必须经历的一次大换血。电影本体的这种变化，一旦成为社会共识，必然会导致政府管理、影片摄制、市场运作、评判尺度等诸多方面的根本性变化，并随之影响电影的从业人员、观众乃至整个社会。

文化作为一种产业，意味着文化成为商品，意味着文化进入市场（包括国内与国际两个方面）。文化只有成为商品才能进入市场，文化也只有进入市场才能实现商品的价值。文化这种本性的改变确实提出了一系列需要深入研究的新问题。诚如约翰·费斯克所指出的，仅用财经术语是不能充分描写文化商品的。在谈到文化商品和其他商品的区别时，他认为文化商品并不具有如一架机关枪和一罐豆那样明确限定的使用价值，但却具有一种更加清晰可辨的交换价值。它所交换和流通的不是财富而是意义、快感和社会身份。正是这种交换价值决定了它具有相对高昂的最初生产成本和非常低廉的再生产成本，所以，销售比生产更能保证投资的回收。文化作为产业的生命线，表现在要使销售能保证投资的回收，以及获得尽可能大的经济收益。这取决于文化商品所提供的交换价值而不是使用价值，取决于是否能够在消费者那里转换出意义、快感和社会身份——换一句话说，消费者所消费的只是文化而不是别的什么东西。于是问题便回到产业这个方面来。产业的两大要素是资本和市场。资本需要发掘、积累和运作，市场需要培育、维护和拓展，这是一般规律。多年来，民族电影的产业化之所以举步维艰，就在于它一向只重视面对市场的这个方面，却相对忽视了另一个基本环节，即资本的有效运作。更进一步说，文化产业毕竟不同于一般产业，文化产业所生产的商品是文化商品。它的交换价值不在于财富而在于意义、快感和社会身份。在这种情况下，文化要真正成为商品进入市场就不仅需要考虑经济资本，更需要考虑文化资本。

文化资本与文化产业

在发掘与利用民族文化资本这个问题上，一批走向国际的第五代导演曾招致陷入“后殖民语境”的批评，一个莫大的罪名便是把民族的东方奇观制作成“他性”的文化消费。以一种来自西方的理论来演绎第五代电影的实践，使这种实践变成印证西方理论正确性的一个例证，这本身就是错误的逻辑。至于西方观众和评论界是否果真这样看，却至今没人能提供确凿的证据。这种完全由西方提供大前提，又缺乏事实论证的批评居然表现得如此有力，那是因为“后殖民理论”鲜明的意识形态性和民族电影潜在的意识形态本位相结合，无形中成倍放大了它的精神优势。由此，误读便被合乎逻辑地解释为媚外行为，大大伤害了民族的自尊和感情。从世界电影史上看，把影像的奇观性作为可交换的文化资本，并非自中国的第五代导演始。好莱坞的西部片、欧洲大量的民族风情电影、日本黑泽明、大岛渚、今村昌平的电影，无不在发掘民族的文化资源，利用本民族的影像奇观来作为可交换的文化资本。布尔迪厄指出：“任何特定的文化能力（例如，在文盲世界中能够阅读的能力），都会从它在文化资本的分布中所占据的地位，获得一种‘物以稀为贵’的价值，并为其拥有者带来明显的利润。”影像奇观所以能成为一种文化资本，就在于它相对于其他民族/国家的观众而言所具有的稀缺性。至于它是否会在其他民族/国家的观众那里造成误读，恐怕是没有谁会真正在意的。即便有误读存在，那也是文化传播本身的规律表现，是受众文化权力的实现方式，本来就不应该成为一种批评标准。更重要的是，这种基于想象与理论推测的批评，完全有可能和实际发生的情况恰好相反——吸引西方观众的并不是所谓的“异国情调”，反倒是相同或相似的处境、问题和情感反应。郑晓龙的《刮痧》在美国观众那里遭遇到的情况就是一例。导演的原意是通过“刮痧”这种充满东方文化色彩的治疗方法在美国引起的冲突来表现东西方文化的差异，但美国观众看到和被打动的却是剧中人亲情的一面。实际上，美国电影家也乐于以相似的理由来解释好莱坞电影受到中国人欢迎的原因。1984 年当几个美国电影家应邀来中国讲学时，提到中国电影代表团在美国看《克莱默夫妇》、《普通人》和《母女情深》等影片简直看不够时，采访者问是不是他们突然接触到了异国情调，美国电影家休斯顿断然回答：“刚好相反，他们欣赏这类影片，因为它们说明西方并不是异国情调。”另一个美国电影家罗森说：“因为家庭问题、传统与变革的问题是他们很容易产生共鸣的问题。”毫无疑问，所谓“异国情调”也是民族文化资源的重要部分。把它当作可交换的文化资本来加以利用，这不仅在策略上可行，而且一再被证明是民族电影国际化推广中的成功之道。实际上，新生代导演拍摄的《洗澡》、《过年回家》、《菊花茶》等，也仍然是在继续类似的资本化运作。误读的情况也许还会不断发生，但除了让某些民族主义情绪过分强烈的学者觉得不舒服之外，对民族电影的产业化其实是大有好处的。从文化资源的资本化运作这个角度看，由于误读而导致西方观众对中国电影关注度的提高，国际空间的拓展，电影作为文化产业的规模与水平的提升，其意义更是不可估量。

当民族文化遗产在全人类共享的名义下输出文化价值时，其所潜在的经济价值也会同时被裹挟而去。这已不仅仅是可能性，而成了文化全球化中的现实。就在知识精英们担心民族电影落入“后殖民语境”的同时，好莱坞却一眼看中了中国民族文化的差异性，有成其为电影文化资本的可能。《上海正午》、《龙之吻》、《庭院中的女人》等影片接二连三投拍，公然把中国文化、中国武功、有国际影响力的中国演员都当作文化资本窃取了。最典型的例子便是好莱坞对中国古典文学名篇《花木兰》的改编，中国的民族文化遗产就这样轻易地被好莱坞转化为自己的文化资本，并在全球范围内毫不羞惭地收取经济上的丰厚利润

——这其中当然也包括从中国市场上得到的部分。除此之外，日本动画大师手治虫也把中国的古典文学名著《西游记》改编为动画片《我的孙悟空》，开始以音像版的形式来华作全球首映。更令人感到吃惊的是：有消息报道，好莱坞已经把《狄仁杰》、《孙子兵法》、《天仙配》、《成吉思汗》、《杨家将》、《西游记》等中国的文化遗产列入拍摄计划。很显然，中国的文化资源正面临大量流失的危险。不管是“前殖民”还是“后殖民”，帝国主义对落后国家的征服都是为了实现资源的掠夺。不同的只是，“后殖民”所掠夺的不是自然资源而是文化资源，然后再把东方的民族文化资源统统资本化，通过全球性的文化产品推广来占领中国的文化市场，实现经济资本的巨大收益。不难发现，好莱坞对中国民族文化资源的掠夺，是一个步步进逼的过程。在全球化的语境中，民族文化资源正在一个“共享”的名号之下被公然窃取。国际社会致力于为经济的全球化制定一系列的规则、协议和标准，但文化的全球化却因为其更强的隐蔽性而处于自生自灭的境地。在这种情况下，好莱坞才得以凭借其经济优势更加肆无忌惮地在全球范围内实施其文化资源的疯狂掠夺。在中国，愤怒声讨第五代导演献媚西方的批评尚未平息，好莱坞已经大模大样地登堂入室，把中国的文化资源纷纷收入囊中，转换成自己的文化资本。那些对民族电影陷入后殖民语境始终耿耿于怀的批评家们，却对好莱坞公然的文化殖民掠夺如此麻木不仁。同样是调动民族文化资源来扩大潜在的观众群，自己做就成了媚外行为，好莱坞来做就觉得心安理得，这岂非咄咄怪事！从这个意义上看，民族电影致力于发掘文化资源，把文化资源资本化，恰恰可以防止其流失和被利用，反倒成了一种抵抗“后殖民”的方式。文化资源和自然资源一样，其可再生性并不是无限的。一旦民族文化资源被好莱坞抢先实现了资本化，民族电影还能有多大的文化权力来拓展自己的国际生存空间，这自然也成了很大的疑问。所以，应该引起高度警惕的并不是以民俗与仪式去迎合西方，而是最近好莱坞对中国题材影片的投资和列入拍摄计划。好莱坞用它献媚式的笑容和拱手奉上的美元来换取文化资源优势和成本费用优势。这种以低廉的经济资本来掠夺丰厚的文化资本的方式，才真正暴露了好莱坞“后殖民”的勃勃野心。中国加入全球化进程的脚步正在加快。民族电影需要调整自己，以便更快适应新的形势，抓住机遇，迎接挑战。这种调整首先要解决的正是本体认识上的问题。由于尚未真正把电影置于文化产业的本位上，所谓的市场化便被歪曲和片面地加以理解，市场化成了一个孤立的事件。一味地把目光盯在市场上，结果看到的只是那些交易行为，忘记了这是构成复杂、运作更为复杂的整个体系和过程。在这个体系和过程中，资本和市场是互相联系与制约的两个基本环节。然而，民族电影在资本投入与市场营销之间的脱节却成了多年来一直未能克服的毛病。从长远文化战略的制定到具体的制度实施，从制、发、放的改革到责、权、利的合理分配，由于尚未从根本上认同电影作为文化产业的本体地位，电影走向市场的问题，也就只注意解决那些直接与市场挂钩的环节，只和电影的购销、发行和放映有关——似乎产品还没有出来，还没有形成买卖关系，就不必着急去考虑向市场的转制。于是题材策划、剧本审查、影片拍摄、后期制作，照样可以在意识形态或精英艺术的本位上继续过去的运作。这就像一个人前脚还没有迈出，却要他先提起后脚前进一样的荒唐可笑。更有甚者，尽管政府资金的支持力度在加大，从业人员的盈利意识在增强，民族电影在国际上也开始进入商业发行渠道，然而比较多的忧虑和注意力还是投向了经济资本这个方面。不管是政府层面还是从业人员，对经济资本的重视都远胜于对文化资本的重视。在他们看来，资本的问题无非就是谁来出钱。只要有地方弄到钱，不管是政府的还是企业的，资本的问题便大功告成，剩下的便是如何抓好市场的发行和放映了。特别是主旋律影片、儿童影片这些与宣教功能密切相关却与票房回收基本无涉的电影类型，情况更加严重。政府只管出资，只管意识形态方面的管制，制作单位有了钱则可以不顾市场乱拍一气。经济资本的严重不足，使得更多的人短视地把电影市场争夺的成败归之于经济的原因。也因为如此，当哥伦比亚公司投资拍摄中国影片《大腕》和《天地英雄》时，报刊舆论上所听到的便是一片喝彩之声。电影从业人员为获得好莱坞大公司的青睐而备感荣耀，国内的投资方为未来的影片有可能进入美国商业发行网而给自己预支赚钱的快乐。然而，好莱坞以其雄厚的经济资本有计划有步骤地打入中国民族电影内部，利用经济资本的投入来实现对民族化资本的无形掠夺，这个野心就没能引起更多的警惕了。好莱坞与中国民族电影在文化战略上的不同，就表现在它更看重对文化资本的分析与运作。世界对中国的关注度和兴趣度的高涨，中国民族电影多年来在世界上所获得的极高声誉，都被好莱坞当作文化资本占有了。相比之下，民族电影对自己的文化资本却还缺乏基本的意识，更遑论自觉的发掘和利用。即便是对国内电影市场的萎缩，理论界和电影人还是宁愿把原因归咎于娱乐方式的多样化、放映设施的陈旧、投资来源的几近枯竭等，未能注意到观众所消费的是文化，而文化在市场上的被消费势必会对电影所投入的文化资本提出自己的要求。由于尚未把电影真正当作一种文化产业，导致长期以来只把经济资本纳入自己的视野，相反的对于文化资本的分析与运作，基本上还是处于思维的盲点。这个极大制约了民族电影进一步发展的问题，已经到了引起严重关注的时候。

（选自《福建论坛》人文社会科学版2006年第3期）

全球化背景下的中国电影生存发展问题思考

周 星

作为上个世纪标志之一的影视业，在跨过兴盛的100年后，除了面临新媒介的挑战之外，还面对着一个全球化的话题。中国电影的反应尽管姗姗来迟，却也真切直接，在每年几十部大片的冲击下，国产片的堤坝漏洞随处可见，危机的呼吁已成大势共识。所以，站在全球化视野中，立足于冲突与和谐的关系，思考中国电影的历史使命与前景，提出切实的对策，是非常必要的。

中国电影在全球化背景下的文化产业对策

中国电影面对的全球化首先是经济上的全球化，其次才是文化上为经济强势胁迫与被霸权左右。显在的文化霸权化和隐在的文化多元化的角逐愈发激烈，这里需要细细辨析。

电影的全球化问题的提出是由于世界经济全球化的威胁，全球化的大背景暗含了趋同与强势一统弱势的“一家化”，民族电影的确遇到被经济强势胁迫而丧失传统与特色的危机。事实上目前没有哪个经济开放的国家的电影可以和好莱坞电影相抗衡。电影文化的最大问题就是强势文化与弱势文化的争斗，而这强弱却常常取决于经济的强弱。中国电影在向市场经济转化过程中就遭遇了这样一个难以抵挡的文化尴尬局面。

事情显而易见：创造符合现代市场经济要求的电影生产、经营、宣传、发行体制是极为急迫的任务，而确立“全球化”的观念则更为必要。关键是观念的转化，为此的一切努力都应当赞许，比如电影业的集团化、影视业的联合，比如重视后电影产品的开发生产、加大资金投入的国产大片等主张，又比如低成本民族电影的创作等等。在此基础上，需要进一步明确全球化背景下民族鲜明艺术特色建设问题。只有经济的强盛才有全球化的发言权，也只有确立了真正全球化的宏阔视野和思维，才能毫不畏惧地抵御滚滚而来的全球化浪潮；一个民族的文化固然要靠独特性支撑，但现代条件下尤其需要以明了全球化背景的独特性，来拒斥文化霸权图谋。现代社会的艺术生存之道必须有功利的考虑，把电影的生存作为基点，没有理由排斥市场严苛的选择，也不可能回避全球化的现实；同时，艺术的发展之道又必须以民族文化的独特性为基点，没有自己的鲜明特色，无法立足于世界艺术之林，并抗衡于艺术霸权的魔爪。中国电影既要开放并勇敢面对全球化浪潮，又要加强民族多样化艺术特色，从而立于艺术的不败之地。

正确的对应观念包括：首先，电影艺术共通性是艺术的人性化。应对全球化的良策，离不开民族人性的认识。寻找民族化最为简捷的路径是相信我们悠久艺术传统的本质是和世界人类一样的人性情感追求。人之对爱的渴望、对亲情的依恋、对生命的珍惜是共同的。中国电影有情感宽容度，但艺术情感的表现力和多样化还难免局促。屏除死板的道德说教，回归人的真实情感体验，把民族自豪感和国家大义凝聚浓缩于美好深刻的情感表现之中，不但不会削弱教化价值，反而会增添内在的感染力和广泛的亲和力。其次，肯定文化差异性，强化艺术的新鲜感。实践证明，每一民族文化都有其光彩夺目的独特处，电影艺术的语言似乎是共同的，但运用语言的方式和同一语言表现的语法和修辞差异构成了风格的千变万化。艺术历史证明，中国电影艺术鲜明的文化差异特点对于世界电影是作出了特色化贡献的。近年伊朗电影以及亚洲特色的电影艺术被世界瞩目，也根源于民族文化的特色存在。中国电影只有扎实表现优势的特色文化生活，才能不拾人牙慧，因趋浪赶潮而失去自身的独有价值。最后，发掘民族艺术的独特创造性。中国电影的民族艺术表现曾经在许多时期颇有光彩，亮点在于民族风格特色和民族文化的创造灵感。眼下中国电影的低谷只因为被市场经济的规则打乱旧规，还没有缓过精神来创造新的民族风味。中国电影市场既有无穷的魅力，又有艺术充分的施展余地，我们没有必要抛弃中国民族化艺术的长处，没有理由不施展东方艺术的特色和创造力。在博大精深的文化传统熏染下，汲取人类艺术的精华，中国电影的民族艺术特色一定会发扬光大。

由此，更需要强调融合创造。即便在中国电影陷入困境的时候，也没有气馁的理由。因为正如同中国文学艺术的优秀成果都来源于深厚的底蕴和开放的眼光从而生生不息一样，中国电影的艺术创造力是不可低估的。这里的关键是支持和增强创造的机制。融合借鉴、支持创造决定中国电影新世纪发展的主要艺术方向。我们的电影正处在承继和创新的路途中，艺术、市场的纠葛还没有理顺，需要调整步伐；主流形态要求和新生活召唤的关系还没有协调好，也造成诸多矛盾，但相信中国电影的创造性会给予我们新的局面。新世纪以来中国电影已经开始了方方面面的尝试努力，譬如中外合拍影片的深入化、数码技术在不少影片中的运用、院线制的实行、宣传发行得到相当程度的资金投入、拷贝外产品的生产开始出现、对青年导演的规模化支持等等，都初步显露电影思维观念的逐步变化。随着时间的推移，特别是随着开放的加大，相信中国电影的创造能力还将增长扩大。

在新世纪中国电影融合创造的契机面前，需要宽容的心胸和关爱的眼光，也需要诚挚的批评与和蔼的建议。我们为什么不为中国电影——华语电影的进军世界（如《卧虎藏龙》）而高兴呢？关键还是在有没有广阔的视野和承认不承认面向世界的努力的价值。同样，《刮痧》得到国人好评，国外的反应相对冷淡，未必是什么了不得的问题，但由此显示中国电影面向世界的创造性努力则必须首肯。如果对面向世界的艺术创造少一点苛求，多一点宽容，中国电影的开放和世界性表现可能更好。总之，中国电影需要不懈的创造，创造需要全球化眼光，全球化意识理当以民族自足自立的特色为根基，融合创新的21世纪中国电影肯定会闯过难关，跃上艺术的新台阶。

中国电影的艺术创造性与想象力

全球经济背景下，我们也日渐明显地进入大众文化的时代。与电视相比，我们的电影行程艰难趔趄。在格外需要创造性的新世纪，中国电影的创造力没有太多长足的进展，不免让人叹惋。中国电影的不足有许多方面，但显见的烦恼是想象力贫乏，为数不少的影片表现过于“小儿科”，一些影片的乏味死板影响了国产片的整体形象，连累了其实不错的一些国产片。自身创造力的不足而非外部缺憾是中国电影可以改进的要害之一，因之，呼唤中国电影的创造性和想象力是当务之急。

在近年伊朗电影朴质却生动、韩国电影繁杂却成熟的影像面前，创造性是艺术的根本属性已经不是理论问题，而是观念领域的接受与否问题。艺术的想象力一旦阻隔，也就没有了创造性，自然丧失了感染力。艺术创造性原本自内而外体现，人们感知的艺术美感存乎内里，微妙的情感律动常常取决于想象力的美妙和超群。在艺术想象力舒展的十分巨大的时空中，艺术美感的产生自然而舒适，需要的只是宽阔的创造背景。

国产影片不乏中规中矩的常态形式，但少有奇妙构思让人津津乐道的佳构之作，艺术的创造没有成为自觉的首要任务。在期盼中奖、考虑守规、寻求商业投机超过艺术追求的大背景下，电影艺术的生存空间极其狭小。于是，国产片受冷落、没票房、缺投资、乏力作、受冷落的恶性循环就逐渐形成。进一步探究不如人意之处，从大的方面来看，包括市场表现的疲软和艺术类型的单一，情节的简单和主题的直露，表面的热闹和内在了无余味，情感的一般化和心灵震撼的缺乏等，都是人所共见的可忧之处。从要害上深究，还是艺术创造力的衰竭和艺术想象力的停滞。全球视角中的中国电影必须把促发创造性作为要务，过去年代取得的成绩的确是与艺术想象力和创造力的张扬不可分离。改革开放的年代带来的最大福音是思想的解放和禁锢的土崩瓦解，随之而来的艺术生命活力灵动飞扬。80年代中国电影的创造能力超乎常态的开闸释放，奔涌的艺术想象力创造出令世界刮目相看的艺术精品，前所未有的中国电影创造浪潮托举出艺术的新天地。事实证明，艺术的活力来自于创造，这也是人类生命需要艺术的具体体现。

应当强调，宽容是对艺术想象力最好的允诺。当年第四代导演滕文骥为《生活的颤音》尝试了一个接吻镜头，又诚惶诚恐惟恐出格，所以做好了被枪毙的准备，备拍没有接吻的相应镜头准备修改替换。然而出乎意料，宽容的审查（实际上是宽容的心态）认可了新中国电影的难得的一个接吻镜头。艺术需要迈开的艰难一步，取决于宽容的艺术心态。其实，艺术创造最为困难的在于观念，打破成规的阻碍在于陈旧的观念，成功的艰辛与突破的艰难成正比。谢晋的《天云山传奇》曾开创性的对“左”的危害动因深入挖掘，对前17年“反右”扩大化反思，触痛的不止是千千万万承受灾难的受害者，而且触怒了顽固地坚持左倾思想者，他们对影片的激烈反对溢于言表。但时代证明影片的思想价值和艺术表现深刻性正在于创造的勇气和胆量，没有冲破传统的大胆艺术创造力，那个时代的电影艺术冲击力就无从谈起。90年代有所突破的许多影片都根源于创造性的发挥。

无须证明，艺术想象力的魅力是无与伦比的，关键在于打破束缚，伸张创造的意义。艺术的当行特点是艺术创造性和美妙的想象力，在谢晋的《芙蓉镇》中，残酷年代的悲欢竟然凝聚在男女主人公扫街的华尔兹舞步中，这一精妙的细节浓缩了人性被摧残而又实难压制的精神实质。在暗夜中的人们苦中作乐，欢快舞步演绎着悲凉，悲凉中人性的辉光熠熠闪亮。这里的艺术想象力包含了人类永不屈服的精神，也显示了创作者巨大的悲悯心怀。中国的艺术家从不缺乏艺术想象力，30年代的《十字街头》中，银幕上的贫穷的大学生为了生存，把白鞋涂黑变成黑鞋的细节令人忍俊不禁，也让人深感悲戚。《神女》中对阮嫂三次接客的含蓄别致表现，既是人性关怀的深刻呈现，也是艺术表现的高超亮相。而《马路天使》对“太平里”的粉刷所寓意的粉饰太平的想象力，和关于有难同当的“难”所包含的帝国主义瓜分中国、中国人民受苦受难的奇妙索解，都可以给人艺术想象力创造细节的艺术启示。中外影像都证明，电影艺术的魅力还是在于艺术创造的美感中，我们更加需要强调开阔视野，更为宽容地看待艺术创造。要打造中国电影的艺术创造新天地，必须打破成规。

而更多的艺术表现空间更需要放手去拓展。禁区常常是人为限定的，艺术想象力的天地固然很大，但也实在经不住画地为牢的束缚。所以，艺术表现的多样不是不可借鉴，现代观众欣赏需要的丰富性决定了艺术想象的无穷施展空间。同样，在技巧的推陈出新方面也有相当宽阔的天地。90年代初期的《秋菊打官司》展开实景偷拍的极度写实，达到了出乎意料的艺术效果，艺术想象力和创造的热情造就了张艺谋难以被人模仿的出众之处。

面对入世的中国电影最为艰难的问题是艺术创造力显现，说到底，新世纪中国电影的生机活力需要艺术创造的推动，中国电影的转换发展需要艺术想象力的激活。

中国电影人性情感价值呼唤

中国电影的艺术创造力的核心体现在关于人性情感世界的真切、多样化艺术呈现。中国电影应当进入追求内在质量——情感和人性的深入表达境界了。

艺术的本质是审美，艺术是人类超越物质存在而创造的愉悦自己精神生活的某种形式，在艺术中凝聚的是人的情感欢愉和人性美好的追求。从这一意义上看，任何艺术绝对不能无视情感，绝对不能偏离人性的审美需要。花样翻新的艺术形式在本质意义上，最终都应当归结为造就人性精神的美好境界。然而，原本本源性的艺术问题，在艺术的日益丰富的发展过程中，却时常被表面性的表现形式疏离，或被各种主观意识的支配而遮蔽。上世纪科技文化积聚出的声光化电综合艺术，把电影推上了世纪艺术宠儿的得意地位。在走过如鱼得水的兴盛期后，电影多少迷失在大众文化时代的汪洋中浮沉挣扎。人们在抱怨电影的艺术魅力丧失的时候，忽略的正是电影的情感价值低落和人性需求鄙俗化因素；而许多研究者探讨问题时，更容易从市场变化、其他传媒冲击、外来文化的侵夺、行业政策的短视等外在性因素入手，淡化艺术本身的缺陷。而中国电影的新世纪发展不能不郑重对待这一难题。

中国电影的情感表现经历了不同情状的选择、遮蔽、单调、复苏和相对丰富的起伏变化，由之也产生了不可避免的兴盛和萧条交织的林林总总面貌。人性的表现禁地阻碍了艺术世界的充分展开。随着大众文化时代的降临，一些痼疾不仅没有消解，反而增加了电影情感表露的一般化和心灵震撼的缺乏等可忧之处。漠视情感表现的旧习，实际上并非产生于自然心态要求，倒是落伍观念扭曲的结果。

考察起来，披露情感人性的不足主要呈现为几种形态：单一选择性的情感表现；正统化的道德情感；单一化的人性角度等。

首先，单一选择性的情感表现，是指人为划定情感表现的界限。比如对原本人生常态的多样情感表现设定禁区，而人生个例化的情感表现更是成为控制的雷区，生活中变异的各式各样情感周折，在银幕上的反映也是单一、单调。实际上，狭隘的限定情感表现就等于抹杀人的生活世界的多样性，艺术没有情感，犹如花木没有汁液、青草没有露珠，肯定苍白无力。多样化的真实情感表现是电影艺术不可或缺的精神。丧失它导致一些电影干巴死板，毫无生趣。

其次，关于正统化的道德情感，是指对情感表现局限在道德层面而压抑舍取。于是，电影感情的表现单薄乏味，从开始就决定了结局，了无余韵。情感世界尤其忌讳教化，它听命的只是感染力，过多直露的教化无益于主题教育，却有害于艺术真实表现。过去年代的正统情感表现，也产生过许多优秀之作，但难免偏狭单一。对于新世纪的中国电影而言，扩展情感世界的表现天地，容纳常态和变异的生活情感多样性是绝对必要的，这样艺术的发展才有可能。实际上，正统情感也可以有极富深度的抒发，比如近年优秀的正统主旋律影片《相伴永远》，强化主旋律的同时，也朝着人性情感更为丰富的角度倾斜，强调爱情的牢固与人品的出众。影片大幅度地超越领袖电影的政治模式，渲染中国革命史上著名人物李富春和蔡畅的生活世界的丰富性，不仅有革命英雄精神理想的壮丽，更有情感人生的美丽，在强化相濡以沫的人生路途的坎坷时，表现危难年代生命的最后关头，夫妻挚情透过玻璃用纸笔交流的场景无声却交响轰鸣，人性的光彩震撼惊心。《相伴永远》的事实再次证明了政治人物事业的壮烈和人的情感的丰富多姿完全可以和谐统一。爱情是一个时代文明程度的试金石，从某种意义来看，对情感表现的关注程度可以窥测社会发展和艺术观念变化的深浅。而人的价值固然有种种显现，但情感和爱情永远是不可或缺的要素。对爱情感悟的深浅是时代生活丰富与否的真切体现。近年一些影片中，现代电影情感表现的独立价值得到明确的肯定，即情感不以政治角度的是非为转移，各色人等的情感都得到展现；爱情不再简单地成为事业表现的附庸，情感角逐上升到表现的主体位置；关注感情的内涵和对生命的重要价值的认识，日益得到充分肯定，情感存在的意义获得多侧面的认同等等，构成中国电影难得显现的艺术生活风景。没有时代的开阔视野，艺术情感的表现不可能如此堂皇的登堂入室，多样细致。感情的单一化曾经是伴随单纯年代的产品，那么，对情感表现的复杂多样展示就构成开放年代电影的必然趋势，青春的纯洁，爱情的烦恼，情感的混乱嘈杂，依恋的自得和舍弃的痛苦，构成情爱的交响。事实上，在中国电影试图挣脱转型历史阶段的低谷境遇时，还没有什么现象比对感情表现那样更显示出接近艺术本质的努力成效。

最后，单一化的人性角度，是指我们的创作人性表现的肤浅，表现情感常常无关痛痒，缺乏痛彻人心的震撼力。情感和人性是艺术不变的主题，对情感深度的表现是与对人性复杂性的理解相关的。中国电影不应该忽视真正从人出发的高尚情感，必须把艺术主题的核心——人性关怀，作为表现的要义。在当年的《秋菊打官司》中，我们实际看到的是发自于人性的尊严呼唤，在《红高粱》中感受到人性蓬勃感情的张扬。近年的中国电影已经有规模的展现情感人性的多样深度，但关于人性意识探究的影片并不多见，这的确是导致中国电影发展难以深入的重要因素。当然，中国电影人作出了一些探索，《说出你的秘密》从一对夫妇因妻子车祸肇事后隐匿不说，而导致整体生活世界的微妙变化，深入挖掘了人的复杂心理内涵，丝丝入扣，逼真现实。《益西卓玛》同样充满了人情的魅力和人性的光芒，人性主题所蕴涵的魅力是真挚动人的。这部影片的出现颇费周折，也说明传统观念对人性表现某种程度的陌生和束缚。当然应当看到，中国电影的民族情感表现还是有不少出色作品，而梳理中国电影情感表现误区，并不意味着否定中国电影的长处，恰恰相反，是要强化和正确认识新世纪中国电影的情感表现的必要性。我们取得的成绩和失误，从正反方面证明中国电影到了正视艺术表现人性情感深度的关口了。如果说，过去中国电影的体制还多少忌讳超出传统意义的情感表现，那么，改革开放的必然趋势和丰硕成果已经为不断深入的体制改革奠定了基础，为中国电影打开视野，张扬民族艺术情感世界铺平了道路。加强艺术的情感世界也是证明和提升电影体制成效的标志。渴求情感和追慕失去的情感，成为艺术愈来愈明显的主题。我们不是太多《我的父亲母亲》这样优美抒情的作品，也不是过剩《那山那人那狗》这样富有情感韵味的佳作，中国电影的情感艺术需要加强。无论是《菊花茶》这样的简朴纯洁余味无穷的爱情故事，还是《益西卓玛》这样情感纠葛的复杂故事，或是《横空出世》这样雄浑大气的时代情感故事，都是中国电影艺术深入的必然产品，它们为情感世界的多样化作出了探索。艺术本质在情感世界的复杂呈现中开始得到栩栩如生的表现。

全球化视野中的中国电影艺术的多样化局面肯定会到来，多样化形态中的中国电影特色依然是立足之本，特色鲜明的民族艺术风格将为世界电影多样性提供丰富的范例。中国电影将在冲突与和谐中实现自己的艺术价值。

（选自《北京师范大学学报》社会科学版2003年第1期）

新技术条件下的中国电影产业发展态势

王志敏

在全球化的形势下，讨论中国电影产业的发展问题不能脱离世界电影的发展水平（包括技术水平和艺术水平）。这是我们必须面对的现实。我们现在看得非常明显的是，影视技术的传播壁垒已经开始松动了。电影自诞生以来，在制作方式、存在方式与传播方式三个方面都得到了非常迅速和相当充分的发展，这种发展既取决于电影新技术的发展水平，同时也取决于我们对于这个问题的认识是否具有较高的自觉性，较少的盲目性。

电影的诞生是科学技术的产物，一部电影发展史就是一个不断地进行技术创新走向完善、艺术创造趋于完美以及这两者不断地相互促进的过程。特别是近年来迅猛发展的数字化进程所造成的影视之间相互融合、相互渗透的发展趋势，更是值得我们高度关注。

我们有必要从电影的概念讨论入手。也就说，新的形势之下，特别是从数字技术可能造成的媒介产业重组的前景来展望中国电影产业的发展态势和发展格局，必须建立在对于电影的新的理解和界定之上。

只要稍微想一想就会发现，人们对电影这个词儿的认识确实经历了一个比较长的过程，直至现在仍然有些糊涂，但是现在不能再糊涂下去了。电影形成一定规模的传播必须有一个公共场所。1985年12月28日，路易·卢米埃尔与其兄长奥古斯都·卢米埃尔用一台被称之为“活动电影机”的设备在巴黎卡布大街14号咖啡馆的地下室里，第一次公开售票，公映了他们的第一批影片，这一天后来被电影史家确定为电影的诞生日。这种放映活动被推广的后果是，专门用来放映电影的场所产生了，这就是电影院。现在的情况发生了很大的变化，今后还会继续发生变化。这里有一个情况值得特别注意，在电影院里播放的电影在相当长的时间里大致有三大类：故事片、纪录片和美术片。目前国内的电影院大体上只剩下了一类，即故事片。纪录片和动画片的播放只是一种零星的行为。今天，我们既可以说纪录片已经沦落为电视节目了，也可以说纪录片改变了它的存在形式和播放形式。但令人感到奇怪的是，似乎没有人说纪录片已经消亡了，却有人在谈论电影（即故事片）的死亡。有了电视以后，人们从来都不认为在电视中播放的电视节目也是电影，哪怕播放的是电视剧。尽管看起来，真正的电视节目大概只有一种，这就是现场直播（中国的第一部电视剧《一口菜饼子》就是直播电视剧）节目。直到电影（无论是故事片还是纪录片）变得可以在电视上播放了（或者通过无线远程传播或者通过录像机、VCD机等），乃至直接为了在电视上播放的目的而拍摄所谓“电视电影”（无论是用胶片、磁带，或数字化材料）的时候，人们还是没有产生这种认识。主要的原因，除了面对种种新的情况熟视无睹以外，不是认真地思考电影的概念问题，而是把电影的历史性存在方式和传播途径同电影本身过于紧密地联系在一起，顽固地坚持着电影的“影院电影”的历史界定：“只有在电影院中观看电影，才是真正意义上的观看电影”这样一种相当传统的观念。

现在的问题是，任何狭隘的电影观念都会影响我们对于中国电影现状及未来的客观估计和展望了。

邵牧君先生在一次研讨会上就中国电影的发展现状问题，批评中国电影有七大“怪”现象。其中之四是大力进行电视电影的拍摄：“电视电影的发展导致大家倾向于低成本运作，难以制作出精品。观众习惯了看电视电影后，就不会再走进影院看电影。我们不能因为我们现在的电影法规和电影基础设施达不到要求而退而求其次，这不是解决问题的办法。”邵先生显然没有从如何调节电视电影和影院电影之间关系（诸如比例分配等等）的角度来看待问题。邵先生不是把中国电视电影的发展看成是中国电影发展的一个方面，看成是以一种新的方式满足了中国广大电影观众对于电影的需求的结果，而是看成了挤压中国影院电影发展的一个应予纠正的失误。尽管如此，在邵先生的责难中我们仍然能够看出一个意味深长的事实，这就是，电视电影确实具有在一定程度上替代影院电影的功能。这一点就是邵先生也是承认的。我想邵牧君先生一定不会愿意看到这样一种情况的：“由于卫星传播和有线频道的发展，美国电影在欧洲电视播放的电影中也占有了70%”。由此可见，在中国电影现有生产量的状况下，保持一定规模的电视电影的创作和生产，不失为满足广大观众在电视中看到电影的需求的一种可行办法。

台湾学者卢非易对于电影的态度看来要宽容、豁达得多。他在他的妙趣横生的短文《模糊中的界线，重新定义的电影》中直截了当地提出了“电影怎么了？电影到底将变成什么？”的问题。他抱着一种乐于认同的态度指出：“而‘电影’只管一径地往前冲，把大家狠狠地抛在背后。”“世纪末，电影的界线模糊了，电影的定义松动了。”

他大概意识到，事态的发展决不是靠义愤填膺就能解决的：“电视台决定出来拍电影（公共电视的《少年葛玛兰》、民视的《天马茶房》、和信与香港中国星的电视电影），电影公司忙着拍电视（纵横国际的《徐志摩传》）。”“电影委身录像带在视听室里首映（《魔法阿妈》在诚品书局），而电视录像作品却跑到电影院放映（《美丽少年》）。”

他的结论是坚定不移的：“新科技的物质条件，不管电影人情不情愿，都将彻底地将电影改头换面。下个世纪的电影很可能没有胶卷、没有影棚、没有布景、没有放映机、没有影院。电影将化身在有无线电视、私电视与公电视（机场、酒吧）、网络电视、手机、电子书页、个人数据簿（PDA）、因特网、电玩与多媒体、甚至足球场上的超大屏幕或镭射投影之中。从生产（数字生产、虚拟影像）到行销（跨媒体整合行销）、到消费或重组再消费（影像单位元化、数据库化与重拼贴化），电影都将走出旧世界。”

虽然某些方面我并不完全同意他的描述，但我仍然认为，对于中国电影产业的未来发展态势与格局的展望必须不失时机地建立在对于电影的新的与时俱进的理解和界定之上。在我看来，事态的发展在很大的程度上证实了我在大约1956年以前对电影做出的界定：“可以配有声音效果并具有画面性质的活动影像。”进一步的证实还有待于对事态发展的继续观察（当然，这也需要一定的耐心和前瞻的眼光）。也就是说，电影不仅必须而且一定会成为一个具有包容性的概念。虽然现在还没有发展到一定要把电视剧乃至电视节目也包括到电影之中的地步。眼下虽不急于收编，但是应该想到，将来一定会出现把这两者当成同类产品的不同规格的品种来加以对待的局面。依我来看，下述统计表述是意味深长的：1998年，美国的第一大出口行业既不是飞机制造业、也不是农业，而是影视和音像出版业，出口总收入达600亿美元；美国视听产业（影视和音像）在国民经济中的排位已由1985年的第11位跃居到第6位；在录像市场上，美国1997年仅录像租赁收入就达96亿美元”。从中国电影发展态势的角度来看，从现在开始，预算一部影片的投入和产出，不仅必须考虑到它在影院和“影厅”中的放映情况，而且还需要同时考虑到它在电视中的播放情况（包括排映和点播），以及光盘、像带的销售情况。其不言而喻的前提是，还要建立在确保上述种种考虑的有效性的保障体系的存在之上。既然“在美国，电影的海外市场、电视播映、音像制品和其他副产品的收入占总收入的65%左右”，我们还有什么理由称这些收入为“后电影市场”开发呢？这些难道不是题中应有之义吗？在我看来，有了这样的电影观念，才是一个根本性的转变，这一观念对于全方位地同时又是布局合理地发展中国的电影事业是很有益处的，我们可能就不会杞人忧天地发出电影的“生存还是死亡”的无谓天问了。

从这样的观点和角度（即所谓行业混淆 Confusion 或产业重组）来看中国电影产业的未来发展态势与格局，2001年12月中国广播电影电视集团的成立，就是一个标志性的事件。特别是它统一考虑中国电影和电视发展战略的眼光就变得更为重要了。虽然问题变得更加复杂、扑朔迷离，其间充满了太多的变量和难以把握的机会，但是却让我们可能看到更多的希望。在这情况下，高度的自觉性和清醒的意识变得比以往任何时候都更加重要了。

我们能够看到，在为中国电影的发展献计献策和“开药方”的热潮中，“全球化”和“产业化”可以说是两个使用频率最高的用语。应对全球化和实现产业化甚至被某些人当成拯救中国电影的前所未有的契机和良方。在这情况下，现代影视技术的革命性的力量以及所必然带来的要求即“产业重组”和观念更新的问题，在一定程度上受到忽视也是可以理解的了。因为，尽管计算机、互联网（包括无线、宽带及数字化技术）的迅猛发展对人类社会生活所造成的影响，几乎超出了任何人的想象。但是这一新兴媒体技术及产业对传统媒体产业（如报刊业、电视业乃至影院电影业）及其观念的冲击才初见端倪。因此，从现在开始就转变观念，在全球化和产业化的基础之上，认真地面对和贴近中国的现实，努力寻求适合中国实际情况的发展思路，仍然是来得及的。但有一点我觉得有必要及时加以改变。“近年来的好莱坞电影越来越贪得无厌地追求视听奇观性，电影题材越来越变本加厉地脱离人们的现实体验和现实生存，无论是故事或是视听造型都越来越缺乏人文意蕴，越来越强调表像刺激，玩弄技术、玩弄奇观的倾向正在将电影带向一条远离真实、远离性情的道路。”由此看来，一个国家的某一文化行业的产业化及其国际化程度，肯定有一个由政治、经济，乃至文化诸多方面因素共同形成的历史性进程。绝非一朝一夕就能毕其功于一役。设想一个正在调动一切力量“全面建设小康社会”的发展中国家去打造和发展国际化、跨行业的本国电影的“航母”，无异于天方夜谭。

从这个角度看问题，情况可能反而更加清楚，而且更加具有启示意义：影院电影业大幅度滑坡、重振乏力，在这方面，即使实现了中国电影的所谓“产业化转型”，似乎也看不到与好莱坞电影打拼的乐观前景，至少在短期内是如此；倒是产业化程度不如电影的电视业的强劲发展势头未现明显减弱的趋势；电子图书和数字图书馆虽在大力建设、不断发展，目前还看不到印刷图书业迅速萎缩的迹象（尽管这种情况根本无法同过去相比）。与此同时，电影在其各种制作方式、存在方式和传播方式（特别是后两个方面）的比例分配方面正在进行着可能造成剧烈变动、重组的积累和酝酿。

特别值得注意的是，电视系统的终端和网络系统的终端（即电视机和计算机）将要合一的传播技术前景，虽然尚需时日，但肯定是在紧锣密鼓地进行之中。其中，数字化进程及其技术应用与技术保障的进展，更是一个巨大的推动力量。决不能把这些重要的进展看成是与中国电影的发展前景毫无关系或无关紧要的事情加以对待。我们完全有理由去设想这种情况对中国电影的未来发展可能造成的深远影响。

据有关人士透露，到2002年底，广电总局已经建设完成国家光缆干线网3.9万公里，省级光缆干线电视网超过11万公里，市级以下光缆传输网超过了30多万公里，可连通2000多个县级网、1000多个企业网、3000多个社区，全国光缆总长可超过300万公里，并在东南沿海省份基本上实现了全部联网。据说，广电总局已决定全力推动有线网的商用，目前正在按计划分步骤进行，并对有线传输网进行双向改造，推出节目传输、带宽出租、广电线上门户网站、数字电视、电视短信、可视电话、手机电视等业务。

据报道，现在国内一些地方已经可以通过给普通电视配个“机顶盒”就能收看数字电视了。可收看到清晰度更高，音响效果、抗干扰能力更好的数百套电视节目，可以进行实时点播和实时互动。其中包括主题电视、家庭影院准视频点播（NVOD）、互动体育、电视游戏、多媒体杂志和信息等多种业务。广电总局已经有了比较详细的时间表，到2005年，使我国1/4的电视台开通数字电视节目，到2015年停止模拟电视播出。美国国会1997年就规定了数字化转型的时间表：在2006年12月31日之前停止播放模拟电视信号，改为播放数字电视信号。美国联邦电讯委员会（FCC）2002年8月8日做出决定，在2004年至2007年，美国新出产的电视机将完成数字化转型。无论形势发展到何种地步，有一点可以肯定，不管是电影还是电视，每一种传统传播的方式都不会轻易退出历史舞台。戏剧上演了几千年，至今仍然在继续上演。影院电影只上演了一百年，决不会轻易就死掉。在整个电影的播放系统中“寥若晨星”也是一种存在方式。影院电影的确会越来越少，这一点几乎毫无疑问。想一想电影的“黄金时代”正是电影的视听质量都不怎么令人满意的时代（当然是同今天相比），就会明白这一点。试图通过保证电影视听效果的高品质来振兴或恢复“影院电影时代”的昔日辉煌（将近年300亿人次的影院观影量），看来是没有什么指望了。或许“厅电影”（一个电影院里有多个电影厅，不是只有6到8个厅，而是更多）会越来越多，就像现在大城市里的超市一样星罗棋布。但相当数量的电影拍完之后很快或立即就成为“电视节目”的情况将成为一种常规状况。这种情况并不像我们许多人所想象的那么悲观。

特别是，当技术的发展到了能够在电视中（或电影厅的一个终端中）真正点播电影（当然也会包括一切电视节目，在数字化的条件下这一点是不成问题的）的时候，将会发生什么情况呢？

对于中国电影未来发展态势的这种设想，将会提出一系列迫切需要加以解决的问题，这些需要依次解决的问题既有关于技术方面的，也有关于制度和法规方面的，更有理论研究与批评方面的。例如，建立不同级别的节目源站点，进行各种节目的大规模的收集、分类、整理和数字化。其中包括传输方面的建设，目的是便于检索、搜索和点播。在这种情况下，知识产权的保护问题、收费定量（实际上是计费）问题、电影界定的再确认及科学分类问题都会顺理成章地提出来。充分发挥我们的智慧建立和完善适应我国实际情况的、有利于中国电影健康发展的电影、电视法律法规体系也会成为一件非常紧迫的事情。反对收费的观点将会被证明是非常短视的，而采用收费就一定要研究科学的计费办法。据报导，电影频道要每年年终拿出1000万元，依照每周的收视率，给前10位的电影发奖金。从理念上讲，这种奖励各制片厂生产的优秀国产影片的措施，相当于通过返还一部分销售利润给厂家，以补价的方式来实现优质优价，根本的目的是为了以经济手段鼓励制片厂制作更多更好的影片。

按照我的设想，今后的电影（特别是电影在被数字化以后）可能会被分成三个大的类别：叙事片一类，资料片一类，论述片一类。我建议把 Documentary 由原来的纪录片改译成资料片，翻译成文献片也无妨，只是一定不要再译成纪录片了。我认为，不管是谁，把 Documentary 译成纪录片，都是一个已经造成了严重影响的历史性错误（哪怕是有历史原因的）。误译的情况在历史上屡见不鲜。但造成如此严重影响的例子并不多见。在新的理解之下，电视剧和电视节目都只不过是电影的一种形态或一种类型而已。

从节目的传输方式上看，可以分为“流介质”（有线与无线）传输和“移介质”（像带与光盘等）传输两种，或“在线”传输与“离线”传输两种。传播的方式有院、厅播放和家庭播放两种。即“公”播放和“私”播放。无论是公还是私，都是既可以采取“排映”式，也可以采取点播式。影院电影或“厅电影”，因其规模较大或具有一定的规模，而更适合于“排映”。“厅电影”规模越小越适合于点播。私播放特别应该大力开发“浏览技术”。我们知道，“公”播放的“排映”方式，可以适当地插播广告，而对于“浏览”方式来说，任何形式的广告“插播”，都将变得毫无意义。

未来的综合性传播系统将要面临互联网产业曾经面临过的同样问题，即经济回收的难题。广告收入在互联网产业中所占的份额是有限的（现在情况已经有所改变），而对电视业的收入却是极其重要的。但现在所面临的情况却是，广告在电视上已经到了泛滥甚至饱和的程度。已经不存在多少发展空间了。我国电视广告大幅增长的状况已成历史。据胡正荣统计，去年全国电视广告的增幅大约为17%，低于以往的30%以上的增幅，预计今年的增幅将低于10%。

现行电视中“公播放”及“排映”方式所形成的广告泛滥、节目冗长的让人感到相当无奈状况的负面影响并没有被很好地估计。

我们现在可以设想一下，我买一张票，到电影院里去看电影，跟我买一本书拿回来看，这两种行为在方式上有一点是很相似的。我既然买了票，不进去看和进去看了一会儿又出来了的情况是一样的。买一本书，根本不看和即使只看一部分，都是要买下整本书的。但也有一点不同，买了书，现在不看以后要看的时候还可以重新看，但看电影就不行了。从这个角度来看，买一张光盘和买一本书倒是相同的。如果我们承认，买光盘和买书的行为水平一样，买票比买书的方式还要落后。那么我们就是在接受一种更新的理念。从媒介发展的角度来看，电影和电视都是比书籍还要高级的媒介方式，应当有更高级的付费方式，却没有相应地提高，这正是问题的症结之所在。

在新的需求的推动下，将来一定会研究出一套行之有效的“收视”收费技术。其中最主要的技术，包括反复制技术、播放计时技术、点播计数技术、在线浏览技术等具有革命性的技术。我们知道，节目制造商、发行商和广告商都越来越想知道节目的收视情况。在新技术的条件下，特别是在“公”播放的“排映”方式也可以使用浏览技术的时候，毫无疑问，广告的播发方式将发生根本性改变，与此同时，“受众”与媒体、作品与接受者的关系都将发生根本性改变。其后果是，一定会影响到作品的内容和结构方式。

也就是说，点播计数技术、在线浏览技术和浏览计时技术一定会促进未来电影电视作品的形态发生重要改变。在我看来，数码化的影视作品的在线浏览计时、统计技术的成功可以视为一件重大的造福于人类文化的带有革命性的技术。其重大意义无论怎么估计都不会过高。因为，“数字时代，内容瓶颈尤为突显”，也就是说，内容的价值变得更加重要了。一部作品，被多少人看过当然是一个重要的数据，某些部分被观众跳过去的次数则是更加重要的数据。在这种情况下，像《渴望》这样的让中国广大电视观众喜爱的优秀电视连续剧，可能也不一定需要50集，也许30集或40集就足够了。

在新的机制之下，我们才可能指望艺术恢复它过去曾经有过但已几乎丧失殆尽的尊严。黑格尔等人关于艺术的并不乐观的设想也将变得根据不足了。影视作品的数字化保存技术，及在大范围内可以流通和检索的技术（包括作品语言的语种可随意选择），将有可能使得人们对于“艺匠”作品的需求几乎降至最低。相反，对于真正艺术作品的需求会被提高到前所未有的地步。理论的贬值也将成为过去，恢复其崇高的威望。电影教育在整个国家的国民教育体系中（小学、中学乃至大学）也将会获得其应有的位置。电影这种建立在现代科学技术发展的基础之上、在20

世纪发展起来的新的文化形态，已经成为20世纪人类文化的最重要的成果之一，应该在全民教育中获得应有的和合理的位置。从而确保印刷文化与电子文化（影视文化是其主体）在全民教育的内容配置方面，保持一种均衡的发展态势和合理的格局。在这个意义上，中国的电影教育才刚刚处在起步阶段，还有很大的发展空间。让电影成为“教科书”，既不是对中国电影的诅咒，也不是中国电影人的梦魇。而发展中国电影教育的双重后果必然是，为中国电影培育出一大批高质量、高品位电影需求者，进而为中国电影培养出一代新的创作者打下坚实的基础。

（选自《文艺争鸣》2004年第1期）

中国电视内容生产的潮流与趋势

胡智锋　顾亚奇

“内容为王”这个短语也许是最近几年中国电视业界与学界使用频率最高的短语之一，但到底什么是“内容为王”，为什么要“内容为主”，内容何以为王，大家见仁见智有许多不同的理解。在这里我们想对当前中国电视内容生产带有潮流意义的动向以及可能的趋势做出自己的表述。

“品”——中国电视内容生产的三个时代

中国电视多年的发展历程从内容生产的角度看，大体经历了三个时代。与此相对应其电视内容具有较为鲜明的不同特征。以“品”字来划分，我们可以将它们划分为宣传品、作品和产品。

1.“宣传品”（宣教时代）。从20世纪50年代末到80年代，电视内容主要是承载着党和政府主流价值的宣传以及对公众进行教育的功能，在新闻、社教、文艺以至体育、少儿服务等若干领域都或多或少具有这样的特点。由于各个领域的内容都主动地承担了宣传教育的使命和功能，因此这个时代的电视内容可以称之为“宣传品”。

2.“作品”（创作时代）。从20世纪80年代到90年代中期，伴随着改革开放的逐渐深入，电视传媒从业者的个人职业化诉求和专业化追求得到了普遍的尊重和重视。一个非常显著的变化是，宣教时代作为宣传品的电视节目创作者模糊的个人形象在这一时期得以凸显，他们的名字在电视节目的播出过程中经常被呈现，而每一个电视从业者也因此格外珍惜和重视自己的这份工作，因为他们可以把自己参与的节目内容视为自己的创作。也就在这个时期，一大批著名的制片人、编导、播音员、主持人以及其他电视制作环节的工作者为人们所尊重。在相对应的电视内容方面，尽管不可能完全摆脱宣传教育的色彩和功能，总体上看却已不再是“宣传品”而成为“作品”。

3.“产品”（生产与传播时代）。20世纪90年代中期以来，随着电视传媒市场化程度的不断加深，电视的内容与市场、与观众的收视日益紧密地结合在一起，计划经济时代只算宣传账或只算创作账的观念和做法已经很难获得现实的市场支持。一些以往在主流电视媒体中不太提及的字眼，成了这些年来电视媒体从管理者到每个工种从业者所关注的焦点，如产业化、集团化、市场、效益、效率、收视率、受众需求以及成本核算、营销广告等并影响着他们的电视实践。这个时期的电视内容，已经不再是宣传主管部门意志的简单呈现，也不再是电视从业者个人主观的个性表达，电视内容的存在更多体现了市场的需求和观众的选择。从电视内容的组织策划、运行直到最终的价值实现，这一特征体现得日益明显。我们称这个时代为“电视生产与传播时代”，称这个时代的电视内容为电视“产品”。

显然这三者的评价标准也各有倚重：对宣传品的评价标准主要是导向，即它是否实现了正确的导向和较好的宣传效果；而作品的评价标准主要看它的创新价值比如它的独特性、原创性、个性；而作为产品，其评价标准就转换成它的市场价值的实现，比如较高的收视率、较强的广告拉动能力或者市场的回收能力、开发能力，能否形成产业链、创造市场价值等等。中国电视内容生产从潮流和趋势看，已进入了一个以产品制造和生产为追求的时代，但同时来自主流媒体的宣传要求和来自职业电视人的专业要求，也就是来自宣传品和作品的要求，使电视从业者在“三品”之间的选择上不断地徘徊、游移，不得不在“三品”之间选择一个重心。有抱负的电视从业者往往希望三

“品”同时成功，但在现实情境中这是一个非常艰难的目标。而这恰恰是当今电视内容生产者面临的困境所在。

需要说明的是，中国电视在它的发展进程中，第一位的功能和使命始终是正确健康的宣传教育，这一点是不会动摇的。同时电视的内容也不可能脱离高度的专业化和个人化创作基础，这也就意味着电视内容作为宣传品和作品的意义和价值在任何时期都是不可忽略的。另外需要指出的是，所谓中国电视三个时代的递进，只是从总体上呈现的趋势来划分的，不能简单理解为泾渭分明、互不搭界的三个阶段，而往往呈现出“你中有我、我中有你”的交叉状态。通过对中国电视内容生产演变轨迹的勾勒，我们不妨将宣传品、作品、产品的阶段性更迭作为横坐标，将“传者主体”到“受众主体”再到传受互动的主体性转换作为纵坐标，在一个新的坐标系里来定位、解读电视内容的传媒本质。

“时”——电视内容的传媒本质

在相当长的一个时间里，我们发现电视内容的两大部类，即以电视新闻为主的非虚构类的内容和以电视剧为主的虚构类内容，构成了电视荧屏上的两大主干内容。当然，非虚构类的内容还包括了新闻性的各类节目，虚构类的内容还包括艺术性的若干节目，介于这两类内容之间还有一大批兼具非虚构与虚构特质的内容，如一些纪录片、专题节目和各种形态的类型节目。由于这两大部类内容以及中间地带内容的复杂构成，使我们对电视内容的认识也经常产生困扰和混乱。尤其是最近十几年来，随着电视内容竞争的不断加剧，各种新形式、新形态、新样式、新方法层出不穷，在电视荧屏上不断地刮起了各种各样的新的潮流和旋风。仅以样式和方式而言，最近几年颇为流行的就有“媒介选秀”“聊新闻”“真人秀”“电视读报”、“益智博彩”等等不一而足。在令人眼花缭乱的各种新形式、新样式、新方式、新形态的相互克隆、相互模仿和相互追逐中，许多电视内容生产的从业者都希望引领潮流至少追上潮流而不希望被新的潮流所淘汰，并因此陷入困惑乃至迷失方向。

在这种情境中，我们不得不反思电视内容的本质到底何在？我们认为，不论电视的样式、方式、形态等有多少新奇怪异的组合，电视内容作为传媒的本质永远是第一位的，而这一传媒本质又集中地体现在一个“时”字上。由于电视内容的播出完全按照人们日常生活的自然时间流程进行设置和编排，因此电视内容与生俱来地拥有了作为人们日常生活伴生物的独特传媒性质，不论是非虚构类还是虚构类内容都无法脱离“日常生活伴生物”的电视传媒本质；所谓“即时性”或“时效性”，不仅仅是对信息类的新闻节目而言，从广阔的意义上来看，所有的电视内容都应当把握和体现日常生活伴生物的“即时性”和“时效性”。具体说来，电视内容的“时”至少体现在以下五个方面。

1. 时代。时代是电视内容所发生的最宏大的背景，如果电视内容能够体现足够的时代感和时代特色，它就会为人们所关注、所记忆。不论是多么动人、感人和有深度的内容，如果不能体现我们时代最富普遍意义的价值取向、精神气质和心理状态、情感状态，电视内容就很难受到观众的欢迎。

2. 时尚。时尚更多关注的是一个时期比较前沿、比较新锐的一种潮流和取向。由于电视内容不仅仅是传统意义上的宣传与创作，而是与电视媒体的产业和市场开发紧紧结合在一起的，因此是否具有时尚特质，往往意味着是否引领大众消费进而吸引大众的关注，形成相关的产业链。所以不管我们喜欢不喜欢，电视产业和市场开发的客观需求都要求电视内容具有时尚特质。

3. 时下。至少从电视内容的叙事层面来看，关注时下、关注当下，从现在进行时的问题、现象和状态切入是电视内容相当明显的叙事特征。我们发现同样的内容如果按照从“盘古开天地”说起的方式展开叙事往往会远离现在的观众，而从当下切入从时下观众普遍熟悉、甚至现在发生的某些现象、动态问题切入则能抓住观众的注意力。

4. 时机。这里主要指的是播出时机。电视内容传播效果如何，恰当播出时机的选择常常是关键性因素，若能准确地判断来自政治市场、文化社会心理等诸多方面的趋势，选择最合适的播出时机来满足观众的期待和需求往往会产生事半功倍的良好效果；反之轻则事倍功半，重则出现偏差，甚至影响电视媒体的形象。

5. 时段。同样的电视内容选择什么样的时段进行播出大有讲究。特定电视内容与特定时段大多有着普遍的、规律性的对应关系。一般说来常规工作的早间、日间、午间、晚间和深夜，每个时段观众收视大体都有相似的普遍需求。比如早间时段以信息总汇、高频度、短资讯、大信息量和一定服务功能为主要特点的内容可能适合大多数电视观众，尤其是上班族的需求；深夜时段也许心理访谈、情感谈话类内容或者深度新闻评论性节目更受欢迎；日间时段故事性的电视连续剧也许是一般观众普遍的需求。当然由于国家与地区、特定地域、特定年龄段以及职业、性别、生活方式等所带来的差异也是显而易见的。因此不同媒体、不同内容的不同时段的设计将是电视内容实现传播效果最大化极其重要的因素。

可见，无论是用“宣传品、作品、产品”对电视内容的不同特征进行描述，还是对于电视传媒本质的“时”展开分析，我们都能从电视内容的发展趋势和潮流中发现“多元共生”的电视文化的总体特征：“时代”元素的强调，是从媒介主体的“宣教”立场出发的，对应着电视内容作为“宣传品”的形态，强调了内容的环境定位而“时下”、“时尚”，更多地将诉求点放在受众的视角，突出了电视内容作为“产品”的特征，着眼于收视后针对受众的行为促发；至于“时机”、“时段”则显然是从媒介的立场出发，为追求传播效果最大化、实现电视“产品”的效益而采取的传播策略，意图在于效果强化。因此环境定位、行为促发和效果强化的多重指向性使电视传媒本质的“时”较之传统的“时效观念”，具有了更为复杂、丰富和多义的内涵，也直接或间接地衍生出实际内容生产中需要灵活掌控的诸多关系。

内容何以为王——当前电视内容生产中应处理好的六大关系

在具体的电视内容生产过程中，可能会面临若干关系的处理。其中有六对关系我们认为是特别需要注意并处理好的。

1. 必视性与可视性。在相当长的一个时期内，中国电视内容的评价标准经常围绕着“可视性”展开，简单地说就是要“好看”。“可视性”或“好看”对电视而言无疑是重要的，不能不强调。但是仅仅追求“可视性”或“好看”显然是不够的。在今天若想使电视内容获得足够的传播效果，强调“必视性”也许更为重要。所谓“必视性”，简单地说就是“一定要看”。为什么天气预报常常在各种节目收视率的排行中名列前茅？恰恰在于天气预报与人们的日常生活、工作安排密不可分，“不看是不行的”，因此天气预报拥有了“必视性”的特质。同样，一些重大的时事新闻、重大的体育赛事、重大的节庆庆典以及不同群体观众所特别感兴趣的内容都具有“必视性”，因此电视内容的生产除了内容自身应当追求“可视性”外，还应当想办法通过导视或宣传预热等手段强化其“必视性”。

2. 相关性与悬念性。电视内容自身的结构叙事应当充满悬念，令人期待，这一点在近几年的电视内容生产中得到了大家的普遍重视。各种类型的节目都在追求充满悬念的故事性，这一点无可厚非自然也是重要的。但“相关性”的强调对于今天的电视内容或许更加重要。所谓“相关性”就是内容与百姓观众之间的一种关联度：是不是百姓观众所迫切需要的？是不是与百姓观众紧密相关的？是不是百姓观众所高度关注的？这是判断内容是否具有相关性的重要标尺。好的电视内容应当是相关性与悬念性的有机结合。

3. 点与面。所谓“点”包括情节点、事件的转折点，也包括具体个别的细节点兴趣点和高潮点等等，是观众可以直接捕捉、直接感受的具体、生动的那些内容。所谓“面”则往往是相当宏观的，具有普遍性的那些内容。过去很长时间电视的内容相对重视“面”，而对“点”的捕捉和表现不足，给人留下宣教味、说教味、不生动、不具体的印象。近一个时期，一些优秀的电视内容非常重视“点”的选择、设计与表现，这固然是可喜的进步，但有时也会出现“只见树木不见森林”的问题。在高度重视具体、生动、细致的“点”的捕捉、设计与表现时往往忽略了普遍意义、典型性和本质性的开掘，有价值的电视内容应当体现点与面的有机结合。

4. 真与假。关于这一对关系业界与学界已经探讨了若干年，我们认为在这一对关系中至少可能出现四种情形：真的内容产生真的效果，假的内容产生假的效果，真的内容产生假的效果，假的内容产生真的效果。假内容产生假效果当然应该唾弃，这应是一个简单清晰的判断；假的内容产生真的效果尽管未必可取，但的确可以见出内容生产者的功力；真的内容产生真的效果当然是我们提倡的，而真的内容做出假的效果则是非常令人遗憾的。可是，恰恰是这种情形大量存在于我们的电视内容中。许多真实、真切、真诚的内容被我们的内容生产者、制作者处理加工后却在电视播出时给人产生虚假、做作矫情的效果。因此，如何避免把真的做假了，也许是我们目前所要解决的主要问题。

5. 情与理。情感与理智，感性与理性，感受与理解，这是电视内容生产中经常面临的一对关系，对这一对关系的理解，在认识上我们都懂得情理交融、寓情于理、寓理于情的道理，但真正做起来则难免有所偏颇。有的内容抓住了动情的素材，就一味地放大、放纵、泛滥情感的表达和表现，使得电视内容过度感性，失去控制，无法给观众留下足够的审美张力和空间。有的内容抓住了很有说服力的道理、哲理就一味地强化、渲染，使得内容或过于说教或过于沉重和板滞，从而失去了电视内容应有的情感灵动的空间。

6. 深与浅。电视内容不论其原始素质如何，最终总要以特定的方式表述出来，而如何表述不可避免就要面临深与浅的关系处理问题。在深与浅的关系上，也至少有四种情形：深入深出，浅入浅出，浅入深出和深入浅出。“浅入浅出”，自然轻松、放松；“深入深出”尽管从电视观众瞬间接受的特点来看不值得提倡，但也算可以为观众所理解；“深入浅出”当然是我们追求的很高的境界与目标，能够把复杂深厚的内容以浅白、浅显、明晰的方式让大多数观众接受，这是我们不仅要提倡也要永远追求的一个目标。当然，要达到这一目标是很不容易的。但无论如何，我们坚决反对“浅入深出”的表述，原本简单明了的事件由于缺乏清晰的逻辑、合理的结构或恰当的叙事，有时甚至是故弄玄虚从而导致简单的内容复杂化，给人或艰涩或迷惑的印象，这种状态和结果是我们必须避讳的。

对于当前电视内容生产的潮流与趋势的判断和认识，

不同的从业者、不同的研究者都会有各自的看法和表述，我们这里所谈到的上述三个命题，有些可能是老生常谈，有些可能是近期特别突出的问题，有些可能是常说常新的话题，有些可能是当下亟需解决的命题。但是总的目标是明确的，这就是电视内容的生产一定要立足于最佳传播效果的实现上，努力探索出符合国情、地情的本土化的生产思路与方式，以与时俱进的精神不断地满足广大电视观众多元化的、变化着的、日益提高着的精神需求。

（选自《中国广播电视学刊》2006 年第 1 期）

数字媒体在创意产业发展中的地位

肖永亮

人类社会经历了以农业为主的自然经济，以制造业为主的工业经济，以服务业为主的商业经济，以知识服务为主的智能经济，发展到今天以文化艺术为主的创意经济。同时，文化的发展也从传统的精英文化，即商业的流行文化过渡到了产业文化、内容产业和创意产业。产业的文化化和文化的产业化成为我们新经济时代的特征。创意产业已成为其他产业的核心，有些发达国家的创意产业已占 GDP 的 60% 以上，美国文化创意产业年产值为 5351 亿美元，英国创意产业出口额达到了十几亿英镑，全球创意经济每天的产值为 220 亿美元。中国在世界的经济地位必然要从“中国制造”走向“中国创造”。

创意产业的定义虽然有不同的版本，但产业的范围基本上包括有：视觉艺术（绘画、摄影、广告、雕塑、建筑）、表演艺术（戏剧、歌剧、音乐、舞蹈）、广播媒体（录音制品、电影、电视、网络）、大众娱乐（工艺、时尚、玩具、游戏）、平面媒体（报刊、书籍、杂志）和软件开发（设计、应用、智能工具）等。他们的共同特征是具有知识产权或版权，通过版权运作，即通过各种传播途径产生的品牌效应，使作品的文化因素与商业因素对接起来，将作品巨大的无形价值转变成产品丰厚的经济利益。产业化发展和运作，有两个因素不可或缺，一是科技进步，二是资本经营。

中国的科技进步基本上是和世界同步的，新兴的数字媒体技术发展极为迅猛。数字媒体，广义而言，是指各种传播媒介的数字化形态，它代表了数字化环境中产生的信息与传播的所有形式。代表 21 世纪最先进生产力之一的数字媒体，将成为解决创意产业发展过程中桎梏的关键，其发展亦将关系到一个国家在全球政治经济中的地位问题。数字媒体是以信息科学和数字技术为骨架，以大众传播理论为依据，以现代艺术为灵魂，将信息传播技术应用到文化、艺术、商业、教育和管理领域的，科学与艺术高度融合的，多学科综合交叉的新领域。

创意产业立足于“内容”和“渠道”两个方面：以丰富的数字艺术为表现形态的数字内容是数字媒体的血液；渠道主要有电影、电视、音像、出版、网络等媒体和娱乐、服装、玩具、文具、包装等衍生行业。可以看出，数字媒体在创意产业中占据着重要的地位，以 IT 技术和 CG 技术为核心的数字媒体就像是创意产业的发动机，极大地推动了创意产业的发展，主要表现在影视制作、动漫创作、广告制作、多媒体开发与信息服务、游戏研发、建筑设计、工业设计、服装设计、系统仿真、图像分析、虚拟现实等领域，并涉及科技、艺术、文化、教育、营销、经营管理等诸多层面。我们有必要对主要应用领域进行分析，从而深入了解诸多媒体发展对推进创意产业发展所起的重要作用。

影视后期：目前在美国，通常每部电影的特技制作约占总成本的 10%，按美国年产量约 500 部电影折算为 30 亿美元；另一方面，从票房来看，美国每年排名前十几位的电影几乎都是采用了大量电脑特技。如《泰坦尼克号》，它的全球总利润已经超过了 19 亿美元，同时在艺术上的成功也是破纪录的，获得过 14 项奥斯卡奖。在中国，张艺谋的《英雄》耗资 3 亿元人民币，其中一半是用于后期制作。它创造全球一亿八千万美元的票房奇迹，无论从艺术水准上，还是从商业意义上讲，都获得了巨大的成功。商业电影越来越依靠特殊视觉效果赢得观众，数字镜头比例越来越高。在世界影坛，一种被称为“数字中间片”（Digital Intermediate，简称 DI）的电影中间环节技术越来越受瞩目，它正在改变电影业，而在若干年后，它可能会发展成为电影业的一种必备技术。

电脑动画：动画之所以在近年全球的影视娱乐业被刮

目相看，主要是得助于 CG 技术的应用。迪斯尼（Walt Disney）的动画一直是世界动画的风向标，奥斯卡奖也从好莱坞散射出全球电影人向往的万道金光，动画成为各大电影公司的王牌。各国都是选择本国最优势的媒体迅速打出品牌，并借助品牌效应推动下几轮媒体的传播乃至授权衍生，品牌效应也在继续传播的过程中得到增强。美国动漫产业的特点是靠电影起家，电视是动画品牌的延伸。日本动漫产业的特点是以漫画来推动整个动漫产业。一般流程是：漫画杂志连载——漫画单行本——电视动画——剧场版动画——授权衍生。韩国动漫产业的特点是以网络为突破口。欧洲共同体的特点是注重移动娱乐，依靠个性化技术而开展的休闲活动。

全球计算机动画市场保持稳步增长，行业统计从 1997 年 157 亿美元增长到 2001 年 354 亿美元。按照国际惯例，播映与衍生产品的收入比例为 1:3（美国为 1:4），2001 年全球动画片衍生产品市场超过 1000 亿美元。我国根据国家广电总局的规定，每个电视台每天必须播出 10 分钟以上的动画片（省台要求 30 分钟以上），其中 60% 必须是国产片。到今年年底，全国总共会有 47 个省市少儿频道和 13 个卡通卫视频道开播，原创动画的节目需求量迅速增长，动画节目的需求量一年将达到 100 万分钟。如果制作成本按 1.5 万元/分钟计算（中央台的制作费已达 3.364 万元/分钟，国际通常平均制作费仅中期即可达 1.2 万美元/分钟），播映与衍生产品的收入比例按照 1:3 计算，打入国际市场的国产电视动画片按 1/3 计算（国内、外播出价格按 1:4 计算），中国动画业将为 GDP 增加 100—150 亿元的制作产值，300—450 亿元的衍生产品收入，以及 150 亿元的国际播出收入。

由于中国动画市场的不成熟，对动画的观念仍然停留在卡通和少儿的定位上，动画产品的成本投入和资金回报严重倒挂，申报立项和实际生产悬殊巨大，论坛展节的浩大声势与投资立项的徘徊观望形成强烈反差，培训教育的火爆和求职碰壁的灰心产生极大的落差，中国动画产业的发展道路还需要进一步探索。创意产业的产品不同于其他生活品，只能出精品，不能出次品、废品，不能依靠量来取胜。

电脑游戏：全球电脑游戏行业年销售额已超过好莱坞的全年收入。网络游戏已经显示了成为一个巨大的新兴产业的潜力。据国外有关统计，仅仅 2002 年，世界网络游戏的产值就突破了 60 亿美元。选择上网娱乐游戏的人群所占互联网人群的比例超过 30%，而一些发达国家甚至超过 60%。美国 2000 年全年计算机与视屏游戏软件销售金额达 60 亿美元。日本游戏软件业从 1983 年任天堂公司推出 8 位电视游戏机至今不到 20 年的时间发展到了数十兆日元。韩国已把发展游戏产业上升为基本国策，其网络游戏产业的发展据称已超过汽车工业，创造了网络游戏的神话奇迹。几乎是白手起家的韩国游戏产业，已经诞生了像 NC-Soft 公司这样的年利润达 4000 万美元、跻身世界顶级游戏厂商行列的龙头企业。

在中国，巨大网络游戏消费已经成为业界共识。根据 CNNIC2005 年 7 月的统计，中国上网用户总数已突破 1 亿（1.03 亿），其中一半以上网民使用宽带。网民中以“休闲娱乐”为主要目的排名已跃居第一的占 37.9%；用户最常用的网络服务中，选择“网上游戏”的占 23.4%；全年用户购买网络游戏虚拟物品的市场销售总额约为 80 亿元。2002 年底，中国网络游戏产生 10 亿元人民币的市场规模，并以每年近 50% 的速度快速增长。统计表明，目前中国网络游戏市场规模约为 25 亿元人民币，网络游戏产品近 200 款，玩家超过 2400 万人，其中 19 岁至 25 岁的占 59.9%，网络游戏厂商接近 300 家，其中游戏开发商约为 150 家，仅次于韩国而位居世界第二。中国网络游戏市场规模在 2004 年为 24.7 亿元人民币，对通信业务收入的直接贡献是 150.7 亿元，对 IT 产业的直接贡献是 63.7 亿元，对媒体及传统出版业的直接贡献是 35.8 亿元。预计 2009 年中国网络游戏出版市场销售收入将达到 109.6 亿元，2004 年到 2009 年的年复合增长率为 34.7%。

电影和游戏的关系越来越紧密，以至于任何娱乐内容的设计都要考虑到资源的共享，包括电影、游戏、形象产品等全方位开发。近年来，好莱坞大举进军电子游戏，《指环王》导演彼得·杰克逊联手游戏制作公司和环球影业，同步拍摄电影与游戏制作，电影《骇客帝国》导演沃卓斯基兄弟为其两部续集设计了游戏，华人导演吴宇森为世嘉公司开发电子游戏，同时将游戏改编成电影。在 E3 年会上，《蜘蛛人 2》等十几部电影发授了游戏版权。美国许多电影，特别是动画片的官方网站上都有该片的游戏版本或片断。最近这种趋势也蔓延到电视圈，美国 CBS 的流行电视剧《C * S * I》就有了游戏版本。中国导演徐克拍摄电影《七剑》后，又连续开发了动漫版、游戏版，全方位打造品牌，充分利用数字内容资源。网络游戏是数字媒体为创意产业带来捷报频传的用武之地。

商业广告：广告是震撼力非常强的视觉艺术产品，一段电视广告或视觉产品，能不能做到抢眼关键在前八秒钟。电视广告中要用充分利用电影语言来表达思想，人们要传达广告信息，将其中包罗万象的视觉元素紧凑地组合在一起，就得深入挖掘数字技术的表现力。体现电视广告的水准，靠对受众心理的深入研究，对艺术的把握和技术的发挥。简言之，电视广告是促使数字艺术发展的又一方面。美国将数字技术应用在传媒上只不过十到十五年时间，但发展势头十分迅猛。当初要生产优质的广告，产品的造价不菲，但为了达到视觉效果，很多公司不惜血本使用数字技术，高质量的电视广告造价为每秒钟一二万美元。中国的广告市场每年也是近千亿，而且市场对质量要求和数量需求会越来越大。

移动娱乐：移动娱乐包括利用移动通讯来传播和交流音乐、影视、多媒体短信和互动游戏等。中国移动娱乐的市场爆发力不可忽视，中国已有3亿手机用户，它意味着一个全球最大的手机娱乐市场。手机本身具有永远在线、用户随身携带、忙里偷闲的特点，手机电视、手机电影、手机游戏随着3G（第三代无线通讯技术）的普及将产生巨大的内容需求，数字技术的发展对数字内容的跟进提出了严峻的挑战。手机电影这一新的数字娱乐形态的出现，必然要求和带来一套新的创作和思维方法、新的题材和表现风格、新的技术和规范标准。第四代无线通讯技术和高清小屏幕的发展使人们能享受到具有电影效果的互动游戏。"手游"以移动运营商为产业龙头、手机生产制造商为终端、无线增值内容服务商为提供者，建立起一条成熟的产业链。专家估计，至2005年，包括手机与掌上型电脑等的无线通讯电子产品的游戏工业，每年将有60亿美元的全球市场。中国手机短信市场有世界最成功的盈利模式，每年有上百亿的收入，这从央视的春节晚会和湖南卫视的超级女生观众投票中可见一斑。

数字电视：数字电视，简单说来，是拍摄、编辑、制作、播出、传输、接收等电视信号播出和接收的全过程都使用数字技术。从影视传播的技术手段上来看，三网并线已逐步成为现实，网络电视是不远的将来能影响到千家万户老百姓日常生活的一项新的技术，它正在悄然地改变家庭中的视觉质量，由传统的模拟信号电视过渡到数字高清晰度电视。如果你能明白为什么有了网络IP电话后，使得跨洋国际长途电话，由18年前的每分钟付费一美元，降低到如今的一美分，你就不难理解今后通过宽带网传输的网络电视IPTV会给我们生活带来多么经济实惠的享受。

目前中国在发展创意产业方面潜力极大，但暂时处于明显弱势。国家整体经济实力不强，经济文化发展不均衡，人们的消费观念和购买能力都跟不上技术发展。美国每年生产400多部电影，平均造价约为6000万美元，拷贝和宣传发行费用还要追加约4000万美元。中国的一部电影，投入二三百万元人民币就算不错的。美国游戏软件开发的平均成本为700万美元，超出上千万美元也是常事，还要加上上市开销三到五百万美元，开发耗时约为两年，试运行约一年。而在中国，有一定规模的企业，注册资本和固定资产分别在100万元以上，人员规模在50人以上，50万元是一款单机游戏的最低开发费用，200万元是一款网络游戏的平均开发费用，管销费用在100万元以上。美国动画电影制作平均每秒投入为1万美元，中国动画片的制作成本平均为每分钟1万人民币，但播出渠道的出价为1000元甚至低于100元。动画公司10万元注册资本的低门槛会造成许多小本经营者血本无归。只有需求愿望而无购买实力的市场会导致恶性循环，因此随着国家经济高速增长，应逐步提高自身实力，扩大竞争和市场潜力。

在中国社会经济平稳健康发展的2004年，国内生产总值达到13.65万亿元，财政收入2.63万亿元，社会消费品零售总额5.4万亿元，进出口贸易总额1.15万亿美元（居世界第三位），人均收入实际增长达到7%左右。国家的经济实力明显提升，为创意产业的发展提供了必要条件。渠道的开拓和技术的进步齐头并进，中国传媒产业也取得了长足进展，正在走上产业化发展的规范道路。中国传媒产业规模庞大，目前共有报纸2119种，期刊9074种，出版社570家，广播电台282座，电视台314座，电视频道约2000多个，教育台60个，上星频道将近40个，制作电视剧12000集（2004年），城乡居民拥有电视机数达到4亿台，电视的国内人口综合覆盖率为94.83%，是世界第一电视大国，有6000多家电影院（3000多家专业影院），36家电影制片厂和100多家民营制片公司，国产影片破纪录达到212部（2004年），电影主要营收达到36亿元，电视电影110部（2004年），音像制品出版单位320家，电子出版物单位121家，互联网站点总数约为677500个，上网计算机总数为4560万台，网络游戏厂商接近300家，手机用户超过3亿居世界第一。中国传媒产业已到达3270亿元的市场规模（广播电视700多亿元，新闻出版1500亿元），电信产业达5000亿元。传媒与文化产业是中国最有可能尽快进入世界前列的产业门类。而在传媒产业纷纷迈入数字化的行列这一大势面前，解决数字媒体专业人才严重不足的问题已经时不我待了。创意产业发展的要素是市场、技术和运营，而核心是人才。

无须赘言，创意产业在全球的迅猛发展给我们民族提出了多么严峻的挑战。显而易见，中国以计算机图形图像为科学基础的影视、音像、动画、游戏、广告、交互式新媒体、网络和移动通讯等数字媒体的应用市场如此之浩大，外强的压力和市场的驱动，势必要求数字媒体发展具有合理的管理分工模式，发行渠道畅通，各环节有机配合，人力资源充沛，形成产业链，这样才可能真正推动创意产业在中国的蓬勃发展。

（选自《现代传播》2005年第5期）

略论影视创作生产的行业惯例与法律规范

赵玉忠

影视创作生产，既有个性化的艺术特征，更有工业化的生产性质。影视艺术的个性化特征，主要体现为影视作品的导演风格，故而流行某某导演“作品”之类的说法。影视生产的工业化性质，表现为影视作品制作需要多部门、多工种的分工协作才能完成，所以影视作品实质属于集体作品或合作作品。由于影视制作具有高投资、高风险和工业化生产等特点，由此形成了不同于小说、绘画等个体生产方式的行业惯例与法律规范。

影视作品的性质

讨论影视创作中导演与制片方的关系，首先需要明确双方合作的基础，即创作影视作品的性质。就全世界范围来说，两大法系对于影视作品的定性是截然不同的。在英美法系国家，影视作品被视为雇佣作品，制片者（即雇主）享有版权（即著作权），版权交易方式包括许可和转让。在大陆法系国家，影视作品被视为合作作品，编剧、导演、摄影、美术等主创人员作为合作作者享有著作权，著作权交易方式只有许可一种。大陆法系虽然尊重作者的人格权利，但是极不利于版权贸易，从而导致了20世纪60年代初期，西方国家电视业崛起时美国电影大举进军欧洲电视市场的局面。80年代以来，法国等国家陆续修改著作权法，赋予制片者法定许可使用作品的权利。我国现行的《著作权法》采取折衷办法，即制片者享有影视作品的著作权，编剧、导演、摄影、作词、作曲等作者享有署名权，并有权按照与制片者签订的合同获得报酬，著作权交易方式包括许可和转让。本质上讲，我国法律将影视作品视为单位享有著作权的“职务作品”，相当于英美法系国家的雇佣作品。基于影视作品的“雇佣”性质或称社会主义制度下的“职务”性质，导演与制片者之间的关系属于“雇佣”劳动关系或称社会主义制度下的“劳务”关系。

制片人的法律地位

制片人的概念最早流行于美国，一般是指从事电影、电视节目生产经营活动的组织管理者。制片人的职能包括：策划剧本、筹措资金、招聘演职人员、编制拍摄计划、协调生产进度、安排后期制作、发行影视节目等。正如鲁晓威导演的形象概括：制片人就是剧组里抓“本子、班子、票子”的人。在美国影视行业实践中制片人可以概括为三种类型：（1）“制片人——发行人”型，诸如拥有直属院线的八大好莱坞电影制片公司和拥有电视传播媒体的三大广播公司；（2）“独立制片人”型，是指以个人或个人合伙名义从事影视节目生产经营的组织和管理活动的人，是与有着生产设施和组织机构的影视制片公司相对而言的一个概念；（3）“执行制片人”型，是指在大型影视制片公司内部专职从事制片组织管理的工作人员，相当于科技开发或建筑行业的“项目经理”。影视剧制作属于高投资的生产项目，通常由制片公司经理级人员担任执行制片人。从法律角度来看，前两类制片人具有著作权法所称“制片者”的资格；后一类制片人不具有“制片者”的资格。前一类制片人具有企业法人的性质；后两类制片人为自然人或合伙组织，均不具有企业法人的性质。

我国实行了近四十年的计划经济体制，所以电影制片行业长期实行计划生产管理的模式。在电影制片厂，摄制组属于临时性生产单位，厂方任命导演和制片主任分别负责摄制组的艺术创作和生产管理。制片主任的职权和责任，类似于西方国家影视行业的执行制片人。两者的差别在于：制片主任不享有筹集资金和艺术管理的职权。改革开放以来，随着我国逐步实行市场经济体制，尤其电视和广告产业迅速崛起，从而为应用西方国家制片人模式进行影视节目制作提供了相应的环境和条件。我国加入WTO之后，为了与国际文化市场规则接轨，国务院相应修改了出版、电影、音像等行业行政法规。现行《电影管理条例》第十六条规定：“允许电影制片单位以外的单位申办一次性《摄制电影许可证（单片）》，参照电影制片单位享有权利、承担义务。”该条例第十七条规定：“国家鼓励企业、事业单位和其他社会组织以及个人以资助、投资的形式参与摄制电影片。”这就意味着在我国“独立制片人”具有合法的身份和地位。为了加强电视剧制作经营管理，规范制片人职业活动，国家广播电影电视总局颁发《电视剧制片人持证上岗暂行规定》。该规章规定：本规定所称“电视剧制片人”系指电视剧生产、经营活动过程的核心组织管理者；本规定适用于经国家广电总局批准取得电视剧制作许可证资格机构的电视剧制片人及独立从事电视剧制作的制片人。上述行政法规规章充分说明，在我国影视制片行业中已经逐步建立起适应市场经济的制片人制度，它包括执行制片人（亦称准制片人）和独立制片人两种模式。

出品、监制、策划、统筹的职能

在影视节目的字幕表中，经常出现出品和监制、策划、统筹等称谓。他们与制片人有着密切的关系，但是不能取代制片人的职能。

出品人和监制属于影视管理范畴的人员职称。出品人通常是指影视摄制单位的法定代表人。出品人对影视剧目的投资行为和思想内容负有相应的法律义务。为了加强广播电视节目管理，确保广播电视舆论宣传导向，国家广播电影电视总局颁布了《电视剧出品人持证上岗暂行规定》。该规章规定：本规定所称“出品人”系指广播电视播出机构以及经批准取得《电视剧制作许可证》、《广播电视节目制作经营许可证》机构的法定代表人和主要负责人。在行业实践中，影视制片公司董事长或总经理、电视台台长一般不兼任制片人；但是对于投资巨大、周期较长的影视生产项目，有时也会由法定代表人出任总制片人。在这种情形下，公司董事长或电视台台长履行出品人和制片人两项管理职责。监制通常是指对影视制片过程的投资使用和生产进度履行监督和控制职能的人，其职能类似于有限责任公司或股份有限公司设置的“监事”人员。在两类投资制片的情形下需要设置监制人员：一是民营影视投资单位聘用“职业制片人”，为了保证投资经费不被挪用或滥用，同时委派“监制”进组与制片人共同管理摄制经费；二是多家单位出资联合摄制影视剧，通常由其中一家单位委派“制片人”，其他投资单位委派“监制”进组与制片人共同管理摄制经费。在影视行业实践中，有些摄制单位还聘请专家学者或著名导演参与重大题材剧目的艺术创作和质量把关，设置近似于导演职能的“艺术总监”之类的艺术监制职称，并在字幕上予以署名和给付劳务酬金。

策划和统筹属于影视创作范畴的人员职称。策划和统筹通常是指在抓“本子”阶段参与影视素材构思和文学剧本整理的人员职称。从影视文学创作的传统来看，影视文学剧本创作与小说创作一样具有个体生产的性质。但是，个人的才智毕竟是有限的。因此，在现代影视文学题材创作领域中出现了“策划”参与剧本素材和情节构思的趋势，可以最大限度地提高影视剧的艺术质量。我国版权界人士曾探讨过“策划”是否属于作者范畴的问题。就著作权法理而论，作品必须具备两个要件：一是内容具有独创性；二是具备一定的物质表现形式。由于创作构思多存在于口头表述形式，法律很难给予构思提供有效的保护，故一般不将策划即提供构思者视为作者。当然，如果策划提供大量素材和情节构思，并且在剧本执笔者认可构思成果的前提下，也可以将该策划列为合作作者。“统筹”的任务，就是分集剧本整理和全剧统稿，实际上履行的是文学编辑职能。在行业实践中，“策划”和“统筹”在影视剧字幕上均予署名，同时给付他们参与创作的劳务酬金。策划和统筹只是参与制片人抓“本子”阶段的部分创作工作，所以不能将他们及其职能与制片人的职能混为一谈。

导演的含义及工作内容

影视剧导演（不含电视节目编导），是指根据影视文学剧本进行分镜头剧本的二度创作，指导影视剧前期拍摄和后期制作的主创人员。参照原广电部电影局颁发的《关于故事片摄制程序及阶段划分的规定》，影视剧导演的工作包括以下主要内容：（1）在筹备阶段，研究文学剧本，统一创作意图；收集资料，体验生活；初选全片外景；完成导演阐述；完成分镜头剧本创作；选定全部演员，确定人物造型等。（2）在拍摄阶段，指导完成全部内景、外景、场地景、特技镜头、片头字幕和预告片的拍摄。（3）在后期制作阶段，指导完成拍摄胶片、磁带或DV带素材剪辑，对白、音乐、音响效果及混合录音，音像合成等工作；根据摄制单位或独立制片人、审查机构的送审意见完成修改工作（包括重拍或补拍个别镜头）等。

电影与电视剧的生产程序略有不同。电影生产在拍摄阶段，还有完成全部样片的精修剪辑工作；完成全部对白的配录工作；对白双片送厂方审查后，完成一般性的修改补拍工作。在后期制作阶段，还有混录双片送厂方、电影局审查；审查通过后，制作原底和标准拷贝等。

影视剧两度创作的含义：编剧从事影视文学剧本的一度创作；导演从事分镜头剧本的二度创作。由于个别导演功力欠缺，比如半路出家的缺乏剪辑技能、年龄较大的缺乏计算机操作技能等，于是有人就剪辑师的剪辑业务或电脑师的非线性设计及编辑合成称为“三度创作”。作者认为：无论传统的胶片剪辑业务、还是现代的电脑设计及编辑合成业务，均是属于影视剧制作过程某个具体创作工种业务，不能将其与影视作品整体包含着完整故事、人物和情节在内的“两度创作”相提并论，因此“三度创作”的提法是一种不规范、欠科学的表述。在影视制片行业乃至社会上流行着这样一句名言：影视艺术是一门遗憾的艺术。遗憾在于，当专家学者和观众指出某部影视剧中这样或那样的艺术缺陷或常识性错误时，出品单位不再可能为此而采用工业化生产方式投入巨资、重组班子、再搭场景予以修改和更正。影视艺术的遗憾，是不可避免和永远存在的。就影视剧创作规律而言，导演的二度创作，不仅局限于分镜头剧本的创作，而且还包括前期拍摄和后期制作过程中的不断修改和充实。常言道：艺无止境。即使处于影视剧制作完工送审阶段的修改过程中，只要是在摄制经费和生产周期能予保证的前提下，应当允许导演为了提高全片艺术质量而重拍、补拍少量的场景和情节戏。

影视作品的质量标准

探讨导演工作的评价标准，必然涉及到对于影视剧作品质量标准的认定。影视作品属于意识形态产品，它既有物质性的技术质量，还有精神性的内容质量。概括地说，影视作品实际存在着五种质量标准：（1）技术标准，如画面清晰度、声光效果、节目信号的传播质量等；（2）政治标准，即思想性或社会效益；（3）艺术标准，即作品美学价值及艺术感染力；（4）经济标准，如票房收入、收视率等；（5）社会标准，即观众喜欢程度。其中，较容易掌握的是技术标准、政治标准和经济标准，最难把握的是艺术标准和社会标准。就社会标准而论，观众的喜好程度受到作品受众面宽窄、受众群体文化素质等多种因素的影响。比如，电视剧《刘老根》，尽管摄制质量多有瑕疵、艺术塑造显得粗糙，但是它反映了农村现实生活并凭借明星号召力，所以拥有广泛的受众群体和很高的收视率。就艺术标准而论，由于价值观念的差异很难制定统一的规范，如果存在统一的规范也就不会出现“百家争鸣”的局面。比如，我国西南地区白裤瑶（瑶族的一个分支）流行节庆砍牛头的习俗。若将该习俗全部拍摄纪录并再现给观众，有人可能以“真实唯美”标准赞美，有人可能以“含蓄唯美”标准称粗俗。经济效益指标，同样不能作为衡量影视剧质量的唯一标准，因为票房收入的多少、收视率的高低，除了导演功力和敬业程度等内在因素外，还受文学剧本基础、有无明星出任主演等其他内在因素和节目发行档期与同类产品竞争程度等外在因素的直接影响。笔者认为，导演工作评价标准中所涉及的作品质量，可以规定相应的技术标准和政治标准，但是不能将“艺术”标准和经济效益标准列入其中。如果导演与制片方签订的合同中列有收入或效益分成条款，则另当别论。按照行业惯例，在导演工作评价标准中还应当包括分镜头剧本、摄制进度、生产周期等项创作生产指标的要求。

演职人员劳务合同的性质与规范

基于我国《著作权法》有关影视作品著作权归制片者享有的规定，导演、摄影、演员等创作人员与制片者之间构成劳务交易关系，双方签订的是演职人员劳务合同。演职人员劳务合同属于以劳务为标的的经济合同，具有短期性劳务、一揽子交易的性质。不像劳动合同关系那样，可以约定试用期，如不胜任随时可以辞退。如同广告设计、房屋装修等承揽合同（即劳务性质）关系一样，制片者在聘用演职人员时就承担着一定的风险，即使应聘人员拥有高级专业职称和辉煌创作业绩，也很难确保本次劳务照样获得满意成果。由于影视艺术生产的复杂性，知名导演既过“五关”也走“麦城”的实例比比皆是。影视剧成功与否，导演起着主导作用，但不是决定性的因素。双方签订演职人员劳务合同，意味着在约定劳务期限内演职人员的劳动力为制片者所独占，即该项劳务在此期间脱离劳动力市场。按照影视行业惯例，制片者认为某演职人员不能胜任专职工作时，有权辞退该演职人员，同时须按合同约定给付全额劳务酬金。就导演职业而言（通常短剧聘期半年、电影和连续剧聘期一年以上），如果在筹备阶段导演分镜头剧本创作达不到制片方要求，制片者有权辞退导演，同时应当按退稿费标准给付20—30%导演酬金；如果在前期拍摄阶段或后期制作阶段辞退，则应给付全额的导演酬金。

我国实行市场经济仅有十余年的历史，影视从业人员依然受着计划经济传统的影响，绝大多数尚未适应市场运作方式和合同约定行为。影视摄制单位提供的演职人员劳务合同格式，条款内容多则三页少则还不足一页。就本人多年从事行业法律顾问的观察，许多单位的演职人员格式合同存在两大缺陷：一是双方的权利和义务不够明确，尤其是演职人员的工作职责范围没有详细约定；二是违约责任条款过于笼统，合同履行过程中难以操作和适用。所以，影视摄制过程中大小纠纷不断，无法分清是非和责任。比如，聘请导演，合同中仅有“担任导演工作”的条款，没有更为具体的职责范围条款。就像本案例材料提及：“后期制作中，双方因工作地点等原因发生分歧，比预期时间晚完成。后期导演未亲自到场，由与其一直合作的工作班子的其他人进行”。倘若合同规定有“导演、演员等演职人员享有艺术创作和生产制作方面的独立性和自主权，但这种独立性和自主权以服从制片人为前提”的条款，那么当出现导演拒绝到制作现场的情形时，可以据此追究导演的违约责任。再如，某剧组的道具师因不满导演批评，为泄私愤故意在道具摆设上做手脚，好让年轻导演出洋相。由于合同没有规定“违反职业道德，造成明显质量事故或停工、窝工、返工损失的，按采取补救措施所耗费用予以赔偿”的条款，就很难对该道具师的“违约行为”进行经济处罚。在影视制片行业中，如此恶劣的事例不胜枚举。因此可见，演职人员劳务合同应当按照我国《合同法》基本原则予以规范化，从而有利于影视创作生产和影视文化市场的繁荣。

（选自《北京电影学院学报》2003年第6期）

民营资本对中国电视剧市场运作的影响

俞剑红

我国目前的电视人口综合覆盖率为94.61%，电视观众人均每天收看电视剧的时间是56.5分钟，在整个收看时间里占到了36.4%，而晚间黄金时段是观众看电视最多的时段。截止2005年8月30日，本年度广电总局已收到全国各制作机构报送的申请立项剧目2274部62029集（共三批）。经审查，批准立项的剧目1635部44376集，与去年同期相比有所增加。

从活跃着的上千家电视剧制作机构，到依靠电视剧广告收入的电视台，再到大批的观众，可以说，电视剧已成为我国最受欢迎的电视节目类型之一，电视剧产业已呈现出具有巨大的市场空间。目前，我国电视剧制作的年投资总额已突破30亿元，其中民营资本和其他社会力量的投资占到了80%。伴随着社会主义市场经济的发展和体制改革的不断深入，民营资本作为一股新兴的力量通过参与市场运作，进一步繁荣了我国电视剧制作业，扩大了产业规模，提高了电视剧的整体品质和竞争力，也大大加速了我国电视剧产业化发展的进程。

一

民营资本推动了我国电视剧产业政策的改变，电视剧市场涌现了一批具有实力的民营电视剧制作公司，成为电视剧制作的主力军。

2004年我国电视剧交易规模达到43亿元人民币。全国33个城市、156个电视频道共播出了1598部电视剧，共183121集，比2003年增长了约6%。在一些享誉度高的电视剧背后都站立着实力雄厚的“民营资本”，如《空镜子》、《铁齿铜牙纪晓岚》、《军人机密》、《浪漫的事》、《天龙八部》、《成吉思汗》、《香樟树》均是“民营制造”。民营资本作为我国电视剧市场的主力军，政策的扶持为其发展奠定了良好的条件。

2003年12月国家广电总局出台了《关于促进广播影视产业发展的意见》，其中明确指出了民营企业在广播影视产业中的发展方向。《意见》中强调“要积极推行广播影视产业领域公有制经济的多种有效实现形式，大力发展和积极引导广播影视产业领域的非公有制经济，凡是法律法规未禁入的领域，都可以允许非公有资本进入或参与”。这给民营资本参与电视节目制作以极大的政策支持。

此外，2003年8月7日，国家广电总局社会管理司还在《关于改进广播电视节目和电视剧制作管理办法的通知》中决定，选择一批近年来参与电视剧制作业绩突出、具有相当制作实力的非公有制机构作为试点，为其核发长期（亦称甲种）《电视剧制作许可证》（144号到151号）（见表1）；之后，2004年6月广电总局再次为16家民营电视公司核发了第二批许可证（见表2）。

24家获得电视剧“甲种证”的民营电视制作公司在近年的电视剧制作市场上都扮演了重要的角色。像我们熟悉的《汉武大帝》、《林海雪原》、《沧海百年》、《康定情歌》等各类题材的大制作电视剧都是出自他们的之手，获得了不俗的商业价值和社会反响；而今年他们也正着手《贞观之治》、《神雕侠侣》、《七剑下天山》、《梅兰芳》、《长恨歌》、《梅艳芳菲》等一批有影响的电视剧的制作与发行。

可以说，为民营企业发放属于稀缺资源的甲种《电视剧制作许可证》，不仅是政府媒介政策逐渐放宽的表现，也意味着中国电视剧市场逐渐从无序走向规范。因为甲种许可证是广电总局颁发的最高级别的电视剧制作资格证书，有了这个证书，持证的机构就可以独立制作和发行电视剧，拍摄时间和数量不受限制。当然对民营企业获得此证的要求也相对高些，数量、质量都有一定的规定。另外获得了甲种证，民营公司能够直接面对主管部门，能参加一年一度的全国电视剧题材规划会，并获得关于新政策法规的信息。随着市场的扩大，政策的放开，相信会有更多有实力的民营电视制作机构获得同样的权利。

表1　第一批获得《电视剧制作许可证》（甲种）的8家民营公司

北京英氏影视艺术有限责任公司	北京华谊兄弟太合影视投资有限公司
北京金英马影视文化有限责任公司	北京潮涌东方影视文化有限公司
海润影视制作有限公司	苏州福纳文化科技股份有限公司
北京鑫宝源影视投资有限责任公司	北京北大华亿影视文化有限责任公司

表 2 第二批获得《电视剧制作许可证》（甲种）的 16 家民营公司

世纪英雄电影投资有限公司	北京京都世纪文化发展有限公司
北京华录百纳影视有限公司	北京中博世纪影视策划有限公司
横店集团影视娱乐有限公司	北京世纪梦工场影视交流有限公司
西安长安影视制作有限责任公司	中影阿满影视发展有限公司
西安光中影视有限公司	北京小马奔腾影视文化发展有限公司
深圳市万科影视有限公司	北京优赛环球文化艺术有限责任公司
北京荣信达影视艺术有限公司	金泽太和国际文化交流有限公司
江苏省文化产业集团有限公司	北京翰宇文化有限责任公司

二

民营资本参与国产电视剧市场竞争，对于培育市场，扩大产业规模，提高电视剧整体质量和竞争力，起到了不可估量的作用。

民营企业主导电视剧制作业始于1996年。国家广电总局出台规定，合拍片和引进剧不能在黄金时间播出，引起了社会公司投资电视剧的第一轮热潮。国产电视剧产量和民营制作公司的数量随之巨增。短短的几年内，带着“民营”这一显著标识的大小影视公司如雨后春笋般崛起，民营企业已瞄准电视剧这个市场潜力深厚的行业。经过几年的创业和重新整合，已磨练出一批具有相当实力的企业。目前获准自由拍片的民营企业数量虽然有限，但在制作能力上却能够与影视集团分庭抗礼。“海润影视”、“英氏影视”、“世纪英雄”、“北京金英马”、“华谊兄弟”、“深圳万科”、“北京翰宇影视”等已经成为了这支民营大军中的典型代表，并树立起良好的市场口碑。正是这些热情高涨的民营影视公司各自发挥在资金、人才和管理上优势，才加快了中国电视剧市场化、规范化和产业化的步伐，使观众看到了越来越多的优秀电视剧。海润影视制作有限公司作为中国最庞大的民营电视剧制作集团之一，平均年产量超过600集。已拍摄了《宰相刘罗锅》、《一场风花雪月的事》、《永不瞑目》、《一双绣花鞋》、《玉观音》、《贫嘴张大民的幸福生活》、《重案六组》、《平淡生活》、《小兵张嘎》、《长恨歌》等60余部经得起时间考验的优秀电视剧。同时还捧红了陆毅、徐静蕾等一大批新人。北京英氏影视艺术有限责任公司（简称“英氏影视”）以“情景喜剧”为主，其主创人员全部毕业于北京大学。以艺术总监英达导演为核心，通过英壮工作室、梁欢工作室、萧峰工作室、英宁工作室的创意策划和剧本创作，总经理王小京统筹制片，已完成了情景喜剧《我爱我家》、《候车大厅》、《新72家房客》、《中国餐馆》、《闲人马大姐》、《网虫日记》、《东北一家人》、《欢乐青春》、《候车室的故事》、《售楼处的故事》、《旅行社的故事》以及电视连续剧《起步停车》、《心理诊所》、《非凡使命》、《党员马大姐》、《家有喜事》等十几部1000余集电视剧的拍摄，在国内外观众中形成了一个相当数量的影迷群体，同时也培养造就了一支从编剧、导演、演员到摄、美、灯、录、服、化、道、剪接、切换、管理、宣传各方面都堪称出色的制作队伍。

华谊兄弟更是双管齐下，一边经营着《天一生水》、《醋溜族》、《夜半歌声》等电视剧，一边还兼顾电影《夜宴》、《墨攻》等的制作；出品《黑洞》、《冬至》、《康定情歌》的金英马影视公司，迄今也摄制完成了1200多集电视剧……

此外，民营资本的介入还进一步激活了电视剧交易市场的繁荣。每年国内各式的电视节、交易会，民营影视机构都是绝对的主力军。上海国际电视节上，绝大多数国产电视剧的背后都带有着“民营色彩”，一批实力强大的国内民营影视公司，如海润影视、华谊兄弟、世纪英雄、唐龙国际、广东强视等都在交易现场占据了“半壁江山”，并获得良好的交易成绩。近年来像戛纳等国际知名的电视节上也都活跃着我国民营电视制作机构的身影，通过国际交流，推动国产电视剧“走出去”。

三

民营资本的商业化运作机制，促进了我国电视剧创作体制由导演中心制向制片人中心制的进一步转轨。

从命名中国第一代电视剧制片人的1995年到现在，我国电视剧创作体制逐步由导演中心制向制片人中心制转轨。十年间，电视剧业除了涌现出一批引人注目的编剧、导演、演员之外，在新型的创作环境中还涌现出一批精通专业技能、懂得市场规律、熟悉行业政策的电视剧制片人，其中就包括了不少著名的民营制片人，他们成为继第一代制片人之后第二代中国电视剧市场的弄潮儿，着实推动了我国电视剧产业化和市场化的进程。

制片人作为商业化制片体系中电视剧制作管理的总负责人，他不仅仅是管理摄制组的一个负责人，而且也成为经济责任和风险的承担者。也就是说现在的制片人，已不再像过去那样，仅仅是资本的管理者和使用者，同时还成为它的拥有者。民营资本善于借鉴国内外先进的制片管理经验，凭借其灵活的市场运作机制和敢于承担风险的精神，进一步推动了现阶段我国电视剧"制片人中心制"的初步形成。张纪中、马中骏、铁佛、邓建国、郑凯男等，都是电视剧市场上颇具影响力的制片人。他（她）们身居制作一线，直接面对市场，具备丰富的制片管理经验和推广营运能力。身为中央电视台中国电视剧制作中心的专职制片人，张纪中除了为央视制作过《三国演义》、《水浒传》等大戏，还为民营公司制作了一批耳熟能详的优秀剧目，如《激情燃烧的岁月》、《青衣》、《射雕英雄传》、《神雕侠侣》、《民工》等；而郑凯男出品和制作过的电视剧包括《钢铁是怎样炼成的》、《这里的黎明静悄悄》、《林海雪原》等，也广受好评，现正在制作的是《梅艳芳菲》（主要演员都由全国选秀产生）；作为全国十佳电视制片人之一的铁佛则出品过《背叛》、《萍踪侠影》、《壮志凌云包青天》等一批在市场上具有良好反响的电视剧……

制片人树立起的良好品牌还为民营资本进一步开拓融资与推广渠道提供了诸多便利。像张纪中这样的制片人，其艺术经历涵盖了电视剧的主创领域，他精通电视剧的创作环节，了解电视剧的工业化流程，熟悉电视剧的生产模式。这些都为其成为一名优秀的制片人创造了良好条件。同时，张纪中对于整个剧的推广和运作优势也保证了投资项目最终的盈利：首先，在题材把握上，他洞悉市场需求，选择了金庸武侠剧这一商业卖点；其次，在推广方面，他善于谋求商业合作伙伴以降低投资风险，在剧本策划阶段，张纪中就开始考虑和运作，包括外景地的选择、置景对当地旅游发展和市场推广的联动等等，这些都为电视剧制作开拓了很好的商业运作范畴；而在电视剧筹备、选演员、拍摄到后期制作、发行、播出等全过程中，张纪中善于利用各个环节吸引媒体和大众关注度，最终也提高了广告收益。

四

民营资本直接面对市场，注重前期策划，努力推精品，取得了良好的社会效益与经济效益。

去年国产电视剧拍摄数量为2843部共计69613集，创下历史新高，电视剧制作数量也实现年度增长18.1%。在产量提高的同时，国产电视剧整体质量亟待提升。因此制作者必须增强精品意识。所谓"精品"是指思想精深、艺术精湛、制作精良、具有强烈的吸引力和感染力，在社会和群众中能产生广泛影响的优秀作品。单纯的产量不是繁荣的标志，精品力作的大量涌现，才是真正的繁荣。民营资本扩大市场的法宝，即始终坚持市场化的运作机制，从题材规划、生产制作到市场营销，都从观众和社会实际出发，努力推精品。像内蒙古仕奇集团出品的电视剧《成吉思汗》，北京普通人影视有限公司出品的《浪漫的事》以及西安长安的《激情燃烧的岁月》等都属于叫好又叫座的作品；在各大电视奖项以及收视排行榜上，由民营公司参与制作的电视剧也占到了6—7成以上（见表3、表4）。

表3　2004年全国电视剧收视率十强排名

排名	剧名	收视率（%）	出品单位
1	大姐	7.6	中央电视台
2	香樟树	7.5	深圳中视国际电视公司（民营）
3	成吉思汗	7.5	内蒙古仕奇集团（民营）
4	婆婆	7.4	深圳光彩文化传播公司（民营）、中央电视台
5	正月里来是新春	6.9	中央电视台
6	浪漫的事	6.8	北京普通人影视有限公司（民营）、中国电视剧制作中心
7	越来越好	6.4	中央电视台
8	天下第一楼	6.3	东方神龙影业公司（民营）、紫禁城影业有限公司、北京全聚德股份有限公司
9	女子监狱	6.2	北京天运纵横文化传播公司（民营）
10	延安颂	6.2	中央电视台

从产业化形成的基本要素和规律来看，中国电视剧市场能否真正健康发展，实现产业化，实质上取决于制作企业能否转化为合格的市场主体。相对于国有影视剧制作单位，民营制作公司对市场更敏感、更专注，通常不是冲着某个奖项去的。由于民营公司花的都是自己的钱，他们会尽量把无谓的消耗减轻到最低限度，以获得良好的社会效益及经济效益。正如一位民营老总所说："每一分投资用的都是自己的血汗钱，不精打细算怎么行?"这几乎是每一位民营投资者的共识：对作品的市场前景不厌其烦地反复研究，没有把握决不轻易上马，所以常常是戏没开拍就被多家电视台争相购买。而精心策划选题、挑选剧本、安排引人注目的明星阵容，配上适当的炒作手段以及严格的制片成本核算，则是其中的具体操作方法。

表4　第22届中国电视金鹰奖长篇电视剧优秀作品奖9部（按获票多少为序）

剧名	出品单位
大染坊	山东视网联媒介发展股份有限公司（民营）、山东电影电视制作中心
亲情树	深圳市康达富文化传播有限公司（民营）、中央电视台
归途如虹	广州军区政治部电视艺术中心、中共广东省委宣传部、中央电视台
玉观音	海润影视制作有限公司（民营）、北京紫禁城影业有限责任公司
结婚十年	北京电视艺术中心、天津电视台电视剧制作中心、北京御景江山影视文化发展有限公司（民营）
绝对权力	湖南电广传媒股份有限公司、深圳华侨城国际传播有限公司（民营）、北京中北电视艺术中心、北京未来时代文化发展有限公司（民营）
新四军	安徽电视台、中央电视台、中共安徽省委宣传部
天龙八部	九洲音像出版公司（民营）、江苏广播电视总台
浪漫的事	北京普通人影视有限公司（民营）、中国电视剧制作中心

同时，那些具备一定知名度的民营电视制作机构都有一个共同点，即对自己的商业路线有着清醒的认识，知道将有限的资源用在节目质量的关键点上。他们在决策机制、利益机制和运营模式、资源共享等方面对于国有电视剧制作单位也都具有很强的借鉴意义。像海润影视制作有限公司，下属就有办公室、文学部、制作部、发行部、艺员经纪部、财务部等，各个部门相互配合，协调运转。其中文学部负责电视剧项目的筛选、论证、确立及发展规划，剧本的稿件组织及编辑，电视剧作品的研讨和分析评价等；制作部负责电视剧制作班底的选择与审核，制作经费预算的审定与管理，电视剧的监制或摄制管理；发行部负责市场评估，发行、销售管理，电视发行网络的扩大与完善，电视剧市场的调研和分析等等。公司还下设海岩文学创作室等多个工作室。规范的运营机制，使公司投入电视剧项目之初就能树立很强的精品意识和营销理念并保证了最终产品的优良品质，从而做到了社会效益与经济效益的统一。

五

民营资本介入电视剧业，通过强强联合、优势互补、优化资源配置，开创了多种产业化发展的新模式。

目前国内电视剧的投资主要分为全额和联合投资两类。而联合投资又分境内联合和境外联合两种。据统计，制片机构中只采用全额投资方式的公司占总数的31%，而只采用联合投资方式的公司占36%，另外有33%的公司两种方式都采用，三类机构各占1/3左右。这几种投资方式民营资本均有介入，他们会依据自身实际、资金能力、投资目的等来决定最终的投资方式。不少民营资本选择与中央台合作，借助其影响力，获得较好的收视效果，树立自身品牌形象，如投资《钢铁是怎样炼成的》、《这里的黎明静悄悄》的深圳万科；还有部分选择与国有影视集团合作的，如世纪英雄、华录百纳与中影集团联合出品了《汉武大帝》；也有民营之间合作的，如《沧海百年》（鑫宝源、国安文化传媒等）；而华谊兄弟出品的6部电视剧《天一生水》、《月牙儿与阳光》、《铁拳浪子》、《危情24小时》、《醋溜族》、《夜半歌声》则大多属于自产的。此外，也有不少民营资本通过与港台地区合作，借鉴其制作与效率优势，最终版权各取所需。不少武侠剧便采用这种合作模式，如《神雕侠侣》、《七剑下天山》等。

中国加入WTO以后，依据相关条款，传媒领域将会逐步有限度的开放。在广电总局颁布的总局44号令中，外资进入国内影视制作领域的方式与路线得到了进一步明晰。国外的传媒集团公司与国内各媒体、民营电视公司的竞争是不可避免的。近两年许多民营公司也开始借助资本和资源整合，谋求合作伙伴实现优势互补、强强联合，拓展现有制作规模，从而迈向集团化发展的新台阶。

年中，一家名为东方传奇国际传媒有限公司的新民营影视制作公司正式挂牌成立，股东中包括北京福缘视线影视文化有限公司、上海艺城文化艺术交流有限公司、北京金天地影视文化有限公司、北京光线传媒有限公司等一批民营影视制作机构中的重量级公司。公司未来业务的规划现已经开始进行：东方传奇首先要做的就是制作和发行一系列高质量的系列电视剧，不仅仅着眼内地市场，还将扩展到海外华语地区的电视剧市场，以打响东方传奇的品牌；其次，公司将奉行以质取胜的市场策略，与电视播出机构建立起长期的合作关系，实现电视剧从策划研发、到拍摄发行的规模化效应。据预测，在成立的第一年内，东方传奇将出品电视剧6—8部，200集左右，总投资也将达到七八千万。同时借助于股东公司在节目和发行领域的优势，东方传奇将发起一系列的品牌推广和影视剧宣传工作。作为民营影视制作机构联合组建大型传媒集团的试点，东方传奇在进入实质性的运营阶段时就已经拥有了很高的起点，而它的发展，也必将对日后民营影视制作机构的发展具有极其重要的借鉴意义。

民营资本的合作标志着我国传媒业正在积极探索发展的新模式，通过整合资金、内容与广告客户源优势，提升抗风险能力，壮大综合实力。

六

民营资本通过借鉴大型影视传媒集团和国外同行的经验，进一步提升电视剧制作与运作水平，努力开拓海外市场。

国外的大型传媒集团大多数是以经营娱乐业为主，经过数十年甚至上百年的发展，他们在电视剧制作、品牌塑造、运营模式、人员管理等方面积累了丰富的经验。我国的民营电视公司通过与国外传媒集团的交流、合作，向他们学习，有利于自身的成长与壮大。例如，“北京金英马影视公司”便借鉴国际主流运作模式，将品牌经营放在首位，公司在成功拍摄《黑洞》之后，坚持了一系列的精品战术，从剧本策划、拍摄制作、宣传推广、发行营销各个环节贯彻了品牌经营的概念。

据统计，去年国产剧在海外共发行3000万美元，为历史最高。如今国产电视剧在东南亚比韩剧更有观众缘，《铁齿铜牙纪晓岚》、《粉红女郎》、《空镜子》等均在中国台湾地区以及东南亚、欧美等国发行，并以每集1万美元以上的高价畅销。随着电视剧产业化的发展，越来越多的民营电视从业者敏锐地认识到必须遵循国际规则，加大企业的内部活力与创新意识，努力开拓海外市场。他们在题材的把握上站得更高，看得更远，敢于突破传统观念束缚。像《康定情歌》就开创了一条民族大片的路线，填补了民族题材剧的空白，广受好评；一些优秀的古装片、历史剧，如《宰相刘罗锅》、《射雕英雄传》、《荆轲传奇》、《成吉思汗》等也在马来西来、蒙古、越南等邻国掀起了观看热潮；而《汉武大帝》不仅在国内获得了很好的市场反响，而且在日本、韩国也取得了不错的发行成绩。

海内外颇具影响力的四大名著之一的《红楼梦》也将再度搬上荧屏，并由华录百纳公司与中影元申、中国视协联手打造。目前该剧的预算资金已经突破了5000万元，其在演员遴选、制作风格、后期发行以至如何“走出去”的问题上已经进入全面策划阶段。该项目运作上将与国际接轨，借鉴先进的市场运作模式，努力打造民族电视剧的精品。

七

民营资本参与市场运作对于构建完备的电视剧产业链、促进电视剧产业化发展起到了积极的作用。

从电视剧经营角度来看，内容制作的社会化带来了经营的市场化。前期的投融资、市场调研，后期的推广、播出以及广告经营、衍生产品和电视剧制作业一起构成相对完整的产业链。在目前电视剧产业中，电视台的平均利润较高，其回报率大致为500%—600%；而电视剧的利润回报率只维持在40%左右。于是，不少民营资本开始通过参与发行，介入播出平台等产业链条上其他环节，以扩大规模，提高整体竞争力。今年3月25日，西北地区第一家由民营资本与省级电视台联合打造的影视公司——陕西大唐影视传媒有限公司在西安签约、挂牌。签约公司将在今年推出两部重头电视剧。此外，公司还将拓展音像发行、影视表演培训、短剧生产制作、影视包装策划等一系列相关业务。

电视剧产业作为内容产业对于其他产业还具有联动、引导作用，如旅游业、区域经济等等。通过扩大产业面，延伸产业链，上下游产业构成一个完整的产业价值链，可以进一步促进资源整合，推动电视剧的产业化发展，达到多产业联动的效应。如央视热播的《成吉思汗》及正在制作中的《神雕侠侣》不仅带动了当地旅游业，掀起了一股影视旅游热，还促进了影视基地和相关服务产业的兴旺。据著名制片人张纪中介绍，《笑傲江湖》在新昌的拍摄基地，使当地当年的旅游翻了1倍，桃花岛更是翻了10倍；而《神雕侠侣》在雁荡山、象山和大理等地拍摄，也为当地旅游打开了另一扇门。

以打造大型古装历史题材电视剧著称的横店集团影视娱乐有限公司，先后推出过《雍正王朝》、《天下粮仓》、《杨门女将》等广受好评的电视剧。2004年4月2日，浙江横店影视产业实验区在杭州授牌。实验区成立的目的是为打造影视产业的要素集聚平台，加快产业集聚，拉长产业链，吸引海内外资金和力量，通过机制创新，放大其对发展影视产业的推动力。产业的配套带来了大量的剧组、专业艺员和游客，而更多的剧组和人气，同时又反过来再次促进了当地影视配套产业、服务业和旅游业的发展，为当地带来了巨大的经济收益。截至2005年6月底，已有79家影视机构入驻实验区，美国时代华纳、香港东方娱乐、中国电影集团等知名机构也名列其中。2005年1至6月，实验区共投拍影视剧31部，实现营业收入1亿多元，预计今年年底可达到2亿元。经营项目涵盖了影视制作、器材租赁、音像、广告、动漫等多个行业。预计年底入区企业可达100家左右。实验区一年多的实际运作推进顺利，为中国影视产业的发展展示了美好的前景。

八

民营资本利用现代企业制度，积极开拓投融资渠道，以自身创立的优质品牌，广泛吸纳社会资金，做大做强。

我国电视剧产业尚处在起步阶段，机遇与挑战并存，民营资本也将在立足本土化的前提下，遵循优胜劣汰的原则，进入全球化竞争。不少民营资本通过综合利用“概念运作、市场运作、资本运作、国际运作”四种经营方式，铸造企业品牌，积极开拓多种投融资渠道，壮大自身实力，并借助国内外上市，从而实现国际间的战略联盟和扩张。

2003年12月，保利文化并购北大华亿组建“保利华亿传媒集团”，被业界称为“中国文化产业最大的一桩并购案”。近年来，“华亿”不仅在影视界树立了良好的品牌形象，在资本市场更是动作频频发展了一条以雄厚的资本为保障，在资本运作的条件下制作有品质的作品，发展合理的盈利模式，并用品质和模式进一步吸引资本目光的独特道路。公司在制作上以品牌至上，坚持理性投资，打造高水准作品，努力开拓海外市场。在公司规模的扩展上，“华亿”更多注重强强联合的策略：2000年和北大文化合作；2002年入股英氏影视公司；2002年入股海南旅游卫视，当时旅游卫视正处于最低谷，“华亿”用很小的代价就获得了准入权……通过利用资本和股权出让的办法，“华亿”在短短三年内就拥有了国内一流的电视剧制作能力和节目播出平台。

“保利华亿”业务体系包括六大部分：频道经营、电影制作、电视剧制作、影视专业发行、广告运营和演艺经纪服务。拥有九大经济实体，其中主营电视剧制作与发行的是“鑫宝源”、“英氏影视”、“东方神龙”、“华亿联盟”等，计划2005年制作电视剧500集，2006年制作600集。“保利华亿”将在已有基础上继续稳步拓展电影、电视剧制作及相关业务，成为国内规模最大、影响力最强的影视制作专业机构之一。同时，“保利华亿”还将在资本市场再接再厉，继续引进外资，通过与国际资本合作，借鉴其丰富的经营管理经验，充分利用国外先进的技术、设备、广泛的国际营销网络及家喻户晓的品牌，提升公司整体竞争力。

2001年成立的世纪英雄电影投资有限公司由中信文化与中国电影集团公司联手打造。公司主旨是以市场为主导，建立具有国内和国际领先水平的影视投资公司，通过拍摄高品质的民族影视剧，扩大公司在国内影视界的知名度和号召力，确立公司在国内影视产业的影响力和投资地位，从而吸引高水平的导演、演员和精锐的策划力量，拓展海外市场，赢得较高的市场回报。4年来公司打造了一大批制作精良的电视剧，包括《和你在一起》、《玉观音》、《风云》、《大宅门》（续）、《买办之家》、《七日》、《汉武大帝》等。“世纪英雄”拟计划三至五年内年产400集电视剧。并已经采取了与电视台合作的方式，获得电视频道的经营权，如与中央台12频道和北京第8频道的合作，将为“世纪英雄”已出品的电视剧等内容获得电视广告和频道的巨大经营空间。

此外，去年12月，香港上市公司TOM集团也宣布以1000万美元收购华谊兄弟35%的股权。其中27%的股权是以500万美元现金收购，另以500万美元认购华谊兄弟可换股债券。TOM之所以选择华谊兄弟为合作伙伴，看重的是他们近年来在内地市场上的表现和品牌影响力；而华谊兄弟也希望通过将股份出售给国际性公司为自己进入国际市场开创道路，加速其上市进程。还有不少民营公司，如“中博影视”、“金英马”依靠电视剧起家、扬名，并开始进军电影业。如中博影视与韩国合作拍摄的电影《哭泣的拳头》，就是借鉴韩国电影工业化流程经验，全面介入到电影制作发行领域，打造影视、综合节目平台，企业通过整合媒介资源，树立品牌，进一步做大做强。

九

总之，民营资本介入中国电视剧业，参与市场运作，对于扩大产业规模，提高电视剧节目质量，繁荣市场起到了不可估量的作用。民营资本的商业化运作机制还推动了我国电视剧创作体制由导演中心制向制片人中心制的转轨；民营企业积极构建电视剧产业链，拓展投融资渠道，开创了多种产业化发展的新模式，大大加快了我国电视剧产业化发展的进程。

同时，我国民营电视制作公司还需要苦练内功，不断发展壮大。目前，年产量超过200集的民营电视剧制作公司只占7.8%；而年产量低于40集的制作公司占到了46.9%。因此，民营资本一方面应进一步加大结构重组的力度，优化资源配置，整合优势媒体，提升竞争力；另一方面，必须完善人才机制，加紧产业链的构建，打造专业化品牌，做大做强。

中国电视剧产业大改革、大发展的步伐，为民营资本带来了前所未有的发展机遇和空间。我们期待民营资本在中国电视剧产业化进程中发挥更大的作用。

（选自《北京电影学院学报》2005年第6期）

数字电视服务的消费需求分析

葛 岩

背景和问题

无疑，数字电视服务有着乐观的前景。从国民经济的发展来看，数字电视的推广将为电视制造业和相关的网络经营、设备制造和内容生产等行业带来全面升级的机会，为经济提供新的生长点。从消费者利益来看，数字电视技术不但能极大地提高播放质量，而且将改变频道稀有的状况，解决限制内容不断丰富的瓶颈问题，在整体上提高电视服务的品质。从社会生产效率来看，数字化的信息处理和传播方式将使媒体平台具有技术上的统一性，利于资讯资源的整合，提高社会资源的使用效率。鉴于此，发展数字电视服务在许多国家已经成为一种产业政策，各国政府甚至出面规定了从模拟到数字化服务过渡的时间表。当模拟播放停止，消费者将别无选择地购买数字化服务。在这一背景下，数字化电视服务的销售不是一个长程的问题。然而，在从模拟到数字的过渡时期中，销售仍然具有相当的难度。从市场细分的角度去看，面临的主要问题是：

1. 从消费者的立场出发，什么是数字化电视服务与模拟电视服务等替代产品之间的差异？

2. 从经营者的角度来看，怎样确定数字化电视服务的市场竞争优势？

惟有回答了这些问题，才可能解决数字化电视服务在消费成本等方面的劣势问题，改变业已形成的媒体使用偏好，确立数字化电视服务在竞争激烈的媒体生态链中为消费者接受的位置。如果这些问题得不到回答，消费者的利益会受到损害，国家产业政策的落实可能延缓，相关产业的大量投入得不到快速回收，在整体上加大社会发展数字化电视服务的机会成本。因此，了解消费者的需求，制定切实可行的营销战略：是数字电视服务经营者必须面对的挑战。又由于数字化电视服务是一种系统工程，其服务能力受到基础建设、内容提供、经营模式转变等多重因素的制约，消费者需求会随整个系统的发展而不断产生相应的变化。因此，对于消费者需求做纵向跟踪研究，依据市场需求分阶段制定营销战略是必要和必需的。

从成本和效用关系的角度，基于媒体市场生态演变的历史案例，本文分析了数字电视服务销售宣传中一些可能的误区。通过和替代服务的比较，本文试图说明，目前数字化电视服务经营者所宣传的功能性卖点，诸如播放质量高、选择范围广、互动功能等，都还无法被证明是消费者的需求，无法真正形成市场竞争优势。经营者必须摆脱工程师式的、从技术功能出发理解消费者的角度，切实研究消费需求的现状，制定出成功的过渡期营销战略和策略。

消费需求分析

不同媒体的生存依赖于共同的资源：受众的时间和金钱。人的时间大体分配在三种活动之中：工作时间、必要的生活活动所需时间、休闲时间。也就是说，一个人每天必须工作八小时，加上睡觉、吃饭、洗衣、购物和其他一些必要的活动，剩下的时间才有可能用来聊天、去健身房、看电视、读报或从事其他娱乐活动。娱乐媒体所要争夺的首先是受众的休闲时间，而决定争夺胜负的基本因素，是不同媒体具有的传播功能能为消费者提供什么样的效用，是受众在获得这些效用时需要付出多少金钱和时间成本。

各国统计都表明，电视在对受众时间的争夺中处于领先地位。所以如此，不但由于它和报纸、广播比较，具有声音和动态画面同时传播的功能，也由于和同样具备类似功能的替代产品电影比较，它还拥有金钱成本上的竞争优势。一次性购买电视机后，除了付出时间，无线电视的观众可以免费地使用电视服务。相比之下，每一次电影消费都需要买票，安排时间，乘坐交通工具去电影院，或许还要在外面晚餐，付出的成本较高。即便有线电视的服务需要付出线路费用，比之享受电影，成本位十分低廉。此外电视还为受众提供了多样内容的频道和节目选择，电视可以在同一时间内报道世界上发生的事件，而且，使用电视可以足不出户。这些都是同样能传播声音和画面的电影不可企及的。

就受众资源的争夺来说，数字电视服务的直接对手是模拟电视服务。数字电视的传播优势体现在三个方面：播放质量、选择范围和互动服务。这恰恰也是目前经营者向消费者宣传的三个基本卖点。

1. 播放质量。播放质量的高低是和模拟服务比较而言。欲了解这种服务质量的差别对于消费者是否有意义，首先必须知道消费者是否不满于目前模拟服务的播放质量。很可能，消费者，特别是有线模拟电视的消费者，并没有感到模拟播放质量到了非改善而不足以为快的程度。其次，应该考虑目前数字电视服务的内容是否对于播放质量有较高的要求，使消费者感受到数字化服务的好处。就目前数字化服务能够提供的内容而言，消费者恐怕还不能感受到这种好处。欲让消费者付出较高的成本来享受高播放质量，经营者必须将两类不同服务的播放质量差别区分到十分明显的地步。媒体生态演变的历史上有一个相关的例子。电视特别是彩色电视普及后，在金钱和时间成本上均处于劣势的电影受到了强烈冲击。虽然电影提供质量绝好的声音、效果奇佳的画面，播放质量之高是不争的事实，但仍使电影无法避免地不断失去市场份额。为此，美国电影业至少采取了两种应对措施：（1）和电视界及其他服务行业建立协议，规定在新片放映期间除电影院外的其他场合不得播放，保证在前四个月内，新片在市场上的不可替代性。（2）注重对播放效果要求高的所谓“大片”的制作，利用高端制作强化电影与电视播放效果的差异，突出电影在传播功能方面的核心竞争力。两种措施的实质是分别在投放时间上和产品质地上实现差别化，使消费者乐于为差别付出较高的成本，进而建立了电影在媒体市场生态链中不可替代的位置。统计资料表明，虽然过去十年间新型媒体不断涌现，播放质量较高的有线电视服务、家庭影院设备、VCR、DVD进一步分割电影的受众时间，美国人年均花费在电影院的时间仍然从1970年的10小时增长至2000年的12小时。相比之下，在还不能创造数字化服务内容部分的不可替代性之前，播放质量的优势更像是一种遥远的承诺，而非消费者能切实感受到的效用。

2. 选择范围。无论就信息服务的选择、还是娱乐形式的选择而言，网络是目前媒体中能够提供最多选择的一类。然而，网络使用的统计数字表明，消费者在经过最初的一段时间的选择之后，日常使用的网站数量极少，在香港，平均仅为2.5个。其中的道理并不复杂，选择本身可以是一类效用。消费者需要选择，便乐于购买之。但依据微观经济学分析，作为产品功能的选择的边际效用将随购买量的增加而递减。或言之，选择多到一定量时，选择对消费者便不再产生效用，甚至产生负效用。从另一个角度，即消费成本的角度来看，上网之初，消费者可能需要大量的搜索选择，以寻找能使之获得最大效用的网站。选择在这里是获得效用的成本。之后，消费者发现有效用的网站日渐困难，作为效用的选择其边际效用越来越小，作为成本的选择则越来越大。虽然在理论意义上，通过不断的搜索选择，获得全部网站的信息将最终导致发现效用最大的网站，但考虑到获取信息的成本，使用已知网站可能是更为经济的决策。从技术角度去看，数字化电视服务可以提供数百个频道的选择，每一频道可播放多套节目。这种传播能力为消费者带来了前所未有的选择的可能。然而，消费者究竟乐于付出多少成本、金钱和时间，来购买和使用如此众多的选择？在明确了解到市场的真实需求和选择边际效用递减的速度之前，不应该假定选择为消费者所需，特别是在今天这个数字化服务内容尚属贫乏，各种替代信息/娱乐服务又多得选不胜选的时代。

3. 互动服务。从互动服务去看，模拟电视不具备和数字电视的可比性。然而，数字电视服务允诺了的天气、股票交易、旅行时刻表、购物等等服务节目，网络都可提供替代服务。只就互动功能而言，网络优于数字电视服务。

目前，由于数字化电视服务还远未成熟，详细比较其和网络的互动服务尚不可能。这里所能做的仅局限于分析网络的互动服务，理解消费者何以需要互动服务，以便在发展数字化电视互动服务时参考和借鉴。

在消费者需求的意义上，互动服务的本质是媒体允许消费者表达某种特殊需求，并依据表达提供满足这种需求的服务。在宽泛的意义上，各种大众媒体都在互动功能方面做出了努力。例如，报纸的版面可以不断增多，使消费者能够通过翻动报纸（表达）来寻求可以满足其需求的内容。再如，电视可以拥有若干频道，同时播放不同类型的节目。消费者通过按动遥控器（表达）来寻求满足其需求的内容。这种服务可以称为互动服务的“仓库”（Storage）类型，其特点是通过扩大“仓库”的存储量来满足消费者通过互动表达的需求。然而，“仓库”型互动功能有明显局限性。这种局限性来源于承载能力的有限——不可能无限制增加报纸版面；频道内容的有限——不可能制造出所有消费者所需的内容；对于消费者个性化需求把握的有限——不可能了解每一个人的特殊需求。

就网络而论，其优胜之处在于：（1）网络几乎无承载能力的限制，内容由大量的内容经营者共同创造，范围极其广泛。消费者因此能在付出一定搜索成本的条件下，较大程度上满足其特殊性需求，虽然，网络也难以制造出所有消费者所需的服务。（2）网络具有传播“平台”的性质。在此平台之上，消费者可以通过自发组合的方式满足特殊的传播需求。电子邮件、短信服务、聊天室、BBS都是这种网络传播能力的体现。这种能力不但极大地延伸了消费者人际传播的范围（如电子邮件、聊天室），还赋予消费者某种大众传播的权力（BBS），从而颠覆了传统分类中人际传播和大众传播的界限。这是一类传统大众媒体无法望其项背的差别化服务，因此能够成为网络收入模式中一类重要组成部分。网络风潮之初，经营者所标举的是网络无所不包的功能，是所谓功能的“汇流”（Convergence），似乎有了网络，电影、电视、广播和报纸的生存都将受到严重的威胁。随着网络泡沫的破碎，人们发现网络虽然可以报道新闻，播放电影利音乐，但它真正不可替代的竞争优势是上述的互动服务。这使人想到动物生态链条中的猴子。猴子拥有多种能力，足能够跑，爪能够抓，牙能够撕咬。虽然每一种能力对其生存都有用处，但迅速灵活的攀援能力才是其最具特点的能力，使它能获得其它动物难以获得的食物，逃避凶猛的天敌，即便它跑不过野兔、斑马，撕咬不敌虎、狼。

据笔者理解，数字化电视的互动服务在本质上是传统

“仓库”类型互动方式的延伸，不具备网络的“平台”类型的互动功能。但因频道资源空前的丰富、数字传输的技术优势，它极大地提升了其内容承载能力，成为“大仓库”（Warehouse）。虽然数字化电视服务就互动功能存在明显劣势，但在传播质量、学习成本、使用成本甚至购买成本等方面占有优势。在满足互动需要时，由于近年来使用人群的不断扩大，一部分清费者使用网络的偏好已经形成，但鉴于模拟电视使用拥有广大的人群和长久的历史，在数字化和模拟电视的使用技能相近的条件下，网络偏好应该不会成为数字化电视推广的大障碍。需要考虑的是消费者在什么条件下需要人际传播，什么条件下需要大众传播，在什么时候“大仓库”可以最大限度满足消费者的需求，什么时候必须要“平台”才能满足他们的需求，并在此基础上综合评价数字化电视服务的优势和劣势，细分甚至创造出市场需求，围绕这些细分化需求来更有效地配置现有功能，确定难以替代的互动服务项目，发展竞争优势。

广播在媒体市场生态演化中重新定位的相关案例，可用来演示上述需求细分、功能重新配置的具体过程。20世纪40年代电视于美国普及后，广播随即受到巨大冲击。就传播功能而言，电视和广播一样，拥有即时性和现场感，但其传播动态影像的功能则使广播无法抗衡。广播因此不得不重新定位自己在媒体市场生态链条中的位置。面对电视和三十年来不断出现的可替代和部分替代产品，广播能够据守住一定受众时间的份额归功于至少三点竞争策略：（1）从媒体消费行为中细分出群体（家庭）和个人媒体使用的不同需求，利用收音机制造成本不断降低、体积不断缩小的条件，使收听广播从集体（家庭）娱乐活动转变为个体的娱乐活动。（2）从媒体使用时间中细分出（或发现了）非休闲时间的需求，打破“休闲时间”和“必要生活”时间划分的界限，利用随身听等设备的发明，使广播成为从事如驾驶、行走甚至做饭、健身等多种生活必要活动中广为使用的媒体。（3）在和电视的比较中重新配置自身的传播功能，发展以音乐和谈话为主的节目类型，减少甚至放弃广播剧等传统节目类型。其中，（1）和（2）在媒体使用行为和时间层面建立了细分化的市场，使主要竞争者电视难以染指。（3）在功能层面上扬长避短，避免和具有强势传播功能的电视做直接竞争。统计数字表明，美国广播业的竞争策略颇为成功。截至2000年，就年均使用时间而论，广播在美国仍然是仅次于电视的第二大媒体。从1970年到2000年，美国消费者年均使用广播时间从872小时增加到1065小时，而同期报纸则从218小时下跌降至151小时，杂志从170小时下跌至80小时。

结论和建议

上述分析说明，数字化电视服务经营者所宣传的三个卖点——播放质量、选择范围和互动服务，都面临着替代产品服务的激烈竞争。从使用成本和成本与效用的关系来看，它们还不足以形成市场竞争优势。因此，如果销售策略建立在此三个卖点之上，有理由怀疑其操作的有效性。

作为一种理论分析，本文提供的观点属于定性范畴，因此具有假说而非结论的性质，其有效性只能在较大范围的市场调查中才可能获得检验。本文建议数字化电视服务的销售者应该对当地市场进行细致的调查研究，通过比较数字化电视服务的消费者和非消费者的有关数据，发现消费需求的真正所在之处，从而明确目标消费者群体；通过分析消费者对于数字化电视服务各项功能的评价，利用交互分析的方法发现和消费需求最为紧密联系的功能，以此作为营销推广的基本卖点和相应服务的着重点。又由于数字化电视服务能力受到基础建设、内容提供、经营模式转变等多重因素的制约，消费者需求会随整个系统的发展而不断产生相应的变化，故应该做小组和截面式的消费者纵向研究，以便能分阶段地调整营销策略。有远见的经营者还可以利用本文提供的理论框架，对于消费者使用各类相关媒体的需求特点、行为方式进行调查和分析，从而发现数字化电视服务在媒体市场生态链条中的核心竞争优势。这一发现不但有助于设计过渡时期的营销战略，也将对建立未来的数字化电视经营模式做出贡献。

（选自《现代传播》2004年第1期）

电视频道专业化势在必行

彭吉象

电视频道的专业化是当前我国电视体制改革与进一步发展的热点话题，也是我国电视发展史上一座新的里程碑。但是与国外成熟的电视专业化频道相比，我国的电视频道专业化才刚刚起步，还存在着许多具体的困难和问题，还有许多地方需要改进和完善。

在传播日益国际化的今天，如何发展我国的专业化频道，如何使我国的专业化频道具有更强的竞争力，如何借鉴海外电视业在这方面的成功经验，尤其是引入频道营销的理念，从而改变我国电视业比较落后的现状，应当说是一个十分紧迫的课题。

从20世纪80年代起，美国的电视市场就已经不再是三大无线电视网ABC、NBC和CBS瓜分天下的格局，而是形成了许多专业化频道与三大电视网同在一片蓝天下的局面。在电视收视市场中，三大无线电视网的份额已经大幅下降，从1980年的90%到1990年的70%并继续不断下落，取而代之的是大量有线电视网的专业化频道在市场中风光无限地兴起。在亚洲电视市场上，情况也同样如此。据有关资料显示，目前亚洲电视市场上处于前十位的（收视市场份额和欣赏指数综合评估）也大多是专业化频道，如HBO（美国家庭影院频道）、StarMovie（香港卫视电影频道）、Discovery（探索频道）、MTV（音乐频道）、CNN国际新闻频道、ESPN（娱乐体育频道）、TNT/CN（卡通频道）等等。而在国内，据2000年上海电视收视调查显示，“以综合频道为构架的东视和上视两大电视台年内频道总收视率都有所下滑。而以专业频道为依托的有线五个频道，收视率却维持上年水平，甚至有所提升。”

诸多的事实已经表明，专业化频道已经成为世界电视业的市场新宠，代表着电视业的发展方向，其前景阳光明媚。尤其是对中国（中国电视台是美国的2倍，日本的25倍，英国的260多倍）这个庞大却相当滞后的电视市场来说，要想与世界接轨，也必须加快频道专业化的进程。

而纵观西方和我国电视业的发展历程，专业化频道之所以能在短期内得到如此迅速的发展，则有其兴起的技术、受众、媒介以及观众研究理论背景。

专业化频道兴起的技术背景

一方面，电视技术的发展为电视业提供了更多的频道空间，从而为频道的专业化提供了技术上的条件和实践的可能性；另一方面，专业化频道也是电视技术发展的必然要求，频道数量的大幅度增加也必然要求实行频道专业化这一举措。

卫星技术的开发使得更多的电视得以通过卫星向全国乃至全世界的观众进行节目转播，从而大大增加了观众收看的电视频道。目前，通过卫星转播，中央电视台已经覆盖到了许多国家，而我国许多省市级电视台也已经成功地上了星。数字压缩技术的突破则给电视业带来了意义更为重要的一场革命。数字压缩技术大大增加了可以被传输的电视频道数量，使卫星信道最多可以增加到20倍左右，陆地信道可以增加40倍左右，新型的视频压缩技术可以使有线电视为观众提供500多个频道。一般的城市有线网络经过技术改造，观众就可以收到上百套的电视节目。

技术的发展带来电视频道数量的猛增，使原来短缺稀少的频道资源突然之间变得富足充分。二三十年前，美国的电视频道并不多，一些大城市如纽约、洛杉矶、芝加哥也只能收到10多个频道，而小的城镇则只能收到2—4个频道，主要是由三大电视网（ABC、NBC、CBS）各自所签约的约100个左右的电视台提供节目。而今天的情况就完全不同了，美国目前已有150个有线网系，一个家庭最多可以接收到350个频道的节目。而目前在中国，据不完全的数据统计，国内建有3595个频道，是世界上拥有电视频道最多的国家，上海和北京可以收到60多个频道，而广州则可以收到近90个频道，一般城市的家庭也可以收到30或40个频道的节目。

当更多的频道空间成为可能，而频道的增多并没有带来观众观看电视时间的增加，也就意味着电视业内的竞争加剧，因此，如何在纷繁杂乱的电视频道中凸现自身个性和特色以便争取到观众，也就显得愈加重要和艰难。而与此同时，当每家电视台都拥有几个甚至十几个频道，为了充分合理地利用频道资源，也为了同其他电视台乃至本台其他频道区别开来，专业化频道的开拓和发展也就提上了日程。

专业化频道兴起的受众背景

从20世纪六七十年代起，西方发达国家逐渐进入后现代社会（中国的情况比较特殊，目前社会中，既存在着现代主义文化，也存在着后现代主义文化）。后现代文化被认为是一种多元文化，其文化特征正如波兰社会理论家Z·鲍曼所说的“多元主义，众望所归的权威的缺席，等级差别的消失，解释的多元价值取向……意义的过度丰富，这些都与对权威的缺席审判形影不离（或因此而显得更为突出）。”权威的消失与多元文化的发展使得受众市场发生了巨大的变化，“观众不再被认为是同质的大众，而被视为是由年龄、性别、种族和地域而分出层次的，是一个由多种微观文化群体所构成的联合体。因此，对‘大众’观众的吁求，现在成了对众多具体的但又是潜在的互相联系的观众的一系列相互缠结的吁求。”

由于电视频道数量的急剧膨胀，电视节目的极大富足，电视业之间的激烈竞争，电视业也就不再成为传播者所主宰的“卖方市场”，观众有了更多选择的机会和空间，随之而来的电视传播必然会从以传播者为中心走向以受众为中心。另一方面，电视和受众是一种互动的关系，电视节目形态的多样化（新闻、电视剧、电影、体育、综艺、谈话类、专题片等等）也会带来受众的分化和多元化。于是，受众的多元化和需求的差异化必然会使电视传播从“大众化”和“群体化”走向“窄播化”和“小众化”，也就不可避免地形成电视频道的专业化。

再从我国的具体情况看，随着我国经济由计划经济转向市场经济，社会文化从“宣教文化”转向“大众文化”，人们的闲暇时间和娱乐方式增加，这些都使当代的中国文化呈现多元化的格局，主流文化、大众文化和精英文化三者并存的局势正逐渐形成。同时，我国的电视业从20世纪80年代的“三少”（电视台少、频道少、节目少）阶段进入到频道和节目的极大富足阶段，从“卖方市场”进入到“买方市场”，广大观众摆脱了过去的被动状态，其主体性地位日益增强，并逐渐形成了多元化的收视需求，分化成若干个不同文化品位和收视习惯的小群体。为了顺应当前多元文化发展的潮流和多元化的收视需求，我国电视业也呈现出“分众化”或“窄播化”的传播方式和趋势。以电视综艺节目为例，就出现了代表主流文化的“庆典型”综艺节目、代表大众文化的“娱乐型”综艺节目和代表精英文化的“高雅型”综艺节目并存的现象。

随着社会文化的发展，与世界电视业的发展历程一样，中国电视业的发展也必然从“节目时代”经“栏目时代”发展到“频道时代”。而专业化频道的运作与营销，也正是适应了文化和受众多元化的必然结果。

专业化频道兴起的媒介背景

20世纪90年代新兴的“第四大媒体”网络来势迅猛。有人曾作过这样的统计，“无线电广播问世38年后拥有5000万观众，电视诞生13年后拥有同样数量的观众。而Internet从1993年对公众开放到拥有5000万用户只花了4年的时间”。网络以其方便快捷和集合了传统媒介优势的特点对电视形成了一定的冲击。早在1997年，美国的调查机构就发现由于因特网的兴起而使电视节目的收视率下降。“据美国旧金山一家研究公司的调查，78%的美国上网家族把黄金时间泡在因特网上而不是电视节目上。Jrpiter传播公司1998年12月的一次调研发现，在美国新闻消费者中通过因特网接受重大新闻的已占总数的12%，明显超过通过无线广播和印刷报纸获取重大新闻的9%和2%的比例”。因此，处于消费时代的今天，电视不仅要与传统媒体广播和报刊争夺受众市场，还面临着来自网络媒体方面的挑战。这一媒介背景对于中国来说尤为清晰。

这几年来网络在中国的发展很迅速，以北京为例，2000年的“调查显示，目前在北京地区14—70岁非文盲常住居民中，每天实际上网的网民占居民总数的11.2%，约为73.9万人。”“一年来，北京地区的网民数量有了较大幅度增长，其人口覆盖率已经由一年前的6.7%上升至现在的11.2%，每日实际上网的网民数量增加了29.7万人，增幅达67.0%。”而且，网民们每天上网的时间也有所增加。虽然因特网对中国电视市场还未构成很大的冲击，但据中央电视台的有关调查透露，现在有47%的人并不看电视，而选择上网等其他获取信息的途径和娱乐方式，尤其受教育程度高的年轻人更是如此。而网络也在另一方面冲击着电视业，那便是广告收入，1999年美国的网络广告收入达到了46亿美元，我国也达到了1亿元，虽然网络广告收入与电视广告收入还不能相提并论，但网络广告有着巨大的潜力。

因此，当不可能再存在着整合统一的受众市场时，随着新媒体的介入，为了在激烈的竞争中取胜，为了争夺观众的注意力，电视业也不得不进行自我调整和改革，走上专业化的道路。

报纸和广播这两种传统大众媒介的日益细化也构成了电视频道专业化的一种媒介背景。

目前，我国的报纸有2200多种，数量的增加带来的是传播的非群体化，各种专业性强的报纸纷至沓来，经济报、足球报、家庭主妇报、现代女报等等，名目繁多。广播也不例外，1986年前后，经济台、交通台、音乐台等专业性比较强的电台充斥市场。当有着更悠久历史的报纸和广播都开始专业化和“窄播化”时，电视还能固守成规，视而不见吗？

由于技术发展带来的频道增多所引起的电视业内竞争的加剧则构成了电视频道专业化的另一种媒介背景。这一背景对于中国的电视业来说更为突出，由于卫星技术和数字技术使得电视节目的覆盖具有全球性和爆炸性，但中国的电视业还比较落后，在世界电视媒体白热化的竞争中还缺乏竞争力。

据有关的资料显示，在北京和一些大城市都能够收到一些境外的专业化频道，比如HBO、凤凰卫视电影台、ChannelV和StarMovie等。而据全世界最大的调查公司AC尼尔森调查，香港可收到33个频道，台湾可以收到110个频道，其中有不少专业频道，如Discovery、动物星球频道，2个宗教频道，4个日语频道，尤其是在台北，电影频道就可以收到14个，包括HBO、Cinemax、好莱坞电影、Hallmax、迪尼斯频道、AXN动作台、卫视西片台、卫视电影台、中得电影台、龙祥电影台，其中还有一个电视台甚至分成了三个电影频道：东森电影台、东森洋片台和专门放儿童片的东森幼幼台等。这些专业化频道受到许多观众的喜爱，对中国的电视市场形成了不小的冲击。毫无疑问，在以后的日子里，随着国外越来越多的成熟的专业化频道"入侵"中国，对中国的电视市场将会构成很大的威胁，即使是中国电视业的龙头中央电视台的收视市场也不能幸免。

在海外专业化频道发展日臻完善的今天，大陆的专业化频道建设才刚刚起步。因此，如何迅速地发展和健全我国的专业化频道就成为当前电视业的重心。毕竟，在优胜劣汰、适者生存的市场规律面前，谁也不能无动于衷。也因此，从某种意义上来说，频道的专业化也是媒体之间和电视媒体内部激烈竞争的必然趋势。

专业化频道兴起的观众研究理论背景

在某种意义上，电视观众研究的发展也形成了专业化频道兴起的理论背景。

在电视出现初期到20世纪60年代，电视观众研究理论处于"影响"假说理论阶段，着重电视对观众的影响，认为"电视对观众有直接影响。例如，有人提出电视转播的选举节目对观众的投票方式有直接影响，或者说电视上的暴力节目直接导致了观众的暴力行为。实际上，这一阶段的绝大部分研究，基本上证明了这种假说是不能成立的。"这种假说受到许多理论家的质疑。

从60年代到80年代，是观众研究的第二个阶段——"运用与满意"理论阶段，着眼于观众使用电视的情况。因此，"运用与满意"的方法，不是把典型的观众成员看成电视机前的被动的客体，而是把她或他当作一个积极的主体。这种方案中的观众被视为具有一定的需求，这些需求是由一系列的社会进程导致的，电视满足了这些需求。观众选择看电视，并且以能满足自己需求的方式去理解那些节目，在这个意义上，她或他是积极主动的。"

最后是解码阶段，该假说认为看电视基本上是一种解码过程。"一条电视信息中，有好几种可能的意义，因而就有好几种不同的解码方式"，"一个人如何'阅读'或解释或赋予一个电视节目的意义，取决于其社会地位和观看或者谈论该节目的形势"。于是，"解码"的过程受到观众的性别、种族、阶层、社会地位、文化程度等一系列因素的影响和制约，也就意味着差异性收视群体和差异性节目理解的产生。

从"影响"假说到"运用与满意"假说再到"解码"假说，我们能够清楚地看到电视观众研究的清晰脉络，即不断地进一步张扬观众的主体性以及差异性。因此，对观众主体性和差异性的强调必然会带来电视传播的个性化和对象化，从"传播者本位"向"受众本位"变化，从而构成频道专业化的电视观众研究理论背景。

这几年我国内地的电视业开展了一系列的改革，有线电视台和无线电视台合并，这使得电视台原有的频道进一步增多，也就意味着必须对资源进行整合，从而对频道专业化的开展提出了更加现实的要求。许多省市电视台都开始实行频道的专业化，而中央电视台也在原来已经提出的"频道专业化、栏目对象化、节目精品化"的基础上进一步推动频道专业化的进程，对频道的设置更为科学，专业化程度更高。

（选自《南京师范大学文学院学报》2003年第12期）

电视频道的规划、策划和营销

陆 地 高 菲

世界上电视频道万万千千。有的生命常青，有的昙花一现，有的受众过亿，有的顾影自怜，有的日进斗金，有的亏损连年，何所致哉？重要的原因之一是，规划、策划和营销不同使然。电视频道如何规划、策划和营销？或许人人知其然却未必知其所以然。

电视频道为什么需要规划、策划和营销

电视频道为什么需要规划、策划和营销？这是一个必答的问题。因为，中国电视业正处在一个从特殊行业向一般行业、从事业向产业急速转化的过程之中。

（一）中国电视业的三个发展阶段

中国电视业虽然只有不到50年的历程，但却和其他媒介一样经历了三个发展阶段。

1. 1958—1980年。这是一个和计划经济相对应的计划宣传的时代，媒介机构的生产和传播活动由媒介的政府主管部门决定。媒体是事业单位，发展靠国家拨款。媒体没有经济效益的需求，当然也就不需要营销活动。

2. 1980—2000年。改革开放以后，文化市场逐渐兴起，外国先进的文明成果逐步引进。随着政府媒介政策的日益宽松，媒介机构在信息的生产和传播活动中有了更多的自主权，各种专业化的媒介如专业化频道纷纷面世，而且开始发出自己的声音，如电视评论性节目和访谈类节目大量出现。这是一个需要规划、策划和营销，但还没有形成旺盛的市场要求的时代。

3. 2000年至今。在媒介信息的生产和传播活动中，媒介消费者开始居于支配性的地位，其权利和意志被媒介充分尊重。这是媒介市场发展到一定阶段的产物，也是以数字技术为代表的传播技术突飞猛进的结果。在这一时期，媒介传播变为双向互动，消费者开始参与信息的生产和传播。近年来，报纸杂志和广播电视频道或栏目的频频改版，就是媒介为适应和满足不断变化的消费者口味而努力的表现，而数字付费电视和网络电视的出现则使得传播与受众的角色和功能几乎完全颠倒。这意味着市场竞争时代的正式到来，也意味着媒介规划、策划和营销时代的到来。

（二）中国电视业正在走出传统的认识误区

相当长的一段时期内，中国电视业的管理模式是建立在计划经济和电视频道资源稀缺的前提基础上的。久而久之，有相当一部分中国电视业的管理和从业人员在认识上陷入误区。

最严重的误区是把舆论工具、舆论导向与舆论三者混为一谈。其实舆论工具、舆论导向与舆论三者不是同一个范畴的概念。三者虽有联系但各有所指。媒介工具不等于意识形态，掌握了舆论工具也不意味着掌握了舆论。但正由于长期概念混淆，才引发了当年媒介特别是电视业要不要、能不能产业化的争论。媒介资源长期被行业垄断，市场配置资源的作用在广电领域几乎为零，这直接影响了广电产业的形成。不仅产权改革难以进行而且成为既做不大也做不强的主要原因。好在2003年，国家把数以百计的报刊“剔除”出党报的“保护伞”，后来又允许部分非新闻电视频道公司化、股份化、市场化运作，这不能不说是明智之举。

尤其值得欣慰的是，2004年初国家广电总局又制定颁发了《关于促进广播影视产业发展的意见》，明确非新闻类电视频道“经批准可以组建公司探索进行频道的企业化经营”。这无异于向国内的社会资本发出了一封合作的邀请函。2004年10月，国家广电总局和商务部又联合公布了《中外合资合作广播电视节目制作经营企业管理暂行规定》，允许“境外专业广播电视企业与中国广播电视节目制作机构和境外其他投资者在中国境内合资、合作设立专门从事或兼营广播电视节目制作发行业务的企业”。2004年12月，国家发改委公布了新的《外商投资产业指导目录》，广播电视制作、发行和电影制作首次被列入该目录，这一系列的政策表明，中国广播电视产业市场已经进入了开放和竞争的新时代，中国电视频道的规划、策划和营销时代也悄然来临。

（三）中国电视频道的功能和角色正在走向多元化

随着中国经济的市场化、社会的多层化和政治的现代化，媒介的功能和角色也在发生巨大的变化。电视频道的功能正沿着兼备喉舌工具——公关工具——新闻工具——媒介工具——经营工具的路径逐渐演化。电视媒介的角色也从原来那种与计划经济对应的传播模式，即节目——渠道——观众，转变为与市场经济对应的传播模式，即市场——渠道——内容。换言之电视媒介已从节目的生产者和播放者转变为频道的设计者和营销者。而数字技术、卫星传播技术和光纤技术的飞速发展，在丰富了频道资源的同时，也带来了频道资源的过剩。数字付费频道、网络电视（IPTV）和手机电视（DVB－H）等多功能电视的出现，更把电视频道市场的竞争提高到一个前所未有的激烈程度。这也使得电视频道的规划、策划和营销显得更加重要和必要。

电视频道规划、策划和营销的差异

规划、策划和营销分别是战略和市场用语（具有不同的含义和适用范围），引申到电视频道的经营上，规划、策划和营销也具有不同的含义和特点：

（一）电视频道规划的含义和特点

所谓规划，就是通过对事物发展现状的描述和对事物发展趋势的预测制定相应的对策和计划。其主要特点是以事实为基础（规划不能脱离现有的或现实的条件），多对象性（规划的内容一般不是单一的目标而是多个目标），整体性（规划的内容不仅是统一的，规划的效果也是同一的），全局性（规划的内容必须统筹兼顾），长远性（规划要确定主体在未来若干年内要实现的目标），静态性（规划在制定或实施的过程中具有一定的程序性、稳定性和内向性），战略性（规划在内容上、时间上、目标上和实施手段上具有整体性和长远性）等。

（二）策划的含义和特点

所谓策划就是针对个别对象、具体事件或重大活动的对策与计划。凡事预则立，不预则废。策划的主要特点是它以事件为基础（不能脱离具体的内容和事态），个体性

（策划的对象或目标一般只有一个），局部性（策划的内容和结果只适用或生成于局部范围），动态性（具有一定的随机性、不确定性和外向性），博弈性（具有相当的对抗性），阶段性（策划的结果近期可以检验，实施的过程短暂），战术性（范围、时间、目标和实施手段都具局部性、阶段性和博弈性等）。

（三）营销的含义和特点

所谓营销就是在合适的时间以合适的方式或价格，让合适的消费者接受合适的商品或服务或品牌形象的过程。其主要特点是以事物为基础，目的性（让消费者接受某个有形或无形的"事物"），盈利性（营销的过程和结果必须带来利润），竞争性（营销的内容和过程具有强烈的排他性），互动性（通过某种营销内容或手段与营销对象之间发生的各种反应），常规性（营销活动将贯穿经营的全过程），整合性（内容必须是具象与抽象、义与利的统一，手段或方式必须是战略与战术、自我与借势、平面与立体的结合）。

（四）电视频道规划、策划和营销的异同

规划、策划和营销虽然内涵不同，特点各异，但是它们之间仍然有一定的联系和共同点。

共同点：首先，无论是规划、策划还是营销，其最主要的特点都是寻找、发现和建立企业或产品、频道节目价值链的过程，或者说是发现、建立和巩固企业或产品、频道、节目核心竞争力的过程。其次，无论规划、策划还是营销，其出发点和归宿点都是面向市场，面向对手，面向未来。

不同点：规划和策划是"纸上谈兵"，营销是真枪实弹。三者的范围不同，对象不同，层次不同，过程不同，作用不同，结果也不同。

联系：规划是策划和营销的基础，策划是规划和营销的具体化，营销是规划和策划的实施。

值得强调的是，不要混淆营销与促销之间的差异。时间上——促销一般在产品（频道或节目）产生之后，而营销在产品（频道或节目）产生之前就开始了。内容上——促销一般只针对具体的产品（频道或节目），而营销的对象既包括产品（频道或节目），也包括服务、形象、理念和品牌。方式上——促销是一种单一单向的断层活动，而营销则是一种整合互动的流程。目标上——促销注重以短期的行为（如商业上的买一送一、电视上的有奖收视等），而营销更注重的是长远的利益或结果（如电视频道播出的公益广告以及公益晚会等）。

电视频道如何规划、策划和营销

由于目前出现了经济分化、社会分层、文化分流和消费分需的特点，使得电视频道的规划、策划和营销成为市场竞争的基础和决胜的利器。纵观国内外优秀的电视频道，无一不对规划或策划、营销重视有加。电视频道是如何规划、策划和营销的，市场上并没有一个统一的文本或模式，但还是有一些基本规律可循的。

（一）电视频道规划什么

电视频道是电视节目的传输通道，是一种稀缺资源。但是，使用不同价值差异也很大。比如，同是卫视频道，上海卫视在2003年改名之前，每年的广告收入只有5000万元左右，而相邻的安徽卫视每年的广告收入却在3亿元左右，两者的收入悬殊，相差6倍。上海卫视改名为东方卫视以后，加强了规划和策划以及营销的工作，只用了一年时间，就将广告收入提高到2亿元。同一个频道一年之间营业额相差3倍多。

电视频道的规划主要有两种：一是单频道规划——解决单一频道的经营理念，定位栏目结构或节目配置、运作模式和收视效果等问题；二是多频道规划——解决不同频道的市场定位和分频道结构、节目的协同编排、运作模式和整体效果问题。

（二）电视频道策划什么

电视频道的策划重点要解决三个问题：如何使节目或栏目更接近目标受众（提高收视率）？如何使节目或栏目对对手更具威胁性（提高收视份额）？如何使频道的运作效率更高（提高经济效益）？

前面已经说到电视频道的策划具有战术性特点，所以频道节目的编排策略至关重要。现把国内外电视频道常见的节目编排策略简介如下：

板块分类法——即同类相聚法。也可以根据不同的人口特征来划分和保持受众，如用一个吸引男性受众的节目来对抗一个吸引女性受众的节目。

吊床法（Hammocking），即把新节目插播在两个受欢迎的老节目之间，就像三明治一样。

帐篷法（Tent－poling），即在某个王牌节目的前后穿插一些新节目或者竞争力稍差的节目。

整点法，即每逢整点就播出某个特定的节目。大量的实践证明节目如果安排在每个整点的前半部分，就会比安排在后半部分播出能够获得更多的新观众。

搭桥法（Bridging），就是延长热播节目前面节目的时间长度，比如，在晚上八点到九点半，九点半到十一点之间播出两个九十分钟的特别节目，以便阻止观众在整点九点或者十点被其他节目吸引走。

无缝过渡（Seamless Transitions），为了让一个节目的结束和另一个节目的开始自然衔接，省略掉影视演员表。

带状播出（Stripping），即电视台连续五六天在同一时间播出同类节目以便观众形成固定的收视习惯。

跳棋法（Checker Boarding），即不同的节目被安排在一个星期每天的同一时间播出。黄金时段以外，当没有足够的连续节目播出时，一般采用“跳棋法”

削弱法（blunting），亦可称差异竞争法。一个电视频道通过播出冒险节目或者电视新闻杂志类节目，可能会成功地削弱或对抗另一家电视台播出的收视率很高的喜剧节目。这种差异性竞争在于吸引不同的受众。

（三）电视频道营销什么

电视频道营销的内容丰富多样，其中主要的有——

节目。节目中的情节、人物、场景艺术和收视率等都是营销的内容。营销的对象主要有三个：观众、广告、主电视节目播出机构。

栏目。就是有固定形态或固定播出时间的节目载体。栏目的定位、内容、播出时间和主持人等都是营销的内容。营销的对象主要是观众、广告主和投资者。非新闻性的专题栏目也可以向其他电视节目播出机构营销。

频道。电视频道是节目播出的通道。作为一个整体，其营销的对象主要是付费订户、广告主、投资者、网络公司或节目制作公司。

经营理念。电视频道的经营理念是其存在的价值或使命，如美国有线新闻网（CNN）的经营理念就是做“世界电视新闻的领导者”。美国家庭影院（HBO）的经营理念就是“重视核心受众和老客户”。

主持人。主持人是电视栏目的灵魂和无形资产，主持人是栏目或节目的主要营销者，同时本身也是电视栏目或节目的营销对象。优秀的主持人可以使频道栏目和节目大大升值，美国的电视主持人身价动辄数以千万美元计，香港凤凰卫视的成功很大程度上依赖于其主持人营销的成功。

活动。指的是与电视频道栏目或节目或主持人有关的活动。这些活动是电视频道栏目或节目社会公关的一部分。活动不仅自身会成为节目的一部分，大大节省节目的制作成本，而且会提升电视频道的社会形象和品牌价值。

广告时间。所谓广告时间就是利用节目或栏目的自然空隙向观众推销商品或企业形象的时间。广告时间是所有依赖广告收入的电视频道或栏目最重视营销的内容。广告时间的直接营销对象是广告主，终极营销对象是观众。同是省级卫视黄金时间广告招标，有的能收获上亿元，有的只能收获几百万元，这既与栏目或节目的质量有关，也与营销的努力程度有关。

（四）电视频道如何规划、策划和营销

无论在电视频道规划、策划和营销之前、之间还是之后，都有一些关键的环节必须掌握。

在战略行动之前，无论是电视频道的规划、策划还是营销，都必须是在电视台战略清晰的前提下进行才会更有效果。

确定要解决的问题。任何规划、策划和营销都必须找到或确定自己要解决的问题，否则，就可能是无的放矢。比如，不同的电视频道，有的可能是定位不准，有的是节目编排不当，有的是缺乏合适的主持人，有的则是营销不力。

调查研究。调查研究的内容因电视频道不同而各异，但都必须围绕着市场展开，如观众市场、广告市场、节目收视率市场、节目制作市场等，内部的经营管理和外部的竞争对手也是调查研究的重点内容。

定位。定位是20世纪60年代美国市场营销学里的概念。其基本理论假设是：没有一种产品或品牌能够覆盖整个市场，市场永远是有空隙的。运用定位策略，任何产品都可以在市场中找到自己的位置。

电视频道的定位就是通过调查分析和周密策划与营销，凸显频道或栏目的品牌形象，满足一个市场或一部分消费者的特殊需求。定位观念是一种逆向思维方式，以需求为起点，以需求为终点。电视频道的规划、策划或营销定位一般要逐个确定电视频道的理念定位、区域定位、观众定位、客户定位、节目定位、形象和风格定位。比如美国的家庭影院（HBO）频道，虽然总体定位是为订户提供经典电影服务，但是随着市场竞争程度的提高，其市场也在不断细分，定位也更加精确。有适合女性心理需求的女性电影频道，适合全家收看的家庭频道和全天候的喜剧频道，以及专为拉丁民族准备的电影频道等等，都是市场细化和定位精确化的结果。

构思、计划、设计。这是规划、策划和营销的酝酿阶段。这个阶段主要是确定规划、策划和营销方案的框架方向和重点。打破常规，推陈出新，走出思维定势，是构思计划和设计成功的基础。

形成实施方案。就是把前期的调查研究成果和构思、计划、设计阶段的结果形成可以操作的文案。规划、策划或营销方案往往会以草案的形式在一定的范围内征求领导或专家的意见，修改后形成定案。

电视频道如何规划、策划和营销的问题就是解决做什么、怎么做、谁来做和何时做的问题。

（选自《中国广播电视学刊》2005年第3期）

中国电影产业链的重构及其潜在危机

黄式宪

中国电影匆匆走过了她百年辉煌的历程，透过其独有的东方情思和璀璨镜像，人们将不难理出一条清晰的历史轴线，那就是：紧握着电影产业之链，中国电影就兴就昌盛；反之，割断或弃置了电影产业之链，中国电影则衰则没落。

“百年辉煌”的庆典之后，如今我们所面对的则是全球化的语境，特别是自2001年中国加入WTO后，事实上我们业已跨入一个新的“履约”（即WTO约定）历史进程。从某种意义上说，中国新一轮的电影产业革命，正是被“履约”这一历史环境和历史进程“逼”出来的，是在电影市场的生死临界点上沉静下来而后所做出的抉择。

新一轮的电影产业革命，恰恰是摆在我们面前的一个时代性课题，也即：以推进中国海峡两岸暨香港三地（含澳门与海外华裔）华语电影产业链的强势整合与发展作为焦点，跨界（文化/国族之界）提升本土电影产业的国际竞争力，努力再写华语电影新百年的新篇章。

临危思变：立足民族文化原点而绝处求生

面对全球化的特定文化语境，无论在欧洲或在第三世界国家，各自无不强调电影的本土性及其独有的民族文化原点、文化特色，突出绿色的全球化（Green Globalization）意识，强调在东西方文化平等对话的总体格局中扮演好一个有民族文化尊严的角色，以与美国好莱坞所谓霸权式的“全球化”相区别。

恰值新老世纪之交，当好莱坞的霸权压境，中国大陆电影的生存现状是严峻而令人忧虑的。好莱坞大片自1994年重登大陆，到2004年，掐指正好十年。检视我们与好莱坞“博弈”所经历的这“十年”，留下了一份我们电影市场从困顿到复苏的纪录。新世纪之初的这几年，在中国加入WTO之后，国产电影的年产量一直徘徊在90或100部上下，到2003年才达到140部；而年度总票房则在9到10亿元之间踟蹰不前，如2001年，总票房是8.7亿元，而国产片在其中所占的份额还不足35%，约为2.8亿元（其余约65%的“大蛋糕”则都被美国大片和其他进口片“切”走了），而2002、2003年的总票房也都徘徊在9亿元左右。这样低迷的市场，诚可谓风雪交加，令人触目惊心，这分明是“亮”出了咄咄逼人的红灯警示信号。

柳暗花明：揭开了中国大片时代的序幕

当今美国所推动的全球化，本质上乃是一种全球性的文化霸权，我们除了立足本土，推进自身电影的产业化，跨界（文化/国族之界）与世界对话，拓展并提升我们华语电影的国际竞争力，事实上已别无退路、别无选择。

但是，我们与好莱坞的抗衡，却并未简单地采取与好莱坞“你死我活”、“此存彼亡”的对立形式，而是以文化的“和而不同”为准则，发掘我们华夏文化独具的特色和优势，逐步打造并完善我们两岸三地（含澳门与海外华裔）的华语电影产业链，更紧密、更牢固地结盟为一个“文化生命的共同体”。

与好莱坞“博弈”的关键之局，不是别的，正是中国电影产业结构重组这一步“棋”。近三年间中国深化电影体制改革的一个大动作就是，推动文化与资本结盟，初步实现了电影产业结构的重组。

中国电影资本——产业结构的重组，依托于两个决定性因素：其一，发现并培育拥有本土民族文化资源的电影品牌，使其在文化的形式和内涵上均具有无可替代的独创性；其二，以强势的资本组合，将这类电影品牌做成国际大片制作的规模，使其无论在本土或国际空间均拥有无可争辩的市场占有率和辐射力。

到了2004年（也即中国加入WTO后的第三年），电影票房报捷，达到15.7亿元人民币，电影主业收入（含国内票房、国外市场以及电视播映电影的收益等三项）总计为36.7亿元，结束了近五年来电影市场不堪窘迫的状态。这一中国电影的增长势头，恰恰是十年来我们与好莱坞“博弈”的结果，华语电影终于在绝境中反弹，从低谷中走出，呈现出一派柳暗花明的春色，体现了时代演进的一种必然。

这一年，中国电影故事片的年产量为212部，其中合拍片占42部（含协拍电影3部）。合拍片中的优秀或拔萃之作如《十面埋伏》、《功夫》、《天下无贼》（含美国加盟）、《新警察故事》、《2046》等，这五部影片又都占了该年度票房排行榜上的前五名。

这无疑呈现出一个新的时代征兆，即：作为中国电影产业复兴的一个重要环节，以产业结构的重组为焦点，将合作拍摄的华语电影推向国际主流市场，并呈现出合拍片向国际性大制作推进的良好势头，事实上，合拍电影在当下乃当仁不让地充当了中国电影产业跨界出征的前锋角色，呈现出中国电影产业振兴的希望之光。

更引人瞩目的变化是，在2004年，影片投资主体以及它们在电影产业结构中所占的比例，业已形成国有资本、民营资本和境外资本三足鼎立之势，并出现主旋律片、艺术片、“新主流片”（即商业片）三分天下而以新主流独大的态势，其中由民营资本和境外资本（含港、台资本）参与生产的国产新主流电影则拥有80%以上的市场占有率。在2004年，国产电影自上世纪80年代初以来，首次突破年产200部大关，总产量达到212部，比2003年的总产量提高了约33%。

再看国产电影前十名的票房总计是5.6亿元，而进口电影前十名的票房总计则为4.3亿元，与进口大片相比，国产片在本土电影票房上第一次超过进口大片，出现了令人振奋的突破，占有了本土市场的主控份额。而作为国产新主流电影前锋的“三强”，即《十面埋伏》、《功夫》、《天下无贼》，均突破了1亿元票房大关，每一部都超过了该年度美国大片《指环王3》在中国内地的单片最高票房纪录（即8600万元人民币）。国产片票房总共8亿元，其中《十面埋伏》等“三强”就占3亿8千万元，相当于国产片票房的半壁江山。值得注意的是，新主流的“三强”都是合拍片，其中的《功夫》还有美国哥伦比亚电影（亚洲）公司加盟投资。

作为国产新主流电影前锋的“三强”，体现了中国大片意识的觉醒及其成功的实践，揭开了中国大片时代的序幕；同时，它又标志着中国电影走向国际主流市场的一次文化凯旋。然而，需要指出的是，“三强”与其他国片票房之间的“级差”悬殊过大，2004年出品的212部影片中，尚有不下于60%的电影未能进入36条城市主流院线，电影产业链及其市场的良性循环还远未形成，这正是当今我们电影产业化进程中一个严重的瓶颈。

两类“非平衡发展”：电影产业链重构中潜在的危机

我们所说的电影产业化，其核心命题就是要让电影回归到它的产业身份上来，电影既不能只是“政治本位论”的附庸或孤零零的“精神号筒”，也不能只是艺术家个性的载体而孤立地去实现某种审美的创造，它的产业身份要求它直面电影市场的“终端”并在市场上生存和发展。面对全球化，这个电影的“终端”，就不仅指的是国内的（或地区间的）市场，还包括国际化的主流市场。

中国电影产业链的重构，包含紧密互动的三大环节，即：制片——发行——放映，形成电影产业从“上游”、“中游”到“下游”的完整链条和良性循环。应当说，经过短短三四年的艰苦努力，我们电影的产业化取得了若干重大的突破，但与此同时，却也出现了日趋显著的“非平衡发展”现象，如海明威所说，这或许正是潜藏在“冰山底下”而被人们所忽略的“盲点”。在笔者看来，这也正是中国电影产业化进程中存在着的突出矛盾：一个是国营电影厂家和民营电影企业之间的不平衡性。即使是进行了集团化的产业整合，国营厂家抗衡风险的能力还是有限的，因其往往动作迟滞、裹足不前，特别在跨界出征、走进全球性主流市场上的胆识、魄力以及在海外的营销能力均较欠缺。而真正敢于踏浪弄潮的则多属方兴未艾的民营电影企业，如新画面、华谊兄弟、保利华亿、世纪英雄等等，他们被国家广电总局副局长赵实肯定为“在市场经济和电影产业化大潮中成长起来的，富有朝气、充满活力的主体力量”。且看诸如《英雄》、《十面埋伏》、《功夫》、《天下无贼》等合拍华语大片以及颇具文化创意力度的“作者电影”《可可西里》或《向日葵》等等，无不是民营公司（含与海外合资）的出品。

另一个不平衡是市场上“强势与弱势”的两极分化日趋激烈，即大的大，小的小，一是“亿元大片俱乐部”，一是“弱势电影族群”，呈现为市场发育的非平衡性。只说2004年的《十面埋伏》等“三强”与该年度占国片总产量近60%的影片之间的悬殊，便是十分触目的，那近60%的影片竟在市场上落荒而出局（所占票房份额几乎为零）。“出局”的原因是复杂多种的，既缘于市场的良性培育需要一个过程，同时，还由于某些影片自身的文化质地和艺术水准存在诸多问题。到2005年，这一势头似乎又有所恶化，这一两极分化的趋势倘若继续膨胀，那么，整体的中国电影产业化的进程就会受到阻断，发生所谓的“木桶效应”。

所谓“木桶效应”，即是“最短的‘木板’决定了产业的整体水平”。因为电影产业链上的各个环节，需要保持步调一致、相对平衡的发展，而如果市场上大量影片的素质和票房都极差，呈现大面积的倾斜、下跌，那么，则犹如一只木桶，其整体盛水的水平线势必下降，那就有可能引发市场崩盘的危机，这难道不是需要我们及早警惕并做出未雨绸缪的妥善处置的吗？

所谓“亿元大片俱乐部”，主要指排行榜上的“五虎将”：

1. 张艺谋（《英雄》、《十面埋伏》）；
2. 冯小刚（《天下无贼》）；
3. 周星驰（《功夫》）；
4. 成龙（《神话》）；
5. 陈凯歌（《无极》）。

“亿元大片”的贡献在于扛起了商业大片之旗而抗衡好莱坞，跨界进入国际主流市场，提升了民族电影在全球化空间的竞争力。

那么，何谓“弱势电影族群”？即指多数的电影弱势者，如以《西施眼》（管虎）、《玛的十七岁》（章家瑞）、《青红》（王小帅）、《电影往事》（小江）、《红颜》（李玉）等为代表的“小镇电影”，还可以加上《世界》（贾樟柯）、《向日葵》（张杨）、《与你同在的夏天》（谢东）、《季风中的马》（宁才）以及《孔雀》（顾长卫）、《暖》（霍建起）等新片，它们无不以对人性的深度关怀为特色，艺术上别具新意而在市场上却遭到了冷遇或尴尬。

然而，“小片”的优势则在于，深入开掘本土民族文化的原点及其“含金量”，并张扬艺术个性，凸显风格的魅力，而这却是“亿元大片”所难以取代的。

试以“大与小”的不同个案，略加剖析：

1.《神话》（唐季礼导演）：跨越三千年的浪漫爱情

好莱坞大片模式讲究什么？娱乐至上，观众为王。香港导演唐季礼将这一模式运用于东方“神话”，为功夫巨星成龙特意设计了穿越时空的两个角色，一是现代考古学家杰克，一是秦朝的蒙毅将军。影片将爱情与功夫绝技相交融、将秦始皇陵墓揭秘的历史传奇与现代考古学相嫁接，又将诸如英雄美人（古代美人是韩国公主漱玉，由金善喜饰演；现代美人是印度名门闺秀，由玛利卡饰演）、金戈铁马、功夫角逐以及异国风情等等商业、娱乐元素运用到了极致，在内地与香港的电影市场上均掀起了一股众人争说“神话”的热潮。

《神话》斥巨资2500万美元（约为2亿港元）打造，在内地十月“国庆档期”一路领航，至10月中旬即创下8700万元人民币的票房佳绩，到10月末则已超过9000万元大关。

2.《季风中的马》（宁才导演）：现代文明的悖论与草原牧歌的终结

在今年10月28日刚刚闭幕的第25届夏威夷国际电影节上，该片获得了NETPAC（亚洲新人评审团奖）的殊荣，赢得了众口一辞的赞誉。

作为宁才的银幕“处女作”，他是用心和灵魂来和观众对话的。

这部影片恰似一首散文诗，所叙说的是关于蒙古包里一个平常三口之家的家常及其命运变迁，朴实而单纯，夫妻两个（乌日根与英吉德玛）之间以及他们与幼小的儿子呼和之间，磕磕碰碰甚至细细碎碎，但却折射着在现代工业文明和草原沙化的双重冲击之下所引出的诸般生存焦虑和矛盾。从主人公乌日根命运所承受的沉重压力来看，草原牧歌的时代似乎已经终结了。

乌日根和他的“老马”的命运，整体上更多的不是写实，而是写意，所喻示的正是古老游牧文明及其生产方式的必然衰落。它带给我们的，或许是处在现代文明悖论中一个理不清、剪还乱的心结，一种人们在告别游牧文明（或象征着任何一类正在衰竭、消亡的事物）之际心灵上不堪承受之重！

在影片总体的镜像叙事架构里，“马”的惊惶、哀伤、屈辱以及它最后苍凉地被“放生”（即人与它诀别）和远行，前后一共形成五段仪式化的场景，将“马”与人的关系融入到一种诗化的意境。

乌日根面对这匹老马，犹如今日“草原上的哈姆雷特”：对于“马”的去与留，对于自已的去与留（留在荒芜化的草原，抑或去陌生而繁华、喧闹的城镇），竟搅得他五内俱焚，陷于悲喜剧交错的困境，由此一层层引出人与自然、人与社会以及人的心灵承受力等等问题，无不是耐人咀嚼并深思的。

这部影片是用低成本拍摄的一部独立制作，投资约400万元人民币，在2004年出品的212部国产影片里，它属于那60%的未能进入36条主流院线上映的作品之一。至于它是否能在本土市场上闯出一条生路来，则至今还是一个悬而未决的问题。

大片与小片、强势与弱势之间这种在市场上的两极分化，看来还将有待于中国电影体制改革的深化以及电影产业链的良性重构，方能逐步加以弥合并解决的。

综而论之，中国电影百年之后，如何继续推进并打造中国两岸三地（包括澳门以及海外华裔）电影良性的、强势的产业链，拓展我们华语电影在国际主流市场上的竞争力，重新赢得我们民族应有的与世界平等对话的话语权，努力促成本土民族电影在全球化时代艺术与市场的双重可持续发展，应当说，这正是时代赋予我们的义不容辞的神圣使命。

（选自《现代传播》2005年第6期）

动漫、游戏产业

实施八大措施　推进动画产业发展

胡占凡

大力促进国产动画原创生产

原创不多、不好、不精是当前最突出的问题。抓原创是整个动画产业发展各项工作的重中之重。各动画制作企业要明确树立以抓原创为核心的发展思路，不能把发展前景放在外来加工制作上，不要只顾眼前的小利，要从长远、战略上考虑。在人财物上要加大对原创的投入，要重点加大动画形象、造型、剧本、台本、原画等前期创作和音乐、配音、声效、动效等后期制作的力度。抓原创一定要精心策划，要仔细地研究市场、研究受众、研究经典名著的成功之道。要有高智慧、有丰富想象力的创作队伍。要有针对性地开发制作适合不同年龄、不同性别、不同层次观众收看的动画片系列，研发塑造适合衍生产品制作生产的动画形象和动画品牌。动画片创作力求创意独特、故事精彩、想象丰富、形象生动，力戒简单说教、故事雷同、内容平淡、呆板无趣。各级动画片播出机构尤其是中央电视台少儿频道、动画上星频道要积极开设动画创意栏目，广泛挑选精彩动画创意，广泛发现优秀动画剧本，广泛听取观众和动画产业链有关部门的意见，真正成为连接动画创作机构与动画衍生产品生产机构和广大观众的重要桥梁。

广电总局将重点实施国产动画精品工程，形成一套鼓励原创的机制。省级以上动画行政管理部门要完善优秀国产动画片推荐制度，抓好一批重点动画项目的跟踪扶持工作，并具体研究优秀国产动画片的评选、奖励和推广机制，凡思想性、艺术性、观赏性俱佳的国产动画片，不限题材、类型、长度均可向国家广电总局推荐。经国家广电总局遴选确定的优秀国产动画片，将于每季度向全社会公布，各级少儿频道、上星动画频道以及全国电视台各频道予以优先安排播出。

紧密依靠市场动力，走产业化发展道路

必须明确，国家对动画业会给予很实际有效的政策倾斜。但是，动画业要发展，要持续良性发展，必须走市场的路子，这是符合规律的。为此，要充分发挥市场机制在产业资源配置上的基础性作用，通过市场手段优化资源配置，调整结构布局，调节利益分配。要形成产权明晰、行为规范、自主经营、自负盈亏的市场主体，全面导入供求机制、价格机制和竞争机制，建立统一、开放、竞争、有序的动画市场。在确保动画频道作为国家专有资源不得出售的前提下，经批准可以按照我国影视动画产业发展方向和现代产权制度、现代企业制度的要求组建公司，探索动画频道企业化经营的新模式。实行动画制作和播出相分离的制度，切实改变影视播出机构动画制播一体化的状况。最终形成制作机构生产动画节目，营销机构销售动画节目，影视播出机构播映动画节目，工业企业通过获得动画知识产权开发相关产品的新机制。

要积极探索研究符合我国国情与现状的动画产业盈利模式。要把优秀动画创意与资本、人才、管理、技术等动画要素市场有效地衔接起来，加强动画原创企业与动画播出机构、动画发行机构、动画中介机构、图书期刊、音像制品、玩具文具、服饰鞋帽、食品饮料、娱乐设施、游戏软件、新兴媒体等动画衍生产品机构的交流与合作。原创动画制作企业要强化产业意识，同动画产业链的各个环节紧密联系起来，不要孤立地抓原创，要开发衍生产品，形成多媒体播映、多产品开发的动画产业发展模式，逐步形成完善的利润增值体系，真正形成环环相扣、互相促进的动画产业再生产的良性循环机制。要打造全方位、立体交叉的动画产业链，必须将原创制作、播映媒体、开发经营与形象授权紧密结合，制作机构、播映机构、经营机构、衍生产品生产机构要加强团结协作，积极争取互利多赢的局面。

近年来，新兴媒体的发展将广播电视领域的视听节目内容与互联网、宽带网络、手机等传输网络和信息终端相互嫁接，为用户创造出了更为丰富多样、灵活互动的新业务。随着中国宽带网络用户和手机电视的大幅增长，中国的新兴视听业务近年来非常活跃，网络用户对于优秀的节目内容的需求增加很快。要积极探索动画内容产品核心资源与互联网络、移动电视、城市电视、数字电视、网络电视、手机终端、电子产品等新兴媒体的业务融合，为之提供内容服务。以独具特色的动画内容产业为主导，努力实现传统媒体与新媒体的资源共享及跨产业发展。

不断完善国产动画播映体系

在现有的动画片播映平台基础上，总局鼓励县级以上电视播出机构特别是各级电视台上星频道、少儿频道、动

画频道积极开办动画专栏和开辟动画播出时段，扩大动画片的播出数量，形成动画片播出规模。要继续实行在收视率较高的时段播出国产动画片奖励广告时段的优惠政策。为扩大国产动画片播出需求，总局将在适当时间规定，在现有国产动画片与引进动画片每天播出比例不低于6:4的基础上，扩大国产动画片的播出比例，并对在收视率较高的黄金时段只能播出国产动画片或国产动画栏目作出具体要求。

动画播映是动画产业链条的重要一环。各级广播影视管理部门要加大力度，进一步推进少儿频道、青少频道和动画频道建设。要继续调查研究动画频道和少儿频道播出、收视、覆盖、运营等情况，总结经验、发现问题，研究出台相关扶持措施，促进动画频道、少儿频道在运营模式、受众定位、节目购买、频道品牌等方面的创新和完善。少儿频道、动画频道要配备好班子和队伍，加大频道覆盖落地的力度，增加购买、制作国产动画片和国产少儿节目的经费。各级少儿频道和动画频道要树立精品意识，细分受众群体，提高节目水平，丰富节目样式，完善运营模式，开设精品栏目，推出精品节目，打造精品频道。少儿频道、动画频道禁止播出含有血腥暴力、男欢女爱等不适合未成年人收看内容的境内外影视剧。少儿频道、动画频道不能模糊频道定位，必须以少儿内容为主。

为扩大动画片播映平台的影响力，要做好动画频道和少儿频道的落地覆盖工作。北京电视台、上海电视台、湖南电视台上星动画频道要积极推进本频道在全国各省区的落地覆盖工作，各级电视台少儿频道、动画频道要做好本频道在本地区的落地工作，各级广播影视管理部门对此要大力支持。要积极扶持公益播出，采取必要的组织措施和技术措施，优先安排动画频道和少儿频道在本地区有线电视网中模拟频道和数字频道的落地覆盖。各省级广播影视管理部门要研究制定动画频道、少儿频道的落地规划和落地方式，确保本地区人民群众特别是未成年人能够收看到优秀的动画节目。

加快现代化流通建设，培育动画产业海内外市场

首先，要支持促进国内动画交易市场的培育。要重点发展经纪、代理、仲裁、评估、咨询等市场中介机构，推行知识产权代理、市场调查、信息提供、法律咨询等专业化、社会化服务，充分发挥中介组织在动画产业发展中的服务、沟通、监督、公证作用。目前，我国原创动画制作公司大幅增长，一部分是新组建成立的动画制作企业，一部分是从代加工企业转向国产原创的动画制作企业。很多动画片都是公司成立后首部完全自主投资创作生产的动画作品。动画片的原创制作几乎占用了他们全部的精力，他们没有经验也没有能力完成面向我国上千个电视台的营销发行任务。所以，要完善我国动画片交易市场，真正形成良性循环的机制，必须组建和打造一批经验丰富、业务娴熟的中介机构，促进动画制作机构和播出机构之间的信息交流，使市场反馈与创作播出形成互动和良性循环。

其次，要促进国产动画产品进入海外市场。动画片在国际广播影视交易市场上占有重要地位。我国动画制作企业要在更大范围、更广领域和更高层次上参与国际动画产业的合作和竞争。各级广播电视管理部门要积极创造条件，培育一批具有较强竞争力的国际名牌动画产品，为国产动画产品的出口提供便利和服务，重点扶持具有竞争力的大型企业集团打入国际市场。动画企业可以向国家申请“中小企业国际市场开拓资金”，向进出口银行寻求信贷支持等途径推进海外市场营销，企业出口动画产品将有可能享受国家统一规定的出口退（免）税政策。国家对有出口业绩的动画公司将给予奖励。要重点扶持大型国有文化企业的对外贸易，赋予有条件的各类文化企业外贸自营权，鼓励其扩大文化产品和服务出口，做强做大对外贸易的文化品牌。国家广电总局将研究每年遴选一批适应国际市场的优秀动画片，对其出口所需的译制经费给予一定资助。

第三，要办好中国国际动漫节。中国国际动漫节集中汇聚了中外最新动漫原创作品、动漫衍生产品，推介中外最新动漫理念理论、动漫高新技术，推出各种动漫相关的娱乐活动和服务，是国内外动漫产业学习交流、商贸洽谈、交易流通、投资合作、共同开发的广阔平台。中国国际动漫节的举办要以推动国产动漫产业发展为目标，吸收和借鉴国外动漫产业先进的制作技术和制作理念，以我为主、突出重点、创新品牌、务求实效；要按市场化运作的方式，面向世界、面向市场、面向产业、面向群众，真正把中国国际动漫节逐步办成具有国际专业水准，在海内外享有广泛知名度和美誉度的重要节展，使其成为中华文化与世界文化交流的重要活动，从而促进我国动漫产业的全面繁荣。

加强国家动画产业基地和教学研究基地建设

一年多来，国家动画产业基地在我国动画产业发展过程中发挥了主力军和模范军的作用。要进一步加强15个动画产业基地和4个教学研究基地的建设，积极争取和创造条件为他们提供更多更好的发展机会和发展环境。已挂牌成立的国家动画产业基地，要制作出更多思想深刻、艺术精湛、制作精良的优秀国产动画片；要利用优惠的政策条件、优良的基础设施和健全的服务体系，发挥创作研发、制作生产、企业孵化、产业集聚、交易流通、人才培训等多项功能；要加快改制、改组、改革，建立法人治理结构，扩大投融资渠道，搞活内部机制，不断增强活力、

壮大实力、提高竞争力，全面带动我国动画产业健康快速发展。已挂牌成立的国家动画教学研究基地要加大对动画教学研究的资金、人力、物力的投入，继续优化办学条件和教学设施，为动画教学研究提供基础保障；要不断增强教师队伍素质，建设一支师德高尚、专业精湛、素质精良、团结务实的高水平教师队伍；要加强动画软件和高科技的研发，为动画生产制作提供强有力的技术支持；要不断强化教学实践，把课堂教学和课外实践有机结合起来，加强对动画的创造性思维和实际操作能力的培养和引导，形成产、学、研互相结合、互相促进的机制。产业基地、教学基地都不搞终身制。国家广电总局将制定考核标准，每三年对已挂牌的基地进行业绩考核，并向社会公布考核结果。对考核优秀的基地予以表彰和奖励；对考核不合格的，予以通报、警告直至取消其基地资格。

加大对原创动画片创作生产的政策扶持力度

党中央、国务院一直以来高度重视我国动画产业的发展。2005 年 4 月国务委员陈至立同志召集财政部、商务部、广电总局、文化部等九部委，研究扶持国产动画健康发展的意见措施，总局将拟定具体的政策措施，加大对原创动画的生产制作扶持。

一是建立“国产动画原创精品发展专项资金”，切实鼓励和支持国产动画原创精品创作、生产和播映。专项资金主要用于：优秀动画剧本的创作资助，优秀原创动画作品制作经费资助，动画片播出机构购买国产动画片的成本补偿，入选广电总局年度推荐优秀动画片的奖励，优秀动画的出口译制经费、海外设展资助等。国家广电总局影视动画工作领导小组负责组建专项资金评估委员会，设立专项资金评估委员会办公室，并将出台国产动画原创精品发展专项资金管理办法，符合相关条件的个人和动画制作、播出机构均可向所属的广播影视管理部门提出专项资金资助申请。争取每年从“国家电影事业发展专项资金”中安排资金专项用于重点动画电影的创作、制作、发行的资助和贴息。

二是国家对动画原创企业实行税收扶持政策。国务院相关政策出台后，经认定，具有国产动画片制作资质的动画企业，自主开发、生产动画产品可将享受国家关于鼓励软件产业和集成电路产业发展所给予的增值税、所得税优惠政策。生产动画产品涉及营业税应税劳务收入以及进出口关税、增值税等也将享受减免优惠。

三是加大对动画产业投融资的支持力度。实行动画产业投资主体多元化、社会化、市场化，加大开放力度，放宽市场准入，吸引国内外各类资本广泛参与我国动画产业的发展，建立与完善政府投入为导向、企业投入为主体、金融机构投入为支撑、民营资本投入为重点的动画产业投融资体系。鼓励利用中小企业创业投资方面的基金加大对动漫产业的风险投资，鼓励有实力的我国大型企业通过参股、控股或兼并动漫企业等方式进入动漫产业，鼓励民营资本投资和参与各类动漫产品的研究开发和创作生产。

不断完善动画政策法规，健全政府管理体系

一是加强动画企业制作经营准入管理。省级以上广播影视行政管理部门对动画产业进行行业管理和监督，要做好动画行业标准的制定和享受国家有关扶持政策的动画企业的认定与年审工作。要完善市场准入和退出机制，严格市场主体的资质审查，对行为不规范、产品不合格的动画企业，依法整改或取消其制作经营资格。坚持以公有制为主体，鼓励和支持非公有资本以多种形式进入政策许可的动画产业领域，逐步形成以公有制为主体、多种所有制共同发展的动画产业格局。支持非公有制动画企业发展，鼓励有条件的企业做强做大。加强和改进对非公有制文化企业的服务和监管，为非公有资本创造良好的政策环境和平等竞争机会。按照我国加入世贸组织的承诺，明确外资进入范围，完善管理办法，提高利用外资的质量和水平。

二是加强国产动画片题材规划立项和发行审查管理。要通过科学有效的动画片题材规划制度，坚持先进文化的前进方向，力求国产动画片创作生产导向正确、结构合理、布局适当、竞争有序，避免导向失控、题材撞车、盲目竞争、比例失调。所有在国内电视台播出的国产动画片、合拍动画片、引进动画片都要由广播影视行政部门审查通过并获得《国产电视动画片发行许可证》方可发行播出。播映机构不得播放未取得发行许可证或版权过期的国内外动画片。各级广播影视行政部门要切实把好动画片播映审查关，根据动画片创作的内在规则，按照中央的宣传精神、文艺政策予以审查，防止具有不良倾向和渲染暴力、色情、迷信的动画产品进入流通和播出领域，确保国产动画片的创作沿着健康发展的轨道前进。

三是加强中外合拍动画片和引进动画片规范管理。我们支持和鼓励国内动画产业与境外动画产业开展广泛有益的合作。总局将明确和细化现有的中外合拍动画片的管理办法，包括中外合拍电视动画片经费必须由双方共同投入，前期创意、剧本写作等主要创作要素由双方共同确定，双方必须共同拥有合拍动画片国际版权和国内版权，版权由双方按实际投入比例分成共享等。要切实保护中方在合拍动画片中的合法权益，鼓励以我为主、为我所用的合拍动画片。禁止加工动画片和协拍动画片以合拍动画片的名义引进我国。要严格把握引进动画片的思想导向和艺术格调，国家广电总局指定有引进境外动画片资格的动画制作机构可以引进境外动画片。要根据具有引进资格的动画播映机构实际投入制作国产动画片的资金和业绩，确定

其引进境外动画片的指标。要实行以进带出的原则，将引进境外动画片与出口国产动画片有机结合起来。对在海外发行国产动画片取得成绩的单位给予表扬和奖励。

四是加强动画播出调控和播出监管工作。各级动画片播出机构要严格执行引进动画片和国产动画片播出比例和播出时段的管理规定。各级广播电视行政管理部门要进一步加强对动画播出的监看监管工作，加大对违规播出行为的查处力度。各省级广播电视监听监看部门要把动画片播出情况作为监看重点之一，实现动画片播出内容、播出类别、播出时段的动态监管。

加强动画产业基础建设，创造良好的产业发展环境

一是切实加强动画知识产权保护工作。被我国动画投资商和制作商深恶痛绝的盗版问题仍然制约着我国动画产业的健康发展，给动画生产和经营企业造成了无法估量的损失。总局将协同国家有关部门定期开展联合打击盗版软件的专项行动，全面推进动画市场稽查和动画市场执法的规范化进程。要建立健全有关法律法规，依法维护动画制作机构的各项权益，为发展动画产业营造良好的市场环境。各级广播影视播出机构要进一步严肃播出纪律，严禁播出盗版的境内外动画节目。

二是加强高素质动画人才队伍建设。建设一支敬业奉献、业务精湛、结构合理和善于创新思维、富有创造活力的动画人才队伍，是繁荣国产动画业的根本大计。鼓励大专院校开设动画专业或动画课程，但要调整现有的培养结构和培养方式，从单一培养动画绘制人才转向重点培养原创、制片、经营、管理等方面的人才。鼓励有条件的企业和社会力量与有关教育机构合作，培养应用型动画人才。同时，强化在职教育和岗位培训，提高动画产业从业人员的业务素质和职业道德水平。要建立和完善人才培养机制、选人用人机制、人才评价机制和人才激励机制。要构建动画人才信息网、动画专业人才数据库等网络平台，吸纳国内外专业人才，重点引进和培养既懂创作生产又懂市场运营的复合型人才。动画专业高等院校和培训机构也应紧跟时代发展，更新动画教学体系和实践体系，为中国的动画事业提供更多更好的技术、艺术、管理等方面的人才。

三是加强动画研究评论和评优评奖工作。要加强对国产动画创作思想、艺术实践、产品开发、产业发展等方面的研究和评论。要重点研究我国动画产业发展的战略性、前瞻性和全局性问题，重点研究区域动画产业的特色优势和发展举措，重点研究国外动画产业发展的规律特点和经验教训，重点研究促进我国动画产业发展的高新技术。要加强对评奖工作的规范管理，评奖项目要认真论证，评奖标准要具体明确，评奖办法要便于操作，力求反映领导、专家、群众等各方面具有代表性的意见，真正推出一批又一批优秀的动画作品和动画工作者。

（选自《中国广播影视学刊》2006 年第 6 期）

关于中国动画文化发展的思考

彭　玲

中国动画始于 1926 年上海“万氏兄弟”拍摄的我国第一部无声动画短片《大闹画室》。1937 年世界第一部动画长篇《白雪公主》诞生不久，1941 年我国动画长篇《铁扇公主》也紧随问世。20 世纪 50 年代末到 60 年代中期是中国动画的一个高潮。以上海美术电影制片厂为例，50 多年来拍摄了近 500 部动画片，累计 20000 多分钟，其中在国内获奖 100 多次，国际上获奖 70 多次并在世界动画业树起了“中国动画学派”的旗帜。1967 年 10 月周恩来总理在接见日本电影代表团时这样评价：动画片是中国电影事业中，找到了独自方面的比较卓越的部门。

反观今日，在中国的青少年心中，日本动画形象深深扎根并成为推崇的偶像。然而又有多少年轻人知道，当中国动画上升辉煌走向成熟的时期，日本人才刚刚如梦初醒。被日本人视为“现代动画之父”的手冢治虫，还是因为看了《铁扇公主》才恍然大悟道：“原来东方人也能够做成美国人做的事！”于是回去卧薪尝胆开创日本动画业并大获成功。1963 年，他创作的日本第一部电视连续动画片中的“铁臂阿童木”后来成为了我国家喻户晓的明星。中国动画落伍的原因究竟在哪里？观念偏差，人才的匮乏，政策的导向，市场的运作等等，这些几乎都与一个共

同的议题相联：多年来，我们没有建构动画文化的意识与运作，中国至今没有形成具有自己独特风格的动画文化环境。

中国动画文化的发展基础

假如以1906年美国人斯图尔特·勃莱克顿拍摄制作的第一部电影胶片动画《滑稽面孔的幽默姿态》作为动画电影的开端，动画片已有近百年的历史了。纵观其发展过程，动画片已从最初的纯艺术表现手段，发展成为今天的具有自身独特规律、独特魅力、独特价值的大众文化形式——动画文化。在动画文化的形成中，受众对动画艺术的需求心理，技术开发对动画艺术的完善以及市场运作对动画艺术的普及推广是其重要因素与基础。

1. 心理基础

心理基础是指受众对动画艺术的需求欲望，它构成了动画艺术创作与发展的强大原动力。我们不妨追溯源头，探究动画这一奇特艺术的产生背景。在动画艺术生成的数万年前，我们的祖先就展现了强烈的动画意识——试图在静态的画面中表现动态的视觉感受并将这种意识转为最初的动画现象。从西班牙北部山区的阿尔塔米拉洞穴内大量石器时代留下的壁画痕迹，我们看到了这种现象：在一头奔跑的野猪身上前后画上四条腿，以产生野猪运动的动觉感受；从新石器时代我国马家窑彩绘陶瓷舞蹈纹盆的设计图案中，我们也看到了这种现象：盆上画着三组手拉手舞蹈的人形并在手臂上画出重复的线条，表示舞蹈者连续的动作。当盆内注入水后，在水的晃动下，巧妙地使舞蹈人物婆娑起舞。尽管这些创作过于质朴，但它反映了人类对运动概念与生命关系的理解与探索，也是人类在继运用符号、画面记录现实生活感受之后而激发的想象思维和创作欲望，正是在这种强烈的心理需求欲望中，人类创造了具有动画思维的“原始意向动画”。

从远古的动画意识、动画现象发展到今天的动画艺术、动画文化，人类一直在追求着“欲望与满足”。这种欲望萌发于外在刺激与内在感受所引起的大脑思维的想象与抽象，也驱使着人们乐此不疲地创造各自思想中的世界——一个梦幻与虚拟的世界。在这个特殊的世界中，人们可以彻底放松地、漫无边际地将自己的生活感受、内心情感，以及对善与恶、美与丑的评判统统投射到某一个被人为创造出来的表现载体与传播符号上，以此获得精神上的满足与平衡。“在梦幻世界中追求欢乐”成为了受众接受动画艺术的心理基础，于是“创造梦幻世界中的欢乐”也就理所当然地成为了动画艺术创作最简单，也是最有效的原动力。

张殿国在《论欲望》中描述：“人的欲望具有强大的驱策力。欲望指向未来，它是伴随着憧憬和想象而产生的，想象中欲望满足的图景吸引着人们。欲望同时也产生匮乏，而匮乏则来自过去，只因已经有了口渴，才会产生喝水的欲望。这样欲望既有从未来吸引人的力量，又有从过去推动人的力量。匮乏从后面推动人，憧憬和想象则从前面吸引人，欲望因而具有强大的驱策力。”从这一角度说，欲望实质上是内化了的主体需要，是人在缺乏某种状态（物质状态或精神状态）时的一种带有主观倾向性的选择。因此否定与忽略人的欲望，都不可能创造出受大众欢迎的动画作品。追求欢乐，追求梦想的欲望来自人思维中那丰富的，甚至是无法抑制的想象力。迪斯尼正是意识到了人的这种强烈的欲望与满足需求心理，继而提出了“欢乐＝财富”的动画理念，建构了迪斯尼动画王国，创造了不仅影响美国人，也深受世界民众热爱的迪斯尼文化。然而“一切只是从一只米老鼠开始”，迪斯尼如此轻松地道出他成功的奥秘。

在我国，受众对动画的心理需求欲望，可以从他们的消费倾向与行为中探查到。2000年京、沪、穗三市的调查显示，当年这三个城市14岁青少年到30岁青年人的动画消费达13亿元。令人遗憾的是，这些由欲望转换成的资金，流向分配却是：针对日、美的动画消费为80%，针对欧洲和中国的港、台地区为10%，中国大陆不足10%；2003年9月复旦大学等单位对上海、北京青少年动画调查资料也显示，上海青少年收看的动画片中86%来自日本，国产动画片的收看比例仅占10%。也就是说，近年来中国偌大的动画市场金矿，几乎是在人们的“不经意间”就已经被外国的动画淘金者挖掘殆尽。以日本动画片“变形金刚”为例，它在进入中国市场之初是完全免费提供给中央电视台播放的，但之后就因为动画片所带动的相关产品而收益了50个亿，一时间变形金刚洒满中国大地。

动画舶来品占领消费市场，对中国动画文化的冲击还只是外表现象，而深层的，也是令中国动画人始料不及的影响是：近20年来，这些外国动画作品改变了中国受众的动画需求倾向性，当外国动画明星形象和剧情编排风格深深地印刻在受众的记忆痕结构中时，其文化审美观也在不知不觉中悄然变化着，最终成为他们观赏动画的参照标准，这些标准又操纵着他们对动画的消费选择，于是形成了今天中国受众的动画消费心理需求“怪圈”。

2. 技术基础

人类对动画艺术的需求，一方面促进了动画原创的发展，同时也加快了动画技术的开发。从中国的走马灯、皮影戏到活动视盘的发明；从透明赛璐珞胶片的产生到现代计算机图形技术的出现，动画艺术在不断更新的动画技术支持下，获得了质的飞越。它不仅拓宽了人们的思维想象空间，创作出更为逼真的、完全可以与电影相媲美的作品，也使动画艺术的创造走出原有的“象牙塔”模式。尤其是近年来FLASH网络动画的流行，使得更多的人群可以直接参与到动画的创作中来。可以说，动画技术是使动画艺术走向大众化的重要基础，也是动画文化形成的强大支持力。

从纯技术角度看，中国的动画技术发展与国外同行的距离相差不大，在某些方面甚至是领先的。我们曾经创造过令全球动画界叹为观止的，具有中国文化特色的动画作品。例如，借鉴中国美术手法创作的水墨动画、借鉴皮影戏制作的折纸动画、借鉴木偶戏生成的木偶动画等等，这些都曾在世界动画舞台大放异彩，荣获各种奖项。今天中国的动画技术也开始步入数字领域并初见成效。

高新技术的加盟为动画艺术的创新注入了新鲜活力，使人们享受到前所未有的视觉“大餐”。然而实践也表明，受众对动画作品的认同并不是以高新技术的应用多少来衡量的。前不久，笔者曾对上海地区1200人进行“最喜欢的10部中外动画片”问卷调查，其结果发现，在单项填空题“喜欢哪种动画技术形式”一栏中，85%以上的人选择了三维动画。但有意思的是，在最后产生的10部最喜欢的外国动画片中，我们发现竟然没有一部是纯三维制作的影片。这说明，受众在观赏动画影片时，不会刻意追求某一种新技术的出现，而更关注影片的整体感受——动画造型、内容编排、音乐配置等形成的综合性效果。从这一角度说，技术是承载动画符号的工具，而技术背后的操纵者的创作理念和创作思维则是动画原创成功的关键。

3. 市场基础

在动画活动中，动画创作与动画消费构成了动画文化的行为方式。将二者紧密结合形成文化产业链，已成为动画业成功开发的共识性模式。在美国，米老鼠和史努比两个动画形象衍生的关联产品在全球范围内的收益每年都超过500亿美元；在日本，早在1996年政府就将动画业列为第二大产业。2002年，日本动画片仅在其本土的影院票房、电视播放及相关音像制品销售的总收入就达1500多亿日元，而当年日本电影发行的总收入才2000亿日元。可以这样说，动画片市场就是个金矿，成功的市场运作是使动画艺术成为动画文化的强大推动力。

那么，中国的动画市场需求量究竟有多大？2000年3月，国家广电总局发布《关于加强动画片引进和播放管理的通知》中规定，每个电视台每天必须播出10分钟以上的动画片（省台要求30分钟以上），其中60%必须是国产片。这样我国每年至少需要国产动画片26.28万分钟。而实际上我国年生产能力仅为1到1.3万分钟，缺口达到25万分钟左右。目前，电视动画片每分钟制作费为1.5万元左右（中央电视台制作费达到每分钟3.36万元人民币；国际通常平均制作费每分钟为1.2万美元），每年制作市场商机可达37.5亿元。按成本投入1，播出收入、版权、形象出让权及衍生产品的收入为3计算（美国为1:4），则每年还有112.5亿元的商业机会。假如国产电视动画片在创作、制作运行机制上与国际接轨，每年能够有1/3的片子出口，而国内与国外片价之比为1:4，这一块又会有6亿多美元的外汇收入。这样计算，我国动画业存在着每年总计将近200亿元的巨大经济市场。“如果经过5至10年左右的时间，动画产业在国民生产总值中的比重能够从目前的十万分之一提高到百分之一，那么我国动画产业就具有1000亿元产值的巨大发展空间。”上海美术电影制片厂厂长、中国动画学会会长金国平曾在接受媒体采访时信心十足地估算。

制约中国动画文化发展的几点因素

巨大的动画市场、快速发展的先进技术以及受众的心理需求基础，这些都构成了中国发展动画文化的综合条件。然而，具备发展条件不等于就能够迅速腾飞，我们应当冷静反思：是什么制约了中国动画文化的发展，使我们痛失了市场与机遇。

1. 动画概念的偏差

多年来，在对动画概念的认识上，我国是存在偏见与偏差的。“概念，是事物的本质属性在人脑中的反应，它是在抽象概括的基础上形成的。概念是思维的细胞。”因此，动画概念的定位偏差势必导致动画原创思维的偏差，导致动画行为主体，即动画创作者与动画消费者之间的认知不协调性，障碍了动画文化的建构。实践证明，这些偏差已严重地影响了中国动画发展的创新与腾飞。

偏差一：动画属于小儿科。在小儿科概念的误导下，许多电影人、理论家、投资者，不愿投身于动画的制作与开发，也不重视了解世界动画市场和动画电影在国际影业界的特殊地位，更无意关注动画电影的创作和理论研究，使得我们丢失了市场和机遇，更谈不上形成科学的动画文化氛围。事实上，一部优秀动画片的成功，其创作规模和过程要远大于一部电影。以美国为例，一部动画影片的投资额往往高达8千到1亿美元，超过故事电影的数倍，制作周期也长达4年之久。迪斯尼在制作《恐龙》时耗资3.5亿美元，由15个软件工程师编写了450个程序完成的。即使在我国，1999年上海美影厂筹资拍摄的《宝莲灯》也投入了1200万元人民币，动用了60位原画和动画师、20位背景美术师，拍摄共花费了4年时间。此外美国对于动画电影的投资、创作、制作，媒体宣传、市场运作，乃至各种衍生产品，长期以来一直延续并建构着良性循环的庞大、完善、条理清晰的产业机制链。正是这种科学的动画发展概念使得美国的动画业经久不衰，多年来连创电影票房佳绩。迪斯尼公司也以此在全美企业500强中排名第67位，成为仅次于美国在线——时代华纳公司的全球第二大媒体巨头，这样的恢弘业绩绝非是小儿科所能实现的。

偏差二：动画属于美术。建国以来，我国一直将动画教育定位于美术学科，动画创制人员大多出自美术行业，因而美术思维往往盖过电影思维，导致动画成为“活动的绘画艺术”，弱化了动画艺术最有价值的电影思维特征，这与动画的本质特征是相悖的。动画大师诺曼·麦克拉伦曾经说过“动画不是‘会动的画’的艺术，而是‘画出来的运动’的艺术。”动画是一门融美术与电影于一体的综合性学科，既不是简单的美术与电影的叠加，也有别于一般的电影思维方式。动画具有自己独特的思维定势，这些是由动画电影的本质特征所决定的。一般的电影创作是由摄像机直接地记录物质世界的现实状况，具有很强的生命性与逼真性；而动画电影的基本创作，完全是由人们运用无生命的物质材料去建构一个具有极强变调性质的物质世界，因此虚拟现实与虚拟非现实是动画创作思维的基本点。美国动画之父科尔曾说过：“做动画的人，是像上帝一样在创造世界，因为他面对的只是一张白纸。而实拍的电影其本质在于对现实的记录和捕捉，更接近物质性……”也就是说，“一般电影本性是物质现实的复原，动画电影的本性则是物质现实的变形，而这种变形正是由动画电影的假定性特征所决定的。”纵观日本动画片的崛起，它并没有美国动画制作的宏大规模与投资，它的成功很大一部分得益于将故事电影的蒙太奇语言和各种叙事方式得心应手地运用在动画电影之中：充分调动电影语言，全方位变更镜头角度，加快场面切换速度，频繁移动背景，增添示意线，强化光影效果和音响效果，以此造成对观众视觉神经的猛烈冲击。可以说，日本动画片在组合驱动画面产生最为强效的动态视觉方面是用足心机，不仅迎合了受众的观赏心理，而且获得了高的利润回报。

偏差三：动画属于青少年。长久以来，我国动画片的受众群体始终定位于青少年层面，障碍了动画创作的定位和领域发展的拓宽。青少年是动画消费群体中最忠实和最庞大的部分，这是不争的事实，然而动画绝不仅仅是青少年的专利，它应当是全龄段的。美国迪斯尼将他们的受众定位于一家人，他们的作品是给一家人看的。这样的定位不但扩大了它的受众群体，而且有利于动画文化的建构。迪斯尼曾这样自我表白：“我不是主要为孩子们制作电影。而是为了我们所有人中的童真（不管他是6岁还是60岁）制作电影……最糟糕的不是我们没有天真，而是它们可能被深深地掩埋了。在我的工作中，我努力去实现和表现这种天真，让它显示出生活的趣味和欢乐，显示笑声的健康，显示出人性尽管有时荒谬可笑，但仍要竭力追求的境界。”正是在这样的创作理念下，迪斯尼的动画才成功地融入美国人的生活之中，并成为美国文化的一部分，可以毫不夸张地说，今天的美国人几乎都是和迪斯尼的卡通人物一起长大的。迪斯尼的动画理念难道不值得我们借鉴吗？

2. 政治概念的制约

“一直以来，人们总认为文化产品属于意识形态领域的东西，于是就太想通过动画片来告诉人们一些东西，因此政治性要求太高，娱乐性和趣味性不足，限制了产品本身的发展。”文化部文化产业司研究规划处处长吴江波的解释直指造成国内动画文化产业现状的共因。多年来在政治先行的制约下，我国动画片在创作中始终围绕着要打造“精神食粮”作为指导思想，使得动画这一原本属于娱乐性极强的艺术表现形式带上了严肃的“政治紧箍咒”，束缚了动画原创中想象力的开发，继而影响到动画文化的科学建构。

其实，没有人能够否认影视艺术所具有的强大教育功能，这是该艺术本体特有的传播性质所决定的，然而教育不等于说教。迪斯尼被众人称之为梦工厂，当我们细细品味他们所编制的各种“梦”时，却会发现每一个梦几乎都是带有特定的教育含义，只不过他们更擅长于将美国人意识与潜意识中所能接受的思维定势、价值取向，巧妙地融入进娱乐性极强的动画表现形式里，让人们在不知不觉中获得欲望的满足，最终实现精神活动的平衡和补偿，因而深受美国人青睐。比如，美国享誉全球的动画片《猫和老鼠》，整个影片几乎说不上什么故事情节。然而通过各个滑稽幽默、夸张的表演与镜头组接，却使人们充分享受了快乐。这种愉悦的体验一方面出自于人们记忆痕结构中的经验性认知：猫在现实中是老鼠的天敌，老鼠怕猫是正常的。而在该影片中，偏偏是老鼠捉弄猫，猫常常成为老鼠的手下败将，这种反其道而行之的反现实表现手法，恰恰满足了受众潜意识中对事物的评判标准：“同情弱者，赞赏弱者以智慧战胜强者”；另一方面，受众的快乐感觉来自于影片的编排，满足了受众对丰富想象力的视觉需求。事实上动画片本体元素的基本特征：夸张性、假设性、幽默性以及丰富的想象性，这本身就是对人类建构创造性思维极好的启蒙、教育与开发。正如美国宾夕法尼亚州大学传播学教授格伯纳在著名的传播培养理论中提出的：传播内容具有特定的价值和意识形态倾向，这些倾向通常不是以说教而是以“报道事实”、“提供娱乐”的形式传给受众的，它们形成人们的现实观、社会观于潜移默化之中。

3. 本土概念的束缚

中国的动画曾经辉煌，哪怕是今日我们再重看《大闹天宫》、《三个和尚》、《哪吒闹海》等这些动画的经典之作，也仍为我们的前辈所取得的成就而感到惊叹。然而除了引以为豪之外，我们也必须面对现实：今天的动画艺术和影视艺术一样，早已没有一个僵死的约定俗成作茧自缚的模式。许多优秀的作品早已打破了以往的类别疆界，《怪物史莱克》、《指环王》、《老人与海》、《海底总动员》等等，当我们把一些看似不同的影片放在一起时，便会得到这样的观念：探索、创新、全方位开放思维，这是现代动画创作的核心。

在这样的理念下，动画文化越来越强烈地呈现出跨国际、跨文化传播特征。雄心勃勃的美国人总是一马当先地将这种特征发挥得淋漓尽致。美国动画大片的选材早已跨出了自己的国门：从希腊到埃及；从印度到中国；从印第安到英国；从非洲原始森林到美国西部；从大都市到外星球……以他们的视角，优秀的文学故事是全人类共同的财产。取材于中国民间的花木兰故事被迪斯尼包装为美国风格推出，居然也获得了满堂喝采。跳出本土概念的束缚，美国动画片拥有全世界的观众，也占领了庞大的国际市场。

动画文化的跨文化特征还表现在动画的消费行为上。伴随着时代的发展与开放，人们有更多的机会接触媒体，获得各种信息。今天世界银幕上所呈现的是一个前所未有的奇光异彩的宇宙风景，这些都对人们传统的影视文化需求和审美视角带来极大的冲击。优秀作品是超越国界的，这是受众的共识，也是指导他们文化消费行为的动机。假如“我们看不见这样的景色，不能去清醒地分析它的现状和趋势，不能更新我们的理论和市场意识，依然抱着我们旧有的习惯性思维不放。那么，当中国的市场真正向世界开放的时候，我们大大的市场必定为舶来品所占有。”北京电影学院动画学院副教授段佳道出这样的担忧。这种担心不无道理，回首中国历史，我们曾有过太多这样的悲剧。人们不会忘记，是中国人最早发明了火药，然而，当我们还沉浸于火药应用在鞭炮上所带来的欢乐，当我们还在不断地为自己的四大发明而赞叹不已时，外国人却在悄然之中，将学习到的这种发明武装了他们的洋枪洋炮，并用它们占领了中国的大片河山。历史的教训值得借鉴。动画消费市场如同战场，在这个没有硝烟的战场上，双方争夺的焦点是受众的视觉感知和心理感受，并最终以动画文化消费的量化数值来宣告哪方输赢。

从这一角度说，受众是中国动画文化形成与发展的真正推动力。因此尊重受众的心理需求，研究他们的消费行为倾向，以受众为本确立科学的动画发展观，同时科学地整合中国现有的各种资源，建立合理的消费市场导向和运作模式，这些都是消除制约中国动画文化建构与发展因素的必要措施。

（选自《上海交通大学学报》哲学社会科学版2005年第1期）

网络游戏生态链研究

戴伟辉　戴　勇

引言

网络游戏是利用TCP/IP协议，以Internet为依托，可以多人同时参与的游戏项目。据2003年12月6日召开的第二届互联网大会的官方数据显示：中国的互联网上网用户数已超过7800万，居世界第二位。而网络游戏已经成为互联网用户上网主要目的之一，权威国际数据公司（IDC）指出，2002年中国网络游戏产业规模达到9.1亿元人民币，比2001年增长187.9%。据预测，到2006年，中国网络游戏的市场规模将达到83.4亿元。而由网络游戏间接产生的收入将有数百亿元。

网络游戏对信息产业的发展具有巨大推动作用。网络游戏产业规模为9.1亿元，而电信业务由此产生的直接收入则达68.3亿元，PC、网络游戏服务器、网络及存储产品、软件及服务等行业产生的直接收入为32.8亿元人民币，出版和媒体行业也由此产生18.2亿元直接收入。由此可见，网络游戏产业已成为国民经济中一个不可忽视的部分。如何让这个产业能够健康快速地发展，是我们急需研究的问题。

网络游戏生态链

生态学，是研究生物个体、种群、群落之间的关系及其与环境相互影响的一门学科。同类的生物个体组成种群，不同种群间存在捕食、竞争、共生等生态关系，形成一个复杂的生态结构，称为群落，如森林生态群落、草原生态群落、海洋生态群落等。生态群落与所在位置的自然环境有着密切的关系，如森林生态群落总是在水源丰富、地力肥沃、自然条件优越的地点出现；生态群落又反作用于自然环境，如森林的水土保持作用，使土壤地力不断提高，并为森林生态群落的各种群提供更加优越的生存条件。在一个生态群落中，众多的生物和非生物成分通过能量与物质循环，通过不同层次的生产者、消费者和分解者的协同，形成了环环相扣的链条式依存关系，这就是生态链。

我们把网络看作是一个虚拟的生态系统。此前也有一些相关研究，主要是从全局的角度，来分析整个互联网生态系统。本文则侧重于在这个生态系统当中研究网络游戏这个生态群落，借用生态学的研究方法分析网络游戏生态链中能量的流动，找出生态链中的关键种群，观察哪些因素阻碍了生态链的健康发展，以便采取合适的措施，制定相应的政策，改善环境，促进网络游戏产业的蓬勃发展。

能量流分析

网络游戏的市场规模直接由网络游戏用户的数量决定。网络游戏用户增加为网络游戏市场发展带来了巨大的动力，应该说正是巨大的市场需求为网络游戏发展奠定了良好的市场基础。上海艾瑞市场咨询有限公司近期发布的《2003 年中国网络游戏研究报告》表明：在中国，2002 年付费网络游戏用户的数量已经达到了 480 万人，比 2001 年增加了 159%。

丰富、有趣的网络游戏，良好的网络游戏环境是吸引网络游戏用户最重要的两个因素。网络游戏开发者负责开发生产出经久不衰的网络游戏。网络游戏运营商就负责把这些网络游戏以各种各样的形式方便快捷地提供给网络游戏用户去享用。

网络游戏用户、网络游戏运营商、网络游戏开发者构成了网络游戏生态链中最重要的三个种群：消费者，生产者，分解者。在这个生态链中有两种能量流在三者之间流动：游戏文化（以软件为载体），资金。一方面，网络游戏用户消费游戏运营商提供的游戏文化，开发者为运营商开发出网络游戏软件。从游戏文化这个信息流来看，是从开发者流向运营商流向用户。另一方面，用户向运营商缴纳费用，运营商再用这些资金购买好的网络游戏，开发者有了资金就可以去开发新的、更有趣的网络游戏。从资金流来看，是从用户流向运营商流向开发者。而所有这些都在基础电信运营商所提供的网络这个大生态环境当中（见图 1）。

图 1　网络游戏生态链

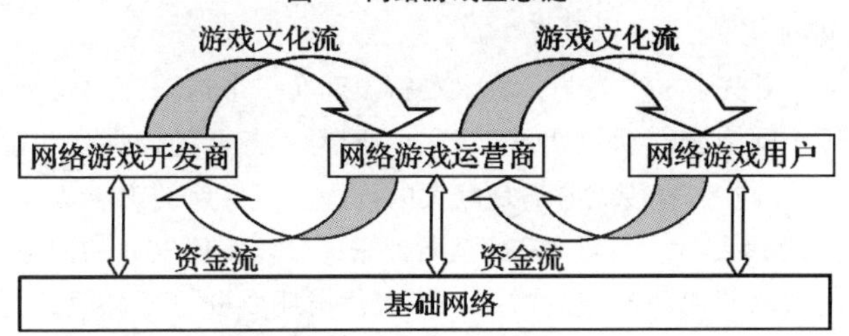

1. 游戏文化流

游戏文化的流动是从网络游戏开发商流向网络游戏运营商，流向网络游戏用户。下面就具体分析游戏文化在他们之间的流动状况。

（1）网络游戏开发商和网络游戏运营商

开发商开发网络游戏提供给运营商。开发商和运营商之间的关系有以下几种：1）开发商和运营商合二为一，既是开发商也是运营商。比如联众，自己开发出网络游戏，自己提供游戏服务器进行运作；2）运营商负责运营，开发商负责开发维护，开发商收取运营商的利润提成。比如盛大网络，它的“传奇”游戏是韩国公司所有，盛大公司每年要付给韩国公司一定比例的利润提成；3）运营商向开发商买断游戏的所有权。

（2）网络游戏运营商和网络游戏用户

运营商要把游戏文化方便、快捷地提供给用户，要吸引用户，就要做到这几点：

首先，提供多样性的游戏平台。目前的游戏平台有以下几种：1）PC 网络游戏；2）视频控制台网络游戏；3）手持终端网络游戏；4）交互电视网络游戏。有了这些多样性的平台，用户就可以选择最便利的方式加入到网络游戏当中。

其次，提供丰富的网络游戏种类。每个用户都有自己的兴趣爱好，要为用户提供差异化的产品，让用户总能找到自己喜欢的网络游戏种类。目前的网络游戏大致有这么几种：角色扮演类、策略类、动作类、冒险类、模拟类、棋牌类、运动类、赛车类等等。

最后，为用户提供切磋技艺的机会和交流的空间。运营商可以举办一些游戏挑战赛甚至是游戏职业联赛，让用户能有一些展示游戏技能的舞台。同时提供一些论坛，让用户找到兴趣爱好相同的伙伴，使用户能在那儿找到被认同感。

2. 资金流

资金的流动是从网络游戏用户流向网络游戏运营商，流向网络游戏开发商。下面具体分析资金在他们之间的流动状况。

（1）网络游戏用户和网络游戏运营商

有些游戏是用户一次性付清所有的费用，比如大的游戏像“反恐精英”，“暗黑破坏神”等。用户花钱购买游戏软件，安装之后就可以单机或者上网登陆到游戏服务器进行使用。这时候就不用再向游戏运营商缴纳费用。

有些游戏是按照用户使用的时间或者游戏物品装备来收费。比如像“传奇”等。目前这类游戏的用户数量占了大多数。这种情况的网络游戏用户缴纳费用的方式有很多种：1）购买游戏点数卡；2）网上支付；3）电信代收，直接把游戏费用附加在电信费用帐单之上，用户在缴纳手机话费或固定话费的同时缴纳游戏费用。有些综合采用了以上几种收费方式。

网络游戏运营商也会向电信局收取一部分费用。因为用户要玩游戏就要上网，按照玩游戏的时间长短就要支付上网费，网络游戏也增加了电信局的收入。所以有些网络游戏运营商向用户收取的费用很少或者没有，但向电信局索取一部分提成。有些游戏大厅会有一些广告条或者版面，运营商还会有一些广告收入。

当然有些网络游戏运营商既可以向游戏用户以多种方式收取游戏费用，同时也会向电信运营商索取提成，还会有一些广告收入。

（2）网络游戏运营商和网络游戏开发商

运营商可能是一次性买断游戏的所有权，也可能是只购买了使用权，同时和开发商分享收入。有些既是运营商也是开发商，即自己开发游戏自己运营。这些运营商提供的大多是棋牌类等小型游戏。对于网络游戏用户来说，除了一些比较知名的大型网络游戏，他们并不清楚或者关心游戏开发商是谁。

网络游戏运营商商业模式

在生物群落中不同物种的作用是有差别的。其中有一些物种的作用是至关重要的，它们的存在与否会影响到整个生物群落的结构和功能，这样的物种即称为关键种。关键种主导了一个生物群落的稳定性。在网络游戏生态链中，网络游戏运营商是能量流动的枢纽，作用至关重要。因此仔细分析网络游戏运营商的商业模式就尤为必要。

目前的网络游戏运营商一般可以分为以下几种：专门的游戏公司，如联众、亚联等；网络游戏代理公司，如盛大等；门户网站的游戏频道，如新浪、网易、搜狐等；电信公司的门户网站，如上海热线等；海外网络游戏公司在中国的网站，如华义游戏网等。

我们可以从4个方面即经营模式、产品模式、营销模式、收入模式来研究这些运营商的操作运营方式。经营模式、产品模式决定了网络游戏运营商和网络游戏开发者之间的资金和游戏文化的流动；营销模式、收入模式决定了网络游戏运营商和网络游戏用户之间的资金和游戏文化的流动。可以看出运营商的经营模式可以分为：自主经营、代理经营等；产品模式有自主开发、代理引进等；营销模式有网络下载、光盘销售等；收入模式有合作分成、点卡销售等（见表1）。

表1　网络游戏运营商的商业模式

商业模式	种类
经营模式	自主经营、代理经营、合作经营、合资经营
产品模式	自主开发、合作代理、买断引进
营销模式	网络下载、在线推广、光盘销售、举办联赛、建立联盟等等
收入模式	合作分成、点卡销售、广告收入、产品销售、会员费用、外来赞助等等

从表1和上面的游戏文化流和资金流的分析中我们可以看到，网络游戏运营商和开发者之间的关系模式有着比较固定的几种。而运营商和用户之间的关系模式比较复杂多样。这就表明，网络游戏运营商有了好游戏之后如何推广给用户，如何向用户收取费用需要采取多种多样的形式。目前网络游戏运营商的营销推广主要是在网上和一些游戏杂志上做广告，而在电视或户外广告等等其他媒体上还很罕见。这样广告的受众往往已经是网络游戏用户，而没有能够向更大范围的人群推广，去吸引更多的潜在用户。同时有些网络游戏运营商向用户收取游戏费用的方式不够灵活多变，没有综合采用多种方式。由于某些软件问题或者网络问题，运营商又没有能够保护用户在游戏中财富的安全，经常发生用户游戏财富被盗或意外遗失的情况，让用户花费了很多时间精力、很多物质财力获取的财富轻易地化为乌有。游戏中由于某些“巫师”（游戏管理员）徇私舞弊或某些团伙合伙作弊也极大地伤害了一般游戏用户的利益。由于运营商管理不严，有些游戏用户投机倒卖游戏财富，破坏了游戏的正常秩序。以上这些问题都极大地阻碍了游戏文化流和资金流在网络游戏用户和网络游戏运营商之间的流动。

网络游戏运营商和开发者之间的关系比较固定和清晰。但是在双方处于代理合作的关系时，由于存在信息不对称，如果没有设计好的激励机制和完善的法律条款，也会造成双方之间的纠纷，以至于阻碍游戏文化流和资金流在网络游戏运营商和网络游戏开发者之间的流动。盛大网络和韩国公司之间的“传奇事件”就是一个很好的佐证。

网络游戏生态环境

网络游戏在中国的发展已经有5年左右的时间，目前仍然处在发展阶段，但市场十分火爆。目前国内网络游戏运营商有近200家，网络游戏产品有近250种。海外网络游戏公司进入中国的主要手段是通过合作、合资或是开设办事处的方式。他们的主要工作是负责进入中国的海外网络游戏产品的引进、汉化、发行和销售。部分公司已经开展了一定的产品研发业务。网络游戏产品除棋牌类外，主要是海外产品占统治地位，而海外产品又主要集中在韩、日两国。

市场的火爆不能掩盖目前国内网络游戏市场存在的问题。

首先，成本升高，收入难得。现在一个运营商要代理一个网络游戏动辄数百万美金。同时服务器的硬件费用、人力成本、宣传成本都是巨大的投入。但目前的市场规模不到10亿元，有近200家运营商来瓜分，而且70%的网络游戏都是代理韩国的产品，韩国公司还要分享部分收入。因此有些运营商投入巨资却往往没有回报，甚至亏损。

其次，人才匮乏，市场混乱。很多网络游戏运营商都是从门户网站转业而来，有些并没有专门的网络游戏方面的运营管理人才和技术维护人员。这样在选择网络游戏时就缺乏眼光，先天不足。而在后期的运营维护中，又管理不善，维护不力。结果就是市场充满了同质类的游戏，而游戏用户在游戏中受到了不公正对待或者遭受损失却无处申诉。这些都极大地损害了网络游戏市场。

再次，开发落后，后继乏力。现有的网络游戏70%以上都是韩国公司的产品，国内的产品大都是棋牌类的。运营商在选择游戏时也是急于求成，往往选择比较成熟的韩国产品。而韩国的网络游戏已经比较成熟，模式也比较固定，在文化上与国内有所出入。由于“传奇事件”的影响，韩国厂商现在都把核心的技术紧紧握在手里。国内的运营商处处受制于人，无法提高自己的开发水平。而国内的产品往往无人光顾，缺少所必须的营养投入，无法成长。

最后，网络瓶颈，政策不明。韩国的网络之所以这么发达，是与他们非常高的宽带接入率分不开的；而国内的宽带用户往往是网吧居多。居民用户的宽带接入率不高，很多还是拨号上网。比较窄的带宽造成了许多用户无法正常使用网络游戏。国内的政策法规对网络游戏开发者和运营商也没有明确的支持和倾斜，无法快速健康的发展起来以抵抗外来产品的入侵。对于网络游戏用户所拥有的游戏财富也没有明确的法规保护。无法可依使得网络游戏没有健全的秩序。

为了给网络游戏提供一个良好的生态环境，我们就必须解决以上种种问题。首先，改善电信基础设施，提供一个稳定、安全、可靠的宽带网络；其次，创造健康的人文环境，健全的法制环境，为网络游戏提供良好的导向和适度的监管；再次，加大对软件的知识产权保护势在必行；最后，对国内的网络游戏开发者提供政策性的扶持。有了良好的生态环境，网络游戏产业才能健康地发展。

结束语

网络游戏的价值链不仅包括游戏本身的开发和设计，更重要的是网络游戏“文化”的传播，在传播过程中以滚雪球的方式获取更多的价值。一个游戏本身不会消亡，而消亡的是游戏用户，即游戏到用户这一条链的消失。我们要生产出健康有趣、丰富多彩的网络游戏，满足用户的需求，让用户在玩游戏的过程中能够获取更多的价值，也相应产生社会价值。

游戏产业是低物质消耗、低环境污染、高附加值的“绿色”产业，我们要为其创造良好的网络生态环境，让网络游戏生态链更健康、快速、顺畅地运转，实现可持续发展。

（选自《软科学》2005年第1期）

发展文化产业的一个重要切入点

——论可以“小题大做”的动画产业

蒋建业

动画产业链条效应——一种必须关注的文化经济现象

20世纪三四十年代以来，一个值得关注的文化经济现象开始在全球盛行，就是通过大力发展动画片成功打造具有民族文化内涵和长久生命力的公共动画（卡通）文化品牌，从市场化运作、产业化经营切入，极大地拉动一大批轻型化消费产品（服装、玩具、文具、钟表等）、服务和娱乐产业的发展，对一大批关联产业产生巨大的链条性拉动作用，甚至发展起全球性的主题公园产业如迪斯尼乐园，进而带动一国经济的迅速发展。这中间存在一个上十倍、百倍的巨大产业链条效应。如近年来备受关注的《哈利·波特》现象，其发展带动的相关产业就高达2000亿美元，其本体产业也不过10亿美元左右。2002年日本动画片在影院上映、电视播放、录像带的销售和出租方面的收入为1500多亿日元，而以动画片主人公形象制成的玩具娃娃以及装饰着动画片图像的商品就拥有2万亿日元的巨大市场。动画产业真可以“小题大做”，发展动画产业已成为西方发达国家的一项重要的经济战略，具有巨大的文化经济战略意义，作为文化“入侵”的排头兵，动画产业已成为其重要的出口行业。2002年日本的动画产业出口额已超过汽车、钢铁等传统优势产业。几十年来，米老鼠、唐老鸭、超人、蝙蝠侠、蓝精灵、加菲猫风靡全球，迪斯尼乐园更是大行其道。

我国动画产业的发展现状与存在的问题

我国动画片在20世纪80年代以前在国外很受推崇，国际上甚至将中国动画片统称为“中国学派”。每年年底，曾拍过《铁臂阿童木》、《森林大帝》等动画片的“日本动画之父”手冢治虫，都要带上本国当年生产的全部动画片到上海美术电影制片厂讨教，中方人员提出修改意见后，他们再回去修改。目前，国际上许多动画大片的前期制作都是在我国完成的。美国在20世纪30年代开始生产动画大片，日本在20世纪60年代才开始生产动画大片，我国则在20世纪40年代初开始生产动画大片，与美国相比只晚几年的时间，比日本还早20年的时间。创造的“三毛”卡通形象在世界十大著名卡通形象中就占有一席之地，比沃尔特·迪斯尼创造的米老鼠只晚8年时间。但是到目前，日本动画产业已发展成为其国民经济的六大支柱产业之一，仅漫画一项的纯利润2002年就达到4000亿日元。2002年动画片在影院上映、电视播放、录像带销售和出租方面的收入已接近电影业全年2000亿日元的发行收入。在美国仅米老鼠、史努比两部动画片创造的商业品牌形象所带来的关联产品的全球收益每年超过500亿美元，迪斯尼曾经是世界500强的企业第三名，拥有100多亿美元的资产。而我国2002年动画片投入仅为2亿元人民币，占GDP的比值不到五万分之一，特别是相关产业的发展，我国远未起步，发展严重滞后，与发达国家相比存在巨大差距，这与我国的经济发展水平和悠久历史文化极不相称。存在的主要问题如下：

（一）发展滞后的负面影响不容忽视

据统计，我国有3.8亿青少年，3岁到11岁的少年儿童，课余时间平均每人每天观看动画片1小时以上，如果在双休日或寒暑假，每人每天平均在3小时以上。而目前我国动画片市场基本上都为日本和美国动画片所占据，这些动画片由于文化差异，对少年儿童产生了很多负面影响，极大地冲击我国传统文化和民族精神。在这些作品影响下，我国少年儿童自幼崇尚暴力者有之、动辄离家出走者有之、少年早恋者有之、性格乖戾者有之。一部分人盲目崇尚西方的价值观念和生活方式，成为西方价值观念的俘虏，成为西方文化“入侵”的牺牲品。这一切严重影响了广大少年儿童的早期教育和健康成长，严重影响其树立正确的审美观、价值观和生活消费方式，不利于培育新时代的民族精神和爱国主义精神，对我国的社会发展和进步特别是对民族文明存在较大的负面消极影响。对此，我们要有高度警惕性，要有忧患意识。

（二）观念认识不足

对动画片发展观念认识不足，对发展动画片的认识还停留在对青少年的初期教育意义上。一是忽视了动画片独特的国际影响力和独特的文化产品特点，远未认识到动画片与生俱来的轻语言重表现的“无国籍性”特点及能较好地克服传统影视、音像和平面媒体的非国际化语言弱点。二是对动画片的“二次利用”特别是其对相关产业的链条拉动作用严重认识不足。动画形象具有长期的品牌积累效应，如果动画片的播出、发行是动画作品的第一次利用的话，卡通商品则属于动画作品的“二次利用”，由于“二次利用”易于形成具有广阔市场前景和开发价值的公共文化品牌，产业化经营开发空间巨大，对一大批关联产业能产生十分巨大的链条性拉动作用，使动画片真正进入“丰收季节”，这里面存在十分巨大的获利空间。20世纪70年代机器猫再次包装在我国卷土重来，在玩具、图书、饰物、文具等市场即获利几十亿元人民币，这样即使动画产业本体亏损也无所谓。日本动画片之所以能够风靡全球，获得巨大的经济效益，最大的秘诀就在于对动画产业进行二次利用性的“滚动开发”。三是对动画片的长远和深层次影响认识不足。世界上成功的动画大片，塑造的卡通形象大都具有长远的影响力，其所附着的形象产品大都经久不衰，特别是通过对青少年长期潜移默化的教育，对他们的消费观念、审美观、生活方式、价值观念、成长过程能产生十分深远的影响。这是西方发达国家为什么致力于将动画作品作为民族文化和民族精神象征，作为实施文化“侵略”和推行其价值观念的重要手段之一的原因。

（三）产业化经营和知识产权保护意识淡薄

强烈的市场化运作、产业化经营意识和知识产权保护意识是西方发达国家动画产业迅速发展的关键因素。我国动画产业发展不注意挖掘具有长久生命力的商业形象卖点，普遍缺乏市场经营意识，长期以来停留在拍了一个片子就停滞不前的状态上。除了在动画本体上不注重市场化运作、产业化经营外，还特别缺乏进一步将动画形象作为公共文化品牌来经营，进而去提升一大批关联产业价值的品牌经营水平，忽视了其中的巨大市场价值。此外，我们还缺乏知识产权保护意识和动画文化品牌国际商标注册意识，知识产权保护是知识经济时代必须十分关注的一项经济战略，而这些恰恰又是二次开发过程中最为重要的环节，还有很多运作技巧要注意。

（四）不注重动画题材的娱乐性

国际上动画片之所以能产生如此广泛的社会经济影响，一个重要原因就是十分注重动画题材的娱乐性，为了娱乐性有时甚至忽视了动画片的科学性，甚至渲染的是人性的弱点。如在老鼠和猫的动画题材中，最后赢的往往是老鼠而不是猫，动画题材唐老鸭，它并没有集中众人的优点，反而集人类的人格缺陷之大成，脾气暴燥、反复无常、遇事大惊小怪、喜欢捉弄人，尤其是面对处于劣势的晚辈或弱者，无事生非，但聪明反被聪明误，到最后还是被人给耍了。违背科学原则也好，渲染人性弱点也好，只要能逗乐就行，有娱乐价值就行。美国发展体育产业也是这样的，美国最大的体育产业公司就是 GT 体育娱乐公司。而我国则不同，发展动画片还长期停留在满足于对青少年的教育意义上，局限在科学性、科普性上作文章，就是跳不出来，忽视了对娱乐性的挖掘开发，而这恰恰是动画片之所以产生广泛社会影响的关键点。当然，注重教育性、科学性、科普性是完全正确的。

（五）体制性障碍严重

几十年来，我国的动画片制作机构基本上是单一的国有经济体制，投资主体单一，长期以来过分依赖国家财政投资，体制性障碍严重。这种体制很容易滋生投资不注重经济效益，不注重市场化运作和产业化经营，过多受制于动画产业本体的获利情况等问题。由于一次开发一般难以迅速获利，加上缺乏真正获利的二次开发，就很难形成良性循环的发展态势。

发达国家动画产业发展一开始就是以民间投资和企业投资为主体，以市场化运作和产业化经营为主要运作方式，将开发重点放在二次开发上，自然就不大受制于动画产业本体的获利情况。实际上往往一次开发也很曲折，迪斯尼公司当年第一次推出米老鼠时就很不成功，但巨大的关联产业发展获利已使动画产业本体亏损显得微乎甚微，最终会形成良性循环的发展态势。

有关对策建议

（一）加强对发展动画产业战略意义的认识

国外发展动画产业，大致有三个方面的秘密武器：一是对大家熟悉的历史人物和民间故事中的传奇人物，对科普教育和日常生活题材进行文化包装再现；二是利用电影电视等强大的宣传攻势来塑造公共文化（卡通）形象品牌；三是加强对公共文化（卡通）形象品牌的市场化运作和产业化经营。我国有五千年灿烂的中华文明，有着丰富的文化底蕴和取之不尽的历史题材。前些年美国迪斯尼电影公司曾派出多达 1500 人次的队伍前来我国挖掘《花木兰》的历史文化题材，着力将我国古代替父从军的花木兰搬上银幕，并推出以其形象为造型的玩具在世界各国进行销售。有专家预测：随着《花木兰》的放映，花木兰极有可能成为世界级的“玩具明星”。目前我国动画制作在普及应用二维电脑方面已相当成熟，基本上与国际同步，也有比较好的设计制作队伍和经验，只要我们提高认识，理顺体制，注重市场化运作，注重产业化经营，大力提高动画题材的娱乐性，注意动画文化品牌的知识产权保护和国际商标注册，完全可以振兴我国的动画产业，“还我天空”是指日可待的事情。

面对目前国外动画大片特别是动画娱乐业的大举进入，我们一定要从战略高度充分认识到发展动画产业对我国经济社会发展和中华民族长远发展，对培育健康的新时代民族精神和促进我国近 4 亿青少年健康成长的深远影响和意义。从战略的高度充分认识到发展动画产业对提高相关产业和整个经济的综合竞争力和发展水平的巨大文化经济意义。

（二）制定专门的扶持引导政策

加快发展动画产业，政府应主要抓好以下两方面的工作：一是抓文化体制改革，为加快发展动画产业建立良好的发展体制，营造良好的发展环境；二是抓产业政策引导，引导多种社会资金和企业资金进入动画产业，特别应注重引导其发挥对相关产业的巨大关联带动作用。在发展初期，国际上通行的作法有两条：一是制定相对刚性的政策，要求各级电视媒体必须保证国产动画片的播出时间，开辟专门的动画频道，日本在当年甚至曾一段时间禁止播放国外动画片；二是建立专门的动画制作扶持基金，支持动画公司对动画片的设计制作，允许其利用后续的二次开发收入偿还前期扶持基金，重点加强对市场机制完善的大动画公司的扶持。在市场竞争中重点扶持有鲜明中国特色的公共动画品牌，引导发展我国自己的动画谷和动画城，加强国际交流和合作。在文化发达的中心城市，采取灵活多样的合作方式，设立国际性高水平的动画设计中心；在一些经济轻型化发展特色明显和轻型化产业相对集中的省份和地区，采取灵活多样的合作方式，设立国际性高水平的动画加工制作基地，发挥动画产业对关联产业带动发展的示范作用。

对此，我国应结合目前加入世贸组织的新形势，在不违背有关规则的情况下，认真研究阶段性的扶持政策。加强全社会对动画片健康消费的舆论引导，不要盲目迷信国外的动画片，大力弘扬积极向上的民族文化精神，高度警惕国外动画片的负面影响，正确鉴别和消除外来动画文化的负面消极影响。同时，加强对动画类专门人才的培养。

（三）将发展动画产业作为发展文化产业的重要切入点来抓

我国文化建设的主要目的是通过提高全民的文化素质，培育新时代的民族精神，进而提高经济增长的质量和效益、提高我国经济的产业竞争力特别是国际竞争力。加强文化体制改革和大力发展文化产业十分重要，但发展文化事业与发展文化产业的政策引导是有区别的，文化事业是需要文化积淀和文化底蕴的，短时间内难有大发展，文化产业则不同，短时间内是可以大有作为的。发展文化事业应注重社会效益和对整个社会经济发展的基础性支撑作用，政府应是重要的投资主体之一；发展文化产业应注重经济效益、市场化运作和产业化经营，政府主要是管产业政策引导，投资主体应是多种形式的社会资本和企业资本。发展文化事业着力点是推动社会文明进步与发展，发展文化产业着力点是推动经济发展。在发展文化产业的过程中如果过分希望政府投多少钱不现实，也有背于公平竞争的游戏规则。发达国家一条成功的经验就是通过发展动画这一关键性产业，发挥其对一大批关联产业的链条性拉动效应，通过打造公共文化（卡通）品牌，提高一大批相关产业的品牌经营水平、虚拟经营水平，提升整个产业的竞争力，甚至打造出国际性的动画城、动画谷，发展起主题公园产业，进而带动整个经济的发展。在这里发展动画产业是一个重要的切入点，它具有其他文化产业不具备的优势特点，认真抓好这一点，就会产生巨大的文化经济效应。

（四）将发展动画产业作为提高我国制造业发展水平的点睛之术

随着经济的迅速发展，我国已成为世界著名的制造业加工基地，家电、纺织服装、玩具、钟表、食品饮料、文具等行业的许多世界著名品牌都由我国加工生产。广东的一个镇就有近 3 万家服装生产厂家（工商登记近 7000 家），全国有近 8000 家玩具生产厂家，全世界 60% 的玩具、90% 钟表产在我国，但很多都是为国际品牌进行 OEM 生产。以上轻型化产业由于我国没有在国际上叫得响、享有较高市场声誉的自主品牌，普遍获利较小。我国一著名钟表企业，贴牌生产 100 元左右的日本、法国等国的卡通品牌计时钟，虽然成本只有 7 元，但自己只能赚 3 元钱的加工费，别人却赚走了 90 元的毛利。一大批轻型化的加工制造企业无法自主打造产品品牌，面对贴牌生产获利空间日趋窄小的现实，通过产业政策引导，借用公共文化（卡通）品牌是一条行之有效的途径和方法。如何提高我国广大中、小企业的竞争力？大力发展动画产业，打造具有坚实文化底蕴、强烈时代民族精神和长久生命力的公共文化（卡通）品牌，提高一大批相关轻型产业的获利空间和水平，不失为一个行之有效的点睛之术。

（选自《南方经济》2005 年第 8 期）

我国网络游戏产业发展现状初探

高　阳　朱　稻

我国网络游戏产业的现状

1. 社会进步催生网络游戏产业的蓬勃发展

游戏是社会文化的重要组成部分，在不同的社会文化体系中，游戏的形态不仅多种多样，而且还承载着各自特定的社会文化价值。在现代社会中，随着网络、计算机和软件等技术的飞速发展，网络游戏正通过互联网这一强大的互动平台以惊人的速度推广着它的互动娱乐体验。从我国来看，网络游戏大致兴起于 20 世纪 90 年代，根据中国互联网络信息中心（CNNIC）发布的《第十五次中国互联网络发展状况统计报告》显示，截至 2004 年 12 月底，我国内地上网用户总数为 9400 万，其中网络游戏用户为 2633 万，约占 28%；在新闻出版总署联合相关部门权威发布的《2004 年度中国游戏产业年报》（以下简称《年报》）中也指出，2004 年中国网络游戏市场规模为 24.7 亿元，较 2003 年增长 47.9%；另据《年报》数据显示，网络游戏对媒体和传统出版业、IT 产业、通信产业的拉动效应是其自身规模的十几倍，2004 年整个产业链实现的营收规模达到了 270 多亿元。《年报》还预计，2009 年中国网络游戏出版市场销售收入将达到 109.6 亿元，5 年间累计实现增长率 34.7%。无论是从战略角度还是市场角度，网络游戏产业都正成为我国互联网产业中增长最快、市场潜力最大、影响最深远的焦点产业。

2. 网络游戏产业的高速发展是体现经济时代到来的重要特征

根据娱乐方式的不同，网络游戏大致可分为多人在线角色扮演类游戏、即时战略、第一视角射击、休闲对战（棋牌游戏等）等几大类。游戏用户进行各种游戏消费的目的并不在于游戏本身，而是为了追求各种游戏带来的不同娱乐体验，即借助互联网构建了一个现实社会外的虚拟社会（或社区），让有共同游戏爱好的游戏用户“聚居”

在一起，通过电子文本对他们身份的虚拟（人们的上网过程一般都是匿名的），暂时摆脱真实生活的束缚，在游戏的虚拟社区活动中以极低的后勤成本感受到竞技、沟通和互动带来的崭新的娱乐体验，这也正是网络游戏与其他传统游戏的本质区别。

3. 网络游戏产业被打上明显的网络外部化烙印

网络外部化，也称为网络效应，是西方产业组织学者在20世纪80年代中期提出的，主要用来分析信息技术与网络产品的需求特点，如有线通信、无线通信、互联网、计算机硬件与软件等。近年来，网络外部化被视为新经济的一个主要特征，具体来讲，当对于某种信息产品的消费而言，消费者的需求存在相互依赖性，消费者使用一种产品将直接增加使用同种产品消费者的效用时，就可以称作是直接的网络外部化，随着该种产品用户的增加，选择购买同种产品就越具备吸引力，从而会出现“强者恒强”的马太效应。网络游戏产业正是如此，当潜在用户在做某款游戏购买决策时，一般会先看已有的用户人数与规模，因为只有具备一定的用户基数，厂商才能获得规模经济，从而提供更加全面的服务和支持，购买该游戏的用户才有可能获得更多的消费利益。

4. MMORPG日渐成为网络游戏市场新宠

与其他网络游戏相比，MMORPG在内容上更加丰富，带给用户的体验也更加精彩，每款MMORPG不仅都有相对独特而完整的故事情节，还有着随故事情节发展而极具扩展力的社会结构甚至经济体系。在MMORPG的虚拟社区中，游戏用户所扮演的虚拟角色在虚拟的空间和故事情节中代言现实个体，实现着用户个体在现实社会无法达成的梦想和冒险，进而产生来自虚拟社区对现实社会的高度仿真所产生的“移情效应”，并最终获得最高层次需求满足的喜悦——自我实现时的高峰体验（PeakExperience），这种高峰体验造就了MMORPG在网游市场上的主导地位。据17173. COM联合艾瑞市场咨询的调查数据显示，在类型众多的网络游戏中，最受中国网络游戏用户欢迎的MMORPG市场占有率达到了46.10%，形成网游市场“一枝独秀”的局面。

网络游戏产业的盈利模式剖析

1. 按在线时间收费是网络游戏业的主要营收来源

目前，我国网络游戏几乎都是通过出售游戏“点卡”进行收费的，即游戏用户购买的是游戏时间，所有的费用都由玩家在游戏中停留的时间长短决定。这种按用户在线时间收费的方式简单易行，游戏用户尝试成本较低，有利于产品推广和渠道控制，特别适合前期游戏研发或代理权的取得支出较低而后期平台建设成本较高的休闲、竞技类游戏。

对于按在线时间的方式进行收费的MMORPG运营商来说，游戏用户在线的时间和人数是最重要的利润指标。由于游戏用户的在线时间比游戏人数更加可控，因此游戏开发商通过预先设计和构建的一套等级体系“粘”住游戏用户，“榨取”他们的在线时间。通过这套等级体系，MMORPG游戏开发运营实现了对游戏用户在线时间和行为的引导，进而完成将游戏用户在线游戏时间转化为商业利润的过程。由于花费在特定某款MMORPG上的时间和金钱不断积累，导致用户在转玩其他MMORPG产品时，获得成就感和乐趣的机会成本也越来越高，因此，MMORPG比其他网络游戏对游戏用户有着更大的粘着力，能够给游戏开发及运营商带来更为持续稳定的现金流。

2. 网游产业盈利模式呈现多元化趋势

目前，“免费游戏+附加娱乐购买”的模式已经成为韩国网络游戏市场的一种新兴趋势，游戏用户无需购买点卡、月卡便可进行游戏，游戏运营公司则通过有偿提供增加游戏乐趣的游戏道具盈利。据调查，实行免费游戏后，韩国在网络游戏注册用户与在线用户数量上，均实现了50%以上的增长。巨大的示范效应使得这种模式在韩国迅速普及，仅从2004年下半年至今，韩国国内便有数十部网络游戏相继宣布采用免费的方式进行运营。此外，还有一种按照开放的不同的游戏区域收费的“微收费系统”，它与电信业务商提供的缴费方式相似，即游戏用户有偿体验不同的故事情节，游戏厂商根据用户需要的服务种类和“量”的不同计费。在游戏用户自主选择的模式下，玩家可以根据自己具体的游戏需要，独立自主地进行部分购买，最大程度的降低了游戏用户进行游戏的功利心，突出了游戏的娱乐本质。从长期看，这种模式不但可以降低游戏用户的机会成本，加大游戏用户的流动性，还促进了游戏技术的发展。同时，伴随着网络游戏市场的成熟和价格刚性的作用，必将对国内网络游戏现行单一的收费方式产生强烈冲击，导致整个行业盈利模式的重大变革。

3. 网络游戏领军企业在资本市场长袖善舞

近年来，国内网络游戏运营商“盛大”和“第九城市”分别依靠“传奇”和“奇迹”的成功运作，迅速积累了惊人的财富，并双双于2004年在纳斯达克成功上市，且后期业绩表现不俗。这不仅标志着以运营MMORPG为主营业务的中国游戏产业获得了国际资本市场的青睐，同时，巨大的财富效应也吸引了众多社会闲散资本纷纷参与到这场以运营MMORPG为主要获利手段的“豪赌”之中。

4. 网络游戏厂商不断寻求新的利润增长点

游戏厂商不仅可以充分借助其互动游戏平台的优势，把游戏、教育、广告、电子商务等综合起来，培养新的利润增长点，而且可以根据各年龄层消费群体的消费偏好，开发出独特的、差异化的游戏产品和营销手段，以游戏内容的娱乐性争取用户。此外，游戏厂商还可以通过增强游戏内容公益性的创新盈利模式来赢得竞争。

网络游戏引发的一系列社会问题不容忽视

对于日益普及的网络游戏，由于收费方式与其娱乐本质的偏离，造成厂家和消费者的行为扭曲从而带来了一系列的社会问题。以 MMORPG 为例关于“虚拟财产”归属权的纷争愈演愈烈，甚至出现了盗取他人虚拟财产的刑事犯罪案件，这与 MMORPG 驱使游戏用户在其追求娱乐的过程中耗费了过多的时间与金钱不无关系。此外，MMORPG 外挂程序日益猖獗也大大地缩短了游戏寿命，破坏了游戏的公平性，部分道德意识薄弱的用户借助外挂程序这种高效率提升等级的工具投机取巧，损害了游戏厂商和广大真正忠实的游戏用户的正当利益。

与此同时，我国青少年“网络游戏上瘾”已经成为了一个不容小觑的社会问题，许多家长甚至把网络游戏称为“电子海洛因”。早在 2003 年 2 月，民盟北京市委在其发布的“关于电子游戏与未成年人教育问题”调研报告就指出：“北京中学生上网成瘾者的比例达 14.8%（初中生为 11.8%，高中生为 15.97%）”，远远高出成年人的比例。而根据 17173. COM 联合艾瑞市场咨询的调查显示，截至 2004 年 5 月，我国的网络游戏用户中 18 岁以下的未成年人就占到了 17.12%（其中 16—18 岁占 11.33%，16 岁以下占 5.79%），由于青少年的心理控制能力较弱，如何在体验网络游戏带来的娱乐体验的同时，保障未成年人身心健康成长，避免他们游离于现实生活之外，是整个社会必须重视的一个问题。

网络游戏市场的进一步规范有赖于各方的努力

为了最大限度地消除网络游戏给社会带来的负面效应，从政府到游戏开发商、运营商都在进行着积极的努力。比如我国网络游戏龙头企业的运营商盛大集团，最近正在尝试一种新的做法，即通过定时或限时地针对部分游戏开放和关闭整个服务器，硬性限制游戏用户的游戏时间，从而尽量避免游戏对人们正常的学习和工作在时间上的影响。这虽不失为一次有益尝试，但究其本质，无非是企业为了缓解其承受的社会舆论压力而以盈利空间换取社会效益的形象工程，并没有摆脱原来按时收费的框架，可以说是“治标不治本”，同时，这种“一刀切”的模式制约了游戏用户在时间安排上的机动性，将不可避免地导致潜在客户的流失。可以预计，造成的经济损失一旦超出企业预计的承受区间，这种限制性措施就失去其存在的根基，因此，此举的社会意义大于实际效果。在网络游戏产业未来的发展道路上，如何与现实社会产生更多的良性互动，是网络游戏厂商应该思考并承担起的社会责任。

（选自《企业技术开发》2005 年第 6 期）

广告、会展、节庆产业

广告主要有正确的广告意识

赵启正

中国广告主协会正式宣告成立了，这是一个值得庆贺的事情。广告主是广告活动的源头，把源头的事情做好，即是把我国广告业的基础做扎实了，为广告的成功传播铺平了道路。我并没有广告业的经验，至多只能算一个普通的广告受众。但郑斯林会长问我："你这七八年都在干什么呢?"我回答他："我在向全世界说明中国!"他说："你这就是在做广告啊，是在向全世界做中国的广告。"那么，我就试着谈谈对广告，主要侧重于广告主方面的几点看法。

第一点，我认为广告主，也就是我们的企业、机构，首先要有良好的素质，这是广告成功的基础。我们知道，广告是广告主为了推销其商品、劳务或观念，通过传播媒体向特定的对象进行的信息传播活动。广告主是广告活动的出资者，但仅仅有能力出钱是不够的，要具备一定的实力，有优质的产品、优质的服务作为基础，广告才能成功。千万不能仅指望广告来开拓市场，而不在锤炼企业内功、加强素养上下功夫，这是本末倒置的做法，只能是一厢情愿、开错了药方。这样的广告就会失去根本，可能会得逞于一时，而企业决无可持续性发展的后劲。

第二点，广告主要明确自己的责任，发布真实可靠的产品或服务信息，不能言过其实，把本来没有的东西说成有，把不好的说成好的。这样欺骗消费者，不仅损伤了消费者的权益，也损害了企业的形象。当消费者发觉上当受骗后就不会再购买企业的商品或劳务，这样做当然是"害人害己"。更严重的是，少数的"害群之马"还可能导致消费者对整个广告行业的不信任，"假做真时真亦假"，使那些真实可信、货真价实的广告也深受其害。在市场经济体制下，我们的企业讲求效率、追逐利润不仅无可厚非，而且理所当然。但是诚信是经商的重要原则，广告也要以诚信为本。18 世纪的美国作家、政治家本杰明·富兰克林曾经忠告美国的年轻企业家"时间是金钱，诚信是金钱"。在市场经济条件下，企业的品牌是企业的生命，企业要发展，必须培育、爱护自己的品牌。诚信是企业维护良好品牌形象的先决条件，一个连最起码的诚信都缺失的企业很难经得起市场的检验，也谈不上长远发展了。

第三点，就是要提醒广告主，我们的企业经营，确实需要广告这样有效的营销沟通工具，但也要有清醒的头脑，广告投放要量入而出，量力而为。有些企业在做广告的时候，不顾企业自身实际情况，把企业发展的希望完全寄托在广告上，过度投资，结果是广告做响了，企业也破产了。这样的例子并不鲜见，比如说前几年被广告炒得很热的秦池、爱多等，结局都比较惨痛。这样的教训值得我们深思。有些消费者会认为，企业投资在广告上的成本最后都会转移到该企业的商品上，进而又转嫁到消费者身上，因而消费者反而不愿意买广告做得过多的商品。我觉得，我们有些企业盲目进行广告投资，疯狂做广告也与我们在广告投放和产品价格关系的理论研究不够深透分不开。广告主协会成立后，可以对广告投入和产品价格水平控制之间的关系作些研究。以帮助广告主进行广告投资时，能科学地决策，尽可能避免企业付出"广告响了、企业垮了"这样惨痛的代价。这对企业乃至整个广告行业的发展都大有裨益，也可以消除消费者对广告某些方面的误解。

第四点，广告不仅是一种商业行为，也是一门艺术。我们生活在广告的海洋中，每天大量的广告信息有时候让我们不胜其烦。但是一旦能看到让人赏心悦目的广告作品，消费者还是愿意把注意力投向它们的。当电视台播出了一则制作精良、创意出色的广告，观众被它吸引了，就不会频繁调换频道，逃避广告的骚扰。这种出色的广告就获得了消费者的注意力，广告主的广告目的也更容易实现。当然，我们的广告不光要传播信息、促进销售，还要有社会责任感。好的广告不止于赏心悦目，同时，还应把一些值得提倡的社会道德准则和生活态度传达给消费者。这样，既达到了广告促进销售的目的，又获得了良好的社会效益，可谓"一举两得"。

第五点，正如我在前面提到的，广告是一种商业行为，又是一种艺术，但它不是拍拍脑袋就能轻易做出的东西，它需要科学理论的指导，需要有智力支持。我国的很多大学都设置有新闻传播类学科，开办了广告学专业，这为广告主争取高质量的广告传播，提供了很好的学术环境和人才条件。例如中国人民大学是以人文社会科学为主的知名大学，正在向"人民满意，世界一流"的目标迈进，这所大学拥有像新闻学院等对广告传播活动研究素有成就的丰厚优质资源，他们是乐意为我们这个协会提供帮助的。广告主协会利用这些资源，鼓励广告主们加强与当地大学的合作，一定能够得到更好的发展。

最后，我谨祝广告主协会充分发挥作用，推动中国广告事业更加兴旺发达。

（选自《国际新闻界》2006 年第 2 期）

网络广告的品牌传播理论初探

熊澄宇　孙剑波

网络广告，是广告主为了推销自己的产品或服务在互联网上向目标受众进行的有偿信息传达，从而引起受众和广告主之间信息交流的活动。随着网络广告形式的多样化和对企业广告计划产生的影响越来越大，更多的企业将不仅仅在进行在线促销时才想到网络广告，而且把网络广告同时作为品牌形象传播的一个重要途径。如果说经过数年的实践，网络广告在在线销售方面已经积累了一定理论与实践方面的经验，那么可以说，目前基于网络媒体广告的品牌传播理论还是网络广告理论领域的一个比较薄弱的环节。随着网络广告市场的不断拓展，更多的广告人和营销学、传播学理论界人士必将关注在整合营销传播时代，企业和广告代理商如何整合多种网络广告手段，从事成功的品牌传播活动，并把这种活动纳入整个企业的整合营销战略中去，使企业实现在线直销和品牌塑造的双重效应。对此，我们有必要作一些思想上和理论上的准备。

一

反顾历史，关照现实，新生的网络广告业急需要理论的关照和引导，而基于网络广告的品牌传播正是其中的重要部分。

网络广告自产生以来就备受瞩目，成为门户网站收入的主要来源，但作为新生的广告形式，其发展也不可避免经历了很多的颠簸。据统计，1999 年全球网络广告收益暴增了 140.6%，总计达到 4 亿美元。乐观的经济学家预计未来几年的网络广告年平均收入增长速度为 39.5%，2004 年将达到244 亿美元。但是，随着 2000 年纳斯达克指数的狂泻，在世界范围内，网络广告业跌入了低谷：美国网络广告局和普华永道最新公布的一份研究报道显示，2000 年第三季度，美国网络广告收入为 19 亿美元，比今年第二季度下降了 6.5%，这是网络广告收入首次出现季度负增长。受国际大气候的影响，在国内的网络广告市场上，其增长速度也有所放慢，美林的研究报告指出，由于中国网络广告经营环境的恶化程度较该公司过去数月的预期更为严重，故将 2001 年中国网络广告开支总额预测由 1.2 亿美元减为8000 万美元。以网络广告为主要收入的三大门户的营业收入不约而同出现增长放慢趋势。

那么，在寒流滚滚之下，是否网络广告真的显露了其虚弱的泡沫本质，没有太多发展空间了呢？短视的和保守的人会这样认为，而真正有远见、有智慧的人却不这样看。尽管从 2000 年第 3 季度起，美国网络广告业首次出现了季度的负增长严峻形势，世界第二大网络广告公司 Macanelison 的总裁兼首席执行官詹姆斯 · R 依然预测美国的网络广告市场 2001 年全年销售额仍将比 2000 年增长 60%。他指出，尽管网络业内企业的广告量有所下降，但传统企业的网络广告量正稳步增长。目前网络广告占全球总的广告市场的份额为 6%—7%，从目前情况看，前者将不断地扩大在全球广告市场中的份额，网络广告公司除广告业外，还在向商品促销、大型活动、健康管理等领域扩展。

反过来看看中国的情况。1998 年中国在线广告收入是 3000 万元，1999 年是 1 个亿，2000 年是 3.4 个亿，每年以 3 倍速度增长。宽容互动广告的一项专业研究显示，尽管受到大环境不景气的影响，2001 年中国企业投入网络营销的广告费用仍将达 7.5 亿元人民币。据预计，2002 年和 2003 年中国网络广告市场份额将达到 18 亿元和 45 亿元，呈跳跃式发展，到 2004 年中国网络广告额占企业营销总支出的比例将提高到 5%。相比之下，去年中国广告市场总额近 800 亿元，但网络广告所占份额仅有 0.5%，远远低于美国和全球的统计数据，可见发展空间之大。

经过了纳斯达克暴风雨的洗礼，网络行业从浮躁走向成熟，网络广告行业的客户结构逐渐向传统广告行业靠拢。虽然目前还有很大的广告空间没有被利用起来，但从发展的速度和趋势来看比较乐观。随着网民数量的增长以及网络带宽条件的改善，网络作为媒体的功用被越来越多的传统消费品厂商所接受，2001 年第一季度的发展情况告诉我们这个行业仍然在健康地向前发展。

在历经风雨的洗礼之后，如今有关网络业的一切已逐渐走出了神话的虚幻，这其中也当然包括网络广告。而网络广告之所以出现波动，除了大环境不利的影响之外，是有多方面的原因的，这里面显然就存在着从业人员心气浮躁、缺乏相关理论素养的因素。为什么企业主对网络广告的效果不够信任？为什么网络广告拥有如此之多的先天优势仍然不能够得到普遍的重视？对于这些问题，如果有更理性更深刻的网络广告理论做指针，也许网络广告就不会出现太多的停滞，步入太多的误区。虽然欧美的广告公司譬如 DoubleClick 和 24/7 等网络广告先驱已经在一定程度上实践了网络广告初步成熟的道路，在人类广告史上开创着崭新的广告形式和广告理念，研究它们的成功经验和不足之处，是我们进行网络广告研究不可绕越的途径，但这并不意味着我们不应当从广告的最基本要义出发，从根本上重新审视网络广告。在这种审视之下，网络广告不再是一个和传统广告剥离的行业前锋，而应当重归到媒介整合的大背景和大平台之上，实现曲线的复归与飞跃。毫无疑问，基于网络媒体广告的品牌传播理论，就是这其中重要的部分。

当然，网络广告之所以成为网络广告，有赖于背后强大的网络信息技术，DoubleClick 的一项 DART（Dynamic Advertising Reporting and Targeting）技术实现了多少传统媒体广告不能实现的梦想。技术造就着崭新的媒体，而在崭新的媒体上出现了崭新的广告。随着流媒体技术、宽带技术等在广告领域的逐渐渗入，网络广告的面貌亦将发生巨大的变化。但是，不论网络广告技术如何变化，网络广告的理论基础不会改变，网络广告理论的核心观点不会改变，而我们所要做的，就是让网络广告的理论超越技术，具有长久的指导和启发意义。

二

网络广告的崭新特性带来了与传统广告大相径庭的沟通模式和其他特征，通过网络广告塑造品牌和利用传统媒体相比其具有许多新鲜的特点。

和传统广告相比，网络广告具有很多独特的特点。譬如：

1. 互联网广告传播范围更加广泛。媒体有发布地域、发布时间的限制，相比之下互联网广告的传播范围极其广泛，只要具有上网条件，任何人在任何地点都可以随时浏览到网络的广告信息。

2. 互联网广告可直达产品核心消费群。传统媒体受众目标分散、不明确，互联网广告在相比之下可直达目标用户。网络用户的主体是年龄在 18 岁至 30 岁之间、学历在大专以上、收入在 1000 元至 5000 元之间的年轻群体，他们是目前社会上最具潜力，最具购买力的核心消费群体。

3. 互联网广告具有强烈的互动性。传统媒体中受众只是被动地接受广告信息，而在网络上，受众是广告的主人，受众只会点击感兴趣的讯息。而厂商也可以在线随时获得大量的用户反馈信息，提高统计效率。

4. 互联网广告富有创意，感官性强。传统媒体往往只采用片面单一的表现形式；互联网广告以多媒体、超文本格式为载体，通过图、文、声、像传送多感官的信息，使受众能身临其境般感受商品或享受服务。

5. 互联网广告更加节省成本。在传统媒体做广告费用高昂，而且发布后很难更改，即使更改也要付很大的经济代价。网络媒体不但收费远远低于传统媒体，而且可按需要变更内容或改正错误，使广告成本大大降低。

6. 互联网广告可准确统计广告效果。传统媒体广告很难准确知道有多少人接收到广告信息，而互联网广告可精确统计访问量，以及用户查阅的时间分布与地域分布。广告主可以正确评估广告效果，制定广告策略，把握广告目标。

如果我们将商业广告（无论是传统广告还是网络广告）从本质上理解为与目标受众进行沟通从而最终达到使目标受众作出购买决策的活动，那么，网络广告在沟通方式上和传统广告相比有许多崭新的特点。传统广告沟通模式的特点是：大面积播送，很难直接将信息送到细分的目标市场；信息传送和反馈是隔离的，单向流通，非交互的，有地差的；强势信息灌输，试图用某种印象劝诱目标受众成为购买者；是典型的“推”的策略（即主要传播形式是由发送者，即企业经过许多中间环节“推向”受众或消费者）。而网络广告沟通模式的特点在于：首先，即时互动的特性改革了传统广告沟通中信息发送和反馈单向流通、相互隔离、有时差的缺点，同时改变了传统广告沟通中“推”的方式，使用户的地位上升，有了更多的选择性。其次，在网络信息空间大、廉价以及目标受众对信息要求的基本特点的共同作用下，网络广告说服受众采取行动的机制发生了变化，广告主应向受众提供足够的事实性的参考信息，由这些信息的理性分析，加上某种美好意象才能最终促成购买决策。

在这样的沟通模式下，产品的品牌传播显然会具有许多不同以往的特点，这些都是需要我们结合营销学、传播学等相关理论和具体案例加以深入研究的问题，探讨网络广告创意、制作、发布应遵循什么样的原则才会使传播效果实现最大化。

三

受众的变革使传统的品牌理论受到挑战，基于网络媒体的品牌营销必须针对新一代受众的特点进行设计。

品牌理论的建立是现代营销学最重要的成就之一。按照著名营销学教授 P·科特勒（1994 年）的定义，品牌反映了 6 方面的内容：①属性；②利益；③消费价值；④文化；⑤个性；⑥购买使用者。品牌代表着商品透过消费者生活中的认知、体验、信任以及感情和消费者所建立的关系，是企业从一开始就致力于建设的无形资产，更是维持消费者消费忠诚度的关键因素。可以说，品牌最大的意义，就在于它为消费者创造了更多的精神价值，同时也为企业带来了更多的实际利益，使企业和消费者之间形成双赢互动的关系。

但是，随着网络时代的到来，网络媒体的受众呈现了崭新的特征，这一切也使传统的品牌理论受到了一定的挑战。

营销发生变革的根本原因在于消费者身上。对消费者的研究表明，不同的历史文化环境，特别是不同的媒体环境孕育出不同时代的消费群。20世纪中叶，电视的普及和大众传播的无孔不入造就了所谓“影像的一代”，而今天网络媒体的大众化则催生出新的第三代消费者——网络时代的消费者，或“N（net）世代”消费者，亦称为“e人类”。

“N世代”消费者在西方主要指是20世纪80年代以后出生的一代，在中国则应指1990年以后出生的一代。按照西方学者的预想，“N世代”的消费者一般来说应具有以下特点：年轻、更加富有、拥有良好教育；因为生长在技术成熟的环境里，所以永远追求并接受新奇的思想和事物，因而也缺乏品牌忠诚度。在商务程序上，全球通讯设施赋予每位消费者接近世界各地任何一种产品和服务信息的能力，他们要求主动参与新产品开发与研究、进入工厂和营销部门，成为企业不要报酬的合作者，这也是21世纪消费者最突出的特点。从需求角度讲，消费者支配货架，他们要求商品生产者满足他们的每个需求；在服务时间方面，消费者要求快捷的服务；在质量方面，由消费者确定，而不是由企业确定全球最佳质量；消费者要求每件产品都要根据他们个人的爱好和需要定做，否则就不要；消费者还要求优先的服务；在价格方面，消费者要求全球范围内的最优价格。

各类搜索引擎让消费者成为占有信息更加完全的购物者。购买者在信息丰富的环境中，将获得以下能力：可得到有关品牌包括成本、价格、特征和质量方面的完备信息；不依赖生产厂商或零售商；向生产厂商提出广告和信息需求；可以设计他们想要的东西；可以利用软件代理搜索并邀请多个卖主报价等等。正因为如此，国外一些学者提出新时代的受众开始成为缺乏品牌忠诚度的一代。在电子商务泡沫高涨的那段时间，有“现代营销学鼻祖”、“科技产品营销之父”之称的里吉斯·麦肯纳（Regis Mckenna）在全球最大的电子媒体Business2.0上预言“营销将死，品牌将亡”，令业界瞠目结舌、思想混乱，而反驳者有如凤毛麟角。

品牌真的将死吗？事情显然没那么简单。麦肯纳这一番耸人听闻之语也不可避免受到网络泡沫鼓噪的影响。事实上，时间将会证明，品牌依然重要，只不过新一代受众对品牌内涵的理解会发生一些变化，而品牌作为一种价值认定的象征将会随着新一代受众个性化程度的加深而日益重要。为此，品牌营销传播的策略必须针对受众的变革而有所变化。利用网络广告进行品牌传播，在广告策划、广告创作诸环节都必须针对新一代受众进行设计。这些问题的解决，一方面有赖于网络广告的实践，同时也必须充分调动传播学、社会学、消费心理学、大众文化理论等资源进行理论上的分析与建构。

四

整合营销传播实际就是整合品牌传播，基于网络广告的品牌传播必须纳入企业的整合营销战略中去。

整合营销传播（Integrated Markeing Communication，即IMC）作为营销传播的战略概念，自20世纪90年代以来成为营销界的热门话题，被看成是21世纪的营销大趋势，成为21世纪企业决胜的关键。根据美国广告协会对IMC的定义，整合营销传播是一种市场营销沟通计划观念。通俗地讲，就是企业行为和市场行为开始以消费者为核心重组，要求综合协调地使用各种形式的传播方式，以统一的目标和统一的传播形象，传递一致的产品信息，实现与消费者的双向沟通，以便迅速树立品牌在消费者心目中的地位和建立产品品牌与消费者长期密切的关系。这样网络广告就必须和促销、公关、新闻、直销、CI、包装、产品开发等一起进行一元化的整合重组，这就面临着一个如何让消费者从不同的信息渠道获得对某一品牌的一致信息，对信息资源实行统一配置、统一使用的问题。目前，跨国公司都正在着手IMC的规划与实践，如微软、柯达、IBM、德州仪器、奥美等，更加促进了整合营销传播理论的发展。

可以说，整合营销传播时代的一个重要特征就是品牌至上，因此整合营销传播实际上就是整合品牌传播。但是，虽然网络广告最初的形式都是用于品牌传播的，但随后网络广告预算基本都投入了直效营销，品牌传播一度受到了冷落。美国Forrester研究公司公布了一份名为《网络广告趋势》的报告，其中分别统计与预估了1997年到2002年的网络广告在促销和品牌两者之间的比例变化。研究发现，最初时的网络广告刚好是促销广告和品牌广告各占一半，但接下来由于网络可直接完成销售的特性，使得广告主不断在网络上推行直效营销为主的广告。这种状况到1999年达到顶峰，促销广告和品牌广告的比例达到8:2。

网络广告在其初期更多地是做直效营销，其原因是多方面的，在此不一一详述。但这并不意味着网络广告就真的不适于做品牌营销传播，恰恰相反，随着以下几个问题的解决，网络广告的品牌行销比例必将大大提高：①网络成为主流媒体，品牌形象不得不依靠网络；②带宽问题的解决，网络具备品牌广告的优势；③广告创意人员的才智和经验大幅度提高；④网络广告形式的大量创新。

互动营销及技术解决方案的提供商L90的CEO兼总裁John Bohan表示：第一代网络广告是Banners，也就是旗帜广告；第二代是内容的整合，赠券及促销手段的广泛应用；第三代的网络广告大量采用视频及音频即流媒体；而未来的第四代网络广告形式将是3D的互动环境。目前的趋势是第三代逐渐进入并占领市场，这种网络广告的效果显著高于其他的形式，因而更有利于品牌传播。

也就是说，当以上这些技术性问题逐渐得到解决之后（事实上这些问题已经或正在得到解决），传统的认为网络广告只适于做直效营销的观念已经过时了。当然，不是所有的产品都适于在网上进行品牌传播，正如不是所有产品都适于在网上做直效营销一样，但无论如何，研究怎样在网络媒体上围绕塑造品牌为核心实施网络广告计划已经成了摆在我们面前的重要问题。

目前我们有相当一部分企业的经营者还坚持大众传播的“枪弹论”，把消费者当成靶子，认为只要大量投放广告，就一定能够取得良好的效果。如脑白金、秦池酒的广告就是很好的例子。这种想法的存在跟中国市场经济初级阶段的现状是分不开的，这些做法得到的永远都是短期利益，因为在消费者的心中这些企业的品牌毫无价值可言，第一次选择了并不代表着每一次都选择。这种狭隘的认识，在网络广告中也有所体现，单纯的网络广告如果不能融合到企业整合营销传播战略中去，必然带来产品的速成和速朽。

那么，在这样的背景之下，基于网络广告的品牌传播因其自身的独特优势，应当在企业整合营销传播战略中扮演一个什么样的角色呢？而在实践中，又该如何执行呢？这就成为广告人和理论界人士必须要思考的问题。

总之，作为一种全新的广告媒体形式，网络广告的发展呼唤着我们在整合营销传播的理论平台和最新技术商业背景上建构现代网络广告理论，其中包括对网络广告的品牌传播理论的深入探讨。同时，通过成功的网络品牌传播策划的案例分析和完整的策划范本，力求为网络广告业的从业人员提供富于实践意义的理论启蒙和实务指南，也是广告人和理论工作者在实践中必须要不断加以摸索和总结的。

（选自《科技进步与对策》2002年第7期）

微利时代的报业广告经营策略

王好彬

对于中国报业广告的经营者来说，2005年是极其艰难和困惑的“多事之秋”。各地报业集团广告经营的“熊市”之态，让“拐点”和“衰退”成为学者和业界精英们在各类演说和文章中使用频率最高的词语。由此而来的“报纸消亡说”、“新媒体颠覆说”更是在业界引起巨大的震动，这些无法回避的事实都表明持续多年保持高速增长态势的报业广告经营正处在一个关键的转型期，报业广告经营的“微利时代”开始来临。

报业广告经营的微利时代

众所周知，多年来我国报业广告经营一直维持着强劲的增长势头。自1986年到2003年的18年间，报业广告经营额由8.45亿元增长到243.01亿元，年平均增幅为33.01%。高速的增长、丰厚的回报使得报业成为人人艳羡的“暴利”行业。但从2004年开始，报业广告经营开始由热转冷，“拐点”的出现和上市公司的低盈利印证了我国报业广告经营“微利时代”的到来。

（一）“拐点”的形成与延续。2004年，各种机构的统计数字都显现报纸广告经营额下降的信号。根据《新京报》和《现代广告》报道，2004年全国广告经营总额为1238.61亿元，其中报纸230.8亿元，比2003年减少12.2亿元。学界和业界的精英们普遍用“拐点”这样一个词来描述中国报业广告市场新出现的失速现象，这种失速现象在2005年的报业广告经营中得到进一步延续。据市场调查机构CTR发布的信息：2005年，虽然传统媒体如电视、报纸依然是两大主流媒体，但当电视广告以19%的增幅成长时，报纸广告的总额却下降1%，市场份额下降3%。丢失的份额分别流向电视、电台、户外以及其他新媒体。据慧聪媒体研究中心监测显示，2006年上半年报业广告的同比增长率为7%，比2005年同期下滑1.4%。

（二）上市公司的低盈利。截至2005年底，在国内的纸质媒体中有4家上市公司，分别为1999年借壳的“博瑞传播”、2000年借壳的“赛迪传媒”、2001年在香港上市的“财讯传媒”以及2004年12月登陆香港的“北青传媒”。“赛迪传媒”和曾以7.9亿元广告经营额名列全国榜首的“北青传媒”2005年的业绩情况似乎更能反映国内大型报业集团的生存现状。2005年，“赛迪传媒”和“北青传媒”每股盈利分别为0.01元和0.05元，比2004年同期下降90%和95%。这种状况在2006年的经营中并没有得到改变，根据已公布的中报显示，“赛迪传媒”2006年上半年每股营利为0.012元。这一切无疑让整个报业的广告经营蒙上了阴影。

“微利时代”的到来引发了业界对“报纸消亡说”的高度关注，报纸究竟是否面临消亡的危机？现在下结论还为时太早，媒介本身是不会消亡的，但媒介的位置可能会发生改变。相反，“微利时代”的到来是我国报业广告市场进入理性发展期的重要表征。报业广告市场在经历近二十年超常规的高速发展之后，在市场竞争日趋激烈的情况下，产业利润发生一定程度的下降是一种正常现象。解决问题的关键是要冷静、清醒地分析和认识报业广告经营环境的变化，通过专业化的改造和经营方式的创新来增强报纸广告产业持续发展的能力。

微利时代形成的主要原因

任何一个产业的衰退，我们都可以从诸多角度来寻找其根源所在。毫无疑问，中国报业广告的颓势与全球背景下报业的衰退有着直接关系。但就我国而言，报业广告经营“微利时代”形成的原因主要集中在以下四个方面：

（一）广告经营环境的变化。广告天生所具有的“依附性”使得国民经济发展水平和政府管理政策等外在环境因素对其行业发展具有深刻的影响力。《中国传媒产业发展报告》的研究结果表明，中国广告业的增长变化与GDP增长率的相关系数为0.709，确定系数为0.503，这表明中国广告业增长变化的50%是因为GDP增长变化而产生的。但令人奇怪的是，近5年来，国民经济的持续增长与报业广告经营的持续下降形成了鲜明的对照（见图1）。报业广告投放的产业景气波动和国家宏观管理政策的调整是这一异常现象产生的主要根源所在。

图1　2001－2005年经济增长曲线与报业广告增长曲线比较

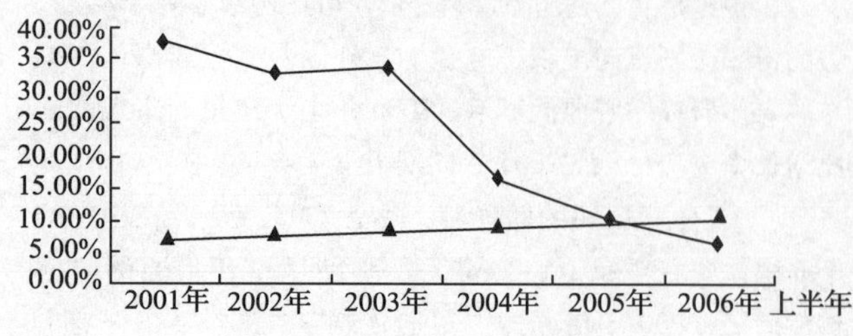

2001年，国家税务总局规定：企业广告量不得超过总营业额的2%，超出部分不得计入成本。2001年5月1日起，处方药一律不得在大众传媒做广告，国家相关部门同时加大了医疗、保健品广告的监查力度。

2005年，占报业广告投放份额80%的房地产、汽车等10个行业类别中，有5个行业出现负增长。其中，通讯行业广告在2004年下降的基础上继续下降了9.66%。而大量非法广告的存在使得2004年广告投放增幅排名前三位的药品、医疗和保健品广告在11部委的联合查处和整治中遭遇重创，对报纸广告的拉动作用已大大减弱。

（二）营销传播理念的变化。近年来，我国营销传播领域出现了两个重要的变化：整合营销传播的盛行和传播的分众化趋势。

在整合营销传播理念的指导下，为了使品牌直接与消费者建立“伙伴”关系，通过客户管理、让利消费者的“精细化营销”而争夺市场份额，广告主将大量费用投入利润更直接的终端推广。“决胜在终端”的营销思维使得连锁店越来越多、超市与卖场越来越大，而投入的广告预算则越来越少。

传播的分众化源于受众的“碎片化”，生活的个性化带来了价值观念和消费方式的多样化，使得原来比较简单的社会阶层分解为众多的“碎片”。广告商不再单纯地依赖发信量大、覆盖面广的大众媒体，转而寻求更精准的分众媒体，从而改变着广告投放的格局和结构。

（三）各种新兴媒体的冲击。伴随宽带、流媒体及无线通信等技术的日益成熟，网络正以常人不可想象的创新力推进着人类社会的发展，为个人与个人、媒体与媒体之间的信息交流和共享提供了可能。与此同时，手机新闻、楼宇电视等新兴媒体也在蓬勃兴起，单凭“分众传媒”在“纳斯达克”的一夜暴富，就足以表明新型媒体的未来前景及目前的盈利状况。

新媒体的兴起改变了受众原有的媒体及广告接触习惯，从而导致广告市场受众结构的变化。央视市场研究中心提供的全国36城市CNRS数据清楚表明：自2001年以来，30岁以下年轻读者、本科以上高学历读者及3000元以上高收入的群体接触报纸明显减少，18—50岁的读者、大专以上高学历读者及较高收入读者的读报时间也有明显缩短的倾向。由此可见，网络等新兴媒体不仅吸引了大批广告主所看重的优质受众，同时也在分流报纸媒体的广告投放。

（四）报业内部竞争的白热化。目前全国报纸媒体总量为1926种，全国性报纸的同类别竞争与地方报纸同质化竞争现象较为普遍。如在南京，一个总人口600多万的城市，仅都市类报纸就曾经有8家之多，现《经济早报》与《服务导报》在惨烈的竞争中已经退出市场，但依然有6家同质的报纸在竞争。

报业市场的内部竞争往往以追求“发行量”的扩大为目标、以“厚报化”为最终结果。从8版到16版，从16版到32版，从32版到……版，所有报纸莫不如此。以追求“发行量”的扩大为目标的“厚报化”是报业广告经营的一大误区，它既不符合现代营销传播的分众化趋势，并因新闻信息稀释、广告版面增加等因素而导致报纸广告效果的弱化，广告主减少报纸广告的投放则成为现实的必然，从而形成了报业广告经营的恶性循环。

微利时代的广告经营对策

尽管报业广告的衰退是一种客观现实，但我始终认为报纸广告经营的困境是一种暂时现象。因为传统报纸媒体固有的核心优势，即报纸广告经营的支撑点，并未发生根本变化。真正的困境不在于报业广告的一时衰退，而在于认识不到报业广告衰退背后所蕴涵的机遇。伴随产业结构的变化和数字时代的来临，我国报纸广告的经营必然要经历一个艰难而痛苦的转型期。

针对目前新的经营形式，笔者提出若干经营对策，希望能对传统报业的广告经营有所帮助。

（一）由单一经营转向多元经营，调整报业广告的经营结构。目前我国报社收入有90%依靠广告，而广告收入的80%来源于房地产、汽车、医疗、通讯产品等少数行业。广告结构的严重失衡导致报业广告的抗风险能力极弱。2005年，房地产广告收入比例极高的“北青传媒”的低盈利从实践上证明了报纸广告单一经营结构的不合理性。

报业广告多元经营的首要任务就是要调整报业的广告结构，积极拓展多元化的广告支撑点，以确保报业广告的经营业绩不至于因为一个行业、一个门类广告出问题就导致整体下挫。因此，必须从对医疗药品、房地产等少数行业的过度依赖中走出来，将汽车、信息IT、教育、金融等多个符合国民经济发展态势的“阳光产业”共同作为报业广告经营的支撑点。

其次，要把细分两个市场和培育、壮大分类广告当作战略任务来抓，以降低对纯商品广告的依赖性。即细分受众市场、细分行业客户（广告主）市场，结合专刊、专版的形式，加大信息服务的力度，树立主动营销观念，完善价格体系，发挥报纸优势，以做大分类广告规模，与邮寄、车体、派送等媒体形成竞争优势。

在西方国家，分类广告是报社的广告支柱，其总量大、分类精细、编排专业化，为读者所喜欢。在美国，分类广告面积约占报纸总面积的50%，广告收入的40%。而我国，只有15%—20%，因此分类广告具有巨大的市场潜力。

此外，西方国家报纸的社区资讯广告，如社区广告、居民资讯广告等非常发达，而随着我国城市社区建设的快速推进，这类广告也必有较大市场空间，但当前尚未引起重视。

（二）由对抗经营转向合作经营，拓宽报业广告的经营领域。众多学界和业界精英认为，报业广告衰退的深层原因在于以互联网为代表的新兴媒体的迅猛崛起，瓜分和蚕食了报纸原有的广告份额。他们同时认为，在新的媒体结构中，报纸的生存空间受到严重挤压，但其传统的强势地位未从根本上动摇。问题的关键是，这种传统的强势地位在数字时代如何保持并转变为现实的经济利益。解决的唯一途径就是由传统的对抗经营转向合作经营。

和新兴媒体相比，报纸的优势主要体现在原创性权威信息的生产与集成。在数字时代，报纸扮演“数字内容提供者”的角色，其内容产品可以通过多种媒介和渠道（如光盘、互联网、广电网、电信网）进行传播及销售，而受众则可以通过多种终端（如计算机、数字电视机、数字收音机、eBook阅读器、PDA、手机等）进行接收和消费。

在“渠道为先，内容为王”的数字时代，报纸不仅可利用现代的数字技术来扩大其自身的影响力和实现信息的货币化，如2005年新浪网为获得南方日报传媒集团的新闻转载权而支付20万元的费用，还可以利用其“内容提供商”和“观点制造商”的天然优势打破传统体制的束缚，通过跨媒体、跨行业和跨区域的传播合作来实现广告收益的共享，寻求报业广告经营的新增长点。

（三）由粗放经营转向集约经营，整合广告经营的资源优势。在报业发达地区，诸多报社的广告经营部门先后完成了由“坐商”到“行商”、由“行商”到“全面服务提供商”、由出售报纸版面到主动提供一揽子营销方案的转变，这在一定程度上体现了报业广告由粗放式经营向集约化经营的转型。

所谓集约化经营，就是要从战略高度对报纸的版面资源、读者资源、广告资源、社会网络资源和长期积累的品牌公信力资源进行整合的广告经营方式。这种集约经营方式的实现，有赖于新闻编辑部门和广告经营部门的亲密合作。北京某报2005年的一次广告采编策划或许能让我们对此有更为深刻的了解。

2005年，北京房地产业迈入市场化的第15个年头，该报推出大型活动——北京房地产15年，活动以“追溯15年来北京房地产风雨历程，追寻房地产政策演变轨迹，历数北京房地产名优产品，盘点风云人物与事件，挖掘房地产文化内蕴，探索房地产品牌之路，描绘新北京房地产发展远景”为主要内容，活动时间从7月到9月，涉及深度新闻报道、业界及相关机构研讨会以及读者评选等活动形式。活动以报纸品牌和影响力整合为支点，以多层次、多角度的商家、读者互动共振为形式。“民生视角，产业经纬”的切入点较好地把握住了读者关注点与广告贡献度之间的平衡关系，版面内容与广告有机融合。既符合了读者的需求，又对应了广告主的需求，从而在专业性的整合服务中为报社获得了广告增长。

集约经营的核心，其实就是充分发挥报纸传播的权威性，将多种传播性服务进行整合。不仅对报业集团的广告经营，同时对单一报纸媒体的广告经营而言，也是必由之路。

（选自《江西财经大学学报》2006 年第 6 期）

中国会展经济发展解读

马　勇

会展业和会展经济对于中国来说是两个全新的概念，而在国外尤其是一些世界上经济发达的国家，会展业或会展经济已经成为本国经济发展中的一个新的经济增长点。据世界权威性的国际会展组织——国际大会和会议协会（ICCA）的统计，全世界每年举行的参加国在 4 个以上，与会的外宾人数在 50 人以上的各种国际会议已达 40 万次以上。由此可见，会展经济已具有巨大的市场发展空间。反观中国的会展经济发展现状，其地位就连亚太地区前 10 位也难以进入，这不能不说是一个极大的遗憾。有鉴于中国在会展经济发展中所处的落后处境，本文旨在对中国会展经济发展状况做一个初步的分析，并探索如何促进会展经济在中国得以加速发展的可行途径。

会展经济的界定及其特点

1. 会展经济的基本内容

会展经济是第三产业发展日趋成熟后出现的一个综合性更强，关联性更大，收益率更高的经济形态，它的出现可以作为该地区第三产业成熟化和完善化的标志。就世界上会展经济发达的国家和地区来说，会展经济的发展离不开旅游业的成熟和社会基础设施的完善，因为会展活动与旅游活动一样均涉及到食、住、行、游、购、娱，而且会展活动需要有其专用的场馆条件和设施。这就需要当地的旅游部门为会展活动提供所需的食、住、行、游、购、娱等服务。在旅游业中，作为旅游市场中一大部分的商务旅游市场就被分成一般商务旅游、与会议和展示相关的商务旅游、奖励旅游等三大部分。在国际上与会议和展示相关的旅游，因为对餐饮、饭店、交通、商贸、娱乐、通讯等行业的巨大关联作用而成为商务旅游市场的重要组成部分，俗称为 MICE（Meeting、Incentive tour、Conference、Exhibition or Exposition）。

会展业在国际上被称为“触摸世界的窗口”和“城市的面包”。可见，会展业是联系城市与世界的桥梁。纵观世界上会展经济发达的国家与城市，如德国汉诺威、法兰克福、汉堡，法国巴黎及美国、日本、新加坡、瑞士等，都是经济发达、旅游业发展较为成熟的国家和地区。优良的软硬件环境使许多著名的国际性会议都在这些地方举行，同时也使这些城市的知名度大大提高，反过来又进一步带动了当地旅游业的发展和经济繁荣，所以会展经济可以被归纳为：在国际大都市或基础设施完善、成熟的旅游地，通过举办各种形式的会议和展览展销，以达到获得直接或间接的经济和社会效益、提升地区形象的一种经济现象和经济行为。

2. 会展经济的特点

（1）关联性强。会展经济涉及服务、交通、旅游、广告、装饰、边检、海关以及餐饮、通信和住宿等诸多部门，不仅可以培育新兴产业群，而且可以直接或间接带动一系列相关产业的发展。1999 年上海举办的“财富论坛”会期虽只 3 天，但是留在上海各酒店的费用就达数百万美元。每年两届的中国出口商品交易会（广交会），带动了广州第三产业的发展，展会期间，广州市酒店客商入住率达 90% 以上，来自 100 多个国家和地区的近 10 万多外商云集广州。云南昆明召开的“99 世界园艺博览会”的影响一直持续到现在，2000 年 1—7 月份，云南省旅游总收入 115 亿元，同比增长 44%，到 10 月初，昆明世博会接待的中外游客已超过 930 万人次。1999 年以来，到香港参观展览的人数达 407 万人次，展览业本身收益为 15 亿港元，酒店业收益高达 126 亿港元，占第三产业总收入的 59%；餐饮业收益 635 亿港元，参观展览的人士在香港的商店总消费达 27 亿港元，占零售业总收入的 12%。因此，强关联性是会展经济具有的一个重要特点，认识这个特点是发展会展经济的一个重要前提。

（2）效益性高。会展经济一般被认为是高收入、高盈利的行业，其利润率大约20%—25%以上。据专家测算，国际上展览业的产业带动系数大约为1∶9，即展览场馆的收入如果是1，相关的社会收入为9。从国际上看，在瑞士日内瓦、德国汉诺威、慕尼黑、杜塞尔多夫、美国纽约、法国巴黎、英国伦敦以及新加坡和香港等这些世界著名的“展览城”，会展业为其带来了巨额利润和经济的空前繁荣。美国一年举办200多个商业展览会，带来的经济效益超过38亿美元；法国展会每年营业额达85亿法郎，展商的交易额高达1500亿法郎，展商和参观者的间接消费也在250亿法郎左右。香港每年也通过举办各种大型会议和展览获得可观的收益。会展经济不仅会给当地带来巨大的经济利益，也会为当地带来无法计算的社会效益。

在社会效益方面，会展经济可以提升会议与展示举办地的综合竞争力，提高举办地的知名度，并对基础设施的进一步完善、市容市貌的美化有巨大的推动作用。今年10月亚太经合组织（APEC）中国会议将在上海举行，上海便以此为契机，加大了城市管理、市容整洁和环境保护的力度，并增加投入用于整治河道、改善水质、增加绿地面积、提高空气质量。此外近年来上海修建的上海科技馆、上海浦东国际博览中心、国际新闻中心等建筑设施堪称世界一流，这对于提高上海在国际都市中的竞争力有极大的帮助。

（3）互动性好。会展经济与旅游业具有显著的互动特征，两者之间存在着一种相互促进的关系。只有当地的旅游业发展起来，并日趋成熟时才有可能被会展组织者考虑来作为举办地。而一旦会展活动举行了，它就会推动旅游业为其提供高效率、高质量的服务，促进该地旅游业的发展与优化。

会展经济在中国的发展现状

1. 中国会展经济发展现状

中国展览业与改革开放同步发展，是改革开放为中国展览业注入了生机和活力，使之以年均近20%的速度递增并在短短20年中成长为一个新兴产业。展览业在贸易往来、技术交流、信息沟通、经济合作诸方面发挥着日益重要的作用，在中国经济舞台上扮演着越来越重要的角色。据中国国际展览中心总经理陈若薇介绍，1997年、1998年和1999年全国举办的展会总数分别为1063个、1262个、1326个，其中国际展和国内展各占半数，呈现出快速增长势头。一批在国内外影响越来越大的国际专业展开始脱颖而出，如：北京国际汽车展、北京国际通信展、上海国际家具展、上海国际模具展、珠海国际航空展等，它们在展览规模和服务质量等方面已接近国际水准，并被列入全球行业展览计划，参与全球行业展览竞争。

目前，经外经贸部批准的具备主办和承办来华展和出国展资格的展览公司近200家，形成了百舸争流、千帆竞渡的竞争态势，计划经济条件下那种由贸促会独家办展的垄断局面已经打破。与此同时，各类为展会服务的运输、搭建、广告等公司如雨后春笋纷纷涌现，形成了百花齐放、春色满园的喜人局面。

由于在经济、人才、信息、技术、市场等方面优势突出，北京、上海、广州、大连、厦门、深圳、成都等城市的展馆建设日臻完善，会展功能开始突现，展览业蓬蓬勃勃、蒸蒸日上，占据了我国展览业的半壁江山。在上述城市的带动和示范下，展览业的产业联带效应日益被人们所认识。从沿海走向内地，从国内走向国际，我国展览业开始向纵深发展。

2. 存在的问题

（1）人们对会展经济的认识不够。会展经济在中国是新近才出现的概念，国内大多数人对其了解不够，更加谈不上对其进行深入的认识了。中国对待会展还是抱有一种孤立的态度，认为开会仅仅具有会议的功能，没有认识到会展活动的举行是当地经济发展的一个契机，是一个牵一发而动全身的高级经济活动。它不仅会产生良好的经济效益，而且还会促进该地区产业结构的优化、基础设施条件的改善、地区形象的树立以及人们生活水平的提高和福利条件的改善。

（2）举办会展活动的硬件缺乏。会展活动因其档次、规模的不同而对场馆的要求各异。我国由于会展经济不发达，虽然各个城市都建有各式场馆，但是大多数是那些面积小、功能单一的场所，并且设施陈旧落后，服务业也没有与之很好的结合。如，北京最大的国际展览中心面积只有6万m^2，而在德国，中等规模的博览会其展馆面积就达20万m^2以上，我国现有场馆状况对于进一步开展会展活动来说是十分不利的。

（3）专业化组织协调人才缺乏。我国会展活动的主办者大都对会展经济没有一个正确的认识，并且从会展活动的组织者、管理者和从业人员来看其素质还有待提高。这些非专业化的组织者对于会展经济的信息掌握不充分，不懂得将会展活动与旅游等服务性行业结合起来进行，往往是亲自安排在会展过程中参展人员的食、住、行、游、购、娱等活动，这不仅降低了会展活动组织的效率，还会因为对旅游业的不熟悉而降低参展人员在会展活动中对举办地的满意程度，影响会展活动的效果。

（4）会展活动的档次普遍不高。我国的会展活动近几年来日渐活跃，全国各省市县每年都有会展活动举行，这是一个可喜的现象，说明人们已经开始注重办会展了。可是我们也要看到，在全国举办的名目繁多的会展活动中，真正产生良好经济效益、产生较大的社会、国际影响力的并不多。主要表现在以下几个方面：一是会展市场秩序混乱，鱼龙混杂，会展过多过滥，有些地方甚至出现了会展“泡沫”现象。一些城市日日有展，甚至“一日多展”。许多展览和会议既无特色，又无实质内容，重复办展现象严重，使参展者的利益无法得到保护。二是我国举办的会展大多规模不大，如我国专业展览会的规模大多在2万 m^2 以下，超过5万 m^2 的每年不足10个。我国最大的北京国际机床展虽然有6万 m^2 的面积但是仍然不足西方会展发达国家的1/5；三是多数展会缺乏明确定位，组织管理模式落后。同国际知名展览相比，我国展览缺乏明确定位，大多产生一种让参展厂商“食之无味，弃之可惜”的感受，有些展会甚至成为处理滞销商品的场所。这种现象的出现在一定程度上误导了人们对会展活动的理解，无形中降低了会展经济的社会地位。

（5）会展活动的管理体制有待完善。我国目前还未设立专门的会展活动的管理机构，一般都由会展的组织单位向政府的相关部门申报、审批。但由于这些政府机构不是进行专业化的管理，对所申报的会展活动的经济效益和社会影响的估计不够或完全不加以估计，再加上这种审批的手续繁杂、时间过长，导致了一些档次不高、影响力不大的会展活动的出炉，而一些真正具有经济价值、社会影响力的会展活动则因审批效率过低而丧失了良好的市场机会。

会展经济在中国的发展

1. 中国发展会展经济的环境

（1）国际环境。中国应该说拥有一个较好的国际环境，据国际会展协会出版的《国际会议市场（1991—2001）》这份材料表明，在过去10年里，欧洲会展业的市场份额由80%降到了60%，与此同时亚太地区在全球会议市场中的份额已经从3%增加到了7%。尽管全世界会议总数大致没有变化，但是亚洲已经日益取代了会展传统强国欧洲国家和美国。中国是亚太地区最具发展势头的一个大国，拥有广博的旅游资源、雄厚的经济实力。一直以来中国被西方发达国家视为最具潜力的市场，随着中国加入世贸组织（WTO）的日益临近，中国与世界各国之间的经贸往来都会更加频繁，同时各国的企业也会通过各种渠道打入中国市场，到中国进行商贸洽谈及各种博览会的商务旅游者将大大增多。虽然目前中国在亚洲的会展经济所处的水平与其经济大国的地位不相符，国际会展协会联合会1998年将中国大陆国际会议接待数量排为全球第34位、亚太地区第12位。但是如此巨大的国际会展市场空间必定会赋予中国大量的机遇。

（2）国内环境。前面谈到，会展经济的发展是建立在成熟的旅游业和完善的城市基础之上的。中央经济工作会议提出将全国各旅游业作为国民经济新的经济增长点来进行培育，形成了全国各级政府积极办旅游的火热局面。改革开放20年来的旅游业的接待经验以及近几年的每年三个旅游“黄金周”，使得我国的旅游业经营规范化、管理科学化、运作市场化，与社会其他部门的协调能力大大加强。我国旅游业发展道路上的风风雨雨已经将旅游业锤炼得成熟起来。现在中国的旅游业已经有了一定的实力来接待参展与会的海内外来宾。此外，我国改革开放以来，在城市建设方面也有了显著的进步，城市职能也由单一的生产型城市转变为具有各种不同职能的专业化城市，并涌现出了一大批国际化大都市和新兴的国际知名城市如大连、北京、上海、广州、深圳、香港等。这些城市的特点是经济发达、城市规划科学合理、城市基础设施完备且有独特的都市景观。按照国际上会展业发展的经验，这些城市往往易成为国际会展活动的举办地。

综合上述对中国发展会展经济的内外环境分析，不难得出这样一个结论：会展经济在中国的发展充满了机遇与挑战，所谓机遇是指在国际上会议与展会举办地的重心已由欧美向亚太地区转移，并有进一步扩大的趋势，而中国已具备发展会展经济的基础条件；挑战则来自于国内会展活动管理体制的不顺、专业化人才缺乏以及场馆设施的陈旧、老化。另外，中国还受到亚太地区会展强国澳大利亚、日本和韩国的竞争。因此中国要发展会展经济，并在亚太地区会展市场上占得一定的份额还有许多的工作要做。

2. 发展会展经济需要采取的措施

（1）营造理论环境。鉴于会展经济这一概念在中国刚刚出现，对于会展经济，理论界目前尚没有一个统一的认识，在国内应该由旅游、经济、管理等专业学者对会展经济进行深入的研究讨论，明确其在我国国民经济中的地位和作用，并通过各种媒体向社会大众广为宣传，使人们对这样一种新兴的经济形态有一个大致的了解和认识。专业学者应积极研究国外会展业发展的经验和教训，总结会展业发展的一般规律，并逐渐形成适合中国国情的一套会展经济理论和操作规程。

（2）设立管理机构。我国目前还没有专门针对会展活动的管理机构，这对于指导和审批会展活动的进行是极为不利的。会展活动是一个时效性非常强的经济活动，一旦错过了市场机会，会展活动就没有举办的意义了。因此，需要建立专门的管理机构来指导会展活动的开展。在国外，会展活动的管理是被纳入旅游业的管理机制下的。如，日本国家旅游机构——国际观光振兴会（JNTO）为官方指定负责商务会议、奖励旅游的机构，并下设日本会议局（JCB）；韩国观光公社（KNTO）设立了会议司；新加坡旅游发展局也下设了新加坡会议局（SCB）；香港会议局也设置在香港旅游发展局之下，专门负责促进香港的会展活动。我国也可以考虑将国家旅游局更名为国家旅游会展局或在国家旅游局之下设置会展司，统一对中国的会展活动进行专业化管理。此外，随着中国会展活动的日益增多，会展行业可以成立行业协会和会展学会，制定相应的行业规范，以加强行业自律和行业间的协调能力，维持行业内的公平的竞争秩序。

（3）培养专业人才。要充分利用现有的各级教育机构，加强对专业会展人员的培养，要求会展工作人员了解会展业发展的一般规律，能灵活运用英语、计算机等工具，懂经济、管理基本原理，注重与国外会展业发达国家进行交流，借鉴他国发展会展业和成功举办大型国际活动的经验。

（4）加强场馆建设。高水平、高质量的会展活动需要有一流的会展场馆和设施作为支持。与国外的会展城市相比，我国的场馆建设相形见绌。一般国外中小城市拥有展馆面积10万 m^2—20万 m^2，在展览大国德国汉诺威，最大的场馆面积就达68万 m^2。因此我国应该在基础条件好，国际上有一定影响力的城市兴建一批规模大、档次高、技术含量大、与国际先进水平接轨的现代化会展场馆，打造出一批优秀的会展城市，作为会展经济发展的前沿阵地。

（5）增加促销力度。会展经济是城市面向世界的一扇窗口，会展活动除了获得巨大的经济效益外，还要让世界了解这个城市。这就需要采取会展活动的目的地促销宣传。会展活动的目的地促销宣传对于会展经济的发展是极其重要的，要进行大规模的对外宣传就要求企业和政府联合起来，通过各种渠道向大众广为宣传自己所独有的会展目的地形象。韩国成功的会展目的地促销就与国家高层的大力支持分不开的，1996年韩国政府就颁布了《会议促销法》，以吸引外国人到韩国开会。因此促销工作要引起上至政府，下到企业的高度重视，以大手笔、高效率、高投入开展会展促销。在促销内容上，不能仅仅围绕会展设施来进行，还要与当地的旅游资源紧密结合，充分展示该地所特有的自然、人文景观，先进完善的会展设施。

（6）实施产业化发展。目前我国的大多数组展单位是吃“政策饭”，靠政府部门批任务，靠财政补贴过日子，这种体制必须改变。按国外会展业发展的经验，展览公司必须依法登记并且必须走向市场，实施产业化发展之路。要靠市场竞争发展壮大，并在竞争中进行跨地区、跨部门的战略重组，展览公司之间通过兼并、收购或联合来组建展览集团，提高企业组织规模，增加竞争实力。

（选自《经济地理》2002年第5期）

会展经济探析

蒋振声

会展是会议与展览的通称。经济性的会展，是指以投资和贸易的合作为主题的洽谈交流会议、产品现场展示兼订货销售的展览会（包括只允许专业人士入场的专业展和允许社会公众入场的大众性展会）及博览会（指以社会公众为观众的多种行业参加的展览会）。专门举办会议和展览的企业组成的行业，称之为会展业，会展业在现代服务业中处于核心地位。从20世纪80年代以来，我国会展业崛起并发展迅速，目前已成为经济规模可观的行业和新兴的朝阳行业，会展经济也已成为国民经济新的增长点。

我国新兴的会展经济产生的基础是什么，具有什么特点，其经济与社会效应如何，如何促进其健康发展，本文拟对此作简要的探讨与分析。

会展经济产生与发展的基础

在现代市场经济条件下，任何一种投资品或物质产品的交易，都需要供需双方的对接与交流，通过选择与竞争，达成交易。社会分工越发达、交易量越大，交易的地区越广，这种对接与交流的规模越大，需要越迫切。会展业就是在这个基础上产生与发展的。会展业作为一种新兴的经济类型与产业，与经济体制和经济开放度有关，与经济总量有关，与国家或地区的产业结构有关，与第三产业——服务业的发展有关。

我国会展业产生和发展，是由于改革开放与社会主义市场经济体制的初步确立，它为会展业在我国的发展和繁荣提供了体制环境和体制保障。20世纪90年代以来经济总量的持续增长、产业结构优化调整和第三产业的全面发展，为我国会展业发展提供了有力的经济规模、产业背景、基础设施和服务贸易的支撑。据此可以预计，随着我国全方位对外开放的进一步发展，社会主义市场经济体制的最终确立，市场经济地位的被各国广泛认同，在世界经济全球化和区域化发展的大背景下，我国会展业必将向高层次发展，在规范化的基础上定将更上一层楼。

会展业的经济与社会效应

我国会展业发展的实践证明，会展业是一个无污染的新兴产业，具有多方面的经济与社会效应。

1．会展业对生产企业发展和产业结构优化的带动效应。会展作为投资品和物质产品交流的平台，也是商品流通、技术交流、信息沟通及经贸合作的平台。会展展示了最新的投资理念和意向，展示了最新的技术和品牌，以最现代的信息流带动资金流和物流，使之向更合理有效的方向流动。会展使参加的企业经营者掌握同类产品的市场信息和技术信息，从而增强研究和创新能力，不断更新技术，创造新品牌，拓展市场，增强综合竞争力，引导企业的前进方向。会展使企业经营者更新了观念，培养了世界眼光和战略思维，协助企业在国际市场获得更多的合作机会，并使本国产品走向世界，赢得良好的经济效益，因此也提升了区域经济的国际化程度。

2．会展业自身的高经济效应。据2002年资料显示，我国会展业产值大约70亿元人民币，之所以很快形成规模，与会展业的高利润率有关。据有关资料显示，会展业本身的利润率在25%以上，个别企业和项目甚至达到50%。因此，如果做到规范化发展、市场化运作，我国会展业能够在较高经济利益推动下更进一步发展。

3．会展业对相关产业的带动效应。会展业是一个相关度很高的行业，它可以带动一大批相关服务性行业的发展，包括酒店、餐馆、运输、电信、印刷、广告、旅游等多个行业的发展。据深圳反映，会展场所周围，插花店、高级文化礼品店、展品、翻译等业务也因会展的拉动而兴旺。此外，会展业还能带动人才教育培训、科研和咨询机构等社会性服务机构和行业的诞生和发展。

会展产业链长，联动效应广泛。据有关资料显示，会展给当地相关产业所带来的联动产值与会展本身的投入比是9:1，即会展每投入1元钱，该地相应产业就有9元的实际产出。

4．会展业对就业量的增加效应。会展业自身的快速发展及其带动相关产业的发展，不仅增加经济总量，还可以带动城市就业量的大幅增长。据统计，我国会展行业从业人员100多万，每年新增从业人员至少需要20万。另据上海市估计，至2010年，上海举办世博会将为上海创造数10万个就业机会。

5．会展业对提高举办城市品位的效应。会展经济是城市经济的核心组成部分。会展从场馆建设开始直至投入运营，可以带动城市以第三产业为主的一系列行业的发展，包括数量的增加和质量的提高。很显然，会展经济可以增加举办城市的经济总量和经济辐射功能，带动周边城市的发展。会展还包含有人文环境的建设与展示，会展经济的发展，可以最充分地利用城市的人文环境资源，促进城市人文环境的建设，提高城市人文环境的品位。当前会展经济具有明显的跨区域和国际化的特色，可以提高城市的国内国际知名度。因此，会展具有综合优势，能够大大提高城市的品位。

我国会展业发展的特点

总结我国会展业产生与发展的历史进程，具有如下几个显著特点：

1．发展迅速，逐渐走向成熟。近20年来，我国会展业有了很大的发展，特别是组展业发展更快。经过10多年的建设与经营，已初步形成一个规模较大、影响较广的行业。从全国来看，每年举办的各类展览超过2500个。据上海市统计，展览会数量每年以20%的速度增长，年举办展会数量已达300多个。目前，上海与会展业务有关的企业近2000家，其中主营会展的企业51家，具有一定规模的企业近百家，有举办国际展会资格的企业近24家，展览总面积近17万 m^2。总体看，会展业在沿海地区各城市均有较快发展，其中一些展览会由于精心组织，逐步走向成熟，在国际上享有很高的知名度，已通过国际展览业协会的认证。又如第六届浙江投资贸易洽谈会和第三届中国国际日用消费品博览会，呈现出展会形式更加务实、展类分工更加合理、展会重点更加突出等三大特点。

2．会展业在国内初步形成产业带。近年来，由于经济的发展和区域特色经济的出现，出现了会展业的产业带。以上海为中心，辐射长三角，出现长三角会展业产业带。长三角是世界知名制造业中心之一，其会展特色是消费类、制造类。以广州为中心，辐射珠三角，形成珠三角会展业产业带。珠三角由于CEPA的提出，使广州、深圳、香港企业展更加互动和一体化，泛珠三角会展特色是交易类。以北京为中心，辐射环渤海，形成环渤海会展业产业带，此产业带以技术、成果类展会为特色。

可以预计，随着经济开发和地区经济进一步开放与发展，不久的将来将形成两个新的产业带，即以成都、昆明、南宁为支撑，形成西南会展业产业带；随着振兴东北“计划”的实施，以大连、长春、哈尔滨为支撑的东北会展业产业带也将形成。

3．会展业迅速走向国际化。会展业的国际化是必然趋势，也是我国会展业发展的必然选择。会展业的国际化表现在三个方面：第一，会展的规格必须按国际化标准来设置，这是适应经济贸易投资国际化的必然选择，我国的一些会展企业在这方面取得了卓有成效的业绩，得到了国际的认可，并形成了自己的品牌；第二，即使是区域举办的会展，应当也允许部分外国企业、专业人士与社会公众参加，这样会有国际化的色彩；第三，国内的会展公司组织国内企业出国搞会展。如浙江远大国际会展有限公司已经或即将组织的出国展览涉及新德里、沙迦、巴黎、拉斯维加斯、巴拿马、迪拜、英国、墨尔本、东京、布加勒斯特等地。

4. 会展业在整体上还处于粗放型量的扩张和无序竞争阶段。会展公司数量多但规模小、劳动生产率低，不能形成规模效应和品牌效应。各个会展公司之间，由于无序竞争，出现重复办展，缺乏特色效应。由于分散办展，没有组织协调，缺乏协作效应。由于缺乏人才，低水平办展，难以保证会展公司的办展质量，影响行业和企业的可持续发展。

会展业健康发展的战略选择

根据我国会展业成长的特点与存在的问题，推进我国会展业健康发展，其战略选择应是产业化、市场化、国际化、组织化和集约化。

1. 产业化——培育会展龙头企业。产业化是国际会展业的成功经验，也是市场经济对会展业的必然要求。会展业应摆脱事业单位或半事业单位的管理体制，在政府的指导下，走产业化之路。

产业化要求举办会展的公司彻底企业化，实行独立核算，自主经营，自负盈亏。产业化必须培养一批会展的龙头企业，这些企业应具有国际认可的品牌，成为有关国际组织的会员，有诚信的声誉，有联系特定行业的特色，服务佳，有较为稳定的客户群，有较强的实力和较好的经营效益。以期在行业中起带头、核心、示范作用，提升行业的对外竞争力。

2. 市场化——建立有序竞争机制。由于统一开放竞争有序的全国会展业市场尚未形成，因此应着力规范会展市场，使之尽快的建立有序竞争的运行机制。

竞争、法制、信用是市场经济的三个特点，会展业应在这三个方面加强建设，使市场更趋成熟和规范，保护合法竞争者的利益。应在本行业建立完善的管理体制和行业体系，建立成熟的行业行规，倡导诚信并加强信用制度的建设。这些是保证有序竞争和提升市场经济效率的关键。

3. 国际化——实现全方位对外开放。经济全球化导致国内市场国际化、国际市场国内化，投资和贸易的国际化是一种必然趋势，全方位对外开放是会展业发展的必然趋势。

国际化的核心是：会展的标准应立足于国际水平，会展的品牌应具有国际水准，会展的影响应走出国门。这些方面应是所有会展企业努力的方向。当前首先应打开国门，通过走出去办展、参展，引进来办展、参展，使我国的会展充分融入国际市场。

4. 组织化——发挥集群优势。会展行业的产业化、市场化、国际化，会展行业竞争的广泛性和严酷性，从宏观经济效益考虑，必然要求提高会展业的组织化程度，建立良好的企业间合作关系，发挥集群优势。

提高组织化程度，首先应建立会展业协会，履行其行业规范、行业协调、行业服务、行业自律、行业培训的职能。此外，应大力提倡在自愿基础上建立联盟性的合作组织，组织成员之间进行科学合理的展会布局，提高招展能力，扩大招展规模，增加成员收入，保护成员利益。以求得共同发展，增强竞争力。

5. 集约化——走人才强业之路。由量的扩张走向质的提高，由粗放型经营转向集约型经营，是会展企业进一步发展的必然要求，是不可逆转的趋势。集约型发展，必须使“资本”与“知本”结合，关键是技术，根本是人才。

会展属于综合性系统工程，会展产业价值链包括会展活动策划、市场营销推介、现场服务管理、旅行食宿安排、会议展示设计、材料物资运输、资料印刷装潢、宣传广告编排、场馆建设营运、展览物资通关和会展效果统计等各类活动。需要多种专业人才的集合，但其中的关键是会展组织者——会展策划和市场营销方面的经营型人才。人才是提高会展质量和效益的核心，需具备多方面的综合知识，掌握社会学、政治学、经济学、管理学、法学、统计学、美学等多方面知识，这种人才目前缺口很大，需要加快培养。

（选自《浙江树人大学学报》2004年第6期）

中国会展业发展面临的机遇和挑战

高尚全

中国会展业发展的机遇

近几年来，我国的会展经济呈现出快速增长的态势，从小到大，从单一到多样，从综合到专业，以年均20%的速度递增。会展内容涉及到几乎所有生产性行业与商业流通、运输、通讯、旅游等服务性行业。举办城市也不仅仅在少数几个中心城市，许多地方城市也纷纷建馆办展。

会展经济发展如此之快，是因为它给各方面带来了巨大的效益。对参展企业来说，通过参加各类会展，可以及时、准确地获取各类有效信息，实施适当的市场营销策略，同时，还可以展示企业的良好形象，为企业进一步发展壮大创造条件；对举办方来说，会展业属于高收入和高盈利的经济形式，其利润率大约在20%—25%以上；对举办城市来说，会展经济的产业带动性非常强，可以带动集交通、住宿、餐饮、购物、旅游、广告于一体的“第三产业消费链”，也是提高城市知名度的好机会。

在我国，会展经济刚刚兴起，发展潜力很大。当前会展经济发达的国家也都是经济发达的国家。尽管中国国民生产总值占全球的5%，进出口总额占全球的7%左右，但目前中国会展业的年产值约为80亿元人民币，仅占全球的0.3%。随着中国国内生产总值的不断增长及服务贸易的不断发展，今后中国会展业的发展空间非常大。当前，中国会展业发展正面临难得的机遇。

1. 强劲的经济发展推动会展经济发展

经济的快速发展产生对会展的巨大需求。中国经济的发展保持了良好的态势，可以预计，中国经济会在今后很长时间内保持高速发展。国际经验表明，一国会展业的实力和发展是与该国综合经济实力及经济总体规模相适应的。所以我国经济的高速发展，必将带动会展业的发展。

2. 经济全球化将加快会展经济发展

经济全球化的实质就是经济资源在全球范围内的重新组合和配置。越来越多的世界厂商认识到中国的发展潜力，把中国作为巨大的消费市场和制造基地。当前，我国具有劳动力优势，世界制造业大量向中国转移。而制造业的发展需要整个产业链的共同发展，同时也需要健全的企业生态环境。这就要求发展金融、会展、保险、服务等产业。中国将逐步成为世界的工厂会促使我们进一步发展我们的配套服务，对会展业来说，这是一个绝好的机会。

我国会展经济发展中存在的问题

当前，我国的会展经济在发展中存在很多问题。

1. 展览场馆建设缺乏长远规划，布局不合理

与发达国家相比，我国展馆规模偏小，功能单一，能够举办大型和专业展览的很少，不具有竞争力，无法适应会展业快速发展的客观需要。同时，展馆布局也不合理。近几年展览场馆盲目与重复建设现象普遍存在，但使用率很低，导致了社会资源的浪费。

2. 会展业规范化程度及管理水平亟待提高

目前我国会展业缺乏一个统一、权威的主管部门，办展审批渠道多，政出多门，导致重复办展、多家办展的现象普遍存在。现行的展览管理办法导致了多头审批和重审批轻管理，重收费轻服务现象。由于主题雷同，资源分散，造成会展质量下降，会展市场秩序混乱，规模萎缩。另外，由于目前我国尚未对办展主体的资质实施认证，使会展业办展主体良莠不齐，影响了会展业的整体质量。

3. 会展业从业人员的专业技能与管理水平亟待提高

我国目前还没有专门的会展专业。目前展览业的从业人员来自各行各业，大都没有经过专门培训，缺乏系统的会展知识和相应的操作技能。熟悉展览业务，了解国际惯例，富有操作经验的专业人士十分匮乏，许多会展设计人员的设计理念尚停留在商品展销、成就展览的层次，成为制约我国会展业务开展以及会展组织水平提高的“瓶颈”。

4. 会展的质量、水平和集约化程度不高

第一，会展主办者在会展立项和市场调研方面缺乏严肃认真的科学态度，未能按照科学的方法和程序进行立项，或临时决定办展，或随大流，导致参展商和观众无所适从，影响了会展的参展效果和展出规模。第二，会展特色不明显，竞争力不强。主题明确、特色鲜明的会展是会展市场的生命。然而我国目前举办的会展大都缺乏明确定位，许多会展没有重点主题，也很少组织信息咨询和行业交流，影响了参展企业市场竞争能力的提高。第三，展后服务缺乏。参展商得不到会展主办者提供的统计与分析资料，无法完全达到参展的目的。

我国会展业发展的几点建议

针对目前存在的问题，对我国会展业的发展提出以下建议：

1．科学规划，合理布局

会展业的发展规模必须同当地经济发展规模相适应。发展会展业要从实际情况出发，因地制宜，在市场调查和预测的基础上，合理规划场馆布局，不能一哄而起，搞形式主义，以免造成社会资源浪费。大城市可以搞综合场馆，而地方中心城市则可以考虑突出特色。

城市规划要明确会展定位。目前展馆建设一哄而上的原因是各个城市在定位上没有进行科学的市场调查和细分。会展定位既要与城市产业优势相适应，也要与其工业化、城市化发展相适应。综观世界各大著名的会展城市，它们的展馆都有各自的特色，不是大而全，也绝不会建设“万能展馆”。因此，发展会展经济，不仅仅是在少数大城市，地方中心城市也可有所作为。

2．建立健全有关会展业的法律、法规，加强管理

会展市场是竞争性市场，要逐步实现由现行的审批制向登记制（备案制）过渡，实行市场化运作，走会展产业化的路子。应加强行业自律与协调，借助行业管理协会的力量，实现行业自身的自我约束与自我协调。行业协会的职责是制定行规，制止不正当竞争，对办展主体实施资质认证，为行业企业提供政策咨询和市场信息，进行专业技术培训与指导，提高会展的组织水平与质量。同时，会展企业自身要不断完善内部管理，建立健全规章制度，进一步优化会展环境。

3．大力发展名牌与特色会展，创办国家品牌和地方品牌

会展业的兴旺与其他产业的发展一样，需要名牌。只有大力发展名牌会展，努力提高会展的知名度和美誉度，才能不断增强我国会展经济的竞争实力。而要做到这一点，必须坚持走“四化”的道路，即国际化、专业化、规模化及特色化。所谓国际化即加强对外交流与合作，借鉴国外先进的经验和管理办法，包括积极争取国外著名的展览公司来我国开展展览业务；积极组织我国的展览公司到国外举办展览活动或为参展商参加国际展览提供便利；通过合展、合资等形式积极组织国内外展览公司联合办展，提高办展水平。专业化即会展内容应专门化，不能办成庙会。规模化即会展要上规模，要吸引海内外广大客商参展、观展，努力扩大会展规模。特色化即要进行科学合理的定位，要结合本地区的特点，确定办展内容，使会展富有特色。

4．强化业务培训，提高会展行业从业人员的素质

会展业属于服务业，对人的素质要求较高，对会展组织者来说，既要掌握熟练的外语，又要掌握如公关、广告、策划、礼仪、谈判、展台设计等方面的知识与技能。因此，造就大批高素质的专业会展人才是摆在我们面前的一项紧迫任务。针对我国会展行业人才匮乏的实际状况，可考虑在高等院校、职业学校开设有关展览展示专业，培养会展方面的专业人才，做好人才储备工作。同时，借鉴国外会展业发展的经验，尽快编写出适合我国国情的培训教材，并组织专门的培训。通过“走出去，请进来”等多种途径，引进国外高素质的会展专业人才来我国在会展行业承担一部分管理工作，以此来提升会展管理的水平与理念。

（选自《中国流通经济》2005 年第 2 期）

供应链管理在会展经济中的应用

魏中俊

现代企业的竞争是供应链的竞争

“会展”是会议、展览、展销等经济活动的简称。是指在一定地域空间，由多个人聚集在一起形成的定期或不定期，制度或非制度，实体或虚拟的物质、文化、知识的交流活动。会展产业是指由会展经济活动而引起的相互联系和影响的同类企业的总和，是现代市场经济体系的重要组成部分。会展产业集会议、展览、交易活动、信息沟通、观光游览、文化交流于一体，是一种蕴藏着无限商机的新型经济产业。“会展经济”作为一种新的经济现象和经济发展的新增长点，已经引起各级政府和社会各界的广泛关注。

会展业的强劲增长给社会经济带来了巨大的效益，但同时也蕴涵着诸多矛盾问题。展览会一个接一个地办，场馆一个接一个地建，数量越来越多，规模越来越大，然而收益却并不尽如人意，表面上的红红火火掩盖的是与投入

并不相符的产出。会展市场多头管理、多头审批、政出多门，展览场所重复建设，展会缺乏明确定位，组织管理缺少规范的制度和规则，技术、信息、人才等缺口较大，配套服务以及交通、运输、电信、银行、环保等基础产业实力不强，以上种种因素制约着会展经济的综合效益和潜力的发挥。再加之会展一般有时间短、聚散快、物流多、人流猛的特点，使得表面上热闹有序信息的后面蕴藏着无序和信息熵的猛增。

现代企业的竞争是供应链与供应链的竞争，在会展经济中，企业最根本、最核心的竞争力在于供应链的设计与管理。供应链管理的起点是消费者，供应链管理的高效率来自信息共享和企业协同作战，以终端需求信息为起点、渠道成员协同合作为关注焦点的客户驱动型供应链管理，为会展经济管理与可持续发展提出了一种新的思考模式。

会展经济信息场及其特点

会展市场营销的主要“商品”是信息，经济信息、文化信息、物质产品信息、知识产品信息等。会展中心或在线网站，作为信息交流的媒介和载体，其首要目的是信息交流，首要功能是信息传播，会展成功与否是以信息传播效果来评价的。展会主办者、组织者、参展商、参观者，通过展品（物质商品或知识产品）在一定时间、空间条件下的直观展示或在线展播，双向传递和交流信息、获取知识，促成交易、投资，扩大影响、树立形象。会展信息具有量大、新奇、集中等特点，大量的展品在短时间里聚集、大量的人流在短时间里相互接触，传播前沿的知识，交流前卫的商品，感受先进的文化，激发创新的灵感。会展中的信息无所不包，既有语言文字的语义信息，也有声音、颜色或实物荷载的非语义信息；既有科技、经济信息，也有社会、文化信息。会展的每一个参加者既是自己信息的传播者，又是他人信息接收者。多媒体技术、微电子技术、可视化技术、网络与计算机技术等现代信息技术在会展中的广泛应用，加强了信息展示传播效果，促进了展会的管理、服务和开拓创新。跨地区、跨国界、全天候的在线交易会、网上论坛等被誉为“永不落幕”的展会打破了时空的限制，为信息的交流和传播开辟了更广阔的空间。

信息技术的迅猛发展给会展业带来的另一显著特点是会展主办者与参加者的地位变化。初期的会展大多是“政府主导型”，各级政府与有关部门是会展的发起者、组织者。政府对会展进行规划、计划，政府协调着各方关系，政府投资建设场馆设施，政府组织人力财力宣传“推介”。此时会展的经营者尽管也以“公司”的名义出现，但指挥权、决策权仍然是政府部门控制，因为政府部门控制着信息技术。现在的会展市场正在向以参展商、展品目标顾客为中心的方向转换，因为消费者控制着信息技术，这是一种新的“消费者主导型”市场模式。信息技术推动了会展业的发展，也促进了组织者、经营者、参加者的沟通与互动，这种互动和利益相关是会展经济发展的永恒动力。未来的会展市场不再是政府部门，进而也不是参展商、行业组织决定参展“展品”、展出时间、展会地点，决定沟通对象、沟通形式、沟通媒体以及沟通密度等等，而是“展品”目标市场的消费者支配着这一切。新世纪新市场是消费者统治的舞台，是互动的以及不断发展的。这是会展市场营销、管理和传播的立足点，也是我们认识、理解会展经济信息场和设计会展企业供应链的立论依据。

会展经济系统供应链模型

（一）会展经济系统的可拓结构

会展经济系统是由组织者（主办者、承办者、经营者），参加者（参展商、专业观众），目标市场顾客以及利益相关者（配套服务、支持产业、相关部门）组成的有机整体，通过会展中心或电子网站，交流经济、文化信息和知识，变“独有”为“共有”的过程。

以专业性经济贸易类展览会为例，一个全征会展物元系统 R_{11} 由三大部分组成：会展企业，支持产业与相关机构，会展市场。记 R_{21} 为会展企业物元，R_{22} 为支持产业与相关机构物元，R_{23} 为会展市场物元，则有 $\{R_{11}\} = \{R_{21} \cup R_{22} \cup R_{23}\}$。

其中 R_{21} 一般包括三大功能模块，$\{R_{21}\} = \{R_{31} \cup R_{32} \cup R_{33}\}$ = {主（承）办企业物元∪展馆企业物元∪展览服务企业物元}。

主办企业是指具有国家主管部门批准的有报批会展项目资质的单位；承办企业指虽没有报批会展项目资质，但同主办单位一样具有招商招展能力和举办会展的民事责任承担能力，设有专门从事办展的部门并有相应的展览专业人员，并具有完善的办展规章制度的单位。

展馆企业是指以一定规模的展览场地（包括室内、室外展览区）为依托，具有为会展提供配套服务的功能，并配置规范服务和管理的专业人员的单位。

会展服务企业指协助主办单位实施会展项目，为参展商提供各类服务（设计、制作、搭建、租赁展具、展运等）的企业，包括展览公司、展览设计与广告公司、展览施工单位、配套与运输企业等。

R_{22} 可分为支持产业物元 R_{34} 与相关机构物元 R_{35}。$\{R_{22}\} = \{R_{34} \cup R_{35}\}$。

支持产业包括交通运输、商业贸易、邮电通信、金融业、旅游业、建筑业、市政公共服务业等。相关产业有政府行政事业机构、展览行业协会、信息、调研、培训、认证中心、会计师、律师事务所等。

$\{R_{23}\}=\{R_{36}\cup R_{37}\cup R_{38}\}$ = {参展企业物元∪专业观众物元∪展品目标市场顾客物元}。

主（承）办企业、展馆企业、参展商、服务商、客户以及支持产业等利益相关者通过会展中心或在线网络，传递、交换、处理各种信息，促成交易、投资，扩大影响、产生社会效益和经济效益。

（二）会展企业供需信息链

以展馆企业为中心，我们把企业创造价值的过程分解为一系列互不相同但又相互关联的经济活动，其总和即构成企业的“价值链”。价值链的各环节之间相互关联，相互影响。每一项经营管理活动就是这一价值链条上的一个环节。

价值链可以分为基本增值活动和辅助性增值活动两大部分。展馆企业的基本增值活动是提供一定规模的展览场地和设备，这些活动都与展品（物质商品或知识产品）展示的经济效益和信息传播效果直接相关。企业的辅助性增值活动是为会展提供各种配套服务的功能，以及市场预测、营销计划制定、招展宣传、推介会等。

由价值链的供给与需求关系，企业的价值活动可以分为“上游环节”和“下游环节”两大类。在展馆企业的基本价值活动中，维护展览场地和设备、提供各种配套服务可以被称为“上游环节”；接办展览、市场营销和招展宣传可以被称为“下游环节”。上游环节经济活动中心是展位，与展品的技术匹配、场地和设备特性紧密相关，其效益高低影响到整个价值链体系。下游环节的中心是客户，各种经营活动（如广告宣传、渠道策略、促销手段等）都与消费者特性紧密相关，企业的竞争优势根据所在地市场的供求情况、经济发展、文化特点为转移。

将企业价值链向外延伸，形成一个由企业与上游供给者、下游参展商、专业观众和最终客户组成的价值链。价值链既反映了上下游企业间的供给与需求关系，又构成了展会、展品信息的传播与交换渠道。价值链又可称之为供应链、供需信息链。以会展目标市场客户为信息源头，企业与上游供应商、供应商的供应商，下游的客户、客户的客户环环相扣，通过对展品信息、供求信息的及时有效把握与一致性传播实现系统整合效果最大化。

以 $R_n=(x_n, c_n, v_n)$ 表示终端客户的需求信息，$R_k=(x_k, c_k, v_k)$ 表示该供需链的核心企业的供应能力信息，$R_i(x_i, c_i, v_i)$ $(i=k+1, \cdots, n)$ 表示位于核心企业 k 下游环节的参展商的营销和服务提供能力，$R_i=(x_i, c_i, v_i)$ $(i=1, \cdots, k-1)$ 表示位于核心企业 k 上游环节的供方企业和相关产业的服务提供能力。由此而来，形成一条以核心企业和渠道成员（分销渠道、供应渠道）为主线的从客户源到供应源的信息渠道，记为 $D(R)=(R_1, \cdots R_{k-1}, R_k, R_{k+1}, \cdots, R_n)$。

与该展品供应、分销、物流以及有关成员（现实的、潜在的、直接的、间接的）的关联可视为由客户源到供应源的若干条流线（信息链）组成的会展信息场，记为 $W(D)=\{D_j(R)\}$，$(j=1, 2, \cdots, m)$

客户驱动型信息链的可拓解

会展系统是由物元、事元、关系元组成的可拓系统，实体营销与虚拟（网络）营销的对立统一，正向营销与反向营销的互动体系，潜显变换、软硬结合并具有发散、可扩、相关、蕴含等可拓性质的多媒体操作平台。

设 $D_j(R)=(R_{j1}, \cdots, R_{j,k-1}, R_{jk}, R_{j,k+1}, \cdots, R_n)$ 是某展品供需关系的第 j 条信息链，$R_{j,k-1}$，R_{jk}，$R_{j,k+1}$ 是该展品信息链上的两两相邻的信息元，传递着该展品核心企业 k 及其相邻下游企业 $k+1$、上游企业 $k-1$ 的需求目标与供给条件等信息。则核心企业 k 的展品和服务提供能力和终端客户 n 对该展品的需求信息构成问题 $P_0=(R_n{}^*r_n)$。

其中：R_n 表示终端客户对该展品的需求信息，作为目标物元，r_n 表示核心企业 k 对终端客户 n 的展品和服务提供能力，是条件物元。

相邻下游企业 $k+1$ 的需求信息与企业 k 自身的展品服务提供能力的匹配情况构成的问题，记为 $P_k=(R_{k+1}{}^*r_k)$。R_{k+1} 表示下游环节 $k+1$ 的需求信息，构成问题 P_k 的目标物元，r_k 表示核心企业 k 对下游环节 $k+1$ 的展品服务提供能力，是问题 P_k 条件物元。递推地，企业 k 对上游供应方的展品服务提供能力的要求构成问题 $P_{k-1}=(R_k{}^*r_{k-1})$，由此构成一组以 P_0 为核的描述相邻上、下游环节供需矛盾的系列问题 P_0，P_1，$\cdots$，P_{k-1}，P_k，P_{k+1}，$\cdots$，P_{n-1}。简记为 $\{P_t\}$ $(t=0, 1, 2, \cdots n-1)$。

以终端会展目标市场客户对某展品的需求信息为起点逆向递推，逐次建立客户需求与核心企业 k 的供求关系，相邻上下游环节的供需关系的关联函数，描述供方对需方要求的满足程度、供方能力与需方目标的耦合程度。

先构造核心企业 k 与终端客户 n 的关联函数 $K_0=(R_n, r_n)$，再逐次定义描述上下游供需信息匹配程度的关联函数 $K_t=K(R_{t+1}, r_t)$，$(t=0, 1, 2, \cdots n-1)$

对给定问题 R_t*r_{t-1} 与 $R_{t+1}*r_t$，若 $K(R_t, r_{t-1})\geqslant 0$ 且 $K(R_{t+1}, r_t)\geqslant 0$，则 P_{k-1} 与 P_k 均为相容问题；若 $K(R_t, r_{t-1})\leqslant 0$，称 P_{k-1} 为上游矛盾问题；若 $K(R_{t+1}, r_t)\leqslant 0$，称 P_k 为下游矛盾问题；若 $K(R_{t+1}, r_t)\leqslant 0$ 且

$K(R_t, r_{t-1}) \leqslant 0$，即 P_{k-1} 与 P_k 均为矛盾问题，称为双向矛盾问题；若 $K(R_t, r_{t-1}) = 0$，$K(R_t, r_{t-1}) = 0$，称 P_{k-1} 与 P_k 为临界问题。

对上游矛盾问题，可以通过变换供应渠道或供方条件来解决矛盾。对下游矛盾问题，可以通过对企业自身条件变换以及对上游供方的传导变换来解决矛盾。根据物元的发散性、共轭性、相关性、蕴含性开拓新的信息，分析信息链在各环节和关系元上的问题与差距，运用可拓变换的思路与方法，通过对企业自身条件变换、资源重组，对上游供应环节和下游营销渠道的优化选择以及对客户关系的精细管理以求得问题的可拓解 $D'(R) = (R'_1, \cdots, R'_{k-1}, R'_k, R'_{k+1}, \cdots, R'_n)$。

客户驱动型供应链的建模和求解过程，以轮廓清晰的可视化工具全景展示了会展企业内部、企业之间以及与环境关系的各种信息，是一个以信息共享为主线、以客户满意为指导，以客户源的需求信息为起点、渠道成员协同管理为关注焦点的需求拉动、推拉结合的分析评价过程，它基于供应链的整体优化，为解决矛盾问题提供了新的思维模式和方法途径。

（选自《技术经济》2006 年第 11 期）

会展经济存在的问题及解决对策

张　纯　诸文峰

改革开放后中国经济的持续快速增长和国际影响力的提升，为我国发展会展经济提供了条件。许多中心城市和省会城市纷纷兴建现代化的大型展馆，着力培育会展经济。据统计，中国会展业以年均 20% 的速度增长。北京、上海、大连等城市明确将会展业纳入重点扶持的都市型产业和新的经济增长点。

会展经济存在的问题

尽管我国会展业取得了长足的发展，但与德国、美国、法国、新加坡等会展经济发达国家相比，我国会展业还存在不足，体现在：

（一）展馆建设滞后

展馆是会展的硬件。目前，我国会展业正处于由稚嫩向成熟的发展阶段。大批展览中心的涌现，对我国展览业的发展起到促进作用，但在规划与建设中也存在严重问题，表现在：

1. 展馆建设缺少调研，重复与盲目建设严重。展馆是否要建，应完全取决于当地经济发展的需要及其他地理位置，需要进行认真的市场调研和科学论证。慕尼黑展览中心用了三年的时间进行这方面的工作，而在我国，由于会展经济对地方经济的带动作用，纷纷上马新的展馆，不考虑当地与周边展览市场的需求，造成区域性重复建设。盲目和重复建设，必然造成各展览中心恶性竞争，不利于展览业的健康发展。

2. 规模小，档次低。我国虽涌现出一大批展馆，但普遍规模较小。1996 年，在烟台举办的第二届 APEC 国际贸易博览会由于展览规模大，烟台现有的展馆无法承办，移到一家大型商场，增加了布展难度和展出费用。

3. 布局不合理，设施不齐全。一些城市的展览中心位于繁华地带，土地使用受到很大限制，只能向高层发展，带来一系列问题，如货物的进出通道问题、展馆层面的承重问题、预留发展问题等。展馆设备简陋，比如厕所的质量很差。

（二）展会质量与服务水平落后于展馆建设

虽然展馆建设存在着许多问题，但展会质量与服务水平更落后于展馆建设，展会水平不高，体现在：

1. 展会的主题缺乏特色，竞争力不强。选题没有创意，没有侧重点，让厂商无所适从，有的眉毛、胡子一把抓，不管什么档次与质量的产品都一拥而上，带有强烈的计划经济色彩。

2. 展会性质不明确。一些中国专业展览的定位是贸易与零售相结合。世界专业展览会没有一个是允许零售的展览会，它所提供的是一个单纯的交易场所，只是寻求合作与签约。

3. 展会的规模较小。会展经济是一种规模经济，规模越大，吸引的客源越多，创造的效应也会越大。

4. 展会缺乏对专业的观众与购买商的组织。作为专业的展览会，参展商及其产品与行销手段应具备和符合现代化风格。在欧美，展会常要求参展商报名时提供详细的公司情况，进行参展商资格的审核；观众也要求提供展览会的邀请或名片，并购买昂贵的门票，这就最大限度地避免了闲杂人员冒充专业观众进入会场闲逛和看热闹。

5. 展台的搭建与设计缺乏特点。欧美专业展览会为体现展览会的专业特点，展览会中的摊位采用木制结构特殊装修，而且装修也采用十分前卫、独出心裁的设计，使自己的展位别具一格。而中国会展中，摊位多以“火柴盒式”标准摊位为主。

6. 缺乏行业约束机制，管理混乱。会展业本身是一个系统工程，需要建立公开、公平、公正的展览环境与竞争秩序，需要进行规范化管理和操作。中国的会展缺乏先进的管理体制，缺少与国际信息的交流与沟通。什么样的单位才可以办展，参展商需要符合什么行业标准才能入场，这些都没有具体的规定，行业自律与规范尚未形成。

7. 专业会展人才缺乏，部分从业人员的职业素质不高。会展业要求从业人员有良好的服务理念、开阔的思路、敏捷的洞察力、超前的预见性及娴熟的沟通能力。专家指出，目前，我国展览从业人员的技能管理水平与先进国家相比，无论是展览组织者、展览管理者、施工人员还是为展览提供服务的其他人员的专业知识都很欠缺，与会展业发达国家存在明显的差距。

（三）配套设施与支撑服务满足不了展会需求

举办一个高质量的展会，不仅需要有一流的硬件设施，上等的服务质量，同时，社会提供的配套设施与支撑服务也有极大的影响。而我国在配套设施与支撑服务方面却远远满足不了会展的需求。

1. 基础建设落后。我国一些城市交通工具普及率不高，展馆周围的道路设置不合理，停车设施不足，一有展会，周围人车交织，车辆乱停乱放，影响道路交通。

2. 餐饮、住宿资源欠缺。在我国一些城市，高档宾馆、涉外酒店较少，现有宾馆、酒店、招待所远远不能满足接待一次大型会展的要求。

3. 旅游资源不够。旅游与会展有着相辅相成的关系，一个城市丰富的旅游资源会提高城市活动的吸引力，世界上著名的会展城市如米兰、新加坡等都是著名的旅游景点。

4. 开放程度不够。一个开放的城市能够吸收外部世界的优秀文化，充分利用外部力量改革自身结构。在西部，会展业带着浓厚的行政色彩，政府干预太多，会展办得成功与否，与来的领导规格有多高，来的领导人有多少直接挂钩，而对参展商、观众的利益考虑甚少。

5. 缺少专业会展人才的培训机制。目前，国内会展人才的教育、培养跟不上，我国1000多所大学中，还没有一个会展专业。

解决对策

要解决会展经济中存在的问题，关键是在硬件建设基础上，加强管理。

1. 创建现代化展览中心

展馆是会展的硬件，优质的展览中心为会展经济的发展提供基础。因此，发展会展业首先必须建设展馆，展馆建设应做到：

（1）因地制宜。展馆的建设，取决于当地经济发展的需要与地理位置。因此，展馆建设必须进行认真的市场调研和科学论证，展馆的规模、地点、标准、功能应与所在地区的经济发展相适应，与所在地区的展览市场管理相结合，这样才能避免重复建设与资源浪费。

（2）规模宏大，创航母级展馆。规模宏大是现代化展馆的重要标志。国际新建的展览中心面积一般都超过百万平方米。展览中心的建筑呈现越来越大趋势，出于前瞻性考虑，国外新的展馆均留有一定比例的预留地，以便将来扩建。

（3）设施齐全。现代化展览中心不仅有展馆，还应有会议中心、餐饮服务的场所与设施。同时，展览中心应建有大型的停车场。慕尼黑展览中心的停车场有能容纳万辆车的车位。

（4）智能化水平高。高新技术在现代化展览中心得到充分的利用，目前国外展览中心基本上都配备了智能化程度很高的网络系统，比如观众、参展商电子登录系统。

（5）规划、设计应“以人为本”。展览中心是为参展商和观众提供服务的场所，如何满足他们的需求，必须认真研究，现代化的展览中心应突出“以人为本”的建设理念，场址选择“以人为本”。

2. 形成展览业市场自律机制，规范展览业行为

海外经验表明，一个国家展览业的健康发展，单凭市场是远远不够的，当展览业规模随着经济规模急剧增长而迅速扩大的时候，展览业会出现秩序混乱的现象，政府应介入直接管理，宏观调控，成立具有唯一性、全国性、权威性的专业展览管理机构和展览行业协会，为展览业进行咨询、协调、培训、科研、评估、监督、审批，使展览业进入有序竞争、良性发展。为此，要发展展览业，我们应从如下几个方面入手，形成展览业市场自律机制：

（1）制定全国性的展览管理法律和相关政策。市场经济下的展览业是不能用过去的文件、规定等观念与方式来管理的。从国内展览业的实践来看，对展览业的准入、主办者的资质、展览会的知识产权等问题需要有一个明确、详细、操作性强的法规条例与相关政策，应该成立展览业协会，制订详细规则，加强行业自律和协调。同时，理顺与海关、税务等相关部门的关系，建立公平、公正、公开的展览环境与竞争秩序。

(2) 规划、管理展览基础设施。我国展馆重复建设严重，国内展览业无序竞争严重，与展馆建设失控有关。在展馆建设供大于求的地方，展览业的准入门槛已降到了不恰当的程度，严重阻碍了会展业的发展。为此，展览管理机构应进行宏观规划，为会展业的发展提供良好的硬件设施与竞争环境。

3. 精细的策划，完善的服务，打造品牌展会

今天的市场竞争，无疑是品牌的竞争。品牌意味着高附加值、高利润、高市场占有率。一个著名的品牌能救活一个企业，一个品牌化的展览会，也是一个展览公司赖以生存和发展的根本。

品牌展览会是指具有一定规模，能代表这个行业的发展动态，能反映这个行业的发展趋势，能对该行业有指导意义并具有较强影响力的展览会。打造品牌展览会有六大基本要素：权威协会和行业代表的坚强支持；获得“UFI”的资格认可；代表行业的发展方向；提供专业的展览服务；媒体合作和品牌宣传；长期规划，坚持品牌战略思维。

结合当前我国会展业实际和我国经济发展现状，打造会展品牌应做好以下工作：

(1) 加强会展策划，提升展会品位与质量。应该说展览会筹办的整个过程，是一个策划的过程。通过策划，可以营造商业气氛，形成市场声势，并利用各种关系与途径，建立起庞大的展览营销网络，进行广泛的市场推广与招展，最终促进目标客户纷纷前来报名参展。加强会展策划应抓好如下工作：

第一，选定好项目。一般情况下，会展项目的选择应根据本地区、本区域的经济结构、产业结构、地理位置、交通情况等，首先考虑本地区的优势产业或主导产业，其次是重点发展中的产业，再次考虑政府扶持产业。

第二，认真收集有关的信息。项目选定后，就要对目标客户、合作单位、该项目的行业状况及发展趋势、项目所属行业的主办单位、主管部门等方面的信息进行收集、整理，从而有利于会展的举办。

第三，准确命题、选定好展会时间。展会的命题只有特色、新颖、别具一格，才能吸引更多的参展商和参观商，因此，展会命题要抓住行业的亮点与卖点。对展会时间的选择，要避开国内外同类展览项目的举办时间，特别是品牌展览，以避免冲突。

第四，寻找该项目所属行业的主管部门与权威行业协会，作为展览会的主办单位。这样，既可以增强展览会的影响力，提高行业号召力，又便于展开新闻宣传与炒作。

第五，加强与媒体合作，搞好展会宣传。展览会的主办单位应利用各种关系和途径，营造商业气氛，形成市场声势，进行广泛的推广，如通过电视台、电台、主导性报纸等大众媒体；通过发布新闻会、行业研讨会等形式；利用人流较多的公共场所，以海报、灯箱、布幅、传单等形式，形成广告宣传攻势。

(2) 加强参展企业策划，实现参展目的。通过策划，有准备地参加一个展会，不仅可以降低参展成本，避免资源浪费，还能增加参展企业的信心，凸现公司知名度，出奇制胜，顺利达到参展目的。为此：

第一，做好参展预算，避免不必要的浪费，降低参展的成本。

第二，设计、制定好布展方案。展位布置自成一派，富有创意。展位的装修考究，用料高档，能突出企业的影响，对企业的经济实力、人文气氛做一种无形的宣传。比如色彩搭配、照明设计、墙壁地板的设计等，都有着与生活环境截然不同的要求。

第三，展品的设计与包装需要独具匠心。鲜明的包装，再运用图片、音响与精炼地解说，定能使展品的知名度迅速扩大，给参观商留下深刻的印象，达到理想效果。

第四，参展商应编制宣传资料。参展商应根据自己的参展目的、参展主题、参展口号编写出简练、图案新颖、设计精美的资料，有利于较好地宣传，扩大企业与展品的影响范围与知名度。

第五，必须对参展工作人员进行培训。工作人员的一言一行，代表着企业形象、企业文化。对参展人员的培训包括：良好的仪态、礼貌用语、专业素质与职业道德，使之成为高素质、高效率、重服务的展会精英。

(3) 提升展会的服务标准与水平，提供专业的展览服务。展览服务贯穿于整个展览会的展前、展中、展后等各个不同的阶段，既包括发生在展览现场的租赁、广告、保安、清洁、展品运输、仓储、展位搭建等专业服务，也包括餐饮、旅游、住宿、交通、运输等相关行业的配套服务。国内会展在服务理念，服务的专业化、标准化、人性化、规范化等方面都有待于提高，为此：

第一，主办单位应摆正位置，树立正确的服务观念。主办单位是展览服务的提供者，参展商、采购者是顾客。因此，主办单位应摆正位置，想参展商、采购商之所想，急参展商、采购商之所急，只有通过优质的服务才能形成一个固定的客户群，牢固树立自己的地位。

第二，展览服务必须实现服务流程的规范化、标准化。国内很多展览企业也认识到了这一点，如在全国率先获得TSO9000国际质量体系认证的深圳高交会展览中心，就已经创立了一套包括展览业务经营、展览工程、展场租赁、会展物业管理等较为完善的展览服务体系，在展览实践中严格按照TSO9000流程进行运作，为大型展览会提供了一流、高效的展览服务。

第三，展会须注重人性，体现“以人为本”的思想。以优质的服务，着眼于买家和卖家，做好清洁、保安、会务、交通等协调运作，方便观众，营造良好的秩序、环境

和气氛。

第四，加强展览服务人才的培养，造就一支高素质的专业队伍。展会是否成功，人才是关键。展览服务人才是一种复合型人才，外语要好，信息要通，具有较强的市场开拓能力与应变能力、组织能力与协调能力。因此，我们必须加强展览服务人才培养，造就一支高素质专业队伍。

总之，中国已加入 WTO，对外开放的步伐将进一步加快，中国展览业将面临外国同行更直接和激烈的冲击。为此，我们应尽快建立统一、公平、有序的市场体系，提高展览市场的透明度和规范度，改变传统的经营思路和运作方式，拆除障碍，整合资源，优势互补，迅速形成自己的品牌展会。惟有如此，中国会展业才能赢得生存和发展的空间。

（选自《经济问题探索》2003 年第 12 期）

中国会展业发展的问题与对策研究

祖　强

引言

在国外，会展经济已有一二百年的历史，并日益成为各国、各地区经济增长不可或缺的部分。改革开放后我国会展经济才逐步发展起来。十多年来，在经济全球化的推动下，随着人们对会展经济的认识加深，会展业作为我国新兴的朝阳产业，正以年均 20%—30% 的速度超常增长，成为促进国内贸易和扩大出口的重要手段与交流平台。其国际化、专业化与市场化程度逐步提高，并形成了一批知名展会，造就了一批富有活力的展览城市，出现了三个各具特色的会展产业带。目前，全国每年大小展会已突破 8000 个，中等规模以上的也逾 3000 个。2004 年全国展览总收入已突破了 100 亿元。

中国会展业发展中存在的主要问题

由于中国实行改革开放和市场经济的时间相对较短，与德国、美国、法国、新加坡等会展经济领先的国家相比，我国会展业虽发展潜力和空间很大，但规模还小，水平较低，尚处于培育和发展阶段，仍存在许多不足，在会展业的规范性、竞争力、效益水平等方面，与国外会展业相比还有很大差距，存在着一些急需解决的问题。

1. 会展业的市场化程度还很低，缺乏行业自律机制和自律规范，管理水平不高

国外会展业的管理主要依靠行业自律机制和自律规范，政府的介入一般体现在基础设施的投资和国际大型展会的协助招揽上。但我国由于多头管理的行政体制和办展方式的行政化倾向，导致国务院各部委及其所属的工贸公司、外贸公司、协会、商会、中国贸促会以及其行业分会和地方分会、地方政府或省市级外贸主管部门、展览场馆、境外展览机构等都能举办展会。由于办展有很多审批渠道，同一或相近主题的展会，可以在不同渠道同时获批，极易导致重复办展，有些地方甚至出现了会展“泡沫”现象，使得市场竞争秩序混乱。比如汽车展，据不完全统计，近几年每年全国举办与汽车有关的展会多达 100 多个，而冠以“国际”字样的就有 30 多个，平均三四天就有一个汽车展会，哪还会有什么规模和知名度可谈？再比如服装行业，每年全国性的展会多达上百个，这种展会不仅让参展商无所适从，同时也造成了会展行业的无序竞争局面，以至于有的展会虽然质量很差，组织和服务严重欠缺，但由于有政府做后盾而得以存在。需要指出的是，现有的多头管理展会审批程序是以政府的行政手段来管理微观经济活动的不正常行为，它分割了展览业的综合行业特性和规模经济效益及统一的展览市场，违背了会展经济自身发展的规律。

2. 会展场馆规模落后、面积较小、功能单一

会展的场所——展馆是会展经济的首要条件。一些发达国家的政府都不惜巨资建造大型的现代化场馆，如在世界展览王国德国的汉诺威、法兰克福、慕尼黑等城市都拥有 10 万平方米以上的场馆，其中汉诺威博览会展馆达 47 万平方米，室外展场 21 万平方米，还有 5 万个位置的停车场。目前法国每年投资约 10 亿欧元，用以扩大展览场地并对其进行现代化改造。日本政府最近也投资了 19 亿美元在东京建设了一座 8 万平方米的现代化东京国际展览中心。而我国目前展览场馆普遍面积较小，功能单一，且比

较分散。从展览馆面积来说，全国展览馆总面积达100多万平方米，展览面积超过10万平方米的大型展馆仅中国出口商品交易会展览馆、上海新国际博览中心、深圳国际展览中心等几家，这使得国内场馆举办特大型展览、会议难度较大。例如北京国际汽车展、中国国际服装服饰展、中国国际机床展等品牌展会其实际需求展览面积都在15万平方米以上，而现在展出面积都只有六七万平方米。场馆面积不足问题已成为北京会展业持续发展的“瓶颈”。

3. 会展场馆布局不合理、实用性不强、配套设施不齐全

我国会展场馆的建设在一些中小城市遍地开花，以至于目前中国展馆建设的总规模已脱离了中国会展业发展的现实，中国现展馆可使用面积为250万平方米，已超过德国，展馆建设面积超过了美国。中国的单个展馆建筑面积往往是20万平方米左右，但可使用的面积只有5万平方米。局部过剩的同时，北京、上海等地会展场地明显不足，而且不少展馆位于市中心繁华地带，土地使用受到很大的限制，使货物的进出口、展馆层面的承重、预留发展空间、绿化等都产生出一系列问题。多数展馆只能承办一些低档次的展览，缺乏统一布局。部分展馆建成了当地的形象工程和标志工程，过于追求豪华，外表高大，多层建筑，内部展厅高度却难以满足展会大型特装的要求，普遍中看不中用。有的展馆是6层大楼，却只有一层是办展览的，其他的是会议厅、宴会厅、领导会见场所等。还有的展馆因为柱式结构而严重影响了展示效果，这导致我国绝大多数展馆平均使用率不到15%。在慕尼黑的展馆，展厅一般都没有柱子，整个会场可以自由分开使用，所有展区的使用价值均等。所以与国外相比，我国不少展馆实用性不强。同时，现代的大型展会要求会展场馆具备完善的功能及周边基础设施。譬如在国外，不少城市的火车、地铁、直升飞机等交通工具可以直接抵达场馆，而且还提供会议室、办公场所、银行、邮局、海关、航空、翻译、商店、餐馆、仓库、停车场等全方位服务。而我国的会展场馆配套设施相对滞后，住宿、餐饮、交通、通讯等配套设施与国外相比有很大的差距，尤其是网络信息技术和观众观看系统在国内展馆的应用还不普遍，制约了国内会展水平的提高。

4. 会展服务水平不高，会展后服务几乎为零

目前，国内多数展会主办单位服务意识淡薄，重效益轻服务，只有极少数展会设立了相关的服务商、法律咨询机构、专业观众检录系统等。多数情况下，参展商和观众在参展时遇到的问题都难以得到有效解决，对展会后的情况更是无从了解。这说明国内的许多展会在服务的理念、专业化、标准化、规范化、人性化等方面有待于向国外一流的展会学习。其实，评估一个展会的质量高低，除了要看其经贸活动的经济效益，即签订了哪些合作项目，引进了多少外资，吸引了多少客商等，还要看展会对参展商、参观者提供的服务达到了一个什么样的水平。随着会展市场的日臻成熟及业内竞争的日趋激烈，市场竞争的胜负和市场竞争力将最终转移到依靠提高展会服务质量、水平和服务的规范上来。当前国内同类型、同主题的展会很多，参展商往往有很大的选择余地，一些题材相近的展会之所以有的发展壮大了，有的萎缩衰败了，很关键的一个因素就是看主办单位是否按照一套专业的、符合市场经济规律的服务体系进行运作。特别是在中国现已进入加入WTO后过渡期，随着服务业开放的进一步扩大，更多拥有资金、人才、营销网络等优势并有着丰富管理与服务经验的国际著名会展集团的进入，无疑将对国内会展业的发展带来巨大的机遇和挑战。

5. 会展业的行业协会组织非常薄弱，沟通与协调职能发挥不够

当前，由于各种各样的复杂原因，导致会展业的行业协会组织非常薄弱。虽然南方一些城市及个别行业已率先成立了会展业协会或行业协会服务机构，但却没有一个真正的全国性的会展协会。其实，地方上的会展协会的成立，多数是一种政府行为。就目前实际情况来看，他们走的还是行政化道路，其职能发挥远远不够，不少协会甚至形同虚设。从会展业的中介服务机构来看，虽然我国的会计、审计以及律师事务所组织已经发育比较健全，但真正熟悉会展行业并且以给会展业提供相关服务为特色的机构几乎没有出现。

6. 展会主题缺乏明确定位，国际知名品牌展会屈指可数

成功的展会必然有好的主题定位，同国际知名展会相比，目前我国展会大多缺乏明确定位，组织管理模式落后，让参展厂商“食之无味，弃之可惜”。而有的展会不分档次与质量一拥而上，主题克隆。有些展会名为国际精品展，但实际上类似集贸市场的讨价还价，有些展会甚至成为处理滞销商品的场所。不少参展商的目的也不明确，且大多数厂商只是“坐以待客”。在国外会展业里，展会组织者长期精心培育品牌，品牌即代表了行业的形象，一个展会如没有一定的品牌，很难在竞争中立足。在法国，通常一个行业只有一到两个展会。展会虽少，但个个都是“钻石”。而我国当前展会品牌化程度还较低，已有的几个知名品牌展会也局限在国内，能在国际会展市场上立足的名牌会展屈指可数，这也是我国会展业在国际竞争中处于不利地位的一个主要原因。因此，对中国会展业来说，从低水平重复办展向高质量的品牌展会过渡已是大势所趋。然而，会展作为服务产品，主要靠主题形成品牌，由于中国对品牌展会缺乏知识产权的保护，国内目前颁布的著作权法、专利法、商标法三项涉及知识产权的法律都尚未对展会名称的归属问题作出详细规定，故一个成功的品牌展

会，很快就会被复制出一大堆同样主题的展会，由此引起知识产权方面的问题已屡见不鲜。

7. 会展专业人才匮乏，专业教育比较落后

会展业是一个综合技术要求非常高的行业，既要求从业人员具有扎实的专业知识，又要有广博的相关知识；既要有敏锐的洞察力、缜密的逻辑能力、发散式的思维能力和规范的组织能力，又要有很强的语言表达能力、应变能力和人际交往能力。在我国会展业的从业人员中，熟悉会展业务、了解国际惯例、富有操作经验的专业人才十分匮乏，这已成为制约我国会展业健康发展的一大“瓶颈”。由于我国会展业起步晚，加上不注重会展人才的培养，致使我国会展从业人员素质较低，与我国会展业的快速发展不相适应。近年来，我国大型会展日益增多，相关人才需求旺盛。从会展要求来看，会展人才可分为三个层次：第一层次是专业的会议或展会组织者人才，包括策划、现场管理、招展招商人才；第二层次是场馆管理人才和参展商方面的会展人才；第三层是服务人才，如翻译、物流、广告、旅游、饭店和搭建人才等。这三个层次的人才，前二个层次的人才最缺乏。据劳动保障部门的统计显示，目前我国会展业从业人员达100多万，从事经营策划的管理人才只有15万人，各地都缺乏真正懂得会展业的人才。而业内专家认为，成功举办一个大型国际会展需会展专业人才80至90人，现全国每年举办各类展会达2500多个，故专业人才严重短缺。例如上海，现每年举办展会数量已达300多个，与会展相关的企业近2000家，其中主营会展的企业511家，具有主办国际会展资格的企业24家，展馆总面积近17万平方米。而目前上海会展业有经验的高级项目经理不足50人，复合型人才不到100人，可见，上海会展高级管理人才严重不足。与此同时，我国现有会展业的从业人员大都没有接受过专门培训，缺乏系统的会展知识和相应的操作技能。而国外会展强国之所以具有霸主地位，就在于他们会展人才培养体系相对成熟，并在长期的实践中形成了完善的会展理论。在美国、德国、英国等国家，大专院校都设有展览专业，系统地向学员讲授会展理论知识，德国还有专业公司培养会展人才。与国外相比，我国会展人才的培养还处于起步阶段，尽管2002年以来，我国已经有上海师范大学、上海对外贸易学院等10多所高校设立了会展本科教育专业，但我国会展专业人才基本上还处于供不应求的状态。

规范和引导中国会展业健康发展，努力开创会展业发展新局面

1. 加强政府宏观调控，尽快制定并完善有关法律法规

市场在任何国家和任何时候都不是完全放任自流的，社会主义市场经济更是具有政府宏观调控的市场经济。为此，政府在加强宏观调控时，首先应当转变自己的职能，跳出会展活动的微观运作，不再具体承办会议和展览，不再干预和具体参与会展的经营业务，逐步将会展行业的行政管理职能通过政府授权的方式转移给会展行业协会。其次，应当明确在会展业方面的调控内容。一是要立法，通过制定和完善相应的法律法规，为从事会展业的法人和自然人确定游戏规则，保证这些游戏规则得以遵守和执行。需要指出的是，任何法规的制定，都既要遵守国际展览市场的惯例和规则，又要结合我国会展业尚处于初级阶段的实际现状。对展会的质量和主办主体的资质要进行市场化、动态化的评估和认证，对展会管理逐步从审批制过渡到标准的登记制，使会展能够有“法”可依，有“章”可循。二是制定行业发展政策。比如对场馆建设要有一定的发展规划，在规划建设展馆之前应对所在地经济状况、产业结构、办展环境深入调研，实事求是地论证项目可行性，并加强展会中心建设项目的前期评估领导工作，对投资大、规模大的展馆建设项目可试行中央专家评估许可制。再比如对全国会展业的布局要进行通盘考虑和重点倾斜，扶持具有一定地理优势、产业优势和基础设施优势的地区和城市发展会展业。应根据会展行业发展所需的环境和配套设施要求，对交通通讯、旅游、商检、货物通关等项业务和所涉部门进行协调，使会展业与这些部门和行业在互动中共同促进，协调发展。要充分发挥工商、税务和公安等政府行政执法部门的作用，对会展经营行为和市场秩序进行监督。三是建立公开、规范、透明的展会信息和数据的发布体系，推动会展业的行业自律。目前亟需对会展场馆和会展信息进行统计、分析，作为国家制定会展产业政策的依据，并聘请专业审计机构有计划地对一些展览项目的有关数据进行审计，通过多种渠道向国内外发布，为参展企业和专业观众选择展会提供一个客观依据。

2. 鼓励多种产权属性的企业参与会展行业，大力培育充满生机和活力的会展市场微观主体

会展业的发展，必须以充满生机和活力的会展企业为基础。产权是关系到会展企业有无经营自主性和积极性的关键因素。由于国有企业资产的“公共产权”属性，从而导致不少国有会展企业效益总体状况不够理想，因而改革会展企业的产权基础，鼓励包括民间资本、海外资本等具有多种产权属性的企业参与会展行业，大力发展私有企业、股份制企业、中外合资企业，构建多种经济成分并存的会展企业产权基础，努力培育一批能够参与国际竞争的市场主体，不断提高会展企业的经济效益和效率。

3. 积极筹建全国性会展业协会，充分发挥行业协会作用

随着政府的职能从微观转向宏观，协调全国会展业的重任必然要落到中介机构身上，成立全国性会展业协会是

会展业发展的必然要求。根据国外的成功经验，由会展业协会开展的行业协调管理工作的主要内容有：调查国内外会展业发展状况，制定会展行业规范，提出行业发展战略、方针和政策，对办展单位的资质进行评定，实行行业自律；对展会的统计数据进行公正审核，推动本行业的诚信建设。如国家统计部门、宏观管理部门和经济研究部门提供真实的数据统计等；协调会展业与相关行业间的关系，促进各地区会展业的协调发展；利用网络和资源，为中国会展业搭建与国际会展业广泛交流与合作的平台，帮助国内会展企业参与国际竞争；组织制订会展业行业服务标准，发展和完善会展服务业务标准化体系；开展会展培训，出版发行专业刊物等。

4. 树立精品意识，打造会展品牌

会展业必须树立品牌意识。在经济全球化背景下，在中国已进入加入 WTO 后过渡期的新形势下，发展本地会展经济必须面向国际，形成品牌。世界著名的会展城市，无一不是如此。如德国的汉诺威，有电信技术、机械和设备工程等行业的著名展览会；被称为“展览之都”的法国巴黎，时装、化妆品等展览在世界有名，且始终领导世界潮流。可见，一个城市会展业的品牌与其本身的经济及产业发展特点是密切相关的。因此，各地必须根据自身经济的发展方向，从展会的主题到内容和形式都要做到创新，不断赋予新的内涵，通过承办主题鲜明、品牌独特的国际会展，来增强城市的特色和吸引力，以带动相关产业的发展，进而树立会展业的城市品牌。同时，要按照品牌经营战略，树立优势互补、强强联合的发展思路，只有这样，才能进一步挖掘潜在资源，推动国内会展业实现跨跃式发展。

5. 开展多种形式的合作，增强我国会展业的竞争能力

当前世界经济中出现了新一轮的兼并、合并浪潮，通过强强联合可以增强企业的竞争力。在国际展览业中也出现了类似的势头，或以股份合作，或以品牌联合，或建立代理关系，实现优势互补，相得益彰。比如美国的 Miller Freeman 展览公司与意大利的 Fiera Milano 展览公司的合股经营，德国慕尼黑展览公司与中国国际展览公司成立的合资企业“京慕国际展览公司”。我国会展业已步入白热化竞争时代，理应顺应这种发展趋势，通过强强联合，实现优势互补，建立具有国际竞争力的展览集团，进而带动和增强我国会展业的整体竞争能力。同时，一些刚起步或在会展界举步维艰的会展公司，要开发新项目实属不易，为求得生存，不妨考虑一下与国内外知名的会展公司合作，专做展会代理商赚取佣金，而且还可从大公司学到一些良好的展会运作经验。还需要指出的是，中国的会展企业也应积极“走出去”，与国内外的相关公司、机构进行多种形式的合作，学习、借鉴国外先进的展览理念、办展方式、管理经验、经营模式等，以外国先进的展览理念促进我们改革落后的观念、制度和方法，以外国先进的办展思路促进我们开拓思路、探索新路，以外国先进的管理经验促进我国会展业实现新发展、创造新局面。

6. 加快人才培养和引进，加强理论研究和教育培训

人才是经济发展中最活跃的因素，专业会展人才是决定会展经济成败的关键因素。会展业有其自身发展规律和运行规则，需要有专业化的人才。我国会展经济发展前景广阔，但在专业会展人才方面的缺口非常大，要实现会展业的可持续发展，需要大批高素质的专业人才。因此，造就大批高素质的专业会展人才是摆在我们面前的一项紧迫任务，也是提升会展水平和层次的重要基础性工作。具体应采取如下措施：第一，组织各种形式的专门培训班，提高会展组织人员业务水平和综合素质。譬如，应充分运用 2003 年中国贸促会从美国展览管理协会（IAEM）引进的 CEM 注册会展经理培训体系，加快对会展业各个管理层面的人才进行培训，促进中国会展业人才专业素质提升和综合办展水平的提高。第二，在正规院校开设有关会展方面的专业，培养社会急需的会展人才。美国的会展教育起步虽然较晚，但发展却异常迅速。据统计，全球有 150 多所大学提供与会展管理相关的教育，美国大约占了一半，而且目前该国已经形成了相对完善的教育体系。美国在会展管理人员中，60% 以上具有学士学位，其中近 10% 拥有硕士学位。我国近几年虽也有一些大学开设了会展专业，但培养出来的会展专业人才，还远远满足不了中国会展业快速发展的需要，因此，应在更多高校中开设该专业。第三，干中学。会展业是一个综合性的行业，涉及到的专业非常之多。不同行业需要的会展人才是完全不同的，能做汽车展的就不一定能做模具展，关键要具备行业知识。比如国内博物馆去国外举办青铜器展，如何为这些国宝投保是一个大问题，这时就要依靠保险人才。所以，对会展人才来说，既要掌握熟练外语，又要掌握如公关、广告、策划、礼仪、谈判等方面的知识和技能。这些知识和技能又不一定从高校的课堂中都能学到，而需要实践的磨炼。因此，通过举办各类会展，从实践中锻炼、培养会展专业人才，并邀请国内外著名专家、教授介绍会展组织、设计、建造及运输等方面的知识，也是培养会展人才的一条重要途径。第四，引进人才。通过营造会展业发展的良好氛围，用事业来吸引人才，为优秀会展人才创造良好的展示其才能的环境和条件，从而招揽会展专业人才。与此同时，应加强会展理论研究，探索会展业运行规律和监管模式，不断提高会展业相关人员的理论水平、政策水平和实际操作能力，推动会展从业人员在理论与实践两个方面双提高，从而促进我国会展业健康快速地发展。

（选自《唯实》2006 年第 3 期）

论国际会展业的发展对澳门经济竞争力的影响

朱乃肖

当代国际会展业的特点

会展业包括会议和展览两大组成部分，是第三产业的重要内容。现代会展业经过一百多年的发展，到20世纪80年代以后，不但日益成为全球信息交流、技术进步和商品交易的重要载体，更发展成为一个重要的新兴服务产业，并且呈现以下主要特点：

1．专业化。综观当代会展业就会发现，当今世界上著名的国际会议，大都围绕着专门主题展开，展览会也绝大部分是专业展。因此，专业化已经成为现代会展业发展的主要趋势，这也是经济全球化及国际分工发展的必然结果。因为只有明确的主题、明确的专业和明确的市场定位，会展服务才能真正满足参展商或参会者的需求。

2．规模化。只有形成规模经济，才可能对社会经济的各方面形成重要影响。这也是会展业规模化趋势日益成熟的表现：一方面，许多城市把规模化的会展业作为城市经济发展的主要手段；另一方面，单个会议或展览的规模向巨型发展，规模偏小的会展经过优胜劣汰竞争逐步消失，巨型的会展甚至成为某些城市经济收入的主要来源。

3．品牌化。品牌作为一种无形资产，在会展业中的作用日益重要。不但会展活动的成功举办有赖于品牌的树立，而且会展城市也需要打造品牌。品牌化成为会展业发展的灵魂，世界上的主要会展城市和整个会展产业，实际上都由品牌会展主导。例如，法国巴黎每年的时装博览会，美国拉斯维加的国际电器展会等，都成为著名品牌的会展，这些会展为所在城市带来了可观的经济收入。

4．国际化。国际化主要表现在两个方面：一方面是举办机构运作规则的国际化，越来越多的城市和举办企业懂得利用国际化的“游戏规则”举办大型国际专业会展；另一方面是展会参与企业、人员的国际化，尤其在人员国际化方面，有非常突出的进步，许多从业人员都具备参与国际会展的专业知识和能力，通过与世界各国的同行交流，获得了很多国际经验，因此，这种国际化的趋势，在客观上提高了整个会展业的现代化水平。

5．2005年的新特点——MICE应运而生。MICE是指Meeting，Incentives，Conferences and Exhibitions，即由会议、展览、奖励旅游为一体的综合性商务旅游消费方式。由于这种方式具有巨大商业价值，所以被认为是继金融、贸易之后，最具有发展前景的产业之一。

据世界权威国际会议组织——ICCA统计，每年全球各种国际会展达40万个以上，会议总开销约2800亿美元。欧盟和美国是MICE的主要受益国。美国是最大的国际会议主办国，并长期占据这一市场的领先地位，其客运量的22.4%和饭店客人的33.8%，均来自国际会议及奖励旅游。法国首都巴黎每年接待国际会议400多个，收入近40亿欧元，连续多年居世界各大国际性城市之首。

但目前欧美国家的份额已从80%下降至60%，这一市场正拱手让给快速发展的亚洲。

亚洲迅速崛起的国际会议中心是香港和新加坡。香港2005年接待大型会议、展览及奖励旅游达1300多项，参与人数32万人，旅游收入75亿港元。国际协会联盟最新调查显示，新加坡再度获选亚洲第一会议城市，在世界会议城市中名列第六。这是新加坡连续16年被评选为亚洲最佳会议地点。另外，日本的大阪、东京也是著名的国际会展城市。由此可见，在国际会展业方面，亚洲正成为与欧美竞争的有力对手，这种趋势从2005年开始初见端倪，可以预见在2006年以后的相当一段时间内还会持续下去，这就为澳门国际会展业的发展提供了机遇。

澳门会展业现状

任何一个城市会展产业的发展，都需要有良好的经济、社会和人文环境。澳门回归祖国后，社会稳定，经济发展，治安良好，国际地位上升，经济获得了持续稳定发展，2002—2004年的GDP增长率分别达到10.3%、16.0%和30.1%。这就为发展具有特色的澳门国际会展业提供了良好的条件，而且澳门有完善的基础设施、便利的交通环境、自由开放的经济体系、低税率及低运营成本的优势，更为国际会展业的发展提供了茁壮成长的优良土壤；与此同时，澳门在全球经济一体化的过程中，也有着特殊的地位，由于历史原因和地理优势，澳门与世界华商、葡语国家客商以及广东珠江三角洲的客商，有着悠久的经济和贸易联系，素有“三大平台”之称，在开展国际会展业务时，都将成为澳门必不可少的资源优势。目前，澳门正致力于通过展览、会议、奖励旅游及节庆活动等多种形式，大力发展会展经济，推动澳门发展成为区域性的国际会展中心。

近年来，澳门的会展活动也处于持续增长阶段，2002—2004年间所举办的会展活动数量分别为268项、239项和278项，其中具有代表性和影响性的包括澳门国际贸易投资展览会（MIF）、中国—葡语国家经贸合作论坛和尤里卡计划亚洲会议等，并成功举办了2005年东亚运动会和亚太旅游协会年会。据不完全统计，仅2005年1—6月份，澳门共举办了142项会展活动，参加人次达21705人次。

从世界会展大国的业绩来看，会展业是一个利润丰厚的无烟产业，不仅自身盈利高，而且产业带动能力强，能直接惠及航空、运输、酒店、旅游等多个周边行业。因为会展市场的发展是一个复杂的过程，它不仅需要高等级的配套基础设施，具有高级专业技能的员工，组织者的专业化组织能力，还要拥有国际公认的“3L”环境，即：举办会展活动必备的学术氛围（Learning）；下榻环境（Living）；提供与这些活动相呼应的休闲环境（Leisure）。在这方面，澳门还刚刚进入“起步阶段”。目前澳门会展业发展受到诸多因素制约，如规模小、品牌效应不明显、会展机构小而散、展览场地不足、专业人才严重缺乏等。同时，澳门也面临着与香港、广州、深圳和珠三角城市的国际会展同行的竞争。因此，澳门国际会展业如何在竞争中做大做强，是值得认真研究的问题。

加速澳门国际会展业发展的措施与建议

（一）借鉴国外会展业的成功经验

综观世界国际会展业发展的历史与现状，在国际会展较为发达的国家和地区，大多数市场经济比较发达，市场机制可以充分发挥作用。从总体上看，会展发达国家和地区的会展属于市场行为，通过市场机制来调节各种会展的需求。但由于不同地区、不同国家会展行业起步时间先后有别，经济实力、经济总体规模和经济管理模式不同，不同国家、地区会展行业发展及其管理模式也存在一些差别。根据政府、行业协会调节力量和力度的大小，可将其分类为：“政府推动型”（如德国和新加坡），“市场主导型”（如法国、瑞士和香港），“协会推动型”（如加拿大和澳大利亚），“政府、市场结合型”（如美国）。

值得说明的是，任何一种主导模式并不排斥其他力量的推动，如以政府支撑型发展模式为代表的德国和新加坡，也非常重视协会的力量；而以市场推动为主的法国、瑞士和香港地区，尽管政府干预较少，但政府也在会展发展过程中给予必要的支持。这些经验非常值得澳门借鉴。

（二）借助中国大陆会展业迅速发展的推动力

20世纪90年代以来，随着中国经济高速增长，会展旅游业也得到迅速发展，年增长速度达到20%以上，大大高于我国其他领域经济总量的增长。据不完全统计，2005年中国展览会总数已达2400多个。会展业已经成为中国经济新的增长点。会展业的高速发展及其对经济的巨大带动作用，引起各地政府的重视，形成了政府主导会展业发展的局面，各地会展业行业协会也相继成立，全国掀起了会展场馆建设的高潮，各地会展公司和一些旅游行政管理部门，纷纷加入相关的国际会展组织。此外，中国还成功地举办了各种国际会议，例如第四届世界妇女大会，第30届世界地质大会，第96届世界议员联盟大会，第15届世界石油大会，第46届亚太旅游协会年会，第一届中国国际旅游交易会，第一届国际旅游文化节，第20届世界建筑师大会，99世界园艺博览会，第22届万国邮联大会等，这都说明中国会展旅游业已经有了相当的基础。

面对国内迅速发展的会展业，澳门应该很好地共享大陆这些资源优势，并且借助大陆会展业发展的强劲东风，“乘风而上”，“借船出海”，在积极参与大陆会展业的各项活动中，为澳门会展业找到更加广阔的舞台和发展空间。

（三）借助特区政府的支持力

众所周知，国际会展行业的发展与各国政府的推动作用密切相关。无论是“政府支持型”为主的德国和新加坡，还是“协会主导”或“市场推动”的其他国家和地区，政府都扮演了重要的角色。很多国家的政府都通过间接的方式组织本国企业出国参展，或者通过在本国举办的展览会为企业提供相关服务与支持。在美国，政府还通过实行“贸易展认证”计划和实施“国际购买商项目”等措施，实现对展览会的质量和组展水平的监督，从而使贸易展览成为促进美国企业发展的重要手段。这充分说明，在会展业发展中，政府的作用不可缺少，甚至是不可替代。但我们应当看到，发达国家对会展业的支持，不是直接参与会展活动的举办或承办，而是对会展业进行宏观管理，提供宽松的产业环境，提供高效率的公共服务，加强基础设施建设和硬件配套设施建设等方面。在这方面，特别值得澳门特区政府学习和借鉴。虽然在过去的几年里，澳门特区政府已经对澳门国际会展业的发展表示了极大的关心和支持，但是，笔者认为，在今后，政府更应该在“宏观指导、政策扶持、提供条件、培育市场”方面发挥更大的作用。

1. 宏观指导。指政府必须加强对整个会展行业发展进行宏观指导，认真研究会展产业在社会经济体系中的定位，将会展产业的发展纳入澳门特区政府的发展规划中，研究制定会展产业发展中长期规划，明确会展产业中长期发展目标和产业政策；根据会展产业发展的战略定位和发展规划，创造和提供必要的硬件设施和市场条件，发挥产业政策的宏观调节功能，促进会展产业朝着既定的方向和目标发展。在这个基础上，澳门会展业才能找准自己的市场定位，立足创办自己的会展品牌，办出具有澳门特色的会展经济。

2. 政策扶持。为了加快会展业产业化的进程，需要制定相应的产业政策，给予必要的政策扶持。比如设立会展专项发展基金，用于支持国际性大型定期专业展览和会议的申办、行业中介组织建设、会展项目宣传、品牌会展培育政策性补贴、行业标准研制、会展网络信息服务体系建设、市场调研和理论研究、高级专业人才培训等。

3. 提供条件。指提供硬件基础设施和提供公共服务软件条件。基础设施主要包括会展场馆建设和配套基础设施建设。会展是城市功能的一个组成部分，必要的会展场馆建设和配套基础设施提供是城市功能的具体体现，因此也应当是政府职责范围内的事情。会展场馆建设投资大、回收期限长，没有政府财政的参与或政策的扶持，纯粹市场化运作难度很大。因此，德国、美国等会展业发达国家场馆建设大多以政府财政支持和参与为主，澳门新运动场也是特区政府出资建设的。

4. 培育市场。与其他行业相比，澳门会展市场的发育比较晚，为了培育市场，在一段时间内和特定条件下，特区政府应对会展行业实行适当的税收优惠政策，对于优质品牌展会给予专项资金补贴或税收减免优惠。还要研究制定相关法律、法规，制定必要的市场游戏规则，通过相关立法或政府法规，确保会展市场运转发展有法可依，有章可循。

（四）发挥行业协会的协调力和凝聚力

从对各国会展发展模式中可以看到，除了以“协会推动”的加拿大和澳大利亚外，在其他市场经济较成熟的一些欧美国家和亚洲国家及地区，也都有一些影响力较大的展览行业协会。例如，美国展览管理协会（IAEM）、英国展览业联合会（EFI）、瑞士贸易交易会和展览协会、新加坡会议展览协会（SACEOS）和香港展览会议协会（HKECOSA）等，这些展览行业协会与政府管理机构紧密结合，在协调行业发展、对展览会进行资质评估以及进行展览专业人才培训等方面发挥着不可忽视的作用。因此，在会展发展中应重视行业协会的发展，充分发挥行业协会对企业的协调力和凝聚力。

澳门也有自己的会展行业协会，但是与国外著名的协会相比，无论在实力、经验上，还是在知名度上，都有很大的差距。因此，建议澳门的协会可以经常地、不定期地与这些著名协会进行业务交流，向它们学习经验，使自己的行业协会更快地成熟起来。

（五）培育有特色的会展品牌的竞争力

众所周知，品牌竞争是现代国际竞争的精髓。精心培育会展品牌和会展服务品牌，对澳门会展业的发展非常重要。

澳门历来是东西方文化的交汇点，拥有独特的地理和自然环境优势以及中西文化交融的人文文化特点。2005 年 7 月 15 日在南非举行的第 29 届世界遗产大会宣布，“澳门历史建筑群”成功列入世界文化遗产目录，并被重新命名为“澳门历史城区”，成为中国的第三十一处世界遗产。

此外，澳门与欧共体、葡语系国家有着深厚的历史渊源。在被葡萄牙统治的 450 年间，澳门留下了深深的葡萄牙文化烙印。回归之后，澳门自然而然地成为中国与葡语国家连接的桥梁。葡萄牙、巴西等在内的葡语国家市场潜力巨大，拥有丰富的自然资源，有 2 亿人口的消费市场。2003 年首届“中葡论坛”的举办，奠定了澳门作为中国与葡语国家之间经贸平台的地位，葡语国家市场将成为中国投资贸易的热点。

按照目前澳门的实际情况，专门开展有特色的、专业性较强的、以中小型企业为服务对象的国际会议展览活动，不但符合特区政府的定位，即成为国内中小企业通往国际市场的舞台，也能更好地整合澳门作为旅游城市的优势。以会议方面来说，大陆市场是澳门重要的会议资源市场。每年在内地举行的会议有数千个，有些内地企业想把会议或展览移到国外举办，又不想走得太远，也不想花太多的费用，那么澳门将是它们最好的选择；另外，澳门邻近香港，也可吸引部分香港中小型商务会议来澳门举行。而且澳门有不少不可取代的优势，如在澳门举办国际性的会议及展览成本比香港约低五成，有低税制以及与欧盟、葡语国家的良好关系，海、陆、空交通便利，配套完善，加上赌权开放、引入国际性投资者，丰富了澳门的旅游资源，这些都为澳门发展成一个国际会展中心提供了有利条件，也为澳门培育有特色的、有竞争力的会展品牌奠定了基础。

2002 年，澳门将博彩业的控制权一分为三，增加了其他两家美资企业永利和金沙集团。永利除经营赌博业外，还大力发展旅游业，建设酒店、休闲中心、度假村等。而金沙集团除博彩业务外，也大力发展国际会展业，计划建立一座超大型的度假式酒店，包括博彩娱乐、主题购物中心、高级餐厅、表演厅、运动场以及一个 10 万平方米的会展中心等。这样就使澳门有了具有特色的展览硬件设施。金沙集团还宣布与珠海合作，在珠海横琴岛投资 10 亿美元兴建更大规模的会展中心。所有这些举措都为建立一个有特色的“亚洲拉斯维加斯”会展品牌奠定了基础。澳门会展业要培育和形成有竞争力的会展品牌和服务品牌，首先必须具备以下四个能力：

1. 判断决策能力。从世界市场会展行业和产业链发展角度，预测行业发展趋势，找准澳门的定位，把握市场机遇，能够在展览市场细分、目标市场确定、展览主题确立、服务商品组合、价格策略实施、推介渠道选择等方面作出及时的反映和准确的判断，作出准确的经营决策。

2. 资源集合能力。建立符合行业特点和自身发展需要的组织形式，增强市场适应性和资源调控能力，保证经营决策的适时与正确、资源整合的迅捷与效益、企业运行的健康与效能。

3. 服务创新能力。保持积极向上的竞争态势，不断进行制度创新和科技创新，提高会展服务的科技含量，增强管理的科学性，不断革新会展主题策划、会展活动安排、市场需求满足和相关服务提供的形式和内容，确保会展品牌和服务品牌旺盛的生命力及强大的竞争力。

4. 市场应变能力。密切关注市场需求变化、竞争对手和行业发展态势，不断根据市场变化调整澳门会展业的经营策略，开发适应市场需求变化的产品和服务，提升自己在业内的竞争地位。只有具备了上述四种能力，才能有效地打造澳门会展业具有特色的品牌。

（六）在与国际资本的“竞合”关系中，提高澳门会展业的整体实力

竞争与合作是市场经济发展中必不可少的要素，竞争的存在是不可避免的。澳门会展业的发展，也必然在与外来同行的竞争及合作中发展。这些外来同行不仅包括大陆内地的参展企业，也包括来自美国、欧洲以及东南亚各国的参展商们；不仅包括中小型会展商，更包括有经济实力和丰富经验的大型跨国公司的参展商。

目前，澳门基础设施并不充足，除现有的“澳门旅游塔会展娱乐中心”可举办一定规模的展览会之外，没有更多的展馆。2006—2007 年期间，澳门将在本土兴建大型展览场所，这有助于澳门引入美国“拉斯维加斯式”的会展理念及会展项目，有助于国际目光进一步投放在澳门，有助于各国的会展业争相开拓澳门市场。

（选自《经济研究参考》2006 年第 38 期）

旅游、生态观光、休闲产业

论旅游创意产业的发展前景与对策

冯学钢　于秋阳

创意产业与旅游创意产业

1．创意产业的源起

自20世纪90年代以来，全球经济逐渐进入后工业化时代，消费经济迅速崛起。在买方市场的需求导向之下，供给的种类、形态与方式也随之不断丰富多样化，加之知识经济、高新科技与媒体的影响和冲击，注意力经济、体验经济等侧重于吸引力和人本感受的经济切入点不断涌现，因此，强调特色鲜明、文化底蕴和认同感的各种创意便成为消费者社会的重要智力要素和经济资源。

1997年，为扭转经济的低迷状态，英国政府决定大力发展知识经济，于1998年出台了《英国创意产业路径文件》，并由英国文化媒体体育部（1998年）首次将“创意产业”定义为：“从个人创造力与技能及才华中获取发展动力，并通过开发知识产权来创造潜在财富和增加就业机会的产业。”主要包括：广告、建筑、艺术和古玩市场、手工艺品、时尚与时装设计、电影与录像、互动软件、音乐、表演艺术、出版、软件、电视和广播13种行业。

2．创意产业的内涵和特征

创意产业是一种建立在社会分工日益细化的基础上，推崇创新、个人创造力，强调文化艺术对经济支持与推动的产业，既包括生产性服务的内容，如设计、研发、软件、咨询、会展策划、印刷包装等，也涉及消费性服务的内容，如信息、文化艺术、时尚消费和娱乐等。因此，创意产业的特征在于：第一，知识和文化艺术含量较高，能够敏锐地捕捉到消费者社会中的不断更新的注意力要素，并形成强烈的认同感和需求导向。第二，既依附又独立，它既分散于各个传统行业中并以之为载体，又可以脱离原有的生产、销售企业而作为一个独立的产业被完全剥离出来，以创意服务的形式进入到外包服务领域。第三，附加值与高风险并存，它聚焦于各行业价值链的高端，通过创新获得高于传统营利方式的回报，但由于本身的开创性、扩张性和投机性，又使其发展前景带有一定程度的不确定性和风险因素。

3．旅游创意产业

创意俗称“主意”或者“点子”，它赋予机械而理性的科学技术以感性的艺术气质和美学内涵，为既定的资源和艺术形式注入生机与活力，是科学、思维和艺术的完美结合。

旅游创意产业是创意产业在旅游领域的传承和延伸，也是对旅游策划下的广告、节庆等旅游产品和活动的产业提升。在旅游活动日趋个性化和多样化的今天，旅游者“求新、求奇、求特”，注重体验参与的特点日趋增强，在创意理念的引导之下，将智力因素和思想的火花与原有的资源完美结合，通过重组、整合原有的静态旅游要素并加以模型化和动态活化来重新定位和推出，可以进一步增强原有产品、服务的体验性和吸引力，以适应不断更新的市场需求并充分彰显旅游的魅力。旅游创意产业除具有创意产业的一般性特征之外，其独特性主要表现在：

第一，旅游创意产业基于创意元素与旅游元素的完美融合。旅游创意产业依托于旅游元素的感知度、服务性和创意元素的新奇度、体验性，并在双方相互渗透的基础上，通过“创意火花”为现代服务业与先进制造业的融合搭建桥梁，从而促进旅游业的发展与科技、文化、艺术、生态等多个领域的产业要素在产业链的高端有机整合。

第二，旅游创意产业的产品具有较高的体验性和参与性。旅游创意产业较之传统的旅游产业而言更加注重探究旅游者的潜在需求与深层次需求，针对旅游者的好奇心和想象力，进一步提升旅游活动和产品的体验性，为旅游者提供更为明显和强烈的感官刺激；同时，旅游创意产业将创意产业原有的高端科技产品通过娱乐、休闲、游戏以及旅游资源静态活化等方式引入到大众旅游者的身边，进一步增强了创意成果的互动参与性与传播、推广力度。

第三，旅游创意产业具有较高的连带效应。旅游创意产业不仅涵盖了传统旅游产业中的“食、住、行、游、购、娱”六大行业要素和创意产业中核心的科技要素，而且由于其与国际先进理念的紧密结合，将进一步带动更广泛意义上的现代服务业的发展，具有巨大的市场连带效应和宣传连带效应。

创意产业对旅游发展的借鉴与推动

如果说科技是第一生产力，那么创意则是第一推动力。“创意产业之父”约翰·霍金斯（John Hawkins，1998）在著作《创意经济》一书中曾指出，全世界创意经济每天创造220亿美元并以5%的速度递增，而一些发达国家的增长速度更快，美国达14%，英国达12%。此外，澳大利亚、韩国、丹麦、荷兰、新加坡等国也都是创意产业的典范国家。将创意产业中各个分类的发展特色与旅游业相结合，会进一步促进旅游业态的多样化，增强市场吸引力。

1. 数字媒体与游戏互动软件开启虚拟旅游大门

在创意产业的分类中，数字媒体和游戏软件的科技含量较高。一方面，旅游活动受到媒体和网络的关注，Travelocity、Expedia、搜狐、新浪等国内外综合网站的旅游频道内容多姿多彩，各专业旅游资讯网也层出不穷，关于景点、线路、活动、服务以及注意事项等信息翔实丰富，游客足不出户便可了如指掌；另一方面，网络和数字技术的进步为旅游电子商务发展提供了平台，为旅游推介和预订业务开拓了新的交易市场，并为个性化、互动性的虚拟旅游构建了巨大的发展空间。

2. 动画、动漫、影视作品催生旅游热潮

日本素有“动漫王国”之称，是世界上最大的动漫制作和输出国，拥有430多家动漫制作公司和一批国际顶尖级的漫画大师、动漫导演以及动画绘制者。动漫市场的运营步骤包括：制作卡通动画片、代理商销售、影视播放、企业购买卡通动画产品形象并开发衍生产品、商家销售产品，一系列的活动使得日本的动漫产业从影视作品衔接到现实中的购物品，并在世界范围内掀起日本卡通热潮，使得好莱坞电影公司争相购买日本动画片的电影改编版权，日本卡通产业的出口额急剧扩大，卡通之旅也由此而诞生并长盛不衰。在影视产业方面，近来韩国的发展速度很快，其电影和电视剧在全球，尤其在亚洲市场引起了强烈反响，由此而掀起的韩国旅游热潮也不断升温。韩国偶像剧《冬日恋歌》走红之后，“冬日恋歌”旅游专线也迅速风靡亚洲；而《大长今》推出后掀起的韩国饮食文化热潮，也吸引了越来越多慕名而来的游客。

3. 时尚与工艺设计激活旅游纪念品市场

时尚与工艺设计是创意产业中最具有感官冲击力的品种，活跃的创意元素使原本的设计理念、产品形式和产销环节焕然一新。以法国为例，设计业是国内创意产业的重点之一，而作为旅游大国，其旅游纪念品设计凸显了“品种多、法国标签、思路新、实用性强和做工精细”5大特征。首先，设计品种不拘一格。除了建筑模型、明信片、钥匙链之外，生活和装饰用品如雕像、刀剑、火枪、瓷器、挂毯、冰箱贴、茶杯垫、打火机、T恤衫、布娃娃、裁纸刀、葡萄酒瓶塞等均纳入纪念品行列。其次，突出“法国标签”。融合了巴黎圣母院、蒙娜丽莎像、葡萄酒等法国标志性元素的纪念品，渗透着法国浓郁的文化特色和独特的浪漫气质。再者，思路新颖。如埃菲尔铁塔模型设计弯曲成欧米加字符，神秘的蒙娜丽莎摇身变成朴实的村妇，“小王子”现身于传统瓷器的图案中等。第四，实用性强。如房间内绘有莫奈“睡莲”的瓷器、织有凡尔赛花园图案的挂毯、印有香榭丽舍大街风景的茶杯等富有情趣的纪念品让人爱不释手。第五，做工精细、包装考究。随处出售的景物画册和明信片内涵丰富、制作精美、价格便宜且配有多国文字解说。因此，法国的旅游纪念品成为人们永久收藏和馈赠亲友的佳品。

4. 文化表演拓展文化艺术旅游市场

表演艺术是创意产业中的以文化为载体的创新艺术形式。英国的创意产业以文化艺术产业为主，其文化演出市场位居全世界最繁荣之列，演出市场采用纯熟的商业化运作，经典和通俗共举，传统和现代并存。在国际艺术之都的伦敦，每晚在几十家剧院上演各色剧目，并为此专门成立了非政府独立机构——艺术委员会，也是主要的艺术拨款机构，给予经典和创新剧团、剧目以强有力的扶持。文艺演出在带来娱乐与艺术享受的同时也不断地促进创新文化的滋长，不仅为当地民众和世界各地的旅游者开启了体验英国古典和现代文化、感受艺术魅力的大门，也为开拓艺术旅游市场奠定了良好的基础。

旅游创意产业的发展前景与发展途径

创意产业是一个泛化的概念，将其元素有机地注入旅游领域，将会极大地丰富旅游业的产业链，促进其业态的多样化发展。首先，旅游创意产业具有巨大的品牌扩张力。将创意性的旅游活动与当地的文化、体育赛事以及城市营销活动相结合，能有效地塑造和传播旅游形象和城市形象。其次，旅游创意产业的发展顺应并引领着社会经济和文化发展的潮流，有利于刺激潜在的市场需求，从而拓展新的市场空间。第三，随着产业结构的不断整合与优化升级，借助依托于价值链高端的创意产业的带动，旅游创意产业也将融入新的知识密集型发展空间，有利于提升传统旅游产业的影响力、带动力，增强传统旅游产品的丰富度和吸引力。旅游创意产业的主要发展途径有：

1. 构建旅游创意园区

旅游创意园区，一方面，包括基于旅游区域资源的特点、通过创意性的主题设定来整合原有资源，从而增加旅游景点科普性、特色化和互动参与性的园区，例如各类主题公园，以世界微缩景观为主题的深圳“锦绣中华”、以民俗风情游为主题的“中华民俗村”、以休闲娱乐为主题的“迪斯尼乐园”等等。另一方面，包括在创意工业园区中融入旅游活动。近几年，上海对100余处老上海工业建筑、老厂房仓库进行了改建和开发，形成了一批独具特色的创意园区。例如由旧的工业厂房改建而成的“8号桥”创意工业园区，融工业历史建筑底蕴与现代时尚元素为一体，既是创意产业和创意人才的聚集区，又是上海新兴的工业时尚旅游园区，具有很强的市场价值。此外，旅游创意园区还包括在景区景点之内，根据某一特色发挥创意而形成的局部景点，例如根据水域特色，通过资源整合和设施建造构建“水车博物馆”、“水上休闲吧”等水上创意园区。

2. 通过动漫、动画形式将静态旅游资源动态活化

当前的自然旅游景点和人文旅游景点，大多是将原生态旅游资源和文物古迹加以修缮和保护形成的静态旅游资源形式来呈现。动漫和动画是创意产业中颇具特色的表现形式，将其融入旅游资源的开发塑造中，一方面，可以利用此类创意手段搭建虚拟旅游平台，将静态的旅游资源在网络上声情并茂地加以呈现，更加全面、细致地展现出旅游资源的特色；另一方面，正在勃然兴起的“cosplay 互动真人秀”、“动漫社区”、“卡通总动员”、“动漫嘉年华”等等活动，本身就已经融入了旅游参与的元素，加以精心的策划与组织，也可以形成特色的专项旅游活动。

3. 旅游纪念品突出创意设计和营销

旅游纪念品是代表某地特色的最直接的物质形式，也是旅游消费的重要环节，其设计、包装的优劣以及营销方式的选择与是否能够展现当地特色、树立品牌和增加市场份额息息相关，而将创意产业中的时尚与工艺设计引入其中更加有利于上述环节的优化。上海福佑路旅游纪念品设计中心的建立凝聚了一批旅游纪念品、工艺品的生产、展示、销售的专业企业和大量国内外旅游纪念品设计人才，既改变了原有作坊式的产销模式，又为创意设计和营销在旅游产品中的应用搭建了良好的平台。上海成都南路也建立了全国首个旅游纪念品展示中心，在现场展示和交易的同时，集中发布最新的旅游纪念品设计理念和行业动态，避免厂商间同类产品的重复生产和资源浪费并规范产品的合理价格定位，展示中心所在的成都南路也向旅游者开放，着力打造专业的旅游创意街区。

4. 旅游节庆和活动项目中加入创意元素

节庆活动和旅游项目是旅游中的重要内容，一味遵循时间惯例和既定内容难免会失去市场吸引力，而在策划中加入创意元素，通过改变场地、变换活动形式、重组和完善活动内容以及创新宣传等方式更利于扩大吸引力和品牌影响力。如上海旅游节在举办模式上大胆地突破了传统节庆中场地固定的模式，采用主题各异、色彩纷繁的花车巡游，创新性地传播了旅游节“走进欢乐与美好”、“人民大众的节日”主题，节庆期间整个城市都沉浸在旅游活动的气氛中，俨然一片欢乐的海洋。

5. 通过影视热点和表演艺术开拓旅游市场

优秀的影视作品会在一段时间内成为媒体和民众关注的焦点，而作品所依托的地理区域和文化背景也会随之引起人们的好奇。因此，把握商机，在条件成熟的情况下有创意性地推出专线旅游，短时间内引发旅游热潮的几率就会相应增大。如央视热播的反映清朝末年晋商文化的《乔家大院》受到观众的好评之后，相关部门抓住时机开发了乔家大院专线旅游，不仅获得了市场的肯定，而且也掀起了山西旅游热潮。如今乔家大院已经是山西省十佳旅游景点，并获选全国4A级旅游景区。

文化艺术表演的深厚底蕴、观赏参与性和品牌效应会引起广大民众的关注，也会受到广大旅游者的欢迎。在挖掘文化艺术表演特色的基础上，巧妙安排一系列的观赏、互动项目，如已有的少数民族舞蹈表演、篝火晚会等等，将单纯的表演与旅游活动有机结合，会进一步增强此类产品在旅游市场的价值。

旅游创意产业发展对策

1. 培育创意生活环境，引导旅游业对创意元素的重视

一方面，政府通过向市民和旅游者开放博物馆、美术馆、科技馆以及创意园区，使市民和游客深切感受到创意的魅力，从而产生好奇之情与求知欲望，同时通过开展参与性的活动调动民众参与创意性设计、策划的积极性，营造良好的创意生活氛围；另一方面，通过在旅游资源整合、旅游纪念品设计、旅游产品营销等方面开展评选活动等方式，树立典范、积极鼓励，帮助旅游业树立创新意识并增强对创意理念和设计元素的重视和渴求，为旅游创意产业的发展奠定基础。

2. 为旅游创意产业的发展提供政策支持

政府的政策支持包括：第一，为旅游业与创意产业之间的合作搭建良好的平台。通过打造旅游创意园区、旅游创意街区以及旅游产品创意展示中心等方式促进双方在理念上、行动上和场所上的切实融合。第二，引进国外先进的旅游业与创意产业的发展理念，加强对优秀旅游创意产品的借鉴和推广，为本土旅游产业与国外优秀创意产业的合作提供政策支持，消除壁垒。第三，为中小旅游企业的创意尝试在研发投入、市场开拓等方面提供资金支持，鼓励优秀创意的产生并充分挖掘旅游要素的开发潜力和商机。

3. 引进与培养专业旅游创意人才

人才是产业发展之本，而了解旅游资源、旅游市场的专业人士与创意人才的沟通与合作则是推动旅游创意产业发展的原动力。但是目前专业从事旅游创意的复合型人才与需求之间还存在一定缺口。因此，政府可以牵线搭桥，引入国内外的相关人才与本地业者进行经验和技术交流；可以与高校、研究机构合作组织相关的培训和咨询测评，建立起旅游业的创新环境，为本土旅游人才了解创意知识和创意人才涉足旅游领域做好中介，从而促使旅游创意产业的发展更加人本化、科学化。“创意之父”约翰·霍金斯已经受聘于上海戏剧学院创意学院，并举办创意产业高

级研修班、培养研究生，本着“创意是可以传授的”的思想，培养复合型创意人才。

4. 法律配套

政府对旅游创意成果应当采取与其他创意成果同样的保护措施，一方面，政府要督促企业树立自我成果保护意识；另一方面，建立和完善各项法律、法规和政策措施，包括商标权、版权、知识产权、专利权等等的保护，并注重加强旅游创意在海外的注册与保护；同时，可以考虑在现有的管理机构中设立专门的管理部门或者成立非政府监管机构，如协会等，使旅游创意产业的发展更加透明化、法制化。

（选自《旅游学刊》2006 年第 12 期）

试论宗教与旅游

张挺平

宗教为旅游提供了丰富的文化内涵

宗教作为一种意识形态，一种社会生活，一种历史现象，具有复杂的巨大的文化包容性。

1. 宗教包含众多艺术表征形式。宗教所包含的艺术表征形式，从旧石器时代晚期的洞穴岩画到稍后的神像、圣像以及当代宗教题材的绘画；从原始宗教的祭台、埃及法老的陵墓到各种宗教建筑，如教堂、寺院、庙宇等；从最古的图腾崇拜的石刻艺术到中古、近代和现代的宗教题材雕塑；从各种原始部落祭拜时的音乐到古代、近代的教堂音乐和现代宗教题材音乐等等。这些都是旅游审美的重要对象。

2. 宗教包含法的观念和制度。从最原始的宗教律法到后来颇具典章形态的宗教法典、宗教审判及各种酷刑，都是宗教的社会功能，也是旅游文化的重要组成部分。

3. 宗教是一种关于世界与人的观念和学说。宗教力图以神的观念解释物质世界、自然与人、人与人之间的关系，宗教也是一种哲学。宗教的人地观对旅游文化生态有重要的影响。

4. 宗教既有浓厚的政治色彩又具有经济行为。部落宗教中的族长、家长制，民族宗教中的宗法君主制以及宗教自身的等级制度、现代的宗教性政党、政治组织等，都是宗教涉及政治范畴的例子。寺院、庙宇、教堂、道观拥有相当数量的经济势力。因而，宗教又具有经济行为。宗教的政治、经济性质对旅游和旅游文化都有重要的作用。

5. 宗教礼仪丰富而复杂。宗教对一切日常生活及其细节都有详尽而繁杂的规定，比如犹太教涉及沐浴、烹饪、衣着，伊斯兰教涉及起居饮食、男女私事、社会交往乃至工作休息等，各种宗教之间和处在不同发展阶段上的每一种教派都有大大小小许许多多的礼仪教规。宗教对旅游地和旅游过程的文化都有制约作用。

6. 宗教含有教育、医疗、慈善等事业成分。各种各样的教会学校、神学院和神学系，教会医院、育婴堂等，都是宗教文化的载体，具有特定的旅游价值。

总之，宗教创造了众多的文化形式，成为一种相对独立的宗教文化。这种宗教文化既是世界文化整体中的一部分，又是世界文化发展链条中的一个环节，也是世界文化的一种特殊形态。

宗教文化的旅游审美

这里简略介绍一下宗教文化的旅游审美。

1. 宗教建筑的艺术审美。宗教建筑艺术是以空间结构为表征的。黑格尔说过，建筑是对一些没有生命的自然物质进行加工，使它与人的心灵结成血肉因缘，成为一种外部的艺术世界。宗教充分利用建筑艺术的象征性，使宗教建筑成为神圣的象征物。

从宗教建筑的外部体重特征审美。宗教建筑常以其空间组合、外部比例、尺度、体型等给人以一种心灵上的震慑、力量上的挤压，使人产生一种敬畏、惧怕，进而产生出对神的崇拜之情。

从宗教建筑的平面布局结构审美。中国佛教寺院与印度佛教精舍不同，是传统的中国院落式建筑。体现宗教丰富的神职功能，吸引各种信众。走进寺院正门，沿中轴线登堂入殿，殿堂之间有一定距离，两侧是对称的配殿，四周围以青瓦粉墙。佛教寺院中轴线上建有山门、天王殿、大雄宝殿、法堂和藏经楼。

从宗教建筑的名称及其相应的建筑结构审美。道士修道、把神和举行宗教仪式的处所叫做宫观，如“上清宫”、“永乐宫”、“玄妙观”、“白云观”等。“宫”的原意是“穹”，汉代以后一直是皇帝居所专用名词。“观”指的是宫城门之两旁高楼。唐代视老子为李氏皇族宗亲，视道士为皇室成员，故将道教庙宇称为“宫”或“观”。宫观指具有人间尊者身份的神灵居处，道士在此修道粑神，就能高瞻远瞩，纵观天地人间，超凡出世。

从宗教建筑的建筑单体功能审美。中国的伊斯兰教寺院统称清真寺或礼拜寺，阿拉伯语叫“麦斯吉德”，意为叩拜安拉的地方。清真寺或礼拜寺的建筑很有特色。

从宗教建筑的选址审美。佛教寺院多建在名山之中，它体现佛教远离尘世、超脱风俗的思想。比如普陀山的慧济寺，五台山的菩萨顶，峨眉山的华严顶和九华山的天台寺等。

2. 宗教雕刻审美。如果说，人们为神仙建造庙宇，把属于神仙的空间“高度净化”。那么，在庙宇里面，神仙面对善男信女，就极力营造其高雅气氛，这氛围就是由雕刻艺术带来的。

从宗教神像雕刻形象审美。早期雕像是在公元前2世纪，多数表现佛的“托胎”、“降生”等佛传故事。佛陀法像多以印度男子为范型，肌肉匀称，四肢纯净而和谐，脸上焕发着肃穆慈祥的光辉，表现一种寂静自在的内心世界。特别是印度佛陀雕像对人物造像中的手相、坐势采取一种宗教上、艺术上的形式化标准。

从宗教建筑雕刻艺术审美。伊斯兰教雕刻没有圣像，其建筑雕刻体现教义。耶路撒冷的圣岩庙（也称禁寺），相传是穆罕默德于公元19年骑马从麦加夜行至耶路撒冷阿克萨礼拜寺，踏在一块巨石上登上七重天，亲耳聆听安拉的启示。

3. 宗教文学创作审美。从宗教故事传说审美。《佛经》是佛教文学的精品之一，它有多种文学译本，在我国保存下来的基本上都是译本。《佛经》记载许多民间传说，释迦牟尼借这些故事阐述自己的道理，引起广泛的信仰。佛教教义重道德伦理规范，主张众生凭借默想和顿悟，臻于真谛，求得解脱，所以《佛经》故事多为弘扬和平、牺牲、慈爱、诚信、平等、无私、克制贪欲、禁戒残暴等。譬如《长寿王》讲的是反对战争，主张人与人和平相处的故事；《太子须大》宣扬自我牺牲精神；《鹿王》、《鹿夫妇》讲的是对于群体、幼者、子女的爱；《山鸡王》、《虬与猕猴》等寓言是对存心欺骗者的嘲讽。佛经文学对中国的小说、戏曲、传奇等影响十分深刻。比如《目连变文》就是取材于《佛说盂兰盆经》。

从宗教叙事散文审美。伊斯兰教的神——安拉不是专制者，而是一个创造者，供给者和保护者，他认为人不必束缚于业报轮回的残酷法轮上，借助无穷的转世或牧师的救赎来纯洁自己，人神完全合一无需中介物。因此，与其说伊斯兰文学艺术记录的是神的历史，不如说是对尘世的人的颂扬。当然，这种颂扬是在宗教观念支配之下的。阿拉伯著名诗人大毛拉加拉鲁丁·鲁米，其名著《玛斯纳维》是一部叙事诗集，包括童话、故事和轶事，由于诗集深刻反映了伊斯兰教的宗教意识和它所具有的教育价值，一直为世人所尊敬，其地位仅次于《古兰经》和《圣训》。

从宗教历史记载审美。西方基督教的代表作就是《圣经》，它分为《旧约》和《新约》两大部分。《旧约》是希伯来人关于世界和人类起源的故事和传说，反复记叙了以色列人从部落到立国及其衰亡的历史，全书39卷；《新约》记载了耶稣的生平、言行和使徒传教的传说和书信，共27卷。《圣经》于公元四五世纪全部被译为拉丁文，后来又被译成西方各国文字，广为传播，它不仅对西方各民族的语言形成与统一起到促进作用，而且影响到中世纪甚至近现代的西方文学。其历史传统和故事，往往成为作家创作的素材。

旅游促进宗教文化的传播

宗教文化传播和交流的方式之一，是宗教信徒们以朝觐为目的而引发出旅游活动。普通游客的宗教文化旅游也能促进宗教文化的传播。

1. 伊斯兰教朝觐活动促进宗教文化传播。伊斯兰教各派共同的圣地主要有三个，一是麦加，二是麦地那，三是耶路撒冷。一千多年来，这三大圣地一直为全世界穆斯林所崇拜、景仰和朝觐首选地。麦加是穆罕默德的诞生地，又是伊斯兰教的发祥地。穆罕默德于公元610年在此传教，公元623年，麦加克尔白被宣布为伊斯兰教礼拜的朝向。公元628年，颁布“朝觐麦加”是伊斯兰教的“天命”（又称“主命”）。公元630年，穆罕默德率领穆斯林大军，清除克尔白内外的多神教神像，只保留阿拉伯人奉为神圣的黑石，作为穆斯林朝觐、抚摸和亲吻的圣物。“克尔白”，阿拉伯文音译，意为方形石殿，中国穆斯林称为“天房”。伊斯兰教认为，天房几乎与人类一样久远，经历代哈里发改建保存至今。公元631年，克尔白改为清真大寺，即“禁寺”，自此，麦加成为全世界穆斯林朝觐瞻仰的第一大圣地。教徒们以能到麦加朝觐瞻仰为一生中最大幸事。每逢朝觐季节，来自世界各国的朝觐者多达250多万。麦地那成为伊斯兰教圣地，与穆罕默德迁徙麦地那有直接联系。穆罕默德于公元610年在麦加开始了“信主独一”，反对多神崇拜的传教活动，由于遭到麦加古来什贵族的反对和迫害，致使传教活动受影响。为保存力量，寻求发展，他在麦地那信徒支持下，成立了政教合一的穆斯林政权，制定了《麦地那宪章》，麦地那即成为伊斯兰教圣地。麦地那意为“先知之城”，城内有许多伊斯兰教古迹，其中有先知穆罕默德陵墓，先知清真寺、库巴依清真寺（即伊斯兰教史上第一座清真寺）、伍侯德战役阵亡烈士陵墓等。耶路撒冷是一座有着5000年悠久历史、饱经沧桑的古城，坐落在地中海东岸巴勒斯坦中部犹太地亚山区之巅。犹太教、基督教和伊斯兰教都尊它为圣地，集三教圣地为一城。耶路撒冷成为伊斯兰教第三圣地，源自穆罕默德“夜行和登宵”的记载。据载，穆罕默德在传教第12年的7月27日夜间，奉安拉之召，自麦加尔白乘天马飞至耶路撒冷的“远寺”（即阿克萨清真寺），然后足踏“萨赫莱圣石”升宵，遨游七重天，聆听了安拉的“启示”。次日黎明前重返麦加，为了纪念这一事件，伊斯兰教定每年7月17日为“登宵节”。耶路撒冷由此成为伊斯兰教圣地。每年朝觐者在麦加完成朝觐功修之后，有相当一些穆斯林来到这里进行巡游朝参。

2．佛教寺院朝拜活动促进宗教文化传播。“自古名山僧占多”，佛教的寺院多建在名山之中。这体现佛教远离尘世、超凡脱俗的思想。有的寺院建在高山之巅，如普陀山的慧济寺、五台山的菩萨顶、峨眉山的华严顶、九华山的天台寺等，山路石级，千米万阶，朝山进香，有一种浓郁的宗教气氛；有的寺院兼山林之胜、深谷之幽，给人以高尘隔世之感，如杭州灵隐寺、天台国清寺、宁波天童寺、山东灵岩寺；有的寺院依山而建，或寺裹山，如镇江金山寺，或山裹寺，如焦山定慧寺，或寺在山洞中，如雁荡观音洞。这些“曲径通幽处，禅房花木深”的佛教寺院既是出家人潜心修行的所在，也是旅游者观光游览的好去处。

中国宗教旅游丰富人们的精神文化生活

中国历史悠久，是世界上最早的文明古国之一，具有丰富的宗教文化遗产。加上领土广阔，地形地貌复杂，气温跨度很大，到处都有名山大川，名胜古迹，自然景观和人文景观丰富多彩，可以说是取之不尽，用之不竭，看不完，游不尽。赴西安观看兵马俑，登泰山迎接日出，去大足欣赏摩崖群雕，至大同、洛阳欣赏云冈、龙门石窟。至于五台山、峨眉山、九华山、普陀山四大佛教丛林，也各有所相，既是佛教圣地，又是旅游风景区，两者兼而有之，游客在饱览祖国大好河山之中，增加了许多宗教方面的文化知识，想必收获更加丰硕。前几年，基辛格博士游览四川大足的佛教摩崖石雕群时，赞其“世界无双”。日本游客到敦煌鸣沙山，对中国地理地貌大为惊异，他们骑上骆驼漫游，宛如进入一个神秘世界。中国宗教的寺庙、宫观、教堂分布广密，到上海，可以游览玉佛寺、龙华寺；到福建，可以看涌泉寺、开元寺、南普陀；到青岛，可以看道观上清宫；到杭州，可以看灵隐寺、净慈寺；到宁波，可以看天宣寺、阿育工寺。游客们可以边看庙边欣赏庙里的宗教活动。个别游客对寺庙宫观很反感，认为它们把自然生态、山林风景给破坏了，其实不好这么理解。殊不如，名山古刹在建造时就十分注意与周边环境的协调性、整体性，况且，寺庙宫观往往可供游人观赏，休息。同时，寺庙僧侣们植树种草，美化环境，保护生态平衡，形成一个自然风景区，茂林修竹，清流深深，真不愧为世外桃源。单调、雷同往往是文化贫弱的表现，宗教为旅游提供了丰富的文化资源，旅游促进了宗教的文化传播和交流，它们都是人类精神文化生活的重要组成部分。中国文化丰富多彩，层次重叠，兼容并蓄，已构成了十分庞大深邃的东方文化体系。而游客中的思想感情多元多极，在朝山进香的善男信女中，有些失望于人间世俗生活，想皈依宗教得到慰藉的人，在游览名山大川、寺庙宫观和饱览宗教生活之后，未尝不感到这是一种痛苦的解脱和精神的升华。

（选自《亚太经济》2004年第1期）

产业经济发展中的政府行为效率

——以中国旅游产业为例

陈先运

现代经济社会发展过程中，政府力量是一个非常重要的因素，任何经济问题都无法摆脱政府行为的影响。因此，对政府行为效率的研究成为经济研究的重要课题。政府行为的效率是指其产生的绩效或者说是其后果，通常表现为政府行为的有效率和“政府失灵”两个方面。在产业经济层面，由于涉及到产业地位、产业结构、产业发展战略等产业发展的决策和调控问题，政府行为就更加具体且引人瞩目。政府对经济产业的干预行为要根据不同产业的情况采取适宜的措施和形式，与此相适应，对具体经济产业发展过程中政府行为的研究也有利于正确评价政府行为的效率。本文认为，作为新兴的综合性经济产业，旅游产业的发展能较为典型地显示政府干预行为的特点。

政府的广泛干预是中国旅游产业发展的一大特征，也是中国旅游产业能够迅速发展的重要原因。客观地看，政府发挥的作用是巨大的，政府行为在某些方面是有效率的。不过，在中国旅游产业的发展过程中，“政府失灵”即政府行为无效率的现象比较明显，产生了相当严重的负面影响。如何正确认识和评价“政府失灵”，进而采取相应措施提高政府行为效率，是未来中国旅游产业发展无法回避的问题，也是所有经济产业发展必须解决的问题。

旅游产业发展中
政府干预行为的由来及其有效性

政府具有垄断性和强制性的政治权力和公共权力，与市场行为相比较，政府行为有垄断性和强制性的特点，也更有权威性。当市场机制失效时，政府的干预行为便成为方便的选择。即使在成熟的市场经济体制下，“市场失灵”和政府干预也是普遍现象。按照最初的认识，政府的干预范围是市场失效范围，主要是公共物品的供应、外部性现象、自然垄断行业、信息不完全和信息不对称等。随着社会发展进程，政府的职能向社会公平职能、经济稳定职能甚至经济发展职能扩张。由此说来，政府干预经济的范围有扩张的倾向，且对社会经济稳定和产业经济健康增长意义重大。

中国的旅游产业是在由计划经济体制向市场经济体制过渡的大背景下发展起来的。市场机制在产业发展的初期尚难以带动产业迅速形成规模经济。在特定的历史条件下，市场体制无法自发地生长，必须要有政府的干预。经济体制转轨时期，政府在旅游产业起步中不是扮演市场的替代者，而是扮演了市场制度的导入者和市场体系的完善者的角色。应该说，政府的全面干预是中国旅游产业难以避免的历史过程。

首先，解决旅游产业的外部性问题。表现在三个方面：一是旅游资源产权的不完备，旅游资源的自然属性决定了其有效产权难以界定。虽然从理论上讲，中国的旅游资源产权是明确的，但实际经济活动中却存在着产权虚化和模糊，政府必须出面协调旅游资源的使用，协调各种利益关系。二是旅游产品的公共物品属性，对其消费具有不可分性和非排他性，滥用公共物品导致了拥挤、污染等外部不经济性的产生。在旅游基础设施建设、旅游产品各环节的协调、旅游促销、环境保护等方面，显然要由政府来推动。三是旅游产业市场信息的分散性。由于旅游产业是一个综合性、系统性、依托性很强的产业，旅游信息的传递过程较为复杂，仅靠市场机制难以保证旅游信息传递的有效性。完善其信息传递机制，改善旅游市场信息集散系统状态，需要政府进行干预。

其次，促进旅游经济增长。中国是一个发展中国家，发展经济的任务相当繁重。到20世纪末，旅游产业作为新的经济增长点，拉动国民经济发展的作用日益显现出来。但中国的旅游产业缺乏资金积累，企业规模小，旅游产品的质量及国际竞争力较低，单纯依靠市场体制下的自发生长需要较长的时间，无论是政府还是旅游产业本身，都希望缩短这一历史过程。吸取日本等东亚国家的经验，政府应在旅游产业发展过程中发挥更积极的作用。

第三，旅游产业相关领域的社会公平与稳定。这一方面的内容非常广泛，如促进旅游社会化进程，满足人们休闲、度假的需求，提高人民生活质量，提高人的基本素质；扩大对外开放，增进中外交流；协调旅游产业发展中的利益分配，保证社会公平与社会稳定；开展地区间旅游产业交流，促进区域间经济与社会平衡发展；21世纪初期，中国西部旅游开发是一项极其重要的任务，通过旅游开发带动西部地区经济与社会发展等。

“政府失灵”及其原因分析

关于“政府失灵”，经济学文献中已有大量的讨论。按照萨缪尔森的说法，“当政府政策或集体行动所采取的手段不能改善经济效率或道德上可接受的收入分配时，政府失灵就产生了。”萨缪尔森的论述主要从政府行为的结果没有达到目的来说明政府失灵。结合其他研究者的意见，“政府失灵”大体有几种情况：一是政府行为未达到预期目标；二是政府行为的低效率、高成本；三是政府行为损害了市场效率。中国旅游产业发展过程中，“政府失灵”是常见的现象，政府干预很多情况下都没有更好地保证社会公平与旅游经济发展的效率，而是走向了其反面，成为发展的阻力。

第一，旅游行业的过度投资。政府有关部门为了取得政绩，就有可能违背市场经济规律，利用所掌握的资源进行过度投入。由于决策失误造成的“面子工程”、“赔钱工程”劳民伤财，造成行业迅速发展与企业经济效益不高的矛盾现象。以饭店业为例，20世纪80年代初旅游产业起步时，饭店数量与效益是同步增长的。而到了20世纪90年代，旅游产业渐受各级政府重视，投入增加，但饭店的利润率却一直不高。当然，政府主管部门也会根据市场情况要求企业在投资及经营方面进行适当调整。但政府毕竟没有利润压力，一旦环境适宜，政府直接投资企业经营的现象屡见不鲜。

第二，政府的不恰当干预造成旅游市场的不正当竞争。旅游促进发展是无可争议的事实，因此，政府自然会采取各种方式大力发展旅游产业。政府本应是公平竞争的保障者，但有时因过分强调发展的任务，政府的政策便会导致旅游产业各构成部分之间的不公平竞争。要促进本部门、本地区旅游企业的发展，就会有一些差别性的政策，就产生了地方保护与行业保护。中国的旅游企业从所有制方面看主要可分为国有企业和非国有企业，如果政府参与企业经营，则必然会在不同所有制企业间形成不平等竞争，压抑非国有企业的发展。“政府失灵”在一定程度上加剧了中国旅游市场某些领域的混乱现象。如20世纪90年代提出的“旅游发展适度超前战略”，使国内旅行社之间的不正当竞争更加激烈。“在事实上旅游发展适度超前战略的一个重要目标是带动社会其他经济的发展，可惜的是这个目的并不显著，而不正当竞争带来的严重后果却是十分明显的。”政府促进旅游产业发展的措施成为导致不正当竞争的诱因，让人始料不及。

第三，政府干预企业经营，严重抑制和削弱企业的市场竞争力。在市场经济环境下，企业与消费者是市场的主体。只有旅游企业生产的高效率，才能更好地满足旅游者的消费需求，使旅游产业得到健康稳定的发展。即使是国有企业，政府的参与也会使企业丧失应有的经营自主权，在市场经济的运行过程中无所适从。政府过度干预旅游产业的发展，出发点可能是好的，但实际效果却难如人意，会压抑企业生产经营的积极性与创造性。

第四，旅游产业发展与环境保护、社会公平之间的不平衡。一般情况下，旅游企业的经营目标与保护环境、消费者利益之间存在着一定的矛盾。在几方面的关系中，政府应该引导旅游企业合理利用旅游资源，注意保护自然及社会环境，保护消费者利益。不过，旅游企业的发展对经济的拉动作用相当明显，对于政府有关部门来说，促进企业发展的冲动比较强烈，而约束企业保护环境和保障消费者权益的动力则相对较弱。因此，政府的干预未必就能有效地保障消费者利益，防止资源过度利用及环境破坏。在地区旅游产业发展过程中，政府部门多倾向于保护优势企业，而对于一般公众的参与及利益共享缺乏积极性，不利于社会公平的实现。

“政府失灵”是由多方面原因造成的：旅游相关信息的分散性，使得政府并不能掌握完全信息；政府本身的能力不一定完全符合旅游发展的需要；还有政府本身利益的影响等，都在或多或少地影响着政府职能的行使过程。其中，利益冲突的影响尤为重要。有人认为中国旅游发展过程中出现的混乱局面其根源是旅游管理体制的问题，主要矛盾来源于“中央和地方各类利益主体之间的冲突”。由此看来，对市场失灵的领域，政府职能并不必然起作用，因为政府也要受各种因素的影响，将政府完全理想化是不现实的。而且，任何事物都有其两面性，“政府失灵”是与政府有效率相伴而生的，是政府行为的自然结果。因此，只要政府干预行为存在，“政府失灵”在某种程度上就是不可避免的。政府对旅游产业的干预通常是全局性的，如旅游规划与旅游产业政策的制定等，一旦出现失误，其影响是广泛的，政府失灵通常是对旅游发展全局的危害。而且，政府对旅游市场的干预通常是强有力的，缺乏相应的制约，出现问题纠正比较困难。因此，政府干预旅游市场应采取谨慎的态度。

政府行为效率与政府主导型旅游发展战略

政府行为的效率体现在促进旅游发展和校正“市场失灵”，同时，“政府失灵”带来的消极影响也是一种客观存在。几年来，由于对政府行为效率的评价不同，学术界发生了要不要实行“政府主导型旅游发展战略”的争论。

政府主导型旅游发展战略“就是按照旅游产业自身的特点，在以市场为主配置资源的基础上，充分发挥政府的主导作用，争取旅游产业更大的发展”。中国政府主导型旅游发展战略的实质是对于政府职能的定位，在政府与市场的关系中，政府处于主动地位，由政府来主导旅游产业的发展。有人认为，无论是发展中国家还是发达国家，在发展旅游产业的过程中大都实行政府主导型战略，政府主导无时无地不在，只是有作用领域的不同、推行力度的差异而已。实践已充分证明，政府主导型旅游发展战略符合中国作为发展中国家的国情和我国旅游产业发展的实际。因此，这一战略已成为行业认同、部门认同、地方认同的深入人心的选择。

倡导“政府主导型旅游发展战略”者其基本的理由是用政府职能校正市场失灵，当然这与中国正处于体制转型期有关，因为“在新制度没有完全建立起来之前，适度地保留一部分旧制度或许是一个不得已的‘好’办法，对那些几乎完全没有市场经济经验的计划经济而言，情况尤其如此”。

持反对意见者主要是认为中国正处于建立健全市场经济体制的过程中，政府主导型旅游发展战略与国家经济体制转变的大方向背道而驰。从大的方面看，市场导向是必然趋势，政府只能按市场规律“推动”，而非“主导”旅游产业发展，中国已加入世贸组织，市场自主调节的作用将会越来越大，政府推动作用必然随之弱化，“政府主导型旅游发展战略”已无提倡必要。这样的观点充分注意了市场的作用，也注意到了政府职能的有限性。但不可否认的是，在市场经济国家，政府职能总体是一种扩张的趋势，不加区分地弱化政府作用可能同样不利于旅游产业的发展。

是否赞成这一战略涉及到一个基本的价值判断，即改革开放以来中国旅游产业的发展动因是什么？是政府的主导，还是放松管制，即什么样的政府行为才是有效的。应该说，中国旅游产业的大发展，不是政府直接主导的结果，而是政府放松管制的结果。政府主导了旅游管理体制的改革，体制改革释放了市场的力量，成就了旅游产业的大发展。更为重要的是，要正确实施政府主导型旅游经济发展战略，就必须正确发挥政府对旅游市场干预的作用，大前提是政府官员必须清醒地认识到实施这种干预的范围和力度，而时刻警惕自己的干预行为，切实做到“有所为有所不为”，切实做到适可而止。这当然只是良好的愿望而已，因为出于自身特殊利益和社会经济发展的要求，政府有一种干预市场的冲动，不能指望政府自身主动地“适可而止”，这样的“大前提”是不可靠的。而且，旅游产业发展中出现的问题，足以引来质疑的声音，如“政府主导管理旅游产业的概念似乎很为合理，却被诠释为不太合时宜的强化执法和大力投资”。进而有人主张现阶段就应停止提倡与实施政府主导型旅游发展战略。

从市场经济理论的角度看，政府来主导旅游产业的发展是不合时宜的，尤其在“政府失灵”现象充分显现之后。认为“政府主导型战略相对于西方自由资本主义而言，创造了政府干预市场经济的新范式；而相对于社会主义计划经济来说，又是对自由市场经济的成功引进”的观点，是过于乐观的结论。对于客观经济规律，政府只能顺应而无法主导，政府主导与市场规律存在内在矛盾，提倡政府主导型旅游发展战略将不利于按市场经济规律办事。而所谓纯粹的市场经济同样行不通，市场规律不能超出自身发挥作用的范围，社会经济作为复杂的系统，需要各种机制的共同作用。现代的社会经济制度，没有一个是其中的一种纯粹形式。相反，现代社会经济是带有市场、命令和传统成分的混合经济，从来没有一种100%的市场经济。市场与政府都是市场经济体制的不可或缺的组成内容，市场机制与政府职能是相互对立又相互依存的关系，离开了对方，无论是市场机制或者是政府职能都难以发挥作用。不能因为存在政府失灵就否定政府在发展市场经济过程中的作用，更不能因为存在市场失灵就简单地用政府替代市场。

政府职能的有限性与有效性

简单地赞成或反对“政府主导型旅游发展战略”并不能有效地解决问题，关键应该是科学确定政府与市场的关系及提高政府行为的有效性。根据中国旅游产业的现实情况，恰当的选择是在充分发挥市场机制作用的基础上，实行积极而有限的政府职能。

首先，积极而有限的政府是指在处理市场与政府之间关系时，必须遵守市场优先的原则，市场优先于政府，作为扩展秩序的市场扩展到哪里，政府的职能范围就应该收缩到哪里。也就是说，政府的职能即政府对市场的干预范围是有限的，有限的政府行为才是有效的。政府部门应当切实尊重市场在旅游产业资源配置中的基础地位，转变观念、放松管制，从竞争性领域退出，不与民争利。企业的创新能力得以充分发挥，市场促进发展的能量才能充分释放。

其次是指政府行使职能的主动性。积极的政府，促成了东亚各国和地区的经济发展，这已经成了共识。虽然东亚金融危机之后，人们开始了对东亚经济体制的反思，但现实经济的这次动荡与反复，不足以否定这种模式几十年的成功。政府对经济生活的适度干预能够在一定程度上合理调节各个经济主体之间的利益关系，保持社会的稳定与发展。发展中国家的政府在旅游产业发展过程中具有更重要的作用和更大的权力，这也是比较普遍的现象。当然，这并不意味着要追求旅游行政管理部门“有位”、“有为”和“有威”，而是说政府对旅游产业发展过程中出现的问题要有积极的态度。主要是在市场机制不能有效发挥作用的领域，如保护环境及促进社会公平方面，积极的政府行为可以避免政府缺位造成的混乱。有人认为，旅游促进社会、文化、环境发展的功能，只有政府才有可能发挥作用。事实虽不一定全然如此，但政府在这些方面采取积极行动却是非常必要的。

第三是指职能行使方式的协调与完善。在旅游基础设施建设、旅游资源的开发利用等领域，传统的政府职能行使方式容易出现权力寻租、效率低下等问题。为改善这种状况，可使用“市场机能扩张性”政策，在进行政策干预的领域引入市场机制。由于技术进步及管理理论的发展，公益物品的提供及许多天然垄断行业已经越来越多地引入竞争机制，制约政府权力，防止腐败，提高效率。政府也可以摆脱过多的旅游基础设施建设及资源开发利用的具体任务，在宏观的旅游管理层面更好地发挥作用。

第四，发挥中介组织的作用。旅游产业发展是复杂的系统工程，需要社会机制的各方面的协调努力。有人反对将经济体制的规定限定在“市场”或“国家”上，提倡在一定的条件下，面临“公用地两难处境”的人们，可以确定他们自己的体制安排，来改变他们所处情况的结构。公益物品的提供、资源开发与保护等除了政府与市场，人们还可以有第三种选择，即发挥民间中介组织的作用。旅游产业各种各样的行业组织，都可以在政府与市场之间进行协调，促进资源的有效配置和旅游产业整体水平的提高。

从旅游产业的情况看，实现有效的政府行为是有一定条件的，最主要的是政府干预行为的范围和方式。现代市场经济体制下，明确地界定政府在产业经济发展过程中的每一项职能也许是非常困难的。尤其是像中国这样的发展中国家，政府担负着领导国家实现现代化的繁重的历史任务，其职能相对于传统市场经济国家的政府应有一定的特殊性，不过这种特殊性也不能超出应有的限度，即不能违反政府与市场关系的基本原则。政府在行使职能过程中，必须遵守市场优先的原则，切实尊重市场在旅游产业发展中的基础作用和主导作用，要认识到其职能和作用是有限的。同时，由于中国历史文化传统的特殊性，在市场机制不能有效发挥作用的领域，政府还要积极主动地行使有关职能，防止政府缺位，并注意引入市场机制和发挥民间组织的作用，促进职能行使方式的转变。

（选自《文史哲》2004 年第 2 期）

旅游开发中的文化价值

——从经济人类学的角度看文化商品化

张晓萍

一

旅游是一种极为复杂的社会和文化活动。旅游涉及现代社会中的家庭、经济、自然环境、社会文化等等诸多方面，旅游与人类社会有着密切的联系。正是由于旅游本身具有的复杂特性，从而使人们有可能采取不同的视角对旅游进行审视，从而获得各种不同的理解。

西方已有许多人类学家将研究的重点落脚于旅游研究，而且也取得了很多富有启发性的研究成果。美国社会学家马坎耐（DeanMac Cannell）就认为，旅游是一种对“真实”的“现代朝圣”，即当代的游客外出旅游，主要是去寻找一种“真实”的经历，如宗教朝圣一样，具有深层次的精神文化意义和内涵。美国人类学家格雷本（Graburn）认为，旅游是一种神圣的旅程，如人生当中的“生命礼仪”，对人的一生起着重要的作用，因为旅游使人的一生得到了更新，使身心得到最大的恢复，如宗教中的仪式一样，其意义是不言而喻的。这些观点都强调了旅游对旅游者内心的陶冶或净化作用。而人类学家那什（Nash）等认为，旅游是一种新“殖民主义”，是一种“帝国主义形式”，因为帝国主义理论指的是一个社会在海外的利益扩张。这些利益，不论是经济的、政治的、军事的、宗教的还是其他，都被强加给异族社会或被异族社会所采纳，而旅游也具备这些帝国主义的特点，“并且形成了一种帝国主义形式的旅游”。这样一种观点更多的是从旅游目的地处于弱势地位的角度来审视旅游者与当地人之间的一种不平等地位的。而以色列希伯来大学社会学家柯恩（Cohen）则是从旅游者与当地人的互动中来理解文化的变迁的。他认为，旅游是一种“涵化”的过程，随着旅游和其他新的文化因子被引入目的地社会，引发当地人民生活方式产生变迁的力量也开始形成。尽管最初所产生的力量可能是微小的，但由一笔投资增加所引起的国民收入成倍增加的乘数效应是有可能实现的。而在经济方面产生这种“乘数效应”的时候，文化的“乘数效应”也是完全可能产生的，即游客与东道主之间产生了相互的文化上的影响，而且这种文化上的接触导致了社会文化的变迁，有时这些变迁简直就是出乎人们意料的。不管这种变迁是不是人们想要的，变迁总会发生。这些理论和观点的多样性和丰富性既说明了旅游研究的复杂性，同时也预示了旅游研究所具有的广阔前景。

对旅游文化的商品化作出较多关注的美国人类学家格林伍德（Green Wood），就文化是否可以出售、出售这些文化是否正当等一系列问题提出了许多有见地的看法，从而也使得旅游文化的商品化问题开始在旅游研究中占据十分重要的地位。他提出，旅游是一种“文化商品化”的过程，但是把文化当作商品来进行包装、定价，像商品一样出售，这里的消极意义是很大的，因为这实际上“剥夺了文化的内涵”，同时也剥夺了构成文化的方方面面，是对文化“真实性”的亵渎，是违背其文化主权的。

对于这个问题，西方人类学家有许多激烈的争论。但仁者见仁，智者见智，不管谁是谁非，这一问题的提出和探讨本身就是对旅游业开发和文化发展之间的关系的探讨，有着重要的现实意义，同时也会反过来对商品化这一问题获得进一步的理解。

无疑，旅游已经成为当代消费文化的一种活动，而这种活动是由于资本主义的基本逻辑，即商品化而形成的，那么这就引发了经济学的问题，即什么是商品？商品化是怎么形成的？就旅游而论，自然就会引起对“为什么不同的游客追求不同的商品？”“为什么人的行为和经历也被当作了商品？”“文化能被商品化吗？”等一系列问题的思考。

二

将旅游中的文化的商品化斥为是消极的、是“剥夺了文化的内涵”，是对文化“真实性”的亵渎，是违背其文化主权等观点，一方面使我们看到了旅游文化商品化中确实存在的一些问题，但另一方面，这些观点实际上也将问题简单化了。更进一步说，在这些观点中实际上存在着文化是神圣的、高雅的，而成为商品就意味着文化神圣性的消失等一些基本的理论预设。

商品是一个历史的范畴，早在原始社会末期就已经出现，在现代社会达到了一个高峰。自古希腊以来，在商品的价值或价格赖以形成的原因方面，许多的经济学家都作出了艰辛的探索。

古典经济学家主要是将研究财富的性质和原因作为经济研究最主要的任务，其目的就在于指出一国的富强之路。亚当·斯密在《国富论》开篇就指出：“一国国民每年的劳动，本来就是供给他们每年消费的一切生活必需品和便利品的源泉。构成这种必需品和便利品的，或是本国劳动的直接产物，或是用这类产物从国外购进来的物品。”并且还指出“劳动是衡量一切商品交换价值的真实尺度。”劳动既是形成国民财富的源泉，也是衡量交换价值的尺度，从而也是价值的决定因素。价值论是李嘉图全部经济学理论的基础和出发点。他接受并发展了斯密的生产中耗费的劳动决定价值的观点。马克思在经济学方面的一个杰出贡献就是完成了劳动价值论体系。19 世纪 70 年代，注重商品的效用的边际主义理论开始创立。新古典学派经济学用静止状态的供求均衡分析取代了古典学派的积累概念。新古典学派开始把论证集中到个人地位，它的判断标准是依据个人主义来确定的。“劳动价值说和剥削概念系来自生产条件的探讨。新古典学派则把注意力转向交换，并把效用概念作为商品价格理论的基础。”不论是注重商品的价值的劳动渊源，还是注重商品的效用问题，这些经济学的讨论都似乎没有关注不同的文化背景下的人在进行商品交换的时候的文化制约。

一切经济活动中都存在两大基本的主客观因素——区域与民族，这两大因素的融合构成了一定的社会经济过程。从生产力的角度看，一定的区域以一定的土地、生态环境和各种自然资源构成了生产力的物的要素的直接载体，而从事经济活动的人群集团，即一定区域内的不同民族共同体则构成生产力的主体成分。从客体角度出发，能够看到一定区域经济活动的物量指标，从主体角度出发，则会看到经济活动中的人文内容。

罗尔斯曾经指出：“社会体系塑造了它的公民们要形成的需求和志愿，它在某种程度上决定着人们现在的类型以及他们想成为的类型。所以一种经济体系不仅是一种满足目前的需要和欲求的制度手段，而且是一种创造和塑成新的需求的方法。人们现在的为了满足他们目前愿望的合作方式，影响着他们将来的愿望以及想成为的类型。既然经济制度具有这些效果，而且甚至必须具有这些效果，那么对这些制度的选择就涉及到某种关于人类以及实现它的制度的设计方案的观点。因此，这个选择的做出必须不仅建立在经济的基础上，而且建立在道德和政治基础上。”而道德和政治基础的建立又不是可以和一个民族的历史和文化相分离的。政治、经济、道德等都与特定的文化理念相关联。

就现代旅游而言，随着旅游业的不断发展，民族文化旅游、跨族际的旅游已经成为了旅游业中的极为重要的部分，对于这其中发生的商品交换活动就更加需要从文化的角度进行审视。事实上，人类学的大量资料已经告诉我们，就是诸如衣食住行这样一类最基本的人类生存活动都是与具体的民族的文化结合在一起的。人们能吃什么固然要受到人的生理条件方面的制约，但人们到底去选择什么样的食品却要受到文化的制约。按照这样的观点就会发现，人们在进行商品交换的时候，在理解商品的效用的时候就有文化的影响在内。这也是来自不同的文化背景中的人在选择商品的时候总要受到自身文化影响的原因。而从来自共同的文化背景的人来说，因其所处的社会地位不同、知识背景不同以及社会区隔等等的原因，都会造成在消费倾向和审美趣味上的不同。这也是“为什么不同的游客追求不同的商品”之原因所在。

从另一个方面来看，商品固然包含着无差别的人类劳动，但商品在不同的文化背景中的效用却是不同的。而在人们的不断扩大的社会交往中，不同的文化之间的交往与碰撞既可能使不同文化背景下的人们会产生一些误会，但同时也可能出现相互理解的可能。这也就使得不同的商品在人们的交往中有不同的命运，在一定的条件下，一些商品被拒绝，另一些商品被接受。最有意思的可能还在于有相当多的被接受的商品的效用会因接受的文化背景的不同而产生不同。也就在这些交往当中，甚至某些在原来的社会中不是商品的东西，因为可以在别的社会文化中产生新的效用而成为了商品。如某些民族中很神圣的仪式活动，对于那些不属于这个文化人们来说，这些活动就很难具有神圣性，而很有可能成为一种戏剧性的表演，娱神、消灾祈福等在这个特定文化中所具有的内涵，对另一些文化背景中的人来说经常是不会接受的。在这样一种情形下，对双方来说，要求文化上的他者完全按照自身的文化逻辑理解自身的文化是不可能的。

根据美国《旅游百科全书》的解释，商品化是一种过程，在此过程中，文化产品进行买卖是自然的事。

三

"商品化"一词在旅游研究中一直被使用，这不是没有道理的。商品化中的商品更多的不是指一般商品的出售，如机票、胶卷等，而是指一种本来不是用来出售的东西，但现在被拿来出售了，如文化遗产及神圣的东西拿来作展示表演等等。当某些东西不断为了钱生产，又廉价地出售，就有可能为了经济收益而不再顾及这些文化事物原本拥有的意义，只是一味地屈从于外来需求的影响。这样的过程被西方理论界称为"迪斯尼化"或"麦当劳化"。

在旅游业中，许多学者反对把旅游文化当作资源来开发，进行商品化，他们认为这对文化资源将会是毁灭性的打击。格林伍德在他的《文化能用金钱来衡量吗?》一文中，就提出了文化能否商品化这一严肃的主题。在他看来，有些国家的政府用本国的"地方色彩"来吸引游客，这难免就给目的地国家带来文化上的破坏。所以他说，旅游业现在再也不是旅游者的游戏了；旅游业并不像是一些急功近利者所说的那样是一种万灵药，他通过西班牙的巴斯克人所在的富思特拉比亚举行的Aland仪式为例，对文化商品化进行了抨击。这一观点未免陈义甚高。

按照经济学的观点来看，任何可以出售的东西在生产时都包含了几个要素，即土地、劳动和资金。那么这些东西就可以是剃须刀、半导体收音机，也可以是宾馆设施。但有一点：为什么或在什么时候，商品购买者会为某种文化活动所吸引而到这个地方去旅游？而从事旅游业的经济学家和策划者们也掩饰了这一问题，也把地方文化当作一种"自然资源"来开发，它们认为这也是土地要素的一部分。所以按经济学家的观点来看，任何能被赋予价格的东西都能够被买卖，文化也可以当作快餐店里的东西来买卖，可以被当作商品来对待。而一些人类学家认为，这些活动虽然从经济上获利了，但从文化上说，他们并没有真正的获利，因为商品化实际是对地方文化的"剥削"。而商品化的后果，是导致文化内涵的丧失，格林伍德最后指出，"旅游业只不过把一个民族的文化现实包装后，连同其他资源一起被拿来出售，但我们知道，在任何地区，如果没有文化，当地人就无法生存。所以旅游业正施加一种前所未有的对人类的挑战"。

对于商品给传统文化真实性带来的破坏这一说法，柯恩有自己独辟蹊径的看法。他认为商品化未必会破坏文化的真实性。什么是传统？什么是文化真实性？传统文化的保留是不是一成不变的？如果按照文化变迁的理论来看，任何一种文化都处于一种恒常的变迁当中，那就是说，传统文化不是一成不变的，而是不断发展和变化的，另外，文化是可以被创造出来的。而且这种变化可以随着时间的变化而变成一种世界性的文化而被大众游客所接受。这一认识是极富有洞察力的。美国的迪斯尼乐园就是一个最好的例子。至于真实，不同的人对此有不同的理解。西方社会学家曾提出以下三个问题：1. 游客怎样经历真实？2. 游客为什么要追求真实？3. 在旅游中追求真实的结果会是什么？有人认为，追求真实就等同与原始社会的人追求神圣，现代游客渴望一种对生活的"真实感"，希望通过旅游来摆脱现代工业社会带给他们的异化感和虚假感。由此，我们在强调旅游开发时，最爱说的一句就是"原汁原味"。但事实上任何一个旅游地都不可能把自己的原生文化"和盘托出"。"真实"也是相对而言的。真实是可以创造的，是可以通过艺术的加工而被搬上舞台的，即西方人类学所说的"舞台真实"。另外，通过合理的设计和复制，"真实性"还可以获得可持续的发展。还有，并不是所有游客都知道什么是"真实性"，这与他们的文化素质、情趣、文化品位等有密切的关系。以上这些理论，为我们如何看待文化商品化问题提供了许多新的思路。商品化和真实性无须对立，因为这两者是可以互相转化的：商品化了的东西未必就不是真实的，真实的东西未必就不能商品化。这样的例子在旅游文化资源开发中数不胜数，例如西双版纳的泼水节、丽江的东巴文化等等。

旅游的商品化不但不会给文化真实性带来破坏（只要开发得当），反之有利于地方文化的繁荣发展。例如通过商品化这一过程，许多曾经消亡或濒临灭亡的传统文化得到了挽救和恢复，还可使东道地的人民增强民族自豪感，这是一种积极的作用。当然在商品化的过程中我们也要注意，不是所有的资源都可以商品化的，如某种带有神圣内涵的宗教仪式，具有历史价值的遗产等，如果对这些资源大力开发，即所谓的"创新"，那就会造成其文化价值的彻底散失。

四

旅游活动，不但是一种经济的活动，更大程度上是一种文化活动，而这些文化活动转过来又更加促进了经济的发展。旅游要产业化，就必然要商品化。关键是如何使这些文化旅游资源商品化。从经济人类学的角度来看，民族文化资本化的实践活动是民族发展可资利用的一种方式。通过民族文化资本化去获得经济利益是可能的，也是必要的。因为文化资源开发最终的目的是将其直观的、具体的种种文化事项以商品的形式投入到多民族文化经济产业交融的过程中去获得直接的经济利益。从文化人类学的角度看，民族文化要成为产业经济的载体，必须以文化主体的价值为核心。立足对“我者”的使用价值，才会有对“他者”的交换价值。如果缺乏真正的“文化自觉”，要保护好民族文化是不可能的。

在旅游商品化过程中出现的造假、重复开发、过度商业化等等问题并不就是经济开发本身的错误。这里既有对文化意义的轻视的原因，更有对经济规律认识模糊的原因。单从经济发展的角度看，大量的重复开发、过度商业化实际上也意味着这些所谓文化产品的差别性丧失，可替代性的增加，从而造成门庭冷落的恶果。旅游产品可以说大都是需求弹性很大的，从旅游的角度看，没有什么地方人们是不去不行的，也没有多少旅游商品是非买不可的。所以，对于一些不可再生的文物古迹必须加以保护，不能使它们的真确性消失，不能用假古董代替真古迹也是符合经济增长的长远目标的。从经济学的角度看，这样一些做法其实也是完全没有理会经济学中所说的物品的价格与供给量的关系的原理，或者说是没有记住日常口语中的那句话——物以稀为贵。明乎此，就会看到，在旅游商品化过程中所犯的一些错误并非是因为追求了经济利益，恰恰相反，从长远的角度看，如果把短期效益和长期效益结合起来，破坏文化、扭曲文化、一味地迎合外来者本身也是不符合经济目的的。

总之，无论我们把旅游看作是“无烟工业”、“朝阳产业”、“文化产业”、“现代朝圣”，还是看作“一种文化涵化”或“资本主义生产的符号学”、“政治经济的符号”、“一种资本化运作”等等，但有一点是不能忽视的，那就是旅游是一种大众文化的消费活动。在这一活动中，有形或无形的文化都被当作资源来进行买卖，因为游客是花了钱来购买这一产品的。去消费这样的文化产品对旅客来说是无可厚非的。如何在开发过程中，如何在商品化过程中进行操作，如何保留传统文化的符号和文化因素，还在于如何真正按经济发展的规律办事。传统文化虽不能“原汁原味”地保留，那些被西方人类学家称为符号价值（Sign Value）的东西是可以保留的。保留其符号及因子，有助于传统文化的传承，还可以在此基础上进行新的文化创新和整合，这样的文化产品，不但保留了其原来的“生产价值”，还获得了其“使用价值”，这样的产品就能满足当代不同游客的需求，还可从经济上获得很大的利益，真正实现文化产业化这一目标，为民族经济和文化的发展，实现自己的价值。

（选自《民族艺术研究》2006 年第 8 期）

山东半岛城市群旅游一体化发展探讨

梁文生

山东半岛城市群包括济南、青岛、淄博、潍坊、东营、烟台、威海、日照 8 市，历史悠久、文化底蕴深厚，拥有众多的人文、自然旅游资源，有的已成为国家乃至世界级的旅游热点。

区域一体化对于山东半岛城市群旅游业发展具有十分重大的战略意义

首先，区域经济一本化是经济发展的大趋势。改革开放以来，在经济全球化和区域经济一体化浪潮的冲击下，我国国内区域经济一体化发展的趋势已经凸现出来。近年来，珠三角、长三角等地区的一体化进程迅猛，带动辐射力越来越强，珠三角地区已经突破广东省界限，开始了更大范围的区域合作，“9 + 2”的泛珠三角发展构想正进入实质性发展阶段，进一步拓展了珠三角发展的空间的腹地，增强了该区域的竞争力。与此同时，长三角的一体化也在加速，以上海为中心向周边扩散，其辐射能力不仅仅局限于浙江、江苏，现在已经扩大到江西、安徽等地区，影响整个长江流域。京津塘区域一体化合作已提上日程，并以北京、天津为核心，开始向河北、山西、内蒙古及山东等地扩展。在国家振兴东北战略的带动下，辽沈板块正在加速突起。在目前以区域一体化发展为特征的新一轮竞争态势下，如果不尽快形成强大的区域经济一体化板块，只能被动接受辐射，经济发展质量和竞争力就会受到极大的影响。

其次，城市群成为区域经济一体化的重要载体。城市群的概念最早是在法国地理学家戈特曼在 1961 年出版的《城市群：城市化的美国东北海岸》一书中首先使用的。

纵观世界经济发展史，进入工业化阶段后，城市特别是大城市对区域发展的辐射带动作用越来越大，而以特大城市为中心的城市群的发展，已成为衡量一个国家或地区经济社会发展水平的重要标志。改革开放以来，随着经济的高速发展，我国已初步形成的长江三角洲、珠江三角洲、京津塘、辽中南、闽东南和山东半岛6大城市群，成为中国经济版图上最具活力和发展最快的6大板块。

第三，区域一体化成为现代旅游业发展的必由之路。区域经济一体化必然渗透和体现在各个产业形态之中，旅游业也不例外，而且由于旅游业是一种跨区域、跨国界的人流消费活动，这一特点决定了旅游一体化的进程更加迫切。目前旅游业的竞争，已由单个企业层面的竞争、单个城市层面的竞争，发展到区域一体化的联合竞争阶段。因此，旅游业要在激烈的市场竞争中做大做强，就必须打破行政壁垒，走区域一体化发展之路，在更宽领域、更高层次参与市场竞争。

第四，加快推进旅游一体化是实施山东半岛城市群发展战略的重要组成部分。加快推进山东半岛城市群建设，是山东省委省政府在新形势下积极顺应世界经济发展规律，冷静分析国内外发展态势，根据我省经济社会发展的实际，着眼于全省经济和社会发展大局，作出的一项重大战略决策。根据这一战略要综合半岛城市群现有优势产业，充分考虑产业关联程度，结合各城市未来的职能定位的产业结构调整方向，通过城市间的分工协作，形成地区产业联盟，构造包括旅游业在内的8大优势产业，这就使半岛旅游一体化，成为实施山东半岛城市群发展战略的重要组成部分。

第五，山东半岛城市群旅游一体化是带动全省旅游业快速发展的重大举措。目前半岛城市群旅游业水平和世界上发达国家和地区还存在明显差距。比如山东半岛近3000公里海岸线，年接待海外游客只有80多万人次，而西班牙3000多公里海岸线，年接待海外游客超过5000万人次。造成这种巨大差距的原因是多方面的，但尚未形成一体化发展战略、缺乏整体竞争力是其中一个重要因素。加快山东半岛城市群旅游一体化进程，可以整合半岛旅游资源，拓展发展腹地，形成合理分工、优势互补、协调发展的新格局，增强半岛旅游整体竞争力，充分发挥半岛城市群对全省旅游业的辐射带动作用。

山东半岛城市群旅游一体化发展的战略目标

山东半岛区处于亚太经济圈西环带和环黄海经济圈的重要部位，是黄河中下游地区的主要出海门户，是北方大陆伸向西太平洋的最前缘，与朝鲜半岛、日本列岛隔海相望，在整个东北亚地区具有十分重要的地位。同时它还处于京津塘和长江三角洲两大经济区之间，连贯南北，优势突出。无论从现有基础，还是从发展前景看，半岛地区都是山东发展水平最高、潜力最大、活力最强的经济区域，完全有条件进一步加快发展，成为继长三角之后开放程度最高、发展活力最强、最具核心竞争力的增长极。

近年来，半岛城市群旅游基础设施日益完善，旅游接待能力明显增强，拥有旅游饭店428家，旅行社725家，A级旅游区（点）72家。旅游产业已步入快速发展轨道。2003年山东半岛城市群8市共接待国内游客5900万人次，国内旅游收入393.2亿元，接待入境游客68.48万人次，旅游创汇3.41亿美元，旅游总收入421.5亿元。8市接待游客和国内旅游收入分别占全省的66.2%和72.4%；接待入境游客和旅游创汇分别占全省的88.2%和92.0%；旅游总收入占全省的73.5%。

半岛城市群旅游业虽然得到比较快的发展，但目前也存在一些问题：一是旅游市场发育不均衡，海外、国内市场比例严重失调，接待人次比例为1：86.2；收入比例为1：13.9，与全国旅游先进省存在明显差距。二是旅游企业“小、弱、散”，缺少市场竞争力强的大企业、大集团，形不成规模效应。三是旅游产业结构不合理。旅游收入构成中，购物消费仅占19.3%（世界平均40%，全国平均37.54%），娱乐消费占5.7%（全国15.8%），餐饮消费占9.1%（全国15.4%）。四是旅游投资渠道窄，资本结构不合理，国有经济成分比重过高。

半岛城市群各市要进一步确立旅游主导产业地位，抓住2008年奥运机遇，立足东北亚经济区，打造“鲁日韩旅游金三角”；发挥旅游资源优势和市场区位优势，以休闲度假、节会展览和特种旅游为主体，以建设国际一流旅游度假目的地为战略目标；推动城市建设的个性化，形成合理的空间分工体系；不断提升旅游业可持续发展的核心竞争力。

山东半岛城市群旅游一体化发展应把握的重点

目前半岛城市旅游部门应强化“四种意识”，重点实施好“八个一体化”：

1. 合作共赢意识。突破行政区划界限，加强区域旅游合作，促进旅游要素的聚集和重组，把各市的分散优势整合为半岛整体的竞争优势，形成区域联动、协调发展的新机制。

2. 合理分工意识。应在统一规划的前提下，各市形成合理分工、优势互补、特色鲜明、充满活力的旅游产业体系，推动半岛旅游业整体升级。

3. 共铸品牌意识。统一定做口号，统一旅游形象，统一导游讲解，共推山东半岛旅游品牌，把山东半岛城市群打造成为世界知名、国内著名的旅游目的地。

4. 龙头带动意识。省委省政府提出“青岛强则半岛强，半岛强则山东强”。一方面青岛要充分发挥龙头带动作用，一方面其他城市应主动对接青岛，接受辐射。济南作为省会城市要充分发挥对西部的拉动作用和对南北周边地区的辐射作用。

要重点实施好“八个一体化”：

1．旅游规划一体化。按照省政府统一部署，省局负责编制《山东半岛城市群旅游业发展规划》，聘请有关方面专家组成规划课题组和咨询组，现已完成《规划》编制和评审工作，在省政府召开的半岛城市群工作会上已原则通过，不久将由省政府下发实施。

2．要素配置一体化。要自觉运用市场机制，加快推动区域内旅游要素的优化整合，充分发挥整体优势。形成各具特色、关联度大、互补性强、配置完善的产业发展格局。

3．旅游信息一体化。首先，要构建覆盖半岛的无时空障碍的旅游一体化信息网络，共享半岛旅游资源。其次，各市都要为其他城市创造在游客流动密集的区域免费提供旅游信息资料的条件。

4．旅游交通一体化。坚决取消对外地旅游车入城、入景区的限制措施，在各入城口和交通要道设置醒目的旅游指示标志，便于外地自驾车旅游。

5．市场营销一体化。面向国际国内两个市场，瞄准主要客源市场，共拓市场、共享客源。

6．结算方式一体化。充分利用结算手段，为游客和企业提供便捷安全的结算方式。省旅游局与省农行合作发行的“齐鲁金穗旅游卡”，力争一卡在手，在半岛内方便旅游。

7．服务标准一体化。严格按照国家行业标准和山东旅游细微服务标准，提高整体服务质量和水平。

8．市场监管一体化。整顿和规范市场秩序，共创安全、文明、诚信、健康的旅游目的地形象。

总之，推进半岛旅游一体化要把握规律、注重实效、扎实工作，进一步将旅游管理部门层面的一体化，尽快推进到旅游企业的一体化，从而为旅游业创造更加宽松和谐的发展环境。

（选自《理论学习》2005 年第 1 期）

山东半岛开拓韩国高尔夫旅游市场研究

王志东　丁再献

引言

1．研究背景

高尔夫（Golf）是最早兴起于西方的高档休闲运动项目，随着经济社会发展和居民收入水平的提高以及闲暇时间的增加，高尔夫运动在东方国家也逐渐普及开来。目前韩国的高尔夫运动爱好者超过 300 万，拥有高尔夫球场近 200 座，但是仍然供不应求，每年利用各种机会携带球杆单纯到海外打球的旅游者高达 10 万人次，有关商务客人在海外打球的人次为数更多，韩国高尔夫旅游市场呈显出高增长的特点。

目前中国的高尔夫运动正处在方兴未艾的快速发展阶段。2004 年 3 月，“根据国土资源部的统计，包括内蒙古、贵州在内的 26 个省、自治区、直辖市已建成高尔夫球场 176 座。在建和拟建的球场则要远大于此，据有关部门不完全统计，这类球场在 500 家左右”。根据球场密集的程度，从南往北依次是珠江三角洲，福建沿海，长江三角洲，山东半岛，京津冀地区。与其他地区相比，山东半岛与韩国一衣带水，隔海相望，具有特殊的地缘优势，相似的生活习俗，超过 1.2 万家韩资企业的众多商务客人群，以及相对韩国较为低廉的消费价格，使山东半岛成为韩国旅游者跨国打球的首选之地，高尔夫旅游海外市场的潜力巨大。

本文旨在探讨如何加强中国特别是山东半岛与韩国高尔夫旅游市场的合作，推动山东开拓韩国高尔夫专项旅游产品的良好发展。论文结构如下：1．韩国高尔夫旅游市场的基本分析；2．山东半岛高尔夫旅游市场的发展与分析；3．开拓韩国高尔夫旅游市场存在的问题；4．推动韩国高尔夫入鲁旅游市场发展的有关对策建议。

2．研究方法

针对上述内容，本研究主要采用了下列三种方法。

（1）文献分析与归纳。通过对已有的关于高尔夫旅游市场研究文献的分析与归纳，提出概念与属性，进而确定研究的基础和方向，其结果体现为本研究的主题与范式设定。

（2）数据处理与图表例示。通过对中国与韩国的统计报告、调查报告、行政资料等文献的分析和整理，提取有关数据，加以数学处理，并制作有关图表例示。

（3）田野考察与问卷调查。通过对中国与韩国旅行社、中韩两国高尔夫球场的部分现场田野采访和问卷调查，提出关于高尔夫旅游市场的特性和存在的问题，确认解决与完善的政策方向和对策建议。

本研究中的文献分析归纳和数据提取，涵盖了中国与韩国高尔夫运动发展以及旅游市场开拓的有关汉语与韩语的两国之间的主要研究文献，并与韩国京畿道开发研究院旅游研究方向的同行，进行了面对面的学术交流和咨询，得到了重要的背景资料，为本研究奠定了理论与实际相结合的方法论基础。

问卷调查和田野采访的对象为经营中国与韩国旅游的有关旅行社、部分高尔夫球场。对中国经营韩国高尔夫旅游方向旅行社的问卷调查于2005年11月19日—12月15日进行，对象涉及26个旅行社，并收到其中13个旅行社的有效答卷；对韩国经营中国旅游方向旅行社的问卷调查，委托韩国京畿道开发研究院负责，于2005年11月1日—11日进行，历时两周，对象涉及85个旅行社，收到其中37个旅行社的有效答卷。

田野采访的对象为山东半岛威海泛华高尔夫俱乐部、烟台南山国际高尔夫俱乐部、烟台南山东海高尔夫俱乐部、青岛华山国际乡村俱乐部、山东国科高尔夫俱乐部的主要负责人，对5家俱乐部的市场营销部进行了深度采访。

韩国高尔夫旅游市场基本分析

1. 高速发展的韩国高尔夫运动

韩国高尔夫运动的发展，同样遵循了由最初仅限于上层人士的贵族运动而逐渐向大众化发展的规律。尤其自20世纪80年代中后期以来，韩国的人均国民收入达到1万美元的时候，高尔夫球运动开始迅速普及。根据韩国高尔夫球协会的调查显示，目前韩国的高尔夫爱好者大约有300多万人，为适应高尔夫运动的迅速发展，韩国一度掀起了球场建设的热潮，在不到10万平方公里的国土上，建设了近200座高尔夫球场，高尔夫球练习场更是比比皆是。球场的大规模建设虽然带来了较好的经济效益，但是由于韩国国土面积有限，而高尔夫球场占用土地面积较大，球场的维护对环境有一定程度的破坏等不利因素，引起韩国政府和民间的强烈担忧，并对球场建设用地进行了严格的限制。数量有限的球场和逐年不断增长的高尔夫运动人口形成了严重的供需矛盾。例如2001年韩国共有1290万人次到球场进行运动消费，平均每个球场接待了81661人次，可谓人满为患，达到了接待极限。

由于韩国高尔夫球市场存在着严重的供需矛盾，使得在韩国预订高尔夫球场相当困难。尤其是在春秋两个旺季和周末，球场预订更是难上加难，并造成了球场会员价格的上涨。2003年韩国高尔夫球场的会员卡平均价格突破了1亿韩币（约合8.5万美元），其中最贵的10个球场的会员价格超过了20万美元。另外，球场的消费价格不菲，一场球的人均消费在150美元左右，若加其他费用则超过了200美元。尖锐的供需矛盾和高昂的消费费用，迫使许多韩国高尔夫爱好者将目光投向了海外，尤其是球场设施先进、环境优美、费用比较低廉的中国、东南亚等地区。

2. 潜力巨大的韩国高尔夫旅游市场

由于韩国国内球场严重不足，以及高昂的消费价格，促使众多高尔夫球爱好者将目光投向了海外，由此形成了市场潜力巨大的海外高尔夫旅游客源。根据韩国高尔夫球协会统计，2001年韩国利用各种机会携带球杆到海外打球的人数为9万人次，不带球具出境打球的人也为数不少，目前已超过10万人次。按照人均消费600美元计算，韩国海外高尔夫旅游市场达到6000万美元。据统计，一个高尔夫旅游者的花费是普通观光旅游者花费的3—4倍，由此可见，高尔夫旅游产品的市场效益十分巨大。

目前韩国高尔夫旅游主要集中在暑期休假（7月20日—8月20日）和冬季（11月1日—3月10日）的前后，以及双休日和节假日。暑假时间充足，便于集中安排包括高尔夫在内的海外休闲旅游；冬季时间较长，因韩国球场需保养草皮无法打球，因此，去东南亚亚热带地区和中国海南省打球的较多。韩国自2005年7月1日正式实行双休日制度，为海外短途旅游和休闲运动创造了条件，出游率一直比较高。韩国高尔夫旅游的主要目的地包括：日本夏季的北海道、清森、仙台，冬季的鹿儿岛、宫崎、长崎；中国大陆夏季的昆明、广州、上海、厦门、大连、威海、烟台、青岛，冬季的海南、桂林、广州、厦门、上海、昆明等；东南亚国家的泰国、菲律宾、马来西亚等。目前去海外进行高尔夫旅游消费的韩国人以到泰国的为最多，主要原因是泰国的高尔夫旅游宣传做得早、知名度高、航班多、价格低廉，尤其是可以弥补韩国冬季无法打球的缺陷。但是，一到夏季，由于天气炎热，泰国的高尔夫旅游就丧失了优势，而中国的山东、昆明等地则成为最佳选择地。

山东半岛高尔夫旅游市场发展与分析

1. 中国高尔夫运动的发展

20世纪初，高尔夫运动开始传入中国，进入80年代后高尔夫运动在中国迅速发展。1984年8月，在广东中山市建设了第一座温泉高尔夫球场，1985年5月24日中国高尔夫球协会在北京成立，2004年举行了中国高尔夫发展20年论坛。根据国土资源部的统计，包括内蒙古、贵州在

表1　1994—2005年韩国游客来山东人次统计

	1994	1995	1996	1997	1998	1999	2000	2001	2002	2003	2004	2005
来山东游客（万人次）	6.77	9.86	13.81	11.73	12.3	13.93	18.36	24.39	30.08	30.60	45.2	64.0
比上年增长（%）	41.75	45.59	40.09	-15.0	4.88	13.2	21.82	32.86	23.32	1.73	47.1	41.5
占入境外国人（%）	34.20	32.39	37.97	34.06	33.09	33.32	38.24	41.17	40.57	39.40	37.90	51.3

资料来源：根据《山东旅游统计年鉴》（1994—2005年）有关数据整理。

内的26个省、自治区、直辖市已建成高尔夫球场176座。在建和拟建的球场则要远大于此，据有关部门不完全统计，这类球场在500家左右。相对于美国的20000余座、英国的2000余座、加拿大的1600座、日本的2000座、澳大利亚的1400座，中国的球场数目并不多。但是美国是全世界高尔夫运动最为普及的国家，每年参加高尔夫运动的超过3000万人。日本打球的人数超过1000万人，每年仅出境打高尔夫球的人就达到150万。中国目前经常参加高尔夫运动的有450万人，但仍以每年20%—30%的速度增长。由于中国的高尔夫球运动尚处在发展初期，无论是在开发建设、配套设施，还是在档次分布、空间布局上均缺乏严格的宏观科学调控。特别是在土地资源趋紧的状况下，高尔夫球场建设费用高昂，一座标准的18洞高尔夫球场，球道7000多米，至少需占用土地70公顷（1000亩以上），高昂的管理维护费用达到每年1000—2000万元；同时由于打球的人相对较少，主要为外资商务客人和高端白领阶层，相对较高的消费价格，使高尔夫运动在中国目前仍处于贵族化阶段，许多球场普遍存在吃不饱、球场利用率低的问题，据估计约有80%以上的球场存在亏损。因此，在大力发展和普及国内高尔夫运动的同时，积极开拓海外高尔夫旅游市场，则是中国推动高尔夫运动良性发展的重要举措。

2. 韩国已成为山东第一入境客源市场

山东与韩国一衣带水，隔海相望，区位优势非常明显。山东与韩国的经济贸易往来发展迅速，2005年韩国对山东省的投资额度列各世界各国和地区第一位，占韩国对华直接投资总额的51%。目前在山东的韩资企业超过1.2万家，常年居住人口超过8万人。自1993年起，韩国已经超过日本成为山东省入境旅游市场的第一客源国，一直呈现出快速增长的态势。2005年来山东的韩国游客突破60万人次，占全国接待总量的1/6，在中国各省市中名列前茅。

自2000年开始，山东旅游进入高速发展阶段，每年旅游总收入的增幅超过了100亿元。2005年全省接待国内游客1.42亿人次，国内旅游收入974.6亿元，接待入境游客155.1万人次，旅游外汇收入7.93亿美元，旅游总收入达到1038.7亿元，同比增长27.5%，相当于全省GDP的5.62%，成为中国第6个总收入超过千亿元的旅游大省，实现了历史性跨越。山东省十分重视入境旅游市场的开发，特别是在推动建立中韩日金三角旅游大市场方面，出台了许多促进发展的具体措施。山东省针对韩国旅游市场的特点，在主打"山水圣人"、"黄金海岸"两条经典主线的基础上，重点推出了富有特色的专项旅游产品，包括高尔夫之旅、温泉之旅、修学之旅、水浒之旅、美食之旅、寻根之旅等。特别是在2005年7月1日韩国实行双休日后，山东省抓住契机，面向韩国市场推出了2夜3天或1夜2天的系列短线旅游产品"惬意周末在山东"，积极抢占韩国短线海外旅游市场，取得了非常明显的效果。2005年韩国来山东的游客分别占山东省全部入境旅游的51.3%和全国韩国旅游市场接待量的1/6，从而实现了韩国入境旅游市场的新突破。

3. 独具特色的山东半岛高尔夫球场

中国高尔夫运动的发展，启端于经济发达的广东省。由于中国地大物博，地貌多样，资源丰富，特色鲜明，风景秀丽，非常适合高尔夫运动的开展。根据球场的密集程度，从南往北依次为珠江三角洲、福建沿海、长江三角洲、山东半岛、京津地区。与国内其他高尔夫密集的区域相比，丰富的自然景观，独特的丘陵地貌，使得山东半岛的高尔夫球场极富特点和魅力，成为我国最具有吸引力的海滨高尔夫旅游目的地之一。根据本次问卷抽样调查推算统计，近两年山东高尔夫球场每年接待的打球人数超过35万人次，接待来自海外的高尔夫旅游者、商务客人超过了25万人次。

进入21世纪后，山东半岛的高尔夫球场发展十分迅速，目前建成开放的标准球场12座，正在建设的有8座。山东半岛的20座高尔夫球场环境一流，设施先进，各具特色和魅力。拥有海滨型、湖畔型、山地型、园林型、依山傍海的综合型等多种类型的高尔夫球场。青岛天泰温泉高尔夫球场，拥有中国大陆唯一天然海水温泉洗浴资源，富含38种矿物质及微量元素，历史悠久，被誉为"美容医疗神泉"，洁净秀丽的球场环境与休闲温泉的有机结合，相得益彰，极富吸引力。青岛华山高尔夫俱乐部球场是由美国著名设计师尼桑（Nelson）、瓦尔特（Wright）、哈沃斯（Haworth）设计，融入了大自然四季的交替，呈现出春的优雅，夏的娇媚，秋的成熟，冬的宁静。宽阔的球道，平滑的果岭，尊贵典雅的休闲设施，完善的管理和一流的服务，在山东半岛正式开业的具有国际水准的高尔

表2　山东半岛高尔夫开业球场状况统计

序号	名称	面积（亩）	洞数	球场所在地
1	济南五峰山高尔夫俱乐部	3950	18	济南市长清区崮山镇
2	青岛天泰温泉高尔夫俱乐部	2000	18	青岛市即墨温泉镇
3	青岛国际高尔夫俱乐部	1500	18	青岛市高科技工业园
4	青岛华山国际乡村俱乐部	3000	36	青岛市即墨华山镇
5	青岛云山乡村高尔夫俱乐部	3000	36	青岛市平度云山镇
6	山东烟台高尔夫俱乐部	2000	18	烟台市牟平区蛤堆后村
7	烟台南山国际高尔夫俱乐部	1950	27	烟台市龙口南山集团
8	烟台南山东海高尔夫俱乐部	10000	108	烟台市龙口南山东海开发区
9	山东威海泛华高尔夫俱乐部	1500	18	威海市孙家疃镇远遥村
10	山东海阳旭宝高尔夫俱乐部	1300	18	烟台市海阳凤城旅游度假区
11	山东国科高尔夫俱乐部	1800	18	山东省黄河经济开发区
12	荣城好当家高尔夫俱乐部	1200	18	威海市荣城好当家工业园区

资料来源：根据山东省有关高尔夫统计资料汇总整理。

夫球场中名列第一。在国际上，顶级的高尔夫球场多为林克斯球场，威海泛华球场即为典型的林克斯球场，是亚洲唯一洞洞见海的特色海滨球场。球场布局巧妙，三面环海，沟壑纵横，悬崖林立，天然的海峡、峭壁、峪谷，错落有致，每个球道风格迥异，使球场更加具有挑战性和欣赏性，被誉为中国八大高难度球场之一。南山国际高尔夫球场拥有国际标准的27洞球道，结合天然景致，依山而建，峰峦起伏，湖泊点缀其间，风景如画，令人怦然心动，让球手真正享受到高尔夫运动的愉悦。烟台海阳旭宝球场濒临2.2公里的黄金海滩，受海滨地貌影响，整个球场的自然景观最具苏格兰古老滨海球场的风味。球场上的旷野、荒凉以及一望无际的沙丘及野生矮树丛，令人有回归自然的一份怡然感受。野兔、羊群、木栅、荒颓的古屋，交集成一幅古朴苍茫的美丽景象。正在建设的平度云山乡村高尔夫俱乐部是由韩国斗山开发株式会社投资1000万美元兴建，一期工程占地3000亩，准备建设成为独具丘陵特色、高难度的36洞高尔夫球场。依据规划，在未来市场行情看好的情况下，平度市云山镇将再投入3000亩土地，韩国斗山开发株式会社将追加资金继续开发建设，届时该项目将达到108洞，成为我国现有较大的丘陵高尔夫球场，也是目前山东省与韩国最大的高尔夫合作项目。

山东半岛高尔夫入境旅游市场潜力巨大。目前仅青岛国际高尔夫俱乐部和青岛华山国际乡村俱乐部两处，每年接待的韩国游客达到5万人次，其中由旅行社组织的韩国高尔夫旅游团队超过1万人次。与韩国的球场相比，山东半岛球场的价格低廉，环境优美。据青岛华青国旅韩国部统计，该旅行社面向韩国市场推出的高尔夫三日两晚游仅为600美元，内含在青岛打三场高尔夫球、往返机票，以及在当地观光娱乐的费用，与在韩国国内打三场球的费用相当或更低，在韩国高尔夫海外旅游市场上十分受欢迎。山东半岛已成为韩国高尔夫海外短线旅游的最佳之地。

开拓韩国高尔夫旅游市场存在的主要问题

1. 市场促销不足，品牌形象尚未建立

山东半岛虽然重点推出了高尔夫专项旅游产品，无论从球场设施、草地状况、景区环境，还是交通可通达性等硬件方面，整体水平与韩国相差不多，在国内也属上乘。但是围绕高尔夫旅游产品的旅行社、酒店、球场、娱乐等服务机构的市场开拓基本上还处于各自为战、单打独斗的局面，没有形成紧密型的一体化产业链和联合体。特别是山东半岛高尔夫球场的联合促销机制尚未建立，在韩国宣传促销的力度不大，知名度不高，美誉度不强，尚未形成山东半岛高尔夫旅游产品脍炙人口的品牌优势，在针对韩国的高尔夫旅游市场促销方面远远落在有关省市的后面。

2. 市场主体作用发挥不够，开拓市场缺乏活力

旅游市场开发的成效，最终取决于市场主体的竞争力。山东省无论是高尔夫球场还是旅行社机构，主动开发韩国高尔夫旅游的主体作用发挥不够，竞争力不强。表现在：一是高尔夫球场很少主动外出促销，坐门等客服务的做法仍然十分普遍；二是高尔夫球场与外联旅行社缺乏密切合作，缺少共同开发促销的利益契合点和积极性；三是山东半岛外联旅行社与韩国有关旅行社的有效对接不够，造成韩国旅行社为山东半岛组织高尔夫旅游客源力度的欠缺；四是山东省许多旅行社缺乏经营高尔夫旅游的专业人才，特别是缺少懂高尔夫运动的韩语导游和高尔夫旅游市场的开拓人才。

3. 市场环境欠佳，服务质量有待提高

山东半岛的高尔夫球场设施一流，但是市场环境的细微服务方面欠佳。一是语言环境较差。在济南、青岛国际机场缺少韩语广播服务，高速公路和主要球场、酒店等服务场所，缺少明显的韩文服务标识以及用韩文介绍高尔夫旅游的宣传手册；二是高尔夫球场缺乏懂韩语的工作人员和球童，造成交流上的困难。在服务接待中，往往忽视了两国文化的差异性，个性化细微服务不足，致使服务质量

难以保证；三是卫生状况差。主要是宾馆、景区、球场、高速公路休息区的厕所卫生状况与韩国相差甚远。

推动韩国高尔夫入境旅游市场发展的对策建议

1. 加强对外宣传促销，塑造山东半岛高尔夫旅游品牌形象

山东半岛高尔夫球场与中国大陆其他地区的高尔夫球场相比，虽然在气候条件、经济发达程度、球场知名度和人气等方面存在先天不足，但亦具有其他球场无法比拟的特殊地缘环境优势。山东半岛距离韩国最近处不足100海里，青岛到韩国的航班最多只需1小时10分钟就可到达，海上每周的直航客轮班次繁多，来往交通十分便利。据大韩航空提供的信息，仅该公司每星期往返青岛与首尔、青岛与釜山的班机就多达17次。交通的便利优势使山东半岛具有成为韩国客人跨国打球首选之地的巨大潜力，特别是在4月—11月期间的节假日、双休日，韩国来山东半岛打球的人士众多，则是针对韩国高尔夫海外旅游市场促销的最佳时机。

在韩国进行宣传促销活动时，特别要重视对重点客源市场的促销。韩国的出境旅游主要分为三大区域：以首尔为中心的京畿地区；以釜山为中心的岭南地区；以光州为中心的湖南地区。而以首尔为中心的京畿地区几乎集中了韩国人口的一半，出境旅游的人次也远远超过了其他地区。因此，加强山东与京畿道高尔夫旅游市场的开发合作非常有必要。山东旅游部门要充分利用与韩国距离最近、交通便捷、经贸往来频繁、具有良好合作基础的优势，加强在韩国高尔夫专项旅游产品的巡回促销，积极参加由韩国举办的大型旅游展会和专项促销活动，重点宣传推介山东沿海高尔夫球场的环境优势，努力打造山东半岛高尔夫旅游著名品牌，吸引更多韩国球迷到山东打球，把高尔夫专项旅游产品做大做强，成为新时期山东入境旅游发展的新亮点。

2. 进一步完善奖励政策和措施，调动开发韩国市场的积极性

高尔夫与旅游的结合是当今世界高尔夫运动发展的必然趋势，高尔夫球场与旅游中介组织机构的紧密合作，是推动高尔夫旅游发展的重要因素。旅游业涉及面广，消费需求大，提供了广阔的客源市场。高尔夫以其独特的运动魅力和市场价值，为旅游业提供了一个最具开发潜力和盈利空间的朝阳产品，并逐渐成为旅游业发展的新增长点。山东省应进一步完善与落实外联海外高尔夫旅游团的奖励政策和措施，调动各高尔夫球俱乐部以及国际旅行社开发韩国市场的积极性。特别要突出奖励为山东半岛高尔夫旅游宣传做出贡献的韩国媒体，对韩国旅游批发销售商推广山东半岛高尔夫旅游专项产品予以更多的物质支持，从而强化开拓韩国海外高尔夫旅游客源市场的力度。

3. 加强与韩国旅行社的合作，建立战略合作伙伴关系

高尔夫旅游者的主要出游形式包括三种：一是包价旅游的高尔夫旅游者；二是高端商务客人身份的旅游者；三是以散客形式出游的高尔夫旅游者。在不放弃散客和重点吸引高端商务客人的前提下，山东半岛旅行社和高尔夫球场在近期应将目标市场定位于韩国包价旅游的高尔夫海外旅游团队。特别要积极做好与韩国旅行社的友好协商，达成利益分配等各方面的共识，充分利用其广泛的客源网络和渠道，通过有效合作将韩国包价旅游的高尔夫海外群体旅游者引进国内市场。同时积极建立与韩国大型会务公司和国际大企业的密切联系，以奖励旅游形式进行包价高尔夫旅游的促销，可为球场和旅行社及酒店带来相当部分的稳定客源。

4. 建立联合促销机制，打造山东半岛高尔夫旅游基地

高尔夫旅游作为集健身、休闲、娱乐、观光、竞技为一体的朝阳旅游产品，市场的开发必须基于资源的有效整合。围绕高尔夫产业链，应尽快建立山东半岛高尔夫旅游联合促销机制，在韩国大力强化“跨海挥杆潇洒游，惬意周末在山东”的休闲旅游概念，共同开拓韩国高尔夫旅游市场。在高尔夫旅游主打产品的基础上，开辟多种趣味组合的高尔夫旅游线路，以满足不同类型韩国游客的不同需要。例如，推出青岛、威海、烟台黄金海滨三地不同球场循环打的周末高尔夫之旅，使韩国游客充分领略和享受不同风格球场带来的挑战性和刺激性。同时，也可推出高尔夫+温泉、高尔夫+美食、高尔夫+海上垂钓、高尔夫+购物、高尔夫+中医康体等形式多样的特色旅游产品组合，使高尔夫旅游产品内容丰富，常游常新。在积极开拓韩国入境旅游的基础上，重点打造中韩日金三角高尔夫旅游基地，不断拓展山东半岛高尔夫旅游市场的海外影响力和吸引力。

5. 努力提高服务质量，完善服务接待体系

高尔夫旅游与一般的观光游客团体相比，素质层次较高，对服务质量的要求较严，决定了为此要建立一个完善的服务接待体系。包括球场的预定、酒店的位置、活动安排、服务标准、个性化服务等都是旅行社需要为高尔夫旅游者周密考虑的。韩语导游既要具备一般的接待素质和水平，同时还要十分熟悉高尔夫运动的基本常识和要求。在球场各项环节的服务中要注意提供针对韩国客人的说明手册，对有代表性的球道加以重点推介。目前，高尔夫球场已成为许多商务和政务活动的载体，欧美许多大财团的重要会议都选址于全球著名的高尔夫球场。因此，努力做好会议接待的周到细微服务，吸引韩国大企业来球场举办高层次会议，也是山东半岛高尔夫海外旅游市场开发的重要目标。

6. 加强山东与京畿道的交流，建立友好合作平台

2005年10月，山东省首创举办了第一届友好城市旅游大会，来自32个国家和地区的47个友好城市代表团、33个海外旅行商代表团、598名来宾出席了大会，共达成旅游合作意向和协议6万余份，会议取得了极大成功。山东省先后与韩国京畿道、庆尚南道、首尔等观光协会以及韩国较大的出境组团旅行社签署了合作协议，旨在加强双方在信息交流、加强互访、全方位合作的友好协商机制。并在互相推广旅游形象、开发专项旅游产品、推动两地游客双向交流等方面开展有效合作。高尔夫旅游产品是山东半岛与韩国京畿道互补性很强的专项旅游产品，市场潜力大，可操作性强。应充分利用我省友好城市大会和韩国国际旅游博览会的交流平台，加强与韩国特别是京畿道的政府与旅游企业间的合作，探索双方地方政府、旅游行政部门、旅游大型企业之间建立战略合作关系的有效机制，共同进行包括高尔夫专项旅游开发与宣传促销在内的战略合作，推动韩国高尔夫入鲁旅游市场的良好发展。

7. 积极举办高水平赛事，扩大山东半岛高尔夫旅游产品影响

国际经验表明，高级别的高尔夫球比赛活动能够广泛集聚人气，显著扩大球场影响，增强旅游目的地吸引力。建议山东半岛每年举办多场次、成系列、高级别的高尔夫国际大师赛、精英赛、巡回赛、邀请赛等国际国内赛事，利用名人效应，引起轰动，形成卖点，塑造品牌，吸引更多的海外球迷包括韩国球迷来山东半岛打球。特别是要经常邀请韩国媒体、高尔夫球协会、旅行商和高尔夫顶尖高手来山东进行采访、考察与比赛，积极宣传和推介山东半岛独具特色和魅力的高尔夫旅游专项产品，努力激活山东半岛高尔夫运动的入境旅游市场，实现新时期山东省入境旅游的新突破。

（选自《旅游学刊》2006年第10期）

论政府旅游营销行为的理论依据

池雄标

问题的提出

近年来一个不可忽视的趋势是，政府直接利用财政预算参与旅游营销和旅游地形象策划。根据世界旅游组织对全球128个国家或地区的考察，世界上绝大多数国家对旅游促销都列支了数额庞大的预算。国内许多省市政府也纷纷安排营销经费预算，以开展广泛的政府营销活动，力争在区域竞争中更多地吸引客源，占据优势。但是，经济理论传统上认为，市场经济中，借助于价格机制、供求机制和竞争机制，凭着理性个人之间的利益互动机制，市场这只“看不见的手”会使经济系统得到有效的运作。在这样一个大前提之下，营销是企业的事，政府只是市场的“守夜人”，不应代替企业的职能去搞“功利性”的营销。因此，作为“守夜人”的传统政府角色似乎与政府营销在理念上存在矛盾，如何理解这种差异？政府大力介入旅游营销的理由或理论基础是什么？实事求是地分析其中的原理，有着重要的意义和价值。

政府旅游营销出现的原因

旅游业正日益成为激活“人气”、拉动区域消费需求的基本力量。实践证明，科学、有效的旅游营销策略和长期、广泛的旅游地形象建设是吸引旅游者的主要途径。根据现代社会科学尤其是心理学、广告学科的原理，旅游者个人的认识能力和信息接受面是有限的，一个城市、一个旅游景区要进入被选范围，除了其本身的资源条件外，主观形象的诱导性是决定性因素。因此，必须懂得如何最有效地将信息传输到旅游者的面前，引起其注意。否则，选择就无从谈起。从一定意义上来说，这正是所谓“注意力经济学”或“眼球经济”。形象地说，则是“不在眼前，不在心中（Out of sight，out of mind)”。旅游地形象在很大程度上是可以塑造的，“固有性形象”和“美誉性形象”并不等同，供给者必须实施有效的“管理需求”的主动策略，即尽可能地通过各种方法影响和操纵旅游者的需求，才能在竞争激烈的市场上将旅游者吸引到本目的地中来。在这样一种全球新趋势的影响下，旅游地形象与其地理形象的差异越来越大（地理形象只着重于真实描述当地的地

质构成和风景特征)，旅游形象已变成基本上靠营销形成。基于这种原因，通过公共资金（财政）预算直接对区域旅游地形象进行策划、包装，直接参与旅游产业中的公益性营销，成为众多国家和地区的必然选择。进一步分析，政府参与营销旅游地，具体意图在于：

（一）树立旅游地的中长期形象和战略发展目标

绝大部分企业，尤其是中小型饭店、旅行社、景点等，为了竞争和生存，其经营战略重点往往只考虑短期，调查预测和具体经营行为也都是短期的，这种短期战略，必然忽视对大量全局性的、具有战略价值的和不具有直接产出性的营销的投入。长此以往，一个区域容易出现宣传上的混乱和整体形象的模糊化，从而带来区域旅游吸引力的减退和社会、经济效益的不良循环。因此有政府参与营销的必要。

（二）解决旅游业和与旅游相关的众多子产业信息不对称问题，培育旅游地的现实活力和长远成长力

现实经济生活中，信息一般是不完全的，而且获得信息往往要付出成本。信息的不完全性和信息成本会影响到市场机制运行的结果和资源配置效率。在旅游产业中，信息的密集性有着特殊的意义。旅游产业中主客体之间、客体和媒体之间、主体和媒体之间存在大量的供需不相等和信息不充分的分布特征。很少有其他领域能像旅游那样把信息收集、加工、传递和利用放到如此重要的地位。旅游服务的无形性、旅游设施的不可移动性和旅游产品的非存贮性增加了信息不对称的可能。无形的旅游服务在销售时是无法展示的，而且通常在远离消费地点被预先销售。交通、住宿、娱乐等方面的服务必须根据旅游者复杂多变的需求进行包装和组合。不同的组合给旅游者带来的可获得性、价格、质量、位置等都会有很大的不同，这都依赖于信息的充分性和有效性。单个企业对自身的信息建设往往会花很多精力，然而从全局来看，这不解决问题。大量的公共性、对各个企业有直接作用的信息缺少相应的收集传播者、整合者。旅游者寄希望于企业的信息渠道，但企业的力度、广度都无法满足日益增加的信息需要，政府如不介入，显然会出现缺位。

（三）用强有力的策划活动和热点盛事活动，增强区域旅游的吸引力和被关注程度

许多旅游经济研究学者认为，一个旅游地的形象必须不惜一切代价得到维护、扶持和提高，通过大量的媒介宣传，提高正面的旅游形象的知名度和独特点是吸引旅游者的惟一选择。热点盛事活动，往往是一个城市景气的关键所在。没有政府参与，单个企业不愿或无力承担这些外溢效应很明显的活动。在激烈的旅游市场竞争中，不同的目的地市场之间争夺游客的格局是此消彼长，一直缺乏热点的旅游地，最终会被旅游者淡忘，在竞争中处于劣势地位。

政府旅游营销的性质

理解政府旅游营销，应当运用公共产品理论的观点和方法，认识到隐藏于其表象之后的公共产品生产特征。

（一）公共产品及其生产原理

公共产品（Public Goods）是现代经济学中一个具有特殊重要性的概念。公共产品是指具有公共消费性质的物品（广义的物品，包括服务等）。个人对这类物品的消费并未减少其他人同样消费或享受其利益。公共产品的类型很多，以国防和公安最为典型。随着技术条件和社会的发展，公共产品的类型和范围都会有所变化。公共交通、邮政、医疗保健、供水供电、行政管理、基础教育等都具有一定程度上的公共产品特征。

公共产品的两个基本特征是：(1) 非竞争性，指某个人对一种物品的消费，并不妨碍别人对该物品的消费。对生产者而言，它表明生产的边际成本并不因消费人数的增加而上升。(2) 非排他性，指对一种物品未付费的各个人不可能被阻止享受该物品的好处。从理论经济学的角度上来说，这种特点的问题是出现不付费就受益的“搭便车”问题和偏好显示的不真实性。一般而言，公共产品具有一定的正的外部性影响（Externalities)，是文明社会不可缺少的组成部分之一。公共产品的存在，能够增加社会福利，提高个人和企业的生产效率和效益。比如，教育能使国民素质普遍提高，这对受教育者及其家庭，对整个社会都有深远的正面影响。

公共产品的特点表明，公共产品的生产与市场分散化决策之间是存在内在矛盾的。公共产品一般不能寄希望于在市场机制中产生，而应当主要地由政府来提供。

具体来说，市场是由理性的个体通过交易行为形成，交易的动机在于逐利，因此，对于无利可图的产品，个人或个体企业肯定不愿去生产；利益由别人分享，成本却由自己付出的生产，也一定不会有足够的动力去进行。公共产品的“搭便车”现象表明，人们消费公共产品的多与少，并不与所付出的成本有直接联系，结果是在通常的市场机制条件下，公共产品的提供在成本与收益上明显不对称，如果由作为市场竞争主体的企业来承担公共产品的生产，则得不到足够的收益或报酬。历史证明，市场经济中，市场的作用并不是万能的，自由放任基础之上的市场机制，并非在任何领域、任何状态下都能充分展开。自文明社会以来，在一些领域，市场机制常常不可能得到有效发挥，或即使能发挥也无法达到符合社会正确要求的资源配置结果，这就必须由政府来进行公共产品的生产。

（二）旅游地形象是一种新型的公共产品，旅游营销是一种公共产品生产行为

以一个城市或地区为范围的城市旅游形象或区域旅游形象，具有公共产品的非竞争性和非排他性特征，在很大

程度上具有外溢效应（正的外部性），是一种新型的公共产品。公益性整体营销效益和产出与市场分散化决策是相矛盾的，需要政府参与，是一种新型的公共产品生产行为。

首先，一个城市的旅游形象变好，会逐步吸引大批的旅游者到这个城市来旅游。各个单个的旅游企业或与旅游相关的企业、个人都会受益。但是，倘若单个企业或个人去做整个城市的形象宣传乃至在这方面投资，他并不能收到这一行为全部或大部分的回报；在这种现实情况下，作为市场竞争主体的旅游企业，往往只关心自己的形象建设，对大量的公益性的、对域内企业和个人都有好处的形象建设都不会花精力去搞。其次，旅游地形象建设在很大程度上体现为有关信息的制作、收集和传播。在一定区域内，对此进行投入，才能有产出投入和产出之间的可以评估的比例，但是具体到单个企业，投入和产出又显然不对称。

旅游营销包括两个部分，即单个旅游企业为个体经营所进行的个体营销，以及以区域或城市旅游为内容的公益性整体旅游营销。以一个城市为例，整体旅游营销行为包括以下一些典型做法：代表旅游地城市发布旅游信息；印制和发放宣传区域旅游形象的文献资料；举办各种针对国内各地和海外市场的宣传推介和公关活动；促进本地和外地的旅游企业之间的协作；设计城市旅游形象的标识、口号并培育认同意识等等。从广义来说，城市的整体旅游营销还应包括：配备和培训信息收集、传播人员；城市公共标识系统的建设与管理；争取重大会议、赛事、展览的举办权；争取跨国公司总部设在本市；争取有利于人流、物流向本市流动的交通条件、出入境政策等等。

上述的各种行为，显然非单个企业或个人所能为之，必须借助于政府的直接或间接介入才能完成。即使有企业对其中的部分内容进行操作，它同样也得不到其中的大部分收益。在这种情况下，政府利用公共财政进行整体形象营销就成为一种必然选择。上述的这些行为，在旅游业未得到充分发展的时代，往往因为其社会效益不明显，而显得无足轻重，不值得利用大量的财政收入去支持。但是，在旅游产业成为一个地区、一个城市发展经济和社会文化的重要依托力量时，却变成一种不可缺少的公共产品生产活动。

（三）运用财政资金进行旅游营销是政府公共财政运作的内在要求

公共财政作为一种新的模式，是我国财政改革的重要方向。公共财政是与市场经济相适应的一种财政模式，是指政府主要利用财政收支为市场提供公共服务、生产公共产品的财政收入、分配体制。公共财政是弥补市场失灵的财政。

具体而言，公共财政的基本要求是：（1）在市场经济条件下，“市场能干的，政府就不应去干；市场不能干的，政府就应当去干。”就财政支出而言，生产公共产品以满足社会公众的需求是其主要的任务，对于市场有效的、可以通过市场进行商品生产的领域，政府不应动用财政资金去做。（2）用于弥补市场失灵的公共财政，一般不能直接进入市场上去逐利，只能从事非营利活动。（3）公共财政的公众性还体现为政府预算的法治化和法制化。

改革开放以后，我国财政理论界逐步确立了“借鉴公共财政理论，发展国家分配论”的基本理论倾向。如何构建和完善公共财政，是财政改革的核心内容。就支出活动而言，公共财政模式在财政活动与企业、个人之间的活动范围之间有原则性的准则和界限。基本的原则是，企业活动于市场有效领域，财政活动于市场失灵领域。从一般意义上看，公共财政应当：（1）从财政资金上承担绝大多数公共产品的生产组织和提供，干预因公共产品可能供给不足的种种问题。（2）通过税收等手段，对有负的外部效应的产品生产行为进行限制，对有正的外部效应的生产行为进行支持。（3）对不完全信息的情况下的信息传播承担责任，改进信息传递条件，提高市场信息传播的效率。

从动态的角度看，公共财政的支出领域和界限是具有历史性特征的。公共产品的范围会随着技术条件的变化和社会福利目标的变动而随之有所改变。随着旅游业的重要性提高，旅游地形象正成为一种新型的公共产品，越来越有需要利用公共财政进行生产的必要性。政府进行旅游营销的原则和界限，完全由营销是否具有公共产品生产特征所决定：凡具有公共产品特征的营销行为，应当由政府承担，仅只是关乎单个旅游企业经营业绩的营销行为，政府应当避免运用财政资金去承担。这是以公共财政资金为基础的旅游行政部门的基本行为准则。具体而言，政府与企业之间应当既相互分工，又相互合作，旅游地形象建设等公益性营销工作主要应当由政府承担。从行为原则看，政府旅游营销的基本立足点不能偏离有利社会发展、旅游资源保护、旅游产业结构优化、旅游产品构成合理化、产业水平高级化和各方合法利益的综合协调等原则，不能过多地涉及非公益性的营销活动。

显然，明确这样一个原理，对正确认识政府旅游营销所负的责任有重要意义，对理解和争取政府对旅游营销的投入有重要价值。根据这一逻辑，如果政府不承担起公共产品的生产的责任，显然其直接后果是导致社会所需要的各种公共产品的供给不足，从而使社会系统的运转产生种种问题。

当前政府旅游营销中存在的问题

近年来，国内许多省、市、自治区和大部分旅游城市都在进行层次、规模和水平不一的政府营销行为。但总体来看，尚处在相当初级的地步，存在不少问题。

（一）将营销等同于促销，缺乏完整的营销规划

我国的政府旅游营销不成熟性较为明显。在实践中，

旅游营销往往只是被简单地理解成“促销（Promotion）”或“推销（Sales）”。其中典型的缺陷包括：（1）主要从产品角度出发，考虑的是尽可能增加旅游产品的销售，缺乏从市场需求角度对区域旅游经营和整体功能进行体系性规划。（2）主要采用广告、宣传和公共关系等手段和工具向旅游者传递信息，但缺少市场细分，也缺乏产品和价格的定位，缺乏其他具有针对性的和可测度性的营销，从而显得比较笼统，手段也较为陈旧。（3）所传播的信息缺乏两个基本的要素，一是信息的系统性，二是对信息的反馈性。因而没有旅游产品提供者与游客的经常性沟通渠道。（4）营销行为的完整性往往因不了解而被忽略。包括市场研究、沟通、反馈和控制等环节的完整流程，在不少地方政府或组织的营销活动中只剩下沟通（且只是单向的）这一环节。

从科学的角度上来看，三者是有着本质区别的。推销注重产品的销出，以生产者的需要为出发点。推销只是营销的雏形。营销则注重消费者的需要，营销的目的就是使推销成为“多余”。营销在于使旅游产品完全适合客人的需要而形成自我销售。促销是营销的外在部分和环节之一，促销要以完整而科学的营销计划为基础，是营销的手段。营销的内容更广、更完整。从这样一个概念区别看来，我国地方政府的旅游营销从观念到行为都还有很多的努力要做。

（二）对旅游营销的效果评估十分薄弱

对旅游目的地进行公益性质的政府营销，其效果往往是间接的、复杂的。但是，对政府的营销行为进行评估，却越来越具有必要性和紧迫性。一方面，实践需要通过评估改进现有的做法，提高营销水平；另一方面，政府营销的资金来源是公共资金，甚至直接来源于税收，这些支出需要有严格的监控和效益审计。如何寻求最有效的方式、方法来实现政府营销的监测，以维护财政支出的严谨性和效果的可评估性，是现代政府旅游管理中的一个重大问题。

目前由于缺乏这方面的研究和评估，一方面旅游行政部门申请经费缺乏必要的现实和理论依据，造成了工作被动；另一方面也使营销经费有被低效率使用的潜在隐忧。如何借鉴国际上相对成熟的评估方法，对营销支出进行监督、优化，是一个摆在政府部门面前的重要问题。在这方面仍有待于进一步探索。

（选自《旅游学刊》2003 年第 3 期）

农业文化旅游及其景观开发

崔　山　冯　丽　杨其长

农业文化旅游及其景观的诠释

进入 20 世纪 90 年代以来，名为“农业旅游”的旅游形式陆续在我国的大城市里出现，对丰富都市群众的娱乐生活起到了积极作用。农业旅游园区的建设一般都重视生态效益，但对其中的文态即文化意义的建设却显得不足。重视生态环境固然必要，但如果不能与文态建设结合，没有创造丰富的文化内涵，只重视生产过程，是不能满足都市人们的精神需求的。“农业文化旅游”概念的提出，将进一步推动农业旅游业的发展。

从世界范围内来看，文化旅游日益受到各国人士的普遍青睐。文化旅游是旅游者以观光、参与等行为做媒介，通过了解和熟悉特定文化群体或区域的文化特性，达到增长知识和陶冶情操的目的的旅游活动。文化旅游凭借其独特的魅力，吸引着越来越多的人们的关注。今天的游客，已不满足于浅层次的观光旅游，而是对更深层次的文化旅游发生兴趣。传统的无主题旅游已向主题旅游转化，周游式长线旅游已向滞留式区域旅游转化，游览式观光旅游已向参与式互动旅游转化。都市的人们从旅游带给的感官满足提升到通过旅游认识国家各个地区的历史文化，从而寻求理性的启发和认同，这是世界旅游业的大潮流。所以，“农业旅游”应该向“农业文化旅游”深化。农业文化旅游既应承载人类的农业历史文化，又应体现地域农业文化的特征，同时，也应该成为城市居民的一种精神思想的寄托。

文化是一个有机的系统，它由外向内包括物态文化、制度文化、行为文化和心态文化诸层次。一个文化旅游项目的发生和发展，最初是从“文化的心态”开始酝酿，然后经过“文化的行为”和“文化的制度”逐层向外，以特定的“物质形态”表现出来，并以这最外层的“物态文化”直接与人们触碰。

在农业文化旅游当中，“文化”是以何种特定的具象“物态”出现的呢？要弄清楚这个问题，不得不引入“景观”的概念。“景”是指一切客观存在的事物，“观”是指人对“景”的各种主观感受的结果。“物态文化”通常就是以“景观”的形式展现给人们。农业文化旅游景观，是指旅游景区内，由各种静态和动态环境要素所构成的，能够成为游客审美对象的形式信息的总和。它具有客观的功能内容和外显形式，能够被游客感知和理解，可以达到情感愉悦的审美目的。能称得上是农业文化旅游的景观，应该是物态、制度、行为和心态文化在其中逐层作用的“中和”景观，可概括为相对静态的景观和相对动态的景观。

要搞好农业文化旅游，就要抓住农业文化旅游的“景观”。评价和研究“农业文化旅游”，也应该从形象的“景观”入手。着重人文关系所创造的文化农业旅游园区及其周围景观的表达方式，使农业旅游园区蕴涵丰富的文化内容，综合哲学、美学、历史、艺术、文学、建筑学、农学等多种学科的成就，塑造凝结人类古代和现代文明的新景观。

农业文化旅游及其景观的开发

由于农业文化旅游的景观是一个多层次、多元素的复合体，所以，丰富和拓展农业文化旅游及其景观，就必定要从多方面考虑，并注重它们相互作用的过程和结果，使之达到儒家哲学意义上的“中和”境界。农业文化旅游功能的开发，一是增加数量，二是提高质量，两者不可偏废。增加农业旅游景观的数量，就是增加旅游功能项目，增加那些文化含量高的农业旅游项目。提高农业文化旅游景观的质量，应是多方面的，其中以物态形式出现的硬质景观，具有相对静止和稳定的特性，易于把握并能维持较长的时间。从近几年农业旅游的实践来看，单一的农业采摘或工厂式的观摩，简陋苍白的园区设施，都已经不能适应新时代越来越多的文化阶层人士的需求。

1. 农业文化的开发

在农业文化旅游当中，农业文化的开发将直接促成农业旅游功能的开发，即在物态、制度、行为和心态各个层次文化的分项分析的基础上，深入探讨它们彼此连续递进作用的效应，从而创造出崭新的农业文化景观形式。农业文化旅游功能的开发就象一般意义上的文化旅游功能的开发一样，首先也是要界定好具体的旅游资源适合于何种主题文化类型。任何旅游资源都有它不同于其他旅游资源的特色和个性，旅游正是依靠资源的独特性吸引游客的。农业文化旅游更应该针对本地农业旅游资源特色，挖掘、提炼、形成特定区域的旅游主题。农业文化旅游的主题大致与普通旅游的主题相当，包括：农业历史文化旅游、农村民俗文化旅游、农村建筑文化旅游、农村饮食文化旅游、农业科技文化旅游等。这些农业旅游的主题，能派生出丰富多样的功能形式，作用于人们的视觉感受。

农业文化的创新，大致有三种途径：一是纵向把已经绝迹甚至失传的古代农业文化挖掘出来，赋予新的生命；二是横向把当今世界各地的最新农业文化项目，尤其是农业现代科技文化的项目直接引进，刺激园区的发展；三是开动脑筋，动员设计、管理、投资、游客等各方的智慧，自力更生，科学大胆地创造新的农业旅游功能项目。

2. 农业文化旅游景观的开发

近年来，农业文化旅游的理论和实践虽然取得了一定成就，但以围绕建设意义和经济效益的占主流，在提高农业旅游综合效益的具体措施中，很多都忽视了旅游园区“形式美”的大问题。殊不知，某些园区的衰败，正是由于“形式丑”的缘故。因此，农业文化旅游园区景观的塑造就显得格外紧要。这具体包括：农业静态景观，如梯田、垄沟、渠岸等的梳理，以及铺地、小品等的设计；农业动态景观，如菜蔬、果木、溪流、花色、草香等的借用，以及养殖、种收、灌溉、秧歌等的组织。

(1) 农业静态景观。农业文化旅游园区一般以垄沟、渠岸、梯田、建筑等构成它的静态景观，它们折射出的是人工美的痕迹。这种美，按照人类审美法则来分析，应该是以“调和”与“对比”的形式展现的。由于大面积的良田、菜地常常形成韵律十足的调和图案，这就使得路径铺地、小品建筑等成为农业旅游园区静态景观主要研究的对象，它们应该以“点”或“线”的对比角色出现在园区之中。同时，还应汲取传统园林建筑形式的功能与审美实质，对亭、廊、桥等进行再创造。尤其要重视带有农业特色的室内外家具与陈设，它们的数量、大小、位置，形、色、质的有机构成，能够美化和暗示整个农业旅游园区的文化特质。

农业文化旅游园区的建筑，既具有它融于园区整体的美，又具有它独立的美学内涵。农业园区建筑的审美，是一种静态的审美，包括对它的空间、造型和技术的审美。而农业园区中建筑的核心任务是塑造空间艺术的美，这空间虽是静态，但在大小、形状、位置、色彩、肌理等方面，应广泛地求变，并与植被、山水等自然要素有机组合，构成凝固的“音乐”艺术。古典园林空间艺术的传承，将给农业旅游园区增添浓郁的文化色彩。

(2) 农业动态景观。一个农业文化旅游园区，做好静态的农业景观，只是第一步，这样的园林仍可能是苍白的。唯有以设计的眼光，加入动态的农业景观要素，如溪流、花香、采摘、垂钓等，才会形成完美的农业旅游园区。

农作物的审美在我国已有悠久的文化心理积淀，无论观叶、观花或观果，主要是欣赏它们的季相美。配合日月星云、昼夜阴晴、风霜雨雪的色彩变化，显示出天时季相的动态美。它们所散发的特殊的植物香味，也是以动态的形式弥漫于园区内外。枝叶繁茂，花木葱郁，招蜂引蝶，蝉鸟栖息，也就有了飞鸣、香气于其间，这是农业旅游园区的典型特征。主动而充分地利用和把握自然性的天时之美，让时与空相互交感，能够构成丰富的动态的农业园林风景序列。

在农业文化旅游园区里，水体的美除了它静态的外轮廓线以外，还在于它所带来的视觉和声音上的动感美。溪涧、泉源、瀑布，是流动而带声音的动态水体景观。游鱼、水鸟、涉禽，是浮游和涉足于水体的动态生物景观。水声潺潺，奔流激荡，岩崖下泻，危峰飞瀑，翻腾翔跃，扬鳍穿梭，构成了动态水体的综合景观。可以认为，这是绿色农业文化旅游的灵魂。

农业动态景观特征的实质是：人的活动。每一个新功能的开发，都会相应有这种动态景观的出现，如养殖垂钓、种收菜蔬、古今灌溉、秧歌游戏等活动的组织。它以动态遮挡的方式与静态景观发生联系，弱化景观中的空旷和生硬，使园区在使用中达到美的意境。一般来说，动态景观不及静态景观那样稳定，它随着功能使用的差别而有显著的不同，不过也因此具有丰富多彩的一面，文化旅游的氛围也常常因此而体现。在农业旅游园区的设计中，动态景观容易被忽视，展现这种动态景观的场所也经常被砍掉，或者安排农业动态景观的位置不当，这就像一个硬件齐全而软件奇缺的产品，也是旅游园区苍白的一种表现。

动态景观在农业旅游园区当中的比例也不宜过高，否则会产生杂乱，从而失去了农业园的天然的特色。活动的人，包括组织者和游人，以及他们的服装、工具、道具等等，都是动态景观的物质要素。它们的最大特点是数量和位置的不确定性，所以主要的经营办法是疏导和诱导，使动态景观形成秩序。就如同戏剧当中的演员们的行为，对整个剧目都有影响一样，农业旅游园区里的所有游动的个人或人群，都对园区的景观构成影响，因为他们本身即是景观要素。动态景观必须融入静态景观之中，才能达到农业文化旅游的“中和”之美。

农业文化旅游景观的效益

农业文化旅游景观的开发，所带来的效益是多方面的，有经济的、政治的和社会的，这其中更多的是社会效益，表现为知识、审美和道德的再教育。

1. 知识方面

新的功能形式带来新的景观，也带来新的文化内涵，它们本身就是新的知识，引发人们去探究。对于农业文化旅游来说，新的景观可以从历史的纵向和现代的横向两个方向来开发。以挖掘古代农耕知识，展示现代先进的农业技术为宗旨和手段，重现古代农业耕种，展现现代农业技术。通过景观的形式，为人们建立农业科学和农业历史的普及场所。

2. 美育方面

农业文化旅游的美育作用是显著的。成功的农业旅游园区应是一座典型的园林造型艺术品，应有意识地采纳园林设计方法，创造优美的农业动静景观，使山水、动植物等的形体、色彩、肌理、声音等达到审美的高度，让人们体验大地和植物的美的构成，使人们就此学会欣赏我们世界的空间美。

当游人踏进农业文化旅游园区时，审美思维就会被眼前的景观所开启，由被动感受向主动想象发展，产生审美感觉、审美想象和审美情感的一连串效应。游人会在动静景观的感召下，争相游赏，让审美主体得以锤炼，促进审美意识的提高，反过来又促成农业文化旅游景观的完美。

3. 道德方面

人类生存环境的优劣与人的道德是息息相关的。充满文化美感的农业旅游景观，可以淳朴民风、净化灵魂、宏扬道德。古人就有“以物比道”、“以物比德”的道家和儒家的园林哲学，山泉、水石、花木都有其深厚的文化历史积淀，反映了内心人格的善与美。

在今天的农业文化旅游园区里，文化的景观使游客的道德在其中升华，劳形舒体，怡神惬志，澄怀观道，和谐天人。从而培养人们的自身素质，陶冶人们的思想情操，进行民族精神和爱国主义的再教育。

总之，只要抓住农业文化旅游及其景观的重点开发，设计好农业静态景观，组织好农业动态景观，那么就能够开拓出高水准的农业文化旅游项目，创造出巨大的社会效益。

（选自《北京农学院学报》2005 年第 10 期）

旅游资源调查需要注意的若干问题

尹泽生　陈　田　牛亚菲　李宝田

国家标准《旅游资源分类、调查与评价》（GB/T 18972—2003）（以下简称“标准”）发布以来，受到各界关注，标准运行较为顺利。实施调查过程中，也出现了一些疑义。作者参与了标准的起草，认为这些疑义有的是由于标准本身存在的一些问题，这需要在今后标准的修订中研究解决。有的是认识与理解上的不同。故此，本文这里对标准中的几个问题做如下的说明：

《标准》所依据的旅游资源概念及其特征

标准采取的旅游资源定义是：“自然界和人类社会凡能对旅游者产生吸引力，可以为旅游业开发利用，并可产生经济效益、社会效益和环境效益的各种事物和因素。”

这一定义是开展旅游资源调查的基础，它强调了如下概念：定义中提到的旅游资源涵盖面是整个自然界和人类社会，这实际上已把现今地理圈层内和历史进程中形成的一切有形实体、精神要素囊括在内，时空扩展范围很大。以此为基础的旅游资源调查的视野将十分广阔。

人类对旅游资源的认识历史很久远，古代人们在各种实践活动中认识了主要以外观为主的物质型旅游资源。到了近现代，旅游活动逐渐大众化，旅游主体发生了明显的变化。除了观光游览外，休憩、康乐、健身、探险、求知、生态与环境保护等旅游活动渐次加入，旅游者选择的空间迅速扩大，使旅游资源几乎到了无所不包的地步。此时除了物质型旅游资源继续保持主体外，非物质型旅游资源的地位有了明显提升。

旅游资源被规定“对旅游者产生吸引力”，属于一般原则，这里说的旅游者，指的是旅游者群体，至于一般旅游设施和常见的旅游服务，旅游开发中的旅游环境和旅游条件，大多数不能成为旅游资源。目前限于条件暂时不能开发的，可以不认为是现实的旅游资源，至于未来的，甚至难以预料的吸引因素，一般不构成旅游资源。预计旅游资源开发后不能同时产生经济效益、社会效益和环境效益，达不到要求的任何事物和因素，目前都不能称为旅游资源。这样，旅游资源调查便有了某些限制。

对旅游资源调查对象的甄别

旅游资源作为一种吸引对象，无论是物质的还是非物质的，有自身独立性质和一个特指的概念，标准在对旅游资源认定时坚持以下原则：

1. 不把旅游资源的赋存环境当作旅游资源

环境包括的面很广泛，它的核心概念就是“周围的境况”，旅游环境就是旅游资源周围的境况，实际上是旅游资源生成、演化和现实存在所依托的自然、历史文化和社会条件。赋存环境对于开发旅游固然也是主要考虑的因素，但它本身和旅游资源是两个不同的体系。旅游环境的许多要素，如地理区位、旅游容量、物资供应、经济状况、土地利用条件、经济状况、发展潜力、管理和服务等，是一个与旅游资源本身有一定距离的外围空间，比较抽象，不是真正意义上的旅游资源。旅游资源必须是能够吸引人的事物和因素，旅游环境则不然，许多环境要素并不吸引人，有的还是被旅游所排斥的。

2. 不把旅游产品当作旅游资源

旅游产品是旅游吸引物、旅游服务和旅游设施的总和，所含的内容比较宽泛，而旅游资源指的是其自身，只是旅游产品中旅游吸引物的一部分，不是旅游产品的全部。应该避免把旅游产品，如旅游区（点）、旅游项目、旅游线路等列为旅游资源类型。目前，最常出现的问题是将旅游区（点）当作旅游资源，这是不正确的。通俗地说，旅游区（点）和旅游资源是“产品”和“原料”的关系。由于旅游区（点）的旅游产品性质，不能与构成它们的基础元素旅游资源等同对待。旅游区（点）经过了人为的作用，是经过开发、利用旅游资源的结果，是旅游产品形态。旅游区（点）如果是由单一性质的事物个体或者是由单一性质的事物集合体构成，将其视为旅游资源还说得过去，因为它们的性质统一，具有专指的客观事物属性，认定的标准是一致的，分类时不会产生疑义。但如果它们是由不同性质事物组合体构成的，而事物组合体又是由不同性质的多介质、多因素、多显示的综合产物，这就不能够将其视为旅游资源，因为难以按照旅游资源的标准认定它们，认定它们需要加上其他因素。

3. 不把旅游开发条件当作旅游资源

有的将旅游资源开发所面临的交通、客源数量、滞留时间、吸引距离、开放时间等也作为认定旅游资源的条件。须知这些都是一些开发条件，有些还是一些市场因素，与资源完全是不同的体系。这些条件和因素受原生的旅游环境、人为创造的基础设施、旅游服务等旅游业发展状况的影响，是旅游资源被有效利用的前提，是外加的内容。它们不能构成旅游资源类型。旅游开发条件与人的主观意识和主观努力有关。而旅游资源是一种特定的对象，是相对独立的事物和因素。它自身的性质特点并不因为它能不能开发，或开发条件的好坏而发生变化。产生这一误解的根本原因是将旅游资源和旅游资源开发混为一谈。譬如从质量价值的角度来看，按照既定标准评价出来的旅游资源品质等级，并不因为某些条件的改善，如由于交通线路的通达，或者由于投资力度的加大，甚至由于受到某些关注而提升档次。反之，也不会由于这些条件的缺失和不足而降低档次。

总之，标准认定旅游资源是一种与生俱来的、不被外界左右的、以自身特质而具有吸引力的事物和因素。旅游资源当然也有变化，但这种变化是只有符合自身的演变的规律时才会发生，频繁发生的外界环境要素的变化一般不影响旅游资源本质属性的变化。

旅游资源调查的技术要点

1. 旅游资源调查的两个层次

标准规定，旅游资源调查分为“旅游资源详查”和“旅游资源概查”两种方式。前者属于旅游资源综合性调查，后者属于专门目的旅游资源调查，其调查方式和精度要求不同（见表1）。

表1　旅游资源详查和旅游资源概查比较

项目	旅游资源详查	旅游资源概查
性质	区域性的	专题性的
目的	为地区旅游开发的综合目的服务，如建立旅游资源数据库存	为地区旅游开发的一种或少数几种特定目的（如旅游规划、项目设置、资源保护、法规建设、市场推销等）服务
技术支撑	国家标准	国家标准，或自定调查技术规程
适用范围	适用于区域旅游研究、旅游开发、旅游信息管理等	适用于一种或少数几种单项任务，如旅游研究、旅游规划、旅游资源保护、专项旅游产品开发等
组织形式	专门成立调查组，成员专业组合完备	一般不需要专门成立调查组
工作方式	对所有旅游资源进行全面调查，执行调查规定的全部程序	按照调查规定的相关程序运作，按实际需要确定调查对象并实施调查，可以简化工作程序
提交文件	标准要求的全部文件、图件	部分有关文件、图件
成果处理	建立区域旅游资源信息库，直接处理、转化为公众成果，为社会提供	成果直接为专项任务服务

2. 旅游资源调查所依据的两个概念

“旅游资源基本类型”和“旅游资源单体”是旅游资源调查中两个主要概念。

首先谈旅游资源基本类型。标准将“属性”作为旅游资源划分的指标，这构成了旅游资源分类的性状（现存状况、形态、特性、特征）原则。据此，标准将全部旅游资源划分为3个层次，依次称为“主类”、“亚类”、“基本类型”。其中主类和亚类为“构造层”，基本类型为“实体层”。构造层是旅游资源的框架支撑，实体层是分类、调查、评价的实际对象。

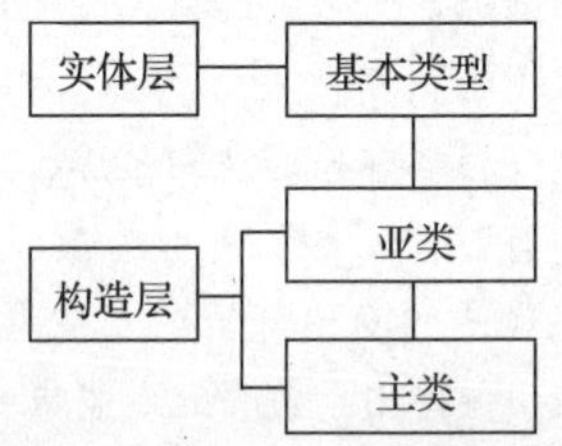

由于旅游资源数量很多，这样需要根据它们的性状特征归成某些单元。在这些单元内的事物和因素有某些相同或相似性质的旅游资源类型单位，被称为旅游资源基本类型。基本类型在标准分类中是最实际的资源单位。

基本类型的绝大部分是具象的、客观存在的、稳定的物质型资源实体。它能使人观察到或触及到，能让多人同时同地或异时异地描写、记录、叙述而保持主体一致。基本类型还包括了少量非具象、但客观存在的事物和现象，称为非物质型旅游资源。它们同样具有相对稳定的性状特征。

有人认为，基本类型没有底线，现在标准划分出来的基本类型还可以再分，这样说并没有错，不过标准就是一个约定，虽然可以再分，但是再分下去直接的结果是基本类型的数量增加，而概括事物的能力反而会降低，这样又会出现新的不易解决的问题。

其次谈旅游资源单体。旅游资源调查所依据的是基本类型，但在实际运作中，基本类型仍是一个概念，并没有落到实处。真正可以观察、记录的是“旅游资源基本类型单体”（简称“旅游资源单体”或“单体”）。

旅游资源单体是“可作为独立观赏或利用的旅游资源基本类型的单独个体”。这个概念在旅游资源调查中很有用处。因为在一个特定的区域内，每种基本类型都可能存在着超过1个的单体。这些单体虽然都属于同一的基本类型，但由于它们的外在特征、体量、内在性质的差别而相互分开。所以单体的数量，每个单体自身性质和特点，单体的品质，便成为调查和评价关注的对象。

单体包括“独立型旅游资源单体”和“集合型旅游资源单体”两种形式。在调查时要注意识别它们。独立型旅游资源单体是单独存在的，基本上是一个完整的个体。集合型旅游资源单体是由同一基本类型的许多独立单体集中分布在一起的，如众多的沙丘个体组成的沙地区，群聚的岩画个体组成的摩崖字画，种类相同的单独树木构成的群树，单个坟墓排列在一起构成的墓群等。使用集合型旅游资源单体这一概念，在一定程度上可以避免同类性质的单体数量过多的问题。

3. 旅游资源调查时需要注意的两个问题

强调“专业组队”和“合理单体遴选”是进行旅游资源调查时需要注意的两个问题。

第一个关于专业组队。旅游资源调查是一项严格的旅游资源研究过程，是本标准的核心内容之一。鉴于旅游资源的科学内涵丰富，旅游资源单体、旅游资源赋存环境包含了调查区域内最重要的旅游信息，往往是要经过认真的科学鉴定才能真正认识和掌握它。另一方面，旅游资源作为自然界和人类社会事物和因素的载体，其学科的含义十分深厚，调查中有时需要相关专业人员才能正确的认定。所以不是一般机械式的简单分析填表就可以完成任务的。这样对调查组成员便提出了较高的专业要求。

为此，标准提倡专业组队。一个调查组，应该是一支熟悉该调查区自然、人文的历史与现状，具备旅游环境、旅游资源、旅游开发有关知识的专业队伍。一般应包括旅游、地学、生物学、建筑园林、历史文化、宗教、民族、环境保护等方面的专业人员。

根据标准的要求，调查组要进行技术培训。培训可以采取对标准集中宣贯的方式，也可以结合实际调查进行。由于旅游资源的变数较大，对条款的理解和各成员之间的交流是很有必要的。

旅游资源调查是一门专业技术，又可以视为一门艺术，具有较深厚文化科学知识的专业人员容易掌握和发挥，这就是为什么标准一再强调进行旅游资源调查时要求专业组队和有各方面专业人员参加的原因。

第二个是对旅游资源单体进行认真的挑选。旅游资源调查面对的对象极其庞大，这就需要一个甄别遴选的过程。为此，有以下两种情况：

先是确定必须调查的对象。有经验的调查者，可以较容易地将所感知的单体的本质特性提取出来，加以概括。表面上看，这虽然是一个比较概念的提法，但它包含着丰富的内容，这是从它的景观特征、文化价值、影响力等多方面考虑的。有专业素质的调查者可以直接或间接地感受到它对游客的吸引力，经过分析，一般可以落实下来。再是确定不需要调查或暂时不需要调查的对象，主要是指那些明显资源价值品位很低，比如景观特征很不明显，没有特色，历史文化内涵模糊，体量小，不完整的单体。这样可以限制相当一部分的单体进入调查视野，大大减少工作量。

旅游资源调查成果评价中的几个问题

1. 旅游资源评价和旅游资源开发评价的区别

长期以来，学术界和资源开发部门在旅游资源评价中存在着一个明显的认识上的失误，这就是将旅游资源评价和旅游资源开发评价这两个评价体系的概念、内容、方法、结果混淆起来。很多研究者将后者代替了前者，这种理解对旅游资源的开发不利。

区分旅游资源评价和旅游资源开发评价的基本思路，长时间没有引起旅游界的注意。不少人误将旅游资源开发评价视为旅游资源评价，将许多旅游环境要素、旅游开发条件要素列为旅游资源的评价因子。殊不知它们只是旅游资源的外围因素，将这些因素列为评价因子不能产生严格意义上的旅游资源评价。

为了改变这一状况，存在着旅游资源二类（旅游资源评价、旅游资源开发评价）三种（旅游资源单体评价、旅游资源基本类型评价、旅游地开发评价）评价体系的基本内容和基本方法。这一评价体系的主要内容见表2。

表2　旅游资源评价体系

体系	旅游资源评价		旅游资源开发评价
	旅游资源单体评价	旅游资源基本类型评价	旅游地开发评价
内容	对旅游资源单体和旅游资源基本类型性状，包括单体资源要素价值（观赏、游憩、使用、历史、文化、科学、艺术、珍稀、奇特、规模、丰度、完整性等）、资源影响力等的评价		对若干旅游资源单体和旅游资源基本类型所在的旅游地开发前景的评价，包括旅游资源系统、旅游设施、旅游服务、旅游管理、市场效益等的评价

旅游资源开发评价采取与旅游资源评价同样的运行方式。只是因子选择时既考虑旅游资源，又考虑旅游资源和旅游地的环境及开发条件。这一评价系统与一般常见的学术性理论探讨不同，它们是在对旅游资源及其赋存环境、开发条件的较为系统严密的调查研究资料基础上进行的，非此难以形成有效的评价，也不能促进真正的开发。

2. 旅游资源单体执行共有因子综合评价

目前旅游资源评价采用特征值评价和共有因子评价两种方式。

旅游资源特征值是指反映旅游资源基本类型性状和结构特征的数值，这些数值可以成为该基本类型所专有的评价因子，如“独树”这一基本类型的特征值，即评价因子，可能就有树种、树高、树龄、胸径、树冠面积、树型等；天然游憩湖区就可能有湖区面积、岸线长度、平均湖深、最大湖深、湖水透明度、湖水矿化度等；桥就可能有长度、宽度、高度、跨度、始建年代、建筑材料等。此类评价系统的体量很大，在目前对旅游资源基本类型的特征值指标还没有做到充分把握的情况下，还不能完全实现，所以特征值评价目前还只能停留在局部区域的试验阶段。

旅游资源共有因子综合评价是依照旅游资源基本类型所共同拥有的因子对旅游资源单体的价值和程度进行的评价。目前标准就是采用了这个方法。评价的对象是标准所规定的旅游资源单体。

这一系统不以标准中155种旅游资源基本类型的个性因子作为依据，而是找出它们的共有因子。这些因子必须具有全部资源类型的共同特征，如果出现有的因子只为某些类型所有，而有的因子则为另一些类型所有，这就免不了出现评价时的不公平现象。

实行这一评价体系的评价因子有“观赏游憩使用价值”、“历史文化科学艺术价值”、“珍稀奇特程度”、“规模、丰度与几率”、“完整性”、“知名度和影响力”、“适游期或使用范围”、“完整性”等。这些评价因子都反映了旅游资源单体本身固有的性质，虽然多少减少了旅游资源的某些个性，但数量不多，掌握起来比较方便。另外，标准还规定，除了完整性这一评价因子以外，其他各项都是组合式的，如观赏游憩使用价值因子中，“观赏”、“游憩”、“使用”，珍稀奇特程度中的“珍稀程度”、“奇特程度”等，每一评价因子的全部内容或单独每项内容都可代表旅游资源单体的价值。实践证明，任何一个旅游资源单体都具有每一评价因子中的至少一项内容，一般不存在着丢分的问题。

3. 对旅游资源评价成果的处理

旅游资源单体评价结束后，至于旅游资源单体以后如何利用，如何管理，如何保护，牵扯到其他社会问题，不属于标准的任务。不过很多人对这个有兴趣，这里也谈谈笔者的看法。

一般人们都很自然地将单体数量作为该地旅游资源丰富与否的标志，实际上这并不很准确，标准看重的是单体在以下三个方面的表现：

第一个是单体所属的基本类型的数量。在各级旅游资源类型中，主类和亚类仅仅起到类别指示的作用，实际意义较小。而基本类型却是表示调查区内旅游资源性质和特点的关键内容。这意味着，看一个区域旅游资源的丰富程度，主要是看基本类型的数量。根据统计，不同区域旅游资源的丰富程度可用数据表示（见表3）。

表3　不同区域旅游资源丰富程度等级指标　（单位:%）

丰度等级	省级	地区级	县级
较少	小于60	小于40	小于20
中等	61—80	41—60	21—40
丰富	大于80	大于60	大于40

注：百分数为不同级别地区旅游资源基本类型与全国旅游资源基本类型的比值。

第二个是如何看待单体数量和质量的关系。这里要纠正一个概念，就是单体数量越多，该地区的旅游资源就越丰富。实际上不完全是这样的情况，单体数量多不是坏事，但更重要的是优良级单体的数量才是决定旅游资源丰度的关键要素，这在此后的旅游资源开发评价赋分时能够反映出来。旅游资源开发需要研究的问题很多，有人在这方面提出的一些疑义，已经超出了标准涉及的范围，这里不多加讨论。

第三个是单体和基本类型共同构成的旅游资源区域组合关系。对于旅游资源的组合关系，目前尚没有切实可行的方法，这里采用一种旅游资源单体组合的经验公式，对调查区旅游资源的区域组合关系进行分析。此方法认为旅游资源基本类型的数量和旅游资源单体的数量及其质量等级是它所在区域的旅游资源组合关系的主要指标，依此原理，设计出以下判定调查区旅游资源组合状况的经验公式，可参照此公式提供的方法建立自身的旅游资源组合关系分析模式。本公式为：$S = S1 + S2 = J \times 6.44 \times 0.2 + D \times A/B \times 0.8$。式中：S为旅游资源组合状况得分；S1为旅游资源基本类型组合状况得分；S2为旅游资源单体组合状况得分；J为该地区旅游资源基本类型数量；D为该地区各级旅游资源单体数量；6.44（1000/155）为按总分1000时区域旅游资源基本类型得分系数；0.2为旅游资源单体所占分数（$\Sigma ai \times 10 + \Sigma bi \times 5 + \Sigma ci \times 3 + \Sigma di \times 1$）的权重。其中ai系该地区五级旅游资源单体，bi系该地区四级旅游资源单体，ci系该地区三级旅游资源单体，di系该地区普通级旅游资源单体；A/B为调查区每个单体所获得的分数，A为调查区全部获得等级的旅游资源单体所获分数（$\Sigma ai \times 10 + \Sigma bi \times 5 + \Sigma ci \times 3 + \Sigma di \times 1$），B为调查区全部获得等级的旅游资源单体（$\Sigma ai + \Sigma bi + \Sigma ci + \Sigma di$）总数；0.8为旅游资源单体所占分数的权重。

（选自《旅游学刊》2006年第1期）

加强休闲文化研究　促进社会全面发展

王文章

目前，我国公民已享有法定假日 114 天。现实告诉我们，中国人的 1/3 时间是在休闲中度过。这一国家行为表明了我国已融入国际休闲社会的背景中。从政府正在出台的政策以及新的产业布局的调整中，可以看到促进休闲、休闲产业、休闲经济、休闲文化发展的社会条件支持系统正在建立的趋势。

这一国家行为提出了一个十分值得注意的问题——休闲作为一个新的社会文化现象正快速地向我们走来。那么，如何理解休闲的真谛？如何认识人的本质？如何认识以文化引导的作用和人文关怀的力量来推动社会的进步？如何认识休闲与社会发展的互动关系？如何认识休闲在推动经济发展和产业结构调整中所具有的功能？如何认识社会转型期我国人民大众休闲生活的现状？如何引领先进文化的发展方向等问题，构成了一个在理论、实践与政策等层面上都必须高度重视的问题。

在当代，科学技术对人类作出的最重要的贡献之一，是将人从繁重的体力劳动中解放出来，使人有更多的时间和情趣享受生活。休闲也同工作一样成为一种创造性的审美活动，甚至它是更高级、更能体现人类精神的高贵、优雅之美。在马克思看来，休闲是人的生命活动的组成部分，是社会文明的重要标志，是人类全面发展自我的必要条件，是现代人走向自由之境界的“物质”保障，是人类生存状态的追求目标。人类想要获得自由，首先必须赢得休闲时间。马克思指出：“自由王国只是在由必需的和外在的目的规定要做的劳动终止的地方才开始，因而按照事物的本性来讲，它存在于真正物质生产领域的彼岸。”彼岸世界只有建立在此岸世界的基础之上才能繁荣起来。在彼岸世界，“作为目的本身的人类能力的发展”拉开了自由王国的序幕。人们有了充裕的休闲时间，就等于享有了充分发挥自己一切爱好、兴趣、才能、力量的广阔空间，有了为“思想”提供自由驰骋的天地。在这个自由的天地里，人们可以不再为谋取生活资料而奔波操劳，个人才在艺术、科学等方面获得发展，“个人的充分发展又作为最大的生产力反作用于劳动生产力”。归根结底，“社会发展、社会享用和社会活动的全面性，都取决于时间的节省。一切节约都是时间的节约”。

休闲文化作为一种亚文化形态在中国文化发展史中具有重要的历史地位，中国的先贤们对“休”和“闲”二字的创造和使用，可谓别具匠心，至今耐人寻味。特别是对休闲的独特理解方式和行为方式，成为人类文化宝库中一颗璀璨的明珠。从文化渊源上来说，受老庄哲学和禅宗思维方式的影响，中国人的休闲价值观很推崇：“致虚极，守静笃”、“清净为天下正”；“君子之行，静以修身，俭以养德，非淡泊无以明志，非宁静无以致远”（诸葛亮）。陶渊明的诗句“采菊东篱下，悠然见南山”，非常有代表性地表达了休闲之境界——自我心境与天地自然的交流与融合——体悟到了精神世界与客观世界的和谐统一。

中国人对休闲的爱好，自有其深刻的道理。它是产生于一种经过了文学的熏陶和哲学的认可的气质，人们在休闲的状态中——肌肉休息着，血液循环也更趋有规则，呼吸也更缓和，一切视觉、听觉以及神经系统也多少在休息中，身体处于完全的平静状态。在这种状态中，人才能精神集中、思想敏捷，头脑才是自由的，因之我们才能欣赏，才能感知生命的美好、自然的美好、万物的美好。

休闲与艺术关系密切。亚里士多德认为“休闲才是一切事物环绕的中心”，并把休闲看成是哲学、艺术和科学诞生的基本条件之一。他认为，休闲在人的本性中最为神圣，她不仅仅是摆脱必然性和能够选择做什么的一段时间，也是实现文化理想的一个基本要素。古希腊的谚语说：“我们忙碌是为了有休闲。”法国艺术哲学家丹纳则说，“到了这个阶段，人类才开始一种高级的生活”。中国的古代圣贤们还常常将休闲与自然哲学、人格修养、审美情趣、艺术创造、养生延年紧密地连在一起。

另外，在中国民间传统文化中，许多精华的品类也是休闲的产物，比如，赶集、庙会、放鹰、养鸟、观鱼、垂钓、猜谜、楹联、诗社、书院、风筝、踢毽、打拳、舞剑、啜茗、嚼蟹、书市、园林、流觞、国画、曲艺、管弦、戏曲、书法、金石……表达着我们民族的聪明与智慧、道德与伦理、勤劳与善良，以及激发出来的对艺术的丰富想象力和创造力。

目前，我国距休闲时代还有一段遥远的路，但不能不看到，我们正进入休闲在人类的生活和社会经济中越来越重要的时代，这标志着人已从繁重的体力劳动中解放出来；标志着人从满足现实的基本生活需要转向对精神生活的向往；标志着在从计划经济体制向市场经济体制转变的过程中，已由传统的生产—消费模式逐渐地转向消费—生产的模式；标志着人开始从有限的发展转向全面的发展自己的新阶段。正因为如此，江泽民同志在“七一”讲话中，特别强调了生产力的发展和人的自由而全面发展的统一问题。他说：“我们建设有中国特色社会主义的各项事业，我们进行的一切工作，既要着眼于人民现实的物质文化生活需要，同时又要着眼于促进人民素质的提高，也就是要努力促进人的全面发展。这是马克思主义关于建设社会主义新社会的本质要求。我们要在发展社会主义物质文明和精神文明的基础上，不断推进人的全面发展。”“推进人的全面发展，同推进经济、文化的发展和改善人民的物质文化生活，是互为前提和基础的。人越全面发展，社会的物质文化财富就会创造得越多，人民的生活就越得到改善，而物质文化条件越充分，又越能推进人的全面发展。社会生产力和经济文化的发展水平是逐步提高、永无止境的历史过程。人的全面发展程度也是逐步提高、永无止境的历史过程。这两个过程应相互结合、相互促进地向前发展。”

在西方，将休闲作为一门学科加以研究已有100多年的历史，而在我国的学术界则属于尚待开垦的处女地。因此，成立中国艺术研究院休闲文化研究中心有助于中国艺术与文化的拓新与发展；有助于在新的历史条件下弘扬优秀的传统文化艺术；有助于中华民族整体素质的提高；有助于艺术的创造；有助于确立人的新的生活方式，包括价值观念、行为准则、伦理道德、审美情趣、闲情逸致的形成与提升。

我们将耕耘于中华五千年休闲文化之沃土上，追寻休闲文化之主旨，探究休闲文化之精髓，思索人生之要义，描绘人类之未来。立足于国内外休闲文化的理论前沿，直面现代社会的人格塑造，指示一种新的生活方式，唤起积极的人生价值观，追寻时代的生命意义。为改善、丰富人民大众休闲生活做切实的学术努力，为新时期的精神文明建设尽学者之责。

（选自《自然辩证法研究》2003年第2期）

发展休闲产业论纲

魏小安

发展战略机遇期

（一）三大新机遇

未来的五年，既是国家重要的发展战略期，又是矛盾凸现期。对于旅游产业而言，同样是重要的发展战略机遇期，而且在新的发展时期可以为缓解矛盾作出新的更大的贡献。

自党的十六大以来，中央的治国方略发生了根本变化，提出了科学发展观，明确了以人为本的理念，开始着力调整持续多年的物质主义导向战略。更明确地说，就是开始从“国计”到“民生”的转变。目前还是传统的以“国计”为中心的概念，下一步就必然是“国计”与“民生”并重，再下一步则应当转变为“民生”就是“国计”。而旅游产业恰恰就是“民生”的重要组成部分，而且随着人们生活水平的提高，必将有越来越多的人走出家门加入到旅游消费行列中来，旅游业的兴盛也日益成为社会发展、人民富足的重要象征。加之从重视“国计”向重视“民生”的转变、“国计”就是“民生”等战略思想的树立，旅游产业的地位必然会得到进一步提高，从而国家战略的转型将成为旅游产业发展的根本机遇。

2005年的中央经济工作会议明确提出，扩大内需是我国经济发展的长远质量方针和基本立足点。因此，从宏观经济层面解读，这里的“内需”所指的需求必将从主要依靠投资需求转向消费需求。目前，由于中间需求刺激的产能过剩问题已经显现，通货紧缩的趋势明显。“从研究和落实科学发展观的角度出发，促进内需的增长是我国发展战略的一个基点，而鼓励消费的结构政策，应当成为下一步促进内需政策中的关键问题之一，也成为调整贸易顺差的关键问题之一。”因此，从扩大消费需求的角度看，扩大的需求将主要是最终消费需求，最终消费需求的拓展将被提到战略层面来看待。这个背景变化必将成为旅游发展的直接机遇。

为此，需要在国家全局层面制定消费政策，建设消费环境，培育消费产业，强化消费部门的职能。多年以来，除了市场自生力量的推动以外，在我国的经济发展中政府管理高层还从未进行过这些工作，甚至没有进行系统的研究。这里大体明确的是，旅游产业是消费产业，旅游部门是消费领域的工作部门。如果在旅游方面系统地开展以上相关工作，把中央的工作方针具体化，就会形成一种创新机制，带动各个方面工作的进展。这个理念本身也是一种贡献，从而将形成并带动有关旅游发展的一系列的工作机遇。

（二）新情况

国家战略转型提供了根本性的战略机遇、消费需求重点转移提供的直接机遇以及培育消费需求形成的工作机遇，同时也给旅游业的发展提出了新的要求。吴仪副总理在2006年的全国旅游工作会议上提出，要把旅游业建设成为国民经济的“重要”产业。“重”是指旅游产业规模的扩大和在国民经济中的比重提升，“要”是指其性质的明确和功能的发挥。从发展旅游产业、拉动消费的战略角度看，旅游产业重要性应当进一步提高。但实际上，旅游产业发展在近几年却产生了三个相对下降：一是GDP增速年年高涨，而旅游产业在国民经济中的地位相对下降；二是外贸爆炸性增长，而旅游产业在对外经济体系中的地位相对下降；三是GDP变化之后，旅游业在第三产业中的地位相对下降。

同时，多年以来，旅游业的重要性始终没有上升到中央决策层面。与此情况不同的是，许多地方都召开了高规格的旅游发展大会，地方政府对发展旅游的重视度越来越高，工作力度越来越大，相应地，所取得的旅游产业的发展成效也非常显著。

因此，从总体上判断，只要能抓住上述三个重要机遇，发挥市场优势等其他机遇，借助地方大好形势，旅游业的发展完全可以创出新的局面。

旅游消费初步分析

（一）旅游消费的基本特点

按照马克思主义的观点，消费资料分为生存资料、发展资料和享受资料三类，旅游消费介于发展资料和享受资料之间。这也就衍生出了旅游消费的一系列特点：旅游需求是最终需求，可以直接拉动经济发展；旅游消费是全面消费，其链条涉及各行各业，可带动各行业全面发展；旅游消费可以反复消费、持续拉动，而不同于耐用消费品的独占性消费、间歇性拉动；旅游需求是差距性需求，可以全面容纳各个层面的需要，“富人有富人的玩法，穷人有穷人的玩法，老人有老人的需求，年轻人有年轻人的需求”；旅游消费消耗的资源相对较少，其中观光类产品几乎可以无限利用，其他产品也大多可以反复利用，这种利用方式完全符合中国资源短缺的现实状况对资源利用的内在要求；旅游需求本身能创造大量中间需求，由此可以培育出一批旅游装备工业等新兴产业，形成“就地生产、就地消费”的高增加值型旅游购物体系等。

（二）旅游产业的突出特点

旅游消费所具有的上述特点使旅游产业发展的特点更加突出。这些特点突出地表现在以下六个方面：

1. 综合性强。旅游不再是一个简单的旅游部门，也不是一个简单的旅游行业，旅游业是综合性很强的产业。原来旅游业的综合性被视为是旅游发展的制约因素，现在则需变换论证的角度，综合性已经不是旅游业的制约因素，而是旅游业的促进因素。正是在这种情况下，旅游业的发展才呈现出爆发性增长的特征。这种爆发性的增长是在新的发展阶段的一个新的判断。从旅游业发展的规律性因素而言，存在持续增长的条件。从这个角度来看，我们对未来中国旅游业保持高速度增长应该有信心。

2. 行业的关联度高。旅游业的行业关联度非常高，涉及产业链的方方面面。根据国际上的研究结果，旅游产业涉及国民经济109个行业。这就要求各个部门密切配合，要求旅游业与社会高度协调，这实质上是对社会各部门资源优化配置的要求。比如1998年中央调整林业政策，实施了“天然林保护工程”，这个政策对“天然林保护工程”涉及地区经济的影响很大，关系到如何解决这些地区尚处贫困阶段的人民生活水平提高问题。最后，研究讨论的共识就是把原来的“采伐经济”转化为“观赏经济”、“采摘经济”，大力发展旅游业这一“木头经济”的替代产业。

3. 市场的主导作用突出。说到底，行业要发展最终靠的是市场的优势。在计划经济条件下，谁有产品，谁就是“爷”；在市场经济条件下，谁有市场，谁才有真正的优势。现在看来，旅游的市场优势是长期的持续不断地增长的。也正是因为有这样一个大优势，才使它有可能拉动国民经济各行各业的发展，而各行各业也都非常看重旅游的市场优势。比如，国家体育总局的群众体育司曾专门找国家旅游局有关司处协调，利用彩票收入发展体育旅游事宜。因此，对旅游业而言，最需要做的就是把这个优势充分发挥出来。

4. 整合资源。旅游的发展需要整合资源。对旅游而言，没有不可用的东西。如果一说到发展旅游就是依托名山大川、名胜古迹，那是传统的单一观光旅游的思维。除了这些自然旅游资源和人文旅游资源外，还应当重视社会旅游资源对发展旅游的重要意义。进一步而言，只要旅游者感兴趣的，可以转换成产品、能吸引消费者的，就是应该考虑加以利用的旅游资源。对于旅游，没有不可用的资源，关键在于如何看、怎么用。放错了位置的资源就是垃圾，放对了位置的“垃圾”就是资源。

5. 创造增量。旅游业不仅不与其他部门争夺存量，更是在不断地创造增量。这是旅游业一个更重要的特点。虽然在发展的初期，有些部门对旅游业有看法、有怀疑，觉得旅游部门是在与他们争权、争地盘，但是现在这种看法基本已经没有了，原因就在于他们发现了旅游创造增量的特点。存量是一个整合的过程，增量才是一个发展的过程。更何况我国的产业结构调整也主要是靠增量来调整的，因此，发展旅游业对各地的产业结构调整也就具有特殊的意义。

6. 引领新的生活方式。旅游最终创造了一种新的生活方式。对于个人来说，旅游是一个短期的生活过程，但是对于整个社会来说，却是一个长期的生活方式。随着我国国民人均可自由支配收入的不断增加、人们生活水平的不断改善，旅游将越来越成为人们消费的要素，成为人们不可缺少的内在的生活方式，这就使得旅游业的市场需求始终会处于一个不断增长的过程中，旅游业就必然是一个不断创造增量的过程，这样一种新的生活方式也会产生一系列新的作用。

一般而言，产业发展的基本规律是：第一阶段追求规模扩张，第二阶段追求品种丰富，第三阶段追求特色发展。从旅游产业基础来看，通过第一阶段的规模扩张，存量已经可以基本适应需要，而且可以适应进一步发展的需要。从我国旅游产业发展现状看，旅游业基本处于第一阶段和第二阶段之间，目前的态势是“地方求大，国家求强”，而从阶段性重点工作的角度看，旅游业的发展应在规模扩张的基础上，突出优化自身结构的目标。

为此，应该进一步考虑采取不同的方式来对应市场。这基本上可以分为利用市场和培育市场、创造市场等三种方式。利用市场就是适应现实的需求，培育市场就是挖掘潜在的需求，而创造市场则是要引导新兴的需求。三种方式是步步递进的关系。

从大旅游出发建设休闲产业

（一）从消费阶段变化看大旅游

“大旅游”的概念已经说了多年，在实践中也产生了重要作用。但是在很多人的认识中，旅游部门仅仅相当于一个专业市场管理部门，而且是以观光旅游的服务和管理为主要工作内容，以旅行社市场为主体的小部门。这是根本性的错位。

从消费发展的阶段看，在满足温饱的时期，主要解决“吃、穿、用”的问题。现在，这三个方面的问题已经基本得到解决，经济的总体情况是产能过剩、市场不足。中国的粮食问题已经解决，而需要调整农业产业结构。纺织品成为世界上最有竞争力的产品，但市场容量是瓶颈。家电产品物美价廉，发愁的是生产能力过剩。

在进入“小康”后，必然形成新的消费追求，即“住、行、游”。“住”是房地产市场的培育，“行”是交通体系的培育和汽车产业的完善，“游”也正在逐步成为小康生活的基本要素，成为小康社会的发展目标之一。“吃有肉、住有楼、还有闲钱去旅游”已经成了人们对小康生活最朴素的认识。到中等发达时期，可能将更多地追求精神消费，追求“文、体、美”等层面的消费。到发达时期，可能就是“多、新、奇”的个性化消费时代。从“吃、穿、用”到“住、行、游”，这反映的是民生的进步，也是社会主义生产目的的根本。

旅游的发展必须在整个社会发展的大背景下来科学地进行自身的定位。因此，“游”就不能是狭义的，而必须是广义的。如果仅从狭义的旅游来认识，既不能准确应对时代发展提出的要求，同时也不足以提升旅游业的地位。原来在讲“大旅游”的时候，重点在于强调产业链的延伸；现在再来看“大旅游”的理念，则需要在延长产业链的基础上，进一步扩大产业面，最终形成产业群。

因此，旅游产业的外延要扩大到休闲产业，这也是国家旅游局领导提出“扩大产业规模，提升产业素质，发挥产业功能”的题中应有之义。

（二）休闲的基本分类

休闲，一是闲暇时间，二是对应的闲暇方式。从民生角度看，生产力的发展和社会的进步，最终是创造了更多的闲暇时间和多样化的方式。简而言之，所谓休闲就是人们对闲暇时间的多样化安排，所谓休闲产业就是满足人们多样化安排的需要并提供最佳配置的供给体系。

从时间角度看，休闲可分为小闲、中闲、大闲。所谓小闲，即八小时以外形成的日常休闲方式，对应的是城市休闲体系。所谓中闲，即大周末，全年104天，扣除黄金周衔接，为92天，对应的是环城市休闲游憩带，主体是旅游点、度假村和“农家乐”。所谓大闲，即节假日，法定10天，现在主体是三个黄金周，21天。此外还有一些休假时间，对应的是旅游区和度假区。从这个角度分析判断，旅游部门目前的工作重点是21天，部分延伸到92天。

从休闲方式看，休闲又可分为家庭休闲、室内休闲、户外休闲和流动休闲。其中家庭休闲主要对应的是一定数量的初级产品，消费拉动作用极小。而室内休闲则对应多样化产品，能够形成一定的消费空间。户外休闲的方式较多，除部分高档产品，消费空间相对比较有限。而流动休闲的产品基本已经初成体系，消费空间大，也是传统旅游的主要领域。

此外，如果从休闲市场看，按消费群体还可划分为商旅会议市场、老年休闲市场、教师学生寒暑假市场等多类型、多层次的休闲。一年365天，休息时间占1/3；一天24小时，8小时工作，8小时睡觉，剩余8小时为休息时间。从我国休闲发展的角度看，就是如何解决好这两个1/3的问题。就目前而言，旅游只满足了前一个1/3的1/3。

在发达国家，休闲已经成为生活要素和生活质量的标志。“政府在促进休闲活动上的开支，消费开支中娱乐消费所占的比重，大部分的休闲支出被归到了其他类别的支出中。如果把上述开支加起来，用于休闲的花销会轻松超过10000亿美元，大约占全部消费支出的1/3。在我们这种靠消费驱动的经济模式中，休闲就成为美国第一位的经济活动。”在中国，现在也开始进入普遍有闲的社会。

"18—65 岁的城市成年居民人口年均工作时间总量约为 1548 小时，而休闲时间总量约为 2095 小时，年休闲时间总量比工作时间约多 550 小时。如果进一步加上 18 岁以下和 65 岁以上城市人口所拥有的休闲时间，那么从社会总人口角度计算，社会所拥有的休闲时间资源就远远大于社会用于创造物质和精神财富的职业劳动时间了。"

进一步而言，从现在看将来，如果不属于休闲的劳动时间随着社会生产力的发展能够进一步减少，休闲的地位和作用还可以进一步提高。这是走向未来经济高度发展的社会的道路。那时整个社会就从"有闲阶级的社会"走向"普遍有闲的社会"。

（三）休闲产业发展的基础

休闲产业发展的基础可以从产品基础、工作基础和社会基础等三个层面来认识。

从产品基础看，旅游业已经形成"观光"、"度假"、"商务"、"特种"四大类产品，除了城市休闲体系涉及较少，现有产品基本上已经包括了上述市场。从工作基础看，在这几年的发展过程中，各级旅游部门积极开拓，已经全面涉足休闲产业。如优秀旅游城市的创建，就已经涉及到了城市休闲体系的建设。从社会基础看，由于旅游发展首先应对海外需求，逐步拉动国内需求，休闲需求也是如此拓展，因此，社会认同休闲产业是旅游工作领域，不管理反而是失职，就像现在普遍对"农家乐"实施旅游行业的管理，对此并无争议一样。

因此，把旅游行业扩展到休闲产业，抢占发展制高点，应当成为下一步的方向，这也是培育新型消费产业的要求。从 21 天的焦点到 104 天的热点，再到 8 小时以外的亮点，一个真正的消费领域正在形成。在这个过程中，一个消费部门的形象自然也会随之形成。

发展休闲产业的基本对策

休闲产业的培育是一个新课题，也是一项系统工程，需要政府、企业、学界、社会和媒体共同协调进行，从学术研究、政府工作、市场培育等主要方面展开。当前尤其需要加强对策性研究，以促进实际工作的进展。

（一）学术先行

1. 开展休闲消费基础研究。应当把休闲产业发展正式提上议事日程，开展基础研究，以研究正名，以成果开路。如城市休闲体系建设、文化休闲与旅游发展等，需要学术界开展全面深入的研究，也可以与有关部门联合进行。

2. 转变社会观念。调整观念是重要问题。自古以来，"闲"在中国始终是一个贬义词，这反映了民族心理中深层次的文化观念。即使在西方，类似的观念也是近五十年才开始得以调整。"传统根深蒂固的勤勉观念告诉我们，工作是神圣的，是人赖以安身立命的必要生存手段，人类的文明乃是借由大多数人的共同努力工作所造就出来，只是我们不应该忽略的是，人的存在并非仅是为了工作，工作只是手段，闲暇才是目的，有了闲暇，我们才能完成更高层次的人生理想，也才能够创造更丰富完美的文化果实，因此，闲暇乃是文化的基础。"

（二）工作对策

1. 树立消费工作部门形象。可通过文件报告等多种方式在政府系统中逐步树立旅游部门作为消费工作部门的形象；通过新闻媒体宣传报导等方式在社会上形成相关认识；通过社会调查研究休闲消费，并发布休闲趋势。

2. 制定休闲消费政策。目前，国家已经发布了《汽车产业政策》、《电子产业政策》和《钢铁产业政策》等指导性文件，这些文件作为宏观管理的工具产生了重要作用。在扩大内需的背景下，制定和实施休闲消费政策将大大推动休闲产业的发展。

3. 培育产品系列。应全面调动各个部门的积极性，形成部门工作增长点。具体工作方式是召开系列工作会议，形成部门合作机制，使各个部门和相关行业都能得到各自的发展。这些产品系列包括工业旅游、农业旅游、林业旅游、民族旅游、民俗旅游、科教旅游、体育旅游、文化旅游、交通旅游、铁路旅游等。

4. 开拓旅游行业管理范围。第一，是供给管理与需求管理相结合。多年以来，政府部门的管理方式只知道供给管理，具体表现就是管企业。现在，无论是从职能转变角度，还是从扩大需求角度，都应转变为供给管理与需求管理的结合。要形成全国统一大市场，方便需求，刺激需求，从消费者出发，建设消费环境，这样才能谋求产业的实质性发展。第二，从星级饭店管理向流动住宿业扩张。一是把范围扩大到饭店、公寓、度假村、写字楼、培训中心、营地、游船等；二是制定住宿业管理条例，并制定相应标准。第三，从旅行社管理向旅行业务管理扩张。一是将管理范围扩大到旅行社、旅游网站、各类俱乐部、差旅公司、出境中介、商务服务公司等；二是把旅行社管理条例调整为旅行业务管理条例；三是推行资质等级评定。第四，整体管理向休闲产业扩张。一是延伸产业链，扩大产业面，形成产业群；二是抓紧制定相关标准，通过这一有效手段占据实地；三是先行开拓城市休闲体系管理。

5. 抓住新态势，形成工作载体。要对应新经济发展狠抓休闲信息化服务，对分时度假、产权酒店和低成本航空公司等新事物把握主动权，以创造新的消费方式和消费市场。

6. 旅游统计扩展与统计挖潜。世界旅游组织推行旅游卫星账户已有多年，实际上最对应的是休闲消费，如果只是局限于旅游则名实不符，且容易给人以口实。

另一方面，需要全面建立企业财务指标体系，否则作为产业的基础都不具备。现在已经有了相应的工作成果，需要完善并大力宣传，使之成为有效的分析工具，这样才可能在国民经济核算体系中有一席之地。

（三）培育休闲大市场

1. 引导和扩大海外休闲消费。这一概念的重点还是入境旅游，但外延的扩大有助于工作思路的拓宽。在国际化竞争的环境中，我国要突出自身在历史、文化、部分环境、特种旅游、部分度假地等方面的优势，大力拓展入境旅游市场。在入境旅游市场的开拓中，要高度重视购物市场发展与购物政策之间的协调，通过推出购物退税等政策推进购物消费份额的增长。同时也要将市场开拓的眼光放在大量常住海外人士这个市场上，这是一个就地市场，对这个市场的开拓能够有效带动休闲需求的上升。

2. 拓展国内休闲市场。主要措施包括制定并推行中国休闲城市标准，通过修订中国优秀旅游城市评选标准来引导城市中心商业游憩区的建设；通过相应政策引导开发具有上亿人规模的银发休闲市场，同时也作为构建和谐社会的重要工作来抓；充分重视抓好寒暑假市场，这是几亿人的市场，更不容忽视。

3. 出境旅游的转化。出境游的迅猛发展有其积极的一面，作为国家的外交工具已见成效，作为国家的经贸工具还需着力培养，对于提高中国旅游的国际地位，提升旅游企业和外商交易地位的作用极大。但这也是国内需求流向海外，尤其是国内一些高端度假等需求也开始国际化所致，因此需要一定程度的转化。为此，需要考虑三个方面的措施：第一，培育高端产品，引导出境需求转化。其中度假区应重点发展，游船旅游可以试办，特种旅游应当多办。第二，设立出境特别消费税。一是目前国家已有此税种，只是增加一个税目，通过程序简单；二是现在税基较大，可以运作；三是符合出境旅游规范发展的方针，并可以用此资金推动入境旅游。如果按3000万出境者为基数，考虑几种情况，员工免收，公务半收，其余全收，人均30元，总量即为9亿元，扣除征收成本，可用资金至少5亿元，不仅可以做些事，更重要的是形成了好机制，同时这笔资金还会逐年增长，促进发展。第三，支持旅游企业走出去，借鉴日本模式，建立海外接待体系。一方面形成外贸黑字还流，产生国际经贸摩擦润滑剂的作用；另一方面可有效地形成经营利润回流，增强企业竞争力。

（选自《浙江大学学报》人文社会科学版2006年第9期）

试论休闲需求和媒介的休闲功能

童 兵

在马克思主义经典作家中，马克思是最早提出人的休闲需求和休闲权利的。马克思指出，由工人自由支配的休闲时间，“不仅对于恢复构成每个民族骨干的工人阶级的健康和体力是必需的，而且对于保证工人有机会来发展智力，进行社交活动以及社会活动和政治活动，也是必需的”。为此，他提出建议：“通过立法手续把工作日限制为8小时。”“限制工作日是一个先决条件，没有这个条件，一切进一步谋求改善工人状况和工人解放的尝试，都将遭到失败。”

当代人对休闲的理解是：一个人利用自由支配的时间，从事满足自己精神文化需求等活动。人每天的24小时分别用于吃饭睡觉、工作劳动和休息娱乐三个方面。吃饭睡觉是生理需求，为了维持生命和养精蓄锐，获得更多的精力和体力。工作和劳动为了履行社会责任和实现人的自我发展。休息娱乐则是在满足生理需求和履行社会责任之后，利用余暇的时间从事完全由个人支配的自由活动，用于精神文化消费和其他随心所欲的消遣活动，也就是本文所说的休闲。由此可见，休闲是人的正常需求。

休闲是人的基本权利

一般认为，休闲分为消极休闲和积极休闲。从消极角度看，休闲即所谓“无事而休息”。从积极角度看，休闲不仅享受生活，是生活质量高的标志，而且还将为明天新的征程“充电加油”。诚如列宁所言，不会休息就不会工作。也如前文所引马克思的论述，他认为休闲使人们直接得到精神需求及生理需求的满足，最有效地发展全体社会成员的才能和提升他们的文化道德修养。

就近代社会而言，休闲作为人的基本权利，是通过争取8小时工作制的实现而确立的。1866年9月第一国际日内瓦代表会议根据马克思事先草拟的指示，提出在全球范围实行8小时工作制的口号。马克思指出，这首先是美国工人的共同需求。美国内战结束之后，以美国全国劳工同盟为首的许多工人组织结成联盟，加强了通过立法程序规定8小时工作日的全国斗争。联盟在1866年8月于巴尔的摩举行的全国代表大会上宣布，8小时工作日的要求是把劳动从资本主义奴役下解放出来的必要条件。1886年5月1日美国芝加哥20万工人举行大罢工，要求实行8小时工作制。经过流血斗争，美国工人最终获得了8小时工作制的权利。1919年国际劳工组织（ILO）根据《凡尔赛和约》成为国际联盟的附属机构，这个国际劳工组织公布的第一号决议就是规定工人每天工作8小时，每周工作48小时。

1935年法国总工会同政府达成一致认识，共同公布马提翁协定，规定工人每周工作40小时，每年可以享受带薪休假15天。这个协定，突破了每周工作48小时的制度规定。到了1996年，法国率先规定每周工作30.76小时，而休息时间则达到32.15小时。依照这个新的规定，休息时间第一次多于工作时间，人们称其为“历史性逆转”。目前经济发达的挪威、瑞典、芬兰、丹麦等北欧国家，每周工作35—37小时，成为世界上工作时间最少的地区。

1976年，在布鲁塞尔召开的国际休闲会议通过了《世界休闲宪章》。这个国际协议规定，一切人都享有休闲的权利，政府必须保障每个人对休闲（时间）的有效使用。从此，休闲是公民不可剥夺的基本权利，政府负有责任为公民休闲消费的自由实现提供法律与物质保障，成为当今世界的共识和政治文明的标志。

新中国成立后，全国普遍实行8小时工作制。从1995年起，进一步改为每周工作5天，每周工作不超过44小时。8小时工作制的实行，休闲时间的不断增加，国家和企业从物质上和法律上支持职工享有充分的休闲权利，意味着中国人民当家作主的国家主人地位。有学者甚至乐观地预测，到2015年，中国将全面进入休闲社会。

休闲活动重在质量

有学者提供了这样一个有关休闲质量的个案：据统计资料，北欧国家丹麦人均GDP远落后于日本，表明它不如日本富裕，但丹麦的时人均GDP（每人每小时GDP）却远高于日本，说明丹麦的经济效率要高于日本：丹麦人用更少的工作时间获得了更高的单位产出。这样，丹麦人比日本人拥有更多的休闲时间。

中国人的休闲时间和北欧国家相比，总体处于同等水平。但这只是在休闲时间上，如果比较一下休闲活动的内容即休闲质量，中国人要比北欧国家的人吃力多了，中国人不仅劳动特别累，休闲也同样辛苦。

中国人的休闲活动，多数时间是在室内进行的。经济收入较少的家庭，休闲生活的重心仍在谋生计和做家务。即便是收入较高的“白领”阶层，加班加点也是他们休闲生活中不可避免的一个内容。对上海的“白领”族调查发现，“继续加班”的平均值为10%，年龄在25—28岁者、硕士和博士学位获得者和“三资”企业员工者以及低收入者加班加点的时间都超过平均值。室内活动占据休闲时间的2/3，主要内容为看电视。近几年由于休闲时间的增加，看电视的时间也随之增加。一份调查指出，城市居民平均每天有159分钟看电视，占据休闲时间的46.22%，其中60岁以上的老人每天看电视为256分钟。占据休闲时间1/3的是室外活动，城市居民中40%利用这段时间逛商场、超市、夜市。即便是文化程度较高的群体，户外活动也用不少时间花在物质消费上。一项对上海“白领”群体的调查表明，这群人消费型休闲的比例最高，达38%，其中与朋友一起吃饭占17%，外出旅游占12%，上街购物占9%。

旅游作为休闲的一个内容，近几年随着国民收入和休闲时间的增加，参加人数不断提升。据统计，北京和浙江两地居民闲暇时间的最主要活动分别是看电视、打麻将和参加观光旅游。但国人目前的观光旅游实际上难以收到正常休闲的效果，有首打油诗道出了这种旅游的特点：“上车睡觉，下车看庙，大人看人头，小孩看屁股。”观光旅游回来，身心不仅没有得到放松和愉悦，反倒疲惫不堪。

休闲的目的，一方面为了休养生息，养精蓄锐；另一方面为了利用这一自由支配的时间“充电加油”，弥补知识与技能的不足。因此，休闲中有“发展补充型休闲”一说。调查显示，近几年国人在读报看书上不仅没有增加时间，反而越来越少。前面引用的中国艺术研究院中国文化研究所的调查发现，虽然休闲时间总体上不断增加，看电视的时间增加近一个小时，但学习文化科学知识、阅读报纸书刊的时间却有所减少。《全国国民阅读与购买倾向性抽样调查》发现，从1998年到2003年，中国人的阅读率下降了8.7个百分点，2003年的国民阅读率仅为51.7%。对上海“白领”人群的调查也显示，他们的发展型休闲的比例偏低，仅占整个休闲时间的15%，其中读书进修为9%，上网为4%，锻炼健身为2%。过去学生每人每年借阅图书10本左右，现在还不足1本。至于城市下岗失业者在看书读报上花费的时间更少，这些人平均每天用于学习和自修的时间只有3.97分钟，仅为其休闲时间的1.03%。对进网吧的大、中、小学生调查发现，这些上网人选择玩游戏的占35%，只有不到20%的学生上网搜索信息。充斥非法网吧中的游戏软件，多数带有暴力、征服等刺激性的内容，严重损害了学生们纯洁的心灵。据统计，目前中国有17岁以下的青少年3.67亿，其中有3000万青少年面临着心理健康问题。老年人成为近年来心血管疾病“三高”

（血压高、血脂高、血糖高）、偏瘫、肥胖、癌症、痴呆等疾病的高发群，同他们长时间坐在电视机前，缺乏户外活动，尤其是缺乏体育运动和精神运动有很大关系。

这些情况表明，休闲是社会生产力发展和人的价值提升的结果，是民主国家立法保障的公民基本权利，但要把休闲这一休养生息的公民权利真正用好，必须切实提高休闲活动的质量，使休闲成为欢乐人生的重要部分。

认识大众传媒的娱乐功能

休闲作为一种文化，是由物质手段和精神手段、制度手段三部分构成的。吃肯德基、喝绍兴酒、玩过山车，是休闲文化的物质手段。网上聊天、卡拉 OK、看书读报，是休闲文化的精神手段。视休闲为公民不可剥夺的基本权利，国家和企事业团体对休闲行为设置法律与规章予以规范和保护，是休闲文化的制度手段。

从休闲消费的需要观察大众传媒的社会功能，可以发现大众传媒满足公众休闲需要的巨大作用。大众传媒作为社会信息的物化传递工具是休闲的物质手段；大众传媒所提供的精神文化作品，既让民众知晓了社会变动的信息，又实现了审美享受和休闲消费，是民众有效使用休闲时间的精神手段；大众传媒依法向民众提供自己的产品，民众同样依法以传媒为自己的休闲方式，是休闲制度手段的一种体现。因此，大众传媒既是重要的舆论工具，又是典型的休闲文化。在现代社会，大众传媒的繁荣和被公众广泛使用，是社会休闲水平提升的一个重要标示。

准确地说，大众传媒与公众休闲是一种互动机制。人们不断变动、不断发展的休闲要求，催动着大众传媒的演革与进步。大众传媒的现代化进程，又推动发展着休闲的物质手段、精神手段和制度手段，促进着休闲文化向更高层次提升。正是由于这种不可分离的互动机制，使西方新闻传播学者很早就发现并论证了以满足公众娱乐需求为手段的大众传媒休闲功能。

拉斯韦尔于 1948 年发表的《社会传播的结构与功能》一文，提出大众传媒具有三大功能：监视环境；协调社会——使社会各部分在对环境做出反应时相互关联；传递遗产——使社会遗产代代相传。1957 年赖特出版的《大众传播：功能的探讨》一书，他在拉氏经典的媒介三功能说的基础上，引人注目地增加了媒介功能的第四项：娱乐功能。赖特认为，媒介的娱乐功能，其目的在于调节身心，给人们提供休息的机会和轻松的时间。他指出，娱乐功能是媒介功能中最重要的功能，也是最为受众赏识的功能。他的分析表明，大众传媒的娱乐功能，同马克思等人对于休闲的必要性和重要性的认识是一致的。

施拉姆全面地论证了大众传媒的五个功能，即守望人、决策、社会化、娱乐和商业五大功能。他对其中的娱乐功能有一段特别到位的说明，他指出："大众传播主要被用于娱乐的占有的百分比大得惊人。几乎全部美国商业电视，除了新闻和广告（其中很大一部分也是让人消遣）；大部分畅销杂志，除了登广告的那几页；大部分广播，除了新闻、谈话节目和广告；大部分商业电影；还有报纸内容中越来越大的部分——都是以让人娱乐而不是以开导为目的的。因此，正如斯蒂芬森很有说服力地提出的那样，几乎全部内容都有一种普遍性的游戏或愉快的功能。"

这些学者都充分肯定大众传媒所具备的娱乐功能，而娱乐正是人们休闲的重要目的和不可或缺的手段。诚如施拉姆所言，大众传媒对当今社会休闲生活的影响和作用是十分广泛的。这种影响和作用，从一个比较宏观的角度观察，大致有这样几个方面：

第一，提出并传播有关休闲的新理念。早期马克思关于休闲意义的论述以及列宁"不会休息就不会工作"的著名论断，当今社会那些诸如"提前消费"、"能挣会花"、"充电加油"、"抓好八小时外的生活"等同休闲相关的新观点、新主张得以流行普及，大众传媒的积极鼓吹功不可没。

第二，推动潮流与时尚的形成和推广。时尚是一种流行的行为模式和被普遍接受的风格。洋快餐在中国的立足，可口可乐为国人所喜爱，从扭秧歌到蹦迪，从打游戏机到玩手机，除了直接模仿，哪一样离得了媒介的推介？

第三，塑造和领略明星风采。舞台明星和体坛新秀对民众有着巨大的吸引力和亲和力。接近明星和欣赏新秀，是现代人休闲生活的重要内容和刻意追求。人们对巨人姚明的热爱，对"飞人"刘翔的称颂，对"东方神鹿"的热捧，对"超级女声"的力挺，同众多传媒对这些明星和新秀的追逐、塑造、包装和力推是分不开的。

第四，以媒介为物质手段，为民众直接提供"媒介休闲"。丰富多彩的报纸版面，琳琅满目的消闲杂志，五花八门的广电节目，便捷海量的新媒体，本身就是大受欢迎的休闲内容。大众传媒在提供无穷无尽、应有尽有的社会信息，引导正确的社会舆论的同时，还能够让视听者享受到广泛而多样的感官满足，达到愉悦身心、放松思想和丰富生活的休闲目的。用电脑、玩手机，已经成为当今人们最时尚、最有趣、爱不释手的休闲方式。

大众传媒这种娱乐功能巨大能量的释放及其同休闲活动的良性互动机制，使我们更加自觉地关注和发挥传媒对休闲的影响和作用。遗憾的是，中国的大众传媒由于受到"左"倾思潮的长期影响以及对传媒功能的片面理解，对传媒在满足民众休闲需求中极为重要的娱乐功能，缺乏足够的认识和重视。因此，当前要做的一项十分重要的工作，就是拨乱反正，针对现代休闲生活对传媒满足娱乐需求日益迫切的趋势，实施传媒功能的自我调适，摈弃高高在上的架子，深入到民众中去，主动热情地充当民众休闲的工具，为张扬传媒娱乐功能正名和增添活力。在此基础上，进一步创办一批专门以满足娱乐需求为主的休闲传媒，使之成为正在兴起的传媒创意产业的重要构成部分。

以内容为突破口发展传媒创意产业

英国最早提出创意产业的概念和计划。该国创意产业特别工作组对这一新产业的界定是：创意产业是“源自个人创意、技巧及才华，通过知识产权的开发和运用，具有创造财富和就业潜力的行业”。根据这一定义，他们把广告、建筑、艺术和古董交易、工艺品、设计、时装设计、电影、互动休闲软件、音乐、表演艺术、出版、计算机服务业、广播电视等行业都纳入创意产业。

同英国提出的创意产业概念相观照，我国前几年提出的新闻传媒业中的“内容产业”，应该是创意产业的一部分。按笔者的理解，内容产业是个人或团队依据自己的创意，针对媒介市场的需求，以媒介适用内容为重点来开发与营销媒介产品，创造财富和文化价值的一种产业。凡是媒介上公开流通的媒介产品，包括报章杂志上的新闻作品、言论作品、其他相关的文字和图片及图表作品；广播、电视、新闻网络、手机中的新闻作品、言论作品、艺术作品和节目样式；传媒策划的新闻活动及其衍生产品，都属于内容产业之列。而以内容创新为特色的这一产业，正是创意产业的重要组成部分。因此，我们认为，涉及新闻传播的创意产业，主体应该是内容创新为主的内容产业。

从休闲需求考察当前的媒介内容生产，可以发现我国大众传媒诸多不能适应休闲消费之处。从媒介内容看，过去长期存在的“千报一面少特色，上传下达少新闻，舆论一律少监督，高调自赏少知音”的状况虽有所改变，但尚未根绝。从传播手法看，一点论、绝对化、单向传递、生硬说教等传统做法，令人生厌，趣味索然。使用媒介达到休闲的目的，应该是媒体使用者完全自愿、乐意接受的传播行为，同划一的政治说教有着本质的区别。休闲活动中固然有补充发展、增添后劲的功利动机，但更多的还是轻松身心和审美享受。可以说，对多数人的休闲需求来说，目前相当数量的传媒是不适应的。如果从“内容产业”来考量，这些传媒可以说一无创意，二无生产，如不认真进行反思和改革，在市场经济面前是没有出路的。

按照美国社会学家D·贝尔等学者的看法，生活在后工业社会的人们，一有较多的休闲时间，二有相当的支付能力去实现他们的休闲计划。他们有权利要求传媒提供有创意的媒介内容，并以他们乐于接受的方式提供良好的休闲服务。今天，“读者是上帝”这个口号对媒介内容产业的生产者来说，既是一种不容动摇的理念，又是一种行之有效的操作规程，即遵循读者的需求去生产他们喜闻乐见的内容产品。从这个意义上可以说，受众的休闲需求，是内容产业兴旺发达的不竭动力。

对中国传媒的内容产业来说，要走的路还很长，要做的工作还很多。首先，要建设一支创意团队。在目前的中国，即使那些经营状况不错、市场份额不小的传媒，也缺乏这样一支团队。特别要指出，对新闻事件报道的策划代替不了真正的内容产业创新。内容产业创意是全局性的、战略性的、整体性的。虽然它也包括对一个具体新闻事件报道的创新性策划，对一个新闻人物有特色的推介，对政府一个新举措新政策别出心裁的宣传安排。内容产业的创意生产则要求对传媒全局在一个相当长的时期内进行总体性的创新设计、创新布局、创新制作以及创新推介。由此可见，仅仅靠大学新闻传播专业是培养不出这支队伍的。这个团队要由大学许多专业，包括新闻传播学、艺术学、心理学、社会学、设计学、经营管理学等许多学科，加上传媒业有丰富设计理念及手法的专家共同造就。

其次，要坚持不懈地创新观念，构建同内容产业相适应的现代传媒理论体系。内容产业的从业人员要有明确的创新意识、问题意识和风险意识以及同休闲相关的理论基础。比如，人民作为国家与社会的主人，不仅有努力工作的责任，而且有休闲消遣、自由使用大众传媒的权利；国家作为大众传媒的管理者，不仅要指导媒介正确地引导舆论，而且要引导和保障传媒尽心尽责地为人民的正当休闲服务；媒介内容生产者作为社会信息的流通者和人类灵魂工程师，不仅应该成为消息灵通人士和人民生活教科书，而且应该成为民众休闲消费的服务者；大众传媒作为社会交往的工具，不仅是消息纸、节目单和公众讲坛，而且也应该是大众剧场和游乐园等等。这些理念，对于休闲需求和传媒的休闲功能来说是天经地义的，而对某些至今仍安于政论报纸和时政广播者来说，也许是难以思议的。因此，这些理念和制度的构建，不会是一蹴而就的。

最后，要有一个利于创意、行之有效的机制。内容产业以至整个创意产业的构建与经营，应该是目前正在全国有序展开的文化体制改革不断深入的合理结果。大众传媒的多种属性，尤其是它的意识形态属性，规定了媒介内容产业改革的难度和创意空间的相对狭小。但是人民群众不断增长、期待多样的休闲需求，迫切要求传媒在尽可能短的时间内完成观念更新和新传播体制、机制的建设。不断进入的海外传媒正是在、也只能在更多地满足公众休闲需求的口号下获得市场与消费者，这对国内传媒无疑是个巨大压力和现实挑战。中国传媒的现状和人们对其未来走势的思考，令有责任感和事业心的传媒工作者急切地期待并推动传媒产业改革进程的加速，以及提升传媒满足休闲需求的自觉性和能动性。同时，不断增长的休闲需求，对海内外大众传媒来说不仅是内容产业发展的压力，更是内容创新改革和拓展的宝贵机遇。这也必将成为中国大众传媒自觉努力奋发有为的动力。

总之，在这些内外因素的共同作用下，中国传媒的内容产业连同新兴的休闲媒介一起，一定会在一个不太长的时间内发展起来。人们有理由相信，能够满足亿万民众休闲需求的新型大众传媒，一定能在中国大地上雨后春笋般出现并茁壮成长。

（选自《北京大学学报》哲学社会科学版2006年第6期）

文化、文化资本与休闲

——对休闲问题的再思考

马惠娣

引言

当今，“文化”是人们谈论最多的话题之一。什么是文化？文化赖以什么得到传承？什么是文化资本？文化何以成为资本？什么是休闲？休闲如何延续和传承文化？如何构筑文化资本？本文从休闲研究的视阈探讨文化、文化资本与休闲之间的相互关系，试图使休闲和文化走出概念的圈子——一是获得文化的真谛；二是升华我们的休闲生活；三是为经济注入文化资本。

关于文化

有关文化的定义多达几百种，其中几个要素被公认，诸如，教养、教育、信仰、生活方式等等。

（1）文献记载中的“文化”，在中国有两千多年的历史。古代本指“以文教化”。《周易》“贲”卦《彖传》曰：“观乎天文，以察时变；观乎人文，以化成天下”，可看作“文化”的原始提法。

孔颖达在《周易正义》中解释到：“观乎人文以化成天下，言圣人观察人文，则诗书礼乐之谓，当法此教而化成天下也。”

在《康熙字典》中，对“文”字解释有多项，其中【史记谥法】的注释是：“经纬天地曰文，道德博闻曰文，勤学好问曰文，慈民惠礼曰文，锡民爵位曰文。”揭示了“文”的内涵与外延。“化”的解释也有多项，其中【说文】的注释是：“文，教行也。”【增韵】说：“凡以道业诲人谓之教。躬行于上，风动于下谓之‘化’。”

在《现代汉语词典》中，文化被解释为：①广义指人类在社会实践过程中所获得的物质、精神的生产能力和创造的物质、精神财富的总和。狭义指精神生产能力和精神产品，包括一切社会意识形式：自然科学、技术科学、社会意识形态。有时又指教育、科学、文学、艺术、卫生、体育等方面的知识与设施。②泛指一般知识，包括语文知识。如“学文化”即指学习文字和求取一般知识，又如对个人而言的“文化水平”，指一个人的语文和知识程度。③中国古代封建王朝所施的文治和教化的总称。南齐王融《曲水诗序》：“设神理以景俗，敷文化以柔远。”

（2）西方的“文化”一词，起源于拉丁文 Cultura，具有多种含义：①对文艺等的深刻了解和鉴赏；②一个社会智力发展的状况；③智力表现的形式；④某群体或民族的风俗、人文现象、社会惯例等；⑤锻炼、训练、修养等。

《大英百科全书》（1973—1974）将“文化”概念分为两大类：第一类是一般性的定义，即文化等同于“总体的人类社会遗产”。第二类是“多元的相对的”文化概念，即：是一种渊源于历史的生活结构的体系，这种体系往往为集团的成员所共有，它包括这一集团的语言、传统、习惯和制度，包括有激励作用的思想、信仰和价值，以及它们在物质工具和制造物中的体现。

（3）文化研究中的“文化”定义。文化学的奠基者 E·B·泰勒（E·B·Tylor）曾在他的《原始文化》（1871年）“关于文化的科学”一章中说：“文化或文明，就其广泛的民族学意义来讲，是一复合整体，包括知识、信仰、艺术、道德、法律、习俗以及作为一个社会成员的人所习得的其他一切能力和习惯。”这个定义将文化解释为社会发展过程中人类创造物的总称，包括物质技术、社会规范和观念精神。美国人类学家克莱德·克鲁克洪在《文化与个人》一书中作了一些总结：①文化是学而知之的。②文化是由构成人类存在的生物学成分、环境科学成分、心理学成分以及历史学成分衍生而来的。③文化具有结构。④文化分隔为各个方面。⑤文化是动态的。⑥文化是可变的。⑦文化显示出规律性，它可借助科学方法加以分析。⑧文化是个人适应其整个环境的工具，是表达其创造性的手段。

当然，也有人把文化区分为广义文化和狭义文化、显形文化和隐形文化、主流文化和亚文化；也有人把文化结构区分为物质文化、制度文化、精神文化三个层面；也有人将文化划分出三种模式：全局性模式、总体性模式、类型性模式；也有人把文化划分为四个层次：物态文化层、制度文化层、行为文化层、心态文化层。

在现代文化研究中，对文化的区分出现了高雅文化、精英文化、通俗文化、大众文化、流行文化、产业文化、商业文化等新概念。

此外，在各个学科领域内都有相应的文化概念，如政治文化、经济文化、企业文化、行政文化、管理文化、法律文化、商业文化、休闲文化等等。

人们不厌其烦地定义文化、解构文化、重构文化，表明了文化与人类社会的密切关系。一方面，探寻文化与人类社会进程的内在逻辑关系，揭示文化对于每一个人的权利、利益、自由、生存状况的关注；另一方面，表明人的社会实践和生活实践不断创造人类新的文明，新的文化历史。

简单概括，文化就是人文之化。以人为本，并凝聚成道德、仁爱、教育、信仰、游憩、科学、艺术、审美等形态，成为传承文化的载体和历史链条的一个个连接点。

关于文化资本

（1）关于资本形态

资本是一个很时髦的词，不仅在经济学领域，而且在普通人生活中“资本”也是一个热点。对于大多数人的认识来说，资本就是钱！如今，随着人的生活形态的变化，“资本”的概念与形态都发生了变化。

现代思想大师布尔迪厄对于资本的见解非同凡响。他说：“资本是一种铭写在客体与主体结构中的力量，它是一条强调社会世界的内在规律性的原则，正是这一点使得社会游戏超越了简单的碰运气的游戏。”资本之所以是主客体结构中的力量，是因为，“资本依赖于它在其中起作用的场，并以多少是昂贵的转换为代价，这种转换是它在有关场中产生功效的先决条件。”

布尔迪厄认为：“资本可以表现为三种基本的形态：①经济资本，这种资本可以立即并且直接转换成金钱，它是以财产权的形式被制度化的；②文化资本，这种资本在某些条件下能转换成经济资本，它是以教育资格的形式被制度化的；③社会资本，它是以社会义务（联系）组成的，这种资本在一定条件下可以转换成经济资本，它是以某种高贵头衔的形式被制度化的。”

（2）关于文化资本

人类对资本的定义，从最初的研究开始，尽管有人文主义的内涵，却始终没有超越经济主义的范畴。传统的经济定义尤其忽略了，“教育行为中产生的学术性收益，依赖于家庭预设的文化资本上这一事实。”人、财、物的资本固然重要，但是“文化资本”整合其他资本的作用和能力却日趋显现。

何为文化资本呢？布尔迪厄认为，通常有三种形式存在：“①具体的状态，以精神和身体的持久‘性情’的形式。②客观的状态，以文化商品的形式（图片、书籍、辞典、工具、机器等），这些商品是理论留下的痕迹或理论的具体体现。③体制的状态，是一种客观化的形式，这一形式必须被区别对待，因为这种形式赋予文化资本一种完全原始性的财产，而文化资本正是受到这笔财产的庇护”。“文化资本的积累是处于具体状态之中的，即我们称之为文化、教育、修养的形式，它预先假定了一种具体化、实体化的过程。这一过程因为包含了劳动力的变化和同化，所以极费时间，而且必须由投资者亲历亲为，就像肌肉发达的体格或被太阳晒黑的皮肤，不能通过他人的锻炼来获得那样。”

布尔迪厄把“早期家庭教育投资”、“能力”和“节约时间”看作衡量文化资本的最精确的途径，他说：“这种资本与个人的联系是如此紧密”，而且“文化资本的获取总是被烙上最初条件的痕迹”，“一方面取决于整个家庭所拥有的文化资本，另一方面取决于从一开始就不延误、不浪费时间起步的”，“取决于他的家庭为他提供的自由时间的长度，自由时间指的是从经济的必需中摆脱出来的时间，这是最初积累的先决条件。”在布尔迪厄看来，教育与教养是最大的资本，是最有能力转化为经济资本的资本。这种资本的投资越早越好，回报率越高，“以文化资本为形式的资本其隐形流通的效果，在社会结构的再生产中就越具有决定性”。

（3）文化资本的本质

概括起来说，布尔迪厄的“文化资本”首先是强化教育，特别是早期教育和家庭教育尤其重要，这种教育非但是技术技巧的教育，更重要的是教养、德行、人性的教育。其次，强调能力教育，即：认知能力、思考能力、社交能力、行为能力、创造能力、欣赏能力等的培养。第三，要人们学会节约时间，学会合理地利用闲暇时间，因为充裕的闲暇时间是个体获得自由而全面发展的必要条件。第四，要人们学会止欲，学会摆脱功利主义、物质主义对个体精神的羁绊，学会放弃对物的贪婪和占有，进而投入更多的时间去欣赏生命、生活，有能力促进身心平衡、社会经济文化和谐。

文化资本的浮出是社会经济运行的必然结果，是以商品为中心向以人为中心的价值转变。任何一个政府的发展政策目标应当满足人的多方面需求，经济增长的最终目的不再是GDP，而是以人为中心的社会经济发展。经济的增长是为人服务，而不是人为增长服务。真正的经济增长不仅仅取决于财、物资本（有形资本），更取决于文化资本。文化资本的深刻性在于：它让我们看到，在现代社会，经济行为使货币得以实现后，接着文化目的就快速替代经济目的。缺乏以文化资本投入为基础的经济，其注定是不能持续的、不能巩固的。

关于休闲

（1）休闲的价值

"休闲"在人类文明演进的历史中，始终具有重要的文化价值，不同时代的思想家们也无不充满激情地赞美"休闲"。亚里士多德说，"休闲才是一切事物环绕的中心"，"是哲学、艺术和科学诞生的基本条件之一"。休闲是人的生命的一种状态，是一种"成为人"（Becoming）的过程，是一个人完成个人与社会发展任务的主要存在空间；休闲是人类文化的创造物，是传承文化的载体，是积累文化资本最重要的途径与手段之一。

（2）休闲不仅是一个概念

休闲与家庭、教育、科学、宗教、游憩、艺术有着千丝万缕的联系。休闲不是某一个或某几个人、阶层、团体所拥有，而是所有人都拥有。休闲既是精神层面的活动，更是与社会实践、生活实践须臾不可分离。

因此，有人说"是休闲把人区分开"。工作是我们必须做的事，人要完成工作安排给你的一切程序、遵守它的规则，每个人都是这个系统中的一小部分，而休闲则是完全由自我掌控的时间，可以做你自己喜爱做的事，全面而自由地发展自我。休闲是我们的存在状态、生命状态、精神状态，是提升人类生存和生命质量的重要基础。

休闲还是维系稳定的家庭关系、促进人性教育、给予创造能力、学会体验、学会审美、坚定人生信仰、传承文化历史的重要空间与载体。因此，关注休闲，就必须真正地从本质上理解家庭、教育、宗教、科学、艺术、游憩的内涵，惟此休闲的价值才能体现出来。

①家庭。家庭是社会的细胞，是构成我们血肉之躯的重要基础，是塑造个体人格、精神、气质、道德伦理的最直接、最基本的成长环境，是一个国家、民族赖以发展的最基本、也是最重要的单位。家庭是社会的支柱和最基本单位，是价值和理想的源泉，是保障个人安全、减少对个体社会压力的港湾；家庭在生养、培育下一代和促进社会进步中具有越来越重要的作用和责任；家庭在教育和传播价值观、信仰及文化传统方面有不可替代的作用；家庭是构筑文化资本的"首善之区"。

②教育。狭义的教育是指培养新生一代准备从事社会生活的整个过程，重点指学校对儿童、青少年培育的过程。广义的教育是用道理说服人使照着（规则、指示或要求等）做。"教育的目的不仅是为学生的职业生涯做准备，而且要使他们过一种有尊严和有意义的生活；不仅是生成新的知识，而且要把知识用来为人类服务；不仅是学习和研究管理，而且要培养能够增进社会公益的公民；不仅相信个人的价值，而且相信世界给每一个人都有容身之地；相信每个人都能够从依靠走向独立，从兴趣走向责任，从自我到社会行为。"（美国教育学会）教育对人类之重要，可从马克·吐温的一句话折射出来："地面多一所学校，社会就少一座监狱。"

③科学。一个独特、系统的知识体系和思想体系。爱因斯坦曾对科学做过这样的评价："科学对于人类事务的影响有两种方式：第一种方式是大家很熟悉的，科学直接地，并且在更大程度上间接地生产出完全改变人类生活的工具。第二种方式是教育性质的——它作用于心灵。"他的第一层意思是，科学走在生产的前面，成为直接的生产力。而另一层意思是，科学作为一种以实践为依据，并随着实践的发展而不断更新的知识体系和思想体系，已成为各个历史时期思想解放的先导。尤其当科学被看作是社会文明尺度的时候，它不仅是创造物质财富的手段，同时也是人类最高的价值原则。科学作为探索真理的事业，同时也在造就人的内在品格——一种极其宝贵的人类精神——科学的精神价值。这种精神，越快越广泛地按照理性的原则渗透到个人和公共的生活中去，渗透到教育、组织机构以及经济和社会当中去，所构筑的文化资本的基础就越雄厚。

④宗教。是一个与特定时代相联系，具有多种表现形式和丰富内涵性的精神现象和文化现象。宗教包含了人类社会得以维系的几乎全部要素，是与哲学、政治学、经济学、神学、社会学、心理学、人类学、文学、美学、民俗学、艺术等学科都有密切联系的文化领域。"宗教的本质是一种个人或社会对终极能动过程的体验，是试图把生活之最高价值的事物引入生活，由此达到超越人自身的境界。宗教过程追求的内心体验是一种安全感、与世界和谐的宁静感，对基本社会团体的热爱与忠诚，以及对创造性的有规律的生活的责任感。"真正的宗教讲求善良、诚实，对施主感恩，对不幸者同情。核心在"仁"。以儒教为例，"他的学问的最重要部分是：儿子怎样尽孝，父亲怎样做到慈爱，兄长怎样爱护弟弟，弟弟怎样尊敬兄长——即在所有人际关系中如何实践伦理规范的学问。它的范围扩展

到如何入世、执政、使国泰民安；如何与世界保持和谐统一，如何为天下之人建立政治、经济、社会和法律制度。但是，更重要的是一个儒教徒的学习进步过程，即从充分发挥个人才智到完全实践人际关系中的和一切制度中的法则，再到他的‘良心’和‘人性’完全显现，成为真正人的过程。这就是所谓的‘做人的学问’的含义。”宗教与人的休闲生活关系密切。没有休闲意识，就很难接近宗教信仰；没有宗教信仰，很难有真正意义的休闲。

⑤艺术。与社会人生关系密切，“是她使有缺陷的世界放射出理想之光，是她使人类产生永远追求的力量，是她为充满矛盾的人生开放出心灵之花，是她使人在静观之中获得心灵的自由和解放，是她在召唤处于长途跋涉中的人们，卸下俗务的重担，到艺术的殿堂里徜徉，给人性以光芒。”艺术的本质在于美和创造，她教会人们对美的欣赏，获得精神与性情的陶冶，因而她的魅力巨大。没有艺术，这个世界就会暗淡无光，人的心灵就会充满龌龊，智慧就会枯竭，社会就会杂乱无章、面目丑陋。艺术是人类一种目的性的行为，她植根于社会生活之中，经过复杂的精神再生产的圆圈，又回到社会生活中。艺术与宗教是一对孪生姊妹，在很多情况下，宗教信仰的伟大时期，往往又是伟大艺术兴盛发达时期。人类的早期，宗教与艺术往往互不分离，我们可以从大量的洞穴壁画、雕塑艺术和建筑艺术中看到它们的关系之密切。因为，伟大艺术的诞生需要环境和心态之宁静；而拥有宁静平和的心态才能发现美，从而创造出种种美的和动人的艺术作品。

⑥游憩。游憩，泛指人的消遣、游玩、社交等活动，是人类文化的重要组成部分。孔子说：“兴于《诗》，立于礼，成于乐”（《庄子·外物》），在儒家传统文化中，游憩何止一个“玩”字可以了得，这里有深奥的“礼学”思想和文化内涵。君子之学，“藏焉，修焉，息焉，游焉。”（《礼记·学记》）郑玄注：“游谓闲暇无事之游，然者游者不迫遽之意”，《论语·述而》：“依于仁，游于艺。”杨伯峻注：“依靠在仁，而游憩于礼、乐、射、御、书、数六艺之中。”“六艺”对规范社会、教化子民具有重要的地位与作用，是中华休闲文化的基础内容。在中国长期的封建社会中，尽管劳动人民没有受教育的机会，绝大多数人是目不识丁，但是为了适应这一社会状况，这些“高雅”的文化形式常常以世俗化的面貌和形式去扩展自己的影响，争取更大的受众面，形成了由文化精英引导，黎民百姓直接参与的历史局面。这是中国五千年文化得以传承的一个重要原因。在当代休闲研究的视野中，游憩更强调体现一种文化创造精神，更注重人与人之间的文化氛围、文化体验、文化传播、文化欣赏；更注重人与自然的和谐相处与发展；更注重“人文关怀”的态度。她的目标是满足人的心理需求和精神需求，在寓教于乐中塑造和提升人的文化精神品格，促进人的多方面的发展。把生活变成“诗”，也许是一种最高形式的休闲状态。千百年来，每当闲暇之时，便想到做游憩，而游憩中的发现与体验，才会使人“诗意地栖居”。良好的游憩活动影响着和丰富着人的物质生活和精神生活。

这个内涵也可以从英文 Recreation 的词义中得到解释。Recreation 是一个合成词，前缀 Re，表达“不断”、“反复”、“重复”的意思；而 Creation 的意思是创造。Recreation 原意是指“业余消遣或娱乐的方式，有身心的放松、休憩”之意。因为要创造就要有休闲生活，就要有玩耍行为，就要做适当的游憩活动，就要为行为者建造游憩的场所。正因为人有了休闲的生活，有了玩耍的行为，有了适当的游憩活动和游憩的场所，人的创造力才得以更好地发挥，人的教养在潜移默化的行为中提升。Recreation 深刻地揭示了休闲与创造及人的多方面发展的辩证关系。

总而言之，家庭、教育、科学、宗教、艺术、游憩等既是文化的创造物，又是文化得以传承、延续的载体，离开这些具体事物的存在，文化何存？同样，休闲离开了家庭、教育、科学、宗教、艺术、游憩等载体，休闲也是一纸空文！反之，科学、艺术、宗教很难发展。

用休闲传承文化、构筑文化资本

自然，不同的历史时代会产生不同的休闲、文化和文化资本的形态，但是，无论千变万化，休闲传承文化，文化为经济构筑基础则是不变的法则。也许有人提出质疑：是否把休闲的作用说得太高了？这个质疑可以被理解。

众所周知，近现代以来在中国，人们普遍接受“玩物丧志”的说法，“闲情逸致”多年来被当作资产阶级生活方式所批判，“闲生是非”更是让人远离“闲”。在这样的情势下，“休闲有何价值”的质疑不难被理解。当然，就更不能把休闲与传承文化、创造文化资本联系起来。但是，只要翻开源远流长的 5000 年中华文化史，这个“质疑”便反遭“质疑”。

（1）坚实的文化底蕴，必然创造强大的文化资本

清代中叶之前，中华民族是这个世界上最伟大的国家，所创造的光辉灿烂的文化令世人所瞩目。5000 年前我们的先民们就以他们的休闲生活创造了“风·雅·颂”。中国还是世界上关于“礼”的历史记载和历史典籍最早、最丰富、最完整、最系统的国家之一，流传至今的《周礼》、《仪礼》和《礼记》，滋养中华民族为“礼仪之邦”。《诗》、《书》、《礼》、《乐》、《易》、《春秋》作为六经不仅孕育了儒家文化，亦陶冶了我们民族的气质与性情。“春秋编钟”造就了春秋和两汉时期中国的音乐盛世。

孔子作为最伟大的教育家，被誉为“万世师表”，表明了我们民族曾经是多么的尊师重教。老子的《道德经》，既是他散淡无为的杰作，又是对如何做人处事以及享受休

闲生活的教诲。到了盛唐时期，更是歌舞升平、国泰民安，留下唐宋的诗词歌赋、琴棋书画，至今仍熠熠生辉。即使到了清朝中叶，中国仍是世界的文化、经济、政治中心。

坚实的文化底蕴，必然创造强大的文化资本。我们可以信手拈来中国历史上由于经济的强大而创造的辉煌：古有大禹治水；战国初年李冰父子修建“都江堰”；秦始皇时期“车同轨、书同文、统一度量衡”；四大发明（指南针、火药、活字印刷、造纸）；汉朝史臣张骞开辟了“丝绸之路”；600年前郑和率众七下西洋，创造了世界航海史上伟大壮举。历史发展的事实，不难让我们看到休闲、文化、文化资本关系之密切。

（2）休闲创造并发展科学、哲学与艺术

中华民族是一个最懂得利用休闲进行文化和艺术创造的民族，古代圣贤们常常将休闲与自然哲学、人格修养、审美情趣、文学艺术、养生延年紧密地连在一起。盖文王拘而演《周易》；仲尼厄而作《春秋》；老子清静无为成就《道德经》等等成为中国人生命哲学、自然哲学的主脉。至今，在我们居住的这个地球濒临危机的时刻，异民族试图从中国文化中找到解决拯救危机的良方。

中国人对休闲的爱好，自有其深刻的道理。她是产生于一种经过了文学的熏陶和哲学的认可的气质中，人们在休闲的状态中——肌肉休息着，血液循环也更趋有规则，呼吸也更缓和，一切视觉、听觉，以及神经系统也多少在休息中，身体处于完全的平静状态。在这种状态中，人才能精神集中、思想敏捷，头脑才是自由的，因之我们才能欣赏，才能感知生命的美好、自然的美好、万物的美好。

毫无疑问，聪明地用“闲”对人的身心健康的生活方式、文化价值的确立都会产生重要的影响。良好的休闲状态，需要良好文化的滋养与孕育；良好的文化给休闲生活以自由、快乐与创造。难怪俄罗斯作家契可夫说，“人类没有休闲，就不会有幸福的生活”。

从某种意义上说，人类的社会进步史也是一部休闲史。没有休闲难有真正的艺术、哲学、文学、科学与宗教，也就没有经济的发展。在西方，对于“休闲”的赞美有其源远流长的历史传统。自古希腊时代起，休闲便成为创造美好世界和美好生活一个重要的基础条件。历史表明：没有柏拉图、亚里士多德、文艺复兴，就没有欧洲现存的文化，就不会造就出大批的人文主义者、作家、艺术家、建筑师、音乐家、科学家，诸如我们熟知的亚当·斯密、蒙田、米开朗基罗、达芬奇、莎士比亚、伏尔泰、牛顿、席勒、贝多芬、马克思、爱因斯坦、罗素、毕加索等等这些最有创见和最为敏锐的思想家、科学家、艺术家、文学家。他们留下了斯密的《道德情操论》，留下了狄德罗的“百科全书”式的教育体系，留下了欧洲浪漫主义的诗作，留下了至今仍充溢着浓香的咖啡屋（产生思想和创造灵感的地方），留下了贝多芬的交响乐，留下了安徒生的童话，留下了诺贝尔和诺贝尔奖，留下了永远微笑的蒙娜丽莎，留下了不朽的哥特式的建筑，留下了称誉于世的艺术馆、博物馆、图书馆、歌剧院。每一项创造都放射出人性的光辉，而所有这些创造都与他们的休闲生活紧密地联系在一起。

人类离开了休闲就是一架周而复始的劳动机器！

启示

当今，以休闲的方式构筑文化资本在西方国家是一个相当普遍的个人和社会行为。更愿意在构筑温暖的家庭、接受良好的教育、培养仁爱之心、鼓励自由创造、学会体验与欣赏等等方面培育文化资本。

（1）休闲的方式更注重人的内在品质的表达

①志愿者作为休闲的形式正在兴起。以美国为例，人们自愿地组成各式各样的社团组织，为的是开展社区服务活动，对弱势群体进行帮助、募捐、做义工、助学，参加环保、动物救治等等。志愿者和志愿者活动在调节人与人之间的关系，国家与公民之间的关系上发挥着重要的作用，成为社会的黏合剂、文明的助推器，是美国社会政策不可或缺的组成部分，亦是美国人休闲生活方式之一。据统计，在20世纪90年代初，美国的志愿者组织总数超过100万个。每年有占美国人口的51%的成年人曾为各种事业和组织机构提供某种服务。一般志愿者每周提供4.2个小时的服务。美国人总计将205亿个小时用于志愿服务活动。其中157亿个小时属于正规的志愿服务。这些时间相当于900万个专职雇员所作出的经济贡献。如果以美元来计算，则相当于生产了1760亿美元的价值。

②以慈善事业推进文化建设。当今西方世界，各种基金会相当多，仅美国就有大约6万个。到2000年，美国基金会的总资产达到4860亿美元，占全美GDP的6%。如今，越来越多的美国公众参与到慈善事业中来，全美70%以上的家庭都对慈善事业有某种程度的捐赠，平均的个人捐赠占到个人收入的1.8%。比尔·盖茨这位世界上最富有的人拥有大约407亿美元的个人财富，至今他已经为慈善事业捐赠了256亿美元，并宣布将把全部财产的98%留给自己创办的比尔·盖茨和梅林达·盖茨基金会。

③闲情逸致中涵养人性。闲情逸致是生活的组成部分，是调剂工作的方式方法，闲情逸致也涵养人性，提升教养，激发创造的灵感。比如，在工作的间隙，点缀一点“闲情逸致”的小环境，既可为员工们减压，又可以在紧张的工作环境里增添一点人情味，这对于员工的心理平衡和企业健康来说都有好处。目前，在美国一种称为“咖啡机文化”正受到越来越多的老板、职员和社会学家的青睐。他们说，咖啡机休息处就好像荒漠地区的水泉，不同

部门的人在那里碰面，交流信息。这对企业大有好处，因为它有利于培养员工的归属感。

④淡漠名利、简单生活，也是一种享受，而且越来越多的人认为这是一种难得的人生境界。当今有许多美国人，特别是受过良好教育的中产阶层，宁愿选择“更少”，提倡“少做一点、少赚一点、少花一点”的“自愿简单”（VOLUNTARYSIMPLICITY）的生活。休闲消费的另一种时尚是：倡导素食。食素不仅是健康的饮食选择，更重要的是，它还是一种道德选择，许多人为了尊重生命而选择食素。

（2）更加注重文化资本的积累

①珍惜对闲暇时间的利用。思想家罗素曾说，能否聪明地用“闲”是对文明的最终考验。表明了“闲”与文明之间的辩证关系。“闲”可以传递出一个人的生命状态和精神态度，可以展示一个人的教养与文明程度。西方发达国家，由于闲暇时间的增多，以开发人的闲暇时间的方式发展生产力和促进社会的和谐已成为一种普遍的现象。他们把闲暇时间转化成接受继续教育、发展智力、履行社会职责、从事有益的社交活动、文体活动等等，即把重心放在个人能力全面而充分的发展上，间接地从“闲暇时间”中获得做人、做事的道理。所以，那些学会了既能享受工作，又能有价值利用闲暇的人，才会感到他们的生活是一个整体，才会感到生命的价值。“未来”不仅属于受过教育的人，更属于那些接受了休闲教育并会聪明地利用闲暇的人。

②“兴办教育”是构筑文化资本的重中之重。美国拥有最多的大学，有钱的人愿意把大量的钱捐赠给学校（或者是出钱办学校，著名的哈佛大学、斯坦福大学、康奈尔大学、普林斯顿大学等等大学均为私人捐助），这个传统延续至今，使美国具有世界上最强大的教育体系。还有相当多著名的博物馆、艺术馆、音乐厅的建设均来自捐款。再以日本和韩国为例，日本自明治维新起现代教育就已形成，当“二战”日本战败后国内已是满目疮痍，然而，只要看到好的建筑物，那里必定是学校。韩国的情况也是如此。

③大兴图书馆和博物馆事业。不惜重金修建图书馆、博物馆、艺术馆是西方国家的一大文化特色，此举一为文化传统所致，二为提供休闲消费场所，三为提升人的休闲生活质量，四为从根本上提高劳动者的素质。美国只有200多年的历史，而大学、图书馆、博物馆、艺术馆数量之多、规模之大乃堪世界之最。全美国有约9000个公共图书馆，仅在纽约的曼哈顿就有47家公共图书馆和100多家私立图书馆。

（3）文化与文化资本“大厦”的建筑决不能一蹴而就。美国人的文化、文化资本的建设，首先从教育、宗教、艺术、读书习惯等方面入手，使整个社会有了良好的互动循环——没有成就卓著的志愿者活动，就不会形成捐助善款的风气；没有大量的善款的捐赠，就没有绝大多数人受高等教育的机会；没有受过高等教育，就没有欣赏艺术的能力；没有欣赏艺术的能力，就没有高素质的劳动生产力；没有高素质的劳动生产力，就没有发达的科学创新能力。更重要的价值还在于，人们利用闲暇时间选择有价值、有意义的活动——利己、利他，人人为我，我为人人，其中人性的改善，满足感、成就感的获得，自我的超越，社会互动中的信任、理解，真善美的弘扬，构筑了一个坚实的精神文化生态环境和经济生态环境。惟此，经济才能持续发展，社会才能和谐进步。

（选自《自然辩证法研究》2005年第10期）

我国城市化与休闲游憩业发展的互动研究

刘建平　曹学文

城市化是社会文明发展的标志。目前，我国城市化取得了举世瞩目的成就，城市总量增长迅速，原有的大、中城市规模进一步扩大，人口城市化水平和城市建设水平提高，城市功能日趋完善，城市居民经济生活水平逐渐提高，人们的消费观念也随之发生了显著变化。我国城乡居民的“恩格尔系数”已经降至40%和50%左右的水平，标志着人们的温饱型消费即将被生活型消费取代。

同时，随着假日旅游经济的启动，在经历了几年的“黄金周”集中大旅游之后，人们的旅游意识与旅游观念发生了变化。中国居民外出旅游明显表现为从传统的观光旅游——休闲旅游——休闲度假旅游发展的趋势，从而导致旅游结构也发生了重要变化，即长线旅游在减少，短线旅游和城市周边旅游在增加。以城市居民为主要客源的休闲游憩业由于比较贴近和适应市场，已在不经意间发展了起来。人们越来越认识到休闲游憩对发展人的个性、创造力，提高人的综合素质具有重要意义。休闲游憩也日益受到各门学科的关注和研究，但目前学术界在关于城市化与休闲游憩业发展之间的相互关系和影响方面的研究还不多，本文试对这一问题进行一些初步探讨。

城市化的概念界定与辨析

1．城市化的涵义

1867 年，西班牙巴塞罗纳的城市规划师、建筑师依勒德丰索·塞尔达出版了《城市化概念》一书，首次创造了“城市化”（Urbanization）这一术语。现代汉语中，“城市化”作为专业术语是在 20 世纪 70 年代后期传入我国的。但是对于“Urbanization”这一专业术语的汉语表述，至今仍然未得到规范和统一，大致有“城市化”、“城镇化”、“都市化”三种说法。本文使用“城市化”的表述方法。

关于城市化的定义，在学术界至今也没有得到统一，人口学、地理学、社会学、历史学、经济学都把城市化作为自己的研究对象，都有本学科的定义。《中华人民共和国国家标准城市规划术语标准》给城市化的定义是：人类生产和生活方式由乡村型向城市型转化的历史过程，表现为乡村人口的向城市人口转化以及城市不断发展和完善的过程。

从社会经济发展和城市化的目的等角度出发，笔者认为城市化是一个历史的、动态的综合过程，这一过程所涉及的领域和包含的内容是多元的，主要包括人口城市化、地域城市化、生活方式城市化等方面。城市人口的增加、城市人口在总人口中的比重上升、城市用地规模扩大等是城市化的标志，其中最重要的标志是城市人口在总人口中的比重。

2．中国城市化的状况

21 世纪是城市的世纪，中国作为世界上人口最多的发展中国家，未来 20 年中国城市化进程将对全球发展产生深刻的影响。许多外国学者都把“中国城市化”与“美国的高科技”并列为影响 21 世纪人类发展进程的两大关键因素。但由于中国从 1949 年建国开始的发展战略中就有“积极推进工业化，相对抑制城市化”的主导思想，加上长期“恐城症”的制约，中国城市化 50 年的变迁，一直没能走出一条适合中国特色的道路。自改革开放以来，我国的城市化进程开始明显加快，2002 年，我国城市数量达 660 个，城市化率为 39.1%。

3．我国城市化面临严峻挑战

随着我国城市化水平的不断提高，21 世纪我国必将面对城市人口三大高峰（人口总量、劳动就业人口总量、老龄人口总量）的相继来到、城市对能源和资源的超常规利用、城市生态环境恶化、提高城市基础设施建设的速度和质量等一系列问题。这些问题最终都可以归结为两种关于我国城市化的截然相反的观点：一种将中国的城市化水平与工业化水平相比较、与发展中国家城市化平均水平相比较，以及与发达国家的经验模式相比较，得出了我国目前城市化水平明显滞后（城市化进程落后于本国的工业化进程和相应的经济发展水平）的观点；另一种观点根据我国的人口基数和国土的平均占有量，以及城市化的农业基础的国际比较，认为我国的城市化“超前”，甚至是“过度城市化”（Over Urbanization）。

休闲游憩业的涵义和发展趋势

1．“休闲”与“游憩”的含义

“休闲”（Leisure）一词在古汉语中解释为：“休”，会意字，从人从木，人倚木而休，本义休息；“闲”，会意字，从门中有木，本义栅栏，作形容词用时，意为闲暇，悠闲，安静，又通“娴”，意为娴雅。二者相结合，即为在闲暇时在绿色环境中休闲、娴雅地休息。现代学者则从物质时空和精神境界上对休闲作了界定和解释，认为“休闲”是人们在可自由支配的时间内自主地选择从事某些个人偏好性活动，并从这些活动中获得惯常生活事务所不能给予的身心愉悦、精神满足和自我实现与发展。从这个概念中我们可以看到，休闲必须要满足以下几个条件：一是人们要有可自由支配的时间，也就是说人们只有在闲暇的时间内才能进行休闲；二是人们要进行一些个人偏好性活动，而不是日常工作延伸而来的活动；三是人们能够愉悦身心，获得一定的精神满足，能够实现自我、完善自我和发展自我。因此，休闲实际上是一种精神状态，是一种使人保持追求自我的能力和状态，体现了一种人本主义的回归。

“游憩”（Recreation）是休闲研究（Leisure Studies）的一个重要概念。我国著名的休闲学专家马惠娣教授认为：Recreation 是美国文化和美国精神的一种体现，它是一个合成词，前缀 Re，表达“不断”、“反复”、“重复”的意思；而 Creation 的意思是创造。Recreation 原意是指“业余消遣或娱乐的方式，有身心的放松，休憩”之意。所表达的意思是：要创造就要有休闲生活、就要有玩耍行为、就要为行为者建造游憩的场所。“游憩”在中文中解释为：游玩。如《礼记·学记》：“故君子之学也，藏焉，修焉，息焉，游焉。”郑玄注：“游谓闲暇无事之游，憩者游者不迫遽之意”，《论语·述而》：“依于仁，游于艺。”杨伯峻注：“依靠在仁，而游憩于礼、乐、射、御、书、数六艺之中。”现在我们一般认为，游憩是指以城市、社区为主要载体，以城市本地居民为参与主体，离开居住地不超过 24 小时的消遣、游玩、社交等各种活动的总称。

我国目前关于“休闲游憩业”的研究不多，对此也还没有形成统一的、科学的定义。综合“休闲”与“游憩”二者的含义，笔者认为，休闲游憩业是大旅游视野下的有别于传统意义上旅游的一种旅游形式，它也不完全等同于休闲业，它更多强调的是一种体验，是休闲业与游憩业的交叉、重叠领域。

2. 休闲游憩业的发展趋势

1993 年，CIAM 通过的《雅典宪章》明确提出游憩为城市的四大功能之一。在我国，人们也开始逐渐意识到城市休闲游憩的作用，现在我国的法定假日已有 114 天，意味着人们有 1/3 的时间是在闲暇中度过的。据美国宾夕法尼亚州立大学著名的休闲研究教授杰瑞·戈比预测，在稍后的几年，休闲的中心地位将会加强，人们的休闲概念将会发生本质的变化，在经济产业结构中休闲产业的从业人员将占整个社会劳动力的 80%—85%。据美国有关部门的统计显示：美国人有 1/3 的时间用于休闲，有 1/3 的收入用于休闲，有 1/3 的土地面积用于休闲。休闲的经济意义还在于，大部分消费开支都是在休闲时发生的。作为消费，休闲是整个市场结构的一部分。随着收入水平的增高，休闲产业的市场对经济增长的重要性也日益增强。以美国 1990 年为例，用于休闲的开销超过 10000 亿美元，大约占全部消费支出的 1/3。在这种靠消费驱动的经济模式中，休闲产业就成为美国第一位的经济活动。因此可以预测，伴随着我国经济、社会的快速发展，与休闲产业密切相关的休闲游憩业，也必将在现代旅游业中迅速崛起。

城市化与休闲游憩业的互动关系

1. 城市化对休闲游憩业发展的影响

（1）城市化对休闲游憩业发展的积极意义

城市化进程加快，为我国休闲游憩业的进一步提高支撑能力和产出能力提供了机遇。城市既是休闲游憩业重要的资源，又是休闲游憩业发展的载体。随着城市化进程，我国休闲游憩业的生产要素和生产力都会有新的提升，城市发展的质量也不断提高，城市基础设施和社会文化设施的建设力度加大，整体功能逐步提升，人居环境明显改善，城市面貌将继续发生很大变化。城市化进程的加快，为休闲游憩业发展在基础设施、市场需求、客源扩张、资金流动、景区开发、产品进入诸多方面，带来了前所未有的大好机遇。

第一，城市化为休闲游憩业的发展提供了充足、稳定的客源。任何旅游目的地得以继续存在的原因是其具有一定的经济性，这种经济性的形成首先需要一定数量的客源作基础。休闲游憩业的生存与发展需要充足而又稳定的客源市场作为支撑。人口城市化为休闲游憩业的进一步发展提供了充足、稳定的客源。

第二，旅游城市化促进了游憩空间的形成。所谓旅游城市化，是指旅游者向城市转移和聚集，数量不断增加，规模不断扩大，现代化水平不断提高，城市在人们的旅游活动中作用逐渐增大的现象。旅游城市化是多种因素综合作用的产物，城市化进程的带动机制起到了关键性作用。可以这样说，旅游城市化的产生是伴随着城市化的发展而产生的一种必然现象。

旅游城市化的日益发展，对城市这一旅游载体的环境承载力带来了极大的压力，成为城市居民目的地选择行为改变的另一推动力，这一推动力为游憩空间的形成提供了条件。研究表明：中国城市居民休闲偏爱在自家及城市近距离的休闲活动较为集中的城市区域进行。原来的城市公园系统，已不能满足人们日益多样的游憩需求，使广场、步行街等城市公共空间的建设，成为城市原有公园系统极为重要的补充，市民游憩活动的内容变得更加丰富多彩，更贴近生活，促进了人们把休闲游憩作为一种生活方式的理解。

第三，城市化带来了休闲游憩业所依赖的基础设施的兴建和完善。一些大中城市在规划建设时，为满足市民日益增长的休闲娱乐文化等方面的需要，在原来城市基本设施的基础上建起了运动场、游泳池、博物馆、主题公园、商业步行街等休闲游憩设施，使游憩空间不断扩展，同时，市民的休闲游憩活动的质量也不断得到提高。

第四，城市化增强了休闲游憩业的可进入性。休闲游憩业的发展对交通具有较强的依赖性。市民到城市游憩空间的休闲游憩活动，属于城市内部的流动，他们的出游很大程度上依赖于城市公共交通系统。城市化推动了交通现代化的发展，交通条件的日益完善，增强了游憩空间的可进入性，促进了休闲游憩业的发展。

（2）城市化对休闲游憩业发展的负面影响

城市化对休闲游憩业发展的负面影响主要表现在“过度城市化”带来的“城市病”和城市化水平滞后对休闲游憩业发展产生的消极作用两方面。

一方面，人口过度城市化使城市人口急剧膨胀，城市流动人口增加，城市的休闲游憩活动的数量随之增多，在加大了对休闲游憩空间压力的同时，也相对降低了市民参加休闲游憩活动的数量和质量。城市化使城市垃圾和废水、废气排量增多，引起空气质量下降和环境的污染、恶化，城市原有的、正常的生态系统和生态结构遭到破坏，城市绿地面积不断减少，导致城市游憩空间减少，不利于休闲游憩业的发展。另外，随着现代社会市场经济的发展，城市休闲游憩的商业化程度越来越高，自给性、社会供给性休闲游憩有让位于商业性休闲游憩的趋势，日益成为一种纯粹的消费活动，呈现麦当劳化的标准化休闲游憩模式，甚至有庸俗化、低级化的趋势，休闲游憩活动将有失去本质特征（自由性和创造性）的危机。以“效率”为标志，以“利润”为导向的合理化，正使休闲游憩变得高度的非人化、异己化，在效率左右下休闲游憩与工作将变得没有任何区别，这样带来的直接后果不是精神的愉悦，反而是身心的损害。

另一方面，一些城市城市化水平滞后，经济发展水平落后，致使政府无过多财力投资建设供市民休闲的游憩空间，也严重制约了休闲游憩业的发展。如我国的一些地、县级的城市现在没有图书馆、博物馆、运动场、音乐厅等基础休闲游憩设施的情况还比较普遍。

2. 休闲游憩业的发展对城市化的作用

（1）休闲游憩业的发展对城市化的积极作用

首先，发展休闲游憩业可以提高当地的经济发展水平，促进城市化。21 世纪休闲旅游产业将取代信息产业成为推动经济增长的最大力量。随着现代旅游业的不断发展和地位的日益提高，大旅游范围内的休闲游憩业作为城市新的经济增长点，改善了经济发展所依赖的投资环境，有力地促进了城市经济机构的调整和合理化，增强了城市活力。同时，伴随休闲游憩区的开发，带动了周边地区房产业、商业和文化娱乐业等相关产业的发展和兴旺。

其次，休闲游憩业的发展吸纳了城乡剩余的劳动力，创造了大量的就业机会，缓解了城市日趋紧张的就业压力，加快了城市化的进程。发展休闲游憩业在就业方面的作用可以通过旅游业的综合就业系数得以体现。旅游业的综合就业系数表示旅游业每进行一个单位增加值的生产，直接需要本部门的就业人数和间接需要其他部门的就业人数。计算方法如下：

综合就业系数 = 就业系数 × 逆矩阵中相应系数

旅游业的就业系数 = 旅游业就业人数 ÷ 旅游业增加值

根据加拿大学者 S. Smith 的系统理论模型，在发达国家，旅游业每增加 3 万美元的收入，将增加 1 个直接就业机会和 2. 5 个间接就业机会；另据世界旅游组织（WTO/OMT）专家的测算，旅游资源丰富的发展中国家，每增加 3 万美元的旅游收入，将会为社会增加 2 个直接就业机会和 5 个间接就业机会。

再次，发展休闲游憩业可以缓解城市旅游压力。随着我国旅游城市化的出现，由于缺乏可以分流因发展旅游活动而形成的流动人口的渠道，旅游城市往往成为流动人口汇聚的中心。城市中的旅游景点景区每到旅游旺季，常常人满为患，致使外地游客的旅游感受质量大受影响，也使本地居民望而却步，正常的休闲需要得不到满足。各种环境与社会问题就随之而来，并常常成为制约城市旅游健康发展的障碍。因此如何有效分流城市流动人口，缓解旅游城市化带来的压力就成为城市化过程中面临的一个现实问题。这也是城市旅游在城市化过程中实现可持续发展的必然选择。

在旅游资源丰富、环境质量较高的郊区或农村地区开发休闲游憩项目，如森林公园、观光农业等，既可以吸引城市居民向外流动，又可以吸引部分以旅游城市为目的地的外地游客向城市外流动。这样，休闲游憩空间就为游客提供了新的活动空间。它在释放假期城市人口压力，分流市区及旅游热点的拥挤程度的同时又能保护生态环境，从而缓解旅游城市化带来的压力。

最后，休闲游憩业的发展在开发城市景观、改善城市形象和完善城市功能方面具有重要意义。在城市景观上，休闲游憩业的发展极大地丰富了城市景观的内涵，促进城市景观向多样性、文化性和宜人性方向发展，对改善城市形象也起到了重要作用；在功能上，休闲游憩业的发展促进了城市服务功能的提高，完善了城市功能结构，最终提高了城市的魅力和品位。

（2）休闲游憩业发展给城市化带来的问题

第一，对城市就业结构的不利影响：休闲游憩业是一种新的就业类型和土地使用类型，需要大量季节性和低报酬的工人。休闲游憩业的发展带来了不想出现的就业机会，非技术性工作、季节工、低报酬工、没有前途的工作，在一些经济繁荣的城市还需要从低工资地区和城市吸收大量这类劳动力，旅馆和餐饮业对这些内地城市无业过剩、素质较差劳动力的吸收，不利于城市人口整体素质的提高，影响城市形象。

第二，市民和外来旅游者对城市休闲游憩空间和设施特别是交通的使用时常发生竞争，出现了文化冲突、社会冲突，这在外国旅游者比较多的旅游城市比较常见，由于其游憩行为和消费模式不相同，容易引起市民的不满和怨恨，给市民生活和城市建设增加了成本，为市民服务的基础设施增加了压力。

实现城市化与休闲游憩业发展之间良性互动的对策

1. 提倡适度城市化，合理发展休闲游憩业

城市化不能盲目追求城市人口占总人口中的比例数，不能以牺牲资源、环境为代价来换取无实际意义的超常规城市化。虽然从整体上来说，目前我国休闲游憩业的发展状况滞后于城市化的水平，休闲游憩空间和设施还不能满足人民群众日益增长的休闲游憩的需要，仍需要加大建设力度，但休闲游憩业的发展要考虑不同城市的经济、文化等实际情况，防止出现盲目重复建设的现象和千篇一律的模式。对于城市个体休闲游憩空间和设施的建设，要加强休闲游憩需求的研究，以需求为导向来确定供给的类型和规模，防止在游憩需求规模和供给规模两者之间出现供不应求、供过于求或供求脱节的现象，力求城市化与休闲游憩业的发展相协调。

2. 注重可持续旅游的环境（资源）保护

任何旅游开发都是在利用自然环境（资源）和本土文化环境（资源）的基础上进行的。休闲游憩业的开发也如此。可持续旅游的环境、资源保护包含对休闲游憩空间的自然环境（资源）和本土文化环境（资源）的有效保护两个方面。经济发展及在此基础上进行的城市化是休闲游憩业发展的动力基础，资源与环境是休闲游憩业的物质基础。一般来讲，旅游业的发展对环境的影响来自两个方面，即旅游供给一方（开发建设者和旅游经营者）和旅游需求一方（旅游者的流动和暂时停留）。为了在发展过程中实现休闲游憩业旅游与环境、资源间的可持续性，需要供给方和需求方的共同努力。

3. 加强政府及行业主管部门的合理引导

不管是城市化，还是休闲游憩业的发展，政府、相关行业主管部门和开发商都要以科学发展观为指导，在调查研究的基础上进行民主决策、科学规划，不但要从我国城市经济、社会发展水平的实际情况和市民的根本利益出发，还要认真研究和汲取外国在这方面的经验和教训，引导它们都朝一个正确的、双赢的方向发展。

结语

城市化和发展休闲游憩业都是事关民生的重要社会问题和现实问题，涉及到经济、文化、资源、环境和人口等几方面的相互关系，二者相辅相成，适度的城市化和合理、有序的休闲游憩业发展可以相互促进。相反，过度的城市化和城市化水平滞后都不利于休闲游憩业的发展，休闲游憩业的盲目、无序发展也不利于城市化的顺利进行。实现城市化和休闲游憩业发展之间的良性互动与和谐共生，是我们追求的目标，但在实现这一目标的过程中还会遇到许多要解决的理论和实践难题，为此，城市化和休闲游憩业的发展需要全社会的共同关注。

（选自《城市发展研究》2006 年第 5 期）

试论林业与发展我国休闲产业

黄　清　陶　萍

休闲产业是社会经济发展水平的一个重要标志。随着我国社会主义市场经济的发展，我国城乡居民收入不断增加，消费能力不断增强，休闲产业进入了新的快速发展阶段。

新时期我国发展休闲产业的重要意义

休闲产业起源于西方，是 20 世纪的新兴产业，是工业化的产物，在国外被视为朝阳产业、无烟产业。发达国家的休闲经济发展证明，经济发展到一定水平，休闲就成为国民消费的重要目标。在发达国家的经济发展进程中，休闲产业创造了重要的经济效益，带动了社会的全面发展。目前，我国经济稳步发展，国民收入不断提高，休闲产业也日渐受到关注。改革开放以来，我国城乡居民生活水平不断提高，1978 年农村和城市居民的恩格尔系数分别为 0.677 和 0.575，2004 年下降到 0.472 和 0.377，预计 2005 年可下降到 0.46 和 0.37，居民生活水平总体进入小康，居民的消费需求已经由温饱转向多层次需求和全面发展，新时期发展休闲产业具有重要意义。

1. 休闲产业促进就业

休闲产业是劳动密集型产业，资金占有率和资源占有率相对较低，投资回收周期短，提供就业机会的比例高。20 世纪 90 年代，旅游产业创造了世界国民生产总值的 5%，西班牙休闲产业工作岗位占就业岗位的 20%，美国与休闲产业紧密相关的就业机会占就业岗位的 50%。据统计，我国 20 世纪 90 年代末期旅游业直接和间接的就业岗位分别接近我国就业岗位的 2% 和 7%。

2. 休闲产业带动相关产业的发展

休闲产业是包括旅游、文化、体育健身、娱乐等精神需求的产业集合，门类繁多，涉及第一、二、三产业。从产业分类看，以服务业为主，并形成了产业链。休闲产业具有联动效应，如休闲旅游商品制造、观光旅游场所、交通、电信、住宿、餐饮、休闲运动场馆、文化休闲场所等相关支持系统都是休闲经济延伸的产业链。休闲产业的发展能带动产业集群的整体效能发挥和产出的增长。

3. 休闲产业促进社会的全面进步

21世纪，经济社会的发展要求国民素质进一步提高，我国政府明确提出人的全面发展是我国社会经济发展的终极目标，提出全面建设小康社会的经济发展战略，把提高国民生活水平和质量作为实现经济增长的目的。随着生产力的发展和人民生活水平的提高，休闲消费必将成为我国人民生活的重要目标，休闲产业将成为产业结构的重要层次。它除了具有明显的经济效益，还具有不可忽视的社会效益，旅游观光产业、文化产品欣赏、业余休憩等经济、文化行为还能够产生审美价值，对于人文理念的形成、促进人的全面发展具有不可替代的效能。

林业在我国休闲产业发展中的地位

休闲产业是与人的休闲生活、休闲行为、休闲需求密切相关的领域，特别是以旅游业、娱乐业、服务业、体育产业和文化产业为龙头形成的经济形态和产业系统，一般包括国家公园、博物馆、体育运动、影视、交通、旅行社、餐饮业、社区服务以及相连带的产业群。根据美国学者穆森的观点，休闲服务行业机构包括宾馆、田径场、高尔夫球场、网球俱乐部、狩猎场、射击场、马术场、健身俱乐部、剧院、主题公园、游泳池、垂钓园、风景游览区、滑雪场、冰场、假日农场、牧场等。在休闲产业中，与林业密切相关的部分占有相当大的比重，这是由林业的多功能性质所决定的。

对于传统林业而言，林业的功能在于生产性，即以木材和其他林产品的生产为主。而随着人民生活水平的提升，林业在经济发展中的作用已经从单纯的生产性延伸到旅游、休憩、疗养、健身等休闲领域。传统林业未能体现现代林业的可持续性、为人类提供精神产品的服务性特征。从大林业或广义林业的视角，推进现代林业的发展，应该重视林业产业的休闲功能，充分发挥林业的多功能效用，为经济社会的发展服务。

1. 林业具有生态建设功能

中共中央、国务院《关于加快我国林业发展的决定》指出："我国要实现社会主义现代化，必须走生产发展、生活富裕、生态良好的文明发展道路，实现经济发展与人口、资源、环境的协调，实现人与自然的和谐相处。"目前我国经济发展稳健、快速，但是在环境保护、资源利用、生态建设等方面还存在很多问题，甚至步入一些经济先行国家"先发展、再治理"的后尘，给我国经济发展带来极大的负效应，构成实现经济社会可持续发展的明显障碍。而改善我国经济发展格局，必须优先发展对经济发展绝对贡献率高的休闲产业等绿色产业。随着我国国民经济的进一步发展，休闲产业势必成为重要的产业。为使休闲产业的发展趋向健康、稳健和可持续的目标，应该重视发挥林业作为一项社会公益事业的生态建设功能。

2. 林业具有满足人们旅游需求的功能

森林能够为人类提供精神产品，是旅游产业的主要载体。森林旅游是旅游业的重要组成部分，自然保护区、森林公园、森林动物园、地质公园、植物园等成为城乡居民休闲旅游、度假、疗养的首选目的地，承载着休闲旅游的大部分客源，为休闲产业带来相当部分的经济效益。在国外，50%的游客选择森林旅游。除了森林旅游产业，森林文化、森林保健产业发展迅速，森林音乐会、森林医院等也受到广泛的欢迎。

我国古代即有专供统治者打猎玩乐的园林即所谓"林苑"，这是我国古代最早的森林休闲方式的体现。我国的现代森林旅游产业从20世纪80年代起步，目前，森林公园和森林旅游成为促进我国林业跨越式发展的支柱产业之一和生态文化的媒介。我国的森林旅游资源分布广阔，森林旅游产业发展得到加强。目前，我国共有自然保护区1757处，其中国家级自然保护区188处；国家地质公园138处，其中世界地质公园12处；森林公园1078处，每年接待5000万人次的旅游者，占国内旅游总人数的10%以上。森林动物园、植物园的数量也在上升，森林旅游产业为国内外游客提供了较多的目的地。

森林旅游还是林业产业开发的重要内容，是森林培育、保护和利用的重要形式。在我国"十一五"规划期间，针对经济发展相对滞后但具备旅游优势的地区，特别是中西部地区，积极发挥林业的休闲功能，推进森林旅游业、生态旅游业、自然保护区旅游业的发展，必将促进区域经济的发展。

3. 林业具有满足人们休憩需要的功能

林业具有满足人们的日常休闲的作用。随着城市林业、乡村林业建设的不断加快，林业的休闲功能受到关注，城市森林包括公园、休闲广场、绿色社区、道路绿化的建设发展迅速，成为与城乡居民生活密切相关的休憩场所，为提升居民、特别是中老年居民的生活满足度发挥了有效的作用。

发挥林业的休闲功能，推进我国休闲产业的发展

林业作为国民经济的重要部门，与国家经济安全、生态安全、社会发展密切相关，随着经济的发展，发展可持续林业、生态林业已成为实现林业现代化的关键。加快林业发展，充分发挥以生态建设为主体的现代林业的作用，满足社会对林业的全面需求，是今后我国林业建设的根本任务。中共中央、国务院《关于加快林业发展的决定》指出，林业生态需求已成为社会对林业的第一需求。"在贯彻可持续发展战略中，要赋予林业以重要地位；在生态建设中，要赋予林业以首要地位；在西部大开发中，要赋予

林业以基础地位。”经济社会可持续发展迫切要求我国林业实现新转变，不仅要满足社会对木材等林产品的需求，更要满足改善生态状况、保障国土生态安全的需要，林业正经历着由以木材生产为主向以生态建设为主的历史性转变。而进一步发挥林业的休闲功能，对于推进我国休闲产业的发展，对于新时期我国经济社会发展都具有重要的意义。

1. 加强林业休闲产业支持系统建设

休闲产业具有联动效应。休闲产业的发展能够推进相关产业的发展，相关产业对休闲产业既有支持作用，又有制约作用。对于刚刚兴起的林业休闲产业，一方面应该着力加强其特色产品的开发，另一方面，应着力加强交通通讯、餐饮住宿、服务水平和质量等支持系统的软硬件建设和管理，解决休闲供给与需求之间的矛盾。

2. 加强公共政策的支持

一是加强产业政策支持。目前，从产业发展实践看，休闲产业还属于我国的弱势产业，应切实加强对休闲产业在国民经济中的重要作用的认识，实施公共政策支持，加大政府投入，实施多元化金融支持，扶持林业休闲产业的发展。二是加强对休闲消费取向的引导。我国城乡居民消费意识保守，投资渠道和投资产品匮乏，急需公共政策的引导。三是加强对消费行为的管理。一些休闲消费者的生态安全意识淡漠，休闲行为往往给自然环境带来负的效应，应该引起足够的重视，对世界文化遗产、自然保护区等人文内涵丰富的旅游景点，应切实加强生态和环境保护的宣传与管理。

3. 加强我国休闲产业发展的理论研究

一方面，积极推进我国林业休闲产业发展的研究，为林业休闲产业的发展提供理论指导；另一方面，大力加强休闲文化的交流与合作研究。建议以高等院校和科研院所为龙头，开展对休闲经济的理论研究。也可以在高等院校设置相应专业和课程，培养休闲产业发展急需的专业人才。

总之，应该进一步提升对林业休闲产业作用意义的认识，把林业的生产性与公益性有机结合起来，充分发挥林业的多功能作用，切实坚持生态效益、经济效益和社会效益相统一，增强林业产业发展的活力，积极推进林业现代化进程，促进我国林业休闲产业健康、协调、快速发展。

（选自《中国林业经济》2006 年第 2 期）

加入 WTO 对中国体育产业的影响

于再清

体育事业是我国社会主义现代化建设事业的组成部分，加入 WTO 和北京承办 2008 年奥运会，将使新世纪的中国体育迎来前所未有的挑战和机遇。

加入 WTO 对中国体育的影响有直接和间接两个方面：直接影响是指作为新兴产业的体育产业如何遵循和利用 WTO 的规则，兴利除弊，实现自身稳步健康发展的问题；间接影响是指体育事业的管理和运作方式，尤其是政府管理现代体育的职能和方式，如何根据中国加入 WTO 在社会经济领域出现的新情况、新问题、新变化作相应调整的问题。这里主要分析加入 WTO 对中国体育产业的影响。

我国体育产业的现状

体育产业在我国的兴起，始于改革开放之初，快速发展于邓小平同志南巡讲话之后。经过短短十几年的发展，体育消费不断增长，体育市场日渐繁荣，产业框架基本形成，在启动消费、扩大内需、增加就业、拉动经济增长等方面发挥了独特的作用，呈现出良好的发展态势和较大的增长潜力。

（一）体育健身娱乐业快速成长

改革开放以来，中国经济的持续稳定增长和人民生活水平的提高，为广大群众的体育健身消费创造了条件。中国体育健儿在各类国际大赛上的优异表现以及北京赢得 2008 年奥运会的主办权，在全国掀起了“体育热”。在这样的背景下，近年来我国体育健身娱乐业有了快速的发展，主要体现在三个方面：一是体育健身消费进一步朝着大众化、普及化方向发展，体育健身娱乐市场形成了一定规模。二是东中西部梯度发展的格局有了新的内容，一些东部沿海发达省份把健身娱乐业作为第三产业发展的重点行业，中心城市基本形成了与实现现代化工程相衔接的、高中低档并存的健身娱乐网点，健身娱乐业的物质技术基础和整体的服务水平显著提高；中西部省份在仿效东部发达省市做法的基础上，向着重点发展特色健身娱乐业的方向发展，利用独特的自然和人文旅游资源与运动健身相结合，开发了一批有良好市场前景的特色体育旅游项目。三是健身娱乐市场出现了专业化、细分化的趋势，以气功养生、康复咨询、运动处方为内容，以中老年为对象，形成了“银发健身市场”；以减肥、健美、形体训练为内容，以妇女、青少年为主要对象，形成了“健美健身市场”；以满足都市居民回归自然、欢度余暇、休闲娱乐为目的，形成了“旅游健身市场”等。

（二）体育竞赛表演业初步形成

近年来随着我国体育管理体制改革和运行机制的转变，体育商业化运作在我国有了较快的发展，体育俱乐部数量显著增加，职业体育快速发展，运动技术水平明显提高，增强了体育赛事活动的观赏性，体育竞赛表演活动所蕴含的商业价值逐步显现。在大型综合性运动会的举办过程中，通过各种广告集资、无形资产开发、广播电视转播权销售、特许产品开发、门票销售等活动筹措资金，弥补举办经费不足。场馆建设则通过土地置换、资本经营、滚动开发等多种形式筹资。此外，中国奥委会等体育组织借鉴国际体育组织的成功经验，初步尝试进行了市场开发，取得了可喜的成绩。

（三）体育用品业整体质量显著提高

我国体育用品业是在国际上具有比较优势的行业。目前，国际市场上销售的体育用品 65% 左右是中国制造的。中国已经成为世界上最大的体育用品出口加工基地。近年来，国内体育用品企业为迎接加入 WTO，纷纷进行产品结构和营销方式的调整，整个行业在发展上呈现三个方面的特点：一是东部沿海发达地区凭借科技、人才、信息和政策等方面的优势，在过去来料加工、小规模分散经营的基础上，迅速崛起了一批骨干企业。初步形成了在国际市场上具有一定竞争力的两大体育用品出口生产基地，即以广州为中心的珠江三角洲出口生产基地和以福州、厦门为中心的福建沿海地区出口生产基地。二是体育用品企业正在由过去的产品经营向品牌经营转变，优势企业不断加大国际营销的力度。通过参加国际体育用品博览会、赞助国外运动队以及广告等多种手段宣传企业，塑造品牌。三是每年一届的体育用品博览会实现了质的飞跃，实现了由国内展会到国际展会的跨越，国际影响越来越大。

（四）体育中介业开始起步

随着我国运动项目职业化进程的不断加快以及商业性赛事的逐步活跃，体育中介业开始在我国形成，出现了一批多种所有制形式的体育经纪机构。一些省份出台了体育经纪人管理制度，地方的体育经纪人培训和资格认定工作已经展开。体育中介业作为一个新兴的行业，在我国体育产业发展过程中将发挥越来越重要的作用。

（五）体育培训业开始活跃

以少年儿童为主要对象的体育培训业开始在全国兴起，这是近年来国内体育市场的一个新现象。出现了一批各种组织形式的、经营性的足球、武术、篮球、乒乓球、网球、羽毛球、棋牌、游泳等各类体育专项培训学校或俱乐部。在体育培训市场的竞争中，各地还形成了各具特色的强势项目。体育培训业正在成为我国体育产业一个重要组成部分。

我国体育产业的国际比较

20 世纪以来，特别是第二次世界大战以后，西方主要资本主义国家经济持续增长，人民生活水平显著提高，体育职业化、商业化、大众化、消费化进程不断加快，体育产业作为一个新兴的产业门类在拉动经济增长、增加就业等方面发挥了重要作用。目前，全球体育产业产值已超过4000 亿美元，西方主要发达国家体育产业产值一般都占本国 GDP 的 1%—3%，最高的为瑞士，占 3. 37%。依据世界各国体育产业总量的水平，大体可分为三档：第一档是美国，一枝独秀，1999 年体育产业总产值占全球体育产业产值的一半以上，达到 2125. 3 亿美元，占该国当年 GDP 的 2. 4%。第二档是德国、英国、意大利、法国、瑞士、加拿大、澳大利亚、日本等发达国家，整体实力与美国差距较大，但除了发达的健身娱乐业外，也有自己的特色或优势行业。如德国的体育用品业，英国的体育保险业，意大利的体育彩票业（以足球为特色），瑞士的体育旅游业等。第三档是包括中国在内的发展中国家和部分新兴的工业化国家，都是体育产业的后发国家，现阶段产业基础薄弱，企业素质较低，市场规模和消费水平有限。

我国目前尚未建立专门的体育产业统计制度，只有少部分发达省市做过体育产业的专项统计。1999 年北京市体育消费总量达到 90 亿元，比上年增长 12%，人均体育消费达到 750 元。全市体育产业总产值 83 亿元，增加值 37. 7 亿元，占当年该市 GDP 的 1. 73%。在体育产业中的就业人数达到 5. 6 万人。1998 年上海市体育产业总产值 53. 87 亿元，增加值 16. 47 亿元，占当年该市 GDP 的 0. 45%。而根据江苏省的统计，1998 年全省体育产业增加值约占全省 GDP 的 0. 2% 强。当然，以上数字只能在一定程度上说明中国最发达地区体育产业发展水平，考虑到我国经济发展和体育产业发展的地区差异悬殊，因此全国的情况肯定远远低于上述水平。且由于各地统计口径不尽一致，也没有完全的可比性。有的专家估算，当前我国体育产业总产值大约在 1500 亿元—2000 亿元之间，占 GDP 约为 0. 15%—0. 2%。这样的水平，一方面说明我们与发达国家体育产业的发展水平还有很大的差距，另一方面也说明我国体育产业有很大的发展潜力。从总体上看，我国体育产业与发达国家的差距主要表现以下几个方面：

（一）体育产业的行业管理体制没有形成

一是体育产业宏观管理体系不明确，体育产业的行业管理主体、管理内容、管理措施都不是很清晰。二是体育市场行业自律组织成长缓慢，体育中介机构管理制度不健全，中介机构在整合市场资源、规范市场主体交易行为、提高市场效率方面的作用难以充分发挥。三是调整体育经济活动的法律法规严重缺乏，体育经营场所的经营服务、体育器材设备的规范化、标准化管理程度不高，体育经营者和体育消费者的权益不能得到全面和充分的保障。

（二）体育产业结构不合理

一是体育用品业与体育服务业的比重失调。体育服务业，包括健身娱乐、竞赛表演、体育中介、体育培训、体育旅游等发展滞后，市场占有率低，对整个体育产业产值贡献率低。二是所有制结构失调。体育产业作为一般竞争性行业，国有资产在行业中所占的比重过高，非国有资产比重过低。三是项目和区域发展不平衡。足球、篮球等少部分运动项目快速进入市场与绝大部分项目难以进入市场并存，东部发达地区的高速发展与中西部欠发达地区发展缓慢的状况并存。

（三）体育企业素质不高

这表现在多个方面。一是现有的体育经营机构公司化率低，很多所谓的“体育企业”事实上是事业法人和社团法人，即使在工商注册的那部分企业，大多也是小型企业，大型企业少，上市公司更是凤毛麟角。二是经营方式落后，经营内容单一，营销意识、品牌意识淡薄。小型、分散、作坊式经营仍是主要方式，开展跨国经营、连锁经营，能根据企业主营产品开展有效的营销活动并对主打产品进行品牌管理的少之又少。三是企业对快速变化的市场反应速度慢，新产品自主开发能力弱，国内知名的体育品牌（包括用品和服务）数量少，能以自己的品牌打入国际市场的目前还没有。四是缺乏高素质的体育企业家和专业化的体育经营人才。

（四）体育产业的投融资渠道不畅

一是行业限制过多，市场壁垒过高，非国有资本进入渠道不畅或进入成本过高。同时，由于无规范的体育市场管理体系，投资者对市场评估的不确定性因素增加，也影响了投资者的投资信心。二是体育企业可行的融资渠道太少。体育企业由于规模小、市场不稳定。使得现有的国内体育企业很难从商业银行获得资金以及通过上市获得资金。我国目前风险投资机构数量尚少，主要是做政策性投资，投资对象主要是高科技产业，体育企业要获得这类机构融资的可能性不大。

（五）体育产业的国际竞争力弱

这是前几个方面问题的综合表现。随着中国加入 WTO 应履行各项义务的落实，体育产业国际竞争力弱的矛盾在新世纪凸显出来。一是体育用品业出口依存度高与进一步拓展海外市场能力不足的矛盾。目前，我国体育用品的大量出口是来料加工产品的出口，并不是体育用品企业自己生产的民族品牌的出口。不解决这个问题，中国体育用品业在加入 WTO 后的发展将受到制约。二是国外著名体育中介公司强劲入场与国内体育中介机构成长缓慢的矛盾。三是极度缺乏开展国际体育商贸的复合型专业人才，并且培养渠道很少。国际体育市场上的竞争一定程度上是人才素质的竞争，没有一流的体育商贸人才，就不可能有较强的国际竞争力。新世纪体育产业发展战略必须下决心解决高素质人才的瓶颈制约问题。

我国体育产业面临的机遇与挑战

中国以发展中国家的地位加入 WTO，承诺的内容主要涉及关税、非关税措施和逐步开放部分敏感的服务贸易领域。我国在加入 WTO 谈判中并没有专门就体育产业做出任何承诺，但是，体育产业是一项综合性产业，其产业活动涉及货物贸易、服务贸易以及与贸易有关的知识产权保护。其中在关税和非关税措施方面的承诺主要影响体育用品的进出口；在开放服务领域方面的承诺，尤其是开放专业服务和旅游业，将对健身娱乐业、体育中介业、体育旅游业产生影响；在与贸易有关的知识产权保护方面的承诺，将对体育无形资产，特别是大型综合性运动会的标志、徽记以及体育比赛媒体转播权的交易产生影响。所以，虽然我国对世贸组织的承诺中没有直接涉及体育产业的内容，但是加入 WTO 仍将对今后我国体育产业的发展产生全面而又深刻的影响。加入 WTO 对体育产业的影响是利弊共存，具体到体育产业中各类企业，其影响程度也不一样。

从挑战的角度看，压力主要有以下四个方面：

（一）生产高档体育用品的国内企业将面临更为严峻的生存环境

我国体育用品企业研发能力弱，产品技术含量低，拥有自主知识产权的企业和产品很少。因此，在高档体育用品市场上，尤其是在训练、竞赛专用器材的生产和销售方面，国内企业无优势可言。随着高档休闲娱乐项目在我国的逐步兴起，以及承办 2008 年奥运会对专用器材需求的扩大，国外著名体育用品企业将借助中国加入 WTO 在关税和非关税措施方面的承诺，进一步扩大对中国的出口，从而强化它们在高档体育用品市场上的垄断地位。

（二）国内体育中介企业的发展将面临巨大竞争压力

经济全球化在体育领域的表现就是体育商务活动的全球化、国内体育市场的国际化以及体育资源的全球流动与配置。而推动这一进程的最主要力量就是中介机构。从一定意义上讲，一国体育中介业的整体发展水平决定了该国体育产业的国际竞争力。中国加入 WTO 后，将按照承诺逐步放开服务贸易。这样一方面国外有实力的体育中介企业将无障碍进入中国，另一方面由于中国承办 2008 年奥运会，未来几年中国的赛事资源将极大丰富，中国国内的体育市场将在很大程度上转变为国际市场，它们进入以后的商业机会和获利前景也将十分诱人。因此，可以预计，随着中国体育事业的逐步发展，将会有越来越多的国外体育中介企业进入中国市场。我国的体育中介业才刚刚起步，企业现有的规模、水平和从业人员素质与国外同类企业相比都有很大差距，要在把握商机中占得先机难度很大。

（三）高素质体育经营管理人才严重缺乏

中国加入 WTO 给体育产业带来的最大挑战是体育商务人才在数量和质量两个方面都严重不足。更为严重的是，目前我国体育人才培养体系中尚没有专门培养体育商务人才的渠道和途径。高素质体育经营管理人才的匮乏越来越成为制约我国体育产业发展的瓶颈。

（四）体育产业行业管理体制不到位带来的挑战

加入 WTO 不仅要求我们在管理体制改革方面规范政府行为，管理重心上移，变微观管理、直接管理为宏观管理、间接管理，还要求我们要尽快按照 WTO 的运行规则，建立与国际惯例接轨的、符合我国体育产业发展阶段特征的行业管理体制。这关系到我们应对挑战和把握机遇的能力。体育产业是 21 世纪全球经济中的一个亮点，极具增长潜力。我国虽是体育产业的后发国家，但体育资源丰富，市场潜力巨大。如何科学地引导外国体育企业进入与投资，规范各类体育市场的运作，并在 WTO 的框架下合理保护民族体育企业的利益，都需要我们尽快建立和完善体育产业的行业管理体制。

加入 WTO 给我国体育产业发展带来的机遇主要表现在：

1. 有利于扩大体育服装、鞋帽、护具等产品的出口

我国的体育用品业是一个出口依存度很大的行业，国内企业生产的运动服装、鞋帽在国际市场上有很强的竞争力。近年来由于发达国家，尤其是美国和欧盟利用多种纤维协定的配额制度，对我国运动服装和鞋帽产品的出口进行限制。中国加入 WTO 后，这些国家设置的配额将逐步取消，我国运动服装和鞋帽的出口将显著增加，中国作为世界上最大的体育服装和鞋帽的生产、加工基地的地位将进一步确立。

2. 有利于引进外资和改善体育产业的资本构成

体育产业主要是提供各类体育服务产品的行业。由于服务产品是不可贸易品，外商要想参与中国体育市场的竞争，只有通过直接投资的方式来实现。我国拥有世界上最大的体育消费群体和最具发展潜力的体育市场。中国加入 WTO 和北京主办 2008 年奥运会，一方面将改善体育产业的投资环境，另一方面也必将使体育产业成为外商投资的热点。同时，外资注入还将改善我国体育产业的资本构成，增强全行业发展的活力和动力。

3. 有利于提高各类体育企业素质

我国体育产业还处于起步阶段，体育企业规模小、素质低的问题普遍存在。从近期看，加入 WTO 可能会给国内相当一部分体育企业的生存与发展带来挑战，但从长远看，开放中国体育市场和国外著名体育企业的进入，有利于提高我国体育产业的集中度，有利于引进先进的产品、技术和营销方式，进而有利于国内体育企业在竞争和学习中不断提高经营管理水平与综合素质。

4．有利于促进体育产业结构调整

我国体育服务业，尤其是健身娱乐业、竞赛表演业、体育中介业、体育旅游业以及体育信息服务业，与体育用品业相比，发展水平明显滞后。加入 WTO 后，有实力的外国企业将进入国内的体育服务领域，它们的进入不仅直接壮大和提升了我国体育服务业的发展水平，而且带来成熟的经营理念，将带动国内资本增加对体育服务领域的投资，从而有利于促进我国体育产业结构调整与优化。

5．有利于扩大居民的体育消费

加入 WTO 直接和间接的效应都将起到丰富体育市场供给的作用，市场上将出现更多的质优价廉的体育物质产品和体育服务产品，消费者多样化、差别化的需求也将得到更好的满足，有利于激活和扩大居民体育消费。

发展体育产业的应对措施

体育产业是新兴产业，也是“幼稚产业”。中国加入 WTO 和北京承办 2008 年奥运会，使这一产业面临更加开放、更加复杂的外部环境。为了科学地应对挑战，把握机遇，加快发展，必须做好以下几方面的工作：

（一）培育能够与国际著名体育公司开展高水平竞争的内资体育企业

引导国内大型体育用品企业走大资本、大市场的发展道路，通过资本市场进行兼并、收购、联合、重组，迅速扩充资本，组建产业集团，并切实转变经营机制。鼓励企业增加研发投入，提高产品的科技含量，开发一批有自主知识产权、能与国外名牌产品竞争的优质品牌，抢占高档体育用品市场。同时。国内企业要利用熟悉国内市场和消费者心理的优势，进一步巩固中低档体育用品市场份额。

（二）提高体育用品质量，实施多元化市场战略，努力扩大出口

体育用品企业，尤其是生产运动服装、鞋帽的企业，要狠抓出口产品的质量，加速采用国际标准，维护中国体育用品的信誉，克服体育用品贸易中的技术壁垒；推动实施品牌战略，走主要依靠提高质量、增加花色品种、提高科技含量、创立优质名牌来扩大出口的路子。同时，大力推进多元化市场战略，在继续瞄准传统主销市场的同时，要更加注重开发发展中国家市场和非配额市场，积极推进全方位、多元化、多渠道、多口岸的出口战略，拓展国际市场。

（三）全面开放国内市场，积极有效地利用外资

开放国内市场，合理利用外资，是加快我国体育产业发展的必由之路。这对提高国内体育资源配置的效率和效益，提高全行业的技术水平和管理水平，扩大体育用品的出口都有重要意义。要按照加入 WTO 的要求，给所有外商投资体育企业国民待遇，优化投资环境，提高政策的透明度，鼓励外资参与体育设施及相关配套设施的建设，鼓励外商参与中西部体育产业的开发。同时，要规范跨国体育公司对国内体育企业的并购行为，营造竞争环境，防止国外体育企业利用不正当手段搞垄断经营。

（四）通过多种途径，培养中高级体育商务人才

要通过专业培养、岗位培训、在职进修、招聘引进等多条渠道，培养和造就一批熟悉国际体育商务的专业人才。鼓励高等体育院校设立体育经营管理专业，培养中级体育经营管理人才；鼓励财经类大学按照培养工商管理硕士的模式，开设体育 MBA 专业，培养高级体育商务人才。同时，鼓励国内大型体育企业引进和聘请高水平的国际体育商贸人才。

（五）深化体育管理体制改革，切实转变政府职能

新中国成立后的几十年，与我国经济管理体制和社会发展水平相适应，我国体育事业的发展形成了主要依赖国家和依靠行政手段办体育的管理模式，并在当时的历史条件下发挥了重要作用。进入 20 世纪 90 年代以后，体育系统实施了以运动项目管理体制改革为重点的一系列改革措施，在实现政事分开、政企分开方面迈出了重要步伐。

随着我国以市场为取向的经济体制改革的不断深化，对深化体育改革、转变政府职能也不断提出更新的要求。特别是在加入 WTO 后，更要进一步加大改革力度，改变体育管理过程中与市场经济体制不符的工作方式，改变与世贸规则精神不相符的体制和运作机制。

首先，要进一步明确体育行政组织和社会组织的事权划分，实现政事分开、政企分开、管办分离，实现体育行政部门职能从对体育事业的直接运作向间接管理转变，由微观管理向宏观调控转变。

第二，深化体育运动项目管理体制的改革，减少越俎代庖和对协会具体事务的干预，明确产权和事权的划分，扩大协会自主权，使协会逐步成为自主决策、自主管理、自我约束的社会组织，建立体育有形资产和无形资产开发的合理机制，增强自我发展能力。体育行政部门对体育社会团体加强政策指导和业务监督，逐步建立有中国特色的体育社团管理体制。

第三，加强对体育产业发展的政策引导，制定积极有效的体育经济政策，在确保国家对体育事业的公共财政等投入外，吸引社会资金投资体育产业，为体育产业发展创造良好的政策环境。

第四，积极培育体育市场，对体育从业机构的设立简化手续，降低门槛，健全规范，逐步从行政管束式的管理向标准化管理转变，从审批式管理向服务式管理转变。大力培育体育中介组织，细化体育产业开发和市场运作中的专业分工，促进市场效率的提高和政府职能的转变。

第五，重视体育法制工作，认真清理与改革和世贸规则精神不符的体育政策法规，健全行业规范，实行依法行政，依法治体。

（选自《体育文化导刊》2003 年第 8 期）

我国体育产业发展现状及对策研究

林显鹏　虞重干　杨　越

中共中央、国务院《关于进一步加强和改进新时期体育工作的意见》〔中发 2002（8）号〕明确指出，“大力发展体育产业，积极培育体育市场，为扩大内需、促进就业、拉动经济增长、实现现代化建设发展目标，做出应有的贡献”。加快体育产业的发展是牢固树立和全面落实党中央科学发展观思想的具体体现，也是社会主义市场经济条件下，促进我国经济发展和精神文明建设的迫切要求。本文拟对我国体育产业发展现状、社会经济环境、存在的问题及其对策进行初步的研究，为推动我国体育产业发展提供理论依据。

我国体育产业的发展现状

依据宏观经济学、产业经济学、国民经济核算原理的有关理论，总结和借鉴联合国及西方发达国家学术界有关体育产业的概念界定，结合中国体育产业发展现实情况，本文对体育产业做如下界定：体育产业，是指为满足人们观赏体育赛事与表演活动以及参与体育健身活动需求，而从事体育产品生产的组织和部门的集合。体育产业包括体育服务业、体育用品制造业和体育用品销售业，其中，体育服务业包括体育健身娱乐业、体育竞赛表演业、体育培训业和体育中介业。

1. 我国体育产业的总体规模

2000 年以来，为了调查区域性体育产业发展的基础性数据，北京、浙江、广东、辽宁、四川、安徽、云南等省（市）分别对本地区体育产业进行了调查。其中，云南省在 2001 年，浙江省在 2001 年和 2002 年，广东省、北京市在 2003 年，辽宁省、四川省、安徽省在 2002 年分别开展了本省（市）的体育产业统计工作。在各省（市）体育产业调查中，除北京市以外，其他各省（市）体育系统内的体育产业生产单位由各省（市）体育局层层发放、层层回收统计报表的方式进行全面调查，最后由各地级市体育局交企业调查队统一进行审核和数据统计处理。体育系统以外的单位，由各地级市企业调查队从统计局基本单位普查数据库获得单位名录，由企业调查队进行全面调查。体育用品专营生产的个体经营户则采取分层抽样方法进行抽样调查，精度控制在 95%。北京市则与北京市统计局合作，由北京统计局发放和回收统计报表。各省（市）体育产业统计均采用了国家体育总局经济司专家组统一制定的体育产业统计报表，包括：《体育行政事业单位产业情况统计表》、《体育经营单位产业情况统计表》、《体育用品生产、批零单位统计表》、《体育用品生产、批零个体经营户统计表》。由于以上省（除北京以外）均采用相同的统计口径和统计方法，所获得的数据具有一定的可靠性和可比性。因此，本文拟依据上述省（市）体育产业调查结果对全国体育产业发展现状进行分析。

通过对 2000—2002 年广东、浙江、北京、辽宁、安徽、四川、云南等省（市）体育产业统计的汇总分析，上述七省（市）体育产业生产总值已达 813.59 亿元，增加值已达 228.8 亿元，七省（市）体育产业吸纳的就业人口已达 104.72 万人。1999—2002 年是我国体育产业迅速增长的一个时期。截止 2002 年，七省（市）体育产业总产值的平均增长速度为 18.39%，增加值的平均增长速度为 17.38%，带动就业增长 19.43%。

由于各省（市）开展的体育产业调查是在不同年份进行的，因此，若推算这些省（市）乃至全国体育产业的总体数据必须将七省（市）的体育产业统计数据统一核算为一个年份的数据。由于各省（市）体育产业统计报表包括了两个年份的数据，可以计算出两个年份之间的体育产业增长率。本文以这一增长率为基础，推算出各省（市）下一年以及截至2002年体育产业发展的各项数据。由于上述省（市）均是从2000年以后开展体育产业统计，其中，广东省和北京市已经统计出2002年的体育产业数据，除浙江省统计的是2000年数据以外，其余省（市）统计的都是2001年的数据。按照宏观经济学的理论及产业发展的一般规律，上述省（市）体育产业发展的主要数据指标在2000—2002年之间一般不会有太大的波动，况且，本文是以各省（市）前一年的体育产业增长率来推算下一年的数据，推算出的数据结果也是比较保守的。因此，通过这种方法推算各省（市）体育产业发展主要指标的数据结果是可行的。根据本文推算的结果，截止到2002年，我国七省（市）体育产业总产值为952.57亿元，占2002年我国国民生产总值的0.92%，体育产业增加值为261.24亿元，占我国GDP的0.25%，解决就业114.85万人，占全国就业人口的0.155%。

在此基础上，本文对2002年我国体育产业的总体规模情况进行了推算。依据推算结果，2002年我国体育产业增加值为696.64亿元（不包括港、澳、台地区），占当年全国GDP的0.67%。在此基础上，根据2002年七省（市）GDP平均同比增长率（17.38%）估算出截至2004年底，我国体育产业增加值为959.83亿元，占当年全国GDP的比重为0.702%。预计2010年以前，我国体育产业增加值将以每年15%—20%的速度增长，至2010年，我国体育产业增加值将达到2510.5亿元，占全国GDP的1.32%。这表明，我国体育产业的发展潜力巨大，体育产业具有成为我国国民经济的新的经济增长点的潜力。

2002年七省（市）体育产业劳动生产率平均值为22740元/人，按照这个劳动生产率，我们可以估算出2002年全国体育产业的吸纳就业人数为306.35万人，占全国就业人员的0.4%，体育产业就业的同比增长速度为19.43%。据此，本文估算得出，2004年全国体育产业的吸纳就业人数为421.5万人，占全国就业人员的0.5%。

2. 我国体育产业的结构特征

(1) 我国体育产业行业结构特征

本文对七省（市）体育产业行业结构的研究表明，目前，我国体育健身娱乐业、体育用品制造业和体育用品销售业，是我国体育产业的骨干产业，3个产业门类的增加值之和占各省（市）体育产业增加值的比例均超过80%以上。体育用品制造业在我国东南沿海经济发达地区体育产业结构中占据十分重要的地位，广东、浙江、辽宁等省（市）体育用品制造业增加值，占体育产业的总体分别为68.2%、59.82%、39.67%。与体育用品制造业相比，我国体育健身娱乐业发展不够理想，广东、浙江、北京、辽宁等省（市）体育健身娱乐业增加值仅占体育产业总体的23.1%、5.33%、37.64%和5%。我们认为，我国体育产业的行业结构特征不符合体育产业结构的一般规律，按照西方发达国家体育产业发展的基本规律，体育健身娱乐业是体育产业的主体，其增加值占体育产业总体的比例，应当在60%—70%之间。而我国体育健身娱乐业增加值占体育产业的总体过低，这在一定程度上说明，我国体育产业尚不是一个成熟的产业。尽管目前我国体育健身娱乐业整体规模不大，但发展速度很快，尚有巨大的发展空间。采取有效措施促进发展，是我国体育产业健康稳定发展的关键，将体育健身娱乐业作为我国体育产业发展的重点，应当成为新时期我国体育产业发展的一个重要的战略选择。

(2) 非公有制经济为主导、多元化投资格局已经形成

我国目前体育产业经济结构中，非公有制经济已经逐步占据主导，形成与公有制经济并驾齐驱的多元化投资格局。说明，经过20世纪80年代以来十几年的努力，我国体育决策部门制定的体育社会化战略决策正在逐步取得成效。我国体育已经初步改变了以往计划经济条件下，由政府垄断体育事业的局面，体育的产业化和社会化水平正在不断提高。具体的体现就是，国有经济所占比例不断下降，非国有资产比例在不断提高，我国体育产业投资结构多元化格局正逐步形成。

(3) 我国体育产业主要分布于经济发达地区和体育运动水平较高地区

本文研究表明，我国经济发达地区与体育运动水平较高地区的体育产业发展水平明显高于经济欠发达地区和体育相对落后地区。我国体育产业发展地区差距很大，体育产业主要集中于北京、上海等直辖市以及沿海经济发达地区和大、中城市。中、西部地区及中、小城市体育产业发展水平远不及沿海经济发达地区和经济发达、现代化水平较高的大、中城市。

3. 与香港特别行政区及发达国家的比较

2000年，我国香港特别行政区体育产业总产值为382.68亿港元，实现增加值201亿港元，占香港GDP的1.5%，体育产业的就业人口为61339人，占香港就业人口的2%。2001年，美国体育产业增加值已达到1946.4亿美元，占美国GDP的2%，吸纳就业人口294.9万人，体育产业已经成为美国第七大产业。2000—2001年度，澳大利亚体育产业总产值为86亿澳元（约53.08亿美元，不包括体育用品制造业和体育用品销售业），增加值为19.42亿澳元，吸纳的就业人数为87447人。2000年，英国体育产业增加值为152亿英镑，占英国当年GDP的1.8%，英国体育产业的就业人口45万，占英国就业人口的1.6%。2000年，加拿大体育产业增加值为89亿美元，占加拿大GDP的1.1%，体育产业吸纳的就业人口为262325人，占加拿大全国就业人口的2%。

与西方发达国家及中国香港特别行政区相比，我国体

育产业的差距主要表现在以下几个方面：第一，我国体育产业发展的总体规模不高，对国民经济的带动作用没有充分发挥出来。第二，我国体育产业中体育服务业所占比重不高，产业结构不尽合理。第三，我国体育产业的经济效益不高。

我国体育产业在国民经济发展中的地位和作用

1. 我国体育产业对促进国民经济增长做出了重要贡献

经过改革开放20多年的发展，我国体育产业在我国国民经济结构中已经占据了重要的地位，同时，我国体育产业发展速度已经远远超过各地GDP的平均增长速度。北京市体育产业增加值占全市GDP的比例，已经超过1.7%，浙江省、云南省、辽宁省、广东省体育产业增加值占各自省份GDP的比例，分别达到0.92%、0.86%、0.78%和0.57%，如果考虑到我国部分省（市）体育产业统计尚存在大量漏算的内容，则上述五省（市）体育产业增加值占各自省（市）GDP的比例已接近1%。我国经济发达地区及体育强省体育产业发展的总体水平，已接近一些西方中等发达国家20世纪90年代初的发展水平。

依照西方经济学经济增长理论，我国体育产业已初步具备了成为国民经济新的经济增长点的潜力：首先，体育产业是新兴产业，不是传统产业。其次，我国体育产业增加值年平均增长速度为17.38%，这一速度远远高于我国GDP的增长速度。显然，体育产业已经逐步成为全社会新的消费热点，产业规模正在迅速扩大，体育产业的发展速度增势强劲。第三，体育产业具有极强的产业关联性。

2. 我国体育产业有效地带动了相关产业的发展

体育产业与国民经济其他产业具有较强的关联性，主要原因在于：首先，体育产业是一种“注意力经济”，它能够引发良好的投资与消费倾向。其次，体育产业具有独特的社会辐射力和穿透力，使它在社会生活中占据不可缺少的重要地位。第三，体育赛事尤其是重大体育赛事，其投资注入产业范围较大，经济影响的范围往往超过了单一产业投资的影响。

根据2000年浙江省体育产业的统计研究，浙江省每增加1元体育产业总产值，可以带动浙江省国民经济其他部门总产值增加2.71元。此推算出，2000年浙江省体育产业对浙江省国民经济总产值的带动约为680亿元，对GDP的带动为150亿元。如果依据列昂诺夫投入—产出模型对广东、浙江、北京、辽宁、安徽、四川、云南等省（市）体育产业的关联性进行估算，则上述省（市）体育产业对这些省（市）国民经济总产值的带动约为2159.08亿元，对GDP的带动约为607.17亿元。至2010年，上述七省（市）对其国民经济总产值的带动约为6604.67亿元，对GDP的带动约为1857.35亿元，仅七省（市）体育产业带动的我国GDP的增长即达到1.05%。以上事实充分说明，我国体育产业对相关产业的发展具有较强的带动作用，能够有力地促进我国国民经济增长。

3. 我国体育产业对增加就业的作用越来越明显

就业是民生之本，增加就业是国民经济发展的一个重要目标，也是促进社会稳定的有效途径。我国体育产业在吸纳就业人口方面正在发挥越来越重要的作用，体育产业就业人口的增长速度，不仅远远超过我国就业人口的平均增长速度，同时，在第三产业中名列前茅。2002年我国体育产业吸纳的就业人数已达306.35万人，占全国就业人员的0.4%，2004年我国体育产业的吸纳就业人数为421.5万人，占全国就业人员的0.5%。

当前我国体育产业发展的社会与经济环境

1. 我国国民经济的持续增长为体育产业的发展奠定了良好的经济基础

2003年，我国人均GDP已经突破1000美元，至2010年，我国GDP将达到17.64万亿元，人均GDP将突破2000美元，2020年将达到3000美元（《2020年我国小康社会主要经济社会指标测算》，《经济参考报》2003年4月16日）。这表明我国经济已开始步入一个新的增长阶段。20世纪西方发达国家经济发展的历程表明，人均GDP从800美元跃进到3000美元将是一个国家国民经济获得快速增长的时期，这一时期也是居民消费更新换代，休闲娱乐需求快速增长的时期。目前，我国经济虽整体上正处于成熟阶段，尚未进入高额消费阶段，但在沿海地区及大、中城市等经济发达地区中，已经形成可观的高额群众消费群体，已经形成了相当规模的体育消费市场。同时，我国体育产业也处于持续快速发展阶段。在未来10年，中国经济将在整体上由成熟阶段向高额消费阶段转变，这为体育产业的迅速发展提供了坚实的经济基础。

2. 我国居民消费结构的升级为体育产业发展创造了广阔的市场需求

预计在2010年，我国体育人口占总人口的比例将超过40%。体育人口的增加，必然带动更多的体育消费，而体育消费的增加，必然拉动体育物质产品和服务产品的生产。2000年，我国城乡居民以家庭为单位，全年体育消费平均为397.42元，我国城乡居民体育消费的需求和体育消费的支付能力，已经得到大幅度提高。据国家信息中心的统计，1992—1997年的5年间，我国城镇居民在运动娱乐方面的人均消费支出，已从84元增加到211元，年平均增长20.2%，居民的体育消费明显快于收入增长。

3. 我国产业结构调整将使体育产业成为我国产业发

展重点

改革开放以来，我国正在经历工业化快速发展阶段，正在经历一个工业化过程中经济和社会结构变化最深刻、最剧烈的时期，其中，最重要的标志是我国的产业结构正在经历重大的变化。具体表现是：第一产业比例迅速下降，第二产业的比重几乎增大到了极限，达到了国际上第二产业产值比重的饱和空间（45%），第三产业得到迅猛的发展。按照我国经济发展战略部署，新世纪我国将实施"推二进三"战略，大力发展第三产业，尤其要大力发展现代服务业。按目前我国大力发展第三产业的政策，第一产业产值比重随GNP的增长大幅度下降，其增长速度小于GNP增长速度，第二产业产值与GNP基本同步增长，第三产业产值以高于GNP增长的速度增长，到2010年，第一产业、第二产业、第三产业产值比例将达到12:46:42。体育产业以体育服务业为主体，体育服务业是现代服务业的重要组成部分。因此，我国产业结构的调整为我国体育产业的发展提供了千载难逢的机遇。

4. 我国城市化进程加快为体育产业的良好发展创造了条件

城市化滞后于工业化的进程，是我国经济发展面临的一个突出矛盾，然而，这种状况在21世纪上半叶将得到根本性的改变。2010年我国的城市数量将达到1000个以上，城市人口将占总人口的45%—50%，达到20世纪90年代世界平均水平。城市化加快可以使人们的自给性服务消费逐步减少，社会性服务不断增加，这必将有力地促进体育服务业的发展。城市经济繁荣和社会分工的细化，必将带动以体育服务为代表的精神服务业的发展。城市基础设施的改善和城市功能的完善，将带动体育场馆设施的发展。随着城市化对经济增长作用的发挥以及人们生活水平的提高，将带动包括体育产业在内的以提高生活质量为特征的现代服务业的快速发展。新世纪我国城市化进程的加快，对体育产业的发展，尤其是在启动体育消费、拓展体育市场方面有十分重要的作用。

5. 现代信息技术的发展为体育产业创造了广阔的发展空间

21世纪的今天，人类已经进入知识经济社会，这样一个社会的一个突出的标志，就是现代信息技术正在以前所未有的速度，影响人类社会的各个领域。信息产业已成为全球规模最大、最具活力的产业，成为经济发展的引擎。现代信息技术的发展一方面将改变体育产业运作的传统模式，体育与信息技术尤其是与新媒体的融合越来越明显，极大地拓展了体育的财富以及体育在全球的影响。同时，依托新媒体的体育产业，将更多地采用国际化的运作模式，这种模式将成为未来体育产业发展的主要特征。另一方面，现代体育产业与现代信息技术尤其是新媒体紧密融合的结果，将使得体育的内容产业和创意产业在体育产业发展中发挥越来越大的作用。

6. 第29届北京奥运会为体育产业发展提供了强大的动力

第29届北京奥运会的运营支出将达到17亿美元（140.59亿元人民币），奥运会场（馆）及相关设施建设投资为297.55亿元，基础设施建设投资将达到2506.5亿元，奥运会诱发的旅游消费支出将达到1387.01亿元。第29届北京奥运会对体育产业的促进作用，主要表现在以下两个方面：

第一，奥运会带动的巨大的投资和旅游消费支出，为我国体育产业的发展提供了巨大的消费需求。根据近几届奥运会的经验，第29届奥运会需采购的体育器材和体育设备总价值为2—2.5亿美元。这为我国的体育用品制造业和体育用品销售业提供了巨大的商机。

第二，第29届北京奥运会将提高我国体育赛事的整体组织与运作水平。奥运会是目前科技含量最高、规模最大、商业价值最大、组织程序最为复杂的大型综合性国际大赛。举办第29届北京奥运会将使我国体育竞赛管理人员广泛地接触和熟悉当今国际最先进的体育赛事管理技术和规范，系统了解和掌握大型体育赛事的管理和运作方法，使我国大批体育竞赛管理人员得到系统的培养和磨炼。这必将为我国体育竞赛表演业的健康发展打下扎实的基础，同时，也为我国申办世界杯足球赛和其他大型国际赛事奠定一定的基础。

第三，第29届北京奥运会将为我国留下一笔珍贵的体育遗产。奥运会的体育场（馆）是具有国际水平的体育场（馆），经过了奥运会的检验，其科技含量、建设规格、承接大型活动的能力均达到世界最高水平。同时，奥运会多数体育场（馆）大多建设在奥林匹克公园之中，奥林匹克公园是集体育、旅游、文化、商贸活动于一体的大型产业活动中心，可以通过相关产业的配合有力地推动体育产业的发展，形成国家体育赛事活动、体育培训、体育教育及体育产业发展的重要基地。

第四，举办第29届北京奥运会将使我国体育产业进一步融入国际体育产业的大的经济循环，使我国体育产业的企业和组织经受一次国际化体育赛事活动和经济活动的洗礼和磨炼，使我国体育产业国际化水平和国际竞争力进一步提高。

新时期我国体育产业发展的基本对策

1. 发展体育产业要以人的全面发展为立足点

以人为本，促进人的全面发展是科学发展观的核心和重点，也是和谐社会的重要标志。以人的全面发展为立足点，必须牢固树立全心全意为人民服务的思想，以全面提高人民的健康素质为目标。以人的全面发展为立足点，必须体现出对人的人性化关怀和人文关怀，努力满足人们的多层次的体育需求，全面提高体育产品的供给能力和供给质量。

2. 发展体育产业要注重经济效益和社会效益的协调

发展体育产业必须注重经济效益和社会效益的协调发展，这是由我国现阶段经济社会发展的特点所决定的。首先，促进物质文明和精神文明的双丰收是构筑和谐社会的重要手段，也是和谐社会的重要标志。体育属社会精神文明的范畴，是精神文明建设的重要内容，发展体育产业本身就是对我国精神文明建设做贡献。其次，发展体育产业不仅要注重体育产品的生产和服务，更重要的是，通过发展体育产业向人民群众提供优秀的体育文化产品，丰富人们的文化生活，提高人们的精神文化素质。同时，要通过发展体育产业，坚决抵御不良文化的影响，为我国人民建立科学、文明、健康的生活方式服务，为实现我国精神文明建设总体目标服务。第三，发展体育产业不仅要努力提高体育产业总量指标的增长，更重要的是，体育产业在解决就业人口和扩大就业机会方面对社会的贡献。

3. 以体育服务业为重点，优化体育产业结构

首先，积极鼓励多元化体育服务业投资形式。政府部门应当科学地制定体育产业结构专项政策，积极鼓励私营、个体、港、澳、台及国外投资者以资本、技术、信息、经营管理等各种形式参与开发体育赛事、全民健身、体育中介、体育培训、体育咨询、场（馆）服务等体育经营活动，建立经营实体。政府部门应当在市场准入、工商登记、土地使用、信贷税收、固定资产折旧、劳动用工等方面提供便利。通过以上方式进一步优化我国体育服务业的所有制结构和资本结构。其次，通过财政税收等系列政策杠杆，推动体育服务业的发展。为了培育我国体育服务业，国家在税收政策方面应当通过制定减免税、差别税率、土地使用税等方面的优惠政策，同时，配合优惠的水、电、煤等能源使用方面的政策，促进体育服务业的快速发展，扩大体育服务业的总量，优化体育产业结构。最后，通过投融资政策，推动体育服务业的发展。建议将部分体育彩票公益金用于支持具有发展潜力的全民健身服务业投资项目的贴息；政府应当鼓励优势体育服务企业进入资本市场，通过股票上市、发行企业债券、项目融资、股权置换等方式为体育服务业发展提供资金保障；设立全民健身基金会，为全民健身服务业提供资助。

4. 构建国家级体育产业基地，促进不同地区体育产业协调发展

目前，我国体育产业的整体发展战略应当以珠江三角洲、长江三角洲和环渤海地区为重点，应确立通过上述地区体育产业的发展，来带动我国中西部体育产业的发展，最终实现体育产业的区域协调发展的目标。首先，大型城市和沿海经济发达地区的体育产业应当向规模化的方向快速发展。北京、上海、天津、重庆、广州、西安、深圳、大连等大型中心城市及沿海城市，应当建立国家级体育产业发展基地，使体育产业迅速发展，成为当地国民经济的支柱产业和主导产业。在这些地区，体育产业应当成为重点扶持和优先发展的产业，使之在当地国民经济和社会发展中起重要的带动作用。其次，内陆和经济欠发达地区应当根据本地区经济社会发展的基本情况，依托当地的体育资源发展具有区域特色的体育产业（如黑龙江的冰雪产业），使体育产业在地区经济和社会发展中发挥重要的作用。第三，必须注意我国不同地区体育产业的不同特点，侧重地区的优势，避免不同地区盲目求大求全，简单复制的做法。最终形成不同地区相互促进、特色互补的区域体育产业协调发展的格局。

5. 促进体制创新，建立适应市场经济规律的体育产业管理体制

按照党中央科学发展观的要求，发展是硬道理，发展必须有新思路。在新的历史时期，要以“三个代表”重要思想和科学发展观为指导，以打破行政垄断为突破，积极探索新形势下政府管理体育产业的方法。

首先，要切实转变政府职能，构建服务型政府。长期以来，我国体育行政部门习惯于以办体育的方式管理体育，行业指导和管理比较薄弱，部门垄断、行业垄断和地区封锁现象严重。体育行政部门必须从办体育的管理模式中解脱出来，建立以体育产业政策为主要调控手段的体育产业宏观管理体制。体育行政部门应把精力集中于体育产业战略规划的制定、政策法规体系的建设、体育产业信息的提供、政策协调上，并通过制定和完善体育产业政策，对体育产业实施宏观管理，指导和协调体育产业的生产和经营活动，保证体育产业快速、健康、协调发展。为社会创造公平的法制环境和政策环境，使体育行政部门成为服务型政府。

第二，进一步推进体育事业管理体制改革，培育体育中介机构，盘活中国体育市场。

第三，引导、支持建立全国性体育产业行业协会，逐步将一些不适合由政府行使的职能交给行业协会，如行业标准的制定、行业准入的资格认定、体育从业人员的资格认定等，形成行业自律机制，推动各行业健康发展。

第四，培育体育产业不同行业的认证机构，如体育器材设备认证机构、体育服务认证机构、体育场（馆）建设认证机构等。培育体育认证机构，通过社会渠道，运用市场化手段提高我国体育产品的质量，对体育产品和服务实施标准化管理，是降低政府的管理成本，塑造服务型政府，提高体育产业发展水平的重要环节。

6. 鼓励我国体育企业品牌化、规模化发展，提高我

国体育产业的竞争力

改革开放以来，我国体育产业总体上处于行业集中度低、经营方式落后、整体竞争力低的状况。改变这一状态，必须努力培育一批具备一定规模的大型体育企业，全面提高我国体育产业的整体规模和竞争力，形成以若干大型体育产业集团为核心、以中、小企业为基础、经营项目相对完整的体育产业体系，提高我国体育产业整体运作水平和国际竞争力。为此，政府需要制定和实施相应的政策，按照建立现代企业制度的要求，规范各类体育产业经营实体，形成科学的法人治理结构和经营管理制度。要建立以资本为纽带，通过资本市场和产权市场形成具有竞争力的跨地区、跨行业、跨所有制和跨国经营的大型体育企业集团。对于中、小企业，国家应当采取改组、联合、兼并、租赁、出售等形式，对中小体育企业进行产权制度和经营机制改革，引导中、小企业向“专、精、特、新”的方向发展。

（选自《体育科学》2006 年第 2 期）

中国体育资源与体育产业发展

汪元榜　鲍明晓

导言

体育资源，一般是指人们从事体育服务产品和物质产品的生产以及开展体育活动所利用或可资利用的各种资源。体育产业从一定意义上讲就是生产者根据消费需求，利用各类体育资源生产和销售体育服务产品和物质产品的企业集合体。一国体育资源的数量、质量及其分布与该国体育产业的发展有密切的关系。本文主要从体育人力资源和体育场地设施资源两个方面来分析两者之间的关系。

我国体育人力资源与体育产业发展

新中国成立以来，我国体育事业有了飞速发展，取得了令世人瞩目的辉煌成就，培养、造就和积累了大量的体育人力资源。应该说，目前我国体育人力资源是世界上任何一个发展中国家所难以企及的，其整体水平甚至超过了一些发达国家。

1. 我国体育人力资源数量与体育产业发展

从数量上看，截止 1999 年末，我国国家和地方两级体育行政部门及其直属单位共有职工 14.7 万人（见表 1）；一、二、三线在训运动员 36.19 万人（见表 2）；一、二、三线专职教练员 25323 人（见表 3）；各等级裁判员 59233 人。近年来，随着体育社会化和产业化进程的不断加速，社会上一些单位和个人也组织了相当数量的营利性和非营利性体育机构。以我国的体育强省辽宁省为例，目前该省由体育行政部门开办的公益性业余训练学校 115 所，在训人数 16200 人，而由各种所有制法人开办的经营性体育培训学校和俱乐部 421 所，在训人数 26000 多人，分别比体育行政部门开办的高出 3.66 倍和 1.63 倍。

应该说，从数量上看，目前我国拥有大量的体育人力资源，尽管这些人力资源相当一部分归各级体育行政部门所有，还不能直接转化为市场力量，但是，随着我国体育管理体制的改革和运行机制的转换，特别是体育社会化和产业化进程的进一步加速，我国隶属于各级体育行政部门的人力资源将会不断向市场释放，从而成为推动体育产业发展的重要力量。毫无疑问，我国在体育人力资源数量上的优势是体育产业有可能得到快速发展的重要保障条件。

表 1　1999 年我国各级体育行政部门及其直属单位职工人数一览表　（单位：人）

		各级体育部门				
		国家级	省级	地级	县级	合计
国家直属小计	5471	197				197
地方合计	141638		2072	9074	18292	29438
总计	147109	197	2072	9074	18292	29635

资料来源：《体育事业统计年鉴（2000）》。

表2　1999年我国一、二、三线在训运动员情况一览表　　（单位：人）

	一线在训人数	二级在训人数		三线在训人数		
	优秀运动队	体育运动学校	竞技体校	重点业余体校	体育中学	普通业余体校
总计	14231	39337	1422	79907	12989	213973
国家直属小计	111		1422			126
地方合计	14120	39337		79907	12989	213847

资料来源：《体育事业统计年鉴（2000）》。

表3　1999年我国一、二、三线教练员情况一览表　　（单位：人）

	一线人数	二线人数		三线人数		
	优秀运动队	体育运动学校	竞技体校	重点业余体校	体育中学	普通业余体校
总计	4036	3871	147	5559	834	10876
国家直属小计	74		147			
地方合计	3962	3871		5559	834	10876

资料来源：《体育事业统计年鉴（2000）》。

2. 我国体育人力资源质量与体育产业发展

从质量上看，我国目前在训运动员中有技术等级的共80617人，其中，国际级健将201人，运动健将761人，一级运动员3376人，二级运动员15362人，三级运动员35638，少年级运动员25279人；裁判员中有技术等级的共59233人，其中，国际级裁判员10人，国家级裁判员415人，一级裁判员5152人，二级裁判员18855人，三级裁判员34801人；在优秀运动队中的专职教练员共有3461人，其中，国家级教练员159人，高级教练员816人，中级教练员1469人，初级教练员1017人。目前，我国各类高级体育人才均有一定的比例，但尖子运动员和高级裁判员所占的比重较小（见表4）。

表4　我国各类高级体育人才所占比例一览表

	人数	占总体的%
运动员（国际健将＋运动健将）	962	1.2
裁判员（国际级＋国家级）	425	0.7
教练员（国家级＋高级）	975	28.2

资料来源：根据《体育事业统计年鉴（2000）》计算。

体育人力资源的质量与体育产业的发展也有一定的关系，譬如，要培育和发展体育竞赛表演市场，缺少明星运动员和高水平的教练员及裁判员，这一市场的发展就会受到很大的限制。目前，我国竞技体育整体的发展水平在国际体坛处于先进行列，因此，我国在发展体育产业，特别是在发展竞赛表演市场方面应该具有一定的比较优势。当然，要充分发挥这样的优势就必须深化改革，推进体育职业化进程，鼓励和支持社会兴办各类职业体育俱乐部，把竞技体育为国争光与为市场提供服务产品有机地结合起来。这样，人才优势才有可能转化为市场优势、产业优势。

3. 我国体育人力资源分布与体育产业发展

我国体育人力资源分布，基本上与区域社会经济发展水平相一致。从六大区的优秀运动员、专职教练员和裁判员的分布看，华东地区在优秀运动员和专职教练员的人数和比例上均居第1位，在裁判员的人数和比例上居第2位；中南地区在裁判员指标上排第1位，在运动员和教练员指标上排第2位；而西北地区在3个指标上均排最后一位；西南地区在运动员和教练员2个指标上排倒数第2位（见表5）。也就是说，我国体育人力资源主要分布在东部发达地区，而整个西部地区体育人力资源相对匮乏。

表5　我国六大区优秀运动员、专职教练员和裁判员分布情况一览表

	优秀运动员		专职教练员		裁判员	
	人数	占全国%	人数	占全国%	人数	占全国%
华北地区	2713	19.18	358	18.81	7100	12.01
东北地区	2133	15.08	311	16.34	7941	13.42
华东地区	3721	26.31	508	26.69	13929	23.53
中南地区	3276	23.16	370	19.44	15637	26.42
西南地区	1626	11.49	224	11.77	9407	15.89
西北地区	675	4.77	132	6.93	5737	9.69

资料来源：根据《体育事业统计年鉴（2000）》计算。

从省（市、区）的角度看，我国体育人力资源最丰富的省（市、区）主要是辽宁、广东、山东、四川、江苏和上海，基本上也是东部发达省份；而体育人力资源最欠缺的省（市、区）主要是西藏、宁夏、青海、海南和重庆，基本上是西部省（市、区）（见表6）。

表6　我国最高与最低5个省（市、自治区）优秀运动员、专职教练员和裁判员分布情况一览表

	优秀运动员			专职教练员			裁判员	
	人数	占全国%		人数	占全国%		人数	占全国%
最高5个省（市、区）	4824	34.11	最高5个省（市、区）	1060	55.70	最高5个省（市、区）	21424	36.19
广东	1263	8.93	山东	128	6.72	辽宁	5296	8.94
辽宁	959	6.78	四川	117	6.15	广东	4528	7.65
江苏	883	6.24	辽宁	114	5.99	四川	4024	6.79
上海	876	6.19	黑龙江	114	5.99	湖南	3995	6.74
四川	843	5.96	河北	114	5.99	山东	3581	6.05
最低5个省（市、区）	494	3.49	最低5个省（市、区）	70	3.67	最低5个省（市、区）	1456	2.45
海南	52	0.36	海南	5	0.26	西藏	69	0.11
宁夏	73	0.51	西藏	11	0.57	青海	212	0.35
青海	111	0.78	青海	18	0.94	海南	283	0.47
西藏	123	0.87	宁夏	18	0.94	宁夏	357	0.60
陕西	135	0.95	重庆	18	0.94	天津	535	0.90

资料来源：根据《体育事业统计年鉴（2000）》计算。

我国体育人力资源东密西疏的格局，对培育和发展我国体育产业的政策含义至少有两个方面：一是，培育和发展我国的体育产业必须与区域社会经济发展水平相适应，由东向西逐步推进；二是，要加快西部体育旅游市场的开发，必须加强体育人力资源的培训、引进工作。我国的西部省（市、区）有大量的自然和人文旅游资源，有高山、草原、沙漠、湖泊以及独特的民族民俗体育资源，非常适合开展体育旅游。目前，西部各省也在纷纷开发体育旅游市场，但体育人力资源匮乏是制约发展的主要因素，因此，加快西部省（市、区）体育人力资源培养和开发的力度，对当前开发西部体育产业有重要意义。

我国体育场地设施资源与体育产业发展

体育场地设施是一国发展体育产业的基本物质条件。同时，由于体育市场的特殊性，体育场地设施往往又是实际的体育经营场所，因此，体育场地设施与体育产业发展之间有直接的相关性。

1. 我国体育场地设施数量与体育产业发展

根据第四次全国体育场地普查资料，目前，我国共有符合普查标准的各类体育场地615693个，占地面积10亿7千万平方米。其中，建筑面积7千7百万平方米，体育场地面积7亿8千万平方米。累计投入体育场地建设的资金372亿元。每万人拥有体育场地5个，人均体育场地面积0.65平方米，人均投入体育场地建设金额31.06元。

这样的水平，尽管从纵向上看发展很快，目前现存的解放前体育场地只有2855个，仅占总数的0.46%，现有的体育场地中绝大部分是改革开放之后兴建的。但是，从横向上比，我国每万人拥有的体育场地数量，特别是人均占有面积，不仅大大低于发达国家，甚至还低于一部分发展中国家。当然，第四次全国体育场地普查之后，我国又进入了一个体育场地设施建设的快速发展期，但是，即使加上新增数，我国体育场地设施总量不足的矛盾仍很突出。而体育场地设施数量不足，直接意味着可开展体育经营的场所不足，全社会可以向市场提供体育服务产品的供给能力不强。因此，体育市场，尤其是各类体育服务市场的发展水平也就比较低。换言之，目前我国体育产业发展还存在比较严重的基础条件制约。

2. 我国体育场地设施质量与体育产业发展

从目前我国体育场地设施的质量看，在现有的615693个体育场地中，普查登记的共有48种类型，其中，体育场、体育馆、游泳跳水馆2121个，占全国体育场地总数的0.34%；室内游泳池、室内网球场、室内射击场、室内人工冰球场、人工速滑馆及各种单项训练房23333个，占全国体育场地总数的3.79%；运动场、小运动场58664个，占全国体育场地总数的9.53%；篮球、排球和门球场516451个，占全国体育场地总数的83.88%；其他各种单项训练场15124个，占全国体育场地总数的2.46%。同时，在我国现有的1223个体育场中，达到甲级的只有70个，占总数的5.72%；在953个体育馆中，达到甲级的只有23个，仅占总数的2.41%。由此可见，投资大、质量高的体育场地，在全国体育场地总数中只占很小一部分。

可以说，当前我国体育场地设施对体育产业发展的制约，不仅表现在总量上，更为突出地表现在质量上。由于绝大部分体育场地都是简易的场地，而这些场地如果没有追加的投资来改造和改善，是难以直接作为体育经营场所的。所以，如何引入更多的社会资本参与我国目前体育场地设施的改建和扩建，是培育和发展我国体育产业必须认真对待的实际问题。

3. 我国体育场地设施分布与体育产业发展

我国体育场地设施的分布，从所属系统看，主要分布在8大系统（见表7）。尽管学校系统和农业系统拥有的体育场地数量最多，两者相加占全国总数的近80%，但这些场地设施的规模、质量和档次普遍较低，绝大部分是简易的体育场地。而投资大、质量好、功能全的体育场地设施主要属体育系统所有，但数量较少，仅占总数的2.34%。

表7 按所属系统我国体育场地设施分布情况一览表

	场地设施数量（个）	占总数的%
体育系统	14410	2.34
工矿系统	45081	7.33
农业系统	65781	10.68
学校系统	413583	67.17
解放军系统	7057	1.15
武警系统	12850	2.09
铁路系统	5185	0.84
其他系统	51746	8.40

资料来源：第四次全国体育场地普查资料。

从纵向行政隶属关系看，在全国的体育场地中（不含解放军、武警、铁路系统），属于中央级的4990个，占全国场地总数的2.54%；属于省（自治区、直辖市）级的29570个，占总数的5%；属于地（市、州、盟）级的46518个，占总数的7.87%；属于县（市、区镇）级的499523个，占总数的84.6%。低等级的体育场地设施多数在县级，高等级的体育场地设施多数在中央和省级。同时，在全国的场地中，分布在城市市区的有168521个，占总数的28.55%，全国各县拥有422077个，占总数的71.45%。

从地区分布看，我国体育场地设施主要集中在东中部地区，约占总数的80%，而西部地区约占20%左右（见表8）。从各省（市）的分布情况看，体育场地设施数量最多的是广东省，有42111个，占全国体育场地总数的7.13%；最少的是西藏，只有体育场地253个，占全国体育场地总数的0.04%，前者是后者的166倍。

表8 我国各区体育场地设施分布情况一览表

	场地设施数量（个）	占总数的%
华北地区	66722	11.29
东北地区	75826	12.84
华东地区	126096	21.35
中南地区	184447	31.23
西南地区	72816	12.33
西北地区	64694	10.95

资料来源：第四次全国体育场地普查资料。

上述体育场地设施分布情况，对体育产业发展的政策含义主要有三个方面：一是要打破系统分割的状况，用法规来明确各系统所属的体育场地对全社会开放的社会责任，实施有限资源的共享；二是加快西部体育场地设施建设，用适当的优惠政策引导国内外投资者去西部投资、开发体育旅游市场的基础设施；三是要加大城市社区体育场地设施建设，完善社区体育场地设施功能，鼓励民间资本参与城市体育产业的开发。

结语

总之，从一定意义上讲，发展体育产业就是不断开发和利用好各类体育资源的过程。相比而言，我国体育人力资源具有一定的优势，而体育场地设施资源则是相对的劣势，如何利用好相对丰富的体育人力资源以及尽快解决体育场地设施的瓶颈制约，是当前培育和发展我国体育产业过程中不可忽视的关键问题，必须认真对待并力争有所突破。

（选自《中国体育科技》2006年第3期）

论体育产业管理研究的三种常用理论

肖淑红　彭立业

管理思想在步入现代管理理论丛林中之后，又开始了管理的变革时期，开拓了许多管理思想的新视野。各种管理理论蓬勃发展，建立在不同价值观上的各个学派往往相互矛盾，但是并没有正确错误之分，只是针对不同的环境条件和资源条件而有不同的用途。我们要认清我们的环境条件和发展阶段，不同的阶段，管理的重点问题都是不一样的，因此，进行理论研究依据的理论基础就会有所偏重。

世界管理发展的新趋势表明：创新是当前和今后管理的主旋律；知识已成为最为重要的资源；企业再造引发了一场管理革命；学习型组织是未来企业的模式；组织结构的倒置体现了权利的转移；全球战略成为了企业决胜的关键；而战略弹性是企业竞争的制高点；管理的终极目标是管理最优境界的实现。

中国体育企业管理同样具有这样的特点，中国体育企业的发展，处在全球化浪潮中，处在迅速变换的环境条件中，不确定因素很多，因此，对其当前和未来一段时间内发展的研究，应当充分考虑到它的环境特点和资源条件，将多学科方法融合，将问题的探讨推向深入。复杂适应系统理论帮助我们认清复杂多变的体育企业系统内部要素及其与环境的复杂关系；价值工程理论建立起我们选取最优管理模式的评价标准，即决策的依据；管理集成论为体育企业研究提供管理技术和理念。本文认为针对目前我国体育管理的环境条件，复杂适应系统理论、价值工程理论和管理集成论对于研究体育企业管理问题是很重要的。

复杂适应系统理论及其重要意义

1. 复杂适应系统（Complex Adaptive System，简称CAS）理论

自从20世纪30年代现代系统科学诞生以来，人类对于系统，特别是复杂系统的认识不断深化，其发展又经历了三个阶段：以工程系统为主的阶段、以热力学系统为主的阶段及以生物和社会系统为主的阶段（见表1）。

表1　复杂系统发展的三个阶段

	以工程系统为主	以热力学系统为主	以生物和社会系统为主
代表人物	维纳，香农	普里高津，哈肯	霍兰（J. Holland）
背景	机器系统	热力学系统，激光等	生物和经济系统
主要思想	信息和反馈	涨落，自组织	适应和学习
主要工具	早期的控制论和运筹学	概率统计方法	计算机模拟，遗传算法
管理模式	集中控制	间接控制，场，环境	机制设计，委托代理
系统元素	死的，被动的，没有自身利益和目标的对象	具有随机的运动方式，其本身仍然是无意识的，死的	活动，主动的，具有自身利益和目标，能够积累经验和学习

资料来源：陈禹《复杂系统在管理中的应用》，2002年北京高校管理科学年会。

第三代系统科学的特点：研究对象和范围不断扩大，计算机的应用使研究手段不断改进，研究更加紧密联系实际，涉及更深层次的理论问题。正是在这样的背景下，圣菲研究所（SFI）的学者们针对系统科学面对的新问题、新形势，综合了现代科学各方面的成果和启示，提出了复杂适应系统理论（CAS理论），把人们对于复杂系统的理解推向一个新的水平。复杂性成为21世纪科学技术面临的需要解决的问题，复杂性的研究将成为21世纪科技的主要特色。

CAS理论的思想要点由霍兰（J. Holland）于1994年的一个报告中正式提出。该报告后来以《Hidden Order》（中文译本名为《隐秩序》）出版。其基本观点为：适应产生复杂性。

复杂适应系统理论具有三个显著的特点：主动性、灵活性、可操作性。CAS理论把构成系统的元素自身的主动性，当作系统发展变化的最根本的动力来源，从而为认识和控制一大类复杂系统提供了思路。本研究中将充分体现这一点，如在管理系统中对员工这个重要资源的探讨。由于CAS理论承认层次的相对性，对于层次问题有了新的理解，所以它在应用中具有极大的灵活性。也就是说，它可以从不同的层次去研究和观察复杂系统，给研究者提供了选择的余地。

管理是人们遇到的最复杂的系统之一。所以，系统科学的任何进展，都对于管理和管理科学带来直接的影响；反之，管理领域的进步，也往往给人们对于系统规律的认识和理解带来启示，这两者的关系是值得关注的。

2. 以此为理论基础的重要意义

体育企业是一个复杂适应系统。不管是娱乐健身业还是竞赛表演业，都是在开放条件下，通过技术和产品创新、竞争、共生、选择和适应（通过市场），不断进化和发展。同时在价值链的每个环节会自动形成新的相关产业，包括为产业服务的金融、运输、电信、保险、销售、维修等服务业，通过自学习、自组织、自适应共同形成既竞争又分工协同的产业生态系统。体育企业系统就是这样一个复杂适应系统。在变动频繁、快速演化的环境中，体育企业发展需迅速适应环境才能持续发展，去适应顾客多样的需求变化，适应在观念、体制、人才、法律规范、发展战略、基础设施、研发创新和应对措施等方面的变化。而适应便产生复杂性，体育企业管理最主要的特点将是研究复杂性，调控复杂系统。不论健身俱乐部、职业体育俱乐部还是体育经纪公司，都要把管理系统放在这样一个复杂环境中去考虑。显然，研究体育企业发展必须以复杂适应系统理论为基础，了解有关的规律将有助于对体育企业进行管理和调控。中国的体育企业系统必须具有适应和学习的能力，在管理模式构建上体现机制设计和委托代理的特点，在管理中强调系统要素的主动性，具有自身利益和

目标，能够积累经验和学习的特性。因此，用CAS理论研究中国体育企业管理才能有较全面、客观的角度，从而提出切实可行的决策信息。

价值工程理论及其重要意义

1. 价值工程（Value Engineering，简称VE）理论

VE产生于20世纪40年代后期的美国。VE目的是提高价值；核心是功能分析；方法是系统分析；关键是方案创新；基础在于开发集体智能。价值工程创始人麦尔斯称："价值工程方法可以帮助企业的所有部门——设计、制造、采购、销售和管理部门，在以更低成本满足顾客需要方面，得出他们具体问题的更佳答案，当其用于重要决策时，一般可以发现15%—20%或更多的不必要成本，而不会丝毫降低顾客方面的价值。"

价值工程（Value Engineering）的定义为："价值工程是通过各相关领域的协作，对所研究对象的功能与费用进行系统分析，不断创新，旨在提高所研究对象价值的思想方法和管理技术。"

价值工程是一个完整的系统，用来识别并处理在产品、程序或者服务工作中那些不起作用却增加费用和增加工作的因素。它运用各种现有的知识和技能，来识别这些对用户需求并无贡献的费用，以改进产品、程序和工作，追求价值的创造与提高，并有效地协助企业领导及管理者协调、综合处理好质量、成本、市场占有率、信息、创新五个方面的关系。这一发展态势，有助于构建新的以价值为导向的体制，有益于企业真正实现以价值为基础的价值管理。

2. 以此为理论基础的重要意义

体育企业必须在提高服务水平的同时降低成本，在提高市场反应速度的同时向社会提供更多的选择，向大众提供有益于身心健康的各种体育产品和服务。运作模式必须强调从重产量转向重价值的创造，俱乐部管理的重心要从实物型管理转向价值型管理。价值工程理论发展成为一种相当成熟且行之有效的管理技术，能够针对性地解决体育产业组织存在的问题：①许多体育组织部门主义严重，造成了从局部看结果是合理的，但从整体角度看却没有达到最优状态，而价值工程正是通过功能分析来满足系统整体最优的。②新技术、新思想的不断涌现使得产业组织难以及时了解和把握，价值工程的工作程序可以帮助企业抓住这些新的资源。③顾客需求具有多变性，价值工程在充分理解需求的基础上，消除不必要的供给，补充不足的需求，使整个系统良性运转，运营更富有效率。比如在奥运场馆建设和运营管理方面就应充分体现价值工程的理念，在设计前期充分理解后期运营中各个利益相关者的需求问题。

价值工程的导向是在定义比较价值的基础上，强调提高价值。也就是说，价值工程的价值导向是努力提高功能对成本的比较价值。体育企业的价值工程就是寻求最佳的途径提升价值，显然，功能提高、成本降低是每个管理者所期盼的，也是激烈的市场竞争中的主攻目标，这对中国体育企业显得格外重要，在资源有限的情况下，将组织的资源价值最大化，具有现实意义。

通过实施价值链管理可以优化核心业务流程，降低体育企业组织的经营管理成本，提升其市场竞争力。科学合理地对体育企业的组织结构、业务流程和信息化管理等方面进行设计，有助于企业建立一套与市场竞争相适应的数字化管理模式，从而提高业务管理水平和经营效率，实现增值。

管理集成论及其重要意义

1. 管理集成论

管理集成就是管理者或组织，从集成这一新的视角来看待、分析人类有组织、有目的的社会活动，将人类认识与实践活动的各种资源要素纳入管理的范围，拓展管理的视野和疆域，并将各种资源要素按照一定的集成方式和模式进行整合，并综合运用各种不同的方法、手段、工具促使各管理要素、功能和优势互补、匹配及有机结合，使其产生非线形的功能倍增或涌现整体功效。就企业而言，企业管理集成则是指用集成的思想、理论指导企业的各项生产经营及管理的实践，即包括从市场研究、产品开发、生产制造、销售与售后服务及企业重构等一系列管理活动有机集成的管理思想、理论、方法和技术的总称。其目的是为了提高管理功效，更加有效地实现企业目标。管理集成思想这一崭新的管理理念既包括企业的战略策略、管理模式、生产组织方式及相应的各种管理方法，也包括体现这些思想并对其进行支持的计算机和信息技术等技术方法。管理集成尤其强调知识的创造，因此，知识、智力在管理集成中占有较大的比重，而这些要素的集成是决定管理集成成败的关键。以下是一些目前较有代表性的方法和技术。

约束理论（Theory of Constraints，简称TOC）是以色列物理学家、企业管理专家戈德拉特博士在他开创的优化生产技术基础上发展起来的管理哲理。TOC的出发点认为：企业的目标是持续地获取利润，凡是限制企业有效产出的增长和获取利润的因素都是制约因素（瓶颈）。这里用"有效产出"叫法的原意是指产量中售出部分的盈利，定义为销售收入减原材料成本。约束是多方面的，但市场、物料和能力是其中最主要的约束。对一个体育企业来讲，如果服务产品的市场占有率很低，那么市场就是制约因素，应当致力于开拓市场；如果市场已经打开，而生产

能力跟不上，那么能力是制约因素；如果是供应商的能力跟不上，制约能力就是物料。从另一个角度看，企业的产出是受瓶颈工序限制的，即使上下游的工序的设备能力有余，也不可能提高企业的总产出。如果我们能够早些理解约束理论，我们就不会盲目上项目、进设备、建场馆了。只能让瓶颈工序满负荷，如果所有设备都追求满负荷，就必然造成大量库存积压，浪费资源和资金。

供需链管理（Supply Chain Management）是经济全球化和互联网时代企业信息化管理的主要哲理。供需链管理理念的出现并不是孤立的，20 世纪 90 年代前后发达国家在从工业化向信息化前进的过程中，出现过许多先进的管理思想，并且已经在世界各国的企业管理中得到普遍的应用，为企业带来明显的经济效益。供需链管理认为企业的竞争力好比供需链的强度，链的强度是由所有链环中最薄弱一环（瓶颈）的强度决定的，即使其余环节强度再大，对提高整个链的强度来讲也没有作用。这正是约束理论的核心思想。作为供需链竞争，约束理论的应用范围就不能局限于企业内部瓶颈计划和现场作业管理了，它的应用已超出了一个企业的范围，扩大到整个供需链。因此，为了提高供需链的竞争力，就必须按照约束理论的概念，全力找出最薄弱的环节，予以强化。一个链环的强度增加了，必然会出现“次一个”强度最低的环节，再予以强化。如此不断逐个强化，以增强整个供需链的竞争力。这种思维方法，正是准时制的精髓之一——“进取不懈”，也是国内许多企业提出的“追求卓越、永无止境”的管理思想。

精益制造（Lean Production，简称 LP）是一套与企业环境、文化以及管理方法高度融合的管理体系，是一个自治的系统。其基本原理是将自主分散的企业集成为协同运作的整体，对市场机遇做出快速响应。依据竞争优势和信誉选择合作伙伴，组成虚拟企业；把知识、技术和信息作为最重要的财富，发挥人的创造性；为共同目标协同合作，增强整体竞争力；以客户满意度作为产品/服务的业绩评价标准和报酬依据。

全面质量管理即 TQM 的要点是：以内外部顾客满意为核心；强调全员参与；培养与发挥团队精神；将百分之百质量保证贯彻每个环节；主张事前主动；坚持持续改进。企业资源计划（Enterprise Resource Planning，简称 ERP），是一种 20 世纪 90 年代以来在国际上通行的、以供需链管理思想为基础、应用现代信息技术的管理系统。ERP 是在 20 世纪 60 年代中期问世的物料需求计划（Material Requirements Planning，简称 MRP）和 20 世纪 80 年代初期问世的制造资源计划（Manufacturing Resources Planning，简称 MRPⅡ）两种应用信息技术的管理系统的基础上发展起来的，是 MRPⅡ的下一代。研究供需链管理的目的是：实时获取需求，快速组织供应，系统优化（多快好省），树立相应的文化理念（全球竞争、合作竞争），今后的竞争是供需链对供需链的竞争，ERP 是实现供需链竞争的有力工具。

2. 以此为理论基础的重要意义

随着 21 世纪的到来，管理面临着更为严峻的挑战，企业系统的复杂性和多样性，使得仅用一种或几种管理理论和方法已无法有效解决企业系统的复杂问题，必须综合、集成各种学派的思想、理论和方法，并将其整体地应用于企业中，才能使企业在激烈的竞争中持续、稳定地发展。正因如此，国内外许多学者积极倡导管理集成。管理集成是指在管理思想上以集成思想为指导，将集成的基本原理和方法创造性地运用到管理的实践中；在管理的行为和组织上，以集成的机制为核心，在管理方法上以集成的方法和手段为基础。使管理者不被狭隘的理论和经验传统所束缚，能从广泛的方法中进行选择，并能在具体的管理项目中从多学科的角度把相关的方法和知识加以整合和应用。

结束语

体育企业管理研究应针对目前我国的环境条件、资源类型以及体育企业发展特点，找准认识问题的角度和正确的思维方式。本文提出了目前中国体育管理发展研究中非常重要的三个理论基础和它们在体育管理中应用的重要意义。复杂适应系统理论帮助我们认清复杂多变的体育产业系统内部要素及其与环境的复杂关系；价值工程理论建立起我们选取最优管理模式的评价标准，即决策的依据；管理集成论为体育企业研究提供管理技术和理念。这些管理理论、管理技术和方法将给体育企业的研究以极大的启示，也是体育企业管理中必须要考虑的核心思想，本文提出的这些研究视角期待能引起理论界的高度重视，为未来的研究起到抛砖引玉的作用。

（选自《北京体育大学学报》2006 年第 4 期）

我国体育产业布局政策的研究

陈林祥

随着我国“十一五规划”的全面启动，各地政府部门都将体育产业作为文化产业的一个重要组成部分，并对其进行重点扶持和发展。为了有效地发挥体育产业在促进区域经济增长、调整产业结构、吸收就业等方面的作用，需要对体育产业布局的规律和相关政策做出统筹安排和规划，有效地引导体育产业的发展，合理地配置体育资源，发挥政府应有的宏观调控职能。

体育产业是一个包含二、三产业的复合产业，体育产业与各地经济的发展呈现出高度的相关性，只有当地区经济发展水平达到一定程度后，体育产业中的主体产业（即体育健身娱乐业和体育竞赛表演业）才可能得到实质性的增长。因此，我们在对体育产业未来发展充满期望的同时，需要保持谨慎的乐观，体育产业并非人们所描绘的那样，充满着无限的发展机会。作为一个幼稚的弱势产业，体育产业在我国还处于起步阶段，各地要结合实际，围绕体育市场的需求，根据区域产业结构调整的要求，对体育产业发展从战略布局上作出政策性的选择。

体育产业布局政策与体育产业发展

产业布局是指产业及产业内的各部门在一个国家或地区的分布与组合。由于各地区的资源条件存在较大差异，通过产业布局政府能尽可能减少由于地区差异而导致的社会问题，追求全社会范围内的公平。产业布局主要体现在产业的聚集效益，为了取得这种聚集效益，促进经济增长和社会福利的提高，需要政府制定、规划和干预产业空间分布的政策。体育产业布局政策与区域发展重点的选择存在密切的关系。区域产业发展重点的选择主要通过国家产业布局战略，规定战略期内重点支持的区域，以国家直接或间接投资的方式，支持当地相关产业的发展。或通过某些差别性的区域经济政策，使重点发展区域的投资环境显示出一定的相对优势，从而引导更多的资源或生产要素投入到该区域。

我国体育产业布局的形成与其他产业布局不一样，一开始就不是政府重点发展与扶持的产业，没有得到政府的相关产业政策扶持。体育产业是我国最早按照市场化原则来进行资源配置的产业之一。近年来，由于体育产业的发展规模和社会影响逐渐增大，尤其在东部发达的地区和中心城市，体育产业已经占到当地国民生产总值一定的比例，并吸收了大量的人口就业，这才引起了政府有关部门的高度重视。其中体育产业中的体育用品制造业，其出口占世界体育用品制造业的60%以上，而且在部分地区已逐渐形成了聚集效应（见表1）。

体育服务业的产业布局却没有体现出产业聚集效应。体育服务业的聚集效应的产生与体育用品制造业有一定的关系，但更主要的是与经济发展、人们对体育的消费意识、体育场馆设施和自然地理等条件有一定的相关性。

表1　2003年我国体育用品主要产业集群地的有关情况

产业集群地	主要产品	企业数（家）	销售收入（亿元，人民币）
福建晋江陈埭镇	运动鞋（运动休闲鞋）	300	49.80
福建石狮灵秀镇	运动服装（运动服、运动休闲服）	652	12.61
广东中山沙溪镇	运动服装（运动服、运动休闲服）	639	53.21
浙江海宁马桥镇	运动服装（运动服、运动休闲服）	240	47.18
福建晋江新塘街道	运动服装（运动服、运动休闲服）	356	35.80
浙江富阳上官乡	体育器材（球拍、赛艇、“三大球”）	321	约8.00
江苏江都武坚镇	体育器材（球拍、铁件、木件）	140	约6.00
江苏泰州野徐镇	体育器材（球网、球、垫子、铁件等）	150	约2.00
河北固安礼让店乡	体育器材（钓鱼用品）	160	约3.00
江苏太仓陆渡镇	体育器材（小轮车、山地自行车）	50	约8.00

资料来源：根据中国服装协会网站以及相关调查资料整理。

无论是体育产品制造业还是体育服务业，在我国已经形成一定的规模，但其发展的规模和质量也越来越受到各方面条件的限制，从整体发展水平和规模来看，体育产业在我国国民经济各部门中还是一个弱势产业或幼稚产业。为了提高体育产业的国际竞争力，发挥体育产业的聚集效应，政府应制定一定的产业布局政策，来引导体育产业的发展。

我国体育用品制造业的产业集群效应与布局特点

我国体育用品产业集群主要集中在沿海开放地区，从省份和产量上看，主要集中在广东、福建、江苏、浙江、上海5省（市）（见表2），其C5集中度超过了80%。2005年武汉市体育局与武汉市统计局的联合调查显示，武汉市的体育用品制造业的C5集中度达到78%，而体育用品销售业的市场集中度C5也达到75%，体育产品的制造与销售呈加速集中的趋势。体育用品制造业的集群效应更加突出，体育用品产业集群的特点主要表现为：

1. 东部沿海开放城市空间布局优势明显

体育用品制造业不是按照自然条件、运输条件、资源、劳动力成本等因素来进行布局的，而是按照一定的空间地理结构来布局的，以东部沿海开放城市为中心，向周边城市形成聚集效应。体育用品制造业主要集中在上海、江苏、浙江、广东、福建等几个省市。形成这种布局的原因是，这些地区作为我国最早开放的城市，享有特殊的优惠政策，而国外体育用品制造业又需要进行产业转移，使得这些地区成为国际体育用品制造业的中心。

2. 生产过程专业化

体育用品业产业集群一般以市（县）、镇（乡）、村为地理区域，大量的体育用品企业主要围绕同一产品或紧密相关产品从事产品开发、生产和销售等经营活动，形成“一村一品、一镇（乡）一行、一市（县）一业”的生产经营格局，以少数龙头企业为主导，以产业链为基础，原材料和产品销售企业及体育产业半成品生产加工等大量中小企业作配套的协同分工协作体系，形成一个具有较强竞争力的产业集群。

3. 产业布局缺乏比较优势

由于体育用品制造业的布局是国外体育用品制造业产业转移形成的结果，在体育用品的整个生产过程中，缺乏相应的研究与开发、市场调查与预测、产品的开发、价格的确定和促销组合的运用等，只是通过社会化的分工、专业化协作和生产成本低廉、市场反应灵敏、区域税收政策的优惠取得一定的竞争优势，而没有掌握核心的竞争力。进入21世纪，国外体育用品制造业企业逐渐演变成营销公司，即公司主要进行研究与开发、市场调查和产品销售，而具体的生产过程转移到发展中国家，体育产品制造业企业成了无工厂企业。而我们的体育用品制造业布局更多的是一种低水平的、重复的布局。即使是国内最著名的体育用品制造业企业李宁体育用品公司，从销售额与利润等指标比较，与国外知名企业也存在一定的差距（见表3）。

体育服务业的产业布局及特点

体育服务业的布局与体育用品业的布局有着显著的不同，从表4的统计调查来看，可以体现在以下几个方面：

1. 体育服务业发展不存在明显的产业集群效应

表2 2001—2003年全国及部分省市体育用品销售收入

	2001年			2002年			2003年		
	销售额（亿元）	占全国百分比（%）	C5（%）	销售额（亿元）	占全国百分比（%）	C5（%）	销售额（亿元）	占全国百分比（%）	C5（%）
全国	110.93		84.96	140.07		85.17	212.64		83.58
上海市	23.69	21.36		29.94	21.37		42.64	20.05	
江苏省	10.09	9.09		17.54	12.49		33.92	15.95	
浙江省	17.99	16.22		19.54	13.95		33.02	15.53	
福建省	14.60	13.16		15.84	11.30		25.44	11.96	
广东省	27.87	25.13		36.50	26.06		42.71	20.09	

注：1. 数据来源于国家统计局；2. 统计范围为全国年销售收入500万元以上的非国有企业；3. 产品范围为《国民经济行业分类》中体育用品制造业（242）部分，不包括运动鞋、运动服装等；4. C5即5省（市）制造业占全国同类制造业的比值，以销售收入指标衡量。

表 3　2003 年国内外体育用品制造业企业销售及经营情况

（单位：千美元）

公司（国家）	总资产	总负债	销售额	税后总利润
NIKE Inc（美国）	6713900	2722900	10697000	474000
Adidas Salomon AG（德国）	5197727	3444597	7777974	322686
Reebok Internationa Ltd（美国）	1989742	956032	3485316	135441
Sports Autbority Inc（美国）	1339556	900290	1760450	16367
MIZUNO Corporation（日本）	1150499	561695	1166067	50846
Russell Corporation（美国）	1023307	508443	1186263	43039
李宁体育用品有限公司（中国）	92760	43842	154189	11180

资料来源：《中国体育科技》2005 年第 4 期载刊杨兆春、姚明焰《中外体育产业竞争态势与战略研究》。

体育服务业增加值在体育产业中所占的比例在各个省市是不一样的，在体育产业较发达的地区，体育服务业增加值所占比例比较低，如广东、浙江、北京等省市，体育服务业所占比例平均为 20%—30% 左右，主要是这些地区的体育用品制造业比较发达；而体育产业较不发达地区，如中部和西部地区，体育产业服务业增加值占总增加值的比例较高，这些省市大都没有太多的体育用品制造业企业。可以看出体育服务业不存在明显的产业集群效应，即使是在体育产业较为发达的地区，相对体育用品制造业而言，体育服务业也没有明显的优势。

2. 体育服务业发展存在一种辐射效应，即立足中心城市，向周边进行辐射

表 4　部分省市体育产业产值表

省市（年）	体育产业总值（亿元）	体育产业增加值（亿元）	体育服务业增加值（亿元）	体育服务业增加值占总增加值（%）
广东（2002）	250.13	67.9	18.48	27.21
浙江（2000）	252.37	55.65	8.28	14.88
北京（2002）	128.4	52.9	20.2	38.18
辽宁（2001）	145.9	39.4	8.97	22.77
武汉（2003）	16.92	6.79	4.01	62.77
安徽（2001）	13.07	5.33	3.16	59.29
南京（2001）	16.48	4.05	2.87	70.86
四川（2001）	6.74	2.87	2.69	93.73
天津（2002）	9.09	2.08	1.58	76
香港（2000）	201（港元）	90（港元）	74.20（港元）	82.44

资料来源：各省市体育产业统计调查报告汇编。

体育服务业的发展存在一定的客观条件，往往是在中心城市，具有一定数量的人口基础，经济、社会、文化和体育等都具有一定的基础。只有这样的中心城市，体育需求才会比较旺盛，体育服务业的各个部门，如体育竞赛表演业、体育健身娱乐业、体育培训业、体育中介业等才存在生存的基础。而一般的中小城市，还达不到相应的体育服务业发展的配套条件。

3. 体育服务业发展与区域经济发展、竞技体育水平、体育自然地理条件存在一定的关联性

体育服务业的发展与区域经济发展存在着一定的关系，经济的发展是体育服务业发展的必然条件之一，但二者之间并不存在正相关。竞技体育水平与体育服务业也存在一定的关系，它在一定程度上影响了体育服务业的发展。如辽宁体育服务业的发展就得益于辽宁竞技体育的发展，辽宁竞技体育综合实力一直处于我国的前列，为各省市输送的后备人才也最多，群众体育基础较为雄厚，2001 年辽宁体育产业占国民经济的比例也比较高，达到 0.78%。体育自然地理条件对体育服务业也会产生一定影响，为体育服务业的发展提供了不同的发展平台。如云南省自然环境较为优越，适宜开展室外运动项目，尤其像高尔夫、足球、体育旅游等项目，其体育产业总值占国民生产总值的比例达 0.86%，是中西部地区体育产业较为发达的地区之一。

体育产业布局的政策选择

体育产业布局存在一定的规律性，对这种规律性的认识水平的提高，可以促使政策制定者通过政策选择而影响地区体育产业的布局。政策决策部门不仅要考虑各地的资源禀赋差异，还要考虑体育产业整体发展的要求。通过产业布局政策的实施，往往会产生两种结果：一种是某些区域因得到体育产业发展的倾斜政策而得到迅速的发展，而其他区域则受到多种条件的制约，发展相对迟缓；另一种是各地体育产业得到均衡发展。

当前我国体育产业布局的形成与国家宏观产业政策存在一定的关系，但更多的是通过市场机制而形成的。体育产业是竞争性较强的产业，尤其是体育用品制造业，在我国是一个竞争较为充分的产业，政府的政策效应相对有限。

对于体育用品制造业，其产业布局符合制造产业发展的一般规律，存在一定的聚集效应，各地没有必要将体育用品制造业作为本地体育产业发展的重点来进行扶持。由于消费者对体育用品的认知度较高，体育用品的本地化并不能达到应有的效果，现有企业的竞争已经达到较为充分的程度，对体育用品制造业的发展要通过加强研究与开发的投入，制定出行业环境、卫生、安全等准入标准，适当提高行业准入条件，避免行业内各企业之间的过度竞争。

体育服务业是体育产业的主体产业，体育健身娱乐业是增长最快的一个行业，体育产业增加值主要来自这一行业。它能吸收大量的人口就业，整个行业的利润率较低，竞争较为充分，它是体育产业的主导产业，可以有效地带动体育竞赛表演业、体育培训业、体育中介业和体育用品业的发展。体育竞赛表演业是一个相对垄断的产业，大部分市场资源由政府把持，其他竞争者较难进入，应逐步放开进入该领域的标准，规范各竞赛主体的竞争行为。体育中介业是随着体育竞赛表演业的发展而逐渐成熟的产业，这一产业应适度发展。

体育服务业的发展存在一定的客观条件，可以参考国家鼓励发展文化产业的标准，适当降低当前体育服务业的各种税费标准。

目前，各地进行的体育产业统计，对体育产业的布局起到一定的指导作用，但由于统计标准不统一，即使在指标相同的情况下，也会存在一定的差异，因而要客观地分析统计数据。体育产业涉及第二产业和第三产业，部分省市产值较高都是由于体育用品制造业较为发达所形成的，如果以体育产业发展水平的高低来作为发展体育产业的依据，就必然会在产业布局政策上出现错误的判断。

（选自《武汉体育学院学报》2006 年第 5 期）

体育产业与政府垄断问题研究

——2010 年广州第 16 届亚运会运作模式探讨

许永刚

广东省体育产业的发展现状

随着我国改革开放的实施，经济、社会的飞速发展和人民生活水平迅速提高，体育产业得到了相应的发展。但是从总体上看，广东体育产业发展还处于起步阶段，总体规模比较小，质量和水平还比较低，同时存在一些阻碍体育产业发展的矛盾和问题，具体表现为：缺乏具有一定品牌的体育用品，在国际上的竞争力不强；开发和利用体育无形资产不足；体育产业结构不平衡；政府管理部门与体育用品生产、销售企业缺乏信息沟通；体育产业的市场化程度低；企业经济效益欠佳；体育产业管理体制改革滞后；支持体育产业发展的政策不健全；经营管理人才匮乏；体育经济与国际体育经济潮流接轨缓慢。因此，借助 2010 年广州第 16 届亚运会之际，要在政府的引导下促进广东省体育产业持续、快速增长，加快广东体育产业结构优化升级，不断调整、完善广东体育市场的结构，整合各方资源共同促进广东省体育产业的发展。

广州 2010 年第 16 届亚运会对广东省体育产业发展的影响

1. 亚运会的召开对广东省体育产业的有利影响

（1）广东省将陆续出台并完善一系列旨在鼓励和支持体育产业发展的财政金融政策，从而为广东省体育产业的发展提供更为广阔的发展空间。政府对体育产业的垄断会有一个较大的松动，一系列新的行业优惠政策将得以实施，会加快广东省体育产业发展的进程。

（2）体育产业经营管理理念日益与国际接轨，政府、协会和民间组织结构更趋合理。阻碍体育产业发展的条条框框将进一步被打破，俱乐部和投资企业按照“产权清晰、权责明确、自负盈亏、自我发展”的现代企业制度运行，成为市场竞争的主体。

（3）广东省体育产业将得到跨越式的发展，在国内的地位有所上升。体育场馆服务和竞赛表演稳步发展；体育健身娱乐业得到超常规发展；体育彩票销售量继续排在全国前列；涌现出一批知名体育中介公司或经纪人；旅游业、建筑业、交通运输业、信息通讯产业、环保业、餐饮业等体育相关产业迅速发展。

（4）大力进行体育装备的品牌营销，激发深层次的品牌文化和个性特征，打造出一批国内知名企业和名牌体育产品，提高民族体育产品的核心竞争力。

（5）体育科研和体育教育得到进一步加强，与体育产业发展的结合更加紧密，涌现出一批具有国际水准的产、学、研相结合的复合型专业人才。

2. 亚运会的召开对广东省体育产业的负面影响

亚运会结束后，对广东省体育产业的持续发展也会带来一定程度的消极影响，甚至还要经历一段阵痛，其负面影响大体有：（1）通过巨额的直接投资将对广东及周边地区经济起到一定的拉动作用，但在亚运会结束之后，广州也不可避免地会经历“经济低谷效应”。（2）亚运会后大量场馆利用率不高，维护、保养负担沉重，使技术含量高的场馆无法有效使用，在对其经营管理方面更会产生一系列的矛盾。（3）国内外知名体育品牌充斥广东市场，挤压广东省体育品牌的生存空间。（4）由于亚运会的举办而派生出的与之关系密切的一些部门、一些行业将受到严重冲击，呈现出萧条局面。总之，亚运会对广州市体育产业的影响将是正负两个方面的，我们必须认清形势，未雨绸缪，从容应对。

对奥运会、亚运会和全运会运作模式的利弊分析

1．奥运会的运作模式

从奥运会的历史来看，自1984年美国洛杉矶奥运会以来，历届奥运会都获得了盈利。因此，认真分析历届奥运会的经济价值，寻找各国的成功经验及不足，对于广州成功举办2010年亚运会具有重要的现实意义。而从政府与市场的资源配置关系可将奥运会的组织模式分为以下几种：

（1）政府或市场单一运作模式。从政府与市场二者在奥运会的组织和举办过程中发挥的作用和方式来看，单纯地依靠政府或市场运作奥运会将是不成功的。1984年以前，奥运会是以政府为主办者，其运作方式也是以政府的行政手段为主；1984年洛杉矶奥运会首开民间承办奥运会的先河，之后市场运作的因素在奥运会的举办中作用日益显著，奥运扭亏为盈，成为一个回报颇丰的商业项目。

（2）政府与市场并举。成功举办奥运会的组织模式。总结以往政府包办和私人部门市场运作奥运会两种组织模式的得失成败，可以看出，这两种组织模式各有利弊，单纯一种力量不足以办好规模宏大的现代奥运会，政府与市场是成功举办奥运会的双翼，只有二者结合，取长补短、优势互补，才能使奥运会的政治、经济、社会效益得到更好的发挥。

（3）政府主导、市场运作的模式。从奥运会的组织模式看，2010年广州亚运会的组织模式应将政府的组织和动员能力与市场配置资源的优势共同发挥出来，才能使亚运会组织成功，并取得政治、经济和社会效益的多方面收获和成功。对此，我们应该重点发挥政府和市场两方面的积极性，采用政府主导、市场运作模式，确保广州亚运会的顺利举办。

2．亚运会的运作模式

亚运会是一个内涵扩大型的综合运动会，历届亚运会的成功举办都与承办国政府的直接领导和支持分不开的。1990年第11届亚运会就是在政府的大力支持下进行运作的，采用了举国体制的做法，在人力、物力、财力和社会经济、政治、文化等外环境方面为亚运会举办创造了良好的条件，其所需资金基本上全部由国家政府承担，其收支情况见表1。

表1　北京第11届亚运会财政收支情况（单位：亿元）

项目	收入	支出
基础设施建设		25.35
举办费用		3.3
直接收入（门票、广告、电视转播权等）	1.0	
国家拨款	10.5	
北京市政府拨款	6.5	
贷款	2.2	
社会捐助	2.7	
总计	22.9	28.6

随着我国和广东省体育产业的发展，举办大型赛事的费用中政府拨款的比重逐年减少，来自市场的资金有了很大比例，政府也由微观的赛事操作者向以政策、法规为手段对体育产业进行宏观调控的方向转变。这也从侧面说明了在我国举行大型体育赛事应在政府主导下、市场辅助配合才是符合我国国情的体育赛事运作模式。

3．全运会的运作模式

从第1届到第6届全运会基本上均由国家和各省组织，资金来源于政府，利用举国体制的优势集中全国的人力、物力和财力在短时间内促进了我国竞技体育的发展。随着我国经济体制和政府对体育管理体制的深化改革，从第7、8、9届全运会其组织和运作方式发生了明显的变化，尤其是第9届全运会的成功运作表明：政府行为和市场运作机制相结合，是今后我国举办大型运动会的必然选择，其成功经验主要有：

（1）引入市场机制，成立粤兴有限公司，运用市场机制集资资金，满足了办会的财政开支。

（2）市场运作采用赞助商招商、专用权招商、比赛项目冠杯、出售电视转播权、广告招商和门票销售等多种形式。

（3）通过多种方式招商引资，按国际规则规范运作，把体育无形资产转为有形资产；对集资经费进行严格管理，实行资金收支两条线，加强对各项资金的审计监督力度，改变了政府投入和行政分配为主的传统筹资模式。

（4）运用市场机制进行场馆建设和管理，有利于实现

政企分开，政府不再为场馆的使用而背上沉重的负担，而且有利于把体育场馆经营纳入市场经济的轨道。

（5）完善配套服务，以建设体育场馆为龙头，解决制约城市布局等旧城改造、发展的瓶颈问题。

奥、亚、全运会运作模式的共性与特性对广州第16届亚运会运作的借鉴意义

1. 对奥运会、亚运会及全运会收入来源模块分析

从第23届到第27届奥运会举办国经济收入统计分析看（见表2）：第16届亚运会赛事价值的开发项目有：政府资助、赛事门票、企业赞助、各种形式的广告、电视转播权、标志产品、冠名权、专有权及其他收入。

表2　第23、24、25、26、27届奥运会举办国经济收入统计

（单位：亿美元）

项目	洛杉矶	汉城	巴塞罗那	亚特兰大	悉尼
电视转播权	12.368	3.27	4.71	5.68	6.468
商业赞助	1.225	4.93	5.05	5.08	4.25
门票收益	1.503	0.40	0.82	4.25	3.60
其他收入	1.179	4.64	6.41	2.20	3.232
总支出	4.048	8.27	16.96	17.21	9.60
总收入	6.275	13.24	16.99	17.21	17.56
盈利收入	2.227	4.97	0.03	0	7.96

资料来源：国际奥委会及瑞士洛桑奥林匹克博物馆。

第16届亚运会相关间接的价值开发包括文体活动、火炬传递活动、礼仪使者选拔大赛、体育用品博览会、资源交易会等，这些项目可分别通过拍卖、竞标、市场营销、委托代理等方式推向市场，充分挖掘以实现其价值，并形成第16届亚运会赛事价值链（见图1）。2. 奥运会、亚运会和全运会运作模式分析

纵观世界各大赛事，其运作模式大体是：与消费者互动——消费者赢得对赛事的体验，赛事赢得市场；与企业互动——企业赢得强势的传播效果，赛事赢得大量赞助；与国家互动——国家赢得国家地位和经济增长动力，赛事赢得政府支持和全球影响力。根据我国社会发展的实际情况，在组织大型赛事时应该逐渐形成在政府政策引导和调控下，以企业为主体，民间和外商共同参与投资的运作模式即政府统筹、市场运作的基本方式。并加快政府行政审批制度改革，提高办事效率，推进政府在体育管理体制和管理方式的创新。这种大型赛事的运作模式对2010年广州第16届亚运会的举办有较大的借鉴作用。

广州2010年第16届亚运会资源配置分析

1. 社会主义市场经济条件下体育产业配置资源的手段——政府与市场

准确把握政府与市场的组合关系，将是实现我国体育产业资源达到最优化配置的关键因素，其政府与市场的最优组合关系可以分为两层：

（1）政府与市场一般层次的组合关系。基本关系是市场在体育产业资源配置中发挥基础性的调节作用，是基本调节机制，而政府主要是弥补和克服市场失灵，并以政府职能确定其边界。具体说政府具有建立体育产业运行的基本框架、提供公共物品、维护竞争、反对垄断、提供市场保障、稳定经济等职能。

（2）政府与市场特殊层次的组合关系。这种组合关系应考虑以下因素：我国的市场经济是在公有制基础上的不十分成熟的市场经济，在一定程度上扩大了市场失灵的范围和强度，从而不得不要求政府替代市场承担调节职能；我国正处在经济转轨期，在一定程度上，就扩大和强化了政府职能，但市场机制仍然是经济运行的基本调节机制，随着市场的作用不断增强，政府的特殊职能将会逐步缩小和弱化。

2. 建构广州2010年第16届亚运会资源配置模式

就广州第16届亚运会来说其运作模式应在发挥政府宏观调控作用的同时，运用市场手段对亚运会的各项资源

图1　广州2010年第16届亚运会赛事价值链流程图

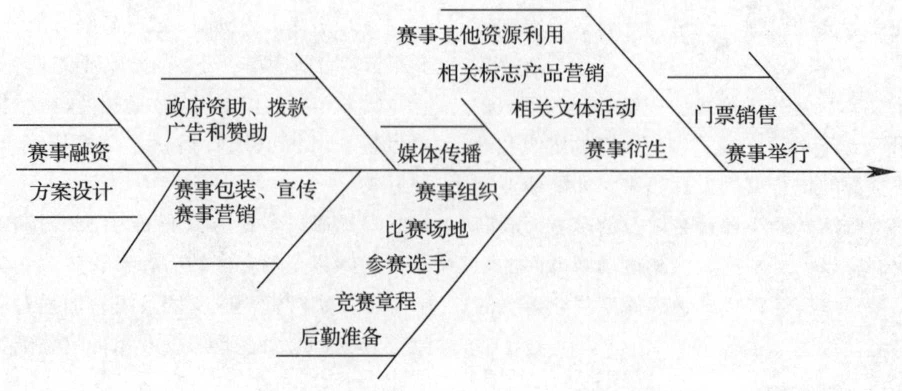

进行有效配置。政府应通过制定倾斜性政策和措施提供体育产业导向，吸引社会各界力量参与或独自开发亚运会资源，为亚运会注入大量资金，打破部门、行业、所有制、地域界限，广泛吸纳社会资金，建立多元、立体的投资、融资渠道；制定第16届亚运会发展战略和规划，优化亚运会运作结构体系，克服市场在资源配置过程中可能出现的弊端，减小亚运会后“经济低谷效应期”所造成的损失。

因此，这种政府统筹、市场化运作的模式，既能够发挥市场的价格机制、供求机制、竞争机制优化亚运会的资源配置作用，最大限度地实现亚运经济与市场经济的接轨，促进广东省经济的加速发展；又能发挥政府的积极作用，充分调动各方面的积极性，确保亚运会和广东体育产业的协调发展，这种亚运会运作模式既符合广东经济发展的内在要求，又是成功举办广州第16届亚运会的现实选择。广州第16届亚运会资源配置的基本模式应是政府统筹、市场运作，政府主要的资源配置领域有：场馆基础设施建设、提供政策和法规制定的法律平台、建立投资和融资体系、进行彩票开发项目、加强监督、防止腐败、坚持正确的宣传舆论导向、政府进行管理制度创新、实施俱乐部名牌工程等。市场运作的领域包括：市场开发组织机构的设立、电视转播权销售、广告、特许经营权、门票等的经营、知名企业赞助、国外市场代理机构咨询、纪念邮票或纪念币、书刊音像的发行等。

结论

1. 现阶段，我国体育产业内部的体育信息传播业、体育竞赛表演业、体育场地服务业等部门，都属于垄断型行业，也不乏垄断性企业，它们在没有竞争对手的市场环境中利用垄断方式，控制市场，获得超额利润，造成了有限体育资源的浪费，阻碍了体育产业的发展。

2. 政府与市场是我国体育产业进行资源配置的两大手段，其两者的组合关系直接关系到我国体育产业发展的未来。

3. 政府统筹、市场化运作是2010年广州第16届亚运会的基本运作模式。政府应发挥强大的行政管理职能并制定相关的政策、法规，将市场化运作引入亚运会资源的开发之中，最大限度地获得亚运会的经济效益。

（选自《北京体育大学学报》2006年第7期）

艺术品、演艺、文博收藏产业

美学与艺术也是一种生产力

陈 炎

一

“生产力”是政治经济学中的一个重要的概念，也是历史唯物主义中的一个核心范畴。根据后者的理解，生产力决定生产关系、经济基础决定上层建筑、社会存在决定社会意识……在这种层层演绎、不断推进的人类文化结构中，生产力便成为最革命、最活跃、最具有根本意义的力量。按照《中国大百科全书·经济学》的权威解释，所谓生产力，就是“人类在与自然的物质变换过程中把自然物改造成为适合人类需要的物质资料的力量”。具体说来，“生产力是由劳动者、劳动资料和劳动对象等要素组成的。具有一定的生产经验（或科学知识）及劳动技能的劳动者是生产力的主体，在生产过程中发挥着主导地位”。

认为劳动者是生产力的主体，在生产的过程中发挥着主导地位，这无疑是正确的，但是，将这种生产力的“主体”能力归结为“生产经验”、“劳动技能”、“科学知识”三个方面的说法，却存有值得商榷之处。在我看来，作为生产力主体的劳动者，至少具备体力、智力、审美判断力（包括情感和想象能力）三种与生产相关的主体能力，而这三种能力的历史性展开，便显现为生产力发展的三个阶段。

在以农、林、牧、渔业为代表的第一产业占主导地位的前工业时代，人们要利用自身的肉体力量与外在自然进行直接的物质交换，即通过肩挑手挖的原始方式来对自然界进行改造。在这一时期，社会生产力的主要因素无疑是人的体力。正因如此，人的体能受到了高度的重视。关于这一点，我们可以从农村公社时代的工分制度中得到直观的印证。除了体力之外，人们在打猎、捕鱼、放牧和耕作中也需要一定的经验，故而人的经验也是这一时期生产力的重要因素。经验与科学不同，它作为个体的生产者日积月累而获得的感性知识，尚未演变为理论化、系统化的知识形态，因而只能在具体的生产过程中直接传授，不宜通过教育途径间接获得。在这种情况下，人的生产经验常常随着年龄的增长而增长，甚至随着个体的消亡而消亡，这也正是古代社会普遍尊重长者的原因所在。当然，在这一时代里，牲畜在生产活动中也占有重要的地位，但是无论如何，任何畜力都是由人力控制和驾驭的，否则它便不可能成为一种生产力要素。从这一意义上讲，畜力只不过是生产工具而已。

到了以机器制造业为代表的第二产业占主导地位的工业时代，社会生产力的主要因素出现了变化，即由人的体力和经验让位于科学和技术。当然，这并不是说人的体力和经验不再是生产力要素，而是说单纯的体力和直观的经验已不再是生产力的重要因素。在这一时代里，由于有了机械化生产，人们更多地不是通过肌肉的力量与自然对象发生直接的物质交换，而是借助机械的力量间接地改造自然。正如在渔猎和农耕时代，任何畜力都是由人来控制和驾驭的一样，在工业时代，任何机械都是由人来制造和使用的。不同之处在于，控制和驾驭牲畜主要依靠的是人的体力和经验，而制造和使用机械主要依靠的是人的科学和技术。科学和技术不同于体力和经验，它们不是先天具有的，也不是在生产过程中逐渐积累下来的，而是通过系统的教育和培训才能够掌握的。因此，在工业化时代，教育的普及与提高，便成为一个社会提升其劳动群体生产力水平的主要途径。在科学的发明与技术的创造过程中，人的脑力劳动渐渐显得比体力劳动重要起来，智力的优越者比体力的优越者受到了越来越多的重视，学历和文凭渐渐取代了日积月累的生产技能，有知识的精英也便取代了有经验的长者而成为社会生产的核心力量。当机械化的生产流水线作业取代了打猎、捕鱼和田野耕作的时候，四肢发达、头脑简单的“壮劳力”便渐渐失去了用武之地。与此同时，科学技术在生产活动中的“贡献率”也越来越高，人与人之间天然的肉体能力差别和后天的经验积累差距已显得不太重要。于是，“尊重知识、尊重人才”也便代替了“尊重体力、尊重经验”而成为一种历史的必然。也正是在这样一个时代里，人们提出了“科学技术是第一生产力”的历史性主张。

然而，随着物质财富的积累和生活水平的提高，人类产业结构的调整还在继续。正像马克思所说的那样，“社会为生产小麦、牲畜等等所需要的时间越少，它所赢得的从事其他生产，物质的或精神的生产的时间就越多”。农、林、牧、渔业的充分发展，满足了人们直接的物质需求；机器制造业的充分发展，使人们的物质需求有了更多的剩余和保障。在物质财富相对充裕的情况下，人们有可能用更多的时间来从事精神财富的生产，从而使产业结构发生新的变化。

早在20世纪20年代，澳大利亚和新西兰就产生了一种有关产业结构的区分，人们把农业称之为“第一产业”，而把工业称之为“第二产业”。在此基础上，费希尔提出了“第三产业”的概念，用以概括满足人类物质需求以外的更高级的精神需求的生产活动。“随着现代经济的发展，满足物质生活需要以外的更高级的需要的产业迅速发展起来。于是在社会经济的发展中出现了这样的趋势：在农业中就业的人数相对于工业中就业的人数趋于下降，接着，在工业中就业的人数相对于服务业中的就业的人数也趋于下降。经济学界把这种经济发展趋势称之为‘配第一克拉克定律’。”20 世纪 70 年代以来，世界上绝大多数国家的第三产业发展速度超过了第一产业和第二产业。时至今日，第三产业已成为发达国家国民经济增长的主要部门。

按照一般的分类原则，“第一、第二产业是直接从事物质资料生产的产业部门，第三产业不是直接从事物质资料生产的部门，它们在产品上有物质形态和非物质形态的区别”。然而在我看来，这一区别毋宁从消费经验的角度上入手更为合理：第一产业和第二产业主要诉诸人们的物质需求，而第三产业则更多地诉诸人们的精神需求。正是在这种以诉诸人们的精神需求为主要形式的“第三产业”中，劳动者除体力、智力之外的审美判断力便有了更多的用武之地。也正是在这一意义上讲，在以服务业为代表的第三产业占主导地位的后工业时代，美学和艺术作为生产力的要素也便具有了越来越重要的地位。

二

在“后工业时代”，美学与艺术作为生产力的主要因素，主要是通过以下三种途径来加以实现的。

首先，是制造直接用于审美欣赏的精神产品。艺术作为直接用于审美欣赏的精神产品，并不始于今日，而是古已有之。但是，在生产力低下的古代社会里，由于广大的劳动者既没有足够的剩余时间来进行精神享受，也没有足够的文化素养去进行艺术追求，更没有足够的资讯手段来获得审美资源。于是，审美和艺术活动基本上属于少数有闲阶层的事情，且与宗教和政治紧密相连，它主要是一种意识形态活动而非商业行为。无论是在奴隶时代还是在封建时代，贵族阶级都曾拥有数量可观、质量上乘的艺术作品，但这些作品很少进入流通领域，以商品的形式来实现其普遍的社会价值。

只有到了工业社会、尤其是后工业社会以后，由于生产力水平的提高，使广大民众在必要的劳动之外获得了较多的金钱时间，从而有条件进行审美和艺术活动。由于劳动的科技化要求，使得广大民众必须具备一定的文化素养，从而能够进行审美和艺术活动。由于大众传媒的出现，使得广大民众可以借助便捷的资讯手段来获取审美和艺术资源，从而便于进行审美和艺术活动。在这种情况下，审美和艺术活动才真正从皇室贵族的殿堂中走了出来，成为广大民众消费的对象。而在一个消费决定生产的商品经济时代里，审美与艺术虽然仍具有意识形态功能，但其最为重要的是商品属性。换言之，能否为商家带来足够的经济回报，是一本小说、一部电影、一台戏剧能否问世的关键所在。在这只“看不见的手”的操纵下，艺术家的情感和想象能力，便成了创造财富的可贵资源，美学与艺术的生产力要素也便最大限度地被释放出来。

谈到这里，人们首先想到的是电影业。据统计，2001 年美国好莱坞的票房收入为 83.5 亿美元。而《京华时报》2002 年 5 月 8 日提供的数据显示，美国电影史上单日票房纪录如下：1.《蜘蛛侠》（首天）4141 万美元。2.《哈利·波特》（第二天）3351 万美元。3.《哈利·波特》（首天）3233 万美元。4.《盗墓迷城 2》（第二天）2859 万美元。5.《星战前传之魅影危机》（首天）2854 万美元。一部电影能够创造如此之大的经济价值，这是以往任何时代也不能想象的事情。在这一方面，我们不必尽举美国的例子。在国内，张艺谋的《英雄》虽不及上述影片卖座，但也取得了令人瞩目的经济效益。仅在横跨 2002、2003 年度的播映中，投资方新画面影业公司便获得了 8000 万元人民币的票房收入。在物质生活日益富足的情况下，人们有着越来越多的金钱和闲暇来进行艺术的消费。时至今日，购买上百元钱的门票去听一场音乐会，去看一场艺术表演，去出席一场电影的首映式，已不是什么天方夜谭的事情了。张艺谋执导的歌剧《图兰朵》在韩国汉城演出了 11 场，票价炒到 2000 美元 1 张，共有 14 万左右的观众观看了演出，组织者约盈利 30 亿韩元。

与电影、戏剧这些传统艺术行业分庭抗礼的是音像制品业。作为全世界录像制品巨头的大明星娱乐公司的年营业额已高达 100 亿美元，其老板韦恩·赫伊岑格也像比尔·盖茨一样成为全世界最富有的企业家之一。不同之处只在于，比尔·盖茨是依靠科技而起家的，而韦恩·赫伊岑格则是依靠艺术而致富的。这两种不同的致富途径是否体现了当今时代二种不同的生产力要素呢？当然了，正像科技界的精英不限于比尔·盖茨一人一样，娱乐界的大腕也不限于韦恩·赫伊岑格一个。时至今日，除了传统的电影娱乐界之外，广告传媒界、游戏制造业也成为越来越多的“淘金者”的乐园。据美国普华永道会计师事务所公布的一项报告显示，在全球经济不甚景气的情况下，2002 年娱乐与传媒产业的收入仍有较大规模的增长，首次突破 1 万亿美元大关……面对这些不胜枚举的事例，我们怎么能够否认“美学、艺术也是一种生产力”这样一个显而易见的事实呢？

其次，审美和艺术作为生产力的要素，还可以通过生产艺术作品的衍生物来加以实现。所谓艺术作品的“衍生物”也常被称之为“影视后产品”，它是借助影视作品的轰动效应而将其中的人物、情节加以衍生、扩展后所派生出来的玩具、服装等时尚物品。我们知道，希尔顿的小说

《消失的地平线》曾衍生出“香格里拉饭店”的五星级品牌，而迪斯尼的电视剧《米老鼠与唐老鸭》曾衍生出“迪斯尼乐园”的主题公园。《星球大战》和《黑客帝国》播映后，市场上不仅充斥了相关的仿真玩具，而且出现了电影中的T恤衫、帽子以及风衣等大大小小上百种商品。至于随之而来的电影海报、音像制品、电子游戏、图书、邮票之类更是数不胜数。据统计，美国电影后产品约占电影业总收入的73%。如此算下来，美国电影业的实际收入将是其票房收入的2-4倍。在这一方面，中国的影视业虽觉悟甚晚，但也开始尝到了甜头。《英雄》一片不仅创造了国产影片的票房之最，也开始了国内研发“影视后产品”的先河：以1780万元出售DVD和VCD版权；跟踪《英雄》拍摄的纪录片《缘起》卖到了30万元的好价钱；接下来，根据《英雄》改编的同名小说已开始印刷，与中国邮票总公司合作发行的《英雄》人物邮票也在筹措之中。这种借助艺术作品来刺激消费的商业行为，显然使当年导致“洛阳纸贵”的《三都赋》相形见绌了。

最后，也是最为重要的是，美学和艺术作为生产力的主要因素，不仅可以通过直接的观赏对象及其衍生作品加以实现，还可以通过赋予实用产品以“审美附加值”的形式打上其自身的烙印。举个例子：农民收获一斤棉花，在市场上可以卖几块钱；工人将其织成布，可以卖几十块钱；裁缝将其做成衣服，可以卖几百块钱；如果经过类似皮尔·卡丹式的艺术大师设计成时装，就可能卖到几千块、甚至上万块钱。可见，由几块钱的棉花变为成千上万块钱的时装，这其中既有“科技的附加值”，更有“审美的附加值”。因此，我们为什么只承认科学技术是一种生产力而不承认美学艺术也是一种生产力呢?

其实，越是在科学技术全面发展的历史条件下，越是在商品生产已基本满足了人们生活实用目的的前提下，美学艺术的生产力功能就越发重要。就像人们吃饭一样，先要果腹、吃饱、有营养，然后才能讲究色、香、味俱全。过去，人们能填饱肚子就已经十分满足了，而现在的饭店，不仅要厨艺精良，还要讲究装潢、氛围和格调。这一切，无不渗透了人们的情感和想象，并以“审美附加值”的形式实现其经济效益。再以建筑为例，现代建筑与后现代建筑的最大差别表现为：前者是功能主义的，后者则有着超越使用功能之外的精神追求；前者是科学至上的，后者则有着超越科学之外的人文含量。更为重要的是，后现代建筑的这种精神追求、这种人文含量，又不同于古代建筑宗教化、伦理化的内容，而是以审美为核心要素的。从这一意义上讲，一座后现代建筑显然要比一座现代建筑有着更多的“审美附加值”。饮食和建筑如此，其他商品生产或消费行为无不如此。一件商品，当满足了人们的使用功能之后，其审美的艺术功能才会渐渐地凸现出来。我们还记得，十几年前，当移动电话还像砖头一样大小的时候，设计者的最大愿望就是减少其体积和重量，使人们用起来方便，时至今日，当手机达到了这一目的之后，设计者除了进一步强化其使用功能之外，便将更多的注意力转移到美观、时尚方面来了。在商店里我们可以看到，一款样式新颖、别致、美观的手机，与同样功能但样式平平的手机相比，在价格上会有着惊人的差异。手机如此，其他商品无不如此。在当今的市场上，几种颜色的搭配，几条弧线的设计，甚至一个包装的选择，都有可能决定着商品身价的高低。

除此之外，在市场经济时代，商品在宣传促销上也少不了借助于艺术的魅力。在“供大于求”的竞争环境下，美轮美奂的广告宣传可以吊起顾客那日益疲惫的胃口。尼尔森媒介研究中心的数据显示，2002年，中国大陆的广告花费总额增长了20%左右，达到100亿美元。这其中，仅“新浪网”一家全年的广告收入就超过了1亿元人民币。该研究中心亚太区董事长霍本德（Forrest L Didier）预测：“因为中国广告市场保持着每年两位数的增长率，中国有望在2010年以前超过日本，成为仅次于美国的全球第二大广告市场”。显然，广告传达的是商业信息，而商业信息的传达又需要美学和艺术来加以包装。难怪有人认为，在电视和网络媒体普及的情况下，我们已经进入了一个“眼球经济”的时代。也就是说，在供大于求的市场条件下，谁能通过大众传媒而吸引消费者的视线，制造出新的消费热点，谁就能在竞争中立于不败之地。

因此，无须更多的论证，“美学与艺术也是一种生产力”的观点已经在我们周围的一切生活用品和交换方式中得到了充分的体现。当然了，从文学作品到舞台演出，从唱片录音到影视欣赏，从艺术展览到电脑游戏，这其中仍免不了科学技术所提供的条件，但其中最为直接、最为重要的已不是技术而是艺术，已不是科学而是美学了。

三

通过上述分析，我们看到，说生产力的主要因素是人，是没有错误的，但在不同时代，生产力对人之不同能力的需求却有着不同的侧重。从这一意义上讲，列宁关于“全人类的首要的生产力就是工人，劳动者”的说法只适用于工业社会。在前工业时代，全人类的首要的生产力显然不可能是工人，在后工业时代，全人类的首要生产力也未必是工人。当然了，同工人一样，工业时代的科学家和后工业时代的艺术家也都是劳动者，只不过他们劳动方式不同，劳动所依据的体力、智力或审美判断力不同罢了。说得彻底一点儿，人类生产力要素的历史性丰富，也正是人的体力、智力和审美创造力的逻辑性展开。

认清这一点，不仅使我们的研究更具有历史唯物论主义的科学性质，也有助于我们更加自觉、更加有力地发掘生产力的潜在资源。由于历史的特殊原因，使得当代中国已将前工业、工业、后工业三个历史阶段压缩到共时的社会环境之中。如果非要为我国现阶段的社会性质做出评价的话，我们只能说是以工业社会为主导的，兼有前工业社会和后工业社会经济要素的发展中国家。因此，仅就我国当前的情况而言，科学与技术无疑仍占有“第一生产力”的重要地位。但是，我们同时也应该看到，由于中国城乡经济发展的不平衡性，更由于进入WTO以后，中国经济与外国经济日益紧密的交往关系，使得我国经济生活和文化生活中的后现代因素日益增加。在这种情况下，美学与艺术作为生产力要素，已经产生并将继续产生着越来越大的历史作用。

针对我国现有的发展状况，1995年党中央国务院提出了“科教兴国”的发展方略，2003年党的十六大报告首次将大力发展社会主义文化产业的问题提到了议事日程上，而江泽民同志有关社会科学与自然科学“同等重要”的观点，也可从这一角度上加以理解。从历史的高度看待这一问题，我们有必要在教育发展和文化战略两个方面提出相应的对策。

在过去，由于对“审美和艺术也是一种生产力”的认识不到位，致使我们的教育发展长期以来有着重理而轻文、重智力开发而轻情感培养的偏颇和局限。作为一种新的生产力要素的前提条件，人的“审美判断力”包括情感和想象能力，它不仅不同于体力，而且也不同于一般所谓的智力。有鉴于此，心理学家于“智商”之外，又增加了一个“情商”的指标，以衡量人们的审美判断力。而“情商”的提高，主要依靠的不是人的逻辑思辨能力，而是形象思维能力；主要依靠的不是科学知识，而是人文素养。从这一意义上讲，大力发展我国的人文社会科学，不仅有利于精神文明建设，而且有利于物质文明建设。最近一个时期，人们开始意识到素质教育的重要性，但人们所说的素质教育又常常拘泥于政治素质。正因如此，学校常将党史、农民战争史作为提高学生政治素质的主要课程，而相对忽视了审美文化教育也是“素质教育”的有效途径。事实上，从形而上的层面看，审美文化教育的实施，对于我们这样一个没有宗教传统的民族来说，有着沟通人类情感、获得精神寄托的重要意义。这也正是当年蔡元培先生提出“以美育代宗教”的原因所在。从形而下的层面看，审美文化教育的实施，有助于全面发掘我国劳动力资源的潜在能量，并能进而将这种潜在能量转化为显在的价值。

过去，由于对“审美和艺术也是一种生产力”的认识不到位，致使我们的文化建设有着重科学而轻艺术，重西方而轻东方的偏颇与局限。在不少人看来，西方的科学技术比我们发达，西方的审美与艺术也一定比我们先进。结果是非但没有赶上西方人的艺术水准，反而将自己原有的宝贵经验也丢失了。具有讽刺意味的是，我们这个曾经产生过无数艺术巨匠，就连科举考试也要写诗作赋的审美大国，现在却因本土作家拿不到诺贝尔文学奖而痛心疾首。可试想一下，如果该奖在两千年前颁发，屈原是不是一个合适的人选呢？如果该奖在一千年前颁发，李白、杜甫是不是很有竞争力呢？如果该奖在两百年前颁发，谁又敢与曹雪芹一比高低呢？因此，在21世纪的今天，是到了我们总结经验教训，回到中国传统的审美文化并从中汲取营养的时候了。

要真正使美学与艺术成为一种能够创造社会财富的生产力，不仅要改变我们已有的教育目标和文化策略，也要改变我们已有的美学模式和艺术观念，使美学走出逻辑思辨的象牙之塔而走向五彩缤纷的审美实践，使艺术走出“文以载道”的政治壁垒而走向热火朝天的现实生活。只有当美学能够指导具体的艺术实践而且艺术能够满足人们日常生活需要的时候，“美学与艺术也是一种生产力”的口号才能由上述的理论设想变为真正的物质力量。

（选自《文史哲》2004年第3期）

作为创意文化产业的艺术

金元浦

传统的美学与文艺理论一直把创意或独创性视为艺术家或者艺术创作的独特品质。今天这种观念发生了变化。一些文化产业理论家乃至经济学家接过了这个观念，将创意或独创性、创造性视为一个内涵更为广泛、更具普遍意义的观念，而它的所指、所涉及的对象则有了不同以往的改变。

一

从广义的角度看，创意产业是当代以创意理念为核心的总体经济活动。近年来，欧洲及美国、澳大利亚等国的一些理论家大力推进了关于创意部门和创意产业的新观点。他们提出，创意产业（Creative Industry，或译“创造性产业”）是一种在全球化的消费社会背景中发展起来的，推崇创新及个人创造力，强调文化艺术对经济的支持与推动的新兴理念、思潮和经济实践。他们认为，当代的创意产业应包括广告、视觉艺术、表演艺术、广播媒体、博物馆、软件开发乃至交响乐。经济学家的研究进一步巩固并发展了这一观点。美国经济学家凯夫斯（Caves）对创意产业给出了以下定义：创意产业提供我们宽泛地与文化的、艺术的或仅仅是娱乐的价值相联系的产品和服务。它们包括书刊出版、视觉艺术（绘画与雕刻）、表演艺术（戏剧、歌剧、音乐会、舞蹈）、录音制品、电影电视甚至时尚、玩具和游戏。

凯夫斯力图从当代经济角度对创意作为一个产业做一种新的分类或界定。显然，这种分类是将先前仅仅在文学艺术领域中认定的艺术创造的特性广泛化为一个普遍的社会经济门类的特点，而这个特点是在近年知识经济、文化经济、体验经济、注意力经济等实践背景下最新凸现出来的。

另一位经济学家霍金斯在《创意经济》（The Creative Economy）一书中，把创意产业界定为产品在知识产权法的保护范围内的经济部门。知识产权有四大类：专利、版权、商标和设计。霍金斯认为，知识产权法的每一形式都有庞大的产业与之相应，加在一起，“这四种产业就组成了创意（创造性）产业和创意经济”。在这个定义上，创意产业组成了当代经济中非常庞大的部门。版权产品（书籍、绘画、电影、音乐）带来的出口收入超过了汽车、服装等制造业。英国1998年最大的单项出口是与辣妹（the Spice Girls）相关的产品。电影制作人大卫·普特曼（David Puttman）1996年就注意到，“英国的摇滚音乐家为出口做出的贡献超过了钢铁工业”。

霍金斯为创意经济所下的定义有不少优点，它为确定某一门类产业是否属于创造性产业提供了一种有效的分类方式。创意产业依赖于知识产权的国家保护体系。对霍金斯来说，“印刷书籍和摆放舞台布景的人与作者、舞台上的表演者一样都只不过是创造性经济的一部分”。霍金斯的定义将不同种类的创造性在同一个题目下放在了一起。

创意（创造性）产业是个大生意。

二

从狭义的角度来看，作为一种创意（创造性）产业的艺术观念突破了原先艺术家的创造性或独创性的樊篱，它既包括艺术家创作艺术作品的独特的灵感、妙悟、神思、意念，也包括将独特的创意与人分享——出售、营销、供人消费，实现其价值的流通方式。因此，作为创意产业的艺术活动中就理所当然地包含着艺术投资、艺术经营、艺术商品贸易甚至艺术保护等一系列的经济活动。

当代高新技术的产生和现代全球市场的发展，对传统艺术方式造成巨大冲击，这不仅导致传统艺术形态的升级换代和现代更新，而且创造了大量崭新的艺术策划形式、艺术中介环节和艺术制作、艺术销售方式。

如果说在自然经济时代，艺术作品是“自然”浮现的话，那么，在今天这个全球化的消费社会里，艺术逃不脱市场经济看不见的手的操控与拨弄。艺术作品不再仅仅是艺术天才灵感突发的产物，它还包括产品的精心设计、投射或策划。艺术家的自由创造活动发生了重要的变化，艺术生产的市场规约、专业策划具有了十分重要的甚至是举足轻重的地位。

传统的艺术消费往往是直接面对面交流的艺术，其形态是艺术交往的自然经济状态。它不需要像艺术中介机构、文化传播、经纪人、制作人特别是策划人等这样的中间环节。过去的时代，文化作为精英艺术是社会“贵族”阶层等很少一部分人的消费对象，是象牙塔里的珍宝。今天这种情形发生了根本性的变化。文化艺术的中介机构迅速发展，占据了文化服务中最大的比重和市场运转中最重要的地位。它的急剧扩张是应和当代消费社会人们的精神文化消费需要而发生的，是依据文化作为巨大的复制工业所需要的庞大而高效的流通、服务机制而发展起来的。在体验经济的时代，艺术中介无疑属于创意部门。

艺术活动日益市场化、商业化与产业化了，文化艺术生产机构与传播机构（如出版社、画廊、音乐厅、博物馆等）在种类与性质上已发生变化。文化大工业化的发展给艺术的消费增加了投资、流通、传播的环节，这个环节越来越大，越来越重要。从某种意义上讲，其地位和作用不亚于创作。而策划人、创意者和制作人的地位和作用甚至在某种程度上超过作为传统的“艺术生产”中的“关键环节”或“决定因素”的作家、艺术家和编剧。因为他们懂得市场，了解市场，能够准确预期和把握市场，拥有市场份额。所以近年来各种文化艺术的投资机构、中介机构蜂拥而出；与之相应，“新媒介人”阶层（比如艺术策划人、投资人、经纪人、传媒中介人、制作人、销售商、文化公司经理等）顺势崛起，他们就是日益重要的“创意阶层”。他们处在精英知识分子和大众之间，对艺术家熟悉，又有很强的操作能力，能用经济和传媒运作的方式把艺术推向大众。

总之，我国文化艺术场域发生了整体转型，作为一种创意产业的艺术已不再是原来意义上的“艺术”了，它们具备了全新的形态。当然，并不是所有的艺术都可以产业化，有相当一部分艺术是不可能产业化的。所以，还需要与之相应的艺术保护机制。艺术产业与艺术保护的对位性机制，才是艺术协调发展的制度性保证。

（选自《美术观察》2004 年第 4 期）

视觉文化的消费社会学解析

周　宪

“炫耀性消费”与视觉见证

美国社会学家凡勃伦率先注意到有闲阶级的出现及其炫耀性消费现象。在他看来，超出了生存的基本需要的消费均属于有闲阶级的消费，而超越了实用目的之外的消费，则属于炫耀性消费。尽管这些现象古已有之，但凡勃伦特别注意到它的现代消费社会的性质。换言之，过去只是少数显贵的有闲与炫耀性消费，逐渐成为现代人普遍效仿的生活方式。需要强调的是，凡勃伦特别指出了炫耀性消费与他人见证的关系：

豪华的招待会，如社交聚会和舞会，尤其适用于炫耀目的。在这种场合下，款待者有心与之较量的对手便恰逢其时地充当了他的帮手：一方面，对手替代东道主进行着消费；另一方面，他又是消费活动的目击证人，目睹了主人不可能独立支撑的花天酒地，领略了主人礼仪上的修养。

这段话道出了炫耀性消费的一个秘密，那就是社交聚会的主人绝不只是为自己而消费，更重要的是消费给别人看；另一方面，参与社交聚会的客人，不但参与了消费本身，而且亲自“目睹了”消费。在这个意义上说，炫耀性消费需要被见证才具“炫耀”的价值。

其实，不只是社会聚会这样公众性的场合消费具有视觉性，就是看似非常私人化的个人消费也同样如此。在凡勃伦看来，有闲和消费都是一个等级结构中所出现的现象，它具有某种原理：“这种方式、条件或标记必须清楚地向主人表明，这种有闲生活与消费活动归属于谁、随之而来的荣誉归于谁。这些人乃是替代主人或保护人消费或有闲，这就意味着他们的消费或有闲是主人和保护人在名望上的投资。至于说举办宴会和分发赏赐，这种投资意味更是再明显没有了，因为这些活动是在众目睽睽之下进行的，因此，主人或保护人会立即赢得荣誉。”凡勃伦认为，有闲阶级处于名望的顶峰，他们的生活方式和价值标准为整个社会和下层阶级提供了获得名望的准则和规范。也就是说，就消费等级结构的运动关系来说，“上层阶级设定的名望标准总是很少受到阻滞，它一般总会从上至下波及整个社会结构，对各阶层施加强制影响。这样带来的结果是，社会每一阶层都将上一阶层流行的生活模式当作自己最理想、最体面的生活方式，不遗余力地向它靠拢”。显然，这种动态的影响关系相当程度上要借助于视觉性。对上层有闲阶级来说，他们会借助种种方式把自己的生活方式展示给其他阶层的人看；对中下层阶级来说，他们则是要看到上层有闲阶级是如何生活的进而效仿。许多媒体和广告，实际上就是承担了把有闲阶级炫耀性消费传达给整个社会的中介功能。比如那些描写有闲阶级生活和家族历史的电影或电视连续剧，或是介绍这类生活方式的杂志和电视专题节目等等。美国电视连续剧《豪门恩怨》就是一个绝佳的例证，这部反映美国南方石油大亨家庭奢华生活和矛盾纷争的电视连续剧，之所以能引起不同阶层观众的广泛注意，原因之一就在于它向人们提供了想了解甚至羡慕的有闲与消费。

更进一步，不但高低不同阶层之间存在着消费视觉化的影响关系，即使是在同一阶层中也存在着这样的关系。凡勃伦写道：邻居的好评往往具有特别的效力，因为“他们是我们日常生活的观众”，要给他们留下深刻印象，惟一可行的办法是不停地向他们显示自己的支付能力。在公共场合亦复如此，签单就是显示个人经济实力的一个好办法。凡勃伦坚信，“在个人接触面广、人口流动性最大的社会区域，消费是最适用的取得名望的手段……在互相赶超的比拼中，城里人把炫耀性消费的正常标准推向更高，以至于他们不得不以更大的支出来表现某种既定的体面规格。遵循更高的常规标准成为了强制性要求。每个阶层的体面标准都相应提升了；然而，人们还必须在外表上达到体面的要求，否则，他们就会丧失社会地位”。

这就意味着，在消费社会中，人们是通过他人可见的消费行为及其消费品来建构自己身份的。借助可见的消费行为和特殊商品的占有与展示，消费者显示并强化了特定的社会身份和地位，以区别于其他人。消费的“炫耀性”把私人化的行为上升为公共的和可见的。所以消费攀比现象的出现也就不难理解了，因为消费行为中的看与被看不断地提高着不同社会阶层的消费者的欲望和期待。个体对自己生活的期待往往从别人的消费中获得动力，恰如美国社会学家理斯曼所指出的“他人导向”那样，“他人导向性格的人所追求的目标随着导向的不同而改变，只有追求过程本身和密切关注他人举止的过程终其一生而不变”。“关注别人的举止”也就是看见别人的消费，这也许就是消费攀比的心理动因所在。从个体角度说，人人具有一种心理学上所说的“追求优越”（阿德勒）的冲动和风格；从社会学角度说，人人均有追求体面的、高质量的生活状态和较高社会地位的内在期盼，因为消费本身总是与一定名望、社会地位和社会身份密切相关的。消费社会的一个典型特征，或者说消费作为生产和传达意义的过程，是一种特殊的交往过程，因此，纯粹个人的私密的消费实际上是没有意义的。道格拉斯和伊舍伍德说得好：“消费活动是消费同仁联合建立价值体系的过程；要驳斥这一观点，独居消费个案的作用不大。消费活动乃是以商品为媒介，使人与事的分类流程中产生的一整套特定的判断显现、固定的过程。所以，现在，我们已把消费定义为一种仪式性活动。”

作为视觉形象的“消费偶像”

在凡勃伦时代，媒体尚不发达，到了媒介文化时代，所谓“炫耀性消费”特别集中地体现在一些文化角色中，尤其是“消费偶像”。

阿多诺在其文化工业的研究中最先注意到，创造偶像崇拜是文化工业的一个重要策略。这些偶像以其看似独特的个性和英雄气质博得公众的青睐。“把一般人英雄化，这属于廉价的偶像崇拜。身价最高的电影明星，成了用来宣传不知名的市场商品的广告画。因此，他们往往像商品一样，任人从商品模式中进行挑选。往往是广告宣传中的样品和使用者的审美观决定了流行的样式。”阿多诺特别指出，在一个普遍从众的大众社会中，偶像崇拜往往通过某种“伪个性化”方式来操纵，并以此掩盖了文化工业本身的标准化和同一性。人们通过模仿杂志封面所刊登的影片的英雄人物或个人形象，来满足自己的内心欲望，并通过模仿和欣赏来消除自己所面临的紧张与疲劳。

继阿多诺之后，洛文塔尔提出了“消费偶像”的概念。他在对美国战后的通俗杂志所作的考察中发现，传记作品越来越热衷于一种新的人物类型，他们与战前传记文学集中于表现“生产偶像”式的人物截然不同，属于“消费偶像”。在他看来，“生产偶像”是那些“给予型”的人物，从思想家、科学家到政治家、企业家，他们通过自己的劳作为社会创造了新的价值和观念；而“消费偶像”则全然不同，他们是活动于体育界、娱乐界的各种角色，从体育明星到电影明星再到流行歌星等等。他们是“索取型”的角色，因为他们并没有为社会提供新思想和新观念，而是向人们展示了其特有的消费行为和生活方式。特别是洛文塔尔注意到，对“消费偶像”的描绘几乎无一例外地聚焦于他们的私生活上，集中展现了他们的消费习性、个人爱好、社交活动和娱乐消遣，根本不强调“生产偶像”那样的创造性、进取心，这表明传记文学已经从刻画创造性、组织才能和领导能力的“生产偶像”，转向了享受人生和消费娱乐的“消费偶像”。传记文学中传主角色从生产型向消费型的深刻变化反映了社会自身的转变，或许我们可以概括成所谓从“生产社会”向“消费社会”的转型。洛文塔尔强调，在新的社会语境下，“消费偶像”本身已成为一种消费品，他们以自己的“私生活”向世人表明消费的可能性，因此这类作品不再激励读者去创造、发现和奋斗，而是向读者提供了羡慕、好奇和满足，为大众提供了更多的梦想和寄托。

如果我们以洛文塔尔的观点来审视当前中国的小康文化，“消费偶像”并不鲜见，各家出版社争相出版娱乐界名角的传记甚至自传，从电影明星到电视节目主持人，从体育明星到娱乐界种种“大腕”角色不一而足。更重要的是，通过可视性的媒介传播，“消费偶像”俨然已是当代文化舞台的主角。这里，我要特别指出一个事实，那就是“消费偶像”早已超出了洛文塔尔所说的文字型传记，在当代消费社会中，他们更加频繁地出现在各种媒体上和公众面前，成为随处可见的视觉形象。只有成为可以被公众经常看见的角儿，才能构成“消费偶像”。在电视上、在杂志上、在生活现实中、在广告里，形象各异的各种消费偶像们，成为吸引公众“眼球”和“注意力”的有力形象，特别是那些以娱乐界名角为形象代言人的各种消费品的广告，不但传递了有关商品本身的信息，更重要的是，广告把成功的娱乐界人士及其体面优雅的生活方式与特定商品相连接，进而传达出某种特定的消费意识形态和享乐主义，激发了公众追求消费品以及隐含在其后的生活方式的冲动。

消费偶像的重要功能在于将自己的生活变成公众可以看得见的形象，他们作为被看的对象，实际上塑造了特定的观看方式。布尔迪厄说得好：“消费是交往过程的一个阶段，亦即译解、解码活动。这些活动以实际上和显著地掌握了密码或符码为前提。在某种意义上，人们可以说，看的能力就是一种知识的功能或是一种概念的功能，亦即一种词语的功能，它可以有效地命名可见之物，也可以说是感知的范式。一部艺术品只是对那些拥有文化能力（亦即可以译解符码能力）的人来说才是有意义的和有趣的。”“‘眼光’乃是教育再生产出来的历史之产物”。用这种观点来看“消费偶像”，可以把这类偶像看作是消费意义范式的生产者，是消费行为中如何看和如何理解的引领者。因为他们不但创造了消费的符号，而且赋予这些符号以意义，并在公共领域中借助可视性媒体来不断地向公众施加影响，进而教会公众如何去追寻所谓“有品位的生活”。如果我们把“消费偶像”与当代文化社会学所关注的“新的文化媒介人”联系起来，那么，这类文化角色的视觉文化涵义就更加彰显。费瑟斯通指出，“新的文化媒介人”作为一种新的角色，在大都市形成并急剧扩张，这种扩张不但是人数的增长，而且是文化商品合法性范围的扩大。他们不断地关注新的文化商品，成为新品位的创造者，同时也充当了大众的品位开导者，指导大众如何去欣赏和消费。一个值得注意的趋向是，原本属于少数精英或知识分子的生活方式，通过“文化媒介人”的传播而普及开来。所谓的“文化雅皮士”恰恰就是当代生活中的“消费偶像”，他们以“完美消费者”和“有品位生活体验者”的面目出现，进而扮演了消费社会中独特的“消费偶像”。

“消费偶像”或“文化媒介人”作为可见的生活样板，通过自己可见的“完美”生活，生产出某种特定的意义。在这种意义的生产过程中，一种仿佛理想的生活方式变成了公众追求的对象，但理想本身却掩盖了特定社会中不同阶层及其生活价值观的差异。所谓“有品位的生活”实际上通过某种转换，将文化中产阶级特定的价值观和生活方式预设为所有人共同向往的目标。也就是说，“消费偶像”超越了诸如教育、社会地位、地域、年龄、收入水平等差异，把自己的生活暗中“推销”给形形色色的公众，并迫使他们认同和接纳这种生活方式，进而导致不同的人把本不属于自己的生活当作是自己欲求之物来追求。如果我们采用葛兰西的术语来表述，这就是“文化霸权”确立的过程。在这个过程中，公众通过对“消费偶像”的模仿、崇拜和认可，便在不知不觉中默认了与自己不同的生活观。伊格尔顿把它视为意识形态确立的过程。因为在一个等级差异的社会结构中，主导的意识形态总是扮演着普遍性和共享性的角色，“意识形态通常被感受为自然化和普遍化的过程。通过设置一套复杂的话语手段，意识形态把事实上属于党派的、争论的和特定历史阶段的价值，呈现为任何时代和地点都必然如此的东西，所以这些价值是自然的、不可避免的和不可改变的。”正是在这个过程中，某种消费习性和方式被趋之若鹜地仿效起来。

景象社会中的形象商品

消费社会给人的直观印象是作为商品的物的倍增，物包围了人。然而，物对人的重围在视觉文化中，又转换为形象对人的包围。美术史家休斯说得好：我们与祖辈不同，是生活在一个人造的世界里。“自然已经被文化所取代，这里是指城市及大众宣传工具的拥塞。”另一位美术批评家伯格则点出了问题所在：“在历史上的任何社会形态中，都不曾有过如此集中的形象，如此强烈的视觉信息。”如果我们把两种看法结合起来，便可以瞥见消费社会与视觉文化的逻辑上的联系，便可以发现物包围人其实就是影像在包围人。由此我们可以得出一个结论：消费社会就是一个景象社会，商品即景象。

在中国现代化的过程中，这种商品与景象的相互缠结已经变得越来越明显。在大都市里，从城市规划设计到家居室内装修，从大型百货商店到林林总总的咖啡屋、书店、酒吧，从琳琅满目的富裕商品到无处不在的商品广告，商品即形象或形象即商品已是普遍的文化景观。法国社会学家德波把这样的社会描述为“景象的社会”，他指出：“在那些现代生产条件无所不在的社会中，生活的一切均呈现为景象的无穷积累。一切有生命的事物都转向了表征。”恰如马克思是通过商品这个概念来解析现代社会，德波则是通过把商品转化为形象（景象）来解析现代社会。他注意到，资本主义的商品生产、流通和消费，已经呈现为对景象的生产、流通和消费。他指出“景象即商品”，景象出现在商品已整个地占据了社会生活之时，“景象使得一个同时既在又不在的世界变得醒目了，这个世界就是商品控制着生活一切方面的世界”。当一个世界由于景象而变得明显可见时，它一定是由商品控制的世界。“景象即商品”的公式，深刻地昭示了当代社会的转型。过去不曾受到商品制约的那些社会生活和文化层面，在“景象的社会”中已荡然无存。商品以其显著的可视性入侵到社会生活的各个层面。在这样的社会中，与其说是在消费商品，不如说是在消费形象。商品的使用价值逐渐被其外观的符号价值或景象价值所取代。一些知名的商品品牌，从可口可乐到好莱坞电影，从麦当劳到耐克运动鞋，其形象价值远远超过了其使用价值。因此，在消费社会中，景象就是资本乃至新的游戏规则。这一点在名模和明星那里表现得最为显著，她们的身体和脸庞就是商品，就是资本，就是无数双眼睛争相消费的对象。

景象社会的出现，从文化角度说，一方面可以看作是商业化对社会各个层面的扩张、渗透所致，进而形成了商业与艺术的结合；另一方面，又可以视为艺术向商业的全面投降，呈现为种种商业化的手法向艺术的渗透，并被作为艺术自身的手法而加以采用。这一点尤其突出地反映在波普艺术中，沃霍尔的《坎贝尔罐头》或《绿色可口可乐瓶》就是典型的景象。波普艺术的代言人英国画家汉密尔顿直言，波普艺术的特征在于它是“流行的、短暂的、消费性的、廉价的、大批量的、年轻的、诙谐的、性感的、巧妙的、美的和大商业性的”。这里每一个定语实际上都是和传统艺术的经典性和永恒性针锋相对。今天，一切源自经典艺术的手法、技巧和形式，都被毫无顾忌地运用于商业化的景象之中，诸如商品美学、广告美学、设计美学、化妆美学、形体美学等等，一切商业性的活动领域均可冠以美学的名目。

德波发现，在传统社会转向景象社会的结构性变迁中，一方面出现了范围深广的抽象与分离，另一方面消费者正在转变为被动的“观者”。从前一方面来说，一切生产和消费活动都被抽象为景象，这个过程又导致了消费者从主动的选择到被动的消费，工人与其产品生产的分离（异化劳动），艺术与生活的分离，生产与消费的分离等诸多方面。这些分离最终导致了在景象的社会中，人们的消费活动越发具有被动性和强迫性。人不是去积极地、创造性地改变环境，而是被动地接受作为景象的商品的支配。对德波来说，社会变革的目的就是要摆脱这样的被动消费的局面，转向创造性的、自主的和完整的生活情境。从后一方面来说，消费者转变为“观者”，意指在景象的社会中，消费不仅是物质性的消耗，更是一种对景象的符号价值的占有与使用。德波认为，景象对人的征服就是经济对人的征服。消费社会已经不同于马克思所说古典资本主义时代，那个时代的特征是马克思曾说过的从“存在”转向“占有”的堕落，亦即在资本主义社会中，人们从创造性的实践活动退缩为单纯地对物品的占有关系，他为的需要转化为自我的贪婪。德波则强调，消费社会是“占有”向“展示”的堕落，特定的物质对象让位于其符号学的表征，“实际的‘占有’必须吸引人们注意其展示的直接名气与其最终的功能”。

在现实世界转变为单纯形象之处，单纯形象就变成为真实的存在和催眠行为的有效动机。作为一种使人借助各种特殊媒介（不再是直接把握）来看世界的趋向，景象自然而然地发现了视觉是一个具有特权的感官，它才是与今天这个时代广泛抽象化相适应的最抽象、最神秘的感官，而触觉则是为别的时代而存在的。但是，景象并不和单纯的注视相一致，即使它和听觉结合在一起。景象避开了人的活动，避开了人们劳作所做的重新思考和修正。景象是对话的对立面。不论在哪里，只要存在着独立的表征，景象便重新构成它自身。

德波强调当代社会的特征就在于，商品变成为景象，景象深入到社会生活的各个层面。诚如美国哲学家贝斯特和凯尔纳所指出的：依据德波对景象的宽泛界定，教育机制、代议制民主、各种消费的新发明、体育运动、媒介文化以及都市和郊区建筑设计与城市规划，所有这些均构成了完整的景象结构。

德波的“景象的社会”涉及到几个重要的观念。第一，世界转化为形象，就是把人的主动的创造性的活动转化为被动的行为，即是说，景象呈现为漂亮的外观。外在的包装、形象、直观印象比物质性的商品的使用价值更为重要，而人们面对这种景象外观却日益失去主动的创造性把握（“它所要求的态度原则上是被动的接受，实际上是通过没有回应的展示方式获得的，是通过其外观的垄断所获得的”）。第二，在景象的社会中，视觉具有优先性和特权性，它压倒了其他感官。景象的社会必然凸现出视觉在消费中的重要机能（“景象是由以下事实所导致的，即现代人完全成了观者”）。第三，景象避开了人的活动而转向景象的观看，从根本上说，景象就是独裁和暴力，因为它不允许对话（“景象因而是一种对所有其他人言说的特殊活动。它是分层的社会策略性的表征，在这个社会中，其他所有的表现将被禁止。因而，最现代的也就是最古代的”）。第四，景象的表征是自律的、自足的，它不断地扩大自身，复制自身（“景象的目的在于其自身”）。

显然，德波所描述的这种景象已是普遍的文化景观。贝斯特和凯尔纳就指出：“消费社会近来发展之快，以至于使自选食品店和书店也按照景象原则来组织，其货品陈设令消费者目不暇接。比如，在德州奥斯丁大全食品商场，提供了井然有序的来自世界各地的健康的美味佳肴。隔壁的民众书局有三家美轮美奂的卖各类书的书店，尤其集中于另类和对抗文化的图书。在这一消费者的乐园里，佛门区域有假山花园，冥想区有作为商品形象出现的释迦牟尼像，它是大众买卖的精神之神。甚至基督教书店现在也感受到压力，为了与世俗的景象商业场所竞争，把书店改成为咖啡书屋商场进而获得发展”。这样的景象在中国也不难看到。大商场不仅是购物的场所，也是休闲、娱乐、餐饮的场所，书店不仅提供种类繁多的图书，其他服务也一应俱全。甚至在长途汽车、火车和飞机上，不仅内部装饰符合景象原则，而且还提供各种电视节目和娱乐。更有甚者，当今的体育比赛已全然成为一种景象的陈列和动态展示，中国喜获2008年奥运会的主办权，在相当程度上说，就是向世界展示中国景象的胜利；而奥运场馆和首都建设，也同样是依照景象原则展开的系统工程。总之，消费社会中景象就是商品，商品就是景象。

更进一步，在德波看来，景象既指涉依照形象或商品来组织的媒介社会和消费社会，又指涉当代社会的种种体制的和技术的机构。景象说到底乃是人们的社会关系，是通过形象这一特殊中介而构成的复杂的社会关系。这就意味着，形象在一个充斥着商品的消费社会中并不是中立的与人无关的图像，而是深刻地表征了人的复杂社会关系。如果用福柯的理论来解释，那么我们不妨把景象视作一种权力的形式，景象不但在生产权力，而且也在传播权力。就消费者而言，他们在消费商品的同时，自己也成为了流动的广告。这种转变使消费者与权力的关系具有两重性：他既被景象的权力所制约，同时又在传播这种权力。消费者在消费景象时，既是权力的对象，又是权力的载体，既被权力所控制，又在进一步生产出权力。回到德波，在他看来，景象包围了人，人越是接近景象，就越是远离自己本真的生活世界，远离自己的感性、意愿和价值，最终趋于被消费社会体制所控制。恰如贝斯特和凯尔纳所言：景象的世界成了令人激动、快乐和意味深长的“真实”世界，相比之下，日常生活则是贬值的和没有意义的。

消费社会与符号交换

如果说德波的贡献在于发现了从古典的商品占有关系向消费社会的展示关系的转变，并据此提出了形象即商品的理念的话，那么，波德里亚（又译作布希亚或鲍德里亚）则是在德波的基础上更进一步，把商品视为符号，强调符号交换在消费社会中的重要机能。

按照波德里亚的历史分析，从现代向后现代的发展，有一个从生产社会向消费社会的转变。首先，生产社会的符号生产是与现实相互关联的，也就是说，符号本身并不是完全独立自主的能指，而是指涉现实并与现实处于复杂的联系之中。而消费社会则深刻地改变了这种关系，符号脱离了现实自成一体，不再与现实关联。符号就是符号自身逻辑的表征和模拟。其次，由于上述转变，在符号的所指/能指和政治经济学的交换价值/使用价值对应中，消费社会凸现出商品的交换价值，或者说，交换价值在消费社会中占据了更加突出的位置。“在这一意义上，使用价值显现为（一般政治经济学的）交换价值的完成和实现。使用价值拜物教强化并深化了交换价值拜物教。那是一个起点。但必须看到，使用价值系统不仅仅是交换价值系统的备份、转换或延伸，它同时还作为交换价值的意识形态保证而起作用。”第三，由于上述两个因素的作用，如果生产社会中的商品消费是需求的真实反映的话，那么，在消费社会，消费本身已不再真实反映出需求本身。诚如社会学家瑞泽尔所分析的：波德里亚认为在一个为符号所控制的世界里，消费与我们通常所认为的那些“需求”的满足不再有任何干系。他的意思是说，我们并非是在购买我们所需要的东西，而是在购买符号告诉我们应该购买的那些东西。因为需要已为符号所决定，“只存在着由于系统需要它们才存在的那样一些需要”。这就是说，消费社会不同于生产社会，需求已与消费无关，或者更准确地说，消费不再反映消费者的真实需求。所以波德里亚写道：我们必须明确地陈述说，物质商品不是消费的对象，它们只不过是需要和满足的对象……商品的数量和需求的满足均不足以界定消费的定义，它们只是消费的前提条件。

消费既不是物质实践，也不是“富裕”的现象学。消费不能用我们所吃的食物来界定，不能用我们所穿的衣物来界定，不能用我们所驾驶的汽车来界定，也不能由形象和信息的视觉或口传的本质来界定，消费就在于所有这些作为表意本质的组织。消费乃是一切物品虚拟的总体性，是以某种程度上逻辑一致的话语构成的信息。就其具有意义而言，消费乃是符号操演的系统活动。

所谓“消费乃是符号操演的系统活动”，强调的是消费的非物质性，或者说是消费的符号特性。假如说生产社会是“我需要所以我买它”，即我们购买商品是需要它特定的有用性（使用价值），那么，在消费社会中，则成了“我知道它所以我买它”，商品的符号性（交换价值）便彰显出来。正像社会学家所指出的，当我们购买了麦当劳的巨无霸汉堡包时，我们主要不是在购买食品，而是购买巨无霸向我们传递的某种意义。

这里，我要特别强调商品的这种符号消费性质中的视觉性。显而易见，作为一种符号，商品越来越有赖于视觉因素。看不见的符号很难激发消费者的欲望，符号的交换价值很大程度上取决于可见性的程度和频率。这里尤其需要讨论的是广告引发的消费的视觉诱惑。在我看来，消费作为符号交换首先呈现为对广告符号及其意义的消费。因此，广告的视觉接受本身也可以看作是商品消费必不可少的环节。诚如波德里亚所言：“广告最重要的是被消费，而不是指导消费。”麦克卢汉注意到，照相及其图片印刷的出现导致了广告的高速发展，图像不仅使报纸等印刷媒介发行量大增，而且导致了电视广告、户外广告牌等视觉新形式的出现。“图像革命使我们的文化从个体理想转向整体形象。实际上这是说，照片和电视诱使我们脱离文字的和个人的观点，使我们进入群体图像的、无所不包的世界。”

广告图像的发展经历了几个不同阶段，最初是印刷图像以及照片的印刷；第二阶段是运动的图像以及影视尤其是电视广告的出现；第三个阶段是所谓网络虚拟图像广告，所谓“e－Commerce and Telemarketing”。从广告图像的发展逻辑来看，一是图像越来越具有视觉吸引力；二是图像越来越容易接近，进而使消费变得越来越容易；三是广告图像所传递的意义越来越复杂，从简单地介绍商品转向了一种意义结构的建构。对广告很有研究的英国学者威廉森发现，广告的功能在于建构某种意义结构，在这个结构中，一方面物品的陈述转化为人的陈述，比如钻石原本只是矿石，但在广告中却变成了爱情恒久的见证；另一方面，广告又创造了一个虚拟的世界，其中充满了舒适、完美、令人向往的生活，进而反衬出现实生活的缺憾，并使人感到广告所展示的世界才是真实的。更重要的是，威廉森注意到，“广告是在推销消费品之外的东西：它提供给我们一种结构，在这个结构中，我们和这些商品是可互换的，商品正在推销的就是我们自己。”因为广告是“无主体”的，如果有的话，这个主体就是广告受众自身，我们是通过观看广告来消费我们自身，也就是在推销我们自己。因为正是通过广告我们获得了某种消费的认同，所以广告不是理解，也不是学习，“而是让人去希望”。

回到波德里亚的基本结论上来，消费就是符号交换，就是消费符号。这一理念的深刻之处在于，它道出了符号所营构的消费世界充满了仿像（或拟像），一种歇斯底里的消费欲望的无限膨胀，它早已超越了消费者的真实需求。生活在符号世界里，虚拟性便成为一种超现实，恰如鲍曼所解释的那样：“消费者的依赖性，毫无疑问，不会局限于购买行为。比如说，请注意大众传媒对大众——集体或者个体——想象力施加的可怕的影响力。屏幕上无所不在的、强有力的、‘比现实更加真实’的图像，除了为使活生生的现实更加如意而制定激励标准外，它还定下了现实的标准和现实评价的标准。人们渴求的生活往往就是‘和在电视上看到的生活’一样的生活。屏幕上的生活，剥夺了现实生活的魅力，并使得现实生活相形见绌：是现实生活看起来不真实，而且只要它没有变成和屏幕上的生活一样，它就还将继续看起来都是不真实的。”

日常生活的“审美化”

消费社会的出现，不断地修正着许多经典的社会理论。韦伯曾断言，来自工具理性的压力将使日常生活成为一个“铁笼”，因此，审美与性爱为人们摆脱这种压力提供了某种可能。他写道：“在生命的理智化和合理化的发展条件下……艺术的确承担了世俗的救赎功能，即它提供了一种从日常生活的惯例化，尤其是从理论的和实践的理性主义压力中解脱出来的救赎。”今天来看，韦伯的这一论断是值得质疑的，因为日常生活一方面深受工具理性的渗透，另一方面又呈现出广泛的“审美化”特征。以往艺术（审美）与日常生活的界限泾渭分明，艺术是远离生活的乌托邦，是比现实生活更完美的理想世界，它可以用来弥补现实生活的不足。唯美主义作家王尔德曾断言，不是艺术模仿生活，而是生活模仿艺术。只有艺术才能预示生活，而生活只能依照艺术的美和旨趣去塑造生活，因为生活中缺乏美的形式，惟有艺术才具有振聋发聩的力量。

然而，消费社会广泛的商品化和市场化，带来了广泛的文化民主化，同时又导致了艺术摆脱传统的精英主义立场转向民粹立场。在这个过程中，艺术一方面和商业合流，另一方面，过去常常拒绝大众的先锋艺术，也改头换面地走向通俗一路。更重要的是，在这个总的趋向中，艺术家不再把艺术作为远离生活和公众的独立王国，而是越加强调艺术与日常生活的汇流和融合。这个过程加速了艺术进入日常生活的节奏。与此同时，“文化大众”的出现导致新的变化。一方面，随着物质生活水准的提升，人们要求日常生活越来越具有审美意趣。从办公场所到消费场所再到家居生活场所，艺术化的欲求一直是很强烈的。另一方面，随着公众教育和审美水准的提高、趣味的多样化，也有一个把过去不认为是艺术的东西视为艺术的发展趋向。从服饰到广告，从美容到健身，从休闲娱乐到旅游探险，审美体验的要求已经成为重要的心理动因。尼采曾经提倡“像艺术品一样的生存”，过去这只是少数文化精英的生存方式。但在消费社会中，这种生存似乎日趋成为越来越多的公众的生存方式。过去尼采主张艺术是对生存的刺激，将日常生活升华，如今则颠倒过来了，日常生活不断地提升着艺术并赋予艺术家以灵感。这就是当代消费社会中一个独特的文化现象——日常生活的审美化。

英国社会学家费瑟斯通认为，日常生活的审美化有三层涵义：第一，现代主义艺术运动“追求的就是消解艺术和生活之间的界限”。一方面是质疑艺术品的传统观念，以日常生活中的“现成物”来取代艺术品；另一方面则强调艺术可以存在于任何地方。第二，将日常生活转化为艺术。这是“既关注审美消费的生活，又关注如何把生活融入到（以及把生活塑造为）艺术与知识反文化的审美愉悦之整体中的双重性”。第三，是指“充斥于当代日常生活之经纬的迅捷的符号与影像之流”。这里尤其值得注意的一点是，日常生活与影像符号的密切关系，从某种程度上说，这种审美化是以追求视觉快感为主旨的，它是通过各种外在的视觉景观所提供的感性愉悦表现出来。

德国哲学家威尔什认为，日常生活的审美化首先反映在“表层的审美化”：从购物中心到咖啡馆，从办公室到居家生活，物质层面的装饰和美化成为普遍潮流，旨在使得我们的日常生活充满活力，而这一切又是服务于人的“体验需求”。威尔什以三个概念来加以概括——“装饰，活力，体验”。它们体现为两句流行语：“更美地生活是昨天的格言；今天则是更美地生活、购物、交往和休闲。”于是，视觉便成为生活体验的重要环节。表层的审美化正在把我们的现实世界变成为一个“体验的世界”，其本质乃是满足那种与我们形式感相一致的要求——对一个更美现实的“本原需求”。通过文化产业和娱乐业逻辑和法则的广泛运用，体验与娱乐成为当代文化的主导倾向，闲暇和体验的社会所需要的是不断扩张的节庆和热闹，而这一文化最为显著的审美价值就是没有后果的愉悦、乐趣和欢快。这一切均体现为“城市的审美化”，它是与体验概念密切相关的，而体验则是当代文化的一个核心概念。在威尔什看来，当代社会是一个“体验的社会”（许茨语）。所谓体验，并不是指某种永恒不变的深刻之物的体味和意会。“体验实际上并不是体验。确切地说，它们是老套和单调的。这就是为什么人们迅速地寻找另外的体验，进而从一种失望逃入另一种失望的原因所在。”威尔什的这种看法，与贝尔所说的现代人追求“新奇和轰动”的说法不谋而合。恰如时尚这个概念所表征的那样，人们视觉体验的欲望被空前地激发起来，追求不断变化的漂亮外观，强调新奇多变的视觉快感已成为体验的核心内容。新奇总被更新奇的东西所取代，不断地攫取视觉快感资源又不断地失望，这就是当代文化的主体心理法则，也是当代社会不断改变和美化外观的游戏规则。

威尔什所关心的第二个方面是“深层的审美化”，亦即审美化不只停留在日常生活的外观（“硬件”）层面上，而且深入到内在结构核心（“软件”）中去了。威尔什强调，“审美化”的重要性并不在于“美”，而在于其“可塑性和虚拟性”。“这种非物质层面的审美化比起那种字面的、物质的审美化更为深刻，它不但影响到现实的单一构成，而且影响到现实的存在方式以及我们对它的理解。”“由于视觉在我们的日常世界中不断地扩张，这是一个由广告、电视和录像所塑造的图像。这个图像的世界有某些操纵的意图，电子图像的操纵有种种可能性，并且向高度非物质化的技术过渡，依据这样的看法，视觉上支配的文化是伴随着这一时期可见物中可信赖性的消解。”威尔什的意思是说，在电子媒介的可视性中，物质性的实在性和可信赖性日益衰落。我们面对的是一个“去现实化”形象世界，它依赖于“媒介美学”的功能。现实在媒介上（尤其是在电视上）失去了重量和重心，从物质的存在转化为光，从三维的空间实在转化为平面的二维图像。“现实正趋向于失去其重力，从强制性转向愉悦性。”这种媒介所导致的非现实化过程，就是世界不断被图像化或视觉化的过程。在这个过程中，一方面，主体长久地被媒介的非现实化的“图像操纵”；另一方面，这种操纵状态又导致了主体对现实态度潜移默化的转变。“这种对媒介化现实的态度向日常生活越来越广泛地扩张。这种情形的出现是因为日常现实越发地依据媒介模式来构成、展示和感知。”如果我们把这种看法稍加引申，可以得出一个令人深省的结论：正是由于这种媒介的塑型，使得主体一方面依赖于媒体的图像传播（获得信息），另一方面又加速了他们对媒体图像化的依赖（其他非图像性的媒介能力必然衰退）。媒介的审美化和现实的审美化实际上是同一现象的两个相关层面。图像文化对主体的“操纵”将越加深广地持续下去。恰如德波所言，形象成为控制主体的手段和方式。威尔什发现，波德里亚所说的“仿像”，不仅有“模拟功能”，更重要的还有“生产功能”。微电子学的发展、媒介社会的形成以及虚拟空间的出现，使得物质层面审美化的同时也导致了非物质层面的审美化，亦即“我们意识的审美化和我们对现实理解的审美化”。比如，他发现，电视所创造的虚拟空间和现实不再像物质的现实那样是笨重的、不可移动和不可改变的，通过媒介，现实呈现为可改变和可选择的了，图像不再是现实性的真实保证，而是越来越倚重于虚拟性。

日常生活的审美化迫使我们回答两个难题

第一，日常生活的审美化是否深刻地改变了日常生活的刻板、机械与重复的特性？尼采所说的“艺术品一样的生存”是否已经出现？也许，日常生活的审美化只是在表层上缓解和转移了日常生活本身的压抑和限制，并未从根本上把它改造成符合美学精神的生活世界。虚拟性也许缔造了另一个乌托邦，一个充满了诱惑和危险的彼岸世界。它或许只是一个提供更多的从物质性的日常生活中暂时解脱的通道而已。

第二，当美的事物无处不在时，当表层审美化日益扩张时，审美体验是否会变化？威尔什提出一种解答，他认为，当美的事物到处泛滥时，当人们沉浸在舒适美观的生活环境之中时，便不可避免地出现一种“麻痹化”（Anaestheticization）。从西文麻痹化的构成看，与审美化（Aestheticization）几乎是同一词根。威尔什认为，审美化造成的麻痹化，就是俗话所说的见惯不惊，甚至是熟视无睹。美原本具有的那种令人震撼和难以企及的独特品质，在日常生活广泛的审美化过程中被消解了。我想强调的一点是，在日常生活审美化的过程中，存在着一个明显的技术工艺化和人工化倾向，使得日常生活的美更趋装饰性和人为性，越来越标准化，其中暗含着某种看不见的视觉暴力，使得审美越来越远离其自然性和本真性。

（选自《社会学研究》2004 年第 5 期）

试论表演艺术团体运作方式的产业化

谢大京

在社会主义市场经济的环境中，表演艺术业与广播影视业、音像制品业、新闻出版业、艺术产品业一样，都是人类情感变化与高智商脑力劳动之间碰撞、角逐的结果，是人类最佳心智迸发的凝聚，因而其生产的组织严密程度与过程复杂程度，远在其他一切社会生产形态之上。它的生产、分配、交换和消费等各个环节都已融入到市场经济的大循环中。过去歌剧、戏剧、舞蹈、小品、相声、杂技等，只能在剧场里演，演一场只能让有限的观众欣赏，形成不了产业，现在可以通过电视直播、转播，可以录音、录像，利用高科技、现代工业化的生产方式，大批量生产数字化音乐和影视产品。表演艺术业的大部分成为文化产业的一部分已经成为共识，其按照产业化方式进行运作，是符合国际规则、市场运行规律、艺术生产规律的。同时我们认为，不管是属于文化公益事业的艺术团体，还是属于文化产业的艺术团体，在社会主义市场经济条件下，它们都应该进行产业化运作。

我国表演艺术团体自 1979 年“调整事业、改革体制”的序幕拉开以来，经过“承包制”、“布局调整”、“双轨制”以及后来的“以文养文”、“结构调整”、“演出场次补贴”和近些年的“进一步深化改革”等，已 20 多年了。表演艺术团体体制改革应该说在逐步深化，已经初步建立起了一系列行政法规和文化政策系统以及由这个系统建立起来的管理机制。但是，需要特别指出的是，现有文化政策的文本及法规系统并不是根据世贸组织原则和游戏规则制定的，基本上都是在计划体制向市场体制转轨过程中制定和形成的。特别是目前，我们表演艺术团体在体制和运行机制上都存在许多问题，如艺术生产方式落后，还没有建立起适应市场经济体制的演出经营管理体制与运行机制；优秀作品甚少，缺乏具有时代深度和强烈艺术震撼力的经典之作；布局结构不合理、资源配制混乱、集约化程度低、人才流动受阻、演出市场长期低迷徘徊等。大部分表演艺术团体至今未能摆脱困境，改革滞后态势已十分明显。自 1992 年我国确定建立社会主义市场经济体制以来，我们表演艺术团体体制改革之所以力度不大、徘徊不前、效果不佳，很重要一点就是没有把表演艺术业看成文化产业的一部分，没有让表演艺术团体按照国际规则和市场运行的规律进行产业化运作。理论误区直接影响了表演艺术团体的制度创新和管理创新，致使我们的改革只能限制在表层运作，结果是投资越来越大，精品出不来，根本性问题还是得不到解决，表演艺术市场远远不能满足广大人民群众的需求。面对海外表演集团的大量涌入，我国的艺术表演团体如何深化改革，走出困境，创作出更多更好的艺术作品，成为一项十分艰巨而紧迫的任务。正如江泽民同志在十六大报告中所强调的，要“继续深化文化体制改革”，要“根据社会主义精神文明建设的特点和规律，适应社会主义市场经济发展的要求，推进文化体制改革。抓紧制定文化体制改革的总体方案”，并着重指出，“发展文化产业是市场经济条件下繁荣社会主义文化、满足人民群众精神文化需求的重要途径”，要“完善文化产业政策，支持文化产业发展，增强我国文化产业的整体实力和竞争力”。报告还对如何继续深化文化体制改革提出了相当重要的指导性意见。这是继中共中央关于“十五”规划的建议以来，党中央又一次以党的最高决策机构通过的法规性文件，进一步阐述了关于“发展文化产业”的问题，它标志着发展文化产业已成为我国新世纪、新阶段国民经济和社会发展战略的重要组成部分。面对着文化产业蓬勃发展的态势，我们表演艺术业应该如何加大改革力度，在运作方式产业化方面有个大跨步？

这里我们要强调的产业化运作指的是一种社会化大生产的高级运作方式，它不仅仅是针对手工作坊式的封闭的自然经济的生产方式而言的，而且也是对传统的计划经济条件下的生产方式的否定。产业化运作是建立在市场化的基础之上的，必须按照市场的规则——公开、公正、公平，必须遵循市场的机制——供求机制、价格机制、竞争机制进行运作。产业化运作是建立在高科技基础之上的、高水准的、大规模的市场平台上的运作。艺术生产过程的产业化运作，是当代科技、现代管理融入艺术生产过程所带来的相应生产关系和生产方式变化的必然结果，它将能动地为艺术的创新和发展提供广阔的前景，使艺术生产释放出令人难以想象的巨大空间。那么表演艺术团体如何进行产业化运作？我们认为：

1. 积极进行制度创新，深化演出体制的改革

“制度创新”的实质是组织为适应外部环境变化而进行的价值调整与利益关系的调整。“制度创新”不是简单的体制上的修补，也不是一般意义上的管理体制的改革，而是一场制度上的变革，是一场革命。

我国现行各级国有艺术表演团体，是在计划经济体制下，按照中央、省（直辖市、自治区）、地区、县行政区域划分配套而设立的。各表演艺术团体的行政级别与政府机关行政级别相对应，各表演艺术团体的院团长也都是由

所属的上级领导机关任命，所排演的各种剧目都要经有关部门审查，所需要的经费由上级有关部门拨给。这种集中制的管理模式在一定历史时期产生过积极作用，同时也有其负面效应，即表演艺术团体逐渐失去应有的独立性，导致其不应有的依附和从属性。小平同志曾明确指出："不继续提文艺从属于政治这样的口号，因为此口号容易成为对文艺横加干涉的理论根据，长期的实践证明它对文艺的发展利少害多。"

必须改变表演艺术团体那种纵向依附性的管理体制，打破按行政系列设置专业表演艺术团体的格局，要充分重视表演艺术发展的客观规律，更大限度地调动表演艺术团体内在的积极性，使我们的剧作家、作曲家、表演艺术家的创造力得以最大限度地发挥。只有这样，才能重现表演艺术的活力，更好地繁荣社会主义的文艺舞台。为此，需要在体制上进行创新：

首先，转变政府职能，强化宏观调控体系。政府职能部门必须从"办文化"的圈子里走出来，其管理职责主要应该是制定表演艺术业发展的战略规划；对表演艺术业实行宏观调控，通过政策影响结构、布局和发展方向；根据国际规则和我国演出市场的实际情况制定相关的法规政策以及行业标准，规范演出市场和表演艺术团体运作行为，保证舞台艺术的社会主义方向和健康、有序发展；为表演艺术业提供必要和及时的服务，积极创造良好的演出环境。

其次，改革对表演艺术业的投资体系，建立多渠道投资体制和有效的筹资机制，运用多种经济政策激活表演艺术团体的内部活力。目前我国国家级的艺术团体都是全额拨款，并继续实行演出补贴制的政策，省市级艺术团体则根据各地情况，有的全额，有的差额。这笔巨大的资金支出已成为各级政府的沉重负担，成为表演艺术业继续大发展的瓶颈，故改革投资体系已势在必行。一方面应将计划经济时代的"拨款制"逐渐改为"贷款制"，对于商业性的演出活动，要坚决将其推向市场，由各演出公司或表演团体依法贷款，自主经营，自负盈亏；另一方面需要建立多渠道投资体制和有效的筹资机制，国家要制定相关的税收政策，鼓励有实力的企业积极投资表演艺术业，形成以国有专业表演艺术团体为主体，合作、股份、民营、中外合资等多种形式、多个层次的表演艺术业新格局，激发全社会支持表演艺术业的积极性。另外要运用多种经济政策激活表演艺术团体的内部活力。为了鼓励创作出具有时代深度和强烈艺术震撼力的经典之作，政府有关部门应设立创作基金，对于原创的优秀作品要实行特殊奖励，并免征其所得税；对于各级政府指定的重大艺术活动，可以打破部门、地区界限面向社会公开招标，国家给予专项拨款和补贴，演出公司负责组织实施。总之要充分运用信贷、税收、财政等经济杠杆，促进表演艺术业的发展。

2. 调整结构，整合资源，迎接国内外艺术市场挑战

目前我国按照行政区域配套设立的各级国有专业表演艺术团体已经完全不适应社会主义市场经济发展的需要了。一方面其组织架构重叠，规模小，演出市场生产力严重过剩，有不少表演艺术团体年平均演出仅十几场，造成资源浪费严重，财政负担沉重。另一方面，由于国有专业表演艺术团体体制改革滞后，其生产体制依然停留在计划体制层面，造成了艺术生产与市场经营脱节，生产的计划性与产品的市场性之间的矛盾比较突出。盘活巨大的艺术生产的存量资源，将其整合转变成为演出市场的生力军，不仅有利于国有专业表演艺术团体产业化的运作，而且也有利于更好地迎接国内外艺术市场的挑战。

我国加入 WTO 之后，大量的国外演出公司和表演艺术团体开始关注中国这一广阔并具有巨大潜力的艺术市场，有不少已经进入中国市场。同时许多民营企业家也开始投资，进入表演艺术市场。这对我们国有表演艺术团体是挑战也是机遇，我们只有加大资源整合的步伐，大胆地进行产业化的运作，才能抓住机遇，迎接挑战。国内外实践已经证明，产业化运作离不开对资源的开发和重组，以及对资源的竞争和垄断。如英国的 EMI，美国的 WARNER，加拿大的 POLYGRAM，都是进行资产重组、通过竞争而形成的音乐制作的垄断大公司。我国广播影视业如上海文广集团、北京广播影视集团、中国广播影视集团、湖南电广实业、北京歌华文化发展集团等大型的文化传媒公司，将品牌、资产、资金、人才、管理、网络重新组合，大大增强了实力，优化了结构，减少了资源重复配置，淘汰了不符合市场竞争的陈旧机制。又如中国唱片总公司、中国文化艺术有限公司、上海演出公司、上海大剧院等，都进行了一定的产业化运作，取得了明显的效益。

同时我们要拓展思路，充分利用资质优、效益好、对表演艺术感兴趣的国有、民营和外资企业，开展多种方式的联合、重组，包括建立股份制的企业集团。政府除重点扶持少数具有代表性、示范性、导向性表演艺术团体外，大多数团体应市场化，通过艺术市场的竞争，自发地调整艺术生产的资源。凡是具有广泛群众基础，深得广大人民群众喜爱的、高水准的剧作和表演一定会赢得市场，赢得源源不断的资源。

去年底，文化部公布并开始实行的《营业性演出管理条例实施细则》是对我国演出政策的重大调整。《细则》对加强表演艺术的市场主体地位给予进一步强化，并取消了营业性演出活动中对主体资格的所有制限制，全面对外开放。在演出市场资格准入和演出项目审批上，所有市场经营主体待遇平等。按照新《细则》，任何国内资本，只

需要一定的资金、专业的表演或经营服务人员，就可以申办营业性演出团体、演出场所或演出经纪机构。这意味着演出市场经营将取消所有制壁垒、地区和部门壁垒。这对我们演出市场的重组，吸引社会力量整合表演艺术团体的资源，强化艺术市场的营销能力，繁荣社会主义文艺舞台有着重要的积极意义。

3．强化市场主体，形成以艺术创作与市场为中心的管理体制与运行机制

在表演艺术市场，市场的主体是表演艺术团体。强化市场主体就是在政府的大力支持下，让这些团体按照现代企业制度逐步改组、改造成为法人实体和市场竞争主体，促使表演艺术团体形成以艺术创作与市场为中心的管理体制与运行机制，以适应社会主义艺术市场的发展需要。

表演艺术团体分为盈利性和非盈利性。以盈利为目的，集合各种艺术生产的要素为社会提供艺术产品和服务，具有法人资格，实行自主经营、独立核算的实体称为盈利性的表演团体。不以盈利为目的，不能分红，集合各种艺术生产的要素为社会提供艺术产品和服务，具有法人资格，实行自主经营、独立核算的实体称为非盈利性的表演团体。所以说，不管是盈利性的或者非盈利性的表演艺术团体，在社会主义市场经济中，都是法人实体和市场竞争的主体，都要按照产业化的运作手段，实行自主经营、独立核算。

表演艺术团体应按照现代企业制度进行改组。对国有表演艺术团体的改革，建立现代企业制度是解决政企职责分开的组织手段，是理顺产权关系的组织形式，是团体成为独立法人的组织保障，也是转变国有表演团体领导体制、组织制度、实现科学管理的现实选择。

按照现代企业制度重组的表演艺术团体要形成以艺术创作与市场为中心的管理体制与运行机制。艺术创作是表演艺术的生命，一部好的有力度的原创作品可以感染、震撼人的心灵，可以吸引成千上万名观众，可以经久不衰，可以引导市场，可以让一个好演员一举成名。我们必须下大力气，在政策上加大力度支持艺术创作人员深入生活，感受时代，关注现实，着力创新，以其深切的感悟和满腔的热诚创作出艺术的精品。同时我们还必须面向市场、面向广大人民群众。剧目的好坏、文艺繁荣与否，最终要靠市场和广大观众来检验。如果我们脱离广大观众，只管生产，不管市场，只管投入，不管产出，闭门造车，不思进取，那它就必然不能适应市场经济发展的需要，在市场竞争的大环境中失去其存在的合理性。

实行科学管理，以利于舞台艺术按照现代市场运作方式健康发展。要积极鼓励形成有利于发展舞台艺术的组织形式，如剧目制作人制、艺术总监制、演出经纪人制、专业考核制、签约制、演出季制等。

要强化艺术市场的营销体系，加强演出公司和中介机构的组建，强化流通环节、扩大演出市场。

按照《营业性演出管理条例实施细则》，我国演出市场还将首次全面建立演出经纪人制。《细则》明确规定，设立演出公司和演出经纪公司必须具有一定数量获得演出经纪人资格的从业人员。新《细则》全面推行签约制，规定演出单位之间、演出单位与所邀请的演员之间、演出单位与有关的非演出单位之间要签订书面演出合同，演出合同包括演出经营合同、演出经纪合同、演出场地和演出器材的租赁合同、演出赞助或投资合同等，这对全面强化演出市场的法制化、规范化建设有其积极的意义。

4．利用资本运作，营造我们民族自己的品牌，形成新的产业优势

运用现代化手段，进行资本运作，是市场经济条件下各类产业发展到一定阶段的必由之路。国外不少文化产业都是借助此手段发展起来的，这对于我们文化产业的发展也有极其重要的借鉴作用。而目前已经上市的东方明珠、中视基地、湖南电广、歌华等文化传媒公司，公司的资本主体仍然是国家资金，而且这 4 家公司都是以某一控股公司为绝对主体，各公司国有法人股比重都在 70% 以上，且这些国有法人股并不能上市流通，所谓“上市”只是股份公司发行一小部分流通股，向社会、民间筹集无须还本付息的资金。其主营业务又是绝对垄断经营，处在这种情况下的股份公司并未改变政府部门操控企业的性质，倒闭的可能性较小，但其在与国际跨国文化集团的竞争中能否立于不败之地，仍是非常值得探讨的问题。另外，我国文化企业的资本规模与国外文化企业资本规模比较，差距甚大。我国目前最大的文化产业集团——中国广播影视集团，年收入约 110 亿元人民币，而索尼公司年收入 531.5 亿美元，迪斯尼公司 229.76 亿美元，华纳公司 145.82 亿美元，我们与其根本无法在同一平台上竞争。所以严峻的形势迫使我们必须加快资本运作，文化资本运作就是把文化企业所拥有的有形资产和无形资产转变为可以经营的价值资本，通过对文化资本的兼并重组、以多种运行方法进行有效的经营，实现文化资本的增值。

我国的文化产业，除新闻出版业、艺术品业之外，大部分都紧紧与表演艺术业相联系。我们不能把表演艺术业仅仅局限于舞台上，要把舞台艺术与广播影视业、音像制品业、文化娱乐业以及现代高科技联系在一起，充分利用现代经济手段，进行资本运作，在发展本土文化为基础的条件下，大力吸收各国优秀文化资源，形成新的产业优势。

我们中华民族必须充分依靠和发挥自己悠久的历史文化资源、广博的地域和多民族文化资源的优势，必须高度重视本土文化的研究、梳理和开拓，很好地继承中华民族的优秀文化，并使之发扬光大，成为具有后续发展潜力的、开放型的、与当今世界相互兼容的文化体系。我们中

华民族五千年文化之所以源远流长，不仅在于其文化底蕴的博大精深，而且还在于其罕见的文化包容性，这促使我们民族自古以来都善于学习和吸收外来优秀文化。在世界经济全球化、文化多元化发展的今天，更需要我们在吸收各国优秀文化资源的基础上，大力弘扬民族文化，以特有的文化品位营造我们民族自己的品牌，形成新的文化产业优势。

（选自《社会科学》2003 年第 5 期）

艺术的产业化与产业化的艺术

——由“大芬模式”引发的思考

崔育斌

无论人们支持还是反对，赞扬还是批评，深圳大芬村的油画产业以年销售额几千万元人民币的业绩成为摆在人们面前无可置疑的事实。广东省和深圳市对大芬村的艺术产业化模式高度重视、大力支持，认为这是市场经济条件下发展文化事业的一个有效途径。广东省宣传部长朱晓丹将大芬村的油画产业发展模式概括为：坚持市场调节，坚持民营为主、政府支持为辅。舆论界把这种文化产业发展模式称为“大芬模式”。大芬村口巨大的标语——“艺术与市场在这里对接，才华与财富在这里转换”明确表达了这一模式的主要内容。这个模式的核心就是艺术的产业化，即以市场为导向，让艺术作品成为商品，让艺术创作成为商品生产。

大芬村的油画产业以行画起家，现在也仍然把行画作为主流产品。所谓行画，实际上就是绘画复制品，是从西方艺术市场引进的一个商业艺术种类。正是行画这一特殊的艺术商品，使大芬村的油画在市场经济的环境下得以生存、发展。

走低价格路线、薄利多销是大芬村油画赢得消费者的一个法宝。行画的经营者始终把自己的作品当作商品，当作谋生、获利的手段，因此在制作作品时，就考虑作品的销售价格要与现阶段普通消费者的购买力相适应，行画的低价和薄利使其一直保持较高的销售量。

以市场为导向，这是大芬村油画赢得消费者的又一个法宝。这与学术机构中的专业画家对待自己作品和创作的态度完全不同。曾经有些专业画家来大芬村尝试将自己的作品推向市场，但由于固守原来的艺术观念，无法适应市场需求，最终撤离。而能够在大芬村坚持至今并扩大生产规模的绝大多数是行画的经营者。大芬村的画家们对什么是艺术或艺术性的问题没有多少兴趣，他们主要关心的是如何将自己的绘画作品变成货币。为了让自己的作品为消费者所喜爱，大芬村的画家们（他们更多地被称为画工）几乎全部采用迎合市场的艺术风格和题材。用他们自己的话说就是“什么赚钱就画什么”。也正是由于把油画制作和销售当作产业、当作赖以谋生的手段，行画的经营者们才能够让油画这种在中国一直有价无市的艺术品种在深圳这样市场经济发达的城市生根并发展壮大，以至成为今日中国发展文化产业的一个样板。

在由政府的肯定和支持而掀起的一片赞扬声中，也有很多专业艺术家对大芬村油画抱有不同看法，主要是怀疑甚至否定行画的艺术性，认为大芬村油画不但不是真正的油画艺术，而且是对油画艺术的破坏。“大芬模式”对油画艺术的冲击在于商业化的加工制作将导致油画技艺的程式化，造成人们对油画的误解，从而掩盖油画艺术的真正魅力。虽然这种认识有其局限性，但也促使人们从另一方面去思考艺术产业化的问题。虽然大芬村的油画产业已经取得了较大的经济业绩，但另一方面也应看到，既然是艺术产业，毕竟有艺术的特点，因此艺术性即使对于产业化的艺术来说也是一个不能回避的问题。产业化的艺术不能因为产业化而丧失艺术性，毕竟人们购买艺术品是为了欣赏艺术，这一点即使是行画也不例外。产业化的艺术不但不能放弃艺术性，而且在市场规律的调节下，还要不断丰富和开发艺术性——产业化的艺术同样要服从艺术发展的自身规律。

然而令人尴尬的是，艺术性在艺术界却一直是一个争论不休、纠缠不清的问题，英国艺术理论家贡布里希干脆直言：从来没有艺术这个东西。尽管如此，大芬村的油画与艺术博物馆中的油画毕竟有着明显的区别。如果从理论上争论不清什么是艺术的话，从博物馆和大芬村的直接比较中，人们对艺术性至少会有一点直观的了解。问题是大芬村的油画之所以有广阔的市场，是因为除美术专业人员以外，其他人对博物馆的油画和大芬村的油画之间的区别可能更多的是在价格和数量上，对于艺术上的微妙差别，专业以外的人所知寥寥。“懂画的人不买，买画的人不懂”在某种程度上是对大芬村油画现状的形象描述。

艺术的产业化实践已经使大芬村油画在市场上站稳了脚跟。大芬村油画现在面对的问题是，受到市场承认、政府支持的产业化艺术，如何继续发展？这个问题实际上就是在产业化的体制下如何发展艺术的问题。随着原有市场的逐渐饱和以及对艺术性较高的原创作品需求的增大，大芬村的一部分画家已认识到大芬村油画存在的问题，开始向追求艺术性的方向发展——商业性本身向艺术创作提出了艺术性的要求，市场规律同样要求产业化的艺术不断创新，以开辟新市场，获取超额利润。

“大芬模式”为艺术的产业化开辟了通向成功的道路，而产业化的艺术要在成功的道路上继续前进，则需要包括大芬村画家在内的艺术界全体同仁今后的共同努力。

（选自《美术大观》2005 年第 2 期）

文化产业与大众艺术

邵大箴

在文化管理领域，有两个概念和两项基本内容，这就是文化事业和文化产业。长期以来，我们只有文化事业这个概念，而没有文化产业这个概念，虽然文化产业（至少它的初级形态）一直存在着，但是未得到重视，当然这影响了文化艺术事业均衡、和谐的发展，影响了文化艺术的繁荣，反过来也制约了经济的发展。这种情况和集中体制下的计划经济有关。市场经济不发达，文化产业不可能有宽松的生存空间。

由政府宏观领导和控制的文化艺术活动和文化建设事业属于文化事业，它具有较强的意识形态性，同时有鲜明的公共性和服务性特征，必然受到政府文化政策和策略的制约。文化产业是随着市场经济的形成过程兴旺起来的，是社会产业的重要组成部分。一般说来它有两种形态，一种独立于文化事业之外，另一种是与文化事业有密切的、不可分割的联系。

文化产业的主要内容是与文化艺术产品的生产、流通和消费有关的产业。文化产业的发展，首先依赖于经济条件。没有发达的经济作为基础，文化产业不可能得到相应的发展，这是它的硬性条件；但文化产业如果没有雄厚的文化资源，没有创意的文化，不以科学的文化思想为指导（这些是它的软性条件），也很难获得社会大众的接受。因此，文化产业的建设必须遵循经济规律和市场规律，同时也必须遵循文化艺术运行的规律。忽视文化事业，只重视文化产业，或者相反，都会造成文化发展的失衡，不能满足广大人民群众的需求。国有文化部门和非国有文化实体有不同的职责，但都要在文化事业和文化产业两个方面发挥自己的作用，只是侧重点不同而已。在当前中国内地，文化产业兴起的历史不长，人们的思想还不够解放，如何在那些主要承担文化事业活动的国有文化单位如美术馆、博物馆，适度引入产业规则，融入市场理念，是亟待解决的课题。

与此同时，文化事业在适当发展文化产业的同时，要注意防止走“文化产业化”的歧路。也就是说，文化的根本性质是非商业化、非产业化的，有其精神的内涵，有的文化项目和门类可以做成产业，但不能把所有的文化活动都推向市场，把一切文化事业都当作商品来对待。以精英性和公共性为特征的文化事业不能走过度商业化的道路，国家必须有相应的物质保证。就目前情况看，我们国家对文化事业的投入在不断地加大，已经取得了积极的成果，如国家大剧院的建筑工程，中国美术馆老馆的修缮和即将上马的新馆扩建工程，中国美术馆收藏经费的专项拨款，正在拟定的国家博物馆的扩建计划，政府拨专项巨额资金投入重大美术题材创作等等，都说明了这一点。但政府采取的这些措施，还远不能适应建立“和谐社会”、建设精神文明实际的需要。我们还要继续呼吁政府加大对文化艺术的投入。

有一种误解，以为文化产业是完全自生自灭的商业化活动，政府只要口头提倡就是了。如果是这样，就会导致文化产业失去正确的发展方向。文化产业的发展也要有政府的大力支持和适当的经济投入。尤其是那些介于文化事业与文化产业之间的团体，更要有政府的扶植，不能使它们完全按商业法则和市场机制运转。对影响国民道德、观念和精神素质以及民族声誉的文化单位和团体，如重要的剧院、美术馆必须有足够的资金投入，有相应的政策、法规予以支持。这方面欧美各国、日本都有值得我们借鉴的经验。法国文化部对国家歌剧院等五个团体的财政拨款占这些团体收入的60%至80%；卢浮宫、奥赛美术馆如果没有政府的财政支持，其正常开放和运转是难以想象的。美国的文化政策是所谓“不干预文化自由创造”，直接投入文化的资金很少，但通过立法鼓励社会团体、企业和个人对文化进行捐赠，其数额十分巨大，相当于联邦政府和州政府财政拨款的10倍。

与此同时，欧美各国大的博物馆也积极在商业化大潮中寻找自立和发展的经济资源。美国最大的博物馆之一史密森尼博物馆在免收门票的情况下，通过电影票、餐饮和小装饰品的销售，仍然有可观的经济收入，仅去年一年就赚取1.563亿美元，为博物馆带来利润2670万美元。这笔利润相当于史密森尼无限定用途基金数目的一半。如今，史密森尼博物馆体系可自由支配的自由账目收入有5000万美元至6000万美元，其中的一半来自自身的经济收入，另一半来自利息收入和私人捐助。吸引博物馆的游客购买纪念品和装饰品，吸引他们的餐饮消费，这些方法为世界各大博物馆所采用，例如纽约的现代艺术馆有三家餐厅和两家商店，巴黎卢浮宫设有八家餐厅和咖啡厅，此外，还有销售复制品和书籍的商店。虽然对博物馆和美术馆的这些做法，一些从事学术工作的人也有非议与批评，认为有悖文化理念，但大多数人认为，只要这些商业活动不影响博物馆、美术馆的正常运转，最终对于文化艺术的推广会起有益的作用。

目前，我们在管理和推动文化事业和文化企业方面正在研究和制定有关的法规，就美术馆来说，企业和个人的捐助非常之重要，如果这些捐助和相应的税收减免政策联系在一起，将会取得良好效果。这是指富有的企业和个人捐助。这方面的工作我们几乎还没有开始，它可发掘的潜力很大。此外，在我国还有其他的庞大的艺术捐助资源，即艺术家本人的义举，如不久前著名画家李平凡、刘迅先后向中国美术馆的无私捐赠，他们不仅捐赠了几乎自己的全部作品，而且还捐赠了大量珍贵的中外美术品收藏。著名老画家华君武、张仃等人也将把自己的作品捐赠给中国美术馆。对这类捐赠，我们除应该制定相关的奖励法规外，还要通过大众传播媒介，在社会上广泛宣传他们的无私奉献精神。在博物馆、美术馆中开设餐厅、咖啡厅、影视厅，开设书店和出售纪念品、小装饰品，这些业务我们这里也有开展，但经济效益不佳，原因在于领导不够重视，缺乏创意。看来，需要我们好好开动脑筋，把这些项目做好。

文化产业的出口在各经济发达国家的出口贸易中占有重要位置。日本在1995年制定了《新文化立国：关于振兴文化的几个重要战略》，提出用“产、官、学”（企业、政府和科研单位）相结合的方法来发展文化企业。日本的卡通、游戏、电影、电视、音乐、出版、主题公园等文化产业因此获得极大发展，文化产业在国民经济中跃居第二大产业，仅次于制造业。韩国在1997年设立了“文化产业基金”，还于1999年通过《文化产业振兴法》，2001年又成立了文化产业振兴会，由于政府的大力推动，“韩流”风靡亚洲，韩国成为公认的新兴文化出口国家。韩国影视、游戏的产业年收入已达5.9亿美元，并且提出2007年实现文化产业出口总额100亿美元，跻身世界文化“五强”之列的目标。

我国是世界上文化资源最丰富的国家，在这方面有很大的潜力可以发掘。就美术而言，如果北京有几千年中国古代美术的陈列（这应该是“国家博物馆”的职责），将会吸引多少国内外观众去参观，可惜，至今中国古代美术的长期陈列还没有提到日程上来。这说明，我们在很多方面还没有把文化转化为可消费的经济提供物。在软实力、文化力、文化产业已被公认为是各国综合国力竞争最激烈的领域之一的今天，经济发展到一定阶段的国家和地区，都把文化经济、文化外贸设定为战略目标，将文化产业作为最重要的替代性产业，将地域、国家、民族以至世界的文化资源转化为社会经济综合效益，当作整体建设的切入点、结合点。中国经济的健康发展，中国文化对世界有强大的吸引力，这是中国迅速提升软实力、壮大文化产业千载难逢的好机会，我们必须抓住这个良机。联合国教科文组织有关专家早已指出，我国在生产、储存、传播文化内容的器物工具和物态载体这些“硬件贸易”方面，是居世界前列的文化产业大国；而在“软件贸易”方面，即文化内容和文化服务方面，却有很大的差距，亟需改进。

我们有很雄厚的美术资源后备，如富有特色的传统中国画，如有写实基础的油画、雕塑，富有民族特色的版画，民间工艺美术，少数民族的美术，还有木版水印技术等，对外国人都有很大的吸引力。但由于缺乏计划和缺乏现代思路，在出口方面显得很零乱和没有秩序，远没有达到理想的开发目标。

利用世界美术资源也是我们发展文化产业时必须关注的一项内容。如去年作为“中法文化年”的项目之一的“法国印象派画展”，在中国美术馆展出四十天左右，参观人数三十余万人，门票和画册、展览目录收入数百万元。法国文化艺术的其他展览项目，也有较好的经济收入。我们还将陆续举办“中意文化年”、“中俄文化年”等，这些国家将要来华的展览都非常精彩，应该是既有精神文化含量又有经济效益的活动。

在发展文化产业的过程中，如何注意避免低俗倾向、避免庸俗化，是很值得大家关注的问题。文化产业并非全部是大众文化、通俗文化，但与大众文化、通俗文化密切相关。大众文化、通俗文化要适应观众的欣赏水平，不能搞“阳春白雪”是没有疑问的。但普及的目的是为了提高，“适应”的目的是为了“征服”。大众文化、通俗文化要有娱乐性，但不能有低级趣味，要切忌品味低俗化、格调庸俗化。文化艺术产品不论在国内推广还是出口到国外，都要注意一定的精神含量，要以我国优秀民族文化传统为资源，不能把文化传统中的糟粕乔装打扮成珍宝，误导国内外文化消费者。当前我国某些地方的旅游景点，有的津津乐道于宣传封建社会的尊卑等级制度，有的用放大民族文化中的落后面招徕观众，都是不可取的。

（选自《中国美术馆》2005 年第 6 期）

基于产业关联的
民间文化艺术产业发展战略框架模型研究

冯　东　陈俐燕　陈洪根

引　言

随着我国人民生活水平的不断提高，人民消费取向逐渐由物质消费向精神消费转变，文化产业成为我国目前的一个新兴产业。尤其是随着党的十六大报告关于“发展文化产业是市场经济条件下繁荣社会主义文化，满足人民群众精神文化需求的重要途径”的科学论断及发展我国文化产业的总体要求和长远目标的提出，全国各地兴起发展和研究文化产业的热潮。

从我国的研究文献来看，目前对文化艺术产业的研究无疑隐含着文化产品作为一般物质商品属性所决定的以追求经济利益为目标这样一个前提。我国文化产业重要组成部分之一的民间文化艺术产品，即在人类发展过程中形成的包括传统和民间知识、各种语言以及各式各样的口头文学、风俗习惯、民族及民间音乐、舞蹈、游戏、神话、礼仪、传统医学、手工艺、建筑艺术和其他艺术等在内的“非物质文化遗产”，其作为一种为满足人们精神需求的具有意识形态属性的产品，不仅具有一般行业的竞争性和排他性特点，更为关键的是其作为公共产品的经济外部性对国民经济体系中的旅游业、商业等其他相关行业的发展具有巨大的诱发和乘数效应。对于这种特殊产品，一方面从公共产品的角度，国家必须在投入上给予保障，在政策上给予扶持，要把民间文化艺术产业发展纳入到政府基本公共财政开支的范畴；另一方面从市场产品的角度，国家又不能将其发展问题完全包办，政府必须给其发展以一定的市场空间。因此，对于当前我国仅从一般的工业产业状况下关注产业本身产出的角度去探究民间文化艺术产业发展问题的研究现状，是难以真正揭示出民间文化艺术产业内在发展规律的，这也正是造成当前我国民间文化艺术产业不仅发展不起来，反而使得许多传统的民俗、民间文化艺术在现代经济大潮中面临灭绝性灾难的关键所在。为此，本文将从民间文化艺术产业对国民经济体系中其他相关产业的诱发效应及其发展的乘数效应出发，立足于民间文化艺术产品的本质特征，利用系统论的思想和方法，在深入分析文化产业发展与相关产业发展的关联性基础上，以期揭示民间文化艺术产业的内在发展规律，构建我国民间文化艺术产业的发展战略框架模型。

民间文化艺术产业的内涵及
民间文化艺术产品本质特征分析

1. 民间文化艺术产业的内涵

本文认为，对于以民间文化艺术产品为构成内容的民间文化艺术产业，是指那些为满足人们对民间文化艺术的精神需求和智力需求，依托民间文化艺术而生产特殊产品、提供场地、环境、服务或组织活动等一切相关主体的总称。这些相关主体群体包括民间文化艺术生产的管理机构、生产机构、艺人和社团、生产发行购销部门、宣传咨询部门、演出展览团体、艺术研究教育培养部门等一系列过程部门。在表现形式上，民间文化艺术产业包括了物质形态的艺术产品，如皮影、剪纸、书画、摄影、音像、拷贝、乐谱、歌词、工艺制品及在民族民间流传的歌舞、武术、戏曲、曲艺、故事、民谣等群众艺术表现形式，还有反映某一民族或区域习惯风俗的礼仪、节日文艺活动、民族体育活动、饮食、民居、服饰、器具、建筑物、设施标志、特定的自然场所以及精神技术交流形态的艺术信息、艺术设计、艺术策划、艺术评奖、艺术演出、艺术经纪代理等行业的整体商业服务活动。

2. 民间文化艺术产品本质特征

马克思认为，凡是商品都具有使用价值和价值两个因素。民间文化艺术品既然是商品，就必定具有商品的一般属性，即它同样是使用价值和价值的统一体，同样凝聚了社会劳动量或耗费了社会必要劳动时间，它也是社会主义商品体系的重要组成部分。但是，民间文化艺术产品又是精神文化产品，民间文化艺术产业是一种特殊的产业形态，它具有不同于一般物质商品的属性，即具有意识形态属性。

民间文化艺术产品与物质产品相比，具有以下特征：

（1）创新性。民间文化艺术产业的特殊性，就如其他领域内其他文化表现一样，主要表现在它是“以‘原创性’的精神活动为根本。虽然，民间文化艺术产业也常常从事模仿性、复制性的工作，并能从中盈利（如光盘和优秀图书的盗版、名画的仿制等），但这不是民间文化艺术产业的本质。”“具有精神原创性的民间文化艺术产业同一般的模仿复制性的文化产业的关系，就如同一幅世界名画的原作同其复制品之间的关系一样，梵高的一幅《蓝色鸢尾花》的原作曾创下了32亿法郎的最高拍卖纪录，而这幅画的复制品几元人民币就可买到一张。”每一项民间文化艺术产品，不论它是理论型的，还是艺术型的，都应该独具匠心、不能雷同。虽然民间文化艺术产品生产者可以吸收和利用前人的劳动成果，但它不能重复前人的劳动，而必须创造前人和他人所没有的新东西，需要生产者的一种创作激情才能完成。因而，民间文化艺术产品生产是具有自主知识产权的原创性研究和发明过程，每一件民间文化艺术产品之间都具有不可重复性、不可替代性和不可再生性。比如眉户剧这一剧种，虽然其各路唱法有340个之多，但每路唱法都独具特色，不一而同。

然而，物质产品的生产大多具有同一性、标准性、可替代性，产品大都有明显的生命周期，它的重复是普遍的、经常的、大量的。虽然物质产品的更新换代也需要创造性劳动，但在更多的时间里，则是重复性劳动。

（2）广泛性。民间文化艺术产品是人类精神发展的结果，其内容带有普遍性，有的甚至是人类共同的价值观念、审美观念的体现，虽然其表现形式可能是少数人的，但却可以得到全社会的认同，甚至是无数代人的认同。民间文化艺术产品创造的是无形资本，积累的是品牌效应。它的产品可以被无数次重复生产。而且，同一产品被再版、拷贝的次数越多，它所产生的产值就越高，它的影响也就越大，而物质产品相对狭窄，一般来说，一个物质产品只能满足某个人或者极少数人的需要。

（3）持久性。民间文化艺术产品的消费是一种欣赏性的消费。民间文化艺术产品经过消费，虽然它的物质载体会被损耗，但它的文化价值永不会被磨损。民间文化艺术产品通过再版、复制和消费，让更多的人了解、掌握其中的文化价值，使得文化价值更具有永恒性。《红楼梦》的美学价值在200年前得到人们的认同，现在仍然得到人们的认同，再过200年，仍然可以得到社会的认同。

物质产品的消费是一种直接占有和直接使用的消费。消费者购买了一件物质产品，通过使用，产品的价值就消耗尽了。即使是最高档的汽车，年月长久，它的价值也就不存在了。

（4）思想性。民间文化艺术产品具有认识、教育、审美、娱乐等功能，能满足人们的精神需求或情感需求，它可以消除人的疲劳，丰富人们的知识，提高人们的劳动技能技巧，是一种更高层次的消费需求。一般说来，人们的生活水平越高，人的文化程度越高，文化消费能力就越强，对民间文化艺术产品的需求也越多。

物质产品是满足人的生理需求和生产需要的，是一种最基本的需求。社会生产力越低下，对物质产品的依赖程度也越高，需求量也越大，人的文化素质越低，也就越看重物质产品或物质财富。

（5）公共外部性。民间文化艺术产业作为满足人们精神层次需求的产业，既具有一般行业的特点，又具有意识形态属性。对于这类具有意识形态属性的产品来说，其价值并不会因使用次数的增多而减少，因而具有明显的公共外部性。

民间文化艺术产业关联性分析

民间文化艺术产业与国民经济中的其他产业存在着种种关联，其发展会对国民经济体系中其他产业产生波及效果（见图1）。产业波及是指国民经济产业体系中，产业部门的变化按照不同的产业关联方式，引起与其直接相关的产业部门的变化，然后导致与后者直接和间接相关的其他

图1 民间文化艺术产业与其他主要相关产业关联图

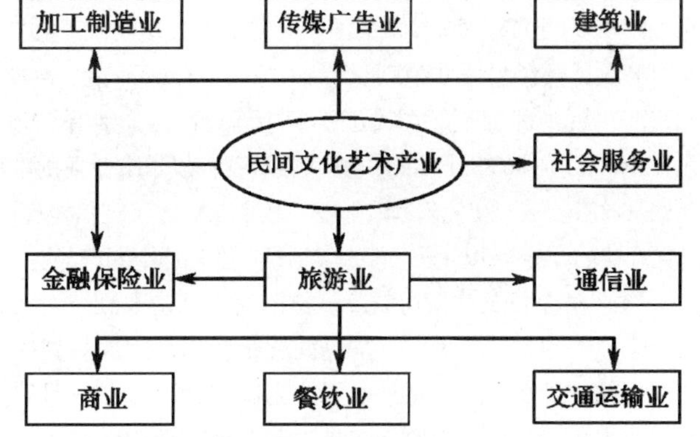

产业部门的变化，依次传递，乃至影响力逐渐消减的过程。产业波及对国民经济产业体系的影响，就是产业波及效果。文化产业主要沿着以下四条线路对国民经济的其他产业产生波及：

（1）前向波及。这可以用中间投入率来衡量，是指某产业在一定时期内的生产过程中的中间投入与总投入之比，反映了该产业的总产值中从其他产业购进的中间产品所占的比重。民间文化艺术产业的发展，会沿着“民间文化艺术产业→民间文化艺术产业中间产品→生产民间文化艺术产业中间产品的前导产业→这些前导产业的前导产业”这样一条线路，不断向其前面导行产业发生前向波及。例如民族民间舞蹈、戏剧表演等民间文化艺术的发展，必将有效拉动戏剧院建设和道具、灯光、音像等演出设备的生产，为前向波及的第一波；影剧院的建设和演出设备的生产，则将进一步拉动建筑材料、装饰材料、电子元器件的生产，为前向波及的第二波；建筑材料、装饰材料和电子元器件的生产将继续拉动电力、煤炭、铜材的生产，为第三波。通过这种链条式的拉动效应，民间文化艺术产业的发展将会对国民经济整个体系中与其紧密相关的加工制造业、建筑业等处于波及前端的产业实现有效诱发和拉动效应。根据李冠霖博士的计算，1997 年，我国文化艺术广电业的中间投入率为 51.14%，表明我国文化艺术广电业产品所需的每 10000 元总投入中，会有 5114 元是其他产业购进的中间产品。由此可见，文化产业对上游产业的波及效应是非常强的。

（2）后向波及。对于旅游业、商业、餐饮业、交通运输业等行业来说，民间文化艺术产业的发展与这些行业之间会沿着“民间文化艺术产业→以民间文化艺术产品为前导的后续产业→这些后续产业的后续产业”这样一条线路产生后向波及。例如西安大唐芙蓉园、碑林、兵马俑等民间文化艺术产品的存在，有效带动了陕西旅游产业的发展，对于陕西旅游业来说，其发展将进一步推动商业、餐饮业、交通运输业、金融保险业等相关行业的发展，而以上行业的发展又必将更进一步带动其后续产业的发展，这就是民间文化艺术产业的后向波及。据统计，1997 年我国娱乐服务业、文化艺术广电业、教育业的中间需求率分别为 40.04%、24.37%、10.32%，这表明在娱乐服务业、文化艺术广电业、教育业每 10000 元产品中，分别有 4004 元、2437 元和 1032 元产品充当了国民经济的中间产品，分别有 5996 元、7563 元和 8968 元产品被居民直接消费；娱乐服务业的顺向波及效果较强，文化艺术广电业、教育业次之。概括地说，文化产业的产品有 10%—40% 被其后续产业用作中间产品。

（3）横向波及。横向波及是指民间文化艺术品牌对其他产业发展的带动，事实上是民间文化艺术品牌的拓展化经营。首先要在民间文化艺术产业内部培育出有市场号召力的文化品牌，然后将此品牌扩展到其他产业中，最大化实现品牌价值。如兵马俑、红旗渠等香烟，都是民间文化艺术产业品牌在烟草行业中的扩展和延伸。

（4）间接波及。民间文化艺术的间接波及，主要来自于民间文化艺术产业的发展对地区、城市形象以及投资环境的改善和提升。这是因为，对于现代经济发展来说，除了本身的资本积累，外来资源的引入、城市形象和投资环境的改善和提升，对于吸引外部投资者具有举足轻重的作用，这些大量外部投资者的进入，将有效促进产业结构调整和当地经济发展。

基于产业关联的民间文化艺术产业发展战略框架模型的构建

通过以上内容分析可知，由于民间文化艺术产业与加工制造、传媒广告、建筑、旅游、金融保险、交通运输、餐饮、社会服务等行业的密切关联性，其发展的同时也将给这些行业的发展带来很大的诱发或促进作用。为此，对于民间文化艺术这种并不适应于完全依靠市场环境来提供其发展资源需求的产业，鉴于其对国民经济体系中其他行业在经济上的诱发贡献这种密切关联性，本文从系统论的思想出发，从产业利润转移的角度构建了基于产业关联的发展战略框架模型（见图 2）。

图 2　基于产业关联的民间文化艺术产业发展战略框架模型

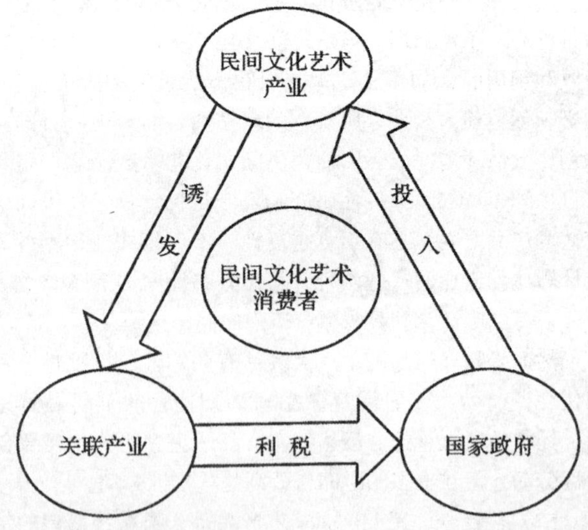

在这个模型中，民间文化艺术产业、关联产业、国家政府三者构成了以民间文化艺术消费者为中心的三角结构，在这个实心三角结构中，民间文化艺术消费者、民间文化艺术产业、关联产业和政府机构四者相互间的作用机理具体概括为“政府搭台、民间文化艺术产业唱戏、民众观赏、关联产业埋单”。

1. 政府搭台

所谓政府搭台，是指政府作为上层建筑范畴，对于民间文化艺术这一既具有商品属性又具有社会属性的特殊产业，必须发挥政府在其发展中的主导与参与作用。构建民间文化艺术发展所需要的一切法规、政策和制度体系，加强监督和调控，确保民间文化艺术产业的良性发展，使民间文化艺术得以保护、传承与弘扬。

具体来讲，政府主要应搭建起以下平台：

第一，建立产业链内部利润转移制度，加大政府扶持力度。基于民间文化艺术产业在市场中性质的特殊性和差异性及其对产业链中旅游、交通运输业、餐饮业、休闲娱乐业、商业等相关产业发展的贡献，民间文化艺术产业的利润来源可以蕴涵于相关产业的税收征管与政府的公共开支之中。运用产业链内部经济利润的转移补贴，来维持民间文化艺术产业的保护和防止民间文化艺术产业内部的无序竞争等行为，从而保证民间文化艺术产业的结构效益。

第二，改革政府机构，转换政府职能，加强民间文化艺术产业法律、法规体系建设，构建适应民间文化艺术产业发展的管理体制和运行机制。

从民间文化艺术产业的发展来看，分散的民间文化主管机构已经不适应社会主义市场经济中民间文化艺术产业化、综合化的发展趋势，现有的管理体制和运行机制的僵化以及相应民间文化艺术法律、法规的缺失已经成为发展民间文化艺术产业的主要障碍。因此，按照民间文化艺术产业发展的特点和要求，政府应尽快制定和完善规范民间文化艺术行为的管理办法，强化指导、协调和监督检查手段，确保民间文化艺术产业的协调发展；制定民间文化艺术产业的发展战略规划；制定法规和政策规范民间文化艺术企业行为，维护民间文化艺术产业市场秩序；通过经济政策影响民间文化艺术产业的布局、结构和发展方向。通过这一系列法律、法规体系的建设，构建起适应民间文化艺术产业发展的管理体制和运行机制，进而实现政府部门从“办文化”向“管文化”的战略转变，实现管理权与经营权分离。

第三，加强民俗建设，培育民众对民间文化艺术的欣赏和保护意识，形成民间文化艺术产业发展生态环境。

民众是民间文化艺术产品的消费主体，是民间文化艺术发展的根本和源泉，没有广大民间文化艺术产品消费群体的存在，就没有民间文化艺术产业的发展。因此，对于民间文化艺术产业发展，政府所要做的另一重要工作就是加强民俗建设，制定民俗艺术的保护建设规划，努力营造维系民俗艺术生存发展所需的生态环境，将传统的民俗艺术消融在民众普通的生活中，并注意使其在现代意识的关照下自然流溢。同时，利用大众媒体大力宣传传统民俗文化，给民间说唱、民歌、民谣、民间美术、民间歌舞、民间音乐、民间戏曲等充分的表演和展示空间，并利用现代技术赋予一些传统艺术以合适的现代形态，扩大中国审美模式的影响，从审美趣味和认知方面增进对中国文化品格的认同。此外，还可以在大中小学校、国家机关、社会服务行业、演艺界广泛展开中国传统礼俗文化教育和行为举止培训以及设立中国礼俗学校或专业，培养专业人才。

从以上对政府搭台的内容分析可知，对于民间文化艺术产业发展，政府的职能主要在于：一方面是致力于弥补商品价值规律的自发性缺陷，即通过对民间文化艺术产业发展法律法规、利润分配转移等制度的制定，为商品价值规律发挥作用创造必备的外部条件；另一方面是在保证社会价值最大化的前提下，加强监督、调控和引导功能，正确处理好保护与开发两者之间的关系。因此，在本模型中，“政府搭台”是实现民间文化艺术产业可持续发展的基础条件。

2. 民间文化艺术产业唱戏

所谓民间文化艺术产业唱戏，是指民间文化艺术企业在政府搭建的平台上，以民间文化艺术消费者为中心，在自主经营、自由竞争的原则下，以各种方法和手段来吸引民间文化艺术消费者，以此带动关联产业的发展，实现整个产业链系统经济效益和社会效益规模的扩大。对于本模型的整个经济系统来说，民间文化艺术产业“戏”唱得好坏，将直接决定了民间文化艺术产业的市场容量，从而也决定了民间文化艺术产业对关联产业的诱发和带动效应。因此，在本模型中，民间文化艺术产业“唱戏”是实现民间文化艺术产业可持续发展的核心。

具体来讲，民间文化艺术产业要唱好这场戏，应坚持以下原则：

第一，在开发中，要以保护为本。对于民间文化艺术产业来说，保护是第一位的，开发是在保护的基础上进行的。没有保护，开发便成了无源之水、无本之木，更毋言民间文化艺术产业的可持续发展了。

第二，在创作上，要解放思想、更新观念。民间文化艺术是人类文明发展的历史产物，承载着不同地区不同时代的历史风貌和人文思想，既存在着许多精华，也存在着许多不符合现代社会消费取向的东西。因此，现代民间文化艺术企业和艺人既要适应时代发展和人们的欣赏需求，创新思路和表现形式，加大民间文化产品的研究开发力度，又要确保继承其原有的传统风格精华，不丧失个性特色，多出精品，以传统风格求生存，以质量谋发展。

第三，在经营中，要以顾客为中心。从顾客经济性的角度看，目前民间文化艺术散落于民间，其作坊式生产极大增加了顾客对民间文化艺术产品的成本分担。因此，在当前：一方面要以现有文化产业上市公司和其他优质文化资产为依托，加速组建和扶持民间文化艺术产业群，实行集群化经营，解决民间文化产业组织中的小而散问题，提高规模效益，同时降低顾客文化消费成本支出；另一方面，对于民间文化艺术产业中的旅游参观项目，要尽可能以降低进入门槛为企业最高追求，如果可能的话，最好实行免费进入，如此在进一步降低顾客文化消费成本支出的同时将有效扩大民间文化艺术市场容量，从而给其他关联产业的发展带来契机，实现整个经济系统经济效益的增长。此外，民间文化艺术企业要努力提高自身的经营组织水平和服务质量，为消费者提供高质量高标准的民间文化产品和文化服务。

3. 民众观赏

所谓民众观赏，指的就是消费者以民间文化艺术产品为目标引起的整个消费过程，既包括民众对民间文化艺术的欣赏和消费过程，同时也包括其在此消费过程中所衍生的诸如购物、交通运输、饮食、住宿等消费。对于民间文化艺术产业来说，民众的消费是其存在和发展的根本。没有广大民间文化艺术消费者的存在，就没有民间文化艺术产业的发展可言。

4. 关联产业埋单

所谓关联产业埋单，指的是对于旅游业、商业、交通运输业、金融保险业、餐饮业等关联行业，由于民间文化艺术产业对其发展所作的贡献，这些行业应该根据政府建立的产业链内部利润转移制度，对民间文化艺术产业因吸引游客所作的利润牺牲给予补偿，将部分利润转移到民间文化艺术产业。对于民间文化艺术产业来说，关联产业埋单是其实现可持续发展的有力保障。

结束语

民间文化艺术产业是一种为满足人们精神需求的具有意识形态属性的特殊产品，因而用完全遵循一般工业产业的仅专注产业本身的传统发展范式去研究民间文化艺术产业的发展问题将难以揭示其内在发展规律。本文从民间文化艺术产业与其他产业关联的角度，在深入分析民间文化产业通过前向波及、后向波及、横向波及和间接波及四种途径对关联产业的发展进行诱发并带来乘数效应的基础上，利用系统论的思想，构建了以民间文化艺术消费者、民间文化艺术产业、关联产业和国家政府为要素的基于产业链内部利润转移机制的民间文化艺术产业发展战略框架模型。其具体作用机理可总体概括为：“政府搭台、民间文化艺术产业唱戏、民众观赏、关联产业埋单”。在这个模型中，政府搭台是民间文化艺术产业发展的基础、民间文化艺术产业唱戏是关键、民众观赏是根本、关联产业埋单是保障。然而，民间文化艺术产业发展作为一个系统问题，本文只是从它与相关产业的关联关系出发构建了宏观发展战略框架，对于更深层次的经营管理、成本核算等具体管理和市场问题，还有待于进一步深入研究。

（选自《西北大学学报》哲学社会科学版 2006 年第 6 期）

国际文物交易与管理

于 冰

首先说明本研究中文物的概念。文物的称谓除较学术化外，它也涵盖了古玩所不包含的不可移动遗物，如古建筑等。在国外，一般常用古董或古玩（Antique 或 Antiquity）的说法，而很少有与文物（Cultural Relics）对应的提法。由于本课题针对文物市场和文物商店，只涉及可移动文物，因此我们也会用古董、古玩代替文物，特别是在介绍国外情况的时候。

另外由于世界各国对文物的定义和分类不同，文物流通和文物市场在各国的行业分类与管理大不相同。有些国家将文物与艺术品划分为一个市场进行统计，有些将文物与旧货零售列为同一行业。因此需要注意，下面在介绍的时候文物的概念可能会与我国文物的概念有所出入。

世界文物市场的发展历程

在 17 世纪以前，由于经济发展的局限，世界文物市场处于形成阶段。以具有相对固定的交易场所、专门从业人员和一定规模的交易量为标准，世界文物市场最早可能出现在 14 世纪—16 世纪文艺复兴时期的欧洲。对古希腊、罗马文化的追崇及海上探险的扩张激发了“寻宝”热潮，推动了文物贸易。中国的文物市场一般认为是在明代随着资本主义的萌芽而逐渐兴起的。而亚洲、非洲许多国家文物市场的出现，大多与帝国主义对其文物资源的殖民掠夺有关，一般要晚至19世纪或20世纪。

1640年英国资产阶级革命胜利，以商品经济为主体的社会经济体制开始建立，文物市场也随之发展。遍布各地的文物商店大量涌现，成为这一时期文物市场交易的主体，同时拍卖这种交易形式也在欧洲诞生，以全新的经营方式带来文物市场的重大变革。

在19世纪以前，英国是当时世界上最强盛的国家，其文物市场也最为繁荣。垄断当今文物拍卖的两大拍卖行——索斯比和佳士得公司就都诞生在18世纪的英国。

美国自1776年才宣布独立，是一个历史短暂但富于活力的年轻国家。它的经济实力提高迅速，至19世纪末工业生产总值已跃居世界首位。在它逐渐向外扩张的同时，也将世界各国的文化珍宝聚拢在自己的手中，文物市场伴随着大量需求而迅速兴盛起来。

位于东亚的日本经过19世纪70年代的“明治维新”，开始向近代国家过渡，欧洲近代博物馆概念也在这一时期传入，它的文物市场也大体在这一时期形成。其后不久，日本便推行对外侵略扩张政策，也开始了对中国、朝鲜等国文物的购藏与掠夺。

在资本主义国家大肆聚敛和掠夺下，世界其他不发达国家的文物通过本国的文物市场大量外流，投放到世界文物市场上或入藏其他国家的博物馆。当时包括中国在内的不发达国家的文物市场，带有着强烈的殖民主义色彩。

第二次世界大战中止了世界文物市场长期稳步发展的步伐，战后的文物市场也发生了根本性的变化。随着亚洲、非洲、拉丁美洲等大多数殖民地、半殖民地国家获得独立和解放，它们为了保护自己本国的文化传统，维护国家主权与完整，纷纷制定一系列法律、法规限制文物外流，原本源源外流的第三世界国家的文物大量减少。文物市场主要集中在少数发达国家和地区，许多第三世界国家的私人文物交易活动被严格管理甚至取缔。伴随着战后经济的迅速发展，人类财富的巨大增加，世界文物市场与艺术品市场的联系更为紧密。拍卖行逐渐成为文物市场上的主宰，尽管当代艺术品的比重增加，但文物依然走俏。

文物交易背后的理论与政策之争

文物本身承载着各民族独特的历史情结，因此文物市场上的文物交易行为就不仅仅是简单的商品交易，特别是在二战后非殖民化和全球化背景下，在对待文物自由交易和跨国交易的态度上形成了针锋相对的立场阵营和政策管理模式。它们基本上可以归纳为三类：

1. 一体化国际主义（Universal Internationalism）

这一派的观点认为艺术（包括古代艺术）是全体人类共同的表达方式，因此收藏者有权在开放自由的市场中自由地收藏文物，以实现跨机构和跨国界的文化遗产共享(Shared Cultural Heritage)。国际主义者更注重文物得到最大程度的保护、展示和价值实现，而不是追究它的来源和国籍。

这一派阵营主要包括文物经销商（Antiquities Dealers)、博物馆经理、收藏者和研究人员。除了自由人文主义和服务普众利益的道德立场外，他们还认为开放的文物市场可以使很多国家的文物摆脱战争、抢盗、资金不足、疏于保护给文物带来的灭顶之灾。

与此相对应的文物市场管理模式是以美国、英国、香港等为代表的部分发达国家和地区，它们对文物的购销和购销后的文物进出境限制较少。这种类型的国家和地区数量不多，但它们的文物市场极为活跃，是各地博物馆、收藏家及投资者等角逐的主要场所，也是各地文物的主要集散地。

2. 民族中心主义（Ethnocentric Nationalism）

这一阵营的观点认为文物是国家尊严与民族身份的载体，因此应该属于国家所有，而不能属于“私人”；文物必须保存于国界之内、保存于原生地。与“文化遗产共享”不同，民族中心主义者强调“文化祖产”（Cultural Patrimony)。

坚持民族中心主义观点的人以考古学者、政治家及研究者为主。在他们的眼里，国际收藏者和文物经营者作为文物交易的需求方和获利者，是自古至今屡禁不止的文物盗抢、走私、贩假的主要根源。

持这一派观点的政府对文物出口采取严格的限制措施，在文物的国内贸易则做法各异，代表国家有中国、埃及、意大利、土耳其、法国等。在出口管理方面，这些国家一般都实行出口许可证制度，将文物加以分类，再按时代、价值等方面严格区分；罗马尼亚等少数国家则认为凡是文物都要具体分析，不对文物出口管理实行年代划线；像埃及、波兰、挪威等国家，禁止一切文物出口。

在国内文物交易政策方面，埃及禁止国内一切文物交易；伊拉克严禁私人从事文物的买卖，只能由国家指定的单位有计划地进行；土耳其、巴基斯坦、以色列等国允许私人从事文物的购销，但必须持有政府文物主管部门颁发的许可证；法国则对国内的文物购销活动未做限制，但制定严格的文物出境许可证制度，即使外国收藏者通过拍卖等正当渠道取得某些珍贵文物的所有权，文物也只能留在法国境内。

3. 信息开放主义（Free Flow of Information）

第三派观点介于前两者之间，它认为国家和私人都可以有权拥有文物，认为文物市场的存在是合理的，关键在于涉及文物交易的各方应该加强对话与合作，而对文物市场的限制和管理也是必要的。它最核心的观点在于提倡文物信息的开放和自由流动。

这一派学者呼吁打破考古学者对考古信息的垄断，要求考古学者及时、完整、真实地公开发表最新考古发掘信息。有学者建议国际上采取统一行动，将发表上次考古发掘信息作为颁发下次考古发掘许可证的前提条件。这一阵营还支持建立文物收藏者的信息登记制度和文物购销的信息登记制度，作为文物市场管理的重要手段。

信息学派体现在政策管理上，除上述不少国家的文物经销商登记许可制度外，还有少数国家采取了更为严格的文物收藏者登记制度。例如在新西兰，只允许经注册的收藏者购买文物；而根据希腊法律，任何希望通过境内外购买文物而建立私人收藏的个人必须获得国家的批准；埃及、意大利、秘鲁和土耳其政府要求公民对其拥有的文物申报登记，未经登记的文物国家有权收缴。

几个国家文物市场简介

1. 美国文物市场

美国政府对文物的出口限制不多，而且其关税条例规定“凡100年以前制作的文物一律免税进口”。但是作为联合国教科文卫组织（UNESCO）1970年颁布的《关于禁止文物财产非法进出口和所有权转让方法的公约》的签约国之一，美国与12个国家（与中国的双边协议正在审查之中）签署了双边协议，建立禁止进口这些国家非法文物的审查机制。

美国是世界上最大的文物市场。从国际文物与艺术品拍卖统计数字中可以看出，2003年世界总成交额为35亿美元，2004年这一数字又增涨了30%，其中美国的市场份额均在40%以上。

美国的私人收藏是文物市场上的重要力量，美国《艺术新闻》公布的世界200名私人收藏家名单上，美国人一直保持在半数左右。美国博物馆在20世纪90年代就达到了7万多家，因此博物馆也是文物市场上的重要需求方。

在这个拥有数十亿美元的市场上，竞争十分激烈。据仅能查到的20世纪80年代末的数据，美国有35000家拍卖行、中介机构和专业文物经销商（Antiquedealer），除此之外还有成千上万的业余文物经销商通过遍布全国的1000多个周末跳蚤市场、网络、邮件直销（Mail - Order Merchandising）等方式经营文物。

2. 英国文物市场

英国拥有历史悠久的文物市场，古玩商、艺术品经纪商和拍卖行十分活跃，他们也成为影响文物和艺术品经营政策制定的重要力量。因此，英国的文物市场相当开放，除对购买文物免征税金外，对文物的进出境管理也不十分严格，仅规定可对市场价格在13400美元以上的文物及艺术品实施延缓输出，即暂时将文物扣留6个月至1年，其间允许英国博物馆或收藏家筹集资金，以相同的价格将之收购，若无人出此高价，所有的文物或艺术品均可携运出境。

英国是欧盟第一大文物市场，世界第二大文物市场。据统计，2002年英国艺术市场的总销售额为42亿英镑（约合70亿美元），分别占欧盟和世界市场的59.7%和25%。

在英国，从事文物和艺术品经营的商家有10217家，从业人员19940人；拍卖公司754家，从业人员17123人，这两大类经营者的销售额各占销售总额的50%（2002年）。另据统计，在大伦敦地区，大约有2000家古玩商从事着文物经营。在近万家文物和艺术品经销商中，有89%的经销商年营业额少于25万英镑，而年营业额少于5万英镑的经销商占44%。英国近2/3的艺术品经销商为个体经营者，平均从业时间18年。

3. 法国文物市场

法兰西是一个富于艺术气质的民族，创造了多姿多彩的历史文明，留下数目可观的文物遗存。法国也是重要的经济发达国家，然而文物市场相对而言却较为低调，与其西方经济大国的地位不太相称。在国际文物与艺术品拍卖的世界总成交额中，法国所占比例近年来只有10%左右（一说只占4%）。

这和法国政府执行的文物政策有着不可分割的联系。为保护法兰西民族宝贵的文化遗产，早在1942年法国就颁布了禁止将具有重要价值的艺术品带出法国的法律，文物商及艺术商向外国顾客出售有历史价值、价格在10万法郎以上的或已故艺术家的雕刻或绘画作品，必须持有法国文化部长颁发的许可证。国立的博物馆和美术馆一般拥有购买文物及艺术品的优先权，并可对拍卖品标价购买。这使得一些珍贵文物难以从正常渠道走出法国大门，在一定程度上遏制了世界各国的收藏家参与法国文物市场的竞争。同时法国还制定了保护在文物及艺术品市场上因缺乏知识而遭欺骗蒙受损失的人的法律，规定遭欺骗的买主与卖主可取消原来的交易。这一规定也让一些文物商及拍卖公司很难运作盈利，市场的吸引力减少。

法国文物市场上交易的主体是散布在各地的文物商店及画廊，也有拍卖行参与其中。

4. 以色列文物市场

环地中海国家是文物古迹十分丰富的地区，在这一地区中的大部分国家，如埃及、土耳其、希腊、意大利、塞浦路斯和约旦等国家，文物交易是被严格禁止的，文物出口也有着十分严格的限制。相对而言，以色列政府的政策就比较宽松，文物市场相对活跃，但也面临着不少问题。

以色列于1978年立法，将该法颁布以后发现或发掘的所有文物“国有化”，而且从事文物贸易的商店必须获得许可证，除此以外文物的销售和收藏基本不受限制。这就产生一个矛盾，由于合法发掘的文物均属国家所有，古玩商不得不收购非法发掘的文物以充足货源。以色列文物局（Israel Antiquities Authority）对14000处文物古迹建立了数字档案，但已有11000处受到盗掘破坏。政府认为是古玩商在鼓励盗掘，因此考虑禁止文物交易。但古玩商却指出，文物交易不会因政府禁止而终止，只不过会转入地下，其他严格控制文物交易的地中海国家就是证明。

以色列文物市场的客户群具有十分鲜明的特色。在购买文物的消费者中，有99%是前来朝圣的旅游者，他们并不关心文物的来源，只关心文物是否“古老”。因此，以色列旅游部（Ministry of Tourism）也成为开放文物交易的推动力量，他们把自己的印章贴在所有文物商店。以色列本土的收藏家和博物馆是文物需要的另外组成部分。

在以色列，获得许可证的文物商店有75家（2002年），总交易额为500万美元。

5. 日本文物市场

在亚洲，由于历史的原因，日本和韩国近代以来的文物管理体制十分相近。这里就以日本为例加以介绍。

日本的文物市场通常被认为是既开放又等级分明的。日本的《文化财保护法》实行登录认定制度，凡是经登录认定为“国宝”和“重要文化财”的文物，第一是严禁出境（经批准的展览除外），第二是在境内出售或所有权发生变化必须申报。登录认定必须经文物所有者同意。到目前为止（2003年），尽管有少数文物所有者不愿申报登录认定而在境内转让文物，从未发生过国宝或重要文化财被非法运出境外的案例。这其中有主观原因，也有客观原因。日本是一个岛国，出境口岸少而易检查。另外政府以市场价格收购其认为重要的文物，这一政策鼓励文物持有者既能合法流通文物又能保证自身利益。

高度发展的日本经济吸引国际拍卖公司到此设立分公司，并举行一系列文物拍卖。但由于日本从事文物商业的业主抵制，拍卖行货源紧张，成绩并不十分理想。从近期的数据来看，其在国际艺术品拍卖市场中的份额还不如香港（香港的交易额在2004年为1.9%），但是来自日本的投资者（主要是大财团和有大财团背景的个人）却是国际艺术品市场上一支不可忽视的力量。1990年，世界上价格最高的前三幅绘画作品都是日本投资者购买的。但是伴随着20世纪90年代日本的泡沫经济破裂，一些投机者纷纷退出，整个国际艺术品市场受到严重冲击。目前的艺术品指数（Artprice Global Index）仍未回到1990年的最高水平。但日本总体社会经济实力依然雄厚，文物市场仍属稳健。

各地古玩商协会简介

古玩和艺术品经纪行业需要高度的专业知识、经验和信誉支持，这仅仅依赖法律条文和政策约束是苍白无力的，因此行业协会在古董和艺术品经纪行业管理中普遍存在并起着重要作用。

从遍布世界各地的古玩经纪商协会就可以看到它们在行业中的重要地位。这些协会既有国际的、国家的、地区的，也有综合的和各个专业门类的。

国际艺术和古玩经纪商协会成立于1935年，目前拥有20多个国家的30个国家级协会和全世界5000多个从事各类艺术品和古玩经销的会员。

世界上大多数行业协会都是非盈利的非政府组织，通过行业内的诚信和道德公约保护古玩和艺术品的购买者、销售者和收藏者，建立和扩大交易网络，举办古董交易展销会，向公众宣传收藏知识。另外，由于古玩和艺术品经纪商多为中小企业，行业协会也通过结盟来增强他们与少数大拍卖公司抗衡的竞争力和政策影响力。

下面以美国艺术和古玩经纪商联盟（Art and Antique Dealers' League of America，AADLA）为例介绍国外行业协会的职能与主要工作。

AADLA成立于1942年，其宗旨是：“紧密联系艺术品与古董业各成员，推动各成员间的交流及与公众的交流，服务艺术品和古董经销商和收藏者的利益。”

AADLA的道德准则（Code of Ethics）规定：“联盟在接收会员时执行严格标准，每个申请者必须在行业中拥有一定地位，其经销的艺术品必须具备最佳质量。每名会员必须签署并严格遵守此《道德准则》……所有销售发票和销售记录必须记录所售物品的日期、来源、制造者（如果可知）、状况或修复情况等信息。任何未严格遵守此《道德准则》的会员将被取消会员资格。”

AADLA的主要工作有：

（1）向会员商店颁发会徽和会员证书，为收藏者提供信誉保证；

（2）每年举办艺术品和古玩交易博览会；

（3）每年向一名学生提供学习和研究的奖学金；

（4）编辑、出版艺术品和古玩方面的文章和书籍；

（5）提供分地区、分类会员名录，供收藏者和旅游者方便、快捷地查找。

国外文物商店运营情况介绍

1. 行业特点

在西方主要国家，文物商店往往与艺术品（Works of Art）或旧货（Used Goods）划分为同一个零售行业。文物零售行业在西方属于非常成熟稳定的行业，基本上是随着国家的经济增长速度同步兴衰。该行业资本和劳动密集程度较低，采用新技术的程度中等，全球化运作的水平不高。

从文物零售行业整体上来看，文物商店的数量、销售额和一般文物的价格呈周期性波动，而高端文物的价格基本上随股票市场的平均水平起伏。一般来讲，顶级文物的价格随股市变化会滞后六个月左右的时间，而二线和三线文物的价格对股市的变化更为敏感。

经营文物商店不是能在短期内迅速盈利的行业。决定文物商店销售额的最直接因素是存货规模。存货的增加会产生销售和利润的明显增加。因此收购是文物商店经营者最重要的工作。有人试图总结千差万别的文物商店的共同特点，结果唯一能肯定的就有一点：文物商把所有的精力都用在四处收购上。收购是立命和乐趣所在，而销售只不过是为了获得更多的钱去收购！

2. 组织形式和资金来源

在世界上，传统的文物商店以私营中小企业为主，主要组织形式有个人企业、合伙企业和公司制企业。有些比较成功的文物商店还会举办画廊或拍卖行，销售自己的商品或代理销售他人的商品。

据调查，传统文物商店的启动资金有一半左右来自个人或亲朋的积蓄或资产，有1/3左右来自银行贷款，而通过风险投资、政府资金和发行股票筹集资金所占的情况非常罕见。在美国，联邦和州县等各级政府实行支持中小企业创业的计划，提供利率优惠贷款，文物商店业主也可以申请政府的贷款资助。

从20世纪70年代，文物市场上出现了一种新的组织形式和筹资渠道——文物艺术品投资基金，使文物交易与金融市场和金融巨头联起手来。大量小额资金被集中起来用于价格高昂的文物艺术品购藏和投资，推动了文物交易向规模化、证券化的发展。1975年，英国首次推出两个专门投资文物艺术品的基金。1986年，美国钱币美术公司发起成立了有限合伙制的雅典娜基金Ⅰ，公司本身担任基金的普通合伙人，美林金融投资证券公司向美国证券交易所承包基金并对公众销售，而公众投资者成为基金的有限合伙人。同时各大银行也纷纷推出面向大客户的艺术品投资顾问服务。

3. 收购渠道

美国文物商店的主要收购渠道是拍卖会和集装箱批发进口商。其他的收购渠道有跳蚤市场、庭院旧货销售、职业淘货人和私人。

通过拍卖行进行交易的文物在批发和零售市场所占的比例越来越大。对于世界各地文物商店经营者来说，拍卖会成为其存货最主要的来源。拍卖会的形式多种多样，有编目式的和非编目式的，有国际拍卖会、乡村拍卖会和农场拍卖会。无论在什么形式的拍卖会上，都有可能完成出色的收购。

由于美国本身的文物资源有限，集装箱批发进口商成为文物零售商店一个主要进货渠道。有些进口商专门从欧洲进口古典家具和其他文物，主要面向零售商销售，有时也兼零售。零售商拿到的价格在零售价的基础上有30%到40%的折扣。纽约是美国最大的文物批发中心，有30多家批发商和数家著名的拍卖行集中在第五大道和百老汇一带，文物零售商可以花上一个星期的时间在此流连而满载而归。

跳蚤市场以销售手工艺品、收藏品、文物古玩和旧货等为主，已经成为西方国家文化消费的一个重要市场，几乎是各国旅游者指南上必须的内容，作为当地民俗文化的展示窗口。在美国，每周定期举办的跳蚤市场有上千个，有些成规模的跳蚤市场已经具有几十年的历史，销售摊位达2000多个。鲜为人知的事实是，一些高端文物商店派遣雇员（或聘用职业淘货人）专门长年奔波在这些周末跳蚤市场之间，再把他们淘到的货物定期运回总部。

职业淘货人以跑野外和泡拍卖会淘货为乐趣，他们不愿意自己经营店铺，也不费心去清洗和修补。他们基本上都是自己掏钱买下文物再迅速转手给文物商，继续淘货。职业淘货人一般专门收购一个门类的文物，积累专业知识以减少“走眼”的概率。

4. 销售方式

文物商店的销售方式多种多样，除了店面销售外，参加拍卖会、展销会、跳蚤市场和直接邮购都是文物商常用的销售方式。

拍卖会不仅仅是文物商补充货源的重要场合，也是文物商用来清除存货的地方。据有经验的文物商介绍，他们往往会在同一场拍卖会上既买又卖。当某些存货在店面销售不佳、超过一年没有出手的时候，他们就会考虑将这些陈货一并拿到拍卖会上卖掉，再进一批时下热卖的存货。

参加跳蚤市场的销售可以获得集中的零售客流，但还有一个非常重要的好处，那就是为文物商之间的交易提供了便利。当跳蚤市场开市迎接顾客之前，早早设摆就位的文物商就已经开始相互间的交易了，有时候能有1/3的货物在开市之前就完成了易手。

在美国主要的中心城市，几乎每个星期都会有一场重要的文物展销会。购物中心是展销会最受欢迎的场所，还有很多展销会的组织者会限制参展商，只有少数精英文物商受邀参展。有的慈善展销会在正式开展的前夜会组织一场预展，限社会名流参加，门票要上百美元一位。在这样的预展上，一晚上卖出上万元的文物并不罕见。展销会的优势是上百家文物商聚集一堂，而买票参展的顾客基本上都是为了购买目的而来的专业收藏家。另外，展销会同样是文物商之间进行交易的重要机会。

直接邮购方式是销售商与顾客之间通过邮寄订货和发货完成交易的方式，是美国十分流行的销售方式，也是众多文物商认为最为有效的广告宣传方式。有些大型文物商每月或每周向其他文物零售商或老顾客寄发目录，而从不在报刊和黄页上做广告。专业性强是直接邮购成功的关键因素。

5. 定价机制

文物不同于普通商品，蕴涵着丰富深厚的历史信息和精神寄托。文物价格的确定具有十分复杂的影响因素。首先，文物价格受到不同文化对文物价值、认同标准的影响，具有很大的主观性。其次，文物几乎不存在完全相同的产品，每件文物基本都具有独特性和唯一性，因此很难建立相对的维度和标准。但是这里不从理论上探讨文物价格的确定方法，而介绍西方文物市场的实践运作情况。

西方的文物市场十分成熟，市场信息通过发达的中介服务体系得到充分披露与传播，最终体现在文物的价格信号之中。

文物鉴定是文物定价的基础，依赖于高度的专业知识和丰富的鉴定经验。鉴定者的职业道德与信誉也是这一行业的立身之本。在国际文物市场上，提供文物鉴定服务的各类机构不计其数，鉴定师的专业水平、职业道德与其他专业服务行业（如会计师、律师等）类似，主要通过行业协会组织加以约束。

以美国评估师协会（American Society of Appraisers）为例，其会员分为几个等级，需要经过严格的专业考试和职业道德考试，并需要满足相应的专业经验要求。协会制定了《评估从业准则和道德规范》，并制定了一整套运行机制保证准则和规范的执行。在美国评估师协会的行业分类中，与文物鉴定相关的专业有十几个之多。

由于文物价值的不确定性，拍卖以其“使买卖双方以较少的花费获得较大的利润及公开竞争、机会均等、透明度高、法律约束力强等特点”成为文物交易和定价的主要方式。可以说拍卖市场价格左右着文物零售市场。因此，拍卖公司的成交记录成为古董商店定价的参考依据。另外还有众多的中介服务公司专业定期出版价格指南和目录、索引等，汇集、公布各类文物在世界范围内拍卖市场上的成交价格。例如这类出版物中销量很大的 Lyle Official Antique Review，其2000 年卷厚达672 页，共有各类收藏品的5000 多件物品的文字、图片和价格信息。另外值得一提的是法文的《贝尼兹画家大典》（Benezit Dictionary of Artists）。这套十卷大典是确定某一画家市场价值地位的标尺，几乎世界各大图书馆和画廊都必备供查。

6. 主要财务指标

行业平均财务统计数据是文物商店经营中非常有用的参考信息，它可以为文物商在进行收费、开支预算和盈利预期等决策时提供帮助，同时文物商店的经营者将自己的财务数据与行业平均数据进行比较，也可以及时发现自己的优势和危机。以下是美国文物商店统计的平均财务数据和指标。

（1）资产百分比结构（1989 年）

美国文物商店行业平均资产结构

现金及类现金 13.9%	应付账款 5.7%
应收账款 10.8%	银行贷款 0.6%
应收票据 0.9%	其他应付票据 5.3%
存货 43.2%	其他流动负债 12.3%
其他流动资产 6.2%	总流动负债 23.9%
总流动资产 75.0%	其他长期负债 12.7%
固定资产 15.2%	递延信用 0.3%
其他非流动资产 9.8%	净资产 63.1%
总资产 100%	负债与净资产合计 100%

（2）资产效率指标

存货周转率（净销售额/存货）是衡量文物商店经营效率的一个非常重要的指标，因为存货是一家文物商店最重要的资产，也是决定其销售额最主要的因素。据统计，1988 年美国文物商店平均存货周转率为 4.4（此处存货应为成本价格）。而据资深文物商店经营者介绍，文物商店一般的存货周转率只能达到存货（销售价格）的 1.5 倍到 2 倍，远远低于礼品零售商店的存货周转率（4—5 倍），原因就是文物本身比礼品从进货到修复、清理要花费更大的精力与投入。

总资产周转率（总资产/年净销售额）可以衡量总体销售情况与总投资的匹配情况。如果商店的总资产周转率高于或低于行业平均周转率，则说明存在着过度销售或销售不足的问题。美国文物商店平均总资产周转率（1988 年）为 59%。

（3）盈利能力指标

销售利润率（税后利润/年净销售额）可以反映商店经营管理的效益。美国文物商店平均销售利润率（1988 年）为 7.5%。

净资产回报率（税后利润/净资产）反映商店经营管理者为商店投资者所投资金产生回报的能力。美国文物商店平均净资产回报率（1988 年）为 16.4%。

广告费用是文物商店应该注意严格控制的支出。对于文物商店来说，天花乱坠的广告宣传不如扩大存货和建立口碑更能提高销售，因此，美国资深文物商店经营者建议，文物商店每年用于广告宣传的费用绝对不要超过年净销售额的百分之二。

中外文物商店比较分析

各国文物商店由于体制与社会环境不同，存在着很多差别。本节仅在我国国有文物商店及前面所述外国文物商店情况的基础上，试图找到一些中外文物商店的行业共性及差异之处，以兹借鉴。

1. 行业共性

通过第二章和第三章的调研，包括中国国有文物商店在内的世界各地文物商店普遍存在以下特点：

（1）以小规模商店为主

从事文物经营的商店规模普遍较小。据英国艺术市场联盟（BAMF）于1997年进行的英国艺术品与古董零售业调查，在将近9500个商店中，年销售额低于25万英镑（约合400万元人民币）的商店占89%，低于5万英镑（约合80万元人民币）的商店占44%。

根据国家文物局2004年文物商店统计数据，在我国106家纳入统计范围的文物商店之中，总资产规模小于1000万元人民币的商店有87家，占总数的82%，总资产规模小于100万元的商店有50家，占总数的47%。销售收入低于400万元的商店有85家，占总数的80%，销售收入低于80万元的商店有61家，占总数的58%。

由以上数据可以看出，文物商店业的经营相当分散，且业内经营者的规模普遍较小。

（2）货源紧张

存货规模是决定文物商店生存和经营状况最重要的因素，收购存货是文物商店经营者最重要的业务活动，这是全世界文物商店的共同特点。文物的稀缺性、不可再生性等内在性质和政策限制等人为因素造成全球性文物资源紧缺。

（3）业内交易频繁

国内外调研结果表明，文物商店业内的货源调剂和交易极为频繁。拍卖、展销会及旧货市场开市前的店间交易是文物商店收货和卖货的主要形式。首先是货源的稀缺造成了业内货源调剂的必要，其次经营的地域、种类的分散性也为业内交易提供了可能性。

（4）注重信誉和口碑

实践证明，文物商店的立业之本就是良好的信誉。文物交易的高度不对称性决定了信誉成为行业垄断的第一要素。由于业内交易的频繁，文物商店之间互为买主和卖主；老顾客是文物商店的另一主要客户群，这些客户特点都要求文物商店极力建立和维护长期的经营信誉。

2. 对比分析

（1）所有制形式

大多数国家的文物商店都是个体经营、合伙经营或家庭经营的私营形式，像我国这样以国营文物商店为主渠道的所有制形式极为独特。

中国推行国有文物商店的主要考虑是防止国有文物流失和规范文物流通市场。其前提条件是文物商店收购的国有文物纳入国有博物馆的渠道畅通，合法文物商店（加上文物拍卖市场）的合法经营可以满足市场各层次细分的需求，非法经营文物的机构和个人能够得到有效遏制。目前第一个条件和第三个条件由于体制与政策的原因尚不具备，第二个条件由于文物商店设立许可的限制、国有文物商店的经营机制和文物拍卖主要走高端路线和非经常性营业，从数量上、范围上到质量上都不能实现。

而在其他国家，保障具有重要价值的文物不致流失的措施，主要从文物本身的所有权出发加以管理，而不是通过文物经营机构的所有权进行控制。通常的方式有几种。如通过文物分级分类登录制度，规定经认定为国宝和重要文物财的文物第一是严禁出境（经批准的展览除外），第二是在境内出售或所有权发生变化必须申报，除此之外的文物均可自由交易（日本）。还有的做法是国家向国有博物馆拨付大量收购经费，将珍贵文物纳于馆藏并限制流通。

（2）管理体制

我国的大多数国有文物商店仍以行政管理为主，基本上是文化厅管人事，文物局管业务（货），工商局管经营，税务局管纳税，上级管理部门众多，真正负责提供帮助和服务的却没有，处于边缘状态。原应发挥重要作用的全国性行业协会尚不存在，曾经划片设立的地区文物商店联谊会也大都停止运转，仅剩一个华东地区文物商店联谊会也只是每年组织一次座谈会，没有发挥过多的行业管理和自律功能。

而在国外，文物商店与其他零售行业一样，属于纯商业机构，几乎没有来自政府的直接行政管理，而主要是以法律和行业协会的形式加以管理。在法律方面，约束文物商店经营的往往是通用的商法，如英国的《货物销售法》（Sale of Goods Act 1979）、《不公平合同条款法》（Unfair Contract Terms Act 1977）、《贸易描述法》（Trade Descriptions Act 1968）、《消费者保护法》（Consumer Protection Act 1987）等，都对古董经营常遇到的虚假陈述、赝品销售、押金性质等责任问题做出了详细规定。另外，行业协会在古董和艺术品经纪行业管理中普遍存在并起着重要作用。

（3）文物商店的经营效率

由于我国文物商店前期统计没有使用企业财务数据，缺乏基本比较数据。这里只能从存货周转率一项可得到的数据进行比较。国内文物商店统计数据显示，总体来看我国文物商店的存货周转率只有1左右，效率偏低。美国的文物商店一般的存货周转率能达到存货（销售价格）的1.5倍到2倍，尽管远远低于礼品零售商店的存货周转率（4倍—5倍），也高于我国的平均存货周转率。如果考虑我们的存货价格以成本计算，则我国文物商店的平均经营效率要更低一些。

我国文物商店存货周转率偏低可能有两个方面的原因。第一种可能是我国文物商店在长年的经营中，由于政策限制和体制矛盾，沉淀下来大量库存文物，包括不得销售的上限文物和价值不高、销路不畅的限下文物，造成积压不能周转，造成存货周转率偏低。另一种可能是由于管理的原因造成销售不佳而存货周转率较低。具体原因需要根据每个文物商店的情况具体分析。

（选自《美术研究》2006年第4期）

论我国文化艺术市场的建设和培育

田川流

进入新世纪的我国文化艺术市场，具有强劲的发展态势和巨大的潜力，同时在其不断走向成熟和规范化的过程中，表现出浓郁的当代性和国情特色。清醒地认识其内在特性，辨析其运行规律及宏观趋向，对于尚属初级阶段的市场体系实施科学的建设和培育，将有助于推进我国文化艺术事业的可持续性发展。

一

无论任何国家或地区，其文化艺术市场均要受到社会政治、经济、伦理、道德等诸多方面的影响，我国亦然。一定社会的文化艺术从来都是这一社会的政治、经济、伦理、道德以及社会心理等方面直接或间接的反映。一方面，文化艺术作为一种具有突出的审美意识形态特性的社会现象，其市场形态不仅表征着社会发展的基本状况与内涵，而且影响其发展的速度和趋向；另一方面，文化艺术市场的发展与衍变又势必受到社会政治、经济、伦理等诸多方面的制约和影响，社会的政治、经济状况以及伦理道德水准，不仅可以影响文化艺术活动的基本趋向和发展规模，同时也会影响到社会的审美心理和接受状况。作为文化艺术活动的重要表现形态与载体，文化艺术市场的成熟与发展，当然离不开上述因素的规范和制约。我国当代的文化艺术市场萌芽于20世纪80年代改革开放之初，发轫于20世纪90年代社会主义市场经济蓬勃兴起之时。正是在我国政治昌明、社会祥和、经济繁荣的基石上，文化艺术市场得到迅速的确立和发展，时间虽然不长，却已显现出勃勃生机和巨大的潜力。

当代文化艺术市场的发展，还会受到迅猛发展的高科技的影响。20世纪下半叶以来，世界以电子技术、计算机技术为突出代表的技术革命极大地影响着当代社会的发展。作为与社会意识形态和物质生产密切相关的文化艺术，更是与现代科技的发展直接相连。无论是文化活动的方式和载体，还是艺术的创作、制作与作品的形式，或者艺术的传播和接受的方式，均在高科技的渗透和影响下，出现了全面和质的变化。同样，这种因素也制导着文化艺术市场的发展。无论何种艺术的品类、样式和活动方式，在汲取和融入高科技因素的条件下，均可不断丰富和改善其艺术表现形式及其制作、流通和传播方式，在当代社会保持较大的市场优势，甚至成为居于市场主潮的文化艺术样式之一；反之，如果拒斥现代科技的渗入，固守传统的艺术表现形式、制作与传播方式，就难免会与现代社会需求的差距越拉越大，一步步失去市场，从衰微直至消亡。有的传统艺术样式由于其生成、创作与传播规律均与传统的农业社会相联系，在引入高科技因素方面存在较大困难，这正是其在当代社会遇到生存危机的重要原因之一。但从另一角度来看，即使那些传统的和民间的艺术样式，也可以通过融入高科技因素，在提高创作与制作的艺术质量，以及加快传播速度、扩展传播范围等方面有所作为。

在当代，我国文化艺术市场的发展还受到国际文化艺术市场及文化交流状况的影响。我国与世界各国文化的交流，将成为新世纪文化发展的重要景观，作为这种交流的基本载体，市场将发挥重要作用。应当承认，我国的对外文化交流市场还是不够成熟的，我国与西方在文化艺术商品的流通上存在较大的逆差。一个多世纪以来，我国在文化艺术方面的对外交流一直是输入大于输出，这与我们的综合国力和在世界上的地位直接相关。改革开放以来，我国的综合国力大大增强，但在对外文化艺术交流方面的不对等现象并未得到根本改变。这既与我国文化艺术产品的种类样式及其质量还不能为西方广泛接受有关，同时也受到中西方文化交流中的某些观念性因素所误导。长期以来，由于西方一些人坚持所谓“欧洲文化中心”论，将西方对于其他国家的文化输出视作天经地义，而把对于以中国文化为代表的东方文化的引进看得无足轻重。而在我们国内，也有一些人持类同的观点，似乎一提及国际间文化交流，就是对于西方特别是美国文化的引进。近年来，一些西方人士提出经济的“全球性”、“一体化”等概念，但有人不仅要求世界各国在经济上实现一体化，而且试图使各国在文化上向西方靠拢，在文化观念、价值观念等方面与西方成为一体。显然，这是一个危险的信号。与经济、科技等领域不同，文化艺术具有很强的意识形态性和民族性，不可能完全走向一体，更不能以一种文化模式来规范和代替其他各国文化的发展。世界各国的文化应当也完全可能通过交流不断融合，但各国和各民族的文化特质仍会继续衍生和增长，在一个相当长的历史时期，只要还存在民族与地域的差异，文化的“一体化”就是不可能的。开展国际间文化交流，开辟国际文化市场，交流的双方应是相互的和对等的，既包括外国文化艺术制品的引进，同时也包括自身文化艺术制品的输出。这样，才是健康的和良性的文化市场。我国已经加入世界贸易组织（WTO），这将对于我国的经济及社会发展产生深刻的影响，对于文化艺术事业及文化市场的影响也将是突出的。在文化艺术产品的交流中，我们将更多地引进西方的文化制品，这无疑对我国的文化艺术市场是一种挑战。较多的外国文化艺术产品的进入，可以使我国广大受众更多地欣赏到外国优秀的艺术作品，丰富我国人民的文化生活，提高人民大众的审美欣赏水准；可以加快我国文艺界与世界各国之间的文化往来，促进东西方文化的交流与融合；可以以其艺术及技术的特色，促进国内艺术产品质量的提高；还会对我国文化艺术工作者产生激励作用，带来文艺队伍内部结构和生产机制的变化，促使文艺工作者综合素质的提升。但在另一方面，较多地引进西方文化制品，会对我国的艺术生产造成冲击。它将与国产艺术产品争夺市场，一些质量不高的产品会遭到淘汰。与此相关，还将影响到国内艺术生产的规模以及广大从业人员的生计。还会带来大量西方的价值观念与思想观念，影响广大受众，这些都是不能忽视的。

由于各种综合的和复杂的因素，可以看到，我国文化艺术市场具有突出的当代特色，它一方面表现为动态性，同时也表现出鲜明的多元性及互融性等特点。

我国当代文化艺术市场在其形成和不断成熟的进程中，具有动态的和与时代同步发展的突出特色。由于社会经济、政治、科技等方面的综合发展以及人民大众不断增长的对文化艺术的需求，将促进文化艺术品类和形式的不断拓展与深化，激励文化艺术工作者焕发创造热情和不断推出大量优质的文化艺术产品，也将不断改变和更新文化艺术产品赖以表现的媒质状况，提高产品的视听等综合效应，还会带来文化艺术产品的流通与传播方式及其媒体机制的根本变化，并且随着社会审美心理的衍变和大众文化消费观念与消费能力的提高，文化艺术的接受状况也将出现渐变，民族的整体审美素质便可获得提升。以上特性，将主要通过文化艺术市场得到体现，同时也将规范和导引文化艺术市场的规模、方向和运行速度，使其在动态衍进中保持持续发展的良性局面。

在其表现形态上，我国当代文化艺术市场的运行机制呈现为多元共存和多样发展的态势。在文化艺术市场的现行经营体制方面，既有国有性质的，也有股份制和民营性质的，港台或国外与大陆合资的文化企业与经营项目也已出现；在文化艺术市场经营的规模上，大到国家直接经营、集团性公司的跨地区跨行业的经营，小到个体性经营，均在市场占有一席之地；在文化市场的经营种类上，已经涵盖了文化艺术的各种品类和样式；在市场经营的方式上，同样表现出形态各异的特色，既有与国际社会通行的方式，也涵盖我国通行的以及某些地区特有的经营方式，对于不同的文化艺术品类，也有其独具特色的经营方式。正是这种多元的态势，显示出我国文化艺术市场的巨大生命力。

在其基本内涵上，我国当代文化艺术市场则呈现出各种因素相互渗透与融合的特色。比如，各民族文化艺术品种与特色的互渗互融；不同国家和地域与我国文化艺术的互渗互融；不同艺术品类之间特质的互渗互融；艺术与社会科学、科学技术之间特质的互渗互融等等。在历史上，文化艺术总是在与其他不同质或不同品类的文化的交流、互融中发展起来的，但从来没有像今天这样具有如此广泛和深入的特点。

在我们充分认识上述特点的同时，还应看到，由于我国当代文化艺术市场的形成时间较短，基础较薄弱，因而还很不成熟，特别是和一些发达国家比较，尚存在较大的差距。

我国文化艺术市场呈现了突出的不平衡性：其一，东西部的不平衡。东部地区与西部地区由于历史的以及人文、地理、生态等方面的因素影响，致使长期存在着经济和文化的较大差距，表现在文化艺术市场上，则呈现为西部市场化水平的相对偏低。在今天，人们已经认识并在努力缩小这一差距，但这一不平衡的客观存在，已在制约着西部文化的发展。其二，城乡之间的不平衡。在我国，城乡之间经济与文化的差距是不言而喻的，表现在文化艺术活动上，其市场的规模与品类、消费的方式与能力，均存在较大差距，这一差距，虽然可以随着城市化的进程而不断缩小，但在今天，仍是制约农村发展的重要因素。其三，各种品类文化艺术市场之间的不平衡。由于各品类艺术样式的既有特性及社会需求的不同，形成了它们之间在文化艺术市场上较大差距。有的艺术样式，比如电视艺术和通俗音乐，占据了市场的较大份额，而戏曲、曲艺等，市场则逐渐萎缩。这一现象，一方面表现出文化艺术发展进程中客观的令人无奈的事实，同时也因带来更多的警示而发人深省。

同时，我国当代文化艺术市场也存在明显的不完善性，主要体现在：其一，市场秩序的不规范。尚有许多市场通行规则不能形成人们的共识，得不到人们的共同恪守。其二，市场资源开发的无序。在许多地方，对于文化艺术资源的无计划开发、甚至破坏性开发屡屡可见。其三，市场法规的不完善。基于文化艺术活动的广泛和深入，尚有许多与市场相关的法规亟待制定，特别是在与世界各国文化艺术交流中，其市场法规的不完善更是突出的障碍。其四，市场管理体制的不完善。在当下，我国文化艺术市场普遍存在着多头管理或者无序化管理，有的缺乏完整的管理体制，有的则在现行体制下难以履行管理职能。

不难看出，我国当代文化艺术市场尚处于初级阶段，在一个较长的时期内，我们管理和发展文化艺术市场的主要任务应是建设，特别是培育。其间，建设是实现发展目标的总策略，培育则是建设的延展和实施。认识我国文化艺术市场的特性与现状，对于我们在文化艺术市场的建设与培育中自觉实施科学的管理方式，具有重要的意义。

二

1. 建设和培育文化艺术市场应基于我国的国情，坚持科学与开放的原则

我国既是一个多民族的文化渊源丰厚的国家，同时又是一个发展中的经济基础尚不坚实的国家。在这样的一个基础上建设文化艺术市场，会出现许多值得注意的课题。其一，我国具有丰厚的文化资源和广阔的市场，势必引起国内外大量投资者和商家的重视，在有的地区甚至会出现一拥而上的现象，导致投资方向盲目和建设项目的混乱以及对于文化资源的破坏性开发。其二，我国的文化艺术市场在有的地区或部门还是比较脆弱的，难以经得起来自金融界、国内或国际其他市场乃至同行业的较大冲击。其三，我国文化艺术市场的许多从业者文化素养和管理能力不高，且从事该行业时间较短，缺乏应有的经验和素质。其四，我国幅员辽阔，经济发展水平差距较大，地域间的不平衡将会长期存在，文化艺术市场的基本走向和市场份额的分配也将长期存在不平衡状况。其五，我国的国家性质要求文化艺术市场应长期遵循社会主义的原则和意识形态，坚持“二为”方向和“双百”方针，这与市场上某些商家的利益与行为方式可能会产生矛盾和碰撞等等。

正确认识我国文化艺术市场的当代性特色，还在于要把我国市场与国际文化市场的运行机制相互连接，以使我国文化艺术产品在国际文化艺术市场中获取应有的地位和效益。基于我国民族文化自身发展的特色以及进入世界文化艺术市场的需要，就要求我们既要长期实行开放的政策，不断引进世界各国优秀的文化艺术产品，同时也要坚持对我国文化艺术资源和产品实行适度保护的政策，做到二者的有机统一。

今天，我国文化艺术市场正逐步进入世界文化交流与市场的轨道，特别是加入世贸组织，对于繁荣国内市场必将带来积极的影响，但同时也会产生一定的负面效应，对于我国文化艺术市场造成冲击，促使我们采取相应的对策。自改革开放以来，我国引进了大量国外的文化艺术产品，特别是欧美国家文化艺术产品的输入，对我国文化艺术的发展产生了不可忽视的作用。在引进外国特别是西方的文化艺术产品时，难免鱼龙混杂，作为文化艺术市场管理者，就要做到认真遴选、把关和审视，引进那些优秀的和比较优秀的文化艺术产品，而对于那些质量低劣、品位低下、形式粗糙的产品，则应拒之门外，以防玷污我国受众的心灵。此外还应看到，长期以来，我国对于西方的文化艺术产品引进大大超过西方国家对于我国文化艺术产品的引进，在今天，试图将我国的文化艺术产品大量推向世界市场，还会因为各种原因而出现障碍，比如，审美情趣与接受心理的差异，艺术质量判定标准的不同以及意识形态与价值观念的分歧，均会使国际间文化艺术产品的流通出现不合谐。对此，需要文化艺术工作者共同努力，在不损害我国形象、利益和文化特色的前提下，使我国进入国际文化市场的文化艺术产品在审美形式、艺术风格、艺术质量等方面得到改善，以增强市场竞争力。我国并不乏优秀的艺术家和艺术资源，关键在于如何有效地利用和开掘广博的文化艺术的宝库，使之生成更强大的艺术生产力。从本质上讲，促使中外文化艺术交流的平等以及文化艺术市场的良性运行，最根本的在于努力提高我国文化艺术产品的数量和质量，使之能够在对外文化艺术市场上站稳脚根，逐步扩展，产生更大效应。

2. 建设和培育文化艺术市场是实现文化艺术的可持续性发展的基本策略

人们对于经济建设和社会的可持续性发展的理解是，既要使人类的各种需要得到满足，个人得到充分发展，又要保护资源和生态环境，不对后代人的生存和发展构成威胁。同样，在文化艺术的建设和发展中也存在能否实现可持续性发展的重大课题。在文化艺术领域，我国虽然拥有丰富和广阔的资源以及巨大的市场，但如果缺乏长远的规划和目标，势必导致滥加开发和肆意抢掠，使那些有限的、不可再生的文化资源不仅不能得到充分和有计划的利用，而且会遭致毁灭性破坏；会使文化艺术市场已经出现的许多失衡状态不仅不能缓解，而且更为加剧，导致不同地域间文化的倾斜以及传统和典雅的优秀文化的衰微。如此一来，不仅会使当代人难以获得较大收益，更为严重的是将会殃及后人，致使子孙后代啜饮我们这一代人酿就的苦酒。

因此，应当对于我国特定的文化艺术资源及产品采取必要的保护措施，同时也应加强对于文化艺术市场的宏观管理，促使市场逐渐呈现为整体繁荣和持续发展的良性态势。对于我国自身的文化艺术资源和产品的适度保护，是指对于那些具有优秀民族传统特质的人文景观和文化艺术样式以及那些富有审美价值的自然景观，均要实施必要的政策和举措，以保证上述文化艺术资源和样式能够得到保护性开发以及科学与合理享用，并使之能够审慎地进入市场，从而持久地保持其生命活力，成为子孙后代均能够享用的文化财富。

实现文化艺术的可持续性发展，还应特别注重全面进入国际文化艺术市场后的基本策略。“入世”以后，我们将面对西方国家文化艺术企业及其产品不断进入我国市场的强劲势头，对此，我们既要坚持开放政策，从容应对，通过对于外来文化艺术的引进，激活和改善自身文化艺术

的生产机制，同时又要适度控制其进入我国市场的总量及其份额，保护我国文化资源合理与有节制的使用，防止外来文化艺术产品对于国内企业和产品的重创，以求实现与我国同类企业与产品的共存和相得益彰，使我国的文化企业和品类拥有良好的生存与发展环境。同时，我们也应积极生产和组织自身文化艺术产品的输出，让我国更多的文化艺术样式和产品走出国门，力求在国际文化市场占据举足轻重的份额，并逐步扩展，获得愈加显著的精神效应与经济效益。

3. 建设和培育文化市场，就要遵循其内在规律，因势利导，不断适应文化艺术的动态发展

文化艺术市场的运行有其自然和自发的特点。在文化艺术发展史上，由文化市场的萌芽到初步形成市场机制和规模，无论是在中国还是在西方，均经过一个由自然、无序到基本有序的过程。在这个过程中，人们对它的制约与影响，也经过一个由无为到自觉的过程。从文化艺术的发展轨迹来看，只有遵循其内在规律，因势利导，按照科学的管理规则对于市场加以制导，文化艺术市场才能得到更快的发展。反之，在一个无序的状态下，任凭其弱肉强食、优胜劣汰，市场只能步履维艰，在漫长岁月中缓缓走向较高的市场形态，其间人类将会付出无数的代价，浪费大量的时间。显然，在人类处于高度科学和文化水平的今天，放弃对于文化艺术市场的制导是一种倒退。而在我国，对于文化艺术市场实施制导的当务之急，是加强对于文化市场的建设和培育。

在当下，文化艺术呈现为动态的和全方位演进的态势，从文化艺术的活动方式、载体，到其表现形式和内容，均会出现越来越多的变化，我们的市场也应适应这种嬗变，不断探索其发展趋向。人们从事文化艺术活动的基本方式，既有传统的、典雅的，也有流行的、快餐式的，作为传统和典雅的文化艺术形式，依旧以其不屈的和稳健的姿态，占据市场的一定份额；而流行和速食的文化虽然占据市场主流地位，却又不断翻新，自生自灭，令人目不暇接，显现了品格浮泛和生命短暂的特点。建设和培育文化艺术市场，应当积极和冷静地相观，及时捕捉和扶持那些健康的、富有生命力的文化艺术现象，使之在激活艺术生产、繁荣市场中发挥作用，同时还应尽力避免其负面因素产生影响。随着现代科技的发展，作为文化艺术活动的载体也在不断拓展。比如近年来网络文化的兴起，又为文化艺术市场增添了新的景观。在网络中，文化艺术产品的交流突破了以往的许多界限，达到相当的自由度和广度，为人们提供了从事文化艺术活动的广阔空间。高科技带来了文化艺术的迅捷传播和高度普及，同时也带来了新的矛盾和难点。在网络文化面前，人们已经遇到了许多新的问题，比如，关于知识产权，关于如何保护网络创作者的基本权益，关于网络作品价值与价格的确认及其作为文化商品交换的实施等等，均与一般文化艺术商品有较大的不同。还有，由于网络的利用具有的较大的随意性，因之而产生的泥沙俱下和出现低劣与低俗文化产品的问题，也会在一个较长时期内困扰着人们。但无论如何，网络文化的发展是一种必然，而且有迅速蔓延之势，网络中出现的文化艺术同样属于市场文化，同样具有价值形态，应当按照市场规律来制约。如何将其纳入市场的轨道，予以有效的管理，还有许多工作要做。

对于文化艺术市场的建设和培育，在我国主要表现为政府的职能，是政府对于文化艺术事业予以宏观管理的重要组成部分；同时，也是全社会的工作，社会各界均应对文化艺术市场的建设和培育担负责任。作为政府，对于文化艺术的管理既是一种制导、约束的行为，也是一种建设和培育的行为。特别是在我国文化艺术市场尚未十分成熟的时期，建设与培育更是管理的重要一翼。建设和培育文化市场，首先应当依法治市，亦即运用法律的方式治理和约束文化艺术市场，而将行政干预的方式作为补充；其次，还应当以德治市，爱护和扶持市场的经营者，对于其内部事务不横加干涉，对于可能出现的问题以帮教为主，以惩治为辅，对于在市场建设中的创造意识和贡献，则应给予热情的鼓励。

三

我国文化艺术市场的当代性特点，突出地表现为经济规律与精神创造规律的统一，文化及艺术生产力的发展。如何有利于增进和发展文化及艺术生产力，是当代文化艺术市场的重要使命。在整个社会的市场体系中，文化艺术市场与其他市场的一致性，在于它们都要接受经济规律、价值规律及市场规律的制约。而它们的主要差异则在于，文化艺术市场同时还要受到历史的、民族的和意识形态等因素的制导，因而具有了浓重的精神性因素，由此，在其管理方面也就与其他市场有了较大不同。政府和社会对于文化艺术市场的管理，其核心就在于应针对文化艺术市场的特殊规律，实施科学的建设和培育。

1. 建设和培育文化市场，应当注重维护市场生态的平衡

文化艺术市场只有在相对平衡的态势下才能获得生长和繁盛的土壤。既然是市场，当然就会有竞争，绝大部分文化艺术的品类和样式均应在市场竞争的大潮中经受磨砺，打下生长的基础，获得市场的较大份额。但是，文化艺术市场的突出特点，就在于它不仅要遵循价值规律和市场规律，同时又要遵循精神生产的规律以及文化艺术传承的规律。据此不难看出，首先，并不是所有的文化艺术品类和样式都能够进入市场，但毫无疑问都会受到市场的影响和制约；其次，获得了市场较大份额，当然也就居于市

场的主潮地位，但却未必是最有价值的文化艺术品类和样式；再次，繁荣市场无疑会激活文化和艺术生产力，刺激文化艺术的再生产，但同时也会导致文化艺术领域内新的生态失衡。由此可见，市场从来都是一柄双刃剑，它一面驱动着文化艺术以前所未有的速度繁衍和裂变，一面又毫不怜惜地将一些富有价值的文化艺术品类斩落马下。任凭此剑挥舞，文化艺术市场出现的可能只是泡沫式的繁荣，这当然不是我们的意愿。只有科学地遵循经济规律和艺术规律，才能适应市场、有机地驾驭市场，使市场机制在推进文化艺术的健康发展中发挥最大的效应。

维护市场生态的平衡，就要对文化艺术资源实施保护性开发。同其他物质生产一样，文化艺术的生产也要求生态的平衡，这主要体现在文化艺术资源的开发和利用上。当人类对于自己生存的世界进行无序和无度的开发，从而造成地球环境恶化和资源枯竭的同时，许多人也将这一行径延展到文化艺术领域。他们为了眼前的利益和当下的需求，不顾有限的文化资源可能会迅速衰竭，不考虑有的文化艺术资源将不会再生，而是采取竭泽而渔的方式，对于古代文化遗产和具有人文价值的自然遗产，或者任其损毁、自行消亡，或者择其一端加以利用而不顾其他，或者在开发中只看眼前获益而不顾将来，使有的文化遗产在我们的眼前从低迷走向衰亡，而不顾惜这些文化遗产对于当下或将来文化艺术事业的发展所可能起到的重要作用。应当看到，人类文化的延进是一个有机的整体，各民族文化艺术都是在继承和创新的链条上不断走向更高层次的。当然，任何文化艺术样式都有其发展、兴盛和衰落的轨迹，但即使有的文化品类或艺术样式衰落了，它在文化艺术的整体架构上仍有其重要的作用和价值，对于当代和将来文化艺术的发展都是不可或缺的。正是在这一层面上，体现着文化生态的平衡。倘若人为地破坏了这一平衡，也就无异于损害了当代人的根本利益，更为严重的后果则是对于后代人的损害以及对于人类整体文化的损害。因而，只有对文化艺术资源实施有计划的合理开发和利用，并采取切实的保护性措施，才会使世界上仅有的文化资源利于当代、惠及后世。

维护市场生态的平衡，还要注重市场态势及其运行方式的有机与优化。文化艺术的生态平衡更多的体现在市场上，是以市场的状态和运行方式为其主要表现形式的。维护市场生态的平衡，就要注重文化艺术样式和品类的共存与互补。文化艺术的生产与产品与其他物质产品的生产一样，应以多元的形态呈现于世，才能满足人民大众多样的、不断增长的审美和娱乐的需求。那种单一和刻板的文化呈现，只能表现出文化生产的贫弱与匮乏，是与人民大众对于精神生活需求的丰富与多样很不相称的。人类社会迄今为止所有出现过的文化艺术品类和样式，虽然今天有的已经消亡，有的渐次衰微，但更多的则仍旧保持着蓬勃的生命力，可以说，它们都曾有过自己的辉煌，有其生存的历史合理性。体现在市场上的文化艺术品类和样式，便是社会文化发展至今的生动写照。正是这种多样文化艺术品类的共存与互补，方能体现出文化艺术的整体生命与活力。

正确对待市场中不同层次与类种的文化艺术样式，以求实现文化艺术市场建构体系和运行机制的优化，是发展文化与艺术生产力的重要原则。在当代，文化艺术市场是以大众审美文化的崛起和兴盛为突出表征的，这是处于社会转型期必然出现的现象。在我国，由计划经济向市场经济转型的整个过渡时期，文化的发展呈现出十分复杂的状况。越来越多的文化艺术产品进入市场运行的轨道，人们可以基于自己审美及娱乐的要求自由地选择艺术作品，而不再勉强根据某些人的意志行事。决定文化艺术产品兴盛与衰微的基本因素取决于对市场的适应，而不是对某些行政命令的遵循。因此，大众审美文化的兴起就是自然的，是文化艺术市场自我发育的结果。由于大众审美文化所具有的大众性、娱乐性、普及性等特点，与典雅的和严肃的文艺作品相较，就具有了更大的市场优势，因此，在当代文化艺术市场占据优势的不是典雅的和严肃的文艺制品，而是大众审美文化制品。在当代市场运行机制中，无论典雅文化，还是大众审美文化，所有进入市场的文化活动和艺术产品，均应按照市场规律、价值规律以及精神生产的基本规律行事。其间，文化艺术活动具有较强的自律性，可以在运行的过程中进行适度的自我调节、平衡与约束。但同时，文化艺术活动又需要得到管理和制导，完全处于自然形态的文化艺术活动不会走向有序和繁荣，文化艺术市场尤其如此。

2. 建设和培育文化艺术市场，应当注重对于市场的科学调控

实施文化艺术市场的科学调控，其中包括对于产品流通机制及其渠道的调控、价格的调控、不同地域市场态势的调控等，最突出的表现为对于文化艺术品类生产和传播的调控。

对于产品流通机制及其渠道的调控，即指应当通过市场的运行和调节，建立科学与有机的流通机制和渠道，使这种机制和渠道既符合经济规律的要求，内在地加以调节，自如地实现运行，同时又在政府或相关部门的宏观调控之下，得到必要的指导和控制。

对于价格的调控，即指应当积极关注市场产品价格的浮动与升降，运用社会和舆论的方式，对于价格趋向予以引导，运用法制的手段，对于价格予以适当的制约，甚至不排除在必要的时候，运用政府和行政的手段对于价格予以控制以及给予某些文化艺术生产以政策性的价格优惠。

对于不同地域市场态势的调控，即指应当关注不同地域人们的文化心理和审美心态以及对于文化艺术产品的需

求状况，适度把握文化艺术市场不同种类及样式的均衡与合理分布，鼓励具有地域和民族特色的文化艺术活动及其生产，以求建立具有良性调节机制的文化艺术产品的流通渠道，而非完全无调节的盲目生产和对于市场的过分依从。

对于文化艺术品类生产和传播的调控，主要表现在两个方面，其一，是指对于不同文化艺术种类的调控，即采取各种举措，对于各种不同样式的文化艺术产品实施宏观调节，以使人们获得多元的文化艺术享受，满足接受者不同品味的审美需求。即使有些艺术样式难以在文化艺术市场获得较大的份额，只要尚有一定数量的受众，也应千方百计予以满足。而对于那些已经很难进入市场、但却属于民族优秀文化遗产的艺术样式，也应由政府或相关部门资助，使其在文化市场上有一席之地，这样一方面可以保护和传承文化遗产、培养和提高受众的文化品位，同时也可以使那些居于市场主潮地位的文化艺术样式受到传统文化的熏染和影响。而对于某些确实已经不适应市场需求的品类和样式，则应予以及时的调整和转型，使其退出市场后得到适当的保护。其二，是指对于不同品位和格调的文化艺术产品的调控，即通过各种方式，一方面使市场呈现为不同文化品位和艺术格调的多元并存，同时又应保证社会主流文化艺术在市场上的主导地位。由于大众审美文化的兴盛，文化活动及其产品娱乐性因素的加重，是文化艺术市场当代特色的重要表现。而由于娱乐文化的普及，低俗、艳俗与丑陋的文化产品的出现就是难以完全避免的，警惕与抵制此类作品的根本措施，一是法制，二是以更多的优秀的艺术作品来占领市场。对于那些极其低级、恶俗甚至淫秽的制品，理应加大打击力度，严禁其污染受众的心灵。同时，还应不断推出大量健康的又不乏审美情趣的文化艺术产品，使之不仅占据文化艺术市场的一定份额，同时又以其强大的精神震撼力和艺术的感染力，对文化艺术市场的整体品位产生积极的影响。有时，仅靠法制和行政干预的方式是难以从根本上制止和杜绝低俗产品滋生和蔓延的。

一些属于国家和民族优秀文化遗产的文艺作品，其精神性因素随着历史和时代的发展而积淀，其内在精神含量也在逐渐增长，它们不再仅仅具有单一的审美因素，而是已经嵌入了民族的精髓，因此，对于这样的文化艺术作品已不能简单地置入当代文化艺术市场中任其沉浮，而是应当给予适度保护，使之在我国文化艺术宝库中居于一定的地位。应当承认，历史对于文化艺术样式的筛选和淘汰是无情的和无可回避的，一些艺术样式衰落了，另一些艺术样式兴起了，文化艺术就这样不断实现着新陈代谢。人们在感情上对某些艺术样式怀有眷恋，当然弥足珍贵，但严格地讲，任何文化艺术样式都须经受市场的检验和遴选，这是历史发展的辩证法。勉强将已经失去市场特性的艺术样式推向市场是不合时宜的，往往会事与愿违。而倘若让其适当避开市场，保持其经典艺术的地位，当不失为一种明智之举。

对于当代高雅的和严肃的艺术作品，我们不能因其高雅而与市场划开界线，事实上，作品的高雅并不意味着没有市场，目前某些高雅的艺术作品在市场上的失利，主要在于：其一，因其艺术品位较高而知音偏少；其二，因其制作和演出成本偏高而失去市场上的优势。但是，高雅的艺术作品往往具有很高的艺术水准，无论在精神内涵方面，还是在艺术形式方面，都可能达到或代表着国家和民族在特定艺术样式方面的最高成就，因而对于这样的艺术作品，也就不能简单地以是否获得市场的较高效益为惟一尺度。一件艺术作品的市场状况如何是判定其价值高低的重要尺度，但从来也不是惟一尺度。只有从其经济的和精神的双重的价值来衡量，才是判定艺术作品价值高低的正确方法。

3. 建设和培育文化艺术市场，还要注重受众的培育

在当下，建设和培育文化艺术市场，应致力于文化艺术市场的规范、完善和繁荣。由于文化艺术市场体现为当代社会不同层次人们社会心理和审美意识的矛盾与统一，是各层次人们审美心态的直接或曲折的反映，因而表现出建设和培育文化艺术市场的艰难与复杂。也正是由于人们审美心态的差异以及文化需求的不同，当下对于文化艺术市场的建设和培育的另一要旨就在于，促使大众消费意识的增进以及审美意识的提升。

在一个地区或国家，大众的文化艺术的消费意识和消费水平，直接影响着文化艺术市场的繁荣与否，同时也是这一地区或国家人们生活质量的重要表征。一个地区的文化艺术的消费水平，往往与这个地区的经济状况相关。在通常情况下，人们的物质生活水平较高，在文化艺术活动方面的投入和消费水平也就较高，但有时并不尽然，它同时也与大众文化素质息息相关。人们消费意识的高下并不完全取决于经济收入，在有的经济发展较快的地区，文化艺术消费水平较低的现象屡屡可见。因而，文化消费意识的提升，也需要引导和激励，同时也须营造良性的文化艺术消费机制，为人们从事积极健康的文化艺术消费创造条件。应当强调文化消费观念的确立，使大众对于力所能及的文化消费有着积极的认识，改变以往文化生活投入比例过少的状况；应当营造良好的文化环境，吸引人们在享受文化艺术的过程中获得精神愉悦和感受美好生活，提高生活质量和人的精神品位；应当区别不同层次人们对于文化艺术产品的需求状况，以求实现良性调节，满足大众的多元精神需求；应当关注市场产品价格的浮动以及大众审美心态和需求方式的变化，对于那些为大众喜闻乐见的、积极健康的艺术形式或品种予以扶持，包括税收的优惠、价格的优惠等。

注重培育受众，还应注重培育和提升受众的审美意识。其中包括，加强舆论的力度，使大众对于健康、有益的文化艺术活动及其艺术产品产生较强的需求意识；注重对于大众参与文化艺术活动的引导，使人们能够获得身心愉悦和审美情趣；繁荣文艺评论和开展评奖活动，不断提高受众的审美素质和接受水平。在培育受众的过程中还需注意，大众的审美趣味有一定的趋同性、从众性、自发性和排它性等特点。趋同性，即指不同民族、地区或年龄、文化层次的人们，在接受文化艺术样式和作品时，具有逐步接近和趋于一致的倾向，这在当今世界文化信息传播极为迅捷和广阔的条件下，更为突出；从众性，即指受众在接受文化艺术作品的过程中，时常会受到其他人接受方式和欣赏习惯的影响，形成文化与审美意识的互融，而在互融的过程中也就实现了自身审美层次的调整或提高；自发性，即指在大众审美接受过程中，一般来讲，人们往往囿于自身的审美期待和审美习惯，而下意识地对于某种艺术品类和作品产生兴趣和心理需求，这种兴趣和心理需求是接受者长期审美经验积累与自身修养和素质的显现；排它性，是指当接受者在对于一定的艺术样式、作品或者艺术家有了偏爱与兴趣甚至崇仰之情时，就会对于其他艺术品类或其他艺术家的作品产生一定的拒斥心理。基于以上特性，市场管理者应充分考虑受众的接受心理和审美心态，适应大众的文化品位及消费特点，实施积极的举措。无论是对于文化项目的氛围营造、决策实施，或是对于文化产品的货源组织、渠道疏通，还是对于文化现象的辨析评介、宣教推广，均需适应大众既有的审美心态和习性。而对于文化艺术产品品位的把握，既不应高高在上，与大众审美趣味格格不入，也不应降至一般受众的水准，甚至更低，而要使其适度高于大众审美趣味，产生一定距离。文艺工作者不仅要满足大众的一般文化需求，还应承担提升大众审美素质的使命。这样，才能使进入市场的文化艺术活动及其产品不仅能够满足大众在文化方面量的需求，而且能够通过艺术产品质的把握，实现大众审美文化水准在普及基础上的逐步提高。

（选自《齐鲁艺苑》2002 年第 2 期）

试论书画艺术品的市场法则与规范运作

刘开云

中国是一个具有5000 年文明历史的国家。中国文化和艺术的独特性，体现在多种方面，而融书画诗印于一炉，乃是综合表现中国文化艺术特色的国粹精华。对书画篆刻艺术和诗文的偏爱与执着，正体现了中国文化人所特有的个人涵养的培育，也同时与历代文化精英所信奉的“金石书画臣能为”个人素养之才华横溢的综合底蕴相暗合。当代中国的文人画家自始至终对传统文化有着自己的独特的理解——即通过作品强调、展示中国人特有的生存观念与对社会关注的多种思想情感的融合。然而，在当今世界文化交融与市场经济浪潮的冲击下，当代中国的文人画家们正面临着前所未有的困惑、痛苦与抉择。

书画艺术创作与市场法则

当代中国经济学泰斗于光远先生在一篇论书画进入市场的文章中讲道：“我是主张要有更多的书画艺术进入市场，成为‘是’商品的东西，这不仅对经济发展和人民生活水平的提高有好处，对书画文化的发展也大有好处，书画进入市场对我国书画艺术的推动力量比十所美术院校的作用还要大，美术院校的发展也需要繁荣的书画市场的推动。”于光远先生在文章中对书画艺术是不是商品、书画艺术作为商品有哪些特殊性、书画价格的规律性、中国书画走向世界、运用好经济、文化、法律、行政手段促进书画进入市场、书画交易及古董交易的异同等问题进行了论述。作为经济学大师，于老指出：“发达的市场经济中买卖的商品，一定要以为市场而生产的商品为主。如何使艺术家可以摆脱功利的考虑，是一个要解决的并由他人帮助解决的事情。但是艺术家也应该认识到市场经济体制是社会进步的产物，艺术家不要耻于做商品生产者，这是树立新观念中的一个重要内容。”同时，于老又强调：“艺术家们有一点是应该肯定的，他们创作的推动力，他们创作的灵感，不会是追求金钱，一幅好的字画应该是意境很高的作品。”毕竟是当代中国大百科全书式的学者，于光远先生一语道出了书画艺术创作的真谛！

崇尚艺术与崇尚金钱，似乎是很难统一的。在一个崇尚金钱的时代，或作为一颗崇尚物质的心灵，对于纯艺术的东西，一般是无力或无心消费的。然而，一个崇尚艺术的时代，或对于一颗崇尚艺术的心灵，要消费高尚的艺术品，则一般是要有物质、金钱或经济作基础的。艺术品不能够当饭吃。只有丰衣足食之后，才有可能去消费高尚的艺术品。马克思就曾指出："忧心忡忡的穷人甚至对最美丽的景色都无动于衷。从消费或需求方而言，无论是整个社会、还是个人，对精神产品、对艺术品的欣赏尤其是消费水平，与其有支付能力的需要是成正比的。随着人类社会生产力的不断发展，生产决定消费的时代早已结束，而消费决定生产则是当今市场经济的明显特征。在中国，因"需求不足"而导致"市场疲软"，乃是一个令企业家、经济学家和政府官员"十分头痛"的大问题。书画艺术品虽有其不同于一般物质产品生产、流通、消费的特殊规律，但它却不可能背离整个社会市场经济运行的轨迹。然而，从创作主体来看，书画家个人的才能和个性似乎往往是决定艺术作品优劣的关键因素，而不追求金钱，这正是艺术品创作的特殊规律所在。这个世界就是充满着矛盾，买方与卖方、消费与供给等，似乎永远是对立的。这种博弈，社会经济生活中几乎无所不在。根据效用论的分析，作为经济人，消费者支出货币是一种痛苦，而物品能给人们带来快乐，消费者追求的就是以最小的痛苦换取最大的快乐。这种"趋乐避苦"的原则，就像"趋利避害"原则一样，是人类永恒的理性思维原则。对于绝大多数人来说，艺术与金钱，犹如鱼与熊掌，二者不可得兼。

毋庸讳言，书画作品要么不走向市场，永远在象牙塔里自命清高、自我陶醉，但一旦走向市场，它免不了会嬗变，变成什么呢？变为货币的婢女！既然是商品，其本质就决定了它必须且必然成为货币的"俘虏"。马克思曾引用西斯蒙第的话说："劳动能力不卖出去，就等于零。"而想走向市场的书画作品，如果"不卖出去"或卖不出去，是否也"就等于零"呢？既然打算把它卖出去，就会期望卖个好价钱，不怕钱多，但怕钱少。若一个买者愿出3万元，而另一个买者愿出4万元，还有一个买者愿出5万元，你愿意卖给谁？走进书画市场的作品，之所以必然变成货币的婢女，往往也就是这样炼成的。任何商品，似乎都逃脱不了市场经济游戏规则的不二法门。

然而，必须承认，真正的书画艺术作品，是创作出来而决非生产出来的，我们的书画艺术作品，如果像批量生产的工农业产品一样，完全走商品化、市场化、产业化道路，一味地、刻意地去追逐金钱，那么，它恐怕也就会因"铜臭味太浓"而失去了艺术的生命。商品是用于市场交换的劳动产品。劳动产品的商品化、市场化、产业化，是市场经济的重要特征。在成熟的、发达的市场经济社会，绝大多数的产品都必须进入商品化、市场化、产业化的轨道。书画艺术作品走向市场，这当然是一个大方向。但它完全走市场化运作之路恐怕不太现实，甚至不免会导致价值的扭曲。中国的市场经济秩序尚欠规范，价值与价格相背离的情形几乎随处可见。按质论价、优质优价当然应是市场经济的普适性原则，但资源的稀缺性问题也是重要影响因素，而人为操纵市场则更是重要的影响因素。比如在我们的股市，经常会出现这样的行情：一些绩优股往往门可罗雀，无人问津，而一些垃圾股却偏偏门庭若市。

艺术是一种非常强调个性的特殊领域或行业。正如世界上没有两片完全一样的树叶，同一位画家的同一题材的两件作品乃是不一样的，中国书画作品尤其如此，因而，其价格也不一样。另外，同样是山水画画家或花鸟画画家，其作品的市场价格和行情，往往会有很大的差异，有的甚至是天壤之别。比如，有的画家的作品，价格是每平方尺1万多元，有的人则是几千元，也有的人为数百元，而还有的画仅为几十元一幅。

书画作品的艺术价值与市场价值，往往并不是一码事。其艺术价值的高低，多由同行、艺术权威来作鉴定；而其市场价值的高低，则要另当别论。的确，书画艺术品价值的市场甄别，并非易事。它不像物质产品可以统一定价或批量生产，按质论价，按劳分配，按劳取酬。它既不像任何工业品和农产品那样，有一个社会平均劳动时间来作定价参考，也不像钻石和金银那样稀罕而难觅，更不像空气和阳光那样没有（劳动）价值而可以自由获取。总之，从广义上讲，它是人类的劳动产品。但它又不是生活或生产的必需品，它是一种精神产品，当然它有物质载体，如纸或布以及颜料等。对书画艺术这种精神产品的消费，完全在于消费者的兴趣，在于他的欣赏水平，在于他的艺术偏好，也在于他口袋里的钱的多寡。必须正视的是："钱不是万能的，但没有钱却是万万不能的。"

书画艺术品市场的规范运作

应当看到，当今中国的文人画家们，尤其是非专业、非职业的文人画家，他们是处于经济、文化和市场边缘的。专业画家、美协要员，一画千金，十分抢手。而职业画家，如像"天天生产出蒙娜丽莎"的深圳大芬村画家村里的画家，以画为生，几十元、上百元即可润笔。但大多典型的文人画家们的画，基本上与市场无缘，这种纯粹的艺术之作，或孤芳自赏，或在朋友圈内相互赠送。

历代文人的价值取向，乃是及第、金榜题名，是官本位。在几千年农耕社会留下的习俗中，祖上传下来的职业排序乃是仕、农、工、商，当官第一等，经商最下等。似乎只有官运不济，才会沦落到将字画换取银两、走商品市场之路。当然，这种农耕社会遗留的官本位思想，轻商、抑商的小农经济观念，与现代市场经济观念是格格不入的。但在当时的历史条件下，他们只能那样选择。

中国的市场经济刚刚起步，书画市场更是处于婴幼儿阶段，一些中国文人画家们对这种不规范的市场的忧虑，甚至忧心忡忡或忧心如焚，这当然并不奇怪，它并非空穴来风，也绝非杞人忧天。他们对贱卖“中国字画”这一国粹、国宝品牌的行为以及伪造、销售名家字画的行为，深感痛切，就像国人每每听闻打着“中国制造”招牌的粗制滥造的商品在国际市场被起诉一样。而对以天价之数悬空掉卖字画精品的现象，亦不敢恭维。

而令人不可思议的是：在我们的首都，在我们的文化中心，当然也是经济、政治中心的北京，在这座文明古都的中外著名的琉璃厂，所卖的“名家字画”叫价仅是几十元钱一幅，最后成交价可在10元钱一幅。在那里，你可以买到中国任何一位书画大家的“作品”，最畅销的“书法作品”，有启功、沈鹏、赵朴初、李铎、刘炳森等先生的；最畅销的“国画作品”，有齐白石、徐悲鸿、傅抱石、潘天涛、李可染、李苦禅、吴作人、崔子范、董寿平、黄胄、王雪涛、范曾、吴冠中、黄永玉等先生的。这些假冒的“名家字画”，几乎可以以假乱真，其仿制水平之高，令人折服。但它骗得了外行，却骗不了内行。然而，令人遗憾的是，偏偏又是外行去买这些“名家字画”，而内行则往往对它不屑一顾。奇怪的是，据称，这些假冒伪造的“名家字画”，其销路还不错呢！其实，谁都心知肚明，它是假冒货色，10元钱怎么能买到一幅名家字画真迹？

同其他物质商品市场一样，由于利益的驱动，书画市场上常出现假冒的名家字画。琉璃厂的风景线是：造假卖假，知假买假，“周瑜打黄盖，一个愿打，一个愿挨”，且花钱不多。但有些则不同，他们利欲熏心，简直不知人间有羞耻事，以假乱真，以假充真，牟取暴利。前不久，《广州日报》发表一篇题为《造傅抱石假画成亿万富翁》的文章，文章写道：著名书画鉴定家萧平先生在接受记者采访时透露，目前境外已出现傅抱石作品的作伪集团。经过数年的经营，该集团的老板已成了拥有亿万家产的大富翁。据说在北京还买下了豪华别墅，出门都是国外顶级的房车。这些伪品质量精，相当具有欺骗性。据称，南京一位房地产商，近几年来耗费几百万巨资，从香港等地购入了一些署名为傅抱石的画作，其中还有上香港某拍卖行拍卖图录封面的，竟然无一例外都是伪作。现在伪作的水平可见一斑。

20世纪80年代，台湾高雄名人画廊举办了一次“范曾画展”，展出的著名画家范曾先生的“作品”竟是赝品，范曾先生曾电告该画廊，必须立即关闭画展。此事曾引起了轩然大波。无独有偶，2005年3月15日，正值“国际消费者权益保护日”，也是中国一年一度的“打假日”，珠海市博物馆和国之瑰宝艺术网共同主办展览，共展出了已故岭南派画家关山月、黎雄才两位大师30多件“作品”，而关先生之女关怡和黎先生之子黎捷专赴珠海鉴定后指出：“没有一张是真的，全部是假的！”

尽管如此，我们却不能因噎废食，不能“连婴儿和洗澡水一起泼掉”。而更应坚定不移地走市场经济之路，进一步建立健全市场经济机制，逐步规范之、完善之。成熟的、发达的市场经济是法制经济。用法律去规范和校准每一个人的行为，实施严刑峻法乃是市场经济国家或法制国家维系市场运行的重要招数。中国市场经济的运行，最终也必将步入法制化的轨道。

我们知道，的确，“市场经济体制是社会进步的产物”（于光远先生语），但在现实生活中，人们往往看到且感受到的是：作为消费者，似乎总是处于不利地位，假烟假酒、假医假药、假种子、假奶粉、假车票、假钞票以及本文所谈及的假字假画等，简直叫人防不胜防。显然，不规范的市场行为对大多数消费者、生产者、经营者都没有好处，尤其对消费者和真正的合法生产、经营者是极大的伤害。

所以，建立健全规范的市场经济机制，对那些非法行为及当事人必须依法查处，甚至罚到倾家荡产。在经济领域，违法犯罪的成本太低，必将导致整个社会经济运行的成本增加，最终影响到整体效益。当然，监控、惩罚非法经营活动以及惩治腐败行为，也需要增加监管成本，但这类成本的适度增加是有利于社会整体效率和效益的提高的。随着中国市场经济的发展、文化产业的崛起、中国书画艺术品市场的规范运作，必将迎来书画艺术品投资的热潮，从而也可能会带来新一轮的书画热，进而，也将有利于促进更多书画佳作、精品的涌现和书画大家、大师的产生。对此，人们翘首以待。

从《向日葵》的价值发现与《和平颂》的成功拍卖看书画艺术品的市场交易特殊性

在市场经济社会，对艺术品的原创者即书画家来说，他的作品能否有市场，其艺术品的质量或艺术水平的高低固然是前提，但起决定性作用的因素乃是艺术家的名气和声望。书画家知名度的高低，决定其作品的市场半径和价位高低。因此，书画家们无不竞相提高自己的知名度。

在崇尚市场经济的时代，在发达的市场经济国度，按说画价与身价应该是对等的，但也不尽然，有时甚至出现“二律背反”。我们知道，19世纪荷兰画家梵高，是西方美术史上一位划时代的画家。然而，可悲的是，他生前仅卖过一幅画，且是由身为画商店员的胞弟设法卖出去的。梵高一生创作的作品极多，但穷途潦倒，精神崩溃，最后饮弹自杀，结束了自己年轻的生命。一颗伟大的艺术之星就这样坠落了。而他的不朽作品《向日葵》成为印象画派的经典，也在世人心中留下了难以抹去的印象。具有讽刺意味的是，或曰令人难以置信的是，梵高生前一文不值的画，死后却奇迹般地“变废为宝”，目前《向日葵》的市场价格已达几千万美元！这或许是对一件伟大的作品和一位伟大的艺术家的一点弥补吧！梵高《向日葵》最后的价值发现，或许是人类迄今为止艺术品定价的一个经典案例。

中国有一句俗语：大千世界，无奇不有。据报载，2004年8—9月，从太平洋彼岸的美国传来这样的奇闻：纽约一幅儿童画开价6000美元。文章通栏标题赫然为《抽象派“大”画家4岁》，并配有画家彩色玉照及作品。文章介绍道：“她是眼下纽约最炙手可热的抽象派画家。今年8月，纽约一家画廊专门为她举办了画展，2000多人出席了画展开幕式。截至目前，她已卖出24幅作品，收获近4万美元。现在，她的一幅作品开价6000美元，想买她画的人还得排队等候。在纽约这个大都市，她拥有自己的‘崇拜者’和批评者。‘崇拜者’说她是个绘画天才，批评者则说她不过是在玩耍。她就是年仅4岁的玛拉·奥尔姆斯蒂德，一个对金钱还没有完整概念的小女孩，一个新生的抽象派‘大’画家。”4岁的小女孩一幅画卖6000美元，足以令许多大画家汗颜！更令中国的文人画家们开了眼界！或许，也会有更多的人感到太令人不可思议了！

2004年11月，深圳举办了“首届深圳国际文化产业博览会”，“文博会”有一个书画精品拍卖专场。据报道，拍卖场上，徐悲鸿、齐白石、张大千等大师作品多流拍，而一幅《和平颂》则拍出5000万元天价，创单幅国画世界最高价。此前在北京，画家陆俨少的《杜甫诗意百开册》拍出6930万元，创中国书画世界拍卖市场上的最高纪录。《和平颂》是一幅由赵朴初、关山月、胡絜青、萧淑芳、田世光、何海霞、白雪石、卢光照、高冠华、秦岭云、黄均、魏紫熙等22位著名书画家集体创作的巨作，其中9位作者已故。在预展时，《和平颂》所标的起拍价为4000万元—6000万元。有一位对书画颇有研究的企业家曾说，这样一幅集体创作作品，又不是顶尖级大师之作，标这样的天价，恐怕很难拍出。他还说，这个数目，简直比许多大型国有企业的年利润还多，而它只不过是一张纸，这简直令人不可思议！但另一位也对书画颇有研究的经济学教授不太赞同其观点，说，艺术品的价值与其他产品不一样，它不是按社会平均劳动量来计算的，也不是按它是否有形或大小多少来衡量的。它虽然只是一张纸，但正如“黄金有价玉无价”一样，其价值是由这些书画大家的声望、作品的独一无二和不可再生性等因素决定的。最后，举牌的竟是一位台湾的神秘竞买人，以5000万元拍得。至于这位神秘的台湾人究竟是何方神圣？他举牌竞价的冲动、决定他购买的真正动因等，我们都不得而知。这其实都并不重要，重要的是，他最后能一掷千金，使得《和平颂》一槌定音。

看来，对中国书画这种特殊的艺术商品的市场交易行为，决不可能按普通的物质商品流通方式来解释。过去盛行的计划经济模式或当今市场经济中物质商品生产、交换、消费的惯例或规则，在这里似乎不太适用了，或不完全适用。名家字画这东西，不似萝卜白菜或麻将扑克，它不是普通人想吃就吃、想玩就玩的东西。个中的奥秘，笔者最近根据于光远先生的提示，偶翻《资本论》才有所发现，有所领悟：“那些本身没有任何价值，即不是劳动产品的东西（如土地），或者至少不能由劳动再生产的东西（如古董，某些名家的艺术品等等）的价格，可以由一系列非常偶然的情况来决定。要出售一件东西，唯一需要的是，它可以被独占，并且可以让渡。”值得回味的是，对于这一段话，马克思特别强调：“必须牢牢记住”！我们常说，马克思经济学的基石是“劳动价值论”，但他对非（简单）劳动产品的价格（交换价值）决定问题，尤其是对古董、名家艺术品等不可再生的稀缺品亦有论述，且一语中的，真令人佩服。而那句“可以由一系列非常偶然的情况来决定”，不更是令人回味无穷吗？

结语

总之，面临市场经济浪潮的冲击，中国书画艺术作品走向市场乃是无可厚非的，这也是大势所趋。如今，各地都在提“大力发展文化产业”，但光提口号是出不了成效的，再响亮的口号也不等于GDP，关键的问题是必须把它真正落到实处。这里有两个问题必须廓清（它实际上是一个问题的两个方面）：一方面，既然是要发展文化产业，但不真懂文化，甚至轻慢或亵渎文化，何谈发展文化产业？另一方面，既然文化是产业，那么，就应该把它当作产业来做；既然它是产业，那就应当投入，有投入才能有产出，才能有回报。而投入或投资的回报，是有周期的，也会有风险，还会有竞争。当今世界经济的竞争，是资本、科技、管理和文化的竞争，但归根结底是人才的竞争。文化产业的发展和勃兴，必须依靠一大批才华横溢的精英人才，同时也有赖于全民的文化素质的提高和资本增值理念的觉醒。从根本上讲，文化产业乃是市场经济的产物。我们虽谓文明古国，但究竟如何发展文化产业？这对我们来说却是一个全新的课题。

（选自《学术研究》2005年第10期）

艺术设计的文化品位和商业属性

邹　明

设计是一种创造行为，是理念与技术相结合的产物，常指拟定计划的过程，又特指记在心中或制成草图的具体计划，它需要设定一些条件，需要一定的技术手段。艺术设计是现代社会的产物，在艺术的前提下，关注社会的经济、市场以及人的需求，同时为现代社会经济、人们生活提供服务，涉及范围之广泛，影响至我们全部的生活空间。

艺术设计以文化为基准，以人为核心，作为一门学科，融入大美术概念之后，在国内的艺术院校逐渐受到重视。由艺术进入生活，进入设计，进入高校教育，由来已久，早期的工艺美术则是艺术设计的前身。作为一门专业，延续的是一种文化，拓展的同样是文化。随着社会的发展，传统的专业内容不断翻新，从建筑到环境艺术，从园林设计到城市规划，从装潢设计到视觉传达，从服装设计到饰品系列，从影视制作到动画，从陶瓷到工业设计等等，一个共享的视觉空间将它们包容一起，一个文化的设计理念将它们贯穿一起，这就是艺术设计在当下的海纳百川。

面对教育观念的转变、教学体制的改革，平静地去分析、思考，尤其是面对学生，实实在在地解决一些基本问题，教授学生从理论与实践去感受艺术设计至关重要。学院派的教学关注的是文化，艺术设计是一门与社会产生直接关系的文化，它不同于纯美术，自我在其中被淡化，个性在其中要融入共性。绘画，可以无拘无束，设计，则受一定的对象、一定的条件约束。无论在教学还是在实际项目中，我们都会面对一个举足轻重的问题，即艺术设计的文化品位与商业属性，它关系到设计的质量，影响设计的最终目的。

艺术设计的文化品位通常指艺术风格、文脉关系、文化归属等等，隐喻在设计语言、表现形式之中，表述一种文化理念。而艺术设计的商业属性，包括设计对象的特点、条件、规则、技术乃至材料与工艺，是一些可视的、具体的硬件，同时也包含社会学、心理学等不可见因素，即设计对象的人为要素。文化是设计理念产生之本源，形式和风格是设计理念的视觉表现，而这些都构筑在对设计对象特点的了解与把握之上，进而完善设计本体。

文化品位与商业属性，在艺术设计中是对立的统一。文化与商业，随着人类社会的发展与人们的生活息息相关，中国传统文化沿袭下来的一种观念一直影响着人们："形而上者谓之道，形而下者谓之器。"重道轻技，重文轻商，人们时常又会将二者对立起来，文则雅，商则俗，这是一种文化观。在清贫中独守书斋成一统的文人历史上比比皆是，而从文者，也常以此为清高的境界，就精神而言，无可厚非。现代社会，文化和商业同时都在发生变化，二者相互交融已成为不争的事实。艺术的高雅，设计的商业，二者的界定是一个观念的混淆，从本质上来说二者都是文化的一种体现，你中有我，我中有你，艺术无定式，设计也同样，艺术设计作为与人们精神生活和物质生活都有关联的一门学科，进入社会无疑要面对文化与商业。

文化是设计的知识背景，商业则构成设计的生存空间。在艺术设计的教学中，我们常关注学生的设计理念、文脉关系等，引导学生注重提高设计的艺术修养与文化品位，同样不可忽略的是关注与之相关联的设计对象的商业属性、条件、具体技术要求等。艺术、文化，宏观上可见又不可见，知识的积累，灵感的撞击，产生领悟，迸发激情。设计对象的文化定位有不同的指向，可以是虚拟的，也可以是具体的。而商业属性则是硬件，有一定的规则，有相应的技术要求。就环境艺术而言，不同的设计对象有不同的内容、不同的商业属性、不同的文化层面。譬如我们指导学生作星级酒店的标准客房室内设计，文化在这里不是一个抽象符号，这里的文化概念转换成酒店文化理念，酒店的标准、环境、空间特点，标准客房本身的要点，一系列的物质条件必须要了解，然后进行空间分析、形态设计，则有本可依。文化品位绝不是在客房空间中加幅字画，而是渗透空间构成的整体感所产生的一种氛围，一种气息，身临其境的一种真切感受。享受其空间视觉美感，心理与生理的快感，文化是设计语言的综合表现。

艺术设计中的文化品位不是孤立的，首先要有指向，其次应有条件。文化不是一个臆想、空泛的名词，而是具体、实在的一种表现。笔者曾在1996年参加深圳五洲宾馆室内设计投标，这是深圳市政府室内设计项目首次向海内外公开征标，标书上明确提出要表现大中华文化内涵。大中华文化是一个宏观上的概念，绘画作品可以有情节有内容表现，而室内设计又如何体现？在反复推敲中，我们逐步明确设计定位和表现手法，建筑空间的宽敞、明快、通透为我们提供了表现的先决条件，注重大的空间构成，人流导向顺其自然，大方、流畅。而在大堂的重点位置，高16米、宽7米电梯厅背立面墙体上设计一面"黄河之水天上来"大型浮雕，取意黄河之水，象征华夏文化源远流长。流水像浮雕的水形图式缓缓流下，真水、假水浑然一体，浮雕造型中水势、山势、云势，万物合一，营造一种恢弘的气势，由大堂入口扑面而来，令人感受一种荡气回肠的文化气息，成为大堂整体空间中点题的视觉中心。与之相呼应的是在通道墙体上做一些汉唐铜镜浮雕造型漫步公共空间，可以感受一种中国文化的流淌，文化在这里有表现载体，言之有物，与五洲宾馆特定的环境要求趋于和谐。这种境界不同于其他五星级商务、度假酒店，五洲宾馆作为政府项目有其自身的特别属性，设计中的文化品位与指向十分明确。

文化品位表现在艺术设计之中，往往是设计风格的一种具体表现；设计风格是一种流派，一种时尚，是前人文化创造的结晶。时下的教学更应面对实际，面对不断变化的设计潮流，教授学生基础理论的同时，注重培养解决实际问题的能力。艺术首先是种诚恳的手工劳动，绘画如此，艺术设计也同样，艺术不是空中楼阁，要用这种诚恳的劳动去铸造精神。艺术的产生，开始是一种精神上的思考，但这不是艺术，只是脑袋。然后用一种艺术表现手法将这种认识表达出来，传达给自己和别人，这才有了艺术。艺术风格的形成以大量的艺术实践为根基，以深厚的艺术修养为翅膀，以长期积淀的技术经验为依托，升华提炼出独到见解和艺术语言，这是一个文化锤炼的过程。

艺术语言离不开技术性，绘画语言有绘画的表现形式与技巧，艺术设计同样也有其自身的表现语言，往往更具体，更加注重技术性。一个好的创意，来自于对文化的感悟和对设计对象的理解，进而提炼出好的表现手段，实际上亦即我们平时所碰到的做什么、怎么做的问题。关注设计实践，对艺术设计教学来说早已不是问题，关键是怎样引导学生去分析和解决实际问题。设计对象的商业属性是可变的，同样一个设计对象，可以有许多设计方案，而其中优选的原则、实现目标的途径则显得举足轻重。笔者2002年曾参与东莞市行政办事中心和东莞市人民大会堂浮雕设计方案的投标，开标会上政府职能部门的有关人员提出，这里的艺术品不只是给艺术家看的，首先政府公务员要能看懂，其次市民能看懂，浅显的话道出了一个平实的道理，即设计对象的物与人所构成的特点。我用心地查找了大量有关东莞历史、人文方面的文字及图形资料，认真分析，在许多方案中筛选出以表现东莞特点为主的创意。大会堂浮雕以“海纳百川”为主题，表现一种富有广东特色的水文化，整体画面大河奔腾，海纳百川，天地之间，日月同辉，令人感到气势磅礴。集人民之愿望、表人民之心声，当需纳百川，聚众志，如同画面之形象昭示。而行政办事中心总高度为四十五米的浮雕分成三段式，分别以“政通人和”、“历史长河”、“都市之光”为题表现与东莞相关的内容，“政通人和”本身就是一个抽象的概念，取意装饰手法，竖向构成为骨架，圆形的太阳以分解构成，升腾向上的变形物象刚柔并济，点缀以飞翔物，表现一种祥和与勃勃生机。而“历史长河”则注重以层层叠叠的水纹相互交错，张扬大度之气，表现灵动之韵，穿插刻画东莞历史、人文的十二个代表性画面，以高浮雕手法表现，强调源远流长的历史感。“都市之光”以装饰手法表现南国水乡、现代都市标志性建筑，高低错落，天、地、物浑然一体，表现现在与未来、现实与理想共同编织的辉煌图景。所有这些都采用石雕手法表现，更见厚重、力量感，与建筑环境及其特点趋于协调。

艺术设计中的文化品位与商业属性二者是相辅相成的，文化为商业服务，商业表现文化，二者相互渗透，为了实现共同的设计目标，即精神与物质的合一。商业属性，实际上也是一种商业文化，有技术的、规范的，也有人性化的，从其动态来看，它一直处于变化之中，科技的发展，社会的进步，设计对象与设计手法同样都在出新，成功的艺术设计，往往善于把文化品位与商业属性二者互动，发现和创造富有新意的作品。

艺术设计的文化品位与商业属性，是一种包容，文化与技术的包容，这种海纳百川的容量，表现了其气度和广度。

（选自《南京艺术学院学报》美术与设计版2005年第2期）

正在崛起的中国艺术品拍卖业

张延华

艺术品拍卖沐浴改革开放的春风破土而出

1992年，在深圳和北京相继出现了艺术品拍卖活动，这标志着艺术品拍卖市场已初显萌芽。1993年，上海朵云轩艺术品拍卖公司、中国嘉德国际拍卖有限公司相继成立，1994年，北京翰海艺术品拍卖公司也已成立。这几家公司的相继出现，标志着中国艺术拍卖事业以高起点、高速度、高品质的特征，率先在北京、上海和广东的一些大城市迅速崛起。

众所周知，在我国，艺术品是长期被列入意识形态领域来审视的。持续十年的“文化大革命”，从“破四旧”开始（“四旧”基本上是艺术品），无数珍贵的艺术品包括文物，被打上了“封、资、修”的烙印，付之一炬，现在想起来，也还是触目惊心的。如果我们把当年“破四旧”的惊心动魄的场面和如今火爆的艺术品拍卖会场面相比照，我们就不难想象，这是一场多么巨大的历史转折啊！这中间经历了何等深刻的思想观念的跨越和法制环境的变迁啊！十多年来，中国艺术品坚持不懈地走过了萌芽、发育和发展的旅程，在市场经济健康发展的大背景之下，北京、上海、广州、天津和四川等地陆续成立了多种所有制形式的、各具特色的艺术品拍卖机构，开展了规模和风格各异的艺术品拍卖活动。截止目前，艺术品拍卖机构已经遍布全国绝大多数的省市，全国总数有200多家，其中有一定规模的近30家，这30家基本上是中国拍卖行业协会下面的艺术品拍卖专业委员会的成员。2003年，全国艺术品拍卖总成交额突破了25亿元人民币，2004年又以成倍的速度递增。

强烈的市场需求和价格趋动 使中国艺术品拍卖事业正逢其时

中国民间有句话，叫“盛世收藏，乱世黄金”，20世纪80年代的后期，改革开放的思想理论造就了中国政通人和、万业俱兴的社会环境。经济的发展、人民物质生活水平的提高，带来了富而思文和传统思潮的回归。人们对“文化大革命”的深刻反思，引发了全民族对传统文化的追索和向往，思想解放催生了色彩纷呈的当代艺术创作。我们很难想象，在20世纪的70年代，一代宗师齐白石的贝叶草虫画，当时的市场价格不过是三、五块钱一尺，李可染的山水中堂十几块钱一张。而到了1994年11月，中国嘉德推出了一幅齐白石的山水十二开册，拍卖成交的价格是517万元，当时有人就惊呼：这个价格简直让人难以置信，再过10年，齐白石的作品也不可能超过这个巅峰。10年一瞬，2003年秋，中贸圣佳推出的齐白石山水八开册，成交额达到了1661万元，是517万元的3倍多。艺术品价值和价格的重新发现，人们在收藏领域思想观念上的拨乱反正，使中国历史上空前规模的、全民性的艺术品收藏开始回暖，并且进一步地升温。目前中国具有独立法人资格的一级收藏协会有几十家，几乎遍布全国各个省市。另外，各地还出现一大批私人的博物馆和收藏馆。随着投资意识的觉醒，一些企业和社会机构开始把目光投向艺术品收藏，并且争相介入艺术品拍卖。一大批有实力的机构和企业在艺术品市场开始崭露头脚。总之，政治的开明、经济的繁荣、社会的稳定以及对文化的追求等等诸多力量的汇合，形成了目前文化艺术品强烈的市场需要。正因为如此，也给中国艺术品拍卖带来了千载难逢的发展。

不断规范的法制环境为艺术品拍卖健康成长撑起了广阔的发展空间

中国艺术品拍卖业恢复伊始就得益于有关政府部门的热情支持，尤其是国家加快法制建设进程，为艺术品拍卖配制了强有力的市场助推器。十几年前，艺术品拍卖对于绝大多数国人来说还十分陌生，而相对滞后的有关文物保护的法律规定，更使人们不敢想象在中国能够响起文化艺术品拍卖的槌声。即便到20世纪90年代初，刚刚萌生的艺术品拍卖在特定的历史条件下也仅仅是相当初级的和缺少法律支持的。当时国有文物机构、商业机构之外的文物的公开交易并没有明确的获得相关政策法规和法律条文的许可。所幸的是，当时主管文物市场的政府部门以坚定的改革、开放文物市场的决心，以循序渐进、稳固试点的方针策略，通过颁布《文物拍卖试点管理办法》、《文物拍卖管理暂行办法》进行政策调整。以政府对一场场拍卖会逐次的审批、限制委托人的范围等等审慎的措施，用来减少和回避艺术品拍卖初期可能出现的一些政治风险和市场风险。随后，国家文化部和国内贸易部分别颁布了《艺术品市场管理规定》、《拍卖市场管理办法》等政策规章，使文物艺术品的拍卖管理逐步趋于程序化、合法化。

为了最大限度地鼓励吸引流失海外的中国艺术品回归祖国，海关总署合同国家文物局研究制定了《暂行进境文物复出境管理办法》。尤其值得大书特书的是，1996年7月5日，八届全国人大常委员第20次会议通过了《中华人民共和国拍卖法》，从此中国的拍卖业包括文化艺术品的拍卖真正步入了法制化的轨道。

以上种种，标示着我国艺术品拍卖正沿着健康、规范的法治化的发展轨道大步前进。

正在逐步融合的海内外中国艺术品市场

拍卖是艺术品交易的高端市场，对艺术品收藏起着引领、指导和强势推动的作用，而屡屡攀升的成交价不仅提升了中国艺术品的国际地位，而且也促进了海外中国文物艺术品的大量回流。据统计，1996年之前，海外回流文物不超过国内文物拍品总数的20%。到如今，仅仅在2002年全国拍卖行业协会办的首届中国文物艺术品联合拍卖的活动当中，有100多家拍卖行推出了32000多件艺术珍品，其中从海外回流的占40%以上。回流拍品的来源地区从最早的香港、台湾地区到日本、东南亚国家，现在又有欧洲国家、美国等，所征集拍品的年代，由当代书画到近现代艺术品再到古代的艺术品；回归的文物种类不断地丰富，除了传统的书画、瓷器两大门类之外，已经扩大到玉玺、古琴、佛像、铜器、钱币、邮品等等。

据保守估计，十多年来，通过拍卖回流到内地的文物艺术品已经超过5万多件，其中1994年至1997年大约1万件，1998年至2004年超过了4万件，这足以说明，国外拍卖行独占中国艺术品的局面已经被打破。伴随着经济全球化和市场多元化的时代潮流，中国国内艺术品市场正在越来越紧密地和海外中国艺术品市场相互融合。

繁荣艺术品市场、弘扬中华民族文化，中国拍卖业任重道远

中华民族历史悠久、中华文化底蕴深厚，几千年遗存的古代文化资源和不断创新的当代艺术品浩如烟海、博大精深，中国艺术品拍卖有幸植根于这样一片沃土之中，从事艺术品拍卖的企业既要不断地开拓艺术品拍卖事业，把企业做大做强，更要为繁荣中国艺术品市场、弘扬中华民族文化而努力，担负起企业效益和社会效益的双重责任。中国拍卖行业非常强调企业的双重责任。我们欣喜地看到，在短短几年当中，中国艺术品拍卖的蓬勃发展在激活国内艺术品市场、满足社会收藏需要、提高公众对文物的保护意识和鉴赏水平的同时，也大大提高了中国艺术品的国际地位，促进了中国艺术品价格和国际价格接轨。同时我们也清醒的认识到，中国艺术品拍卖业还是一支十分年轻、稚嫩的队伍，我们自身还有许多弱点和不足，比如说专业知识不够、人才结构不合理、拍卖运作和为客户服务还存在不规范、不到底之处。我们深知，要使我国艺术品拍卖业迅速成长壮大，真正跻身于国际名牌艺术品拍卖企业之中，还有很多事情要做。中国艺术品拍卖企业任重而道远。中国拍卖行业协会作为全国拍卖行业的自律性组织，愿意团结艺术品拍卖界的同仁，并与国内艺术界的朋友们互励共勉，为繁荣我们伟大祖国的文化艺术产业做出我们的贡献。

（选自《艺术市场》2005年第3期）

数字艺术创意产业的发展与思考

李于昆

文化创意产业是20世纪90年代由西方发达国家提出的一个新概念，后来逐渐演变成一种全新的发展理念。这种理念认为当代经济的真正财富是思想、知识、文化、技能和创造力所构成的创意。文化创意产业即指“源自个人创意、技巧及才华，通过知识产权的开发和运用，具有创造财富和就业潜力的行业”。之所以称其为创意而不是创新，就在于它强调了人的创造力、人的技能、人的天赋对文化艺术和其他知识产品、智能产品的一种智慧运用。根据这个定义，文化创意产业主要包括新闻出版、音像及电子出版物、电视电影、文艺创作、网络文化、娱乐文化、广告会展、建筑设计、企业策划、甚至时尚、玩具和网络游戏等。

作为文化创意产业重要部分的数字艺术，是依托当代高科技和传播媒介的一种文化实践方式，从现实层面看，已经成为创意产业发展和选择的背景与必要条件。中国数字艺术的发展适逢当代文化产业、体验经济、创意生产力高速发展，学院艺术设计教育转型的重要时期，因此，数字艺术创意产业不仅是一个文化理念，而且是一个具有实

践特性的可开掘、可持续的发展战略。通过考察数字艺术的当代现实语境，可以剖析数字艺术作为创意产业在市场经济条件下的发展状况，目的是为培育和发展中国的数字艺术产业提出思考和建议。

发展中的数字艺术创意产业

数字艺术的表现形式包括：录像及互动装置、虚拟现实、网络艺术、多媒体、电子游戏、电脑动画、卡通动漫、影视广告、网络游戏、数字设计、数字插画、CG 静帧、数字特效、DV、数字摄影等。

据不完全统计，中国目前有数十万人直接从事与数字艺术相关的工作，全国已有 200 多所艺术院校建立了数码媒体专业，为社会培养了大批运用数字技术创造艺术新形象的人才。数字技术一方面极大促进了网络多媒体、影视广告等数字创意产业的发展，另一方面也孕育出具有独立审美价值的、有时代特色的新的艺术形态。数字艺术正在数字技术主导下以“真”、“假”重构的特殊方式，拆解着我们曾经在农耕社会和传统工业社会里可以直观把握的现实世界，在不经意间渗透到我们生产和生活的各个方面，开始形成数字艺术创意产业。以被赋予艺术与创意文化前沿角色的上海为例，目前已崛起四个各具特色的文化创意产业群：莫干山路的春明都市工业园区已成为上海最具规模的现代化艺术创作中心；泰康路已成为上海最大的视觉创意设计基地；昌平路新型广告动漫影视图片生产基地的建设已初具规模；而福佑路则无可争议地成为上海旅游纪念品的设计中心。

美国迪斯尼公司是文化创意产业发展中的一个典型。沃尔特·迪斯尼创造的米老鼠和唐老鸭两个卡通形象，首先在影视中流行，其后又进入娱乐、服装等行业，造就了一个庞大的跨国集团，其产业规模及盈利稳居世界企业 500 强的前 10 位。在全球化趋势不断加强、国际间竞争日趋激烈的今天，文化创意产业已经不仅仅是一个发展的理念，而是有着巨大经济效益和社会效益的直接现实。目前全世界文化创意产业每天创造的产值高达 220 亿美元，并且正以 5% 左右的速度递增。而在一些产业发达的国家和地区增长的速度还要快。美国的文化创意产业是当今最大、最富有活力并带来巨大收益的产业，它的文化产品出口已经超过服饰、汽车、计算机等所有传统产业而位居第一。英国的文化创意产业是仅次于金融服务业的第二大产业，创意产业就业人口位居各产业之首。韩国的影视、手机及电子游戏在 2003 年都有两位数的增长，出口额超过了钢铁。文化创意产业是无烟工业和朝阳产业，已经成为当今发达国家和地区产业发展的一个重要趋势。

正因为如此，不少国家和地区都把这一产业作为战略产业和支柱产业大力发展。新加坡早在 1998 年就制定了“创意新加坡计划”，2002 年又明确提出要把新加坡建成全球的文化和设计业中心、全球的媒体中心。我国的香港、台湾地区在发展文化创意产业方面比内地要早，速度很快。上海、北京、广东、浙江及沿海一些城市和地区的文化创意产业这几年快速崛起，势头强劲，涌现出一批各具特色和有影响力的文化创意产业群，成为这些地方产业发展的亮点。

显然，数字艺术在促进以知识为基础的文化产业与经济发展之间有许多交叉点。“创意产业”这一术语是数字艺术发展战略的核心。它越来越多地被用来形容国民经济中从事于利用人们的“智力资本”的文化服务和文化产品的生产与流通的部分。创意产业在这个意义上被用来区分传统的受赞助的艺术部门和通过知识产权的产生和开发而具有创造财富的巨大潜能的文化产业。

在中国，数字艺术是正在发展中的创意产业，在文化创意产业新一轮的竞争中应当捷足先行，有所作为。

当代数字艺术创意产业发展的现实语境

当代数字艺术的创新必须依据今日艺术发展的现实语境。它已不再仅仅是个体艺术家灵感突发、天才辉耀的偶发机缘，而是整个艺术创作机制、艺术传播构成、艺术媒介手段与艺术参与的行为方式和艺术设计教育等的全面创新。数字艺术产业的创意说到底是对当代现实提出的问题的创造性回答。那么，今日数字艺术发展的现实语境是什么呢？

1. 视觉图像的转向

当代文化艺术发生的“转向”中，最为抢眼的景观是视觉图像的“转向”。视觉图像铺天盖地，无所不在，它已经占领了文化的大片领地，不管是触目皆是的街头广告，还是热浪叠起的装潢装修；不管是鳞次栉比的都市景象，还是令人眼花缭乱的影视动漫，我们都离不开图像，我们生活在一个图像时代。

这种以信息技术媒介的大规模使用为背景而产生的图像时代，其带来的诸多变化在根本上意味着一种思维方式乃至生存方式的变化：在生存的时间意识上，从重视过去向重视现在和未来转化，对即刻和当下的满足超过了对过去的迷恋和向往，同时，对未来永不停歇的展望，加快了人的生存节奏；在生存方式上，从稳定向发展转化，对静态的文字的阅读，转向对动态的图像的迷恋。图像时代的图像与以往时代的图像的不同之处在于，前者的图像主要集中于影视、广告和多媒体这种声、光、电融一体的载体，后者的图像主要集中于书本、绘画等静态印刷物中；在生存的价值追求上，从趋同向多元、自主转化；在生存的尺度上，从文字化生存到图像化生存，享受图像的欲望超过了享受文字的欲望，图像赢得对文字的统治；从生存的视觉资源上，图像成为人获取信息的重要途径和资源，在很多情况下，甚至是主要途径。正是在这一意义上，丹尼尔·贝尔指出，“当代文化正在变成一种视觉文化，而不是一种印刷文化，这是千真万确的事实。”

因此，人们今天的经验比以往任何时候都视觉化和图像化，视觉图像成了从事摄影、电影、电视、广告、艺术设计及其他视觉研究者共同关注的中心，也发展出多种维度、多种方式的视觉艺术的欣赏和接受方式。从文化格局的意义上来说，视觉图像的转向提供给我们一个建构更公平、更充满包容性的文化、教育语境的契机，即在这一转向中将精英文化推向边缘、消解它的光环的同时，也通过高雅文化的泛化促成了更为公平的视觉文化共享空间的形成，使大众获得言说权利的同时也提升了文化层次和教育素质，这无疑是一种文化的整体进步。这样一个巨大的转型，给数字艺术创意产业发展带来了前所未有的机遇和挑战，也带来千载难逢的发展空间和无法估量的需求。需求是终极的动力源，有需求必定有发展。这恰恰是图像时代带给人类的最根本的变化，也是发展数字艺术创意产业需要特别关注的问题。

2. 科技的发展引起主导传媒形式的变化

相较于艺术的传统以及它所形成的封闭性典范，我们似乎更容易接受科学的新发现与新尝试。今天科技对文化的渗透，一个重要的方面，就是艺术的媒介化趋向。艺术的媒介化以越来越多的大众文化产品进入人们的日常生活为标志。它表现为艺术的传播越来越受到媒介工业技术和体制的制约。借助媒介，艺术传播的速度更快，传播范围更广，传播效率更高。而且，媒介介入了艺术的创作过程，成为艺术的一部分。传播媒介给艺术带来的直接后果是艺术作品与艺术创作原初语境的分离，即所谓“取消语境”（Decontextualization），在一个虚拟时间虚拟地点重构一个新语境，此所谓“重置语境”（Recontextualization），艺术传播和媒介技术带来的语境的分离和重构，也从根本上改变了艺术创作反映生活的传统观念。是媒介手段创造了比现实更真实的“超现实”或“超真实”。换言之，艺术更趋向于建立在运用数字化技术传达、模拟、扩展和广泛重塑之上。

另一方面，高新技术的产生和现代工业的发展，给当代艺术的存在方式带来了革命性的影响，对传统艺术形式和生产方式造成巨大冲击，导致传统艺术形态和生产方式的升级换代和现代更新。当代艺术生产方式的工业化，实现了从艺术手工业到现代艺术大工业的深刻变革，艺术作坊让位于艺术工厂，社会艺术大生产取代个人艺术小生产，极大解放和发展了艺术生产力。

主导传媒形式的变化也改变着社会经济结构。艺术就是经济，艺术就是市场。原先艺术与产业之间的关系只集中于艺术与国家关系的论争之中，现在已经逐渐进入新的层次，并且已产生与现存艺术定义的决裂。这就是说，新的传播媒体不但造成了某些传统艺术行业的衰落，而且现代数字技术还冲击并消解着部分民间民俗艺术。因而我们必须重新认真审视新的历史条件下艺术对于整个社会结构的形构作用。

3. 消费成为艺术活动的基本方式

当代世界，消费主义漫漶于全球，商品的价值已不再是商品本身是否能满足人的需要或具有交换价值，而在于人们对个体欲望的满足。消费成了一切社会归类的基础，也成了一切文化艺术活动的基础。作为市场社会的“经济人”，人们不但消费物质产品，更多是消费广告，消费类像，消费品牌，消费图像，消费符号。艺术商品化了，艺术进入了消费。这是一个由仿真与幻象架构的“超实在”的艺术世界。消费模糊了物质和精神的界限，也模糊了享乐与艺术的界限，对艺术教育也产生了很大的影响。正是这种消费文化无所不在的漫漶，改变了人类数百年来对精神、艺术、教育以及自身存在意义的固有认识和界定，也选择着、创造着、生成着新的艺术观、教育观。我们应该看到，“这种改变不仅是社会经济结构和经济形式的转变，同时也是一种整体的文化转变。”

在这种转变中，艺术生产机构、教育机构与传播机构（如出版社、画廊、艺术院校、艺术博物馆等）在种类与性质上已发生变化，出现了各种具有中国特色的文化艺术的中介机构；与之相应，“新媒介人”阶层（比如艺术经纪人、传媒中介人、制作人、书商、文化公司经理等）出现，这些“后知识分子”处在精英知识分子和大众之间，他们对艺术家熟悉，又有很强的操作能力，能用消费的方式把艺术推向大众。

文化的大工业化的发展给艺术的消费增加了流通、传播的环节，这个环节越来越大，越来越重要。在某种意义上讲，其地位和作用超过生产和创作，而策划人、创意者和制作人的地位和作用也超过作为传统的“艺术生产”中的“关键环节”或“决定因素”的艺术家。

对建构数字艺术创意产业关系的思考

数字艺术的发展已经极大地改变了艺术活动的生产、传播与消费方式，有力地促进了社会的进步和发展。但毋庸讳言的是，总体上我们没有能够对这些新的文化与艺术状态做出及时而有力的回应。数字艺术作为创意文化产业，当下建构的问题比呈现的问题来得重要。从根本上说是来自对于现实中提出的问题的积极参与与回应——虽然这种参与与回应不应当是无批判的。以下几个方面值得我们思考：

1. 发展数字艺术创意产业与传统文化艺术产业的

关系

数字艺术创意产业与传统文化艺术产业的关系十分密切。一方面，数字艺术创意产业源于传统文化艺术产业。任何一种艺术创意活动，都必须在一定的文化背景下进行，离开传统的基础，创意产业就会成为无源之水、无本之木。另一方面，数字艺术创意产业又高于传统文化艺术产业。创意不是对传统文化艺术的简单复制，而是依靠创意人才的智慧、灵感和想象力，借助于高科技对传统文化艺术资源的再创造、再提高。我国传统文化艺术资源十分丰富，但由于缺乏好的创意和包装，致使很多资源都在闲置浪费。发展数字艺术创意产业，能极大地促进传统文化艺术产业的发展。如开封清明上河园的创意来自宋代画家张择端的《清明上河图》，目前已经成为河南省一个著名的文化旅游景点。2004 年接待游客 76 万人，年收入 2300 万元，税后利润 539 万元。同样，少林功夫是河南省独有的文化品牌，以前仅限于表演，产业功能十分有限。经过英国一家媒体公司包装后，产业链条进一步拉长，不仅在世界各地巡回演出，在各类媒体反复播放，而且制作的音像制品畅销全球，产生了巨大的经济效益。值得我们注意的是，美国的动画片已在挖掘其他国家的题材，迪斯尼公司拍摄的动画大片《花木兰》，其中融合了大量的中国古典文化资料，又将这张中国牌打向了中国市场，仅在上海的票房就达 230 万元，尽管有许多国内观众无法认同的情节处理，但它的成功却是不争的事实。

由此可见，在发展数字艺术创意产业过程中，一定要注意结合中国传统文化的内涵，用现代表现手法，加上最新的科技和中国的人才，在适当的市场经济和社会支持下，也能够生产国际级的产品，创造可观的经济效应，形成行业规模。

2. 发展数字艺术创意产业与社会进步的关系

当人们初级的、物质层面的消费需求得到满足之后，就会产生更高层次的精神文化消费需求。目前，我国人均 GDP 已经超过 1000 美元。从国外的经验看，经济发展进入这一阶段后，社会消费结构将向发展型、享受型转变，相当一部分居民的消费重心开始向教育、科技、文化、旅游等领域转移。一个新的发展机遇是，进入 21 世纪之后，中国将进一步加快城市化进程，未来 50 年从农村转到城市的 6 亿多人的就业机会、生产方式、生活方式、消费需求必然会发生全方位的转变，文化产业的大发展在城市化的进程中是一个必然的趋势。这些都为数字艺术创意产业的发展提供了巨大的商机。数字艺术创意产业的发展，反过来又会推动社会进步，促进人的全面发展。目前，数字艺术创意产业不仅广泛进入了传统文化艺术领域，进入了经济领域，也广泛进入了社会领域。数字艺术创意产业的发展，能够满足大众更高层次的消费需求，提高大众的生活水平和质量，增强国家和民族的文化艺术实力；促进教育事业和科技事业的发展，推动教育创新，普及科技知识；还可以促进卫生、体育等各项社会事业的发展。

但国内的数字艺术产业应该说还处于起步阶段，特别是数字艺术的高端领域还没有发展起来，市场表现对此类高端领域的应用需求不大。更重要的是我国还没有将影视产业与数字高端制作很好的结合起来，在这方面的投资也相对较少，在一定程度阻碍了数字产业的快速发展。相信现在有很多数字界人士都在期待着数字行业的发展契机，也许 3G 技术将是数字艺术在中国起步的一个突破口。

3. 发展数字艺术创意产业与人才的关系

创意产业的精髓是人的创造力，发展数字艺术创意产业，人才是第一位的。目前，中国创意产业发展的首要问题是全社会必须加强和提高对创意产业发展认识的重要性，从最根本上讲，瓶颈是创意人才的极端匮乏。大批创意人才的教育与培养是中国未来创意产业获得大发展的前提。当年微软超过通用的时候，美国《纽约时报》曾评论说，微软的惟一工厂资产就是员工的创造力。事实证明，几乎所有保持了长久生命力的中外著名企业都是创意高度发达的企业，多数中外著名企业家都是推崇创意、富有创意的企业家。他们既注重“融资”，更看重“融智”，不惜代价吸引一流人才，并为人才提供一个充分释放创造力的空间。当前数字艺术创意产业越来越成为科技强势与文化强势高度关联的领域，对专门人才特别是复合型数字艺术人才有一种特殊的战略需求，这种需求能否得到满足已成为夺取文化创意产业未来制高点的决胜因素。目前，我国从事数字艺术工作的只有十余万人，预计未来 3 年至 5 年内，数字艺术产业将成为全国 IT 业和娱乐业的支柱产业之一，专家预计同期人才缺口将达 60 万之众，在总量、结构、素质等方面还远不能适应产业发展的需要，急需大力引进和培养。要加强对创意产业人才特别是高端人才、复合型数字艺术人才的引进工作，不拘一格选用人才；加快对数字艺术创意人才的培养，并纳入国家人才培养计划，有条件的高校可以设立数字艺术创意产业院系；注意借用文化产业项目吸引创意人才的柔性流动，使更多的优秀人才为我所用。

4. 发展数字艺术创意产业与载体的关系

发展数字艺术创意产业离不开文化、科技这些重要载体。

文化是发展数字艺术创意产业的灵魂。文化创意源于文化并高于文化，是对文化资源创造性的开发和利用，是文化对经济社会发展渗透力、影响力的拓展和挖掘。数字艺术创意产业有了文化，就有了灵气，有了品位，有了更强的竞争力。中国历史文化博大精深，现代文化丰富多彩，民间文化源远流长，红色文化特色鲜明。我们发展数字艺术创意产业必须深深植根于这肥沃的土壤，要依托中华民族优秀文化把数字艺术创意产业做大做强。

科技是发展数字艺术创意产业的支撑。数字艺术创意产业是技术文明的产物，现代科技催生了这一产业。发展创意产业，必须紧紧依靠科技。科学技术的突飞猛进，给数字艺术创意产业的发展带来了极大的推动。未来的科技发展还将产生新的重大飞跃。必须敏锐地把握这一客观趋势，不断运用现代科技和先进实用技术提升创意产业的内在张力和外在传播力。要加快数字、网络等现代信息技术在艺术产品创作、生产、传播等各个环节中的应用，加强数字内容产业的开发。

当代数字艺术创意产业的科技化与科技产业的文化化，越来越以内容为王，以创意为王。媒介革命、特别是高新技术如IT业的高速发展，奠定了中国数字艺术创意产业发展的科学基础与技术保障；数字艺术创意产业需要高新技术，高新技术也迫切需要数字艺术产业发展的支持；因此，数字艺术产业必须与新兴高科技、新媒体信息文化产业联手，实现数字技术基础上的高端融合。

结语

数字艺术创意产业的提出，是现代文化产业发展的必然。积极发展数字艺术创意产业，对于改造和提升我国传统文化艺术产业，解放和发展文化艺术生产力，对于调整优化三次产业结构，促进经济增长，对于发展各项社会事业，都具有战略意义，值得认真加以研究。

在先进理论和成功经验的支持下，目前中国数字艺术创意产业迫切需要建立一个国家总体规划，确定未来若干年发展的政策导向，完善和优化数字艺术创意产业发展的内部与外部的环境。要改革不适应新形势的艺术体制，制定新的更合乎艺术创新的当代艺术保护政策，建立新的艺术设计教育运作方式，尤其在学院设计教育中要注重创意数字艺术人才的培养，尽快革新教育培训机制，以适应数字艺术创意产业发展需要，推动中国数字艺术创意产业的有效健康的发展。

发展数字艺术创意产业，影响深远，关系重大。可以预期，未来数字艺术创意产业对中国经济的全面协调发展和产业结构的进一步调整及学院设计教育培养创意人才方面将具有越来越重要的作用。只要我们立足我国丰富的文化艺术资源，广泛吸收和借鉴人类创造的一切先进文化艺术、先进理念和科技成果，注重国际视野与中国特色的统一，传统继承和时代创新的统一，历史文化与现代科技的统一，加快文化、艺术教育体制创新，就能走出一条有中国特色的数字艺术创意产业发展之路，为中国经济和社会发展注入新的文化推动力。

（选自《艺术百家》2006 年第 2 期）

热市场　冷思考

——中国艺术品拍卖市场态势

张新建　李　蕊

2006 年的艺术品拍卖市场可谓精彩纷呈，波澜不惊。所谓精彩纷呈，是说精品力作屡创新高，备受追捧，以名家名作为主导的艺术品拍卖成为公众关注的商业文化现象；所谓波澜不惊，是说艺术品拍卖市场既没有沿着前期的火热而爆棚，也未因近期的回落而崩盘，而是在调整中夯实基础，挤出泡沫，实现可持续发展。因此，客观冷静地分析艺术品拍卖市场的发展态势，理性而直接地指出艺术品拍卖市场存在的现实问题，明确培育和发展艺术品市场的基本思路，对于艺术品市场管理的科学化、经营的规范化，都具有重要意义。

艺术品拍卖促进了海外中国艺术品的回流

1840 年以来，由于帝国主义掠夺和国内连年战乱，致使大批艺术精品流失海外，成为中国人心中挥之不去的痛。随着中国经济发展和艺术品拍卖市场的活跃，中国拍卖企业开始关注流失海外的文物艺术品，他们通过国际文物商人、拍卖公司和一些博物馆，选择和吸纳海外中国文物艺术品。国内一些收藏企业或收藏家也出于对文明古国的民族情结和文化根性，不惜代价把流失海外的国宝带回祖国，并通过拍卖或其他购藏方式，将这些文物艺术品留在国内。2002 年被业内称为海外回流文物艺术品拍卖年，全国成交文物艺术品 8796 件，其中海外回流的约 3000 件，成交价过百万元的有25件。

如果说2002年以前，中国拍卖企业和收藏家是主动到海外寻找文物艺术品的话，2003年中国文物艺术品拍卖市场“井喷”之势形成以后，流失海外的文物艺术品则呈主动回流获利的态势。回流形态亦有变化，其一，回流文物减少，近现代艺术品增多。徐悲鸿巨作《愚公移山》曾在网上或拍卖市场多次转手，被海外藏家收购。今年，海外辗转多年的《愚公移山》再次回流国内，北京瀚海拍卖公司以3300万元拍卖成交，被国内买家购藏。2006年6月18日，多件在苏富比（Sotheby）、佳士德（Christie）等拍卖会上出现的中国油画精品，在深圳拍卖公司春拍再次亮相，部分拍品起拍价已过百万。其二，20世纪后半期被海外艺术商人收购的当代艺术品，开始返销国内拍卖市场，高价拍卖回流获利。当年海外画商、基金会低价收购中国当代艺术品，收藏数量不小，随着中国艺术品拍卖市场的发展，这些艺术品回流内地拍卖获利的势头加大。

若以2002年为界把海外文物艺术品回流分成前后两期的话，前期回流以文物艺术品为主，后期回流以当代油画为主；前期回流以国内买家在国际市场主动寻找为主，后期回流以国外画商、收藏家主动将作品返销拍卖获利为主，两次回流的不同形态反映了艺术品拍卖的市场规律。艺术品市场兴起的前期是文物市场的活跃，收藏主体往往优先介入市场成熟、投资产品固定、价格参照体系完善、保值升值比率较为稳定的文物领域。当他们积累经验之后，就会转向选择余地与投资风险较大的当代艺术领域。一个国家艺术市场繁荣的标志是市场对当代艺术品的选择，关注当代艺术家创作，通过市场构建当代艺术投资与收藏体系，这也是我国当代艺术品市场逐步走向成熟的标志。

艺术品拍卖使中国艺术品价格飙升

中国艺术品拍卖起步于1992年，经10年的孕育发展，终在2003年出现拍卖数量激增、成交量放大、成交价格暴涨的火爆态势。2003年大型拍卖会成交率高，嘉德公司秋拍的王世襄专场、集珍专场的成交率达100%。中贸圣佳公司推出的傅抱石《毛主席诗意山水册》以1980万元成交，创造了当时中国近现代书画最高纪录。齐白石的《诗意山水册八开》以1661万元成交，创造了齐白石作品的最高价，5年增值10倍，成为中国艺术品升值之冠。

在油画领域，中国内地的艺术品拍卖市场普遍关注反映近现代文化和艺术思潮最具代表性的作品，主要集中在：①20世纪早期留学海外、在中国现代美术史上占重要地位的画家如徐悲鸿、林风眠、刘海粟、潘玉良等。他们的作品存世不多，艺术和历史价值很高，一直是市场追捧的热点。②1949—1976年出现以描写革命领袖、英雄事迹为题材的红色经典，因其独特的历史价值和艺术价值而备受关注。河北省著名画家魏奎仲的《练兵忙》首次拍卖就拍出101万元的高价。中央美术学院教授邵大箴评价道：“从今天的角度看这些作品，内容和形式深深地刻着时代的印记，表现手法模式化，似乎离我们遥远。但这些作品的历史价值不言而喻，是那个时代人们感情的艺术见证。”③以陈逸飞、陈丹青、王沂东、徐唯辛、陈可之为代表的写实派画风拥有广泛而稳定的市场基础。如陈逸飞的《笛韵》、王沂东的《初雪》、李晓刚的《息》等。以杨飞云、庞茂昆为代表的古典主义倾向的学院派画风如杨飞云的《人体》等，国内市场接受度亦很高。

由于文化背景不同，国外拍卖公司和买家主要关注：①以王广义、张晓刚、余友涵、李山为代表的政治波普作品，这是诞生于20世纪90年代的前卫艺术形式，综合了美国波普艺术和中国“文化大革命”中的领袖崇拜、群众革命大批判等视觉形式。②以方力钧、岳敏君、曾梵志、宋永红为代表的玩世现实主义作品，他们以小市民色彩的泼皮风格，关注和反映市场经济活跃后一些社会阶层骚动的情绪。③以蔡国强、徐冰、谷文达为代表的“85美术新潮”后游历海外的艺术家，他们不仅着眼于架上绘画或传统雕塑，更注重烟火爆破、行为艺术、影像、装置等综合表现形式。④以郑谷国、洪磊、马六明和荣荣等为代表的先锋摄影作品。

2006年春，纽约苏富比举办首次亚洲当代艺术品拍卖，主要是中国当代艺术，全场拍卖成交额1300万美元，其中价格最高的是四川画家张晓刚的“补丁”肖像《血缘系列：同志120号》，被新加坡买家以97.92万美元竞得。岳敏君的《狮子》成交价为56.48万美元，位列第二。香港苏富比拍卖公司4月8日推出了“中国当代艺术”拍卖专场，刘野的油画《烟》以320万港元成交，方力钧的《2001·1·5》以200万港元成交，总成交额1.3亿港元。中国当代艺术吸引了全球艺术商人和收藏家的注意。中国当代艺术品在国际艺术市场的成功迅即在亚洲市场得到强烈回应，并极大影响了国内艺术品拍卖市场。2006年春拍市场，当代艺术品，特别是海外回流的当代艺术品价格飙升。

虽然2006年中国油画在国内外拍卖市场是聚焦亮点，但在拍品选择上却呈两种风格。中国艺术品投资者主要收藏古典写实主义、自然主义、现实主义的作品，对于20世纪80年代后期出现的激烈挑战和颠覆传统的当代艺术持观望态度。欧洲和美国，当代艺术已被社会公众接受，对社会、政治、生活的批判，对艺术形式的颠覆等，已成为西方当代艺术的审美标准。因此，他们更关注当代实验性艺术作品。国内外中国油画拍卖取向的差异，反映了中西方审美趣味的不同。

诚信的拍卖艺术品拍卖造就了企业和理性的收藏家群体

近几年，拍卖公司激增，专业或兼营艺术品拍卖的企业近千家，艺术品年拍卖近800场。随着市场迅速发展，拍卖公司也出现优胜劣汰的整合和调整。市场资源逐渐向实力雄厚的大公司集中，北京嘉德、瀚海、华辰等几家公司占北京艺术品拍卖市场的大部分份额，一些实力较小、信誉较差的拍卖公司开始被淘汰出局。

在拍卖公司结构调整的同时，新拍卖公司不断设立。去年刚刚成立的北京保利公司与杭州西泠公司的首拍成交额轻松破亿，迅速跻身大拍卖公司行列。匡时国际拍卖公司成立之初，即以培育市场、匡扶时代为己任，董事长吴学军长期从事金融行业管理和艺术品拍卖管理，在金融行业与艺术品拍卖的对接中有专门研究，因此出手不凡，成为拍卖领域的一匹“黑马”。今年首拍3天8场，成交额2.15亿元，成交率67.5%。拍卖公司壮大的根本原因是规范经营，诚信为本。他们注重学习和借鉴国外拍卖运作模式，不断优化服务，提高拍品质量。筛选拍品，宁缺毋滥，确保精品上拍率；同时加强市场推广和营销，重视拍品图录、著录研究，尽可能提供详细的作品信息，包括来源、收藏承序、鉴定意见、专家评论等。通过翔实的材料说明，引导收藏家掌握真实信息，提高理性选择能力，如此不仅增强了收藏者的信心，培育了艺术品拍卖市场的竞拍、收藏群体，更利于向全社会普及艺术知识，提高社会公众的鉴赏水平。

拍卖公司规范经营，拍卖市场持续攀升，也造就了逐渐成熟的收藏家群体。前几年股票、房地产等金融市场低迷，很多民间资本撤出转向投资艺术品，这是引发艺术品市场短线上扬的因素之一。2006年以来，股票市场止跌回稳，艺术品市场的部分资金回流金融领域，客观上弱化了艺术品的投资热潮。但成交率下降和单品价格纪录不断刷新的现象表明，仍然关注和置身艺术品市场的大买家出于对艺术市场的信心和个人爱好，依然不惜高价买入具有收藏价值的精品，这些买家投资心态平稳，收藏定位明确，惊人之举迭出。著名收藏家唐炬是美术专业人士，现专攻艺术品收藏与投资，以收藏中国写实油画精品著称。最近以990万元拍得徐悲鸿的《浴》，以407万元拍得王沂东的《新娘》，以313.5万元拍得艾轩的《白光慢慢滑落》。一些非艺术专业的收藏企业和收藏家建立了由专家、学者组成的智囊团，听取艺术投资顾问的意见，对艺术品谨慎选择，从盲目垄断式购买和跟风炒作，转向购买各类艺术精品。买家的理性使得哄抬价格、随行就市的现象减少。理性买家奠定了国内艺术品拍卖市场在调整中稳步上升的基础。

艺术品拍卖成为公众关注的商业文化现象

艺术品拍卖是社会收藏群体竞买高端艺术品的主要形式，然而，由于近年中国拍卖公司、艺术品拍卖场次和拍品数量激增，经拍卖企业和新闻媒体的广泛宣传，使艺术品拍卖成为社会公众特别关注的商业文化现象。

按照法律规定和拍卖惯例，艺术品拍卖前应以各种形式向社会公告，并给受买者提供了解拍品的展示空间。艺术品拍卖预展或巡回预展免费向公众开放，为社会公众提供近距离直接欣赏名家名作的机会和环境，这对于提高公众审美能力和国民素质都具重要意义。随着艺术品拍卖社会影响力的增强，公众特别是艺术品爱好者、投资者参与的深度和广度不断提高，他们不仅关注拍卖新闻、图录、预展，甚至到拍卖现场感受艺术品拍卖的热烈氛围，很多拍卖场所虽座无虚席，但举牌竞拍者仅占现场者四分之一或五分之一。拍卖不仅是一种商业文化行为，更是社会文化传播的中介和载体，通过展览、拍卖等形式营造的文化氛围，在引导公众提高审美能力的同时，也通过商业运作的形式拓展了艺术品和艺术品市场的投资收藏理念：

1. 收藏的理念：艺术品是一个社会历史文化的图像记载，收藏艺术就是在收藏历史，艺术品在流传过程中形成的文化积淀，使文化价值更加深厚。艺术品收藏不仅是留给后人物质财富，更是宝贵的文化、精神财富。

2. 投资的理念：通过艺术品拍卖形成的中外艺术品价格体系使公众切身感受到艺术品自身价值和保值升值的特性。目前，在艺术品拍卖市场中，以投资获利为目的的买家占绝大多数。

3. 实用的理念：现在一些企业进入艺术品拍卖领域，购买艺术精品，甚至开办美术馆，以提升企业知名度和企业文化形象，创造浓郁的企业文化氛围。一部分企业高层经营管理人员及部分工薪阶层已不满足于普通装饰画，而选择原创作品或名家名作的复制品，在装点居室的同时提高家庭的文化品位。随着艺术品拍卖的社会关注程度的提高和竞拍、收藏群体的扩大，为艺术品拍卖及艺术品市场的可持续发展奠定了坚实的基础。

艺术品拍卖的板块性、阶段性调整并未改变整体攀升态势

2005年秋拍以来的艺术品拍卖市场并未如业内外人士所期望的保持急剧上升的势头，而是出现了板块性、阶段性的调整。其主要表现是：主要拍卖公司成交率明显降低，特别是近现代中国书画成交率降幅较大，有的甚至下降约50%。一些前期备受追捧的现代名家名作成交率降低，价格回落。目前结束的艺术品拍卖专场总体成交率约为60%—70%，虽一些标价过高或未经市场考验的艺术品

流拍，但名家名作的精品依然备受欢迎并连创新高。中国古代书画板块整体价位不高，但元代著名画家林子奂的《豳风图》，经大唐国拍公司甫一推出就受到藏家的极大关注。元代绘画珍品存世极少，林子奂传世名作只有两件，《豳风图》传承有序，系清宫旧藏，因此这件国宝级的艺术珍品竞拍激烈，以1000万元高价成交。这表明，即使整个板块调整，也不影响其中珍品的飙升，投资者对市场的介入更为谨慎，对拍品的选择更为理性。这种阶段性部分拍品成交率和成交价的回调，有利于抑制前期的过度炒作和价位虚高，挤出市场泡沫，夯实市场基础，实现艺术品市场的有序、平稳、可持续发展。

在中国传统书画阶段性调整的同时，中国油画依然保持旺盛的上涨势头。在2006年的春季拍卖中，油画专场异常火爆，嘉德春拍中国油画、雕塑专场总成交额1.22亿元，成交率为88%；华东保利春拍推出的“西画精品”专场，总成交额2939万元，成交率82%；匡时油画专场总成交额2959.99万元，成交率95%；荣宝拍卖油画专场总成交额5318.5万元，成交率为78%；北京华辰油画专场总成交额12264.78万元，成交率88%；北京保利油画专场总成交额14350.93万元。成交率为87%；北京诚轩油画专场总成交额4105.09万元，成交率91%。华东保利拍出的刘海粟的《太湖帆影》以341万元创全场最高价；中鸿信拍出的罗中立《乡情拥抱》以308万元成交；瀚海拍出的徐悲鸿的《愚公移山》以3300万元成交，打破徐悲鸿作品的成交纪录；嘉德油画专场更是突破1亿成交额。从各拍卖公司油画专场的成交数字看，今年春拍油画一路飘红。油画拍卖火爆之中也有冷静，油画拍卖专场也不乏名家名作流拍的纪录，主要是作品质量不高或估价偏高，超过了藏家可接受的心理价位。由于油画拍卖专场较多，拍品数量巨大，藏家可选择余地更大，因此火爆中藏家也会选择那些精品力作，如果不是增量资金突然入场，藏家的冷静选择和精品战略，将是油画拍卖市场的主调。

综上分析，中国艺术品拍卖市场也像当今世界形势，世界大战不会爆发，但局部战争连绵不断。艺术品拍卖市场在中国经济发展、社会稳定的背景下，整体攀升的态势没有改变，只是出现阶段性调整或者部分板块的调整，这是艺术品市场发展的正常现象，有利于规范市场秩序，调整产业结构，实现可持续发展。

（选自《中外文化交流》2006年第9期）

创意经济时代演出产业的机遇和挑战

方　方

进入21世纪以来，“创意经济”（Creative Economy）成为世界各国研究的热点，许多经济学家、管理学家、心理学家、社会学家和战略研究家以及文化理论研究者，从研究“创意”（Creativity）本身，逐渐延伸到以创意为核心的产业组织和生产活动，即“创意产业”（Creative Industry），再发展到以创意为基本动力的经济形态和社会组织，即“创意经济”（Creative Economy）。越来越多的学者、专家和管理人士认为创意是人类的一种智慧创造，是一种产生财富和文化积累，能够创造就业机会，推动城市和乡村的可持续发展，促进技术改革、商业革新和提高一个城市及国家竞争力的经济驱动力。

创意经济的先驱是著名德国经济史及经济思想家熊彼得（Joseph Alois Chumpeter，1883—1950），早在1912年，他就提出，现代经济发展的根本动力不是资本和劳动力，而是创新，而创新的关键就是知识和信息的生产、传播、使用。他的观点，在20世纪80年代后被广泛接受并发展。

1998年出台的《英国创意产业路径文件》中明确了“创意产业”的概念：“所谓‘创意产业’是指那些从个人的创造力、技能和天分中获取发展动力的企业，以及那些通过对知识产权的开发可创造潜在财富和就业机会的活动。它通常包括广告、建筑艺术、艺术和古董市场、手工艺品、时尚设计、电影与录像、交互式互动软件、音乐、表演艺术、出版业、软件及计算机服务、电视和广播等等。此外，还包括旅游、博物馆和美术馆、遗产和体育等。”

2001年，国际著名的文化经济学家霍金斯（Howkins）在《创意经济》（The Creative Economy）一书中，把创意产业界定为其产品都在知识产权法的保护范围内的经济部门。他认为知识产权有四大类：专利、版权、商标和设计，每一类都有自己的法律实体和管理机构，每一类都产生于保护不同种类的创造性产品的愿望。霍金斯指出，知识产权法的每一形式都有庞大的工业与之相应，加在一起"这四种工业就组成了创造性产业和创造性经济"。自1997年英国政府成立由首相布莱尔亲任主席的"创意产业特别工作组"将创意产业作为国家重要产业加以重点政策支持后，创意产业已经成为英国产值第二大的产业，占GDP的7.9%，仅次于金融服务业（如果单就伦敦而言，创意产业的贡献度其实已经超过金融服务业）。目前，英国大约有12.2万个不同类型的创意产业公司，创意产业就业人口为195万，位居各产业首位。同时，英国创意产业的出口值在2001年高达103亿英镑，1997—2001年间，每年的出口增长率约为15%左右，几倍于其他行业的出口增长速度。创意产业已经成为英国增长最快的名副其实的支柱产业。

同样，创意产业也是当今美国最大、最富有活力并带来巨大经济收益的产业。美国国际知识产权联盟（IIPA）在《美国经济中的版权产业：1999年报告》中详细叙述了包括电影、电视、家庭录像、商用软件、娱乐软件、图书、音乐和唱片在内的创意产业在经济上对美国国内生产总值、就业和贸易所做的贡献。

这份年度报告指出，1997年美国版权产业净产值为3484亿美元，占美国国内生产总值的4.3%。在1977—1997年间，核心版权产业的国内生产总值平均年增长率达到6.3%，但是同期美国国民生产总值年增长率为2.7%。在这20年间，美国版权产业就业人口翻了一番，达到380万人，占美国就业人口总数的2.9%，平均年增长率达到4.8%，而同期美国经济就业人口平均年增长率仅为1.6%。1997年美国版权产业从国外销售和出口中创利668.5亿美元，超过了包括农业、汽车、汽车配件和飞机制造在内的所有主要产业。据统计，到2001年，美国的核心版权产业为国民经济贡献了5.351亿美元左右，约占国内总产值的5.24%。美国新英格兰地区2001年6月提出了《创意经济计划：新英格兰创意经济投资蓝皮书》。纽约将城市精神确定为"高度的融合力、卓越的创造力、强大的竞争力、非凡的应变力"。

当今世界，创意产业已不再仅仅是一个理念，而是有着巨大经济效益的直接现实。全世界创意经济每天创造220亿美元，并以5%的速度递增。在一些国家，增长的速度更快，美国达14%，英国为12%。纵观全球，发达国家的众多创意产品、营销、服务，吸引了全世界的眼球，形成了一股巨大的创意经济浪潮，席卷世界。各发达国家的创意产业以各自独创的取向、领域和方式迅速发展，展现了一幅创意产业全球蜂起的热烈景象。

虽然"创意经济"这一概念引入我国的时间并不长，但我国的现代化进程正处于由投资驱动向创新驱动阶段过渡的关键时期，处于必须紧紧抓住创意经济发展的重要战略机遇期，对创意产业的研究和扶持自然特别重视。而对已经获得2010年世界博览会主办权的上海来说，繁荣的创意产业更有助其城市功能再造、产业结构升级以及国际形象的塑造和国际地位的提升。世博会的本质是向世人展示世博会主办国和城市非同寻常的创新能力和成果，因而世博会也是新思想、新理念、新文化、新创造、新产品的伟大聚会。从国际经验来看，每一次世博会的成功举办，都会大大推进主办国特别是主办城市创意产业的发展。

面对2010年世博会预计接待的七千万人群可能创造的商机，创意产业中各类相关行业都在积极应对。而根据上海的特定地位和城市规模，许多经济学家们不约而同地认为，创意产业中，演出业将是成长最快的行业之一。因而，上海市《文化产业发展第十个五年计划纲要》提出加快文化产业发展的主要目标和基本任务，主要行业发展目标和任务的第一部分就是"文艺演出业"。

对素有"半壁江山"之称的上海演出业来说，这是难得的机遇。

上海演出市场的现状

上海的演出市场在全国一直有着特殊的地位。早在上世纪初，上海就已建有新式舞台，以后逐渐引进欧美、日本镜框式舞台转灯、转台、灯光、布景，成为当时国内最先进的演出场所。上海的剧场是公认的筛选、淘汰和培养演员、推出优秀剧目的平台。各路演员和剧种，必须在上海的舞台站住脚才能红遍全国。上海与北京一起，形成南北最有影响的两个演出"大码头"。越剧、沪剧、淮剧、扬剧、锡剧、粤剧等等，在上海都有专门的演出基地，拥有各自的观众群。形态各异的剧场，更是上海人自豪的资源：建于1917年的大世界游乐场、建于1930年的南京大戏院（即今上海音乐厅）、建于1941年的美琪大戏院等，都已列为上海市近代优秀建筑文化的文物保护单位。黄浦区、卢湾区的西藏中路沿线地区，曾经集中过数十家剧场、电影院，自然形成的剧场中心群，非常适合聚集演出人气，方便市民看戏，堪称东方"百老汇"。

但是半个世纪以来，上海的剧场呈不断萎缩趋势，与上海的经济发展完全不成比例：1950年，上海市区尚有专业剧场109家，到1995年，还剩22家；至2003年5月，仅余14家。大批历史上积淀着文化特色、在海内外具有影响的老字号剧场，如沪上最早的现代剧场之一、有80余年历史的人民大舞台，上世纪20—40年代被誉为"话剧大本营"的卡尔登剧院（即长江剧场）等著名剧场，如今都不复存在。笔者参加的上海市政协2003年专题调研的结果很令人吃惊。（见表1）

虽然近年来上海新建了一批达到国际水准的现代化剧场以及其他演出场所，例如作为城市标志性建筑的上海大剧院和东方艺术中心、上海马戏城、上海话剧艺术中心、艺海剧院等等，也对部分老剧场进行了改造。但是，从总体上看，上海现有的剧场无论在数量、设施状况，还是演出和管理方面，与计划中的世界级城市、国际文化交流中心城市，和迎接2010年世博会的目标相比，差距相当大。

据市文广影视局每月编印的《上海市文艺演出一览表》，2002年市区全年每月有演出的剧场（包括影剧院）仅18家。在演出的黄金季节里，上海现有的市级京、昆、越、沪、淮等剧团争抢在逸夫舞台演出。一年一度的中国上海国际艺术节，往往出现无处安排剧团演出的窘况。市级专业院团还经常因没有合适的演出场所而无法下社区演出。2003年3月，由于逸夫舞台、美琪大戏院同时整修，上海大剧院内部调整，上海市区出现连续20天无剧场演出的尴尬局面，这与纽约、伦敦等国际大都市仅音乐剧每天就有40至50场演出形成强烈的反差。群众喜闻乐见的曲艺就更缺少演出场所了，以具有江南特色的评弹为例，全市现有专业和兼营书场64家，其中90%以上在郊区，市区专业书场仅剩3家，尚且还在与房地产开发的战斗之中。

表1 1990年后上海市区拆除或者移作他用的剧场一览表

序　号	名　称	地　址	备　注
1	长江剧场	黄河路21号	1993年拆除
2	大众剧场	金陵中路1号	1993年拆除
3	徐汇剧场	肇嘉浜路1111号	1993年拆除
4	五星剧场	西藏中路465号	1993年拆除
5	上海大舞台	九江路663号	1995年拆除
6	上海杂技场	南京西路400号	1995年拆除
7	仙乐剧场	南京西路444号	1995年拆除
8	市政府大礼堂	福州路210号	1995年因建筑老化停业
9	儿童艺术剧场	延安中路555号	1996年因属危房停业
10	上海歌剧院小剧场	常熟路90号	1990年因火灾烧毁
11	大庆剧场	顺昌路90号	90年代拆除
12	瑞金剧场	延安中路572号	90年代拆除

而新建的部分剧场，由于未与中心商业区相结合，缺乏规划，选址不当，结果人气淡薄，门庭冷落，造成生存困难。例如1996年投资5000万元建造的杨浦大剧院，虽然硬件不错，但位置不佳，市级剧团很少光顾演出，2002年演出场次仅62场，如果刨去其中的50场儿童剧，为普通成人观众的演出只剩12场，平均一个月才演一场！1988年新建的宛平剧院也因地理位置问题，难以吸引本市剧团前去演出。而在极具潜在观众的地方，如聚集了数万大学生的松江大学城，却没有规划剧场。大动迁形成的新居民小区里，更鲜见适合社区文化生活的群众性多功能的演出场所。

造成目前状况的原因是多方面的。最容易被认同的理由是由于当代科技的发展引起社会主导传媒形式的变化。新的艺术传播媒介如电视、卫星电视及网络文化的发展，确实对传统艺术方式造成巨大冲击，连近年来倾力于创意产业研究的学者也认为“新的传播媒体造成了某些传统艺术行业如剧场艺术的衰落”，“昔日文化艺术界的‘龙头老大’将风光不再，面临重重危机”，“文化艺术领域内部发生了行业内的大调整、大改组”等等。

然而，现实并非那么简单。

巨大的市场潜力

电视的普及的确改变了市民的消费习惯，人们也许更乐意选择观看免费而且便利的电视，而不轻易买票进入剧场，但是未必就此不肯再进剧场。只要看看各剧场的低价票演出场次的爆满，星期日半价票满座的红灯高挂，以及学生们半价票的供不应求，就可以知道市民的观剧习惯与热情，远不如理论估计得那么低。而且在高度密集的混凝土森林的割据中感到孤独的都市人，会渴望进入剧场获得人与人直接交流、共振与共享的机会。而看熟了荧屏内明星影像的观众，绝对有兴趣走进剧场一睹真人的本来面目。2004年末刘晓庆在沪出演《金大班的最后一夜》话剧，连续加演仍一票难求就是明证。还有那些大大小小歌星的演唱会，新兴媒体网络、电视、广播每每只得沦落为演出产业的广告筒。

来自权威部门统计数字更令人振奋：1994年至2004年，上海演出市场每年都超过1万场。2003年受非典影响，也达到1.1万场（同年北京市是1万场）。2004年，上海演出场次估计在1.4万场，为历史最高。仅去年第六届中国上海国际艺术节一个月间，就有来自26个国家的60台优秀剧目参演，演出106场。这还不包括年2万场娱乐场所演出量，以及年1.6万至2万场评弹的演出场次。

市场相当可观。即使这样，分摊到上海的1360多万户籍人口，或者按照居住半年以上的常住人口1900万人来算，上海市民人均每年进入剧场只有0.6次！

而这当中还没有包括流动的旅游人口。

根据上海统计局发布的2004年上海市国民经济和社会发展统计公报显示：2004年上海全年接待国际旅游入境人数491.92万人次，比上年增长53.8%。其中，入境的外国人339.11万人次，增长60.3%；港澳台同胞120.7万人次，增长38.2%；华侨32.11万人次，增长53%。在国际入境旅游者中，入境过夜旅游人次385.45万人次，比上年增长57.5%。全年接待国内旅游者8505.13万人次，比上年增长11.9%，其中外省市来沪旅游者6346.24万人次，增长12.7%，国内旅游收入1216.34亿元，比上年增长12.6%。

假如旅游人群中也有平均0.6人次进入剧场的话，上海演出市场的增长率将是惊人的。但是很可惜，演出市场的增长率远远低于旅游市场利润的增长速度，甚至或者说与旅游市场毫无关系。这说明我们的演出市场还有很大的可作为的空间。被忽视的还有上海周边的城市群中的能量。由于许多世界一流演出团体都把上海作为亚洲巡演的重要站点，"到上海看演出"已成为长三角区域城市人的时尚，音乐剧《剧院魅影》在上海大剧院能以高票价、高上座率运作三个月，邻近城市观众的热情支持功不可没。他们专程匆匆来去，统计局根本无法将其纳入旅游人数计算。

香港大学许焯权博士（Dr. Desmond Hui）领导的香港创意指标研究课题组，统计公众参与艺术的国际数据比较，调查香港市民参与文化活动的情况，统计显示有16%的成年人表示有兴趣参与艺术活动，实际参与的有6%；美国国家艺术基金会的《公众艺术参与调查》（1997）显示，平均有50%的美国成年人每年最少一次参观博物馆或者艺术馆。地处偏僻的威尔斯，也有40%的公众艺术参与率（1998年的调查）。澳洲艺术局的公众艺术参与率的调查（1995）显示，也有超过50%参与率。新西兰的公众艺术参与率更高（1999），成年人之中，有93%在过去一年之中参与过公众场馆的艺术活动，一个月内参与过一次艺术的成年人，高达90%。

相比之下，上海常住人口市民人均每年进入剧场的0.6次，远远低于香港。而新兴传播媒介比上海更发达的纽约、伦敦，市民人均每年进入剧场是6—8次。美国市民的文化消费占家庭消费的30%左右。

我们的市场潜力远远没有发掘出来。

请看笔者所参加的上海市政协《关于本市剧场建设情况的专题调研报告》2003年的统计：

要真正挖掘出市场潜力，实现演出市场的快速发展，必须打造全新的充满创意的演出市场，而不是传统意义上的原来的演出业。

演出产业的发展前景

第一，充满创意的演出产业

必须打破行业界限，创造新的组织结构，尽可能汇聚多元文化要素，实现资源共享、优势互补。最直接的，可以向同样归于创意产业的旅游要资源。

一个地市级小剧团的努力很说明问题。

就在上海昆剧团团长、著名演员蔡正仁还在为保住他们团在市中心的排练场每周六的演出一筹莫展时，我们的近邻苏州昆剧团已传来了好消息：这个演员阵容、剧团规模、市场号召力和政府扶持力度都远不及上昆的剧团，2004年演出2000余场次，去除赞助和其他多元项目投入

表2　部分城市剧场数比较

	上海	伦敦	格拉斯哥	墨尔本	纽约	柏林	莫斯科	新加坡
剧场	13	186	29	37	236	170	72	17
音乐厅	1	19	7	7			31	5

注：纽约、柏林剧场数均含音乐厅。

表3　部分城市表演团体数比较

城市 年份	上海	伦敦	格拉斯哥	墨尔本	纽约	新加坡	香港
	2002	1994	1996	1999	1995	1999	1996
人口（万）	1300	690	300	320	900	330	620
团体	73	209	37	24	214	18	38

的收入，纯粹演出收入就已达250万元以上。他们的秘诀是：与旅游联手、与海内外优质品牌联手。从2001年开始，苏州昆剧院采用物质遗产与非物质遗产结合，文化与旅游相结合的模式，在古镇周庄、拙政园、留园、网师园、民俗博物馆等，建立了昆曲演出基地、演出点。短短3年时间，仅周庄昆曲演出基地即实现演出5000余场次，观众超过400万人次。在今年第28届世遗会期间，他们接连推出了《长生殿》、《牡丹亭》、《朱买臣休妻》等三台大戏，引起巨大反响。几年来，他们积极推动昆曲进入中国苏州国际丝绸节、中国苏州国际旅游节、电博会等重大节庆活动，增加国庆、春节等民间节庆活动的演出，并积极参与市政府对外招商、经贸洽谈等各类重要活动的演出。昆曲演出场次从"八五"期末的每年51次猛增至2003年的1200场次。2004年更有突破性进展，实现演出超两千场次。仅仅周庄一个演出点，剧团每年就有100多万元收入。

他们在实践中明确了保护昆曲遗产的基本思路和基本框架。这就是：以苏州市被文化部、财政部列为中国民族民间文化综合性试点为契机，经过数年努力，构筑"节"（中国昆剧艺术节和虎丘曲会）、"馆"（中国昆曲博物馆）、"所"（苏州昆剧传习所）、"院"（苏州昆剧院）、"场"（一批演出场所），同时完善昆曲研究中心，申办中国昆曲学院，打造昆曲之乡和活跃曲社活动，并且优化昆曲电视专场、昆曲网站和建立昆曲演出传播、海外交流机构，制定昆曲保护法规这两个"五位一体"的格局。

中国昆曲博物馆（一期）2003年竣工开馆以来，抢救、保存各类昆曲文物史料3000余件，先后接待各级领导、海外来宾和昆曲界知名人士的重要参观来访一百余次。公办民营的苏州昆剧传习所自2002年复建以来，先后接待了来自韩国、日本和台湾的昆曲爱好者。2001年，又与苏州大学联合建立了昆曲研究中心，组织开展了国际昆曲学术研讨会等多种昆曲研究活动。2003年出版的首期《中国昆曲论坛》在海内外昆曲研究领域产生了积极影响。经过紧张的筹备，2004年11月，由昆曲研究中心承制的中国昆曲网站正式开通，利用现代科技手段建立古老艺术的公众交流平台。苏州昆曲学校招生规模成倍扩大，并成立了昆曲实验剧团。学校还先后与江苏省昆剧院、苏州昆剧院、上海戏剧学院、中央戏剧学院建立联合教学关系。昆剧院与电视台联合推出的昆剧电视星期专场，已播出450余场。吴江市人民政府与苏州昆曲学校合作，定向培养木偶昆剧传人，抢救、保护昆曲木偶艺术；在政府部门的积极扶持下，市区、昆山、太仓等地的8个曲社，先后开展了活动；同时，多所学校的"小昆班"特色教育活动方兴未艾。昆曲专家进入苏州大学等高校讲座，先后开设了昆曲表演班、昆曲欣赏课等，受到了大学生的热烈欢迎。在良好氛围的推动下，年轻观众纷纷走进昆曲剧场。昆曲也走进时尚文化休闲活动中，应邀亮相在沙龙、派对、晚会上。

与旅游产业联手、共享资源将是演出产业的发展趋势。上海戏剧学院等创意规划的华山路"戏剧大道"，特别把观光旅游作为"戏剧大道"重要的建设内容之一。"到2010年，我们希望游客们在上海，白天看世博会，晚上到'华山戏剧大道'看戏"。静安区文化局领导的话语显示剧场在文化消费之外的经济功能将得到进一步开发。

演出产业还可以与教育共享资源。

英国的经验很值得借鉴。在世界著名的戏剧中心伦敦西区，有近40家英国剧院，竞争十分激烈。为了提高票房，许多剧院不惜花费巨资聘请好莱坞大牌明星，争相推出热门剧目。但有两出投资成本低廉、布景非常简单、没有场景转换的话剧却能常演不衰。一部是由英国现代著名剧作家普莱斯特利创作、斯蒂芬·达特利导演的《侦探到访》，1992年在国家剧院首演，1995年起在盖里克剧院上演至2002年长达8年，共演11年。作品具有极强的社会改革意识，虽然故事背景是上个世纪初，但其表达的对英国现代社会的种种不公正的批判和人性弱点的谴责，却跨越了时间、国别和不同的社会制度，至今仍有积极的社会政治意义，获得过多项戏剧大奖。被收入英国统一课程。《侦探到访》特别受小学戏剧教师的青睐，盖里克剧院主要面向学生的下午场，常常在年初就被预定全满。

另一出成本低廉的话剧《黑衣女人》改编自苏助·希尔的悬疑小说。全剧只有3个演员，舞台布景简单空荡，道具是一个藤箱，藤箱时而代表旅行乘坐的马车，时而又变为桌子，颇有些中国京剧的神韵。该剧成功地利用最简洁的手段制造了最神秘恐怖的气氛。它所上演的幸福剧院是西区最小的剧院之一，高明的构思使它享有"如何制作戏剧"的范本之称，成为学习戏剧学生的必修剧目。由斯蒂芬·马拉泰特导演搬上舞台，1989年6月起上演至今达15年。

这两部以学生为最主要观众的作品，角色简单，花费低廉。不用大牌演员，不被庞大的明星费用拖累，《侦探到访》每晚平均上座率约50%，剧院却能保持盈利，演员费用低廉是个重要原因。同时，较长的演出历史本身也是吸引观众的一个重要因素，名声在外，省去了许多宣传费用。演员同剧院签约一般半年至一年，经过一至三星期的彩排便可演出，无须新闻发布，无须制作广告及宣传演员的更换。

演出产业在与教育和旅游联手之中，互相得益、共同发展，这是双赢和多赢的策略。

当然还可以与其他的领域和产业共享资源。不断创新的组织结构和尽可能扩大共享资源领域正是创意产业的活力所在。

第二，应当有定位准确、专业特色鲜明、设施达标的剧场

寻求准确的市场定位，是任何创意产业发展的基本前提。专业特色鲜明、观众对象明确、消费定位正确的剧场是演出产业发展的重要保障。

有固定剧场的演出团体，容易凝聚相对稳定的基本观众群，才可根据市场整合计划，有效调整营销策略，形成观演互动的良性循环。不仅可以省略大量的宣传费用，而且还能建立起品牌。另外，随着当代观众欣赏水准的提高，演出的舞台美术、灯光音响等日益与高科技结合，不仅剧场固有的配置，仅各剧目间的舞台拆卸装置都将会是一笔巨大的开支。剧场艺术专业化、特色化，已成为当今世界城市剧场的趋势，如近十年来，美国大华盛顿地区出现了一批分工明确、特色显著的剧场，在音乐剧、经典话剧、先锋戏剧、新人新作等方面的演出中各司其职。这也是美国文化消费能占家庭消费的30%左右、文化产业产值能占GDP的1/5的基础设施。

有两份报表很值得注意（见表4、表5）：

表4 上海市市属国有剧场基本情况表（一）

单位名称	额定座位		年度出场次		平均上座率		观众人数	
	2002年	2003年	2002年	2003年	2002年	2003年	2002年	2003年
上海大剧院	1732（1631）	1732（1631）	582	500	80%	85%	480000	410000
上海马戏城	1638	1638	162	219	29%	43%	75651	154000
美琪大戏院	1328	1328	198	170	76%	80%	201000	225760
上海音乐厅	1122		140		76%		120000	
兰心大戏院	666	681	283		44%		82191	
宛平剧院	1007	1007	233	147	69%	76%	163000	112502
天蟾京剧中心逸夫舞台	928	928	442	320	86%	88%	353000	261300
艺海剧院	999	999	101	99	67%	80%	68000	95300
话剧艺术中心剧院	530	530	320	349	80%	95%	83928	117200

表5 上海市市属国有剧场基本情况表（二）

单位名称	演出总收入（万元）		年度上缴税金（万元）		从业人员		平均票价（元）	
	2002年	2003年	2002年	2003年	2002年	2003年	2002年	2003年
上海大剧院	6220	7606	21.42	141	170	159	447	381
上海马戏城	582.5	350	19.4	19	52	52	280	280
美琪大戏院	350	393	19	20.8	45	45	242	292
上海音乐厅	121.3		4.8		40		95	
兰心大戏院	117		18.6		45		74	
宛平剧院	92	56.6	3	1.86	14	20		
天蟾京剧中心逸夫舞台	262	192.8	21	17.8	39	39	144	152
艺海剧院	128.8	161.5		5.2	31			
话剧艺术中心剧院	606	449.2	20		20	20		

注：1. 上海大剧院场次中含中剧场（610座）；话剧艺术中心剧院场次中含小剧场（280座）。

2. 上海音乐厅2003年停业大修；兰心大戏院2003年停业大修。

3. 平均票价根据上海市统计局有关要求计算，即周五、周六晚6排至8排的平均票价。

最有市场号召力的上海大剧院平均上座率却输给了话剧中心艺术剧场，这很令人意外。

上海大剧院是目前上海设施最完备的新建剧场之一。原设计是为歌剧舞剧演出的专门剧场，但由于其特殊的地位以及市中心剧场资源紧缺的缘故，结果成了万能剧场，歌剧、舞剧、戏曲、京剧、话剧、滑稽戏、音乐剧、音乐会等轮番上演。而大剧院剧场格局、地理位置、规模空间、座位人数等，其实并不合适某些剧种，平均上座率下降也就在所难免。即使上演音乐剧，在大剧院的大剧场也未必能达到最佳欣赏效果，由于前排位置比较低，观众无法完整观看到舞台地面。欣赏歌剧、芭蕾舞时可能还是优势，但对于讲究舞台特技效果的音乐剧来说，却会造成欣赏损失。《剧院魅影》中，大量干冰营造出的湖面行舟效果，前排观众就难以感受到。网上常有观众留言发牢骚："我咬牙买了最贵的票进场，凭什么看不到最经典的场面?"这其实是对上海大剧院的定位提意见。

而上海话剧中心就有意借鉴了比较成熟的美国演出市场的运作方式。美国著名或较著名的专业艺术团体一般都有自己的或长期租用的演出剧场，实现自产自销。同时其市场部也负责联系和安排在其他场地的演出。每年的演出季，这些团体都会向公众推出一批新剧目。通过经纪人推销，由演艺公司组织演出。一般艺术团体和艺术家个人都会聘请经纪人代为推销演出，然后由演艺公司根据需要选购并在全国和地区性的演出交易会上推销节目。美国艺术表演主办者协会每年1月在纽约举办一届大规模的演出市场研讨会和演出交易会，一般会有3000多位美国和其他国家的演出商、演出团体的经理或经纪人、艺术节的负责人、艺术家和艺术管理机构负责人等参加。在为期4天的交易会上，供求双方见面交谈，需求方还可通过现场观看演出片断或录像来遴选节目，同演出单位或经纪人当场签约敲定或预约安排演出场次和时间。

固定剧场给演出团体带来积极性和实际动作的便利。1995年，上海两家话剧团合并成立上海话剧艺术中心时，从国有资产的保值增值、话剧事业的长远利益出发，他们将原计划建造职工住房的地处市中心的三千平方米土地资源进行置换，建造了内含两个剧场的话剧大厦。设施先进、功能齐全的专业话剧剧场的建立，为剧团创造品牌，培养观众，凝聚人心，稳定创作队伍，促进生产，加强国际交流提供了硬件条件。演出经纪人的确立，市场部的营销推动，"场团合一"，经管分开，相互促进，协调发展，使话剧创作演出在市场中迸发出活力。上座率超过大剧院也是势在必得的了。

其实，不仅剧团应当有固定剧场，有特色的剧目也可以形成自己固定的剧场。阿加莎·克里斯蒂的作品《捕鼠器》，自1952年在伦敦西区的大使剧院首演以来，每晚一场，逢周四和周六加演下午场，不间断地上演了51年。成千上万的海外游客，将观看《捕鼠器》列为与参观大笨钟和议会大厦并列的旅游项目。在长期的演出历史中，剧场、剧目与剧团一起变成了品牌，大大提高了产品的附加值，降低了成本，扩大了影响。

第三，演出产业必须形成产业链。要立体策划营销，挖掘内容资源、延伸产业链，开发设计衍生产品

演出团体不能只将精力投入演出本身的排练、演出。而应当充分开发衍生产品，将产业链延伸到演出前包括剧本征集和演出后产品的拓展，丰富品牌内涵，变"短线"为"长线"，将戏剧的市场化元素有机联系起来。这不仅可使剧目的社会效益、经济效益实现最大化，而且能营造一个更为广阔的演出市场成长的经济生态环境。

备受传媒关注的北京儿童艺术剧院，就是将剧目的策划、生产同衍生产品的设计、制作和销售做通盘考虑，以"边厅文化现象"吸引全国演出市场视线，而获得了可观的经济收益。

2004年1月，北京儿艺确定了"以儿童舞台剧为龙头，搭建儿童文化产业链"的五年发展战略。在大型魔幻童话剧《迷宫》的创作演出中，采用多管齐下的立体营销策略。前期以20万元高价向社会征集剧本，先声夺人，引起广告效应；中期招聘孟京辉、史航、三宝等业内优秀专业人士组成创作班子；后期则通过竞标产生票务代理公司，推出不同价位的家庭套票。种种举措令人耳目一新，有力地打破国内儿童剧演出市场的低迷势态，吸引众多孩子甚至成年人来到冷落多时的剧场。同时他们花大力气进行后产品开发。在市场调查的基础上，设计了与剧目内容相关的T恤衫、吸管杯、钥匙链、贴画、扇子、小说、快乐棋、胶画、人物卡通帽和毛线手偶等十多种产品，于剧目演出时在剧场发售，形成热闹的"边厅文化现象"。乘胜追击，他们又利用《迷宫》主人公小男孩"果冻"的形象，策划出版了未成年人思想道德建设漫画读本《小果冻今天懂事了》，既为中小学生进行思想道德建设提供了教材，也取得了经济效益。不到三个月，《迷宫》已演出59场，票房收入575万元，后产品销售收入61万元，创出儿童剧单场次最高票房等多个纪录。

在研发后产品、推出少儿朗诵和表演培训的同时，他们还与专业机构合作开发了儿童心理咨询等高端培训项目，启动"角色互换训练营"等衍生项目，开发制作音像制品。儿童艺术的生产和创作空间在北京儿艺人眼中变得十分广阔，他们表示将把青少年艺术培训作为未来一项重要业务，同时与北京电视台洽谈动漫产品的制作生产，为北京电视台和其他省市的动画频道和青少年频道提供高产量、高质量的动漫及青少年节目。

成功举办过张惠妹、安在旭、莫文蔚等人演唱会的北京综艺博览公司，2004年推出了"乐歌方志·陕北篇《山丹丹开花红艳艳》"专场演出，同时推出陕北的剪纸、服

装等一揽子行动。公司总经理刘国超主张“专业的公司做专业的事，但需要用合同的方式把大家连接起来，每个专业公司都是这个产品链上的链条，做得越专业，在链条中越稳定。”以这样的营销策略，他们打算将民族文化做成流行文化产业，接下来是太行篇、草原篇、雪域篇等。在2008年奥运会前，占领民族文化的演出市场。

演出消费附加值和后产品的系列开发，形成有多个经济增长点支持的多元化盈利模式，现代营销学的运作思路和操作程序，使两家演出机构都在经营方面实现了历史性突破。

第四，必须集合优势开发原创的品牌

一个好的品牌往往能带来丰厚的利润。

由苏格兰风笛和爱尔兰踢踏舞编织而成的《大河之舞》被称为世界上最盈利的歌舞剧，每年可以产生约1亿美元收入，靠的就是品牌优势。韩国发展文化产业的基本战略是集中力量开发具有国际竞争力的高质量文化产品。而法国钢琴王子理查德·克莱德曼在中国多年巡演，已成为法国推销“克莱德曼”牌的一系列奢侈品的前奏：2003年，7间“克莱德曼”珠宝店已在上海、武汉、长春、青岛、石家庄等地开业；2004年年底，负责以理查德·克莱德曼的名字命名的奢侈品品牌在亚太地区进行授权推广的IBE深圳公司宣布，克莱德曼品牌除了过去所经营的珠宝产品，接下来会寻找钢琴、皮具、男士服装等产品的中国合作方。理查德·克莱德曼本人以后不仅来中国弹钢琴，还要教钢琴、卖钢琴，以“理查德·克莱德曼”命名的钢琴艺术培训学校将在北京成立，克莱德曼可能用以他自己的名字命名的钢琴授课，而且将用以自己的名字命名的钢琴在中国演出。相信后续衍生产品还会不断被开发出来。一个优质的演出品牌，带来多大的经济利润！更重要的是，理查德·克莱德曼的品牌，推动了整个法国民族文化和生活方式在我国的传播，“克莱德曼形象可代表法国文化的华贵与优雅，以其冠名的珠宝、钢琴、服饰、皮具等产品将成为象征法兰西自由个性的高品位品牌”。随着产品无数次被重复传播，这当中的价值，他对中国的影响，已经不是光用经济指标能够衡量的了。

同样要注意的是，品牌产生有其自身规律。经得起市场考验的品牌，往往也需要经受时间的洗礼，必须有足够的耐心。“钢琴王子”理查德·克莱德曼从1992年起，就频繁来中国演出，成为对中国影响最大的演奏家之一，他是集十几年演出之积累，才开始品牌衍生产品推销的。

品牌不可能一蹴而就。任何行政命令式的拔苗助长和不计成本的盲目大投入都是与品牌之路南辕北辙的。

创意经济时代的演出产业还应该注意对不同民族文化资源的吸收创新；与时代同步的高科技应用；立足现代，接通历史与未来的剧场改造；全方位地整体票房营销，以摊薄成本、降低门槛、提高民众观看的热情；演出经济人的复合式培养等等。

（选自《戏剧艺术》2005年第4期）

加深对无形文化遗产的理解，促进对无形文化遗产的保护

于海广

最近招收了几名博物馆学专业的研究生，因此在原来考古学专业方向之外，更多关注了博物馆学的研究。近期阅读了一些无形文化遗产保护方面的文章和讨论，越发感到这是一个非常重要的课题，不管是其令人担忧的现状，还是目前人们对它的重视程度，都觉得这是一件刻不容缓的工作。出于专业的习惯，想尽快写点东西投入到研究中，并做一些具体的事情，于是就与几名研究生集中学习有关无形文化遗产保护的论述，以尽快全面掌握这方面的研究动态和最新成果。经过反复考虑，产生了结个集子的想法。几经与研究生和学术界对此感兴趣的朋友讨论，作了具体的分工，争取能出成果，如果在学术界和社会上对促进无形文化遗产的研究及保护能有所作用就感到很欣慰了，这就是编辑这个集子的所有目的。

要结成一个集子，就要有一个基本的框架。经过数次商讨，确定出以下几个方面的内容：对无形文化遗产保护的认识过程；目前对无形文化遗产名称和内涵的探讨；无形文化遗产基本特征研究；无形文化遗产分类辨析；保护无形文化遗产的急迫性和重要性；无形文化遗产与其他学科的关系；对无形文化遗产保护方法的探讨；结合山东地区实际，举出几种典型代表，对其存在现状和实施保护的分析；实地调查

体会和参观见闻等等。据此形成对无形文化遗产研究的整体结构，既是对这一问题的系统认识和研究，同时也便于人们对此能有一个较全面的了解。这样，虽然是数人分头写作，但组织在一起也能有一个整体性和系统性，如果每个人都能写出新意，作用和效果会更好一些。

“无形文化遗产”作为一个概念、一个命题是近几年才出现在学术界的，应该说这是联合国教科文组织和国际博物馆协会倡导和推动的结果。几年来，不管是联合国教科文组织，还是国际博协组织的有关国际学术（工作）会议都把保护无形文化遗产放在重要的位置，使越来越多的社会组织、相关学者对此更加关注和重视，成为遗产保护工作中的一个重要内容。在此影响下，在我国遗产保护学界也形成了一股研究热潮，探讨无形文化遗产的文章在短期内急剧增加；另外，我国在国际“申遗”方面初见成效，也促进了这股潮流的发展。我们认为，从一个学科范畴的角度来理解，无形文化遗产的提出有重大的学术意义和现实意义：它首先是遗产研究深入发展的结果，同时也是遗产保护要求的必然；它既是科学研究细化的正常现象，又是促进学术研究的一个动力。

在传统的文化遗产研究中，对于自然遗产暂且不说，仅就人类文化遗产方面，人们普遍关注的是有形文化遗产，在有形文化遗产研究中，对古代的主要从遗迹、遗物着手，对近现代的则侧重于民俗文化，在具体研究时，是以物品形态即人们可以看得见和摸得着的实物为基本对象，所以称之为“有形文化遗产”。在研究有形文化遗产时，不管是遗物还是遗迹，往往会直接或间接地折射出无形文化遗产的存在。例如，考古发现的新石器时代以来的历代乐器，其种类和数量逐渐增多，一方面说明了乐器的传承和发展，同时也引导人们思考当时乐曲的存在和发展情况。孔子感叹听到“韶乐”而“三月不知肉味”，是今天听不到的乐曲声和看不到的情景。又如，出土的夏商以来的青铜器，其中很多是古代的礼器，说明当时存在一定的礼仪制度，这在传世文献中可以得到印证。“周礼三百，仪礼三千”是周代礼制的真实写照，但仪礼活动的场面是留不下来的，这些无形的、动态的财富不能再现，成为人们虽感遗憾但又无能为力的习惯认识。到20世纪50年代，日本《文化财保护法》中的有关条文，首先触及到无形文化遗产的保护，应该说具有先导意义，成为在法律制约下的积极保护行为，而且也使人们在学科意义上认识到除了有形文化遗产外，还有无形文化遗产的保护责任，并逐渐清理出“传统的”、“有地域特色的”、“动态的”、“以人体表现为特点的”无形文化遗产，使它与有形文化遗产共存于世。这一认识产生的影响不仅在日本本土上，其波及面逐渐扩大，发展到今天成为国际性的文化遗产保护潮流。在我国，人们对民俗、民间文化的抢救、保护有些就属于无形文化遗产的内容。今天已经成为共识的人类文化遗产有两大类：一类是有形文化遗产，另一类是无形文化遗产。有形文化遗产需要保护，无形文化遗产也需要保护，或者说更需要保护以及如何保护的问题。这些成为人们学术探讨和实践的新问题。

对于无形文化遗产名称和内涵的界定，是目前讨论的重要内容。可以说从国际博物馆学界开始提出无形文化遗产概念至今，学者们虽然绞尽脑汁，但还没有取得概念上的共识，以至于有的学者用“不是有形遗产的都是无形遗产”来被动概括其概念。一方面是因为涉及无形文化遗产研究的时间不长，人们的认识有一个逐渐规范的过程；另一方面也可能存在中文翻译上的准确性问题。我们认为，在名称上不管是叫做“无形文化遗产”还是“非物质文化遗产”，也不管对其概念如何表述，其内在特点主要有：它是“在历史进程中创造的”、“以人体本身表现的”、“具有区域（或民族居住区）特色的”、“以世代相传而得以延续的”、“非静止的”并“流传于今的”，是人们在日常社会生产、生活中的娱乐、礼仪、技艺等方面的存在现象。对其表述固然可以继续进行讨论，因为这是学术研究以及具体工作实施的基础，但在这里，我们特别强调的是无形文化遗产的“原生性”和“非静止状态”两个方面。首先谈原生性。我们所说的无形文化遗产是在具体的环境中存在的，它更多地保留着传承因素，而不是用现代包装过的表现形式。例如西北地区的民歌演唱，从无形文化遗产的角度是指在黄土高原上，人们抒发感情的歌唱流露，它以粗犷、高亢、豪放为特色；而今天舞台上，经加工的表演艺术是西北民歌的新发展，它脱离了黄土高原的环境，脱离了现实生活所迸发出的激情，所以它已经不是传统的、原汁原味的西北民歌了。又如东北地区的二人转表演艺术，它以灵活、洒泼、喜庆为特点，是随时可以发挥、展示的，是当地人们喜闻乐见的民间娱乐形式；而经过舞台的包装，就失去了“乡土味道”。在这里我们丝毫没有否定文艺要改革、要创新的偏见，也没有无视新的表演形式在观众中的积极影响，只是从保护传统文化的原生性和多样性的角度，从保护无形文化遗产的原生特色来谈论的。传统技艺方面也是如此。例如，几十年前还存在的仿古陶器制作技术，现在已经发生了很大的变化，其中的手工拉坯多改为用灌浆法成型工艺，传统的用松柏枝干作燃料已多改为用煤炭燃料甚至用电炉烧制，真正完全用传统的工艺已经极为罕见。另外，无形文化遗产的“非静止状态”是指它不同于有形文化遗产的凝固性特点，而是一个动态的发展过程。例如古代的一件石斧，它作为有形遗产的对象，石料是它的媒介，斧型是它的存在形体，它是生产时期石器制作技术完成后的固体表现；又如，一位歌唱演员的演唱艺术，是指作曲者的曲调、作词者的创作、演唱者的理解和演唱风格（二次加工）的综合体现，石斧可以遗留在今天和以后，而演唱风格和技巧则是一过即逝的，换一个时间或改变环境，即使同一演员其演唱效果也不完全相同，这正是因地而异、因时而不同的动态特点，与遗迹、遗物的凝固性特征完全不同。

我们认为探讨无形文化遗产与其他学科概念一样，有广义和狭义二层含义。研究无形文化遗产的重要目的在于保护，而无形文化遗产渗透于社会生活和生产的各个方面。今天存在的各种现象，除了有些是当今社会发明创造的外，绝大部分都是传承至今的，有其发展、延续的过程。即使是新创造的，也往往要借助其他社会条件为基础，从这个层面来理解，无形文化遗产几乎可以说是无处不在，这是无形文化遗产的广义内容。而我们所讲的保护主要是指其中最有典型性和代表性的部分和内容，是无形文化遗产中的优秀对象。正如联合国教科文组织在“申遗”中把确定的对象称为“优秀遗产代表”，这是因为社会发展的过程是一个不断吐故纳新的过程，吐故就是淘汰，纳新就是继承和发展。没有这种吐故纳新，社会就会停滞不前。那些不适应社会发展、失去进步意义的内容被抛弃是正常现象，是社会发展的规律和趋势，被淘汰的和要弘扬的都是无形文化遗产的内容，我们对无形文化遗产的保护重点就是适应社会发展、有生命力、有积极意义的对象，我们不能、也没必要不加选择地保护所有的无形文化遗产，从这层意义上说，应该是无形文化遗产的狭义内容。有了这种理解和认识，在探讨和实施无形文化遗产保护时，就会更加集中、更有针对性，也就会取得更好的实效。

在谈到保护无形文化遗产的紧迫性时，学者们从不同的角度论述了其理由。我们最欣赏有的学者“关照历史，着眼未来”的提法。我们认为，在历史发展的每个阶段，都有许多为后世借鉴的经验，有许多宝贵的财富，这些经验和财富在当时发挥着重要的作用，否则今天的社会就不会是这个样子。然而，随着社会的发展，这些经验和财富会陆续退出历史舞台，失去它昔日的光辉。但是认识人类自身的历史，是总结历史经验的需要，是人们精神生活的需要。一位先哲所说的“温故而知新”也包含着这一层含义。保留曾经的存在是社会文明的表现，不了解自己民族历史的民族是可悲的民族。况且，我们中华民族具有悠久的历史，它既是人类文明的一个重要组成部分，又为世界文化之林作出了巨大的贡献，这是每一个炎黄子孙都为之自豪的。在今天世界经济全球化大潮下，它的存在和发展都面临巨大的挑战，继承和发展中华传统的文化对我们来说是一个极其艰巨的历史使命。例如，《天工开物》中记载的大量优秀工艺，现在失传了绝大部分，这是令人感到痛心的。所以“关照历史，着眼未来”是我们的责任，弘扬中华传统文化的优秀成分，尤其是其中的无形文化遗产内容，对说明过去和将来的发展都有着重大的意义。全球经济一体化对社会的冲击是全方位的，不仅是物质的，其中也包括精神的和文化的。对这样的一种冲击和挑战，有人用摧枯拉朽之势来形容，是一点不过分的，越是传统的东西面临的挑战越强烈。一位革命导师说：“忘记过去就意味着背叛。”他是从激励人们革命斗志来说的，从关照历史的角度来讲何尝不是如此。回味过去是人们怀古的需要，也是一种精神享受，目前时兴同学聚会、战友重逢，回忆几年、十几年、几十年前的往事，就让人其乐融融，而回味社会文化的优秀精华，丰富多彩的民间风情，让人感叹称绝的特殊技艺，这些属于无形文化遗产的内容，对着眼未来定会有巨大的作用和意义。

无形文化遗产存在于社会的各个方面，有的属于精神生活，有的属于物质生活，在讨论无形文化遗产的名称和内容时，研究者往往用列举内容的方式来作说明。有的学者总结出“口头传说和表述、表演艺术、社会风俗、礼仪、节庆、有关自然界和宇宙的知识和实践、传统的手工艺技能”作为无形文化遗产的具体表现，也有的学者排列出“神话故事传说、民间歌谣、谜语、谚语、歇后语、音乐、舞蹈、戏曲、皮影、剪纸、绘画、雕塑、刺绣、印染等艺术和技艺以及各种礼仪、节日、民间体育活动”等。实际上，随着研究的深入，我们会发现更多的具体内容。我们认为，无形文化遗产是人们在社会实践中创造和发展的，是人们对自然界认知的一种流露，是生产力的一种集中表现，是精神生活需求的表达，是各种社会习俗或制度的实践。如果从学科类别的角度来说，无形文化遗产的内容涉及到多种学科领域，或者说即使是某一项无形文化遗产也与几个学科都有关系。相对来说，无形文化遗产与文学、历史学、艺术学、宗教学、民俗学、民族学、工艺学等的关系更为密切。这些学科自身又各有更细的划分。例如，艺术有音乐、舞蹈、绘画、雕塑等；历史学有以文献为主要研究对象和以实物为主要研究对象两大类组成；工艺学则可以从工艺方法或产品对象的角度进行划分；而无形文化遗产则渗透于这些不同学科以及它们不同的类别之中，所以它的存在具有广泛性与普遍性的特点。另外，我们从对无形文化遗产的研究、保护和弘扬来说，它与博物馆学、旅游学有着直接的关系。在探讨无形文化遗产的学科归属时，很难把它划入上述哪一个具体的学科。我们认为，从无形文化遗产的客观存在形式以及对它的认识、研究、保护综合考虑，把它划入文化遗产保护的范畴最为合适。这既符合它的本质属性，又与当前国际上对它的保护与研究相一致。在上述与无形文化遗产相关的诸学科中，我们侧重谈一下无形文化遗产与博物馆学及旅游学的关系。

以研究博物馆工作为重点的博物馆学认为，从发展的角度说，博物馆的功能是随着社会的发展而不断丰富的。在传统观念中，博物馆收藏、研究和展示的首先是具体的物，即收藏品。博物馆是以物为基础来说话的，这些物品当然是物质的、有形的，所以博物馆似乎是有形文化遗产的阵地已成为专利。但是，如果我们从更宽泛的视角来分析，博物馆则要收藏、展示、研究及传播文化遗产。随着无形文化遗产这一命题的提出和研究的深入，作为人类文化遗产的组成部分，博物馆自然要承担对它的研究和保护，而且在对有形文化遗产的研究和阐释中，也不断涉及到无形文化遗产的内容。从文化遗产的宏观研究方面看，有形的与无形的文化遗产之间没有一条相隔的鸿沟，反而有紧密的联系。虽然我们认为对无形文化遗产的保护决不是仅有博物馆可以完全承担，但博物馆要承担保护无形文化遗产的任务是毫无疑义的；特别是在无形文化遗产面临严峻的冲击和挑战的今天，博物馆要在“保护”、“记忆”、“弘扬”中充当主力军的作用就显得尤为重要。

随着人们经济条件的日益改善和提高，旅游在社会生活中逐渐“进入寻常百姓家”，旅游开发作为旅游学的重要内容越来越受到重视。无形文化遗产中的许多项目往往是在一定领域内深受人们欢迎的，使外地游客感到新奇。例如，山东快书是在山东、河北地区很受欢迎的地方文化项目，清脆、响亮的打板技术，脍炙人口的武松打虎故事，演唱者夸张、诙谐的表情，这些因素融合在一起而引人入胜，让人百听不厌。但由于客观原因，现在表演山东快书的人寥寥无几，它也属于无形文化遗产中要复制和弘扬的地方文化项目。集合旅游开发，创造表演环境，培养接班人使之延续，除传统节目外，创作新段子，既可以吸引观众，促进旅游活动，也对保护无形文化遗产有积极的意义。把旅游开发和无形文化遗产保护进行结合，将为旅游事业开辟出新天地，诸如此类的事例不胜枚举。

对无形文化遗产的保护是历史赋予的时代使命，已经随着人们对无形文化遗产认识的逐渐深入而被越来越多的人所重视。至于如何保护无形文化遗产，具体的保护方法目前在学术界比较集中的认识有两条途径：一条是“记忆”方式，我们可以称之为“记忆保护”，即用现代化的手段，如录音、录像、摄影、摄像、文字记录等方式，把那些难以延续发展、甚至面临失传的项目保存下来，作为今后展示和存储的资料依据；另一条是“延续”方式，我们可称之为“延续保护”，即创造和提供其生存的环境、条件，用培养接班人的方法使其延续下来，保持其世代相传的特点。这两个途径是经实践证明并行之有效的保护方法。在这里我们强调说明的是，在我国，由于历史悠久、民族众多，加之地理复杂、气候条件各异，形成了无形文化遗产十分丰富的局面，并且这些遗产各具特色，我们可以用精彩纷呈来形容，这是中华民族的一笔宝贵财富。我们审视中国的无形文化遗产时就会发现，即使是同一类无形文化遗产项目，在不同地区其表现形式也有很大的差别。例如，传统民歌类，仅就其中表现男女恋情的存在数量就很多，但在不同的民族、不同的地区，从曲调、词意、表达方式都存在巨大的差别；同样是一个传统节庆，在不同地区的庆贺方式也有很大的差别。另外，有的无形文化遗产项目流行的区域比较广泛，如春节、元宵节、清明节、中秋节等；有的仅存在一定的区域、某个民族内，如泼水节、那达慕节等。就是流行范围较大的项目也因地而异。如与人们生活息息相关的饮食文化，南甜、北咸、西辣、东酸是总的地域特征，而八大菜系烹调技术和食用气氛也互不相同，这些都反映出中国无形文化遗产的丰富、多样，对这些无形文化遗产的保护、弘扬是一项巨大的文化工程。然而从我国目前的国情实际看，我们不可能在短时间内对所有的无形文化遗产都采取有效的保护措施，这与当前全球一体化给无形文化遗产带来的冲击形成巨大的矛盾。对此，我们可以参照国家对文物古迹（即有形文化遗产）“两重两利”的政策，根据遗产的内容、历史渊源、存在现状、影响程度等制定出保护计划，分出轻重缓急，分别利用“记忆保护”和“延续保护”方法去实施保护。这样既符合我国无形文化遗产的存在现状，又适合目前的人力、物力、财力的投入能力。同时我们还可以寻求与境外的合作，在条件允许的情况下，对双方都感兴趣的内容进行深入研究及合作保护。另外还可以动员社会上的有识之士，结合市场经济的杠杆力量，为保护无形文化遗产作出贡献。我们上述认识的基础，则需要对无形文化遗产进行全面、系统的社会调查，摸清无形文化遗产的存在状况，排出保护级别，对此可以参考对文物古迹的考古调查工作。为了掌握文物古迹的存在状况，我国不同规模的考古调查已经进行了很多次，尤其是建国后，可以说这方面取得了巨大的成绩，为文物保护奠定了基础。今天我们对无形文化也应该采取类似的方法，作深入细致的调查，以便实施保护。总之，我们认为，要加强对无形文化遗产的保护，首先要引起全社会的关注，组建科学的保护体系，运用有效的保护方法，保护无形文化遗产一定能够取得可喜的成果。

在对无形文化遗产的研究中，类别划分是一项基础工作，对促进无形文化遗产的认识和综合研究有重要的作用和意义，这也是一项很有难度的工作。在目前的研究中，有的学者提出对无形文化遗产类别划分很重要的一点是划分标准要一致，否则会造成分类的混乱，失去其科学性。我们认为，对无形文化遗产进行分类研究的目的以服从研究需要和便于实施保护为出发点，所以在分类研究中，可以设计多种方案，采用“百花齐放”的方针，不要拘泥于一个方案，一种模式。如果要寻找其他分类经验为借鉴的话，我们认为，同属于人类文化遗产的有形文化遗产分类方式可以作为最近距离的参考。博物馆藏品的分类是以有形文化遗产为基础的，今后无形文化遗产也将以相应的形式加入其中，二者之间也存在一个相互照应、尽量规范的问题。在博物馆学界，对馆藏品的收藏、管理、研究和展示诸方面工作中，首先有一个馆藏品的分类问题，作为一个具体的博物馆来说，制定本馆的藏品分类原则是首要的和基础的工作。各博物馆根据自身藏品的特点、数量多少，并结合本馆的收藏条件制定出适合本馆的分类标准。虽然随着管理手段智能化的普及，规范化分类是发展趋势，但传统的分类方式仍然有重要的参考意义和价值。在我国的博物馆藏品分类中，第一层次的一般有时代分类法、质地分类法、地区分类法等，在此基础上再进行第二层次、第三层次的分类。我们举一个例子来说明。某一博物馆第一层次采用时代分类标准，依旧石器时代、新石器时代、各历史朝代为序作为时代框架，形成前后有序的时间单位，这其中如果再分为不同期段的话，史前阶段可用早、晚期或者早、中、晚期，各历史时期依帝王世袭为序，把所有藏品定出归属。第二层次以质地为标准，在每个时间单位内，把陶瓷器、玉石器、骨角器、金属器、漆木器及纸张类等作为质地类别，把每一个时代所属的器物分为不同质地类别。第三层次以器物名称标为准，如鼎、盆、斧、刀、锥、罐等。这样每一件藏品在库房内都可以纳入到这个分类体系中，都有其具体的摆放位置，并与馆藏品账目相一致。如果要查找某一件器物，只要在分类账目上查出时代、质地、器名和藏品号，就很容易在库房的相应位置找到原件（属于第几库房、第几区、第几架、第几格），不管藏品数量有多少，类别多复杂，只要划分清楚，账物相符，查检时是非常方便的。如果运用其他分类标准，道理是相同的。对博物馆藏品的分类在实践中证明是科学的、规范的，由此我们考虑对无形文化遗产类别的划分也应该有一个分类分层的标准。可以设想，从其行为目的可分为娱乐类、礼仪类、生产类为第一层标准，还可以从其表现形式分为语言类、动作类、语言动作结合类为第一层标准，然后再确定第二、第三层标准甚至第四层标准，这样使各种无形文化遗产项目都能纳入到类别体系中，只要划分的科学、合理，同一类别中的共性可以清晰地表现出来，对促进深入研究是非常有益的。同样，我们也可以借鉴生物学的分类方法，以门、纲、目、科、属、种为体系进行划分。

对无形文化遗产特性的探讨也是非常重要的问题，特别是在学术界对无形文化遗产的定义还没有取得共识的情况下，对其特性的概括也有对其定义和内涵进行补充说明的作用，所以，学者们对此都非常重视。从目前的研究看，对无形文化遗产的特性认识主要集中在以下几个方面：第一是它的非物质性，这是与有形文化遗产即物质文化遗产的主要区别。有形文化遗产之所以称之为物质文化遗产，就是因为它以某种物质形体的存在为前提，用通俗的话来说，就是看得见、摸得着的实物；而后者则没有具体的物质形态，它是在人的大脑指挥下的动作表达，即使有的无形文化遗产需要借助媒介物来表达，如用道具来完成舞蹈，用古琴来弹拨曲调，但道具本身只是辅助工具，不是无形文化遗产本身。第二是无形文化遗产的动态性，有人称其为“活态性”。这是指无形文化展示特性，它是靠人的动作来完成的，如一首民歌，它是演唱者按照曲调一字一句传达给观众的，一种手工艺技能是通过一道道工序完成的。而有形文化遗产则是以静态的形式展示给观众，是凝固形态的遗留，如一段城墙、一座宫殿等。第三是它的延续性。我们认为称作“传承性”更为准确，它是指无形文化遗产的存在有一个发展过程，即它是在产生（发明或创造）、变化（随时代的发展）、成型（基本状况）的过程中存在的。这其中有两层含义：一是说它的存在是有渊源的；另一个是说它是以人的传授为基本方式，父子相袭、师徒相传为主要方法，从而形成世代相传的特点。至于有人谈到的其他特性，多是与上述特性相近或延伸，不再一一赘述。在此，我们提出作为无形文化遗产的特性，还应该有一个“流传于今”的内容。今天提出保护、弘扬无形文化遗产，主要是指现今还在流传（包括受到各种挑战、冲击而面临失传）的项目，对于在发展过程中已经失传的，我们只能借助相关资料进行追溯，这同人们对有形文化遗产的诠释或对社会现象的研究是相同的，能流传于今的无形文化遗产项目一般来说其生命力较强，当然也有与现代社会相适应的因素为基础，对这些还存在的项目能否使其发展下去和通过各种手段保留下来，则是我们工作的关键和实际意义之所在。

山东不仅历史悠久，而且作为齐鲁之邦还有着浓厚的文化积淀，是中国重要的文化区之一。巍巍泰山为山东的古风助威，滚滚黄河为齐鲁的民俗欢唱，孔府、孟庙、蓬莱仙岛为山东地区的人文、自然风貌添彩。自古以来，勤劳朴实的山东地区先民为中国文化的发展作出了杰出的贡献，铸就了无数的辉煌。从无形文化遗产来说，娱乐类、节庆类、礼仪类、体育类、技能类中都有典型代表。在社会快速发展的今天，保护和弘扬山东地区的无形文化遗产是一项艰巨的任务。用科学的发展观审视和确立山东地区的传统文化项目，发掘其历史内涵，制定对它们的保护方案，为无形文化遗产的研究、保护作出杰出的贡献有着美好的前景。

我国对无形文化遗产的保护工作还处于起步阶段，但是对民俗、民族文化的抢救很早就已经开始，其中很多就属于今天无形文化遗产的内容，至少在建国以来这类工作取得了一定的成绩，积累了成熟的经验。随着无形文化遗产命题的提出，我国政府和文化主管机关非常重视这一工作，积极投入到国际学术讨论中来，相关的法律正在酝酿，专门的研究机构陆续组建，宣传和教育的力度不断加大，重要的项目保护计划也开始实施，学术研究日益深入，我们有充分的信心，中国无形文化遗产保护和研究一定会取得重大的成就。

（选自于海广主编：《传统的回归与保护》，山东大学出版社 2005 年版）

关于博物馆发展文化产业的思考

冯庚武

党中央历来高度重视社会主义文化建设，特别是党的十六大报告要求“积极发展文化事业和文化产业”，第一次明确提出“文化事业”和“文化产业”分类发展的概念。党的十六届三中全会《决定》进一步提出要促进公益性文化事业和经营性文化产业的协调发展。在新的形势下，文化行业已经不是以往那种单一事业性质，文化产业和文化事业都是社会主义文化建设的重要组成部分，两者相互联系，缺一不可。所以，我们必须坚持做到“两手抓”、“两加强”，即：一手抓公益性的文化事业，加强政府对文化公益事业的扶持力度；一手抓经营性的文化产业，加强市场机制对文化发展的促进作用。这既是完善社会主义市场经济的需要，也是深化文化体制改革的重要组成部分。就博物馆来说，已经明确属于公益性文化事业单位，在这种情况下，能否发展文化产业，怎样开办文化产业，如何处理事业和产业的关系，是一个值得重视和思考的问题。

一

公益性文化事业是指不能实行产业化和非盈利的文化成分，主要是为公众服务。而文化产业是指从事文化产品生产和提供文化服务的经营行业。虽然社会主义文化产业要求把社会效益放在首位，但必须努力通过市场实现文化产品和文化服务的经济价值。博物馆的性质属于公益性文化事业单位，必须按照“保护为主、抢救第一、合理利用、加强管理”的文物保护工作方针，搞好文物的收藏保管、陈列展示和研究宣传工作。因此，发展博物馆事业，主要靠政府扶持、社会赞助，并通过深化内部改革、增强活力、改善服务，来满足人民群众的基本文化需要，在提高国民素质方面进一步发挥独特作用。但这并不意味着博物馆只能依靠政府增加投入，不能从事经营性活动，不应该通过自己所掌握的藏品资源提高运营效率。20 世纪后半期以来，一些国家的政府为了减轻财政负担和提高博物馆的运营效率，把博物馆管理权和部分营运权租让给商业企业，甚至采取将博物馆私有化的举措。有鉴于此，国际博协 2001 年颁布的《职业道德准则》专门设置了“外来资金支持”、“创收活动”两节条文，用以规范博物馆的经营行为和坚持博物馆固有的非营利公益性质。对博物馆的定义并将博物馆非营利性作为本质属性的界定写进国际博协，是由博物馆经营活动最发达的美国首先提出的，有识之士希望通过这样的定义确保博物馆经营活动的正确方向。当然，只有政府负起保护遗产、扶持博物馆发展的主要责任，才能从源头上遏制博物馆商业化、企业化的趋势，博物馆才能真正实现自己的目标与使命。

从实际情况看，博物馆特别是中外一些大型博物馆作为文物旅游景点，同时兼有一定程度的休闲功能，博物馆从各自实际出发，为游客提供更多更好的文化休闲娱乐服务，提供具有本馆特色的旅游纪念品，则是不可或缺的。当然，为游客提供如茶道表演、餐饮等休闲娱乐服务和开发生产具有自身特色的旅游纪念品，无疑属于经营性文化产业性质。现实情况表明，游客期望在博物馆得到更多更好的服务，博物馆也期望通过这些服务延伸博物馆功能，扩大社会影响。为此，博物馆应该在坚持社会公益性事业性质的前提下，重视办好文化产业的开发，并将此作为博物馆事业发展的有益补充而做出成效，则是十分必要的。

二

应该看到，多年来，一些博物馆从自己实际出发，在文化产业的发展方面积极探索和大胆实践，取得了一定成绩，积累了一定的成功经验，也有一些失败的教训。特别是在过去全国大办第三产业的热潮下，不少博物馆脱离自身实际和特长，到社会上开酒店、办歌舞厅等，加之管理松懈、经营不善，给单位造成不良后果，有的经济损失惨重。从现实情况看，不少博物馆在文化产业经营上存在以下问题：

1. 经营商品缺乏特色。各个文博旅游景点所经营的商品大同小异，基本上都是社会上的“大路货”，品类单调，有的商品粗制滥造。2. 购物环境不好。虽然国家采取不少措施，但导游回扣问题未能有效解决，有的回扣高达商品售价的 40% 至 50%。直接导致商品价格虚高，宰客现象严重。3. 管理机制滞后。现在不少博物馆采用经营承包的方式，这种办法虽然基本能够保证博物馆收益，但有些承包者为了谋取自身更多的利益而抬高价格，损害消费者利益，博物馆对其未能实施有效监督，从而造成不良影响。4. 经营人才缺乏。目前，各馆都缺乏既了解博物馆工作，又懂经营的人才，这也是造成博物馆没有经营特色的重要原因。

按照党的十六大关于大力发展文化产业的精神，促进与文物旅游相关的文化产业的发展，需要我们认真思考怎样以博物馆为依托，把满足游客文化需要和促进文博事业发展作为出发点，积极探索发展文化产业的新路子。应该看到，尽管博物馆文化产业发展存在不少矛盾和问题，但是也存在得天独厚的资源优势，拥有发展文化产业的良好基础，需要我们认真挖掘和利用。

一是藏品资源。文物藏品是博物馆的基础，藏品数量和质量决定博物馆的地位和影响。通过藏品的展示，也是吸引游客和开发各种旅游纪念品的基础。二是品牌资源。由于博物馆的地位和影响，开发带有博物馆标志或具代表性的文物纪念产品，无疑会满足游客的纪念心理而受到欢迎，从而促进产品销售。三是人才资源。博物馆有大量专业人员，可以组织发动他们编印出版物、制作音像制品以及开展文物鉴定咨询等工作，既发挥了专业人才的作用，又扩大了博物馆的影响。四是场地资源。博物馆都划有一定的经营场地，可以利用自己的场地，销售具有自身特色的文化产品，这是其他经营场所无法比拟的。

（选自《中国文物报》2006 年 4 月 14 日）

产业概念在博物馆事业中的运用

徐德明

2000 年 10 月，党的十五届五中全会通过的《中共中央关于制定国民经济和社会发展第十个五年计划的建议》，第一次在中央正式文件中使用了“文化产业”这一概念，提出了完善文化产业政策，加强文化市场建设和管理，推动有关文化产业发展的任务和要求。之后，各地纷纷出台了建设文化大省、发展文化产业的文件或“十五”规划，掀起了一股发展文化产业的热潮，希望通过发展文化产业促进生产力的发展，“从而使先进生产力的要求能够生动地体现在先进文化的前进方向之中，为中国先进文化的前进方向提供一种产业机制，从而使文化与经济之间回归其应该有的一种力的同构互动关系。”文化产业作为社会经济发展到一定阶段的新兴产业，其广阔的市场前景成为当前社会特别是文化界面临的一个新机遇，而其运行的机制和模式，则成为一个新课题。作为文化事业的重要组成部分——公益性的、非营利性的博物馆是否也是一种产业？产业的概念在博物馆事业中应如何理解和运用？在理论上和实践中均已引起广泛、激烈的争论。如何准确理解文化产业的概念，怎样既把握博物馆事业的特殊性，保护好文化遗产，又导入产业概念，运用产业机制这一平台，通过加速自身的发展，从而牢牢把握先进文化的前进方向，是我们当前必须认真思考和实践的问题。

博物馆是文化产业的一部分

一般而言，一切有投入和产出，按照社会劳动分工体系发展的要求而形成的事业都可称之为产业。产业的生产通过市场实现其价值并得到补偿，从而形成周而复始的循环。

对于文化产业的定义，理论界有多种表述。“今天对于文化产业应该作如下界定：把中国丰富的、独特的、珍贵的文化资源加以开发、包装，使之转化为全世界亿万人都能享受的文化商品。”“文化产业可以界定为从事文化产品的生产和经营的行业。”“文化产业即把文化资源作为资本投资，以资本运作为纽带，以现代管理机制为手段，以市场需求为产品导向，以文化产品服务于社会，并赢得经济效益和社会效益的一种新型的行业。”“文化产业，是指以文化产品及文化活动为主体对象，从事文化的生产经营、开发建设、流通消费、有偿服务的产业门类。”“文化产业概念的掌握可确定两条原则：一是它的涵盖面包括了概念范围内的所有产业部门，并不单纯以经济效益大小为划分尺度；二是确定文化产业概念并非意味着要将文化的所有部门一律推向市场，那是不科学，也是不可能的。”“从广义上讲，遗产产业与艺术业、娱乐业、出版业、传媒业、体育业一样，均属文化产业。”综上所述，从广义上讲，文化产业是指专门从事文化产品生产、销售并以此服务于社会的行业。按照产业及文化产业的一般概念，博物馆也是按照社会劳动分工体系形成的有投入和产出的事业，并且从事文化产品的生产，并以此服务于社会的行业。因此从广义上讲，博物馆也是产业，属文化产业。

在实践中，把博物馆归入产业一般难以被理解和接受，主要是因为博物馆生产的是精神性产品，其价值的实现和补偿是隐形的。文化产品与其他产品有一个精神性与物理性的区别。一般把直接生产物质产品，并直接创造社会经济财富的物质生产部门称之为产业部门比较容易得到理解，而把生产精神产品的非物质生产部门——各类文化事业单位特别是公益性的、非营利性的博物馆称为产业部门就比较难以理解和接受，因为我们以前一直把它归入上层建筑、意识形态领域。按照马克思主义政治经济学原理，任何社会的物质和精神生产活动要想周而复始地维持进行并能扩大生产规模，首先要解决一个产品的价值实现和价值补偿问题，如果一种物质和精神生产活动，在自身发展中不能解决它的价值实现和补偿，那它就根本无法维持简单再生产，更谈不上扩大再生产。物质生产的价值是通过市场直接实现和补偿的，而博物馆精神生产的价值主要不是通过市场直接实现和补偿的，因为它的主导产品——陈列展示的门票价格并没有包括所有的成本支出。它的价值实现主要是通过产品对生产力要素中人这一第一要素的影响和教化，达到全面提高人的素质，从而促进物质生产，创造更多的社会经济财富来实现的；而它的价值补偿则主要是通过社会总收入的再分配即政府用公共财政来购买博物馆产品这一渠道来实现的。这一点类同于九年制义务教育。因此，从理论上讲，博物馆作为文化精神产品的生产、销售、服务单位，它有投入、产出、市场，有价值的实现和补偿过程（虽然是间接的），所以应该是产业，是一种可长期发展的文化产业，这一点已经在博物馆事业的快速发展中得到证实。

博物馆产业与一般文化产业的异同

我们说博物馆是产业，属文化产业，但并不是说它等同于一般的文化产业，而是一种特殊的、公益性的文化产业。那种因不理解产业概念，把博物馆排斥于产业之外的观念是不正确的，而把博物馆等同于一般文化产业，认为也可以完全进入市场的想法同样也是不科学的和错误的。

博物馆产业的特殊性是由它的性质所决定的。最近一次修改的国际博协章程第二条对博物馆性质作了如下定义：“博物馆是为社会及其发展服务的非营利的常设机构，它为研究、教育、娱乐的目的而把人类与环境的见证物为公众收藏、研究、传播、展示。”根据这一定义，我们可以分析出博物馆产业与一般文化产业的主要差异有两点：

1. 博物馆是非营利性的、公益性的文化经营单位，它是以文化价值为导向的，目的是为研究、教育、娱乐全社会或者说为社会提供智力支持而进行生产。而一般文化产业是以经济价值为导向的，目的是经济效益最大化，有人称之为商业性文化或经营性文化。博物馆生产的价值实现和补偿途径同一般文化产业不同，它的性质决定了它的生产的价值主要是通过促进人的素质的提高而为社会提供智力支持，从而促进整个社会的进步与发展来实现的，它是国家和社会文明进步的标志，它的价值补偿则是主要通过政府购买（即政府财政拨款）来实现的。虽然博物馆的主导产品——陈列展示收取一定的门票，但其门票价格并不是由成本来确定的，在当前政府财力不能完全满足博物馆事业发展的情况下，只是博物馆收入的一个补充。当社会经济进一步发展，政府有较充足的财力来支持博物馆事业发展时，博物馆应采取更低廉的门票价格或放弃门票，只有这样，博物馆产品作为公益产品才能真正服务于全社会，其价值也才能得到充分的实现。而一般文化产业则不同，它的产品价格是由各项成本和利润组成的，它的价值实现和补偿是直接通过市场即个人的直接购买来实现的。

2. 博物馆的主要产品是由文物藏品组合而成的陈列展示。文物藏品是人类的文化遗产，具有原创性、不可替代性和不可再生性，因此博物馆经营必须以保证藏品的绝对安全为前提。而一般文化产业则无此约束，且具有易复制性，如光碟、书籍，在短时间内便可批量地复制出来。

同时，博物馆作为一种产业，同其他文化产业一样，也有投入、产出和周而复始的循环问题，这就决定了博物馆也必须遵循市场经济的原则，用产业的方式来经营。

（1）确立经营管理型模式。要在博物馆导入产业概念，首先应将过去传统的事业管理型模式改为经营管理型模式。博物馆经营管理的基本内涵是：对博物馆资源进行保护、发掘、整合，并维持其可长期持续利用。对于博物馆管理者而言，现在不是要不要谈经营博物馆的问题，而是应深入研究如何有效经营的问题。

（2）坚持以市场为导向的原则。产业的基础是市场，没有市场，没有人们的需求，产业就无法生存和发展。博物馆产业也是如此，如果其产品不适合市场需求，不受人们的欢迎，它的价值就无法实现，它的价值补偿也会越来越困难，从而陷入生存的困境。因此，博物馆必须加强对市场的调查和研究，生产出适合市场的产品，提供更多的受人们欢迎的服务。只有这样，其事业才能不断发展。

（3）注重市场营销技术的运用。博物馆作为一种产业，虽然它不像一般文化产业那样是实行政企分开、自主经营、自我约束、自我积累、自我发展的经济实体，但其市场营销的技术应是相似的，如项目的策划、产品的市场调查、服务对象的分类、广告宣传等等。在经营效果的评估上，也应有成本核算和价值评估，少花钱，多办事，快办事。现在精品陈列的投入越来越大，动辄成千上百万，如果进行效益评估，加入资金使用的合理性及受众面的多少作为评选条件，应该更加合理。

在世界上，最早在博物馆业引入和运用“文化产业”概念并在事业上获得巨大成功的是美国纽约古根海姆博物馆，他们的运作方式被称为“古根海姆模式”。他们通过大胆地“走出去”，勇敢地“引进来”，强调展览规模，树立精品意识，围绕打造国际文化品牌这一战略目标开展各项工作。在项目的具体操作上，首先，在充分论证的基础上制定严密的策划方案，使展览计划具有挑战性、超前性和可操作性；其次，重视新闻媒体的宣传作用，利用报纸、杂志、电视、广播、新闻发布、广告宣传等各种手段在世界范围内传播、造势；再次，注重拓展展览的派生产品，充分发掘展览的附加值，通过派生产品的销售扩大展览的影响，形成环环相扣的互动效益。如1998年，美国古根海姆基金会与中国对外艺术展览中心、中国文物交流中心合作，在美国纽约古根海姆博物馆和西班牙毕尔巴鄂古根海姆博物馆举办“中华5000年文明艺术展”，在美国纽约观众达45万，在西班牙毕尔巴鄂观众达54万，而毕尔巴鄂城本地人口仅3.6万，观众超过城市人口15倍，他们绝大多数是从欧洲各国和西班牙各地赶来的。一个艺术展览几个月内接待近100万观众，创造了世界展览史上的奇迹。展览的门票收入超过1000万美元，加上展览期间相关产品的出售，他们获得了十分可观的经济收入。这是博物馆用产业方式运作的经典之作。虽然各博物馆类型、大小不同，但其产业的运作方式确是值得我们借鉴和效仿的。

博物馆导入产业概念的主要障碍

随着市场经济的不断发展，事业单位改革的不断深化和博物馆生存环境的逼迫，博物馆界也在逐步导入一些产业的运作方式，如一些博物馆设立了策划部门，注重用市场营销技术来操作一些项目，但总体上仍存在较大差距。其主要障碍来自以下几个方面：

1. 思想观念上的障碍

由于博物馆长期在计划经济体制下运行，一切由政府包办，政府给多少钱，博物馆做多少事，形成一种定向思维，虽然社会生活的各个方面已发生了翻天覆地的变化，但我们的思想、工作方式和方法变化不大。思想观念上的障碍使得我们还是在管理博物馆而不是经营博物馆。其表现为：在机构设置的框架上，没有设置产品策划和营销部门或其工作没有得到足够的重视，致使产品的市场适应性不强；人力资源的配置不合理，注重纯学术性、专业性人才，如历史学、博物馆学、考古学或相关专业博物馆的专业人才，如自然博物馆的生物学、丝绸博物馆的丝绸专业、蚕桑专业等等，而对于那些直接面对市场的专业人才如教育学、旅游学、工商管理等专业人才却很少配置或根本没有，导致生产与市场之间过渡环节的技术含量不高；在用工制度和分配制度上，基本上沿袭了传统的终身制、大锅饭，虽有改进，变化不大，尚未能建立起符合产业运作方式的约束、竞争、激励机制，单位活力不大，直接影响人员素质的提高。

2. 政府管理方式上引起的障碍

当前因政府对博物馆管理的方式而给博物馆引入产业概念带来的障碍主要有以下三方面：

混淆产业与产业化概念范畴。一些地方政府或由于没有完全搞清楚文化产业的概念、博物馆的特殊性质，或考虑减轻地方财政的负担，或希望进一步放大博物馆的经济效益，仅从眼前利益出发，采取了一些把博物馆全面推向市场的做法，如把博物馆划归行业外的旅游部门或企业管理。这不仅直接影响文化遗产的保护，影响博物馆的公益性质，也直接损害了社会公众的利益，而且在近几年的实践中已证明是弊大于利。实际上这是政府放弃责任的一种行为，是一种竭泽而渔的短期行为。据报道，2001年11月，意大利政府向议会提交了一份提案，试图通过一项法律，允许把文化遗产管理部门所属的博物馆出租给私人商业公司来管理，租期最短为五年。这一举措引起轩然大波，受到国内博物馆的反对和来自全世界许多博物馆的抗议，意大利政府不得不撤消这个提案。这种做法同时也对博物馆导入产业概念带来了负面影响，博物馆担心因引入产业概念而误导政府，从而给博物馆发展造成困难，因而不提或少提产业概念。

传统的考核和拨款方式。大部分地方政府看到了博物馆的价值，也认为其属公益性质，根据财政状况或多或少地给予财力上的支持，但在其操作方式上基本还是原来的一套方法，尚未引入经济标准来评估考核博物馆的经营效果。如对博物馆的建设项目或活动项目的可行性研究、对经费使用的合理性、对经营成效的评估等，还没有建立更科学合理的制度。如在经费的申报上，大部分尚停留在博物馆多报一点，财政部门砍一刀这一层面上。这样就使博物馆只能按原来的一套方法行事。

博物馆因其类别的不同，分属政府的各有关部门管理。而市场经济是利用市场组织经济、配置资源的经济体制，是不受行政体制约束的。文化作为一种资源，在其开发和利用过程中，要想获得最佳的利用价值，就有一个资源的合理配置问题。博物馆之间的藏品资源、人力资源的合理配置难以实现，就难以利用资源优势同其他相关行业实行联合经营，使资源的利用价值和效益大打折扣。总之，坚持市场导向和使命导向相结合，用产业运作方式来经营博物馆，用产业机制来保证先进文化的前进方向，应是公私博物馆共同遵循的原则。

（选自《中国博物馆》2003年第3期）

浅析博物馆文化产业的特征、结构与开发策略

王际欧

近年来，随着我国社会主义市场经济体制的逐步建立和完善，博物馆的经济活动如何更好地为博物馆的可持续发展提供强有力的支持这一问题，引起了博物馆管理机构、经营者、专业人员乃至社会公众越来越多的关注。普遍接受的观点是，博物馆的经济活动由两个核心部分组成。其一，通过科学的预算编制、预算控制和有效的目标管理，使博物馆已有的资源（特别是资金资源）发挥最大的效益；其二，通过开辟更多的资金来源渠道，使博物馆的业务活动得以更好的保障和拓展。

就以上所述第二个方面而言，博物馆结合自身特点开展的文化产业研发和经营，更多地引起了社会各界的关注。然而，鉴于博物馆的社会公益属性、公共资金支持力度的不同、主流博物馆的办馆理念以及博物馆经营活动中复杂的社会经济关系等实际情况，应当说，目前我国博物馆界对文化产业问题的认识尚处于“仁者见仁，智者见智”的状态。无论是在理论层面上，诸如博物馆文化产业的特征、结构，还是实际操作层面，诸如博物馆文化产业的开发策略、项目运行等，都有不断深入探讨、摸索前行的广阔空间。故本人不揣浅陋，再对该问题作一些分析，以期抛砖引玉。

认识博物馆文化产业的基本出发点

1．发展文化产业是新形势下博物馆事业可持续发展的必然选择

在我国，博物馆建设绝大多数是依靠政府的事业性投入，几乎很难有国外博物馆来自基金组织、个人和社团捐赠等其他融资途径的资金收入。然而，一方面目前各地经济发展水平不平衡，地方财政对博物馆的资金投入受到诸多条件限制；另一方面随着博物馆软、硬件水平的提高，博物馆的日常运营和维护成本不断加大，这种政府的事业性投入有限与博物馆的日常运营和维护成本不断增加之间的矛盾，无疑会影响到博物馆事业的发展。在目前的情况下，要改变这种状况，必须从博物馆自身的经营管理体制上找出路。

经济结构的变化和市场经济的发展，要求博物馆改变旧的经营管理体制，树立市场竞争的新观念，遵循市场经济规律和运作机制，逐步导入产业经营管理模式，大力推进博物馆的文化产业建设。惟其如此，博物馆才能走上一条可持续的良性发展的健康道路。

虽然博物馆界对文化产业的理解还不够透彻，对博物馆文化的经济学价值的把握还不够充分，但许多有识之士已经进行了一些有意义的探索，并且显示了十分巨大的市场经济潜力。同时，这些探索和尝试也昭示了大力开发文化产业已经成为新形势下博物馆事业可持续发展的必然选择。

2．发展文化产业对博物馆事业发展兼具经济意义和文化意义

由于历史原因，我国博物馆长时期采用计划经济体制下由国家统一规划、统一领导、统一步调的“事业型”办馆模式；一切由政府包办，政府给多少钱，博物馆做多少事。但是在社会主义市场经济条件下，有必要把“产业”的概念导入我们的工作思路，改变博物馆的工作和思维模式。

任何事业的发展变化首先是从事这项事业的人的观念的变化。要使中国博物馆的运作更加积极主动、经济有效，并逐步建立起一整套符合市场经济规律、适应市场需求且有利于博物馆自身发展的体制与机制，为事业发展注入新的活力，就必须改变观念，将文化产业开发融入博物馆经营理念之中，以市场为导向，以效益（社会效益和经济效益）为标准，通过合理的市场营销，不断提供给大众日益丰富的文化消费产品，同时也使博物馆的各项工作迈上一个更新更高的台阶。

20世纪90年代以来，我国部分博物馆已开始进行了一些文化产业的开发尝试，并取得了初步的成绩。有的通过精品陈列与展览项目的策划和实施，使旅游接待人次不断增长，在取得社会效益的同时获得了较好的经济效益；有的挖掘场馆和设计力量的优势和潜力，为社会提供场地出租和设计制作服务；有的开发富有特色的博物馆文化商品，开展广告摄影、文印、餐饮和旅游商品服务等。这些实践和探索，不仅创造了一定的经济效益，而且促进了博物馆办馆理念和工作模式的转变。

需要指出的是，发展博物馆文化产业的价值不仅体现在经济方面，同时也体现在文化方面。从经济的角度看，发展博物馆文化产业具有一定的经济效益，增强了博物馆自身的造血机能和生存发展能力。从文化的角度看，发展文化产业，能为公众提供更多的精神性和感知性消费，比实体产业更能给人以幸福感。通过文化产业，那些本来只属于学术界的高深莫测的东西，能为更多的人所理解和喜爱，这本身就是一种重要的人文贡献，同时也符合我党所倡导的建设和谐社会的理念。

博物馆文化产业的特征

所谓文化产业，是指从事文化产品和文化服务的生产经营活动以及为这种生产经营活动提供相关服务的产业。它以文化为主要资源，通过生产经营和市场运作，为消费者提供精神文化产品和服务，其最终目的是满足人们的精神文化生活的需要。以此为认识基点，博物馆的文化产业是指以博物馆为主要资源的、从事博物馆文化产品的生产经营和服务的一种文化产业。它包括以收藏、展示、传播、研究等一系列与博物馆业务紧密相关的、或作为其外延的、或支持和补充性的活动。从总体上讲，博物馆的文化产业不同于人们通常所说的博物馆“三产”。归纳起来，博物馆文化产业具有如下特征：

1. 涵盖范围广且内容丰富

博物馆的基本社会职责是在最直接的人类文化、自然遗产与当代社会公众之间建立起一条文化的桥梁，使这些资源得以保护、认识、尊重和可持续利用。可见，博物馆工作的对象，既有物又有人；既有历史又有现实；既有文化艺术又有科学技术。博物馆的可利用资源，既有人力资源又有藏品资源；既有场馆资源又有技术资源；既有环境资源又有品牌资源。对各种现有资源和潜在资源的开发利用，既有纵深性又有扩展性。

2. 结构完整且呈现体系性

众所周知，博物馆为社会大众提供的是精神文化产品或服务，而这些产品和服务是与博物馆机构的功能结构密切相关的。之所以用“体系”来表述博物馆的文化产业，主要撷取其两方面的涵义：一是指结构的严谨而内部关系密切；二是指结构的复杂多样和庞大。换而言之，博物馆业务功能的结构完整性，决定了博物馆文化产业自成体系。所以，逐步建构和完善一套结构严谨、内容丰富、科学合理的博物馆文化产业开发体系，是我们必须争取达到的目标。当然，这不是一蹴而就的事情，需要一个较长时间的奋斗过程。

3. 文化“涉入”不同且渐进性强

博物馆的文化产业具有文化属性，这是毫无疑问的。但是，在博物馆不同的产业类型或项目中，其中的变化投入量（或称为“文化涉入”）是不一样的。高文化涉入意味着本博物馆文化力的积累和加强，只有这样，才能以此为“圆心”，强有力地、持续性地释放文化能量，并辐射外围产业，带动博物馆微型产业链的形成。然而，一座博物馆的文化力是需要长时期培育和养成的，是一个循序渐进的过程。

博物馆文化产业的结构

前文提及，不同的博物馆文化产业类型或项目的文化涉入是有区别的。本文在此无意探讨文化涉入的经济学价值，仅试从文化涉入的多寡对博物馆文化产业的结构作简单的勾勒。

1. 与博物馆核心功能有最紧密关系的“纯文化”产品或服务

这部分文化产品或服务与本博物馆的收藏、保存、研究、展示和教育有着最直接和最紧密的联系，也是博物馆文化产业中文化涉入最多的领域，它们需要较长时间的文化力培植和养成，也许在短期内并看不到明显的经济回报，但却是博物馆一切文化产业活动的源头，因为博物馆其他任何产业活动都有赖于它们所具有的独特的、强大的、持续性的辐射力。有人将其称为“原创性的博物馆文化产品”。

虽然任何一座博物馆的历史沿革、特色馆藏和资源状况不同，但从总体上看，这些原创性的文化产品或服务大致涵盖了如下几个方面：

第一，博物馆陈列展览项目，特别是临时性展览的市场化运作。我国博物馆过去正反两个方面的经验证明，举办陈列展览及其市场化运作，不仅在业务上是一座博物馆立馆之本，也是该博物馆进行其他方面产业开发的基础。很难想象，一座博物馆不重视陈列展览这一主营业务的开发却能把其他方面的产业性开发搞得有声有色。在展览的选题上，可以尝试从三个方面入手，其一是本馆最具特色的领域，其二是紧密跟踪社会关注的热点问题，其三是紧抓时效性。这样，就可以在第一时间、就最热门的话题、以最有特色的方式将充满创意、观众反应积极和有一定市场回报率的展览推向社会。

第二，馆藏文物标本的深度、合理、可持续开发利用。博物馆的馆藏，无论是文物还是标本，都是人类文化或自然遗产中最真实、最直接的资源。有人称之为“临界资源”。这种临界资源，是博物馆在与其他文化机构或其他博物馆在市场竞争中最核心的资源。事实证明，我国绝大多数博物馆对藏品资源的文化、科学和艺术价值已有足够认识，而对其市场潜力的认识则显得不足。随着“假古董”、“人造景观”泡沫的散去，现代人对真实、原创的追求必将回归。这在客观上为博物馆馆藏品相关的文化产业开发提供了难得的机遇。与其让大量的文物标本沉睡在库房，不如系统、深入、可持续地发掘这笔重要资源的市场潜力。诚然，这种开发是在保障藏品绝对安全的前提下进行的。

第三，博物馆科研和技术成果的市场转换。许多博物馆拥有在某一专门领域的科研人才和技术优势，例如藏品研究、鉴定、保存修复；陈列展览的选题策划、艺术设计、观众研究等等。近年来，个人、企业和团体收藏文物、标本越来越成为一种时尚，企事业单位的形象和产品展示推介活动愈演愈烈，为博物馆开展有偿服务营造了市场空间。所以，博物馆可以发挥文物鉴定人员的合力，提供文物鉴赏咨询，可以尝试为那些不具备收藏条件和技术的私人、企业或民间团体，提供藏品代为保管服务、保护修复技术支持，也可以参与展示设计市场的竞争，以博物馆的整体行为替代目前的业务人员个人行为。

2. 博物馆业务的“外延型”文化产品或服务

博物馆的这些文化产品或服务在文化涉入方面也许不如第一种类型，其文化原创性也不像第一种类型那样明显，但本身具有一定的博物馆文化象征性内涵，并在一定时期内可能产生较好的市场效益，是原创性文化产品或服务辐射的结果，兼具文化性、服务性和经营性的综合特征。具体可以包括：

第一，博物馆系列文化商品。国内外几乎所有的知名博物馆都非常注重系列文化商品的开发。这类文化商品的开发提高了博物馆资源的利用率，因为博物馆拥有开发版权，同时又使其具有文化历史内涵，这样的商品绝非一般的工艺品可比。

北京旅游部门曾经做过这样的调查，首都旅游商品的现状是“两多两少”，即粗制滥造的多，精致的少；大路货多，有特色的少。数据表明，国内游客中，有75%的人希望买到有特色的旅游纪念品，想买而没有碰到的有26%，因没有保留价值和纪念意义或不新颖而放弃购买的有37%左右。所以，博物馆可采取自主研发或委托开发的形式，专门从事有馆藏特点的文化商品开发，目前已有博物馆建立了专门的艺术品研发中心。

第二，特色化的博物馆商店和餐饮服务设施。商店销售服务是博物馆最传统的文化产业项目之一，经营的好坏，很大程度上取决于两个重要方面，一是文化，二是特色。只有两者兼具，才能形成规模，才能产生持续性效益。一个博物馆的商店，必须经营具有本馆特色的纪念品或其他相关产品，例如与本馆收藏、展示内容有关的图书、音像制品、网络产品等。换而言之，这座博物馆的主要商品要有独立性，专门性，甚至是排他性。同时，一座陈列内容丰富、文化活动多样、环境氛围优美的博物馆，是可以让观众停留至少三个小时以上的，这就为博物馆的餐饮服务设施提供了较大的市场空间，可以办适应不同消费层次的茶室、餐厅、快餐供应点等。如果餐饮品种别具特色，则经济收入更为可观。

第三，博物馆无形资产的经营。对绝大多数城市而言，博物馆是这座城市的文化标志性建筑，在政府和民众心中享有崇高的地位和社会知名度，因此也就形成了博物馆独特的、宝贵的无形资源。这种资源往往是其他机构所不具备的，其本身的市场价值极高。过去，博物馆过多地关注有形资源的经营（如土地、场馆、设备、资金等），对自身的无形资源重视不够。市场经济条件下博物馆的文化产业开发，应积极挖掘这笔资源，充分发挥博物馆的品牌效益，通过品牌使用回报、部分知识产权转让、文化产品监制等形式，创造更多的经济效益。

3. 博物馆的“支持型”文化产品或服务

博物馆的这类文化产品或服务，通常不具有直接的博物馆文化特征而接近于纯经营性，但可以为博物馆的建设和发展提供支持和保障。它包括的范围很广，例如闲置场馆资源的出租等。

需要特别指出的是，博物馆的纯经营性产业行为，长期以来一直是博物馆业界内外争论的焦点，各种不同的见解和观点很多。然而从中国博物馆建设和发展的实际出发，我们应当以更加积极的态度对待这些讨论，也就是坚持以下三条基本原则：

第一，用于经营性质的博物馆资源（如土地、场馆），应当属于一定时期内的闲置资源，不应以牺牲博物馆的基本业务活动为代价。第二，博物馆的资源用于经营性质，应当努力追求利用社会其他力量使博物馆资源进一步优化，必须确保国有资产的保值和增值。第三，博物馆资源的经营性收益，必须服务和支持于博物馆核心业务功能的实现，用于事业发展之目的。

走出当前博物馆发展文化产业的四个“误区”

博物馆文化产业从概念的提出，到各个博物馆的具体实践，都还处于探索阶段。所以，任何急功近利和杀鸡取卵的做法都是不可取的。因为博物馆的文化产业毕竟是一种特殊的产业，发展文化产业，同发展一般产业有极大不同，文化产业的失败，不能像一般产业那样可以重新再来，它不仅意味着经济上的损失，更意味着博物馆在文化资源上的巨大浪费和社会公信度的严重创伤。所以，博物馆发展文化产业，既要勇于开拓，在观念上求新，思维上求变，又要谨慎策划、周密思考，协调处理好各种发展关系。

特别是在当前，博物馆发展文化产业应当走出四个“误区”：第一，我国博物馆在市场经济形势下，引入了不少市场经营的理念和技术，但必须走出博物馆可以完全实现市场化的误区。第二，在目前情况下博物馆可以开发文化经营项目，甚至办经营性实体，但必须走出博物馆作为整体也是一个经营性实体的误区。第三，由于各地博物馆公共资金投入不平衡，一些博物馆在经费不足的情况下，通过发展文化产业增强了经济实力，减少甚至放弃国家财政拨款，这样的探索无疑是有益的，但必须走出个案成功便认为在全行业具有普遍性进而夸大，放弃国家财政支持的误区。第四，各地各博物馆所处的大环境和小环境的差异性是普遍存在的，必须走出追随某种“模式”、开统一“药方”、定一个“菜谱”的误区。

博物馆文化产业的开发策略

文化产业开发有其规律性，各博物馆应结合本馆文化产业项目的特点和结构，从本馆的资源状况出发，制定文化产业开发策略。在一般情况下，策略的制订要体现“整体性规划、阶梯式开发、重点性突破”的原则。

1. 整体性规划

博物馆应当对本馆的文化产业做出整体性的科学规划。这既是开发文化产业的第一阶段，也是一个至关重要的环节。这种规划主要包括三个方面，即目标规划、资源规划和开发运作规划。

第一，目标规划。对文化产业总体目标的规划是整体性规划的基础。这种规划不仅仅限定在对开发范围的选定，而且要对文化产业的一些关键性的成果进行分析论证，并以一系列相应的标准表达出来。这些目标一经确立，便不可随意更改。

第二，资源规划。要使博物馆的文化产业发展达到预期目标，就必须对本博物馆的场馆、人力、环境、藏品、品牌等资源进行分析、研究和评估，以便准确地阐述这些资源与文化产业发展目标之间的关系。

第三，运作规划。运作规划是在操作的层面上，解决本馆现有的和潜在的资源，如何最合理地加以利用，使其与既定的文化产业发展的目标最接近。这种规划要提出一系列操作方案，包括工作程序、技术应用、组织管理系统、进度的安排和日常工作等等。

2. 阶梯式开发

如前文所述，博物馆的产业发展，是以本馆的实力和后劲为基础的，即以该博物馆的“文化力”为基础的。这种文化力的强与弱，能否持续，是文化产业能否成功的关键问题。离开了雄厚的文化力积累，要想达到高能量的、持续性的释放，是非常困难的。据此，一座博物馆的文化产业开发应当是阶梯式的。

第一，对任何一座博物馆而言，文化产业的第一阶梯是文化力的聚集和培植，第二阶梯才是文化力的释放。前者是后者的基础，后者是前者的发挥。

第二，各博物馆都要致力于文化力聚集和培植，做好文化产业开发所需资源、条件的必要贮备，其中既包括硬件方面，也包括软件方面。通过对各种资源深度开发和利用，使其转化为文化产业优势，提升市场竞争水平，最终进入文化力全面释放的阶段。

3. 重点性突破

由于博物馆的文化产业具有涵盖范围广、内容丰富的特征，所以文化产业的发展不可能齐头并进，全面开花，而应当采取重点突破、带动全局的战略。从具体情况出发，应当重点发展以下领域：

首先，提高社会、经济效益俱佳的展览项目的市场运作能力。应按照市场运作要求，实行一体化管理。一方面按照项目策划、项目实施、项目总结等几个环节进行一体化组织管理，以取得良好的效益。另一方面，按照项目资源需求，在单位系统内部，将各子系统的专业资源进行整合，打破常规的组织结构形式，实现共同协调、合作，完成项目的运作。

第二，合纵连横，对博物馆文化项目进行立体开发。博物馆的文化项目应当联合社会各方面的力量，向纵深化、立体化发展。例如，除展览本身外，还可设立论坛演讲、交易洽谈、人才交流、科技书市和专家科技培训等内容，此类项目还应与在同一档期的基本陈列和特色临时展览结合起来，与休闲娱乐甚至特色餐饮活动结合起来。

第三，加快推出辐射力强、整体效益高的文化产业项目。这些文化产业项目能够帮助博物馆形成一个“微型产业链”。例如，发挥博物馆的地理和环境优势，组织丰富多彩的文化娱乐活动，使博物馆的服务进一步延伸，进而拉动其他经营项目如旅游纪念品、特色餐饮、特色出版物、广告甚至住宿等等，提高整体效益。

综上所述，博物馆发展文化产业，在我国尚属于新生事物，无论在理论还是实践上都是相对较新的课题，但是它是社会主义市场经济形势下博物馆发展的必然选择。只要研究界和经营管理者，在牢牢把握博物馆社会公益属性及其精神文化产品特征的同时，创新思想、创新方法、创新实践，博物馆的文化产业必将为博物馆健康、可持续发展带来新的支持性力量。

（选自《中国博物馆》2006 年第 3 期）

我国博物馆文化产业开发问题

叶俊之

一

文化产业是一种适应新的经济发展形势而出现的、为满足人们日益增长的文化消费需求而产生的新兴行业。同时，它也是一种通过文化资源的开发、创造文化附加值而确立的新兴产业。而博物馆文化产业是整个“大文化产业”的一个重要组成部分，由文化产品和文化服务两大部分组成。博物馆的文化产品分为两类：一是以馆藏文物为基础而设计、制作出来的各种基本陈列展览和专题陈列展览，它们是博物馆文化产业的主流产品、拳头产品和长线产品；二是根据观众的购买欲望而设计、开发出来的，具有一定的吸引力和鲜明的个性化特征，能够领导旅游品消费、创造文化产品附加值的博物馆文化商品，它们是博物馆文化产业的副产品。同样，博物馆的文化服务也分为两类：一是专业性技术服务，它是根据博物馆的特长和优势开展的各种社会性服务活动，如文物鉴定、文物修复和文物复制等；二是公共性社会服务，它是适应市场经济新变化、从服务观众出发设置的各种经营服务项目，如餐饮、娱乐等。

博物馆要发展自己的文化产业，就必须正确处理发展博物馆文化事业和开发博物馆文化产业之间的关系。一是发展博物馆文化产业并不是要改变博物馆文化事业单位的性质，而是要借助文化产业的开发，更加突出博物馆的文化特色和教育功能，更好地推动博物馆文化事业的发展。二是博物馆的文化产业开发必须围绕博物馆文化事业的建设这个中心进行，利用自己的特长，发挥自己的优势，走“靠山吃山、靠水吃水”的道路。三是博物馆文化产业的开发必须“量体裁衣”、“因地制宜”，密切联系本地区本单位的实际情况进行，不可“一风吹、一刀切、一锅端”。四是博物馆的文化产业开发是博物馆文化事业发展的一项长期战略任务，必须认真汲取海内外博物馆文化产业发展的经验教训，逐步地、妥善地和慎重地进行。在营销策略上必须树立以下几个观念：

1. 文物资源的有效利用是博物馆文化产业发展的基础

博物馆馆藏文物是博物馆开展陈列展示活动和进行科学研究工作的基础，同时也是博物馆赖以生存和发展的物质条件。博物馆收藏的目的主要在于使用，然而，我国博物馆馆藏文物的使用率与国外相比相差甚远。法国的卢浮宫拥有艺术精品140万件、展厅250个，定期更换和经常展出的文物就有20万件，藏品的使用率高达60%。我国故宫博物院院藏文物号称“百万”之众，然而10余个展厅常年展出的文物不足1万件，仅占该院文物藏品总量的1%。我国现有各类博物馆2000余所，馆藏文物1200万件（其中一级品文物63000余件）。然而，由于展出场地、陈列设施和活动经费的限制，现有的文物资源得不到有效的利用，不能充分发挥它们应有的作用。如何提高博物馆馆藏文物的使用价值、进一步挖掘博物馆馆藏文物的市场开发潜能？它是发展博物馆文化产业必须探讨的首要问题。

中国历史博物馆馆藏古代钱币“品种最全、数量最多、价值最高”，然而，由于展出场地有限，“亮相”机会不多。于是该馆与北京古代钱币展览馆合作，利用后者充足的展室举办《中国古代钱币精品展览》，解决了双方“货求空车”、“空车求货”供需上的矛盾，率先建立了“馆外馆”。江苏连云港市博物馆的所在地是一个每年拥有百万以上游客的沿海开放城市。该馆利用特色馆藏品（海洋生物标本）与天津自然博物馆和新加坡有关公司合作，合资开办了“馆中馆”——自然博物馆。实现了该馆由单一的历史文化陈列向富有地方特色的综合型陈列的过渡。

2. 文化产品的不断创新是博物馆文化产业发展的生命

在当前市场经济形势下，作为“精神食粮”的生产者和供应者的博物馆，只有不断地开发出新的文化产品，才能最大限度地实现自己的精神价值，满足人民群众日益增长的精神文化生活的需要。博物馆文化产品的创新主要体现在陈列展览的展出内容、陈列形式和活动方式三个方面。近几年来，不少地区的博物馆在这方面走在了前列。

展出内容创新：天津自然博物馆自2001年以来，在博物馆文化产品的开发方面“一马当先”，他们以巡展超市的形式，一气推出37个科普教育的特色系列专题展览。至今为止，该馆的产品已畅销全国23个省市自治区，打出了新的“码头”，扩大了新的市场。中国历史博物馆在不断更新本馆陈列展览内容的同时，自2000年以来，先后推出了《敦煌艺术》、《金色宝藏》、《契丹王朝》和《丝绸之路》等一系列反映边疆古代民族特色的专题文物展览，在社会上引起强烈反响。2002年该馆全年观众流量近百万人次，实现了社会效益与经济效益的同步增长。

陈列形式创新：中国科技馆新展厅开放10天，接待观众15万人，《中国文物报》曾经以“火爆京城”的字眼，在头版予以显著报道。它的成功推出，除了在展出内容上具有前瞻性和导向性外，还在于陈列形式上广泛地采用了“声光电”等现代高科技表现手段。因此，受到广大观众特别是青少年学生的欢迎。2002年，该馆全年接待观众182万人次，创下历史的最高纪录。

活动方式创新：欧美国家及海外的博物馆非常注重观众在参观展览时的互动性。日本东京145个博物馆能让观众参与活动的就有137个。香港历史博物馆常设展《香港故事》，53项多媒体节目中能让观众参与的就有14余项。近些年来，国内博物馆在这方面也做了些成功的尝试。如：北京大葆台西汉墓博物馆从1997年开始推出“观众模拟考古”活动，把“静态陈列”变为观众参与的“动态活动”。上海儿童博物馆的航天馆和航海馆，不仅孩子们可以亲手操纵航天、舰海的器械和模型，而且还专门开辟出一个展厅，展示该馆收藏的由儿童们在“小发明、小创造”活动中创作的优秀作品。2003年春节，中国革命博物馆推出《中国人过大年》展览。该馆在组织有群众参加的舞龙舞狮表演的同时，还开展了剪窗花、对春联、扎中国结等观众参与的民俗活动。这些创新活动打破了计划经济时代博物馆在陈列展览上“内容雷打不动”、“形式千篇一律”的局面，增强了博物馆对观众的吸引力和市场的竞争力。

3. 旅游市场的大力开拓是博物馆文化产业发展的保证

文物资源的开发只有与旅游市场的开发有机的结合在一起，才能实现博物馆文化产品的利用价值，提高博物馆文化产品的开发效益。当前，我国文化旅游市场竞争激烈，呈现“市场分割、客源分流、投入分散”的“三分天下”态势。当前博物馆要取得一席之地、立于不败之地，就必须彻底改变过去那种“坐井观天”、“守株待兔”、“等客上门”的状态，积极主动进入市场，“找米下锅”，四面出击，建立起自己的营销渠道、营销网络和营销战略。

从1997年开始，井冈山革命纪念馆连续七年参加井冈山市在北京、上海等地举行的新闻发布会，宣传井冈山的革命历史和自然风光，大力开发“红色旅游资源”和“绿色旅游资源”。随着井冈山游客的增加，该馆观众人数每年以10%的比例递增，2000年该馆的门票收入突破500万元。从1998年开始，香港旅游协会每年都举办大型宣传促销活动，推介包括香港历史文化古迹在内的旅游文化资源。2001年，香港旅游发展局投资2.4亿港元，在全球各地全面地推出了新的旅游推广计划——“动感之都，就是香港”。2001年访问香港的游客达1373万人次，旅游收入达643亿港元。从1999年开始，广西采用“旅游大篷车”的形式，组织有博物馆参加的大型旅游推广团，进行旅游宣传促销活动。沿途介绍广西的历史文化、旅游风情、物产经济和投资项目。这种独特的宣传活动方式，给广西带来巨大的旅游经济效益。2001年接待国内游客3800万人次，海外游客123万人次，收入人民币147亿元和美元3.06亿元。辛亥革命武昌起义纪念馆2002年组织了有旅游部门参加的“辛亥首义文化发展研讨会”活动。会后，该馆与80余家旅行社签定有关合同，并且与旅游部门共同组织开展了“百万市民游武昌”活动。2002年，该馆接待海内外游客20余万人次，门票收入近百万元，创下建馆以来的历史最高记录。

4. 内部体制的配套改革是博物馆文化产业发展的动力

随着改革开放的深入进行，我国博物馆事业的发展也进入了新的历史阶段。当前我国文化市场上的新发展、新变化，既给我们带来了难得的机遇，也向我们提出了严峻的挑战。我们要推动博物馆文化事业和文化产业的发展，就必须对旧有的管理体制和运行机制进行全面的改革，从而实现博物馆的办馆模式由传统封闭型向现代开放型的转变。

二

博物馆事业要进步要发展，就必须解放思想更新观念，打破主观认识和传统认识上的束缚，像张文彬同志所要求的那样“着重解决影响和制约文物事业发展的主要矛盾，加强文物工作改革的研究和探索。”我认为在当前在博物馆的文化产业的开发上，应该着重研究以下几个方面的问题：

1. 文物保护与发展旅游。文物保护与发展旅游的关系是一种互联互动、共存共荣的关系。文物的可持续性发展是旅游可持续发展的可靠基础；旅游的可持续性发展是文物可持续发展的不竭源泉。那种拥有丰富的文物旅游资源而不去开发利用，“作茧自缚”、“画地为牢”，为了保护而“保护”的思想固然是一种封闭保守的思想，为了眼前的利益、局部的利益和小团体的利益，置文物保护的法规不顾而去“杀鸡取卵”、“拔苗助长”的行为更是一种自杀性、自残性行为。

2. 合理利用与加强管理。我国文物系统共有博物馆1393个，其中中央级5个、省级87个、地市级415个、县级885个，上述博物馆绝大部分分散在中小城市。这些地区由于经济实力不足、财政收入不多、文化投入有限，不仅博物馆正常的业务活动无法开展，文物资源更是得不到应有的保护。要摆脱目前的经济危机，加快博物馆的建设与发展速度，除了加大政府的投资力度以增强博物馆外部的“输血功能”，发展博物馆的文化产业以增强自身的“造血功能”外，应采取“借鸡下蛋”、“双轨并行”的办法，鼓励社会力量积极投资博物馆的建设。实行“借鸡下蛋”、“双轨并行”，就是在坚持“文物资源归国家所有”的主体性，确立“保护为主，抢救第一，合理利用，加强管理”方针的主导性，加强博物馆在文化产业经营开发上的主动性的前提下，打破地区、行业和体制上的界限，采取公开“招商引资”的办法，广泛吸纳社会闲置资金投入博物馆文化事业建设。根据“资源共享、风险共担、责任共负、利益共分”的原则，组建合作公司，实行“体外循环”，联手进行博物馆文化事业和文化产业的开发和建设。从而由财政部门“单向投入”的融资渠道逐渐形成面向社会“多渠道、多形式和多种经济成分投资文化产业”的新格局。

3．板块运动和个体经营。我国现有各类博物馆2000余个，分属文化、园林、民政等众多的部门管理。这种“条块分割”、“自成一体”的局面，不仅不利于文物的统一管理和有效保护，而且不利于文物资源的开发和利用。“孤举者难起，众行者易趋。”要达到“资源共享、优势互补、提高效益、共同发展”的目的，就必须在博物馆文化事业的发展上走市场化、产业化、规模化和集团化的道路。可以集中力量，建设大型和特大型博物馆，打造中国博物馆界的“航空母舰”：1999年，大连市对旅顺博物馆实行总体改造，将原属于区政府管理的动物园、植物园并入博物馆，使旅顺博物馆变成全国最大的博物馆。2000年，北京市八达岭特区提出“大博物馆”的新思路，作为景区建设发展的总体目标，开始了“第二次创业”。2003年，中国历史博物馆与中国革命博物馆合并，组建中国国家博物馆，成为代表国家最高水平的综合性博物馆。整合资源，突破地区、行业和体制上的界限，构筑地方旅游文化品牌的“系统工程”：杭州市从2001年机构改革入手，将原来分属不同系统的9个部门统一到杭州市旅游委员会管理，合力推出“游在杭州”的旅游文化品牌。2002年该市全年接待海内外游客2758万人次，旅游总收入高达人民币333亿元，形成“火了旅游，兴了市场，富了商家，乐了百姓”的多赢局面。2002年，绍兴市围绕“打造城市旅游品牌”，投入资金近30亿元，统一兴建28个文化旅游项目，并且开展了富有地方特色的系列旅游观光活动。当年该市接待境内外游客1000万人次，旅游经济指标与五年前相比翻了一番半。抓住热点，实行不同景区、不同景点的强势联合，组建文化旅游“联合舰队”：河北省采取“自主经营、独立核算”的方式组建全省文物旅游公司，由文物部门管理文物，旅游部门经营旅游业务，严格按照市场化法则运作，从而达到了“资源共享、优势互补”的目的。江西省推行区域性热门景点的联盟机制，组建全省文物旅游公司，建立省际和省内热门文物景点的互联互动模式，成功地实现了旅游文化的对接。四川省是全国除北京之外拥有世界遗产最多的省份，2001年8月，该省“四大遗产”和“六大景区”发表《联合宣言》，随后成立了“世界遗产之旅营销联合体”，在全国率先实现了高品位的文化旅游资源组合。

（选自《中国博物馆》2003年第4期）

广西生态博物馆建设探索与规划

容小宁

中国生态博物馆的建设一开始就具有很强的“中国化”色彩，这是由中国的国情、中国民族文化尤其是少数民族文化广泛根植在欠发展的广阔农村的实际所决定的。贵州生态博物馆群建设的实践既尊重了中国曾经历漫长农业社会的事实，又正视了中国任何一个地方都无法阻止被多种经济活动影响的趋势，也正是这样的客观态度使贵州的生态博物馆建设坚持长达八年的理性探索，在一个个困难与社会矛盾中不懈努力，寻求应对。贵州的经验是我们要学习的。

广西民族生态博物馆建设的探索和实践

2003年底，广西民族生态博物馆试点项目南丹白裤瑶生态博物馆、三江侗族生态博物馆和靖西旧州壮族生态博物馆建设相继启动。我们始终都积极与审慎地探索着具有广西特色的生态博物馆建设之路。

（一）专业性的指导贯穿始终。组建了一个由民族学、考古学、博物馆学、历史学和地方史学等方面专家组成的广西民族生态博物馆建设课题小组，承担广西民族生态博物馆几个试点地的实地调查、专题研究和撰写可行性报告，并在生态博物馆实施过程中突出专家指导作用；举办生态博物馆专题的理论研究培训班，听取苏东海先生和贵州省先行同仁的传授和指导，保证生态博物馆建设起点的科学性、专业性。

（二）将正在建设的广西民族博物馆与未来在全区陆续建设的民族生态博物馆结成“联合体”，共同承担起民族传统文化和其他文化遗产保护、研究、传承与展示任务。建成后的各个民族生态博物馆与广西民族博物馆之间建立起长期、稳定的互动与延伸关系：以广西民族生态博物馆工作站的形式，使各生态博物馆成为广西民族博物馆对各个民族进行长期跟踪调查研究、搜集文化遗存和扩张研究成果利用的基地；运用现代科技手段，在两者间编织信息网络和可视界面，使各生态博物馆借助广西民族博物馆这更广阔的平台，延伸与外部世界的联系，扩大受众面；以行政调控为两者建立起全方位的资源平台，从而提高资源价值和利用率。

（三）从实际出发，积极探索广西民族生态博物馆的建设和管理的新形式。如三江侗族生态博物馆，充分利用原有的位于县城的三江侗族博物馆完善的馆舍，以此为生态博物馆的展示中心和信息资料中心，另划以长达15公里、含9个侗族村寨的苗江上游流域为生态博物馆保护范围，在管理形式上采取“馆村结合，馆村互动”的模式，保护范围大，管理模式新颖，是目前国内生态博物馆建设中的独有类型。

广西民族生态博物馆建设以不同的角度切入，在建设模式上作不同的探索，使三个项目既有共性又各具个性，为今后广西民族生态博物馆建设的推进探寻更多的参考经验。

广西民族生态博物馆建设的意义和影响

（一）民族生态博物馆的建设，为我们寻求更多、更有效的保护和弘扬民族传统文化途径提供了有益的探索和尝试。从实践的效果看，它确实为保护和保持少数民族优秀传统文化提供了一个新的途径，使民族文化深深地根植于肥沃的生活土壤之中，得以生机勃勃地发展与延续。

（二）民族生态博物馆的建设为专家学者深入了解、研究和挖掘各少数民族文化提供了一个活态的基地。三个民族生态博物馆以建成为白裤瑶、侗族、壮族资料信息中心与研究中心为目标，各民族丰富多彩的文化通过生态博物馆这种形式得以搜集、保护、展示，受到了国内外民族学家、人类学家、考古学家、社会学家、文化学家、民俗学家等科学工作者的密切关注和热烈欢迎，一批批有分量有深度的研究成果将陆续出现；生态博物馆同时还将成为各人文学科研究人才培养基地，一批批人文研究人才将在这里得到锻炼和成长；生态博物馆也必将促进国内外的文化交流与合作，在扩大广西民族文化的国际影响上产生重要的作用。

（三）生态博物馆的建设对当地社会的和谐发展所产生的作用已初显效益。给当地政府与文化部门在如何更好地、主动地保护和发展民族文化，并使其在民族地区经济逐步协调发展方面提供了一个切入点和突破口。如南丹县人民政府以白裤瑶生态博物馆建设为契机，调整项目、整合资源，将2500万元的县乡公路、150万元的乡村公路和60万元引水工程以及改造400多户村民用厕的国际援助项目集中，全力解决白裤瑶民族同胞盼望半个多世纪的交通、饮水等一系列重大生存与发展障碍问题。生态博物馆给当地的旅游增添了一朵“奇葩”，在增加居民的经济收入、改善生活质量、提高文明素质等方面发挥了独特作用，已经超越了文化保护的范畴。

（四）生态博物馆不仅得到国家和社会各界的高度关注，还获得了具体的支持。中国南机集团、广西电信南宁公司给予了靖西、南丹两个项目合近百万元的建设赞助；中央及全国各地的媒体也大量报道了广西民族生态博物馆建设试点项目的情况；将启动的广西民族生态博物馆建设“1+10工程”已被许多机构和企业关注，有望获得更广泛的支持与帮助。

广西民族生态博物馆建设“1+10工程”

“十一五”期间（2006—2010），广西文化厅将在已建成的三座民族生态博物馆的基础上，拓展生态博物馆建设思路与模式，吸取国内外生态博物馆建设的经验与教训，开拓进取，闯出新路。继续完善三座民族生态博物馆的同时，从地域、民族及影响力、辐射力、效益、研究课题等方面考虑，新建约七至八座各具特色的民族生态博物馆，与试点项目构成“1+10工程”概念中的“10”。这些生态博物馆作为广西民族博物馆的工作站和研究基地，在业务和事业发展上与广西民族博物馆连为整体。广西民族博物馆是“1+10”工程中的“1”，发挥“龙头”地位和作用。这项“工程”不仅设置了广西在“十一五”期间两大重点文化建设项目，形成广西民族博物馆与广西民族生态博物馆群互动互益的格局，还表达了广西民族文化保护工作者时不我待、以一当十的迫切感和创新开拓的精神。

由于有贵州省的丰富经验借鉴，有广西“本土化”的三个试点项目工作实践的指导，有各级政府、各民族同胞与社会有识之士的全力支持与参与，我们有理由相信这一项有着深远社会意义的事业最终一定能够实现！

（选自《中国博物馆》2005年第3期）

“图书馆产业”与“图书馆产业化”的概念辨析

蔡忠兵

国务院1985年颁布的《国民生产总值计算方案》开始运用三次产业分类方法，将图书馆部门列入第三产业。此后，图书馆界出现了图书馆产业这一提法。1992年6月，中共中央、国务院发布了《关于加快发展第三产业的决定》后，图书馆界也掀起了如何加快图书馆产业发展的热潮，图书馆产业化一词频繁出现于学术文献、部门工作总结和发展规划中。但人们对什么是图书馆产业，图书馆是不是产业，图书馆能否产业化等问题理解很不一致，众说纷纭。

概念是科学思维的细胞，推理与判断的逻辑起点和构成要素，也是表达和交流思想的工具。如果对概念的界定不清，使用不准确，必然带来人们理解上的不一致，进而妨碍思想交流和学术对话，难以形成科学的认识和判断，致使理论研究和对策研究的偏差与失误，也不利于图书馆工作的实践。本文在归纳“图书馆产业”与“图书馆产业化”这两个概念理解与使用的混乱现状的基础上，通过对其内涵与外延的辨析，提出了前者不宜广泛使用，后者提法本身不科学的观点。

“图书馆产业”与“图书馆产业化”这两个概念理解与使用的混乱现状

当前，人们对图书馆产业一词的理解归纳起来，大体有以下四种：一是把图书馆产业理解为图书馆事业，图书馆部门；二是把图书馆产业理解为与图书馆密切相关的多种产业的综合；三是把图书馆产业理解为各图书馆为创收而兴办的各种产业；四是把图书馆产业理解为文献服务中能够进入市场和盈利的那一部分。

与此相对应，人们对图书馆产业化一词的理解大致有以下四类：（1）图书馆产业化就是把图书馆看作是一个完全的商品生产部门，让图书馆走向市场，实行企业化管理，自负盈亏，自我发展。（2）图书馆产业化，不是要把整体图书馆作为产业来经营，而只是把图书馆的信息开发等部分产业化。（3）图书馆产业化是指开展与图书馆有关的其他生产经营服务活动的一切非商品化和商品化兼有的产业。（4）图书馆产业化就是，图书馆利用自身的信息资源优势和服务优势，依托高科技尤其是信息技术、网络技术、计算机技术和多媒体技术，把信息资源、信息服务甚至信息技术转换成可以量化出售的产品，实现信息资源产品的市场化、生产的一体化、经营的规模化，积极参与到市场竞争中，通过市场竞争来提高图书馆信息服务的质量，发挥图书馆在信息经济时代知识生产和再生产过程中支柱产业作用的活动和过程。它包括文献信息资源的开发、加工、销售，数字技术设备的开发，信息处理服务和系统集成服务等等。

“产业”与“图书馆产业”的内涵界定

一般来说，辞典和政府法规都经过若干专家、学者的反复推敲、琢磨，其用语和概念都比较准确、规范。因此，本文对产业和图书馆产业这两个概念的探讨，拟采取以相关辞典的释义和政府有关法规对产业的论述为依据进行展开。

1979年出版的《辞海》中对产业一词的释义是：①指私有的土地、房屋等财产；家产。②指各种生产的事业，也特指工业。在1989年版中又将“各种生产的事业”改为“各种生产、经营事业”。

《当代中国经济大辞库》对产业的定义是：“所谓产业，是指介于宏观经济与微观经济之间的具有某种同一属性的企业的集合，它既不是宏观经济的单位国民经济，也不是微观经济的细胞企业或家庭消费。由于一个企业往往不只从事一种商品的生产经营活动，所以作为产业的企业的集合并非是具体企业所有生产经营活动的集合，而是具有某种同一属性的企业经济活动的集合。”

“产业不仅仅指工业，而是泛指国民经济的各行各业，大至部门，小至行业，从生产、流通到服务，以至于文化、教育等，均可称为产业。”

“产业的层次性，第一个层次是以同一商品市场为单位划分的产业；第二层次是以技术和工艺的相似性划分的产业；第三层次是大致以经济活动的阶段为依据，将国民经济划分后若干大部类形成的产业。”

《现代产业经济辞典》对产业的定义是，“产业，通常指具有某种同一属性的经济活动的集合。”

《简明大不列颠百科全书》解释，产业（Industry）是指“各种制造和供应货物、劳务或收入来源的生产企业和组织。”

《中国大百科全书》对产业的解释是：①“生产物质产品的集合体，包括农业、工业、交通运输业等部门，一般不包括商业。”②“泛指一切生产物质产品和提供劳务活动的集合体，包括农业、工业、交通运输业、邮电通讯业、商业饮食服务业、文教卫生业等部门。”

20世纪40年代英国经济学家、新西兰奥塔哥大学教授A·G·D·费希尔（A·G·D·Fisher）和另一名英国经济学家C·克拉克（C·Clark）把全部经济活动划分为三类，形成了所谓“三次产业”分类法：第一次产业（Primary Industry）：包括农业、畜牧业、游牧业、狩猎业、渔业及林业等；第二次产业（Secondary Industry）：包括采掘业、制造业、建筑业、运输业、通讯业、电力、煤气、供水和煤炭业等；第三次产业（Tertiary Industry）：是指除了属于第一、第二次产业以外的所有其余经济活动。包括商业、金融、饮食等公共服务，以及科学、卫生、教育、政府等公共行政事业与其他公益事业等。此后国际劳工组织和各国政府也都按大体相同的标准对产业结构进行了分类。

在当代经济学中，产业这一概念有广义和狭义之分：广义的产业是指“各种生产、经营事业”，或“一切生产、经营事业”，国民经济的各行各业，不论生产的产品是物质产品、服务产品或精神产品，不论是农业、工业、交通、邮电、金融、商业、教育、卫生、文化等部门都可称为产业。广义产业的特征是具有一般的生产性，即能生产某种产品（物质产品或非物质产品），而不论生产这些产品的机构是由国家财政经费开支的事业单位，或是自主经营独立核算的企业。概念狭义的产业是指“具有同一属性的企业的集合”。首先，它必须具有一般的生产性，能生产某种产品，而且属于同一类生产经营活动。其次，它必须是自主经营的企业。营利性、企业性是狭义产业必须具有的特征。广义的产业是产业分类意义下的产业，狭义的产业则是市场经营意义下的产业；广义的产业包括了某一生产经营活动的全行业，整个经济部门，而狭义的产业只包括该经济部门、该行业中自主经营的企业，并不包括该部门的事业型单位。

“图书馆产业”这一概念不宜广泛使用

通过上述分析不难发现，产业是一个发展的概念，随着实践的发展，人们对产业的认识也在不断发生变化，并已记录入词典对“产业”一词的解释中。在20世纪以前，产业主要是指工业企业，历史上的产业革命实际上就是工业革命。如果要用产业的狭义解释，图书馆显然不属于产业的范畴，但从广义上来讲，产业所涵盖的范围很广，可用来泛指国民经济的各行各业，大至部门，小至行业，从生产流通、服务，以至文化、教育等，均可称为产业。从这个角度来分析，图书馆无疑是产业的一部分，将图书馆纳入产业的范畴是有据可查的。

虽然产业这个概念已成为人们分析问题的一个重要的角度，但有人从狭义的角度理解，有人从广义的角度理解，对概念的理解不一致直接导致理解上的混乱及认识与判断上的偏差。就“第三产业”而论，其内涵实指服务性质。它们并不都是经济部门，诸如金融、保险、商业、饮食业、交通、邮电、地质勘探、国家机关、军队、警察、法院、科学、文化、教育等等，其中包括企业与事业部门。

“图书馆产业”这一概念的意义在于认识图书馆事业是第三产业的一个部门，是一个行业，明确这一点就够了。频繁使用“图书馆产业”这一概念在实际工作中容易产生误解：一是容易把图书馆产业同与图书馆有关的产业（如信息产业、文化产业）及以文补文的多种经营（如有偿服务）相混淆；二是容易把图书馆事业与第三产业中的流通部门、为生产和生活服务的部门混同，图书馆服务被视为营利性的自主经营的企业经营活动，从而否认和忽视了图书馆事业的社会公益性质这一本质属性。另外，“图书馆产业”这一概念不利于争取国家财政增加对图书馆的投入，也难以得到社会公众的普遍认同，因此在通常情况下不宜广泛使用。

“图书馆产业化”这一提法不科学

从概念的组成来看，“图书馆产业化”这一概念是“图书馆”与“产业化”两个名词概念的合成。就前者而言，虽然职能及性质大体相同，但我国现有的图书馆体系，涵括文化系统的公共图书馆、教育系统的学校图书馆、科学院系统的科学图书馆、工会系统的工会图书馆和军事系统的图书馆等五大主要系统。各个系统图书馆的隶属关系、属性特征、管理体制、发展状况均有很大的不同，个体与整体、系统与系统之间差别明显，很难笼而统之的一概而论，但几乎所有的图书馆产业化论者对此未作出明确的界定。在论证的过程中大部分人把它理解为公共图书馆，也有人把它理解为高校图书馆、党校图书馆或科学图书馆等，同时有的把它理解为自己所在单位的某一具体图书馆，有的把它理解为自己所在行业的某一特定类型图书馆，立论本身存在以偏概全、以点代面的瑕疵，结论的可信度自然令人怀疑。就后者而言，“化”字在《现代汉语词典》中解释为“加在名词或形容词之后构成动词，表示转变成某种性质或状态”。“化”者，“彻头彻尾、彻里彻外之谓也”。从逻辑上来理解，“产业化”就是要把某种“非产业”的行业转变为“产业”。“图书馆产业化”意味着图书馆原本不是产业，通过某种途径与方法，使其转变成为一种产业，但从广义的角度讲图书馆在产业划分中早已被界定为“第三产业”的一部分，也就是说，图书馆本来就属于广义的产业，无需“化”之，谈不上“化”不“化”的问题。由此看来，所谓“图书馆产业化”的提法，等于是要让图书馆由“产业”转变成“产业”，这在逻辑上是错误的。

从论证的过程看，有人将“图书馆产业化”等同于“图书馆企业化”、“图书馆市场化”或“图书馆商品化”，有人则认为“图书馆产业化”有别于“图书馆企业化”、“图书馆市场化”。不过，实际生活中非商业化或非市场化的“产业化”又有几多呢？世界上产业化运作最早最成功的当属足球与拳击了，《世界体育周报》曾将它们分别形容为“黑白球印刷大把钞票”、“拳击工业生产高额利润”，可见产业化的最终目的一目了然。

国务院发展研究中心认为，产业化就是将新技术、新产品、新工艺和新材料通过商品化、市场化、规模化达到实用并获得回报。商品化、市场化、规模化是产业化的三个标志。对于不同的经济组织，产业化有不同的内涵，“农业产业化”是指从分散的小农经济转向大规模的工业化农业；“工业产业化”是指以工业化生产方式对传统手工产业生产过程进行改进。而另一些领域，如文化、教育、体育等则是指非经济活动转向经济活动的过程，产业化即意味着经济活动的市场化。图书馆的产业化意味着图书馆从单纯的文化精神生产的事业单位向企业状态过渡，把图书馆办成产业，按照企业经营并按市场经济规律（价值规律、供求规律、竞争规律）与社会交换，从而实现图书馆劳动的市场价值并取得维持机构运转和发展的资金。显然，这种产业发展的逻辑不符合图书馆的发展规律。因此，“‘图书馆产业化’这种提法本身是不科学的，除了造成理论上的混乱外，对图书馆事业改革的社会实践并不具备真正的和积极的理论指导意义。”

（选自《现代情报》2005 年第 8 期）

图书馆产业辨析与机制创新

刘喜申　徐　苇　胡秋玲

图书馆产业的概念与归属

近年来，关于办好图书馆产业、图书馆要产业化以及图书馆走向市场，无论在图书馆学术界还是在图书馆行政管理者间，都是一个热门话题。为了理清对图书馆产业的看法，从理论上加以辨析是必要的。

现在，人们一般把国民经济分为三次产业。

第一产业和第二产业，又分别称为“第一次产业”和“第二次产业”。其概念的出现，始于 20 世纪 20 年代，划分范围各国不尽一致。按我国国家统计局的划分，第一产业指农业，包括林业、牧业、渔业等；第二产业指工业，包括采掘业、制造业、自来水、电力、蒸汽、热水、煤气和建筑业等。

第三产业（又称“第三次产业”）的概念由新西兰经济学家阿伦·希·费尔和英国经济学家克拉克在 20 世纪 30 年代和 50 年代先后提出，以后在经济学界直至社会政治生活中流行开来。其划分范围各国也不尽一致。我国国家统计局按第三产业各部门在社会经济发展中的不同作用，将其分为四个层次。第一层次为流通部门，包括交通运输业、邮电通讯业、商业饮食业、物资供销和仓储业。第二层次是为生产和生活服务的部门，包括金融保险业、地质普查业、房地产业、公用事业、居民服务业、旅游业、咨询信息服务业和各类技术服务业。第三层次是为提高科学文化水平和居民素质服务的部门，包括教育、文化、广播电影电视事业、科学研究事业、卫生、体育和社会福利事业等。计算第三产业产值和国民生产总值，只包括以上第一至第三层次。第四层次是为社会公共需要服务的部门，包括国家机关、党政机关、社会团体以及军队和警察等。

近年来，由于新技术革命引起信息革命，促进生产力迅速发展，有人提出了“知识产业”的概念。所谓知识产业，也称“智力产业”，是创造知识并提供知识服务的产业，包括教育部门、研究开发部门、通信媒介部门、信息机械部门和信息咨询服务部门。很明显，知识产业是第三产业的重要组成部分。由于知识产业在推动社会进步中的重要性日益突出，有知识创造财富的突出特点，有人主张把知识产业从第三产业中独立出来，称为第四产业。

不难看出，图书馆事业属于第三产业。图书馆内部的研究开发部门，因为既创造知识又提供知识服务（这是知识产业不可缺的条件，而且必须两个条件都具备），可以归于第四产业，但它们只是图书馆事业的局部，仅提供知识服务而不创造知识的部门不能归属知识产业。

“图书馆产业化”的提法缺乏科学的严谨性

既然图书馆属于第三产业，第三产业就是它固有的产业属性，那么，还有什么必要提“图书馆要产业化”？

吴慰慈等学者几年前曾对“图书馆产业化”这种提法的科学性提出质疑。他们认为，从语义学角度讲，“产业化”（即工业化）表示一个动态的转化过程：或指一个国家由传统的农业国家向现代工业国家转变，或指工业革命的成果向其他产业部门转移渗透，并对这些部门调整改造。他们认为只有从这一意义上说，第一、第三产业的“产业化”才有实际的理论意义和社会意义；而在现代“产业”和“工业”不再是对等概念时，当包括图书馆事业在内的第三产业已处于社会化大生产的网络产业结构之中时，再搞“产业化”，便无实际意义。

“图书馆产业化”这一提法之所以不够科学严谨，还因为它把“产业”和“商业”这两个概念等同起来，其所谓“产业化”，也就是要把图书馆商业化。有不少文章认为，不仅图书馆馆藏文献信息具有商品属性，而且图书馆及其相关活动也具有商品生产与流通的性质，图书馆应当全面推向市场，应当“产业化”。这些同志忽略了一个基本事实：图书馆馆藏文献是由国家投资（用纳税人的钱）购进，用来提高全民族科学文化素质的。这些文献在销售商那里是商品，当图书馆购进之后，商品交换过程完结而进入消费阶段，它们便仅仅是广大读者即纳税人的精神消费品。读者在图书馆得到的是它的使用价值。是读者，也就是纳税人，通过国家委托图书馆来为自己服务，无论是馆藏文献，还是图书馆员的劳动报酬，读者已通过缴税支付，图书馆为读者服务，是回报而不是索取，文献借阅活动不具有商品生产与流通的性质，图书馆和读者之间不是商品交换关系。既如此，图书馆和读者之间又谈何市场机制？把图书馆全面推向市场的一个极端例子是“变图书馆为租书馆”的主张。有的文章认为，图书馆员对馆藏文献进行了加工（著录、分类），馆员付出了劳动，既然付出了劳动，根据劳动价值论，文献增值了，因此应当向读者收费。这种推论貌似合理，但却忽略了馆员的劳动报酬也已经由读者通过纳税形式预付了。

如前所述，“产业化”在许多情况下表示一个动态的过程。我国产业经济学界的学者们也认为，“产业化”主要指产业形成过程。但近年来我国理论界谈到“产业化”时，主要是指告别计划经济体制形成的产业经营管理方式，创建符合市场经济体制环境的产业发展新机制。人们在议论第三产业的“产业化”时，实际上也是在讨论现有的大部分福利型、公益型、事业型单位要逐步地向经营型转变。图书馆既然是福利型、公益型、事业型单位，其转向经营型的问题自然也被提了出来。尤其是公共图书馆事业属于文化产业的一部分，而文化产业的范围又非常之大，既包括文艺演出团体、演出场所，又包括音像制品厂家、广播影视，甚至到文化产品如书籍、报刊的出版，所以在论及“文化产业化”时，图书馆向经营型转变，也便顺理成章地成为关注点。人们谈论图书馆产业化，实际是指图书馆要以商业模式来运作和经营。我们认为，至少在这个意义上，提出并讨论“图书馆产业化”还是有必要的。不过，“图书馆产业化”给人的感觉是图书馆的全部工作内容要按商业模式运作，而实际上这是不可能的。仅仅依靠图书馆的主业，有偿服务力度再大，收入和支出也很难达到平衡，这已为实践所证明。国家投资是图书馆尤其是公共图书馆经费来源的主渠道。这也说明，“图书馆产业化”的提法为什么是不够科学严谨的：它把创建符合市场经济体制的图书馆产业发展新机制绝对化了。这种“新机制”是图书馆全部工作的商业化运作，是“全面推向市场”新机制被扩大了范围。一个“化”字，表明了这一提法的极端倾向。此外，“图书馆产业化”、“图书馆全面推向市场”的提法与90年代初的社会氛围有关。我们不会忘记，那个时候，在理论界，“文化产业化”、“体育产业化”、“社会保障产业化”、“环保产业化”、“科技产业化”等提法都很时髦，把这些行业推向市场的议论屡屡见诸报刊，甚至有人提出“给科技人员断奶”时，图书馆界也有人跟着主张“给图书馆断奶”，虽然声音不大，但也有一定的影响。在条件不成熟、不具备的情况下，不加区别地给科技人员断奶，至少在农业、林业、水文、地质和气象行业造成了一定负面影响。针对一些地区农业部门的错误做法，当时的国务委员陈俊生在河北省吴桥县视察棉花生产时就指出：“要发挥科技人员的作用，不允许给科技人员断奶”。

这里有必要指出，“图书馆产业化”的提法虽然不够科学严谨，但它毕竟有着积极的探索意义。图书馆事业虽然不能全部推向市场，但至少有一部分是可以也应当推向市场的，图书馆不能脱离市场经济的环境而存在，它要适应这一环境才能生存和发展。图书馆必须告别计划经济时代形成的封闭式办馆模式，开放于社会，服务于社会。图书馆要把握社会需求，树立效益观念；图书馆要适度学习和引进经济管理和企业经营的某些方式方法，引入竞争机制，调动员工积极性，加强服务成本核算来提高办馆效益。应当客观地说：“图书馆产业化”这一提法，对推动图书馆转变运行机制、进行内部管理改革的确起到了积极影响，但它对图书馆的误导也确实应当引起警惕。

图书馆产业的特点

图书馆既然是产业，它就有与其他产业相同或相似的共同特性，但它又是一种特殊产业，它不是物质生产部门，因而它与第一、第二产业相比，有着自己的特点。就是和第三产业的第一、第二层次及第三层次中的艺术生产、卫生、体育等比，也有不同之处。图书馆产业的主要特点有：

（1）图书馆产业的生产投入是全社会性的。比如公共图书馆的经费投入主体是政府财政。在计划经济时代，经费全部来自政府拨款；在市场经济体制下，除了政府拨款的主渠道，还有其他渠道，政府鼓励企业家和其他社会力量向图书馆投入资金。这种投入不是希望得到货币升值的资本投入而是属于向社会公益事业捐款。图书馆还可以用创收来弥补经费的不足。政府投入也不仅是财务投入，还包括人力物力投入及政策指导和支持。图书馆也不再被看作是纯消费性单位，向图书馆的投资被视为是一种生产性投资——提高劳动者素质、开发人力资源和文献信息资源的智力投资，属于劳动力的再生产。图书馆产业的生产投入更多的是为了取得长远的社会效益，不是为了取得直接的经济效益，其经济效益也更多地是从它的服务对象所创造的经济价值得以表现。图书馆没有为国家积累物质财富（比如缴税）的义务，不以营利为目的。

（2）大多数产业部门注重投入产出比，努力降低生产成本，但图书馆不追求利润，所以其成本核算有着自己的特点。第一，它也要进行成本核算，不能不计成本。其成本核算包括：力争以较小的资金投入，提高采购质量，通过高质量服务，使购入的文献和设备能最大程度地发挥作用；合理调配人力资源、激活人力资源，使其能量被充分利用；减少物质损耗，合理安排馆内布局，调整业务流程等等。第二，它不能一味地降低成本，许多时候反而会主动增加成本。比如担负文献保存职能的图书馆，在保存文献方面会有较多支出；为给读者提供舒适的学习环境和快捷服务，要增添必要的设备，改善办馆条件；为提高工作人员素质，要对他们进行培训、增加教育开支等等。

（3）图书馆产业的生产过程既不是物质生产过程，也不具有物资流通的特点。图书馆的生产以文献信息流的生产为主要特点。图书馆产业生产过程的周期性比较模糊，见效慢并且成果不太明显。图书馆产品的主要形式是向读者提供的服务，是读者素质的提高和他们对文献信息的利用结果，不能直接产生经济效益，因而不可能直接实现价值增值的生产过程，甚至连直接收回成本也不大可能。图书馆产业以脑力劳动为主，其生产过程是对别人的知识产品进行整序、再加工和进行传输。图书馆也生产以物质形态为表现形式的精神产品，如各种文献复制品，二、三次文献及数字化产品等。

（4）图书馆的主导产品是文献信息服务产品。这一特性使得不能直接用经济指标来衡量它。因为图书馆在提高劳动者素质和在为科学技术研究、为经济建设服务中发挥着重要的作用，所以不能把它视为纯消费性事业单位。在知识经济时代，图书馆产业的知识属性决定了它是所有其他产业部门赖以生存和发展的基础之一，在推动经济发展和社会进步过程中具有重要的战略地位。

（5）原则上，图书馆应为全体公民服务。对于每个公民，图书馆应提供同等的服务，使他们在图书馆享有同等的利益。图书馆及其产品属于公共产品（公共物品）性质，图书馆的借阅服务没有价格，而没有价格便难以进入商品交换领域。图书馆的产权是公共产权。

（6）图书馆产业的财产和资金运作形式有其特殊性。图书馆占有、使用的财产物资（如文献、设备、馆舍等）和资金主要是由政府财政部门和图书馆主管部门从国家预算的资金中分配拨付形成的。国家也规定图书馆可以以有偿服务或进行产品生产等形式组织部分收入（即创收）。图书馆对预算收入和创收收入，都可以按规定的用途和开支标准，支付人员经费、公用经费，购买文献和图书馆设备（形成财产物资），资金的结存则用于今后事业发展基金。

（7）图书馆产业既具有垄断性又具有竞争性。所谓垄断性，是指它几乎是社会上惟一长期存储文献典籍的部门。档案馆虽然也储存文献，但仅限于档案。科技情报部门也储存文献，但其历史太短。图书馆因其储存文献历史长、规模大，在提供文献服务方面有得天独厚的优势。在孤本、珍本的收藏方面更是如此。但图书馆产业的这一垄断性特点，被它的开放性服务冲淡了。图书馆产业的竞争性表现在两个方面。在产业内部，馆与馆之间，这个系统和那个系统之间存在竞争。文献藏量丰富与否是竞争的条件之一。在今天，竞争更多地表现在服务质量上，表现在谁能为用户提供更优质的服务，谁能创造更多的社会效益。在产业外部，主要是图书馆与社会其他文献信息部门、咨询部门在为用户提供服务方面的竞争。近年来，由于开展有偿服务，竞争中的价格因素有所凸现。虽如此，图书馆之间的竞争是一种相互交流、相互支持、相互合作的竞争。因为地域和所在部门的关系，图书馆之间很难发生竞争冲突，一般也不会发生经济领域里所见到的诋毁他人、贬低他人产品的现象。它们之间的竞争，更多的是互相比社会效益，比对社会的贡献，比对本产业的贡献。相互支持、相互合作的竞争正在向文献资源共建共享发展，以扩大整个图书馆产业的规模效益。

市场经济体制下图书馆产业的机制改造与创新

根据市场经济体制下社会环境和图书馆产业的特点，我们认为图书馆产业的机制改造与创新可从以下几个方面进行：

（1）把一些部门从图书馆剥离出来。由于计划经济体制的影响，图书馆办社会的现象比较严重。不仅图书馆办的一些第三产业，如招待所和各类图书馆产品服务公司应当剥离出去，而且图书馆的后勤保障部门也可以剥离出去。这些部门对图书馆的附属关系可以视情况逐步解除。图书馆的后勤服务工作可以由剥离出去的部门担任，也可以由社会上的服务部门承担。确定由谁来承担，完全由服务质量和价格来决定，亦即由图书馆从社会大市场上去寻找。至于一些大型图书馆的某些部门比如房屋维修单位，本来应当属于第二产业部门，这些部门完全可以转为与图书馆的契约关系，或者由社会上的建筑安装部门来承担此项工作。总之，图书馆的后勤服务应当由社会承担，图书馆要彻底从自己办社会、办后勤的桎梏中走出来，这方面，国家机关后勤服务工作的改革和高等院校后勤服务工作改革的成功经验可以借鉴。

（2）对图书馆原来所办的经济实体进行改造，逐步建立现代企业制度。现代企业制度是市场经济充分发展的产物，是以产权制度为核心的企业组织制度。以产权制度为核心，意味着产权明晰、权责分明。产权明晰的内容是：所有权归谁、谁能使用和处置企业财产、谁能获取收益。明晰企业的产权关系，必须首先明确谁是企业的出资者以及各自的出资（包括资金和实物，如企业占用的图书馆馆舍。企业占用馆舍，对图书馆来说，有防止国有资产流失的责任）在企业中所占的份额。而这一点对不少图书馆和馆办企业来说都恰恰是一笔糊涂账，企业的利润分配便也成了图书馆和企业间扯不清的问题。现代企业具有法人资格，企业法人财产权表现为企业有占有、使用、支配、处分全部财产的权利。企业在行使这些权利时，不受出资者的直接干预。图书馆无论出资多少，都不能直接干预企业的经营。图书馆和企业在财产关系上是平等的，应通过契约规定双方的权利和义务。图书馆和馆办企业不应当是上下级关系，而应当是股东和企业法人的关系。命令和服从是行政管理的特点，不符合现代企业科学管理的精神。图书馆对企业的约束不是靠行政命令而是靠通过企业选举的董事会。只有确认能企业的法人财产权，企业才能真正成为市场的主体，方能自主经营、自负盈亏、自我发展、自我约束，真正以利润为目标。企业还负有对出资者承担资本保值的责任。图书馆作为出资者之一，其权益是按出资份额获得资产收益，当这一份额大到一定程度时（比如51%），有选择企业经营者的权利。当然，图书馆原来所承担的对企业破产等无限责任便也成为有限的了（企业的破产、兼并、联合、转让都是现代企业制度下的必然现象，图书馆可以以此为思路，扩展自己的视野，开拓新的领域）。我国市场经济体制刚刚确立，建立现代企业制度任重道远，但为了图书馆事业的发展，图书馆在这方面应早做准备并在条件具备时及早进行。而新建立的企业，比如数字图书馆有限公司，则必须按现代企业制度规范操作。

（3）以经济手段管理图书馆部分业务部门。这些业务部门工作能够计量，因此建立岗位责任制并把岗位、工作量和工资待遇挂起钩来比较容易操作，比如图书采编部门、文献复制部门、参考咨询部门等，可以实行部门工资承包制或灵活的奖金发放制度。目前有的图书馆已让一些业务部门自收自支，不失为一种大胆探索。而也有图书馆之外的社会单位，如江苏常州市春晖信息技术服务有限公司正积极承揽图书馆的编目分类业务。可见不仅非图书馆产业部门可从图书馆剥离，图书馆产业内的某些部门也可以改为由社会来进行市场操作。图书馆的业务工作可以也应当按市场机制引入社会资源。实际上，常州这家公司的诞生标志着传统图书馆产业正在发生着积极的变化，图书馆产业不再限于图书馆本身。

（4）进一步冲破传统思想禁锢，将图书馆创收提高到新水平。据有关资料统计，1998 年全国公共图书馆开展专业业务活动及其辅助活动之外取得的收入，亦即经营收入达到2838 万元，附属独立核算单位按规定上缴的收入达到750 万元，其他收入有 6391 万元，合计约 9980 万元，不到经费总收入的 8%。在省级少儿馆中，经费自给率有的达到 62.4%，向成人开放的省级馆也有 3 所达到 31.7%—39.5%。地市级馆中，经费自给率有的达到 131.9%，县级馆中，经费自给率达到 53.1% 以上的有 40 所（13 所在湖北）。其中超过 99.6% 的有 8 所，最高的达到 125.8%（该馆在西部地区）。而全国平均经费自给率只有 15.9%。笔者并不主张图书馆实现经费自给，也不主张按经费自给率高低排座次，而仅在说明图书馆创收大有潜力可挖。

现在，图书馆除开展多种经营活动、兴办经济实体以及有偿服务补充经费不足外，收费的范围还可以扩大，尤其要冲破公共图书馆不能向读者收费的禁区。

第一，公共图书馆虽然是国家举办的公益文化事业，其经费来源是纳税人以国家预算形式支付，但并不是所有纳税人都能得到相应回报。比如在 1999 年，全国公共图书馆总流通人次虽然达到 18040 万人次，即使按每人 1 次计算，到图书馆的读者也不过仅占全国总人口的 8%；发借书证 596 万个，按一证一人计，仅占全国总人口的 0.5%。这对于全国总人口中的 90% 以上来说，绝对是不公平的。图书馆虽然是公共物品，但由于图书馆事业不发达和全国人口受教育程度的差异，全国大多数人没有享受到公共图书馆的服务。享受到图书馆服务的人应当以货币形式做出适量补偿；这种补偿是象征性的，是合乎情理的。图书馆向读者收费，有几种不同情况：如果对读者的服务只是文化普及性的，这类似于我国的义务教育，只收取极少量费用，如借书证的成本费等；如果读者借阅目的纯粹是为消遣娱乐，可视为文化消费行为；如果读者的借阅目的是为了研究，是为了取得科研成果或经济效益，则这种借阅可视为类似于接受高等教育或职业教育，是读者的一种投资行为，收费应当相对高一些。

第二，国家投资不足以维持图书馆正常运转时，接受图书馆服务的读者需要为此做出适量补偿。最近几年，虽然从总体上讲，国家对图书馆投资增加较多，但相当数量的公共图书馆仍然经费拮据。据调查，1987—1995 年，全国公共图书馆新购图书连续 8 年下降，有些年份下降幅度竟超过15%。1996—1998年缓慢上升，但好景不长，1999年又有所减少。1997年是被认为形势好转的一年，仍有592个县级图书馆无购书费，562个馆未购1册图书。1998年，有628个馆全年无购书费，占公共图书馆总数的23%；603个馆未购新书，占公共馆总数的22.1%。这些图书馆所在地的政府，并不是不重视图书馆建设，而是因为地方财政困难。有些县一到月底，县政府就在为下个月全县干部、教师的工资没有着落发愁。图书馆处在生死存亡之秋，向读者收点费，也在情理之中。另外，在相当多的地方，图书馆虽然是全额拨款单位，但政府并未真正实行"全额拨款"，比如近几年，政府对机关事业单位做出规定，可向其工作人员发放补贴（如"菜篮子"补贴等），但要求图书馆这样的事业单位和差额拨款单位一样自谋财源。列入图书馆工作人员工资的这部分收入不是由其雇佣者——国家来支付，而是由图书馆人员自己解决。这就迫使图书馆一类事业单位从其服务对象身上打主意，收取服务费用。实际上，公共图书馆不向读者收费并不是不可改变的金科玉律，即使在经济高度发达国家，它也在发生动摇。80年代在英国，财政发生困难，政府要求图书馆开辟财源，图书馆界先是反对，接着有公共图书馆倒闭的事情发生。形势逼迫英国图协的态度发生变化，1987年终于通过文件承认有偿服务是必要的。80年代末，大不列颠图书馆的经费开支中有25%是有偿服务所得。在第49届国际图联大会上，联邦德国的京·拜尔斯多夫也认为："公共图书馆已经发展到不得不重新考虑向一般读者收费的地步。"此处说的"一般读者"，范围显然比我们说的"有偿服务"范围要广得多。

图书馆虽然可以向读者收费，但不能强求都这样做。一个馆可不可以这样做，应当由具体的图书馆及其主管部门做出决定，并由所在地的政府职能部门特别是财政和物价部门批准，还应当征求读者的意见，召开听证会。收费额度应定在图书馆和读者双方都能接受的范围内。收费应当在法律允许范围内进行。当然，一个图书馆的主管部门和所在地政府其财力足以保持图书馆良好运转，保证图书馆有正常的事业经费，保证图书馆工作人员收入相当于本地图书馆近似行业如文教卫的相同文化程度的人群的收入水平，图书馆也可不向一般读者收费。同样，也只有在这个前提下，图书馆的创收收入才能部分地冲抵财政预算。

必须明确，图书馆向一般读者收费，并不改变图书馆的非营利性质，追求社会效益永远是第一位的。

（5）进行管理制度创新。所谓管理制度，包括人事管理制度、财务管理制度、业务工作制度等多方面的内容。其中人事制度的改革较为复杂。现在图书馆的人事制度留有太多的党政机关人事制度的痕迹。旧有的人事管理模式不适应市场经济的大环境和发展图书馆产业的要求，应引进现代企业的人力资源管理模式，使人力资源得到开发。为使图书馆工作人员积极性得到发挥，应建立人力资源流动机制。在人员聘任和收入分配方面，图书馆应有更大的自主权。结合制度创新，有关方面似应组织力量，加强调查研究，吸取各图书馆的成功经验，抓紧研究、制定和完善图书馆产业政策。

（选自《图书馆理论与实践》2002年第1期）

档案文化产业建设构想

方立霏

档案文化产业，是一种以普及档案观念为经营方针，以推广档案整理理念和保管技术、传播档案文化内容为主要经营手段，以促进全社会和个人档案意识的提高、推动全人类档案获得更好保管和保护为己任的产业。建设档案文化产业，就是要围绕档案和档案工作，开展一系列有助于提高社会档案意识、有利于弘扬档案文化、能创造经济效益的活动，并把这些活动形式逐步固定下来、发展下去，形成独具特色的文化产业。借用一句当下非常时髦的话，就是以档案和档案工作为依托、搭文化的台、唱经济的戏，力求社会效益、经济效益双丰收。

在社会进步和文化发展的今天，档案工作融入日渐活跃的市场经济大潮，既有必要，也有可能。在市场经济社会中，一切以市场需求为准绳，所有的机构和工作都要求有一定的投入和产出考虑，档案和档案工作因其自身的特殊性，长期以来都是由政府财政负担，并将主要沿用这种国家全额拨款方式。但是随着时间的推移，档案的数量越来越庞大，档案工作的投入也将越来越多，形势也许会发生变化，即使不发生大的变化，档案部门如果能拓展自己的产业，有一定的经济收入，对档案事业的发展也是一件好事情。另外，随着全社会档案意识的提高和科学技术的发展，借助一定的经济手段和技术手段，建立一批独具特色的档案文化产业也不是一件不可能的事情。

一、普及档案意识，建立大档案观，为档案文化产业铺垫社会基石；关注和加强个人档案意识的培养，研究各种类型档案的保管要求和满足多层次档案内容的文化需求，为档案文化产业寻求对象支持。

档案，是一种对日后的工作和生活有查考利用价值的历史记录。过去，档案保管局限于政府机关，档案种类以文书为主。现在，随着社会的发展进步、人们经济文化生活的日益丰富，档案的产生领域更为广泛，只要有人类社会实践的地方，就有可能产生档案，大到国家，小到家庭、个人，都有必要留存对自己有用的档案。档案的种类和形式也在发生着前所未有的变化，文字的、图像的、多媒体的甚至实物的，只要对工作和生活有借鉴查考价值，对记忆和历史有补充见证价值，对情感有依托追溯作用，都可成为档案。可以说，档案无处不在、无时不有，每一件事物、每一次活动都会产生档案。国家有责任保管好对国家有重大价值的档案，机关有责任保管好对机关有用的档案，个人可以拥有自己的档案；机关和个人的档案在某种重要程度上可以转化为国家的档案，国家的档案也就是由无数机关和个人的档案所组成。这应该是档案的本来面目，是对档案既宏观又微观的认识，大而大之，小而小之，是一种大档案观。

一直以来，国家已经有了保管档案的传统，各机关在整个国家的统一管理下也已经有了档案工作的运作系统，而只有个人的档案长期以来并不曾引起我们的重视和关注。个人是社会生活最微小的单元，也是最为活跃的组成部分，如果我们每个人在自己的工作和生活当中，都有意识地收集保管好各种各样有价值的历史记录，都培养自己除人生观、世界观、价值观之外的一种档案观，那么，我们的对机关有用、对国家有用的档案，就不愁收集不上来，我们的社会档案意识就不愁得不到较快的提高。这其中，培养个人科学的档案观、良好的档案习惯和传授他们正确的档案操作技能是关键，是突破口。而对档案有科学清醒的认识、拥有先进丰富的档案工作经验的档案部门和档案工作人员，在培训每个人的档案能力、推动整个社会的档案进入有序运转和良性发展的过程中，应该是义不容辞、责无旁贷的。这既是档案文化产业能够在社会上运作起来的一个意识前提和舆论准备，也是档案文化产业最初投入的一个工作对象，只有全社会大到国家机关、小到个人，都有了保管档案、享受档案文化的强烈需求，我们的一系列档案产品，才可能有最广泛的销售空间和用武之地。

也就是说，我们的档案文化产业要把眼光拓展到全社会，尤其要关注个人档案观念的形成，满足个人的档案需求，在开发档案文化产品中考虑到这样一个大市场，边开发边培育，为档案文化产业奠定最坚实、最深厚的社会基石。首先，要研究所有可能的销售对象，生产出符合不同需求的档案产品；其次，要采取一系列的经营手段，推广我们的产品，拓展销售空间；其三，要建设一套科学的行业规范，以保证工作质量，提高产业信誉；其四，要边生产、边研究，边开发、边宣传，跟上时代和形势的变化，不断巩固我们的产业领地。这其中，有许多工作要做，大到观念的更新、经营策略的制定、销售网络的建设，小到产品细节的研发。所以，档案文化产业既是一种有益于社会、有广阔前景的产业，同时，就目前的社会基础和理论准备来说，又是一门崭新的、创业艰难的产业。

二、加快档案数据库建设，加强档案操作规范研究，为档案文化产业提供技术支撑；以向社会和个人提供各种档案的整理理念和保管技术、传播档案文化内容为档案文化产业的核心。

一门产业的形成，需要有足够的后备资源作为支撑，档案部门的资源，一是丰富的馆（室）藏，一是熟练的技术。我们要尽可能地开发档案馆（室）藏资源，建设多种档案数据库系统，要尽快地建立起各种档案不同工作环节的操作规范，研究制造适合保管不同类型档案的装具用具，为产业的产品开发提供不竭的利用源泉和雄厚的技术支持。首先，要全面了解馆（室）藏，确定哪些档案内容可以开发成文化产品，哪些档案题材开发之后能够有好的市场；其次，要对所有的开发资源进行统筹安排，确定开发的时间先后和主次，形成各种层次、不同规模的产品体系；其三，要了解目前社会上和工作实践中档案的不同种类及其各自的整理保管需要，以研究制造不同类型的档案装具和用具；其四，要研究对利用者和消费者最为科学合理、简便实用的整理技能和保管知识，既为消费者提供档案设备服务，也提供知识和技能服务。

目前，档案部门在工作中已经做了一些档案资源开发工作，生产档案装具用具的厂家也有不少，档案行政管理部门也部分控制了这种特殊行业用品的生产和销售，只不过，我们尚未把这些工作当作一门产业来做，还没有从市场和经营的角度来开发这些宝贵资源及其潜在空间。我们需要做的，就是在原有的工作基础上，注入全新的市场经营理念，从社会效益和经济效益两方面来考虑和运作。而要实现这一点，首先需要有产业开发才能的人员，要设立一个专门机构，要制定工作规划和计划；其次，要对整个市场进行全面了解和深入研究，按照市场经济的需求和规律思考问题和处理问题；其三，要与相关厂家和制造单位建立良好的沟通和协调关系，确保开发出来的产品符合档案工作的特殊要求；其四，在产品开发过程中，档案部门之间也要保持经常的、密切的联系，以互通有无，互相学习和借鉴，及时采用最先进的技术，使得我们的产品能在不断激烈的竞争中保持较高的质量和水准。

建立完整系统的档案数据库，开发人们感兴趣的档案文化产品，制定规范的档案整理标准和保管技术，制造符合实际需求的档案用品，这是档案文化产业的两大支柱，也是进行产业运作的前提和准备，是最需要投入人力、物力的基础工作，同时也是档案部门有一定操作经验的两项工作。只要我们引入市场机制，认认真真、踏踏实实，一步一步做下去，不断总结经验、修正方向，经过前期的艰难创业之后，独具特色、有良好社会影响、能创造不错经济效益的档案文化产业就定会在市场中成长壮大起来。

三、以档案展览为试验田和突破口，围绕展览开发档案文化产品，为档案文化产业积累市场运作经验；以展览现场为推销场所，观察和研究人们的档案兴趣和文化需求，为档案文化产业寻求可能的商机。

随着档案部门的不断努力和社会档案意识的逐步提高，档案和档案工作在促进社会主义物质文明和精神文明建设中发挥了越来越大的作用，档案的各项利用工作也开展得越来越丰富多彩、有声有色。现在，档案部门开展档案利用工作最活跃的形式首推档案展览，我们的档案文化产业开发计划不妨以档案展览为突破口和试验田，围绕各种展览开发相关的文化产品，于展览开幕之际隆重推出，展览撤出之后集中在专门的销售部出售，或建立其他的销售网点和网络进行销售。每个展览都可以开发多种形式的产品，如相关画册、多媒体光盘、纪念品、纪念封以及反映展览主题、制作精美的小物件；一个档案馆的多个展览又可组成多个系列产品，如系列画册、图片库、数据库等。只要我们展览的主题鲜明，相关产品的创意好、制作精良，符合人们的文化口味和审美情趣，具有一定的欣赏价值、文化价值和保存价值，那么，产品市场就一定能逐步打开，档案文化产业的下海一试就会取得一个良好的开端，我们的信心也会随之增强。

现在，各级档案部门并不缺制作精良的展览，也不缺运作大型展览的经验，缺的是新的工作理念和经营手段。各级档案部门往往舍得为一个展览一掷千金，却从没有想过围绕展览投入一定的人力物力去创造经济效益。比如说，我们各级档案馆一般都有自己的“档案珍品展”，并且大都已成为馆内的常设展，常年长期展出，大多还免费参观。档案展览免票参观是由档案馆的科学文化事业机构性质所决定的，是开展爱国主义教育基地活动的需要，也是目前我们工作现状和水平的反映。档案展览的大门可以随意出入，那么，我们能不能抓住这些前来参观的人流，捕捉可能的商机呢？只要我们开动脑筋，办法应该是有的。正如前面所说，我们可以制作有关展览内容或背景资料的光盘出售，可以与邮政部门联合发行纪念邮票出售，还可以制作一些带有档案特色、富有历史文化意味的小物件、小摆设出售，如钥匙链、小雕塑、小画册、小台历等等，只要造型可爱、含义隽永、价格适中，一定会大有买主的。

应该说，档案展览现场就是个很好的商场，大批的观众涌入到展览大厅，看完正式展览之后，也许他们还意犹未尽、回味无穷，也许还想把展览的一些信息带给好友和家人，那么，一张光盘、一个小纪念品，也许就是个不错的选择，其中成败的关键就在于我们的产品能否别具特色、物有所值。除了与档案展览相关的文化产品，档案展览大厅还可以成为档案部门其他产品的推销阵地，可以在现场放置一些自由拿取的宣传册、产品简介，让这些小册子成为档案部门的流动广告，让参观者不但获得精神上和视觉上的文化享受，而且还能获得一些商业信息和满足一下购物欲望，不尽的商机也许就暗藏在前来参观的滚滚人流之中，只要我们善于捕捉、精于操作，就一定能研究、开发出人们喜爱的产品。通过展览打头炮，利用展览做宣传，我们就能迈出这投入和产出的第一步。通过接触我们的产品，让广大民众更加了解档案，了解档案工作，建立起通畅的供求渠道，达成良好的买卖方互动。

四、策划和举办“档案文化周”、“档案馆文化日”等类型的文化促销活动，以“人人记忆人人存、档案为您解烦忧”为广告宣传口号，扩大档案文化产业的社会影响。

档案文化产业是一门新兴产业，一开始，社会对它肯定缺乏了解，这就需要开展一些宣传和介绍活动来推销产品，需要搭起文化台来唱经济戏，我们不妨尝试着策划一两次“档案文化周”或“档案文化日”活动。在这一周或这一天，举办几个档案展览，摆放一些文化产品，进行一下现场咨询，发放一些调查表或知识问卷，提供一些小赠品。活动时间可长可短，规模可大可小，活动场所可在档案馆内也可在社区或大街上。关键是要把现场的气氛搞热烈，把戏做足。要让人们先是被吸引，接着是感兴趣，然后是有所思，再后是动了心，最后是掏了钱。活动既要让人们了解档案和档案工作，进而使他们重视档案和关心档案工作；要给他们提供档案整理技术和保管知识，又要为他们准备档案文化内容的精神享受。而要做到这些，就要有好的创意、艰苦细致的前期准备、精心的策划和巧妙的安排。

假设活动在档案馆内举行，时间为一周。我们可以借用一下商家的打折促销办法。首先，在媒体上发广告。告示某日至某日，某某活动将在某档案馆举行，届时将有产品打折、现场咨询、影片欣赏、礼品赠送等活动。广告要具有吸引力和诱惑力，达到让人心动、想亲眼目睹、愿亲身一试的效果。活动的名称要煽情，要深入人心，比如“留住美好记忆——档案是您的好朋友”、“档案就在你身边——不要让记忆失去”、“人人记忆人人存、档案为您解烦忧”等。第二，要精心布置现场。气氛要热闹，场面要好看，布局要合理，环节要抓人。人们一来，首先由接待小姐送上一个小纪念品，然后领上一张调查表或知识问卷，告知答卷如上交，还有可能中奖，当然，中奖办法和奖品要一并公布或告知。接下来先去看一部短片，是关于档案和档案工作基本情况和基础知识的宣传片，短片要做得好看、有意义、吸引人。然后去看一个或几个展览，可以是档案珍品展，也可以是某个专题的历史展览。再后去参观几个档案工作环节，如档案的整理、编目、缩微、裱糊等，再参观一下档案库房，最后去产品销售部，观看和选购一些档案文化产品，如纪念品、书籍、光盘、影碟、小物件、档案复制件、档案装具用具、防虫防霉药品等等。

一次成功的“档案文化周”或“文化日”活动，说起来容易做起来难。首先，档案部门要有一定的先期资金投入，如广告投入、场地布置、短片制作等；其次，档案馆要有一定的人力物力和足够的空间来接待顾客和参观者；其三，档案产品推销人员要经过专业培训，既熟悉各种产品的性能，又要有良好的口才和耐心；其四，活动指挥部门要有应对突发事件的能力，因为档案馆毕竟是有一定保密性的部门，是消防重地，一旦偶有不测，后果不堪设想。概括起来，就是档案馆既要有钱，又要有人，还要有场地，有能力，确实非常不容易。但是，如果办好了这样的活动，则可以实现档案文化产业的经济效益、社会效益双丰收，既给人们上了一堂档案知识普及课，又推销了档案文化产品，档案部门有投入，也有产出，还为推动社会进步做了贡献，如若能为，何乐而不为？

综上所述，笔者认为，档案文化产业的建设不是空中楼阁，它的前景是广阔美好的。档案部门已经拥有了一定的社会基础和技术基础，关键是要转变观念、解放思想，按照市场规律来运作；夯实档案基础业务工作，增强档案文化产业的开发后劲；加快研究档案产品技术，提高产品科技含量和质量；加紧调查档案产品市场空间，增强产品竞争力和吸引力；加大档案工作和档案文化产品宣传力度，增强人们的购买欲望；建立健全一套合理的营销机制，体现顾客至上，提供满意服务。最后，创办档案文化产业最大的目的和意义，就在于不遗余力地培养社会大众科学正确的档案观，为推动人类良好的生存生活方式做贡献。

（选自《档案学通讯》2003 年第 5 期）

中　国　文　化　产　业　行　业　研　究

年度重要学术观点摘编

图书、报刊产业

新闻类周刊的卖点

马飞孝、苏冬在《编辑学刊》2002 年第 1 期撰文指出，新闻周刊追求一定的品位，受众分层比较明显，面对这些较高层次的受众，新闻周刊秉承的应当是传承文明的重任，满足那部分忧国忧民者的理想，为他们提供一个观念的市场。这就要求写文章的时候，始终要有评论的精神在里面，而评论一定要在非常宽松的言论自由的环境下进行。所以，看目前我国新闻周刊的生存状况，主要是看潜在的受众有多少。一份新闻周刊需要先占据本地，才能有面向全国的战略。但它们的市场没有形成真正的竞争。现在除了北京以外，一个地方只有一份新闻周刊，不像报纸那样存在着激烈的竞争。为盈利而办新闻周刊，而不是以观点为卖点，这样，地域性很强的新闻周刊，在全国范围内并不会形成竞争。这些新闻周刊的走向应该有三种：第一种没有思想、没有品位，办成一般报纸的缩略，只能走向灭亡。第二种则故步自封，没有跳出地域的限制，所以仍然是维持着地域的非本义新闻周刊的定位。第三种则是精华中的精英，会成为全国乃至世界的周刊。

从新办期刊看当前我国期刊发展走向

吴乐平在《出版广角》2002 年第 2 期撰文指出，综观近年来国内新创期刊，有如下一些特点值得重视：一、市场导向。新办期刊都将自己作为新的经济增长点来看待，普遍朝着市场化方向发展。在选择市场方向上，一些老牌期刊也奇招迭出，使新办期刊一问世就可以从容立足，稳步推进。二、定位细分。新办期刊大都定位准确，对读者群细化有道。从发展趋势看，期刊的专门化、细分化和大众化倾向已经日益明显。三、顺应潮流。新办期刊非常注重政策的调节功能，善于利用相关政策的调整演绎期刊。四、机制突围。新办期刊普遍在更新机制中获取发展动力。因此，新办期刊一开始都比较注意克服机制僵化的弊病，使其内容管理机制与市场发展相适应。五、世界眼光。新办期刊在考虑本土化的同时，也将眼界放宽到世界，开始积极探索国际间合作和到国外创办中国品牌期刊的途径。六、以变应变。新办期刊"船小调头快"，市场适应性较强，具有明显的时尚取向。借助于时尚取向，开发期刊的多重价值，是近年来新办期刊出奇制胜的一个妙招。

报纸的核心竞争力

王立群在《当代传播》2002 年第 3 期撰文指出，报纸核心竞争力由三部分整合而成：核心受众、核心内容和核心营销策略。报纸核心竞争力的特性是品牌性、独特性、不可替代性和延展性。报纸核心竞争力发展方向的确定方法是：一、确定核心受众，这是报纸核心竞争力发展方向确立的基点。二、分析核心受众特征，确定报纸核心版面的内容和风格。受众的爱好、信息接受习惯等受众属性构成了报纸确定版面内容和形式的基本依据和基础。三、树立核心受众意识，确定报纸核心营销策略，必须要结合行业特点以及自己报纸的实际资源情况，才能制定出符合市场规律的报纸营销策略。而报纸核心竞争力的培养要关注以下几个方面：首先，了解同行报纸，了解自己，寻找自己潜在的优势，这是培养核心能力的前提。其次，根据自己的优势集中采编、资金、技术、设备等资源办好自己的优势版面、专栏，形成一定的版面风格，以期引起受众注意。再次，加强报纸的市场营销，报纸核心竞争力在很大程度上体现于驾驭市场的能力。人们在这方面观念的进步将有利于报纸核心竞争力的培养。

加入 WTO 后我国少儿报刊面临的挑战及对策

赵彤在《当代传播》2002 年第 3 期撰文指出，我国少儿报刊业现状和问题是：从出版方面来看，少儿报刊质量良莠不齐。从读者方面来看，少年儿童订阅报刊的选择渠道不畅。而我国少儿报刊业面临的挑战则主要是：国外读物冲击和互联网冲击。为此少儿报刊的改革对策是：第一，少儿报刊风格定位要有独特性。第二，少儿报刊要在努力提高质量上下功夫。首先，少儿报道的写法和角度要有自己的鲜明特色。其次，少儿报刊要加大内容"含金量"。再次，少儿报刊在版面和形式上要有新的突破。第三，小读者参与程度是衡量少儿媒体创办成功与否的重要标志之一。第四，少儿报刊要努力培养自己业界的新型人才。第五，创名牌意识，走媒介重组之路。每一类的少儿报刊都应在培养自己的名牌栏目、名牌主持上下功夫。

报纸竞争力与传播影响力的有效转换

罗建华在《中国记者》2002 年第 5 期撰文指出，经营报纸就是经营竞争力和经营影响力，以新闻产品为核心，优化组合包括人才、资本、机制、政策、环境在内的各类资源，使之处于最佳配置状态，形成综合竞争力，然后转换为社会影响力。竞争力的基本要素及转换成影响力的主要途径，体现在下列五个方面：一、新闻传播速度抢占市场先机。几乎没有什么产品比新闻报道有更高的"鲜度"要求，新闻传媒的竞争首先表现为时效的竞争。二、信息发布厚度获取规模覆盖。竞争的加剧导致"准入门槛"的升高，直接表现为报纸一再扩版，宣告"厚报时代"的来临。版数只是外在的"厚"，它需要与内在的"厚"相互支撑。“信息厚度”的秘诀之一在于“做大新闻”，突出新闻的强势地位。秘诀之二在于“做活配置”，优化版面的信息结构。三、产品适用效度实现价值提升。新闻竞争力的强弱，在实质上反映为新闻价值及其使用价值的高低。从“适合”的角度看，关键是定位准确，始终保持新闻传播与目标读者需求的紧密对接。从“安全”的角度看，关键是报道真实，打造“权威媒体”、“信用媒体”的形象。从“有用”的角度看，关键是信息实用，能为读者充分利用和转化。四、社会干预力度扩大舆论影响。一是科学设置议题。二是敢于啃“硬骨头”。三是向弱者倾斜。五、创新开发频度推动持续发展。与时俱进的新闻传媒太需要创新，这是它的特性使然，也是保持竞争力始终不衰的利器。

突出个性特征是办好期刊的根本

李琳在《编辑之友》2002 年第 6 期撰文指出，强调期刊的个性特征，在群体中突出自己，形成与众不同的办刊特色，这是办好刊物的立足之本，也是期刊自身生存与发展的需要。一般而言，期刊的个性特征包含以下内容：一、体现办刊宗旨，具有明确性。二、体现独家优势，具有创造性。三、体现一以贯之，具有成熟性。四、体现读者意识，具有共识性。就期刊个性特征的定位，可以从四个主要层面逐一阐述：一、角色定位，明确期刊各自的方针任务，牢牢把握好办刊方向。二、产品定位。首先，是要明确期刊的性质，即办刊的宗旨和专业范围；其次，在期刊的内容上是否独树一帜；再次，在刊物的形式上，是否体现出特殊的韵律和美感。三、读者定位。读者的职业结构、文化素养、兴趣爱好和购买能力，都是把握期刊定位必须考虑的因素。四、形象定位。期刊形象主要由三方面的因素构成：一是刊物的内、外在质量；二是编辑人员的形象；三是期刊社的信誉和影响。期刊要生存求发展，必须长期保持自己的个性特征和优势，而要做到这一点，就必须不断地开拓和进取。一、保持优势，重塑自我。二、勇于探索，标新立异。三、不断进取，精益求精。四、更新观念，超前趋新。五、树立形象，扩大影响。

市场化与中国时事周刊的发展脉络

李旭东在《出版发行研究》2002 年第 6 期撰文指出，“新锐周刊”在以下几个方面的探索在中国期刊界有相当的创新意义和借鉴价值：一、投资方式的变革与尝试，对新闻周刊的投资大都属于国内有实力的集团以买断广告或经营权的形式进行。二、品牌经营意识的树立与强化，品牌经营意识与投资方式、刊社体制密切相关，新锐周刊一般都有一个完备的营销系统，市场意识很强。三、期刊定位和编辑理念的大胆创新与突破，新锐周刊大都有指向明确的宗旨和宣传口号。不仅如此，新锐周刊在更多的时候是在尝试输出一种观念，输出一种审美方式。同时，新锐周刊还创造了一种有别于传统期刊的文体风格，其形成与各自的读者定位息息相关。新锐周刊迈出了市场探索的第一步，但品牌确立和发展的第二步却显得颇为艰难。除众所周知的投资问题外，还存在“周刊”的读者市场问题。幻想一步到位成为主流期刊是不现实的，要发展，还得扎扎实实从基本做起。

做强中国报刊业的思考

刘波在《国际新闻界》2002 年第 6 期撰文指出，目前报刊的发展卡在了三个瓶颈口上。瓶颈之一：只生不死，盘活资源难。瓶颈之二：条块分割，做大规模难。瓶颈之三：法规滞后，自主经营难。《报纸管理暂行规定》和《期刊管理暂行规定》两个规定严重地束缚了生产力的发展，解决以上三个问题的首要问题是必须建立现代企业制度。作为信息产品，报刊具有经济性、商品性，是一种经济资源和生产要素。报刊社作为信息产品的生产单位，也必须按价值规律组织生产，必须讲投入产出，讲盈亏核算，讲经济效益。我国的报刊社应该是生产精神产品的国有企业，应该按照现代企业制度建立既适应社会主义市场经济体制又体现传媒业性质的行为规范，从根本上打破行业分割、部门分割、媒介分割、地区分割、资源分割、市场分割的“吃不饱、饿不死”的局面。

当前我国报业集团经营管理中的问题与对策

罗以澄在《新闻大学》2003 年第 1 期撰文指出，在进行报业集团产业化定位时，必须充分考虑到媒介产业所具有的特殊的双重属性：既要服从媒介作为“公共事业”、“社会公器”的社会规定性，又要服从媒介产业作为社会经济组织和利益组织的“产业”规定性，在法律和政策允许的范围内，尽力追求资本利润的扩张，不断壮大自身的经济实力，以积极参与国际间的传媒竞争。报业集团可从以下几方面入手解决报业集团发展资金短缺的问题：一、寻求与银行的合作；二、探索上市融资的通道；三、谋求与国有企业乃至民营企业开展广泛合作；四、进一步探索国内媒体与国外资本合作的可能性。而广告是目前报业集团的经营主业，当务之急，应从以下几个方面入手，将这个主业做大做强：一、规范广告市场；二、提升广告品质；三、延伸和拓展广告业务；四、探索与其他媒体的合作；五、积极向网络媒体扩张。

对中国媒体整合的探索与研究

竺培芬在《中国文化产业评论》（第1卷）（上海人民出版社，2003年版）撰文指出，中国媒体整合是适应互联网崛起后的媒体生存环境的客观反映。互联网的优势为：1. 交互性。2. 跨越时间的特征。弊端为：1. 内容贫乏。2. 隐性弹出式广告。互联网与传统媒体只有彼此整合，才能充分发挥媒体的优势。中国媒体不仅顺应潮流，在整合上迈出了坚定的步伐，而且在集团化方面狠下功夫。目前，国际媒体集团的触角已伸向中国媒体的各个角落。与国际媒体集团相比，中国媒体的弱势地位表现为：1. 中国媒体数量多而分散，财力少而不足。2. 中国媒体缺乏多元化经营模式与多元化盈利模式。在进行媒体集团化时，应该注意以下问题：1. 媒体集团会因内部利益冲突而造成失控。2. 媒体集团会因过多并购而造成严重的财务问题。3. 媒体整合或媒体集团化是媒体发展的主流，但各种媒体仍然有其独特魅力。中国在促进媒体整合及媒体集团化的过程中务必注意不要盲目跟风，一味做大媒体集团的规模。以点到面，逐步推进媒体集团化是较为可取的。有关部门有必要通过政策指导，充分发挥各种媒体节目采编、制作、播出、传输等方面的特色。

品牌是众多期刊中的"这一个"

张伯海在《报刊之友》2003年第1期撰文指出，今天的世界期刊舞台是量级品牌期刊的天下，没有品牌期刊的入场券，就难有出头之日。品牌是能够从众多中跳出来的"这一个"，并且把"这一个"做得淋漓尽致。全世界20多万种刊物，其中大多数期刊不断被市场大潮冲没，同时只有能自下苦功夫的少数品牌期刊才不会被冲没，才能跟读者产生难以割舍的不解之缘。对于一个期刊来说，应当可以根据自己的专业与条件捕捉到自己办刊的特色。对于整个华文期刊业来说，应该从中国辉煌而悠久的历史、文化传统里去找，从中国公众在21世纪的现实生活中独有的面貌、独有的风采、独有的神韵里去找。大陆文化期刊界在走过了近20年的开垦与复苏的道路之后，今天也应该走出难以避免的借鉴阶段和探路阶段，把如何体现中国期刊的神韵、民族的性格提到日程上来了。

透视报纸的低成本管理

张立伟在《传媒观察》2003年第3期撰文指出，在市场确定的前提下，报纸创造竞争优势主要是两条途径：要么比竞争对手更出色，要么比竞争对手更经济地满足读者。如何更经济地满足读者，其实质涉及的是报业管理和发展的一个重要思想，即低成本管理问题。低成本战略的操作要点是"价格推动成本"，这里蕴含了三种复杂的力量：它要对读者有吸引力；对对手报纸有竞争力；报社有支撑它的盈利实力。要追求更经济的报纸，要树立"吻合质量"的观念。"吻合质量"重视的是"功能"，报纸的功能是否吻合、符合特定读者的需要，而不是"技术质量"的尽善尽美。上述创造竞争优势的两条途径，媒体人骨子里是偏爱更出色的。不过，在一批赔本赚吆喝、以烧钱求出色的报纸倒下之后，我们或许可以用更平和的心态去认真思考另一条创造竞争优势的途径。特别是在各地都市类报纸的市场趋于成熟或已经成熟的情况下，更经济的首要目的是生存，是保守渐进、变化甚缓、步步为营、稳扎稳打。

从免费报纸的生存空间谈传统报业的生存

聂静虹在《河南社会科学》2003年第4期撰文指出，免费报纸在中国有很大的生存空间。首先，免费报纸通过与资本嫁接、与传媒合作奠定自己坚实的运营基础。其次，免费报纸拥有大量的受众市场空间，这为其后来的盈利提供了可能。最后，免费报纸有可期望的广告回报。传统报业欲在激烈竞争的报业市场中生存发展，必须在以下几个方面做出切实努力：一、传统报纸必须要有十分明确的市场定位，强调差异性优势。二、传统报纸要注重自身的品牌建设，致力提高公信力，努力打造主流媒体的新形象。三、国外媒体对免费报纸的应对之策有：一是出版自己的免费报纸，以夺回自己的读者和广告市场；二是收购比较成功的免费报纸，可能的第三种途径就是与免费报纸相互合作，传统报业应把握大势，因势利导，化压力为动力，变挑战为机遇，以不变应万变，沉着应对即将来临的新一轮同业竞争。

报业集团化运作创新：打造价值链、品牌链、产业链

罗建华在《新闻战线》2003年第4期撰文指出，组建报业集团似乎不难，实行集团化运作则不易。集团务必转换机制，整合资源，重构优势，从而把集团的各个要素组织起来，打造集团化运作的价值链、品牌链、产业链。价值链是文化共同体、利益共同体。它要求精神追求上的认同，战略目标上的共识，组织构架上的集中，报业资源上的整合，经营运行上的统一和竞争环境上的公平。品牌链则是一点发散，多点聚合。构建品牌链，意在充分开掘主品牌的潜在价值，将主品牌凸显、放大、强化，使之成为品牌孵化器，延伸和辐射开去打造品牌系列。从主品牌发散到多品牌聚合，集团依靠多点支撑增强实力，以品牌覆盖谋求规模覆盖。一是"集团购买"链接"大众购买"。

二是“综合市场”链接“细分市场”。三是“新闻品牌”链接“经营品牌”。品牌在内部链接的同时，还可输出品牌对外嫁接，跨媒体、跨行业、跨地区链接外部资源。品牌链要始终处于运动中，不断创新，不断优化，不断延伸，保持品牌的活力。而产业链则要以报兴业，以业强报。第一，新闻是核心竞争力，是经营之本、效益之源，努力增强传播影响力，获得受众注意力，赚取广告回报率。第二，新闻创造价值，瞄准终端市场，带动整合营销，建立传播与经营的联动、互动、滚动机制。第三，抢滩“资本之船”，不求所有，但求所用，广泛链接外部资源，不断扩充“市场版图”。

新闻媒介产品策略
——报业竞争的基础

杨立川在《报刊之友》2003年第5期撰文指出，就新闻媒介产品策略而言，通常包括四个方面：一、新闻媒介产品大类策略。产品大类策略一是涉及产品大类的确定，二是涉及产品项目的确定。确定新闻媒介产品的大类及项目要考虑四方面的因素：第一，竞争对手：即竞争对手的产品构成如何，竞争对手的产品质量如何。第二，市场需求，包括受众需求及相关的广告客户的需求。第三，市场容量和潜力。第四，自身的能力。二、新闻媒介产品差异化策略。新闻媒介产品差异化的成因主要表现：第一，媒介产品设计造成的差异；第二，媒介产品包装造成的差异。其差异化的方法或途径主要有三个方面：第一，研发策略。第二，促销策略。第三，服务策略。三、新闻媒介新产品开发策略。新闻媒介新产品的开发以提出产品创意为起点。创意提出后，须根据市场情况、竞争对手情况、受众及广告客户情况、自身的能力和条件等情况进行评估。最后是推出相关版面、栏目，并在实践中检验和完善之。四、新闻媒介产品的生命周期及相应策略。新闻媒介产品生命周期一般可分为四个阶段：引入期、成长期、成熟期、衰退期。新闻媒介产品在生命周期的不同阶段，其相应营销策略主要应从以下几个方面考虑：引入期：产品一般应追求高品质，需要较充分的广告、公关支持。成长期：保持和改进、提升产品品质，在以广告、公关活动追求知晓了解的同时，重点追求偏爱度和接受行为。成熟期：改革产品的内容和形式，可以考虑重新进行市场定位。衰退期：放弃策略、收缩策略、大幅调整转型。

报业集团发展的制约因素

李小娟在《当代传播》2003年第5期撰文指出，报业集团的产生是市场经济作用的结果。所有报业集团同其他集团一样是企业。我国新闻主管部门在2002年的有关文件中再次强调：报业集团是事业单位。至今，中国报业集团的实际运作是按照“事业单位，企业化管理”来定位的。而与报业集团的性质问题密切联系的是报业集团的产权问题。中国报业集团的资产所有者是国家，其资产营运者是集团，这种分离在实际的操作过程中有负作用。首先是国有资产的流失。其次，产权模糊也直接挫伤了报业集团经营者的积极性。明晰报业集团的产权，实现报业集团资产所有权和资产经营权的分离可通过设立报业集团资产管理的专门机构进行专业化管理，并以盈利性原则决定国有资产的投资、收益，对报业集团完全按照经济原则进行管理。对报业集团而言，作为一个“高技术、重装备”的产业，其发展所需的资金越来越多，而国家投入和自身积累都十分有限，只有借助资本市场的进入来推进资金的整合和扩张。然而，由于资本进入报业集团局面不明、风向不定，中国报业的资本市场还远远没有形成，投资报业的合法渠道还不明朗，进入报业的投资还难受法律保护，报业投资的风险依然很大，中国报业集团要借助资本市场寻求更大的发展还困难重重。

报业人才战略探析

张列、亢平、郑瑜、陆卫春在《当代传播》2003年第5期撰文指出，当前新闻人才管理中存在的问题有：一、思想观念陈旧。二、人才开发使用不当。三、人才结构不合理。四、人才管理机制问题：人力资源管理落后，人才管理方式忽视“以人为本”，只强调集体的利益，忽视人才的个人价值。针对这些问题可以采取以下对策：一、强化对“发展才是硬道理”的认识。二、思路创新，实施“以人为本”的人才发展战略。三、实施系统的人才规划战略。四、建立有效的人才开发使用机制。首先，树立适应市场的报业人才观。其次，建立报业新闻人才的多重评价和激励机制。再次，建立人才持续发展的培训机制。最后，创建学习型组织，树立终身学习理念。

期刊市场化中的问题与对策

金小东在《编辑学刊》2003年第5期撰文指出，在通过组建期刊集团、增强编辑策划意识等市场化过程中，显露出了一些值得我们再思考的问题：一、关于期刊集团化的问题。集团化是加入WTO后应对国外期刊集团竞争的必要措施，但是，在集团化过程中，有些操作和思想意识的问题也凸显出来，提出如下建议：第一，应以市场为主导建立集团。第二，集团内部各刊物应错位竞争。第三，要有一致的文化认同。第四，不必要一哄而上搞集团。二、关于编辑的市场意识的问题。编辑的优劣对一个刊物来说是十分重要的。然而在编辑逐渐走向市场前台的情况下，出现了一些不可忽视的问题。第一，一些编辑的思想仍然停留在“等靠要”的计划模式下。第二，面向市场变成一味迎合，造成编读素质的双双滑坡。第三，走向市场的同时要有强烈的文化意识。

关于期刊个性化的思考

祝君波在《编辑学刊》2003 年第 5 期撰文指出，我国期刊雷同化的现象比较严重，主要表现在两大方面：一、办刊类别的雷同；二、同类期刊之间雷同并缺乏个性。造成雷同的原因主要有：一、老的计划经济的审批体制，造成了严重的门类重复。二、市场经济的初级阶段，忽视文化产品的特殊性和多元化。三、我国的出版管理客观上造成了信息源的局限性，加大了同类期刊在内容上做出独特性的难度；网络技术的发展，又使每种期刊在同一时间较易获得相同的信息。四、办刊人员的主创能力不够强。值得注意的是，个性化核心涵义包括：一、准确的读者定位。二、内容的差异性和不可替代性。三、独特的表达方式。从产业发展的角度看，期刊总是越大越好，但按照期刊个性化的原理，做小做好做强同样也有生存空间。个性化一般指刊与刊之间的差异，其实也可以体现城市性格特征对办刊的影响。随着我们视野的开阔和理念的变化，在期刊界“洋为中用”也是必需的。要实现期刊的个性化，首先，需要改经营手法的单一化为多元；其次，要改变经营体制单一的局面。

报纸媒体的盈利模式与内容创新

杨润康在《传媒观察》2003 年第 7 期撰文指出，开发核心竞争力有多种渠道，对于报纸媒体而言，首先应考虑从读者需求的角度定义企业的核心能力。对读者需求的分析可从对读者（受众）市场的细分入手来探讨报纸媒体的定位。在受众群体得到细分和定位的前提下，一家报纸媒体的竞争力大小，关键要看其提供的新闻信息内容能否吸引受众注意力。报纸媒体在内容创新方面提升核心竞争力，可以从两个角度来探讨：一、深度报道。深度报道是在发掘表象背后实质的调查性报道和在事实性、调查性报道的基础上发展形成的具有新闻性、解释性、调查性和分析性特点的报道方式。深度报道的选题是决定报道阅读率的前提，在社会伦理、道德等领域能够形成争论的选题最能引起读者的关注，纪录他人生存状态和经历的选题也具有同样价值。二、人性化阅读。对于报纸的经营者而言，除了要考虑把哪些信息提供给读者外，更要考虑提供信息的形式和方法，而方便阅读和显示差异则是其中最重要的两条途径。

报纸核心竞争力在办好报纸本身

孙德宏在《新闻战线》2003 年第 10 期撰文指出，开发和利用报纸核心竞争力，首先是提高报纸本身的影响力，提高新闻及其思想的质量，以及实现这种质量的能力。从根本上讲，报纸的核心竞争力取决于新闻编采人员的“内力”——今天的中国报纸竞争已进入“比拼内力时代”。“内力”是新闻从业人员，尤其是编辑的综合能力。传统“大报”拥有专业素质较高、社会责任感较强、职业精神高尚、思想方法科学、认识问题深刻的编采人员，以及他们在读者心目中的权威形象，这是当今报业市场竞争中的最大财富。“传统大报”的编采人员必须在下列一些方面有较高水准：第一，尽可能编采“最多”严肃、负责任的事件新闻。这在今天新闻发布渠道甚多的情况下，显得尤为重要。第二，编采更多的独家事件新闻。这既包括传统意义的发布新闻的独家，更包括同一事件新闻的独家视角、独家倾向、独家深度。第三，编采更多具有全局高度，具有强烈现实针对性的事件新闻，能从具体的事件新闻中，挖掘出具有全局的针对性、前沿性来。一个合格的记者，必须能够在纷繁复杂的社会经济生活中“看”到、“采”到真正有价值的新闻，并以自己训练有素的专业水准来报道它。这就需要今天的记者起码具有两方面的相应能力：一是对所报道的领域、事件的专业认知要有相当的水准。二是对新闻本身的业务要有相当的水准，对各种报道形式，以及每种形式自身的独立品质都要能极为娴熟地把握和运用。

我国期刊产业的现状与前景

艾立民在《传媒》2003 年第 11 期撰文指出，我国期刊产业的现状是：一、我国有期刊产业的基础，但还没有形成产业规模，整体实力还比较弱小。二、我国有期刊产业的组织形式，但还不够完善，特别是产业链尚未有机形成。三、我国期刊业有产业主体，但因为行政权力参与期刊经营，导致主体难以真正发挥市场的主体作用。由此可见，中国期刊产业目前表现出的特点是：期刊品种多，但有影响、有市场竞争力的品牌期刊少。单一媒体多，跨媒体经营的复合媒体少。单个期刊经营为主的期刊多，集约经营、规模经营的期刊少。期刊出版内容雷同的多，有鲜明个性的少。部门行业期刊多，真正面向市场、对大众阅读能产生重要影响的期刊少。对中国期刊业的发展前景，无论是国内还是国际同行都是十分看好的，主要是源于以下几点分析：一、有有利于期刊产业发展的思想舆论环境。二、有有利于期刊产业发展的法律环境。三、有有利于期刊产业发展的市场环境。四、有有利于期刊产业发展的国际环境。

报刊业跨越式发展论要

屠关雄在《出版参考》2003 年第 21 期撰文指出，面对报刊经营模式的转化，我国报刊要从规模数量的扩容向效益质量的提高转轨，由分散的粗放式经营向集约化、科学化经营转轨。跨越式发展成为报刊业发展的必然趋势，可以更有效地应对加入 WTO 后的进一步挑战。我国许多报刊社充其量只是报刊大社，而不是报刊强社。因此，报刊业实现跨越式发展，实现从报刊大社向报刊强社的跃升，乃当务之急。报刊业在实现跨越式发展时要创新观念、创新思路、创新领导方法和工作方法。一、推进集团化经营。二、力求多元化发展。三、采取二级法人结构。四、努力做到错位经营。五、文企联姻达到共赢。六、大力实施人才工程。七、加强学习，“创”字当头。

报刊业：未来体验经济发展的空间

陆海光在《编辑学刊》2004 年第 1 期撰文指出，体验是经济发展的产物，作为体验经济范畴的报刊业在未来经济中有着很大的发展空间和前景。体验一般分成娱乐、教育、审美和参与四个部分。体验的这四个部分报刊业都可以兼容。体验经济对产品的基本要求就是功能不要单一化，而是泛化人们对商品的体验效应，让商品活起来。因此，在体验经济来临之前，我们必须未雨绸缪，以体验经济的概念来思考我们的报刊业，让我们的报刊活起来：一、创报刊名牌，把读者纳入体验名牌的效应中。二、为使我们的报刊更具体验的价值，我们必须使报刊更具感知化。三、尽可能扩充报刊的多种体验性能。只要我们按体验经济的要求，让我们的报纸杂志活起来，我们的报刊业将有广阔的发展前景。跨入体验经济前还有一个必要准备：职业办刊人。职业办刊人实际上就是职业经理人。职业办刊人必须具备清醒的政治头脑；有现代化企业运作知识，有现代化的管理、经营理念；有非常强的策划能力，是报刊的灵魂，能准确把握和实现杂志的市场定位；具有高水平的鉴赏审美能力；对报刊资源有充分的利用和开发能力，在编辑、广告、发行、资本运作等内涵经营和外延经营上都有独特才能，并能适应办多种杂志。我们的报刊业要适应体验经济的到来，呼唤职业办刊人是关键所在。

竞争环境下的报纸策略选择

刘鹏在《传媒观察》2004 年第 1 期撰文指出，在报业竞争日趋激烈的今天，报纸的市场领导者策略有：一、扩大市场规模，优化市场环境。二、增加市场份额，提高竞争门槛。三、打造自己的核心竞争力。四、实施有效的攻防策略。五、防止创新能力弱化，避免重大决策失误。当今的中国报业市场，由于竞争秩序初建，领先者优势往往不明显，使得很多后来者以挑战者的姿态切入报业市场。而报纸的市场挑战者策略有：一、先声夺人，占领舆论制高点。二、强势出击，迅速打开市场缺口。三、确立相对竞争优势，对市场领导者发动攻击。市场排名较后的报纸选择扮演市场追随者角色，参与竞争但不扰乱市场格局，不失为明智的选择。策略选择上，以下几点是值得引起重视的。一、实施“产品模仿”战略，直接借用领先媒体的成功经验。二、低调进入，避免与市场领导者发生正面冲突。三、联合领导者，攻击其他竞争对手。瞄准竞争力强的报纸不太感兴趣的市场或尚未发现的市场空间，填补市场空白，往往能够出奇制胜。因此，市场补缺者有相当多的成功机会。一、寻找市场空白。二、度量市场空间。

小众化报刊发展的契合点、切入点、立足点

徐慧萍、罗丁湘在《出版科学》2004 年第 1 期撰文指出，小众化报刊较之大众化报刊，与传媒窄播化走势有更多的对接点，传播方式的改变为小众化报刊发展提供了新的空间，新的契合点。虽然小众化报刊涉及的领域有软（生活、休闲、娱乐）硬（专门学科、专业技术、学术研究）之别，但都能在不同方面满足读者不同的需求。小众化报刊在保持自身特色的同时，应更多地兼顾读者多元的要求，更好地做好服务，特别注意下面三个方面：一、凸显个性，兼顾共性。小众化报刊要扩展自己的市场份额，就必须在大众化服务上做足文章，即将专门的话题转化为社会化的共同话题，以吸引更多的读者对象。二、在“小、软、短”上下功夫。以“小、软、短”的形式来反映“有分量”的主题、内容，更符合读者“以小见大”的认识客观事物的方式，会使文章更真实、具体、生动，更易于被读者接受。三、适时调整版面、栏目。信息特色越鲜明，越能引起相关读者的高度关注。报刊要牢牢抓住读者，就必须适时地调整办报办刊的思路，设置更具针对性、指向性的版面、栏目，及时提供读者需要的信息。

中国报纸的两级化格局及未来走势

张昆、杨林在《今传媒》2004 年第 S1 期撰文指出，近十年来，在中国报界呈现了鲜明的两极化现象。以各级党委机关报为代表的主流报纸，从发行到广告均在不断地萎缩，而新生的专业对象类、都市类市民报纸如旭日东升，焕发出旺盛的活力。推动这一趋向的原因主要集中于以下几个方面：一是社会环境的变迁，改革开放的环境和市场经济体制的形成。二是新闻改革和报业市场化的进程。三是城市化进程。中国的城市化进程为报业提供的大量新读者，基本上为都市类市民报纸所吸纳，主流报纸所

得甚少，这也在一定程度上加剧了中国报纸的两级化现象。除此之外，中国报纸的两极化还有一些微观层面的原因，如生活节奏的加快，人们对于软性新闻即时消费的需求大于硬性新闻，因为后者需要较长时间的理解和关注；娱乐泛化的时代，人们的心理也转向了对新闻事件的调侃式接受，整个社会的浮躁心态使人们难以静下心来分析事件的前因后果，对新闻信息的要求由“求知”变为“求果”和“求趣”。这些因素不仅扩大了报纸两级化的差距，更对整个中国新闻事业的未来发展产生了深远的影响。目前两极化的报业格局，在未来至少有如下几种演变的可能。一是两极化定格，两类报纸的“剪刀差”越来越大；二是两类报纸差距不断缩小、互相接近乃至于合流；三是两极化的延续、平行发展的趋势；四是在分化中催生新的报纸类型。

期刊盈利的“第三条道路”

程蔚在《新闻记者》2004年第2期撰文指出，传统的期刊盈利模式是依靠发行收入和广告收入，虽然这两种传统的盈利模式仍是国内期刊业的盈利支柱，但其局限性也日益明显。上海《理财周刊》探索出期刊盈利的“第三种模式”，即发展以期刊品牌资源为核心的延伸服务来盈利。第三种盈利模式源自国际期刊业流行的“三次售卖理论”。第一次售卖是“卖内容”，第二次售卖是“卖读者群”，第三次售卖则是出售期刊的品牌资源，利用品牌资源发展衍生产品。“第三次售卖”的核心是挖掘期刊品牌的市场价值，然而，知名品牌的建立并非一朝一夕，品牌的价值也需要用心去经营。美国《商业周刊》对其品牌价值的概括是期刊品牌的成功运作必须具备8个要素：盈利，权威性和影响力，具备跨地域、跨文化的渗透力，长期稳定的发展，明确、稳定的目标市场，业务发展潜力，有效的市场推广，明晰的品牌产权和完善的授权使用机制。因此，对国内的期刊来说，至少应从三个渠道加快学习，以期快速建立品牌。首先是内容，其次是媒体的公信力，第三是加大期刊自身的推广力度。

报业多品牌战略及误区规避

魏华、袁丰雪在《编辑之友》2004年第2期撰文指出，多品牌战略是报业经营管理的策略之一，它主要是指报业集团对旗下的传媒产品使用两个或两个以上的品牌，满足不同消费层次受众的需求。多品牌经营战略的提出，首先是基于媒介生态环境的变化，即传媒市场激烈竞争的需求。多品牌经营战略的可行性，来源于传媒产业是“影响力经济”的理论支持。多品牌战略运营更关键的意义在于，报业集团可以借此避开单一品牌竞争的风险进一步做大做强，但在推出时机、运营策略上“多品牌”尚有一定的风险和误区需要予以注意并加以规避。一、适宜的推出时机——多品牌战略必须讲究推出时机和品牌的可持续发展。二、科学的品牌架构——多品牌≠品牌＋品牌，多品牌≠系列品牌，多品牌要突出核心竞争力。三、未来的危机预防。即使渡过品牌建立初期的风险，进入了多品牌高速发展时期集团仍会面临重重考验。多品牌实质是建立了集团内部的产业链，一旦由于市场或某种原因使其中一个环境发展问题出现品牌或经营危机，那么“荣辱与共”的其他品牌或整个集团的大品牌都会受到牵连。

广东小报小刊事业管理研究

林如鹏、张晋升、欧彩群、庄雪涛在《暨南学报》（人文科学与社会科学版）2004年第2期撰文指出，广东小报小刊在发展过程中出现了一些不容忽视的问题。主要体现在：一、政治把关不严，舆论导向失误时有发生。二、偏离办报办刊宗旨，一味炒作社会“热点”。三、一号多报、一号多刊，扰乱报刊出版管理秩序。四、出卖报刊版面，放弃终审权。五、格调庸俗，品位低下，媚俗、恶俗的文章层出不穷。六、刻意追求“轰动效应”，刊发摘转虚假失实报道。七、缺乏对社会生活主流的把握，热衷于以欣赏的眼光来反映社会生活中的病态现象。八、违背以正面宣传为主的方针，大量刊登、炒作社会负面新闻。报刊管理部门当前应该重点做好以下几个方面的工作。一、继续促进报刊结构的调整，大力推进报刊业集团化建设。二、在现有的报刊审批制下，要切实加强宏观调控，提高管理决策水平。三、尽快修订完善和出台有关法律法规。四、转变观念，加快新闻事业管理体制改革的步伐。五、依法行政，从严执法，加大管理力度，增强服务意识。六、报刊社要转变观念，端正办报思想，正确处理大报和小报、市场和导向的关系。七、加强教育和培训，严格实行持证上岗制度。

报业集团的发展及其现状分析

石成在《传媒观察》2004年第3期撰文指出，中国报业集团化改革至少涉及三个主要的利益主体，一是履行政策制定和行业管理职能的政府管理层。二是已经集团化或试图集团化的报业单位。三是已经或正在设法进入报业领域的资本持有方。在现有体制下，首先要解决报业集团的身份认定问题。其次，基于前述对现状和困难的描述，在报业集团化进程中，应着力解决在“做强”的基础上再“做大”的问题，减少效率损失和效率隐患，并最终组建跨地区、跨行业、跨媒介的大媒体集团。可以预期，在WTO规则不断发挥作用的背景下，报业集团化改革中的两大难点（跨媒体、跨地区合作与业外资本进入）必将突破。在下一轮的三方博弈中，政策面的影响将变小，而资本市场将对报业产生越来越大的影响。中国报业也只有通过进入资本市场，最大限度地筹集和盘活资金，才能形成大规模的多媒体、跨媒体传媒集团，来实现与国际传媒巨头的对话与竞争。而政府则可以通过对大型集团的管理来巩固和加强其在舆论领域的主导地位。

报业集团跨区域扩张的思考

张晋升在《当代传播》2004 年第 3 期撰文指出，报业集团跨区域扩张的态势，既是报业集团自我发展的内在需求，也与报业集团所处的社会环境有密切的关系。首先，日趋激烈的报业竞争是报业集团跨区域扩张的内在动力。其次，进入区域经济中心城市是报业做大做强的必然选择。第三，传媒集团跨区域发展有关规定的出台，为报业集团的跨区域扩张提供了政策支撑。第四，中国报业市场化总体水平不高，使市场化程度较高地区的报业集团的跨区域扩张成为可能。就目前来看，报业集团跨区域的经营活动主要包括以下几种活动：首先是本地生产、全国发行的“全国报”模式。其次是立足本地、区域渗透的“地方版”模式。第三是异地办报、中心突破的“地方报”模式。但是跨区域办报对报业集团来说毕竟是一种新的尝试，“地方报”模式能否产生预期的社会效益和经济效益，还有待市场的检验。就目前的情况来看，报业集团的跨区域经营应注意市场风险、报业竞争、读者认同、合作效应和原有集团的发展后劲几个方面的问题。

全球化背景下的中国期刊业

殷晓蓉在《国际新闻界》2004 年第 4 期中撰文指出，全球化的背景对中国期刊业的崛起发挥着重要的推动作用：第一，全球化有助于东西方缓和对抗，促进中国期刊业的转型。第二，在全球化的市场经济中，通讯、媒体与金融贸易一起成为最具活力的领域。第三，20 世纪 80 年代期刊人的努力，为我国期刊业日后的奋起疾飞，在思想、经验、队伍、读者以及运作等方面准备了必要的条件。进入新世纪以来，中国期刊的市场化和产业化的进程明显加快，在全球化的浪潮中，中国期刊市场起步较晚，与发达国家期刊市场发育较早且已成熟的状况形成鲜明对照。另一方面，中国期刊发展速度异乎寻常，而其发展趋势在许多方面，与作为全球经济一部分的期刊业全球化的发展趋势相吻合。中国期刊走向世界、学习国外先进经验的过程，同时也是借助于期刊媒介，将中国的优秀文化、独特的市场经济经验推向世界、融入世界的过程。中国期刊的业界和学界必须对于外资合作者、竞争者有充分的认识，必须对自己的家底有充分的认识。并且，无论在哪个方面，我们都不能使自己处于被动的境地，否则将会在原有差距的基础上，造成新的差距，甚至丧失我们已经拥有或本该拥有的优势。

加入 WTO 后我国期刊业发展的再思考

古四毛在《沈阳教育学院学报》2004 年第 4 期撰文指出，我国加入 WTO 对中国期刊业的冲击是全方位的，其冲击的主要领域集中在发行、印刷、编辑、管理等几个方面。中国期刊业有自己的本土文化与语言的优势，也有一定的规模和实力，我国改革开放后也为期刊业的发展提供了一个公平、公正、公开的竞争环境。在当前，要建立与完善法规，实施品牌战略，壮大期刊业的实力，采取积极的应对策略，推动中国期刊业的良性发展。一、建立与完善中外期刊在中国大陆的生存与发展法规。二、实施品牌战略，发展壮大我国期刊业实力。首先，我们要加强编辑策划，培养特色品牌。其次，我们对期刊业要进行资源整合，培养优势品牌。第三，加强人文内涵，形成读者品牌。第四，加强宣传包装，打造市场品牌。三、期刊业要走联合发展之路。

报刊业发展的历史机遇

石峰在《传媒》2004 年第 4 期撰文指出，报刊业的改革、发展已经进入取得突破的关键时刻。首先，全面建设小康社会给报刊业取得突破性进展创造了条件。其次，国民经济的迅速增长为报刊业的突破性发展创造了良好的条件。第三，报刊业发展已经具备了一定的基础，发展潜力巨大。某种意义上说，报刊业的发展已经落后于生产力和经济基础的发展水平，改革突破的要求十分强烈。首先，我国报刊业发展水平与西方发达国家相比十分落后。从报刊费水平看，我国报刊拥有的读者数量与庞大的人口基数形成了巨大反差，和发达国家的差距很大。其次，我国报刊业发展水平与人民群众的消费需求相比很不适应。一方面，在消费能力较强的城市读者中，报刊没有形成较为合理的细分市场，一个突出的表现就是在从内容到形式上雷同的报刊比较多。另一方面，在广大农村市场和不发达地区，报刊覆盖率非常低。第三，我国报刊业发展水平与自身具备的资源优势相比仍嫌不足。面对内有积弊缠身，外有强手虎视的严峻形势，改革创新对于报刊业而言可以说是“华山一条路”。

广东报业竞争三境界

林如鹏、李燕萍在《当代传播》2004 年第 4 期撰文指出，广东报业的竞争经历着从“同质化竞争”到“差异化竞争”，再到“战略竞争”的三种境界。这三种竞争体现了报业市场竞争从低层次向高层次演变的过程。同质化竞争，就是指产品或服务在功能或作用上具有互换和可替代性，具体而言就是媒介产品在内容、风格、受众、版面等方面大同小异。广东三大报的同质化竞争主要表现在：对特定地域读者的争夺、对重大事件的报道各显神通和产品结构的趋同。差异化竞争的实质，就是要形成产品差别。报纸产品差别的实质就是报纸与报纸之间的不完全替代性，通过“差别”来展示卖点，催生精品，获取差异优势，从而巩固其市场地位或避免恶性竞争。广东报业的差异化竞争体现在市场定位的动态调整、追求独家报道和策划、营销手段的革新。在经过了十几年的纷争和整合后，通过品牌战略塑造构筑报纸的核心竞争力，优化配置报业资源，有意识、有目的地构建报业集团的竞争优势，成了各家报业集团参加新一轮市场竞争的战略选择。

南方日报报业集团多品牌发展中的战略协同

张瑛在《新闻界》2004 年第 4 期撰文指出，南方日报报业集团两个月内相继诞生的两个刊物，表明南方日报报业集团的多品牌战略已经进入一个新的阶段：一个是品牌延伸创新的“报系结构”，一个是品牌扩张创新的“滚动发展模式”。其成功实施多品牌的奥秘之一在于南方报业在实施多品牌战略的过程中，较好地发挥了业务单位之间（即子报之间）的战略协同作用。南方日报报业集团多品牌发展过程中的战略协同效应，主要体现在以下方面：一、市场协同效应。二、有形资源的协同效应。三、无形能力（核心竞争力）的协同效应。四、品牌形象的协同效应。五、竞争策略的协同效应。而从南方日报报业集团多品牌发展的成功经验来看，要充分发挥战略协同效应，应该做好以下方面的工作。一、在集团层面确立长远的战略远景和战略目标。二、建立科学的决策机制。三、加强集团对下属业务单位的控制能力。四、做好集团内部的资源整合。五、建立科学合理的绩效评估机制，在集团内部创造和保持公平的竞争环境。

我国期刊业发展现状研究

杨蕾在《广西师范大学学报》（哲学社会科学版）2004 年第 4 期撰文指出，在美国，一般把杂志分为两大类：一类是大众消费性杂志，数量不多，但发行量一般很大；一类是专业性杂志，数量占杂志总数的 90%，其中又以工业类杂志居多。国外期刊的经营模式的运用也体现出较高的水平，其经营模式一般分为三个层次：卖一次，销售内容或广告；卖二次，销售内容和广告的读者；卖三次，销售内容和广告的品牌资源。而总的来看，我国期刊在经营模式选择上较单一，要么选择发行模式为主，要么选择广告经营为主，实际操作中大都以发行经营模式为主，且层次较低，一般只销售内容或广告。而从整体来看，中国期刊业的产业实力还不是很强大。目前我国期刊总的经营绩效不高。

对都市报、晚报并存格局的思考

陈克宁在《新闻知识》2004 年第 5 期撰文指出，持续八年之久的报业大战，主角是都市报与晚报。都市报要想成就自己的霸业，首先面对的是晚报这个昔日“王者”：都市报最初瞄准的目标也多是晚报，最先切割的也是晚报的广告和读者市场；晚报在都市报“冲击波”中又是“震感”最强、抗击最持久，也是迄今仍活跃在大中城市的品牌报纸。报业大战动因在于，首先，相同经营体的角色决定了两者之间的竞争关系。其次，效益的不平衡性促使两个经营体竞争加剧。第三，同一市场层面的子报和晚报导致利益直接冲突。报业大战是否还会继续，仍是未解悬念。我国的大众化报纸及报业市场仍处在探索阶段，都市报、晚报都需要进一步完善和创新。庆幸的是，我们找到了市场这个杠杆，使“办党和人民都满意的报纸”，繁荣社会主义新闻传播事业的目标，变得日益清晰起来。

赢家通吃：报业竞争的必然结局

吴海民在《传媒》2004 年第 5 期撰文指出，成熟的城市报业市场结构是：主导型的市场领袖报纸 + 边沿型的市场细分报纸。这样的报业格局，必然会在全国其他城市陆续出现。从根本上讲，报业市场结构是由报纸的供求关系决定的。我们面对的客观现实是，各家报纸是在一个既定的、稳定的乃至固定的市场的有限范围内进行竞争的。这种竞争不存在共存共荣，只能是此消彼长。报业市场结构的形成，还涉及到一个重要问题，即产品的替代性。市场是可以互相替代的产品的总和。报纸作为一种大众化的精神文化类产品，质量的优劣一目了然。报纸实行社会约定的统一的售价，同价而不同质的情况突显出来。报纸作为一种长期的连续性的读物，产品的替代每天都可能发生。随之必然出现的情况是广告投放的马太效应。由于报纸经营的特点是存在着二次销售乃至三次销售，强势报纸可以相对较低的发行成本换来较高比例的广告收入，而弱势报纸只能以较高的发行成本争取到较低比例的广告收入。弱肉强食、赢家通吃也就成为一种必然。

教辅类报刊的市场经营策略

秦绍芳在《中国编辑》2004 年第 5 期撰文指出，教辅类报刊要抓住新的市场机遇，在激烈的市场竞争中居于不败之地，必须采取以下经营策略：一、找准市场定位。一旦确定了报纸具有差异和区隔的定位，推广的难题已经解决了大半，接下来需要做的是使每个环节都紧密围绕你的定位，进行传播和推广。无论从报纸的内容、版式的设计、发行的方式等等，都要紧紧围绕这一中心。二、以内容为先导。提高教辅报刊的质量，真正发挥它的作用，一是加强报刊的策划工作，实行专家办报，使报刊的内容具有权威性；二是密切关注教研教改信息，把新的教学理念在报刊上体现出来；三是注重市场细分，充分考虑到各方面读者的需求；四是加强市场调研，及时调整不适应市场的内容。三、实行品牌战略。报刊要想占领更大的市场份额，唯一的出路就是把报刊做大做强，提高自己品牌的知名度，让自己的品牌深入人心。另外，报刊售后服务也是至关重要的，尤其是教辅类报刊。四、进行第三次售卖。作为教辅类报刊，以品牌为中心的第三次售卖有广阔的市场前景。以此衍生出来的中高考辅导书籍、学生作文集、阅读文选、合订本、增刊等，都是为报刊盈利的新的利润增长点。

报刊整顿对我国报刊业发展的深远影响

吴新宇在《云梦学刊》2004 年第 6 期撰文指出，从 2003 年春夏之交开始，中国报刊业进行了改革开放以来最为强势的一次治理整顿。这次报刊整顿对中国报刊业的发展具有深远的意义。一、加强了党的舆论阵地建设，加强了政治思想工作，使得报刊真正成为党的喉舌和读者的良师益友。二、削弱了行政力量对报刊发行的干预，使得报刊业内部的不公平竞争基本消失，完全进入市场化运营，保证了中国报刊业的良性运转。三、减轻了群众的负担，使得真正有购买力的受众自由地选择自己所喜欢的刊物，维护了整个报刊界在中国民众中的良好形象。四、许多单位依靠报刊摊派建立小金库，造成财务混乱，引起民怨，报刊整顿是反腐败的重要内容。五、有利于真正市场化的报刊集团脱颖而出，从而与国际接轨，打造有影响力的“中国品牌”。

中国报业集团发展现状探析

于红在《社会科学战线》2004 年第 6 期撰文指出，在中国报业集团化过程中，表现出自身的特点：一、报业集团的组建往往不是一种市场行为，而更多的是一种行政行为；二、报业集团的兼并和重组主要局限在同一个地方区域内进行；三、报业集团的组建大多局限在报业系统内进行兼并和重组，还不能实现跨媒体经营；四、报业集团在吸纳社会资金联合办报上还不成熟，无法实现跨行业经营。中国报业的发展现状，与西方媒体相比存在着很大的差距，要想成为世界报业乃至信息产业“强者俱乐部”中的一员，向一切旧观念、旧模式挥手告别，进行体制改革，寻求产业化的运营方式是中国报业发展的关键。一、办报和经营要切实分开；二、面向市场，以资本为纽带实现传媒产业化运作；三、在体制变革中要明确集团的定位。

手机版报纸的媒介经济学意义

车自行在《当代传播》2004 年第 6 期撰文指出，手机在我国已经成为一种逐渐普及的媒介，WAP 也得以实现，报纸的内容移动到手机上来阅读对目标消费者来说是最方便、快捷的渠道。“手机版”报纸还能够利用技术来实现与消费者的沟通功能。“手机版”报纸必须要在内容上比短信更加丰富和图文并茂，并且要依靠报纸自身的优势使内容具备特色性。“手机版”报纸也要制定合理的价格体系，并利用技术来实现与消费者的沟通。通过对“手机版”报纸的媒介经济学意义分析，可以看出，“手机版”报纸既是技术的产物，也是市场的产物。但同时，我们也应看到，“手机版”报纸在市场运作上仍有许多路要走。

报业优势经营的七大基本原则

陈强在《传媒》2004 年第 7 期撰文指出，报业作为产业进入市场，发掘自身优势，赢得优者制胜的地位，必须遵循优势经营的基本原则。报业产业优势经营是综合的、系统的有机体系，它包含七个基本原则：一、差异化竞争原则。差异化竞争原则源于产品的差异化策略，即创造本企业产品的独有特性，使之与同行业其他产品相比具有明显特色优势。二、专营化竞争原则。专营化竞争原则取决于三个要素：政策要素、技术要素和市场要素。三、品牌带动原则。报业经济是影响力经济，主要靠品牌的影响力来推动报业经济的发展。四、边际效应原则。将边际效应原则应用在产品营销上，即指任何产品的销售市场都有一定饱和度和销售半径，突破这个饱和度和销售半径，销售效益就会下降。五、规模效益原则。通过扩大生产规模和经营规模，降低生产经营成本，从而获得更大的市场和更好的经济效益。六、资源整合原则。报业的资源整合原则，就是要优化资源配置，让优势资源向优势产业聚集，实施集约化经营。资源整合及重组是报业产业做强的关键。七、服务性经营原则。任何产业经营都必须以服务为宗旨，把服务贯穿于生产与经营的全过程，靠服务赢得市场。

跨地区发展：报业做大做强的必然选择

王忠俊在《青年记者》2004 年第 8 期撰文指出，长期以来计划经济体制下形成的条块分割的市场封锁状态，成了中国报业通过跨地区发展做大做强的最大障碍。具体表现为：第一，条块分割的市场封锁状态，是重复办报、层层办报、报刊结构不尽合理、过多过散过滥现象的温床。第二，它使大量的资源在低水平上无休止地重复、浪费。第三，它导致无休止地重复办报、盲目办报，形成了恶性循环。第四，阻碍了统一、开放、竞争、有序的报业市场环境的形成。第五，降低了从业人员资格与素质的准入门槛。因此，报业的跨地区发展，是中国报业做大做强的必由之路。目前，报业跨地区发展的基本条件已经具备。第一，经过十余年的快速发展，国内已成长起了若干以省级党报报业集团主办的晚报类子报刊为主体的强势媒体。第二，一些具备了区域性强势媒体雏形的媒体，无论是舆论影响力还是综合经济实力都是本区域内的龙头，但面临的共同问题是，如何在现有的基础上有所突破，实现质的跃升。第三，传媒新技术的不断进步与广泛使用，为报业跨地区发展搭建了一个全新高效的发展平台，提供了坚实可靠的技术保证。考虑到我们的国情以及现有体制的实际，推进报业跨地区发展的方式，建议由国家新闻出版主管机关在充分调研的基础上，制定切实可行的方案，由上而下，有领导、有计划、分步骤地予以推进，以减少地方保护主义的干扰与阻力并预防“肠梗阻”。

报业发展的若干趋势与竞争对策

张立伟在《传媒》2004 年第 8 期撰文指出，当报业国内市场成为国际市场的一部分，防御与进攻一样重要。当前尤其要重视以下几种防御。一、前沿防御：封锁与威慑。明确对手可能从何处进攻，在前沿部署力量，封锁可能被利用的空隙。前沿防御再一个用处是威慑。与其事后报复，不如事先阻止侵略。二、反击防御：正面与侧舞。正面反击是“针锋相对”式，其基本功能是削弱对手的优势，让其不至于一花独放形成垄断。要么你攻这个市场，我在另一个市场反击就是最基本的侧翼包抄。三、深层防御：自己打自己。胜利有赖于很多复杂条件，而不败只依靠自己的深谋远虑和力量强大即可。并且，不败也就排除了对手胜利的可能性。核心竞争力带来无法模仿、不可复制的竞争优势。非核心竞争力造成的竞争优势则是能够模仿、可以复制的。因而，媒体的正确策略就是：一方面打造自己的核心竞争力，让竞争对手无法模仿和复制。另一方面尽可能模仿和复制别人的竞争优势，比竞争对手学得更快。非核心竞争力，一句话，快速复制竞争优势。具体有三方面：一、复制内部：首席明星。复制内部明星不涉及安全或保密问题，花费不多又容易获取详尽资料，还能让首席明星现身说法，因而成为复制各种竞争优势的起点。二、复制竞争对手：产品仿制。三、复制行业内外：技术跃进。

报纸发行模式的变化与走势

胡雪在《中国记者》2004 年第 11 期撰文指出，未来报纸发行的 8 大趋势是：一、整合创新。整合是体制、机制、理念、技术和战术的创新，及模式和方式、资源与业务组合的创新。二、征订型发展方向。征订型是对报纸整体水平、发行整体水平、发行时效水平、管理整体水平的综合检验，同时也是对报社整体实力的检验。三、差异化与目标化发行。所谓“差异化”与“目标化”发行，就是根据报纸自身鲜明的特色定位以及明确的经营定位，针对目标读者群体与目标公众场合，实施有针对性的目标发行。四、终端竞争。对于发行，尤其是自办发行，发行网络的竞争、发行渠道的竞争还将继续进行。然而，这种竞争的升级将演变为发行终端的竞争。直接将发行工作做到终端上，是未来发行发展的主趋势。五、发行理论的完善。目前，发行理论的发展进程明显滞后。六、发行队伍素质的提高。发行队伍的素质提升，才是报社生存与发展的根本。七、品牌化与形象化方向。以报纸信誉为前提、报社企业文化为纽带、经济实力为基础、服务质量和范围为保障、实现报纸与发行在读者心中的双品牌、双形象，是未来报业与发行发展的主要趋势之一。八、职业发行人与首席发行人。发行人才职业化是报业竞争的必然结果，也是报业发展的必然趋势。

应对中国报业经营大变局

刘红在《传媒观察》2004 年第 11 期撰文指出，中国报业生态的三变局是：一、从无序向有序演进。旧规则放弃了，新规则待演进，传媒业将出现一个过渡秩序。二、从同业竞争到全方位竞争。从参与者看，不仅有原来的报业实体，还可以有其他文化业实体，还可以有文化业外的实体，国际上的传媒帝国也会加入进来。从竞争内容看，不仅有内容打造方面的竞争，还有经营管理方面的竞争和资本营运方面的竞争。三、都市化浪潮与人本主义潮流。与此相适应的是，中国报业的创新也有三个层面：一、制度创新：规则发现者胜。报业参与个体不明确新规则的边界在哪里，个别的制度创新演绎为普适的规则体系，规则发现者胜。二、管理创新：理性管理团队胜。游戏规则既定的条件下，企业经营致胜的要诀是管理至上，企业家管理创新能力关乎微观个体的兴衰存亡。三、内容创新：以人为本者胜。另外，还提出了中国报业经营的两种策略：一、做强第一，打造品牌，提升核心竞争力。二、纵横扩张，复制品牌，参与赢家通吃时代。

关于提高我国期刊竞争力的几点思考

艾立民在《中国出版》2004年第11期撰文指出，我国期刊业伴随整个出版业的改革走进了竞争的时代，并表现出以下几个特征：第一，我国出版业从20世纪80年代中后期，在“事业单位、企业化管理”的体制下，就已经开始逐步由非竞争性行业转入竞争性行业之中。第二，党的十六大提出全面建设小康社会的宏伟目标，大力发展社会主义文化事业和文化产业是实现全面建设小康社会的重要战略任务之一。第三，在高新技术的推动和支持下，跨媒体经营带来了出版业包括新闻传媒业在内的全方位竞争。第四，国际出版和传媒业的巨头，包括知名品牌期刊，近年来，通过版权合作方式已经纷纷进入中国。应当从以下几个方面提升竞争力，培育我国期刊业的核心竞争能力。一、提高内容创新和打造品牌的能力。二、进一步加快期刊的结构调整。三、推进经营机制的转换。四、以提高核心竞争力为基础，开展多元化经营。五、提高期刊产业集中度，实现规模经营效益。试设想期刊业未来实现集约化和规模化经营可有以下三种模式：第一种：内涵发展型。第二种：外延扩展型。第三种：区域优势型。

试论中国报业的集团化产业化发展

顾润清在《学术研究》2004年第11期撰文指出，品牌为王、大者生存和产业致胜，将成为中国报业集团化产业化发展的新趋势。一、品牌为王：报纸特别是党报在浩瀚信息中承担的新使命。报纸特别是党报要提供权威、准确、实效、有价值、有深度、有预见的品牌信息，报业媒体要在信息化浪潮中承担新的使命，就要学会掌握自己的话语权。当今要打造强势报刊品牌，必须超越传统的思路，通过传统媒体与新媒体的融合生长，重组品牌资源。二、大者生存：做大做强跨媒体集团符合世界传媒发展潮流。综观世界传媒业的发展，传媒集团要做大做强，无一不从事跨媒体经营。现代报业集团的发展必须以品牌竞争力为中心，以跨媒体建设为重点，以产业化进程为纽带，此乃能否做强做大的关键性要务。媒体的大融合既是靠数字技术来实现的，也是靠整合内容来实现的。三、产业致胜：中国报业的集团化产业化进程将不断加速。中国报业集团要做大做强，就一定要着力构建报业集团经营产业化的新模式。构建报业集团经营产业化的新模式，就是要树立大采编、大营销、大策划的思想观念，构建和完善以重点创收为目的的整合资源、整合营销、整合优势、资源共享的报业经济发展新格局，构建“跨媒体、跨地区、跨行业的综合性信息产业”的新模式。

中国报业发行网络的五大课题与发展趋势

宋建武在《中国记者》2004年第12期撰文指出，我国报业自办发行网络的未来发展面临五大课题：一、从分散到联合：网络间的合作共赢。经过探索与思考，报纸发行业内人士达成共识：要突破，就要在各发行网络之间建立合作关系，形成全国性的发行网络系统，可以借鉴国外的成功经验，以连锁经营方式合作。二、从直营到加盟：发行网络终端建设的创新。三、从混营到专营：发行网络的业务专业化。从整个发展趋势看，随着报纸发行网络的业务种类越来越多，业务总量越来越大，在原来混合运营的网络中进行专业化分工，或另外建立并行的执行专项任务的网络，变得越来越必要。四、从借用到独创：发行网络的品牌战略。五、从人脑到电脑：信息技术应用与数据库营销。报纸发行网络所拥有的核心资源，其一是它所拥有的投递能力，其二就是它所拥有的庞大读者信息数据库。随着媒体行业竞争的加剧，渠道建设的重要性将更加突出。业内有识之士已经提出，“得渠道者得天下”。因此，顺应发展的需要和趋势，利用一切可以利用的资源来加强网络和渠道建设，已经成为业界的当务之急。

期刊做大做强四议

张启亮在《学习与实践》2004年第12期撰文指出，做大做强期刊，有许多问题需要解决，而定性、定位、资金、体制机制是四个需要解决的具有方向性和战略意义的问题。一、关于定性问题。刊物从定性上区分为经营性刊物与公益性刊物两种，公益性刊物就是要着眼于某些刊物的特殊的意识形态属性，不以市场为取向，而要以社会效益为依归，比如社会科学类刊物。经营性刊物就是要肯定刊物的商品属性，以最大的市场占有率和经济效益来实现其社会效益。二、关于定位问题。一个是市场需求，另一个是自身的资源。找准自己的市场定位，发挥自己的资源优势，制造自己的独特“卖点”——这就是定位的三要诀。三、关于资金门槛问题。报刊要做大做强，就要有大投入。从社会上筹集资金，引进战略投资者是惟一出路。四、创新体制、机制问题。一是积极探索公有制的多种有效实现形式问题。二是解决运营机制僵化、创新能力不强的问题。

探析我国报刊发行渠道的变化及渠道定位

钟文倩在《中国编辑》2005年第1期撰文指出，从宏观角度来讲，我国报刊发行渠道的演变将经历三个阶段，即代理发行——代理发行与自办发行并存——代理发行。目前许多大型报业集团都在朝着通过股权关系影响发行公司的业务这个方向进行改革，有的已经取得了显著成效，报刊发行渠道的这一“螺旋式”发展也同样要求报刊重新考虑自己的渠道定位。同时，报刊发行的渠道定位要求报刊社采取一些长期的战略性措施，从而与发行代理公司达成共识，创造一种双赢格局。具体来讲，报刊发行渠道定位主要是指报刊社通过提供比其他报刊社质量更好或独具一格的报刊、服务、财务收入、项目和系统等而获得的在发行代理公司中的一种信誉。报刊发行渠道定位之兵法主要包括：确定对发行代理公司的绩效期望，选择一个有利的渠道定位来确保伙伴关系优势，以及把渠道定位传递给发行代理公司等方面。

报业品牌战略理论解析

刘佩在《新闻界》2005 年第 1 期撰文指出，对应于不同的品牌类型，企业应选择实施不同类型的品牌战略，主要包括：一、品牌定位战略，对应于新品牌，它一般发生在品牌创建初期；二、品牌强化战略，对应于上升品牌；三、品牌延伸或扩张战略，对应于领导品牌，品牌延伸绝大部分是一个产品品牌的线性延伸；四、品牌撤退战略，对应于衰退品牌，以新品牌代替老品牌，重新开始品牌资产创造的工作。当然树立良好的报纸品牌，与强烈的品牌意识和正确的品牌战略是分不开的。品牌定位战略、品牌强化战略、品牌延伸或扩张战略、品牌撤退战略也是报纸品牌不同阶段的经营战略内容。但不管采取什么样的战略，报业品牌战略有其基本的共性和特征：一、准确定位是报纸品牌生存的基础。二、良好的读者意识是塑造品牌形象的“生命线”。三、持之以恒的内容品质管理是品牌价值发展的基础。

网络时代报纸的生存之道

闫坤在《白城师范学院学报》2005 年第 1 期撰文，从五个方面将报纸和网络进行了比较。一、新信息的表达性，显然网络优于报纸。二、媒体的可控制性。第一，从时间的可控制性来看，报纸一旦获得了就随时可以使用；第二，从场所的可控制性来看，报纸可以在大多数场所看，而网络则受到很大的限制；第三，从媒体接受控制来看，网络赋予读者更大的选择权。三、媒体的交互性，网络占有极大的优势。四、媒体的可获得性，网络媒体的易获得性在现阶段暂时还低于报纸。五、成本和现有条件，在这一点上，网络和报纸可谓平分秋色，不相上下。对于网络时代报纸的生存之道，首先从外部形态对报纸进行的改进，即积极开办报纸网络版，增强报纸的时效性，细分市场，争取读者群，增强报纸互动性。其次，丰富报纸内容，吸引年轻读者。内容要有更多的国际新闻、当地新闻，以深度取胜，具个性化的报道方式。

论我国报业集团体制创新走向

李华年、许小川、崔健在《重庆社会科学》2005 年第 2 期（总第 122 期）撰文指出，我国目前报业集团总体发展面临严峻的挑战。报业集团作为我国文化事业与产业的重要组成部分，正面临和进行着一场深刻的转变。创新的核心是明晰产权关系。这一产权关系分为两个层次：一是国有文化资产监管机构与报业集团的关系；二是报业集团与集团各媒体、各经营实体之间的关系。国有文化资产监管机构与报业集团应合理界定产权行使的边界，科学划分经营性资产与非经营性资产。同时，报业集团与内部各经营实体，应改变过去的行政隶属关系的管理模式，而以产权为纽带建立起母子制度。现阶段报业集团在产权制度创新方面可考虑以下模式选择：一、实行事业集团与集团公司“两块牌子、一套班子”运行。二、成立集团资产管理公司，接受整体授权经营。三、成立集团资产管理委员会，接受国有资产管理委托。创新的关键是建立科学的领导体制，媒体在走向市场的过程中，必须始终坚持和加强党委对媒体的领导，探索和建立起党委领导与董事会相结合领导下的总编辑负责制和总经理负责制。再次，创新的路径是从编辑经营分开到事企分开，即将报业集团内的经营性资产、资源和业务剥离出来转制为企业，建立现代企业制度，面向市场，在竞争中发展壮大。最后创新的目标是建立以产权管理为纽带的报业集团。这就要处理好几层关系。首先是集团与各媒体的关系，集团除党报为事业单位外，集团与各媒体之间应建立投资与被投资的关系。其次是集团与各经营公司的关系，集团与各经营公司的关系实质为母子公司关系即资本运营关系、投资与被投资关系。最后是集团各媒体与经营公司的关系，媒体、经营公司都是集团发展产业链中的不同主体，双方在生产流程中是一种契约关系。

我国报业结构的变迁

鞠宏磊在《当代传播》2005 年第 2 期撰文指出，纵观改革开放以来我国报业结构变迁的过程，可以分为从 1978 年至 1994 年的全面扩张期和 1994 年至今的调整变革期。全面扩张期关键性的发展有以下几点：一、专业性报纸的大量创办；二、县市报的不断增加；三、综合性报纸中以晚报为主的非党报的兴起。而以“调整”为核心的变革期前后共经历三轮自上而下的结构调整。第一轮结构调整从 1994 年底开始到 1998 年底，主要针对法制类、企业类、教学辅导类报纸和一些内部报纸进行了调整。第二轮结构调整从1999年8月底到2000年6月底，主要的调整对象是中央国家机关和省、市、厅局报刊。第三轮报业市场结构调整是2003年7月开始，此次调整以《关于进一步治理党政部门报刊散滥和利用职权发行，减轻基层和农民负担的通知》为核心，调整力度较大，在方式方法上也引入了量化的评估体系。在我国报业结构变迁的过程中，归结起来有两种动力在发挥着作用：一是政策，二是市场。纵观改革开放以来我国的报业结构变迁，实际上也存在着诱致性变迁和强制性变迁两种方式。现阶段我国报业结构变迁的首要课题是调整，是自上而下的、由中央政府提供的"强制性制度变迁"，这种制度变迁方式的一个重要特点就是"时间短，见效快"。从微观的角度看，也是受结构调整影响的各方能动取益的结果。因此，我国报业结构是"垂直型复合结构"，这使我国报业的"多头"管理成为必然。

我国报业核心竞争力总体水平评论

刘年辉在《新闻界》2005年第2期撰文指出，总体看来，我国报业的核心竞争力总体上仍处于较低水平。一是价值创造能力低，对发展空间的开拓有限。二是趋同化程度高，可替代性强。主要表现在：战略层面同构化，运作手法趋同化，内容和形式同质化。而造成战略趋同的局面主要有三方面的原因：第一，我国新闻政策和媒体产业政策滞后于报业发展的实际需要；第二，由报业组织战略能力的缺失所导致的；第三，市场领先者或市场创新者所达到创新的高度、深度和系统化的程度还比较有限。三是可延展性差，缺乏战略协同能力，我国报业的现实状况是：多数报业组织的"生产力"还不够强，而"柔性"因与"生产力"疏离，出现脱节，发挥的战略效用非常有限，甚至产生了负面的效应。同时，对我国报业组织而言，跨媒体经营面临的可能是比跨地域经营还要森严的政策壁垒，要实现跨媒体的能力整合难度非常大。四是自我更新能力不强，驾驭环境能力较差。由于内外客观条件的限制，从核心竞争力的视角来看，多数报业组织的知识与能力整体上的自我更新能力还相当匮乏。主要表现在：一、同质创新多，异质创新少。二、边缘创新多，核心创新少。出现上述状况主要是由我国宏观的新闻体制改革路径所决定的，目前我国报业组织难以积极主动地有效利用变化带来的机遇，更难以驾驭环境、创造环境。

报业集团媒体资源共享与差异化处理

王金龙在《青年记者》2005年第3期撰文指出，新闻信息资源的可共享性需要一分为二地看待。首先，新闻信息资源具有时效性；其次，有些新闻信息资源因为对某些媒体具有独家性而能提升该媒体的核心竞争力，如果立即"共享"，其核心竞争力就可能降低，这样的新闻信息资源就不宜共享。对中国的报业集团来讲，要分清哪些资源集团媒体间可以共享，稀缺资源就不宜进行共享，某种资源既有独家性又有无限可复制性，应当实行集团内各媒体共享。共享需要报业集团内部资源整合。要理顺内部关系，使各类资源在有一定独立性的同时达到共享。报业集团媒体间资源共享需要载体或固定的手段。目前来看，国内报业集团媒体资源共享可以采用以下几种手段：网络、讲座、会谈等，由集团邀请各界名人、专家、学者前来作报告，加强媒体间的互动与联动。除内部资源共享外，集团内媒体与外部资源的共享也成为必需，省与省间的各类媒体间也可实现共享。

报纸媒体品牌建设的缺失

周志懿在《传媒》2005年第3期撰文指出，新形势下品牌建设的缺失表现在：一、缺乏品牌意识与知识，当前报人对报纸媒体品牌知识与意识的缺乏。二、缺乏品牌机构和人才，品牌建设在国内报纸媒体中仍属弱势业务，国内目前一些报纸媒体的品牌建设仍处于很低的层次和水平，显然这也是当前国内报纸媒体无法掩饰的缺失。三、缺乏品牌规划与坚持，是由于对报纸媒体品牌建设认识的不足，报社往往对长远的品牌发展没有任何规划。报纸实施品牌战略的对策是：一、强化品牌意识。首先报人要加强品牌知识的培训与再学习，其次就是要统一认识，第三是强化品牌的保护意识。二、建立专门机构，要注意明确职能，专事专干，要赋予实权，要培养人才，充实队伍。三、制定长远战略。报纸媒体的品牌战略可分以下四个步骤进行：第一步，提炼以核心竞争力为中心的报纸品牌识别系统。第二步，不断优化报纸媒体的品牌战略和品牌架构，扬长避短，查漏补缺。第三步，科学管理各种品牌资产，累积丰厚的品牌价值。第四步，进行理性的品牌延伸扩张，充分利用报纸媒体的品牌资源获得更大利益。四、实施品牌方案。

报刊经营创新的制约因素分析

朱春阳在《新闻大学》2005年第3期撰文指出，报刊创新制约因素分为源于外部产业市场的行为性制约因素与源于内部组织的能力性制约因素。制约是普遍性的，而创新是独特的，以报刊为主体的创新活动是不断突破制约，达到新的均衡的波浪式成长的基本方式。报刊组织外部行为性制约因素包括：一、报刊市场结构。根据行业内报刊对市场上产品数量和价格的影响能力的大小，可分为四个结构类型：一是完全竞争市场。二是完全垄断市场。三是垄断竞争市场。四是寡头垄断市场。二、报刊市场地位。作为市场领导者的报刊对其他报刊起着创新示范作用。三、目标人群的报刊认知结构与接触习惯。当读者认知结构和接触习惯一旦形成，将对其报刊选择行为产生极强的影响作用。四、报刊行业管理制度。行业管理制度首先体现在新闻体制的设定上，其次是行业管理通过国家政策和法律具体实施。而报刊组织内部能力性制约因素包括：一、报刊能力的“核心刚度”；二、报刊组织制度；三、报刊组织资源。建议可从以下几方面来考虑：一、创造报刊经营的新学识，降低核心能力的刚性制约。二、报刊组织学习能力的培养，这是建立与提高核心能力，获得持续竞争优势的根本途径。它包括内部学习和外部学习。三、传媒企业家精神的塑造，报刊创新突破的主要方向来源于传媒企业家的贡献。四、报刊组织创新文化的生成，对于报刊业来说，其创新文化的首要特殊性表现在要平衡“国家”（经营部）与“教堂”（编辑部）两种文化的价值取向，形成相互尊重，各自专业独立又目标协调的相容关系。

中国报刊业发展趋势

张伯海在《中国编辑》2005 年第 4 期撰文，分析了中国报刊业的发展现状，并得出中国报纸业的实力大于期刊业的结论，这是因为：第一，在中国社会中，报纸历来有着重要的政治影响。第二，报纸中除一部分由中央机构主办的全国性报纸外，大量是地方性报纸，很容易在地区扎根，具有着其他媒体所不可及的地域经营优势。第三，报业对于中国改革开放新形势的反应表现得更为敏锐。第四，特别要指出的是，报业已先冲出了多年来报刊发行由单一渠道垄断的局面，声势越来越壮大。比较起来，期刊发展相对处于弱势，迄今还未能像报纸那样形成比较具有现代企业特色的市场模式与市场规模，这是因为：第一，当期刊在中国改革开放的大形势下走向市场发展道路之初，就遭遇到了难以较量的强手。第二，期刊自身队伍分散。第三，中国公众阅读报纸的诉求是历史形成的。但总起来看，近两年来中国报刊业的发展还不处于高峰。我们已经在报刊出版中借鉴、引进国外同业的先进经验，开展对外合作方面的工作，做过多年的努力，今天仍然抱有积极的态度。我们既需要“引进来”，也希望“走出去”。

分销市场开放与报刊发行经营

张晋升在《当代传播》2005 年第 4 期撰文指出，发行渠道在报刊的市场运作中主要有以下几方面的作用：首先是报刊的分销。其次是服务的传递。第三是信息的沟通。第四是资金的流动。报刊分销服务业开放对报刊发行的影响有：首先，分销市场的开放将引入国外先进的分销模式和发行管理经验，改变原有的发行营销观念，推动报刊发行经营的机制创新。其次，加剧终端零售市场的竞争，提高报刊发行的产业化、市场化水平。第三，销售渠道的市场化将对报刊本身提出了更高的要求，也将促进报刊内容和形式的改革，以增强报刊发行渠道适应性和品牌的不可替代性。第四，外资进入报刊分销市场，首先面临的一个问题就是人才的本土化。就目前来说，报刊分销业的改革应着力于以下几方面的工作。第一，强化竞争意识，积极应对分销服务业市场开放的挑战。第二，更新营销观念，推进分销渠道的机制创新，构建读者利益至上的分销模式。第三，扩大市场零售，强化渠道管理。第四，加快分销网络建设，提高报刊发行的产业化水平。第五，积极进行报刊发行投资体制的改革，多渠道吸纳社会资本，提高报刊发行业的集团化运作水平。第六，重视报刊发行队伍的建设，不断增强报刊发行企业的发展后劲。

2004 年中国报业市场动态及相关论述综述

刘鹏在《新闻知识》2005 年第 4 期撰文指出，2004 年中国报业市场的基本发展态势是：一、报业市场发展迅猛、差距明显。二、跨区域办报渐成潮流，日趋激烈的报业竞争是报业集团跨区域扩张的内在动力。媒体机构合作是 2004 年跨地区办报的主要模式，这对中国传媒业发展意义重大。三、上市改制获得重大突破。2004 年末，媒体资本运营终于出现重大进展，改制已经被国家管理部门列为中国新闻出版业改革的中心环节。四、冷静反思“报业集团热”，成立报业集团，是我国报业做大做强的主要路径，我国报业未来发展思路也将是以报业集团为龙头，以地方报纸为基础，以各级专业报为补充的格局。报业集团的发展加快了中国报业市场的整合，提高了中国报业市场的集中度。五、党报努力走向市场，各级党报也在行政与市场的双重推动下调整改革。六、都市报迈向主流。之所以选择“主流化”的发展路径，原因首先是这是都市类报纸应对过度同质化竞争的一种策略；另外，由于中国缺乏真正意义上的严肃报。其具体表现为：办报理念上张扬大报风范、读者定位上控制话语权、品位格调上浸润人文精神、信息传播上充当“舆论领袖”。七、财经报不断扩容，但财经类报纸的发展仍然任重道远。

体育报刊如何适应市场需求

雷青峰在《新闻记者》2005 年第 4 期撰文指出，面对变化了的市场环境，体育类报刊必须做出相应的调整，来适应读者需求。一、报刊的包装影响读者的购买欲。对于这类读者，除了必须在内容上满足他们的要求之外，在外包装、版式设计以及纸张选择上也必须适应他们的追求，满足他们对内容和形式两个方面的要求。读者对报刊形式的追求并不仅仅体现在印刷纸张的精美和版式的风格上，内容的设计以及包装同样也会影响他们的购买欲望。二、体育新闻娱乐化并不受欢迎。读者想从体育报刊上获取的与体育报刊所能给予的差距甚大。三、关注NBA有助扩大读者群。读者对NBA新闻的需求越来越旺盛，大有超越对足球新闻的需求的趋势。针对读者这种阅读需求的变化，加大投入、保证有足够的版面做大做足篮球新闻，以保证读者日益增长的对篮球新闻阅读深度和广度的要求，正成为扩大体育类报刊读者群的一个重要手段。四、从校园开始着手培养读者群。20岁之前这个年龄层次的人群，虽然很多是体育运动爱好者，但他们并不是体育类报刊的主要消费者。因此，抓住学生读者，实际上也是培养了体育报刊的未来读者。

报业受众分析模式及解决路径

林忠礼在《青年记者》2005年第4期撰文指出，今天报纸经营环境已经发生了变化。首先，报纸量的供给由不足向相对过剩转化。其次，报纸的同质化现象日益严重。再次，报纸的消费者正变得更加主动和多元。因为市场在变化，读者的需求在变化，报纸本身也在变化，也有一个发展壮大的问题。最为明显的两点：一是人们对信息的需求呈现出不同的特点，二是消费者在由大众化向分众化的方向转移。报纸定好位以后，下一步就要根据自己的定位来研究目标读者的需求，影响受众行为的主要因素有文化、社会因素（参照群体、家庭、社会成就），报纸消费者的个人因素和心理因素。而评价受众行为的几个重要指标有读者选择的概率，读者满意度与忠诚度，读者消费行为。明确影响报纸消费者消费选择的诸多因素以及评价其消费行为的主要指标，接下来就要根据这些诸多的因素和指标进行相关的市场及读者调查工作，以取得第一手的资料，并作为战略决策的依据。报纸要在竞争日趋激烈的市场环境下很好地生存下去，就必须研究市场、研究受众，并根据市场和受众的需要调整自己的办报思路、内容以及营销理念，“关门办报”的结果只会被市场淘汰。

试论期刊核心竞争力的培育

庄严在《出版科学》2005年第5期撰文指出，期刊的核心竞争力是指该期刊在经营和发展中胜过竞争对手的核心的资源和能力的总称。具有核心竞争力的期刊的特征是：一、独特性。二、相对性。三、价值可变性。四、延展性。根据竞争力理论的总结和概括，结合我国期刊业的现状，可采取以下具体方法提升期刊的竞争力，培育核心竞争能力：一、确定市场定位、读者定位和风格定位。读者定位即研究目标读者的特定需要，根据他们的需要设栏目、抓选题、搞策划。期刊要根据读者的需求和阅读口味，经过一段时间的强化和沉淀，相对地保持内容和形式的独特性。问题的关键和难点在于如何塑造个性。二、提升核心竞争力的关键是人才。传媒的竞争首先就是采编人才的竞争，还包括广告、发行等经营人才的竞争。期刊社必须实行一整套吸引人才的独特制度，并建立一系列的组织和激励机制，充分发挥人的能动性。三、确定正确的营销发行策略和广告经营策略。广告销售人员对期刊的成功很重要。四、创新管理制度。期刊社应采取措施，积极寻求投资方的理解和支持。还有一个管理的全面创新问题，这实际上是制度科学化的过程。从成功期刊社的经验来看，核心竞争力的培育主要是通过对经营机制和管理机制的创新来实现的。

试论报业的品牌经营

李守波在《记者摇篮》2005年第5期撰文指出，建立报业品牌的对策有：一、明确市场定位。市场定位是品牌之本，报纸要细分市场，找准各自的目标读者群，然后准确定位，对路操作，最终进入双方浑然一体的境界。二、提高报纸质量所谓品牌，要打造长久的品牌，就必须对产品质量进行严格的管理，也就是品牌质量管理。报纸质量总的原则是贴近实际，贴近生活，贴近读者，与其目标读者的需求想吻合，有自己的鲜明特点，形成自己的风格。三、加强报纸宣传。包括广告推广，活动策划。四、延伸品牌魅力。首先，可通过资本运作使集团有形资产增大。其次，可通过品牌战略扩张，即通过做大集团的无形资产来增加影响力。五、组建优秀的记者队伍。最有效、最可操作的方式是，在现有人员里优中选优，以优厚的待遇组建精英团队，专门负责打造新报刊、新品牌，待其步入良性循环之后，随即脱离相关事务，转而另行打造更新的报刊。

转型期报业经营的探索

张宁在《新闻采编》2005年第5期撰文指出，报业的价值增值链管理包括内外两个方面。内部包括：集团研发、采购、印刷、库存、广告销售、报纸发行等环节。外部包括供应者、客户（读者）；向上包括出资者、债权人，向下还要扩张到受资者和债务人。价值链管理还要与IT行业紧密结合，利用IT的实时功能，靠信息技术实现。为适应价值链管理机制，对现存的组织机构要进行变革，以创造良好的支持系统。要精简和关闭原有影响集团、企业效益（含社会效益和经济效益）的业务，使组织机构趋于扁平化，提高工作效率，精干核心业务，成立急需的机构，进行业务研究创新。要建立与价值链相适应的规章制度。

报刊发行主渠道的整合与文化安全

武志勇在《中国编辑》2005年第6期撰文指出，报刊发行渠道的管理和控制与文化安全息息相关，在严格引导和管理报刊政治导向的同时，对报刊发行渠道的管制丝毫不能放松。就整个报刊业而言，整合和疏浚邮政、新华书店和供销社三大国有发行主渠道，应该是掌握文化主导权，维护文化安全的有效措施，也是符合社会主义市场经济要求和世贸规则的。三大网络在与全国经济改革同步推进的同时，还必须针对报刊发行业的特殊要求，与时俱进，采行新的服务理念和服务方式，与各种报刊发行渠道、发行网络展开公平竞争，高质量地服务社会并获得良好的经济收益。一是利用自身网络覆盖广的优势，争取报刊的总发行权。二是破除计划经济时期形成的一些不合时宜的观念和做法，锐意创新。三是三大网络互相协作，发挥各自长处，共同做好报刊发行工作。主流意识形态和主流文化顺利通畅地与广大人民群众相结合，是文化安全、健康发展的需要，也是整个社会稳定、进步的需要。

建立报刊发行量认证制度势在必行

张骏德、倪祖敏在《中国记者》2005年第7期撰文指出，报刊发行量认证制度，是在广告主、广告公司和报刊出版单位之间建立起来的一种三方都认可的衡量制度。我国迫切需要建立报刊发行量的认证制度，是因为：一、建立该制度有利于促进我国报刊市场竞争的规范化。二、有利于促进报刊广告营业的规范化。三、有助于实行优胜劣汰的退出机制。报刊的进入和退出机制应该有两种操作方式：一种是行政淘汰，二是竞争淘汰。而目前在我国报刊业中常见的一种情况，是以印刷数代替发行数。但报刊的发行数永远也不会大于印刷数。要从制度上和技术层面上规范和保障报纸发行量的真实性、准确性。而有关报刊发行认证的法律性、权威性和信赖度的问题也引发了广泛的讨论。仅由一家企业性质的公司来单方面操作报刊发行量认证，再加上社会上某些不良习气的存在，其权威性、公正性和公信力，必然会受到来自各方面的质疑和挑战。因此，建立公平、公信、公认、统一的报刊发行量稽查认证机制，规范我国报刊市场的运行机制和监督制度，将对中国报刊市场产生广泛而深远的社会影响。

转型期报刊业的出路在于创新

徐韬滔、万迪昉在《新闻记者》2005年第7期撰文指出，要建立一个我国强大的传媒产业，迎接WTO带来的挑战，关键在于我们创新的决心、途径、力度和实效。首先，在于观念创新。报刊业创新与新体制的建立，需要传媒从业者根据变化的新形势转变观念，树立新理念，开创新纪元。其次，在于管理政策创新。要以立法管理、间接管理为主，减少行政干预和放松政策限制，对不同性质、不同类别的报刊实行分类管理，鼓励报刊业积极探索党管媒体和公有制的多种有效实现形式，为建立真正符合市场竞争要求的现代报刊业管理制度提供关键的政策支持。第三，在于体制机制创新。从转型期报刊业的实际来看，以体制机制创新对报刊核心竞争力的提升贡献力最大，属于核心创新，应紧抓不放，重点推进。第四，在于融资政策创新。主要形式有：媒体间接上市和并购上市。第五，在于文化创新。要保证报刊具有一种能持续创新的机制，建立一个新型的企业文化是关键。要应对经济全球化和知识经济的挑战，必须强调以人为本，尽快建立一种企业员工认同的价值观。

透视京沪穗三大城市报业竞争格局

赵小兵、高继红、邢越嘉在《传媒》2005年第8期撰文指出，所谓报纸的竞争力，应当是指在进行报纸销售和广告销售时，客户的选择倾向度。一份报纸要想在市场竞争中获得长久的霸主地位，长盛不衰，必须在这五方面有出色的综合表现，包括发行总量，订零结构，阅读率，读者结构和品牌历史。要提升报纸的竞争力应从以下关键处入手：一、产品创新，无论是机关报、晚报还是都市报，如果几年不进行创新的话，其市场就会出现萎缩，直到整体退出市场。产品创新是典型的以客户为导向。二、经营创新，相当多的报纸没有完成由事业单位向企业的改制。大多数报纸的领导来自采编部门，缺乏企业的运作经验。广告经营创新的核心同样是重建以客户为导向的广告销售服务体系，报纸的广告客户包括广告公司（代理商）和广告主。三、体制创新，今天多数报纸在体制上仍停留在事业单位体制，缺乏进入市场的内在动力。目前报业的体制创新主要是指将各报社按“分类管理”及编辑、经营两分开的改革，最终实现报业的产业化和市场化。

改革发展中的报纸出版业

新闻出版总署报刊司在《传媒》2005年第9期撰文指出，目前，报纸出版业的发展态势是：一、报业发展保持持续稳定增长势头，具体表现为，第一，全国报纸主要出版指标持续增长；第二，日报出版能力大幅增强；第三，千人日报拥有量增幅显著；第四，报纸普及率稳步提高；第五，报纸定价总金额同步增长。二、报业发展不断适应全面建设小康社会的要求。具体表现为，第一，坚持导向，服务大局，舆论引导水平不断提高；第二，报刊治理取得阶段性成果，报业结构进一步优化；第三，党报为龙头、各类报纸共同发展的局面基本形成；第四，报纸出版体制改革取得重要成果；第五，报业适用先进技术的装备水平不断提高。而未来中国报业的发展趋势是：一、报纸出版业的集约化水平将大幅提高；二、我国报业的第四个增长周期即将到来；三、中央级和省级党报将确立高端主流大报的领导地位；四、都市报的发展模式将发生重大转型；五、行业专业报纸将普遍树立资源中心观；六、“数字报业”战略将改变传统报业形态；七、职业报人和职业报业经理人群体将加速形成；八、海外报业市场将成为新的发展空间。

市场主导纸媒的竞争策略

赵长斌在《记者摇篮》2005 年第 9 期撰文指出，处于市场主导者地位的报纸，必须时刻防备竞争者的挑战，并采取适当的战略，否则就可能丧失领先地位。一、保持现有市场份额战略。第一，提高结构性壁垒；第二，增加可预见的报复强度；第三，降低进攻的诱惑性。二、扩大市场总容量战略。三、扩大市场份额战略。四、保持持续创新能力。通过产品创新，贯彻内容为主的理念，以高质量内容的产品吸引更多忠实受众，为受众创造新的价值，进而获取更多对市场的支配势力。五、全力打造自己的核心竞争力。市场主导者要把竞争眼光投向第三方——读者，提高办报质量，形成特色，更有吸引力，形成可持续发展的、对手无法模仿的核心竞争力，发展周边市场。六、立足中心城市。各家报纸争夺的重点都在城区中心，从而使市场呈饱和状态，在总量上变化不大的情况下，市场主导者在稳定中心城市地位后，要向周边扩张市场。

2005 年，中国报业直面微利时代

支庭荣在《新闻实践》2005 年第 12 期撰文指出，2005 年，有若干事件印证了报业微利时代的到来。首先，在综合性日报市场上，宏观经济调控的压力落到了以过热产业为主要广告支撑的大报身上。其次，在专业报市场上，一些报纸纷纷休刊、停刊，退出市场。对于报纸来说，挑战已经来临。2005 年的读者，与五年前、十年前的读者相比，已经发生了巨大的变化。从横向看，人们的流动性在大大增强，想得到报纸的忠诚读者殊为不易。从纵向看，人口的代际差异对报业来讲更是敲响了警钟。报纸的可信度、实时性、有用性、娱乐性和方便性等指标，均落后于电视和网络。进入微利时期，要重视报业未来发展的约束条件。专业报纸只是刚刚走过深秋、步入初冬，三九严寒还会接踵而至。同样，众多的时政类、国际新闻类的全国性报纸也将受到波及。在各个区域一两种综合性报纸牢牢占据主流地位的同时，我们预期将有两类报纸可以赢得边缘化生存。第一类是杂志化的报纸。第二类是低价或免费的报纸。由此可见，中国报业不仅仅会有失速，而且还会有振荡，但是不可避免地将继续向报业的本真状态回归。

国内“非主流报刊”可持续发展应注意的几个问题

李中华在《新闻爱好者》2005 年第 12 期撰文指出，目前我国媒体行业普遍存在运作同质化，经营成本、竞争成本加大，媒体的增长极限，受众市场可能出现或正在出现重新洗牌等问题。而缺乏规模效应，小而分散的“非主流报刊”更是常常处于被动的地位。新形势下，非主流报刊只有树立科学发展观，走可持续发展之路，才能获得发展。一、确立可持续发展的战略目标，必须将可持续发展作为战略目标，遵循可持续发展的原则，克服发展中的短期、短视行为，从传统的模式中解脱出来，转向新的“生态文明”的生存发展模式，走可持续发展之路。二、营造可持续发展的环境，包括开放竞争的市场环境，舆论监督及法律环境和政策环境。三、积蓄可持续发展的能力，保证打造核心竞争力，增强传播力和影响力，提高盈利能力和激发创新能力。四、处理好可持续发展过程中的几个问题。首先兼顾社会效益与经济效益，其次是分清主业与辅业的关系，第三是把握好舆论导向与市场导向的关系。

报业集团化格局下的晚报发展战略

戬闻在《传媒视点》2006 年第 1 期撰文指出，在从报社到报业集团的转变中，最直接、明显的变化是规模的变化。晚报的发展战略首先需要确定读者定位，而要确定读者定位，必须从整个报业集团的发展思路去考虑。从优化整个报业集团布局、提高集团整体竞争力的角度而言，应努力确保晚报的本地化特色，培养晚报在最大规模的城市居民群体中的影响力和号召力，使其成为当地文化和生活的象征性符号。党报、晚报和都市报的内容定位要转向“一个事件、多个角度”，从而实现内容的差异化竞争。集团应当在整体考虑的基础上，确立晚报和其他报刊报道角度的差异，合理分工，尽可能多地覆盖、细分市场，避免留下空白点，形成协作优势和整体竞争力。晚报要办出高水平，赢得丰厚利润，最重要的还在于人力资源。对于集团化发展格局下的晚报而言，人力资源建设不能仅仅着眼于晚报自身，而要综合考虑整个集团的错位竞争战略和晚报长远发展需求。其中较

为关键之处是加强党报、晚报和都市报以及专业报纸之间的岗位流动和交叉轮换。

差异化：第二轮报业竞争的核心

杨晓容在《传媒视点》2006年第1期撰文指出，第二轮报业竞争的核心，就是差异化。报业经营差异化有其必然性，认识这种变化的必然性，有助于我们更好地在报业经营中贯彻差异化经营。实施报业经营差异化的实质，就是把报纸的本质属性与表现形式的个性表现出来，这种本质属性与表现形式就是报纸的核心竞争力。报业经营差异化，要从报纸经营的理念、行为和外在识别系统三方面着手，也就贯穿了报纸从采编到发行的全过程。具体来说，有理念品牌差异、新闻内容差异、广告发布差异和发行投递差异。而报业经营实施差异化竞争，是在信息短缺到信息过剩这一外在环境变化下，所采取的战略调整，也是与市场经济发展规律所吻合的，即差异化竞争、特色化生存。认识到它的必然性，就能增强我们工作的主动性，为报业市场的有序竞争、持续繁荣提供不竭的动力。

2005：报刊发行之十大创新

吴锋在《中国记者》2006年第1期撰文指出，2005年，报刊社、政府和民间团体三股力量的交互博弈使我国报刊发行格局显得复杂又靓丽：一、晚报发行突围，《扬子晚报》“一报两投”引起关注。当然，这种新模式也带来一些问题。二、《东南快报》“租报发行”新概念。当前，国内报纸已进入名副其实的“厚报”时代，但租报发行大大增加了发行员工作量，导致报纸经营成本大幅上扬，也预示着报社将承担更大的市场风险。三、免费报纸初试江水，“免费革命”带来新冲击。在国外，免费报纸的运作已经比较成熟。尽管国内报界对免费报纸的问世还存有疑义，但它的到来已经势不可挡。四、洗报箱：转向深度服务模式的报纸发行。当前的报刊发行服务已不再停留在准时、准确投递的标准上，在满足订户基本要求的基础上，还要追加“深度服务”理念，进一步为读者提供超额的服务项目。五、“双百万现象”：报刊共舞的发行奇迹。“报”与“刊”泾渭分明的格局正在被打破。六、“走出去”发行，《环球时报》登陆香港。加入WTO后的报刊市场已经不可避免地具有了全球化的某些特色，一些境外媒体想方设法试图进入大陆报刊市场。七、中央党报开启发行破冰之旅，《人民日报》首开自主发行实验。中央党报今后将采取委托发行和多渠道发行的模式。八、邮发提速战略：“邮老大”增强市场意识。邮政发行部门首次开出个性化服务，为每份提速报刊都量身定做了最有效的“发运时限计划”。九、投巨资打品牌，《英语周报》中标央视黄金时段。十、发行认证：“叫好不叫座”的尴尬。尽管各界从理论上都支持建立报刊发行量稽查制度，但当这样的机构建立后，报刊界支持者寥寥。

试论报纸定位的调整

罗筑娟在《贵阳学院学报》（社会科学版）2006年第1期撰文指出，who、what、where、when、why，实质上是对读者性质的具体描述，能较为清晰地勾画出读者的大致轮廓，使报纸能够找准定位调整的方向，具有较强的可操作性。一、who（何人）：找准你的目标消费群；二、what（何事）：确定你向读者提供什么样的信息服务，在对读者有了准确的认识和把握之后，还要依靠独具特色的产品内容来赢得市场；三、why（为何）：确定你的服务优势，媒体应该考虑如何运用自身的服务特色来抓住读者；四、when（何时）：了解读者的阅读习惯；五、where（何地）：优化报纸的发行渠道，媒介必须提高传播服务对于受众的价值报偿，处处贯彻“方便是金”原则，降低受众获得传播产品的代价与费力程度。媒体的定位是一个动态的过程，报纸要想处于领跑者的地位，就必须不断回到起点上去，只有根据情况灵活调整定位，不断创造优势，才能促成自身的可持续发展。

报业市场：莫言山穷水尽　且看柳暗花明

曹鹏在《新闻记者》2006年第1期撰文认为，2005年报业的市场低谷，本质上是现行的传媒市场政策体制走到了一个尽头，深层次的矛盾开始制约报业发展。这表现在：一、房地产泡沫殃及报业。报业市场的不景气，主要表现在广告大幅欠收，而广告之所以遭遇灾情，是因为政府出台调控政策，打压房地产炒作，以抑制上涨过快的房价，迫使大批房地产商转攻为守，因此纷纷撤掉广告。二、互联网抢夺市场份额。三、市场机制不健全，迄今为止，国内报刊还没有形成一个起码的进入机制与退出机制。四、从业人员信心指数降低。2005年的广告大面积欠收，严重挫伤了报纸从业人员的自信心，报业的体制改革势在必行。五、发行还可增量。报刊的读者是与教育普及程度成正比的，中国的文盲人口数量之巨是惊人的，这意味着巨大的潜在市场。从长远看，随着教育水平的提高，会有数以千万计从来没有订过报纸、看过报纸的人成为报刊读者。

2005：战略调整与报纸业务变革

林如鹏在《中国记者》2006年第1期撰文指出，2005

年，中国报业不仅要面对本已非常激烈的内部竞争，同时要应对日渐羽翼丰满的新兴媒体，因此不乏变革举措。首先，项目负责制介入传媒管理。统媒体尤其是报业对项目负责制的引入，从管理上来讲，是报业规模化管理的必然趋势；从新闻业务操作上看，有利于报业内部资源的有效利用；从对高品质新闻追求上来说，通过项目管理的方式生产的新闻更重视新闻价值的深度挖掘。其次，新旧媒体多元互动。传统媒体与互联网的互动主要分为以下几种类型：一、本身拥有较有影响网站的报业集团加强网报互动。二、报纸与商业网站开展合作。再次，主旋律报道加强服务性。主旋律报道是日常报道的重要内容，如何创造性地进行报道是摆在每个媒体面前的重要课题。最后，“百姓英雄”成为新典型。在典型报道方面，近年来，媒体相关观念及报道方式不断革新，不再刻意营造典型人物的光环，而是着力挖掘其个性化的一面，深入表现他们作为普通人的内心世界和成长经历，同时注意通过细节描写和情节刻画，使人物神韵丰满，增强作品感染力和可信度。

什么是报纸未来发行新形态

毛玉西在《中国记者》2006 年第 1 期撰文指出，未来的“全真电子版”报纸的推出与发展，将成为报刊发行的最新形态。“全真电子版”无纸化报纸概念是一种新型概念，非常值得期待和投资，其提出与出现，一方面是互联网技术逐步成熟的产物；另一面也是传统报纸应对互联网冲击的主动反应。总体看来，很多报业集团还只是把“全真电子版”的发行，当作增加报纸网站浏览量、增加报纸品牌知名度的尝试，尚未纳入真正的发行范畴考虑。实现“全真电子版”报纸的无纸化发行，目前还受到各种现实因素的制约。第一，“全真电子版”技术与发行配套设施有待完善。第二，世界各地受众的传统阅读习惯，目前还未有根本性改变。具体来说，对现有发行形态的革命性变革体现在：一、“全真电子版”报纸的发行，必然具有及时、迅速与便捷的新特点，省略了印刷与发行的全部流程。二、“全真电子版”报纸的普及，最大最直接的效益将体现在环保上。三、“全真电子版”报的发行将突破区域发行的限制，完全可以避免传统发行模式因距离而导致信息内容严重滞后的缺陷，可以同步达到发行的全国化，甚至全球化。四、面对可能的“全真电子版”发行，伴随而来的新问题也不容忽视，最核心的挑战则是“全真电子版”报纸如何承载传统的平面广告。

2005 年中国报业经营综述

钱晓文在《新闻记者》2006 年第 1 期撰文指出，有多重因素造成报业危机：一、宏观调控的影响，目前我国报业市场形势空前严峻的主要原因有三点：一是目前的宏观调控诱发的房地产业投资减少，导致占我国报业广告总量 40% 左右的房地产广告锐减；二是政策因素导致平均占报纸广告 25% 份额的涉医广告剧减；三是汽车业整体亏损导致汽车广告减少；四是电讯业竞争趋于理性化，导致电讯广告减少。二、同质化竞争严重。主要表现在：一是内容同质化。千报一面，面目模糊。二是运营模式同质化。三、新兴媒体的冲击。这表现在两个方面：一是改变读者的阅读习惯。二是新兴媒体分流了报纸固有的广告市场。改善报业的改进方法是：一、开源节流，控制经营成本。裁员减薪，减少版面。二、开拓新的利润增长点。促使大报“瘦身”凸现改革理念，开发新的产品和服务，实施多元化投资策略。三、战略联盟。报业经营方式从粗放型向集约型转变，从“跑马圈地”到“精耕细作”是必然的趋势。报纸应集中精力打造核心竞争力，进行差异化竞争，从各自的定位出发，针对目标读者群的需求，生产提供导向正确、内容优质的新闻产品，才能塑造品牌，获得可持续发展。为此，报纸首先要重视质量，提升公信力。其次，报纸应提供差别化产品，降低同质化竞争风险。第三，重视广告经营，调整广告结构，使之更加合理。此外，报纸还应减少对广告的依赖，开发新的业务模式，以改变目前报纸盈利模式单一的状况。

2005：中国报业的节点

喻国明、刘旸在《中国记者》2006 年第 1 期撰文提出，2005 年报业广告经营额下滑的现象，不能被简单视为新媒体出现带来传媒生态圈内“零和竞争”的产物，而应该着眼于整个国民经济的规模与发展程度、传媒产业的现状以及与广告的关联度、受众构成和需求变化等一系列因素的综合影响。一是 GDP 对报业广告影响的“倍速效应”。二是宏观调控、行业政策对报业广告收入的影响。三是受众构成和需求的变化，年轻受众流失是报业面临的一个严峻问题。四是新兴媒体对报业资源的分流和价值链的影响。五是对我国报业所处生命周期的基本判断。解决问题的出路在于能否成功“突围”，而突围的程度又决定着报业今后发展空间的大小：一、突围传统观念——文化整合力。二、突围传统体制——制度资源整合力。三、突围传统盈利模式——战略资源整合力。从内外两方面来整合这些资源，从而实现盈利模式的创新，也是解决现有困境的一个策略。四、突围传统的介质形态——“数据转换引擎”、电子报纸和“触网模式”。任何一种好的媒介产品和媒介运作形态，一定是通过解决社会发展与实践当中的问题时，体现自身价值和能力的。

报业竞争的博弈生存

朱娜在《传媒视点》2006年第2期撰文，试用博弈论的思想来讨论和分析报业竞争时所涉及到的决策手段，以求报业集团能够根据市场变化做出科学决策，制定出更加合理的发展战略。首先是价格博弈的两难处境：价格博弈是市场竞争中十分普遍的行为，当报纸彼此实力相当时，价格竞争不仅不能起到争夺市场的作用，还会造成“多败俱伤”。其次是品牌博弈的均衡竞争。各报团纷纷引入品牌战略，试图把自己的媒介产品在目标受众的心里区隔出一个位置，并将博弈的观念引入这种品牌运作中，用博弈理论的视角来关照品牌运营，可以清楚地看清对手在营销环境中的各个环节，可以有效避免竞争策略的偏离，避免市场竞争中盲目跟风带来的内耗。合作博弈强调的是既竞争又合作、既竞争又共同发展的观念，这也是在当今激烈的市场竞争中生存与发展的必然出路。报业竞争在经过非合作博弈与合作博弈之后，逐渐从无序走向有序，从对抗走向融合，在优化了竞争形式的同时也实现了自身利益的最大化。

都市类报纸的同质化现象及其规避

宋亮在《青海师范大学学报》（哲学社会科学版）2006年第3期撰文指出，都市类报纸竞争出现同质化倾向，造成社会资源的巨大浪费。首先，是办报宗旨和读者定位的相似甚至相同。其次，新闻来源大同小异。其三，经营和发行手段基本相同。同质化产生的原因是：一、由于不少报纸创办时间短，新闻采编力量相对薄弱，难以在较短时间内对国内外发生的重要新闻做出自主的强有力的反应。在资源共享的网络时代，新闻信息的垄断正在逐渐被打破，一家传媒要获得社会普遍关注的信息已较为便捷，而要拿到一条有价值的独家新闻则难上加难。二、新闻价值判断标准的趋同化。三、新闻报道策划方式的陈旧。避免报纸同质化的途径是：第一，细分市场，找准目标读者。第二，树立品牌，服务核心受众。第三，树立独特的报道角度和风格。第四，开设评论版，拉开竞争层次。第五，强化队伍建设，增加更多的独家报道。

结束暴利时代，中国报业的战略转型

林晖在《现代传播》2006年第3期撰文指出，在国家产业结构调整升级和新媒体咄咄逼人的新环境下，中国报业确实面临全新的挑战，这并不是中国报业走向衰落的“拐点”，而是意味着中国报业将在迎接新挑战的自我调整中，完成一次战略大转型。一、收降支升——报业走向微利时代。全国报业总的态势是：除少数一些报纸外，报纸发行基本上亏损，全靠广告来填补。二、厚此薄彼——报业走向两极，强者越强，弱者越弱，最后不得不退出市场。市场迫使中国报业瘦身，表现在：第一，报业收入下降，使报业集团无力再补贴亏损的报纸。第二，厚报的全覆盖使不少小报已无生存空间。第三，竞争将更加激烈，优胜劣汰将是必然选择。三、守住核心——寻求新的增长。和其他媒体相比，报纸的固有优势或不变的核心竞争力有三点：第一，阅读的适宜性和便利性。第二，阅读惯性和身份象征。第三，权威性。中国报业的困境主要是受制于中国产业结构的变化。改进措施有：第一，寻求新的增长空间，开发新的读者群。第二，寻求新的增长点，开发新的广告源。第三，寻求新的增长模式，开发报纸的增值空间。四、集约化：中国报业成长的必由之路。从粗放式发展到集约化增长，是中国报业战略转型的主要目标。要完成这一战略目标，中国报业必须在尊重市场前提下，完成一系列大整合：整合信息、整合媒体、整合资源。

报纸品牌定位步骤及策略研究

蔡卫平在《江西财经大学学报》2006年第3期撰文指出，报纸的品牌定位应该从以下几个步骤进行：第一，明确潜在的竞争优势。第二，准确选择相对竞争优势。第三，传播独特的竞争优势。报纸品牌定位的关键在于报纸品牌能否在读者心目中占据一个独特且有利的位置。在明确报纸的目标读者及潜在竞争优势之后，在报纸品牌定位基本步骤的基础上，报纸必须找到能够打动读者的品牌定位策略。而根据报纸所处环境的不同，可以相应选取以下定位策略：一、USP（Unique Sale Proposition）定位策略，即依据报纸品牌向读者提供的利益定位。二、价值定位策略。三、情感定位策略。四、使用者定位策略。五、诉求领导品牌的定位策略。成为领导品牌的好处不仅在于发行量的增加，同时有可能具有巨大的市场号召力和巨额的广告收入。报纸领导品牌最有力的定位策略就是诉求自己是该领域的领导者。报纸品牌一旦取得领导地位，就必须整合这一强有力的讯息并加以有效传播。定位策略的选择关键在于对报纸的外部市场环境和自身特点的综合考虑。

对建立报刊退出机制的思考

张晓杰在《传媒》2006年第4期撰文指出，建立报刊退出机制有其必要性：一、有利于调整报刊结构；二、有利于营造报刊竞争氛围；三、有利于提高报刊的创新能力；四、有利于充分利用有限的报刊资源；五、有利于报刊的管理。目前建立报刊退出机制的难点包括：一、报刊单位退出后人员如何安置。其改进措施包括，首先，报刊单位必须从现在开始全面推进事业单位向企业单位转变，真正完善法人治理结构，逐步建立规范的现代企业制度。其次，报刊单位建立现代企业制度后，采取新的用工制度，使员工及时转换身份，办理社会养老保险，去掉后顾之忧。再次，就是把报刊单位的广告、印刷、发行等业务和其他经营性产业从本单位剥离出来，面向市场，搞好经营，壮大实力。二、报刊单位退出后债权债务如何处置。这个问题的解决途径有：一是制定具体办法；二是利用报刊的品牌，进行合法、有效的融资；三是采取有效行政的干预措施，效益较差的报刊单位由大的报刊集团实行兼并、重组。三、各部门利益问题。要建立报刊退出机制，必须首先解决各部门为了自己的利益对报刊退出机制的抵制和不配合，在市场经济条件下，不能经常采用行政手段干预，这种报刊治理整顿只能偶尔为之，不能够成为制度化行为。

报刊业发展解难

黄建宏在《经营管理》2006年第4期撰文指出，中国报刊体制是在计划体制下形成的，行业报往往成为政府机关体系职能的延伸。随着市场经济体制下政府职能弱化，行业报纸承载的信息权威性也在下降。中国报刊进行了一些改革，一是报刊发行的改革，二是报刊与国家机关分离的改革，三是报刊投资的改革。但还存在着一些问题：一、报纸和期刊没有很好区分。二、期刊内部和外部环境较差。三、真正的期刊人才还没有出现。四、营销渠道不健全。五、报纸人才与发行存在问题。六、虚报发行量盛行。七、虚假广告害国民。中国报刊发展的措施是：一、切实做好党报改革，中国报刊改革应坚持走禁止不切实的硬性摊派，政府机关与报刊脱离的改革方向。二、正确评价中国报刊多少问题，中国的报刊一定要结合中国实际，在保证质量的基础上，逐步增加。三、报刊不能欺负弱势群体。在今后报刊发展中，要通过制度等方面建设，解决这样的问题，使报刊及其广告能得到积极健康发展。四、认真做好报刊发行量认证工作，即要尽快借鉴国际经验，积极做好这项工作，主要做好“四要”工作，要保证认证工作的准确性，要保持认证机构的中立性，要实现认证工作的专业性，要实现认证工作的稳定性。五、增强信心办好新报刊。

中国报业发展的现状与发展趋势

梁衡在《国际新闻界》2006年第6期撰文指出，中国报业现在处于一个大发展的转型期。报业积极贯彻科学发展观，逐步确立了由粗放型向集约型的转变发展思路，同时自身的产业化发展也在不断取得进展。报业的体制、理念、机制正逐步向市场经济转变，新报业不断被采用，这些正成为中国报业的主流迹象。中国报业的现状有这么几点：第一，关于中国报纸的数量和结构。报纸的总数在稳定增长，在报纸规模数量发展的同时，报纸的种类结构也日益丰富。报纸品种结构的日趋丰富和合理主要表现在下面几个方面：一是都市生活类的报纸迅速崛起；二是细分市场的报纸定位更加准确，品种更加齐全；三是行业专业报纸不断崛起。第二，报业经营的转型，经济规模不断扩大，经营手段不断成熟，队伍建设也有了长足的进步，中国报业已经发展成为一个特点鲜明，影响巨大，创造良好社会效益和经济效益的重要产业，已经成为国民经济的重要组成部分，成为GDP的重要组成部分。第三，中国报业市场化竞争越来越激烈，无论在区域市场还是全国性市场，对读者资源、广告资源和人力资源的争夺已经白热化。第四，中国报业的改革与创新。中国传统报业发展的动力主要来自三方面，一是中国社会经济发展的高速成长带来的机会。二是改革与创新能够释放巨大的生产力，只有体制不断改革，报业体制机制创新会使传统报业激发出强大的动力，在与其他媒体竞争的过程中留住优势，为传统报业学习新技术、新资本创造新的优势。三是对新技术的学习和利用带来了自身的转型，报业一直是新技术的积极支持者，报业发展的历史也是一部新技术的应用史。另外，新媒体和传统报业可以同时存在。

试论网络时代报刊业的创新路径

邵航在《新闻知识》2006年第11期撰文，探讨了报刊业在互联网上创新路径。一、报刊从“纸载体”向“多种载体”变化是大势所趋。二、“虚拟报刊社”将以一种崭新的运行模式初露锋芒。它还会用新闻时效、经济效益“双效皆优”的业绩，让人眼前一亮。三、报刊加入ISP（Internet Service Provider网络服务提供商）行列，积极主动才是上策。四、面对电子媒体的竞争，报刊业要尽早融入其中，实现优势共享。报刊业在创办电子媒体时，先搞报刊的电子版，再办网络报刊，后进入其他领域，先易后难更为可行。报刊网络经营的盈利手段有两方面：网络发行和网络广告。报刊的网络管理主要是两层内容，社内：建局域网进行编务、印务、行政等业务的管理。社外：对互联网上的本社报刊、网页及发行、广告等经营活动进行管理。社内局域网可动态地监控质量和成本，为社领导的决策提供了方便，实现了社内所有资源的共享，使人力、物力、财力资源的配置达到最优化。

加入世贸组织五年看中国期刊业发展的新态势

李统兴在《中国出版》2006年第12期撰文指出，国外媒介在中国的传媒业空间里已有不少大的动作。这种情况加剧了中国传媒业的调整和变革。五年来，中国期刊业在增强自身活力、实力，调整发展战略等方面做出了很大努力，出现了新的发展态势。一、中国期刊业的市场化、产业化程度有了初步提高。加入世贸组织以来，中国期刊业致力于提高市场化、产业化的程度，尤其2003年进行了报刊业的整顿，使我国期刊的结构朝着市场化的路径发展。二、品牌与集团：中国期刊业发展的重要战略。中国期刊业在市场的摸索中逐渐找到了发挥两个效益最大化的途径，这就是建设品牌期刊。三、中国期刊业向法制化、规范化迈出了坚实的步伐。加入世贸组织以来，中国传媒业陆续对相关的法律进行修订和完善。四、网络化：中国期刊业的双赢选择。几年以来，中国期刊业扩展自身的空间，一些纸质期刊通过网络化，同时发行纸质期刊和网络期刊，取得了不俗的表现。中国期刊业要在信息化的浪潮中提高竞争力，就必须加速网络化的进程。因此，期刊网络化代表了一个趋势，而且在以后的期刊发展中将表现得更加突出。五、国际化已成为中国期刊业的现实抉择。随着入世的到来，中国期刊国际化已经进入了工作日程，中国期刊已经向海外迈出了艰辛但又可喜的一步。加入世贸组织五年来，中国期刊国际化已经得到业界的重视，并已成为中国期刊的一项发展战略。

对报业竞争的思考

赖正斌在《传媒》2006年第12期撰文指出，当前报业竞争的对策是：一、以“高起点，快起步，高强度”的经营策略，代替“滚雪球”式的积累策略。二、广开融资渠道，进行资本运作，盘活报业资产，创造在竞争中取胜的前提条件。调整报业结构，实行差异化的竞争战略，增强核心竞争实力，调整报业集团各子报的结构，使之搭配互补，而不是自相残杀。精确的切入点和全面的、高强度的信息覆盖，是在定位上取得优势的两大要点。树立报纸品牌形象，打造核心竞争力也至关重要。三、以经营理念为指导，实现办报、发行、广告三位一体运作模式，从报纸的经营效果出发，读者群体的定位要以报纸广告的效果和回报为取舍标准。发行也同样要以经营效果为目标，必须实行“有效发行”。四、加快制度创新，向以资产和业务为纽带的现代法人治理结构转变，实行跨媒介、跨行业、跨地区发展必须打破行业壁垒、地区垄断，打造跨行业、跨媒介、跨地区的大型综合传媒集团，形成全国性的统一大市场格局，最终实现规模化、集约化的发展，壮大传媒实力，增强抵抗风险能力，参与国际竞争。

从2005年报业拐点看报纸的改革经营之路

李丹在《东南传播》2006年第12期撰文认为，2005年报业出现了“拐点”。从外部性因素来讲，造成这次报业“拐点”的主要原因有以下几个：首先是全球经济疲软拖累中国经济，影响企业广告的投放。此外，在报纸上投放广告的几个重点行业如房地产、医疗保健品、汽车、IT等由于种种原因减少了在报纸上的广告投放量，导致报纸业经营收入急剧下降。最后一点，则是媒体环境发生了变化，新媒体尤其是网络媒体的崛起蚕食了报纸的广告份额。同时，报业本身的特点及自身经营运作模式方面的弊端也是2005年报业“拐点”的潜在原因。一、纸质媒体存在固有弱点；二、报纸市场同质化严重，内容雷同；三、盈利模式单一。由此可见，报纸改革必须有新思路：一、报纸在内容、报道方式上应该有所变化。二、报纸的经营模式应该改变。首先，应该优化广告构成行业的结构。其次，报业集团应该走多元经营的道路，拓宽报纸的盈利模式，化解或减小经营风险。再次，报纸应该加强经营成本控制。最后，报纸应该重新审视促销与营销活动。三、体制创新。四、报业集团应该积极向新技术靠拢，向网络媒体进军，再通过网络媒体向音频、视频领域进军，组建多媒体集团。

民族图书发展中需解决的几个问题

李广治在《出版经济》2003年第2期撰文认为，面对目前中国图书市场的状况，如何发展民族图书事业，让我们的民族图书走向世界，还需要下大力气，走适合国情的发展道路：一、更新观念，迎接挑战。1. 审时度势加快调整思维方式。2. 提高民族图书的质量意识。3. 融入到科技革命的浪潮中。对于网络的发展，我们的思维也应跟随前进，研究出版业未来的发展趋势，研究网络出版e－book电子图书发展中的利弊，并在研究和实践中求发展，特别是要根据我国民族出版的现状进行研究。二、培养与嫁接人才。1. 内部挖掘，培养本单位编辑队伍。2. 嫁接人才。人才的效应是巨大的，会给企业带来巨大的财富，留住人才，使用人才，培养人才，嫁接人才的最终目的就是要发展。三、注重选题开发的艺术性普遍性。1. 领导要具有领导艺术，工作要讲究工作上的艺术性，选题开发也一样要正确地把握其艺术性，使选题的思路更加开阔。2. 图书选题开发上的普遍性与艺术性是相辅相成的，普遍性存在于艺术之中，只有选题的艺术加以实现才能够达到图书选题普遍性。

电子图书与出版发行革命

李星在《电子出版》2003年第3期撰文指出，电子图书与传统纸质图书相比主要表现有以下几个方面的优越性特征：1. 信息高集成，载体容量大。2. 数字传输，价格低廉。3. 阅读方式多样，使用比较方便。4. 复制引用和查找检索方便。5. 电子图书实行网络传播。6. 节约纸张，利于环境保护。当类似于图书的e－book手持阅读器出现后，电子图书才名声大振，被称之为"书"。这是因为传统图书的数字化进程在信息高速公路上走向了"最后一公里"——出版走上了网络，出版插上网络翅膀的奇迹也随之出现了，图书实现了载体的跨跃，从网络直接走向了读者。这种让人耳目一新的"无纸出版，屏幕阅读"引发了出版发行的革命。电子图书的发展趋势对出版发行带来的革命有如下几点：1. 整合出版发行，开拓配置新的出版资源。2. 真正做到按需供给，能够满足读者需要。3. 无店铺销售，有利于扩大图书传播。4. 没有物流过程，传播图书迅速。综合来看，电子图书的出现给出版带来了版权保护等一系列的新问题，对传统书店的经营不仅意味着分割市场的竞争挑战，也带来了新的商机，促进传统书店在经营方式和技术上创新。

转型时期我国图书市场的嬗变与态势

董中锋在《科技与出版》2003年第5期撰文指出，我国出版业已向着产业化、市场化的方向大步迈进，图书市场也随之发生了嬗变，在嬗变过程中出现了新的态势：一、发行体制变迁：逐步向市场靠拢。二、经营结构调整：市场份额加大。三、市场内外格局：分化与整合。四、流通过程缩短：对终端的关注。五、与社会需求同步：新生市场的涌现。社会的发展使行业之间此消彼长，有的衰退或消亡了，有的则迅猛发展起来；还有一些与社会发展相适应的新生行业也脱颖而出。呈上升趋势的行业和新发展起来的行业都会产生新的市场需求。

图书市场物流模式构建研究

詹正茂、华武、陈刚在《中国出版》2003年第6期撰文指出，发展现代图书物流的意义有如下几点：1. 有利于提高企业整体竞争力。2. 有利于促进图书管理水平的提高。3. 可以为出版企业发展拓展新的经营空间。图书物流系统是一个综合性的体系，它涉及到物质流和信息流的及时有效沟通，并在图书经销商和图书读者中建立联系。就目前物流设备的建设，并结合图书的特点来看，图书配送中心的物流设备系统选取可以分为三大部分：1. 自动拣选系统。2. 分拣系统。3. 报件分拣系统。图书市场急需专业物流中心的出现，但就目前而言，我国图书市场建立专业的图书物流中心，还需要考虑一些问题：1. 积极做好多种信息的网络式传递。2. 需要专业的物流公司进行图书物流的运营和管理。3. 需要图书物流系统的无缝连接。4. 建立灵活多样的图书物流服务项目。

图书产品创新域的维度组合与选择

姚永春、王巧珍在《科技与出版》2004年第6期撰文指出，图书产品创新域非常广阔，所有能够增加图书销售、扩大图书市场需求的属性或要素，都可以成为有利的图书产品创新点，构成图书产品创新空间的基本维度。首先，图书产品创新域是一个多维、立体空间，包括三个层次界面上的多种产品要素和属性。第一层：核心要素创新域。第二层：实体要素创新域。第三层：引申要素创新域。其次，图书产品创新程度，指出版企业新开发的图书产品相对于既有品种或市场的新颖度。根据图书产品创新程度的高低差异，图书产品创新域的组合方式大致分为5种类型。（1）全新品种组合。（2）新产品线组合。（3）产品线延伸组合。（4）最低成本组合。（5）重新定位组合。第三，图书产品创新是一个复杂的系统工程，受一系列相关条件和市场环境因素的制约。任何出版企业都不可能在所有的产品创新域里同时开展创新，只能在无限的创新空间里选择一个有利的创新点或创新带。一般来说，出版企业在选择图书产品创新域时应注意以下几个问题：（1）以读者偏好为基础。（2）明确主导创新域。（3）充分利用图书产品的创新优势资源。

体制外力量崛起催化图书市场变局

朱胜龙在《出版广角》2004年第8期撰文指出，近年来，随着国家鼓励民营经济政策的出台，民营书业作为国有出版业体制外力量，首先在流通领域获得了长足发展，在市场上与新华书店平分秋色，并出现了向出版社的核心业务领域逼近的趋势。民营书业崛起所产生的鲶鱼效应，在对国有出版业带来挑战的同时，也促进了出版社内部的改革。以策划工作室为代表的民营书业的崛起，有着十分深刻的时代背景和经济基础。图书策划与图书出版相分离，说明一些出版资源整合能力较强的民营工作室，正在以多种形式介入出版社的核心业务。这些民营工作室虽然没有获得出版权，但却有着非常强的选题策划能力、出版资源整合能力、驾驭图书市场能力，有的还拥有强大的图书经销网络，吸引了一批稳定的图书经销商和代理商。民营书业与国有出版社的合作，主要有两种形式。一种是在充分保证国有出版社对出版资源主导权的前提下所进行的合作。另一种形式是将出版社的书号资源优势与民营工作室的选题策划优势结合起来，共同打造市场品牌。

品牌图书的选题策划方略

罗永华在《中国出版》2004年第8期撰文指出，品牌图书的选题策划能使出版工作重心突出，管理科学化，能扩大市场占有份额和提升知名度，能使编辑明确工作方向，能使作者得到启示。对品牌图书的选题策划的要求，主要有以下几点。编辑应有求变心理和全能化，编辑应有对整个出版过程全程策划和监控的能力；应有多元复合能力结构；应有扎实的科学文化知识为基础，既有较宽泛的知识面，又有较深的专业知识造诣；应既精通出版专业与管理，又要知晓国际惯例与法规。策划的选题应个性化，编辑若能找到内容相近的选题的关联性，捕捉到市场空白点，有所创新，就能生产出品牌图书。选题策划应市场化，选题策划应整体化，选题策划应快速化，编辑、读者和作者的联系要经常化，精品图书宣传要艺术化。

中国图书版权贸易现状分析

王艳在《出版广角》2004年第8期撰文，对中国图书版权贸易现状分析，提出版权贸易迅猛发展同时带来的一些问题。首先，许多出版社为了眼前的经济利益，而采取短期行为，这些行为能得一时之利却是砸了自己的牌子，破坏了品牌和长期信誉的积累。其次，国外对合同非常重视，只要是合同中约定的条款，就必须履行，否则不但造成违约，还影响出版社的信誉和对外形象。另外，现在部分国内出版社对引进外国图书采取的是盲目的一哄而上的态度，导致版税率被人为抬高到了非正常的水平。这样的恶性的版权贸易竞争不仅有损于中国出版界的整体形象，同时也助长了部分海外权利人漫天要价、趁火打劫的气焰。在一方面中国版权引进如火如荼的同时，版权输出的明显逆差已是不争的事实。版权输出存在着文化隔阂、语言障碍和推荐渠道等多方面阻碍。出版和版权行业是公认的“朝阳行业”，版权代理尽管目前在中国困难重重，挑战大于机遇，也没有理由认为是“夕阳行业”。关键是中国的版权代理机构应当改变只为出版社服务的状态，要善于向版权的深处和广处挖掘潜力、求取效益。

策划编辑在图书营销中的五个阶段作用

孙伟在《出版发行研究》2004年第10期撰文认为，为满足读者需求，实现出版效益的最大化，在以“读者为中心”的图书市场营销中，策划编辑应在编辑出版活动的以下五个阶段发挥作用：一、在市场调研、信息分析阶段，策划编辑的选题思路必须来源于以读者为中心的深入持续的市场调研，密切关注细分的目标市场，努力满足读者的正当需求。在决策时以对调研信息的科学分析和对图书市场的准确预测为基础。二、策划编辑应积极促进与出版社内市场部、销售部、信息中心等部门的信息沟通，以调整选题思路，避免选题立项风险。在选题立项和“田间管理”阶段，策划编辑应利用其掌握的目标读者信息，对图书内容从不同的角度、层次进行设计，并在此基础上寻找合适的作者。之后还应掌握目标市场的动态信息，以便对选题和内容做出调整。三、在编辑加工和出版印制阶段，策划编辑应该树立全程营销的理念，从读者需求和市场营销效果的角度出发，对各个环节和细节进行全程监控。四、在市场推广和图书销售阶段，策划编辑可根据不同的图书品种和读者对象，配合市场部门、销售部门，建立以市场为中心、以读者为导向的营销组合方案。五、在信息反馈、规律总结阶段，策划编辑应准确分析市场和读者的信息反馈，科学地确定图书的重版印数，制定个性营销方案，并分析总结畅销书在市场营销活动中取得成功的规律，为后续选题策划提供借鉴。

全程策划与编发互动
——图书营销中的两个关键环节

谢蔚在《出版发行研究》2004年第10期撰文指出，全程策划是图书营销的前提，而全程策划就是对图书选题进行全方位的市场调研，并做出切实可行的营销策划报告。在图书出版过程中要注意“编发互动的分工与合作”，图书全程营销可分为前期出版和后期促销。在前期出版的责任编辑阶段就应该有发行部门的介入营销。编发互动是营销成功的重要途径。编辑、发行是图书从出版到市场的两个重要环节，是矛盾的统一体，制定好调动编辑、发行人员积极性的各项政策，是真正形成图书营销中的编发互动的基础。编发互动对成功营销起了决定性的作用，利用本地优势做好当地文章，做好部分大中城市书店的图书促销工作，还要注意充分布货、跟踪销售，同时媒体宣传到位，以取得良好的销售业绩。

励志类图书如何进行市场化运作

李玲在《出版发行研究》在2004年第10期撰文指出，随着现代人生活节奏的加快，励志类图书逐渐演变成为一种精神快餐，这使得励志类图书的市场运作必须有其独到之处：既要从细节着手，又要从多面出击；既要注重书的销量，赢得当前市场效益，又要占据长远优势，打造书的品牌。首先，要以选题为核心，观点有新意，读者定位要细分化，出手须迅速，选准时机迅速占据市场。其次，制作是关键，版式要简洁明快，封面要新颖时尚，定价要合理，合理估算成本，定价务求适中。再次，策划是重点，宣传力求全面，铺货要到位，激发潜在的消费群体，打造经典品牌，目标要长远，选准入市时机。当前，整个图书发行渠道的管理还存在许多问题，加之一些图书营销策划在操作中缺乏规范性和有效的牵制，有些出版人担心将商业运作模式全面导入图书，营销会催生泡沫图书，但是如果我们冷静地分析图书市场，会发现这种现象并没有背离市场经济的发展规律：从供求关系上说，可供读者选择的图书无论是质量，还是数量都还远远没有达到上乘和饱和，特别是励志类图书有着不受时间、读者年龄段限制的特别优势。虽然一定时期内可能也会出现品种过多、选题重复的现象，但是这个市场的“过热”过程应该被看作是一个“优胜劣汰”的过程。

图书选题策划的市场调研和需求预测

张建明在《出版发行研究》2004 年第 12 期撰文指出，在图书出版工作中，至关重要的一项就是选题策划，主要包括两方面的内容：一是市场调研和需求预测，二是策划组稿。这两项工作是相辅相成、缺一不可的，但现在很多出版社编辑往往只重视策划组稿而忽视市场调研和需求预测。事实上，市场调研和需求预测对于一本图书的成功与否起着决定性的作用。在图书选题策划上进行有效的市场调研和预测的途径，主要有以下几点：首先，收集图书市场信息，确定信息的潜在市场价值。其次，就是要确定图书市场空间，也就是图书市场预测。选题策划人员在进行市场调研之后需要做的一项重要工作就是需求预测，包括图书需求预测、图书销售预测、图书成本预测、图书利润预测。总之，选题策划人员要学会运用市场调研的手段和方法，对图书进行科学的分析和预测，以便在竞争激烈、变幻莫测的图书市场中立于不败之地。

电子图书版权归属分析

隆捷、陈淼在《图书馆学刊》2005 年第 1 期撰文指出，电子图书的出现打破了在我国原有著作权法范围内作者、出版者和读者之间的利益平衡，引起了严重的版权问题。尽管电子图书的版权归属和使用方式在新著作权法中都有了明确规定，但在网络出版的实际运作中仍然存在着一些问题。一方面著作权人在行使权利的过程中，不可避免地会遇到一些对其权利不能控制或者难以控制的情况，尤其是在网络环境下，著作权人很难对其作品在网上的传播进行有效的控制；另一方面，对于网络出版商来说，单独地与每位作者和每家出版社接洽需要很高的交易成本，也不利于电子图书的发展和网络出版的繁荣。在这种情况下，版权问题集团化解决，即采用著作权集体管理组织的形式对著作权进行管理，不失为一种有效的方法。

电子图书发展现状及前景初探

刘微在《大学图书情报学刊》2005 年第 6 期撰文认为，在中国现阶段，网络出版的成熟用户还不能定位在个人读者上，e-book 的阅读习惯需在未来较长一段时间内培养，目前的终端用户应是对图书数据库有大量需求的图书馆。批量卖书，刺激大型图书馆这一特殊市场，是电子图书现时最为切合实际的目标和突破口。那么，传统的纸质图书是否走到了尽头，电子图书是否真的可以完全取代纸质图书呢？眼前最重要的是解决阻碍电子图书发展的种种壁垒。而业界很多人士都认为二者将会形成一种相互补充、相互共存的景象。目前，我国传统图书的市场份额达到了99%，另外“雪夜围炉读书”的境界并非冰冷的电子图书就能够创造的，并且，由于电子图书自身发展中存在的种种问题，使得很多人不愿接受电子图书。但随着技术的不断发展，信息环境的不断成熟，相信电子图书会有一个美好的未来。

在农业科技图书高退货的背后

董夫才、陆强、周伟在《出版发行研究》2005 年第 12 期撰文指出，正确认识、审视农业科技图书高退货的误区已被大多数出版社提上日程，值得研究和探讨。误区之一：省新华书店盲目地平均配送。误区之二：盲目地订购新书。误区之三：没有建立完善的社会资料库。误区之四：重复出版，雷同太多。误区之五：业务人员的综合素质不高。这主要表现在以下三个方面：（1）业务人员对图书发行知识及市场概念模糊不清，一直沿用传统的进销观念来指导图书的采购。（2）业务员在工作中感性认识严重，盲目性较大，在图书采购过程中只管数量、只重质量，考虑大多数读者的口味不够。（3）在图书采购前后不注重也不进行有效的宣传和营销，坐等读者自己去发现、挑选、购买，结果造成图书的大量积压。误区之六：出版社发行人员的主发模式。误区之七：错把农业科技图书与其他图书视为等同。实际上农业图书不同于其他图书，其科技的进步与内容的更新并没有其他图书迅速，因此，农业科技图书的时效性和上架周期应该长于其他图书。然而，实际工作中农业科技图书与其他图书的上下架周期几乎同步，一般为 6 个月左右（其实真正上下架的周期还要短），这样的周期对农业科技图书的销售显然是不够的。

解决图书质量问题的宏观策略

冯志杰、马文晓在《编辑之友》2006年第1期撰文指出，目前图书出现的质量问题除了编辑、校对人员的素质等微观因素外，还有以下宏观层面的原因。1. 广种薄收的粗放经营和传统的生产组织形式是导致目前图书质量问题的主要原因。2. 选题策划和产品创新能力薄弱，图书经济效益低下。3. 生产流程缺乏有效的控制。4. 缺乏有效的社会监督。对此，解决图书质量的宏观策略是：1. 积极开展组织制度新，引导和推进图书编辑环节合理的社会化分工。2. 提升编辑的选题策划能力和产品创新能力，扭转广种薄收的增长方式，在坚持社会效益第一的前提下，着力提高图书的经济效益。3. 加强生产流程的有效管理和监控，强化责任编辑的质量责任。4. 建立健全社会质量监督体系。与此同时，应进一步加强行政监督、市场监督以及其他社会监督机制的建立，形成完善的图书质量社会监督体系，从而使"无错不成书"顽症得到有效遏制，最终达到提高图书质量的目的，为广大读者提供优质的文化产品。

影视明星出书现象的延伸解读

王伟在《出版科学》2006年第2期撰文认为，影视界的明星出书作为消费时代一种备受争议的出版现象，正是图书出版的文化条件和氛围演进过程中出现的典型的出版现象，影视明星出书现象折射出的正是图书出版由传统定位开始转变的新变化。如今，关于影视明星出书的争议依然没有停止，但是，图书作为一种载体传播明星们的声音，这种出版现象已经逐渐为读者所接受，也逐渐被整个社会所接受。从文化历史的坐标中考察，影视明星出书是一次话语权的突围。影视明星出书已经被读者和出版市场接受，从更深层面上反映出图书功能的渐变。但是，当出版的合理策划被出版的利润遮蔽时，当个体价值的觉醒转变为价值炫耀时，明星出书就被异化。这些图书的质量参差不齐，有些书存在不少问题，比如选题重复，内容单薄；急功近利，欺骗读者；跟风搭车，狂售明星。可以看出，影视明星出书作为一种出版现象并不成熟，但是它勇敢地进行话语突围，这对于出版文化的发展应该说是有一定贡献的。

论大众化地域文化图书的出路

王小伟在《出版广角》2006年第3期撰文指出，综观近年中国大众化地域文化图书的选题、内容、结构和行文风格，我们可以发现诸多相同的弊病，其中最为本质的弊端便在于它们仍然处于妇人饶舌般的平面状态，而肤浅和平庸必然不能成为此类图书出版的正确出路。解决当前两大问题至少有两点不容忽视：其一，摒弃自说自话，找到沟通点。其二，摒弃平面饶舌，走向纵深思考。此两点，前者是从大众化地域文化图书出版内部探到的一点光亮，而后者是跳出其外在更为宏大的文化层面找到的一条出路。

试析图书的质量生态

段维在《编辑学刊》2006年第4期撰文指出，图书质量通常被喻为出版工作的生命线。如何提高图书质量，人们提出了各种各样的办法。但却忽略了这样一个行业性问题：无论采用多么严密系统的控制办法，图书质量问题仍屡屡出现，尤其是编校质量总体上呈滑坡趋向。这就迫使我们不得不把目光投向出版过程之外的因素——质量生态问题。制约图书质量生态的主要有以下因素：1. 时效性，2. 价值观，3. 竞争力。我们必须注重图书质量生态管理：1. 倡导图书质量生态意识。2. 完善图书质量生态评估体系。3. 建设良性的图书质量生态系统，亦即实现平衡的图书质量生态。要达到平衡就要处理好这样一对关系：既要对图书质量生态的各要素进行有效的监管，又要保护各要素生长发展繁荣的积极性。对作者来说，既要反对创作过程中的只求数量不讲质量的粗制滥造行为，又要保护和激发他们创作的积极性和热情；同理，对出版者既要加大图书质量的监控，又不能影响科学文化知识的及时和广泛传播；对读者而言，既要反对其对精神文化产品质量漠视的心理以及贪图低价的购买行为，又不能让他们陷入读书难和无书读的窘境。这需要政府、从业人员和社会大众来共同求解。

畅销书：观念与实践的文化分析

李红强在《中国出版》2006年第7期撰文指出，审视西方的畅销书（Best－Seller）观念，离不开三个前提：第一，西方的畅销书观念，是西方自19世纪以来现代工业革命的产物。第二，西方的畅销书观念，最直接的立足点是文化产业，属于文化产业发展演变中诞生的典型现象。第三，自美国成为西方文化产业的霸主之后，好莱坞的电影经营模式，对包括图书出版在内的所有文化产业都产生了渗透和影响。总之，西方的畅销书，既是一种文化产业的出版观念，又是一种图书出版的实践行为和实践机制。事实上，畅销书不等于流行书。流行，是畅销书市场运行的必要状况和必然反映，但"流行书"并不等于中国式的"畅销书"。畅销书其实是一种妥协的产物，是介于创造和传承、旧体制与新机制、精英与大众、主流意识与大众趣味、个性与群体、理想与现实、生命力与流行性之间的“中间物”，是这一系列文化元素的调和品。由此，中国式的“畅销书”，其实在兼收并蓄，在将内容质量作为第一要义，在常销的基础上谋求畅销，成为“长效畅销书”。

我们该有怎样的图书市场概念

赵运通在《中国出版》2006年第8期撰文指出，不完全赞成图书发行中“市场分割”的理论，认为不同产品有不同的市场，都时刻期待着它所欣赏的产品尽快到来。其他文化传媒的优势挤兑图书的文化市场占有的论点，也是站不住脚的，至少是图书出版者缺乏自我努力、积极创造的精神。如果说上述两种观念属于消极的无所作为思想表现的话，“发行动力论”和“市场决定编辑出版论”则是一种唯意志论表现。至于编辑的“市场决定论”，同样是妄自尊大的思想表现。图书出版业发展到了今天，现成的市场晴雨表并不能作为判断的惟一的或全部的依据，新书的出版有无销售市场，只有靠书的本身来说话，靠读者“阅读的眼光决定一切”。从这个意义说，图书出版对市场的开发推广是无限的，问题是将图书以商品的品格置于开发出来的市场，或迟或早都是要经受顾客“阅读的眼光”检验，出版人才能最后说这是我们产品的市场。所以，真正有权并实际在不断对出版产品说“不”的，并不是我们越来越不可琢磨的市场，而是必须由我们经常耐心观察、研究的读者兴趣以及需要。

入世给我国出版业带来的具体影响及其应对

钱建初在《出版发行研究》2002年第2期撰文认为，我国的图书出版业作为意识形态领域的一个重要组成部分和国民经济的一个重要部门，在中国加入世界贸易组织后不可避免地会受到一些影响。一、图书出版的管理部门：公正、公平和透明。二、图书编辑出版领域：市场准入未开口，但潜在问题不容忽视。三、图书发行领域：逐步放开，竞争加剧，具体表现在以下几个方面：首先，从图书的零售领域看，根据我国的入世承诺，在中国正式成为世贸组织成员后一年内，外资可以以合资的方式在北京、上海、天津、广州、大连和青岛，以及深圳、珠海、汕头、厦门和海南进行图书的零售。其次，从图书的批发领域看，根据我国的入世承诺，在我国入世后3年内，外资可以以合资的方式进入我国的图书批发领域，且在控股、地域及数量方面没有限制。再次，从图书的进出口看，有人担心我国入世后港澳台的汉文图书会大量涌入内地，从而对内地的意识形态和图书市场形成冲击。另外潜在的影响可能是当外资对批发公司控股后，一旦觉得所发图书难以满足市场需要，会对出版社的选题进行改造或者参与选题的策划，从而实际上控制了出版社的编辑出版环节。四、著作权保护的重点是转向国内作者。入世后，随着国内作者著作权意识的加强，他们可能会采取更多的法律行动来保护自己的合法权利，这可能是入世在著作权保护方面对国内图书出版业产生的最大影响。

科普图书出版的困惑与思考

黎秋萍、金丽莉在《出版科学》2002年第2期撰文指出，科普图书面对的现实有如下几点：1. 高科技传媒手段和信息时代快节奏的冲击。2. 精彩纷呈的科普期刊、报纸的竞争力不可小觑。3. 理想的科普作家踏破铁鞋难寻觅。现实如此严峻，那么，以纸为载体的科普图书还有出版价值吗？答案是肯定的：不但有，而且不可低估！从大学出版社的角度来谈，由于种种客观和主观原因，使得高级知识分子们无暇顾及科普创作，抑或是不屑于写科普类文章。要想让教师们转变观念，首先要请教育行政机构、学校职能部门改革管理机制，制定激励政策和措施，才能解决问题。而从出版社来讲，有目标地、不断地发现、培养和扶持科普作家是科普事业可持续发展的保障。让远水来解近渴——引进域外资源，不失为一种捷径。

中国出版与海外交流的走向

许力以在《出版科学》2002年第3期撰文指出，从1990年至2000年就是兴旺发达和蓬勃发展的阶段。这10年中，中国对外合作出版与书刊交流方面的特点，综述如下：1. 与海外建立正式版权贸易关系。2. 与海外合作出版的图书走向系列化。3. 注意高科技读物的引进与合作。4. 合作出版深入到教材领域。5. 购进版权直接翻印原著出版。6. 对外合作出版音像制品迅速增长。7. 与我国台湾地区的同业交往。改革开放20多年来，我国同海外的合作出版与书刊交流，开辟了新的天地。头10年，我们打开门户建立了基础；后10年，我们延伸发展，与世界各国各地区建立了关系。对外交流，我们仍要注意输出版权。改革开放头10年，以输出版权为主；后10年情况相反，以引进为主。加大引进图书，无论是版权输入还是书刊贸易都是非常必要的。

浅谈入世后图书编辑出版意识的调整

郜云飞、刘万忠在《大学出版》2002年第3期撰文认为，对于作为出版战线“尖兵”的编辑来说，树立强烈的忧患感和责任感，积极调整出版意识，防微杜渐，未雨绸缪，适应国际形势发展的需要，是目前亟待解决的一个重要问题。就我国加入WTO后，图书编辑应在如下几个方面调整出版意识谈几点体会：一、认真学习有关的方针、政策，加强政治把关意识。二、树立法制观念，提高法律意识。在图书出版的操作过程中主要应注意以下两点：1. 签订的出版合同要遵守合同法和著作权法。2. 出版过程中要切实保护著作权。三、加强责任管理，切实提高出版物的整体质量。四、充分发挥资源优势，提高图书商品的竞争实力。五、提高市场经济意识，降低风险系数。图书编辑只有努力提高图书商品的竞争实力，才能拥有竞争资本。

中国出版现代化进程探析

陈阳凤在《湖北大学学报》（哲学社会科学版）2002年第4期撰文认为，在世界各国出版业中，中国出版业是较早地具备现代化意识的国家，这一点主要表现为：书籍（包括近代的报刊）生产材料——纸的发明和书籍（包括后来的报刊），生产技术——印刷术的发明。但遗憾的是，近代中国却由造纸和印刷术之技术输出国变为输入国，个中原因值得分析。首先，中国封建统治者的政策取向是影响中国出版现代化的主要原因。其次，以农立国，安于现状，不思进取的小农形态，是中国出版现代化难以实现的又一原因。第三，编辑职业难以独立、编辑职业化滞后是中国出版现代化滞迟的再一原因。而西方国家却不同。出版的现代化不仅仅停留在活字印刷术的不断改进、纸质的不断提高上，更是注重现代社会的各科教科书的出版，注重信息传播快速敏捷之载体——杂志、报纸的出版。在当代出版科技日新月异的世界潮流中，我国出版界只有积极进取，方能与世界各国媲美。

网络编辑与出版资源

袁杰、吴雪涛在《惠州学院学报》（社会科学版）2002年第4期撰文认为，网络出版，是以互联网为依托进行图书的编辑出版和销售的出版方式。网络出版在服务端有以下几种形式的服务：在网页上公布图书内容，读者只能阅读不能下载；将图书内容制作成文件，以电子邮件形式发送给读者；在网页上设置下载服务，读者可根据自己的爱好，有偿或无偿地下载内容。网络出版具有不少传统出版所不具备的特点和优势：1. 价位低。2. 检索方便。3. 阅读空间大。4. 出版和发行同步。5. 节省资源。6. 及时的信息反馈。在网络出版中，出版资源的管理有以下几个方面：1. 版权管理。2. 作者资源的整理和开发。3. 读者资源的收集和利用。“告别光与火，走向光和电”已经有十多年的历史了。目前我们迎来的不仅是“光和电”的技术变革，而是在网络（物理上和社会上）支持下的更深层次的技术变革，出版的内容也不仅是某一媒体，而是多媒体、超媒体，出版物不再是线性的，而具有网状结构的超空间，信息的流向不再是单向，而是多向。因此为了进行网络出版物从内容、结构到交付等的设计和制作，必须建立相应的技术方案。有行家预测，未来将是纸质图书、电子图书和网络出版三者并存的局面，虽然纸质图书在一定的程度上仍是主导，但电子介质的图书正逐步增长并夺走一部分市场。

网络出版与传统出版

李冬梅在《学术交流》2002年第4期撰文认为，数字网络技术已经使整个世界发生着根本性的变化，网络出版也将以其无可比拟的优越性对传统出版业产生极大的冲击，这是我们出版工作者必须正视并认真对待的问题。网络出版的优势主要表现在：1. 网络出版降低了图书的生产成本。2. 网络出版简化了出版流程，具有速度优势。3. 网络出版具有良性互动和高度个性化的特点。4. 网络出版还具有强大的信息查询系统。但网络出版也具有这样或那样的缺陷和不足，至少在近十年内，网络出版不能完全取代传统出版，两者之间将是一种长期共存、优势互补的关系。传统出版和网络出版的有机结合主要有以下几种方式：1. 传统出版与网络出版寻找有机结合的生长点。2. 出版公司通过与网络公司合并来发展网络出版。3. 网络公司与出版公司通过合作求得共同发展。

出版集团发展模式初探

童菲在《编辑之友》2002年第4期撰文认为，组建出版集团是出版业发展的必然选择，中国加入WTO后，出版业的国际竞争时代已经来临。没有实力雄厚、竞争力强劲的出版集团，不仅无法参与出版业的国际竞争，更无法巩固中国出版市场。为了应对这种挑战，组建几个大型出版集团，打造出版业的“航空母舰”是势在必行的。这一过程应按三步走：一、成型：由现阶段出版业发展状况决定特殊组建方式。二、“内调”与“外扩”：循序渐进地向以出版为主业的媒体集团迈进。三、转型：打造以出版为主业的大型媒介集团。进行出版体制改革，能减少行政力量对出版经营活动的直接干预，真正做到政企分开，实现出版社彻底的企业化改造，使之成为独立的市场竞争主体，在市场竞争中提高自身实力。

重铸出版理念

肖林霞在《社科纵横》2002年第5期撰文认为，进入新世纪的中国出版业，挑战与机遇同在，要求出版人重铸出版理念。第一，以入世为契机，实现出版业的可持续发展。第二，加快我国出版业的市场化进程。一是要承认出版物的商品属性，在保证正确的舆论导向的前提下，把出版当作产业来发展。二是要充分发挥市场的杠杆调节作用，实行市场运作机制，合理配置出版资源，使各种生产要素得以合理利用，使各出版单位真正成为自主经营、自负盈亏的市场竞争主体。三是创新管理体制和运行机制，进行出版战略调整，按照市场经济的要求，在做强做大上下功夫，培育出自己的具有真正实力的、能与国外出版巨头抗争的市场竞争主体。第三，打造品牌，应从以下几个方面着手：首先，要有品牌意识，大力倡导培育品牌，变产品经营为品牌经营。其次，要坚持自己的出版特色，扬长避短，在自己的优势上培植和发展品牌，打造自己的“标志性读物”。再次，要把企业形象作为一种品牌来树立，实施“企业形象统一设计”战略。最后，要重视出版社人才的培养。第四，改进图书经营策略。首先要具有营销意识，加强图书营销方式的创新。其次，发展连锁经营，建立现代出版营销体系势在必行。再次，要更新营销手段，开辟新的发行渠道，建立新的发行网络，扩大市场占有率。第五，重视电子出版。第六，重视图书的宣传促销。一是要摒弃传统认识，树立宣传投资观念。二是要避免短期行为、短期效应，树立宣传的长效观念。三是要加大对宣传促销的投入力度，从人、财、物上予以保证。四是利用和开发各种宣传媒体，为图书促销服务，形成组织多样化、交叉立体式的整体宣传促销系统。

网络出版的兴起与出版的范式转换

周蔚华在《中国人民大学学报》2002 年第 5 期撰文认为，现代网络出版是伴随着现代电子通讯技术尤其是现代网络技术的飞速发展而兴起的，它的发展经历了三个阶段：电子网络出版的探索阶段（20 世纪 40 年代中期至 20 世纪 60 年代末）；电子出版技术的广泛运用以及与网络技术的结合阶段（20 世纪 70 年代初至 90 年代初）；网络出版与多种媒体大融合形成所谓“大媒体”的阶段（20 世纪 90 年代初至今，并且还在延续）。网络出版和传统出版在载体、传播形式、传播工具和手段、功能、商业模式、管理方式等方面有着不同的范式，目前出版正经历着一场革命性的范式转换，主要包括以下几个方面的内容：第一，网络出版与传统出版在基本载体上的差别，就是从有形的以纸质物品为代表的媒体转向无形的网络化媒体。第二，在媒体传播形式上，从传统的以文本传输为主转向文本、动态图画、声音等综合传输。第三，在媒介工具及传播手段上也发生了革命性变革。第四，实现了时空上的范式转换。第五，在功能上也实现了范式转换。第六，网络出版在商业模式上与传统出版显示出了很大的不同。第七，就市场导向而言，只有网络出版才真正实现了客户导向。第八，管理方式上的转换。

影响我国图书出版产业市场集中度的主要因素

封延阳在《中国出版》2002 年第 9 期撰文认为，市场集中度是表示产业中卖者或买者具有怎样的相对规模结构的指标。从有关分析数据来看，我国图书出版产业的市场集中度还很低。市场集中度低突出反映了我国图书出版产业组织结构低级化、不合理的现状，这样的产业组织结构已成为制约我国图书出版业发展的一个重要因素。影响我国图书出版产业市场集中度的有以下三个主要因素。1. 规模经济性不明显。2. 我国图书出版的专业分工体制和产业布局政策则限制了生产要素的自由流动，遏制了市场集中度的提高。3. 目前在生产经营管理体制、国有资产管理体制、进入退出机制等微观层次和中观、宏观层面上，政府职能的转变还滞后于市场化进程的要求。目前，我们已认识到我国图书出版产业企业规模小、生产能力分散、市场集中度低，为应对国际化竞争的挑战，必须进行以提高市场集中度为目标的产业组织优化、升级，其中最有效的手段就是推进出版产业的集团化建设。通过组建出版集团，提高市场集中度，优化资源配置。在市场经济条件下，资源配置中起基础作用的是市场，转变政府职能，加强市场机制在资源配置中的作用，才是真正提高出版产业市场集中度，实现产业组织结构优化、升级的关键。

论现代出版产业市场运行规律

于友先在《出版发行研究》2003 年第 1 期撰文认为，现代出版市场运行规律具有自身的特殊性，即它一方面要遵循出版文化的发展规律，并且常常受到政治、经济、文化、教育、宗教、军事等诸多外在环境的影响；另一方面又要遵循市场规律，用市场机制来调节出版活动诸环节。出版活动最基础的关系是作者、出版者、读者之间的关系，在这三者之中，出版者一面寻找作者，一面寻找读者，开始了富有挑战性和冒险性的市场之旅。一、不可缺少的市场调查。市场调查是出版业进入市场的前奏，对出版决策的影响是决定性的。二、市场竞争对出版产业的发展规模和发展速度进行自主调节。三、进入市场的关键在于出版选题的文化价值与市场价值。四、市场运行规律在出版特色上得到了最充分的体现，必须“术业有专攻”，才能在市场的竞争中站稳脚跟。五、出版物的销售要过市场关。

国有与民营两种出版发行力量的分析比较

王志明、王天宝在《出版发行研究》2003 年第 3 期撰文认为，在利益的驱动下，出版社与各种非国有资本、渠道的合作形式却越来越多，合作方式越来越活，合作规模越来越大。相比之下，国有渠道不缺资金和投资者，缺的是创新意识和国家相关政策的适度调整；不缺市场，缺的是市场竞争观念和按市场规律运作的体制机制；不缺人才，缺的是不拘一格、大胆选人用才的机制；不缺措施，缺的是推动改革的生存压力。民营渠道不缺资金和投资者，缺的是国家政策，即同国有渠道一样享受“国民待遇”；不缺市场，缺的是与国有渠道站在同一起跑线上的经营环境；不缺人才，缺的是敢于打破“小农经济”、家族事业的狭隘观念的宽阔胸怀；不缺数量，缺的是经过体制创新和力量整合后，引导市场潮流的龙头企业。

中国出版产业链的理论构想与现实操作

翁昌寿在《编辑之友》2003 年第 3 期撰文认为，目前的媒体集团大致可以划分为三类：系列化集团、一体化集团、多元化集团。这三类在逻辑上呈现出一种递进的关系。出版产业链也可以从这三个方向去构造：第一类：系列化产业链，走向是图书——报纸期刊——广播电视——数字多媒体。第二类：一体化产业链，走向是造纸（出版上游）——出版（版权交易、选题策划、图书包装、图书市场推广策划、图书出版市场监测分析、电子图书）——印刷发行（出版下游）。第三类：多元化产业链，走向是出版——其他行业。这三种产业链清晰地勾画出了出版产业链的发展形态和内容，也是出版企业产业化程度、经营管理水平在不同层次上的体现。一个先进观念可以创造一个商机，一本书可以带动一个产业，这不是痴人说梦，关键要看出版人的梦想以及实现梦想的实力有多大。从《富爸爸穷爸爸》、新东方英语书系、开卷图书市场和中国图书网的案例分析来看，它们带有着许多的偶然性因素是一种个别的例子。不过成功案例都不是能够简单复制的，但其中蕴含的理念却值得出版人细细品味。

从入世看中国出版外贸

高扬在《出版经济》2003 年第 4 期撰文认为，我国版权贸易存在的问题有如下几点：其一，在涉外图书版权引进方面数量还很少，引进图书涉及的专业领域还不够广泛；由于信息不灵、资料短缺，引进还有一定的盲目性。其二，不仅引进版权的图书数量少，涉及领域狭小，而且输出版权的图书也存在此种情况，特别是系列书、精品书还有很大的潜力没有挖掘。其三，盗版现象仍是困扰出版社和国内外著作权人的主要问题之一，也是制约版权贸易广泛开展的主要因素之一。面对入世，从中国出版产业自身来看有如下对策：1. 树立出版新理念。2. 大力推进出版产业发展进程。3. 快速构建图书市场体系。4. 对外采取积极措施。5. 加速人才培养。政府职能需要转变，第一是建章立制，依法行政。第二是彻底改变政企不分和官办不分现象。第三是国家应采取优惠政策，支持和扶助版权贸易。第四是加强版权贸易的管理，建立、健全版权贸易保障体系，严厉打击授权、盗版违法行为。

出版外包：出版社提升竞争力的重要举措

周建华在《编辑之友》2003 年第 4 期撰文认为，对于出版社来讲，外包是指将自身出版工作的某些环节或某个工序交由专业的机构或人员来完成，称为“出版外包”。传统的出版外包主要是由于出版社自身内部能力的不足所致，其范围也大多局限于编辑、校对、排版、封面设计与制作等环节，但在现代出版竞争的压力下也形成了不小的规模，成为整个出版大产业中不可或缺的一环。随着出版事业的发展，出版社外包业务所涉及的范围呈现出越来越广泛的趋势。在编辑加工、校对、排版制作、封面设计与制作、市场研究与营销的出版外包和出版社的脑力外包等几个方面呈现出新的特点。在信息化时代的今天，出版外包的作用日益凸显。对出版社来说，出版外包可谓是一种极富吸引力的现代管理方式。适宜的出版外包，一方面可以改善出版物的质量，另一方面也可以提高各个出版环节的效率，从而提升出版社的综合竞争力，使出版社赢得更多的利益。

图书群体化出版现象分析

刘拥军在《出版广角》2003 年第 4 期撰文认为，群体化图书就是围绕某一主题或以某种相关的形式而出版的图书的集合。群体化图书是图书出版不断专业化、个性化的标志，是现代出版企业市场细分和目标市场发展策略广泛而深入地运用的标志，是图书市场不断走向成熟的标志——图书市场成熟的标志之一就是由无差异市场不断向差异市场发展变化。群体化图书运作的关键是迅速快捷地跟进。群体化图书的形式大致有这样几种：系列群体化、作者群体化、多版本群体化、模仿群体化等。系列群体化是有意识的群体化出版行为，是畅销书运作的有意识的延续和扩展，是群体化出版的最高形式。作者的群体化是指在一个相对集中的时间内，某一个作者以其多种作品投入市场，形成规模效应。经典图书往往通过多版本实现群体化发展。模仿群体化是指对畅销书（或经典图书）在内容上或风格上进行模仿，使畅销书实现群体化。模仿群体化从模仿主体来看，有两种形式：一种是畅销书的出版社或作者对畅销书的模仿，另一种是对他人畅销书的模仿。从模仿客体来看，模仿群体化可以区分为内容群体化和风格群体化。

文化变革与现代出版产业的发展

于友先在《中国图书评论》2003 年第 7 期撰文认为，人类的出版活动也从来没有像今天这样变得如此具有国际性和全人类意义。一、生活方式的变革引起现代出版文化的全面革新。现代出版形态抛弃了那封闭的、慢节奏的出版生活方式，取而代之的是与现代生活方式相适应的快节奏、大规模的出版生产方式。二、新的教育模式给现代出版产业注入新鲜血液。科技发展，“三产繁荣”、“智能”趋向对教育的挑战及对印刷出版业的呼唤已经开始。三、价值观念的更新对出版产业的发展起着重要的推动作用。面向未来的当代价值观给现代出版产业的发展带来了千载难逢的良机。这良机不仅在于物质发达、信息快速、交流频繁，而且在于价值观中的交流与对抗、互补中的个性差异。竞争里的各领千秋，会衍化为出版物的百舸争流、气象万千、各展风采、蔚为大观的风云际会新景观。

论现代出版产业的双效益活力

于友先在《出版发行研究》2003 年第 8 期撰文认为，出版活动是以提高人类的文化知识水平为指归的，它产生的不仅仅是巨大的经济效益，而且还有巨大的社会效益。因此，现代出版产业是国民经济和社会发展的一把“钥匙”，是一个国家文化发展水平的重要标志。一、从现代产业的总体结构来看，现代出版产业在国民经济总产值排序上位居前列。二、从各国政府对出版产业的管理角度来审视现代出版产业，可以看到它在国民经济和社会发展中所占的重要地位。一般地说，政府对出版产业的扶持与资助主要是通过贷款政策、税收政策、间接资助、直接资助等手段来进行的。三、出版产业双效益的活力归根结底是通过对社会的全面发展起推动作用来体现的。出版产业的高效益首先要体现在社会效益上，社会效益第一的原则是出版业遵循的首要原则。实际上，出版业的社会效益和经济效益是一个完整的统一体，从整体趋势上讲，它们是成正比发展的，即社会效益愈好，其经济效益也愈大，特别是那些影响深远、泽惠后世的出版物，其带来的效益更是不可单以金钱来衡量的。

出版产业链拉动地方经济发展

朱胜龙在《出版广角》2003 年第 8 期撰文认为，畅销书价值链的延展性，来自畅销书产业链特殊的价值构成。畅销书作为精神产品，在价值构成上不同于物质产品。物质产品的价值取决于材料、材料的结构性能及由此产生的产品功能。出版业的产业链表现为两种形式，一是指畅销书在物化、成形的市场化运作过程中，为出版社、物资供应商、复制加工商和发行商所带来的产值、利益和就业机会。二是畅销书在纸介质文本向其他介质文本转化的过程中，不断延伸产业链，形成新的经济生长点。畅销书的产业链功能表明，出版业有着非常可观的产业升值空间。今天，全球经济一体化的发展趋势，把文化产业与其他实体产业的发展紧密地连在一起，出版业要取得超常规发展，必须在出版产业与相关产业的优势互补和协调发展中，争取更多的合作伙伴，创造更为广阔的市场前景、更多的市场机会和更好的市场环境。

论出版集团建设应当慎行

冯英在《出版广角》2003 年第 8 期撰文认为，总体上讲，我国出版产业组织目前还处于一种低级化、不合理的状况。从对我国出版产业组织的现状分析来看，首先需明确的一点是，针对某一产业而言，集团化建设主要是解决产业集中问题，是产业组织层面上的一种变革。通过产业经济分析，可以清楚看出，我国出版产业组织方面存在的问题。企业规模小、生产能力分散、市场集中度低，不仅极大地影响了我国图书出版产业参与国际图书市场的竞争能力，而且已成为制约我国图书出版产业进一步发展的关键因素。以政府为主导，通过行政力量的推动组建出版集团，其优点是所需时间短，可比较快速地扩大规模，能够阶段性地推动产业发展。但毋庸讳言，这种组建方式毕竟没有完全遵循经济发展的客观规律，在组建过程和建成后的发展中将会遇到政企分开、跨地区经营、规模经济、核心竞争力等诸多方面的问题，我们必须对此有一个清醒的认识，并进行深入、细致的分析、研究，以保证出版集团的健康发展。

出版社“企业属性”考

宋木文在《出版发行研究》2003 年第 9 期撰文认为，出版社从事生产经营，独立进行经济核算（绝大多数），其属性应是“企业”，虽有生产精神产品的特性，但改变不了其企业属性的基本特征。要把“事业”和“事业单位”分开，不要混同。确定出版社是事业单位还是企业单位的主要标志应当是，是否像其他企业一样从事生产经营活动并进行经济核算，而不是表明其是否有什么事业性质、意识形态和政治的属性，更不是一贴上“事业”的标签就把握了方向，而一明确为“企业”就会走偏方向。

对民族出版业发展的思考

赵兰泉在《出版发行研究》2003 年第 11 期撰文认为，

随着改革的深入，民族出版社遇到了许多问题和困难。分析造成这种局面的原因，既有市场竞争的冲击，也有自身长期积累的原因，主要表现在以下两个方面：1. 经费短缺，印数萎缩。2. 机制不活，经营落后。对于民族出版社的发展要注意以下几个方面：1. 民族出版社内部要深化改革，提高经营管理水平，壮大自己的综合能力，建立起适应社会主义市场经济体制和精神文明建设需要、符合民族图书出版规律的管理体制和运行机制，通过外部输血和自身造血的有机结合来求生存、求发展。2. 民族出版社在出版好民族文字图书的基础上，还应加大力度挖掘各地区民族特色题材的图书出版。3. 民族出版社应与国内外的出版机构进行广泛的多边合作。4. 要组建联合发行机构，探索连锁经营模式，建立自己的图书营销体系。5. 加大科技投入，提高科技含量，尽快改变传统出版模式。

编辑工作的规范性是出版业市场化的必由之路

吴旭君在《出版与印刷》2003 年第 S1 期撰文认为，编辑工作规范，应当包括以下四方面内容：组稿、约稿的规范操作；规范的三审制；书稿文字加工的规范；出版传播的规范操作。当著译完成，进入编辑审读阶段时，应对下列问题引起关注：作品内容的真实；权益保护问题；民族、民俗、宗教问题；涉外问题；保密问题；著作权问题。在书稿的加工过程中，编辑应牢记作品的修改权归作者，这是著作权的一项重要精神权利。出版社要如实把复制数反映在版权页上。在发行过程中，不得随意突破约定折扣，建立起诚信的出版物流通氛围。这样就能遏制“新书打折，书价虚胂，书价只涨不降，印数不足，市场需求不旺”的出版业怪圈。

“事件营销”和时政新闻类图书的出版策略

徐尚青、周斌在《出版广角》2004 年第 1 期撰文认为，事件营销是通过介入重大新闻事件、社会活动、历史事件和体育赛事等，迅速提高企业品牌的知名度和美誉度，并促进产品市场销售的营销策略。而时政新闻类图书则是对现代传媒向民众广为传播的新闻事件、活动和赛事，出版社及时跟进甚至提前策划出书、借势发行销售的一类图书。从本质上说，出版社图书销售和一般企业产品销售在事件借势上有其共通之处，但又有其独特的个性和特点，直接影响到时政新闻类图书的出版策略和出版社的品牌战略。具体来说，事件营销的手段主要有借事件之势和策划事件造势两种，对于图书出版而言，在内容选题策划上要借势，在发行销售上则不仅要借势，更要造势。然而在策划营销的过程中还应该警惕出现理念背驰和品种变异。

论出版集团核心竞争力与多元化经营的关系

刘永红在《出版与印刷》2004 年第 4 期撰文认为，如何正确处理多元化经营与培养核心竞争力之间的关系已成为我国出版集团目前面临的一大难题。出版集团核心竞争力指的是集团在选题策划能力、出版运作能力、营销能力、品牌形象和企业文化等方面所具有的优势与能力。它具有独占性、持久性、延展性等特性。出版集团多元化经营不仅指出版集团的生产经营超出了出版行业的范畴，同时生产或提供两种以上产品和服务的一种经营方式，还包括能给出版集团带来收益的各项长期投资活动，它是出版集团成长过程中带有全局性、长远性的一种战略选择。核心竞争力是出版集团获得和保持长期竞争优势的源泉，也是多元化经营战略的实质；多元化经营是培养和维护出版集团核心竞争力的重要手段。两者既相互促进又相互制约。核心竞争力是多元化经营的先决条件：核心竞争力决定多元化经营的方向和内容，决定多元化经营的深度和广度。多元化经营对核心竞争力具有反作用：多元化经营能增强或削弱核心竞争力，能发掘和完善核心竞争力。

中国出版业与世界出版业的双向互动

薛正昌在《南通师范学院学报》（哲学社会科学版）2004 年第 4 期撰文认为，世界出版业进入中国市场，中华出版业走向世界的互动机制已经形成。首先，期刊文化是进入世界出版文化阵容的先锋。其次，华文市场是中华文化走向世界的基石和驿站。再次，双向互动，世界文化格局正在形成。加入世贸组织以后，中国的出版业正在以 WTO 的游戏规则有序地发生着变化，双向互动的出版文化格局正在形成。外国出版商（集团）正在以多种形式进入中国，在各种场合纷纷表示了与中国合作的强烈愿望。中华文化是未来世界的主流。随着中国经济社会的快速发展和在世界政治地位的日益提升，中华文化的世界性走向已成为历史必然。21 世纪世界文化的趋势和潮流，应该是世界性与民族性。经验告诉我们，对于正在走向世界的中国出版业，赢得读者的关键还是独具特色的民族文化。本土化与国际化是我们中国出版业走向世界的“两翼”。国际化只有建立在本土化的基础上，才是有源之水；要充分利用本土化文化特点，融入出版业的国际潮流，才会获得发展。

二八法则与出版社管理

雷戎在《出版广角》2004 年第 4 期撰文认为，在出版社的经营过程中以及图书市场的诸多因素中，都可以找到二八法则的影子。一、产品竞争策略的二八法则。在绝大多数出版社的图书销售中我们可以发现，80%的销售收入是由20%的图书品种所提供的。因此出版社在图书出版和宣传上要处理好重点品种和一般品种的关系，运用畅销书市场营销观念和手段，优化资源的配置，以期得到最大的利润。二、客户关系管理的二八法则。简单地说，就是20%的客户能给出版社带来80%的利润。因而出版社必须对自身的人力资源进行合理分配，对渠道的管理重点进行分析选择，从而有计划、有步骤地开发和培育那些对出版社的生存和发展有着重要战略意义的20%的客户，最终培养出最有价值的渠道。三、人力资源管理的二八法则。人力资源是出版社诸多资源中最重要的资源，是出版社创造经济价值的根本要素。出版社应该对人力资源进行合理的配置，形成优化的用人机制，以激发“关键少数”的作用，强化自己的核心竞争力。

出版企业的品牌融资

王谷香在《出版与印刷》2004年第4期撰文认为，出版企业的品牌融资是指出版企业通过各种方法、采用非常规的品牌建设手段迅速提高品牌形象，增加知名度和品牌价值，并由此使企业获利能力得到提高，分别为图书品牌的塑造、营销品牌的打造、编辑品牌的创立、作者品牌的培育和出版形象品牌的树立。图书品牌的塑造可以用“媒体互动法”和“质量去胜法”，营销品牌的打造可以通过概念营销法、活动营销法和服务营销法来完成，编辑品牌的创立应该用“自我修养法”和“公关意识法”，而作者品牌的培育需要首先“发现与培养作者”，出版形象品牌则需通过对“CI战略法”和“活动策划法”来树立。在进行品牌融资时，必须首先明确品牌目标。不同的出版品牌会吸引不同的读者群体：有的读者看重的是某出版社的编辑品牌；有的倾向于某作者品牌；有的侧重于出版物质量和服务，对价格并不十分敏感等等。因此，出版企业需要根据自己企业的特点，采取合适的方法来形成自己的出版品牌。

出版物的多种形态必将长期共存互动发展

何绍仁、张其友在《大学出版》2004年第4期撰文认为，当前的出版业已经不再是纸介质图书一统天下的局面了，音像出版业、电子出版业和网络出版业等正在蓬勃兴起。而多种形态出版物既为读者提供了更加丰富的精神食粮，大大提升了人们工作、学习和生活的质量，同时也为当今出版业提供了更为广阔的发展空间。数字化技术的发展促生了电子出版和网络出版的出现，而人类接受信息的方式的多样性决定了多种出版形态将长期共存、互动发展，同时信息技术为多种形态出版物共存与互动发展提供坚实基础。出版物的多种形态增加了社会的总阅读量，扩大了对出版物的需求，为出版业拓宽经营范围，扩大企业规模，增强市场竞争力，实现经济规模效益创造了有利条件。

呼唤建立出版业诚信体系

郭爱民在《编辑学刊》2004年第5期撰文指出，出版诚信是出版市场经济活动中形成的道德准则，它要求人们在出版市场经济活动中讲求信用，恪守诺言，诚实无欺，在不损害他人合法利益和社会公共利益的前提下追求自己的利益。出版诚信主要包括以下三个方面的涵义：出版诚信体现的是一种行为规范，出版诚信反映的是一种经济制度，出版诚信折射的是一种人品修养。随着出版业改革的不断深入，在经济转轨时期，出版体制的积弊、立法滞后的影响和人们思想认识上的偏差，在一定程度上造成了出版业尤其是图书出版领域和分销领域个人信用乃至企业信用的缺失，出现了“信用贫困”和“信用危机”，失信行为盛行，比如“注水”图书泛滥、编校质量低劣、专挖小社“墙脚”、盗版盗印猖獗、退货毫无商量、结款遥遥无期等等。所以必须加快构建出版诚信体系，包括加强出版信用道德教育、完善出版信用制度建设、建立出版企业诚信档案、健全出版失信惩罚机制。

出版业的内忧外患

李小龙在《出版广角》2004年第5期撰文认为，随着高科技的发展和入世带来的挑战，出版社重新又面临着生存问题，这就是出版社的内忧外患。内忧为“改革治标不治本”，大多出版社没有从根本上与市场接轨，还简单地认为出版社是党的舆论喉舌，是政治宣传工具，是国有企业（事业）单位，没有倒闭破产之说。出版要发展，改革是推动机和助力器。只有改革，进行制度创新、机制创新、管理创新，才能从根本上促进出版业的发展。外患为“无视民营书业的成熟和壮大”，随着实力的壮大，不少民营书商不但通过掌握稿源和销售渠道参与出版，而且已发展为规模化出版的商业运作。民营书业与出版社已经密切联系在一起了。它们已经渗透到出版社工作的每一个环节，但是无法得到书号是他们先天的致命缺陷。民营书业要想得到顺利发展，不可避免地要与出版社领导、编辑搞好关系。这种脆弱的关系促使他们常常选择实力强、年纪轻的合作伙伴。另外，出版社还面临着外界资本涌入的“冲击波”。

创新——出版产业的支点

董秀玉在《中国编辑》2004 年第 5 期撰文认为，产品的文化意义是作为文化产业的出版业的生命，而创意能力和创新精神则是出版业的发展动力和核心竞争力。创新的根本目的应该是为凸显出版品的文化意义，使选题更符合时代要求，有更高的内容质量，有最能为读者所接受的文字和形式。具文化意义的创新精神，是出版业核心竞争力的要素，持续发展的不竭动力。创新是整体思维，从整体的发展规划，到出版方向、特色、选题结构、编辑思路、装帧设计、营销策略，到企业文化、核心机制、管理方法等等，任何环节的创意缺失，必然影响整体产业的发展。虽然一个出版社的出版方向和特色已被规划定位，但其内容必须跟着时代的发展而不断发展，如此才能永远保持自己的特色。机制创新和管理创新是产业发展的核心问题。出版社体制改革和创新的要求已迫不及待。创新并非一时冲动之举，而是需要培养创新意识和专业能力。

出版国际化的核心是打造具有世界影响和作用的中国出版力量

谢清风在《编辑之友》2004 年第 6 期撰文认为，打造具有世界影响和作用的中国出版力量是出版国际化的核心。这种出版力量更集中地表现为具有国际影响的“大型出版集团”，主要有如下几条路径：首先，走内涵式扩张发展之路，不断壮大自己的实力，逐步扩大自己的影响，发展成为大型的出版集团。其次，出版社之间加强联合，这种联合不是行政意义上的捏合，而是以生产本身的需要为起点，以追求生产的规模效益为目的，由粗放的分散生产发展到集约式生产。再次，以资本为纽带进行链接，这种链接既可以在出版行业内进行，也可以跨出版行业，在保持出版行业独特特性的同时壮大出版单位本身的实力，扩大其影响。另外，在打造我们具有国际影响的大型出版集团的过程中要注意发挥出版国际化的杠杆作用，要在坚持出版事业的基本公益性质的前提下，强化出版的产业特征，以市场为中心，塑造出版作为文化市场的经营主体的身份和角色，确立其市场经营主体的地位，同时还要完善图书市场的游戏规则，健全知识产权保护体系，加大对侵权盗版的打击力度，提高资金实力、市场运作能力和市场竞争力。

买方市场条件下的出版经营观

邱勤在《天津商学院学报》2004 年第 6 期撰文认为，我国图书市场整体上已呈现过剩经济和买方市场的格局。1949 年至今五十多年来出版业的发展过程可被粗分为三个阶段：1949 年到 1979 年为出版业的初级发展阶段，市场以计划经济为主；20 世纪 80 年代为恢复发展阶段，逐渐有了市场意识；20 世纪 90 年代为繁荣的阶段，市场意识进一步加强。现阶段我国图书买方市场的主要特征有，买方市场的初级阶段，呈现出相对性，低折扣高定价，表现为“滞胀”型买方市场特征，同时选题低水平重复与原创性作品缺乏并存，图书产品结构性失衡，结构性供给过剩和有效供给不足。借鉴国外出版在编辑上注重集体智慧、营销上提前介入、财务管理上单本核算、信息管理上出版社应注重共赢等经营理念，在市场中要不断寻求新的支点，调整图书结构，提高出版物质量，增加有效供给，加强经营管理，改善企业管理的组织模式，降低生产成本和图书价格，实实在在强化品牌，全力以赴开拓市场。

出版社知识产权保护

陈东林在《出版广角》2004 年第 9 期撰文认为，出版社在向企业转制、充分与市场接轨时应该加强从知识产权法的角度去维护自己的合法知识产权。出版社的知识产权较为广泛，主要有两大类：一是我国《著作权法》及其实施条例明确规定出版者享有的权利，包括：著作权人让渡给图书出版者的专有出版权、版式设计权、装帧设计权、有限的修改删节权；二是出版者作为企业法人所享有的其他知识产权，包括：社名权、社标权、图书专利权、商业秘密权等。体制改革后的出版社应该完全按企业运作方式进行经营，既要增强自身的法律意识，充分利用法律手段维护自身权益，同时还要注意市场游戏规则，避免侵犯他人合法权益。

转制——中国出版业深化改革的必由之路

吴培华在《出版广角》2004 年第 9 期撰文认为，旧的管理体制已成为制约中国出版业发展的主要因素。一是旧体制决定了在政策上的保护，强化了出版社对于政府政策的依赖。二是旧体制导致了在行业上的垄断，助长了中国出版业的种种不正之风：买卖书号屡禁不止；高定价低折扣风愈演愈烈；事业单位企业管理的性质阻碍了改革的深化；此外，目前我们的体制决定了出版业的发展在总量上的控制，这也就影响了中国出版业规模的快速发展。目前，中国出版业转制的时机已经成熟。具有出版品牌和出版特色的出版群体已经形成，出版法规和图书市场监管机制也已经基本形成，此外，出版改革深化的迫切要求也标志着出版社转制的时机已经基本成熟。进行转制过程中可以在以下几方面推进改革：一是中小学教材教辅和政治读物的出版实行专营。二是对于出版物需要进一步强化市场监管机制。三是对于出版单位实行事后追究制和信誉评估制。只有经过转制改革，中国出版业才能够更加健康地发展。

中国出版如何走出去

赵斌在《出版广角》2004 年第 10 期撰文，对中国出版如何走出去，应该做哪些方面的准备进行了全面分析。首先，海外各个中文图书市场具有因地而异的特点，没有一个统一的模式包括定价，而且海外中文图书市场是一个总量不大、地域分散、较难实现的市场，能够支撑长年实体书店的地区不多。海外图书市场目前还是与新移民的数量相关，不具备在短期内大幅增长的条件。其次，无论是从社会效益还是经济效益考虑，中国出版走出去的主要对象都应当瞄准当地主流社会。但是，就外文书的出版数量与发行效果看，现状是与我们的大国地位不相称。最主要的问题是，西方主流社会对于东方，包括中国，没有足够的关心，因而中国题材的书，目前还没有足够的市场支撑。最后，出版国际化的特点是资本国际化而非文化国际化。成功的出版国际化主要都是资本输出，而非文化输出。如果我们也以资本输出的形式参与国际出版，那么从现在开始就应该做各方面的准备。光是靠国内出版社的合并重组，光是靠在内地市场上的自然增长，是不可能与国际大出版集团抗衡的。中国出版走向世界，在世界市场上做大乃是抗衡世界出版竞争的必由之路。

中外出版品牌创新比较

周建新在《出版经济》2004 年第 11 期撰文认为，在激烈的市场竞争中，出版发行行业要想发展壮大，创建和延续自己的名优传统品牌至关重要。外国出版业，特别是大型出版集团，品牌创新能力较强，品牌创新能力在出版企业的生产和发展中的作用越来越重要。我国出版企业的创新能力明显偏低，大多数出版企业普遍存在技术设备落后，运用高新技术进行选题开发、编辑加工、市场销售等专业技术开发能力低，品牌创新的资金收入有限。总的来说，出版企业品牌创新的艰难，这是中国出版企业与世界出版企业特别是发达国家的出版企业创新能力差距悬殊的最根本的原因。我国出版领域中的出版企业的产权改革目前尚处于探索过程中，没有形成稳定、明晰和高效的产权机制，束缚了我国出版业的品牌创新。另外，条块分割的出版体制的影响仍然根深蒂固，成为中国出版企业进一步发展壮大，扩大品牌创新能力的严重障碍。而且，国家垄断政策的过度保护使出版企业产生了惰性，缺乏同世界一流的大型出版集团竞争的动力，同时由于转嫁效应，削弱了我国出版行业的品牌创新能力。

古籍出版通俗化在市场中的作用

孙宝瑞在《出版发行研究》2004 年第 11 期撰文认为，古籍出版只有走古籍通俗化的道路，正确把握二者的关系，才能进入自我发展的良性循环。仅仅对古籍进行校勘、注释、古文今译、汇编等简单的处理并不能算古籍通俗化，古籍通俗化是以市场为导向的，要避免编与销脱节，要深入了解市场和读者的需求。古籍通俗化不等于简单化和庸俗化，它是指把古代的士文化从内容到形式加工改造为人民群众易读易懂的大众文化，是古代典籍的普及形式，目的是继承和弘扬优秀的传统文化，为现代化建设服务，一定要树立精品意识。因此，古籍通俗化是一门高度概括、深入浅出的学问，要在浩瀚的古代典籍中去劣存优，去粗存精，去伪存真，把优秀的传统文化筛选出来。在实施过程中要讲求质量，精编精校，精选内容，编排合理，把握针对性。在古籍通俗化的过程中应逐步形成出版特色，以抢占战略出版的制高点。

试论按需出版

范红延在《中国印刷物资商情》2004 年第 12 期撰文指出，按需出版是一种全新的出版方式，近年来在发达国家得到迅速发展。这种方式通过采用现代化的信息处理技术、数字印刷系统和网络出版系统，突破了传统出版模式中的很多限制，比如印刷成本、仓储运输等；重新组合出版流程中编、印、发各个环节，特别适合断版图书、短版图书和具有较强个性化特点图书的出版和发行。按需出版是在有了确实的需求之后再组织生产图书，有效地避免了出版物生产的盲目性。它使各类出版、发行机构的职能发生了根本性变化。分工被打破，出版可直接面向读者，在书店里，可以即印书即卖书。出版链条上各个环节的界限变得模糊，出版业的职能将由以出版物生产组织为主，转向以出版物营销管理为主，使出版者可以更多地重视出版物的文化价值。按需出版采用数字印刷系统，可以最大化的节省成本、节约资源，绿色透明、避免浪费。

中国参与国际出版竞争

孟庆春在《出版经济》2004 年第 12 期撰文认为，中国应该积极地参与国际出版竞争，在竞争中求发展，提高我国出版业的发展水平。一是打造我国真正意义的出版集团。经过几年调整和建设，使这些大的出版集团能控制国内出版物市场的绝大部分，以增强我国出版产业的竞争；二是运用高科技手段更新传统出版管理模式。要在国有出版发行业的各个环节普遍应用计算机科学技术及网络技术，加快网络和用户接入网等基础设施建设，通过开展电子商务提高出版发行业的信息化程度，提高现代信息化应用水平；三是要学习国外先进的现代技术和管理经验。并通过不断学习，积累经验，增强出击国际市场的实力；四是大力开展图书进出口贸易。为支持中国出版物走向世界，应完善现有的出版物出口鼓励政策，加快出版的外向型区域间、国际间合作步伐。推动外向型出版合作的开展；最后，要加快国际合作出版人才专业化、职业化队伍建设。

中国出版业现实竞争力研究分析

孙寿山在《出版发行研究》2004 年第 12 期撰文，对中国出版业现实竞争力进行了深入研究分析。第一部分对盈利能力进行分析。首先，对 1999—2002 年期间的销售收入及其构成的分析，表明了中国出版业价值链的多元化和分散化，但这种多元化却有明显的盲目扩张的倾向。其次，分析这一期间的利润及其构成揭示了出版业的知识密集型的行业属性。从盈利指标变化中看出，中国出版业的盈利能力在下降，但仍保持了较高的盈利水平。这是因为中国出版业利润形成的体制环境与市场经济成熟的国家有着巨大差异，出版环节的利润主要来源于行政性垄断。第二部分分别对国内市场、世界市场占有状况，贸易专业化状况，市场结构，以及图书品种及其数量指标的进行分析。国内市场占有率一直维持在 90% 以上。贸易上，基本上处于贸易入超地位，各品种进出口之间的相互抵冲的作用比较明显。但是从总体来看，中国图书市场有更高的稳定性。第三部分对中国出版业的技术状况进行分析。首先，中国出版业的科研教育状况并不令人十分乐观，科研投入相对于其他行业要少得多。其次，图书版权贸易也不平衡。第三，版权贸易的国内地区不平衡。最后，新技术水平主要体现在编辑和印刷两个方面，中国的编辑与印刷，与发达国家的编辑相比，还有很大的差距。从印刷各环节设备的技术上看，关键的差距体现在整个工艺流程的技术组织上未能实现一体化。

在体制和技术上同步推进出版改革

张子辉在《中国出版》2004 年第 12 期撰文认为，今天我国出版业的“转制”和“改制”，如果在体制和技术上同步推进，内容与形式都落实到位，将一定会取得成功。“体制”主要是指在企事业单位的机构设置和划分管理权限的制度。而“技术”是指在体制的框架下，不同的企事业单位应按自身的特点在人才、产品、市场、经营管理、机制、技术研发等不同的“技术”层面上制订相应的发展战略和实施计划，并付诸行动。今天的改革还会遇到很多新情况。一是在市场经济条件下，市场环境与企业的经营配套对事业的发展非常关键，营造良好的市场环境是政府为企业落实改革战略提供服务的最好体现。二是当前出版业面临一个很大困境就是盗版，它是影响出版业发展的一个突出负面因素，不加大整治盗版的力度，不净化市场环境，将会严重降低出版改革的成效。因此，非常有必要在我们出版业中建立诚信制度，建立科学的出版物流通机制和结算体系。出版改革是系统而复杂的工程，归结起来就是要处理好体制与技术的关系。制定体制要适时合理，政府要服务、维护和监管；企业在技术上落实体制要融会贯通，力戒流于形式。

论原创出版物的生成环境及动力

郦锁林在《出版发行研究》2005 年第 1 期撰文认为，分析国内出版市场缺少原创出版物的原因，探寻大众文化和出版运行机制在推动原创出版物生成中的作用，是极具价值的课题。一、原创出版物的市场环境业已生成，主要表现在：1. 大众文化从数量上和需求内容方面改变了原创出版物的读者群；2. 市场经济的发展和读者文化消费观念的形成也促动出版观念和出版机制的改革，形成原创出版物新的出版环境。二、市场环境给原创出版物带来的阻碍。原因大致有如下几点：1. 读者的变化。2. 科技发展的影响。三、提供原创出版物生成的市场动力。面对出版环境的改变，尤其是近年来图书买方市场格局的形成，出版业必须尽快完成观念的转变，通过不断推出原创出版物来繁荣出版市场，实现出版企业的市场乃至国际竞争力。1. 在市场经济环境中，商业运作是驱动原创出版物生成的动力要素。2. 创造读者对原创出版物丰富的消费体验。3. 在开展全过程与全方位营销中注重营销创新。总之，原创出版物生成在一定的出版环境中，它必须适应环境、服务环境。它必须采用环境认同，并能够促动环境的方式，才能获得生存和发展的空间。

论出版社发行工作的困境与对策

张近乐在《西北大学学报》（哲学社会科学版）2005 年第 1 期撰文认为，当前，在出版业阶段性转移和企业改制的特殊阶段，各种矛盾纷繁复杂，传统的出版经营受到了猛烈的冲击，发行工作遇到了前所未有的困难。在市场经济的发展过程中，逐渐显露出了许多令人担忧的新问题，除了买卖书号这个行业恶疾已被国家严令禁止外，还有以下几个方面值得深思。1. 主渠道购销一落千丈，传统发行难以为继。2. 竞争无序，折扣回扣大战升级，图书市场出现新的恶性循环。3. 订货会泛滥成灾，出版社疲于奔波。4. 码洋爬高，利润降低，出版社的发展遭遇新难题。那么，机遇在哪里，出路又在何方呢？1. 整顿出版秩序，净化图书市场，为出版业健康发展营造良好的社会环境。2. 更新观念，增强市场意识，在竞争中求出路、促发展。3. 加强出版队伍建设，改善服务态度，努力提高服务质量。4. 调整策略，灵活经营，多种渠道发行。5. 加大宣传力度，增强产品的市场影响力。

浅谈产业转型期的编辑出版人才培养

雷启立在《编辑学刊》2005 年第 1 期撰文认为，技术、知识产权的核心是头脑、是人才，所以作为文化产业之一的图书出版业的人才培养就显得特别重要。现代图书出版业需要怎样的专业人才？不同环节从业人员需要怎样的知识结构？应该配备怎样的教师？如何形成，建立一个怎样的编辑出版专业学科平台，值得从事高等教育的专业人士思考。编辑出版的高等教育未能为产业发展的实际需求提供足够的支持，问题的症结还在于编辑出版的高等教育与图书出版产业的脱节。应当把中国出版界的实际经验和出版教育界的理论热情、综合性大学的多学科优势结合起来，走出一条产学结合的双赢之路，从而造就一个具有广泛基础的多层次的现代图书出版人才队伍。这样多管齐下，目前编辑出版业人才培养的沉闷局面将有可能被打破。

别以为书出得越多越赚钱
——上海出版社的盈利模式及其启示

祝君波在《编辑学刊》2005 年第 2 期撰文认为，图书再也不能无控制地出下去了。无论从文化的角度，还是从经营的方面看，我们都无法在年出版新书 10 万种的基数上，再以每年递增 10% 的速度发展新书品种。这种品种的急速扩张，降低了图书的品位和质量，也使产业面临很多的危险。很多出版人认为书出得越多就越赚钱，其实根本不是这么回事。通过对上海出版社的盈利模式进行分析，可以得出如下几点启示：1. 书还是要做的，因为一般图书还有社会需求，在相当长的时间里还会占有很大或相当的需求份额。2. 认识书是一种物质存在。书也是作品，作品存在的物质形式是多样的。为此，今天我们的传统出版社一方面不应放弃纸介书，另一方面要研究书的其他存在形式，努力实现自己的转型。3. 学习做书以外的产业。这既是本文举例证明行之有效的一种盈利需要，也是未来出版社生存的需要。

转变出版产业增长与发展模式

谢寿光在《出版参考》2005 年第 3 期撰文认为，当前，我国出版业保持了持续稳定的发展，但也存在资源配置效率较低、与其他文化产业相比发展速度较慢等问题，随着我国文化体制改革的深入以及我国人均 GDP 达到 1000 美元之后文化消费需求的巨大增长，出版产业应该解放思想，不断深化改革，树立科学的发展观，转变出版产业增长方式和发展模式，实现出版产业的快速发展。一、认清行业特点，扩大与丰富出版产业内涵，把出版产业定位于内容产业，加快出版产业的发展速度。二、出版产业应选择“超常规、跨越式”的发展模式，以适应全面建设小康社会对出版产业的客观需求。三、新闻出版业的增长方式、管理模式应由行政主导转化为市场主导，充分发挥市场在优化配置文化资源的基础性作用。四、出版单位应引入现代企业制度，尤其是现代企业产权制度，重视人力资本在出版企业经营与发展中的巨大能动作用。五、全面调整产业结构和产业布局，打破地区和行业分割、封锁，建立统一和规范有序的新闻出版物大市场。六、加大对科技的投入，特别是要重视科技在出版产业中的应用。

浅析出版竞争的“同质化”

芦莉菲在《中国图书评论》2005 年第 3 期撰文认为，所谓“同质化”是指同一大类中不同品牌的商品在性能、外观甚至营销手段上相互模仿，以至逐渐趋同的现象，在商品同质化基础上的市场竞争行为称为“同质化竞争”。“同质化”图书的大量出现，无论对于出版业还是读者都有很大的危害。这些重复出版物上市后必然会使图书供给过剩，从而使全行业的库存图书增多，大量的积压迫使出版社把损失强加到新的图书上，形成行业性的恶性循环。就单个出版社来说，图书产品的同质化，使得少数有原创价值的图书反而被淹没其中。另外，读者的需要是多种多样的，而“同质化”竞争却往往使商品千篇一律，缺乏个性、缺乏创新，不仅浪费了读者大量的时间、金钱，也使他们的选择范围大大缩小了。为什么这种现象会存在呢？首先，“同质化”是市场发展的必然结果，任何一个进入市场的产业都存在同质化竞争的阶段，图书出版行业也不例外。其次，各个出版社对于图书的策划缺乏创新。怎样才能在同质化竞争中处于优势的地位呢？第一，要注意细分化的市场，逐渐培养自己的“小众市场”，为某一特殊用户量身打造出产品。第二，要努力打造自己的品牌，提高在市场的知名度、信任度和美誉度。

图书出版社电子出版的生存与发展

谢雯萍在《大学出版》2005 年第 4 期撰文认为，我国图书出版社的电子出版已有数十年的发展历程，虽然在电子出版物的品种数量上呈逐年上升的趋势，技术水平与内容质量不断提高，在国内和国际的各种评奖活动中屡创佳绩，但是在发展规模和经济效益上却始终难以走出困境。解决这一问题需要注意以下几点：首先，更新观念，正视电子出版是前提。随着出版事业和现代科技的发展，重视电子出版，将传统出版与电子出版紧密结合起来，是形势和现实工作对出版社提出的迫切要求。其次，建设专业人才队伍，培养消费群，创造市场新需求是基础。再次，建立适合电子出版发展的运行机制是保障。最后，充分发挥图书出版社电子出版的优势，加强出版资源的整合，实现规模经济效应。出版社整合资源实现规模经济效应可以从以下几个方面入手：第一，品牌互动。第二，资金整合。第三，内容资源整合。第四，渠道资源整合。

构建我国医学图书网络出版体系的基本思路

王楠、李春德、单晓巍、石进英、高敬泉在《出版与印刷》2005 年第 4 期撰文指出，医学图书的出版必须遵循图书出版的一般规律，但是它又有其自身的特点，在适应当前条件下不断变化的网络出版观念方面还需规范与努力。医学图书网络出版面临的一大问题是数字化的内容很容易被复制、修改，这就提出了如何防止盗版和侵权问题。此外，在医学图书的网络出版过程中，在国家新闻出版总署对图书质量管理愈加严格和细化的形式下，医学编辑工作不可避免地面临着机遇和挑战。当前构建我国医学图书网络出版体系的基本思路应当是：1. 加强管理引导。2. 统一技术规范。3. 注重版权保护。4. 更新出版社理念。5. 争取 e－纸（网络与纸质）互动双赢。6. 注重营销策略。7. 依托搜书网建立体系。

发挥自身优势　壮大出版实力

王宇鸿在《中国编辑》2005 年第 5 期撰文认为，一个出版社要做大做强，必须坚持开拓创新、与时俱进，坚持开发特色资源、培育特色优势，坚持专业化发展道路，坚持精品化经营战略，概括地说就是四个字：新、特、专、精。新，就是创新。创新的含义是多层面的，既有内容创新，又有形式创新；既有整体创新，又有局部创新；既有理论创新，又有实践创新。但就出版业来说，最终可归结为三点：即理念创新、机制创新、实践创新。特，这里指经营特色。在注意力经济时代，产品相对丰富，品牌多如牛毛，如何赢得市场，如何抓住读者的眼球，就要突出一个“特”字。要发掘特色资源，培育特色优势；开发特色产品，确立特色优势；建立特色出版机制，完善特色优势。专，就是专业化，就是专业精神、专业品质。所谓专业化，有以下三个层面的含义：选择专业方向，发挥专业优势；引进与培养专业人才，发挥人才的专业特长；以专业精神要求自己，使产品达到专业品质。精，就是精品。持之以恒地走精品化经营战略，将品牌图书延续不断地开发下去，这是一个出版社由名社转为强社的关键。图书的品种在数量上要少而精；编写内容要精准、精到，编校质量要精益求精；图书的装帧设计和制作工艺要精美、精细。

关于古籍图书出版出路的粗浅思考

冯保善在《出版广角》2005 年第 6 期撰文认为，进入了 21 世纪以后，古籍出版呈现出了进退维谷、步履维艰的态势，具体表征为：（一）古典名著如四大小说、诗词三百首系列等大量简单重复出版。（二）古籍图书印数严重萎缩。（三）管理混乱，买卖书号风行，古籍书质量严重下滑。尽管目前的古籍出版面临重重困难，但这并不等于说它真的就已经山穷水尽、穷途末路了。关键在于，古籍出版人要进一步解放思想，拓宽视阈，开拓创新，真正从质量入手，树立精品意识，一个崭新的古籍出版局面的出现则指日可待。

浅析专业出版社的核心竞争力

傅梅在《出版广角》2005 年第 7 期撰文认为，专业出版社核心竞争力的形成主要得益于正确的经营理念，具体体现为：一、准确的市场定位是形成核心竞争力的关键。专业社一旦找准了方向，就能在相关图书的选题方向、作者、发行渠道等方面形成规模，牢牢占据这部分出版资源，在消费者心目中竖起品牌，在市场中处于良性发展的状态，其他出版社是很难取代的。二、图书质量和售后服务是提升核心竞争力的有力保障。出版社要想长期占有市场，优秀的图书质量和周到的售后服务也是必不可少的，专业出版社应该利用自身的优势把握好质量和售后服务来增强核心竞争力，把握可持续发展的命脉。具有学科专业素质的编辑为专业特色教材提供质量保证。少而精的产品是做好售后服务的关键。专业出版社只有找准自己的位置，做出科学决策，充分利用在图书市场中特有的出版资源，开发属于自己的拳头产品，发挥自身的优势，才能形成并提高核心竞争力，使出版社在市场中立于不败。

解读出版品牌

张辉冠在《出版广角》2005 年第 10 期撰文认为，出版品牌是一种符号；出版品牌是一种文化；出版品牌是一种创新；出版品牌是一种形象。现代出版背景下的品牌制作，是基于资源整合战略决策基础上的系统工程。所谓品牌资源，既包括将潜在的选题资源物化为具有形象标识的品牌图书，也包括为拥有良好信誉的品牌图书拓展一个相对稳定的生存和发展空间。出版品牌的培育是一个循序渐进、持之不懈的动态过程。当下业界已进入品牌竞争时代，欲求在激烈的市场角逐中拓展无限的生存空间，期求在浮躁的商业氛围中保持清醒的执业理念，则必须坚定不移地实施品牌战略，推进品牌之路，其策略有如下几点：1. 追求卓越的品牌理念。2. 正确定位的品牌决策。3. 整体推进的品牌培育。4. 多元互动的品牌推广。5. 规范有序的品牌经营。6. 不断拓展的品牌延伸。7. 严谨细密的品牌管理。

论出版企业的目标市场战略

方卿在《出版发行研究》2005 年第 12 期撰文认为，依靠企业自身的智慧和力量来选择目标市场业已成为当今我国出版企业所面临的重要战略选择。一、出版企业的图书市场细分。市场细分的结果是出版企业选择目标市场的依据，因此，细分市场的规模应该与出版企业的实力和市场地位相适应。如果一次细分的结果难以满足出版企业选择目标市场的需要，企业可以再次选择新的标准对业已划分出的细分市场做进一步细分，直到划分出能够满足出版企业需要的细分市场为止。二、出版企业的目标市场选择。一般而言，出版企业选择目标市场策略时要综合考虑的要素主要有出版企业的实力或营销目标、目标市场的盈利潜量以及目标市场竞争状况三个方面。目标市场一旦确定之后，应该保持其高度的稳定性，企业应该集中人才物力资源并通过 4Ps 或 4Cs 的科学组合，集中开发这一目标市场。三、出版企业的目标市场拓展。采取适当的思路拓展企业的目标市场，对企业的发展壮大是有重大现实意义的。概括起来讲，出版企业的市场拓展战略主要有产品拓展战略、市场扩展战略、一体化经营战略和多元化经营战略四种途径。出版企业在寻求目标市场拓展时，要同时考虑市场环境和企业自身条件两个方面的要素，有针对性地选择使用上述战略。

合与分：出版、发行集团化重组的迷思

昊文在《出版参考》2005 年第 Z1 期撰文认为，由于出版、发行集团之间的政策、体制“土壤”不同，企业运作机制和文化职能不同，改革的目标和步调不一，出版、发行集团之间的关系十分复杂，期待中的“化学反应”尚未发生，反而带来了许多体制内耗现象。因此，必须对我国出版、发行集团进行持续性重组、改制，重塑符合新型市场主体要求的出版集团、产业集团，重新构建它们之间的资产、业务关系，发挥两大集团在出版产业的协同作用。由于行业的特殊性，出版业长期运作在半市场、半计划的范围中，出版与发行呈现出一种二元经济、二元结构的状况。出版、发行集团之间的重组，应该有多种选择：1. 合：即以做大做强为目标，以市场为中心，进行整合优化；2. 分：当历史固化的体制惯性无法改变，并明显阻碍市场绩效时，宏观调控的“大手”必须显现。毋庸置疑，出版、发行集团重组的核心和关键，是出版改革问题。只有加快加大力度进行出版体制改革，才能真正解决两个集团的深层次矛盾，推进出版产业的持续健康发展，实现各类市场主体的互惠共赢。

西方媒体产业结构变迁对我国出版产业集约化发展的启示

华宇虹、梁作民在《出版发行研究》2006 年第 1 期撰文认为，西方媒介产业因全球整个经济、技术以及社会形态变化而经历前所未有的变迁，具体表现如下：1. 通过兼并收购，媒体集团规模空前扩张，产业集中度越来越高。2. 通过横向整合，获取资源，赢得战略优势。3. 通过纵向整合，节约成本，构筑进入壁垒。4. 通过收购兼并，进入国际市场。我国出版产业集团化建设中应重点关注下列问题：1. 集团化不能只停留于机构合并层面，应实现真正意义上的制度创新。2. 地区壁垒、行业壁垒需要打破，自由进入市场值得期待。3. 集团之间的同质化使产业布局趋同问题仍然存在，产业结构仍需进一步调整。4. 集团内出版资源仍需进一步整合，并应由规模经济向范围经济迈进。5. 应改变出版集团资本构成相对单一局面，选择优秀民族资本，做强民族出版产业。

人力资本与出版业产权改革

万胜在《编辑之友》2006 年第 1 期撰文认为，我国出版业蓬勃发展的众多事例表明，真正带动出版业文化创新和商业创意的，不是传统的出版物质资本，而是现代新型人力资本。由于出版业文化价值的特殊使命，出版业人力资本在基本类型、本质特征上除了具备一般人力资本的共性之外，还具有产品生产的风险性、多种技能协调性以及文化与市场价值的双重性的特征。人力资本天生属于个人私有，只能激励，不能打压，否则人力资本将迅速“关闭”或者严重贬值。而在所有的激励机制中，产权激励是最有效、最持久的措施。鉴于我国出版宏观管理的特殊性，而出版的企业化改革又势在必行，在出版企业化进程中引入人力资本产权界定不失为一种较为现实可行的考量。当然，人力资本的产权界定也是一项复杂、艰巨的任务，必须吸取其他国有企业产权改革的经验，绝不能流于将管理层都一律视做人力资本的“内部人控制”结构，也

不能一刀切，采取员工集体持股的表面股份多元化。只有拥有公认业绩的人力资本才能享有真正意义上的产权，这样，人力资本产权激励才能够真正焕发出无穷的智慧和效益。

正确处理六大关系　推进出版产业发展

夏叶、刘拥军在《科技与出版》2006年第2期撰文认为，进入新世纪，出版改革和发展的进程加快，市场环境也发生了很大的变化，新的出版格局正在形成。新格局的主要矛盾是新兴产业力量与传统产业力量之间的矛盾，集中表现为以下六大关系，即需求不足与提高出版动力之间的关系、出版的本质属性与各种出版物形态之间的关系、国有出版力量与民营出版力量之间的关系、集团化与国际化之间的关系、出版企业的活力与可持续发展之间的关系、市场主导与宏观调控之间的关系，要正确处理这六大关系，推进出版产业发展。在现有体制下，由动力疲乏症带来的短期效益症已经与需求的不足形成了尖锐的矛盾。这一矛盾是现有体制所不可克服的，是这一体制本身带来的。出版单位的企业转制就是要从根本上解决这些问题，也只有在体制上来个根本的转变，才能为出版事业的繁荣和出版产业的发展奠定新的生产关系基础。

开发海外出版资源的原则和策略

庄智象、刘华初在《编辑学刊》2006年第2期撰文认为，在图书版权贸易工作中，我们不能盲目地实行拿来主义，要有自己明智的判断和坚定的原则。1. 制定好选题规划，引进版权服从和服务于整体规划。2. 正确定位：引进图书是自主选题开发的有效补充。3. 引进图书要合乎需要和国情。4. 引进图书要把好政治关、内容关和质量关。5. 尽可能鼓励和要求合作方参与产品宣传推广和市场营销活动。图书版权贸易工作的基本策略有以下几点：1. 建立稳定的战略合作伙伴。2. 合作伙伴中，要大社与小社、综合出版社与专业出版社相结合。3. 根据自己的特色筛选产品，切勿跟风。4. 要引进成熟产品，同时也要引进有潜在市场和成长性好的产品。5. 版权引进要和合作开发相结合。6. 条件成熟时，要从以版权引进为主逐步向海外直接组稿过渡。7. 充分发挥版权代理机构的作用。8. 要重视培养本社的版权工作人员队伍。

出版产业发展的现状及其新特征

孙激在《科技与出版》2006年第2期撰文认为，对出版产业的考察，有三个方面，即对产业规模的考察，对产品结构的考察，以及对产业结构的考察。规模考察实际上是对出版生产力发展水平的考察，产品结构考察实际上是对出版生产力构成的考察，产业结构考察实际上是对出版生产力组织形态的考察。本世纪以来，出版业在产业规模不断扩大的同时，生产力的组织状态也发生了巨大的变化，形成了新的出版格局。其基本特征是：1. 图书主宰出版的时代结束，多元出版格局形成。2. 以省域为主的产业链正在形成。3. 寡头出版社出现，并成为产业发展的主导力量。4. 二元出版结构基本形成，出版的社会化进程加速。5. 新型市场主体正在形成，产业运行的基础正在发生重大变化。出版事业与出版产业的分轨运行，有力地推进了出版事业的繁荣和出版产业的发展。新型出版企业的形成将成为出版产业跨越式发展的重要基础，将开创出版产业发展的新纪元。

论网络出版与传统出版的互动

汤菲在《出版科学》2006年第3期撰文认为，虽然网络出版发展势头迅猛，但无论信息技术如何变化、如何提高，传统出版业仍掌握着丰富的出版资源。其一，网络出版不是传统出版的对立，而是传统出版的互补。其二，网络平台为作者与读者的交流提供了全新的沟通渠道。其三，网络平台为编辑与读者的交流提供了双向沟通渠道，成为编辑获取选题资源的平台和工具。网络出版和传统出版联手是出版业未来的发展趋势，要实现二者的共同发展应从以下几个方面努力。一是传统出版业应及时转变观念，辩证地看待网络出版，认清发展方向。二是发挥出版社的资源优势，强化精品意识。三是传统出版应向个性化出版的方向发展。四是传统出版业应及时调整发展战略，正确处理好纸质版与网络版的比例关系，同时发挥二者的互动作用。五是出版社应积极规划网站建设，投资网络出版，培育未来市场。

按需出版
——中国出版业多元化与理性化的选择

曹晋、吴娟在《编辑学刊》2006年第3期撰文认为，按照知识产权出版社社长董铁鹰赴美考察的总结，按需出版包括两个内容：一是图书的按需印制和发行。从事这类业务的公司通常具有一定规模。其主要特点是以出版商和发行商为服务对象，实现图书先订购、后制作。目前美国这类公司并不多。二是指按需出版服务，也称自助出版。就中国当前的出版业而言，按需出版可以改变、改善的方面有三个：首先，从宏观来讲，中国出版产业结构不合理，出版产值和利润过分依靠教材。其次，回到微观场景，每个出版社都有一个沉重的包袱——库存。再次，中国出版业技术的数字化水平不高。对于按需出版，国内的很多传统出版人认为二者仅在出版技术上有所不同，按需出版同样应按照传统的出版流程在选题策划、分类方向等方面来加以控制；这与西方业界人士的理解有所不同。后者认为按需出版就是满足人们不断增长的个性化需求。按需出版在发展过程中遇到的最终障碍是书号受到行政管理的限制，所以，知识产权出版社领导正实施新的项目发展计划——出版公益类图书，满足特定的社会需求。

市场化时代文学出版“策划”的传播策略

陈尚荣在《现代传播》（中国传媒大学学报）2006 年第 4 期撰文认为，90 年代后的文学艺术逐渐走向商业化、市场化的运作轨道，这就决定了其传播的营销性质。那么从传播策略的角度，出版商、编辑部就不得不“在商言商”，利用一些商业化的营销策略来从事文学艺术的传播发行工作。文学出版的策划有如下几个特点：1. 品牌塑造。在图书市场竞争日趋激烈的情况下，出版机构按照给商品塑造品牌的经营思路，打造图书品牌。对于图书品牌的打造，还要求对同一品牌的图书要有明确、统一的出版理念和图书风格设计。2. 丛书策划。丛书的大量出版发行，无疑对当代文学的传播、扩大影响功不可没。但也正如一些论者所言，有些作家“为了加盟丛书、套书，被施了化肥，产量普遍增长，质量却平平，甚至滑坡”，或者“在‘策划编辑’的‘策划’下，产生了‘遵命’写作的现象”。这些都是值得警惕的一些负面影响。3. 策划“文学活动”。4. 追踪社会热点。这一类策划是出版社密切关注社会上的“热点”，敏锐地捕捉与这些“热点”相关的“选题”加以策划，然后趁着这股社会“热点”的“热”势搭顺风车，推销相关的图书。

谈出版界跟风出版现象

王俊在《滁州职业技术学院学报》2006 年第 4 期撰文认为，跟风出版问题由来已久，普遍存在于全国各大小出版单位，发展到现在其影响已经十分恶劣，导致出版界面临着巨大的社会压力。具体来说，出版单位不根据自己先前制定好的选题计划出版图书，而是见风使舵，看市场上哪些图书畅销就跟着出版类似的图书。已有学者将当前我国跟风出版现状划分成了几种类型：（1）书名跟风。（2）题材跟风。（3）作者类型跟风。（4）影视作品跟风。概括来说，跟风出版给出版业带来的负面影响主要有以下三个方面：（1）造成图书同质化现象严重。（2）阻碍图书出版的创新，降低了图书质量，弱化了图书市场竞争力。（3）为伪书提供了适宜的生存空间。总体说来，以下四方面的措施对于解决跟风出版问题是不可缺少的。（1）国家行政管理部门的宏观调控。（2）健全法制建设。（3）出版界制定相应的统一政策、制度。（4）出版单位自身的约束与调整。

技术编辑与出版流程的实现及质量提升

蔡梅顺在《出版与印刷》2006 年第 4 期撰文认为，出版技术编辑工作是图书生产流程中的重要环节。一本好的图书的出版，不仅有赖于编辑对选题的成功策划，也需要出版部门专业人员的精心设计和合理安排，即对材料的选用，成本的控制，生产工艺流程的熟练掌握等。现代出版高科技的不断发展客观上对出版工作提出了新的要求，出版工作也需要突破传统的工艺设计的知识范畴以适应这种新发展的需求，随着出版业高科技的发展，随着读者对图书装帧质量要求越来越高，出版部门的工作越来越突显出其重要性，主要有以下三个方面：一、承上启下确保图书出版顺利完成。二、保证图书质量的完美实现。三、直接影响图书出版的直接生产成本。当然，降低图书的印制成本要在保证质量的前提下，不可为降低成本而粗制滥造。

口述历史出版物热潮透视

朱红在《出版科学》2006 年第 4 期撰文认为，近年来，中国出版界掀起了一股口述历史类图书出版热潮。一些颇具影响力的出版社纷纷跻身其中，开辟了响应口述历史栏目，电视台更是迎潮而上，搭上这趟快车。口述历史出版物之所以能在出版市场竞争中独放异彩，掀起一股出版热潮，是与自身独有的魅力分不开的。1. 口述历史出版物以其视角的大众性，赢得了更大范围的读者群。2. 口述历史出版物以其客观性，获得了读者的认可与信赖。3. 口述历史出版物以其强大的可读性吸引了读者的眼球留驻其中。目前我国口述历史类图书的出版虽走势良好，但还存在若干问题。首先是出版热潮与出版资源并不丰富之间的矛盾。其次是出版这样一类图书，在准备、进行、整理、成书、编辑、出版等方面需要耗费大量的人力、物力、财力。它往往是史学家与出版社人员智慧和汗水的结晶。再者，出版市场上，有一些没有出版道德的人假借口述历史之名，出了些名为口述历史，实则是编造出来的所谓的“口述实录”图书，这样制造出来的无疑是一堆文化垃圾。它在一定程度上不仅损害了口述历史图书的声誉，而且会丧失读者对其信任、喜爱之情。

附属版权经营：一座被忽视的金矿

苏振华在《编辑之友》2006 年第 5 期撰文认为，附属版权是相对于专有出版权而言的。专有性是版权的标志，版权是作者人身权利和财产权利的总和。出版权是版权诸多财产权中的一项使用作品的权利。附属版权通常可以分为两大类：作品的再次利用权和演绎权。目前我国相当一部分出版社的经营管理都是采用一业为主、多种经营的模式，对书业的经营往往只满足于对专有出版权的开发，很少涉及附属版权的开发。而且国内出版机构也没有认识到附属版权的开发在节省开发成本、提高运营效率、增加收入方面的巨大作用。在现实情况下，出版社更应当加快在附属版权开发上的力度，尽快学习国外成熟的经验和操作模式，既要注重附属版权的引进，也要注意附属版权的输出，具体建议有如下几点：1. 加快版权方面的立法和政策扶持。2. 增设附属版权开发部门和人员。3. 加快附属版权经营人才的培养和引进。4. 充分利用版权代理机构开展附属版权的经营。5. 树立良好的国际形象，建立互信合作关系。

学术出版的春天还有多远

李瑞华在《编辑学刊》2006年第5期撰文认为，我们在思考人文学术出版所拥有的前景这一问题时，不能总是抱着一种文化理想主义的眼光，必须基于对产业的理性分析。人文学术出版的基本定位是专业出版。随着社会分工和专业分工越来越细，人文学术图书的读者主体已经变成了大学里的文科教师和研究生、本科生和其他相关研究者，这一群体毫无疑问是一个专业群体。作为专业出版，人文学术出版大致有以下几个特点：1. 专业性强，进入门槛高。2. 投入产出周期长。3. 具有相对较低的风险和相对稳定的收益。4. 更容易形成品牌效应。目前人文学术图书出版已经拥有了一个并不算小的市场空间，而且在相当长一段时期内，这个空间也不太可能萎缩。人文学术图书的盈亏平衡点大约在5000册—6000册，只要运作得好，要实现盈利应该不是太难。做好人文学术出版，要注意如下几点：1. 坚持正确的出版方向，坚守一流水准，保持合理的规模和结构，以品牌保证生命力。2. 做细营销，做足市场。3. 立足长远，积累资源，实现人文学术出版的全方位运作。

浅议牢固树立节约型出版理念

张永洋在《科技与出版》2006年第5期撰文认为，经过“十五”期间的建设和奋斗，我国经济社会得到了快速发展。然而在发展的同时，却也出现了能源和资源的过高消耗和浪费，我国出版业也存在同样的问题：1. 图书库存量大得惊人。2. 异型开本现象普遍。3. 图书印张多，字数多。4. 选题雷同严重，教辅泛滥。5. 图书生产差错多，损失严重。6. 无纸化办公较难推进。我们一定要牢固树立节约型出版理念，积极促进出版业的健康发展。1. 积极推进无纸化办公。2. 加强成本核算和管理。3. 加强选题管理和优化。4. 加强图书市场研究和开发。5. 高度重视图书的设计。6. 积极推动和发展出版业的循环经济模式。

出版社品牌策略新论

吴书杰在《编辑之友》2006年第5期撰文认为，在市场经济环境中，各种商品的市场竞争日益激烈，优胜劣汰是市场竞争的自然法则。在市场竞争中对同类商品来说，知名品牌的商品往往占据着竞争的有利地位。图书出版物也是商品，在图书市场上也存在着激烈的品牌竞争。但由于图书出版物所承载文化传播的信息，又有别于一般商品而具有特殊性。这就决定了图书出版物的品牌策略有别于一般商品的品牌策略。1. 出版社要把争创品牌作为首要策略。2. 准确定位是出版社创立品牌的基础。3. 要善于利用作者品牌创立出版的品牌。4. 要用各种媒体各种形式全方位宣传造势。5. 要通过售后服务与读者形成互动。

教育类出版社向左走？向右走？

蒋海鸥在《出版广角》2006年第6期撰文认为，当前，随着出版社改制步伐加快和图书市场的竞争加剧，图书出版的专业分工逐渐被打破，出版物分销市场更加活跃，外资开始进入中国出版业。新一轮课程改革打破了教材出版的垄断格局，出版内容、销售渠道需要重新构建，在这样的背景下，教育出版市场的竞争更加激烈，成本剧增，利润下滑，经济规模大大缩小，产品开发和市场推广受到严重挤压，教育出版领域的形势渐严峻，日子再不能像计划经济时代那样轻松地过了。究其原因，主要有以下四个方面：政策性因素、市场性因素、行业性因素、自身因素。在直面困难的时候，我们应该看到，教育类出版社对教育改革的过去、现在和将来比较了解，有一支长期以来积聚的专业人才和作者队伍，有比较成熟的发行网络，有较雄厚的资金积累，因而只要付诸努力，是有可能在教育出版领域和市场化、产业化浪潮中获得更大的生存空间和发展出路的。

教材还是出版业的金矿吗

张志筠在《编辑学刊》2006年第6期撰文认为，教材是为公益事业服务的特殊商品，出版社必须是教材的策划和组织者，才能真正掌握产品制作的主动权。毋庸讳言，目前我国教材教辅市场尚处于混乱没有健全正常秩序的状况，不仅教辅市场“乱花渐欲迷人眼”，即便是上了教育部义务教育课程标准实验用书目录的教材，也同样良莠不齐。知识经济时代的特征之一，就是必须按照法律办事，保护知识产权。市场竞争，说到底是人才的竞争。在激烈的教材市场竞争中，要想做大做强，成为拥有一定市场份额的教育出版企业必须拥有专业化的编辑和营销队伍。人们习惯把教科书等同于教材，这是一个急需更正的观念。义务教育阶段的教科书确实是学校教育中最重要的教材，必需反映国家的权益和政策，代表了一个国家或地区基础教育的水准。只要把现代教材的制作，理解为教育服务系统工程，你就会发现教育出版业充满活力，商机无限。

网络原创文学与出版的热舞

杨驰原、张宏宇在《出版参考》2006 年第 34 期撰文认为，网络的大众性与浩瀚性，使网络原创作品成为传统出版的组稿资源；网络的流行性也给作者提供了一个便利快捷的投稿和展示作品的渠道。随着网络原创作品的影响力不断扩大、网络原创作者队伍的不断成熟、网络技术的发展和市场需求的扩大，网络原创作品出版必将越来越火，网络文学与出版互动将成为发展趋势。从经济学角度看，网络原创文学必然成为纸介图书的重要组成。要认清纸介图书与网络电子出版物在核心特点上的区别。从网上到纸上，不仅仅是载体的转换，而要达到质的飞跃。逐渐成熟的网络原创文学作者会更加理性地选择优秀的专业文学网站推广其作品、选择优秀的出版单位出版其作品。出版单位也会与优秀的专业文学网站合作，去挖掘和培育自己的作者资源，达到最佳的出版效益。网络原创文学作者、原创文学网站和出版单位只有健康理性地合作，才会共荣共生、共同发展。

台湾图书出版交流现状和引进策略

钟建法在《图书馆学研究》2002 年第 1 期撰文认为，台湾图书出版交流现状有如下几点：1. 出版的自由化。2. 出版社数量众多，良莠不齐，民营出版公司已成为图书出版的主力军。3. 出版品种多，内容多元化，但出书以消闲和传播一般知识为主，满足深层次需求的图书是弱项，严肃出版品进入低谷。4. 两岸出版交流活跃，引进版权占了半壁江山。5. 传统的出版形态迅速发展变化，出版开始向网络化迈进。6. 台湾出版业也存在相当多的问题。台版图书引进策略有如下几点：1. 关注两岸出版交流动态和台湾网络书店信息，获取最新台版图书信息。2. 台版图书引进必须遵循严格的预先审批程序，引进品种选择上须加慎重。3. 引进图书品种选择上要有重点和针对性。4. 根据海峡两岸版权交流和合作方式引进图书。5. 引进台版图书要注意查考书目信息，以避免重复采购。6. 外汇、引进渠道和折扣问题。

试论图书出版的品牌战略

马赛在《编辑学刊》2002 年第 2 期撰文认为，现代图书出版呼唤品牌意识。品牌是知识、技术和智慧的结合体。品牌图书也就意味着这类图书拥有自己独特的文化品位和价值，并且在社会上具有一定的知名度，能够给出版社带来社会效益和经济效益。品牌的竞争已显得异常激烈，包括了人才、智力、管理等诸多方面的竞争。那么，有了品牌意识后，出版社如何来制定自己的品牌战略呢?首先必须明确品牌必须是创新产品和创新质量的统一。创造品牌是一个永不停息的过程，是一个不断创新的过程，而且品牌必须是以质量为生命的。其次，品牌发展需要有规模效应，品牌应该是企业、产品、商标、广告语等要素的有机结合，从而实现整合地去包装和宣传图书、作者及创造品牌的出版社自身，进而去占领市场并不断扩大市场，形成品牌效应。第三，优秀的专业队伍和良好的管理机制是实现品牌战略的可靠保证和坚强后盾。此外，出版社应大力挖掘和广泛开发自己的地域文化资源，充分利用天时、地利、人和之便的有利条件，依托优势逐步形成具有地域特色的图书品牌。

图书出版意识刍议

赵志坚、胡瑞成在《文史杂志》2002 年第 3 期撰文认为，图书出版应具备以下意识：一、政治意识。在进行图书出版工作时，必须以党和国家的出版方针政策作指导，以党和国家的有关法律法规为准绳，时刻树立政治意识和大局观念，不违法，不犯规，不打擦边球，确保图书出版工作不偏离方向。二、作者资源意识。图书出版业的发展，不能离开作者队伍的建设。选题的成功与否，在很大程度上取决于作者才能和水平的发挥。三、市场和读者意识。市场是检验图书优劣的重要标准之一。脱离市场的图书已经无法适应时代的要求。因此，进行图书出版工作时要充分考虑市场因素。四、创作意识。图书出版工作只有不断地寻找新信息，不断地策划新选题，才能满足人民群众日益增长的精神文化需要，才能起到不断提高民族素质，促进经济发展和社会进步的作用。五、精品意识。精品图书是出版社总体水平和良好形象的标志，多出精品是图书出版工作的出发点和归宿点。六、特色精品意识。在进行选题策划时，要从本社的专业分工和优势出发，逐步形成自己的出书特色和图书品牌。

谈谈电子图书对图书出版发行及图书馆的影响

罗滔在《图书情报知识》2002 年第 5 期撰文认为，电子图书对传统出版发行方式的冲击表现在以下几个方面：

(1) 网络出版的低成本与高回报引起人们对电子图书的关注。(2) 传统的出版模式面临挑战。首先，电子图书能对读者的要求进行个性化处理，内容按需供应。其次，对传统出版社来说，电子图书的出现无疑起到了一个促进作用。(3) 网络著述成为信息传播的新生力量。而电子图书对图书馆产生的影响，则表现在以下几个方面：(1) 电子图书促使传统图书馆的观念改变。(2) 电子图书对图书馆文献资源建设的影响。(3) 电子图书对图书馆服务方式的影响。总而言之，电子图书是以网络为流通渠道，以数字内容为传播对象，以在线支付为主要支付手段的数字出版物。在e时代中，电子图书成为信息传播的主要形式，随着电子商务渐趋成熟，没有物流、库存永远充足的电子图书将成为最合适的销售商品，读者更是开卷有e，它将是人们随身的图书馆及知识的百科全书。

论图书出版与营销中的新闻视角运用

倪铁在《出版发行研究》2002年第10期撰文认为，所谓“新闻视角”，是指基于新闻学理论的关于如何发现、报道、突出、强化新闻，促进新鲜信息的广泛和有效传播，引起人们普遍关注的一套方法论。正是“新闻视角”这种基于传播的特性，因此具备了运用于图书出版领域的可能。一、新闻视角下的选题把握。选题定位独特新颖，选题时机恰到好处，是编辑们孜孜以求的目标。1. 挖掘新闻价值。2. 善于整合新闻。3. 善于预测新闻。二、新闻视角下的营销策略。1. 把某书最独特的特点（最有价值的信息）表现出来。2. 制造新闻话题。3. 设计独特的新闻和出版联合行动。三、新闻视角下的出版流程。在保证质量和规范操作的前提下，整个出版流程的参与者都应具有时间敏感性，出版周期应尽量缩短，出版流程应尽量简化，出版效率应尽量提高，对此有如下建议：1. 建立策划与编稿分工机制。2. 树立图书印制环节的价值优先原则。3. 引入“新闻折旧”观念。

文博图书出版的现状及其对策

章宏伟在《新闻出版交流》2002年第Z1期撰文认为，文博图书由于采用图文结合的方式，著录文物形象并发表有关研究成果，加上印刷精美、装订考究，向来为人们所喜欢，近年更得到出版和读者的钟爱，尽管价格不菲，但出版品种增加飞速，成龙配套，正在形成为图书出版的一个新热点。但在当前文博图书出版中依然存在着不少问题：一、书价偏高。二、选题重复撞车。三、学术含量不高。四、内容太单调。五、出版电子化落后。发展文博图书出版业的对策有如下几点：一、我国的文博图书出版应该积极应对WTO的冲击与挑战。二、应采取各种方式运用外部资金。三、树立“大文物观念”，加大改革力度。

寻求图书出版两个效益的最佳结合点

阮继在《大学出版》2003年第1期撰文认为，图书的社会效益就是图书发行后在社会上所产生的效果，经济效益是指通过出版经营活动获得的经济收益，两者之间具有特殊的辩证关系。首先，社会效益与经济效益是统一的。其次，社会效益与经济效益也有不相统一的一面。这主要表现在一些学术性、专业性强的图书（尤其是专著）的出版上。最后，也是最重要的是，出版两个效益“双优”的图书是出版业追求的一个高境界。在经济全球化的今天，出版国际化已成为不可逆转的潮流，尤其是我国加入WTO，这一历史机遇为出版社的发展提出了巨大的挑战，也提供了广阔的发展空间。我们必须在正确认识图书出版社会效益与经济效益关系的基础上，抓住机遇、迎接挑战。对内积极深化改革，加强管理，使改革的深度与管理水平的提高相适应；充分利用已有的出版优势，在深度和广度上加以开发，创出自己的特色；加大人才培养的力度，因为市场竞争的最终集结点还是人才的竞争。同时，要加大开发外向型选题的力度，使我们的图书走出国门，在国际图书市场上占有一席之地。

图书出版客户关系服务体系的规范与创新

李林在《大学出版》2003年第1期撰文认为，出版社要想生存，要想发展，就必须树立营销客户、服务客户的观念，为客户提供优质的服务；就必须树立竞争意识。出版社对客户关系进行有效的管理有四个方面：1. 充分的客户信息。2. 对客户分类管理。3. 创新品牌。4. 良好的团队精神。当前出版社在客户关系管理方面尚存在着许多问题，同时，社会信用制度建设的滞后，也对出版社产生了直接影响。出版社应对客户信息整合和使用建立起一整套完备的预警机制，进一步完善信息传到机制。需要注意的是，出版社的生存寄托于客户关系管理的质量。对客户服务的效率与出版经营风险的控制存在着较深的矛盾。提高客户服务关系的理念，建立更多的沟通渠道，势必要加大出版社的经营风险；但出版社强化风险控制则必须在内部设定严格的程序控制和权限控制，这又会在一定程度上影响对客户的服务效率。所以，客户关系的管理与服务体系的规范，对出版社来讲，始终是一个需要不断探索与研究的课题。

图书出版的市场分析与成本构建

田璟在《武汉理工大学学报》（社会科学版）2003年

第2期撰文认为，从经济的角度分析，图书出版有一个特殊性，那就是占用的资金多，资本回收难，市场寿命短、风险大。进行图书成本预测首先要了解出版成本构成，它包括稿费、排版费、印刷费、装订费、纸张费、材料费、出版损失费、编辑费等，前七种为直接成本，后一种为间接成本。间接成本无法直接计入某类产品的成本，需按一定比例分摊到各类产品上。在选题策划过程中，需从以下六个方面入手，分析预测出版成本：其一，印刷加工费用是成本预测的主要环节。其二，纸张材料的成本。其三，稿酬预测。其四，销售量预测。其五，图书的定价和发行折扣直接影响着成本决策。其六，合理分摊间接费用是成本预测的一个环节。

论图书出版技术

虞信棠在《出版与印刷》2003年第3期撰文认为，在一个出版单位，对一部经过三审后发稿的书稿，作出一定样式的出版物的种种技术规定，是出版专业技术人员的任务。其内涵至少包括以下几个方面：1. 根据开本要求，完成图书的版式设计及整体设计的整合工作。2. 根据设计要求，进行制版、印刷、装订的工艺设计。3. 根据经营要求，核算图书生产成本。4. 根据施工要求，对图书印装制作实施跟踪管理。在计算机和数字化技术被广泛应用于图书出版的今天，图书出版技术能否继续保持其在图书出版中的应有地位和作用？回答是肯定的。这是因为：1. 出版专业技术在出版环节中的地位和作用具有不可改变的客观性。2. 计算机和数字化技术具有推动出版专业技术发展的客观性。3. 出版专业技术与计算机和数字化技术具有相互依存和促进的客观性。正确认识出版专业技术在电子出版时期的地位和作用，消除对出版专业技术认识和实践上的误区，对于进一步推进图书出版事业全面、快速的发展有着切切实实的实际意义。

关于当前图书出版发行的几点思考

郑家杰在《中国西部科技》2003年第4期撰文认为，在图书出版发行事业的成绩面前和繁荣的背后，我们也应该清楚地认识到还存在着一些误区和问题。首先，图书出版中存在的问题有如下几点：1. 注重经济效益，轻视社会效益。2. 迎合市场潮流，忽视读者需求。3. 强调名家效益，忽略新人培养。4. 创新不足，重复出版现象严重。其次，在图书发行中也同样存在一些问题，主要是：1. 注重图书发行炒作而轻视其质量的制作。2. 注重无序竞争而忽视联营扩大。3. 对发行征订的书目信息重视不够。4. 流通销售环节较多导致图书价格偏高。解决问题的措施与对策是：1. 增强政治意识，坚持正确的出版导向。2. 树立服务意识，坚持社会效益优先原则。3. 加强创新意识，搞好图书市场的可持续发展。4. 加强改革意识，完善内部体制和队伍建设。5. 加强法制意识，有效管理图书出版发行市场。

图书出版反馈信息快速通道的建立

李琪在《大学出版》2003年第4期撰文认为，在激烈竞争的形势下，建立起图书出版反馈信息的快速通道，有利于对出版的及时决策和正确决策，促进出版发行业稳步、快速发展。图书信息反馈之所以重要，是因为它至少具有下面三个作用：决策作用、调控作用和经济作用。一般地说，图书出版后反馈信息收集，主要集中在质量信息、读者信息和销售信息三个方面。面对当今出版业的激烈竞争，谁最先占有有价值的信息，往往会出奇制胜，赢得读者，赢得市场。因此，有必要在收集信息、利用信息方面下大力气。目前，借助现代技术手段的运用，可以构建观察、问询、阅读等信息反馈通道，而且这些通道可以达到快速反馈的目的。观察和问询通道所获取的反馈信息基本上是第一手资料，阅读通道所获取的反馈信息大部分是第二手资料。收集到反馈信息以后还要经整理、分析研究，然后加以利用，为开发新的选题提供重要的信息和依据。编辑出版系统最佳目标的实现，需要多次反馈才能达到。

试论大众传播发展与图书出版

赵振宇、何楣在《编辑学刊》2003年第4期撰文认为，图书出版在新时期的特点是：一、大众传媒与图书互动促销。如电影电视剧与图书的发行是互动的，也是相互影响的。一方面影视剧的热播引起受众对同名图书的兴趣和关注，从而促进图书发行；另一方面，一些作品特别是一些知名作家的经典作品在受众中引起了很大的反响，从而被改编拍摄成影视作品，影视作品借着小说的名气得到很好的收视率，反过来这些影视剧的成功又会反过来促进相关图书的风靡。二、传播心理对图书发行的能动作用。策划一种图书是否能受到读者的关注和欢迎，掌握和运用读者的心理是十分重要的。我们在策划图书出版和发行的时候，一定要考虑大众的心理，出版一些符合大众传播规律，被大众所能接受和欢迎的图书。要充分利用大众传播心理，比如利用从众心理、名人效应，对读者进行正面引导；适当宣传，避免逆反心理，防止弄巧成拙等等。

从“单兵应战”到“团体作战”

周小方在《编辑之友》2003年第4期撰文认为，伴随着市场经济的深入发展，图书出版竞争态势的日趋激烈，出版社发展的规模和实力日益扩大和进一步增强，“单兵应战”图书出版运作模式曾经具备的优势已经逐步转化成劣势。当前，出版界对“团体作战”图书出版运作模式仍处在不断探索和初步尝试、开发的阶段。其优势是：1. 能够充分调动选题策划的优势兵力，进行更为全面充分的市场调研；选题方向集中而不零散，有规划而不盲目；图书品种有规模、成系列而不芜杂；更容易铸就品牌，形成出版优势与特色。2. 编辑、排版、校对、印制力量相对集中使图书出版进度顺畅，可较充分保证正常的出版进度，从而使有创意和市场开发前景的图书品种在推出之初就能占领市场，为图书品牌的铸就奠定基础；容易形成营销工作重点，从而制订重点营销方案，进行整体营销策划；可以尽最大努力充分利用有限的财力和物力，集中人力优势，加大宣传力度和攻势，使出版走上良性循环、可持续发展的道路。

论图书出版的板块结构

郑绍辉在《中国出版》2003 年第 4 期撰文认为，图书的板块结构是一种以市场为导向的新的出书结构形式。板块结构出书的一个显著特征是伴随着读者的需求而逐步将书做大做强，这种市场运作方式不仅减少了出版风险，而且有效发挥了图书的导读功能。板块结构出书所体现的现代出版特征是：1. 体现图书出版的规模效应与整体效应。2. 体现图书选题开发与市场营销的联动。3. 一种出书过程的编辑市场化运作模式。4. 展示出版社的出书特色与出版优势。除完全退出市场外，板块经市场销售后的命运不外乎三种情况：1. 板块可以维持原规模做下去。2. 产生的板块已经逐步形成某一方面图书的出版优势，完全可以继续做大做强。3. 板块中相当多的系列面临淘汰，但仍有个别系列的选题具有较强生命力。总而言之，板块出书最大限度地满足了读者的阅读需求，又不断地提高了出版社的实力与从业人员的专业素质。从这点上说，它将是繁荣出版的必由之路。

图书流通业概念下的图书出版发行

陈悟朝在《中国出版》2003 年第 9 期撰文认为，目前我国出版业面对着多重的困惑，如果不能认真理清该行业的发展思路，将影响到图书流通业的健康发展。1. “出版”概念有双重含义。2. 出版单位有多重属性。3. 出版业的行业分类比较模糊。4. 图书出版业担负重要的社会和经济双重责任。5. 新的图书流通理念尚未成型。图书的出版与发行的关系，表现为：图书生产总体上呈现品种少、数量小，供不应求的状况，图书发行的从属地位很明显，图书流通显得并不重要。图书生产者的专业优势是图书出版，而图书流通则是图书流通业者的专业职能。传统的图书发行概念，不利于产业化的发展趋势，不适应流通产业的变革潮流和出版产业的规模发展。随着流通产业化趋势的日益加强，图书流通的专业化趋势也愈加明显。图书发行的概念和内涵应当由专业化的图书流通的概念所取代。

图书出版产业组织结构演进的体制性障碍

封延阳在《出版广角》2003 年第 10 期撰文认为，造成我国图书出版产业组织结构不合理和影响产业组织结构演进的根本原因，是出版业的一些体制性因素所导致的产业市场化程度不高，几点思考如下：一、所有制垄断对图书出版产业组织结构演进的影响。1. 所有制垄断与资源配置效率。目前我国图书出版产业的所有制垄断严重地影响了资源的配置效率，并由此成为为追求效率而引发的产业组织结构演进的一个障碍。2. 产权主体分散化——削弱所有制垄断的一种产权结构设计。实现这种产权结构改造的一个基本前提是，必须真正实现政企分开，并解决国有资产授权经营问题。二、政府行为对出版产业组织结构演进的影响。1. 政府行为与出版产业组织结构的低度化、同构化。2. 通过政资分离实现政企分开，改革产业组织结构的演进模式。三、出版管理体制对出版产业组织结构演进的影响。1. 专业分工、计划报批制度对出版产业组织结构演进的影响。2. 改革出版管理体制，推动出版产业组织结构的优化、升级。

“我为歌狂系列”策划营销个案研究

徐尚清、周斌在《出版发行研究》2003 年第 10 期撰文认为，“我为歌狂系列”真正胜人一筹之处，恰恰在于它的策划和营销的模式——在这个张扬个性而实际上又摆脱不了从众化消费意识的时代，抓住读者群的一切可以利用的特点，从感觉、感受、思维、行动和关系五个层面进行深度介入、立体推广、交流互动。这种营销模式在读者中形成了一种强烈的阅读体验，形成了除了购书以外的附加值，即美国学者伯恩德·H·施密特提出的体验式营销。体验式营销实际上是在理性策划的过程中，利用感性、感受、思维、行动和关系多种元素的营销手段，它淡化了功能和功用，而更强调实际阅读消费过程中读者切实可感的具象体验，因为在消遣类图书市场，除了消遣这一理性总目标之外，对图书的选择很大程度上取决于感性，读者们再也不满足于图书营销只是一种宣传，而希望营销能够成为一种阅读过程的附加值，他们想要的是能够刺激他们的感觉、心灵和大脑的产品，是能将之融入自己生活方式的交流和营销。一家出版社能否提供受众渴望的体验，能否运用统一的信息、技术、品牌，统一的通讯和娱乐达到此目的，将在很大程度上决定他们的营销成功与否。

梳理影视体制改革经验 推进图书出版改革创新

林祥、振贵在《中国出版》2003 年第 10 期撰文认为，同为精神产品创作生产，影视产品创作生产和图书出版有许多可比较、可借鉴之处，研究借鉴影视产品创作生产的管理体制、运行机制和改革思路，对于提高图书出版实力和竞争力有很强的现实意义。近十年来，影视体制改革取得了较为明显的成效。从影视体制、机制改革切入，可启示图书出版改革的创新思路有如下几点：1. 出版改革必须在党的领导下，有计划、按步骤、积极稳妥地推进。2. 在市场准入方面。可否比照电影电视体制改革的做法，在牢牢把握领导权、管理权和主导权的基础上，借鉴影视剧创作生产许可证审批办法。3. 借鉴制片人中心制度的成功经验，进一步完善出版人责任制。4. 借鉴电影院线制改革经验，在全国建立多投资主体、形式多样的图书发行网络。5. 借鉴影视业产业链开发经验，探讨多媒体连动开发，增加图书收益途径，拓宽图书市场收益渠道。

新时期对农业图书出版的若干思考

李玉莲在《出版广角》2003 年第 11 期撰文认为，随着市场经济的变化，农村的产业结构正在调整。然而农业图书的出版跟不上这个形势，相反图书品种在减少，发行量在减少，农业编辑人员在减少，农业图书的出版又陷入到低谷。应该清醒地认识到，在农业图书出版上确实存在着差距：一是发行力度不够，图书覆盖面小，影响不大。二是出版社出的农业图书引不起农民购买的兴趣，或是知识陈旧针对性不强，或是定价高农民不愿购买，或是品种不全，农民想要的没有。三是宣传力度不够，由于广告费用昂贵，出版单位和发行单位都不愿为农业图书做广告。农业科技图书的出版对策有如下几点：1. 在书号管理上，对农业图书的出版应有所倾斜。2. 选题策划是重中之重。3. 编辑加工要与时俱进，去伪存真。出版社要提高本版书在基层、在农村的销量，实行直销是一个可行的办法。这样做图书的覆盖面大、销路广，更贴近农民读者，选题策划更有针对性，出版社经营变被动为主动，能够迅速切入广大农村读物市场，占领市场，把经营搞活。

试论影响电子图书出版的几个问题

朱原谅在《现代情报》2003 年第 12 期撰文认为，真正的电子图书制作，不是每个人都能做到的，除了文本输入之外，还有声音、视频、图片和动画的处理，然后打包成电子图书，印上版权数字水印或者加密锁，这一系列的程序，不是一个人能完成的，需要依靠的是一个集团。目前影响电子图书制作的纯技术因素有：1. 纯文本制作或者印刷书籍的图像扫描制作使得电子图书难以体现电子化的动态技术效果。2. 电子图书阅读器的功能局限。影响电子图书出版的社会因素有：1. 网络的稳定性和传输速度是影响电子图书出版的最重要的社会因素。2. 著作者的本身素质将成为影响电子图书出版又一重要因素。3. 关于著作权保护措施和文献共享问题，在著作权保护问题没有得到解决时，出版商和著作者的利益得不到保障，著作者和出版商都不会很愿意将作品以电子图书的形式出版销售。要解决这一问题，首先，政府必须加强对著作权特别是对数字产品著作权的立法，并对人们加强法制宣传力度；其次，出版社应加强自己的技术力量，开发出能保护自己的产品的防复制和盗版技术，也可以购买防复制防盗版技术。

图书出版在网络时代的生存空间与发展对策

陈志在《科技进步与对策》2003 年第 21 期撰文认为，作为新生的第四代传媒，网络强烈地冲击着包括图书在内的所有传统媒体，并不断扩张其势力，图书出版也进入了一个新的历史时期，表现出以下 4 个方面的新特点：1. 业态复合化。2. 市场国际化。3. 流程加速化。4. 图书精品化。当前在图书出版空间、发行空间和法制空间上存在三大悖论：1. 理论生存空间扩大和实际生存空间被挤压并存。2. 发行网络广泛便捷和发行收益风险加大并存。3. 合法出版和“非法出版”并存。图书出版在网络时代的发展对策有如下几点：1. 因势利导，与时俱进，转变观念两手抓。2. 通观古今，博览中外，打造核心竞争力。3. 发挥优势，整合资源，组建出版大同盟。4. 完善法制，制定标准，净化图书大市场。5. 加强学习，不断创新，培养新型出版家。

论图书出版的市场定位

郑绍辉在《河南大学学报》（社会科学版）2004 年第 2 期撰文认为，图书出版中的市场定位问题包括两个不同层面出书的市场定位问题、市场调研及其对市场定位的作用问题、图书选题与出书结构的市场定位问题、市场定位上的动态平衡问题等几个方面。所谓出书的两个不同层面是指编辑与出版社出书的两个层面。图书市场需求的不确定性与图书的时效性使得图书出版具有较大的风险性，单本图书既可以被图书市场的江洋大海所淹没又可以火爆市场，因而现代出版产业既重视图书的积累效应与整体优势，又注重编辑个人能力的发挥。市场定位的本质就是根据市场的需要，来寻求一个相对长久的能创造良好经济效益的出书方位。图书出版的市场定位是一个动态变化的过程。在具有出书方位的初步构想时仍旧需要用一些书投放市场，用图书的市场效果来分析与选择出书的方位。如果定位后出书陆续产生了效果，就说明定位是基本准确的，从市场的供需关系中找到了平衡点，一次定位不准确必须重新再定位；定位正确，若干年后市场的供需关系发生了变化也很可能要重新再定位。因此定位正确并不能一劳永逸，必须根据市场的需求不断地调整。

图书出版成本核算管理中的预测和决策

沈树德在《出版与印刷》2004年第4期撰文认为，成本预测是根据与产品生产成品相关的各项数据和在生产运作过程中可能和必须发生的发展变化状况所采取的一种专业计算技法，也是对未来的成本水平及其变化趋势所作出的一种预见性判断。它能为实现成本计划、成本控制、成本核算、成本决策、成本考核等诸多环节打下扎实的基础和提供可靠的决策依据。通过成本预测，可以减少生产、经营管理工作中的某些失误和盲目性，提高降低成本及费用的自觉性，是充分挖掘降低成本及费用的潜力，提高经济效益的重要手段。图书出版成本预测通常会在两个阶段进行：一是当书稿审定后进入发稿排版阶段即可对该书的目标成本进行预测。一是当书稿在排版校对改样工作结束后，印张、装帧形式等前期生产成本数据均已基本确定的情况下，只需最后确定原辅材料应用及提供印数即可进行预测。成本决策是根据成本预测、核算、控制、分析等诸环节提供的相关数据和资料，从众多方案中选择最优方案作为重要的决策依据。成本决策是一项专业性和责任性都很强的工作，企业资本的不断扩大，经济效益的增长离不开成本核算和决策。如果说成本预测正确与否一定会受到成本核算和决策的检验，那么成本决策的成功与否最终必须受到社会效益和经济效益的双重检验。

图书出版发行体制改革探析

朱炎在《苏州职业大学学报》2004年第4期撰文认为，由于缺乏相关图书发行销售法规，引发出版社随意定价，造成图书价格大幅度全面上涨。有些出版社没有严格核算成本，同时利润率和发行费用的不合理提高，使图书的整体价格居高不下，给我国的出版业带来了极大的负面影响。那些高价图书的出笼，更隐含着我国出版业体制不健全、管理不到位、行业职业道德得不到遵守等深层次原因。针对这种情况，我们应该积极探索，大胆改革，创建适应社会主义市场经济的出版发行体制。首先，加大出版发行体制改革力度，制定统一“游戏规则”。成立出版发行业协会，充分发挥市场经济条件下中介组织的作用，切实推行与社会主义市场经济相适应的价格管理机制。其次，加强出版业的法制建设，提高从业人员的职业道德素养，制定并完善相关法规，借助法律的力量与舆论监督的力量，严厉打击盗版盗印活动。第三，出版社要加强管理、控制成本、提高质量。出版社应坚持图书生产的成本核算和微利原则。这是制止书价不合理上涨、制止盗版、优化出版发行业秩序的关键。

辞书市场的演变过程与图书出版的专业分工

周伟良在《辞书研究》2004年第4期撰文，对我国辞书的市场状况进行了分析，认为当代辞书市场的演变过程包括三个方面，即由近似垄断的市场进入了竞争的市场；辞书数量大幅增长，总体质量、平均质量逐渐下降；重复出版的辞书数量大幅增长，普通读者趋向于无所适从。对此有两点评价：首先我国辞书市场与市场经济竞争形态变化相比正呈反向运转态势，其次由较为良性、颇具差异化的竞争渐变为恶性竞争。其原因是，图书出版专业分工制度已在很大程度上被突破，专业辞书出版社及传统辞书出版强社出版辞书的主体地位未得到保证，出版过品牌辞书的出版社未能较充分地发展壮大，市场分割为突破图书出版专业分工提供了条件，市场经济游戏规则的缺失使图书出版专业分工制度逐渐失灵。

我国图书出版经营的现状与对策研究

王体、尹杰在《图书·情报·知识》2004年第5期撰文认为，我国现行的图书出版经营模式存在以下几个问题。一是经营主体地位不明确。我国绝大多数图书出版机构至今仍为事业单位性质，而非企业性质，实行“事业单位企业化管理”，经营主体身份长期游离于事业单位与企业单位之间。二是经营意识淡薄。政策性垄断保护了落后，核心竞争力不强，市场地位不高。三是经营人才匮乏。当前，我国图书出版人才队伍中的突出问题是：人才总量偏少，人才结构不合理等。相应的对策有以下几点：首先，确立图书出版机构的企业身份，培育合格的图书出版经营主体。要转变图书出版经营模式，明确其经营主体性质。同时，建立有利于图书出版资源优势配置与重组的产权制度。另外，也要转换图书出版机构的内部经营机制和管理体制；其次，实施图书精品战略，促进图书出版业的可持续发展；最后，重视人力资本价值，培养优秀的图书出版经营人才队伍。

图书出版活动中急需引入项目管理

赵学军在《编辑之友》2004年第5期撰文认为，项目管理在图书出版活动中的应用不仅可能而且完全必要，项目管理的日常活动通常围绕着项目计划、项目组织、质量管理、费用控制和进度控制五项基本任务来开展，这也是图书出版最为关注的五项工作。项目管理在明细预算和精细管理方面有得天独厚的优势，在出版社图书出版活动中引入项目管理有理论和实践的双重意义。图书出版活动运用项目管理方法是图书出版业改革发展的要求，也是出版社内部改革发展的要求。把项目、项目管理与图书出版活动结合起来，将项目管理研究的成果运用到图书出版活动的具体运作之中，在西方国家较为普遍，在我国还是一个创新的研究。在西方，成熟的出版社都应用项目管理的方法进行管理且取得较好的效果。当然，项目管理在西方出版业的成功应用也依赖于他们成熟的图书市场和丰富的出版资源以及资源配置渠道的畅通。

图书出版营销之我见

刘国辉在《中国编辑》2004年第6期撰文认为，认识图书作为精神产品的特性和我国出版社组织结构的特点，有利于图书出版营销工作的开展，图书具有精神产品特性，休闲娱乐性、文化产品属性和价值难确定性，而出版社却存在编辑部和营销部、发行部脱节，领导意志和个人意识过强，编辑队伍参差不齐等现象。现代营销理念是把营销作为一个动态的过程，一种投入市场的方式，说到底就是把营销的诸多要素与外部的环境结合起来加以研究，形成动态的组合，从而获得最好的整体性营销。对于书业来说，出版社从上至下都要有以大产品（内涵、外延、服务等）为中心、以品牌为目标的营销观。而且只有充分考虑到读者的方方面面需求，从读者中来，到读者中去，才能产生好的营销方案，才能创造出优秀的畅销书。图书营销还必须防止两种倾向：一是盲目乐观，导致虎头蛇尾，最后的决策失误，使畅销书变为积压书，前面所做的成绩丧失殆尽。二是轻易放弃，致使功亏一篑。

数字技术对专业图书出版的影响

柳青在《科技与出版》2004年第6期撰文认为，数字技术对出版产业产生了极大的影响，数字技术的出现带来了出版业的第三次革命，数字技术正改变着传统出版业。数字技术的推广应用实现了按需印刷、拓宽了发行范围、缩短了出版周期，同时也产生了很多问题，如著作权的问题、技术问题和安全问题，标准化和兼容性问题，质量控制问题以及竞争规范问题等。为了应对这些问题，图书出版社应当解放思想，积极应对，正确认识数字技术对出版业的重要性，积极学习、引进数字技术，培养相关编辑和营销人员，利用数字技术拓展和强化自身业务；进行适当的管理，建立完善的制度。无论政府部门还是各类出版组织、著作权人以及研究学者都应积极采取办法，从法律上、制度上对著作权进行保护；稳扎稳打，突出特色，保证图书的质量；积极培养读者，开拓市场，认真分析研究目标市场的读者，培养潜在读者，利用数字技术加快专业出版社图书的出版发行，为读者提供按需服务，在竞争中强化读者对出版社的忠诚度。

中国图书出版产业国际竞争力分析

蔡继辉在《出版经济》2004年第9期撰文，对我国出版产业的国际竞争力进行分析。首先，选择出版产业国际竞争力评价指标体系，并通过图表的方式总结。其次，分析世界主要国家出版业发展的基本状况。美、德、日、英四国多年来一直雄踞出版市场的前四位。最后，根据产业国际竞争力评价指标选择的一般原则，对各国图书出版产业各竞争力要素和各项指标比较与分析。通过图书出版产业各项指标的对比可以看出，中国出版产业的竞争力与西方发达国家还有大的差距，但这种差距也是可以理解的，因为我国的整个的经济实力和国家竞争力与发达国家相比都还有差距。目前，我国的出版产业国际竞争力比较低的主要症结在于产业化和市场化程度比较低，因此，发展我国出版产业关键还在于转变政府职能，深化文化体制改革，推进出版业的产业化、市场化改革。

来之不易的繁荣　有待发展的市场
——关于我国少儿图书出版事业的调查和思考

刘旻在《中国编辑》2005年第1期撰文，通过对几家有代表性的少年儿童出版社的调查，认为少儿图书市场的现状是：第一，儿童书籍的出版中，图书系列化趋势非常明显。第二，在教辅图书仍为出版社主打产品的同时，着眼于素质教育的书籍日渐繁多。第三，文学类书籍一枝独秀，成为大部分少年儿童出版社书目举足轻重的组成部分。第四，当代少儿出版显示出较之以往更为明显的向儿童个性与天性回归的强烈意愿。第五，当前的儿童出版物对装帧的重视也是非常突出的，不遗余力地沉醉于对视觉冲击力的追求。我国少年儿童出版工作可能的方向是：首先，教辅图书在一定时期内仍然是各家出版社全力竞争的焦点和经济效益的重要来源。其次，在书籍礼品化、精装化，越来越注重装帧的同时，尚有一个较为广阔的平价书市场有待开发。再次，在企业形象的打造、形成良好的企业识别系统方面，出版社还大有可为。最后，对于第四媒体——网络的冲击，少儿出版社应该有充分的心理准备，并做好在e时代生存的中长期规划。

论图书出版中的计划与市场

郑绍辉在《宁夏社会科学》2005年第1期撰文认为，面向市场出书究竟是否需要计划以及怎样制订与实施出书计划，涉及图书出版实际运作中亟待解决的问题，尽管出书计划对图书出版的市场运作具有指导作用，但和计划经济时代相比，两者反映的立足点与关注的焦点已经截然不同。这两者的差异主要从计划的内容上反映了出来，一个完整的出书计划至少应包含下列内容：1. 市场调研与市场分析。2. 出书所涉足的领域与层次。3. 图书特色以及市场效应预测。4. 出书结构的市场效益分析与出书步骤的安排。5. 图书营销的策略与技巧。6. 针对不同的市场反响拟定出调整选题与结构的对策、措施。要注意图书市场对出书计划实施的干扰。图书市场对出书计划的干扰主要反映在两方面：一是读者接受上的错位，这通常就是我们所说的市场负面影响。二是计划中脱离实际需要而由市场带来的干扰。要在计划的实现中去赢得市场。面向市场出书需要在市场中去感悟读者的需求，从而不断地萌发出出书的构想。

图书出版新闻化现象的负面影响及其规避

王希在《社会科学论坛》2005年第2期撰文认为，所谓“图书出版新闻化”现象，是指在中国新闻事业日益呈现深度化、杂志化倾向时，图书出版业反其道而行，日益向新闻媒体的操作特质靠近，以关注重大新闻事件、追踪热点新闻人物、捕捉新闻信息、集纳媒体著名专栏为主要表现形式，极力追逐新闻热点和社会热点，出版周期短、速度快、时效性强。新闻化图书或出版物，丰富了图书品种，使图书出版业呈现出出奇的活力和生机，也满足了读者多方面的需求，给出版社带来了可观的经济效益和社会效益。但我们一定要保持冷静的头脑和理性的态度，认真分析繁荣背后隐藏的危机：一、图书出版的时效性增强了，但图书的生命力却削弱了。这一弊端严重损害了图书的文化积淀功能。二、出版价值观的扭曲，导致了图书特质的倾斜。三、重复出版造成资源的严重浪费。面对严重的重复出版现象，各出版社并不是无能为力，同样可以采取一些巧妙的方法。首先，面对同一选题，思考新视角。其次，还可以走衍生出版、延伸出版的路子。

谈我国图书出版业电子商务的运作

范敏在《大学图书情报学刊》2005年第6期撰文认为，对于图书出版业而言，电子商务主要包括：出版企业信息门户、出版企业交易门户、供应链管理、客户关系管理、商业智能等。应当注意，第一，生产个性化产品和提供个性化的服务。个性化的产品和服务是企业形成竞争优势，防止竞争对手模仿的有效手段。这种个性化的产品和服务主要体现在：（1）建立引人注目的网站，加强对网址域名的宣传，努力树立出版网络形象。（2）提供全面、周到、最新的信息服务。（3）提供各种免费服务和优惠活动，采用低位定价策略来吸引读者。（4）充分发挥出版社、新华书店品牌效应，赢得网络用户的信任，建立良好的声誉和口碑，建立忠诚的读者消费群体。（5）及时送货，降低送货费用，在速度和经济上取得优势。（6）提供个性化的售后追踪服务。第二，建立现代物流配送体系。（1）在更大的范围内建成一体化的供应链，成为图书出版这个核心企业的实体支持系统。（2）加强对下伸图书网点的管理，发挥集团优势，提高配送效率。（3）提高图书仓储现代化管理水平，保持合理的图书存货量。（4）提高运输环节的技术含量。第三，建立安全、方便的电子结算系统。

图书出版业贸易监管体制的中外比较分析

李莉、于睿在《生产力研究》2005年第11期撰文认为，作为意识形态的重要组成部分，图书出版业一直是政府控制最为严格的行政垄断经营行业之一，仍然保留着较强的计划经济特征与浓厚的行业垄断色彩，我国图书出版业的国际竞争力堪忧。我国出版监管体制中还存在许多制约其“走出去”的问题。（一）出版业融资难。（二）人才技术缺乏。（三）市场成熟度低。（四）信息服务缺位。（五）短期行为普遍。结合我国国情，促进图书出版业“走出去”可以从以下几方面着手：（一）形成国际视野。（二）部署整体战略。（三）出版基金资助。（四）激活激励机制。（五）加大开放力度。（六）搭建信息平台。我国出版业“走出去”的过程就是学习国外经验，提升竞争力的过程。不仅要走向国外文化商品市场，而且要走向国外文化要素市场和文化附加值市场。实施“以攻为守”战略才是积极成功的“走出去”，加快我们“走出去”的步伐，使图书出版业走得顺畅，走得健康，从而有实力保护本国市场，最终保证国家文化安全。

图书出版的人性化服务问题

朱建伟在《出版发行研究》2005年第12期撰文认为，

人是一切物质生产的出发点，图书出版既是物质生产，也是精神生产，所以在图书出版领域也不能例外。随着读者物质生活水平的不断提高和价值取向多元化的追求，读者对出版物的人性化要求越来越强烈。但是，从目前的情况来看，出版者“以人为本”的服务意识与读者对出版物人性化的要求还相差甚远，在为读者提供服务的过程中，给读者带来不便的现象比比皆是。图书出版的“以人为本”，首先是人性化服务的观念。其次，以读者为中心的服务体系。第三，建立以新技术为支撑的创新设计体系。第四，把人性化服务变成出版者的永恒追求。当前的新闻出版业，就服务而言，相对来说是最缺乏行业规范的，也是水平较低的。长期计划经济和行业垄断所形成的官商做派，短时间还难以消除殆尽。但这并不妨碍人性化服务在行业的推行。

图书出版发行业产业链的利润分配和效率分析

王睿新、丁永健在《重庆社会科学》2005 年第 12 期撰文认为，基于对我国图书出版发行业产业链中各环节关系及利润分配情况的分析，我们可以得到以下两个结论：其一，若将批发零售环节看作一个整体——发行业，而不考虑其中复杂的关系，则在整个产业链中，出版社相对于作者，发行商相对于出版社都处于明显的强势地位，甚至在一定范围内构成了买方垄断。其二，出版社对作者构成买方垄断，使《著作权法》立法的初衷——保护著作者利益并激励其不断创作并没有实现。鉴于图书的特殊性质和图书出版发行业对国家、社会的特殊意义，同时，针对我国图书出版发行业效率低下，《著作权法》立法效果欠佳的现实，建议从如下两个方面入手，解决出版发行业现存的问题：（一）完善我国出版基金制度。（二）对图书批发、零售企业给予适当的政策倾斜，鼓励民营企业参与图书发行业。

略谈精品图书出版中存在的四个误区

阮爱萍、李春德在《出版发行研究》2006 年第 1 期撰文认为，精品图书出版中存在的四个误区是：1. 将畅销书等同于精品书，将获得的短期经济效益作为评价的标准。2. 精品图书就是大部头书、赔钱书。3. 在精品图书创新出版方面却存在顾此失彼、本末倒置等发育不良现象，主要表现为：①精品图书就是“精工制作”之书；②在书名与立意上大做文章，以为精品图书是宣传造势的结果；③片面强调图书质量，忽略图书设计和包装的重要性。4. 精品图书的市场不是等出来的，而是靠营销开发出来的，尤其是买方市场条件下。但是，目前我国出版社对这方面还没有足够的重视，主要表现为：①重视图书质量，忽略营销宣传；②目前，相当多的出版社在发行策划上，重视促销手段，轻视售后服务；③在精品图书的营销策划中，忽略自身无形资产和品牌的积累。综上所述，我们可以看出精品图书策划中存在的种种误区主要是由两方面的原因造成的：一方面，对精品图书的概念认识不够清楚；另一方面，精品图书策划实际上是一个系统的出版策划，包括选题策划、“书本位”的策划和市场营销策划。这些策划内容必须达到整体协调动作，任何以偏概全、顾此失彼的策划都是不成功的。

加强书刊互动　促进集约发展

李建成在《编辑学刊》2006 年第 2 期撰文认为，社刊工程概念的提出，对于促进书刊互动、提高出版工作的集约化发展具有重要意义。由于我国出版行业脱胎于计划经济，因此我们形成了出版资源分布广泛、小而全、分散经营的局面。许多出版社多年来一直以图书的出版作为自己的主营业务，对期刊出版工作重视不够，没有看到期刊发展的潜力和远景，把期刊的出版放在了出版业务中的附属地位。还有一个不容回避的话题是，随着 IT 技术的不断发展，网络出版、数字出版对社会文化发展的影响越来越大，如急风暴雨势不可挡。在这样的时代中，作为内容产业，我们只重视了书刊互动是远远不够的。集团化的构建方式可能不拘一格，运作机制可以各显风骚，但发展模式，一定是一个集多种媒体、多种传播方式于一身的、立体的、对出版资源进行深度开发、立体开发、多层次开发、多角度开发的集约化的发展模式。

科技图书出版的困境和趋势

冯友仁在《出版科学》2006 年第 3 期撰文认为，随着出版竞争的激烈和艰难，许多科技出版社都有点“移情别恋”，走多元化出版的道路，有的出版社甚至把科技专著挤压到最低限度。科技图书的出版呈现减少的趋势，科技专著的出版相当艰难。那么是什么原因让科技出版走得这么步履蹒跚呢？1. 小众出版与大众发行的矛盾。科技专著服务于一定的专业领域，其读者群体相对狭小。2. 学术专著长久销售与图书销售期缩短趋势的矛盾。3. 图书定价与购买力的矛盾。4. 真正的学术专著与平庸专著出版的矛盾。5. 网络出版等新兴媒体与传统出版的矛盾。解决这些问题的办法是：1. 紧跟学术前沿。科技类图书一向是紧跟科技发展的步伐，介绍科学技术发展的最新成果，也是最受科研人员和高校师生青睐的。2. 走学术和大众出版相结合的道路。在学术出版和大众出版之间架起一座桥梁，扭转出学术著作就一定赔钱的模式。3. 注重大众出版。菜谱、健身医疗保健、孕育等生活类图书逐渐成为科技出版社，特别是地方科技出版社的主要出版品种。这些图书贴近生活，关心人们的衣食住行，颇受读者欢迎。

关于奇幻图书"井喷"的思索

杨鹏在《出版广角》2006 年第 3 期撰文认为，奇幻文学出版热在短期内尚不会消退，并大有愈演愈烈之势。2005 年中国奇幻文学的大爆发，并不是偶然的，它有诸多深层原因：一、国外文学作品的引进与出版，在中国培养了大批忠实的奇幻文学粉丝。二、港台玄幻和武侠作品，在过去的 20 年里，培养了大批本土奇幻文学潜在读者。三、互联网与游戏的普及是奇幻文学被不同文化理念的读者群所接受的重要原因。四、奇幻文学的特性迎合了现代读者阅读的需求。中国奇幻文学创作与出版的优势是显而易见的。首先，中国文化拥有巨大优势：中国是个文化资源大国，中华文明源远流长。其次，奇幻小说已经成为网络小说创作的一个主要门类，网上数不清的自发、勤奋、不惧失败的奇幻小说创作者，是中国奇幻文学作者资源的生力军。另外，中国的游戏业正在崛起。还有，奇幻小说的读者已经被培养出来了，并有逐渐壮大的趋势。今后我们至少要做以下一些事情：首先，在舆论导向上，我们仍然要向社会推广优秀的奇幻文学作品。其次，要注意营造一个良性的创作与出版环境。另外，要尽量地将图书与游戏、动漫、影视结合在一起。此外，出版社在打造图书品牌、市场推广与营销、与互联网的结合、读者群的培养等方面，也有诸多需要摸索与探讨之处。

我国图书出版市场的外部性及其矫正途径

刘友芝在《图书·情报·知识》2006 年第 4 期撰文认为，外部性现象广泛地存在于现代经济生活之中，典型地表现在对环境资源的开发利用和消费过程以及金融保险领域之中，这类外部性已引起了社会的广泛关注，但发生在包括图书出版业的社会文化产业领域内的外部性，还未引起应有的关注。外部性与单纯的市场机制的共同作用的结果，导致了我国图书出版市场资源配置的扭曲和无效率。因此，矫正我国图书出版市场"外部性"的基本策略应是以市场机制为基础，完善有关政策法规，加强政府宏观调控，并与其他矫正制度共同作用加以综合治理。一方面，尽可能抑制我国图书出版活动中可能产生的"外部不经济性"；另一方面，对于难以消除的"外部性"，要使出版者"外溢"的成本或收益"内化"，减低其对我国图书出版业的负面影响，促进我国图书出版业的可持续发展。

教育图书出版发展的六大障碍

杨旭在《今传媒》2006 年第 7 期撰文认为，进入 21 世纪以来，教育图书出版开始出现危机，主要表现为品种重复、积压严重、退货增加、利润下降。这些现象的背后是教育图书出版早已存在的发展障碍。障碍一：落后于教育改革的教育图书出版理念。出版界对基础教育理念的深刻变革的反应非常迟缓，大多数出版社依旧我行我素，热衷于策划出版旧教育理念下的教辅图书。就是那些"醒"得较早、已经参与课程标准实验教材开发的出版单位，除个别出版社外，大部分都没有将自己的编辑活动主动纳入到课程改革的背景下运作。障碍二：严重的信息不对称。障碍三：形式与内容倒置的策划。滞后的教育图书出版理念和信息不对称使教育图书编辑在图书策划时偏重形式而忽略内容。障碍四：缺少针对教育图书的专业工作程序。障碍五：成本日益攀升，体系捉襟见肘。障碍六：错位的功能定位。

教辅图书出版的同质化危机与异质化生存

王勇安在《中国出版》2006 年第 8 期撰文认为，当前教辅图书的同质化竞争与低水平低层次的竞争，是图书产业竞争幼稚的表现，为教辅图书出版带来了种种危机。以创新为核心的异质化生存策略是教辅图书出版化解危机、浴火重生的惟一选择。教辅出版同质化现象表现在两个层面。其一是内容层面，典型特点是内容千篇一律；其二是出版经营管理层面，表现为各出版单位管理手段相似、营销运作雷同，缺少独树一帜的教辅出版盈利模式。教辅出版市场之所以会出现同质化竞争的现象，有如下原因：（1）在源信息的选择上，教辅图书不能像畅销书那样不断花样翻新，而是必须遵守一定之规。（2）教辅图书的消费特点决定了它的营销特点，那就是可以动用行政、学术力量强制消费，在营销领域为同质化竞争打下伏笔。（3）低科研含量造成的低市场门槛。（4）知识产权保护不够。（5）市场结构变动。同质化竞争在动态递进状态和静态停滞状态下会对市场产生不同的影响，这就是同质化竞争的两重性。1. 同质化竞争的两重性与不成熟的教辅图书同质化竞争。2. 市场层面教辅同质化竞争的危机有如下几点：（1）作为长期市场开发者的风险；（2）作为长期市场跟进者的风险。3. 公众利益层面教辅同质化竞争的危机。

图书出版的议程设置研究

朱秀清在《中国出版》2006 年第 8 期撰文认为，大众传媒系统扮演着重要的角色。图书出版机构本身即是大众传媒系统中的一个重要部分，同时其出版发行活动也越来越有赖于基于媒体的议程设置。一、精心策划——由出版者的政策议程到传媒议程，再到公众议程。二、闻“风”而动——由公众议程到传媒议程，再到出版者的政策议程。三、准确定位——基于读者心理与传媒公信力。成功的图书出版个案，都能较好地发挥议程设置功能。但是，经过简单的调查即可以看出，面对出版者精心设置的议程，在不同时期，不同的读者受众反应是不尽相同的。在解读传媒议程时，每一个受众的个人差异、社会类型、社会关系差别很大，因此议程设置带来的接受效果也是迥然不同的。议程设置对图书出版事业无疑具有较大的推动作用，但也得遵循艺术创作的规律和读者的接受心理。忽视图书本身的质量，忽视读者接受信息时的差异性、选择性，其效果就不可能得到保证。

新技术对图书出版的影响

狄思宇在《世纪桥》2006 年第 9 期撰文认为，出版业在新技术的推动下面临着的既是挑战也是机遇，既是危机也是重生。一方面对新技术的应用给出版业带来了新的机遇，许多出版社重新整合出版资源，加强内部管理，增强了行业优势和竞争力。另一方面新技术也给传统的出版业带来了新的挑战和新的竞争。在现实生活中新技术的推广和运用也大大降低了信息传播的门槛。在网络化的今天，只要有电脑、有网络，信息的获取和交流就是方便、快捷、低廉的。运营商提供的大量免费信息是靠广告来支付知识产权的。生活方式的改变引来了思维方式的改变，也导致人们的阅读习惯的变化，当今的文化领域不可能再是传统内容产业一枝独秀。面对危机和挑战，出版界应该努力汲取和利用新的技术成果，完成科学管理机制的转型。积极参与数字内容的制作和开发，融入科技创新的产业链，给传统内容产业注入新的活力。

欧洲图书出版业如何保障文化多样性

王积龙在《出版发行研究》2006 年第 9 期撰文认为，欧洲图书出版业通过以下几点来保障文化的多样性。一、非完全市场化的定位。出版，特别是图书出版业，一直以来被欧洲各国政府及相关部门定位为不仅是产业，更是“民族文化认同的脊梁骨”。二、控制 VAT 模式。VAT 是英文增值税的缩写形式。虽然欧洲各国的文化传统、经济发展程度各异，在促使出版物的文化多样性上的手段各不相同，但是，通过降低各类出版物 VAT 的比例来达到文化多样性已经成为多数国家的一个共识。三、图书限价制。图书限价制是欧洲很多国家为了促进图书出版的文化多样性而设计的众多策略中的重要一环。长久以来，图书限价制在那些非常注重文化多样性的欧洲大陆腹地国家得到重视，如法国、德国、希腊、意大利、荷兰、葡萄牙、西班牙与匈牙利。这种图书出版政策，目前在欧洲仍然是一种趋势。四、支持国际化的图书作者与翻译者。在全球化时代的欧洲，图书的翻译被认为是繁荣文化多样性的一个重要环节。事实上，与全球多数国家一样，欧洲各国也承受着来自美国图书市场的挤压，形成了一种不对称的文化交流，或称之为“文化帝国主义”。所有这些政策都在促进着欧洲各国图书出版的文化多样化。

对图书出版质量下滑及改善的理性思索

姚祖梁在《出版广角》2006 年第 12 期撰文认为，近 20 年来，我国出版业的最大问题是：原创作品不足，出版质量下滑。尤其近几年，重复出版、跟风出版现象极为严重，确确实实由作者自己研究写作出来的真原创的作品比例下降，而打着“著”的旗号，以模仿、抄袭的方式“攒”成的作品比例上升；新书的原创性弱、出版质量低是有原因的，我们可以从以下两个方面找到答案。1. 大量民营图书工作室存在。2. 责任编辑不负责任，也难负责任。为何图书市场上会出现如此多的垃圾图书呢？这要从“利益”二字上去作分析。在利益面前，相关的出版流程被简化了，甚至成了一纸空文；而读者，特别是普通读者，检举的成本不低，而收益为零。此外，还有出版行政机关对图书的抽查兼顾不到的原因。要改变这种现状，就必须建立一支独立的、相对专业的审读队伍，对每年所出版新书，逐一进行全面的检查，检查范围包括图书内容和编校质量，这样就能将出版社出的图书基本都纳入检查范围，最大限度地发现问题，为限制惩罚垃圾图书提供依据。

浅析图书出版的杂志化运作理念

李奉明在《出版发行研究》2006 年第 12 期撰文认为，图书出版的杂志化运作是指在坚持图书自身特性的同时试图吸收杂志的传播、运行特点来创造图书形式和营销的新特色，这是一种“差异化”运作理念。图书的杂志化运作主要体现在以下几个方面：1. 图书装帧的杂志化设计。2. 文字内容的杂志化书写。3. 出版周期的杂志化运作。4. 图书销售的杂志化营销。图书和杂志，同为历史悠久的纸质媒介，各有特点。图书集物质属性和精神属性于一体，容量大，专业性强，保存久远，在社会文化传承功能上起着无可替代的厚重性作用；而杂志则以其印刷精美、便捷阅读致胜，作为连续性出版物，它拥有固定的读者群，文字与图片兼顾，传阅率高。图书出版的杂志化运作，可以实现二者的优势互补。1. 实现图书的连续性出版，更易创造品牌价值。2. 实现图书出版的投入“弹性化”和产出“刚性化”。3. 承继杂志的便捷传阅性，适应“快餐化”阅读倾向。图书出版的杂志化运作策略并不是适合所有的图书，因此，在运作时必须综合考虑以下几个方面的问题。1. 在图书出版过程中，借鉴的更多的是杂志运作的理念，而不是具体的杂志模式。2. 图书出版对杂志运作理念的借鉴，最看重的是其品牌创建上的优势。3. 从版式设计到题材内容，实现杂志和图书的优势互补。

出版数字化与网络出版

张儒在《出版科学》2002 年第 1 期撰文认为，数字化和网络化的飞速发展，给出版的现代化提供了强大的动力和支撑，也提供了巨大的挑战。综观我们所处的国际国内市场环境和发展趋势，必须依托以数字、网络技术为主的现代技术，用它来武装、改造我们的传统出版业，使之实现现代化。既要看到网络出版对传统出版的异化、变革和冲击，增强紧迫感，积极探索发展网络出版与出版电子商务的新路子，又要看到现阶段网络还不能动摇传统出版业的主导地位，稳住阵脚，发展传统出版事业。发展网络出版尽管有着非常好的前景，但目前还面临很多问题，归纳起来，大致有以下几个方面：数字版权的保护，网络出版物的内容有待丰富，正确对待 e－book，内容数字化的问题。随着我国加入 WTO，我国的出版业将会逐步走上产业化的路子，在业务上出现多元化、规模集团化、市场国际化、技术数字化和网络化。

论网络出版与传统出版的结合

郝捷在《出版发行研究》2002 年第 1 期撰文认为，在未来的一段时期内，网络出版与传统出版是一种并行不悖的关系。就目前网络出版现状来看，它有如下几种方式：第一，网络内容服务商将数字化信息输入服务器，实现了在线信息公布。第二，按需印刷技术的实现，在网络出版与人们的阅读习惯之间架起了一座桥梁，可以说这是真正实现个性阅读的一种方式。第三，电子图书的诞生，可以说代表了网络出版的发展方向。但就现实情况看，它还存有一些亟待解决的问题。第一，网络出版的主体问题。第二，网络出版的内容问题。第三，网络出版的法律地位问题。传统出版业经过多年的发展，已经形成了自己一套非常有效的运行管理机制，和一套科学系统的出版理论体系，它在世界各国的经济收入中，已经占据了一个重要位置。这与传统出版业拥有的传统优势是分不开的。第一，组织上的优势。第二，出版资源上的优势。第三，法律地位上的优势。网络出版并不因传统出版业的优势而变得前途暗淡，相反，因数字技术的先进性，网络出版的前景会很光明，但其一个重要的前提是，必须有传统出版业的积极参与，甚至传统出版业会以其丰富的出版资源而成为推动网络出版发展的主要动力。

网络出版浅述

林莉在《情报探索》2002 年第 1 期撰文认为，目前，网络出版一般指的是建立在电子商务的基础上，以互联网为出版发行纽带，出版以数码形式存在的电子书和以即需即印方式产生的速印书而形成的一种出版方式。与传统出版相比，网络出版的优势主要表现在：1. 快速，便捷。2. 零库存。3. 实现个性化服务，按需印制。4. 缩短出版周期。5. 结算方便。6. 降低了出版门槛。7. 充分挖掘现存纸书价值。8. 内容的更正、修订、改版等易如反掌。9. 可以分割销售。10. 电子书可以实现多种媒体并行。11. 电子书自带词典，使用方便。12. 电子书为绿色环保产品。网络出版主要有以下三种出版发行方式：1）在网站上发布电子书，读者可以有偿或无偿下载；2）将电子书通过 e－mail 有偿或无偿发送给订户；3）个性化印刷定制服务，读者可根据需要通过互联网定制图书，出版商在接到订单后，即需即印为读者印制个性化的图书。

网络出版的界定

张明在《科技与出版》2002 年第 3 期撰文认为，网络的出现，对于各种精神产品流传所带来的传播效果以及文化变革的意义是难以估计的。由于网络的低“门槛”和低成本，任何人的任何创意都有了毫无限制的公开发表权利（只要不违法），但并非所有人都能够自觉地“无害”使用。首先，发表于网络的作品存在“垃圾”化的现象。其次，发表于网络的作品还存在着“匿名”化现象，这使得网络作品与具体的自然人之间的联系脱钩。从经济学的角度来说，收益和代价的比值关系决定了出版的生存价值。当网络出版时代来临时，人们突然发现，出版承载物的成本几乎等于零，出版承载物上所体现的出版物价值也可能接近于零。发表于网络上作品内容的“垃圾”化现象，正是以上规律的合理体现。我们就界定网络出版有如下几点：第一，网络时代，出版仍是一种稀缺性资源，故而必然有它存在的价值。第二，对网络出版，因为有社会的需要，所以必然会有社会的供给，故而仍有收益和成本概念。第三，正因为网络内容有收益和成本，这就必然会产生收益与成本的比较。第四，由于出版网站会对精神产品进行挑选和过滤，因此，网络作品“匿名”化产生的糟粕现象就会大大减少。

网络出版研究

杨祖彬、曾莉红在《渝州大学学报》（社会科学版）2002年第6期撰文认为，网络出版至今还没有一个统一的、权威的、能够被人们公认的概念。归结起来，主要存在以下三种具有明显分歧的认识：（1）网络信息传播就是网络出版。（2）网络出版不同于网络信息传播。（3）网络出版不是著作权意义下的出版。网络出版的实现形式有电子阅览器、网上游览、计算机离线阅读、按需印刷等多种形式，目前运用的主要有三种：第一种是个人电脑下载下的网络出版形式，第二种是电子书刊式的网络出版形式，第三种是按需印刷的网络出版形式。网络出版的特点主要具有以下几点：（1）传播的内容更全面，实现了传播形式的多样化。（2）传播的速度更快捷，发行范围更广泛，实现了出版与发行的同步化。（3）交互性更好，使用更方便，实现了出版的“零库存”化。（4）传播信息量更大，价位更低，实现了出版的绿色化。（5）出版主体自由化、大众化。在前进的道路上还必须面对诸多需要解决的问题。（1）主体有待确定。（2）观念有待转变。（3）出版行为的规范与管理有待加强，质量有待提高。（4）著作权保护有待加强和完善。（5）编辑人才有待培养。（6）出版网络的组织建设有待加强，相关技术瓶颈有待突破。

我国网络出版研究现状综述

明海、杨小龙在《情报杂志》2002年第10期撰文，根据检索到的170余篇文献的情况来看，我国开始对网络出版的研究只是最近三四年的事情，当前还处于一种松散的、零星的、探索性的研究阶段，理论上没有形成系统化，实践上也极不成熟。网络出版基本理论方面的研究今后要把重点放在网络出版的类型、特点研究上；其次，还要加强对网络出版相关技术的研究。应以辩证的观点来看待网络出版与传统出版的关系，既要看到网络出版对传统出版的变革和冲击，又要看到现阶段网络出版还不能从根本上动摇传统出版的主导地位。我国在网络出版实践活动中存在的问题主要有：1. 网络出版尚无相应的行政管理部门，许多操作无章可循、无法可依，行业管理缺乏规范。2. 网络出版的版权保护和版税的支付方法问题。3. 网络出版标准格式问题。4. 出版者和读者的思想观念问题。5. 公共经济环境也不完善，如电子支付方法、银行结算、网上的支付习惯等问题。6. 网络出版的伦理道德问题。

网络出版及其前景初探

权万良在《出版经济》2003年第1期撰文认为，网络出版是指互联网信息服务提供者将自己创作或他人创作的作品经过选择和编辑加工，登载在互联网上或者通过互联网发送到用户端，供公众浏览、阅读、使用或者下载的在线传播行为。目前出版社网络出版主要有以下几种形式：将纸制图书的电子版发布在网站上，读者可以有偿或无偿在线阅读、检索、复制或下载；将图书资源电子文件通过e－mail有偿或无偿发送给订户离线使用；个性化印刷定制服务，读者可根据自己的喜好，通过互联网定制自己需要的图书。出版社在接到用户订单后，利用数字化印刷为读者印制需要的图书。随着网络技术及相关问题的进一步完善，网络出版将在我国图书市场上大展拳脚。从目前中国出版社网络出版发展的情况看，还处于模仿传统出版业的初级阶段。在内容提供方面，网络把传统出版物经过技术处理移植上网，是模仿在服务方面，建立网上书店，依然是模仿。如今，真正的网络出版和像斯蒂芬·金这样的原创作者还少之又少，而且，斯蒂芬·金网上作品的流行，靠的仍是在传统出版业形成的品牌效应，网络要跨越模仿，进入创新阶段，形成自己独到的内容优势，尚需假以时日。

试析网络编辑出版的数字化、整体化与大众化

龚玉钦、陈勇在《湖南大众传媒职业技术学院学报》2003年第1期撰文认为，网络数字化编辑出版，就是以网络为基础，在网上编辑出版数字化产品。数字化是导致网络产生的关键，网络是信息数字化编辑出版的载体。数字化信息作品只有依靠网络才能实现网络虚拟出版，在全世界链接于网上的广大读者群中流通。以发展的眼光来看，数字化已使编辑出版完全摆脱了对传统纸张载体和印刷工序的依赖，对新的载体和传播方式的依托必然带来它在形态、观念等诸多方面的变化。网络数字化出版也带来了期刊、图书出版的整体化。总的来看，“信息技术促进了文化网络系统的形成”，文化的整体性使网络数字化出版更加突出了信息加工处理的要求，期刊、图书出版需要从人类性与民族性、整体性与局部性出发，大视野、多视点地去伪存真，审选有价值的信息；形式上要把握分与合、特色与统一、质量与效益，保持整体的完整和品位；并且要善于综合处理，以达到多媒体信息组合的和谐。信息网络数字化在现实生活中的广泛普及和应用，只是一个时间和习惯的问题，在网络信息时代，“网络出版的价值将得到进一步的提升，将成为真正意义上的‘5W出版’：即任何人、在任何地点、在任何时间、与任何人、采取任何方式的出版”，这不仅是时代发展的需要，也是人类自我完善、不断进步的体现。

网络出版的特点与数字版权保护

胡德池在《求索》2003年第2期撰文认为，与传统出

版相比，网络出版具有如下特点：1. 出版物虚拟化。2. 出版过程简约化。3. 出版者阵容扩大。4. 网络出版独特的交易特性。5. 可实现实时性的双向交流。当今阻碍网络出版发展的客观因素主要有以下几点：（1）网上图书数量太少；（2）消费支付系统未建立；（3）版权问题即防盗版、防任意下载的技术未解决；（4）阅读器分辨率过低、价格昂贵、格式不通用；（5）读者没有在网上付费阅读的消费习惯。但是，这是暂时的可克服的因素。其实，更重要的是网络出版如何以精彩的内容吸引读者，使消费者感到“物有所值”。那么我们应如何保护数字版权呢？首先，e-book 必须是不能够非法拷贝，不能够被任意修改，以及不能够无限制地传播，这是保护数字版权的基础。其次，精确统计 e-book 的销售数量，这是数字版权保护的主要因素，同时也是整个 e-book 产业商务模式的基础。第三，按需打印将是未来的发展方向之一。

我国传统出版业应如何看待网络出版

季永芹在《广东印刷》2004 年第 4 期撰文认为，传统出版业面对网络出版应坚持以下基本策略，首先是产品开发策略：开发适合网络出版的产品；其次是人才培养策略：培养适应网络出版需要的人才；第三是营销服务策略：树立适应网络出版的营销理念；第四是建设策略：建立适应网络出版要求的基础设施；第五是技术运用策略：紧跟有利于网络出版的新技术发展；第六是版权保护策略：探索符合网络出版物的版权保护模式。随着我国加入 WTO，行业外资本的不断进入，信息新技术的广泛应用，中国出版业必将面临激烈竞争。出版社应该把 internet 作为一种深刻影响出版社经营和发展的新的商务环境，利用开展网络出版的契机，系统整合业务流程，构筑 Internet 化的出版链条，借助新技术创造新的业务空间，从而真正提高出版社的核心竞争力。

互联网出版探析

聂规划、涂鹏在《景德镇高专学报》2004 年第 4 期撰文指出，互联网出版和与其相联系的电子图书（e-book）的优点有：快速、便捷，登陆或下载即可；零库存，但永无断档、绝版、脱销情况；可以实现按需印刷，提供更加个性化的服务；缩短出版周期，增强图书的时效性和生命力；降低了出版门槛，更多的人可通过网络渠道自行出版和发行图书，大量有价值的低印量图书能够以低成本出版，减轻了出版社的风险压力；内容的更正、修订、改版等相对容易；可实现多种媒体并行，图、文、声像并茂；为绿色环保产品，不会产生造纸、印刷、运输等过程中的环境污染；无需物流，节约人力物力；方便进行全文检索；方便科学研究统计等等。作为一种新兴的出版形态，互联网出版是传统出版的延伸，它完全突破了时间和空间的束缚，是一种完全开放的出版理念。互联网出版改变了传统出版活动中制作、资金和信息的运作方式，对传统的出版发行而言，互联网出版的产生必将引发出版界的一次重大变革。在未来一段时间内，网络出版与传统印刷出版将长期共存，在网络出版部分地替代印刷出版的同时，它们也将明显地表现出分工合作的趋势。

从电子图书销售看电子图书与网络出版

刘兴勤在《图书馆建设》2004 年第 5 期撰文指出，电子图书与网络出版既存在着诸如销量低、定价偏高、技术局限和安全性不稳定等缺点，也有方便存储、便于阅读、便于传播等优势。所以应该对电子图书与网络出版的未来做客观的预测，随着网络的普及和技术的完善，电子图书与网络出版必然能够成为一种重要的出版方式。行业与行业、企业与企业之间正在出现相互选择、相互合作、相互竞争、相互依存的局面。而进入产业链条的各个行业中的各个企业都在抢抓机遇、抢占制高点。可以预测，一个以技术服务制胜的时期正在开始。电子图书和网络出版是信息时代发展的标志，也是信息时代的发展方向。图书网络出版是因为某些客观条件尚未具备而造成了眼下的低潮，一旦这些客观条件发生变化，网络出版一定会再度兴盛。另外，图书馆也应该认识到电子图书与网络出版的发展，认识到图书馆文献信息的电子化、数字化、网络化是图书馆服务的发展趋势，要把握机遇，迎接挑战。而图书馆管理人员、图书馆人员除了具备传统图书馆工作所需的知识、技能外，还需要经过专门的培训，掌握特定的知识和技能，如网络知识和技能、计算机技术和数据库管理知识等。

蓄势待发的网络出版业

周荣庭、陈刚在《中国印刷物资商情》2004 年第 12 期撰文认为，网络出版业是随着 Internet 的发展而兴起的。网络出版分为广义与狭义两种，并按 6 种分类依据，从技术、Internet 信息服务模式、接入网络的信息媒介、信息内容、经营模式、支付模式的角度分别进行分类。网络出版的发展史与计算机、网络技术的发展紧密相连。随着电子支付服务、电子商务活动的发展，网络出版的市场在快速的发展中显现出来。总的来说，网络出版“前途是光明的，道路是曲折的”。中国网络出版业发展势头比较猛、发展速度比较快，但是受到种种牵制的网络出版业，指望在短时间内盈利是不太现实的。未来网络出版的内容集成、技术集成和商业模式的集成将成为潮流。另一方面，网络出版也存在许多问题：一是观念的问题；二是网络出版的经营问题；最后是版权问题十分突出。

专业化发展：网络书店的新出路

马瑞洁在《出版广角》2005 年第 9 期撰文认为，要寻找中国网络书店的出路，除了学习和借鉴国外销售技巧和经验以外，更关键的还要注意结合自身实力与中国图书市场现状，寻找到一条真正适合自己的道路。几乎不存在地域限制与设店成本的“网络书店”正是解决目前我国专业学术书销售难题的一条最佳途径。同时，这也是它有别于实体书店的一条特色化道路：一、网络书店无所谓地域限制，也就意味着全国各地的专业书购买者都可以通过点击页面，轻松进入选购程序。二、网络书店不必为增设“专业书销售”而增加很多的资本投入。三、网络购书通常采用会员制，读者至少也要提供切实可靠的交货地址，这本身就是一份相当精确的读者信息。四、在专业图书销售中，网络书店还应当充分发挥网络的即时交流功能。

关注农村电子出版物市场的开发

赵乾海在《电子出版》2005 年第 10 期撰文认为，从目前电子出版物市场开发看，有一个偏颇的现象值得引起出版发行商的高度重视。这就是经营者的目光大都停留在城市的读者群体中，而忽视了具有广阔发展前景的农村市场。从市场学的理论来说，从需求一方看市场把商品市场的构成概括为三要素：人口、购买力、购买动机。其一，我国 13 亿人口，绝大多数在农村这是我国的基本国情。其二，随着市场经济的发展与农村产业结构的调整，农民生活水平像芝麻开花节节高。其三，知识经济时代，农民一方面迫切需要充实知识，另一方面也需要休闲娱乐，而电子书正好适应新时代农民的阅读口味。另外，随着农村经济改革的不断深入，农业生产向多种经营发展，农民的思想观念得到进一步更新，学文化、求知识，运用科学技术发展农村经济的要求愈来愈迫切。在新的历史条件下电子出版产业要实现较大发展，应当解放思想、实事求是，与时俱进、开拓创新。1. 提高对电子出版物农村出版与发行的思想认识。2. 加强适合农村读者阅读的电子出版物的出版与发行，不断丰富对路品种。3. 建立健全发行网络。4. 努力提高发行人员的业务素质。5. 实行寄销制。6. 争取财税部门的宽松政策和扶持。7. 依法管理，不断净化农村电子出版物市场。

“e－时代”阅读的火爆、困惑与蜕变

沈剑虹在《出版发行研究》2006 年第 4 期撰文认为，国民阅读方式正发生着革命性的转变，以阅读纸质媒体为主的传统格局正在受着极大的冲击，图书业弥漫着“读书人流失”的无奈。网络读书频道如果学术气息过于浓厚，则会让读书频道显得沉闷压抑，直接造成点击率低、广告效益不佳，威胁网站自身的生存。因此，在市场竞争的压力下，为了争取更多的眼球，网络读书频道出现了媚俗化倾向。网络读书频道的自省蜕变、内外兼修、谋求发展应注意以下几点：1. 匠心独具，谋求利润有新招。网络读书频道在商业社会维持自身的生存与发展，谋求商业利润本无可厚非，但单纯依靠降低自己的文化格调来迎合通俗大众的趣味，其结果不仅误导受众，也会迷失自己。几番风雨，几经蜕变，网络读书频道开始内省，洗尽浮躁，寻找真正的发展之路。2. 多方合作，实现共赢有可能。多媒体新技术与出版业相结合，综合利用出版资源，引导新的阅读方式，是“e－时代”出版业发展的必然趋势。以高新数字化技术为支撑的网络读书频道，必将使传统出版面临巨大挑战，但这并不意味着传统出版的终结。3. 利用原创，打拼特色有绝活儿。开创原创版块，为默默无闻的写手撑起一片机遇的天空，邀请著名作家和书评家进行指导，整合网络资源为寂寞的优秀写手做宣传，力争打造出下一个安妮宝贝、慕容雪村，实现其作品的文化价值和经济价值，网络读书频道在成全了“网络读写一族”的同时，也成就了自己的特色。

冷看网络传播中的“恶搞”文化热

李磊在《编辑之友》2006 年第 4 期撰文认为，“恶搞”文化，其实质就是网络传播的一种亚文化，它体现了“无厘头”文化颠覆经典、解构传统、张扬个性、反讽社会的自由精神，具有强烈的草根性、现实性和幽默感。首先，“恶搞”文化凸显了网络传播的“娱乐化”功能，契合了大众社会里作为文化消费者的受众追求轻松、个性化的消费心理。其次，“恶搞”文化凸显了网络传播的“经济”功能，契合了完全市场驱动新闻主义理念下的“眼球经济”的媒介需求。此外，“恶搞”文化生逢其时，插上了 IT 技术的翅膀，再驶上网络传播的高速公路，得天独厚的网络传播环境使其一发而不可收拾。“恶搞”文化作为网络娱乐文化的一部分，其取材具有理论上的无限性，无论影视、音像制品还是文字素材，抑或现实生活中的照片都可以拿来为“恶搞”所用，很容易侵犯他人的权利。中国互联网协会 2006 年 4 月 19 日发布了《文明上网自律公约》，号召互联网从业者和广大网民从自身做起，在以积极态度促进互联网健康发展的同时，承担起应负的社会责任，始终把国家和公众利益放在首位，坚持文明办网、文明上网，这无疑是“恶搞”文化的紧箍咒，将有利于正确引导“恶搞”文化的健康发展。

我国电子、互联网出版业的现状和发展态势

肖时国在《中国编辑》2006年第6期撰文认为，我国大陆电子、互联网出版业经过十几年努力，实力不断增强，已进入产业化发展阶段，呈现出以下特点。1. 产业规模、出版品种、出版数量持续发展。从互联网出版各个领域看：一是互联网学术文献数据库出版初具规模，逐步形成良性循环。二是互联网游戏出版发展最快，已成为互联网出版业的“经济发动机”。三是互联网教育出版高速增长。四是互联网音像出版取得了一定的发展。五是网络原创文学发展迅速。六是e－book出版前景看好。2. 产品结构进一步优化。在电子出版领域，新媒体形态电子出版物层出不穷，电子出版物题材从以往集中于计算机技术、游戏、工具软件等，扩展至社会生活的各个领域。呈现出多样化特点。3. 自主创新能力不断增强，应用、研发新技术的能力进一步提高。

对出版社实施知识产权战略的思考

张广生在《出版广角》2006年第12期撰文认为，如果突破旧的观念，把以版权为主体的知识产权放到更广阔的经济领域来认识，就会发现，知识产权是出版社的价值核心，在市场竞争中具有导向和引领作用，知识产权能决定出版社的命运。一、知识产权是知识经济时代最大的财富资源。然而，以传播文化知识为己任的我国出版业对知识产权的认识和利用却严重滞后，最突出的问题是没有自觉地把无形资产当作真正的财富。二、知识产权对出版社的战略意义和战略价值。（一）出版社的主要业务是版权的经营。（二）知识产权构成出版社的核心竞争力。（三）知识产权是出版社多元化发展的重要依托。（四）知识产权是出版社与外界建立良好合作关系的基础。三、出版社要实施知识产权战略，出版社应以作者为本，精心培育和开发作者资源；倾力打造出版社独立自主的知识产权；充分利用国外版权资源，获取全球市场竞争优势；扩展版权资源，开展多元化经营。

浅议图书出版社如何发展网络出版

丁金芳在《科技资讯》2006年第23期撰文认为，虽然网络出版在中国兴起已有五年多，但很多大型出版社并没有涉足网络出版，还在观望。在这样一个科技发展迅速、竞争激烈的时期，图书出版社理应顺应潮流、与时俱进，注重发展网络出版。图书出版社发展网络出版的优势在网络出版的产业链条中，出版社是重要环节之一。出版社占有最广大的出版资源，包括最广大的作者队伍、编辑队伍和物质条件等，出版社缺席的网络出版产业是不完整的，甚至是没有意义的。图书出版社在发展网络出版中的优势主要体现在以下几点：作者队伍强大；编辑实力雄厚；读者群成熟稳定；出版审查严格。目前，国内图书出版社发展网络出版时通常可采用以下两条途径：（1）与大型出版网站联合发展；（2）引进新技术，建立自己的网站。图书出版社在发展网络出版的过程中要注意版权问题、质量问题、发行问题、网络支付问题。

影视、网络传媒产业

对我国广播事业产业化趋势的思考

胡晓蓉在《新闻采编》2002年第4期撰文认为，面对市场经济、信息经济和新技术革命带来的机遇和挑战，我国广播业必须选择以发展为主题，以结构调整为主线，以改革、创新和技术进步为动力，走产业化发展的道路。一、充分利用国家产业政策所提供的发展机遇。二、正确处理好“两种属性”和“两种功能”的关系。“两种属性”就是指在市场经济条件下的我国广播业同时具有“经济属性”和“政治属性”，与之相对应，我国广播业就同时具有“产业功能”和“喉舌功能”。三、明确产权关系，培育自我积累机制和平等竞争机制。四、发展经济，扩大需求。努力扩大经济总量，可增加对广播传播的需求；加快开放市场，扩大和深化专业化分工，这样，信息沟通需求的增加必然会促进广播业信息服务供给的增加；努力实现社会主义生产目的也可以带来对广播传播需求的增加。五、完善法律，确立广播业的产业地位。

广播电视产业化经营探究

朱惠鹏、吴光辉在《当代传播》2002年第5期撰文，提出了广播电视产业化经营的思路：一、节目生产是广电产业经营的基础。提高节目质量，首先要转变节目生产观念。其次，要适应受众需求的多样化。二、广电传媒的营销方略。第一，传媒营销必须结合媒体特点，扬长避短，找到自己的独特卖点。第二，要贯彻“方便原则”，让受众最快捷最经济地获得传播服务。三、广电传媒的品牌战略。四、广电产业经营中的资本运营。目前我国广播电视产业化经营尚处在探索阶段，存在许多问题：一是法律法规不健全。二是内部体制还没有理顺，运行机制还没有真正与市场接轨，融资渠道不畅。三是行政干预过多，政府管理手段有待改进。四是规模小、经营项目单一，市场风险较大。解决这些问题的根本出路是进一步深化广播电视体制改革，应从以下几方面入手：1. 完善市场机制。当务之急是尽快建立全国统一的大市场，为广播电视节目制作、发行、交易提供综合服务。完善相应的法律法规和配套措施。2. 开拓融资渠道。在国家投入不足、传媒自身积累有限的情况下，需要通过外联或者上市融合资金。3. 改革政府管理手段。首先，管理的着眼点是规范市场秩序而不是干预市场操作。其次，政府管理的手段不再是以前的行政干预，而改为经济和法规的手段。4. 加快集团化进程，形成集中管理效益和规模效益。

广播媒介的经营与管理

郭华省在《中国广播电视学刊》2002年第8期撰文认为，国内广播的发展就当前而言，在经济管理上重要的就是：通过节目树品牌，通过活动推广品牌，通过广告壮大品牌，通过机制发展品牌。具体如下：一、节目经营专业化、分众化，通过节目锁定市场。二、服务周到细致，以受众的需求为工作重点，通过服务赢得市场。三、营销活动多样化，通过活动扩大市场影响力。广告营销常见的手段有：营销宣传、平面广告、资料介绍、主题活动。四、重视广告经营，实现品牌的最大经济效益。但要重视采取必要措施降低广告创收在广播经营性收入中的比重，走多元化经营道路。五、建立科学管理机制，实现广播可持续发展。科学的管理机制，体现在广播管理上，具体为：岗位的细分和人员竞争上岗机制；有效的管理控制系统；具体明确的激励机制；培训、教育机制。

广播在媒体市场竞争中的发展取向

张天正、吴颜在《成都大学学报》（社会科学版）2003年第2期撰文认为，随着科技的进步和社会的发展，特别是各种媒体竞争的越演越烈，广播“转瞬即逝”的弱点便在各种传播媒体相继问世并不断展开争夺受众的市场竞争中显现了出来。社会发展到今天，我们可以清醒地看到，广播面临的冲击和挑战是非常之严峻的。这主要表现在：（一）电视节目的冲击。（二）报刊扩容扩版的影响。（三）互联网的兴起和网民队伍的迅速膨胀。面对这一系列的传播媒体的冲击，使得传播形式单一的广播节目在受众中渐渐失去了光彩，其收听率有下降趋势。可以预见的是，随着媒体市场激烈的竞争，最终必然会出现广播、电视、报刊、互联网等媒体各自占有市场份额（即各自拥有受众的数量）的局面。对这一点，广播处于相对弱势，应该对此有更清醒的认识。发展有特色的专业性传媒载体，应该是广播传媒在未来切分受众市场的发展趋向。

集团化、专业化——中国广播发展的必由之路

唐建军在《新闻爱好者》2003年第10期撰文认为，集团化、专业化、市场化、数字化将是新时期中国广播发展的必由之路。一、整合广电资源，提高竞争实力，广播媒体集团化。首先，集团内的广播电台和电视等媒体由过去的竞争对手变成了合作伙伴，既可以做到资源共享，优势互补，又可以打破过去各个单位独立运作，各自在低水平状态下存在的分散失衡、管理混乱等弊端，避免因无序、恶性竞争而造成的资源浪费，实现向集约经营、规模经营的转变。另一方面，广播电台加入集团后，能够借助电视、报纸和互联网的宣传手段，展开全方位的多层次的

宣传。二、强化服务意识，细分受众市场，广播频率专业化。专业频率的节目定位专一，市场指向明确，这有利于在节目中深入挖掘人们感兴趣的特定题材领域，做深做透，有利于张扬节目个性，给人留下深刻印象。广播频率专业化趋势和广播媒体的集团化运作并不矛盾，两者的出发点和根本目标是一致的。集团化一方面带来资产的调整和重组，产业结构的转换和升级；另一方面直接导致资源的优化配置。广播频率专业化使频率面向市场和受众进行分工并重新定位，解决广播总体上低效重复、严重浪费的问题，克服广播频率之间的无序竞争，使广播资源配置由分散型向集约型转变，从而为广播电视集团的组建及广播的集团化运作奠定了基础。

论广播媒体产业化经营

李拜石在《宁夏社会科学》2004年第1期撰文认为，实行产业化经营，是广播业实现自身跨越式发展的关键因素。而广播媒体的产业化经营应做到：一、重视广播的双重属性，树立产业经营理念。广播作为新闻传媒之一，也是属于意识形态的精神产品的生产者，具有社会性和商品性双重属性。要做强广播产业，搞活广播经营，就必须尊重双重属性，转变传统观念，改变目前普遍存在于广播人中的事业观念强、产业意识弱的状况。另外，广播行业的改革、产业经营能否成功，关键还是取决于人这一内部因素。因此从人入手，彻底转变广播从业人员的观念意识，牢固树立产业经营理念就成了搞活广播经营必须解决的首要问题。二、做好频道专业化，打造品牌节目。在相互竞争的氛围下，广播只有出精品才能更好地进行商品营销，取得好的经济效益。三、利用先进技术，加强交互合作。广播产业化经营就应该与其他媒体加强合作，利用新技术，拓展新业务，降低节目制作成本或改变以往只能依靠广告收入创造经济效益的单一局面，建立新的盈利模式，培育新的经济增长点。

我国广播实行产业化经营初探

张芸在《青海社会科学》2004年第2期撰文认为，我国广播产业化经营应注意的两个问题：（一）产业化经营与多元化经营间的关系问题。（二）坚持正确的舆论宣传导向和满足受众需求的协同兼顾是广播产业化经营的内核。对广播产业化经营的几点建议如下：第一，节目本体是经营的主要内容。1. 关键在于选取好的切入口。2. 品牌是质量和信誉的标志。首先，打造品牌要体现人文色彩，增强广播的亲和力。进入知识经济时代的听众，需要的是与知识经济时代相应的富有知识内涵和文化品格的广播节目。因此，广播要对国家、民族和社会发生的事情给予极大的关注和介入，反映变动社会中的主体潮流。要精心塑造形象，通过精彩的节目预告、主题系列的形象宣传、公益广告在广播中多频率播出使受众在潜移默化中受到熏陶和认可。其次，打造品牌要体现品牌的整体化，增强可识别性。再次，打造品牌要注重节目后的市场化，发挥品牌的商品属性。第二，注重产业向实现目标管理突破。第三，构筑跨媒体传播平台，加强横向合作，实现市场扩张。

双轨模式
——广播电台产业化经营的具体方法探讨

汪良在《中国广播电视学刊》2004年第3期撰文提出，对于广播电台产业化改造的几个具体思路。1. 广播产业集团的发展战略。根据自身实际情况，把握机遇，制定恰当的发展战略。2. 股权结构设计。要坚持广播电台对广播集团的绝对控股地位（超过51%的表决权）。3. 对商业资本的选择。广播集团应该有条不紊地进行融资，坚持以我为主，不要轻易出让股份。4. 在价值评估时，应精心策划融资方案，挖掘出广播集团的“无形资产价值”。5. 固定资产的处理。可采取把固定资产出租给广播集团的方式，为电台带来稳定的现金收入。6. 职工持股，加强企业的内部凝聚力，推动各经营单位的剥离。7. 电台本部的变革。对编辑和行政部门实行“总额包干制”或部门预算制，核定编辑和行政部门的预算，科学化管理。8. 人力资源。大胆聘用政治素质和经营管理能力兼备的人才。9. 投资管理体制。广播集团总部应成立专业的常设投融资机构等。10. 应学习现代企业的治理结构。11. 内部结算和关联交易。广播集团的商业运作应认真按照价值规律进行，以市场经济的游戏规则办事。

网络时代广播新闻业发展面临的挑战及对策

赵永会在《中共成都市委党校学报》2004年第4期撰文指出，互联网的诞生在传输文字、声音、图像、数据等内容方面的本领之大令传统媒体相形见绌。传统的广播事业面临着巨大的挑战。挑战之一：新型媒介崛起带来的受众分流。挑战之二：来自广播传输的技术限制。挑战之三：网站的廉价传播成本对传统广播的大投资构成的威胁。挑战之四：广播的转变对为其服务的新闻从业员素质提出了新的要求。挑战之五：在媒介的整合兼并中如何保持广播特色。挑战之六：从业人员的观念冲突。其一是特权地位的消失。其二，在普及传媒教育的基础上，需要加强新闻从业人员的专业道德培训。因特网作为一种全新的传播形态，给大众传媒注入了种种在过去不可想象的传播概念。它的兴起既为广播带来不可避免的冲击，又为广播利用其强大功能，以另一种形态发展提供了条件。网络作为一种平台可深入广播这种业已成熟的媒体，并给予其重新包装，与传统广播进行多方位的融合。一、广播与网络的融合在一定程度上弥补了广播传播稍纵即逝的弱点。二、广播与网络的融合弥补了广播节目仅有声音而无图像和文字的缺憾。三、广播与网络的融合使受众可以按自己的需要自由地选择听什么节目而不再受限。四、广播与网络的融合大大地扩展了广播的传播空间。五、广播与网络的融合使广播能更及时地得到更多的信息反馈，赢得更多受众的参与。

搞好地方广播电视产业经营管理

杨瑞金在《当代电视》2004年第6期撰文，分析了地方广播电视产业经营管理存在的问题：1. 地方广播电视产业经营管理受地区经济发展的制约。2. 地方广播电视产业受节目市场、资源开发等的制约。3. 地方广播电视产业改革受地区经济体制改革的制约。解决地方广播电视产业经营管理中存在问题的关键在组建地方广播电视集团：1. 组建地方广播电视集团的条件。当前，组建地方广播电视集团应遵循以下原则：实行自愿互利、实行公平竞争、上规模、综合化与专业化相结合。2. 发挥地方广播电视集团的主要特点和功能。3. 积极探索地方广播电视产业经营管理的路子，规范产业经营，考虑差异性经营，加强产品生产化经营，讲究系统化自主性经营。

入世与广播产业发展

刘玉慧在《理论界》2004年第6期撰文认为，入世后加快广播产业的发展应注意以下几点：一、制定长远的前瞻性的广播产业发展战略。二、推进市场调查研究科学化正规化进程。三、整合发展内容产业，提高核心竞争能力。四、加强广播行业内及跨媒体、跨行业协作。五、强化品牌经营意识，提高广播节目的附加值。六、制定全方位营销战略，拓展广播的产业化空间。七、提高广告创收能力，不断寻找新的经济增长点。八、深化体制改革，优化机制，完善管理。九、构建人才战略，把人才资源的开发管理纳入科学轨道。十、强化成本意识，提高竞争能力。十一、广播技术要抢占“制高点”，继续加大技术投入力度，加快模拟化向数字化的转变。

广播电视行业利用资本市场的策略建议

谭晓雨在《2005年中国文化产业发展报告》（社会科学文献出版社，2005年版）撰文，提出广播电视行业利用资本市场的策略建议：1. 加快广播电视业从事业体制向现代企业体制转制步伐。近年来我国广播电视业“事业单位企业化管理”的媒体改革实践面临更深层次突破的要求，媒体产业条块分割，跨媒体类别的投资壁垒严重制约强势媒体集团的扩张之路。但广电总局出台的《关于促进广播电视产业发展的意见》为广播电视行业改制企业未来充分利用资本市场奠定了坚实基础。2. 推动广播电视媒体集团整体改制上市的试点运作。由于许多广电集团资金短缺，融资渠道狭窄已经成为阻碍中国媒体产业做大做强的瓶颈。广电集团进入资本市场要实现由事业体制向现代企业体制的转变，必须展开中国广电集团整体上市的试点工作。3. 积极利用金融创新工具加强党和政府对广电媒体的绝对控制力。传媒直接上市与保持党和政府对媒体的绝对控制力之间并不矛盾，可以通过创新的制度安排解决这一问题。4. 中国广播电视行业要重视与投资界进行沟通。我们相信，广播电视行业必将迎来一个结构调整、行业整合、购并合作频繁的转轨大发展时期。中国主要广电媒体集团将是这一重大转变的最大受益群体。

我国广播媒体的困境与发展对策

袭延春在《理论观察》2005年第3期撰文认为，广播媒体面临的困境主要有：第一，信息技术的普及挑战传统新闻控制。第二，中国加入WTO后，境外节目与跨国公司的准入导致的多元话语空间客观上增加了新闻控制的难度。第三，从媒体市场的格局来看，广播面临的主要问题是成本控制难度加大、核心竞争力下降、旧体制制约改革深化等难题。第四，随着新媒体的诞生以及旧有的印刷品、电视的冲击，人们对广播的需求已经发生了新的变化。我国发展广播媒体的对策应当是：第一，要把握“特快”优势。目前能够做到对所有预知和未知的重大事件实现最短时间内的插播和同步直播的媒体只有广播。第二，要把握“伴随”优势。第三，要把握“互动”优势。第四，要把握“低成本”优势。媒体是经营智力，更是经营理念。广播的发展关键在于观念的变革，只有不断变革，才能使广播进入真正的复兴。

拓展广播空间　做强电台产业

赵忠河、李方贵在《新闻前哨》2005年第4期撰文认为，拓展广播空间的基础主要有：1. 传播快捷。与其他媒体相比，广播传递信息快捷是得天独厚的。2. 移动面广。广播具有宽广的移动接受特点，所以广播又被称为“贴身媒体”、“伴侣媒介”。3. 互动性强。广播的互动性是指听众的即时参与和主持人的即时回应，传受互动，相互沟通，最大程度地满足听众的心理需求。拓展广播空间可以有如下具体做法：1. 改革是根本。改革开放以后，随着我国社会经济的飞速发展和电视、网络等新兴媒体的出现，广播一度门庭冷落，陷入低谷。这个时候唯有改革才是惟一出路。2. 宣传是主线。广播电台作为主流媒体之一，宣传党的路线、方针、政策，正确引导舆论是她的重要职责，同时具有传递信息、休闲娱乐、服务大众等功能。3. 创新是源泉。广播是人类科技进步的产物，广播的发展同样离不开科技。4. 队伍是关键。拓展广播空间的市场，通过与通讯联姻、办有形广播、尝试网络同步播出，扩大广播的市场空间。

制定“十一五”计划的几点思考

高廷贤在《广播与电视技术》2005 年第 7 期撰文，提出了自己对制定广播电视发展“十一五”计划的几点思考。1. 制度建设要与体制改革协调发展。我国改革的核心问题是从根本上改变束缚生产力发展的原有体制，建立充满生机与活力的新体制。广播电视改革从根本上说，重点是体制改革和机制创新。2. 传播方式要与广电技术变革协调发展。广播电视行业正在经历从传统传媒向现代传媒的根本转变。3. 技术设备要与宣传手段协调发展。广电宣传手段的实施是建立在技术设备的基础之上的，是通过一系列硬件设备为载体来实现的。因此，技术设备的发展必须与宣传手段发展相协调、相适应。4. 网络维护、市场营销要与网络建设协调发展。5. 广电事业要与广电产业协调发展。广电事业和广电产业就像是一列火车的两组车轮，缺一不可，必须同步转动，才能使广电行业全面、协调、可持续发展。6. 人才培养与硬件配置要可持续发展。以人为本是科学发展观的基本理念，是把人作为发展的根本动力。

中国广播发展的瓶颈及对策

徐来见在《今传媒》2006 年第 2 期撰文认为，中国广播发展产业化遇到的瓶颈主要有以下四个方面：第一，特殊意识形态属性的制约。第二，体制性障碍的制约。中国包括广播在内的所有媒体都是公有制体制。第三，政策性瓶颈。第四，资金、人才等局限性障碍。针对以上四个方面的障碍，当前我们必须从思想、认识和实践的几个层面上解决好五个方面的问题。一、解放思想，充分、深刻、全面认识广播的产业属性。二、深化广播体制改革和体制创新。三、加快广播政策研究，引导扶持广播发展。四、加快广播人才培养，突破高精尖人才瓶颈。媒体间的竞争，表面上看是受众的竞争，深一步看是传播内容（节目）的竞争，实质上是人才、技术、资金等生产要素的竞争，而人才是诸多要素中的“第一要素”。五、跟上世界广播新技术，大力发展数字广播。

对广播产业发展的几点思考

王明星在《铜陵职业技术学院学报》2006 年第 3 期撰文，从广播产业发展的现实需求出发，从传播学和媒介管理的角度，结合实际，阐述了如何拓展市场，发展多元经济，并提出了具体措施。一、开发接收工具，拓展受众市场。要抢占数字传播先机，开发新的受众市场，同时做锁定式接收，提高受众资源增量；二、塑造广播形象，发展多元经济。当前广播产业发展除了不断塑造频率，节目品牌形象，增加广告创收外，重要的还要开源节流，要跳出频率、跳出广播系统走多元经济发展路子。最后，广播产业发展要建立在以内容为主，体现本土化、个性化的品牌节目前提下，通过新颖的活动创意、周到的综合服务、良好的实际效果，为听众、客户提供全面的宣传。这样就可以在同样的起点上，参与市场竞争，赢得最佳的社会和经济效益。

影响广播文化产业的两个关键词

罗峻伟在《声屏世界》2006 年第 4 期撰文认为，影响广播文化产业的两个关键词一是影响力，二是市场调查。所谓影响力，就是有效覆盖，就是广播效果，是指媒体对社会生活的影响程度。专业频率的影响力主要看三个方面：一是这个频率在广电行业内的影响力。二是这个频率在专业上的影响力。三是这个频率在听众中的影响力，也是专业频率在三个影响力方面最重要的一个影响力指标。从一定意义上说，媒体的影响力决定了媒体的生命力。没有影响力，就没有媒体生存的价值，影响力是衡量媒体生命力的惟一标准。市场调查的目的是知己知彼，摸清楚自己所处的方位、坐标。广播的市场调查主要是两个方面：一是听众调查，包括媒体收听率，知名度，满意度，听众的性别、年龄、职业、阶层、兴趣、爱好等等。听众调查最基本和最主要的内容是收听率调查。二是广告量调查，包括媒体总体广告、媒体单位时间广告含量、广告类别、广告时长、广告播出周期、广告播出后的市场反馈、商家反馈等等。

中国广播电视体制改革的几个关键问题

沈国芳在《艺术百家》2006 年第 6 期撰文认为，广播电视体制是按照一定的社会原则而设立的由广播电视所有权、经营权以及管理权等方面所构成的规范体系，体制选择是否得当，直接影响到广播电视业的发展。下述几个关键问题应该引起决策者和业界的关注。一、选择与国际接轨的广播电视体制模式。中国广播电视业如果在体制上不动真格的，不解决含混的身份问题，不仅自身产业之路举步维艰，而且在参与新一轮国际化的竞争中将付出高昂的制度成本。二、建构高水平的广播电视产业市场体系。成熟的广播电视产业市场体系应该由资本市场、节目市场、播出市场、消费市场和调查市场等构成，从目前的情况看，我国广播电视产业市场体系不仅没有发育成熟，而且充满着危机。三、建立配套的广播电视业管理制度。

中国广播媒介的产业管理与创新空间

曾静平、许学峰、海晓东在《中国广播电视学刊》2006年第8期撰文认为，研究中国广播产业迅速成长的渊源，探索新形势下的管理模式和运行机制，求证新技术和新理念带给广播媒介的创新空间，是未来中国广播媒介管理部门的重要内容。中国广播媒介管理部门的具体管理内容主要有以下几点：一、节目内容开发与制作的管理。二、接收工具生产与开发的管理。三、新服务、新形态的推广与管理。四、广播广告的开发与管理。综上所述，中国广播媒介的产业发展势头强劲，给职能部门和管理者提出了许多前所未有的管理课题。面对中国广播媒介的迅速增长和不可限量的发展空间，中国广播人还有很多事情需要去做，还有很长的路需要去走。

中国传媒市场竞争与广播产业发展

谭天在《声屏世界》2006年第5期撰文认为，2005年中国传媒业在政治和经济两大力量影响下，仍然保持高速稳定的增长，并在新旧传媒的此消彼长中形成新的竞争格局。首先，在中国大陆媒体发展与广播市场方面。传媒业运用市场机制实现两个效益的最佳统一，走产业化之路，已成为我国的第四支柱产业。报业的市场份额实际为14.2%（广告份额8.1%），电视的市场份额为13.3%（广告份额9.4%），而广播业由于它缺乏广告以及其他经营收入，它在整个媒体产业中所占的市场份额只有1%；其次，在广播媒体产业发展与市场分析方面，虽然2005年广播创收较大幅度地超过前几年，但是中国广播产业还远远没有拿到其应有的广告份额。目前，广播广告占全国广告投放总量的2~3%，远远低于欧美等国家的水平。这也说明，我国广播业还有巨大的发展空间；最后，在传媒发展趋势与广播市场机会方面，当今中国媒体市场正在重新洗牌，新媒体可以颠覆传统媒体，也可以拯救传统媒体。

广播媒体产业化研究状况分析

刘志强、李俊健在《中国广播电视学刊》2006年第9期撰文认为，广播产业化研究中存在的问题主要有以下几点：一、研究落后于报纸、电视等媒体。二、研究存在着“单向繁荣”现象。研究成果曲高和寡，理论和实践相脱离，同时绝大多数研究成果来自学术界和管理层，来自广播媒体经营管理层的很少。三、研究尚存在“盲区”。盲区之一：作为一项产业，缺少使命和发展远景的描述，没有系统的发展战略研究体系；盲区之二：对广播听众需求和核心竞争力研究的缺失；盲区之三：对广播产业化经营的研究仍限制在广告经营的狭小领域；盲区之四：组织文化和战略领导者研究的缺失。四、对广播产业所处的环境缺乏系统分析。五、广播媒体产业化研究存在着区域差异和不平衡。1. 不同区域间广播媒体产业化程度不同导致的差异和不平衡；2. 不同层次媒体间存在的差异和不平衡。未来广播产业化研究的走势是：（一）随着广播媒体在产业化进程中体制和机制的创新，广播媒体产业化研究将从目前的如何搞好“经营管理”，逐步向如何搞好“战略管理”的层次迈进。（二）有关战略管理的理论和模型以及微观经济学原理，将更加广泛地应用到广播媒体产业化研究领域，相应的研究将更具有系统性。（三）有关广播媒体产业化进程中改革和创新的实证研究将受到重视，实践和理论互动的时期将到来。（四）广播媒体产业化研究将由现在宽泛的、宏观的讨论，趋向个体的、有针对性的研究，从而推动一些广播媒体率先进入“战略管理”时代。

WTO与中国电影频道经营策略

赵宁宇在《当代电影》2002年第1期撰文指出，中国如愿加入WTO之后，中国电影业和各相关文化/娱乐产业都将面临巨大的机遇和挑战，电影频道的竞争在今后的数年内将极为激烈，它也将导致电影频道内部结构的调整、电影创作资金运作与规格要求的变化，直至影响到中国电影业/电视业的产业结构。电影频道作为以电影节目为主体的专业频道，是现时中国电影业面向受众的最主要传播平台，是对电影业和电视业都产生重要影响的重要阵地。但由于电影频道独一无二的特殊性质和地位、巨大的影响力和丰厚的经济收益，国际资金必然会不遗余力地进入电影频道，包括建立新的电影频道。国外机构将全力向中国销售电影节目，国外机构在掌握自己的电影频道之后，还会努力进行电影节目本土化，最终，国外机构在运行中将逐步改变中国的管理体制和观众口味。

广播与新媒体结合趋势及运作思考

仲富兰在《中国广播》2006年第10期撰文认为，广播与新媒体结合这个问题的现实背景主要有以下几点：其一，“我们正在融入世界”。其二，“市场大门正在洞开”。其三，“听众成分正在变化”。其四，“新媒体与广播秋波频送”。而传统广播与新媒体结合的三大趋势主要是：1. 与网络电台的互补趋势。2.“播客”形式的互动趋势。3. 与数字广播的互利趋势。顺应广播与新媒体结合趋势的运作应注意以下几点：1.“内容为王，节目取胜”依然是广播与新媒体结合制胜的法宝。2. 开辟融资渠道，介入资本市场，为广播与新媒体结合开辟资金支持。3. 着力打造广播与新媒体结合的盈利模式。4. 继续转变广播机构的角色定位，增强与新媒体的良性互动功能。5. 强化“研究受众，服务受众”的意识。

广播电视传媒资本运作之思考

胡韶林在《中国广播电视学刊》2006 年第 11 期撰文，首先提出了自己对广播电视传媒资本运作的基本判断。1. 广播电视传媒产业还没有真正“热”起来。2. 中国广播电视传媒产业的投资仍然属于“高风险”投资。因此，保持清醒明智的头脑，采取更加科学缜密的投资操作则是十分必要的。3. 广播电视传媒产业具有未来可持续发展的良好前景。当前广播电视传媒资本运作的对策及途径是：1. 进行体制机制创新。一是要强化媒体的经营属性，实行企业化改造。二是要进一步进行人事、分配、保障制度改革。2. 加快广播电视传媒法制化进程，用法律解决政策性障碍。3. 建立科学的广播电视资源评估体系。4. 加快行业的资源整合步伐。5. 打破区域界限，解决块块分割对广播电视发展的束缚。广播电视是一个公共服务体系，覆盖面越大单位产品的生产成本就越低，影响力就越大，媒体效益就越佳。

跨国制作、商业电影与消费文化

尹鸿在《当代电影》2002 年第 2 期撰文指出，《大腕》为全球化时期的中国商业电影文化模式的建构提供了一个样本。可以预期，这样的电影模式将来很可能改变中国电影的意义和格局。中国电影目前最大的危机在于缺乏市场竞争和开放的能力。从这个意义上来说，《大腕》是中国电影——尽管不是一部严格意义上的中国电影——难能可贵的收获，它不仅引起了媒介的广泛关注，而且创造了年度中国电影市场的票房纪录，从而名利双收。在网络那种带有隐秘消费性的传播方式的冲击下，在媒介产业的巨大诱惑下，目前的大众媒介似乎比以往任何时候都更加变本加厉地做“秀”，传媒在贩卖产品的同时也贩卖了文化所有的终极意义。中国虽然身临着世纪的转折和社会的转型，但是中国电影如同如今的中国文化，似乎没有任何的世纪末情结，甚至没有任何的反省或者自问的冲动。然而，“秀”总归是“秀”，电影和大众媒介作为一个现代社会的公共空间，它不可能完全放弃其人文的意义。

加入 WTO 和中国电影生产力的再定位

倪震在《北京电影学院学报》2002 年第 4 期撰文指出，加入 WTO 之后，中国电影的保护政策其实不止于限制进口和限定放映时间，更核心、更有效的保护民族电影政策，还是调整和更新中国电影生产力。与中国电影生产力提升和优化相关的课题有：1. 拓展电影类型和生产力配置。2. 作为电影生产力保证的人才群落。3. 从电影市场开发反观中国电影生产力更新。第一，我们必须开发国际市场，首先要开发亚洲电影市场。我国电影由于十分注重民族性和意识形态效应，对亚洲电影的汇合和跨国合作不太关注。有的电影制片机构更关注与欧美合作，企望从合拍和协拍中获得实利，而很少关注与亚洲国家合作中取得文化和市场上的长远的收益。第二，中国电影发行机构必须着力开发目标性市场，注重观众分流，销售定位。针对市场需求着力于精致化、高质量的电影产品。

国际电影贸易格局与中国电影产业对策

李怀亮在《文艺研究》2002 年第 5 期撰文指出，随着经济的全球化，文化商品市场也越来越全球化了。目前，国际文化商品和服务贸易的市场结构是极不平衡的。表现之一是全球性垄断寡头已经形成，表现之二是全球文化贸易额的绝大部分是在很少几个国家之间进行的。加入 WTO 意味着中国将按照自己并不熟悉的规则，加入到受到强手操纵的全球市场竞赛之中。政府对民族电影产业的扶持最主要的是以法律的形式肯定电影作为产业的性质，为电影的产业化提供政治上和制度上的保证。由于既缺乏政治保障和体制保障，又缺乏产业运作的经验，中国电影至今仍处在一种“前产业化阶段”。中国电影目前最大的问题不是资金问题，也不是配额问题，而是体制问题。体制问题不解决，到国际市场上去竞争，就等于戴着镣铐跳舞。其次，政府应该以法律的形式保障对民族电影补贴、投资力度并进一步改革、完善现行补贴投资方式。近年来，政府的资金投入对我国电影事业的发展起到了重要作用，同时，我们也应该清醒地认识到，目前对于政府补贴资金的利用，还存在着严重的问题，中国电影的财政补贴方式已经到了非改不可的地步。

好莱坞的全球化与中国电影的发展

尹鸿在《电影评介》2002 年第 2 期、第 3 期撰文认为，中国电影与好莱坞相比不仅仅体现为资金缺乏，设备陈旧，人才短缺，最重要的是中国根本没有形成成熟的产业机制，也缺乏成熟的市场支持，更缺乏适应文化产业发展的体制保证。目前中国电影所面对的好莱坞的冲击，无论是外部环境或是内部条件，在一定程度上都更加严峻。中国民族电影最显而易见的优势在于中国有着完全不同于美国和其他西方国家的悠久的而且渗透到现代生活的各个层面的文化传统。但中国与西方世界毕竟有着极大的文化差异，这种差异不仅意味着好莱坞电影很难替代中国本土电影的文化亲同性，而且也意味着中国电影在亚洲，在世界的华人文化区都可能具有好莱坞电影所不能替代的文化亲同性。中国电影发展的根本动力和目标仍然是最简单的道理——解放生产力，最大限度地调动电影从业人员的创造性和积极性。而解放生产力的关键则在于从制度上而不仅仅是从观念上确立电影的文化产业本性，真正从体制上完成电影生产和流通方式从计划经济模式向市场经济模式的转型。而且，产业化是符合现代经济发展规律的产业化是中国电影目前惟一的机会。

积极探索发展电影产业

梁长伦在《文化时空》2002 年第 8 期撰文指出，要建设有中国特色的社会主义文化，就必须改革旧的文化体制。只有按照社会主义市场经济大环境的总体要求才能大力发展电影产业。电影产业的生产、服务及为满足人们精神文化生活需求的目的性诉求都是以“市场”为中心来实践完成的，“市场”对电影产业的介入不仅仅是手段性的，而是整体性的、本质性的和决定性的。电影业如果要重返轰动效应的时代，就必须通过弘扬自身的经济功能，走向市场，变“事业”为“产业”让电影真正成为市场中的企业，才能使电影业成为社会主义经济建设中不可缺少的重要的新的增长点。电影行业改革的最终目的，应是建立一个中国电影业能形成自身良性循环的市场运作机制和体制。在社会主义市场经济的条件下，通过大力发展电影产业促进电影市场的繁荣，才有可能使电影的市场体系更加完善。电影业的市场化、产业化、多元化和法制化，应成为行业发展的基本方向。

析“全球化”的中国电影产业

张会军在《中外文化交流》2002 年第 10 期撰文指出，面对“全球化”经济，面对中国加入 WTO，对未来中国电影的形势，中国电影节的业内人士和专家、学者有三种不同认识。一是促进说。认为“世界电影”（外国电影）对我国电影市场不存在毁灭性的打击，“全球化”环境和“入世”的结果，对中国电影完全是一种市场激励和促进。二是灾难说。认为中国电影无法面对西方的强势，将逐渐在电影制作中迎合“资本主义”而磨灭中国的民族特征与文化特点，将对我国电影市场带来巨大的冲击和颠覆，使之成为西方电影的附庸和市场补充。三是机遇挑战说。认为“全球化”主要表现为人类先进的经济基础和文化价值的共同化和普适化，“全球化”的结果对任何一个国家都是机遇和挑战。上述三种观点仅仅反映了“全球化”本质和“全球化”环境下电影现状的一个侧面。“全球化”既有经济内涵，又有政治和文化内涵，经济上可以“全球化”，但在政治上、文化上永远不可能“全球化”。面对挑战我们应当：强化竞争机制，加速电影改革；建立国家级的电影高新技术研发中心；利用国家宏观调控机制，成立跨行业的文化电影电视机构；强化电影专业复合人才的培养；建立有竞争机制的全国电影放映院线系统。

国产电影应加大资金投入力度

帅锦平在《中南民族大学学报》（人文社会科学版）2002 年第 S1 期撰文指出，资金的投入不足阻碍了当前我国电影市场的发展。投资不足，资金来源渠道狭窄直接制约着电影产业的发展。造成这种状况有以下几个方面的原因。首先，无论是管理层还是业界都没有把电影作为一个产业来对待。其次，产业化观念没有形成，直接带来决策部门投资政策的失误。再次，投资不足，与投资渠道不畅通，投资来源少也有相当的关系。扩展投资渠道，加强对电影产业的投入应当做到以下几点：第一，要加强政策引导，作为管理层要从观念上认识到电影产业的潜在经济效益。第二，政府除直接投资外，还可以制定相应政策扶持电影产业发展。第三，设立电影产业投资基金。第四，积极引进、吸收外资。

2003：透视中国电影产业投资

赵子忠在《现代传播》2003 年第 1 期撰文指出，2003 年，中国电影产业仍在转型期中。就中国电影产业现在这个特殊时期来讲，是资源制约了业务。中国电影产业在资金方面存在严重短缺现象，主要表现在：制片投资规模小，院线整合需要资金，影片营销需要资金，影院新建与改造资金匮乏。但同时，电影巨大的需求和电影票房成绩形成了强烈的反差，中国电影市场有着巨大的市场潜力，激活市场成为中国电影必然出路。产业振兴的启动资源成为关键。中国电影产业投资，必须面对两个具有弹性的问题。其一是电影产业“木桶效应”。要解决“木桶效应”，中国电影产业各个环节投资需要整个系统的配合，当务之急就是电影产业各环节同时达到一个基准点，这个基准点的确立标志着电影产业转型期的结束，也意味着电影产业进入发展期。其二是政府的尺子。对于中国媒介产业来讲，政府对于资金来源的管理，正面临从单一向多元的转变。

数字电影：中国电影产业在数媒经济时代的机会

刘军在《北京电影学院学报》2003年第1期撰文指出，"数媒经济"是指在信息产业的领域中，数字媒体将代表主要的经济力量和经济发展方向。电影产业无疑必须遵守数媒经济时代规定的外部特性，数字化、国际合作、产业联合和以观众需要为中心是其未来发展的必然之路。对于困境中的中国电影产业来说，数字电影带来的机会主要体现在三个方面：一是建立数字院线，可以建立中国特色的商业模式和寻求产业水平的跳跃式发展。二是建立数字中心，可以除却发行系统顽疾的数字利器。三是建立数字媒体综合娱乐中心，可以形成观众群体的回归和广告的前景。

论中国电影的商业化历程

盘剑在《电影艺术》2003年第4期撰文指出，中国电影对电影商业本性的认识和表达迄今并不准确，虽然经过了近百年的发展仍然没有真正走上商业化的道路，而只是经历了三个与商业有关却又对电影商业化无益甚至有害的阶段：唯商业阶段、非商业阶段和准商业阶段。在1949年作为公有制社会的中华人民共和国成立之前的一个时期内，中国电影的"唯商业性"倾向非常明显。1949—1951年袁牧之任电影局局长期间，新中国电影曾基本实现了企业化管理的目标，而随着袁牧之的离职，中国电影便开始了长达三十多年的非商业化时期。在中国电影的非商业阶段，其非商业化创作既是由彼时特定的政治形势和经济体制所决定，也能基本满足在国门封闭的情况下完全缺乏跨文化交流的国民观众的非娱乐性——纯教化性，或以政治教化为娱乐的艺术审美需求。当然，这一切只是建立在闭关自守、远离世界潮流的前提下。一旦打开国门，与世界接轨，中国电影马上面临巨大的危机。此外，中国电影业存在着太多的非商业化因素，在这些因素的干扰下，中国电影迄今充其量只能算是处于一种准商业化状态。这种准商业化的"准"即"不完全性"或"发育不成熟"。

市场化与民族化
——用《英雄》透视新世纪中国电影走向

沈光虎在《电影评介》2003年第3期撰文指出，新世纪初张艺谋导演的巨片《英雄》不能说代表了中国电影的走向，但可以说它必然影响中国电影的走向。在商业运作上《英雄》取得了巨大成功的很重要的一个原因就是对"符号"的操纵。虽然就整个社会来看，中国并不是一个消费社会，但在都市已具有消费社会的某些特征，消费必然导致对"符号"的积极操纵。张艺谋已不满足于国际奖台上的巨人与消费市场上的侏儒这一双重身份，他要创造影片在市场运作上的神话，实现自我的超越。张艺谋的自我否定是出于自己的无奈，无奈之一是历史武侠片的诱惑，无奈之二是好莱坞的文化渗透。透过张艺谋的无奈我们可以看到，他在否定自我的同时却忽视了：好莱坞重视商业运作重视票房并没有错，但与影片注重反映民族文化底蕴，具有深厚内容并不存在矛盾；另外，历史武侠题材的影片并不是获得最多观众的最根本原因。透过《英雄》的过程与不足，中国电影要走向世界首先要走市场化的道路坚持自己的艺术个性，勇于探索，勇于创新；其次，走民族化的道路，关注中国人的生存方式、生命体验，揭示中国的历史文化底蕴。只有这样，中国的电影才能走向世界，真正成为名副其实的世界的中国电影。

电影的困境与出路思考

曹小晶在《西安石油学院学报》（社会科学版）2003年第3期撰文指出，电影人、电影业不得不面对这样的事实：首先是电影观众在全世界范围内的锐减。由此而产生的连锁反应是电影生产多样性的衰减，越没有人看，越没有人投资电影；越没有人投资，越没有好电影可看。伴随着人类社会逐渐进入后工业社会，人类休闲和娱乐的方式愈来愈多样化，电影在人们心中已失去了以往对它情有独钟的热情和向往。面对困境，冷静地分析现象，剖析现象背后的真实、具体原因，是电影应对的必由之路。首先，我们可以看到伴随着电影院观众大量衰减的同时，家庭影院的观众数量却在急剧上升，电影在影院放映的时间有限了，但与之紧密相关，以电影制作为母体的电影录像业、影碟市场却风力正劲。其次，我们还可以看到，目前各国电影，尤其是发展中国家的电影，虽然在全球化的大背景下，逐渐在向产业化迈进，但传统体制遗留下来的制约因素还是很多，这些因素成为电影业发展的一大障碍。再次，发展中国家电影市场不够规范，缺乏科学管理，不但没有统一遵守的游戏规则，而且缺乏长远的计划性和目的性。因此电影的未来出路在于：一是电影向电视渗透和交融。二是使电影行业真正产业化、市场化。

由数字技术引起的关于电影制作与观念的思考

张会军在《北京电影学院学报》2003年第6期撰文指出，数字技术使电影进入了"后电影"和后现代，从而彻底改变了传统电影的制作方式和存在形式。数字电影强调的是电影思维的无限主义，导致了电影手法的自由主义和银幕效果的多元主义。在电影前期筹备阶段，数字技术无处不在；在制作拍摄阶段，数字技术充分利用；在后期制作阶段，数字技术无所不能；在发行放映阶段，数字技术方便快捷。数字化是21世纪的新课题，也是最重要的课题。数字化电影制作是电影人面临的最重大的挑战之一。当然也是最重大的机遇之一。数字化生存与创造正在成为我们生活的一个不可分割的有机组成部分。电影制作中的数字技术体系的建立，无论是从制作上、艺术上、后期上、发行上、放映上，还是从象征意义上，带给我们的都不仅仅是方便，不仅仅是一种处理平台，而更多的是给我们一种视觉创造的启示，给我们一种全新的思维观念。

中国早期电影市场略考

宋维才在《当代电影》2004年第2期撰文认为，电影传入中国，主要的不是一种新技术、新文明的传播，而是一种商业活动，最初进入中国的电影是作为一种奇观吸引观众的。中国最早的电影院出现在香港。上海出现电影院，要比香港晚几年。和香港、上海不同，北京的第一座电影院是由中国人自己开办的。除香港、上海、北京外，各主要城市也陆续出现了专门的电影院。专门电影院的出现，意味着稳定的电影市场开始形成，而一旦形成稳定的电影市场，必然刺激电影制片业的发展，整个电影产业就会运作起来。到1921年，中国各大城市所开办的专门电影院的数量应该在50座以上，再加上团体租映和流动放映，一个稳定的初具规模的电影市场已经形成。在这个市场的形成过程中，外资、外商起着决定性的作用并最终取得了在市场上的垄断地位，当时中国经济发展和城市化进程的极度不平衡，再加上战争、交通等因素，使得各地电影市场悬殊巨大。

建立规范的电影市场机制

万挺童在《电影艺术》2003年第6期撰文指出，院线制的实施，是中国电影人虚心学习国外电影市场经济运作和国际接轨的一项重要改革措施。它为中国电影迈向市场，走向世界提供了一个良好的开端。同时它也要求电影制作厂家在电影创作和生产时更新观念、面对市场、面对观众、面对世界，加强影片观赏性，把民族精神潜移默化地融入国产影片中。中国加入世贸组织后，中国的电影市场更加感受到境外影片的冲击，这对处于低谷的中国电影界无疑是雪上加霜，中国电影市场的现状不容乐观。文中指出，随着电影行业改革的不断深入和电影经济文化市场运作不断变化的过程，建立电影院线制的新观念，以此解决阻碍电影业发展的诸多问题，在法制的基础上彻底规范电影制片管理活动中的一切行为，建立健全相关的电影法律、法规，整顿电影市场，规范影片参评条件，杜绝影视圈内的一切暗箱操作，客观、公开进行影片宣传、发行、交易，公开厂务，加强群众监督，形成适应社会主义市场经济体制的中国电影市场新格局。建立一种统一开放、公平竞争、规范有序、依法经营的电影市场，需要一批有一定的政治思想素质和工作能力的电影经营管理者来进行运作。

市场主宰背景下的中国电影艺术文化观念辨析

周星在《当代电影》2004年第2期撰文认为，在推崇市场评判，实施产业举措的合理性时，恰恰不应该抛弃艺术的观念。首先，“艺术”并非技巧而是艺术创造。其次，要认识到艺术是包含思想内涵与方法手段的指称。再次，艺术是适应大众趣味与个性发挥的要素。艺术创造是决定艺术的根本要素，把握创造的内涵就极其重要。艺术创造包括了对艺术表现内容的创造性领悟，对艺术人的艺术素养的创造性特质要求，也包含了艺术对市场意识的创造性把握。倡导艺术的意义包括：第一，坚持电影的艺术品格才能保证精神产品的人文精神。第二，坚持电影的艺术水准才能抗衡庸俗倾向的蔓延。第三，坚持电影的艺术方向才能实现长远发展。艺术是商业的实现条件之一，商业也可能是艺术的存在基础。电影艺术是开放的和独立品格的统一，它不是商业的附庸，但必须兼顾商业利益；商业手段是艺术不可漠视的，但市场需要的一切形式背后则是艺术的文化依据和心理内涵。

内地影视片，差距在哪里

欧阳觅剑在《南风窗》2004年第2期撰文指出，内地与香港在电影制作上的差距，是显而易见的。第一层原因是制作者的观念跟不上时代，观念落后，没有丰富的个性。第二层原因是制作者的专业水平不高，不能接近真实。第三层原因是职业化程度低，屡败屡战，屡战屡败。现在的影视界怠于提高专业水平，他们还没有真正职业化。在我们这样的非职业化的社会结构下，敬业是靠某些人的信念来维系，因此只会是少数人、小范围的，这些人的高水平很难带动其他人。中国影视业的竞争日趋激烈，但目前发展还很不充分，人才储备、运作资本还很有限，不可能形成充分竞争。竞争不够激烈，这似乎就是问题的根本，但深层原因是市场规模小。第四层的原因就是社会资源的数量小。资源的数量决定市场和产业规模的大小，进而决定竞争格局与职业化的社会结构是否能够形成，而职业化程度又决定社会整体的专业水平，专业水平会影响到人们的观念和行为，高水平会使观念和行为更接近真实。

2002—2003，中国电影产业备忘

尹鸿在《电影艺术》2004 年第 2 期、第 3 期撰文认为，中国电影没有真正进入人们期待已久的所谓的“高潮”，中国电影仍然在产业危机的漩涡中徘徊。对于中国电影来说，2002—2003 年度仍然还是一个蓄积能量、调整姿态、寻找出路的年度。首先，在“加快产业化进程”的指导原则下，在 2002—2003 年度中国电影政府管理机构，比以往任何时期，都更加积极和自觉地创造条件推动中国电影的产业化改革。其次，社会力量逐渐成为国产电影的主力，社会资金正在为中国电影生产注入活力，中外合拍则为中国电影提供了一种国际平台，取消香港电影的配额限制也为国产电影数量的增加提供了来源。第三，风险过大而利益过小成为制约电影制作业发展的主要矛盾。

华语电影：在互渗互补互促中拓展

周斌在《复旦学报》（社会科学版）2004 年第 4 期撰文指出，从总体上来看，以中国大陆和香港、台湾地区的电影创作为主体的华语电影，是在互渗互补互促中不断拓展的。把华语电影作为一个整体加以比较研究和探讨总结，既有利于从宏观上把握华语电影的审美特点和发展趋向，又有利于增强民族意识，弘扬中华文化。两岸三地的电影创作在表现和弘扬中华文化方面既有共同性，又具有不同的特点，各擅其长、相互协作的局面正在形成，大中华电影文化也正在世界影坛上显示出自己独特的艺术风采。从变革创新上看，华语电影焕发了新貌。两岸三地新电影的创作，形成了华语电影的变革创新浪潮，不仅提高了华语电影的艺术品位和国际地位，扩大了其在世界影坛上的影响，而且培养和形成了一支具有现代性的创作观念、艺术视野较开阔且敢于不断进行变革创新的电影创作队伍。从交流合作上看，华语电影呈现出整体优势。近年来，随着国家有关政策的调整，大陆电影市场向香港敞开了大门，港产影片进入内地将不受限制，大陆与香港的合拍影片将享受国产片的待遇，港方还可控股内地影院。这些优惠政策的实施，将更有力地促进大陆电影与香港电影的融合与发展。

创意产业视野中的主流商业电影叙事策略

刘藩在《电影艺术》2006 年第 3 期撰文认为，电影是一种核心创意产业，主流商业电影具有创意为王、多重开发的特点。它为整个大电影产业贡献了大部分的收入。一部电影的创意在当代已经成为众多商业开发的灵感。这些商业活动之间的协同性正越来越高，企业更容易通过更少的灵感获得更多的利润，这些特点影响了主流商业电影的叙事策略。大体来讲，主流商业电影的叙事策略有两种要求：一要保证电影本身很酷、很棒，能为观众带来极大的观影快感；二要尽量创造电影创意以不同形式、通过不同载体进行多重开发的潜能。这就要求电影叙事应当考虑到其他可能的商业开发形态对叙事的要求。主流商业电影的快感导向与创意多重开发的特点会在电影创意之初就开始影响并指导电影本身的文化内容和美学创意。主流商业电影经常会采取以下一些叙事策略：1. 偏重于电影叙事的情感效果的有认同叙事、戏剧化叙事、道德化叙事、欲望叙事、非现实化叙事、准神话叙事；2. 目的在于激发少量的思考乐趣的浅层化叙事策略；3. 在于感观刺激效果的奇观叙事策略。这些叙事策略为制造那种诱人的大制作电影奠定了内在的基础。

从市场看中国电影

李东在《电影艺术》2004 年第 4 期撰文，指出了中国电影有三大优势：1. 中国电影反映的都是老百姓身边的事，如反腐倡廉、打黑除恶等，都是百姓最关心的事，所以有很大的市场。2. 这两年中国电影的制作越来越精良，特技制作水平正在追赶美国大片，可视性强也能吸引大量观众。3. 近几年民营、股份制、个体的发行、制作公司风起云涌，他们是以盈利为目的的公司，可见他们是看好中国电影市场的。目前电影改革最紧迫的问题是：1. 重新分析研究制片、发行、放映三者之间经济利益分配关系，使电影的造血、回血机能加强。2. 加强市场的监管及经营管理人员的法制教育、业务素质培训，尽力减少偷漏瞒报。3. 大力扶持第三产业即流通环节，使物畅其流。另外改革电影剧本审查、影片审查、制定电影分级方案、外资进入中国制/发/放各环节，影片进口放开都应纳入电影中长期改革方案的整体规划中全面考虑。

关注民营影视产业的发展

曾玉立、王疆在《电影艺术》2004 年第 6 期撰文认为，民营影视产业近年来呈现出蓬勃发展的态势。一个标志是，民营资本普遍看好影视产业，民营企业投资影视产业渐成规模，所占比例逐年提高。另一个标志是，一批大型民营影视企业崭露头角，初具规模。民营影视企业在发展中还存在着一些亟待解决的问题。一是民营资本进入影视产业的投资行为还有待进一步规范。二是一些民营影视企业自身准备不足，对我国影视业发展的政策法规、市场规律了解不多，对投资风险认识不足。三是目前民营影视企业小、散、滥的现象还比较严重，

规模化、集团化的制作生产能力还很不强，能够进入海外影视市场的民营企业和影视产品更少。四是在国有影视制作部门与民营影视企业的合作中，防止国有资产流失，确保国有资产保值增值的任务还很艰巨。在发展影视产业特别是民营影视产业时，需要注意把握好以下几个方面：一是把握好经济效益与社会效益的关系。二是把握好弘扬主旋律与提倡多样化的关系。三是把握好继承传统和借鉴创新的关系。四是把握好行业自律和政府管理的关系。

从资本运作的角度看待中国电影产业的发展

张江艺在《电影艺术》2005 年第 1 期撰文指出，资本运作是电影业自觉产业化的关键。首先，自 2002 年始，电影业进入新一轮的改革，包括认识上的转变和政策的落实。但改革明显存在两个问题：一是改革核心的缺失。二是由于现行所有改革都是官方主导主持的改革，这虽然保证了改革的稳定性，但是由于未考虑足资本在市场中的作用，这种自上而下的改革大多是行政性的命令，从而使电影业的资源配置带上过多的行政化色彩。其次，从电影产业化改革长远未来的考虑，以资本来运作市场，对于电影产业化的益处显而易见。从产业体系的多元化角度看，资本运作为核心的电影产业化改革，将能促使电影业自身自觉地优化产业结构，促成产业体系的多元化。从国有电影企业的体制创新角度来看，也需要靠各种资本的市场化介入，以资本利益格局为基础来创造一种新的体制。从电影产业发展的长远角度上看，资本运作的意义不仅仅是促成平台上的公平竞争，而将由于市场的充分开放和市场主体的自发推动，而改变目前不规范、不完善的状态，培育一个统一的、开放的、完整的且有延伸空间的市场，并反过来再促进平台上的公平竞争，从而以良性的循环促使电影的产业化进入良性的发展阶段，最终使中国电影产业几百亿的潜在市场得以浮现。

试论我国电影产业营销改革

丁晓在《经济师》2004 年第 8 期撰文，从营销理论的三个方面分析了我国电影产业的现状及对策。他指出我国现阶段电影产业缺乏有市场吸引力的产品，缺乏符合市场规律的发行体制，需要多元化的促销手段。我国现阶段电影产业的对策，首先应该是电影作品的繁荣。电影产业应该把市场营销的原理引进产业化进程，包括单片制度的实行，学习好莱坞的营销经验，注意不同的观众对电影的不同偏好和需求，深化电影产业的产品开发过程。其次是院线制的建立。以若干家影院为依托，以资本和供片为纽带，由一个电影发行主体和若干电影院组合形成，实行统一品牌、统一排片、统一经营、统一管理的发行放映机制。第三还需要更多的促销方式。除了培育观众电影消费的文化氛围，对于具体的电影作品而言，还需要引进现代化的促销手段。

产业化之路上的创意危机

田卉群在《电影艺术》2006 年第 3 期撰文认为，中国电影的产业化在营销方面已经初见成效，但却面临创意危机。首先，电影产业犹如一架天平，它的一端是营销，另一端是创意。“创意”，曾经被理解为“艺术”，这一误解可能会导致巨大的危机。改革开放以来，中国电影以第五代导演的艺术片获得世界范围的瞩目，然而第五代导演的电影并未能奠定中国电影产业化的基础，对艺术的自由表现的狂热追求，使得浮出水面的第六代付出了惨痛的代价。其次，三巨头导演张艺谋、陈凯歌、冯小刚在票房大战中占有了大半江山。这少数几位导演的创作枯竭期一旦到来，剥去影片作为共同消费的文化事件的外衣，里面是平淡无奇甚至谈不上创意的创意，这些中国式大片将只能成为中国观众“群众性癫狂”自娱自乐的作品，无法体现出国产电影大片作为文化产业的其他本质特征，必将在与世界电影的竞争中遭到淘汰。再次，创意的匮乏被掩盖在浮泛喧嚣的文化事件之下，但是伴随着民众自觉意识和民主精神的觉醒，“群众性癫狂”的逐渐平息，被过度消费的文化事件终将恢复正常，三大巨头恐怕将不再成为一呼百应的票房灵药。以电影大片创造文化事件的营销手段失效之后，或许中国电影产业化之路将更为成熟和稳健。

中国电影市场的内忧外患

晓临在《时代潮》2004 年第 24 期撰文指出，在中国，电影衰落是伴随整个现代文化市场的兴起而出现的必然现象。但与此同时，国产电影可看性提高的程度并不明显，不足以形成挽救颓势的杀手锏。中国电影市场存在支付能力和消费愿望之间、电影消费结构以年轻人为主力群落和年轻观众消失两大结构性的矛盾。目前，我国的电影市场中电影票房存在“贵族化”倾向，人为地将电影拖向“高消费文化”。真正把闲暇时间“投资”在娱乐、影视消费上的，主要集中在不富裕或者贫困阶层。当务之急是把电影还原为大众口味文化的消费，让那些因买不起电影票而被拒之影院门外的普通百姓走进影院。中国电影市场低迷固然有娱乐方式多元化冲击的因素，但国产电影质量不高难以引起观众兴趣也是重要原因。尽管中国电影市场目前的整体状况仍令人堪忧，但只要有质量高的电影，观众还是非常喜欢看的。

市场观念与电影策划

陈德赛在《电影艺术》2005年第1期撰文指出，“策划”在影片中是非常重要的，它是影片“如何商品化”的工作方法和程序。对“策划”的最基本的职能要求是：策划必须在逻辑上符合并反映市场资源配置、调节的基本规律，完成在市场“运行链”上本体的职责。“策划”具有“运作”的特性，“策划”又具有“科学”的特性。影响“策划”有两大因素。第一，市场对创作策划的影响。第二，企业本身的决策机构和机制的确立。目前，电影市场经济决策运作中，有些亟待解决的问题：第一，影响创作决策的关键问题是对信息不够重视和信息不真实、不完整、不准确。第二，客观地说观念的转变是艰难的自我革命，要有个不断实践、摸索的过程。第三，策划部门有再好的策划，落实下来仍是首先由编剧完成。第四，最根本的问题是电影创作人员自身观念的更新。

中国电影产业年度备忘

尹鸿、王晓丰在《当代电影》2005年第2期撰文指出，2004年中国电影产业的结构性调整呈现了四个年度标志：电影投资和电影生产创历史新高；社会/民营电影企业与中国电影集团等国有电影企业共同构成中国电影产业的主力军并开始向综合型媒介集团发展；电影收入的主要指标大幅度增加，国际市场、电视和其他版权交易成为重要电影市场，促进了大电影产业的雏形基本形成；电影进入整合营销，大制作电影和电影品牌成为中国电影产业的核心资源，市场空前活跃和电影消费热情逐渐扩展。同时，中国电影产业改革也仍然面临深层的产业矛盾：按照市场需要有序规划、制作、投放并且能够经受市场考验的产品数量仍然不足；电影发行、院线的规模化经营、专业化运作和多元化市场仍然不够；电影票价居高不下，观众人次增长缓慢，市场需求没有充分释放；电影法规政策仍然缺位，电影产业仍然面临不可预测的政策风险；能够与世界电影艺术、技术发展保持同步，又具有市场意识和观众意识的青年电影人才匮乏，成为中国电影产业持续发展的制约性瓶颈。

中国电影体制改革的方法和基础

于中宁在《电影艺术》2005年第1期撰文指出，我们进行电影行业体制改革的时候，首先要参考两个东西，一个是国内其他行业改革的一些经验教训，还有一个是美国好莱坞电影体制的发展、变革及其实质。当一个产业需要进行设计，而不是自由发展的时候，怎样设计它的结构是非常重要的。这个问题可以归结为四点。首先，怎么样去安排竞争结构和垄断结构之间的平衡。其次是怎样进行企业结构的设计。第三是企业的战略问题。第四是决策过程的民主化、科学化。中国电影体制的特点有以下几个方面：第一个是中国电影的假垄断地位。第二个特点是体制混乱、权力分割。第三个是缺少核心能力和不良资产化。第四个是电影频道和进口影片的支撑作用非常明显。第五个是潜在市场容量巨大。总体来说，改革措施在体制外成效显著，体制内基本上没有成效，这就是中国电影总体上是低收入，国有资产处于破产边缘的原因。体制内没有成效是因为体制基本上没有太大改变。电影改革的方向应该是媒体集团化。电影改革的基础是资产最大化。我们应该建立调查研究机构，认真定出改革方案，对于电影、广播、电视的改革要有一盘棋的思想。

全球化背景下中国电影的国际化策略

尹鸿在《文艺理论与批评》2005年第5期撰文认为，1980年代末期以来，中国电影在努力探索一种后殖民状态下的国际化策略。这种策略经历了三个阶段：民俗电影时期，中国第五代电影导演以国际电影节获奖为突破口“走向世界”，以一批所谓的中国民俗化影片形成了中国电影第一次国际化浪潮。独立电影时期，中国“第六代”、“第七代”的新生代导演以体制外操作的被称为所谓的“地下电影”，在国际电影节上以一种“另类”形态继续着中国电影的国际影响。跨国制作时期，中国的第五代和第六代导演全面进入吸收全球资本、面对国际市场的电影产业主流。中国电影开拓国际空间目前需要进行五方面的努力：1. 组建经过所有制改造的具有国际营销实力的国际性的电影制片、发行机构，形成规模适当的符合现代企业发展规律的专业化、流水线化的国际性电影企业；2. 积极从国外和国内一流大学以及其他企业吸收一批能够从事跨国经济的具有电影专业素质的电影经营管理人才；3. 从资金和政策上支持生产一批按照国际市场需要制作的影片，创造“中国制造”的电影品牌；4. 要求国产电影在制作技术和艺术标准上而不是制作规模上与国际电影接轨；5. 积极开发电影的多媒体产品，通过电视、录像带、DVD、网络等创造电影附加值。

中国电影企业发展战略研究现状分析

高红岩在《北京电影学院学报》2005年第6期撰文指出，根据研究者研究重点的不同，对电影企业发展战略的研究可以分为跨产业、电影产业以及电影企业三个角度。通过对这三个角度的研究现状的分析得出以下结论：1. 国外学者已经尝试着把经济学、管理学的最新理论运用于电影企业的研究，有着较为成熟的学术规范；国内研究由于起步较晚，理论深度则有待提高。国外研究多从电影企业本身出发，研究电影企业的发展问题；国内研究多从电影产业的角度出发，研究中国电影的产业化和市场化问题。2. 特殊性研究相对较少。这表现为在电影企业的战略研究中，较少考虑电影企业本身的特点以及不同环境背景下的电影企业的特点对于发展战略的影响。3. 对战略类型的研究较多，而对战略实施过程研究较少。对于电影企业的发展战略研究，应该强调其过程性，既重视战略的制定，更要重视战略的实施。4. 对不同角度的发展战略进行整合性研究较少。为了中国电影企业的长远发展，有必要在借鉴西方电影企业发展理论资源的同时，结合中国电影企业的独特历史、现状和未来，探索适合中国电影企业发展的战略模式。

2004 中国电影产业状况辨析

李稚田在《电影艺术》2005 年第 2 期撰文认为，2004 年电影事业的发展有个关键词即产业年。首先，电影的生产力已经表现出“解放”的变化：1. 电影产业自 2002 年呈现良好的发展态势，国产电影产量有了较大幅度增长。2. 国产电影的质量有了明显提高。在加入 WTO 以后每年外国大片的进入量加倍的情况下，国产电影票房所占的市场份额已经是第二年超出外国电影。中国电影在国际上亦成功地走进海外主流市场，并创造出惊人的票房奇迹。3. 数字电影的方兴未艾。近几年来，我国电影主管部门密切跟踪世界数字电影的最新技术，投入了大量人力物力与资金，出台了很多政策与法规，积极将数字电影应用到制片和发行放映领域。4. 电影产业扎扎实实地开发二级市场与农村市场。其次，“碟影重重”似乎不算作中国电影的“怪事”，而应该是社会肌体上暂时存在的一个毒瘤。在中国，反盗版任重道远，也不仅仅是中国电影要独力承担的任务，而应该是全民提高反盗版意识和政府加大音像产品制造管理与打击非法盗版力度的问题。再次，2004 年，中国电影“走出去”工程取得了不俗的成绩，中影集团首次派出强大阵容走到戛纳，博得影界好评。中国电影现在所需要的，是增强自信力，是科学地调配文化资源和财力资源，是组织有能力有水平的主创人员，是以产业化方式运作、切实符合市场经济规律的影视产业的健康发展。

内地与香港：电影产业互动问题的症结

赵卫防在《当代电影》2005 年第 6 期撰文认为，内地与香港两地电影产业的互动取得了较好的效果，但同时也出现了一些令人深思的问题。香港电影在内地并未像香港影人所期望的那样一路飙升，其中的原因应是急功近利的短期行为所致。这种短期行为首先表现在香港影界不去花时间认真研究两地观众因文化的差异而导致的审美情趣的差异，简单地以香港本土的审美需求来代替内地，结果必然出现偏差。其次，这种短期行为表现在香港影人没有认真研究内地观众对香港明星的接受程度，简单地认为凡香港明星内地观众全都会照单接受。第三，港产片在内地市场急功近利的短期行为，还表现在因急于回收资金而在制片和发行方面造成的一系列恶果。第四，香港一些制片公司为尽快保证资金回收，不惜提前出售影片在内地的音像制品版权，在内地造成影院放映与音像制品发行几乎同步的局面，此举必然大大损害院线的票房收入。香港影人只有认真地分析、研究内地电影市场的变化及需求，研究内地观众的审美心理甚至文化结构，研究内地电影在管理方面的中国特色，才能找准与内地电影进行深层次互动的契合点，真正把握内地市场的脉搏。

上海电影产业化策略进行时

闫凯蕾在《北京电影学院学报》2005 年第 6 期撰文认为，上海电影投资和制作领域的特点，是一对既矛盾又统一的概念：“华语电影”与“国际合作”。1. 打造世界名片的“华语电影”思路。“华语电影”是上海电影产业未来发展的重要思路，这个概念的提出和推广最重要的意义在于：有利于吸引华语资金、建立华语市场，最终推出品牌这一终极目标。2. 合拍片的多重盈利模式。外资进入中国电影制片领域，目前主要采取投资合拍影片以及成立合资公司的方式。对于上海电影产业现状来说，外资主要以合拍方式进入。上海的院线票房数字“令人鼓舞”，但数字背后有隐忧。制约上海电影市场发展的因素中一个重要原因就是院线竞争的不充分和排片缺乏市场协调机制。建立一个既要“档期”又要“协调”的排映机制，对培育现阶段的电影票房市场来说显得尤为重要。上海电影产业的发展，从政策层面到电影观众，从电影生产到电影营销，每个层面都存在不少问题，因此，政府要加快各项政策措施的出台；同时也需要电影产业各个环节的配合：发行和营销的专业化运作、大电影产业的开发，培养电影人才，给青年电影工作者以切实的政策支持和鼓励等等。

娱乐性问题：作为中国电影产业化的前提

刘汉文在《电影艺术》2005 年第 6 期撰文认为，20 世纪 80 年代中期以来，中国电影虽然在体制上已经一步一步向产业化迈进，但是在创作领域，却遭遇了一个难以突破的瓶颈，即有票房号召力的商业电影作品太少。尽管这期间仍然不间断地有国产艺术电影作品在世界电影节上赢得殊荣，但是国产商业电影面对进口大片的冲击总是缺乏竞争力。这些现象迫使我们再一次深思新时期以来中国电影的商业化、产业化之路及与其紧密相关的娱乐性问题。国产电影应把娱乐性观念落到实处；必须按照市场规律办事，刺激电影娱乐性的提高；要为电影娱乐性的提高创造良好的舆论氛围。当前绝大部分大陆电影人的心态还只是认可娱乐电影，但并不尊重娱乐片的创造性与平等地位。中国电影产业要在全球化语境中抓住机遇寻求发展，关键还在于娱乐意识的扎根，在于与观众平等的大众意识，而这一切应该从电影教育、电影研究、电影评论、电影评奖等各个环节抓起，而不仅仅是创作者、经营者的事。

新时期中国电影市场化进程

张江艺在《电影艺术》2005 年第 6 期撰文指出，从改革开放后到 80 年代末的电影市场化道路极为狭窄。政策的出台均由于现实电影市场境况的压力所促发，缺乏对于整体机制全局性转变的考虑，市场化进程极为被动。同时，由于宏观认识上的不统一，特别是权、利的调整分配的错综复杂等原因，市场化进程极为缓慢，电影领域内的市场特征不明显。20 世纪 90 年代，电影企业在市场化道路上有很大的积极性，它们面临着巨大的市场压力，市场化意识渐强，并在实际操作中进行了有益探索。然而由于对电影的行业定位一直没有明确，政策引导未能紧跟上市场的实际情况，导致了企业在市场化道路上只能谨小慎微，有些方面甚至比较盲目。在一些地方，甚至出现了因行政干预而使市场化道路发生位移的情况。整个电影市场化进程依然被动，章法有限。在经历了 20 多年漫长的体制改革后，中国电影的市场化进程在步入 21 世纪前后找到了方向。其中尤为重要的是，政府的行政性干预日趋减少，政府主管部门开始逐步走向宏观管理，主抓法规建设，制定宏观的市场规则。具体而言就是把原属于企业的权力下放给企业，把精力集中转到消除地域性的市场屏障和消除资金屏障等方面工作上来。

从影视竞争到影视合流

陈福刚、周启元在《连云港师范高等专科学校学报》2006 年第 1 期撰文认为，电视自诞生以来，与电影为争夺观众而展开的竞争就一直没有停止过。刚开始由于多种原因，电视处于劣势，逐渐地电视占了上风，抢走了电影的绝大部分观众。与此同时，电影与电视正在走向合流，主要表现在如下三个方面：1. 制作方面的合流。电视从电影那儿继承了一整套视听语言和语法，同时还吸收了电影的叙事和风格的规则。20 世纪 70 年代，电影和电视摄制技巧实际上融合起来了。随着录像技术的发展，电影和电视出现了更广泛的交互影响。尤其是数字技术的兴起，使得电影与电视从拍摄到编辑的制作全过程都用数字技术统一了起来。2. 电影的传播方式发生了很大的拓宽和重大的变革。现在不仅可以在电影院观看电影，更可以通过计算机互联网、手机和电视来观看电影。电影数字化以后，其发行和发放的过程将越来越趋向于电视的方式，电影和电视在视听效果方面的差距正在逐步萎缩。3. 机构、业务、人员、资金等方面的合流。广播电影电视总局的成立，完成了电影和电视的政府管理部门的合并。现在的电影制片厂同时开展电视节目的制作工作。新成立的一些私营影视公司基本上都同时开展电影和电视的策划、制作、放映和发行等业务。电影电视评奖的举办也逐渐趋于融合，从业人员之间的流动也很频繁，资金在电影和电视之间也频繁流动。

中国影视产业国际竞争力发展分析

刘凌在《云梦学刊》2006 年第 2 期撰文指出，根据影视产业自身的特点以及我国影视产业的发展现状，总的看来，我国需求竞争力优势地位明显，较好地反映了人们普遍的心理预期；我国影视产业的盈利能力弱，盈利方式单一，并且企业规模还待进一步扩大；影视产业融资起步较晚，原来一直都是政府主导的单一的融资渠道，很多影视产业的核心部分不允许民营资本和境外资本进入；相关产业的开发还没有形成规模，产业链的构成也比较单一，主要还只是停留在影视节目的制作、发行与放映等主要环节，衍生产业形成还需一段相当长的时间；产业政策和法制环境方面，我国原来在各项政策和法规都出现了缺失，尤其是在融资、制作等方面对影视产业限制过多，使产业的创造力和竞争力与其他国家比起来显得比较低；出口竞争力方面，我国影视贸易产品的生产效率不仅大大低于国际先进水平，也低于一般国家水平，影视产品的出口竞争力非常低。提高影视产业国际竞争力，促进影视产业的发展，应该：第一，转变政府职能，建立市场竞争机制。第二，拓展融资渠道，重视资本运作方式。第三，优化产业结构，建立多元化盈利模式。第四，充分利用国际资源，开拓中国影视业的国际市场。第五，利用中国传统文化优势，开拓多层次的影视市场。

中国电影产业背景中的发展思考

黄式宪在《当代电影》2006 年第 2 期撰文指出，中国电影的产业化，依托于两个决定性因素：其一，发现并培育拥有本土民族文化资源的电影品牌，使其在文化的形式和内涵上均具有无可替代的独创性；其二，以强势的资本组合，将这类电影品牌做成国际大片制作的规模，使其无论在本土或国际空间均拥有无可争辩的市场占有率和辐射力。电影既不能只是“政治本位论”的附庸或孤零零的“精神号筒”，也不能只是艺术家个性的载体而孤立地去实现某种审美的创造，它的产业身份要求它直面电影市场的“终端”并在市场上生存和发展。面对全球化，这个电影的“终端”，不仅指的是国内的（或地区间的）市场，还包括国际化的主流市场。

以电视电影为例 看全球化背景下的世界传媒发展方向

黄祖兵在《河南工业大学学报》（社会科学版）2006年第3期撰文认为，全球化的趋势不可逆转，中国传媒业与世界的互动成为大势所趋。我国加入WTO，传媒业面临着西方国家同行的激烈竞争。世界媒介产业的格局依然是西方尤其是美国的媒介公司在全球范围内扩张，支配全球的传媒产业。对我国影视业而言，在全球传媒一体化的背景下，电影和电视业在捍卫国家主权、保卫本民族文化特色方面的任务依然十分艰巨。中国作为文化弱势国家，信息传播中必须要坚持自己的文化主权；政府应制定宏观的影视传播政策，有选择地吸收外来文化，抵制腐朽思想入境；面对全球范围内信息生产和信息传输严重失衡的局面，我们迫切需要解决的并不是技术上的落后问题，而是应提高信息生产的能力。要在国内大力发展和弘扬本民族的传统文化，稳住民族文化在国内文化市场中的地位；坚持“走出去”战略，努力把自己的文化产品打入国际市场；重视抓年轻一代对本民族文字语言的学习。语言是一个国家民族文化的重要组成部分，语言的扩张在文化扩张中起着首当其冲的作用。因此，保护自己的语言文字是抵御外国文化入侵的一道重要的防线。

全球化背景下的中国电影产业

谷昊、朱玲在《电影文学》2006年第4期撰文认为，在经济全球化的影响下，一方面我国的电影产业与国际间的合作将不断增加，而另一方面也必将受到海外电影集团的竞争威胁。从全球范围来看，少数几家媒介企业集团凭借其在重要的信息市场的巨大投资，将媒介领域的内容生产、传播通路集中到自己手中。他们凭借其巨额的资金背景和先进的技术支持，在其他国家的媒介市场日益占据有利的市场地位并不断努力去实现其全球化的战略目标。海外电影产业通过在中国设立中外合资、合作影院的方式，将其国际化触角延伸至中国电影市场。海外电影产业的发行放映环节触及我国电视渠道，不仅通过全国影院而且通过我国电视媒体播放海外影片。在上述现实条件下，应该一方面进一步放开市场，一方面则制定相应的保护和市场监管措施，以促进和培育民族电影产业的进一步发展。我国对于外国影片的引入和外资进入的限制对扶植和保护国内电影市场有着积极作用；从更深层次上来看，电影发行放映的限制对于维护中国的民族文化和抵制外国文化帝国主义的入侵有着重大的意义。

“高概念”商业电影模式初探

尹鸿、王晓丰在《当代电影》2006年第3期撰文认为，“高概念”电影，是以美国好莱坞为典型代表的一种大投入、大制作、大营销、大市场的“四大”商业电影模式，其核心是用营销决定制作，在制作过程中设置未来可以营销的“概念”，用大资本为大市场制造影片营销的“高概念”，以追求最大化的可营销性。近年来，这种商业电影模式对中国电影制作和营销也产生了深刻影响。目前中国的“高概念”电影发展面临几个突出的问题：1. 缺乏大型电影企业。2. 缺乏知识产权保护环境。3. 中国电影市场创新能力不足。4. 电影相关产品开发方面力度不足，浪费了“高概念”电影具有的宝贵的可营销资源。“高概念”电影模式本质上的商业性，注定了多数“高概念”影片往往并不能代表电影艺术的最高成就。“高概念”不是电影美学的全部和惟一。从这个意义上说，一方面，中国电影产业、中国娱乐产业需要“高概念”电影的推动，但同时，我们也需要更多更丰富更多元更具有个性的电影来补充，一个活跃的电影产业一定是一个产品多样化的产业。

华语大片与受众信用策略

刘小磊在《北京电影学院学报》2006年第4期撰文指出，当电影人为中国本土大制作开始出现并取得一定成绩而感到欣慰的时候，与之相随的一个严峻问题摆在了大家面前：每一部大片的出现都无一例外地陷入了批评上的巨大争议。从政策上看，这其中有适应商业电影运转的中国制片市场体系尚未完全形成的原因；从创作上看，进行大片制作的主体是中国第五代导演，他们面临着商业电影在传承上的一种断代；从市场上看，华语大片面临着国内与海外市场的不同需求。华语大片中受众信用危机的出现是多方面的原因，并不仅仅是由于宣传策略的问题造成的。重视观众的观影心态，分析每部电影针对的受众群体，然后再进行合理的宣传，是将“受众信用危机”降低到最低限度的前提。我们和西方的国情、文化、历史与观众群体都不同，所以不能一味的去模仿好莱坞架构电影的模式，而是应该回到中国本土汲取经验。如何才算重视了“受众信用”，有几个关注点：首先，对受众不同时期的观影心态进行细致分析。其次，受众群体指向单一化。第三，形成华语大片的宣传与“受众信用”的互动。

电影版权与盗版应对

张燕在《现代传播》2006 年第 4 期撰文认为，当下世界电影产业正面临着越来越严峻的知识产权危机，这除了版权交易不规范和版权没有充分开发等部分原因之外，越来越猖獗的电影音像和后产品盗版是本质根源。目前盗版已经渗透全球，而且形成了从盗录、复制、包装、运输到销售等有组织性的专业犯罪网络，成为电影版权保护的痼疾。对此，必须在电影管理、生产、销售等环节采取多管齐下的应对策略：（一）健全版权法律保护体系，提高版权保护水平，并加强国际反盗版联合行动机制。（二）从电影制、发、放环节入手，严控电影产业环节，切断盗版源头。（三）从严格执法入手，捣毁盗版生产基地、传输途径和销售渠道。（四）加强电影消费引导，提高电影观众的版权保护意识。即使政府制定了详实的版权法律法规和采取很多实际措施来遏制盗版，中国电影的反盗版体系还不够完善，还存在很多的问题。（一）反盗版的未来性思维和平等性意识缺乏。（二）多部门联合执法的连续性有弊端，应对网络盗版等先进技术犯罪的能力不够，海关对知识产权保护力度非常弱。（三）行业版权保护刚起步，维权申诉能力薄弱。

电影产业国际竞争力

唐榕在《当代电影》2006 年第 6 期撰文指出，20 世纪 80 年代以来，走向市场的中国电影业在新的文化经济环境下，表现出逐渐放开的市场与旧有电影管理体制的日益不协调；表现出转型期资金、技术、人才、市场资源等的相当薄弱和不足；形成了巨大规模的中国电影市场（有 13 亿人口）与电影业惨淡经营、电影票房一再低落的巨大反差。2004—2005 年，整个电影市场的热闹还处在仅靠几个有市场号召力的导演在支撑，而没有形成一种打造优质产品的群体创作态势，这就将意味着中国电影要走出困境，中国的电影要与国际接轨，中国的电影要成为真正意义上的一种产业，中国的电影要真正地具备市场竞争实力，还有很长的一段路要走。打造中国电影产业核心竞争力应采取以下对策：对策之一：组织类似于突击队式的团队。对策之二：研究分析中国电影自己的观众群，创立中国自己的商业类型电影体系，打造中国电影的标准化产品。对策之三：全球化的趋势，要求电影产业必须加强与相关产业间的协作与互动。对策之四：整合打造具有综合实力和国际竞争力的电影企业集团。对策之五：政府的经济职能，不仅应以立法手段对市场实行规范和监管，还应参与世界文化市场规则的制定。对策之六：在市场运作上，应引进一整套的国际惯例，在对市场进行研究后，探寻适宜于中国电影产业化发展的有效模式，这将有助于系统提升电影产业的国际竞争力。

媒介产业化发展中的几个问题

冉华在《现代传播》2002 年第 2 期撰文指出，在我国媒介产业化发展初期，早已习惯于在公共资源补偿机制下生存的媒介，一旦被推向市场，既一时难以适应又无产业经营经验，凭借其特有的信息属性和信息生产传播优势，来从事信息以及与信息相关联的产业经营，是很自然的一种取向。再者，坚持以信息产业为主导，又是为媒介作为社会信息组织的特性所制约了的。如果媒介在单纯利益的驱动下，将过多的精力和资源用于非信息经营的多种经营的开发，有可能造成对媒介主业的冲击，甚至造成媒介角色的错位。在目前的情势下，媒介仍应重点立足于信息以及信息相关联的产业经营，并使其获得充分的发展，以获取尽可能大的经济利益和发展资本，积累丰富的产业经营经验，然后再稳妥地向多元化经营发展，逐步扩大多种经营在产业结构中的比例。加强媒介内容的投入，注重信息生产与传播的受众市场，做好信息生产与传播的受众市场的深化，是实现媒介既存资源产业化转化、利用与运作的关键。

入世背景下电视影视节目策划研究散论

周星在《北京电影学院学报》2002 年第 4 期撰文指出，入世后电视传媒在争夺观众、对抗其他多样媒体冲击、抢夺与提升广告收入、调整合并后的资源分配整合、考虑整体资本运营、关注外来资本媒介对人才需求的争夺等等方面都面临着不少问题，因而需要慎重研究，以便及早作出决策和方向的变化。由于电视剧对于电视台的重要性，这几年电视剧愈炒愈热，于是发生了不少电视剧没有完成只靠片花甚至还没有拍摄就卖出的电视剧期货现象。电视剧期货的兴盛是商业因素的渗透体现，说明艺术的商品化的程度，也说明电视剧的大众意识的增强。期货的背景是现阶段大众文化的必然结果，即艺术越来越“世俗化”和现实化。入世后的影视节目应当更加重视创作与接受之间的关系，把握电视媒体的特性和影视节目的位置，以外部条件客观要求来作为策划的依据和落脚点。

浅析凤凰卫视品牌的整体塑造和扩张

李瑶、胡睿在《现代传播》2002 年第 4 期撰文指出，凤凰卫视以人为本的策略，突出体现在其集聚多领域人才、人才培养多元化这两方面，而这又与凤凰卫视开放、多元的频道文化形象吻合，由此形成人与台的交融：一、致力于打造“三名”：名主持人、名记者和名评论家。二、利用名人效应。凤凰卫视注重多方面开发活动的潜在资源。包括开发“同源产品”和软性宣传，即将频道收视延伸到户外。凤凰卫视的品牌塑造和扩张清晰地体现着四个观念：第一，频道品牌塑造是一个整体工程，任何单一突破、推进都不能达到整体高效。第二，应超越“手段”的层面，将品牌形象看成是频道文化理念的体现。第三，一主多元扩张品牌。电视媒体的发展已经进入多元化、跨媒体扩张的阶段。第四，稳态与动态结合，大稳定、小变量、高效应。内地电视媒体进入品牌竞争时代，品牌塑造和扩张成为业界日益热烈讨论的话题，而且已经出现了一批内地电视名牌栏目和名牌主持人；但是在整个频道品牌形象的经营方面，却不得其法。凤凰卫视与内地电视台已在大陆的一些地区进行着正面交锋，如何向竞争对手学习，是我们应该正视的问题。

频道专业化与专业电视节目

陈建明、周斌在《电视研究》2002 年第 6 期撰文指出，随着社会的发展和社会分工的细化，大众的个性化价值取向和审美取向越来越趋向分众化。观众收视的个性化倾向要求电视节目更加专业、更加细化，频道专业化也就势在必行。从理论上讲，频道专业化是大众传播从“广”播向“窄”播，从传播者为中心向受众为中心转变的必然，是对大量同类同质化频道电视产品无序竞争的有力抵制，目的是实现传播资源的优化配置，获得最大的社会效益和经济效益。但就目前频道专业化的现状看，效益最大化原则的实现参差不齐，出现了很多新的矛盾和问题。就省、地市两级频道的设置现状分析，主要有两大问题：一是频道设置表现出类同性，二是专业频道不专业。采取交换、联合等方法，借用外力，是丰富专业频道节目切实可行的办法。综观目前媒体合并、联合的大趋势，台与台、频道与频道、栏目与栏目、节目与节目有着广阔的联合空间，做得好应该说是省钱、省力而富有效果的。频道专业化和专业化节目生产是一项系统工程，设计者和生产者一定要综观全局、立足本地、结合实际、综合考虑和解决频道专业化的诸多矛盾，探索出一条有中国特色的频道专业化之路。

试论当代电视的大众文化特征

隋岩在《当代电视》2002 年第 6 期撰文指出，从表层上看，大众文化张扬着大众的意志，而电视文化广泛的社会性正好适应了大众文化的这一需求，似与大众意志相辅相成。电视收看极大地覆盖、影响着当代中国社会，已成为一种社会现象。电视文化同大众日常生活需求和满足越来越紧密地联系在一起，大众直接地成为电视文化的大众文化特征之一，并呈现出电视文化与大众意志互动的发展趋势。一方面，大众日常生活中的感性需要往往决定着其具体的文化选择，即大众的日常生活意志制约着电视文化的发展，对电视文化在内容选择、价值取向、表现形式等方面发挥着极大的影响，促使电视文化在自身的发展中必须尊重大众的存在，重视大众的接受，关注大众的需要。另一方面，在信息爆炸的当代，社会对电视文化这种大众媒体的影像传播文化形态的依赖程度越来越高。在深层上，商业利益是大众文化的根本追求，而电视文化竭尽制造收视热点之能事，目的也是为了实现商业利润，利润追求成为操纵电视文化的“看不见的手”，商业化是电视文化隐含的大众文化特征之一。电视文化表面上看起来是张扬大众意识形态，实际上则是坚持市场经济立场，对它进行支配的是投资与回报的市场规律和利益原则，尽可能大的利润诉求是其终极目的，实现这一目的的最有效手段就是制造收视热点，以提高收视率。

试析网络媒体与电视媒体的竞争与整合

陈亚栋在《电视研究》2002 年第 6 期撰文认为，20 世纪 90 年代中期以来，随着科学技术的发展，因特网几乎延向世界的每个角落，被称为继报刊、广播、电视发展起来的“第四媒体”。正当人们尽情领略互联网的精彩，感受网络媒体的神奇功能时，传统媒体电视的炫目光环似乎在剥落。究其原因，主要是因为电视节目收视率下降，而网络的冲击又是电视节目收视率下降的主要原因之一。网络对于中国旧有的电视传播体系并不具有排斥性。中国地域广大，有地区间贫富的差距和语言文化的多元性。这就决定了中国的传播必然是多层次结构的复杂体系。纵观人类传播史，正如广播的出现不能取代报纸，电视的出现不能取代广播、报纸一样，每一种新媒体出现时，都给旧媒体带来生存恐慌，最终每一种媒体通过自身的积极改革，扬长避短，在否定着对方的同时也在否定着自身，在否定之否定的过程中，媒体最终以与最初完全不同的形式再一次形成新的平衡体系，找到与其物理特性相适应的传播方式生存下来，并在各自领域发挥其不可替代的传播功能。放眼世界和未来，可以预见：在全球迈向“信息时代”的今天，电视将与网络在竞争中走向融合，在较量中各自创新进而达到新的繁荣。于是，呼唤网络与电视乃至整个传统媒体的融合就成为一种理智的必然选择。

电视·电影·互联网
——谈传媒产业的发展

徐钢在《电视字幕·特技与动画》2003年第4期撰文指出，电视是迄今为止由人类创造的、对信息传播变革影响最大的成果。电视是一种视听觉媒介，它以家庭这种人们最轻松的空间，作为映像体验的场所。电视媒介的出现，为人们日常在家庭里享受娱乐提供了条件，并且发挥着令社会规范和共有体验统一的媒体特征。随着时代的发展，电视愈来愈熟练地施展着它那不可阻挡的魅力，但电视也加固了人与人之间的金钱关系和纽带。大量暴力、色情镜头充斥许多电视节目，使少年儿童对世界的理解畸形化，使社会的犯罪率不断提升。电视的快餐文化，使人们远离知识性的书籍、报刊，使人们的欣赏水平低级化、媚俗化，使整个社会都弥漫着浮躁的文化气氛。由于人们坐在电视机前的时间越来越多，从而减少了人与人之间进行交流和沟通，使许多人的性格和心态失衡变形。为了适应未来发展，电视也积极开拓适合自身特点的信息传播新领域。互动电视的推出，将开拓信息传播的新天地。互动电视以其得天独厚的优势，已在世界许多国家初具规模。第一，互动电视不仅仅是一个传播工具，它还具备网络所固有的互动性特点。第二，互动电视具有多媒体的特点。第三，互动电视能提供个性化的服务。中国传媒的产业化改革，为市场开放提供了许多商业契机。投资传媒和进军广电市场，现在正是绝佳的时机。

网络时代电视媒体的生存与发展

曾素萍在《当代电视》2003年第4期撰文指出，在全球化迈向“信息时代”的今天，来势凶猛的网络媒体以其无可比拟的独特传播优势——超越时空、交互参与、立体表现、多元汇聚，正在形成一个前途无量的新兴产业，影响大众传媒的发展方向。电视媒体生存与发展面临挑战，表现在：1. 网络媒体影响电视媒体的资源配置。2. 网络媒体冲击电视媒体的传播方式。在传统的传播技术环境下，电视是传播视听信息的独特媒体。网络媒体的出现，使电视正在失去传统的技术专利，受众有机会收阅世界上一切上网的报刊和电视台的节目。3. 网络媒体造成电视媒体的经济分流。不同的社会群体和个体对信息服务有着不同种类、不同层次的需求。一般受众没有信息服务需求，就不会丢弃电视这种形式和层次的传媒。4. 网络媒体影响电视媒体的品牌战略。电视媒体在社会上和人民大众中是认知程度较高的传统媒体，在信誉、品牌、权威性等方面具有独特的优势。电视媒体生存与发展的现实基础有：1. 信息的可信度。2. 经济的承受力。3. 需求的多样性。4. 社会的认知度。电视媒体生存与发展的未来方式将是聚合、重整、增值、演进。

电视大众文化释义

隋岩在《清华大学学报》（哲学社会科学版）2003年第6期撰文认为，无论是从市场占有份额还是从其对社会生活的影响来看，电视大众文化都是一个最突出的文化现象。电视大众文化就是指在当代中国电视文化中，以商业利润为目标、以迎合大众意志为手段、以现代科技为依托、以大众中的文化消费群体为主要接受对象、以批量制造和大规模复制为主要生产模式、按照市场规律批量生产复制传播的那些电视文化产品。它的制作发行正在朝向全面市场化机制发展，它的运营机构正在朝着文化产业发展，它同以往的艺术文化的根本区别就是具有强烈的商业性、物质性。电视文化不仅作为一种文化而存在，而且商业性、物质性亦成为当代中国电视大众文化的根本特质。传统的电视艺术中的某些文本已演变成大众文化之一种，或者说演变成一种具有商业性质的新型的文化形态。电视大众文化的广泛社会性、收视热点性、科技优势性、大众文化性决定了其独特的存在方式，或者说，电视大众文化是以其现象性、热点性、传播与接受特性为依托，展现着一种大众文化内涵，即商业特性、大众意志特性、技术特性。

电视节目包装的前期创意

姚迪在《电视字幕·特技与动画》2003年第10期撰文认为，电视节目包装是艺术和技术的结合。第一，要在日常的工作中了解和熟悉所使用的设备，在创意和策划时发挥各种设备的优势，了解其实现难易程度，做到心中有数；第二，平时要做好资料的积累，创意之前要准备好充足的素材。好的图片、文字、影片、音乐在创意时都可借鉴；第三，重视前期的整体策划。对一个节目进行包装，首先必须对该节目的主题、风格和文化内涵有所了解，这样在艺术处理的过程中，才能把内容展示清楚，不顾此失彼。然后提出一个统一的、整体的策划方案，只有这样的创意策划才能形成独特、鲜明的包装风格；第四，提出具体方案。创意是一个规范完整的过程，每一步都要认真仔细地进行。在做好前期准备的基础上，先初步地构思；最后，为了进一步提高、改进，在节目包装制作完成以后，要妥善保存，多与同行进行交流，取长补短，拓宽视野，争取为荧屏提供更加精彩的画面。

中国纪录片：逡巡于市场之门

蒋宁平在《电视研究》2003年第12期撰文指出，纪录片是有市场的，我国纪录片不仅有市场，而且市场供需双方均较旺盛。首先从市场需求来考察。目前，我国的纪录片受众量是相当大的。另一方面，我国各级电视台都设有纪录片栏目以及纪录片专业频道，需要大量的节目播出。从市场的供方——创作群体来看，国内纪录片的创作主体早已实现了分化，呈现出了多样化的特点。从机构上看，有中央电视台、地方电视台以及独立制作者三种创作群体。从创作目的来看，有栏目纪录片创作人、获奖纪录片创作人、大型纪录片创作人以及独立创作人和民间 DV 创作者。从市场的第三个要素，也是最关键的要素——交易平台来看，我国纪录片的交易平台却显得既少且弱。纪录片在前进，但我国纪录片的市场却在萎缩。原因是：首先，纪录片创作本身在市场化中是一个前提和首要因素。其次，纪录片节目交易体系不完善。此外，时段安排在纪录片市场化中也起到不可轻视的作用。多渠道的创作资金来源、多样化的创作手法和立体化的市场营销是目前的重点。我国纪录片创作资金来源主要方式是主管部门或机构出钱。能够从多渠道筹集资金拍片是纪录片走向市场的重要标志。除了国内的社会资金外，国际资金更应当成为纪录片创作的重要来源。

广播电视产业经营的发展走向

赵德全、曾舟在《电视研究》2004 年第 8 期撰文认为，今后广播电视产业经营的发展将会有以下几种趋势：1. 广播电视产业的经济增长速度将高于国民经济的增长速度。2. 广告收入总量占广播电视产业总收入的比例将会下降，使经济来源的结构趋于合理，产业经营的风险将降低。3. 品牌经营将成为广播电视产业经营的重点。4. 广播电视产业将由过去的“系统”向“行业”转变。5. 广播电视产业将实现国内主力、亚洲一流、国际前列的目标。同时，广电经营也存在着以下问题：1. 思想观念问题。这是影响广播电视产业发展的深层问题。2. 体制、机制问题。这是影响广播电视产业经营发展的关键问题。体制不顺、机制不活仍是存在的主要问题，成为抑制广播电视产业发展的瓶颈。3. 政策、法规问题。我国广播电视产业发展的法规法律尚不健全，指导产业发展的政策也尚不成熟，远远不能满足产业发展的需要。4. 专业人才问题。经营管理人才，特别是具有国际化眼光、市场化思维、集团化管理经验的现代产业高级专门人才奇缺，很难适应广播电视产业经营的更高层次发展的需要。解决这些问题需要采取以下对策：1. 积极推进广播电视产业体制改革。2. 坚持“内容为主”，找准市场定位。3. 实行资本运作，扩大融资渠道。4. 运用高新科技，促进产业升级。5. 批准大批高素质的产业经营专业人才。

品牌时代的电视频道包装理念

高晓虹在《中国广播电视学刊》2004 年第 2 期撰文指出，虽然我国的电视包装已经有了多年的发展也积累了不少的经验，但在频道整体包装方面，特别是在电视品牌营销方面与国际电视包装业相比还有明显的不足。相当一部分频道在包装上盲目模仿，并不清楚媒体包装的内涵、目的与本质。在频道竞争时代电视频道的整体包装既是打造电视品牌的重要手段，也是媒体内在的经营销售理念。频道包装既是频道自身发展的需要，也是频道成熟稳定的一个标志。频道包装也有着自身的独特规律，有几个原则在实践中不容忽视。一是要遵循统一性原则。所谓的统一性原则有两方面的含义：其一，频道节目的内在质量要与外在的节目包装形式相统一。其二，整体频道包装下的各个要素也要遵循统一性的原则，各个部分和要素互相配合，相得益彰，从而充分发挥整体包装的优势。二是注意简洁原则。所有的频道包装在设计上都要努力做到简洁简洁再简洁。三是核心卖点原则，在进行电视频道整体包装时一定要提炼出这个频道的核心卖点，然后以此为中心和重点对频道进行整体包装。四是不能忽视渐变与稳定原则。稳定与渐变对于频道包装来说是相辅相成的，稳定意味着成熟和品牌的建立，而渐变则代表了不断的进步，关键在于度的把握。

电视传媒产业发展浅析

曹倩在《电视研究》2004 年第 8 期撰文认为，20 世纪 90 年代末期，电视产业化经营集团化的趋势突显。改革开放以来的 20 余年中，电视产业的发展大致呈现出从自发到自觉、从谨慎摸索到着力发展的特点。把电视产业当作一种信息产业来看待，并不是人们的主观意识决定的，而是社会经济发展的客观要求，是电视自身特点的要求。首先，在中国电视产业的发展进程中，舆论导向功能与产业经营的辩证关系必须得到很好的处理。导向功能与产业功能在本质上并不是相互矛盾的，更不是在强调电视发展的产业经营时要弱化舆论导向。其次，电视节目的生产制作与经营是电视产业的主营方面，它在电视产业发展中居于重要地位，既是相关电视机构实力的表征，更是电视产业整体健康发展的基点，同时它也是整个传媒市场中一个重要的经济增长点。破解电视节目生产经营瓶颈的途径就是在社会主义市场经济的条件下，将多数专业频道和多数节目纳入产业经营的范畴。致力于多元化、开放性投资体制的建立。第三，数字电视被认为是电视产业中的新兴产业，将成为我国电视产业的一个新的增长点。用户如果得以主动、灵活地选择和观看各类节目，享受交互式娱乐和信息服务，体验电视购物及相应的电子商务频道，接入互联网，使用邮件、频道等服务，那么数字电视才会具有持久的吸引力。

走进情景剧的创作世界

王智、鲍冬青在《中国广播电视学刊》2004 年第 5 期撰文指出，情景剧有投资少、周转快、风险小、利润高、创作周期短、市场需求量大等特点，在我国的创作生产势头猛增。虽说情景剧的看点在于它的对话和一些肢体语言及诙谐、幽默、轻松、简单的表现方法，但与其他类型的电视节目相比，它还有更贴近普通百姓的特点，家长里短，是是非非，离观众的心理状态和内心渴求距离很近。不过，情景剧并非越真实、越自然越好。一般来讲，情景剧大都带有戏剧的成分，这就注定了它“不真实”和夸张的一面。情景剧之所以能够吸引人，关键在于它的“超越性”以及它始终处于夸张状态下的“游戏性”。这是情景喜剧的根。情景剧是电视文化中的“大众产品”，它的主要目的是能够让人休闲和娱乐，而不是深奥和思想，创作者只有时时刻刻都把观众看作是消费者，不断揣摩观众的心理需求，才能达到预期的目的。

我国电视媒体产业化与管理创新

王钧在《电视研究》2004 年第 8 期撰文认为，我国电视传媒的产业化发展方向，是制度层面的创新，但要真正实现产业化发展，首先要在电视传媒领域建立符合产业化要求的政府管制制度和制定相应的产业发展政策。一、政府职能向“企业共管”转变。从“管理事业”向“企事共管”转变，意味着政府管理范围上进行调整，也就是调整“管什么”的问题，还意味着在政府管理方式上进行调整，也就是“怎么管”的问题。二、建立现代产权制度和现代企业制度。现代产权制度要求产权“归属清晰、权责明确、保护严格、流转顺畅”。公司制度的核心是规范的法人治理结构。同时，现代企业制度还包括对经理层的激励约束制度。三、经营管理范围的调整和手段的更新。管理对象上不再是单纯管理成本，还必须管理收入，进行营销，必须从每一项业务的成本和收入的差——利润来看问题。四、组织文化转型与学习创新。文化对于组织表现、工作流程和战略选择都会产生重要影响。组织文化的形成是一个长期复杂的过程，而其转变是比建设一种新的文化更加复杂的过程。五、经理人员队伍的成熟。

网络时代的电视生存

徐芳洁在《中国广播电视学刊》2004 年第 2 期撰文指出，网络的诞生和迅速成长打破了报纸、广播和电视这三大传统媒体并分天下的固有格局。其中与网络在传播形态上较为接近的电视媒体受到的冲击最大。网络的发展给电视强势媒体的地位带来了挑战，直接的结果是：改变了电视的收视情况。电视媒体在新媒体生态中逐步打造自己的应变能力寻找适合的生存方式和创新方式已经是刻不容缓。主要包括：1. 电视栏目的生存：“网上冲浪”实施多媒体整合传播。2. 电视台的生存：内容为王，立足自有资源迎接网络挑战。从目前来看电视台与因特网的竞争及合作态势还将保持一段相当长的时间：其一，电视台以自己的节目资源为母体自办网站，使其“内容”在网上得到直接的延伸和再生。其二，电视台与成功的网络商强强联合，走电视资源加网络支持的合作之路。3. 电视媒体的生存：数字电视与技术上的跟进。

努力培育核心竞争优势
加快推进电视产业发展

刘敏在《电视研究》2004 年第 9 期撰文认为，加快推进电视产业发展应该注意以下几个问题：一、改革创新，启动产业化运作。在新的电视经营与管理的态势下，改革与创新，有利于我们进行公益性事业和经营性事业的剥离；有利于更多地融资和直接投资，加快产业发展和结构调整；有利于更好地利用自身优势，开拓市场空间，发展新的盈利模式；有利于更快地了解市场、进入市场，获得先进管理经验，实现发展目标。二、内容为王，培育核心竞争力。失去了内容资源的竞争，必将导致受众、广告和市场资源的流失。内容生产要按照市场媒体方式进行规模化生产和经营，它应该建立在充分的市场调查基础上，确定市场切入和机会点；内容生产要集中优势，形成规模，进行资源的有效统筹，使资源效率的发挥变成内容优势。三、资本运营，实施企业竞争战略。通过资本运营可以盘活媒介的可经营资产，激活媒介的无形资产，发挥媒介的品牌优势，使媒介整体资产增值。还可以在短期内迅速筹集产业发展所急需的大量资金，使媒介能够以少量的国有资产控制大量的社会资金，以壮大媒介经济实力。四、开放合作，重组、优化、共赢。电视媒介在谋求进入更广阔市场的同时，也意味着开放我们的市场，这是对等合作互利共赢的关系。致力于合作是今天全球经济发展和竞争的重要手段之一。

试析电视产业化的发展战略

侯敏在《科技情报开发与经济》2004 年第 10 期撰文指出，我国电视产业的经营现状是：1. 产业支柱单一，内耗成本过大，难以再图发展。2. 广告收入遭遇其他媒介的挑战。3. 国外媒体的逐渐渗透。4. 地方城市台形势严峻。电视产业化发展方向的思路是：1. 制定科学合理的经营方针。2. 引入竞争机制，实行资源重组，激活电视荧屏。具体来说，电视媒介资本运营分为三个阶段和四种方式。三个阶段是多种经营、集团经营和资本经营；四种方式是合作经营、子公司直接上市、子公司控股上市和新闻媒体网站以商业模式吸纳社会资金。3. 事业政府主导，产业市场主导。

近年来我国电视媒体运营变化透视

袁方在《电视研究》2004 年第 10 期撰文认为，我国各级电视媒体存在着共存共生的关系，而且中央电视台的广告经营，能够带动整个中国电视媒体广告收入的增加。中央电视台不仅是宣传的龙头，也是电视营收的龙头，承担了重要的责任。这几年中国电视媒体的变化，主要受到“观众饱和、频道激增、卫视上星”这三大客观因素的影响。从 2003 年年底开始，国家广电总局出台了包括“17 号令”在内的一系列广电令，这对中国电视媒体竞争格局与广告营销产生了重大影响：它既可适度抑制电视剧，鼓励电视台节目创新，又可规范广告播放，制止广告价格战。中央电视台的“频道专业化”战略正是洞察了广告投放的规律，打造了多个有全国传播力的频道，为近年来的广告增长奠定了重要的基础。今后电视媒体的发展将围绕 4 个关键词来展开：“资源”、“核心竞争力”、“竞争”、“市场”。各电视台只有面向市场，全力打造媒体品质，中国的电视业才会走上一条健康的、良性的、充满活力的发展道路。

电视媒体的网上发展之路

陈亚在《中国记者》2004 年第 11 期撰文认为，电视网上发展的现实途径有三：一、建设电视媒体网站，发展网络电视。电视媒体面对网络时代首先的回应是介入、使用网络，在互联网上建立 Web 站点，将自身拥有的音频、视频信息资源与网络传播优势结合起来。二、推进电视数字化。电视数字化包括两层含义：一是电视台前端的数字化，电视台内部的节目源数字化、网络化是广电实现数字化的基础。二是节目源数字化的基础上，在一定区域整个有线电视实施整体转换，一个关闭模拟电视，实现前端到终端整个系统由模拟向数字转换。实现数字化后，广电节目内容资源不仅仅为广电的终端用户服务，还可以为手机用户、计算机用户乃至其他所有的终端用户服务。三、引入互动电视。互动电视是在数字电视基础上，通过宽带网络实现的具有交互性的电视形式，简单地说，就是“网络+电视”的形式。同时，电视网上发展存在着以下制约因素：技术不成熟；投资巨大，费用高昂，电视网站的盈利模式不成熟，网络电视（“网播”）真正推广仍需要时日；观念误区。

电视产品市场的构建

程欣在《电视研究》2004 年第 11 期撰文认为，第一，加强对电视产品市场的构建，规范电视产品市场行为变得刻不容缓。首先，电视产品市场需要一定的法规进行有力的约束和管理。其次，电视产品市场需要相关的政策扶持。最后，还需要一定的法律对版权市场进行规范和管理，保证市场有序进行。第二，电视产品走上市场，就必须建立合理的节目分销、发行体制，这样才能最大程度地实现电视产品的价值。当节目的销售成为境外频道进军中国传媒的主要模式时，我们就必须尽快搭建一个产品交易的平台，让国内的电视产品一起参与市场的竞争，在竞争中提高。第三，近些年来，我国的许多民营资本同电视文化人结合，努力开拓中国电视节目市场。一方面，需要政府出台相关的政策确定民营资本的归属体系、资本运作方式，认真审核参与电视产品制作的民营资本，规范资本市场，并将民营资本与国有资本、国外资本有效的融合。另一方面，民营资本要进一步独立自强。第四，我国电视产品走向市场的同时，出现了比较严重的同质化竞争的现象。民营制作公司在“制播分离”的有利体制下，应该进一步丰富电视节目的多样性，以风格多样的产品形态、新颖独特的报道视角去挖掘电视节目，生产更多“异质化”电视产品。

中国电视市场分析

孟建在《东南传播》2005 年第 2 期撰文认为，中国电视业发展至今已经基本形成了有线、无线、卫星、多层覆盖的混合的全国网络。其中，受众是传媒业生存的基础。电视收视的地区差异也是影响电视业生存的重要因素。此外，广告也是中国电视业生存的基础，中国电视业尽管正在努力调整、构筑自己的盈利模式，但是 90% 的收入还是靠广告。现在中国电视业进入了一个整体调整时期，其中有四个方面的变化：频道内容、受众定位的调整；频道数量和传播方式的调整；经营模式的调整；管理与生产模式的调整。具体表现为：频道的发展趋势应该是大众、分众、小众到群众自由选择直至发展到互动和自选；我国电视频道数量和传播方式的转变与发展，很重要的是加大发展卫星频道；收费电视、数字直播卫星电视现在成为业界关注的新重点。时代要求中国电影市场营销战略要从运作观念、运作机制、运作方式三个方面进行调整，随着频道的增多，传输网络市场、通道市场的空间最少是现在的三到五倍，如果电视业与电信业合作，将更有盈利，比如网络电视、手机电视、公众资讯平台。另外电视衍生产品市场没有真正开发，这里面也有很大的空间。所以电视也需要我们重新认识、开发和经营。

电视传媒品牌意识探析

丁军辉在《电视研究》2004 年第 9 期撰文认为，目前，国内电视传媒正在进行产业化转型，而电视传媒产业化必然要求在产品规模化的基础上形成品牌优势。电视传媒品牌包括电视台品牌、频道品牌、主持人品牌等。它们都具备品牌的基本素质，即知名度高，以整体形象吸引人的注意力。作为一个专业频道，它的各部分之间相互呼应与协调，有利于突出频道整体的形象。主持人在栏目中处于特殊的地位，他对栏目的理解和表现如何，个人魅力如何，都直接关系到节目的质量。品牌的力量是不可估量的，它所带来的附加值和无形价值是无限的。对于电视传媒而言，品牌既能带来巨大的经济效益，同时又能产生强大的文化影响。我国目前与一些发达国家在电视传媒品牌方面存在较大的差距，特别是有的地方电视台的节目很难吸引观众的注意力。那打造品牌就成了一个关键问题。其中有几个问题需要明确：不求大求全，集中优势兵力才能做好品牌节目；建立品牌培育和用人机制；充分利用资源和品牌增效作用；频繁改版不利于品牌的培养；品牌与收视率不对等的特例；优化品牌经营手段。

关于凤凰卫视文化营销的思考

温汝夫、文亚青在《经济与社会发展》2005 年第 3 期（第 3 卷）撰文认为，凤凰卫视在弘扬中国文化方面扮演了“文化整合传播”的重要角色，它通过推行文化传播的营销策略，成功缔造了魅力四射的凤凰神话，为华文媒体走向世界做出了表率。凤凰卫视的文化传播营销策略具体包括：一、文化的机遇营销：抢占话语权；二、文化的理念营销：大力提升品位；三、文化的频道营销：重视构建形象；四、文化的策划营销：打造眼球经济；五、文化的产业营销：形成核心竞争力。在文化的产业营销过程中，凤凰卫视特别注重“客户营销”策划：第一，以客户需求为导向。凤凰卫视一直十分注重了解客户的需求，除建立一套完善、反应快速的内部信息系统外，还进行规模宏大的广告商调查活动。第二，注重与客户的沟通。充分利用“凤凰网”和《凤凰广告时讯》，向客户通报收视、节目、覆盖、市场等最新信息。第三，通过合作，定期进行媒介推广活动，实现知名度与经济效益的双丰收。

中国电视媒体品牌化之路

佘贤君、王亦寒在《广告大观》（媒介版）2005 年第 5 期撰文指出，电视媒体品牌化经营的背景是：1. 电视媒体进入份额竞争阶段，品牌经营成为生存法宝。一方面电视台之间的竞争逐渐趋于你多我少的份额竞争，另一方面从电视媒体发展的外部环境看，作为大众传播工具的电视媒体其生存环境正日益受到新媒体的挑战。2. 电视媒体广告经营觉醒，向品牌要效益是未来之路。与西方国家相比，中国电视媒体的经营还很不成熟，要进行品牌化建设，必须先认真分析受众、节目和市场这些基础环节是否健全，扎扎实实练好内功。电视媒体品牌化的四个阶段是：第一阶段差异化定位建设优质节目。第二阶段打造品牌核心价值媒体影响力。第三阶段独占优质媒体资派。第四阶段多元化经营品牌资产拓展媒体价值链。此外，我国电视媒体的品牌化策略有：宣传推广策略，资源开发占有策略，强化内部管理策略。

电视传媒产业价值链和核心竞争力战略分析

李岚在《电视研究》2005 年第 6 期撰文认为，如何创造并保持竞争优势，已成为电视传媒生存和发展的首要问题。世界上成功的跨国传媒集团的实践证明，产业价值链的构建是关乎传媒核心竞争力和竞争优势的重要环节。电视传媒产业价值链包括电视台（电台）、节目制作公司、发行公司、广告公司（客户代理公司、媒体购买公司、媒体销售公司）、发行监测机构、收视收听监测公司、广告监测公司、市场调研公司和其他配套服务商等。我国传媒产业正在经历从过去的个别的“点”式经营，到规模化的媒介集团的“结构”型经营重点的转型。传媒产业的产业价值链研究是把传媒企业作为一个与上下游紧密联系的单位，放入整个传媒产业链条中进行考察，为传媒企业确定能够在激烈市场中争取竞争优势的核心价值和发展战略。电视传媒核心竞争力是指电视传媒所独具的、可持续支撑电视传媒竞争优势的核心能力。分析电视传媒产业价值链并以此考察电视传媒的核心竞争力的一个重要目标是为电视传媒重构发展战略，以核心竞争力为基础，努力去除或减少那些不增值部分，或者增值能力较弱的部分，实施新的发展战略，以保证组织创造价值的最大化。而在新的发展战略制定过程中，又将不断地衍生出传媒企业多元化经营的公司战略。

中国电视纪录片的市场化运营

杨凡、芮必峰、王学锋在《视听界》2005 年第 6 期撰文指出，目前我国电视纪录片在市场化进程中，在融资、制作、营销这几个关键环节均不同程度地存在着一些困难和问题。第一，融资之困。由于中国纪录片的节目销售难，收视率低，广告收入少，所以较难吸引投资，因而造成了中国纪录片的融资之困。第二，制作之困。困局一：质、量矛盾。困局二：制、播不分。第三，营销之困。首要的因素是节目的品质。不良的节目品质是中国纪录片节目营销的瓶颈所在，其中有两个问题特别值得注意：一是选题问题，二是表现手法问题。中国电视纪录片的市场化探索包括：1. 加强国际合作，融入国际市场。首先，寻求国际合作共同拍摄纪录片是融入国际市场的重要策略。其次，采取节目“预售”的方式是较好的国际融资和营销策略。2. 推行制播分离制度，实现纪录片的批量生产。制播分离制是实现纪录片批量生产的前提。3. 拉开产品档次，适应不同市场需求。4. 以市场为导向，着力提高节目品质。选题时要主动研究市场需求，包括海外市场需求；表现手法要有市场意识，符合国际潮流。5. 针对广告客户做好整合营销工作，改变纪录片是“弱势”节目的传统印象。6. 多种手段推广，制造“和声效应”。7. 做好电视纪录片节目衍生形态和衍生产品开发。

谈电视频道的品牌经营

熊艳燕在《电视研究》2005 年第 9 期撰文认为，电视频道品牌从某种意义上说，意味着频道较高的知名度和较深的满意度以及较强的影响力。电视频道只有创造了品牌，才能拥有电视观众在传播情感和收视行为上的忠诚度，也才能产生由此带来的较高的市场占有率和较好的社会、经济效益。频道创立品牌是电视频道的生存之道，也是电视频道立于不败之地的重要手段。构建电视频道品牌，需要注意以下几点：1. 准确频道定位。电视频道要在纷繁的频道市场中脱颖而出，必须要有其他频道所不具备的特质，这就要求频道经营者设置频道的时候要把握好频道市场、观众和内在风格因素，做好准确的频道定位。2. 建立频道节目系统。这主要包括电视频道节目的准备和编排。3. 频道包装宣传。电视频道形象的宣传，是一个完整的系统工程，要求频道经营者从全局高度提升频道的知名度、美誉度和竞争力。具体策略有建立频道识别系统，对于频道品牌的大型宣传活动，主持人或形象代言人对于频道品牌的推动以及多种媒体的频道品牌宣传效应。此外，电视频道品牌需要维护，主要涉及品牌频道的调整和完善与频道品牌价值的延伸。

电视媒介产品的事件营销

叶柳宏、梁现瑞在《山东视听》2005 年第 11 期撰文指出，电视产品进行事件营销，具有营销手段和产品内容的同一性和营销渠道和生产主体的同一性两个特征。电视媒介产品进行事件营销的三大关键词是“创意、公益、时机”。真正意义上的创意是在深入了解当前市场特征，准确把握受众的心理需要，密切关注社会历史的发展进程的基础上的突破常规。创意最核心的要求就是要突出差异化，避免同质化。如果事件的创意没有和公众的利益联系起来，就不可能赢得公众的认同，媒介事件营销还必须考虑公众的利益。要使事件营销取得预期的效果，另一个关键要素则是事件的时机选择。在一定程度上，时机可以说是决定整个事件营销的关键。事件营销作为一种广受欢迎的营销手段，见效快、成本低，必将给身陷同质化泥潭中的各家电视台一些有益的启示。

电视专业频道的品牌化之路

赵赴起在《电视研究》2005 年第 12 期撰文认为，在当今的电视竞争格局下，频道已经取代节目和栏目而成为电视竞争的基本单元。未来电视业的强势只可能是品牌频道。而且，在频道专业化细分之后，更多新的竞争元素不断涌现：1. 活动。频道活动基本上可以分为依托、配合频道动态发展而策划的活动和跟频道定位相关的特色主题活动两种。2. 市场运营。频道自身的定位和品牌形象影响企业投放广告的认知。这就需要频道能够像企业一样去寻找市场定位，树立市场形象，去开拓市场，从而制造适应市场需求的内容产品。3. 战略联盟。要借势发力，寻求合作伙伴，借助各种论坛、展销会、运动会等公众性强影响面大的社会活动。4. 包装。包装应该天天做，不断更新。频道形象是市场经济条件下媒介与公众关系的纽带和桥梁，良好的频道形象一旦经过传播深置于公众心中，它就形成了媒介的竞争优势和无形财富。5. 整体气质。即频道理念的外化。良好的媒介形象，最根本的就是媒介理念精神。6. 自办长效节目（栏目）。长效栏目是具有稳定的收视群，同时能够吸引稳定的广告投放、占据一个能够维持节目生产良性发展的节目市场份额的栏目，唯此方可形成品牌。7. 培育名主持人。主持人是具有亲和力的信息传播者，这一环节的优化与否，将关系到整个传播流程的畅通以及传播效果的优良与否。

电视新闻中的事件营销

骆正林在《新闻传播》2006 年第 2 期撰文认为，电视新闻竞争使电视人越来越重视事件营销。1. 事件营销为电视台带来收视率。电视竞争说到底是收视率竞争，没有收视率的节目必然要被淘汰出局。只有实现了经济效益，新闻节目才能在频道中生存，社会效益才有可能实现。2. 事件营销让电视人获得自信心。电视人是“文化人”，需要用虔诚的热情去追求真理和正义。然而，在市场竞争环境下，电视人还必须具有商人的气质。作为文化人，我们要精选有价值的新闻事实；作为商人，我们要让“新闻事件”为我们争夺更多的眼球。3. 事件营销满足了观众的求知欲。获取新闻信息当然是电视观众的需要。在“事件营销”中，电视人主动地对新闻事件进行策划包装，然后让它们在轰轰烈烈中登台亮相，从而让观众获得享受信息的快感。4. 事件营销让广告客户看到了利润。对广告商来说，观众的眼球是稀缺的资源，只要“事件营销”能够吸引大量观众，他们就会毫不吝啬地向节目“投资”。今天的电视人必须要精通“事件营销”的技巧，有重大新闻时，将重大事件做深做透；没有重大新闻时，主动挖掘一般新闻事件的潜在价值，营造“事件营销”的氛围。电视人应该给观众提供他们需要的质量和风格更佳的电视新闻。因此，应该做到：1. 培养精干报道队伍。2. 争取第一时间报道。3. 新闻视角独到新颖。4. 保证信息全面权威。

电视媒体经营的品牌延伸

佘贤君在《电视研究》2006 年第 1 期撰文认为，目前我国电视媒体的经营基本上是属于“二次售卖”这种传统模式。电视媒体的经营是否成功，主要看电视台的第二次售卖是否成功，即广告经营是否成功。就目前的经营状况来看，媒体的品牌价值还没有得到充分发挥。我国电视媒体经营存在问题的根源有二：一是只利用了 10% 的注意力资源，还有 90% 的注意力资源没有转化成效益，媒体的品牌价值无法得到充分发挥；二是忽视了第一次售卖可能产生的效益和媒体对观众产生的影响力价值。要想突破传统的二次售卖模式，发掘媒体的品牌价值，扩大创收来源，实施产业化经营是一条出路。在频道品牌、栏目品牌、主持人品牌的基础上，进行横向品牌延伸。从单纯向广告主售卖观众注意力，转变为不但向广告主卖注意力，还要向消费者卖“关联商品品牌”和卖“服务品牌”，从而将在观众心中形成的媒体品牌价值变成现金流。而且更重要的是可以巩固媒体品牌，扩大媒体的影响力。通过产业化经营，实现媒体经营的品牌延伸，形成节目与经营的良性互动，是媒体需要认真对待的新课题。

新闻传媒业集团化改革的几个问题

陈彦夫在《新闻界》2002 年第 1 期撰文指出，我国媒体业要按照市场化方向深化改革，与国外传媒集团抗衡，应解决以下几个问题：一、消除体制性障碍。二、加强资本运营，近几年新闻传媒业利用资本、涉足资本市场最典型的是两种方式，一是新闻媒体的优质的经营性资产剥离出来，二是新闻媒体的子公司收购上市公司股票、控股并重组上市公司，进入证券市场。媒体的集团化改革要以资本和业务为纽带，在界定产权的基础上，规范集团成员之间的权利义务关系，明确资产经营责任，优势互补，资源共享、利益共享、风险共担。三、完善法规和政策，加强监管。首先，要解决法制问题。其次，在政策问题上，一是制定规范性政策，二是制定扶持政策。再者，在监管问题上，法律和政策制定以后，一定要保证有法必依，执法必严，违法必究，当前还要理顺管理体制。

我国媒体业进入资本市场的障碍和应对策略

王雄在《江苏社会科学》2002 年第 2 期撰文指出，我国媒体向资本市场开放的策略至少包括以下内容：首先，必须在法律制度上有所突破，有所创新，在法律层面改变“失语”和“空白”状态，为媒体走向资本市场扫清道路。在立法上允许媒体和资本市场的结合，对于打破目前的僵局具有根本性意义。其次，必须依据国情确定媒体进入资本市场的资产投资结构和原则。不仅我国媒体的主营性资产不允许外来资本的进入，而且在由媒体子公司和其他投资公司或基金组成的上市公司中，媒体资本也应该保持控股地位。第三，必须建立媒体向资本市场开放的准入思路，采取循序渐进、逐步放开的策略。我国媒体向资本市场的开放，必须采取“非主干”、“非党报”、“非新闻”的基本思路。第四，要借媒体走向资本市场的历史契机，深化新闻体制的改革，努力实施体制创新。我国新闻管理体制在下必须大胆进行体制创新，具体体现在以下几个方面：一是更新观念，二是改变传统的全面管理、全能管理、“制式”管理的模式，三是对媒体的管理由单一的行政管理走向综合性的社会管理。

境外传媒对中国传媒业的冲击与促进

师静在《北京青年政治学院学报》2002 年第 2 期撰文指出，外资媒体的涌入是大势所趋，是中国加入 WTO，融入全球经济的必然结果。我国必须加强措施，迎接挑战。一、以积极的态度、开放的心态对待竞争。目前面对巨大的竞争压力，首先应在态度上、在观念上加以明确。二、走向进一步开放与市场化。WTO 的运作原则也会对传媒业有影响，特别是“政策透明”这一原则对我们政策的开放性提出了更高的要求。要想在竞争中取胜或者说保持一席之地，我们必须在媒介制度的市场化、传播内容的市场化、媒介运作方式的产业化、媒介结构的市场化以及传播范围的社会化等诸多方面做出调整，才能融入世界传播体系之中。三、通过法律、法规和市场手段进行间接控制。首先，我国各有关部门应制定、完善各项具体的新闻传播法规，为国内外媒介集团设定边界，对违反国家有关政策法规、损害国家利益的传媒行为进行及时有效的惩罚。其次，可以采用提高市场门槛的办法，本着“自负其责、从严罚过”的原则，通过提高媒体的投资门槛来迫使企业产生付足够高的违规成本，强迫企业实施高度自律。四、深入推动媒介市场化，媒体重新定位与整合是生存的必由之路。从媒介的角度而言，实现区域内的或跨区域、跨媒体的媒介重组，完成媒体的优化组合可能更有利于提高竞争力。

新闻媒体投融资路径浅探

张跃云在《城市党报研究》2002 年第 3 期撰文指出，应当开辟投融资新闻媒体安全有效的渠道。而我国目前的情况是：第一，政策已出台。第二，国企改革与发展形势仍严峻。第三，龙头国企亦需上市融资。第四，系统内资金短缺。第五，新闻集团的竞争战略。第六，我国媒体已创造出各种融资路径。就此提出几点对策：第一，争取广东成为“传媒特区”。第二，将经营性资产剥离，建立股份制有限公司，以便进行融资。第三，对集团无形资产进行评估，以便进行融资。第四，进行资产重组，筹建上市公司。第五，重视资本运营人才储备，要招得来、用得上、留得住。

我国媒体资本运作浅析

朱虹在《新闻大学》2002 年第 3 期撰文指出，我国媒体集团资本运作的主要模式有内部衍生扩张模式、合并重组模式、股份制模式以及上市融资模式。结合我国的国情和传媒业的现状，我国媒体进行资本运作可以向以下两个方向发展：一、借鉴国企改革成功经验，推动媒体产权改革，实现国有控股条件下的产权多元化。我国媒体可以借鉴经验，成立专业的媒体类国有资产管理公司或投资公司，负责审核和管理媒体领域的投资事宜。二、适度借鉴西方经验，扩展我国媒体资本运作渠道。资本运作的途径主要有两种，一是发行股票融资，二是发行债券融资。较适合我国媒体资本运作的途径应当是发行股票融资。再者，收购兼并也是较适合我国媒体资本运作的方式之一。

WTO 环境与中国新闻业的发展对策

胡正强在《徐州教育学院学报》2002 年第 4 期撰文指出，在 WTO 环境中，放眼未来，中国新闻业当前亟待做好以下几方面的工作。一、重组媒介，做大做强。二、注重经营，加强管理。三、走民族化、特色化之路，以品牌、精品参与全球竞争。四、切实树立读者为本的思想，提高新闻的引导艺术。一是要增强新闻的时效性；二是要增强新闻的贴近性，扩大新闻的公信度；三是要增强服务性，扩展新闻报道的亲和力。五、注重人才培养，建立一支高素质的新闻工作者队伍。这要在以下六个方面配套进行：一是建立新闻人才市场的主体，二是建立新闻人才市场价值体系，三是建立新闻人才市场法规，四是建立现代化的新闻人才市场信息网络，五是建立新闻人才市场的保障体系，六是建立市场化的人才评价机构和指标体系。

外国媒体的可资借鉴之处

王永亮、石书新在《记者摇篮》2002 年第 4 期撰文指出，学习借鉴国外媒体的长处，应当从以下几方面入手：首先，要学习美国记者掌握网络新技术如虎添翼。网络传播使受众主动、广泛的参与成为可能。互联网有辅助新闻报道的优势。当记者要处理更多、更丰富、更复杂的信息资源时，对其新闻素养或新闻敏感等方面的要求更高了。其次要学习西方国家司法和媒体相互监督。避免新闻监督妨碍公证审判是各国共同注意到的问题。关于舆论监督，无论在西方国家还是在原苏联、东欧社会主义国家，其监督功能都是很强的。英国、美国在诽谤法中也规定特许权报道。日本虽然没有专门的新闻法，其新闻法律规范散见于其宪法、刑法、民法、少年法、选举法等法律中。第三，学习日本报业增强与读者的亲和力。发行与广告收入成为推动报业经济发展的两大车轮。报纸尤其在文体活动方面，投入了大量的精力，千方百计去扩大报纸的影响。日本各大报社还竭尽全力向社会各方面渗透，在人流集中的地铁、商场等处大做形象广告。

现代传媒业与文化领域的革命

陈立旭在《中国文化产业评论》（第 1 卷）（上海人民出版社，2003 年版）中指出，可以根据传播技术的差别，将人类传播媒介的发展分为口语媒介、书面和印刷媒介、电子媒介三个阶段。口语媒介借助于人际间面对面的接触，通过身体和声音得以传播，具有直观直觉、形象生动的特点。书面媒介和印刷媒介的出现使语言文化脱离了口语传统，使文化的传播成为一种破解和使用文字符号的技术，克服了人类文化交流中时空的限制，发展了人类抽象思维的能力和想象的能力。以电子媒介为基础的文化是人类文化的发展经过书面和印刷媒介向口语媒介更高层次的回归。以电子媒介为基础的文化既具有口语媒介的直观直觉性质，也能像文字符号一样克服人类直接交流中的时空限制。同时，由于电子媒介使文化重新通过声音和形象得以传播，从而清除了书面印刷媒介的文字符号对大众的限制。因而，从传播方式上看，电子媒介具有普及性、大众性和民主性。这一特性使得它成为大众文化可以利用的最重要的传播形式。

关于利用资本市场发展传媒产业的战略思考

何涛在《财经研究》2003 年第 1 期撰文指出，综观国际传媒产业的发展趋势以及境外资本进入中国媒介市场的现状，在传媒产业的生存和发展过程中，有效利用资本市场的功能对媒体产业进行整合、重组、扩大资产规模、提高经济效益，是最佳的选择。目前，中国传媒产业在利用资本市场获得显著发展的同时，也存在一些发展障碍。一、就国内而言，行业发展与政策的冲突、资本与政策的冲突、管理与体制的冲突并存。二、就外资而言，主要是政策的禁止规范。虽然还存在诸多障碍和问题，但境外资本进入中国传媒市场的前途还是很大的。只要正确处理好传媒产业与资本市场这两者的关系，适应国家的政策规定，在经济可行的前提下利用尽可能多的平台和市场进行经营管理，采取措施遏制对传媒发展中的消极影响，就能够迎接挑战、把握市场机遇，使传媒产业利用资本市场这一新生事物获得健康有序的发展。

新闻集团进入中国媒介市场行为研究

曹书乐在《北京电影学院学报》2003 年第 2 期撰文指出，新闻集团进入中国市场有 4 个重要里程碑：一、通过收购并建设香港卫视打开中国电视市场。二、通过建设广电信息技术公司开展在中国的互联网服务。三、通过注资中国网通插手电信业务。四、星空卫视在广东落地。新闻集团资本进入方式是以参股为主，其他方法为辅，通过资本运作迂回进入中国市场，其打开中国市场的策略有二：一、密切与政府关系，争取宽松的媒介政策环境。二、本土化策略。可是新闻集团在中国获得的经济上的收益很少。新闻集团在未来的几年会延续它一贯的对华策略。在运作方面，新闻集团将仍旧采用资本运作的方式，瞧准各种时机进行直接的投资或是变相的投资。

新闻生产经营管理初探

吉拴午在《城市党报研究》2003 年第 2 期撰文指出，新闻作为一种特殊商品，有市场导向和成本导向的问题，所以进行社会主义新闻生产经营的成本核算是十分必要的。其成本核算的实现有两套核算办法。一是社会效益的核算，这是有形资本和无形资本运行结果的成本核算。二是经济效益的核算，必须按照企业的核算办法去进行。社会主义新闻生产经营管理的实现途径有以下几个方面：一、新闻生产的组织是社会主义新闻生产经营管理实现的条件。二、新闻生产的价值发现是新闻生产经营管理实现的基础。三、新闻生产的控制是新闻生产管理实现的手段。四、新闻生产的技术创新是新闻生产管理实现的动力。五、新闻生产的社会效益和经济效益的双赢是新闻生产管理实现的根本目标。

新闻业行业管理及其完善

于峰在《当代传播》2003 年第 3 期撰文指出，就管理的方法和行业发展的要求来说，除了政府的宏观管理调控和与新闻有关的法制建设外，以行业协会和行业组织作为一种管理方法和手段，也应成为我国入世后的一种真正意义上的、新的行业管理方法。随着经济体制的变革，新闻业的运营方式已越来越多地融进了企业的经营机制。它的运营必须要适应现代化生产和集团化、规模化生产的需要。我国的新闻业行业协会和行业组织要加强行业管理，使新闻行业的发展有正常的秩序和市场的约束力。就我国新闻界的状况和国情来说，政府的宏观调控依然是很重要的。政府部门对新闻业的宏观调控和加强新闻业的行业管理，应该是并行不悖的。无论是政府的宏观调控，还是以行业协会和行业组织为形式的管理，都需要理顺各种关系，协调好新闻行业内部的活动，使新闻业能够正常、有序、健康地发展，以适应国家的经济建设和文化建设的需要。

传媒帝国的诱惑

张西明在《读书》2002 年第 3 期撰文指出，任何国家、社会和人群，在全球化过程中被“化”了的并不只是经济，还有其自身的文化、价值体系乃至整个社会建构。中国在加入世界贸易组织后，需要开放的十一种市场中有五个与文化产业有关，它们的开放将很快对我们的报刊、出版、广播电视和新兴的网络媒体业产生影响。在这方面，默多克是当今“全球化传媒”和“全球化传媒产业巨子”的典型代表。默多克的到来无疑会促使中国传媒日益加入到国际竞争中去，但他也会利用其难以匹敌的雄厚资本制造媒体产业的产权集中甚至垄断，最后使你只能去领受他送来的“流行文化”、“休闲文化”。欧美发达国家“全球化”目标的本质是西方化。“默多克们”影响中国文化的主要途径为：1. 在内容上以“休闲”的影视节目、体育、娱乐、软新闻为主，包装以“本地化”外衣，但文化和意识形态的内核是西方“主流”的；2. 在产业形态上以兼并、合作、合资进入中国的文化传媒产业；3. 在传播手段上通过开发和引入网络视听媒体、卫星电视，将各种西方文化传播进来并逐渐取得主导地位。在这个看似纯粹“商业”的过程中，却包含了一个根本性的变与不变：从以往政府间直接诉诸政治、外交的“政治化诉求，政治化后果”，变为经济贸易开路的“市场化诉求，政治化后果”。

论中国传媒的崛起

程曼丽在《国际新闻界》2003年第4期撰文指出，中国新闻业在世纪初的变化和崛起具有必然性。促成中国新闻业在国际领域中崛起的因素包括：第一，经济的高速发展使中国成为对全球投资者最具吸引力的国家。第二，中国与世界的融合，为中国传媒业提供了前所未有的发展空间。第三，传播科技的发展为中国媒体的全球化拓展提供了技术支撑。第四，传媒产业的振兴，使中国媒体有可能面对更具挑战性的国际传播大环境，并跻身其间。第五，华侨华人精英层的形成，使世界对华人刮目相看，也使他们透过华人加深了对中华民族和中华文化的了解。第六，汉语成为全球最新的强势语言。但是，与发达国家相比，与中国自身发展的客观要求相比，中国媒体的发展还相对滞后，在国际传播中的声音还相对弱小，远未发挥出应有的作用。为了改变新闻传播上这种于我不利的被动局面，客观上需要进行调整。首先，为了改变我国在国际传播中的被动局面以及由此产生的短期效应，应当制定长期的新闻传播战略。其次，针对我国在国际传播中传受双方不对称的尴尬局面，我们应当更多地考虑受众、了解受众、研究受众。第三，在维护国家利益、坚持原则的前提下，应当将原则性与灵活性有机地结合起来。

媒介整合与中国地市新闻传媒业的生存和发展

刘景慧、张斌在《湖南大众传媒职业技术学院学报》2003年第4期撰文指出，中国地市传媒业的出路之一是以新闻为本，打好主体战。新闻的产生与发展，新闻所起的传递信息、沟通舆情、传播文化知识、提供娱乐、服务大众等功能，都离不开新闻的信息本质。离开了新闻传递信息这一本质，新闻就不成其为新闻了。地市新闻业规模小，因而转变灵活，可以很好地抵制市场的异化趋势。地市新闻业还可以充分利用新科学新技术，从外界获取新信息，和邻近区域交换信息，互通有无，从而做到以新闻服务满足社会的需求，赢得市场竞争中的胜利。出路之二是打造地方特色，走特色之路。地市新闻传媒依托其地方贴近性优势，打造地方特色是其出路所在。而要做到贴近性，必须抓住以下几点：一是依托本地经济，紧扣本地的历史文化。二是立足本地，依托省区，面向全国，展望世界，形成地方特色。三是注重分析，形成深度，打造强势。

“内部新闻自由”面临的新挑战

李琥珀、王磊在《新闻记者》2003年第8期撰文指出，近年来新闻媒体整合营销的呼声越来越高，经营权和编辑权之间的壁垒被打破，编辑权处于经营权的阴影之下，对“内部新闻自由”形成了强大的新一轮挑战。1993年，美国的舒尔兹提出了“整合营销传播”观念，强调要将顾客意识渗透到公司的各个部门，各个部门要协同作战，始终以公司的市场利益为指针。整合营销的入侵使整个新闻业的走向发生了改变。为保证自己的受众占有率，媒体就要迎合数量最大的受众口味。新闻娱乐化浪潮席卷全球。进入世纪之交，中国的新闻媒体也在发生着巨大的变化，处于一个关键的转型期。一些媒体已经抢先吸收业外资金，即把“内容”和“经营”两部分剥离，将经营权交给合资公司，自留编辑权，保障了政府所要求的控制媒体内容的权力。在这个过程中，新闻编辑部门受到了资本力量的强大压力。市场化的进程可以改善资源配置，增强竞争力，为我国媒体争取更大的生存和发展空间。所以，所谓的报刊自由与责任，实质上也就是报刊在事业化（公共事业）和商业化（谋利）双重压力下如何运作的问题。

媒介战略管理刍议

禹建强在《中国记者》2003年第10期撰文指出，媒介战略的展望应当包括：未来的发展方向，媒介选定的受众细分市场，媒介尽力占领的市场位置，以及媒介的各种业务。媒介的战略目标体系应该以竞争对手为焦点，打败有一定实力与自己竞争的同类媒介，像都市报一般以本地的早报、晚报、商报为竞争对手。执行战略时，媒介要在战略目标与组织结构之间创建强大的“协调性”。媒介各项战略的具体实施主要由中层和基层管理人员承担，高层管理人员负责统筹规划，协调各方面关系，指导和检查战略执行情况。在此阶段，要按照媒介既定的战略，监控方方面面的工作，对执行战略的情况及其成果进行评价，以保证媒介战略的顺利实施。卓越的媒体离不开卓越的管理，而卓越管理的真正条件是：出色地执行了一个出色的媒介战略。

我国传媒打造核心竞争力的策略

钱晓文在《新闻记者》2004年第2期撰文指出，从经济学角度看，媒体经营是由内容、渠道和经营模式三部分组成。垂直型整合模式就是对内容与渠道资源进行整合，从而有效配置资源，形成核心竞争力，是我国媒体培育和保持核心竞争力的必然选择。面对外资传媒巨头的挑战，垂直型整合有利于我国媒体成为市场资源的整合者。而组织结构是业务结构的体现和保证，高效的组织系统是建立、形成企业核心竞争力的先决条件。为适应市场经济的需要和媒体竞争环境的变化，当前我国传媒迫切需要改变传统的内向型“金字塔”式行政管理结构，构建基于核心竞争力的外向型扁平化学习型组织。媒体产业的本质是内容和创意，传媒的核心竞争力是内容，坚持内容的原创性是关键。传媒业内容的不断更新和发展是提高传媒核心竞争力的关键。媒体业需要专业化的经营和管理，媒体经营管理的核心是促进内容创新，如何建立好的机制以保证获得许多好的内容，而不仅是一两部畅销或流行的产品，这对媒体竞争非常重要。除了上述几方面外，我国媒体监管体制与政策法规也急需创新，以便为媒体产业的发展创造良好的政策法规环境。

传媒核心竞争力及其影响要素解读

沈正赋在《新闻大学》2004 年第 4 期撰文指出，传媒核心竞争力影响要素包括四个方面：一、机制创新是打造传媒核心竞争力的制度保障。只有参照现代企业制度，遵循媒体发展规律来对传媒集团进行制度创新，才可以适应更激烈的市场竞争的要求，从而提升传媒的核心竞争力。二、品牌战略是打造传媒核心竞争力的有效手段。随着市场的日益发育和成熟，新闻传媒内容产品越来越趋向同质化，传媒之间的竞争在相当大的程度上就要依靠品牌竞争，传媒也只有借助创造和扩大品牌价值来争取广告，吸纳更多的资金，从而赢得更大的发展空间。三、独特的新闻内容是打造传媒核心竞争力的核心基础。内容是媒体的核心资源，对内容的开发和再利用以获得受众的眼球资源和广告收入，是目前我国传媒在网络时代面临的最大机遇和挑战。四、雄厚的人才资源是打造传媒核心竞争力的智力支持。媒体竞争的最终落脚点应该是人才，媒体竞争实际上就是人才竞争。

我国媒体产业发展趋势与前景展望

宋香云、高慧军、姚林青在《当代传播》2004 年第 6 期撰文指出，我国媒体产业发展趋势是：一、组建集约化模式运作的媒体产业集团。二、高度重视资本运营，实施多种经营。三、调整产业结构，进行资产重组。我国政府应把媒体产业重组纳入国家产业结构调整中，发挥其主导作用：一、要以行政手段加快重组。二、以产业政策引导重组。三、鼓励跨行业重组，让成熟产业中的大企业进入。媒体产业发展中政府采取的主要措施有：一、加快用高新技术对传统产业的改造。二、加强媒体产业法律建设。三、培育市场竞争环境。四、制定和实施人才战略，培养和造就媒介人才。五、建立强有力的宏观调控体系。六、在社会主义市场经济条件下，政府对媒体产业的管理职责主要有以下方面：制定媒体产业发展的战略计划，强化指导、协调和监督手段，实施宏观调控，使媒体产业协调发展。制定法规和政策，规范媒体产业行为，维护媒体产业市场秩序，保证其社会主义方向。为媒体产业提供必要和及时的服务，创造良好的媒体产业发展环境。通过制定行业标准和奖励先进，充分发挥导向作用。通过建立媒体行业协会，增强行业自律。

浅析新闻“包装”现象

余丽蓉在《江汉大学学报》（人文科学版）2004 年第 6 期撰文指出，时下媒体的新闻包装现象大体归为三类：一是技术性包装，在报道手段上凸显科技化、前沿化。二是策划性包装，对报道形式进行策划性的加工设计。三是特色化包装，使报道具有独特的个性风格。从新闻信息资源开发的角度，新闻包装是促进新闻文本的信息最终到达受众并产生效果的手段之一。其意义如下：一、新闻包装采用个性化的、新颖的符号类型，能充分发挥新闻信息资源的特长，突出其传播价值亮点。二、新闻包装通过对客观信息资源的重组和选择，使新闻能够反映人的主观能动性，体现思想倾向。三、新闻包装打破了新闻文体对新闻信息资源开发的制约，促进文体的变化更新。包装毕竟是形式，新闻传播还是“内容为王”。因此，在新闻信息资源的加工和传播过程中，传播主体要注意把握新闻信息本身的客观属性，合理考虑受众的需求，严格遵循新闻传播规律，从而对具体的新闻包装行为作出适度的把握。

当前中国传媒业新闻改革的若干特点

李良荣在《采写编》2005 年第 1 期撰文指出，目前中国的新闻改革呈现出全新的特点，表现在三个方面。一是从自发走向自觉——中央掌握改革主导权。从 1978 年底到 1999 年的 20 余年间，中国新闻改革在整体上是自下而上进行的。这种自下而上的改革，越到后来越显示出其先天不足。首先，这种改革基本上针对微观层面的问题，改革往往是零碎而缺乏系统性；其次，各媒体所从事的改革都是经过深思熟虑的，是一种理性的行为。二是从观念更新走向制度创新——制度创新成为新闻改革的主动力。中国当前的制度创新的突破口或抓手主要在两个方面：一是运行模式的改变。二是在确认公民知情权的前提下，政府信息公开制度的创立。三是从边缘突破走向中心突破——新闻报道成为新闻改革的主攻目标。中国的新闻改革是从边缘突破开始。这个边缘主要指传媒业微观层面上的经营管理。新报新台新套路，旧报旧台老思路，这就是增量改革。

经济全球化中的中国传媒业如何应对及发展

曹筱凡在《山东理工大学学报》（社会科学版）2005

年第21卷第3期撰文指出，中国加入WTO以来，外国的传媒观念、操作方式以及外资正以各种方式迅速进入中国传媒业多个领域。面对挑战，中国新闻传媒业已经发生和将要发生重大变革，但也存在一些不适应和不协调甚至是消极的因素。报纸上信息太少，广播电视好听好看的内容不多，广播电视也存在不少问题，娱乐性的、广告类的、商务电视等占据了许多时间，很多节目趋向媚俗，一些地方台没有把主要精力放在提高新闻节目的质量上。中国传媒业应对挑战，应做到冷静分析“有挑战就有机遇”的创业环境，抓住当代新闻传媒业的发展趋势，努力改变自己、发展自己。一、努力向全球化、国际化方向转变，并在此基础上坚持走民族化、特色化的道路。二、传媒产品要向个性化、柔性化、多样化方向发展。三、改革和完善新闻传媒的管理体制和运行机制，适应规模化的市场竞争，我国新闻业管理体制应当改革，组建集中统一的管理体制，同时，我们还应着重注意培养面向未来的新闻人才。

浅谈中国电视传媒业发展趋势

杨颖在《中华女子学院山东分院学报》2006年第1期撰文指出，改革开放的20年间，中国传媒业的改革取得了显著的成就，但还面临不少危机：一、集团化改革难以推进。走集团化的道路就是要从根本上脱离行政干预，实现完全的独立，但现在实行的大多数集团化却只是将大大小小的机构串在一起，或是在相对饱和的情况下再开几个频道。这种表面上的做大非但没有集中资源，重点发展，反而浪费了人力、物力、财力，事实上是以另外一种形式搞了重复建设。二、专业化频道与公司化运作举步维艰。三、过分依赖广告造成广告压力巨大。四、市场化要求下求生存。五、旧有人事制度限制人才发展。为了适应经济全球化和我国经济社会发展的需求，必须采取有效措施，加大力度对我国电视传媒业实施进一步的改革。一、集团化——多元化经营的战略选择。逐步实现跨媒体、跨行业、跨地域的多元化经营。二、改变单一的广告盈利模式，推进电视频道专业化进程。三、适应市场需求，逐步实施电视产业企业化经营。首先，合理配置资源，走集约型发展之路。其次，人力资源管理，应严格执行竞争机制。

中国新闻出版业监管体制模式选择

姚德权在《现代传播》2006年第3期撰文认为，目前中国在新闻传播领域的政府管理体制上，还存在着以下方面的问题：一、新闻出版监管职能缺位。二、新闻出版监管能力不足。三、新闻出版监管过度或越位。四、新闻出版监管成本高、效率低。成因是：一、新闻出版监管的制度障碍。包括：第一，缺乏法定、独立的监管机构。第二，监管法律法规建设滞后。第三，对监管者的外部监督机制不健全。二、新闻出版监管的主体障碍。在体制转轨期间，政府监管过程内部的制度缺陷主要表现在如下两方面：第一，新闻出版单位的非独立性。第二，政府角色冲突。针对中国新闻传播监管现状，在设计监管模式时，可以遵循两条思路进行：一是改对新闻出版主体监管为新闻出版传播内容与传播行为监管；二是改分业多头监管为混业综合监管。基于此，中国新闻出版监管有以下五种体制模式可供选择。一、机构微调，综合执法模式。在国家新闻出版总署内部设立出版物监管司。二、机构单设，综合执法模式。在国家新闻出版总署内部设立相对独立的国家新闻出版监管局。三、行政与监管分离模式。国家新闻出版总署和新闻出版监管局分设。四、集中监管、综合执法模式。组建国家传媒业监管委员会统一监管传媒。五、综合监管、统一执法模式。国家设立新闻出版、广播电视与大众传媒部。

论媒介与业外资本的结合

黄进在《新闻界》2006年第5期撰文认为，媒体与业外资本的合作方式有以下几种：一、业外资本通过包买版面或栏目的形式导入媒体。二、业外国有资本导入媒体。三、证券资金导入媒体。四、上市公司介入媒体。五、民间资本导入媒介。民间法人资本介入媒体有两种方式：第一种直接在证券市场投资媒体概念股票。第二种投资策略就是绕过政策壁垒，直接投资媒体。六、境外资本进入传媒业。境外资本主要用一些间接的方式来投资中国传媒，即利益交换；以合资的形式创办消费与时尚类媒体；外资目前进入的重点是传媒分销领域。目前我国媒介业外资本导入的一般性特点是：一、资本导入媒介的方式多样化。二、资本导入的媒体非主流化。三、媒体业外资本的非主体化。传媒资本的多元化不仅给传媒业注入了资金，更是改变了传统的传媒管理理念、传播理念，推动中国传播体制的改革。表现为：一、业外资本的导入迫使媒体走向市场，推动了中国传媒业产业化的进程。二、业外资本的导入给媒体带来了全新的经营管理理念。三、媒介资本的介入彻底改变了传统的媒介传播模式。

论中国当代“二元化”新闻传播业现状与发展趋势

李平、李其芳、单永梅在《襄樊职业技术学院学报》2006年第5卷第5期撰文指出，我国“二元化”新闻传播业现状是：一、新闻传播观念滞后始终是我国新闻传播业进一步发展的老问题、大问题。二、所有制结构与体制的阻碍。我国新闻传播业作为事业单位，却只有少数媒体能得到财政拨款，绝大部分只能自己养活自己；作为企业，媒体是自负盈亏、依法纳税，却享受不到企业的基本权利，不能自主经营、自主决策。“二元化”新闻传播业的发展趋势是：第一，二元分流，各自归位，这有利于民意的疏通和聚合，使新闻媒体真正起到“下情上达”的基本功能。第二，广泛吸收资本，实行跨媒体、跨行业、跨区域的运作，是我国传媒的基本趋势，也是市场规律在传媒业的必然反映。第三，国际合作与境外资本的引进，这更有利于我国新闻传媒刚刚起步的国际化征程。

当代传媒业的性质辨析

郑保卫在《新闻界》2006 年第 5 期撰文，对传媒业的社会属性、政治属性和经济属性等几个基本属性进行分析，借以认识和解读当代传媒业的性质。一、社会属性——社会文化事业，一般说来，传媒业的服务对象、报道内容、传播范围以及活动目的都有着广泛的社会性。这不但体现在它在社会中所具有的信息交流与沟通作用，还体现在通过这种信息的交流与沟通，它对社会文化和社会生活所产生的思想渗透力和舆论影响力。二、政治属性——阶级舆论工具，服务于政治，服务于一定的政治和社会利益集团，这是阶级社会中传媒业政治属性的集中体现。三、经济属性——信息产业实体，新闻事业的产业特征及经济属性通常表现在以下几个方面：一是媒介产品具有生产特征，可以进行大批量生产。二是媒介受众具有消费者特征，可以通过提高新闻信息产品质量吸引其消费行为。三是媒介经营具有企业特征，可以借助现代企业管理方式改善经营，增加效益。四是生产相同或相关产品的媒介企业在同一市场上具有直接或间接的业务或竞争关系。五是媒介运作具有市场化特征，可以运用市场手段组织生产。在传媒业的上述三个属性中，社会属性是最基本的属性，政治属性是最重要的属性，经济属性是最排他的属性。

试论新闻生产力

张海林在《中共福建省委党校学报》2006 年第 9 期（总第 309 期）撰文认为，新闻生产力属于文化生产力的范畴，是指新闻工作者、新闻媒介和新闻工作对象相结合而形成的促进经济社会和人的全面发展的能力，主要包括舆论引导能力、产业发展能力和人才资源开发能力。新闻生产已日益成为当代经济生活的一部分，成为复杂的现代化大生产的一部分。改革开放以来，我国新闻出版业发展很快，同时也存在一些突出的矛盾。第一，舆论导向与引导水平的不协调。第二，主流媒体体制与其发展的不适应。第三，人才结构不合理。新闻生产力的特殊性主要源自于新闻生产力的特殊功能、特殊结构与特殊的发展过程。它兼具直接参与和间接作用社会生产力发展的特殊功能，兼容着作为经济基础组成部分和作为上层建筑组成部分的二元结构，同时是一个内外互动、要求不断创新的发展过程，因此，新闻生产力的发展有其自身特殊的发展规律。这一特殊规律可概括为：社会主义精神文明发展规律、市场经济发展规律与新闻自身发展规律的统一。创新新闻出版机制，主要是建立正确导向，富有经营活力的新闻出版微观运行机制，解放和发展新闻生产力。它的作用在于：首先，通过新闻产品生产机制创新，提高舆论引导能力；其次，通过新闻产业经营机制创新，提高产业发展能力；第三，通过新闻队伍建设机制创新，提高人才资源开发能力。

网络新闻业发展的优势与机会

赵红葵、王征在《新闻三昧》2006 年第 10 期撰文，沿袭经济学的战略分析法，重点探讨网络新闻的优势与机会。一、丰富性与时效性。丰富性是指网络新闻能够以接受搜索、访问的样式给用户提供一个主题资料库，或总体意义上的信息仓库。网络在时效性上一个独特的优势，被我们称之为“全时性”，今日网络新闻也往往被视之为“全时新闻报道”。二、汇聚力与多元化。汇聚力是指网络的高容量、交互特征、分层分组的能力，使得网络新闻能够在非常短的时间，在任何一个狭窄的主题领域里汇聚起相当数量的人群，使他们能够对某一新闻乃至整个频道做出集体化的响应。多元化是指网络新闻向人们展示的不是单纯的新闻，而是把新闻的概念提高到一种泛信息的高度。三、宽容性与参与性。宽容性一方面表现在人们对网上信息，并不总是对其动机或者来源做过多的推测；另一方面，受众潜在地认为在这种特殊的介质里，不同地位的信源权利平等。参与性表现为人们不仅可以参与到有关新闻的讨论，更重要的，他们可以参与网上出版。四、表现性与个性化。从根本上说，网络新闻的表现性反映在对于时间和空间的综合控制上。最典型的就是它对搜索引擎的使用，栏目之间的互相链接，以及交互性服务的设计。网络新闻在战略的总体上实现了以往大众传媒所望尘莫及的更广泛的大众化，使得今天网络信息的分散化和个性化成为可能，而这些也正导致了在网络新闻传播过程中，得到突出展现的往往并不是信息本身，而是接受信息的人。

试论我国电视传媒业发展观再造

向霞在《交流与思考》2006 年第 10 期撰文认为，在当前背景下，电视传媒业要发展和生存，必须要进行体制改革，并实施电视传媒业发展观的转变，从电视传媒业的事业观向电视传媒业的产业观转变，以产业观为基础，以产业的眼光来看待和发展电视媒体。在这个基础上确立电视媒体产业的发展目标。电视传媒业实施产业观的措施是：一、构建传媒业的核心竞争力；二、转变电视传媒业经营理念，必须树立经营性文化理念和管理性文化理念；三、进行业务整合，打造产业品牌。为了提高电视媒体的市场竞争力，必须创立新的节目生产创优体制，首先是要打造好专业频道；四、注重电视传媒业管理，具体来说，主要做好以下管理：内部组织管理机制，人才机制，成本管理机制；五、破除行政本位制，走市场化经营。

从凤凰卫视谈传媒核心竞争力

胡颖在《新闻知识》2006 年第 11 期撰文认为，传媒的核心竞争力应该拥有以下特征：一、整体性。从凤凰卫视来看，凤凰卫视的核心竞争力就是媒介立场、节目内容、人才以及大型活动等多方面共同作用才得以形成的。二、递进性。对于传媒来说，就是随着时间推移、媒介运作，媒介的竞争力不会越来越弱，反而会越来越明显，呈现强者越强的趋势。凤凰卫视直播节目的发展正印证了这点。三、独特性。任何一个传媒的核心竞争力必须是独一无二的，拿凤凰卫视来说，个性的主持人是其独特核心竞争力的体现。应该从打造以下三个“核心”入手：一、核心受众。确定独特的受众定位、特定的受众对象和市场空间，是打造传媒竞争力的第一步。而十年来，凤凰卫视将自己的受众定位为全球华人。二、核心内容。传媒的竞争力关键在于其提供的新闻信息内容能否吸引受众注意力，新闻信息内容在传媒业的竞争中便成为最关键的因素，这也是众所周知的“内容为王”的实质。新闻类节目是凤凰卫视的核心内容，节目大胆且有深度这是很多观众都喜欢看凤凰卫视的原因。三、核心人才。媒介内容全有赖于传媒人才的劳动，因此传媒的竞争最根本的就是人才的竞争。“三名战略”是凤凰卫视打造核心人才的经典概括，即打造“名主持人、名评论员、名记者”，其实质就是重视人才的引进、培养与发挥。

中国新闻传媒业面临的挑战与应对策略

张晓锋在《西南民族大学学报》（人文社科版）2006 年第 11 期撰文指出，新闻传媒作为社会机体的重要环节，是现代化建设过程中不可或缺的重要力量。一、开掘新闻传媒多元功能，保障社会发展总目标的顺利实现。首先，新闻传媒要维护社会主流意识形态，坚持正确的舆论导向。其次，要发展国家传播必备技能，维持有效的智力支持。再次，要满足受众多元信息需求，提供丰富的精神食粮。二、提升新闻传媒综合实力，与现代化建设水平相适应。首先，我国传媒水平存在明显的差异，严重制约现代化事业的全面推进。其次，体制改革的步伐有待加快，必须突破制约传媒产业发展的瓶颈。再次，传媒的产业实力仍然不强，难以应付全球化背景下的媒体竞争。三、加快新闻传媒科技革新，应对席卷全球的信息化浪潮。首先，媒体本身面临数字化整合。其次，传播机制面临一体化运作。再次，传播队伍面临科技化武装。四、直面挑战，明确未来传媒发展的着力点。其首要着力点在于进一步明确和细化传媒发展的目标和步骤。主要着力点在于加大和深化传媒改革的广度与深度。重要着力点在于进一步凝炼和强化传媒发展的特色和重点。紧要着力点在于进一步构建和优化传媒队伍的层次和结构。必要着力点在于进一步拓展和提升传媒服务的能力和效率。

动漫、游戏产业

中国动漫尴尬现象之剖析

张弓在《装饰》2002年第3期撰文认为，中国动画尴尬现象是：一、先天不足："四低"状态。第一"低"乃起点低、眼界低。第二"低"为创作者的全面素质低。作为一个动漫家，他不仅需有对动漫的爱好和热情的投入，还需有良好的视觉艺术经验、美术基本功及其他多方面的素养，而这又是做出好作品的基本前提：1. 人生的阅历和文学的功底，这是动漫创作的基础。2. 艺术经验与绘制能力。3. 对影视语言的了解。第三"低"即普通大众热情低。第四"低"就是国内动漫水平低、产量低。二、创作者的瓶颈。动漫爱好者以"游戏"的心态，即使非常投入也"心有余而力不足"，不能进入角色也难以真正投身其中：1. 安于现状。2. 不能学以致用。3. 认识不到动漫的价值所在。

我们的动画时代何时到来

谢明在《编辑之友》2002年第4期撰文认为，动画片市场一般分为三个层次：第一个层次是动画片本身的播出市场；第二个层次是卡通图书和音像制品市场；第三个层次是卡通形象所衍生的产品，包括服装、玩具、饮料、儿童用品等。追溯动画的发展历史，创意是立足的核心，技术是发展的手段。新翻杨柳旧歌新唱与开天辟地异想天开的题材同样有着极为热心的追求者。童心的无羁使动画片拥有最大的追星族市场。中国动画业的发展要更新理念，接轨国际，提升技术，开发新品，着力投入，市场化运作，把中国动画业送入良性循环轨道是第一位的需要。具体说来，中国动画如今所面临的主要问题有以下几个：1. 动画风格定位不准，缺少自己的特色。2. 没有好的剧本，情节过于单一、枯燥。3. 观众的定位不准。4. 配音方面的不足。5. 动画音乐。6. 宣传。发展中国动画，要借鉴外来的经验，走产业化发展之路，中国动画片才能突破量少质次的瓶颈，走上投入和产出的良性循环道路。也只有这样，我们的动画时代才能更早地到来。

对中国动画业落后现状的分析

郭虹在《探索与争鸣》2002年第6期撰文认为，从全球市场来看，中国动画难以跻身世界舞台。中国动画业与发达国家的差距不仅体现在经济上，更体现在精神领域。其原因主要如下：一、缺乏长期、明确的产业政策。二、定位不清导致长期边缘化。三、宏观的重视与微观的散乱。四、市场转轨尚未完成。五、动画质量不进则退。面对我国动画产业落后挨打的局面，应采取以下措施：1. 建章立制，促进发展。2. 组建集团，加大投入。3. 整合市场。4. 参与全球竞争。

国产动画如何走出困境

吴今越在《当代电视》2003年第2期撰文认为，国产动画要走出困境，还得从动画本身的功能谈起。1. 童心与动画。动画片的主要收视群体是孩子，因此，动画片的故事应该符合孩子的口味。树立一个好的动画形象是动画片成败的关键。2. 教育与动画。通过生动的故事，幽默的对话，精良的卡通制作，真正做到寓教于乐。3. 审美与动画。动画片作为电视节目的一种，应该具有声音、画面、蒙太奇等相结合的综合艺术的审美特征。4. 市场与动画。动画片的利润不在动画片本身，而在于动画片利用电视这个载体播出之后，所带来的副产品，包括卡通图书、音像制品，包括利用卡通形象制作的玩具、服装、食品、儿童用品等等，其可开发的价值远远大于卖动画片本身。但是中国的动画片，缺乏既具有专业美术水准，又能够和同时代的孩子保持平等心态的动画制作人才；也缺乏能够进行全方位的商业运作，让动画片在整个市场上真正"动起来"的经济型人才。这是中国的动画片在未来的日子里是否能迎头赶上国外动画片的关键问题之所在。

创造卡通形象品牌

林阳在《出版经济》2002年第12期撰文认为，对于少儿社来说，创造卡通形象品牌的问题，比出版一般的少儿图书更重要。因为，卡通形象品牌的建立，可以开拓更广阔的营销思路，可以在更大的市场中遨游，可以获得更多的市场机会。但创造卡通形象决非小儿科，有两个难点：1. 创造孩子喜欢的卡通故事。2. 卡通形象的风格。创造卡通形象品牌的意义在于：1. 创造我国自己的卡通形象具有文化上的意义，如果我们创作出能够在世界上风行的卡通形象，我国的文化自然而然也会通过卡通形象的流传，在世界范围产生影响。2. 适于大规模营销。3. 回报高。4. 对少年儿童的教育有益。5. 市场附加值高。

中国动画路漫漫

张宁在《当代电视》2003年第1期撰文认为，现今中国的动画，并不缺乏制作成功动画片的知识储备，缺少的只是观念而已。1. 表现在题材上。长期以来，国产动画片的体裁几乎都集中在古典题材或根据儿童文学改编的作品上，主题单一，情节老套。缺乏与孩子们生活贴近的现实题材。2. 表现在形象设计及各个创作环节上。中国的动画首先人物形象设计缺乏个性，十几年不变。再就是画面不够夸张生动，节奏拖沓，色彩单调，背景单一，画面缺乏接受心理上的纵深想象空间。3. 表现在观众定位上。优秀的动画作品，应该是老少皆宜的。动画片的消费市场应当扩展到青年甚至更为广泛的群体，这个群体不但思想上较为成熟，有判别力，更为重要的是这一群体比较有消费能力，也是动画周边产品的主要消费对象。这一点对于动画制作的良性循环是极为重要的。4. 表现在审美层面上。创作寓教于乐又注重培养儿童的创新和挑战权威的性格的动画，是当前动画人应当努力的方向。5. 表现在商业运作上。制约国内动画产业发展的因素不是钱，而是市场机制和市场意识。造成这种现象的深层次原因：第一，业内缺乏专业的营销和管理人才；第二，没有形成良好的市场环境；第三，国内动画片质量上和数量上存在很大缺陷。总之，产业化是国产动画片发展的必由之路，惟有实施产业化的运作，国产动画片才能突破数量少的瓶颈，走向投入和产出良性循环的道路。

中国动画的劣势与思考

郭虹在《学术界》2003 年第 2 期撰文认为，中国动画的劣势主要表现在：一、全球动画格局严重失衡——人强我弱。二、自身发展的不平衡——制造业强，文化业弱。三、国内市场损失惨重。首先是我国动画产品及其衍生产品市场被严重侵占，其次是经济损失巨大，再就是我国动画市场被严重扰乱。入世后，我国动画产业面临的机遇是：1. 改革开放以来我国经济的高速成长，入世后更广阔的市场经济发展空间，都为动画产业的振兴提供了极好的发展平台。2. 动画业具有资本密集、人力资源密集的无烟工业特点，堪称我国文化产业中的“软件”业，非常适合我国国情。3. 国家广电总局颁布动画发展规划。4. 国家广电总局已采取措施保护国产动画片。5. 目前我国已经形成了以上海动画集团和央视动画部为龙头的两大动画制作基地。6. 我国动画产业经过了若干年的摸索，已经从稚嫩向成熟迈开了第一步。7. 新建动画教育院、系、专业相继涌现，人才培养方面的问题正得到缓解。

动漫的发展现状及社会心理需求

李子臣、李薇在《社会》2003 年第 2 期撰文认为，动漫“火爆”的发展现状主要表现在：1. 美国在数量、技术、票房水平上稳居第一。2. 日本成为人气最旺、最具竞争力的动漫大国。3. 韩国则是发展迅猛的第三动漫大国。4. 台湾、香港的漫画书及改编成的武侠影片风靡华人圈。5. 内地动漫尴尬，表现在：（1）日美动漫垄断内地市场；（2）成为“三来一补”加工场。动漫广受欢迎的深层的社会及心理原因，可归纳如下：1. 动漫干净简洁、轻松幽默、寓意深刻，让人爱看。2. 动漫可以起到心理减压、愉悦身心的效果。3. 动漫成为青少年张扬个性、崇尚自我的心理需要。4. 动漫成为一些青少年用来满足情感体验、解脱发泄的一种疏通渠道。

中国与日本动漫产业的比较与思考

刘洋在《齐鲁艺苑》2003 年第 3 期撰文认为，中国是出过动画精品的，但是佳作基本上都是在 20 世纪八九十年代之前诞生的。直到今天，中国的动画乃至整个动漫市场仍被以日本为首的舶来品所左右。国产动画正处于易赔难赚的尴尬境地。与中国不同，动漫，尤其是漫画，在日本的文化中占有极其重要的地位。甚至可以将动漫视为日本的一种主文化。作为世界第一漫画大国，日本漫画产业的规模已经超乎人们的想象。而中国动漫有点先天不足，发育不良，需要参照一下日本的“配料表”。这个“配料表”含有多种“元素”。首先是出版体系，其次是销售体系，再次就是作者。中国的动漫产业应该是大有市场、前途无限的，但是，它的发展过程不能任其自生自灭，它尤其需要政府的扶持，靠法规来完善和规范出版机制和销售体系，需要一个完整的动漫文化环境，这个文化环境可不是仅仅包括作者和读者，而是一个内含“产—供—销—反馈”的圆，只有圆上各个点相互促进、共同发展，中国动漫产业才能有长足的进步。这才是中国动漫产业发展的出路。

中国卡通业如何渡过冰河期

宣锋在《企业经济》2003 年第 3 期撰文认为，今天，中国的卡通市场遭受着日、美卡通的大举进攻。探其原因，除了创作本身以外，更为重要的是缺乏有力度的营销推广。影响中国卡通创作的主导思想是，创作主要都是针对低龄的少年儿童。认为少年儿童无法熟练掌握运用语言文字的情况下，卡通是一种可以采用的辅助性教育工具，所以相对重视卡通的教育功能，使其娱乐性明显不足。根据调查，大部分国内卡通爱好者对原创卡通仍然具备较强的信心，这对国内卡通行业来说应该是个好消息，关键在于卡通业界怎样能够迅速在卡通创作和市场营销拓展上取得突破。在卡通的原创上要取得突破，必须要对卡通消费对象的心理和行为有准确的把握，探索中国卡通的商业营销模式，走出中国卡通的冰河期。

再谈振兴中国动画业

张松林在《电视研究》2003 年第 6 期撰文指出，我国生产动画片已有近80年的历史。新中国建立以后也有过辉煌成就。然而，20世纪90年代以来，大量外国动画片进入中国市场，使国产动画片相形见绌，不仅在数量上，而且在质量上不能与之抗衡。怎样才能改变这种局面，这是值得研究的。首先要正确估价动画业的重要作用。动画业是一个文化产业，它在社会主义精神文明和物质文明的建设中具有双重的作用，尤其对儿童的思想教育更具有渗透力。其次，开拓市场，走可持续发展道路。国产动画片要繁荣发展，首先要解决产品通过市场实现投入和产出的平衡，并有一定盈利的问题。再次，加大资金投入，扩展企业规模。1. 扩大动画企业的规模。2. 吸纳社会资金。3. 增强国际合作。最后，提高质量，是振兴国产动画片的根本。

我国动漫产业现状分析

杨越在《时事》（大学生版）2003年第6期撰文指出，我国动漫产业虽然近年来取得了长足的进展，但总体上发展比较缓慢，与日本、韩国相比差距很大。专家们把中国动漫产业称之为“一流画技、二流故事、三流经营”。其实，中国漫画作者的画技已经成熟，但本土优秀原创编剧、脚本的缺乏，成为制约动漫产业发展的关键一环。如何缩小差距、加快发展我国的动漫产业这个话题引起了业内人士和相关主管部门的关注。创作上的突破是基础，但是仅仅在创作上有突破是远远不够的。卡通产业的发展需要一个宽松的政策环境、积极的社会氛围和有力的产业链条。

从日美动画片看国产动画片

徐蕾在《首都经济》2003年第7期撰文认为，日本的动画产业被人们称为“无烟重工业”，是六大支柱产业之一。日本动画片的画面不只是局限于影视剧构成元素的定位，它也具备了表现的主动性，画面可以成为独特的叙事单元，画面本身就可成为艺术。日本动画片在画面中还有一处特别的地方就在于它动作的静态处理。而美国近十年来动画片也是异常红火，美国动画片的特点也是很明显的。它在主题表现、音效设置方面的成就很突出，美国动画片更突出的特点是从不标榜任何意识形态，作为一种商业文化，他们始终强调影片的“好看”，换句话就是追求一种“视觉快感”。我国的动画产业在其市场运作方面，却仍然停留在“小儿科”的阶段。但中国动画片的想象力是其他国家无法比拟的。中国动画现在首先面临的一个瓶颈在于观念上的不同。其次在于不规范的市场机制。第三还有一个人才培养的问题。中国动画业存在的问题将是暂时的，只要国家通过宏观调控手段，调整经济结构，理顺价格体系，建立健全各项法规，国产动画就会获得一个健康规范的市场环境，在良好的技术背景下，中国的动画将成为我们民族的朝阳产业，中国动画片将是东方动画片的代表。

对当代中国电视动画的思考

孙立军在《电视字幕·特技与动画》2003年第8期撰文认为，目前我国的电视动画产业正呈多元化的趋势稳步发展着：其一，题材的多元化。我国正在制作的动画片与目前已经完成的片子一样，题材多以国际流行的人文、环保为主，并且努力扭转过去题材分布不均、低幼题材偏多的通病，逐渐加大初高中学生题材的比例，同时古典和现实题材也将保持比例上的平衡。其二，节目模式的多元化。我国电视动画片从单一形式到多种样式，从几十集的篇幅到上百集的巨制，正在全方位努力与国际接轨。其三，运作与市场结合的多元化。现在，开拓市场，把中国动画业送入良性循环轨道是我们第一位的需要。《蓝猫淘气3000问》的成功向人们展示了一个希望：一家民营企业，踏踏实实地干了几年，挺了几年，终于摸出了一条民族动画企业投入—生产—销售—回收—再投入—再生产，周而复始、逐步扩大的良性循环轨道。国产动画业应当理顺产业结构，更新制作手段，建立完善、科学的市场体系，要学会用国际通用的语言打开市场，以优秀的国产动画精品抢占这一市场。

浅谈中国动画的创作现状

孙立军在《电影艺术》2004年第1期撰文认为，中国动画面临的机遇和挑战：首先是国内动画市场的不成熟。其次，是来自国外动画对于国内市场的冲击。再次，动画资金的匮乏无疑也在严重地影响着中国动画的进一步发展。中国动画电影的创作现状：第一阶段，是创作的初始阶段，在创作方面体现出借鉴和模仿的特点。第二阶段，是动画创作探索阶段，是将我国的传统文化承载到动画形式当中。第三阶段，则是动画艺术的创新和徘徊的阶段。中国动画电视创作现状：中国动画电视无论是在发展速度，还是在发展层面和类型方面都已经大大地超过了电影创作。在创作的规模方面，我国动画创作形成了以上海美术电影制片厂和中央电视台为基础的两大动画生产基地。在创作的题材和类型方面，中国的电视动画产业也在动画类型方面作了积极的尝试。在创作的数量方面，我国的电视动画有了较大的增长。因此，中国动画创作发展走向：1. 正视我国整个动画产业的不成熟。2. 在心态上戒骄戒躁，动画创作力图采用集约化方式，集中人力、物力、财力，实行大企业、大品牌、大发展，积极培育享誉国内外的中国动画王牌企业，发展具有中国民族特色的动画产业，在数千年中华民族优秀文化传统的基础上，结合现代观念、审美和趣味，创造出既有中国特色又有全球竞争力的动画精品。

作为文化产业的中国动画生产与发展

田少煦在《美术观察》2004年第6期撰文认为，动画在满足人们精神文化需求的同时给社会创造了可观的经济效益，是一种发展前景看好的文化产业。从20世纪90年代起，随着信息技术的进步和互联网的普及，动画与IT结合出现了不同的媒介形式，产生了新的动画样式——网络动画，包含网络游戏和Flash。尤其是网络游戏，它以“主动体验”和“虚拟现实”的特点创造出一种全新的休闲娱乐方式。面对广阔的市场前景和来自对手的巨大压力，中国网络游戏商也在游戏开发上开始了“中国制造”。网络游戏逐渐成为与电影、电视、音乐等并驾齐驱的娱乐产业之一。动画产品与其他文化产品不同，不仅有自身的经济价值，还能通过衍生产品带动一条动画产业链，拉动一大批消费产品，它蕴涵着巨大的商机，是一种必需关注的文化经济现象。从振兴民族经济的角度来看，发展壮大我国的动画产业，不可忽视动画的衍生产品，它完全可以“小题大做”。

将中国动画制作进行到底

林枫、白杉在《电视字幕·特技与动画》2004年第2期撰文指出，动画作为一种独特的视觉艺术形式一直受到广泛欢迎。我国动画业在艺术创作上曾经有过五六十年代的辉煌成就，因其种类繁多、风格独特、制作精良而被国际动画艺术界誉为“中国动画学派”。然而从市场的意义上讲中国民族动画业从未有过真正的辉煌。近年来中国动画与美、日动画之间的差距越来越大，动画制作维持艰难，国产动画片已经陷入怪圈，没投入出片数量质量逐年递减，市场低迷，更无法吸引投资。我国动画这般惨淡的原因主要有制作水平低下，题材过于狭窄，表现手法老套；我国动画业缺乏市场运营机制，没有成熟的市场环境；市场运作水平差；动画漫画市场还处于“很不成熟、很不规范”的低级阶段。猖獗的盗版为国产动画片雪上加霜；动画人才尤其是兼通艺术与技术的复合型动画人才的不足也已经成为制约中国动画业发展的关键要素。要拯救我国动画，就要吸取外来文化，立足本民族，发展衍生产品，引进资金技术。动画产业做大做强，必须扩大投资来源，除了扩大国有资金投入，实行企业化管理和市场运作，允许发展民营或股份制动画企业，还要加大开放力度引进外国资金、技术和管理经验。通过与外商合作，一方面学习他们的制作、管理；另一方面要充分利用其发行渠道，这是打入国际市场的必由之路。

浅议中国动画业的复兴之策

王斌辉在《美术观察》2004年第6期撰文认为，在中国动画史上，20世纪40至70年代可以说是国产动画的“黄金时期”。从70年代起到80年代，中国在题材内容、艺术形式和制作技巧等方面也取得了新的成果。然而这段时期的动画片明显出现观众幼龄化、艺术性减弱的趋势，动画片的生存空间变得越来越小。由于中国电影业长期置于计划经济体制的统一管理之下，缺少商业运作，商业意味一年比一年淡化，如再不突围，国产动画将无立足之地。首先，需要从题材上进行突围。策划好动画剧本，争取以生动的剧情去感染观众，在整理这些题材时，应该做好市场的定位工作。其次，国产动画必须形成自己独特的风格。这应是中国动画要走出困境的最大的文化动力。再次，鉴于目前的状况，国产动画应该实行少而精的战略，将有限的资金投入到少数几部电影动画片的制作上去，打造出能与国外动画相媲美的大作并实现盈利，并以此为契机，慢慢发展和壮大国产动画业。最后，也是最难的一点，即体制的改革。如何做好市场的调查工作，如何建立起动画片的分级制度，如何吸引投资降低制作风险以及如何协调制、发、放三者的关系，以及好莱坞的院线制是否适合中国电影业的特点等等许多问题有待于我们去摸索。

浅论有中国特色的动漫产业道路

吴起在《电视字幕·特技与动画》2004年第8期撰文指出，动漫产业是一个高科技的多媒体技术和传统绘画技法相交融的产业，带有明显的经典文化和后现代文明碰撞的痕迹。中国的动漫在一种恶性的循环中始终得不到充分的发挥，造就了当代青年的漫画作者窘迫的生存境遇。而这些社会环境，在当代中国动漫教育如火如荼发展的情况下，更加成为必须解决的当务之急。目前中国最需要完善的动漫市场环境、动漫发行体系和动漫可持续发展的观念。首先是市场环境。如何用原创的中国动漫，把现在的哈日族抢过来，这是所有动漫人必须思考的。这里的关键是培育市场，引导观众。只有在市场和观众的培育都完成了之后，中国才能制作自己的大片，这样的投资才是真正明智的。其次是动漫的发行体系，这是中国目前的软肋。在中国动漫发行体系当中，必须引入周边产品开发的意识，而且必须把这个观念提到和电视台发行、音像发行同样的高度重视。最后一个问题是可持续发展的问题，中国其他发达行业都出现了一旦出现盈利点就蜂拥而入，结果导致行业迅速“死亡”的局面，为了防止动漫这个潜力巨大的行业出现这样的情况，需要有健全的法律法规做基础，如果没有专门的一些规则，很容易造成进一步的盗版和混乱，应尽快完善动画领域专业的法律规则。

中国动漫业的起步之痒

高璎璎在《记者观察》2004 年第 10 期撰文认为，举办动漫展被业界视为打造动漫产业链的关键。近年来，由于把大量的精力用于来料加工，中国的动漫画艺术与国际渐渐拉大了距离。如今相对于来自好莱坞的《海底总动员》、《阿拉丁》等动画大片，中国的动漫画市场仍处在初级阶段。有人总结中国的动漫业，有作品而无产品，有行业而无产业。中国原创动画的极度匮乏也已成为不争的事实。国产动画形象不可爱、不好玩、缺少幽默夸张、故事老套、不吸引人，已是多年的老问题了。衍生产品的盗版现象猖獗，开发意识不强。除了盗版产品的价格低廉外，政府职能交叉，文化、新闻出版、工商部门多头管理，也是盗版难以制止的重要原因之一。社会不认可，漫画家的地位低，人才、师资缺口大也是制约中国动漫业发展的重要因素。中国的漫画家一般是一个人坐在家里创作，而在日本、韩国，漫画家都有自己的画室，有自己的助手和明确的分工，是一种团体创作动漫画。在中国针对的主要群体是学生，而在日本、韩国，动漫画是针对全民的。

动漫市场呼唤产业化

徐徐在《国际市场》2004 年第 10 期撰文认为，我国动漫市场急需专业化人才，动漫业中并不缺优秀的制作人员，但是极度缺乏原创人员。即使有一些原创作品，也是很难引起“动漫迷”们的共鸣。国内动画市场中缺乏愿意进行长期投资的公司。高级创作人员得不到生长的土壤，国内很难产生大师级的创作人才，同时，国内还存在动漫专业师资严重不足的情况。产业振兴必须要有基地，上海是中国动漫游戏产业的诞生地，有着深厚的相关文化底蕴和运作经验，因此，在上海继续拓展中国动漫的产业化、市场化是具有人才、资金和消费量的优势的。由国家文化管理机构授权，由国家最高科学研究机构、具有条件的大学及具有产业开发实力的企业联合组成开发团队的做法，对形成我国发展信息与文化产业的试验场与战略基地，将是一种理想的选择。对开发和推广有益于未成年人健康成长的游戏软件产品、促进产品研发和产业孵化，也具有重要意义。中国的动漫市场要牢牢植根于原创动漫文化沃土，在汲取传统文化养分的同时，大胆吸纳西方现代审美元素，而在产业化的道路上走好了，才会在市场上具有生存能力，才能使这个吸引了不少青少年的市场有新的经济增长点，从而在成人市场、老人市场都有新的进展。

从日美风格看中国动画的出路

唐小茹在《中国电视》2004 年第 10 期撰文认为，日本和美国是两大顶尖动画生产和输出国，而且两种风格都大受欢迎。日美动画业的比较分析：1. 题材选取。美国动画片选材十分广泛，充满丰富的想象力，而日本的最大特点是反映现实；2. 人物塑造。两国动画具有鲜明的文化特色；3. 背景画面。美片背景大都较为模糊简化，日片则大多清晰唯美；4. 运动表现。日片叙事细腻，节奏较慢，注重人物内心世界的刻画。而美片风格粗犷，节奏较快，注重视觉冲击力，通过运动表现人物性格；5. 配音。日本动画片由经过专业培训的声优来配音，美国动画则走的是明星道路。而中国动画要在融会贯通之后，开创自己的民族风格，才能有持久的生命力。中国动画应走一条民族化加国际化的道路。民族性主要体现在题材选择、人物性格塑造及画面背景上，中国动画要融入世界必须转变思路，从题材选择到创作观念甚至市场营销都必须与国际同步。首先题材的选择上，应以受众的喜好为标准，即从流行的漫画故事中选材，最大限度地避免投资风险。其次故事情节及人物性格设计避免简单化、平面化，应充分估计受众的知识水平及接受水平，给受众充分的思维及想象空间。叙事节奏上，做到根据情节轻重缓急调整画面表现，使全片张弛有度，符合受众收视心理，避免审美疲劳。

中国动漫：“病树”前头万木春

李磊在《中外文化交流》2004 年第 11 期撰文认为，相比国外动漫成功的经营之路不难发现，中国动漫产业最大问题是产业链的断裂。并且我国动漫业，始终缺乏具有创造性的专业人才。中国的动漫缺乏本土原创作品，产业链断裂和缺乏创造性人才，使国内动漫模仿成风。题材低幼化，导致市场缺失。动漫是商品，具有经济价值和效益，一个品牌卡通人物，带来的是无限商机。然而，中国目前还缺少深入人心的动漫形象。消费者定位于低幼群体，也是国内动漫界的一贯作风。动画形象不可爱，不好玩，缺少幽默夸张，故事老套，根本谈不上娱乐性。题材是动漫产业化的主战场。只有接近生活的动画片和创造类似于史努比的品牌卡通形象，吸引各年龄段的观众，才能引领更广阔、多层次的衍生产品市场文化消费市场的巨大容量和动漫专业教育的兴起，以及政府采取的扶植措施，均预示问题重重的中国动漫尚有巨大的发展空间。目前，动漫的产业化也在提速。饱受国外动漫冲击的国内动漫产业，虽挣扎蹒跚，但已蓄势待发。

试探提高电视动画生产力的途径

武珉在《电视研究》2004 年第 11 期撰文认为，制约电视动画生产力发展的主要因素：首先，从业人才严重不足；其次，计划经济环境所催生的传统行业体制；第三，队伍老化，特别是传统动画的固有创作观念和生产方式的日见落伍也是重要因素。而推广和开发 Flash 技术应用是提高电视动画生产力的捷径。Flash 具有如下优点：硬件要求较低；学程短，操作比较简单；集诸多功能于一体；节约资源，提高效率；制片可控性大大提高；降低成本，缩短周期。因此应该大力提倡开发 Flash 动画技术在电视动画节目创作生产中的广泛应用，以适应时代的需要，迅速提高生产能力，应对电视动画节目需求激增的局面。

创新是新世纪中国动画发展的必然选择

刘翠翠在《艺术研究》2005 年第 1 期撰文认为，回顾中国动画几十年的发展历程，可以看到中国动画始终致力于民族特色的发展道路。但是，在新世纪中国的动画创作要继续赢得观众，跟上世界动画发展的轨迹，进入世界市场，就必须进行全面创新。一是创新创作理念，突破思维定势。中国动画一直被定位于“为儿童服务”，这种创作理念使动画创作的视野非常狭小，动画的题材也受到了限制，从而使中国动画丧失了大量的成人观众，极大地限制了中国动画片的发展。因此，中国动画要创作出更多更好的优秀作品，要赢得国内观众，要走向市场，就必须创新创作理念。二是创新制作技艺，合理运用高科技手段。高科技的进入，为动画的创作提供了便利和更好的表现手段，使得纯粹的动画片可表现的视像空间得到更充分的扩展。另外在高科技手段的运用上要注意技术服从于故事，要避免模仿，不能为了迎合观众的口味而丧失了人物的风格的中国特色。三是借鉴国外成熟的市场操作方式，大力开发动画产业。中国动画艺术性很强，但市场意识薄弱，市场的开拓不够。中国动画要走向世界，就必须加强对国际市场的研究，要借鉴国外成熟的市场操作方式，吸收世界动画制作发行的成功经验，结合本国的特点，改革动画片的发行和制作体系，建立新的运作机制。

以产业发展为契机促进动画片创作与营销

范毅在《电视研究》2005 年第 2 期撰文认为，动画产业发展面临的主要难题有：1. 创作队伍老化，人才匮乏，好的创意不多，制作力量薄弱，水平参差不齐。2. 缺乏持续的、有规模的投资资金，制约着国产动画片的进一步发展。3. 经营机制还无法适应现代企业的要求。虽然经过多年的改革，国产动画业的创作和经营人员观念已发生了较大的变化，“产业化”运作的思维方式和运作模式也逐步被接受，但在体制上我们还不能完全适应现代企业的要求，在体制方面还缺乏激励效应，不能满足进一步扩大创作能力生产能力和持续发展的需要。4. 面临的竞争将更为激烈。随着政府对动画产业发展的重视和支持，动画产业的良好发展前景已经展现，一些社会资金已经开始介入动漫产业，有些甚至在不计回报的投入巨额资金，以达到压制竞争对手、取得竞争先机的目的。这对一个资金实力相对薄弱、经营机制又不够灵活的国有动画企业而言，面临的竞争压力是不言而喻的。

国产动漫的突围之路

查国伟在《传媒》2005 年第 1 期撰文认为，中国动漫行业一向是被纳入公益事业而缺乏产业运营意识，没有形成良性的产业循环。目前世界动漫市场的整体格局基本上是美日韩三足鼎立的态势。因此，我们要充分发挥中央电视台、上海美术电影制片厂、湖南三辰影库等大型动画制作基地的作用，同时，鼓励多种经济成分共同参与影视动画产业的开发和经营。“中国力量”打响本土保卫战。一是一系列相关政策，二是民营动漫企业。当前困扰中国动漫的仍然是其自身的运作模式问题。中国动漫要实现突围，创造本土深入人心的动漫形象，就必须走产业化道路，打造一条“艺术形象—生产供应—整合营销”的产业生产链。就传媒业来说，应当把媒体的引导责任统一起来，调动传媒业的整体力量，各种传播媒介都应发挥好自己的优势，共同塑造中国本土的动漫形象。首先需要改变目前中国动漫内容和形象创作的两大主体——出版社和电视台各行其是的现状。其次专业动漫经营者的缺失也是国内动漫市场发展滞后的症结之一。第三，要抵制急功近利思想的诱惑。

中国动漫：产业化动起来

赵朝在《中国美术馆》2005 年第 2 期撰文认为，从目前形势和现状看，国内的动漫产业还没真正形成产业链条，因此，我们要借当前的有利时机尽快完成产业化进程。首先，完善相关产业政策。国家要尽快制定和完善具有中国特色、适合我国民族文化产业发展特点的动漫产业发展政策和措施。其次，理顺产业管理体制。第三，培育本土动漫明星。第四，强化规模与系列。动画片必须形成规模和系列，否则片子很快放完了，动漫明星也会很快被遗忘，产业链就会失去核心。因此，规模化和系列化是动漫产业的必由之路。第五，大力培养专业人才。积极培养我国动漫产业人才，要充分发挥现有高校和科研院所的作用，在高校开设动漫制作相关专业；适时组织卡通设计及制作专业竞赛，引导有志者从事动漫产业开发经营，逐渐形成一支创业性强、业务精通的专业人才队伍。第六，精心打造脚本。与画技的成熟相对照，我们的脚本原创严重不足。要解决故事脚本的原创问题，不妨从以下三点着手，一是培养自己的编画合一的大师级人物。鼓励漫画家作家化，只有双剑合璧才能有大师级的作品。二是编画分离，这个办法虽是权宜之计，但更加具有可操作性。三是减少改编。不要再在名著上打主意。有所为有所不为，要打造反映现实各个方面的通俗读物。

关于当前国产动画业发展现状的思考

张天晓在《电视研究》2005 年第 2 期撰文认为，目前动漫展表面的火爆状况并不意味着中国动漫产业的真正崛起。只有中国自己的真正动漫原创得到了良性发展，为国产动画提供大量的素材，中国的动画业才会发展起来。面对中国如此之大的动画市场无人投资，其原因是投资没有回报。电视台对于国产动画片的振兴起着非常关键的作用。如果能够将电视剧的收益用来补充动画片，将动画片与电视剧统一核算，将会大大加强电视台购买动画片的能力。国家在这方面应给予更多的政策支持，从而使我们的国产动画有更多的机会亮相电视荧屏。寻求与国外动画制作机构合作，也是解决目前国产动画片生产资金投入不足、成本回收艰难的一种选择。通过与国外制作机构合拍，我们还可以学习到国外的市场操作经验，锻炼我们的制作队伍。人才问题是事业发展的关键，加强国产动画产业的发展必须重视动画人才的培养。动画的原创人才是核心、是基础，但动画的经营管理人才同样重要，中国动画也需要培养大批的动画职业制片人。

中国影视动画发展现状分析

李玉龙在《社科纵横》2005 年第 3 期撰文认为，中国动画产业虽然从计划经济进入了市场经济的时代，但不仅未出现应有的繁荣，相反却走向了低谷，其原因：一、体制问题。我国动画产业长期受体制问题的困扰，制定规章、实施管理部门与接受管理的企业没有脱钩，造成不充分竞争，市场资源配置机制发挥不了作用。二、政策问题。我国一直没有针对动画产业的发展制定整体或远景发展规划，动画业发展规则至今还未出台，没有设立专门的动画监督部门，没有整套适当保护、扶持的举措，对进口动画片的播放管理不严。三、市场问题。1. 国内市场对外洞开。2. 宏观重视与市场散乱。3. 产业化过渡艰难。4. 国产片供需不顺。四、人才问题。1. 动画行业缺少专业人才。2. 机制的不灵活和市场的不规范，使得一批积累了宝贵制作经验的动画技术和艺术的人才流入市场，但他们很难将宝贵的实际经验与自主创作力结合起来，将合理的动画计划进行到底，最终高质量地完成影片。鉴于此，改革动画产业几个建议是：1. 改革体制是当务之急。2. 政策支持很关键。3. 企业创新很重要。4. 艺术创新是根本。

浅析中国动画产业化面临的问题及对策

张鑫在《科技与管理》2005 年第 4 期撰文认为，中国的动画产业面临一些亟待解决的问题：1. 观念急需转变。首要要求就是要有强大的教育功能，而对动画片的娱乐功能看得很低。2. 体制亟待改变。由于旧有体制的影响，新的生产体制依旧存在诸多问题。3. 资金，重大难题。资金的短缺是中国动画产业面临的紧要问题。动画生产想要获得足够的资金，除了政府支持、企业投资外，最重要的是形成以市场为主体的经营机制。4. 版权，产业硬伤。5. 人才，水土流失。走中国动画业的产业化之路要注意以下几点：1. 培育完善的动画市场是动画业产业化的前提。2. 动画产业化需要打品牌战略。3. 多渠道销售动画衍生产品是动画产业化的重要手段。4. 优先发展原创漫画是动画业发展的力量源泉。5. 企业进入动画产业，不需要太急功近利。企业投资生产动画片，也应尊重艺术创作规律，以提高影片质量为目标。6. 影视合流，动画产业化的良好途径。7. 培养专门的动画产业营销和管理人才。8. 政府应该成为动画产业化的坚强后盾。政府还应该减少动画片行业的税收，鼓励往动画片投入，建立动画片发展基金，为动画片稳步进入市场创造良好的市场，促使动画市场尽快完善。

影视动画业的困惑和突破

郑玉明在《电视字幕·特技与动画》2005 年第 5 期撰文认为，我国影视动画业在发展的同时面临着诸多困惑。第一是经营方式的困局，是事业化运营还是产业化运营？第二是资金的缺口如何解决？第三是面临这产业链的困惑。第四是面临着劳动力供给与需求之间的困惑。第五是面临产业政策扶持喜忧参半的困惑。为了保障我国影视动画产业的快速发展，解决现在所面临的困惑，首先需确定影视动画业的市场构成；其次在市场经济条件下强调产业收益、税收以及政府财政投入方式的选择等因素。探讨影视动画业的产业构成，需要在产业链的基础上，具体细分成几个市场，并通过分析市场构成来探讨解决困惑的思路。可以将我国的影视动画业分解为五个市场，它们是：1. 产业内与外部资本市场。2. 产业内部资本市场。3.

制作和播出市场。4. 播出和消费市场。5. 劳动力市场。通过市场构成的角度来探讨我国的影视动画业是一种比较合适的方法，因为对不同的市场解决问题的重点是不同的。

从中日动画片对比看国产动画片的发展误区和方向

黄梦阮在《现代传播》2005年第5期撰文，对中日动画片进行对比：1. 风格。国产动画片风格明显倾向于低龄化。日本动画片在风格上，一是贴近真实生活，反映真实情感；二是唯美与幽默。2. 题材。国产动画片的题材一是传统神话传说，二就是教育和益智，日本动画片在题材选择上相当多元。3. 内容和思想。国产动画片的内容很单一，而日本动画片往往是多个元素交织在一起。4. 创作环境。国产动画片由于始终未受到业界的重视，因此在创作环境方面遗留下一些不足。5. 产业链，绝大部分的国产动画片产业链薄弱。此外，国内的盗版现象也严重制约了动画产业链的发展。但是，中国动画片也具有一定优势：首先，中国悠久的历史文化为国产动画片提供了良好的素材，还有很多的内容和思想可以作为宝贵资源与动画片融合。其次，国家已经出台一系列政策支持国产动画片的发展，为国产动画片提供了良好的平台。最后，中国拥有巨大的人口数量，市场还远未达到饱和，国产动画片还有很大的发展空间。

国产动漫：困境与机遇

尹兴、尹燕在《四川戏剧》2005年第5期撰文认为，国产动画面临的困境是：1. 国产动画片总体质量不高。在选题创意、动画造型、结构故事、叙事立意、激发想象力、提升审美情趣乃至整体动画观念上陈旧、粗糙、教条化、缺乏艺术性和幽默感。2. 产业结构不合理。3. 国产动画片的播出收购价格偏低。但国产动画也面临发展机遇：1. 政策利好国产动画。2. 强大的市场空间。3. 市场前景看好。国产动画要有长远的发展，必须正视以下问题：(一) 观念的问题。影视动画在我国并不是一个新兴的行业，但过去我们一直单纯地把它作为文化意识形态来管理，而忽略了它的商业属性和巨大的市场。首先在内容取材上我们不能用“民族性”三个字就把自己给束缚住。国产动画的第一步，应该是以人文关怀的角度，更多地了解孩子的心声，本着向孩子学习而不是教育的态度来接近他们。(二) 内容为王。净化屏幕，净化青少年的心灵，绝不等于内容上的简化，正确的引导和人文关怀更为重要。(三) 神秘感与娱乐性。动漫是最能实现梦想的一门艺术，无边的想象力赋予了它无比的神秘性。

市场经济体制下的中国动画产业

刘畅、朱明健在《台声·新视角》2005年第5期撰文认为，处于计划经济体制下的中国动画业现存的问题是内容滞后，不符观众心理。振兴中国的动画产业要从两个方面入手：一方面，动画产业是生产一种以满足人们精神需要为主旨的精神文化产品，作为一种传媒服务业或信息服务业其最大的特点就是文化属性。要想让我国的动画产业跟上时代的步伐，我们应当关注人类共同的文化需求。我们应该放眼世界，开拓思路，大胆创新，学习研究和借鉴国外的成功经验，走出中国动画创作的新路，结合中国国情在实践中寻找适合中国国情的发展道路，创造出中国特色的动画模式。另一方面，动画作为一个产业，它必然有市场的商业运作模式。我国的动画缺乏产业化的市场机制导致市场的不规范，是中国动画影视作品难以向前发展的根本原因。因此，开拓和规范完善市场，把中国动画业送入良性循环轨道势在必行。

外国动画与中国动画之比较

师群在《河南社会科学》2005年第6期撰文认为，欧美和日本的动画片已经发展到了一个相对成熟的阶段。相比之下，中国动画创作中存在着严重的误区：首先，动画片作为儿童片的角色定位，凸现的是动画片的教育功能，使动画创作的视野非常狭小，题材选择受到诸种限制，在创作上往往循规蹈矩，缺乏大胆的想象力。其次，在情节的编排上国内动画片还不是很完善。但中国的动画制作也有自己的优势和特长。首先，中国是一个有着五千年文明史的国家，动画创作的素材是丰富而广泛的，这种宝贵的历史资源是任何一个国家都无法比拟的。其次，我国动画片保留着浓厚的民族文化传统，强调丰厚的思想内涵和寓教于乐的教育功能是几十年以来动画创作一脉相承的职业追求。再次，在创作手法上，国产动画业有很多值得骄傲和传承光大的艺术手法。为国产动画对症下药列出良方，有以下两点：一是要树立自我理念。二是要完善自身的动画产业。产业化是国产动画片发展的必由之路。国内动画界在日后投入制作一部动画片之前，就应该计划好周边产品的开发，制作动画片时充分考虑到周边产品的设计需要。动画产业链也就随之形成了。而挖掘本民族文化资源，加强动画创作人员的文化素养是中国动画走出低谷的根本。

中国动画资源分析及日美动画给我们的启示

李中秋在《电视字幕·特技与动画》2005年第6期撰文指出，媒体技术的发展给动画带来巨大的发展机遇，无论是从电影到电视还是电视到互联网、移动通讯。纵观国际动画产业的发展历程，中国动画的发展应当借鉴别人的发展经验，结合自己的优势，结合目前的相关技术和产业发展状况，走出自己的模式。应当看到中国动画产业的优势在于市场优势、文化优势、成本优势、人才优势和后发优势。而动画和媒体技术的发展，不仅提供了更高的生产效率和更低的制作成本，而且为动画市场提供了如互联网、移动媒体等新的传播媒体平台。中国在这些新的媒体平台上既有巨大的创作基础，又有巨大的市场消费空间，再加上有逐步科学完善的政策机制，相信中国动画的腾飞指日可待。

电视卡通片："产业+文化"的发展之路

蔡骐、吴楚轩在《今传媒》2005 年第 7 期撰文认为，电视卡通片作为一种文化产业，对其分析应该从产业与文化两个层面进行，在产业层面上要研究其经济效应，在文化层面上要研究其社会效应，并且应该在全球化浪潮风起云涌及中华民族文化走向复兴的大背景中来进行考察。国内的电视卡通片在本土化问题上往往容易陷入两个极端。一种是过分强调本土意识以致因循守旧，盲目排斥一切文化交流；还有一种就是全盘西化的主张，结果画虎不成反类犬。本土化之于中国，应该是中国文化学习借鉴外国文化的内容与形式，把它们重构、转化为自身文化的过程。在当今这样一个西方文化霸权借全球化横行的时代中，坚持本土化对中国电视卡通业，乃至对中国文化的发展都具有极其重要的意义。实现中国电视卡通片的复兴之路首先要注重对电视卡通片文化意识的注入，因为文化意识是消费者消费文化产品的动机所在。其次是坚持本土化，这也是反对西方文化霸权的需要。最后我们还要注重在全球范围内对本民族文化的传播，使我们的电视卡通片能够像中国功夫那样传播到其他国家和地区。

中国动漫出版产业分析

杨鹏在《出版广角》2005 年第 8 期撰文认为，中国动画曾经有过辉煌的过去。首先，中国动画起步早，国际影响大。其次，中国动画的品种多、品质优。另外，中国动画形成了独步天下的"中国动画学派"。可以说 20 世纪 80 年代中期以前的许多中国动画片在艺术上都达到了相当的高度，是难得的文化瑰宝，也是我们用来教育后代最佳的精神食粮。但是，20 世纪 80 年代中期以后，中国的动漫却令人沮丧地衰弱了。一直到今天，中国动漫仍处于低谷状态。中国动画的产业危机孕育在中国动画创立之初。首先，中国动画生长于计划经济环境，先天缺乏商业机制。其次，中国动画一开始就是小作坊式的"精工细作"，无力进行大规模的系列动画片生产。另外，中国动画行业是一个封闭自足的系统，缺乏与国外作品的交流和学习。我们完全没有意识到动画也是一项巨大的产业，完全没有去做国际推广的尝试，自动放弃了国际市场。

略论中国动画产业发展的核心竞争力

时晓霞在《中外文化交流》2005 年第 10 期撰文认为，中国动画产业要确立内容在动画产业链的核心地位，构建完整的产业链是中国动画产业发展的必由之路。对于中国动画产业来说，最突出的内容优势在于，中国有着悠久的且已渗透现代生活各个层面的文化传统。要重新正视和重视中国源远流长、博大精深的文化资源，争取在世界文化的交流和互动中创造出具有中国特色的动画作品。中国文化具有动画产业开发的潜力和价值，关键在于中国动画产业需要发现、发掘、培养、扩大自己的优势，并善于巧妙地利用这一优势改变现有的劣势，扶持壮大中国动画产业的生命力和生长力。树立文化经营意识，从战略高度进行内容定位，应市场需求深入挖掘中国文化的内涵，是提高中国动画产业竞争力的首要条件。动画内容的打造要在突出中国文化优势的基础上，积极吸收和借鉴国际著名动画企业开发和创作动画内容的成功经验，用符合时代语境的时尚元素对中国文化进行新的诠释和升华。

日本动漫产业发展的成因与启示

周世锋、俞莹在《今日浙江》2005 年第 10 期撰文认为，日本文化产业的发展特点是：1. 政府积极推进。2. 市场发挥作用。3. 文化中介发达。4. 产官学紧密结合。日本动漫产业的成功，主要有以下几方面因素：1. 历史渊源。2. 从文化特性的角度来看，日本动漫产业的发展，首先得益于其文化的单一性，还得益于其文化的开放性。3. 社会土壤。二战后，日本进入经济高速发展时期，人们生活在竞争激烈、追求高效的社会中。在此背景下，动画片和漫画作品以其人性化、生活化的情节、轻松愉快的表现形式和简洁明了的直观效果，充分迎合了国民放松身心的需求，符合战后世界和平发展的潮流，有利于人们更快更好地获取信息。4. 运作模式。目前日本动漫产业已形成较为完整的产业链和成熟的产业运作模式，并取得了巨大的经济效益。日本动漫产业的发展给我们的启示主要有：1. 选择文化产业作为突破我们发展瓶颈的重点。2. 坚持以人的需求为中心的文化发展理念。3. 致力于文化现代性与传统性的有机融合。4. 充分发挥市场机制的自我调节作用。

论政策扶持下的国产动画发展趋势

那小健在《东南传播》2005年第10期撰文认为，国产动画缺乏竞争力的原因：1. 成本高、收益低，导致国产动画生存困难。2. 缺乏产业经营理念。国产动画只停留在播出回报阶段，没有深入做好动画产业开发，这才是国产动画真正的生存困境。3. 动画制作缺乏人才。因此，国产动画的对策和发展目标在于：1. 走产业化经营的道路。国产动画要走出低谷，就一定要走出“人才输送—制作—宣传—发行—放映—出版衍生产品”的产业道路。在制作上，建立规模化动画专业生产基地是当务之急。在发行放映上，各电视台突破少儿频道的局限，作好频道定位，不仅为低幼少儿服务，也关注15—24岁青年受众群体。在衍生产品经营上，国产动画节目制作公司更应该实现品牌的建设和推广，将主要收益从传统的广告销售转移到动画版权收益和产业开发收益上来。2. 发扬中国动画的特色。和其他艺术创作一样，国产动画也只有融入了民族风格，才能在竞争激烈的国际动画市场上占据一席之地。中国动画要取得实质性的突破，就一定要有自己的形象、性格和文化特征，政策的扶持打开了国产动画的市场，从制作到经营，各方都在努力探索国产动画的出路。

我国动画产业的四大发展趋势

汪森、张俊苹在《文艺研究》2005年第10期撰文认为，我国动画产业未来的三至五年中，将呈现出下列四大发展趋势：一、随着相关政策的逐步出台，动画产业呈现政策法制化趋势。二、随着市场准入政策的放宽，市场主体和资本呈现多元化趋势。我国动画产业要想做大做强，必须扩大投资来源，实行企业化管理和市场运作，允许发展民营或股份制动画企业，同时还要加大开放力度，引进外国资金、技术和管理经验。此外，鼓励合资、合拍动画片也是振兴国产动画产业的一条捷径。还需要政府进一步支持，优化投资环境，营造公平竞争的市场氛围。三、随着产业结构的逐渐完善，动画业呈现出越来越强的产业化趋势：（一）构建庞大的播出平台；（二）建立“国家动画产业基地”；（三）开发相关衍生产品。四、随着动画片与新科技及新技术媒体的进一步结合，动画产业呈现高科技化趋势：（一）动画制作进一步与新科技相结合；（二）动画产业进一步与新技术媒体相结合。从影视动画向电脑动画、网络动画、动画广告、动画歌曲、动画游戏、手机动画等新领域发展，创造相关的附加值，这必将是我国动画产业冲击的下一个热点，大量的内容需求必将重新定位动画产业的明天。

中国动漫业的现状分析

王铁柱、徐颖茜在《大众科技》2005年第12期撰文认为，我国动画和国外的同行业相比，我们还处在起步阶段，还存在很多的问题：一、中国动漫行业目标市场定位不准。中国的动漫画主要的目标定位是儿童群体，寓教于乐，难免一些机械式的说教，这样就很难吸引较高年龄层次的顾客。二、资金问题。资金的短缺是中国动画产业面临的紧要问题，造成这一问题的原因之一是播映费价格与制作成本严重背离，投入和产出严重失衡。三、版权问题。国内版权意识的淡漠和侵权事件的屡屡发生，成为中国动画产业发展的硬伤。我们应进一步建立和完善相关法律法规。同时司法机关和有关部门应该加大力度严厉打击盗版业，维持动画良好的市场状态。四、人才问题。现在我国创作人员的画技水平已经很高，但缺乏创意。除了创作人员外，还应该大力培养专业的营销和管理人才。五、品牌战略及其衍生产品问题。动画的衍生产品或者形象使用权的出售是动画片获利的重要手段，因此，想要在这方面扩大市场就需要动画片能推出动画人物品牌。

中国游戏、动漫产业现状

何嘉锐在《数码世界》2005年第17期撰文认为，我国绝大部分游戏、动漫都是从国外引进的，本国的产品只能用屈指可数来形容。在我国传统思想的影响下，玩游戏、欣赏动漫被大多数人认为是游手好闲、不思进取，就连开发游戏、动漫的人在某些人眼里也属于不务正业。同世界上游动产业发展先进的国家相比，我国的游动产业发展时间太短暂了，而且起点很低。在对于游动产业的投资和扶植方面，我国也和先进国家存在不小的差距。另外，由于传统思想在作怪，我国国内相关专业非常少，人才极度缺乏。我国如果想要在游动产业上有所作为，国家有关部门必须加大力进行投资、扶植。首要是资金的投入，而且在宣传方面，政府部门也要加大力度。游动产业和其他产业，尤其是传统工业相比，有着其本身独特的优势。游动是一个相当大的产业。从整个国际的形式上看，其发展势头也愈演愈烈，而且市场潜力大得几近无穷。虽然我国的游动产业还无法与世界上先进的国家相比，但是可以看得出，有关部门已经开始重视，并着手解决我国游动产业长期滞后的问题。我国同国外相比，在计算机技术上的差距并不大，只要国家能够有效地进行扶植和宣传，并把相关人才统一组织起来，中国的游动产业必将在世界上占有一席之地。

小动漫衍生大产业

刘晓君在《世界知识》2005年第21期撰文认为，与传统制造业相比，动漫产业附加值高，资源消耗少，对环境影响小，且有助于发挥人的创造性，丰富人们的精神文化生活。由此可见，小小的动漫世界是一个值得持续投入并大力发展的朝阳产业。动漫能形成一个完整的产业循环链，并铸就独特的盈利模式。按照国际惯例，动漫市场分三个层次：一是动画片本身的播出市场；二是相关图书和音像制品市场；三是形象的衍生产品，包括服装、玩具、游戏、饮料、生活用品等。其中，最后一个层次比前两个层次的周期更长，市场反响更为深远。大力开发周边产品，就是动漫融入社会、走近受众的明智行为。动漫不仅仅是一种娱乐，而且是一种承载着思想、价值观的文化产品。中国动漫步履蹒跚、困难重重，面临着很多关键的、亟待解决的问题。需要特别强调的是，中国的动画片在创作上一直存在一个明显的误区，就是将动画片的创作对象主要设定为少年儿童。目前我国对卡通形象的产业化开发还比较欠缺，对卡通形象的经营还远未成熟。国产动漫要重振雄风，亟待借鉴动漫强国的成功经验，走产业化发展的道路。

中国动漫产业链的构建

姚中杰、虞雪峰在《财经界》（下半月）2006年第1期撰文认为，由于长期以来对动漫产品的错误看法，我国国产动漫在设计开发，以及市场运作方面与国外存在着很大的差距。国产动漫产业链的构建，需要从动漫产品设计开发、产品推出、衍生产品的设计开发三个层次入手。宏观上来讲，政府首先应该努力改善动漫发展环境，完善有关法律法规，使国产动漫的发展有法律的保护。其次，由于动漫产品的开发需要大量的资金投入，单单依靠国家的财政补贴是不够的，更多的是要通过政府的引导来吸引社会资金介入该行业。从企业来讲，首先是要摆脱传统观念的束缚，在产品的设计开发上，必须要推陈出新，发挥国内企业熟悉本土文化的优势，推出适合目标市场的动漫产品。另一方面，相关的音像、印刷品也应适时推出。目前国产动漫完整的产业链尚未形成，动漫运营商在动漫产品的运作方面还与国外有着很大的差距。但是同时我们也要看到，我们并不缺少技术条件，只要动漫运营商能摆脱传统思维的限制，吸取国外动漫产品的运作经验，用产业化的眼光去对待、发展动漫产业，国产动漫必定可以走出低谷，迎来光明。

探寻中国动漫产业发展之路

蔡欣欣在《云梦学刊》2006年第1期撰文指出，美国动漫产业优势最重要的一点就是创意。有无创意，这无疑是动漫产业以及诸多创意产业的灵魂所在。而中国有着极为丰富的文化资源，为整个民族文化产业的发展提供持续的动力和支持。中国动漫目前创作上的瓶颈，其一可以说是旧观念的制约。其二则是创意人才培育的问题。中国动漫产业链目前尚不完善。究其原因，市场发育比较晚，还不太成熟是一方面，另外，受传统观念和计划经济运作习惯影响的因素也较大，动画界的各方人士们还难以实现力量的整合。动漫产业是一个高度依赖文化资源的产业，因此发展动漫产业必须依赖文化资源，壮大文化资源离不开动漫产业的繁荣。建立有效保护和合理开发文化资源的动漫业国际竞争战略才是更为有效的途径。学习国外动漫产业化的运作方式，决不是在抛弃我们优秀的传统文化，而是为了以更好的方式，来保护我们的文化精华。

中国原创动画产业模式探析

黎青在《文艺研究》2006年第2期撰文指出，国产动画存在的问题主要有：1. 定位失策。国产动画“寓教于乐”和“为儿童服务”的定位极大限制了服务的对象，从而致使巨大的市场空间为美、日、韩占据。2. 作品质量不过关。国产动画片的制作多年来一直停留于技术层面而无法上升到艺术层面。3. 产业链不完善。动画产业品牌是关键，盈利只能靠衍生产品的开发，如果制作的动画没有形成品牌影响力，那就注定将是血本无归。4. 人才匮乏，资金支持不足。解决这些问题需要：1. 大力提高作品质量，作品是动画产业链的出发点，没有高质量的作品为依托，其产业链也是脆弱的。2. 强调作品的娱乐性，淡化说教色彩。3. 放弃日式“全民动漫”的梦想，开发适合中国国情的市场细分。4. 依托政策优势，整合行业力量，中国卡通行业内的相关资源（力量）的有效整合将是一件十分重要的事情，它对于动漫产业的产业链形成与良性循环有着积极的意义。

中国动漫产业的历史和现状

刘鹏在《资本市场》2006年第3期撰文指出，中国动画已经走过了很长的时间。东北解放后，政府接管了当时的满洲电影制片厂，从那时起可以说是新中国美术电影的一个开始。但在20世纪80年代以后发生了很大变化，特别是改革开放以后，电影业发展迅速，许多国内的动画片开始在电视台播映。在80年代后，一方面引进较多的国外动画片；另一方面开始有除美影厂以外的电视台开始关注这种样式的动画片。1993年以后，中国动画市场就开放了，中国不再限制产量但也取消了政府收购。这也令国内动画行业开始受到来自两方面的挑战：一个是国外的动画片进入中国市场不再受限制；另一方面国内在销售上也没有形成真正的市场，电视台都是垄断的，销售上只有一种价格。从某种意义上来说，计划经济到市场经济过渡的这

10 年也是中国动画市场化的 10 年。但中国动画真正原创的东西太少，真正有影响的作品就很少。另外，中国的动漫业并没有形成一个完整的产业链。由于原创不够，缺乏有影响的作品，因此制片方和投资者对于这个产业的投资都很谨慎。虽说都知道这是一个有潜力的市场，但缺乏比较成熟的盈利模式。另一方面动漫行业的产业链也比较长，属于中长期投资，从投资到回收需要一个相对比较长的周期，因此在资金方面还是很缺乏。

新兴动漫企业如何突破产业链缺失的困境

李一峰在《中国广播电视学刊》2006 年第 3 期撰文认为，我国的动漫行业正陷于一个恶性循环的怪圈：缺少资金—作品质量难以提高—投资回馈低—投资商丧失信心—资金更加匮乏。要实现动漫产业链的突破，可以有六条参考途径：1. 为外围产业创形象。2. 为已有形象造故事。3. 为成功故事续新片。商人追求的就是盈利的可预期性，因而我们可以通过购买版权去改编那些已经成名的作品，连载短篇、连续剧、连环画都是盈利可预期的改编素材。4. 为已有故事换媒介。5. 为细分市场定内容。6. 为教育培训做普及。

中国动漫为何动得太慢

方敏在《出版发行研究》2006 年第 3 期撰文认为，我国动漫产业与欧美、日韩相比落后一大截。原因主要有：一、机制不畅，产业链有待成熟。二、品牌缺失，受众面有待拓宽。三、人才匮乏，原创力有待提升。动漫产业作为低耗能、无污染的朝阳产业，应当成为我国新的经济增长点。因此，我们应做到：1. 以漫带动，繁荣动漫。“以漫带动”这种模式有三大好处，一是以相对低得多的成本投入接受市场检验；二是漫画的创作解决了动画的人物设定以及其他设定的问题，也提供了现成的故事；三是人们阅读漫画和观看动画的感觉是不一样的——漫画可以让人反复玩味，无限遐想，而动画给人的冲击力很强，更富有真实感。2. 市场培育，任重道远。一是要创新观念，勇于开拓。二是要引导市场，造就读者。3. 内容为王，制胜法宝。动漫艺术是一条河，人文与技术是这条河的两道护堤。我们要在人文关怀中关注技术的发展，在技术发展中深化人文关怀。动漫的背后有着很厚重的人文内涵，只有处理好人文与技术、传统与现代的关系，动漫这条河才会充满活力。

动漫教育如何支撑动漫产业的发展

王玉红在《艺术研究》2006 年第 3 期撰文认为，我国的动漫产业作为一种新兴的商业模式还没有形成一个完整的产业链，这主要是由于我国动漫的教育体制导致人才培养方面诸多问题以及动漫行业之间缺少沟通与合作等原因造成的。由于各院校的师资状况、资金状况及现行的教育体制、用人制度等原因，动漫人才的培养效果并不理想。要改变这种局面，需要注意以下几点：1. 高校应严把艺术类招生关。2. 改进用人制度，建设师资强队。3. 优化专业设置，进行“强强联合”。4. 加强专业课程体系建设，重点培养学生的创造力。5. 重视基本功训练，提高人文修养。6. 学以致用，校企联合，完善教育体制，共建和谐团队。动漫教育的健康发展需要政策的扶持，需要教育体制的完善，需要动漫人的通力合作。动画产业的发展需要企企联合、校校联合、企校联合。因此，完善教育体制、共建和谐团队是中国动画产业发展的必由之路。

创立符合儿童成长的动漫产业

杨效宏在《中国广播电视学刊》2006 年第 3 期撰文认为，动漫是一项具有整体影响的、饱含思想渗透力的又具备系统文化特征的文化行业。虽然我国动画作品从创作、制作到播放，相对封闭在一个计划体制下自行循环的系统中，有着强烈的自产自销的“作坊式经济”的色彩。但即使是在这样一个历史的局限性下，我国动画创作仍然形成了中国独特的民族表现形式和相对成熟的制作系统，为我国动画事业的进一步发展提供了诸多有益的启示：1. 必须有一个适合民族自身需求的有民族特色的动漫作品。2. 必须为一个民族在自我成长的阶段特别是少儿阶段提供有益的符合民族传统的动漫作品。3. 必须认识到有民族特色的动漫作品对本民族文化传统价值观与思想观在少儿身上传承的重大作用。从目前我国动漫市场的状况来讲，可能出现缺少原创、缺少整体策划、缺少大批成熟的专业队伍、缺少资金等问题，但把这些问题放在我国动漫事业大的历史背景来审查，我们会发现，相对于我国悠久的动画事业和大量成功的动画作品所积累起来的经验以及这些作品培养起来的几代人的动画情结所潜伏的巨大市场需求，这些问题只是技术上的难题，不能从根本上形成对我国动漫市场复兴的障碍。

对我国动漫产业发展的冷思考

熊阳春在《科技创业月刊》2006 年第 3 期撰文指出，要促进我国动漫产业的健康发展，可以从以下几个方面着手：第一，在我国游戏长期以来不能被主流社会所认可，新闻媒体也经常报道由于网络游戏而导致的家庭悲剧，仿佛游戏就是一切罪恶的根源。这种看法无异于因为车祸的发生而要摧毁汽车工业一样。动漫产业在中国必将有巨大的发展空间，重点发展游戏产业，尤其是视频游戏产业，比平行推进的政策更合理。第二，随着知识经济在全球经济中的比重不断加大，各国间的贸易纠纷中的知识产权纠纷也不断增多。任何一个国家，如果不能妥善解决盗版问题就不可能把本国的动漫产业做大做强。尽管我国政府不断加大打击盗版的力度，但由于盗版手段日益隐蔽，再加上政府部门多头管理、职能交叉，使得盗版难以遏制。解决这个问题不可能一蹴而就，要注意在解决问题的过程中对国内外动漫企业一视同仁。第三，人口老龄化是困扰动漫产业，尤其是动画产业的一个严重问题。这就意味着卡通片的观众减少，动画市场的逐步萎缩。

美日韩动漫产业发展经验及对我国的启示

李子蓉在《世界地理研究》2006年第4期撰文指出，美、日、韩三国在世界动漫产业中具有举足轻重的地位，基本形成三足鼎立之势。以美、韩、日为代表的动漫产业强国有两种发展模式。一种以纯粹艺术为基础，投入巨大的人力、物力制作动画片产品，再运用成熟的商业手段在全球推广动画片产品和相关生产品；另一种以市场为核心，围绕形象产业运作。尽管发展动漫产业的路径大同小异，但在产业发展模式方面还是有明显差异。世界三大动漫强国分属三种不同的产业发展模式：即美国的技术领先模式、日本的滚动发展模式和韩国的政府推动模式。我国动漫产业大致经历了早期的初见成效阶段、中期的低位徘徊阶段和近期的蓄势待发阶段。目前，我国动漫产业的发展环境不尽人意，主要表现：①产业规模小、产业链不完善；②市场不规范，缺乏公平竞争的市场环境；③缺乏有利于动漫企业发展的配套政策，如对盗版侵权行为打击不力，严重影响正常服务商的经营管理。此外还有缺乏深入人心的卡通形象，专业人才缺乏。因此，为提升中国动漫产业竞争力，我们要借鉴美、日、韩经验，结合中国国情，优化动漫产业发展模式，改善产业发展环境，实施区域协作战略。

解析中国动画的发展之路

刘彦婷在《中国电视》2006年第4期撰文指出，中国庞大的动画市场需求中，国产动画作品处于明显的劣势。面对全球一体化的市场竞争，我们能够走的路只有一条，那就是适应市场环境以求生存，直接参与竞争以求发展，努力在国际市场的竞争中占得一席之地，以攻为守，向日、美等国的动画产品发起冲击与挑战。我国动画业要想在未来激烈的国际竞争中求得生存，就不能仅仅把注意力放在艺术、风格等问题上，还必须把着眼点放在如何把握整个国际市场并全面提高我国动画业进入世界市场的能力上，培养一批相应的配套人才。此外，我们应很好地借鉴国外的先进经验，一方面要突破传统意识的束缚，另一方面还要保留中华民族浓厚的文化色彩。形成自己的艺术风格，就要在继承传统和符合现代审美需求这两个方面找到自己的切入点。只有在创作与市场两方面的相互作用下，才能将中国动画做大做强。

我国动漫产业发展的瓶颈及对策

雷珺麟在《艺海》2006年第4期撰文认为，影响我国动漫产业发展的原因最主要的有以下几个方面：一、人才的匮乏，渴望新的人才培养模式。其最直接原因就是专业人才教育模式存在严重缺陷。二、文化的缺失，需要弘扬民族文化精神。我国有着极为丰富的文化遗产，古代沿袭下来的神话传说、历史故事等等，就是一个有待挖掘的天然宝藏，应立足本土文化，寻找中西文化的交叉点才是关键。中国动漫不缺故事，缺乏的是会讲故事的人，会以现代观念诠释传统文化的人。三、政策的偏颇，期盼商业运作的机制。由于一些相关政策的偏颇与缺失，近二十多年来，我国动漫产业缺乏自主开发与原创。四、法制的不健全，呼吁完善的法律。知识产权可以说是动漫产业的灵魂，知识产权保护问题已经成为动漫企业发展和生存的一个瓶颈，动画产业以艺术原创为生存基础，版权为生命线，动漫的知识产权如果得不到充分保护，其原创能力将遭受重创，进而形成恶性循环，并最终导致产业的逐渐衰退。

中国动漫产业发展前景研究

覃莉在《科技创业月刊》2006年第4期撰文认为，目前国内动漫市场处于深度饥渴状态，市场供给远远满足不了需求。现在中国的动漫产业虽然很热，但是从可持续发展的角度来看，必须从制作加工外销型转变为原创型，围绕这种模式的转换，要解决的问题有：人才的储备、原型创作意识的加强、产业体系的构成转变。我国动画产业的崛起应从以下入手：①高素质人才的准备，必须以教育为依托。这里人才的范围包括两个方面：一方面是制作人才，另一方面是经营人才。②中国原创动漫较少，应当发挥本土作战优势，推动我国动漫游戏产业从引进代理为主走向自主开发为主，从学习模仿为主走向独立原创为主，不断巩固和扩大民族动漫产品。③现在的动漫企业大多是中小型民营企业，要营造中小企业成长的沃土，大力支持中小企业的发展，营造有效竞争和充满活力的市场环境，积极培育一批具有强大自主创新能力和市场运营能力的动漫研发和运营企业，构建比较完备的动漫产业链和产业群，逐步形成产业体系相对完整、结构布局日趋合理的新的产业体系。

中国动漫产业发展的对策分析

韩英、陈少峰在《东岳论丛》2006 年第 5 期撰文指出，如何构建一条适合中国动漫产业发展的产业链，已成为动漫产业发展的关键。尤其是在以下方面：1. 创造优秀的动漫作品和动漫形象。2. 使动漫形象深入人心。3. 开发衍生产品。要发展中国动漫，需要在内容上下大功夫，必须本着“内容为王”的原则，打造国产动漫精品。动漫作品和形象要具有民族特色，要体现出我们民族的特征，唯其如此，才能创造出中国自己的动漫作品和动漫形象。我国动漫作品的一大缺点是题材狭窄，所以我们要拓宽动漫作品的选材范围，使动漫作品的题材多样化，还要突破中国动漫低幼化的现状，实现受众广泛化。日本美国成功的经验告诉我们，要发展动漫产业，必须要利用漫画这种形式。第一，要培养中国本土的漫画家和漫画大师。第二，要解决漫画出版体制问题。第三，要调整动漫杂志的定位。同时我们还要调整动画制播体制。

借鉴国外经验　发展动漫产业

王华宇在《特区实践与理论》2006 年第 5 期撰文认为，我国动漫市场消费现状是：(1) 我国动漫个人消费能力仍然有限，消费市场与发达国家的消费市场存在很大差异。(2) 我国动漫产品以个人或家庭为单位的消费模式尚未成型，消费者的消费方式与西方国家有显著不同。(3) 我国动漫消费者相对消费能力较低，消费方式以获取信息为主。我国动漫产业的主要问题是市场定位问题：(1) 市场定位模糊导致我国动漫产业的生产环节存在严重的浪费。(2) 市场定位模糊导致发行困难，动漫产品受到其他文化产品的排挤。(3) 定位模糊导致难以满足观众最迫切的审美需要。我国动漫产业若要立足于内销开辟国内市场，关键是做到“节约成本，提高人气”。政府应推动企业采取以下几项措施提升国内市场竞争力：1. 重视动画作品的艺术性和整体性，重视定格画面的静态美和人物造型美，不盲目提高技术成本。2. 从国内电视连续剧、国外动漫产品中吸收营养，发掘我国城市文化特色，增强现代感和青春气息。3. 应该注意开发出能够取悦女性观众、满足女性观众的审美和求知欲望的作品。4. 增强周边性和互动性。5. 借鉴西方国家成功发展经验。6. 要重视高水准配音员的培养。

中国动画发展困境原因初探

赖守亮、王以华在《美与时代》2006 年第 5 期撰文指出，中国动漫的困境是：1. 创作模式落入小、散、乱的窠臼。中国有着悠久的文化传统和丰富的动画素材，却没有制作出更多的具有世界水平的动画作品。2. 盲目跟风，没有民族原创性是新生代创作者的通病。我们缺少的是自己的原创产品与品牌形象。3. 创意老化是我们的致命伤。我国动画作品存在着明显的说教色彩，缺乏亲切感和童趣，故事性贫乏。4. 在市场运作方式落后和政策扶持不够的情况下，我国动画在夹缝中左冲右突。核心的问题在于还没有形成相对完善的市场运作机制，没有完全按照市场的要求去组织生产，没有形成成熟的产业链。对企业来说，首先是机制的创新，最大限度地调动人的积极性，最终形成企业的良性发展。其次，积极借鉴、学习、吸收国外先进的理念和手法，以及成熟的市场竞争的模式。第三，向集约化发展，集中人力、物力、财力，实行大企业、大品牌、大发展，积极培育享誉国内外的中国动画王牌企业。

创意产业下中国式动漫的发展趋势

莫智勇、吴冠英在《装饰》2006 年第 6 期撰文认为，用动漫形象打造文化创意产业链是全球创意文化产业的主力军。以游戏和动漫文化产品为核心的创意产业在全球市场的高速发展，不仅引来了国内外风险投资机构的极大关注，政府和民间对动漫游戏行业也在观念上有了极大的改变。然而，中国动漫画游戏市场形成较晚，研发能力与欧美、日韩等地区国家相比还有很大差距，原创作品稀缺的现象明显，至今还未形成成熟的产业链条。目前，我国动漫产业仍处于来料加工阶段，原创产品极少，与美、日、韩均有较大差距。如何利用自身的民族文化优势和本土市场环境，尽快探索一条中国式动漫产业发展之路是既迫切又重要的课题。首先，应转变人才培养观念。其次，明确价值取向与受众需求。第三，整合资源与产业结构。最后，需要特别指出的是，形成规范的行业制度是中国式动漫文化经济健康发展的基础。尽快制订相关法规，保障知识产权是动漫文化产业可持续发展的根本。

中国动漫产业自主创新实现路径与政策机制

庞井君、陈共德、方德运在《视听界》2006 年第 6 期撰文认为，中国动漫产业取得的成绩主要有：1. 党和政府重视动漫产业发展。2. 动漫产业园区发展态势良好。3. 动漫产业发展链条初步形成。4. 动漫作品数量明显增加，优秀作品广受欢迎。5. 动漫产业研究为动漫产业创新发展提供智力支持。存在的不足是：1. 动漫产业宏观战略研究不够，有些地方政府盲目性较大。2. 产业创新投入能力不够。3. 配套政策不够完善。主要包括金融政策、财税政策。4.

产业链条缺失，商业模式创新力度不够。中国动漫产业发展的战略路径是：（一）加大投入，搭建动漫产业公共技术服务平台；（二）改善动漫市场环境；（三）发展有创新能力的动漫企业集团和中小企业；（四）建立以动漫企业为市场主体的产业集群，并发挥其资源优势和区位优势；（五）坚持引进国外动漫和消化、吸收、创新相结合，提高自我创新能力。在机制保障方面，一要建立“动漫产业创新专项资金”；二要加大投融资支持力度；三要促进动漫“产、学、研”一体发展；四要加强市场监管和知识产权保护；五要调整现行的动漫作品播出政策，鼓励和提高中小型动漫企业动漫作品的播出比例；六要建立合理的奖励制度，并设立动漫创作国家级大奖。

实施市场化资本运作是动漫产业发展的关键环节

陈少波在《中国广播电视学刊》2006 年第 6 期撰文认为，考察目前中国动画产业资本运作的现状，计划经济模式的痕迹尚未完全消退，资本要素配置的市场化程度低，产业投资存在着一系列问题。表现为投资理念不够清晰，投资渠道不够通畅，投资体系不够完善，投资模式不够丰富，投资产权不够明晰，投资效益不够明显，投资回报不够理想等。由此造成了两方面的后果：一方面投资盲目化，投资主体缺乏投资理性；另一方面投资恐惧化，投资主体缺乏投资热情。改变这一状况的出路在于将资本市场导入动画产业市场。其一，实施市场化的资本运作，以构设完善的投资体系。包括 5 大板块：1. 政府投资板块。2. 企业投资板块。3. 播出机构投资板块。4. 社会投资板块。5. 外资投资板块。其二，打造良性循环的资金链，创新投资盈利模式。创设多元化的盈利模式。主要有：1. 产业经营拓展模式。2. 形象市场互动模式。3. 媒体播映增值模式。4. 小投入大开发（回报）模式。5. 品牌形象先行模式。

培育营销市场　推动国产动画产业链形成

丁爱平在《视听界》2006 年第 6 期撰文认为，中国动漫市场的主要问题在于没有形成产业链，中国并不缺乏发展原创动漫的文化资源，要推动国产动漫业的发展必须做到：一、促进动画产业的体制改革。整合优势资源，组建动画集团，是做大做强动画产业不可或缺的一步。只有改革分配制度，才可以从根本上改变行业人才流失现象，提高动画的制作水平。二、开拓动画市场，形成动画产业链条。一个成熟的产业市场必须有一条完整通畅的产业价值链。动画产业的链条模式基本包括这样一系列环节：影视动画片的创作生产——电视台和电影院的播出和放映——动漫图书出版发行——音像制品的发行——形成版权的授权代理——衍生产品开发和营销。动画产业发达的国家，总是把动画制作、影视播映和产品开发这三个主要环节紧紧结合在一起，这的确是一个十分成功的经验。三、增强产业链中的经营能力。中国动漫业经营力弱，主要表现在产品商业规划意识淡薄、动画形象商务拓展模式单一等方面。在动画产业发展中，要用全局的眼光布局和发展动画产业，积极探索多元化盈利的方式，鼓励不同片种的发展，尽力解决动画流通的渠道，保证动画能够广泛流通和增加效益。

中国原创动漫现状

姚春丽、侯宝森、赵芳在《科学大众》2006 年第 6 期撰文认为，在中国原创动漫看来似乎是从百废待兴到欣欣向荣的表象下，我们可以清楚地看到一些事实与想象的巨大落差及其所造成的扭曲性发展。一、创作中技术水平和情节内容的落差。动漫创作单位中感到最缺的不是制作人员而是好的故事剧本，好多单位都在靠改编我国的古典故事来维持。二、漫画与动画之间的落差。按照国际惯例，在动漫产业链上，平面出版品是第一步，第二步是电子媒体，第三步是周边产品的开发和商业服务。在现在的中国，很奇怪的是动画制作占去了业内人士的大部分精力，平面作品倒退居次席，变成了周边产品的一种。三、政府态度与民间基础的落差。政府行为的“发展动漫”与民间推崇的“发展动漫”，并不能在概念上完全重合；政府要站在国家的高度上扶持原创产业，甚至不惜排斥外来品，而民众想的则很简单：我要看好看的动漫。

我国动漫图书出版的瓶颈与出路

周立新、方春雅、王丽芳在《中国出版》2006 年第 6 期撰文认为，当前我国动漫图书出版的瓶颈主要表现在：1. 理念陈旧、思维呆板；2. 模仿痕迹较多，民族特色不够鲜活；3. 成人化概念化强，儿童特色不足；4. 贪多求全，苛求完美；5. 缺少强有力的资金支持。因此，动漫图书出版的发展出路主要有以下几点。第一，要强化动漫产业的政治意义。第二，在文化观念上，导入新的思维方式和文化理念。第三，注意形式与内容的民族特色问题。第四，营销要科学而又有市场基础。第五，制定大力发展民族卡通动漫人才的培养战略。

中国动画产业的现状及发展前景

施政在《当代经理人》（下旬刊）2006 年第 8 期撰文认为，中国动画发展到现在已有 80 余年的历史，然而中国动画没能融入到国际市场环境中。究其原因，无非具有两点：长期的计划经济运作模式与中国的动画片主要以艺术性短片为主，且年均产量仅为300分钟左右，适合影院播映的动画长片极其缺少。中国动漫具有深度的中华文化底蕴与优秀的动漫传统，这些都是我国发展动漫产业的优势资源，只有正确地认识中国动画产业的优势与弊端，才能形成适合中国发展的动画产业链，使动画产业朝着良性循环方向快速发展，走具有民族特点的产业化道路。首先要改变观念，扩大观众群体。我们不仅要做好动画教育，同时，还要在岗位上继续培养动画人才，另外我们也要善于发现人才。其次，还必须具备高薪、职位、重奖等政策措施和奖励机制，使动画人才快速成长。第三，探索民族风格，走适合本国发展之路，发展电视媒体、网络传播。

中国动漫业的困境与突围

项仲平在《中国广播电视学刊》2006年第8期撰文认为，当前我国动漫创作能力较弱，原创作品少之又少，国内动漫市场质与量失衡，与国外动漫的竞争没有优势，国际市场份额是有减无增。当前中国动漫业不仅缺乏制作技术人才，而且动漫人才链上如创意的编剧、导演、策划以及营销等各类人才均有不同程度的短缺，表现在：一、动漫“创造型人才”的缺乏。二、能“讲好故事”的动漫编剧和制作人才匮乏。三、影视动漫产业化运作和营销人才匮乏。四、动漫教学的专业师资缺乏。上述问题既有社会大背景的因素又有动漫教育本身的问题，但是对于影视教育者来讲，探究动漫艺术理论教育，从人才培养的改革入手，创建动漫教学的特色，开创动漫教学的新格局是我们责无旁贷的使命和首要探究的课题。中国动漫业有着巨大的市场潜力。中国动漫业要腾飞最重要的抓手之一是培养动漫编剧、编导、动漫制作、动漫产业化运作和动漫衍生产品开发与营销等的专业人才。同时，还要加强对培养院校的投入和扶植，加强人才培养院校与业界、与市场的良性互动。中国影视动漫只有把人才培养放到首位，才能做强产业和做大事业，才能实现中国动漫业的振兴。

我国动画产业如何走出“有产无业”的困境

陈岳虹在《经济师》2006年第8期撰文认为，我国曾是最早开发动画片的国家之一，20世纪70年代后，中国动画业开始走下坡路，特别是在进入90年代后，国外动画片大肆侵占了我国动画市场。而中国动画“有产无业”，在夹缝中求生存。我国动画创作艺术性都很强，但市场意识薄弱。中国动画业存在的主要问题是：1. 市场机制的不健全和不规范。2. 市场的寡头垄断现象，日、美动画独占市场。3. 分布散乱的市场，供需不平衡的现状。4. 人才、意识不足。动画产业发展的政策和市场环境是：（一）政府的大力支持，但政府虽然出台了大力发展文化产业的一系列政策方针，但是并未建立健全市场秩序，来使市场规范化运营。（二）目前市场前景可观，发展动画产业的时机成熟，并且需求旺盛。但我国动画市场被日、美动画抢占，加上动画市场人才奇缺、市场分散、技术落后，企业盲目投资，造成市场混乱。动画产业走出“有产无业”困境的措施是：（一）进入壁垒，即形成产业高度集中；（二）生产环节，即动画工厂和产品差异性；（三）发行环节，即跨行业经营，以衍生产品促进行业发展。

为何要扶持国产动画产业

董羽在《青年记者》2006年第8期撰文指出，进入20世纪90年代后期，中国动画遭遇了外国动画的严重打击，对国产动画产业的政策扶持提上了议事日程。政府对动画产业进行扶持的理论基础主要有以下五点：1. 外部利益。从经济学的角度说，政府对国产动画产业的扶持，最有说服力的理由是外部利益。如果收看某种类型的国产节目对整个社会有益，就会产生外部利益。2. 幼稚产业。刚刚起步的动画业，还是一个幼稚产业或者说是弱势产业，需要得到国家积极的扶持才能尽快壮大。对于国产动画产业中的企业，要更多的发挥宏观手段，游说立法者，以便制定管制法规，或是法规的适用对该产业更加有益。3. 优质商品。根据这一原理，一些节目或电影是有益的，应该播放，政府应该扮演一种家长式的角色来干预市场，用它的喜好来代替单个消费者所表达的偏好。4. 节目多样化的不足。依照目前国际通行的年龄断代法，每5年就为一代。而国产的动画片明显表现出低幼化，很少有人有意识地为青少年制作适合他们心灵需求的动画片，他们只能从国外动画作品中寻求心灵满足。5. 经济发展。动画产业已经不是“小儿科”。

信息化繁荣动漫产业

竞辉在《中国电信业》2006年第9期撰文认为，长期以来，动漫产品的传播渠道主要是影视媒体。然而，随着通信和互联网技术的不断发展，动漫产业日益与电信产业走向融合，这不仅促进了动漫产业自身的繁荣，而且也为电信业带来了新的增值空间。首先，信息化为动漫产业赋予了新的活力；其次，动漫为电信业带来了新的增值空间；再则，动漫产业也推动了其他电信增值业务的发展。动漫产业不仅为电信运营商带来了新的增值空间，而且已成为运营商打造全新的电信产业链中不可或缺的重要环节。对于固网运营商来说，向动漫产业拓展同样也是打造宽带产业链的重要内容。当然，运营商加快向网游、动漫领域拓展，其目的不仅是寻找新的业务增长点，从长远来看，更是为了有效合理地把握宽带价值链，激活宽带产业生态圈，为迎接宽带和3G时代奠定基础。

克服动画产业发展中的“幼稚病”

李三强在《声屏世界》2006年第9期撰文认为，关于我国动画产业，对其发展的客观条件、“硬”环境关注得比较多，主观条件、“软”环境关注得较少，大致体现在以下几个方面：症状之一：盲目乐观。这主要体现在对我国动画产业的前景预测上。这些前景预测是建立在简单机械的数字推演基础上。症状之二：急于求成。这主要体现在动画产业的发展道路上。动画事业不等于动画产业，它的发展都非一蹴而就，首先它必须植根于适宜的土壤。这块土壤有两个主要养分：一为漫画，二为动画电影长片。而这两点都是我国最为缺乏的，所以应当脚踏实地，一步一个脚印，结合自身实际，不要追求大而全，小而全，应当追求小而专，大而专。症状之三：否定传统。主要体现在对“寓教于乐”的一棍子打死上，这是对“寓教于乐”的莫大误解。“寓教于乐”作为我国动画的一大传统精神，有其必然性和合理性。在“寓教于乐”的处理方式上应与时俱进。在“教”与“乐”的关系处理上，适时地由以“教”为先，转换为以“乐”为先。症状之四：罔顾品牌建设，奢谈产业链延伸。在发展动画产业的过程中，有产业链的意识当然是对的。但就我国动画产业现状而言，与其挖空心思去想产业链，不如集中精力投入品牌建设。

谈中国数码动画产业的发展

唐朝晖在《美术大观》2006年第9期撰文认为，在计划经济模式下长大的中国动画业，长期以来有行业而无产业，作品变不成产品，精品成不了商品。根据目前的状况分析，我们不难找到阻碍中国动画发展的两个主要原因：第一是体制与市场问题。首先，我国动画产业长期受体制问题的困扰，造成市场资源配置机制发挥不了作用。其次，产业化过渡艰难。再次，就是知识产权的保护问题，造成投资心态受到影响，市场不能形成气候。第二是人才的需求问题。中国数码动画产业发展的关键所在是沟通与协作，主要包括：1．行业与市场的沟通与协作。中国数码动画产业的发展必须遵循数码动画产业自身的特点，把握数码动画产业的市场规律。2．产业与文化的沟通与协作。发展具有中国民族特色的动画产业，创造出既有中国特色又有全球竞争力的动画精品，是中国数码动画发展的必由之路。3．行业与人才培养的沟通与协作。数码动画人才的缺乏已经是一个不争的事实。在人才的培养过程当中，行业与人才培养机构的沟通与协作是至关重要的。只有这样才能形成良性的人才培养模式，为中国数码动画产业提供生力军。

中国动漫产业发展问题与对策

章莉、景进安在《生产力研究》2006年第11期撰文认为，中国动漫产业发展面临的机遇：中国有优秀而廉价的动漫人力资源，此外，国外的一些动漫大国把大量动漫业务外包给中国，也是一个有利因素。国外很多著名的大型动漫公司还在中国投资建设动漫基地，并且投入资金对当地的工作人员进行培训。我们应充分利用这一机会，营造良好的动漫产业投资环境，加紧培养编创、制作及经营人才，在赢得就业机会的同时，不应忘记培育原创精神。中国动漫产业发展面临的问题是：1．产业链尚未形成，产业升级缺乏动力。2．动漫产业人才严重缺乏。3．资金缺乏，观念落后。4．文化竞争力的缺乏。中国动漫产业解决问题的对策是：（一）改革体制。具体为：1．政企分开，建立现代动漫企业。2．扩大影视动画的播映平台。3．加强制度管理和政策支持。（二）开拓市场。具体为：1．必须形成动画产业链条。2．加强规模经营与多种经济共同发展。3．鼓励外资进入国产动漫产业。

动画的原创价值与本土化结合

冯元章在《装饰》2006年第12期撰文认为，我国动画形象无法走出国门，有营销的问题，有资金的问题，但最大的问题是我们缺乏对受众的了解。我们应当多研究卡通形象的共性与本土化的结合，在强调做好共性的时候，展现自己的个性，而且能够让读者喜欢。目前我国动画产业发展仍受诸多制约：一是思想观念和产业政策的制约，二是原创动画品质与数量均严重不足，三是完整成熟的产业链有待形成，四是创意和营销人才严重不足。因此，改革动画的滞后状态势在必行，应做到：1．立足于本土化的艺术创新艺术创新是根本。2．打造高价值的原创动画品牌。3．体制、政策、市场的落后。中国动画企业也需要有创新精神。对企业来说，首先，要进行机制创新，最大限度地调动人的积极性，促成企业的良性发展。其次，积极借鉴、学习、吸收国外先进的理念和手法，以及成熟的市场竞争的模式。第三，向集约化发展。在具体产业政策上，中央应增加财政投入，设立扶持动画产业发展的专项资金，此外，鼓励对动画产业的风险投资。另外，符合条件的动画企业还将享受软件产业的优惠政策。

中国动漫产业原创能力缺失的解决之道

王萍在《电影评介》2006年第21期撰文认为，中国动漫产业所面临诸多问题中的许多都可以归咎为四个字，“创意不足”。这里“创意”并非单指内容创意，还包括形式创意，但最突出的还是前者，可以说，动画剧本或说漫画内容创意不足已经成为影响动漫产业发展的软肋。造成动漫产业创意不足的原因最突出的三点是：1. 中国动漫所负载的沉重教育目的。2. 中国学派的影响。“中国学派”动画是古典风格动画的代言者，其成绩都是在一系列特殊条件下取得的，并非市场运作的结果，其实质是艺术动画。动漫产业化过程就是其商业化过程，在其开端，艺术动画让位于商业制作几乎是不可避免的。3. 教育体制和代工产业束缚。改进方案是：1. 发展原创漫画，夯实产业链基础。2. 善于学习别国经验，学习的侧重点应该放在产业运营机制而非某种具体的技法或风格上。3. 寻找更好实现教化的方法。4. 寻求利用传统资源的新方式，做中国气派动漫。

动漫产业的知识产权保护

张费微在《经济论坛》2006年第21期撰文认为，随着各动画片的热播，根据动画人物形象开发的相关衍生产品成了市场销售热点的同时，一系列侵权行为也日益猖獗，让这些以动画品牌为依托走产业化发展的企业蒙受了巨大的损失。为此，建立起一个完善的专业化的知识产权保护体系，关系着动漫产业的健康发展，知识产权已经成为动漫企业发展甚至生存的瓶颈。动漫产业可以采取以下几条途径来构建其知识产权保护的防御体系。一、著作权保护。首先，明确著作权的归属；其次，进行版权登记。二、专利保护。卡通动漫与文具、服装、饰品、食品、影碟、手机形象、短信、网络游戏等领域的衍生产品相结合的情况下与玩具一样可以申请专利保护。三、申请注册商标保护。通过注册商标提供法定保护，来对自己的商品化的权利提供一个法律上的保护和支持。

全球化语境下的中国动画

朱清华在《北京电影学院学报》2003年第4期撰文认为，动画处在全球化语境中，各国动画相互比较和交流而存在。在以美国和日本为首的域外动画的强大冲击下，中国动画逐渐迷失了自己。早期“中国学派”鲜明的民族风格植根于民族文化土壤，而目前在中国本土上映的动画却以美国、日本动画为主。其原因首当其冲的是中国当前文化与传统文化的疏离造成中国动画的“失忆症”，并且中国动画也未能很好地将残存的历史记忆充分童话化地传达出来。面对霸权文化，我们失去了自我，而甘当西方文化的“他者”，作为处于支配地位的接受者。我们应该正视自己，既不能妄自菲薄，也不要盲目从众。我们应该以宽容心态向对方学习，知己知彼，方能百战百胜。在这种宽容和平等的心态下，才能正确利用文化转换向其他民族文化学习。

全球化语境下
国产动画片之民族化、现代化走向

王仁勇在《上海大学学报》（社会科学版）2004年第5期撰文指出，自20世纪80年代中期开始，国产动画片逐渐失去了与美、日动画抗衡的能力。原因在于：1. 动画界对中国浓郁民族风格的抛弃。2. 对传统文化现代转型的缺失，使国产动画片过分追求意义和强调教育的社会功能。3. 国产动画片的商业运作不够成熟。4. 中国动画人才的流失。民族化和现代化的融合是国产动画片的出路。一是要进行民族风格的发扬和创新。二是要抓好传统名著的现代转换，既保留传统的造型要素，又融入现代的观念。三是要进行现代化、产业化的经营运作。国产动画片必须朝着从单一动画制作往影像、书报刊、玩具、文具等周边产品全方位开发的产业化、现代化的方向发展。这就需要政策的扶持，需要良好的宏观环境和微观环境；应提升自身的高度，制定一整套保护、鼓励和发展民族动画产业的政策；应加大改革力度，以创新求发展；建立规模化动画专业生产基地；依照市场化的准则进行股份制改造，解放生产力；积极吸纳社会资金，凝聚优秀人才；加强对外合作，大胆引进国外的资金、技术、概念、人才，从而在合作中发展，在竞争中前进；应积极组建集团和加强横向联合，形成合力，打响品牌，以大品牌形成大市场。同时，加强市场化整合，加大衍生产品的开发力度；整合制作、播映和音像、出版、玩具、文具、服装、网络等一系列相关产业，做到互动互补。

中国动画艺术产业化的发展问题

刘红春在《成都纺织高等专科学校学报》2005年第2期撰文认为，动画的市场占有，在文化产业的地位，其发展的观念障碍和动画人才瓶颈是我国发展民族动画亟待解决的重要问题。动画作为一种文化体现了一个国家民族文化的水平，同时也是衡量一个国家信息技术水平的标准。在知识经济时代，被视为知识经济时代动力的文化产业所提供的产品和服务，不仅可以激发人的创造性和才智，同时也为社会创造巨大的经济效益，已成为社会经济结构中的支柱。在文化产业中，卡通动画业有着悠久的历史，同

时又具有当今知识经济的全部特征。卡通的形象专有权及其不断地延展使用，形成了一个完整的卡通产业链。中国动画在新的世纪里要获得更好的发展，应做好以下几方面：1. 转变观念，突破思维定势。2. 运用高科技手段制造奇观。3. 人才储备靠教育。

现阶段发展民族动画产业的几点对策

谢天勇在《淮北煤炭师范学院学报》（哲学社会科学版）2005 年第 3 期撰文认为，在当今积极发展文化产业的语境下，分析困扰我国民族动画产业发展的内外因素，深入探讨发展民族动画产业的可行路径，是及时而必要的。一、加强动画故事原创，充分运用数字技术，准确定位受众，大力提高我国动画片的艺术水准。动画原创故事贫乏、制作技术落后、受众定位不准、艺术水平不高是中国动画产业落后的内因。二、改革、完善管理体制，加强政策性引导和政策扶植力度，积极培育市场主体，大力促进产业化发展。动画是一种艺术，更是一种产业。作为产业的动画，适应经济转型和发展文化产业的要求，积极整合资源、改革体制是当务之急。政府必须加大政策扶持力度，来使整个体系进入有序发展产业运作方面，要改变单纯依靠国有资金投入的局面，借助市场的手段，拓宽投资渠道。更为重要的是，要建立一条完整的动画产业链。三、牢固占据音像、出版业和互联网市场，繁荣青少年文化生活，加强未成年人思想道德建设。出版优秀的漫画杂志，创办专门的电视和网络动画频道，不仅有助于振兴民族动画产业，还是加强对未成年人思想道德建设的一条重要举措。

刍议当前我国动画业面临的竞争新态势

薛梅在《上海大学学报》（社会科学版）2005 年第 2 期撰文认为，当前我国动画片面临的竞争态势是：（一）处于明显劣势。具体表现为：1. 对动画片概念的错误认识，对观众年龄层的狭隘定位。2. 资金投入少。3. 缺少专业人才。4. 缺乏成熟的市场运作机制。（二）也应看到希望。具体表现为：1. 深厚的民族文化底蕴孕育了无数独一无二的素材。2. 曾在国际上享有极高的声誉。3. 品位高雅，表现形式丰富多样。4. 本土动画业已经开始觉醒。我国动画业今后发展应注意几个问题：（一）警惕外来文化的渗透。（二）在创新的同时将民族特色融入动画本身，我们的创作应植根于民族文化，否则就会陷入不伦不类的怪圈。（三）中国动画走向产业化势在必行。为应对我国加入 WTO 后面临的国际国内日益激烈的影视市场竞争，必须采取以下几个举措：其一，提高收视群体的年龄定位。其二，加强与专业院校的合作力度，增加动画短片的制作投入。其三，在较短时间内，争取组成自己的剧本创作队伍，建立后备充足的“剧本库”。其四，还应注重动画片故事题材的多样化，在故事内容的拓展上多下功夫。

中国动漫业的现状、问题与对策

张潇丹在《兰州教育学院学报》2005 年第 3 期撰文认为，中国漫画行业现实存在的基础性问题就有三个：画面、内容、宣传。要促成中国整个漫画行业发展壮大，就需要从以下几个方面入手：第一，提高漫画家的职业自觉性。第二，鼓励更多具有专业绘画技能的人画漫画。第三，多向生活等实际的事物取材。第四，在创作前的思考。第五，宣传手段多元化。第六，产品类型的丰富。在动画方面。首先，从动画制作的手法上来看，我们是有很大选择空间的。其次，动画的表现形式的选择应该更加地多样化，并以电视、电影等主要传媒体系为主，以 Flash 制作为辅。最后，内容取材是贯穿动画整体的灵魂，是观众对动画作品感不感兴趣的关键。

中国与毗邻国动画产业现状浅析

刘卓在《甘肃广播电视大学学报》2005 年第 3 期撰文认为，中国动画产业发展现状是：（一）动画播出平台逐步扩大；（二）动画生产的热情高涨，优秀动画项目和选题不断增加，题材规划已经达到 20 万分钟；（三）动画交易大幅度攀升；（四）动画教学机构不断涌现；（五）产业化的运作意识明显增强；（六）动画产业发展引起各地政府的高度重视。而亚洲毗邻国动画产业现状是：（一）印度正逐渐占领广大市场。因为人工费用低廉，印度逐渐蚕食原本在韩国和台湾动画业者手中的大饼。（二）韩国提出了“文化立国”，将文化产业作为了 21 世纪发展国家经济的战略性支柱产业。（三）近年来，动画片在日本文化产业中的地位举足轻重。随着市场规模的扩大，日本动画片在国内外的人气飙升，经济效益不断增长，在世界上的影响也在不断扩大。日本动画片之所以在国内外取得如此骄人的成绩，首先缘于它的内容。其次，日本高水平的动画创作和制作队伍是日本动画片成功的基础。此外，日本动画片的艺术性很高，精益求精的动画片主题曲也为日本动画助阵。

动漫产业：21 世纪最具发展潜力的产业

隋杨洋、毛佳、隋映辉在《中共青岛市委党校·青岛行政学院学报》2005 年第 5 期撰文认为，中国动漫具有深厚的中华文化底蕴和优秀的动漫传统，这些都是国产动漫与美日韩动漫分庭抗礼的优势资源，但中国动漫却难以做大做强，其原因主要有：1. 产业链缺失且观念落伍。2. 内容单一且人才短缺。3. 知识产权保障不利。中国动漫的产业化尝试，还特别需要抵制急功近利思想的诱惑。因此，发展中国动漫产业的对策是：1. 重视动漫产业链中上游产品——漫画卡通的发展，注重有原创性的漫画形象的设计和创作。2. 着力对动漫产业链中相关衍生产品的开发。3. 充分发挥比较优势，进一步优化产业链。4. 借力多媒体等技术，促进动漫产业的快速发展。多媒体技术的进步为动画的“无纸化”创造了条件，充分地发挥多媒体技术的优势，能够促进动画产业实现跨越式发展。5. 实现投资方式和投资主体多元化。6. 重视动漫的品牌建设，鼓励动漫企业专注品牌运作和发展。7. 加强政府的战略规划和政策扶持。需要政府将动漫产业纳入战略产业进行规划设计，尽快建立完整的产业链条，加强知识产权保护，制定相关产业扶持政策，确保我国的动漫产业在文化传播和经济发展中的主导地位。

对中国动漫产业的几点思考

王芳、刘磊珂在《浙江青年专修学院学报》2006 年第 3 期撰文认为，中国动漫产业存在的问题：（一）定位误区，涉及面不足。首先，消费面定位狭窄，成人市场长期被忽视。其次，过度重视教育感化的功能，忽略了作为传媒产品应有的娱乐功能。再次，中国动漫产品脱离不了神话、传奇的框架。（二）人才缺乏，投资不足。（三）市场发展不健全，产业链畸形。因此，中国动漫产业的发展对策是：（一）政府规范、国家扶持。一方面，动漫产业需要国家政策的扶持；另一方面，动漫产业的发展还需要政府的规范。（二）培养人才、产业整合。培养人才，尤其是培养动漫原创人才，是从根本上改变我国目前的原创动漫作品舶入的重要途径。（三）正确的心态、创新的宣传。观众和媒体应该以平常心对待动漫作品，无论是好是坏，都要实事求是，尤其是媒体更不应该夸大其辞，误导消费者。

国产游戏软件业——被遗忘的角落

陈长坤在《科技信息》2002 年第 2 期撰文认为，电脑游戏是信息产业的促进剂。从产业的高度来看，游戏已不仅是一种简单的娱乐，而是一个有着极大的开发潜力和高附加值的知识产业。国产游戏从诞生的那天起就面临着不可回避的竞争，但国产游戏有国外游戏不可取代的优势，即有深厚的中华文化作基础。强调中华文化对于国产游戏的重要性不是忽视世界其他民族创造的文化，国产游戏走向世界必须首先深入理解世界其他文化。作为国产游戏软件产业，一方面要深入学习领会悠久灿烂的中华文化和世界其他民族多姿多彩的文化；另一方面要虚心向国外厂商学习他们成功的经验，创造出属于中国、属于世界的经典游戏软件。

网络游戏：“玩”出一个产业来

周黎娜在《科学咨询》（科技信息）2002 年第 4 期撰文认为，电子竞技是网络游戏的一种延伸，以“玩”起家的网络游戏业，正在以风起云涌之势影响着社会的经济生活。硬件制造商、软件开发商、销售商，以及宽带网运营商、网吧等等，都悄悄地因网络游戏而坐收渔利。网络游戏如此受重视，主要在于它的“物质”开始被人们发现并利用。一方面，在免费时代培养出了众多的“忠实玩家”，免费时代完成的客户群与娱乐习惯为接下来的收费奠定了基础；另一方面，网络游戏本身可以反盗版。只要产品做得好，用户愿意来玩，最后必须掏钱。因此，网络游戏的收费成为网络上最成功的盈利模式之一。网络游戏的收费渠道主要是靠销售月费卡。其次是与电信和 ISP 合作。一般有三种，即开放式、封闭式和授权式。网络游戏产业直接关系到我国文化教育的发展，目前，日本、韩国等国家的网络游戏已向我国市场扩展，如果不及时开发以中华文化为内涵的具有自主知识产权的网络游戏，我们丧失的将不止是游戏的经济利益，对中华文化的冲击也是不可避免的。

游戏业——世界新兴产业

都汉钧、沈彩虹在《科技成果纵横》2002 年第 5 期撰文认为，近年来，世界游戏业发展迅猛，产业规模成倍增长，与低迷的世界经济形成了鲜明的对比。作为新兴技术的产物，游戏在年轻一代中具有非常强大的生命力和影响力。在欧美地区，游戏已经成为人们的主流娱乐方式。与从前相比，游戏玩家的年龄更大，教育程度更高，经济更宽裕。如今的游戏早已不是传统意义上“玩”的小游戏，它是数字娱乐业的一种。游戏能创造如此大的产业规模的原因在于：首先，涉及领域广泛，不仅涉及硬件、软件等多个领域，还涉及高科技和服务等多个产业；其次，具有良好的趣味性和互动性。游戏正以其绚丽的游戏画面、逼真的人物动画、曲折感人的情节，营造出了一个虚拟而又富有真情实感的世界，吸引着无数人参与其中。正是游戏业的广阔市场前景，世界各国都为此竞相发展。可以预见，作为数字娱乐业主力的游戏业，将继续迅速成长，市场竞争将愈演愈烈，并从各个方面影响人们的工作和生活。

浅议中国游戏产业现状

刘瑾在《中外文化交流》2002 年第 9 期撰文认为，电子游戏产业的未来发展空间十分巨大。作为一个新生产业，中国游戏产业存在的问题：（一）无论制作还是销售，均是捉襟见肘的尴尬。（二）中国人需对游戏产业有个深刻认识。游戏业由于自身经营混乱无序，被人为地赋予了不正经等概念。其实，游戏产业并非只是给孩子的小零碎，它无污染，是具有高附加值的高科技知识产业。（三）盗版问题是破坏国内游戏市场规则、阻挠国产游戏业发展和使国外游戏巨头不敢贸然进入中国的罪魁祸首。但是，随着人们保护知识产权意识的加强以及政府各种维护正版事业的努力，正版市场空间正在形成。中国的游戏产业市场是一片亟待开发的大金矿，人们生活方式随着时代发展而改变，这是电子游戏市场被看好的另一重要因素。

游戏文化的产业财富

俞晖在《文明与宣传》2003 年第 2 期撰文认为，游戏是一个充满希望的产业，它拥有自己的受众、媒体、渠道、市场以及诸多衍生物，并且所有这些正在成为一种产业并以惊人的速度膨胀着。游戏作为现代电脑电子时代的高科技产物，已经成为主流娱乐业。近几年被称为第四产业的娱乐业中的游戏业异军突起，娱乐经济时代已经到来。我国是一个游戏软件的净输入国，国产游戏业还没有度过寒冰期。国内玩家津津乐道的往往是国外产品，除了盗版的挤压外，大部分国产游戏品质上的差强人意也是一个重要原因。近两年的网络游戏形势一片大好，一类是专门以棋牌在线游戏为主的网站，一类是专门提供收费在线游戏的网站。即使在网络经济一片低迷的情况下，这些游戏类网站也能盈利，还创造了一个成功的商业模式。电子竞技大赛的模式预示了网络游戏的竞争逐渐转向在经营理念、经营模式的创新，而这些创新很可能将改变现有的网络游戏市场格局。

网络游戏火爆的背后：期待扶持与规范

邹奕萍在《中国电子与网络出版》2003 年第 4 期撰文认为，网络游戏是一个拥有诱人发展前景的朝阳产业。这主要表现在以下几方面：首先，网络游戏市场价位超过“十亿”；其次，网络游戏将带动“假日经济”；最后，良好的盈利模式使得整个产业链初具规模。在我国，国内游戏企业面临着两方面压力，对外是来自日本、韩国等国家的网络游戏厂商大举入侵的压力，对内是社会不公舆论对生存的压力。此外，我们应该看到游戏本身及发展过程中带来的负面影响。与传统的电脑游戏相比，网络游戏有着更大的趣味性，也更容易使玩家上瘾。因此，对于网络游戏因过分发展带来不良影响，国家应采取相应的措施、制定相应的政策来限制及规范；对于其本身能带来丰富文化内涵的特性及促进相关产业发展、带来经济效益的方面国家应积极扶持引导，并进行规范和有效管理，以使其向有利于我国社会主义精神文明以及经济建设的方向发展。

从网络游戏的产业模式看信息业的新趋势

陈柳、周勤在《产业经济研究》2003 年第 5 期撰文认为，网游游戏成功的产业模式有两种：联众网易模式和天府热线模式。联众网易模式的核心是网络运营商与游戏运营商之间的合作，在这种模式中，处于产业最上端的是游戏开发商，开发出来的产品只有在网络的平台上才能够实现，并不是由游戏开发商直接与网络运营商合作。游戏运营商在其中扮演了纽带的角色，一方面它需要从硬件设备商处获得以专用游戏服务器为主的设备，一方面要与网络运营商确立互信的合作关系，通过服务器接入网络使得游戏能够成功运行，最后通过游戏经销商进行市场推广，销售游戏点卡或包月卡给用户。天府热线模式，就是网络运营商同时充当了游戏运营商的角色，不仅维护网络、硬件，还负责游戏市场的营运。另外，产品内容提供和终端提供的融合趋势是网络运营商和内容提供商紧密合作的新趋势，两者既有合作的基础，同时合作也是双方合理的选择。如何更好的实现互赢？首先，网络运营商与内容提供商之间如何建立彼此认可而又切实可行的分利机制；其次，内容提供商要不断提升与网络运营商合作的内容和层次；再次，网络运营商与内容提供商不能忽视与硬件设备商的合作。

网络游戏：网络出版中不容忽视的新生产业

岑红在《编辑之友》2003 年第 6 期撰文认为，网络游戏是网络出版不容忽视的新生产业。市场上的网络游戏可以粗略地分成：第一类是多人在线角色扮演游戏；第二类是竞技休闲类网络游戏；第三类是局域网对战游戏；还有一类网络游戏叫 MUD。网络游戏产业发展到今天，基本上已经形成了由开发商、运营商和渠道销售商组成的三元化产业链的结构。在这种结构下，三者间的利益分配将呈枣核状，开发与渠道占据两端，而运营将占有核心的大部分，这也与各方的资金投入收益期、风险以及投入成正比。此外，出版社在网络游戏出版业中起了举足轻重的作用：一是积极在思想、资金、人才各方面做好准备，争取作为网络游戏出版商，出版并运营网络游戏；二是出版与网络游戏相关的图书、音像、电子出版物产品；三是介入游戏杂志出版等。

网络游戏产业综述及运营模式评论

阿郎在《科技创业月刊》2003 年第 6 期撰文认为，近年来随着网络的高速发展，网络游戏也逐渐拥有了更多的玩家，并逐渐发展成为 IT 产业中的支柱行业，中国的网络游戏产业有着广阔的前景。目前，国内网络游戏的利益分成仍然以代理分成为主，按比例瓜分游戏所带来的利润。游戏制造商和游戏代理商控制市场。渐渐地，双方不满足于自己控制的狭窄空间，于是出现了合资的运营模式，双方共同管理游戏产品的更新以及销售，这样就有效避免了游戏运营和产品脱节的最大问题。网络游戏市场出色的表现在迎来各方赞歌的同时，一些不利因素也随之产生，特别是“私服”现象，影响了游戏运营商的合法利益，为高速发展的中国网络游戏产业蒙上了一层阴影。现在的中国是世界上最大的网络游戏市场之一，许多国家已经将目光瞄准了中国市场这块大蛋糕。但由于起步较晚，中国的游戏产业已经和国外存在着相当大的差距。

网络游戏：互联网新盈利点

沈俏在《开放潮》2003 年第 6 期撰文指出，网络游戏庞大的消费群决定了网络游戏有着一定的市场需求和广阔的市场发展前景。但作为一项文化产业，中国的网络游戏必须在赚钱、娱乐与社会道德风气的引领之间探索平衡点。目前网络游戏存在四大问题需引起关注：一是国际上娱乐软件存在的突出问题是内容问题，特别是其中普遍存在的暴力和色情等内容。二是知识产权问题，如私设服务器、提供盗版游戏服务问题比较严重。三是经营行为不规范问题。四是经营场所问题，主要是网吧特别是黑网吧的违法经营问题。对待网络游戏存在的问题，要采取“立、堵、建、疏、管”的综合治理的方针。我国是世界上最大的游戏市场之一，但与日韩等国厂商相比，我国游戏产业无论在技术开发方面还是在内容开发方面都已经存在明显差距，而它们的一些著名游戏软件都是以我国的传统文化资源为题材开发出来的。因此要加快发展和加强管理我国娱乐软件产业，推动娱乐软件产业成为拉动经济增长的重要力量。

直面网络游戏

唐拓石在《新电脑》2003 年第 7 期撰文认为，目前我国网络游戏市场混乱的原因：一是游戏业由开发商、运营商、IDC、游戏媒体以及经销商等环节所构成，而在游戏开发这个环节上，国内厂商一直是麻绳串豆腐。二是中国庞大的玩家群体大多不是很成熟。国内网络游戏业一直无法得到快速发展的最关键因素是“人”，缺乏有素质和能力的人才。此外是经济条件不允许。而 2003 年必将是中国网络游戏业洗牌的一年，倒掉一批网络游戏公司后市场将出现大量的空间，国产游戏的抬头也将成为可能。洗牌危机还给我们带来了另一个启示，即网络游戏玩家市场目前最需要的是开拓。值得注意的是，版号问题实际上是国家在政策上对网络游戏在内的电子音像出版物进行宏观调控。如果网络游戏厂商能从即将到来的洗牌风波中吸取教训，共同开拓新市场网络游戏产业，必将在未来的日子里重现昔日光辉。

网络游戏是一种文化

柳士发在《软件世界》2003 年第 11 期撰文指出，网络游戏产品既是一种电子信息产品，又是一种文化娱乐产品。1. 从经济的角度看，网络游戏带来了一个新市场、一个新产业，属于高新科技产业范畴。从文化的角度看，网络游戏是一种新文化，应当属于现代信息内容产业的范畴。我们应当把网络游戏放到时代大背景和国际大背景中，充分认识游戏的经济地位和文化地位，促进网络游戏产业规模经营、规范发展，从而实现新经济与新文化的融合发展，实现高科技与高文化的完美统一。2. 我们应当勇敢地担负起应有的社会责任，引导网络游戏有序繁荣和健康发展，把网络游戏改造成为健康有益、营养丰富的精神食粮。3. 我们还要从国际竞争的大背景看待网络游戏。在网络游戏领域，中国文化资源往往只是国外企业的初级加工原料，中国市场主要为外国产品所占据，致使我国成为外国游戏产业原材料的供应地和外国游戏产品的倾销地。社会各界应当从了解走向理解，从责备走向责任，帮助和监督网络游戏产业健康发展。我们应当加强正面宣传，引导社会舆论，但最重要的是要靠自己的实力来证明自己，解决问题，创造新游戏，塑造新形象。

网络游戏业：井喷下的隐忧

韩晓萍在《中国电子与网络出版》2003 年第 11 期撰文认为，巨大的机会与巨大的风险同时成为网络游戏产业的本质特征。2002 年以来，网络游戏业发展得很快。这种爆发式的增长使得总的收费用户和免费用户的发展呈现出比较稳定的持续上升状态。同时，与网络游戏业相关的产业链正在形成中。其中，首先获益的是电信运营商，其次是硬件提供商，获益最为明显的则是渠道商。与网络游戏业迅猛的发展速度同样引人关注的是，网络游戏产业中存在着巨大的风险：恶性竞争风险、专业风险、政策风险和社会风险四大风险。所有网游戏公司都希望以IT技术为引擎，以艺术和文化为介质，在商业上获得成功。但是，这种良好的愿望当前存在着很多潜在变数的影响。最主要的有两个，一个是电信运营模式的变化。另一个变数是从事网络游戏行业的国外大公司的动作将直接影响这个行业的发展，与此同时，现有的国内公司自身的弱小也决定了这个行业的高风险。

基于网络经济学框架的分析

陈柳、周勤在《经济前沿》2003年第Z1期撰文认为，网络游戏是前景无限的新产业。与美国、韩国等国家相比，中国数量庞大而且不断增加的网络人群和高速发展的国民经济，意味着这可能将是全球最大的一个网络游戏市场。目前对中国网络游戏产业的分析：一是互联与运行基础；二是网络效应，网络游戏具有独特的网络亲和力，即消费者最倾向使用网络来完成消费行为的特性；三是消费者锁定，网络游戏内容具有连续性，这使得玩家在一段时间内对某一款游戏产生了一定的品牌忠诚；四是网络合作的产业模式。为了加快网络游戏产业的发展，政府应做到：(1) 确立网络游戏的产业地位。(2) 引导健康游戏、积极加强管理。(3) 扶持民族游戏品牌。同时，游戏厂商也不能只满足于代理产品，而应致力于做自己的品牌，打造自己的核心竞争力。

网络游戏对国民经济的拉动作用

邓光娅、秦郁文、刘满福在《商业时代》2004年第3期撰文认为，我们应该从经济的角度客观地评价网络游戏业的发展及其对宏观经济的作用。按照产业的发展趋势来看，中国的网络游戏产业增长率高于国民经济各产业的平均增长并呈上升趋势，在国民经济和整个产业结构中的地位和作用将不断上升，对中国的整个经济产生了积极的带动作用。目前，中国的网络游戏产业很不成熟，存在着诸多的问题。因此，首先，国内的公司不应该只着眼于眼前的利益，而应该从长远考虑，加大力度，开发有自主产权的游戏产品；其次，积极推动创立一个正规的比赛机制，带动产业发展；最后，加大政府支持力度，制定产业技术政策，重视基础技术的研究，借鉴韩国经验，积极推进网络游戏的发展，以此拉动国民经济的发展。

中国网络游戏产业现存的三大问题及解决对策

全玮在《编辑之友》2004年第3期撰文指出，我国网络游戏存在三大问题：一是网络财产的侵害；二是开发制作、利润方面，在中国游戏商中真正拥有自主知识产权产品和研发能力者寥若晨星；三是网络盗版和私服问题。鉴于此，解决对策有：一是网络财产问题，应设立相应法律保护网络虚拟财产，其理由有：(1) 为了网络游戏产业的健康发展的需要；(2) 应该保护合法劳动所得的财产；(3) 只要是不违反社会公德和公序良俗的事物，我们应该抱着积极的态度去看待。二是合作开发制作及游戏人才的培养问题，通过合作开发，提高国内厂商的研发能力，从而改变国内企业研发实力不高的格局；对于游戏人才的培养，可以吸收国外的先进理念。三是私服方面，即服务与收编，通过将部分私服合法化，把私服的用户吸收到官方服务器上，既解决了知识产权问题，又发展了更多的玩家，合法厂商的利益也得到了保证。

网络游戏大产业

申榕在《上海轻工业》2004年第4期撰文认为，网络游戏完全凭借其信息双向交流、速度快、不受空间限制、互动娱乐等互联网独特优势，具有绝对诱人的互动性、仿真性、娱乐性和竞技性，已快速发展成为网络业盈利优厚的三大领域之一。游戏作为一种新的文化载体，对大众生活与文化时尚具有很大影响。网络无国界的属性，使许多居于市场主导地位的国外游戏产品，必然带有各自国家和地区的文化和意识形态色彩，势必对未成年人产生影响。中国的网络游戏产业发展空间和潜力大得惊人！网络游戏不仅具有多样化的发展特征，而且带动着许多与游戏相关的周边产品的不断推出。当前中国的网络文化产业正处于发育阶段，与国外发达国家存在较大差距。使网络文化内容产业的发展紧跟技术进步的潮流，使反映民族精神和时代特点的高品质、多样化的网络文化内容充实网络空间，满足现代社会人民群众健康的网络文化生活的需求，是政府部门和相关企业肩负的使命和责任。

游戏软件产业：2004年投资新亮点

尧秋根在《时代经贸》2004年第4期撰文认为，2004年游戏软件产业有了更多的新气象：首先是政府开始建立规范的游戏规则；其次，游戏产业以健康的发展方向赢得了社会的承认，开始融入经济的主流；第三，游戏产业开始有了完善的产业环境，逐步完成产业链的整合和细化分工，并开始寻找属于自己的核心竞争力，呈现出成熟产业的风范。2004年投资格局是：第一阵营为资本雄厚者，第二阵营为资本充足者，第三阵营为资本薄弱者。投资领域在于：上游的游戏开发、中游的游戏运营、下游的渠道。网络游戏业发展存在的挑战：一是国外投资者的夹击；二是自主开发；三是风险资金的注入；四是人才；五是产业模式多样化。随着网络游戏产业的不断发展，网络游戏产业链逐渐形成、完善，市场竞争不断加剧以及原创作品的不断崛起，使得国内网络游戏市场将进行重新洗牌，这对国产软件业来说是一个发展的机遇。

中国网络游戏产业持续发展的制约因素及其对应策略

郑淑荣在《高科技与产业化》2004 年第 5 期撰文认为，网络游戏现存问题主要有：对网络游戏产业认识不到位；政策支持力度不够；游戏软件受制于人；适合中国国情的游戏产品少、内容简单、模式单调；网络游戏运营环境需要整顿；市场运作手段僵硬；游戏开发专业人才严重缺乏。因此，网络游戏持续发展应注意以下问题：1. 统一认识。2. 充分发挥政府部门的重要作用。3. 持续发展网络游戏产业不只是研发技术。4. 中国网络游戏厂商应发挥自身优势，开发出有重大创新的游戏产品。我国网游优势是很明显的：首先制作成本低廉；其次了解市场、了解用户，能够提供游戏玩家们急需的人性化服务；再次，网络游戏之所以吸引玩家，抛开游戏性、耐玩性和交互性，国内网游有着更深刻的主题，即情感交流和文化蕴含。5. 重视对玩家的开拓。6. 构建全新的运作模式：运营商向研发商转型；设备提供商与研发商、运营商的三位一体。7. 培养人才是网络游戏产业持续发展的当务之急。

网络游戏产业：实现经济与文化双赢

王再承在《中国经贸》2004 年第 5 期撰文认为，网络游戏作为一种新的娱乐方式，凭借数字化技术应用深受网民喜爱。网络游戏可成为经济发展的重要支点。它在经济上的连带作用表现在能促进网络业、IT 业及新闻出版业的发展。从经济发展的角度来说，网络游戏属于信息文化产业，代表信息产业与文化产业相结合的发展趋势。游戏产业对促进国民经济发展、增加就业机会和创造社会财富将起到巨大作用，需要政府尽快出台一系列有利于游戏产业发展的政策，进行一定扶持。要使中国游戏业发展壮大，必须与中国特色结合起来，开发出一大批既具有先进技术水平和自主知识产权，又内容健康、形式丰富的优秀游戏产品，才能使我国跻身于世界网络游戏产业大国之一。目前游戏企业面临的压力是“狼”已入室，改变这种状况的根本途径只能是开启国内原创网络游戏的天地，在发挥各自独特优势的基础上各企业结成既竞争又合作的伙伴关系，促进我国互联网产业生态链的健康发展。

网络游戏产业在上海成功的启示

缪其浩、曾原在《科技成果纵横》2004 年第 6 期撰文认为，网络游戏产业在上海成功的启示有五个方面：第一，上海具有产业发展环境的综合优势，包括了规则清晰、有章可循的市场规范、人才优势及集聚效应、地域文化的正面影响等。上海的信息港建设，特别在优质服务上，为网络游戏企业集聚上海并得到迅速扩张提供了优良的网络和技术环境。第二，政府对网游产业的方向指导和宽容态度，体现在宏观方向的把握上。第三，政府为网游企业提供了一系列具体服务，即方向上引导；帮助应对知识产权纠纷；科技支持和孵化器建设；帮助企业降低经营风险。第四，民间主导的非正式产业促进机制。在正规的体系外孕育了一种非正规的、有时是民间主导的新兴产业推进机制，涉及政府机关、高校、咨询机构和企业界。这种非正规的机制可以避开行业壁垒，促进相关部门人员间的直接沟通，对形成“官、产、学、研、金”的有效合作起到了推进作用。第五，政府为企业的具体性指导不多，主要是着力于普遍性服务。政府的服务做得好，可以大大提高企业运转效率，减少因官僚主义、诚信缺失甚至腐败带来的无谓消耗，降低企业的经营风险，从而在总体上冲抵高商务成本的负面影响。

对发展我国网络游戏产业的思考

何保建在《北方经济》2004 年第 7 期撰文指出，网络游戏在我国得到了迅速发展的同时，也暴露出了不少经济问题及社会问题。第一，网络游戏软件在运营中可以获得较大的利益，因此，产业建设中存在着重运营、轻开发现象。第二，国内网络游戏开发人员严重匮乏。第三，盗版游戏软件制造商、非法销售商与黑网吧相互勾结，导致私自设立网络游戏服务器（“私服”）和网络游戏外挂卡（“外挂”）。第四，网络游戏产业是种新兴的产业，与其他文化娱乐服务相比较，网络游戏对游戏用户的心身发展，有着更加直接和深刻的影响，要慎重对待网络游戏产业发展的问题。第五，要真正实现网络游戏的“寓教于乐”，必须对游戏开发商和运营商提出更高的文化要求。第六，各有关部门应密切配合，对不利于网络游戏健康发展的盗版、不良内容、违规经营等给予严厉打击。第七，网络游戏作为一种文化，理应体现或蕴含着本民族的文化特性。

网络游戏何以异军突起

黄晖、杨一方、李颖在《社会观察》2004 年第 8 期撰文认为，2003 年堪称是网络游戏大放异彩的一年，迅速发展的网络游戏在中国甚至整个东南亚都创造了新的网络经济神话。网络游戏的崛起至少带给我们这样一个启示：它与电子商务不同，游戏用户即使支付了金钱，但购买的是虚拟世界的内容服务，而不是现实的物品，不存在质量、数量、售后服务等一系列买家不放心的问题。因此，今后网络经济的形态应从“产品经济”、“服务经济”过渡到“体验经济”，充分挖掘人们精神生活的需要并给予满足，体现人们的文化寻求。

浅议中国网络游戏产业化之路

冷敏剑在《商业经济》2004 年第 8 期撰文认为，中国网络游戏产业在整体上已处于稳定成熟的发展阶段，但却隐藏着巨大的产业危机。目前，整个中国网络游戏业被韩国扫荡殆尽，同时，另一个更为可怕的巨人——欧美游戏开始逼近。现实更为严重的是，中国目前的游戏运营商基本上都是打工仔。为此，相应的中国网络游戏产业化举措有：第一，独立自主地开发具有自主知识产权的网络游。第二，积极与国外的网络游戏商开展合作，大胆借鉴国外先进经验，引进优秀的人才，发展壮大自己的游戏产业。第三，国家应制定相应的产业扶持政策，为网络游戏产业创造一个良好的发展环境，鼓励和引导网络游戏产业健康有序的发展。第四，加强硬件建设的同时，更应该注重软件的发展。

网络游戏产业发展现状概述

黎力在《中国传媒科技》2004 年第 9 期撰文认为，我国本土的网络游戏开发商的技术开发能力有限，难与国外对手抗衡。网络游戏的内容架构一般有三种来源：一种是根据已有的传奇、传说或对文学作品进行改编，一种是再创造一个全新的故事构架，第三种就是体育竞技类游戏。目前，中国网络游戏市场的营销模式基本分为四大块，即游戏生产商、游戏运营商（游戏代理商）、游戏销售商和最终用户。在这个产业链中，首先获益的就是电信运营商，其次是硬件提供商，而在整个链条中处于中心位置的是网络游戏运营商。任何一个产品、任何一个行业，都有它相关的产业。因此，“如何填补中国游戏身后的空白？中国后产品市场有多大？开发的机会有多少？”这些问题成为游戏业和其他产业人士关注的话题。

我国网络游戏产业的发展现状及其营销方式分析

姚浩、刘晴在《电脑知识与技术》2004 年第 20 期撰文认为，中国网络游戏产业的发展趋势：一是产业结构将进行调整，并在新的基础上继续增长。二是市场格局将发生大的变化，竞争开始国际化，产品来源开始多元化。原因有：一是网络用户特别是宽带网络用户的快速增加；二是游戏内容设计合乎消费者心理；三是游戏推广手段别具匠心；四是游戏收费比较合理。网络游戏的营销方式多种多样，在目标人群确切分布上：首先，网络游戏的主要受众群为 18 岁—24 岁的年轻人；其次，在各地架设服务器，并通常把不同地区的玩家导引到最近的服务器上；另外，玩家为了游戏储值的需要，在注册的时候会有非常详细且时常更新的用户资料，形成了一个具有相当价值的资料库。在广告的灵活运用上：一是要把广告商品变成游戏的道具；二是把广告商品变成游戏内部的场景；三是把现实的商品促销结合成为游戏内部的促销活动。总之，网络游戏可以在用户细分、提升品牌认知度和互动上取得相对的优势。在促销活动的灵活运用上，网络游戏也给各个产品带来了更大施展的空间。

2004 年中国网游产业链巨变，“新游戏文化”突围

毛晶慧在《电脑知识与技术》2004 年第 27 期撰文认为，游戏已经逐渐被社会认同，成为人们生活中一种普遍能够接受的休闲方式。网络游戏兴盛的同时也蕴涵着危机。目前，网游市场上作品充斥着暴力、血腥、色情等许多不健康元素，对处于成长关键时期的青少年玩家而言，无疑是十分有害的。从目前的游戏行业来看，新的游戏文化和游戏产品将是网络游戏突围的重要方向。新的以健康为主色调的网络游戏也悄然出现。但民族网络游戏产业在面临着技术落后、经验不足、人才缺乏、市场操作及创意单一等问题。国内网络游戏运营商一直扮演着为人搭台的角色，只有开发本土品牌的游戏才能立足市场。面对网游的负面影响，我们应积极倡导健康，打造完整网游链。

试论网络游戏市场的经营模式

何保建在《集团经济研究》2004 年第 Z3 期撰文认为，从我国网络游戏市场经营模式看，主要是代理经营。随着市场的发展，代理经营出现了越来越多的问题：第一，代理商增多，市场竞争加剧。第二，开发商盘剥加重，利润甚微。第三，受制于开发商，重负投资风险。第四，自觉或不自觉地扩大了游戏产品与文化价值的矛盾。较成熟的经营模式主要有以下几种：（一）自主研发与运营一体化；（二）合作经营；（三）渠道扁平化经营；（四）连锁网吧经营。网络游戏的经营模式与其他产品经营一样，必须符合市场经济规律，才能发挥出自我优势，并达到预期目的。首先，网络游戏经营要坚持“开放、合作”原则。其

次，网络游戏经营要坚持“利益共享”原则。再次，网络游戏经营要突出“体验经济”的特点。网络游戏经营作为典型的“体验经济”，不能只是给用户提供文化娱乐的平台，必须从根本上做到以满足用户个性需求为出发点，尽可能贴近游戏用户，为用户提供能带来美妙的感受、心理上满足的人性化服务。

推动我国游戏产业健康发展

张杨在《中国创业投资与高科技》2005 年第 1 期撰文认为，电动游戏在我国发展，其作用已经不可以单纯只用“娱乐”这个词来解释它，更应该注重其影响力给产业化带来的利益问题：1. 游戏产业化过程政府须提供支持。作为一项高技术业它的发展需要政府部门的大扶持，同时作为一项文化产业，它需相关政策部门的规范和管理。2. 游戏产业化要避免因为追求润造成商业性游戏泛滥。3. 游戏产业化人才是关键。由于我国的游戏产业起步较晚，目前国内极度缺乏游戏开发人员。从游戏数量、企业数量以及从业人员数量来看，远远不足以支持庞大的中国网络游戏用户的需求。4. 发展游戏产业潜力巨大。尽快创造出具有自主知识产权和民族特色的电动游戏，应是游戏开发商及游戏从业人员需要突破的一点，也是我国游戏产业发展壮大的前提。

中韩网络游戏产业比较

姚远在《编辑之友》2005 年第 2 期撰文认为，通过与目前产业规模世界第二的韩国网络游戏产业的综合比较，将有助于了解我国网络游戏产业的现状和发展趋势：首先，中韩网络游戏产业比较：1. 产业发展规模比较；2. 市场经营情况比较；3. 盈利模式比较；4. 人才、技术资源比较；5. 政府管理、规划机构比较；6. 网络游戏分级制度比较。其次，我国网络游戏产业存在的主要问题在于：1. 轻视自主研发和核心技术人才缺乏；2. 产品同质化现象严重；3. 用户游戏环境恶劣。再次，未来几年我国的网络游戏产业发展趋势：1. 在政府支持和一些资本、技术实力都较强的网络游戏厂商的推动下，国产网络游戏软件开发将得到大的发展；2. 网络游戏市场整合开始上演，行业的平均利润开始降低；3. 网络游戏开发商将集中在几家综合实力较强的公司；4. 网络游戏资金向综合实力较强的公司集结；5. 网络游戏产业与娱乐或传媒产业强强联手，优势互补；6. 竞争日益激烈。

对发展我国网络游戏的政策建议

张皎在《中国青年科技》2005 年第 3 期撰文认为，网络游戏产业的快速成长，受到国家的高度重视。网络游戏的发展状况主要有：市场规模急剧膨胀，持续增长；从业者竞争激烈，良莠不齐；消费者趋之若鹜，年纪较轻；带动相关行业增长，贡献巨大。但是，发展网络游戏有利亦有弊：从市场经济角度分析，网络游戏对经济的带动作用十分明显；从文化教育角度分析，网络游戏是一种文化产品，还是网络出版物；从个人消费角度分析，网络游戏已经成为中国人娱乐、交流、交友，以及体验另一种人生的场所。当前发展网络游戏的政策建议主要有：1. 积极扶持，严格审查。能否提供优惠政策，是促进民族网络游戏健康发展的关键。严格审查产品。2. 统一管理，避免冲突。政府应委托专门机构制定并统筹管理网络游戏产业，统一管理可以简化审批手续，提高效率，同时可以避免多头管理政策上的不统一，而产生冲突。3. 促进网络游戏教育，培养后续人才。4. 正确引导学生游戏，避免一味限制。网络游戏是新经济的产物，政府部门应兴利除弊，采取积极政策，促进民族网络游戏健康发展。

网络游戏：我国软件产业发展中的一支生力军

黄志敏在《中国高新技术企业》2005 年第 4 期撰文认为，全球软件产业发展已经步入成熟期，随着互联网的迅猛发展，以及宽带网络的普及，网络游戏市场规模呈快速放大之势。当前网络游戏产业发展的一个共同特点是参与竞争的各个国家都在为网络游戏发展注入大量资本，用于网络技术开发、产业内容的多样化、服务质量的竞争及平台性能的提高等，甚至为了抢占市场不惜投入大量财力开发新的网络游戏软件。另外，韩国在网络游戏产业竞争中的优异表现，成为后起之秀。从国际市场看，国产网络游戏也显现出较强的竞争优势；从国内市场看，网络游戏的高科技智能化显现出市场竞争的新亮点。我国网络游戏产业发展中的一些问题：其一，网络游戏软件开发受制于人的问题；其二，网络游戏开发人才匮乏问题；其三，网络游戏经营者与消费者权益受到侵害问题。促进我国网络游戏产业健康发展的意见：第一，抓住契机，把弘扬我国优秀传统文化作为发展网络游戏产业的主导方向；第二，构建适于我国网络游戏产业发展需要的人才培训体系；第三，规范网络游戏市场秩序，保护经营者与消费者权益。

中国游戏产业市场分析

孔均仁在《中国创业投资与高科技》2005 年第 4 期撰文认为，近几年我国的游戏产业（包括单机游戏、电视游戏、网络游戏）有了突飞猛进的发展，国内手机游戏最主要的运营商是中国移动和中国联通，其游戏下载业务分别通过中国移动的百宝箱和中国联通的神奇宝典运营。调查显示，PC单机游戏用户有两种倾向，一类是对几款游戏的忠诚度相对较高，另一类是充满好奇心态每年买5款以上的单机版游戏。电信运营商与游戏运营商最为普遍的合作模式，一是服务器托管合作模式，二是电信商投资软硬件及带宽合作模式。此外，还有封闭专区合作、销售类合作等多种合作模式。调查显示，用户除了购买游戏点卡外，还要支付上网费、购买虚拟物品等费。在增加的费用里，上网费占主要的份额。从这个角度看，游戏产业带给电信业的增值效果是非常明显的。

游戏开发推动四大潮流

《程序员》2005年第4期刊文认为，网络游戏从起步到盈利，是一个团队分工合作的过程，除去人们熟悉的市场调研与运营推销等，程序、美工、策划一个环节也不能少。但由于中国网络游戏起步晚，无论是人才培养、研发力量，还是资本与积累，整体水平都很低。网络游戏虽然有外挂服务器等弊病，但这成为了国内游戏开发厂商近几年的救命草。在庞大的市场需求与实际状况夹击下，2005年的国内游戏产业将有如下特点：一是游戏人才与培训市场成为热点；二是四大游戏开发基地格局形成，上海、北京、成都、珠江三角洲地区已形成游戏四大基地；三是相关学术技术日渐产业化；四是游戏开发模式与流程逐步专业化。对于庞大的市场中国的网络游戏产业势必面临资本的整合，通过对资金与技术的积累，将出现强者愈强、弱者退出的局面。

提高网络游戏产业的核心竞争力

隅人在《中国出版》2005年第4期撰文认为，中国游戏业的发展将高举两面旗帜，一面是振兴民族文化，一面是保护知识产权。五千年文明历史的积淀与划时代的科学技术天衣无缝的结合，将会使我们的游戏产品，既充满活力，青春四溢，又不失本真，根系牢固。同时，保护知识产权是游戏产业长足发展的前提。提高中国游戏产业的核心竞争力，我们不能不考虑民族文化的内涵和知识产权保护这两个带有根本性的问题。在游戏产业的发展过程中，我们学习、吸纳、模仿，最后的目的还是要打造我们自己，造就我们自身的发展，形成我们自身的核心竞争力。为实现这些目标，企业责任重大，政府责任重大。

网络游戏产业价值链的整合与延伸

彭虎锋在《当代经理人》（中旬刊）2005年第6期撰文认为，网络游戏产业价值链的整合主要表现在运营商和渠道商之间的相互替代，即由现在的以开发商、运营商、渠道商为主构成的三元模式产业价值链向开发商、运营商（渠道商）为主的二元模式产业价值链方向发展，这样整合的价值链能以更高的效率为消费者提供更好的服务。二元结构的优势在于：1. 二元结构更专业化，分工更明确，运营和推广、销售效率会得到提高。2. 价值链成员可以从中分得更多的利益。相应地，网络游戏产业价值链的延伸状况是：（一）网络游戏企业的向上延伸，其中包括以下形式：1. 与上游企业建立战略联盟合作关系；2. 与上游企业合资开发、运营网络游戏；3. 自主成立或者直接收购研发企业；4. 区域版权买断。（二）网络游戏企业的向下延伸。为了分散业务的经营风险，也为了更好地促进网络游戏业务的拓展，同时寻求业务的多元化，向下游渗透、向周边产业渗透是一个必然趋势。

网络游戏政策的作用机制

沈明伟、孔庆峰在《山东师范大学学报》（人文社会科学版）2005年第6期撰文指出，新闻出版署《网络游戏防沉迷系统》开发标准出台，对整个网络游戏产业造成了深远影响。《系统》约束对厂商的短期收益造成的影响为：首先，深度沉迷玩家使厂商成本增加、收益不变。其次，浅度沉迷玩家。浅度沉迷A类玩家（健康游戏时间结束后继续游戏）使厂商有了短期获利的可能。浅度沉迷B类玩家（健康游戏时间结束后停止游戏，但通常不离开电脑）给网络游戏的相关产业带来持续的收益。浅度沉迷C类玩家（健康游戏时间结束后停止游戏，也结束与互联网有关的行为）减少了与网络游戏相关产业的收益。网络游戏厂商对《系统》积极响应的原因是《系统》对厂商的长期收益来说延长了产品的生命周期。但《系统》实施也为一些非法的盈利模式提供了机会：1. 私服的扩张。2. 为虚拟物品商提供了更大的盈利空间。3. 有可能催生新的外挂程序。《系统》的实施使网游厂商的短期收益有减少的趋势，但对其长期收益的影响则较小，有利于网游产业长期稳定的发展。同时，《系统》减轻了网游负面的社会影响，减少了发展的障碍，对玩家和网游厂商都是有益的。

网络游戏的经营走势

詹恂在《新闻界》2005年第6期撰文认为，目前我国网络游戏的经营走势大致有以下特点：一、优质产品源成为竞争焦点。如何扩大优质产品的来源，无疑将成为2006年各网络传媒和网络游戏运营商的竞争焦点。二、免费游戏更看重增值服务。三、设计开发人员和培训市场的需求日增。我国网络游戏开发人才极度匮乏，这已成为严重制约我国游戏产业持续快速发展的瓶颈。而没有可资借鉴的学习模式也是网络游戏培训中最令人头痛的问题。中国网络游戏市场的巨大潜力已经引起国外业界的关注，由多国政府及行业组织牵头的网游开发合作项目有望进一步增长。随着中国网络传媒的日益成熟，以及政策、法规对网游市场监管与规范的加强，网络游戏市场门槛已经提高，一个有序和成熟的产业逐渐形成。

加强行业自律，促进网络游戏发展

陈祖龙在《软件世界》2005 年第 7 期撰文认为，我国网络游戏产业 2001 年开始起步，发展迅猛，产业链向纵深发展。中国正成为最有潜力的网络市场，造就了优秀的网络游戏产业，但仍然存在不少问题：第一，游戏产业的定位问题。第二，国外游戏占据国内巨大的网络游戏市场。第三，缺乏核心技术，市场缺乏整顿，国内缺乏游戏知识产权，此外游戏产品质量和服务质量问题不断，盗版和私服现象存在。中国游戏行业虽然保持着一个良好的发展态势，但也承受着相当大的压力。这种压力一方面来自国外游戏行业的竞争，另一方面则是来自国内的社会舆论的压力。来自游戏行业的企业代表和政府代表就中国游戏产业自律这一主题进行了阐述。陈天桥认为开发休闲类网络游戏最适合中国国情。董瑞豹认为如何引导和扶持软件企业开发针对未成年人健康成长的游戏，以积极健康的游戏产业丰富未成年人的精神、文化生活，这是一个非常重要的内容。张新建表示，应当客观评价网络游戏的各种作用，并大力支持国内原创游戏的发展。

网络游戏产业发展及上市公司分析

金伟华在《证券导航》2005 年第 7 期撰文指出，盛大不断的收购兼并，打造网上娱乐帝国，而聚友网络、海虹控股等国内网络类上市公司则始终无法出现亮点。目前，网络游戏产业趋势体现在：市场环境更加趋于复杂，竞争门槛逐渐提高；竞争格局出现新变化，民族网络游戏迅速崛起；网游企业迎来并购时代。从产业变化环境上分析，国内网游产业仍然处于高速发展之中，相关的一些企业也获利颇丰。但聚友网络身处良好的产业发展环境，却业绩不理想；海虹控股在 A3 上历经波折，表现平平。其原因主要在于：首先，产业环境的激烈，造成网游企业集中度提高。其次，网络游戏是一个风险程度极高的产业，网络游戏的内容、宣传方案的策划、终端客户的培养等都是极为复杂的。从总体上看，虽沪深上市公司中涉足网游的公司数量颇多，但都不是该产业的领先者，在看好该产业发展前景的同时，并不可对其上市公司持乐观态度。

关于网络游戏产业可持续发展的思考

白雪松在《数码世界》2005 年第 9 期撰文认为，网络游戏发展中的问题主要有：1. 开发游戏的本土化问题。与国外相比，我们不得不承认国产网络游戏开发相对落后。2. 网络游戏对社会的影响。网络游戏有着色情、赌博、暴力和愚昧迷信等不良内容，对青少年的健康成长所带来的负面效应不可小觑。另外，网络游戏的盗版问题还比较严重，网络游戏发展过程中，“私服”、“外挂”问题日益突出。为此，对网络游戏产业可持续发展提出以下几点的思考：首先，加强游戏开发人才的培养。其次，重视战略联盟的积极作用。从游戏产业供应链来看，网络游戏运营商起到了承上启下的作用，是开发商、游戏通路和客户的交汇点，是整个供应链上最关键的环节。但是游戏代理商却是供应链中最容易受伤的一环，这正是游戏代理商业模式的严重缺陷。鉴于此，网络游戏运营商可以与电信运营商结合，通过各自的优势，促进宽带和游戏产业的共同发展。同时，政府有关部门、网络游戏产业中的各个企业应从社会效益出发，正确引导网游，尽量降低负面影响。

中国网络游戏市场发展趋势研究

姚群峰、谭斌、熊艳红在《信息网络》2005 年第 9 期撰文认为，网络游戏是通过互联网络传播和实现的互动娱乐形式，是一种网络与文化相结合的产业。网络游戏产业发展环境有：社会文化环境、管制环境和行业环境。目前的网游市场特征：第一，市场潜力大，具有庞大的网络游戏用户基数与高成长率；第二，高获利性；第三，运营门坎提高，竞争日趋白热化；第四，同质化竞争严重，停止运营企业增多；第五，国产游戏的比重在不断增加。网游市场得以迅猛发展的原因有：网络游戏新的盈利模式给互联网业务带来了新的生机；宽带接入高速发展直接为网络游戏的发展提供了基础；网络游戏所具有的虚拟社会系统注重社会体验，交互方式实现多元化；网络游戏属于小金额、多频次的消费品，降低了广大用户的一次性资金支出。网游未来主要有四类用户群：青少年益智游戏市场、青年角色扮演类游戏市场、中青年休闲类游戏市场、老年人休闲类游戏市场。随着网游市场发展，将呈现以下趋势：游戏种类多元化，“大众”市场向“小众”市场发展；用户群增加，用户年龄段向两头扩展，要求游戏制作更加精细、逼真，技术不断升级；游戏类型向个性化方向发展，促使网游产业价值链的复杂化；用户不断追求更低廉的价格，参与企业数量大幅度增加，利润率下降，市场格局由无序竞争逐渐过渡到垄断竞争。

基于网络游戏产业的“联横”“合纵”策略选择

胡雅君在《大众科技》2005年第10期撰文认为，网络游戏产业作为近几年来新兴的朝阳产业之一，每年以50%的速度高速增长。它有着巨大的、极具购买力的用户群，具有强大的产业拉动力。在此前提下，游戏行业的异业合作近年来被广泛提起，网络游戏产业与传统产业领域的接轨与合作已经成为一种趋势。从纵向一体化的战略分析来看：一、外部环境要素分析，包括政策环境、竞争对手、市场、行业特点分析等。二、企业自身能力资源分析。三、网络经济下企业自身的特点分析。目前，网络游戏市场纵向一体化的趋势主要有以下几种：1. 网络游戏运营商将进行后向整合；2. 中国本土游戏开发公司将进行前向整合；3. 电信运营商的进入；4. 环节间的合作深入化；5. 品牌建设制度化。网络游戏产业作为信息经济条件下新型企业模式的一个典型代表，在纵向一体化的研究方面，与传统的企业模式有相同之处，也有明显的区别。

中国和韩国网络游戏产业之比较

刘瑾在《中外文化交流》2005年第10期撰文认为，中韩两国游戏产业具有一个共同的特点，即都未经过游戏机游戏、电视游戏的阶段，未经形成游戏文化和文化产业链便直接进入了网游文化阶段。在自主研发方面，我国游戏业务和开发人员多为本地化，而市场上的网游多为国外产品。韩国将后备人才送往国外教育培训或职业培训，使其有机会直接获得最先进的相关知识。在网游运营方面，中国网游厂商要向韩国学习，把游戏真正地当作产业发展，按产业规律办事，实行“走出去”战略，发展海外市场。在网游受众方面，中国玩家与韩国玩家的需求各有差异，这种差异主要是由国家IT基础建设差距造成的。此外，我们还应正视网游带来的负面影响，不采取偏激态度。在政府态度方面，中国政府对网游的认识及采取的行动虽相对较晚，但国家新闻出版总署近年的积极态度、实施举措，对中国游戏产业链基本形成的作用不可替代。总之，中国游戏产业必须紧紧围绕“市场规律”做文章，适时调整、改进，与时俱进，真正地把网络游戏做成产业，才能真正服务市场，活跃市场。

打造绿色网络游戏产业

路卓璋在《粤港澳价格》2005年第10期撰文认为，作为现代电子技术的产物，网络游戏产业以其独特的魅力在世界娱乐领域占据主流位置。如何净化网络游戏的内容？全社会有责任共同打造绿色网络游戏产业：第一，加强监管，推动网游业健康发展。政府相关部门要加强对网络游戏内容的监管，制定政策，引导企业设计、开发具有自主知识产权、有利于社会可持续发展的游戏软件产品，创造良好的网络游戏产业发展环境，促使网络游戏产业健康有序地发展。第二，加强行业自律。同时网络游戏行业协会也应当发挥作用，引导企业加强自律，自觉抵制内容不健康的网络游戏产品。第三，寓教于乐，把好网游设计关。网络游戏生产企业要立足于民族文化和时代精神，设计、开发网络游戏产品要以人为本，规范游戏内容的制作。制作内容积极向上、启发人类智慧的网络游戏软件。第四，守法经营，促进社会可持续发展。第五，丰富内容，注重网游业社会效益。此外，网络游戏运营商要提高网络游戏产品的核心竞争力。

从网络游戏立法看网游之路

赵翔在《上海信息化》2005年第11期撰文认为，网络游戏的发展不仅是一个技术问题，更是一个法律问题，完善网络游戏立法已成当务之急。首先，要明确虚拟财产的法律地位。一方面，由于网络游戏的纠纷大多表现为真实财产与虚拟财产的纠纷，因此虚拟财产法律地位日益明晰；另一方面，在网络游戏中欺诈与盗窃猖獗的情况下，虚拟财产合法地位的确认，意味着虚拟世界的财产犯罪与真实世界的财产犯罪可以在某种程度上等同视之，因而将大大加强对上述欺诈与盗窃行为的打击力度。其次，确定网络游戏电子合同的法律效力。消费者在订立合同时的选择权非常有限（只能表示接受或者不接受全部条款）。对这违反明示义务的合同仍应结合具体的案件进行分析，并可以参考《合同法》第8条至23条对格式合同的相关规定给予限定。最后，通过法律与技术相结合的手段规范外挂现象。外挂被称为网络游戏的“海洛因”。其危害性不言而喻，从法律的角度而言，对于制作外挂程序的，可以通过完善软件著作权保护的相关法规加以制止。另一方面，由于我国使用外挂的人数众多，法律的打击手段也相对有限，因此在运用法律手段时要循序而渐进，慢慢规范治理，补全相关法律法规。

网络游戏：信息产业新的增长点

陈畴镛、陈琦、鄢冰文在《经济论坛》2005年第20期撰文认为，随着中国IT产业的迅速崛起和迅猛发展，国内的多数游戏厂商已经开始独立进行网络游戏的开发，并显示出了强劲的发展趋势。与此同时，国家发展网络游戏产业的政策环境不断优化。网络游戏业已展现出一个巨大的新兴产业的潜力。由于我国网络游戏产业刚刚起步，在运营繁荣的表面之后，隐藏着不少问题：1. 网络游戏的社会定位问题。2. 国家相关立法滞后。3. 缺乏人才培养体系，中高级人才奇缺。4. 游戏开发商和运营商合作不畅，缺乏技术支持。5. 国产网络游戏开发相对落后。面对网络游戏产业存在的问题，我们应采取相应措施使其不断发展壮大，并向有利于精神文明及经济建设的方向发展：第一，正确看待网络游戏；第二，加强国家立法；第三，加强网络游戏产业人才的培养；第四，优化产业链；第五，加强网络游戏自主开发能力，实现网络游戏核心技术的国产化。

解析网络游戏价值链

姚群峰在《当代通信》2005 年第 22 期撰文认为，网络游戏的价值创造过程包括网络游戏研发、运营等一系列环节，这些环节构成价值链的整体框架。根据这些环节在价值链中的不同特性可以将其分为主链和辅助环节两部分。随着网络游戏产业的高速成长，网络游戏的价值链也不断地裂变分解，越来越复杂。游戏研发环节的主要功能是根据用户需求开发制作游戏软件，包括剧本创作、游戏策划、游戏程序开发、游戏升级等一系列活动。其核心能力包括三个方面，一是对用户偏好的把握程度；二是开发团队的技术能力，包括策划、编程、美工、音乐音效技术等；三是周密的组织能力。此外，游戏运营环节的功能是引进游戏，租用、架设服务器，配置专职的游戏管理和客户服务人员，为用户提供游戏和游戏咨询等服务。其核心能力有以下几方面：把握用户需求偏好的能力，选择具有市场潜力的游戏，以高质量产品吸引用户。当前游戏运营环节的演变趋势是：专业化、融合化、一体化。

浅谈我国网络游戏市场的营销制胜策略

於志东在《商场现代化》2005 年第 22 期撰文认为，市场大规模的洗牌对民族网络游戏来说是把双刃剑，国产网络游戏应该如何应对，这是非常值得深思的一个问题。国产网络游戏在文化方面的优势为：1. 国产网络游戏在文化方面具有优势。2. 国产网络游戏的制作商家比起国外的游戏制作商来说了解市场更快。3. 国产网络游戏发展机会诸多：针对目前网游市场一片混乱的现象，国家出台了一系列的政策，提高了从国外引进网游的“门槛”，而且政府还加大力度对民族网游产业的培养、扶持，给予民族网游一系列的优惠政策。因此，国产网络游戏的营销制胜策略有：1. 国产网络游戏应塑造出民族特色。2. 提高国产网络游戏的多媒体效果。总之，在目前市场上网游产品数量过多，网游产业洗牌势在必行这一大环境下，国家对网游经济日趋看重，颁布了一系列相关法律，让混乱的网游市场走上正轨，并出台了很多政策保护和扶持在外势产品沉重挤压下的民族网络游戏。

我国网络游戏市场研究

李阳在《合作经济与科技》2005 年第 23 期撰文认为，目前中国网络游戏主要分为“大型多人在线网络角色扮演”类网络游戏和休闲类网络游戏。网络游戏市场呈现出如下一些方面的特征：第一，网络游戏的技术特征：产品的固定成本极高，边际成本较低，即生产（开发）第一份产品的成本非常高，而后复制此产品的成本则很低。第二，网络游戏供应链中的利益分配：代理与研发成本。除此以外，网络游戏市场的需求方特征有：1. 网络游戏需求的价格弹性呈现两种极端；2. 网络游戏市场的需求锁定效应。网络游戏企业之间的价格竞争包括直接的与间接的价格竞争。在产品趋同的情况下，网络游戏的竞争更多体现的是服务的竞争。总之，从代理走向自主研发，政府可借鉴韩国的经验；平衡经济与社会目标，即强化网络游戏企业的社会责任。政府也应就此对企业的行为加以适当约束，抵制内容低俗、有碍青少年身心健康的网络游戏投入运营。

培养专业游戏人才　加快游戏产业本土化

孔垂柳在《内蒙古科技与经济》2005 年第 24 期撰文认为，在网络游戏一片繁荣景象中，也暗藏隐忧——缺乏自主研发的网络游戏。惟一的解决良方就是开发和发展具有中国民族文化特色的国产游戏。游戏的国产化能避免经济与文化的双重损失。从经济利益考虑：使我国在游戏市场上利益最大化的最佳方法是自力更生，自主研发网络游戏。从游戏内容考虑：游戏内容应该蕴含中华民族优秀文化，热爱祖国、积极向上的情感。特别是要针对青少年成长的心理特点，多开发一些弘扬民族精神、反映时代特点的游戏软件。为解决游戏产业国产化，首要问题是解决人才培养问题。目前游戏人才的培养模式只有两种：短期的社会专业培训机构模式与长期的正规大学教育模式。重视、支持游戏专业的教育才能保证游戏产业成功发展。今后应建立从职业教育到大学教育各个教育层次的教育体系，将游戏人才培养提升到一个新的高度，并在一定程度上提高我国游戏的开发水平和技术，从而将进一步推动我国游戏产业的发展。

浅议网络游戏产业发展和规划

付雪在《商场现代化》2005 年第 29 期撰文认为，近年来，我国经济发展、科技进步、国际文化交往不断增多，网络文化市场发展很快，网吧等互联网上网服务营业场所遍及全国城乡，为网络游戏市场的发展创造了条件。当前，我国网络游戏市场还不够成熟，产品结构单调、产业布局不尽合理，原创作品不多，文化品位不高，存在许多不容忽视的问题，有的还比较严重，主要表现为：1. 网络游戏的社会定位问题。2. 国外游戏占据国内绝大部分市场。3. 缺乏核心技术，市场亟待整顿。要积极推进产业与应用融合互动，共同发展。应做到：1. 更新观念，正确认识网络游戏产业的作用。2. 加强自主创新，掌握核心技术。3. 建立游戏产业人才培养体系。4. 加强行业监管，保证网络游戏产业健康发展。5. 制定相应政策，采取有效措施，制定政策法规，加强对网络文化产业的引导和监管，打击“私服”、“外挂”等专项治理行动，维护网络游戏出版、运营机构和消费者的合法权益。

国内网络游戏商业模式释疑

董钰在《信息产业报道》2005 年第 Z2 期撰文认为，目前国内网络游戏界存在着四类商业模式——自有产权企业、代理运营企业、综合门户企业和电信运营企业。自有产权企业核心优势在于：1. 有利于运营平台和社区的建设。2. 网上经营能力强。3. 盈利模式多样化。缺点：产品类型相对单一，客户群单一；市场运作能力较弱，销售渠道不健全。代理运营企业的优势：周期短，回报丰富；直接投入运营，具有短平快的特点，在高风险的同时能获得较高回报。最大的缺点就是受游戏开发商制约严重，在产品维护、升级以及利益关系中，受制于开发商。综合门户型企业的优势是：1. 拥有原始客户群积累，社区基础及一定的电子商务渠道。2. 强大品牌有利于市场推广和获取网民的信赖。3. 拥有丰富的经验积累，商业模式较为成熟，企业管理能力较强。4. 能够扩大客户数量，提高网站知名度，获得双赢。5. 经营形式多样化，增加收入来源。但它将会受到企业本身存在问题的影响，制约网络游戏业务的发展。电信运营企业的优势是：1. 拥有网络资源垄断优势。2. 主营业务收入可以用来支持网络游戏的发展。3. 具备强大的区域优势。它的弱点除了运行问题外，具有明显的地区局限性。

我国网游产业化进程的阶段特点及其存在的问题

孙高洁在《社会科学家》2006 年第 2 期撰文指出，网游产业特点主要表现在：1. 从发展速度上看，网游已迅速成为互联网经济的支柱产业，而且将保持强劲的增长势头。2. 从发展阶段上看，我国网游产业处在从扩张期向成熟期过渡的阶段，市场需求持续增长与产业内部生存竞争加剧并存。3. 从发展趋势上看，从主要依赖进口转向以自主研发为主。同时，网游产业问题主要表现在：1. 网络游戏自身存在的道德缺失问题引发社会对其缺乏广泛的认同。2. 人才匮乏以及观念狭隘导致国内业界科技落后。3. 产品创新意识不强，严重阻碍了产业创新。4. 各种以网游为目标的违法犯罪现象屡禁不止。针对此情况，目前急需解决的问题一是管理，二是建设，三是技术。首先，按国家应该制定出积极、合理的产业政策扶持该产业走上健康、快速的发展轨道。其次，提供合理的法律框架，完善相关的法律法规。再次，正视网游自身存在的客观缺陷。最后，从多方面努力，提升产业的总体科技水平，实现产业结构发展的合理化及高度化。

基于文化营销的网络游戏再造

周丽、梁斌在《技术经济与管理研究》2006 年第 2 期撰文认为，网络游戏是信息时代网络环境下的一种新型休闲娱乐方式，也可以说是一种新兴文化产业的萌芽，具有宽泛的文化内涵，也需要宽容的文化认知。如何导入文化营销进行网络游戏再造？中国文化应与网络游戏结合。理想的游戏文化表达方式首先应当是对中华民族的文化有一个比较系统的了解，然后考虑它与游戏的互动与契合。拟定对游戏者产生正面影响的世界观与价值观，再以此为基础，选择历史史实、人物形象、情节演绎，结合网络游戏自身的风格与表现手段进行设计。文化是网络游戏的灵魂。国产游戏产品要从繁多的网络游戏品种中脱颖而出，只有重新演绎中华民族优秀的文化内涵，才能给游戏者带来真正的教益与价值。

韩国游戏扶持政策对我国的启示

陈文在《出版发行研究》2006 年第 2 期撰文认为，韩国游戏产业获得今天的成功并非偶然，韩国政府在其中起到了最重要的作用。韩国政府不仅给游戏产业正确的定位，更将其与本国经济发展的命脉联系到一起，通过政策加以引导和扶持，不断完善产业环境，推动产业的快速发展。韩国政府通过制定相关法规、提高游戏产业的社会认识、加强专业人才培养和完善渠道和流通体制等措施，为游戏产业化发展提供充足的支持。另外，在政策的有力指导下，韩国的游戏教育业得到了快速发展，从而为韩国游戏产业的腾飞打下了坚实的基础。文化观光部和情报通信部两大网络游戏产业主管部门。文化观光部重点从推动游戏产业发展出发，从资金、税收和人才等方面对游戏产业给予大力扶持。韩国情报通信部则将数字内容的开发作为信息产业发展的重要内容，不断加大投入、完善政策环境。韩国的相关游戏政策恰可供我国政府和相关主管部门借鉴。我们应当从中学习经验，“立足自身、因地制宜”地制定适合我国国情的游戏产业政策，大力推动我国游戏产业的全面发展。

红色网游的崛起之道

申睿、周涵晓在《出版发行研究》2006 年第 2 期撰文认为，打造红色网游的核心竞争力要坚持内容为王：1. 红色网游要具备网游特质。在高度娱乐性基础上融入爱国主题与价值理念，使青少年在红色网游中所取得的身份认同与现实世界中的身份认同趋于一致。2. 开发红色网游不能仅仅立足于历史题材的事件，儒家和谐世界观等传统行为方式准则应该成为红色网游所立足的世界观。红色网游的运营策略有：1. 品牌效应、广告效应、联合效应。2. 异业合作。异业合作的具体形式如下：在线游戏与实体商品结合；红色网游和电影、电视等大众媒体结合；数据库营销；网吧建设与游戏比赛。同时，国家应该采取一系列措施来推动中国网游事业发展；设立国家级游戏开发大奖，表彰出色的网游作品、设计人员及开发公司。

网络游戏产业的现状及趋势

张俊苹在《文艺争鸣》2006 年第 3 期撰文认为，中国网络游戏产业的发展仍然存在许多问题：一是市场秩序问题，尤其是私服/外挂问题。二是网络游戏软件盗版、侵权问题。三是网络游戏内容问题。四是人才。五是资金匮乏问题。六是网络游戏的巨大商业潜力与传统的社会观念的矛盾问题。七是中国网络游戏产业持续发展与中国市场向世界网络游戏产业强国开放的矛盾问题。我国网络游戏产业的未来发展趋势在于：（一）产业发展逐步进入自觉和整合时期。（二）网络游戏将在一段时期内领衔中国网络文化产业。（三）原创内容将成为网络游戏产业发展的助燃力。（四）手机和电视将成为网络游戏的未来新载体。为此，提出相应的建议有：（一）建立网络游戏产业健康发展体系。（二）积极扶持和构建新型的网络游戏产业。

浅论网络零售业与网络游戏的结合

方辉在《市场论坛》2006 年第 2 期撰文认为，中国的市场环境限制了网络零售业的发展，第一，基本的市场法规不健全。第二，市场购买力不足。第三，中国的产业链不完全，相关人才的培养严重滞后。第四，政府对网络零售业并未表现出支持的态度。网络游戏与网络零售业结合的优点是：第一，网络游戏对其他产业的依赖不如网络零售业那么严重。第二，网络游戏业的产品特性“可能是”最适合电子商务运营模式的了。第三，网络游戏产业“钱”景无限。目前有两种供参考的网络游戏与电子商务结合的模式：（一）虚拟世界。（二）将网络游戏的用户纳入到电子商务的可能客户中。这种模式可以有两种思路：第一，对现在普通游戏的改造。第二，将现在的店铺性电子商务改造成为一个游戏性电子商务网站。但也存在问题。如何切入市场还是要进行仔细的分析的，现在可以切入网络游戏运营的除了传统的游戏运营商外，具有良好品牌形象的门户网站有着得天独厚的优势。所以网络零售与网络游戏的融合必将成为一种趋势，融合将会产生更多、更美好、更新鲜的事物，它也将是社会进步的表现。

影响我国网络游戏产业健康发展的主要问题

赵礼寿在《出版发行研究》2006 年第 3 期撰文认为，影响我国网络游戏产业健康发展的问题，主要有生产环节、销售服务环节、市场消费环节三个层次。在生产环节方面存在的问题是：1. 缺乏核心的网络游戏技术；2. 缺乏优秀的网络游戏内容设计；3. 缺乏专业的网络游戏开发人才。销售服务环节的问题有：1. 市场恶性竞争的问题，其主要表现是串货——不按合同指定区域销售，其结果受到最大损失的还是渠道商自身；2. “私服”的问题，“私服”的出现给网络开发商、网络运营商带来极大的利益损失，对整个产业的良性发展是极其不利的；3. “外挂”的问题。消费环节上存在的主要问题是众多青少年长时间沉溺于网络游戏中，轻者荒废学业，不思进取；重者身心健康受损，更有甚者竟走上了绝路。因此，如何从政策层面、法律层面、技术层面和文化层面入手，解决上述问题，对未来我国更加庞大的网络游戏市场的规范化发展，有着积极的意义。

网络游戏产业成功因素分析

杨明智在《大众科技》2006 年第 4 期撰文认为，网络游戏产业链主要由游戏开发商、运营商、销售商、网络设备供应商和用户几部分组成。网络游戏产业成功的原因：（一）网络游戏最大的特点是“互动性”，玩家是游戏中的一员，掌握着人物的命运。（二）创造了多种盈利模式，既有产品销售、合作分成等传统方式，也有网络广告、虚拟财产交易等网络营销方式。（三）带动相关行业发展。（四）先进的营销模式。网络游戏的产品依靠互联网提供给消费者，既发挥了电子商务高速、便捷的优势又不会受到目前物流体系不完的制约。网络游戏产业的异军突起给我们带来很多启示：如何拉近商家与顾客的距离增强互动，如何发挥电子商务的优势，如何树立并发挥品牌优势，如何提高产品的附加值，如何实现与上下游产业的相互促进，这些是新时代所有产业面临的共同问题，需要认真研究。

中国网络游戏产业发展现状及其经济分析

张园浩、刘宇、王喆在《农业网络信息》2006 年第 4 期撰文认为，网络游戏粗略地分成三大类：第一类是多人在线角色扮演游戏。第二类是竞技休闲类网络游戏。第三类是局域网对战游戏。网络游戏与其他产业一个明显的不同点就在于，该产业具有研发与运营两个阶段，而这两个阶段的投入产出重点也不尽相同。在研发阶段，公司投入人力、物力开发游戏，然后将游戏卖给运营商，是典型的商品生产过程。网络游戏的运营首先是一项服务，运营商不仅要为玩家提供一款网络游戏的娱乐环境，并通过点卡收取一定的费用。当前中国的网络游戏产业正处在成长期。这段时期内，网络游戏行业的进入壁垒比较低，但是内部竞争压力大，然而与其他行业有所不同的是，中国网络游戏行业在价格方面没有太多的竞争，运营商的竞争侧重于服务与游戏本身的吸引力。

主要网络游戏类型及盈利模式的研究

任乐毅在《中国科技信息》2006 年第 5 期撰文指出，网络游戏类型分为：1. 角色扮演类游戏。其盈利模式：一是点卡、月卡形式的按时收费。二是模仿动画和漫画模式。2. 棋牌类游戏。棋牌类游戏的优势是：棋牌类游戏以脑力思考为主，对观察力和反应力要求不高，是一种相对轻松的悠闲游戏；游戏本身广为人知，适合各种性别年龄的玩家。其盈利模式：一是出售会员卡，定期收取会员费。二是与电信运营商就“开放式”计费分成。三是广告收入。3. 休闲对战类游戏。其盈利模式多种多样，有按时收费、会员费、广告收入等等。除了以上谈到的几类游戏外，网络游戏的类型根据不同的区分方法可以说数不胜数，许多与游戏相关的周边产品在适当的机会更是脱颖而出。

我国网络游戏出版产业发展研究

王晶超在《特区经济》2006 年第 5 期撰文认为，我国网络游戏出版产业的主要特点是：1. 一大链条。2. 双重属性。3. 三元结构。4. 四高特性。目前，我国网络游戏出版产业发展面临的有利形势是：1. 正处于一个快速发展阶段。2. 互联网技术发展为网络游戏出版产业发展提供了机遇。3. 网络游戏企业经过创业期已进入一个快速成长阶段。4. 网络游戏出版产业发展拥有数量庞大和高素质的用户群体。但是，我国网络游戏出版产业发展也面临着问题：1. 拥有自主知识产权、高质量的民族网络游戏作品数量少。2. 网络游戏类型单一化、内容同质化。3. 市场不规范。4. 从业者竞争激烈，良莠不齐。5. 国外网络游戏带来的国外文化入侵。6. 网络游戏负外部效用。7. 人才缺乏，特别是水平高、经验丰富的中高级开发人才严重短缺。为此，我们必须营造网络游戏出版产业发展的良好环境：有序的市场环境；健全的法律环境；扶持的政策环境；良好的服务环境；开明的舆论环境。此为，为了加快我国网络游戏出版产业发展应实施以下措施：1. 把握网络游戏出版产业的发展趋势。2. 找准我国网络游戏出版产业发展的主要途径。3. 建立网络游戏出版产业发展基地。4. 设立网络游戏出版产业发展基金。5. 促进网络游戏教育，培养后续人才。

中国网络游戏产业发展探析

郝文静、惠太望在《浙江统计》2006 年第 5 期撰文认为，中国网络游戏产业发展瓶颈是：（一）网络游戏存在明显的负面效应。一是社会犯罪问题，二是社会道德问题。（二）原创环节薄弱，中华文化遭受侵蚀。（三）网络游戏产业相关法规不够完善，管理不到位。一是“私服”、“外挂”隐患重重。二是虚拟财产流失严重。三是监管部门混乱。四是对网络游戏渠道管理不严。（四）政府对网络游戏产业扶持力度不足。针对此情况，中国网络游戏产业发展的对策是：1. 完善网络游戏产业的法律环境。2. 加强自主研发，融民族文化于网络游戏。3. 组建网络游戏行业协会。4. 建立开发虚拟产品交易市场。5. 建立专门的组织管理机构。6. 加大对知识产权的保护力度，打击“私服”、“外挂”。7. 发动社会力量进行有效监督。8. 建立人才培养机制。

网络经济发展前景

张勇、于涛在《沧桑》2006 年第 5 期撰文认为，中国的网络游戏市场还存在着三大硬伤：首先，游戏代理模式尚存欠缺。其次，产业规范度不够。再次，缺乏研发优势。因此，网络安全至少可以从三方面推动网络经济发展：第一，高安全系数带来的是网络经济的高信誉度，将有力推动我国网络经济和电子商务的发展；第二，网络维护带来的效益不容小视；第三，网络安全知名度的上升，将带动我国网络安全产品的开发、研究与生产。推动网络经济对网络游戏产业和网络安全的要求主要：1. 对中国网络游戏产业的要求。首先，网络游戏产业中引入民族文化；其次，政府大力支持，把握网络游戏的发展方向；再次，运营商积极倡导奋发拼搏、健康益智的网络游戏精神。2. 对网络安全的要求。在网站建设方面，要加强安全防护措施，以防被黑客从网站入侵。此外，创造一个良好的法制环境是推动我国网络经济健康有序发展的重要前提和保障。

提升网络游戏价值的经济学模型

丁文龙在《软件导刊》2006 年第 5 期撰文认为，考察游戏策划存量的增加对总产出增长的影响幅度，通常用游戏策划要素的产出弹性来衡量，包含游戏开发、宣传、经营 3 个阶段的新古典生产函数：Y 为游戏总价值，A 为初始价值，K 是游戏开发成本，H 为游戏宣传成本，L 是游戏经营成本。α、β、γ 分别表示全行业中 3 者在 N 年内的产出弹性，即成本增长率为 1% 时产出增长的百分比：Y = AkαHβLγ。从上述模拟案例中得出，要提升游戏的经济价值，就要做到让各个环节专业化，根据 α、β、γ 3 个值的大小来安排人力与财力的投入，对于产出弹性高、增长率变化快的部分加大投入力度，同时也要注意三者的均衡。在我国的游戏开发的过程中往往比较单纯提升游戏本身的可玩性，而忽视游戏的宣传与经营，这对于我国游戏的经济价值的开发是不利的。

网络经济下的网络游戏与动漫产业合作分析

黄晓月在《未来与发展》2006 年第 6 期撰文指出，游戏和动漫是数字内容产业中的朝阳产业，二者可以合作，合作目的：网络游戏可以帮助动漫产业迎合市场；动漫产业可以帮助网络游戏的发展树立品牌。合作方向：内容共享，外延互补，消费群体重叠。动漫突出的优势就是对文化的表现多样性和灵活性，作为网络游戏和动漫产业的合作研究，则要重视网络经济的连带外部性这个特点，并在网络游戏中加以延伸。现在网络游戏业的竞争日趋白热化，而与动漫业合作是树立游戏品牌形象的最好选择。与网游合作可以出现更贴近市场需求的作品，这无疑是一种对现有资源的合理利用的途径。动漫产业与游戏产业的合作必须以整合市场为目的，增强品牌的市场注意力、影响力、感召力为核心战略，尽量地要生产周期一致，使开发和推广的时间相同才可以达到目的。

论我国网络游戏专业人才培养

彭虎锋在《合作经济与科技》2006 年第 6 期撰文认为，目前，在国内之所以缺乏网络游戏高级人才，主要是由于以下方面的原因：1. 网络游戏在我国尚属新型产业。2. 社会舆论的导向不利于人才的培养。3. 对网络游戏人才的综合素质要求较高。4. 缺乏配套的教育体制。因此，相应的网络游戏专业人才培养对策有：1. 社会各界应该以客观、公正的态度看待网络游戏。2. 政府应该为网络游戏“正名”。3. 政府、企业与高校共同开发网络游戏人才资源。为了更快、更有针对性地开发网络游戏人才资源，政府给予适度的支持，同时企业与高校共同联手培训网络游戏人才是比较合适的做法。4. 通过电子竞技发掘网络游戏人才。5. 从青少年抓起，激发他们的创造力。政府、教育部门以及社会各界可以考虑通过各种形式去激发他们的创造力，让他们养成健康的上网习惯，并且同时发掘大批的拔尖人才。

引导网络游戏市场健康发展

陈振在《决策与信息》2006 年第 7 期撰文指出，2004 年，中国网络游戏市场规模为 24.7 亿元人民币，比 2003 年增长 47.9%。预计 2009 年中国网络游戏出版市场销售收入将达到 109.6 亿元，2004 年到 2009 年的年复合增长率为 34.7%。我国市场不仅面临韩国网络游戏的竞争，还将面临大量欧美厂商抢占国内市场的威胁。为此，必须采取有效措施：1. 创新产品。我国网络游戏商应该研发国外同行无法进入的领域，那就是要研发与中国传统文化密切相关的网络游戏产品。2. 价格定位。网络游戏应该是免费提供给用户下载的，其盈利方式应该根据游戏的特点和用户的喜好来制定。3. 分销渠道。随着宽带的普及，人们随时随地都可以通过网络高速下载几百兆的游戏客户端。当然，网络游戏也可以像普通软件一样制作成软件光盘在市面上销售，可以通过店面销售或者随机赠送等渠道。4. 促销策略。最好的促销手段就是首先使玩家了解游戏，通过网络、网吧等各种渠道进行大量的广告宣传，运用赠送游戏软件，提供免费下载站点等各种手段，吸引玩家加入游戏当中。

关于我国网络游戏产业发展对策的思考

赵素华、王金祥在《未来与发展》2006 年第 8 期撰文认为，我国网络游戏产业的发展经过了准备阶段、起步阶段、发展阶段，现在正逐步走向成熟阶段。这一阶段的特点是：(1) 用户数量及市场规模增长平缓；(2) 网络基础设施相对完善；(3) 网络游戏的市场格局相对稳定；(4) 网络游戏用户、网络游戏软件开发商、网络游戏软件运营商、电信运营商等形成的产业链已经相对成熟。我国网络游戏产业的瓶颈主要是自主研发能力薄弱。主要表现在：一是人才缺乏，特别是水平高、经验丰富的中高级开发人才严重短缺；二是游戏引擎技术落后，品种少、功能弱；三是具有自主知识产权的高质量的民族网络游戏作品数量少，自主研发与引进产品结构失衡，产业链不合理；四是引进的网络游戏占据市场主导地位。其根源在于：政府扶植和监管的力度不够；传统文化的束缚；经济效益重于社会效益。针对此，我国网络游戏产业发展的相应对策如下：1. 从国外引进到自主创新。2. 从国家引导到国家扶持。3. 从加强管理到科学管理。4. 从盲目发展到人才培养。

关于我国网络游戏产业的 SWOT 分析

佟贺丰在《科技管理研究》2006 年第 8 期撰文认为，SWOT 分析是产业研究中经常使用的功能强大的分析工具，但利用 SWOT 分析简单、直观的优点的同时，应注意该工具的局限性。SWOT 分析内容：一、优势。1. 庞大的互联网用户数量。2. 悠久的历史，素材丰富。二、劣势。1. 原创技术缺乏，商业模式单一。2. 游戏专业人才缺乏。3. 产业资金的困境。4. 网络游戏周边产品开发不足。三、机会。1. 高速的产业成长和用户增长。2. 政府的大力支持。3. 产业领头羊开始出现，为中国网络游戏产业的健康发展提供了典范。四、威胁。1. 网络环境有待改善。2. 传统社会价值观的限制。3. 其他国家的快速发展。根据以上 SWOT 分析，相应的措施有：1. 加大政府的扶持力度。除政策支持，政府应该提供更多可供选择的经费补助作为游戏产业的引导资金。2. 加快人才培养步伐。3. 重点研发精品网络游戏。重点研发具有自主知识产权的网络游戏核心技术，通过立法净化网络环境。看准行业发展前景把握先机。

中国网络游戏市场的发展与问题研究

尹茂宝在《经济师》2006 年第 9 期撰文认为，中国网络游戏市场发展的轨迹有以下几个特点：1. 市场规模增长迅速。2. 企业由早期的游戏运营为主要业务向自主开发、运营一体化的多元方向发展。3. 由企业参与并主导到政府参与规划指导并支持。4. 网络游戏市场竞争日趋激烈。5. 市场集中度较高。目前，中国网络游戏市场存在的问题：1. 缺乏有自主知识产权的大型网络游戏。2. 市场环境问题。随着网络游戏的风靡，网络游戏的“寄生虫”——“私服”和“外挂”也不断成长。3. 虚拟财产的保护问题。企业可以加强游戏管理，尽量减少漏洞。同时必须有法律上的保护。4. 赌博问题。5. 文化导向和经济效益的双赢问题。网络游戏在给人们提供一种休闲娱乐方式的同时，也在传递文化信息和价值观念。我国参与网络游戏的主体是青少年，网络游戏向青少年们传达了什么样的文化、价值观、精神观，可能会影响国家的未来。6. 人才问题。网络游戏产业发展的关键是人才，要振兴国产网络游戏产业，人才的培养任重道远。

中韩网络游戏贸易逆差分析

曹嘉、罗丽在《时代金融》2006 年第 11 期撰文认为，中韩网络游戏贸易出现逆差的原因：（一）中韩政府：扶植与支持。相对于韩国政府的政策更具有针对性与效果性的政策，我国的网络游戏扶持政策就略显分散，目标性不明显，针对性不强。（二）中韩网游开发公司：一边倒的竞争。中国网络游戏开发公司与韩国网络游戏开发公司存在着巨大差距，这种差距主要体现在产品竞争力上。（三）国内网游运营商：没有选择。面对日趋扩大的贸易鸿沟，现阶段应该做到以下几点：（一）政府方面应学习韩国政府，给网络游戏产业发展制定出系统的、目标明确的发展计划，既要为网络游戏产业发展提供足够的政策扶植，又要防止其泡沫的产生。（二）游戏开发商方面应注意其产品导向，休闲类网络游戏无疑是网游戏发展的一个新方向。（三）对于网络游戏运营商来说，应尝试代理一些国内最新开发的游戏产品。

中国网络游戏产业现状与发展趋势

洪焕坪、徐莹莹在《商场现代化》2006 年第 13 期撰文认为，网络游戏产业发展出现了一些新的变化：第一，我国缺少拥有自主知识产权的原创网络游戏产品。第二，网络游戏产品中不健康内容一定程度的存在。第三，民族网络游戏迅速崛起。第四，网游企业处于并购时期，强者恒强的格局正在逐渐的形成。同时，网络游戏产业还显现出以下几方面的发展趋势：第一，网络游戏将实现免费发行的营销模式。第二，原创内容将成为业内企业发展重点。第三，产品呈现系列化。第四，游戏类型多元化发展。第五，网络游戏业巨大的产业潜力将赢得政府的支持。随着网络游戏产业进一步扩大，产业链的经济规模将更为庞大。网络游戏对传承和繁荣民族文化具有重要作用，如果不及时开发以中华文化为内涵、具有自主知识产权的网络游戏，中华文化也会受到巨大的冲击。

中国网络游戏产业的发展策略

刘振聚、黄卫华在《经济纵横》2006 年第 14 期撰文认为，网络游戏产业面临着新的机遇和挑战。网络游戏业发展的机遇如下：1. 网络游戏业巨大的市场潜力赢得政府的支持。2. 互联网的基础平台建设为网络游戏的发展奠定了基础。3. 数量庞大的互联网用户为网络游戏提供了坚实的用户基础。同时，网络游戏产业发展也面临挑战：1. 国外竞争对手的压力。2. 网络游戏业本身的问题。除核心技术问题外，以下三个问题目前表现得非常突出。第一，负面的游戏内容。第二，盗版现象妨碍网络游戏供应商的正当利益。第三，不规范的经营行为危及青少年成长。为此，网络游戏业发展的进一步策略有：1. 要注意以品牌为中心的游戏衍生产品的开发。2. 建立开发虚拟产品交易市场。3. 以网络游戏为平台，搭建新的广告媒介载体。4. 大力开发教育软件市场。5. 建立网络游戏的比赛机制。

我国网络游戏产业发展现状及对策

杨斌在《当代经理人》（中旬刊）2006 年第 15 期撰文认为，网络游戏产业发展的原因在于：第一，是我国经济迅速发展的必然结果。第二，网络游戏自身特点满足用户需求。第三，游戏行业的环境导致网络游戏在游戏产业中所占比重逐渐增大。目前，网络游戏产业发展现状：第一，网络游戏产业发展势头强劲。第二，民族原创网络游戏已经成为产业发展的主导力量。第三，网络游戏产业发展同时带来的一系列社会问题。第四，我国网络游戏开发人员仍然存在巨大缺口。第五，网络游戏产业市场环境不容乐观。为此，发展我国网络游戏产业应注意以下几点：第一，统一认识，明确网络游戏产业的社会定位。第二，为产业发展创造宽松有利的市场环境。第三，制定措施保护消费者群体，特别是社会最为关注的未成年人群体。第四，建立网络游戏开发专业人才培养体系。第五，政府调整制定产业政策，规范网络游戏产业发展。

网络游戏的产业经济学分析

薛明明、黄娟娟在《科技资讯》2006 年第 31 期撰文认为：1. 网络外部性与市场集中度。网络游戏存在很大的网络外部性，网游公司所要做的就是开展积极的营销来扩大游戏的在线人数。网络游戏产业的市场结构表现为以下几种市场关系：卖方（网络游戏运营商）之间的关系；买方（主要指游戏玩家）之间的关系；买卖双方之间的关系；市场内现有的买方、卖方与正在进入或可能进入该市场的买方、卖方之间的关系。衡量市场结构状况的指标有市场集中度，进入壁垒等。2. 中国的网络游戏市场为垄断竞争市场。由于网络游戏的网络外部性特征，在网游市场这种网络外部性强度对厂商的影响，游戏厂商要想在这个市场长盛不衰，要做的就是做好自己的产品，积极地推广，来努力扩大自己的市场份额。

网络游戏产业研究

卓武扬在《江西财经大学学报》2004 年第 1 期撰文认为，网络游戏是网络与游戏的结合，它实现人与人之间在虚拟空间上的远距离交流，具有竞技性和刺激感。首先，网络游戏是以网络和游戏软件为依托的游戏项目。其次，从网络产业链条的脉络来看，环节最多、涉及面最广、链条结构最复杂的，还是在于网络游戏运营商这一脉。最后，网络游戏产业各环节存在着上、下游的相互关联和制约关系。网络游戏根据运营商企业类型进行划分，被分为自有产权企业、代理运营企业、电信运营企业以及综合门户企业。目前，国内网络游戏产业发展存在一些问题：第一，网络游戏的内容问题。一是内容太过单调重复，二是网络游戏内容消极负面。第二，网络游戏版权问题。第三，经营场所问题。第四，网络游戏运营不够规范，配套服务和技术支持还不够完善。第五，网络游戏与国人文化价值观的冲突。为此，针对网络游戏业发展的相应思考有：第一，研发自有知识产权的高质量网络游戏产品。第二，狠抓技术进步，重视产品质量。第三，壮大网络运营商。第四，加强政府的规范和引导。

试论中国的网络游戏产业

杨健、郭建中在《上海大学学报》（社会科学版）2004 年第 1 期撰文认为，网络游戏迅速发展的原因：一、网络游戏可以杜绝盗版。二、强大的互动性。三、巨大的利润。四、中国的国情。同时，网游业也面临着诸多问题：一、“韩流”的入侵。二、网络游戏的销售渠道。三、服务品质和技术保障。四、政府的支持。五、游戏产业的秩序化、规范化。六、掌握核心技术。七、保护青少年。为此，提出以下几点建议：1. 给网络游戏“正名”。2. 最大限度地消除网络游戏的负面影响。3. 建立游戏准入制度。4. 制定各项优惠政策，鼓励和支持国内网络游戏企业开发一批高质量的网络游戏软件。5. 从资金方面给予网络游戏企业以支持。6. 大力发展宽带，提高网络游戏速度。7. 鼓励和支持电信企业利用自身的资源优势与网络游戏专业运营商进行合作。8. 提高网络游戏企业独立制作游戏的能力。9. 在代理运营方面，国内企业应该放宽目光。10. 网络游戏企业代理游戏品种应多样化。11. 促进网络游戏内部秩序的建立。12. 建立友好、和谐、文明的网吧环境。13. 保护网络游戏消费者的利益。14. 组建行业协会，形成一个有序竞争的整体。15. 积极与国外的游戏开发商、运营商展开多方面的合作，学习国外先进的制作理念和营销战略。16. 与其他娱乐行业进行合作，促使网络游戏向多样化开放式平台方向发展，充分挖掘网络游戏的潜力。

重视网络游戏产业宏观营销研究

陈水芬在《浙江大学学报》（人文社会科学版）2004年第5期撰文认为，网络游戏产业应通过宏观营销活动引导产业健康持续发展，具体可通过以下三个方面来进行：1. 制定系统的、全面的、适当超前的国家政策法规。在宏观营销的实践中，政府应通过经济手段、法律手段及必要的行政手段调控好市场，制定系统的、全面的、适当超前的政策法规，扶持国内网络游戏产业的发展，规范网络游戏企业的行为。2. 加强网络游戏产业链间的协调与合作研究，提高宏观营销效率。网络游戏需要一个运行的平台，并需要游戏开发商、网络运营商（代理商）、游戏经销商、硬件设备商等之间的紧密合作。网络游戏产业这种特殊的产业链，更需要宏观市场营销理论的指导，加强对网络游戏产业链的协调与合作模式的研究，是提高宏观营销效果的关键。3. 协调网络游戏企业与社会利益的矛盾。我们要使网络游戏企业在遵守国家法律法规的前提下，用社会营销观念指导企业的行为。同时，研究网络游戏企业宏观营销组合中的德因素，缓解其与社会利益的冲突，营造网络游戏产业持续发展的良好环境。

我国网络游戏产业的生存与发展

黄萃、薛四新、王玉在《中国信息导报》2004年第7期撰文指出，造成网络游戏业的困境的原因主要有：一、观念上的成见，由于文化背景的差异，很长一段时间以来，我国政府以及社会舆论大都对网络游戏持不支持甚至是反对态度。二、管理上的混乱，由于大批业主的盲目进入，使得整个行业的竞争无序化。三、自主知识产权的缺乏。我国本土网络游戏产业尚未形成研发、运营、销售一条龙的产业链条。四、人才的匮乏。我国游戏开发的设计人员、制作人员十分欠缺。实现网络游戏业的发展之路是：一是要加强社会认同和政策扶持。二是要走一条自主开发本土化网络游戏之路。三是要促进新兴公司的崛起。四是要进行成功的渠道推广。

如何完善和发展我国网络游戏产业的几点建议

宋军、郑畅在《零陵学院学报》2004年第8期撰文认为，发展我国网络游戏产业的思路：第一，需要加强对游戏产业的认识深度。第二，游戏产业的大力发展需要政府以正确的定位和引导以及大量的资金投入。第三，要认真处理游戏产业内普遍存在的知识产权问题。第四，要加大对网络游戏的管理，要采取“立、堵、建、疏、管”的综合治理的方针。第五，加大自主研发的力度。我们应该向韩国学习，建立一批游戏院校，在大学里也开设游戏相关专业课程，以大力培养游戏专业人才，这样才能制作出自己的核心产品，抓住自己广阔的市场，我国的网络游戏产业才有坚实的基础。显然，只有政府部门、经营者、孩子以及家长、老师乃至社会各界共同努力，游戏产业才能持续快速健康发展。

论中国网络文化产业发展的几个问题

刘绪义在《北京理工大学学报》（社会科学版）2005年第1期撰文认为，目前对网络文化产业有两种不同的理解，一种把网络文化产业归入文化产业范畴，将其与传统文化产业相对立并区分开来。一种是把网络文化产业看作是一种新型产业，即信息产业与文化产业的交融。近年来，网络文化产业的迅速崛起，其表现：1. 新兴的网络文化产业已在不经意间轻松超越传统文化产业，成为文化产业的领头羊。2. 网络文化产业正在形成一个完整的产业链，并蕴涵着巨大的商机。同时，网络文化产业的战略地位体现在：1. 网络文化产业有利于先进文化的传播。2. 网络文化产业有利于推动我国的先进文化战略和文化产业战略。3. 网络文化产业有利于促进制度创新。网络文化产业的战略抉择如下：1. 走民族化道路。2. 注重内容。3. 重视网络文化建设。另外，从网络文化产业的发展内涵来说，首先是文化生产，其次是文化传播。网络文化生产又分为复制生产和原创生产，二者的共同特点都是数字化。网络文化产业因其“内容产业”的特征，原创生产成为其根本标志，同时也是文化创新的一个重要标志，还是知识经济时代的重要体现。网络文化产业的竞争力相当一部分也靠原创的内容与艺术。

我国网络游戏产业的现状与对策

张瑞良、彭蕾在《贵州工业大学学报》（社会科学版）2005年第1期撰文认为，网络游戏产业发展的原因：第一，网络游戏产业的发展是社会经济发展的必然。第二，网络游戏产业的发展是社会文化发展的必然。第三，网络游戏自身的特点给产业的发展提供了保障。目前国内网络游戏产业的现状是：第一，呈现强劲的发展势头。第二，面临各种严峻的挑战，包括：传统观念的挑战；人才技术的挑战；市场环境的挑战；社会文化的挑战。因此，发展中国网络游戏产业应着重从以下几方面入手：1. 营造宽松环境，承担社会公责。2. 完善政策法规，保护消费群体。3. 研发自主产品，促进技术创新。4. 制定产业政策，谋求政府支持。

我国网络游戏产业人才的现状、原因与对策

肖斌在《广州市经济管理干部学院学报》2005 年第 1 期撰文认为，目前，我国网络游戏产业人才现状是：1. 高价难寻合适人才。2. 现有从业人员常感到力不从心。3. 急速提升的网游新贵们的工作驾驭能力始终值得打个问号。4. 多类游戏专才紧缺。其中 5 类游戏专才最紧缺：游戏程序员；游戏美术工程师；游戏策划；游戏技术维护工程师；游戏市场拓展员。5. 网络游戏的“歪才”盛行，相关立法滞后。同时，我国网络游戏产业人才严重不足的原因有：1. 游戏难登大雅之堂，传统高校望而却步；2. 培训班形式缺乏信誉，不能系统地学到所需要的内容；3. 缺乏适用的教材也使得游戏开发人才培养难上加难；4. 国内游戏运营商和开发商对游戏开发人才培养没有给予足够重视。针对此种情况，相应对策如下：1. 对网络游戏要有正确客观的认识。2. 借鉴韩国网络游戏产业发展经验。3. 企业应加大力度培养人才。4. 与国外一些政府组织、企业等进行合作开发。5. 高校开设相关学科，全面培养不同层次的游戏开发从业人员。

简论网络游戏产业的发展

徐丽艳、田雪在《中国青年政治学院学报》2005 年第 2 期撰文认为，网络游戏是先进的网络技术和古老的游戏结合的产物。网络游戏存在的益处有：首先，网络游戏的普及和推广可以极大地提高青少年的信息技术普及程度，促进智力的发展。其次，网络游戏极大地带动了相关产业的发展。最后，网络游戏的发展是产业调整和经济结构升级的一个先兆。同时，网络游戏发展也面临诸多弊端：首先，我国网络游戏在产业链中处于弱势地位。其次，缺乏自主开发能力还可能会引发其他的许多问题。第三，由于我国有关网络游戏的管理机构和法律监管不完善，在网络游戏市场的背后也存在着不同程度的混乱现象。最后，网络游戏日趋凸显的虚拟财产保护方面也面临着亟待解决的问题。因此，发展网络游戏应采取以下有力措施：首先，要做好网络游戏的宣传工作。其次，针对我国网络游戏发展的最大软肋——研发不足，应从政策上、人才上和媒体宣传上加大对于网络游戏研发的支持。再次，加强对于网络游戏不良内容的监管。最后，网络游戏的评测实行专业化。此外，要从根本上消除网络游戏的不良影响。

中国网络游戏产业的实证研究

梁艳、宋辰在《大连理工大学学报》（社会科学版）2005 年第 2 期撰文认为，网络游戏产业的市场结构表现为以下几种市场关系：卖方（网络游戏运营商）之间的关系；买方（主要指游戏玩家）之间的关系；买卖双方之间的关系；市场内现有的买方、卖方与正在进入或可能进入该市场的买方、卖方之间的关系。衡量市场结构状况的指标有市场集中度、进入壁垒等。中国的网络游戏市场为垄断竞争市场。目前网络游戏市场主要的市场行为是非价格行为，主要包括产品多样化选择、广告促销行为等。市场绩效反映的则是市场经济运行的结果。衡量市场绩效状况的主要具体变量一般包括技术进步程度、产品创新、行业利润水平等等。中国的网络游戏产业要取得健康的发展，首先需要解决的问题就是产品的原创性。同时，网络游戏的发展不仅是自身的发展，也能带动一大批相关的企业。

网络游戏的发展与思考

焦爱萍在《北京邮电大学学报》（社会科学版）2005 年第 3 期撰文认为，网络游戏的发展已经出现了令人不得不对其刮目相看的形势。但令人担忧的问题也比比皆是：1. 市场发展迅速，但环境不够成熟。2. 网络游戏内容丰富，但市场准入的门槛不高。3. 网络游戏涉及内容面广，但对网络文化现象的研究不足。4. 游戏产品结构单一，竞争力不强。因此，发展我国网络游戏的对策有：1. 在技术方面加强统一规划，加大投入，在文化内容方面加大特点和规律的研究，为政策的规定提供理论依据。2. 核心技术的开发和运营模式的转变，政策环境不断优化和树立合作共赢的运作理念将是市场健康发展的保障，因此，市场呼唤规范，发展需要规范。3. 应在游戏产品的文化底蕴、游戏模式、运营方式等方面加大研究的力度。4. 应大力扶持民族产业的发展，积极鼓励民族文化走向世界，积极鼓励多渠道地培养自己的开发人才，在发展政策和税收政策上给予扶持，以利于我国的网络文化尽快在国际文化舞台上开拓发展空间，展现自己的风采和特点。

从盛大看网络游戏运营企业的主要商业模式

黄漫宇在《中南财经政法大学学报》2005 年第 4 期撰文认为，网络游戏运营企业的主要商业模式有：1. 代理运营型企业。作为代理运营企业，它位于产业链的中下游，受制于游戏开发商，所代理的产品有限，游戏产品对运营商的影响比较大。这种商业模式的最大的缺点就是受游戏开发商制约严重。2. 自有产权企业。自有产权企业可以有效解决上述代理运营型企业中所存在的问题。它的核心优势在于充分体现网络游戏运营商商业模式的完整性。3. 向上延伸的代理型企业。此模式的最大优势是可

以使合作双方明确各自在产业链上的定位，并且形成稳定、双赢的合作关系。从盛大商业模式的逐渐转变，我们从中可以得到以下启示：1. 网络经济中"赢者通吃"的规律在盛大网络中又一次得到了体现。2. 网络游戏企业的核心竞争力是不仅仅局限于技术开发能力。3. 网络游戏运营企业可以增强其在产业链中的议价能力。4. 规范网络游戏企业行为的法律体系有待完善。

我国游戏软件产业可持续发展探析

罗小平、张哲在《河北软件职业技术学院学报》2006年第1期撰文认为，我国游戏软件产业存在着各种各样的问题：1. 游戏软件研发人才缺乏。2. 对青少年的负面影响。一些趣味低级、暴力色情的游戏软件严重影响着青少年的身心健康。3. 社会对游戏软件的认可度低。一部分公众仍旧认为网络游戏只有坏处没有好处，或者绝对是弊大于利，甚至认为游戏软件行业是不务正业。4. 技术滞后，"韩流"入侵。5. 缺少本土游戏文化的氛围。因此，要使网络游戏可持续发展，应采取以下措施，解决我国游戏产业发展中存在的问题：1. 加大政府支持力度。2. 建立专门的游戏软件人才培养机制。3. 注重保护青少年。4. 掌握核心技术，自主开发。5. 增强游戏的知识性。6. 建立多赢的商业模式。

我国网络游戏产业的法律调整

王素娟、尚志虹、安亮在《北方工业大学学报》2006年第2期撰文认为，目前我国网络游戏市场中存在的主要问题有：1. 虚拟财产的法律性质及法律保护问题。2. 对"私服"和"外挂"行为的定性和打击问题。3. 某些网络游戏内容合法性的认定问题。4. 网络游戏业对我国青少年的影响问题。5. 对网吧的规范管理问题。规范我国网络游戏业正常发展的具体对策：完善网络游戏的立法；加强对网络游戏市场的监管。首先，加强对网络游戏产品内容的监管。应当着重抓好以下几个方面的问题：第一，整顿网络游戏产品市场秩序。第二，尽快建立网络游戏登记和分级制度。第三，在政策上鼓励和扶持我国享有自主知识产权的游戏产品的研制和开发，从源头上实现对网络游戏内容合法性的监管。其次，加强对网络游戏场所——网吧的监管。最后，应在全社会营造文明健康的网络环境。

中国电子竞技发展前景及产业研究

王红福、葛超在《河北体育学院学报》2006年第2期撰文认为，中国电子竞技产业发展中存在的问题：1. 电子竞技网络经营缺少统一的规划和管理。2. 赛事未形成品牌化，缺少商业支持。3. 电子竞技运动产业的价值开发不够。4. 电子竞技运动职业化程度不高。同时，中国电子竞技运动发展趋势呈现多元化发展趋势、品牌化发展趋势、职业化发展趋势。为此，发展中国电子竞技产业的相应对策有：1. 通过多方合作，加强市场管理，规范电子竞技网络经营。2. 遵循市场经济规律，建立起具有品牌效应的赛事。3. 培养职业选手，推进赛事的职业化发展趋势。4. 探索电子竞技产业化的良性发展模式。中国电子竞技运动虽然起步较晚，但发展迅速，应尽快制定统一化和标准化的比赛规则、规范化的管理制度，中国电子竞技运动的前景是可以预见的。

发展我国网络游戏产业的战略选择

熊文红在《新疆师范大学学报》（哲学社会科学版）2006年第4期撰文认为，网络游戏产业在发展过程中存在的问题有：1. 自主知识产权和价值取向的游戏产品占有率过低。2. 网络游戏市场不规范。3. 网络游戏开发人才短缺。4. 网络游戏产业带来的社会问题。为此，发展我国网络游戏产业的战略如下：1. 依托民族文化资源，培育网络游戏产业的自主创新能力。2. 创造良好的网络文化市场环境，建立和完善网络游戏产业发展的政策法规。3. 加快网络游戏软件人才的培养和培训。4. 正确处理网络游戏产业的经济效益和社会效益。作为网络游戏开发商和运营商，一方面要着眼于社会需求，为客户提供满意的数字娱乐产品；另一方面又不能忽视其与道德和价值观的冲突。这样，才能使网络游戏产业快速、健康、可持续发展，让网络游戏产业发挥更为积极的作用。

网络游戏文化产业化的研究

任乐毅、梁雄健在《北京邮电大学学报》（社会科学版）2006年第4期撰文认为，网络游戏是一项蕴涵丰富文化知识的娱乐项目，已成为信息传播的重要载体之一，其产业成为文化产业的一个重要组成部分。网络游戏产业正逐步走向文化产业的经营模式，进而兼顾经济效益与社会效益的统一。网络游戏还是文化传播的载体，也承载文化价值。网络游戏产业化既可以满足人们的文化生活需要，又受到市场欢迎。但是，我们应注意以下问题：首先，网络游戏的发展要进一步规范，以符合文化产业发展的基本规律。其次，按照产业发展的规律，国家可以采取有效措施来鼓励游戏厂商开发健康的网络游戏。再次，作为文化产业一分子的网络游戏，必须从文化产业中汲取健康的文化"养分"，这样才能使我国的网络游戏产业得到市场认可，真正承担起文化传播的重任。为此，未来网络游戏的文化发展方向：发展国产原创网络游戏，弘扬民族文化；增强企业社会责任感，培养文明健康的网游市场。

关于网络游戏业发展的思考

李政在《济宁师范专科学校学报》2006 年第 5 期撰文指出，网络游戏业丰厚的利润掩盖不住存在的问题，不良因素充斥着网络游戏业。比如血腥、暴力、故事雷同、人物呆板、游戏操作设定专业繁琐等等。网络游戏使用者大多数是价值观、人生观和世界观尚处萌芽期的儿童及形成期的青少年。网络游戏的不良因素对处于成长期的儿童和青少年危害匪浅，引起家长和社会的担忧。为此，发展网络游戏的对策，除了核心技术问题外，可从政治文化的角度探讨网络游戏产业的国家治理：1. 企业自律治理；2. 网民自治；3. 市场引导；4. 立法规范。总的来说，网络游戏对传承和繁荣民族文化具有重要作用，它如何朝着先进文化方向的前进，如何代表最广大游戏玩家根本利益，得到爱好游戏的朋友的衷心拥护并带领他们不断前进，值得深思。

广告、会展、节庆产业

报业广告服务形式的创新和多元化

颜伟在《新闻实践》2002年第2期撰文认为，报社要想在广告市场上保持自身的份额和优势地位，就必须树立“以客户为服务中心”的广告经营观，而广告服务形式作为报业广告经营的“诉求点”更是首当其冲。报社的广告服务形式主要表现在以下几个方面：1. 广告刊出式样的创新。在不损害报纸品牌形象的前提下，报社的广告经营者可以积极探索广告刊出式样的创新，为广告客户提供“量身定制”的服务。2. 广告服务形式的延伸。报纸在为客户提供广告服务时，可以适当进行各种广告或公关活动的策划来满足广告客户的需求。3. 广告覆盖面的立体化和区域化。广告主投放广告时往往根据自身的营销战略和消费群体精打细算地制定其媒体组合和媒介购买计划，报纸在对其进行广告服务时，也应当相应为其提供更多的选择。4. 广告定价和计费方式的灵活化、多元化。这种通过竞价的广告交易方式不仅促进了广告经营的透明化、市场化，而且使媒体能够及时调整价格政策和经营策略，实现广告资源合理配置。

略论广告语创意的思路与心态

李正民、李玮在《山西大学师范学院学报》2002年第2期撰文认为，优秀广告的创意，决不仅仅凭借文字或绘图功夫，而在于运用科学的求异思维，更深层面的内涵则是代表时代精神的健全进取心态。从接受美学的角度和控制论的观点看，对于制作广告的商家或广告公司来说，研究受众的消费心态是生产商品、制作广告的第一要义。所以制作广告词时，至少要考虑以下五点：1. 为人民服务的宗旨；2. 针对不同时期、不同地域、不同层面以至于不同性别、不同年龄的消费者的不同心态和不同审美情趣，设计制作文字、风格、情调、画面各异的相应广告；3. 设计者需亲身体验生活，切忌以己度人，以自己的心态代替受众的心态；4. 尤其要注意的是受众的经济状况；5. 最好能郑重标明商品的国内统一零售价。同时，广告创意的思路有：反向思维；侧向思维；对应思维；对比思维；扩散思维与聚合思维相结合。设计广告词的出发点是为人民服务，目的是使厂家、商家和消费者“三赢”，所以，应运用科学的思维方法，更要有与时俱进的积极健全的心态。

趣味广告的创意效应

陈科在《大众标准化》2002年第3期撰文，对国内外经营者是怎样利用“趣味广告”宣传产品而获取市场效应进行分析，其可分为：1. 幽默风趣广告。运用轻松活泼、诙谐风趣的语言和画面宣传商品，本身就具有一种特殊的吸引力，它能激发消费者浓厚的兴趣和无限的联想。2. 正话反说广告，就是比较客观地介绍商品的“不足”，同样会收到意想不到的效果。3. 富有诗意广告。广告用词立意新颖、语言精练、富有诗意，更可耐人寻味，令人神往，会产生异曲同工之效。4. 出奇制胜广告，就是抓住商品的内在质量作奇特的构想，动用特殊的宣传手段，达到出奇制胜的效果。5. 商业楹联广告。这既是我国商业经营环境特有的传统装饰艺术，同时也是一种巧妙的广告文化宣传形式。6. 不露声色广告。在生产经营活动中，许多有建树的企业领导者和精明的商人，常用不露声色的广告宣传自己的产品，从而使广告用户自觉不自觉地成为直接“上帝”。

气象影视广告创意浅析

朱宝峰在《吉林气象》2002年第4期撰文，探讨了广告专业知识对气象影视广告的作用及影响。气象广告主要指在电视、广播、网络等传媒的天气预报节目中开展的天气预报前提示语、天气预报赞助、天气预报节目背景及利用天气预报节目发布的各类广告。气象影视广告是平面广告与电视广告的综合体，它既可体现平面广告的诸多特点，同时又能兼容电视广告的一些特点。气象影视广告的创意应适合其特点及广告心理，既要体现平面广告灵活、文字简洁、图文并茂，给人印象深刻，容易反映广告主意图和要求的特点，又要发挥电视广告直接刺激人们的感官和心理，穿透力强到达率高的特点。因此在创意上必须做到：1. 画面简洁明快；2. 画面要讲究通俗性；3. 气象影视广告画面应力求新颖脱俗；4. 充分应用计算机三维动画技术；5. 要有针对性，要针对广告对象来进行创意。

旅游广告文案的写作创意管窥

朱湘辉在《江西社会科学》2002年第5期撰文认为，旅游广告文案的写作创意之根就是旅游信息的真实，创意之源就是旅游产品的特色；旅游广告文案的写作创意还在于将无形的旅游服务信息用有形的形式、形象表现出来，将服务所得的感受进行富有感染力的描绘。旅游服务的无形性、生产消费的共时性、不可重复性，对旅游广告文案的写作创意提出了特定的要求，要求其写作创意必须以旅游市场信息为依据，以旅游服务信息为主体，将无形的服务信息用有形的形式、形象表现出来，从更高的程度上影响目标受众的消费选择；旅游广告的文案人员可以在名人中捕捉创意，通过“名人效应”诉求“广告效应”。在旅游广告文案创作中，利用名人来创意，不仅能建立良好的旅游形象，增加旅游产品的信誉度和知名度，在一定程度上消除旅游消费者的不安全感，而且能满足人们的旅游消费心理，缩短旅游产品与旅游消费者之间的距离，达到有效的沟通。

广告创意的艺术手法

温强在《企业经济》2002 年第 9 期撰文认为，广告的创意方式五花八门，主要的以下几种：1. 直接展示法。它将某产品或主题直接如实地展示在广告版面上，充分运用摄影或绘画等方式的写实表现能力；2. 突出特征法。它抓住和强调产品或主题本身与众不同的特征，使观众对其产生注意和发生视觉兴趣，达到刺激购买欲望的促销目的；3. 对比衬托法。它能使貌似平凡的画面处理隐含着丰富的意味，展示了广告主题表现的不同层次和深度；4. 合理夸张法。它为广告的艺术美注入了浓郁的感情色彩，使产品的特征性鲜明、突出、动人；5. 以小见大法。它给设计者带来很大的灵活性和无限的表现力，同时为接受者提供了广阔的的想象空间，获得生动的情趣和丰富的联想；6. 运用联想法。它能突破时空的界限，扩大艺术形象的容量，加深画面的意境；7. 富于幽默。它往往运用饶有风趣的情节，巧妙的安排，把某种需要肯定的事物，无限延伸到漫画的程度，造成一种充满情趣，引人发笑而又耐人寻味的幽默意境；8. 借用比喻法。它比较含蓄隐伏，有时难以一目了然，但一旦领会其意，便能给人以意味无穷的感受。此外还有“以情托物法”、“悬念安排法”、“选择偶像法”、“谐趣模仿法”、“连续系列法”、“神奇迷幻法”等。

创新思维：广告创意的灵魂

刘友林、熊一坚在《企业经济》2002 年第 12 期撰文认为，广告创意本质上是一种创新思维。首先，广告创意的目的与其他的创新思维有所不同，它是为了达到广告目标；其次，检验广告创意成功与否，并不在于是否有新的作品问世，而在于是否被市场接受。创新思维是广告创意的灵魂。广告创意常用的创新思维方式主要有：一、抽象思维与形象思维。在广告创意中，抽象思维与形象思维这两种思维方式要有机地交合在一起。二、顺向思维与逆向思维。常见的广告思维方式通常是：说自己的产品好，但如果运用逆向思维就能得到意想不到的创意：不说自己的产品好；说别人的产品好；说自己的服务好；说自己的产品不好。三、发散思维与聚合思维。在广告创意过程中，更多的是将发散思维与聚合思维结合起来，一般分两步走。前一阶段采用发散思维，后一阶段，在发散思维的基础上再运用聚合思维。四、垂直思维与水平思维。对这两种思维方法，我们可以单独运用，也可以综合运用。

儿童广告创意要符合儿童心理

阳林、刘卫华在《经济论坛》2002 年第 18 期撰文认为，在制作和发布儿童广告或使用儿童作为广告内容传递的主体时，必须认真研究儿童的心理，只有在此基础上创作的广告才符合营销学、教育学、社会学的要求，也才是最具生命力的广告。儿童们对于广告有他们独到的理解，对于广告似乎更宽容，更易受感动，更勇于付出和接受；对于广告的娱乐价值期望更高，更渴望参与广告。同时，孩子们对于广告的娱乐内容特别关注；而且，孩子们是用他们特有的幽默和幻想来评判广告。广告的创作中除了正确把握儿童心理外，还必须遵循以下原则：一是创造参与感和认同感；二是广告一定不能居高临下或是一副施恩的样子；三是尊重儿童心理；四是应从儿童特有的角度去思考，采用易为他们接受的策略方式，营造一种真实感觉，让他们真正地“拥有广告”，这是儿童广告创作的一个永恒不变的法则。

广告创意理论中的“旁门左道”

李永强在《商业研究》2002 年第 23 期撰文，着重介绍了广告创意三种理论。一、品牌个性创意理论。1. 在与消费者的沟通中，从标志到形象再到个性；2. 为了实现更好的传播沟通效果，应该将品牌人格化；3. 塑造的品牌个性应有独具一格、令人心动、历久不衰的特性；4. 寻找选择能代表品牌个性的象征物往往很重要。二、共鸣创意理论。该理论主张在广告中述说目标对象珍贵的、难以忘怀的生活经历、人生体验和感情，以唤起并激发内心深处的回忆，同时赋予品牌特定的内涵和象征意义，建立目标对象的移情联想。其基本观点如下：1. 该理论最适合大众化的产品或服务，在拟定广告主题内容前必须深入理解和掌握目标消费者；2. 应经常选择目标消费者所模仿的盛行的生活方式；3. 关键是要构造一种能与目标对象所珍藏的经历相匹配的氛围或环境，使之能与目标对象真实的或想象的经历连接起来；4. 广告侧重的主体内容是：爱情、童年回忆、亲情等。三、ROI 创意理论。其基本要点是好的广告应当具备三个基本特质：关联性、原创性、震撼性。

广告文案创意的误区及对策

葛翠华、甄素娟在《大连教育学院学报》2003 年第 19 卷第 2 期撰文认为，广告文案创意的误区：1. 在轻曼飞扬的创意中，广告"主题"被湮没了；2. 在天马行空的艺术创意中，广告原则被丢弃了；3. 在民俗化的创意中，广告文明被亵渎了；4. 在着意渲染中，广告语言规则被忽视了。如何逾越上述误区，应该采取四点对策：1. 文案创意必须遵循广告特有的原则规范；2. 文案创作者要善于学习，提高素质。作为广告文案制作者，第一要务就是要严格按照国家的法律法规从事广告业务，必须充分了解当地的社会文化背景对消费行为的影响，尊重风俗习惯；3. 文案制作者必须不断丰富自己的生活阅历；4. 文案制作者要不断充实自己的语言文字功底。无论是文案的写作还是创意，提高水平的关键就是制作者多练习、多思考，经常写就会熟能生巧得心应手，所创意出来的文案才能出奇制胜。

内涵与追求：广告创意中的传统文化

吕琛在《广西民族学院学报》（哲学社会科学版）2003 年第 25 卷第 3 期撰文认为，现代广告的创意与中国传统文化内涵的契合点一般体现在以下几个方面：一、以人为本的人文精神。现代广告应从中吸纳宝贵的创意资源，把广告创意提升到人文的层次，巧妙地让受众在接受广告所推崇的商品、劳务的同时，也潜移默化地认同了它所推崇、主张的思想观念、生活方式；二、精忠爱国的民族情结。它会折射出中国民族企业不屈不挠的精神和满腔报国热忱，能拨动人们的心弦，激发人们的民族自豪感，唤起广大受众爱国货、用国货，把自己的命运与祖国的命运紧密相连的忧患意识；三、珍视家庭亲情的人伦之乐。广告制作者若能抓住商品与家庭之间的或多或少的联系，在广告中淋漓尽致地展现家庭情愫，则必将感人肺腑，让消费者深深地向往并为之动心；四、诚信知报的道德原则。现代广告的真实性不仅仅是儒家所倡导的"诚招天下客"、"买卖公平，童叟无欺"内涵的拓展，更是一种经营理念的提升。

中西方广告创意水平差异刍议

郭笑非、杨允、张利臣在《辽宁工学院学报》2003 年第 4 期撰文认为，现代广告与不同国家公众的文化接受习惯、商品的消费环境、公众的文化层次等有着密不可分的直接关系。中西方广告创意从整体上说是有差异的，但这种差异更多地表现为一种创意方式和创意风格上的不同。中国创意方式和创意风格的形成以及和西方广告创意的差异有着深层次的原因，主要应该表现在：广告业发展的阶段不同，公众的文化接受习惯不同，商品的消费习惯不同，公众的文化层次不同四个方面。我们的广告创意人员应在创意实践过程中正视这种客观情况，充分考虑中国消费者的接受特点、理解能力和审美情趣，正视中国消费市场的现状和变化，以最大限度地推销商品为目的，创作出大批适合中国市场和中国消费者的优秀作品，更要根据本国的各种实际特点创新中国特色的广告理论。

广告创意
——广告设计中的关键环节

杨建宏在《美与时代》2003 年第 12 期撰文认为，创意是广告设计中的一个必不可少的环节，对广告的成败起着重要的作用。第一，广告创意中理性思维的重要性。广告创意中的理性思维可以给创意一种深层次的理论支持，使广告创意的本身在各种表现形式中具有一定的深度。具有理性思维的广告能够使广告的主题作用于人的理性认识，以促使广告受众在思考中融入广告的主题，切身感受到广告的说服作用，使广告受众有理智、有意识地采取购买行动。理性思维也就缩短了广告与消费者之间的心理距离，使广告贴近生活，更贴近消费者。第二，广告创意中的比较思维方式。比较思维方式的创意往往会使创作者的思维保持流畅性、灵活性和独特性，它的关联性能使我们在对信息表达方式进行思考时获得旁征博引的启发，从而使信息传达更有意味，具有更强的创造性和准确性。第三，创意的能力。创意的能力是创意人员生存的基本条件。创意的能力具有冲击力、独特性、原创性、想象力、关联性、延续性、可执行性等特点。创意是经过我们大量艰苦工作之后产生出来的好点子及其完美表现，有其艺术性的一面，也有其科学性的一面。

广告创意：超越常规的导引

王翠荣在《商业研究》2004 年第 11 期撰文指出，广告创意在现代广告的运作中占据着不容忽视的地位，创意活动的结果在很大程度上影响着广告的最终效果。优秀广告的创意有着很多的共性，其中比较重要的有以下几个方面：一、创造性。创造性是广告创意的灵魂和统帅，也是一则广告最有魅力的部分。它往往具备独特、出人意料和一针见血的特点。它一定是与同类产品的广告创意绝不雷同的，会悖离人们的心理定势，常常能够将广告信息做更直接、更明确、更贴切的传达；二、简明性。人们关注广告的时间、精力和耐心都是有限的，因此广告创意一定要做到在最短的时间里就把所要传达的信息表现出来，简单的创意常常有诉求单一、联系简单、表现简洁的特点；三、效益性。广告的创意虽然要讲究艺术，但它功利的目的性决定了广告的创意要始终为商品（劳务）服务，追求商业效益。为达到这一目标，广告的创意者常从说服受众、以少胜多、兼顾公益等方面入手。

同质化时代的电视广告创意

苏永华在《南京广播电视大学学报》2005 年第 1 期撰文认为，在同质化时代来临之际，电视广告创意走到了一个历史的转折路口。当前电视广告创意存在许多的问题：1. 城市“牛皮癣”广告大行其道；2. 恶俗广告层出不穷；3. 广告暴力阴云不散；4. 色情擦边球方兴未艾；5. 名人广告长盛不衰；6. 虚假广告屡禁不止。而且，随着市场经济的逐步深入，社会生产的日渐丰厚，商品的同质化现象日渐浮出水面。在这一背景下，电视广告创意必须围绕广告的诉求主题，设计出一个很好的故事情节或是一个很好的表现手段，通过艺术化地处理，使主题能较好地得以“升华”。悬念与幽默、夸张等都是惯常采用的手段。同时，新形势下的电视广告创意思路在于：1. 创造个性；2. 倾注真情；3. 以形传神；4. 构思故事；5. 利用幽默。

浅谈广告创意

陈玉爱在《科学之友》（B 版）2005 年第 1 期撰文认为，创意是引起消费者注意，激发消费者购买欲望的驱动力，成功的广告表现力来自不同凡响的卓越创意。广告创意的原则包括：1. 独创性原则，具有最大强度的心理突破效果；2. 实效性原则，其关键是在“新颖性”与“可理解性”之间寻找到最佳结合点。广告创意过程可分为 5 个阶段：准备期、孵化期、启示期、验证期和形成期。广告创意思考方法有：垂直思考法、水平思考法（横向思考法）和集脑会商法。USP 广告策略具有 3 个特点：1. 必须包含特定的商品效用；2. 必须是独特的、惟一的；3. 必须有利于促进销售。当前，树立和强化品牌形象仍是许多广告创意的立足点，而且这一策略还代表了将来的趋势。树立品牌形象，必须为品牌选择和创造合适的广告意象，表现品牌特质和个性，并被消费者所接受。定位的竞争特征是定位要“相对于竞争对手”，定位广告是一种竞争性广告，是一种心理位置上的竞争和优势。广告定位方式包括：建立领导地位、紧跟行业领导者、寻找市场空隙、重新为竞争定位、“高级俱乐部”策略等。

媒介事件对电视广告创意的影响

陈先红、孙利昌在《南京邮电学院学报》（社会科学版）2005 年第 2 期撰文认为，在媒介事件的影响下，电视广告的创意正呈现出一些趋向，如诉求路线的情感化、表现内容的公益化、运作方式的潜隐化等。对于这些趋向的认识，有助于企业改变以往程式化的广告操作手段，获得更加积极有效的广告产出；有利于拓展电视广告创意者的思维空间，使电视广告创作更上一个台阶。媒介事件就是对那些具有公众性、公开性、公益性和公共性的重大事件，运用各种媒介如报纸、广播、电视、网络等，进行聚焦式、全方位、密集型直播报道。而媒介的广泛参与和媒介事件，两者的相互作用决定了媒介影响的范围和强度。受众是广告的接收者和企业的潜在顾客，因此广告创意必须充分考虑到受众的心理特征，对症施策。通过对与近期较有影响的媒介事件有关的国内一些电视广告片的分析，可以看出电视广告创意所呈现出的一些趋向：1. 诉求路线的情感化；2. 表现内容的公益化；3. 运作方式的潜隐化；4. 宣传攻势的立体化；5. 省力高效的经济化。总之，媒介事件对电视广告创意的影响值得我们借鉴。

论现代招贴的创意

冯建永在《美与时代》2005 年第 4 期撰文认为，招贴是以视觉为主导的以平面印刷方式完成的广告形式，是张贴于公共场所，传达特定广告信息的一种既有传统意义，又具有时尚性的传播媒介。它是传统和现代广告行为中，用处最频繁、最广泛、最便利、最快捷和最经济的传播手段，也是商业运行、文艺信息传播的重要手段之一，在现代广告中扮演不可替代的角色。创意是招贴创作的核心，它能使招贴的主题突出并具有深刻的内涵，是招贴作品获得成功的最关键因素，它已成为现代招贴最主要的特征之一。创意性表现主题、创意性表现形式、创意性表现手法，可以使招贴给人留下深刻印象，吸引观众，完成招贴传播信息等职能。招贴随着时代的发展而不断地发展，与社会的科学、技术、经济密不可分。由于受到不同时期、不同历史文化的影响，其创意更具有时代的特色。在经济和高科技快速发展的今天，招贴创意更是具有自己的社会、文化、时代特色。

从《南方都市报》异型广告说起

谷虹、陈雨在《中国报业》2005 年第 7 期撰文认为，目前报业市场化机制的成熟给报纸广告部门的运作带来了比较大的活动空间，并且在一定程度上允许“异型广告”的存在。“异型广告”，是指不同于报纸常规广告尺寸和形状的其他所有广告形式。它包括，第一类是在传统工商广告形式上进行改良；第二类是按照广告主体的形状设计广告版面；第三类是开发边缘性广告版面；第四类是通过版面的策略性投放来实现形式创新。适量和优秀的异型广告可以使广告与版面资讯达到趋近完美的结合，给读者以视觉上的享受，从而形成读者的主动阅读。但它又是一把“双刃剑”，摆弄不好，会带来严重的后果。因此，在制作和刊登异型广告时，不可小觑以下几个问题：1. 对于广告客户而言，需要衡量广告投入和成本的问题；2. 对于报纸媒体而言，要坚持适度和适量的原则；3. 对于广告公司而言，要在异型广告方面提供专业的团队服务。

广告文案中的“意”与“象”

范林芳在《集团经济研究》2005年第18期撰文认为，广告要想达到预期广告效果，其核心是如何做好“意”与“象”的结合。所谓“意”，就是指文案的主旨，或曰文案的主题。所谓“象”，即广告文案具体的表达方式、表现手法和表现手段，它是一种具体的、可视的、能够体会得到的，可以直接转化为人们思维的，而且可以直接刺激人们情感从而引起人们共鸣的东西。广告文案中“意”和“象”必须进行完美的结合，通过不断创意，找到最佳的表现形式和内容，取得良好的社会效果和经济效果。实现广告文案中意和象的结合应做到：1. 准确确定广告的主题——“意”。一个广告的主题首先要从市场营销战略的总体考虑；广告主题准确确定的另外一个重要因素是广告调查，这不仅是广告理论的需要，也是优秀广告人的素质和绝大多数广告得以成功的关键因素之一；2. 通过创意表现主题——“意”。广告创意是广告策划的核心，它决定着整部广告作品的优劣与否；3. “象”的两种重要表现方法：理性诉求和感性诉求。

现代商场POP广告字体创意的内涵、形式与表现

姜智彬在《商场现代化》2005年第20期撰文认为，随着现代商场POP广告的兴起，POP广告的创意也越来越引起广告业界的重视。在现代商场POP广告的创意中，POP广告的字体创意是其中的重要内容。在创意过程中引进“六书”的方法，将有助于创制出中国广告的创意之道。广告创意和设计的过程，应该是一个与产品、服务建立文化关系的过程，也是在建构一个能够被理解、可解释、可表现、可执行的符号化的过程。这个过程与汉字的发生极为相似。现代商场POP广告字体创意的形式有：1. 汉字创意作为广告形式表现的辅助性元素；2. 汉字创意作为广告形式表现的主导性元素。POP广告字体创意的表现在：1. 用使用产品的对象做POP广告；2. 用名人做POP广告；3. 用卡通画和商业漫画易造成趣味性和情趣性，引起消费者注意，诱导购买欲望，产生购物动机，适合青少年消费者群体；4. 夸张、放大企业形象、品牌或产品、包装，提高企业和产品的知名度和形象力；5. 比喻手法做POP广告，借用人们所熟知的神话故事或传统图腾、吉祥物做POP广告；6. 采用同构手法，将不同时空的人和物组合在一起，造成奇妙无穷的感觉，使人产生联想、悬念、思考、注意。7. 采用简洁、有力的符号图形来传递信息。

广告创意应注意的几个问题

秦江燕、李少兵、范琛在《中国市场》2005年第50期撰文认为，广告创意应注意以下几个问题：第一，现代广告创意应如何把握公众心理：1. 追求新颖奇特的心理。成功的广告作品，以新奇、独特、别致、轻松、幽默的艺术性和韵味、就能达到新颖奇特的效果。2. 追求健康安全的心理。针对人们对健康安全的心理追求，在广告创意中就这方面下功夫。3. 从众心理。这是一种带有普遍性的心理现象。4. 情感心理。用亲情、友情和爱情去创作广告，也可打动相当一部分人的心。5. 民族文化心理。这种心理特征制约着国人的行为，影响着国人对事物的评价与认识，同样影响公众对广告的注意。第二，把握公众心理应注意的几个问题：1. 准确进行目标公众定位；2. 广告创意切合公众心理，这必须考虑地域特点社会环境是消费者生活的政治、经济、文化、宗教、风俗等诸种环境之和；3. 广告创意切合公众心理还必须准备清晰地传达商品信息。

论创意产业中平面广告的创意

杨杰在《安徽商贸职业技术学院学报》（社会科学版）2006年第2期撰文认为，优秀的平面广告应该在创意的策略性、原创性、关联性、震撼性、艺术性、人性和执行性方面有独到之处。1. 策略性。广告的首要目的是销售。广告创意必须秉承销售策略，遵循市场法则，以消费者为轴心去科学地开展。策略是以市场为导向，以产品为起点，以消费者为准绳而制定的短期销售或者长期品牌规划。2. 原创性。原创性的事物从某种意义上讲就是新生事物。新的东西，总是能吸引人们的注意，最易被感知。3. 震撼性。一般在图形原创性的基础上，加之于到位的视觉语言表现，便会形成视觉冲击力，从而引发心灵的震撼与共鸣。4. 关联性。也就是表现形式与主题是一脉相承的。5. 艺术性。设计的本质是“科学 + 艺术”，平面广告设计亦如此。6. 人性。广告作为一种宣传方式责无旁贷要肩负倡导环保、呼唤人性的使命。广告是商品与人的中介，广告既是为产品而作，也为人而做；既为产品服务，又为人服务。7. 执行性。每个环节的执行好坏都会影响到平面广告的最终端效果。

试论中国广告的自主集成创新

孙文清在《新闻界》2006年第3期撰文认为，中国广告实现跨跃式发展必须要在中国广告的创新发展中引入集

成思想。自主集成创新具有以下三方面的特点：第一，中国广告的自主集成创新是要将广告活动中的各种创新要素系统地集成；第二，不仅要以整体的眼光来看待广告创新这个动态系统，对广告创新各组成要素，也要加以整体审视；第三，中国广告的自主集成创新强调广告活动中各创新要素优势的互补与匹配，各种创新要素必须以一定的形式有机地联系在一起，形成一种网络关系。由于集成创新导致的是一个融合的整体，而要素间的联结是其根本的特征，所以它要求不同类型的创新资源和要素之间必须相互激发和协同作用。中国广告自主集成创新中的这些资源和要素可以概括为观念创新资源和要素，理论体系创新资源和要素，创意创新资源和要素，表现创新资源和要素，思维创新资源和要素等。广告的社会本质、动态特征和中国特有的市场环境决定了中国广告的创新只有走自主集成创新的道路，才能驶上世界广告发展的快车道。第一，立足中国广告的具体历史进程，进行综合集成；第二，着眼中国广告的世纪转型，进行管理集成；第三，洞悉中国广告的发展趋势，进行技术集成。

解析广告创意的重要性

沈海晖在《商场现代化》2006 年第 7 期撰文认为，创意是广告的生命，或者说广告的艺术生命在于广告创意。创意能引起消费者注意，是激发消费者购买欲望的驱动力。广告创意的作用与任务是“打动大众，促使大众去购买”，同时创意需要创造出可信的、品调高的艺术作品，就必须把商品的特点表现出来，因此广告创意必须以传达最重要的产品销售信息为核心，围绕重要的产品销售信息进行而非信口开河。这就要求广告创意人在创意之前必须考虑各种因素，尽量全面地掌握各方面的材料，提取销售信息。思考消费者的对商品的反应和购买行为。创意的要求包括正确的广告创意观念、正确的广告创意观点、正确的广告创意思维等。

体育作为创意产业与文化品牌的广告效应

郭科伟在《商场现代化》2006 年第 9 期撰文，从体育运动作为创意产业的角度，提出文化品牌的广告效应问题，特别就如何认识奥运会的文化品牌，充分展示体育运动在现代社会发展的广告效应提出具体分析。体育产业作为创意产业的内容已具有支柱性的意义。从创意产业作为一个重要的战略产业的角度看，体育产业具有十分重要的作用。展示体育运动作为创意产业的文化品牌的广告效应应该做到：第一，充分认识奥运会的文化品牌；第二，把握好体育比赛的广告效应。一般来说使消费者产生心理功效需要以下几个环节：（1）引起消费者的注意；（2）告诉消费者一些信息，增加消费者对广告中商品的了解；（3）改变消费者对该商品的情绪反应，增强消费者购买商品的欲望和作出购买的决策；（4）造成一个良好的商品印象；（5）引发购买行为，实现广告效用；第三，电视大大地增加了人们观看体育运动的机会；第四，奥运会特有的场合，吸引了更多的观众。

中国广告离创意产业有多远

贾丽军、王美诗在《广告大观》（综合版）2006 年第 12 期撰文认为，至今广告业没有得到官方最本质的确定，目前中国官方所开列的创意产业所属行业并没提到广告业。以创意为生的广告公司不属于创意产业，这是对创意产业和广告业二者关系的理解不够造成的。所以，我们必须用新的观点去认识广告行业和创意产业的关联，界定广告业在创意产业中的地位，以此来推动中国广告走向创意经济。要把广告业置于创意产业的重点，首先要改变广告业目前的研究模式：把传统的三角模式转换到以广告公司为中心的产业发展模式。把广告受众加入进去，这将使新的广告产业发展模式有了空间，有了承载，有了互动，有了转机，在这个基础上，才有可能将广告产业提升至创意经济产业。构建这种新的发展模式，不仅可以从新的层面研究广告业，更重要的是帮助我们理解广告业。发展创意产业，就必须要重视广告业，必须要重视创意型广告公司。政府应该鼓励广告公司搞创意，保护广告公司的创意知识产权。只有把广告行业定位为创意产业，我国的广告业发展才能打开一个新局面。

网络广告价值的体现

程士安在《复旦学报》（社会科学版）2002 年第 1 期撰文认为，正确地评价网络广告在未来营销中的地位、作用和价值，合理地运用网络传播的工具，是业界应正视的话题。首先，数据库的建立和开发（DataMining）诞生了现代营销模式。现代市场营销向复杂化、个性化营销转移，这就形成目前称之为“营销微型”的趋势。“营销微型”的方法主要就是依据数据库营销：即为特定的顾客、根据特定的情形设计相关信息，追踪有关顾客兴趣或其他特殊需求的信息，发展与重点顾客间的联系或长期的关系。其次，现代网络技术使营销提供的服务范围越来越广泛，越来越复杂；营销的手段也越来越讲究实际和多样化。营销实践中最令人关注的革新在于广告与促销。再次，随着电子商务出现，网络广告成为将信息送达有效顾客，产生有效反应的媒介。网络广告在今天的营销传播中的位置和作用是十分明确的，它是一种符合现代细分市场、顺应微型营销形式的一种特定广告媒体形态。最后，网络广告价值的充分体现，需要法律法规的保障。亟待解决的法律问题包括网络的管理问题、网络上的“广告与信息”区分问题、网络信息利用的隐私问题等。

网络广告发展的新思路

张香兰在《山西财经大学学报》2002 年第 2 期撰文认为，网络广告有其自身的优越性。网络广告是在国际互联网站上，通过图文或者多媒体方式发布的旨在推广产品、服务或站点的宣传手段。网络广告运用现代光纤网络传递信息，可以把电话、无线通讯网、有限网和商业网连接在一起，使网络广告集传播广告之精华，成为继报刊、杂志、广播、电视之后的又一大媒体广告，并显现出无穷的魅力。网络广告的特点包括：（一）网络广告覆盖面广，且无时间和地域界限。（二）网络广告制作容易，修改灵活，成本低廉。（三）网络广告授受之间的互动性和可选择性。（四）网络广告的效应持续时间更长。然而，网络广告必须与传统广告加以整合运用，发挥互补优势，才能打开网络广告的局面。传统广告可以为网络广告做铺垫。网络广告可以借鉴传统广告的创意、形式、技巧等来发展自己企业，在运用网络广告时，尽量多用一些唤起注意力的最煽情的词语；要选择合适的网站；除此之外，还可以利用网络的特性，结合消费者的心理设计制作具有动画效果的不同于传统媒体特色的广告，提高吸引力。

当代电视广告的发展趋势

江山华在《南京林业大学学报》（人文社会科学版）2002 年第 3 期撰文认为，电视广告呈现出多种多样的趋势。一、小型化、精致化趋势。精巧而小型的电视广告往往依赖着不断进步的高科技表现手段——完美结合的视听语言、富于变化的灯光效果、各种特技效果的广泛应用。在内容上则要求以精致的构思和创意展现产品的卖点。二、人文化、娱乐化趋势。随着经济及消费者心理需求层次的升级，在电视广告中注入了人文的新气息。三、强注目化趋势。在信息经济蓬勃发展的背景下，只有相当醒目的广告才能从众多同类品的信息中脱颖而出，达到最有效的广告效果。四、多元化趋势。电视广告要想在瞬息万变的年代中达到预期的诉求效果，多元的创新很重要；尤其广告作为形形色色的商品个性特异的旗帜，它自身的多样性也决定了它的多元化趋势。我国的电视广告起步较晚，与世界先进国家的电视广告还存在一定的差距。我们应密切关注来自国际电视广告前沿的信息，把握行业的最新动态，努力使我国的电视广告成为集经济、文化、艺术三者融为一体的更有效的广告。

论体育广告的策划与经营

吴伟、沈仑、张才成在《北方经贸》2002 年第 3 期撰文认为，体育广告策划要考虑的内容主要有媒体策略、广告预算、广告评价等。一、媒体策略。体育广告的媒体非常丰富，主要包括印刷媒体、电波媒体、户外媒体、实物等。体育广告经常选用的媒体主要有电视、广播、报纸、杂志、户外广告等。它们具有不同的特点。二、广告预算。体育广告是一种投资，同生产性投资一样，存在投入产出之间的关系。因此，体育广告费用与效益的关系，也是体育广告策略中的一个重要问题。三、广告评价。体育广告效果问题是每一个做广告的企业都十分关注的问题。对广告评价，是广告策略中一个很重要的环节。广告评价有利于及时调整广告策略，争取最佳广告效果。近年来，中国体育领域与经济领域互相支持，为相互的发展提供了机会，也促进了体育广告事业的迅速发展，广告收入成为中国发展体育事业的重要经费来源之一。

网络广告发展的态势分析

宋旭琴、向鑫在《经济师》2002 年第 4 期撰文认为，网络广告将是今后广告媒体发展的主流方向，是网站未来的盈利模式，网络广告的前景将会越来越光明。当前，网络广告发展现状是，网络广告数量成倍增加，网站规模的不断扩大，网络广告逐渐成为网络上的热点。网络广告的优势在于这一盈利模式不需要物流、不需要先进的支付手段、更不需要投入大量的人员和启动资金。制作精美的网络广告能够大大吸引住网民，提高了广告的点击率。目前，网络广告的发展前景，除了要解决网络广告管理服务系统外，还要为广告商提供一整套完善的网络广告解决方案，帮助网站与广告商实现网络广告资源共享。网络广告也应与传统广告进行充分的合作，寻找出最佳的盈利模式。可以预见，将会有更多的个人和企业接受网络广告跨时空、跨地域、图文并茂双向传播信息的超凡魅力，网络广告将成为一种具有巨大商业潜力的传播媒介。

直邮广告探析

王肖生、施国琴在《中国广告》2002 年第 4 期撰文认为，直邮广告是指所有通过国家邮政或者传递公司等渠道直接送给选定对象的广告方式。直邮是一种高效而经济的销售和促销媒体，因此它被广泛运用于零售、商业和各类工业公司，被运用于慈善、服务机构、文化活动讯息传递，以及个人相关信息的传递。从商业广告设计角度来看，直邮广告是一种独立的广告物。直邮广告的主要优点如下：选择性、范围性、可变性、可控性、个性化、排他性、反馈性。直邮广告的缺点包括以下几点：每张广告的高成本、缺乏内容支持、抵触态度。有计划地制作 DM 的要点：（1）明确 DM 的目标与对象特征。（2）强调广告商品或服务的重点。（3）掌握寄出 DM 的时间、形式与成本预算。（4）要给顾客好处。（5）博取信赖与激发行动。综上所述，直邮广告作为一种特定的广告媒介，有其存在的必要性，并且它还是有利于社会经济发展的一种不可缺少的广告形式。

社会转型期广告的文化定位与文化资源利用

倪洪兰在《经济师》2002 年第 4 期撰文认为，广告与文化有着不解之缘。广告正是以媒体文化为载体，才得以扩张自己的生存空间。中国广告文化定位的基本思路应主要集中在以下三个方面：1. 必须充分认识到受众文化背景的多样性和发展层次的不平衡性。2. 客观分析、合理定位是准确进行广告文化定位的关键。3. 对目标市场进行调查分析是广告文化定位的保证。广告文化定位必须以丰厚的文化资源为基石，充分合理地利用和智取各种文化资源。这些资源包括：历史文化资源；民俗文化资源；生态文化资源；跨文化资源；时尚文化资源和文化资源的综合利用。综上所述，广告定位依赖于丰富的文化资源，将广告认定为一种文化行为，应在广告定位中恰到好处地调动和智取诸种文化资源。

期刊广告的特性与发展形式

冯杰在《当代传播》2002 年第 5 期撰文认为，期刊的特性使其广告具有以下特点：可保存性、跨地域影响、外观精美、多样性设计和较强的针对性。我国现有的报业集团大多同时拥有期刊。期刊读者一般来讲，具备较高的阅读程度和现代消费观念，比较注重个性发展，因而期刊广告也就多针对有较强消费能力和关注自我的个人。目前，在我国的报纸广告中，广告品种相对缺乏多样性，利用好不同行业对报纸广告与期刊广告的不同选择倾向，无疑有助于报业集团广告品种的多样化，扩大总量。发行量大的期刊能够超越办刊所在地的地域在全国范围内产生影响，范围大大超过日报。因此，报业集团经营影响力辐射范围大于报纸的期刊，加大对期刊的投入不失为扩大经营规模的一条佳径。

广告业的后起之秀：网络广告

万瑞、郑家林在《科技广场》2002 年第 7 期撰文认为，网络广告是指在 Internet 上发布的广告。作为一种新兴的广告形式，网络广告随着 Internet 发展而悄然兴起并呈蓬勃发展之势。与传统广告相比，网络广告具有以下特点及优势：1. 广阔的传播时空。网络广告的时空是广阔的，网络给网络广告提供了几乎无限的时空。网络广告的传播范围远大于传统广告。2. 即时互动性。网络广告使受众成为主动的信息寻求者，企业成为被寻找者。一旦受众确定想了解某个产品的有关信息，马上就可以与企业进行即时互动沟通。3. 理性的促销方式。网络广告更多的是偏重于产品信息的提供，尽可能为受众提供详尽的资料，使受众做出理性的消费决策。4. 目标明确、回报诱人。所以，网上广告商往往能够针对相关的群体更准确地制作和投放网络广告。5. 可检测广告效果。网络广告，通过互动和特定的软件，可以容易地统计出浏览每条通过网上发布的广告的用户数，以及这些用户浏览网络广告的时间分布、地理分布等，甚至可通过网上问卷及电子邮件等方式得到直接反馈，有助于广告方检测广告效果。

我国期刊媒介的广告经营分析

黄梦真在《中国广播电视学刊》2002 年第 11 期撰文，对期刊广告经营的特色与优势等方面进行分析，介绍了期刊媒介广告的现状：期刊广告总量较小，但增幅最高，发展潜力巨大；时尚类、IT 类、财经类杂志广告额遥遥领先，发展态势迅猛；期刊业竞争态势激烈，这将在很大程度上促进强势品牌的成长与成熟。同时，期刊广告经营也具有自己的特点与优势：1. 广告类别与杂志定位的相关性强。2. 开拓创新的期刊广告形式，为其广告经营的进一步发展提供有力的保障。3. 重视广告效果分析的实证操作，有利于期刊与读者、广告主之间形成相互信任、良性互动的关系。一旦杂志与读者的沟通更为紧密，广告信息的传播也将更为有效。广告主不仅可以从杂志社的读者信息库中得到反馈资料，还可以通过第三方中立机构的实证调查和市场的销售业绩来评估广告成效。如果广告传播效果显著的话，期刊经营者与广告主之间就能建立起相互信任、长期合作的良好关系。

从消费者行为分析角度探寻明星广告促销的成功因素

王旗、李伟在《企业经济》2003 年第 2 期撰文认为，以明星作表现主题，可以展示实力，继而激起目标市场顾客对企业和产品的信心。而且，依靠明星的影响力和信誉更能打动消费者，获取消费者的信赖。在当前环境下，有三个因素与明星广告能否成功紧密相关。一、匹配度。广告中明星的性别、职业和各种个性特征如果与产品内涵紧密配合，那么消费者对明星广告中明星的 AIDMA（attention interest desire memory action）就更容易被转移到相应的产品上。二、新颖度。在明星广告出现频率越来越高的当前情况下有三条路可以走：创意新颖、类别新颖、转向其他诉求主题。三、情景影响。消费者不会对企业呈现的明星广告和产品孤立地做出反应，相反，他们会对营销环境和情景同时做出反应。明星广告效果与消费者接收到它时的情景密切相关。情景影响通常包括无法预知类、趋势可定类、可控情景类三种。明星广告能否成功取决于很多因素，不仅受到社会、政治和经济的影响，也取决于产品支撑、广告力度、途径、范围和其本身的技巧等等，其中任何一项出现偏差都可能导致失败。

对我国网络广告市场发展状况的思考

陈可在《新闻界》2003 年第 2 期撰文认为，我国网络广告市场发展面临的主要障碍有以下几个方面：首先，网络媒介的大环境不成熟，互联网的普及受到群体的文化水平和收入水平的制约。文化水平和收入水平这两个因素在制约着网络普及速度的同时，还部分决定了广大广告主对网络广告的投资信心。其次，我国网络广告市场的不规范。网络广告被访问和被点击的统计数据与网络广告的传播效果之间并没有非常直接的联系。我国网络广告的管理和监督滞后。目前还没有成熟的有关网络广告的法律和法规，网络广告的合法经营权问题也还没有得到彻底解决。另外，我国网络广告市场的独立第三方认证机构还不成熟。最后，网络广告的发展需求与互联网本质的矛盾。网络广告的生存空间狭隘，进而又束缚了广告魅力的展现。据目前我国互联网发展的实际情况，单纯依靠网络广告进行网络运营的时机还不成熟，必须创造出其他更为稳定、更有市场的盈利点，比如目前流行的收费邮箱、短信服务等等。目前重要的是应及早投入精力、加强研究，抓住机会，使网络广告在逆境中成长并创造辉煌。

体育明星广告的现状及建议

杨宇明、欧阳明胜在《上海体育学院学报》2003 年第 5 期撰文认为，近年来，我国体育明星广告发展迅速，各大媒体上越来越多地出现了以体育明星为主角的广告。而随着体育广告的迅速发展，企业或公司为把体育产品或体育劳务的特性、作用及供应商等信息传递给体育消费者，沟通供需双方联系，引起体育消费者的注意与兴趣，促进购买，都借助体育明星做广告来沟通市场产品的供需信息，促进销售。广告由实物走向个人，由单一的体育项目走向多元化。明星的效应，使广告如虎添翼。体育明星广告具有传递体育信息，沟通市场需求，树立企业形象，激发体育需求，促进体育产品销售，传播体育文化，指导体育消费以及促进体育产业发展及社会主义精神文明建设的功能。因此，体育广告逐渐成为一种广告新宠，但是因为起步较晚，各种法规法令还不健全和完善，还有一些具体问题有待进一步思考、解决。

软文广告新探

刘艳子、柴贵银在《广告大观》2003 年第 7 期撰文认为，软文广告是用作广告的软性文章的简称。在软文广告产生之初，它是免费的。随着这种广告形式的发展和完善以及人们对它的逐步认可，有些报纸已经开始以版面大小来核算软文广告的费用。可以说，软文广告是唯一经历了从免费到有偿转变的广告形式。从形式上看，软文广告与新闻报道的界限被有意或无意地模糊。软文在内容上失真，也是亟待解决的问题。一方面，我们必须正视部分软文广告的虚假问题；另一方面，我们又不能形而上学地对待问题，简单地因为虚假问题而否定软文广告的全部。对“软文广告”正确而理性的认识以及相应管理体制和监督机制的完善必将有力地促进软文广告实务地健康发展。

山西百家广告公司生存现状及发展战略

米万锁、韩虎山、储南玉在《山西统计》2003 年第 8 期撰文认为，山西广告业在诸多方面都存在着需要改进的方面：第一，从总体上来看，山西的广告业普遍存在公司的规模小、经营单薄、专业水准不够的问题。第二，各广告公司之间的横向联系严重缺乏，各自为政的经营理念根深蒂固。第三，从客户方面分析，山西的广告公司几乎没有自己固定的代理客户，更缺乏优势客户。第四，广告公司硬件设施投入的不足，也是山西广告业普遍存在的问题。第五，从广告策划和创意水平方面看，山西的广告公司也存在着诸多问题。第六，从广告公司自身的经营理念来看，大多数的广告公司缺乏规范的管理体系和科学的经营理念。第七，广告业是依附性极强的行业，由于山西的经济不发达，在一定程度上严重制约了广告业的发展。第八，广告公司缺乏对自身的宣传。第九，山西的广告公司除了“好运达”、“博翔”等几家公司的经营区域覆盖面较广，其他的广告公司几乎都局限在本地区。第十，从调查资料中可以发现，山西目前的广告公司中，有 34% 以上的公司不能称作严格意义上的广告公司。山西广告业要想有一个更好的发展空间，必须在以下几个方面进行改进：一、打破现有的模式，实现广告公司的大联盟。二、塑造整体形象，构建发展平台。三、加强从业人员的专业培训，提高从业人员的整体素质。

农村广告市场开发四要素论

罗书俊、王好彬在《江苏商论》2003年第11期撰文认为，如何有效地利用广告来开发农村市场成为众多商家和广告人关注的焦点。就确立农村广告市场的开发战略而言，要把握好以下四个环节：一、调查评估落实处。事前的广告调查，有利于准确掌握农村市场的广告竞争态势，把握竞争对手广告投入的最新动向、表现手法、媒介策略，从而制定出代理品牌的广告推广计划。二、广告信息讲实效。农村广告宣传都应从农民的利益出发，想农民之所想，用农民的心态去分析和看待产品或服务，农村广告的诉求点应强调产品的必需性、可操作性、安全性、价廉物美等几个方面。三、农民大多不愿接受过于复杂的广告形式，农民喜欢简明易懂的广告作品。在农村广告市场的开拓过程中，广告表现形式的单纯有利于提高广告传播的有效到达率。农村广告作品在情节上应诙谐动人、为农民喜闻乐见，在诉求上应实事求是、以理服人，在人物上应贴近农民、力求自然，可亲可信。四、媒体组合求多样。农村广告通过何种媒介才能有效和体面地接近受众是商家和广告人在开拓农村广告市场时不得不思索的问题。

期刊广告经营的策略分析

谢志佐在《科技情报开发与经济》2003年第11期撰文，对国内几种期刊的广告经营进行了分析，并提出了期刊广告经营的相关策略。一、广告产品的消费群与期刊的目标读者群相一致。期刊经营者对广告产品的选择非常重要。由于读者的性别、年龄、社会阶层、职业特性等因素都会影响到如何选择广告产品，所以期刊广告的选择必须以期刊的目标读者群的特征为依据，这是期刊广告刊登的一个重要原则。二、加强期刊广告和广告版面的创意及设计研究。增强广告信息的艺术表现形式，许多成功的广告创意和设计，在进行商业渲染的同时，还带给读者美好的情趣享受。三、加强期刊的营销活动和广告管理。首先，除了刊登广告以外，还包括组织活动，扩大社会影响。其次，要经常研究各类用户的广告信息需求，分析结果，采取相应的措施。四、树立精品意识，争创品牌期刊。科技期刊有其特有的严肃性和科学性，应该端正出版理念，以质量为本，靠上乘的学术质量来树立形象，赢得良好的声誉，形成优秀的期刊品质，走可持续发展之路。

试论广告法对比较广告的调整

李军林在《中国广告》2003年第12期撰文认为，比较广告在不同法系的国家和不同的语境中它的内涵和外延有所区别。我国对比较广告采取的是“原则允许，例外禁止”的立法方式。即允许比较广告的存在，但对一些特殊商品不得做比较广告。由于经济利益的驱使，存在着大量违法、违规的比较广告，因此我国广告立法对此予以坚决禁止。在这种情况下，我们应该：1. 建议对直接比较广告予以开禁。首先，有助于消除市场虚假垄断，保证市场机制的正常运转。其次，有助于消费者辨别和选择，从而更好地保护消费者的权益。最后，有助于优胜劣汰市场竞争法则的实现。2. 建议对服务比较广告加强调控。具体而言，应当进一步完善广告法律、法规，要在法律规范中明确服务比较广告的含义，规定它的一些基本法律特征，并进而明确这一类违法广告的法律责任。同时，必须加大执法力度。3. 建议加强对网络比较广告的法律规范。保证网络比较广告健康有序地发展，尽量减少网络虚假比较广告和网络贬低比较广告的产生，同时也让广告监督管理机关在对网络比较广告进行监管时有法可依。

我国广告公司的生态环境

陈玉霞在《当代传媒》2004年第1期撰文认为，中国本土广告公司如何利用机遇，突出重围，是中国广告界业亟待解决的问题。所谓广告公司的生态环境，就是广告公司赖以生存的条件以及在某种环境下的生存状态。从国际环境看，入世以后，外国企业凭借巨额资本和高新技术进入中国市场，抢占市场份额，外企加大广告的投入，充分借用广告的力量打开中国市场。虽然中国本土广告公司在技术运作层面不如合资公司、外资公司，但在文化层面，在消费者习性等心理层面，它却可以占据一定优势。国内环境方面，加入WTO以后，政府对广告的直接行政干预会逐渐削弱，政府管理部门将根据法律法规维护行业秩序，加大立法力度和执法的透明度，净化和优化广告竞争环境。我国广告业的现状是，广告主无法提高对广告公司的信任度。媒介对广告公司的直接制约仍然较强。为此，可以从以下几个方面来提高本土广告公司的核心竞争力：1. 求同存异，与广告主建立稳定和谐的伙伴关系。2. 转变经营形态，走专业化道路。3. 调整服务理念和方式，提供优质服务。4. 建立信用机制，防止人才频繁流失。5. 高瞻远瞩，实行规范化操作。

我国体育用品企业电视广告投放现状研究

肖鹏、杨铁黎、刘润芝在《首都体育学院学报》2004年第1期撰文认为，电视广告在塑造品牌方面有着举足轻重的作用，也是企业进行整合营销的重要手段之一。研究表明：(1) 我国体育用品企业投放电视广告的积极性不高。(2) 我国体育用品企业投放电视广告时主要考虑企业产品与媒体的特点、媒体覆盖范围与受众目标的影响，同时，受广告费用的影响也较大。(3) 我国体育用品企业投放电视广告的动机主要是为了促进产品销售和提高企业的市场竞争力，同时对品牌建设给予了较大的关注。(4) 我国体育用品企业电视广告的广告类型以产品广告为主，并注重对广告代言人和广告语的运用。但在代言人的选择和广告语的运用上还缺乏专业性和针对性。为此，应该加强对体育用品行业特点的研究，努力寻找进行电视广告创意的切入点，重视投放企业形象广告，巧妙运用感性诉求手法，科学运用广告语，审慎选择广告代言人。

对商家发布虚假广告行为的认定及法律责任

冯学斌在《中南民族大学学报》（人文社会科学版）2004 年第 S1 期撰文认为，虚假广告就是商家对商品或者服务作虚假宣传的广告，它的虚假性主要表现在以下几个方面：夸大失实、语言模糊、令人产生误解、不公正、消息虚假。违法的虚假广告大量出现，不仅使广告受众深受其害，同时还关系到商业信誉、经济秩序、法律尊严等问题。鉴于此，解决问题的对策主要有以下几点：（一）修改完善广告法律法规，建立权威、统一、协调的法律法规体系。（二）宽严适度，明确禁止性规范、义务性规范、许可性规范、任意性规范的界限。（三）突出诚实信用原则的重要地位。(四) 建立规范的违法广告公众举报制度。(五) 赋予广告受众对违法广告的起诉权。总之，做到依法做广告，依法管广告，严厉打击商家发布虚假广告的行为，对违犯者追究法律责任，才能使广告业在法治轨道上健康发展，才能规范商家们的经济行为，也才能使社会公众免受违法广告之害。

浅谈软广告创意

李鹏在《郑州工业高等专科学校学报》2004 年第 2 期撰文认为，软广告把硬广告的主题号召力加工成风格迥异、引人入胜的文章，带有科普小品、游记、新闻报道体裁的若干特征，因此，它弥补了硬广告在表现形式上的弱点和局限。软广告可以传递更多的信息，承载更多的内容和潜台词，完成更直接、更彻底的诉求目的，更能使感性诉求过渡到理性诉求，提高诉求的质量。软广告的创意也有误区：第一，把产品说明书当成软广告。第二，缺乏提炼，少有新意。第三，不重视软广告的标题创意。第四，编排制作与版面整体风格不协调。好的软广告，是内容和形式的完美统一。广告语言是软广告的精华，特别是广告的标题。软广告设计的标题制作技巧最重要。广告的成功，很大程度是由标题的质量高低来决定的。软广告标题创作应遵循以下原则：富有创意，引人入胜；简洁凝练，一目了然；结合主题，题文相符；富有情趣，易懂好记。总之软广告创意是整个广告创意不可缺少的组成部分，它对一个成功的广告作品起着非常重要的作用。

中国近现代广告文化的演变

宋玉书、许敏玉在《大连理工大学学报》（社会科学版）2004 年第 3 期撰文指出，近现代社会文化对广告文化影响之大、给广告文化输送的新鲜养料之多、对传统优秀文化传播之主动、对现代文化反映之积极，亦非前代可比。近现代的广告形式已经从最初的口头广告、实物广告、招幌广告发展到报纸广告、杂志广告、户外广告等更先进的广告形式。近现代广告传达了消费文化观念、女性文化意识，反映了民族自强精神、爱国主义精神，传播了传统文化知识。广告中的现代消费文化观念和女性文化意识，反映了近现代社会文化的嬗变及其对广告的影响；广告中对侵略、抵制日货的诉求，反映了广告文化对社会主潮、公共话语的迎合与呼应；而广告绘制的历史故事、文化故事、民间传说等，使商业广告成为一种传播传统文化的载体。广告文化的演变说明了广告文化具有与社会文化同律动的特点。

试论中国广告国际化的途径

卫中亮在《兰州商学院学报》2004 年第 3 期撰文指出，实现中国广告业国际化的途径有：一、解放思想，克服传统文化中消极因素的影响。1. 消除封闭、单向的传统思维方式对广告创意的影响。2. 克服中庸之道思想的禁锢。3. 摒弃小农经济意识。二、继承、借鉴和创新，从模仿中求发展。继承是从本民族的传统文化中汲取精华；借鉴是从外来民族的文化中吸取有价值的内容，二者来源不同，但目标一致，都是为了创造出优秀的广告作品，为了使中国广告早日实现国际化。创新是创造性思想活动的结果，其成果必须是前人所没有的。继承、借鉴是创新的基础，而创新是继承、借鉴的发展。没有继承、借鉴的创新和没有创新的继承、借鉴都不符合辩证唯物主义思想，因而也都是错误的。

科技期刊广告的经营策略

胡如进、顾志玲在《编辑学报》2004 年第 3 期撰文，从四个方面阐述科技期刊的广告经营策略：一是做好期刊的定位。科技期刊的定位包括社会功能定位、内容定位、读者定位、形式定位及发行和价格定位。在市场经济环境下，期刊的社会功能定位应坚持双重效益原则，将社会效益和经济效益紧密结合起来。并在此前提下再进行其他几个定位：内容定位和读者定位是核心，形式定位及发行方式和价格定位则服务于读者定位。内容定位与读者定位紧密相联，是在本专业范围内确定主要报道内容，确定期刊特色，适应特定的读者群。二是通过提高期刊质量，加强宣传，做好定价，从而提高期刊的发行量。三是严格广告审查，保证广告内容符合相关法律、法规的规定，而且符合行业的政策，提高广告的可信度。四是制定合理的价格规定、通过计算机辅助管理，帮助客户对广告来稿内容把关，提高服务质量和工作效率。

文化资本和经济资本的联姻：媒介事件与公关广告

史粱在《湖南大众传媒职业技术学院学报》2004 年第 3 期撰文认为，公关广告与文化艺术作品的关系象征着经济资本对于文化资本的征服，这种征服不是以击败文化资本而告终，相反，广告巧妙地调集或者征用文化资本为之效力。媒介事件表现出的“垄断性”即“霸权性”。企业通过参与一些与企业无直接利害关系的活动而把企业品牌、企业形象间接推出去的广告行为。利用媒介事件能更大地引起人们的注意，往往具有比较大的新闻价值，或者更多的时候是通过媒介对事件的报道方式，将这种新闻价值“放大”，引起人们的兴趣。媒介事件与公关广告的特点促进了两者的联姻。众多迹象表明，经济资本与文化资本的联手将是公共领域的未来主宰，广告无疑是两种资本汇聚合流的特殊形式。

广告信息传播模式的研究要适应经济发展不断创新

姚颖、李汉铃、吴冲在《情报科学》2004 年第 3 期撰文，通过深入剖析广告信息传播模式及其现状，发现现有广告信息传播模式相对于网络经济下的广告信息活动而言，具有不完整、过分简单及含有某些未被阐明的假设等缺陷，不能满足和适应当前经济发展的需要。广告信息传播模式的发展趋势决定了广告传播模式内部组成要素的复杂化，从系统结构构成的角度，新的广告信息传播模式应该建立接收者信息库与监测机构构成的反馈系统，与信源、渠道和信宿相互作用从而形成一种动态结构，应具有构造功能和解释的功能，以及具备揭示各系统之间的秩序及其相互关系，能够直观而又具体地对当前广告传播活动的理论描述方式。

广告销售效果的制约因素

郭子雪在《经济论坛》2004 年第 4 期撰文认为，广告销售效果受多种因素的影响，主要包括以下几个方面：1. 广告传播效果。传播效果的好坏，对产品的销售必然会产生某种程度的影响。2. 广告媒体的组合。由于不同的媒体具有不同的特点、传播范围和传播对象，其广告效果也不尽相同，所以广告媒体组合是广告活动中最常遇到的问题。3. 产品品质、价格和品牌魅力。广告的作用一方面可以提高产品的知名度，另一方面可以促进产品的销售。但是，产品是否真正具有竞争力，关键还要看产品品质、价格和品牌魅力等广告主导因素。4. 国家宏观经济形势。当国家宏观经济形势向好时，消费者有很强的消费需求，此时通过一定的广告刺激，将激发起消费者比较大的购买欲望。5. 竞争企业的广告。竞争企业（包括生产替代品或同类产品的厂商）与本企业在同一时间或相近时期发布广告，将可能降低或提高本企业广告的销售效果。广告销售效果是广告活动的最佳效果体现，广告效果评价是衡量广告活动的中心环节，它为企业分析广告促销活动中的营销状况，进而制定下一步的广告策略提供了依据。

书业广告现状谈

沃群锋在《出版广角》2004 年第 4 期撰文指出，我国书业已经迈入了“营销时代”。今天，投放市场的图书品种大大增加，图书市场的竞争日趋激烈，在这种情况下，为自己的图书做做广告就显得十分必要。但现实是我们的一些出版社对图书广告并不热心，在广告上的投入缩手缩脚，生怕广告费浪费流失，与国际上还存在着较大的差距。当前有少数出版社在广告方面做得比较好，他们已经意识到树立企业形象的重要性，跳出了单纯促销图书的框框，开始注重宣传自身出版理念。从内容来看，营销理念已经在图书广告中有所体现。广告既开始体现出极大的创意性和新颖性，也注重诉诸于感情的沟通和适当地添加幽默元素。但这些还是大多数出版社所缺乏的。因此出版者们必须树立广告和主动沟通的意识，包括代价意识、读者意识、创新意识、品牌意识等。首先要肯定书业广告作为一种重要的图书营销手段的效能和必要性，要以消费者为导向，全部活动都要以市场需求为出发点，在满足消费者需求中实现自己的目标，应当大胆借用其他行业广告的成功理念，并将其运用于图书出版业。

在探索革新中寻求媒介广告经营发展之路

程士安在《传媒管理论坛》2004 年第 4 期撰文认为，市场经济的发展给媒介的经营、发展带来了极大的挑战，如何在有限的竞争空间使广告收益最大化？一、媒介广告经营理念的变更：（1）理解了媒介这一特殊商品的两次销售基本规律。（2）掌握了媒介定位与媒介广告经营的相互关联。（3）体会了媒介的品牌效应与广告效果的内在联系。二、媒介广告经营方式的变化：（1）媒介广告经营权的整合与分流。（2）媒介广告经营从单一广告盈利向全面专业代理服务发展，加大力度进行自身媒介品牌的广告宣传推广，注重为广告客户增加全面专业代理服务。媒介广告经营发展在探索中前进，回溯我们走过的曲折历程，总结我们在改革中的每一次尝试，可以清晰地看到经营理念的变化和创新是如此的重要。

略谈城市户外广告的现状及对策

林毅红、程伟在《南京艺术学院学报》（美术与设计版）2004 年第 4 期撰文，论述了现今户外广告设置无序性的根源及其对策。现今户外广告设置存在着无序性，其症结在于：一是户外广告媒体随意设置，广告主、广告经营者盲目追求广告投放量，造成媒体资源的滥用。二是广告监督管理不到位，执法力度欠缺。三是户外广告媒体设置与城市建筑环境不协调，有碍观瞻。四是户外广告媒体造型缺乏美观。五是广告画面视觉图像泛滥成灾，确是造成城市视觉污染的主源。六是商业门面的店招、店牌与广告牌的功能不甚明确。商家盲目热衷于户外广告有以下几点原因：一是户外广告具有到达率高、成本低的特点，有利于建立广告知名度。二是传统广告费用，尤其是电视广告费用逐渐提升。三是广告主更加务实，注重短期回报，追求更为丰富多彩新颖独特的营销方式。整顿城市户外广告秩序的对策和措施，主要有以下几点：一、广告位置与周边环境相协调。二、要改变目前广告发布混乱无序的状态，找出造成目前状况的主要症结和问题。三、一个与户外广告总体规划相配套的实施细则，防止总体规划中因缺乏可操作性的意见，而造成实施和监控的难度。四、户外广告经营的宏观管理，要加强监管力度，具体实施时要严格管理、严格控制。五、城市户外广告要设置总体规划和实施。

中美两国体育广告市场比较研究

何强在《解放军体育学院学报》2004 年第 4 期撰文，对中、美两国体育广告规模、广告费用投入以及广告的总体效益进行对比分析，认为我国体育广告同美国相比有较大差距，并提出了四点建议：一是加强政府引导，转变观念。要改变计划经济体制下的思维模式，树立市场经济发展思路。二是加强管理，营造良好的发展空间。国家要严格体育广告的市场准入，提高广告业的主体性质。制定相关的规章制度，保证体育广告业健康有序的发展。同时要有效利用各类体育资源，提高资源的利用率，提高体育广告的覆盖率和传播影响。三是提高我国竞技体育水平和大众体育的社会参与度，尤其是职业联赛，扩大体育广告的社会影响力，提高体育广告的广告效率。四是要加强体育广告方面专业人才的培养，提高体育广告的内涵和创意，使广告创意和经济效益同步增长。借鉴美国发达的体育广告经验将对我国的体育广告的发展起到重要的推动作用，从而推动体育产业的进一步发展。

“性感广告”成因及其评析

许月奎、曹秀平在《经济师》2004 年第 7 期撰文认为，“性感广告”作为企业营销的一种行为手段，它既欲钻法律空子，又不符合企业/经济伦理及社会规则。“性感广告”泛滥原因分析主要有以下几点：1. 社会转型期，社会变迁迅速，价值观念也瞬息万变，“性感广告”由此找到了生存与传播的空间。2. 竞争的压力和对利润最大化的过分追求，导致商家只求利润而不问其他。3. “败德成本”太低，难以阻止“败德”行为的发生。4. 决策者个人的价值观不符合市场经济的伦理规范。“性感广告”这一行为不符合市场经济行为的要求和规范。1. “性感广告”不符合商业目的性。2. “性感广告”促生严重的社会问题。强化了奢侈生活泛滥的趋势，对广大青少年有严重的负面影响，严重违背、冲击社会良好风尚。3. “性感广告”违背市场经济的伦理规则。

户外广告视觉设计与传播

王伟明在《装饰》2004 年第 8 期撰文，分析了户外广告的视觉特征，认为户外广告的视觉传达设计要始终贯穿于视觉形象的规范化和系统化，使之具有简明而准确的视觉特征。在设计上若不能体现整体功能，效果最终会大大受到限制。系统化设计有利于企业在营销过程中更好地对外传播，它通过广告宣传能大大改变促销前的企业现状。经验表明，具有高度的统一性和整体性的视觉系统，可以被借鉴并对户外广告视觉要素进行科学的规划、组织、协调和控制。目前，我国相当一部分城市的户外广告无序化状况严重，户外广告成了五花八门的“视觉垃圾”。为解决此种问题，一方面广告视觉设计必须适应媒介形态变化，另一方面户外广告的整体发展趋向应全盘规划，宏观调控。

名人广告的误区

王佩玮在《商场现代化》2004 年第 12 期撰文认为，

名人广告在促销中有重要作用，然而名人广告也存在一些误区，主要有以下几个方面：一、名人的知名度高，宣传效果就好，造成名人与产品的错位，名人与目标受众的错位。二、请广告明星做形象代言人，影响会更大，结果造成品牌形象的混淆。三、只要名人大力宣传，受众就会相信，名人虽有一定的号召力，但受众对真假优劣自有评判的标准。四、消费者爱屋及乌，名人喜爱的消费者也一定喜爱，名人对市场有影响力，但影响力往往是有限的，有的人喜欢，而有的则厌恶。五、不管什么产品，都尽可能用名人做广告，结果造成广告信服力降低。六、在广告创意中要突出名人的形象，造成产品与明星的本末倒置。七、名人的“人气”经久不衰，名人的形象并非恒久不变，而总是处在一个动态变化的过程中。八、用不同类型的名人作为产品的形象代言人，可以提升品牌的知名度。

名人广告中的风险

汪玉在《经济论坛》2004 年第 20 期撰文认为，名人广告背后隐匿着诸多风险，这些风险主要来自以下几个方面。风险一：名人人气指数下降，广告公司或广告主选择名人，十分看重名人的人气指数。名人广告追求的是名人效应，因此人气因素往往成为首要的标准。风险二：人与产品之间缺乏契合。名人广告并非是名人与产品的简单拼凑，只有当名人形象同产品形象趋于一致时，消费者才会对产品产生认同和信任。风险三：名人信誉危机。名人广告中名人的不实证言，会引起消费者的强烈不满。风险四：一仆多主。现在许多明星同时为好几种产品做形象代言人，这些广告经常在同一广告时间段前后播出。虽然明星代言的不一定是直接竞争产品，但消费者总是产生疑惑，或张冠李戴。

媒体广告的一体化管理

刘文泽在《广播电视信息》2005 年第 1 期撰文认为，在各个电视台的竞争中，制定更科学的广告战略，提高管理效率，更好地服务客户成为决胜的重要因素。这就需要广告的一体化管理。一体化管理的核心思想是综合考虑决策、经营、分析，并整理出有序的管理程序。借助于目前的技术手段，使用电脑来辅助管理经营系统、分析系统，提高经营和分析的效率，从而提升决策的灵敏性和准确度。在实际的应用过程中，经常遇到的问题有：1. 客户的需求种类多；2. 越来越多的客户要求定制的个性化服务；3. 客户广告的投放策略经常变化；4. 临时的广告素材版本变化多；5. 电视台经常根据市场发展调整的广告销售策略。要实现对广告进行有效管理，提高客户的满意程度，广告业务管理应解决以下几个问题：1. 实现快速反应机制；2. 高度的灵活性和可伸缩性；3. 实现资源共享，减少重复劳动；4. 减少管理环节，提高管理效率；5. 提高设备安全，减少故障时间。总之，只要能够有正确的指导思想，坚持以管理和软件作为系统核心，遵从上面的原则，就一定能够成功地实施相关系统，配合广告业务的顺利开展。

论幽默漫画广告的传播功效与形式特点

尚华在《包装工程》2005 年第 1 期撰文认为，幽默广告是一种以喜剧性的表现形式来宣传产品的广告。漫画广告一般具有以下特点：1. 漫画广告的最大特点和优势在于能迅速地反映生活，能随时根据市场的需求变化进行设计，并且制作简单快捷；2. 漫画形象可以人物或动物为表现角色，或把商品拟人化，表现的选择度和自由度都很大，创作者拥有无限的想象空间；3. 主题鲜明突出。由于漫画的形式都比较简洁，往往只有产品形象，或者把人为形态与产品联系起来构成一个有趣的画面，避免了繁琐的文字介绍，将广告所要宣传主题更加鲜明突出；4. 画面简洁一目了然；5. 形态生动鲜活；6. 处理手法丰富多样。漫画作者根据自己丰富的想象创作，因此差别很大。漫画的题材广泛，在处理中可以按主题随意增减，给人以新颖多样的感觉。总之，幽默漫画广告要求机智敏捷的创造性、快速准确的洞察力与豁达轻松的人生态度。它要求广告设计师不仅具有天赋及才能、丰富的阅历和人生体验，更要求掌握幽默漫画创作的技巧，精通广告设计的原理，才能创作出真正受到人们欢迎，并且有市场销售力的幽默广告。

探寻中国网络广告的未来走向

高峰在《江苏冶金》2005 年第 1 期撰文，探讨网络广告目前的发展现状：1. 发展迅速，差距明显；2. 网民数量众多，但在文化层次上有待提高；3. 网络广告的形式有了新的变化，但在自主创新方面力度不够；4. 网络广告主数量增加，企业对待网络广告的观念仍须进一步变革；5. 网站数量增多，为网络广告的投放提供了更多的选择。所以网络广告想要在未来取得更好的发展前景，必须要解决存在的问题：1. 通过自身技术的不断发展，实现多网合一，扩大网络广告的影响力；2. 网络广告的表现应更多地考虑到受众的审美需要，策划与创意体现更多的针对性，增强网络广告对受众的吸引力；3. 拓展网络广告业务，增强广告主对网络广告的信心，可以改进现有的网络广告方式与技术，将网络广告与在线销售相结合；4. 与传统媒体合作，实现跨媒介互动。

中国电视媒体广告经营的现状、问题及对策

李敏在《南京航空航天大学学报》（社会科学版）2005年第2期撰文，从以下方面分析了中国电视媒体广告经营的现状：1. 中国电视媒体广告经营的地位；2. 中国电视媒体广告收入的来源及构成。当前，中国电视媒体广告经营的主要问题有：1. 来自专业媒介购买公司的压力；2. 电视台节目制作、购销、广告营销构成媒体广告经营发展的瓶颈。它包括：电视节目制作，耗费了大量成本，生产了大量“三无”产品；电视台以随片广告方式置换电视节目，一度使电视台日常广告经营陷入困境；广告营销中预付款方式造成电视媒体广告经营的恶性循环；3. 国家广电总局《广播电视广告播放管理暂行办法》对广告经营的冲击。为此，解决中国电视媒体广告营销面临的问题及压力的相应对策：整合资源，协调经营；变革盈利模式开发广告资源，其中包括付费点播和节目制作与营销；细分广告市场，完善广告服务；创新广告形式。

论体育明星广告的传播原理与策划原则

贾明学、桑国强在《山东体育科技》2005年第2期撰文认为，体育明星广告是指有较大知名度与社会影响的体育名人（如教练员、运动员）出现在广告中，利用自己的知名度与社会影响力为产品做的广告。体育明星广告应遵循的传播原理：1. 从传播者来看，体育明星广告应遵从品牌叠加的原理；2. 从传播过程看，体育明星广告遵循两级传播原理；3. 从受众来看，体育明星广告遵从的是“关注—充实”的情感映射原理。体育明星广告策划应遵循四个原则：1. 关联性原则。明星广告的最高境界是消费者一听到或看到明星，马上就能够联想到一定的产品；2. 风险性原则。体育明星做广告的风险包含两个方面，一是广告主在请体育明星做广告时所承担的风险；二是体育明星在选择产品为其做广告时具有的风险；3. 真实性原则。无论是体育有形产品广告还是无形产品广告，商家和体育明星都应向消费者真实、准确地传递体育产品的功能质量等信息；4. 艺术性原则。体育明星广告中遵循艺术性原则，就是要在广告中体现出自己作为运动员，经历艰苦训练而最终成功的意义所在。

广告文化建设初探

王令中在《焦作大学学报》2005年第2期撰文认为，广告具有大众消费文化性质，广告的商业性和文化性以及广泛的社会影响会对社会文明产生重要作用。广告在进行商品宣传的同时，也具备了传播文化意识的功能，具有商业功利和社会文化的双重色彩。所以广告文化建设是一个关乎整体社会的系统工程。一方面，广告文化建立在现有经济基础和意识形态之上，是社会文化的组成部分；另一方面，社会文明制约着广告文化的走向，使其“适者生存”。因此，我们需要的是那种既不损害文化价值，又不背离商业利益的广告；既为大众喜闻乐见，又有健康向上的文化品位；既能影响消费者的现实行为；又能符合社会文明的长远利益。这是广告文化建设的发展方向，最终可获取社会和经济的双重效益。关于广告文化建设措施的思考：1. 调整文化机制，打破行业鸿沟；2. 加强舆论影响，展开必要的讨论和批评；3. 提高广告从业人员的素质，改善同企业主的合作方式；4. 发挥媒体和文化市场职能部门的把关作用。

创新型广告人才创造力结构培养的实证研究

李彬彬、王敏敏在《江南大学学报》（人文社会科学版）2005年第2期撰文认为，我国创新型广告人才的创造力培养模式亟待调整和改革。创新型广告人才培养模式的调整建议有六项：1. 高校广告学专业培养单位与广告业用人单位普遍认为广告人才创新能力偏低；2. 广告人才的创新思维能力不足，主要体现在提升广告主文化内涵和把握消费者品牌心理图式变化的能力缺乏；3. 广告人才的创新认知风格中发散性思维能力的不足，体现在广告人才创意执行的能力欠缺，创意方案思路狭窄等方面；4. 广告人才的服务意识不足；5. 广告人员的人格素质令人堪忧，社会责任感意识不强；6. 高校广告专业还应重视培养创新型广告人才节约成本的意识，增设项目管理、财务管理等课程，培养具有创业意识和创业技能的现代广告人才。

新时期广告人角色意识的构建

李彩霞在《山西广播电视大学学报》2005年第3期撰文认为，随着经济的发展，广告人应不断更新角色意识。这一角色意识的形成以广告受众的模拟意识和广告主的经营模拟意识为前提。广告受众模拟意识在角色理论中，模拟意识就是指让人暂时置身于他人的社会角色，并按照这一角色所要求的方式态度行事。这是角色体验的一种具体方法，它可以增进人们对他人社会角色及自身角色的理解，从而更有效地履行自己的角色。受众模拟意识即指广告人站在广告受众的角度去考虑问题，体验受众的所见所闻。因此，广告人应该做到：1. 将消费者视为“生活者”；2. 从受众的自我意识出发挖掘消费需要，确定消费利益关注点；3. 模拟受众，选择最佳沟通方式。同时，广告主的经营模拟意识在整合营销策略的推动下，广告人

与广告主的利益目标越来越趋向一致，广告人要学会用经营的眼光考虑以下几个问题：1. 以最小的广告投入得到最大的利润回报；2. 通过优秀的广告作品树立持久的品牌形象并进行品牌资产的积累；3. 准确把握市场动态需求，为新产品的开发提供合理化建议。

论我国体育明星广告市场的培育与开发

张国清在《湖北体育科技》2005 年第 3 期撰文，探讨分析了体育明星广告市场的成因、现状、运作规则中存在的各种缺陷等，并对培育与开发体育明星广告市场提出对策建议。首先，体育明星广告市场的成因有：1. 体育明星青春健康积极向上的精神风貌和明星效应是商家看中体育明星做广告的主要原因；2. 体育明星广告易于引起消费群的购买行为；3. 体育明星广告的感召力效应强。当前，我国体育明星广告市场的现状问题：1. 资源开发不够，深广度偏低；2. 市场化程度低，法规建设滞后；3. 中介机构欠缺，作用发挥欠佳，体育经纪人的作用发挥不充分，广告公司的真正价值没有充分体现。为此，培育与开发体育明星广告市场的对策是：1. 建立和完善体育明星广告市场体系；2. 规范市场行为；3. 加强体育明星广告市场经营队伍建设；4. 要积极发挥体育经纪人、广告公司在体育明星广告市场开发中的作用；5. 加强体育明星和商家的自主意识。

本地广告公司的多元化盈利模式

卢山冰、黄孟芳在《新闻知识》2005 年第 4 期撰文认为，本地广告公司的多元化经营上具体有以下几个方面：1. 涉足栏目制作和影视剧的购买、拍摄、发行；2. 开发、购买四大媒体以外的“小媒体”；3. 参与条块性质广告单位。本地广告公司可以采用参股形式对于这些资源进行经营开发；4. 与行业产品销售联合就执行力来讲，本地公司有着得天独厚的优势；5. 开发当地第一资源。真正意义上的“第一资源”无疑就是政府控制的资源，这种第一资源具有绝对的“稀缺性”。在当地第一资源的开发上，本地广告公司也有着得天独厚的优势；6. 小制作有大市场。本地广告公司中开展的各类小型的广告设计、制作的单位业务十分繁忙，而且员工单产都很高。这也应验了“薄利多销”这一规律；7. 广告与装饰、装潢业务结合。

浅析体育经纪人在体育明星广告中的作用

何远梅在《体育师友》2005 年第 4 期撰文认为，体育经纪人的作用包括：1. 保护和提高运动员的无形资产量。经纪人必须要求其所代理的运动员保持良好的体育道德作风，公平竞争，捍卫体育的纯洁性；2. 通过媒体建立和强化体育明星的公众形象。在进行广告市场开发时，电视、报刊、杂志等媒体的宣传是必不可少的前提条件；3. 促成体育明星与企业建立伙伴关系。从事体育明星广告市场开发的中介活动必须是让体育明星与企业双方以支持和回报交换为中心，两者进行等价交换。双方必须是互惠互利，共同得利的关系；4. 降低交易风险。体育明星无形资产的潜在价值可能很大，但实际市场交易价格能否反映他的理论价值，则有很大的不确定性，其价值实现弹性相当大。一方面，体育明星无形资产的价值实现要受到一系列体育自身因素的影响；另一方面，它又取决于媒介的关注程度、大众的参与程度、购买企业的形象定位及经济的景气程度等诸多因素的影响。

电视广告营销的有效途径

韩英在《河南商业高等专科学校学报》2005 年第 4 期撰文认为，电视台的广告经营是一种特殊的市场营销，有以下营销有效途径：一、节目宣传可有效促进电视广告的销售。二、整合传播策略有利于对电视广告跨媒体宣传。1. 可充分利用各种媒体的传播优势；2. 要注意宣传的专业性；3. 要有成本意识。三、利用电视广告招商推广会吸引客户。电视广告营销需要召开招商推广会，邀请企业客户和广告公司参加，直接针对客户进行宣传，加深客户对广告资源的印象，解答客户的疑问。1. 科学分析市场，确定推广策略；2. 开发重点地区，扩大客户群；3. 对市场变化保持高度敏感。积极开发新兴行业，要不断地培育、开发有潜力的新兴行业，寻找广告收入新的增长点，弥补一些传统行业广告投放的萎缩，以及受政策因素影响出现的下滑。

名人虚假广告研究

赵伟、尤春媛在《昆明冶金高等专科学校学报》2005 年第 21 卷第 4 期撰文认为，名人虚假广告降低了广告的可信度，阻碍了广告事业的发展，侵害了消费者的合法权益。名人虚假广告的表现形式有：盲目吹捧；浮夸误导；利用“假名人”。名人虚假广告屡禁不止、愈演愈烈，有其深刻的社会原因：1. 从微观领域来看，利益驱动是直接原因；2. 从宏观领域来看，我国信用环境不完善；3. 从中观领域来看，对广告业的发展缺乏规划。规范名人虚假广告的措施有：第一，完善相关的法律法规，明确法律责任。第二，规范广告市场。1. 加强对广告业发展的宏观规划，强化广告发布前的审查；2. 进一步完善广告管理制度，积极推进公益诉讼制度。第三，增强社会责任宣传，建立“广告道德”。对消费者的救济途径包括：1. 要求名人承担缔约过失责任；2. 要求名人承担侵权责任。

报业广告经营模式：在变与通之间

支庭荣在《中国记者》2005 年第 10 期撰文认为，报业广告经营模式亟待发起新一轮变革。广告经营模式存在局限性的借口，正是创新和改善旧的广告经营模式的契机。一变行为，二变结构。我国报业广告需要改变广告经营行为和结构。对于市场类报纸来说，广告经营模式的创新一是广告服务要上新水平，营销至上；二是着力开发新的机会点，确保均衡。报业经营面临的局面空前复杂，需要突破三项迷局：经济环境在“中度有利化”、广告信息环境在“非媒介化”、媒介生态环境在“碎片化”。报业的广告经营行为须相应或提前作出反应，要用足用活推销的力量。市场的产业结构在变化，报业的广告经营结构须相应或提前作出调整，以变单一支撑点为多元支撑点。变而后通，通而后赢，赢而后久。

报业广告经营的“触底”与“反弹”

舒咏平在《新闻前哨》2005 年第 11 期撰文认为，报业广告“触底”有五大推力：1. 宏观政策限制了部分行业的广告投放，传媒广告经营的增长压力必然增大，并成为报业经营触底的首要推力；2. 新媒体对纸质媒体产生冲击；3. 报纸媒体的扩容与同质化，弱化了报纸广告效果。报纸广告效果是报业广告经营进入困境的深层原因；4. 在整合营销传播理念指导下，广告主的广告预算转投终端推广；5. 广告公司势力单薄，缺乏挖掘报纸潜力的第三方力量。同时，也有“反弹”的五大助力：1. 深化代理制，运用市场机制实现代理创新；2. 以传播策划为核心，举办大型活动以提高报纸媒体的关注度；3. 细分扩大两个市场、做大分类广告经营规模之外，需要将报纸网站的分类广告进行统筹；4. 对应广告主需求，进行整合性的报纸媒体服务。5. 对口引导。在业务合作中，根据不同广告公司的长处，进行专业化的引导，鼓励进行同质性的联盟，从而引导、孵化出具有鲜明特色的专业性广告公司。

中国报刊广告市场的最新趋势

姚林在《广告大观》（综合版）2005 年第 11 期撰文指出，决定广告业规模和发展趋势的主要因素，根据我国目前的状况，大致有以下九点：第一，国民经济规模发展速度和景气的波动。第二，经济体制的市场化程度。第三，产业规模和产业景气的波动。第四，产业与广告业的关联度。第五，产业波动对广告业影响程度的差异决定广告业结构的变化。第六，产业政策和广告管理政策。第七，区域经济发展水平与市场化的程度。第八，区域媒体的经营水平以及媒体的竞争力。第九，媒体多元化发展趋势以及整合营销趋势对媒体广告结构变化的影响。2005 年报刊广告市场出现低潮的原因，第一是宏观调控对房地产等行业的影响；第二是汽车、通讯、计算机等报刊的支柱行业出现波动或低潮；第三是广告管理政策对医疗药品保健品等广告的制约；第四是其他媒体对报纸广告的分流；第五是传统媒体读者增长缓慢或下降，大众媒体不能够适应社会变化趋势。而大众媒体如何去满足一个个不同的碎片和社会分层就成了一个新的课题。大众媒体的这种分众化经营将是大众报纸下一步经营的课题。报业广告的衰退还会持续一段时间，至少是在今年和明年的上半年。

报业广告走出低谷待蓄力

梁勤俭在《传媒》2005 年第 12 期撰文指出，纵观 2005 年的报业广告市场，人们不难发现这样一些特点：一、报业广告人对市场变化开始有了超前研究和预测，善于抓住机遇和重点乘势而上，策划力度加强。二、报业广告经营方式有了新的突破。三、面对房地产、医疗医药、汽车等广告大户投放紧缩或分流，不少地方报纸广告经营方针从传统的、单调陈旧的经营模式中跳出来。四、报业集团内部各报刊广告之间的合作有新的加强。五、在日趋激烈的报业广告市场竞争中，报与报之间为争夺客户资源的广告竞争体现出更多的合作精神。六、传统媒体与新兴媒体之间相互依存，共同发展开始形成共识。既然有这么多亮点，报业广告的增长为什么仍然大幅下降呢？有以下方面的原因：一、媒体公信力受到严峻挑战。二、传统媒体影响力逐渐下降。三、媒体之间的激烈竞争日趋白热化。四、运营成本居高不下甚至大幅攀升。五、媒体广告份额过于集中在个别行业。六、广告客户投放排名位置排序变化无常。七、媒体创新经营的后劲明显不足。八、广告经营收入普遍出现滑坡。九、人才流动和跳槽过于频繁。其实，报业经济面临的困难深层次的原因是：我们所处的时代已经进入市场经济时代了，但绝大多数报社目前的管理办法和经营模式却依然停留在计划经济时代。

浅析“暴力”与“非暴力”广告

黄美琴在《商场现代化》2005 年第 18 期撰文认为，暴力广告的特征有：暴力广告泛滥成灾；炒作产品的各种功能概念；胡编乱造地瞎吹；叫卖型广告遍布媒体；荒诞离谱的广告创意。暴力广告的影响包括：1. 暴力广告最直接的影响是卖不出产品，无法实现长远的经济效益；2. 暴力广告对品牌形象的塑造会产生不利的影响；3. 暴力广告有损消费者对广告本身的信任度；4. 暴力广告容易导致广告行业及其市场的混乱和不健康发展；5. 暴力广告会降低消费者的消费品位和文化品位；6. 暴力广告尤其对少年儿童的认知意识有危害。而非暴力广告的特点有：1. 有效的广告是好广告；2. 独特、幽默的手段是广告至关重要的法宝；3. 自然、诚实是广告最重要的准则。

虚假广告屡禁不止的原因及法律对策

马淑芳在《商场现代化》2006 年第 1 期撰文认为，由于法律制度的不够完善，对虚假广告的监督机制还不健全，法律惩治力度太轻，消费者的自我保护意识不强等原因，虚假广告时有发生，并且是屡禁不止。因此，面对虚假广告的屡禁不止，必须做到：1. 完善我国广告法律法规立法，建立权威、统一、协调的法律法规体系；2. 宽严适度，明确禁止性规范、义务性规范、许可性规范、任意性规范的界限；3. 建立规范的违法广告公众举报制度；4. 加大对虚假广告违法行为的监管和处罚力度，违法必究，执法必严。只有切实解决当前广告立法和执法中的问题，做到依法做广告，依法管广告，才能使广告业在法治轨道上健康发展，才能充分发挥广告在社会主义物质文明建设和精神文明建设中的积极作用，同时，也才能使社会公众免受违法广告的侵害。

广告传播对消费者心理认同的建构

曹瑞刚在《青年记者》2006 年第 2 期撰文认为，现代广告一般通过意义关系的建构、通过广告符号的能指和广告叙事的技巧雕琢以及对广告情景的虚拟，来实现其建构消费者的心理认同的目的。1. 欲望之桥是广告传播建构消费者心理认同的基本逻辑。现代广告的基本话语方式就是通过刺激消费者欲望的生成来促进消费的。在广告建构消费者心理认同的过程中，同样是通过欲望这一逻辑来使消费者产生心理认同的；2. 符号的能指是广告传播建构消费者心理认同的有力工具。美丽的图像、生动的语言、动听的声音，这些符码是广告中必不可少的惯用工具；3. 广告叙事的主体化是广告传播建构消费者心理认同的美丽面纱。广告叙事的主体化消解了个性乃至文化差异，进而使消费者轻松地获得对广告产品的认同感和亲切度；4. 广告情景的拟态化是广告传播建构消费者心理认同的致幻剂。广告传播为了实现其终极的意义即劝服和销售，充分地对现实进行着加工和选择，营造出一种有利于消费者认同和接受的“拟态环境”。

体育明星广告及未来发展的新特点

张亚辉在《山西师大体育学院学报》2006 年第 2 期撰文认为，体育明星广告是运动员、教练员等无形资产商业开发的一种主要形式。根据所推介的产品，体育明星广告可以分为运动类产品广告和非运动类产品广告。体育明星广告主要是通过肖像图片、报纸杂志、电视广播、因特网等各种媒体来展开宣传、促销等广告活动，另外还有出席代言产品的新闻发布会、产品博览会以及现场签名促销等形式。根据企业、商家等广告用户对体育明星广告诉求点的不同，体育明星广告可归纳为新闻效应型、明星名气型、市场定位型和赞助回报型等几种类型。体育明星广告的影响因素包括体育产业化的发展、丰富的明星资源、明星的良好形象和潜在的商业价值。

广告音乐在现代品牌塑造中的强势作用

王新征、陈茹在《徐州教育学院学报》2006 年第 3 期撰文认为，在广告中恰当地运用高品质的音乐，可以很好地实现品牌形象的提升，建立目标消费者对品牌的忠诚度。因为：一、音乐有利于赋予品牌个性。品牌要想使消费者产生认同感，建立对品牌的忠诚度，就必须要具有凸显的个性。借助于广告手段的运用、元素的组织，品牌形象人为地被赋予了相应的心理过程，并建立起具有明确目的性的个性倾向和个性心理特征，形成了自身的品牌特色；二、音乐有利于诠释品牌文化。消费者购买和使用品牌商品不仅是简单出于对其功能的需要，同时更借助品牌的特性反映出消费者自身社会价值与身份地位；三、有利于品牌在子产品领域中进一步的推广。一种产品的品牌形象在消费者心目中形成既有的形象时，如这一品牌又推出了不同于既有形象的子产品，子产品就会与原有的品牌形象有冲突。而音乐有助于将这个矛盾解决；四、有利于表现品牌的深度。当消费者对广告中的某一因素产生兴趣或者有认同感的时候，这个品牌也就得到了他们的心理肯定。广告音乐充当的就是这样一个心灵媒介的角色。

符号学视野中的广告文化

肖芃在《文史博览理论》2006 年第 3 期撰文，借助符号学，引入观点，将广告视为社会文化体系中的一部分。广告的目的就是使消费品变成代表某种文化含义的符号，通过广告语、画面使不相干的文化意义与商品连接起来。就其意识形态诉求来说，广告作用发挥，是需要得到受众的支持的，其中有着内在的文化力量在起着作用。一则能为公众接受和影响公众的广告，其中的符号使用规则来源于先广告而存在的文化。其潜在意义首先指涉表层的社会的文化现状，其次是深层的消费主义的价值观。我们通过符号学的分析了解到，广告活动从本质上讲，是一种符号的创造和操作的过程，也是一个人为强制性生产和传播意义的过程。在现代社会，如果它走向以商品的占用为人生的最高目的的逻辑上，广告便能与我们真正的意义领域相关联，给日常生活带来艺术与美的享受。

感性消费广告诉求策略

曹颖、王琨、秦燕在《合作经济与科技》2006年第3期撰文认为，如今的消费者在消费商品时更加重视通过消费获得个性的满足、精神的愉悦、舒适及优越感，这种现象被专家们称为“感性消费”。感性消费需要情感广告。因为情感广告诉求能最大限度地满足消费者的需要与张扬个性。情感广告的说服作用具体表现在积极性的情感反应会导致对广告中特定商品或服务的积极态度。情感广告表明：广告的诉求方式与策略正在发生变化。情感广告的诉求方式主要有直接作用诉求方式和间接作用诉求方式两种。感性消费情感诉求的心理策略包括：抓住消费者的情感需要，增加产品的心理附加值，利用暗示，倡导流行。随着目前商品市场感性化之趋势，我们必须认真研究感性商品的特点及相应的营销策略，特别要考虑到感性商品市场的社会文化、人性、消费心理变化以及感性的敏感程度，从而采取适当的广告策略，并针对不同层次的消费者配以不同的营销策略组合，使企业在市场营销中有的放矢，提高效益。

广告“绿色收视率”的内涵及其意义

肖键在《新闻界》2006年第4期撰文指出，中央电视台在2006年工作会议上首次提出“绿色收视率”的概念，其概念的中心原则是：不唯收视率，重视收视效果，在满足受众不同需求的同时，强调倡导先进文化，以构建和谐社会为己任。广告的“绿色收视率”内涵至少应该具有以下三层含义：一、广告内容的“绿色”性。广告内容的“绿色”性体现了社会责任与经济效益的统一，要求广告信息必须遵循真实性原则，思想性原则和法律道德原则；二、广告传播功能的“绿色概念”。“绿色收视率”倡导既要注重传播方式的“实效”性，又要避免由广告传播的负面功能所引起的社会问题。追求绿色收视率的广告应该通过令人精神愉悦的画面或文字，传达给人们文明、健康、科学的生活方式，正确引导人们的思想、道德、信念、伦理等方面的价值观；三、广告媒介环境的“绿色”性。它能够使广告节目的编排更有利于广告信息的传递，更有利于广告产品形象的宣传。

博客广告：在理想与现实间游走

王萍在《新闻界》2006年第4期撰文认为，博客显然已具备商业化操作的条件，而博客广告是最直接、最有效的盈利方式。博客广告是博客产业化价值链的重要一环，但博客也有着诸多方面的制约。博客广告的优势在于，网民由于对博客写手的喜爱或信任而对非常个人化的博客媒体上发布的广告选择了爱屋及乌的态度。博客读者群对网络广告主来说是一群极富吸引力的潜在目标人群。以人群和思想为标签的广告更加具有针对性和广告价值。此外，制约博客广告发展的问题在于广告发布权、广告收益分配、广告投放、广告定价、广告效果评估、广告影响力。这需要博客写手和博客空间提供商达成合则双赢、分则双输的共识。1. 广告主在投放博客广告时，一定要把握博客作为网络广告，其优势主要为定向性的广告的特点，故在博客上更适宜投放直销型网络广告而不是品牌型网络广告；2. 从技术层面上讲，对于博客广告的价格制定，目前可参照的、可操作性的标准还是博客的影响力指数；3. 关于广告效果评估，博客要运营下去肯定要找到盈利点，这就需要人气和广告的支持，只有跟商业利益，跟市场接轨，博客以及它相应的技术才会更加有生命力。

论广告品牌传播的技巧

苏宝华在《新闻界》2006年第4期撰文认为，品牌具有价值，更能创造价值，知名品牌带来的巨大的无形资产，成为形成企业强大发展力量的坚实基础。一个品牌应该包括产品或服务的商标，企业名称和标识及其标准字、标准色、产品包装等多个视觉元素符号，它们的整体组合及相互联系构成了品牌存在的物理意义。品牌在广告传播中常常表现为以产品、服务的商标或企业的标识为核心要素构成的一个视觉符号的组合。技巧对品牌传播效果来说就显得尤为重要。常用的广告品牌传播的技巧：1. 重复。重复能不断刺激消费者，加深消费者的记忆，能将品牌纳入消费者脑海中的购买候选名单中；2. 集中。集中给消费者提供具有良好清晰度和连贯性的广告信息，以使品牌传播影响力最大化；3. 整合。将整合品牌传播的主要内容完整地传达，常常会收到事半功倍的效果；4. 长期。广告品牌传播贵在坚持；5. 巧妙。把品牌巧妙地演绎成故事或独特的说辞或易于识别的视觉符号，也是增强传播有效性的技巧。

报纸广告整合经营的“罗盘”

赵曙光在《新闻记者》2006年第4期撰文指出，宏观调控政策、受众媒体接触习惯的变化是推动报纸广告经营进入“份额竞争”阶段的主要因素。与宏观调控政策相比，受众媒体接触习惯的变化是推动报纸进入份额竞争的更为内在、也是更为重要的因素。外部环境的变化和报业广告的衰退要求报纸建立系统的预警机制，持续跟踪广告经营的发展趋势，甄别可能出现的机会和威胁。报纸广告收入取决于读者规模和结构、报纸形象、客户关系管理、广告资源开发、客户关系管理、企业广告预算等六轮驱动的结果。在报纸广告进入份额竞争时代之后，必须建立广告经营的整合“罗盘”，全方位、立体化地提高报纸广告价值，在广告经营上形成“多个部门，一个动作”。从整体上来看，报纸广告应当根据整合经营“罗盘”，理顺广告经营环节，实现“一站式”广告经营。

论广告在消费主义框架中对价值观的影响

王晓方、苏红在《西安石油大学学报》（社会科学版）2006年第4期撰文认为，广告不仅促销具体产品，而且还培养了人们的消费生活方式。在信息时代，广告作为无所不在的符号系统，无孔不入地宣传着消费主义理念和文化模式。消费文化的一个重要特征就是商品和体验应该极大地满足人们的消费和梦想。通过广告以及商品展陈技巧，消费文化动摇了商品的使用或产品意义的观念，并赋予其全新的影像与符号，全面激发了人们广泛的感觉联想和欲望。这样，广告就在一定程度上建构了社会知识、社会影像，它希望人们能透过这些知识和影像来认识这个世界。更值得人们注意的是，由不同的广告构成的综合体，不断地向消费者展示新的生活方式，输入新的消费理念，改造传统价值观。广告在消费主义的框架下已成为冲击传统文化，构建新价值观的最安全、最讨人喜欢而易被接受的媒介手段。

对大众媒体治理虚假违法广告的思考

张如成在《新闻界》2006年第6期撰文指出，近年来随着市场竞争的加剧，商业利益的驱使，国内虚假违法广告问题日渐突出、屡禁不止，甚至达到了泛滥的地步。究其原因，一方面是与工商管理等行政部门监管不力有关，另一方面也与对大众媒体刊播广告的监管体制不健全、不规范分不开。大众媒体是广告信息传播的最佳平台，在虚假违法广告的传播过程中扮演了重要角色。对虚假违法广告照刊、照播不误，这种现象充分折射出大众媒体社会责任的缺位。为此，应建立健全对媒体发布广告的监管机制，规范媒体发布广告的行为和加强媒体的自律，从传播渠道上对虚假违法广告实施封堵。具体措施如下：一、建立广告监测网络和公示制度；二、建立健全大众媒体刊播广告的审查管理制度；三、加强立法和执法，把责任追究和处罚落到实处；四、提高依法经营意识和加强媒体自律；五、完善举报奖励制度，发挥社会监督作用。

论广告播出时间混乱的制度成因

余艳青在《新闻界》2006年第6期撰文认为，不少电视广告播放时间点或时间段的选择不当，针对这一问题，从目前的广告管理制度中寻找的成因主要有：1. 现有制度不够具体，并自相矛盾。目前我国管理部门在制度上使电视剧中插播广告和挂角广告合法化了；2. 制度缺位。制度缺位是指制度中内涵的伦理精神并没有通过具体的制度安排体现出来；3. 要改进制度实施机制。实施机制是指对违反规则（制度）的人做出的相应的惩罚（对遵守者给予奖励），从而使这些约束得以有效实现的条件和手段的总和。离开了实施机制，任何制度尤其是正式规则就形同虚设，惩罚机制是制度实施机制的重要组成部分；4. 制度滞后。十多年过去了，广告业发生了翻天覆地的变化，但《广告法》没有丝毫变化。制度滞后就无法发挥制度本身应有的对道德行为的熏陶、导向和激励作用。要想使我国电视广告播出时间选择更加符合广告伦理要求，需要给予广告业以制度支持，在制度创新上努力，改变制度中相互抵触的地方，借鉴国外的广告管理的先进经验，使制度具体化、合理化，完善制度的实施机制，及时改善现有广告管理制度中的滞后因素。

基于品牌战略的广告策略研究

金占明、谢佩炜、逯金重在《商业研究》2006年第8期撰文认为，广告策略作为品牌战略的重要环节之一，在设计以及实施的过程中，与品牌战略之间具有密切的联系。广告策略对于品牌的作用可以归纳为两个方面。一方面，广告策略的合理应用，可以增强品牌的活力，维持品牌的优势地位；另一方面，如果滥用广告策略，会损坏品牌形象，甚至毁灭品牌。依据医药保健品、化妆品类产品的市场特性，品牌策略的重点应当突出以下方面：1. 诚信第一，质量第一，树立企业形象；2. 研发——提高企业核心竞争力，一炮打响后，注重后续产品开发；3. 严格监督，注重品牌保护，防止假冒伪劣产品的侵害。医药保健品、化妆品类产品的广告策略核心包括：1. 以宣扬企业文化，树立企业形象为核心，突出产品的独特疗效；2. 多采用权威机构认证、有效对比等手段，迎合消费心态；3. 广告宣传实事求是。因此，我们要通过对市场状况的细致分析，对产品特点和市场需求特性的深入挖掘，找到真正适合企业发展的品牌战略和广告策略。只有将广告策略与品牌战略有效地结合在一起，配合使用，才能在激烈的市场竞争中建立强势品牌，确保企业品牌的长盛不衰。

浅析电视广告中的“数字”艺术

刘雯在《科技创业月刊》2006年第9期撰文认为，数字广告具有以下特征：1. 数字广告具有较强的直观性；2. 数字广告明了、易懂，使人印象深刻。数字广告由于数字直观性使受众记忆深刻，从一定程度上弥补了电视媒体的缺陷，在媒体购买费用一定的条件下提高了广告信息的传达率；3. 理性的诉求，可信赖度高。在广告中加入数字来显示商品品质、质量、价格等诉求点的方式，其可信赖的程度也就相对较高，给消费者心理上以诚实可靠、值得信赖的感觉。在讲究感性消费的时代，理性诉求也不失为一种创新。数字广告利用了数字本身的特性结合商品本身的诉求点来达到推销产品的目的。数字在广告中的应用包括以下几点：1. 突显广告主题；2. 亲切朴实、可信度高；3. 用数字彰显与众不同；4. 数字化科技术语易传递有效信息。

淡季广告投放的利与弊

罗建幸在《广告主》2006年第9期撰文认为，产品销售有淡旺季之分，因此之故，许多依规律决策的大中企业不约而同地采用以下营销及管理举措：在市场淡季，整顿销售渠道、处理库存；开各种总结会议，组织各类培训，团体旅游，员工休假；产品研制，市场调查，市场规划等等。这些举措考虑到短期与长期战略策略的平衡，本身并没有错。但是当同类企业都这样做的时候，特别是都同样在旺季投放广告的时候，问题就出现了。所以，必须明确淡季投放广告的利弊。首先，它能够减少广告干扰，增强广告记忆，逐步积累品牌影响力；激发渠道信心，抢占渠道资金；激励销售人员，抢先运作市场；其次，它的最大缺点在于，因为顾客消费时间差问题，对当期的终极消费帮助不大，而能否对后期的旺季销售产生帮助，又受制于其他营销策略的支持。而且淡季广告集中投放应有确保淡季广告投放的同类企业极少，整体营销费用集中于淡季，以淡季集中投放广告为中心。淡季广告适用于行业挑战者及中小企业的实施条件，若条件不具备，淡季打广告的效果可能适得其反。

中国机场户外广告现状及发展趋势

李春生在《广告人》2006年第9期撰文认为，近几年机场成为广告发布和企业形象展示的理想场所。机场广告传播受众的构成主要包括政府官员、高层决策人、企业管理者及远行旅游者，其中中高收入者和外宾所占比例较高。机场广告（不含机上媒体和航空宣传业务用品媒体）主要分为机场外围及高速路户外广告和候机楼内广告两大类。目前，民航广告业已从最初的从业者寥寥，发展成超过千个从业人员的规模。机场户外广告呈现出新的特点：1. 整体规划与环境的协调；2. 经营操作方式灵活多样。而且，机场户外广告的发展出现了新的趋势：1. 客户对户外广告的制作数量和发布水平提高；2. 外资普遍看好机场广告。总之，机场户外广告发展态势良好，潜力巨大，前景诱人，大有可为。无论是买方、卖方还是中间方都有文章可做。

新媒介技术对广告传播的影响

刘传红在《理论月刊》2006年第10期撰文认为，新媒介对广告传播产生深刻影响，主要表现在：广告主体多元化、广告信息丰富化、广告表现多样化、传受关系互动化、媒介策划复杂化、广告效果精确化、广告媒介融合化七个方面。同时，新媒介也是一把“双刃剑”，在给广告传播活动带来新的机遇和希望的同时，也带来了新的问题和忧虑。它表现在：1. 广告公信力“雪上加霜”；2. 广告受众遭遇信息安全问题；3. 广告监管面临挑战。

从品牌神话的破灭看中国广告管理机制

钱正在《科技信息》（学术版）2006年第10期撰文认为，众多消费者信赖的大品牌纷纷涉及虚假广告宣传，并有愈演愈烈之势。对此可以从四个方面加以解决：1. 在实践中我们要努力强化消费者自我保护的意识，积极引导消费者对广告进行监督；2. 健全法律法规，给消费者用以保护自身利益的武器；3. 培植更为完善的违法广告公众举报制度也是一大良策；4. 培植消费者组织，并使其独立于广告主利益之外。在广告管理方面需要与国际接轨，给消费者更好的法律环境、市场环境，让广告秩序更加公正，让市场监管更加成熟。这样才会给中国广告业以真正的出路，才能让其健康发展，更好地应对国际广告业的竞争。

广告效果的新模式研究

童利忠、张芳在《市场研究》2006年第11期撰文认为，广告效果新模式分为6个部分：媒体评价、广告商品、学习认识路径、品牌认识评价和态度、态度与行为的关系、反馈和强化。通过广告效果新模式六个部分的分析，可以得出比较重要的两点：1. 广告主需要知晓消费者对广告商品的品牌认识与评价，无论开始对品牌有无明确的态度，广告主都应了解影响购买的积极和不利因素，并增强积极因素消除不利因素；针对这些因素，需要对广告内容本身、媒体策略、广告刊播后的后续补充工作均采取相应措施进行改进或强化；2. 我们强调对已购买商品消费者的反馈和强化，随时了解广告播放后的销售效果和购买者的心理效果，及时调整广告内容与媒体策略，并安排一些其他的后续活动予以强化。总之，最终目标是要使消费者形成对于广告商品品牌的积极态度与看法，达到提高品牌忠诚度的目的。

游戏嵌入式广告的巨大商机

查梦盛在《中国广告》2006 年第 11 期撰文认为，游戏嵌入式广告，是一种伴随当代电子游戏（包括电脑游戏）业的迅速发展而兴起的新型广告形式。当前，游戏嵌入式广告基本可分为“场景式”和“道具式”两种主要类型。因其所依附载体的个性而具有目标受众数量多、目标受众差异显著、广告的隐蔽性好、广告的传播时间长、成本低等众多特点。从目前看来，游戏广告只是个别商家的偶然行为，还没有真正形成规范性的操作模式，有的甚至是某些游戏爱好者的个人行为，并不带有商业目的。但是，已经开始商业化运作的商家却从中获利颇丰。所以，目前我国游戏广告市场基本处于起步阶段。但作为世界最大的发展中国家，且拥有世界最大的电游消费群，从市场与传播的角度说，加快中国电游业的发展，同时加快中国电游广告的发展，具有重大的战略意义。

电视广告中的文化含量

宋庆武在《记者摇篮》2006 年第 11 期撰文认为，电视广告已经成为引领时代的消费文化和主流文化的风向标，它本身已经成为一种特殊的文化现象。如何增加广告中的文化含量？第一，电视广告策划定位中的文化含量。作为一种艺术形式，电视广告的策划和定位要充分体现它所面对的群体或文化圈的共同经验和价值取向，折射和渗透出一种社会文化的安排和群体共同的价值目标；第二，电视广告创意中的文化含量。广告创意是广告生产制作流程中一个重要的环节，它是制作者将自己对商品信息的主观体验以媒体特有的形式传达给受众的过程，而受众是否接受则取决于广告所传达出情绪与受众心理的契合。1. 电视广告语言的文化内涵。电视广告呼唤具有文化内涵的广告语言，这样的语言会让被娱乐化时代的快餐文化包围的人们感觉到难得的厚重和宁静；2. 电视广告画面中的文化含量。广告画面所传达的造型表现力和视觉冲击力作用于受众的视觉，会使广告具有不同寻常的影响力，特别是那些具有深厚文化意蕴的画面，更能够契合人们的审美需求。

广告主新媒体征战：进入蓝海深处

杜国清、邵华冬在《广告主》2006 年第 12 期撰文认为，广告主征战新媒体开启了传播蓝海新时代。首先，新媒体可以锁定核心消费群，不同新媒体类型触达不同核心消费群；其次，新媒体具有贴身功能，契合行业特征。不同行业的广告主因其行业特性的需要在选择新媒体时也会有所不同；第三，目标分拆，选择不同新媒体类型。越来越多的广告主倾向于使用新媒体来提升广告效果。当前，广告主使用新媒体的现状是：1. 开辟新媒体传播蓝海，提升广告影响力；2. 新媒体在广告主营销推广活动中比重越来越大；3. 商务楼宇液晶电视、互联网是广告主最为认同的新媒体平台；4. 事件营销成为新媒体发挥传播效力的重要平台。随着不断的新媒体实践，已有眼光精准、头脑精明的广告主逐渐形成了契合自身需求的新媒体观：1. 填补传播间隙，与传统媒体整合进行全方位立体式营销传播；2. 精准传播，将目标群体转变成多层级的购买力客户；3. 明暗结合，拉动销售；4. 体验品牌和产品；5. 企业公共关系管理有效工具。

浅谈广告创意中的 3B 原则

夏琳在《科技文汇》2006 年第 12 期撰文认为，所谓“3B”，是美女（Beauty）、婴儿（Baby）、动物（Beast）。很多广告人将其视为指导广告创作的瑰宝。Beauty 以女性的形象美来强化对观众的视觉冲击力，引起观众注意。“美女经济”，其实质就是“眼球经济”、“注意力经济”，女性美的形象运用于广告上，满足了人们的情感需要和审美心理，成为一种能引起注意的刺激因素，因而能有效地吸引受众的目光，激发其对广告的兴趣；Baby 是人类生命的延续，利用 Baby 来唤起消费者的喜爱之情，拉近与消费者的距离；Beast 是以动物来表现广告创意，能唤醒人类对大自然的回归，消除受众与广告诉求之间的隔阂，让他们产生亲切感，进而加强沟通，达到预期的效果。当前，3B 原则被应用于广告表现中，迎合了一般的人类心理。三者分别指向人性中的本能欲望、对大自然的亲近渴望和母爱等人性层面。3B 原则在某种程度上的确会促进广告效果的实现。但是不能将 3B 原则奉为放之四海而皆准的不变法则，滥加使用。

从人财物看中国的广告业发展

杨宇时在《广告大观》（综合版）2006 年第 12 期撰文认为，任何事情的成功因素里面离不开人、财、物三种。首先，人的问题。在中国，人最大的问题是浮躁，什么都想做，但是什么都做不好。战略人才极度匮乏，缺乏想象力，缺少志气和信仰以及对知识产权的尊重，在创意产业的双重的标准等都是重要的问题。其次，财的问题。中国广告行业的金融环境是不乐观的，资金链的运作在中国是不透明的，中国的媒体广告业采用现金制，但是中国的媒体和广告业缺乏信用评估制度。最后，物的问题。1. 数据问题；2. 缺乏非常稳定的全国性的广告平台；3. 行业协会的利用率远远不够；4. 咨询服务业的缺乏；5. 媒体体制的问题；6. 不公平竞争和倾销。

广告在报业经济中的地位和作用

王燕在《企业活力》2006 年第 12 期撰文认为，报纸的广告收入已成为目前各报社的主要经济来源。对于报纸而言，广告具有双重意义：一方面它是维持和扩大报纸再生产的重要资金来源，另一方面它也是构成报纸使用价值的重要方面。报纸广告业的发展，首先有赖于重新正确认识广告在报纸中的地位和作用。报业是一种特殊“企业”，它同时介入了两个市场，第一个市场是报纸把报纸上的信息出售给读者，第二个市场是广告市场。报纸作为商品有一种独特的双重出售方式，一方面，报纸的新闻版面是以“出售”的方式转入读者手中的；另一方面，报纸的广告版面也可供出售。广告主购买报纸的广告版面通常要向报社支付较为高昂的费用，而公众作为读者在购买报纸时享受到的廉价优待所需的费用，由他们作为消费者在购买商品和服务时奉还给广告主。广告主在选择报纸媒体时，往往是作为一个整体来考虑的。因此，报纸的广告收入，应同发行收入一样计入办报收入。

网络广告期待建立横向评估体系

姚利双在《广告主》2006 年第 12 期撰文认为，如何在创新的步伐下保持与多种广告媒体的整合并进，让网络广告真正能与其他形式的广告进行横向比较是互联网广告行业、广告行业甚至是整个市场营销行业所关心的问题。在过去的十多年中，很多互联网广告效果评估、计划和采购领域中的新思路、新技术和新方法都从北美市场诞生，并逐步被国际市场所接受。中国的互联网广告市场在面向互动方向的创新已经接近甚至超越了国际水平，但是面向曝光的互联网广告市场并没有得到充分的发展，依然停留在传统的按时间销售的水平上。所以，只有建立从曝光到互动的一系列广告效果评估、计划、采购的体系，才能适应多种类型的广告主在不同广告活动目标指导下的各种广告活动媒介计划的需求，才能最终实现互联网媒体既能作为一种有效的广告传播媒体，又能作为一种有效的网络营销工具的价值。

论虚假广告的成因及治理对策

施亚、孙秋明、赵静在《天府新论》2006 年第 12 期撰文认为，由于我国市场经济初级阶段的市场机制不完善，秩序不规范、不健全、不成熟，广告业也并未完全遵循规范的方式运作，虚假广告大量出现。虚假广告的猖獗与泛滥，扰乱了市场经济的有序发展，给国家造成了不可弥补的损失。消费者被各式各样的虚假广告所欺骗和误导，造成了财产、身心等多方面的损害。虚假广告的出现乃至泛滥，其成因是多种多样的。首先是媒体走向市场化；其次是商家唯利是图，不考虑消费者的真实需求；再次，法律约束失效；最后，消费者的轻信为欺骗性广告提供了生存的土壤。如何治理虚假广告？第一要健全法制；第二是行业自律；第三是建立消费信息强制披露制度；第四是增强消费者的消费意识和权利意识；第五，清理虚假广告首先应该从明星广告做起。

改进广告的管理模式

王湘雷在《新闻爱好者》2006 年第 12 期撰文认为，总结广告管理模式的经验教训，对于把握、适应时代变化，有重要的意义和显著作用。目前，广告总体管理模式变革过程和需要改革的一些问题有：首先，妥善解决层次之间、个体之间的关系是改革的关键；其次，简单复制成功经验是传统总体管理模式的形成途径；再次，传统目标管理模式逐渐不能适应多报刊并存的情况；最后，省级报业集团和媒体广告经营单位的关系，必须明确各自的定位。因此，省级报业集团广告总体管理模式的中期改革应在六个方面有所突破：1. 广告总体管理模式核心在于广告的授权制度；2. 广告总体管理模式的“授权”，必须是根据集团战略部署全盘考虑的；3. 集团统筹，是达到集团各报刊和谐发展的唯一出路；4. 解决子报子刊采取低价措施、拉低市场广告平均价格的方式；5. 必须建立大客户管理机制；6. 应尽快在发达地区设立办事处。

新闻传媒广告人的十大素质

王玲在《青年记者》2006 年第 17 期撰文，分析广告业务员素质不高有很多原因：一是历史原因，媒体广告发展初期，很多媒体没有专门的广告经营部，也没有专门的业务人员。广告业务人员都是采编岗位的“老弱病残”；二是广告业务员自身原因，急功近利，不择手段，不注重学习，把自己的工作简单化；三是媒体对广告经营工作的认识有偏差，重视程度不够，依然把主要人力资源放在采编一线；四是有些媒体的管理方法不够合理，很多媒体都是把广告的经营目标分配到每个人。作为一个合格的广告人应具备十大素质：知识结构，专业技能，能力结构，创造力，洞察力，沟通能力，表达能力，信息采集和处理能力，政治素质以及道德素质。在新时期的条件下，新闻传媒面临更加激烈的竞争，这在很大程度上就是人才的竞争，而传媒广告业务人员的素质现状令人担忧，应该引起足够重视，严格把关，加强培训，进一步提高新闻传媒广告业务人员的素质，维护新闻传媒的整体形象。

提高法律效率　遏制虚假广告

彭水清在《新西部》2006 年第 24 期撰文认为，我国虚假广告的泛滥一定程度地体现出广告法制效率上的问题。提高法律效率，尤其是提高立法效率和执法效率，对遏制虚假广告将是积极有效的治理途径。加强对虚假广告的打击与治理，是我国经济生活中维护市场经济秩序的一项重要工作内容。提高立法的法律效率，在立法上赋予广告主和广告经营者保证广告真实性的举证责任，是从源头上遏制虚假广告的有效途径；提高执法的法律效率，在监管方式上加强广告业的自律和社会的参与，建立分层的管理体系，是巩固和维护治理虚假广告效果的根本保障。

企业广告的误区与防范

商荣华在《商场现代化》2006 年第 34 期撰文认为，当前有些企业的广告陷入了误区，其广告的误区包括：1. 广告不能坚持。广告时间不长久、广告创意不持续；2. 追求销量作为广告战略的目标。广告目标不是销售量，而是信息传播目标；3. 广告媒体选择不恰当及广告过度；4. 广告创作中的不足；5. 混淆了广告与产品的关系；6. 明星代言的误区。防范广告误区的措施有：1. 广告贵在坚持；2. 追求品牌形象是广告战略的目标；3. 科学合理的媒介策略和健全的广告管理制度；4. 确保广告创作的质量水平；5. 明确广告与产品的关系；6. 明星代言误区的防范。请明星代言是为使自己的品牌更加形象，更容易吸引眼球和给受众留下记忆，迅速提升品牌知名度；品牌代言要用明星健康美好的正面形象；在明星选择上要做到明星与品牌相得益彰，相互美化；应该系统策划并充分挖掘利用明星的有利资源。

上海中小广告企业人力资源管理新思路

张成武在《商场现代化》2006 年第 36 期撰文认为，上海中小广告企业发展出路就在于重视和实施个性化管理。而中小广告公司人力资源个性化管理的新思路：1. 不断创新是上海中小广告企业人力资源之本。人力资源开发与管理的成效，对企业中长期经营业绩将产生决定性影响。为适应日趋激烈的市场竞争需求，上海中小广告企业一直坚持人力资源的创新管理；2. 精炼的管理队伍的建立是适应公司的“低成本”竞争战略的重要手段。与“低成本”战略相适应，精炼的管理队伍，人力资源的节约管理扮演着十分重要的角色；3. 应建立良好的培训机制。由于广告行业的特殊性，市场中可供选择的高级专业人才十分缺乏，招聘人员的质量常常很难得到保证，引进人才工作非常困难。在人力资源开发过程中，“内部培训”扮演着相当重要的角色；4. 引导员工科学设计职业发展生涯和发展方向。随着市场经济的高速发展，员工对自己的职业发展方向越来越明确，他们要求企业管理人员改变传统企业规定的职业发展道路；5. 建立现代考核体系，完善人才激励机制；6. 采取有效的措施，建立防止人才流失的应对机制；7. 制定真正有效的激励机制。公司必须从整体战略眼光来构筑整个人力资源管理的大厦，并让激励机制与人力资源管理的其他环节相互联结、相互促进。

促进我国会展业发展的对策研究

陈晓阳、许维祥在《华东经济管理》2002 年第 1 期撰文认为，我国发展会展业具有重要的意义：会展业能够带来直接和间接的经济效益；会展业能促进相关产业的快速发展；会展业是地方经济的“助推器”；会展业能起到促进经济贸易合作的作用；会展业能起到传播信息、知识、观念的作用。当前，我国会展业发展现状及存在问题是：一、缺乏全国性、权威性的管理和协调机构；二、展览市场相关法律、法规滞后；三、组织者资格、水平不平衡、专业人才缺乏；四、我国会展业理论研究薄弱；五、展览场馆面积小，设施落后；六、政府机构办展多，市场意识薄弱。因此，我国会展业发展的框架和思路是：一、把会展业的发展和城市发展战略密切相结合，争创会展名牌；二、根据城市发展的总体战略对会展业的发展进行准确的定位；三、依托当地的资源优势和产业特色，实现会展业发展的专业化；四、加强场馆建设，完善会展业发展的硬件；五、用交易规则规范会展业的行业；六、按国际惯例进行会展业的操作。

论新经济下的会展业

赵敏、欧阳培在《长沙大学学报》2002 年第 1 期撰文认为，网络经济的发展给会展业带来了新的机遇和挑战。会展业，顾名思义，包括会议和展览两个基本组成部分。会展是人们进行信息交流、洽谈商业合作和进行市场营销的场所；会展业是人们进行信息交流、洽谈商业合作和进行市场营销的一种新兴产业。会展业本身是一种无污染产业，对整个城市经济发展具有较大的带动和促进作用。新经济对会展经济的影响主要表现在快捷（Rapidity）、关联（Relationships）和效果（Results）三个方面。会展业对经济发展具有强大的推动作用。首先，从推动作用评价的标准来看，会展业对经济发展的推动作用，可以通过量化为数学比例关系来体现。其次，会展经济的发展不平衡从经济总量和经济规模的角度来考察，会展经济在世界各国的发展很不平衡。再次，会展经济实力与该国综合经济实力相适应。从会展经济发展情况看，一个国家的会展经济实力和发展水平是与该国综合经济实力和发展水平相适应的。发达国家凭借其科技、交通、通讯、服务优势，在世界会展进程中处于主导地位，占有绝对的优势。第四，会展经济与网络经济共同发展。

中国会展业的思考

谭洛明、林卫红在《广州市财贸管理干部学院学报》2002年第2期撰文认为，我国的展览业还处在初级阶段，面对的挑战是严峻的。当前，中国会展经营的状况及相应对策是：一、北京、上海、广州将以各自的会展业优势形成中国会展业“三足鼎立”的局面，这种架构对促进中国会展业将是非常重要的。二、会展人才引进和培养刻不容缓。中国会展业人力资源开发应该与蓬勃兴起的会展业同步进行。三、在我国会展业走向上，要缩小我国与发达国家在总体水平上的差距，具体要做到“四化”，即走市场化、集约化、多元化和现代化的道路，才能立于不败之地。

会展旅游业的状况分析和策略初探

杨亮在《山东经济》2002年第5期撰文认为，会展业作为旅游业的一个分支，既具备了大系统的普遍特征，又拥有子系统的独特个性，在整个旅游业中显示出自身强劲的发展势头。城市发展会展旅游业需要进行一系列策略规划，以规范其发展的途径，具体如下：一、政府要加强宏观管理，制定会展业发展的战略规划。首先，城市规划部门应当考察本市地理位置特点，进行能否发展会展旅游业的可行性研究。其次，政府要出台相应优惠政策。第三，要求政府部门加大投资力度，拓宽投资渠道，为会展旅游业搭建一座硬件平台。二、会展场馆部门要学习国外成功经验，内外兼修，打造中国会展旅游业品牌。三、与会展业相关的各类服务机构鼎力合作，共同营造优良的会展业环境。

对我国会展旅游发展若干问题的初步探讨

林越英在《北京第二外国语学院学报》旅游版2002年第6期撰文认为，我国会展旅游目前在硬件方面存在的主要问题是单个会展场馆规模小；会展场馆布局分散；会展场馆设施陈旧；功能单一，综合性差。在软件方面存在的主要问题是我国会展经济、会展旅游管理体制及管理制度滞后；会展数量多、主办单位多、重复举办多；缺乏负责会议的专门机构，缺少国际会展旅游的专业服务公司和专业会展旅行社，缺少通晓国际惯例，掌握外语，具有会展经营管理理论知识和实际操作技能的专业人员，缺乏对会展业的调查统计和理论研究；会展市场环境差。因此，发展我国会展旅游的途径有：一、充分发挥政府在会展经济发展中的重要作用，加强政府对会展旅游业的宏观调控和政策方面的支持力度，制定全国及各个地区及城市的会展旅游业发展规划；二、在市场经济环境中，对行业的管理主要由行业协会通过制定行业自律标准来实现；三、培育具有竞争力的会展企业（集团）、会展旅游企业（集团）和会展旅游城市，以适应中国加入世界贸易组织后的激烈竞争；四、创立中国会展品牌，提升经营服务理念；五、实施会展管理制度创新；六、加强对会展旅游专业人才的培养。

浅析我国会展经济

庞莹、魏志恒在《经济师》2002年第6期撰文认为，会展经济作为一种新型的经济形式，在我国起步较晚，受到一些主客观因素的影响与制约，面临着许多的机遇与挑战。会展经济的作用表现为：一、会展经济能够创造高额利润；二、会展经济可以拉动相关产业和其他行业的发展；三、会展经济有利于企业全方位开展营销活动；四、会展经济能够提高城市的知名度和改善城市形象。当前，我国会展经济存在着很多问题，具体表现为：一、会展经济意识贫乏落后。二、展馆建设滞后，供求矛盾突出。三、展览会人才专业素质较低，展览公司缺乏知名度，是会展经济的质量和效益不佳的重要因素。四、宏观调控力度不够，会展行业缺乏规范。因此，我国发展会展经济应采取如下对策：一、转变观念，增强会展经济意识。二、搞好展馆的综合建设。三、培养和提高展览人才的专业水平，打造名牌展览公司。四、充分发挥政府宏观调控的作用，规范会展市场行为。

关于会展与会展旅游的思考

吴明远、叶文、李亚在《云南师范大学学报》2002年第34卷第6期撰文认为，会展旅游是一种包含会展活动功能与旅游功能的社会经济现象，是传统旅游活动的发展和扩大，是在会展举办过程中和举办过后所进行的一系列的旅游活动。从会展组织者的角度看，会展旅游是会展活动延伸出来的具有积极意义的重要“副产品”。从旅游组织者的角度看，会展旅游是一种重要的专项旅游产品或活动。会展旅游的实现，实际需要会展活动组织者与旅游活动组织者高度配合，会展并不导致会展旅游的自动实现。为了实现会展带动会展旅游的良好局面，会展组织者与旅游组织者必须积极努力与积极配合。首先，会展组织者应积极寻求旅游活动组织者的配合。其次，旅游活动组织者应积极参与会展活动的组织和实施。最后，旅游活动组织者应为会展旅游者提供针对性服务。总之，会展、会展经济、会展旅游是互相关联但各有侧重的社会经济现象，会展并不会自动产生旅游，会展旅游的产生和发展需要会展组织者的关心，更主要的是需要旅游组织者的积极参与和努力。

我国会展业现状分析及发展前景初探

金镝、王轶在《中国软科学》2002 年第 9 期撰文认为，我国会展业起步较晚，展览公司的规模普遍较小，盲目追求短期经济利益，导致市场竞争日趋激烈。当前我国展览场馆面积小，比较分散。政府是会展业发展过程中不可或缺的一方，没有政府的主导作用，会展业是寸步难行的。办会展确实需要政府主导，但也不能大包大揽，政府要在总体发展战略、规划布局、政策导向等方面创造条件，尤其在起步阶段，政府应组建专门班子加强领导和调控协调好各方关系。现阶段我国会展业与发达国家的差距主要表现在：市场机制不健全，多头管理；展览场馆规模小，各种设施、条件落后，管理水平较低；整体办展水平还不高，办展人员素质参差不齐；入世后价格双轨制的取消将造成严重的经济损失。我国会展业发展前景具体表现在以下几个方面：一、寻找中国市场与国际先进理念的最佳结合点；二、营造健康有序的市场竞争环境；三、制定总体长远规划；四、经济稳定增长与全民素质提高；五、强化信息与服务。

对我国会展业与会展旅游的相关分析

陈锋仪在《理论导刊》2002 年第 10 期撰文认为，中国会展的共同特点是：其一，会展规模大，规格高；其二，会展所产生的直接经济效益、间接经济效益以及连动的社会效益都十分显著；其三，在办展的目的和思路上，与以前相比有了较大的转变；其四，在会展业发展过程中，各地政府直接介入，形成“政府搭台、企业唱戏”的全新局面，充分发挥政府的宏观调控作用；其五，一般会展业发展较好的地方大都集中在经济发达的大中城市，而这些城市的旅游业也十分发达。主办会展的城市要引发出旅游市场必须具备以下几个必要的条件：一是城市的位置优越，城市功能十分健全，尤其城市交通、通讯高度发达；二是主办的中心城市要有较高的国际国内声望；三是中心城市的旅游业必须十分发达，而且资源独特、魅力无穷。具备了这些基本的条件，在发展会展旅游时还要在会展业与会展旅游的切入点上正确处理好以下几个方面的问题：首先，应正确处理会展业与旅游业的关系，树立旅游服务于会展的观念；其次，必须使管理层认识到旅游业参与会展业的重要性和必要性；再者，旅游企业应加大产品宣传力度，设计出针对性较强的多样化、个性化且含金量高的旅游产品。

对中国会展经济发展的认识与思考

吴艳坤在《统计与信息论坛》2002 年第 17 卷撰文认为，中国的会展经济将得到长足地发展，理由如下：一、是中国的政治安定团结、经济形势良好发展，使中国成为世界瞩目的焦点。二、进入 90 年代以来，世界范围内科技革命的高潮更加迅猛，产品更新换代速度加快，为世界各国经济发展提供了巨大的机遇和挑战。三、随着中国改革的深入和对外开放力度的加强，中国经济结构调整和国有企业的战略性改组势在必行。针对中国会展业混乱无度的发展现状，应该重点抓好以下几点：一、尽快制定会展法规，使会展业能够有“法”可依，有“章”可循。二、要转换政府职能，尽快组建全国性的会展行业协会。三、注重向会展业先进的国家学习，借鉴先进的经验，积极引进外资，提高会展业利用外资的质量和水平。四、有关政府部门通力合作，为发展展览业创造良好环境。五、展览会要与高级研讨会、业务洽谈会、技术成果拍卖会、人才交流会等成套举办，那么所起到的作用更是综合性的、全方位的。六、加深对展览主题概念的理解。

会展的营销战略地位及参展策略

蔡兴仁、张秀升在《商业研究》2002 年 6 月撰文认为，随着我国会展经济时代的到来，会展在企业市场营销战略中的地位也越来越重要。会展在企业市场营销战略中的功能和作用主要有以下几方面：首先，通过会展，企业可以展示自己的品牌，通过会展提供的信息渠道和网络宣传自己的商品。其次，会展是生产商、批发商和分销商进行交流、沟通和贸易的汇聚点。第三，通过展会期间的调查和观察，企业可以收集到有关竞争者、分销商和新老顾客的信息，企业能够迅速、准确地了解国内外最新产品和发明的现状与行业发展趋势等。第四，成本低，会展是优于推销员推销、公关、广告等手段的营销中介体。会展是一项极为复杂的系统工程，受制因素很多。从制定计划、市场调研、展位选择、展品征集、报关运输、客户邀请、展场布置、广告宣传、组织成交直至展品回运，形成了一个互相影响互相制约的有机整体，任何一个环节的失误，都会直接影响展览活动的效果。一个精心策划的会展可以成为营销计划最节省成本的组成部分。从时间顺序上分析，会展业的营销策略通常包括明确参展目的、选择会展、会前活动、会中活动、会后活动、营销策略效果评估以及作为补充的网上展览等。

北京地区会展业发展的现状及对策研究

姚望在《中国特色社会主义研究》2003 年第 1 期撰文认为，北京会展业主要具有以下四大特点：一、会展数量多，发展迅速；二、会展质量不断提高；三、效益显著；四、北京地区已经在全国率先形成了会展产业雏形，主要表现为五大特征：主体多、展类齐全、配套服务体系健全、市场竞争激烈、率先成立了行业的自律组织。但与世界一些城市相比，北京会展业起步较晚，规模不大，水平也不高，在各个方面和国际水平还有差距。当前，北京会展业主要存在五大问题：一、会展场馆设施落后；二、管理体制滞后；三、整体服务水平不高；四、市场环境不够完善；五、理论研究薄弱，专业人才匮乏。结合北京会展业的实际情况，借鉴国际先进经验，应抓住以下五大环节在多个领域有所作为：一、合理规划会展场馆的建设布局；二、加强对会展业的规划、管理和协调；三、创办名牌会展，塑造名牌会展企业；四、加强会展业专门人才的培训和培养；五、积极推进会展业的国际合作。

福建省发展会展旅游的 SWOT 分析与对策

袁书琪在《旅游科学》2003 年第 1 期撰文对福建省发展会展旅游进行了 SWOT 分析，福建省发展会展旅游的优势在于：一、不可替代的会展旅游区域优势致使其开发海内外经济、会展文化旅游前景看好；二、迅速形成的会展旅游交通优势适合承办人流物流规模较大的会展；三、市场广阔的会展旅游客源优势和旅游大省的会展旅游背景优势也很明显。同时，福建省发展会展旅游也存在劣势：一、缺乏大规模的会展城市；二、缺乏现代会展旅游理念，会展业、会展企业、会展人才的培养尚弱；三、缺乏相关旅游产品配套致使参展客转变为游客的不多，在福建省内旅游逗留的时间较短。当前福建省发展会展旅游应抓住以下机遇：一、福建省经济实力快速增强，城市经济的发展和产业结构的调整都有利于会展旅游的发展；二、福建省规划工作广泛开展，城市规划、土地利用规划、旅游规划的成果都为会展旅游的地位、空间提供了较好的定位；三、优秀旅游城市的创建，致使城市功能正朝着有利于会展旅游发展的方向转变。最后，福建省发展会展旅游的挑战有：一、邻近地区会展旅游竞争；二、城市化水平提高缓慢；三、会展旅游人才缺乏。因此，福建省进一步发展会展旅游的对策是：一、充分发挥政府主导作用；二、策划富有特色的会展旅游；三、开发配套旅游产品；四、建设会展旅游城市。

浅析我国的会展经济现象

苗维华在《湖南工业职业技术学院学报》2003 年第 1 期撰文，分析了会展经济现象的形成背景：第一，国内经济的迅速增长。国内经济的持续增长、社会消费水平的提高、政府积极的财政政策和政府支出的加大等因素，为会展业的产生、发展、壮大奠定了坚实的基础；第二，国外会展业的影响。世界会展业巨头的会展管理经验、运作方式和国际市场网络，促使我国会展业在巨大的压力和动力下与国际会展业“航母”合作与竞争，不断学习他们的理念和方法，进行自我净化、自我规范，逐步形成了自己的特色和品牌。第三，政府对于会展业的大力支持。各级政府在政策、资金、技术、舆论上对会展业的支持起到了至关重要的作用；第四，广阔的市场空间。另外，会展经济具有一定的现实意义：第一，加快城市建设步伐。第二，助推城市经济发展。第三，提高城市就业水平。因此，我国会展业未来的发展思路是：第一，制定行业法规，加强会展业的规范与管理。第二，实现品牌化经营。第三，坚持产业创新，走全球化发展道路。

我国会展经济的现状、对策和发展趋势

杨利在《巢湖学院学报》2003 年第 1 期撰文，探讨了我国会展经济的现状：第一，发展。首先，我国展览经济呈快速发展趋势。展览会数量呈增加趋势，展览经济效益初见成效。其次，我国会展经济直接拉动了相关产业的发展。再者，人气旺是我国会展业成功的重要特征。最后，品牌意识在我国会展业中开始形成。第二，不足。首先，会展业的发展缺乏统筹规划与宏观调控，缺少行业约束机制。其次，会展业机制本身缺乏规范化，对展会的地点及频率缺乏约束机制。再者，规模较小，会展业还未形成专业化分工协作的格局。除此之外，会展业从业人员的专业技能和管理水平与展览发达国家相比有较大差距。目前，发展我国会展经济的对策是：一、加强制度建设，规范行业管理。二、搞好展馆及配套设施等硬件设施建设。三、培养和引进高素质的专业会展人才。四、认清形势，准确定位，强化服务意识。五、培育市场化的会展企业，制定科学的管理战略。我国会展经济的未来发展趋势是：一、加入 WTO 后，会展业有望成为“入世”后发展最快的行业之一。二、展览市场逐步开放，外资所占市场份额继续扩大。三、会展业与国际接轨的步伐加快，展览专业

化、国际化、集团化、市场化、商业化水平大幅提高。四、展览市场竞争加剧，服务的质量和水平不断提高，而且市场更加规范化。五、社会中介服务组织、行业协会将承担大量的展览行业管理和社会服务性职能。

关于会展业的发展条件及其动力体系的初步探讨

高静、朱海森、陈娟在《旅游科学》2003 年第 1 期撰文认为，会展业发展应具备一定的条件：从发展会展业的区域环境条件分析，应具备区位条件、经济条件、基础设施条件和软环境条件；从会展业自身发展条件分析，应具备会展场馆条件、会展人才条件、会展技术条件、会展公关条件。上述条件与会展业的发展存在着密切的关系。这些关系的融合，构筑了发展会展业的整体脉络：一、会展业发展的“源”动力条件是会展业发展的核心驱动力因素；二、会展业发展的区位条件和基础设施条件是会展业发展的外部制约因素；三、会展业发展的软环境条件是会展业发展的引导因素；四、会展业发展的自身条件是会展业发展的内部制约因素。

中国会展业的现状及其发展思路

李伟清在《旅游科学》2003 年第 1 期撰文认为，我国的会展业发展存在着不少隐患，譬如粗放式的发展模式，不完善的行业管理机制等等，这些隐患阻碍了我国会展业的良性发展。当前，我国会展业的现状是：我国的会展业总体水平和国际会展业发达国家相比，差距较大，具体表现在行业管理体制、会展规模、会展设施和参展观众构成等方面。在会展规模方面，我国的会展规模普遍偏小，缺乏 5 万平方米以上的大型展馆。因此，中国会展业进一步发展的思路是：第一，转换观念，树立发展现代会展产业的观念；第二，淡化政府管理色彩，完善行业管理机制，形成符合国际惯例的会展业运作模式；第三，加强行业自律机制，尽快建立全国性的会展行业协会；第四，参照国际通行做法，加大政府对会展业的扶持力度；第五，开拓新兴市场，促进会展产业持续健康发展；第六，培育会展专业人才，不断提高会展业的服务和管理水平。

国际会展业市场的特点及发展趋势

王丽梅、王晶在《鲁行经院学报》2003 年第 2 期撰文认为，欧洲是国际会展业最为发达的地区。北美的美国和加拿大是世界会展业的后起之秀。整个拉美的会展经济总量约为 20 亿美元。非洲大陆的会展经济发展情况基本上与拉美相似，而亚洲会展经济的规模和水平应该说比拉美和非洲要高，仅次于欧美。大洋洲会展经济发展规模则小于亚洲。当前，国际会展市场的特点是：第一，高投入；第二，高收入、高盈利；第三，服务是竞争的主要内容；第四，政府和协会的重要作用。国际会展业市场的发展趋势表现为：第一，会展一体化；第二，专业化和品牌化；第三，集团化和国际化；第四，信息技术与实物展览的结合；第五，欧美市场稳定，亚洲市场迅速增长；第六，会展业规模扩张和质量增长并存。我国各地虽然有发展会展业的热情，但对自身要有客观的评价和准确的定位，尽量减少资源的不必要的浪费，使规模的扩张和质量的增长同步进行。

中国会展产业现状、问题与发展对策

赵成孝在《中国物价》2003 年第 2 期撰文认为，近几年中国会展业有较快的发展，但是也存在一些问题：一、会议设施和服务体系的不健全，正在遭遇规模瓶颈。二、过剩化对地区经济带来的负担。三、专业人士的缺乏和专业性的薄弱。四、法制体系和培训方面的不足。五、市场营运上的不足。解决这些问题的对策：第一，加强政府对展览业发展的引导和培育作用，积极促进展览业的市场化和国际化。第二，要加快培育一批有品牌效应的展会和一批有专业水准、有竞争实力的展览公司。第三，要重视规模和品牌。第四，要加快筹建全国性展览协会，充分发挥协会等中介组织的自律和规范作用，积极促进展览业产业化。

从国际会展业发展动态看我国会展业发展方向

程红、路红艳在《中国流通经济》2003 年第 3 期撰文认为，各国会展经济的发展不平衡，欧洲作为会展业的发源地，实力最强，规模最大；在北美地区，美国已成为举办世界贸易博览会的主要国家；在亚洲，新加坡和中国香港的会展业也十分发达。从目前形势看，国际会展业呈现如下特点：一、政府对会展业的发展提供必要的支持，具体表现为政策投入和经济投入，为企业提供出国参展经费支持，协助配合会展公司开展展会推广工作。二、依托城市产业培育会展品牌。三、通过投资、收购、兼并等手段扩张和重组展览资本，形成了展览公司集团化趋势。四、展会日趋专业化、国际化，消费类展会呈现出旺盛的生命力。专业性的会展已成为国际会展发展的主流，代表着会展经济的发展趋势。展会的国际性不断增强。消费类展会呈现旺盛发展势头。五、网上展览方兴未艾。这些对于我国会展发展具有以下启示：一、明确政府定位，为会展业的发展创造良好的运行条件。二、整合会展资源，加强联合，实现优势互补。三、大力开展网络展览，实现实物展览和网上展览的相互补充。四、进行展览营销创新，增强展会国际化程度。五、贸易展和消费展协同发展。

会展中心的区位选择与发展对策

陈建斌在《重庆工商大学学报》（西部经济论坛）2003年第3期撰文认为，会展中心的区位选择分为两个层次，一是宏观区位选择，即哪些城市适宜成为哪个级别的会展中心。二是微观区位选择，即在既定的会展中心城市内，会展中心区位选择的标准。宏观区位特点表现在：有经济发达地区作为依托、各种交通方式非常发达、是经济政治文化中心城市。会展中心在城市微观布局的原则主要是服务会展主要功能及满足会展参加者的工作与生活需要。会展中心的空间竞争作用表现为在高级会展中心城市的抑制作用下，受抑制的会展中心城市会围绕区域会展中心城市形成会展中心城市“杜能环”，以核心会展中心城市为圆心向外会展的级别越来越低、规模越来越小。当前，中国会展中心分布现状与存在的问题是：一、运行机制不够成熟、办展主体分散化。二、高级会展中心规模不够大，城市规划观念滞后。三、缺乏成熟的会展经营商与会展管理人才。四、空间布局不尽合理，会展中心功能分工不够明确。因此，促进我国会展中心健康发展的措施如下：一、转变政府职能，积极培育会展市场。二、明确各级会展中心城市的定位，形成合理的地域分工与会展中心城市系统。三、加强基础设施的建设，强化城市的综合配套功能，以先进的规划理论指导城市建设。四、加强会展人才培养与引进，提高会展发展潜力。

我国会展业发展问题探讨

张占东在《河南社会科学》2003年第3期撰文认为，会展业具有强大的产业关联性和产业带动效应，具体而言有：第一，可以带来巨大的经济效益和社会效益。第二，可给第三产业带来广阔的发展空间，将直接刺激各个相关行业的快速发展。第三，将增加和提供一大批就业机会。第四，有助于增强中心城市的辐射力和影响力。当前我国会展业还存在许多问题，主要有：第一，会展场馆布局分散，重复办展的现象严重。第二，展会规模偏小，国际影响力低。第三，缺乏行业管理，存在无序竞争。第四，专业人员匮乏，服务水平有待提高。因此，发展我国会展业要采取以下对策：第一，抓住机遇，着力发展会展业。第二，进行市场化运作，形成符合国际惯例的运作模式。第三，重视人才资源开发，培养高素质人才。第四，建立组织体系，加强行业管理。

关于创建中国会展旅游品牌的思考

冯玮、舒伯阳在《华侨大学学报》（哲学社会科学版）2003年第4期撰文认为，创建中国会展旅游品牌具有重要的意义：一、完善我国会展旅游产品结构，适应多元化旅游市场需求。二、提升我国会展旅游的知名度，树立良好的国际形象。三、提高会展旅游的经济贡献率，让会展旅游成为新的经济增长点。四、增强我国会展旅游核心竞争力，积极参与国际竞争。五、优化旅游环境，促进会展旅游业整体素质的提高。当前，创建中国会展旅游业品牌所面临的问题是：一、品牌战略意识淡薄，总体发展不协调。二、缺少知名品牌，高档次品牌匮乏。三、品牌整合程度较低，品牌认知度有待提高。四、品牌管理专业化程度不高，高层次专业人才匮乏。因此，创建中国会展旅游品牌的对策有：一、强化品牌战略意识，制定总体长远规划。二、加快集团化进程，培育高档次国际品牌。三、加强品牌整合，实施差异化战略。四、走专业化品牌管理之路，培养高素质的人才。

试论中国会展经济发展的瓶颈与对策

刘松萍在《广东技术师范学院学报》2003年第4期撰文认为，中国会展经济发展的瓶颈有：首先是浓厚的计划经济的烙印。具体表现为，一是展览会的主体不明，没有按市场规律操作；二是打破了平等竞争的主体市场，破坏了市场竞争的规律；三是计划经济保护壁垒，成为会展经济按市场规律发展的拦路虎。其次是快速发展中的无序竞争状态。具体表现为，一是缺乏市场游戏规则；二是缺乏统一的行业约束机制；三是缺乏明确定位。再者，缺乏规模效应和国际品牌效应。具体表现为，一是展览场馆规模落后，面积小；二是展览场馆条件差，服务配套设施落后；三是中国缺乏展会名牌城市。除此之外，还存在展会效果差，服务质量差，会展业人才缺乏的情况。具体表现为，一是会展人才严重缺乏，现有人才素质不高；二是重短期培训，缺乏长期培养目标，没纳入普通高等教育体系。因此，推动中国会展业健康发展的对策如下：首先，要淡化政府的职能作用。选好战略目标和措施，建立行业准入机制，做好监督工作和后勤服务工作。其次，要实现有序竞争的规范化管理。再者，重视产业布局、明确会展主题，培植世界级的会展名城。同时还要扩大展馆规模，同国际接轨。最后要提高会展业人员的素质。加快会展人才培养；加强对现有人才的培训；加强展览业从业人员的职业道德教育。

关于会展业发展的思考与对策

李明伟在《理论观察》2003年第5期撰文认为，随着生产、销售的专业化，国际展览业转向组织举办专业性贸易展览会。展览会专业题材众多，数量大幅增加。国际展览业正向以下三方面发展：第一，大量应用信息技术，向网络求发展空间。第二，业内强强联合，增强竞争力。第三，推行全球化战略，抢占各国的展览市场。目前我国会展业的现状及存在的问题是：首先，展览管理机构过多、过散，缺乏权威性。其次，中国会展目前呈现出的繁荣景象，是一种粗放的增长方式，与成熟的会展业存在质的差别。第三，知识产权问题突出，假冒伪劣产品充斥展览会现象时有发生。第四，专业人才匮乏。因此，发展我国的会展业，应尽快成立全国性的会展业协会，即唯一性、全国性和权威性，并在法律指导下行使管理职能。鉴于会展业对经济发展的拉动作用和政府在会展发展阶段的重要作用，各级政府及职能部门应对会展业这一新兴产业给予重视和支持，进一步加大对会展业的投入，调整和加强相关产业政策，参照国际通行做法，加强对会展业的扶持力度。

浅谈我国会展经济的发展及其作用

李庆杨、李鸿冰在《经济师》2003 年第 5 期撰文认为，会展经济是市场经济条件下的产物，是一种蕴藏着无限商机的新型经济。会展经济在我国起步较晚，但近几年已呈现出较快发展的势头，并已逐渐成为我国经济发展的新的增长点：一、世界经济一体化的趋势和中国市场的巨大潜力为会展经济的迅速发展提供了广阔空间。二、新经济的崛起和新技术的应用，为会展经济迅速发展提供了重要的机遇。三、新型市场形式的出现为会展经济迅速发展提供了重要的载体。四、企业发展的内在需求为会展经济迅速发展提供了重要条件。五、区域经济发展的要求，为会展经济迅速发展提供了重要场所。另外，会展经济在社会经济发展中的作用：一、会展经济可产生直接的经济效益。二、会展经济具有较强的产业带动作用。三、会展经济具有传播信息、知识、观念的作用。四、会展经济具有促进经济贸易合作的作用。五、会展经济具有带动地方经济发展的作用。

加入 WTO 对我国会展业的影响及发展对策

黄大勇在《经济师》2003 年第 6 期撰文认为，随着经济全球一体化的发展，会展经济的作用愈来愈为人们所关注。当前，我国会展业存在的主要问题是：第一，展馆规模小、数量少、设施落后，供求矛盾突出，对网上展览重视不够。第二，会展市场秩序混乱，鱼龙混杂，会展过多过滥，有些地方甚至出现了会展“泡沫”现象。第三，多数展会缺乏明确定位，组织管理模式落后。同国际知名展览相比，我国展览缺乏明确定位。第四，缺乏高素质的专业展览人才和展览公司，使会展经济的质量和效益欠佳，会展业还未形成专业化分工协作的格局。因此，发展我国会展业应采取的对策：第一，提高人们的会展经济意识，全面、科学地认识其作用。第二，建设有国际竞争力的知名会展中心，培育世界级会展名城。第三，走会展产业化道路，实现市场化、集团化的路子。第四，积极引进外资，提高会展业利用外资的质量和水平。第五，加强政府宏观调控，制定会展法规，完善“游戏规则”。第六，建立行业协会，发挥协会组织的作用，加强行业的自律和协调，营造良好的会展环境。第七，建立对外联系，加强学习合作。第八，培养会展人才，建立专业队伍，塑造名牌展览公司，促使会展业的质量和效益不断提高。

论会展经济的空间集聚和扩散

王云龙在《学术论坛》2003 年第 6 期撰文认为，在会展经济地域运动过程中，集聚与扩散是一对矛盾的统一体。以上海、北京、广州为例，三地会展经济在市区的空间集聚表现为：会展经济以展馆为中心集聚，该区域也逐渐成为商务中心。由于众所周知的经济地位和消费市场优势，上海的经济类会展多，会展参与的人数多。由于中央国家机关、大型国企、跨国公司在华总部云集，权威机构和市场资源集中，北京会展产品定位在大型、高档次、国际化的展会上。广州会展业的特点是“一展带来百展兴”，作为华南地区最大的展馆，广交会展馆地位独特，起着调控周边会展市场、培育展会的重要作用。从会展集聚效应的基本理论进行解释可知：会展经济的运动形式首先是集中，多以大城市原有几个展馆为核心集聚。其次，会展企业与其他同类和相关行业的厂商集中于同一个区域可以产生集聚效应或称外部规模经济性。上海、北京、广州三地会展经济在市区外围的空间扩散表现为，为满足今后几十年的需要，上海、北京、广州三地新展馆都选址在地理位置优越，交通非常便利的市区外围地带，都具备建设档次高、占地面积大、科技含量高、配套设施全的优点。最后对会展集聚效应的基本理论进行了相应的解释：会展经济首先倾向于在城市内部获得一席之地，而到企业规模发展到一定程度之后，就趋向于选择一个发展环境比较好的地区进一步使自己的利润最大化，从而出现大型会展中心的相对市区的离心倾向。

我国会展业态现状分析及经营模式探讨

赵农在《理论月刊》2003 年第 6 期撰文认为，会展经济在扩大城市影响、贸易往来、经济合作及增加就业等方面发挥着日益重要的作用。会展经济及其功能表现为：第一，效益功能。会展业同其他行业相比，具有直接性、自由性、集中性和经济性的特点。第二，沟通功能。通过会展可以聚集商品和服务信息，为参展商和贸易商建立新的客户关系，寻找贸易伙伴，获取经贸信息提供便利。第三，窗口功能。第四，展示功能。第五，连带功能。连带功能体现在：其一，会展能吸引大批参展、观展人员，从而刺激商品和劳务消费需求；其二，会展业特有的展品、展地和展期三个要素，决定了参展商和贸易商的地域和时间的局限性。当前我国会展业发展现状：第一，一哄而上的盲目开发。第二，过度细分下的恶性竞争。第三，各自为战的多元管理。今天我国的会展业态从形式上看，主要有三种：第一种是由国家权威部门主持在沿海城市举办的少数大型综合性交易会。第二种是随着我国市场经济的逐步建立而兴起的大量行业性专业会展。第三种是近年来各地政府将会展看成是"城市名片"所举办的各种名目的节会。无论从眼前还是长远利益来看，都需要跳出现实会展经营的原有模式，寻求会展业发展的新思路。第一，顺应趋势，整合资源。第二，改变观念，更新业态经营模式。

中国城市会展旅游发展潜力研究

陈才、武传表在《桂林旅游高等专科学校学报》2003年第6期撰文，对我国会展旅游发展潜力进行分析：第一，中国城市会展旅游发展潜力存在较大差异。分为三个层次。第一层次包括北京、上海、广州，发展潜力最大，具备了定位于国际性会展旅游城市的基本条件。第二层次主要包括深圳、杭州、沈阳、南京、昆明、大连、天津、西安、青岛、乌鲁木齐等城市，在区域内具有较大发展潜力，具备了建设区域性会展名城的基本条件。第三层次的城市主要包括成都、苏州、珠海等城市，这些城市不宜将会展旅游作为支柱产业或主导产业，但可以作为重要产业进行定位，进行必要扶持。第二，中国会展旅游经济区域化发展格局已经形成，区域分工体系影响城市会展旅游定位。第三，西部只有少数城市具备发展会展旅游一般条件，但缺乏比较优势。

中国会展业发展之路探析

李春根在《商业经济与管理》2004年第7期撰文认为，近几年来，我国会展业发展非常迅速，年均增幅超过20%。但会展业在国内尚属于新兴产业，与德国、美国、法国、新加坡等会展经济领先的国家存在着巨大的差距。当前中国会展业的发展既有新的机遇，也将面临严峻的挑战。因此，当务之急是提高中国会展经济的规范化水平，建立并逐步完善管理制度，提高竞争力，进一步促进中国会展经济持续健康发展。具体对策为，一、树立新的会展经济理念。我国的会展迫切需要树立三大意识：一是品牌意识。二是市场意识。三是服务意识。二、加强硬件和软件建设，努力营造一个国内外企业公平、公开、公正和有序的竞争市场环境。三、尽快组建展览业行业协会并发挥其作用，加强行业自律和管理。四、加快培养会展业人才，打造一支高素质的专业人才队伍。五、在竞争和开放中力促我国会展业的发展。

会展旅游业中的政府职责

王晶在《商业研究》2003年第7期撰文认为，目前我国会展活动的主办者绝大多数都是官方或具有官方背景的团体，由企业主办的会展很少。其中，会展旅游业中的政府职责包括：第一，有关政策、法律和规则；第二，会展旅游管理机构。当前世界上发达国家的展览管理机构的主要职能有四个方面：一、制定全国性的展览管理法律条例和相关政策；二、支配使用政府的展览预算；三、组织国家展，代表政府出席国际展览界的各种活动；四、规划、投资和管理展览基础设施。第三，会议展览局的主要工作是：一、参加国际专业组织，进入专业圈子；二、参加专业交易会；三、以政府名义同相关组织建立合作关系，联络协调有关企业；四、邀请买家做专业考察。从市场角度看，只有研究会展旅游经济主体的利益，使其获得最大效益，才能发展好会展旅游业。随着市场化运作程度的加深，政府将对会展旅游业的审批、管理、主导的权利和职责转变为注册、服务、引导的职责。政府只有有所不为，会展旅游行业乃至每个企业才能有所为。

我国会展业的产业化发展问题探讨

程乙昕、惠红在《江苏商论》2003年第7期撰文认为，会展业产业化问题是中国会展业的最根本问题，实现会展业的产业化、国际化将为我国社会经济的发展带来更多更好的机遇。当前会展业在我国的发展状况为：第一，会展业正成为推动城市经济发展的又一新增长点。第二，会展业正成为提升城市形象的又一亮点。第三，会展业正逐步成为我国又一新兴产业。现阶段我国会展设施的建设已经初具规模。会展业在发展经济推进社会全面进步方面的巨大推动力也日益突出。我国已出现了独立经营专业会展业务的企业。同时，我国会展业产业化发展中遭遇的主要问题有：第一，我国会展业的产业性质尚不明确。第二，会展行业缺乏专业的行业管理机构和行业管理协会。第三，作为产业支柱的会展专业企业尚不具有行业中流砥柱的气质。加快我国会展业的产业化发展需要做到：第一，高起点规划我国会展产业。这需要做到精品城市国际化，大中城市特色化，中小城市专业化。第二，高效率发挥政府的辅助职能。第三，高质量地组建我国会展行业的旗舰企业。

论会展业对区域经济的影响、存在的问题及其对策

薛伟业在《经济师》2003年第8期撰文认为，我国会展业发展对区域经济的影响有：第一，会展活动能对区域产生可观的直接的经济效益；第二，会展活动能传播区域之间的信息、知识和观念；第三，会展活动在区域内有较高的相关产业带动作用；第四，会展活动能促进区域间经济贸易的合作；第五，会展经济能缓解区域内的就业压力；第六，会展活动可带动城市基础设施建设，提高知名度。改革开放以来，我国会展业从小到大，每年以近20%的速度递增，行业经济规模逐步扩大，然而，与会展业发达的国家相比，我国会展业还存在较大的距离，在一定程度上也影响了会展业持续、稳定、健康的发展。当前我国会展业发展过程中存在的问题是：第一，展览场所建设缺乏长远规划，功能单一；第二，会展主题不明确，展会过多过滥，重复办展现象严重；第三，缺乏相关的法规和协调或管理组织，市场无序竞争。就这些问题，提出几点我国会展业发展的对策：第一，各地方加强对会展经济的研究；第二，建立健全法律法规，规范市场运作；第三，拓宽人才引进渠道，加大人才培养力度，提高人员的技术水平和信息意识；第四，发挥自身优势，创特色品牌会展；第五，政府的支持与推动。

我国会展经济的现状、发展趋势及对策

金本香在《江苏商论》2003年第9期撰文认为，我国会展经济发展的现状是：首先，我国的会展经济发展速度较快。其次，我国的会展经济发展市场广阔。第三，会展经济在国民经济发展中起着越来越重要的作用。通过举办会展，使我国各地区的优势产业具有一个充分展示自己的舞台，提高产品知名度，增加出口创汇的机会，变资源优势为经济优势，增加了经济收入，增强了出口创汇的能力；通过会展还增加了国与国之间的交流和了解，增进了友谊，扩大了许多主办城市的知名度。然而，会展经济还存在着许多问题，主要表现在：首先，展馆建设缺乏长远规划和合理布局，规模小，供需矛盾突出。其次，我国会展业的有效宏观调控不足，缺乏有效的行业自律，管理水平不高。再次，我国缺乏高素质的专业会展人才。当前，促进我国会展经济的对策有：首先，更新观念，提高对会展经济的认识。其次，展馆建设应科学规划，合理布局。再次，加强政府宏观调控，完善相关的法律、法规。最后，政府应该提供一系列优惠政策，帮助、扶植会展业发展。最后，我国会展经济的未来发展趋势是：一、加入WTO后，会展业有望成为“入世”后发展最快的行业之一。二、展览市场逐步开放，外资所占市场份额继续扩大。三、会展业与国际接轨的步伐加快，展览专业化、国际化、集团化、市场化、商业化水平大幅提高。四、展览市场竞争加剧，服务的质量和水平不断提高，而且市场更加规范化。五、社会中介服务组织、行业协会将承担大量的展览行业管理和社会服务性职能。

略论我国会展业的发展与对策

黄芝芳在《经济工作导刊》2003年第9期撰文指出，十多年来中国展馆随着展会数量增多和规模扩大而发展。展览发展趋向定期化、专业化和品牌化，沿海发达地区和西部内陆地区显现出差别。各种机制的展览企业呈现出不同的特点，国企、合资、民营的会展业并存。当前，我国会展业发展存在的问题是：一是在管理体制上的差异；二是展览场馆和设施上的差距；三是展会定位上的差距；四是服务水平上的差距；五是会展专业人才方面的差距。就此问题，发展我国会展业的对策：一是顺应规则，发挥行业协会作用。二是改进服务水平，加快人才培养。三是会展应走向产业化和品牌化。四是可利用互联网，实现实物展览和网上展览交易之间的相互补充。五是以展“促”会，以会“兴”展。六是积极引进外资，提高会展业利用外资的质量和水平。

我国会展经济发展面临的问题及对策

严晋清在《市场周刊·财经论坛》2003年第9期撰文认为，我国会展经济发展的现状是：第一，展馆数量增加较快；第二，展馆规模扩大迅速；第三，参展行业涉及广泛；第四，出国办展大幅增加；第五，来华办展势头强劲。进入90年代，我国的会展经济虽然发展很快，并且成效显著，但与发达国家成熟的会展经济相比，还有很大差距，而且在发展过程中也还面临一些需要解决的问题。具体而言有：第一，展馆规模偏小，而且比较分散；第二，办展水平低；第三，重复建设严重；第四，缺乏长远规划；第五，无序竞争严重；第六，管理模式陈旧。当前加快发展我国会展经济的对策：第一，统筹规划，合理布局。第二，推进产业化，实现市场化。第三，加大资金投入，实现规模经济。第四，加强队伍建设，培养专门人才。第五，加强法制建设，改善经营管理。第六，借鉴国外经验，办出自己特色。

长三角地区与珠三角地区会展业发展的比较分析与趋势探究

刘青在《特区经济》2003年第9期撰文，比较了长三角地区和珠三角地区会展业发展现状：一、在发展规模上，服务贸易占上海国民经济产值的近50%，展览业被认为起到了带动作用。二、在产业基础上，长三角地区的经济总量超过珠三角地区；在产业结构升级方面，珠三角地区产业的调整要比长三角地区快半拍；而在发展速度方面，长三角地区要快于珠三角地区。三、在产业政策上，上海市已将会展业列入今后5—10年重点扶持和发展的都市性服务业，在市场准入、场馆建设、行业管理、人才培养、国际交流等方面加大了对外开放的力度。广东省内各城市也是如此。四、在会展场馆及配套服务设施上，两个地区的会展设施总体来讲都不少，城市的配套酒店等设施也基本可以满足需要。五、在展会品牌上，长三角地区展会品牌的特点是展览规模以中小型为主；珠三角地区大型展览比例较高。六，从市场环境来看，长江三角洲展览业目前城市间的合作比较少，基本上各自为政。珠三角地区在区域会展合作方面做得比较好，市场机制比较成熟。此外，两个区域的会展业发展特点：一、会展业与区域经济发展紧密结合。二、会展业为区域产业结构调整作出贡献。三、展会品牌存在提升空间。

加快发展我国会展业的主要问题及对策

殷宝庆在《计划与市场探索》2003年第11期撰文认为，发展我国会展业的主要问题有：一、展馆建设缺乏长远规划和合理布局，展馆规模偏小，供需矛盾突出；二、缺乏统一的行业协会和自律机制；三、服务意识薄弱；四、会展主题不明确、无特色，缺乏名牌会展；五、专业会展人才的匮乏；六、来自外部的冲击。当前加快发展我国会展业的对策：一、明确政府定位，为会展业的发展创造良好的运行条件。二、科学规划，合理布局。三、成立全国性的会展行业协会，加强行业自律和协调。四、要培养一支高素质的会展专业人才。五、整合会展资源，加强联合，实现优势互补。首先，加强我国国内跨地区、跨省际的会展市场联合，做大会展品牌；其次，通过股份合作、兼并、收购等形式，建立具有国际竞争力的展览集团，带动和增强我国会展业的整体竞争能力；再次，加强展览项目联合，培育大规模的品牌展会。六、利用互联网，实现实物展览和网上展览交易之间的相互补充。七、贸易展和消费展协同发展。

我国发展会展旅游的问题与前瞻

王昆欣在《中国会展》2003年第11期撰文认为，会展旅游在我国还不能成为一个独立的产业。我国会展业曾经由一些非市场化的发起单位和部门全部和部分垄断。我国会展市场目前还是买方市场，市场化氛围不够。我国举办的大多数会展缺少专业旅游服务公司的参与，造成组织管理模式落后。另外，我国相关的法律法规不健全也限制了会展业的发展。中国会展旅游先天不足，发展却很迅速，全球化趋势形成的良好环境成为中国会展旅游发展的温床。当前中国会展旅游的前景：一、会展相关法律将逐步出台。二、行业自律协会将不断增加。三、大城市将成为会展业中心城市。四、中介组织大批出现，会展业将成为独立产业。五、会展旅游市场分工更加细致。六、大型旅游企业开拓会展旅游市场。七、国际会展组织和中介公司将涌入中国会展旅游市场。

浅谈会展旅游的发展

韩军、李容树在《经济师》2003年第12期撰文认为，会展旅游，是通过举办各种类型的大型国际展览会、博览会、交易会、运动会、招商会等等，吸引大量游客来洽谈贸易、观光旅游，进行技术合作、信息沟通、人员互访和文化交流，以此带动交通、旅游、商业、餐饮等多项相关产业发展的一种形式。具体表现：1. 商务型会展；2. 体育盛会；3. 以文化内涵、民俗风情为依托的各类文化节、艺术节等而兴起的旅游活动；4. 专业品牌展览会。中国的展览业发展很快，具体表现在：1. 会展数量及规模骤增；2. 会展内容日益丰富；3. 收益丰厚。而会展旅游的问题表现在：1. 展馆建设上定位不明确，缺乏长远规划和合理布局；2. 会展旅游观念落后；3. 展览业缺乏行业约束机制和管理体制；4. 会展旅游专业人才匮乏。因此，促进会展旅游的举措：（一）组建展览集团，建设国际型的会展中心，扶持名牌展会城市。（二）提高对会展旅游的认识。（三）成立展览同业工会或行业工会，实现行业内部的自律与协调。（四）培养一支会展旅游所需、所用的专业管理技术人才队伍。总之，我国应抓住机遇，从硬件、软件两个方面入手，为会展旅游创造一个适合发展的环境，以更高的起点，更快的步伐，使我国早日成为一个会展旅游大国。

我国会展经济发展浅析

汤曼在《科技进步与对策》2003年第12期撰文指出，我国会展业真正的起步始于改革开放初期。20世纪90年代末，会展业进入飞速发展的年代，基本上以每年20%的速度增长，操作方式也从纯粹的官方行为向商业操作过渡。近年来我国会展业的发展现状：第一，发展速度快。第二，经济效益显著。第三，行业带动作用明显。第四，整体办展水平和质量不断提高。第五，当前会展业存在一些问题：一是会展缺乏有效的宏观调控和行业约束机制，其规范化程度及管理水平有待提高。二是相关法律法规不健全，展商和消费者的利益得不到有效保护。三是缺乏高素质的专业会展人才。四是会展的质量、水平与国外先进水平依然存在差距。对我国会展业发展前景的几点思考是：第一，面临激烈的国际化竞争，国内会展业应积极参与，力求掌握主动。第二，会展业要加强市场化、规范化管理。第三，会展业要加快产业化发展之路。第四，信息技术的发展将给展览业带来新的契机。第五，通过发展区域性会展经济，培育具有国际竞争力的会展中心。

会展产业发展的几点思考

黄秦波、陆杰峰、阮连法在《商业研究》2003 年第 13 期撰文指出，我国会展业发展中存在的问题有：第一，缺乏统一的规划，各地一哄而上、盲目发展。会展产业合理有效布局是一个急需解决的问题。第二，缺少统一的领导机构和行业自律机制，管理不规范。具体表现为会展业缺乏统一的宏观调控和管理，会展主办主体复杂，重复办展严重，浪费了会展资源；会展业缺少行业自律机制盲目追求眼前利益，展览业内部竞争处于无序状态，严重阻碍了我国会展业发展。第三，会展业专业人才缺乏，导致我国会展水平不高，管理和组织混乱，只注重形式而不注重内容，会展的质量和经济效益不高，无法形成有特色的具有独特吸引力的会展项目和品牌。如何发展会展业？第一，大型的会展应集中在区域的中心城市或城市群，因为中心城市和城市群是区域发展的增长极。第二，中小城市应结合自身的实力开展具有地方特色的会展，成为中心城市的有益补充。第三，提高城市的综合实力，从硬件建设和软件建设两个方面为会展业发展营造良好的环境。

浅论中国会展业对外投资战略

王起静在《会展论坛》2003 年第 15 期撰文认为，我国会展业走向国际市场参与国际竞争，需要制定正确的对外投资战略和对策。在制定会展业对外投资区域战略时，应根据发达国家和发展中国家的不同特点进行选择。第一，扩大对发达国家的投资。发达国家政局比较稳定，同时，其经济发展水平较高、市场潜力较大、投资会展市场可获得可靠收益，金融市场发达，资金充足。第二，有选择地对发展中国家投资。发展中国家的会展业尚处于初级阶段，市场比较容易进入。一般来说对于发达国家采取并购方式直接建立会展企业，对发展中国家则应采取新建投资形式。此外，我国会展业对外投资初始阶段由于资本限制以及对投资国市场的熟悉程度不高，只能选择单个项目重点推进。单个会展项目和企业投资运作成熟后，则可以进行相关产业链条投资。产业链条投资具有系统性和关联性，产业链条上的各个项目和企业，应该互为客户梯队性进入东道国市场。产业链投资应该注意进入的时机，不能盲目推进。

我国会展经济发展的现状、问题与对策研究

黄大勇在《商业研究》2003 年第 16 期撰文，对我国发展会展经济方面存在的主要问题及原因进行了分析：一、人们的会展经济意识不强。二、展馆规模小、数量少、设施落后，供求矛盾突出，对网上展览重视不够。三、会展市场秩序混乱，会展过多过滥，有些地方甚至出现了会展“泡沫”现象。四、缺乏高素质的专业展览人才和展览公司。当前发展我国会展经济应采取的对策有：一、提高人们的会展经济意识，全面、科学地认识其作用。二、优化资源配置，培育有国际竞争力的会展中心和世界级的会展城市。三、走会展产业化的路子。四、积极引进外资，提高会展业利用外资的质量和水平。五、加强政府宏观调控，完善会展经济的“游戏规则”，尽快制定并完善有关的法律法规，明确会展市场的准入机制和主办主体的资质条件。六、发挥协会组织的作用、加强行业自律和协调。七、加快培养既熟悉展览业务、又富有管理经验的高素质的专业展览人才。

试论会展的文化功能及其魅力再造

俞兴民在《财经论丛》2003 年 9 月（增刊）撰文认为，会展的文化功能是：一、会展具有展示各参展单位独特文化魅力的功能。二、会展具有展示举办城市个性文化的功能。三、会展具有创新城市特色文化、提升城市形象的功能。当前我国会展文化面临的发展瓶颈是：一、重经济轻文化的观念影响会展文化的构架。我国存在着会展文化重复化、本土化、无序化的现象；二、“经济搭台、文化唱戏”中的两张皮现象制约会展对城市文化的继承发展。这种现象影响了传统文化的发掘，城市现代文化的新发展以及城市特色文化的个性表白；三、非市场化的操作损害会展文化的整合创新。再造我国会展文化魅力的对策是：一、认识会展文化建设的重要性。政府要扶持会展文化的构建；办展单位要注重会展文化建设；参展单位要充分利用会展舞台拓展品牌影响。二、提升参展单位的文化品位。展会布置要个性化；参展产品要有文化味；产品的推销人员要有良好的仪表形象；推介网络要健全化。三、加大会展传播信息、知识、理念的含量。要把网络信息系统作为宣传城市会展文化的重点工程来抓；要通过互联网发布不同语言的会展信息及反馈信息、建议等；要加大会

展传播信息、知识、理念的含量。四、构建市场化的会展文化模式。要建设会展服务文化；切实提高会展文化的国际化水准；实现会展文化的品牌化经营。五、建立会展文化的调控机制。政府要加强对会展文化的合理调控；要加大会展文化暨城市文化的投入；加强会展文化的行业管理。

济南市会展经济发展问题思考

王祯祥在《中共济南市委党校学报》2004 年第 1 期撰文认为，济南市会展经济发展水平客观呈现出以下特点：一、初步建立了会展经济的产业化基础。二、举办了一批有一定影响的全国性会展。三、建立了宏观调控体系，完善了相关法规。四、加大扶持力度，营造了良好发展环境。总的看来，济南市会展经济在市场化、产业化等方面都取得了初步成就，但有些还明显处于劣势，表现在：一是会展规模偏小、档次偏低。二是缺少实力较强的会展企业。三是会展场馆建设滞后。四是外部环境还不尽如人意。五是会展业的运行缺乏规范化，展会的地点、频率约束机制缺位。从济南市发展会展业的基础与潜力分析来看可以得出：首先，区位优势明显，基础设施相对雄厚。其次，泉城享誉世界，历史文化悠久。第三，济南有着优良的商业传统，长盛不衰的商贸集散中心。第四，经济基础较为雄厚，高校、科研院所林立。加快济南市发展会展经济的对策措施是：一、加大宣传力度，强化会展意识；二、加强宏观调控，完善行业管理；三、积极运用现代科技，实现会展技术现代化；四、努力创新，发展特色会展和品牌会展；五、促进专业化分工格局的形成，延长会展产业链；六、提高城市规划水平，切实完善城市服务功能；七、确定符合经济特点和基础的差异化发展战略。

论入世后我国会展业的法制现状与对策

詹朋朋在《国际商务研究》2004 年第 1 期撰文认为，规范的法制环境，是决定未来一段时间会展业是否能健康发展的关键因素。当前我国会展业的法制现状表现为：由于会展业在我国的起步较晚，立法存在许多空白。有一些地方已经或正在积极制定法规和行规。《专业性会展等级的划分及评定》商业行业标准已于 2003 年 3 月 1 日起正式实施。该标准作为全国统一的行业标准为规范会展业的发展提供了新的依据。法制方面的另一个重要问题是会展活动中知识产权保护问题。目前会展活动涉及的知识产权问题主要有以下几个方面：一、展品侵权；二、会展品牌的侵权；三、盗版软件。为此，发展我国会展业的法制对策：第一，要在基本原则上界定法律、政府和协会三者之间的关系。第二，要确立会展业的市场化发展方向。第三，要加强知识产权保护。第四，要建立会展业服务标准体系和组展商、服务商、参展商、参观商纠纷调解与仲裁体系，以维护各方面的合法权益。除了从立法和会展参与者的自我保护可以采取以上对策外，还必须重视 WTO 规则对我国会展业发展的重要性，因为贸易自由化是全球贸易的趋势。

会展经济的价值反思与路径抉择

马晓燕在《重庆大学学报》社会科学版 2004 年第 1 期撰文，对会展经济进行了价值评析：一、会展经济带来的经济和社会效益。首先，会展经济的发展可以增加大量的就业机会。其次，会展经济的发展起到了传播信息、知识、观念的作用。最后，会展经济能够促进城市的发展，提高城市的知名度和美誉度，从而带动地方经济的发展。二、会展经济的泡沫现象。会展经济的发展误区及其现实体现在：会展“行政化”；会展市场秩序混乱；展览场所重复建设，功能单一；一味强调展位数量与人流量；展会缺乏明确定位，组织管理模式落后；会展业还未形成专业化分工协作的格局。当前发展会展经济的主要路径选择及对策措施是：首先，树立新的会展经济理念，提高人们的会展经济意识，全面、科学地认识其作用。其次，在展馆建设上要科学规划，避免小而散，走国际化、专业化、大型化、品牌化、网络化之路，同时搞好展馆甚至整个城市的硬件设施建设。其三，加强政府宏观调控和行业自律，营造良好的会展环境，完善会展经济的“游戏规则”。其四，培养高素质的专业展览人才，塑造名牌展览公司，促使会展经济的质量和效益不断提高。其五，积极引进外资，提高我国会展业管理水平和竞争力。其六，优化资源配置，培育有国际竞争力的会展中心。

从发达国家会展业运作模式看我国会展经济

祝荣在《中共桂林市委党校学报》2004 年第 1 期撰文认为，我国应借鉴学习以德国、法国为代表的发达国家会展经济的运作模式，大力发展会展业。德国会展业的发展始终离不开政府的支持。政府首先投资建立规模宏大的展馆设施，在确定产权归属国有的前提下，不直接参与展馆的日常运营，而是以长期租赁或委托经营等形式把展馆的经营管理权授让给德国大型的国际会展公司，政府的职责主要体现在对行业的宏观调控方面。而法国会展业的运作模式是：展馆设施由法国中央及地方政府投资建设，然后组成国有场馆公司负责展馆的经营管理，此经营实体业务单一，只开展自己的场馆服务业，不进行会展项目的运营。而展览公司则不拥有展馆设施，也不参与展馆经营，主要从事会展项目经营。此外，借鉴德法经验，发展会展经济对国民经济发展具有重大作用：第一，传播交流知识信息。第二，创造直接经济效益。第三，促进经济贸易合作。第四，带动相关产业发展。第五，增加大量就业机会。而大力发展我国会展经济，需要做到：第一，树立会展经营品牌。第二，理性经营会展场馆。第三，填补会展衍生服务空白。

试论重庆会展业信息化建设的积极作用

应丽君、殷远志在《重庆工学院学报》2004 年第 1 期撰文，分析重庆会展信息化对会展业发展的积极作用：一、有助于提高会展企业的综合竞争实力。二、可降低会展企业总体运营成本，规范其经营行为。三、有利于增强重庆会展企业的综合竞争力。四、加速重庆会展企业优良资产的整合重组，促进企业间的合作。五、将推动重庆会展业尽快缩短与国际先进水平的差距。六、有利于增强市场抗风险能力。七、有助于重庆会展企业开拓新市场。八、将推动重庆会展企业快速进入新市场领域。九、开拓潜在的消费动机。此外，重庆会展业信息化建设实施的基础条件有：一、重庆市政府投资建设重庆信息港。二、重庆信息基础建设全国领先。三、重庆实施会展信息化的相关产业——IT 业具有优势。

由世博会看我国的会展旅游发展

朱双魁在《北方经贸》2004 年第 2 期撰文，分析了我国会展旅游发展的优势：一、外部环境的良好运行。二、会展的硬软件进一步完善。三、优秀的民族文化特色。由于旅游业在我国起步很晚，虽然近年来飞跃发展，但旅游收入在 GDP 中所占的比例比较低，发展的层次还很落后。在这样一个大的环境下，我国会展旅游起步较晚，发展水平仍处在初级阶段。我国会展旅游发展的劣势主要表现为：一、意识落后。二、承办能力低。三、无序化运作。四、抗风险能力弱。因此，进一步发展和完善我国会展旅游的措施是：一、以市场为导向，建立市场化运作模式。二、加大会展旅游产品的开发和宣传促销力度。三、建设一支具有专业素质和技能的队伍。四、实施可持续发展战略。

论北京市的会展产业发展

侯汉坡、邱菀华在《北京社会科学》2004 年第 2 期撰文认为，北京市在《2001—2005 年文化建设发展纲要》中将会展业作为“十五”期间重点发展的支柱行业之一。为促进北京市会展产业的整体提升，解决会展业存在问题的对策是：一、充分发挥政府的指导、规划和管理功能。首先，尽快制定会展业地方法规，完善市场准入制度；其次，制定和执行《首都会展业的总体发展目标和长远发展规划》；再次，研究和解决与会展相关的知识产权问题，促进会展结构优化；最后，加强与有关全国性机构的协调并在官方统计中新增会展业的行业统计体系。二、有序推进展馆设施建设，提高硬件服务水平。三、在会展的经营模式方面，第一，改变政府直接办展体制，加快行业协会“双向职能转变”，推进会展的产业化；第二，积极进行会展形式的推介，不断开发和拓展会展需求；第三，提高会展企业的经营服务水平；第四，积极开展国际合作，借鉴先进的管理经验和经营模式，培育出一批具有国际竞争力的展览公司、展览集团。四、在专业人才培养方面，要加强会展理论研究，建立会展理论学科体系，塑造高水平的专业队伍。五、树立展会品牌，积极应用现代化技术，加大市场化运作和宣传力度，通过提供深层次、专业的服务来提升展会的品牌；以产业为依托，塑造特色、名牌展览会；通过会展内容、形式与模式的创新来推动品牌树立；鼓励会展企业走出去，进行品牌扩张。

论政府在会展经济中的作用

袁竹在《吉林商业高等专科学校学报》2004 年第 2 期撰文认为，目前我国会展业是正在形成和逐渐走向成熟的一个产业，因此需要政府给予政策扶持，但是在市场经济条件下，政府应明确自己在会展经济中的地位和作用，使展览活动由政府直接搭台，企业唱戏，变为政府扶持，展览会的办展主体——商会协会、专业展览公司搭台，参展企业唱戏。由于会展业的乘数效应对第三产业的巨大带动，对城市知名度的提高，对招商引资都有很大作用，因此各地方政府都高度重视会展业的发展。政府直接参与会展的做法，已经不能适应会展业发展规律的要求和现实的国际竞争：一是不利于公平竞争；二是造成会展市场混乱；三是会展市场的成长和发育受到扭曲。作为一个综合性产业，会展业的发展离不开政府的大力支持，但是在整个会展业的发展中，政府主要从事的应该是后台工作，从经济全局利益出发，在宏观上调控展览业，主要是理顺展览作为流通渠道在经济循环中的关系和矛盾。

国际会展业的发展现状、特点及对中国的借鉴意义

吴易明在《江西财经大学学报》2004 年第 2 期撰文指出，从整体上看，国际会展业当前的发展水平与发展格局同世界经济发展总体状况是基本一致的。随着世界新经济秩序的逐步建立和各国科技水平的普遍提高，国际会展业将呈现出以下发展趋势：一、展会内容专业化。二、项目

运作国际化。三、展会规模大型化。四、会展公司集团化。五、会展设备现代化。六、举办国家多元化。另外，国际会展业发展的成功经验在于：一、设立权威主管部门对整个行业进行宏观调控。二、政府规划、投资和管理展馆基础设施，全力支持行业发展。三、基础设施、配套设施完善。四、提供全方位、周到满意的展览服务。五、经营品牌化。六、培训专业人才，保证展览会的组织水平和质量。因此，要借鉴先进国家经验加快发展中国会展业，首先，要加强宏观管理，改变群龙无首的局面。其次，要根据当地实际情况，有计划、有步骤地扩大会展业规模。第三，鼓励各地制定总体发展目标和长远发展规划，培育适合自己、有特色的品牌展览会。第四，提高会展业服务水平。第五，加强会展人才的培训，积极吸收高素质管理人才。

当代国际会展经济发展的趋势与促进我国会展经济发展的对策

徐锋、朱建新在《生产力研究》2004 年第 2 期撰文认为，国际会展经济的发展趋势包括：第一，品牌化趋势。品牌展会是指具有一定规模，能代表和反映这个行业的前沿动态和发展趋势，对该行业的发展具有指导意义，并产生强大影响力的展览会。因而一个品牌展会必须符合以下基本要求：一是权威展览协会的强有力支持和行业代表企业的积极参与。二是代表行业的发展方向。三是具有现代化的展览设施和技术。四是一流的专业化服务。第二，规模化趋势。展会的规模化不仅是降低办展成本的需要，而且也是吸引更多参展商和观众，扩大展会影响力，塑造品牌展会的必要条件。第三，国际化趋势。近年来，国际会展业的国际化程度不断提高。第四，规范化趋势。国际会展业在其发展过程中逐渐形成了各方参与者共同遵守和认同的规则与惯例，使得会展业能有序而稳定地发展。这些规范主要包括行业惯例、行业准入机制、会展活动准则。促进我国会展经济发展的对策是：第一，深化会展业管理体制的改革，建立以经济、法律手段为主的间接协调、管理体系。第二，充分发挥社会中介组织、行业协会的行业管理和社会服务性职能。第三，提高服务的质量、水平，实现服务的规范化，争创品牌展览会。第四，积极做好会展业人才的培养，建立一支高素质的展览队伍。

入世后我国会展业的发展趋势和战略选择

王起静在《兰州商学院学报》2004 年第 2 期撰文，从 WTO 规则的角度深入分析我国会展业的发展现状和存在的问题，并预测其长期发展趋势，对新世纪我国会展业发展的战略选择具有重大意义。一、从管理体制方面来看，我国会展业现行的管理体制是审批制，加入 WTO 后，必将向登记制或备案制过渡。二、从政府职能和市场环境看，目前我国政府作为会展主办主体参与市场竞争，加入 WTO 后，政府必将淡出微观市场运作，通过制定法律、法规来加强宏观调控职能。三、从市场准入方面看，目前我国尚不允许外商在我国建立独资会展公司，但随着开放进程的加快，外商独资会展公司必将成为我国会展市场主体的重要组成部分。四、从国民待遇原则看，尚不能给予外商国民待遇，会展业普遍存在价格双轨制，但双轨制最终要转向单轨制。当前发展我国会展业的战略选择是：一、改革现有的审批制，逐步实现登记制或备案制。二、转变政府职能，逐渐淡出微观市场运作，抓紧制定法律法规，加强宏观调控，支持行业协会的发展。三、放开市场准入限制，允许外商成立独资企业；培育我国会展市场主体，增强我国会展企业竞争力。四、给外商以国民待遇，逐步实现展位价格单轨制。

深圳发展会展旅游探析

杨群在《人文地理》2004 年第 2 期撰文指出，深圳发展会展旅游的优势包括：一、优美的城市环境和良好的城市形象。二、优越的区位条件和便捷的交通。三、高度发达的区域经济。四、一流的会展设施及会展旅游接待设施。五、较丰富的办展经验。而当前发展深圳会展旅游存在的问题有：一、会展硬件设施难以适应会展发展需求。二、市场竞争机制不够健全。三、会展总体服务不完善。四、重展轻会。鉴于此，深圳会展旅游的目标定位和对策是：一、建立会展旅游主管机构，形成市场化运作机制。二、展馆的选址、建设应与城市总体规划紧密结合起来。三、推进深圳本地会展品牌化国际化。四、加强深港穗合作，提升会展旅游竞争力。

北京市会展经济发展的瓶颈及对策

张卫星在《北京市财贸管理干部学院学报》2004 年第 3 期撰文认为，进入 20 世纪 90 年代后，北京会展业就已经呈现出了日渐繁荣发展的景象，在北京经济发展中所占的比重不断提高。北京会展业发展的总体目标是：基本实现场馆现代化、服务国际化、市场规范化、人才专业化，力争到2008 年把北京建成亚洲主要会展城市之一。当前北京发展会展经济的瓶颈问题有：第一，硬件设施制约。第二，交通环境制约。第三，定位与规划错位。第四，会展人才匮乏。因此，当前北京市发展会展经济的对策应当是：第一，制定科学发展规划，贴近国际会展城市标准建设国际水准大型场馆。第二，缓解交通压力促进会展发展。第三，北京会展经济发展的战略定位。第四，全面培养会展人才，提高会展经济水平。

对城市会展经济快速健康发展的思考及建议

王波在《市场研究》2004年第3期撰文认为，当前发展会展经济存在的主要问题是：第一，会展场馆规模偏小，竞争力弱。第二，配套设施不足，服务能力欠缺。第三，会展业科技含量少，智能控制化水平低。第四，会展业结构层次混乱，分布不均。第五，会展业的市场化程度低。第六，专业展览公司少，专业人才匮乏。第七，展览总体服务水平不高。推动城市会展经济快速、健康发展的对策是：第一，发挥政府职能，突出政府宏观调控，服务主导的观念。第二，加强投入，打造会展经济发展的基础。第三，引导会展企业建立现代企业制度，增强会展企业竞争力。第四，会展场馆建设与会展环境建设应该站在一个较高的起点，重视其内外部环境的配套建设与改善。第五，加强会展业人力资源的开发。第六，注重非移动性高层次观众的培养。

从会展业与旅游业的关系看我国会展旅游的发展

李爽在《亚太经济》2004年第3期撰文认为，会展业与旅游业的关系是：从发展过程看，会展旅游既是会展产业的一个环节，也是旅游业的延伸，是会展业与旅游业结合的产物。我国会展业与旅游业的关系现状表现为：一、多头管理，无统一管理体制；二、会展承办单位大多不属旅游行业，市场化运作困难。三、旅游业对会展业的支撑作用不明显，旅游行业内部收益不平衡。四、市场促销上，联合促销困难。优化会展业与旅游业的关系，促进会展旅游的发展，首先要理顺会展业与旅游业的关系。旅游业是会展旅游产生的前提条件；会展业是构成会展旅游的核心基础。其次，树立会展拉动旅游，旅游促进会展的观念。当前加快会展旅游健康发展的对策措施应当是：第一，政府主导、统一管理、形成合力加快会展旅游的发展。第二，会展界与旅游界合作经营，联合促进会展旅游的发展。第三，走产业化之路，明确主体，实现“双赢”。

上海会展业SWOT分析及其发展目标对策探讨

胡斌、王春雷等在《人文地理》2004年第4期撰文，对上海会展业进行SWOT分析的结论是：一、会展业发展的优势表现为：优越的区位优势；发达的交通条件，客源可进入性好；有力的经济和市场支撑；相对完备的会展基础设施；拥有独特的历史文化遗迹，对外吸引力大。二、会展业发展弱势表现为：会展的宣传推介不足；会展专业服务公司和专业人才缺乏；英语普及程度低。三、会展业发展所面临的机遇有：入世对上海会展市场带来繁荣和发展的时机；财富论坛和APEC会议所产生的效应；申办2010年世博会的成功将为上海会展业发展带来新机遇；上海市政府对发展会展事业的支持。四、会展业发展所面临的威胁有：国内外会展城市的持续竞争；海外会展商对上海本土会展企业的威胁。当前上海会展业的发展目标是：第一，会展业的相关产出效应要达到国际平均水平。第二，组建一批具有国际竞争力的会展企业集团。第三，形成与国际接轨的会展经营管理机制。第四，建立经济效益、社会效益和环境效益相互促进的会展可持续发展体系。加快上海会展业发展的政策是：第一，改革管理体制，明确政府职能，实施政府主导型发展战略。第二，加强对上海会展市场的推广，整体宣传推介上海的会展形象。第三，加强对上海会展市场及会展业的基础调研。第四，培育上海的品牌会展和会展精品。第五，加快会展专业人才的培育与引进。第六，全面拓展会展功能，实现上海会展业与都市旅游业的互动发展。

试论我国会展业的现状及发展对策

凌敏在《龙岩师专学报》2004年第4期撰文认为，我国会展业虽然起步较晚，但发展速度较快。从发展数量来看，全国各地举办的会议、展览的数量呈快速增长的态势。从产生的经济效应看，会展业已成为我国经济发展的新的增长点和助推器。从会展业的硬件设施看，近年来新建了一批现代化的会展场馆，配套的基础设施也有了进一步的改善。当前我国会展业也存在一些问题：一、会展场馆及配套设施落后。二、管理不到位，缺乏行业自律机制。三、专业人才严重缺乏，服务水平低。四、缺乏统筹安排，呈盲目发展之势。我国加入WTO，一方面为会展业的发展提供了动力和开辟了广阔的前景，另一方面，随着国内市场的开放，外资必然会进入会展业。我国的会展业也面临着巨大的挑战。因此，在会展业的发展对策方面，要做到，一、加强基础理论研究，大力培养专业人才。二、统筹安排，合理布局。三、转变政府职能，建立全国统一的行业协会，加强行业管理。四、利用高新技术，创新会展模式。

我国会展旅游业的现状及发展对策

陈学春、叶娅丽在《成都纺织高等专科学校学报》2004年第4期撰文认为，我国会展旅游业的现状总体而言，已创立一批会展品牌，已形成一定的会展规模。具体表现为，一是每年举办会展的数量逐年递增。二是会展场馆发展迅速。三是建立了会展相应的配套设施。四是会展的范围不断扩大。当前我国会展旅游业存在的主要问题：一、会展数量多，规模小。二、大量低水平的展览重复举办。三，从业人员的专业技能和管理水平不高。为此提出了我国大力发展会展旅游业的对策：一、建立行业协调和自我约束机制。二、会展公司应加强与旅游企业的合作。三、建立现代化的展览中心。四、培养会展专业人才。具体措施如下：一是利用我国高等院校的师资优势开设会展业务的专门课程，培养本系统的专业人才，形成展览业务的教育基地。二是借鉴国外先进经验，通过会展协会培养会展专业人才。三是开展继续教育。

广州国际会展旅游发展探讨

陈文君在《广州大学学报》（社会科学版）2004 年第 4 期撰文，对广州国际会展旅游发展进行了战略思考：一、会展旅游与城市发展一体化。二、加强区域强强联合。三、发展特色品牌项目。四、推行市场化战略。五、旅游部门要与外贸部门紧密配合，发展国际会议旅游。首先，要开展系统、高效的广州旅游城市形象推广。其次，加强行业协作，发展国际会议旅游。六、加快国际会展旅游人才的培养。拥有“中国第一展——广交会”知名国际会展品牌的我国国际会展旅游名城——广州，发展国际会展旅游具有历史悠久、知名度高、区位优越、区域经济发达、基础设施和配套服务条件优越、对外开放度高、国际客源充足等突出优势，在硬、软件方面可以为发展国际会议、商贸、商务旅游提供一流的条件。

会展旅游与博物馆经营

林美珍、郑向敏在《东南文化》2004 年第 4 期撰文认为，博物馆与会展业、旅游业具有千丝万缕的联系。同会展业的联系主要体现在场馆出租、承办或主办专业展和公众展；同旅游业的联系则表现在成为会展旅游的参观景点，以及旅游商品的出售等。博物馆参与会展旅游形成了独具特色的文博会展旅游业。会展旅游中博物馆经营优势包括：一、政策优势；二、成本优势；三、专业化优势；四、资源利用优势。而会展旅游中博物馆经营障碍有：观念障碍；空间障碍；资金障碍；技术障碍；人力障碍。当前，会展旅游中博物馆经营理念与策略应进一步加强和调整：一、会展旅游中博物馆经营理念包括市场化运作理念，企业化经营理念，数字化管理理念，国际化拓展理念。二、会展旅游中博物馆经营策略包括产品策略（产品规划与设计和产品组合），营销策略（形成营销共识、设立营销组织、建立营销队伍和培养营销技能），合作策略（加强同政府部门的合作、加强同会展组织的合作、加强同会展企业的合作、加强同旅游部门的合作、加强同博物馆之间的合作）。

北京文化会展业的核心优势

沈望舒在《城市问题》2004 年第 4 期撰文认为，北京拥有做强文化会展的悠久历史与核心优势：第一，首都地位、首都功能和首都价值。第二，北京拥有巨大的文化消费需求。第三，北京会展拥有辉煌的业绩、骄傲的历史、职业化的队伍。历史和业绩来自于队伍，也造就了职业化的会展队伍。一方面，是首都文化中心的地位形成了领导机构、领导行为的密集，为首都文化会展的发展打上了时代的烙印；另一方面，首都文化会展在适应政府型需求、结合市场型需求方面构建了一支职业队伍。第四，北京拥有丰富的传统文化和现代文明资源。第五，借助2008 年北京奥运会推进北京文化会展业的发展。总之，北京应该将文化会展中心的目标作为城市经营的内容予以重点建设，以此带动其他相关产业的跨跃式发展。

对山东会展业的调查与分析

韩晓玲在《文物春秋》2004 年第 4 期撰文认为，会展业在以下几个方面具有明显的特点和作用：一、展示文明；二、推动经济；三、促进综合发展；四、传递信息；五、普及文化。近年来，山东的会展业取得了一定的成效。具体表现在：一、会展业开始得到普遍的重视。二、部分展会开始初具品牌和规模效应，成为一个城市乃至山东省的品牌形象。三、会展业层次开始提高，一个重要标志就是会展的国际化水平。四、开始初具会展经济的雏形，具体体现在：首先，辐射与带动作用开始加大。其次，许多规模较大的、固定的、专业的展会、场馆开始涌现，很多地方把展会作为一个长远的系统工程固定下来，一年年、一届届地有计划举办，有了很好的延续性。山东会展业也存在着许多的不足和不尽如意的地方：一、会展结构不合理，数量少，规模小，场馆零散。二、对会展业定位不清晰。三、政事不分，垄断经营，市场化运作程度低。四、一些会展单位的非正常消亡。五、设计水平低，从业不规范。随着国内外市场竞争的日趋激烈，山东会展业需要认真地、积极地做更加深入细致的工作。如打破垄断，简化审批，拓宽展会渠道，培育和扶持重点会展品牌，树立特色，加强软、硬环境的规范化、国际化，组建会展集团，并鼓励中小企业的参与和市场开拓，建立会展行业协会等。

浅论当前我国会展经济发展存在的主要问题及对策

陈磊在《中共南宁市委党校学报》2004年第5期撰文认为，近年来，我国发展会展经济取得了不小的成效，但还存在不少问题：一、“小、散、乱”的现象比较突出，缺乏有规模、上档次的会展品牌。二、展馆建设热同组展商、搭建商发展滞后现象并存，从业者素质有待提高。三、市场化、产业化进程发展不足，相应的行业管理不够规范。四、多数展会缺乏明确定位，组织管理模式落后。五、会展业还未形成专业化分工协作的格局。其主要原因是：一、会展业存在问题的病根，主要在于从计划经济走向市场经济的过程中，在新旧体制的转换中，会展业管理制度没有及时进行必要的变革，管理部门和从业人员的管理理念滞后并存在短期行为。二、展览业管理体制和制度不规范。三、会展业的发展缺乏统筹规划与宏观调控，缺少行业约束机制。四、会展业的运行缺乏规范化，展会的地点、频率约束机制缺位。五、会展业从业人员的专业技能和管理水平与发达国家相比有较大差距。加强我国会展经济发展应采取的对策是：一、转变政府职能，为会展业健康发展创造良好的市场环境。二、加强政府宏观调控，完善会展经济的“游戏规则”。三、建立并发挥协会组织的作用，加强行业自律和协调。四、走会展产业化的路子。五、优化资源配置，培育有国际竞争力的会展中心。六、在展馆建设上要科学规划，避免小而散，走国际化、专业化、大型化、品牌化、网络化之路，同时搞好展馆甚至整个城市的硬件设施建设。七、加快人才培养，塑造一支熟悉展览业务，富有管理经验的专业队伍。八、培育会展经济，把经济特色与文化特色结合起来。

我国会展经济的发展现状、问题及对策

陈小民在《市场论坛》2004年第5期撰文认为，我国会展产业发展现状表现为：发展迅速、市场大、成效明显、已经有一批知名度很高的会展品牌。而存在的问题则包括硬件方面存在的问题和软件方面存在的问题。如何构建优质、高效的会展经济运行体系？首先，宏观上政府要实现从“经济建设型政府”向“公共服务型政府”转变。其次，建立会展行业管理协会。行业协会的主要功能有：行业自律功能、制衡功能、协调功能、服务功能以及发展功能。再次，会展业的发展必须国际化、专业化、规模化及特色化。积极争取国外著名的展览公司来我国开展会展业务；积极组织我国的展览公司到国外举办展览活动或为参展商参加国际展览提供便利；通过合展、合资等形式积极组织国内外展览公司联合办展，提高办展水平。大力开展网络展览，实现实物展览和网上展览的相互补充。优化人力资本，提高从业务人员素质。

中国会展经济现状

张娟在《科学之友》2004年第5期撰文认为，中国会展经济发展势头良好，北京是全国最大的会展中心城市之一，在会展规模上位居全国之首。但北京的会展场馆数量不多，规模偏小，设施配套不全。上海是我国举办会展数量最多的城市，广东是我国一个重要的会展中心，会展经济是广东多年来经济发展的一个亮点。我国其他一些城市也很重视发展会展经济。随着西部大开发的推进，会展经济也在西部地区应运而生。当前中国会展经济需要的问题：第一，法律法规不健全。第二，审批手续复杂。第三，行政干预过多。第四，市场秩序混乱，鱼龙混杂，会展过多过滥。第五，场馆重复建设，功能单一。第六，会展缺乏明确定位，组织管理模式落后。第七，会展业还未形成专业化分工协作的格局。第八，会展主办主体复杂，缺乏资质条件约束，会展人员素质偏低。

西部发展会展经济的必要性及对策思考

李健在《江苏商论》2004年第5期撰文认为，会展经济对推动西部地区经济持续快速健康发展具有非常重要的现实意义。西部发展会展经济的必要性表现在：一、会展经济能生产客观的经济效益。二、会展经济能带动相关产业的发展。三、会展经济能推动信息、知识观念的传播。四、会展经济的发展可增加就业。西部会展经济发展仍存在着问题：一、西部地区展馆建设缺乏长远规划和合理布局，展馆规模偏小，供需矛盾突出。二、西部地区会展业缺乏有效的行业自律，规范化程度及管理水平低。三、会展业没有一部统一的展览法规。四、西部地区专业会展人才的匮乏，会展理论研究严重滞后，使得西部地区会展行业整体水平与东部会展业相比差距较大，同国外会展业相比较差距更大。当前发展西部会展经济的对策是：一、转变观念，提高认识。二、科学规划，合理布局。三、成立地区性会展行业协会，加强行业自律和协调。四、大力推行名牌、精品和特色会展战略。五、会展企业的市场化、集团化。六、加快培养高素质的专业人才。七、引入国际运作机制，提高西部会展业的国际化水平。八、西部会展业、旅游业强势联合互动，推动西部会展经济快速发展。

海外会展业空间布局的研究及启示

朱海森在《人文地理》2004年第5期撰文认为，从产业布局的角度来看，海外会展业具有如下一些特点：一、知识经济时代具有标志性的产业；二、聚集与疏散城市流

量的场所；三、高度专业化的服务产业；四、综合性的高级组合营销形式；五、依托于城市多种产业的综合系统。而国际会展产业空间布局的特点表现为：一、会展业由以欧美国家为主逐渐向全球扩散；二、会展中心逐渐由城市中心向边缘地区扩展；三、会展中心由单体建造规划向与城市总体规划相结合发展。通过考察海外会展业可以得到以下启示：一、经济实力是会展中心城市的主要综合因素。二、注重城市的产业特色，发展专业性的会展，创造名牌会展产品。三、发展会展业应与城市发展战略相结合，与城市总体规划相协调。五、大型会展中心的布局需要规范的科学论证。

中国会展业发展对策研究

周春跃在《北京第二外国语学院学报》2004年第5期撰文认为，我国会展业的真正起步始于改革开放的初期，20多年经历了一个飞跃发展的时代。会展业的高速发展及其对经济的巨大带动作用，引起各地政府的重视，形成了政府主导会展业发展的局面。当前发展中国会展业的对策是：一、优化会展结构。从优化空间布局，优化场馆规模结构，优化展会收入结构三个方面入手。二、加快超常规发展进程。三、设立会展协会。四、完善综合服务能力。完善会展的综合服务能力可以从两个层面入手，即企业层面和地方层面。五、创建品牌会展。会展企业应努力做到“四化”，即国际化、专业化、规范化和特色化。六、实现会展资本运营。首先，深化国有企业改革；其次，要大力推进会展企业的集团化进程；最后，应积极鼓励会展企业上市。

会展旅游发展研究

曹新向、李永文在《人文地理》2004年第5期撰文认为，会展旅游的特点和优势主要表现在：一、组团规模大。二、消费档次高。三、客人停留时间长。四、产业关联性强。五、成本低，利润丰，见效快。会展旅游在区域和城市经济发展中的作用体现为：一、区域和城市经济发展的“助推器”。二、区域和城市形象的“塑造器”和“展示器”。三、区域和城市技术与信息的“传播机”。四、区域和城市人员就业的“接收器”。五、区域和城市相关产业发展的“辐射器”。同时，发展会展旅游的需要条件有：一、优越的地理位置和交通条件。二、高度发达的城市经济。三、完善的会展设施。四、具有广阔的市场作为依托，具备巨大的发展潜力。五、良好的城市形象和较强的城市吸引力。六、完善的城市功能。七、政府部门要从战略规划以及经费上做出有利的安排。八、具有专门的会展人才。开发会展旅游市场要做到如下几点：一、要认真分析自身的条件。二、政府要正确支持和引导。三、重视会展软硬件建设。四、加快会展人才培养。五、培育名牌会展。六、举办机构应向专业化、集团化方向发展。七、加大对会展旅游产品的宣传和促销力度。八、尽快建立起会展旅游行业管理机构。

会展业与旅游业的对接现状及发展对策

张文敏、李晓莉在《中国会展》2004年第6期撰文认为，会展业与旅游业的关系是：从城市社会经济发展的角度来看，会展活动和旅游活动的开展拥有共同的基础条件。从会展旅游者的形成来看，会展活动中的参展商、与会者和观展人员都部分或全部因会展活动而流动，参加会展活动期间涉及旅行服务。从会展旅游的服务功能来看，包括展会服务和旅游服务两部分。旅游部门及旅游企业参与会展旅游，提供旅游服务。在会展旅游的发展中，会展业和旅游业相互介入又相对独立，只有二者分工协作，实现良好对接，才能促进会展旅游的持续健康发展。根据旅游业的参与程度，会展旅游中会展业与旅游业的协作有两种模式。一种我们称之为外推模式，这种模式中，会展活动将参展商、与会者和观展人员推向旅游部门。旅游企业滞后接待、被动受益，该阶段旅游业的受益部门主要是酒店、餐馆及旅游交通企业。另一种模式为互动模式，在这种模式中，旅游业和会展业实现了对接，旅游业主动参与会展活动。目前我国的会展旅游基本处于外推模式，会展业与旅游业的对接较差，主要体现在以下三方面：第一，管理体制；第二，市场促销；第三，配套服务。会展业与旅游业对接的具体措施是：第一，实施“会展接待 + X”点菜式产品策略；第二，整体促销；第三，旅行社在MICE产品中的组团服务拓展。

国内会展旅游研究述评

王春雷在《桂林旅游高等专科学校学报》2004年第6期撰文认为，学术界对会展旅游的界定分为四种类型：一、从产业表象的角度界定，在广义角度上，各种性质、各种规模的会议和展览及各种节庆活动都可以纳入会展旅游的范畴。二、根据会展活动的外在表现形式，也有学者认为旅游业涉及会展活动的行为就是会展旅游。三、从经营行为的角度界定，会展旅游是指旅游属性结合会展活动特点衍生出来的行为，但不包括旅游业对会展的多元化经营业务。四、从旅游方式（产品类型）的角度界定，会展旅游是由于各种类型的会议、博览、展览等活动举办而产生的一种旅游产品。会展业与旅游业能够互动发展是具有内部条件的。会展活动的顺利开展离不开酒店、旅行社等旅游企业的支持。要大力发展会展旅游，首先必须构建良好的市场运作机制。其次，发展会展旅游的关键是主体的转化，即将会展活动参加者及受众者变成旅游者，延长停留时间、提高综合消费。另外，要发展会展旅游，会展目的地必须彰显自身的特色和形象。

会展与知识产权保护

宋琳在《经贸世界》2004 年第 7 期撰文认为，参展中可能会涉及到的知识产权纠纷，大多在专利与商标两方面。如何避免知识产权纠纷？首先要对展出的新品进行专利检索，对自己开发的新产品及时申请专利。其次在展会上要避免冲突，会展后及时补救。除此以外，还需要主展单位对展品的严格审查以及政府制定相关法律法规，建立展览经济市场化的运行机制，将展览纳入到法制的轨道上来。在许多已经发生的专利争端面前，大多数企业明显表现出准备不足，缺乏有力的解决措施等问题，从而多以支付专利使用费、丧失一部分市场而告终。对于会展主办方，不注意知识产权的保护往往会令自己尴尬地陪着侵权企业站在被告席上。

哈尔滨发展会展经济的 SWOT 分析与对策

王朝晖在《边疆经济与文化》2004 年第 7 期撰文，对哈尔滨市发展会展经济进行了 SWOT 分析：一、优势：哈尔滨市具有较为优越的区位条件，较好的经济基础，较为完整的城市功能，具有一定规模的展馆场所及较为成功的办展经验。二、劣势：缺乏现代会展理念；缺乏品牌意识；缺乏高素质会展人才。三、机会：中国会展业的“黄金时代”到来；加入 WTO 后带来的机遇。四、威胁：国内城市的竞争；国际会展精英的进入；法律法规体制不健全；观众结构的不合理。当前哈尔滨市进一步发展会展经济的对策是：一、树立现代会展经济的观念；二、加大政府对会展业的扶持力度；三、建立市场化运作体制；四、努力提升会展的层次，创立独具特色的会展品牌；五、积极培养会展业人才。

我国会展旅游的现状与发展对策研究

蒋海萍在《韶关学院学报》（社会科学版）2004 年第 8 期撰文指出，我国会展旅游的现状是：我国随着改革开放和经济持续高效的发展及国际化进程的加快，会展业收入近几年以年均近 20% 的速度在递增，已成为了国民经济发展的新亮点。目前我国会展业和会展业发达的国家相比，差距较大，具体表现在：一是管理体制不健全。二是政府职能不清。三是缺乏专业人才培养机制。促进会展旅游发展的对策：一、转变观念，树立发展会展旅游的现代观。二、市场进一步细分化。三、培育市场开发能力。四、明确政府职能。五、明确会展组织的主体经营地位。

我国会展经济的发展现状及对策

梁燕君在《商业研究》2004 年第 9 期撰文认为，我国会展行业的发展现状是：一、会展经济发展迅速；二、会展经济潜力巨大。会展对经济发展起了巨大的推动作用，表现在：一、会展经济能够创造出巨大的经济效益；二、会展经济可带动相关产业的发展，增加就业岗位；三、会展经济为企业开展营销活动提供了一个廉价的场所；四、会展经济能够促进城市经济的发展，提高城市的知名度。当前我国会展经济发展中存在的主要问题是：一、会展市场秩序比较混乱，鱼龙混杂。二、展览场馆建设缺乏长远规划与合理布局。三、会展业缺乏有效的宏观调控和行业约束机制，规范化程度及管理水平亟待提高。其中，办展审批渠道多，政出多门，导致重复办展、多家办展的现象较为普遍；缺乏行业自律组织与约束机制，各个会展企业各自为政，重利润轻服务，造成展览资源的分散浪费和行业秩序的紊乱。四、会展业从业人员的专业技能与管理水平与发达国家相比有较大的差距。五、会展的质量、水平和集约化程度不高。就此，促进我国会展经济发展的对策有：一、科学规划，合理布局。二、建立健全有关会展业的法律、法规，加强管理。三、会展市场要逐步实现由现行的审批制向登记制（备案制）过渡。四、大力发展名牌与特色会展，创办国家品牌和地方品牌。五、强化业务培训，提高会展行业从业人员的素质。六、运用各种政策手段对会展业给予大力扶持。

我国会展旅游发展探析

邵筱叶在《南阳师范学院学报》自然科学版 2004 年第 9 期撰文认为，我国会展旅游发展现状是，据不完全统计，我国有展览场馆 150 多个，其中仅近 5 年新建的展览面积达 1 万平方米的展览场馆就有 30 余个。经外经贸部批准的具备举办和承办来华展和出国展资格的展览公司近 200 家。会展旅游发展在硬件方面和软件方面都存在突出问题。而我国会展旅游发展优势表现为：一方面，国力的增强使我国日渐成为世界关注的大国，也使我国成为世界上许多国际组织关注的会议目的地国。另一方面，中国目前具有一个较好的国际环境。因此，推动我国会展旅游发展壮大的途径是：一、充分发挥政府在会展旅游发展中的重要作用。二、培育具有国际竞争力的会展地，兼顾各类小型会议展览。三、抓紧完善会展旅游业所需的硬件。

四、加强会展旅游人力资源开发，培养高素质的专门人才。五、尽快建立起会展旅游行业管理机构。六、在国际上加大对我国会展旅游产品的宣传和促销力度。

对会展旅游的概念界定问题的再认识

林茂在《乐山师范学院学报》2004 年第 9 期撰文认为，在国内外学术界对会展旅游概念界定较具有代表性的认识有三种：北京大学中国区域经济研究中心的许峰博士认为，会展与旅游作为两个相互独立的体系，二者并不能简单的等同。云南大理学院旅游系的张建雄则主张把会展看成是一种新的媒介和载体，一种特殊的旅游资源，把会展旅游看成是产业边际化、交叉化的产物。北京联合大学的刘德谦认为，会展旅游就是 MICE（会议展览与奖励旅游）中去掉了 I（即“奖励旅游”）的 MCE。其中 M 即会议，C 即大会，E 即展览。面对国内对其定义十分混乱、内涵界定不清的局面，要想彻底弄清会展旅游的概念内涵就有必要将节庆、体育、奖励旅游的概念做明确的陈述和分析，以之作为界定会展旅游的依据之一。事实上，会展活动与旅游活动是两个几乎不同的产业群体，尽管是两种几乎完全不同的产业群体，但两者整体上存在一种主从关系，即旅游业（从）服务于会展业（主）。从事会展业通常是旅游业实施多元化战略的路径选择，会展业则是把旅游业提供的各种服务和资源作为开展会议展览活动时的辅助要素。两者是相辅相成、互为补充的。因此，会展旅游可以界定为：会展旅游只是旅游业介入到会展业从而产生的多元化经营业务中的一种。它包含于后者之中。会展旅游就是旅游属性结合会展活动的特点而衍生出来的产品。

我国会展业的发展现状及若干政策建议

洪兴建在《江苏商论》2004 年第 10 期撰文认为，我国会展业的发展现状是：近年来，我国会展业每年以 20%左右的速度递增，作为一种新的经济现象和经济发展新的增长点，会展经济已经引起社会的广泛关注。然而一些现象却令人担忧：一、会展办得太多太滥，许多会展题目撞车、内容雷同。二、多数会展水准不高，规模偏小，国际影响力差。三、部分省市建了大展馆，大部分时间却闲置不用，而建馆的折旧费，平时的维修和管理费难以维持，成为亏损单位，搞得骑虎难下。四、展览场馆规模小、设施落后。五、从业人员素质普遍较低。六、有些会展泡沫太多。七、会展带有相当浓厚的政治和行政色彩。当前发展我国会展业的对策是：一、在国际性大都市建设特大型展览设施和展览馆。二、积极做好会展业人才的培养，建立一支高素质的会展队伍。三、政府应及早转变观念，淡出在会展业中的主角角色。四、通过竞争，培育“名牌展”和“专业展”，不断提高办展水平。五、切不可一哄而上，大搞会展经济，造成泡沫经济。六、尽快成立全国性的会展行业协会，建立健全会展业相关的法律、法规。七、注重学习和借鉴西方先进的办展技术和成功的办展经验。

中国会展业发展的战略分析

文新跃在《特区经济》2004 年第 11 期撰文认为，总体上说，现阶段我国承办的国际会展数量还不能与我国作为一个世界大国的地位相称。国内展览企业的优势在于：第一，外资展览企业长期在完善的市场经济制度下运作。进入中国后，这些理念和机制对中国的特殊国情要有一个适应的过程。国内的展览企业在某些方面比较之下更有优势。第二，资金压力不大。而国内展览企业的劣势在于：第一，展馆数量多，展馆面积偏小。第二，展会规模偏小，展会专业化程度不高。第三，展馆的声、光、电、运输机械、配套设施等硬件设施不足。第四，经营管理的经验差距。中国会展业走向世界，展览行业的三大主体——展馆经营管理者（会展中心）、展览主办者（展览公司）、展览服务者（展览工程服务公司、展览清洁服务公司等）将各自面临不同的机遇和挑战。

中小城市发展会展经济的若干思考

贺文洁在《商业经济与管理》2004 年第 11 期撰文认为，中小城市发展会展经济的有利条件有：首先，中小城市发展会展经济需具备突出的产业优势。其次，中小城市举办会展还需具备优越的区位条件。第三，中小城市举办会展也要具备独特的城市旅游资源。最后，中小城市举办会展还需具备完善的基础设施条件。此外，中小城市会展业对区域经济具有推进作用：一方面中小城市可立足区位条件和专业侧重，分析自己的竞争对手，扬长避短，借助邻近的中心城市的号召力，为自己争取特色展会。另一方面中小城市要开展横向联合，借助交通的便利性和会展的辐射力形成局部的会展城市网络。如何对中小城市会展经济进行定位？一、市场定位，中小城市可以从不同角度进行细分市场定位。二、区域定位，城市发展会展业，区域交通条件、地理区位条件和当地的基础设施条件是不可或缺的评价指标。三、专业特色定位，展会要成功必须要有特色，要结合当地的产业优势和文化优势，并凭借会展业巨大的产业带动作用，推动城市其他产业，尤其是第三产业的发展。四、规模定位，中小城市发展会展经济的规模在硬件上受制于城市基础设施，它是会展活动的基本载体。中小城市在发展会展经济中应注意的问题是：一是善于取经。二是突出优势。三是专业化。四是服务先行。

浅议我国区域会展经济问题与发展对策

陶莉在《市场周刊·商务》2004 年第 11 期撰文认为，我国区域会展经济以年平均 20% 的速度递增，行业经济规模逐步扩大，专业场馆建设日臻完善，业已成为国民经济闪亮的增长点。然而在发展过程中也暴露出种种问题：问题一，展览场馆面积小，条件落后，管理落后且功能单一，建设缺乏长远规划。问题二，会展主题不明确，展会过多过滥；或展题虽明确，但区域性同题材展会过多，重复办展现象严重且办展水平还不高。问题三，尚未形成合理的利益共享机制与分工协作体系，配套服务水平还普遍较低。问题四，缺乏行业规则和一些法规制度的约束，从而使会展活动失去真正意义和作用，影响了会展经济的健康发展，并严重制约区域经济的迅速发展。当前切实增强我国会展业综合竞争力和持续发展的能力，应从以下几方面着手：一、各地方应加强对会展经济的研究。二、制定地方法规，成立行业协会，规范市场运作。三、合理定位，扩大经营规模，走市场之路。四、拓宽人才引进渠道，加大人才培养力度。五、发挥自身优势，创特色品牌展。

论城市会展旅游的开发利用

刘华芝在《经济论坛》2004 年第 12 期撰文认为，城市会展旅游的作用表现在：一、城市会展旅游的经济效益；二、城市会展旅游的社会效益。会展旅游是在良好的经济背景下，随着会议展览的增多和旅游业的逐渐成熟而出现的。发展城市会展旅游的方式有：会议旅游和展览旅游，会展旅游必须依靠旅游业所提供的服务才能顺利进行。在会展旅游中，旅游业为会展业提供相应服务，协调会展的举办。发展城市会展旅游应注意以下问题：发展会展旅游得依赖国家和本地区的经济发展程度，还需要其他的条件，因此发展会展旅游，在有些城市可以，但普遍发展还是不切实际的。科技的发展推动了会展旅游的发展，但同时又争夺了会展旅游的一部分市场。要发展会展旅游，调动大型旅游集团的积极性是非常重要的。从大型旅游企业自身看，“重展轻会”是目前旅游企业的首要问题。其次，是重接待轻招徕。另外，缺乏对会展业的调研和人才培养也是大型旅游集团进入会展业的障碍。

充分发挥政府在发展会展旅游业中的导向作用

谷玉芬在《商业研究》2004 年第 12 期撰文认为，目前，我国的会展旅游业处于发展的初级阶段。在会展旅游的发展过程中，由于政府的功利性推动，政府行为不断失位、缺位和越位，使政府成为发展会展旅游的滞后性阻碍。会展旅游出现的一系列问题，主要表现为：一是管理体制不顺畅。二是宏观管理不到位。三是管理队伍不成熟。四是管理意识不强。政府对会展旅游发展产生的最大障碍，来自于政府做了不该做的事情，表现为行为上的越位。其一，政府对会展旅游干预过多。其二，政府对会展旅游限制过多。因此，充分发挥政府对发展会展旅游的导向性作用，要做到：第一，全力地发挥政府的领导（率领并引导朝一定的方向前进）性作用。政府的领导作用体现在三个方面：其一，政府对会展旅游的高度重视。其二，政府对会展旅游的全力争办。其三，政府对会展旅游市场的开拓和培育。第二，充分地发挥政府的主导（引导向某方面发展）性作用。第三，集中地发挥政府的引导（带着向某个目标前进）性作用。第四，经常地发挥政府的指导（指示教导、指点引导）性作用。

我国会展经济发展的问题与对策

王树华、孟爱华在《经济论坛》2004 年第 14 期撰文认为，会展经济对我国经济生活的多个方面开始产生重要的影响。一般说来，会展可以在以下方面对一国（或地区）的发展具有促进作用：一、可产生直接的经济效益。二、较强的产业带动作用。三、良好的宣传作用。四、促进经济贸易合作的作用。而我国会展经济发展中存在的问题是：一、展览场所重复建设，功能单一。二、会展缺乏有效的宏观调控和行业约束机制，规范化程度及管理水平亟待提高。三、多数展会缺乏明确定位，组织管理模式落后。四、会展业缺乏高素质的专业人才，服务水平有待提高。当前促进我国会展经济发展的对策：一、科学规划，合理布局。二、准确进行会展定位，塑造品牌展会。三、完善制度，加强管理。首先，要尽快推动全国性行业协会的建立，将分属于政府有关部门的管理职能逐步集中到协会手中。其次，制定相关法律法规，建立展览经济市场化的运行机制。四、强化培训，提高素质。

试论政府在发展会展旅游中的定位

谷玉芬在《商业研究》2004 年第 15 期撰文认为，面对会展旅游的过热发展，政府应当进行准确的概念、形势、条件和目标的定位，以减少政府进入会展旅游的盲目性。首先，要真正认清政府对发展会展旅游的关注：一、会展旅游影响力大；二、会展旅游利润率高；三、会展旅游辐射性强；四、会展旅游交流面广。其次，要尽量减少政府对发展会展旅游的盲目性介入。为了使各级政府能够正确认识会展旅游的发展形势、正确认识自身发展会展旅游的优势，非常有必要进行一系列的恰当定位：一、概念定位：会展旅游是伴随着会展经济的发展而发展起来的，同时，会展经济的发展又呼唤会展旅游的兴起，为会展旅游的发展构建了一个全新的平台。会展旅游只是众多的旅游产品中的一种。现代会展旅游是通过举办会议和展览的凝聚效应、辐射效应来促进旅游业发展的。二、形势定位：我国的会展旅游业的发展尚处于初级阶段，但是，由于会展旅游的巨大利益趋动，带来了会展旅游陡然升温，会展经济出现了泡沫现象，各级政府务必小心进入。三、条件定位：发展会展旅游是一个复杂的系统工程，它需要建立在一定的基础条件之上。而会展旅游的基础条件又是建立在会议条件、展览条件和共有的旅游条件基础上的。四、目标定位：各城市在执意发展会展旅游时，应当考虑四种影响力，坚持两个原则。四种影响力即城市影响力、资源影响力、（经济）发展影响力、区位影响力。两个原则即层级结构原则和因地制宜原则。

香港会展经济发展及对内地的启示

张娟在《商业研究》2004 年第 16 期撰文认为，香港在会展经济发展方面积累了大量丰富的经验，很值得内地学习和借鉴。香港会展经济发展的优势和经验是：香港是国际贸易重要的港口城市，有着得天独厚的地理位置。香港是国际大都市；得到政府高度重视和大力支持，有一支比较成熟的会展高级专家。在硬件建设方面具有战略眼光，软件建设与硬件同步，注重规模和品牌建设。然而，内地在会展经济起步晚，市场机制不健全，缺乏行业管理、规模小、质量差等，还很难和香港相比，主要差距有：一、管理体制不完善；二、规模小，效益差；三、相关行业的服务设施跟不上；四、专业会展少，专业观众少；五、会展人才缺乏。当前加快发展我国内地会展经济的对策是：一、尽快建立健全全国会展组织管理体制，强化领导；二、硬件建设要立足显示，适度发展；三、在城市总体建设规划上要加大支持会展的总体服务环境建设；四、树立创新意识，迎接加入 WTO 挑战；五、要培养一支高素质的会展人才队伍。

中外会展业发展比较

宋伟良在《商业时代》2004 年第 35 期撰文，对中外会展业发展进行比较分析，可发现：一、管理体制上的差距。国外会展业的管理主要依靠行业自律机制和自律规范，政府的介入一般体现在基础设施的投资和国际大型展会的协助招揽上。但是国内尚没有统一的会展管理部门和行业自律组织。二、展览场馆和设施上的差距，与发达国家相比，我国展馆规模明显偏小，展览场馆功能单一，利用效率低，不具有竞争力，无法适应会展业快速发展的客观需要。此外，设施落后又是一个问题。主要表现在装修简陋、设备落后。服务水平的差距，大多数情况下，参观商和观众在参加展览会时遇到的一些问题难以解决，展会后的情况也无从了解。三、会展人才的差距，会展业需要有很强的业务指导和专业人才的培养。当前大力发展我国会展业的对策思路是：一、加强政府宏观调控，完善相关法律、法规。二、科学规划，合理布局。三、加强会展人才的培训。四、加大政府支持力度。五、制定品牌战略。

新经济条件下会展经济的发展研究

范迎庆在《信息时代科技情报研究、科技期刊编辑学术论文集》（2004 年）撰文认为，会展业是经济发展的助推器。会展业已经成为城市与城市之间实力与形象的竞争。随着会展业高速发展，更深层次的会展经济对于当地经济最本质的意义就在于更大范围的开放、更实际的比较、更精确的选择、更有效的配置，进而达到更有质量的增长。现代网络技术与会展业的互动作用，使得网上虚拟展览会给实物展览会插上翅膀，给会展经济的有效整合奠定了坚实的基础。对网上会展与传统会展进行比较研究可发现，新经济对会展业的影响表现在三个方面：快捷、关联、效果。网上展会虽然有不受时空限制、节省展览交易成本等优势，但在传统展会形式中，强调的是独特的设计，对这些商品而言，看样成交更是必不可少的。会展行业作为各种行业的交叉点和集合体，一直在利用各种信息化手段提高工作效率，提高整个行业的运作水平，网络展览和实物展览各有所长，各有所需，正如网上销售兴起滞后，传统以商场、批发市场为媒介的实物销售仍然存在一样，网上虚拟展览会也不能代替现实实物展览会。

加快我国会展旅游业发展的思考

张遵东在《理论与改革》2005 年第 1 期撰文认为，会展业是能够带来明显的经济效益和社会效益的经济现象和行为的产业。首先，会展旅游的游客分为专业与非专业两类。其次，会展旅游的核心是为会展有关的人员提供服务。再次，会展旅游包括会议旅游和展览旅游。会展旅游是传统旅游活动的发展和扩大，是在会展举办过程中和举办过后所进行的一系列的旅游活动。会展与旅游之间应该是一种互动关系，即会展拉动旅游，旅游促进会展。相对于发达国家而言，我国会展旅游表现出来的总体特征是不成熟、不规范、不配套。具体表现为：一、规模过小，竞争力弱。二、旅游业对会展活动的支撑效果不明显。三、市场化不够。四、产品雷同，创新不够。五、专业人才缺乏。加快我国会展旅游业发展的对策是：一、加强宏观管理，制定会展业发展的战略规划。二、优化会展业与旅游业的关系。三、实施市场运作战略。四、强化产品创新意识，加强品牌整合，实施差异化战略。五、加强对会展旅游专业人才的培养。

我国会展业人才培养模式和结构探析

刘学莉、徐虹在《北京第二外国语学院学报》2005 年第 1 期撰文认为，会展业人才可分为两个层次：一是专业会议组织者，二是其他相关的人力资源，他们为会展活动提供其他各种辅助性的服务。概括起来，会展业人才一般所应具备的素质有如下几点：专业知识、心理素质、人际交往能力、创新能力。我国可走“三位一引导”的会展业培养模式，即以政府为引导，在此基础上以会展企业为核心和培养方向、以高校教育为基础、以社会培训为辅助，将高校、社会和企业人才培养三者相结合培养会展人才。在政府引导方面，要加强对社会会展职业培训机构的监督和管理，以予会展人才培养一定的资金支持，对从业人员给予资格认证，加强与国际的联系。在企业培养方面，除了内部培养外，还要加强与外界的联系。高校教育主要从理论教育和实践教学两方面进行。在社会职业培训方面，培训层次定位要准确，要与国际接轨、与实践结合。

上海浦东会展业发挥产业带动效应探析

王颖在《广西社会科学》2005 年第 1 期撰文认为，研究上海浦东会展业发挥产业带动效应的对策，具有十分重要的理论意义与现实意义。上海浦东发展会展业的重要意义包括以下几点：第一，发展国际化大都市的需要。第二，调整上海浦东产业结构的需要。第三，创造良好社会效应的需要。上海浦东会展业的产业带动效应明显，具体表现为：第一，上海浦东会展业对当地产业的带动效应。第二，上海浦东会展业对长三角地区的经济辐射作用。当前，上海浦东会展业发挥产业带动效应的条件实际上已经基本形成，具体来说有：第一，形成了较为完备的会展基础和接待设施体系。第二，具备了良好的经济条件和市场背景。第三，塑造了良好的市场形象、具有较强的国际吸引力。应对上海浦东会展业发挥产业带动效应，应采取如下对策：第一，准确定位、合理分工基础上的区域联合。第二，政府主导型积极的促进政策。第三，城市精神形象工程的塑造。第四，会展型优势产业的积极发展。第五，会展业空间布局的合理规划。第六，会展专业化服务体系的完善。

会展业发展的几个瓶颈问题

邸树彦、王秀莲在《社会科学家》2005 年第 1 期撰文认为，会展业是一个在我国刚刚起步，发展还不很完善的行业，因此也存在很多问题，比较突出的有：一、会展人才有缺口，教育培训相对滞后，会展人才教育培训应该注意资源的合理配置，特别要注重整个产业链上人才的全面培养。二、会展业缺乏力度品牌。一些小企业以作坊式经营方式办展会，打一枪换一地，挣一笔算一笔，竞争的无序性带来了整个行业的效率低下与恶性循环。三、会展业的发展方向为国际化、专业化、规模化和特色化。所谓国际化，是指加强对外交流与合作，借鉴国外先进的经验和管理办法，提高办展水平。所谓专业化，是指会展内容应专门化。所谓规模化，即会展企业要上规模。所谓特色化，是指会展企业要进行科学合理的定位。四、重视网上展览的作用和发展前景。网上会展的出现使会展业发生了深刻的变化并有取代实物展览的趋势，网上展览具有下面一些优点：成本更低、速度更快、成功可能性更大，机会平等，可以减少中间商的盘剥。

中国会展经济：一个新兴的朝阳产业

赵晨在《中国创业投资与高科技》2005 年第 1 期撰文认为，中国会展业现状表现为，首先，中国会展业比外国的会展业起步晚得多。其次，中国会展基础设施及配套设施比较落后。再次，国外公司的会展促销方式和国内也有所不同。最后，我国还没有全国性的关于会展业的法律，也没有全国性的会展行业协会来制定自律规则。在加入 WTO 后，中国会展业面临着机遇和挑战，其中国际会展业的发展趋势包括展会内容专业化，项目运作国际化，展会规模大型化。当前其面临的机遇挑战则是：首先，外国展览机构进入中国为中国的展览业带来了丰富的经验和技术。其次，我国会展企业要开拓海外市场，可以享受与其他国家一样的政策。第三，加入 WTO 后将促进我国本不规范的会展业市场向规范化方向发展。鉴于此，对策与措施包括：一是加大会展基础设施及配套设施建设，提高服务水平和质量。二是加快会展专业人才培养力度。三是走集团化发展道路，加强资本经营意识。四是规范政府的职能，纠正政府的“错位”办展。五是加快会展法律建设和全国性的会展行业管理组织的建立。六是走品牌化道路。七是走信息化道路。八是积极引进外资，寻求外资的结合，提高会展业利用外资的质量和水平。

中小城市发展会展经济的探讨

贺文洁在《温州大学学报》2005 年第 1 期撰文认为，

相比较于大城市而言，中小城市要发展会展业必须具备突出的产业优势、优越的区位条件、独特的城市旅游资源和完善的基础设施条件。以温州为例，温州民营经济发达，目前已成为十大国家级特色轻工业产品的产业基地，城市综合实力跻身全国24强。温州是浙江三大中心城市之一，海陆空交通发达。温州气候宜人、山川秀丽，有雁荡山、楠溪江等国家重点风景名胜区。温州在2002年建成国际会议展览中心，全市涉外饭店55家，服务业发达。在市场定位方面，中小城市可以从不同角度进行细分市场定位。在区域定位方面，城市发展会展业，区域交通条件、地理区位条件和当地的基础设施条件是不可或缺的评价指标。在专业特色定位方面，展会要成功必须要有特色，要结合当地的产业优势和文化优势，并凭借会展业巨大的产业带动作用，推动城市其他产业的发展。在规模定位方面，中小城市应根据自身的接待能力，申办规模适中的国内外会展。和其他中小城市一样，温州在发展会展经济的道路上也要注意几个问题：第一，善于取经。第二，突出优势。第三，专业化。第四，服务先行。第五，横向联合。

香港会展业发展的经验与启迪

陈恩在《亚太经济》2005年第2期撰文认为，香港会展业发展迅速有着很多成功经验，主要有以下几点：第一，雄厚的经济实力，良好的基础设施和优越的地缘位置是香港建设国际会展之都的基础和前提条件。第二，“贸发局”在香港会展业发展中发挥了主导作用。第三，建设具有国际先进水平的会展场馆设施。第四，具有大量高素质会展专业人才和提供配套完善的服务是香港会展业迅速发展的又一重要原因。第五，坚持“立足香港，背靠内地，面向全球”的国际化经营策略。可见香港展览业的国际化程度是相当高的，进行国际化经营是香港展览业的突出优势也是它的成功之道。学习借鉴香港会展业的成功经验，应着重做好以下几个方面工作：第一，加快我国会展企业的经营体制改革，提高市场化程度。第二，建立统一的展览业行业协会，实行行业自律管理。第三，重视会展专业人才的教育和培训，尽快建立会展行业职业经理人的评价体系和用人机制。第四，健全和完善会展法律法规。

我国会展教育与会展经济持续发展研究

夏学英、李秀彦在《商业研究》2005年第2期撰文认为，会展业在我国起步较晚，但发展迅速，但我国的会展业国际竞争力不强。其主要原因是：市场化程度低，缺乏品牌展会，专业人才匮乏。我国会展业发展迅速，但会展教育至今还是空白。由于专业人才匮乏，会展业还处在粗放经营阶段，人才问题已成为我国会展经济发展的“瓶颈”。要改变会展教育滞后于会展业发展的状态，就必须学习国外先进经验，整合教育资源，尽快发展会展教育。具体做到：一、在高校中开办会展管理专业。二、制定专业培养目标。三、在人才培养模式及课程设置上，鉴于我国会展教育现状及会展业对人才的迫切需求，应采取如下培养模式：第一，实行联合办学。校内培养与校外培养相结合，国内培养与国外培养相结合，学历教育与短期培训相结合。第二，在课程设置上，以管理学、经济贸易理论为基础，加强会展专业知识、专业技能、外语、艺术设计、现代技术等能力（技能）的培养。第三，与全国各地会展单位广泛建立联系，让学生亲自参与会展活动。突出学生的策划能力、组织能力、管理能力及创新能力的培养。

新区域主义对现代会展的重要启示

曾武佳在《经济学家》2005年第2期撰文认为，20世纪80年代之后兴起的“新区域主义”对现代会展的发展具有直接的借鉴和启示。“新区域主义”是指出现于20世纪80年代以来，随着欧洲单一法案的出台与实行，特别是冷战的结束和全球化时代的来临，世界经济越来越趋向以地区为中心聚合发展，区域化和区域主义现象越来越突出，并且与之相伴出现了一种“世界性现象”的区域合作的新浪潮。在新区域主义的浪潮下，新区域主义区域组织网络的发展和运作不再完全以国家为中心，而呈现多种形式。一种是以国家为单位的超国家经贸组织及区域经济一体化协定，通常被称为大区域主义。另一种是由金融市场和服务市场促成的，以国家内部的城市或经济区为主体，通过与其他国家内部的城市或经济区间的技术经济网络形成连接，通常称为小区域主义。第三种为国家内部的各类区域组织。现代会展在这三种不同形式、不同层级的区域合作网络中，都发挥了积极的桥梁和纽带的作用。现代会展应成为构建地方新制度的重要途径。现代会展从内容到形式都具有极大的开放性和包容性，这两种特性使现代会展可以成为构建地方新制度的有力手段。现代会展通过聚集各种人流、物流、信息流、商品流来促进各区域层级的文化、经济的合作与交流，进而增强其相互依存的内聚力。

交易中心功能与城市会展业发展机制初探

李文亮在《改革与战略》2005年第2期撰文认为，会展活动是依托城市基础设施和经济文化条件，进行有组织的集体性交流和交易的社会经济现象。会展业具备三个特征：首先是服务性，会展企业的核心功能是为交易提供服务；其次是地域性，会展业产业链组成部分主要布局在会展举办地形成产业群；第三是综合性，会展活动是交易活动的地方集聚形式。此外，会展活动和会展产业的形成，与城市经济的发展密不可分，相互依存，相互影响。城市的功能可以分为三类：源于集镇提供综合服务的中心地职能、源于采矿基地形成生产集聚的专门化职能和源于渡口贸易和交通中转服务的交通运输职能。考察城市交易中心功能，可以从以下几个方面分析：第一，城市的市场规模。这其中又包括地域贸易的活跃程度；与周围地区的人员交流频度；对周围市场的示范效应；覆盖更大地域的媒体对本地的关注度和传播频度。第二，成熟的产业群。其中又包括核心企业；相关产业部门；支持机构。第三，信息和知识。

借鉴国际运作机制　走中国会展业适宜之路

刘德艳在《大连理工大学学报》（社会科学版）2005年第2期撰文认为，中国的会展业近年来的发展速度很快。但是我们不能忽视其快速发展背后存在的种种隐忧。世界会展业发达国家的管理运作机制有政府行政干预和政策扶持型、行业协会主导和市场运作型两种。政府行政干预和政策扶持型的运行机制表现为：一、政府在政策上重视和扶持会展业。二、政府授权的权威协调管理机构充当了重要角色。三、政府投资建造场馆的力度较大。行业协会主导和市场运作型的运行机制表现为：一、会展行业协会影响力较大。二、市场化运作是会展业管理的主要方式。走出中国会展业发展的适宜之路应从以下三个方面入手。一、明确政府在会展业发展中的角色定位。二、形成以行业协会为主体的行业管理模式。中国会展行业协会的发展现状表现为，一是会展行业协会的成立已从地方起步，区域联合的会展行业协会已经出现。二是全国性会展行业协会缺位，会展行业协会的职能发挥尚不明显。中国会展行业协会的发展应采取以下对策：正确定位会展行业协会的职能；培育会展行业协会发挥作用的环境；尽早成立全国性的会展行业协会。三、推动会展业的产业化、市场化、规范化发展。

会展经济中的竞争情报优势分析

庞佳在《情报理论与实践》2005年第2期撰文认为，竞争情报是关于竞争环境、竞争对手的情报研究和由此形成的谋略，是为了建立竞争优势而从事的情报行为。竞争情报为企业提供市场预警、决策支持，增强企业的应变能力，对企业的成功发挥着不可低估的作用。会展经济中的竞争情报优势明显，主要包括以下几点：一、竞争情报的来源优势。首先，企业获取竞争情报所需的信息源，在会展中被高密度地集中在一起，企业参与会展就可以全面接触与企业发展相关的信息，综合获取情报。其次，会展经济的功能完善，企业在会展中既能够获得大量的文献资料情报，还能获得很多在会展之外难以获得的口头资料和实物资料。二、情报获取的成本优势。首先，会展降低了企业获取竞争情报的交通与通信成本。其次，由于情报源集中在一个地方，在会展中只需几天就能获得，显著降低了情报获取的时间成本。最后，由于交通成本和时间成本的降低，企业获得竞争情报的效率得到明显提高，竞争情报获取的人力成本也随之下降。三、情报获取的时空优势。四、情报质量优势。企业在会展期间可以采用多种方法一起搜集情报。在有限的时空范围内，获得大量的一手材料。

CEPA 框架下粤港会展业合作策略探析

陈恩、唐洁、张景东在《特区经济》2005年第2期撰文认为，CEPA架构下粤港会展业合作将有历史性契机，并对新世纪广东会展业发展产生积极影响。香港是亚洲第三大国际会议展览城市，广东是我国会展业发展最早的省份之一，已成为全国最大的会展基地之一。会展业是粤港经济合作的重要领域。CEPA框架下粤港会展业合作与发展契机表现为，一、CEPA使香港会展业获得拓展内地市场的政策先机，为香港会展业发展创造新的市场空间和发展契机。二、CEPA有利于香港发挥产业竞争优势，实现会展产业资源的低成本扩张。三、CEPA拓展了粤港会展业合作途径，使港商进军广东会展市场的形态和方式发生重大变化。四、CEPA架构下有利于提升广东会展业市场层次和管理水平。新时期推进粤港会展业合作的对策：一、建立合作机制，共同培训人才，构建粤港会展区域网络。二、拓宽会展人才流动机制，降低会展企业设置门槛。三、将广东的产业优势和市场腹地与香港会展业经营服务优势相结合，构建粤港会展产业带。四、整合粤港会展资源，打造粤港会展联合平台，共同开拓国际和国内会展市场。五、以购并、参股和“管理输出”等方式深化和拓展粤港会展业的深层次合作。

济南发展会展旅游分析及对策

邵玲在《济南职业学院学报》2005年第2期撰文认为，济南发展会展旅游有很多有利因素，具体为：第一，济南是享誉中外的历史文化名城和重要的旅游城市。第二，济南地理区位优越，交通便捷。第三，济南经济综合发展水平高。第四，济南会展场馆及配套设施较完善。第五，政府重视支持。济南发展会展旅游也有一些不利因素：第一，缺乏品牌展会。第二，会展旅游产品的宣传促销力度不够。第三，缺乏大型专业会展公司和管理人才。

第四，尚未建立起有效运作的市场机制，在规划、管理体制方面存在缺陷。第五，旅游辅助作用有限。第六，周边城市的激烈竞争。应对这些不足与缺陷，应采用以下对策：第一，突出特色，打造品牌。第二，加强宣传，树立会展旅游产品形象。第三，走产业化道路，实现会展市场化、集团化。第四，培养会展人才，建立专业队伍。第五，带动旅游企业，充分发挥作用。

会展与酒店效益及配置关系研究

罗秋菊、李晓莉在《旅游科学》2005 年第 2 期撰文认为，研究广交会对城市酒店业的空间集聚、效益带动作用以及参展人员对酒店的行为偏好将对新会展中心在酒店设施的数量和档次配置方面具有启示作用。一、酒店经济受益程度呈现明显的距离衰减规律。二、广交会流花路展馆附近形成星级酒店的空间聚集带。高档酒店收益集聚，广州酒店业整体经济效益提升；高档星级饭店收益显著，交易会期酒店业的利润集中在高档酒店。通过对参展人员住宿行为偏好的分析发现：一、高中档酒店需求旺，其中五星级和三星级宾馆更受青睐。二、国内外参展人员住宿需求表现分异，具体为中档酒店成为国内客源接待主力军，高档酒店的主要接待对象是国际客源。由上述可见：会展中心对酒店空间布局影响深远。会展为星级饭店整体带来非常良好的经济效益。会展对酒店的经济影响遵从距离衰减规律。会展人员对高中档酒店需求旺。国内外参展客源对酒店需求偏好各异。高档酒店集聚了主要的利润。

发展中的北京会展业：问题与对策研究

施昌奎在《经济界》2005 年第 2 期撰文认为，北京会展业一直在全国处于重要地位，其发展也存在严重问题与不足：第一，从展馆和会议中心等硬件设施上看，北京的单体规模过小，配套设施落后。第二，从展馆和会议中心的布局来看，北京旧场馆分散，新场馆郊区化不利于形成规模和聚集优势。第三，从“龙头带动效应”上看，北京缺乏一个与国际性大都市相匹配的大型综合性会展中心。第四，从会展业的软环境建设上看，北京缺乏对经营机构的扶持意识和相应的优惠政策。第五，从会展业的立法和规划上看，北京缺乏对会展业的立法和长远规划，导致行业管理体制不顺和制度不健全，产生多头批展，重复浪费现象严重。面对这些不足，北京会展业应确立发展对策：第一，针对北京展馆单体规模小、配套设施落后、缺乏一个与国际性大都市相匹配的大型综合性会展中心的现象，北京要整合现有的会展业资源，集中财力建立一个与首都地位相匹配的大型综合性会展中心。第二，针对目前旧场馆分散、新场馆郊区化的不利布局，要大胆地进行调整，尽量向朝阳、海淀和昌平三个区域聚集，形成规模和聚集效应。第三，针对北京会展经营机构实力不厚、竞争力不强的现象，应加强会展业的产业链分析，提高人们对会展业产业关联效应和扩散效应的认识，制定相应的产业发展优惠政策，“做强做大”会展经营机构。第四，针对行业管理体制不顺和制度不健全产生多头批展、重复浪费现象严重的情况，北京要加快会展业的立法和长远规划的制定步伐。

发展会展旅游需要理顺的几个关系

赵毅、黎霞在《西南师范大学学报》（人文社会科学版）2005 年第 2 期撰文认为，理顺会展业与旅游业的关系，对于推动和加快我国会展旅游的发展和繁荣，在理论和实践上，都是紧迫而富有意义的。可是在理论研究和实践中存在一些误区：一、会展研究多，会展旅游研究少。二、举办会展，尚未作为旅游活动经营。三、对会展和会展旅游的关系认识不清。会展与会展旅游的关系表现为：（一）会展和旅游密不可分。（二）政府支持，政策保障。当前，会展业与旅游业关系的现状表现为：一、多头管理，旅游部门未管；二、会展主办承办单位，大多不在旅游行业；三、会展专业人才缺乏，旅游业相关优势难以发挥。而理顺会展业与旅游业的关系需要做到以下几点：第一，政府主导，统一管理。第二，纳入旅游接待设施，规划建设会展场馆。第三，明确主体，实现“双赢”。

会展业国际化的难题与对策

吴汉荣在《国际经贸探索》2005 年第 3 期撰文认为，随着中国加入世界贸易组织和紧接而来的服务业全面开放，我国的会展企业正面临着来自国外的跨国巨头的正面竞争。当前，我国会展企业在国际化的环境下面临诸多的难题：一、上规模、上档次的展览会非常少，具有国际影响、形成品牌的展览会更是凤毛麟角。二、我国会展业向外资和民营资本的开放不够充分，会展机构规模普遍偏小，资金实力不雄厚，抗风险能力很低。三、高素质人才的匮乏也是制约我国会展企业成功国际化的重要因素。四、国内现有的政策法律环境也不适应会展业国际化的需要。我国会展业应对国际化挑战有很多有利因素：营销网络优势；丰富的本国人脉资源和良好的公共关系；天然地具有文化优势。为此，面对国际化挑战我国会展业应采取以下对策：第一，要以开放的心态、开放的姿态迎接国际化的挑战。第二，立足自身优势，走内向型国际化的道路。第三，改革会展管理机制，实现内外展资源的融和。第四，探索培育具有中国特色的会展文化，建立国际竞争优势。第五，依托中国制造业的优势，让中国会展引领

“中国制造”走向世界。第六，从战略的高度重视复合型国际化会展人才的培养。

新世纪我国会展业发展的现状评析与对策探讨

陈恩、张娟在《江苏商论》2005 年第 3 期撰文认为，随着我国经济的迅速发展，作为朝阳产业的会展业在我国也以其迅猛的发展势头和广阔的发展前景而迅速的崛起，并涌现了如广州“广交会”、深圳“高科会”、东莞“电博会”、昆明“世博会”、沈阳“汽博会”、上海“世博会”、北京“奥运会”等知名会展品牌。新世纪我国会展业发展面临的主要问题包括：一、会展业经营模式落后，专业化水平低。二、我国会展业在总体水平上规模较小，经济效益不理想。三、会展场馆建设滞后、服务水平低。四、高水平的会展承办机构和专业人才欠缺，会展精品少。当前加快我国会展业发展的对策是：一、制定法律法规，成立行业协会，加强对会展业的组织管理。二、实行统一规划，合理调配资源，提高会展资源的综合利用效率。三、培育专业、品牌会展，创建会展强市。四、树立创新意识，迎接入世挑战。五、实行跨域联合，提高竞争优势。六、加强人才培养，提高队伍素质。

武汉会展产业发展战略刍议

方亚飞在《长江论坛》2005 年第 3 期撰文，从机遇与挑战两个方面分析了地处中部的武汉应如何发展。武汉的发展机遇可从历史经验、区位优势、有利政策三个方面加以阐述。其中区位优势包括区位交通优势、科技教育优势和商贸流通优势。而武汉面临的挑战包括三个方面：一、从国际方面看，会展市场主体凸显多元。二、从国内形势看，会展市场竞争日趋激烈。三、从自身因素看，会展市场发展缺乏后劲。这主要反映在：会展市场发展无序；会展品牌尚未形成；会展宣传技术落后；会展人才相对缺乏；会展服务不够完善；会展管理亟待规范。当前，加快武汉会展产业发展的战略是：一、坚持区域化发展战略，提高武汉会展产业的幅射力。二、坚持品牌化发展战略，提高武汉会展产业的影响力。三、坚持市场化发展战略，提高武汉会展产业的拉动力。四、坚持国际化发展战略，提高武汉会展产业的竞争力。五、坚持多元化发展战略，提高武汉会展产业的创造力。

我国中小城市会展发展潜力分析及对策

张丽在《兰州学刊》2005 年第 3 期撰文认为，从比较优势来看，与上海、北京、广州等大城市相比，我国中小城市在住宿设施、会议设施、可进入性等因素上，并不存在绝对优势。我国中小城市会展发展的相对优势主要体现在以下几个方面：一、产业结构优势。二、政府的优惠政策和产业支持。三、丰富的旅游资源和良好的社会环境。四、区位和交通优势。当前，我国中小城市会展发展的外部机会是，我国会展业发展的强大潜力和良好前景；五大会展经济带的形成，为区域内中小城市的会展发展提供了良好的机遇。因此，加快我国中小城市会展发展的应对策略是：一、中小城市政府对会展业的“作为”与“不作为”。“作为”要在以下几个方面：第一，对会展业发展的行业扶持政策。第二，对会展企业的扶持。第三，完善基础设施配置，规范市场秩序，加大安保力度，提高市民素质，为会展业的发展提供一个规范、安全、良好的市场环境。而“不作为”则主要指政府应该退出会展市场，尽量避免政府作为主办单位与企业合办行业会展的现象，这是政企分开的基本要求。二、依托地方特色，以优势产业为基础，大力发展会展业。三、依附中心城市，大力发展会展市场。

信息不对称与说谎行为
——以会展企业为例的分析

刘大可在《南开经济研究》2005 年第 3 期撰文认为，在会展行业展会组织者欺骗行为随处可见。从根本上说，这些问题的产生，主要是因为同一般商品相比，会展产品的生产和交易过程存在更大的信息不对称特征和不确定性。会展业组展商显示诚信信息具有必要性，并且有途径可循。从组展商角度看，说谎毕竟是一种无奈的选择，是不对称信息下的次优行为，不仅存在道德谴责，而且存在市场风险。首先，通过企业自身经营活动信息显示信誉，其途径包括：一、通过历史资料显示会展信息；二、通过品牌显示展会信息；三、通过企业硬件设施和资金实力显示展会信息；四、承诺退展制度；五、通过管理和服务等维护客户关系并显示企业信誉。其次，通过外部信息显示展会信誉，具体包括，一、邀请有权威的政府部门领导出席展会开幕式，通过政府的信誉和出席展会的领导人的个人信誉印证展会信誉；二、通过权威机构，对展会品牌、会展企业资质以及从业人员等进行“资质认证”，并以此显示企业信息和信誉；三、聘用外部中介机构，对展会数据进行披露，并利用社会公证机构对相关资料进行公证。

营销学视野中会展企业强制性社会责任分析

张玉明在《求实》2005 年第 3 期撰文认为，在营销学视野中会展企业强制性社会责任主要表现在四个方面。一、设计、开发高质量的会展项目；二、规范分销、适度促销；三、合理定价、公平买卖；四、优质服务、恪守信誉。同时，营销学视野中会展企业承担强制性社会责任的前提是：一、确立社会市场营销观念。二、强化企业营销道德的建设。三、提升企业的营销道德素质。一方面要加强企业自律，另一方面要强化外部监控。而营销学视野中会展企业承担强制性社会责任的条件是，一、学习营销知识，提高经营水平。二、掌握营销技巧，提高竞争能力。三、建设营销队伍，提供人力保证。

电子商务在现代城市会展行业中的应用

金蓓在《北京城市学院学报》2005年第3期撰文认为，电子商务会展的特点鲜明，具体为成本低、高效率、展期长、展出空间广阔、观众面广泛、贸易机会多、反馈及时、统计和评估电子化等等。网上会展是将会展商务活动的电子化，展览组织者在运作过程中采用网络技术，具有节约、高效、快捷、方便等优点，有利于实现利润最大化。电子商务应用于会展业充分体现了其独特的优势：第一，提高工作效率。第二，降低成本，提高市场竞争力。第三，提供更有成效的会展服务。第四，优化会展行业的管理，有效树立会展企业形象。第五，促进展览业的全球化、国际化发展。为了确保电子商务在会展行业中发挥更大的作用，有关部门应加大对网络电子商务的建设和管理。第一，加快基础设施建设以促进电子商务会展的发展。第二，加强法律法规的研究和制定，为电子商务会展的发展提供法律保障。第三，努力提高全民的网络营销意识。第四，完善电子商务会展的物流配送体系。第五，吸收培养具有网络营销技术的人才。第六，建立相关协会等机构。

旅行社开发会展旅游市场初探

孙静、黄清、石长波在《哈尔滨商业大学学报》（社会科学版）2005年第4期撰文认为，我国旅行社开发会展旅游具备一定的优势，伴随着旅游业的发展，我国旅行社已经涌现出大量服务质量一流、具备一定规模且实力雄厚的旅游集团。这些旅游集团拥有操作大型团队旅游活动的丰富经验，完全有能力承担起会议、展览的招徕、接待业务。会展旅游依托会展业而发展，而会展业也因为旅游业的参与而繁荣。我国旅行社开发会展旅游市场已经初具规模，但是目前我国会展业还没有实行归口管理，旅游企业尤其是旅行社参与甚少，会展活动所带来的收益结构不平衡。在我国会展业的管理和经营方面，旅游部门是最近几年才开始介入的。为此，我国旅行社开发会展旅游市场，应采取以下有效对策：第一，主动出击做好会展的招徕和接待工作。第二，开发具有特色的会展旅游产品。第三，注重会展旅游产品的宣传促销。第四，注重公共关系的开拓与维护。第五，增强自身实力来获得竞争优势。第六，加快培养和引进会展旅游人才的进程。

略论广州会展业的发展

黄维新在《中山大学学报论丛》2005年第4期撰文认为，广州凭借每年两届的广交会，数十年来一直在中国外贸格局中担当着重要角色，广州市政府以此为依托，抓住机遇，与时俱进，造就了今天广州会展业的骄人成绩，也为广州市乃至全国的经济发展作出了不可估量的贡献。面对竞争异常激烈的会展业，广州会展业要结合实际，把握机遇，才能继续向前发展。第一，当务之急是尽快提高会展业的综合服务水平，从“规模扩张型”向“内涵充实型”转变。第二，充分挖掘广州城市资源的潜力，为会展业提供更多机会。第三，要实现六个根本性转变：一是要从政府办展为主向以行业协会或专业机构办展为主转变，努力提高会展的市场化程度；二是要从综合会展向行业会展转变，努力提高会展的专业化程度；三是要从区域性会展向国际性会展转变，努力提高会展的国际化程度；四是要从多头办展向联合办展转变，努力提高会展的规模化程度；五是要从纯商业性办展向商业与文化相组合的办展转变，努力提高会展的文化内涵；六是要从粗放型办展向集约型办展转变，努力提高会展的总体水平。

我国城市会展业的现状与发展

崔时庆在《荆门职业技术学院学报》2005年第4期撰文认为，会展活动能给城市带来可观的直接的经济效益；能相互传播城市之间的信息、新知识和新观念；能带动城市一系列相关产业的发展；能推动城市间经济贸易的进一步合作；能有效缓解城市内的就业压力；可带动城市的基础设施建设，提高城市的知名度和美誉度。目前整个会展行业出现了许多亟待解决的问题：一是“一哄而起”争办会展。二是会展市场秩序混乱，鱼龙混杂。三是招展企业在市场组织展览项目上不规范，存在着部分行业、部门垄断。四是参展的知名品牌不多。五是多数展会缺乏明确的定位。六是会展业未形成专业化分工协作的格局。七是展览场所重复建设。八是会展主办主体复杂，缺乏相关法规约束。结合各城市的具体实际，我们可从以下几方面入手，以切实增强我国会展业的综合竞争力并获得持续发展的能力。一、切实加强对会展经济的研究。二、努力改善会展基础设施建设。三、进一步理顺和健全体制，建立健全法律法规，规范市场运作。四、不断拓宽人才引进渠道，加大专业人才培养力度，提高人员的技术水平和信息意识。五、积极发挥自身优势，争创特色品牌会展。六、充分发挥政府部门的职能作用。

大连会展业管理模式研究

刘德艳在《旅游科学》2005年第4期撰文认为，大连会展业管理模式的特征有以下几点：第一，政府的主导和扶持力度较大。第二，市场化的运行机制尚需培育。第三，会展行业协会缺位。规范的会展行业管理模式是提高会展经济运行质量和效率的保证。当前我们应强化宏观调控职能，弱化行政性行业管理职能，转移政府的国有资产管理和经营职能及会展行业服务职能，下放政府对会展企业的经营权，使政府从资源配置主角的位置退下来让位于市场，从会展行业服务的主角位置退下来让位于会展中介组织，从经济活动主角的位置退下来让位于会展企业，而把宏观调控的位置留给自己，提高自身驾驭市场经济规律的能力，创造有利于会展经济发展的环境和条件。构建大连会展业管理模式可归纳为：政府调控、协会管理、市场运作、企业主体。这样才能形成各方配合、秩序规范的会展业可持续发展的局面。

关于会展经济空间运动形式的分析

王云龙在《人文地理》2005年第4期撰文认为，在会展经济地域运动过程中，集聚与扩散是一对矛盾的统一体。会展经济进行集聚运动，表现为：一、会展经济以会展资源为依托集聚。二、会展经济以展馆为主要核心集聚，会展经济的初期运动形式首先以原有展馆为核心集聚，在会展经济增长达到一定水平时，原有场馆基础与整个会展业的矛盾就会加剧，甚至成为制约会展经济持续发展的“瓶颈”，这时就要加强对展馆的投资来协调经济矛盾。三、会展经济的集聚效应。四、上海、北京和广州三地会展经济在市区的空间集聚。会展经济以展馆为中心集聚，该区域一般逐渐发展成为商务中心。五、饭店是会展经济活动的重要载体之一。同时，会展经济在市区外围进行空间扩散是会展市场容量膨胀的必然结果。会展经济扩散具有离心力。会展经济具有扩散效应。在郊区选址为会展中心提供了足够的发展空间，墨渍扩散（向大城市的郊区扩张）成为主要的也是扩散效果最好的运动形式。上海、北京和广州三地会展经济在城市外围的空间扩散，都选址在地理位置优越，交通非常便利的市区外围地带，都具备建设档次高、占地面积大、科技含量高、配套设施全的场馆的优点。

会展旅游的发展研究

程雪梅在《山东教育学院学报》2005年第4期撰文认为，目前会展旅游已经发展成为一个独立的、日渐繁荣又充满竞争和活力的新兴旅游市场。会展旅游的内容包括会议、展览以及奖励旅游三个部分。会展旅游具有如下几个特点：一、增加城市及居民收入，促进城市经济发展。二、提升城市功能，促进旅游业等相关行业的发展。三、改善当地城市形象，提高城市知名度。四、增强办展地的国际交流与合作，促进城市科技文化等的发展。会展旅游的开发需要一定的条件，包括：地理位置、硬件环境、成熟的经验和经营理念、深厚的文化底蕴以及丰富的旅游资源。国际会展旅游是从20世纪60年代开始出现的，经过近半个世纪的发展，早已进入成熟的商业化阶段。我国会展及会展旅游业始于广交会，兴于20世纪80年代，起步晚，在国际中的地位比较低。除广交会有一定影响外，大部分展览还仅仅是国内或临时的展览。发展我国会展旅游的思路是：一、要有精品意识，力争形成品牌优势。二、走“政府主导，市场运作”之路。三、促进会展和旅游的通力合作。四、加快专业人才培养，培育高层次、专业化的会展服务公司。五、成立会展行业协会，实现行业内部的规范与协调。

会展旅游的系统分析

史本林在《云南社会科学》2005年第4期撰文认为，从旅游需求来看，会展旅游是指特定群体到特定地方去参加各类会议、展览活动，并附带有相关的参观、游览及考察内容的一种旅游活动形式；从旅游供给来看，会展旅游是特定机构或企业以组织参与各类会议、展览等相关活动为目的而推出的一种专项旅游产品。会展旅游除具有旅游活动的一般特征外，还具有独特的个性：一、团队规模大。二、影响力大。三、带动作用强。四、经济效益高。五、消费档次高。六、内容主题专。会展与旅游之间是一种互动关系，即会展拉动旅游，旅游促进会展。许多国家将会展旅游作为一种高产出的旅游项目给予大力扶持和发展，有的国家还利用开发会展旅游产品来抵消其他旅游产品的下滑给本国旅游业和经济所造成的影响。当前，世界上对国际会议举办权的竞争日趋激烈，影响会展旅游发展的因素很多，主要有以下几个方面：一、良好的城市形象和较强的城市吸引力。二、发达的城市经济和完善的城市功能。三、一流的会展设施和发达的旅游业。四、优越的地理位置和高素质的专业人才。会展旅游具有很多功能，主要有：一、拓展旅游业的发展空间，创造巨大的经济效益。二、带动旅游业及其他相关行业的发展。三、提升城市形象，促进城市建设，扩大城市知名度。四、传递新信息、新知识，增进交流。五、增加就业机会，缓解城市就业压力。

优化商业会展渠道的对策研究

张玉明在《广东商学院学报》2005年第4期撰文认为，商业会展是近20年我国快速发展的会展市场（也称会展经济或展会经济、会展产业或会展行业）的一个重要组成部分。从内容上来看，商业会展是区别于政治性展会、学术性展会、文化性展会、教育性展会、军事性展会、运动性展会、成就性展会的一类展会，也称贸易性展会或经济性展会，简称商业展、贸易展、商贸展或经贸展等。从功效上来看，商业性展示与其他类型的展示最大的不同是强调展示活动中的间接营销和直接营销作用。从数量上来看，商业会展是会展经济的第一主角。当前，认为商业会展渠道结构存在的主要问题是：渠道长度不够，渠道宽度不够，渠道密度不够。因此，优化商业会展渠道结构可以采取以下对策：一、保留直接渠道，加长间接渠道。二、适当加宽直接渠道，尽量拓展间接渠道。三、注意内在关联，提高两条渠道的密度。

会展业发展的国际经验与启示

舒莉在《湖南商学院学报》2005年第5期撰文认为，世界发达国家和地区的会展业发展迅速，对社会政治经济文化产生了巨大促进作用。其成功经验主要有：一、设立权威主管机构对整个行业进行宏观调控。二、政府规划、投资和管理展馆基础设施，全力支持行业发展。三、会展城市规范化、市场化运作。四、会展业注重实效，不重形式。五、会展商很注意回避市场风险。六、完整的人才培养体系。七、注重人才培养的实效性，加强实践环节。八、把因特网作为会展业发展的有益补充。九、着力塑造会展品牌。国际会展业发展的经验对发展我国会展业有如下启示：一、尽快明确统一的主管部门。二、抓紧制定一套“游戏”规则。三、充分发挥政府和市场两种作用。四、找准定位，做好规划，抢占竞争制高点。五、突出特色、培育名牌。六、联合兼并，打造航母。七、大力培养高素质专业人才。

会展经济对我国中小企业进入国际市场的影响

杨莎莎、曾鹏在《财会研究》2005年第5期撰文认为，会展经济对我国中小企业参与国际竞争、进入国际市场有很大的影响。第一，中小企业在会展中能够获得大量国际市场的信息。第二，中小企业可以通过会展把自己的产品推向国际市场。中小企业在参加国际会展时应该注意的问题有以下几点：第一，知名度。通常来讲，展览会的知名度高，吸引的参展商和买家就越多，成交的可能性就越大。第二，展览的内容。现代国际展览业的一大特点是日趋专业化，同一主题的展览会可细分为许多小的专业展。第三，时间。中小企业在参加国际会展时，展出效率与产品周期之间有一定的规律。第四，展品选择。选择展品有三条原则，即针对性、代表性和独特性。第五，展示方式。第六，展台设计。第七，客户邀请。总之，随着中国加入世贸组织，国内竞争日益国际化，会展经济的发展势必会加速我国中小企业产品国际化的进程。只有通过中小企业和会展双方更紧密的合作，才能使双方在国际竞争中实现双赢。

中国会展旅游发展的思考

伍海琳在《企业经济》2005年第5期撰文认为，会展旅游对一个国家或地区的经济社会发展具有很强的推动作用，主要表现在以下几个方面。一、经济效应好，关联带动性强。二、能提高一个国家或城市的知名度。三、能促进举办城市设施的全面改善。四、能促进举办地文明程度的提高。当前，中国会展旅游的发展现状是：一、会展旅游发展迅速，已成为国民经济的助推器和新亮点。二、全国掀起了展览场馆的建设高潮。三、中国主要会展接待单位已相继加入国际会展组织。四、北京、上海、广州等已形成为国际会展中心城市。五、我国在国际会展旅游中的地位还比较低。当前发展中国会展旅游仍存在一些问题：一、还没有建立起符合国际管理的会展旅游市场运作机制。二、相关法律法规不健全。三、重展轻会现象严重。四、国际化品牌的会展少。五、专业人才缺乏，没有形成专业化的分工体系。未来发展中国会展旅游应采取的对策措施有：一、设立全国性会展管理机构。二、会展场馆的建设应具有超前性。三、全国各旅游地应根据自身条件，选择相应的目标市场，发展成各具特色的会展旅游目的地。四、加快培养专业人才。五、饭店业应重视会展旅游市场的开发。六、增加促销投入，对中国主要客源市场做有针对性的促销宣传。

“1+X”：旅行社开发会展旅游产品的新思路

李宏、韩渝辉在《哈尔滨商业大学学报》（社会科学版）2005年第6期撰文认为，旅行社的产品就是旅行社为满足旅游者旅游过程中的需要而向旅游者提供的各种有偿服务。因此，旅行社针对这些会展旅游者开发的旅游产品应遵循以下原则：一、会展旅游产品要符合会展旅游者的需求。二、会展旅游产品要具有多样性。三、会展旅游产品要具有一定的专业性。四、会展旅游产品要结合当地的文化特色。五、会展旅游产品开发要考虑到时间性。而“1+X”是开发会展旅游产品的新思路，其中的“1”是旅行社在会展期间的组织和接待服务，也是旅行社开发会展旅游的主体产品。"X"是指其他配套服务及旅游产品，X既可以是翻译等单项服务，也可以是各种旅游单项产品。"X"是旅行社开发会展旅游产品的延伸产品。"X"的变化才能满足需求的多样性。与会者可以根据自己的需要灵活选择，自由组合，自助性较强。我们可以从以下几方面进行"X"的开发：一、专项旅游产品。二、城市旅游产品。三、休闲度假旅游产品。四、文化旅游产品。1是固定不变的，只要是外来的会展旅游者都需要旅行社提供这一产品。而"X"是变化的，不同的人的需求是不同的，所以旅行社可以通过"X"的变化满足会展旅游者对会展旅游产品需求的多样性的特点。

会展业兴起下的旅游产品开发初步研究
——以2008年北京奥运会为例

屈真在《兰州学刊》2005年第6期撰文认为，我国会展旅游产品开发现状表现为：第一，会展业发展迅速。第二，地区政府参与并主导会展业的发展。第三，会展运作没有充分发挥旅游业的行业功能优势。第四，展览场馆等硬件建设超前发展。因此，我国旅游业在奥运会兴办期间的机会有以下几个方面：首先，从内容上为主办地的旅游市场和旅游产品序列带来了丰厚的收益，并且这是一种具有国际吸引力的旅游产品收益。其次，为了履行主办城市的承诺和义务，主办地必须提升主办地旅游的供给能力。关于奥运会旅游产品设计，根据其旅游目的的差异和旅行社产品的特性，旅游行业应当首先建立与会展旅游相适应的配套设施，其次充分挖掘会展的无形资源，将会展资源开发并充分加以利用。至于中国会展业的市场开拓，需要做到以下几点：第一，加入国际会展组织，推广奥运会旅游产品。第二，会展中介行业的介入。第三，与国外会展公司合资开拓市场。

构建珠江三角洲会展经济带

皮平凡在《经济论坛》2005年第6期撰文认为，目前珠三角会展经济的现状表现为如下几点：第一，已经创立了一些有影响力的会展品牌，成为中国三大会展中心地区。第二，珠三角会展基础设施已有一定基础。第三，各地政府高度重视会展业的发展。尽管近十年来珠三角会展经济取得了不少成效，但仍存在一些问题：第一，审批制度僵硬，宏观管理需要与国际接轨。第二，缺乏高素质的专业展览人才和展览公司。第三，缺乏国际知名会展品牌，会展经济未形成专业化分工协作的格局。第四，缺乏有效的法律规范和行业自律。第五，会展经济总体服务水平仍需大力提高。第六，城市综合配套功能有待完善。针对这些不足，珠三角会展经济发展需要采取以下对策：第一，加强区域协作，构建与珠三角总体经济布局相适应的会展经济带。第二，大力拓展国内国际性展会，逐步形成具有国内国际竞争力的会展品牌。第三，加强法规建设和行业自律，营造良好的会展环境。第四，加大科技的投入和运用。第五，加强会展业的教育和科研力度，为珠三角的会展业提供人才和智力支持。第六，促使会展业走国际化、专业化、规模化和特色化之路。

会展业对城市及行业经济发展的推动效应

柳静在《铁道物资科学管理》2005年第6期撰文认为，会展业对城市经济推动效应的内因有以下几点：一、建设期的存量乘数效应。场馆及相关基础设施建设的一元钱直接投资，可成倍地拉动相关的延伸投资，这便是存量乘数效应。具体表现为，第一，与会展有关的基础设施投资，导致城市固定资产投资增长。第二，国内社会投资的增长。二、举办期流量乘数效应。展会举办期间，展览产生直接经济收入并由此还会产生出一个流量乘数效应。三、举办后后续乘数效应。同时，铁路会展市场具有以下几个特点：一、行业传统，专业性强；二、初期阶段，竞争激烈；三、起步稍晚，发展迅猛。铁路行业各类展览会、研讨会、交流会等的成功举办，在一定程度上为行业发展创造了商机，直接或间接地推动了行业经济的发展。铁路会展业的产业化，对城市建设与发展同样起到了推波助澜的作用。因此，我们需要学习国外先进模式，科学规划管理城市会展业。加大人才培养力度，提高从业人员素质。将行业会展市场产业化作为发展方向。

德国会展业分析及其对入世后中国会展业的借鉴

黄恺、徐一帆在《世界贸易组织动态与研究》2005年第7期撰文认为，德国之所以能够确立起展览王国的地位，有其政策、经济、地理、人员等多方面的原因，这值得我们借鉴。一、由权威主管部门对整个会展业进行管理。二、政府全力支持会展业发展。三、一流的基础设施和完善的配套设施。四、提供国际领先的、全方位的展览服务。五、国际化的德国会展业。六、重视展览的品牌化。七、专业素质完备的从业人员。八、具有优越的地理位置。目前我国展览业还处于初级阶段，存在许多不容忽视的问题：第一，缺乏统一的会展主管部门。第二，展馆重复建设，配套设施滞后。第三，展览服务水平有待提高。第四，展览会国际化程度低。第五，缺乏展会品牌培养意识。第六，缺乏高素质的会展专业人才。借鉴德国经验，可以促进我国会展业的发展，对策如下：一、设立全国性的行业主管机构，加强对会展业的宏观管理。二、应有计划、有步骤地进行场馆建设和配套设施建设。三、尽快提高会展业的服务水平。四、提高展览会的国际化程度。五、对展览会进行准确定位，培育品牌展览会。六、加快培训会展人才，积极引进高素质的专业人才。

我国会展经济发展中的若干问题

刘荣春、赵维在《经济问题》2005 年第 7 期撰文认为，我国会展经济初具雏形，不仅与展览业发达国家和地区存在很大差距，而且与成熟产业的要求也有一定的距离。在产业管理方面，展览活动分属不同部门管理，展览企业从数量上说不算少，但是产业集中度不高。在产业主体方面，行政办展仍然是当前举办展览活动的主要方式。在行业协会方面，发挥展览业协会作用，是发达市场经济国家发展展览业重要的经验总结和成功的管理模式。在人力资源方面，展览需要大量的组织、管理、广告、宣传、策划、公关、工程等工作人员和大量的翻译、导游、餐饮、报关、货运等服务人员。会展业作为一项综合性产业，不仅会产生巨大的经济效益，而且会带来社会效益。政府是会展业发展过程中不可或缺的一方。除此之外，还要强化会展经济的产业化发展方向，实现我国会展经济的产业化。首先要重视“规模化”建设。所谓“规模化”建设主要包括三方面的内容：第一，扩大会展产业的整体规模。第二，整合会展资源，加强联合，实现优势互补，扩大会展企业的规模。第三，加强我国会展业的硬件设施建设。我国还要在专业、市场、竞争、信用等几个层面推进会展经济的企业化运作，并要加强会展业的专业人才培养。

广东会展经济发展的 SWOT 分析

刘松萍在《集团经济研究》2005 年第 7 期（下半月刊）撰文，对广东会展经济发展进行了 SWOT 分析：一、广东会展经济发展强势包括：第一，政府的重视与扶持。第二，经济优势和产业依托。第三，广东优越的地理位置。第四，会展业硬件完备环境优良。二、广东会展经济发展的弱势包括：第一，缺乏创国际品牌展会意识。第二，主题雷同，重复办展严重。第三，办展活动规范化欠缺。第四，高素质会展人才缺乏。三、广东会展经济发展的机会包括：第一，广东会展经济发展得天时——中国会展经济迅猛发展的大环境。第二，广东会展经济发展得地利——大珠江三角会展区域形成、泛珠江三角经济概念的提出。第三，广东会展经济发展得人和——广东会展业人才济济。四、广东会展经济发展的威胁包括：第一，国际会展强劲的威胁。第二，兄弟省市会展快速发展的威胁。第三，国外跨国公司会展业大举进军中国的威胁。

会展管理与策划专业人才培养模式探析

周云峰、于景洋在《商业研究》2005 年第 7 期撰文认为，会展管理与策划专业人才培养目标定位需要从市场需求、学科属性以及专业特点等方面进行探讨和分析。第一，社会需求永远是教育发展的根本目标和动力。第二，学科属性决定培养目标的复合特征。第三，专业建设和会展实践决定人才培养的创新要求。在会展管理与策划专业人才培养教学模式设计方面，会展管理与策划专业人才培养的指导思想是要坚持知识、能力、素质的辩证统一。以知识作为培养能力和素质的载体，加强实践教学，促进专业知识向能力和素质的转化，并通过能力和素质的进一步提高促进专业知识的理解和吸收，形成知识、能力和素质的良性循环。在教学模式设计上，构建“能力培养、实践创新、复合成材”的教学模式。会展管理与策划专业人才培养课程体系建设是非常必要的，在课程设置方面，按照循序渐进的原则先后开设基础知识和理论科目，积极保证教学水平和质量，使学生牢固掌握专业基础知识，并能在今后的实践中加以融会贯通，从而让学生拥有更多的选择自己的复合型发展方向的可能。而会展管理与策划专业人才培养途径可以分为：一、实训基地建设产教结合方式。二、教学与科研相结合方式。三、改革教学方法。

论会展业的知识产权保护

曾晓英在《法制与经济》2005 年第 7 期撰文认为，会展业与知识产权有着密切的联系，会展过程中产生和涉及到大量的精神成果，大部分是知识产权法的保护对象，若处理不当容易侵犯当事人的著作权，扰乱了会展秩序和市场经济秩序，如不采取措施及时加以制止，将直接影响我国的投资环境。展会中可能涉及到的知识产权纠纷，大多在专利与商标两方面，无论专利或商标，经法定程序获得后，即受法律保护。对于各方人员，如何避免知识产权纠纷？第一，大型会展的主办承办单位应该就参展单位有关知识产权事宜进行审核。第二，对于组展单位来说，要严格审查展品。第三，对参展企业来说，要做好以下几件事：其一，注册登记其产品设计，把有关文件带到会展现场；其二，参展单位和个人展出展品必须携带相关证书并遵守知识产权法规；其三，被检单位和个人应在规定时间内提供被诉展品的权利证书或其他有效抗辩证据。第四，对于政府来说，制定相关法律法规，建立会展经济市场化的运行机制，将会展纳入到法制的轨道上来。

美国拉斯维加斯会展业发展的启示

赖存理在《政策瞭望》2005 年第 8 期撰文认为，近年来美国拉斯维加斯迅速发展的贸易会展业给我们一些有益的启示。第一，“以市兴展”，选择合适的城市集中发展会展业。在美国，会展业的发展不属于政府管辖范围，由民间各行业协会和企业自主发展。拉斯维加斯的会展业从无到有，从小到大，有效地带动了当地经济发展，但它们都是市场经济自主选择的结果。拉斯维加斯有发展会展业的许多理想条件，其一，交通便利；其二，近年来旅游和博彩业发展极为迅速；其三，基础设施好，理想的展览场馆多，高级宾馆也多；其四，拉斯维加斯是美国发展中的新兴城市，经济有活力；其五，土地资源丰富，发展建筑空间大；其六，有一批国际化的会展业人才和各种语言翻译人才。第二，“做专、做精、做大”，发展高效的专业化会展。拉斯维加斯的会展业以“专、精、大”而著称。“专”是其办展的原则和显著特色；“精”是其参展的展品精致、厂商精干、布展精巧；“大”是指展会的规模大、场面大，参展的厂商众多。第三，市场化运作，依靠民间协会和企业办好展会。拉斯维加斯每年 2000 多场展会的成功举办，完全靠市场化的运作，政府没有参与主办。第四，业态创新，融会展、餐饮、宾馆、娱乐、大卖场、旅游观光于一体。第五，开放式经营，人性化管理，注重服务效率和细节。

深港两地会展业发展环境的比较分析

文新跃、夏洪胜在《特区经济》2005 年第 8 期撰文认为，与香港比较，在会展业发展环境上深圳存在较大的差距。一、在相关法规方面的差距。在深圳举办展会，均需通过行业主管部门的审核。而在香港举办展会，如果展会性质为商业展，则无须向任何政府部门报批或备案；如果展会性质为公众展，则只需向香港证照部门备案。二、政府支持力度与方式上，在香港举办的大型国际会议一般由香港政府、香港贸发局、香港旅游局出面争取，展览收入主要用于推动香港展览业的发展。深圳市政府对展览的支持主要在于由政府直接出面主办展会，同时在场地租赁、场地排期以及相关服务价格方面要求展馆给予优惠。三、各种配套设施及服务的比较。在展馆等硬件设施方面，深圳展馆具有非常大的优势。但香港在服务市场化、专业化水平方面都有较大的优势。四、展览人才素质的比较。两地人才素质最大的差距是在管理水平与敬业精神上。当前深圳在推动展览业发展、改善展览业发展环境方面应着力于以下几个方面：一、调整现有相关政策法规，简化办展手续。二、加大对外推广力度，尤其是要积极参与国际竞争。三、与展馆经营管理方共同制定长期目标、提升效益。四、放开所有展览相关的配套服务市场，培育完全竞争市场，促进优胜劣汰，形成完善的专业化、市场化的配套服务体系。五、各相关企业积极学习香港等国际知名展览城市的管理经验，提高自身业务水平和管理水平，加强员工培训，帮助员工进行职业生涯规划，使员工与企业共同成长。

关于城市发展现代会展产业研究

郭先登在《理论学刊》2005 年第 9 期撰文认为，正在兴起与发展的城市会展产业是现代服务业的重要组成部分，是城市经济结构的主要内容之一。举办展会等大型活动带来的强大人流、物流、技术流和信息流，将为一个城市经济创造不断前进的动力。会展业能为城市的发展创造巨大的经济和社会效益。会展业的发展为城市带来了持久的繁荣。会展业为招商引资展示着最具经济活力城市的形象，提供了最佳商务城市的投资环境。创造中国会展经济发展的最佳环境需要做到以下几点：第一，加快会展产业基础设施建设，使之成为城市最佳景观，创造城市会展产业集群发展的环境。第二，整合资源，从根本上杜绝低水平恶性竞争，创造良好的会展行业环境。第三，创造会展经济的品牌环境。会展业是一个十分强调品牌效应的产业。第四，创造完善的交易链环境。第五，发挥行业协会优势，创造协会办展的良好环境。第六，通过会展业，创造城市产业发展的环境。

论我国不同地域会展企业发展的战略选择

詹芬萍在《经济纵横》2005 年第 9 期撰文认为，近年来，中国会展业在区域分布上，基本形成了分别以环渤海会展经济带、长三角会展经济带、珠三角会展经济带、东北会展经济带及中西部会展城市经济带框架。我国各区域的会展企业应从区域经济发展的角度出发，根据自身的资源特点培育有地方特色的专业展、品牌展，实施相互错位的战略。一、以北京为中心的环渤海会展产业带的会展企业发展战略。该产业带具有以下特点：行政资源优势；科技优势。其战略选择包括：产品战略；企业联合战略；人力资源战略。二、以大连、长春为中心的东北会展产业带的会展企业发展战略。该产业带的战略选择包括：产品战略，积极打造边贸交易会，培育有地方特色的展会；企业联合战略；产品发展战略。三、以上海为中心的长江三角洲会展产业带的企业发展战略。该产业带具有以下特点：在全国五大会展产业带中经济发展最快；会展企业数量多，国际展览巨头纷纷看好。其战略选择包括：产品战略，会展企业根据本产业带特点向市场提供以经济为主题的各种专业展；差异化战略；企业联合战略；人力资源战略。四、以广州、香港为中心的珠江三角洲会展产业带的企业发展战略。该产业带具有以下特点：产业优势明显；市场空间大。其战略选择包括：产品战略；市场渗透战略；企业联合战略。五、以武汉、郑州、成都、昆明等城市为龙头的中西部会展产业带的企业发展战略。该产业带具有以下特点：基础设施薄弱，经济落后；拥有改革优势。其战略选择包括：产品战略；产品发展战略；企业联合战略。

论中国会展旅游的问题与对策

赵军在《江苏论坛》2005 年第 9 期撰文认为，会展旅游能给举办城市带来巨大的直接和间接经济效益，所以受到世界各国的广泛重视。近些年来，我国的会展旅游发展迅速，但在发展过程中出现了一些值得注意的问题。而中国会展旅游发展中存在的问题主要有：第一，没有建立起符合国际管理的会展旅游市场运作机制。第二，相关法律法规不健全。第三，重展轻会现象严重。第四，中国国际化品牌的会展少。第五，专业人才缺乏，没有形成专业化的分工体系。当前中国会展旅游发展应采取相应的对策措施主要有：第一，设立全国性会展管理机构。第二，会展场馆的建设应具有超前性。第三，全国各旅游地应根据自身条件，选择相应的目标市场，发展成各具特色的会展旅游目的地。第四，加快培养专业人才。第五，饭店业应重视会展旅游市场的开发。第六，增加促销投人，对中国主要客源市场做有针对性的促销宣传。

论会展经济与会展人力资源培养

傅广海在《经济师》2005 年第 10 期撰文认为，会展业迅速发展的同时，会展人力资源不足的矛盾日益突出。例如，目前上海会展业有经验的高级项目经理不足 50 人，复合型会展人才不到 100 个。到 2008 年，北京基本实现场馆现代化、服务国际化、市场规范化、人才专业化。我国未来会展人才年均需求量大约在 5000 人左右。我国会展专业的重点应定位于高等职业教育层次。从国际上看，会展专业人才的培养主要有两种模式：欧洲模式和美国模式。欧洲模式主要是以法国、德国、意大利等国家为代表，这些国家将会展专业作为职业教育的一部分，采用的是学历教育与职业技术教育一体化。美国模式的学士、硕士学位的学习与职业培训是分开的，采用的是多层次的教育体系。会展人才总体规格应是具有一定的专业技能的复合型人才。

会展旅游业战略规划探析

王莉霞、王潇在《理论导刊》2005 年第 10 期撰文认为，我国会展旅游业近年来发展很快，特别是会展旅游业的硬件设施建设大有超前发展的态势，但由于起步比较晚，面临的许多问题亟待解决。首先，我国举办会展的法律、法规不健全，政府在主导会展旅游业发展中行政干预过多。其次，市场化程度过低，准入制度不规范。第三，会展旅游业的环境亟待改善。第四，对会展旅游业缺乏科学研究。会展旅游的成功开发主要依赖于对资源客观评价基础上的宏观战略规划，并根据规划思想进行条理清晰、目标明确的开发行动。这其中包括：一、环境规划。主要有经济环境、法规政策环境、区位条件。二、市场规划。其中包括硬件、软件和建立会展旅游开发体系。三、人才规划。会展旅游的发展离不开高素质的专业管理队伍和服务队伍，我国会展旅游起步较晚，相应的专业人才储备十分匮乏。四、政府的促进作用。政府应从主导的角色淡出，把精力投放在监督管理和协调促进上，努力改善政策与法规环境，加强服务，帮助会展公司对外宣传展地形象与办展优势，吸引外来展商参展。

分流与整合：培养我国会展人才的两种对策

张玉明在《江苏论坛》2005 年第 10 期撰文认为，如何利用现有的教育资源、以最快的速度为会展业培养出合格的人才就是一个急需解决的瓶颈。对会展人才进行分流是必要的，产业链的特点决定了会展人才必须分流培养。而人才需求预测决定了会展人才必须分流培养，会展行业的用人情况也证明了会展人才可以分流培养。同时，对会展人才进行整合也是必要的。首先，专业和方向不能随意设置；其次，为了科学合理、最大限度地使用教育资源，也不提倡随意增加专业和方向；最后，为了会展学科自身的发展，以及与整合教育结构的协调和平衡，也不能设置过多的专业和方向。会展人才进行整合是可行的，把会展主干课程编为一组套餐式的任选课实施起来并不难，而且很容易将其他专业与会展学科整合在一起。从规避办学风险的角度看，整合教育具有可行性。从学生个人发展和择业的角度看，整合教育也具有可行性。分流培养与整合培养的一般适用条件有以下几点：一、按人才层次进行选择和决策。二、按人才需求进行选择和决策。三、按地区会展经济的发展进行选择和决策。四、按教育者的实力进行选择和决策。

浅议“会展旅游”

袁立凤、周腾蛟在《职业教育研究》2005 年第 12 期撰文认为，会展旅游是近年来在国际上兴起的举办各种类型的会议、博览、展览等活动产生的一种全新的旅游产品。通过举办各种类型的大型会议、展览等活动，吸引大量游客前来洽谈贸易、观光旅游、进行技术合作、信息沟通、人员互访和文化交流，以此带动交通、旅游、商业、餐饮等多项相关产业发展的一种形式。包括展览会、博览会、交易会、招商会、发布会、专业与专题会、颁奖会、庆典活动、节庆活动、文化活动、科技活动和体育运动会等。会展旅游的特点包括：一、提高城市知名度。二、人员花费多、消费档次高。三、创汇能力强。四、带动相关产业发展。而发展会展旅游的关键是：一、政府支持。政府的政策法规指导思想在当地的经济发展中起着决定性作用。二、创立品牌。会展有了品牌才能吸引大量的相关人员参会、参展。三、专业人才培养。我国应该抓住机遇，为会展旅游创造一个适合发展的环境，争取以更快的步伐，使我国早日成为一个旅游大国。

行业协会对中国会展业发展的作用与战略研究

刘德艳在《生产力研究》2005 年第 12 期撰文认为，会展行业协会是指由会展业的经济组织以及相关单位自愿组成的，以增进会展业共同利益为目的，在政府、企业、市场之间起中介服务作用的、非营利的社会团体组织。中国会展行业协会的发展现状表现为以下几点：第一，会展行业协会的成立已从地方起步。第二，区域联合的会展行业协会已经出现。第三，全国性会展行业协会缺位。第四，会展行业协会的职能发挥尚不明显。当前，发展中国会展行业协会，要实行以下几点战略：第一，会展行业协会职能的正确定位。根据国外会展行业协会的成功经验，会展行业协会的职能主要有：制定会展业的行业规范；对办展单位的资质实行评定，实行行业自律；对办展计划和办展项目进行协调；对展览会的统计数据进行公正审核，推动本行业诚信建设，为国家统计部门、宏观管理部门和经济研究部门提供真实的数据统计等。第二，会展行业协会发挥作用的环境培育。会展行业协会发挥作用的方式是：一方面通过自律机制提供基础性管理服务工作，接受政府部门行业管理的要求进行自律管理；另一方面又把企业的要求反馈给政府。第三，全国性会展行业协会的尽早成立。成立全国性的会展行业协会，对我国会展业进行行业间的协调和管理，是解决我国会展业存在的各种问题的有效途径，也是目前会展业管理中最紧迫的任务。

中国会展经济亟待解决的问题

朱智、赵德海在《商业经济》2005 年第 12 期撰文认为，近年来，我国会展经济取得了长足的发展，行业经济效益逐年攀升，成为各地经济发展的新亮点。然而，在快速发展中，还存在着不少问题，总体上还缺乏必要的规则和制度，这是制约会展经济发展的主要障碍。具体表现为：一、会展业的产权改革需要深化。二、会展业的“游戏规则”需要加强。三、对中介机构的培育相对滞后。四、产业发展规划和产业政策亟待出台。当前，深化我国会展业市场化改革的对策：一、限制政府对会展市场的直接参与行为。二、加强会展目的地促销。三、培育会展行业的中介机构和协会组织。四、鼓励多种产权属性的企业参与会展行业。五、加强理论研究和教育培训。六、培植具有世界级水平的会展中心。

义乌会展业竞争力分析及对策探讨

张旭亮、张海霞在《特区经济》2005 年第 12 期撰文认为，分析义乌会展业竞争力可发现，首先，义乌有着良好的区位及交通优势。义乌交通可横贯全国 16 个省（市、自治区）、1200 个大中城市、212 条线路，便捷的交通为义乌小商品会展业的发展提供了有利的条件。而且义乌还建立了较为完备的国内联托运市场体系。其次，义乌有着强大的小商品市场。第三，产业支撑优势较强。第四，外向优势突出，第五，政府重视。第六，经济实力雄厚。义乌会展业注重产业结构的调整，经济实力雄厚。第七，义乌会展增势强劲。义乌有着现代化的会展中心，会展业增势强劲。目前，义乌会展业可持续发展的对策是：一、坚持外联的会展业发展方向。二、注重会展人才的培养。三、加强会展业的软件建设。四、加强知识产权保护和管理。

国外会展旅游对国内的启示

郑四渭、郑秀娟在《当代经理人》2005 年第 13 期撰文认为，国外会展旅游经验对我国的启示有以下几点：第一，会展管理：政府管理和协会管理相结合。第二，会展营销，包括以下几个方面：一、城市形象，城市往往具有独特鲜明的形象魅力；二、整体营销，开展整体营销能促进和推广地区会展业的整体形象，并可有效组织分散的资金、人力、物力，集中力量宣传本地区优越的办展环境和品牌展会；三、品牌营销，在会展越办越多的今天，能够生存下来并取得一定经济收益的都是具有一定知名度或特色的品牌展会。第三，会展服务。包括以下几点：一、会展公司服务，会展是一个综合性的行业，需要其他各行业相互协调，会展服务就是会展活动顺利开展并取得成功的重要保障；二、其他相关企业服务，另外旅游业也应该积极服务于会展业，并参与会展活动的组织和实施。第四，会展教育。要加快会展专业人才的培养，尽快培养一支熟悉国际会展业惯例、精于会展业市场开拓、善于会展组织与管理的专业人才队伍。

会展业目标市场的选择

丁萍萍在《中国会展》2005 年第 15 期撰文认为，目前在我国细分会展市场的工作普遍不被重视。依据会展活动的起源可以分为产业衍生型、旅游衍生型、商品市场衍生型三大会展市场。其中产业衍生型会展市场的产生主要源于产业本身需求。旅游衍生型会展市场表明了旅游与会展属紧密关联的两大产业，二者大多互为依托、共生共荣。产业、旅游、市场三大衍生型会展市场不是孤立的，而是相互联系、相互支持的。按会展活动的形式细分会展市场是最常见的分法，会展市场分为会议市场、展览市场和节事市场三大部分。按展会性质，可分为贸易展市场和消费展市场。按展出内容，可分为综合展市场和专业展市场。按展会所涉及的地域范围，可分为国际展市场和国内展市场。按展会级别，可分为高端市场、中端市场和低端市场。会展市场的选择要依据城市的内部条件和外部环境，会展市场选择主要依据有：规模性，城市风格，产业支持，综合配套条件。与繁荣的浙江经济相比，浙江会展业仍明显落后，浙江会展业的目标市场选择有以下：高端会议市场；产业主导型展会市场；艺术主导型展会市场；市场衍生型展会市场；娱乐主导型节事市场。

关于进一步促进我国会展业创新的对策分析

潘莉娜在《商业研究》2005 年第 15 期撰文认为，由于会展业在我国还是新兴产业，存在着许多亟待解决的问题。第一，市场化程度低。没有形成会展组织者（PCO）、目的地接待者（DMC）完整的接待服务体系。政府主导会展且行政干预过多。会展是单一买家市场。第二，缺乏有效的行业自律，会展经济管理滞后。第三，从业人员专业技能和管理水平与展览发达国家相比有较大差距。第四，规模较小未形成专业化分工协作的格局。针对我国会展经济管理的不足，进行创新的对策如下：第一，加强政府宏观调控和规范化管理，保证会展经济健康有序发展。第二，积极引进外资，提高会展业利用外资的质量和水平。第三，大力加强会展的科技含量，把科技的运用贯穿于办展的各个环节和全过程。第四，与国际会展组织建立联系，加强学习合作。

会展行业人力资源管理的现状与对策分析

文新跃在《商场现代化》2005 年第 16 期撰文认为，会展业作为国内的新兴产业，其人力资源管理尚处于起步阶段，仍存在许多问题有待探讨和解决。其中会展业人力资源管理中存在的问题主要有：一、人力需求不均衡。二、岗位职责与工作定额的不确定性。三、缺乏有效的激励机制。四、管理人员管理技能欠缺。五、员工缺乏敬业精神及对企业的忠诚感。会展行业的人力资源管理与开发有着许多现实问题需立即着手解决，同时也有一些机制上、理念上的误区急需修正。应对这些问题，会展业人力资源开发与管理应有以下几条对策：一、以弹性的工作制适应弹性的人力需求。二、进行流程再造，明确岗位职责，测定工作定额。三、建立有效的激励机制。四、加强培训，制定续任计划，协助员工进行职业生涯规划。会展行业作为新的经济增长点，实行科学规范的人力资源管理已迫在眉睫，因此会展企业要大力构建新的人力资源开发与管理体系。通过运用现代人力资源管理方法，可以培养和建立一支高素质的、具有高度敬业精神和高度协作精神的员工队伍，形成一套完善的、科学的人才激励与约束机制，为会展业企业高效运作及员工个人的发展提供保障。

网络会展对馆场会展的冲击及其思考

穆容在《中国科技信息》2005 年第 19 期撰文认为，网上会展突破了现场会展时间、空间的局限性。第一，从组织展览的手段和内容来看，网络会展以网上发布信息为主，辅以在其他媒介上进行广泛宣传，展示文字、图片、声音、动画等，通过逻辑说理宣传企业形象和产品形象。第二，网络会展相对于馆场会展的优势：成本低、效率高，展出空间无限，经营规模不受场地限制，展出时间长，观众面广泛，贸易机会增多，反馈及时，统计和评估电子化等特点是传统展览会无法比拟的优势。第三，从参展的费用来看，网络会展支付网上参展费，费用相对很低。第四，从观众范围及展览时间来看，网络会展可以是世界各地网民，可固定展期，也可无限期展览。第五，从契约方式来看，网络会展依靠电子文件、电子签章订约，而馆场会展凭书证材料订契约。针对网络会展对馆场会展形成的冲击，应采取以下对策：第一，网络会展不能取代馆场会展。网上展览的缺陷难以用技术手段加以弥补，注定了网络会展不可能替代馆场会展在展览业中唱主角。网上虚拟展览会也不能代替实物展览会。第二，网络会展与馆场会展可以在功能上相互补充：展览会组织者可在运作过程中采用网络技术对展览会的组织工作产生积极的影响。展览会组织者可以与专业网络公司合作创办网站。展览组织者还可采取各种措施——实物展览会、网上虚拟展览会、网上销售或是其他形式，成功有效地把买卖双方组织到一起，增加他们参加和参观展览会的兴趣和价值。第三，传统的馆场会展应及时吸收和利用电子商务技术来改造传统展览会的办展方式和办展技术，充分展现实体展览的现场感和对“美和个性”的艺术表现力。

广州会展业存在的问题及对策分析

李晓莉在《商业研究》2005年第20期撰文认为，随着改革开放的深入，广州周边城市发展十分迅速，对广州的城市地位造成很大冲击，会展竞争加剧。如何保持会展经济持久的竞争优势且再创辉煌是值得探讨的问题。广州会展业存在的主要问题有：第一，周边城市会展竞争剧烈，统一协调乏力。第二，展馆建设重复，资源未能有效整合。第三，会展企业增长迅速，市场竞争无序。第四，会展服务发展滞后，缺乏专业化分工。要想持续健康地发展，需从政府的职能、行业协会的使命及展览企业的运作方面施以新的对策：第一，政府的职能：完善管理机构与健全法规；会展资源的整合与会展业的定位；会展城市形象的培育。第二，行业协会的使命，行业协会在市场中的优势地位决定了其将是会展活动的主要组织者。第三，会展企业的使命，包括实行品牌化、国际化、科技化。

对我国会展企业实施CRM的战略性思考

刘文君、邹树梁、王铁骊在《商业研究》2005年第21期撰文，探讨会展企业为何要选择CRM？第一，CRM是企业管理发展的必然。第二，会展企业的特点决定其必须选择CRM。第三，我国会展企业现有的管理难以适应其健康的发展。对我国会展企业实施CRM的SWOT分析表明：一、优势。首先，会展企业属于服务性行业，直接为终端客户（参展商）服务，具有实施CRM的经营思想优势。其次，我国大部分会展企业员工人数不多，多数是和客户（参展商）直接打交道，容易接受CRM的管理思想。再次，我国大部分的会展企业具有部分进行电子商务的硬件和软件基础。二、劣势。首先，我国会展企业对CRM认识不足。其次，我国大部分会展企业的资金能力不能满足实施CRM的需要。再次，目前我国缺乏CRM的专业咨询机构的支持协助。三、机会。宏观上，中国加入WTO，标志着我国对外开放、市场经济发展进入了一个新的阶段。微观上，CRM在企业中的流行为我国会展企业提高管理技术和管理水平提供了方便。四、威胁。国内CRM市场不成熟，导致CRM实践的成功率不高，这就给会展企业实施CRM带来很大的威胁。我国会展业需要引入并积极贯彻CRM的管理思想，强调客户满意。根据企业自身特点，确定企业的策略。进行员工培训，建立起企业的CRM系统。建立相应的管理制度和激励机制。不断完善，使CRM思想成为企业文化的一部分。

会展旅游发展实例分析

胡林在《商业时代》2005年第27期撰文认为，广州会展旅游发展具有很多优势，具体来说：一、从外部经济环境分析，广州将借助泛珠三角区域合作在更大的程度上扩展自己的发展空间。CEPA的签订与实施为广州会展旅游的发展也带来了巨大的契机。有利于广州会展旅游业与香港会展旅游业的优势互补、取长补短。二、从广州会展旅游的自身发展分析，举办“中国第一展”的广州进出口交易会的广州市，一直被视为南方会展业的代表城市。展览的数量、展览面积、展览规模和影响，都位居全国前列。另一方面，参展企业和结构进一步优化，提高了国产商品在国际市场的竞争力。三、从广州的城市竞争力分析，广州具有发展会展旅游雄厚的经济实力。经济的繁荣景况也为会展旅游的相关企业注入强心剂。四、广州具有发展会展旅游的地理优势。广州位于中国经济发展最快、最具活力的珠江三角洲地区的腹地，是华南地区的交通枢纽，毗邻香港、澳门，连接东南亚。五、发达的交通网络和良好的旅游接待能力。广州具有极其便利的交通条件。同时，广州具备良好的旅游接待能力。六、具备发展会展经济的展馆条件，广州国际会议展览中心是世界第二大会展中心。

中国会展业发展的“七化”趋势

张玲、张红在《商业现代化》2005年第28期撰文认为，中国会展业在未来的发展道路上的必然趋势可归结为“七化”。一、会展的国际化趋势，具体表现为会展资本运营的国际化，会展品牌的国际化以及会展活动的国际化。二、会展的市场化趋势，具体体现为政府角色逐渐转变，市场机制逐渐形成。三、会展的专业化趋势，包括内容专业化，服务专业化，管理人员专业化，以及理论研究深入化。四、会展的品牌化趋势。会展品牌化具有其必然性，中国会展企业在实施品牌战略过程中，要努力赢得权威协会和行业代表的支持，代表产业的发展最新方向，注重服务质量全面提升，争取国际认证，精心设计企业CIS系统，注重造势宣传。五、会展的信息化趋势，主要表现是专业的会展管理软件陆续出现，并开始应用于会展管理的全过程。六、会展的规范化趋势，主要表现为管理的规范化，竞争的规范化，服务的规范化。七、会展的规模化趋势，主要表现为展会的规模化、会展场馆的规模化以及会展企业的规模化。

进一步推动我国会展业发展

周志平在《商业时代·理论》2005年第36期撰文认

为，我国会展业发展现状呈现以下几个特点：一、我国展览经济呈快速发展趋势。二、我国会展经济直接拉动了相关产业的发展。三、人气旺是我国会展业成功的重要特征。四、品牌意识在我国会展业中开始形成。我国会展业虽然得到了很大的发展，但从长远来看，依然存在不少阻碍我国会展业持续发展的瓶颈和诸多问题，主要体现在以下几个方面：第一，在展馆建设上缺乏长远规划和合理布局，展馆规模偏小，供需矛盾突出。第二，缺乏有效的宏观调控和行业自律，多头办展，资源分散，无序竞争，价格混乱。第三，缺乏高素质的专业会展人才和先进管理手段，缺少与国际的信息交流和沟通，展览会的配套设施和服务不到位，展会的规模、质量和效益不高。第四，与外企、民企相比，部分国有企业观念落后，对国际性、专业性的展会认识不足。目前，进一步发展我国会展经济的对策如下：一、加快超常规发展进程，实施市场运作战略，优化会展产业结构，提升经营服务理念，实现会展资本运营，强化产品创新意识。二、要大力促进文化与经济的融合，充分利用中国地大物博、历史悠久的优势和文化资源，创出有中国特色的会展业新路子。

浅论中国会展场馆管理模式的构建

胡晓蕾在《商场现代化》2005 年 12 月（下）撰文认为，从国际会展业的实践看，展览场馆主要有三种管理体制：一、场馆主要由政府出资，公共产品的性质和色彩更多一些，主要是为市民提供精神享受的。二、场馆建设由政府来立项，政府在规划土地和其他政策上予以相应的支持，在资金方面政府应投入一部分，并且还要引入其他投资主体共同投资建设。三、场馆由民营机构或私人机构（包括三资企业）投资，并由其自己经营管理或委托管理机构进行商业运作。目前制约中国会展场馆管理的主要问题是：从我国各地会展场馆现状看，绝大部分是由政府投资形成的“标志性”建筑，沉淀了大量的国有资产。专业经营管理人才严重缺乏，这是目前导致我国会展场馆管理不善的首要原因。同时，经营管理定位不准，经营管理的专业化程度不高。构建中国会展场馆管理模式可以采用以下方式：第一，在会展场馆实体建设中，可以吸收多方面的资金参与。第二，对无法或不便于引进非国有资金的会展场馆，至少在经营权问题上要逐步引进竞争机制。

大连会展旅游定位与实施策略初探

刘英、孙丽、陈才在《商业经济》2006 年第 1 期撰文认为，大连是我国较早提出发展会展旅游的城市。目前大连已经成为我国重点会展旅游城市，位居全国第 4 位，在亚洲位居第 11 位，但大连也面临着一系列的问题和挑战。因此，大连会展旅游应从国际与国内两个层面进行定位，以国内市场为主，以国际市场为辅。国际层面可以定位于东北亚会展名城，国内可以定位于中国北方著名会展旅游名城。以国内市场为主，兼顾国际市场。大连应成为会展旅游名城，会展旅游在国内城市经济结构中处于重要地位。未来大连会展旅游应该实施以下策略：一、利用会展旅游的先发优势，树立良好的会展旅游整体形象。二、加快会展产品结构调整，实施名牌战略，扶持一批具有大连特色的展会。三、加大引入市场机制力度，建立以价格机制为主导的运行机制。四、建立会展行业协会，形成以行业协会为主导的会展旅游管理体制。

我国会展业现状与人才资源开发

刘毅在《人才开发》2006 年第 1 期撰文认为，我国会展业人力资源的现状表现为，与高速增长的会展经济相比，我国的会展业还处于专业水平低、层次不高、规模小、粗放型的发展阶段，其主要原因是：首先，核心人才不足。其次，会展业的辅助型人才在规模总量上也相对不足。再次，会展业的支持型人才，如高级翻译、旅游接待人才等都存在较大缺口。会展业人才的整体素质不高。会展人才的分布不合理。会展业人才培养要依托现有教育培训资源，形成重点突出，三级联动的会展人才教育培养机制。以高等院校为重点，培养我国会展经济的核心型人才。以职业院校为重点，培养会展经济的基础性人才。以各类培训中心为重点，加强短期实用性培训，全面提升现有会展业人员的专业素质。注重特点，突出特色，在培训方式上大胆探索。首先，会展业人才培养要突出开放性；其次，会展业人才培训要突出实践性。

中国会展旅游现状、问题与功能研究

李佳莎在《集团经济研究》2006 年第 1 期（上半月刊）撰文认为，会展旅游逐渐成为城市新的经济增长点，在大多数发达国家和著名的大城市中，以会展旅游为主的商务旅游市场都是旅游业赖以生存的一个重要市场。旅游与会展均是联动性非常强的活动。旅游业外汇收入的地区分布是与展览业水平相吻合的，并呈现不均衡状态。由于会展业本身的高速发展及其对经济的巨大带动作用，各地政府非常重视会展业的发展，形成了政府主导会展业发展的局面。目前已初步形成了以上海、北京、广州等大城市为核心的国际会展中心城市。会展与旅游的互动性可以更为充分地利用当地的旅游资源，全面地展示所在地的经济、文化和社会风貌，扩大对外的影响力和知名度，促进当地经济的繁荣与发展。会展旅游对于区域经济的主要作用表现在：第一，有助于提升目的地旅游形象。第二，有助于改善地区旅游吸引力。第三，有助于降低目的地季节性旅游落差。

论我国会展旅游的发展

陈鸣在《商业研究》2006 年第 1 期撰文认为，我国会展旅游发展水平仍较低，存在许多不足。长期以来由于我国经济的“条块分割，相互封锁”，致使我国会展旅游发展缓慢。突出表现在以下几个方面：在管理体制上，在市场促销上，在活动内容上，在配套服务上，在展会效益上发展缓慢。我国会展旅游发展中的主要问题主要表现在：一、政府行政参与色彩相当浓厚。二、会展设施建设失控。三、会展旅游特色不明显，竞争力不强。四、会展审批手续复杂，效益不高。具体体现为：第一，目前我国举办会展必须有中方某单位参加。第二，大型会议往往不计成本。第三，会展旅游从业人员没有明确的分工。第四，为会展提供辅助服务的行业也相对滞后。目前加快我国会展旅游可持续发展的措施是：一、建立唯一的中央级管理机构，设立全国性的会展旅游行业管理协会。二、对会展设施建设科学规划，合理布局。三、树立会展的品牌意识。四、要调动大型旅游集团的积极性，加强会展旅游促销力度。五、建立会展旅游的服务体系。六、加快培养会展旅游专业人才。

基于会展业的顾客让渡价值分析

黄刚、蔡利民在《市场论坛》2006 年第 2 期撰文认为，所谓顾客让渡价值是指顾客总价值与顾客总成本之间的差额。组展商为了在激烈的竞争中战胜对手，吸引更多的商家参展，就必须比竞争对手为参展商创造更多的顾客让渡价值，才能引起参展商的兴趣，参展商的总价值包括：一、展位的使用权；二、实现经济价值的可能；三、信息传播价值；四、感知价值。参展商感知价值的形成和提升主要包括能会见现有客户、结识新客户、发现潜在客户；能了解本行业新产品，刺探竞争对手；正确评价市场，把握市场前景。五、公共关系价值。六、形象价值。参展商的总成本包括：一、货币成本；二、时间成本；三、精力成本。主要体现为：由于在专业观众的数量与质量上的信息不对称，参展商参加展会的预期效果具有很强的不确定性而导致的担忧，这是一种心理成本；参展人员对展会举办地气候、食宿、交通、社会治安、服务设施等给参展工作造成不便因素而产生的反感；参展人员每天承受展厅内单调、枯燥与繁杂工作的心理预期。四、体力成本。由此可见，组展商想吸引到参展商，最根本的措施就是提升参展商的让渡价值，使之大于零。此外，使参展商的让渡价值大于零的措施包括，一、通过改进展会服务与形象提高参展商的总价值。其中包括加强目标市场营造；重视专业观众组织拓宽信息传播渠道；增设为参展商实现商业目标服务的项目；打造展会品牌。二、通过降低展会的货币成本，减少参展商的时间、精神与体力的消耗等非货币成本，从而降低参展商的总成本。

中国会展经济的发展现状、问题与对策

张纯记在《北京市经济管理干部学院学报》2006 年第 2 期撰文认为，中国会展经济的现状有以下几个特点：第一，发展速度快。第二，办展水平不断提高。第三，经济效益显著。第四，区域分布不均衡。中国会展经济也存在很多问题：第一，会展经济发展存在无序性和盲目性。第二，会展经济的市场化程度较低。第三，专业性不强，缺乏具有影响力的品牌，产业竞争力弱。第四，专业人才缺乏。当前，发展中国会展经济应该采用以下对策：第一，会展经济的发展应坚持统筹规划、合理布局、有序发展。首先，应以科学的发展观统领会展业的发展全局，确定全国展览业发展规划，引导和规范展览业的发展；其次，要研究展览立法，加强行业规范，使展览业的发展走向制度化、法制化的轨道。第二，加快会展经济的市场化进程。第三，会展经济的发展要注重专业化和品牌化。进一步提高我国会展业的专业化水平，还应着重加强以下几个方面：一是展会内容的专业化。二是场馆功能的专业化。三是展会组织的专业化。第四，培养专业人才，优化人才结构。

加入 WTO 给中国会展业发展带来的机遇

李雪在《黑龙江对外经贸》2006 年第 2 期撰文认为，加入 WTO 后中国会展业将在外部压力的作用下实现大发展，并逐步进入良性循环，在质量和数量两方面都有较大幅度的提高。因为，加入 WTO 将吸引外资和会展管理人员进入我国。宽松环境将吸引越来越多的国外展览公司进入中国市场。随着更多外资的注入，有丰富经验的国外会展管理人员也将会来到中国，对其独资、合资项目进行管理或开发更多的展会项目。加入 WTO 将带来先进的观念和理论。随着 WTO 而来的会展经验、管理手段、先进的观念和理论，特别是经营和管理方面的理念，将促进中国会展业提高自身素质，加强实践能力，缩短与世界先进水平的差距，逐步走上健康发展的道路。加入 WTO 将加速国内会展业发展。作为生产者和消费者进行直接交流、开展技术合作、引进资金和先进技术的有效途径，展览行业必将因此而有更大发展，在国际展览会和国内展览

会都将变得更为频繁。加入 WTO 也将促进中国出国办展。

上海会展业发展的现状、机遇、挑战及对策

王云玺在《上海商学院学报》2006 年第 2 期撰文认为，上海会展业的发展历史状况是：20 世纪 80 年代是起步阶段，主要特点是会展主体和会展项目数量少、规模小，软硬件建设需要优化。20 世纪 90 年代是发展阶段，主要特点是上海会展业得到了长足发展，会展数量和质量迅速提高。21 世纪起进入提升阶段，主要特点是会展项目呈现专业化、市场化、国际化和品牌化的发展趋势。一是会展数量与面积历史性增长。二是经营主体突破性发展，结构呈现多元化。三是场馆建设呈现大型化、智能化趋势。四是基本形成了一批会展品牌。五是会展项目移植活跃。当前，上海会展业发展面临的机遇有：上海经济发展的机遇、扩大开放的机遇以及举办 2010 年世博会的机遇。场馆建设和基础设施将为上海会展的发展提供良好的硬件环境。世博会需要大量人才的加快培养，将为上海会展行业储备和积聚人才。依托世博会，推进会展项目的国际化、专业化、品牌化发展。区域经济发展的机遇。而上海会展业发展面临的挑战有：会展管理体制混乱，缺乏统一、权威的管理机构。上海在国际会展业的地位不高，市场化程度不高，整体竞争力不强，专业人才不足。针对不足，发展上海会展业应采取以下对策：一、加强对会展业的规划和管理。二、规范会展业市场秩序。三、实现会展业体制突破。四、强化会展业品牌建设。五、加快会展专业人才队伍建设。六、与长江三角洲区域内的城市建立政府间的联动机制。七、实现与国际会展城市的接轨。

广播影视会展业发展透视

白传之在《中国广播电视学刊》2006 年第 2 期撰文认为，国内广播影视会展业已经形成以上海电视节、四川电视节、中国金鹰电视艺术节和中国广播影视博览会为主的多个大型活动，构成传媒产业链条中的一环。按照功能划分，国内的会展可分为两类，一类是综合性的；另一类是专业性的。2004 年是中国影视产业会展的大会战，专业性会展异军突起，既对原有会展给予了补充，又对其形成了市场瓜分，这意味着会展细分市场已经开始露出端倪，传媒产业市场链条开始延长。会展业发展到今天，成为综合性会展。尽管综合性会展每年仍能出新，但下滑之势难以阻挡。专业性会展则上升势头强劲。突出了以下几个特点：市场定位准确。举行比赛、展映等丰富多彩的互动活动。招商活动使展会成为产业链条的有机组成部分。会展成功与否，是主办方、参展商和参会者三者互动的结果。如何使三方都有动机来会展是必须正视的问题。要从务虚走向务实。

中美会展产业发展系统比较研究

王春雷、诸大建在《世界地理研究》2006 年第 2 期撰文，从以下几个方面对中美会展产业发展系统的构成要素进行比较研究。一、在产业内涵界定上，美国学术界基本上没有“会展业”和“MICE – Industry”之说，而目前我国学术界和企业界提得最多的是会展业。二、在会展推动要素上，中国和美国存在较大的相似性，即都拥有十分庞大的国内市场，各个行业的制造商和制造商之间的交流需要、制造商和买家之间的交易愿望直接催生了各种展览会的出现。我国侧重发展有利于出口的展览会，美国则很强调国内贸易。三、在行业管理体制上，我国还没有全国性的展览行业协会或会议行业协会，而且展览会和会议项目的多头审批现象仍然十分严重。而在美国，事件产业的各个领域都有全国性的专业协会。四、在市场运作机制上，中美会展产业的差异主要表现在政府职能和行业分工上。五、在人力资源保障上，美国院校的培养定位都十分明确，形成了多元化、多层次、多样化的教育结构，会展行业的职业认证体系也十分健全，并呈现出如下一些特点：培训市场成熟、专业协会主导、职业方向明确、理论实践并重。而我国目前表现出全国上下一片“会展教育培训热”，会展教育和职业培训市场显得有些混乱。经比较研究，可得出三个方面的结论：市场机制和产业活力；行业规范和产业秩序；市场机制和产业活力。借鉴美国经验，我国发展会展业的六大对策是：一、编制产业总体规划，加强宏观调控；二、成立展览行业协会，推进行业自律；三、开展会议展会评估，提高办展水平；四、制定行业法律法规，规范市场秩序；五、推进资本运营，培育品牌会展企业；六、规范会展教育培训，培养优秀人才。

体验经济时代的会展业发展对策研究

刘立、韵江在《理论界》2006 年第 2 期撰文认为，我国已经初步具备了发展体验经济的条件，在我国发达省份和中心城市体验式经济时代已来临，会展业与体验经济有着天然的联系。可以通过参展企业与会展企业的价值链的深层次的对接，不仅是会展企业提供“舞台”，为参展企业提供“道具”，而且二者通过融合，使消费者融入情景之中获得体验价值，企业获得价值增值。体验经济时代的会展业特征是：一、基于顾客价值的体验竞争优势分析，体验成为企业竞争的新武器。二、体验逐渐成为会展企业的核心竞争力。三、体验使会展业和企业营销日益差异

化。四、会展与企业体验式营销相融合，以提升企业的竞争力。企业实施体验式会展的举措是：一、体验式会展要求参展企业提供“道具”——产品，会展企业提供展示。二、体验式会展的设计原则是：以分析顾客体验世界为起点；确定主题；让产品、服务体验化；以正面线索塑造印象；减除负面线索；充分利用纪念品；整合多种感官刺激。三、体验式会展需要注意的问题是：确立“增加客户体验”的营销理念，以此作为营销活动的出发点和指导方针；以满足、创造顾客的个性化需求为营销重点；营销手段应当突出顾客参与，强化企业与客户的互动；培育以客户体验为中心的企业文化；实行基于体验的业务流程再造。

国际会展四点实务探讨

叶德利在《对外经贸实务》2006 年第 3 期撰文，分析了中国国际贸易展览会上的四点实务问题。一、商品价格信息的不完全与不对称性问题：现今国际商品市场已发展成为买家市场，生产者与消费者之间信息的透明化。面对商品价格信息的隐蔽性问题，参展单位可以首先浏览大部分潜在竞争者的摊位以调研它们的价格上限和下限。这需要调研者对于商品价格的高度经验。二、业务谈判人员的国际化素质问题：国际客户在对外贸易展览上的采购决定，经常涉及众多的考虑因素，而采购的时间约束也促使他们无法对全部参展单位进行仔细的衡量。参与交易谈判的企业必须具有高水平的业务谈判人员。三、商业宣传单的传播效率问题：中国外贸企业在宣传单上有两点是必须注意的。一是宣传单的颜色、设计款式、资料编排方式必须衬托出企业的形象。二是为了尽可能的让每一位观看者都能对宣传单留下深刻印象。四、获取客户信息的效率低下问题：充分利用中国国际贸易展览会上的国际客户信息将使开拓国际市场取得更高的效率。

会展主题策划探析

陈献勇、俞华在《沈阳师范大学学报》（社会科学版）2006 年第 3 期撰文认为，培育国际知名的品牌会议和展览，离不开成功的企业策划，尤其是会展主题的策划。会展主题即会展的精髓，是会展的指导思想、宗旨、目的要求等最凝练的概括与表述，是贯穿于整个会展过程所反映的经济、政治、文化等社会生活内容的中心思想。它是会展的主办者传达给参展商和公众的一个明确的信息，同时也是社会了解展会的首要方面。其中，会展主题策划的三个要素是：会展策划目标；会展策划对象的信息个性；会展参与者的心理需求。一个成功的会展主题的策划需要考虑以下几方面因素：一、结合宏观形势的变化。二、突出会展举办者的竞争优势：一方面要突出会展举办城市的特色。这些特色一般包括产业优势和文化特色。另一方面，策划者要明确自身的办展目标和资源。三、注重资源的整合。四、综合灵活使用多种思维方式，包括宏观思维与微观思维，顺向思维与逆向思维，求同思维与求异思维，平面思维与立体思维，动态思维与关联思维。

会展经济的区域特性分析

曾武佳在《软科学》2006 年第 3 期撰文认为，会展经济的区域特性主要包括了会展的区域选择性、区域带动性、区域合作性、区域展示性、区域整合性。会展经济比较发达的地区，都是区位优势较好的区域。稳定的社会环境对会展经济发展起到重要的保障作用。开放的文化环境也是会展经济发展的必要条件。另外，繁荣的经济条件，便捷的交通通讯，先进的会展场所及配套设施，高效的会展配套产业服务，独特的自然及人文旅游景观，高素质的会展专业人才以及政府的倾向性政策等也是会展活动进行区域选择时需要考虑的重要方面。会展活动，尤其是大型的会展活动对区域经济有很大的带动性。这种带动性在经济学上表现为会展业的乘数效益，会展业的乘数效益主要体现为会展活动在拉动投资需求和消费需求上产生的带动效益。这种带动效益和乘数效益主要体现在以下几个方面：一、会展业自身的投资拉动；二、会展业对区域优势产业的拉动；三、会展业对基础设施的投资拉动；四、会展业对就业的带动效益。现代会展业已经不仅仅是一种简单的人际交流或商贸活动的方式，更多地作为一种网络存在，现代会展已成为区域合作与协调的重要方式。会展活动是一个区域或一个城市展示形象的窗口，是树立城市品牌的重要载体，从而提高城市在国际、国内的知名度。资源配置整合能力是会展经济核心竞争力的首要构成要素。

我国内地会展行业做大做强之战略

文新跃在《现代企业》2006 年第 3 期撰文认为，内地会展业发展的深层次矛盾表现为：一、展馆数量多，展馆面积偏小；二、展会规模偏小，展会专业化程度低；三、展馆的声、光、电、运输机械、配套设施等硬件设施不足；四、经营管理的经验差距。我国内地会展业做大做强的现实条件包括：一、会展业已具备一定的基础；二、资金压力不大；三、外资展览企业长期在完善的市场经济制度下运作，其经营理念、管理制度都是按市场经济模式建立的；四、北京将在 2008 年承办第 29 届奥运会，上海将在 2010 年承办世博会，这对于宣传中国，让世界了解中国将产生重大影响。我国内地会展业进一步的发展战略和措施：一、调整现有相关政策法规。二、加大政府推广力度，加强政府引导。三、引入竞争机制，提升展馆经营效率。四、放开所有展览相关的配套服务市场。五、打造海内外著名的会展品牌。六、培养专业素质高的会展人才队伍，增强现代会展业发展的后劲。七、加强对外交流与合作，加快会展市场的对外开放。

上海会展业品牌化发展趋势及战略分析（一）

王晶在《中国广告》2006年第3期撰文认为，上海会展品牌化发展需要解决的关键问题主要有以下三个方面：首先，城市基础设施建设和城市品牌塑造是会展业品牌化发展的基础平台。其次，产业内部问题的协调解决是会展业品牌发展的基本保障。第三，加速人才培养，提高核心竞争力是会展业品牌化发展的根本动力。上海会展业品牌化发展趋势，按时间划分，表现为近期、中期、长期三个阶段。即在3年内初步实现会展业的规范化和专业化，在5年内逐步实现会展企业的集团化和区域化，在10年内实现会展产品和企业运作的品牌化和国际化。促进上海会展业品牌化发展战略的措施：一、城市品牌塑造与会展营销联动发展战略。二、各利益主体协调发展战略。政府要营造会展业发展的良好宏观环境，上海市政府对会展业要有明确的定位，由于会展业具有强大的经济拉动性等特点，国际上会展发达国家（地区）都对本国（地区）会展业发展发挥强大的宏观引导作用。行业协会要传递信息、监督维护公平合理的竞争机制。而企业是市场竞争的主体和原动力。三、企业品牌和产品品牌同步发展战略，包括品牌创立和扩展战略，同质整合——横向规模化，异质整合——纵向一体化；品牌维护战略。

上海会展业品牌化发展趋势及战略分析（二）

王晶在《中国广告》2006年第4期撰文认为，由于会展活动与旅游活动有着明显的重合部分，会展业与旅游业充分结合，优化发展，对二者来讲都是有利的，一方面借助旅游业的资源和优势，可以促进会展业发展的专业化，规模化，并增强其拉动效应；另一方面能丰富和开拓旅游的业务范围。当前，上海会展业和旅游业的优化发展战略应从以下五个方面着手：统一政令，协调管理；联合营销；调研预测；信息互动、完善服务；开拓旅游资源。上海发展会展业必须把加快会展专业人才的培养作为会展业发展的重中之重。人才是会展业核心竞争力的载体，人才素质的提高就是核心竞争力的增强。故要加强会展理论的研究，将学历教育与短期培训联合发展，培养国际性人才，完善用人机制。上海会展业品牌化发展具有持续性，但也存在危机。品牌危机有两层含义：一是指危及或损害品牌形象或声誉的潜在或显在的破坏性事件；二是指品牌形象或声誉受到破坏，将会或已经陷入某种极其不利的灾难性前景或格局。品牌危机管理需对品牌危机机理和成因进行认真分析。

加拿大博物馆的理念与实践

马英民在《中国博物馆》2006年第4期撰文指出，加拿大博物馆的理念为：1. 主张以观众意愿决定办馆、办展方向。2. 支持实行博物馆藏品收集、保管、研究、展示“一条龙”作业。3. 强调办展要尊重和听取科研人员意见。4. 提出举办展览“理念优先”原则。5. 注重展示方式的创新与多样化。6. 要求博物馆文化和社区文化融合。7. 体认博物馆经营自负盈亏机制。8. 希望与世界各种文化交流合作。加拿大博物馆实践的主要做法为：1. 环境、建筑富有特色。一是突出个性；二是整体感强；三是多馆“链接”；四是注重人本。2. 藏品保管规范精当。一是库房建筑结构合理；二是库房设施设备先进；三是藏品分类及存放、搬运方式科学精当；四是管理科学规范。3. 科技运用广泛、合理。一是博物馆建设的各个环节采用科技新成果；二是大量集中运用了科技手法。4. 展示手法富有创意。一是场馆、展厅一体化；二是内容展示场景化；三是科技运用时代化；四是藏品参观开放化。5. 科研队伍实力强大。6. 市场机制趋于成熟。一是搞好市场调查；二是按受众预期进行展览内容、形式的设计；三是通过各种渠道和形式对展览进行强力宣传推介；四是开展系列配套经营服务活动。因此，中加两国博物馆应能创造更多的的交流合作机会：1. 互办展览。2. 引进技术、设备。3. 人员培训。4. 学术交流。

我国会展经济发展中的政府定位

敖汉华在《广州市经济管理干部学院学报》2006年第4期撰文认为，要深刻剖析政府在会展经济中的作用，还必须了解会展业的存在和发展的要素构件。一般说来，会展业的主要要素包括以下五个方面：会展组织者、会展场馆、会展服务提供者、参展商以及观众。国外政府在会展经济中的定位上表现为政策投入和经济投入。为企业提供出国参展经费支持。协助、配合会展公司开展展会推广工作。目前，我国政府在会展经济定位中的改进方向是：一、加大政府支持力度。二、取缔行政办展，推进市场办展。三、逐步取消会展审批管理体制。四、培育会展行业协会，协调产业布局。五、制定会展业相关法律法规，规范市场秩序。

会展经济
——中国经济发展的新增长点

王乃静、路晶在《山东经济》2006 年第 4 期撰文认为，随着社会主义市场经济的发展，中国会展经济进一步活跃，在全球会展业中异军突起。会展经济正在成为中国服务业中增长快、发展潜力大、前景看好的行业之一，面临着良好的发展机遇。当前我国会展经济发展中存在的问题是：会展“行政化”；会展市场秩序混乱；展会缺乏明确定位，组织管理模式落后；会展业还未形成专业化分工协作的格局。当前，中国会展业的发展既有新的机遇，也将面临严峻的挑战。所谓机遇是指国际上会议与展会举办地的重心已由欧美向亚太地区转移，并有进一步扩大的趋势，而中国已具备发展会展经济的基础条件。挑战则来自于国内会展活动管理体制的不顺，专业化人才缺乏以及场馆设施的陈旧、老化。因此，我国会展经济的健康发展之路应是：一、调整政府角色定位，引导会展经济健康发展。二、形成以行业协会为主体的行业管理模式。三、创造会展经济的品牌环境和交易链环境。四、推进会展经济的产业化、市场化、国际化、规模化发展。

我国体育会展经济发展战略研究

梁强在《首都体育学院学报》2006 年第 4 期撰文认为，伴随着体育产业的迅猛发展，作为会展市场细分的必然结果，体育会展经济开始越发引人注目，并呈现出良好的发展势头，日益成长为体育产业新的经济增长点。我国发展体育会展经济的 SWOT 分析表明：一、优势：我国体育会展经济依托亚洲地区重要经济中心的有利区位，完备的海陆空交通体系和具有较强区域辐射功能的优势，取得了快速发展。二、劣势：首先，缺乏现代会展理念。其次，缺乏品牌意识。第三，缺乏高素质会展人才。三、机遇：国际会议与展会举办地的重心已由欧美向亚太地区转移，并有进一步扩大的趋势。四、挑战：目前的体育会展经济总体规模还偏小，核心竞争能力还不够强，发展潜力和空间还很大。为此，我国发展体育会展经济的战略对策：一、合理定位，整合体育会展资源；二、强强联合，抢占基础建设制高点；三、公司再造，走集团化发展道路；四、人才建设，提高专业化水平；五、转换机制，市场化运作发展；六、完善配套，营造“亲商”氛围；七、坚持“四化”，创建特色品牌展。

会展教育与会展人才培养的探讨

陈玲在《改革与战略》2006 年第 5 期撰文认为，我国会展业是一个新兴的行业，会展人力资源建设迫在眉睫。我国会展业的“教育基质与行业体系”不完善。我国会展教育的专业设置、学科建设、师资建设、课程设置及教材使用问题十分突出，问题的根源在于没有科学、系统的会展学学科理论体系指导。会展学理论体系的研究意义在于开拓新的科学领域，突破信息学、管理学、组织行为学、旅游学、艺术学的各自局限性。同时有助于解决有关会展事业发展的重大综合性社会问题，为政府部门关于会展管理职能的正确划分界定、会展产业政策的制定、会展学科的管理、会展学人才的培养提供科学依据。高等院校承担着培养会展专业人才的重任，通过比较高校会展专业的办学模式和课程设置，可以得出以下三个结论：一、鉴于会展活动与旅游业之间的明显互动关系，我国设有会展专业的现有高校都采用同一模式，这是当前国内会展教育的主体力量。二、会展专业的课程设置应围绕会议或展览会对人才的知识及能力要求来进行。三、会展活动的实践性突出，因此学生在接触会展专业课之前应该接受相关的前期的课程学习。

会展经济与城市发展

吴彬、李敬银在《济南大学学报》2006 年第 5 期撰文认为，济南的会展业起步较晚，发展较为缓慢，因此济南大力发展会展经济迫在眉睫。当前，济南发展会展经济的优势有：一、济南是享誉中外的历史文化名城和重要的旅游城市。二、济南经济发展综合水平和对外开放程度较高。三、济南会展场馆及配套设施较完善。四、政府的重视和支持。发展济南会展经济的劣势则表现为：一、展会品牌的知名度和美誉度较差。二、缺乏大型专业会展公司和管理人才。三、尚未建立起有效运作的市场机制，在规划、管理体制方面存在缺陷。四、会展旅游产品的宣传促销力度不够，旅游辅助作用有限。五、周边城市激烈竞争的影响较大。因此，发展济南会展经济应采取以下对策：一、促进会展和旅游进一步有机结合，强化会展业和旅游业的互动效应。二、构建规范化会展市场行业化管理的新机制。三、加快城市基础建设，改善城市环境。四、政府全力以赴争办国际高层会议“修面”。五、加快产业化发展步伐，实现会展市场化、集团化。

会展旅游产业链的本质分析

王保伦、王蕊在《北京第二外国语学院学报》（旅游版）2006 年第 5 期撰文认为，旅游产业链可界定为：在旅游者到达目的地的空间转移及旅游消费过程中，为其加工、组合并提供旅游产品，以助其完成到达目的地的旅行与游览，以及此间所形成的以旅游企业为核心的各种产业供需关系。从会展流程来看，会展产业链的上、中、下游三个环节以及对会展活动结果的评估，构成了会展业的主要活动内容，包括了会展活动从启动阶段的策划、宣传到实施阶段的计划、组织、协调和招徕，再到控制阶段的评估与反馈的全过程。会展旅游产业链由分别以会展和旅游为主的行业，在产业链上单向延伸生成。这种延伸的基础是行业要素的交叉与互补以及产品、服务、信息等资源的共享；延伸的促动因素是专业化分工与合作带来的协同优势和规模经济效应；延伸实现方式主要有战略联盟、一体化并购等。此外，会展旅游产业链的特征表现为：一、产业关联的多面性；二、作用发挥的协同性；三、地理分布的集聚性。从产业链角度看会展旅游发展对策有：一、政府引导会展旅游产业链形成。二、充分发挥旗舰企业的主导性。三、推动产业联系的网络化。

从国际比较看我国会展业的问题及对策

戴学锋、金准在《北京第二外国语学院学报》（旅游版）2006年第5期撰文认为，相比较而言，我国的会展业展馆分布散乱，这些展馆区域中心之间又几乎完全没有分工。从国际会展业的发展脉络上可以看出，会展业首先是依托城市功能的发展而发展起来的，当前我国的很多中小城市，城市功能还非常不完善。从参展商对浦东和上海其他地区的会展满意度的比较中可以看出，具有较为成熟城市系统和生活系统的上海其他区域对会展业的开展更为有利。地区大力发展会展业的主要动因是看中其极强的联动倍增效应，但是由于会展业成熟程度的不同，导致其与其他产业的关联程度有较大差异。因此，我国会展业集聚程度不够、系统性差、辐射程度低的原因包括：一、一哄而上；二、对会展业的认识单一；三、重硬件轻软件；四、会展与城镇系统脱离。对此，解决问题的对策是：一、进行适当宏观调控，加紧对已立项和在建会展场馆的清理；二、加强会展业的软件建设及相关配套；三、尽快完成我国的会展业发展总体规划；四、树立正确的会展观。

发达国家会展业对我国会展业发展的借鉴意义

吴国新在《国际商务研究》2006年第5期撰文认为，和发达国家的会展业相比，我国的会展业还存在着很多不足。因此，我们可以借鉴发达国家会展业的经验，以促进我国会展业更好发展。发达国家的会展经验：一、政府高度重视，强调宏观管理；二、加强会展专业人才的培养；三、先进的会展场馆；四、发达的全球会展营销网络；五、完善的会展法律法规。当前，发展我国会展业的基本现状是：一、会展业发展前景良好；二、展览项目数量和质量的增长速度迅猛；三、具有优越的地理条件和便利的交通条件；四、缺乏权威性的行业协会，管理体制有待理顺；五、会展场馆建设存在问题；六、会展人才缺口大、人才培养体系落后。借鉴发达国家会展发展经验促进我国会展业发展需要做到以下几点：一、借鉴发达国家的管理体制。我国政府可以参考发达国家的做法，以引导和扶持为主，尽可能减少直接主办展会；成立具有权威性的行业协会，发挥协会的自律管理作用，规范会展业市场；按照国际惯例，尽快完成审批制到登记制的过渡，确立单一的国家级展览机构，统一管理。二、借鉴发达国家的会展场馆建设，完善场馆功能；与旅游业相结合；提高会展企业竞争能力。三、借鉴发达国家人才培养模式。四、借鉴发达国家会展法律法规完善我国会展法律法规。五、借鉴发达国家的会展营销方式提高国际化水平。

网络会展的传播与经济比较

许亚丹、王野在《当代传播》2006年第5期撰文认为，所谓网络会展简单说就是利用网络技术，在互联网上举行会议或展览会。网络会展一般具有以下功能：展商产品信息发布；展商广告刊登；展商、展品信息查询；品牌营销；客户资源管理。网络会展可以有效地辅助传统会展或者独自承担展览功能，使会展业向电子商务延伸。对网络会展与传统会展进行经济比较可得出：一、在外部性比较上，网络会展相对传统会展而言，它的外部影响要小得多，网络会展的收益相对集中。二、在组展商成本比较上，与网络会展相比，传统会展组展商成本还有较高的实物成本。三、在参展商成本比较上，将本企业的信息推送到其他网络分平台的营销费用等费用也仅为传统会展布置的十分之一或者更低。四、在组展商收益上，传统会展组展商的收益渠道相对单一，主要来自参展企业的展会费和广告费。五、在参展商收益上，越来越多的参展企业和组展商通过网络进行沟通，提高了工作效率，降低了成本。

中国会展旅游发展对策分析

胡利军在《合作经济与科技》2006年第5期撰文认为，会展旅游是旅游产业和会展产业相互作用的必然产物。会展旅游以其游客停留时间长、消费层次高、旅游团队规模大、行业带动性强等特点，为会展举办地带来巨大的经济效益，受到各国的欢迎。我国会展旅游兴起于20世纪90年代后期，近年来发展迅猛，并与国际惯例接轨。同时我国会展旅游发展存在很多问题，具体为以下几点：

第一，粗放式的发展模式。第二，缺乏专业性管理机构。第三，定位不准，缺乏品牌。第四，从业人员素质良莠不齐。第五，外部环境亟待改善。因此，要解决我国会展旅游发展道路上遇到的问题，应做到如下几点：第一，充分发挥政府的主导作用。第二，完善会展设施和其他相关基础设施，美化城市环境。第三，加快会展旅游专业人才培养。第四，建立全国性的行业协会。第五，培育具有竞争力的会展企业（集团）。

中国会展企业营销竞争力研究

张玉明在《企业活力》2006年第6期撰文认为，企业营销竞争力指企业在竞争性市场环境下营销方面的竞争力。包括企业为满足顾客需求、创造顾客价值、实现组织既定目标并赢得市场竞争优势而进行的一系列营销管理和组织活动的系统整合能力。按照对会展企业作用的大小和分量的轻重，其主要构成因素有四类：第一，起导向作用的因素：营销理念和营销战略。第二，起基础作用的因素：营销资源和营销形象。第三，起保障作用的因素：营销组织和营销创新。第四，起推动作用的因素：营销策略和营销执行。会展企业打造营销竞争力的主要途径则包括：第一，内部途径：自我完善，自主创新。目前最主要的工作有四项，一是更新营销理念；二是加快队伍建设；三是做好总体规划；四是注重营销创新。第二，外部途径：多元联盟，整合力量。目前最主要的工作也有四项：一是进行营销联盟；二是进行资源整合；三是进行知识整合；四是进行执行整合。会展企业打造营销竞争力的主要作用则包括：第一，加速培育一批有规模效应的展会。第二，加速培育一批能够面向全球的展会。第三，加速培育一批有竞争力的强势企业。

服务视角下的会展企业营销

孙伟、王彩娟在《市场研究》2006年第6期撰文认为，会展业的发展会带动相关产业的发展，会展营销的主体包括会展企业和参展商两个部分。作为一个服务性产品，会展产品具有典型的无形性和综合性，这就决定了会展营销必然是一个资源综合利用的过程。会展营销特征之一：营销主体综合性；之二：营销内容整体性；之三：营销手段多样性；之四：营销对象参与性。会展业属于服务业的范畴，其产品是各种类型和规模的展览会，因而会展企业的市场细分活动应该按照产业市场的细分标准来进行。产业市场细分的标准主要包括五类，即最终用户、顾客规模、产品应用、追求利益及品牌忠诚。在不同的竞争阶段，市场细分的标准也要随之改变，以不断适应展览市场的新变化。一般而言，会展主题的确定，需要结合当地的产业特征和城市的定位。会展营销是一种很特殊的营销行为，它具有有形的产品营销和无形的服务营销的双重特性。有形产品的营销特性，要求会展企业能熟练使用产品、价格、渠道和促销等营销的要素；而无形服务的营销特性，则要求会展企业要考虑服务营销所特有的人、有形展示和过程等营销要素。一般而言，会展服务组合策略通常包括三个要素，即：有形展示、人和过程控制。

我国会展产业经济研究

苏汝佳在《改革与战略》2006年第6期撰文认为，从展览的种类、规模、水平和影响来看，中国已经成为亚洲的会展大国，正逐步成为亚洲地区的区域性会展中心。当然我们也看到我国的会展产业还存在着许多不容忽视的问题。基于我国会展产业存在的主要问题，应采取如下对策：第一，产业化，实现优胜劣汰，提高组织水平和服务水平。第二，专业化，注重效率与特色。随着会展产业发展的日益成熟，专业展已成为展会发展的趋势。市场细化的结果是，参展商更要明确产品的市场。第三，创立品牌，谋求长足发展。实施会展业品牌战略是提高我国会展业竞争力的重要举措。第四，整合会展资源，注重规模化建设。第五，政策扶持，完善配套服务与设施。应由政府出台一系列优惠政策措施，在场馆建设、配套设施建设等方面给予支持，同时彻底消除省级界限，打破地方保护主义，实现真正意义上的公平竞争、优胜劣汰。

关于会展业与城市发展的思考

赵春容在《当代经理人》2006年第6期（下旬刊）撰文认为，会展业被形象地称为城市发展的助推器，我国许多城市都希望通过发展会展业来实现自身社会、经济面貌的改变。会展业不仅给城市带来了场租费、广告费、运输费等直接收入，还带动了商贸、旅游、物流、餐饮、交通、通讯等相关产业的发展。会展业对城市发展起到了重要作用，表现在：一、会展业成为城市经济的增长点。二、会展业能推动本地区及周边地区的发展。三、会展业能推动城市产业结构的优化。四、会展业能促使增强城市功能。五、会展业能考验城市综合管理职能。因此，加强城市发展会展业的思路是：一、明确会展业发展的前提条件。二、要因地制宜确定会展主题。三、要培养会展业专业人才。四、培育品牌展览。五、政府主导，市场运作。总之，会展业与城市的关系体现为，会展业需要城市提供产业和服务的支持，必须体现城市的经济、社会、文化；同时，城市又受益于会展业的发展，如加快城市建设的步伐，改善城市环境，提高就业率，扩大城市知名度，是提高城市竞争力的重要内容。总之，城市为会展业提供发展的平台，而会展业为城市注入丰富的内容，它们从来就是也必将继续保持着这种高度互动的关系。

大型会展活动场馆后续利用分析与借鉴

史欣雨在《时代金融》2006年第6期撰文认为，我国会展场馆量的增长速度已经快于市场需求，出现了一定程度的相对过剩和结构性过剩。会展场馆建设面积和使用面积不成比例，区域会展缺乏协调，会展场馆在地域分布上还存在严重的不合理现象。根据目前世界上大型会展活动场馆后续利用的情况，可以把场馆后续利用分为三种方式，即拆除、改建与恢复、保留。通过对会展场馆实施拆除来解决场馆后续利用问题是一个颇受争议的方式，一般会受到国民浪费资源的质疑。使用已经比较成熟的场馆举行会展活动是一种经常采用的方式，这样就不用对场馆建设投入较多的资金，只需要进行简单和必要的改造即可。根据国内外大型会展活动的场馆后续利用的成功经验，会展场馆后续利用采取全部或部分保留的方式又可分为三类：一、保留大型会展活动场馆中的标志性建筑；二、保留大部分建筑作为今后某种功能性园区的建筑主体，将原有会展活动园区发展成为某种产业基地或研究中心；三、使会展场馆融入城市整体发展目标，成为城市的一个重要组成部分。

对会展企业资本运营的探讨

叶洪涛在《湖北经济学院学报》（社会科学版）2006年第6期撰文认为，所谓会展企业资本运营，是指会展企业通过购买、出售、转让、兼并、托管等活动，实现资源重新配置，从而达到会展企业利益的最大化，通过会展资本更大范围的流动来实现内外部资源的优化组合，从而提升企业竞争力。会展企业资本运营的必然性有以下几点：一、是会展市场规律作用的体现。二、是中国会展企业国际化的必由之路。三、是会展业增长方式转变的有效途径。然而，我国会展业产业发展程度低下和发展中存在的一系列体制问题也成为会展企业资本运营的障碍。会展企业资本运营需要的条件：一、会展企业快速发展是组织基础。二、会展专业化程度提高是运营基础。三、宏观经济持续增长是市场基础。四、会展基础环境改善是硬件基础。会展企业资本运营的障碍有：一、我国会展体制管理缺陷。二、会展市场相关要素发育不全，主要表现在：会展场馆规模结构失衡，难以适应大型会展企业办展的需要；会展法律问题；以及会展人才缺乏问题。因此，促进会展企业资本运营举措有：一、改革会展管理体制。二、大力推进会展企业集团化建设。三、会展企业资本运营需要一定的定价模型。

会展业：香港经济新亮点

屠海鸣在《沪港经济》2006年第6期撰文认为，香港会展业发展迅速的原因有：第一，会展业的发展有一个公平、自由、法治的环境。其一，特区政府的积极支持与准确定位；其二，拥有完善的支持平台；其三，香港特区政府建立了“香港展览会议协会网”和“贸发网”等，实时发布展会信息和会展研究成果。第二，会展业有强大的产业依托。会展业具有产业依托性强的特性，这就使得会展业的发展必须要有相关产业的支撑。此外，港府还与内地其他省市及其他国家政府间建立了广泛的联系。这些平台的建设为推广和扩大香港会展业的影响，提供了一个良好的环境。除此之外，香港还有优秀的会展人才和科学的管理体制。展览业能带来巨额经济利益。香港展览会协会的统计数据显示，展览业可发挥1：9的拉动作用。

关于建立会展预警机制的若干思考

刘松萍在《科技管理研究》2006年第8期撰文认为，中国会展业已呈快速发展之态势，但也仍存在着一些问题，其中危机管理能力是制约会展业发展的瓶颈之一。会展危机可以分成社会性危机、灾害性危机、生产性危机、安全性危机。而会展危机管理的三大体系包括会展危机管理的法律体系、组织体系和资源保障体系。应对会展危机需要建立会展危机预警制度。会展活动出现的危机具有突发性的特点，但会展工作是有计划性的。会展危机预警制度建立的立足点应当为：一切程序以降低危机的损害为前提；将公众利益置于危机预防的重要地位；尽量使组织在危机环境中如常运作。因此，我国要设立与会展危机预警相配套的政策。一是关于危机价值观的调整。二是从管理方法上加以保证。三是从绩效体系上加以体现。而会展危机预警系统建立的要求有：会展危机预警系统指标体系必须科学、可操作，符合会展活动的特点。预警系统中处理方式要明确，还要建立动态的预警系统。

香港会展业的成功之道及借鉴思路

张婧在《价值工程》2006年第9期撰文认为，目前会展业已经成为香港服务贸易重要组成部分。香港会展业的发展具有如下特点：一、会展业规模持续上升。二、展会的国际化程度较高。三、办展主题和参展主体定位明确。四、办展机构（展览公司）及其运作成熟。五、业内竞争激烈，各展览公司各有所长。香港会展业取得成功的几个重要因素是：一、自由的经济贸易政策促进了会展业的发展。二、香港会展业发展遵循市场供求规律。三、软硬件配合较好。四、香港会展定位较好。五、香港展览公司能很好利用网络和刊物进行宣传。香港会展业发展经验对于内地的借鉴意义在于：与发达国家相比，中国会展业发展还处于起步阶段，存在场馆规模小、配套服务水平低、品牌展会缺乏、专业人才缺乏、产业综合竞争力不强等问题，会展在国民收入中比重还很低。我们可以借鉴香港会展业发展的经验，促进内地会展经济的繁荣。一、明确政府定位，为会展业的发展创造良好的运行条件。二、整合会展资源，大力培植会展主体。三、进行展览营销创新，增加展会国际化程度。四、实现会展行业的专业化发展。五、大力开展网络展览，实现实物展览和网上展览的相互补充。六、加强专业会展人才的培养。

从交易成本的角度来看会展经济和中西部会展产业

董勇在《湖北社会科学》2006年第9期撰文认为，会展的特性可以从以下几个方面来认识：首先，会展是传统流通市场的延伸，而市场交易形式的改变始终体现着交易费用的作用。会展是传统市场的延伸，是由部分市场主体参与创造出来的一个交易成本相比现实市场交易成本更低的临时市场。其次，会展是一个和生产力水平相联系的概念，但是又表现出一些超越传统市场的性质。问题的另一面就是会展业的发展表现出一些超越传统市场的性质。它有很好的外部经济性，具有很强的带动作用，可以借之实现跨越式发展。会展的策划具有不可复制性，因此具有很强的路径依赖性。再次，会展产业具有网络经济的某些特征。从另外一个方面来说，面对竞争的情况下，会展的组织要注重规模。最后，稳定的声誉是会展业健康发展的重要保证。中西部会展产业发展应注意的问题有：各地要选准本地会展产业定位。一般认为网上会展将会是会展业的一个发展方向。具体措施如下：一是会展产业的发展应遵循政府引导、市场化运作的原则。二是会展要与旅游联系起来。三是强化行业自律，规范市场秩序，推出品牌。最后，加大对配套会展环境的投入，尤其是人才培养的投入。

会展企业人才流失与对策

黄祥芳、季建晓、包慧坚在《科技和产业》2006年第9期撰文认为，会展企业的人才流动大概分为两类：自主流动和牵引流动。根据会展企业自身的特殊性及市场经济的特性，我们还有另一种选择：那就是以市场为导向的留人策略。首先，要确定企业的关键员工。从会展的人才使用层次来看，会展业人才大致可分成会展核心人才、会展辅助性人才与会展支持性人才。要抵制住无差别地运用这些机制留住所有员工的诱惑，必须根据对不同员工的留用需求以及他们在劳动力市场的供求情况，制订适合自己的留人方案。其次，进行机制创新。机制创新的核心思路是：队伍的相对稳定，即并非控制最小的人才流动量，由市场决定人才流动，控制让谁离开以及何时离开。第一，进行岗位重新设计。岗位设计的目的就是在明确关键员工的基础上，通过仔细设计每个岗位应包括哪些工作任务，以有效地留住员工。第二，进行人才虚拟管理。会展的举办具有不连续性，这导致对部分辅助性、支持性工作人员的需求具有变动性。第三，创建学习型组织。为了有效地提高团队的整体效率，应鼓励员工的互相学习，知识共享、互补、整合，营造良好的企业学习氛围，创建学习型组织。第四，进行人才备份。根据市场供求状况，预测人力资源流动态势；基于企业自身，规划人力资源需求。要做到：一、重视核心小组的集体智慧；二、同一个项目由若干个小组同时竞争；三、建立导师制。第五，将工作简单化和标准化，采用更普通、更通用的企业信息系统。

浙江四大会展城市个性辨析

丁萍萍在《集团经济研究》2006第9期（下旬刊）撰文认为，从杭州的城市特点出发，杭州会展城市个性定位可设想为：把杭州会展业定位于经过若干年的努力，成为在国际上具有相当知名度的会展旅游城市。而杭州会展的区域定位应为我国东部沿海地区的重要会展中心城市上海的会展联动城市。宁波会展城市个性定位可设想为：我国出展的首位城市；依托产业，为当地产业提供高层次服务的会展城市；长三角地区重要的会展城市，上海的会展联动城市。义乌会展城市个性定位可设想为：依托市场办展，具有国际品牌展会的外向型会展名城。温州会展城市个性定位可设想为：以块状经济为基础的会展城市，区域性的会展中心城市。

会展与商务旅游人才培养探索

蒋昕在《湖北经济学院学报》（人文社会科学版）2006年第11期撰文认为，商务旅游与会展旅游密不可分。一般认为商务旅游是以商务活动为目的，把商务经营与旅行、观光结合起来的一种旅游形式。在社会经济发展中，会展与商务旅游之间存在联系是：内容交叉，相互渗透；消费行为特征相似；服务供给相通；地域分布集中。结合我国的实际情况和会展学的信息科学属性，会展人才应该是具有厚基础、宽口径、复合型的特征，人才需求比较复杂。广义的会展人才包括了会展核心人才、会展辅助性人才及会展支持性人才。我国会展教育起步较晚，高等教育中与会展专业相关的专业有三种：会展经济与管理、会展艺术与技术、展示设计。从我国会展经济发展进程看，会展人才的培养和供给必须服从和服务于区域经济发展的需要。培养会展与商务旅游人才可采取以下措施：一、高校可依托旅游管理专业开办会展旅游本科教育。二、实行基础课程全面与专业特色技能并重，校企合作，中外合作。三、高校开办会展与商务旅游教育首先要整合自身的学科优势。四、应以资源共享思想为指导，充分借助高校的区位优势。

绿色会展的体系构建及其开发探讨

孙明贵、张宏远在《未来与发展》2006 年第 12 期撰文认为，开发绿色会展具有必要性。会展经济发展所利用的资源和能源都来自于自然界，同样，会展经济产业的大部分商品和劳务最终都存留在自然环境中，二者之间存在着能量与物质交换活动。会展业已不再是无烟产业，所造成的生态环境问题日益严重。因此，构建绿色会展体系，走可持续发展的会展之路是 21 世纪会展发展的必然选择。第一，会展市场的竞争加剧决定了企业必须发展绿色会展。第二，可持续发展和循环经济决定了企业必须发展绿色会展。第三，会展环境的日益恶化决定了企业必须发展绿色会展。而构建绿色会展体系的思路是：第一，构建绿色会展体系的运行基础。第二，构建绿色会展体系的主体设施。第三，构建绿色会展体系的法律保障。目前，我国开发绿色会展要做到：第一，绿色会展展览题材要在展前划定会展的展品范围。第二，要重视展会活动的绿色开发。第三，绿色会展活动的展后管理。

会展知识产权法律保护研究

曾丽琴在《社会纵横》2006 年第 12 期撰文认为，从我国现有的会展业来看，需要界定的会展知识产权主要有以下几个方面：一、展会本身的知识产权属性问题。展会名称是否享有知识产权直接取决于展会名称是否具有独创性或显著性。展会项目的创意是否享有知识产权关键在于该创意是否以一定的可复制的形式表现出来。展会品牌是否享有知识产权。这个回答是肯定的。总之，会展名称、展会项目、展会品牌只要具备了独创性或显著性，根据现有知识产权法律的相关规定应适用著作权或商标权的保护，属于知识产权的范围。二、在展会过程中产生的精神成果的知识产权属性的界定：只要该精神成果是智力活动所产生的创造性成果就是知识产权的保护范围。三、会展知识产权权利人的界定：会展知识产权属于会展主办方。目前我国会展的主办方有各级政府及有关部门、展览公司、各种群团组织等。这类会展的名称、会标等知识产权的权利人应为政府。当前，避免展品知识产权侵权的新措施包括：其一，避免展品知识产权侵权纠纷发生的基础是参展商要有强烈的知识产权保护意识。其二，避免展品知识产权侵权纠纷发生的核心措施是展会举办方在筹展、展中、展后各个环节都要有完善的会展知识产权保护规则，做好整个会展活动的知识产权管理工作。

会展项目营销中的四种定位策略探析

应丽君在《商场现代化》2006 年第 14 期撰文认为，我国目前的展会在项目营销定位上主要存在以下四类策略：一、主办导向定位策略，具有一定的主观性、非市场化性、偏重社会效益性。“主办导向定位策略”因其办展宗旨往往是一种相对笼统的主观愿望，而主观与客观常常存在矛盾，在市场经济环境下往往与实践相冲突，这就要根据实践情况加以修正。二、展商导向定位策略：把满足展商的需求放到第一位，展商比观众更重要，所有的展会组织服务以此作为宗旨，“展商本位论”就是该类展会定位策略的本质特征。具体体现在项目营销中的业务排序上，招展工作成为整个展会营销的中心。三、观众导向定位策略：顾名思义该策略是把“观众”作为展会定位的中心点，“观众本位论”成为其典型特征。在展会筹办、项目组织中首先确定展会的目标客户，弄明白展会的服务对象，确定展会是为谁而办的，然后再针对观众的需求进行相应的展会定位。四、消费者导向定位策略：会展活动的消费者主要有二类：一是参展商，一是观众。按照消费者导向定位原则，其定位逻辑顺序是第一步确定展商消费者，第二步确定相关观众，最后确定其他营销元素。

会展旅游危机管理探析

陈丽敏在《中国会展》2006 年第 15 期撰文认为，我国会展旅游危机的类型包括以下几类：一、会展旅游产品质量危机；二、会展旅游的财务危机；三、会展旅游的契约危机；四、会展旅游的突发事故危机；五、宏观经济政策变动而引发的危机，其中以政府政策的变动为主。会展旅游危机从其生成到消除经历了酝酿期、爆发期、处理期、减缓期、消除期、后遗症期等六个阶段。针对每个阶段危机的表现形式及危害程度的不同，采用进攻型处理战略的危机处理方法是我国会展旅游危机管理的可行途径。因此，我国要建立会展旅游危机管理的预防机制，建立会展旅游危机爆发后的反应机制；以及会展旅游危机爆发后的恢复机制。当前，我国会展旅游实施危机管理的措施是：一、增强会展旅游组织机构或企业的危机管理能力；二、利用现代化的科技网络技术，构建多元化的危机应对网络；三、运用沟通策略，使信息真实化、透明化；四、利用市场杠杆，重新激活市场；五、进行宣传促销，重新树立会展旅游目的地形象；六、提高会展旅游从业人员的危机意识，创建学习型的会展旅游企业。

会展业的产业带动效应及其经济学分析

余向平在《商业研究》2006 年第 18 期撰文认为，会展业的产业带动效应和产业聚集效应表现为：一、会展业对相关产业的产业带动效应，包括会展业对交通、通讯业，旅游业，零售业、酒店业的带动效应。二、会展业的产业聚集效应则体现为：首先会展能有效促进企业与客户之间、企业与企业之间的经济技术交流和信息沟通。其次，会展能促进与会展商品和服务相关的连带产业之间建立更好的互动效应，促使企业之间形成互动产业链。再次，会展把在消费或生产上相关的商品和服务一起展出，使提供在消费和生产上具有连带性的商品和服务的企业组成统一的整体的形象，为产业发展创造良好的社会氛围。利用凯恩斯经济学乘数效应可以解释会展业的产业带动效应。会展在自身不断发展的同时，带动了许多相关产业的发展，增加了就业机会，拉动当地经济的发展。最后应用萨缪尔森经济学乘数与加速效应相互作用原理补充解释会展业的产业带动效应。会展业的投资和消费规模扩大，带动了相关产业的迅速发展，提高产业的收益水平，收益水平的提高又反过来加速会展业的新增投资的力度，进一步促进会展产业的规模扩大，产生新一轮的乘数效应。

会展产业与我国城市互动发展研究

张小月、肖雄在《北方经济》2006 年第 18 期撰文认为，一个城市会展产业的发展是与其本身的政治、经济、文化、政策以及自然条件分不开的。一个城市要举办大型规范化的国际性会展活动必须具备一定的条件，包括经济基础、政策环境、区位条件和文化氛围等。会展产业的发展是生产力发展到一定阶段的产物，作为新的经济产业，它依赖坚实的经济基础。相关的政策法规是举办会展活动的保证，良好的政策环境是会展产业正常发展的土壤，会形成一定的政策环境竞争力。区位，指特定的位置、资源状况和地理条件等，它是会展城市的“硬指标”，是影响会展活动的重要因素之一。社会文化条件是衡量一个城市或者一个地区会展成熟度的尺度。同时，会展产业能够带动城市快速发展，其体现在完善城市基础设施建设；推动城市产业结构升级；促进城市经济一体化；拉动城市对外经贸合作；提高城市文明素质；提升城市知名度等六个方面。最后，发展我国城市会展产业的战略性建议有：要量力而行、要适可而止、要面向世界、要面向客户、要明确产业定位、要明确政府角色。

别让策划成为会展旅游的瓶颈

丁霞、刘真明在《中国会展》2006 年第 19 期撰文认为，会展旅游产品和服务质量的瓶颈，不在于硬件的基础设施，而在于软性的产品和服务的设计开发理念。与传统旅游项目相比，会展旅游项目的策划表现出一定的特性，表现为：首先，从时间管理上看，会展旅游项目具有区间性，起始时间相当明确，各项活动的安排都有具体的日程。其次，从内容安排上来看，会展旅游项目具有专题性，围绕会议或展会的主题而展开，各种会展旅游项目都是为展会的主题服务。再次，从目标市场的划分来看，会展旅游者一般由两部分构成，即以实现一定经济目的而参展、参观的专业人士，以及出于兴趣、偏好等原因而参与其中的群体。因此，进行会展旅游策划应包括以下原则：一、会展为主，旅游为辅；二、会展旅游项目须突出会展主题；三、适应性强，留有较大的选择余地；四、进一步细化和区分目标市场；五、注重文化内涵的发掘。

会展产业链、配套半径和产业竞争力

王起静在《中国会展》2006 年第 19 期撰文认为，如何有效组合各种配套产业，构建我国会展产业链，提高会展产业竞争力就成为现阶段发展我国会展产业的关键问题。产业链是建立在产业内部分工和供需关系基础上的产业生态图谱，产业链可分为垂直的供需链和横向的协作链。产业配套性包含配套能力规模、配套水平、质量等，研究产业配套性对于提高会展产业竞争力来说意义重大。由于我们把会展产业链分为产业内链和产业外链，就需要确定内链和外链的配套半径，这里的配套半径是指可以获得产业链上所涉及产品的地理范围的大小。产业外链的配套半径与会展产品的规模和服务的分工程度有关。当前，我国会展链的构建存在种种问题，还没有打造出完整的产业内链和产业外链。完善会展产业链，提高会展产业竞争力是组展商、配套企业和地方政府的共同目标。因此，我们应做到以下几点：第一，建立会展服务商圈，缩小产业内链配套半径；第二，确定适当的产业外链配套半径；第三，扩大会展规模，深化服务分工；第四，加强基础设施建设，完善会展产业内链。

商业会展市场推广的整合模式与创新方法研究

张玉明在《商业研究》2006年第23期撰文认为，多元整合有重要意义，是应对规模竞争、速度竞争的手段。多元整合有同业整合、异业整合、政企整合、全球整合四种模式。而同业整合是最基本的模式，是指在会展产业内部以各种方式将不同企业组织起来，共同进行市场推广。目前，操作性比较强的整合方法有三种：集团式、公司式、项目式。异业整合是指会展业和其他行业在市场推广方面的联合。主要方法有三种：第一，与旅游业整合。第二，与参展方整合。第三，与参观方整合。政企整合是指政府承担一部分展会的推广工作，这是会展业发达国家的普遍做法和成功经验。整合方法有三种：政府直接推广；城市推广；城市群推广。全球整合是指把中国之外的、有助于商业会展市场推广的全部因素联结成一个整体。这种整合模式适用于有竞争力的品牌展会和准备开拓海外市场的会展企业。主要方法有三种：靠拢行业组织；企业合作；建设中间商队伍。同时，多元整合的实现条件：一、产业内部达成对整合的统一认识；二、建立多元整合的保障体系。

略论会展传播中的媒体公关策略

陈红艳在《中国科技信息》2006年第24期撰文认为，能否执行有效的媒体公关策略，即能否有效地与大众传播媒介沟通，与之保持良好的关系，并充分利用传媒资源为会展活动服务，将很大程度上决定着会展活动的最终效果。建立科学而有效的媒体公关战略体系，对于21世纪会展产业的发展具有重大意义。会展公关是指作为传播主体的会展运营组织为了实现会展目标而针对会展内外部公众开展的一切传播沟通活动。在会展公共关系客体群中，新闻媒体的地位非常特殊，它扮演着双重角色。一方面媒体组织本身是会展外部公众，对会展信息有着客观需求；另一方面，媒体组织也是向社会公众广泛传播会展信息、影响公众对会展活动态度及行为的重要中介。协调和维护媒体关系、最大程度地利用新闻媒体为会展活动服务，是现代会展业良性发展的重要环节。科学而全面的会展媒体公关至少应包括三大体系：媒体公关策划、媒体公关执行和媒体公关评估。然而，会展业在我国尚属朝阳产业，再加上会展媒体公关的主客体双方都会随着社会环境和市场环境的变化而变化，因此，国内对会展媒体公关的相关研究还十分不充分。

会展的时间管理和动态控制

陈心德、邱羚在《商场现代化》2006年第29期撰文认为，现代会展业的竞争已越来越成为基于时间要素的市场竞争。时间已经和成本、规模与品质一样，成为影响展会成功运营的基本要素。会展项目的时间管理一般分为三个基本步骤：目标选择，行动排序，动态控制。会展项目的时间管理，按其主要阶段分析有如下的的基本内容：一、会展招展的时间管理。二、会展招商的时间管理。三、会展宣传推广的时间管理。四、会展服务的时间管理。五、会展布展和撤展的时间管理。网络计划应用于会展项目有很多优点。首先，根据展览中心展馆的实际情况和展台施工公司经验以及初步的资源计划安排，可以得到有关工序数据。其次，根据网络图的算法，得到会展布展项目各项活动中的关键节点和关键工作。对于会展整体的进度安排和控制，还可以使用甘特图（Ganttchart）的管理方法。即为了达到既定目标，将整个会展方案分解成数个活动项，按时间先后排于表格中。先确定开始时间，估算完成每个活动项所需要的时间，在图中标以矩形。为便于随时了解会展整体的进展情况，在会展项目计划展示图的基础上编制会展项目执行展示图。

会展旅游分析

赵军在《商场现代化》2006年第30期撰文认为，会展旅游的出现及迅速发展是在良好的经济背景下，随着会议、展览的日益增多及旅游业的渐趋成熟而出现的一种新型旅游方式。对于会展旅游的内涵，国内学者都认同它与国外的MICE产品对应。MICE是国际旅游市场上的一个相对独立的细分市场，包括：会议（Meetings）、奖励旅游（Incentives）、大会（Conventions）、展览（Exhibitions），反映出旅游业发展与会议、展览正在相互渗透，即会议和展览越来越交叉在一起，从而展中有会，会中有展，奖励旅游和会议也往往互相补充。会展旅游的定义可以表述为：各类专业会议、展览会和博览会、奖励旅游等活动在内的综合性旅游形式。与其他类型的旅游相比，会展旅游具有鲜明的特点：规模大，人数多；消费水平高，购物能力强；与观光度假旅游相比，受季节因素影响小，四季皆可举行。会展旅游的类型可划分为：年会、例会、代表会议、论坛和研讨会、学会、展览会、博览会。会展旅游对一个国家或地区的经济社会发展具有很强的推动作用，主要表现在以下几个方面：一、经济效益好，关联带动性强；二、能提高一个国家或城市的知名度；三、能促进举办城市设施的全面改善；四、促进举办地文明程度的提高。

会展旅游发展路径及实例分析

龚敏在《商业时代》2006年第33期撰文认为，通过会展活动，能带动巨大的物流、人流、资金流、信息流，提升城市品位和知名度，进而推动经济和社会的发展。会展旅游正是在会议、展览、展销会、交易会、博览会等举办的前提下，延伸到旅游业的产物。目前发展会展旅游存在的问题主要在于会展业与旅游业的关系呈现松散状态，发展水平仍停留在初级阶段。管理层次上，大多数省份的会展活动（除个别会展发达的城市外）既没有明确统一的部门统一管理与规划，缺少专门管理机构的指导，经营层次上，由于多头管理、利润导向等局限性，政府在组织会展公司和旅游企业联合开展宣传促销时存在现实的困难。在活动内容上，参展商、与会者及观展人员的主要目的局限于参加或观看会展，现有的旅游资源尤其是城市及周边地区的景点没有得到充分利用。以长沙市发展会展旅游为例。2005年，长沙市实际利用外资突破9亿美元大关，到位外资规模居中西部省会城市第一。长沙是一座蓬勃发展的会展新城，被高票评选为2005年新锐会展城市。当前发展会展旅游的对策是：一、政府的宏观指导；二、城市的整体旅游实力；三、旅游企业的积极作为；四、主题会展活动与主题旅游的融合。

会展业合作模式浅析

邱治国、戴伟在《商场现代化》2006年1月（上旬刊）撰文认为，随着我国加入WTO过渡期结束和CEPA的全面实施，国内与国际两个市场对接的需求不断增长，将进一步推进具有关联性、系统性和强大带动性等特有作用的会展业的快速发展。我国会展业已经历了数量扩张的过程，展览场馆、办展主体、参展企业都已形成一定规模，具备了通过在价格战、品牌战基础上的同业整合从量变向质变飞跃的基础，其未来的趋势将是由简单的外延扩张转向高效的内生增长，由粗放经营转变为集约经营。在全球经济范围内，战略性合作以其更迅速、以更低成本获得资源的优势成为一种趋势。会展业合作的思想基础是设法把市场做大，而非与竞争者争夺现有的市场。会展业的合作可从合作形式和合作对象两个维度来区分。从合作形式来看，会展业的合作包括企业合作和项目合作。会展企业合作策略是，以资产为基础，实现会展企业合作。以资本运作为纽带，促进会展公司集团化。会展项目合作策略是，会展项目收购在部分解决重复办展问题的同时，对展会的品牌化建设也颇有意义。从合作对象来看，会展业的合作包括同业合作及与专业机构的合作，合作动机大多表现为资源互补。

基于SCP模型分析
中国会展旅游的现状和应采取的行为

王俊红、祁凤华在《商场现代化》2006年6月（中旬刊）撰文认为，SCP模型是产业经济学中的经典理论，即在市场需求和政府行为的大环境下，市场结构（Market structure）决定市场行为（Market conduct），市场行为决定市场绩效（Market performance）。然而随着产业经济学的发展，人们发现，在市场结构、市场行为和市场绩效这三者之间存在着双向的逻辑关系，即三者间是相互影响的。我国旅游行业的市场结构还十分混乱和不成熟，导致了会展旅游市场存在很多问题。主要有：规模过小，竞争力过弱；市场化不够，政府干预过多；产品雷同，创新不够。目前，我国会展旅游行业还处于初级阶段，缺少全国性的品牌形象，整体绩效很低，既不能有效合理地配置资源，又不能促进企业的快速成长。从市场绩效的角度来看，对会展旅游的市场行为产生了影响。专业人才缺乏，相关法律不健全，重展轻会现象严重等都是我国会展旅游业绩效不高的原因。鉴于我国会展旅游的发展状况及存在的问题，会展旅游业需做好以下几个方面工作：特色定位；完善设施，提高会展旅游硬件水平；人才培养；加强宣传，树立会展旅游产品形象。

基于交易成本理论的会展作用分析

林蔓、李植斌在《商场现代化》2006年9月（中旬刊）撰文认为，在会展经济模式下，全新的交易方式能淡化企业的弱势。通过展会这个平台，众多分散的买家和卖家得以聚集在一块，从而大大减少了参展企业的交易成本，其表现为：一、降低企业搜寻信息的交易成本。企业与展会主办方是一种“委托——代理”关系。展会主办方在信息搜索能力上是强于企业的。因此，它成了企业信息搜寻的“代理人”。二、降低创新活动的交易成本。企业要创新可通过两个途径：第一种是自己创新，第二种即走出去向同行业其他企业取经，进行模仿创新。在会展这样一种新的交易模式下，原本处于分散状态的企业通过展会这个平台聚集在一起。企业在付了少量的“入场费”后，能获得与众多同行业企业接触的机会。三、降低企业交易的不确定性。会展提供了一个信息可以自由流通的平台，众多的买家和卖家聚集在一起，买卖双方在这个平台上可以对买方市场和卖方市场有一个较为充分并且平等的了解机会，减少了由于信息不对称引起的交易不确定性。

区域会展资源整合研究

廖兆光、肖鸾在《商场现代化》2006年12月（下旬刊）撰文认为，我国会展业尚处于高速发展的初级阶段，不可避免地表现出产业初级阶段管理混乱和竞争无序的弊病。目前，我国对会展业的整合研究还相当薄弱。区域会展业的整合原则：一、注重区域会展资源的协调性。二、强化区域会展资源的特色性。三、形成区域会展资源优势的持久性。四、把握区域会展资源结合的效能性。区域会展业的整合模式包括：一、时间安排序列化。二、空间布局集群化。三、会展主题体系化。四、会展服务配套化。五、会展品牌战略化。整合会展资源，提升品牌质量。主动向外扩张，拓展品牌空间。开展网络营销，打造网络品牌。在网络世界品牌的推广可以通过三种渠道实现：其一，将网络资源登陆到国内外知名的搜索引擎上，便于人们了解；其二，在会展专业的网站上建立相关的链接，对于会展这种专业性比较强的行业来说，该方式可能是较为有效的；其三，与网民展开互动型的公关活动同样可以达到网络品牌推广的目的。

旅游、生态观光、休闲产业

浙江旅游产业系统工程研究

陈仙波在《浙江树人大学学报》2002 年第 1 期撰文认为，旅游业是一个产业，亦有人称为产业群。它涉及到“吃、住、行、游、购、娱”等众多方面，为促进这个大产业在旅游大省——浙江的进一步发展，应建设五项工程：旅游交通工程、住宿餐饮工程、旅游商品工程、休闲娱乐工程和科教兴旅工程。随着上述五项工程的建设，浙江省旅游产业水平必将得到进一步的提高，值得一提的是旅行社将在其中起到不可替代的作用。为此，有必要转变政府职能，为旅行社的发展创造良好环境；加强与涉及旅游业的各部门和相关行业的协调；推动旅行社重组，逐步实现集团化和网络化；加强旅行社企业管理工作，全面提高竞争力；积极应用先进的科学技术，适应信息时代的需求；探索建立自我约束机制；做好培养和有效利用人才的文章等。

支柱产业选择与中国旅游产业的效用研究

钟勉、刘家强在《四川行政学院学报》2002 年第 2 期撰文指出，一般认为，支柱产业就其内涵来讲，主要指在经济和产业结构中，其产业增加值在国民生产总值中所占比重较大，具有突出的地位和作用，不但有稳定的资源和产品市场，而且能支撑地区经济和带动其他产业的发展。旅游产业本身具有综合性，又是相关产业群的核心。它对相关产业带动作用明显，劳动力吸纳程度高。同时，旅游业发展还可直接推动生态环境整治、生态建设、林业产品生产、城乡精神产品生产和城市化建设，并且还可带动交通、通讯、商业、贸易、餐饮、服务、旅游纪念品以及文化产业、医药、金融、保险等发展。从理论上来讲，旅游业本身的产业特点表明，它具备成为支柱产业和加速发展的条件。经济增长点的提出和政策化，为中国旅游业的发展提供了新的历史机遇。旅游业的发展，完全符合选择和确定新的经济增长点的五个原则。因此，经济增长点战略就自然成为旅游发展战略体系的一个重要方面。从短期看，是要确定其为国民经济新的增长点；从中期看，是要大力培育这一新的经济增长点，使之全面发挥作用；从长期看，是要从新的经济增长点发展成为国民经济的支柱产业。

节庆旅游与文化旅游商品开发

陈文君在《广州大学学报》（社会科学版）2002 年第 4 期撰文认为，在我国旅游购物是多年来旅游市场发展过程中的薄弱环节，在六大生产力要素中是一条“短腿”，旅游商品收入一直徘徊在 20% 左右，这反映出我国旅游业发展蕴藏巨大潜力和弹性空间。文化旅游商品开发是旅游商品开发的核心：1. 文化是旅游的灵魂；2. 开发文化旅游商品符合现代旅游者的旅游购物需求；3. 开发文化旅游商品可以获得较好的经济效益。大力开发文化旅游商品，发展文化旅游商品购物旅游，是今后我国旅游购物乃至旅游业发展的一个重要方向。此外，节庆旅游还是促进文化旅游商品开发的有效方式：1. 旅游节庆具有强大的生命力和社会经济效益；2. 发展节庆旅游有利于文化旅游商品的开发。途径为：1. 运用市场经济手段办好旅游节庆；2. 多形式、多层次、多专题发展节庆旅游；3. 以节庆旅游为纽带，构建文化旅游商品开发系统工程；4. 改善文化旅游商品的购物环境。

试论旅游资源所有权与经营权相分离

钟勉在《旅游学刊》2002 年第 4 期撰文指出，现在旅游景区的旅游资源开发和经营，仍沿袭着由政府行政事业单位统一开发和经营的体制和模式，一方面缺少资金，不能形成规模效益，使生态环境得不到有效的保护；另一方面，行政事业单位开发和经营旅游景区无偿使用资源，严重制约了景区的发展和水平的提高。必须在坚持资源国家所有、严格保护、永续利用的前提下，在一个旅游景区内，经政府统一规划后，把开发经营权剥离出来，通过政府与投资者签订保护开发、建设经营、管理协议，授权投资者依法有偿取得一定期限内的开发建设权、经营管理权及其收益权，“国家所有、政府监管、企业经营”。所有权与开发经营权相分离的优点在于：一是有利于盘活旅游资源，把资源优势转变为经济优势。二是新的投资主体会带来高素质的人才，提高景区规划开发管理服务水平。三是有利于突破旧的管理体制，促进旅游景区健康、协调发展。四是有利于环境的保护。五是有利于加快贫困地区的脱贫致富。还应该建立并强化国家所有权和各级政府对企业经营权的相应监管机制：1. 要严格按照规划实施开发。2. 实施项目开发的环境影响评估制度。3. 从实际出发进行分类指导。4. 建立一套健全的管理秩序。5. 建立强有力的监督约束机制。

我国旅游产业发展的障碍分析

陈实、倪路梅在《西安交通大学学报》（社会科学版）2002 年第 4 期撰文认为，改革开放以来，我国旅游产业得以迅猛发展，但是仍面临着诸多发展障碍。旅游产业是国民经济产业链条中重要一环，其发展必然要在同其他产业的积极互动中实现。因此，实现旅游产业发展首先取决于国家配套改革的力度和速度，取决于相关产业的发展战略创新与自身的匹配程度。而构成旅游产业发展的障碍不仅来自旅游产业内，也来自旅游产业外。阻碍旅游产业的产业内因素为观念因素、管理因素及立法因素。一、观念因素：对“旅游业是无烟工业”的绝对认识；旅游业是低投入、高产出的产业；对“大旅游”的片面认识；对旅游产业集中方式的陈旧认识；对旅游开发市场导向的狭隘认识。二、管理因素：旅游资源配置中的“规模冲动”；旅游资源的管理混乱。三、立法因素：依法治理是旅游产业管理活动的最高层次。只有先用法律界定出制度，管理主体才能运用经济手段和行政手段对经济活动进行有效而公平的调控。我国旅游法制体系仍有许多方面未能与旅游资源和生产要素合理配置和使用的要求相适应。首先，立法有待进一步明细化；其次，进一步规定旅游者的法律责任。

内向型旅游产业的必然发展空间及障碍

高云、李燕兰在《学术探索》2002 年第 5 期撰文认为，在外向型旅游产业长足发展的同时，内向型旅游作为产业的发展滞后，却也是显而易见的。这种状况，在外向型旅游产业发展顺利的情况下，就已经造成了对国内旅游市场开拓的不利影响；在外向型旅游市场受到国际经济环境变化冲击发展受阻、市场萎缩的形势下，无疑就会使整个的旅游产业陷入十分被动的境地。由于内向型旅游产业还存在着巨大的发展空间，如果能够大力拓展，完全可以起到刺激和提升本国旅游竞争力的作用，从而激活国内需求，并进而形成新的经济增长点。其一，旅游业的适时而兴，是产业结构变化、调整的必然；其二，消费需求转型的必然；其三，社会发展观念和发展方式转型的必然选择。尽管国内旅游产业的发展有着如此巨大的良好前景，但是对制约这一产业，清晰的内向型、内需型产业路子快速发展的阻碍，应切实加以重视和解决。第一，国民的旅游消费意识普遍滞后；第二，稳固外向型旅游产业的同时积极开发内向型旅游产业力度不足；第三，把旅游产业作为综合性产业来开发的力度不够；第四，配套建设的力度远不适应把旅游业作为支柱产业来培育的需要。

体育旅游产品消费的文化背景

邓明艳在《资源开发与市场》2002 年第 5 期撰文认为，我国体育旅游发展历史较短，据有关学者研究，大约是从 1994 年开始发展迅速，前景诱人，体现出巨大的市场潜力。体育旅游产品消费的文化背景分为休闲时代、体验经济时代、知识经济时代。体育旅游的发展有其文化渊源，并预示着体育旅游热到来的必然趋势，关注并开发体育旅游市场应成为我国旅游业可持续发展的重要战略。我国有着发展体育旅游的优势：首先，我国体育旅游资源丰富；其次，我国所有的大城市都有一定规模的体育场馆；第三，我国是一个多民族的国家，几乎每一个民族、每个地区都有独特的体育民俗活动，体育健身已成为当今社会人们的主流意识之一，由于城市居民生活水平的提高，健康成为都市人提高生活质量的标志。我国发展体育旅游一个迫切需要解决的问题是人才问题。一个体育旅游项目的产品化，必须要有掌握体育运动专业知识的服务人员从事指导和服务工作。在我国的体育院校或旅游院校开设体育旅游专业，培养体育旅游专门人才，是我国体育旅游市场健康发展的重要措施。

整合旅游资源　打造旅游名牌

张锦东在《北京工商大学学报》（社会科学版）2002 年第 5 期撰文认为，我国的国际旅游业随改革开放一同萌生。经过 20 年突飞猛进的发展，中国已成为世界旅游大国。在世界旅游组织公布的 2001 年全球旅游大国排名榜上，我国接待旅游者人数和旅游收入均位居世界旅游业的第 5 位。与此同时，我国国内旅游业也得到了空前的发展，在规模上和效益上都已经超过国际旅游，并呈现出进一步发展的良好势头。在旅游产品的开发中，“整合旅游资源，打造旅游名牌”应该作为一种指导性原则。以明十三陵水库周边旅游产品的开发应有的思路作为案例。十三陵水库及其周边的旅游发展要置身于北京市、昌平区整体发展的大坐标中，遵循北京市对该地区的总体规划，按照旅游业发展的规律和趋势，站在大旅游、大产品、大市场的高度，发挥十三陵水库“水、山、林、文”的综合优势和周边景点的现有基础，将水库周边旅游资源进行重新组合，优化产品结构和产品组合，充分发掘整体优势，形成一个以休闲度假、观光旅游为主要功能的环十三陵水库的综合性旅游区：“十三陵水库旅游圈”。措施如下：1. 实施名牌战略。2. 以北京市及其周边作为主要目标市场。3. 立足观光游乐产品。4. 发展以度假休闲为主要功能的旅游产品。5. 联合开发，突出特色。

旅游经济及其文化内涵

刘同起、徐化县在《商业研究》2002 年第 15 期撰文认为，我国旅游资源十分雄厚，旅游经济这一新兴产业已经成为经济增长的热点，越来越成为前景广阔的“朝阳产业”。但是，如何推动旅游业快速、持续、健康发展，使它真正成为支柱产业，还有许多值得探讨的问题。一、旅游经济可持续发展：边开发边保护。旅游经济要持续发展必须走边开发边保护之路。旅游业以取得收入为目的的同时，为了保持旅游业的良性发展，各景点对游客从数量上、时间上进行必要限制，以利于在开发中使景点得到更好地保护。二、旅游企业的经营理念：品牌运营。目前，我国的旅游企业在经营理念上存在着两方面的问题：一方面是经营理念滞后，浮躁虚弱的内部运营方式已逐渐显露，一些旅游项目低层次的重复开发，盲目开发旅游产品造成了无序经营状况。另一方面，尽管中国有丰富的旅游资源，旅游景点众多，但精品少，缺乏打得响的优秀品牌。旅游企业要实施精品名牌战略，就要有效地整合密切相关的“行、游、住、食、购、娱”等生产要素，对他们实行有效管理。三、旅游经济的文化内涵：文化运营。旅游开发应该有旅游文化内涵、景观审美特征、地域文化特征和地域文化背景的综合考虑，充分考虑开发高品位高质量的参与性、娱乐性于一体的多元化旅游产品。只要我们从宏观上把握旅游业和文物环境保护之间的关系；从微观上摒弃粗放经营的理念，使旅游企业真正实现深具特色的品牌运营。同时，充分发掘旅游经济的文化内涵，增加旅游产品的文化底蕴，就能实现旅游经济的可持续发展。

香格里拉旅游文化产业初探

倪荣华、曹力生在《创造》2003 年第 1 期撰文认为，开发香格里拉旅游文化产业，一方面是面临着千载难逢的机遇，即外部的推动和压力；另一方面是有着内在的客观要求，即内部的动力。开发香格里拉旅游文化产业的基本思路：一是打好香格里拉品牌。二是两个轮子一起转。即充分调动旅游文化企业和非旅游文化企业的积极性。三是做好三篇文章。第一篇文章是政府宏观调控，第二篇文章是旅游文化企业发挥职能优势、资源优势和固定资产优势，力争获得规模效益。第三篇文章是把非旅游文化企业和企业集团吸引到旅游文化产业的开发中来，发挥他们的资金优势、经营优势，拓宽旅游文化产业的发展渠道。四是实行四个结合。即把自然旅游资源的开发和人文旅游资源的开发结合起来；总体规划与景区景点开发结合起来；软件建设与硬件建设结合起来；旅游文化产业开发与环保产业开发结合起来。五是启动“三八”工程。即推出八大旅游产品、八大旅游商品、八条黄金旅游线路。

论旅游文化产业的美学策略

蔡贻象在《温州师范学院学报》2003 年第 1 期撰文认为，我国现阶段以旅游产业为龙头的文化产业不断扩大和成熟有诸多文化的经济的背景在起作用。首先是全球化语境中的产业平衡问题。其次就是产业结构的自然选择问题。再次就是闲暇时代、休闲文化和休闲经济的到来。旅游业是典型的“高情感”产业。“高情感”是建立在物质相对丰富之上的，同时还要有一定的自由时间，那就是休闲以及由此而来的休闲美。如果把休闲美追求和文化产业相结合，那么产业商品价值的高低，就和文化产品满足公众休闲程度的高低成正比了。对于政府而言，就是要利用休闲美的内涵，把“玩”提高到轻松、求智、符合生命本真的有意义状态，引导休闲文化产业的发展，创建新颖的服务业模式。此外，“深生态”下的旅游生态美策略是生态性需求和旅游业的结合，导致了生态性旅游美学策略。在旅游产业活动中，只有贯彻了生态美的原则，才能使旅游资源充分地转变成产业资源。生态美一旦和旅游相结合，将能更好地理解旅游中的审美需求、审美动机、审美个性和审美心理。

中国入世后齐文化旅游发展框架调适对策

“中国入世后齐文化旅游发展框架的调适对策”课题组在《山东社会科学》2003 年第 2 期撰文认为，近 20 年来，齐文化旅游有了长足的进步，齐国故都文化旅游的基本框架已经形成。齐文化旅游发展过程中存在的主要问题有：第一，开发建设视野狭窄，规模小。第二，齐文化旅游大规模发展的突破口不清晰。第三，没有跳出以研究为主体的圈子。第四，景点建设缺乏新意。第五，发展方向不够明确。调适的基本原则是：（一）以齐文化为龙头。（二）以品牌建设为主导。（三）以做好文化遗产保护为基础，重点做好新建旅游景点的开发建设工作。（四）树立大局观念，做好规划，多层开发。调适的基本对策是：（一）打造一个品牌。应打破区域限制，建立全市统一的齐文化旅游网络，全市形成齐文化旅游一个品牌。（二）建立五个支柱。其一，先齐文化旅游支柱。其二，齐国故都文化旅游支柱。其三，齐地自然风光旅游支柱。其四，齐国军事风貌旅游支柱。其五，齐地明清文学旅游支柱。（三）优化区域环境。（四）发展相关产业。

旅游文化资源的开发与利用

韩菁、刘超、颜娜在《资源开发与市场》2003 年第 2 期撰文认为，旅游禀赋是旅游业赖以发展的基础，各个地区不可替代的差异性形成了对某种资源的垄断。四川是旅游资源大省，不是旅游经济强省。在云南省与四川省旅游资源的开发、宣传和利用等方面的竞争过程中，四川省远远落在了后面，大量独特旅游资源仍旧处在“藏在深闺人未识”的状态。生态游、民俗游、景观游等众多旅游内容正在从求新求奇走向以求知求乐的轨道，更多地从科学角度、参与的角度去满足人们的多种需求。此外，在开发旅游文化资源时，面对开放和保护、现代和传统、幽静和繁华的矛盾，如何保护自然和独特人文资源成为最大难题。四川省想要扭转目前旅游业的落后局面，就必须改变对资源，特别是文化资源利用的随意性、粗糙性、分散性、浅表性甚至破坏性的做法，借鉴云南省的经验教训，发挥后发优势，实现生态环境保护、资源开发、利益分配的合理化；保护文化的完整性，防止地方文化特色受到破坏乃至消失；实现内涵式的旅游开发，把未来旅游吸引力放在自然与文化的有机结合上，使四川文化旅游资源真正实现可持续发展。

试议民俗文化旅游资源的开发

杨丽娟在《昆明大学学报》2003 年第 2 期撰文认为，所谓“民俗旅游文化资源”就是指可以被旅游业加以开发、利用的民间风俗习尚文化，也就是说，在“旅游文化资源”这个大范畴内，包括有“民间百姓生活风俗”的内容。具体地讲，可以包括民俗信仰、民俗技艺、民俗艺术、民俗体育、民俗生活等。人们对任何资源进行开发利用，都有一个开发的目的性和原则性问题。民俗旅游文化资源在开发时必须遵循如下一些原则：1. 特色性原则；2. 保护性原则；3. 参与性原则；4. 文化性原则。必须加强民族地区民俗文化旅游资源的管理和保护工作，从长远的目标出发，认识到旅游业不仅是一项经济产业，也是一项文化事业，应杜绝短期行为的做法，否则，将会对民俗文化旅游景区的接待、环境方面产生负面影响。

中国旅游产业化发展之路

邹再进、田洪在《未来与发展》2003 年第 3 期撰文认为，我国旅游产业化应以“开发大市场、发展大旅游、构建大产业”为指导方针，以积极提高旅游业的产业素质为手段，以推进旅游业的现代化、国际化、规模化和市场化为根本，通过转变旅游业的经济增长方式和提高旅游经济的运行质量，全面提升我国旅游产业的国际竞争力，为中国实现从“亚洲旅游资源大国”向“世界旅游强国”转变的奋斗目标创造条件：一、确立“大市场、大旅游、大产业”的战略思想。二、提高旅游业的产业素质。首先，提高旅游业的技术能力；其次，提高旅游业的市场能力；再次，提高旅游业的管理能力；最后，提高旅游业的获利能力。三、全面推进旅游业的“四化”建设。首先，旅游业的现代化是旅游产业化水平的标志。推进旅游业的现代化，应从推动经济现代化、社会服务现代化和文化现代化三方面着手；其次，旅游业的国际化是旅游产业化的动力源泉和发展方向；再次，旅游业的规模化是旅游产业化发展的基础；最后，旅游业的市场化是指旅游产业化的运作方式。

西部地区旅游产业开发研究

张红、郭英之在《干旱区资源与环境》2003 年第 4 期撰文认为，西部地区对其他产业发展构成制约的特殊而独有的自然环境和封闭的人文环境反而构成旅游资源的优势因素，旅游资源是西部最丰富、易开发和见到成效的资源，也是西部拥有资源中最具开发价值和市场潜力的附加值资源，西部大开发的战略将促进西部地区的旅游资源优势更快地转化为产业优势和经济优势。根据西部旅游资源的组合条件，确定西部旅游业的定位优势，指明西部旅游业结构调整方向，确立西部旅游业战略地位。西部旅游产业应实施市场促销、形象定位、节庆营销、生态发展、绿色体系、精品示范、电子网络、脱贫致富和教育服务等多方位、多层次和多角度的开发战略。如：市场促销战略、形象定位战略、节庆营销战略、生态发展战略、绿色体系战略、精品示范战略、电子网络战略、脱贫致富战略和教育服务战略。从全球旅游市场导向来看，中国旅游业向深层次推进，必须积极开发西部旅游资源，开发西部具有强大市场吸引力的旅游新区。西部地区是中国旅游产业的发展潜力，是中国建设成为世界旅游强国的重要力量，是中国旅游产业长远发展的战略基地和跨世纪旅游换代的产品基地，分析和研究西部旅游产业结构现状和西部旅游产业开发战略措施，具有中国和世界旅游市场都具有的特殊重要的意义。

论饮食文化在旅游产业中的开发

刘瑞新在《甘肃行政学院学报》2003 年第 4 期撰文认为，“食”作为旅游的六大要素之一，素来为中外游客所关注。“食”的消费在旅游六大要素中所占的比例越来越高，在国际旅游消费中仅次于购物消费，在国内旅游消费中更是高居首位。饮食文化在旅游产业开发中存在的问题如下：（1）盲目跟风，忽视地方特色；（2）品尝佳肴为主，文化韵味不足；（3）以享受为主，参与性不强；（4）宣传介绍不够。目前我国饮食文化在旅游产业开发中应遵循以下原则：（1）于饮食中弘扬文化；（2）于文化中展现生动；（3）于情趣中不断创新；（4）于创新中求规范；（5）于规范中求可持续发展。饮食文化开发中必须注重旅游者的精神享受，在“文化”上做文章，要全面详实地搜集关于饮食文化资源的文化背景、历史渊源、民间传说、神话故事、风土人情、文物特产等资料，并加工、整合这些资料，使之与旅游活动恰当地结合起来，游客边听（听故事）、边看（看原料、工序）、边尝（尝味道）、边思（思意蕴），使游客乐在其中。这样既弘扬了中华饮食文化，又提高了旅游地区的综合吸引力，增加了经济收入。

新时期优化我国旅游产业结构的途径探讨

高维忠在《经济师》2003年第4期撰文认为，在经济发展中产业结构的转换是伴随着总量扩张和水平提高而必然发生的过程。同时，产业结构向高效益为特征的高级化方向演进和优化不仅是经济发展的结果，也是经济发展的条件。结构失衡是造成我国旅游市场秩序混乱、过度竞争加剧、服务质量下降和经济效益滑坡的重要因素。因而要做到以下几点：一、全方位开放旅游市场，奠定优化旅游产业结构的体制基础。我国旅游产业结构的优化必须首先依靠市场机制发挥作用来实现。二、充分利用资本市场，促进旅游资源的整合重组。如何扩大投融资渠道，寻求资本支持，以资产存量调整为基础，将增量调整和存量调整有机结合起来，是优化我国旅游产业结构面临的重要课题。三、实施旅游科技创新工程，推动旅游产业结构的优化升级。通过加速旅游科技创新，实现高新技术与旅游业的结合，使旅游产业的科技含量大幅度提高，以科技进步推动产业结构的重组，是迅速实现我国旅游产业结构优化目标的必由之路。四、加快旅游专门人才培养，为优化旅游产业结构提供智力保障。我国旅游企业较为紧缺的人才主要有三类：一是旅游企业经营管理所需要的常规人才，如高层管理者和从事市场营销、旅游产品开发等的人才；二是新型旅游专业人才，如从事旅游电子商务、旅游产品网络管理、旅游资本运营等的人才；三是在未来竞争中需要的创造型、复合型、协作型人才。

文化旅游与文化产业互动的研究

黄耀丽、聂磊、李凡在《热带地理》2003年第4期撰文认为，佛山是个历史悠久的古城，历史文化资源积淀丰厚。这些文化资源互相联系，互为衬托，是发展旅游的一大优势。其所具有的历史文化积淀和知名度在珠江三角洲具有一定地位，如果开发利用和组合得好，旅游资源风格不会与周边地区重复，不会导致国内客源的竞争，又能满足外国旅游者对中国历史文化有浓厚兴趣的旅游需求，从而强化其吸引力，扩大吸引范围，增强资源开发利用的可持续性。但是当前文化旅游资源开发存在的问题有：1. 景点分散吸引力不大；2. 城市发展没有科学定位；3. 旅游资源开发各行其道。因此，我们应当以旅游为契机开拓发展佛山文化旅游产业的思路：1. 建立祖庙以东及东华里旅游文化产业园；2. 建立以粤剧艺术为主干的粤文化基地。3. 发展武术体育文化旅游。4. 加强古城景观建设，致力于培育城市文化。在佛山旅游文化产业组构模式的探讨中应注意以下四点：1. 实施政府主导型战略；2. 营造良好的投资环境；3. 整合组建旅游文化企业集团；4. 广开渠道，多元化筹资投资。

旅游与文化

刘小兰在《中国职业技术教育》2003年第5期撰文认为，进入21世纪，随着世界政治、经济、科技的发展，全球旅游业将呈现新的发展趋势：1. 旅游产品趋向多样化；2. 旅游活动空间趋向立体化；3. 旅游方式趋向个性化；4. 旅游营销趋向网络化；5. 旅游服务趋向优质化；6. 旅游增长趋向集约化。现代旅游业是具有丰富文化内涵的经济产业，现代旅游业的各个方面，无论是旅游的主体、客体、媒介及手段，无不包含着人类大量的文化知识。旅游业不仅要现代化，更要日趋知识化，旅游业只有不断增强旅游的文化内涵才能得到长足发展。现代旅游业呼唤高素质的从业人员，因此必须提高旅游业从业人员的文化素质：1. 要掌握旅游客源市场的文化背景；2. 掌握本国旅游资源的文化意蕴、文化价值和文化教育情趣；3. 提供优质的旅游服务文化。旅游从业人员要做好服务工作，必须努力加强文化修养，以适应现代旅游业的文化要求。从业人员具有较高的文化素质，才能使旅游者真正感受到旅游价值的所在。

旅游产业整合问题的思考

赵煌庚在《求索》2003年第6期撰文认为，旅游作为生产力，在旅游产业整合过程中应遵循如下基本原则：（1）生产关系必须适应生产力发展原则；（2）组成生产力的各个要素合理配置原则；（3）区域性生产力乘数效应；（4）大旅游、大联合的可持续发展原则。我国旅游产业目前正由开发期进入成长期，虽经过多年的飞速发展取得了可喜成绩，但在发展过程中仍存在如下一些主要问题：其一，旅游景点权责不明，品牌意识不强。其二，旅游企业运行较为无序，缺乏整体性。其三，景区和企业间合作不够，资金运行难以高效。导致上述问题，既有体制原因，也有人为因素，但归根到底是旅游产业整合问题。根据旅游产业整合概念、原则以及我国旅游产业中存在的主要问题，我国旅游产业的整合应着重从以下几方面着手：1. 通过旅游资源整合打造精品，建立以核心景区为龙头、骨干景区和卫星景区为补充的国际化旅游品牌；2. 通过资产组合形成以大企业为主体、各类小企业和直接为旅游者服务的各行各业为基础的国际化旅游产业链；3. 通过资金融合形成以政府投入为引导，民间外资投入为主体的旅游经营与投入机制；4. 通过联合促销打响以核心景区为亮点，各旅游企业特色形象为衬托的旅游品牌。

简论旅游与文化的关系

张静在《山东省青年管理干部学院学报》2003 年第 6 期撰文认为，无论是中国旅游的发展，还是世界旅游的发展，在其演进的过程中，无不融合、浸透、体现和折射着文化的浓厚底蕴与内涵。旅游与文化密不可分，文化对于旅游发展的力量是极其强大的。一、旅游理论寓于哲学文化思想中；二、文化决定了旅游发展的盛衰；三、文化交流开辟了旅游新领域；四、文化赋予自然资源以精神内涵；五、传统文化对旅游者具有强大吸引力；六、生活方式的改变促使旅游形式多样化。旅游是文化推动的结果。没有文化的发展，观念的转变，就无法激发人们的旅游动机，也就不可能产生旅游活动。所以，旅游发展只有以文化为向导，才能方向明确，健康持久。

旅游业：在“冰河期”凤凰涅槃

戴学锋在《中国国情国力》2003 年第 8 期撰文认为，SARS 的确严重地影响了我国旅游业，但是并没有破坏旅游大厦的根基。首先，旅游业的基础设施没有受到破坏；其次，旅游业的软件设施没有被破坏；第三，旅游业的从业者没有消失；第四，旅游企业的业务关系没有断；最后也是最重要的一点，旅游者对旅游的有效需求没有消失。因此 SARS 没有消灭巨大的旅游需求（特别是对内需最重要的国内旅游需求），只是将其向后推移。经过 SARS 洗礼的旅游业将更健康，其抵御风险的能力将更强。首先，国家对旅游业宏观产业政策不会变，一些微观调整将更利于旅游业的健康发展；其次，旅游行政管理部门的地位将得到强化；第三，旅游企业的国际化、网络化、集团化将呼之欲出；第四，旅游企业将更加重视研发工作和市场调研；第五，旅游从业者将更精干；第六，协会将更有作为。总之，在引发的旅游业“冰河期”中，温暖的洋流已经开始在遥远的地平线流淌，新旅游业航船的桅顶已经冒出地平线了，我们应该拍掌欢迎它。

中国旅游产业八大趋势

王守初在《新经济》2003 年第 10 期撰文认为，中国旅游产业从 20 世纪 70 年代末以来，已取得了令人瞩目的发展成就。根据世界旅游组织、世界旅游理事会及我国旅游专家的预测，在未来 10 到 20 年间，我国旅游产业将呈现出如下的发展特点与趋势：1. 旅游业成为世界经济的重要组成部分，是全球规模最大、就业人口最多的产业，旅游产业的地位在中国确定；2. 21 世纪初，亚太地区将成为旅游产业发展的热点地区；3. 旅游目的地的竞争是整个环境的竞争；4. 旅游向区域化发展，旅游形式呈多元化态势，向多层次发展；5. 旅游资源开发在坚持可持续发展前提下强调有特色的逐步开发；6. 旅游的宣传促销走向多媒体时代，人性化、个性化旅游成为主要的发展方向，分时度假和产权酒店业将成为新亮点；7. 加入 WTO 后，旅游市场将呈现国际竞争国内化，国内市场国际化的新格局；8. 我国将成为世界旅游强国。

旅游产业必须以丰富的文化内涵和厚重的文化底蕴作支撑

纪喆在《内蒙古科技与经济》2003 年第 10 期撰文认为，文化是旅游的灵魂，旅游是文化的载体。只有将旅游与文化紧密结合起来，深度挖掘旅游资源的文化内涵，不断提升城市的文化品位，突出各种不同的文化特点，才能吸引广大旅游者，才会产生旅游消费和经济活动，进而促进旅游业的大发展。因此，推进旅游产业化，必须以丰富的文化内涵和厚重的文化底蕴作支撑。提升呼伦贝尔市旅游产业的文化内涵和文化底蕴，要注意把握以下几点：1. 大力开发和利用文化资源，夯实城市的文化底蕴；2. 举办多种形式的文化活动，营造浓郁的文化氛围；3. 利用地缘优势，加强对外文化交流，提高城市知名度。

我国旅游产业发展的国际竞争策略

周霄、毛冬焰在《统计与决策》2003 年第 10 期撰文认为，分析一个国家的产业国际竞争力，较为流行的是美国经济学家波特教授的国家竞争优势理论。我们应从要素条件方面、需求条件方面、支持性产业和相关产业方面和企业战略、结构和竞争方面描述我国旅游产业的国际竞争力现状，介绍我国旅游产业市场开放的前景，由此得出促进我国旅游产业市场开放的相应对策：1. 逐步放宽准入限制，鼓励外国旅游服务提供者进入我国；2. 取消对跨国境旅游服务消费的限制；3. 在部分旅游产业发展较未成熟的省市举办合资旅行社试点；4. 允许外国高级管理人员、专家或经理、专业技术人员在国家级旅游度假区提供服务。最后，我国旅游产业发展的战略选择是：（一）树立竞争观念，调整产业政策；（二）加强政府监督，合理利用外资；（三）提高自身实力，适时开放市场；（四）挖掘文化内涵，打造旅游精品。

文化产业与旅游业发展的互动效应

王明星在《学术研究》2003 年第 12 期撰文认为，体验经济流行背景下营销人员所理解的体验，就是企业通过产品和服务，围绕着消费者创造出令人难忘的体验活动。

有人把体验类的产品归纳为娱乐体验、情感体验和文化体验三种，但无论哪一种体验，文化产业都是体验经济的主力军。新的世纪随着新的阶层——中产阶级（或称中等收入者）的不断涌现和壮大，新的经济运作方式——体验经济和新的营销方式——体验营销的降临和发展，文化产业必将迅速发展为一个新的支柱性产业，而文化产业的许多落脚点都要通过旅游、休闲产业的发展而得以实现。中国广阔的市场前景，必将吸引更多的文化娱乐业巨头来投资发展。国内的旅游目的地竞争一是集中在中心旅游城市，二是集中在国内少数几个经济发达、旅游资源丰富、游客资源充足的城市群带上。从2006—2010年，杭州、北京、上海三个城市将拥有较好的旅游营销机会。

如何打造生态文化旅游名城

张宁生在《红旗文稿》2004年第9期撰文指出，近年来四川省都江堰市大力实施经营城市战略，极大地改善了城市环境，增强了城市功能，形成了生态文化旅游城市的特色。政府实施的战略表现在：一、树立经营理念，科学确立城市定位。注意研究和运用现代市场经济经营理念、经营机制和经营方式，在深入分析全市的区域环境、地理环境、生态环境、历史文化、现实产业聚集、未来产业发展方向、比较优势等诸多因素的基础上，确立了未来的发展战略和发展定位。二、运用市场手段，激发城市资源活力。在经营城市工作中，充分运用市场手段，放大政策效应，激发资源活力，实行土地资源资本化、城市基础设施市场化和无形资产商业化，解决经营城市的资金瓶颈问题。强化无形资源经营，增加无形资源的有形收入。激活城市基础设施，实行城市资产的市场化配置。三、培育城市品牌，增创环境竞争优势。着力培育旅游品牌。我们把优化、整合、配置“名堰、名山、名城”等资源作为培育城市品牌的重要切入点，努力打好“精品牌”、“客源牌”、“特色牌”、“形象牌”和“会展牌”，精心打造旅游目的地，促进全市旅游由“门票经济”向“产业经济”转变。着力培育历史文化品牌。四、强化产业支撑，壮大城市经济实力。经营城市必须依靠强大的产业作支撑，我们立足自然生态特色，重点发展与生态环境亲和力强、科技含量高、经济效益好、人力资源优势能够充分发挥的高新技术产业，培育壮大机械、医药化工、建材、信息和食品饮料等五大支柱产业，打造我市高新技术品牌，增强城市产业辐射功能。

少数民族地区“世界遗产”旅游发展模式新探

张巍、严梅在《经济管理》2004年第1期撰文指出，少数民族地区“世界遗产”旅游方兴未艾，成为旅游者向往的旅游目的地。伴随着大量旅游者和旅游开发者的涌入，使这些地区旅游社会环境文化面临着严峻的挑战，成为学术界关注的焦点。少数民族地区社会环境文化保护与“世界遗产”旅游发展中存在着几对矛盾：1. 少数民族地区现代化与传统民族文化保护的矛盾；2. 少数民族文化趋同与旅游者“求异”心理的矛盾；3. 少数民族文化“扬”与“弃”的矛盾。关于少数民族“世界遗产”旅游地社会环境文化的保护与调适，应在可持续发展原则指导下，在尊重本民族意愿的基础上，在少数民族“世界遗产”地社会环境文化诸方面找到有助于调适的平衡点，并根据本地区的特点，提出具有创新性的保护、发展模式，从而最终引导民族遗产文化走上可持续发展的道路。我们可以建立少数民族地区“世界遗产”保护与旅游的发展模式，即少数民族地区发展“世界遗产”旅游，建立起“表征民族化，设施现代化”的保护发展模式，以期对纳西传统文化中正在趋同的物质文化特征、行为文化、精神文化进行保留和传承。

公共图书馆服务文化旅游、建设旅游文化的实践

王新利在《图书馆学研究》2004年第1期撰文指出，公共图书馆服务文化旅游、建设旅游文化是一个颇具发展潜力和广阔前景的新领域。文化旅游的发展趋势需要公共图书馆的全面介入和参与，文化与旅游的内在联系要求公共图书馆参与旅游文化建设，公共图书馆参与旅游文化建设是自身发展与未来定位的需要。公共图书馆服务文化旅游、建设旅游文化具有独特优势。公共图书馆对开发利用旅游文化资源有潜在的垄断性，公共图书馆的专业人才具有发展文化旅游的优越性，公共图书馆是本地区各类人文活动历史的忠实记录者和保存者，公共图书馆担负着地方文化建设和传播的重要使命。因此，我们应建立完备的旅游文献保障体系，加强各类旅游信息的搜集和开发，公共图书馆建立地方文献专藏，发挥其在旅游文化建设中的独特作用，挖掘和开发古籍文献，为文化旅游服务，开发现有馆藏旅游文献资源，加强旅游文献的深层次开发，在公共图书馆内营造旅游文化氛围，与当地旅游局或旅行社联合精心组织各种旅游宣传活动，充分利用高科技手段，增加特色服务的多样性，利用图书馆文献资料，开发旅游纪念品，大胆设想，积极实施，以公共图书馆为中心，创建旅游分馆。

从旅游文化资源的开发谈对文化产业经济政策的思考

齐松林在《呼伦贝尔学院学报》2004年第1期撰文指出，呼伦贝尔旅游与文化的结合，关键在于文化定位，在于推出世界级品牌，在于市场经济的运作。文化产业能否

与经济运行协调发展，关键看我们如何制定既符合呼伦贝尔市市情，又有利于文化产业发展的优惠政策。因此，我们应：一、加大研发力度，增加政府对文化基础设施的投入，整合社会资源，提升我市文化产业的竞争力。二、由政府牵头，动员全社会力量，构筑“国有、民营、民间、政府”等力量共同办文化的新格局。（一）鼓励民营资本及个人投资兴办文化企业，除国家明文规定不能进入以外的所有文化投资领域向民营资本及个人开放；（二）鼓励民营资本及个人投资兴办各类文化类民办非企业机构，文化类民办非企业性质的艺术表演团体（队）、艺术院（校）、老年文化大学、图书馆（室）、收藏馆、文化网络研究中心、民间工艺品公司等，对这些机构实行各方面的优惠政策；（三）建立面向社会的文化艺术扶持机制，扶持民营文化艺术生产，在文化艺术评比及相应的文化项目的支持上与国办院团一视同仁；（四）打破条块分割，重点组建一批股份制大型“草原产业”集团，确定一批重点民间对外文化交流机构（可以跨地域重组、连锁等）；（五）大力促进文化人才资源向人才资本转变，对民办文化单位、个人在职称评定、表彰奖励等方面一视同仁。三、改革管理体制，盘活文化资源，发展文化产业。

试析旅游产业与主导产业

王守初在《北京第二外国语学院学报》旅游版 2004 年第 1 期撰文认为，主导产业在经济发展中具有特殊重要的地位，因此在选择主导产业时应当有明确的基准：1. 产业关联基准；2. 需求收入弹性基准；3. 生产率上升基准；4. 可持续发展基准。此外还有比较优势基准、边际储蓄率基准和国情基准等等。旅游业被定为主导产业之一，应当是有客观依据，有其基本条件的。从主导产业的选择基准来分析：一是旅游产业是关联度极强的产业；二是选择旅游产业作为主导产业是符合收入需求和弹性基准的；三是用生产率上升基准来衡量；四是旅游产业也是符合可持续发展基准的。旅游产业还是一个可以提供较多的就业机会，大量容纳就业人口的产业，而且就业成本较低。旅游产业的发展在吸纳劳动力就业方面作出了重要贡献，为社会稳定、扩大内需、为社会经济协调发展也作出了贡献。把这样的产业作为主导产业，放在更为优先发展的位置是完全适合的。

世界遗产地的旅游开发研究

周翀燕、黄远水在《北京第二外国语学院学报》（旅游版）2004 年第 1 期撰文指出，在新世纪的今天，“遗产旅游”作为一种世界现象已经成为人类求取与外部世界高度和谐的有效形式之一，成为高质量回归自然、回归历史的必须性的社会生活组成部分。但许多世界遗产地都不同程度地处在错位开发、超载开发以至“濒危”状态。失控的旅游和过度的开发是破坏我国世界遗产的重要原因。伴随着遗产资源的过度开发与掠夺性索取，结果总是以遗产地生态境域失衡、真实性与完整性消失等为代价，来换取地方经济一时的“发展与繁荣”。而目前我国的遗产开发往往只注重开发申报世遗的一小部分，而忽视对其周边地域的开发。世界遗产地作为全人类共同的财富应当受到严格的专业保护，但是我国乃至全世界的遗产地都面临着保护资金不足这样一个严重的问题。只有全面认识遗产旅游资源的价值，才能深层次地加以开发利用。我国其他的遗产地可以借鉴乐山市的经验，确立政府在遗产地营销过程中的主导地位，向全国乃至全世界进行统一促销，从而树立遗产地的整体形象。此外，制定市民教育培训年计划，包括提高市民对文化遗产和自然遗产的知识和保护意识，设立世界遗产基金会，充实资金来源等。

生态旅游商品价值和价格的探讨

刘亚萍、何平在《林业科学研究》2004 年第 1 期撰文认为，生态旅游的本质是人们对自然生态系统、其构成元素和环境体验及满足需求的过程。自然生态系统是生态旅游的主体，生态旅游的基础是自然资源和自然环境。当自然资源和自然环境作为旅游产品直接销售给旅游消费者，即进入流通领域时，这些旅游产品也就成为了生态旅游商品。生态旅游资源本身所具有的价值，就是生态旅游商品价值的主要部分。这一点正是生态旅游商品价格基础的价值。在出售生态旅游资源产品时，其价格构成的相当一部分应该体现的是其旅游资源产品本身所具有的价值。生态旅游资源的原始性和自然状态就是生态旅游商品的产品特性所在，这一点正是生态旅游商品价值不等同于一般资源产品价值的原因所在。生态旅游资源价值加开发及流通费用成本加利税等于生态旅游商品价格（直接面对消费者）。但由于理论上的旅游商品价格构成中，未对生态旅游商品价格构成涵义做出明确的定义，因而在实际操作中，在价格构成中并未将生态旅游资源本身的价值囊括进去。由于现行的旅游商品价格构成理论不能涵盖生态旅游商品价格构成理论，致使我国生态旅游商品价格构成中没有体现生态旅游资源价值是主体的生态旅游商品特质。由于现行旅游商品价格构成理论不能释义生态旅游商品价格构成，形成理论上和实际操作中价格的价值主体错位。

文化遗产旅游的真实性困境研究

吴晓隽在《思想战线》2004 年第 2 期撰文指出，文化遗产以其不可替代的优势，在旅游业发展中的地位和作用日益重要。然而随着旅游活动与文化遗产结合日益深入，实践中出现了诸多的问题，引起了广泛的关注。现实中我们必须直面这样的两难困境：一方面现实世界需要旅游为文化遗产的保护提供市场支撑；而另一方面旅游活动的开展又对文化遗产的真实性造成了冲击。真实性是一个有着多种解释而难以定论的概念，但它对于确定旅游开发是否对传统文化活动起到负面影响却是至关重要的。旅游导致的商业化并不必然导致对文化遗产真实性的破坏，关键在于规则的建立。文化遗产旅游健康发展的途径，包括树立正确的可持续发展观，树立以人为本的理念，正确处理文化遗产地旅游发展的几个关系等。

浅析旅游娱乐中突出文化因素的重要性及途径

汪克会在《辽宁经济职业技术学院学报》2004 年第 2 期撰文指出，作为休闲方式及享乐型文化消费的一种，旅游的娱乐功能是不言而喻的，而且“吃、住、行、游、购”五大要素本身就带有一定的娱乐性。但必须要指出的是，旅游与娱乐存在着一定的替代性。注重旅游活动中娱乐因素的融入，把旅游活动搞得有声有色，不仅是旅游业进一步发展的要求，也是旅游业能够永葆魅力，在众多的休闲方式中增加吸引力的关键。旅游娱乐之所以能和一般或传统的娱乐方式区别开来，独具魅力，正是由于蕴含其中的文化因素。或者说，旅游景区（点）所具有的文化内涵，赋予了旅游娱乐同样的文化意义。旅游娱乐要想在与花样繁多的其他大众娱乐方式的竞争中处于有利地位，就必须尽量在旅游娱乐项目中融合文化因素，突出文化特色。积极运用旅游娱乐项目体现当地文化特色，把握消费潮流，及时在旅游娱乐项目中融入流行文化的元素，大力提高旅游娱乐项目从业人员的文化素养。

文脉在文化资源旅游开发中的主导作用

张宏瑞在《资源开发与市场》2004 年第 2 期撰文指出，文脉是当地的自然与人文地理环境特征的综合，而文化的形成则离不开自然与人文环境的影响。地理环境是区域文化赖以生存的物质基础，人文地理环境是区域文化成长发育的沃土，对地方文化的形成有着重要的影响。文脉是区域文化旅游开发的关键所在，它不仅提供了众多的实体文化景观，还积淀了底蕴极其深厚的无形文化遗产。所以，区域文化旅游开发必须紧紧抓住当地文脉，合理确定开发的文化主题。塑造富有当地特色的文化旅游品牌，以确立区域良好的文化旅游形象，提高当地旅游产品的市场竞争力。文脉突破是区域文化旅游产品的活力之源，面向时代、面向世界才是文化旅游产品的生命力所在。

对旅游产业若干理论问题的探讨

孔建新在《理论与实践》2004 年第 2 期撰文指出，旅游产业是社会生产力的重要组成部分，没有整个人类社会生产力的提高，就决不会出现大规模的旅游。旅游业的性质特征是文化性和经济性。两种特征的关系首先表现在文化性上。因为一方面在旅游消费中，无论人文景观还是自然景观，主要是满足旅游者文化生活的需要，具有明显的文化性质。但另一方面，旅游景观的开发和旅游设施的建设都需要投资，不论资金来源于哪里，都需要进行投入产出的比较，所以它又具有明显的经济性质。其次表现在自发、随意性。旅游业是一个国际性产业，旅游者的旅游行为带有很大的自发性和随意性，无法由政府或其他国际组织制定并下达统一的计划，旅游业的供需完全靠市场调节。可以说旅游业是天然的导向型产业。经济和文化的融合形成了旅游产业的基本特征。

从旅游业的本质属性透视环境与旅游发展的关系

喻小航在《乐山师范学院报》2004 年第 2 期撰文认为，迄今为止，给旅游业的概念所下的种种定义可以归类为两种：一种是反映旅游业的服务性特征的定义，另一种是概念意义上的定义。学术界围绕是否存在真正意义上的旅游业而形成争论的双方都不约而同地以旅游业属于服务业为重要依据。面对这些争议，旅游学术界尚不能提出足够充分和有力的理论解释，来确证旅游业的存在，只有退而求其次，以二战以来旅游活动的大众化、旅游发展创造的收入的迅速增长、旅游经济在国民经济中的地位迅速提高、越来越多的人肯定旅游业的存在等事实为依据，为旅游业验明正身。作为一个集合产业，旅游业不一定必然具有其构成要素的质的规定性，即旅游业的本质规定性并不必然地由其部分构成要素的服务性所决定，除非我们能证明服务性要素是旅游业的核心成分。可见，将旅游业归入服务业缺乏逻辑支持。旅游业可凭借和利用的资源在所有的产业中最广泛最丰富，旅游资源具有五个最基本的特性：不可移动性、可直接消费性、整合性、塑损矛盾性和被动外向性。旅游资源的这五大特性共同表明，环境是旅游景观中的大尺度吸引因素。

悄然兴起的工业旅游

傅宏波在《观察与思考》2004 年 Z1 期撰文认为，工业旅游是产业旅游的一种主要形式，近两年也被旅游部门作为旅游产品的一个重要组成部分推向大众。它的崛起，既是旅游业发展和创新的需要，也是工业本身实现其综合经济和社会效益的需要。我国的工业旅游尽管起步较晚，但发展势头迅猛。如首钢、青岛海尔等企业，工业旅游搞得红红火火，并初步形成四种模式：都市综合性工业旅游、特色工业城市的工业旅游、名胜风景区的工业旅游、特色产业品牌的工业旅游。企业是工业旅游的主角，那就要搭好这个“舞台”，把工业的魅力渗透到旅游诸要素中，企业才能唱好这出戏。工业旅游的开发，既顺应市场需求又符合政策导向。现代社会讲究个性，追求特色，工业旅游也不例外。工业旅游带来的直接作用是宣传企业产品，扩大企业知名度和美誉度，也自然而然地会提高员工的素质。此外增长了国民见识，游客通过现场参观，动手操作，增强对产品和企业的认识。对广大学生来说，也利用这个机会学到和丰富了课外知识。一些企业精英通过这种方式进行业务交流，借工业旅游取得“真经”，从而改善企业管理模式和运作方式，使之更加合理科学，提高企业的整体素质。工业旅游将在丰富旅游产品、提高企业知名度、发展地方经济中大展身手。

我国旅游产业的产业组织分析

杨钢在《乐山师范学院学报》2004 年第 3 期撰文认为，产业组织理论的基本内容包括产业组织理论的三个基本范畴——市场结构、市场行为和市场绩效，以及相应的产业组织政策。影响市场结构的主要因素是：市场进退障碍、市场集中度和产品差别化程度。对于旅游产业来说，研究企业的进退障碍具有重要的意义：一方面，旅游产业进入门槛太高，不利于旅游产业的发展，特别是不利于新兴旅游产业的发展；另一方面，旅游产业退出的障碍也较大，因为旅游产业的发展不会由于某个企业的退出而停止。同时，旅游产业的市场行为表现为旅游产业市场秩序较为混乱，市场运作规则、市场管理手段不完善，市场管理的有关法律法规体系尚未建立，缺乏强有力的监督管理措施和手段，影响了旅游产业的持续健康发展，评价旅游产业市场绩效的最终标准是旅游收入和旅游利润。但是，我国旅游产业仍存在多种制度壁垒，限制了旅游企业的进入和退出，旅游产业投资、资本运作还受到极大的制约，旅游产业组织政策的内容应包括创建公平的竞争环境，鼓励和保护竞争、提高企业的规模经济水平，实现产业结构的高度。

旅游消费与电子商务的相互作用

杨路明、黄刚、巫宁在《思想战线》2004 年第 3 期撰文指出，电子商务充分激发了旅游消费对企业的多品种选择的优势，使旅游消费能获得自身的规模经济和范围经济。电子商务对于旅游消费来说具有覆盖面广、销售成本低等特征，弥补了网下旅游无法解决大量散户旅游服务要求的不足。电子商务对旅游消费的低成本优势很大程度上是它们在规模经济性与范围经济性上的实现与利用。电子商务为旅游消费拓展了信息渠道，将促进旅游消费趋势的变革。电子商务条件下的旅游消费过程，也就是网络消费者购买行为形成和实现的过程。网络消费者购买过程分为 5 个部分：认识需求、寻找信息、判断选择、购买决策、购后评价。旅游电子商务非常适合于开发散客和小团体旅游市场，随着网络技术的进步和网络覆盖面的扩大，旅游消费的电子商务化将是未来的主要消费形式，并且自订行程，自助价格也将是未来旅游的主要特征。随着电子商务的不断深入及其应用，各大旅行社已从单纯的服务中心逐步转变为相关信息的处理与管理中心的多重身份。

论旅游文化在旅游产业中的重要性

唐建军在《池州师专学报》2004 年第 3 期撰文指出，旅游文化不是旅游与文化的简单相加，而是一种全新的文化形态。旅游文化可以分为三个层面：最外层是物质文化，中间层次包括制度文化和行为文化两个方面，核心层是精神文化或心态文化。旅游文化在旅游产业中具有核心地位。从旅游主体看，文化因素是旅游者的主要旅游动机。从旅游客体来看，文化是旅游资源的主要内涵。从旅游媒体看，文化是旅游业的灵魂和支柱。可预见，随着我国旅游业乃至世界旅游业的蓬勃发展，文化旅游的地位和作用越来越重要。文化，正成为整个旅游业的灵魂和支柱，决定着整个世界旅游业和中国旅游业的发展方向及兴衰成败。因此，弘扬旅游文化，有助于更好开发旅游资源，增强我国的旅游产品在世界市场的竞争优势，更好地发展我国的旅游经济。应赋予自然景观以文化内涵，保护人文景观的文化氛围，深入挖掘人文景观的文化内涵，有力地推动旅游业的发展。弘扬旅游文化，有助于提高我国旅游业的经营管理水平和整个服务质量。旅游行业内部包括许多部门和企业，如饭店、旅行社、各旅游景区景点等，高水准的经营管理工作是旅游行业的灵魂和创汇达标的保证。发展旅游文化是弘扬我国优秀传统文化的重要手段，是建设社会主义精神文明的重要内容。

旅游业与民族文化的可持续发展

白海军在《实践》2004 年第 4 期撰文指出，随着经济社会的快速发展和人们生活水平的日益提高，民族地区由于具有独特而丰富的民族文化资源，正在成为旅游的热点地区。同时也为民族文化提供了重要的发展机遇。辩证地看待旅游业与民族文化的关系有利方面是明显的，不利影响也是不容回避的，必须引起足够重视。关于民族文化的趋同问题：1. 由于历史的、社会经济发展水平及人口比例等原因，少数民族文化相对而言是一个弱势文化，在文化交往中，被同化的趋势始终存在；2. 民族文化环境的退化问题。要求我们在看到旅游业对民族文化中人文部分影响的同时，也要看到对民族文化中自然环境的影响；3. 民族文化的商业化倾向问题。首先必须保持本民族文化的固有精髓，保持民族文化的独特性和与其他民族文化的差异性。因此，正确处理发展旅游业和保护民族文化之间二者的关系，应做好以下三方面工作：1. 树立民族文化的可持续发展意识；2. 健全民族文化的教育研究机制；3. 健全民族文化的保护机制。

世界遗产旅游与社区协调发展研究

邓明艳在《社会科学家》2004 年第 4 期撰文指出，世界遗产是最高品质的旅游资源，因其内容丰富、能够开展不同种类的旅游活动，能够满足不同层次、不同类型旅游者需要，从而形成了强大的旅游需求。巨大的经济效应导致了我国很多遗产地对世界遗产资源的过度开发，影响了遗产资源的永续利用。当前旅游开发高度重视旅游目的地社区功能的完善，旅游目的地建设的社区化已成为当前旅游开发的趋势，说明开展社区旅游是实施旅游业可持续发展的一条新途径。社区与旅游的结合就形成了社区旅游。其主要内涵是：从社区的角度考虑旅游目的地建设，以社区的互动理论指导旅游区的总体规划和布局，通过优化旅游社区的结构，提高旅游流的效率，谋求旅游业及旅游目的地经济效益、环境效益和社会效益的协调统一和最优化。世界遗产与社区相结合的社区旅游，是一条保护世界遗产的新途径。“景区旅游、社区休闲”的遗产资源保护开发模式特点表现在：减少遗产景区旅游开发和旅游活动的强度，优化了世界遗产旅游环境，留住了游客，促进了遗产地经济的发展，提高了社区居民参与保护世界遗产的意识和积极性，世界遗产资源开发规划与社区发展规划协调遗产景区参与社区建设，培养社区居民旅游意识和遗产保护意识，提高遗产旅游社区的管理和服务水平。

论文化旅游产品的开发对策

袁成在《经济师》2004 年第 5 期撰文指出，文化旅游产品应该是一条完整的文化旅游线路。这条线路包含了旅游者文化旅游过程中所需的各项要素，核心因素是文化旅游吸引和文化旅游服务。根据旅游者的需求和消费指向，文化旅游产品可以分为五类：（1）适应精神放松需求的休闲型文化旅游产品；（2）满足旅游者文化的好奇心的奇异型文化旅游产品；（3）满足旅游者求知、学习需求的修学文化旅游产品；（4）满足旅游者文化憧憬和追求的理想型文化旅游产品；（5）满足发现自我潜能、挑战“文化极限”的发展型文化旅游产品。中国文化旅游产品的市场定位表明，其主题鲜明，异时型文化旅游资源组合体现出原景留置和拟景再现，文化旅游产品的市场适应须处理好产品开发与客源地文化背景的对照关系。应在文化旅游产品开发中按照全面创新的战略要求，用新的思维认识、开发、管理文化旅游业。文化旅游产品开发以体现特色、品位和人本主义精神为文化本质，从文化旅游产品的特色上来看，应主要体现出异地和异时的文化风格，按细分市场开发文化旅游产品。

开发民俗资源　打造旅游品牌

韩晓时在《理论界》2004 年第 6 期撰文指出，辽宁的民俗资源相当丰富，悠久的历史，灿烂的文化和多姿多彩的关东风情，可开发的民俗旅游产品的项目也不计其数。可是，纵观辽宁近些年来利用民俗资源开发的诸多旅游项目，虽然产生了一定的效应，但却几乎没有形成叫得响、有影响的品牌。因此，辽宁地区的民俗资源，需要科学有效的整合，需要运用市场化的观点和方法，进一步地开发培育，才能成为有吸引力和有影响力的民俗旅游项目、有特色的名牌旅游产品，也才能带动辽宁旅游经济的繁荣发展。辽宁在以往的旅游品牌建设中，常常忽视市场调研，脱离实际，盲目定位，使得产品毫无创意，毫无个性可言，看到的是一张张似曾相识的脸庞，一个个相差无几的项目。这样的旅游产品毫无特色，缺乏市场吸引力和竞争力，产生不了品牌效益。对辽宁而言，民俗资源旅游开发的重点应围绕建筑、艺术、饮食、节庆、历史源流、纪念品等方面进行，创建旅游品牌，关键在于策划和创新。

旅游业中的历史文化名人效应

赖伟臣在《重庆三峡学院学报》2004 年第 6 期撰文认为，历史文化名人旅游吸引因素指的是与历史文化名人存在一定联系的人、事、物，这些人、事、物能够使人们产生旅游动机，促使人们前往相关景区旅游的各种刺激因素。旅游业中的历史文化名人有：首先是传说中的历史文化名人是那些被人民赋予某种超自然的力量，对后人充满神秘感的人，比如古老传说中的三皇五帝。其次是史籍记载中的历史文化名人，包括孔子、屈原、司马迁、唐宋八大家、明清小说家等等。最后是途经或入宦一地的历史文化名人，这一类历史文化名人应该说是从史籍记载的历史文化名人中细分出来的，所不同的是他们是在“他乡为异客”的历史文化名人。开发历史文化名人旅游资源及经营相关旅游景点时，应尽量保持景观的原汁原味，注重开发过程的保护。着力加强对员工的培训，更好地为旅客服务。经营过程中，要根据景点的实际承载力实行限量参观的制度等。

现代旅游中历史文化的巨痛和欢笑

胡春贺在《西部大开发》2004年第9期撰文指出，怎样合理地利用和开发历史文化资源，并将其转化为旅游资源，创造更大的社会价值和挖掘其经济效益，成为当前形势下的一个重要课题。管理者单一的经济目的和对历史文化的无知，在开发过程中存在过分突出人工化、商业化、城市化的倾向，致使历史文化遗存遭庸俗化的翻新、粗鄙化的再造以及强制性规划的旅游性开发。历史文化遗存和旅游业有着长远的内在的联系。二者关系处理得当，就可以相互促进共同发展。要正确处理二者关系，应当正确认识开发利用历史文化资源的投入产出关系。历史文化遗存，本身就是无价之宝，经过科学地开发利用，就可以作为独有的宝贵旅游资源，会产生巨大的效益。历史文化旅游得以发展，能够吸引更多的游客，人流的增加，就会带来更大的商品流、信息流和资金流，从而推动古都城市经济的发展。另一方面，城市经济效益的提高也将允许更多的资金用于对文化遗存的保护和整理。历史文化遗存和旅游业本来是相互依存和相互促进的关系。因此，在对历史旅游资源的深度开发中，除了要有保护历史文化遗产的意识，还应该有一点适当的超前意识，尽可能把近期市场的需求与中远期市场的需求结合起来考虑，以满足大众多样化的旅游选择和对现代旅游市场中综合性满足的需求。

历史人文资源与旅游

葛剑雄在《图书馆杂志》2004年第10期撰文指出，历史人文资源包括：1. 历史人物留下的遗迹、遗物、纪念性的设施。2. 一个历史事件的遗址遗物，纪念性的设施。3. 以往社会的遗存，包括城市、民居、公共建筑、日常用品、艺术品等。4. 人为制造的景观。5. 口头、书面或者其他途径保存下来的人类以往物质文化或者精神文化的纪录。如果自然旅游资源离开了人的利用和对它的解释，它的意义就大大降低了。人文资源体现了人类的想象力和创造力，反映了人类丰富多彩的历史和文化，也能使人获得更多的乐趣、享受、情感和知识。人文资源和人有关，旅游时要根据不同旅游者的特征和禁忌，注意文化背景加以选择和区别。

关于假日旅游的思考

徐民英、李庆志、曹艳英在《经济师》2004年第11期撰文指出，旅游这一新的消费方式和消费活动已被认可，并日益发展为一种大众化的消费行为。随着经济的发展和生活水平的提高，旅游需求也呈快速的增长趋势。三大长假的推行，使国内居民的旅游需求呈现出更加明显的集中性特点，三大旅游黄金周在我国假日旅游中的重要性日益显著，三大长假的健康有序运行，必然有助于推动我国假日旅游的持续稳定发展。当前假日旅游存在的问题包括旅游陷阱挫伤游客的出游积极性，交通瓶颈的限制性作用依然比较突出，旅游服务水平的阶段性下降现象依然存在，超量载客削弱旅游景区点的吸引力，旅游安全隐患等。鉴于此，我们应采取如下措施：1. 丰富休闲旅游产品；2. 树立可持续发展观；3. 改善旅游交通条件；4. 重视职业素质教育；5. 强化行业管理，避免恶性竞争；6. 推行带薪休假制度。

文化和旅游相互促进、共同发展

陈清银在《今日湖北》2004年第12期撰文指出，开发旅游资源必须突出文化主题，这已经成为越来越多的人的共识，旅游产品的竞争已经转变为文化的竞争。文化通过旅游繁荣市场包括两个方面：一是旅游发展可以促进文化的保护和传播；二是发展旅游可以提高文化的经济效益。另外，旅游刺激了人们的文化需求，推动了群众性文体活动的开展、对繁荣文化市场、活跃人们的文化生活也起到了很好的作用。湖北旅游文化可概括为以下几个方面：三峡文化、三国文化、荆楚文化、世界遗产文化、红色文化、宗教文化、土家文化。这些特色文化为旅游与文化的结合创造了良好的条件，旅游充分利用这些文化主题，可以增强自身的吸引力而得到快速发展。文化充分利用旅游这个载体，可以得到有效的保护和传播，产生巨大的经济社会效益。如何发展旅游文化？一是确定以文化为主题发展旅游的总体思路；二是修复、重建和新建具有支撑作用的文化旅游景点；三是开发、编排、上演一些文化内涵丰富的旅游节目；四是合力营造良好的文化氛围。

中国发展生态旅游的可行性分析及发展定位

叶小平在《浙江林学院学报》2004年第1期撰文指出，生态旅游是针对旅游业对环境的影响而发展起来的一种负责任的旅游，它强调在发展旅游业的同时要处理好人和自然的关系，实现经济、生态和社会的协调发展。生态旅游是实现旅游可持续发展的新思路和新方向，也必将成为我国旅游业发展的必然趋势，生态旅游坚持可持续发展原则和公平原则，对旅游开发的环境背景和实施条件提出了严格的要求。它要求旅游规划者、旅游者、旅游经营管理者和当地居民具有很强的生态意识；旅游活动对环境的负面影响很小；旅游能为环境保护提供资金；当地居民能参与旅游开发和管理并分享其经济利益。从我国业已开发的生态旅游发展中存在的问题来看，目前的所谓生态旅游绝大多数不是真正意义上的生态旅游，相反，已严重背离了生态旅游的初衷。我国还处于旅游发展的初级阶段，旅游的可持续发展是我国旅游的必由之路，而生态旅游又是实现旅游可持续发展的有效途径。鉴于此，我国亟须作好生态旅游的发展定位。大众旅游生态化的实践对策包括：发挥政府的主导作用、合理规划与开发、加强宣传教育等。

民族文化与旅游商品开发

车婷婷、黄栋在《甘肃农业》2005 年第 1 期撰文指出，我国少数民族众多，各民族的传统文化是一笔难得的宝贵财富，如果我们能深入挖掘民族文化的内涵，运用到旅游商品开发中去，不仅将改变民族地区旅游商品现状，同时还会使中国旅游商品开发上一个新台阶。民族文化是旅游商品开发的内核和源泉，旅游商品开发是民族文化的承袭、积累和创新。文化因素在旅游商品中的运用主要体现在商品本身的形态、材料和功能三方面。要想很好地运用民族文化因素，提高旅游购物吸引力，不能把眼光只盯在旅游商品这一点上，应把它视为包括旅游商品、购物环境及相关服务人员在内的整体吸引力，而它们的结合又要以丰富的民族文化内涵为主要吸引点。应重视对旅游者文化消费心理及需求研究，通过有形的旅游商品传承无形的民族文化，同时寻找多样销售方式，渗透民族文化，加强对旅游者的宣传导购，注重对民族文化的理解，也要借用民间传统集市，营造独特购物环境，重视保护民族文化。总之，民族传统文化是旅游商品创新开发的根基和源泉，只有紧紧抓住民族传统文化这条根，旅游商品才能被旅游者所喜爱，才能使民族地区的旅游商品焕发出永久的魅力。

“文化强旅”战略构想

刘少和在《华夏文化》2005 年第 1 期撰文指出，“文化强旅”强调用文化（如民族与地域文化）装备旅游业，用文化（如生态文化、休闲文化）指导旅游业，用文化创新旅游业，以推动旅游业向可持续和高品位方向发展。具体体现在：一是旅游与休闲文化氛围；二是文化品牌；三是文化旅游产品、文化购物商品（如民俗商品）；四是旅游企业文化管理与文化营销；五是旅游业文化培训与文化教育（即旅游训与旅游教育）。此外，旅游企业文化战略表现为旅游企业的文化管理与文化经营。在文化管理方面，每个旅游企业需要通过 CI 策划，积淀其独特而统一的文化风格，构筑差异化的企业文化，不仅包括旅游企业有形产品的文化内涵、无形服务的文化特色、内外环境的文化氛围、品牌标识的文化象征，而且包括旅游企业的价值观、精神以及气氛，以促进旅游企业文化的“主题化”发展。在文化经营方面，无论是有形的旅游物质产品、还是无形的旅游服务产品，不论是景点景区的景观产品、旅行社的线路产品，还是度假村、酒店酒家的餐饮、客房和康乐产品，从设计开发到营销推广，需要含文化内涵、有文化个性，才能具文化品位、上文化档次，提高旅游产品的精品化程度，形成文化核心竞争力。

葡萄酒旅游开发研究

李世泰、魏清泉、李庆志、宋彦华在《经济地理》2005 年第 1 期撰文指出，随着我国葡萄酒业和旅游业的快速发展，无论是旅游者还是产业经营者都纷纷把目光投向葡萄酒旅游，以期从中获得各自想要的利益。葡萄酒旅游是将农业、工业和服务业密切结合，供旅游者参观访问葡萄园、酿酒厂和产酒地区并由此得到极其广泛感受和体验的一种专项旅游。这类旅游有以下特点：猎奇性、教育性和趣味性，游客体验性强，市场广阔，客源区域性较强，季节性相对不强，多重效益性等。我们应从区位条件、市场条件、资源条件、经济条件分析开发葡萄酒旅游的条件。烟台张裕葡萄酒旅游目的地形象应设计为现代化国际葡萄酒城，旅游线路及景区规划，应根据烟台市葡萄酒旅游资源在空间上相隔离的特征，结合市区现有的其他旅游景点，形成“一城、三心、八区”的空间网络系统。

论民俗旅游及营销策略

张玲、蔡洁、赵毅在《西南农业大学学报》（社会科学版）第 3 期撰文指出，民俗旅游就是借助民俗来开展的旅游项目，它以一个国家或地区的民俗事象和民俗活动为旅游资源，在内容和形式上具有鲜明、突出的民族性和独特性，给人一种与众不同的新鲜感，它的魅力就在于其深厚的文化内涵。现在，人们已经形成一种共识，民俗旅游是一种高层次的文化旅游，是一种具有民族特色的文化旅游。我国民俗旅游资源的特点表现在：民族地域化、资源丰富、独特、原始性、保存完好等。民俗旅游的开发模式分为东部民俗旅游开发模式、西部民俗旅游开发模式。其中东部民俗旅游开发模式包含复古再现式，昆山周庄镇景区模式，绍兴新鲁镇景区模式，无锡文渊坊街区模式。西部民俗旅游开发模式包括立体开发模式，集锦荟萃式，原生自然式，滚动开发模式等。

大众旅游与生态旅游的比较研究

于洪贤、李友华、柴方营在《东北农业大学学报》2005年第3期撰文认为，从需求角度看，旅游是一种消费行为，大众旅游就是大众消费。从供给角度看，大众旅游就是以普通大众为目标市场，提供满足他们需要的、消费得起的旅游产品。生态旅游包括四方面的内涵：第一，生态旅游的对象是自然区域，以及与当地自然环境相和谐的文化；第二，旅游者的行为不对或尽量少对生态环境造成危害；第三，注重当地居民的参与性，尊重他们应有的权利，改善当地人民的生活水平；第四，生态旅游应具有生态环境的教育功能，能提高甚至改变游客的环境观和生活方式。大众旅游者的旅游对象以人工景观为主，而生态旅游者的旅游对象是以自然景观和人与自然相和谐的生态文化景观为主。生态旅游业是以生态旅游资源为依托，以旅游设施为基础，为生态旅游者的旅游活动创造便利条件并提供其所需商品和服务的产业。传统的旅游资源开发把资金的投入作为主要因素来考虑出现了两个认识误区：一是看不到旅游资源的价值；二是对知识的价值认识不足。生态旅游开发把资金、资源及知识一并考虑，形成生态旅游特有的资源——知识——资金开发投入模式。大众旅游规划将经济效益放在首位，其次才考虑社会效益和生态效益。而生态旅游追求适宜的利润与持续维护环境，对资源的消耗最小化。在发展生态旅游的同时并不否认传统旅游，确切地说，生态旅游是传统旅游发展到一定阶段的产物，二者是相互促进、协调发展的。

上海文化休闲娱乐产业发展探析

吴文娟在《社会科学》2005年第3期撰文认为，文化休闲娱乐成为当今人类重要活动的配套形式，标示着人类社会活动形态的巨大变化。今日世界，文化休闲产业已成为世界经济强国崛起的重要经济支柱产业。娱乐休闲活动成为当今人类不可或缺的生活要素而存在，并且作为促进经济增长的必备要素渗透到社会的各个层面。经济娱乐化，娱乐经济化，也成为当今世界经济发展的一股新的潮流。那些走在世界潮头的跨国集团率先引领潮流，已分享了娱乐产业所创造的丰厚利润，他们非常看好明天的娱乐经济，坚信这股已经涌动的文化休闲浪潮会随着文化休闲娱乐产业的迅速发展，成为下一轮席卷全球的经济大潮。而世界先进的娱乐潮流，带动了上海文化休闲娱乐产业的快速发展。但是，上海文化休闲娱乐产业发展也遇到诸多问题，其对策思路是：首先是改变“产业功能单一，机制活力缺乏”问题的对策思路。其次是摆脱“娱乐内容从一而终，发展后劲乏力”困境的对策思路。最后是摒弃“只求经济利益，不顾娱乐趣味”风气的对策思路。

论佛教文化的旅游开发

孙丰念在《四川职业技术学院学报》2005年第4期撰文指出，随着人们的物质和精神生活质量的提高，旅游者的旅游需求逐渐多层次化，旅游品位也随之提高，文化旅游已成为当代旅游业的新潮流、新热点。而宗教旅游以其丰富的文化内涵和独特的神秘性吸引着众多的旅游者前来观光、修学和游憩。在世界三大宗教中，佛教对中国百姓的生活有着最广泛的影响。中国佛教包容了北传佛教、南传佛教和藏传佛教三大体系，全面继承了印度三个时期的佛教。世界上完整的佛教在中国，世界上完整的佛教经典也在中国。因此，佛教文化在我国具有很高的旅游开发价值。现在各地区有名的佛教胜地，只要有条件的大多已被建设成为旅游景点，其中不少还是著名的旅游精品风景区，还有更多数量的佛山佛寺被列入到旅游开发计划之中。佛教文化的旅游吸引力表现在：1. 信仰的力量吸引了大量的朝觐旅游者；2. 佛教的价值观给人以心灵的启迪；3. 佛教艺术满足了人们对美的追求；4. 佛教深厚的文化内涵满足人们的求知、求异的需求。开发佛教旅游应注意以下几个问题：1. 处理好旅游与佛教活动的关系；2. 注意开发广度和深度的平衡；3. 佛教旅游的参与性；4. 注意专业导游人才的培养。

我国旅游产业现代化战略的选择论证

衣传华在《桂林师范高等专科学校学报》2005年第4期撰文，从旅游业可持续发展、旅游业国际竞争力、旅游业健康、快速发展、第三产业的整体进步和国民经济持续发展的强有力支撑这些方面阐述了我国旅游产业现代化的必要性。又从发展基础、发展条件、发展规划和保障体系这些方面阐述了我国发展旅游产业现代化的可能性。我国旅游产业现代化的主要内容：一是旅游企业经营管理现代化，主要内容包括：旅游企业管理思想先进化、管理组织高效化和管理方法科学化。二是旅游产品设计现代化。其中包括：旅游设计理念的现代化、旅游产品设计方法的现代化、旅游产品设计内容的现代化、旅游产品设计对资源整合的现代化。三是旅游市场机制完善化。其中包括：旅游市场主体的现代化、旅游交易规则的现代化、旅游竞争规则的现代化。四是游行政管理体制现代化。其具体体现为：职能的转变、干预的范围和干预程度、创造良好的外部社会经济环境、对旅游产业的产业期望。

文化资源管理及旅游经营问题初探

韩晓玲在《南方文物》2005年第4期撰文提出，目前文化资源开发与利用主要呈现出四大态势。一是文化资源特别是文物博物馆、自然生态环境的旅游开发日渐形成高潮；二是出现文化资源开发热；三是具有旅游价值的文化资源的开发利用，带动了当地的社会经济发展；四是文化资源的开发与利用被视为产业，当然它有区别于一般经济资源的特殊性。因而，文化资源的管理和旅游经营要解决的核心问题始终是保护与利用的关系问题，而文化资源的保护及其可持续发展又至关重要。文化资源的开发和利用热潮使我国文化资源管理与旅游经营等显现出许多问题，特别是文化资源的管理制度与体制方面的问题更为突出。我们认为首先应该解决以下问题：一是应对全国的文化资源的管理与开发理顺关系，统一规划，分级实施。二是以法规与标准进行管理。三是应与时俱进地进行管理。四是应根据我国的特点理顺体制。五是在实践过程中加强理论研究，探索具有中国特色的文化资源管理与旅游经营开发互动良性运行的机制。此外，文物的商业性开发也要建立完善的立法。

关于发展五台山红色旅游的思考与建议

谢音呼在《五台山研究》2005年第4期撰文指出，五台山不仅是举世闻名的佛教圣地、旅游避暑胜地，而且是著名的革命根据地。境内红色旅游资源丰富，文化底蕴深厚，景点分布集中，而且品位高，品种全，价值大，极具开发潜力，加之依托得天独厚的五台山佛教圣地和旅游避暑胜地的品牌优势，发展前景很好。近年来，随着全国、全省红色旅游热潮的掀起，五台山的红色旅游也随之热了起来。红色旅游景点在全省、全国的崇高地位和不可忽缺的重要意义。但是，我们不应该满足于现状，要紧紧抓住现在这个难得的契机，构建五台山红色旅游大格局。当前构建五台山红色旅游大格局的思考与对策是：1. 提高认识，重视支持；2. 统一领导，总体规划；3. 整合资源，规模发展；4. 挖掘内涵，丰富活动；5. 宣传造势，整体促销；6. 开发产业，造福群众；7. 创新机制，灵活经营。

生态旅游与旅游生态的可持续发展

徐幸福、刘华斌在《九江学院学报》（自然科学版）2005年第4期撰文认为，生态旅游包含以下两方面的涵义：一是旅游者和旅游环境是一个整体的旅游生态系统；二是生态旅游能满足现代人的生态需求。推动旅游生态可持续发展的建议有：1. 旅游生态环境保护的宏观建议。其中包括：①保护环境是生态旅游资源开发的前提和基础，努力提高保护环境的意识和科学素质。②要正确处理局部利益和整体利益，眼前利益和长远利益的关系，走可持续发展的道路。③建立健全法律体制，提高法律意识。2. 景观生态设计的建议。其中包括：①对生态旅游区进行宏观生态格局设计。②道路系统的生态化设计在线路上的选择。③建立相应的旅游区生态监测定位站。3. 旅游开发建设过程中应采取的生态措施。①在各景点（野外）不能开山采石，不能新垦土地，更不能构筑含旅游设施在内的有碍景观的房屋等建筑，要做到“区内游，区外住”。②对于可致使景点及其周围环境受到污染的企业，要及时限期进行整改或搬迁，更不能允许在景点周围新开办这一类企业。③无论任何基础设施建设，都应首先考虑到保护好景点。④凡在景点周围所种植的树（草），应尽量多用本地优良品种，保护本地生物的多样性。

试析韩国旅游业的政府主导型发展模式

王继庆在《东北亚论坛》2005年第5期撰文认为，借鉴韩国的旅游业发展经验，对于中国旅游业的未来发展来说具有十分重要的意义。除旅游行业的特殊性之外，某国或地区采用政府主导型战略的重要原因在于其市场经济成长规模、成熟程度以及当地的文化传统。即使在市场经济比较成熟和发达的国家，在一定的时期内，旅游业的发展也会采取政府主导型战略。韩国近20年的旅游业发展经验，比较清晰地说明了这一点。韩国政府制定的旅游资源长期开发计划是其采取政府主导型旅游发展模式的重要表现，而且旅游开发计划被纳入了法制化的轨道。具体表现在：韩国的旅游资源开发计划“旅游业发展基本方案”和7大旅游区的项目开发计划。政府主导战略的决策者是韩国文化观光部，实施者则是韩国观光公社。文中还阐述了政府主导型发展模式的其他表现。包括国际合作，利用“韩流”效应带动旅游业发展，各级政府通过旅游节事提高旅游吸引力，韩国政府重视文化旅游产业的海外投资等。当前韩国政府重视中国客源市场，专门针对中国客源市场制定开发措施，使得中韩跨境旅游进展迅速。

论中国旅游产业功能与产业政策的转变

杜江在《北京第二外国语学院学报》（旅游版）2005年第5期撰文指出，1978年实行对外开放政策以后，中国才开始发展现代意义的旅游产业。旅游业发展目标演进的一般规律，在旅游发展的最初阶段强调促进国民素质的提高；在中级阶段则强调不同文化背景的人们之间的交流，同时在客观上可以促进消费量的增长；在旅游业的全面发展时期，政府和相关公众会要求旅游业对社会与环境的全面协调发展作出贡献。而发展中国家则赋予了旅游业更多的经济文化使命。在中国旅游业产业功能与产业政策的演进过程中，中国旅游业产业功能与产业政策的进一步转变，提出如何全面看待中国旅游产业功能的问题。中国旅游产业的创汇功能需要弱化，而旅游产业的其他功能如缓解贸易摩擦、拉动内需以及提高国民素质和生活质量等则需要得到强化。事实上，在新的历史条件下，创汇已经不再是中国旅游业的主要产业功能，即使就国际收支平衡问题而言，旅游业或许可以在平衡贸易顺差，减少贸易摩擦、缓解人民币升值压力方面发挥更加积极的作用。

论和谐社会的旅游消费文化

张慧、曹虹剑在《消费经济》2005年第5期撰文指出，只有实现人与人、人与自然和谐发展的旅游消费才可以称之为科学、和谐、可持续发展的旅游消费。旅游消费文化是社会文化的一个重要组成部分，它是人类在消费领域所创造的优秀成果的结晶，是旅游消费文明的内在本质。其中，旅游消费文化的约束力表现在：第一，旅游消费文化制约着旅游消费主体的旅游消费目标选择的可能性空间；第二，旅游消费文化制约着旅游消费主体的行为选择方式；第三，旅游消费文化制约旅游消费活动结果的评价。旅游消费文化的经济功能主要体现在以下几方面：第一，正确的旅游消费文化，其内在的“美”与“善”等观念能减少“丑”与“恶”的旅游消费行为，能有效维护良好的社会经济秩序，形成社会和谐的局面；第二，正确的旅游消费文化其内在的道德约束力能减少可能带来负外部性的旅游消费行为，从而减少第三方监督、法律强制执行等正式制度实行所带来的交易费用；第三，正确且强势的旅游消费文化能以统一的思想价值观的形式出现，非此即彼的价值判断理念可以简化旅游消费决策过程，使人们以正义且低交易费用的方式进行旅游消费，这也有助于和谐局面的形成。

红色旅游理论梳理与实践建议

雷召海在《中南民族大学学报》人文社会科学版2005年第5期撰文，阐述了红色旅游的概念，叙述红色旅游从实践到理论的探究过程以及红色旅游由萌发到市场化的进程，提出红色旅游存在形式及特征。红色旅游之所以能走向纵深，主要有以下原因：一是从我国国情来看，爱国主义教育一直是我国公民情感教育的主要组成部分；二是党和国家领导人的示范作用；三是随着经济的发展，人们越来越深刻地意识到，红色年代里的那种超越生命极限的奋斗精神也是经济创业进程中的宝贵财富，并以此作为鞭策自己或教育下一代的精神理念。发展红色旅游是实现政治、经济、社会效益的多赢之举。针对目前红色旅游发展存在的主要问题，我们应采取如下措施：1. 发挥党史研究功能，为红色旅游提供科学依据；2. “红色”与“旅游”恰当结合，既要挖掘红色人文传统，又要体现地域历史文化脉络；3. 根据资源禀赋和区位条件，因地制宜，区别对待；4. 经济效益和社会效益并重；5. 保护与规划在先，经营开发在后。

红色旅游发展价值分析

方聪惠在《地理教育》2005年第6期撰文指出，红色旅游主要是指以中国共产党领导人民在革命和战争时期建树丰功伟绩所形成的纪念地、标志物为载体，以其所承载的革命历史、革命事迹和革命精神为内涵，组织接待旅游者开展缅怀学习、参观游览的主题性旅游活动。实践已经让我们认识到红色旅游不仅具有经济功能，而且还具有政治功能、文化功能，故应从战略的高度来重视发展红色旅游。红色旅游有利于加强爱国主义教育、民族精神教育，有利于巩固党的执政地位。其经济效益体现在旅游业是一个综合性产业，红色旅游的发展会带动相关产业的发展，尤其是对旅游地当地经济的发展带动作用更大。社会效益包括：1. 有利于文化传播，提高当地人的文化科技素质；2. 有利于缩小贫富差距，促进和谐社会的建设；3. 有利于改善、提高当地人居生活环境；4. 有利于革命历史文化遗产的保护和利用。

论道家与道教文化旅游

孔令宏在《浙江大学学报》2005年第6期撰文指出，道家、道教人性自然化的“畅神”、“逍遥”之说，显示了中华民族天人合一的旅游审美观。道家的经典著作《庄子》本身就是优秀的文学作品，对后世的文学艺术有深远的影响，被誉为浪漫主义文学的开山鼻祖。道教音乐虽然是宗教音乐，但与古代宫廷音乐、文人音乐、民间音乐有千丝万缕的联系。道教美术源远流长，作品众多，对中国美术影响深远。宫观往往坐落于道教名山中，成为休憩佳处、旅游胜地。道教建筑的独特之处不少，主要体现在以下几个方面：其一，鲜明地反映了追求吉祥如意、延年益寿、羽化登仙的思想；其二，许多宫观建筑与道教教义、神话等相配合，使得建筑形式和风格多样化；其三，突出“道法自然”的理念；其四，一些道教建筑技术非常高明；其五，一些宫观突出成仙或清修的意境，其楼台池榭、山石林苑刻意追求自然、虚静和人在云端的艺术效果，形成一种独特的道教园林艺术。道教对我国古代风俗习惯影响极深，岁时节日、民间祭祀、日常生活等许多方面的风俗，往往都或明或暗地打上了道教的烙印。其中有些是早已形成的风俗，后来加入了道教的内容；有些本是道教的内容，长期浸染，沿袭成俗。

从旅游到体育旅游

张小艳、于可红在《浙江体育科学》2005 年第 6 期撰文认为，旅游作为一种既能开阔眼界、充实生活又能愉悦心情、放松身心的休闲生活方式，它的产生和发展既是社会发展也是人类自身需要发展的必然。旅游主要有二层含义：一是客观层面；其二是主观层面。因此，体育旅游的兴起的原因有：一方面，人们的旅游要求开始发生变化；另一方面，生活中所产生的压力、烦恼、郁闷、孤独，以及现代生活之普遍的“文明病”、“富贵病”，也都极大地影响了人们的身心健康。而体育休闲旅游，可促进人体新陈代谢，增强各器官的功能，调节人的情绪，缓解心理压力，促进身心健康发展。目前学者们对体育旅游的概念主要集中于强调体育旅游是一种社会活动、一个过程，是旅游市场的一种新产品，一种新经济形式。异地性、短暂性、非盈利性、综合性都是旅游的基本属性，也是体育旅游的基本属性。而休闲旅游的特殊属性表现在运动健身性、可重复性、主动参与性、个性和自由的体验、对人性发展的特殊意义等。体育旅游必须符合四个条件：一是旅游者有预知或认知旅游的内容是以“体育运动为典型形式”的；二是在一种体育理念的指导下，人积极主动地参与；三是体育旅游者必须满足旅游的基本条件；四是进行的体育形式可以是亲自参与和观赏一定的体育活动或体育建筑等。体育旅游在我国有着广阔和光明的发展前景，必将掀起新的热潮，成为时尚、健康生活方式的首选。

论反向旅游

吴殿廷、张艳、王欣在《桂林旅游高等专科学校学报》2005 年第 6 期撰文指出，把旅游目的地景观与游客原驻地景观之间的“极端差异”称作“反向”，把“追求景观差异极大化”的旅游行为称作“反向旅游”。从北京市民旅游意象调查、西藏旅游数据统计等不同角度，说明反向旅游是存在的，一定程度上甚至可以说是非常广泛。探索存在“反向旅游”的原因，应从经济学视角解释为利益极大化，从行为学视角的解释为跨文化行为。相对于正向旅游来说，同样的时间和费用，反向旅游的收获更大。文化型动机是旅游基本动机之一，文化的多样性导致旅游目的地的多选择性，而追求异质文化又是旅游者的终极目标。反季节蔬菜、反季节水果也给予商品生产启发，正像反季节蔬菜、反季节水果大受欢迎、且效益极佳一样，反向旅游也应是很受欢迎的，理论上说，前景和效益也应该很好。总之，“反向旅游”实质是追求利益极大化，和正向旅游相比，反向旅游更广泛，也更有意义。

我国旅游业的产业组织分析

季玉群在《兰州学刊》2005 年第 6 期撰文，从产业组织学的角度对我国旅游业的产业组织状况进行分析，以哈佛学派首创的 SCP 范式为基本分析框架，第一部分考察我国旅游产业的市场结构，第二部分分析我国旅游产业的市场行为，第三部分评价我国旅游产业的市场绩效。同时，在我国旅游产业的市场结构中，对市场集中度、规模经济和进入壁垒进行了分析。目前，我国旅游产业的市场行为主要涉及价格行为和非价格行为等两方面的内容。从利润水平来看，中国旅游经济多年来一直停留在外延式扩大再生产的水平之上，必然产生旅游企业的数量过多和过度竞争，利润率不断下降。总之，我国旅游业发展还面临着许多深层次的问题与矛盾。中国旅游业必须优化产业结构，规范市场运行，科学地制定未来发展战略，方能实现从旅游大国向旅游强国的跨越。

全球化进程中我国旅游业的风险与对策研究

文军在《林业经济问题》2005 年第 6 期撰文提出，全球化进程中我国旅游业面临的风险包括：生态风险、社会风险和经济风险。生态风险管理包括：1. 加强旅游规划和旅游开发的生态旅游风险评估；2. 控制旅游环境容量和加强开发后的环境监测与评价工作；3. 加强旅游区的管理工作；4. 强化生态意识、生态保护和生态道德教育。社会风险管理包括：1. 建立国家旅游风险预警机制；2. 旅游开发要突出民族和地方特色；3. 长远规划，科学策划，调节旅游业的发展速度与规模；4. 加强旅游人才需求结构研究，做好宏观调控。经济风险管理包括：1. 明确旅游产业地位，促进旅游业的良性发展；2. 调整产业结构，增强旅游企业综合实力，走集团化的发展道路；3. 加大旅游信息网络建设，大力发展旅游电子商务。鉴于此，风险综合管理的措施有：1. 旅游风险的法制与制度管理；2. 加大旅游产品开发力度，形成多样化旅游产品；3. 建立和健全旅游风险资金支撑体系，建立旅游赔偿制度与保险制度。

发挥旅游资源优势　壮大生态旅游产业

姜杨、兰丽敏、段新军在《中国林业企业》2005 年第 6 期撰文指出，发挥旅游资源优势，壮大生态旅游产业，首先要依托资源优势，创新发展思路。旅游业是对风景资源和生态环境依赖性很强的产业，良好的生态环境是旅游业发展的前提条件。在发展思路上，必须进一步树立和落实以人为本、全面协调、可持续的科学发展观。其次要提升产业地位，奠定发展基础。在加快经济结构战略性调整，加快发展经济的新的历史条件下，具有旅游资源优势的地方必须提高对发展旅游产业的认识，把发展旅游业提升到产业战略地位，变资源优势为经济优势，拉动地方经济的快速发展。最后提出要实现整体推进，构建发展新格局。实现旅游业的大发展和快发展，必须立足当前，着眼长远，树立大旅游、大产业、大规模、大发展的观念，采取积极有效的措施，切实解决好旅游产业发展中的重点、难点问题，最大限度地促进景区环境效益、社会效益和经济效益协调统一。

经济全球化背景下地方文化的传承与发展

章尚正在《安徽大学学报》哲学社会科学版2005年第6期撰文，以安徽省南部徽文化为主要考察对象，探究地方文化在新的历史条件下的传承与发展，强调了旅游对安徽文化的正面效应，具体体现在：1. 有助于站在世界文化遗产的高度，科学评价徽文化遗存的突出与普遍意义，加强文物的申报与保护工作；2. 引进可持续旅游发展新理念，借助世界旅游组织，编制以“文物的修复和保护”为前提的旅游发展规划，实现徽文化旅游资源的保护与利用“双赢”；3. 旅游发展为文物保护积累了可观的资金；4. 旅游发展的综合效益激发了政府与居民保护历史文物的积极性，提高了徽文化保护的整体性与系统性，创造了以动态保护为主的新文保模式。徽文化的复兴启示我们，从文化的内在特质看，现代化了的文化，仍然是多元化的文化，地方文化一如民族文化具有长期存在的价值。从文化的历史命运看，任何一种文化都有生命周期，即必然会经历萌动、发展、鼎盛、衰退、消亡这五大阶段。从文化的流变走向看，经济全球化必然加快文化现代化的速度，一切不符合生产力发展需求的文化传统，必将改革或抛弃。从文化的可持续发展看，地方文化虽有与风土民众血肉相连的强大生命力，面临时代的巨大变革，它也必然产生消逝、破碎、失效、融入现代文明之类分解，其永续发展的关键在于顺应社会经济文化发展的需要，创造出满足人民群众心理需求的价值。

诗词的旅游效应及相关旅游产品开发

朱桃杏、陆林、朱晶晶在《资源开发与市场》2005年第6期撰文认为，诗词旅游是以诗词作为旅游主线的旅游活动，包括探寻作者故居和作品诞生地、亲历作品描述地等旅游行为。以皖南贵池李白诗词旅游资源为例，研究诗词旅游产品开发。李白诗词旅游产品的优势效应包括：1. 对旅游者的导向作用；2. 景点与名人相辅相成、相得益彰；3. 其作品在文学上的重要研究价值；4. 李白资源的区域旅游竞争优势；5. 季节性强度指数较小。通过对贵池礼拜旅游资源进行分析，以及皖南贵池区旅游资源定量评价表得出有着李白诗做文化底蕴的景点评价和排序。鉴于此，形成了李白诗词旅游产品的开发思路：1. 收集李白作品和关于李白的作品；2. 区域联合开发，创建李白诗词旅游品牌；3. 规划“李白诗词”旅游线路；4. 拓宽筹资渠道，加快建设；5. 培训专业导游，提升景点品位；6. 开展李白文化促销活动。

我国茶文化旅游的发展

王京传、赵修华在《中国茶叶》2005年第6期撰文提出，开展茶文化旅游，对于弘扬中国茶文化、振兴茶业经济、活跃旅游市场具有十分重要的意义。当前我国茶文化旅游活动的快速发展主要表现在以下几个方面：1. 以茶资源及相关文化为依托开展的绿色生态观光游倍受游客青睐；2. 依托茶的药用价值及保健功能开发的生态保健游日益升温；3. 以茶艺表演为代表的茶文化活动不断涌现；4. 以欣赏、参与特色茶俗为主题的茶俗风情游发展迅速；5. 茶文化研讨会、茶文化旅游节等活动推动了国际茶文化的交流，为茶文化旅游发展创造了新的契机。但是，我国茶文化旅游发展中仍存在问题：1. 受经济利益的驱动，曲解甚至破坏茶文化原有底蕴和价值的事件时有发生；2. 茶文化旅游产品设计与开发滞后；3. 旅游与茶文化之间缺乏一种强有力的纽带，开展茶文化旅游缺少高素质的专业人才；4. 茶文化旅游宣传、营销力度远远不够。就此问题的相关对策如下：1. 探索茶的物用价值，丰富我国茶文化旅游的内涵；2. 提高茶文化旅游产品的文化内涵；3. 开发适销对路的茶文化旅游新产品；4. 利用多种渠道和形式，全方位、多层面地宣传和推销茶文化旅游；5. 开展茶文化研讨会、茶文化旅游节等大型茶文化活动，刺激茶文化旅游的发展。

试论旅游和文化的关系

梁月在《北方经贸》2005年第9期撰文认为，旅游不仅是一种消费活动，也是一种生产性活动，有着巨大的社会文化功能。文化和旅游的关系包含了以下三个方面：（一）文化是旅游者的出发点和归宿点；（二）文化是旅游资源的魅力源泉；（三）文化是旅游业的灵魂。旅游对文化变迁的影响从积极的方面来看：1. 有利于传统文化的交流与传播；2. 有利于传统文化的保护。旅游可以为当地的居民带来可观的收入，而旅游业的发展也为文化的保护工作提供了物质上的保证。从消极的方面来看：1. 产生文化冲击，从而同化本土文化；2. 容易引起道德弱化；3. 传统文化因商品化而扭曲变形。最后，发展旅游文化的对策：就要因地制宜地开发当地特色的旅游资源，并要在开发中形成开发网络。还要注意推动地区联合行动，开辟民俗旅游线路。同时还要开发有地方特色的旅游商品，提高旅游商品的文化品位。同时，在发展旅游文化的时候还要提高文化的含量，提高消费层次。并要努力培养一批高素质的人才，提高服务人员的政治思想素质和科学文化素质，增强管理能力，提高服务质量。

生态旅游的文化保障问题刍议

李文明在《企业经济》2005 年第 11 期撰文认为，在众多的旅游形式中，学术界一般根据旅游资源文化属性的强弱和旅游产品文化含量的高低等将其划分为两大类：大众观光旅游和文化旅游。而在众多类型的文化旅游中，生态旅游又因其以旅游业的可持续发展为指导思想，以环境保护为核心理念，以追求人与自然和社会的和谐统一为目标而具有更加丰富的文化内涵，因而在文化旅游中独树一帜，成为独特的文化旅游形式而备受各国政府、旅游管理部门、旅游产品提供商的推崇和广大旅游者的青睐。然而，如何从旅游文化构成的角度来探讨生态旅游的经济效益、社会效益和环境效益全面实现的保障问题，具有一定的理论意义和现实意义。学术界一般认为旅游活动实现的三元结构包括旅游主体（旅游者）、旅游客体（吸引旅游者观赏考察的对象）和旅游媒体（帮助旅游主体实现旅游活动的中介组织），因而旅游文化实际上是由“三体”文化构成的，即旅游主体文化、旅游客体文化和旅游媒体文化，这“三体”文化相互联系、相互依赖、相互作用、相互影响，构成了具有整体功能的系统。生态旅游活动的旅游文化也不例外，生态旅游文化内涵的体现、生态旅游者文化需求的满足，生态旅游文化效益的实现必须依赖生态旅游的“三体”文化——生态旅游主体文化、生态旅游客体文化和生态旅游媒体文化的有机结合，三者缺一不可，互为条件，互为因果。显然，生态旅游的文化保障来自于主体文化保障、客体文化保障和媒体文化保障的共同作用。

全球化背景下的旅游经济与国际竞争

朱华在《国际经济合作》2005 年第 11 期撰文指出，不论从总收入、就业、增值，还是投资和纳税等方面，旅游业对世界经济的发展都作出了重大的贡献。旅游业是投入少、产出高的新型产业，而且旅游业还带动了其他关联产业的发展。从总体上来看，我国旅游业已经具有相当大的产业规模和一定的参与国际市场的竞争能力，但同美国、法国、西班牙、意大利等世界上旅游强国相比，仍然存在较大差距。我们应从入境旅游市场、出境旅游市场、国际旅游外汇收入三个方面对我国旅游业与世界旅游强国的竞争势态进行分析。加入 WTO 既给我国旅游企业，特别是旅行社带来了挑战，同时也带来广阔的前景，有利于中国旅游与世界经济融为一体，获得更好的发展环境，这主要体现如下：1. 有利于优化旅游业发展的大环境；2. 有利于建立更加符合国际规则的运营机制；3. 有利于入境旅游市场的扩大，增加国际客源；4. 有利于吸引外资，加强我国旅游基础设施的建设。

民俗旅游：甘南旅游的活力源

安刚强在《发展》2005 年第 12 期撰文指出，甘南州夏河县以其浓厚的藏族风情和神秘的藏传佛教的氛围，广阔肥沃的草原和洁净静谧的环境吸引着旅游者好奇的目光，成为藏学热、民俗热和生态热三位一体的旅游热点。然而，随着民俗旅游深层次发展的需要，这些民俗村的局限性或不足之处也初露端倪：一、在民俗旅游产品的构成上，过度偏视以设施和餐饮为特征的外壳类项目的投资建设，忽视了以文化和风俗为核心的、动态的民俗旅游产品的开发；二、民俗旅游资源的商品化程度低；三、在民俗度假村的宏观管理方面缺少政府和行业的监督及引导。针对这些局限性，有两类解决对策。对策一：一、在开发和设计民俗旅游产品时，应突出产品本身的可欣赏性；二、突出民俗旅游产品的可参与性；三、努力加强对民俗旅游产品的开发力度、突出提高和抬升民俗旅游产品的商品化力度，将潜在的民俗旅游资源逐步转化为经济、社会和生态效益。对策二：一、加强民俗旅游资源的研讨，深究民俗学的渊源，为民俗度假村的民俗旅游产品寻找到文化的基石和支撑点；二、建立体系化的民俗旅游产品的研究、开发、生产和营销网络；三、提高民俗旅游产品的交易额，延长民俗度假村的年度营业周期，减弱淡旺季节的梯度差，平衡供需矛盾。

“文化化”：游客旅游的文化价值取向

邓凤在《南阳师范学院学报》2005 年第 12 期撰文指出，旅游就是一种“文化旅游”，是游客旅游活动中“文化化”的过程，表现有：1. 追寻生命本体的“诗意”存在游。现代意义上的旅游是为了开阔视野，超越有限的时空，获得更多新的生命体验而自觉地积极地改善生存条件，从而提高和完善自己的精神世界。2. 探寻历史文化的厚重与神秘。南阳历史悠久，文化积淀十分丰厚。这些既是游客旅游的文化价值取向，也为游客的“文化化”提供了可能。3. 体验艺术文化雄奇魅力。悠久的历史、多彩的艺术文化，为游客的南阳之旅提供了丰盛的精神食粮，更是游客到南阳旅游的文化价值取向之一。4. 树立

"生态文化"意识。包括感悟生命的充盈，疗治心灵的伤痛，领略自然风景之美，关注生态环境。

乡村旅游开发与渐进式村落更新模式

李翅、麦贤敏、黎皇兴在《小城镇建设》2005 年第 12 期撰文指出，20 世纪 70 年代以来，乡村旅游在发达国家农村地区增长迅速，对推动经济不景气的农村地区发展起到了非常重要的作用，乡村旅游对当地经济的贡献和意义得到了充分证明。在开展乡村旅游之前，应进行项目环境影响评估，制定有效的保护环境和资源的措施，严格控制项目的开发规模及对相关计划进行审批，不开展大型项目，结合村落现状安排小型的旅游活动。村落的改造必须注重整体的自然环境的塑造，改造适于旅游度假的农宅及旅游接待设施，提倡小规模、渐进式的改造方式。以位于北京平谷区黄松峪乡的雕窝村为案例研究了渐进式村落更新模式：（一）小规模渐进式村落更新模式的选择。（二）雕窝村落更新目标和改造方案的确定。（三）雕窝村落更新的实施措施：1. 关注市政基础设施和公共服务基础设施的改善。2. 加强道路景观建设。3. 居民自主改造。在小规模渐进式改造的规划思想指导下，雕窝村更新改造研究的主要思路就是：在对自然环境和地域人文资源景观保护的前提下，以改造基本的市政和公共服务基础设施以及建设作为周转住房的示范院落为起点，引导居民开始对自有住宅更新改造，不断完善和提高村庄的旅游接待水平和村民的生活环境。

论城市旅游形象与城市营销

李雅静在《特区经济》2005 年第 12 期撰文指出，城市旅游形象是对旅游城市的无形价值的提升，是城市的一笔宝贵无形资产，是城市的旅游品牌。塑造独特、鲜明、有招揽性的旅游形象，进而依靠城市旅游形象吸引游客已成为城市旅游业发展的核心要素。城市旅游形象对于城市营销有着非常重要的作用：首先，开发旅游项目不但可以带来丰厚的收入，带动城市相关产业的发展，还可以通过来游客达到直接宣传城市的目的；其次，加强旅游宣传本身在为旅游项目作广告的同时，客观上还为城市形象的提升起到了推波助澜的作用，从而最终推动城市营销的开展；再次，城市旅游形象的确立和提升，反过来又加强了旅游宣传，形成良性互动，进而提升城市整体形象。最后，随着城市营销的成功和经济的发展，城市收入也不断增加，反过来，又促进了城市旅游建设和配套设施建设，提升城市形象。关于如何设计城市形象及开展城市营销，提出城市旅游的发展涉及到诸多因素，而旅游定位及目标是必须首先解决的问题，加上现已进入营销时代，城市的营销工作应提上日程，要树立营销理念和市场意识。随着中国加 WTO 后，挑战日益增多，加之世界经济一体化，竞争越发激烈。因而经营城市者必须站在全球的高度，来经营城市，进而营销城市。

发展特色旅游业的思考

李翠微在《经济视角》2005 年第 12 期撰文指出，在旅游业争相发展的形势下，旅游产品的"趋同化"现象也日益凸现出来。综观国际国内发展旅游业所走过的历程，可用两个字来概括，那就是"特色"。"特色"是战胜"趋同化"的最好武器。谁的"特色"明显，谁就更具有市场竞争力。旅游业的特色定位，应该突出区域、线路、个性主题、历史文化、气候以及自然奇观等特征。对特色旅游的培育应注意善于挖掘、包装特色旅游产品，敢于创造特色旅游产品，通过发挥名人效应和艺术感染力宣传特色旅游产品，不断寻求与同类旅游产品的差异，打造自身的品牌特色，丰富文化底蕴和知识含量，提高特色旅游产品的品位和层次。发展旅游业要有新思路，先要学会在创新中求发展。政府制定经济社会发展规划要有旅游意识，经济社会活动要为旅游业搭建平台，要加强区域旅游合作，合力推进旅游品牌建设，强化特色旅游的形象宣传，同时制定扶持旅游业发展的政策措施。

论生态旅游

徐立新在《商业研究》2005 年第 13 期撰文指出，当前全球人类面临着生存环境的危机，随着人们环境意识的觉醒，绿色运动及绿色消费席卷全球，生态旅游作为绿色旅游消费，一经提出便在全球引起巨大反响，生态旅游的概念迅速普及到全球。生态旅游是一种利用各种有趣和灵活多样的形式来向游人宣传生态知识、环保知识和物种保护的休闲娱乐方式，能使游人放松身心，有益身心健康。发展生态旅游业还可以保护各种自然景观的完美性和生态环境的良好状态，从而有利于旅游业的可持续发展。通过阐述生态旅游在世界各国，特别是我国的发展状况，指出绿色环保意识应该是人类赖以生存的第一意识，在休闲娱乐活动中应遵循生态保护原则，恪守环保理念，不去损害旅游对象和周围环境，在理智休憩的前提下进行游玩并从中学习自然知识和放松身心。在寻求最大限度地满足对自然美景的享受和对历史民族文化的了解的同时，还要爱护供我们享受、给我们知识的休闲环境，进行无公害旅游即"绿色旅游"。开发生态旅游，需要旅游消费者与旅游经营者携手共同努力，营造出可持续发展的生态旅游环境。

试论民族历史文化资源在旅游产业开发中的地位和作用

陈道山在《内蒙古科技与经济》2005年第21期撰文认为，充分认识民族历史文化资源的现代价值，全面加强民族历史文化资源的研究，大力推进文化旅游业的发展，是实现旅游强国目标的重大课题之一。我们应正确认识民族历史文化资源与旅游产业开发的关系。民族历史文化资源质量的高低，对旅游产业的开发有重要影响。而且，旅游产业开发的前提是旅游资源。民族历史文化资源在旅游产业开发中的地位体现在其基础性和垄断且不可替代性，其在旅游产业开发中的作用：1. 民族历史文化资源与旅游活动互动发展；2. 民族历史文化资源与社会经济互动发展；3. 民族历史文化资源与旅游可持续发展互动发展。总之，全面理解民族历史文化资源和旅游产业开发的相关内容，正确把握民族历史文化资源在旅游产业开发中的地位和作用，充分利用民族历史文化资源的价值（其中蕴涵着吸引旅游者前来观赏和探奇的无穷魅力）来发展旅游业，不仅具有广阔的市场前景，而且可以取得独家经营的优势。

论生态旅游的环境容量

于德珍在《绿色中国》2005年第24期撰文指出，过度的开发，生态旅游地的游览人数长期连续的或周期性的超越合理的容量，会使旅游地的环境恶化，生态系统退化。确定生态旅游的环境容量既要遵循自然生态规律性，又要考虑到人与自然的和谐统一。对生态旅游的环境容量的测度需要从两个方面考虑，其一是人们在旅游地的活动对环境所产生的负面影响，是否在旅游地的生态系统所能承受的范围内。其二是自然环境对于旅游者在游览过程中产生的污染物能否吸收和净化。张家界国家森林公园旅游人数的年际变化呈现出“半年清淡半年满”的季节性饱和的现象。鉴于此，我们需要采取措施进行有效的调控：1. 加大淡季的旅游促销；2. 在旺季即将到来之前，通过大众传媒向旅游者及潜在的旅游者宣传已发生过的环境容量超载及超载可能带来的严重后果；3. 在旺季限制入园游览的人数；4. 加强景区的管理，引导旅游者自觉地爱护环境，建立旅游活动与自然的和谐协调关系。

对旅游资源优势转化为旅游经济优势问题的探讨

石德旺在《商场现代化》2005年第29期撰文指出，现代旅游不是简单的资源消费，有丰富的旅游资源，并不等于就有成功的旅游产品，更不等于就有丰厚的效益。当前形势下，各地都应在充分保证社会效益的前提下，努力把丰富的旅游资源优势最终转化为旅游经济优势。旅游资源优势明显而旅游经济收益差的原因主要有：1. 旅游资源价值混同于旅游产品价值、旅游价值；2. 硬、软件建设滞后；3. 开发缺乏整体性，规模效益难以体现，营销存在严重不足。而将资源优势转向经济优势的路径是：首先，要以经济效益为中心，优化旅游产品结构；其次，要加快与旅游业相配套的硬、软件建设；第三，要提高开发整体性，实现规模效益。还应加大旅游专业人才的引进与培养，改革旅游管理体制等。

论大旅游视野下的产业互动与整合

沈中印在《商场现代化》2005年第30期撰文认为，旅游业与相关产业或行业（如农业、工业、商业、交通、城建、文化、教育等）的关联度大，联系紧密。旅游业对相关产业有巨大的拉动作用，相关产业对旅游业具有极大的推动作用，二者相互作用，协调发展。由此形成了大旅游视野下的产业互动与整合。旅游业与相关产业整合指的是，在大旅游的行业领域内，与旅游业相关联的不同的行业和机构为了使以旅游业为中心形成一种向心力和凝聚力所进行的整合。旅游支柱产业要持“大旅游”的观念，“大产业”意识，构建“大旅游”产业发展规划，构筑发展旅游支柱产业的支撑体系。通过区域产业整合达到促进、优化产业结构的目的，使之具有区域竞争优势和产业竞争力。同时，我们应构建以旅游业为中心的产业互动与整合模型。特别是以大旅游视野下的旅游业和相关产业的互动与整合模型图说明旅游业与农业、工业、商业、交通运输业、城市建设、文化产业、教育业的互动，分别产生了农业旅游与旅游农业、工业旅游与旅游工业、商贸旅游与旅游商贸、交通旅游与旅游交通、城市旅游与旅游城市、文化旅游与旅游文化、教育旅游与旅游教育等的相互关系。

我国商务旅游市场现状及可持续发展

俞海滨在《商业时代》2005年第35期撰文认为，商务旅游自20世纪80年代以来获得快速发展。我国正在成为全球商务旅游消费的重要市场之一。商务旅游是以商贸活动为主要目的，把商业经营与旅行、观光结合起来的一种旅游形式。目前商务旅游市场可以划分为一般商务散客旅游市场、会议旅游市场和奖励旅游市场等几个部分。其特点为：消费能力较强；时间观念较强，对其所赴或所住的环境的软硬件有一定要求；商务旅游者不是一般的观光客，而是公务为主、旅游为辅的商务客。商务旅游在我国发展的现状可以概括为：1. 我国已成为理想的商务旅游目的地；2. 政府支持力度加大；3. 网络服务日趋完善。当前，我国商务旅游发展还存在许多问题：1. 地区发展不平衡；2. 政府、协会和企业的职能划分不明确；3. 商旅服务专业化经营程度不高。针对这些问题，提出几点推动我国商务旅游市场可持续发展的策略：1. 理顺管理体系；2. 制定系统发展的战略；3. 引入合作与竞争机制；4. 尊重"个性化"需求。

浅析旅游开发过程中的民族传统文化保护

张明、李林在《天府新论》2005 年第 S2 期撰文指出，随着国家"振兴东北老工业基地"战略的实施，辽宁在加强工业建设的同时，也认识到了旅游对经济发展的巨大推动作用。而辽宁又有着发展旅游的巨大文化资源优势——满族文化。随着现代化和全球经济化进程的加快，随着来自外界主流文化、"时尚文化"的冲击和同化，满族传统文化正面临着被遗弃和失传的可能。对满族传统文化现状分析得出：1. 传统文化的商品化形式严重；2. 传统文化资源利用不当；3. 传统文化的保护与开发缺乏与时俱进的精神。因此，保护传统文化必须遵循以下原则：1. 坚持科学发展观原则；2. 坚持动态保护的原则；3. 坚持原真性保护的原则；4. 坚持在特定环境下保护的原则。而保护措施有：1. 积极调适是对传统文化保护的一条有效途径；2. 社区参与旅游对民族传统文化的保护；3. 制定科学规划；4. 坚持以人为本的思想；5. 政策法规支持是满族传统文化有效保护的保证。此外，建立保护载体、制定传统文化保护的可持续发展战略、积极恢复和开展各种传统节庆活动、加强与国外的交流与合作等措施在传统文化保护中也非常重要。

生态旅游文化：可持续发展的精神保障

章怡、朱晓媚在《广西民族学院学报》哲学社会科学版 2005 年第 S2 期撰文认为，生态旅游文化就是在生态旅游和生态旅游相关联的活动中人对时间和空间的取向及由此造成的变化和结果。而生态旅游文化的内涵有以下三点：(1) 生态旅游活动是生态旅游文化产生的前提。(2) 生态旅游文化是一种融合而成的文化形态。(3) 生态旅游文化是生态旅游文化现象和生态旅游文化关系的总和。生态旅游文化的特征包括健康性、大众性、可持续性、传承性。有关生态旅游文化建设的内容，应注重于生态旅游主体文化、客体文化、媒体文化、物态文化、制度文化、行为文化和心态文化的建设。而生态旅游文化建设的方法包括：(1) 运用法律手段保护生态旅游区的生态旅游文化。(2) 从战略的高度对旅游文化建设进行统筹规划，并运用技术手段保障旅游规划的实施。(3) 运用经济手段进行生态旅游文化的建设和保护。(4) 广泛开展生态科普活动，结合"地球环境日"、"世界土地日"、"世界环境日"、"世界水日"等活动，通过报刊、广播电视等媒体，积极进行群众性生态科普教育活动，建设集生态教育、生态科普、生态旅游、生态保护、生态恢复示范等功能于一体的生态旅游区。(5) 通过行政和政策手段。(6) 建立公众参与机制。

民俗风情旅游开发刍议

王佳在《燕山大学学报》(哲学社会科学版) 2005 年 8 月第 6 卷 (增刊) 撰文指出，民俗风情旅游是以一个民族或地方群体民众传承性的生活文化为吸引性因素，使旅游者产生旅游动机并实施旅游活动的一种特殊的文化形式。民俗风情旅游可以分为三种类型：参观观赏型、了解领略型、参与体验型。作为一种专门主题式旅游，民俗风情旅游除了具有旅游的共性和文化旅游的一般特性外，还具有其自身的个性——民族性与地域性、文化性与历史性、参与性与体验性、传承性与发展性等。民俗风情旅游是当今旅游业一道亮丽的风景线。浓郁的民族风情、淳朴的民风、清新的空气、绿色的食品、厚重的文化底蕴吸引了无数的城市游客和海外游客。因此要善于开发、完善开发、精品化开发、综合性开发。民俗风情旅游由于特殊的旅游资源和别样的旅游特征，在开发旅游地时，硬件和软件设施的建设要注意符合民俗风情旅游者的旅游口味，才能促进综合效益的提高。为了民俗风情旅游的可持续发展，旅游经营管理者和市场开发者应特别注意以下几个问题：1. 民俗风情旅游开发必须注意对民族传统文化的保护；2. 旅游接待设施的建设应做到外部景观地方民族化与内部装修现代化的统一；3. 大力开发具有民俗地方特色的旅游商品；4. 要倡导"真民俗"，拒绝"伪民俗"；5. 应提高导游的文化素质。

从观光走向休闲度假

陈少春在《宁波经济》(三江论坛) 2006 年第 1 期撰文认为，旅游业是奉化的传统产业，多年来奉化旅游产业一直保持着较快的发展势头，但也面临着传统观光旅游占主导、旅游产品单一、旅游资源整合不足、资源优势无法转化为产业优势、产业关联带动作用不强等问题。"十一五"期间，有必要重新审视旅游定位和发展方向问题，以此促进奉化旅游业发展。发展奉化休闲度假旅游是迎接休闲时代到来的需要，是融入宁波大都市、落实城市功能定位的需要，是调整经济结构、增强区域经济竞争力的需要。一般来说，一个地区要发展休闲度假旅游，必须同时具备三个基本条件：一是具有良好的生态环境和丰富的旅游资源；二是具有持久不衰的休闲客源市场；三是具有完备的休闲服务设施。而奉化具备发展休闲度假旅游产业的综合优势：1. 区位交通优势；2. 生态资源优势；3. 特色旅游品牌优势；4. 客源市场优势；5. 服务设施优势。休闲度假旅游产业作为一个新的增长点正兴起。做大旅游产业，发展休闲度假旅游，根据奉化的资源禀赋、区位优势和城市定位，可从以下五方面入手：1. 整合资源，搞好规划；2. 集聚人气，强化支撑；3. 产业联动，整体推进；4. 系列开发，打造精品；5. 多元投入，创新体制。

体育旅游开发与对策研究

杨耀华在《体育科技文献通报》2006年第1期撰文认为，体育和旅游虽分属两种社会现象，但其发展有相同的社会经济文化背景，对人类社会起着相似的作用，它们是现代休闲社会生活的主要活动内容，在满足人们心理和生理的高层次需求方面有异曲同工之处。对开发我国体育旅游做的可行性分析表明：（1）国际社会休闲化趋势：体育旅游是未来休闲时代人们喜爱的享受生活的方式。（2）社会经济发展需要：体育旅游对拉动内需，促进消费，加快货币回笼具有重大意义。（3）旅游业发展的需要：体育旅游的多元性可以满足不同年龄层次，不同阶层，不同群体的旅游需要，可以拓展旅游业的旅游产品形式。（4）体育旅游对环境保护的作用：体育旅游的发展促进旅游地区道路、交通、电力、通讯等基础设施的改善。鉴于此，开发我国体育旅游的对策是：（1）完善法律法规建设，制定整体发展规划，坚持先规划、后开发。（2）加强体育旅游可持续发展性，体育旅游开发之前应考虑对体育旅游资源的保护，开发不能危及当地人的生存环境。（3）树立产业观，协调与相关行业关系。（4）多元化开发，做到产品结构的多层次性，以适应不同年龄、不同阶层、不同区域人群体育旅游的需要。（5）加大宣传促销力度，大力拓展体育旅游客源市场。（6）对旅游者、旅游目的地双向负责原则。体育旅游开发应尊重旅游者的自由选择权，尽量满足旅游者的旅游体验需求。

对历史文化名城旅游开发的探索和思考

魏峰群在《旅游科学》2006年第2期撰文认为，对历史文化名城不但要树立保护的理念，更要树立发展的观念，努力挖掘城市自身的文化内涵，宣扬和展示其独特的城市精神、性格和气质。历史文化名城不仅是具有特殊价值和意义的古老城市，同时又是极为脆弱和易变的历史文化载体。因此，我们亟待探索出一套科学开发历史文化名城旅游资源的合理模式和管理体制，协调旅游开发与资源保护的关系。随着我国旅游业的持续高速发展，历史文化名城作为独具魅力的旅游目的地，发挥着越来越重要的作用。历史文化名城的旅游开发也成为一个新的课题受到广泛的关注。最后，通过对历史文化名城旅游开发体系建立的相关内容，从综合评价、目标设定、控制定位、开发建设和管理体制等5个方面进行研究，试图构建一个合理有效的历史文化名城旅游开发体系，协调处理旅游开发和历史文物保护的关系，强化历史文化名城的旅游功能，使其在我国旅游业发展进程中发挥出更为积极的作用。

我国旅游产业集群的分析与思考

石建中、邢萍在《中国海洋大学学报》（社会科学版）2006年第2期撰文，对我国旅游产业集群做了必要性分析：1. 规模定位不当，旅游企业间无序竞争现象突出；2. 企业相互依存、相互支援的专业化分工协作产业网络尚未形成；3. 难以应对未来国际旅游市场的挑战。同时对我国旅游产业集群进行了可能性分析：1. 旅游产业本身的强关联是形成产业集群的内在动力；2. 丰富的旅游资源是我国发展旅游业集群的重要保证；3. 旅游目的地发展的客观需要是旅游集群发展的推动力量。可见，我国旅游产业已经具备了旅游产业集群建立的条件，面对旅游产业发展的迫切要求，构建旅游产业集群势在必行。通过价值链重新构建集群，可以使得旅游企业间实现资源共享、分工专业，形成较强的规模效应、互补效应。而旅游产业集群没有统一和固定的模式，形式多种多样。就我国旅游产业现状，构建旅游产业集群应在发挥区域优势的基础上，从横向和纵向层次展开，具体包括以下几个部分：1. 旅游行业内部集群；2. 产业内部集群；3. 区域内部集群；4. 区域间的集群。构建旅游产业集群应注重以下几个方面：1. 构建网络体系；2. 加强文化的整合；3. 注重集群的网络成本分析。

文化经济与旅游经济发展关系分析

梁峰、冯学钢在《特区经济》2006年第2期撰文认为，文化经济对旅游经济发展的意义有：1. 为旅游资源增添新的内容；2. 提高旅游服务营销手段；3. 提高旅游产品附加值，增收创汇；4. 促进旅游经济可持续发展。旅游三要素是旅游主体游客、旅游客体旅游资源和旅游媒介旅游业。文化与旅游的结合便形成了以下内容：1. 与旅游主体的结合。一方面，随着经济的发展，人们对精神文化的需求日趋旺盛，有形物质产品的购买逐渐为无形的精神愉悦和享受所挤占。另一方面，从文化角度看，旅游者是旅游文化的负载者和传播者；2. 与旅游客体的结合。文化与旅游客体的结合有两个维度，即时间维度和空间维度。在时间维度上，文化的时代差异性使同样的旅游资源具有完全不同的旅游价值，人们的审美能力和愉悦要求是随着社会实践的不断发展而发展的。在空间维度上，不同地域旅游资源有明显的区域分异规律。文化既是行为的产物，也是进一步行为的制约因素；3. 与旅游业的结合。旅游业包括以旅行社、旅游饭店和交通运输三大支柱行业为主的众多的为旅游主体直接提供服务的旅游企业和间接的为旅游主体提供服务的诸如行业管理机构、教育培训机构等旅游企业。加强文化经济与旅游经济的均衡，首先，注意地区之间、城乡居民之间、不同收入水平家庭之间文化消费水平的差异对旅游消费需求的差异影响，其次，要注意旅游经济行为对于文化资源的破坏，尽量减少破坏。实际上，旅游首先是一种文化现象，旅游作为一种文化现象所发生的影响或许比其单纯的经济影响更为深远。

四川旅游资源开发与三次产业的关联

母涛在《经济管理》2006 年第 3 期撰文认为，旅游产业内部的行业从纵向上看事实上是由三个层次构成。第一层次为旅游资源开发经营业，这是旅游核心产业；第二层次为旅行社业、旅游饭店业、旅游交通运输业和旅游商品经营业构成的行业群。第三层次为对旅游业直接提供硬件、软件支撑和服务的行业群，包括第一产业、第二产业、第三产业的相关行业。在第一产业，近年来以农业林业资源为基础，把农业生产经营与旅游资源开发结合。根据四川农业旅游资源状况，可主要发展以下几种生态农业旅游类型：(1) 农产品直接利用型。(2) 农作过程利用型。(3) 农业环境利用型。(4) 农村文化利用型。而对于第二产业，工业是国民经济体系中最为重要的产业，其他产业的发展必须得到工业的支持。四川工业旅游产品模式要考虑以下三种模式：一是特定产品模式；二是落后的生产开发模式；三是先进的生产工艺开发模式。而对于以旅游资源开发为核心的旅游产业本身就属于的第三产业，随着国民经济的发展，人民生活水平的提高，人们对旅游需求的不断增长，旅游资源开发在第三产业中的地位与作用越来越重要，与第三产业中的其他行业的关联性越来越强。

我国"八大古都"古都文化旅游发展战略思考

沈祖祥、林弈言在《旅游科学》2006 年第 3 期撰文认为，中国"八大古都"，指北京、西安、南京、杭州、洛阳、开封、安阳、郑州这 8 个中国最著名的古都城市。拥有中国"八大古都"的称号，既是一种历史地位，也是一份独特的城市名片。然而让人困惑是，中国"八大古都"城市在旅游发展进程中，都没有主打"八大古都"的城市名片。究其原因，一是认识问题；二是策略问题。首先是认识缺位，对古都文化资源蕴含的旅游价值及其发展空间缺乏理解。"古都"文化是中国"八大古都"城市的"城市之根、发展之本、旅游之魂"，"八大古都"是稀缺资源，具有不可复制性和不可替代性，应重新审视中国"八大古都"的城市名片和"古都"文化的旅游价值。由此提出如下策略组合：1. 以文化铸造古都旅游之魂；2. 以文化丰富古都旅游的内涵；3. 以文化提升古都城市旅游的品位；4. 以文化树立古都城市独特旅游形象；5. 以古都文化开拓海外市场。

我国旅游产业现代化的路径设计

衣传华在《桂林师范高等专科学校学报》2006 年第 4 期撰文认为，旅游产业现代化路径设计的价值在于：1. 它是旅游产业现代化的指向性保证；2. 它是旅游产业现代化的过程控制与协调的依据；3. 它是旅游产业现代化的效果评价标准。实现旅游产业现代化的手段：（一）结合市场秩序治理，完善旅游市场机制。其中，完善旅游市场机制应包括以下方面的内容：1. 旅游市场自发秩序的形成；2. 政府对市场秩序的纠偏和导引；3. 法律对市场秩序普遍性原则的维护。（二）推进产权改革，加强国际竞争能力。目前我国的旅游业在国际竞争中处于劣势的主要是硬素质：企业规模小、集团化低，企业的设施数量不足、档次低，跨国经营网点少、投入有限等等。要改变这种局面应采取以下措施：1. 所有制、经营权改革；2. 产权规模改革；3. 产权产品外部性的联动改革。（三）推进产业增长方式升级。包括：1. 要素的内涵扩张；2. 要素的几何扩张。（四）优化行业结构。包括：1. 行业总体结构；2. 行业内外配套结构；3. 行业动态结构。

旅游产业结构分析与优化实证研究

庄小丽、康传德在《华中师范大学学报》（自然科学版）2006 年第 4 期撰文认为，2004 年湖北入境旅游购物消费仅占入境旅游总消费的 19. 2%，低于全国的平均水平 22. 53%，与旅游发达地区 30% 的水平相距甚远；而交通花费却占了 41. 54%。因此有必要对湖北旅游产业结构进行分析，促使湖北旅游业迈上一个新台阶。根据偏离—份额分析法，即以一定时期内旅游产业的年增长率为基准，分别测算某一地区按照全国平均增长率可能形成的假定份额，并将其同该地区的实际增长额进行比较，从而分析某地区旅游产业结构相对于全国平均水平的偏离状况，进而分析和评价其旅游产业结构效益状况。湖北旅游产业结构存在的问题如下：1. 资源优势尚未转化为产品优势；2. 交通瓶颈仍未解决；3. 购物花费不高、娱乐消费不足；4. 旅游饭店业供过于求，结构欠合理。鉴于此，优化湖北旅游产业结构的对策有：1. 加强资源开发与区域整合，塑造旅游精品工程；2. 加大市场宣传力度，开展联合促销；3. 搞好交通基础设施建设，解决交通瓶颈；4. 大力提高旅游商品、娱乐业的产出比重；5. 控制旅游饭店的数量，优化调整饭店类型，发展特色饮食、打造餐饮品牌；6. 抓住中部崛起之机遇，促进旅游的大发展。

旅游开发与非物质文化遗产保护

宋欢在《沧桑》2006 年第 4 期撰文认为，在旅游开发过程中应从以下几个方面来对非物质文化遗产进行保护：一、旅游资源调查评价过程中应该重视非物质文化遗产资源的调查和保护。在旅游开发中，旅游资源的调查是第一步，以往开发者只注重收集调查有形的旅游资源，在少数民族聚集地旅游开发者也会关注少数民族风俗资源的开发与保护，但在汉族聚集地则往往会忽视这个问题。非物质文化遗产包括了人类的情感，包含难于言传的意义和不可估量的价值，它与我们的生活和整个社会息息相关。因此从某种程度上非物质文化遗产资源比有形的资源更具有价值，特别是那些濒临灭绝失传的文化资源更是弥足珍贵，迫切需要保护。二、发展战略制定时应该重视非物质文化遗产的保护。首先，必须从思想上提高认识。其次，非物质文化遗产深深扎根于自己的民族。最后，非物质文化往往以有形物质文化遗产为载体而存在。三、旅游项目设计中应重视非物质文化遗产的保护。在项目设计中可从以下两个方面来将强对非物质文化遗产的保护：1. 通过旅游项目让旅游者走近非物质文化遗产；2. 坚持原真性的原则。

档案的旅游资源效用及开发路径探析

唐跃工在《档案时空》2006 年第 4 期撰文认为，正确认识档案的旅游文化价值，不断挖掘和开发旅游特色档案，对于实现旅游业的持续发展具有重大的现实意义。一是我国丰厚的旅游资源彰显档案的文化价值。档案文献赋予了自然景观以人文色彩，赋予人文景观以文化时空，自然的奇妙与文化的深邃相得益彰，名胜古迹才得以驰名天下。档案拓展和丰富了旅游景观的内涵及价值。二是档案在旅游业发展中的资源效用：1. 档案是一种重要的旅游文化资源。档案的旅游资源效用主要有以下几方面：文物景观附属原始档案的资源效用；档案馆馆藏文献的资源潜在效用；博物馆、纪念馆馆藏档案的资源扩展效用；2. 档案是旅游规划与开发的依据；3. 档案是旅游宣传促销的素材。档案为旅游业服务的路径可从以下几点入手：1. 重视旅游特色档案的研发；2. 营造旅游休闲文化环境；3. 开展形式多样的旅游文化活动；4. 促进档案文化产品的开发和销售。

民族文化资源向文化产品的转化

郑宇、曾静在《民族艺术研究》2006 年第 5 期撰文认为，对于箐口村的研究是有典型意义的：通过对它的旅游开发实践的微观分析，除了可以进一步为当地找到问题，探寻更好的发展方向外，更为重要的，是它对于其他民族地区文化产业开发的启示意义。对它的成功经验的总结，能为其他地区的开发提供可资借鉴的模式；它的问题和不足，能为文化产业的全面、健康发展提供重要经验。从文化资源向文化产品转化的基础、民族文化资源向文化产品转化的内部障碍和民族文化资源向文化产品转化的外部障碍三个部分可以论证这一点。箐口村的民族文化旅游的发展使我们认识到，该过程是一个由人类群体的交往本质所决定的，新的社会条件下的历史过程。它是使民族文化向资本转化，促使民族文化发生功能性转变的过程。箐口村的民族文化旅游已经取得了相当的成就，总体来看，它表现出了以旅游为最重要载体和基础的基本特征。当然，它也现实地面临着许多困难。在内部，主流文化同民族文化之间的差异，即在此过程中必须面临的资本普遍性同民族文化自身的特殊性之间的矛盾。在外部，其困难表现在历史的结构性影响，资本来源的问题，以及不同主体之间的关系的处理。只有在认识到这些困难和障碍的基础上，立足现实，对它们进行认真解决，才能更好地发展当地民族文化旅游，在创造出巨大经济效益的同时，创造出民族文化产业独特的巨大社会效益。

旅游外交：我国旅游产业发展新取向

梅毅在《南昌大学学报》（人文社会科学版）2006 年第 5 期撰文认为，纵观新中国成立以来的旅游发展历史，我国旅游业先后经历了两次大的战略转型过程。第一次转型是从官方外交附属向经济产业的转变。第二次转型是围绕旅游外交功能的出现而逐步展开的。旅游业进入国民经济新的增长点与旅游外交并重时期。战略转型客观上成就了旅游产业走向“旅游外交”的基本架构，使其在战略发展上拥有不能忽视的外交意义。旅游外交内涵急剧增加，具体表现在：1. 对外旅游活动频繁。2. 规模与层次升级。3. 官方外交含义深厚。4. 服务政治意图日趋明显。5. 社会责任意识强烈。6. 文化传播功能突出。7. 区域合作势头迅猛。在国家对外事务中，旅游业的分量日益加重；国际区域合作功能越来越强；对外交流活动规模不断扩大，活动层次越来越高；“客源外交”影响日见增长，魅力不断增强。由此可得：我国旅游产业发展出现了走向

"旅游外交"的总体态势。

试论旅游可持续视角下的文化发展

把多勋、彭睿娟在《开发研究》2006年第6期撰文认为，旅游产业可持续发展与文化的关系：1. 文化是旅游产业保持可持续发展的因子；2. 文化是旅游产业发展的基础；3. 文化是旅游产业保持可持续发展的因子；4. 旅游产业可持续发展是文化得以保护和发展的产业载体。我们可以将旅游产业发展中的文化危机理解为旅游产业发展过程中的文化负外部性。我们必须关注器物文化、方式文化和价值文化这三者之间的负外部性影响。旅游产业发展中的文化发展是：1. 文化是一个文化共同体的先人们在其所处的特定环境中，成功地与外部世界打交道从而实现自身价值最大化的经验结晶，是与社会、自然进行调试与博弈的总和；2. 长期以来旅游目的地的文化被认为是一种低势能的文化，总有着落后的文化向高势能文化趋同的规律，不可避免地面临着本土文化的扭曲甚至是失真，支撑区域旅游产业发展的根基面临威胁；3. 加大文物保护力度；4. 培养游客道德与游客自我教育意识，主动提升自我旅游行为的品质；5. 随着经济的发展，在要素可自由配置的市场化条件下，关键是要实施区域产业结构转型和大力发展区域旅游产业，有机地吸纳优秀人才居留在本土，成为发展旅游产业的生力军。

红色旅游区域产业集群化发展策略探讨

白洁、杨靓、李俊在《山东商业职业技术学院学报》2006年第6期撰文认为，旅游区域产业集群就是通过整合空间上相互联系的、具有专业化分工和协作关系的独立旅游参与体，形成共同开发旅游资源的、以正式或者非正式关系为纽带的旅游产业集中区域。红色旅游发展区域产业集群的必要性包括：（一）旅游相关社会资源合理配置的需要；（二）对红色旅游景观保护的需要；（三）多层次性的旅游者需求对完善旅游景区功能的需要；（四）借助红色旅游资源地域分布特征，构建旅游资源区域竞争优势的需要。红色旅游区域产业群的培育需要明确产业群内部的基本构成要素和各个要素之间的关系，确立功能完善、服务全面、共同协作、优势互补的红色旅游块状产业优势地位，使红色旅游产业成为地区性共同扶植、共同建设的特色产业。鉴于此，构建红色旅游产业集群的对策有：（一）严格把握红色旅游产业进入关口。（二）加强信息管理，促进集群内部信息流动。（三）协调好集群内部资源生产和外部资源输入的关系。（四）选择适当的集群内部组织形式。

基于循环经济理论的旅游产业整合及竞争力提升研究

韩哲英在《林业科技》2006年第6期撰文认为，通过对旅游产业整合理论研究现状进行分析可知，旅游产业整合，从静态的角度看，是指旅游产业通过结构调整和组织改造，在市场经济条件下，进行资源优化配置，从而形成产业的发展合力和产业竞争优势并最终达到的结构与状态，它是旅游产业发展的终极目标；从动态的角度来看，旅游产业整合是指达到上述目标和结果的一个过程。旅游产业的整合理论研究与实践可以基本概括为后项整合与前项整合。最后，对国内外旅游的产业竞争力进行分析。由于旅游产业的整合及竞争力提升的研究在我国仍处于发展阶段，尚存在许多值得进一步探讨的问题。而真正把循环经济与旅游业发展联系起来研究的很少。实际上，利用循环经济的理论与实践指导旅游产业的整合，提升其整体的竞争力，无论在理论上还是在实践上都十分必要。

浅析旅游文化资本化

迟静圆、孙厚琴在《桂林旅游高等专科学校学报》2006年第6期撰文认为，旅游是一种社会文化活动，文化是旅游的灵魂，作为现今创意产业之一的旅游业要想实现可持续发展就要充分发挥文化的作用，把文化变为资本，用文化来发展旅游经济，以旅游经济的发展来体现文化，实现经济文化的协调发展。旅游文化不是旅游和文化的简单相加，也不是各种文化的大杂烩，它是传统文化和旅游科学相结合而产生的一种全新的文化形态。旅游文化的内涵十分丰富，外延也相当宽泛。通过对旅游文化资本化运作的分析可知，旅游业要获得较大的发展，就必须高度重视旅游文化建设，深入挖掘旅游文化的内涵，营造旅游文化氛围，将文化转换为资本来参与到经济运作中，建立一套具有特色的旅游文化体系，为旅游业的发展提供服务和指南。许多地区在旅游业兴起之前，民族文化同时也在转型，旅游给"文化资本"提供了可能兑现的机会。当经济资本的巨大威力席卷全球的时候，我们应该意识到文化可以作为资本。在进行旅游文化资本运作的时候要注意由表及里的深层挖掘，意、象结合，把注意力经济上升到体验经济，实现文化资本利益最大化。

我国都市旅游发展的产业政策研究

何建民在《旅游科学》2006年第6期撰文认为，我国都市旅游产业政策问题的研究背景主要有以下三方面：第一，都市旅游业是我国旅游业发展的窗口、枢纽与支柱。

第二，与国际都市旅游发展的先进城市香港与新加坡相比较，我国都市旅游发展存在巨大差距和潜力。第三，我国都市旅游业发展缺乏先进与系统的都市旅游产业政策。根据我国都市旅游产业政策问题的研究框架与研究方法，对浦东与上海都市旅游产业政策问题进行调查。一是引导与影响旅游需求的产业政策问题：游客进入性与消费性的政策障碍。二是引导与影响旅游供给的产业政策问题：核心旅游企业的税收、折旧、经营范围与开发新产品的政策障碍。通过对国际都市旅游产业政策成功经验的总结，即香港与新加坡的启示，提出我国都市旅游产业政策体系的构建与完善两个方面的改进建议：(1) 都市旅游产业政策制定的理论依据； (2) 都市旅游产业政策制定的目标；(3) 都市旅游产业政策的对象与任务；(4) 都市旅游产业政策的手段与措施，可以从引导与影响旅游需求的政策、引导与影响旅游供给的政策与规范市场主体行为的规制三方面设计；(5) 都市旅游产业政策决策、实施与评估和调整的机构与程序。而在完善旅游产业发展政策时，首先需要充分认识都市旅游产业的地位。其次，可以向新加坡学习，完善产业政策的手段与措施。

影视旅游的发展现状、影响及问题

白艳在《内蒙古师范大学学报》哲学社会科学版2006年第6期撰文认为，影视与旅游联手，以影视带动旅游，这一新的旅游运作方式应运而生。同时也使“影视旅游”这个全新的旅游文化概念深入人心。现有对影视旅游的相关研究还比较少，主要集中在两个方面：第一，影视拍摄地对游客的吸引力研究。第二，影视作品对拍摄地旅游业的推动力研究。我国影视旅游的产生是在1987年。中国最早规划建设的影视拍摄基地于无锡太湖之滨落成，标志着中国影视旅游的正式兴起。总结影视旅游发展带来的影响：1. 促进了影视拍摄地经济发展；2. 引发“影视营销”热；3. 加速了后影视产品的开发。最后，当前影视旅游发展存在的问题及对策。存在的问题有：(1) 影视城重复建设，效益低下。(2) 影视产品及其附带产品形式单一，我国影视旅游产品还停留在传统的观光层面。(3) 影视作品旅游吸引力降低，造成客源萎缩。解决对策有：(1) 加强管理，合理规划。(2) 丰富影视旅游产品，重视影视体验。(3) 增强影视旅游的文化内涵，实现可持续发展。

旅游目的地文化真实性探讨

张明在《学术探索》2006年第6期撰文认为，我们应从两个角度认识旅游目的地的文化真实性问题：(1) 从舞台真实性的角度研究；(2) 旅游目的地文化真实性的类型。作为旅游目的地的文化的真实性具有前台表演性、继发性、整体性、相对性等特征。而旅游目的地文化产品可以分为以下几类：第一类，具有本体意义上的真实的历史遗产现场。第二类，是反映出旅游目的地真实生活习俗的具体标志性的旅游文化产品。第三类，在目的地举行的反映真实文化的活动。第四类，是在目的地举行的目的地文化以外的活动。影响旅游目的地文化真实性的因素：(1) 旅游者对旅游目的地文化真实性的感受。(2) 社区居民的参与。(3) 当地政府。(4) 旅游企业。并提出了寻求旅游目的地文化真实性的途径：(1) 进行旅游景区规划、旅游产品设计、旅游活动的开展和进行旅游宣传及进行旅游景区经营管理时，要把文化的真实性与游客的真实体验联系起来。(2) 注重游客参与。(3) 旅游产品的设计、旅游活动的开展、旅游目的地的管理要注重当地居民的参与。(4) 当地政府的宏观把握和调控。

当代中国旅游发展模式探讨

张松婷在《资源开发与市场》2006年第6期撰文认为，未来旅游业有四种发展模式，一是“集群产业型”旅游发展模式——产业结构创新，产业集群是指以市场为导向，以中小企业为主体，集中生产相关产品，专业化协作配套的企业在同一地理区域大量积聚的现象。其重要特征就是许多企业紧密合作，配套生产，形成一系列完整的产业链，出现“小企业大合作”的发展局面。近年来，各地不断提出发展“大旅游”，但我国目前在观念上对“大旅游”的认识界限模糊，旅游业的发展仍拘泥于单体产业化的发展思路，已相对落后于工业化发展进程和全球化发展趋势，与以产业集群理论为指导的“大旅游”相差甚远。二是“绿色循环型”旅游发展模式——生产方式创新。构建“绿色循环型”旅游应从以下方面入手：①进行绿色开发。②发展绿色产品。③开展绿色经营，宣传企业绿色营销宗旨。④培养绿色理念。⑤建设绿色文化。三是“知识经济型”旅游发展模式——发展内涵创新。旅游业应抓住当前的机遇，不断提升自己，以顺应知识经济发展的潮流。四是“情感交流型”旅游发展模式——投资内容创新。在人们物质生活满足的同时，满足精神方面的要求日益明显，情感交流将成为旅游业运作中的一个不可忽视的环节。

名人文化旅游开发的品牌化与网络化

杨艳、黄震方在《经营与管理》2006年第6期撰文认为，名人名牌蕴涵着极大的品牌价值，名人文化旅游的同名资源竞争本质上就是对品牌的竞争。名人文化旅游同名资源的开发利用类似于同一品牌的系列产品开发，需要在共同的品牌下创造不同产品的特色，走差异化竞争的道路。从品牌内涵看，各旅游地可凭借自身资源特色，开发形式各异的旅游产品，为游客提供观光、修学、休闲、度假等不同功能的旅游形式。同时，不同的文化底蕴和资源品级也可让旅游地形成不同的旅游品位和风格，从而占领目标市场。从品牌建设看，模仿不是长久生存之计，只有特色才是持续发展的命脉。因此，名人文化旅游开发的品牌建设必须以挖掘特色为核心。首先要与学术研究紧密结合，在深入挖掘文化资源的基础上寻找特色。从品牌推广看，品牌推广的方法多种多样，如通过广告宣传、事件传播、网站建设、旅游商品开发等途径，提高旅游景点（区）的品牌知名度。同时，还应加强景区内部的管理，不断提高服务水平，改善景区环境，拓展品牌的美誉度与忠诚度。从品牌延伸看，品牌延伸就是在原有品牌的基础上推出新产品。各地的同名名人文化旅游开发应在差异化竞争的发展模式中，加强合作开发力度，共建名人文化旅游发展的协作网络体系，以推动地区间名人文化旅游资源整合，促进各地在名人文化旅游开发、经营等方面取长补短，发挥整体优势，增强整体竞争力为地区间合作的目标。

民族民俗文化与民俗旅游

牟维珍在《黑龙江社会科学》2006 年第 6 期撰文认为，民族民俗文化是民俗旅游的重要资源。随着民俗旅游的不断开发和发展，它对民族民俗文化的影响也越来越大。民俗旅游的开发模式具体来说有以下五种：（1）本原式。（2）主题公园式。（3）资源凝聚式。（4）节会式。（5）物品式。民俗旅游对传统民族民俗文化的积极影响包括：（1）民俗旅游可以改善民族地区的生存和生活条件。（2）民俗旅游可以使民族地区更快地走上全球化道路。（3）民俗旅游可以增强民族自信心，实现传统民族民俗文化的复兴。而民俗旅游对传统民族民俗文化的消极影响包括：（1）冲击民族地区的文化。（2）使传统民族民俗文化发生变异或消亡。（3）传统民族民俗文化的发展环境受到不良影响。在世界经济一体化趋势日益加快的条件下，要想实现民族民俗文化与民俗旅游的良性发展，须处理好传统民族民俗文化与民族旅游的关系，既要保护原有民族民俗文化特色，又要给现代旅游和传统文化注入新的活力：第一，用发展的眼光看待传统民族民俗文化。第二，树立文化认同的观念。第三，规划和处理好开发与保护的关系。第四，通过宣传培养人们保护民族民俗文化的自觉性。第五，培养专业人才。

从休闲的视角看旅游

李春生在《商业研究》2006 年第 9 期撰文认为，休闲与旅游都是人们的活动行为，广义上说休闲涵盖了大部分旅游活动，但在许多情况下，休闲与旅游又有着各自的特点。这些特点反映在时间尺度、空间范畴及对经济和消费的刺激等方面均有所差异。旅游在时间上表现的不如休闲宽泛，它往往需要专门的时间，而不是零星的。休闲的空间范围可大可小，距离可远可近，可以在本地，也可以在外埠进行。现代的旅游活动则是一项以不同地域间的人员流动为特征，以旅游资源为基础，加上当今便利的交通条件，使旅游活动的空间范围越来越大。休闲活动仅带来一定的经济消费，当前休闲也尚未形成统一的行业，它对经济增长和消费的刺激远不如旅游活动显著。在旅游活动的背后已形成了一个强大的旅游经济产业链——旅游业，这个产业链条因旅游发展壮大，并促进旅游经济的快速增长和消费的逐年升温，成为经济发展的巨大支柱。休闲与旅游的文化特征有：1. 移动传播性；2. 渗透扩散性；3. 时代性与地域性；4. 阶层性和民族性。休闲和旅游活动的功能特征也是相同的，主要表现在：1. 对人类生活的调适；2. 对人类情操的陶冶；3. 对文化艺术的创造。随着当今社会的发展，旅游已逐渐成为一种特殊的休闲活动。同时，旅游活动也日益将很多休闲项目纳入自己的对象之中。休闲和旅游融为一体，为人们的业余生活注入了新的活力。从休闲的视角看旅游发展，要以人为本，以休闲旅游环境承载力为基础，以科学的发展观为指导，走可持续发展之路。同时合理规划、合理开发休闲旅游资源，拓宽旅游发展的内涵，最大限度地满足人们的休闲和旅游需求。

深度发掘文化内涵　促进旅游产业可持续发展

唐勇、黄俐波在《企业经济》2006 年第 11 期撰文认为，20 多年我国旅游产业随着改革开放的深入得到了迅猛的发展，经过对传统发展观的反思，人们意识到经济增长只是手段，经济发展才是目的，旅游产业可持续发展成为普遍关注的中心议题。文化的内涵，一直是一个众说纷纭的问题。结合众多学者的观点和理解，总体上对文化的内涵可以得出以下认识：1. 文化的广泛性；2. 文化的层次性；3. 文化的模糊性；4. 文化的差异性和发展性。文化在旅游产业可持续发展中的地位和作用：1. 先进的旅游文化引领旅游产业发展的方向；2. 文化是旅游经济竞争的核心；3. 文化是旅游产业可持续发展的驱动力；4. 文化旅游是旅游产业的发展方向；5. 旅游与文化相互作用。旅游文化内涵建设促进旅游可持续发的途径：1. 以科学发展观为指导转变旅游发展观念；2. 坚持政府主导全面发挥旅游产业功能；3. 构建旅游企业文化，营造和谐旅游环境；4. 深度开发旅游资源以品牌促发展；5. 重视旅游对社会文化的影响做好前瞻性研究；6. 加快人才培养夯实旅游产业发展基础。

大审美经济视野下的体验式旅游

储少莹在《江苏商论》2006年第11期撰文认为，所谓大审美经济，就是超越以产品的实用功能和一般服务为重心的传统经济，代之以实用与审美、产品与体验相结合的经济。后工业化社会的旅游体验概念经历了四个阶段的演变，反映了体验式旅游对当代旅游的深刻介入：1. 无差异化旅游体验；2. 多样复合化的旅游体验；3. 主观个体化的旅游体验；4. 趋于相对性概念的旅游体验。随着大审美经济时代的到来，人们开始注重消费中的类似于对艺术的体验。为了还原生命的真实，旅游者热衷于在虚拟的旅游主题场景中扮演全新的角色。信息科技的大发展又为多种体验的创造成为可能。因此，体验成为大审美时代旅游的显著标志，具体表现在：1. 信息。基于万维网的电子服务成为旅游信息化的一大亮点，丰富和深入了人们的旅游体验；2. 知识。体验式旅游是知识密集型的；3. 参与。大审美经济时代的体验式旅游提供的是舞台化的体验；4. 激励。旅游者通过体验式旅游的激励，实现精神的彻底解放、人格的臻于完美。大审美经济时代发展体验式旅游的原则是：1. 旅游产品主题体验定制化原则；2. 旅游地社区整体体验性原则；3. 旅游者 AR 适度性原则；4. 消极体验最小化原则。

长江三角洲地区旅游产业空间布局

王忠诚、李金莲在《经济地理》2006 年第 12 期撰文认为，长江三角洲地区是我国最发达地区之一，也是世界六大城市群之一，众多学者从空间整合、土地利用、可持续发展等多个角度进行了系统研究，取得了卓有成效的成果。根据长江三角洲地区旅游产业现状概况、长江三角洲地区旅游产业空间布局，提出的相关区域经济发展理论：点轴渐进扩散理论、增长极理论、核心—边缘理论。基于以上理论的运用，可以将长三角旅游产业的空间结构概括为：1 个核心区——上海（含上海、苏州、嘉兴），2 个节点——杭州、南京，2 条主轴——沪宁、沪杭轴线，3 条次轴——长江沿岸、环太湖、杭甬轴线，走区域一体化道路，最终形成旅游产业的地域综合体。1 个核心区、2 条主轴，将苏、浙、沪 3 省市紧密地联系在一起，3 条次轴进一步完善和加强了苏、浙两省的旅游产业的市际联系。通过核心区、节点和发展轴线的辐射带动作用，长三角的旅游产业空间结构将向区域一体化的方向演化。

新时期中国旅游企业形势分析及趋势预测

王玉成、邢慧斌、吴利明在《商业研究》2006 年第 22 期撰文认为，中国旅游企业在从业人员特征、产业地位、产业集中度、上市比例等方面存在较为明显的特殊性。当前旅游企业发展的新形势：（一）旅游企业多元化水平较高；（二）大型旅游企业总部集中化程度高；（三）旅游企业中年轻人较多；（四）旅游企业科学技术含量较高。旅游企业的发展趋势：（一）旅游企业将面临更大的竞争压力。我国旅游业市场前景广阔的现实在带给既有旅游企业无限发展机会的同时，也必然会引来众多国内外的入侵者。旅游行业壁垒较低，在位优势不明显，转移成本较低。产品极易模仿，这无疑会使竞争本已激烈的旅游市场雪上加霜。（二）旅游企业规模将会扩大。未来旅游企业整合将是大势所趋，在这个过程当中，应该会出现一些大型旅游企业，引领和带动我国旅游企业整体水平的提高。（三）上市旅游企业数量将会激增。未来旅游企业生存的必要活动都需要强大的资金支持，在现有的条件下，旅游企业必然更多采用上市的方式筹集资金，所以可以预测未来几年旅游企业上市的速度将会大大提高。（四）旅游企业和谐化趋势明显。为适应和谐社会的发展要求，旅游企业必须走一条和谐发展的道路，构建和谐的旅游经营氛围。以人为本，诚信经营，构建和谐。

现代旅游产业与电子商务的天然适应性

李留青、朱晓宁在《科技资讯》2006 年第 34 期撰文认为，当前旅游业正日益广泛地采用电子商务来提高竞争力。世界旅游组织商务理事会的一份报告指出，今后五年间世界主要旅游客源地约 1/3 的旅游产品订购将通过互联网进行，电子商务在旅游业中有如此快速的普及和发展与旅游业本身的性质和特性是分不开的。旅游业与电子商务具有天然适应性，其主要表现在以下几点：一是旅游业是信息密集型和信息依托型产业。其中，与其他产业相比，旅游业的以下特点使信息在旅游业中的作用尤为重要：1. 旅游产品的产地消费性和事前消费性；2. 旅游业务对互动信息流的依赖性；3. 旅游业的动态性。二是旅游业是跨国界合作和跨空间运作的典型产业。三是旅游电子商务较少涉及物流问题。四是电子商务平台的特性，能较好地解决满足旅游者个体化需求与实现旅游业运作规模优势的矛盾。旅游服务活动具有多种鲜明的特点：跨行业、跨地区、时间连续和空间散布、想象推销、动态不稳定等。因此旅游业既离不开信息网络的技术支持，又能充分体现信息网络的应用价值，我们不难看出旅游业与电子商务具有天然的结合性和适应性。

我国体育旅游及其发展对策分析

胡科生、胡昕在《商场现代化》2006 年第 35 期撰文认为，在我国，体育旅游产业是个全新的产业，由于作为第三产业的旅游业发展滞后、制度环境缺失、人们收入水平制约等因素使得体育旅游还没有引起充分的重视，许多地方也没有考虑将体育与旅游结合起来促进经济发展。体育旅游对经济有积极的影响：1. 通过扩大旅游投资和消费带动地方经济发展；2. 体育旅游作为第三产业，能够通过扩大就业带动地方经济发展；3. 有利于优化产业结构。目前发展体育旅游业的对策是：1. 遵循规律，综合开发体育旅游资源；2. 体育和旅游部门协调，促进体育和旅游产业共同发展；3. 把握特点，积极开拓客源市场。

我国高尔夫旅游产业发展探析

陈才发在《中国西部科技》2006 年第 36 期撰文认为，1896 年中国上海高尔夫俱乐部成立，标志着高尔夫球正式进入中国，我国高尔夫旅游产业有潜在的巨大商机，但也存在一些问题：1. 对高尔夫球运动的认识不全面、管理也不规范；2. 对高尔夫球运动的宣传不够；3. 对高尔夫旅游产业投资力度不够；4. 高尔夫旅游产业专业人才缺乏；5. 高尔夫旅游产业同质化现象严重，功能单一。高尔夫旅游产业在国民经济中的作用是不可忽视的：1. 高尔夫旅游产业是国民经济中具有活力的新增长点；2. 高尔夫旅游产业带动其他产业发展作用明显；3. 高尔夫旅游产业有利于社会就业；4. 高尔夫旅游产业有利提高国民素质和生活质量。目前我国高尔夫旅游产业发展思路是：（一）总体思路：最大限度开发市场潜力，满足人们的健康休闲消费需求；以高尔夫旅游产业为切合点，实行体育部门与文化、市政等部门共同办体育产业的原则，使包括高尔夫球运动在内的我国体育产业在 21 世纪初期有长足的发展。（二）政府要加大高尔夫旅游产业的宏观管理力度。（三）大力开拓高尔夫旅游产业市场。（四）加大宣传力度，打造高尔夫旅游产业品牌。（五）加强对高尔夫旅游产业人才的培养。（六）加强对开发高尔夫旅游产业资金的扶持。

悄然出现的休闲经济

李世红、宋桂兰在《工业技术经济》2002 年第 2 期撰文认为，休闲具有以下特征：其一，休闲活动选择性强。其二，休闲具备“非必须”性。其三，休闲是一种无形产品。其四，休闲品位和需求具有不确定性。其五，休闲业的竞争性强。而时间集中、消费方式休闲化、消费量大是休闲的基本特点。休闲经济的成因包括：1. 经济的出现是国家采取宏观财政和货币政策的反映和体现；2. 消费的“示范效应”为休闲经济提供了良好的外部环境条件；3. 中国人的传统习惯为休闲经济莫定了心理基础；4. 休闲经济是人们在紧张的都市生活之余，亲尚自然，享受休闲的必然结果；5. 节假日期限的延长使休闲经济由可能变为现实。另外，休闲经济的作用有：（一）休闲经济扩大了消费和需求。（二）休闲经济带来了经济较大的增长。（三）休闲经济扩大了就业机会，促进了社会安定。休闲经济发展中存在以下问题：1. 休闲经济整体层次偏低；2. 休闲经济消费形式单调；3. 服务质量下降；4. 商家靠打折招揽顾客。根据以上的分析，促进休闲经济发展的措施有：1. 休闲经济的整体层次，以及增加商品的文化含量；2. 提高服务质童，加强行业管理；3. 集思广益，创造更多的消费热点。

中国休闲经济的定位及发展对策

张磊、栾贵勤在《工业技术经济》2002 年第 3 期撰文认为，休闲经济的提出，与我国居民生活收入的提高和休假时间的增加是密不可分的。正是“五一”、“十一”长假所引发的“消费热”、“旅游热”以及由此带来一系列经济、社会影响，使得商家越来越从经济角度来对待人们的休闲活动。从另一个意义上讲，休闲经济的兴起也是一国整体经济水平提高的必然结果。正像美国和欧洲等发达资本主义国家一样，中国的国力增强、经济腾飞。我国居民从事休闲活动需要两大前提：一是收入水平的提高，二是闲暇时间的增加。以闲暇时间入手进行分析。从居民的休闲活动类别出发，我们以城市为核心，可以以市区、城郊和长途旅游地三大块为基础，将中国休闲经济划分为城市休闲经济、城郊休闲经济和旅游休闲经济三大类。根据对我国目前休闲经济的分类和定位，对发展休闲经济可做全方位、宽领域、多层次地对策探究：第一，深化城市休闲，开发产业休闲功能。第二，挖掘城郊休闲，加强城郊环境保护。第三，整合旅游休闲，实现产业联动开发。对休闲经济的开发，应同区域经济本身特点相结合，与区域地理位置相匹配，合理开发，妥善处理各种关系，将经济发展同生态保护相结合，将提高生活质量与加强居民素质相统一，使休闲经济成为促进我国经济发展的新兴强劲动力。

波德里亚论被消费的休闲

何兰萍在《自然辩证法研究》2002 年第 9 期撰文认为，法国社会学家波德里亚对休闲的批判与法兰克福学派有某种渊源关系，但他把符号学应用到理论中，展开的是对文化工业的符号政治经济学批判。在波德里亚看来，消费必然导致对符号进行积极的操纵。把休闲放在以消费社会指称的后现代时代里，从消费的角度来评价休闲，休闲无法不成为符号消费的对象，因此，休闲就是大众文化之符号消费的一种。这就是被消费的休闲。总体上看，消费在消费社会中具有以下特征：首先，通过符号建立差别。其次，通过符号获得拯救。第三，对符号的追逐也是无穷的。休闲是符号，这样的休闲已经脱离了事件本身，人们在休闲之时不过消费着它所代表的符号。作为文化消费之一种的休闲实际上就是对人们的一种强制性力量，这就是休闲的强制性特点。首先，休闲并非对时间的自由支配，相反，它是由劳动时间的缺席规定的，它是不由自主的。其次，和人们被束缚于劳动时间一样，人们也为休闲时间所束缚。休闲作为文化消费的对象，不能过于强调它对大众的操纵性，虽然，作为一种社会事实，它的确具有强制性的力量。

浅析我国休闲产业的发展与对策

吴庄莹在《福建理论学习》2003 年第 1 期撰文认为，休闲产业十年来所以能作为新兴产业崛起，要归功于休闲消费具有许多符合新时期产业发展要求的消费特征：首先，休闲消费是一种精神消费。其次，休闲消费是劳动力再生产的一个组成部分。再次，休闲消费是一种“绿色”消费，适应了持续发展的时代要求。最后，休闲消费具有很大的时空弹性。休闲产业将成为新世纪的经济增长点：第一，从城乡居民消费需求的发展趋势看，休闲产业具有广阔的市场前景。第二，从国内外的比较看，我国的休闲产业具有很大的发展空间。第三，从休闲产业与其他产业的关系看，休闲产业对其他产业有很大的带动效应。鉴于我国休闲产业发展中存在的问题，我国未来休闲产业发展必须充分发挥企业和政府两方面的作用。从企业看，一方面，要抓住商机投资休闲产业的相关行业。另一方面，要确实改善服务，为消费者着想，以满足消费者需要为己任，提高休闲消费质量。从政府来看，应当做好以下工作：1. 加强社会支持系统的配套工作；2. 迅速普及科学、合理、健康和可持续的休闲观，加强休闲教育；3. 加强社区建设；4. 加强休闲产业布局的规划；5. 有关行业管理部门，还应加大力度规范休闲市场秩序，防止不正当竞争。

发展休闲产业带动中国城市化进程

张磊、吕润在《商业研究》2003 年第 1 期撰文认为，在我国“十五”发展规划中，城市化已被提上了日程。从居民的休闲活动类别出发，以城市为核心，可以以市区、城郊和长途旅游地二大块为基础，将中国休闲产业划分为城市休闲产业、城郊休闲产业和旅游休闲产业三大类（不含旅游城市）。目前，我国城市化进程中面临着新问题：（一）城市发展缺乏人性化；（二）城市扩张缺乏理性化。休闲产业对城市化进程有指导作用：（一）以休闲产业指导城市布局；（二）以休闲产业引导农民就业。总之，一方面，休闲产业以其绿色化、人性化的特点能够为现代城市建设提供方向指导；另一方面，休闲产业因其与传统农业、畜牧业较强的关联性能够为城市建设提供就业支持。发展休闲经济，促进城市可持续发展，不失为我国城市建设过程中一道靓丽的风景。

休闲的经济学思考

黄铁苗、曹铮在《消费经济》2003 年第 1 期撰文认为，从经济学分析来看，休闲实质上是一个消费过程，不仅是对产品、服务的消费，也是对休闲时间的消费，而休闲时间本身就是一种财富，可以用来休息以恢复精力，可以用来工作以获取收入，也可以用来学习以发展才能等等。一、休闲时间取决于社会生产力的发展程度。二、休闲时间的机会成本。现代经济学把是否拥有“休闲时间”作为评价生活质量高低的一个重要指标，描述工人工资趋势的曲线。三、休闲有利于提高劳动生产率。四、休闲有利于促进经济和社会的全面发展。休闲时间的增加不仅标志着人已经从繁重的体力劳动中解放出来，而且标志着人从满足现实的基本物质需要转向对精神生活的需要；标志着在经济发展过程中，已由传统的生产—消费模式逐渐地转向消费—生产模式；标志着真正意义上社会管理的实现；标志着人开始从有限的发展转向全面而自由地发展自己，这些转变都将促进经济和社会的全面发展。

关于上海休闲业的初步研究

方田红、郑建瑜、韩国圣在《江南论坛》2003 年第 2 期撰文，首先从三个方面分析了上海休闲业发展实况。（一）供给方面。1. 产品多样化；2. 文化多元化；3. 商业化休闲场所发展迅速；4. 公益性休闲场所发展滞后。（二）需求方面。1. 市民选择休闲场所方面呈现出的规律；2. 市内休闲表现出来的规律；3. 教育程度、收入对休闲方式选择的影响规律；4. 性别的差异所表现出来的休闲差异规律；5. 上海休闲消费所对应的群体规律。（三）存在问题。从以上休闲业供需两方面来看，近年来上海休闲业有了很大的发展，但是与上海国际化大都市地位相比，还有许多工作需要去做：1. 供需不平衡；2. 商业性的休闲场所与公益性休闲场所发展不平衡；3. 雷同现象多；4. 不少休闲产品缺乏深层次开发。关于上海休闲业的开发：（一）产品开发思路。1. 上海旅游业亟须升级开发；2. 商业街、休闲购物广场的建设；3. 精神文化消费；4. 开拓好健身健美、个人保养这块休闲市场。（二）行业管理思路。1. 管理机制的改进；2. 开展休闲教育，规范休闲业市场；3. 休闲活动开发方面，要有上海本土文化特色，避免被各大跨国公司所支配；4. 入世以后，更不能丢掉“休闲业”这块蛋糕。

休闲产业初探

楼嘉军在《旅游科学》2003 年第 2 期撰文指出，休闲产业作为新兴的服务产业，它除了具有其他服务产业所具备的产业共性之外，也还具有自己的产业个性：1. 休闲产业演进中的两重性特征。2. 休闲产业综合性特征：第一，增长特性。第二，关联特性。第三，需求特征。3. 休闲产业在未来相当长的经济发展时期内具有的稳定性特征。休闲产业的作用是：1. 驱动作用。休闲产业对整个国民经济的发展的驱动作用主要表现在拉动市场内需和激发人们消费冲动上；2. 调节作用。休闲产业发展却有助于起到某种市场平衡作用，尤其在当前的世界经济环境下，休闲产业的重要性就显得更加突出；3. 导向作用。大力发展休闲产业是促进我国产业结构优化升级的一项重要内容。加快休闲产业的发展，不仅可以提高我国服务业在国民经济中的比重，而且可以进一步加快服务业改造的步伐，提升传统服务业的层次，使其向现代产业的标准化、规范化方向发展，特别是通过大力发展休闲产业，可以刺激金融、信息等现代服务业加快创新步伐，拓宽服务领域和范围。

科技进步与休闲产业

韩德乾在《自然辩证法研究》2003 年第 2 期撰文认为，（1）没有科技进步就不可能有休闲产业。其中，休闲产业是综合产业，又是一个不仅不破坏生态环境而且还能优化和美化生态环境的可持续发展产业。休闲产业能促进农村产业结构的调整、农村小城镇建设、农民收入提高和农业劳动力的转移，所以休闲产业在某种程度来说也是无烟产业。（2）没有科技的进步，就没有休闲产业的快速发展。（3）为旅游、观光、休闲、度假等制定科学的规划。（4）以现代高新技术手段来武装景点。我国景点的科技含量很低，有的手段相当原始。为此我们应当注意用现代高新技术来武装景点。（5）制定我国休闲产业的质量技术标准体系，严格进行科学的管理。由于休闲产业的对象是集中而又流动量大的人群，所以既要进行目标管理和过程管理，又要进行效率、效益管理，特别是安全管理。（6）通过科技培训造就高素质的休闲服务人才。经济的发展、科技的进步，基础在教育，关键在人才。

文化休闲产业的发展

陈姗姗在《平原大学学报》2003 年第 3 期撰文认为，加大力度开发潜在的休闲市场空间、适时地发展休闲产业、出台与之相适应的政策法规、加强休闲经济的研究等，应及早提到政府和相关部门重要的议事日程上来。目前，发展休闲产业的“瓶颈”有以下几点：（1）思想观念陈旧，对时代特点有模糊认识。（2）缺乏思想认识，物质准备不足。（3）社会条件支持系统尚未形成，“瓶颈”问题亟待解决。如何解决休闲产业发展过程中的问题。1. 必须迅速形成自己的产业队伍，做出规划和部署，不至于措手不及；2. 尽管“假日经济”概念的提出，已揭示了由假日所导致的经济现象，并引起了广泛的关注，甚至成为舆论的焦点。但是“假日经济”的理论支持比较薄弱，对深刻地理解未来的经济走势以及社会发展的认识还有较大的局限性；3. 普及科学、健康以及可持续的休闲观，加强休闲教育；4. 加强社区建设，政府首先加大社区建设的投资力度。只有做好相关的社会条件支持系统的配套工作才能最大限度的发挥“休闲产业”——这一阳光产业的经济社会效益。否则“入世”后的中国，最先丢掉的“蛋糕”将是休闲产业。

休闲经济将成时代新宠

应千飘在《浙江经济》2003 年第 4 期撰文认为，休闲经济将成为社会的主导经济并逐步发展为支柱产业，而且在未来的社会信息化过程中，休闲经济在整个国民经济中的地位将发生根本性变化，即休闲经济产值在 GNP 中将占 50% 以上，并将提供最大规模的就业市场，从而进入“休闲经济时代”。我国假日经济的红火一方面说明了我国人民对休闲的渴望，另一方面也说明了我国休闲系统的不完善，休闲产业还不能满足人们的休闲需求，休闲经济还没有形成。虽然这样，一个休闲和消费社会正在悄悄来临，休闲经济虽然才开始发展，但是市场潜力是巨大的。休闲经济就是在人们可支配收入能够承受的范围之内，想尽各种方法提供人们所有能想到的休闲方式，让人们在竞争激烈的社会中能够体验到轻松快乐、自由闲散的一种人文关怀。休闲经济是以提供休闲活动和休闲体验来获得经济产出的，它是以旅游业、娱乐业和服务业为龙头形成的产业系统，不仅要提供休闲产品、设施和服务，更重要的是要提供一种休闲的体验。我国的休闲经济亟待发展，但是发展休闲经济决不仅仅是政府的事情，市场和商家也要参与进来。

休闲产业的培育与发展

徐涌先在《重庆工商大学学报》（社会科学版）2003年第4期撰文认为，20世纪80年代以后，休闲产业实际上已成为相当一部分国家的支柱产业。在西方发达国家，休闲产业是国民经济收入的重要来源。休闲产业的发展促进了产业格局的变化。在休闲业就业的人数占整个就业人数的比重相当大，不仅解决了失业和就业问题，而且促进和改善服务，增强了人的休闲欲望，促进了社会经济的良性循环。随着收入水平的提高，休闲消费成为整个市场经济结构的一个部分，休闲产业对经济增长的重要性也日益增强。“休闲经济”不是简单的休闲概念与经济概念相加，而是社会生产力发展到一定阶段的产物，是生活服务对经济增长贡献大幅度提高的具体体现。“休闲经济”是发展的经济。休闲经济有三类构成要素：第一类，时间要素。第二类，土地、劳动力和资金要素。第三类，技术、信息和管理要素。我国的休闲经济虽起步较晚，只有近十年的时间，同国外几十年的发展历程相比，有着很大的差距。但随着我国经济，特别是旅游业、娱乐业、服务业和文化业的蓬勃发展，休闲产业将呈现出后来居上之势，休闲经济将成为我国新的经济增长点。

关注休闲：经济学视角

孙天厌在《自然辩证法研究》2003年第6期撰文认为，随着经济的发展，休闲越来越成为我们生活的一部分内容，也成为我们GDP的一部分内容：1. 休闲产生的经济基础。休闲产生的条件是多方面的，但是在所有条件中，收入和时间是两个必要条件（即要有“钱”、有“闲”）。2. 经济与休闲的关系是双向的。一方面，经济参与“买来”休闲，它是回报中的一部分；另一方面，休闲可以被用来娱乐、消费，来支持有效的经济参与，正是这种消费的“再创造”性使得休闲合理化。在目前，虽然休闲并不是生活的根本因素，但却因其对经济效率的贡献而成为很好的工具，其价值也被认可。休闲对经济增长起了拉动效应。拉动经济增长的因素有三大块：消费、投资和进出口，而消费是拉动经济增长的主导因素。然后，休闲对社会就业起了拉动效应。休闲业以其就业乘数效应大、就业门槛低、发展前景好等优势，对于解决我国目前转型期结构性失业的现实问题具有重要意义；3. 发展休闲业，打造体验经济。休闲生活的实现过程，既是个人努力的结果，又是社会发展带来的成就。在我国，休闲还未成为人们的一种具有普遍现实意义的生活方式，即使某些人经历着休闲，也未必能达到休闲的那种理想境界或完全获得休闲理想中那种美好的生命体验。休闲产业是体验型经济产业，休闲产业要打造体验经济，休闲产业即是使休闲的理想成为现实的必要条件。

中心城市：休闲经济的空间视点

苗建军在《自然辩证法研究》2003年第11期撰文认为，城市，特别是大城市，是休闲经济发展的理想场所。1. 城市休闲经济的需求视角。人的心理需要是中心城市经济的第一种休闲需求。人们的生理需要是中心城市经济的第二种休闲需求。城乡居民的文化娱乐需要是中心城市经济的第三种休闲需求。新经济结构的形成是中心城市经济的第四种休闲需求；2. 城市休闲经济的供给视角。第一，居民可支配收入的提高为中心城市发展休闲经济提供了经济供给，它使娱乐休闲活动成为城市居民的生活组成部分。第二，自然科学和人文社会科学两个领域对休闲的研究成果为中心城市休闲经济提供了理论供给，指导着人们的休闲行为。第三，科技进步和劳动效率提高为中心城市休闲经济提供了物质供给。第四，各级各类城市规模的快速扩展为中心城市休闲经济提供了空间供给。第五，因国民平均寿命延长而出现的大量老龄人口、劳动者的集中假期和政府实行一周五天工作制度，为中心城市发展休闲经济提供了主体供给；3. 休闲的供求平衡。第一，休闲经济在任何区域经济中都存在，但只有在中心城市才可能规模化、产业化。第二，中心城市休闲经济的集聚结果就是休闲经济的供求平衡态势。第三，用民间投资是实现中心城市休闲经济供求平衡的手段。第四，政府应当通过城市化来推动中心城市休闲经济的供求平衡。第五，一个地方政府，尤其是一个大中城市的政府，围绕休闲经济主题来发展区域经济或城市经济，是带动该区域、该城市社会经济持续发展的新选择。第六，休闲供给与休闲需求可能会出现两种不平衡，供求总量失衡。

闲、休闲、休闲业

于光远在《上海商业》2004年第3期撰文指出，“闲”是人在社会生活中劳动与非劳动在时间上的分配状况，在今天我们可以把它看作是不以我们的意志改变的东西。它属于一个国家一个地区发展水平的范畴。“休闲”是人们对可以不劳动的时间的一种利用，它是人的行为，是我们自己可以做主的。而“休闲业”则是为了满足人们休闲的需要而组织起来的产业。对休闲产业的研究涉及人类学、社会学、经济学等极其广泛的领域。休闲已经成为我们这个时代的重要特征之一，在发达国家休闲产业在国民经济中的地位高到以前想象不到的地步，而在发展中国家，如在中国，休闲产业的地位也得到了加强，其发展速度也很快。

推动休闲产业化进程

李森焱在《商业时代》2004 年第 3 期撰文认为，随着城市化的不断发展，人们对休闲服务多样化的需求不断地扩大，影响和促进了休闲业的成长，提高了居民的生活质量，从而吸引了大批的外来人口涌人城市及城镇，反过来又促进了城市化进程。同时，休闲产业提供了更多的就业机会。可见休闲的最大功能就是减轻人们的生活压力，享受生活乐趣，形成积极乐观的精神面貌，从而以积极而又平和的心情投入工作，极大地提高工作效率。更重要的是休闲业有着规模日益壮大的中产阶级和小康家庭作为市场基础。休闲时代，休闲权利将成为基本的社会需求，休闲理念的确立是小康社会的重要标志之一。当前休闲业的几个困惑包括：消费者对休闲的认识不清，政府重视不够，链接难题。为此，加快我国休闲业发展对策必须要转变观念，提高对发展休闲业的认识，特别要重视对休闲及休闲业的研究，其中政府必须积极引导居民休闲消费，同时提高服务质量，开发富有特色的休闲产品。

论休闲消费的特征、发展趋势与企业商机

耿莉萍在《商业经济与管理》2004 年第 3 期指出，休闲消费的主要特征主要表现在：休闲消费是一种现代生活方式，其不仅限于参加旅游、体育、娱乐等休闲活动，而且体现在人们日常的消费行为中。休闲消费是一种以精神消费为主的多目的的消费，在休闲消费中，人们都不是为满足基本生活需要，而主要是为了满足某些精神上的需要。对国外休闲消费的发展状况与我国休闲产业发展趋势分析得出，在美国休闲消费带动了休闲产业的发展。休闲产业已成为对美国国民生产总值贡献最大的行业。在英国，平均每户休闲消费开支占家庭支出的 20%。从局部地区来分析，中国休闲消费的市场需求已经开始形成，发展休闲产业已经具备了条件。统计数字表明：国内近五年来，不论城市还是乡村，居民用于文化娱乐产品与服务消费支出的增长速度，要远远高于其他消费支出的增长速度。因此，企业商机凸现的应对之策应包括创造休闲消费时尚，加强宣传引导休闲消费。休闲消费要打文化牌，根据市场定位加大开发力度。总之，休闲消费在中国正在兴起，一旦成为时尚，就将成为大众的生活方式。

信息化与休闲产业

陈喜乐、高明亮在《未来与发展》2005 年第 3 期撰文认为，信息化为休闲产业的发展提供了基础，而休闲产业的发展反过来又对信息化提出更高的要求，必将推动信息技术的发展，加速信息化的进程。1. 信息化带来闲暇时间增多、经济增长、收入提高是推动休闲产业发展的根本原因；2. 政府信息化、企业信息化和家庭信息化造就了休闲产业发展的平台；3. 信息化增加了休闲的内容和方式从而推动休闲产业的新发展。信息化促进休闲产业化发展，而休闲产业的发展反过来也会推动信息化的发展，形成信息化与休闲产业化互动发展的状态。这是因为一方面随着休闲产业的发展，必然对信息技术与信息网络化提出更高的要求；另一方面，随着信息化给休闲及休闲产业带来的负面影响的消除，不仅有利于促进休闲产业的发展，同时也有利于促进信息化的发展。为了消除信息化给休闲及休闲产业的负面影响，有以下两点措施：第一，要加强休闲教育，树立正确的休闲观，倡导公益型、调剂型休闲活动，提高整个社会的文明程度。第二，发展和利用信息技术的最新成果，拓展休闲的内容和形式，使休闲活动更有利于人的进一步发展和充分挖掘人的潜能。

论休闲产业发展的推动力

周丽洁在《求索》2005 年第 3 期援引马惠娣在《休闲产业将是我国新的经济增长点》提出的观点——“休闲产业将是我国新的经济增长点，并成为我国目前经济发展面临的新课题和拉动内需的新机遇”。但是在发展过程中也暴露出急功近利、重复建设、品位不高等弊端。有必要在刚刚兴起的休闲产业迅速发展的同时，及时研究引导休闲产业，建构高品位和高质量的发展状态，实现休闲产业的可持续发展。概括了以健康、环保、时尚为主题的休闲市场和产业的休闲的消费特征与市场目标群体，包括实用休闲、身体休闲、社会休闲、文化休闲等。接着论析休闲产业发展的推动力。巨大的市场需求是休闲产业发展的最主要的推动力，政府调控和引导是休闲产业发展的重要推动力，资本市场是休闲产业做大做强的推动力，品牌化是提升休闲产业竞争力，实现可持续发展的推动力。

论中国休闲产业化发展与政府政策支持

刘晓潮、方舒峰在《当代经理人》（下半月）2005 年第 3 期撰文指出，休闲作为一个新的经济增长点而形成的休闲产业正快速地向我们走来，并成为我国目前经济发展面临的新课题和拉动内需的新机遇。相对于假日经济而言，发展休闲消费、休闲经济，把休闲当成一个产业来发展，对国家、企业和消费者都有着更积极的意义。从这几年的长假可以看出，虽然人们传统的休闲观念正在发生变化，外出度假的热情也依然蓬勃高涨，但也暴露和反映出我国相关部门与产业缺乏足够的思想准备和物质准备，更缺乏发展战略的思考。通过结合国外休闲产业的发展经验，政府应做好如下几个方面的工作：1. 各级政府部门

对休闲产业化发展制定出切合实际的长远发展规划；2．政府要把休闲产业化发展与城市规划发展有机地结合起来；3．金融业应加大对休闲产业化发展的支持力度。

台湾休闲产业的发展

陈美云、何娉在《山东农业大学学报》（社会科学版）2005年第3期撰文指出，随着台湾经济、科技、文化的飞速发展，休闲产业也悄然而至。当前，台湾已经具备了大力开发和发展休闲产业的良好环境，休闲产业的扩张条件日趋成熟。但台湾是后起的新兴工业化地区，其休闲产业处于第二梯队，与发达地区还存在一定的差距。一方面，从休闲产业在国民经济中的地位和作用来看，台湾休闲产业在台湾经济中的重要地位和强势作用尚未凸显，还有很大的提升空间。另一方面，从管理来看，台湾休闲产业的发展尚缺乏科学有效的管理组织和管理方法。对于当前经济的持续发展面临极大挑战的台湾而言，要提升产业发展的经济效果，发展休闲产业成为了可选择的途径之一。而如何更充分地发挥其潜力和效益，已经成为当前台湾的一项重要的任务。在岛外和岛内双重压力的影响下，台湾休闲产业未来的发展将更多地依托于大陆市场。

城市休闲产业组成体系与休闲经济特征研究

张顺、祁丽在《聊城大学学报》2005年第6期撰文，阐述了休闲产业和城市休闲产业构成现状，认为休闲产业已经是国家经济发展的重要产业。在城市中，休闲产业的空间分布具有多元组合的特点，并因依附的空间和设施的规模不同而表现出不同的等级。休闲产业按照服务设施和经营机制的共同特征可划分为五个基本行业类型。包括旅游度假类、酒水美食类、文化娱乐类、体育健身类、身心愉悦类。鉴于休闲经济的发展要素与休闲经济发展的“两极”特征，收入与价格问题是休闲经济向纵深方向发展的“瓶颈”。休闲经济的实质是消费经济，我国休闲经济的发展呈现出明显的不均衡特点，休闲消费表现出“两极”分化的特点，并总体表现为“强势集团”休闲经济迅猛发展和“弱势群体”休闲经济稳步增长的两种态势。

论休闲产业的发展

吕庆华在《理论探索》2005年第6期撰文指出，休闲是人的一种权利，是社会的发展使人达到相对理想的生存状态，是在一定条件下，在完成社会必要劳动时间后的一种生活状态和行为方式，休闲本身包含着或者说折射着丰富的社会文化内容。从物质载体形式看，休闲是社会物质资料的创造达到一定阶段的产物，与生产力的发展成正比。从人文精神内容看，休闲是通过自主的无功利的行为满足人的精神文化需要和发展要求，它反映了人类的精神文明程度。休闲产业的产生有两个必要条件：收入和时间，即有“钱”和有“闲”。科技进步是推动休闲产业发展的根本动力。此外，随着改革的深入，人们的思想观念和消费观念都发生了深刻变化。更加成熟、更加理性的消费观念，也为休闲产业的发展奠定了思想基础。休闲产业发展的亮点有旅游业、文化产业、体育产业以及其他休闲产业，但我国休闲产业发展缺乏理论支持，休闲观念落后，休闲产业发展不均衡，社会支持系统不完善。针对上述不足，我国休闲产业持续发展方略应：首先加强理论研究，教育引导人们树立正确的休闲观。其次要合理规划，加强管理，形成良性的休闲产业发展格局。最后应完善社会支持系统，营造良好氛围。

解读休闲经济

单宝在《甘肃理论学刊》2005年第6期撰文认为，休闲经济是工业化社会高度发达的产物，凡是提供社会休闲产品和服务的生产与再生产的经济活动，都可以纳入到休闲经济的范围。从经济价值角度看，休闲经济已成为获取财富的重要途径和推动经济增长的重要因素。从社会价值角度分析，休闲经济能全面提高多层次人员的就业率，构筑城市活力的源泉。休闲经济是保证和前提。我国发展休闲经济正逢其时，目前具体的发展措施包括：第一，要转变观念，从战略高度认识发展休闲经济的重要性。第二，要积极推动休闲经济的结构调整和产业升级。第三，要规范市场秩序，营造休闲产业健康发展的大环境。第四，要提倡积极的休闲活动，惩治消极的休闲活动。最后，从事休闲经济活动的企业商家要紧紧抓住这个新商机，与此同时其经营方针也应该及时调整。

从休闲市场开发的角度谈非物质文化遗产的保护

蔡文在《宜宾学院学报》2005年第9期撰文认为，各个群体和团体随着其所处环境、与自然界的相互关系和历史条件的变化不断使这种代代相传的非物质文化遗产得到创新，同时使他们自己具有一种认同感和历史感，从而促进了文化多样性和人类的创造力。它的形式包括：语言、文学、音乐、舞蹈、游戏、神话、礼仪、习惯、手工艺、建筑艺术及其他艺术。除此之外，还包括传统形式的联络和信息。作为同物质文化遗产相对应的艺术形式，它具有以下特点：第一，非物质性。第二，原作者不明或原作者是不断变化的群体。第三，地域性。第四，强烈的民族性。第五，顽强的生命力。随着我国非物质文化遗产的保护现状，特别是针对口头与非物质文化遗产的保护的改善，以及非物质文化遗产的保护与休闲市场开发的关系，如何对非物质文化遗产进行休闲市场的开发等一系列问题的解决，我们应以精品为重点，加以科学的开发，必须坚持五原则，即：特色性原则、保护性原则、参与性原则、文化性原则、乡土性和古朴性的原则。

关于休闲产业推动城市个性化建设的思考

曹宁、郭舒在《生产力研究》2005 年第 10 期撰文指出，休闲产业是一个与休闲密切相关的产业领域，随着我国进入全面建设小康社会的新阶段，大众休闲时代的来临，休闲产业将在众多经济与社会领域发挥影响，也必然对城市个性的培育发挥作用。城市个性化建设角度考虑，把休闲产业分为都市休闲业和环城郊野休闲业。通过都市休闲业彰显城市个性，其机理在于要重视一个城市长期沉积的人文精神，并通过市场选择和政策引导相结合的途径加以强调。通过环城郊野休闲业凸显城市个性的作用机理在于城市组合。但是，城市追求个性化过程中仍存在问题，某些城市发展单独追求功能集聚，不考虑个性化发展，也无视休闲需要；而某些城市恰恰相反，超越休闲需求而盲目扩建，脱离了城市个性化发展的惯常轨道。休闲产业对城市个性建设的作用途径有两条。途径之一：通过政府规划与宏观管理约束非营利组织的行为，使之符合于城市个性建设。途径之二：通过提高休闲需求层次拉动商业性组织的行为，使之符合于城市个性建设。

我国休闲产业发展的现状及对策

张翠梅、刘志旺、孙林叶在《生产力研究》2005 年第 10 期撰文，描述了我国休闲产业发展的现状，从我国现阶段的社会实际来看，人们进行休闲生活已经具备了一定的客观条件。首先是闲暇时间增多；其次是居民可支配收入增多；最后是休闲理念发生变化。而就我国目前的情况看，人们由休闲需求而引发的休闲消费、休闲产业远远落后于西方发达国家。但自从我国实行五天工作制和三个长假日以来，由此而引发的休闲消费效应日趋明显，“假日经济”、“休闲度假”、“休闲购物”、“休闲经济”、“旅游经济”已经成为人们的口头禅，成为推动我国社会、政治、经济持续稳定发展的实实在在的社会现象和经济浪潮。但是我国的休闲及休闲产业还存在着偏差和错位，发展我国休闲产业应采取以下对策：（一）积极引进国外休闲产业发达国家的管理经验。（二）要形成合理的休闲产业布局。（三）制定鼓励政策，扶持推动休闲产业的发展。（四）用“休闲经济”代替“假日经济”和“黄金周”。（五）加强社区建设。（六）限制与黄赌毒相关的娱乐活动开展营业，优化文化消费的社会体系。（七）迅速普及科学、合理、健康以及可持续的休闲观。

迎接休闲消费时代的到来

王琪延、叶婷在《中关村》2005 年第 10 期撰文指出，新千年的若干趋势使得“一个以休闲为基础的新社会有可能出现”，到 2015 年前后，发达国家将进入“休闲时代”，休闲将在人类生活中扮演更为重要的角色。广义上，休闲消费包括四个层次：第一是满足生理需要层次的消费；第二是满足健康娱乐层次的消费；第三是满足发展需要层次的消费；第四是满足精神需要层次的消费。休闲消费的形成至少需要六个条件。第一，高度的物质文明。第二，休闲成为一种普遍的现象或曰大众休闲时代，是休闲消费形成的社会基础。第三，闲暇时间的增加是实现休闲消费的前提条件。第四，闲暇设施的供给增加特别是第三产业的发展，是休闲消费的必要充分条件。第五，各种社会保障制度以及消费贷款制度的确立。第六，新的闲暇消费观念的确立。最后，总结休闲消费对于社会文明的作用。第一，刺激消费，扩大内需的作用。第二，具有刺激生产发展的作用。第三，能够使劳动者恢复体力，精神上得到放松，使得劳动者在劳动过程中，更具有较高的生产效率。第四，从宏观上看，对加强精神文明建设、提高国民生活质量和国民素质以及人力资本水平具有重要作用。第五，休闲消费对缓解就业压力也具有积极意义。第六，从政治上讲，由于休闲消费，能够缓解生活压力，减少不稳定情绪，因此，对于社会安定具有积极作用。

地域休闲文化与休闲产业的关联优化选择

王麓怡、邹时荣在《生态经济》2005 年第 10 期撰文认为，现阶段我国社会消费趋势主要表现为消费模式由自给型向商品型转化，由温饱型向小康型过渡，消费结构由生存型向享受型、发展型转化。从地理环境、文化风格来看，武汉具有优良的地域休闲文化的资源，跟其他地域比较而言，这种文化以“世俗”、“平民”为其风格特征，普遍地浸润在大众娱乐休闲之中。从服务经济的角度分析，当人们收入增长和闲暇时间增加，公共政策能激励消费者的休闲需求动机，为此，提出地域休闲文化与休闲产业的关联互动策略：1. 以休闲产业的发展促进武汉休闲文化资本积累；2. 以休闲文化与休闲产业带动武汉商业文化资本的发展；3. 以有地域特色的人力资源和文化资源禀赋提升武汉休闲经济产业竞争力；4. 以有地域特色的休闲文化资源禀赋拓展生产性服务业。

休闲之都与休闲产业漫谈

邹身城、邹小芃在《浙江经济》2005 年第 15 期撰文指出，杭州打造“休闲之都”，意在营造发达的休闲产业、绚丽的休闲环境、闲雅的生活方式，并经过协调的组合，形成现代休闲的亚洲区域国际性大都会。杭州独具“闲雅风格”，尤其是近年在城市建设现代化过程中又大力改善了休闲环境，竭力加强休闲产业，提升了现代休闲观念，为缔造“东方休闲之都”创造了条件。杭州各项休闲性产业的实力都在加强，而这种加强除了表现在发展的速度和规模空前扩大外，更显著的特征还在于休闲产业化进程加速。为了迎接世界休博会在杭召开，为“东方休闲之都”奠定坚实的基础，亟须进一步发挥政府、企业、市场和文化传媒的协调整合功能；同时要有效开发休闲资源。力争将所有资源潜力转化为产业优势，特别要着重抓好休闲餐饮、休闲房产、休闲文化、休闲娱乐、休闲度假、休闲购物、休闲观光、休闲体育、休闲社区、休闲农业、休闲装备等几个重要门类，花大力气做深开发；同时加以统一整合，完善社会化服务体系。

基于增长极理论的休闲产业战略地位分析

宋国琴、郑胜华在《浙江工业大学学报》（社科版）2006 年第 1 期撰文认为，增长极理论是对发展极理论在思维和空间上的延续和发展。我们可以通过了解增长极理论的构成、存在条件和作用，从增长极理论的角度来审视休闲产业的战略地位。休闲产业作为产业增长极在地区经济发展中的战略地位将越来越得以显现，但我们也应该注意到休闲产业增长极需要有适宜的周围环境与之密切配合才能成为区域经济增长点，才能体现出它的战略地位，这些环境除了具有推进型产业或企业外，还需要有完善的区域条件与之相配套。休闲产业增长极推进相关产业间、企业间空间网络联系并形成外部经济也要求休闲产业增长极的形成要以休闲产业之间的联系与亲和力为基础。否则，休闲产业增长极便难以发展壮大或有可持续的发展效果。

城市化进程中休闲产业的作用

郝影利在《企业家天地》2006 年第 2 期撰文认为，休闲产业的崛起是整个社会经济基础必然要衍生出来的经济形式，是繁荣经济的动力源，它无疑会在城市化过程中发挥着重要的作用。休闲产业对当前城市化的推动作用表现在：首先，休闲产业的崛起进一步优化了城市的产业结构。其次，休闲产业的兴起和发展加快了农业人口向非农业人口的转化。再次，休闲产业为城市经济发挥扩散效应创造条件。休闲产业能够引导城市化向着良性方向发展。一方面，休闲产业是绿色产业，休闲产业的发展思路有利于城市的可持续发展，为城市化的发展提供方向指导。另一方面，休闲产业是人性化产业，可为城市增添人性的光芒。此外，休闲产业的发展有利于城市居民素质的提高。休闲产业是城市化的后续动力，这是因为：第一，休闲产业是朝阳产业，已成为后工业化时代新的经济发展阶段的标志性产业群。第二，休闲产业的聚集作用将促使一系列新兴产业的出现。第三，休闲产业具有很大的发展空间。

论休闲产业发展与和谐社会建设的互动性

张国富、孙金华在《自然辩证法研究》2006 年第 3 期撰文认为，休闲产业发展与和谐社会建设的互动关系表现为：一是休闲产业发展与和谐社会建设目标的一致性，休闲产业的发展与和谐社会的物质文明、精神文明、政治文明和人的全面发展是有机统一的。和谐社会的建设，为休闲产业的发展及其形式的多样化提供保障，休闲产业的发展又会进一步促进经济建设的协调发展，改善人们健康的生活方式，为人们的个性发展和心身健康提供更多的自由空间。二者具有相互促进、相互作用的互动效应。二是和谐社会的建设带动休闲产业的快速发展，因为：1. 和谐社会的经济建设，为休闲产业的发展提供雄厚的物质基础；2. 和谐社会的建设，促进休闲产业的多元化发展；3. 和谐社会的建设，促进休闲产业向高质量、高层次发展。三是休闲产业发展加快和谐社会建设的进程，休闲产业的发展是经济建设发展的强大推动力之一。休闲产业的兴起，不仅标志着人类社会即将进入一个新的时代——休闲时代，而且对促进和谐社会的全面建设起到巨大的作用：1. 促进经济建设的发展；2. 促进精神文明建设的发展；3. 促进人的全面发展；4. 有利于就业问题的妥善解决；5. 有利于推进环境友好型社会的建设。

我国休闲渔业发展浅析

闵宽洪在《中国渔业经济》2006 年第 4 期撰文认为，随着渔业产业结构的调整和人民生活水平的提高，休闲渔业得到人们的高度重视而迅速发展，在我国经济发达地区逐渐成为一种大型产业。休闲渔业可分为如下类型：1. 生产经营型；2. 休闲垂钓型；3. 观光疗养型；4. 展示、教育型。在休闲渔业的基础上，有生态性旅游、农业观光、度假食宿、会议接待、文化娱乐等形式，这为社会提供了大量就业岗位，扩大了本社区的就业途径。休闲渔业开辟了我国水产品销售的直通渠道，开放垂钓，又解决了销售难题；休闲渔业有效调动了渔民的积极性，解决了渔民致富问题，扩大渔民增收的途径；休闲渔业有效地促进了养殖品种的调整，给消费者提供赏心悦目的观赏鱼类，还有利于修生养性，促进了渔业与旅游业的结合，打破了原有的单一产品、单一生产格局的旧有模式，创造了一个全新、高效的新兴行业，同时还能带动其他产业的发展，从而扩大就业范围和容量。面临蓬勃发展和兴起的休闲渔业，应加强如下工作：1. 增加经营种类；2. 选择合适品种；3. 政府鼓励及协调；4. 规范服务。

加快都市休闲产业的培育与发展

阎金明在《天津经济》2006 年第 4 期撰文认为，休闲产业的发展，既取决于产业供给能力的提高，更取决于市场需求的变化。尽管存在发展不平衡和收入水平差异较大等现实因素，但我国都市中休闲产业的发展势头仍十分迅猛，体现了收入水平的稳步提高和闲暇时间的增多等特征，从而为休闲产业的发展提供了新机遇。都市休闲产业发展的主要优势体现在产业的供给、需求及内容三方面。当前都市休闲产业的发展思路：1. 深化对发展休闲产业重要性的认识；2. 在城市规划建设过程中，要在考虑景观、实用等因素的同时，更多地为休闲产业提供空间和条件，使城市建设融入更多的“以人为本、凝聚人气”理念；3. 要从产业聚集的角度和高度谋划休闲产业的发展，丰富休闲产业的内容；4. 为休闲产业的发展创造良好的社会环境。

森林休闲

苏孝同在《中国城市林业》2006 年第 5 期撰文认为，森林休闲是指在森林环境中进行游览、观光、休息、娱乐、健身等为主要内容的休闲活动，旨在达到调节身心、陶冶情操的作用和效果。森林是人类游憩休闲的良好场所，表现在：森林是最佳的审美休闲场所。森林自然环境是最好的游憩空间。森林是科普教育的理想课堂。森林环境是人类理想的保健疗养场所。随着社会文明程度的提高和人们生态环境意识的增强，到森林中观光游憩、走进大自然成为越来越多人的愿望与需求。据调查，目前已有 30% ~40% 的游客开始从海滨转向森林。森林休闲已成为一种全新的生活方式，一种文明的时尚。就森林休闲产业而言，目前的资源市场主要分为三部分，即森林公园、风景名胜区和自然保护区（旅游小区）。森林休闲旅游业将成为我国旅游业中的龙头，发展前景十分广阔。森林休闲以其得天独厚的森林风景资源为依托，以关注生态、体验自然为宗旨，可以在不消耗森林资源的情况下获取远远高于木材商品价值的经济收益；可以使森林资源得到保护和培育，使森林质量得到优化，生态效益更加显著；还可以带动区域经济的发展，具有明显的经济、社会效益，是 21 世纪的支柱产业、朝阳产业和绿色产业。

台湾农业旅游与休闲产业的发展经验

吕明伟、郭焕成在《海峡科技与产业》2006 年第 6 期撰文认为，20 世纪 80 年代后期，台湾观光农园向内容更丰富的休闲农业发展，即不仅提供农产品，而且形成一个具有田园之乐的休闲区。这种“农业 + 旅游业”性质的农业生产经营形态，既可发展农业生产、维护生态环境、扩大农业旅游，又可达到提高农民收益与繁荣农村经济的目的。台湾依托农业发展起来的农业旅游与休闲产业的范围相当广泛，历经多年的发展，目前台湾农业旅游与休闲产业呈现多元化发展的现象，主要有乡村花园、乡村民宿、观光农园、休闲农场和市民农园、教育农园、休闲牧场等几种类型。这些以农业旅游为主导的休闲产业类型取得了明显成效，在旅游、教育、环保、医疗、经济、社会等方面发挥了重要作用，农业旅游与休闲产业在台湾地区已成为发展前景良好的新兴产业之一。通过研讨会研讨和实地考察，台湾以发展乡村民宿、休闲农业进而推动全岛休闲产业发展的经验和出现的问题，值得我们借鉴和深思：1. 转变观念，开拓思路，加快农业转型，开发农业功能；2. 研究与规划并举；3. 加强园区建设的规划和检查评证；4. 大力推行社区经营的理念。台湾农业旅游与休闲产业发展带给我们的启示是：首先，应大力加强农业旅游与休闲产业设施的建设与发展。其次，政府农业部门应重视发展农业旅游，并成立相应的管理机构，组织、规划、研究推动大陆农业旅游的发展，为发展农村这一新型产业提供组织保证。第三，要加强与旅游部门的合作，促进农业与旅游的结合。

我国休闲产业的现状及发展趋势

张茹艳在《科技成果纵横》2006 年第 6 期撰文，从旅游产业、文化娱乐产业、体育健身产业、会展商贸产业四个方面分析了我国休闲产业的现状。在旅游产业方面，1994—2005 年随着人们可自由支配收入的不断增长，生活质量的改善，使我国旅游消费持续走强，旅游产业日新月异，市场需求潜力巨大。但由于假日集中，致使热点旅游城市、景区客流过于集中，管理措施不够有力，配套设施不够完善，产生了一些不容忽视的问题，直接导致投诉率大幅上升。在文化娱乐产业方面，现阶段文化娱乐产业出现了一些值得关注的现象，如“文化快餐”、“造星运动”，其中打击盗版、维护知识产权是推进文化娱乐产业发展的必要手段。在体育健身产业方面，总体上我国的体育产业还处于起步阶段，仍是社会事业中比较薄弱的环节。一方面有强大的市场开发潜力和前景，另一方面又需要巨大投入和细致规划。在会展商贸产业方面，自20世纪80年代以来，中国展览业以年均20%的速度递增，已成为国民经济的新亮点。当前我国休闲产业的发展趋势是：1. 休闲产业的可持续发展；2. 发展大众化与个性化相结合的休闲产业；3. 集团化发展、品牌化经营是休闲产业发展的重要特征；4. 市场化是休闲产业的发展方向；5. 中国休闲产业的发展将面向全球。

发展休闲产业的可行性分析
——基于我国老龄化社会研究

田丽红在《湖北经济学院学报》（人文社会科学版）2006年第7期撰文认为，我国的人口老龄化具有典型性和个别性。主要表现：1. 老年人口数量大，发展速度快。2. 人口老龄化超前经济发展。3. 老年人口增长后势严峻，呈阶段性。4. 人口老龄化、高龄化并存。人口老龄化已对我国经济社会的发展构成了巨大的挑战。如何面对这一严峻的社会问题，可以从满足老年人旺盛的休闲需求为一切入点，发掘老年人的需求市场，发展相关的休闲产业，以分化人口老龄滋生的社会问题。但从我国的国情和总体经济实力来看，发展休闲产业仍存在着很多挑战，但挑战与机遇并存，从我国的实际出发，捕捉发展休闲产业的市场商机，才是发展休闲产业的可取之道。我们应基于老年人的需求特征，发展休闲产业。老年人口的多维需求是发展休闲产业的动力支持，主要表现在：1. 老年人的健康意识增强；2. 老年人的服务需求扩大；3. 老年人精神文化需求加强；4. 老年人的社交需求加强。

刍议我国休闲产业的发展

陶萍、黄清在《商业研究》2006年第9期撰文认为，同发达国家相比，我国休闲产业的发展尚处于起步阶段，影响和制约我国休闲产业发展的因素：1. 国民收入人均水平偏低且不平衡；2. 休闲消费水准尚待提升；3. 休闲供给存在问题；4. 休闲产业支持系统不够完善；5. 公共政策的支持有待加强；6. 理论研究尚待加强。而国外休闲产业的发展现状及启示是：1. 休闲产业成为发达国家的主导产业。2. 休闲产业改善了就业。3. 休闲产业多元化。4. 理论研究形成体系。新时期发展我国休闲产业应采取以下对策：1. 随着社会经济的不断发展，调整相关经济政策。2. 加强休闲产业支持系统建设。3. 加强公共政策的支持。其中，第一，加强产业政策支持。第二，加强对休闲消费取向的引导。第三，加强对消费行为的管理。4. 加强理论研究。

休闲产业：新的经济增长点

徐根龙在《浙江经济》2006年第10期撰文认为，休闲产业的兴起，为体验经济找到了具体的实现形式。休闲产业已成为浙江经济新的增长点。现代物流、金融、房地产、旅游、信息服务等服务业迅速崛起，特别是以旅游业为主体的休闲产业已经成为浙江经济新的增长点。对于发展休闲产业，浙江有优势和基础。推进休闲产业发展需要新思路。一是加强宏观调控，优化资源配置。二是挖掘消费潜力，提高居民消费的层次和质量。三是健全保障体系，增强全民休闲消费能力。四是加强相关立法，促进休闲产业健康发展。

我国休闲产业结构特征及其影响因素分析

唐湘辉在《求索》2006年第12期撰文认为，我国的休闲产业在其发展过程中呈现出了以下特点：1. 我国休闲产业的主导产业是旅游业。2. 休闲产业的主体是第三产业。3. 休闲产业已经远远超出了传统的服务业或第三产业的领域，目前正在逐步向第二产业和第一产业延伸。4. 重视公共休闲产品的开发与建设，休闲产业的产品结构中价值型产品与非价值型休闲产品并重。5. 休闲产业结构比较合理，逐渐形成了以休闲旅游及会展旅游、休闲餐饮、休闲娱乐、休闲购物为主体的休闲产业群。从我国休闲产业发展的整体趋势来看，政府鼓励休闲产业发展的政策、投资者对于休闲产业发展的信心、区内客源和区外客源持续稳定增长等，都将是刺激休闲产业结构进一步合理化的重要因素。

长沙休闲产业特色与优势的实证分析

唐湘辉在《企业家天地》理论版（下半月刊）2006年第12期撰文，总结出几个休闲产业的发展特色：1. 雅俗共赏、娱乐互动的歌厅休闲文化；2. 动感、时尚、火爆、娱乐的酒吧休闲文化；3. 青春、靓丽、时尚、快乐的电视休闲文化；4. 消遣、交际、娱乐、保健的洗浴休闲文化。从市场需求、供给条件两方面分析休闲产业发展的基础条件得出，长沙在发展休闲产业方面，除了拥有比较发达的区位与交通条件、休闲购物以及休闲旅游等条件外，还具有休闲娱乐和休闲餐饮等发达的比较优势。当前进一步发展长沙休闲产业的对策如下：1. 扩大休闲消费群体；2. 丰富休闲消费产品；3. 完善休闲产业体系；4. 加强产业经营管理。

国外休闲服务产业的发展历程及经验借鉴

韩振华、王崧在《商业现代化》2006年第34期撰文认为，休闲服务产业的发展主要经历了工业经济时代、知识经济时代、体验经济时代三大阶段。国外休闲服务产业的发展经验：一是发展基础：1. 经济基础。2. 休闲设施。3. 休闲需求。二是发展经验：1. 发展趋势。“求新、求奇、求刺激”与“求高雅、求宁静”是休闲服务产业两大主要发展趋势；2. 产业政策。许多发达国家通过直接投资、减税、设立专项基金等多种形式支持休闲服务业的发展；3. 管理机制。西方国家对休闲服务产业一般以半官方机构为主，其主要管理职能是推销与协调；4. 人才培养。休闲学在国外已经有100多年的研究历史，从19世纪末20世纪初开始，欧美国家就已经开始兴办有关休闲的教育机构及研究机构，培养高素质的休闲从业者，注重其休闲理念的传播。

中国产业结构变迁中的休闲产业

王晓杰在《中国市场》2006年第44期撰文认为，休闲经济发展理论不同于传统经济发展理论，它实现了由传统的生产—消费模式向新型的消费—生产模式的转变，它强调人的主体性，提出人是目的，而不能只把人当作实现某种目的的手段。以经济人理性为代表的传统经济发展理论特别强调人的工具理性，把人当作实现利润的手段，这实际上是一种人的异化。以休闲产业为基础的休闲经济符合人类文明社会的发展趋势。伴随着国民收入的提高和闲暇时间的增加，为人们追求更高层次的需求提供了条件和可能。大力推动休闲产业的发展，可以满足人们对于休闲和全面发展的需要，同时又起到刺激消费扩大内需的作用。而且大力发展休闲产业是解决就业问题的一个重要途径。当前促进中国休闲产业发展的途径是：1. 加强政府宏观调控、统筹规划休闲产业发展格局；2. 积极推动休闲产业的结构调整和产业升级；3. 着力提升我国休闲企业和服务机构的竞争能力。

我国休闲经济产业化探析

郝影利、吴旭云在《改革与战略》2006年第S1期撰文认为，近年来，我国的休闲经济呈现蓬勃发展之势，但尚未实现产业化，具体表现如下：一是休闲企业生产经营活动的稳定性不强。二是休闲产品的标准化体系尚未建立。三是尚未实现集约化经营。四是生产经营活动的科技含量还很低。五是休闲企业生产经营活动的国际化水平较低。制约我国休闲经济产业化的主要因素：一是文化观念的制约；二是社会条件支持系统的滞后；三是休闲产品开发的局限性；四是管理机制和经营机制的限制。当前促进休闲经济产业化的对策：首先是政府行为：（1）政策扶持，设施保障。（2）统筹规划，组织实施。（3）加大行业监管力度。（4）创造优良的体制环境。（5）制定我国休闲产业的质量标准体系，严格进行科学的管理。然后是企业行为：（1）调整休闲产业发展的理念。（2）注重开拓新的市场，打造个性鲜明的休闲产品。（3）走规模化、集约化经营道路。

休闲旅游“农家乐”发展探讨

田喜洲在《北京第二外国语学院学报》旅游版2002年第1期撰文认为，农家乐有明显的经济效益，其社会效益也不容忽视。农家乐有利于丰富和完善旅游产品结构，推动假日旅游的发展；有利于分流旅游高峰期的客流，促进农村产业结构调整，消化农村剩余劳动力，进一步缩小城乡差别；有利于提高农民的生活质量，促进农村精神文明建设。发展农家乐旅游具有诸多优势有：交通优势、环境优势、价格优势、特色优势、饮食优势、娱乐优势。农家乐旅游发展中存在的问题主要表现在：一是农家乐休闲方式单调；二是农味不浓，装饰太城市化；三是相当一部分农家乐清洁卫生做得不够好。如何解决问题？在宏观管理方面，应该注意以下几个方面：一是不能盲目地开发农家乐；二是对一些不正当、无序的竞争进行有效管理和严格检查，坚决杜绝违法活动的发生。

环城市带休闲旅游产品开发研究

韩百娟在《重庆三峡学院学报》2002年第2期撰文提出，环城市带开发休闲旅游产品的条件：1. 时空距离短，满足城镇居民对休闲旅游的重复需求；2. 优美的自然环境和田园风光满足了城镇居民回归自然的身心需求；3. 依托中心城市，具有交通、通讯、客源等优势。环城市地带旅游以中心城市假日休闲旅游者为主要市场对象，在突出和保持乡村特色的前提下，以可持续、低收费、多层次等为原则，确定以下几种旅游产品开发的基本模式：乡村度假型模式、休闲产业旅游模式、公园游乐模式、风景名胜观光模式、专题旅游休闲活动模式。

从“黄金周”到带薪休假

王兴斌在《旅游学刊》2002年第4期撰文认为，目前以“黄金周”形式出现的假日旅游，是中国国民度假旅游的初级形式，与过去人们没有一段较长的闲暇时间出游的情况相比，无疑是一个历史的进步。但从长远看，从“黄金周”式的节日旅游走向以带薪休假制为基础的休假旅游，是实现从单一的观光旅游向观光、度假和专项主题旅游提升，从蜂拥式的节日休闲向休憩型的全年候休闲度假提升，从假日经济向休闲经济、休闲产业提升的必由之路。年度带薪休假制度和错开休假日期是世界各国提升国民休闲品质、完善人权制度的共同走势，是保障公民休闲权的一种国际惯例。在这种情况下，我国的公务机关和企事业单位全面推行与国际接轨的带薪休假制度，尤为必要。

论旅游经济、休闲产业与产业结构调整

原梅生、郭梅军在《生产力研究》2002年第5期撰文认为，如何以旅游经济为龙头，带动整个休闲产业的发展，调整产业结构，进一步发挥第三产业在经济增长中的作用，是摆在我们面前不容忽视的重大问题。种种迹象表明，我国的假日经济已经形成，而其中旅游业占主要地位。假日经济的繁荣表明了旅游业在整个经济社会中，尤其是在第三产业中的主导地位。发展休闲产业对于我国正在进行的产业结构调整和国民经济的发展有着极其重要的意义：1. 发展休闲产业可以缓解我国近几年来一直未能解决的结构性矛盾，激活消费需求；2. 发展休闲产业可以创造更多的就业机会；3. 发展休闲产业，可以起到调节国民收入分配的杠杆作用；4. 发展休闲产业可以与中西部开发相联系，成为中西部产业政策的一部分；5. 大力发展休闲产业可以减少经济全球化和加入WTO对我国产业体系和产业发展造成的冲击和负面影响，维护我国的产业安全。促进我国经济保持持续、稳定的增长的五个对策是：1. 促进观念创新，合理引导消费；2. 制度创新；3. 企业组织创新；4. 产业布局创新；5. 行业管理创新。

发展休闲经济，开拓新兴产业

张磊、栾贵勤在《首都经济贸易大学学报》2002年第5期撰文认为，发展休闲经济，是与我国居民收入的提高和休假时间的增加密不可分的。从另一个意义上讲，休闲经济的兴起也就是国家经济水平提高的必然结果。从目前发展情况来看，我国居民从事休闲活动需要两大前提：一是收入水平的提高，二是闲暇时间的增加。我国居民的休闲活动可依时间划分为：日常休闲、短假休闲和长假休闲。从居民的休闲活动类别出发，我们以城市为核心，可以以市区、城郊和长途旅游地三大块为基础，可将中国休闲经济划分为城市休闲经济、城郊休闲经济和旅游休闲经济三大类。根据对我国目前休闲经济的分类和定位，应对我国休闲经济做全方位、宽领域、多层次地探索，不断丰富休闲经济的内涵，以全新的理念和视角促进相关产业的发展。为此，我们应做到三点：1. 深化城市休闲，开发产业休闲功能；2. 挖掘城郊休闲，加强城郊环境保护；3. 整合旅游休闲，实现产业联动开发。

论我国城市郊区休闲度假旅游的发展

张力仁在《韶关学院学报》2002年第7期撰文认为，在我国已开始出现由单纯的观光旅游向休闲度假旅游转型，居民的休闲、度假活动已逐渐往城市郊区转移，郊区及周边地区的周末短期度假和节假日休闲旅游已具雏形。休闲度假旅游的有三个基本特征：（1）访问地相对固定。（2）强调休息、娱乐和保健。（3）滞留时间相对较长。而城郊休闲度假旅游的出游方式主要有三种：一是居民周末的自费出游；二是企业组织的奖励性度假游；三是部门组织的会议性度假游。通过对城郊休闲度假旅游的开发模式、前景进行分析得出，发展我国城市郊区休闲度假旅游应注意：1. 市场定位问题；2. 功能设计问题；3. 引资方式与发展模式问题；4. 推行带薪休假旅游制度问题；5. 适当发展分时度假旅游问题。

中小城市旅游资源开发与休闲旅游发展研究

蒋梅鑫、钟业喜、黄强在《江西社会科学》2002年第11期撰文认为，广大中小城市，特别是经济欠发达地区的中小城市，休闲旅游的发展还几乎处于空白。本文以江西中南部的吉安市为例，剖析其旅游资源分布与特点，挖掘发展休闲旅游潜力，构建中小城市休闲旅游发展蓝图。通过对吉安市的旅游资源及休闲旅游发展进行分析，总结吉安旅游资源开发与休闲旅游发展存在的问题，得出目前促进吉安市旅游资源开发与城市休闲旅游路径：一是摸清家底，科学规划，努力开发城市及其郊区旅游资源；二是发展山水特色休闲旅游；三是以白鹭洲书院为基础建设庐陵文化园；四是立足吉州，统筹全市，放眼海内外；五是广开财路，增加投入，加强基础设施建设；六是加强行业管理，扩大对外宣传。

大旅游视野中的休闲产业

马惠娣在《杭州师范学院学报》（社会科学版）2003年第2期撰文认为，休闲产业的崛起将拓展旅游业的内涵与外延。休闲产业是指与人的休闲生活、休闲行为、休闲需求（物质的、精神的）密切相关的领域。特别是以旅游业、娱乐业、服务业、体育产业和文化产业为龙头形成的经济形态和产业系统，一般包括国家公园、博物馆、体育运动、影视、交通、旅行社、餐饮业、社区服务以及由此连带的产业群。而休闲与经济的关系，一方面，经济参与“买来”休闲，它是回报中的一部分；另一方面，休闲产

业可以被用来娱乐、消费，来支持有效的经济参与。从经济学的角度看，发展休闲产业能调节国民收入的再分配，降低贫富梯度。随着休闲与经济之间关系的日益密切，经济学的研究更注重人的微观行为。休闲业与旅游业的关系，应该说是一个继承和发展的关系，不是谁从属于谁、谁替代谁的关系。将休闲产业引入旅游业是我们面对的新课题，这种呼声已经引起有关部门的关注。

倡导休闲教育　推动休闲旅游

潘澜、吕建中在《技术经济与管理研究》2003 年第 2 期撰文认为，“梅家坞现象”反映现代人对于休闲生活的渴望，对休闲旅游的需求。通过探究休闲旅游发展原因，了解非休闲旅游、休闲旅游、休闲教育的内涵，得出休闲教育是休闲旅游的助推器的观点。休闲教育有利于树立正确的休闲观念：首先，消除人们对于休闲的偏见；其次，反对庸俗的休闲观念；第三，倡导中国人的休闲方式。休闲教育也有利于培育休闲旅游市场。第一，休闲教育能够扩大游客总量；第二，休闲教育能够培养忠诚游客；第三，休闲教育培养优质客户。最后，休闲教育有利于休闲旅游产品的深度开发，有助于解决我国旅游业“热点过热，冷点过冷，冷热失衡”的问题。

休闲、休闲旅游与休闲产业

毛惠媛、杨秀丽在《辽宁经济》2004 年第 1 期撰文指出，休闲是现代社会的产物，休闲表现出来的文化意义和社会意义在我们未来的社会发展中具有举足轻重的地位。休闲、旅游，二者相辅相成，辩证统一，休闲是旅游的前提，旅游是休闲的目的之一，也可以说旅游是休闲的一种最重要的形式；休闲旅游是人与自然的和谐统一，是自然景观与人文景观的和谐统一，是人生品位的高度升华。休闲产业的崛起将拓展休闲旅游的内涵和外延。在我国的现阶段，以大力发展休闲产业作为新的经济增长点，具有重要的现实意义。休闲产业与休闲旅游业二者之间是继承和发展的关系，不是谁从属于谁，谁替代谁的关系。传统的旅游业要发展，要顺应时代的潮流，就必须拓展它的外延和丰富它的内涵。

我国休闲旅游发展趋势及制度创新思考

冉斌在《经济纵横》2004 年第 2 期撰文指出，目前在我国休闲旅游业的发展中仍存在着各种障碍因素：1. 假日旅游中各种问题的焦点是客流集中与供给相对刚性之间的矛盾；2. 当前我国的休闲旅游虽然已有很大的发展，但从总体上看，休闲娱乐产品水平还不高，还不能进入国际休闲旅游的主流消费市场；3. 社会条件支持系统尚未形成。旅游业作为中国国民经济新的增长点和休闲经济的主力军，作为能对休闲经济其他领域产生关联带动作用的牵头行业，在新世纪中国经济的发展中担负着重要的任务。面对着休闲经济日益发展兴旺的新形势及上述障碍因素，有关部门应进行制度创新：1. 全面实施带薪休假制度；2. 要进一步加强与休闲相关的各种旅游设施的建设；3. 要大力加强与休闲相关的各种旅游新产品的开发；4. 加强社会条件支持系统的配套工作。

休闲旅游之浅析

孙凤芝在《山东电力高等专科学校学报》2004 年第 2 期撰文认为，休闲旅游业将成为世界旅游业发展的主流：1. 新产业。科技的发展带动着全球休闲旅游业沿着“快车道”飞速前进；2. 新需求。休闲旅游作为生活质量提高的标志之一，随着生活水平的提高和思想的进步，不断产生新的需求变化。当前我国休闲旅游业存在的问题：1. 消费观念不成熟；2. 休闲产品单一；3. 休闲旅游信息不对称；4. 人员素质较低；5. 市场不完善。为此，发展休闲旅游业的对策有：1. 转变休闲意识观念；2. 打造多层次休闲旅游产品；3. 加强休闲旅游市场的规范管理；4. 倡导绿色消费观念，发展“绿色”产业；5. 加大休闲信息的宣传指导力度；6. 完善旅游休闲产业链的建设。

体验经济时代休闲农业旅游的发展策略

李舟在《新疆农垦经济》2004 年第 3 期撰文，将休闲农业分为三类：第一类是旅游吸引物范畴广泛，涵盖了与农业和农村生活有关的各类资源，并具有本地的地域特色和浓厚的农业特征；第二类是旅游经营活动应以本地农民为主体开展，形成良好的旅游氛围；第三类是旅游接待设施应与当地的民居习惯、建筑风格等融为一体。当前我国休闲农业旅游业存在诸多问题，我们应以“体验经济”的理念创新休闲农业旅游的观点，“体验经济”下休闲农业旅游的发展策略包括：积极发展特色农业，提升休闲农业旅游的文化内涵；推动休闲农业旅游产品体验化设计，旅游活动和服务的生态化等。

浅析我国旅游休闲产业的发展

朱玲、沈通在《商业研究》2004 年第 5 期撰文指出，当前我国旅游休闲产业发展的新需求表现在几个方面：1. 由休闲时代的到来所引起的新需求。2. 由高科技的发展所引起的新需求。3. 由旅游者价值趋向的变化所引起的新需求。4. 由当今社会运行模式的转型所引起的新需求。同时，我国旅游休闲产业发展的现实制约因素，包括公众对休闲认知差异的制约，较为成熟的经济基础和社会环境与较低层次的旅游休闲消费能力、消费观念之间的矛盾制约以及旅游者休闲消费意愿与旅游休闲产业发展现实的矛盾制约。总之，发展旅游休闲产业是一项系统工程，需要政府、社会、个体三方共同协作，共同开发。

休闲时代深圳旅游城市定位的实证分析

李舟在《深圳大学学报》2004 年第 6 期撰文认为，从区位环境上看，深圳“南中国休闲旅游中心城市”的目标定位，与东亚繁荣经济带和珠江三角区域有着极强的互补性。从旅游环境分析，深圳已具备构建“南中国休闲旅游中心城市”的基本条件。人文积淀与人缘优势为深圳构建“南中国休闲旅游中心城市”奠定了良好的文脉条件。深圳经济发展保持良好态势，为构建“南中国休闲中心旅游城市”奠定了物质基础。为了构建“南中国休闲旅游中心城市”，深圳市必须具有超前的发展战略和部署，尽早确立深圳这一旅游城市在未来旅游发展中的主打方向与定位，并朝这一方向不断努力。只有这样，深圳的旅游经济、休闲经济才能实现稳定、健康的可持续发展。

休闲旅游产业发展模式探讨

吴克祥、李舟在《商业时代》2004 年第 8 期撰文指出，多层次的旅游休闲需求要求改变单一观光型旅游产品开发模式，积极创新，努力开发新产品，满足人们多层次的旅游需求。基于休闲活动的中国旅游产业的发展模式，有利于开发出具有吸引力的各类休闲产品，使休闲产品多层次化、系列化，树立走中国旅游休闲的整体形象，从而最大限度地满足来自不同文化背景和不同国度的游客的需求，加快使中国成为世界最大的旅游目的地国家。向旅游者提供必要的信息咨询和配套服务是旅游企业经营的核心内容。只有完善与旅游相关的信息咨询服务产业，才能通过市场对资源进行有机的整合，充分挖掘要素禀赋的自然差异和内在潜力实现传统旅游产业向现代休闲旅游产业的演进，从而把我国旅游产业经营提高到发达国家水平，增强旅游业在世界市场范围的竞争力。

生态休闲旅游开发的理论基础及其适用价值探析

邓小艳在《社会科学家》2005 年第 6 期撰文认为，“生态休闲”是指与生态相关的、建立在保护环境和促进生态良性健康发展基础上的休闲。而生态休闲旅游强调“生态性”、“休闲性”、“外部经济性”。首先，“生态性”理论基础即可持续发展理论，通过适用价值分析得出：生态休闲旅游开发具备可行性，而且生态休闲旅游的生态性拥有保障。其次，“休闲性”理论基础即马克思休闲理论，通过适用价值分析可知，马克思眼中的“休闲”是生态休闲旅游开发的必要条件，而且马克思眼中的“休闲”为生态休闲旅游产品的开发指明了方向和要求。最后，“外部经济性”理论基础即外部性理论，通过适用价值分析的结论是，弱化“外部不经济”是生态休闲旅游开发的活力之所依，而强化“外部经济性”是生态休闲旅游开发的主体之所在。

休闲经济时代的旅游资源分类与评价

李红玉在《旅游学刊》2006 年第 1 期撰文认为，休闲经济内容涉及旅游、房地产、文化娱乐、交通、餐饮业、社区服务等以及由此连带的产业群，休闲产业是指建立在休闲的大众化基础之上，由休闲消费需求和休闲产品供给构筑的经济。旅游活动内容正由观光旅游向休闲度假方向转变。能否适应上述休闲经济的发展趋势，不仅关系到旅游产业自身的发展，而且关系到城市经济的可持续发展，特别是在现代化大都市，各类休闲活动已成为经济活动得以运行的基本条件，城市发展的竞争力越来越依赖于休闲产品的供给能力。旅游资源是旅游产业的基础，也是休闲产业的重要空间载体，在休闲经济中，旅游资源成为休闲资源，其内涵、分类和评价体系表现为以下三方面新的特征：1. 与当地的社会文化特征融为一体；2. 与相关产业具有更强的关联性；3. 客源市场的本地性特征突出，对城市的整体发展水平依赖型强。

旅游休闲的成本分析

杨财根在《江苏经贸职业技术学院学报》2006 年第 1 期撰文认为，旅游休闲作为一种消费活动，通常要引起休闲者的各种成本消费，这些成本的总和即为旅游休闲消费者的总成本，而休闲者往往根据这些旅游成本因素来决策他们采取旅游休闲活动还是采取其他更简便的休闲方式来达到自己的休闲目的。这些因素主要包括心理成本（设为 N）、时间成本（设为 T）、经济成本（设为 L）以及体力成本（设为 S），其中心理因素是旅游休闲消费活动的动因和休闲消费活动价值评估的最主要标准，时间因素是旅游休闲消费活动的约束条件和前提条件，经济因素是旅游休闲消费活动的推动力，体力因素是旅游休闲消费活动的加速器。

上海国内休闲旅游行为研究

梁保尔、李伟清、杨荫稚在《北京第二外国语学院学报》（旅游版）2006年第1期撰文，对上海国内休闲旅游市场进行的一次问卷调查表明，上海国内休闲旅游者行为特征从休闲旅游方式看，在观光仍为主导旅游动机之际，怡情养性的休闲旅游动机渐趋流行。从休闲渠道看，休闲旅游者最主要的出游渠道是旅行社，旅游网站安排出游日渐增多。从出游时间看，3～5天是休闲旅游者最容易接受的出游天数。从消费水准看，休闲旅游者每次出游的消费，据统计，3000元左右最容易被接受。从获取信息方式看，旅行社依旧是最主要的休闲旅游信息传播源。从交通工具看，飞机毫无疑问已成为最受欢迎、最便捷的旅游交通工具。从住宿标准看，住宿舒适程度已成为上海休闲旅游者普遍关注的问题。最后总结得出：1. 上海国内休闲旅游以中低端市场为主体；2. 上海国内休闲旅游也有一部分高端市场；3. 上海国内休闲旅游受访者在回答问卷的开放式问题“旅游者心目中的高档休闲旅游产品”时，将高端产品特征描述为新颖、独特、有内涵，价格弹性小，服务有个性、体贴、周到、有人情味，能放松身心、缓释压力等，这表明休闲旅游高端产品市场，有待精心培育和开拓。

休闲度假：宏观调控政策下旅游经济发展的必然途径

李克夫在《北京城市学院学报》2006年第1期撰文认为，宏观调控为旅游产业的全面提升提供了难得的机遇。宏观调控政策的目的和作用主要是调整结构，转变增长方式。旅游业的结构调整同其他行业一样，分三个层面：经济结构、产业结构、产品结构。应该以宏观调控为动力加速旅游经济增长方式的转变，其转变方式主要有五个方面：一是注重从数量型方式向质量型、效益型方式转变；二是从单纯重视硬件建设向强化软件方式转变；三是从主要依赖政府投资向投资主体多元化方式转变；四是从偏重开发产品的生产型经营方式向开发与营销并重的市场型经营方式转变；五是从传统的克敌制胜的竞争性运作方式向合作共赢的新理念、新方式转变。作为一个新的增长极，休闲度假旅游及其产品在构建中应遵循以下几个原则：1. 坚持科学发展和开拓创新的原则；2. 坚持比例均衡和协调运行的原则；3. 坚持多样化、个性化、精品化原则。

休闲农业——旅游新看点

牛传军、张超、王秀茹、韩兴在《水土保持研究》2006年第2期撰文认为，休闲农业以“三农问题”的理念为先导，利用农业资源，发展农村旅游，使农民除了有传统农业的基本收入外，还可以获得农村旅游收入。同时，休闲农业解决了农村剩余劳动力再就业和发展农村经济的问题。休闲农业的基本内涵是利用农村设施与空间、农业生产基地、农业产品、农业经营活动、自然生态环境、农村人文资源等，经过科学的规划设计，以发挥农业与农村休闲旅游功能，增进人们对农村与农业的体验，提升旅游品质，并提高农民收益，促进农村发展的一种新型农业。休闲农业具有两个特色：一是休闲农业资源丰富、形式多样；二是休闲农业发展的新理念。最后总结休闲农业的发展优势得出，发展休闲农业具有很高的社会效益、经济效益和生态效益。

休闲旅游的特征及女性休闲旅游吸引策略研究

蒋素梅在《昆明大学学报》2006年第2期撰文认为，休闲旅游在我国的发展特征如下：1. 家庭旅游是主要形式；2. 休闲旅游市场呈现大众化趋向；3. 风景优美和经济发达的城市郊区休闲旅游较为发达；4. 休闲旅游具有明显的时间性；5. 休闲旅游者具有不均衡性。吸引更多女性休闲旅游者的策略自上而下涵盖两个层面：一是政府层面：1. 转变观念。应该转变观念，制定政策，扶持休闲旅游产业发展。政府同时应注重对女性休闲事业的推动；2. 资金支持。拨付一定的资金用于休闲旅游设施建设，满足各个层次的需求，推动休闲目的地的建设；3. 重视休闲教育。重视休闲教育，倡导健康生活方式；4. 完善社会保障制度总体来看，发达国家的休闲服务相对完善，其休闲经济在整个国民经济中的比例也相对较高。二是企业层面：1. 开发适宜的休闲旅游产品；2. 改善休闲旅游设施。

欠发达地区休闲旅游发展SWOT分析及对策研究

谢江红在《市场营销导刊》2006年第4期撰文认为，欠发达地区只有立足资源特色，大力发展旅游产品，才能抓住发展机遇，使欠发达地区的旅游发展实现质的突破与飞跃。通过对欠发达地区休闲旅游发展的SWOT分析：1. 优势：（1）资源丰富；（2）劳动力资源丰富且积极性高；（3）国家和当地政府的大力扶持。2. 劣势：（1）区位特征的制约；（2）运营方式落后；（3）人才素质偏低；（4）资金缺乏。3. 机遇：（1）人类享有的休闲时间越来越多；（2）休闲旅游发展的强劲势头；（3）加入WTO为休闲旅游的发展提供了机遇。推动欠发达地区休闲旅游发展的相应对策是：1. 经营管理模式和开发模式多样化；2. 加强对旅游基础设施和上层设施的建设；3. 准确进行市场定位，为市场打造主题；4. 引进人才，提升服务质量，增加竞争力。

休闲旅游
——体验经济时代旅游发展的新趋势

樊英在《特区经济》2006 年第 5 期撰文认为，休闲旅游是一种理性的回归，有以下方面的特点：1. 更丰富的文化内涵；2. 更显著的休闲性；3. 更深刻的体验性。休闲旅游是休闲观念更新的产物。新的休闲观念强调休闲是生活的主要乐趣，休闲是当代社会最重要的特征，人们正是通过休闲而不是工作来充分展示个性和自我价值。休闲旅游是体验经济时代旅游发展的新趋势。在体验经济时代，顾客每一次购买的产品或服务在本质上不再仅仅是实实在在的商品或服务，而是一种感觉，一种情绪上、体力上、智力上甚至精神上的体验。在此背景下，传统的旅游经营方式需要加以改变，以适应体验经济时代已经变化了的市场需求。第一，明确主题是第一步。第二，要整合多种感官刺激。第三，体验是个性化的。第四，要充分利用旅游纪念品，给游客创造一个值得回忆的体验。

关于四川休闲旅游发展政策与法规的建议

陈向红在《乐山师范学院学报》2006 年第 6 期撰文认为，在休闲旅游管理体制方面：1. 政府主导政策是四川发展休闲旅游业的基础性政策；2. 成立休闲旅游发展指导委员会，推动休闲旅游发展。在休闲旅游产业政策方面：1. 实行有差别的产业布局政策；2. 明确和强调市场导向突出市场促销，加大宣传力度；3. 休闲旅游产品结构政策要充分发掘当地的特色文化和奇特的休闲游乐方式，把丰富的文化内涵寓意在新奇的休闲游乐方式中，让旅游者身心得到全方位的休闲满足，让旅游者得到独特而明显的享乐性；4. 休闲旅游投资政策。首先政府要加大非营利性的休闲旅游配套设施和项目的投入；其次四川省政府应针对休闲旅游发展制定优惠投资政策。在旅游法规及其应用方面：1. 治理整顿休闲旅游市场；2. 加强旅游法规的贯彻实施和检查监督。除此以外，应加强全省休闲旅游交通网络建设；大力进行休闲旅游教育，强化休闲旅游观念；改革休假体制，刺激休闲旅游需求的增长；以法律法规等形式保证休闲旅游发展政策的实施。

休闲农业旅游开发的社会意义

严晓兰、魏莉在《农业考古》2006 年第 6 期撰文认为，休闲农业旅游是在农业观光基础上发展起来的具有休闲度假性质的旅游方式，是一种具有田园观光、乡土民俗感受及休闲度假性质的“复合式旅游产品”。休闲农业旅游的特征表现在：1. 基本特征；2. 客源市场结构特征；3. 文化特征。而发展休闲农业旅游的社会意义有三点：一是有利于扩大中间社会阶层的比例，缓和社会矛盾；二是能够培育中间社会阶层的社会地位认同感，营造中间社会阶层健康成长的人文社会环境；三是满足人的全面发展的需求，促进社会的可持续发展。

文化休闲旅游符号的思考

丁雨莲、陆林、黄亮在《旅游学刊》2006 年第 7 期撰文认为，文化型旅游地彰显出的可意指休闲信息和氛围的语言和非语言的象征物，为文化休闲旅游符号。休闲氛围取决于具有荷载意义的符号，意指符号构成休闲旅游的载体，承载并传达文化休闲的内容和含义。文化旅游符号有民居客栈、吧类场所、休闲旅游者。通过分析了文化休闲旅游的形成机制，指出以丽江大研古城、束河古镇、白沙纳西古村落为代表的丽江古城和以西递、宏村为代表的徽州古村落，同属文化遗产地，文化旅游是两地旅游资源开发谨从的发展方向。在文化旅游的发展道路上，两地呈现出不同的特征，前者趋于文化休闲，后者更趋于文化观光。而造成两地文化旅游发展中不同特征的根本原因是两地文化背景不同使然。随着经济发展、带薪假期的增多，休闲旅游将成为一种发展趋势。以古村镇（落）为代表的文化遗产地也面临着重新选择和调整。在选择中，无视自身文化背景，一哄而上的发展是不可取的。我们要避免曾经出现的“主题公园”现象，以一种清醒的态度、冷静的头脑看待休闲时代的到来，从自身文化资源出发，做出符合自身发展的选择。

旅游休闲经济新趋势

周瑞金在《华人世界》2006 年第 10 期撰文认为，中国已步入休闲时代的门槛，已融入整个国际休闲文化的背景。随着人们休闲需要的多元化发展趋势，我国旅游业面临新挑战。由公众游到个性游，由感性游到理性游，由城市游到乡间游，由传统旅游到休闲旅游，由国内游到国外游，凡此种种，一个趋势，即更注意文化内涵和获得精神的满足。这是旅游休闲经济发展面临的一个新课题。要进一步发展旅游休闲经济，急需引入新观念、新思维、新企业模式和新经营模式；急需培养高素质的善于经营管理的旅游专业人才；急需加强对民众的旅游休闲教育，为培育旅游休闲产业和市场创造良好的社会文化氛围。

我国沿海地区休闲旅游型渔村建设模式探究

毕德志在《农村经济与科技》2006 年第 11 期撰文认为，休闲旅游型渔村的出现，是社会需求与供给拉动相互作用的结果，是都市经济发展到一定阶段必然出现的配套产物。这种休闲旅游型渔村有四种类型。一是劳动自助型；二是民俗民居型；三是观光游览型；四是娱乐休闲型。发展休闲旅游型渔村建设的思路有：1. 围绕一个目标：增加渔民收入，推动乡村经济发展；2. 坚持两项原则：盘活资源和低投多产；3. 体现三个特点：整合现有资源、安置闲余劳动力、突出文化特色。当前休闲旅游型渔村的运作模式：一是统一管理型；二是自主监督型。最后，推动休闲旅游型渔村的产业化对策有：首先是政府行为。一是政策扶持；二是加大监管力度；三是制定质量标准体系，严格组织，科学管理。其次是民众行为。一是加强服务知识和经营知识的培训与推广；二是坚持推行产业化的经营方式，走可持续的发展道路；三是突出特色，形成品牌化。

山地休闲旅游时尚产品开发与旅游活动创新

李建、郑国全在《旅游学刊》2006 年第 12 期撰文认为，到山地度假休闲，一方面可以避开喧嚣城市环境的影响，另一方面还可以达到在优美的山地自然环境中保健、放松的目的。山地休闲之所以发展势头迅猛，越来越为广大群众所喜爱，其原因主要在于迎合了现代人的需要。山地休闲旅游产品开发时需极力创意和创新，创造独特形象和与众不同的个性特色，表现山地休闲旅游区旅游产品风格，吸引游客，引导旅游消费。游憩机会谱（ROS）是一种广泛应用的旅游规划方法，基于 ROS 原理，根据山地的休闲资源的特点，按照未来休闲与健康促进的市场需求，借鉴国外最新休闲理论，研发与整合健康促进技术，对山地的休闲产品进行组合创新：主要按满足身心放松、健康调理与促进、新奇体验、生态教育等方向进行组合与创新。

体育产业

市场对竞技体育运行的作用

李艳翎在《湖南师范大学教育科学学报》2002 年第 1 期撰文认为，竞技体育运行的市场调节模式，实质上就是把竞技体育活动作为经济活动纳入到市场的经济运行轨道上来进行运作。竞技体育的市场运作有两种类型：企业经营型和事业经营型。体育市场卖方主体两种类型的存在：一方面与我国体育事业具有公益性的性质有关；另一方面，也与我国市场经济不发达，体育市场不成熟有关。在市场经济条件下，竞技体育的生存与发展必须依靠市场，由于社会结构的分化，社会利益结构的分化，利益主体也必将呈现多元化。搞活竞技体育的基本前提和关键是竞技体育服务产品的生产者和经营者必须改变其作为上级行政主管部门附属物的地位，成为自主经营、自负盈亏的体育商品的利益主体。增强竞技体育运行活力，既取决于充分发挥竞技体育运行内部各种经营要素的作用，又取决于竞技体育运行的外部经营环境。竞技体育运行的外部经营环境包括国家的宏观管理和市场两个方面，对于增强竞技体育主体的活力具有十分重要的外力作用，主要通过以下市场功能表现出来：1. 联系功能；2. 选择功能；3. 价值分配功能；4. 信息传导功能；5. 生产资源合理配置功能；6. 刺激功能。

论中国足球市场化趋势

曲哲、郭兰翠、王润复在《广州体育学院学报》2002 年第 1 期撰文认为，今天中国足球的成果，是与其市场化分不开的，今后中国足球的发展，也是与其市场化趋势相联系的。我国社会主义市场经济体制的确立和发展，是足球市场化基本的宏观前提；中国足球的职业化、产业化、商业化是中国足球市场化的微观前提。同时提出了足球市场化有自身的特点：活动着的社会生活主体人是足球商品的载体；足球商品的消费群体——球迷和群众，是社会生活的基本主体，有巨大的购买力；而足球商品具有巨大的经济、社会效益。足球市场化的内涵是足球资源的配置、足球要素的竞争、足球市场的运行和管理。在足球市场化的发展中政府对足球市场的宏观调控，是极为重要的根本条件，足球市场主体是实现足球市场化发展的根本条件。目前，足球市场化的初步对策：加强有关足球市场化理论、政策、方针的研究；加强有关足球市场化运行状况的研究；加强足球市场化运行方式的研究。

浅谈入世后我国体育用品业知识产权的保护

李晓峰、王勇在《合肥工业大学学报》2002 年第 3 期撰文认为，我国体育用品业知识产权整体水平特别是科技含量高的产品与国际先进水平相比还有很大差距，中国入世后在遵守世贸规则，承担知识产权保护的义务等方面仍面临很多压力。其中存在的问题具体为：1. 知名商标被抢注，影响到民族品牌在国际舞台上的发展空间；2. 国产体育用品中有些是“拿来主义”，没有独立研发概念；3. 有相当多的人把仿冒侵权的认识只停留在损害消费者利益、设计者权益上，而没有上升到事关“入世”、国家改革开放、经济建设能否顺利进行的政治高度上认识。形成原因为：1. 知识产权立法上存在漏洞；2. 执法上的偏差；3. 地方保护主义严重，法制观念淡薄。

试论青少年足球竞赛市场的开发

郁静在《西安体育学院学报》2002 年第 3 期撰文，探讨足球竞赛的价值功能和我国青少年足球竞赛市场的开发，分析了我国足球竞赛市场发展不均衡的某些问题，提出要建立一个完善的、良性循环系统的基础环境和制定与此相应的对策，重视青少年后备人才的培养和足球资源的开发。中国足球改革的最大特征就是从计划经济步入市场经济，中国足协应重视足球市场的全面开发，不要只倾心于高端足球市场，应该大力挖掘中低端足球市场的潜力。应将青少年足球比赛按年龄分组、全面引入足球市场一切成功的商业元素、足球比赛的形式应多种多样、加强比赛的趣味性、建立各年龄段足球人才档案库、降低青少年球员参赛成本等发展对策。

对未来我国体育文化产业发展定位的研究

肖林鹏在《湖北体育科技》2002 年第 3 期撰文认为，对我国体育文化产业的相关理论研究尚属空白。其中在体育文化产业发展的背景定位中，表示体育经济领域出现了体育文化产业结构，体育文化领域出现了商品产业群，这一新兴的体育文化产业是人类文化、经济全方位进步的结果，是物质文明和精神文明共同增长的结晶，是在新技术革命的背景下，经济升华、文化物化的结果。体育文化产业是文化、精神的物化，是商品、经济、产业的升华和理念，同时也是“新经济时代”的重要体现。在体育文化产业发展的目标定位方面，应以体育文化内容和手段开拓其互联网市场、高科技信息市场、教育培训市场、旅游市场、装饰装潢市场、服装餐饮美容服务市场这些珍珠，与演出、音像、图书、音乐传统项目共同组成万紫千红的体育文化产业项链。最后，分析体育文化发展的功能定位和体育文化发展的机制定位。

体育产业与体育事业关系论析

林祖明在《北京体育大学学报》2002 年第 6 期撰文认

为，发展体育产业是体育事业发展的必由之路。体育依赖经济，经济借重体育，是内在需求使然，客观规律使然，世界潮流使然。体育行业所提供的产品就是体育产品，或称体育服务产品。近年来体育理论界对体育服务产品，也有称体育劳务产品，其性质是物质的还是精神的，一直有争议，也是一个长时间来讨论的问题之一。体育产业化发展并不能简单替代体育事业，体育事业作为文化事业的重要内容，是国家形象和国家利益的表征。我们从争办奥运会以及举办奥运会给主办国和主办城市带来的“综合效应”来看，举国体制的体育事业有其不可替代性。促进体育产业与体育事业联动发展的四点对策如下：（1）强调体育市场的调查研究；（2）组建体育产业的大型企业；（3）引导体育产业投资多样化；（4）强化体育产业的法制建设。

论体育用品的品牌战略

孙克成在《体育文化导刊》2002 年第 6 期撰文，我国目前拥有世界体育用品 65% 的生产能力。作为纺织大国，体育服装的生产与加工更是位居世界前列，而且产品质量都具有国际水平。然而，在世界体育用品销售前 10 名的企业里却没有中国一家，我们缺少的正是具有国际影响力的品牌。国外体育用品正是利用品牌效应扣开中国的市场之门，运用严格的管理、雄厚的资本、先进的技术以及全方位的营销手段，使国内一些同行企业丢掉了自己原有品牌，成为“洋”品牌的产品加工厂。这种现象引起了企业界的高度关注和反思。在品牌的建设过程中，企业的知名度和美誉度必须平衡发展，二者的辩证统一才是构成品牌的本质内核。

加入 WTO 对中国体育市场的影响与对策研究

庄建国在《商业研究》2002 年第 8 期撰文认为，加入 WTO 对中国体育市场的影响主要为：1. 将促进体育市场管理体制的进一步完善和法制化；2. 可推动我国体育市场体系的发育；3. 体育中介组织及经纪人将会发挥更大作用；4. 可推动我国体育市场的均衡发展。据此，加入 WTO 会给我国带来一些不利因素：1. 加入世贸组织后，由于在贸易政策上关税降低和市场准入，我国的绝大多数体育用品，包括名牌体育用品的价格优势将荡然无存；2. 我国的不少地区人们的收入低，闲暇时间少，加之受健身消费意识薄弱的制约，尽管体育市场的潜力大，但一时难以形成规模；3. 我国体育市场普遍缺乏规范的管理，法规也不健全。所以，我们要采取措施如下：1. 提高认识，转变观念；2. 转变政府职能，加强宏观管理；2. 加强体育法律、法规建设，建立统一、开放、竞争有序的体育市场体系；4. 培育体育市场主体，促进体育消费；5. 完善和发展体育中介市场等措施。

我国体育用品创建强势品牌的文化因素

赵剑在《体育学刊》2004 年第 1 期撰文认为，推进品牌文化建设，从深层次上增强我国体育用品品牌的文化底蕴，对提高我国体育用品品牌竞争力，促使我国体育用品业迅速由体育用品生产大国向体育用品品牌强国发展，具有十分重要的现实意义。我国体育用品品牌普遍存在着重视实物含量而忽视或轻视文化含量，品牌建设多停留在较初级的广告宣传和赞助上，缺乏创新的品牌理念，品牌文化价值低，品牌也就无法满足消费者从产品消费到文化消费的需求。另外，体育用品行业技术壁垒较低、入行快，造成中小品牌产品种类繁多、水平相当，很难形成规模经营，品牌竞争力低。我们应该清醒地认识到企业的竞争已逐渐从单质、单项要素中脱胎，而进入系统的品牌竞争，国内体育用品企业要想在日趋明显的品牌消费的市场特征下胜出，进行品牌文化建设是当务之急和必由之路。我们要创建强势品牌，务必要明确品牌文化定位、注重品牌文化的个性、重视品牌文化营销、建设品牌文化的长期性和必要的调整，还要注重品牌文化民族化和国际化的结合。

从跨国品牌看
我国体育用品品牌现状及发展策略

赵剑在《体育科研》2004 年第 1 期撰文，通过分析耐克和阿迪达斯品牌的成长过程，认为下面一些因素对其品牌的全球化扩张起到了巨大作用：1. 品牌大于产品，产品是品牌的关键；2. 推广目的在于体现品牌的运动精神与形象；3. 品牌的不断创新；4. 充分利用现代传媒推广品牌，而不是单纯做广告；5. 为品牌注入新的元素。而对比国外著名品牌，我国体育用品存在品牌市场占有率低，科技含量低、自主创新能力差、缺乏品牌培养，缺乏核心产品、产品结构不合理，品牌营销能力弱、手段简单等不足。所以我们要做到分析品牌生存环境、明确品牌定位，组建大型企业集团、优化管理模式、培养品牌的核心竞争力，树立现代营销理念、建立健全营销体系，把我国体育用品品牌推向国际市场，开发体育人口资源、扩大体育用品需求、营造广阔的体育用品消费市场以及经营中国品牌的独特价值。

论信息化带动体育产业发展的
动力机制及路径选择

孙学斌在《新乡师范高等专科学校学报》2004 年第 2

期撰文认为，信息化的动力机制作用是由内、外网络及互联网交织而成的网络集成制造系统（NIMS）发挥出来的。体育产业信息化的发展，可以极大地促进企业提高生产技术和生产效率，降低能源消耗，减少环境污染，更好地满足市场需要，增强企业竞争力。在信息化带动体育产业发展的路径选择上，从政府方面来看，首先，加强信息化基础设施建设；其次，大力发展信息设备制造业，发展软件业，增强信息技术和产业对信息化的推动力；第三，要大力发展信息服务业，积极发展网络商业、网络制造、网络农业、网络教育，充分发挥信息产业对社会资源的优化配置作用。而从体育企业方面来看，企业要积极引进信息化工具，同时应该加强对员工的信息水平培训，在企业的经营管理中、生产作业中普遍应用信息化的手段。

太极文化的推广及其产业化问题的研究

朱国军在《焦作师范高等专科学校学报》2004 年第 2 期撰文认为，太极拳的发展和产业化是太极拳这一事物发展中必不可少的两个方面，两者应该是相辅相成，缺一不可的，只有充分认识到两者之间的这种辩证关系，才能使太极拳的推广及其产业化的发展更加科学、规范、合理，从而走上蓬勃发展的道路。目前太极文化的推广及其产业化发展的对策：1. 抓住机遇，转变观念，加大投入，营造氛围；2. 切实保护好太极拳的知识产权；3. 尽快培养出高水平的太极拳人才；4. 把握太极文化的推广和产业发展的内在规律，全方位、多层次的立体发展；5. 加强太极文化理论的深入研究；6. 成立国际性的太极拳组织，用以指导太极拳在国际上的发展；7. 以联盟制的集团化经营为模式，尝试走职业化的道路，发展太极产业；8. 大力发展旅游业和体育用品业，打造太极拳自己的品牌产品和功夫明星。

论我国体育用品的名牌战略

张玉林、赵小林、王新英在《河北体育学院学报》2004 年第 4 期撰文提出，我们要从科技、文化、营销、市场等方面开展我国体育产品的名牌战略。在科技方面，我国的体育用品企业应该注重引进人才，注重科技开发，吸取、借鉴国外先进技术，提高产品科技含量，这对于我国体育用品产业依靠科技战略实现腾飞非常重要。在文化方面，中国的体育用品产业，应树立传统与创新相结合、体育与文化相结合、艺术与科技相结合的理念，以体育用品为载体，在产品的品牌、图案、造型等方面，体现中华民族的文化特色。在营销方面，体育用品企业应充分利用政府鼓励创新国产名牌的优惠政策，制订周密的营销宣传计划，宣传国产优质产品，提高产品知名度。在市场方面，体育用品生产企业要研究市场、研究消费者，对消费者市场进行细化分析，及时掌握市场信息，注重销售市场信息反馈。

奥运：2008 创意文化产业

金元浦在《中外文化交流》2004 年第 12 期撰文认为，奥运产业是以创意为核心，以体验为基础，以注意力为目标的文化产业，是依托当代高科技和传播媒介的文化实践方式。因此，人文奥运不仅是文化理念，更是一个具有实践特性的可开掘、可持续发展的战略。从奥运作为当代创新的产业构成和结构方式来说，奥运是一种内容产业，特别是一种以当代高新技术为载体的内容产业、节目产业；从传播影响的方式和观众参与的角度来看，奥运是一种眼球经济，一种注意力产业；从奥运的媒介影响和传播方式来说，奥运是一种娱乐消费，一种诉诸服务业的体验经济方式。所以，从文化产业层面看，我国“人文奥运”的展开适逢当代内容文化产业、体验经济、创造性生产力和注意力经济高速发展的重要时期，面临绝好机遇。

体育产业以体育文化为基础

张锐、王子丹在《四川体育科学》2006 年第 4 期撰文认为，体育的文化性是不可抹杀和忽视的，体育产业的销售需要建立拥有体育文化的消费群体——体育人口。古希腊的文化结构促使了竞技运动的产生和兴起，推动了在人类启蒙的过程中附着于其他自然、艺术、哲学等的真正人性化的综合性的体育文化的兴起，体育是通过一种文化的形式而存在的，它的形成是人文主义的需要。人们长期以来的理解上的偏差导致体育成为独立“学科”，体育文化只有建立在重视人的价值、主张个性自由、提倡科学文化、反对封建迷信的基础上才有可能得到真正的传播和弘扬。并且要从根本上改变致使我国体育人口增长缓慢、体育产业市场不稳定的因素，必须遵循体育文化的精神，改变其现在在教育系统中的体育单列状况。只有这样才能将运动和人文相结合，还体育以真正面目。

体育与我国城市经济发展关系的研究

宋伟在《北京体育大学学报》2004 年第 6 期撰文认为，发展体育可以加快城市化进程，发展体育可以促进城市经济的发展。体育的发展可以为当地居民提供就业机会，体育的发展能加强城市基础设施的建设，发展体育有利于扩大城市间的经济合作与交流。体育应与城市自然环境、人文环境一起，共同促进城市的经济发展并且城市体育应与区域经济协调发展。同时，对体育在城市经济发展中应注意的问题进行了说明：1. 统一规划，分期建设，因地制宜发展体育项目；2. 注意与体育相关配套的建设；3. 不断提高服务质量。该文的立意及分析对我国今后城市建设与发展体育有一定的价值和意义。

论海洋体育的分类与开发

滕海颖、龚聿金在《浙江海洋学院学报》（人文科学版）2004年第3期撰文，对海洋体育的分类、特点和开发利用进行了深入的研究，认为海洋体育可分为沙地海洋体育、泥地海洋体育、海上海洋体育、海空海洋体育、岸上海洋体育和船上海洋体育。海洋体育的特点包括地域性、动态性、新颖性、柔软性、和借力性。作开展海洋体育项目竞赛，开设海洋体育课程并培养海洋体育人才，是当前开发海洋体育的重要举措，而培养海洋体育师资又是开发海洋体育的基础性工作。海洋教育工作要关注学生身心发展的特征、注重教学内容的实效性、培养学生对运动的兴趣以及讲究教学内容的科学性。

论城市社区体育资源及其开发与利用

袁广锋、陈融、陈如桦、林远、邓壁娟在《北京体育大学学报》2004年第5期撰文认为，随着我国城市社区功能的不断增强，“单位社会化”现象逐步改变，社区居民的体育利益取向逐渐转向社区。然而城市社区体育资源供给的严重不足和社区体育人口急剧增加的现实，使社区体育资源的开发与利用成为急需研究的新课题。因为社区体育资源开发是社区体育建设的重要组成部分，它是社区体育组织化运作的重要保证。而城市社区体育资源存在着社会体育指导员数量和水平偏低、活动场地不足、运动项目单一、自然地理资源开发不够等问题；提出开发和利用社区体育资源的基本思路是提高政府和社区居民的社区体育资源开发意识、完善和开通社会体育指导员培养与提高的渠道、社区体育和学校体育及单位体育一体化、运动项目多样化等；建议在前瞻性原则、社会化原则、可操作性原则等原则的指导下，通过调查研究、实验研究、借鉴与吸收等途径全面开发与利用社区体育资源。

2008奥运会与我国体育产业

郁庆定、金勇伟在《江西社会科学》2004年第9期撰文，探究我国体育产业与国外体育产业差距产生的原因：1. 经济的影响。体育消费只有在人们满足了基本的生存消费之后并且有一定剩余后才能变成现实，由于我国经济尚欠发达，我国居民可支配收入比较低，体育消费额相对也低，这是造成我国体育产业与国外体育产业的差距之一；2. 体制的影响。社会保障体系的不完善也是造成我国体育产业与国外体育产业的差距之一；3. 文化的影响。国外体育文化对体育产业影响比较大，相对而言我国体育文化对体育产业影响比较弱。为了抓住2008北京奥运机遇促进我国体育产业发展的机会，我们要做到以下几个方面：1. 努力培育和发展健身娱乐市场；2. 进一步发展体育竞赛表演市场；3. 进一步建立和发展体育无形资产市场。

人文奥运与创意文化内容产业

金元浦在《北京观察》2005年第1期撰文认为，从现实层面看，“人文奥运”就是以文化为基础的创造性活动的战略实践，有着强烈的实践意义。奥运产业就是以创意为核心，以体验为基础，以注意力为目标的文化产业，是依托当代高科技和传播媒介的文化实践方式。因此，人文奥运不仅是一个文化理念，而且是一个具有实践特性的可开掘、可持续的发展战略。内容文化产业以创意为动力，将各种“文化资源”与最新数字技术相结合，融汇重铸，建立了新的生产和消费方式，产生了新的产业群落，培育出新的消费人群，并以高端技术带动传统产业实现数字化更新换代，创造出了惊人的经济社会价值。我们的重点应是把更多精力投诸于奥运会所需要的创意内容产品，实现奥运文化产业的高端起步，数字融合。构建数字文化产业平台，实现数字化创新与数字化融合是北京发展的一条必由之路。所以我们应该从新兴内容产业等高端产业入手，以数字化促进文化的产业化，实现跨越式发展。还必须按照不同的目标市场对奥运产品进行改造和包装，并将经济、管理领域各个环节的大量人才全方位地引进奥运文化产业领域，全面提升我国奥运文化产业的整体水平。

我国体育产业风险投资支撑环境研究

彭小澍在《体育与科学》2005年第1期撰文认为，在我国大力发展体育产业风险投资，目前尚缺乏一些必备的机制和支撑环境。支撑环境主要包括经济、文化、科技、金融、人才、社会中介服务、法律法规和政策8个支撑要素。在体育产业风险投资诱致性支撑环境中的经济、文化、科技、金融和人才等要素对上市公司的支持并不处于同一层次；经济和文化对体育产业风险投资和其他支撑要素的发展起着基础作用，起着提供物质基础和精神动力的作用；科技、金融与人才环境的有效结合对发展起着直接的支撑作用。一些国家在移植体育产业风险投资制度时建立一套完备的法律、法规体系，为实现体育产业风险投资正常运行的必要条件；同时政策环境对体育产业风险投资的支持集中体现在财政支出、税收和风险分担等三大政策上。对于我国的体育文化产业风险投资支撑环境所存在的缺陷，我们应加大对各诱致性环境要素的培育力度，完善体育产业风险投资强制性环境建设。

加入 WTO 对我国体育用品产业的机遇与挑战

韩忠培在《体育与科学》2005 年第 1 期撰文认为，入世对我国体育用品行业造成了三个方面的机遇与挑战：(1) 入世关税税率的降低，可用更低的价格大批引进国际新型材料，降低采购成本，同时为我国企业创造更多更宝贵的学习机会，缩短与国际先进水平的差距，以便更好的与国际接轨；(2) 入世必然导致供与求的矛盾、迫使一些企业界面对更加艰难的生存环境而迅速确定外向型经营观念，采取“你进我出”的灵活策略，主动涉足市场开辟新的领域。(3) 入世必然导致体育人才市场将进一步开放，国外经营、管理人才的涌入将弥补国内外体育用品行业经营、管理人才的不足，而国内的经营管理人才在开放的贸易中更能得到培养。加入世贸后，我们要加速调整产业和产品结构，不断适应国际市场的要求；积极创新，提高科技含量，加大对新产品开发的投入；学习世贸组织的游戏规则，制定和完善体育产业政策，建立、健全与国际规则接轨的体育市场法律、法规，变换保护手段，利用 WTO 规则逐步开放体育用品行业。

试论体育运动作为创意产业与文化品牌的广告效应

陈雪梅、董群在《体育与科学》2005 年第 1 期撰文认为，我们要充分认识奥运会的文化品牌，因为奥运会有着良好的经久不衰的社会形象，并且已经树立了自己独特的品牌，公众对奥运会、奥林匹克选手和奥林匹克精神的高度评价，使奥运会在世人心目中的位置高于任何世界顶尖的商业公司，它以自己特有的魅力对观众产生了强烈的吸引力，大大地增加了观众的数量，而奥运会上高水平的竞技比赛仿佛与电视广告是天设地造的一对，成为良好的广告载体。我们应把握好体育比赛的广告效应，因为：1. 体育运动是最好的电视对象，竞技比赛可以使电视的各种能力得到充分发挥，吸引大量的观众，观众既可以通过电视欣赏奥运会会场壮观的全景，又可以欣赏运动场上一闪而过的精彩瞬间；2. 电视大大地增加了人们观看体育运动的机会，把体育比赛送进了千家万户；3. 体育比赛不仅起伏跌宕，令人目不暇接，而且有许多自然的间隙，如球类比赛中的暂停、犯规，以及田径、游泳比赛中前后的间隔等，这都是绝好的广告时机，使广告得以与比赛自然地连接起来，而不像电影、电视剧或舞蹈表演中的广告打断了节目的完整；4. 奥运会特有的场合，吸引了更多的观众。

城市社区创新体育服务体系的构建

佘静芳在《湖南人文科技学院学报》2005 年第 2 期撰文认为，城市社区体育的价值在于满足不同社会主体的需求。国家应是推动城市社区体育的第一主体，企事业单位则应从人力资本投资的角度和企业文化发展的需要为职工提供体育服务，家庭作为劳动力再生产的功能单位，也要为家庭成员提供体育服务，根据社会成员个体体育需求所占资源的稀缺程度，市场在追求利益的同时，客观上也会提供体育服务。可以说，在现代社会中，政府、市场、企业、家庭等都参与了体育服务。在社会主义市场经济条件下构建城市社区体育服务体系，必须遵循城市社区体育所具有的公益性、产业性和文化性特征。在我国社会转型过程中，应针对不同的问题，建立政府与市场的不同关系模式，根据经济与文化的关系，选择构建城市社区体育服务体系的路径。政府主导、社会广泛参与是构建城市社区体育服务体系的基础，引入市场机制是构建城市社区体育服务体系的关键，体育文化资源的开发利用是构建城市社区体育服务体系的保证。

我国足球产业可持续发展探析

蔡其飞在《河北体育学院学报》2005 年第 2 期撰文，对我国职业足球产业化进程进行了描述，并从政策、法令、社会文化、经济效益及体育运动等方面，对足球产业的可持续发展，进行了分析，旨在为规范我国职业足球商业运作和管理，改善我国足球产业的经营和投资环境等提供理论依据。我国的足球产业经过多年的发展，已经初步建立起一个与我国目前经济发展水平相适应的运作体系，但在法规、制度和运行机制的建设和管理方面尚需完善。只有制定长期全面的发展规划尽快解决各种产权的归属问题，提高从业人员的素质和市场观念并确立相关优惠政策，才能保证国内足球市场的协调发展，同时也为足球产业自身的可持续性发展奠定雄厚的基础，积蓄强劲的发展动力。在足球市场发展中电视转播权有偿转让是体育产业经营的主要内容之一，足球市场的开发带动了相关产业的发展，报道足球消息的媒体逐渐增多、新闻记者队伍逐渐壮大、报刊发行量大幅度增加，广告业、服务业等行业也因此拓展了发展空间。足球相关产业获得的利润总和已大大超过了足球界自身获得的资金。最后，对我国足球产业可持续发展进行了探索，提出了要完善我国足球市场的运行体系、俱乐部实体化、加大经营开发力度、提高联赛的水平、理顺管理体制和运行机制等看法。

体育经纪人的作用及其素养

彭春梅、吕玉萍在《山东体育科技》2005年第2期撰文认为，作为体育中介主流的体育经纪人也逐渐成为各体育协会、俱乐部、运动员、企业等之间进行市场运作的桥梁，成为活跃市场、促进体育产业发展的不可或缺的积极因素。体育经纪人的作用有：1. 促进体育产业市场化、社会化进程；2. 促进体育职业化进程；3. 加强信息的传播和交流，促进体育资源合理配置；4. 有利于运动员训练和比赛；5. 有利于运动员形象开发；6. 有利于大众体育的开展。体育经纪人应具备的素养包括：1. 高尚的人格修养和职业道德；2. 了解市场营销、经济、金融；3. 拥有相关的体育专业知识基本知识；4. 宽广的知识面；5. 捕捉信息及准确的判断能力；6. 社交能力和协调能力；7. 出色的谈判能力。

文化渗透 给黑龙江省冰雪体育旅游业发展带来的启示

孙奇在《冰雪运动》2005年第3期撰文认为，黑龙江省在旅游资源开发及经营管理中应尽可能地将本地的文化内涵渗透到旅游产品中，利用自已的优势资源，进一步推动黑龙江冰雪体育旅游产业素质的整体提高，使文化与产业相融合，以增强对国内及国际客源的吸引力，为黑龙江冰雪体育旅游业的跨越式发展奠定基础。冰雪体育旅游的文化要素具体表现为：1. 人们收入水平的提高和闲暇时间的增多，生活方式发生改变，由此产生了更多地精神需求；2. 冰雪体育旅游产品在很大程度上属于无形产品；3. 黑龙江文化的地方性是冰雪体育旅游的另外一种文化要素；4. 外域文化与旅游地的文化相互融合，促进了人们的相互交往和联系，构成了当今旅游的重要内容；5. 冰雪体育旅游是可持续发展的旅游。要发现、挖掘冰雪体育旅游资源的独特品质，将文化内涵渗入到冰雪体育旅游产品之中，形成别具一格的冰雪体育旅游产品定位，培育文化品牌，走差异化发展之路，要给冰雪体育旅游资源进行产品定位，再造黑龙江冰雪体育旅游企业的价值链与保持竞争优势。

加强我国健身娱乐业服务的理性思考

刘兵、杨倩、黄伟、陈书睿、马林在《上海体育学院学报》2005年第3期撰文认为，体育产业作为一个独立的分支开始在服务业中崛起，经过几年的努力与发展基本确立了在服务业中的发展地位，逐步形成了较为清晰的发展脉络，但是体育产值对整个服务业发展乃至整个国民经济发展的贡献率还很低，我国健身娱乐业服务发展存在一定的问题：1. 对健身娱乐行业服务质量功能开发的认识明显不足；2. 对健身娱乐行业服务质量的研究仍处于低水平阶段；3. 对健身娱乐行业服务质量评价的认识还存在较大的偏；4. 健身娱乐行业服务标准的主观化特征较浓厚；5. 健身娱乐行业组织文化亟待塑造。要充分认识监管与追求健身娱乐行业服务质量的重要性，要建立我国健身娱乐行业服务质量差距模型，要提高健身娱乐行业中俱乐部组织文化建立水准，要加强对健身娱乐行业的服务研究的建议。

休闲体育产业 在全面建设小康社会中的作用与发展背景分析

金宗强在《沈阳体育学院学报》2005年第4期撰文，运用文献资料与逻辑分析，对休闲体育产业在全面建设小康社会中的作用与发展背景进行分析。结果表明：休闲体育产业在全面建设小康社会中具有提高人们生活质量、拓宽体育产业经营空间等多方面的重要作用；小康社会状态下，社会与经济的快速发展、人们假日和自由时间的增多、价值观的演变、休闲娱乐需求的变化等特点满足了休闲消费的基本条件，为我国休闲体育产业的发展奠定了基础。我国体育产业发展背景为：1. 社会和经济的发展；2. 假日和自由时间的增多；3. 人们价值观的演变；4. 休闲娱乐需求的变化。同时提出休闲娱乐出现了多元化特征、时间性特征、时尚性特征、个性特征、层次性特征等变化。小康社会状态下社会与经济的快速发展、人们假日和自由时间的增多、现代休闲观的演变、人们休闲娱乐需求的变化等特点满足了休闲消费的基本条件，为休闲体育产业的发展奠定了基础。

西部体育资源和体育文化的开发与创新

马兴胜在《体育成人教育学刊》2005年第5期撰文认为，西部体育资源开发还处于起步阶段，体育产业作为一种新兴产业还存在许多问题：1. 经济发展水平低，经济实力薄弱；2. 设施落后，体育产业发展缓慢；3. 劳动力素质低，体育科技水平低；4. 区域体育资源优势未得到整体发挥；5. 观念落后。为此，促进西部体育资源的开发与创新的对策有：1. 摸清家底，找准发展重点和方向；2. 政府制定扶持性产业政策，加强相关法制建设；3. 发挥资源优势，走产业化发展的道路；4. 多方筹措资金，加快西部体育产业建设；5. 扩大对外开放，积极开拓国际市场；6. 开发体育经营与管理人力资源，走可持续发展道路。西部体育文化开发与创新的目标为在时代转换中追随体育发展的方向、对西部地区多层次、多元化的体育文化进行有效的整合、应对西部大开发进程中体育关系的新演变、为体育发展提供智力支持和文化保障。

对体育明星作形象代言人推行品牌产品的战略效应分析

乐仁油、王丹虹、庄德、徐志雄在《哈尔滨体育学院学报》2005 年第 6 期撰文，认为体育明星形象代言广告具有：1. 传递体育产品信息，提升产品的知名度，促进销售的作用；2. 树立良好的企业形象，创品牌效应的作用；3. 传播体育独特的文化内涵的作用；4. 促进体育产业的发展的作用。体育明星形象代言广告不足之处集中体现在：1. 体育明星形象代言广告与运动竞技成绩密切相关，风险较大；2. 体育明星多处代言，会降低消费者的兴趣；3. 体育明星形象代言费用很高，广告效果难以评估预测。综合明星形象代言的作用和不足，提出四点建议：1. 加强政府政策导向和宏观调控，为鞋业的品牌建设和发展营造良好的环境；2. 组建大型企业集团，优化管理模式，培养品牌的核心竞争力；3. 加强企业管理者的整体素质，引进高素质体育人才；4. 分析品牌生存环境，明确品牌定位，为鞋业寻找合适的体育明星作形象代言人。

我国体育市场开发实施体验营销的对策研究

卢亮球、刘克军、黄小华在《山东体育学院学报》2005 年第 6 期撰文认为，体验营销为指企业以商品为载体，以服务为舞台，以满足消费者的体验需求为目标而开展的一系列活动的总称，它以消费者的感官、情感、思考、行动和关联等要素融为一体，作为设计、生产产品或提供服务的主要依据；注重消费者在消费前、消费时和消费后对“大营销”过程的全程参与，为顾客提供难以忘怀的体验作为主要目标，其实质是一种文化营销。它的特点是：（1）关注顾客体验；（2）注重消费过程的整体体验；（3）戏剧性与互动化；（4）所需知识结构的多样性。对我国体育市场开发进行体验营销，要做到创新体验营销观念、加强体验营销人才培养、增加比赛过程中多形式的互动体验、创建舒适立体空间环境和建立全面的沟通网络。

我国体育文化产业发展现状与前景

许正林在《体育科研》2005 年第 6 期撰文认为，体育文化产业有四个特征：1. 体育文化产业既是知识密集型产业，又是劳动密集型产业；2. 体育文化产业是关联面极广的上游产业；3. 体育文化产业是产值高、影响大的朝阳产业，体育产业形成规模是现代经济发展的结果；4. 体育文化产业是进入全球经济的国际化产业。经济特性、生产水平和新技术革命决定了体育消费的水平。体育文化产业具有的社会功能意义是：1. 体育文化产业是国民经济产业体系中的组成部分，对国民经济与社会发展具有特殊意义；2. 体育文化产业将为社会提供众多的就业机会；3. 体育文化产业的发展有利于国家产业结构的调整，具体体现在促进交通、邮电、通讯业的发展以及整个城市建设的发展，促进旅游、饮食、服务、商业等行业的发展，刺激和拉动内需，产生了自身特定的体育文化产品和自身特定的文化服务等方面。最后对体育文化产业的类型结构和消费市场和存在问题进行分析，提出相关的对策。

浅谈体育产业发展对经济增长的影响

饶永辉在《企业经济》2005 年第 10 期撰文认为，将体育产业视为国民经济新的增长点，不仅是体育经济学面临的新的理论问题，也是与国民经济增长有直接关系的实际问题。当今我国城市体育人口将在今后几年中迅速增长，城市体育消费将逐渐形成规模，休闲体育活动是现代大众生活的重要组成部分，产业结构调整和升级以及北京 2008 年奥运会的举办为体育产业发展提供了难得的机会。但同时也存在有体育政策法律滞后，不适应形势需要；体育管理体制落后，市场体系不健全；整体体育消费水平低；人才稀缺等制约因素。所以我们应当尽快组织修订和完善国家体育产业发展立法，为体育产业的发展提供法律保证；转变观念，实行体制改革；全面提高各类体育人才的素质，重视发挥人才资源作用；深入挖潜体育无形资产并且政府要加大支持力度，大力发展体育产业。

中国足球市场运作模式的现状研究

杨次榆、李献青在《天府新论》2005 年第 11 期撰文，详细分析了中国足球职业化整体进程和中国足球市场的发展历程，把中国足球市场的发展分为：1. 中国足球市场化的初步尝试和开始阶段（兴奋期）；2. 中国足球市场发展的曲折期（次兴奋期）；3. 中国足球市场发展的低谷期（低迷期）。针对中国足球市场的现状，中国足球市场的经营主体应该是俱乐部。虽然中国足协在某些方面控制得过多，甚至于剥夺了俱乐部的一些利益，但毫无疑问，中国足球俱乐部对足球市场的开发认识不够，或者说开发不力。由于足球本身规律的制约，再高的投人也不可能在短时间内得到足够的回报，俱乐部要准备长时间经营。而中国足球俱乐部在经营时显得急功近利。足球俱乐部尚待开发的资源中，商品开发不受政策影响，不受其他部门制约，是俱乐部完全可以自主经营的一个方面。最后，通过鲜明的实例分析国内外足球市场运作模式的差异，提出了中国足球市场运作的有效模式：1. 提高足球比赛质量；2. 改变运作中国足球市场的理念；3. 加强对足球市场运作的研究。

国外体育产业对我国体育市场发展的启示

康建敏、李旭在《集团经济研究》2005 年第12 期上半月刊撰文认为，新世纪我国的体育发展趋势是国家与社会共同办体育，走社会化产业化的道路。因此，体育产业的发展将对新世纪我国体育的发展产生重大的影响。推动体育消费，培育体育市场，健全体育管理体制，仍是今后一段时期我国体育产业发展的主导方向。国外体育产业已经成为或正在成为本国国民经济增长的新亮点，体育产业在发达国家已成为扩大就业人口、获取巨额收入的重要行业。为了使我国的体育消费市场、体育产业迅猛崛起，我们应当做到以下几个方面：1. 转换思想，确立体育经济观念；2. 扩大体育消费市场；3. 搞活体制；4. 发展奥运经济。在扩大体育消费市场中地方各级政府和体育管理部门应该积极创造条件，发展省事、省力、省资金且收效显著的体育博彩业，使体育产业进入资本市场。

我国大城市大众体育赛事市场营销的社会背景分析

许治平、董小龙在《西安体育学院学报》2006 年第 1 期撰文，通过文献资料法和逻辑分析法，对我国大中城市大众体育赛事的成因进行了研究，认为大中城市大众体育赛事市场营销的研究对促进大中城市大众体育运动的发展有较大的现实意义，同时对扩大体育产品消费具有积极意义，在此基础上为商业赞助提供了新的广告模式。我国大城市大众体育赛事市场化成因有：1. 大众体育由政府直接管理转变为间接管理为大众体育赛事的市场化运作提供了发展空间；2. 社区体育的兴起为大城市大众体育赛事市场化运作提供了发展基础；3. 居民体育兴趣增强与体育消费的增加为大城市大众体育赛事市场化运作奠定了基础；4. 大城市经济的持续增长和大众体育赛事市场化商机的形成。

论体育文化的产业化

张文革、张四清在《山东体育科技》2006 年第 1 期撰文认为，体育文化实现产业化，不但可以生产有形的物质产品，而且创造了社会所需的精神产品，满足了大众的健身与娱乐需求，并逐步发展成在全社会开展的集生产、经营与教育一体化的体育事业活动，成为国民经济的一个部门产业。体育文化具有主体与客体的同一性、身体表征和传承性、创造性和延展性、亲和性和全民性、对抗性和竞争性、实现的多样性和社会性等特性。目前我国体育文化产业存在管理体制不健全；体育法律法规的宣传力度不够，实施范围不广；缺乏体育经营管理的专门人才等问题。体育文化产业市场具有多元化、科技化、资本化、国际化、社会化等前景，产业化是一把双刃剑，如果不能很好地利用和把握产业化进程，也有可能产生影响深远的负面效应。所以，面对利弊互现的历史进程，既有机遇，也有挑战，我们必须抓住机遇，迎接挑战，积极参与，解决问题，争取主动，化不利因素为有利因素，使体育文化早日融入市场经济的大潮中。

美国体育产业特点给我们的启示

徐云、王德喜在《湖州师范学院学报》2006 年第 2 期撰文认为，美国体育产业发展有发展速度超前、政府积极扶持、主体产业地位突出、体育运动参与人数多、体育产业潜力巨大、对相关产业的辐射作用大、增加就业、推动个人收入及社会经济增长等特点，美国体育产业给了我们制定和完善扶持体育产业发展的相关政策、发展主体产业、形成支柱性优势、利用奥运会契机增加体育人口、加快推进相关产业开发、建立和完善以国家投入为主体的体育筹资机制、加强体育产业队伍的建设、加强体育产业队伍的建设等启示。与美国体育产业相比，我国的体育产业还仅处于起步阶段，对经济发展所起的作用仍很微薄，但体育产业的产业化道路将成为我们的必由之路，随着北京 2008 年奥运会的召开，以及人们对体育产业发展的国内条件和国际有关规则的了解，我国的体育产业将会健康、快速地发展起来。

论当前我国宏观经济的特点与体育产业发展的机遇

欧新权在《商场现代化》2006 年 2 月中旬刊撰文认为，体育产业与经济发展有非常紧密的关系：1. 体育产业发展对国民经济发展具有很重要的促进作用，反过来国民经济的发展对体育产业也有很重要的作用，体育产业具有拉动消费方面的作用、促进投资方面的作用、引进外资方面的作用、解决就业方面的作用和提高国民素质的作用；2. 经济改革和发展，对体育管理体制改革与体育产业发展有很大意义。同时，我们要正确处理体育与经济结合中的几个关系：1. 国家投资与社会投资相结合的关系；2. 体育社会公益性与商业性的关系；3. 少数体育专业人才的成长与群众体育开展相结合的关系；4. 不同的体育项目要有不同的产业化方式而不是一个模式；5. 物质利益与弘扬体育精神相结合的关系。

论民族传统体育旅游资源的开发

杨敏、武卫在《山西师大体育学院学报》2006年第2期撰文认为，我国民族传统体育作为一笔珍贵的财富，拥有重要的文化和旅游资源，值得我们去开发。而今民族传统体育与旅游业的关系也越来越密切，对区域经济的发展起到了很好地推动作用，促进了整个体育旅游产业的发展。民族传统体育具有传统性、地域性、民俗性、娱乐性、文体交融等特性，而民族传统体育的形态适合于现代旅游资源的要求、民族传统体育本身的物质性适合于现代旅游资源的要求、民族传统体育所具有的丰富的民族文化特征和一些传统的重要的外部条件为民族传统体育旅游资源开发提供了可能性。民族传统体育将成为旅游产业重要的组成部分和旅游业的新兴行业以及旅游经济对民族传统体育的促进作用。发展民族体育旅游业的形式是多种多样的，民族传统体育是一种区域性明显、渗透性极强、涵盖面极广、内容极为丰富的社会文化现象，它所具有的多种特征，也恰恰是旅游资源的吸引力之所以存在的内在要素。

娱乐经济时代下体育产业优先发展领域之探析

徐友元在《湖北体育科技》2006年第2期撰文认为，在娱乐经济时代下，需要大力发展体育产业中最具娱乐经济性质的体育旅游产业和体育传媒业，从而实现体育产业总体的快速发展。体育旅游作为旅游市场的一种新产品，是旅游产业与体育产业交叉渗透产生的一个新领域，是旅游产业与体育产业的系统整合，是体育资源与旅游资源开发的互补和互利。两者具有相同的社会文化背景，均为国民经济新的增长点，产品特征大体相同，内容高度兼容，具有密不可分的天然联系。体育旅游融合休闲、健身、娱乐、知识、观赏、参与等诸多内容及功能，并以体育为载体、依托旅游资源实现以上功能。它能改善现代人的生活质量；促进现代文明传播；光大传统体育文化；有利于科学技术发展；带动相关产业发展；扩大社会就业机会；促进区域经济发展。要注重市场调查与研究、加强体育旅游产品的设计与开发、大力推销与宣传、全面销售与营销、加快培养体育旅游专门人才等促进体育旅游产业发展的战略措施。

试论市场经济体制下我国的体育产业

陈颖在《吉林体育学院学报》2006年第3期撰文认为，在国家政策的大力支持下，体育产业得到了迅猛发展，目前已初步形成了体育本体产业、体育相关产业和以体育为主导业务的企业相互促进、共同发展的局面。随着我国经济持续稳定发展和经济结构的调整，我国人民的生活水平快速提高，消费结构进一步改善，我国体育产业将面临更加广阔的发展前景。但从总体上看，我国体育产业还处在起步阶段，体育产业在总体布局、发展规模、内部结构和法规建设等方面还存在不少问题，如体育产业发展不平衡，产业结构还有很大的缺陷，市场管理的法制化、规范化程度还不高等。对此，其对策及策略有：1. 要把体育产业纳入到国民经济的总体发展的格局中；2. 要对体育产业的发展提供必要的政策支持；3. 加强体育产业发展的法制化建设，健全体育市场管理的相关法规。总之，遵循市场规律，放手让市场来发展体育产业，实现体育产业的市场化，是今后体育产业健康发展的根本出路。

少数民族传统体育文化在民族区域经济中的作用

龚群、黄银华在《湖北民族学院学报》哲学社会科学版2006年第4期撰文认为，在我国大力加强保护少数民族非物质文化遗产的国家文化战略背景下，各少数民族地区如何把民族传统体育文化的资源优势与生产要素转变为现实的经济优势，就显得意义格外重大。少数民族传统体育文化作为中华民族体育文化的重要组成部分，其产业地位得到了社会的认可。近年来，我国民族传统体育获得了迅猛的发展，以其独具的魅力跻身市场经济社会，带来了可观的经济效益，并显示出巨大的发展潜力。这是由于少数民族传统体育具有突出的多样性、娱乐性、表演性和可观赏性、群众参与性以及独特的民族风情、突出的健身娱乐功能和教育功能。在体育产业化高速发展，体育经济日益繁荣的今天，少数民族传统体育文化的经济效益与之相比却存在强烈的反差，少数民族传统体育文化的经济开发尚处于艰难的起步阶段。

对我国实施体育产业人才战略的研究

符世晓、谢兵在《体育世界》2006年第4期撰文认为，我国体育产业的经营管理人才目前处于极度匮乏的状态，因此大力实施人才战略是发展我国体育产业的关键。目前国内各种赛事、俱乐部或体育文化经营公司的经营和管理者缺乏商业经营的理论和实战经验，对体育运动和体育产业本身缺乏深入的理解，也不精通体育产业的市场化运作。同时我国体育产业受到全球化趋势的冲击，在经营管理人才的缺乏的情况下，体育产业的核心产业——体育竞赛表演业均被国外体育公司垄断。鉴于以上原因，只有实施体育产业经营管理人才战略才能促进我国体育产业的发展。因此我们要加强战略研究、制定人才规划，实施对应化的人才整合战略，重点培养开拓创新型人才，还要实施国际化的人才发展战略。

区域大众体育文化产业发展块状组团模式初探

钟焕军、朱超峰在《体育文化导刊》2006年第4期撰文认为，不同区域因其人文地理等的不同，发展大众体育文化产业可以各地区特色支柱产业经济和优秀传统文化为基础，以组团块状发展为模式。以绍兴为例子，提出区域块状经济为大众体育文化产业的发展打下了块状化的基础，同时具有块状特点的大众体育文化产业的发展壮大反过来也能服务区域经济建设，促进区域经济的发展，形成一种良性的“互惠互利”关系。发展体育文化产业应让企业介入，扩大大众体育活动的群众基础；同时，以区域经济带动区域大众体育文化产业的块状式发展；还要让区域经济与大众体育文化产业互惠互利，使之共同持续发展。社会文化影响着大众体育文化产业的发生发展，而大众体育文化产业又可以反映当地社会文化特色，从而形成绍兴体育文化发展的特色。总之，发展区域大众体育文化产业需要着重做好统一规划，宏观调控、相互支持，实行有效的专业化管理和协调。

广西与东盟各国民族体育产业互动发展研究

杨放、陈红梅在《广州体育学院学报》2006年第4期撰文认为，广西与东南亚民族传统体育文化交流区位优势突出，基础较扎实，前景看好。制定鼓励民族体育产业化发展政策及民族体育产业社会支撑体系，可以促进广西民族体育产业化发展制度、环境与条件的生成，真正走一条产业化、规模化、市场化与社会化发展的道路，使之成为广西经济社会发展的一个重要产业，推进民族文化建设和旅游产业的发展。民族体育产业化的发展并不是孤立的，它需要许多社会条件作为支撑。在建设民族体育市场的过程中，必须同时配套进行社会支撑体系的建设与发展。民族体育产业的社会支撑体系就是发展民族体育产业化所必需的社会条件。发展民族体育产业所必需的三个社会条件是：社会经济支撑条件、社会文化支撑条件、经济体制支撑条件。最后，对民族体育产业化发展政策分析进行了细致的分析，包括政府在民族体育产业发展中的职能选择、政府在民族体育产业投资策略中的重点项目选择、民族体育产业的布局配置（包括定位于国内市场、定位于东南亚市场及依托旅游业和文化产业协同发展的定位）。

对高校体育教育引导体育消费意识的研究

陆丽娟、吴菊华在《体育成人教育学刊》2006年第5期撰文认为，当今高校体育教育应更好地引导体育消费，使大学生未来能按其自身体育消费方式进行健康投资。高校体育教育观念亟待突破，这是因为上世纪末开始的高校体育教育改革呼声很高，但改革的行动十分缓慢，其主要原因就在于我们体育思想的禁锢，只单纯地强调教师和学生教与学的关系，注重以教师教学方法、手段等的提高来满足学生学习的体育行为要求，最终效果以学生身体锻炼行为的量化为标准，并以此来构成一个学科的评价体系。这种被动的教与学关系最终导致大多数学生参与体育过程的被动性。高校体育教育引导体育消费是社会经济发展的必要、是2008年北京奥运会经济的必要、是个人健康投资的必要，而且高校体育引导体育消费是引导体育消费形式的必然、引导体育消费心理的必然、引导体育环境的必然。

我国体育产业发展的经济学思考

孙强、郜叶红在《南京体育学院学报》2006年第5期撰文认为，随着我国产业结构的调整，我国体育产业已逐渐形成一个有相当规模的体育服务性专业市场，可以预料，体育产业在推动我国国民经济增长领域内具有广泛的产业发展空间。世界经济强国体育产业发展规模与特点：一是大、产值高；二是将体育产业变成经济领域的一部分。然而中国的体育产业发展的规模与特点则是政府对体育投入的总量偏小、体育投入渠道单一，体育产业在运行机制、市场培育、经营管理上还处于起步阶段，体育行业正处于一个产业化的转型期。当前我国体育产业发展存在问题有：体育产业发展不平衡、体育产业结构不合理、体育产业经营环境差、体育产业发展的巨大压力等问题。为了解决这些问题，发展我国的体育产业，我们应该把体育产业作为国民经济的新增长点来抓，明确投资主体、建立健全多元化投融资渠道，研究、完善体育产业发展的配套政策，加大体育市场培育力度，同时还要加强体育产业队伍建设。

冰雪体育旅游对国民经济和社会发展的作用

张新华、才立伟、倪莎莎在《冰雪运动》2006年第5期撰文认为，冰雪体育旅游在国内正形成强劲的发展势头，发展冰雪体育旅游，既能丰富和促进旅游业的发展，增强国民体质，培养冰雪体育运动人才，又能带动和促进体育产业的发展，促使体育产业成为我国新的经济增长点，拉动体育需求，推动我国国民经济和社会发展。通过分析冰雪体育旅游对国民经济和社会发展所具有的功能与作用，以增强人们对冰雪体育旅游及其功能的认识，更好地促进冰雪体育旅游业的发展，使其在我国国民经济和社会发展中发挥更大的作用。冰雪体育旅游有加快回笼货币、增加国家和地方的收入，为社会提供大量的就业机会，扩大国际交流、促进经济发展，带动相关产业发展、促进贫困地区脱贫致富等经济作用，同时它还具有提高国民的身心健康、改善人民的生活质量，增进国际间的友好往来、扩大国际间的合作，有助于民族传统文化的弘扬和资源的利用，有助于普及冰雪运动、提高冬季项目的竞技水平等社会作用。

假日经济与体育旅游产业开发

田祖国在《吉首大学学报》（自然科学版）2006 年第 6 期撰文认为，首先体育旅游是体育与旅游相结合，能满足人们健身与娱乐的需求；其次丰富的内容让参与者容易找到切入点，能满足个性化的需求；再就是体育旅游具有可重复性，消费者更加注重的是体会体育旅游的过程；此外，体育旅游既吸引外地人，也吸引本地人。体育旅游还可以增加国家外汇收入，平衡国内需求，扩大就业渠道，带动相关产业发展，积累建设资金，促进贫困地区脱贫致富以及促进对外经济合作与交流。为了促进我国体育旅游产业的发展，应该加强政府行政部门宏观调控能力与服务意识，改善体育旅游投资环境，加强体育旅游产业发展的学术研究，加强体育旅游产业开发人才的培养和引进力度，以及拓展体育旅游市场开发。

北京奥运会给我国体育产业带来的机遇与挑战

董周生在《湛江师范学院学报》2006 年第 6 期撰文认为，北京奥运给我国体育产业发展带来很多机遇：首先，体育产业将成为新的经济增长点；其次，加速了我国体育产业化进程；再次，推动我国体育产业的发展；最后，向人们提供更多的就业机会。同时北京奥运给我国体育产业也带来了不少的挑战：首先，体育本体产业发展相对滞后；再次，体育产业规模偏小；最后，体育产业法制建设还不完善。为了实现奥运经济与体育产业双丰收，首先要制定体育产业化和奥运经济发展战略；其次，我国体育产业在奥运会期间发展的工作应该着重解决下列问题：进一步深化体育体制的运行机制的改革，为体育产业发展营造良好的外部环境，理顺各种管理关系；完善市场监管体系，建立体育标准管理体系；坚持引进境外资金，先进的管理经验和技术；各类体育组织、体育赛事主办者应依法开发保护和使用其专用名称和标识等无形资产；加快体育产业经营管理人才的培养，大力发展体育中介组织，推动建立行业自律组织。

论民族传统体育文化资源的价值考察与开发策略

吴明、陈颖川在《山东体育学院学报》2006 年第 6 期撰文认为，传统体育文化资源具有种类的多样性和包容性、分布的地域性、文化的同质性、民俗性和娱乐性等特征。民族传统体育文化资源的开发必须保留其基本的价值内涵，回归以人为本的宗旨，回归为民造福的本源。在开发过程中应注重资源的优先性，注重适应性、层次性，注重经济效益和社会效益相统一，注重可持续发展的开发策略。我们应站在全人类文化的高度，从人性与人生的需要，以及社会发展的大趋势和文化发展的内在规律来认识传统体育文化资源的意义和价值，从各民族传统文化中发掘出有利于实现“奥林匹克文化共同发展”的资源，中国传统的一天人、合知行、兼内外的和谐自然观，将对奥林匹克竞技文化做出生动的补充，与自然和谐，与人类自身和谐相处，成为社会走向现代和谐的思维基点，传统体育文化资源的开发应体现社会物质文明和精神文明、制度文明的共同进步，体现人性的回归和社会化进程的统一。

我国高校体育市场营销专业建设存在的问题及对策

曹亚东在《沈阳体育学院学报》2006 年第 6 期撰文认为，高速发展的中国体育产业，需要大量高素质体育市场营销方面的专门人才。这既为体育市场营销本科专业发展提供了机遇，也提出了严峻的挑战。如何加强体育市场营销本科专业建设，以应对竞争日趋激烈的体育市场，培养出符合现代体育市场需要的大学毕业生，已成为拥有和即将开办体育市场营销本科专业高校的新课题。我国高校体育市场营销专业建设存在专业定位不够明确、课程体系不够合理、师资队伍水平有待提高、人才培养模式不够开放等主要问题。高校专业定位要有自身的特色、课程设置要合理完善并有适度的前瞻性、师资队伍的构建要体现“双师型”和弹性、人才培养模式要以人为本多管齐下。体育产业国际化、知识化、现代化的大潮，中国体育产业的高速成长，既给体育市场营销本科专业建设带来了新的机遇，也带来了新的挑战。只有不断更新观念，与时俱进，从专业特色、课程体系、育人模式等方面创新，才会为实现世界体育强国提供有力的人才保证和智力保证。

国际体育产业的概况及对我国体育产业发展的启示

李怀标在《体育科技文献通报》2006 年第 7 期撰文认为，体育产业是围绕消费者需求，以消费者为轴心的行业，从体育产业发达国家的经验来看，这一行业以满足消费者和其他行业的体育需求为基点，以追求投入产出经济效益为宗旨，其领域涵盖一切与体育相关的生产经营活动。同时，在发展体育产业的政策上，各国则根据本国具体的社会条件有所侧重，重点发展那些市场大、投资小、收益高的基础行业。我国体育产业尚处于初级阶段，体育市场的发展也不尽如人意，体育市场体系不健全，体育人才市场流通不畅，体育中介市场薄弱，经纪人匮乏。体育规模、经营水平、资金、技术、人才等方面水平都很低。如不加以发展，必将在未来的竞争中无立足之地。

少数民族传统体育在西部旅游经济中的开发潜力研究

李德祥在《湖南财经高等专科学校学报》2006 年第102 期撰文认为，民族传统体育与西部旅游经济能够实现互动发展，在西部地区开发少数民族体育旅游产品，可丰富景区的旅游活动内容，增强景区旅游活动的趣味性、参与性，形成民族体育和旅游经济发展的良性互动的关系。少数民族传统体育的多元价值在于：1. 少数民族体育项目经济实用，为全民健身活动的开展提供了丰富多彩的练习形式和方法；2. 少数民族体育项目具有浓厚的趣味性和观赏性，为丰富群众业余文化生活提供了可供选择的活动内容；3. 利用传统的民间体育集会，促进民族地区经济贸易活动的交流；4. 借助民族体育丰富的文化内涵拓展民族地区旅游业，使二者有机结合在一起；5. 开展少数民族传统体育活动能振奋民族精神，培养民族自信心，增强民族自豪感，能促进爱国主义、集体主义教育，增强民族凝聚力、向心力；6. 开展少数民族传统体育活动对维护、巩固和发展各民族平等、团结、互助的社会主义民族关系具有重要的作用。

略论高校体育产业的市场化运作

于河在《调查研究》2006 年第 8 期撰文认为，全国约67% 的体育场馆属于教育系统，其中约 70% 的高标准场馆属于高校。通过问卷调查和专家访谈的方法进行研究得出，落后的思想观念、缺乏体制的支持及运营管理方式落后是阻碍高校体育产业市场化运营的几个因素。而高校体育产业进行市场化运作必然要满足大学生对体育消费的需求、满足周边社区群众体育消费的需求、满足社会团体育竞赛的需要。目前我国高校体育场馆开放的随意性较强，还没有相关的法律法规来规范学校体育场馆的对外开放。仅仅依靠领导的自觉或群众的自发组织是远远不够的，我们应该组织从事体育产业及学校立法研究的专门人员就我国学校体育产业经营的可行性和具体运作方式进行深入研究。高校体育产业的市场化运作应在实践中不断积累经验，逐渐完善。

高校假日经济与体育产业开发的关系

胡剑波、汪珞琪在《武汉体育学院学报》2006 年第 9 期撰文认为，假日经济与体育产业有很大的关系：1. 假日经济的出现，必然带动体育产业的发展；2. 假日经济的可持续发展，离不开体育消费市场；3. 假日经济的稳步发展，为体育市场开发创造了有利的条件；4. 假日经济的特点，为体育消费创造了更多的市场；5. 假日经济的系统性有利于开拓体育消费新领域。大学生在假日经济中的消费行为对假日经济具有重要作用，原因在于：1. 大学生消费总体水平偏高；2. 大学生消费观念的开放与更新；3. 大学生消费观念的转变，带来了消费方式的转变；4. 大学生闲暇时间的增多；5. 大学生经济承受能力的增强；6. 大学生消费结构发生转变；7. 大学生理性的选择。

民族体育旅游类主题公园开发SWOT 分析及策略选择

钟学思、陈薇在《沿海企业与科技》2006 年第 10 期中撰文认为，民族体育类旅游主题公园作为民族体育旅游开发的一种重要形式，将对地区旅游经济发展起到重要作用。广西桂林有着文化底蕴深厚的民族体育旅游资源，其具有开发特色体育旅游产业的资源条件与比较优势。但目前桂林民族体育旅游类主题公园发展总体上还处于初级阶段，其开发的理论研究和实践建设都有待进一步深化和拓展。通过对桂林民族体育类旅游主题公园发展的优势、劣势、机会以及威胁进行分析，结合桂林民族体育旅游业的发展现状，提出了一些桂林发展民族体育旅游类主题公园的策略。桂林发展在交通建设、旅游资源、客源市场和经营先发上具有优势，但在项目统筹安排、项目表现形式、参与性和从业人员素质方面存在有劣势。同时桂林的旅游政策、旅游市场发展方面以及中国—东盟自由贸易区的影响为桂林发展旅游提供了机会，但是也存在与周边省份竞争、交通发展、和国际大环境方面存在威胁。最后提出了桂林发展民族体育旅游类主题公园的开发定位策略、产品策略、营销策略等务实策略。

试论市场经济条件下武术产业的发展

周蔷在《中国水运》学术版 2006 年第 10 期撰文认为，武术作为我国的传统体育项目，以其独特的融健身、防身、修身、娱乐于一体的特点而倍受人们的青睐，武术运动正是以这一特点和优势作为切入点进入市场，并得以生存和发展，从而形成兴旺繁荣的武术产业。市场经济条件下武术产业的主要特点是：1. 武术产业和武术运动发展的互动性；2. 武术产业模式的多样性；3. 武术产业规模的狭小性；4. 武术产业具备在中国体育产业中占据重要位置的优势。当今武术产业的不足有：1. 起步较晚，水平较低；2. 武术产业发展的不平衡性；3. 宣传力度有限；4. 武术产业市场缺乏规范性。为了更好地发展武术产业，我们应当：1. 促进武术消费，培养真正的市场主体；2. 完善武术市场体系；3. 加强宣传力度；4. 加快武术市场管理的法制化、规范化建设。

从娱乐性谈民族传统体育的开发与利用

黄银华、龚群在《武汉体育学院学报》2006 年第 11 期撰文认为，较之现代竞技体育，民族传统体育有着相当大的娱乐成分，这种娱乐性的特点是我国民族传统体育文化得以传承的重要原因之一。从娱乐性特点这一角度入手，探讨以不危害民族传统体育的本质为原则，以全民运动为前提，能够和大众融合在一起的趣味性、娱乐性的民族传统体育发展方向。民族传统体育娱乐性开发是民族传统体育发展的需要，是民族传统体育产业化的需要，是民族传统文化传承的需要。而民族传统体育娱乐性开发的途径主要有：1. 对我国民族传统体育全面调查，对民族传统体育项目进行评估、筛选和分类，突出民族传统体育项目中的娱乐性，主要分为竞技类、养生健身类、表演类、游戏娱乐类等；2. 立足自身，吸收整合先进的娱乐元素，丰富民族传统体育，使之走向复兴；3. 运用现代条件，以民族传统体育的娱乐项目为龙头，充分展示民族传统体育的娱乐特性；4. 培养民族传统体育娱乐表演人才。

休闲体育产业与假日体育消费探析

薛涛在《体育与科学》2006 年第 6 期撰文认为，假日体育休闲作为一种生活质量提高的标志，不同于基本生存需要的单一化和物质型，而越来越趋向于多元化和精神型。“假日体育”引导市民体育消费，促进体育休闲、体育健身、体育竞赛等体育市场的扩展和推动体育产业的发展。进而不断带来新的生机和商机，获得良好的经济效益，为“假日体育”奠定了经济基础。体育旅游业和体育服务业是体育产业的两大支柱，将体育旅游业和体育服务业整合成一个休闲体育产业系统，有助于推动我国假日体育经济的发展。对体育旅游业进行划分，可分为为生态体育旅游、农闲体育旅游、滨海休闲体育旅游；体育服务业则分为体育健身娱乐业、体育竞赛表演业、体育培训业、体育用品销售业和体育中介业。当前假日体育消费应注意的几个问题是：1. 体育旅游产业水平不高；2. 体育消费者消费不成熟；3. 休闲体育产业尚未开发。

经济欠发达地区体育产业发展的制约因素及对策

黄家伟、郝振河在《体育经济》2006 年 12 月上旬刊撰文认为，东北一些经济欠发达地区，经济发展的滞后以及人们思想意识的禁锢，使得人们参加体育运动和体育消费的意识淡薄，与一些经济发达地区体育产业发展程度相差甚远。而落后的原因为：1. 经济欠发达地区体育市场不规范，由于体育系统本身有关法规的缺位，使得体育市场形成多头管理的情况，同时使这些运动项目的发展出现了停滞，甚至倒退；2. 经济欠发达地区居民的收入普遍偏低，经济欠发达地区居民收入偏低，很少投资于有偿健身，会选择有偿健身的无偿替代产品，余暇时间也相对较少，对竞技表演业的需求不高；3. 经济欠发达地区体育经营人才匮乏，经济欠发达地区在吸引和保留优秀体育经营人方面面临着巨大的困难，使得体育产业发展受到严重影响。鉴于此，提出以下对策：1. 经济欠发达地区的政府要重视体育资源的稀缺性；2. 经济欠发达地区要重视体育消费市场的开发；3. 经济欠发达地区应该大力发展体育旅游和民族体育产业；4. 经济欠发达地区应该积极建立体育产业人才培养机制。

艺术品、演艺、文博收藏产业

从百老汇音乐剧《猫》看中国的演出市场

傅瑾在《艺术评论》2003 年第 1 期撰文认为，《猫》是一出已经在世界范围获得巨大成功的音乐剧，《猫》在商业上的成功也足以令同行仰慕。如同《猫》的制作人所说，《猫》在全球 200 多个城市进行的演出都严格按照同样的版本，授权方对演出制作质量的要求十分苛刻。这就是《猫》的秘密以及音乐剧时代的商业演剧的秘密。这种制作模式，正是后工业时代崛起的文化产业的典型特征。审美的平面化与同质化并不等于非艺术，更不等于粗制滥造，后工业时代的文化产品虽然并不以艺术个性化与思想深刻为主要诉求，但它同样需要精心的设计与精良的制作，而且出于商业利益的考虑，更需要一流的艺术群体参与创作。然而，无论这些作品对观众的普遍审美需求把握是多么准确，我们始终看到，它的成功只是商业上的成功与文化市场运作的成功。我们无法忽视《猫》对中国演出市场乃至整个文化产业繁荣发展所具有的示范意义。

浅谈演出经纪机构与经纪人的重要作用

贾淑云在《戏剧文学》2003 年第 8 期撰文认为，文演出经纪机构与经纪人的重要作用，主要表现在：一、拓展演出市场。一方面通过演出经纪机构与经纪人的市场化的销售运作，把剧团（院）生产的“艺术产品”——剧目不断推向市场，取得社会效益与经济效益的双丰收。另一方面又通过演出经纪机构与经纪人的沟通和反馈，以适销对路的产品不断满足广大观众的多元化、多层次的文化需求。二、促进文艺改革。文艺表演团体的改革正不断深入，其核心是由计划经济体制向市场经济体制的转变。从经营理念上，要将剧团（院）作为“艺术工厂”，实行市场化经营。从管理体制上，要严格贯彻“质量第一”等原则。在销售理念上，要强化现代意识。在分配制度上，要实行分配与贡献直接挂钩。在人事制度上，要实行能者上，庸者下，真正人尽其才。三、活化国民经济。演出市场的活化，自然会活化国民经济。因为演出市场拉动了旅游市场、餐饮市场、交通市场、商服市场、贸易市场等相关市场的发展。

文艺经纪人应具备的素质及其管理对策

于青、查旺宏在《青岛大学师范学院学报》2003 年 3 月第 1 期撰文认为，文艺经纪人应具备的素质：一、要有较高的政治思想水平；二、要有良好的职业道德；三、要有广博的知识结构；四、要有熟练的业务技能。最后对文艺中介组织、经纪人的管理对策进行了研究得出：一、培育和发展文艺经纪人队伍。二、大力发展集体及个体文艺中介机构。三、加快现有文艺中介机构各级国有演出公司的改革步伐。四、健全法制，加强监督、管理。五、建立文艺中介组织的内部管理自律机制，规范中介组织的运作。六、建立舆论监督机制。

演出经纪的风险及风险规避

胡月明在《经纪人》2003 年第 4 期撰文认为，演出经纪风险大体可以分为八类：第一类是触犯法纪风险，第二类是政治文化风险，第三类是宗教民俗风险，第四类是个人经纪对象引发的经济风险，第五类是经纪人的能力风险，第六类是经纪项目风险，第七类是商业运作风险，第八类是安全风险。规避演出经纪风险需要注意做到以下几点：一、注意经纪人综合素质的提高。遵纪守法、诚信和职业道德是经纪人最基本的思想品德素质要求。同时，经纪人要具有较强的技能素质。二、注意演出经纪人的专业素质提高。演出经纪人要具有相当的文化素质修养和艺术产品鉴赏水平；具有一定的演出经济理论水平；对国际演出经纪经营知识有所了解；具有较高的专业法律素质；具有较强的市场运作能力；对艺术生产和演出活动过程的深刻了解。三、建立一套完整的风险控制体系，包括经纪风险的识别和评估，经济风险的规避与控制，规避经济风险方案的启用。

演出经纪公司对演艺明星的商业运作

王静在《经纪人》2003 年第 2 期撰文认为，我国地域辽阔，各地经济和文化发展状况存在一定差异，对文艺演出及演艺明星的市场需求也各不相同。一、区域需求不平衡。南方市场，东北市场，西南、西北市场，华东市场，东南市场，华北市场的演艺市场需求状况存在很大差别。二、从实际出发选择演艺明星。确定了文艺演出的区域范围后，演出地点的票房收入是选择什么样的演艺明星的依据。如何做到经济效益和社会效益双丰收是演艺经纪公司要认真考虑的事。三、演艺明星项目经理的招聘、培训、认证。一家演出经纪公司要取得好的成绩，占有一定的市场份额，录用优秀的演艺明星经纪人和项目部经理至关重要。人才择优和加强培训是重要举措。同时从项目的安排和公司与项目经理利益分配，以及项目的具体运作两个方面对演艺明星项目经理管理部的运作模式提出看法。最后总结了演出经纪公司对演艺明星的商业运作的经验教训：通过组织演出项目，培育了文化演出市场，锻炼了一批人才，了解了市场需求。但由于欲速则不达，造成了一定经济损失。因此要注意选择、培养德才兼备的项目经理。

中国演出市场闪现无限商机

文胜在《决策探索》2003年第3期撰文认为，改革开放后，伴随着市场经济的推进，中国的演出市场开始焕发出生机和活力。各种形式的文艺表演团体的演出空前活跃，新鲜活泼的演出形式也迅速赢得了观众。国内的演出市场虽呈现出欣欣向荣的景象，但也存在不少问题。一是国内舞台艺术演出场租过高；二是税金太高；三是“公关票”数量过巨；四是宣传费昂贵；五是国内严重缺乏大中型演出场地；六是邀请中国地方艺术团体出国演出手续过于繁杂，且管理混乱，存在乱收费现象。对此，有关方面对演出市场的相关政策法规进行了进一步调整，使其更适应市场经济的发展，适应演出市场国际化的需求。在新世纪里，演出市场将会是中国最大的文化消费市场，中国的观众群已经走向类型化，这其中有专业人士，但更多的将是普通百姓。

中国演出市场现状及趋势

张新建在《中外文化交流》2003年第6期撰文认为，中国经济繁荣，社会稳定，带动了整个演出市场的活跃繁荣，主要表现在：一是国有文艺表演团体、特别是中央直属表演团体，在强化精品意识的同时，根据市场需求创作、上演了一系列精品力作。二是表演艺术剧（节）目立足观众，立足市场，质量提高明显，表演形式多样。但随着演出市场的日益活跃，也出现了一些不容忽视的问题：如一些演出单位和个人“一切向钱看”，迎合少数人的低级趣味。因此，只有在进一步深化改革中加以解决。坚持走精品化、品牌化、市场化的道路，才能促进演出市场的持续繁荣。首先，应采取多种形式吸收社会资本和社会优秀人才进入演出剧（节）目的创作和演出营销领域。其次，要积极发展演出中介组织，鼓励文艺表演团体和演出公司结合，拓展艺术产品的传播渠道，想方设法将中国的表演艺术产品推向国际市场。再者，现代的表演艺术不可忽视与高新科技的有机结合，要善于运用高新技术进行包装创作，还要学会利用高新技术的载体、理念和传播手段，特别是互联网，为整合文化资源，传播优秀表演艺术产品提供良好机遇。

解剖中国演出市场

宋奇慧在《中外文化交流》2004年第4期撰文认为，不论国家级艺术表演团体的演出，抑或古典音乐、通俗流行歌手的演出，无一例外地少不了社会资金的支持。一些新兴民营文化传播公司、广告公司虽不具备演出经营主体资格，但作为投资商，他们却深深地介入了演出市场。文化部于2002年修订了《营业性演出管理条例实施细则》，大幅度调整了演出市场准入政策，取消了演出单位主体资格的所有制限制。演出市场分工日益专业化，在原有的文艺表演团体、演出场所和演出经纪机构三类主体演出市场外，票务公司、演出器材租赁公司等悄然兴起。经纪活动作为中介，其信息沟通、委托代理等功能在市场经济中日趋重要。开放竞争，刺激了艺术品的生产创作。于是，新创新排剧目数量激增，质量提高。涉外演出大大丰富了国内的文艺舞台。尽管中国演出市场在开放竞争中逐步规范有序，但仍处于起步和培育阶段，尚不够完善和成熟。从生产角度看，创作未能适应市场，演出单位尚待脱困。从经营角度看，演出单位仍缺乏市场意识和运作能力。从消费需求角度看，不平衡现象较为突出。从管理角度看，演出市场体制改革尚未完成，任重而道远。我国演出市场发展的主要策略是：一、大力推进演出业体制改革，建立现代企业制度。二、促进演出市场的城乡、区域、内外协调发展。三、以竞争求发展，积极开展演出市场营销。四、以管理促繁荣，努力向服务型政府转变。

对艺术表演院团体制改革的思考

史及伟在《江南论坛》2004年第6期撰文认为，当前，艺术院团体制改革的试点工作已逐步展开，积极稳妥地推进改革需要做到：一、要以科学发展观为指导，深刻认识艺术院团体制改革的必要性和紧迫性。二、要以科学求实、统筹兼顾、突出重点、分类指导为原则，制定好艺术院团的改革方案。三、要从做大做强演艺业的目标出发，进一步加大财政对艺术院团改革发展的支持力度。四、要从发展文化产业和繁荣文化市场的要求出发，大力加强文化环境建设。继续加大对硬环境建设、软环境建设、繁荣文化市场的支持力度。一方面政府在推动文化消费上要有所作为；另一方面要加大管理力度，整顿和规范演出市场。五、要从尊重客观规律出发，积极稳妥推进体制改革。在指导艺术院团体制改革中要正确处理好以下三个关系：一是艺术生产规律与市场经济规律的关系。二是表演艺术的社会效益与经济效益的关系。三是改革的质量效果与时间进度的关系。

论演出的市场走向与政府行政管理调适

陈顺在《重庆行政》2005年第5期撰文认为，演出的市场化特征及走向是：其一，演出受制于市场价值规律。其二，演出各要素具有商业属性。其三，演出投资的大众性、民间性趋向。关于政府行政管理的调适，提出：其一，确立演艺商品交易的市场地位。突出商演主体的经营自主性；鼓励演出商业主体之间的竞争；构筑统一开放的演出商品交易的大市场。其二，完善政策法规，由办变管。因为法制手段使行政管理更具普遍约束力，使行政管理更具稳定性，使政府的权威和政策能力更强。其三，加强引导，纠正市场失灵。提供演艺企业由于利益驱动不能提供或不愿意提供的演艺商品；解决演出市场机制不能解决的民族民间传统优秀艺术品种，非物质文化遗产资源的保护、挖掘、传承问题。其四，努力提供有效服务。抓好演出基础设施建设；着力培养演出经营人才；保证信息畅通，强化引导服务。

我国旅游演出产品精品化策略探讨

诸葛艺婷、崔凤军在《社会科学家》2005 年第 5 期撰文，提出了旅游演出的精品化策略：一、一项旅游演出能否成功，与当地旅游市场的接轨至关重要。旅游市场的三类客源包括本地人市场、商务散客市场、以及旅游团队市场。按照以上客源分析，可以将我国的城市夜游演出市场分为三种基本类型：第一类城市如北京、上海、广州等特大城市。第二类城市如桂林、丽江等中小型特色旅游城市。第三类城市如杭州、苏州、南京、成都等大型城市，以及特例城市西安。二、在艺术欣赏层面上。演出节目要符合游客的口味，强调娱乐性、休闲性和雅俗共赏。三、在操作模式上，要按照旅游产品的经营模式来运作。四、要与当地文化接轨，创意力求新颖。当所有外在条件相对不变的前提下，关系到演出效果的创意设计就成为核心竞争力。五、就地取材，充分利用当地资源来运作。六、强调“眼球效应”，不断更新产品内容。七、政府的扶持和良好环境的营造是演出项目得以发展的外部条件。政府在环境方面的支持十分重要，在某种程度上讲，比出台扶持政策更加重要。

准公益性演出场馆经营管理模式浅析

郭肖兰在《商场现代化》2005 年第 18 期撰文，将国际国内演出场馆的主要管理模式归纳为四种：一、事业单位管理模式；二、国有企业集团化管理模式；三、私营企业承包经营管理模式；四、理事会管理模式。四种模式各有利弊，但相对而言，理事会管理模式既与国际管理接轨，又符合中国目前准公益性演出场馆的实际管理需求，值得研究和推广。对于准公益性演出场馆管理模式的选择，在演出场馆中采用理事会领导下的经营权招标管理模式较为适合中国的国情，成熟并且卓有成效。理事会领导下的经营权招标管理模式的操作的特点是：理事由政府根据一定条件委任，政府通过理事会变直接管理为间接管理。理事会通过对年度预算、年度工作计划的审批，以及对相关市场运营、演出策划的总体方案的认可来掌握演出场馆的目标定位、社会效用、经营方向和年度预算。演出场馆的相关报表对外公开并接受监督，充分显示其公益性较强的特征。理事会根据经营管理班子在签约期内的表现决定是否续约。

建立演出经纪人诚信制度的法律途径

郑智武在《经纪人学报》2006 年第 1 期撰文认为，要达到演出经纪人诚信演出，其主要约束机制首先是规范演出合同。我国当前规范经纪人演出合同，应该注意几个方面：一、签订主体。除即时结清者外，须与委托人签订书面合同。二、演出合同内容。演出合同因为有其特殊性，因内容不同而有区别。三、经纪人演出合同应该符合相应的特殊规则。具体包括行政监管性规定、涉外合同的特殊规定、强化跨省“连贯”制度。四、明确经纪人义务。首先，演出经纪人遵守经纪人一般义务。其次，演出经纪人应当适当履行义务。五、合同的监督管理。当前我们要建立演出经纪人行业自律制度，演出经纪人行业协会既可以提高行业自律，又可以按国际惯例保护我国演出经纪人利益。要建立演出经纪人诚信评估制度。首先，演出经纪人广告须真实。其次，加强公益性演出管理。再次，监管商业性演出。最后，设立外来文化预警评价机制。要建立演出经纪人诚信公示制度，建立相关文化产品的分类、分级、准入机制。

影响黑龙江演出产业发展的软肋

常晓华在《剧作家》2006 年第 2 期撰文认为，目前黑龙江省艺术演出的现状是：投入靠国家，盈利薄且微，市场少而小，产品难经营。究其原因，主要有两点：第一，思想不解放，演出模式因循守旧、方式单一，缺少强力集团。第二，政策不宽松，使演出市场清冷寂寞，无人问津，无法形成产业化的格局。今后一段时间抢占资源，培育人才，是造就黑龙江省演出产业大厦的坚实支柱；注重硬件，激活剧场，是建设黑龙江省演艺产业大厦的重要基础。剧场作为摆脱旧模式，促使演艺市场走出困境的文化产业链之一，至少要解决好三个问题。首先，面临剧场产业化发展的大趋势，政府必须要加大投资力度，用以加强大型剧场的硬件建设。其次，要赢得演艺产业化的大发展契机，吸引社会力量投资剧场建设，互惠互利，是盘活现有文化资产的有效渠道。再次，必须改变剧场单一经营的旧模式，以现代的营销理念，充分利用剧场资源，增加和丰富文化的内涵，拓展延伸更多的产品。

云南映象的“4P”分析

孙祖洪、唐应龙在《云南艺术学院学报》2006 年第 4 期撰文，运用市场营销 4P 理论，即从产品（Product）、渠道（Place）、宣传（Promotion）和价格（Price）四个方面对“云南映象”进行分析。1P：产品，所谓产品，这一点主要是指产品本身所具有的核心价值和品牌价值。“云南映象”的核心价值主要有两点，一是云南地方与民族特色的“原生态”音乐与舞蹈；二是以独创“孔雀舞”一举成名，被誉为舞神、巫女的青年舞蹈家杨丽萍。2P：销售渠道，所谓销售渠道是指产品选择何时、何地、以何种方式交付顾客。“云南映象”在这一点上采取了昆明会堂定点演出和全国、世界巡回演出两种形式。3P：产品宣传，产品宣传的目标就是让消费者明白产品的价值，充分调动消费者的消费欲望。“云南映象”为了更好地达到产品宣传的目的，在市场运作上借助了专业公司的力量，这一举措使杨丽萍及其演艺人员可以更加专心于演出。4P：产品定价，产品的定价主要有四点：定价目标、成本、竞争和需求。其中，定价目标主要以利润、竞争和市场份额作为依据。与国内同类产品相比，云南映象属中高价位，其定价是基本合理的，与其核心价值和品牌价值是相对应的。

试论商业性演出的制作思路

刘国超在《中外文化交流》2006 年第 6 期撰文认为，商业性演出希望通过市场获取回报，创作阶段就必须遵循“演给谁—演什么—谁来演”的思路。目前，我国创编的剧目演给两类人：一类是专家、艺术家、政府领导，这类剧目创编的目的是为获奖；另一类是为普通百姓即花钱买票的人，这类剧目就是商业性演出。演什么是艺术创作的主要阶段，不同类型的人群，其需求肯定不一样。演给专家、艺术家、政府领导，为获奖的剧目应该是新创编的。演给购票观众，市场需求的是观众喜爱且可以获奖的剧目。演员的确定应按照节目的内容、风格、取向确定，这是应该明确的一个原则。

试论我国演艺经纪公司存在的六大问题

殷亚丽在《文化教育》2006 年第 10 期撰文认为，我国的演艺经纪公司显现出一系列问题：一、发展不均衡。由于我国经济发展不平衡，各地人们对演艺市场的需求不一样，使得我国演艺经纪业的发展呈现区域差异性特点。二、缺乏良好的市场运作能力。许多演艺经纪人在开发自己艺人的经营过程中做得不够细致、全面，与国外经纪公司相比有着天壤之别。三、没有健全的法律体系来维护我国演艺经纪公司的利益。应该立刻建立起全面完善的经纪人法律法规体系，维护经纪人权益，规范经纪人行为。四、缺乏专业的演艺经纪人。业界应该重视对演艺经纪人才的培养，并从我国高校教育制度方面完善演艺经纪人专业。五、缺乏完整的产业链。应该逐步扩大经营面，多与传媒交流，融入到传媒中去，同时加强自身内容制作能力，增加经纪人培训部门。六、缺乏交流。因此，必须加强国内公司和地区间的演艺经纪经验交流，了解各地区的经营和操作方式，多与国外演艺经纪公司交流，克服不同地区和民族的文化差异性，融入到国际演艺的大家庭中来。

浅谈文艺演出的管理

胡广生在《安徽新戏》2002 年第 1 期撰文认为，做个称职的文艺演出的现场管理者（演出总监或舞台监督）必须非常清晰地明确所担负的职责和行使的职权。首先，管理者在演出前和演出中要认真检查、督促、协助演职人员，按照导演对演出的剧（节、曲）目的艺术处理和要求，规范艺术处理和要求，规范艺术体现程序，保证艺术质量，使演职员发挥出最好的艺术水平，使演出节目达到最好的演出效果。其次，管理者要善于协调参加演出各部门的工作，协助解决各部门工作中出现的问题，使各部门之间默契配合，相互协作，有序进行，演出流畅。再次，管理者要严格把握整台晚会的演出节奏，按照演出的规律、观众的欣赏习惯，使演出在疏密起伏中进行。最后，就是要果断而又恰到好处地处理演出进行中出现的突发性事件。

展现民间艺术风采　促进旅游事业发展

池重庆在《新疆社科论坛》2002 年第 2 期撰文认为，为了促进新疆旅游业向更快、更强的目标发展，搞好“民间艺术游”，必须做好三个方面的工作。首先，必须认识旅游文化在新疆旅游业发展中的地位。文化遗产是一种最丰富的宝藏，其中蕴藏着巨大的经济潜能，是政府永不枯竭的财政来源；同时，文化是提高人的素质、提高管理水平的关键，直接影响旅游者能否获得良好的审美享受和精神满足，我们必须高度重视旅游文化的建设，深入挖掘旅游文化的内涵，营造旅游文化氛围，建立一套具有新疆特色的旅游文化体系。其次，要切实抓好“民间艺术游”的各项活动，大力发展那些融知识性、艺术性、趣味性于一体的民间艺术节庆和极富地方特点的民间专项旅游产品和精品旅游。最后，还要以民间艺术游为主题带动其他工作的落实，抓住机遇、开拓拼搏，整顿市场秩序、提高服务质量，加快基础设施建设，解放思想、转变职能，创新思路和大力加强队伍建设等六项工作。

当代艺术创新是一个复合工程

金元浦在《文艺研究》2003年第2期撰文认为，当下的艺术创新必须依据今日艺术发展的语境，它已不再仅仅借助个体艺术家灵感突发、天才辉耀的偶发机缘，而是整个艺术创作机制、艺术传播构成与艺术参与的行为活动方式的全面创新。第一，当代科技的发展引起当代社会主导传媒形式的变化；第二，当代社会与文化的一个突出变化是审美日常生活化与日常生活的审美化；第三，在当代世界，消费主义漫漶于全球，商品的价值已不再是商品本身是否能满足人的需要或具有交换价值，而在于人们对个体欲望的满足；第四，艺术中介机构的高速发展。传统的艺术消费往往是直接的面对面交流的艺术，其形态是艺术交往的自然经济状态；第五，内容产业的兴起。从一定意义上说，网络等媒介产业的生存能力取决于"内容"的创造和消费。从发展的环节看，内容产业成了文化经济传播交流的"基础的基础"；第六，当前文化艺术产业发展的一个重要任务是建立文化艺术产业的对位性机制即市场条件下的文化艺术保护。从艺术本身来说，当下的艺术创新必须注意当代艺术范式的多样化或多元共生，注意将艺术创新作为一个复合工作来运作；而艺术产业的发展则取决于创意，今日的艺术是一种"创意产业"。

谈谈云南旅游纪念品存在的问题及特色开发设计

王苏昆在《昆明大学学报》综合版2003年第2期撰文认为，由于种种原因，云南旅游纪念品的开发和设计严重滞后，旅游购物所占比例偏低，跟不上云南旅游业的总体发展速度，落后于国内旅游发达地区，更是远远落后于旅游业发达的国家和地区。云南旅游纪念品具有品种众多、潜力巨大等特点，并且在开发中存在品种单一重复、缺乏特色，庞大沉重、不适于现代消费心理，生产企业不成规模经营、缺乏支撑性的企业力量，购物区不规范、产品缺少信任度等问题。民族工艺礼品的开发设计及创意制作不同于常规市场流通的消费产品的开发设计，必须以其自身功能需求与作用需求界定其内在的精神导向与外在视觉表达及赠送过程中的互动感受，所以在工艺品开发上我们应遵循唯一性、独特性、纪念性、流传性、增值性、方便性等原则。同时还要旅游纪念品必须承载当地的历史文化内涵，必须多层次、多品种，还要使区域特色适应中国当代的消费心理。

湘西旅游文化中民族音乐艺术的研究开发与利用

熊晓辉在《中南民族大学学报》人文社会科学版2003年第6期撰文认为，湘西民族音乐艺术文化旅游发展具有资源、市场、政策的多个优势，为此，我们要充分利用湘西民族音乐艺术文化资源，使民族音乐艺术文化资源优势转化为文化经济优势。首先要塑造湘西民族音乐艺术文化形象，营造湘西民族音乐艺术文化氛围；其次要加大资金投入，优化旅游环境，在加大资金投入的同时，逐步完善经营机制，将旅游景区、景点所有权和经营权分离，寻找科学、合理的旅游业经营机制，同时必须规范旅游市场，规范对旅游企业的执法行为，维护正常的经营秩序；再次还要积极挖掘、整理湘西民族民间音乐艺术；同时还要提高服务质量，稳定旅游客源。

云南工艺美术与地区经济发展

云高在《云南社会科学》2003年理论专辑撰文认为，在以工艺美术推动当地经济发展的过程中，根据云南的情况和特点，结合多方面的经验，可从以下几点入手：1. 抓住旅游业高速发展的契机；2. 加强各级政府的服务与引导作用；3. 发展传统与现代创新相结合；4. 重视市场研究和开发、加强知识产权保护；5. 大力培养各型专业人才；6. 要充分发挥科研院所、大专院校、群艺馆、博物馆等科教文化事业单位在保护、发展和提高民族民间工艺方面的功能；7. 合理应用网络技术，扩大工艺美术的影响。同时，在以工艺美术促进地方经济发展时，应抱有一种真诚敬业的态度，那种急功近利、重速度轻质量的做法是一种很危险的短视行为，会严重损伤整个地区的这一行业的声誉，应一再提请工艺美术从业者警惕。

艺术品市场与收藏

秦静在《经济论坛》2003年第13期撰文指出，艺术品消费（收藏）群体的培育和形成是艺术品市场产生、发展的关键。艺术品作为特殊的商品，既有商品的一般属性，也有其作为精神产品的特殊性。前者主要体现其实用性（这种实用性主要包括可用性、增值性、美化功能等），后者则主要满足人们的精神需求。从目前我国艺术品收藏者的成分来看，主要分为以下三类：一是专门的收藏机构和收藏家；二是富有的商人阶层；三是中低收入的普通购买者，他们共同构成了目前艺术品的购藏群体。艺术品的投资风险无处不在，而且它的主要风险来自于艺术品的某些特性，突出体现为以下三大劣势：一是流通性差。二是变相性差。三是艺术品保管难。由于这些劣势，投资者和收藏者在运作中最好用闲钱，切不可将日常家庭生活费用于艺术品投资。

WTO与中国美术市场

刘人岛在《艺术市场》2004年第1期撰文认为，加入WTO要逐步开放国内美术市场，进一步改善外商投资环境，增强中国美术市场对外商的吸引力，从而有利于更多地引进外国资本、技术和管理经验。中国美术市场发展尚属初级阶段，与世界发达国家相比有着巨大的差距：其集约化程度不高，生产经营相当分散；传统的资源配置机制与市场化要求之间存在着尖锐矛盾；与产业转化能力不足之间存在矛盾。加入WTO后的中国美术市场，在新形势下应该逐步完善艺术专利制度，中国美术市场的发展策略需要大力度的调整，而且任重道远。同时，还要高度重视美术市场的调查研究，组建美术产业的大型企业也是发展中国美术市场的重要途径。

戏曲艺术的产业属性

交流在《中国戏曲学院学报》2004年第1期撰文认为，戏曲艺术传播的整个过程是一种文化产品从生产到加工再走向市场的过程，它具有“大众文化”般的贴近大众生活、具有强烈的娱乐功能和广泛的群众参与性的特点，因而能满足大众对文化知识的渴求和对闲暇的享用，具有明显的广泛性和娱乐性特点。因此，它本质上是经济性和盈利性的大众文化，是大众文化产业化的结果。戏曲艺术支持并推动国民经济的发展，并且戏曲在文化产业领域为我国社会主义精神文明建设贡献力量。戏曲艺术具有继承和发扬优秀民族文化艺术、宣传教育民众、培养优秀社会公民等社会义务和社会责任，作为文化产业的一部分，戏曲艺术在为文化产业服务的同时，也在间接的为社会主义精神文明服务，这有利于培育新型的社会主义人际关和社会道德，是精神文明建设中不可忽视的一股力量。

知识经济时代的艺术投资和“宽视现象”

章建刚、张晓明在《文艺研究》2004年第2期撰文指出，随着一批企业大举加入艺术投资领域，显示的不仅是对于艺术家的某些利好消息，而且首先是中国经济健康发展的一个新契机。因此，企业投资比个人投资更具意味。传统艺术投资模式是单纯的、线性的、一元的、窄带的；创新的艺术投资模式则是复合的、全方位的、多元的、宽带的。因此，企业投资艺术的创新模式比传统模式更具优势。相对地说，技术类风险投资的决策靠计算；而艺术类风险投资的决策拼的只能是想象。大众传媒时代的艺术家本不应忽视对传播效果的追求。而理解未来，继续澄清艺术的命运，这是所有围着艺术打转的人应该拓展想象力的领域。

论中国独立策展人的民族艺术价值与营销战略

蒋宁宁在《江苏经贸职业技术学院学报》2004年第3期撰文认为，自20世纪90年代以来，伴随着中国艺术市场的逐步开放，中国的独立策展人也开始频繁地介入展览策划领域。一个独立策展人，他可被看作艺术理论家、艺术鉴赏家、艺术评论家、组织者，同样他也是经营者。改革开放让独立策展人拥有了广阔的自由空间，个人意识也得到充分展现，艺术才华也有了充分的施展之地。他们及他们所策划的展览越来越受到人们的关注，他们的艺术活动为中国艺术市场不断注入新的活力。实现展品的民族艺术价值可以增强中国独立策展人的话语权，中国的独立策展人在挖掘了中国艺术品的民族艺术价值的同时也实现了自己的价值。独立策展人在进行营销时，要遵循艺术市场规律，充分发挥利益机制作用，同时还要培育中国独立策展人的品牌，并且扩大策展区域，利用营销中的稀缺效应，在营销战略中，合理利用“稀缺效应”往往能收到额外回报。

打造秦腔品牌的几点思考

杨剑力在《当代戏剧》2005年第1期撰文认为，在西部大开发之中，秦腔既有商机，也面临挑战。打造秦腔品牌，首先应该找到自己的优势和不足，优势不断发扬光大，不足扬长避短，变劣势为优势，只有这样才能在激烈的竞争中使秦腔处于知己知彼、百战不殆的良性发展轨道，并始终做强者。打造秦腔品牌，是对它的内容、表现形式及管理营销方式进行打造，形成品牌效应。秦腔源远流长，有很深的文化积淀，形成品牌效应顺理成章。我们有必要根据秦腔的地域特色和文化特色，为其设计一个贴切合理的商标，并为其登记注册。有了商标，秦腔每到一处，既显示出了它强烈的区域文化色彩，又能在今后充满商机的文化商业活动中得益。拥有了秦腔品牌，仅仅是对品牌意识的确认，而实质的打造才刚刚开始，因为它牵涉到秦腔的载体——剧团运作方式的全面更新。秦腔品牌意识的确立是秦腔走出困境的第一步，品牌效应的产生是秦腔重整旧山河的关键，有了品牌效应就有了市场，有了市场秦腔就产生了效益，有了经济效益秦腔就可以实现产业化。

傩戏及其旅游开发初探

田定湘在《艺术教育》2005年第3期撰文认为，傩戏作为少数民族的一种优势文化，品牌文化早已为人们熟悉和认同，这种知名度、影响力越来越为世人共知。它是一笔巨大的精神财富和物质财富，是一块金字招牌和蕴涵丰富的文化底牌。傩戏资源是客观存在的，这是开发的基础；其次有众多的从业人员；再次傩戏具有神秘的艺术效果。这为傩戏的开发提供了可能性。我们应通过新建傩戏旅游景点，建设傩戏博物馆，开发傩戏手工艺品，表演傩技绝活以及进行傩戏考察游等方式开发傩戏资源。

西部人文资源与西部民间文化的再生产

方李莉在《开放时代》2005年第5期撰文，阐释了西部民间文化的再生产的特点：来自市场经济的力量使得旅游与民间艺术相结合，来自政府的力量使得民间艺术得到辅导与发展，来自专家学者的力量使得民间历史和艺术资源得到发掘和利用，新技术的力量使得传统手艺的边缘化与新民间艺术崛起，传统本土文化的力量使得民间艺术背后具有文化意义。西部新的民间文化在各种不同力量的主导和推动下正产生着种种的变异，在这里本土的力量也不可忽视。传统生活还存在，本土文化也并没有消失，但从某种意义上来说，许多传统生活和本土文化是在各种民间艺术的粉饰下存在的。同时，在大众媒体、互联网已经遍布世界的今天，早已不存在真正的自然，也不存在所谓的原生态文化，所有的文化都是在原生文化基础上的再造，也就是我们所讲的“第二自然”，而这种“第二自然”的再造，更多地具有了艺术表演的成分，我们可以称其为一种现代性的本土化，也可以称其为一种具有美学概念的现代性本土化。

论创意产业及其集群的发展环境

陈倩倩、王缉慈在《地域研究与开发》2005年第5期撰文认为，创意产业已经成为城市发展新的增长点，极富创造力的创意阶层是创意产业活动转化为商业价值的核心，创意产业集群能够为创意阶层提供良好的文化环境。城市的创意产业政策应将重点放在建设效率基础结构和创新基础结构上。以音乐产业为典型，通过对英国文化小区、瑞典音乐产业集群等的案例研究，认为创意产业集群是发展创意产业的有效途径。创意产业集群内企业和个人的地理临近性、企业间合作网络能够为创意阶层提供良好的信息交流平台，加大创新的机会和频率，集群内创意阶层共同营造的文化氛围是创意活动得以持续的关键。同时，政府在提供城市效率基础结构和创新基础结构上意义重大，在不过多干预创意产业活动的基础上，应尽力为城市文化内容产业提供无障碍的发展条件，尽可能降低企业和个人发展的门槛，提高城市的宽容度，吸引更多优秀人才到本地，形成稳定的人才储备库，为城市的产业发展提供有力保障。

网络资源对数字艺术产业发展的作用与意义

吕芸、李一凡在《北京印刷学院学报》2005年第4期撰文认为，在社会发展的层面上看，基于网络的资源共享平台作为一种非正规的组织形式（机构），提升和拓展了数字艺术产业的发展空间。从产业发展的角度说，基于网络的资源共享平台为数字艺术产业的发展提供了动力源，有利于完善产业体制，调节产业发展，为产业发展提供新的角度和方向；能够在一定程度上促进内容创新，弥补当前数字艺术产业的原创不足；有利于在智力支持方面推进数字艺术产业整体水平的提升。基于网络的资源共享平台，在一定程度上对行业发展起到纠偏作用，避免数字艺术走向纯粹商业化的境地。

浅说中国“艺术产业”的概念及其当下情况

吕军在《中外文化交流》2005年第9期撰文认为，艺术作为一种物质形态的精神“生产”，便无法避免物质产业流程中的重要环节——艺术品生产的价值通过交换得以确认的环节。当艺术消费成为人类生活的重要内容甚至是必须的内容时，艺术生产的批量化和规模化便不可或缺，由此，艺术的产业化便自然地形成，并且按照某种工业化的标准和规模进行，逐渐锻造出具有独立生产和扩大再生产的能力以及由此而形成的产业链。当我们追溯经济发展的历史演变时，便会发现艺术的“产业化”形态在人类文明发展和社会经济繁荣中所具有的晴雨表的作用。无数事实表明，艺术品总是先于社会经济的衰退而衰退，后于社会经济的兴盛而兴盛。近年来，中国艺术市场的繁荣景象，便充分地显示了在不断深入的改革开放环境下，中国经济发展势头日进的大好态势。因为，只有开放的国度才具备开放的资金市场，从而导致繁荣的艺术市场。于是，艺术激活产业以及艺术转动资本，便顺理成章地从神话梦想的状态一变而成为触目可及的现实。

作为创意文化产业而发展的工业设计

田君在《装饰》2005年第12期撰文认为，对于工业设计来说，“创意”是核心要求，“文化”是设计的内涵和本质，而“产业”指明了设计的发展方向。作为“创意文化产业”而发展，使工业设计内涵的界定更加清晰，从而有利于推动工业设计向纵深发展。另一方面，作为创意文化产业发展又是时代赋予工业设计的使命。以“创意文化产业”作为工业设计的发展方向，使设计成为一个开放的、能动的系统工程。以经济为目的，以文化为导向，以创意为核心既是对设计本质的重新挖掘，也是对新的时代要求的积极反馈。基于理性选择的对工业设计的重新定位必将促进设计学科的整体性飞跃，从而通过创造力的提升使工业设计在经济建设中发挥更大的作用并且通过对生活方式的再创造，将设计的人文价值提升到新的充满意义的境界。

艺术品收藏与投资的美学原则

陈亚民在《美与时代》2006年第1期撰文指出，进入21世纪，艺术品市场也呈现出前所未有的火爆场面。如何看待当前逐步升温的艺术品市场，在收藏投资中又应该怎样操作才能确保自己的投资行为无误，并获得一定的保值、升值，以及通过收藏投资，逐步提高艺术品鉴赏水平呢？这是不少人共同关注的问题。从美学的角度对艺术品投资者鉴赏与投资中西绘画作品提出一些建议有以下三点：一、独创性原则。某种程度上说，独创性是作品的本质属性，它不仅仅要求作品是独立创作完成的，更要求作品必须具有一定的个性或达到一定的艺术高度。因此，艺术品的价值具有难以度量性和独一无二性。二、形式美原则。绘画作为一种以色彩和线条为主要形式因素的造型艺术，其形式美当然处于突出的地位。三、历史性原则。艺术历来是社会变革和人类精神状态的曲折反映，凡是体现了这一历史进程的艺术作品在艺术史上都具有里程碑的意义。

文化创意产业格局下的工艺美术再思考

许平在《设计艺术》2006年第3期撰文认为，创意产业思路的提出意味着一种新产业文化格局的形成，这种格局的意义就在于它对工业时代以及工业时代中人们对于生活文化的完整性、多样性的需求以产业化方式作了新的安排，并以规模经济的方式为其产业目标的实现提供了保障。我们应从以下方面认识工艺美术的发展，并将其概括为三个“继续”和五个“转向”。三个“继续”就是继续高举人本主义、文化精英主义的旗帜，继续遵循市场化、生活化的发展路线，继续强化与完善“宝塔形”资源配置结构。五个“转向”就是途径上从国际市场为重心转向国内市场为重心，市场上从“高低两端”趋向转向“中高端”结合趋向，身份上从“奇货可居”型转向“爱用收藏”型，价值上从“资源型”转向“魅力型”，发展上从波峰效应转向波谷效应。传统工艺与现代设计之间不存在隔阂，完全可能同步进入现代生活中，而关键在于是否形成能够敏锐感受和深入理解生活内涵的好的创意。

试论文化创意产业化背景下的艺术设计教育发展方向

潘志琪在《浙江师范大学学报》（社会科学版）2006年第6期撰文认为，我国艺术设计教育在当前的文化创意产业背景下，除了要培养艺术设计人才的专业基础知识和专业技能之外，还应着重培养设计人才的创新意识和文化素质，即培养高文化素质的创新型人才。因此，我国的艺术设计教育应围绕“培养高文化素质的创新型人才”为改革目标，在当前的现状下作出新的转变，以适应全社会的和谐发展和文化创意产业的兴起。1. 创意产业背景下的艺术设计教育应从技能型教育向创新型教育转换；2. 创意产业背景下的艺术设计教育应加强学生人文素质的培养。文化创意产业化为艺术设计教育的未来提供了广阔的空间，也为艺术设计教育指明了改革和发展的方向。我国的艺术设计教育应改变传统的艺术设计教育观念，在艺术设计教育从技能型教育向创新型教育转换的同时，兼重学生人文素质的培育。在培养学生专业基础知识和专业技能时，注重学生创新意识、创新能力和人文素养的整体发展，使艺术设计教育为文化创意产业的兴起，培养真正具有高文化素质的创新型人才。

戏剧市场与“名角儿”效应

李晶在《大舞台》2006年第3期撰文认为，精品与市场客观上是不能简单画等号的，但培养观众喜爱的“名角儿”却是我们能够做到的。欲进入市场，甚至欲成为精品本身，也依赖于优秀的演员，依赖于能成为“名角儿”的演员。只有留下了演员，才能留住剧目，不少剧种的传世之作，包括特技绝活儿，都是从有了优秀的演员才形成，更是有了优秀演员才传承下来的。为了培养“名角儿”一是要为他们量身定做优秀剧目，二是研究他们的表演风格，通过各种媒体宣传他们的艺术成就。“名角儿”们也要有感恩情结，没有其他人的工作，角儿是名不起来的。我们呼吁有关部门应该像关注“明星”一样地关注“名角儿”，像包装歌星一样地包装“名角儿”，从而真正有力地推动戏剧市场的繁荣。

民俗产业开发的探讨

杨琴在《重庆邮电学院学报》（社会科学版）2006年第4期撰文认为，对于对民俗文化的开发，首先，确定产品定位，这是开发的先决条件；其次，进行市场分析，这是必要步骤；再者，做到责、权、利分明，这是开发民俗产品的重要保障。现状表明，旅游是文化的重要经济依托，文化是旅游的灵魂和引力来源，二者相辅相成。一方面，政府部门牵头，成立必要的研究指导机构，加大民间艺术资源的开发。另一方面，要以旅游为载体，加强各类民间工艺新产品的开发，加速民间艺术产业化进程的开发。要特别注重传统工艺继承和发展的关系，多研究创作新产品，多抢救、保护濒临失传的工艺品，多出名牌精品，在质量上下功夫，在包装设计方面做文章，在实用性上动脑筋，逐步形成民间工艺制作生产、包装运输、展览销售一条龙的文化产业格局。相信民间艺术品的开发必然会为旅游业发展锦上添花。

安塞县民间文化产业发展调查

“中共陕西省委宣传部联合调查组”在《求是》2006年第14期撰文认为，陕西省安塞县坚持把打造黄土文化品牌作为推动县域经济可持续发展的综合抓手，按照“挖掘古老文化、发展现代文化、开发特色文化、形成文化产业”的工作思路，依托深厚的民间文化资源，创作演艺精品，开发文化产品，走出了一条独具特色的文化发展之路。构建公共文化服务体系，增强群众文化的生命力。构建文化服务网络，培养艺术人才队伍，搭建文化活动平台。推进民间文化资源优势转化，增强文化事业发展的影响力。推进文化体制创新，促进文化创作繁荣，加强文化艺术交流。培养文化市场，打造文化品牌，发展文化旅游业，只有坚持政府主导，才能聚集力量，做大文化产业，实现经济、政治、文化的协调发展；只有动员群众广泛参与，才能实现公益性文化事业和经营性文化产业的共同发展；只有加大社会投入，扶持非公有资本投入文化产业开发，才能不断壮大文化市场；只有打造品牌，创造性地生产出具有核心竞争力的演艺精品，才能不断扩大文化产品的市场占有率和商品率。

艺术产业：“合作”的艺术世界

黄景川、张冬梅在《美术大观》2006年第5期撰文认为，在商品化生产的现代社会，艺术活动越来越多地引进了“商业化”的运作和“产业化”的机制。艺术创作已逐渐超出作家个体的“内闭”空间，艺术市场在大规模地启动。在产业化的生产方式下，“单一文本”渐渐消隐，艺术世界呈现的是一个诸多参与者合作协商的网络，其产品是集体劳动的结晶，是不同工作者合作交往的成果。个人作为艺术天赋的承载者对于整个艺术生产过程仍然是必不可少的。但是，这种艺术的创意和创新需扎根于社会化行动的时空领域，出现在组织化了的生产环境里。而在这种环境下，不同个人的天才和能力带有一种相互依存、依赖的特征。尽管每个艺术家被整合进这个艺术世界的方式可能会有所不同，但彼此之间这种确定不移的依存关系是显而易见的。个体独行的天才艺术家消失了，取而代之的是一种艺术世界商讨的、妥协的和主体间对话交往的新格局。在合作对话当中，参与者所追求的是不同利益的均衡，这使艺术家处于一个更为复杂的和组织化的结构之中。

媒介素养教育与网络艺术产业

熊晓萍在《新闻知识》2006年第12期撰文认为，要想使网络文学进入产业化的良性发展轨道，必须使作为生产者的写手们意识到，他们制作的媒介信息不但应有一定的愉悦性，同时应当蕴含社会性和思想性，具备一定的艺术价值，这才可能被消费者认可并愿意花钱消费。网络音乐和影视作品的最大特色也正是草根性。但这特点又如双面刃，进入的随意带来的是创作的粗糙，众多参与者在媒介素养上显然不足，不能更好地认识和掌握在网络这个新媒体上进行艺术创作的规律，既然缺少原创性，其艺术价值自然要大打折扣。媒介素养教育的目的，正是指导人们正确认识和解读媒介及其信息，建设性地享用媒介资源，逐步使人们具备批判的能力和自主防范能力。总之，国民媒介素养整体提高之日，就是网络艺术产业迅捷发展之时。

试论贵州土家族傩堂舞戏的体育渊源及其开发保护

杨秀芳在《体育文化导刊》2006年第10期撰文认为，原始的民间体育活动是傩堂舞戏发展的重要起点，民间体育动作是傩堂舞戏最基本的表现形式，傩堂绝技是一项发育成熟的土家族传统体育运动，极大地弘扬了土家文化，促进了民族体育事业的发展。应转变观念，充分认识傩堂舞戏的体育功效，目前人们对傩堂舞戏的体育功能和价值的认识还不够系统，这不能不说是傩堂舞戏研究科学上的重大缺陷。要弥补这一缺陷，就必须深化认识，转变观念，多角度、全方位地去思考和发现傩堂舞戏中蕴藏着的积极因素。加工提炼，打造独具特色的以傩堂绝技为重点的土家族民间体育运动项目。加大投入，推广和普及傩技傩舞健身体育运动。一方面，要打造一支专业化的表演队伍，使之在国内外赛场上频频亮相，以扩大其影响；另一方面，要将加工提炼的傩舞傩技体育运动在土家族群众中普及和推广，形成全民健身的态势，以使这一民族体育运动得到更好地传承和发展，并使之转化为浓浓的土家风情，为打造民族文化产业，发展旅游文化经济作贡献。

艺术品收藏投资在市场中的发展态势

刘剑利在《中国市场》2006年第32期撰文指出，目前我国一部分人正成为艺术品最强大的市场支持力量。知名度高的艺术家其作品相对价位更高一些，一大批中青年艺术家的作品价值被重新估量。许多投资者注重艺术品的“真”、“精”、“新”以及欣赏价值和升值潜力，并根据自己掌握的鉴赏知识、艺术情趣、经济实力来选购艺术品。许多拍卖行推出了低价位的中青年画家作品专场拍卖会，面向广大收藏爱好者和工薪阶层。目前在市场上的买家大致有几种类型：一是大机构和企业；二是艺术品收藏者、收藏家；三是艺术品投资者；四是装饰门面，提升品位；五是用于公关送礼。在竞拍者中，以企业家、收藏家个体户居多，改变了以往市场中以境外收藏家为主的局面，成为一种长久的潜在的社会需求。

首批国家5A级旅游景区典范选登

【关于国家5A级旅游景区的权威描述】

以66家5A级景区为代表的精品旅游景区体现了中国旅游业的核心竞争力，精品旅游景区在旅游产业发展中具有先导性和代表性，既有利于区域形象的提升，也有利于整个旅游产业的转型升级。**（国家旅游局副局长王志发）**

5A级景区是中国旅游业的核心支撑部分，也是中国旅游吸引物金字塔的顶端部分。在某种程度上，5A级景区的发展代表了中国旅游业发展的水平，也是中国成为世界旅游强国的重要支撑。**（国务院发展研究中心副研究员刘锋）**

【“首批国家5A级旅游景区”的评选】

2007年5月，国家旅游局依照中华人民共和国国家标准《旅游景区质量等级的划分与评定》与《旅游景区质量等级评定管理办法》，经有关省、自治区、直辖市旅游景区质量等级评定委员会推荐和辅导创建，全国旅游景区质量等级评定委员会组织评定，66家试点景区达到国家5A级旅游景区标准的要求，批准为国家5A级旅游景区。国家旅游局启动5A级旅游景区试点，目的是为了推选出一批质量过硬、在国际上具有竞争力、真正成为标杆的旅游精品。5A级景区评选，是我国目前对旅游景区景点最高级别的认证。

【综合考量5A景区的资料依据】

①“全国旅游景区质量等级委员会”所公布的相关资料。

② 各5A景区网站所公布的资料。

③ 山东大学历史文化学院文化产业管理系、山东省文化产业研究基地所积累的相关资料。

④《中国文化产业学术年鉴》按相关学术原则对这些资料进行了甄别和整合。

【综合考量的宗旨与重心】

《中国文化产业学术年鉴》宗旨：

① 反映学术理论界的相关研究成果；

② 关注文化产业领域中“具有引领意义”的企业/项目/区域，强化理论源于实践的学术张力。

根据上述宗旨，《中国文化产业学术年鉴》在考量相关景区业绩的同时，更为关注景区及所在地领导人在文化与文化产业问题上的理论洞察力、学术观点、文化视野、前瞻意识和决策思路等，以凸显理论、政策、实践之间的综合互动。这也是《中国文化产业学术年鉴》选登相关5A级旅游景区的重要原则之一。

首批国家5A级旅游景区名单（按省、市、自治区排序；有*字号者为《年鉴》选登的典范景区）

*故宫博物院

天坛公园

颐和园

*八达岭长城

天津古文化街旅游区(津门故里)

天津盘山风景名胜区

秦皇岛市山海关景区

保定市安新白洋淀景区

承德避暑山庄及周围寺庙景区

*大同市云冈石窟

*忻州市五台山风景名胜区

沈阳市植物园

大连老虎滩海洋公园•老虎滩极地馆

*长春市伪满皇宫博物院

长白山景区

* 哈尔滨市太阳岛公园

上海东方明珠广播电视塔

* 上海野生动物园

* 中山陵园风景区

中央电视台无锡影视基地三国水浒景区

苏州市拙政园

苏州市周庄古镇景区

杭州市西湖风景名胜区

温州市雁荡山风景名胜区

* 舟山市普陀山风景名胜区

* 黄山市黄山风景区

池州市九华山风景区

厦门市鼓浪屿风景名胜区

* 南平市武夷山风景名胜区

江西省庐山风景名胜区

吉安市井冈山风景旅游区

烟台市蓬莱阁旅游区

济宁市曲阜明故城(三孔)旅游区

泰安市泰山景区

登封市嵩山少林景区

洛阳市龙门石窟景区

* 焦作市云台山风景名胜区

* 衡阳市南岳衡山旅游区

* 张家界武陵源旅游区

武汉市黄鹤楼公园

宜昌市三峡大坝旅游区

广州市长隆旅游度假区

* 深圳华侨城旅游度假区

* 三亚市南山文化旅游区

三亚市南山大小洞天旅游区

* 桂林市漓江景区

* 桂林市乐满地度假世界

重庆大足石刻景区

重庆巫山小三峡——小小三峡

成都市青城山——都江堰旅游景区

乐山市峨眉山景区

* 阿坝藏族羌族自治州九寨沟旅游景区

* 安顺市黄果树大瀑布景区

* 安顺市龙宫景区

昆明市石林风景区

丽江市玉龙雪山景区

* 西安市秦始皇兵马俑博物馆

西安市华清池景区

延安市黄帝陵景区

嘉峪关市嘉峪关文物景区

* 平凉市崆峒山风景名胜区

石嘴山市沙湖旅游景区

* 中卫市沙坡头旅游景区

乌鲁木齐市天山风景区

吐鲁番市葡萄沟风景区

* 阿勒泰地区喀纳斯景区

故 宫 博 物 院

故宫博物院是在明、清两代皇宫及其收藏的基础上建立起来的中国综合性博物馆，位于北京市中心，前通天安门，后倚景山，东近王府井街市，西临中南海。依照中国古代星象学说，紫微垣（即北极星）位于中天，乃天帝所居，天人对应，是以故宫又称紫禁城。明代第三位皇帝朱棣在夺取帝位后，决定迁都北京，即开始营造这座宫殿，至明永乐十八年（1420年）落成。1911年，辛亥革命推翻了中国最后的封建帝制——清王朝，1924年逊帝溥仪被逐出宫禁。在这前后五百余年中，共有24位皇帝曾在这里生活居住和对全国实行统治。

紫禁城，四面环有高10米的城墙和宽52米的护城河。城南北长961米，东西宽753米，占地面积达72万平方米。城墙四面各设城门一座，其中南面的午门和北面的神武门现专供参观者游览出入。城内宫殿建筑布局沿中轴线向东西两侧展开。红墙黄瓦，画栋雕梁，金碧辉煌。殿宇楼台，高低错落，壮观雄伟。朝暾夕曛中，仿若人间仙境。城之南半部以太和、中和、保和三大殿为中心，两侧辅以文华、武英两殿，是皇帝举行朝会的地方，称为“前朝”。北半部则以乾清、交泰、坤宁三宫及东西六宫和御花园为中心，其外东侧有奉先、皇极等殿，西侧有养心殿、雨花阁、慈宁宫等，是皇帝和后妃们居住、举行祭祀和宗教活动以及处理日常政务的地方，称为“后寝”。前后两部分宫殿建筑总面积现存约16万平方米。整组宫殿建筑布局谨严，秩序井然，寸砖片瓦皆遵循着封建等级礼制，映现出帝王至高无上的权威。

■ 1961年，经国务院批准，故宫博物院被定为全国第一批重点文物保护单位。

■ 1987年，故宫博物院被联合国教科文组织列入“世界文化遗产”名录。

■ 2007年5月8日，故宫博物院经国家旅游局正式批准为国家5A级旅游景区。

景区及所在地领导人的
文化视野、学术见解、前瞻意识、发展思路

故宫博物院院长 郑欣淼

■ 故宫文化的整体性、丰富性及象征性，使故宫成为取之不竭的文化宝藏。保护故宫及其藏品，就是保持我们与祖先联系沟通的渠道，就是保护中华民族的文化根基。故宫丰厚的文化资源，对于我们传承中华民族的优秀传统文化，对于弘扬和培育民族精神、建设中华民族共有精神家园，对于加强同世界各国的文化交流、扩大中华文明的国际影响力，都能够发挥独特的重要作用。

八达岭长城

八达岭长城位于北京市延庆县军都山关沟古道北口。八达岭长城是中国古代伟大的防御工程万里长城的一部分，是明长城的一个隘口，史称天下九塞之一，是万里长城的精华，在明长城中，独具代表性。该段长城地势险峻，居高临下，是明代重要的军事关隘和首都北京的重要屏障。八达岭长城是明长城向游人开放最早的地段，八达岭景区以八达岭长城为主，兴建了八达岭饭店和由江泽民主席亲笔题名的中国长城博物馆等功能齐全的现代化旅游服务设施。八达岭景区以其宏伟的景观、完善的设施和深厚的文化历史内涵而著称于世。

八达岭地理环境优越，自古以来就是通往山西、内蒙、张家口的交通要道。1998年，八达岭高速公路建成通车，交通十分便利。而且，八达岭的年平均气温比北京低3℃以上，成为“夏都”延庆的旅游龙头。爱国工程师詹天佑先生主持修建的中国第一条干线铁路——京张铁路就经过此地，并在此处设立车站。京张公路从城门中通过，为通往北京的咽喉。从“北门锁钥”城楼左右两侧，延伸出高低起伏、曲折连绵的万里长城。明长城全长6700公里，是世界上古老的伟大建筑之一。八达岭长城其关城为东窄西宽的梯形，建于明弘治十八年（1505年），嘉靖、万历年间曾修葺。关城有东西二门，东门额题“居庸外镇”，刻于嘉靖十八年（1539年）；西门额题“北门锁钥”，刻于万历十年（1582年）。两门均为砖石结构，券洞上为平台，台之南北各有通道，连接关城城墙，台上四周砌垛口。

八达岭长城为居庸关的重要前哨，古称“居庸之险不在关而在八达岭”。明长城的八达岭段是长城建筑最精华段，集巍峨险峻、秀丽苍翠于一体，“玉关天堑”为明代居庸关八景之一。1995至2000年，共有300余名世界各国的国家元首、政府首脑或执政党领袖登上过八达岭长城。

- 国家5A级旅游景区。
- 第一批国家级风景名胜区。
- 中国旅游胜地四十佳。
- 风景旅游区示范点。
- 爱国主义教育基地。

■ 国际科学与和平周荣誉奖。

■ 中国公众形象优良企业。

■ 风景名胜行业先进集体。

■ 景区工作先进集体。

景区及所在地领导人的文化视野、学术见解、前瞻意识、发展思路

八达岭特区办事处委员会书记、八达岭特区办事处主任赵建军

■ 科学发展的核心是以人为本，从发展旅游事业角度讲，坚持“以人为本”，主要是“以游客为本”，还要以广大人民群众和旅游从业人员为本。发展旅游事业要把维护人民群众的根本利益作为出发点和落脚点，最大限度地满足人民群众日益增长的旅游需求，满足广大旅游者的需求，以游客的满意为中心，以广大旅游经营者为依托，以旅游人才为支撑，努力实现旅游事业发展与促进人的全面发展相结合。

■ 旅游业是服务型的经济产业，要坚持“以人为本”的思想，最根本的就是要全面提高全行业的服务质量和水平，要重点抓好以游客的需求为前提，大力开发符合市场需求的旅游产品；以游客满意为中心，不断提高旅游服务质量。同时，要重视旅游人才的培养和使用，并切实维护旅游经营者的合法利益，积极创造良好的经营环境。

■ 在发展旅游业进程中，必须辩证地处理好当前发展与可持续发展的关系。做到既要考虑经济的发展，又要考虑环境的保护；既要考虑增长的需要，又要考虑资源环境的承载能力；既要考虑发展的收益，又要考虑付出的成本；既要考虑当前的发展，又要考虑长远的发展。

■ 围绕我县首都生态休闲商务区定位，树立大旅游观念，促进旅游业由传统观光型向现代高端休闲旅游转变，努力打造国际旅游休闲名区。积极探索产业联动发展模式，加大生态休闲游、农业观光游、新能源参观游等旅游项目的开发力度。加快设计、开发能满足未来旅游市场需求和产业发展特点的旅游产品，进一步调整、优化旅游产品结构，大力培育和拓展新兴旅游客源市场，调整、优化旅游客源结构，尽快实现旅游客源市场的多元化。

大同市云冈石窟

云冈石窟位于山西省大同市以西16公里处的武周山南麓，武州川（今名十里河）的北岸。石窟始凿于北魏和平初年（460年），历时64年，至北魏末年终结。云冈石窟是仅由北魏一朝完成的皇家宗庙，在我国佛教石窟艺术史上占有十分重要的地位。

云冈石窟依山而凿，东西绵亘约1公里，现存大小窟龛254所，其中主要洞窟45个，造像51000余尊，最大者高达17米，最小者仅有2厘米。他与甘肃敦煌莫高窟、河南洛阳龙门石窟并称为“中国三大石窟”。云冈石窟以其精湛的雕刻技艺、独特的造像风格，在中国佛教美术史上独树一帜。

云冈石窟的开凿可分为早、中、晚三期，不同时期的造像风格亦各有特色。早期的“昙曜五窟”，主像均高大魁梧、气势磅礴，突出了北魏的皇家风范，又兼具浑厚、纯朴的西域情调。中期石窟则以精雕细琢、装饰华丽著称于世，显示出复杂多变、富丽堂皇的北魏艺术风格。晚期窟室规模虽小，但人物形象清瘦俊美、比例适中，是中国北方石窟艺术的榜样和“瘦骨清像”风格的源起。不同期的造像风格形象地记录了印度及中亚佛教艺术向中国发展的历史轨迹，反映出佛教造像在中国逐渐世俗化、民族化的过程。多种佛教艺术造像风格在云冈石窟实现了前所未有的融会贯通，由此而形成的“云冈模式”成为中国佛教艺术发展的转折点。敦煌莫高窟、龙门石窟中的北魏时期造像均不同程度地受到云冈石窟的影响。

云冈石窟的造像布局严谨，内容丰富多彩，堪称公元5世纪中国石刻艺术之冠，被誉为中国古代雕刻艺术的宝库。窟内菩萨、力士、飞天形象生动活泼，雕刻精致细腻，她当之无愧地成为中国石雕艺术的代表作，在我国雕塑史上写下重要的一页。云冈石窟不但是我们了解和研究中国古代历史、雕刻、建筑、音乐以及宗教信仰等方面的重要形象资料，也是追溯古代中西方文化交流和人民友好往来的历史见证。

■ 1961年国务院公布为全国重点文物保护单位。

■ 2001年，被联合国教科文组织列入“世界文化遗产”名录。

■ 2007年，批准为国家5A级旅游景区。

景区及所在地领导人的
文化视野、学术见解、前瞻意识、发展思路

大同云岗石窟研究院院长 张焯

■ 云冈石窟是佛教艺术东传中国后，第一次由皇家主持雕凿的佛教石窟群。在1500多年的历史积淀中，石窟雕刻将宗教、建筑、雕塑、民俗、音乐、舞蹈等多种元素融为一体，有着深厚的历史文化内涵，需要我们潜心研究、深入挖掘，这样才能使这些宝藏放射出更为耀眼的光芒。

■ 云冈石窟是山西省凝聚国际目光的一张“名片”，是古都大同的文化王牌。其核心价值的体现与延伸均离不开文物保护工作。石窟雕刻经历千年而得以较好保存，是历代官府、僧民不断维修、保护的结果。其中辽代实施的大型维修工程（包括建立窟檐阁楼、修复石窟、补凿佛像、包泥改塑等），为后世石窟的保护树立了成功典范。建国后，在国家及省市政府的关注下，云冈石窟的保护和研究工作有了新的突破。现阶段，我们采用科学有效的保护手段延缓石窟的风化速度，加快了石窟保护性窟檐建设的步伐，全面启动了石窟风化治理工程。因为，我们坚信唯有科学有效的保护，才是永葆石窟千年魅力的活水源头。

■ 科学的景区规划设计、周边环境的综合整治、核心景区项目的建设，这些项目的实施不论是从投资规模上，还是从建设力度上讲，在云冈石窟保护史上都是绝无仅有的。景区环境综合治理工程完成后，不仅恢复了北魏时期“山堂水殿、烟寺相望”的历史风貌，而且改善了景区生态环境，拓展了旅游空间，完善了旅游配套服务设施，提升了景区文化品位，为全面打造世界一流的旅游景区奠定了坚实的基础。

忻州市五台山风景名胜区

五台山列我国四大佛教名山之首，位于山西省五台县东北，由一系列大山和高峰组成，其中五座环抱高峰，峰顶平坦宽阔，“有如垒土之台”，故名五台山。五峰环抱，方圆达250千米。

东台海拔2795米，因其东望明霞，如波似海，故称望海峰；

南台海拔2485米，细草杂花，灿若铺锦，故称锦绣峰；

西台海拔2773米，月坠峰巅，宛如悬系，称挂月峰；

北台海拔3058米，云浮山腰，巅摩斗杓，称叶斗峰，是五台山最高峰；

中台2894米，石翠岩碧，碧霭浮空，称翠岩峰，是五台山的中心。

五台北部阴谷处有终年不化的“千年雪”“万年冰”，北台盛夏时亦可偶见降雪，因此五台山亦称清凉山，是夏季避暑胜地。

五台山历史悠久，北魏孝文帝、隋炀帝、宋太宗、元英宗、清圣祖、清高宗等都曾驾幸五台山，至于历朝历代皇帝、皇后遣使礼五台山者，更是自北魏到清朝，从未间断，翻开五台山各大寺的“庙史”，第一页几乎全是“敕建”二字。

五台山也是我国唯一兼有汉地佛教和喇嘛教的佛教道场，因此受到西藏、内蒙、青海、甘肃、黑龙江等少数民族的尊崇。

千百年来，印度、日本、蒙古、朝鲜、尼泊尔、斯里兰卡等国佛教徒，很多人都到五台山来朝圣求法巡礼，有些甚至留在五台山修行终身。

五台山人文景观多姿多彩，古韵依然，自然风光奇丽壮观，美如画卷，吸引着国内外佛教信徒和游人前来朝台拜佛，参观文物古迹，游览佛地风光。

■ 1982年11月，国务院首批公布五台山为“国家重点风景名胜区”；

■ 1992年，林业部批准为“国家森林公园”；

■ 1992年12月，国家旅游局授予“中国旅游胜地40佳提名单位”；

■ 1997年，被国家旅游局作为向海外推出的35张王牌旅游产品之一；

■ 1999年9月，中央精神文明建设指导委员会授予“全国创建文明行业工作先进单位”；

■ 1999年10月，国家建设部授予“文明风景名胜区”荣誉称号；

■ 2000年9月，中央文明办、国家建设部、国家旅游局授予“全国文明风景旅游区示范点”荣誉称号；

■ 2000年10月，中华人民共和国人事部、国家环境保护局授予“全国环境保护系统先进集体”；

■ 2000年12月，国家建设部授予“全国风景名胜区先进集体”称号；

■ 2001年1月，国家旅游局审定为“首批国家AAAA级旅游景区”；

■ 2002年12月，选评为“中华十大名山”之一；

■ 2005年9月，五台山顺利通过第四批国家地质公园评审，成为“国家地质公园”；

■ 2005年9月，国家建设部授予五台山“国家重点风景名胜区综合整治”先进单位称号；

■ 2005年10月，通过GB/T9001质量管理体系和GB/T24001环境管理体系认证；

■ 2006年1月，中央文明办、建设部、国家旅游局联合授予“全国创建文明风景旅游区工作先进单位”荣誉称号；

■ 2006年1月，五台山佛乐入选首批国家非物质文化遗产；

■ 2006年2月，列入国家建设部公布的首批《中国国家自然遗产、国家自然与文化双遗产预备名录》，位居前列，并授予“国家自然与文化双遗产”称号；

■ 2007年4月，国家人事部、国家旅游局联合授予“全国旅游系统先进集体”荣誉称号；

■ 2007年5月，国家旅游局审定为“国家AAAAA级旅游景区”；

■ 2007年11月，国家建设部授予“国家级风景名胜区综合整治优先单位”称号。

景区及所在地领导人的
文化视野、学术见解、前瞻意识、发展思路

五台山管理局局长　梁有升

■ 在发展旅游的过程中，我们必须始终不渝地坚持这一方针，将资源保护、文物保护、环境保护、生态保护的观念、意识和政策、制度贯穿到旅游规划、经营的全过程，保护优先，确保风景名胜资源的永续利用。

■ 举办国际佛教文化节暨佛教艺术大展是我们整合资源优势、深挖佛教文化内涵、发挥优势和特色、致力发展文化产业的一次新举措，也是我们优化资源配置、加快旅游发展的一次新尝试。

■ 只有科学合理的利用，才能促进旅游经济的快速发展；只有严格有效地保护，才能保证旅游经济的快速发展；只有严格有效地保护，才能保证旅游经济的健康发展。风景名胜和文物资源都是不可再生的资源，无序开发、盲目发展，不仅会使生态环境恶化，也容易使风景名胜资源遭到破坏。在发展旅游的过程中，我们必须始终不渝地坚持这一方针，将保护的观念、意识和政策、制度贯穿到旅游规划、经营的全过程，确保风景名胜资源的永续利用。

■ 品牌创新，离不开传统文化的继承，是先进文化的发展和延伸。在继承中创新，在创新中发展，不断求新、求变、求精。大家要改变老观念，一要敢于“无中生有”，但不是简单地建寺塑像和搞封建迷信活动，要结合佛教文化上项目；二要善于“移花接木”，但不是盲目地生搬硬套和模仿别人，要把握旅游定位搞活动；三要注重“推陈出新”，但不是随意地拆旧建新和策划包装，

要突出地方特色看效益。创新品牌也要与时俱进，要把历史文化和现代文明的“窗口”，成为传播科学知识和先进文化的重要阵地。

■ 落实科学发展观的核心是以人为本。对旅游景区来说，以人为本就是以游客为本。如何处理好“内”与“外”的问题，不仅关系到旅游形象，更重要的是关系到市场和经济发展。我们必须创造内紧外松的环境，及时地把传统的“政策优惠型”转变为“服务优质型”，把优质服务延伸到旅游的各个环节、各个方面，提供全程式、零缺点服务，坚决维护游客合法权益，严厉打击坑蒙宰骗等不法行为；坚持以诚信建设为内容，加强公民诚信教育，倡导诚实守信，对游客实行“重承诺、不罚款”，建设诚信五台山，为游客创造宽松的环境，让游客称心如意，流连忘返。

■ 申遗最重要的意义就是增强我们对文物与自然遗产的保护。就文物保护讲，五台山自有寺庙以来，近2000年历史中，通过僧人、群众一代一代的努力，创造并且保护了大量的文物，所以才有我们今天的遗产。但是今天，这种松散的保护和传统的方式还不能达到国际标准，也缺少现代科技含量。申遗促使我们与国际标准及现代科技方式接轨，更好地保护文物，为未来造福。就自然遗产的价值而言，新西兰地质学家保罗来五台山考察，得出的结论是：“五台山是地质学的天堂。”北京大学以五台山为地质学考察的基地。但是这些价值仅限于学者的认识，如果不是申遗，我们对五台山的地质、自然方面的价值能有多高的认识，其实了解并不是很多。

■ 五台山申遗是背着一个沉重的社会包袱在艰难地爬行。如果说，其他地方是拿着一道菜去申遗，我们是上一桌饭去申遗。我们的环境不仅仅是一个景区，而是一个小社会，是一个僧人与居民共处的环境。

■ 在未来的发展规划上，不求做大，只求做精，文物保护和旅游发展科学合理地安排，做成一个自然与文化融为一体的景区。游客容量要有合理的估算，不超出景区的承载能力，登每个台最好的季节，以及最大的容量都要有规划和安排。我想，五台山的未来是充满光明的！

■ 申遗是让世界的目光重新审视五台山，打造世界顶级旅游产业知名品牌，抢占世界旅游经济制高点，才是我们的目的。

长春市伪满皇宫博物院

伪满皇宫博物院成立于1962年，位于长春市东北角的光复路上，占地面积12公顷，是伪满洲国傀儡皇帝爱新觉罗•溥仪的宫殿，他从1932年到1945年间曾在这里居住。

博物院成立后与吉林省博物馆合署办公，1982年恢复建制，1984年正式对外开放，接待观众，原馆名吉林省伪皇宫陈列馆，2000年划归长春市政府属地管理，2001年2月18日更名为伪满皇宫博物院。

现保护范围13.7万平方米，其中展览面积4.7万平方米；现有员工161名，院藏文物近两万件。开馆至今已接待国内外观众近500万人次，并被评为国家AAAAA级旅游景区和全国优秀爱国主义教育基地。

伪满皇宫博物院是在中国清朝末代皇帝爱新觉罗•溥仪充当伪满洲国傀儡皇帝时居住的宫殿旧址上建立的宫廷遗址型博物馆。伪满皇宫在原吉黑榷运局官署的基础上陆续改建扩建而成的，先后用作溥仪的“执政府”与“帝宫”。

伪满皇宫占地面积13.7万平方米，伪满皇宫主体部分即核心保护区为4.6万平方米，其余为附属部分。主体部分以中和门为界分为内廷和外廷两部分。内廷包括缉熙楼、中西膳房、御花园、同德殿、书画库等，是溥仪及其眷属的生活区。外廷包括勤民楼、怀远楼、嘉乐殿、宫内府、日本宪兵室等，是溥仪的政务活动区。此外，伪满皇宫还有御用汽车库、马厩、跑马场、花窖、禁卫军营房、铁路专用线、建国神庙、祭祀管理机构、近卫军营房等附属设施。

伪满皇宫大小建筑数十座，建筑风格古今并陈、中外杂揉，具有典型的殖民性特点。伪满皇宫以其多重内涵、独特价值，成为中国近现代殖民文化的典型纪念地和警示性教育基地。目前，伪满皇宫博物院已经成为占地20万平方米，集伪满宫廷（核心保护区）、红色旅游、文化休闲区、旅游商服于一体的特色人文景区。

博物院以伪满时期的文物、文献、图片资料为主要收藏对象，以日本侵占我国东北历史、伪满洲国史、伪满宫廷史为主要研究内容，以伪满洲国皇宫旧址为载体，以陈列展览为手段，通过举办《伪满皇宫原状陈列》、《从皇帝到公民》、《勿忘九一八》等基本陈列和专题展览，揭露日本武力侵占中国东北，推行法西斯殖民统治的罪恶以及以溥仪为首的伪满傀儡政权卖国求荣、效忠日本、甘当儿皇帝、奴役残害东北人民的罪行；展示溥仪及其“后”“妃”被扭曲的宫廷生活。对广大群众特别是青少年进行近代史教育和爱国主义教育，进而达到振奋民族精神，凝聚民族力量，维护世界和平，谋求共同发展的目的。

- 国家重点文物保护单位
- 国家AAAAA级旅游景区
- 全国文物系统先进集体
- 全国博物馆十大陈列展览精品

景区及所在地领导人的文化视野、学术见解、前瞻意识、发展思路

博物院院长 李立夫

■ 要重视科学研究，正确处理学术研究与应用研究的关系，把研究成果转化为生产力；树立良好学风，开展深入扎实、卓有成效的科学研究；重视产业经营的学习和研究，加快旅游产业发展速度，提高质量和效益；进一步改善院里的知识结构和人才结构，提高综合素质。

■ 以科学研究为先导，提高社会学术地位，不断储备后继产品，打造特色品牌。以伪满皇宫保护扩建工程为核心，完善服务功能，建设国内一流的遗址型博物馆，抓住国家大力发展文化和旅游产业的有利时机，继续做好伪满皇宫遗址的保护扩建、陈列体系和服务功能的完善工作。

■ 要正确认识科学研究与发展的关系，树立良好学风，深入开展可利用资源的研究，不断挖掘伪满皇宫资源的文化内涵，把科研成果转化为陈列展览、文化专著、旅游纪念品等多种旅游产品；要进一步改善知识结构和人才结构，增强核心竞争能力；要重视企业经营的学习和研究，提高旅游发展质量，加快旅游发展速度，实现经济效益持续增长；要发挥学术委员会的作用，在科研领域引入竞争机制和激励机制，提高科研人员的价值量，建立科学的评判体系，提高博物院在国内外的学术地位。

■ 科研成果转化对经济发展和社会进步起着巨大的推动作用。同样，科研成果对自身博物馆事业和旅游产业的发展，也起着极大的推动作用。科研工作是挖掘和研究伪满皇宫旅游资源的文化内涵，科研成果可以转化成陈列展览、与伪满有关的专著等多种旅游产品。伪满皇宫是以文物遗址为依托的旅游景区，它的吸引力和生命力在于其独特的历史文化内涵，忽视了文化内涵的挖掘和研究，既影响我们的经济效益，也会动摇我们生存的基础，科学研究工作应该始终摆在各项工作的突出位置。

■ 在旅游业兴旺发达的背景下复苏，博物院也必须依托旅游业才能实现持续发展和效益增长。从现实和长远来看，博物院的生存和发展需要我们由事业管理型向企业经营型转变，在经营中生存，在经营中发展。博物院是文物遗址型旅游景区，朝阳般的旅游业是竞争激烈的产业，在竞争中能否胜出取决于很多因素，经营管理能力是其中一个重要的因素。单纯从事保护管理根本不可能创造经济效益，必须运用一定的经营手段。务必要树立全员经营意识，重视经营的专业学习和研究，培养经营能力，运用多种经营手段驾驭旅游市场，保证经济效益的稳定和持续增长。

哈尔滨市太阳岛公园

太阳岛风景名胜区位于哈尔滨市松花江北岸，地处新旧城区之间，为江漫滩湿地草原型风景区和著名的旅游避暑胜地。景区规划面积为38平方公里，保护区面积为50平方公里，总面积为88平方公里。景区南北以松花江和改线前进堤为界，东西以滨洲铁路和规划四环高架桥为界，分为东区、中区和西区。其中东区为核心景区，是对外接待游人的景观集中观赏区；中区为文化休闲区；西区为自然生态区。太阳岛是一处由大面积的湿地景观、欧陆风情、冰雪文化、民俗文化等资源构成的具有休闲、观光、娱乐、科普教育、度假等功能为一体的江漫滩湿地草原型风景名胜区，也是目前国内最大的沿江生态区。

据史料记载，早在300多年前，太阳岛就被作为水师营开发利用。1683年，康熙皇帝为抵御外敌入侵，在此设立了水师营。并出师北上一举攻克了雅克萨人的省府克萨城堡，受到康熙表彰，从此太阳岛名声大震。19世纪20年代，中东铁路的建成，以白俄为主的17个国家在哈尔滨设立领事馆。哈尔滨成为北与俄罗斯，南与长春、大连水路畅通的商埠重镇和开放城市，太阳岛便成为外国侨民和达官显贵避暑度假的主要场所。

1907年5月1日，哈尔滨首次“五一”国际劳动节纪念活动在太阳岛举行。民族英雄赵尚志、赵一曼等抗联将士，革命家瞿秋白也都曾在太阳岛从事过革命活动。作家周立波在岛上完成了《暴风骤雨》的创作。

解放后，党和政府十分重视太阳岛风景资源的开发和利用。1956年，投资修建了5.7公里的围堤，并在围堤内建成了太阳岛公园。1964年成立了太阳岛管理所，纳入风景区管理范畴。1980年成立了太阳岛风景区管理处。1989年景区被命名为省级风景名胜区。现为国家水利风景区，首批国家5A级旅游景区。

景区内现有阳光沙滩浴场，自然湿地观赏区，太阳瀑，浴日台，俄罗斯风情小镇，鹿苑，松鼠岛，天鹅湖，冰雪艺术馆，冰雪大世界，极地馆，音乐名人堤，东北抗联纪念园，荷花湖，水阁云天，避雨长廊，丁香园，中日友谊园，笨熊乐园等70余个景观、景点。以其特有的原野自然风光、浓郁的欧陆风情、冰雪文化、北方民俗，向游人展示着太阳岛“广漠、大气、壮观”的个性和魅力。

太阳岛风景区现为哈尔滨市十大名片之首。被国家建设部评为“人居环境范例奖”；被联合国友好理事会（FOUN组织）授予“联

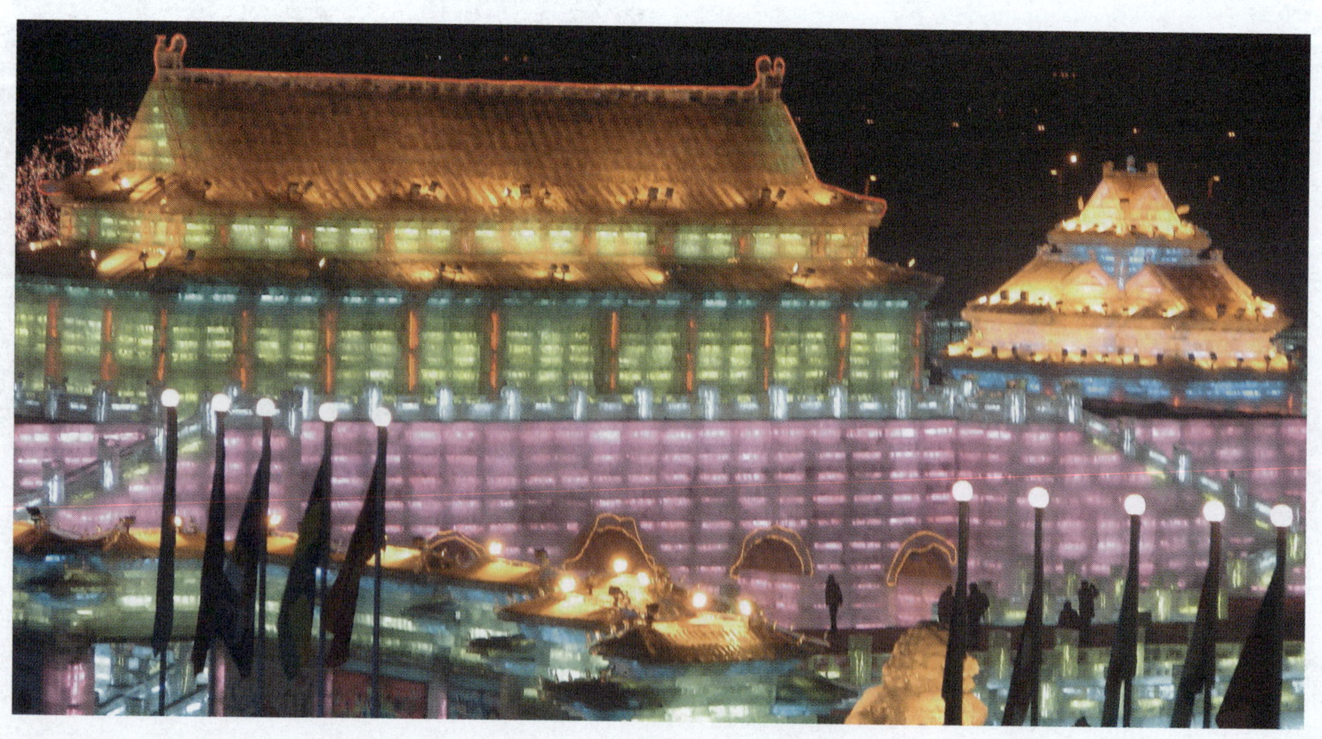

合国生态示范岛”；被国际旅游联盟授予“国家旅游名片”。

景区年接待游客300万人次，其中收费景区为100万人次，非收费景区为200万人次。

景区及所在地领导人的 文化视野、学术见解、前瞻意识、发展思路

太阳岛风景管理局局长 贾岩

■ 文化是景区的灵魂。对于游客而言，没有文化的旅游不会有太大的吸引力；没有文化的景区同样也不会留下太强的记忆。

■ 今天的太阳岛要保持往日的魅力与青春，就必须准确把握时代的脉搏，以历史为背景，以文化为引擎，以景区为载体，打造一个充满个性和魅力的文化之岛、自然生态之岛。

■ 找准文化定位、扩容景区资源。保持旅游目的地持久的魅力，必须要找准文化定位，用文化使景区有限的资源在承载厚重的文化后，得到无限的扩容。结合太阳岛的起源，特别是与中东铁路建设同步发展的百年历史，确立了“欧陆风情”定位；结合北方寒地特色，确立了“冰雪文化”定位；结合地域特点，确立了“北方民俗”定位；结合江漫滩、湿地类型，确立了“原野风光”定位。这些文化特色与景观巧妙融合，不仅彰显了景观特色，更拓展了景区资源的空间和容量。

■ 培育文化引擎，打造文化景区。坚持“文化立岛、文化兴区”战略，从塑造文化开始，培育文化引擎，打造文化景区。先后投资2亿多元，用于景区文化建设工程，确立了景区精神、建立了文化群落，初步形成了文化聚集效应。

■ 充分挖掘太阳岛历史文脉，以彰显欧陆文化为主题，创办了“两馆、一镇、一村、一剧院、一基地”。利用岛内俄式建筑，创建了俄罗斯艺术馆和韩建民俄罗斯油画收藏馆；通过修旧如旧的方式改造核心区内具有百年历史的26座俄罗斯建筑（民宅），修建了俄罗斯风情小镇，使国人不出国门就可领略异国风情；邀请俄罗斯艺术团体，在新建的俄罗斯金色大剧院，推出了每天两场的俄罗斯歌舞演出；创办了俄罗斯画家村；建成了中俄油画艺术创作交流基地。

■ 弘扬冰雪文化，在1988年创办了太阳岛国际雪雕艺术博览会的基础上，又投资建成了占地5000平方米，目前世界最大的室内冰雪艺术展览馆，实现冰雪艺术的四季观赏；建成了国内第一家集冰雪文化、冰雪历史、冰雪艺术为一体的冰雪文化展览馆；以冰雪画派创始人于志学先生的名字命名创办了太阳岛于志学美术馆；运用拟雪材料建成了太阳岛雪雕艺术园。

■ 拓展北方传统民俗文化内涵，与金元文化、女真文化、黑土文化、红色文化相结合，创办了具有鲜明地域特色的太阳岛文化展览馆、太阳岛北方民艺精品馆、太阳岛于庆成雕塑园、太阳岛东北抗联纪念园。目前，太阳岛已经成为国内文化展馆数量最多、面积最大的旅游目的地。

■ 以“追求卓越、奉献社会”为景区精神，以“一切为了游客、一切让游人满意”为服务目标，以“创建一流队伍、打造一流景区”为发展方向，在景区中轰轰烈烈地进行企业文化建设。开展了文化理念学习、职业技能培训、景区春季运动会等系列活动，创建了《太阳岛人》景区报。

■ 推出系列文化活动。围绕打造“冰城夏都”，景区每年都举办丰富多彩的特色活动。以“国际化办节、市场化运作、人性化服务”为特点的太阳岛国际雪雕艺术博览会雪博会已成功举办二十一届，成为哈尔滨冰雪节的重要组成部分；以“端午踏青”为主要内容的太阳岛旅游文化节，每年吸引几万人上岛；利用太阳岛特有的气候条件和环境条件，观湿地、看景观、品文化、度消夏创办了太阳岛避暑节与太阳岛风筝节。

上海野生动物园

上海野生动物园是由上海市人民政府和国家林业局合作建设的中国首座国家级野生动物园，位于上海浦东南汇区境内，展区占地153公顷（2300亩），距上海市中心约35公里。本园投资3亿元人民币，于1995年11月18日正式对外开放，是国家首批AAAAA级旅游景点。

园内汇集着世界各地具有代表性的动物和珍稀动物二百余种，上万余头（只），其中有我国特产的重点保护动物大熊猫、金丝猴、金毛羚牛等，也有来自国外的长颈鹿、斑马、羚羊、白犀牛、猎豹等，中国特有重点保护动物种群数量在世界野生动物园中居首位。

动物园率先倡导动物健康运动，初步建设有中国特色的动物健康运动中心。园内有四座功能各异的动物健康运动表演练习场馆。人与动物大型广场艺术表演，精彩纷呈；园内一流的海狮表演让您领略动物的聪颖与美妙；来自澳洲的赛狗更是让您在惊叹速度魅力的同时遐想无限。

同时，建有当今世界上最先进的哺乳动物浸入式展区多个，拉近了人与动物的距离，营造了人与动物充分和谐的环境。

景区及所在地领导人的
文化视野、学术见解、前瞻意识、发展思路

上海野生动物园园长 熊成培

■ 我们搞了多年大型节庆活动，口头高呼“动物是人类的朋友”，实际上却在搞商业运作，这无异于杀鸡取卵。作为公益性动物园，首先要做的应是科普工作……和谐社会，应该包括人和动物的和谐相处。

■ 城市动物园展示方式的陈旧是无可非议的，但是野生动物的展示方式是否无可挑剔？人们对其热衷的背后是否暗藏着换一个口味、一时新鲜的隐患？分析世界上四十多年和国内近十年经营野生动物园的经验和有关资料显示，答案是肯定的。第一，游客坐在车子上观赏动物，受着经营者所设计的游览程序所控制。其二，野生动物园的各类动物散养区面积大小受着动物数量、经营成本等因素的影响。其三，野生动物园的各类动物的散养区一般面积较大，但随着动物的饲养时间增长，动物交换（与其它动物园）、生病、死亡等因素的影响，散养区内的病毒、细菌、寄生虫难以控制，给卫生防疫、疾病防疫带来了麻烦……上海动物园有着成功经营城市动物园的近50年的经验和教训，同时也有可参考世界上经营野生动物园40年和国内近10年的经验和教训。在这个基础上如何结合两者之长，避两者之短，以创新的精神，以开拓务实的作风抓住机遇，迎接挑战。

■ 野生动物是地球大家族的一员，是生态系统中不可缺少的一环，与人类是平等的，我们应该保护它们。同时，人类将动物从它们故乡捕获，运输到城市的各个动物园，供人们观赏、学习、研究，它们是我们人类请来的客人，还为我们服务，我们理应善待它们。然而，城市动物园的笼舍，高高的铁栅栏，狭小的水泥屋，单调的运动活动场，大有虐待动物之嫌疑。因此，改善动物的生活环

境，增加动物的福利已成了世界上的趋势和潮流。

■ 回归自然，亲近动物是世界之潮流，上海动物园作为政府的自然教育、动物保护教育的重要窗口，必须转化观念，逐渐拆除关养动物的生硬铁栅栏、水泥地，取而代之的是生态化布置动物展示区和视线无障碍方法展示动物。生态化布置动物展示区是参照动物原栖息地的自然景观并以其为样本，以制作盆景的手法，浓缩景观，以小见大，突出自然和野趣，使动物有个回到家的感觉，使游人犹如身临自然的感觉。两个感觉相结合，结果是要得到给游人换个视觉的享受。

■ 上海动物园将以世界动物园的第三种模式——生态动物园的形象出现在世人们面前，这种模式体现了人与自然的和谐，人与动物的亲近，满足了人们向往自然、亲近自然的愿望，符合世界发展之潮流。

■ 对那些必需的、造型不错的建筑采用垂直绿化的方法加以解决。让绿化爬满房屋，将建筑融汇于绿化大环境，这样不仅减少了管理成本，增加了绿量，同时也给建筑带来了历史悠久感，体现贵族风采。

■ 城市动物园的办园宗旨是以“为市民提供一个文化休憩的场所，开展动物科普教育的场所，从事野生动物研究的场所，进行珍稀动物物种移地保护的场所”四大功能为目标的，因此它具有公众性、公益性、社会性和教育性。

中山陵园风景区

钟山风景名胜区位于江苏省南京市，以钟山（紫金山）和玄武湖为中心。钟山风景名胜区蜿蜒起伏，宛如游龙，包括紫金山、明代城垣、玄武湖，山、湖的连接地带以及环湖的富贵山、覆舟山、鸡笼山等若干低丘和城垣、城堡。其特点是山光与水色齐收，山、水、城、林融为一体，相得益彰。自钟山远眺，玄武湖五洲烟柳，十里春风，燕雀湖波光墙影，紫霞湖林海明珠，尽收眼底，使人心旷神怡。富贵山、覆舟山、鸡笼山秀峰塔影，林木葱郁。自然生成的山林野趣，加上匠心独运的精美建筑，使得钟山风景区成为自然美与人文美紧密结合的上乘佳作。

中山陵园风景区地处南京城东，是国家重点风景名胜区——钟山风景名胜区的主体部分。钟山又称紫金山，方圆31平方公里，主峰海拔448米，自古被誉为“江南四大名山”之一。钟山气势磅礴，壮丽雄浑，有“钟山龙蟠”之美誉，是古都南京名胜古迹荟萃之地。区内拥有各类文物古迹200多处，其中全国重点文物保护单位8处，省、市级文物保护单位19处，2003年明孝陵成功列入《世界遗产名录》。风景区分布着中山陵、明孝陵、灵谷寺三个著名风景区，荟萃了民国文化、明代文化、六朝文化三大文化精粹，自然资源丰富，历史文化内涵深厚，融山、水、城、林为一体，充分展现了南京城市特色，是江苏对外形象的重要窗口、驰名中外的旅游胜地。

2007年5月8日，南京市钟山风景名胜区——中山陵园风景区经国家旅游局正式批准为国家5A级旅游景区。同时景区还荣获中国最佳旅游景区、中国旅游胜地四十佳、全国风景名胜区文明单位、国家级森林公园等称号。

景区及所在地领导人的
文化视野、学术见解、前瞻意识、发展思路

中山陵园管理局书记 单捍政

■ 钟山文化是南京最具代表性的历史文化，是南京历史文化的主流，对南京城市文化发展具有核心示范作用。“文化”是“城市之魂，城市之根”。与北京、西安、洛阳相比，依钟山而建的南京，完全具备以一种文化作为其城市文化象征的优势条件——拥有数千年积淀的钟山文化，能够较为集中地概括南京作为历史文化名城、古都风采的主流文化。钟山，不仅记载着“继两汉开隋唐”、“继唐宋开明清”、“结束帝制、开创共和”的三大历史功绩，当今还承载着国家统一、民族团结的两岸交流的时代重任。从南京地域的角度看，相互比较，包括兴起于明清的秦淮世俗文化以及其他民间文化，都不能代表南京有史以来的发展轨迹，而有关钟山的史记、传说以及大量物化文明遗存表明，“钟山文化”是南京历史长河的缩影和精华所在，具有历史延续性、文化包容性，也最具表征性。从这个意义上讲，抓住钟山文化，就抓住了南京历史文化的根本。

■ 钟山文化，相比较“秦淮文化”而言，是对南京历史文化更高、更准确的定位。传承和延续钟山文化，是深化南京文化研究、遵循城市发展规律的内在需要，也是促进南京现代文明和优秀传统文化融合升华、增强城市综合竞争力的迫切需要，对优化城市结构、提升城市品质、发挥城市功能、影响城市未来发展具有重要意义。

中山陵园管理局局长 王鹏善

■ 凭山之灵气，依陵之雄伟，南京钟山风景名胜区（中山陵园风景区）蜚声海内外，每年吸引500多万中外游客慕名而来。风景区方圆31平方公里，山水城林浑然一体，自然景观丰富优美，文化底蕴博大深厚，中山陵、灵谷寺、明孝陵三大核心景区分布各类名胜古迹200多处，其中世界文化遗产1处，全国重点文物保护单位16处，省、市级文物保护单位26处。山水相依，陵林辉映，外延苍茫，内涵深邃，追昔、探幽、揽胜，钟山无愧是人文与自然完美结合的典范。

■ “文化是旅游的灵魂，景点是传承文化的载体”。钟山作为南京的山之主脉、水之源头、城之依托、林之渊薮，其孕育发展的“钟山文化”，既是对传统文化的继承发扬，又体现了鲜活的时代特征。钟山文化的提出是由钟山文化的文化属性决定的，是“景区人”挖掘历史文脉，尊重史料史实，深入思考、不断探索的结果。

■ 我认为，钟山文化具有明显的中华文化本质特征：一是钟山文化的民族性，二是钟山文化的包容性和丰富性，三是钟山文化的开放性，四是钟山文化的创新性。钟山文化的内涵：是以钟山为活动载体的，反映南京建城以来人们不断发展的意识规律和改造客观世界的互动过程，是钟山历史文明、宗教文明、生态文明以及现代文明元素的总和。钟山文化的外延：是主要由中山陵、明孝陵、灵谷寺“三大景区”所承载的“六大文化”，即：六朝文化、明代文化、民国文化、佛教文化、山水城林文化、生态休闲文化。钟山文化是南京最具代表性的历史文化，是南京历史文化的主流，对南京城市文化发展具有核心示范作用。

■ 要坚持文物保护和复建结合的原则，实施深度挖掘，丰富景区历史文化内涵。文物保护要遵循程序、加快节奏、精雕细琢，推动明孝陵明楼加顶、南京抗日航空纪念馆等重点项目实施，建成精品，向历史负责，向后人负责；要继续加大文物资源整合力度，进一步彰显文化特色，全面提高景区文化品位。

■ 要强力实施“全方位宣传、立体化营销”的发展战略，重点推出民国文化游、明代文化游、生态休闲游和钟山风光一日游等旅游产品，突出景区“六大文化”内涵，即：六朝、明代、民国、佛教、生态休闲、山水城林文化。重点宣传“世界文化遗产”明孝陵、“古都名片”中山陵以及“国家森林公园”灵谷寺，宣传“天下第一梅山”梅花山，树立旅游精品品牌。

■ 要按照“创造旅游热点、掀起旅游高潮、拉动旅游消费、服务游客需求”的目标，围绕每年三大节庆品牌：“中国南京国际梅花节、世界遗产明孝陵文化节、中国南京国际桂花节”，精心策划，周密组织，创新思路，常办常新，体现出“大手笔、大思路、大气魄”。要充分利用市场化运作手段，将活动与营销相结合、活动与市场相联动，不断摸索新的办节模式，在减少投入、扩大影响、提高效益上下功夫。

■ 要树立“大旅游”概念，从体制、机制入手，创新营销手段，实行区域联动、行业联手，与旅行社等中间商合作，建立起科学合理的利益机制，做大做强旅游经济，保持景区在全国、全省、全市旅游景区发展中的领先优势。

■ 要全力营造旅游发展的良好环境，继续以文明城市创建、全国文明风景旅游区创建为载体，坚持树立“以人为本、博爱诚信、游客至上、优质服务”的中山陵特色服务文化，着力实施“旅游质量提升计划”和“温馨、博爱、诚信、平安”四大服务工程，构建完善的旅游服务体系，以标准化、国际化、现代化为取向，大力推动景区服务水平迈上新台阶，实现新跨越。

中山陵园管理局副局长 史爱玲

■ 我们结合了南京的地方文化，实际上是和它景点资源相对应的，主要的特点是中山陵的民族文化，孙中山主张的三民主义思想从目前来看是要发扬光大的。比如说他主张的民生，把老百姓的衣食住行摆在第一位，这在现在仍然有很重要的意义。我们在宣传文化活动期间，在每一年的不同的季节都可以把国外的主题文化贯穿于系列的活动中间。比方说梅花节，我们这里有梅花国外使者的聘选。

■ 我们也希望大家能够了解南京，了解中山陵，我们也希望锦绣江南，吸引更多的游客。现在有动车组，在不同的时代是古都，首都的所在地，从这个意义上来讲，再加上现在的交通，把两个历史文化悠久的文化古城通过旅游衔接起来，实现旅游上的南北互动，这是我们文化的一个现象。

舟山市普陀山风景名胜区

普陀山（Mountain Putuo）是舟山群岛1390个岛屿中的一个小岛，在浙江省舟山岛东侧，属普陀县。形似苍龙卧海，面积近13平方公里，与舟山群岛的沈家门隔海相望，素有“海天佛国”、“南海圣境”之称，是首批国家重点风景名胜区。

中国佛教四大名山之一，与山西五台山、四川峨眉山、安徽九华山并称为中国佛教四大名山，是观世音菩萨的道场。普陀山是全国著名的观音道场，其宗教活动可溯于秦，原始道教及仙人炼丹遗迹随处可觅。鼎盛时期，全山共有3大寺、88庵、128茅蓬，4000余僧侣，史称“震旦第一佛国”。

普陀山四面环海，风光旖旎，幽幻独特，被誉为“第一人间清净地”。山石林木、寺塔崖刻、梵音涛声，皆充满佛国神秘色彩。岛四周金沙绵亘、白浪环绕，渔帆竞发，青峰翠峦、银涛金沙环绕着大批古刹精舍，构成了一幅幅绚丽多姿的画卷。普陀十二景，或险峻、或幽幻、或奇特，给人以无限遐想。不少名胜古迹，都与观音结下了不解之缘，流传着美妙动人的传说。

普陀山已经成为中外文化交流的窗口，成为集礼佛观光、避暑度假、文物考古、海岛考察、书画写生、影视摄制、民俗采风于一体的国家重点风景旅游区。

2007年5月8日，舟山市普陀山风景名胜区，经国家旅游局正式批准为国家5A级旅游风景区。“海上有仙山，山在虚无缥缈间”，普陀山以其神奇、神圣、神秘，成为驰誉中外的旅游胜地。

景区及所在地领导人的文化视野、学术见解、前瞻意识、发展思路

普陀山管理委员会主任 蒋宝华

■ 佛教讲即心即佛，对普陀山来说，观世音是佛教的总概括。佛教传入到中国经历了两千多年的中国化的过程。改造中国文化，有一个同化与被同化的过程。佛教在与时俱进的进化过程中显示了它的胸怀与能量，它保留下来了。佛教中留下来真正中国民族化的就是观世音菩萨，观音菩萨是中国的菩萨。佛是觉悟了的人，人是没有觉悟的佛。张导有意识拍这个片，他就是佛，佛心显现出来，人就成了佛。从人到佛有一个过渡。本来佛是隐蔽状态的，张导做这个事情，让佛显现出来，他就是佛了。一个人一辈子做善事，他就是绝对的佛。所以佛并不高深不神秘之处，也就在此。佛教的伟大，既可以出世，又可以入世。但出世和入世并不是对立的，而是统一的。只要你一心向佛，一直行善，你就会有好结果，会感觉到眼前一片光明。

■ 普陀山的佛教文化跟休闲旅游，从本质上讲是可以统一的，是可以呼应的。比如佛教需要一个观音道场，有它的文化氛围。佛教讲究净土，要静，其实我们说的休闲旅游更多是文化性的旅游，一种修身养性的境地，跟佛教文化很贴切的。魏教授讲休闲需要放松，把工作当中紧张的压力能够释放出去，在这方面佛教有它特殊的作用，比如说由佛教文化延伸出来的修身养性的理念，通过佛教的思想与文化，对现代人的紧张生活造成的急躁、不安、焦虑情绪进行调节，能够起到非常好的作用。佛教的素斋也有非常积极的作用。所以按照我的理解，我们不能狭隘的、简单的去理解佛教是远离世界的、远离生活的，恰恰不是，它是很贴近的，其实也是为现代社会服务的。

■ 普陀山创建5A级旅游景区的过程，实质上就是一个打造世界级旅游品牌的过程……“外强硬实力，内提软实力”，按照“发展大旅游，开拓大市场，形成大产业”的要求，进一步整合旅游资源，扩大产业规模，完善旅游设施，打造知名品牌，创新体制机制。以“海天佛国，渔都港城”为品牌，充分发挥“带中龙头，区内核心”的作用，引领和带动全市海洋旅游经济更好、更快发展，为加快我省旅游经济发展贡献自己应有的力量。

黄山市黄山风景区

黄山位于安徽省黄山市境内，精华景区面积160.6平方千米，三大主峰莲花峰、光明顶、天都峰海拔都在1800米以上，最高峰莲花峰海拔1864米。原名“黟山”，唐天宝六年（747），唐明皇根据轩辕黄帝在此“煮石炼丹、羽化而仙”的神话传说，敕改为“黄山”，意即“黄帝之山”。

黄山集天下名山之长，素以奇松、怪石、云海、温泉、冬雪“五绝”景观著称于世，被誉为“天下第一奇山”。明代旅行家、地理学家徐霞客两游黄山，赞叹说：“薄海内外无如徽之黄山，登黄山天下无山，观止矣！”

黄山四季景观各异，春季秋冬美不胜收。地文景观、水文景观、天象气候景观以及生物景观资源十分丰富，有名可数的108峰中有12座山峰被列入世界遗产名录；28处水文景观被列入世界遗产名录与一级风景资源；1805种植物中有173种被列入世界遗产名录；300余种野生动物中属国家保护的28种。

奇幻伟秀的自然风光，孕育了辉煌灿烂的黄山文化。人文旅游资源包括历史建筑物、摩崖石刻、宗教文化、名人活动以及文学艺术等。“黄山画派”以“天资、人力、气魄、学养”四者并重，在画坛上独树一帜。

1985年以惟一的山岳景区入选全国十大风景名胜；1990年被列入《世界文化与自然遗产名录》；2004年入选世界地质公园，是中国第一个荣获三项世界桂冠的旅游景区；2007年5月，经全国旅游景区评定委员会批准为国家5A级旅游景区；2008年3月，被联合国世界旅游组织、联合国教科文组织设立为目前全球惟一的“世界遗产地旅游可持续发展观测区”。

景区及所在地领导人的
文化视野、学术见解、前瞻意识、发展思路

黄山市市委书记 王福宏

■ 黄山能有今天的发展成就、能有今天的巨大变化，得益于大开放；谋求黄山更大发展、谋求全市人民更大福祉，更需要强力推进大开放；以大开放促进大发展，是当前最为重要、最为突出、最为迫切的任务。开放既是政治责任，又是发展需要；既是时代潮流，又是人民期盼；既具备现实基础，又面临难得机遇。黄山是国之瑰宝、世界奇观，徽州文化是国之精粹、文化奇葩，若不能以更大的力度推向世界、展示于世界，必将会辜负大自然的馈赠和祖先留下的丰富遗产。这些都要求黄山人以更深邃的世界眼光、更开阔的国际视野、更睿智的战略思维来定位黄山的发展、谋划黄山的未来、推动黄山的跨越。

■ 要建成“现代国际旅游城市”至少应有几个要素：一是高品位的资源。黄山是世界最美的地方之一，自然资源得天独厚，人文景观天下无双，资源禀赋条件，全国少有、世界罕见，品位很高。二是高质量的规划。规划是龙头，没有高水平规划，就没有高水平建设，黄山市要建设现代国际旅游城市，规划一定要有世界眼光。三是高档次的设施。立足建设现代国际旅游城市的要求，重点加快建设一批品牌饭店，建设一批高档次的文化设施、会展场馆和休闲娱乐会所，快速推进高速公路、铁路、航空等交通基础设施建设。四是高水准的管理。五是高水平的营销。要注重城市形象设计，善于打造城市品牌，通过各种现代化的传播手段，加大黄山的宣传营销力度，增强黄山的对外影响力。六是有高素质的市民。“市民素质高一分，城市形象美十分”。建设现代国际旅游城市高素质市民十分关键。

黄山市委常委、管委会党委书记、副主任 程迎峰

■ 必须把市场营销作为保增长的根本途径，创新营销手段，巩固入境市场，重点发展国内旅游，大力培植新的增长点，确保国内市场有明显的增长；必须把基础设施建设作为增后劲的强力支撑，按照标准化、国际化、现代化的要求，大力加强旅游基础设施、接待设施、服务设施和文化设施建设，为景区加快发展蓄积后劲；必须把保护管理作为抓发展的重要保证，牢固树立“在保护中求发展、在发展中实现更好的保护”的理念，大力推进管理系统化、保护科技化、景区数字化、服务标准化建设，促进景区科学发展、可持续发展；必须把平安建设作为促和谐的立山之本，抓好安全生产、综合治理、社会稳定和周边和谐，为促进旅游经济平稳较快发展营造良好的环境和氛围。

南平市武夷山风景名胜区

武夷山国家级风景名胜区位于福建省西北部，总面积70平方公里，是国务院首批公布的国家级重点风景名胜区。

武夷山风景区地质为红色沙砾岩构成的低山丘陵，山峰海拔一般在400米左右，最高峰三仰峰海拔729.2米。

自然风光独树一帜，“三三秀水清如玉”的九曲溪，与“六六奇峰翠插天”的三十六峰、九十九岩的绝妙结合，异于一般自然山水，是以奇秀深幽为特征的巧而精的天然山水园林。武夷山九曲溪景观形象丰富多彩，变化无穷，凭借一张竹筏顺流而下，即可阅尽武夷秀色，此乃武夷山景观的精华，堪称世界一绝。武夷山更是著名的茶叶产地，闻名遐迩的“大红袍”即产于武夷。山、水、茶为“武夷三绝”。

武夷山具有丰富的人文景观和历史文化遗存，“架壑船棺”、“虹桥板”及占地48万平方米的闽越王所居的汉城遗址，是消逝三千多年的古文明和古文化传统习俗的独特的实物见证；程朱理学，始于“二程”（程颐、程颢），集大成于朱熹，构成中国宋代至清代一直处于统治地位的思想理论，代表具有普遍意义的传统民族精神，影响远及东亚、东南亚、欧美诸国。孔子集前古思想之大成，开创中国文化传统之主干的儒学。在中国文化史、传统思想史、教育史和礼教史上影响最大的，前推孔子、后推朱熹，素有“东周出孔丘，南宋有朱熹。中国古文化，泰山与武夷”之说。

鉴于武夷山具有上述突出意义和普遍价值的自然与文化资源，武夷山于1999年12月被联合国教科文组织列入《世界遗产名录》，成为全人类共同的财富。

景区及所在地领导人的
文化视野、学术见解、前瞻意识、发展思路

武夷山市人民政府市长 胡书仁

■ 从整体来看,武夷山旅游资源非常丰富,但是市场推广力度不够,整体旅游资源缺乏包装。因此,武夷山政府采取了一系列针对景区市场化推广的措施：开放旅游市场,开辟境外市场,开辟网上市场,依靠大媒体,通过大网络,通过大企业,开展大活动,开展大促销，把武夷山景区建设成一个著名的旅游品牌。

■ 建设世界遗产地保护的典范，国家风景名胜区的精品，福建海峡西岸经济区的繁荣地，南平旅游生态经济区的龙头，闽北文化之都暨福建文化之窗。对接国际管理标准，加强武夷山世界遗产地的自然景观、历史文化遗迹、古迹等遗产资源和旅游资源的保护和管理，免遭人为破坏，使之永续利用，成为世界遗产地保护的典范。

■ 抓好旅游产业规范、强化旅游核心景区的基础设施建设、服务功能的拓展和管理效能的提高，并带动周边景点的建设上新档次，把武夷山景区建成国内乃至国际景区精品。

■ 经济发展速度加快、外向水平进一步提高，旅游业综合素质大幅度提高，旅游业的支撑力、拉动力、竞争力和影响力显著增强，形成以旅游业为主导的经济和社会发展格局，促使武夷山县域经济在闽北、全省具有明显的区域特色和竞争优势。

■ 创建全国文明城市，弘扬武夷精神、武夷文化，形成朱子理学、茶文化等旅游文化为特色的文化体系，争创全国可持续发展实验区，不断推动“三个文明”建设协调发展，打造充满创业激情的人文环境。

景区管委会主任 陈先珍

■ 要遵循市场经济发展的客观规律，做好武夷山旅游市场的营销工作：一是要细分目标市场，有针对性搞好市场营销工作；二是要特别注重重点客源市场的宣传促销工作；三是要按市场经济规律调动组团社的积极性，宣传的重点是组团社和客源地；四是要从为搞活动而搞活动的误区中转变出来，要对活动带动旅游市场的效果进行客观评估。市场化运作，应是企业自愿的，而不是靠摊派。评价搞活动的效果应看通过此项活动引来多少游客，而不是看花多少钱请来多少宾客，还应看此项活动能否引起媒体的重视，宣传效果如何。

武夷山市政协主席 肖天喜

■ 景区现行的管理体制、管理模式难以真正做到政企分开，武夷山旅游（集团）公司也难以真正面对市场独立运作，整个景区的资产经营不符合现代企业制度的要求。为此，一是要建立现代企业制度，提高企业管理水平。要按照现代企业的运行模式，逐步建立健全各项管理制度；完善监督机制；使武夷山旅游（集团）公司真正成为自主经营、自负盈亏的法人经营实体和市场经济主体。二是要明确职责，奖惩分明。景区管委会要将原直接对所属企业的管理权下放给公司，真正做到政企分开。景区管委会应着重加强对所属企业的财务收支和经营情况进行全面的审计和监督。武夷山（旅游）集团公司要将管理目标、责任、奖惩全部落实到个人，实行责任追究制，真正做到能上能下、能进能出，形成择优淘劣的激励机制，确保国有资产保值增值。

焦作市云台山风景名胜区

云台山位于河南省距省会郑州西北70公里的焦作市修武县境内，总面积240平方公里，因山势险峻，峰壑之间常年云锁雾绕而得名。

云台山是一处以太行山岳丰富的水景特色，以峡谷类地质地貌景观和悠久的历史文化为内涵，集科学价值和美学价值于一身的科普生态旅游精品景区，含红石峡、潭瀑峡、泉瀑峡、茱萸峰、叠彩洞、猕猴谷、子房湖、万善寺、百家岩、青龙峡、峰林峡等十一大景点。

云台山以山称奇，整个景区峰峰如画，岩岩皆景，踏千阶的云梯栈道登海拔1308米的主峰茱萸峰顶，北望太行群峰，层峦叠嶂；南眺怀川平原，沃野千里，织锦铺秀。云台山以水叫绝，单级落差314米的“云台天瀑”雄冠华夏；天门瀑、白龙瀑、黄龙瀑、丫字瀑、旺荣瀑、九连瀑……形成云台山独有的瀑布景观；多孔泉、珍珠泉、王烈泉、三官泉……清冽甘甜。“华夏第一奇峡——红石峡”、“云台第一大峡谷——青龙峡”，雄奇险秀，潭瀑泉成群，更是让人留连忘返。

云台山历史文化积淀深厚。作为儒、释、道景观并存的宗教名山，有汉献帝避暑台和陵墓，也有中国山水园林文化鼻祖“竹林七贤”的隐居地（至今有刘伶醒酒台、嵇康淬剑石、孙登啸台等遗迹），唐代药王孙思邈采药炼丹的洞府，还有唐代大诗人王维吟诵“独在异乡为异客，每逢佳节倍思亲”的佳话。

云台山山奇水秀，气候宜人，植被茂盛，植物种类达400余种。中药材蕴藏丰富，除人参、灵芝外，还有闻名国内外的四大怀药——地黄、牛膝、菊花、山药以及茱萸、连翘、天麻、当归等200多种。

■ 世界地质公园

■ 国家级风景名胜区

■ 国家首批5A级旅游景区

■ 国家森林公园

■ 国家地质公园

■ 国家级猕猴自然保护区

■ 国家水利风景区

■ 国家自然遗产

■ 全国文明风景旅游区

景区及所在地领导人的
文化视野、学术见解、前瞻意识、发展思路

云台山风景名胜区管理局局长 韩跃平

■ 美景也怕峡谷深。在未来，云台山将更进一步地加大宣传力度，把云台山的美景宣传出去。让更多的人知道云台山，来云台山。此外，还要更多地进行多元化的合作，进行文化内涵的打造，打出服务牌，增加“回头率”。

■ 近年来，云台山紧紧围绕“建精品景区、创全国文明、闯国际市场、树世界品牌”的工作目标，突出政府主导地位，采用先进的企业化管理模式，并按照市场经济运行规律合理配置景区各种资源，不断加快旅游基础设施建设，完善内部管理机制，提高职工整体素质，加大市场营销力度，实施山水品牌战略，从一个鲜为人知的普通景区一举成为众多国内外游客向往的旅游胜地。

■ 云台山将整合山水文化资源，挖掘文化内涵，不断提高景区的综合管理能力和品牌影响力，继续拉长旅游产业链条，变门票经济为产业经济，把云台山打造成全国一流、世界知名的精品景区。

衡阳市南岳衡山旅游区

南岳衡山为我国五岳名山之一，主峰坐落在湖南省衡阳市境内，七十二群峰，层峦迭嶂，气势磅礴。素以“五岳独秀”、“宗教圣地”、“文明奥区”、“中华寿岳”著称于世。现为国家级重点风景名胜区、全国文明风景旅游区示范点和国家AAAAA级旅游区。

南岳衡山风景区内古木参天，自然景观和人文景观并举，历来是人们旅游、休闲、避暑的胜地。景区自然植物1200多种，9处原始森林，其中珍贵树种150多种，有东晋时代的银杏、明代的古松、世界罕见的绒毛皂荚、富有神话色彩的摇钱树、连理枝。祝融峰、水帘洞、方广寺、藏经殿以其“高、奇、深、秀”自古赞誉为南岳“四绝”。南岳衡山四季景色宜人，春赏奇花、夏观云海、秋望日出、冬赏雪景，更是令人心旷神怡，流连忘返。南岳衡山佛、道教同居一山，共存一庙之特色，为中国名山一绝。在中国佛、道教史上，南岳衡山佛、道教占有重要的地位，尤其在日本和东南亚地区乃至世界都有很大的影响。早在西汉期间，道教就在南岳衡山开辟洞天福地，至唐代出现“十大丛林”、“八百茅庵”之盛况。两教具教义经典，并最终形成了佛道同尊共荣的特色。随着党的宗教政策逐步落实，南岳衡山佛道两教筹集8000多万元，先后修复被“文革”破坏的寺观宫殿10余处，增加藏经10万余册。

南岳衡山文明历史悠久长远，文明内容博大精深。中国古代神话与传说时代的帝王们都与南岳有着密切的联系。炎、黄、尧、舜、禹都在南岳留有足迹。秦汉以后，道教佛教相继传入南岳，涌现出一批又一批名道高僧，创立了沩仰宗、临济宗、曹洞宗、云门宗、法眼宗，佛史上称之为“五叶流芳”。唐时，南岳衡山成为南方佛教文化中心。此外，宋代以后，南岳的20多个书院陆续建立，书院文化独树一帜，湖湘学派的兴起对现代仍有很大的影响。最早将“文明”与“奥区”二词合起来赞誉南岳的，是明代的湖广提学副使管大勋。1946年，南岳管理局局长胡荫槐在古镇南街口兴建大型石碑一座，请省主席王东原亲书“文明奥区”四字刻在坊上作为坊额，从此，南岳衡山这片神奇的地方，就被人誉为“文明奥区”。

南岳衡山寿文化源远流长，《星经》载：南岳衡山对应星宿二十八宿之轸星，轸星主管人间苍生寿命，南岳故名“寿岳”。宋徽宗在南岳御题“寿岳”巨型石刻，现仍存于南岳金简峰皇帝岩。康熙皇帝亲撰的《重修南岳庙碑记》首句即为“南岳为天南巨镇，上应北斗玉衡，亦名寿岳”，再度御定南岳为“寿岳”。历代史志也常以“比寿之山”、“主寿之山”等敬称历代南岳衡山。《辞源》释“寿岳”即“南岳衡山”。

景区及所在地领导人的
文化视野、学术见解、前瞻意识、发展思路

南岳衡山风景名胜区管理局局长 傅丹舟

■ 南岳作为首批国家重点风景名胜区和全国首批、全省迄今为止仅有的两家全国5A级旅游景区之一，旅游资源极具特色，品牌形象不断提升，对外影响日益扩大，产业发展已经具有一定规模，应当也可以在培育壮大湖南旅游支柱产业上发挥“排头兵”和“主力军”的作用。

■ 从当今旅游业发展趋势来看，世界遗产是最具市场吸引力和对外影响力的“顶级品牌”，特别是国外游客出游的首选目的地。

■ 要围绕推进生态文明建设，按照世界遗产的要求，认真执行《风景名胜区条例》、《南岳衡山风景名胜区保护条例》、《南岳衡山风景名胜区总体规划》和《南岳衡山自然保护区总体规划》，采取“分类保护、分区保护、重点保护和建设性保护”的方式，搞好对自然资源、人文景观、植被生态、文物古迹、文化遗存的综合保护，全力防范松材线虫等有害生物入侵，建立完善森林防火预警系统和森林火灾扑救机制。

按照“严格保护、永续利用”的原则，重点保护好龙凤溪、芷

观溪等未开发景观景点的生态原貌和方广寺、广济寺周边的原始次生林。全面实施《核心景区环境整治优化规划》，统筹做好景区楼堂馆所的拆除扫尾和周边环境整治工作，认真落实拆迁补偿安置政策，积极推进村（居）民搬迁工作。同时，要组建专门班子，聘请专家指导，确定考察路线，尽快完成生物多样性、地质地貌独特性、文化多样性等课题研究和摩岩石刻、景区楹联和风景名胜资源等专项普查，高质量编制好申遗文本。

■ 南岳作为五岳联合申遗的牵头单位，要继续积极争取国务院及相关部委的大力支持，并主动做好与其它四岳的协调工作，使五岳申遗在景区整治、资源调查、课题研究等方面统一进度，协调推进，力争2010年迎接联合国专家实地考察，2011年正式列入世界遗产名录。

■ 围绕整合产业要素，提高旅游组织水平。按照打造精品、完善服务、延伸消费、拉长链条的发展思路，逐步完善休闲度假游、宗教文化体验游、体育健身游、自驾车旅游、农家乐旅游等多样化、高层次的旅游产品，推动南岳旅游由单一型向复合型的转变。

■ 坚持用多元化的宣传促销手段，拓展多元化的旅游客源市场，使我区成为国内外游客出行的主要目的地之一。按照“政府主导、市场运作、媒体引路、企业跟进”的原则，进一步加大旅游宣传促销投入，重点打好“世界遗产提名地”、“全国首批5A级旅游景区”、“首批国家重点风景名胜区”、“国家级自然保护区”四块金字招牌。创新宣传促销手段，适时策划和推出主题鲜明的宣传促销活动，提高促销的针对性和实效性。

■ 瞄准高端消费市场，启动市场细分工作，适时组团赴日本、韩国开展有针对性的营销，引导开发专业市场。巩固传统的香客市场和省内周边客源市场，拓展以上海为龙头的华东市场，主攻港澳台、东南亚和日韩等境外旅游市场，实现旅游客源市场多元化。

张家界武陵源旅游区

武陵源风景名胜区位于中国中部湖南省西北部，由张家界市的张家界森林公园、慈利县的索溪峪自然保护区和桑植县的天子山自然保护区组合而成，总面积约500平方公里。

亿万年前，武陵源是一片汪洋大海，大自然不停地搬运、雕琢，变幻出今日武陵源砂岩峰林峡谷的地貌。这里遍地奇花异草，苍松翠柏、蔽日遮天；奇峰异石，突兀耸立；溪绕云谷，绝壁生烟。武陵源的自然价值和浓郁的原始野性，将人们征服。武陵源以“五绝”：奇峰、怪石、幽谷、秀水、溶洞闻名于世。

武陵源风景名胜区是20世纪80年代初新发现的山水名胜。这里的风景没有经过任何的人工雕凿，到处是石柱石峰、断崖绝壁、古树名木、云气烟雾、流泉飞瀑、珍禽异兽。置身其间，犹如到了一个神奇的世界和趣味天成的艺术山水长廊。

在三百六十多平方公里的面积中，据航测所知有山峰三千多座，垂直四百米以上的石峰有一千余个。这里的峰石与别处不同，直立而密集，那些突兀入眼的岩壁、峰石，如帛、如笋，似屏似柔，一扇扇、一根根，连绵万顷，给人以层峦叠嶂的磅礴气势与恢宏大观。

天子山、张家界有八十多处观景台，在那里可以静观细赏。峰石名称很多，大如“神堂湾”、“西海长卷”，小如“天女献花”、“屈子行吟”、“罗汉峰”，同样使人产生无拘无束的畅想。

景区及所在地领导人的
文化视野、学术见解、前瞻意识、发展思路

武陵源风景名胜区管理局局长 陈红日

■ 按照“政府主导、企业跟进、市场运作”的原则，构建“政企联手、全区联动”的整体营销格局。重点将利用媒体、节会、游客三大平台，抓住“绝版张家界”主题，打好“世界自然遗产”、“世界地质公园”和“中国第一个国家森林公园”三张牌，力争在国内外有重大影响力的电视媒体黄金频道、黄金时段宣传张家界武陵源品牌形象。

■ 武陵源正处在由国内一流旅游品牌向国际一流品牌转变、由观光旅游向休闲度假旅游转型的重要关口，为早日实现省委、省政府提出的“把张家界建设成为国际旅游休闲度假区”的宏伟目标，区委提出了“加快建设国际旅游休闲度假区，率先建成世界旅游精品”的战略思路。就是要经过不懈的努力，最终将武陵源建设成为“景美城美、城景合一、宜居宜留、宜游宜闲、功能完善、产业配套、特色突出、国际水准”的，具有国际知名度、国际影响力和国际竞争力的旅游目的地，使在这里居住、生活和游览、休闲的人们感到富足、舒适、和谐。

■ 城市建设“三分靠建，七分靠管”。建设国际旅游休闲度假区、打造世界旅游精品，既需要一流的城市建设，更需要一流的城市管理。我们要坚持“一手抓建设、一手抓管理”，借鉴国际一流城市管理中的经验和做法，不断创新城市管理理念和机制，努力提升城市管理水平，真正实现“全方位、全天候、全过程、高水平、高效能”的管理。

深圳华侨城旅游度假区

深圳华侨城旅游度假区位于深圳市南山区东部，东起锦绣中华微缩景区，西至世界之窗景区，南起欢乐海岸，北至燕晗山，占地6平方公里，始建于1985年。以1989年深圳锦绣中华的开业为序幕，华侨城在南中国的深圳湾畔打造了一个以主题公园为主体，集酒店、文化设施、体育场所、旅游院校、旅行社等旅游服务配套设施于一区的多元化旅游度假区，并被评为国家AAAAA级旅游区和全国文明风景旅游区。度假区不仅拥有锦绣中华·民俗村、深圳世界之窗、深圳欢乐谷构成的中国最大的主题公园群，还建设有华侨城洲际大酒店（白金五星级）、威尼斯皇冠假日酒店（五星级）、海景酒店（四星级）、城市客栈（经济型）、何香凝美术馆（国家级美术馆）、华夏艺术中心、OCT-LOFT（创意文化园）、暨南大学深圳旅游学院（国家重点旅游院校）等一批旅游文化设施项目，以及正在建设的大型都市娱乐休闲项目——欢乐海岸。深圳华侨城旅游度假区以其卓越的品质、优良的环境、丰富的体验成为旅游者一站式旅游体验的最佳场所。

锦绣中华·民俗村是中国第一个文化主题公园，开创了中国主题公园的里程碑。公园荟萃了中国五千年历史文化、风景名胜，中国各民族民间艺术、民俗风情和民居建筑，从不同角度多侧面展现了华夏灿烂悠久的文化。

深圳世界之窗以弘扬世界文化精华为主题，荟萃130多个世界著名景观、自然风光以及民俗风情、民间歌舞、大型演出、高科技参与项目于一园，再现了一个美妙的世界。

深圳欢乐谷是融参与、娱乐、观赏、趣味于一体的新一代主题公园，集海、陆、空三栖游乐，融日、夜两重娱乐，打造一个繁华都市开心地。2006、2007、2008连续三年被评为亚太地区十大主题公园之一。

正在建设中的欢乐海岸项目是度假区滨海休闲、都市娱乐功能的重要拓展，包括自然生态湿地和都市娱乐休闲两大块。建成后的欢乐海岸将成为展示深圳国际化大都市新名片和华侨城综合实力品牌的窗口和平台。

景区及所在地领导人的
文化视野、学术见解、前瞻意识、发展思路

华侨城集团公司总裁 任克雷

■ 创想已经成为华侨城集团，成为我们在座的每一个人，我们华侨城人的基因，创想已经是流在我们血管中的血。

■ 昨天，因为我们有创想，我们充满回忆，美丽的回忆，难忘的回忆；今天，因为我们有创想，我们生机勃勃，我们充满活力、青春、动感、阳光。

■ 我想，明天我们华侨城的各个主管业务要想做到行业领先，如果我们还能创造一个又一个的辉煌，创想就是我们的主动力。我们的梦要能够实现，我们就离不开创想，创想对华侨城来说是一台大戏，是一部永不落幕的史诗。

桂林市乐满地度假世界

桂林乐满地度假世界位于广西桂林市兴安县，桂林以山水甲天下闻名于世，兴安县以其丰富的旅游资源获得“全国十大魅力名镇”，兴安和阳朔作为大桂林的两颗旅游明珠，分别位于桂林南北两端，素有“一根扁担两个箩，南有阳朔北兴安”之称。

桂林乐满地度假世界占地6000余亩，是国家首批5A级旅游景区，中国自驾车旅游品牌十大景区，是广西目前最大的旅游台商投资项目，整个项目计划投资总额为31亿元人民币，由全球第一大华人证券商——马志玲先生投资建造。目前已完成的全国十佳主题乐园、五星级度假酒店/丽庄园森林别墅区、全国十佳高尔夫俱乐部构成了集尊贵、自然、浪漫、闲逸、欢乐于一体的度假胜地——桂林乐满地度假世界。

乐满地度假酒店融合桂林山水之美、广西少数民族艺术及乐满地欢乐文化之五星级度假酒店，国家金叶级绿色旅游饭店，并获得中国建筑最高奖——鲁班奖。被地中海式园林、中式园林包围着，隐谧在山林中的度假酒店，宁静中透视着温柔。酒店大堂入口处地面的壮族铜鼓图腾装饰，大堂天顶的桂北少数民族榫木制结构、水院内的侗族钟鼓楼以及房间内的瑶、壮族风情装修风格……处处充满了浓郁的少数民族民俗建筑艺术。同时，风格独特的各种餐厅能提供丰富的精美点心和美食，功能齐全的会议设施能满足商务客人休闲、劳逸结合的需求，更有别具一格的民俗特色商品街和全面体现休闲度假氛围的康乐、养生中心，让客人体验艺术与品位完美结合的度假天堂。

依山势高低错落而建的丽庄园森林别墅区，隐晰山林间，所有森林别墅均选用天然优质木材建造，在这里，还可以充分享受到一种远离尘嚣、怡然自得的度假环境，为崇尚自然及要求自我私密空间的客人提供一种独特的旅游情趣。

乐满地主题乐园是一个集时尚、缤纷、浪漫、动感、刺激与欢乐于一体的大型游乐场所。园区辟有欢乐中国城、美国西部区、梦幻世界区、海盗村、南太平洋区、欧洲区、曼陀罗园等特色主题区。各游乐区的建筑、游乐设施、商品、餐饮、音乐等都具有鲜明的主题特色，同时各区均设有丰富的表演节目。整个园区可观、可闻、可游、可赏、可疯狂、可闲逸……能够为游客提供完善、多样的游乐选择。

乐满地高尔夫俱乐部总占地面积1700亩，为美式丘陵国际标准27洞高尔夫球场，A场是以山景为主的丘陵型球道设计，四面环山配以精选的花、草、树、人工湖，为球友提供极佳的挥杆热身。B场以湖景为主的山谷形球道，球道均沿着自然的湖岸设计，拥有丰富的水域障碍，为球友提供一个挑战自我的挥杆场所。C场秉承了球场丘陵风格，巧妙地运用了地形、山景等自然景观，融流水、瀑布、小桥、特色植栽于一体，景致大气天成。这个以十年光阴打造的球场，倚着灵湖的曲线，也傍着远山溶为一体，独揽桂林山水盛景，挑战极至尊荣。

作为一个高档次、大规模、风格多样、内容丰富的大型综合性旅游度假场所，桂林乐满地度假世界填补了桂林市人文景观和高科技游乐园的空白，为桂林、广西乃至整个华南地区的旅游市场起到了积极的推动作用，注入了一股新鲜的活力，并成为大桂林旅游圈的新地标。

景区及所在地领导人的
文化视野、学术见解、前瞻意识、发展思路

桂林乐满地旅游开发有限公司总经理 刘育政

■ 企业成功源于创新。在全国旅游行业从观光旅游向休闲度假旅游转变的大趋势下，也是如此。旅游企业想从激烈的市场竞争中脱颖而出，赢得忠诚顾客，形成自己的独特风格，创新是必不可少的手段。

■ 乐满地度假世界开业以来，一直秉承着“让每个来到乐满地的人都留下美好而又难忘的回忆”的使命和始终贯彻“乐满地没有永远完工的一天”的理念不断的自我创新，在把握旅游发展大趋势的前提下，每年通过设施的更新、服务和文化理念的提升来不断为顾客创造更多的剩余价值，以此来为乐满地度假世界赢得更多的忠

诚顾客。

■ 在产品的创新方面，乐满地度假世界从硬件和软件两方面入手改进来进一步为顾客创造幸福感。在硬件设施上，主题乐园每年增加新设施、新增和改版表演项目，持续保持游乐的新鲜感；在软性条件的提升上，乐满地度假世界力抓人力团队建设，在服务过程中创新服务方式,全面的体贴，震撼顾客，留下难忘的印象。

■ 我们立致用服务品牌形象来提升，在多渠道了解顾客需求和反馈基础上，从细微处入手，改善服务流程，完善每一道服务标准作业体系，致力提供超过客户期待的服务，最终在每个顾客心灵深处占据着一个永不遗忘的角落。

■ 企业文化是企业可持续发展的动力，优秀的企业文化可以转化为实践行动，指导员工的行为规范。企业文化的提升，有助于企业服务行动的规范化、创新化。多年来，乐满地度假世界时刻以至真至诚、求尽善尽美的经营理念要求自己，形成了高标准、注重细节、尊重制度、马上行动的独特企业文化，并深入每个员工心中，为企业树立了良好的价值理念，提升了企业的竞争力。

■ 乐满地度假世界是一个充满生机活力的企业，从感动到惊艳，从优秀到卓越，我们一直在不断的超越自我，虽然我们还很年轻，但我们会坚持不懈，继续创造乐满地美好的未来。

三亚市南山文化旅游区

南山，面朝南海，坐落在中国唯一的热带滨海城市——三亚市的西南20公里处，是中国最南端的山。

南山历来被称为吉祥福泽之地。据佛教经典记载，救苦救难的观音菩萨为了救度芸芸众生，发了十二大愿，其中第二愿即是“常居南海愿”。唐代著名大和尚鉴真法师为弘扬佛法五次东渡日本未果，第五次漂流到南山，在此居住一年半之久并建造佛寺，传法布道，随后第六次东渡日本终获成功。日本第一位遣唐僧空海和尚也在此登陆中国，驻足传法。中国传扬千古的名句“福如东海，寿比南山”则更道出了南山与福寿文化的悠久渊源。

南山文化旅游区是依托南山独特的山海天然形胜和丰富的历史文化渊源开发建设的全国罕见的超大型生态和文化景区，是建国以来中央政府批准兴建的最大的佛教文化主题旅游区，是国家首批AAAAA景区。

南山文化旅游区生态恢复与保护规划面积50平方公里，其中海域面积10平方公里，组织实施佛教文化苑、天竺圣迹、福寿天地、神话雕塑、大门景观区以及酒店、度假村等项目。其中南山佛教文化苑于1995年动工兴建、1998年建成开放，目前已形成一寺（南山寺）、一苑（南山海上观音苑）、两园（慈航普渡园、吉祥如意园）、一谷（长寿谷）、一湾（小月湾）的旅游景观群。还有辑入世界吉尼斯大全的国宝“金玉观世音”和民族工艺史上的惊世之作“天下第一砚”——日月同辉凤砚；体现中华古钟文化的梵钟苑。更有举世瞩目的伫立在南海之滨的108米高“南山海上观音”，“一体化三尊”，造型挺拔，气势恢宏，高越天下。这项被誉为“世界级、世纪级”的佛教造像工程历时六年，已于2005年4月24日（佛历三月十六）举行了举世瞩目、千载一时的盛大开光大典。

南山之美，南山之奇，已被越来越多的人们关注。在这里，人们既能领略热带滨海阳光、碧海、沙滩、鲜花、绿树的美景，更能获得佛教文化带来的心灵慰藉，体味回归自然、天人合一的乐趣。

景区及所在地领导人的
文化视野、学术见解、前瞻意识、发展思路

三亚南山文化旅游开发有限公司总裁 张晖

■ 南山实际上已经在肩负着使命，一种社会效益、生态效益与经济效益共同发展的使命；一种企业发展与区域生态文明和谐共荣的使命；一种为海南旅游做出卓越贡献的使命。

■ 南山能保持10年连续增长，成为海南旅游景区的旗舰，得益于从创园当年就坚持的四大理念：大生态、大文化、大教育、大旅游；得益于实施ISO14001和ISO9001的相融管理体系；得益于始终贯彻“撒温情花雨，添人间欢乐”的服务方针。

■ 南山的核心竞争力在于：资源的不可多得。50平方公里区域内山与海、蓝与绿美妙融合；世界罕见的海岸沙坝、原始酸豆林、海边礁石鬼斧神工、有形状物，自然景观资源独一无二。具有根深叶茂的文化之树的支撑。南山项目文化功底十分深厚，佛文化、道文化、儒文化、福寿文化、生态文化，已深深根植在每个项目、每个景观中，成为精髓，具备了可持续发展之“根”。

■ 伴随着中国迈向世界旅游强国和海南建设国际旅游岛的历史性发展机遇，南山已制定二次创业的发展战略：一是成为世界佛教文化名山；二是创现代历史文化遗产；三是成为中国旅游景区国际化的排头兵。在经营方面锻造百亿元产值的“旅游航母”。

桂林市漓江景区

漓江风景区是世界上规模最大、风景最美的岩溶山水游览区。

漓江发源于广西兴安县猫儿山，全长437公里，是桂林人民的母亲河，她像一条青绸绿带，蜿蜒曲折，流经美丽的桂林至阳朔，然后在广西的梧州汇入珠江。

漓江是世界上风光最秀丽的河流之一，长160公里。漓江两岸的山峰伟岸挺拔，形态万千，石峰上多长有茸茸的灌木和小花，远远看去，若美女身上的衣衫。江岸的堤坝上，终年碧绿的凤尾竹，似少女的裙裾，随风摇曳，婀娜多姿。最可爱是山峰倒影，几分朦胧，几分清晰。江面渔舟几点，红帆数页，从山峰倒影的画面上流过，真有"船在青山顶上行"的意境。百里漓江的每一处景致，都是一幅典型的中国水墨画。漓江自桂林至阳朔83公里水程，是广西喀斯特地形发育最典型的地段。

"桂林山水甲天下"，它以"山青，水秀，洞奇，石美"而著称，拥有丰富的喀斯特地貌，赋予桂林天下无双、无与伦比的天然美景，尤以漓江两岸从桂林至阳朔83公里迷人的喀斯特地貌更是这个地区的典型代表，它不仅有"山青，水秀，洞奇，石美"四绝，而且兼有"深潭，险滩，飞瀑，流泉"之佳景。

古今中外，不知多少骚人墨客为漓江的绮丽风光写下了脍炙人口的优美诗文。唐代大诗人韩愈曾以"江作青罗带，山如碧玉簪"的诗句来赞美这条如诗似画的漓江。

■ 1982年，漓江作为神秀天下的山水名胜，以桂林漓江风景名胜区的名义，被国务院批准列入第一批国家级风景名胜区名单。

■ 2007年5月8日，桂林市漓江景区经国家旅游局正式批准为国家5A级旅游景区。

景区及所在地领导人的
文化视野、学术见解、前瞻意识、发展思路

桂林市市长 李志刚

■ 发展文化产业一定要规划先行。桂林有着深厚的文化底蕴，有着丰富的文化资源，要通过做好规划，明确桂林今后的文化发展方向、把握文化走势、梳理文化脉络，继承、保护和发展好桂林的历史文化。

■ 在加快老城提升改造和临桂新区建设过程中，必须凸显桂林城市山水文化和历史文化的内涵。文化建设不是短期行为，而是我们长期坚持的方向，要深化对桂林文化的研究，加强对桂林文化资源的整合，加大对文化的投入，重点抓好文化事业、文化产业的发展，制定好配套的文化政策。

阿坝藏族羌族自治州九寨沟旅游景区

九寨沟位于四川省阿坝藏族羌族自治州九寨沟县境内，是白水沟上游白河的支沟，纵深40多公里，总面积6万多公顷，三条主沟形成“Y”形分布，总长达60余公里。仅有九个藏族村寨坐落在这片崇山峻岭之中，九寨沟因此得名。

九寨沟四季景色迷人。动植物资源丰富，种类繁多，原始森林遍布，栖息着大熊猫、金丝猴、扭角羚、梅花鹿等十多种稀有和珍贵野生动物。远望高耸云天，加上藏家木楼、晾架经幡、栈桥、磨房、传统习俗及神话传说构成的人文景观，被誉为“美丽的童话世界”。

“黄山归来不看山，九寨归来不看水”。九寨沟的精灵是水，湖、泉、瀑、溪、河、滩，连缀一体，飞动与静谧结合，刚烈与温柔相济，千颜万色，多姿多彩。高低错落的群瀑高唱低吟；大大小小的群海碧蓝澄澈，水中倒映红叶、绿树、雪峰、蓝天，一步一色，变幻无穷；水在树间流，树在水中长，花树开在水中央。

■ 1982年，国家级重点风景名胜区。

■ 1990年，“中国旅游胜地四十佳”之首。

■ 1991年，列入联合国《世界风景名录》。

■ 1992年，由联合国教科文组织批准列入《世界自然遗产名录》。

■ 1997年，世界生物圈保护区。

■ 2002年，“绿色环球21”。

■ 2007年，国家5A级景区。

景区及所在地领导人的
文化视野、学术见解、前瞻意识、发展思路

九寨沟管理局党委书记 刘芳

■ 九寨沟管理局执政为民、让利于民，在景区的管理中，把景区的1097名藏族同胞作为景区的主人，让他们主动积极地参与到景区的生态环境保护中；同时，让居民入股景区的一些经营项目，把经营所得的大部分利益让给居民；不仅如此，管理局还从景区的门票收入中提取部分资金分发给居民，从根本上保障了他们的基本生活。现在，景区居民越来越深刻地体会到景区的保护、发展和进步与他们的生活休戚相关，景区发展了，景区居民的生活也一天比一天富裕、安乐、和谐。

九寨沟风景名胜区管理局局长 章小平

■ 生态资源是生态旅游发展的基石。发展生态旅游首先必须加强生态资源保护。只有在保护的前提下正确认识资源存量和流量，严格遵循可持续利用最低安全标准和代际公平原则，充分展示并合理开发景区资源，才能提升资源的潜在价值，才能通过资源的可持续利用最终实现生态旅游的可持续发展。

阿坝州政协副主席、九寨沟县委书记、县人大常委会主任 赵平

■ 九寨沟发展到今天，我们现在旅游业重要的弊端是产品结构的单一性，始终处于一个观光型的旅游阶段，那么从未来的发展来看，我们很多潜力没有发挥出来。因此我们从旅游产品结构进行转变。第一个转变，要变我们单一的观光型旅游向休闲度假体验型转变，第二个转变由我们景区的经济向富民经济转变。第三个转变，是由我们的数量型向我们的质量型转变，然后通过这三个转变，实现我们全县旅游业的跨越。基于这个思考，我们提出“做优九寨”这个话题，和我们未来的发展方向应该从“沟内游，沟外住”到“景区游，县城住”。

安顺市黄果树大瀑布景区

黄果树国家重点风景名胜区位于贵州省镇宁布依族苗族自治县境内的白水河上，白水河流经当地时，河床断落成九级瀑布，景区内以黄果树大瀑布（高77.8米，宽101.0米）为中心，分布着雄、奇、险、秀风格各异的大小18个瀑布，形成一个庞大的瀑布"家族"，被大世界基尼斯总部评为世界上最大的瀑布群，列入世界基尼斯记录。黄果树大瀑布是黄果树瀑布群中最为壮观的瀑布，是世界上唯一可以从上、下、前、后、左、右六个方位观赏的瀑布，也是世界上有水帘洞自然贯通且能从洞内外听、观、摸的瀑布。

明代伟大的旅行家徐霞客考察大瀑布赞叹道："捣珠崩玉，飞沫反涌，如烟雾腾空，势甚雄伟；所谓'珠帘钩不卷，匹练挂遥峰'，俱不足以拟其壮也，高峻数倍者有之，而从无此阔而大者。"

黄果树景区内风景秀丽、环境优美、空气清新、气候宜人,有着悠久的历史文化，设施完善，是休闲、度假、观光、疗养、吸氧"洗肺"的理想胜地。

■ 1982年，首批国家重点风景名胜区。

■ 1999年，全国科普教育基地。

■ 1999年，"全国文明风景区"示范点。

■ 2004年，"西部最具魅力旅游景区"。

■ 2005年，被中国国家地理杂志社评为"中国最美丽的地方"。

■ 2005年，被《人民日报》评为"中国风景名胜区顾客十大满意品牌"。

■ 2005年，荣获"欧洲游客最喜爱的中国十大景区"荣誉称号。

■ 2007年，国家5A级旅游景区。

景区及所在地领导人的 文化视野、学术见解、前瞻意识、发展思路

黄果树风景名胜区管委会主任、黄果树旅游集团公司董事长 袁德刚

■ 就我们国家而言，有特色的自然风光往往都分布在经济欠发达地区，特别是西部地区。也正是因为这种客观地理环境和经济文化的落后，才使得许多珍贵的自然遗产得以留存。随着改革开放的不断深入，外围经济纷纷崛起，这些地方的政府和老百姓在经济极度贫乏的状况下，为求生存和发展，总会有意无意对身边的资源进行一种盲目、无序甚至破坏性的开发。资源的保护也是需要成本的。长期靠政府从"盘子"里挪出资金显然不现实。我认为最好的途径就是在对风景资源进行合理开发的同时，用所获取的相当一部分收益来对资源进行长效保护。这就是"合理开发，永续利用"的原则。只有这样，才能真正实现开发与保护的统一。

■ 企业营销是一场艰苦的"游戏"。当我们在发展理念中逐步开辟出新思路并坚定不移地发展之后，市场中的各个要素越来越成为我们手中组合的各种"游戏"的条件基础。通过各种活动炒作并构筑的"大黄果树"旅游概念也正是在这样一个个活动中浮出水面。2004年，我们创新办节方式，利用多种技巧依托节庆品牌成功融资，成功创办了"2004中国贵州安顺黄果树瀑布节"，并将其炒作为节庆品牌，为提升景区文化形象和汇聚景区人气造势。目前在国内，通过节庆活动来获取市场占有额的营销方式屡见不鲜，而黄果树办节办活动的宗旨是"贵州第一、国内一流，积极向国际化挺进"，这是黄果树人的创新精神，也是市场激烈竞争的结果。办节办活动，都是为让黄果树更出彩、更有影响力。现阶段的黄果树处在巨变的关键期，她正借助市场强有力的撑杆作用朝着成熟型旅游景区迈步，并将通过自己的发展、通过对区域旅游产业链中多种产业的扶持，尽快实现与国际旅游观念和做法的接轨。

■ 在旅游产品深度开发中，我们明确由景区向旅游区转变的目标，创新、深挖与旅游相关农业、种养业的附加值，发挥特色农村环境资源优势，发展乡村旅游、休闲度假旅游以及房车旅游营地等特色旅游，同时紧抓优势资源的利用和开发，并把黄果树新城作为旅游产品开发以及向大黄果树旅游区迈进的重头戏，多管齐下谋更大发展：即由单一观光型景区向多功能景区转变。

■ 未来的黄果树新城不但要解决景区接待设施不足、规模不大、环境不上档次的问题，还将解决多年来黄果树景区内因人工建筑过多造成的痕迹过重、人口增加带来的问题以及地势带来的景区难以规划发展的问题，更要承担起出黔入滇交通大枢纽的重要角色，使新城成为一个集吃住行游购娱于一体的综合区，一个交通枢纽、环保、现代化休闲度假与旅游资源互融互利的多功能新型小城镇。围绕新城而匹配的多种旅游项目、多个旅游景区也会在新城建设和产品开发中繁荣起来。

安顺市龙宫景区

龙宫位于贵州安顺市南郊，与黄果树风景区毗邻，距省会贵阳市116公里。总面积60平方公里，分为中心、漩塘、油菜湖、仙人箐等四大景区，有着全国最长、最美丽的水溶洞，还有着多类型的喀斯特景观，被游客赞誉为“大自然的大奇迹”。

龙宫是全世界天然辐射剂量率最低的地方，到龙宫旅游，能有效地避开大量的辐射，长久居住对人体有奇特的疗效功能；在龙宫呼吸富含大量负氧离子的空气，徜徉在覆盖率高达90%的森林中，宜人心脾；龙宫冬无严寒、夏无酷暑，在夏季极少超过30℃，加之昼夜温差大，白天尽管烈日高照，傍晚依然凉爽宜人。

“吞石为洞，吐石为花，神宫赖水造；聚水成渊，覆水成瀑，胜景依石生”，是龙宫景观的真实写照。它以水旱溶洞最多、最为集中和天然辐射剂量率最低获两项世界记录，还有着多种神奇秀丽的喀斯特景观，其中最受游客推崇的景观有：被誉为“中国惟美水溶洞”的地下暗河溶洞；全国最大的洞中寺院——龙宫观音洞；全国最大的洞中瀑布——龙宫龙门飞瀑；山不转水转的旋水奇观——龙宫漩塘。

■ 1988年，国家重点风景名胜区。

■ 2000年，全国4A级旅游景区。

■ 2004年，中国西部最具魅力景区。

■ 2007年，全国5A级旅游景区。

景区及所在地领导人的 文化视野、学术见解、前瞻意识、发展思路

龙宫风景区管委会主任 王枫林

■ 长期以来，很多风景旅游区、旅行社把眼光主要放在城市高端客源上，殊不知农村市场潜力巨大，值得深挖。以往，都是城里的游客到乡村休闲、度假、观光，如今，作为兴起的一种新的乡村旅游模式，大量农民朋友出外旅游延伸了贵州乡村旅游的内涵，为“和谐城乡游”作出了新的诠释。

■ 农民朋友游龙宫，从零到有，从占很小的比例到现在的6.25%比例，龙宫客源构成发生了改变。客源构成的改变与经济发展水平息息相关，反映了经济发展过程中生活方式的转变，从而会带来生活观念的转变，价值观念的转变。龙宫要继续加大在构建和谐景区中的回馈力度，让更多的农民朋友得实惠，并由此带动省内其它风景区共同对农民，并对建设社会主义新农村作贡献。

■ 在建设和发展中，景区结合实际，确定了“三年打基础，五年上台阶，十年建成中国西部观光旅游、休闲度假胜地”的中长期发展目标，并围绕这一目标，实行“精细化管理、人性化服务”，加快建设和快速发展，进一步完善景区的旅游基础设施和服务设施，加强员工队伍建设，提高景区的管理水平和服务水平，使管理更加规范化，促使景区又好又快发展。

■ 为加快旅游产业信息化运作的步伐，景区高度重视信息化建设。强化景区网站建设，进行网上宣传，游客可直接在网上与景区信息互动，并提供网上咨询、订票等服务。制作景区内部局域网，实现资源共享和无纸化办公。在景区重点部位安装监控系统，对景区进行监控管理。

西安市秦始皇兵马俑博物馆

秦始皇兵马俑博物馆是建立在秦兵马俑坑原址上的遗址型博物馆，位于西安市以东35公里的骊山之南，是全国重点文物保护单位，国家“5A”级景点，首批国家一级博物馆。联合国教科文组织1987年12月，将秦始皇陵（包括兵马俑坑）列入“世界文化遗产名录”。秦兵马俑地下军阵气势宏伟、场面浩大、闻名于世，并以其高超的科学、艺术水平，使观众惊叹不已。国内外游人纷纷慕名而来，许多外国元首和贵宾都将参观秦兵马俑列入来访日程。古城西安也因为有了秦始皇兵马俑博物馆，而成为我国最重要的旅游城市之一。

秦兵马俑坑发现于1974年，位于秦始皇陵东1.5公里处。秦陵是中国历史上第一个皇帝——秦始皇的陵墓，修筑时间长达38年，动用人力70多万人次，工程之浩大、气魄之宏伟，创历代封建统治者奢侈厚葬之先例。以秦陵封土堆为中心，四周分布着大量的历史文化遗存，在秦始皇帝陵东发现的兵马俑坑就是其中重要的一处。秦兵马俑的考古发掘堪称史上规模最为宏大，最具轰动效应的考古现场之一。三个兵马俑坑成品字形，总面积达2万多平方米，坑内放置与真人真马一般大小的陶俑陶马近8000件。兵马俑坑内出土的青铜兵器有戈、戟、剑、矛以及大量的弩机、箭头等。经检验，这些铜锡合金兵器经过铬化处理，历经两千多年依然锋刃锐利，闪闪发光，表明当时已经有了很高的冶金技术，可以视为世界冶金史上的奇迹。1980年，在秦始皇陵西侧，还出土了两乘大型彩绘铜车马，每乘车前驾有四马，车上各有一御手俑。铜车马造型逼真，装饰华美，使用大量金银为饰品和构件，制作非常精巧，被誉为“青铜之冠”。秦兵马俑经发掘对外开放后轰动世界，1978年，前法国总理希拉克参观后说：“世界上有七大奇迹，秦俑的发现，可以说是八大奇迹了。不看金字塔不算真正到过埃及，不看秦俑不算真正到过中国。”从此秦俑被誉为“世界第八大奇迹”。

秦俑博物馆自开馆以来，已累计接待观众5000多万人次，其中外国观众500多万人次，接待各国元首和政府首脑150余位。美国总统里根、克林顿，法国总统密特朗、希拉克、萨科齐，德国总统赫尔佐克、总理科尔，俄罗斯总统普京等，都被气势磅礴的秦俑军阵和美轮美奂的铜车马所震撼。秦俑博物馆在“秦始皇陵文物陈列厅”里专门设置有临时展厅，积极引进国内外高品位的文物精品陈列。先后举办了“重现的文明——玛雅文化展”、“溢彩流光——陕西出土秦金银器展”等临时展览。其中，“溢彩流光——陕西出土秦金银器展”荣获2005年全国第六届十大陈列展览精品最佳综合效益奖。与此同时，为了深入宣传秦始皇陵和兵马俑这一世界著名文化遗产品牌，从1980年开始，秦兵马俑作为文化友好使者出访了40多个国家和地区的70多个城市，海外观众超过2000万人次。1983年至1988年、2002年至2005年，我馆分别在全国32个城市举办了“秦兵马俑全国巡回展览”，累计观众达300多万人次。

秦始皇兵马俑博物馆整体格局集合了环境绿化区、参观区、办公区三大区域。占地约400亩的环境绿化区，绿树掩映，群芳吐艳，使观众感到舒适自然并以放松愉悦的心情享受参观的乐趣。参观区中，既有三个兵马俑坑展厅及文物陈列厅构成的主体内容，又有游客服务中心、综合服务楼、学术报告厅等一系列功能完备的辅助设施。馆舍之间，以草坪鲜花点缀，大面积的绿地、盆花随处可见，共同营造出舒适和谐的休闲氛围。

秦始皇兵马俑博物馆自1979年10月1日开馆以来，沐浴着国家改革开放的春风，经过30年的建设，如今已发展成为一座集考古发掘、文物保护、科学研究、陈列展示、宣传教育和游览接待于一体的现代化大型博物馆。2009年2月，为了进一步做好陕西省唯一一处世界文化遗产——秦始皇帝陵的保护、研究工作，陕西省人民政府决定在保留秦始皇兵马俑博物馆的前提下，成立秦始皇帝陵博物院，这为今后秦始皇陵区的文物工作创造了更加有利的条件，为秦陵大遗址的保护，为世界文化遗产的传承奠定了更为坚实的基础。

- 1985年，全国文物博物馆系统先进集体。
- 1987年，秦始皇陵（包括兵马俑坑）被联合国教科文组织列入“世界文化遗产名录”。
- 1988年，全国旅游优质服务先进单位。
- 1991年，中国旅游胜地四十佳。
- 1995年，全国文化系统先进集体。
- 1998年，全国文博系统先进集体。
- 2001年，国家AAAA级旅游景区。

■ 2002年，全国五一劳动奖状。

■ 2002年，全国文物系统先进集体。

■ 2004年，全国爱国主义教育示范基地先进单位。

■ 2005年，全国文明单位。

■ 2007年，国家AAAAA级旅游景区。

■ 2008年，国家一级博物馆。

景区及所在地领导人的
文化视野、学术见解、前瞻意识、发展思路

秦始皇兵马俑博物馆馆长 吴永琪

■ 秦兵马俑作为一处重要的文化遗产，承载着极为丰富的历史文化信息，集中体现了我国秦代在科技、艺术等诸多领域所取得的辉煌成就。从兵马俑坑遗址上建立起来的秦俑博物馆，在新的历史条件下成为保护、研究、展示这一文化遗产的重要机构，同时适应时代发展需要，也成为誉满全球的游览景区。这既为博物馆发展提供了有利契机，同时也赋予了更艰巨的任务，无论从景区还是博物馆角度来考虑，都应在对文物、遗址实行科学保护的基础上进行深入研究，挖掘遗产所蕴涵的价值，通过丰富多样的展示宣传方式揭示给世人，让观众得到更深层次的享受与感动，这应该是文化遗产地最为重要的使命。

■ 随着文化产业的兴起与不断发展，博物馆如何保持旺盛的生命力、持久的吸引力已日益成为大家关注的问题。唯有在遗产保护的前提下加大科研力度，以科研成果指导博物馆陈列展示、宣传教育等各项工作，适时调整工作重心，以创新理念统揽全局，既保障了可持续发展，又能令观众充满兴趣，如此观众络绎不绝，景区声名日隆也就不难做到了。

■ 秦兵马俑作为全球知名的文化遗产，在带动旅游业与社会经济发展方面的巨大作用是不容忽视的。文化遗产对经济发展的贡献不仅仅体现在开放遗产地的门票收入等直接经济收益，还在于观众在参观游览过程中因吃、住、行、游、购、娱和通讯、保险等一系列的间接经济效益。文化遗产对区域经济的贡献还表现在带动相关产业发展，促进区域内资金、物流、信息等加速运转，提升城市的集聚和扩散功能，改善城市结构等诸多方面。需要强调的是，所有的现实需要与设想都应建立在文化遗产保护的基础上，这不仅不会成为经济发展的阻碍，恰恰在传承古代文明的同时，为一个城市、一个区域乃至一个国家构建了优越的文化软环境，成为经济发展的最佳平台。

■ 博物馆或是景区的发展尤其需要贯彻落实科学发展观，解决好文物保护与合理利用的关系，重视整体环境治理，这是一个不容忽视的问题。没有有效的文物保护，一味追求经济发展将会成为一种短视行为，最终不但不能起到促进作用，反而会成为追求经济效益的严重弊端，阻碍整个社会整体发展水平提高,这远非我们所有人的初衷。

平凉市崆峒山风景名胜区

崆峒山位于甘肃省平凉市城西12公里处，是古丝绸之路西出关中之要塞。崆峒山具有极高的观赏、文化和科考价值。古往今来以奇、险、灵、秀的自然风光和厚重深邃的文化底蕴赢得了“西来第一山”、“西镇奇观”、“崆峒山色天下秀”的美誉。

崆峒山山明水秀，胜景纷呈，占地84平方公里的景区之内，奇峰耸峙，森林莽莽；溪流清泉，飞瀑幽潭遍布；嶙峋怪石，幽奇涵洞随处可见；峰峦耸立之处，危崖峭壁直上，寺庙道观若隐其间，三教禅林、招鹤堂、老君殿、法轮寺、塔院、观音堂、紫霄宫苍松古柏掩映，香火缭绕，而每当雾雨来时，遍布山间的8台、9宫、12院、42座古建、72处洞府，烟笼雾罩，楼台殿阁若隐若现，宗教之神秘气息飘荡，一派道教神山，佛门胜地气象。

崆峒山属六盘山支脉，是天然的动植物王国，有各类植物1000多种，动物300余种，森林覆盖率达90%以上。其间峰峦雄峙，危崖耸立，似鬼斧神工；林海浩瀚，烟笼雾锁，如缥缈仙境；高峡平湖，水天一色，有漓江神韵。既富北方山势之雄伟，又兼南方景色之秀丽。

■ 1994年，国家风景名胜区。

■ 2004年，国家地质公园。

■ 2005年，国家级自然保护区。

■ 2005年，中国顾客十大满意风景名胜区。

■ 2006年，中国最值得外国人去的50个地方之一。

■ 2006年，中国旅游行业十大影响力品牌。

■ 2006年，中国最具吸引力的地方。

■ 2007年，中国旅游文化示范地。

■ 2007年，国家5A级旅游景区。

景区及所在地领导人的
文化视野、学术见解、前瞻意识、发展思路

崆峒山管理局局长 蔡生虎

■ 在宣传营销上，要抓住中国优秀旅游城市和崆峒山晋升为国家首批5A级旅游景区的机遇，精心策划、包装推介、炒作造势。一要实施差异化营销，针对不同的客源市场群体，推出不同类型、独具特色的旅游产品。二要灵活借助媒体，进行多角度、立体式、全方位、经常化的大宣传。三要适时举办主题节会、赛事活动，积极参加国内外重大宣传营销活动，扩大交流，沟通合作。四要以文化为载体推介旅游产品，要加大与文化、文艺界联手，深度挖掘崆峒悠久历史和特色文化，通过文化和艺术的形式包装旅游产品、展现旅游产品、进而达到推介旅游产品的目的。

■ 旅游经济实质是营销经济。要做大做强旅游产业，需要我们不断地更新营销理念，改进营销手段，在建立营销联盟上狠下功夫，把崆峒区旅游精品推介出去，让省内外、国内外游客全面了解我区独具魅力的西部人文生态旅游产品。要打破行业、产业、区域界限，走“产业联合、行业联合、区域联合”的营销之路，强力构建崆峒区旅游宣传促销平台，广泛建立区域营销联盟、行业营销联盟、企业营销联盟。要强化旅行社在旅游产品宣传和线路推介中的桥梁纽带作用，与周边客源市场建立紧密的合作关系，构建跨省区、跨国界的“旅行社联盟”体系。

■ 要强化政府投资行为。充分发挥各类建设资金的使用效益，集中财力确保重点领域项目的建设。二要加大招商引资力度。加快制定出台扶持旅游业发展的优惠政策，按照“谁投资、谁受益”的原则，采取出让所有权、出让经营权、实行股份制等多种办法，广泛吸引国内外资金，以独资、合资、合作、联营、参股、特许经营等方式，投资经营旅游业，形成全社会大办旅游的新格局。三要认真落实国家和我省加快非公有制经济发展的政策措施，依法建立和完善旅游产业投融资担保体系，加大金融信贷支持力度，支持民营企业投资开发旅游资源、兴办旅游项目。

中卫市沙坡头旅游景区

沙坡头，位于宁夏中卫县城西20公里处的腾格里沙漠南缘。乾隆年间，因在河岸边形成一个宽2000米、高约100米的大沙堤而得名沙陀头，讹音沙坡头。百米沙坡，倾斜60度，天气晴朗，气温升高，人从沙坡向下滑时，沙坡内便发出一种“嗡—嗡—”的轰鸣声，犹如金钟长鸣，悠扬宏亮，故得“沙坡鸣钟”之誉，是中国四大响沙之一。

站在沙坡下抬头仰望，但见沙山悬若飞瀑，人乘沙流，如从天降，无染尘之忧，有钟鸣之乐，所谓“百米沙坡削如立，碛下鸣钟世传奇，游人俯滑相嬉戏，婆娑舞姿弄清漪。”正是这一景观的写照。

这里有中国最大的天然滑沙场，有总长800米、横跨黄河的“天下黄河第一索”——沙坡头黄河滑索，有黄河文化的代表——古老水车，有中国第一条沙漠铁路，有黄河上最古老的运输工具——羊皮筏子，有沙漠中难得一见的海市蜃楼。可以骑骆驼穿越腾格里沙漠，可以乘坐越野车沙海冲浪，咫尺之间可以领略大漠孤烟、长河落日的奇观。黄河南岸是一块三面环沙，一面靠山的“U”半岛，这里地形优越，景观奇特，民俗淳朴，资源丰富，可以在演绎中心观看具有异域风情的、民族特色的歌舞表演，可以住宿黄河塞上人家干农家活、吃农家饭、睡农家炕、享农家乐，滨河浴场可以体验母亲河的沐浴，秦代长城和陶窑在这里留下了千古不朽的遗址。

■ 1994年，国家级自然保护区。

■ 1994年，全球环保500佳。

■ 2003年，国家4A级旅游景区。

■ 2004年，中国全民健身著名景观。

■ 2004年，中国十大最好玩的地方。

■ 2005年，中国最美的五大沙漠之一。

■ 2006年，中国最值得外国人去的50个地方之一。

■ 2007年，2006中国西部亿万读者喜爱的旅游景点。

■ 2007年，国家5A级旅游景区。

景区及所在地领导人的
文化视野、学术见解、前瞻意识、发展思路

沙坡头旅游公司董事长 陶能

■ 沙坡头旅游公司将在加大“请进来、走出去”宣传促销的基础上，积极转变旅游营销模式。一方面与国内各大旅行社总社结成战略合作关系，把沙坡头景区与我区其他旅游精品线路捆绑包装，推出多个系列的旅游产品；另一方面，加大旅游直销力度，进一步拓宽客源市场，让游客不再是匆匆过客。

■ 根据沙坡头景区南岸半岛独特的地脉特征和文化内涵，将南岸半岛规划建设成以太极八卦广场、桂王城为核心，追溯神话板块区、亲水游憩板块区、黄河农耕文化体验板块区和户外拓展板块区四个分区，适当安排重要的单体项目为补充，形成旅游产品与项目空间结构，使南岸半岛成为更加舒适的旅游区。同时，将沙坡头景区北部的大漠景区继续拓展延伸，向北与通湖草原连接，向西继续开辟沙漠体验游憩项目，形成摩托车越野、生态观光等沙漠旅游功能，培育壮大中卫旅游龙头企业，开拓国内外旅游市场。此外，我们还将围绕以自然绿化为主，保持并修复生态系统，改善植被，加强绿化覆盖率。

■ 无可置疑，旅游业是借资源特色吸引人，越是具有广大地域特色，就越有吸引世界的魅力，

■ 虽然宁夏目前已形成多个比较优秀且具局域特色的景区，但跳出宁夏看宁夏，将宁夏旅游资源放在西部、全国乃至世界进行比较和研究可以发现，我们的一些特色资源开发，还有很大的局限制，全面开发多元文化品牌，多类形象推广将使有限的力量分散，不能形成爆发力，只有集中一点抓住最具独特性资源，按照“大旅游、大产业、大市场”的要求，找准特色优势资源，与市场广泛的需求紧密结合，明确沙坡头以沙漠为核心的王牌产品开发。

阿勒泰地区喀纳斯景区

喀纳斯景区位于新疆北部的阿尔泰山中段，地处中国与哈萨克斯坦、俄罗斯、蒙古国接壤的黄金地带，自然生态景观和人文景观始终保持着原始风貌而被誉为“人间净土”。

喀纳斯旅游区以北纬48° 13′为南部边界，东以禾木乡为界，西北至国境线，规划面积10030平方公里，包括喀纳斯国家级自然保护区、喀纳斯国家地质公园、白哈巴国家森林公园、贾登峪国家森林公园、布尔津河谷、禾木河谷、禾木草原及禾木村、白哈巴村、喀纳斯村三个原始图瓦村落等国内外享有胜名的七大自然景观区和三大人文景观区，其中喀纳斯湖被誉为“世界上最美丽的湖泊”。

喀纳斯是蒙古语，有两种翻译解释：一说是“美丽而神秘的地方”；一说是“峡谷中的湖”。

喀纳斯湖诞生距今约20万年，它形如弯月，长约24公里，平均宽度约2公里，平均水深90米，最深可达184米，是中国最深的高山淡水湖泊，以其“湖怪”、“云海佛光”、“变色湖”的未解之谜而蜚声中外。

元代成吉思汗的军帅耶律楚材远征途经喀纳斯湖，被这壮丽的景色深深打动，吟诗道：“谁知西域逢佳景，始信东君不世情。圆沼方池三百所，澄澄春水一池平。”

- 2001年，喀纳斯风景名胜区被国家评为AAAA级旅游景区。
- 2003年12月，被批准为“国家地质公园”。
- 2005年，入选“中国最美的五大湖泊之一”、“中国最美

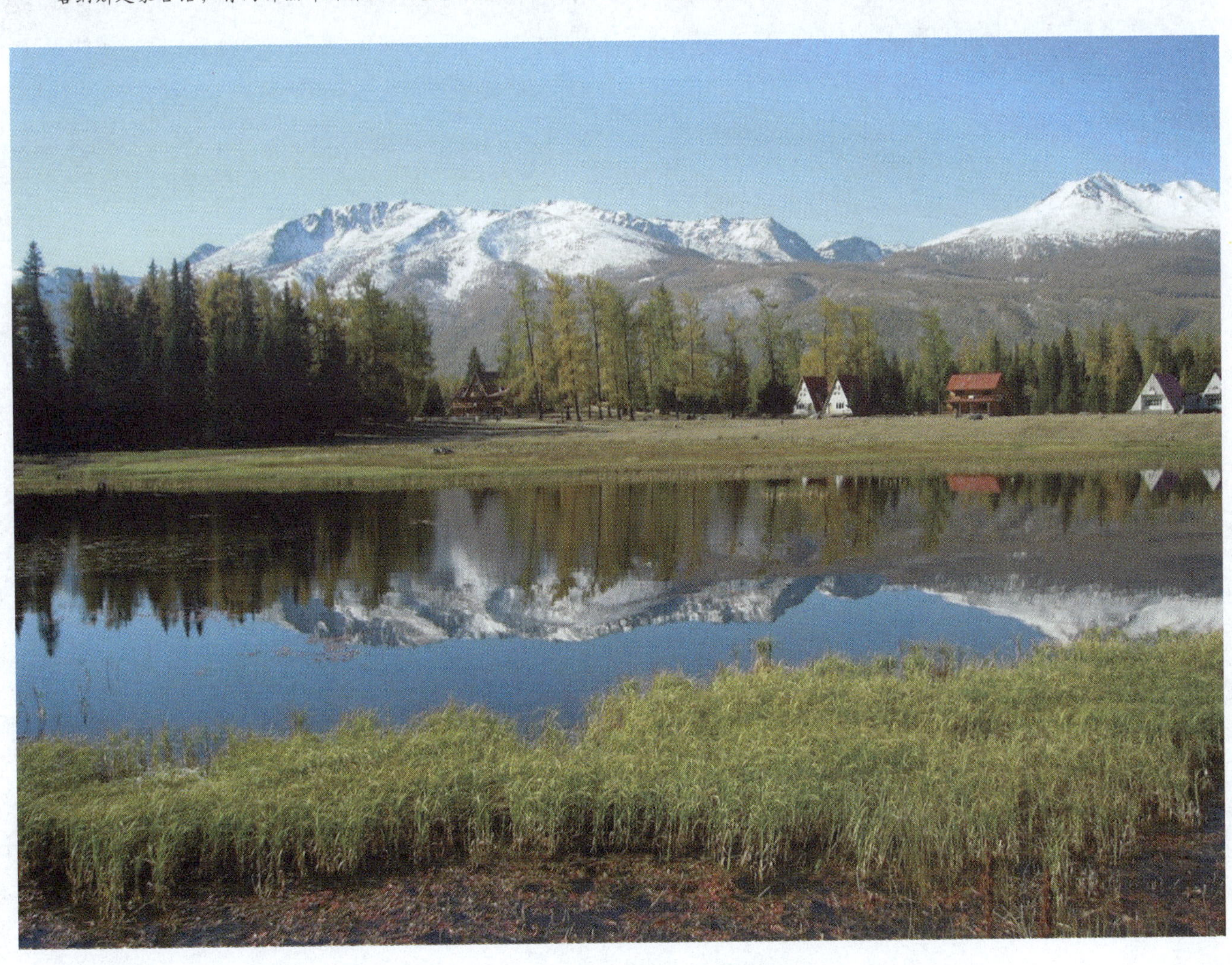

的六个古镇古村之一”和“中国西部十佳景区”。

■ 2007年被评为“国家5A旅游景区”。

景区及所在地领导人的 文化视野、学术见解、前瞻意识、发展思路

喀纳斯景区管委会党委书记 谭卫平

■ 面对全球经济增长速度放缓，国际市场需求大幅回落的不利形势，国家、自治区提出了一系列扩大内需、调整投资方向，加快民生工程、基础设施、生态环境建设的优惠政策措施，这对我们进一步加快完善景区各项功能设施，特别是抓好交通、环保、林业等方面的项目建设，提升景区的接待能力和水平是一个难得的机遇。

■ 完善服务功能，在“扩容、延时”上取得新成果。加快响泉等新增景点的配套设施建设，探索开发双湖、白湖科普特种游以及贾登峪—禾木、铁热克提—哈流滩徒步旅游线路，满足广大游客的不同需求；以喀纳斯冬季旅游和民俗文化旅游为重点，加快喀纳斯国际滑雪场的招商，以贾登峪大型实景演出项目为平台，深挖哈萨克和图瓦民俗文化内涵。

■ 要提升喀纳斯旅游的文化品位；全力做好第二届喀纳斯冰雪风情摄影节、首届禾木古老狩猎滑雪赛、首届喀纳斯单板野雪邀请赛等各项赛事活动；借助央视、凤凰卫视等海内外知名新闻媒体，逐步将其打造成文化底蕴浓、规模影响大、参与范围广、品牌知名度高的拳头旅游产品。不断提升喀纳斯景区的知名度，促进喀纳斯冬季旅游的快速发展。

■ 数字化建设水平是一个景区综合实力和现代化管理水平最集中、最直观的体现，它代表了一个景区未来的发展方向。加强喀纳斯门户网站和电子商务平台建设，丰富网站内容，完善电子商务功能，提高旅游宣传促销的市场化运作水平；制定有利于旅游企业成长的工作措施和奖励办法，激发旅游企业组织客源的积极性，实现企业与景区的互利双赢；加大京津唐、长三角以及珠三角等国内主要客源地的宣传促销力度，积极探索以港澳台为窗口的海外旅游市场；积极与航空部门对接，争取开通国内主要城市至喀纳斯的旅游包机以及乌鲁木齐、那拉提、伊宁至喀纳斯的快速中转业务；加大国家以及世界级品牌的创建力度，做好各项前期资料的准备和上报工作，力争在品牌创建方面取得新的进展。

喀纳斯景区管委会主任 康剑

■ 照“五统一”原则，立足于投资公司与景区各企业达成的共识，积极寻找推进景区企业整合的切入点，整合是大势所趋、势在必行，这是当前急需解决的问题。在积极推进景区企业整合的基础上，力争在景区旅游客运及其它旅游项目开发方面取得实质性进展。

（图片提供：中国新闻摄影学会胡颖、吴思强等）

改革开放30年大型综合企业中的文化产业：典范选登

卓达集团的文化产业

【选登标准】

①综合性、多业态的大型企业集团；有15年以上发展历史；在改革开放30年中具有“功勋地位”和“引领意义”。

②政府、主流媒体、权威行业组织、权威学术机构、权威门户网站共同表彰、推荐或推选的大型企业集团。

③《中国文化产业学术年鉴》依据相关学术原则对上述企业集团的文化产业发展状况予以综合考量，除关注企业集团文化产业方面发展的业绩外，更关注企业领导人的文化视野、学术观点、理论洞察力和前瞻性，并据此甄选：在文化产业理论与实践两个方面均有重大建树的优秀企业。

【卓达集团的典范性】

①集团成立20多年来，其主业（房地产）取得了行业公认的巨大业绩；在主业发展的同时，把文化产业与房地产完美结合，创造出“卓达太阳城”、“卓达教育”、“卓达动漫园区”、“卓达旅游休闲产业”等一系列文化产业的典范之作。

②“卓达国家文化产业人才培训基地”，是文化部命名的第一个国家级文化产业人才培训机构。

③企业领导人长于理论思考，在历史学、哲学等多门学科均有建树；2007年在北京大学中国文化产业高峰论坛上的讲演有深刻的学术洞察力。

理论的张力与实践的自觉——

卓达集团的文化产业

卓达集团概述

■ 卓达房地产集团创建于1993年7月，2008年资产总额逾200亿元，企业员工达4000余人，已发展成为全国知名的大型房地产企业。

■ 卓达集团以房地产为龙头，业务涵盖教育、文化产业、市政建设、服装产业、高科技、商贸、海港建设、建筑安装、物业管理、现代农业等多个领域；项目遍布河北、北京、天津、山东、内蒙古、海南等。

■ 卓达集团以“爱行天下，关怀社会”的公益理念，积极投身社会公益事业，十六年来，卓达集团公益捐款已达9.35亿元。

■ 十六年来，卓达集团先后被国家建设部评为中国房地产品牌30强，被河北省评为“十大优秀民营企业”，被石家庄市政府评为“十佳诚心企业”。曾荣获“中华慈善奖”、“中国城市运营商50强”、“中国房地产品牌30强”、“中国房地产成功开发典范”、“中国公益明星单位”、“中国先进捐助单位”、“河北省优秀民营企业”等荣誉称号。

■ 2005年4月，国家文化部批准在北京卓达大学城建立首个国家级文化产业人才培训基地。2007年卓达集团总裁杨卓舒在北大文化产业高峰论坛上演讲《文化产业：中国社会经济综合发展的强大动力》。

■ 卓达集团的企业文化

企业宗旨：追求卓越　德达天下
企业责任：关注社会　产业报国
企业目标：一起创富　一起幸福
发展模式：产业积聚　文化造城
公益理念：心怀感激　爱行天下
销售理念：九买九卖　客户利益至上
人才理念：在理想主义旗帜下集合
企业根本：以人为本　以德为本　以法为本

卓达集团的文化产业项目

卓达太阳城

■ 2005年10月26日，卓达太阳城文化产业千米长廊项目正式动工，成为河北省首个由民营企业投资建设的大型文化产业基地。基于国家鼓励非公有制经济发展文化产业的政策措施和企业自身发展战略的需要，卓达集团在稳健发展房地产业主业的基础上，全面整合国内外优势资源进入文化产业，打造全国最大的文化产业基地。

■ 卓达太阳城项目总建筑面积约2000万平方米，将以城市建设带动区域发展，形成以创意文化为核心，集演出业、影视业、音像业、文化娱乐业、文化教育、文化旅游业、商务会展、体育健身、图书报刊业、文物和艺术品业以及培训业在内的大型文化产业基地。

■ 卓达太阳城文化产业千米长廊项目包括卓达文化产业会议会展中心、商品集散中心、国际文化艺术博览馆三大板块。其中，卓达文化产业会议会展中心包括国际会展中心、五星级国际酒店、国际会议区、会展服务配套及商务贸易区；卓达文化产业商品集散地包括玩具博览中心、绿色文化家居城、中华文化帽子世界和古玩文化市场、文化扑克帝国以及企业会所；卓达国际艺术博览园包括以中西方建筑艺术、文化艺术为主的大型商业街区、欧洲文化商品区、中华文化艺术步行街、名人文化馆、中外名人博览馆、民间艺术文化村、汽车文化城、宗教文化区等。

卓达“国家文化产业人才培训基地”

■ 2005年4月25日，与文化部合作在北京卓达经济研修学院创建了首个国家文化产业人才培训基地。在地产领域正蓬勃发展的卓达集团投资十亿元进入文化产业，这对于河北省文化产业的发展将产生重大示范作用。基于大的国家文化产业战略确立和卓达自身发展战略选择，发展文化产业更能体现卓达回报社会的企业使命。同时，文化产业有着巨大的发展空间、良好的投资环境、高额的利润回报、极低的资源消耗、重大的社会效益。

河北卓达集团动漫创意产业园

■ 河北卓达动漫创意产业园是卓达集团响应国家大力发展动漫产业政策的号召，报河北省、石家庄市有关部门批准，卓达集团斥巨资投资建设的北方最大的动漫创意产业园区，是推动动漫及文化创意产业发展并带动衍生行业繁荣而确定的文化创意产业集聚区。

■ 园区定位：产业园区将以动漫、文化创意为特色，积极引进动漫游戏、影视传媒、广告策划、数字网络、摄影美术、时尚设计、文化艺术、信息咨询等企业及个人工作室，充分发挥动漫文化创意产业的集聚效应，相互沟通，相互影响，形成创新和创意的良好氛围，以点带面，逐步推进河北动漫文化创意产业带的形成。

■ 产业构想：利用毗邻北京和沿海的地位优势和石家庄的低成本优势，在两到三年时间建成产业集聚、功能完善、资源共享、集约发展的动漫产业基地，吸引国内外知名动漫游戏企业入驻，鼓励民间和外来资本进入动漫游戏产业，聚集产业要素，优化资源配置，实行社会化分工。在基地商圈内，形成集研发、制作、人才培训、竞技体验、动漫商城、主题公园、会展、新闻发布于一体的动漫产业集群，打造有较强凝聚力和辐射力的全国一流动漫产业基地，成为石家庄市国民经济新的增长点。

■ 运作核心：通过引进国际的培训机构、公共技术平台，引进国内有原创产品的动漫企业，使河北乃至中国的企业生产出更具有竞争力的品牌，通过我园区的会展、商城、新闻发布以及石家庄内陆港的优势，实现规模化的国内销售和“走出去”的国际战略。产业园现已向市政府递交公共技术平台投资建设计划，计划由市政府和卓达按75：25的比例共同出资5200万元建设国际一流动漫公共技术平台。

■ 功能格局：依托卓达星辰国际广场建设的 4 万平米动漫产业园一期，完全按照动漫游戏行业的特性，并遵循国际动漫网络游戏发展规律进行运作。产业园将建立六大平台和八大中心。

卓达集团的文化产业项目

六大平台分别是：创意策划平台、公共技术平台、制作平台、产品交易播出平台、人才培训交流平台、会展中心展示交流平台。

八大中心分别是：动漫游戏节目制作中心，技术服务中心，版权保护及音像发行中心，国际合作制片及项目管理中心，剧作拍卖交易中心，动漫师资鉴定、测评及培训中心，衍生产品开发中心，动漫游戏数据集散中心。

卓达教育产业

■ 卓达教育产业是伴随着卓达集团房地产主业的高速发展而产生和发展的。卓达教育集团是卓达教育经营管理的实体。教育集团的成立，象征着卓达教育实体由过去单一的公益服务功能，向服务主业、资产增值的多功能转变；由附属依赖型向相对自主型转变；由行政化管理向产业化经营转变。

■ 卓达教育集团为“三部一办”的编制，即大学部、中小学部、教育项目部和综合办公室。卓达集团总裁杨卓舒兼任教育集团总裁及下属两所大学的校长和院长。

■ 卓达教育集团拥有两所大学——北京卓达大学、三亚卓达旅游学院，一所中小学——河北卓达学校，一所技校——河北卓达高级技能培训学校，两个幼儿园——河北卓达第一幼儿园和卓达第二幼儿园。卓达第三幼儿园也正在筹建。

卓达集团的休闲娱乐旅游产业

■ **星辰国际广场**

25万平方米的星辰国际商业广场位于石家庄市东开发区，是百万平方米卓达星辰项目群的重要组成部分。毗邻全市最大的音乐喷泉广场，是集五洲国宴大型海鲜酒楼、国际会展中心、温泉假日会馆、五星级商务酒店四大商业板块为一体的河北最大的商务综合体，据评估该项目市值14.76亿元。

目前，主体施工全部完成，内部装修已经全面展开，以五洲国宴为先导的各项目将开始陆续投入运营。星辰国际广场将被打造成华北规模最大、档次最高、娱乐项目最丰富、商务设施最完备的商务中心、交际中心、休闲娱乐中心。

■ **卓达商贸广场**

卓达商贸广场是石家庄市规划的“华北重要商埠”两大城市商业中心之一——裕华中心的标志性建筑和“河北省重点项目”，是一个集购物、娱乐、休闲、时尚于一体的综合项目。它位于裕华区城市核心地带，卓达商贸广场商业经营面积10万平方米，分A、B、C三大功能区，室内设中央空调、自动扶手电梯和垂直升降电梯；室外有近万平方米的休闲广场，作为综合的“SHOPPINGMALL”商业中心。

■ **卓达三亚热带雨林度假村**

“卓达　东方BAHAMAS”项目位于中国热带滨海城市海南三亚，是一个国际性滨海度假地产项目，由卓达集团联手美国易道EDAW景观公司和物业管理公司世邦魏理仕CBRE共同鼎力打造，项目规划占地面积540亩，规划建筑面积超60万平方米。

“卓达　东方BAHAMAS”项目位于三亚市城市景观路---迎宾大道与二环路交汇处，是三亚市亚龙湾、大东海、三亚湾三大海湾道路连线的中心区域。“卓达　东方巴哈马”分三期推出三个不同的景观设计理念。

■ **卓达香水海休闲度假城（在建）。**

集团领导人的文化视野、学术见解、前瞻意识与理论洞察力

集团董事长、总裁 杨卓舒——

>>关于人文境界与企业家 >>关于企业家的社会责任 >>关于文化产业与综合国力
>>关于文化产业中的人文精神 >>关于知识经济与文化产业 >>关于卓达的教育 >>关于民族与历史、青年与未来

杨卓舒，男，1952年生，中共党员，黑龙江人。现任卓达集团董事长兼总裁、北京卓达大学校长、国家文化产业人才培训基地主任、中华民族文化促进会副主席、中国房地产十大新锐人物、中国改革十大新闻人物、中国儿童慈善家。

作为独立学者，杨卓舒严谨治学，在哲学、经济学、史学、人文社会科学等领域成果显著。主要编著有《中国市场经济大辞典》、《中国房地产概论》；专著有《卓舒演讲录》、《卓舒随想录》、《卓舒访谈录》、《赢在品格》、《新女学》等；其著述《九买九卖》、《论知识经济》、《企业家——现代社会之魂》、《在理想主义旗帜下集合》、《大学宣言》、《民族与历史》、《专制与战争》、《百论文化产业》等均引起较大反响。

■ 我认为在人本主义和人文精神的最高境界下，以天下为己任，具备完整高尚的人格，对社会有所建树，有所贡献，推动一个企业乃至一个行业发展的人，才能称之为优秀的企业家。

■ 民主法制社会、自由市场经济，这是我的最高社会理想，能为此而追求，幸莫大焉，得享此生活，福莫大焉。

■ 一个不能为世界贡献思想家、文学家，艺术家，哲学家的民族，一个不能对全人类产生思维影响的民族，一个不在哲学、人文、社会科学方面走在世界前列的民族，是无法走向知识经济的。

■ 毫无疑问，我是阳光企业家！因为我是光明磊落的，我喜欢阳光，喜欢公开；我还是个月光企业家，因为我喜欢浪漫；我还是星光企业家，有想象力，创造力，激情与浓厚的理想主义，还带着几分虚幻。

■ 没有目标，没有社会责任感，人类社会将走向衰亡，就会解体。每个人必须为自己，如果每个人不为自己，就麻烦了。都为别人根本不可能，人本身就是为自己，这符合自然，符合天道，是人类进步的原动力。问题在于，一种和谐的社会结构，一种崇高的精神，必须是这样：为了自己，首先必须为别人，唯有通过为别人，为群体，为社会全力以赴，在此过程中才能满足自己。于是，我为别人，别人为我，对社会有强大的凝聚力；大家都为自己，但是必须都遵守社会准则，为社会服务。

■ 发展文化产业，不仅关系国民经济发展、产业结构调整，而且关系民族文化的国际竞争力。在有效保护的前提下，把我国五千年来丰富、独特、珍贵的文化资源转化为文化产品，可向全世界传播悠久璀璨的中华文化。而一个不能在文化上对人类有所贡献的民族，是不能昂首自立于世界民族之林的。尤为重要的是，发展文化产业是提升中华民族的整体国民素质，实现真正意义上的振兴中华民族的伟大事业。

■ 一个民族所能提供的风行世界的产品，即是这个民族最高贵情感的表达，即是这个民族最强大的展示，即是这个民族到世界任何地方的万能通行证。我国的文化产业风行世界后，不仅将从根本上提高我国的国际经济竞争力，而且将提高我们中华民族，包括每一个成员在国际上的地位。

■ 国家要强盛，民族要兴旺，要真正提高综合国力，提高民族的凝聚力，不发展文化产业是不可能的，是办不到的。只有大力发展文化产业，才能使经济快速增长，才能使资源得以保护，改变环境被破坏、被污染的局面；也只有大力发展文化产业，才能更加有效地解决剩余劳动力的问题；更重要的是，只有大力发展文化产业，有丰富的、高质量的文化产品供给全民族去消费，才能完成对每一个消费者自身的教化，全民族的整体素质才能得以提升，才能增强它的凝聚力。这才是真正的综合国力。

集团领导人的文化视野、学术见解、前瞻意识与理论洞察力

■ 文化产业不仅仅是一个经济范畴，同时还融合着不同形态的价值观和伦理观，是影响和凝聚人心的重要载体。在应对国外文化产业的挑战中，我们的文化产业既担负着增强综合国力的职责，同时又承载着弘扬和培育民族精神，使全体人民始终保持昂扬向上精神状态的历史重任。

■ 文化产业的贡献不仅是解决国计民生，解决我们国家资源匮乏、环境恶化的重要产业，它更大的价值在于能为社会提供急需的文化、思想和精神。因为只有文化产业十分繁荣的民族，情感才是高贵的，思维才是理性的，这个民族的价值观、审美观和生活观，才是科学的、积极的、向上的和富有美感的。

■ 文化产业本身承载着凝聚一个民族向心力的作用，本身承载着提升一个民族基本素质的作用。

■ 人文精神是文化产业的灵魂。任何一种文化产业的产品如果不具有人文精神，那么它就只是一个躯壳，不会给人以任何启迪，也不会给人以任何感动。在文化产品消费过程中，越是心灵受到震撼，越是情感受到感染，人们对这个消费品越会加以认同。

■ 人们只看到了发展文化产业能够带来的巨大好处，却往往忽略了发展文化产业的一些基本前提。那就是它对人文精神，对社会精神环境、文化环境的要求。应该说，文化产业是一分人为、九分社会催生，这种社会催生是什么呢？其中很重要一部分就是民众的文化消费需求。如果没有民众的需求，文化产业是不可能有大发展的。

■ 文化产业是非常典型的知识经济。离开知识就没有这个产业，这个产业的知识含量应该说是非常丰富的，对其从事者的知识水平要求也是很高的。同样，这个产业任何一种产品所带给消费者的各种符号、各种信息、各种元素，知识是其中非常重要的一个部分。

■ 如果有一天，我的国家、我的民族没有一个失学儿童，那才是我最大的幸福与骄傲。

■ 卓达大学的全部办学思想、办学宗旨、教育方针就是一切为了人，一切为了社会。要让学生明白，为了自己，首先必须为了别人；对社会的用处越大，个人成功的把握越大。我们办大学就是要培养学生关心天下大事，关心民族命运，不培养出这样的人，卓达就不办大学！

■ 看清过去，而知现在；看清现在，而知将来。历史是无法改变的，但可以改变现在，更可以改变未来，而要改变现在和未来就必须正确认识历史，而不是煽情式的认识历史，而不是伪历史，更不是为了某种遮掩自己，而不肯羞愧、内疚、自省的历史。

■ 在中国当代，一个企业的真正贡献还不仅表现为税收、安置就业、拉动经济以及带动相关产业的发展，以及提供企业发展模式，这些都是重要的，但对中国现代社会来说，最需要的是传播最先进的文化、思想和精神。在中国，就企业而言，卓达还不是最强、最大，但我们顶天立地的是精神。

■ 青年强则中国强，青年强不是强在术上，而是强在道上，道不强则青年必不强。考大学不仅仅是为了获得一张文凭，获得一份安逸的工作，而是出于自己的抱负与理想，是为了自己真心的爱好和追求；如果社会中的青年都是极端的个人主义者，眼中只有自己，心中装满自己，唯独没有他人的话；如果都不管公共事业，都不关心自己的国家的话，那么，由这样的青年组成的团队能是有希望的团队吗？这样的青年人能承担起一个民族振兴的任务吗？这个民族将来能有前途吗？

卓达集团大事记

1. 1993年7月18日，河北卓达房地产集团有限公司成立。

2. 1996年12月，开发销售了20万平米住宅产品，运用“一瓢水”投资理论和“零摩擦”易货理论，完成企业原始资本积累。

3. 1998年6月，《九买九卖》、《一项政策、八大好处》、《在理想主义旗帜下集合》等文章相继发表，集团在开发建设能力、销售模式、人才储备等方面日益完备，为扩张全国奠定基础。

4. 1998年10月，卓达被河北省省委、省政府评为“河北省百强私营企业”、“河北省十大民营纳税企业”，此后连续七年均为河北房地产界第一，被中国建设银行河北省分行评为“AAAA级信用企业”。成功开发建设25万平方米的卓达玫瑰园小区，并提出开发“868”计划(8个项目，投资68亿)，开始实施企业扩张战略，奠定河北省房地产行业龙头地位。

5. 思想与文化是卓达的核心竞争力与独特优势，1998年卓达筹划主办，《人民日报》、《光明日报》、中国社科院、北京大学、人民大学等协办“纪念真理标准讨论20周年、改革开放20周年、五四运动80周年、戊戌变法100周年、党的第三代领导集体与当代中国”等五大系列征文活动，关注社会发展命运的根本问题。1999年10月，卓达再次主办以“知识经济大讨论”为主题的系列文化活动，激发智力资源，以资社会共享，成为全国学术界、文化界、教育界关注的焦点。

6. 1999年7月起，成立北京卓达集团、三亚卓达房地产公司、呼伦贝尔房地产开发公司，开发建设北京卓达大学城、呼伦贝尔草原旅游城、三亚热带雨林度假村、蓝硅谷海洋科技园区等系列项目，整合全国稀缺资源，打造全国一流房地产企业。

7. 自1999年9月起，河北卓达学校、北京卓达经济管理研修学院、三亚卓达旅游职业学院相继创建办学，卓达形成了从幼儿园到中学到大学的素质教育体系，在全国位列前茅。

8. 2002年6月起，中国儿童少年基金会、中华慈善总会授予卓达“中国公益明星单位”，国家民政部授予卓达“全国爱心捐助单位”，国家统战部、中国光彩事业促进会授予“全国热心光彩事业先进单位”等称号，卓达的全国公益企业品牌开始树立。

9. 2003年6月25日，高新开发区星辰项目群、石家庄东南新市区太阳城、卓达商贸广场、卓达服装产业园二期等项目正式开工建设，这标志着卓达的造城战略进入实践操作领域，企业成功再造营利新模式。

10. 2003年11月，卓达集团荣获中国住交会评选的“中国房地产品牌企业50强”荣誉称号、中国地博会评选的“中国城市运营商50强”荣誉称号，卓达的全国房地产品牌企业形象得到确立。

11. 2004年1月，继1998年卓达花园被建设部评为“全国城市物业管理优秀住宅小区”，卓达玫瑰园小区又荣获建设部颁发的“全国物业管理示范住宅小区”，文化社区、精神家园的卓达物业服务模式成为全国物业品牌。

12. 2004年2月，石家庄市统计局2003年公报显示，卓达在全年工程建筑施工面积、全年利税总额、年末资产总额、就业人员等四项统计指

卓达集团大事记

标均位居省会房地产业第一，充分显示了卓达作为河北省房地产龙头企业的重要地位。

13. 2004年6月，卓达星辰项目群住宅板块正式开售，标志着由星辰公园、星辰商业广场、星辰大厦、五星级酒店、火炬大厦、星辰花园、石家庄国际会展中心等七大项目板块组成的星辰项目群进入加速发展期。

14. 2005年5月26日，国家文化部与卓达合作创办的国家文化产业人才培训基地正式挂牌，同时总裁杨卓舒先生发表《百论文化产业》。

15. 2005年10月26日，总建筑面积100万平方米的卓达太阳城文化产业千米长廊正式奠基，标志着"坚持科学发展观，集约高效利用土地，以文化产业为灵魂，以发展集群式产业为核心，以直接破解农民就业难题产业为突破口，以构建和谐新型城市为目标，探索和创造从根本上解决三农问题新模式"的卓达太阳城产业造城项目跃上新台阶。

16. 2006年卓达星辰国际广场主体工程完工，以五州国宴为先导的各类项目开始运营。

17. 2007年卓达集团总裁杨卓舒在北京大学发表《文化产业：中国社会经济综合发展的强大动力》。

18. 2008年1月，"卓达"被延续认定为河北省著名商标。这是卓达商标2004年被认定为"河北省著名商标"的使用期满后，再次获得该项认定。据了解，河北省著名商标由河北省工商行政管理局联合多个部门组成评审委员会进行评定，获得认定的著名商标的有效期为3年，期满后须再次通过认定后方可使用该商标。

19. 2008年3月，卓达物业公司晋升为国家一级资质，是河北省首家也是唯一一家获得一级资质的物业公司。

20. 2008年3月22日，卓达太阳城国际俱乐部隆重开业。卓达太阳城是我国首家全龄化服务养老社区，是国内规模最大、档次最高的社区配套中心。

21. 海南首个"分户验收"项目落户三亚卓达东方巴哈马。此次敢于进行海南省第一个住宅的分户验收试点，体现了卓达公司为业主负责的社会责任感。

22. 4月26日，"2008中国慈善排行榜发布典礼"在京拉开帷幕。卓达集团总裁杨卓舒先生被评选为"中国十大慈善家"，系河北省唯一获此称号的企业家。

23. 卓达集团向汶川灾区捐助现金、物资总额达708万元。

24. 10月22日，文登南海卓达（张家埠）新港开工奠基典礼隆重举行。文登南海卓达（张家埠）新港的开工奠基具有划时代的意义，标志着卓达集团"产业积聚，文化造城"的新城市运营模式拥有了核心驱动力。建设新港口是卓达集团开发南海新区的战略性决策，是实现卓达·香水海休闲度假城与中国先进技术装备园区同步发展，达到三城联动的关键。

25. 11月，为搭建与国际财团合作的平台，在卓达首期推出的石家庄８０亿项目群中，先后与美国温德姆国际酒店集团、美国塞曼克斯金融投资机构、美国澳氏基金等国际财团达成合作意向。此次各大财团与卓达携手合作，投入到石家庄三年大变样的建设中来。

26. 11月28日，中国房地产测评中心在海口发布了《2008年中国房地产开发企业500强测评研究报告》，卓达集团名列第33位。

27. 为推行现代企业管理制度，加快企业发展及与国际接轨，卓达集团从2008年12月1日起开始进行集团股份制改造。此次股份制改造采取员工自愿参股，企业出资免费赠发的形式，让员工真正加入到卓达集团股份制改造中来。通过股份制改造，能够使卓达集团呈现出更好的管理机制，也为企业持续发展创造积极因素。

Volume 2003–2007

2003 – 2007年卷 中册

中国文化产业学术年鉴

ACADEMIC ANNUAL OF CHINA`S CULTURAL INDUSTRY

文化艺术出版社
Culture and Art Publishing House

图书在版编目（CIP）数据

中国文化产业学术年鉴（2003～2007年卷）/王育济　齐勇锋　侯样祥　韩　英　主编. —北京：文化艺术出版社，2009. 8
ISBN　978-7-5039-3747-7

Ⅰ. 中…　Ⅱ. 王…　Ⅲ.文化—产业—中国—2003～2007—年鉴 Ⅳ.G124-54

中国版本图书馆CIP数据核字（2009）第130157号

中国文化产业学术年鉴 2003～2007年卷

主　　编　王育济　齐勇锋　侯样祥　韩　英
责任编辑　方玉菊　王　红　王及源　田守强　齐大任　刘　爽
　　　　　李　鹏　张勍倩　胡　晋　陶　玮　斯　日　程晓红
封面设计　李　鹏
出版发行　文化艺术出版社
地　　址　北京市朝阳区惠新北里甲1号（100029）
网　　址　www.whyscbs.com
电子邮箱　whysbooks@263.net
电　　话　（010）64813345 63813346 （总编室）
　　　　　（010）64813384 63813385 （发行部）
经　　销　新华书店
印　　刷　山东鸿杰印务集团有限公司
版　　次　2009年10月第1版
印　　次　2009年10月第1次印刷
开　　本　889×1194毫米　1/16
印　　张　169
字　　数　正文5500千字+索引2091千字
书　　号　ISBN　978-7-5039-3747-7
定　　价　软精装（上、中、下）598.00 元

版权所有，侵权必究。印装错误，随时调换。

超　级　女　声

一、2008年7—9月，我们设计了22个中文关键词（见附录一），在网络和报刊上对“超级女声”进行检索，剔除其中大量的无效信息、重复信息和只言片语式的评论，得到的统计结果是：2005年—2008年9月5日，纸质媒体、公共网站发表有关各类研究、评论、报道共计475篇。

二、我们根据上述统计材料，对相关内容进行了分类，得到以下结论：

A：在共计475篇的评论、研究和报道中，对“超级女声”予以充分肯定、基本肯定的共计331篇，占总数的70%。（见附录二）

B：在共计475篇的评论、研究和报道中，对“超级女声”予以完全否定、基本否定的共计37篇，占总数的8%。（见附录三）

C：在共计475篇的评论、研究和报道中，对“超级女声”无明确评价指向或无法做出分类归属的共计107篇，占总数的22%。（见附录四）

三、我们从上述475篇文章中辑录出有关“超级女声”的重要研究观点（包括批评意见）146条。

四、我们从上述475篇文章中，辑录出有关“超级女声”产业效益方面的报道35条。

五、我们集体讨论选编了有关“超级女声”的重要文章8篇。

1. “超级女声现象”透视/向荣高//中国青年研究 2005-12

2. “超级女声”的经济学分析/王克修//中国改革报 2005-10-15

3. 经典的营销策划　成功的商业运作——剖析“超级女声”运作模式/黄琍//市场营销导刊 2005-05

4. “超级女声”走红的传播学思考/柴志芳//新闻界 2005-05

5. “超级女声”撞击娱乐经济/孟群舒//财富智慧 2005-08

6. 论“超级女声”与发展文化产业/夏义生//理论与创作 2006-04

7. 狂欢的背后——“超级女声”现象的思索/梁晓萍//山西师大学报（社会科学版）2006-03

8. 刘忠德批评“超级女声”的前前后后/朱虹子　肖维波//中国文化报 2006-05-10

六、附录

附录一：“超级女声”搜索关键词

附录二：A类文章目录

附录三：B类文章目录

附录四：C类文章目录

重要观点辑录

关于“超级女声”的文化价值、意义和启示

湖南卫视给“超女”这样定义：快乐中国·超级女声是一档具有独特品质、以音乐选秀为外壳的大众娱乐性节目。整个节目自动剥离了电视艺术暧昧的包装，紧贴大众性和亲民性两大主题理念，倡导“想唱就唱”和“以唱为本”。“超女”几乎无门槛的大众参与方式和大众投票决定选手去留的淘汰方式，将一切权力交给了大众，张扬一种“全民快乐”的感觉。“大众参与，全民快乐”正是超女区别于其他音乐比赛节目的灵魂所在。

（摘自何春耕　肖琳芬：《电视娱乐节目模式的发展与探索——以湖南卫视“快乐大本营”和“超级女声”等为例》，《湖南社会科学》2006年第2期）

所以说，“超女”这一场万人空巷煽情至极的大众娱乐秀不仅是一个空前火爆的流行文化现象，更是一次精心设计和策划的顶级商业运作，再由文化带动了一系列产业的发展。这一系列的产业都是由娱乐文化所引爆的，对此，我们可以以一个新名词来概括——“富娱乐产业”。

（摘自：《从超女现象看富娱乐产业》，艾瑞网2006年5月16日）

“超女”是一道精神文化大餐，是一道超级的精神文明文化大餐。这道大餐的火爆颠覆了很多一百年不变、一千年不变的文化观，这道大餐告诉我们的东西太多了。

（摘自朱珠：《地标文化冉冉升起的地方——湖南卫视“超级女声”引爆的革命》，《消费导刊》2007年第14期）

回过头看形势：“超女”本来是一场歌者的游戏，但是它不可遏止地发展成一个事件，一个包含文化与社会意义的双料性事件。居高不下的收视率使它成为中国电视界有史以来的最大奇迹，近乎对抗的争议使它引燃了中国互联网规模最庞大的口水战，全民的参与性几乎使它成为近几十年来最有感染力的社会文化运动。电视湘军这块金字招牌已经稳居视线的焦点、舆论的中心、荣誉的巅峰，表面的风光让每一个湖南电视人都有理由达到一种沸腾的状态，在“超女”的滚滚洪流中，他们获得了一种力量，对所有指责和蔑视都可以昂首挺胸。作为内陆媒体，湖南卫视连续两年稳坐全国省级卫视收视率及广告收入的第一名，“超女”带来的直接、间接经济收益不可估量。

“超女”提出的所有课题中，便是文化产业的联动性，就是融合盈利模式。历史上从来没有一个电视节目，同时拉动如此之多的产业一起互动，“超女”完全是在无意之中触动了这根链接的环。“超女”像是拉动了地雷的引信一样，将这个行业引爆。

（摘自朱珠：《地标文化冉冉升起的地方——湖南卫视“超级女声”引爆的革命》，《消费导刊》2007年第14期）

对于绝大多数陷入狂欢的大众而言，“超级女声”已经成为一场前所未有的电视集体饕餮。长期以来，中国电视节目始终在收视率和广告之间徘徊，寻找利润点。而“超级女声”的出现，正试图变两点为多点，将传统电视节目并入一条崭新的品牌流水线。

以电视节目为起点构建全能的娱乐品牌，是“超级女声”商业模式的核心。这样的思路，在国内，尚没有可资借鉴的范本。

（摘自林嘉澍：《超级女声：全民娱乐的商业狂欢》，《经济观察报》2005年6月20日）

2004年曾创下收视奇迹的“超级女声”，延续至今仍是社会的热点话题之一，并因此拉动了一系列与“超女”相关的产业发展。从湖南卫视一个小小的八点档栏目到轰动全国的选秀活动，从不起眼的娱乐节目到掀起整个社会平民娱乐的浪潮，从单一媒体播出的形式到整合各种媒体的立体传播模式，从简单的娱乐节目到引发整条娱乐产业链……“超级女声”带来的一系列收益使我们不得不重新审视这个舶来的“真人秀”节目在中国上演的“媒体融合秀”将怎样带动中国媒介的发展。

（摘自张辛欣：《从“超级女声”看媒体融合》，《新闻三昧》2007年第Z1期）

作为一档娱乐节目的“超级女声”，终究要曲终人散。“火，但不会更火”，也许是对“超级女声”未来的一个恰当描述；也许，它不该也确实承载不了那么多的社会主题与文化意义；也许，不巧的，正是它过于火爆的出场。当然，无论试图死守高地的“超级女声”与梦想着收复失地的“梦想中国”的最终博弈结果究竟怎样，也无论超越了娱乐范畴的有关“超女”这场游戏的规则、影响乃至其意义的争论结局到底如何……“超级女声”，作为一个特定时期的特定文化现象，无疑已经深入影响并反映了这段时期中国社会的公众心态，无疑已成为多元文化发展的一个典型缩影，这是谁也不可否认与抹杀的。

（摘自徐浩然：《超级女声还能火多久?》，《天水日报》2006年5月21日）

大众文化和精英文化虽性质各异，然而它们的不同因素又被整合进一个复杂的文化系统，“大众化”作为“超级女声”品牌辞典里最核心的关键词，体现在老百姓自娱自乐，这是“超级女声”的精髓。正因为“超女”从一开始就和精英文化划清了界限，所以它也将遭致代表精英文

化的相当一部分文化集合体的轻视与回击。

（摘自徐浩然：《当“娱乐”演变为“事件”——从2006“超级女声”表现看社会注意力走势》，《广告大观》（媒介版）2006年第4期）

“超级女声”的策划者根据中国实际，创造出海选、层层淘汰、观众短信决定选手去留等独到的品牌元素。比赛强化了观众的决定权，只有观众的短信才能决定选手最后的名次，做到了更深程度的大众化。

（摘自杜永利　陆白微：《从“超级女声”的品牌特征看电视经营战略》，《视听界》2006年第1期）

我们应该客观地看到，“超级女声”作为一种声乐文化活动，在较短时间内能够产生巨大的社会反响和轰动，不能不说它在利用现代传媒技术和商业运作方面取得了成功。

（摘自张媛：《“超级女声”背后的冷思考》，《四川戏剧》2007年第4期）

“大众化”被定为“超级女声”品牌辞典里最核心的关键词。在最初的策划会上，主创人员一致认为，放下架子的“超女”品牌将有能力覆盖社会中各个年龄层的观众，成为一个“合家欢”式的大众参与品牌，进而对以家庭为单位的群体产生影响。

（摘自林嘉澍：《超级女声：全民娱乐的商业狂欢》，《经济观察报》2005年6月20日）

“‘超级女声’是中国大众娱乐的开始。它本质上不是一个专业级别比赛，而是一个全民参与的娱乐活动，这迥异于强调艺术性及专业性的央视青年电视歌手大奖赛。同时，这个活动并不是靠明星取悦大众，他们打出的是‘大众取悦大众’的创意王牌。制作者将传媒的门槛放低，满足了女生们自我表现的愿望。”中国传媒大学教授、中央电视台市场研究总监袁方对“超级女声”作出了以上解读。

（摘自林嘉澍：《超级女声：全民娱乐的商业狂欢》，《经济观察报》2005年6月20日）

我们发现，媒体融合的结果就是在最短时间内扩大影响力，使观众的接受和反馈在同一时间发生，打造品牌主义，对大众进行议程设置。而“超级女声”以一个真实的案例告诉我们，媒体融合如果正常地进行，其作用是如何巨大。毫无疑问，在未来的一段时间内，媒体融合将是我国媒体的发展趋势，它将带动我国新闻理论和实务的一系列改革，不断向世界级传媒集团模式靠拢。

（摘自张辛欣：《从“超级女声”看媒体融合》，《新闻三昧》2007年第Z1期）

2005年夏天的一场“超级女声”在中国掀起了一股前所未有的娱乐风暴，主办方湖南卫视也成为了这场娱乐风暴的中心。在一定意义上讲，从普通观众到资深学者，从电视同行到媒体业界，参与者和旁观者都以一种亢奋的心情感受着“超女”带来的惊喜或迷茫。它创造了新的流行用语、新的收视习惯和新的社会话题，同时还塑造了新的娱乐偶像，甚至培养了新的审美标准。如今疯狂已经归于平静，但“超女效应”却还在持续影响着湖南卫视，改变着中国电视娱乐经济的发展方向。

（摘自刘吉发　陈怀平：《从“超女效应”看中国电视娱乐经济的未来走向》，《科技信息》2006年第6期）

“超级女声”入选2005年中国流行文化十大关键词已成定局，同时它也必然成为2005年度最炫目的青少年文化景观之一。分析“超级女声”这一媒介文化现象产生、发展并发生社会功能的内在机制，将有助于我们正确看待中国电视娱乐业的未来走向。“超级女声”作为中国电视娱乐业改革成功的先声，必将给中国电视娱乐业带来新的活力，使电视娱乐业在满足大众文化需求的同时，创造良好的经济效益，甚至成为我国反对西方“文化霸权主义”的重要力量。

（摘自刘吉发　陈怀平：《从“超女效应”看中国电视娱乐经济的未来走向》，《科技信息》2006年第6期）

作为一项选秀性质的节目，“超女”的成功无疑引起了很多人的关注，特别是那些向往成名的花季少女。毕竟，谁不想一曲成名呢？然而最终站在象征冠军的最高舞台上的人也是付出努力最多的人。从海选、复活赛、十强入围赛、十强晋级赛、10进8、8进6、6进5、5进3到最后的总决赛，一路走来，披荆斩棘、过关斩将，付出的汗水与艰辛常人无法想象。这一点值得我们钦佩。

（摘自：《搅动中国娱乐圈的超级女生》，http://www.yoto.cn2007年8月4日）

“超级女声”落幕了。可以肯定的是，靠一个充满争议的少女全民选秀活动尚不足以填补青少年严重缺失的情感、精神家园，比评价其成败得失更重要的是它开启了一扇思考的大门：我们该怎样为孩子们建构一个健康、丰富、开心的课余文化生活？——这扇大门期待着所有人走入。

（摘自李瑾：《“超级女声”热留下的一串问号》，《工人日报》2005年8月27日）

“超级女声”已经不再是一个节目，而是一个闪光的品牌。只要跳出电视，辐射到具体的产品上，无需前期投入，就能带来巨大利润。一个电视节目的生命周期在5－10年，但一个品牌可以长时间做下去。作为“超级女声”品牌的所有者，上海天娱的使命是如何实现这个品牌的潜在价值。

（摘自禹建强：《“超级女声”的注意力经济学》，《山

东视听》2006 年第 1 期）

从注意力经济的视角分析“超级女声”，可以得出这样的启示：电视媒体获得、开发注意力的关键是持续创新。只有不断创新节目形式，才能在注意力的争夺中拔得头筹；不断改进节目的环节和元素，才能一直保持领先。也只有不断创新盈利模式，才能从开发注意力资源中获得更多的利润。

（摘自禹建强：《“超级女声”的注意力经济学》，《山东视听》2006 年第 1 期）

“超女”中独有的 PK 台，让传统文化中中国人最不愿意直面的面对面竞争彻底暴露在亿万观众面前，尽管它同我们的传统文化价值观有抵触，但它刺激，让我们的情感有了戏剧性的冲突，才有了更强的吸引力。

（摘自吴丰：《“超女”经济联想》，《四川省情》2005 年第 9 期）

“超级女声”是一个传统媒体与新技术结合的成功范例。其通过短信投票而产生的互动，以及通过网站传播而聚集的人气，都可圈可点。未来的 3G 时代，使“手机看电视”的梦想已经不再遥远。明年的“超级女声”总决赛是不是可以在手机上“现场直播”，人们还在期待。

2005 年，最时尚的名词就是“超级女声”。它是娱乐新经济开始涌现的标志。

（摘自顾克非：《“超级女声”点燃新娱乐经济》，《消费日报》2005 年 9 月 26 日）

仔细研究“超女”的节目形式，无论是前期策划、录制过程，还是后期包装，都与以往的电视娱乐节目的审美倾向有很大的区别。追求原始的录制过程，将真实放在第一位的节目宗旨都将传统的审美观念进行了大换血。而中国电视行业更是发掘出了一个全新的更具有审美潜力的节目形式，一时间各地方台开始纷纷进行审美革命，颠覆了传统的娱乐形式，自此中国娱乐电视节目掀起了历史性的审美浪潮。

（摘自夏颖　王继发：《“超级女声”对电视娱乐节目的颠覆与影响》，《青年记者》2007 年第 14 期）

“超级女声”引发的审美浪潮是顺应时代审美发展需求而产生的，并且在中国电视娱乐节目审美变迁的历史中具有代表性。新审美观念既是一种继承，又是一种创新。“超级女声”引发的新审美观念带给中国娱乐节目深刻的影响与启示。至此，纯娱乐的制作方式，回归自然、以人为主的制作宗旨将带给中国娱乐节目新的风格。

（摘自夏颖　王继发：《“超级女声”对电视娱乐节目的颠覆与影响》，《青年记者》2007 年第 14 期）

从视觉审美角度来看，“超级女声”的主角特征与以往的审美观念有很大的不同，选手中性的打扮体现了时代感，与以往传统的美女标准有很大的不同，更多是以帅气的服装和爽朗的性格来吸引观众。

（摘自夏颖　王继发：《“超级女声”对电视娱乐节目的颠覆与影响》，《青年记者》2007 年第 14 期）

在展现自我、彰显个性已成为年轻一代的意识主流，快乐作为一种生存理念日益被大众消费社会所接受的今天，应运而生的“超女”，不但满足了大众对生活的参与欲望，而且具有乐观主义的激励和推崇，使大众意识到自己的主体性，并敢于实践和追求自己的梦想，因而，迅速征服了屏幕内外的参与者和受众。

（摘自李盛龙：《“超级女声”为何蹿红——“超级女声”之解构性探析》，《太原师范学院学报》（社会科学版）2006 年第 9 期）

精英主导向大众主导的文化转型，是当今社会文化的时代脉搏，“超女”在文化意义方面所体现出的解构性正契合了这一时代脉搏。如果透过节目表现形式和传播理念的解构性，可以发现“超女”在文化意义方面的解构性是构成“超女”走红的更深层原因。

（摘自李盛龙：《“超级女声”为何蹿红——“超级女声”之解构性探析》，《太原师范学院学报》（社会科学版）2006 年第 9 期）

以“超女”为代表的大众文化，放下过去电视的崇高身份和引导、规范大众的精英文化角色，呈现的是一种粗糙甚至丑陋的原汁原味的百姓生活记录，“它强调了艺术与日常生活之间界限的消解，高雅文化与大众通俗文化之间明确分野的消失”。“超女”的这种原生态文化特征从其打出的广告可见一斑：“不拘年龄，不拘长相，不拘唱法”；“凡喜爱唱歌并年满 16 周岁的女性均可免费报名参加”；“没有门槛，没有距离的大众歌会”。而选手现场的“另类”表演又成了大家的开心剂。正如有的观众坦言：自己喜欢这个节目就是因为选手的洋相百出，什么笑话都有，什么样的人都可以看到。对于大多数观众而言，看惯了经过完美包装的电视节目后，就非常想知道节目录制过程中发生的所有事情，尤其是被剪辑掉的难登大雅之堂的部分。而“超女”却恰恰记录下了节目录制过程中的所有元素。正由于满足了大众的这种“审丑”心理，“超女”才吸引了广大观众。

（摘自李盛龙：《“超级女声”为何蹿红——“超级女声”之解构性探析》，《太原师范学院学报》（社会科学版）2006 年第 9 期）

以电视节目为起点构建全能的娱乐品牌，是“超级女声”商业模式的核心。长期以来，中国电视节目始终在收视率和广告之间徘徊，寻找利润点。而“超级女声”的出现，正试图变两点为多点，将传统电视节目并入一条崭新的品牌流水线。这样的思路，在国内，尚没有可资借鉴的范本，可以推广和借鉴。

（摘自王芳：《“超级女声”可资借鉴的成功蓝本》，《传媒》2007 年第 9 期）

与其不同的是，“超级女声”将娱乐的主角让位给普通大众，把握了娱乐的平民化方向，把真实的娱乐带给大家，是一个能让老百姓主动乐意接受的电视节目。群众的眼睛是雪亮的，创作人员重视老百姓，静心且用心地做节目，节目自然就会获得观众的认可和业内的尊重。收视率一路狂飙也在情理之中。

（摘自江绍雄：《“超级女声”，生猛有理》，《广告大观》（综合版）2005 年第 9 期）

对于“超级女声”来说，多一些原创、多一些拥有知识产权的作品，在推出优秀的歌手的同时，还能推出一批优秀的音乐作品，这将更有利于推动中国电视娱乐产业的发展，活跃文化市场、促进文化产业，对中国音乐事业的发展也会功德无量。多点原创，就是“超级女声”的一剂催化剂，更加彰显“超级女声”品牌的力量；多点原创，“超级女声”将会更加好看，更加充满活力。

（摘自彭建东：《“超级女声”多点原创会更好》，《陕西省知识产权》2006 年 9 月 27 日）

“超级女声”目前虽然在现场控制还有其他一些元素的处理上，都过于简单粗糙，细节处理不够。它史无前例的娱乐尺度，也让其从诞生之日起就一直饱受争议。“‘愚乐’电视观众”、“被操控的残酷娱乐秀”、“踩着少女的尊严舞蹈”，各种严厉的批评纷至沓来。但无论如何它是成功的，它成功地制造了一个“超级 PARTY”，一个全民的快乐嘉年华，一场大众游戏。它攫取了巨大的商业利益，以此为模型克隆的节目也越来越多，总冠军、观众、电视台、商家，谁是最终的胜利者都还没有定数。但它对中国电视行业的启迪作用却是不容忽视的。

（摘自李琳：《“超级女声”：超级生意?》，《经纪人》2005 年第 9 期）

受众：史无前例地，“超级女声”系着众生平等的观念将目光投射到了真正的普罗大众身上，让大众第一次有了平等且自由的参与平台。而“超级女声”的文化密码之一，就是对草根利益的尊重，满足了受众在参与、欣赏和娱乐等多方需求。

（摘自陈八零：《舆论经济——传媒经济新思考——从“超级女声”看舆论经济新特点》，《商场现代化》2005 年第 24 期）

中国电视节目始终在“收视率”和“广告”两点之间寻找利润点。“超女”的出现，试图将两点变为“多点”，将传统电视节目并入一条崭新的品牌流水线。“超女”是中国娱乐经济的开始。

（摘自龚莉萍：《娱乐经济的新鲜注脚——“超级女声”带来的商业嘉年华》，《声屏世界》2005 年第 12 期）

“大众化”是“超级女声”品牌辞典里最核心的关键词。放下架子的“超级”品牌有能力覆盖社会各年龄层的观众，成为一个“合家欢”式的大众参与品牌，进而对以家庭为单位的群体产生影响。

（摘自龚莉萍：《娱乐经济的新鲜注脚——“超级女声”带来的商业嘉年华》，《声屏世界》2005 年第 12 期）

娱乐经济是 E 时代消费欲望转型的产物，“超级女声”唱响了娱乐经济，并给枯燥乏味的经济世界添上了一个新鲜的注脚。

（摘自龚莉萍：《娱乐经济的新鲜注脚——“超级女声”带来的商业嘉年华》，《声屏世界》2005 年第 12 期）

“超级女声”不仅仅是一档大众娱乐节目和大型选秀活动，更大程度上是多方力量打造的一个新锐娱乐产品。“超级女声”之所以诞生是因为其“适销对路”，之所以火爆来源于其良好的产品创新、营销创新和资源整合能力，这样才能够持久不衰。其原因得益于其富有远见的品牌战略。

（摘自夏凡：《浅谈“超级女声”的整合营销传播策略》，《辽宁经济》2006 年第 1 期）

可以说，“超级女声”作为一档综艺节目，它的生命力注定不会太长久，但它作为品牌的开发与收获才刚刚开始，而关于“超级女声”的讨论也远远没有终结，因为“超级女声”已经在中国文化产业发展的历史上写下了浓墨重彩的一笔。它对媒体业、营销策划业及其他各个行业在营销方式或传播渠道上都有着值得借鉴的意义。

（摘自夏凡：《浅谈“超级女声”的整合营销传播策略》，《辽宁经济》2006 年第 1 期）

“超级女声”不仅是湖南卫视一个成功的音乐电视节目，而且更显示了以大众消费为主的赞助商和电视台富有创造力营销模式的成功。它对所有处于行业增长瓶颈中的企业给予震撼和深刻的启示，从而激起这些行业寻找更富创造力营销模式的热情，进而对中国经济的运行产生了相当深远的影响。

（摘自夏凡：《浅谈“超级女声”的整合营销传播策略》，《辽宁经济》2006 年第 1 期）

通过“超级女声”，一方面使我们看到，营销要保持高度的敏感性，尽可能结合社会趋势，要善于借势，用完全平民化的风格使我们的营销更加关注大众的力量，不要在象牙塔里做策划。另一方面，客户日益年轻化，并以超常规的速度和方式积累财富，要理解他们的生活方式，在

营销和产品上重视这部分市场。"超级女声"在操作上成功，相关延伸产品的开发，重新提出了大营销或者泛营销的概念，不能单就产品而说产品，而要同时注重企业文化和品牌战略的开发。

（摘自夏凡：《浅谈"超级女声"的整合营销传播策略》，《辽宁经济》2006年第1期）

"超级女声"被媒体盛赞为"平民狂欢节"。"想唱就唱"，"超级女声"宣布了平民偶像时代的开始。一群"萝卜白菜"们在"超级女声"中追逐着各自的明星梦想，他们从娱乐的被动接受者转变成娱乐的主动释放者，颠覆了传统的"传-受"模式。在这种角色转换和模式颠覆中，老百姓提升了自我意识和公共意识。海选、短信和大众评审团，使中国的平头百姓拥有了大众媒介的话语权，中国的平民主张开始崛起。

（摘自王昊：《电视节目体验式营销探析——以"超级女声"为例》，《东南传播》2007年第11期）

"超级女声"见证了大众娱乐对于权威和精英文化的无情藐视，表现得如此自信，胜利得如此彻底。"超级女声"现象已注定成为学界绕不开的话题，它在一定程度上冲击着传统的来自西方的传播理论，并给了我们诸多启示。

（摘自王昊：《电视节目体验式营销探析——以"超级女声"为例》，《东南传播》2007年第11期）

湖南卫视举办第一届"超级女声"时仅有都市类报纸的娱乐版报道相关消息。到第二届时，一向严肃的《中国青年报》、《三联生活周刊》、《中国新闻周刊》、《南方周末》、《解放日报》等报刊也开始刊载"超级女声"诸多争议话题的报道与评论。当这些身居"意见领袖"角色的主流媒体"俯身"关注一档电视娱乐节目时，"超级女声"便自愿或不自愿地成为了一场社会公众事件和一种社会文化现象。

（摘自王昊：《电视节目体验式营销探析——以"超级女声"为例》，《东南传播》2007年第11期）

仍以"超级女声"为例，"言论自由"在"超级女声"中得到了充分体现，但恶毒下流的网骂和无处不在的传闻说、黑幕说、内定说、贿赂说等等，也构成了"超级女声"一道阴暗的风景线。因此，电视节目如何有机地把经济利益和对社会准则及公众利益的引导和维护责任统筹起来，履行媒介对社会历史前进的使命，成了一项迫切需要完成的任务。体验式互动节目的健康发展不仅在于大众的积极参与，更在于坚持健康向上的文化导向、坚持三贴近原则、坚持文化艺术活动的自主创新。

（摘自王昊：《电视节目体验式营销探析——以"超级女声"为例》，《东南传播》2007年第11期）

"超级女声"作为一个作者式文本，其开放性是无与伦比的。第一，节目的主角是受众，任何女性（无论年龄、职业、社会地位）都可以报名参加海选，她们梦想通过电视成为歌星，而"想唱就唱"给他们机会实现梦想，电视节目的直播使他们成为电视上的公众人物；第二，"超女"们一次次地被淘汰或PK，由电视观众和现场评委共同完成，受众参与和决定胜负优劣，任何观众都可以加入进来。

（摘自贺建平　魏杰：《媒体的两种经济与电视文本"超级女声"》，《商场现代化》2006年第9期）

从前期多种媒体的铺天盖地的宣传轰炸到最终结果的产生，"超级女声"与人们的日常消遣娱乐联系起来，成为人们街谈巷议的热门话题，而个体受众的社会主体身份和群体归属，使他们对于"超级女声"有不同的理解和介入，褒贬不一，既有赞扬之声，也有对其低俗化的评价，甚至对黑幕进行的质疑；当"超级女声"到白热化时，已成为"言必超女"了，几乎每天都可以在车上、商场听到人们对"玉米"、"凉粉"的喜好之情的表达，周五晚节目开播前的街头拉票更是热闹非凡；到了8月底决赛前，"超级女声"的收视人口达到了5个亿。现代社会的生存压力让人们只想沉溺于娱乐之中，而"想唱就唱"的主题使他们感到了自主和自在的快感，带着这样的期待，"超级女声"提供的娱乐性、煽情性、趣味性，使人们有一个足够的理由，暂时沉湎于娱乐和放松之中，无门槛的大众报名方式和大众投票决定选手去留的淘汰方式，将"自我娱乐"推向了极致。这就是为什么"超女"的受众超越人们在性别、年龄、职业、习俗上的差别，下至小学生，上至大学教授，达到了全民总动员的"趣味公众"的巅峰。同时也说明了，电视作为一套参与意义流通的手段正变得十分清楚，对于电视节目的闲谈议论不再说成是电视本身的终结，而当作是积极参与意义的生产与流通过程的方式，这种意义构成了文化。

（摘自贺建平　魏杰：《媒体的两种经济与电视文本"超级女声"》，《商场现代化》2006年第9期）

概言之，"超级女声"已经成功地实践了媒体的经济模式，因文本的开放性吸引数以亿计的受众在获得快感中建构意义，创下娱乐节目收视率之最，高收视率所带来的是广告和短信的经济效益，金融经济和文化经济一起运作，产生了巨大的社会效益。这充分说明，媒介产品要顺利地进入"市场"，为广大"消费者"接受，获得良好的效益，就应该以受众为价值取向，研究受众文化需求和消费文化产品的方式，并以此为制作开放式的电视节目的前提。受众是媒体经济运作的轴心和决定因素，而传播与市场经济关系的研究应以满足受众对资讯和娱乐的需求为基本核心。

（摘自贺建平　魏杰：《媒体的两种经济与电视文本"超级女声"》，《商场现代化》2006年第9期）

关于“超级女声”成功运作的原因分析

通过对品牌资源的整合，湖南卫视、湖南娱乐频道、天娱传媒集体导演了一出“超级女声”的大戏。对于这样一个非常成功的商业运作模式，《中华工商时报》这样评价：三个同样渴望获取更大辉煌的品牌在各自领域各司其职、相互作用，结果也使得此次活动取得了十分良好的效果。

（摘自杜永利　陆白微：《从“超级女声”的品牌特征看电视经营战略》，《视听界》2006 年第 1 期）

“超女”娱乐节目的火爆正是基于对电视娱乐节目正在进入“娱乐经济”、“注意力经济”、“眼球经济”时代的正确判断。

（摘自杜永利　陆白微：《从“超级女声”的品牌特征看电视经营战略》，《视听界》2006 年第 1 期）

和蒙牛集团的合作被业界评价为“一次整合营销的经典案例”。在冠名“超级女声”的同时，蒙牛集团也在全国市场全面启动自身的传播推广渠道，在各个层面进行高强度的传播攻势，如在包括央视在内的各强势电视台，以及广播、杂志、网站和户外等媒体，投入大量资金刊播“蒙牛酸酸乳”广告和“超级女声”比赛内容，对于“超女”人气的提升起到了推波助澜的作用。蒙牛酸酸乳、湖南卫视、“超级女声”三个品牌在各自领域各司其职、合作共赢的商业模式值得推广。

（摘自杜永利　陆白微：《从“超级女声”的品牌特征看电视经营战略》，《视听界》2006 年第 1 期）

“超级女声”在商业上的成功在于有效整合了三个因素：一是“超级女声”活动本身具有好的创意及好的实施；二是赞助企业的巨额资本介入；三是湖南卫视这一娱乐强势媒体平台。目标明确，手段运用具体，商业实施过程步骤清晰、紧凑，是“超级女声”成功的关键。“超级女声”不仅是一场万人空巷、煽情至极的大众娱乐秀，一个空前火爆的流行文化现象，更是一次精心设计和策划的顶级商业运作。“超级女声”与蒙牛的合作堪称经典之作，其成功运作给我们带来了重要的经济学启示。

（摘自花永春：《“超级女声现象”的经济学思考》，《中国市场》2006 年第 10 期）

资深文化营销专家许斐说过，企业竞争的最高层次是文化层面的竞争，一个企业所被赋予的独特文化是一个企业的灵魂。娱乐节目本身应该与所搭乘的品牌特性相互呼应才能相得益彰。蒙牛酸酸乳的消费群锁定在 12 至 24 岁的年轻人。为强化品牌定位及产品个性，必须在蒙牛酸酸乳品牌内涵中加入一些“年轻”、“活力”的元素。为了给这些元素找合适的沟通载体。蒙牛瞄上了“超女”这个“时尚载体”。作为一款大众娱乐节目，“超级女声”主要受众群体是 12 至 24 岁的女性，青少年观众参与度非常高，与蒙牛酸酸乳的目标消费者非常吻合。此外“超级女声”设立的 PK 环节也给选手和观众一种“酸酸甜甜”的感觉。大量的市场调查，证实了蒙牛酸酸乳选择的“超女”对象非常符合自己的品牌定位。

（摘自：《超级女声：娱乐节目营销的大手笔》，《信息产业报道》2006 年第 1 期）

今天下午，创意产业研究资深专家陈少峰做客人民网强国论坛，他分析“超级女声”节目之所以比“梦想中国”、“我型我秀”等来得成功，主要取决于产业链顺畅，形成多个资金来源，创造了一种文化产业运作的成功模式。

（摘自李晓明：《陈少峰：“超级女声”成功在产业链顺畅》，人民网 2006 年 6 月 7 日）

我们可以看到，“超级女声”原本只是湖南卫视一个娱乐栏目而已，现今却成为了一个平民娱乐的活动。我认为，“超级女声”的成功之处在于它将“栏目”“活动”化。

（摘自张辛欣：《从“超级女声”看媒体融合》，《新闻三昧》2007 年第 Z1 期）

可以发现，“超级女声”的成功在横向上是多媒体有机的结合，造成了纵向上的一种时空上的影响力。这不禁让人联想到“马太效应”。

（摘自张辛欣：《从“超级女声”看媒体融合》，《新闻三昧》2007 年第 Z1 期）

“超级女声”的取胜之道主要有以下几点：其一是对娱乐模式的创新。它一直坚持走没有门槛、没有距离的平民路线，同时还利用诱人的大奖刺激观众的参与欲望。这说明娱乐节目手段与激励机制发生了变化，其市场化动作程度在逐渐提高，商业色彩逐渐加强。其二是采用贴近观众的营销方式。它在节目制作过程中将演播室前移，在缩短节目推广链条的同时，增强节目的现场感和亲切性。其三是联合其他媒体共同造势。“超级女声”的成功除了节目主题和营销方式进行创新外，主要在造势手段上也善于利用平面媒体和网络媒体的力量，积极与当地强势报刊和网站联合，推波助澜，共同造势。

（摘自刘吉发　陈怀平：《从“超女效应”看中国电视

娱乐经济的未来走向》,《科技信息》2006 年第 6 期)

"超级女声"就是一个实现了多赢的经典案例，老百姓找到了乐子，湖南卫视赢得了收视率和利润率，品牌持有者天娱公司觅得了未来巨星，赞助商蒙牛集团做足了广告，电信运营商移动、联通赚得了短信分成，SP 也获得了利润，产品找到了它合适的代言人，于是连各种广告商也共享了声望……"超级女声"不仅是一场音乐盛典，更是一道富娱乐产业的大餐，所有参与者都获得了效用的提高。娱乐经济这种与众不同的"多赢性"注定它对国民经济增长的助力更加全面，更加持久。

(摘自:《从超女现象看富娱乐产业》，艾瑞网 2006 年 5 月 16 日)

"超级女声"经济学意义上潜在的成功之处在于它给"富娱乐经济时代"的发展带来了新的思路。

(摘自:《从超女现象看富娱乐产业》，艾瑞网 2006 年 5 月 16 日)

"超女"颠覆了传统电视的概念。有人说过，"电视是文盲的把戏，电视剧是穷人的游戏。"随着数码技术的不断发展，电视势必要回归，对于电视人是也要回归，让编辑、策划、导演、摄像不再高高在上。"超女"的成功，其实也是将电视还给大众的全民娱乐节目，将高不可攀的电视形态拉下了神坛。而且"超女"不是拼凑出来的"一次性产品"。例如有的电视台请来吴宗宪担纲主持，完全的传统模式，不需要舞美、不需要观众，甚至连选手都是吴宗宪耍宝的陪衬。

(摘自朱珠:《地标文化冉冉升起的地方——湖南卫视"超级女声"引爆的革命》,《消费导刊》2007 年第 14 期)

在整个活动过程中，蒙牛乳业和"超级女声"紧密配合，你中有我，我中有你，真正实现了双赢合作。现在很难说是"超级女声"成就了蒙牛还是蒙牛成就了"超级女声"了，这就是双方想要的效果，真正实现了双赢。

(摘自贺维　尹启华:《电视营销策略是"超级女声"成功的关键》,《职业时空》2007 年第 4 期)

作为一项娱乐活动，"超女"的更大成功，在于它在啸聚了数百万"粉丝"、抓住了上亿电视观众的同时，最终遴选出了几个能够被社会公众普遍接受的"超女"。"粉丝"们的狂热偏好、评委们的专业眼光和社会的"主流"审美观之间，达成了难得的共识。

(摘自张天蔚:《不要对"超女现象"做过度诠释》,《今日信息报》2005 年 9 月 1 日)

"不论年龄、不问地域、不拘外貌、不限身份"。零门槛，被认为是"超级女声"火爆的主要原因之一。

(摘自:《"超级女声":热闹的草根造星运动》,《北方音乐》2005 年第 7 期)

在电视媒体的电波中，在手机短信的互动中，在全国少男少女的呐喊声中，"超级女声"给这一产业链各大环节创造出巨大财富，"超女"创造了一个经济奇迹。

(摘自王欣:《"超级女声"的短信营销》,《当代经理人》2006 年第 4 期)

这种经济学意义上的成功，一方面来自于市场对"超级女声"的肯定，正如经济学鼻祖斯密所言:"一切生产的最终目的必然是消费"，从"超级女声"居高不下、令人艳羡的收视率和知名度来看，这个湖南卫视生产的娱乐商品供需两旺，充满活力，在"看不见的手"的追捧之下业已成为市场明星。另一方面，"超级女声"经济学意义上潜在的成功之处在于它给"娱乐经济"这一 E 时代最为重要的经济学概念添上了鲜活的注脚。

(摘自:《超级女生唱响娱乐经济》,《世界经理人》2005 年 8 月 4 日)

"超女"之所以如此精彩，正是因为选择她们的是她们一样的"草根"阶层，在"超级女声"这个舞台上，平民百姓的喜好和热爱决定着赛事最终的结果，每一个在舞台上曾经辉煌或仍在辉煌的身影背后都有一群同她们一样热爱音乐、拥有梦想的普通人在努力打拼。因此无论结果如何，支持"超级女声"的平民们都获得了最终的胜利。

(摘自张栋:《"超级女声":草根的崛起与平民的胜利》,《新闻天地》2006 年第 10 期)

如果说"超级女声"完成了电视媒体最终走向大众这一回归进程，那么促使它成功的最重要的条件则是多媒体融合的特殊传媒时代，虽然它是以电视节目作为起点，但最终大众参与和快乐分享则是多媒体共同完成的。

(摘自刘扬:《审视"超级女声"飙红的传播学意义》,《云梦学刊》2006 年第 2 期)

很多观众喜欢"超级女声"最大的理由是因为节目里有泪水，那些情不自禁的、诚实的、自然的泪水。站在舞台上的每一个女孩都不容易，她们曾为自己的音乐梦想探求过、付出过，并正在为之努力着、奋斗着。集中的学习、高强度的训练、超负荷的重担统统压在这些"超级女声"纤弱的肩头。当然还有，那么多喜欢她们的人的倾情支持。她们用惊人的毅力和坚强，为自己撑起一片蓝天。

(摘自刘丹:《"超级女声"成功因素浅析》,《新闻传播》2005 年第 11 期)

创意点层出：透明互动的选拔给予的值得信任、"残忍冷酷"给予的无情快意、"自尊当笑料"给予的热评与热播并在、最终遴选出来的灿烂前途给予的完美大结局效果。不专业而刻苦的选手、刻薄的评委与大众娱乐形成收视铁三角。它（"超级女声"）是"孔庆翔"效应的中国延伸，作为"反偶像"类型节目在国内的创意方式，标志着电视娱乐进入反偶像轨道。

同时该活动主持人汪涵也因此获得"2004中国电视节目榜"中"最佳娱乐节目主持人"殊荣。从另一个侧面也反映出社会各界对这档栏目的认同。据国内权威的收视率调查机构——央视索福瑞媒介调查公司的数据显示，该活动在湖南卫视播出时，同时段收视率仅次于中央电视台一套，排名全国第二名。

（摘自燕涛　黄江伟：《"超级女声"成功路径》，《东方早报》2005年6月27日）

从本质上来讲，"超级女声"是多方力量打造的一个娱乐产品，之所以火爆是因为其"适销对路"，能否持续地"收视常红"又在考验其"产品生命周期"。所以从产品入手，观其品牌、营销、用户、盈利等多个方面，可能会使我们从另一个角度看到这场狂热背后的真实。

（摘自燕涛　黄江伟：《"超级女声"成功路径》，《东方早报》2005年6月27日）

"超级女声"的成功，从娱乐业营销的角度看，主要是多种营销策略的组合运用，借用时下热播的电影之名，是谓"七剑"也。

（摘自方家平：《"超级女声"成功之七剑》，《思维与智慧》2006年第1期）

"超级女声"，正是根据受众的反馈与市场的反映这两个主战场，在其内容和运作模式上不断翻新，走个性发展的品牌道路，同时也不断定义引领新的流行，合理利用大众媒体，才成为品牌成功的经典。

（摘自王芳：《"超级女声"可资借鉴的成功蓝本》，《传媒》2007年第9期）

从某种角度来讲，"超级女声"2005年的轰动，一方面来自它在运作方面的不断完善，另一方面也得益于"蒙牛"为发展自己对"超级女声"的支持。

（摘自戴世富：《"超级女声"品牌速成的秘密》，《当代传播》2006年第1期）

"超级女声"拥有流行的必要元素：草根变凤凰的结局、人人皆有可能的机会、素质美女集中的作秀、观众的猎奇心态、评委"毁人不倦"。

（摘自李琳：《"超级女声"：超级生意?》，《经纪人》2005年第9期）

无论是追求明星梦，还是为了在公众眼中展示一下自己，最平民、最贴近公众的"超级女声"无疑被视为最佳去处。

（摘自李琳：《"超级女声"：超级生意?》，《经纪人》2005年第9期）

观众在"审丑"中骂并痛快地宣泄自己的情感，一定程度上缓解了社会压力对人造成的"焦躁"与"不快乐"，为人们提供了一个通往"快乐"的崭新渠道，这种深刻的社会心理成为"超级女声"走红的一个重要因素。

（摘自李琳：《"超级女声"：超级生意?》，《经纪人》2005年第9期）

连美国主流媒体《今日美国报》也告诉地球那一端的读者，在毛泽东的家乡，有一个叫"超级女声"的类似"美国偶像"的选秀节目正在席卷中国。

（摘自龚莉萍：《娱乐经济的新鲜注脚——"超级女声"带来的商业嘉年华》，《声屏世界》2005年第12期）

节目（"超级女声"）的初衷不是为了造星，而是让观众在收视的过程中获得快乐，这是节目广受欢迎的重要因素。

（摘自龚莉萍：《娱乐经济的新鲜注脚——"超级女声"带来的商业嘉年华》，《声屏世界》2005年第12期）

首先是市场对"超女"的肯定：经济学鼻祖斯密曾说："一切生产的最终目的必然是消费。"从"超女"妇孺皆知的知名度来看，此娱乐商品供需两旺，充满活力，在"看不见的手"的追捧之下业已成为市场明星。其次，"超女"给"娱乐经济"这一E时代最为重要的经济学概念添上了鲜活的注脚。由于主流经济学家大多关注于国计民生，对于娱乐经济至今无人给出专业性的定义，在权威的《新帕格雷夫经济大辞典》中也找不到这个时髦的词条，但"'娱乐因素'将成为产品与服务的重要增值活动及市场细分的关键，娱乐经济将成为新的世界通货"。"超女"的横空出世，让概念模糊的娱乐经济不再犹如雾里看花般不可捉摸，这档电视娱乐秀带来的商业嘉年华让娱乐经济的以下三大要素彰显无遗。

（摘自龚莉萍：《娱乐经济的新鲜注脚——"超级女声"带来的商业嘉年华》，《声屏世界》2005年第12期）

"超级女声"的成功在于作为电视经济的媒介文本，有一种能为观众提供具有潜在意义和快感的话语结构，给观众以巨大的生产意义的空间。

（摘自贺建平　魏杰：《媒体的两种经济与电视文本"超级女声"》，《商场现代化》2006年第9期）

湖南卫视的"超级女声"栏目可以堪称这一方面的典范，它为我国媒介产业盈利模式的改造提供了可资借鉴的经验，而其成功秘诀主要在于媒介产业链的整合与延伸。

（摘自向志强：《媒介产业链的整合与延伸——以"超级女声"为研究案例》，《新闻知识》2006年第10期）

"超级女声"节目的成功，为我国媒介产业经营管理

指明了目标和方向，特别是其产业链的整合和延伸，更是值得我国媒介产业经营管理者深思和借鉴。一方面，数字技术突飞猛进的发展，以及媒介产业管制政策的不断放松，使得传播渠道不再是媒介产业发展最主要的制约因素，媒介产业的内部环境已发生了根本变化；另一方面，经济全球一体化，以及我国加入WTO，使得媒介产业面临来自全球范围更为严酷的竞争，媒介产业的外部环境发生了根本变化。

（摘自向志强：《媒介产业链的整合与延伸——以“超级女声”为研究案例》，《新闻知识》2006年第10期）

“超级女声”另一成功秘诀就是开发了一系列与“超级女声”相关的消费产品。无论是短信服务内容的提供，还是网络论坛的设置，都不仅仅只是与消费者的互动，更主要的是为消费者提供了与“超级女声”节目有关的信息产品。

（摘自向志强：《媒介产业链的整合与延伸——以“超级女声”为研究案例》，《新闻知识》2006年第10期）

“超级女声”的成功，不仅是湖南卫视策划者的成功，更是现代电子技术的成功……“超级女声”正是抓住了这一点，充分与移动服务提供商之间开展合作，从而为“超级女声”带来了新的收入增长点，实现了双赢。

（摘自向志强：《媒介产业链的整合与延伸——以“超级女声”为研究案例》，《新闻知识》2006年第10期）

“超级女声”的观众以女性居多，作为观众的女性，从“想唱就唱”的口号中体验到了自己的梦想或是重新勾起年少时的种种美好回忆。此外，“超级女声”的另一个制胜法宝便是大玩“刺激”和“煽情”。两名选手之间的PK往往充满悬念，而每当一名选手离开舞台时，其参赛历程回放及同伴们感人的祝福又常常会使在场的人潸然泪下，就连电视机前的观众也会为她唏嘘不已。“超级女声”通过设计一种情节或场景，达到了触动消费者内心深处情感的目的，牢牢地抓住了观众的心，把这种情感营销发挥到了极致。

（摘自王昊：《电视节目体验式营销探析——以“超级女声”为例》，《东南传播》2007年第11期）

“超级女声”的低门槛、多种参与形式，把受众从推销的对立面拉进参与的合作面，这种传播方式更能影响受众。

（摘自戴世富：《“超级女声”品牌速成的秘密》，《当代传播》2006年第1期）

独具特色的产品、超前的品牌观念、品牌联盟战略、创新的传播方式以及多元化的盈利模式是一个电视娱乐品牌速成的要素。强势品牌的建立就是上述各要素完美结合的结果。

（摘自戴世富：《“超级女声”品牌速成的秘密》，《当代传播》2006年第1期）

关于“超级女声”的批评、否定意见和负面报道

片面地追求高收视率是“超级女声”不争的事实。节目全透明的粗糙海选、评委不加掩饰的冷嘲热讽以及“超女”一夜成名的诱惑都成为卖点。一方面，“窥”奇心理和“仇美”心理让观众们在嘲笑女孩子们最原生态表演的同时得到满足的快感；另一方面，抛弃了媒体社会责任的“超级女声”则在一片叫好声与骂声中坐收高收视率和越来越多的广告投放。

（摘自杨海军：《“超级女声”，离品牌有多远?》，《广告大观》（综合版）2005年第9期）

“超级女声”暗合了当前社会急功近利的浮躁情绪，“一唱成星”的非常渠道让成功看起来异常简单，女孩们开始疯狂地加入其中。一个好歌手必须具备嗓音、乐感及先天性条件，而大多数参加“超级女声”的少女无论舞台形象，还是基本的音乐素质都令人替其汗颜。“超级女声”让处于成长期的少女们对自身的客观评价和定位出现混乱，她们忘却了成功背后所必须的天然条件和艰辛努力。

（摘自杨海军：《“超级女声”，离品牌有多远?》，《广告大观》（综合版）2005年第9期）

“超级女声”具有产品的属性，属于精神产品。但是不具备一个品牌节目的品质，高收视率只能表明它具备第一层次的品牌知名度。从各方对“超级女声”的一片骂声中可以看出，“超级女声”由于缺少美誉度和价值度并不被认可。

（摘自杨海军：《“超级女声”，离品牌有多远?》，《广告大观》（综合版）2005年第9期）

“超级女声”的核心部分应该是舞台上展现自己的女生及她们身上折射出的文化素养，有人对女生们“从过去青涩逐渐蜕变为有明星风范”这一过程津津乐道，实际上这正反映出“超级女声”作为一个栏目或产品的文化内涵的缺乏。“原生态”是“超级女声”的“亮点”，但女生们一旦海选成功，其“原生态”亮点逐渐黯淡，在短时间粗糙的包装和突击式的强化训练下，歌手们被誉为“进步很快，一场比一场唱得好”，在煞有介事的外行评委们的点评下她们正在丧失自己的个性和风格。

（摘自杨海军：《“超级女声”，离品牌有多远?》，《广告大观》（综合版）2005 年第 9 期）

“超级女声”所代表的低俗文化并不是当今流行文化的主流，也不代表其发展方向。低俗文化本身是反品牌的，“超级女声”更难谈得上是品牌文化。

（摘自杨海军：《“超级女声”，离品牌有多远?》，《广告大观》（综合版）2005 年第 9 期）

尽管这一“少女运动”式的“超级游戏”被有些人誉之为“女生梦想舞台”，有种种好处，但这一策划和运作的伟大之处，仅在于一点，就是“钱”，不过是替商家谋设了一个贼吸眼球、狂赚钞票的诡诈平台。数以千计万计天真烂漫、盲目追风的女生们，乃是这一诡诈平台上的支撑者和商家的赚钱工具。其弊端和负面影响显而易见，弊远大于利。

（摘自耿银平　石飞：《激辩“超级女声”狂潮》，《丽水日报》2005 年 6 月 1 日）

“超级女声”狂潮的弊端还可以再列若干，无奈篇幅有限，不容尽言。总之，面对“超级女声”狂潮，一切对孩子们富有爱心和责任感的人，都不能无动于衷，坐视不管。尤其是学校和家长，应该针对性地对女生加强正确的教育和引导，使之增强“免疫力”，自觉抵制不良风气影响，把心思集中在读书学习上。

（摘自耿银平　石飞：《激辩“超级女声”狂潮》，《丽水日报》2005 年 6 月 1 日）

所以，当一个叫作“超级女声”的栏目以“收视率至上”为原则，利用社会并不成熟的心态以及人性中暗弱的一面，抛弃道义和责任，虚张声势、矫揉造作，挥霍社会本已稀缺的人格资源，攫取超额利益时——而这一切完全是建立在对未成年人价值观的野蛮剥夺之上——我们必须站在文化以及人的价值的立场上，捍卫人性的高傲与尊严。

（摘自菊子：《“超级女声”——踩着少女尊严的舞蹈?》，《民族论坛》2005 年第 7 期）

“超级女声”的虚情假意主要表现在其操控者和主持人极尽煽情之能事的造作上。他们让被淘汰的少女在镜头前会见他们的父母，因为本已心力交瘁的孩子必定会再度与亲人泪如泉涌。而主持人会说一些“结果并不重要”的假话，背后完全是这道节目所奉行的“胜者为王”的霸道逻辑。

（摘自菊子：《“超级女声”——踩着少女尊严的舞蹈?》，《民族论坛》2005 年第 7 期）

“超级女声”已经创造了中国的“审丑”奇迹，却居然还有人为它欢呼与辩护着。在电视上大规模地展示“丑陋”，尤其是少女的丑陋，这种行为背后支撑着的是一种不顾道德的丑陋心态。

（摘自菊子：《“超级女声”——踩着少女尊严的舞蹈?》，《民族论坛》2005 年第 7 期）

我们必须承认“超级女声”的成功与火爆，但是，这是建立在种种不顾社会责任的不择手段的“利用”之上。

（摘自菊子：《“超级女声”——踩着少女尊严的舞蹈?》，《民族论坛》2005 年第 7 期）

至少“超级女声”滥用了它手中的权力。它制作过程中为了收视率而不择手段的做法，尤其是利用少男少女的弱点，置教化保护未成年人的道义责任于不顾，更是背离了社会的价值观与良知。

（摘自菊子：《“超级女声”——踩着少女尊严的舞蹈?》，《民族论坛》2005 年第 7 期）

也有观点认为，超级女声以声色诱导青少年，它的罪过不仅仅在于成都赛区上万女生逃课报名，更是在对“追星”潮流煽风点火。这一点笔者部分同意。

（摘自廖安辉：《“超级女声”超级无聊?》，《贵阳日报》2005 年 8 月 17 日）

这档节目一定程度上对人们的审丑心态给予了支持，并乐于提供资源，这对电视媒体来说，的确得以轻松生存，但其作为大众媒体的社会责任心何在? 成都赛区争议最大、人气也是最旺的李宇春，因其酷似男孩子的外形和冷冷的表情备受关注，而她上台从不穿裙子，个性方面都表现出男孩子性格。每次比赛的电视直播中，都会在屏幕下方不间断地打出所有手机发送者的短信内容，其中不乏充满个人好恶的语言出现，如“公母人下去”等不堪入目的字眼，放在电视屏幕上着实刺眼。而某些评委在镜头前也毫不掩饰地说选手“腰长腿短”、“年纪不大，像怨妇一样”等等挖苦、刺激性的语言。评委的毫不留情和媒体不加删节的记录播出，对这些手足无措、紧张万分的选手丝毫没有尊重和爱护。

（摘自杨孟曦：《从“超级女声”看电视娱乐节目中的低俗化现象》，《中国电视》2005 年第 11 期）

2005 年夏天“蝴蝶理论”最淋漓尽致的现实版本就是“超级女声”。“超级女声”是“孔庆翔”效应的中国延伸，作为“反偶像”类型节目在国内的创意方式，标志着电视娱乐进入反偶像轨道。

（摘自徐锐：《“超级女声”：全民娱乐的狂欢节——对“超级女声”的大众文化批判》，《采·写·编》2006 年第 1 期）

“超级女声”的复制性、消费性编织起了一条密织的“文化工业链”。首先是节目形态的模仿与克隆。尽管“超级女声”开创了国内“平民选秀”节目的先河，但是其节

目形态依旧是对英美“流行偶像”和“美国偶像”的成功复制。

（摘自徐锐：《“超级女声”：全民娱乐的狂欢节——对“超级女声”的大众文化批判》，《采·写·编》2006年第1期）

“超级女声”制造的娱乐经济使它一步步地成为文化工业上可以复制的、规模化的商品，后果直接导致“超女”文化内涵及艺术价值的消失，而这种标准化的形式，也将带来“超女”个性的丧失，导致不可避免的低俗化和庸俗化。更重要的是这种对经济利益的追求将“超女”所带来的平民化、颠覆性的大众狂欢淹没，其身后只有大众文化狂欢的背影，成为“欺骗群众的启蒙精神”。

（摘自徐锐：《“超级女声”：全民娱乐的狂欢节——对“超级女声”的大众文化批判》，《采·写·编》2006年第1期）

本应充满女性魅力的“超级女声”被迫转为男性视角主宰的娱乐天地。女性参赛者成为男性的“审美客体”，本质上加强了男权社会的男尊女卑的社会秩序。

（摘自徐锐：《“超级女声”：全民娱乐的狂欢节——对“超级女声”的大众文化批判》，《采·写·编》2006年第1期）

“超级女声”的口号是“想唱就唱”，“零门槛选拔”也很有新意。但是，从最开始参加海选到进入各赛区十强之前，选手要承担自己的一切花费，包括交通、食宿、通讯、服装等，对于大多为十几二十岁的女孩而言，要实现三分钟“想唱就唱”的美丽承诺需要投入多大的资本？无怪乎比赛演变为一场“富人的游戏”。“超级女声”在狂欢表象下背负着“男权”意识的镣铐艰难起舞，受商业逻辑的制约最终将无法兑现民主、平等的美好承诺。随着市场经济的不断推进，消费社会成为社会发展的必然，如何在娱乐浪潮席卷大众视听的当代，传播真正有利于大众的文化，体现传媒的良知和社会责任感，是每个传媒必须思考的问题。

（摘自徐锐：《“超级女声”：全民娱乐的狂欢节——对“超级女声”的大众文化批判》，《采·写·编》2006年第1期）

一场青春女孩自我表现、张扬个性的赛跑，无力地瘫痪于“乖孩子”的底线上。在“超女”表演的盛大舞台，到处投射着妥协和暧昧的阴影。

（摘自朱大可：《“超级女生”哭泣性狂欢挑战中国男权主流趣味》，中国新闻网2007年8月2日）

“超女”博弈的结局就是如此。我们看见了市场（收视率和广告订单）的胜利，一个新的电视超级市场已经形成，而另一方面，却是令人失望的文化挫败。

（摘自朱大可：《“超级女生”哭泣性狂欢挑战中国男权主流趣味》，中国新闻网2007年8月2日）

“超女”的编导们羞羞答答地开启了一道门缝，却并未实现真正的超越，去完成对于大众人性解放的全面启动。这就是“超女”的大限。

（摘自朱大可：《“超级女生”哭泣性狂欢挑战中国男权主流趣味》，中国新闻网2007年8月2日）

“超级女声”不仅没有实现所谓的“超级民主”，反而使人陷入超级黑幕中，它使我们在男权话语中喃喃自语，更使我们去追逐最大的经济利益，因此，它虽然给我们带来了快乐，同时也给我们带来了悲哀。本文借助女性主义视角，从父权制的视点切入，分析出“超级女声”这个文本的若干文化意涵。一句话，在今天的主流媒体运作方面，没有中国式财富，就没有中国式民生。因此，“超级女声”并不是超级民主，而是超级黑幕。

（摘自胡桂香：《超级女声：我们的快乐，抑或我们的悲哀》，《湖南科技学院学报》2007年第5期）

吾每观“超级女声”，细数“超级女声”的种种莫言勾当，其罪又何止七宗，吾辈每每言其滔天大罪，简直如滔滔江水，绵延不绝！且数来以警同侪。

（摘自王成文　高芳：《SEVEN——“超级女声”七宗罪》，《广告大观》（综合版）2005年第9期）

“超级女声”背后的高手们深谙此道，为了招募来后来的美眉，不惜忍痛割爱，更不惜唾液把先来的美女们骂个狗血喷头，只有这样，才能有“万人逃学”的追捧场景。“唾美”是为了“选美”，这才是“超级女声”的万世真理；至于美人选出以后如何处置，上帝知道，幕后高手知道。

（摘自王成文　高芳：《SEVEN——“超级女声”七宗罪》，《广告大观》（综合版）2005年第9期）

“超级女声，想唱就唱”。从表面上看，这是一种平等的、自愿的，甚至可以说是民主化的娱乐形式。实际上它如一个巨大的娱乐陷阱。在“艺术”诱人的召唤下，选手心甘情愿地进入，集体性地互相攀比暴露不雅驯的一面。严肃认真的出丑，是“超级女声”这种真人秀类节目的主要特征。这在本质上是“暴露癖”的一种特殊症状。

（摘自张闳：《“超级女声”的集体迷狂》，《中国新闻周刊》2005年第21期）

然而，“超级女声”并非孤立的、突如其来的现象。它是此前其他种种“集体性神经症”的新变种。我们在鸡血疗法、君子兰、红茶菌、炒股票、搓麻将、买彩票、疯狂英语和集体传销等群体性的行动中，看到了“超级女声”的原型。只不过这一次是借“歌唱比赛”的名义。

（摘自张闳：《“超级女声”的集体迷狂》，《中国新闻

周刊》2005年第21期）

有了美妙的名分，加上电视台和互联网等现代媒体的帮助，这种集体性的迷狂变得更密集、更频繁也更强烈。那些（或老或少的）“女孩”，在突如其来的“梦想”的蛊惑下，像被迷魂似的被驱使，不顾一切地奔向这个集体性的娱乐“广场”，在那里癫狂不已。直到下一次新的癫狂症状发作。

（摘自张闳：《“超级女声”的集体迷狂》，《中国新闻周刊》2005年第21期）

“大众媒介在娱乐中不露痕迹地再一次重申且强化了性别角色的差异和性别不平等的传统，让受众在狂欢的过程中被一些由来已久的性别陈规潜移默化。”标榜女性解放、平等、自由的“超级女声”最终演变成强化父权秩序的替代品。

（摘自徐锐：《“超级女声”：全民娱乐的狂欢节——对“超级女声”的大众文化批判》，《采·写·编》2006年第1期）

“超女”是一个易碎品，明年的冠名权能否拍出一个好价钱，要看这个易碎品是否会在这一期间破碎。也就是说，在无数次被复制之后，它对观众的吸引力是否还能像今年这样，对于企业来说，这样做的风险太大。

（摘自许煜：《“超级女声”品牌是件“易碎品”》，《中国商报》2005年9月6日）

当人人兴高采烈地宣泄着“想唱就唱”的明星欲，事实上，也许人们还远未意识到，这场选秀运动对中国社会将要产生的影响已远远超出了文化的局限，进入了社会意义的层面。而其中的负面影响居多，这不能不引起人们的警惕。

（摘自司欣：《警惕“超级女声”负影响力》，《重庆日报》2005年7月19日）

“成都万名少女逃课，只为超级女声”，可见节目的煽动性已具有迷幻色彩，进入了一种癫狂性崇拜，与主流价值观发生碰撞，让本已困惑不已的教育再度遭遇挑战。

（摘自司欣：《警惕“超级女声”负影响力》，《重庆日报》2005年7月19日）

将娱乐和其破坏性进行到底。鉴于湖南卫视在电视圈的影响力，“超级女声”一举一动都具有先声夺人的力量，必将吸引更多的娱乐资源纷纷加入到全民造星运动中来。在这场文化风暴中，人文价值观、社会正义、操守的力量都将遭受某种程度的挑战和破坏，其表现方式也许狂飙突进，也许迂回曲折，但无论如何，将会对一代青少年的观念和行为，产生不小的影响。

（摘自司欣：《警惕“超级女声”负影响力》，《重庆日报》2005年7月19日）

美国《巴尔的摩太阳报》在报道中国的“超级女声”时，就很审慎地认为：“现场秀的确能够展现人性隐私的一面，可以展现出许多人与人之间的竞争。但是我在中国文化中成长，我就很难接受这些。我还是认为，电视节目要对观众负责。”我觉得，这也应该是中国社会和文化当局对于“超级女声”的态度。不让“坏的微小的机制”扩展，才是对社会、对青少年负责任的态度。

（摘自司欣：《警惕“超级女声”负影响力》，《重庆日报》2005年7月19日）

据了解，歌迷中的中国移动用户进行短信投票，首先要花1元钱订制短信业务（联通和小灵通用户为0.5元），收到回复后方能投票，每投一票只需要0.1元。然而事实上，SP的最大利润来源隐藏在投票背后：用户一旦进行短信投票，就会收到一条SP对用户订制“超级女声花絮”的确认短信，如果用户忽略掉这条短信，没有及时取消，就会被SP默认参与接收关于“超女”各类资讯与花絮的增值服务，基本服务费为6元，此后，会在一个月内收到15条“超女”花絮，一条1元。由于大多数用户缺乏保护意识，因此话费也在悄无声息中被“默认”进了SP的口袋。

（摘自周雪：《投一票话费被扣15元　超级女声诱发SP新违规》，《星辰在线》2005年9月24日）

且不说若干专业评委拥有生杀大权、35名“大众评委”来历可疑、所谓“海选”并非是真一人只投一票，即便是最终的胜者是由追星族选出来的又能怎么样？这和你在超市里选择甲品牌商品而拒绝乙品牌商品有什么不同？这充其量只是一种文化消费行为上的“自由选择”而已。

（摘自庄礼伟：《超女带来的麻醉感令人警惕》，《新京报》2005年8月19日）

当然，“超级女声”不全是虚假的泡沫，它确有一点点民主的影子，但是，它与真正的民主政治仍有不少距离：在短信投票环节，固然每个人都可以投票，但并非是真的“一人一票”，除了比追星激情，也有比财力的问题。而民主制下的直接选举，规定无论是富人还是穷人、教授还是不识字者，都只能投出一票。

（摘自庄礼伟：《超女带来的麻醉感令人警惕》，《新京报》2005年8月19日）

尤其需要注意到的是，在“超女”比赛过程中，情绪化、伦理化的“剧场政治”效应随处可见。

（摘自庄礼伟：《超女带来的麻醉感令人警惕》，《新京报》2005年8月19日）

当然，“超级女声”本质上是一个娱乐工业活动和一场大众狂欢，正如某位隐藏在评委中的导演所说的那样：

其实谁胜出、谁败走都无所谓，只要节目好看就行。

（摘自庄礼伟：《超女带来的麻醉感令人警惕》，《新京报》2005年8月19日）

在“超女”评选中，歌迷们的确表现出超乎异常的参与和组织热情，短信投票也在相当大的程度上左右了每场的结局。不过，假如因此将“超级女声”想象为一场民主的预演，未免有点无稽之谈。

（摘自胡桂香：《超级女声：我们的快乐，抑或我们的悲哀》，《湖南科技学院学报》2007年第5期）

关于“超级女声”的其他方面

流行文化的背后是大众审美的价值取向，这种取向有一个鲜明的特点就是具有善变的特质。所以，很多社会热点现象都遵循着社会注意力从稀缺走向过剩的路径。然而这种颠覆逃不出一个新的悖论：从李宇春们身边保镖的增多到身价不菲的出场费、代言费，人们惊讶地发现，颠覆的结果恰好是使李宇春们变成了新的精英而非平民，从“民星”变成了“明星”。因此就与原来平民的“她”彻底拉开了距离，她们原来赖以生存的平民情愫就会逐渐地丧失，这一平民文化现象亦以非平民的方式远离着平民。所以如果把2005年的“超级女声”现象看作是一场平民化的“回归”事件，我们就不能不怀疑在适当的时候它又有需要一次平民化的“离开”或“转移”，这是一种文化必然，尤其当一种持续关注不能创造出新的兴奋点的时候，流行文化的转向就将表露无遗。

（摘自徐浩然：《当“娱乐”演变为“事件”——从2006“超级女声”表现看社会注意力走势》，《广告大观》（媒介版）2006年第4期）

就评委的设置而言，“超级女声”在评委的设置上主要有专业评委、场内大众评审团和场外电视观众评委三个不同的团体组成。通过他们的投票在不同的阶段选择出优胜者。专业评委往往由流行唱片行业的制作总监、总经理、知名歌手所组成。这些专业评委在其中不但拥有投票权，而且凭借其本身所具备的专业背景在点评环节中对选手进行点评，使得他们在这场似乎决定权在大众手中的全民狂欢中扮演了“舆论领袖”的角色，而他们对选手的评议意见则往往会成为场内大众评审和场外电视受众短信投票的风向标，并最终演化成为左右选手去留的重要因素。

（摘自苏常　杨雅琼：《“超级女声热”的“冷”思考——对“超级女声”的批判性解读》，《新闻知识》2005年第9期）

“超级女声”的主体观众是那些20岁上下的年轻人。她们在媒体的宣传和鼓动之下，在互联网上为自己的偶像建立了专门的俱乐部，许多人在比赛期间发出几十条、几百条支持短信，并不惜长途跋涉到长沙为自己的偶像加油。在这场全民造星运动中，有一个值得注意的现象是偶像经济的蓬勃发展，有关“超女”的各种纪念物以及“超女”比赛中戴过的配饰、穿过的衣服，甚至是发型都立刻风行，让人咋舌。当“超女”火了以后，除了以“超女”形象做主题的物品热卖以外，“超女”比赛过程中佩戴过的饰物、服装甚至“超女”的发型都成为人们搭道偶像经济的一种方式。互联网上的淘宝店里有一种小提琴挂件，因为是李宇春很多场比赛都佩带的，因此获得许多“玉米”的青睐，虽然价值不菲也热销到断过货。而“笔式”眼镜、“笔式”小背心亦成了街头流行的一种流行符号！这种流行的直接后果就是大批歌迷，更多是青少年学生的盲目追随。青少年的人生观、价值观似乎在一夜之间随着“超女”而迷茫。

（摘自张媛：《“超级女声”背后的冷思考》，《四川戏剧》2007年第4期）

事实上，“超女”们在镜头下获得的只是一种精神和情感的满足，只是一种“成名”的想象。而电视机前的观众或许也获得了另一种美好的遐想：电视再不是少数表演者的舞台，只有少数歌星和主持人在屏幕前尽显风姿的时代已经过去。似乎觉得，社会把“话语权”已经转交给了你，舞台就在自己的脚下，话筒就在自己手上，看你敢不敢上去，看你敢不敢放声高歌、铿锵陈词！

（摘自张媛：《“超级女声”背后的冷思考》，《四川戏剧》2007年第4期）

我们不可小视文化市场上“造星”活动对于艺术教育和人才培养所产生的不良影响，“歌星”、“歌后”的包装、打造或者造假，会使正在成长的青少年学生，无形中产生投机取巧甚至弄虚作假的侥幸心理。甚至会让沉湎其中的孩子再也无心读书，而去等待着通过参加某天某次电视台“超女”比赛，倘若一举成名，从此过上令人向往的浪漫而奢华的生活！对此，真的应该开展一场以“超女”为契机的有关教育危机、崇尚危机、信仰危机的大讨论，防微杜渐，促进全社会开展传统文化观、荣辱观、人生价值观的教育。

（摘自张媛：《“超级女声”背后的冷思考》，《四川戏剧》2007年第4期）

“我拼死也要上电视！”无数怀揣着相同梦想的女生，

她们坚信自己能够成为那个青涩地笑到最后的胜利者。而与此同时，更多手持遥控器的普通百姓开始端坐在电视机前，像等候好莱坞商业大片那样期盼着“超级女声”的所有环节依次上映——“海选”、“50进20”、“20进10”……“赛区决赛”、“总决赛”。

（摘自林嘉澍：《超级女声：全民娱乐的商业狂欢》，《经济观察报》2005年6月20日）

而为配合海选，蒙牛在进行海选的城市周边的100多个中小城市组织了300多场“超级女声迷你赛”的路演，打了一场漂亮的“农村包围城市”战。一边进行路演，一边销售产品。对于那些不在五大赛区，又在路演中唱得不错的女孩子，蒙牛会出资把她们送过去参加比赛。因此，路演也算一种特殊的报名方式，很受欢迎，这种先行举办的小规模路演也为在五个城市举办的海选进行了气氛上的铺垫。

（摘自李雨潭：《超级女声背后的商业智慧》，《经济观察报》2005年10月3日）

4月15号，一款以“超女”为主角来制作的手机游戏隆重上线了，这一举措的想法和创意都很巧妙，它不是以现有的产品来联合“超女”这个热点，而是完全由这个热点创造了新的产品。这就是由上届被人称为最美的超女叶一茜为主角的手机游戏：《一茜零一夜之绝妙天香》。这个游戏自一上线就下载量惊人，一举打入热门排行。其实，叶一茜说到底不算是一个非常有影响力的“超女”，比起前三甲还有一段距离，但就她进入欢唱网格来说，一直保持着不低的见报率，单曲、邮票、彩铃、新闻、游戏、歌迷会源源不绝，基本让人想忘记她都比较难。最终以不多的投资获得了相对可观的回报，不能不说是欢唱网格对富娱乐经济的深刻理解，以致对叶一茜的成功运营。

（摘自：《从超女现象看富娱乐产业》，艾瑞网2006年5月16日）

很多“超级女声”都有了自己的歌迷会与拉票团，主办方适时地开展选手与歌迷的接触，包括热线联络、见面会、个人宣传片的拍摄等各种手段，为选手拉票的同时，也为品牌塑造最亲和的形象。这些公关活动轻易地提高了“超级女声”的知名度与美誉度，并增加了“超迷”们对节目的忠实度。另一方面，“玉米”、“笔迷”、“凉粉”等热心观众在街头自发的拉票活动正说明了这些公关活动所达到的传播效果。

（摘自刘扬：《审视“超级女声”飙红的传播学意义》，《云梦学刊》2006年第2期）

平民化是有关“超女”的议论最多的一个话题。不可否认，“超级女声”是对中国传统电视节目的颠覆，其中关键在于，手握“话语权”的不再是媒体本身，而是作为参与者的“超女”选手和场外投票的电视观众，她们都只是普通的平民，但也是这场“大型无门槛音乐选秀”的主角。媒体担任的更多的只是提供活动空间的公共舞台。

（摘自刘扬：《审视“超级女声”飙红的传播学意义》，《云梦学刊》2006年第2期）

当下普遍理解的“挫折教育”是打小受点儿挫折好。从“天将降大任于斯人也，必先苦其心志，劳其筋骨，饿其体肤”的古训始，我们的文化都是“倒吃甘蔗式”的，相信先苦后甜，越挫越勇，一种近乎宗教信仰般的乐观。“超级女声”的作用在于颠覆了这种传统的挫折观。不是有先苦后甜吗？我们也有赢者通吃，也有好的越来越好、差的越来越差的马太效应，从海选到最后的总决赛，从普通人到明星，有些幸运儿终将走上一条可以预测到的光明坦途。

“超级女声”折射出了学校教育的真空地带和失败所在，众多女生弃书逃课“不爱书声爱女声”，不是说“超级女声”节目多么有水平有质量，而是节目本身的吸引力和张扬的个性以及它对传统教育观念的颠覆。台上的表演者无所禁忌、自由洒脱，没有什么后顾之忧，这其实就是很多人最深层次的理想。

（摘自：《超级女生十大颠覆》，人民网2006年8月6日）

这是一出相当有趣的节目：女孩们单纯而勇敢地顶着花枕头做的帽子，或为演唱“天亮了”穿上睡衣；当她们开腔，有的声音一到高处就没了，有的已经跑调还在手舞足蹈，有的突然下跪，有的拼尽全力向评委高喊“我就是超级女声”。台下的评委们啼笑皆非，他们说：你唱得像幽灵一样，别人唱歌是偶尔跑调，你唱歌是偶尔不跑调；有的评委拍桌而起，激动地向优秀选手高喊：你拯救了歌坛。

（摘自杨琳桦：《“超级女声”的财富狂欢》，《中国社会导刊》2005年第16期）

其实无论是与蒙牛的整合、个性评委的契合，我们都不难发现“超级女声”在为打造这个品牌方面所表现出的强烈合作精神与包容心。

（摘自燕涛　黄江伟：《“超级女声”成功路径》，《东方早报》2005年6月27日）

与以往音乐节目评委囿于音乐圈相比，“超女”评委发生了很大的改变，广泛融进了包括媒体界、主持界、演艺界、时尚界等人士，如电视节目制作人夏青、主持人何炅、乐评人科尔沁夫等。不同身份的评委打破了以往专业权威一统赛场的局面，为节目注入了新的生机与活力。

（摘自李盛龙：《“超级女声”为何蹿红——“超级女

声”之解构性探析》，《太原师范学院学报》（社会科学版）2006年第9期）

在百度网站的“贴吧”里，“粉丝”们为自己的偶像设立了各种“吧”，大家相互加油鼓劲，异常亲热。在节目后期，经常会看到观众呼朋唤友发短信参与票选，享受互动娱乐所带来的欢乐和兴奋。

（摘自李盛龙：《“超级女声”为何蹿红——“超级女声”之解构性探析》，《太原师范学院学报》（社会科学版）2006年第9期）

从周星驰的戏仿式“大话”，经过芙蓉姐姐的S型身躯，到“超女”大赛的青春期狂欢，所有这些都在表明：文化正发生着从精英主导向大众主导的剧烈转型。

（摘自李盛龙：《“超级女声”为何蹿红——“超级女声”之解构性探析》，《太原师范学院学报》（社会科学版）2006年第9期）

特别是短信投票的环节，让广大观众有了一个支持喜爱歌手的表达方式，也增加了比赛与观众的互动性，让观众不仅是收看比赛，更是参加到比赛中去。同时，短信投票也在一定程度上让选手和观众感受到比赛的公正性和公开性。

（摘自戴世富：《“超级女声”品牌速成的秘密》，《当代传播》2006年第1期）

“蒙牛”乳业是近几年高速成长起来的品牌，它以独特、大胆的策划成为备受媒体关注的企业。它新推出的产品“蒙牛酸酸乳”，将品牌定位为年轻而又活泼的女青年。而“超级女声”的参与者与受众无异与其目标消费是十分吻合的。

（摘自戴世富：《“超级女声”品牌速成的秘密》，《当代传播》2006年第1期）

又或许，我们无需为这场作秀附加太多沉重的含义。它就只是一场有数亿人参与的超级游戏而已。谋划者得利，参与者得名，观看者得一笑耳。仅此而已。

（摘自菊子：《“超级女声”——踩着少女尊严的舞蹈?》，《民族论坛》2005年第7期）

产业效益

2005年8月底推出的十大人气“超女”的第一张音乐合辑，9月底投入拍摄“超级女声”同名电视连续剧，以及6万册记载首届活动花絮的图书《超级女声——快乐记事本》，15万张“超级女声”安又琪同名专辑，2005年度网络“超级女声”大选，第二届“超级女声”十强全国巡演，“超女”十强专辑，网络“超女”大赛，还有将来的“超级男声”、“超级童声”等“超级”系列比赛——“超级女声”的产业蛋糕将越做越大。

（摘自杜永利　陆白微：《从“超级女声”的品牌特征看电视经营战略》，《视听界》2006年第1期）

根据央视索福瑞提供的31城市调查数据，“超级女声”广州淘汰赛的收视份额在最高时曾突破10%。相比于CCTV-3在五一黄金周期间5.04%的收视份额，地方台能够交出这样一份成绩单，已算是天文数字。

（摘自林嘉澍：《超级女声：全民娱乐的商业狂欢》，《经济观察报》2005年6月20日）

6万册记载上届活动花絮的图书《超级女声——快乐记事本》、15万张“超级女声”安又琪同名专辑、27万条在长沙赛区决赛当晚划过夜空的投票短信、20亿包印有“超级女声”卡通标志和代言人张含韵甜美笑容的蒙牛酸酸乳……以上数据已经向公众和同行证明了“超级女声”身为娱乐品牌的与众不同之处。同时，更多基于网络等新型媒体的商业探索，也正在天娱公司内部有条不紊地展开。

（摘自林嘉澍：《超级女声：全民娱乐的商业狂欢》，《经济观察报》2005年6月20日）

2005年蒙牛花费1600万对“超级女声”进行赞助，最终赢得了新品蒙牛酸酸乳27个亿的销售收入，湖南卫视则获得了近10亿的广告收益。但在这27个亿和1600万的背后，蒙牛在全国各地围绕“超级女声”主题进行的促销、宣传发放的各式各样的海报、奖品，甚至网站建设花费了它4个多亿，是其前期赞助费用的25倍。

（摘自花永春：《“超级女声现象”的经济学思考》，《中国市场》2006年第10期）

还是想让数字说话。孙隽翻开了2004年最后的短信投票记录发现：虽然张含韵最后获得的是第三名，但20万票的短信支持率位居第一。20万，和今年决赛时期李宇春、周笔畅300多万的票数自然不可同日而语，可在收视率只有0.5%的2004年，20万已经相当庞大。喜欢张含韵的观众群里也有年纪偏大的，由于消费成熟理性，他们虽然喜欢张含韵，却不一定会发短信支持。这20万大多是年轻人，正是蒙牛酸酸乳的目标消费群。

（摘自李雨潭：《超级女声背后的商业智慧》，《经济观察报》2005年10月3日）

8月26日总决赛期间，“超级女声”在首播的时段连续7次全国第一，最高峰时创下了高达10%的收视率，最高峰的时候观众数目高达4亿。其年度总决赛的报价更是开出了每15秒11.25万的天价。

蒙牛酸酸乳在全国的销售额比去年同期增长了2.7倍。

（摘自李雨潭：《超级女声背后的商业智慧》，《经济观察报》2005年10月3日）

一个地方电视台、一档电视节目、一个娱乐公司、一个赞助商，就是这么几个“一”加在一起就创造了“亿”的概念。收视人口五个亿、关注网民一亿多、创造的新闻报道价值十亿多、蒙牛创亿的销售额，湖南卫视近十亿的广告收益。

（摘自：《超级女声：娱乐节目营销的大手笔》，《信息产业报道》2006年第1期）

我们可以先看看超女比赛的所引发的部分经济效益情况。由湖南卫视主办的2005“超级女声”，冠名费为1.2亿人民币，收视率屡创新高，2005年第一季度，湖南卫视的广告经营收入就已经突破了1.5亿元，比去年同期上涨了37%。“超级女声”节目从广告收益、赞助费、短信收益、衍生收入到商业品牌，带来了亿元商机。“超女”的品牌价值也不断攀升，专家估算，其品牌价值至少超过1亿元。

（摘自：《从超女现象看富娱乐产业》，艾瑞网2006年5月16日）

如果详细介绍“超女”的产生、发展、高潮、内幕，讨论“超女”给整个中国电视界以及文化产业界带来的冲击和警示，恐怕10本书也说不清楚，因为自从中国电视诞生的那一天，还没有哪一个电视节目能够引爆这么多的话题和影响力：仅有的400亿的广告份额，对同行的威胁显而易见，于是“超女”的各种新闻、诽谤、压力铺天盖地。

（摘自朱珠：《地标文化冉冉升起的地方——湖南卫视“超级女声”引爆的革命》，《消费导刊》2007年第14期）

而蒙牛搭上“超女”这趟快车，他们的收益是什么？是1500万的投入换来酸酸乳的销量从7个亿涨到25个亿，早餐奶从1.5个亿涨到10个亿。

（摘自朱珠：《地标文化冉冉升起的地方——湖南卫视“超级女声”引爆的革命》，《消费导刊》2007年第14期）

据不完全估计，05年“超级女声”的短信收入已经超过三千万人民币，而06年的保底费已经涨到了五千万。短信正成为“疯狂敛财”的新起之秀。

（摘自王欣：《“超级女声”的短信营销》，《当代经理人》2006 年第 4 期）

“3528308 + 3270840 + 1353906 = 7953054”。算不上复杂的一道加法题目，却让人不得不诧异于“超女”的力量。近 800 万的短信投票量，近 40% 的收视率，几个月前还是彻头彻尾的“草根”歌手轻而易举地 PK 掉了霸占电视歌坛多年的“天皇巨星”。套用周星星的语言“I 服了 You!”。

（摘自吴丰：《“超女”经济联想》，《四川省情》2005 年第 9 期）

在“超级女声”某一赛区总决赛的最后一次短信投票中，该节目收入已近 38 万元，除去中国移动 15%、中国联通 30% 以及中国电信、网通 20% 的分成，这个收入还约有 33 万；而因为每次投票皆为“清零”统计，比赛中类似短信投票还有几十场。

（摘自杨琳桦：《“超级女声”的财富狂欢》，《中国社会导刊》2005 年第 16 期）

还有报道专门考察了参赛者到湖南后的吃穿用度，据说，每人花费在 5000 元以上。

（摘自廖安辉：《“超级女声”超级无聊?》，《贵阳日报》2005 年 8 月 17 日）

全国五大唱区的报名人数逾 10 万，这还不包括背后数以万计的观众。有媒体报道称，在“超级女声”长达 49 天的七场决赛中，吸引了超过 2000 万观众每周热切关注；场外短信超过千万条收视率突破 10%，稳居全国同时段所有节目的第一名；报道媒体超百家；Google 相关网页 1160000……“超级女声”成为 2005 年盛夏众人狂欢的盛大节日。

（摘自徐锐：《“超级女声”：全民娱乐的狂欢节——对“超级女声”的大众文化批判》，《采·写·编》2006 年第 1 期）

从“超级女声”总决赛开始以来，每周五晚上掌上灵通工作人员都是在“全军奋战”。该公司内部人士昨天告诉《第一财经日报》记者：“公司客服人员一个晚上要接 7000 - 10000 个电话。有用户来查询，其购买的 30 张电话卡，是不是每张电话卡已经发出了 15 条短信给其支持者。”

（摘自沈娟：《“超级女声”激活 SP 掌上灵通拓宽商业模式》，《第一财经日报》2005 年 8 月 25 日）

从票数来看，目前“超级女声”每一场决赛大约有 300 万 - 500 万条的短信发送量。

（摘自沈娟：《“超级女声”激活 SP 掌上灵通拓宽商业模式》，《第一财经日报》2005 年 8 月 25 日）

“超级女声”是在孙隽束手无策时闯入视线的，当时孙隽和资深媒体策划人袁方、于先豪对“超女”项目做了精心测算，在电视上投放一个 30 秒的广告要几万元，而 2004 年“超级女声”在电视上有 59 个小时的直播，几百个小时的重播。虽然要搭上这辆快车，蒙牛得花 2000 多万，但所得可能是数千万，甚至几个亿、几十个亿。就这样，酸酸甜甜“超级女声”开始酝酿并最终问世。

结果正如他们所料，2005 年的“超级女声”，全国 300 多场“海选”，让蒙牛成功打进 100 多座城市。“超级女声”唱到哪儿，酸酸乳就卖到哪儿。整个赛事都安排在了酸酸乳销售旺季。

（摘自韦铭　谢臻：《“超级女声”演绎超级赚钱大戏》，《南京日报》2005 年 8 月 25 日）

赚的钱会如何分账呢？以每条短信收入一元为例，按惯例，移动运营商要先拿走 0.05 元的短信通道费，然后在剩下 0.95 元里再扣 15% 的代收费（联通为 30%，电信和网通分别为 20%），剩余不到 0.85 元再由湖南卫视、天娱公司及掌上灵通分成。

（摘自韦铭　谢臻：《“超级女声”演绎超级赚钱大戏》，《南京日报》2005 年 8 月 25 日）

从 3 月份开始在广州、长沙、郑州、杭州和成都 5 个赛区拉开帷幕，到 7 月 29 日全国总决选之八强的诞生，超级女声不仅赢得了 15 万报名选手，更有超过 2000 万观众每周热切关注。

（摘自：《超级女声商业链形成大揭秘》，致信网 2005 年 8 月 1 日）

但他（蒙牛副总裁孙先红）告诉《每日经济新闻》，2005 年蒙牛计划向市场投放 20 亿袋印有“2005 蒙牛酸酸乳超级女声”的产品，销售额应该在 20 亿元左右。一般来说，广告和促销费用占销售额的 6% 至 7%，即超过 1 亿元。

（摘自：《超级女声商业链形成大揭秘》，致信网 2005 年 8 月 1 日）

社科院近日发布的“文化蓝皮书”追踪了超女的整个产业链条，并估算出这个节目各利益方直接总收益约 7.66 亿元。按照上、下游产业链间倍乘的经济规律分析，“超女”对社会经济的总贡献至少达几十亿元。蓝皮书认为，按照品牌估价的一般方法，目前其品牌的商业价值将超过 20 亿元。“一个单一的文化产品取得这样的成绩，不能不说是一个奇迹。”

（摘自董伟：《社科院发布蓝皮书解析“超女”产业链估值超 20 亿》，华商网 2006 年 01 月）

上海天娱传媒有限公司，拥有“超级女声”的品牌所有权，是“超级女声”系列节目的品牌运营商。这家成立于2004年5月的小公司，将“超女”系列品牌及其衍生产品的开发与运作，作为主要盈利渠道。按照国外综艺类节目中“广告收入:品牌衍生收入=4:6”的商业规律保守推算，天娱传媒的品牌衍生市场空间将近两亿元。但在目前，天娱传媒的实际主要收益仍来自于艺人经纪部分。艺人经纪包括签约“超女”的广告代言、演出、唱片发行收入等。将这三方面的业务加起来，估计2005年天娱传媒在艺人经纪方面的收入约为2750万元。

（摘自董伟：《社科院发布蓝皮书解析超女产业链估值超20亿》，华商网2006年01月）

作为“超级女声”的赞助商，在广告带动效应下，蒙牛乳业集团的“酸酸乳”成为该公司主营业务净利润增长的主要来源。2005年上半年，“酸酸乳”在全国的销售额比上年同期增长了300%，2005年全年销售收入可达25亿元。按照液态奶平均毛利率22%推算，该企业由此赚取的毛利润至少为5.5亿元。

（摘自董伟：《社科院发布蓝皮书解析“超女”产业链估值超20亿》，华商网2006年01月）

按照电广传媒与湖南卫视的广告代理合同估算，以2005年“超级女声”3000万广告总收入的数字来计算，电广传媒从“超女”广告业务的代理中获得的广告收入至少为1200万元。

（摘自董伟：《社科院发布蓝皮书解析“超女”产业链估值超20亿》，华商网2006年01月）

“超女”的火爆令湖南卫视在短信内容平台上的两家合作伙伴——TOM无线和掌上灵通也获得了巨大的收益。众多“超级粉丝”成为其忠实消费者。按照短信总收入6000万元的数据推算，短信增值服务提供商（占短信总收入35%）从“超女”节目中获得的直接收益估计为2100万元。

（摘自董伟：《社科院发布蓝皮书解析“超女”产业链估值超20亿》，华商网2006年01月）

围绕“超女”明星，众多的娱乐包装公司成了天娱传媒的合作伙伴。他们在演艺、唱片等娱乐市场也获得了各自回报。天娱与娱乐包装公司按照10%:90%分成，仅巡演门票和唱片销售，这几家娱乐包装公司的业务销售额就为1.575亿元，按毛利率50%计算，娱乐包装公司从艺人经纪中获得的直接收益至少为7700万元。

（摘自董伟：《社科院发布蓝皮书解析“超女”产业链估值超20亿》，华商网2006年01月）

搜索一下“超级女声”，相关网页有669万篇。某公司注册了“超级女声”的民间网站，其日访问量就达43万人次。按照同样点击率的其他网站广告收费标准收入估算，“超女”网站可以获得的广告收入至少为100万元。

（摘自董伟：《社科院发布蓝皮书解析“超女”产业链估值超20亿》，华商网2006年01月）

8月26日晚，历时5个多月的“超级女声”以手机短信投票方式决出雌雄，李宇春最终以3528308票夺冠，周笔畅、张靓颖分获二、三名。仅决赛一场，三人的手机短信总数达800多万条。可见，为了这场娱乐盛宴，上百万手机投入了这场空前的票选，观众抛出了近千万元人民币。

（摘自墨墨：《“狂热”之后论长短》，《中国新闻出版报》2005年9月14日）

随之，“超级女声”还引发了城市生意，衍生出相关产品：唱片、图书、装饰品等；在股票市场上，“电广传媒”从7月18日起一直处于上升势头，从每股4.93元上升到8月26日收盘价7元，每股上升2元左右，股市获利达1.3亿元。

（摘自墨墨：《“狂热”之后论长短》，《中国新闻出版报》2005年9月14日）

“超级女声”创造了数以亿计的财富，已经是不争的事实。“光从短信一项，‘超级女声’已收入上千万。”一位SP行业的资深人士透露。

（摘自：《超级女声“喊”醒中国手机产业》，《CNET中国》2005年9月15日）

2004年“超级女声”长沙赛区的收视表现如下：初赛白天收视率平均值为8.4%，平均市场份额31.6%。淘汰赛最高收视率24.6%，直播的四场淘汰赛平均收视率13.7%，平均市场份额31.7%。“超级女声”在湖南卫视播出时，同时段收视率仅次于中央电视台一套，排名在全国第二名。即便在面临奥运冲击波的八九月份，其平均收视率仍居高不下，名列第二。

（摘自李琳：《“超级女声”：超级生意?》，《经纪人》2005年第9期）

据统计，2005年，“超级女声”为湖南卫视带来的直接收入大致为：冠名赞助费2000万元；贴片广告费1800万元，短信收入3000万元，总计约为6800万元。其他主体2005年所获得的直接收入大约为天娱公司2750万元，电广传媒1200万元，电信运营商900万元，短信增值服务提供商2100万元，娱乐包装公司7800万元，网络公司100万元。“超级女声”是2005年中国文化产业中的一场盛大宴席，但这一场盛宴并不仅仅只是湖南卫视运作的成果，而是众多主体共同参与的结果。

（摘自向志强：《媒介产业链的整合与延伸——以“超级女声”为研究案例》，《新闻知识》2006年第10期）

广告代言。“超女”广告代言是“超级女声”产业链延伸最主要的途径，2005年通过广告代言业务，天娱公司

至少获益 1000 万元。天娱传媒把 2005 年五个分赛区的前 10 名选手都签在名下。冠军李宇春为某品牌产品做“广告代言人”的身价已达 150 万元。

商业演出。自 2005 年 9 月以来，“超女”在全国巡演 10 场，整体上座率达到了 60 万人次，这是中国内地近几年演出市场中从未有过的盛况。经估算，门票总收入就超过 1.5 亿元。天娱传媒在此业务上需要与娱乐包装公司合作，天娱抽取 10% 左右的分成，从而获得约 1500 万元的收入。

唱片《超级女声终极 PK》。该唱片的总销量将突破百万张，其销售额将达 2500 万元。天娱公司因此获取了 250 万元的收入。

（摘自向志强：《媒介产业链的整合与延伸——以“超级女声”为研究案例》，《新闻知识》2006 年第 10 期）

根据央视 - 索福瑞调查统计，“超级女声”白天时段收视份额最高值突破 10%，居 CSM31 城市同时段播出节目收视份额第一。根据官方网站资料，2005 年“超级女声”总决赛的广告报价为 15 秒插播价 11.2 万元；而央视一套的 3 月报价，最贵的电视剧贴片的 15 秒价也只有 11 万元。同时，“超级女声”在短信等衍生收益上也给主办方带来了丰厚的回报。

（摘自罗云川：《爱看“超级女声”的 N 个背景理由》，《中国文化报》2005 年 7 月 1 日）

重要文章选登

“超级女声现象”透视

向荣高

“超级女声”——青春的亮相

“超级女声”在中国已有二年的历史。2004 年，湖南卫视首次推出“超级女声”节目，这一电视歌唱比赛节目，类似于德国的“德国寻找超级明星”和美国的“美国偶像”，作为大众通俗文化活动一面世，立刻成为新的青年流行文化热点。“超级女声”选拔分为海选、淘汰、决赛三个阶段。喜欢唱歌的女性，不讲条件、不分唱法、不限年龄、不论容貌、不问地域，总之，不设门槛，均可免费报名参加。2004 年，虽然是第一次举办，全国四个赛区就有 6 万余人参加。

2005 年，“超级女声”红透全国。年初一开赛，报名者络绎不绝，在广州、杭州、郑州、长沙、成都五个分赛区，前来报名的队列长达数千米，全国共有 15 万人报名参与。参赛者中年龄最大的 89 岁，最小的只有 6 岁，但绝大多数是十几到二十几岁的青春少女。由于电视媒体的全程播放、众多媒体的广泛宣传和观众之间的短信互动，很快形成了“超级女声”狂潮，从南到北，由东至西，“超女”热浪席卷全国。央视索福瑞 7 月份的调查统计显示，“超级女声”白天时段收视份额最高突破 10%，居 31 个城市同时段播出节目收视份额第一，收视率首次超过了央视春节联欢晚会。8 月份，2005 年“超级女声”总决赛的广告报价为 15 秒插播价 11.25 万元，超过了央视一套最贵的 19 点 45 分时段的 15 秒 11 万元的报价，这是央视在电视行业老大的地位第一次受到挑战。再从类似栏目的比较来看，“非常 6+1”和“梦想中国”几乎同时举办，但其在社会上，特别是在青年中的影响力仍然远不如“超级女声”。前者在四川赛区报名人数为 3672 人，资格赛的 6 人总得票数是 25 万多，而“超级女声”成都赛区报名人数近 4 万人，赛区总决赛仅前三名的选票便超过 30 万。

“超级女声”是一次众多妙龄少女美丽青春的集体亮相。历时半年多的激烈比拼，8 月 26 日，3 名青春少女从 15 万参赛者中，最终闯入了 2005 年“超级女声”的总决赛。最终名次由观众短信投票产生，李宇春以 3528308 票夺得本年度“超级女声”冠军，另外两名选手周笔畅和张靓影分别以 3270840 票和 1353906 票获得亚军和季军。三人所得短信投票相加，超过了 800 万张。外电报道，同期收看电视和网络互动的观众超过了 5 亿。这是何等的壮观场景，又是何等的风光无限。她们把自己美丽、帅气、自信、活泼、可爱的青春风采，前所未有地展现在全中国和全世界的观众面前。

想唱就唱——青春的宣言

“超级女声”海选阶段，吸引了海量的报名者。有媒体这样描述：参赛选手中什么样的都有，有瘦得像根筷子，站都站不稳的；有胖得一动就“水波荡漾的”；有形象气质俱佳的，也有普通平凡得不会多看一眼的；有年龄小得要大人领着抱着的，也有老得嘴里没牙的。选手们的穿着打扮也是五花八门，有穿礼服的，有穿旗袍的，有穿工装的，也有穿校服的，还有穿着露脐露背装的，甚至还有人穿着睡衣大大咧咧站在评委眼前的。选手们唱起歌来更是千怪百怪，有唱一半就没声的，有跑调十万八千里还在摇头晃脑的，还有的手舞足蹈连唱带跳动情之处乱打滚的。

“超级女声”参加者的目的各不相同。有人是想借此锻炼自己，一位选手在报名之前就给组委会发短信：“得知今年又要举办‘超级女声’大赛，我梦里都笑醒了，虽然我不一定会被选上，但我想挑战一下自己。”还有的人则直接说：“就是为了出名，当超级明星，从‘丑小鸭’变成‘白天鹅’。”成都赛区报名期间，媒体调查反映，在前来报名的女生中，在校大中学校学生占了 80%，其中不乏高三女生拿着复习资料来排队的，不少学生还坦言，她们是逃课来报名的。因此还引发了讨论，认为是“超级女声”的负面影响。

与批评的声音形成强烈对照的，却是越来越多的青春少女对“超级女声”乐此不疲。喧闹的人潮，万人汇成的几百米长龙，十几个小时的等待，全国各大赛区相似的场景如期出现。从凌晨开始，就陆续有数千人到万人涌入“超级女声”报名现场，走廊、过道、洗手间，只要是视力所及的范围，到处都是十几岁二十几岁的女孩。正如一位大赛评委描述的那样：几万张女孩的脸孔，她们充满梦想和期待的神情，她们的笑脸和泪水，她们的花衣服、白衬衫、七分裤、小圆帽子……潮水似的从他们的眼前和脑海中流过。

“超级女声”的一首主题歌准确地诠释了万千青春少女们的狂热行为。歌名叫《想唱就唱》，歌词是这样的：“推开夜的天窗，对流星说愿望。给我一双翅膀，能够接近太阳。我学着一个人成长，爱给我力量，梦想是神奇的营养，催促我开放。想唱就唱，要唱得响亮。就算没有人为我鼓掌，至少我还能够勇敢地自我欣赏。想唱就唱，要唱得漂亮。就算这舞台多空旷，总有一天能看到挥舞的荧光棒。"

海选阶段，选手们不仅唱歌，还拿出各自的绝活儿充分地展示自己，在比赛中奇招迭出。载歌载舞只是常规武器，炫彩出场甚至自己编词者也不少。当然大多数都是传统的中式说唱，有的动作超级难看，有的歌声超级难听。穿各类古怪服装者更是层出不穷，前卫的裸露装和老土的红纱裙都不算什么，有人甚至把婚纱穿到了海选现场。有趣的是，一位评委问一位17岁的参赛"超女"，"你知道自己走音吗？你身边的人知道你走音吗？"这位选手很爽快大方地回答："我爸我妈都说我走音走得厉害。"评委又问："那你为什么还来参赛？"这位"超女"选手没有正面回答问话，而是反问这位评委："走音与参加'超级女声'有什么关系吗？"这句话听来令人啼笑皆非，但却掷地有声。

"想唱就唱"，这是青春的权利。"想唱就唱"，谁也不能阻挡。唱得准不准，是否走音，都不重要，重要的是我表达了我的青春愿望，我喊出了我青春的声音。这也恰恰说明，海选给每个选手30秒的时间，已远远超出了节目选拔者初衷的本意。大多数青春少女要的是这个过程、这个体验，而不是"超级女声"的本身。所以，选手提出"走音与'超级女声'有什么关系吗"的诘问，非但不奇怪，而恰恰道出了这一代青年的个性特质。

粉丝选秀——青春的狂欢

"超级女声"红透大江南北，热潮一浪高过一浪，离不开喜爱和追逐"超女"们的全国"粉丝"（歌迷）们的推波助澜。在半年多的时间里，"超级女声"，不仅有15万人直接参加海选，更有数以百万计的"粉丝"参与。荧屏内外、网上网下、全国各地、海外及世界不少地方，狂热的"粉丝"们追逐各自喜爱的"超女"。随着竞赛进程的推进，"粉丝"们热度不断升温，"超女"们形成了各自的铁杆"粉丝"团队。

"粉丝"与媒体、"粉丝"与"超女"之间的互动造势，共同演绎了"超级女声"的神话，制造了"超级女声"的奇迹。在相当一段时间里，"超女"和"粉丝"都成为媒体关注的焦点。每当周末，飞往长沙的班机成为各地"粉丝"和记者的包机。比赛前后的报道更是铺天盖地，北方报纸做8个版"超女"不过是小儿科，南方报纸一天可以拿出32个版、40个版报道"超女"。每次走近湖南电视台所在的广电大厦，还有几百米距离，就已经看见成千上万的"粉丝"们围在道路两旁，那景象真是令人叹为观止。正像前文所述的"走音"与"超级女声"有什么关系那样，其实，"粉丝"们是不关心歌曲的，她们只要看到自己的偶像上台就可以了。偶像往那一站，不管她唱得怎么样，都是沸腾和欢呼，声音大到连主持人和评委的话都听不到了，这种狂热已无法用正常逻辑去解释。"粉丝"们不能接受偶像短信落后，不能接受偶像上PK台，不能接受偶像没能直接晋级，即使评委的批评意见也不允许。

现场热度还远不及网上和短信的火爆。同期报道的媒体超过百家，相关的网页100多万项，因比赛规定每部手机在一场比赛中只能为一名选手投15票，很多"粉丝"用自己的手机投完了票还不甘心，不惜重金买新手机卡，跟身边的人借手机投票。缠着并不喜欢看"超女"的爸爸、妈妈为自己的偶像投票的"粉丝"也比比皆是。有的"粉丝"把"超女"的笑脸制作成耳环，挂在自己的耳朵上，以表达对"超女"的坚定不移的支持和喜爱。

在比赛的关键阶段，"超女"的命运由观众短信决定。因此，还涌现出不少"超级粉丝"。广州一白领"粉丝"出资10万元为广州赛区的"超女"在网站上做拉票广告。在长沙某移动电话营业厅，一位男"粉丝"一口气买下一万张神州行，花费50万元，为的就是给自己的偶像投票。还有一群20多岁的女孩子则花6000元买下了12部小灵通，临走时还叮嘱卖手机的老板"不要忘了给某某投票哟"。还有不少大中学生"粉丝"，很有秩序很有规模地组织起来，走到大城市的街头宣传鼓动，进行广泛拉票。有的甚至是把仅有的一点点零花钱也毫不心疼地拿出来投上一票。

一位男士上街遇到一乞丐，纠缠不休，便想掏钱打发了事，不料乞丐一番话令他瞠目结舌。乞丐说："谢了，你把那点钱留着给某某'超女'投票吧。"这不是笑话，而是发生在"超级女声"决赛阶段的真事。更有甚者，不少"粉丝"每天为自己的"超女"写一篇日记，每天上网发帖子，每天为"超女"作祷告，每天看见报刊亭有报道"超女"的报刊就统统买下。

这是青春的狂欢，狂欢的青春，青春就应该是张张扬扬的。中国青年没有自己的狂欢节，中国的女青年更难得狂欢一次，而"超级女声"却引发了她们的狂热。"粉丝"们在享受"超级女声"带来的文化大餐、娱乐盛宴的同时，也正在制造着中国青年特别是中国女青年自己的狂欢节。

"超女"现象——青春的律动

回眸这个热闹的夏天，红火的2005，"超级女声"引发的激情、热辣、火爆与疯狂，如同大自然的"热岛现象"，其热度并没有因为进入秋冬季节而降温。"超级女声"留给我们的是，凡有"超女"的音像制品与出版物和饰物热卖，凡有“超女”参加的演出与活动热看，凡与“超女”有关的生意热涨。加上街头巷尾人们对“超女”的热议，专家学者对“超女”的热评，主流非主流以及海外媒体对“超女”的热报，广大“粉丝”及青少年对“超女”歌曲的热唱。超乎寻常的“超女”，产生的“超女”效应，进而引发蝴蝶效应，这一切，不只是“超女”动人，“超声”动听，“超迷”动心，也不只是“超女”造梦，而是在青年中、在文化娱乐界、在全社会，实实在在形成了一个不能不正视、不能不关注的“超级女声现象”。作为一种文化现象和社会现象，它带给人们几多亮色，几多思考。

其一，“超级女声”开辟了青年娱乐文化的新天地。有人这样概述中国电视的现状。一张豪华的桌子，上面摆满了数百只盘子，但每只盘子里都是饺子。在观众对传统电视节目的长期审美疲劳之下，“超级女声”出现了。特别是在长期推崇含蓄、内敛、隐忍的文化氛围里，短短二十几年，中国经历了社会现代化的转型，青年感到诸多不适，狂欢的需求产生了。而“超级女声”电视节目的出现正是满足了青年大众的这种狂欢的需求。无论选手还是观众，从“超女”节目中获得了新奇的感官经验，也获得了临时性的自我解放。观众与选手，不同地域、不同身份的青年在一个特定的时间有了共同的话题，又做着各自不同的梦。“超级女声”首先带来了中国娱乐节目彻底的平民化和娱乐青春化，让每个有梦想的青年都获得一个自由展现的电视平台，满足了许多青年心中埋藏已久、急需释放的欲望。这种娱乐文化彻底平民化的趋势说明，在今天已经不能关门办文化，那种自己拍自己播的时代已经过去，特别是“超级女声”把节目做成了一场社会时尚、社会风潮，产生了累积的效应。累积“粉丝”，累积人们的忠诚度，通过短信互动来培养观众，培养收视率，培养青年的兴趣，引起社会的关注。这无疑对传统娱乐文化是一种冲击，一个挑战，一次超越。

其二，“超级女声”提供了青年民主参与实践的新平台。“超级女声”一跃成为娱乐圈当之无愧的头号风暴，有人认为是一次青春与民主的有机结合，有人认为是新一代青年一次文化民主意识的觉醒，海外舆论甚至认为，“超级女声”为中国民主研究提供了一个很好的范本。议论风起，见仁见智。的确，“超级女声”为所有参加者提供了平等参与的机会。“超级女声”从海选一路走来，是以“人人都有机会”，人人都可参与的民主机制展开的，机会均等与优胜者的秘密在于“起点公平”。不管老幼、职位、美丑、贫富等等，皆站在同一起跑线上，这体现了对普通人的最大尊重，也最有效地动员了青年。同时，“超级女声”设立了一套尽量能够体现民意的评审规则。选手的去留由三类人决定。任何想参与评选的观众、通过挑选出来的大众评审团和专业评委。每一类评委都有权利通过投票方式对参赛者进行评判，但又都无法独占决定某位选手去留的权利。“超级女声”的“粉丝”们不分年龄、性别、职业、受教育程度，她们关于“超女”的话题和讨论五花八门，无拘无束，畅所欲言。成千上万的超级“粉丝”们，因为参与这场规模盛大的超级狂欢，度过了这个热辣火爆的夏天，感受了“超女”带来的欢乐悲伤，付出了为“超女”们投入的罕见热情。“超级女声”的做法无疑是一次民主选举的演练，如何将公平公正深入人心，在一个价值多元的社会里颇具示范意义。特别是决赛阶段的大众评委与观众投票的决定性作用，其做法无疑在潜意识里引发了广大青年的共鸣。按照民主、竞争的程序选拔“超级女声”，为年轻人提供了更多崭露头角的舞台，创造了更多公平透明的竞争机会。让大众化民主选举真正成为可能，这应当成为我们社会努力的方向。

其三，“超级女声”彰显了青年“中性化”审美的新趋势。首届“超级女声”前三名都是传统意义上的美女，今年“超级女声”全国十强中受欢迎的李宇春、周笔畅、黄雅莉等与中国传统美女标准相去甚远，让电视机前无数男观众心如刀绞。特别是在8进6比赛中，“超女”中的美女叶一茜跟黄雅莉PK，唱功前者要好于后者，但大众评委却无视众多男性观众的捶胸顿足，毫不犹豫地选择了黄、PK掉了叶，被认为是裤子女生战胜了裙子妹妹。今年“超级女声”冠军李宇春，这个男孩子长相的四川音乐学院大三女生，从成都唱区里脱颖而出，她的个性、她的魅力、她的独特的台风，一下子就打动了无数青年女性和无数的“粉丝”们，她们普遍惊叹，原来女孩子也可以这么美好地帅气与利落。李宇春身上具备了许多看来只属于男性的美好品质，像豪爽、帅气、潇洒、绅士、干净、自然大方等，被同样是女性的无数观众与“粉丝”们大加赞扬。“中性化”的魅力是超越性别的。李宇春的出现，让中性之美重获评价，她所具有的震撼性撼动了男性社会关于女性美的传统定义，同时也让更多男性观众发现她的美丽与价值，并在女友的鼓励下为她投下一票。从《我的野蛮女友》走红，到“中性气质”称霸“超级女声”，跨性别气质的得宠，似乎成为一种时尚流行趋势。无论是李宇春的帅气，周笔畅的爽朗，还是黄雅莉的阳光，“中性美”这个2005“超级女声”创造的新流行词，让我们真实地感受到了青年特别是女青年价值取向与审美追求的新变化。对于“中性美”的出现，《中国青年报》的一次调查反映，60.8%的人认为这是社会文化多元化的正常表现，只有10.1%的人认为是性别混乱的另类行为，无法理解。而大多数人认为，促进男女平等，最有效的在于改变人们的社会观念。

其四，“超级女声”反映了青年与社会互动的新特点。“超级女声”落幕了，它既好评如潮，又议论争论不少。“超级女声”的参与者以大学生为主，从青年人的角度来考量，笔者认为对待“超女”、对待青年，应多一些冷静，多些客观，多一些关爱。“超级女声现象”，不仅受到了国人的关注，新加坡《南华早报》和美国《华盛顿邮报》、《今日美国》等海外媒体都在研究。应该说，“超级女声”在全国范围内掀起的狂潮无疑是大众文化兴起的表现。大众文化的特征就是城市化、消费化、娱乐化。人的文化消费是多层次的，我们需要对“超级女声”宽容一点，对青年文化消费群体宽容一点。过去是文化训导大众，现在是明星娱乐大众，而“超级女声”是大众娱乐大众。更重要的是，“超级女声”的消费群体都是以青少年为主。这也说明大众文化消费正在日益青少年化，青少年化已经成为中国文化消费的主体。当代中国青少年是中国历史上最富裕的一代，接受教育最多的一代，也是最有能力消费的一代。未来他们将支配文化走向，支配大众兴趣。他们的兴趣将日益主宰社会，而“超级女声”则预示着这种支配与主宰的力量。同时也显示着青年与社会互动的力量。只有青年文化与社会文化、青年与社会的和谐互动，才是健康有益的，才能成为国家发展、社会进步、民族复兴的推动力。

基于这样的认识，秉持科学的态度，我们对待“超女”、对待青年，唯一正确的选择是：用心倾听她们的心声，用心感受她们的成长。

“超级女声”的经济学分析

王克修

现代经济学里，真正基本的、管用的理论，就是三个假定、三个原理。这三个假定是：经济人假定、资源稀缺假定和保护个人产权假定；与此大致对应，便是三个原理：利润最大化原理、供求原理和等价交换原理。这六条，是经济学智慧的结晶，是精髓。

运用上述假定和原理分析经济问题，可运用三个方法：即成本收益分析法（静态与动态）、均衡分析法（静态与动态）以及帕累托标准。这三个方法，是作经济分析最常规的方法。现代经济学的体系，其实就是根据三个假定、三个原理、三个方法构造起来的。比如，从经济人假定出发，根据利益最大化原理，运用成本收益分析方法，就形成了厂商（生产规模）理论。从资源有限的假定出发，根据供求原理，运用均衡分析方法，就形成了市场价格理论；从保护个人产权出发，根据等价交换原理，运用帕累托标准，就形成了按要素分配理论。

“超级女声”是由湖南卫视牵头推出的大众娱乐性节目。喜爱唱歌的女性，不分唱法、不限年龄、不论容貌、不问地域，均可免费报名参加。第一阶段的“海选”在一块简陋的布景板前进行，无伴奏、无话筒及任何辅助设备，参加者清唱自选歌曲。评委由唱片公司老板和行内资深人士组成。第二阶段则采取选秀淘汰，通过电视观众的短信投票，将50名选手逐轮淘汰，最终选出赛区冠军。

2005年“超级女声”杭州赛区报名第一天，3万多名蜂拥而至的报名者让主办方措手不及，预备的1万多份报名表被一抢而空，只好连夜复印。不仅杭州，成都、郑州、长沙，各地都传出“超级女声”爆棚的消息，五大赛区总报名人数达15万，远高于2004年的5万人次。“超级女声”前3名决赛，已经于2005年8月26日晚结束。在决赛之前，这个节目就超越了原有的娱乐功能，逐渐演变成一场需要经济界、学术界、娱乐界、广播电视界应该充分予以关注的现象。央视名嘴指责“收视率是万恶之源”之后，一些学者继而点出“超级女声”是很“恶俗”的节目。“超级女声”是否恶俗尚需社会学、传媒学的严格审视。但从经济学的视角分析，“超级女声”是成功的。

这种经济学意义上的成功来自于市场对“超级女声”的肯定，正如经济学鼻祖斯密所言：“一切生产的最终目的必然是消费。”从“超级女声”居高不下、令人艳羡的收视率和知名度来看，这个湖南卫视生产的娱乐商品供需两旺，充满活力，在“看不见的手”的追捧之下业已成为市场明星。

首先，“超级女声”是一个实现了多赢的经典案例。老百姓找到了乐子，湖南卫视赢得了收视率和利润率，品牌持有者天娱公司觅得了未来巨星，赞助商蒙牛集团做足了广告，电信运营商移动、联通赚得了短信分成，甚至连广告商也共享了声望，整个“超级女声”不仅是一场音乐盛典，更是一道商业大餐，所有参与者都获得了效用的提高。这种与众不同的“多赢性”注定它对国民经济增长的助力更加全面，更加持久。

调动、整合社会资源，实现共赢，是“超级女声”最突出的特点。利润面前，各行各业绝对是心手相连，情投意合。对“超级女声”的共赢效应进行具体分析如下：15万参赛者得到了什么？哪怕只是黄腔黄调地唱一句，比起没有参赛的同龄人，她们多了一笔宝贵的阅历。有专家分析，年轻一代在顺境中长大，总被明星的成名方式诱惑。“超级女声”让她们第一次品尝到磨砺和挫折，让她们学会竞争，学会相处，懂得综合素质更重要。这笔心理财富将为社会免除一笔教育成本，削减一笔犯错成本。那些进入全国决选的女孩，还可以接受两个月的专业声乐、表演培训，这些经历：无价！重要的是它说明了青少年已经成为文化生产和消费的最大的主力。“超级女声”最后的结果是李宇春和周笔畅的成功。有人以为这说明社会潮流走向了一种“中性化”的趣味。其实这是一种明明白白的青少年趣味主宰的结果。我们都知道，在青春期的少年中，受到欢迎的女孩往往就是“酷”和“帅”的，都并不非常女性化。其实现代社会中，女性的“女性化”趋向仍然强烈。但“超级女声”说了算的是短信，真正完全投入、大发短信的主力群体当然是青少年。他们的趣味今天完全决定了“超女”的最后走向。这说明20世纪80年代后期出生的“尿不湿一代”对于文化的支配力，他们的代表李宇春和周笔畅在台上，在台下的他们也用短信决定了一切。他们出生在中国历史上最富裕的时代，也已经显示了巨大的消费能力。他们显得没有历史的重负，也非常明亮和阳光，但似乎缺少文化的积淀。他们对于文化的影响当然会长久地影响我们的未来。今天的这一切需要谨慎地评估和认真地对待。但不管未来怎样，超级女声所提倡的“想唱就唱”精神，已经给了无数年轻人实现梦想的勇气。

观众在观看节目时投入了自己的情绪。从世界范围看，“超级女声”没什么特别，但在国内形成这么大的反响，说明多年来，观众的娱乐需求没有得到很好的满足。“超级女声”是“平民娱乐”的总爆发。观众的需求有待继续开发和挖掘，这里的蛋糕大得很。从早几年的歌曲《东北人都是活雷锋》，到去年的《老鼠爱大米》，再到今年的《两只蝴蝶》。无论是歌词还是旋律，他们都深深铭刻着民间话语的烙印，和精英文化的审美情趣似乎格格不入。这些娱乐事件的出现，已经暗示出大众对平民偶像、平民文化需求的旺盛。

在一个娱乐如此多元化的年代，“超级女声”能把如此之多的眼球吸引在自己身上，无疑是非常成功的。然而，在市场经济时代，商业活动的唯一信条就是博取利益的最大化，所以，虽然“超级女声”挂着平民化的幌子，但对经济利益的最大化追求，才是制作这档节目的终极目标。所以，虽然看上去“超女”很亲切，很像中学联欢会留在每个人心底的感动，但是拨开“温情”的表面，经济利益才是“超级女声”最为看重的。不用多说，证明我的观点只要一条公开的证据就够了：“总决选”这个怪异的词汇后面，是主办方最牵肠挂肚的“短信”投票啊。以短信决定名次，当然不能服众，但是，短信收到的真金白银，你能不服吗？第一名的短信有3528308条，获得第二和第三名的分别有3270840条和1353906条，加起来足足有800多万条的短信量，一条一块钱，要你评委做什么？所以，在“总决选”中笑到最后的，是主办方和电信运营商们，他们才是获得了最大利益的那只背后的手。

最大的赢家除了湖南卫视和电信运营商们外，就是冠名赞助商——蒙牛酸酸乳。从“打造中国乳都”→赞助春晚→神5上天→超级女声。蒙牛起家和发展的杀手锏是“事件营销”——利用社会重大事件的商机作秀，利用社会民众的共振心理，提高品牌知名度，提高产品销量。这次蒙牛仍然沿用了这一独门绝技，只不过手笔更大，并且事件营销的轨迹向“娱乐化营销”转变。这次为购买“超级女声”节目冠名权，蒙牛乳业投入了2800万元。此后为了投放“超级女声”标识的公交车体、户外灯箱、平面媒体广告，蒙牛又追加了将近8000万元的投资，总投入过亿元。但单从销售利益方面讲，这次蒙牛利用超级女声赚得个盆满钵满。“蒙牛酸酸乳”定位为年轻而又有活力的女孩，这和“超级女声”的参与者和受众十分吻合。

其次，根据资源稀缺假定和供求关系原理。经济学的一个重要理论是“稀缺性”。即任何资源都是有限的。作为一名成功的艺人，身上必须有且应有别人所没有的稀缺元素。因为这是一个风格传播的时代，标新立异的时代。那么，一名成功艺人应该有什么样的稀缺元素呢？包括外貌的美丽，独特的气质，高尚的人格，拼搏的心，精湛的艺技，资金的支持，良好的人脉。当一名年轻艺人幸运地拥有以上这些资源时，那么她腾飞的助推器就准备就绪了。资源是稀缺的。上帝不能让所有人都得到这样的宠爱，只有“超级女生”才能拥有。从保护个人产权出发，根据等价交换原理和按要素分配理论，“超级女声”的优胜者得到的切身利益也是应当保护的。

经济学的另一个重要理论就是供需的此消彼长性。当一种东西供给大于需求的时候，它的价格就会下跌。当供不应求的时候，它的价格就会上升。综观这次比赛的前十，有六位属于“供大于求”的状态，同质化现象严重，因此竞争力自然大打折扣，缺乏足够人气，自然也就在情理之中了。

经典的营销策划　成功的商业运作

——剖析“超级女声”运作模式

黄　琍

在2005年“超级女声”落幕之时，回望短短数月内数位“超级女声”人气直线飘升，万众瞩目，再度证明这一场“造星运动”点石成金的魔力，“超级女声”无门槛的大众参与方式和大众投票决定选手去留的淘汰方式，张扬了一种“全民快乐”的感觉，这种独特的表现形式融合预选赛阶段的超强互动参与性和百态情趣，复赛决赛阶段的残酷淘汰性，成为“超级女声”品牌成功的重要保证，从而成为国内电视界、娱乐界的热门事件，引发广泛关注。

那么一档在初期并未受到关注的选秀类节目，为什么在短短的几个月时间里让各方人士跌破眼镜呢？本文从立体营销的角度剖析“超级女声”的商业运作模式。

节目策划设置，契合受众心理

“超级女声”为何万人迷？“超级女声”的出现改变了节目制作机构“自娱自乐”的心态，而且将观众完全纳入到节目中，成为节目的主角，而主持人、评委则甘当绿叶。这是“超女”与以往任何一类娱乐节目根本不同的。而且在“超女”节目中，还有很多细节的策划和设置抓住了观众的心，使他们死心塌地跟着节目往下走，从而保证收视率节节上升：

看点一：海选——想唱就唱

“零门槛”进入吸纳报名者的“超女”大赛，从一开始就撩拨起全民的表现欲，他们急于从看客变为主角。不分唱法，不问来路，不论年龄，15万人报名者热烈回应着超女大赛“想唱就唱”的口号勇敢地接受“海选”。心理学家认为“超女”大赛给每个年轻女生一种“人人都能成功”的积极的心理暗示。大赛提出的“起点公平、机会均等”的口号，满足平民的参与欲望和进取娱乐圈等心理，可见一个成功的暗示和一个合情合理的宣言有着多么大的鼓动性，一个造星运动就这样被迅速点燃。

看点二：短信——拇指造星

短信投票在“超女”决选10进8到200万张，6进5达300万张，5进3达500万张，最后三强的排序7天短信投票高达800万张以上，这是个绝对的短信至高点，成都女孩李宇春最后决选时一人独得350多万短信支持，借助这种超人气一路晋升，直到年度总冠军。移动通讯的技术平台，延伸着“超女”的竞技空间。观众不再是摆设与木偶，“喜欢谁就支持谁”，动动拇指就能造星。依据比赛规则，场外短信支持率低的选手离场的可能性更大，作为“超女”大赛的一部分，场外拉票的暗战丝毫不逊于场内的比拼，这样的运作的确让竞技有了相对透明的民选意向，这对观众而言是一种前所未有的满足。

看点三：网络——我的舞台

Google相关网页达116万；“超女”百度贴吧每天有超过350万用户访问，每天有200多万条的留言，且正不断刷新；“超女”的商业炒作很到位，增加了短信和网络的场外评选，最大地调动了人们的参与激情。网络和短信的最大魅力就是想说就说，说真话说实话。正好这次，“超女”采用的也是极具现场感和原生态的表演，不再是忸怩作态，说教式文化的表现模式，这是一种真实。再加上超女们又都是初出茅庐、涉世未深的小丫头，一派纯真，浑然天成。真诚的演唱、真诚的观看、真诚的参与，一个“真”就会让人感动，这么多“真”，不热闹才怪。

看点四：PK——存亡瞬间

PK一词来源于网络游戏。两个玩家之间的单打独斗，决一生死称为PK（playerkilling）。PK颇有点华山论剑的自负，也有些一决生死的悲壮，“超级女声”至今红遍大半个中国，多半缘由恐怕来自这个每场必拼个你死我活的煽情“PK”。面临“PK”，哭也好，笑也好，赢也好，输也好，若能坚持到底，便是好汉一条。这种略带侠情的竞争，总能让人产生英雄感，或悲壮感，也常常会提升我们的情趣。根据游戏规则，掌握“超女”PK生死大权的力量有三：一是评委，确定现场表现略逊的选手上台；二是场外观众，短信支持最少的选手上台；三是现场的大众评审团，由前期被淘汰掉的选手自由投票二选一。而这三股力量的不确定性让结果扑朔迷离，可见PK是一个灵丹妙药，让一场拉锯半年的女生歌唱比赛，变得地动山摇。

主办方更多的将权力交给观众，而在传统的歌手竞技中掌握生杀大权的专业评委却退居其次，失去主控权。作为“超女”决选最煽情的一幕，“PK”过程还设计了选手清唱拉票、参赛全程、临别告白等诸多环节，将场内外每个人的情绪释放调度到极致。

主体营销网络，联动传播效果

湖南卫视“超级女声”开启了一个先声，它让民众从被动走向主动，从没有独立意志走向拥有自己独立的价值判断空间，而这仅仅是因为一次游戏规则的改变，就唤起了民众参与表达的热情。从企业营销的角度考虑，任何一个企业如果能够真正做到以顾客为中心，充分尊重他们的需求和意见，尊重他们的消费权，并适度地给予顾客表达自己观点的空间，那么它收获的必定是消费者的喜爱和真诚。

从传播层面看，正是由于民众不断深入的参与，才造就了“超级女声”不断的话题。翻开报纸，整版都是“超女”新闻，从娱乐版波及社会版、体育版、财经版；上网有关“超女”的帖子“水漫金山”；打开电视，那个酸酸甜甜的女孩在唱“想唱就唱要唱得响亮……”；走在街上，有人拦着你，让你给“超女”投票，就在专家开始分析是什么促使“超级女声”引起群体性疯狂的时候，掌上灵通的孙隽给出了一个答案：立体营销的结果。众人添柴火焰高。“超级女声”的成功是每一个参与者努力的结果，参与的各方努力营造了一个电视、网络、手机等方式交叉的立体网络，把目标对象包围在这个网络之中。

（一）蒙牛集团赞助“超女”并投入巨大的资金进行前期的运作和传播，在很大程度上对于“超女”人气的提升起到了推波助澜的作用。

在冠名“超级女声”的同时，“蒙牛”也在全国市场全面启动自身的传播和推广渠道，在各个层面进行高强度的传播攻势，特别是它们在终端的强大推广力度直接影响消费者的购买行为和参与度。蒙牛集团聘请2004年度“超级女声”张含韵作为2005年蒙牛酸酸乳的产品代言人，其品牌定位为年轻而又有活力的女孩，并在20亿包蒙牛酸酸乳外包装上都印有“超级女声”的比赛信息。此外，蒙牛还在包括央视在内的各强势电视台以及广播、杂志、网络和户外等媒体，投入大量资金，刊播“蒙牛酸酸乳”广告和“超级女声”的比赛内容。由于“蒙牛”前期的强力推广，“超级女声”的知名度和影响力得以迅速提升。可以说湖南卫视与蒙牛集团的结合，不仅解决了前期的资金投入问题，还互相借势，在传播上起到了联动的作用。

随着节目的不断深入，以及关注程度的不断提升，很多不是载体的载体也成为“超女”很好的传播载体。

（二）观众参与。

通过短信方式、网络论坛等渠道加快传播力度。“喜欢谁就留下谁”，仅2005年8月19日人气最高的李宇春的短信支持就有1899892条，位居第二的周笔畅是1333748条，从来没有哪一档节目像“超级女声”有如此巨大的短信量，手机短信成为人人手中的一把武器，还有超女“粉丝”们为了给自己的偶像争取短信支持，在街上赠送电话卡。Google搜索一下，有200多万条有关超女的信息，在百度贴吧也有500多万帖子。

（三）制造话题。

这也许是现代人最爱耍的伎俩，但每次都有人中招，特别是娱乐界，“性取向”，“后台打人”，“评委遭袭击”，“签约黑幕”等等，真真假假，扑朔迷离，通过始作俑者的传播，形成强大的传播势头，高潮迭起，此起彼伏，最重要的是它就发生在你身边。

（四）持续推广。

据了解，《终极PK》已于8月30日上市，而且2005年度“超级女声”唱游中国巡回演唱会的筹备工作也已经开始，届时将选择全国十个城市进行巡演，与此同时，一部《超级女声》同名电视剧也已经完成了编剧，将于9月底投入拍摄，明年5月左右播放，本届“超女”，冠军李宇春目前身价直逼300万，代言某电脑品牌。可见虽然“超女”已决出三甲，由巨额短信收入和广告赞助所支撑的“超女经济”却热度不减，相关产业的财富发掘则刚刚开始进入“后超女时代”。

商业运作结果，各方赢得盆满钵盈

“超级女声”受到的关注以及它的影响，早已超过了它作为一档选秀娱乐节目所应有的规模。在“超级女声”微笑的背后，是一条超级经济链条以及链条上各个利益主体得意的笑。其中最引人瞩目的莫过于节目制作方湖南卫视、“超级女声”品牌拥有者上海天娱传播有限公司、节目冠名赞助商蒙牛集团有限公司以及为节目提供短信增值服务的掌上灵通。

（一）湖南卫视，总决选一场广告收入几百万

在湖南卫视的网站上，“超级女声”全国总决赛的广告报价已达到15秒11.25万元。据统计，在决选阶段，平均每周3个半小时的节目中，有6次广告插播，每次大约30个广告片，大都以15秒为主，粗略算下来，“超级女声”总决赛每场广告收入至少应该有几百万。业内人士也认为，7场总决赛可为湖南卫视带来2000万元的广告收入。与此同时，强大的宣传攻势还提高了频道品牌的宣传力度，其结果是收视率直线上升，知名度大幅提高。

（二）天娱公司，“超女”品牌价值几个亿

“超级女声”如此火爆，那么，伴随“超女”出现的天娱公司是否也大赚其钱呢？

“我们是‘超级女声’这个品牌的所有者。”上海天娱传媒董事长王鹏接受媒体采访时表示，由电视产生的收益并不是天娱传媒的着眼点，其重点操作的领域在于“超级女声”品牌延伸的产业链，培养一个品牌，然后利用这个品牌进行后续经营。据悉，天娱传媒将会挑选出这次比赛中有潜力的选手进行包装，推出唱片或拍电视，并将联手五大唱片公司推出五张个人专辑。天娱公司已经为“超级女声”进行了相关的商标注册，并开始尝试用于相关产品

的开发。该公司目前的收入构成呈现多元化，主要靠品牌转让、产品开发、节目制作和地面广告等。据了解，天娱公司开出明年“超级女声”冠名底价为8888万元，此外冠名企业还得支付1亿元的“超女”运作基金。看来，天娱传媒赚的是“超女”们未来的钱。

（三）蒙牛集团，酸酸乳销售增加2.7倍

蒙牛的收益是有目共睹的。1400万元的冠名费用，或者说1亿多元的整体投入，对蒙牛集团来说是值得的，特别是整合营销给企业带来销售额的增长。8月23日，蒙牛乳业在香港发布了2005年上半年的财务报告，公司上半年营业额由去年同期的34.73亿元上升至47.54亿元，纯利润高达2.74亿元，较去年同期的1.84亿元增长33.9%。蒙牛集团毫不掩饰他们的喜悦：“选择‘超级女声’，使蒙牛酸酸乳的销售翻了2.7倍”，“增加了两条生产线，但产品还是供不应求”。可以看出，蒙牛集团此次的产品推广费用大约只占销售额6%，投入产出的比例非常小。

（四）掌上灵通，总决选一场收入至少百万

海量的手机短信是“超级女声”发展的结果。短信收入来自两部分：短信投票和向观众发送有关“超女”以及湖南卫视节目信息。据有关报道，湖南卫视大约能从决赛每场的短信收入中分得100万元左右，照此推算，决赛期间的每场比赛短信收入至少在200万元以上，7场比赛，能获得1400万元以上。如果加上预赛期间的短信收入，“超女”今年应该能获得3000万元左右的短信收入。经过利益分配，掌上灵通也获得了丰厚的回报。

代理短信服务的掌上灵通的孙隽表示不太在意短期收益，他看重的是和湖南卫视的长期合作，他们的合作是一个双赢的过程。

我们无法去细致地探寻“超女”背后的准确收入，但至少可以肯定的是在这个游戏中，链条的多个环节的多个利益方都是赢家。一个文艺性热播节目，通过企业、电视台、短信、公众等资源的全面整合，以商业化运作模式，让各方赢得盆满钵盈，把一个文艺节目做成了全国知名品牌，做成了一条产业链。“超级女声”获得的成功之道值得各方借鉴和深思。

“超级女声”走红的传播学思考

柴志芳

湖南卫视的“超级女声”在经过2004年的小试牛刀后，在2005年引起了更大的关注与追捧。与此同时，从网络媒体到纸质媒体，纷纷对“超级女声”说三道四，莫衷一是。不少是厚道之语，更有不少棒杀之声。但“超级女声”走红，收视率猛增，广告费飞涨已是一个不争的事实。央视索福瑞的收视数据调查表明，“超女”决赛期间的平均收视率超过中央电视台的“春节晚会”。它之所以能如此受人欢迎，是一种娱乐形式的提升，受众观的改变。

“超女”适应了社会文化发展趋势，满足了受众的心理需求

随着后工业时代的到来，人们生活节奏加快，工作压力逐渐加大，文化也从精英文化为主导发展到了大众文化的盛行。人们整天处在躁动不安的状态之中，无法沉静。展现自我，彰显个性已经成为青年一代的意识主流。快乐正作为一种生存理念日益被大众消费所接受。当代受众的新闻接受心理特征主要表现在：求新、求真、求趣。“超女”正是顺应了这种娱乐文化观，将电视屏幕变成了一个免费的娱乐场，只要你想就可以来电视上秀一把。

1. 零门槛参与，全民娱乐

“超女”火爆的主要原因之一是将娱乐平民化发展到了极致。与国内其他的娱乐选秀节目不同，如“非常6+1”等，都需要参加者有特殊的技能，而“超级女声”报名不设门槛，宣传口号为“想唱就唱”：年龄不限、唱法不限、地域不限、职业不限。

根据卡茨的“媒介使用与满足理论”，出于某种社会条件中的受众根据不同的心理倾向对大众媒介产生期望，并对媒介产生接触行为从而得到信息需求的满足。满足受众的心理需求与期望正是“超女”的卖点所在。“超级女声”报名的主力是高中生和大学生，参赛群的特点是“爱现”，他们青春，张扬，自有主张。“电视秀”和“一夜成名”是“超女”吸引年轻一代受众的最有力的招牌。参赛

的好多选手都是抱着玩一玩的态度。中国的受众长期以来把电视看得太崇高了，认为只有星们才能上电视。而"超女"给众多少女提供了一个上电视露面的机会，让受众体会到了原来像自己一样平凡的人也可以上电视去秀一把。"超女"们也梦想着通过此机会，有朝一日成为超级巨星。制作者将传媒的门槛放低，满足了女生们自我表现的愿望。个人的参与必然引发家人的关注，这自然就会火爆。正是有了"全民参与"热潮，才产生了"全民同乐"的收视效应。

"超女"作为一种文化现象得到全国观众的喜爱，是因为它传播的是一种"平民文化"，它鼓励人们勇于追求自己的理想，为平民百姓提供了一个"无门槛"的尽情展现自我的大舞台。从内容看，它演绎的是发生在咱老百姓身边的故事，不是关于达官贵人、歌星明星、美女花瓶的花边新闻，所以老百姓爱看。

2. 原生态的节目表现形式

施拉姆提出，媒介所传播的信息，它被受众注意和选择的可能性，是与信息能够提供给受众的价值成正比，与受众获得它的努力程度成反比。现代社会是一个高速运转的社会，是一个具有前所未有的开放性、流动性、短暂性特征的社会，因而也是一个令人常常焦虑的社会。这种焦虑的状态，无论是从生命个体健康成长的角度，还是从整个社会的健康有序发展的角度，都是必须得到释放和消解的。"超女"不同于精致和高雅的艺术，它呈现的是一种粗糙的甚至丑陋但却是真实的、原汁原味的百姓生活纪录。这种原生态的娱乐节目适应了返璞归真的现代社会，给受众带来轻松愉悦、舒缓压力的氛围。

对于电视节目而言，所谓原生态是指在事物的原始状态下，用镜头和文字不加修饰地反映其原汁原味的本色，形式上不需要过多艺术加工，内容上关注生活本真，着力表现对象的原出形态。相对传统节目，"超级女声"最具颠覆性的做法之一，就是把参赛全过程都原原本本地呈现出来。

（1）演播室搬到现场，感觉真实贴近

从传统的娱乐节目的制作来看，一般都是围着电视台的演播室转圈，最多是出出外景。而"超女"把演播室设在了各个赛区的比赛现场，这样给观众的一种感觉就是和参赛选手的"零距离"接触，增强了节目的现场感和亲切性。"超女"中简陋的场地，生涩的清唱，严厉的点评，以及失败者的尴尬可怜——粗糙的原生态作品，反而吸引了眼球。长期以来，观众看到的是经过精心策划安排好的电视娱乐节目，传统的电视节目都属于完美观念下的产品，如春节联欢晚会。而"超女"放下过去电视的崇高身份和引导大众的角色，走平民化道路，真正和大众融在一起。评委和选手的原始状态被放大并推到了前台，这种没有过滤的棱角被保留下来，带给观众很强的真实感和意外的戏剧冲突，节目真实而且笑料迭出，令人耳目一新，带来了高收视率。

（2）尖锐的批评迎合了大众看热闹的心理

在大多数电视人抱着"美丽产业"这一口诀不放时，"超女"反其道而行之，挖掘"审丑产业"这一形式，正契合了人民隐秘的心理需求：利用人们喜欢看别人出洋相的心理达到娱乐大众，提高收视率。选手参赛不加任何限制，通过选手现场的洋相来博得大家的笑声。正如有观众坦言：他喜欢这个节目就是因为选手的洋相百出，什么样的人都可以看到，什么笑话都有，多数观众都是图两个字"娱乐"。这一招也是对在今天的工作强度、压力都很大的社会中，大众需要缓解心理压力这样一种心理需求的利用。

"啊，你跳的是第几套广播体操?""好好学习，前途无量；要想唱歌，死路一条。"评委柯以敏、黑楠等人对选手们的表现决不"口"软，评语常常辛辣得近乎刻薄，选手的尴尬成为荧屏前看客的笑料，看得捧腹大笑。"超级女声"创办者夏青承认："评委的表现和引起的冲突，也是电视节目当中一个很好的看点。"

原生态娱乐节目刻意强调的不包装、真实再现等，使观众认为荧屏上的选手就是自己身边的人，没有距离感，很容易在内心的假想比较中介入节目，认为"都是这种水平，我也可以去，而且还会比这唱得好"。另外，也容易以局外人的心态看热闹，洋相百出的海选成了大家茶余饭后的谈资。原生态娱乐节目的出现模糊了生活与电视的界限，缩短了屏幕内外传受双方的心理距离。平民越来越喜爱不修边幅的电视娱乐，越来越喜爱直截了当的电视娱乐。

传播理念产生变化，受众的界限不再明显，大众成为了媒体内容的主角

现代传播理论与传统的以"传者"为中心的传播理念不同，它强调受众在传播过程中的主体意识。处于现代传媒环境中的人们已具备了积极使用与参与媒介传播的条件。这主要体现在：受众的主体意识、参与意识和对话意识加强。受众的参与和主体意识对媒介的传播方式和内容提出了新的要求。让受众参与到新闻传播的"剧组创作"中有很重要的意义。传播者由"他人"变为自己，受众由被动转为主动，原先受－传关系的"距离"、"警觉"让位于"亲近"、"和谐"。

我国电视娱乐节目传统形态大多沿用"明星表演"的模式，如"同一首歌"、"欢乐总动员"等，明星在节目中都作为一个重要的元素而存在。他们不论是担任嘉宾还是表演者，其角色中心地位都不可动摇，大众则以旁观者的身份而居于节目之外。即使是节目现场观众，也只是作为

一种陪衬，以增强节目的互动交流和现场气氛。而“超女”避开了“明星、嘉宾加主持人”的老框框，大规模地让普通民众登上舞台，真正使普通人参与了节目，成为了节目的主角，将电视娱乐节目中受众的主体地位提升到了一个前所未有的高度。改变了以往以明星为中心的模式。受众群体一改过去的外围身份，既是观众又是节目主角，既是内容的传播对象又是传播的内容主题。节目中一部分观众由原来单纯的文化消费者转变为文化生产者，参与到节目的制作当中并扮演重要角色。这也是一种电视理念的变革，大众不仅仅是节目的收视主体，同时也可以是节目的内容主题。

“超女”使电视信息的接受者成为了内容的传播者，位置的互换极大地调动了选手们和全社会的参与积极性，将娱乐的平民化发展到了登峰造极的地步。把原来的以电视媒体为中心的传播模式变了“去中心”的传受互动的模式，在这里电视所扮演的角色也从以前的教育引导转化为社会生活的自我关照。

充分实现了传受互动，提高了节目的吸引力与收视率

观众参与性的增强不仅表现为观众成为节目主体，更表现观众为节目的决定者。对于节目的进程和走向，他们的意志具有决定性的作用。观众的意志主要以投票的形式表现。这就把观众真正摆到了传播的主导地位，充分调动了观众的收视积极性和投票积极性。

“超女”的互动参与理念贯串了节目的各个环节，建构了良好的传受双方交流平台。各分站比赛及总决赛的冠亚季军完全由观众投票产生。这种充分“放权”的做法是这个从一开始就聚集了大量人气的节目牢牢抓住了受众的参与心态，因而也长时间保持了较高的收视率。网络和短信技术的普及大大降低了互动交流所需的技术门槛和时空限制，使传受双方的交流得到了充分实现，弥补了电视媒体由于技术条件限制导致的反馈机制的先天不足。

“超女”选手的名次完全以观众的短信选取，由现场观众投票来决定。所以最后的胜者，往往并不是歌唱水平最高的，却一定是最受观众喜欢的，她是草根制造的偶像。过去人们只能看着别人造星，偶像遥不可及。但“超级女声”让观众发现明星原来就是自己身边的平常人，不仅可以目睹一只丑小鸭蜕变成天鹅的全过程，还可以参与其中决定选手的命运。公众决定选手去留，是“超女”让人如此着迷的直接原因。

在百度网站的贴吧里，“粉丝”们为自己的偶像设立了各种“吧”，大家互相加油鼓劲，异常亲热。无论参选或评选，现代人都有强烈的表达欲望。在节目后期，经常会看到观众呼朋唤友发短信参与票选，享受互动娱乐所带来的快乐和兴奋。

这种极大的互动性与参与性使“超级女声”的影响力远远超出了青少年的范畴，就像何炅妈妈关心黄雅莉的头发会不会影响视力，夏青的妹妹以及她妹妹的孩子特别喜欢叶一茜，“超级女声”完全超过了它本身鉴赏年龄层的局限，走进了寻常百姓的生活，虽然这本不是创意者的初衷，但却是电视作为一个大众艺术门类最希望看到的结果。

“超女”的蹿红是因为它遵循了传播规律，迎合了受众的心理需求与特征，真正地把受众放到了中心位置，让普通人成为节目内容的主体，并让其成为节目最终结果的决定者，改变了以往少数明星占主角，观众只在外围的电视理念。

“超级女声”撞击娱乐经济

孟群舒

平民娱乐让大众买单

“‘超级女声’的所有环节都尽量为老百姓提供参与的平台。”上海天娱传媒董事长王鹏在接受采访时，特别强调了参与的重要性。在快乐体验中消费，无疑是娱乐经济的一大特点。湖南卫视两张王牌，让狂热的“超迷”参与其中，保证了收视率不断上升，也轻松拿到真金白银。

第一张王牌：海选

一档节目与观众相关，观众收看的可能性就大大增强。如果观众亲自参与到节目中，那么他们必看无疑。发

动观众，走“全民娱乐”路线，变“你看我玩”为“大家一起玩”。一旦千百万观众从电视机前纯粹的看客，变成了节目的参与者、投票者，收视率飙升，广告客户也接踵而至。

“超级女声”自始至终都在实践“平民娱乐”、“全民娱乐”的超前理念。节目还没开始，“超女”就确定了“群众路线”。比赛主角从哪儿来——海选！漂不漂亮没关系，高矮胖瘦都可以，何种唱法没要求——只要是女生，就可以免费参赛一展歌喉。“超级女声”一下子唤起了15万女孩的明星梦。

一个女孩参赛，她的亲朋好友就会守在电视机前，不看到她誓不罢休。按照最保守的估计，报名选手家里有父母、祖父母等5名成员，女孩拥有45个同班同学和好友，那么“超级女声”就有75万基础观众，辐射带动的观众数量更多。也就是说，节目乍一开始，“超级女声”就轻松保住了收视率，并且形成一个庞大的消费群。

高参与性，让成都“万人”逃课，排队参赛。“超女”成功，离不开时代背景：现在是市场经济时代，一个拒绝统一、追求多元的时代，一个强调个性、释放自我的时代，一个主动娱乐至上、被动接受遭排斥的时代……

第二张王牌：观众投票

声势浩大的海选之后，广州、杭州、郑州、成都、长沙五大赛区的15万选手，锐减为全国总决选的50人，随后是50进20、20进10、10进8、8进6、6进5……选手数量以几何级递减，选手直接相关的观众越来越少。如果没有巧妙的规则，大量观众将流失。

移动通讯技术的发展，让实时投票成为可能。观众只需拿起手机，就能对比赛结果产生影响。表面上看，让观众共同拥有“生杀大权”，取悦了观众，体现出大赛的公平。而背地里，观众要为取得“生杀大权”买单。

平时发送一条短信，只需0.1元，跨网发送也只需0.2元，动感地带套餐只要几分钱。然而当一回“超级女声”的场外评委，短信的收费标准翻了5倍-20倍。在节目播出时，屏幕上的小字写着移动用户每条1元；联通用户和小灵通用户每条0.5元；南方固定电话每分钟1元！衣食无忧的学生对价格普遍缺乏敏感。为了让心中的偶像继续留在电视屏幕上，几条短信的代价不算什么。似乎是为保证比赛公正，进入全国决赛后，湖南卫视规定每个手机号码限投15票。这多少有点心理暗示重复投票的人多着呢。于是，不少狂热的“超迷”们自己发满15条，再用老爸老妈手机接着发。对主办方而言，正中下怀：没有你们今日短信发到手指痛，哪有日后我们数钱数到手指酸。

用户付费后，移动运营商将扣除信息服务费：中国移动15%、中国联通30%以及中国电信、网通20%，剩下的基本落入湖南卫视的口袋。坊间盛传湖南卫视短信收入超千万，但王鹏予以否认，他估计一场比赛的短信参与人数约为100万，湖南卫视并不靠短信赚钱。大头还是广告，价格在每15秒2万元左右。王鹏说：“虽然不像谣传的每15秒11.2万元那么高，但已经相当好了。”

前面是娱乐盛宴，背后是财富狂欢。这应该是“超级女声”的真正底牌。

注意力滚动“财富雪球”

“注意力为王”，注意力的重要性不容怀疑。多元化的社会，仅电子娱乐一项就有很多方式，电影、电视、电子游戏、网络等等。谁抓住了消费者的注意力，谁就掌控了财富。那么，“超级女声”凭什么吸引了2000万观众？凭卖点。

卖点一：规则是由头，娱乐效应步步放大

比赛规则让“超级女声”先声夺人。免费参赛、报名海选、短信投票等前所未有的规则一下子吸引了青少年的注意力。湖南卫视没有把漫长的比赛过程闷着，而是与当地电视台合作，把海选和分赛区的赛事全部播出。产品本身就是最好的广告。五大赛区的媒体，不知不觉充当了“超级女声”的放大器，几乎达到妇孺皆知。同时，15万亲历者和好友在网上倾诉、发泄，数以亿计的文字、图片、音乐、视频，进一步放大了“超级女声”的影响力，让其他地区的年轻人注意到这个节目。

随着支持者、忠实观众越来越多，类似“沉默的螺旋”现象出现。喜欢“超女”的人在大声呐喊、在高谈阔论，没有看过“超级女声”的人不得不收看节目，否则就没有共同语言，在朋友圈中就会被边缘化。“超级女声”从节目变成了文化现象，金钱与注意力滚在一起，越滚越大。

卖点二：欲盖弥彰，负面消息更诱人

“超级女声”的各种消息、内幕、黑幕铺天盖地，虽然王鹏坚决否定了种种黑幕，但内心可能不会否认“口水战”也有意外的“含金量”：越是有争议，就越是有卖点。在评委问题上，“超级女声”就做足了文章，猛料不断。这还只是“温柔一刀”，“黑幕说”的爆炸性、轰动性更强。在这些负面消息面前，“超级女声”的收视率一路飙升。

一位“超迷”告诉笔者，在节目播出前一两天，报纸上总会有点“超女”的新闻，抛出悬念，吊起观众的胃口。节目播出后，不少空穴来风的消息烟消云散，但观众看了节目，也留下了钱袋。

娱乐旗帜下多方共赢

调动、整合社会资源，实现共赢，是娱乐经济的趋势，也是“超级女声”最突出的特点。卫星电视、互联网络、短信平台，这些新技术的广泛应用，让社会如此紧密地结合在一起，娱乐经济在整个社会震荡影响。利润面前，各行各业绝对是心手相连，情投意合。记者专门采访了上海财经大学国际工商管理学院叶巍岭博士，她对“超级女声”的共赢效应进行了分析：

参赛者：得其历

15万参赛者得到了什么？哪怕只是黄腔黄调地唱一句，比起没有参赛的同龄人，她们多了一笔宝贵的阅历。有专家分析，年轻一代在顺境中长大，总被明星的成名方式诱惑。“超级女声”让她们第一次品尝到磨砺和挫折，让她们学会竞争、学会相处，懂得综合素质更重要。这笔心理财富将为社会免除一笔教育成本，削减一笔犯错成本。那些进入全国决选的女孩，还可以接受两个月的专业声乐、表演培训，这些经历：无价！

观众：得其悦

以往的综艺类节目，情绪投入少。而“超级女声”的“粉丝”如此疯狂，说明观众在观看节目时投入了自己的情绪。从世界范围看，“超级女声”没什么特别，但在国内形成这么大的反响，说明多年来，观众的娱乐需求没有得到很好的满足。王鹏说，“超级女声”是“平民娱乐”的总爆发。观众的需求等待继续开发和挖掘，这里的蛋糕大得很。

主办方：得其利

2800万元的蒙牛冠名和广告、短信收入，湖南卫视盆满钵满，卫视品牌也大幅提升，广告价格将一路走高，这笔长期效应将逐步体现。天娱公司的定位是内容、品牌的策划运营商。“超级女声”的选拔过程，为公司节省了造星成本，直接找到了观众认可的新星。虽然王鹏强调“人气之星”不等于明星，但不可否认，这些“人气之星”同样“钱”景乐观。更重要的是，“超级女声”已经不再是一个节目，而是一个闪光的品牌。“超级女声”已经妇孺皆知，只要跳出电视，辐射到具体的产品上，无需前期投入，就能带来巨大利润。“一个电视节目的生命周期在3年-5年，但一个品牌可以长时间做下去。”虽然王鹏不愿透露具体产品是什么，但估计服装、饰品的可能性较大。目前王鹏已经为寻找产品制造商忙开了，据他透露，“超女”产品将在春节前问世。

赞助商：得其名

电视、电台、网络、户外广告的投放，宣传海报、单，路演活动，“超级女声”夏令营……蒙牛以“超级女声”为载体，顺利实现了整合营销。每一项宣传攻势，都是对观众的影响力。将这些不同的营销方式结合起来，能产生1+1>2的效应。记者专门连线了蒙牛乳业新闻公关部李彤女士，据她介绍，蒙牛与湖南卫视进行了全方位合作。蒙牛的投入不仅是传统的冠名，近20亿包蒙牛酸酸乳上有“超级女声”的活动信息。李彤强调，冠名后蒙牛又投入了1亿元以上，用于产品推广活动。巨额的投入，回报如何呢？据李彤介绍，今年蒙牛酸酸乳的增长速度应该超过了其他品类的增速，销售量及市场占有率也有大幅度提升。

娱乐行业：得其力

网络的巨大影响力，把全国分散的“超迷”整合在一起，形成巨大的力量，这是从未有过的。7月29日“超女”比赛前，外地“超迷”集体包机去长沙看比赛。上海到长沙的机票全价为890元，粗略估计观战一周，仅仅吃住两项，就要花1200元。加上短信投票费用，给偶像买礼品的费用，制作横幅、旗帜、海报的费用，购买相关报纸杂志，加在一起又是好几千元。不少“粉丝”看完“超女”，又冲进卡拉OK厅疯狂消费……在这当中，多个行业实现了共赢，对长沙乃至全国的GDP都有拉动作用。

红得发紫的“超级女声”，总会有归于平淡的时候。调整观察“超级女声”现象的高度和角度，毫无疑问，我们能够看到作秀、绯闻、黑幕等炒作之外更加值得注意的东西，那就是，市场经济的全面启动。科学技术，特别是通讯、传播技术的飞速发展，不但改变着中国社会的时空概念，改变着中国社会的精神生活方式和文明状态，也不可避免地影响着中国娱乐的面貌。“娱乐经济”应该走规范、有序的发展道路。

论“超级女声”与发展文化产业

夏义生

2004年，湖南卫视在反思自身“上星”七年来的个性、特色、资源和品牌积累后，确立了娱乐立台的原则，以“快乐中国”作为自己的身份标识，在国内电视媒体中率先对自身品牌进行清晰定位与形象区隔。走娱乐路线，寻求差异性与个性化，实现自身品牌的增殖，这是湖南卫视几年来坚持不懈的经营理念。继“快乐大本营”、“玫瑰之约”、“音乐不断”之后，湖南广电集团编导廖柯、夏青等在借鉴“流行偶像”（英国）和“美国偶像”（美国）两个节目的基础上，进行创新设计，开发出“超级男声”节目，于2003年推出。2004年3月，湖南广电集团娱乐频道对“超级男声”节目进行翻新改造，推出将自娱自乐性质的卡拉OK唱歌比赛和明星选秀文化活动杂糅于一体的“超级女声”。“超级女声”“紧贴大众性和亲民性两大主题，倡导‘想唱就唱’和‘以唱为本’的理念，只要喜爱唱歌的女性，不分年龄、不论外形、不问地域均可免费报名参加，并通过层层选拔淘汰，征选出真正具备培养前途与明星潜质的歌手。”“超级女声”的策划人夏青是这样诠释它的：“‘超级女声’就像一个不收门票的公园，不论年龄、美丑、阶层，都可以到里面来展现自己。我们是一个没有门槛的公园，不是说谁长得丑、年龄小就不能来参加，我们不能剥夺别人的权利。而我们不请明星当评委，是因为这样的话视线都集中在他们身上去了，对参与的选手来说就不平等了。”当年，湖南广电集团娱乐频道在武汉、成都、南京、长沙设立分赛区，采用海选的方式，各分赛区选出前50名优秀选手进入复赛，通过复赛、晋级赛、淘汰赛，最后选出年度总冠军、亚军、季军。“超级女声”以“无门槛”和互动性、参与性为主要特征，颠覆了传统娱乐选秀节目的形态，确立了自身的品牌优势。2004年，湖南广电集团控股的天娱传媒公司在上海注册成立。2005年，湖南卫视、天娱传媒公司与蒙牛乳业集团联手打造声势更为强劲的“超级女声”，在广州、长沙、郑州、成都、杭州设立五个分赛区，引发了更为广泛、热烈的社会关注。“超级女声”被誉为2005年中国大陆传媒最有影响的电视品牌，从多方面创新了电视娱乐节目的业态。由“超级女声”而引发的论争成为2005年中国一个重要的文化事件。

对于“超级女声”这一文化事件就伦理学意义上的论争，随着2006年“超级女声”的继续举办，更加热烈、广泛、深入。有人说它玷污了艺术，破坏了教育，毒害了青少年；也有人说电视文化就是大众文化，“超级女声”的出现使中国电视回归了大众媒介的本质。“超级女声”的平民化立场引发了庶民狂欢，具有颠覆文化强权与文化等级制度的意义。当然，这些争论中也夹杂了许多意气和非理性的声音。从经济学角度来看“超级女声”，它是节目制作商、节目品牌营运商、赞助商、广告代理商、电信营运商、短信增值服务提供商、娱乐包装商、网络商等联动运作、默契配合创造的一个市场价值巨大的文化产品品牌。它体现了市场经济环境下，文化产品以满足大众的表达和娱乐需求为基点，以品牌塑造为龙头，以全方位市场运作为手段的全新理念；改变了单纯的电视节目制播和以广告收入为主的传统模式，实现了电视、电台、报纸、杂志等传统传媒的充分融合，并充分运用了网络、手机等新媒体。“超级女声”品牌的成功运作及其衍生品的开发形成了产业链，处于这一产业链中的各类营运主体实现了多赢的局面。

“超级女声”出现在我国文化产业发展的初级阶段。我国的经济、社会随着改革开放的不断推进，在历经20余年的平稳发展之后，取得了巨大的成果。中国社会商品短缺的时代基本结束，社会需求结构和消费结构正在发生深刻的变化。人们开始追求精神/文化含量更高的生活和消费，社会经济开始向精神/文化消费转型。2000年10月，中共中央十五届五中全会首次提出发展文化产业。2002年党的十六大把发展文化产业作为繁荣社会主义文化、满足人民群众精神文化需求的重要途径，提出了积极发展文化产业，完善文化产业政策，支持文化产业发展，增强我国文化产业的整体实力和竞争力的要求。与美国、日本、欧洲等西方发达国家和地区相比，新中国的文化产业还处于刚刚起步阶段。“统计资料表明，美国400家最富有的公司有72家是文化企业，美国的音像业仅次于航天工业居于出口贸易的第二位，占据了40%的国际市场份额；英国文化产业年产值近60亿英磅，平均发展速度是经济增长的2倍；日本娱乐业的年产值早已超过了汽车工业的年产值，国民经济总值的70%来源于文化产业……2003年，我国文化及相关产业共有从业人员1274万人，实现增加值3577亿元，实现的文化及相关产业增加值占GDP的3.1%。”在经济全球化背景下，文化产业迅速发展已成为一种世界潮流，我国的文化产业无论是绝对值还是人均值与西方发达国家相比差距甚大。

对于“超级女声”，批评者把“超级女声”比之为集体传销类行为，是“集体性神经病”的新变种；赞赏者认为“超级女声”是内地娱乐业的真正开端，2005年是内地娱乐业元年。从文化产业的视角来看，它真实地折射了国人对待文化产业的种种心态。我国传统文化中“士不理财，文不经商”的观念，“君子喻于义，小人喻于利”的安贫乐道的道德准则深刻地影响了国人的潜意识，以至于相当一部分人羞于将“文化”与“产业”联系在一起。北京大学叶朗教授说他在 1999 年刚开始提倡“文化产业”时，就面临过这样的压力。由此看来，发展文化产业道路漫长，不仅关涉到国人的文化观念更新问题，而且在文化体制改革、文化事业单位向文化企业转型后的内部运行机制、文化经营人才或曰新媒体人的培养等问题上都需要有重大的创新。

“超级女声”呈现给我们的不只是庶民的狂欢叙事，其成功的市场运作模式创造了娱乐经济的新神话。就“超级女声”品牌运作的普泛性意义而言，发展文化产业需要重视以下几个要素：

第一，进一步解放和发展文化生产力。观念的因素常常在更深的层次上影响着产业的发展。谈到文化，我们往往“只重视文化的宣传教育功能，忽视消费娱乐功能；只强调文化建设是个‘战场’，忽略它必须面向市场；只强调文化为经济服务，没考虑到文化本身也有经济因素，也能创造财富”。面对文化产品，我们常常不由自主地想到它的意识形态属性，或多或少地淡化了它的商品属性。文化从产品到商品，从文化事业到文化产业的转变，必然体现国人文化观念的深刻转变。新时期以来，我们面临过港台歌曲的冲击，有过琼瑶热、武侠热，出现了西方大片对国产电影业的震荡波，近两年的韩剧热更是汇成了势头强劲的“韩流”，文化竞争的日益激烈已成为不争的事实，关起门来搞文化建设已经无法做到，提升民族文化竞争力愈益紧迫。这实质上已关系到民族的文化安全问题。应对全球化时代的文化竞争必须深化文化体制改革，把公益性文化事业和经营性文化产业分业经营，进一步解放文化生产力。当前一些文化单位面临困境，既是观念之累，也是体制、机制之累。河南省委书记徐光春十分形象而又深刻地揭示了这种病因。他说：“想当年，一个小小的‘香玉剧社’，靠常香玉带领一帮艺员，走街串巷演出，可以用自己挣的钱，捐献给国家买一架飞机；可现在一个机构完善、人员庞大、阵容整齐的豫剧院、豫剧团却到了无钱排戏、无钱演戏的地步，不要说捐钱买飞机了，就连发工资都困难。原因是什么?”“关键就是香玉剧社是面向市场的，而我们的院团是面向政府的；前者向市场要钱，后者向政府要钱。根本问题出在体制机制上。”由此看来，只有消除束缚文化发展的体制性障碍，破除行政性单元建制，创新文化企业运行机制，才能生产多样化的贴近市场的文化产品，满足广大群众的文化需要，才能代表、维护和发展广大群众的文化利益，才能提升民族文化竞争力。

第二，文化产品不能忽视大众的需求。传统计划经济模式下，文化产品生产部门生产什么生产多少，不能充分考虑大众的文化消费需求，文化产品的单一和短缺阻遏了文化市场的形成。计划经济下的文化产品生产实质上是一种短缺经济，文化消费主体无法实现自主选择。这是体制的原因。从生产主体来看，文化产品的生产需要知识分子的参与。精英意识强烈的知识分子常常以道德的激愤苛求下里巴人的文化需要，不愿或不屑满足大众的多层次、多方面的文化需求，以为大众的审美趣味服务会降低自己的文化品位和格调。市场经济的形成为文化多样化提供了体制保障。国民教育水平的提高、大众文化的兴起促进了文化市场的发展。在这样的文化环境下，文化产业的发展已经不能不正视大众的文化需求。以大型综艺节目为例，以往的明星演、明星唱就受到了新锐之思日益高涨的大众文化自主意识的挑战，参与性和互动性已经成为娱乐节目的重要元素。“超级女声”已经不仅仅是李宇春们的表演，它更是李宇春们和“玉米”、“凉粉”、“盒饭”们共同演绎的娱乐文本。正如“玉米”所言：“没有李宇春，就没有玉米；没有玉米，也就没有李宇春。这是嘴唇和牙齿的关系，这是左手和右手的组合，不能分开，绝对不能。”从中国电影业来看，大致说来，坚持的是“两为”方向，一为好莱坞拍片，走的是“大片模式”，是好莱坞电影的直接克隆；二为获奖拍片，常常是得到了奖杯，得不到票房。现在电影观众大量流失。据崔永元 2006 年 6 月 1 日在湖南大学发表的《拯救电影》演讲中提供的数据，现在中国人看电影的频率是全国平均每人每五年进一次电影院。中国早期电影的商业传统由于历史的原因被迫中断了。中国电影讲述故事、塑造人物的民族审美传统也在好莱坞电影的冲击下中断了，民族审美心理积淀遭到漠视，“现在中国电影越来越不像中国电影了，越来越像美国口味的中国电影”。电影远离了观众，观众必然远离电影。这不能不说是文化产品忽视大众需求的悲剧式的诠释。

第三，文化市场需要完善的法律法规。举办“超级女声”赛事活动，遭遇的就是法规的模糊地带。由于相关法规没有明确的规制，导致了对“超级女声”的众声喧哗状况。2006 年 3 月 13 日，国家广电总局下发《关于进一步加强广播电视播出机构参与、主办或播出全国性或跨省（区、市）赛事等活动管理的通知》，才从政策层面上对这类选秀活动做出明确规定。现在看来，关于“超级女声”的论争，既反映了发展文化产业中的法制意识问题，也反映了文化产业法规体系不够完善的问题。“由于文化产业立法起步较晚，基础薄弱，至今尚未形成文化产业法规的基本框架，现有文化产业法规的数量、层次已远不能满足文化产业快速发展的需要。”我国文化产业立法进程滞后于文化产业的迅速发展，这是不争的事实。在手机短信、网络视听等领域还处于立法空白点状态。2006 年初，胡戈的网络短片《一个馒头引发的血案》在网络上引起了很大的反响。他借用陈凯歌的电影《无极》和中央电视台《中国法治报道》中的镜头元素，按照自己对电影《无极》的理解，采用复制、拼贴、戏仿、反讽等后现代主义艺术形式，编辑制作了被誉为绝对原创的网络短片。面对《一个馒头引发的血案》，陈凯歌愤言“人不能无耻到这样的地步”，并控告胡戈侵犯其著作权。由于网络侵权存在着法律上的盲点，一时引发了法学界的争论，到现在仍未了了。2006 年 3 月 29 日，《中华读书报》报道了国内首起博客维权官司开打的消息。可以预见，随着网络的快速发展和与人民生活联系的日益紧迫，越来越急迫需要出台相关法规，保护公民的权益，规范网民的行为，保障网络信息产业的秩序。文化产业立法的目的在于限制政府行为，维护经营者的合法权益；在于规范经营者的经营活动，维护市场竞争的有序运行；在于保护公民享有文化和参与创造文化的权益。长期以来，我们习惯于运用行政手段来干预文化产业活动，法制意识淡薄。在文化产业立法上，“重审批管理，轻保障发展。有些文化产业法规还带有计划经济体制的痕迹，偏重于管理、限制、义务和处罚内容的设定，权利意识薄弱，发展、保障和服务思想体现得还不够”。在推进文化体制改革还不够深入的领域和地方，政府职能还没有完全从“办文化”向“管文化”转变，导致文化市场监管主体不到位或缺席。近年来，“伪书”、“跟风书”对出版业造成的危害，侵权盗版对音像业生存与发展的威胁，都从一个侧面反映了文化产业的法制实践道路艰难而漫长。

“超级女声”作为一档具有重大影响的娱乐节目，它的确给我们带来了独特的令人耳目一新的娱乐元素。然而，作为一种文化商品，它在生产、流通和消费过程中呈现出来的新形态及其文化意义，对于我国发展文化产业不是更具有重要的意义吗?

狂欢的背后

——“超级女声”现象的思索

梁晓萍

2004 年，湖南电视台举办了一种“快餐式”的大众娱乐节目——“超级女声”，和以往的“青年歌手大赛”、“MTV”之类的赛事相比，它的轰动效应是后者所望尘莫及的。在这轰动效应的制造中，媒体无疑起着送干柴浇烈火的作用。然而仔细分析就会发现，媒体的关注仅仅表现在对于现象的描述，细节的铺排，其宣传大都是正面的与媚俗的，如“‘超级女声’给了广大具有明星梦的青少年一个尽情施展的舞台”，“这是一项全民造星运动。它有空前的影响力，广泛的群众参与性，竞技娱乐性都包含在其中”等等，这便成了笔者撰写此文的外在动因——本文重在揭其面纱，去其光环，冷静而客观地分析“超女”走红的原因及其带给人们的思考。

“超级女声”及其内涵

“超女”是“超级女声”的缩略之称，它缘起于湖南台的“超级女声”这一档节目。“超女”在目前基本有三种含义：一指电视栏目本身；二指一种大众文化现象；三指一种符号。作为一个栏目，“超级女声”并不属于中国首创，究其实，它与美国的《AmericanIdol》和法国的《StarAcademy》有着不可否认的相似性。而它的如火如荼却远远出乎主办者的意料，几乎每个主办城市的报名人数都是数以万计。“超女”们的执著真是令人佩服，即使晕倒在地都在所不惜，一往无前，而数十倍于“超女”的那些观众就更是让人咋舌，他们会高呼着“超女”的名字，坚定地捍卫着自己偶像的形象。

作为一种大众文化现象，它与曾经轰动一时的王朔现象、余秋雨现象、金庸现象、张平现象，还有韩寒现象、郭靖明现象、小资现象、反腐现象、韩流，还有美女作家现象等一起，成为后现代在中国的一种新的表现，它们对大众文化的时尚之潮起到了推波助澜的作用，与之相似的甚或可以说是相同的还包括“超级男声”、“超级少年”、“星光大道”、“挑战主持人”等。

继而“超级女声”在不可遏止的红红火火之后，成为一个符号，以“超级女声”这四个字或个体名字命名的各种产品相继问世。天娱老总曾真诚地说：“李宇春是国有资产”，它同其他的名牌如宝马、奔驰、金利来、劳力士、耐克等一样，成为人们追赶的一种代码。请听下面一段近似广告的话语：所谓“小商品、大市场”，“超级女声”精美但廉价的个性饰品、日常流行的时尚用品、新潮另类的文化用品、精致小巧的化妆品、新奇独特的动漫玩具等，是她们搜寻的重要对象。这些东西虽然小，但需求量大；虽然便宜，但销售量大。这里，“超级女声”不正变成了一种品牌，一个符号吗？

由一档节目而为一种文化现象，而为一种代码，发展似乎过于迅速，但仔细思考，“超级女声”的出现与火爆绝非偶然，那么，为什么会如此地如火如荼，在很短的时间内吸引了众多人的注意呢？

原因探析

“没有门槛，没有距离的大众歌会”是“超级女声”的口号。其参与条件也是平民便捷，不要报名费，没有年龄、身份、相貌等限制，只要是女的，能发出声音就行。初赛举办成本不大也是原因之一。选手们站在摄影棚里单色的布景板前，无伴奏，无话筒，无道具，只需要清唱自己准备的歌曲。能进入下一轮比赛固然很好，即使不能继续前进也没有损失，即只要卡拉便 OK，但这些还远远不能概括“超女”声势浩大的所有原因。实际上，“超女”迅急走红的原因是多方面的，起码包括参与主体与外在的客体（如主办方、媒体等）两方面的原因。

1. 从演员主体的角度看，“想唱就唱”的狂欢满足了她们最基本的心理需求，这是“超级女声”这一电视节目能迅急走红的一个重要原因。

狂欢是一种喜悦的真情流露，也可能是因为失去理性。古希腊时期，在酒神精神的鼓舞下，希腊人悲剧式地狂欢着；“文革”时期，中国人真诚地信奉着一种思想，举着真理之旗而过分乐观地狂欢着；今天，中国的一批年轻人再一次在媒体面前狂欢着，那么他们为什么要狂欢？具体表现是什么？

狂欢在“超级女声”活动中的具体表现就是“想唱就唱”，她们尽情地展示着自己的歌喉，尽情地扭动出美丽的影像，她们甚至在表演时忘记了一切，只觉得自己快乐，只觉得被一种从未有过的体验激荡着，直到在海选中被数落得一无是处，直到在聚光灯下出尽了“洋相”，才从梦中惊醒，但依然痴心不改，还在咂摸着痛苦的甜蜜。为什么？因为她们快乐。

在“超级女声”成都赛区的比赛中，不管是选手、观众、评审还是制作人员，他们在接受采访时，几乎都提到这个节目带给他们的快乐。似乎所有的人都在证明着快乐，但这些“超级女声”真的快乐吗？假如快乐，那是一种什么样的快乐？康德认为快乐的感觉有三种：第一种是感官上快适引起的快感，比如饥饿的人突然吃到美味食品的快感；第二种是善的事物直接引起的快感，如看到一个孩子帮助盲人过马路而引起的快感；第三种是由欣赏美而引起的快感，比如我们面对一幅艺术品而产生的快感。前两种都和事物自身的存在有关系，所以是关涉利害的快感，而只有最后一种快感是“纯然淡漠”的，是真正的审美的快感。那么“超级女声”的快感是哪一种呢？

我以为，“超级女声”的快感更多的是由感官上的快适而引起的，她们的快感更多的是在闪烁的霓虹灯中，在观众的掌声中，在主持人的渲染中，在眼泪和笑声中，在闪闪的奖杯中，也在签约的唱片公司和想象中的唱片上，所有这些都不是“纯然淡漠”的，所以也不可能是真正审美意义上的快感。而这也就是狂欢的实质所在，这种狂欢的背后是一种利益的驱动，是一种明星梦的实现。

2. 从观众角度看，首先，大众狂欢满足了人人均渴望的一种话语权与决定权。历史告诉我们，大众喜欢的不仅仅是美丽、英俊、专业、完美的明星，高大全式的英雄总会有令人生厌的时候，更别说事实上并没有十全十美的人，当代观众要的是没有距离感的电视艺术，他们要的是真正意义上的参与及评判。“超级女声”的妙处就在于它没有将“偶像”的最终决定权交给评委，而是依照“观众就是上帝”的精神，把评判权交给观众，使观众们在看热闹的同时还拥有了神圣的投票权和话语权，中国人因长久以来将自己的话语权被迫交给别人而形成的压抑得到了前所未有的释放，尤其是女性。这样，大众的积极性得到了极大的鼓舞，大众的价值感变得格外强烈，大众仿佛在邻家小女的参赛中将自己的细胞激活，并誓为自己选定的对象奔走相告，挥汗如雨。人们对事不关己的事情总能做到高枕无忧，而对于关涉到自己话语决定权的事情则从不会轻易放弃。

其次是一种审丑心理的满足。海选阶段，评委们常常直截了当，并不假装高尚善良地说一些言不由衷的点评，他们无须顾及自己及他人的面子，比如可以直接跟对方说：“你唱歌和你说话一样做作。”极尽挑衅的点评使难堪的场面随时都有可能发生，这样的景象似乎并不符合传统的审美标准，但观众却云集不息。是什么力量驱使着大众去佩服混迹在年轻女孩当中的七八十岁的奶奶和四五十岁的阿姨，大众佩服的难道仅仅是演员们参与进来并被评委毫不客气喊“卡”的勇气？这也许是部分原因，但我以为，审丑心理的极大满足也是一个不可忽略的原因。整个比赛过程不论“洋相”与否，电视台都会全盘播出，将细节一一兜售，在对细节的精心与不精心的品尝中，在对敢于面对镜头的演员出丑的审视中，观众一方面安慰着自己，一方面又在内心深处尽情地赏鉴着别人，也就是在这种复杂的心理支配下，观众不断地跟踪着时间并不算短的“超女”节目。

再次是一种“陌生化”面貌的冲击带走了观众的审美疲劳。无论是文学还是现实生活，都必须不断地求新求异方能不断地将受众的审美疲劳驱逐。俄国形式主义大师什克洛夫斯基曾有一段非常经典的名言：“……那种被称为艺术的东西的存在，正是为了唤回人对生活的感受，使人感受到事物，使石头更成其为石头。艺术的目的是使你对事物的感觉如同你所见的视像那样，而不是如同你所认知的那样。”在普通大众看惯了“T型台”上走着猫步的模特美女时，那种审美疲劳是不言而喻的，同样是发展“美女经济”，低要求、低投入的“超级女声”的另类选美无疑大大地冲撞着他们尤其是做着明星梦的少男少女们的心。

“超女”走红的原因当然还有着更为重要的主办方的原因，譬如对于最大利益的积极获取，或如对于名牌效应的热烈打造等等，但不属于本文论述的重点，故恕不赘。

但透过红红火火的现象的背后，我们分明感觉到了一种隐隐的不安，因为潜藏着的危险正向我们昭示着倒退的可能。

“超女”现象——潜藏的危险

1. 观众：追逐感官刺激而弱化了理性思考。对观众来说，传媒信息的膨胀因失去控制而使当代人处于新一轮的精神分裂和欲望怂恿的失控状态之中，观众以感觉诉求代替了价值诉求。表面看来，他们似乎在进行着自己的审美评判，是在进行着精神上的高级追寻，实际上，他们只不过是为满足自身的感觉（或视，或听）而参与着一种令他们一时痴迷的活动。

在柏拉图和亚里士多德那里，由感官等级制所确立的视觉中心的地位曾经保证了哲学思考和人的精神活动的纯洁性，所以古希腊人乃至后来的人们还认为视觉是可以孕育哲学的。然而“消费时代不仅意味着物的空前积聚，而且意味着一种前所未见的消费文化的形成，从物的生产到物的呈现再到主体的购买与消费，这一系列的过程不再单一地只是物的使用价值与交换价值的实现，而且还是物的符号价值的生产和消费，是物在纯粹的表征中的抽象化”。也就是说，消费时代的大众更多崇拜的是一种纯视觉感官上的刺激与刹那间心灵的快感，而很少考虑更深层次的获得，更别说哲学层面启迪的主动追寻。

再者，音乐本来应当属于艺术的范畴，它应当是人们在满足了低级需要之后的一种高级需要，但缺乏原创性的大众娱乐实际上改写了音乐的本质。“超级女声”这种活动使得观众在刹那的蛊惑中，得到的仅仅是感官上的刺激和满足，并没有使观众获得真正意义上的享受。笔者以为，这种由于忽略价值而产生的快乐只能将真正的属于人性的快乐削挤掉，而越来越将人变成高尚雅正的反面。

2. “超女”：热情洋溢却有沦为工具的可能。从“超女”的角度来说，“超级女声”们似乎不自觉地在进行着一种话语运动，策划者是别人，经营者也是别人，只有演员是自己。她们用身体（外部的）或歌声诉说着自己的理想。还真恰如这样的描述：“这是一个由飞舞的色彩、树叶和我们哺育的涌入大海的河流构成的鲜活组合……我们自己就是大海，是沙土、珊瑚、海草、海滩、浪潮、游泳者、孩子、波涛……波浪起伏的海洋、陆地、天空。”但问题是，她们真的是主体吗？

让我们看一看“超级女声”在舞台上的表演，她们常常模仿多原创少，趋同性多而真正意义上的个性少，偶尔有一二人拿出自己的原创作品并引起评委的好评，其他的“超级女声”们便又群起而仿之。“超女”们纷纷追星其实是另一种失语状态，加之主办方非常明晰的经济目的，“超女”们不由自主地成为了一种符号和被利用的工具。北京大学心理学教授王登峰对此分析说，计划经济时代，人们的社会地位决定了他所掌控的社会资源的多少。进入市场经济时代，在优胜劣汰的法则下，人们普遍感到“自己成为商品”，他们拼命想跻身名牌，被人关注。在此过程中，他们感到了压力，即便“成为名牌”，他们仍会觉得失去很多。

3. 大众：美丑边界模糊，甚至发生了移位对换。从美学的角度讲，丑是近代以来的一种独特的审美形态，它的出现意味着畸形社会对人类思维的扭曲、变异和促进，或者说是人类思维对人类自身演变到一定阶段的一种无可奈何的总结。当美被遮蔽，而剥削成为现实，生命变得微不足道，而自由平等与博爱成为一种时尚的欺骗时，丑便被人们认为是代表人类本质的东西。凡·高的《包扎耳朵的自画像》、马奈的《奥林比亚》、艾略特的《荒原》、波德莱尔的《恶之花》等等，都是审丑的代表之作。但不可否认的是，审丑是一种清醒的表现，丑是一种审美形态。而“超级女声”的现象中所表现出来的审丑则带着一种“幸灾乐祸”的味道。美学上的审丑是对丑的鞭挞与讽刺，对美的反面的肯定与认可，而后者则是鲁迅与钱钟书等曾经认真分析过的一种人性弱点的阴暗的流露，它实质上是将美丑颠倒，将二者的界线模糊，这一危险蛰伏期很长，也很让人无奈。从这个意义上说，“超女”现象其实是大众文化衰落的一个征候。

“超级女声”现象的意义

“超级女声”现象的局限是明显的，但并不意味着它就没有任何意义和价值。我以为，它的意义也就恰恰存在于它的局限之中。“超级女声”们大多在明星梦的暗中指引下模仿着自己心目中的偶像，这种缺乏自我意识的行为也正是对明星的颠覆。明星应当是在社会上具有一定声望，也有一定地位的人，他们起码在文艺界代表着当代的一种潮流。既然是明星，本该独一无二才算是星，但“超女”们却不顾那些，只将各路明星在舞台上尽情地复制，扭曲、变形，甚至将明星们涂抹得面目全非，这就是相当彻底的解构：那种二元对立的权威不见了，代之而起的是一种嬉戏。这似乎是一种悖论，却也正是它的意义所在，而这也正是后现代的风格。美国的沃·霍尔曾复制玛丽莲·梦露的照片50张作为一幅新的艺术作品，并取名为《玛丽莲·梦露》，这种对明星的戏仿结果就是：真正的明星不见了，顶天立地的主体不见了，他们从神圣的地位上被拉了下来，成为写在沙滩上的词，可随手擦去，成为了一个工业化的符号，一个能指的符号，一个语词，仅此而已。"超女"们的行为何尝不是如此？从这个意义上讲，"超级女声"的行为已构成了一种对现实的反叛。

"超女"们一边因模仿明星而实际上毁弃着明星，一边却又在"超级女声"活动中制造着新的被模仿和解构的明星。这一连串解构行为的实现使得中国的女子们格外大胆。不可否认，"超级女声"着实为人们提供了一个通往"快乐"的崭新渠道。正如该节目的评审张漫所言："'超级女声'提供了一个台阶很低却有真实感的舞台，很容易跨上去，也很容易走下来。参加'超级女声'，大家不紧张不焦虑，心态放松。"这也许就是这个节目为人们提供的"快乐"。这种一家之言却也道出了其中的部分真谛，难道不是吗？在压力不断扩张，焦虑肆意侵袭，忧郁疯狂咆哮的时代，在快乐难寻的今天，这种轻松的娱人娱己的节目不正起着一种调节生活节奏的作用吗？

张柠曾指出："当代文化研究和批评，必须在方法论和经验分析层面，尽快打破传统的精英文化和大众文化的界限，将它们统统放到'文化实践'这个范畴之中进行梳理。""至于他们表演的方式以及水准或者美学价值，是一个次要问题，它仅仅属于'形态学'和'解剖学'范畴。"这无疑是一个非常开放的学者姿态，我们也渴望如"超女"一样的大众文化能够真正将"文化"这一整体生活方式演绎好、阐释好，而不要在争夺表演权的舞台上仅仅止于一种短暂的狂欢；我们也希望大众文化能够与精英文化、民间文化等并驾齐驱，不必苦争文化霸权，但也不能迅急便被文化等级制排斥在文学史之外。同时，我们更希望中国的"超女"们不能仅仅成为一种被利用的时尚和谋取钱财的工具，要真的在自我性别意识的捍卫中扮演一个亮丽的角色。

刘忠德批评"超级女声"的前前后后

朱虹子　肖维波

在2006年"超女"紧锣密鼓地进行着的同时，全国政协常委、全国政协教科文卫体委员会主任刘忠德对"超女"活动以庸俗化误导青少年的倾向提出了严厉的批评。一石激起千层浪，新闻媒体报道后引起了社会方方面面的广泛关注，也引发了网上的激烈争论。面对争论和主办方的回应，刘忠德4月28日就其批评"超女"一事召开说明会，并接受了本报记者的专访，再次指出低俗的娱乐文化给青少年所带来的巨大危害性。刘忠德说，"超女"在整个大的环境中造成了一个极坏的影响，它使青少年放弃了对学习的关注，希望能够一夜成名，一日暴富，从而使许多年轻人的价值观、人生观和世界观发生着变化，认为不需要经过多少努力，就可以轻而易举地获取成功和辉煌。他认为当前娱乐文化的恶俗化倾向对青少年的毒害是深远的，对教育是极大的破坏，并建议有关管理部门加强监督管理。

讨论应该是平等的

刘忠德在说明会上首先强调说，在这个领域的讨论应该是平等的，不要动不动就来个政治帽子，说批评"超女"是"专制时代的遗风"，"违反《宪法》"。就拿违反《宪法》来说，任何人和娱乐公司都有权利制作任何节目，这是受到《宪法》保护的；但是一旦在社会播出，用大众媒体把它送到社会上去，那么就不是他自己的权利的问题，必然会影响到社会其他人的自由。例如，它影响到父母保护子女、教师保护学生自由的权利，所以公众就有权批评你，有权提出不同的意见，有权建议有关部门取缔不良的节目，也有权对管理部门提出建议。

看到"超女"主办方某位年轻负责人在媒体上发表的"不屑一顾"表态，这位73岁的前任文化部长风度儒雅而严谨地说："你不屑刘忠德可以，但不顾社会舆论是不行的。"

面对有人说“这是孩子的事，大家别去管，也别指责孩子”。刘忠德说，孩子是无可指责的，他们是祖国的希望，他们思想敏捷、富于创造力，从他们身上我们看到了社会在进步，也看到了中华民族永不停息的脚步声。我不是在指责孩子，是在呼吁政府的有关部门加强对青少年的正确引导，通俗艺术、娱乐文化更存在正确引导的问题。孩子辨别是非能力弱，价值观还不成熟，容易受影响，包括错误东西的影响。而“超女”现象对教育有极大的破坏。年轻人应该分秒必争地学习，而“超女”却在宣扬一夜成名和一夜暴富。很多人给我打电话说看“超女”、参加“超女”比赛让很多孩子痴迷，学习成绩下降。有一个北大的教师，一直想提出反对“超女”，但又怕跟“超女”的支持者产生矛盾。有的父母哭着跟我讲，看到孩子们看“超女”节目急得要哭，但没有办法。媒体对孩子们的影响力实在太大了，好像不了解“超女”就很落伍。有些教师对于他们的学生不上课去参加“超女”，也不知道说什么好，他们也非常恳切地呼唤社会给学生一个健康的心理和成长环境。

刘忠德说，我作为一个文化工作者和教育工作者，作为一名社会成员，我看到这种社会现象心里非常焦急。从人才培养的角度讲，一个年轻人要脚踏实地地走自己的成才之路，好好学习，“超女”宣传了一夜暴富、一夜成名。实际上，我很赞成有的学者讲的，就是有一夜暴富、一夜成名，其几率是很少的，大多数青年还是通过艰苦的奋斗创造出自己的事业的。

低俗文艺的冲击不可低估

刘忠德说，我之所以提出这个建议、发表这个看法，不是从4月20日才有的，已经是由来已久了。我是有理论根据和理论基础的。我们党和国家强调要加强对未成年人的思想道德教育，而艺术是青少年最容易接受的、最感兴趣的、最具影响的一种形式。一部文艺作品，可以影响一代甚至几代人。然而，近些年来，我们的文艺节目和作品中，那些低俗的、不健康的思想和拜金主义的浪潮，强烈地冲击着我们的社会，包括我们的青少年。

有人说“超女”去年为国家创造了几十个亿。我们是社会主义国家，不能像资本主义国家那样以整个社会的堕落去换取经济的发展。文化产品不论它们是否以物质形态表现出来，都和物质产品一样，是抽象劳动和具体劳动的统一，是价值和使用价值的统一，而且它的使用价值，是在流通过程中，按商品交流的形式在满足他人的社会需要以后实现的，所以它具有商品属性。但是，文化产品又有与物质商品不同的特殊性，它不能像物质产品那样完全由市场来选择和决定它的兴衰存亡。

“超女”是市场选择了它，但是政府部门要保持清醒的头脑，辨别清楚它的好与坏，以一些出丑的表演为乐事就是对社会、对儿童、对青少年和观众的毒害。色情和毒品也同样可以创造高利润，但这是国家不允许的。不一定收视率高就是好作品，在一定条件下收视率不高也不能说就不是好作品，我也不主张高雅艺术就没有收视率，应该是大家喜闻乐见的才是好作品。

刘忠德说，我把文化产品的特殊性归纳成四点：一是文化产品生产目的与物质产品不同。物质产品的生产目的就是为了交换，为了供应市场的需求。而一切真正的艺术生产，虽然在客观上也存在着为交换而生产的一面，但从根本上说，是创作者充满激情的个人创造和人格力量的体现。所以马克思讲：“如果诗人把诗当作手段的话就不会再是诗人了。”二是一个人的劳动是用社会必要劳动时间来衡量，物质产品的社会必要劳动时间是可以计算的，一个文化产品的社会必要劳动时间是很难计算的。第三，在商品经济最发达的社会，像美国这些发达国家也很难实行文化产品的等价交换，在我们的当今社会也是很明确的，一本言情小说就可以卖高价而学术著作却无人问津，所以贝多芬说他在晚年的时候几乎到了行乞的地步，当时的曲子只能卖40杜拉，现在是无价之宝了。第四，文化产品的使用价值不像物质产品那么固定，比如，一个杯子它的使用价值都是作为饮具，而一本《红楼梦》，有的人拿它研究社会研究文学，而有的人就把它当成言情小说看等等，这与读者的观念、感情、情绪、修养都有联系，所以我说绝大多数文化产品具有商品的属性，它应该进入市场，受市场法则的影响去运行、调剂艺术生产，但是文化产品不能像物质产品那样完全由市场来选择和决定它的兴衰存亡。我们的文艺工作者、教育工作者应该给我们的青少年多一点崇高和忘我的精神，要引导他们健康成长，而不是相反。

刘忠德说，我并不反对通俗艺术，任何一个艺术门类都是社会、政治、经济、文化发展的产物，通俗艺术也是其产物。经济发展了，大家必然要有文化需求，通俗艺术最能快捷地满足这种需求，大家喜欢通俗艺术这是可以理解的。通俗艺术也对社会稳定、文化娱乐生活领域的满足起到了很好的作用，具有不可替代的作用。我主张艺术要雅俗共赏，这才是艺术的最高境界。

建议有关部门加强监管

刘忠德说，面对我们国家目前文艺发展的这种状况，有些人敢怒不敢言，我很理解大家，也不要求所有人都像我这样直截了当地表达自己的观点，每个人都有每个人的难处、处境。我也多次讲过，我们国家的政协、人大不同于资本主义国家的国会和议会，他们可以和政府部门、和执政党是对立的；我们是在不同的角度、不同的职能，为了共同的目标来工作的。我对政府部门的工作是非常支持的，我是希望政府部门要加强管理，并不是指责他们。

他说，关于类似“超女”的活动，能在广电总局网站上查到相关文件。文件相关规定一共有10条。批文中规定，“超女”这类节目“必须树立政治意识、大局意识和责任意识，坚持正确的舆论导向，坚持‘三贴近’原则，各类赛事活动要积极向上、健康高雅、愉悦身心、陶冶情操，体现正确的世界观、人生观和价值观”。但在电视上还是看到这些孩子在出丑，有的着装暴露，在满足一些人的猎奇心理。

文件中第四条指出：“全国性或跨省（区、市）赛事活动参与性强，影响面广，各级广播电视播出机构要对赛事活动的播出加强把关，不得随意炒作，避免炒星、追星等负面效应。分赛区活动不得在当地省级卫视播出。播出的节目要力戒庸俗、低俗的现象，不能迎合少数观众的猎奇心理、审丑心态。”而4月22日中午12点45分播出的海选节目，前后共3个小时，内容跟去年类似，唱歌不好听，还穿着奇装异服，多以选手出丑搞笑为主。“超女”的分赛区活动已经上了电视，本身就是违规的。刘忠德表示，网民和“超女”本身无可非议，而管理部门和主办机构要有责任感。刘忠德提醒有关部门要注意已经颁发的文件的执行力，更应该支持正确的舆论监督。

附　录

附录一："超级女声"搜索关键词

超级女声、海选、PK、湖南卫视、造星、短信投票、"超级篮子"、"玉米"、"粉丝"、超女现象、超女策划、超女商业链、超女产业、蒙牛酸酸乳、超级女声歌曲专辑、超级女声总决赛、超级女声经济学、"超女"、收视率、李宇春、张靓颖、周笔畅

附录二：A类文章目录

- 普众选秀：平民欲望的娱乐表达/陈立强　张宜迁//视听界 2004-06
- 超级女声中的"海选"明星/明江//中国商报 2004-09-28
- 论社会变革中大众文化的功能——以"超级女声"现象为例/雷跃捷　刘自雄//中国新闻传播国际论坛 2005
- "超级女声"的"快乐中国"之旅——直面电视媒体的整合营销传播时代/汪磊//当代经理人（下半月）2005-01
- 造星选秀节目热播的优势分析——以"超级女声"、"非常6+1"为例/赵巍//视听界 2005-01
- 从"超级女声"看电视娱乐节目的新探索/徐捷//中国电视 2005-01
- 电视娱乐节目新趋势——"超级女声"热播背后的启示/李曦//齐鲁艺苑 2005-03
- 从"超级女声"的成功看"使用与满足"传播理论的应用/周新宇//台声·新视角 2005-04
- 从超级女声看中国的创意经济/彭彤丽//湖南工业职业技术学院学报 2005-04
- "超级女声"整合营销的公关学思考/何春晖　李雯//国际公关 2005-05
- 经典的营销策划　成功的商业运作——剖析超级女声运作模式/黄琍//市场营销导刊 2005-05
- 谈"超级女声"的独特传媒视角/张蕊//新闻界 2005-05
- "超级女声"与性别政治——西方马克思主义女性主义视角/何平　吴风//南开学报（哲学社会科学版）2005-05
- 谈"超级女声"的独特传媒视角/张蕊//新闻界 2005-05
- "超级女声"走红的传播学思考/柴志芳//新闻界 2005-05
- 思路决定出路——2005 蒙牛酸酸乳与湖南卫视"超级女声"合作纪实/孙隽//大市场·广告导报 2005-05
- "超级女声"为什么能风靡全国/陈曦//编辑之友 2005-05
- 蒙牛超级女声：整合广告新起点？/王素慧//民营经济报 2005-05-12
- "超级女声"：电视本体理念的思考/高鑫//现代传播 2005-06
- "超级女声"：平民大众的娱乐秀/龚艳平//湖南大众传媒职业技术学院学报 2005-06
- 试析"超级女声"的大众化效应/卫明　陆吉连//视听纵横 2005-06
- 析论湖南卫视"超级女声"的艺术特征/章文君//湖南大众传媒职业技术学院学报 2005-06
- "超级女声"火爆与传媒背后的欲望推力/贾广惠//湖南大众传媒职业技术学院学报 2005-06
- 聚焦与放大——从"蒙牛酸酸乳超级女声"看中国强势传媒的活动营销/凌平//大市场·广告导报 2005-06
- 从"超级女声"看省级卫视品牌的全国推广/高杰//中华新闻报 2005-06-15
- 超级女声：全民娱乐的商业狂欢/林嘉澍//经济观察报 2005-06-20
- "超级女声"成功路径/燕涛　黄江伟//东方早报 2005-06-27
- 爱看"超级女声"的N个背景理由/罗云川//中国文化报 2005-07-01
- "超级女声"的网络舆论分析——以人民网、搜狐、湖南电视网、博客中国网为例/钱培　陈思//今传媒 2005-07
- "超级女声"的财富狂欢/杨琳桦//21世纪经济报道　2005-07-28
- "超级女声"唱火盛夏歌城/刘伟//重庆商报 2005-07-28
- 解析真人秀的本土化之路——以"残酷一叮"与"超级女声"为例/董天策　黄晓//当代电视 2005-07
- "超级女声"是如何炼成的？/燕涛　黄江伟//广告大观（综合版）2005-08
- "超级女声"玩转了什么样的经济？/郝洪//财富智慧 2005-08
- 金钱将和注意力一起流动——"超级女声"背后的财富现象//财富智慧 2005-08
- "超级女声"招招制胜的营销策略/惠聪//财富智慧 2005-08
- "超级女声"撞击娱乐经济/孟群舒//财富智慧 2005-08
- "超女"经济//东南传播 2005-08
- 2005 超级女声是娱乐节目更是大单生意/黄振伟//财富智慧 2005-08
- 超女神话—高新技术产业运营战略透视/潘少钦//深圳特区科技 2005-08
- 一次声色聚会的超级狂欢——湖南卫视"超级女声"现象之透视/范藻//美与时代 2005-08
- 娱乐营销打造青春体验——"2005 蒙牛酸酸乳超级女声"的营销魅力/邓晓兰　胡俊华//经营与管理 2005-08
- 超级女声商业链形成大揭秘//致信网 2005-08-01
- 超级女声唱响娱乐经济//世界经理人 2005-08-04
- 以营销的名义剖析"超级女声"/黄江伟　张晶　董娟　彭莉//东方早报 2005-08-08
- 超级女声的另一个赢家——蒙牛/黄江伟//中国文化报 2005-08-17
- "超女"暗战　一档节目和它所影响的一切/曹筠武　由珊珊　张健//南方周末2005-08-18
- 傍名"超级女声""超级女生"巧营销/洪金//中国企业报 2005-08-18
- 超级女声，一场庶民的胜利/南都//贵州政协报 2005-08-18
- 宝洁：像"超级女声"那样淘汰经销商//南方周末 2005-08-18
- 超级女声：让快乐供不应求/张颖//国际金融报 2005-08-19
- "超级女声"想唱就唱？/刘仁//中国知识产权报 2005-08-19
- 超级女声：一场大众文化对精英文化的反动/赵继成//新京报 2005-08-20
- "超级女声"激活 SP 掌上灵通拓宽商业模式/沈娟//第一财经日报 2005-08-25
- "超级女声"：时代造就的"超级篮子"/越石//人民法院报 2005-08-25
- "超级女声"演绎超级赚钱大戏/韦铭　谢臻//南京日报 2005-08-25
- 超级女声身后四个男人/夏晓柏//21世纪经济报道 2005-08-25
- "超女"新文化形态"实弹"演习/许莽//贵阳日报 2005-08-26
- "超级女声"秀到底/陶涛//中国文化报 2005-08-26
- "超级女声"超在哪里？/苏蕾　孙丽萍//贵阳日报 2005-08-27
- "超级女声"之长，照出"主流文艺"之短/孙丽萍//新华每日电讯 2005-08-27
- 想唱就唱，至少勇敢地自我欣赏/李云路//新华每日电讯 2005-08-28
- "超级女声"：全民动员的商业道术/洪宇　赵正//中国经营报 2005-08-29
- 超级女声的市场"震撼"/泥土//中国文化报 2005-08-29
- "超级女声"火爆荧屏的秘密/上海明略市场策划咨询有限公司//中国经营报 2005-08-29
- 超级女声：创意经济的胜利/刘利军//经理日报 2005-08-30
- 从超女民主看民主的身段/崔卫平//新京报 2005-08-31
- 超级女声爆出超级管理/风月　靳鞠燕　焦爱莹//市场报 2005-08-31

- 超级女声　一场娱乐商业秀/刘海明//中国消费者报 2005－08－31
- 超级女声：娱乐工业 2.0/贺兰//21 世纪商业评论 2005－09
- "超级女声"，襁褓中的品牌/黄合水　陈艺霞//广告大观（综合版）2005－09
- "超级女声"飙红的范本意义/毕瑞军//大市场·广告导报 2005－09
- "超级女声"——打造中国梦的形象/张颐武//中关村 2005－09
- 读解"超级女声"/吴文明//东南传播 2005－09
- 蒙牛：唱出来的酸甜滋味/卢旭成//当代经理人 2005－09
- 蒙牛酸酸乳借势"超级女声"/孙丰国//大市场·广告导报 2005－09
- 蒙牛酸酸乳与超级女声的 2005 年/崔浩//广告人 2005－09
- 如何打造品牌"超级女声"/姚曦　易崇英//广告大观（综合版）2005－09
- "超女"经济联想/吴丰//四川省情 2005－09
- "超级女声"的超级组合——超级棒的女生 Vs 超级糟的评委/贾丽军//广告大观（综合版）2005－09
- 多收了三五斗之超级女声版/丁晓东//深交所 2005－09
- "超级女声"背后的超级 FANS/罗鹄//新闻天地 2005－09
- "超级女声"，品牌至上的超级盛宴/朱庆宏//广告大观（综合版）2005－09
- 超级女声/毛尖//书城 2005－09
- 一档娱乐节目　一场全民狂欢——"超级女声"现象解读/凌平　李想　杨宁　荆奇　王竹一//大市场·广告导报 2005－09
- 草根里吆喝起"超级女声"/张小平//大市场·广告导报 2005－09
- 长尾：营销与非沉默的大多数——"超级女声"启示录/张兵武//广告大观（综合版）2005－09
- "超级女声"，生猛有理/江绍雄//广告大观（综合版）2005－09
- "超级女声"的星光闪耀之路/杜敏　冯伟宁　曹亮　秦小//新闻天地 2005－09
- 车商借势"超级女声"/陶春宇//21 世纪经济报道 2005－09－01
- 超级女声的经济"阳谋"/王京韬//中华工商时报 2005－09－01
- 关于超级女声的思考/令狐聪//当代文化研究网 2005－09－01
- 从"超级女声"解释从众心理//卫生与生活报 2005－09－05
- 向"超级女声"学超级营销/方家平//中国房地产报 2005－09－05
- "超级女声"的教育视角/周云龙//中华新闻报 2005－09－07
- 向"超级女声"学超级营销/方家平//西安房地产信息网 2005－09－08
- 从"超女"看教育/程远平//中国教师报 2005－09－14
- 超级女声"喊"醒中国手机产业//CNET 中国 2005－09－15
- "超级女声"点燃新娱乐经济/顾克非//消费日报 2005－09－26
- "超级女声"与娱乐民主法治视角下的"超女"现象/黄亚非　陈柏安//民主与法制时报 2005－09－27
- 作为营销事件的"超级女声"/杨吉//中华读书报 2005－09－28
- "超级女声现象"透视/向荣高//青年研究 2005－10
- "超级女声"的立体化传播/李萍//新闻记者 2005－10
- "超级女声"的整合行销传播研究/粟晓瑜//新闻爱好者 2005－10
- "超级女声"　过程决定成败——从品牌观看"超级女声"的营销之路/苏华//经营管理者 2005－10
- 从"超级女声"看新娱乐经济/孙音//沪港经济 2005－10
- 对"超级女声"的传播学分析/李翟　朱颖//当代电视 2005－10
- 解读"超级女声"/赵金　贾广惠　罗筠　柏清　龚艳平//青年记者 2005－10
- 事件营销：蒙牛品牌快速成长的秘密/戴世富//企业研究 2005－10
- 一个成功的娱乐产品——"超级女声"节目运营解析/郑宇曦　刘燕//新闻知识 2005－10
- "超级女声"运作模式——摘自蒙牛与湖南卫视"超女"合同//沪港经济 2005－10
- 海选：戏剧性的最好再现——析"超级女声"人气形成之因/李浩涓//声屏世界 2005－10
- 从"超级女声"看审美民主/小溪//新闻爱好者 2005－10
- 超级女声：中国市民的文化运动//北方音乐 2005－10
- 超级女声背后的商业智慧/李雨潭//经济观察报 2005－10－03
- 超级女声超级 MicroSD！//中国电脑教育报 2005－10－10
- 超级女生缘何如此火爆？/魏雪义//百度网 2005－10－13
- "超级女声"的经济学分析/王克修//中国改革报 2005－10－15
- 拜"芙蓉姐姐"和"超级女声"为师/李志起//中国工商报 2005－10－18
- 超级女声：商业时代的超级启示/向明凯　魏洁　闵刻//民营经济报 2005－10－19
- 重庆联通"Up 新势力"取得良好效益/刘恒　蒋鑫//人民邮电 2005－10－19
- "超级女声"引来三万多观众/陈扬渲//浙江日报 2005－10－23
- "超级女声"的第一轮收割/樊兰//当代经理人 2005－11
- "超级女声"的营销攻略/朱思文　蔡雄文//投资与营销 2005－11
- 超级女声：巡回演唱延续精彩/王云峰//新闻天地 2005－11
- 超级女声　群体链动的体验秀/肖明超//科技咨询导报 2005－11
- 超级女声　新的中国梦/张颐武//艺术评论 2005－11
- 剖析超级女声运作模式/黄琍//公关世界 2005－11
- "超级女声"成功因素浅析/刘丹　林如鹏//新闻传播 2005－11
- "超级女声"其实是玩出来的/周云龙//中国文化报 2005－11－02
- "超级女声"打造娱乐产业链//www.ifensi.com 2005－11－06
- 电视节目的大众化追求——试析"超级女声"的大众化效应/卫明　陆吉连//当代电视 2005－12
- 风物长宜放眼量——浅谈"超级女声"的启示作用/刘原//当代电视 2005－12
- 蒙牛：打造"超女"快车/曹介//市场观察 2005－12
- 提升和引导：青年文化新特征的召唤/练庆伟//中国国情国力 2005－12
- 娱乐经济的新鲜注脚——"超级女声"带来的商业嘉年华/龚莉萍//声屏世界 2005－12
- "超级女声"热播的传播学视角/肖珉//声屏世界 2005－12
- 对中国电视娱乐节目的现状探析——从以"超级女声"为代表的平民化娱乐节目谈起/陈明//声屏世界 2005－12
- "超级女声"的财富狂欢/杨琳桦//中国社会导刊 2005－16
- 绝对超级女声迷：在线观看超女全攻略/易水寒//计算机与网络 2005－16
- "超级女声"海侃消防——"超女"三甲出任"消防明星大使"/科文//中国西部科技 2005－17
- 给超级女声视频做个美丽封面/黎明//计算机与网络 2005－17
- 酸酸甜甜的快乐营销——蒙牛借力"超级女声"/星瞬//科技资讯 2005－18
- 舆论经济——传媒经济新思考——从"超级女声"看舆论经济新特点/陈八零//商场现代化 2005－24
- 超女商业环环相扣/张炯//互联网周刊 2005－30
- 蒙牛：超级女声的"背后大佬"//招商周刊 2005－34
- 革命、自我、素质和中国梦：超级女声的几个问题/肖慧//中国招标 2005－42
- 从"超级女声"的融合传播看娱乐经济的产业之路——对湖南娱乐频道总监张华立、天娱公司老总王鹏等的访谈/金珠　张华立　张勇　王鹏//视听界 2006－01
- "超级女声"——大众文化的经典文本/刘艳婧//湖南大众传媒职业技术学院学报 2006－01
- "超级女声"与大众文化/黄彩萍//鄂州大学学报 2006－01
- "超女"与"梦想"：一种电视传播文化的心理效应/肖峰　高阳洋//新闻传播2006－01

⊙“超级女声”节目的成功元素探析/刘丹　林如鹏//湖南大众传媒职业技术学院学报 2006－01
⊙“超级女声”热播的传播学解析/郭学文//东南传播 2006－01
⊙超女旋涡的传播模式与传播效果研究——以北京地区大学生调查为例/张洪忠　许航　何艳//国际新闻界 2006－01
⊙从“超级女声”到《大长今》：平民文化的胜利/许静//怀化学院学报 2006－01
⊙从营销角度看“超级女声”/李琦//视听界 2006－01
⊙大学生如何收看“超级女声”——来自广州和成都的调查报告/黄顺铭　杨洸//当代传播 2006－01
⊙论“超级女声”的时代性/李林//湖南大众传媒职业技术学院学报 2006－01
⊙情绪消费的自由市场——“超级女声”之于观者/史琦//理论与创作 2006－01
⊙新制度经济学视野里的超级女声/崔人元//西安欧亚学院学报 2006－01
⊙娱乐：品牌内涵的时尚诠释法——试论蒙牛酸酸乳的娱乐营销策略/贺福　蒋丽芬//湖南大众传媒职业技术学院学报 2006－01
⊙从“超女经济”到“温州现象”：新型特色产业发展探索//人民论坛 2006－01
⊙形象代言：“超女”经济的盈利模式/王云峰//新闻天地 2006－01
⊙由“超级女声”引发的关于民主议题的思考/崔春泽//齐齐哈尔大学学报（哲学社会科学版）2006－01
⊙超级女声横空出世//黄河之声 2006－01
⊙从“超级女声”的品牌特征看电视经营战略/杜永利　陆白微//视听界 2006－01
⊙“超级女声”成功之七剑/方家平//思维与智慧 2006－01
⊙“超级女声”的幕后运作模式/张小争//经理人 2006－01
⊙“超级女声”的注意力经济学/禹建强//山东视听 2006－01
⊙“超级女声”品牌速成的秘密/戴世富//当代传播 2006－01
⊙超级女声：娱乐节目营销的大手笔//信息产业报道 2006－01
⊙从“超级女声”体验营销的魅力/梁辉煌//湖南财经高等专科学校学报 2006－01
⊙从注意力经济看超级女声/林超群//成都行政学院学报 2006－01
⊙论娱乐节目新的类型运动与欲望诉求——以“超级女声”为例/陈立强//中州学刊 2006－01
⊙品牌个性：在于他人无法复制——论“超级女声”的品牌塑造历程/王云峰//声屏世界 2006－01
⊙浅谈“超级女声”的整合营销传播策略/夏凡//辽宁经济 2006－01
⊙青年文化热点的时代透视——“超级女声”热的冷思考/昝玉林//青年探索 2006－01
⊙中国电视产业的本土化出路——“超级女声”实证研究/周笑//视听界 2006－01
⊙社科院发布蓝皮书解析超女产业链　估值超 20 亿/董伟//华商网 2006－01
⊙从“超女”现象看中国文化境况/文慧园//中国教育报 2006－01－21
⊙“超级女声”现象的文化意味——上海师大人文与传播学院师生有关“超女”的讨论//中国教育报 2006－01－26
⊙“超级女声”的后现代思考/严海英//山东视听 2006－02
⊙“超女”现象的社会热点跟踪及思考/王帅//艺术研究 2006－02
⊙电视娱乐节目如何克服“审美疲劳”——从后“超女”时代谈起/张仕勇//山东视听 2006－02
⊙论超级女声现象对大众传媒女性形象塑造的颠覆意义/冯波//中共宁波市委党校学报 2006－02
⊙审视“超级女声”飙红的传播学意义/刘扬//云梦学刊 2006－02
⊙酸酸甜甜就是我　蒙牛酸酸乳超级女声营销传播案例//国际公关 2006－02
⊙娱乐节目如何走出困境——从传播学层面解读“超级女声”/梁艳//时代文学（双月版）2006－02
⊙从“超级女声”看物业管理企业品牌营销/朱柏润//中国物业管理 2006－02
⊙课堂教学呼唤“超级女声”/朱叶丹//教育科学论坛 2006－02
⊙中国电视娱乐节目模式的发展与探索——以湖南卫视“快乐大本营”和“超级女声”等为例/何春耕　肖琳芬//湖南社会科学 2006－02
⊙“超级女声”的超级营销/林如一//企业改革与管理 2006－02
⊙“超级女声”热潮中的新词新语研究/李静//中共郑州市委党校学报 2006－02
⊙从精英文化到草根文化——从“超级女声”火爆看国内文化发展趋势/刘畅//山东视听 2006－02
⊙符号解读“超级女声”的衍生产品/蔡立媛　项国雄//新闻界 2006－02
⊙蒙牛让你体验品牌的魅力——蒙牛“超级女声”中的营销解析/李光斗//食品工业科技 2006－03
⊙超级女声：青年文化新特征分析/练庆伟//当代青年研究 2006－03
⊙回顾与展望——05 超女传播解析 06 启动感言/陈正辉　王璜//广告大观（媒介版）2006－03
⊙狂欢的符号——大型电视平民选秀节目的文化阐释/田中阳　赵颖峰//湖南大众传媒职业技术学院学报 2006－03
⊙流行·距离·反抗——对“超级女声”受众解读的实证研究/王辰瑶//中国电视 2006－03
⊙盘点“超女”经济：试水娱乐品牌产业化/王云峰//新闻天地 2006－03
⊙从多种视角解读媒体奇观“超级女声”/李国英//湖北师范学院学报（哲学社会科学版）2006－03
⊙解读“超级女声”——大众文化的社会学分析/冯辛丽//新疆大学学报（哲学人文社会科学版）2006－03
⊙广播电视节目：重要的是引人注意——从“超级女声”说起/范干良//中国广播 2006－03
⊙“超级女声”的商业动作对我国娱乐业营销的启示/任素娟　刘春萍//辽宁经济 2006－03
⊙“审丑”现象的媒介学分析——兼谈“超级女声”的成功策划/魏宝涛//传媒 2006－03
⊙“超级女声”赢了“超级女生”/梁建军　曾妍　李柯帆　臧洁//人民法院报 2006－03－21
⊙从“超级女声”看互动营销/刘月//山西科技 2006－04
⊙从“超级女声”看事件营销的魔力/熊元斌　黄耀文　祝金龙//企业导报 2006－04
⊙另类突围：“超级女声”反同质化现象探析/张鹏　朱怡淼//艺术百家 2006－04
⊙提升和引导：当前青年文化新特征的呼唤——以超级女声为例/陈赓伟//兰州学刊 2006－04
⊙寻找下一个“超级女声”/本刊编辑部//信息产业报道 2006－04
⊙作为一个共享语词的“超级女声”与“超女”——对“超女”现象的一种解读/王立新　陆正兰//新闻界 2006－04
⊙“超级女声”现象的政治学思考/孙静//兰州学刊 2006－04
⊙社会文化思潮之变与超级女声/龚政文//理论与创作 2006－04
⊙火辣辣的期待：2006 超级女声来了（一）第一组悬念/王云峰//新闻天地 2006－04
⊙“超级女声”的短信营销/王欣//当代经理人 2006－04
⊙超级女声与发展文化产业/夏义生//理论与创作 2006－04
⊙从“超级女声”透视当代中国的大众文化/周德胜//兰州学刊 2006－04
⊙超级女声品牌产业化锁定目标　建中国迪斯尼梦想//中国经营报 2006－04－03
⊙火辣辣的延续：超级女声唱得响亮/王云峰//新闻天地 2006－05
⊙两个不同维度的意识形态文本——对“神舟六号”和“超级女声”的

解读/王宗峰//学术界2006－05

- 2006超级女声正式启动　安又琪李宇春助阵/鸣延　凌平//大市场（广告导报）2006－05
- 电视媒体转型的传播学分析——以湖南卫视“超级女声”为例/梁晓青　吕尚彬//理论观察2006－05
- “超级女声”策划活动的经济学分析/戴孝悌//中外企业家2006－05
- “超级女声”引发的商标注册现象/张季//中华商标2006－05
- 选手实力比选秀取宠更耐看/赵文侠//北京日报2006－05－08
- 超级女声五大心理现象透视/熊玲//北京科技报2006－05－10
- 2006超级女声走势的SWOT分析//猫扑网2006－05－15
- 从超女现象看富娱乐产业//艾瑞网2006－05－16
- “超级女生”开创国内饰品“超级市场”//中国饰品时尚网2006－05－29
- “超级女声”的社会审美价值及审美功能/陈志红//艺海2006－06
- 从“超女效应”看中国电视娱乐经济的未来走向/刘吉发　陈怀平//科技信息2006－06
- 从社会自主制度创新的视角看“超级女声”/陈国强//唯实2006－06
- 给2006年的“超级女声”热热身/一页　千江有水//电脑爱好者2006－06
- 媒体中的文化转换现象——从《花木兰》到“超级女声”/米莉　吕岚//青年记者2006－06
- 整合资源推动娱乐节目产业化——06年“超级女声”（成都唱区）广告营销招商发布会圆满举行//广告大观（综合版）2006－06
- 由“超级女声”所想到的/王振//施工企业管理2006－06
- 学学“超级女声”如何？/柯用米//中国农村信用合作2006－06
- “美国偶像”VS“超级女声”/广平//中国数字电视2006－06
- 2006超级女声：灿烂在荧屏/王云峰//新闻天地2006－06
- “超级女声”产业运作详解/段东　邓斌//青年记者2006－06
- 陈少峰：“超级女声”成功在产业链顺畅/李晓明//人民网2006－06－07
- 超级女声：客户价值的和谐共振//致信网2006－06－30
- “超级女声”的媒介分析/闫伊默//成都教育学院学报2006－07
- 关系营销破译“2006－超级女声”突围/余远坤//特区经济2006－07
- 金蔷薇·十二乐坊与超级女声——兼谈音乐教师素质的重要性/韩万斋//人民音乐2006－07
- 2006超级女声全面亮嗓/王云峰//新闻天地2006－07
- “超级女声”的媒体神话/蔡骐//新闻与写作2006－07
- 从“超级女声”看体验营销的应用/章金萍//商业时代2006－08
- 超级女声超前炽热/王云峰//新闻天地2006－08
- 从“超级女声”看中国传媒产品/周晓明//中国传媒科技2006－08
- 从接受美学探析“超级女声”/何芳//青年记者2006－08
- 超级女生十大颠覆//人民网2006－08－06
- 蒙牛担当起助推国家牛奶运动先锋/陈爱仙//中国贸易报2006－08－17
- 特色活动：推动省级卫视品牌升级的有效途径/张春朗　周石星　胡文烽//新闻战线2006－09
- 超级女声后，蒙牛又有大手笔　蒙牛助推中国乳业新潮//监督与选择2006－09
- 浅议中国传统文化对市场经济的影响——由“超级女声”想到的/何小丹//湖北教育学院学报2006－09
- “超级女声”为何蹿红——“超级女声”之解构性探析/李盛龙//太原师范学院学报（社会科学版）2006－09
- 媒体的两种经济与电视文本“超级女声”/贺建平　魏杰//商场现代化2006－09
- “超级女声”引发思考传媒商标保护/张季//中国知识产权报2006－09－29
- “超级女声现象”的经济学思考/花永春//中国市场2006－10
- “超女”的传播力效应/陆军　汪湘陵//传媒2006－10
- “超级女声”中“他者”角色研究/张筱菲//科技资讯2006－10
- “超级女声”草根的崛起与平民的胜利/张栋//新闻天地2006－10
- 媒介产业链的整合与延伸——以“超级女声”为研究案例/向志强//新闻知识2006－10
- “超级女声”PK日化领域/小兵//中国化妆品（行业）2006－11
- 公共舞台：中国电视娱乐节目的新兴形态/易前良//中国电视2006－11
- 当代青少年独特个性面面观——从“超级女声”看当代个性青少年/丰平　王琦//企业家天地（理论版）2006－11
- “超级女声”洗发水：有什么做不得？/谷俊//中国化妆品（行业）2006－11
- 超级女生的超级营销//致信网2006－11－08
- 超级女声力挫“超级女生”　盗版超女再度败诉//中国音乐网2006－12－20
- “超级女声”告赢“超级女生”/曾妍　陈异　何淼玲//湖南日报2006－12－31
- 我国电视娱乐节目的市场化倾向——从“选秀”看娱乐节目发展走向/刘也良//电影评介2006－13
- “美国偶像”与“超级女声”之异/鸿水//青年记者2006－17
- 超级女声——折射国民经济发展现状/张华立　荣飞弟//金融经济2006－20
- 不屈从于虚假的线条——多角度看“超级女声”/赵丽莹//电影评介2006－23
- 美女经济、超女经济and淑女经济/朽木//中国市场2006－37
- “超级女声”对法兰克福学派大众文化理论的几点突破/胡非玄//河北理工学院学报（社会科学版）2007－01
- 大学生与超级女声：“三者效果假说”——广州和成都两地问卷调查之比较研究/黄顺铭　杨洸//新闻与传播研究2007－01
- 关于“超级女声”的文化分析/魏先努//新闻窗2007－01
- 从“超级女声”看榜样教育/彭静　郭寿良//现代中小学教育2007－01
- 电视选秀节目模式分析——从“超级女声”看电视选秀节目的特点/杨晓强//法制与社会2007－01
- 对“超级女声”所引发的文化现象的解读/陈律薇//视听纵横2007－01
- 从节目策划到产业运作：创意经济引领荧屏活力/郑欣//新闻界2007－02
- 解读女性中性化潮流的盛行——以超级女声为例看中国传统女性形象的时代变迁/夏辛萍//长沙民政职业技术学院学报2007－02
- 流行娱乐节目收视心理研究——以“超级女声”的实证分析为例//中国广播电视学刊2007－02
- 透过“超级女声”效应，浅析社会心理/程婵娟//湖北经济学院学报（人文社会科学版）2007－02
- 从“超级女声”的语义盛宴谈翻译的不可译性/陈卫斌//福州大学学报（哲学社会科学版）2007－02
- 从“超级女声”看传媒娱乐主义/田大菊　石磊//现代视听2007－02
- 流行娱乐节目收视心理研究——以“超级女声”的实证分析为例/中国传媒大学传播心理研究所研究小组//中国广播电视学刊2007－02
- 从“蒙牛超级女声”看公共关系在品牌打造中的重要作用/方伟　李静宁//广告人2007－03
- 明白的暧昧——从“超级女声”看中国大众娱乐模式/吴菁　胡春春//同济大学学报2007－03
- “超级女声”对音乐教育的启示/杨建　张浩//长沙铁道学院学报（社会科学版）2007－04
- 从“超级女声”引发的新创词汇——浅析现代青年语言的时代风格/陈硒　孙傲飙//漯河职业技术学院学报2007－04
- 教育学视界中的选秀节目——以“超级女声”现象为例/陶群//南京工业大学学报（社会科学版）2007－04

⊙电视营销策略是“超级女声”成功的关键/贺维　尹启华//职业时空 2007-04
⊙从《美国偶像》到“超级女声”看全球化下的文化整合/潘晓军　巫姝婷//华南理工大学学报（社会科学版）2007-05
⊙从研究生看“超级女声”透视当代研究生的政治社会化——对河海大学研究生的调查/张志//广西青年干部学院学报 2007-05
⊙从“超级女声”看IP理论//中华读书报 2007-05-09
⊙“超级女声”：被创造的大众文化文本及其文化意义/赵金花//开封教育学院学报 2007-06
⊙影响被赞助活动和赞助品牌间形象转移的因素——基于蒙牛酸酸乳赞助超级女声的实证研究/张黎　林松　范亭亭//管理世界 2007-07
⊙搅动中国娱乐圈的超级女生//http：www.yoto.cn2007-08-04
⊙“超级女声”可资借鉴的成功蓝本/王芳//传媒 2007-09
⊙“超级女声”受众分析及其意义呈现/龚婷　吴菲//宜宾学院学报 2007-09
⊙从“超级女声”论电视传媒的整合营销传播思路/王艳　裘淑琪//电影文学 2007-10
⊙解读“超级女声”/胡和平//艺术教育 2007-10
⊙从超级女生看授权产业/郭羿承//全球品牌网 2007-10-08
⊙天娱进军饰品行业　重磅将“超女”品牌产业化//娱乐星闻网 2007-10-08
⊙电视节目体验式营销探析——以“超级女声”为例/王昊//东南传播 2007-11
⊙“超级女声”——个被传媒主导的舆论风暴/彭小萍　张俊臣　盛安陵//电影评介 2007-13
⊙“超级女声”对电视娱乐节目的颠覆与影响/夏颖　王继发//青年记者 2007-14
⊙地标文化冉冉升起的地方——湖南卫视“超级女声”引爆的革命/朱珠//消费导刊 2007-14
⊙从“超级女声”看媒体融合/张辛欣//新闻三昧 2007-Z1
⊙从“快乐男声”“超级女声”看大众的音乐审美倾向/左倩//湖南第一师范学报 2008-01
⊙选秀节目品牌发展战略——以“超级女声”“快乐男声”为例/蔡敏　邓若伊//新闻界 2008-02
⊙当前媒介信息对学生一族的影响——以选秀节目“超级女声”的讨论为例/王轶欧//科学教育 2008-03
⊙“超级女声”的幕后运作模式//教育人生网 2008-04-29
⊙浅议我国发展创意产业的意义——以“超级女声”创意的成功运作为例/黎洁//法制与社会 2008-06
⊙从“超级女声”看媒介事件的成功构建/佀栗栗//华中科技大学 2006
⊙从2005年湖南卫视播出的“超级女声”节目透视大众狂欢心理/邹洁//四川大学 2006
⊙论“超级女声”的营销和品牌运作/周静//华东师范大学 2006
⊙从“超级女声”看电视媒介技术的发展趋势/高音//哈尔滨工业大学 2006
⊙超级女声现象的传播过程与社会效果分析/刘丹丹//哈尔滨工业大学 2006
⊙蒙牛之“超级女声”整合营销沟通策略研究/于文雨//对外经济贸易大学 2007
⊙超级女声与电信业务转型的思考——广州电信之夜超级女声演唱会冠名活动启示/杨翔//2007 中国科协年会——通信与信息发展高层论坛 2007
⊙真人秀与互联网时代的粉丝/王雅//北京大学 2007
⊙当代审美文化视野中的“超级女声”/张桂花//郑州大学 2007
⊙社会变革中大众文化的功能——以“超级女声”现象为例/雷跃捷　刘自雄//中国新闻传播国际论坛 2005
⊙颠覆与突围/龚婷//四川师范大学 2007

附录三：B类文章目录

⊙从“超级女声”看电视娱乐节目的变脸/蹇莉//传媒观察 2004-11
⊙“超级女声”：是否狼来了/佚名//温州日报 2005-05-30
⊙“超级女声”——踩着少女尊严的舞蹈？/菊子//民族论坛 2005-07
⊙警惕“超级女声”负影响力/司欣//重庆日报 2005-07-19
⊙暴力营销案例篇：蒙牛超级女声/金冰　朱裴//信息产业报道 2005-08
⊙超级女声：社会的哀叹　传媒的狂欢/陈栋　许玮//传媒 2005-08
⊙“超级女声”娱乐大众了吗？/孟菁苇//中国消费者报 2005-08-05
⊙“超级女声”点中你我哪个穴？/程悠悠//第一财经日报 2005-08-08
⊙“超级女声”超级无聊？/廖安辉//贵阳日报 2005-08-17
⊙超女带来的麻醉感令人警惕/庄礼伟//新京报 2005-08-19
⊙“超级女声”需要“三省吾身”——谈媒介自身营销的缺位/林思勉//广告大观（综合版）2005-09
⊙SEVEN——“超级女声”七宗罪/王成文　高芳//广告大观（综合版）2005-09
⊙超级女生引发超级“恐怖”/李刚//中国计算机报 2005-09-05
⊙“超级女声”品牌是件“易碎品”/许煜//中国商报 2005-09-06
⊙橡果国际赞助超级女声意欲何为/艾珏儿　风痕//大众科技 2005-09-15
⊙投一票话费被扣15元　超级女声诱发SP新违规/周雪//星辰在线 2005-09-24
⊙“超级女声”现象的成因及其批评/曾凡斌//新闻实践 2005-10
⊙话语·规则·权力——另眼相看“2005超级女声”/蔡骐今//传媒 2005-10
⊙“超级女声”还能走多远？——从文化的角度简析关于“超级女声”的悖论/郑林//东南传播 2005-10
⊙“超级女声”全国巡演遭遇50万索赔/刘河//中国知识产权报 2005-10-14
⊙超级女声“声声”不息　彩铃唱作欲造“盗版”？/赵莹//中国经营报 2005-10-31
⊙从“超级女声”看电视娱乐节目中的低俗化现象/杨孟曦//中国电视 2005-11
⊙对于“超女”现象的文化批判//中国艺术报 2005-11-11
⊙超级女声：时代的超级笑话/江小鱼//中国报道 2005-12
⊙“超级女声”踩着少女的尊严舞蹈//新闻传播2005-12
⊙“超级女声”开唱商业价值存疑/吴悦　洪宇　张翼//中金在线 2006-04-08
⊙“超级女声”的集体迷狂/张闳//中国新闻周刊2005-21
⊙刘忠德批评“超级女声”的前前后后/朱虹子　肖维波//中国文化报 2006-05-10
⊙“超级女声”：全民娱乐的狂欢节——对“超级女声”的大众文化批判/徐锐//采·写·编 2006-01
⊙超级女生，你到底还要走多远？/姚文俊//中国教育在线 2006-04-18
⊙“超级女声”风光难再/丁运时//中国文化报 2006-04-21
⊙超女经济，热闹但不完美/张刚//中国新时代 2006-07
⊙“超级女声”的末路狂欢——关于电视娱乐节目个体生命力的几点思考/侯利强//传媒 2006-07
⊙媒体奇观的典型文本——对超级女声的文化批评/张斌//重庆邮电大学学报（社会科学版）2007-01
⊙大众狂欢背后的冷静分析——电视选秀节目商业化倾向弊端的探讨/邵程//科技促进发展 2007-08
⊙“超级女生”哭泣性狂欢挑战中国男权主流趣味/朱大可//中国新闻网 2007-08-02

◎“超级女声”与碎片化意识形态——大众文化的批判视角/蒲晓东//上海市社会科学界第四届学术年会2006

附录四：C类文章目录

◎“超级女声”“酸酸甜甜”中再发声——“2005快乐中国蒙牛酸酸乳超级女声”年度赛事活动启动/姜朝晖//大市场·广告导报2005-04
◎从“超级女声”的身体演示辨析当前电视音乐节目的变异倾向/高铮　张乐养//浙江艺术职业学院学报2005-04
◎后超女时代的知识分子——大众文化研究的分化契机/孙玮　洪兵　杨击//新闻大学2005-04
◎透视电视娱乐的文化“母题”与叙述策略——“超级女声”的叙事话语分析/刘自雄//新闻大学2005-04
◎激辩“超级女声”狂潮/耿银平　石飞//丽水日报2005-06-01
◎超级女声：热闹的草根造星运动//北方音乐2005-07
◎超级女声：收视狂潮的背后/小西//文艺报2005-07-16
◎“超级女声”能否成就青少年的“超级梦想”/刘谨　孙晓胜//西部时报2005-07-29
◎“超级女声”树大招风　英国公司称涉嫌盗版/程悠悠//第一财经日报2005-07-29
◎另眼看“超级女声”：我们忽视了哪些营销本质/钟合//财富智慧2005-08
◎和超级女声媲美的房地产业/陆新之//中国房地产报2005-08-01
◎“超级女声”热留下的一串问号/李瑾//工人日报2005-08-27
◎超级女声曲终：还有多少价值可以重来/翟宇　沈東贝//第一财经日报2005-08-29
◎“超级女声热”的“冷”思考——对“超级女声”的批判性解读/苏常　杨雅琼//新闻知识2005-09
◎如何管理媒体注意力？——“超级女声”火爆的背后/黄昉//大市场·广告导报2005-09
◎“超级女声”，离品牌有多远？/杨海军//广告大观（综合版）2005-09
◎“超级女声”火爆荧屏的秘密——五城市观众调查/钱庆//市场研究2005-09
◎为“超级女声”“疯狂”/王云峰//新闻天地2005-09
◎“超级女声”：超级生意？/李琳//经纪人2005-09
◎“超级女声”风靡台湾的背后/杜筱月//台声2005-09
◎我们应以何种心态面对电视娱乐节目——兼对“超级女声”现象的思考/黄孝陵//探索与争鸣2005-09
◎狂欢后，品牌安在？——关于“超级女声”品牌的思考/陈徐彬//广告大观（综合版）2005-09
◎“超级女声”，做好“学徒”的学徒/林升栋//广告大观（综合版）2005-09
◎不要对“超女现象”做过度诠释/张天蔚//今日信息报2005-09-01
◎“超级女声”：生于娱乐，勿死于商业/王昊筠//中国电影报2005-09-08
◎“超女旋风”给我们带来了什么？/徐浩然　雷琛烨//传媒观察2005-10
◎“超级女声”你看懂了吗？/祁兰柱//中国中小企业2005-10
◎从“超级女声”看当代大众的信息接受心理/马慧茹//山东视听2005-10
◎再说“超级女生”/苏拉//文化发展网2005-10-24
◎“超女”产业链还能持续多久/莫小勇//资本市场2005-11
◎“超女”圈钱背后的思考/刘湜//中国电信业2005-11
◎“超级女声现象”分析/向荣高//中国青年研究2005-12
◎秋天的思考——湖南广播影视集团“超级女声”研讨会札记/陈耿农//当代电视2005-12
◎“超级女声”研讨会联想/陈耿农//当代电视2005-12
◎乳业消耗战逼出“超级女声”/张岩铭//中国经营报2005-12-19
◎“超级女声”现象/戴廉//瞭望2005-32
◎在狂欢与焦虑之间——“超级女声”的文化身份探考/向宝云　卢衍鹏//洛阳师范学院学报2006-01
◎从超级男声到超级女声//视听界2006-01
◎湖南卫视大型活动电视包装策划揭秘/丁诚//电视字幕（特技与动画）2006-02
◎我看超级女生/王石//博锐管理在线2006-02-06
◎“超级女声”现象背后的青年文化分析/韩雯琛　周青//井冈山学院学报2006-03
◎“新声带”PK“超女”还要走多远？/姬冬//新闻爱好者2006-03
◎费斯克理论与“超级女声”/罗小萍//当代传播2006-03
◎狂欢的背后——超级女声现象的思索/梁晓萍//山西师大学报（社会科学版）2006-03
◎从社会性格变化看“超级女声”等娱乐节目现象/袁长保//新闻知识2006-03
◎需要完整教育：审视“超级女声”/钱结海//淮北职业技术学院学报2006-03
◎现代文化语境下音乐雅俗观的嬗变——从“超级女声”说起/张卓//南京艺术学院学报（音乐与表演版）2006-03
◎论“超级女声现象”/项筱刚//黄钟（武汉音乐学院学报）2006-03
◎三大选秀赛事升级战即将打响/胡嵘//中国电影报2006-03-16
◎从选秀节目的视觉文化看青年文化心理特征/黄艳//桂林师范高等专科学校学报2006-04
◎当“娱乐”演变为“事件”——从2006“超级女声”表现看社会注意力走势/徐浩然//广告大观（媒介版）2006-04
◎“新媒体”与“超级女声”/马容//当代电视2006-04
◎超级真人秀/贺露露//音乐周报2006-04-28
◎超级女声还能火多久？/徐浩然//天水日报2006-05-21
◎电视剧《超级女生》在湖南台播出//铭万网2006-06-28
◎“超级女声”“梦想中国”还能热多久/石慧//中国商报2006-07-04
◎“超级女声”多点原创会更好/彭建东//陕西省知识产权2006-09-27
◎注意力经济维持的关键——从“超级女声”收视率的降低看娱乐节目的持续发展/杨娟//中外企业家2006-11
◎关于“超女”的是是非非/刘晓林//观察与思考2006-12
◎又到“超女”时/雷楠//中国新通信2006-12
◎“超级女声”商业运作给电信运营商带来的思考/张莹//当代通信2006-12
◎“超级女声”价值高估？/张颐武//中国市场2006-29
◎牛根生超级女声催生“超级蒙牛”//企业导报2006-Z1
◎“超级女声”：红极一时之后的冷静思考/氾水渡//广东第二课堂2006-Z2
◎浅谈“超级女声”的编排/谢萍萍//中国编辑2007-01
◎大型电视选秀节目的媒体策略——以“红楼梦中人”海选为例/陆健　曹继东//现代传播（中国传媒大学学报）2007-02
◎大型电视真人秀：超越区域垄断的影响力游戏——地方政府、广电集团与国家（机构）的视野/李兆丰//新闻大学2007-02
◎论“超级女声”现象/李刚//艺海2007-02
◎谈“超级女生”现象生成的原因/王劲松//上海青年管理干部学院学报2007-03
◎大众消费文化的狂欢——“超级女声”的背后/张辉//音乐生活2007-03
◎“超级女声”背后的冷思考/张媛//四川戏剧2007-04
◎超级女声：我们的快乐，抑或我们的悲哀/胡桂香//湖南科技学院学报

2007－05
◎ 青少年社会化进程中困境与矛盾浅析——关于“超女”现象的社会学思考/韩振丽//吉林省教育学院学报 2007－05
◎ 2007，谁在选秀/索寒雪//中国经营报 2007－05－07
◎“诱惑”，符号商品生产之密码——从“超女”看消费文化生产/王桂云 陈勇//内蒙古农业大学学报（社会科学版）2007－06
◎ 政治和艺术示范的标本——超级女声《白毛女》/袁庆丰//渤海大学学报（哲学社会科学版）2007－06
◎ 芙蓉姐姐、超级女生及偶像/子午线//乌有之乡网站 2007－06－02
◎ 蒙牛酸酸乳：离开“超级女声”的日子/楚桥//大市场（广告导报）2007－07
◎ 违规制售“超级女声”三单位被判侵权/知文//中国新闻出版报 2007－07－03
◎“后超女时代”的蒙牛酸酸乳/王艳辉//成功营销 2007－08
◎ 从超级女声到快乐男声——大型演唱会演播室直播录制音频方案浅析/万里 向海燕//现代电视技术 2007－08
◎ 传媒角色的转变：从“邢燕子”到“超级女声”/吴敏娟//新闻爱好者（理论版）2007－09
◎“超级女声”博客的文化归属/马燕 魏佳//青年记者 2007－14
◎“超级女声”的“粉丝”分析/乔琪//新闻爱好者（理论版）2008－01
◎ 电视选秀节目研究综述/郑欣//湖南大众传媒职业技术学院学报 2008－02
◎ 青少年“超女”热引发的争论及思考/张明镜 曹照洁//重庆文理学院学报（社会科学版）2008－03
◎ 中国真人秀娱乐节目的文化解读/陶凌//华中科技大学 2006
◎ 传播生态视野中媒介事件的构建/唐黎//华东师范大学 2006
◎ 消费文化的一面旗帜/刘琼//华中师范大学 2006
◎“超级女声”现象解读/徐兰兰//四川大学 2006
◎ 解析“超级女声” 媒体、企业、大众的共谋/陈卓//四川大学 2006
◎ 解读“超级女声”/黎晨//四川大学 2006
◎“超级女声”节目探析/刘丹//暨南大学 2006
◎“超级女声”的后现代解读/汪宴卿//暨南大学 2006
◎“超级女声”类文艺娱乐节目研究/郑琼芳//暨南大学 2006
◎ 对“超级女声”的一项社会心理学实证研究/传播心理研究所研究小组//第五届全国新闻与传播心理研讨会暨中国心理学会新闻与传播心理专业委员会第二届年会 2005
◎ 让广告与电视节目“联姻”/赵正//中国工商报 2005－05－10
◎ 蒙牛：点亮体验营销的魅力——体验营销的七种模式/李光斗//市场观察 2005－08
◎“狂热”之后论长短/墨墨//中国新闻出版报 2005－09－14
◎ 如何让品牌代言人价值最大化/李光斗//经济观察报 2005－09－19
◎“摇到外婆家”/袁飞//第一财经日报 2005－09－20
◎ 媒体热点搅热图书市场/王坤宁//中国新闻出版报 2005－09－28
◎ 我市荣获 2005 中国营销事件特别奖/张靖华//呼和浩特日报（汉）2005－12－21
◎ 浅谈娱乐经济的成功运作/徐东生 刘清志//商场现代化 2005－26
◎ 2005 年广播电视创新盘点/刘宏 辛蕊 杨雪 王婷婷 韩雨倩//青年记者 2006－01
◎ 平民娱乐节目的“三国演义”/张小争//经理人 2006－01
◎“全民创意”时代——“长尾市场”与自主品牌战略机遇/舒咏平 刘婷//企业研究 2007－08

海 岩 产 业 链

一、2008年7月—9月，我们设计了23个中文关键词（见附录一），在网上对“海岩产业链”进行检索，剔除其中大量的无效信息、重复信息和只言片语式的评论，得到的统计结果是：2005年—2008年9月5日，纸质媒体、公共网站发表有关各类研究、评论、报道共计210篇。

二、我们根据上述统计材料，对相关内容进行了分类，得到以下结论：

A：在共计210篇的评论、研究和报道中，对“海岩产业链”予以充分肯定、基本肯定的共计85篇，占总数的40.5%。（见附录二）

B：在共计210篇的评论、研究和报道中，对“海岩产业链”予以完全否定、基本否定的共计6篇，占总数的2.8%。（见附录三）

C：在共计210篇的评论、研究和报道中，对“海岩产业链”无明确评价指向或无法做出分类归属的共计119篇，占总数的56.7%。（见附录四）

三、我们从上述210篇文章中辑录出有关“海岩产业链”的重要研究观点（包括批评意见）65条。

四、我们从上述210篇文章中辑录出有关“海岩产·业链”产业效益方面的报道7条。

五、我们集体讨论选编了有关“海岩产业链”的重要文章7篇。

1. 海岩小说走红影视圈探问/姚鑫隆//新余高专学报2003－04

2. 从《海岩长篇经典全集》谈如何实施图书最佳市场营销策划/侯样祥//中国文化报2003－11－03

3. 海岩的意义/解玺璋//北京日报2004－11－07

4. “海岩模式”及其思考/姚皓韵//北京电影学院学报2006－03

5. 论消费主义时代的大众文化产品——以海岩的作品为例/李书萍//保定师范专科学校学报2006－03

6. 打捞“海岩文化产业链”新景观/胡嵘　王辰//中国电影报2006－03－02

7. 海岩剧还能红多久——海岩访谈//大众电影2006－06

六、附录

附录一：“海岩产业链”搜索关键词

附录二：A类文章目录

附录三：B类文章目录

附录四：C类文章目录

重要观点辑录

关于“海岩产业链”的文化价值、启示和影响

如果说最初的造星尚停留在用一部戏推红一个人的初级阶段的话，如今的海岩已经走上了产业化的道路。造星不仅仅是海岩的一大特长，更成为初具规模的“海岩文化产业链”上具有核心竞争力的优势所在。

（摘自赵斌：《海岩——造星大师名不虚传》，人民网2008年8月22日）

海岩已成为当下的一个文化品牌。

（摘自钟华友：《海岩：鱼与熊掌兼得》，《法律与生活》2003年第16期）

在出版界，海岩便成了出版商的必争之“人”，因为印“海岩”就等于印钞票。在市场竞争异常激烈的影视剧市场，由他的小说改编的电视剧更是拍一部火一部，一度被人称为“电视剧这一通俗文化领域内目前无人逾越今后也很难逾越的高峰”。凭借电视剧的推动，据说他的读者在中国已经多达两亿……

（摘自刘平：《大众文化的“商品”——海岩小说》，《文学研究》2006年第12期）

这是一位奇妙的作家。他（海岩）的版税收入在中国作家中首屈一指，却是不折不扣的业余作家；在影视领域，“海岩”两字比大牌导演、大牌明星更有号召力，从而形成一条“海岩文化产业链”；比他的业余更成功的是他的主业，他是旅游饭店行业知名度最高的职业经理人……

（摘自：《海岩专访：“海岩文化产业链”新景象》，WSwire. com 2005年12月13日）

坦率地说，评论界对海岩的作品长期保持令人费解的冷漠。也许，海岩这样的“通俗”作家进不了评论家的视野，只能在“媒体评论”里炒作。海岩以他的深受读者喜爱的长篇小说证明了他的作品的含金量一点也不比那些有着深厚的“诺贝尔”情结、很自我的作品差。事实上，我们有许多看上去很“纯”的，让评论家津津乐道的作品并没有多少含金量，有的很可能是包装过的文化垃圾。不关注海岩这样的作家，是评论的失职，也是评论的失败。如果我们的评论懂得与时俱进、以读者为中心去展开文学批评的话，那一定要感谢海岩以及海岩模式提供的有价值的评论资源。

（摘自木弓：《长篇小说〈深牢大狱〉海岩模式的“人性”光彩》，《文艺报》2003年10月14日）

文学本不存在商业与非商业之分，这是文学界的傲慢。我（海岩）崇尚商品，商品是要完美无缺的。一部《泰坦尼克号》的利润，相当于日本汽车工业中两个大企业的全年总利润。英国一位著名女歌手创造的外汇超过英国钢铁业所带来的总收益。娱乐业是很厉害的。我的一本书印30万册，最多也只有150万人读。电视不同，至少有上亿人收看。

（摘自钟华友：《海岩：鱼与熊掌兼得》，《法律与生活》2003年第16期）

这种形态被市场、观众所接受，由此形成了品牌效应，这个效应被不同的其他形式所借用，延伸出新的文化产品。……

“海岩文化产业链”的另外一个特点是，每一部电视剧都形成了各自的品牌，这些品牌即便脱离海岩也有强大的市场号召力。……

对于这个令人欣喜的“海岩文化产业链”新景象，海岩作了这样的阐释：“我在当前的小说和影视界创作了一种类型。是被我们这个时代的广大读者和观众所接受的文化形态，这种形态被市场、观众所接受，由此形成了品牌效应，这个效应被不同的其他形式所借用，延伸出新的文化产品，从根上来说，是我的作品，创作了新的文化价值。”

（摘自：《海岩专访：“海岩文化产业链”新景象》，WSwire. com 2005年12月13日）

“大家都赛着写丑、写边缘。可我（海岩）觉得人类之所以美好，恰恰在于人性中的利他情绪、向善本能，文学难道不应该关注这种本能吗？”

（摘自徐梅：《海岩：我可不是男琼瑶》，《南方人物周刊》2006年第9期）

海岩作品到今天，会让人一拿到手，就感觉到一种海岩味。

（摘自刘平：《大众文化的“商品”——海岩小说》，《文学研究》2006年第12期）

对余秋雨、海岩来说，不管是有没有进行商业经营也好，还是在商而进行文化写作也好，这种否认自我身份是“文化商人”的态度，足以反映出目前我们的一些作家文人身份选择的困惑和焦虑，这是很有一些代表性的。的确，在商业大潮席卷而来的时候，在消费娱乐潮流主宰了我们时代的文化生活的情况下，我们的不少作家文人正在面临着这样一种抉择，做作家文人，还是做商人；抑或既是作家文人，又是商人；或者弃作家文人而具有文化商人的身份？

的确，上面这些作家文人，无论其人格是否已经具有了商人的特征，或者仍然靠着过去的一些作品在读者中的一点影响活跃在文坛，但他们的许多文化行为已经具有了商人的色彩却是无疑的，而且他们中有的已经是文化商人或者干脆就是商人了……

（摘自袁跃兴：《作家：文化向左，商业向右?》，《石家庄日报》2008 年 5 月 6 日）

电视剧大体上可以分为武侠剧、历史剧、都市剧、伦理剧、戏说剧等类型，它们都是根据内容来进行的分类，而在所有的电视剧类型中，有一个专有名词最具品牌效应，那就是“海岩剧”，这也是国产电视剧中唯一一个不按照内容分类，而是以个人名义分类的电视剧类型，这样的分类方式在世界电视艺术发展中也是不多见的，足见海岩的魅力和其所形成的品牌效应有多大。

（摘自：《海岩剧成专有名词　海岩：最大卖点就是我》，《成都日报》2008 年 8 月 22 日）

海岩认为不存在文学是否掉价去搞电视还是坚持你的孤独的问题，应该是时代变了，作家们应该通过电视这个媒介来弘扬他们的作品。小说写得再好也不可能有一亿人读，但电视可以。当然进行电视移植有时必须要有所牺牲，这其实是文学的以退为进。海岩无疑是明智的，文学越来越曲高和寡了。

（摘自刘芳：《文学与影视结合的宠儿——海岩小说论》，《湖北成人教育学院学报》2005 年第 5 期）

海岩小说最突出的特征实际是理想性。这理想性可以从两个方面来说。从大的方面来说就是道德理想性，有一个理想的同时大众可以接受的是非观念。……从小的方面来说就是爱情的理想性，对纯真爱情的坚守，认为爱情源于两人的相互爱慕、尊重和欣赏，与金钱、地位没有关系。

（摘自刘芳：《文学与影视结合的宠儿——海岩小说论》，《湖北成人教育学院学报》2005 年第 5 期）

海岩的每部作品都脍炙人口，给人以强烈震撼，创下了极高的收视率，有评论家甚至称之为“电视剧这一通俗文化领域内目前无人逾超今后也很难逾越的高峰”。海岩作品成为了中国电视剧中无人比肩的持续稳定地叫好又卖座的著名品牌，在中国的文化领域中可称得上是刮起了一阵“海风”。

（摘自朱伟峰：《海岩小说走红原因分析》，《南昌高专学报》2007 年第 2 期）

海岩小说中的女主人公，都是一些从外表到内涵都十分美好的女性。如吕月月、欧庆春、林星、安心、丁优等。这些形象无一不美丽、纯洁、善良，但同时也命运多舛。海岩对于这些人物的塑造，在某种程度上体现了他自身真善美的价值取向，而这种取向符合我们民族生活的情感愿望，符合大众的审美需求。正是对真、善、美的追求，使海岩作品备受大众关注。

（摘自朱伟峰：《海岩小说走红原因分析》，《南昌高专学报》2007 年第 2 期）

现在的人连买东西都认名牌，而海岩的影视剧名牌，却是从 20 年前一直名到了现在并且还在继续长盛不衰。

（摘自何东：《海岩剧到底捧红了多少明星?》，湖南经济网 2007 年 11 月 28 日）

海岩小说的爱情之所以感人肺腑，一方面归功于男女主人公情感的真挚，另一方面，在这些情感的发展道路上可谓处处是陷阱，时时有荆棘，柳暗花明之前，总会有无尽的山重水复，当然，这更加深了海岩小说的感人力量。

〔摘自颉栋栋：《海岩小说流行原因剖析》，《科技信息》（学术研究）2007 年第 29 期〕

不管是热衷也罢，漠视也罢，海岩的小说的确以不可阻挡之势进入了我们的社会，或者是市场，引起了我们极大的关注。它就像肯德基、麦当劳、各种快餐那样让大众能方便快捷地一“饱”眼福。

（摘自刘平：《大众文化的“商品”——海岩小说》，《文学研究》2006 年第 12 期）

海岩用文化思维进行商业活动，又用商业思维进行文艺创作。君子爱财，取之有道。海岩不忌讳除了爱好文学，高昂的稿酬是他拼命写作的最主要动力。

（摘自李磊：《海岩：游走在商界与文坛之间》，《中关村》2006 年第 12 期）

海岩作品走红的原因

每位成名作家都可能有一两本畅销小说，但是像海岩这样，部部小说畅销，每拍成一部电视剧都会掀起收视热，就成了一种引人关注的“现象”。“海岩现象”让许多专业作家瞠目，让殿堂评论家们在一种悖反的感觉中发出叹息。

（摘自萧淮：《海岩：畅销小说第一人》，《中华新闻报》2001 年 3 月 23 日）

在电视剧市场竞争激烈的今天，由海岩小说改编的电

视剧拍一部火一部，不能不说是个奇迹。

（摘自李彦：《海岩：给文学找寻更广大空间》，《中国新闻出版报》2003年9月24日）

我们知道，一个作家要贡献一种写作模式，除了自身思想艺术成熟到位以外，更重要的是与广大读者沟通交流的结果。没有读者或只有圈子读者的作家没有资格谈模式，也不存在模式。读者成就作家的模式。当然，模式也有消极的一面。例如很可能过于钟爱模式而中止艺术上的突破，以至被动地迎合读者。……

海岩模式也可能会出现局限。不过，海岩对“人性”、对警察人生的探索远远没有结束，海岩模式的生命力还特别旺盛。这意味着，仍然要积极巩固和发展这个模式，而不是过早改变。

（摘自木弓：《长篇小说〈深牢大狱〉海岩模式的“人性”光彩》，《文艺报》2003年10月14日）

与影视结合，走商业化的路子，是身为商人的海岩的成功秘诀。……

并不是所有的人的文学作品都适合电视改编，也不是所有的作家都愿意去妥协、去改编自己的文学作品，而海岩的创作从一开始就有意地向电视靠拢，使得他的作品的改编率和被拍成影视作品的几率达到了100%。从海岩的成功经验中我们可以看出，现代的作家在目前电视霸权的时代，考虑和大众媒体的结合是一条不错的出路，因为谁赢得了市场，谁也就获得了成功。

（摘自刘芳：《文学与影视结合的宠儿——海岩小说论》，《湖北成人教育学院学报》2005年第5期）

20年来，海岩推出了《便衣警察》、《你的生命如此多情》、《平淡生活》、《五星饭店》等书，用海岩的话说它们大部分是畅销书而且是常销书，即使是20年前的《便衣警察》现在也可以在书摊上找到，而且它们大部分被改编成了电视剧。

在许多人看来，海岩有些不可思议，因为他首先是企业管理者，然后是酒店设计者，最后才是小说家。对此，海岩说他是个辛苦型的人，辛苦型的作家，辛苦型的管理者，“我每天只睡三四个小时，谁有我辛苦啊？”海岩还伸出他的右手让记者看，对于今天这样一个靠键盘传递信息的时代，真的很难再看到那样厚的茧。

管理30多家企业，同时又能在外界纷乱的干扰中静下心来写作，这也注定让他成为内地少有的“财富榜”的作家，正如他所说，这与勤奋分不开，其实内在的则是一种经商的天分。

2003年，海岩就与世纪英雄正式签约，成立“海岩影视工作室”，当年该工作室重拍了电影《玉观音》，并在2005年推出了海岩的电视剧《河流如血》。

从海岩走过的轨迹来看，这位充满商业嗅觉的作家，一直是在用商业的手法来运作文化，期间通过电视剧推出一大批青春偶像，像陆毅、孙俪等。

而这一年多来，海岩说他的写作与以前相比少了不少，更多的是以商业的形象出现在公众面前，这很可能是海岩的又一次转型。

（摘自韩英杰、向军：《海岩：当红作家的经商之道》，《财经时报》2006年9月11日）

海岩小说的成功就离不开良好的外部环境。社会结构的转型、传媒和影视的发展、受众的审美心态与消费要求都为海岩小说的成功提供了不可缺少的条件。

海岩作品的走红，除了外部条件，主要还是其作品自身的成功。成功的人物形象塑造、成功的爱情悲剧描写、成功的情节塑造，这些成功为海岩赢得观众。

（摘自朱伟峰：《海岩小说走红原因分析》，《南昌高专学报》2007年第2期）

也正是在那样的社会背景之下，海岩当时的《便衣警察》竟如同一把利剑，不但刺破了港台剧对内地的垄断局面，而且还让人们顿时耳目一新，从此也开创了国产电视剧直面生活现实的开始。由《便衣警察》开始，刘欢的歌声，才开始唱遍了大街小巷。

“文革”之后，有作家的小说，可轰动一时造成一年两年的影响，但海岩的电视剧，却是从20世纪80年代末随写随拍，竟一直红到现在长达20多年，甚至是影响了整整好几代观众。

（摘自何东：《海岩剧到底捧红了多少明星?》，湖南经济网2007年11月28日）

海岩是一位非常聪明的作家，尽管在他的作品中，你发现不了多少惊天动地的政治大事件，而且他的作品也很少回应一个时代变革的真正原因。但是，他的作品却深刻地反映了这个时代变化的诸多要素。他的作品决不是无病呻吟的悲叹，他的作品有血有肉，展现在读者面前的是一幅幅带有浓郁当今社会特色的时代画卷，他将人们生活中所关心的诸多热门话题纳入其中，信手拈来。正因为这些作品如此地贴近社会，反映了我们这个时代的众多标志性元素，所以其作品才得以栩栩如生，真实之致。

（摘自颉栋栋：《海岩小说流行原因剖析》，《科技信息》（学术研究）2007年第29期）

而海岩走红20多年来，始终坚持的一大原则就是“起用新人领衔”，这个被很多业内人士看来“不懂行”的做法，却在海岩身上不断成功，成为中国电视艺术发展历程中的神话。迄今为止，没有哪位制作人敢于像海岩这样“大胆”，并幸运地接连取得成功，所以海岩被称为“造星大师”。

（摘自赵彬：《海岩——造星大师名不虚传》，人民网

2008 年 8 月 22 日）

在影视圈，一部作品红很正常，但部部作品都红却非常罕见，而每部剧都用新人领衔，恐怕只有海岩敢这样做。之所以大胆起用新人，海岩自有一套见解：“现在电视剧拼的就是明星的实力，明星的人气。我的戏敢不用明星，那是因为我就是明星，如果不是海岩的戏，谁敢这么做？就像金庸，他不一定要用明星。我的戏主要卖点就是我，所谓海岩剧，在影视圈里算一个名词了。”

（摘自赵彬：《海岩——造星大师名不虚传》，人民网 2008 年 8 月 22 日）

海岩的作品凭什么那么火呢？笔者认为其成功主要得益于他深厚的写作功底。他小说中所塑造的人物、情节都深合普通受众的心，使受众在小说中能找到情感的寄托。其次是当今社会进入转型期，中国当代文化生活相对贫乏，但受众的消费需求增加，海岩用其独到的商人眼光，看中影视的重要性，利用传媒和影视进行商业运作，这也是其走红的重要原因。

（摘自朱伟峰：《海岩小说走红原因分析》，《南昌高专学报》2007 年第 2 期）

作为商人的海岩，就用其独到的眼光明确地看到了影视的重要性，把握住了时代变化的特征，把他的创作观念从一开始就定位在了与影视结合的位置上，走商业化的路子，这正是海岩剧的成功秘诀。

（摘自朱伟峰：《海岩小说走红原因分析》，《南昌高专学报》2007 年第 2 期）

他的作品很好地利用了传媒和影视这个平台，这就使他的小说、影视能创下了极高的收视率。可以推测，假如没有电视，海岩也会成为红极一时的畅销小说作家，但他的覆盖面与影响力会打很大的折扣。现在有影视剧，从不识字的文盲到无暇读书的忙人都可以有机会领略到海岩的魅力，而且海岩的小说读者也可以从电视剧中看出更新的视觉意味，这也就是海岩屡屡触“电”、乐此不疲的主要推动力。

（摘自朱伟峰：《海岩小说走红原因分析》，《南昌高专学报》2007 年第 2 期）

影视与网络就像航船的帆，通过这种媒介，海岩的小说文本被改编、创造成了一道道由形象的影视符号组成的快餐，走进了人们的消费视野。尽管文本被“翻译”成视觉过程的同时，把小说无限遐想的意境和个人感受的不同给破坏了，但于此同时，它又使得文学走向了平民化、通俗化，可以说给受众提供了一条欣赏、享受文学作品的捷径。海岩的小说被搬上荧屏，加速了其小说的影响面和影响深度。《便衣警察》家喻户晓，“几度风雨几度春秋”唱尽了无数风流。

（摘自颉栋栋：《海岩小说流行原因剖析》，《科技信息》（学术研究）2007 年第 29 期）

海岩能抓住读者，除语言大众化外，还在于他非常善于讲故事。说故事是中国小说的优良传统，我们中国人也特别喜欢听故事。海岩是一个说故事的高手。他每一部小说的故事都说得极为精彩。他的故事是传奇的，情节总是离奇曲折，紧张激烈，悬念总是环环相扣，惊心动魄，总让读者欲罢不能。

（摘自刘平：《大众文化的“商品”——海岩小说》，《文学研究》2006 年第 12 期）

关于“海岩产业链”批评、否定的意见和负面报道

海岩的电视剧由于原创和改编工作都是由海岩本人完成，这一方面保证了原作的特色与优长，但另一方面由于是自己的作品就会不忍割爱，出现改编粗疏的情况就不难理解了。……

同时，改编的粗疏还体现在未对原作中不符合电视剧规律的结构形式及人物设置进行变更。

（摘自安晓妮：《给海岩泼点冷水——从〈平淡生活〉看海岩电视剧存在的问题》，《中国电视》2005 年第 6 期）

中国有句俗话，叫“爱之深，恨之切”，其实，作为海岩的一名忠实读者，确实不想让自己心目中的作家存有如此缺点，哪怕是不算缺点的浮躁之气，正因为喜欢海岩的作品，才斗胆出此之言。但愿海岩能够看到自己的不足之处，“痛改前非”，重新在读者心中树立起自己的美好形象，如此，也就不枉我在此发一顿牢骚。

（摘自王俊红：《海岩浮躁评〈我笔下的七种罪〉》，《吉林日报》2003 年 4 月 5 日）

尽管海岩和赵宝刚在影视圈有“黄金搭档”的美称，但他们近期合作的两部新作《玉观音》和《拿什么拯救你，我的爱人》，并没有像他们以往的作品《永不瞑目》那样激起强烈的社会反响。尤其是后者，由于支撑整个剧情的女主角的表演不到位，就使本就难以圆说的故事情节显得更难让人信服。

（摘自师文：《海岩新剧为何叫座不叫好》，《经济日报》2003 年 7 月 29 日）

但如今半年过去了，《平淡生活》却并未像海岩预料中的那样火爆，反而真如它的名字一样，平淡地消失在观众的视野之中。

（摘自安晓妮：《给海岩泼点冷水——从〈平淡生活〉看海岩电视剧存在的问题》，《中国电视》2005年第6期）

但纵观海岩的电视剧创作，却出现了过分求奇的趋势。……这样纵然使故事避免了平淡无味，却因落入过分求奇的窠臼，使戏剧冲突苍白无力，情节发展缺乏合理的依托，实为该剧的败笔。

（摘自安晓妮：《给海岩泼点冷水——从〈平淡生活〉看海岩电视剧存在的问题》，《中国电视》2005年第6期）

海岩作为当前大陆最具知名度的剧作家之一，的确为观众奉献了不少电视剧佳作，但他的作品也不可避免地存在着一些问题，《平淡生活》的被冷遇应该成为海岩创作的启示。

（摘自安晓妮：《给海岩泼点冷水——从〈平淡生活〉看海岩电视剧存在的问题》，《中国电视》2005年第6期）

关于“海岩产业链”的其他方面

海岩认为，人是需要幻想的，特别是在一个物质化、功利化的社会里。他喜欢写优美的感情，但几乎所有故事都是悲剧。他既渴望美，又不相信生活中有真正完美的爱情，有也要毁灭。而海岩小说的畅销也反证了这个道理：越是在功利化的社会里，人们对于单纯的爱、美丽的爱，渴望越深。海岩就是抓住了人们的这一心理。在他的作品中通常只能看到爱情的理想化开头，却很难找到爱情大团圆结局，爱情总是在现实的矛盾中凄美地结束。

（摘自朱伟峰：《海岩小说走红原因分析》，《南昌高专学报》2007年第2期）

一个人的海岩并不孤单，他有6只狗、1只猫陪伴。他是一个“宠物发烧友”，养的自然也是名贵的品种，斗牛犬、可基犬、北京犬、比熊。他最喜欢的是斗牛犬，因为它漂亮，性格又憨厚。他买了很多宠物方面的书，还经常请专门的宠物摄影师给它们拍照。

和猫狗在一起，海岩是绝对放松的，因为它们绝对忠诚和顺从，他们是海岩生活和心灵的伴侣。曾有一只宠物生病，海岩特别着急，比自己得病还难过，他带着它到处找医生，跟它说话安慰它，因为，他总觉得宠物和人一样，心里什么都明白。

〔摘自利君：《另类海岩：我是全中国最业余的作家》，《时代青年》（月读）2007年第3期〕

虽然长期在商界，但他不太欣赏女强人，他喜欢的是那种外观时尚一点、内心传统的女性，即常人所谓“上得厅堂，下得厨房”的女子，这类女子更多在20世纪出现。如果选择一起生活的话，他觉得《玉观音》中的安心更适合一点，因为她善良、宽容。可惜，除了在自己的作品中，他一直没有在生活中碰到“安心”，所以，他便将单身进行到今天。

（摘自利君：《另类海岩：我是全中国最业余的作家》，《时代青年》（月读）2007年第3期）

写作是海岩的意外收获。“他们老以为我是一个处心积虑的人，说我都是想好了，外面需要什么，我就给什么。我完全没有。老百姓喜欢大团圆，我从来都是些悲剧的；老百姓需要情节性很强的，我的节奏很慢。”

（摘自吴虹飞：《海岩：写作是意外收获》，《南方人物周刊》2008年第8期）

海岩穿质地很好的西装。待客的地方有上好的茶水和古典书籍。

他是自信的，只有在照相的时候，露出了微微的紧张。

有时他也是孤独的。

（摘自吴虹飞：《海岩：写作是意外收获》，《南方人物周刊》2008年第8期）

他对琼瑶、金庸都不以为意，因为自己就是通俗小说的大作家。

（摘自吴虹飞：《海岩：写作是意外收获》，《南方人物周刊》2008年第8期）

作为职业经理人的海岩把90%的时间给了生意，但剩下的时间里他所做的事却吸引了90%的眼球。

（摘自：《海岩：不时尚的事情和时尚的结果》，《中国民营科技与经济》2004年第5期）

海岩罗列着简单枯燥的生活和井井有条的“时尚事件”。他的生活刻板规律，他用纸笔写作，他不会用电脑，连收邮件也是秘书打印出来，他不鼓励自己的儿子演戏；但他一样可以喜欢舒淇，说现代读者下一秒就背叛作者，写一篇文章题目叫《各领风骚三五天》。如自己所说的那样，海岩是双重乃至多重性格的。

（摘自：《海岩：不时尚的事情和时尚的结果》，《中国民营科技与经济》2004年第5期）

海岩可以说是中国最有文学天赋的企业管理者之一，或者说是中国最有企业管理才能的作家之一。他的多部小说深受读者喜爱，除此之外，在室内设计领域海岩也有着不少建树。

（摘自：《海岩：不时尚的事情和时尚的结果》，《中国民营科技与经济》2004 年第 5 期）

这让我想起曾经看到的海岩对自己性格的剖析——“我的天性敏感，这让我受益终生。本性是好静，不喜欢喧嚣的生活，不喜欢在媒体曝光。我一直拒绝上电视，除非万不得已，我也不喜欢媒体采访。但我是有责任心的人。”

（摘自：《海岩：不时尚的事情和时尚的结果》，《中国民营科技与经济》2004 年第 5 期）

最近海岩更加在意推新人。从《深牢大狱》到《五星饭店》到《河流如血》，均是清一色的新人。这三部戏不久的将来会在差不多时间播出，必将有一群“海岩女郎”脱颖而出。

（摘自：《海岩专访：“海岩文化产业链”新景象》，WSwire. com 2005 年 12 月 13 日）

作家和商人，海岩有时也想着舍弃一方，但最终陷入两难的境地。

（摘自：《海岩专访：“海岩文化产业链”新景象》，WSwire. com 2005 年 12 月 13 日）

我这人挺悲观的，会想到人生无常，我不太想进攻，只想撤退，不太想辉煌，只想着一旦比现在差，也能过。我其实是个理想主义者。

（摘自：《海岩专访：“海岩文化产业链”新景象》，WSwire. com 2005 年 12 月 13 日）

赵宝刚本身就是一个非常浪漫的人，他对浪漫爱情的向往跟我很接近；丁黑是一个非常文学的人，一个通俗的故事，能拍出文学的味道来；汪俊当过演员，然后上过中戏的导演研究生班，层次非常高，他对剧本的理解，对细节的掌握，对演员的调教等这些能力都很强；刘心刚是影视圈内公认的大牌美术指导，在画面的唯美、精致方面，他是中国导演中最优秀的。

（摘自：《海岩专访：“海岩文化产业链”新景象》，WSwire. com 2005 年 12 月 13 日）

在海岩的名片上，你是找不到“中国作家协会会员”这样的耀眼身份的。这位具有高级经济师身份的一家资产达上百亿元的超大型国企的老总，同时还是中国旅游协会副会长、中国旅游饭店业协会会长、中国国有资产青年总裁协会副会长、北京第二外国语学院兼职教授……海岩自称是个“业余”作家和文学“票友”，好在中国只有一个海岩，否则那些吃文学饭的专业作家岂不都失业了？

（摘自钟华友：《海岩：鱼与熊掌兼得》，《法律与生活》2003 年第 16 期）

海岩的率真中饱含着机智和幽默，但这种机智和幽默并不能给他带来超人般的时间和精力，在如何分配每天 24 小时的时间问题上，他还得忍受常人的烦恼。

（摘自钟华友：《海岩：鱼与熊掌兼得》，《法律与生活》2003 年第 16 期）

作为国企老总和小说家，海岩游刃有余地处理着这两种角色的冲突，体会着一般人难以企及的鱼与熊掌兼得的快乐。

（摘自钟华友：《海岩：鱼与熊掌兼得》，《法律与生活》2003 年第 16 期）

写小说实际上是一个“体力活”，并费脑子，海岩这样看待写作。海岩每天晚上 10 点以后写作，“10 点以后对像我这样的人来说坚持就有些困难了。我是撑着写，困了倒头便睡，第二天起来一看，写得可能是驴唇不对马嘴。我发现灵感和文学的才气是需要体力来支撑的，老作家为什么写不了长篇小说了，不是他们没有生活，而是撑不住了。现在出了一批‘中学生作家’，不断地有想法，而且妙语惊人，人家正值青春期嘛！”

（摘自张晓君：《海岩一不小心就整个冠军》，《体育博览》2003 年第 10 期）

海岩对自己的评价是：一流的室内设计师，二流的企业家，三流的小说家，四流的编剧。

只有小学文化程度，但他是中国“首席畅销书作家”；不会用电脑，但他一年出版 80 多万字；……

至今单身，但他却是言情高手，被誉为“琼瑶大叔”。

（摘自韩英杰　向军：《海岩：当红作家的经商之道》，《财经时报》2006 年 9 月 11 日）

面对 20 多年的持续创作成功，海岩自己却非常谦逊，他这样评价自己说：我不算最好的，但我是最勤奋的。

（摘自何东：《海岩剧到底捧红了多少明星?》，湖南经济网 2007 年 11 月 28 日）

我常常在想：如果这 20 年之间，一直没有海岩剧，那么我们的电视剧的市场，岂不一阵美国、一阵日本、一阵韩国，完全就成了一块通俗文化的殖民地了吗？

如果这 20 年之间，一直没有海岩的电视剧，像徐静蕾、陆毅、孙俪、佟大为他们，又得拼杀多少部其他电视剧，才能够出头呢？

如果这 20 年之间，一直没有海岩的电视剧，我们耳朵旁边，又会少听到多少伤感摧心的歌曲？

（摘自何东：《海岩剧到底捧红了多少明星?》，湖南经济网 2007 年 11 月 28 日）

“惹火”这个词让人想到“惹火尤物”，大抵与风情万种引人注目的女性有关。而现实生活里的海岩，确如他自

己所说，你很难把他的作品与他这个人联系起来。

（摘自萧淮：《海岩：畅销小说第一人》，《中华新闻报》2001 年 3 月 23 日）

有人说海岩俗，媚世。有人说媚世总比欺世好。海岩说我的作品不是只写给民工看的。他承认“自己现在写的东西都是胡编的”，只是在写具体情节时尽可能真实，如果不是有人等着拍电视剧，他还可以写得更精致一点。无论如何评说，都不可否认一个事实，海岩作品有各种层面的读者和观众：打工的、胡同妞、学生、高级知识分子和老干部。

（摘自萧淮：《海岩：畅销小说第一人》，《中华新闻报》2001 年 3 月 23 日）

他说自己其实挺懒散的，不是个刻苦的人，喜欢玩，愿意与朋友一块出去吃饭聊天。可是他却能在北京最炎热的日子里，在忙得发昏的工作之余，每晚 10 点开始趴在没有空调的屋子里写小说写剧本，一连熬上半年而甘受其苦，并且乐此不疲一部一部写下来。

（摘自萧淮：《海岩：畅销小说第一人》，《中华新闻报》2001 年 3 月 23 日）

海岩坦率地表示，他开始并没有成就感，后来很多人都说，海岩是造星高手，海岩是造星机器，甚至美国的朋友也说在纽约看到一份报纸，美国人眼中中国有造星能力的两个人，一个是张艺谋、一个是海岩……当然也有批评认为海岩的作品商业味儿太浓，并不具有艺术价值，海岩认为：“或许因为我本身是商人，作品又有许多相关运作。于是有人研究‘海岩产业链’，分析带动多少 GDP，甚至有些电影学院在讲编剧或者小说写作时，用计算机分析出《玉观音》及《永不瞑目》的写作规律、元素构成等等。所以我已经被‘打扮’成处心积虑、精明透顶的人，仿佛对每部作品都运筹帷幄，其实根本没这回事。”

（摘自赵斌：《海岩——造星大师名不虚传》，人民网 2008 年 8 月 22 日）

在现有的中国作家中，海岩树立了三个极端：一是学历最低；二是“官职”最大；三是稿费最高。……而在大家看来，海岩是作家中最出色的商人，商人中最出色的作家。

（摘自李磊：《海岩　游走在商界与文坛之间》，《中关村》2006 年第 12 期）

产业效益

我的一本书印30万册，最多也只有150万人读。电视不同，至少有上亿人收看。

（摘自钟华友：《海岩：鱼与熊掌兼得》，《法律与生活》2003年第16期）

（《玉观音》）这部戏在其他省市播出时，最高收视率达到20%，观众在表现出极大兴趣的同时，也提出了“剧情进展缓慢”、“时空穿插的手法让人看起来特别累”等不同看法。

（摘自傅庆萱　索佩敏：《“海岩剧”离了赵宝刚还好看吗?》，《文汇报》2003年7月29日）

我是中国十年内连续发表字数最多的作家，平均一年八十到九十万字，总数将近一千万字了。

（摘自：《海岩专访：“海岩文化产业链”新景象》，WSwire. com 2005年12月13日）

（《五星饭店》）30集的戏拍了两年半，海岩很头疼；30集的戏要到了天价，央视很心疼。

（摘自：《〈五星大饭店〉首播海岩称投资失败“破产”》，中青在线2007年11月1日）

《五星大饭店》我开始想卖给地方台，但考虑到央视1套收视率的1个百分点就是5000万观众，上10个百分点每天就是两亿人在看。出于对主演们人气的考虑，我放弃了经济上的收益。

（摘自：《〈五星大饭店〉首播海岩称投资失败“破产”》，中青在线2007年11月1日）

我出版了新的小说《深牢大狱》。这是一件特别不时尚的事，是受一家单位的委托来表扬中国的一个司法机构——监狱。但让我稍微感到欣慰的是，它受到了司法部门的好评，而且以22万册的首印出版。

（摘自：《海岩：不时尚的事情和时尚的结果》，《中国民营科技与经济》2004年第5期）

海岩的好运就这么打开了。《便衣警察》以极快的速度出版，以极快的速度走红。到长篇小说《舞者》，从动笔写第一个字，到卖出30万册，仅用了7个月。

（摘自吴虹飞：《海岩：写作是意外收获》，《南方人物周刊》2008年第8期）

重要文章选登

海岩小说走红影视圈探问

姚鑫隆

80年代特别是近期以来，海岩以《便衣警察》为先锋，将他的一系列小说相继改编搬上电视荧屏，风光一时，并有高潮迭起之势，让众多的读者和观众，也让影视界普遍对他看好。海岩的长篇作品基本上都是“双胞胎”——先有小说，然后是小说改编的电视剧。这些年《便衣警察》、《一场风花雪月的事》、《永不瞑目》、《你的生命如此多情》、《拿什么拯救你，我的爱人》都创下了极高的收视率。更难得的是，这些电视剧还都有很好的口碑，甚至有评论家称之为“电视剧”这一通俗文化领域内目前无人逾越今后也很难逾越的高峰”。海岩作品于是成为了中国电视剧中无人比肩的持续稳定地叫好又叫座的著名品牌。

海岩作品凭什么那么火？在影视剧坛充斥大量低劣庸俗产品的今天，尤其有必要深入探究一下。作为商人的海岩，主要精力并未放在小说创作中，但他的作品却能未拍先红，一部热闹过一部。这不由让人探问：海岩小说走红影视圈，原因何在？这现象的背后又是怎样一种力量在推动？

影视观众对现实生活作品的渴望是海岩小说走红影视圈的前提

新时期，影视与文学始终处于一个相互撞击和影响的过程当中，“它们之间不像人们所想象的那么密切，也不像人们想象的那么疏远，二者都是在现代意义上产生的叙事样式，而且都带有某种大众文化的印记，都作为最广泛的被接受和阅读的样式，它们之间的影响是相当直接的”。相比之下，小说虽然不受时间、空间的限制，可以自由地描写，但是形象带有间接性。而影视本身比小说更具有观赏的直接性，人们可以利用拍摄、剪接、特技、特写、电脑等技巧，将文学、美术、音乐、戏剧、摄影、光学、声学、电子科学等集于一身，使它们具备巨大而又独特的表现能力，把小说中的语言描述变成了直接可视可感的屏幕形象，给予观众更大的愉悦与多方面的艺术享受，从而提高了作品的品位。并且，由于诸多因素的加入，整部电视或电影比小说在情节和人物的安排和处理上更加地圆满，可视性加强，也更能够吸引观众对影视作品的关注。可以推测，假如没有电视，海岩也会成为红极一时的畅销小说作家，但他的覆盖面与影响力还是会打很大的折扣。现在有了电视剧，从不识字的文盲到无暇读书的忙人都可以有机会领略到海岩的魅力，而且海岩的小说读者也可以从电视剧中看出更新的视觉意味。这就是海岩屡屡触“电”、乐此不疲的主要推动力。

改革开放之初的影视剧，除了《武松》、《杨家将》等少数几部采用了古代题材的剧目之外，绝大多数剧目都是“现代剧”，折射出了当时社会公众对“文革”反思，对改革的期盼及爱国主义的理想与情感需求。正是这些特定的社会心理需求，使现、当代题材电视剧大量出现。从1986年开始，历史题材的电视剧开始大量出现。这一年的“飞天奖”获奖名单上，电视连续剧《红楼梦》与《努尔哈赤》雄居榜首，这预示着历史题材在艺术领域长期萎靡之后，将开始在电视剧领域的全面复兴。果然，在随后的两年中《西游记》、《末代皇帝》、《济公》等连续剧纷至沓来并轰动一时。统计显示，“戏说”剧比普通生活片的日播出时间量要多出四倍。打开电视机，总可以从几个频道同时看到豪华的宫廷、淫逸的“万岁”、舞动的刀戟、拖曳的长辫。这就是说，历史题材影视剧的“戏说”之风已经严重泛滥。泛滥的结果是导致观众审美趣味产生疲劳，重新呼唤现实生活作品的复出。观众需要一定含金量的思想艺术精品，他们关注的是电视剧中人的生活与命运，希望自己的心能被打动。这看似简单的需求，却对作家提出了并不简单的要求：要有深厚的思想艺术修养，要有满腔热情投入作品，要有一种宁静以致远、淡泊以明志的心境。海岩作品正好满足了观众的这种审美需求。海岩的创作与生活、与时代跟随的脚步相当的紧密。海岩作品擅长表现都市家庭生活，反映世态人情，反映各具特色的当代男女在时代大潮中的恩怨往来，这样的主题本身就具有亲和力。另外，海岩倾心于对结构的把握、情节的处理、人物性格起伏变化，可读性与可视性都有加强。这也正是海岩作品频繁改编为影视剧的主要原因。

错综复杂、引人入胜的情节，充满悬念的故事性是海岩小说走红影视圈的关键

推向极致、给人强烈冲击的情感，充满悬念的故事性是影视成功的关键。情节既是深化冲突、塑造形象的重要手段，也是达到引人入胜的阅读效果的主要途径。海岩对于情节的设计是很用心的，跌宕起伏，但狂澜深藏，其情节推进发展绝对不可预见。一盘看似有些流俗乏味的棋局，转眼间就峰回路转变得有情有致，它吸引你忽略了哪

一方走了缓手或偷换了棋子儿，期盼着去印证那个知道大致而又不愿相信的结局。这不光吊起了观众审美的胃口，也使该剧的操作变成了大家认同了的带有海岩印记的标识。

纵观海岩作品，大体上就是"爱情+案件"。有了"案件"，"爱情"才会变得节外生枝；有了"爱情"，这"案件"才更加扑朔迷离。毒品走私、杀人、间谍等内容已经远离日常生活，对常人而言比较神秘、离奇，加上作者富有创造性的想象，情节安排常常超出读者的阅读期待，故事发展错综复杂、变化莫测，人物的经历也是匪夷所思，这些都强化了故事和人物的传奇色彩，使小说具有很强的可读性。用海岩的话说，是因为做过警察对警察的生活熟悉，所以写作时才会跟公安题材扯上关系。其实任何一部小说都是追求故事性的，早已进入工业生产的海岩当然明白，而最有悬念最有故事性的当然是刑侦题材。在《一场风花雪月的事》中，是为了追查一把价值连城的小提琴，使香港的黑社会与潘氏家族都走了进来，追踪与火拼、隐藏与逃亡在所难免。警察介入《你的生命如此多情》，是从妓女艾丽意外地死在上市公司老板吴长天的生日会上开始。于是，这个功成名就的男人欲盖弥彰，犯下了一个接一个的错误，最终将自己推向死亡的深渊。《玉观音》和《永不瞑目》说的都是与贩毒有关的事，两个女主人公都是女警察。安心因为越轨的爱，而与贩毒的毛杰纠缠到恩恩怨怨里。《永不瞑目》里的女警察欧庆春却不同。欧阳家贩毒，所以警察欧庆春就得管，肖童喜欢欧庆春，所以肖童就一起卷进来，最终牺牲了生命。《拿什么拯救你，我的爱人》干脆就是以一场凶杀案开始的，男主人公律师韩丁进入了故事，在不断地走访调查之后，另一位男主角犯罪嫌疑人龙小羽出现了。他为什么要杀人？故事蔓延开来，一场爱情的面目逐渐清晰。

如果仅仅是一个刑侦故事，那么完全可以称它是警匪片。但海岩似乎对这样的故事没什么兴趣。用王朔的话说，叫"披着狼皮的羊"，警匪故事只是外衣，内里最温柔的那部分是爱情。海岩作品离不开爱情故事，但是描写爱情的小说比比皆是，海岩凭借什么使他的爱情别具一格呢？

那就是将各种情感，尤其是爱情推向极致，要么生死，要么离合，界限清楚，不存在中间状态。从小说来看，海岩显然不喜欢中间化的东西，不欣赏中间化的状态，爱情故事中常见的那种若即若离、欲散还合的模式，在这里很难找到。或者说，海岩是一个爱憎鲜明的人，喜欢将一切明朗、鲜明、突出，而且强烈。他将爱情置于各种考验之下——众叛亲离的压力、和毒贩打交道的危险、父爱与情爱的选择、可怕的疾病、贫穷、猜忌——在这所有的考验之中，海岩最为常用的就是生与死的抉择，道德和情感的较量，而且是把人逼向死角，再也没有一些回缓的余地，要么生，要么死，要么聚，要么散，而且必然是两难选择。欧庆春必须执行公务，只能眼睁睁看着肖童冒险，直至死亡；吴晓一边是挚爱的老父，唯一的亲人，一边是此生的至爱，中间还夹杂着正义与邪恶、道德与亲情；安心则既难以割舍对杨瑞的爱情，又不能坦然面对死去的铁军和儿子小熊，她的内心同样煎熬在痛苦的烈焰之中。由此可见，海岩不仅喜欢鲜明的，而且喜欢把美好的东西上的面纱毫不留情地扯去，露出现实最狰狞的面目，让那些理想化的人物在其中痛不欲生，要么熬过苦难，获得成熟，要么放弃两难选择迎接死亡。这些都是那些浪漫主义小说家所不能给予读者的。所以在这里，读者的情感必然会受到强烈的冲击，并被种种无法回避的现实矛盾激起思考。读过小说或观看过影视之后，细节可能淡忘，但是这种强烈的震撼依然存在。

由于这推向极致、给人强烈冲击的情感，也由于流畅的笔调、引人入胜的情节，海岩的小说具有一种宏大的气势，使整个故事好像发动的列车轰然前行，繁复曲折的情节又似乎把它和激流勇进、过山车等紧张刺激的游戏紧密联系在一起，让读者深浸其中，刺激惊险，仿佛被后面的内容逼着，让你非要一口气读（看）完，几乎没有时间和空闲来思考。

精心设计的结构和成功的人物形象塑造使海岩小说走红影视圈成为必然

影视出于自身的特点，对作品的结构安排和人物塑造有着特别的要求。精彩的内容是被精心设计的结构和创作手法表现出来的，而精彩的内容和精心设计的结构技巧结果是使海岩塑造了一大批个性鲜明的人物形象。

海岩在自述中说："我喜欢在小说结构上炫耀自己的技巧。我的强项是结构，我在结构上的智慧是其他作家不能比的。很多业内人士总结海岩电视剧的通病是进入剧情慢。我认为进入慢的毛病是先天性的，但是前面看似漫不经心、游离于整个故事之外的那部分内容其实都是有作用的……没有一处闲笔，都为后来情节的推进提供着动力。我的小说的整体结构和快速进入剧情是无法两全的。"生活是网，有人曾这么形象地比喻。海岩的小说也是一个网，它在结构上往往由一明一暗两条主要和几条次要线索相交叉而成，期间又穿插了大大小小的各种事件，整体上是一种网状结构，把众多的人物、事件网罗其中，组成丰富的立体的多层次的虚构世界。人物就在这多层次的网状的世界中展现他的各个方面，最终完成丰满的具有真实感的人物的塑造。

从整体结构上看，主要线索是推动故事发展的主要动力，一切基本上围绕主要线索和几条交叉线索运行。这样的好处是故事条理清楚、主次分明，人物的多层次可以得到展现，性格的发展也表现得比较清楚。主要线索中的明线多是案件，暗线则是主人公的爱情经历。如《便衣警察》中的徐邦呈的间谍案和周志明、施肖萌的爱情；《永不瞑目》是抓获城市贩毒集团为明线，肖童和欧庆春的情感为暗线；《一场风花雪月的事》是为了找回一把名贵的小提琴，同时进展的是吕月月和潘小伟的爱情；《玉观音》表面是杨瑞对安心足迹的追寻，实际也是在回忆中展开杨瑞和安心的爱情故事，明线是和毒贩毛杰一家的斗争。此外的几条副线围绕着主线，起着把故事深化、充分展现人物个性的作用，而几条副线和主线的交叉点，则是主人公。像《玉观音》中，杨瑞和钟宁一条线，是为了展现原来现实生活中的杨瑞形象，以此来衬托后来杨瑞的变化，钟宁也可以衬托安心；杨瑞和贝贝一条线，是为了显示杨瑞的理想化、对安心的痴想；安心和铁军一条线，是为了表现安心形象以及性格变化的原因；安心和毛杰一条线，是故事深入展开的契机，后来发展成为主要线索，借此也展现了安心并不完美的一面，为悲剧埋下伏笔。构造一个大网所采用的视角也是值得注意的，在这众多的线索中，处于交叉点的是主人公，作者凭借着他们把各种不同的人物和生活层面连接起来，构成一个立体的社会。海岩不仅把主人公置于交叉点，而且着重突出各处线索交织成的世界在他们眼里的印象和感触，借助于世界对主人公的评价和主人公对社会的感触、印象等之间的冲突和矛盾来推动人物个性和故事的发展。简言之，主人公主体和社会客体之间的矛盾，是海岩小说的主要推动力。

文学就是人学，不管是小说还是影视，成功的标志还是要看作品的人物塑造是否成功。海岩作品中的人物，个个都个性独特。他笔下的女孩都是美女而且是不问出身的：既有市委领导的女儿（《便衣警察》），又有落魄人家的千金（《一场风花雪月的事》）；既有边陲地区的缉毒女警花（《玉观音》），又有外省小城的业余女模特（《拿什么拯救你，我的爱人》）。而男主人公则一律是出身京城殷实家境的“少爷”型翩翩佳公子。头一位便是海岩处女作《便衣警察》中的男主人公周志明，这位在中国动乱年代和物质匮乏时期仍坚持喝牛奶吃高级食品的干部子弟浑身都是少爷风范，但他没有沾染过多纨绔子弟的坏毛病，也没有衙内式的种种丑恶行径。这个少爷有点理想化。他独立思考、仗义行侠；他历尽苦难、痴心不改；他恪尽职守、敬业奉献。当然，周志明的爱情也是海岩着力描写的另外一面也是最有光彩的一面。从便衣警察的工作角度来衡量，周志明完全是一个雷锋、孔繁森式的人物，只不过他是知浪漫、解风情的雷锋和孔繁森。当70年代少年壮志不言愁的周志明已成往事，《永不瞑目》中的肖童又在90年代接过了“少爷”的班。这个富家子弟父母常年驻外，身为名牌大学的天之骄子过着优裕的物质生活。如果不是突如其来的命运漩涡将他卷入一场吸毒、戒毒与缉毒的意志拉锯战，他的生活将充满富贵和平淡。正是海岩悲剧的如椽巨笔将肖童扫进了进退两难的人生死胡同，于是原本生长在温室里的花朵一下子经够了风雨、见够了世面，最后以一个成长的少爷之死打动了广大读者和观众的心。与肖童相比，《你的生命如此多情》中的男主人公吴晓似乎更能代表20世纪90年代中国少爷的风采：一个上市公司大老板的独生子，一个因此不愁吃喝玩乐却渴望独立的年轻人，一个以艺术为娱乐而不是以艺术为生计的音乐人，一个疯狂追求超现实爱情的自由人。当然，在海岩的摆布下，他的下场无疑是悲剧性的，父亲的死和情人的背叛共同铸就了这场“少爷的磨难”。虽然吴晓遭遇了“少爷的磨难”但这丝毫不会动摇海岩塑造新世纪新一代“少爷”的决心与信心。在海岩最新作品《拿什么拯救你，我的爱人》中，他又为我们塑造了青年律师韩丁的形象，这是中国进入新世纪后海岩创造的第一个“少爷”。他一如既往地家境优越，连去美国留学的钱家里都预备好了，但他不同于肖童、吴晓甚至包括《玉观音》中的杨瑞，那几位90年代的少爷有生活的激情却没有过人的正经业务才能，而韩丁是一位专业水平很高的律师，具有起死回生的洞察力和口才。而且恰恰是由于韩丁的才能，才直接导致了罗晶晶的爱情在他与龙小羽之间得而复失、失而复得。周志明、肖童、吴晓、韩丁虽然生活在不同的时代和不同的环境中，但他们却一律充满生活的激情、浪漫的态度，他们以不同的方式洋溢着青春的反叛气息，却又满怀凛然正气。在他们身上，寄寓着海岩最美好的理想主义。

总之，海岩小说和影视比较容易切合是他小说的特点所决定的。海岩作品的走红一方面反映了影视观众对历史题材“戏说”的审美疲劳和对现实生活作品的回归关注。另一方面，也反映了海岩对作品结构的把握、情节的处理、人物性格的起伏变化有着不同寻常的能力。海岩作品因此具有很强的可读性与可视性，这也正是海岩作品频繁改编为影视剧的主要原因。

从《海岩长篇经典全集》谈如何实施图书最佳市场营销策划

侯样祥

市场经济发展到今天，要想在中国图书市场上有所成功，必须遵循这样一条铁的法则：“作品上乘”和“最佳市场营销策划”缺一不可。它如鸟之双翼、车之两轮。在“非典”给中国出版界蒙上一层挥之不去的阴影的特殊情境下，文化艺术出版社出版的《海岩长篇经典全集》之所以独树一帜，取得成功，正是因为在整个操作过程中严格遵循着这一铁的法则。

《海岩长篇经典全集》包括著名畅销书作家海岩已经出版的全部7部长篇小说——《玉观音》、《拿什么拯救你，我的爱人》、《一场风花雪月的事》、《你的生命如此多情》、《永不瞑目》、《平淡生活》、《便衣警察》。“全集”在今年5月初正式出版上市，到10月初，短短的5个月时间里，印次多达33次，总印数超过24万册，总码洋高达510多万。

显然，《海岩长篇经典全集》的市场营销策划是成功的。

名人名著是前提

海岩及其作品是近年来中国文化市场上一个非常值得关注和研究的奇特现象。

其一，海岩并非职业作家，而是一个完完全全的业余作家。他虽然加入了中国作家协会，但他的实际任职是：锦江（集团）有限公司副总裁，锦江（北方）管理有限公司董事长、总经理，北京昆仑饭店有限公司董事长。

其二，他的小说连续10余年畅销不衰。他已创作有7部长篇，部部销售量都不低于10万册，甚至达到20多万册、30多万册。其小说的魅力可见一斑。这在中国文学史上也是很少有的特殊现象。

其三，他本人还是剧作家，他的长篇全部由自己改编成电视连续剧，而且部部都拍成了电视连续剧，部部都能在全国所有的电视台的特别黄金时段放映。不仅如此，他的《便衣警察》还要第二次拍成电视连续剧，《玉观音》更要拍成电影。他的作品真正实现了影视与图书的市场互动。

其四，他的小说和电视剧的读者（观众）定格在20岁以下的年轻人。实际上，据调查，喜欢他的小说和电视连续剧的，不仅有20岁以下的年轻人，也有大量中年人，甚至老年人。换个说法，他拥有广泛的读者（观众）群。怪不得中国文学界评他为“中国最有电视缘的作家”，中国影视界评他为“中国最煽情的剧作家”。

谁都知道这么一个简单的道理：拥有读者（观众），就拥有市场；拥有年轻人，就拥有未来。海岩及其作品确实既拥有市场，又拥有未来。在这个崇尚名人的时代，拥有名人就意味着拥有市场。作为出版者，我们认为：拥有持续处于创作巅峰期的作家海岩，就拥有市场，就拥有未来。这就是我们当时何以尽全力组织、策划、出版《海岩长篇经典全集》的根本原因。

好酒必须离开深巷子

如何做好深度和广度的市场营销策划，力争实现《海岩长篇经典全集》的市场最大化和效益最大化，是我们必须面对的重大课题。

第一，寻找海岩作品的市场“新卖点”，是《海岩长篇经典全集》成功的关键。所谓“新卖点”，就是《海岩长篇经典全集》的7部作品都是旧作而非新作，如果没有估计错的话，海岩作品在中国图书市场上的总拥有量绝不会少于200万册。找不到“新卖点”而出版海岩旧作，无异于自寻“烦恼”。在广泛而细致的市场调研的基础上，经过科学分析与论证，我们果断作出决定：将海岩旧作的“新卖点”定格在“全集”和“修订版”上。

我们知道，海岩的第一部长篇《便衣警察》的出版已是十几年前的事了。十几年来，别说新读者，就说是老读者也很难说能见到其所有长篇的全貌。出版“长篇全集”，既是为新读者着想，又是为老读者着想。今天看来，当时的“全集”判断是准确的。以《便衣警察》为例，虽然它在《海岩长篇经典全集》中发行量是最少的，但5个月里也发行到2万多册、码洋近60万，而且我们预计它还会有可观的市场和读者需求。

至于“修订版”，我们的主要目的是想为新老读者提供一个“原汁原味”的海岩。在过去的版本中，用海岩自己的话说，由于“很多老的校对同志不太明白我的语言的味道”，对原稿作了一些没有必要的改动，结果“在内行眼里闹了笑话”。《海岩长篇经典全集》以海岩自己印制“出版”的版本为蓝本，原则上尊重作者个人的语言习惯，不做任何修改，当然不包括蓝本上明显的“笔误”。但是，即使是笔误，也必须征得海岩自己的首肯后再修改。因而，一定意义上可以这样说，文化艺术版《海岩长篇经典全集》，恢复了海岩小说版本的本来面目，做到了100%意义上的“原汁原味”，相对而言，更有阅读价值和收藏价值。

第二，能否将市场策划、营销做到最佳，是《海岩长篇经典全集》能否实现效益最大化的关键。我们在准确将《海岩长篇经典全集》的“新卖点”定格在“全集”和“修订版”的基础上，还在整体营销策划上，做了十分精心的策划和细致的实施。

首先，我们极端重视《海岩长篇经典全集》的整体装帧设计。由于海岩的7部长篇出版于不同的出版社和不同的时期，自然在图书整体装帧上不可能有统一的风格，在装帧设计的水平上有明显的参差不齐。我们要求，“全集”在整体装帧设计上必须要有突破和创新，既要追求丛书的整体风格，又不能丧失每本书相对的独立性。为此，在“全集”出版之前，我们通过新闻媒体向国内外公布：我们愿意拿出高于目前市场价10倍的价格诚招《海岩长篇经典全集》的整体装帧设计者。今天看来《海岩长篇经典全集》在市场上的畅销无阻，其整体装帧设计功不可没。以后，我们还会根据图书市场的变化与需求，不断更换《海岩长篇经典全集》的整体装帧设计，以满足不同时段读者的不同需求。

其次，为了实现作者、读者、出版者三方的真正互动，我们策划了“读《海岩长篇经典全集》有奖征文”活动。根据我们与海岩的约定，《海岩长篇经典全集》是开放的长期的出版行为。为了真正实现《海岩长篇经典全集》营销的长期化，强化作者与读者的参与，对出版社而言，就显得十分重要。适时举办“读《海岩长篇经典全集》有奖征文”活动，不失为众多成功实施作者、读者、出版者三方互动的好方式之一。我们在《海岩长篇经典全集》24万多册图书的书后都刊登了“征文启事”。“征文启事”向所有读者明示，凡是阅读上述海岩作品并撰写“征文”的读者均有获奖机会。我们计划，从《海岩长篇经典全集》出版之日起，每一周年举办一次征文评奖，届时将会有在京的著名作家、评论家、学者出任征文评委，也将会产生“最佳读者奖”。

再次，读者的成熟，市场的成熟，要求出版者在市场经营上必须有真格的“诚”与“信”，任何空头支票不仅会显得疲软乏力，还有可能为将来的生存埋下祸根。5个月来，之所以在海岩同类作品中文化艺术版销售最好，并且频频登上全国各地的“销售排行榜”，可能还与我们给读者的真正“让利”有关。早在《海岩长篇经典全集》确定选题和市场调研阶段，我们就在思考如何在整体制作中降低成本、让利读者。实际操作中，我们在绝对保证制作质量的情况下，成功应用了“成本资金运作”，降低图书成本1至2个折扣，结果《海岩长篇经典全集》7部书比市场同类书都便宜1至3元钱，受到读者的欢迎。

此外，在市场直接经营上，我们还采取了不少相应的成功措施，如诚招《海岩长篇经典全集》的地方独家“销售代理商”，目的在于激发全国各地分销商的热情，加大地方宣传推广的力度，深挖全国图书市场，甚至有效打击盗版行为等。

海岩的意义

解玺璋

在文学阅读越来越陷入低迷的时候，海岩以他的写作创造了一个奇迹。他的小说，从早期的《便衣警察》开始，直到最新出版的《河流如血》，几乎每一部作品销量都在数十万册，都是名副其实的畅销书。这使他成为当下很少几个拥有广泛读者群的作家之一。他在接受记者采访的时候曾经这样说过：“我特别在乎我的读者会不会不耐烦。”这句话很可能包含了海岩写作的全部秘密。他接着说：“我的小说，我希望除了有耐心、对文学有兴趣的人看，对文学没有太多的爱好的人也能看。一个小说，卖给圈里人读不会超过一万册，卖给文学爱好者读不会超过五万册，如果你希望有更多的人读，那么你在表达的方式上、内容上，都要考虑更多的人，他怎么跟你沟通。”

这正是海岩的高明之处。高就高在，他敏锐地抓住了当下文学写作的关键问题。如果说此前人们更看重的还是文学在文体、结构、语言、技巧等方面的实验，或者是在表现内容上寻求如何突破的话，那么，进入20世纪90年代以来，重新构建与读者的关系，就成了文学迫切需要解决的问题之一。而海岩的意义就在于，他以其多年的写作实践，探索了与读者建立良好关系的各种可能性。

作家希望与读者建立良好关系，不等于取悦读者，而是从重新认识文学的角度，肯定读者的地位和作用。文学本身并不产生意义，只有通过读者的阅读才能使之具体化，即以读者的感觉和知觉经验将作品的空白处填充起来，使作品中的未定性得以确定，最终实现文学的价值。所以，有一种说法认为，凡文学，总是由三个部分构成的，即作家、作品和读者。其中任何一个部分，都不能单独构成事实上的文学。这是个三位一体的交流过程，通过复杂的，兼有艺术、工艺及商业特点的传播渠道，把身份明确的一些人（作家）跟多少有点匿名的集体（读者）联结在一起，所谓文学，就是这样一种最终完成于三个部分的交流互动。在这里，读者的身份和地位都发生了巨大变化，他们不再是文学作品被动的接受者，而是以阅读的方式加入文学本文的再创造过程。这样一个简单的道理，我们一直不明白或不想明白。我们宁肯盲目相信文学本文的自足性，也不愿意深究，在整个文学的链条中，读者应该占有怎样的位置?

但是，海岩的写作从一开始就选择了人们喜闻乐见的方式。《便衣警察》是海岩早期写作中颇具代表性的一部作品。这部小说奠定了海岩写作的基础。后来的作品多有变化，甚至有很大变化，但万变不离其宗，其基本方面都还保留着。这里所谓基本方面，其实就是两面，一面是情感，一面是情节，而变化了的只是故事中的人物以及所发生的地点和社会历史背景。

写情感是海岩的拿手好戏。他讲故事，主人公多为警察，其中必涉及一个案子。他的本事是在案件发展过程中悄悄植入情感的种子，为它浇水、施肥，培育它成长，最终长成一株参天大树。这在《永不瞑目》、《拿什么拯救你，我的爱人》以及《玉观音》中都有很突出的表现。往往有这种情况，到最后，情感成了推动案情发展的主要动力，案子破没破已经无关紧要，读者对主人公情感归宿的关心甚至超过了案子本身。所以，有时人们会习惯地称他“言情”作家，或者，将他的写作归入“公案加言情”的模式。这不是一种很准确的归纳，他也一再表示，不喜欢“言情”作家这个称谓，更不希望人们将他比作琼瑶或张恨水。尽管如此，我们却不能抹煞他的这个特点，其实也是他的优点。无论他自己怎么看，在他的小说中，这个“情”字都是分量最重的。不过，他的言情，又不止于男女之情。以最新出版的《河流如血》为例，小说写了一对父子心中滴血式的情感裂变，也写了母子情、姐弟情，以及年轻人的恋情和义气。小说因此获得了震撼人心和打动人心的力量，并蕴涵着一种博大的、充盈于天地之间的悲情。

如果说，寻求情感上的共鸣，是海岩跟读者沟通的内在途径的话，那么，把故事讲得委婉曲折，情节安排得出人意料，悬念设置得扣人心弦，气氛渲染得高潮迭起，就是海岩所做的与读者沟通的另一种努力。喜欢读海岩小说的人很多，这些人中，有些可能是热爱文学的人，但更多的，是对文学并不深知的社会大众。他们喜爱他的作品，只是因为，他的作品读起来感觉轻松，而且欲罢不能。他的智慧，就是他真切地了解我们的好奇心。这是我们作为人的弱点，而讲故事的高手总是善于利用这个弱点。海岩的小说能使当今很多缺少耐心的读者，将紧张饱满的情绪保持到最后一刻，这样的小说在每年出版的近千部小说中还是不多见的。

现在看来，海岩成功地解决了如何与读者沟通的问题，而且，提供了一种有益且有效的关系模式。这正是海岩写作的意义所在。对于海岩来说，他的写作可能还有许多别的意义，但无论如何，这个意义是不应该被忽略的。据说，至今，海岩还不能为文学界所接受，理由无非是，海岩的小说都是为拍电视剧而写的，不是纯文学。搞文学的人瞧不起电视剧，这不是什么秘密。但因此而殃及写电视剧的人，却有点儿不公平。不是说文学界一定要接受海岩或海岩一定要被文学界所接受；也不是说，海岩就一定很在意是不是被文学界所接受。但这种傲慢的态度其实是很不好的，至少显得不那么大度。这倒从另外一面证明了海岩在当下的不可或缺，也提醒我们，文学要和读者建立良好的关系，还有很长的路要走。

“海岩模式”及其思考

姚皓韵

两个主题

就电视剧来说，主题并不只是提供人们观赏作品后来总结和评价它的“社会意义”、“艺术价值”时才有用的。主题是创作过程中的目标和指南，它几乎从一开始就会影响和决定电视剧的创作方向。海岩电视剧一直以来以两个主题并行支撑其作品的整个脉络，两个主题相互纠结，相互推动。

1. 有关风月的情感表达

与其他同样以警察为主人公、涉及刑事案件的作品相比，海岩电视剧有非常特别的气质，那就是情不自禁地时时流露出的极大柔情，有时这种柔情甚至超过了对案情本身的关注，所以，与其说海岩是在写犯罪，还不如说是借犯罪在写情感。“人生自是有情痴，此恨不关风与月。”海岩将风花雪月作为表达自己情感体验的一个媒介，通过它来阐述自己的价值观、爱情观。

海岩说：“爱情小说不外乎两个类型，一是现实生活中最常见的爱情，二是现实生活中根本不可能的爱情，人们更愿意看的是后者，所以我写的也是这一类型。”显然，他所反映的现实生活是真实的，譬如当事人在利害冲突下的思想与行动，但是，他更喜欢写那些特别美好的东西，特别是青年男女的情与爱，一如“风花雪月”、“生命多情”，犹如“像花一样绽放”。

（1）纯粹的爱与不纯粹的性

海岩说：“爱是责任、是怜悯、是奉献、是举案齐眉、是恩恩相报。”肖童对欧庆春的痴迷与崇拜、潘小伟对吕月月的执著与痴情、杨瑞对安心的理解与呵护，抑或韩丁对罗晶晶的怜爱与包容、罗晶晶对龙小羽的痴迷与仗义、小珂对刘川的不离不弃，都是毫无功利的。爱，就意味着付出与奉献。这就是海岩倡导的爱情观。从接受层面上来说，海岩的作品能够触动观众对于爱情最美好的幻想，很大程度上满足了世俗社会中的人们对于真爱的向往。如他自己所说的“为无爱时代作爱情小说”。

正如上帝的对立面是撒旦。男女之间有爱的存在，也就必然存在性。性是什么？海岩说：“性是快乐、是激情、是索取、是多变、是稍纵即逝的高潮。”在海岩的眼中，爱是永恒的、伟大的，提升人格的，而性则是一种短暂的、不可靠的东西。肖童之与欧阳兰兰、安心之与毛杰、龙小羽之与祝四萍，虽然有性，却最终反目，走向相反的人生道路，都印证了海岩关于性的阐述。海岩并不纯情到把故事中的男女主人公描绘成一个个不食人间烟火的纯情小伙或少女。在《永不瞑目》中，海岩把肖童塑造成了一个灵肉分离得很清的人，虽然与郑文燕有过短暂的激情，迫于无奈和欧阳兰兰发生了关系，但是在观众的心目中，他依然是一个完美的恋人，因为他对欧庆春的爱所散发出的光芒足以掩盖青春的激情与冲动，掩盖肉体上的占有与被占有。而《玉观音》中的杨瑞也是以一个玩世不恭的花花公子形象出现的，但是他以往的放浪形骸，似乎都是为他与安心纯洁的恋情打下伏笔。就算是《你的生命如此多情》中的林星与吴晓、《拿什么拯救你，我的爱人》中的罗晶晶与韩丁、龙小羽，《阳光像花一样绽放》中的刘川与季文竹的感情纠葛已经带有了许多爱欲交融的成分，爱与欲的碰撞使这些深陷情网中的青年男女们困惑彷徨。海岩依然要告诉我们究竟什么是爱。

（2）爱，而不能得其所爱

《便衣警察》中周志明和施肖萌终成眷属，《阳光像花一样绽放》中留存了一个光明的尾巴，此外，在海岩作品中，爱情多以悲剧收场。如同许许多多动人的爱情故事一样，“爱，而不能得其所爱”，是海岩作品一贯的主题，也是海岩作品吸引观众的不二法门。

以《一场风花雪月的事》、《永不瞑目》和《玉观音》这三部关于女警察的爱情悲剧为例，共同点如下：

其一，她们的警察身份或者说案情的介入导致了爱情悲剧的产生。在《一场风花雪月的事》和《永不瞑目》中，女主人公与爱情对象的相识与相爱都是伴随着案情的一步步深入而逐渐展开。案件中男女主人公所处的抑或对立抑或复杂微妙的地位使得爱情中两方的关系愈显矛盾与纠结。对于这些如花似玉的女警察来说，警察的生活本身就充满了惊险与刺激，如果又将危险的爱情与事业融合起来，就会产生动人心魄的故事。

其二，爱情的悲哀与死亡的残酷紧密相连并发挥到极致。爱情的悲痛在于分别，而最为真切的打击莫过于目睹自己的恋人死于眼前，海岩就把这种真切撕开，呈现于观众眼前。吕月月如此、欧庆春如此、安心也是如此。在这样三部有关女警察的作品中，海岩均以生命的死亡作为对于爱情的告别。死亡是悲剧，但更可悲的是爱情的双方在一方死去时没有达成完全的认可与谅解，爱在未说出口之前，一方已经失去了对方。生命顷刻间结束，但爱情并不能顷刻结束。死亡，除了留给爱情悲痛之外，还有永远的遗憾。在海岩的作品中，爱情推进了死亡的进程，死亡使爱情深刻。

2. 涉及案件的人性追问

海岩作品以“爱情＋涉案”这样一种模式而走红影视界。所以除了爱情这一题材之外，还有另一个非常重要的题材——案件。情感随着案件而生成，案情也靠情感来推动。在这样一种模式里，人物在爱情与案件中的身份总是交错的、复杂的。可能既是情人又是敌对面，或者始终处于两难境地。此时，不同于风花雪月带来的情感主题，国家利益、百姓安危、个人职责、社会道德和个人利益、个人情感的冲突所迸发出的火花让人们看到的是人性的真善美与假丑恶，以及人在一种具体情境下的挣扎与取舍。

仔细研究由海岩早期作品和后来形成规模的一系列作品，我们会发现，这些电视剧的两个主题地位发生了转变。他的第一部作品《便衣警察》可以看作是20世纪80年代电视剧的代表作，而那一时期正是中国电视剧步入新时期、形成第一次创作高潮的时期。与同时期的很多电视剧一样，《便衣警察》不可避免地也被烙上了时代的印迹，具体的表现就是重视作品的宣传教育意义。颂扬公安干警的主题被强化成了电视剧的主旋律。而爱情主题是被弱化处理的。到了90年代，社会进入转型期，价值取向日趋多元，海岩电视剧的主题也逐渐改变。案件中道德的考量和人性的追问逐步退居二线，情感作为主题浮出水面。但是，回顾海岩的多部作品，我们可以发现，引发观众思考、打动观众灵魂深处的，还是那些崇高、深刻的主题。可喜的是，在海岩2006年新作《阳光像花一样绽放》的后半段，电视剧所着力表现的主人公刘川在监狱生活中所遭遇的磨炼及其性格的成熟，让我们看到了一个人成长的过程，也看到了海岩电视剧的部分回归。

（1）小我与大我

不同于以往的高大全式的人民公仆形象，《便衣警察》周志明在每一次的抉择中，也会有迟疑与犹豫、思量与权衡，但最终的价值判断都是正确的，海岩通过周志明这个形象，实现了他的人性追问：在小我和大我在现实中遭遇了某些无法回避也难以两全的利益冲突时，是选择私利，还是责任？

这个问题不只出现在一部作品中，海岩笔下的不少人物都会接受这样一个小我与大我的冲突的考验。欧庆春为了履行自己的职责，只能眼睁睁地看着肖童走上一条不归路；安心虽然难以割舍对杨瑞的爱情，但还是重新回到了缉毒大队。这些选择往往导致悲剧结局，但是这种悲剧恰恰体现了作品的崇高美。

中国社会一直以来就有重人情而轻法制的社会心理传统。因而小我与大我的冲突是一个十分普遍的社会问题。在海岩的许多作品中，年轻的主人公们在自己的生命中表现出来的多情多义，实际上代表了一个人对他人和社会所应当具有的那种无私和责任，让人觉得非常美丽。这美丽在闪耀着我们中华民族传统道德的精华之光时，又与其糟粕相冲突，这是海岩的创作中最有意义的地方。

（2）情感与理智

有一些故事虽然没有包含太多个人与社会责任取舍的考验，但是他们提出了海岩的第二个追问——情感与理智。许多故事讲述的都是浪漫的男女爱情，这些爱情在现实中遭遇了某些无法回避也难以两全的利益冲突。这种冲突在现实生活中也有可能发生：需要面对家人或恋人犯了严重错误这样一个难以接受的现实，抑或要在三角恋情中帮助自己的情敌。这些情况下的挣扎与痛苦并不亚于在大我和小我间的抉择。

除了作品中的主人公需要接受情感与理智的考验之外，在收看剧集的同时，观众的价值判断也在接受着考验。一位含辛茹苦的单亲父亲、一位有魄力有胆识的民营企业家吴天长最终因为属下的疏忽大意和自私残忍而走上了一条不归路（《你的生命如此多情》）；作为律师，深爱着罗晶晶的韩丁为了成全爱人只能带着复杂的心情为情敌奔波取证（《拿什么拯救你，我的爱人》）……这也许都是令观众或扼腕叹息或愤愤不平的故事，但是，随着剧集的发展，观众也会逐渐用一种理性和成熟的态度做出判断。

在情感与理智的追问中，我们能够看到海岩所宣扬的正义感、社会伦理道德以及爱情中的无私奉献精神。某些时候海岩在构思上的仓促可能使一个本应动人的故事变成了一个不切实际的说教。但是，如果撇开小说实际可能达到的效果而仅仅追求文以载道的初衷的话，那么在我们为构建社会主义道德体系并且为铸造我们民族未来的精神文明想要做点什么的今天，接受一点这类说教，接受一点理想主义的浪漫阳光，也许是必要的。尽管，浪漫主义的文学时代已经过去。

两点思考

海岩多年来的创作已经形成一定规模，并且树立了鲜明的、他人不可模仿的模式与风格，但是，对于作为一个剧作者的海岩及其电视剧叙事模式，仍然存在值得探讨的问题。

1. 情节与形象

按中国叙事文学艺术作品来说，从情节在作品中的分量、作用和地位而言，我们可以将电视剧划分为强情节叙事作品和弱情节叙事作品两大类。当代中国电视剧也不例外。海岩“爱情＋涉案”的电视剧，很明显属于强情节叙事作品。在海岩电视剧特别是较为成功的作品中，情节线都非常清晰。无可否认，海岩是个讲故事、编情节的好手，但是，海岩在注重情节编排的同时，对于人物形象的塑造不是特别重视。

正如周志明具有他那个时代的鲜明特征一样，海岩在20世纪90年代塑造的人物也都带有鲜明的社会主义商品经济大潮下的特征。所以我们把这一时期的各种人物形象看作一个整体，这个整体中的男性形象多为衣食无忧的公子，依赖金钱却不热爱金钱，身上具备的也都是当下世俗百姓所乐于接受的纯真品质和浪漫情怀。这种特质在以往的周志明身上虽然有所萌芽，但并不明显。而随着社会经济大潮的涌动，海岩所塑造的男性形象越来越贴近“具有美好品质的公子哥”形象。他所热衷的“风花雪月”这样一个题材，本身就是以公子小姐们作为描述对象的。剧情类型化与模式化必然在一定程度上带来人物形象的模式化。

海岩在他的作品中用强情节来叙事，也注意了人物塑造与当代大众的审美心理相契合，但是没有注意和我们民族几千年来的传统审美情趣与精神追求相契合。导致的第一个结果就是作品中男性形象个性不够鲜明、性格发展和命运变化缺少一定的生活和心理依据。而第二个结果就是，不管男性女性，许多形象的塑造缺乏精神上的高度和人性的深度。真善美与假恶丑在他的作品里并不十分清晰，模式化思维抵消了已经达到的人性深度。

《便衣警察》塑造出了一个正直、善良、坦诚和忠于职守的年轻警察周志明，这个典型形象是20世纪80年代电视剧形象中的一座丰碑。值得注意的事，之所以成为丰碑，是源自于人物精神和品格的高尚，这就足以说明广大观众的价值观。时间进入90年代，在海岩的诸多创作中，最深入人心的形象应该算是《永不瞑目》中的肖童和《玉观音》中的安心。抛开人物的复杂性不谈，他们受欢迎的原因，与周志明是相同的。从早期的周志明，到后来的肖童、安心，这些形象之所以深受观众喜爱与认可，在很大程度上可以归结于在他们身上，观众可以看到人性的光芒。

同理，纵观海岩所塑造的其他形象，失败的原因在很大程度上可以归结于思想性不高。同样是为爱付出一切的韩丁、龙小羽、罗晶晶（《拿什么拯救你，我的爱人》），都是正直善良的年轻人，却始终仅仅纠缠于小男小女的情感纠葛，虽然海岩的立意是想要凸显爱情中的奉献，但是，由于主题本身立意不深，使得故事苍白，人物单薄，三个为爱痴狂的年轻人并未博得观众的同情与喜爱。同样是上演着女性人生与命运的悲剧，《一场风花雪月的事》中吕月月的命运起伏就不如安心那样动人心魄。人物自身人生观价值观的摇摆与偏离，消解了她人性的深度和人格的高度，不符合我们民族一贯的审美标准，因此未能产生震撼人心的艺术魅力。

海岩有的时候过于重视故事情节的编排和气氛的渲染，并以他惯有的思路去塑造人物，使得他在人物上的塑造没能保持一贯的水准。在他的部分剧作中，我们看到了中国社会和历史的洪流，并且被作品所洋溢的人文精神所打动；而在另一部分作品中，我们且明显地感觉到社会感、历史感和人文精神的缺失，对作品的乏味平淡感到失望。因为，风花雪月并不是生活的全部。

2. 煽情与教化

看一看海岩剧作的片名，我们不难发现这样一个规律：凡是片名比较平实的作品往往获得成功，如早期的《便衣警察》和20世纪90年代后创作的《永不瞑目》、《玉观音》，片名虽然简短，但寓意深远。

根据索绪尔在《普通语言学教程》中的界定，语言作为重要的符号，像所有的符号一样，包含“能指”与“所指”两个层面，“能指”是由“音响－形象”所构成的表浅层面，“所指”则是由概念所构成的纵深层面。

以《永不瞑目》为例，汉语中有“死不瞑目”这个成语，以语言学的观点来看，除了“眼睛没有闭上”这样一个与物质形象相联系的意义之外，本身就带有“愿望或任务未完成”的意味。在《永不瞑目》中，眼睛是故事的一个重要线索，眼角膜移植是整个故事的开端，也是故事的“缘起”。最终，肖童在寻求光明的缉毒事业中牺牲了自己年轻的生命，他牺牲之后，这副特殊的角膜又一次移植给了别人，所以，“永不瞑目”从表浅层面上来说，意指戴有这副角膜的眼睛永远不会闭上，而从纵深层面上来说，这副角膜的传承带有“革命尚未成功，同志仍需努力”这样的一种深深的涵义在其中。海岩用“永不瞑目”来预示艰巨的任务，同时也预示着缉毒事业的光明与希望。这样，剧情与片名的“所指”紧密联系，相互照应，超越了表浅层面的意义，成为全剧的涵义。

《玉观音》也是如此，玉观音是主人公安心随身佩戴的一个护身符，这是一个物质形象，是“玉观音”的“能指”。安心这个人物和她的命运轨迹是“玉观音”的“所指”。此外，全剧歌颂的不仅是女性的献身精神，还包括缉毒战线这一特殊群体的献身精神，对广大基层缉毒工作者群像的成功塑造，使自身的主题得到了提升。更胜于《永不瞑目》，《玉观音》似乎重新回归到海岩20世纪80年代中期的创作思路。但显然这并不是一种纯粹意义上的主题回归，它只不过是在一定程度上呼应了由《便衣警察》所开启的那种创作主题，但在更深层次上，《玉观音》所代表的是另一种好的创作模式，那就是传奇性和现实性并重，思想教化和情爱色彩并举。这表现了海岩的创作的一个高度。

相反，《一场风花雪月的事》、《你的生命如此多情》、《拿什么拯救你，我的爱人》这几部作品，从片名就可以看出，它们所具有的只是带有明显的大众文化烙印的“能指”，而没有“所指”。它们过多地着墨于青年男女间的情爱纠葛，过于执著于各种时态发展下爱情本身的变化，而忽略了对于人本身善与恶的描绘，有时候甚至流于煽情。

煽情是大众文化打动观众的一个主要手法，这个手法也在普遍地运用于电视剧中。如果说《便衣警察》中对周志明的家庭生活和情爱故事的表现和周志明本身的情感表达是含蓄而克制的，而且深深地打上了那个时代的烙印的话，那么20世纪90年代逐渐形成规模的创作中，《永不瞑目》和《玉观音》中的煽情成分已经开始提升，而在

《一场风花雪月的事》、《你的生命如此多情》、《拿什么拯救你，我的爱人》中，煽情已经成为其作品的一个特征。少爷公子、灰姑娘或茶花女似的爱情模式，鄙视琐碎、摒弃凡俗的爱情态度，让人不由得将其与"鸳鸯蝴蝶派"、金庸、琼瑶这些公认的煽情高手相联系。而对于戏剧冲突的过分渲染也是造成人物情感过度宣泄的重要元素之一。

海岩电视剧最大的特点就是能够在表现风花雪月情感主题的同时，表现案件、利害冲突中的人性追问，而往往就是这一部分，更能表现出海岩电视剧的人文精神。如果这一部分题材得当，笔墨充分，海岩就能创作出一部好的作品，反之，容易偏于流俗。

结语

海岩电视剧不仅反映并再生产着特定国家民族的社会意识形态，而且与大众心理构成一种对应关系。在作品诱人的梦幻中，交织着国家利益、人性关怀和社会正义的复杂冲突，而且往往在一种两难的叙述中不知不觉地将这些情感灌输到大众的心灵深处。

随着创作的不断深入，海岩电视剧也在经历着起起伏伏。"类型化"使作品走向艺术探索的程式化和雷同化，他的部分电视剧缺乏精神上的高度与深度，从而在某种意义上造成大众审美意识和文化修养的平庸，但是，其中不乏真正蕴含人文精神的优秀之作，这些作品凝聚着特定历史时代的文化沉淀，包孕着当代社会的生活内蕴，人们遁入到它的铺陈中，释放着情感，收获着体验。而作为观众，人们需要看到越来越多这样蕴含人文精神的优秀之作，崇高的审美价值和高尚的艺术品格，应该是文艺创作者追求的目标。

论消费主义时代的大众文化产品

——以海岩的作品为例

李书萍

20世纪90年代以来，消费主义的意识形态闪亮登场，正在主导着充斥我们生活的声影图像。一个新的文化时代即以消费主义为特征的、以大众文化为主角的时代已经到来。海岩的作品以及影视剧正是这个消费主义时代的大众文化的代表。笔者尝试结合大众文化的几大明显特征来分析海岩的作品以及其背后的深刻含义。

特征之一：迅速流行。应该说，流行是形形色色的大众文化统一的标签，这是研究大众文化的学者们的共识。最近几年，欣赏海岩的作品无疑已经成为一种流行时尚。书店柜台上摆满了海岩的作品，多家电视频道中充斥着海岩的电视剧，在文学已经被边缘化了的今天，当许多文学家都找不到自己的位置时，海岩的作品以及由作品所改编的影视剧却取得了巨大成功。

罗兰·巴特认为，大众文化，包括一切符号体系均有"神话"的特性，这种现代神话的"魔力"即在于："它已经将现实内外翻转过来，它将本身的历史掏空，并且用自然填充它，它已从事件中移开它们的人性意义，而使它们能意指作用人类的无意义。"现代传媒作为大众文化传播的最有效的手段，正在利用它的魔力来制造各种神话，供大众享用，而海岩的作品可以看作是我们这个时代的"现代都市的传奇神话"。

海岩给我们塑造了一批偶像，并且让这些偶像为我们演绎了一个个现代传奇故事。富家公子的无限真情以及美丽女子的真挚纯情满足了人们对新时代偶像的渴望。以陆毅为代表的男性偶像无一例外拥有有钱人的大气，却为感情而奋不顾身，实在是标准的"白马王子"；以孙俪为代表的女性形象则是美丽与纯情的象征，他们共同编织着"爱的神话"，来满足现代人对真情的渴望。海岩笔下的爱情双方往往是处于法律规定的正义和非正义的两方，最具冲突的如警察与罪犯的爱情，吕月月和潘小伟、安心和毛杰；最少也与犯罪集团有关或者曾经是罪犯身份，如肖童和欧阳兰兰、施肖萌和周志明等等。纠葛在许多矛盾中的爱情双方都是为爱而生、为爱而死的"情种"。这就注定他们的感情不会像平常人的情感一样波澜不惊。当他们都身不由己地步入爱河时，却发现自己要为这份感情付出巨大的代价，有时甚至是鲜血和生命，如安心和毛杰。更为惊心动魄的是作者精心设计了许多错位的爱情，这种错位往往导致一种极端情感的发生，最典型的就是《永不瞑目》中的欧阳兰兰之于肖童以及肖童之于欧庆春。欧阳兰兰不惜用毒品控制肖童，肖童则因为对欧庆春的爱而铤而走险最终毁了自己美丽的人生。在这个爱情已经被金钱腐蚀得伤痕累累的时代，海岩用语言为我们构筑了一个个富有传奇色彩的爱情神话。正如文艺理论家所言，“言情作品的价值并不在于‘反映现实’，它构成了自身的价值系统。言情的世界是一个真情的神话，青春的神话”。

特征之二：以满足大众浅层次的审美需求及心理需要为最终目标。

我们不能否认：海岩是位讲故事的能手，他在《一场风花雪月的故事·心中的梦想——代总序》中自述：“我所占的便宜，是从小喜欢听故事，听罢又喜欢卖弄给别人，经此锻炼，摸到了几处推波助澜、一唱三叹的窍门。”警匪之战本来就是通俗文学中很吸引读者的要素，这主要是因为我们每一个人或多或少都在潜意识中蛰伏着一种暴力情结，读者可以通过这些虚拟的暴力场景把内心的压抑释放出来。因此，猫捉老鼠的游戏一直没有停止过，只不过，随着社会的发展，这种游戏越来越复杂而已。而海岩恰恰就是开发这种游戏的高手。海岩的代表作品大都以此为整个故事的依托。这些故事距离普通人的生活比较远，又暗合了读者内心暴力情结的宣泄。所以这些带有传奇色彩的故事吸引了很多的读者。如《便衣警察》中的反间谍故事本身就具有很强的吸引力，而《拿什么拯救你，我的爱人》更是以劫法场式的传奇将人物一再置于生死的边缘。为了让主人公在传奇故事中更具传奇色彩，作者往往将案件的关键集中到他们身上。《永不瞑目》中，肖童本来只是一个外围人物，作者却有意让他成为能否捉到毒枭的核心人物，同样，《一场风花雪月的事》中的吕月月、《玉观音》中的安心也都由于作者的提携而从边缘人物成为了故事的关键人物。这样一来，本来应该是警方的传奇就成为了主人公一人的传奇。

毫无疑问，在这个消费主义时代，文学欣赏也具有了文化消费性，但不同的是，这种商品不像其他物质商品一样由市场定价。一部文学作品能否受到消费者的欢迎，并不全部取决于它的审美内涵，还受到许多复杂因素的影响，其中一个很重要的因素就是要迎合读者的心理。海岩的作品正是迎合了人们的一些潜在的心理需求，或者如他所说，他塑造的纯情偶像“为我们每个人带来的想象，恰是官能化时代最最欠缺的熨帖和抚慰”。

正如雅斯贝尔斯所说的，现在的人们“除了追求一些有实际效用的具体目标外，不想去发掘自己的能力；他没耐心去等待事物的成熟，每件事情都必须立即使他满意，即便是精神生活也必须服务于他短暂的快乐”。而海岩的言情剧中俊男美女以及他们的浪漫爱情带给人们感官和想象中的美好享受，满足了我们浅层次的审美需求；这些人物演出的传奇神话则给我们以“不在场”的面临危机的刺激感。

特征之三：深层意义的虚无。尤西林认为，在这个时代，人们直接承受了现代性工作时间的急速冲动，读书、看电视都成为一种快速浏览。这种浏览迎合了我们生活的随意性、休闲性和娱悦性，抛弃的却是对深层意义的追求和对灵魂的拷问。笔者认为这也是海岩作品的一大特征。海岩的作品从现象上看似乎都与当下有关，比如毒品就是我们这个时代面临的一大社会毒瘤。但是海岩只是把当下作为背景，或者说在编制神话时使用的框架，我们无法从中看出其对社会矛盾的解析和对时代的理性批判。这种深层意义的虚无从积极意义看，它反抗了主流意识曾经强加给我们的所谓社会意义。但它同时给我们带来的最大危机就是：失去对真正美的理想和崇高事物的判断力和追求。这种现象实际上是当意义虚无后，人们为了追求心理补偿而做出的一种姿态，这种姿态会让我们陷入一种怪圈，那就是：无法停止的快速浏览带给我们的却是越来越空虚的内心世界。更为重要的是审美仅仅停留在快感阶段，就像自由意志仅仅停留在欲望阶段一样，如果我们仅仅依照这样的态度去生活，那么任何的感官快感都不能满足我们内心的真实需求。因此，海岩的文化产品可以在短时间内满足我们饥肠辘辘的身体，却无法满足我们饥渴的灵魂，这就注定他的作品最终会让大多数人失去兴趣。

当然，海岩作品作为流行的大众文化有其独到之处，那就是：在通俗文本的书写中加入了对主导文化的迎合。最典型的就是海岩的作品中正义一方必然取得胜利，而非正义一方一定受到惩罚。这种尝试在无意间给我们预示出文化发展的一种前景，那就是：未来的文化发展很可能是一种多元文化互相影响、互相借鉴的过程。

作为时尚的消费主义时代的大众文化具有消费性商品的一切特征，尤其是它无法逃脱这些商品的宿命：即和许许多多曾经或者即将被贴上时尚标签的大众文化商品一样，海岩作品的成功之处也正是他未来的失败原因，因为“消费文化的商业操作模式是‘注意力经济’”，在这个时代成功的作品往往是出奇制胜。然而，在这个时代流行之后就意味着模式化和被仿制。并且，大众的趣味总是在好奇和逆反之间震荡，好奇心一旦得到满足，大众很快就会丧失兴趣，这样的作品注定要被迅速遗忘的。为此，我们有理由为海岩担心，当好奇的人群渐渐散去，海岩还能写点什么呢？

打捞“海岩文化产业链”新景观

胡　嵘　王　辰

2006年是三部海岩电视剧集中火力竞献荧屏的一年——海岩自称看过后“最受震撼的”34集连续剧《阳光像花一样绽放》，2月24日已在江苏城市电视台黄金档首播；海岩自己最喜欢的由原著小说拍摄的《河流如血》已被南方电视台购入，预计3月份杀青、暑期档播出；海岩首度非个人原创、改编自畅销漫画作品的《五星饭店》也将杀青并于暑期在中韩两国同时推出。后两部剧作计划都在30—35集之间。据海岩介绍说，《五星饭店》的投资规模不小，因为有很多的韩国演员加盟。

一道独特的“2006海岩年”风景在形成。细看这道风景，海岩新剧看点多多：海岩剧由浪漫唯美的气质转走现实路线，“岩女郎”独占鳌头被“岩小生”饰主角取代，是否意味转型？海岩造星继续，但不再一味大胆……

年度风景之外，“海岩”，这个在中国影视市场上代表着票房和“收视率保证”的名字，不断形成了“海岩文化产业链”，而且正呈现出一种别样的新景观。

现实题材＋男性主角＝转型？

海岩是一位奇妙的作家，他的版税收入在中国作家中首屈一指，却是不折不扣的业余作家。“海岩”两字，在影视领域比大牌导演大牌明星更有号召力，还形成了一条“海岩文化产业链”；在更加成功的主业旅游饭店行业，海岩是知名度和位置都极高的职业经理人……奇妙多变的身份，延伸到作品中，也使得海岩的每一部作品中都力求变化，尤其是2006年的这三部剧作更是变化显著。

改编自海岩作品《深牢大狱》的电视剧《阳光像花一样绽放》，是海岩继《永不瞑目》、《玉观音》等剧后的又一部重量级大戏。与以往电视剧采用多条主线不同的是，《阳光像花一样绽放》全剧都围绕着男主人公刘川这条唯一的主线在讲故事，严谨而平实。以往的唯美浪漫变成了严峻现实，以往的起伏跌宕变成了细微质朴。

《河流如血》改编自海岩的第9部长篇小说。该剧剥离了过去海岩剧“爱情＋案件”的模式，讲述了一个名叫陆保良的少年在成长过程中寻找亲情的故事。和以往的涉案剧作不同，《河流如血》的案情内容微乎其微，主要以描写、歌颂亲情的美好为主题，剧中展现的是一些比较真实的人际关系和社会生活的状态以及人的正常的心理。

《五星饭店》是一部纯粹的海岩式偶像剧，以一个家境贫困的男孩潘玉龙为核心。讲述了他大学毕业于旅游管理专业后，又考入万乘大酒店，所发生的一系列关于爱的故事。《五星饭店》的灵魂是“真实”，是一帮年青人执著于或捍卫着自己的真实。

以往的海岩剧，常常以一个近乎完美的女性为全剧中心，围绕在她身边有数个爱她或她爱的男子。但是2006年海岩的这三部剧作都不约而同地把一个男孩从幕后推到了台前，并成为全剧的核心人物。《阳光像花一样绽放》里的刘川、《河流如血》中的陆保良、《五星饭店》中的潘玉龙都是海岩重点打造的男性形象。从唯美到写实，从几个男人围着一个女人转到几个女人围着一个男人转，从起伏跌宕悬念四起到朴实琐碎毫无悬念，观众和媒体认为海岩的作品风格发生了转型。

但是，海岩本人对此并不认同。他说自己没有这样觉得，因为在每一部作品中他都力求有一些变化，其实之前的作品中现实性很强的也有，比如《便衣警察》、《平淡生活》。现在之所以这么说，是因为媒体每次在宣传的时候都力求找出一些这部作品和上部作品明显不同的地方，就认为这是不是他作品风格的变化、调整。这次也可能是媒体和观众的读解与看法，这看法可能是有道理的，但是他本人没有仔细地研究，也没有刻意地说要变化一下或者整个风格要发生偏移。海岩还说这三部剧作最打动他的地方在于不同人的价值观的冲突，以及人在遇到厄运和挫折的时候反应出来的人性的光辉。

三部戏再造新星，但不再一味大胆

从《永不瞑目》里的陆毅、苏瑾、袁立，到《拿什么拯救你，我的爱人》里的刘烨、于娜、印小天，再到电视版《玉观音》里的孙俪、佟大为，近10年来，海岩剧成为了培养新人的标杆。最近海岩更加在意推新人，从《阳光像花一样绽放》到《河流如血》再到《五星饭店》，主角均是清一色的新人。

《阳光像花一样绽放》里男主角刘川的扮演者是刚从电影学院表演系毕业没有任何作品的周一围，他是被海岩“钦点”的演员，因为符合海岩对主人公刘川的角色要求。这部戏让周一围得到了充分的锻炼，全剧一共1600多场戏，他的戏有1500场左右。实际上，《阳光像花一样绽放》还没有播，周一围的知名度就已飙升：2005年3月拍完《阳光像花一样绽放》，他已经接拍了《临界婚姻》、《相约e时代》和《滇西往事》三部戏。《河流如血》的男一号陆保良是由导演组在全国千挑万选之后，决定由北影大二白纸一样的男生黄明担任，因为他符合海岩“像陆毅那样的男孩”标准：笑容灿烂、眼神忧郁，目前他正在为成为“陆毅接班人”而努力。还在上海戏剧学院就读的张峻宁，被评价为长相酷似日本偶像剧天王木村拓哉，在《五星饭店》中担任主人公潘玉龙的扮演者，凭着帅气的外表，张峻宁吸引了大批粉丝，还成立了个人官方网站，成为剧集还没杀青就成名的偶像。

三部戏除了男主角是完全的新人以外，围绕在他们周围的女主角也是新手或者是不大知名的演员。

但是海岩对这种一路坚持推新人的做法并非自信满满。自从去年在广东台播出的《平淡生活》剧如其名的收视平平无奇、新人星路平平后，海岩也面临着“新人路还走不走得下去”的困惑。不久前他曾对媒体说，如果《阳光像花一样绽放》、《河流如血》、《五星饭店》三部戏最后播完，一个新人也出不来，他可能也就不这么做了，也要改换门庭，全盘明星或者全盘实力派演员。因为当下是过度娱乐商业化的时代，存在着某种程度上的无序和过激，完全启用新人的剧作谁火谁不火有非常强的偶然性，也有很大的风险，尤其影视公司在剧本不够好、时间又不够的前提下，只有纷纷把宝全部押向明星大腕。

“海岩文化产业链”新景观

分析海岩新剧的新看点，旨在从中打捞“海岩文化产业链”新景观。因为到目前为止，根据海岩小说拍摄的电视剧，最大的卖点不是大牌导演，也不是大牌明星，而是原作者兼编剧的海岩。近十年来，海岩每创作出版一部小说，就会成为出版界的畅销书，由此拍成影视作品，然后许多年轻演员如陆毅、袁立、孙俪、佟大为等脱颖而出，这些演员又形成了各自的品牌，这些品牌继续创作着新的品牌和效益，这样，一条“海岩文化产业链”以锐不可挡之势崛起、蔓延，并形成一道文化新景观。

重拍：就如金庸的小说一样，海岩的小说反映了一些中国人甚至人类基本的恩怨情仇、爱恨是非，基本的道德情感和价值观念，以及永远唯美的浪漫爱情，加上结构比较完整、情节曲折动人，适合拍成不同版本的影视作品。目前，《便衣警察》已经完成了重拍，不久将与观众见面。《玉观音》的重拍权也已被几家公司买断，而《你的生命如此多情》、《一场风花雪月的事》、《永不瞑目》等剧的重拍意向据说也正在洽谈中。

海岩剧还能红多久

——海岩访谈

问：海岩品牌还能红多久？

答：海岩品牌究竟还能红多久？关键在于看今年推出三部完全由新人担纲的新戏《阳光像花一样绽放》、《河流如血》、《五星饭店》等。究竟能红多久，很大程度就看这三部戏。三部戏都火了，当然可以维持很久。有一部戏火了，还可以维持一段时间。三部戏都砸了，我就不知道还能不能维持。

问：其实你的内心是有底的，这只是一种谦虚的说法。

答：不，我真的一点信心也没有。在这三部戏中，无论男演员还是女演员，无论哪部戏，只要有一个演员上位即能达到二线以上，我就觉得还有能力捧新人。因为这个时代平台太多、渠道太多、声音太多，谁红谁不红，有很多不可预知的因素，常常你表现好是没用的。李宇春就表现最好？我才不信呢，平台和运作过程捧红了她。《无极》还捧红了一个人呢。网络和商业运作方式，使得人的成名极其偶然，使得大家的关注点极其分散。

问：我还是认为这是你保持了一种惯有的低调。

答：所谓海岩品牌，也就是我的戏还有部分观众喜欢。你不能忽略我们现在所处的时代是极其娱乐极其搞笑的时代。只有狂欢式的、娱乐搞笑的东西才能成为万众瞩目的焦点。大众已经不相信正剧、严肃了，只相信那种颠覆的、解构的，把正经当笑料的东西。现在文化上的潮头产品都不是靠庄严、靠意义，而是靠和大众的思潮相吻合。即使影视作品，走红的也以喜剧居多。

问：为什么“海岩制造”出来的明星很少创造出新的辉煌呢？以陆毅为例。

答：所有的演员走红了之后，都希望和海岩剧划清界限。这是舆论给他们的压力。舆论认为，除了那部海岩剧，其他作品都不够好。他们也极力想证明，离开了海岩剧照样有魅力。我理解他们。因此，我对于媒体，很少主动提起他们。当初他们在演海岩剧的时候，无论演技还是个人魅力都没有后来好。演我的戏的时候，表演经验的稚嫩，明星气质的不足，没有熠熠生辉的光环，可谓是一只丑小鸭，当他们成为白天鹅的时候，就不是演我的戏的时候。陆毅后来的个人魅力肯定超过《永不瞑目》时的，但个人影响力和观众喜爱度没有超过《永不瞑目》时，后来他也遇到过一些非常杰出的导演，也不能说个人不努力。我认为，主要原因是，没有能够为他提供一个具有足够魅力的角色。相聚时，陆毅多次表达希望继续合作，但是由于种种原因，没有合作成。

问：海岩剧似乎都是成功的，但许鞍华执导的、明星堆积的影片《玉观音》似乎是失败的？

答：他们敢于对故事风格、基调、脉络、人物大动干戈，说明没有理解这个故事。影片《玉观音》完全弃用了我的风格和脉络，但弃用不了国内警察体制内的现状。由香港编剧来改编，整个剧本极其失败，再加上许鞍华也不了解内地的警察生活，写出来的故事不伦不类。

问：你所写的东西既不是亲身经历，也不是专门体验，也不是主动采访，那依靠什么呢？

答：想象。

问：近十年来，你每年发表近百万字。要知道，你是在一个万人企业担任一把手，而且是实职。小说所描写的如云南、绍兴等地你至今没去过。你还不会打字，手写速度自然慢。所以有人怀疑这些小说不是你自己写的，而出自一个写作班子？

答：我没法反驳。我难道非要强调是自己写的？现在社会上还真有人站出来说："我是《玉观音》的真正作者。"小说所描写我没去过的地方，我一般都看资料光盘。

问：还有一种说法，海岩不是创作力强，而是凝聚力强。可以让许多优秀写手永远不出头。当然，你把稿费都给了别人，你只赚了个名。

答：我还就在乎利不在乎名。你说小说是别人写的没关系，但拿走稿费我不干。如果非要去证明，我有800万字的手稿。这是无法伪造的，这些手稿都改得乱七八糟。不同的小说写在不同的纸上。

问：《深牢大狱》写在什么纸上？

答：写在一个小黄皮笔记本上。而《河流如血》则写在我们公司的办公用纸上。过一阵子中国作协会要展出这些手稿。

附　录

附录一："海岩产业链"搜索关键词

当红作家、畅销作家、商人海岩、作家海岩、畅销小说、赵宝刚、海岩现象、海岩产业链、海岩电视剧（海岩剧）、海岩模式、海岩制造、海岩文学、《便衣警察》、《一场风花雪月的事》、《永不瞑目》、《你的生命如此多情》、《玉观音》、《拿什么拯救你，我的爱人》、《平淡生活》、《阳光像花一样绽放》、《河流如血》、《五星饭店》、造星

附录二：A 类文章目录

⊙ 大海中永不下沉的岩礁——海岩论/高洞平//天中学刊 1992 - 02
⊙ 精神之海中不沉的岩石——海岩文学创作论/高建平//宁夏社会科学 1992 - 04
⊙ 以情动人——海岩新作《永不瞑目》/丹晨//博览群书 1998 - 02
⊙ 海岩：畅销小说第一人/萧淮//中华新闻报 2001 - 03 - 23
⊙ 有感于海岩成为现象/解玺璋//北京纪事 2001 - 06
⊙ 抒情英雄　海岩/燕晓东　黄曼红//知识经济 2001 - 07
⊙ 海岩："炮制"明星的作家//中华读书报 2002 - 01 - 02
⊙ 酒店设计：缔造现代文明的样本——访昆仑饭店董事长侣海岩//中国旅游报 2002 - 01 - 25 第 005 版
⊙ 作家海岩：一心能二用/郑玉敏//聪明泉（科幻 & 奇幻）2002 - 05
⊙ 一半是小说一半是影视/甲民//法制日报 2002 - 10 - 25
⊙《玉观音》：海岩抒发"红色情怀"/向兵//人民日报 2002 - 12 - 06
⊙ 海岩：一个畅销书作家的写作/鲍红//出版参考 2002 - 20
⊙ 从"英雄的人"到"人的英雄"——浅析海岩公安题材小说中英雄形象的蜕变/李军//山东教育学院学报 2003 - 01
⊙ 海岩小说走红影视圈探问/姚鑫隆//新余高专学报 2003 - 04
⊙ 关注人生　品味情感——读海岩新作《平淡生活》/罗银胜//光明日报 2003 - 05 - 07
⊙ 各领风骚三五天——与海岩对话装饰设计/王雁宾　张振光　沈天游过兴元//北京文学（精彩阅读）2003 - 06
⊙ 各领风骚三五天——与海岩对话装饰设计/王雁宾　张振光　沈天游过兴元//北京文学（精彩阅读）2003 - 07
⊙ 海岩盛赞电视剧《玉观音》音乐/张志鹏//音乐周报 2003 - 08 - 01
⊙ 海岩新作反映主旋律/曾维平//文学报 2003 - 08 - 21
⊙ 海岩：给文学找寻更广大空间/李彦//中国新闻出版报 2003 - 09 - 24
⊙ 固守内心深处的那一份浪漫——访海岩/王金跃//当代电视 2003 - 10
⊙ 海岩：文坛商海竞风流/小松//神州 2003 - 10
⊙ 海岩一不小心就整个冠军/张晓君//体育博览 2003 - 10
⊙ 海岩：我是地地道道的商人/叶加//财经时报 2003 - 10 - 11
⊙ 长篇小说《深牢大狱》：海岩模式的"人性"光彩/木弓//文艺报 2003 - 10 - 14
⊙ 从《海岩长篇经典全集》谈如何实施图书最佳市场营销策划/侯样祥//中国文化报 2003 - 11 - 03
⊙ 谈如何实施图书最佳市场营销策划——从《海岩长篇经典全集》/郑林杰//今日信息报 2003 - 11 - 15
⊙ 海岩：鱼与熊掌兼得/钟华友//法律与生活 2003 - 16
⊙ 文学与商业的联姻/刘卫华//山东师范大学 2004
⊙ 此情可待——解析海岩剧对"情"的酿制独具匠心/刘徽//声屏世界 2004 - 02
⊙ 你的生命如此多情——透析海岩剧的成功之道/林建峰//视听界 2004 - 02
⊙ 海岩制造　关于电视剧版和电影版《玉观音》//大视野 2004 - 03
⊙ 海岩的生命如此多情/鸿水//Women of China（中文海外版）2004 - 05
⊙ 海岩：不时尚的事情和时尚的结果//中国民营科技与经济 2004 - 05
⊙ 向青春的纵深处打捞理想和爱情——海岩小说创作透视/姚国军//南阳师范学院学报 2004 - 08
⊙ 海岩：感受文学的平常心/杨少波//人民日报 2004 - 08 - 04
⊙ 海岩的意义/解玺璋//北京日报 2004 - 11 - 07
⊙《平淡生活》深圳荧屏不平淡/王樽//深圳特区报 2004 - 11 - 26
⊙ 爱情：一种纯真的美——对"海岩剧"的情感解读/黄冲//电影文学 2004 - 12
⊙ 海岩的精彩人生/徐翼//啄木鸟 2005 - 01
⊙ 瑰丽的都市梦幻——海岩小说创作漫谈/杜应　胡艳//乐山师范学院学报 2005 - 02
⊙ 海岩的风格——《拿什么拯救你，我的爱人》有感/孙博//吉林人大工作 2005 - 02
⊙ 浪漫与悲情——海岩小说艺术谈/张爱民//滨州学院学报 2005 - 04
⊙ 海岩："唯大英雄能本色"/裴钰//北京纪事 2005 - 05
⊙ 现实中的"真空爱情"理想——漫谈海岩作品/唐晓//湖北成人教育学院学报 2005 - 05
⊙ 文学与影视结合的宠儿——海岩小说论/刘芳//湖北成人教育学院学报 2005 - 05
⊙ 海岩　两剑在手文武自如/北岳//中华儿女（海外版）2005 - 08
⊙ 海岩专访："海岩文化产业链"新景象//WSwire. com 2005 - 12 - 13
⊙ 海岩故事：我算红了十年的人/徐林正//大众电影 2005 - 22
⊙ 幸福感中折射出的人性美——析海岩的《玉观音》/武萍娟　赵新峰//社会科学家 2005 - S2
⊙ 海岩剧探说/安晓燕//南京师范大学 2006
⊙ 消费时代文学与影视的合谋/王东明//华中师范大学 2006
⊙"海岩模式"及其思考/姚皓韵//北京电影学院学报 2006 - 03
⊙ 论消费主义时代的大众文化产品——以海岩的作品为例/李书萍//保定师范专科学校学报 2006 - 03
⊙ 打捞"海岩文化产业链"新景观/胡嵘　王辰//中国电影报 2006 - 03 - 02
⊙ 海岩：写最有兴趣的事/王明峰　宋冰//人民日报海外版 2006 - 03 - 31
⊙ 海岩的自我颠覆/徐林正//大众电影 2006 - 06
⊙ 凄美婉约　至情至性——解读海岩小说的悲剧情结/徐芬　庄宗荣//福建商业高等专科学校学报 2006 - 06
⊙ 中国偶像教父海岩十年神话　盘点历部剧集（附图）//武汉晨报 2006 - 07 - 21
⊙ 2006 年恰好"海岩剧"十年　细数其创作十年（图）//今日早报 2006 - 08 - 11
⊙ 海岩：我可不是男琼瑶/徐梅//南方人物周刊 2006 - 09
⊙ 海岩：当红作家的经商之道/韩英杰　向军//财经时报 2006 - 9 - 11
⊙ 海岩小说中的情结/朱伟峰//安徽文学（下半月）2006 - 11
⊙ 海岩其人：比小说更精彩/金香郁//刊授党校 2006 - 11
⊙ 论海岩小说模式对当代通俗小说创作的启示/莫林虎//贵州教育学院学报（社会科学版）2007 - 01
⊙ 海岩通俗剧的文化意蕴探析/李拜石//六盘山 2007 - 01
⊙ 文学市场化背景下的个性写作——海岩小说代表作简评与反思/吴立彬//湖南农业大学学报 2007 - 01
⊙ 海岩小说走红原因分析/朱伟峰//南昌高专学报 2007 - 02
⊙ 另类海岩：我是全中国最业余的作家/利君//时代青年（月读）2007 - 03
⊙ 类型融合的价值——以海岩小说为例/莫林虎//郑州大学学报（哲学社会科学版）2007 - 06
⊙"偶像教父"海岩：我的戏卖点就是我//郑州晚报 2007 - 11 - 14
⊙ 央视为何偏爱海岩的《五星大饭店》？//E 视网 2007 - 11 - 14

- 海岩剧到底捧红了多少明星？／何东／／湖南经济网 2007－11－28
- “五星大饭店”造星大成功／／http：//news. h863. com 2007－11－28
- 听海岩谈情说爱——海岩剧 20 年／／青岛画报 2007－12
- 海岩小说流行原因剖析／顾栋栋／／科技信息（学术研究）2007－29
- 2007，海岩制造……／吴同／／电影 2008－01
- 论海岩剧作的创作特色／李雁／／中共济南市委党校学报 2008－01
- 周一围：能演海岩剧，是我的运气好／赵岩／／伴侣（A 版）2008－02
- 在文学史的视野里——从故事性看海岩小说的创作路向／刘兴维／／井冈山学院学报 2008－03
- 论海岩现象对于当代通俗小说创作的启示／宋石磊／／现代语文（文学研究版）2008－07
- 海岩：写作是意外收获／吴虹飞／／南方人物周刊 2008－08
- 作家海岩：不是明星的“明星”／／赵斌／／中国经济网 2008－08－22
- 海岩——造星大师名不虚传／赵斌／／人民网 2008－08－22
- 海岩剧成专有名词　海岩：最大卖点就是我／／成都日报 2008－08－22

附录三：B 类文章目录

- 你拿什么拯救自己，海岩／苏牧／／文汇报 2002－11－15
- 海岩浮躁评《我笔下的七种罪》／王俊红／／吉林日报 2003－04－05
- “海岩剧”的七年之痒／杨彬彬／／南方都市报 2003－04－21
- 海岩新剧为何叫座不叫好／师文／／经济日报 2003－07－29
- 《河流如血》：重复的海岩／蔡诚／／法制日报 2004－08－06
- 给海岩泼点冷水——从《平淡生活》看海岩电视剧存在的问题／安晓燕／／中国电视 2005－06

附录四：C 类文章目录

- 海岩小说创作漫评／李欣／／文学评论 1998－05
- 海岩　从警察到作家／王莉莉／／人民公安 1999－11
- 海岩　让孤独撒点野／田子／／英才 2000－08
- 现实的，也是浪漫的　传统的，也是时尚的——读海岩新作《玉观音》并听他说／高红十／／工人日报 2000－10－28
- 海岩：我的写作与经历无关／萧淮／／检察日报 2001－03－25
- 海岩小说论／杨子彦／／理论与创作 2001－04
- 海岩——写小说的董事长／艾明秋／／电影 2001－05
- 海岩：“炮制”明星的作家／柳笛／／大众电影 2001－06
- 海岩：我的文学潜能还没有充分发挥／苏万柳／／文学报 2001－09－06
- 海岩：煽情高手？／许攀／／中国新闻周刊 2001－13
- 海岩言商／王和岩／／中国商界 2002－05
- 抽象海岩／燕子／／中国商界 2002－05
- 现在流行爱情——海岩访谈录／解玺璋／／北京日报 2002－12－15
- 海岩比较旧文新作　丁黑解读《平淡生活》／潇虹／／人民日报海外版 2003－03－28
- 海岩生活刻板精神浪漫／管峰／／教育与职业 2003－04
- 海岩：不想在文坛谋求地位／续鸿明／／中国文化报 2003－04－03
- 关于“海岩剧”的模拟圆桌四人谈／杨彬彬／／南方都市报 2003－04－21
- 在荧屏上与海岩相遇／丁丹／／广东艺术 2003－05
- 残酷青春——评海岩的电视剧《玉观音》／／北京日报 2003－07－20
- “海岩剧”离了赵宝刚还好看吗？／傅庆萱　索佩敏／／文汇报 2003－07－29
- 海岩　从尿床小兵到大款作家／任嫣／／晚报文萃 2003－10
- 两“情”若是久长时——海岩作品赏析／黄婉秋／／好家长 2003－11
- “琼瑶大叔”咋的了／／中国图书商报 2003－11－14 第 B15 版
- 访“残疾人”作家海岩／林芳／／全国新书目 2003－12
- 黑白海岩／闫文健／／IT 经理世界 2003－21
- 海岩：“我不愿定义自己是编剧”／丁尘馨　粲然／／新闻周刊 2003－32
- 谁会走出海岩的《深牢大狱》／文心／／中国文化报 2004－01－09
- 海岩酒店设计独白（一）／海岩／／中国旅游报 2004－01－21
- 海岩酒店设计独白（二）／海岩／／中国旅游报 2004－02－04
- 海岩酒店设计独白（三）／海岩／／中国旅游报 2004－02－11
- 海岩酒店设计独白（四）／海岩／／中国旅游报 2004－02－18
- 海岩酒店设计独白（五）／海岩／／中国旅游报 2004－02－25
- 广西专家谈“海岩”／蒋林／／广西日报 2004－03－29
- 论海岩小说创作中的两大主题／姚国军／／当代文坛 2004－06
- 海岩小说创作简论／穆厚琴／／零陵学院学报 2004－06
- 海岩书刚出盗版早上市／韩小蕙／／光明日报 2004－07－15
- 海岩要自己拍电视剧／／上海青年报 2004－07－18
- 穿便衣的海岩／杨鸥／／人民日报海外版 2004－07－23
- 海岩独特的味道／巨睿／／中国邮政报 2004－07－24
- 被重复的海岩／蔡诚／／中国青年报 2004－07－25
- 狭隘的文学观念造成本土畅销书缺失——海岩作品畅销现象面面谈／／中国图书商报 2004－08－13
- 海岩：写作是为了生活／徐颖／／中国乡镇企业报 2004－08－23 第 004 版
- 海岩：创新是我生存的必须／张诚／／三月风 2004－09
- 写作是他的摇头丸：海岩／王谦／／出版广角 2004－10
- 海岩：最有说服力的是时间／张洁／／人民论坛 2004－12
- 海岩如是说／晓贝／／出版参考 2004－35
- 海岩小说主题论／纪海龙／／太原教育学院学报 2004－S1
- 消费主义时代的影像叙事与性别政治——以海岩的电视言情剧为例／张兵娟／／理论与创作 2005－02
- 总有一种真情让你感动——访海岩／贾海红／／人民教育 2005－02
- 道德归罪与自我归罪——论海岩电视言情剧的性别政治／张兵娟／／职大学报 2005－03
- 海岩访谈录：一手伸向传统一手伸向现代／王民德／／新美域 2005－03
- 影视圈黄金拍档聚散无常——海岩与丁黑再度结缘《平淡生活》／丁冠景　思颖／／南方日报 2005－03－18 第 A14 版
- 金钱和爱情的交锋——解析海岩小说中的人性／张洁／／湖北成人教育学院学报 2005－04
- 海岩小说创作中的悲剧美学／文博／／当代文坛 2005－06
- 海岩：我需要一个走的过程／白郁虹／／电影 2005－07
- 海岩：“三心二意”的职业人生／骆潇／／职业 2005－08
- 直面文化生态的缺失／韩美林、海岩、姜昆聚谈中华传统／傅小平／／文学报 2006－01－19
- 海岩小说的情节模式分析／王利剑／／重庆科技学院学报（社会科学版）2006－02
- 海岩眼中的男人女人和家庭／海岩／／大众电影 2006－05
- 海岩小说的几种叙述模式及弊端／姚国军　李霞／／广东海洋大学学报 2006－05
- 海岩剧还能红多久——海岩访谈／／大众电影 2006－06
- 海岩　我的生命并不多情／化蝶／／东方养生 2006－08
- 沉重的青春——读海岩《河流如血》／何春燕／／泉州文学 2006－09
- 商人海岩　“因为太缺钱了！”／昝慧昉　阿庚／／中国新时代 2006－12
- 大众文化的“商品”——海岩小说／刘平／／文学研究 2006－12
- 海岩　游走在商界与文坛之间／李磊／／中关村 2006－12
- 悲剧无罪　快感至上——浅析电视剧《阳光像花一样绽放》中的悲剧情结／那彦／／电影评介 2006－18
- 海岩：旅游酒店如何设计／Tina IC／／旅游时代 2007－01
- 海岩：专业商人业余作家／燕怡／／商业文化 2007－01
- 论海岩小说的女性叙事／张引／／常熟理工学院学报（哲学社会科学版）2007－01

⊙ 论海岩小说的青春成长主题/刘兴维//江苏工业学院学报（社会科学版）2007-01
⊙ 论海岩小说的两大叙事阵地/张崇员//山东省农业管理干部学院学报 2007-01
⊙ 爱的背叛与救赎——谈海岩作品《玉观音》中的爱情观/吴晓旭//齐齐哈尔大学学报（哲学社会科学版）2007-01
⊙ 海岩："选秀"泛滥，商业边缘了文化/尹欣　吕林荫//解放日报 2007-01-19
⊙ 海岩：黄花梨凝结文人情趣/姜媛//深圳商报 2007-01-22
⊙ 现代版的"人妖之恋"——以海岩《玉观音》为例/莫林虎//江西教育学院学报（社会科学版）2007-02
⊙ 爱的背叛与救赎——浅谈海岩作品《玉观音》的爱情观/吴晓旭//绥化学院学报 2007-03
⊙ 海岩小说创作论/曹松//江苏工业学院学报（社会科学版）2007-04
⊙"星爸爸"海岩：唯愿爱子星途多坎坷/海霞//北京纪事（纪实文摘）2007-05
⊙ 电脑网络助长"小说枪手危机"——虚拟"祥子"打破海岩"平淡生活"/罗铮//中华新闻报 2007-06-13
⊙ 海岩大修《舞者》　拟分两册出版/章红雨//中国新闻出版报 2007-06-18
⊙ 海岩小说的"单亲现象"/邓英//四川教育学院学报 2007-07
⊙ 商人海岩/昝慧昉//名人传记（财富人物）2007-07
⊙ 孤独比爱与死更永恒——浅析海岩小说中的爱情悲剧/唐秋//哈尔滨学院学报 2007-08
⊙ 青春像花儿一样绽放——论海岩小说的青春书写/刘兴维//安徽文学（下半月）2007-10
⊙ 文坛权力之争，孰是孰非？——商业运作下的当代文学生产机制变革探讨/詹玲//今日中国论坛 2007-10
⊙ 海岩：品味时尚的商务生活/张志峰//经理日报 2007-10-19
⊙《五星大饭店》首播　海岩称投资失败"破产"//中青在线 2007-11-01
⊙ 海岩这次下的还是"金蛋"吗？/杨青//中国文化产业网 2007-11-12
⊙ 自驾游，探寻海岩剧中的圣地云南/杜薇//中华工商时报 2007-12-05
⊙ 呼唤真善美　讴歌饭店人——访中国旅游饭店业协会会长、锦江集团副总裁海岩/吴小梅//中国旅游报 2007-12-12
⊙ 商人海岩/昝慧昉//半月选读 2007-18
⊙ 解读海岩电视剧中警察形象的变迁/申会娜//电影文学 2007-18
⊙ 肝肠寸断的都市爱情——海岩小说创作漫谈/颉栋栋//科技信息（学术研究）2007-27
⊙ 论海岩作品中的"灰姑娘"形象/张军艳//现代语文（文学研究版）2008-01
⊙ 海岩：我不做儿子的绊脚石/观澜//黄河·黄土·黄种人 2008-01
⊙ 解读海岩塑造女性形象的密码/刘洁琼//长治学院学报 2008-01
⊙ 海岩：给儿子低调的爱/观澜//健康生活（下半月）2008-01
⊙ 变形金刚海岩的文学面貌/杨葵　李雁刚//明日风尚（生活态度）2008-02
⊙ 海岩谈做人/海岩//幸福（悦读）2008-06
⊙ 海岩剧热潮浅谈//李迪　刘莹//成人教育 2008-06
⊙ 海岩简介//中国教育在线 2008-07-31
⊙ 电子传媒时代的小说图景/周小玲//西南师范大学 2003
⊙ 小说：在影视时代/申载春//南京师范大学 2004
⊙ 那一双"善于勾织的纤纤巧手"/王利剑//重庆师范大学 2005
⊙ 海岩小说创作论/吴修成//兰州大学 2006
⊙ 畅销书的信息传播特征研究/卢芳//北京印刷学院 2006
⊙ 论海岩作品的悲剧意识/付鹏//华中师范大学 2007
⊙ 消费时代的和谐变奏/刘妍//南昌大学 2007
⊙ 海岩创作的大众化倾向/郑宁//吉林大学 2007
⊙ 海岩电视剧叙事话语研究/甄晓文//中国艺术研究院 2007
⊙ 危机与新生/陈洁//西北大学 2008
⊙ 小说：红红火火上荧屏/舒晋瑜//中华读书报 2001-10-31
⊙ 文学该值多少钱//中国质量报 2003-07-11
⊙ 影像文学：阅读与影视共舞/周松　魏心安//新京报 2004-09-21
⊙ 图书原创：声音与走向/延琳//出版参考 2004-28
⊙ 为物质化世界编造一种幻境/刘鹏凯//珠海特区报 2006-11-27
⊙ 独步文坛　各领风骚——2007 出版界风云人物扫描/邢仔芹//工人日报 2007-11-30
⊙ 作家：文化向左，商业向右？/袁跃兴//石家庄日报 2008-05-06

新东方教育产业

一、2008年7月—9月，我们设计了14个中文关键词（见附录一），在网上对“新东方教育产业”进行检索，剔除其中大量的无效信息、重复信息和只字片语式的评论，得到的统计结果是：2000年—2008年9月5日，纸质媒体发表的各类研究、评论、报道共计154篇。

二、我们根据上述统计材料，对相关内容进行了分类，得出以下结论：

A：在共计154篇的评论、研究和报道中，对新东方教育予以充分肯定、基本肯定的共计109篇，占总数的70.77%。(见附录二)

B：在共计154篇的评论、研究和报道中，对新东方教育产业予以完全否定、基本否定，或只做负面报道的文章共计7篇，占总数的4.54%。(见附录三)

C：在共计154篇的评论、研究和报道中，对新东方教育产业无明确评价指向或无法做出分类归属的共计39篇，占总数的25.3%。(见附录四)

三、我们从上述154篇文章中辑录出有关新东方教育产业的重要研究观点（包括批评意见）33条。

四、我们从上述154篇文章中辑录出有关新东方教育产业效益方面的报道13条。

五、我们集体讨论选编了有关新东方教育产业的重要文章4篇。

1. “新东方”的产品营销/董健//中华商标 2006-05

2. 新东方的蝴蝶效应/杜晨//IT经理世界 2006-19

3. 新东方教育集团董事长俞敏洪分析中国教育产业的出路/马晓岚//科学时报 2006-07-26

4. “新东方”上市告诉我们什么/张铁明//教育与职业 2006-31

六、附录

附录一：“新东方教育产业”搜索关键词

附录二：A类文章目录

附录三：B类文章目录

附录四：C类文章目录

重要观点辑录

关于新东方教育集团成立的意义及影响

在中国的教育界，俞敏洪是一个传奇式的人物。高考数次落榜，他不气馁，复读时他还要开拖拉机、干农活，终于在第三次高考时一举考取北大西文系；毕业后，同学们纷纷出国，他却失败了几次；他沉寂了7年，在北大教书，也思考了7年。1991年，他勇敢地抛弃了铁饭碗，1993年，他拎着糨糊桶在海淀的大街小巷到处张贴他的托福培训广告，开始了艰辛的创业。几年后，他创办的新东方学校从“星星之火”发展到“燎原之势”。目前，新东方学校已经占据了北京80%、全国50%的出国培训市场，年培训学生近20万人次，70%的中国留学生是从新东方走出去的。

（摘自苏景玲：《新东方学校的品牌铸造师——访新东方学校校长俞敏洪》，《中国品牌与防伪》2008年第5期）

创业的经验可以借鉴，企业的文化气息和价值追求则是由企业家的自身底蕴和终极目标而决定，无法效仿亦无从复制。新东方的独特文化和价值体系源自俞敏洪内心深处至真、至情、至善的人文情怀。

教育是一种氛围，而不是一栋楼或多少资产，新东方的上空笼罩着一股“气”，这是人才的沉淀形成的。人散了，“气”就散了，事业也就散了。

（摘自彭曲波：《触摸新东方　俞敏洪的人文情怀和新东方企业文化的建设》，《科技创业》2007年第4期）

“新东方的品牌99.9%都是来自语言，这个品牌太强，对IT培训业务很难在这个品牌中找准自己的空间。”

——吴雷曾、俞敏洪……

对这家快速发展中的人才培训服务公司来说，新东方大厦的办公空间太拥挤。东方标准以搬家这种更具形式感的方式提醒人们此东方已非彼东方了。

（摘自商思林：《东方标准——新东方下的“蛋”》，《商务周刊》2008年1月20日）

“从绝望中寻找希望，人生终究辉煌!”这是新东方的校训，上市后有人建议俞敏洪修改校训，但他却说：“绝望是一种现实困惑或人生困惑，而这种困惑不会因为财富、地位的增加而不存在，这种理念更多的是灌输学生活下去的理念，让学生更加坚强。让学生感受到历经痛苦决不回头的努力，是绝望后坚忍不拔的继续追求，是颤抖后重新积聚的力量。学生在新东方学习英语，同时收获面对失败勇于重整旗鼓的精神。”

（摘自杨好：《什么是成就新东方的核心精神？——访民盟中央委员、新东方教育科技集团董事长兼总裁俞敏洪》，《人民政协报》2007年5月23日）

以人为本的教学创新潜力巨大……

让舒畅和谐的校园文化产生效益……

教育的公益化方向是学校的生命力所在……

（摘自夏欣：《“新东方”带来哪些思考?》，《光明日报》2001年10月26日）

在众多新东方的后来者面前，新东方坚信品牌的价值，“在教育培训行业，要做出品牌首先就是要看教学质量。”俞敏洪认为新东方的核心竞争力其实就是老师，是俞敏洪等新东方的创始人通过十余年的实践对中国教育行业的理解。新东方除了培养老师一般性的教学水平、技巧及对教材的熟练性之外，更多的是在培养老师的表达能力及个性。

（摘自杜晨：《新东方慢跑》，《IT经理世界》2007年第23期）

据了解，纽交所和纳斯达克市场对上市公司有不同的“偏好”：纳斯达克市场习惯于吸引那些科技型的高增长的公司，而纽交所则一般是传统企业在上市。按照以前的经验，一般像新东方这样具有风险投资背景的中国公司都会选择在纳斯达克上市，其次是香港市场，但新东方此次却选择了在纽交所上市。

（摘自张超：《新东方敲响股市钟　俞敏洪成为“中国教师首富”》，《证券时报》2006年9月10日）

产业化或许是中国民办教育发展的一种好方法，但中国教育的整体发展不会走产业化的道路。

……

“新东方上市最大的好处就是可以募集到大量的钱，用于学校的发展，这对中国普遍缺少经费的民办教育来说，有很大的启示作用。”——孙保全

……

不管将来如何，毕竟新东方率先迈出了这么一步。这对中国的民办教育机构来说，是个好的开始。

（摘自兰辛珍：《新东方上市：中国民办教育产业化之路的开始?》，中国网2006年10月8日）

新东方图书的销售与新东方集团各种培训有着紧密联系，庞大的学生群体就是新东方系图书的发行对象。

（摘自施剑松：《新东方踏进出版的那只脚》，《科学时报》2002年11月1日）

中国人喜欢把教育者和商人隔离开来的概念，商人用国外的话来说也叫企业家或者创新者，商业社会带动了很多社会规矩和国家规矩以及平民大众平等的建立。

新东方进一步发展和为中国教育做更大贡献的问题，把新东方上市的形象和中国教育的使命结合起来的问题。

（摘自刘洪彬：《用美国人的钱办好中国的教育——与新东方创始人俞敏洪面对面》，《国际商报》2006年9月28日）

新东方上市给中国民办教育行业发展树立了一个标杆。把东西方优秀文化结合起来，办国内外最好的教育，这是未来新东方的最大梦想。

……

无论你是学生还是已经就业，如果你想学英语，第一个想到的恐怕就是新东方，而这正是新东方最可依靠的无形资产。

……

“新东方未来会进入汉语培训市场，这是我们扩展语言培训的重要部分。不过目前还只做了一些基础工作，因为汉语培训需要全新的经营模式。”——俞敏洪

（摘自王秋凤：《俞敏洪：将教育演变为财富》，《经济观察报》2007年1月1日）

“资源是在趋向于快速发展、品牌好、服务周到的机构集中。”俞敏洪说，“新东方在某种意义上统领着一个潮流、一个走向。未来3到5年应该能看到这种趋势。”

……

有人说，新东方集团董事长俞敏洪在哈佛和耶鲁的号召力，超过了中国任何一位大学校长，这也许有些夸张。可你不得不承认，目前中国留学海外的人员中，有一大半以上的人知道俞敏洪和新东方。

（摘自刘洋：《俞敏洪上市杠杆撬动新东方》，《财经时报》2006年7月10日）

“新东方的成功上市将有助于中国民营企业对纽交所的认识和了解，并增加其利用美国主要资本市场实现发展的机会。”——纽交所亚太区执行董事赵一力

（摘自于海涛：《新东方挂牌纽交所——最富教师俞敏洪：身家超2亿美元》，《21世纪经济报道》2006年9月11日）

能一举登陆美国纽约证券交易所，“新东方”这块牌子起到举足轻重的作用。中国自古就是尊师重教之地，但是能将教育与产业化极好地结合在一起而不背任何骂名的，可能新东方是一个典型。

（摘自刘柯：《新东方上市重估教育产业化》，中国教育先锋网2006年9月11日）

“学校的一切以学生满意为最高原则”，这是校长俞敏洪在谈到办学思想时脱口而出的回答。这一办学的最高追求使“新东方”的教学充满魅力与特色。

特色一：教师在讲台上始终生龙活虎，保持饱满的情绪状态，语言力求通俗、精妙、风趣，注重双向交流和默契，让学生即使在数百人的课堂上也听得津津有味。

特色二：最大化开发英语学习能力，注重教学模式的创新和多样化：“激情式教学”把学英语变成激情催化下的享受；“美语思维”的一套技巧打开了说美国口语的一扇门；“语音提高”有效治疗在发音、处理句子节奏、旋律方面的“语言疾病”……

特色三：在教学环节中渗透奋斗精神，让学生在建立学好英语信心的同时，也建立对人生的信心，感觉自己“在有计划地向目标迈进，无论社会和经济地位高低，水平高低，从现在这个起点走，就能走出精彩”，影响他们对人生对未来事物的看法。

（摘自夏欣：《“新东方”带来哪些思考?》，《光明日报》2001年10月26日）

从商务模式上看，新东方的模式是一个可重复的有持续增长的服务性模式，新东方是一个以实体为盈利手段，以网络为配合的公司。而很多教育机构投资之后，只搭了一个架子，空谈概念和模式。

（摘自季红：《留学教父俞敏洪：解读新东方上市》，《经济导刊》2006年第11期）

新东方给我们提供的另外一重重要思考，是民间教育家的功能。

……

我们并不乏自己的教育家，缺的是对他们的认可、肯定、表彰和传播。

（摘自杨东平：《新东方教育的启示》，《企业文化》2007年第6期）

如果把成立之初的新东方学校比喻成一辆在大街上招揽散客的小公共汽车，那么今天，它正在被庞大的市场需求搞得拥挤不堪，这所始于1993年的以英语考试与培训为主的民办学校目前已无愧于“中国第一大”的派头。

（摘自刘惠玲：《新东方的野心》，《商务周刊》2001年第Z1期）

秉着务实的态度，新东方开设每一门课、出版每一本参考书、网络上发布每一条信息，都是经过众多权威教师反复研究、实验后推出的。无论是在教育教学方面，还是在管理经营方面，新东方人都有自己最新颖、最独特的理念。

（摘自回芳　胡晓曼　回君：《阳光事业阳光人——记新东方教育集团》，《瞭望》2002年第39期）

新东方教育成功的原因分析

新东方的成功不仅在于它向学生传授了一套应对英语和出国考试的方法和技巧，更重要的是它在教书的同时，突出了以励志为中心的思想教育。

（摘自张曙光：《新东方案例与教育业发展》，《职业技术教育》2005年第21期）

长期以来，不少中国知识分子的前途无外两条，或“学而优则仕”，或壮志未酬退求学术。而我国商业成功人士的来源，在传统上也不外两个：祖传的商业世家和断了入仕、治学可能的穷苦人通过奋斗发财。前者由于近几十年的特殊历史背景，在内地几近绝迹。因此，人们在改革开放以来的一段时间内所知晓的富人，所从事行业亦缺乏技术含量，为知识人所不屑。这种知识与财富的疏离和对抗，正是近现代中国多项改革措施遭遇阻碍、和谐社会建设仍任重道远的重大原因之一。

而新东方诸创始人和与之类似的20世纪90年代归国创业的大量高学历者们，却打破了这一藩篱，创造了“知本家”的神话，他们所从事的行业是无知识者无法涉足的，他们的管理经验、处事谋略都与中国传统上对商人的成见难符。他们的成功，成为诸多寒窗苦读者的希望，以鲜活的事实宣告了“读书无用论”之破产，比再多的思想教育、行政措施都有效。

（摘自杨继：《新东方成功的启迪》，《新京报》2006年9月10日）

新东方能走向成功，因素很多，但我认为最重要的一条就是注重客户的满意。菲利普·科特勒提出，在新经济下，营销的成功势必要从顾客的角度出发，企业需要以顾客观念制定相应的营销战略。

内修核心竞争力。新东方之所以区别于其他同类企业而获得了高速发展，和独特的师资有密切联系。具有别具一格的教学方式的老师是支持新东方高速发展并取得成功的核心竞争力。而新东方不拘一格的用人方式使这种核心竞争力得以保持和延续。

外修，指的是外传新东方品牌。新东方不仅教学生英语，还要教他们做人的胸怀、理想、追求和目标。新东方的梦想就是为了中华民族的伟大复兴，新东方不能忘记作为教育家的社会责任。

（摘自苏景玲：《新东方学校的品牌铸造师——访新东方学校校长俞敏洪》，《中国品牌与防伪》2008年第5期）

新东方的成功，得益于其“入场早、发展快”的先发优势，更有整个就业环境剧变对“再教育”产业的助推作用。

（摘自齐飞：《换个角度看新东方上市》，《中国经贸》2006年第11期）

最初的新东方之所以会成功，最主要的核心是它有着一群真正优秀的老师。这些老师非常地幽默、非常地夸张、非常地忘我而且非常地充满激情。

……

在新东方看来，它的成功还因为他们有着最优秀的学生。新东方总是希望把那些最理性、最批判、最挑剔、最质疑、最可能去改变中国未来的学生聚集到新东方来。当这群人聚集在新东方的时候，恰恰是他们的批判、挑剔会对新东方的任何不足的地方提出质疑，而这种质疑和批判就会成为新东方的动力，让人们不敢懈怠，不断地向前冲。

（摘自杨柳：《激情的老师挑剔的学生——新东方成功的秘诀》，《中关村》2004年第12期）

新东方的无穷魅力，新东方的无法拷贝，新东方的一枝独秀，皆由其独特的企业文化和人文气息而造就，凡是到新东方来过的人，都在新东方感觉到了一种活力、一种顽强和一种豁达，这种新东方文化和气息形成和传承的过程更值得我们的读者、创业者细细品味和反复琢磨。

（摘自彭曲波：《触摸新东方》，《科技创业》2007年第4期）

加强公司治理，建立现代企业制度，始终是我国经济建设的重要内容，也是国人关注的重点。东方教育科技集团（简称新东方）是我国目前最大的民营教育机构，也是我国民办教育的典范。研究新东方的上市过程，探讨公司的治理模式，对于加快公司改革，完善公司管理，适应经济全球化，使企业走出国门，面向世界，有着一定的指导意义。

（摘自陈华新　陈哲：《从新东方上市看公司治理模式》，《鸡西大学学报》2008年8月第4期）

生活中苦难的解脱就是一念之差，不需要修炼多少年，做多少伟大的事业。我现在的心态是，比如这杯水是新东方的，失去这杯水，前边还有个话筒，比水更重要，话筒被别人抢走了，还有水晶杯。只要往前走，通常都能获得自己想要的东西。生命中的东西要努力才能得到，往前走一步就离目标近一步，当努力到一定程度，它就属于你了。

（摘自：《人要哲学地活着——俞敏洪先生访谈录》，《经济理论与经济管理》2003年第10期）

“人生总有一种梦想，梦想总要给自己留点时间去实

现。我所有的这些梦想基于不管我是否在‘新东方’当董事长，我在背后做这些事，都是为了能推动‘新东方’品牌的发展。因为，说到底我的名字跟‘新东方’是分不开了，所以我即使在‘新东方’不担任任何管理职位，我在外面做的任何一件事情，人们都会把我跟‘新东方’联系在一起。那么，我在外面做的任何一件事情都必须是推动‘新东方’品牌发展的事情，这是我的宗旨，是绝对不可能变的。除非有一天‘新东方’没有了，那就不能为它的品牌做贡献了。”——俞敏洪

（摘自欧莉：《如果“新东方”没了》，《华人世界》2007年第9期）

“人生的机会通常是有伪装的，它们穿着可怕的外衣来到你的身边，大多数人会避之不及，但那些具备独特素质的人却能看到其本质并抓住它们。”——俞敏洪

（摘自李士伟：《悲喜俞敏洪：演绎从草到树的神话》，《教育与职业》2006年第7期）

关于对新东方的批评意见和负面报道

2005年4月25日上午，应美国教育考试服务中心（ETS）、研究生入学管理委员会（GMAC）的强制执行申请，北京市第一中级人民法院对新东方学校侵犯美国TOEFL、GRE、GMAT考试试题著作权案进行了现场执行。

（摘自直言：《“新东方”侵权赔偿640万元销毁全部侵权资料》，《经济日报》2005年5月13日第16版）

但新东方的大学部为什么仍然发展滞后？这显然主要不是新东方自身的问题，而是因为缺乏必要的政策环境。政府应该有公平的评估认证制度，对新东方的教学设施、教育质量进行考查检测，达到大学水平的，就要承认其学位。如果新东方的本科生毕业后比一般大学生就业率高，起薪也高，不承认其学位就显得不合理。显而易见，这种新体制的大学的存在，无疑是有其必要性的。

（选自薛涌：《新东方：有望成为教育界的“包产到户”?》，《南方周末》2006年9月14日）

“中国老百姓的教育经费很多都支持了国外的教育，拉动了发达国家的GDP。这是一个大问题。”——俞敏洪

（摘自《俞敏洪：痛心教育消费“外流”》，《中国企业家》2008年第6期）

产业效益

多年来，新东方的营业收入一直以小步快跑的速度逐年攀升，其2004、2005和2006三个财年的收入分别为人民币4.418亿、6.433亿和7.703亿元。教育项目是收入的主要来源，2006财年教育项目占总收入的93.7%，图书出版和其他的收入占6.3%。

（摘自王珊珊：《新东方：上市寻找财富出路》，《经营者》2006年第22期）

有专家认为，虽然新东方每年在培训费用上的收益很大，但其所要承担的教师工资成本和运营成本更高。比如，在新东方最普通的教师一小时的课时费也要1000元，优秀教师的课时费更是“不封顶”，新东方为此曾出现过给教师发不出工资的现象。另外，新东方的租金及营销成本的所有其他经营费用均全面增加。

（摘自张超：《新东方敲响股市钟　俞敏洪成为“中国教师首富”》，《证券时报》2006年9月10日）

新东方成功上市当天，新东方（EDU－US）采用集合竞价方式为新股定价，开盘20分钟后，报出每股存托凭证22美元的开盘价，高出发行价7美元，升幅达46.7%。开盘后股价曾一度大幅震荡，在被击至全日最低的20.60美元后，陡升至最高价23.20美元，后走势趋于平缓，盘终收于20.88美元，较发行价上涨39.20%，成交量633.2万股。俞敏洪当天在纽交所表示，融资将部分用于开办更多学校、提高教学场所的硬件条件以及在教育领域展开并购。

成立于1993年的新东方以外语培训起家并迅速发展壮大，至今已累计培训了300多万名学生，仅今年就达87.2万名。根据新东方提供的资料，截至2006年5月31日，新东方拥有25所学校、111个学习中心和13个书店，大约有1700名教师分布在24个城市。

2004、2005和2006三个财年的收入分别为人民币4.418亿、6.433亿和7.703亿元。教育项目是收入的主要来源，2006财年教育项目占总收入的93.7%，图书出版和其他的收入占6.3%。

（摘自刘洪彬：《新东方纳斯达克“红筹上市”　民营教育产业破茧化蝶》，《国际商报》2006年9月14日第10版）

据教育部统计数据，2005年全国共有各级各类民办学校（教育机构）8.62万所，各类在校学生达2168.1万人。有民办培训机构2.9万所，889.5万人次接受了培训。

从目前状况来看，在基础教育方面，民办教育只能称之为点缀，主力还是以政府投入为主的公办教育。教育部的数据显示，2005年中国有民办幼儿园6.22万所，在园人数584.11万人，占全国在园幼儿比例为27.98%。民办初中和小学1万多所，在校生643万多人，占全国初中和小学在校生的21.6%。

（摘自兰辛珍：《新东方上市：中国民办教育产业化之路的开始?》，中国网2006年10月8日）

2008年奥运会的临近更是在中国兴起了学外语的热潮。全球经济一体化的今天，数以十亿计的人们如愚公一样为移走外语这座大山努力着。在中国，每年仅通过TOEFL、GRE、GMAT等测试并成功留学海外的学生就超过1万名。据统计，中国年龄介于5—29岁的英语学习“主力人群”达到4.57亿人。没有人能统计出当下中国有多少亿人在学习外语，也没有人能统计出有几百万人在教外语。据估算年英语教育市场规模可达300亿元人民币。

（摘自李彤：《新东方：草根贵族的理想与现实》，《商界》（中国商业评论）2006年第10期）

多年来，新东方始终保持着一个较为平稳的增长速度，从2002年的2.38亿元到2006财年的7.7亿人民币，新东方的营业收入基本保持在30%的增长幅度。

（摘自林涛　齐飞：《新东方上市记》，《中国企业家》2006年第21期）

来自iResearch统计数据显示，2006年中国网络教育的规模达到创纪录的202亿元，根据预测，2007年将达到296亿元。另外，网上支付在网络教育市场的份额也逐年增长。

2001年中国教育网上支付规模为3.2亿元，2006年已经增长为21亿元。而在国内全部的个人用户网上支付金额中，网络教育就占15.7%，仅次于游戏点卡、航空客票、网络购物。

目前，每天通过网上支付报名的新东方学员数量超过100人，而每天网上支付的金额在3万至5万元之间，约占新东方在线日交易总额的50%左右。支付宝的加入，将为更多新东方在线用户提供更为通畅的网上支付渠道。

截至2006年12月，使用支付宝的用户已经超过3300万，支付宝日交易总额超过1亿元，日交易笔数超过46万笔。目前除淘宝和阿里巴巴外，支持使用支付宝交易服务的商家已超过30万家，涵盖了虚拟游戏、数码通讯、商业服务、机票等行业，支付宝目前已经成为国内网上购物平台和网站的首选支付工具。

（摘自张韬：《支付宝携手新东方　布局网络教育市场》，《上海证券报》2007年3月16日）

新东方（EDU. NYSE）于美国东部时间7月24日上午公布了其截至5月31日的2006—2007财年第四季和全年未经审计财务报告。财报显示，新东方财年营收为10.44亿元，比去年同期的7.703亿元增长了35.5%；净利润为2.267亿元，比去年的4940万元增长了359.1%。

此外，受淡季因素影响，新东方第四季净亏损为1190万元，不过比去年同期亏损的3430万元下降65.3%。据悉，第四季，新东方语言培训和考试辅导课程注册学生总人数约为31.4万人，比去年同期的23.87万人增长了31.5%。

新东方董事会主席兼首席执行官俞敏洪表示：“很高兴看到我们公司在首次公开募股之后的第一财年中取得了不错的业绩。我们的销售和营销费用比去年同期的2610万元增长了47.7%至3850万元。”截至5月31日，新东方持有的现金和现金等价物总值共计为15.638亿元，而截至2月28日的现金和现金等价物总值则共计为34.326亿元。新东方表示，第四季末期，公司持有的现金和现金等价物下降主要系因今年2月通过二次售股获得了约22.44亿元的收益所致，且其中的多数收益已于今年3月初交付售股股东。

新东方预计，2007—2008财年第一财季（6月1日至8月31日）的净收入将为5.20亿元至5.50亿元，比去年同期增长21.1%至28.1%。

（摘自姚音：《新东方第一财年净利润增359%》，《上海证券报》2007年7月25日）

如今的教育界几乎无人不知道“新东方”，“新东方”学校目前已经占据了北京80%，全国50%的出国培训市场，年培训学生超过15万人次，国外的留学生70%是“新东方”的弟子。

（摘自欧莉：《如果新东方没了》，《华人世界》2007年第9期）

新东方2007财年的收入是人民币10.44亿元，这个数字比去年同期增长了35.5%。2008财年第一季度收入达到了6.12亿元，比去年同期增长42.5%。在学生人数上，新东方也超过了自己承诺的数值，2008财年第一季度新东方语言培训和考试辅导课程注册学生总数约为44.05万人，比去年同期增长30.5%。在这个季度里，新东方新开设了2家学校和17家学习中心。其下属的学校和学习中心数量分别达到了37家和149家。

（摘自杜晨：《新东方慢跑》，《IT经理世界》2007年第23期）

2006年9月7日，新东方在纽约证券交易所成功上市，开创了中国民办教育发展的新模式。据悉，新东方2007财年第一季度净营收为4.293亿元，净利润为1.651亿元。目前，新东方占有全国60%以上的出国英语培训市场。

此外，包括华尔街英语、巨人集团、学大教育等在内的教育培训机构也都计划在国内设立更多的培训中心。《2006年中国教育与培训业研究咨询报告》显示，培训教育业的连锁企业数量稳步增长，目前主要培训教育连锁品牌的店铺增长率约26%。

（摘自韩丹：《海外风险投资“下注”中国民办教育培训产业》，《经济参考报》2008年7月25日）

新东方创建于1993年，自创办以来，累计已有300万名学生参与新东方培训，仅今年就有87.2万名。截至2006年5月31日，新东方拥有25所学校、111个学习中心和13个书店，大约有1700名教师分布在24个城市。与此同时，新东方还拥有网络虚拟社区，大约有200万注册用户。

从2002年起，结合自身的专业优势，新东方在全国范围内开展了一系列公益活动。如：2002年，创建了全国首个英语社区、创立了全国首家市民公益英语学校、开展“梦想之旅”公益全国高校巡讲活动，以及捐资在陕西省合阳县同家庄镇兴建新东方希望小学；2004年，出资100万元在贵州设立奖学金，资助贫困大学生、开始在贵州毕节地区开展中小学英语教师培训；2006年，参与“中国民办教育扶贫工程”启动，承诺提供超过100万元人民币的基础英语培训；2007年，出资140万元与共青团中央一起资助6000多名贫困大学生过年、捐资40万元修建“张澜小学”、邀请100多名西部山村教师来京培训、设立“中国教育发展基金会新东方教育基金”、设立“中国大学生五四奖励基金·新东方自强基金”、在扬州启动“‘明日之星’助学计划”……

（摘自班允刚：《新东方公益路上的“师道”情结》，《市场观察》2008年第7期）

2006年，俞敏洪的新东方学校招了100万名学生。对中国任何一位校长而言，这个数字都让人晕厥。

［摘自白勇：《千辛万苦俞敏洪》，《跨世纪》（时文博览）2008年第15期］

重要文章选登

“新东方”的产品营销

董 健

随着中国加入WTO，中国越来越多的城市开始了国际化的进程，而国际化的最显著体现就是对掌握英语的各类专业人才的大量需求。于是，英语语言培训机构蓬勃发展。提到语言培训机构，我们首先想到的大概就是“新东方”了。这家民办的教育机构以成熟的管理体制、系统，具有一定知名度的品牌，迅速发展壮大，足迹遍布全国甚至北美。

“新东方”这个品牌的无形资产已经有了相当的价值，说明其品牌营销做得非常成功。品牌营销可以由低到高划分为三个层次：产品营销，服务营销，体验营销（如下图）。下面我们具体分析一下新东方教育科技集团的“新东方”品牌营销中的产品营销。

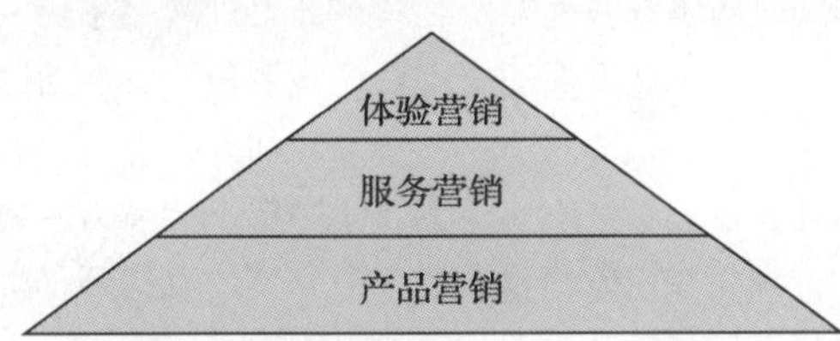

产品营销是品牌营销的最基本的构成之一。产品营销是在品牌目标的约束下，对产品组合、产品更新和产品价格等方面的统筹谋划和安排。新东方教育科技集团下属的新东方培训学校属于服务型行业，产品为课程，主要是短期英语培训课程，现在也逐渐涉及到了职业教育、小语种以及基础教育领域。对于如何提高课程的性价比，并进行产品线的延伸和发展，我们从下面的角度进行分析：

产品差异性

营销中，非常核心的一个观念就是“定位”。特劳特（Jack Trout）在他的《新定位》一书中说到：“市场营销的最终战场是大脑。”没有一个清晰的定位和差异化，很难将品牌以及产品输入消费者的头脑中。新东方初期定位在短期英语培训，但是其服务还有进一步的内涵，即课程的差异性，使得“新东方”这个品牌逐渐丰富，在消费者心中的概念更加鲜活而稳固。

（一）实施产品差异化的背景

1. 与传统大学教育的明显不同

20世纪90年代的学生有了很强的独立思考的能力，而中国的教育体制一直是以应试为主，应用性被严重忽视，沉闷的课堂气氛和单一的教学思想是新时代大学生无法忍受的。新东方采取了完全不同的方式进行教育方式的革新，老师不仅仅是对内容的传授，根据对学员们的调查显示，新东方的课程和传统教育课程差别主要包括以下几点：

（1）大多数老师的语速比较快，一般可以达到200字/分钟左右。（2）大多数老师幽默诙谐，善于励志激励。（3）对所讲内容非常精通和熟练，对考试有独到的见解和规律性的研究。（4）对于应试类的课程，采取大班授课，课堂气氛活跃，互动频繁。

可以用三个词概括新东方的教师：激情，幽默，专业。而通过教师进行定位的传输和形象化，也成为教育服务业品牌营销的一个优势和特点。

2. 众多培训机构模仿新东方

随着新东方语言培训在市场上声名鹊起，众多语言培训机构纷纷对其效仿，产品趋同化程度越来越高，也迫使新东方开始锐意创新。

（二）实施差异化的方式

1. 风格的差异化

（1）通过招聘和面试，将与新东方风格一致的老师作为教师队伍的储备。（2）允许风格的多样性存在，从而丰富新东方教学形式。（3）通过培训，使优秀的新东方老师的风格灌输到其他的老师的讲课之中。（4）举办固定的研讨会，增进老师之间的相互沟通和研讨。（5）论文的撰写（各地新东方培训学校要求有所不同），有利于帮助教师总结授课经验，提高教育教学理论水平。

2. 内容的差异化

内容的差异化反映为通过不断提高业务水平和研究能力，保证其内容的实效性和创新性。

（1）英语水平是最基本的要求。新东方老师往往通过英语专业八级（英语专业），或者以较高分数通过GRE、托福、雅思等（非英语专业）。

（2）相关论文的撰写有利于提高教师对语言理论的研究。

（3）新东方教材的编写，《新东方英语》杂志给教师一个良好的将研究内容发表的平台。

（4）新东方各地分校可以根据当地的市场需求情况以及竞争者的情况，进行新课程的开发和设计。

（5）与高校以及其他教育机构和部门合作，进行新课程和教材的开发。

产品结构的优化、完善及互补

随着国内环境的变化、国家政策的影响、外部环境的变化，某些项目会进入业务范畴，某些项目会逐渐退出。但是相关培训产品的不断推陈出新是品牌成长的必然。在延长优势产品生命周期的同时，积极培育新的有潜力的产品，促进产品更新，为目标品牌的成长提供源源不绝的产品支持。

新东方培训的发展很准确地说明了这一点。

1. 初期，新东方学校的创始人俞敏洪以托福起家，发展到了GRE、GMAT等留学美国的培训项目，相应的王强主持的美国口语以及徐小平主持的出国咨询和人生咨询也都是为了留学、特别是留学美国而准备的。随着美国的留学状况恶化和国内市场减萎缩，留美培训，特别是在2003年以后，走向了衰退期。

2. 随着优秀人才的加盟，新东方培训的业务在管理层的讨论和研究后，进行了相关业务的扩展：雅思、大学英语4、6级，考研英语，托业（TOEIC），网络课堂等。

3. 根据分校当地的情况，开发了小语种培训。

4. 基础教育的延伸。打破了新东方短期培训内容的限制，并延伸到了非英语领域，如：语文、数学等，将新东方风格向其他科目进行复制。从品牌的角度来看，一个成功的品牌有其独特的核心价值与个性，若这一核心价值能包容延伸产品，就可以大胆地进行品牌延伸。新东方在留学英语培训市场上已经树立了很好的品牌声誉，这个品牌具有其独特的核心价值——让你在留学考试中获得高分，以便获得留学机会。它与其他的培训市场有着很高的关联度，例如考试培训市场、资格认证培训市场，这些培训的核心价值也是——获取高分，获得资格或认证。随着新东方独特的教学风格的发展和应用，进一步拓展到实用英语类别和基础教育。同时，消费者也随着新东方的发展，对其的认知逐渐转变成为：一个知名的教育品牌——“新东方，中国人学英语的地方”，以后会是中国人学外语的地方，最终是提供高品质教育的地方。

产品质量和价格

由于新东方培训的经营跨度比较广，所以价格层次不同。总的来说，新东方培训的大部分消费者是学生，所以课程价格定的总体水平是比较低的。但是培训质量又得到了一定的保证。

1. 质量有保证

教育培训属于服务业，其保证质量的方式有一定特殊性。降低顾客流失率，让学员重复消费，对业绩的提高有很重要的影响。

管理团队专业有序，统一服装，并提供管理员工的培训。

2. 低价格的实现

班级的学生规模比较大（主要针对参加人数众多的应试类培训），从而实现了价格比较低。

目前，租借的教室在所有新东方培训教室中仍占很大比例。建筑教学楼方面的固定资产投资较少，从而降低了成本。

此外，以免费讲座和学生之间的口头传播为主要的宣传方式，减少在其他媒体上的广告宣传，也达到了降低成本的目的。

最后，每一个分校采取统一的管理。学籍管理、咨询等单设一个点，很大程度上减少了人员支出，节约了成本。

质量和价格是矛盾的统一体。从表层来看，高品质和低价格存在矛盾。新东方培训的经营一定程度上做到了高质量和低价格的统一。

新东方的蝴蝶效应

杜 晨

资本越来越把眼界从竞争惨烈的TMT（电信、媒体、科技）转向了传统领域。

新东方教育科技集团上市的宣传片里，画面中不断闪回的是，中国年轻群体特别是学生群体渴求知识的面部特写，从乡村到城市、从小学到大学，他们的脸孔组成了一幅特征鲜明的中国式群像。新东方将这个群体用自己极具煽动性的口号——“语言就是力量”笼罩在了自己的价值取向之下。

自1993年创办以来，新东方一直在向中国的学生群体灌输着这样一个极具现实主义色彩的价值观——如果学好一门外语（主要是英语），就能出国或是找到一个好的工作。新东方雇佣的老师们都会在任何一堂课中贯穿学好英文就有实力就能赚到更多钱的理念。“我们的使命是通过终身教育来激发中国所有年龄段的学生提高其生活质量和扩大他们的眼界。”新东方的募股书中如此写道。

正是此种价值观的传达与盛行，同时为接受这种价值观的学生群体提供英语培训服务，新东方塑造出的此种商业模式使它在13年的时间内发展成了中国最大的私立教育服务提供商。在中国这个世界上人口最多的国家里，每年有数百万人在各种私立英语培训机构学习英语，新东方提供的英语培训服务也借此保持着强劲的增长势头。目前新东方在全国拥有25所学校和111个学习中心，去年学生总数超过了80万人。在截至5月31日的财年里，新东方的收入达到了7.703亿元，比2005财年6.433亿元增长了20%。

9月7日，新东方成功登陆纽约证券交易所，发售了750万股美国存托凭证，开盘价为22美元，高出发行价15美元约46.7%，融资额为1.125亿美元。新东方董事局主席兼CEO俞敏洪在现场激动地高呼：“我们成功了！”新东方成了第一家在海外上市的中国教育培训公司，同时它也算得上是第一家在海外上市的以消费经济为驱动的传统企业。

资本的推动

新东方能够在纽约证券交易所成功IPO，一定程度上归功于投资商在中国两个法规空隙之间所进行的敏捷的辗转腾挪。

2006年3月，新东方聘请高盛、瑞士信贷负责公司的IPO计划，原计划在2006年11月上市。谁料想在8月8日，商务部、国资委、国家税务总局、国家工商行政管理总局、中国证监会、国家外汇管理局等六部委联合出台了《关于外国投资者并购境内企业的规定》。

在2006年9月8日此规定施行之后，类似新东方这样在开曼群岛、维京、百慕大等离岸中心设立壳公司，再以境内股权或资产对壳公司增资扩股并收购境内企业的资产，以境外壳公司名义曲线到境外上市的中国“红筹”公司都会被严格地监管，此规定加大了中国概念股海外上市的难度。

繁杂的审批程序无疑使这些公司上市的时间成本加大，增加了上市的时机把控的风险。为了赶在9月8日《规定》正式施行前搭上末班车，新东方必须加快赴美上市的进程，卡在“红筹”公司境外上市时间窗口关闭之前敲开纽约证券交易所的大门。只有这样，老虎基金、Capital River Group、PeakIdea International和Forthright Training这些新东方的投资者们才能如愿以偿获得回报。

2004年年底，老虎基金向新东方投资了5000万美元，在此之前，国外VC投资中国的教育产业几乎是不可能的。但恰恰在2004年4月1日，《民办教育促进法实施条例》实施，使得国外VC敢于直接试水中国的教育产业。

在《民办教育促进法》与《民办教育促进法实施条例》颁布之前，培训学校一般都定义为非营利性机构，产生的利润理论上必须再投入。而2004年颁布的《民办教育促进法实施条例》则开始允许培训学校的投资人可以适当获得回报，取得合理回报的投资者应该纳税，这也就认可了教育产业可以借用资本来发展，而教育培训机构的治理结构也可向可盈利的公司演化。同时，在《民办教育促进法实施条例》中也含糊地表述了教育投资者回报及纳税的问题“由国务院有关部门制定”，但是这个规则至今都没有制定出来。模糊的政策给了善于冒险的国外VC进入中国教育产业的机会。

而此时已经有了规模及品牌的新东方也在寻求资本的支撑来进行扩张，2004年《民办教育促进法实施条例》实施之后，在德勤的协助下，新东方迅速与老虎基金达成了投资协议。这些资本成功地推动了2006年9月7日，新东方在纽约证券交易所的成功上市。

新东方上市的轨迹正好是在中国两个政策的一松一紧之间，而海外资本敏锐的嗅觉和敏捷的游移也让教育界与投资界人士都感叹“新东方模式不可复制”。

蝴蝶效应

虽然新东方以“红筹”形式进行海外上市的模式不可复制，但是作为教育行业第一股，却对中国泛教育行业有着巨大的示范作用。按照资本市场的规律，在一个行业中，有一个企业成功上市，其他前几名企业也会受到资本市场极大的关注，对于其他的教育机构都是一个重大的利好消息。环球国际教育（控股）集团就是直接受益者之一。

在新东方赴美上市的前一天，也就是9月6日，环球国际教育（控股）集团获得了软银亚洲赛富基金超过2000万美元的投资，占其股份的20%至30%。环球国际教育（控股）集团1997年12月成立，与新东方进行美国托福考试的培训相似，环球国际教育主要做英联邦雅思考试的培训业务。与新东方自己开设学校进行直营模式不同的是，环球雅思采取的是连锁加盟形式在中国进行扩张，现在已经在43个城市开设了逾200个校区。他们占中国雅思考试培训市场份额的70%。

环球雅思的创始人兼执行校长张永琪学计算机出身，理工科的背景让他从一开始就把培训学校当成是一个企业来运作。“我不像俞敏洪那样是做老师搞教育的，我就是把教育当成是一个非标准化的产品，用服务的方式来维系我的客户（学生）。我的学校也不像新东方那样是靠对学生的励志与教学文化的宣传来发展，我是靠务实的可以量化的教学效果来做大品牌。”

在软银赛富找上门来之前，张永琪从来没考虑过要引入资本，他并不缺钱，相反他公司的现金流非常好，而且连锁的模式也很容易进行低成本的扩张，但是在与软银谈过三次以后，张永琪也开始正视起资本的力量，希望VC的进入能把环球雅思带进国际资本市场。“VC确实厉害，总是在半夜12点开始谈判一直要谈到凌晨4点，在我快要崩溃的时候达到目的。”张永琪用开玩笑的方式表达了他对资本的直观认识。

在环球雅思获得资金后，张永琪将加快在各城市扩张的步伐，同时把培训业务延伸到IT培训、大学英语考级培训、会计律师考试培训等领域中去。而新东方已经在此时准备开始寻求并购的对象，以及进入日本的英语培训市场了。但是，它们都有一个不敢丝毫掉以轻心的新领域，那就是互联网。

随着互联网的渗透以及跨越地理限制的特性，教育培训的地点也从教室扩展到互联网上，通过与互联网技术的结合，包括培训、远程教育、教育信息传播等服务也开始兴起。2005年，中华培训网、飞龙网和精品学习网就已分别获得VC千万美元级的投资。它们的商业模式基本上都是代理+广告的模式，把互联网当作是传统学校及培训机构的分销渠道以及传播信息的新媒体平台。“可以把我们看成是教育行业里的携程。”飞龙网的CEO刘俊说。

在教育行业里，越来越多的依靠互联网开办的网校或教育细分领域里的企业也在新东方上市之后，其价值被放大或重估，这阵旋风席卷了基础教育、高等教育、职业认证培训、企业培训等众多细分领域，当然，资本最关注的还是在国家监管较为模糊的非学历教育这一层面。

在投资者看来，没有任何一个国家像中国一样把这么多的时间精力放在自我教育以及下一代的教育上，每一个家庭在房、车的消费之后，投入最多的就是教育，而且属于传统领域的教育都是先收钱再享受服务，不存在商业模式及现金流的问题。

从教育产业中新东方的上市开始，资本的眼界已经彻底从竞争惨烈的TMT（电信、媒体、科技）转向了传统领域，虽然对于传统行业的投资并非从现在才开始，但却造成了集体转向的趋势。中国正处于消费经济的拐点，依靠消费扩大内需来拉动经济增长已成了既定战略，而扩大内需的重点就在于发展中国居民家庭最终消费的服务上，例如教育、医疗、文化、体育、娱乐、旅游、餐饮、家政、物业管理等方面，与这些提高居民消费水平相关的产业将在中国经济形势的大背景下获得高速的发展。

在资本敏锐的嗅觉和敏捷的身手下，未来几年将可能诞生中国最大的连锁酒店集团、最大的连锁餐饮集团、最大的医疗服务公司、最大的民营快递公司等等。从这个角度来说，新东方的海外上市仅仅只是推倒了消费领域里的第一张多米诺骨牌而已。

新东方教育集团董事长俞敏洪分析中国教育产业的出路

马晓岚

教育产业化是私立教育的出路

“有关教育产业的问题评论相当多，包括教育部的领导，有的说教育可以产业化，有的说教育不能产业化。教育之所以出现这样那样的问题，是教育产业化的后果。教育其实只是一个领域，没法在‘教育’这两个字上加上产业化。”近日，新东方教育集团董事长俞敏洪在“创意产业在中国”高峰论坛上发表了他对中国教育产业的一些看法。

俞敏洪认为，教育主要分为三大领域，即公立教育领域、私立教育领域、盈利教育领域，可分为非营利性的教育领域和营利性的教育领域。公立教育是全民都能享受的公平的教育体系，教育经费的来源是全民的税收所得，包括所有企业所交税收的一部分都用在了这上面。学生的学费以及老师的工资都是来自于政府的财政拨款。

公立教育把好的设施集中放在某个学校是不公平的

什么叫产业化？俞敏洪认为，就是通过产业化运作带来更多的资本来发展教育领域，还要通过国家的财政拨款把这一资源整合以后赚学生的钱来做教育产业，所以说肯定是大错特错的。俞敏洪个人的观点是反对教育产业化的。他说，公立教育在中国存在很多误区，从最初的教育到大学的教育，中国的示范高中和示范中小学，可以享受到美国或者任何一个国家享受到的建筑、教学设施的待遇；而另外一些学校则在苦苦挣扎。国家把所有的设施放在一个好的学校，而其他学校的学生在一旁“喝粥”，俞敏洪对这样的情况是非常反对的。俞敏洪认为应该进行资源统一分配，这是中国公立教育的最终目的。

公立教育体系和私立教育体系应并存

任何一个国家的教育体系经过几百年的发展，必然形成公立教育体系和私立教育体系。俞敏洪解释说，像美国的哈佛大学、日本的一些大学和中国解放前的很多大学，这些私立大学的形成，弥补了公立大学的平均资源。目前私立教育想要获得一席之地，就必须从公立大学中抢夺一些资源，中国大学的二级学院教育就相当于一般的私立学院，表面上看是利用了著名学校的资源使更多的人享受到更多的资源，在背后却表现为学校想尽办法收取学生的钱。中国私立教育的出路在于教育产业化，现在还没有资本家捐出大量的钱办学。什么样的东西能够加快中国的教育改革呢？就是教育产业，教育产业就是能够通过盈利的方式吸引资本，然后把这种教育推动起来。

教育产业不是说把一所学校产业化赚钱。教育本身是要造就人才，在没有潜力的前提下把教育整合为获取更多财富的来源，不一定是从学生身上获得，而是从资本市场上来获得。中国缺乏强有力的“底盘”，必须通过教育产业把私立教育推动起来，如果中国能够做到的话，未来一定会有非常好的发展潜能。

“新东方”上市告诉我们什么

张铁明

新东方创建于1993年，自创办以来，累计已有300万名学生参与新东方培训，仅今年就有87.2万名。截至2006年5月31日，新东方拥有25所学校、111个学习中心和13个书店，大约有1700名教师分布在24个城市。与此同时，新东方还拥有网络虚拟社区，大约有200万注册用户。

新东方教育科技集团（新东方）于美国东部时间9月7日在纽约股票交易所挂牌上市。新东方计划通过首次公开招股（IPO）融资1.125亿美元，超过此前预期。根据新东方向美国证券交易委员会提供的文件，在截至2006年5月31日的财年，该公司营业收入为9600万美元，净利润为1300万美元。

新东方创始人、董事长俞敏洪在新东方IPO后仍将拥有公司31.18%的股权（4400万股），按照公司预估的每股存托凭证最低价11美元计算，44岁的俞敏洪资产至少高达1.21亿美元。依笔者看，在“教师节”时称俞敏洪为“中国最富有的英文教师”，恐怕是一个戏说；称他为从英文教师起步成为中国最富有的教育产业投资举办者之一会更合适些。

但不管如何，这是一个令人兴奋的大事！它起码告诉我们：在我国教育资源还处于严重匮乏的今天甚至于很长一段时期内，教育市场开发还是空间巨大的。

在加入WTO后的过渡期到2006年结束后，大量的国外资本将逐步地大举进入国内教育市场。由于国外资本量值比高（如美元与人民币比率为1:8点儿），加上其资本运作成本低，如果其采取“大投入、大规模、高起点、低回报、超前理念、（教师）高薪保障、国际化接轨”的快速挤占市场的战略，将极大地撼动目前我国教育的发展态势。

而巨量国外资本在大大降低着我国教育投资收益率的同时，提高着举办教育的反差成本，使我国教育的竞争成本将被迫提高、价格降低、风险增大，而从根本上改变国内教育投资预期经济目标，并有力拉动着整个国内教育市场的格局变化（当然也会给老百姓带来更多的教育机会和利益）！其中民办教育以及公办教育中的高等教育、职业教育等非义务教育板块，会受到直接的影响。我国的深层的教育体制改革如错过了加入WTO之时机，而在此后就可能要10倍、100倍地付出高昂的制度成本。因此，否认了教育产业性和教育市场的存在，又没有必要的、积极的制度安排，事实上对现实和将来都是一种不负责任的态度。

加入WTO以来，外国对我国教育市场一直“虎视眈眈”。事实上，从美国的“老虎基金”等追踪中国民办教育、与国内多个知名民办大学接触开始，到“新东方”在美国上市，已经有近4年时间了；世界银行国际投资公司也正在我国积极寻找新的教育投资增长点——大学或职业阶段，甚至民办的基础教育阶段。正如有人说的，在北京上空每天都飘着几十亿美元的资金，在等着合适的投资项目“空降”。“新东方”在美国的上市，就是充分利用这个机遇，它足以证明：我们国内的品牌教育机构可以也应该冲出国门，积极利用国外资源资金，做大做强，为国家民族的教育事业贡献更多。

要能利用国外资源、资金做大做强，通过在资本市场的运作，使学校进入一个新的阶段，并不是一蹴而就的事。在我国，近期内公办大学（集团）要上市是不可能的，民办学校行，但我国民办教育普遍存在的问题是：民办教育的公共治理结构尚未形成；民办学校在组织体制方面仍存在制度缺陷，董事会制度不完善、董事会及其成员与校长职责不够明确，决策、执行、监督相互间缺乏制衡，团队不稳定；一些大规模的民办学校管理制度也不健全、民办学校中强烈的家长制、家族制特色，办学行为不规范，民办学校财务监管存在制度性缺陷等。这些状况不改变既不能有效抵御自身的办学风险，当然也不可能上市了。

附 录

附录一："新东方教育产业"关键词

俞敏洪、新东方教育、新东方图书、新东方软件、新东方移动教学产品、民营教育产业、新东方上市、新东方教育品牌、新东方产品营销、新东方蝴蝶效应、新东方教育在线、新东方企业文化、新东方经营理念、新东方成功原因

附录二：A类文章目录

- 真心英雄——来自新东方的三个创业者/彭大海//中国科技信息 2000－05
- "新东方"夜谭/方方　正正　圆圆//中国经济周刊 2001－06
- 新东方精神/刘元煌　蒋泓江//中国经营报 2001－09－11
- 新东方——象牙塔里建起的商业大厦/李芜//市场观察 2002－05
- 新东方踏进出版的那只脚/施剑松//科学时报 2002－11－01
- 阳光事业阳光人——记新东方教育集团/回芳　胡晓曼　回君//瞭望 2002－39
- 新东方集团经营理念的亮色/余悦//北方经贸 2003－01
- 新东方：向教育国际化迈进/刘茜//光明日报 2004－11－24
- 激情的老师挑剔的学生——新东方成功的秘诀/杨柳//中关村 2004－12
- 企业核心竞争力理论的应用研究——以新东方教育科技集团为例/王宁炜//东南大学 2005
- 新东方做自己的互联网教育/张黎　风痕//大众科技报 2005－02－03
- 新东方教育在线引领双线学习潮流/张黎//新东方教育在线 2005－02－23
- 俞敏洪："唱中国英语教育东方红"/蒯乐昊//中国报道 2005－06
- 俞敏洪要把新东方做成"百年老店"/张咏梅//北京人才市场报 2005－11－23
- 新东方案例与教育业发展/张曙光//职业技术教育 2005－21
- 新东方教育品牌的产品营销/董健//华东经济管理 2006－04
- "新东方"的产品营销/董健//中华商标 2006－05
- 俞敏洪　上市杠杆撬动新东方/刘洋//财经时报 2006－07－10
- 新东方教育集团董事长俞敏洪分析中国教育产业的出路/马晓岚//科学时报 2006－07－26
- 俞敏洪借新东方成为"教师首富"/付建利//证券时报 2006－09－09
- 新东方成功的启迪/杨继//新京报 2006－09－10
- 新东方敲响股市钟　俞敏洪成为"中国教师首富"/付建利//新华网 2006－09－10
- 最富教师俞敏洪：身家超2亿美元/于海涛//21世纪经济报道 2006－09－11
- 新东方纳斯达克"红筹上市"　民营教育产业破茧化蝶/刘洪彬//国际商报 2006－09－14
- 新东方：有望成为教育界的"包产到户"？/薛涌//南方周末 2006－09－14
- 用美国人的钱办好中国的教育/刘洪彬//国际商报 2006－09－28
- 新东方：草根贵族的理想与现实/李彤//商界（中国商业评论）2006－10
- 新东方上市：中国民办教育产业化之路的开始？/兰辛珍//中国网 2006－10－08
- 新东方上市重估教育产业化//www. WSwire. com 2006－10－31
- 俞敏洪　如何演绎新东方传奇/李乐天//人力资本 2006－11
- 新东方的蝴蝶效应/杜晨//IT经理世界 2006－19
- 俞敏洪：将教育演变为财富/王秋凤//经济观察报 2007－01－01
- 支付宝携手新东方布局网络教育市场/张韬//上海证券报 2007－03－16
- 触摸新东方　俞敏洪的人文情怀和新东方企业文化的建设/彭曲波//科技创业 2007－04
- 新东方教育在线对于现代远程教育发展的借鉴分析/王小兰//甘肃广播电视大学学报 2007－04
- 什么是成就新东方的核心精神？/杨好//人民政协报 2007－05－23
- 新东方教育的启示/杨东平//企业文化 2007－06
- 新东方第一财年净利润增359%/姚音//上海证券报 2007－07－25
- 新东方教育科技集团董事长俞敏洪　个人魅力就是活招牌/文刀　晓纯//东方航空报 2008－03－17
- 新东方的今天、明天/张程//新财经 2008－05
- 海外风险投资"下注"中国民办教育培训产业//精品学习网 2008－07－25
- "留学教父"的英语和成功经验——访新东方教育集团总裁俞敏洪/杨雪峰　葳蔓//职业技术 2003－06
- 新东方高端突围/张馨月//中国市场 2003－07
- 人要哲学地活着——俞敏洪先生访谈录/俞敏洪　李向阳//经济理论与经济管理 2003－10
- 微软助阵新东方/靳菁　冰川//计算机世界 2004－03－22
- 新东方学校的品牌铸造师——访新东方学校校长俞敏洪/苏景玲//中国品牌与防伪 2008－05
- 从新东方上市看公司治理模式/陈华新　陈哲//鸡西大学学报 2008－08－04
- 海外风险投资"下注"中国民办教育培训产业/韩丹//经济参考报 2008－07－25
- 新东方公益路上的"师道"情结/班允刚//市场观察 2008－07
- 新东方教育科技集团发展战略分析/陈学东//2008中国优秀硕士学位论文全文数据库
- 企业核心竞争力理论的应用研究——以新东方教育科技集团为例/王宁炜//2008中国优秀硕士学位论文全文数据库
- 俞敏洪：新东方"教父"//现代营销（经营版）2008－08
- 千辛万苦俞敏洪/白勇//跨世纪（时文博览）2008－15
- 俞敏洪：上市没有那么美/俞敏洪//商界（评论）2008－01
- 痛心教育消费"外流"/俞敏洪//中国企业家 2008－06
- 俞敏洪的金钱观/俞敏洪//今日科苑 2008－01
- 俞敏洪：在绝望中寻找希望/段志敏//时代青年 2008－01
- 俞敏洪的"穷人大学"令人期盼/刘海明　李春晓//中关村 2008－04
- 俞敏洪：20亿办穷人大学/梁燕军//中国经济周刊 2008－10
- 他演绎了新东方传奇——记全国政协委员、著名教育专家俞敏洪/云帆//中国人才 2008－07
- 俞敏洪"捡砖头"/郭永刚//现代交际 2008－03
- 俞敏洪　"不热心"的积极分子/冯嘉雪//中国新时代 2008－04
- 俞敏洪的"义利"观/张程//新财经 2008－05
- 俞敏洪　"教父"成就双核新东方/俞敏洪//经营者 2007－01
- 老师们管理上市公司并没错/俞敏洪//互联网周刊 2007－Z1
- 失败和痛苦是人生最好的机遇——访新东方总裁俞敏洪/贾海红//人民教育 2007－07
- 俞敏洪的成功启示/章睿齐//第二课堂（高中版）2007－02
- 俞敏洪升华新东方/朱纯让//东方养生 2007－01
- 俞敏洪：在绝望中寻找希望/杜平//广西教育 2007－Z6
- 俞敏洪的醉与賘/辛保平//城乡致富 2007－11
- 俞敏洪：从教书匠到华尔街新宠/王红茹//初中生之友 2007－28
- 俞敏洪　爱在北大/张浪//可乐 2007－12
- 我一直都是俞敏洪/俞敏洪　雷晓宇//中国企业家 2007－22
- 俞敏洪：告别"北大姿态"/本刊编辑部//中国企业家 2007－23
- 专访俞敏洪：相识英语30年/沪江英语//英语沙龙（实战版）2007－12

- 俞敏洪：妻子唠叨出来的企业家/宗民//中国民营科学与经济 2007－11
- 俞敏洪的人生与“新东方”传奇/黄莎　李学江//秘书工作 2007－12
- 悲喜俞敏洪：演绎从草到树的神话/李士伟//教育与职业 2006－07
- 留学教父俞敏洪：解读新东方上市/季红//经济导刊 2006－11
- 俞敏洪：难以复制的商业精神/邵轩岚//中国企业家 2006－19
- 俞敏洪：如何演绎新东方传奇/李乐天//人力资本 2006－11
- 俞敏洪的成长线路图//人力资本 2006－11
- 俞敏洪的捡砖头思维/郭永刚//基础教育 2006－10
- 俞敏洪的悲喜与中国知识产权保护的沉浮/东方愚//中国中小企业 2006－11
- “教父”俞敏洪/张炯//互联网周刊 2006－42
- 俞敏洪　上市之后/冯嘉雪//中国新时代 2006－12
- 俞敏洪：我只是个老师/石晓芳//中国报道 2006－12
- 俞敏洪：商业中国的培训符号/刘志明//中关村 2006－12
- NO. 9 俞敏洪：校长 CEO/林涛//中国企业家 2006－23
- 俞敏洪，在西方点亮新东方/陈茜//董事会 2006－10
- 俞敏洪：后悔把新东方做得那么大/宗和//名人传记（财富人物）2006－10
- 俞敏洪与新东方：再造巴别塔/远方　平明//中外企业家 2005－11
- 俞敏洪的四句箴言//北京支部生活 2005－08
- 俞敏洪　一个拥有“教父”之称的人/张玲//中国大学生就业 2004－09
- 俞敏洪：课堂外的学习更重要//21 世纪 2003－10
- “留学教父”的传奇人生/周春野//现代交际 2003－07
- 俞敏洪：狼群里的领头羊/祁晓冬//中华儿女（海外版）2003－02
- 俞敏洪：“做人像水做事像山”/黄杰中//科技创业月刊 2003－12
- “留学教父”的英语和成功经验——访新东方教育集团总裁俞敏洪/杨雪峰　葳蔓//职业技术 2003－06
- 俞敏洪老师谈英语词汇记忆法/俞敏洪　李传伟//大学时代 2003－09
- 俞敏洪：留学“鼓风机”/杨月云//北京经济瞭望 2002－03
- 俞敏洪与新东方不得不经历的快乐与阵痛　寻找人情的替代品/毕新华//英才 2002－07
- 俞敏洪解说成功之道/林立公//21 世纪 2002－09
- 俞敏洪和他的留学生搭档/王畔长　王文山//神州学人 2001－01
- 传奇教师——俞敏洪/中青//人才瞭望 2001－08
- 新东方：双赢的奇迹——访私立“新东方”学校校长俞敏洪/郑伟建//中国工人 2001－06
- 走近俞敏洪//科技智囊 2001－11
- 俞敏洪和他的新东方/吴苾雯　冈栋俊//知识经济 2000－11
- 英语创业派——俞敏洪——转折在几次联系出国失败后/师欣//中国新闻周刊 2000－18

附录三：B 类文章目录

- 新东方：巨大的“作弊”工厂？/夏朔//中国新闻周刊 2000－11
- 侵犯美国 ETS、GMAC 著作权和商标专用权　新东方学校被判赔款 1000 万元/汲传排　郭京霞　姜庶伟//北京日报 2003－09－28
- 新东方与中国教育质疑/沈宁//师道 2003－11
- “新东方”侵权赔偿 640 万元　销毁全部侵权资料/直言//经济日报 2005－05－13
- 俞敏洪：对战略问题常常比较糊涂/郭璐//华夏时报 2005－07－25
- 徐小平　新东方是中国教育失败的产物/高任飞//南方人物周刊 2006－24
- 新东方是中国教育失败的产物/高任飞//基础教育2007－02

附录四：C 类文章目录

- 新东方教育在线亮相/朱振国//光明日报 2000－12－20
- 声音：我在新东方的日子/王军//中国新闻周刊 2000－18
- 联想＋新东方＝？/王子鹏//网际商务 2001－01
- 网上“寄托”新东方/史小萌//电子商务 2001－09
- “新东方”带来哪些思考？/夏欣//光明日报 2001－10－26
- 新东方的野心/刘慧玲//商务周刊 2001－Z1
- “留学教父”俞敏洪/林晓曼//中华工商时报 2002－02－20
- 俞敏洪：与新东方一起“读书”/田一珊//中国经营报 2002－05－13
- 从新东方看民企成长之烦恼/张然　纪超英//市场报 2002－05－24
- 《新东方》创刊十周年献词//新东方 2002－Z1
- 新起点　新飞跃——记新东方教育在线总裁兼首席执行官钱永强/周日丰//中国大学生就业 2003－10
- 新东方教育在线总裁钱永强谈留学/王兆军//留学生 2004－03
- 在“新东方”追回 0.5 分/郝彬//课外阅读 2004－07
- 上海新东方口译“异军突起”//成才与就业 2004－09
- 君子交恶　众高管另立新门户　民企十年　俞敏洪独驾老东方/庞瑞锋//南方周末 2004－11－11
- 俞敏洪：新东方深呼吸/王方剑//经济观察报 2004－11－15
- 国王与宰相——对话新东方教育科技集团副总裁陈向东/杨柳//中关村 2004－12
- 别以为 CIO 总在花钱——专访新东方教育科技集团信息管理部总监官冲/窦彦莉//信息系统工程 2005－04
- “新东方”绊倒在什么地方/林鸣//中国质量报 2005－04－30
- 新东方“出海”俞敏洪要教日本人学英语//news. 21tx. com 2006－09－16
- 新东方造梦/吴悦　张翼//中国经营报 2006－10－30
- 换个角度看新东方上市/齐飞//中国经贸 2006－11
- 俞敏洪：董事长级教师/盛文杰//第一财经日报 2006－12－29
- 新东方：上市寻找财富出路/王珊珊//经营者 2006－22
- 俞敏洪“教父”成就双核新东方//经营者 2007－01
- 俞敏洪：换一种模式办教育/萧曼平//民营经济报 2007－01－29
- “唐山是座充满魅力的城市”——访全国青联常委、新东方教育科技集团董事长俞敏洪/李艳辉//唐山劳动日报 2007－04－05
- “俞敏洪后悔了”：新东方上市后还能走多远/王义伟//中华工商时报 2007－10－29
- 新东方教育网站：让学习之路走得更轻松便捷/廖庆升//通信信息报 2005
- 新东方教育科技集团发展战略分析/应光//北京交通大学 2008
- 架起彩虹/张聚//经济日报 2000－12－24
- 教育市场必须货真价实/张兴华//中国消费者报 2002－04－24
- 从“三驾马车”到“东方马车”//中国经营报 2002－05－20
- 海外深造须择时　少年留学莫盲从/苏显龙//人民日报 2003－02－26
- 干起来比无所适从好/晓黎//中国劳动保障报 2004－05－26
- 让绝望丰富你的人生/王丽平　张伟//河北日报 2006－05－22
- 中国教育产业的出路/马晓岚//科学时报 2006－07－26
- 把励志教育贯穿到 CPA 教学中/曲赞//财会信报 2008－03－10
- 评说《新东方》——《新东方》创刊 5 周年座谈会纪要/周小华//新东方 1997－03

山西王家大院旅游开发

一、2008年7月—9月，我们设计了16个中文关键词（见附录一），在网上对“山西王家大院旅游开发”进行了迄今为止最全面、最彻底的标题及内容检索，剔除其中大量的无效信息、重复信息和只字片语式的评论，得到的统计结果：2002年—2008年9月20日，纸质媒体和公共网站发表的各类研究、评论、报道共计121篇。

二、我们根据上述统计材料，对相关内容进行了分类，得出以下结论：

A类：在共计121篇的评论、研究和报道中，对山西王家大院旅游开发予以充分肯定、基本肯定的共计41篇，约占总数的34%。（见附录二）

B类：在共计121篇的评论、研究和报道中，对山西王家大院旅游开发予以完全否定、基本否定的文章共计1篇，约占总数的1%。（见附录三）

C类：在共计121篇评论、研究和报道中，对山西王家大院旅游开发无明确评价指向或无法做出分类归属的共计79篇，约占总数的65%。（见附录四）

三、我们从上述121篇文章中辑录出有关山西王家大院旅游开发的重要研究观点42条。

四、我们从上述121篇文章中辑录出有关山西王家大院旅游开发产业效益方面的报道10条。

五、我们集体讨论选编了有关山西王家大院旅游开发的重要文章6篇。

1. 王家大院的历史沿革与有效保护/侯廷亮//中国文化报2006－09－25

2. 对开发晋商大院文化旅游带的思考/佘可文　张慧霞//山西财经大学学报2002－01

3. 对王家大院旅游地形象评价的调查研究/任少芳　刘耀龙　张爱国//山西师范大学学报（自然科学版）2006－04

4. 山西大院文化旅游开发热中的冷思考/黄芳//山西大学师范学院学报2002－01

5. 山西大院文化激活乡村旅游/李彬//中国旅游报2006－02－13

6. 建设文化景区　打造文化产业——王家大院的发展及其启示//陕西文化信息网2006－05－23

六、附录

附录一：“山西王家大院旅游开发”搜索关键词

附录二：A类文章目录

附录三：B类文章目录

附录四：C类文章目录

重要观点辑录

山西王家大院的建筑特点及其文化内涵

王家大院位于灵石县静升村，包括东大院、西大院和孝义祠，总面积34650m²，相当于祁县乔家大院的4倍，为灵石王家官商皆有的院落。其实它并不是一个“大院”，而是由众多四合院组合起来的一个街坊。王家大院不仅是一组民居建筑群，而且是一座很有特色的建筑艺术博物馆。

（摘自阮晓云　武琛：《从王家大院看晋中民居》，《山西建筑》2008年第5期）

王家大院与其说是一组民居建筑群，不如说是一座建筑艺术博物馆。它的建筑技术、装饰技艺、雕刻技巧鬼斧神工，超凡脱俗，别具一格。院内外、屋上下、房表里，随处可见精雕细刻的建筑艺术品。这些艺术品从屋檐、斗拱、照壁、吻兽到础石、神龛、石鼓、门窗，造型逼真，构思奇特，精雕细刻，匠心独具，既具有北方建筑的雄伟气势，又具有南国建筑的秀雅风格。这里的建筑群将石雕、砖雕、木雕陈于一院，绘画、书法、诗文熔为一炉，人物、禽兽、花木汇成一体，姿态纷呈，各具特色，称得上北方民居建筑艺苑中的一颗璀璨明珠。

（摘自阮晓云　武琛：《从王家大院看晋中民居》，《山西建筑》2008年第5期）

王氏家族的民居建筑群继承了我国西周时期前堂后寝的庭院风格，轴线分明、左右对称、封闭。历经明清两代发展，数百年努力，建成了以“龙”、“凤”、“龟”、“麟”、“虎”五瑞兽为意象的、具备了完整意义的古代城堡形态，雄踞静升古镇，有青龙升腾（恒贞堡）、凤凰翔舞（视履堡）、龟拉尧车（和义堡）、麟吐玉书（拱极堡）、虎卧西阕（崇宁堡）的美称。

（摘自：《一座晋商文化的博物馆——探访王家大院》，《中国文化报》2007年3月12日）

对照《实施世界遗产公约操作指南》的标准，从中可以看出王家大院的价值。一是王家大院的建筑艺术和美学成就，代表了中国汉民族民居群落创造性的杰作；二是王家大院的建筑、技术、雕刻艺术和民居规划，全方位地见证了3000年间中国汉文化的演变和传播过程；三是王家大院民居建筑，为已消逝的中国传统建筑文化以及生命力依然旺盛的“家国同构”传统伦理文明提供了独特的见证；四是王家大院视履堡（俗称高家崖堡）和恒贞堡（俗称红门堡）可作为中国明清时期木构建筑的杰出范例，展示中国明清木构建筑的艺术和技术特点，王家大院民居群落可作为中国传统民居建筑群及其空间布局的杰出范例，展示典型的中心布局式景观设计特点；五是王家大院以其严整而又灵活的布局，人与自然和谐结合而巧妙营构的生态环境，因地制宜、就地取材、因材施建的营造方式等，再加上悠久而丰富的历史文化传统，从而形成了独具一格、特色突出的晋商大院建筑体系，而这些古民居在不可逆转的社会文化、经济变动影响下已变得易于损坏；六是王家大院将自然地貌和儒、道、佛文化有机地融为一体，完美体现了中国“天人合一”的哲学思想，在建筑布局形式和规模等级上，都受到中国封建社会的宗法制度和伦理观念的影响，从而成为一组独特的而富有生命力的建筑文化景观。

（摘自：《一座晋商文化的博物馆——探访王家大院》，《中国文化报》2007年3月12日）

任何一种文化都有其存在的缘由和根据，并通过其物质载体得以体现。建筑的象征文化也不例外。民居就是一种重要的文化载体。就山西灵石王家大院来讲，众多的观念性题材，以及象征的表达方法，往往是通过空间的层层递进、形体的应对、千变万化，并结合当地所特有的雕刻、绘画、剪纸等装饰手段来实现的。装饰作为物化载体是民居建筑象征文化最直接的体现。这些装饰之“言”与建筑完全融为一体，既是建筑的重要组成部分，又起到美观的作用，同时还是言情表意的物化实体，而且给人以自然、亲切、合理、得体的视觉感受，从而成为建筑艺术中不可缺少的一部分。以灵石王家大院为例，雕刻是最主要的装饰手段之一。从其材料的选择上看，主要是砖雕、木雕和石雕。这些雕刻艺术寓意深刻，疏密有致，恰到好处。木雕通常分布在门户、窗棂、隔扇、屏风、挂落、匾额、垂柱、勾栏、雀替、梁枋等建筑构件上。由于木材易于雕刻，可随意拼连，所以木雕在“三雕”中的艺术表现力是最为丰富的，并且其反映的内容也较之其他形式更为广泛。如“福禄寿喜”、“千秋万岁”、“和合二仙”、“富贵牡丹”等。而砖雕则主要分布在屋脊、屋檐、墀头、影壁、门脸、神龛、烟囱、女儿墙顶等部位上，题材多以吉祥图案为主，如“犀牛贺喜”、“麒麟送子”、“禄鹤同春”、“四季花卉”等，这些图案构思精巧，手法细腻，大块的给人以整体和谐美，小块的具有局部的点缀美，不但没有繁琐多余之感，反而增添了建筑物的景致。此外，石雕的应用也非常普遍，主要分布在础石、门砧石、挑檐、泻水口、上马石、拴马石以及用于观赏的石狮、碑碣等部位上，构图十分精美、形象逼真，象征意义突出，具有较高的使用和欣赏价值。

（摘自黎昊：《山西传统民居的象征文化——以灵石王家大院为例》，《湖南大众传媒职业技术学院学报》2007

年第 1 期）

除了雕刻外，炕围画和剪纸也是山西民居中地域性很强的两种装饰手段。在山西，火炕是一家人必不可少的活动场所，寝食娱乐等日常生活的各种行为几乎都离不开火炕。火炕周围的墙面、窗户就成了重要的装饰部位。炕围画就是在绕炕周围一米高、数米长的墙面上绘制的彩画装饰，其绘画的题材内容相当广泛，传统戏曲、历史人物、壮丽山河、花鸟鱼虫、五谷丰登，甚至蔬菜水果都成了人们寄托情趣意味的丰富题材。可见，炕围画也是人们日常生活中形成的道德、文化以及习俗的综合反映。炕围画的绘制有一套固定的程式，即以上下两组边道按照一定的规格布置形成主体框架，中间等距离安排各种绘画题材，既具有完整对称的形式美，又具有简繁对比、主从相应的思想内涵，从而形成一种独特的艺术形式。由于火炕的一面毗邻窗户，所以对于窗户的装饰也是颇具匠心的。其中常见的手法就是在窗户上粘贴剪纸图案，称之为“窗花”，贴在门楣上的叫做“门签”。从山西民居窗户式样来看，主要是利用各种花纹（如横竖棂子、拐子纹、菱花纹等等），再在窗棂上嵌以白色窗纸。所以，在洁白的窗纸上贴以彩色的“窗花”，格外引人瞩目，具有很强的装饰性。

（摘自黎昊：《山西传统民居的象征文化——以灵石王家大院为例》，《湖南大众传媒职业技术学院学报》2007 年第 1 期）

晋商文化及其精神主要有：艰苦奋斗的创业精神、集群发展的抱团意识、开拓进取的创新精神、竞合相间的兼容策略、义利诚信的道德理念和内外兼修的经营风格。

（摘自徐继开　韩慧莲：《晋商文化及其对现代企业文化的影响》，《山西高等学校社会科学学报》2006 年第 10 期）

高家崖有王家大院“老宅”和“新宅”两座城堡式的建筑。在城楼上观看“新宅”大院，大院南北中轴线上修有一条宽阔的道路，东西并排 3 条通道穿过中轴线，正好构成一个姓王的“王”字，体现了王家大院房屋布局与道路设计的特点。

（摘自段建国：《王家大院建筑的文化内涵》，《中国文化报》2008 年 1 月 7 日）

大院中各个院落为四合院布局，保持前庭后寝的传统风格。

（摘自段建国：《王家大院建筑的文化内涵》，《中国文化报》2008 年 1 月 7 日）

建筑与“家教”密切结合，是王家大院的建筑特色。大院的石雕、砖雕、木雕图案，门蹲石雕，门窗、廊柱的设计装饰，房屋的匾额、对联等，构思精巧、做工精细、内容丰富、意涵深邃。雕刻的人物、动物等，栩栩如生、活灵活现，让人在欣赏建筑艺术的同时，也受到“家教”的教育。许多图案不仅是幸福、吉祥的象征，而且具有孝敬父母、尊老爱幼、妻贤子贵、激励求学上进等深刻的文化教育内涵。

最值得一提的是，私塾院大门的门框，全用节节竹子形状的绿色琉璃瓦装修而成，用“竹子生长节节高”的寓意，鼓励孩子们好好学习、天天向上、步步登高。就连屋门前的石台阶也设为 3 级，意思是“连升三级”。这许多例子说明，王家大院非常重视家教。难怪在晋中 5 家豪华大院中，王家是唯一重视教育，花钱供子孙读书，也是朝中做官最多的人家。

（摘自段建国：《王家大院建筑的文化内涵》，《中国文化报》2008 年 1 月 7 日）

晋商大院的雕刻艺术突出的是砖、木、石三雕。雕工技艺堪称一绝，是民间艺术领域中一朵绚丽的奇葩，创造了北方民居建筑史上的崭新格局，成为建筑和室内装饰艺术的群体瑰宝，构成了民间艺术的重要组成部分。

（摘自刘改英：《晋商大院的“三雕”艺术》，《中国地方志》2003 年第 S1 期）

晋商的雕刻艺术品通过借喻、比拟、双关、谐音、象征等手法体现了一种深层次的文化心理。通过动物如：麒麟、蝙蝠、狮子、龙、凤、鹤、猴、鹿、马、牛、羊、喜鹊、鸳鸯、玉兔、犀牛、老鼠等；植物如：牡丹、梅花、松竹、藤、菊花、桐树、桃、李、荷花、莲花、柿子、葡萄、佛手、石榴、桂圆、核桃、花生、大枣、莲籽等；什物如：才子四艺——琴棋书画，文房四宝——纸墨笔砚，八仙宝物——葫芦、棕扇、檀板、荷花、宝剑、玉、花篮、鱼鼓；还有器皿如：钟、鼎、尊、磬、壶、瓶等；神话故事、历史人物及文字雕刻的家训家规、对联等，反映屋主的愿望和表现其向往美好生活、趋吉避凶的生活态度。

（摘自刘改英：《晋商大院的“三雕”艺术》，《中国地方志》2003 年第 S1 期）

纵观晋商大院“三雕”艺术作品，虽历经几百年风霜雪雨侵蚀，仍散发着无穷的艺术魅力。更重要的是体现了人们物质与精神的融合，是实用与审美、物质与精神的统一，是民间创作者热爱生活、喜爱美好意愿的体现，具有深厚的民族文化底蕴。

（摘自刘改英：《晋商大院的“三雕”艺术》，《中国地方志》2003 年第 S1 期）

王家大院的建筑，有着“贵精而不贵丽，贵新奇大雅，不贵纤巧烂熳”的特征，且凝结着自然质朴、清新典雅、明丽简洁的乡土气息。在古建范畴，它的艺术内涵可谓贯穿种种，无所不包。

先看看王家大院的选址。一是居高临下，负阴抱阳。占据静升村北山坡黄土高地，背阴可以阻挡北风，向阳能使阳光照射充足；二是凭借坡间由北而南的天然排水沟于左右，可保证宅居地“高无近旱而水用足”，无水灾之患，亦无缺水之虞；三是依山面水，居高可以望远。前览俯视，田园漫漫，河水潺潺；环顾四周，群山连绵，气象万千。夏日层峦叠翠，冬来银装素裹，一幅美妙的自然山水画尽收眼底，堪称理想之宅居宝地。其建筑结构，融历史、哲学、力学、美学为一体，多采用前院为木构架形制，后院为两层窑楼，底层为前檐穿廊的窑洞，二层为梁柱式木结构房屋，构成了典型合理的梁柱式木结构建筑与砖石窑洞式建筑相结合的建筑形式，且结构附件装饰均绚丽精致。如穿廊结构上的斗拱、额枋、雀替、坊头等处的木刻件及柱础石、墙基石等石刻装饰件，形式多样，做工极佳。充分体现了中国古代北方民居“坚固、实用、美观”的建筑特点。其院落布局，虽大都为多进式院落，但样式多变，组合得体。整个建筑设置，集官、商、民、儒四位于一体，既遵循了中国古代传统的阴阳五行之说，又合乎了尊卑有序、内外有别的伦理道德礼制，同时还在建筑的局部和细微之处，汲取了南方园林建筑的设计风格，将造院技巧与造园艺术有机地融为一体，形成王家大院建筑艺术的又一大特色。大院为多元文化体的艺术大殿堂。外观，堡墙高筑，顺物应势，形神俱备，气宇非凡。入堡观览，庭院深巷，曲幽多变，巧连妙缀，有如迷宫。真是博大精深壮观，天工人巧地利。在保持北方传统民居共性的同时，又显现出了卓越的个性风采，不愧为我国民居建筑艺术之精品。

（摘自侯廷亮：《解读王家大院》，《文物世界》2006年第6期）

王家大院的门墩几乎每门必有，有则必精，处处可见，个个不同。门墩的外形大体有两种，一种是抱鼓形，一种是长方形，这两种最有代表性，具体地代表了主人的愿望和对人生的要求。借物寓意是门墩艺术中常用的手法，比如植物中的松、柏、竹、梅、菊、牡丹、荷花；动物中的龙、虎、狮子、麒麟、鹿、鱼、鸟、蝙蝠，还有人物和文字，通过这些谐音或吉祥的内容，主人对福、禄、寿、子孙、事业、前途等方面的美好愿望都雕刻在门墩上。

（摘自王玉轩：《王家大院的门墩艺术》，《山西建筑》2008年第9期）

王家大院是中国家文化的典型代表，是中国吉祥文化的集大成者，是中国家训文化的绝佳体现，是中国晋派建筑的一个标本，是中国封建礼制文化的实践者和逾越者，是中国耕读文化和官商文化的结合体。

（摘自侯廷亮：《解读王家大院》，《文物世界》2006年第6期）

环绕高家崖厚实高大的堡墙，在东西南北四方开设四门。北门和西门比较简单，西门通往红门堡，方便两堡人的来往走动；北门开在东北角上，专供护堡人和家丁们出入。东门和南门非常讲究。东门供家人出入，也是今天游人迈进王宅的第一道门。门楼顶端的“视履”两字，既昭显主人的精神境界，也在告诫家人进出走正道，履道方坦荡，心气平和时，福寿自康宁。头顶“寅宾”门额，脚踏“六合”垫石，穿过高大的门洞，去掉了一分浮躁，增添了一分平静。南门为贵客登临启用，通向堡门的是石砌门道。与门相向立着一堵砖砌照壁，绕过壁墙，拾阶而上，一座木拱牌楼，外书“自一山川”，内刻“槐荣桂茂”，既有主人安居乐业的舒适惬意，也不乏对子孙后代科举功名的期盼。牌楼由两狮两象内外把守，迎合了传统文化中人们追求“出将入相”的最高理想。

（摘自孙丽萍：《民居经典，王家大院》，《今日山西》2004年第4期）

与高家崖一桥之隔的红门堡，占地多达19800平方米，虽早于高家崖近百年建成，却更具特色：整体布局呈“王”字形；中间的主干道连接3条横巷，所有院落须先通过横巷才能转入主路。180米长的主干道由大石块铺就，南北有象征龙头龙尾的亭阁相互照应，阳光下，大有“日照龙鳞万点金”的气势。依功能区分的28座院落面积不同，风格各异。书院、花院、厨院、寝院、围院等个个结构精巧，回廊环绕，曲径通幽，有的前院后园，有的前园后院。“一关辖三门，三门通四院”，令人步换景移，目不暇接。而附属于建筑上的石雕、砖雕、瓦雕、木雕工艺之精，典故之多更是不可胜数。仅柱础石就分鼓形、瓶形、瓜形、六面锤形，上面杂雕着佛家八宝、道家八宝、民间八宝和历史故事。三甲东巷围院前照壁上砖雕的松竹梅图案，潇洒飘逸，线条流畅，象征着“岁寒三友”的寓意，可见当时的雕工已达到相当高的水平。而屋顶无处不见的瓦雕，则将每座建筑都化作一件艺术品，各种珍禽异兽点缀其间，让人不忍离去。建筑中额、枋、柱、廊部分的木雕，雕工细腻精湛，有的与雀替相连的额枋，为3层高浮雕，以镂空法雕出吉祥图案，芭蕉、佛手、卷轴、盆景、四艺、如意、葡萄、海棠层层相叠，旨在表现宇宙万物循环反复生生不息的运动规律，给人美的享受。尽管其中确有宣传封建礼教、追求功名利禄的糟粕，但也不乏弘扬优良传统道德的精华。如红门堡建筑匾额“做无品官，行有品事；读百家书，成一家言”，鼓励做人要有德才，就很有品位。再如“簾簌风敲三径竹，玲珑月照一床书”，以风吹竹叶下垂喻君子的谦谦风度，以清风照书房喻满室书香，情景交融，意境隽永，耐人寻味。当今许多学者认为这里是“可赏、可望、可游、可居”的极具魅力的建筑群，值得向外界介绍，让人们更多更深地了解中国文化的丰富内涵。

（摘自柏冬友：《民间故宫王家大院》，《科学大观园》2003年第10期）

王家大院的楹联匾额有很高的审美和观赏价值，其内容更具有浓厚的传统文化内涵。有的阐述宏伟志向，有的写景抒情，也有歌功颂德和宣扬忠孝节义的。无论哪种内容，均对仗工整，语不空泛，引经据典，富有哲理。我十分欣赏并记录下来一些楹联，如“万卷诗书四时苦读一朝悟，十年寒窗三鼓灯火五更明”、“创业艰难祖辈备尝辛苦，守成不易子孙宜戒奢华”。爱好读书和提倡勤俭是中华民族的传统美德，这两副楹联旨在教育后代要读书明理，力戒奢华，至今仍有现实意义。又如“有实凤来仪，无曲鹤比节”、“谈心直欲梅为友，容膝还当竹与居”，这两副楹联表述的又是一种清气不俗的高雅气节。“实”，是竹子的果实，传说“凤凰非梧桐不栖，非竹实不食”。鹤是长寿的仙禽，俨然君子的鹤行规矩步，可以与低头虚心的竹君比节操、比气节。松、竹、梅又被古人誉为岁寒三友、岁寒君子。松竹经冬不凋，梅则耐寒开花。与梅交友，与竹为伴，不可一日无此君也。

（摘自任兰珍：《王家大院赏楹联》，《山西老年》2004 年第 6 期）

总之，漫步在王家大院的每一个院落，你都会被一种浓浓的传统民族文化包围着。每一副楹联都值得你去认真品读，每一块匾额都值得你去玩味欣赏。这些楹联匾额给古老而沉寂的深宅大院增添了光彩与活力，它像一座艺术殿堂，仔细品读，就能获得一种高层次的文化享受。这正是根深叶茂的中国古文化的魅力，也是我游王家大院的感悟。

（摘自任兰珍：《王家大院赏楹联》，《山西老年》2004 年第 6 期）

中国的传统民居建筑都体现出一种极为矛盾的心理。一方面，用巨大的高墙将自己与外界完全隔离开来，只留下几个极为狭窄的出入口，形成全封闭的空间；但另一方面，在高墙之内，每一个可以摆放花草的地方都不会放过，而假山、人工溪流这些中国式园林必备的元素更是模仿自然的显著表现——于是，封闭与开放两种矛盾心理的明智融合便诞生了中国传统民居特别盛行的院落布局格式。

在这一点上，王家大院便是其集大成者。

（摘自陈莹：《王家大院，一个家族延续四百年的想象》，《纪实》2007 年第 12 期）

如果说，故宫作为皇家建筑的风格在于炫耀“非壮丽无以重威”的设计思想，并将其推向顶峰。那么作为体现中国“家”观念的王家大院，则更多显示出“贵精而不贵丽；贵新奇大雅，不贵纤巧烂漫”的民居特色，并将这一特色发挥到极致。

（摘自柏冬友：《走进民间“故宫”王家大院》，《华夏文苑》2005 年第 5 期）

位于晋中灵石县的王家大院，房屋8888 间，比北京故宫的 9999.5 间少 1111.5 间，故王家大院有“中国民间故宫”之称。王家大院开放的红门堡、高家崖、王氏宗祠三大建筑群，占地 4.5 万平方米，有院落 123 套，现存房屋 1118 间。

（摘自段建国：《王家大院建筑的文化内涵》，《中国文化报》2008 年 1 月 7 日）

王家大院文化遗产具有 3 个方面的特质：一是王家大院在中国民居建筑史上占有不可替代的地位。它拥有一个家族建造的宏伟气势，是中国北方汉民居在明清时期的杰出范例。其建筑规模甚大，建筑布局富有特色，建筑结构兼容并蓄，形式多样，集官、商、民、儒四位于一体。整个建筑既注重了中国古代阴阳五行等学说，又体现了尊卑有序、内外有别的伦理道德礼制。同时将国内南北建筑结构，山川、平地的特点有机而巧妙地结合在一起，独具特色，完整地保留了明、清时期北方汉民居建筑的总体面貌。

（摘自：《王家大院“申遗”被提上议事日程》，山西新闻网 2007 年 5 月 8 日）

二是王家大院是最典型的中国晋商、官住宅文化的代表。是融历史、哲学、力学、美学为一体的建筑创作的杰作，充分体现了明清官式建筑的特点，并存在大量仅见于“王府”的建筑形制。王家大院多数院落是前院为木构架形制，后院为两层窑楼，底层为前檐穿廊的窑洞，二层为梁柱式木结构房屋，构成了典型合理的梁柱式木结构建筑与砖石窑洞式建筑相结合的建筑形式。所有装修雕饰都绚丽精致。穿廊结构上的斗拱、额枋、雀替、坊头等处的木刻及柱础石、墙基石等石刻，题材不一，做工极佳。主要建筑中的木构架多采用在主要木构件部分，再增加附属构件以增其稳定性。堡墙高筑，四门俱全，多进庭院的建筑，丰富了封闭的空间，增加了建筑的灵活性、艺术性，也增强了安全防范机能，变化多样的屋顶建筑天际线，给人以优美的韵律感。建筑气势恢弘，功能齐全，主院与侧院在建筑形制上有明显的区别。各院落通过各种造型不同的门相通，各类墙相隔形成院内套院、门内有门、亭台楼阁、各异其宜的格局。厅院、书院、绣楼、花园、厨房、围窑院、场院成龙配套，是一处整体保存完好的古建筑杰作。

（摘自：《王家大院“申遗”被提上议事日程》，山西新闻网 2007 年 5 月 8 日）

三是王家大院在中国美术史上地位杰出，是“三雕”艺术精品的宝库，这些精美的雕刻艺术对研究建筑功能、建筑技术和建筑艺术有较高的参考价值，至今仍产生着深刻影响。王家大院的木雕、砖雕、石雕题材繁多，内容丰富，集民俗民艺于一体，装饰于建筑的各个方位。既合理地起到了建筑结构的作用，又丰富了建筑装饰，同时也含蓄地寄托了美好的吉祥之意。可以说王家大院门门有匾

额，院院有楹联，这些“三雕”构件充分表达了主人士大夫志向、情怀、修身养性的文化层次。创造出了一个很强的文化艺术氛围，达到足不出户而同样置身于山水自然情趣中的效果，在潜移默化之中达到教育子孙领略到高品位的文化内涵。这些文化小品对研究建筑功能、建筑技术和建筑艺术有较高的参考价值。不难看出，王家大院文化遗产具有很高的历史价值、科学价值、艺术价值和深刻的文化内涵，符合文化遗产真实性和完整性的标准，它得到国内外诸多专家、学者的高度评价和重视。

（摘自：《王家大院“申遗”被提上议事日程》，山西新闻网 2007 年 5 月 8 日）

山西王家大院旅游开发成功的原因

王家大院之所以能誉满天下，不仅因为它完美地具备了“实用、坚固、美观”的建筑三要素，更重要的是从文化内涵到规模气势，从地势选择到内部结构设计，都体现出了一种磅礴大气和匠心独运。整个建筑在合乎礼制和讲究实用的前提下，把造园艺术与造院技巧融为一体。既保存了北方民居的传统风格，又充分借鉴了南方园林的设计思路。其布局、其穿插、其连贯、其分隔，注重运用明暗虚实、浓淡轻重之手法，使整个建筑群或如丝竹声声，或如群鼓激乐，错错落落间，神形俱立，成为不朽于世的民居建筑艺术精品。

（摘自文华　灵燕：《踏访山西的“紫禁城”——王家大院》，《国际商报》2003 年 2 月 16 日）

正因为有了一群在王家大院馆长侯廷亮带领下同心同德、齐心协力的团队，才使王家大院能在短短的几年内，跨入全国同行业先进行列，并成为山西省向外推出的品牌景点之一。

（摘自文华　灵燕：《踏访山西的“紫禁城”——王家大院》，《国际商报》2003 年 2 月 16 日）

作为文化人，侯廷亮意识超前，很早就意识到了旅游效益的好坏与宣传工作息息相关。为此，几年来，他始终把拓展市场当做景点的生命线，本着“抓住北方十省市、自治区，在南方大造声势”的宣传战略，在上级各部门的大力支持下，利用自创收入，借助各种宣传渠道广泛开展促销活动。一是利用各种媒体进行宣传促销。二是走出去进行宣传促销。三是利用各类互联网搞促销。四是通过开发旅游产品搞促销。五是借助各地旅行社搞促销。六是利用交通干线和交通工具搞促销。

通过全方位的宣传促销，既提高了王家大院的知名度，又扩大了客源市场，还收到了良好的社会效益和经济效益。更为可喜的是，去年，大院仅门票收入就突破千万元大关，名列全省同行业前茅。

（摘自文华　灵燕：《踏访山西的“紫禁城”——王家大院》，《国际商报》2003 年 2 月 16 日）

王家大院取得如此巨大成就的主要经验便是宣传。一靠媒体，在 180 家媒体广泛宣传；二是走出去宣传，派人参加北京、上海、天津及港、澳等地举行的国内、国际旅游交易会，共发放宣传资料近 10 万份；三是利用主要交通干线和市内交通工具及北方部分省市的繁华区域宣传，买断太原—北京等七列列车的冠名权和广告发布权，散发宣传资料 240 万份，列车播音数万次；四是开通王家大院网站；五是通过开发旅游产品搞促销；六是借助各地旅行社搞促销；七是举办各种活动搞宣传。

（摘自孟苗　仝美超　程卫军：《王家大院十年接待游客五百万人次》，《山西日报》2007 年 8 月 3 日）

几年来，王家大院在创旅游品牌上，始终把拓展市场当作生命线。据了解，在开发旅游市场上，他们本着“抓住北方十省市，全国各地造声势”的宣传战略思想，充分利用全国各地各种媒体进行宣传促销，并通过开发旅游产品、利用各类互联网站、借助各地旅行社、利用交通干线和市内外交通工具、举办各种活动等方式进行宣传促销。可谓是功夫不负有心人，通过全方位的宣传促销，既提高了王家大院的知名度，又扩大了客源市场，社会效益和经济效益双丰收。

（摘自马霞：《王家大院：用心经营　用情维护》www.ccdy.cn 2007 年 9 月 24 日）

在开拓旅游市场方面，侯廷亮则有独到见解，他认为，要想获得旅游市场，则需要目光、智慧、判断力和魄力，缺一不可。

（摘自马霞：《王家大院：用心经营　用情维护》www.ccdy.cn 2007 年 9 月 24 日）

为开拓王家大院的旅游市场，侯廷亮曾多次专程外出考察，了解各地媒体情况。有时随集体出去参观学习之余，也要独自行走于当地街头巷尾的书报摊，去观察老百姓对属地的哪一种报刊读物最热衷。实则是想知道，百姓所喜欢读物的群体构成和销售份额。然后，在掌握情况之后，便胸有成竹地集中“火力”去攻取。

（摘自马霞：《王家大院：用心经营　用情维护》www.ccdy.cn 2007 年 9 月 24 日）

王家大院出资 600 余万元买断了 6 个车次 21 列火车的

广告经营权，绵山驻华北、华东各省市办事处投资700余万元进行宣传促销，这样一来，客源遍布到全国26个省市区，市场半径不断扩大。

（摘自桑莉媛：《晋商文化奏出晋中旅游最强音》，《山西经济日报》2004年7月31日）

在众多的大院中，王家大院成为了佼佼者之一。近年来，王家大院以其文化含量优势、大院规模优势、区位优势凸现出来。

（摘自李彬：《关于王家大院与历史文化名镇静升村布局的思考》，《中国旅游报》2007年10月17日）

王家大院之所以备受游人专家青睐，除了它具备有“实用、坚固、美观”的建筑三要素、雄伟高大兼小巧玲珑的南北风格于一体外，更主要的是精湛的“三雕”艺术使王家大院熠熠夺目。所谓“三雕”，即砖、石、木雕。这些雕刻个个雕技精湛，件件完美无损，样样栩栩如生，皆为王家建筑艺术的杰作，是王家建筑极为重要的组成部分。

（摘自卫军：《王家大院的“三雕”艺术》，《山西日报》2006年1月20日）

近几年来，以晋商大院为代表的“大宅门”旅游资源吸引着千千万万游客的心，都因这些深宅大院在落成之日，便已具备了供游人参观的基本要素。主人在当初修建之时显然便有强烈的美感蕴含其内，并让别人看起来，都有其各自的特色而与众不同。以王家大院为例，开放10年来，已成为全国著名的旅游景区，享誉海内外。其原因，一是王家大院本身具有厚重的文化底蕴，二是在宣传上、市场开拓上以及经营管理上有着自己的理念。

（摘自：《王家大院“申遗”被提上议事日程》，山西新闻网2007年5月8日）

对王家大院旅游开发的批评和负面评价

开发之初，各大院看到了乔家所带来的经济效益，但是并没有认识到乔家之所以能开发成功，除了其建筑本身的吸引力之外，电影《大红灯笼高高挂》起了非常重要的宣传作用，尤其是其所获国际大奖更使乔家名声在外，加之乔家与太原较近，占尽了天时、地利、人和而蒸蒸日上，成为人们来山西旅游的必游之地。其他各大院固然有其独特的魅力，在建筑方面可能胜出乔家一筹，也有作为电影电视拍摄地的经历，但先入为主已让乔家独占鳌头，当然与所拍电影出名也存在一定关系。另外，各家大院在展示内容上存在着追随乔家的现象，如他们都展示出了各自大院的建筑模型，各自主人的经商史，体现晋中地区明清时期人们生活习俗的明清家具和瓷器，连导游的解说方式也如出一辙等等。

一些大院还存在一个误区，即：将旅游资源视同为旅游产品，在没有对大院本身进行很好的包装，条件还不成熟的情况下，为获得眼前的短期经济利益，就将大院对外开放，结果只能是在获得短暂的辉煌之后走向衰败。如渠家希望利用独具特色的镖局来形成自己的特色，但目前在镖局布展内容不丰富的情况下就对外开放，不仅不能为其带来很多客源，相反，由于内容不充实，已参观过的游客会因不满意而做负面宣传，造成负面效应。

此外，从各大院的宣传来看，一般游客从中所能了解到的是：在晋中开发的7家大院中，乔家大院是电影《大红灯笼高高挂》的拍摄基地，曹家大院有慈禧太后赠送的金火车头钟，王家大院规模宏大，号称华夏第一。而对孔家大院、何家大院都知之甚少，常家大院刚刚开发，也还没有深入人心。除此以外，各大院似乎就没有什么特色可作宣传了。继而使想参观每个大院、详细了解其特色的人为数寥寥。不能形成“大院文化旅游线”，造成无法做大“大院文化旅游”这块蛋糕，形成只能窝里斗、内部分割市场，新的大院开发越多，各大院的收入越少的局面。

更重要的是，山西已开发的大院很多属于文物保护单位，它们的开发必须符合文物保护、文化多样性保护的原则。也就是说，如果要恢复，应该做到古朴精致，要有品位，切忌求新求洋，不伦不类，但从目前情况来看，自行对建筑进行改造、修建，已使部分大院失去了原有风貌。如曹家大院中与原物不符的彩绘，就是败笔之一，同时也是对文物的一种破坏。从2001年第五批全国重点文物保护单位的公布情况来看，山西大院榜上少见其名也能反映出一些问题。

目前我国的旅游产品不是少了，而是旅游精品少了；山西大院的开发数量不是少了，而是有特色能强烈吸引游客的大院少了。因此如果再继续盲目开发，只会是重复建设，浪费资源。毕竟大多数游客都希望在最短的时间内欣赏到最多最好的景点，而不会在几天的时间里参观所有的大院，他们对旅游产品都是有选择性的。因此，为了能很好地展示晋中大院文化的风采，各大院还应在开发特色产品、加大宣传力度、进行市场调研等方面多下功夫，俗话说，“磨刀不误砍柴工”。

晋中大院是到了该暂停下来，加加油的时候了。

（摘自：《大院文化开发热该叫暂停了》，《中国旅游报》2002年2月25日）

产业效益

2006年“十一”黄金周第三天，王家大院当日接待人数达到了4.37万。

（摘自岳晋峰：《大院文化游颇具磁力　单日门票收入过千万》，《山西日报》2006年10月4日）

灵石王家大院自1997年8月18日以“中国民居艺术馆”的名义对外开放以来，共接待中外游客500余万人次。

（摘自孟苗　仝美超　程卫军：《王家大院十年接待游客五百万人次》，《山西日报》2007年8月3日）

王家大院自1997年以“中国民居艺术馆”的名义正式对外开放以来，据统计，10年间共接待国内外游客500余万人次，门票收入突破亿元。据悉，有“王家归来不看院”、“中国民间故宫”、“华夏民居第一宅”之美誉的王家大院，自2001年以来，游客接待量和门票收入单项指数连续6年位居山西省24个重点景区的前5名。

（摘自马霞：《王家大院：用心经营　用情维护》www.ccdy.cn 2007年9月24日）

2001年“十一”黄金周期间，王家大院接待游客超过10万人。

（摘自：《大院文化开发热该叫暂停了》，《中国旅游报》2002年2月25日）

王家大院，1997年8月18日对外开放，以“中国民居艺术馆”的形式进入旅游市场，由于王家大院的规模、文化品位等项原因，开放以来，门票收入一直呈上升趋势，一年上一个台阶。2001年，门票收入达1200万元人民币，成为诸大院中门票收入最高的一家，居于榜首。

（摘自：《大院文化冷与热应由市场调温》，《中国旅游报》2002年3月25日）

由旅游产生的效益是综合的。仅以灵石县旅游龙头企业王家大院为例：一是产生了广泛的社会效益。譬如，多少年来，灵石作为一个不知名的小县，因王家大院的出名而有了名气，许多党和国家领导人及国际国内著名学者、知名人士罗哲文、郑孝燮、阮仪三、余秋雨、王鲁湘等都纷纷慕王家大院之名前来视察观光；国内外不少大型经贸财团或商家也因王家大院的闻名遐迩，先后来灵石考察并投资项目等等，使过去沉寂的灵石一下活了起来。二是产生了较好的经济效益。随着宣传力度的不断加大，每年的客流量都在大幅度地递增。据统计，从2001年起，王家大院的年平均游客接待量达50余万人（次），门票收入2000余万元。其次，由王家大院旅游拉动的相关产业，如宾馆、饭店、交通、购物等行业所产生的经济效益也十分喜人。按门票收入仅占旅游总收入1/10的比例估算，旅游总收入已突破了10亿元大关。三是为社会提供了就业机会。据不完全统计，目前旅游从业人员达到了近万人。

（摘自：《发展旅游产业对构建和谐社会的作用》，《中国文化报》2007年6月18日）

王家大院修复开放6年来，随着基础设施的不断完善和宣传促销力度的日益加大，在国内外的知名度越来越高。截至2002年底，共接待中外游客260万人（次），收入达4400万元。同时，解决了部分社会就业，带动了吃、住、行、购、娱等相关产业的发展。王家大院由建馆之初的30多名员工，发展到现在的200名员工。

（摘自：《建设文化景区　打造文化产业——王家大院的发展及其启示》，陕西文化信息网2006年5月23日）

1998年，王家大院要修缮红门堡城墙和广场，并绿化四周，一时间资金短缺，向银行贷款300万元。该笔贷款当年实现利息收入17万元，大院基本账户月均存款余额达100余万元。

（摘自郝薇　白士勇：《10亿元贷款“扮靓”晋商文化大院》，《山西经济日报》2004年5月30日）

被誉为“华夏民居第一宅”、“民间故宫”的王家大院，以珍贵的文物、丰富的历史文化底蕴，每年吸引着数十万中外游客。

（摘自卫军：《王家大院的“三雕”艺术》，《山西日报》2006年1月20日）

王家大院高品位民居古建筑形神兼备的魅力，自1997年对外开放以来，吸引了众多游客。据馆长侯廷亮介绍，游客逐年迅速增长，尤其节假日每天游客竟达万人之多。王家大院正以新的历史使命，续写着昔日的辉煌。

（摘自文华　灵燕：《踏访山西的“紫禁城”——王家大院》，《国际商报》2003年2月16日）

重要文章选登

王家大院的历史沿革与有效保护

侯廷亮

王家大院，乃王氏家族住宅院落的综合称谓。1997 年以来，相继修复开放的高家崖、红门堡两大建筑群及王氏宗祠等，可谓王家大院保留较为完整的建筑精华。共有大小院落 123 座，房屋 1118 间，占地面积 4.5 万平方米。其总的特点是：依山就势，随形生变，层楼叠院，错落有致，气势宏伟，功能齐备，基本上继承了我国西周时即已形成的前堂后寝的庭院风格。再加匠心独运的砖雕、木雕、石雕，装饰典雅，内涵丰富，实用而又美观，兼融南北情调，具有很高的历史价值和文化品位，被国内外许多知名专家和学者誉为"中国民间故宫"、"山西的紫禁城"和"华夏民居第一宅"。

王家大院，位于山西省灵石县城东 12 公里处的全国历史文化名镇——静升古镇。据现存的史料和实物考证，明万历年间至清嘉庆十六年（1573 年—1881 年），太原王氏后裔——灵石静升王氏的住宅，随其族业的不断兴盛，在静升村，由西向东，由低到高，逐渐延伸和扩展，营造了"五巷五堡五祠堂"等庞大的建筑群，总占地面积达 25 万平方米以上。现存的除部分明代建筑外，大都为清代建筑。

静升王氏家族，是灵石县历史上的四大家族之一，其先祖早年从太原移居灵石汾河峡谷间的沟营村（今南关镇沟峪滩村）。元仁宗皇庆年间（1312 年—1313 年），被尊为静升王氏宗祖的王实，离开沟营村定居静升村，迄今已 690 余年，传 28 世。静升王氏从农耕与兼营豆腐生意开始，由农及商，家业渐大，家资渐丰，又由商到官，官商并举，英才辈出，成为当地闻名遐迩的豪门望族。据《静升村王氏源流碑记》载，王氏家族在明代天启年间已是"士者经史传家，英辈迭出；农者沃产遗后，坐享丰盈；工者彻通诸艺，精巧相生；商者逐利湖海，据资万千"。表明王家当时士、农、工、商诸业已步入了鼎盛时期。在此前提下，由于受明清两朝提倡所谓大家庭礼制思潮的影响，从明至清，王家一代又一代在外地经商或做官的族人，和其他官商大吏一样，为实现不忘水源木本、落叶归根、光宗耀祖、炫耀门庭之宿愿，在拥有钱财权势之后，便不惜巨资在家乡大兴土木，修建豪宅。

一

王家最早筑宅院于村西拥翠巷。而后历经明、清两个时期，建造了"五巷五堡五祠堂"。其中，临街的"五巷"是：拥翠巷（通称王家巷），建于康熙三年（1664 年），乾隆四十八年（1783 年）重修；钟灵巷（即瓮门底），建于明万历年间，乾隆三十六年（1771 年）重修；里仁巷（即富足沟），建于清康熙初年；锁瑞巷（即肥家沟），建于清康熙四年（1665 年），乾隆四十四年（1779 年）重修；拱秀巷（即上巷），建于清康熙十四年（1675 年），嘉庆元年（1796 年）重修。"五堡"即：崇宁堡（通称西堡子），建于雍正二至六年（1724 年—1728 年）；拱极堡（通称下南堡），于乾隆十八年（1753 年）建成；和义堡（通称东南堡），与拱极堡同年建成；恒贞堡（通称红门堡），建于乾隆四年至乾隆五十八年（1739 年—1793 年）；视履堡（通称高家崖），建于嘉庆元年至嘉庆十六年（1796 年—1811 年）。原有的"五座祠堂"，现在仅有建成于嘉庆元年的孝义祠保存完好。另有主祠堂内建于嘉庆九年（1804 年）的戏楼幸存。

从康熙至嘉庆年间，王家除修建了大量的宅院外，还将北山鸣凤塬的祖坟地，扩展为占地 360 余亩的"佳城"。坟地环周筑有围墙，坟内松柏茂盛繁密，建有石牌坊两座，及供族人祭奠和存放祭器的窑洞 3 间、厢房 6 间、敞棚 4 间，另外还建有看坟人起居之屋舍。其坟地原有的规模气势和建筑风貌，尚有 20 世纪 60 年代初拍摄的照片存放在王氏宗祠里。在清康乾嘉期间，静升王氏家族为官者甚多，主要通过正途科考、异途捐保和祖德荫袭三条途径步入官场。据不完全统计，入仕的五品至二品官员及授封、赠的各种大夫达 101 人，纳入儒林名登仕籍者 130 余人。另外还有贡生、监生、生员 365 人。清道光后，随着社会大气候的影响，一向以"耕读为本"、"诗礼传家"的静升王氏家族，逐渐衰落。1937 年芦沟桥事变后，王氏家族中当时资财蓄积雄厚的 21 世王饮让，匆匆将其在静升本土和晋南、晋中、石家庄、保定及京津一带的商号铺面毫无保留地通通盘卖处理，携裹金银财宝举家南迁。其他族人，有的安于现状，听天由命；有的堕为纨绔，奢靡成性，无度挥霍；有的甚至沦为乞丐……自此，作为一方望族的王氏家族，经过 600 余年创业、发奋、搏击所取得的辉煌，很快变成了过眼烟云，仅成为一方土地上人们谈论的历史话题。

二

1949 年中华人民共和国成立后，王家在国内国外虽还有不少后人，但1950年土地改革之后，王家大院的所有权，便全部划归了静升村里的贫下中农。好在贫下中农居住期间，大院的主体建筑，不仅损坏不大，而且还基本保持了原有的风貌。所不尽如人意之处，即有些院落内的房屋，因主人常年在外工作，无人居住，加之年久失修，导致屋顶塌漏，瓦脊受损。其次，还有一些院落内的隔墙、大门等附属建筑，明显存在坍塌后人为的补建或改建痕迹，但主体建筑的格局变化不大。1966年至1976年，王家大院虽也无例外地经历了“文革”的特殊气候，但没有多少人为的毁坏，尤其是高家崖和红门堡两大建筑群的保存完整。然而，有谁会想象到，保护者竟然是曾经在大院里居住过的普通老百姓。在那个时期，他们为了避免破“四旧”的冲击，家家把各自墙壁上精美的砖雕、石雕方块图案，先用麦秸泥巴将画面糊抹成平面，然后贴上一层薄薄的白灰，待泥灰干后，再请有文化会写字的人用油漆写上毛主席语录。大门两侧许多雕工上乘的中、小型石狮子和石刻门墩，他们用大小砖块将其包裹在里面，砌成方柱型水泥罩面的坐墩。一些可移动的不便处理的石刻件，他们就干脆挖坑埋在院子里……居民们就是用这样的手段，使得大院内众多砖雕、石雕艺术品免遭劫难的。值得一提的是，进入20世纪80年代初，一位南方商人来到王家大院高家崖内的竹林书院，要拿一辆红旗小轿车换取雕有竹子的石门框，被当时院内住着的张老太太一口回绝。因此，在新中国成立后的许多年里，王家大院之所以能够较为完好地保存下来，应该归功于那些纯朴善良的居民们，他们才是祖国文化遗产真正意义上的保护者。

1984年，灵石县成立了“文物保护管理所”。王家大院从此有了专门的管理机构和专人负责保护。1995年，在县、镇、村三级领导的重视下，投资20万元，对王家大院高家崖内的凝瑞居前院进行了全面修缮。当年秋季，山西省文物局组织有关专家学者，对王家大院进行了实地考察、论证和评估，认为具有较高的历史价值和文物价值。1996年1月12日，王家大院被列为山西省重点文物保护单位。同年3月22日，灵石县人民政府做出了由县政府投巨资修复王家大院的决定，并随即成立了修复王家大院指挥部，有关人员按照修复计划，很快投入了高家崖内的居民搬迁工作，历时一周，搬迁工作顺利完成。4月20日，修复工程正式启动。在省、市、县文物部门和有关专家的具体指导下，依照“修旧如旧”的原则，经过一年的紧张施工，全面修复了占地19572平方米的高家崖建筑群，并于1997年8月18日，以“中国民居艺术馆”的名义正式对外开放，总投资1000万元。次年3月1日，红门堡内的居民再行搬迁，第二期保护修复工程又全面展开，截至1998年8月18日，占地2.5万平方米的红门堡建筑群也全面修复告竣，并以“中华王氏博物馆”的名义对外开放，总投资1500万元。而后又投资50万元，于1999年9月27日修复开放了占地428平方米的王氏宗祠。

三

随着王家大院主体保护工程的相继实施到位，灵石县人民政府先后设立了专门的管理机构。即1997年8月21日，成立了“中国民居艺术馆（王家大院）”（后于2003年3月7日更名为“灵石县王家大院民居艺术馆”）。1999年10月26日，成立了“灵石县王家大院风景区管理委员会”。在此基础上，县政府依据《中华人民共和国文物法》和《山西省实施〈中华人民共和国文物法〉办法》，制定出台了《灵石县王家大院风景区管理暂行办法》、《灵石县王家大院景区建筑审批管理暂行办法》、《灵石县王家大院保护管理暂行办法》和《灵石县关于进一步加强对王家大院保护和管理的有关规定》等各种保护与管理的具体措施，并付诸实施。使王家大院的文物建筑在开放后的几年里一直得到了很好的保护，2006年6月又被列为第六批全国重点文物保护单位。

现在，王家大院民居艺术馆作为王家大院专门的保护与管理单位，拥有职工200余名，其中专业技术人员占到了60%。内设“一室七科”8个职能科室。机构健全，职责明确。自1997年建馆后，在文物建筑的保护与管理上，管理者始终不忘肩负的历史重任，先后从三个方面做了大量卓有成效的工作。其一，加强了对全员安全防范意识的教育和保卫人员消防技能的培训；其二，结合实际建立健全了关于文物保护的各项管理制度和配套措施；其三，加大了逐年对古建筑保护的投资力度。据统计，从开馆至现在，用于古建筑保护与消防设施建设的经费累计达1000余万元。这些实实在在的工作，对王家大院的有效保护起到了积极的作用。近十年来，王家大院庞大的建筑群体，从未发生过一起火灾和人为的破坏事故，2004年被省文物局评为山西省文物安全达标单位。目前，随着《静升历史文化名镇保护与开发规划》的评审出台，王家大院作为静升历史文化名镇的重要组成部分，将会得到更加有效的保护。

对开发晋商大院文化旅游带的思考

佘可文 张慧霞

明清时期，晋商逐渐崛起，一批富商相继在家乡大兴土木，扩建家园，形成了今天的晋商大院文化旅游带。

独具特色的晋商大院文化旅游资源

（一）晋商崛起与晋商大院文化的形成

山西商人又称晋商，是明清时期的著名商帮。晋商崛起的原因是多方面的，有区位、资源等原因，也有历史发展的机遇。这一机遇与明代北部边防形势及山西地理位置直接相关。山西临近北方边境，山西商人为驻边部队筹集军需，集盐商和粮商于一身；山西毗邻塞外，处于农业与畜牧业经济的过渡带，山西商人利用农耕民族和游牧民族在经济上较强的互补性，展茶马互市。加上明末清初的战乱，使山西以农业为主体的经济和文化，受到严重破坏。清朝初年，为巩固政权，在全国推行"丁随地派"制度，从而使无田的人免纳丁税，田少的农民也可安心从事其他经济活动。这为晋商的发展，创造了有利的社会条件，使晋商在全国不断成长壮大。到清代中、后期，晋商已发展成国内最大的商帮，一度执全国金融、商业之牛耳，成为全国众商帮中力量最强的一支，雄居商界达五百多年之久。

晋商之所以能兴盛五百多年，与其成熟的商业文化是分不开的。除崇尚重商立业的人生观、诚信义利的价值观、艰苦奋斗的创业精神之外，晋商文化的另一特征，就是具有浓厚的恋土怀乡及光宗耀祖的封建色彩，使晋商资本的大部分流向土地和官场。在外面经商致富的晋商，为在家乡故里光宗耀祖、展示实力，纷纷投巨资在家乡兴建豪宅大院。今天人们在山西境内看到的众多民居大院，就是晋商大院文化的真实写照。

（二）晋商大院的格局及其文化特色

晋商大院文化发祥于山西晋中一带，晋商大院主要集中于山西中部汾河一带的晋中盆地。由北而南有榆次的常家大院、太谷的孔家大院和曹家大院、祁县的乔家大院和渠家大院、灵石的王家大院等，形成了一条纵贯晋中盆地的晋商大院文化带。这些民居大院，不仅占地广，建筑考究，而且各具特色，文化底蕴深厚。本文试对已开发的几座大院进行分析，以揭示其文化内涵。

乔家大院位于晋中市祁县东观镇乔家堡村。因在这里拍摄《大红灯笼高高挂》的影片而闻名国内外，现在是山西晋中市民俗博物馆。该博物馆是清末民国初年，在山西商业资本家乔致庸旧居基础上建立起来的。该馆不仅馆藏文物丰富，而且展品生动地反映了晋中浓郁的乡土人情、风俗习尚，从婚、丧、嫁、娶到生、老、病、死的民俗，都在博物馆内得到展现。乔家大院建筑考究，占地8724.8平方米，建筑面积3870平方米，有院落19座、房屋313间。院落建筑构思精巧，平面为"双喜"字形，宅院古朴大方，为传统中式结构。宅院周围，外有高墙围拢，上有女墙垛口，房顶上多达140余个烟囱，形态各异，无一雷同。院内斗拱飞檐，木、砖、石雕刻精美大方，典雅美观。这一院落实属我国清代民居建筑中的一颗明珠。

渠家大院位于祁县城内，距乔家大院5公里，为清代金融资本家渠本翘的宅院。电视连续剧《昌晋源票号》，就是以渠家为原型创作拍摄的。渠家大院始建于清代乾隆年间，占地5300平方米，建筑面积3200平方米，为"五进式"穿堂院落，共有3个大院、19个小院、240间房屋，明楼院、统楼院、栏杆院、戏台院巧妙组合，典雅精巧。现在渠家大院成为晋商文化博物馆，该博物馆采用原状陈列和系列展出结合的办法，运用实物、图片、模型、雕塑等手法，配以声、光、电等现代科技手段，揭示了晋商辉煌的历史文化内涵。

曹家大院又名"三多堂"，位于太谷县北洸村，距乔家大院7公里，为太谷著名晋商曹三喜所建。曹家大院俗称"三多堂"，三多即多子、多福、多寿。"三多堂"的建筑风格独特。这组建筑群坐北朝南，占地达6468平方米，院落南北长98米，东西宽66米，呈"寿"字形结构。院落分南北两部分，东西并排了3个穿堂大院，其建筑风格是高耸、厚重、古朴。

王家大院位于灵石县静升村的黄土丘上。该大院号称华夏第一宅，建筑规模宏大，有东大院、西大院、孝义祠三部分。总面积为34450平方米，相当于乔家大院的4倍，为清代商人少有的院落。王家大院布局构思独特，结构合理，"三雕"艺术精湛，院内随处可见木雕、砖雕、石雕作品。从屋檐、斗拱、影壁、兽吻，到础石、神龛、石鼓、门窗，构思奇妙，造型逼真，精工雕造，独具匠心。这里既有北方建筑的雄伟气势，又有南方建筑的秀美，并且绘画、书法、诗文集于一身，人物、花卉、禽兽汇于一体，姿态秀美，是晋商大院文化中的又一奇葩。

此外，榆次的常家大院和太谷的孔家大院也各具特色，属于我国清末民居建筑中的珍品。

晋商大院文化资源的旅游价值

现代旅游是以文化为主的综合性社会活动。旅游文化是旅游活动的内涵体现，其价值是多方面的。晋商大院文化作为民俗旅游资源，属于文化旅游的范畴，旅游的文化性决定了民俗旅游的文化特质。晋商大院文化的旅游价值主要体现在以下几方面：

（一）领略晋商文化的流芳异彩

通过参观晋商大院，游人可领略晋商文化的流芳异彩。晋商之所以能成为明清时期全国商帮中的佼佼者，得益于其独特的晋商文化。（1）晋商树立了重商立业的人生观，使众多山西人亲朋提携，络绎不绝，走上商途，逐渐在民间形成了一种重商的观念，即“以商致财，用财守本”的立业思想。（2）晋商确立了诚信义利的价值观。受儒家孔孟之道的影响，晋商崇尚信义，主张“君子爱财，取之有道”，尊关云长为财神，以其信义教育同行，并在商号行规中规定：“重信义、除虚伪、贵忠诚、鄙利已、奉博爱、薄嫉恨”，反对不择手段获利，宁可折本亏赔，也要保证商号的信誉。（3）晋商具有艰苦奋斗的创业精神。山西地处黄土高原，大部分地区土瘠民贫，形成了勤奋俭朴的风气。而往来于茶马之路的晋商，贩茶于福建、湖南、安徽、江西、浙江，销售于大漠之北，千山万水，饥渴劳病，夏顶烈日，冬卧冰雪，从而培育了晋商艰苦奋斗的精神，形成了不断创新的商业制度。如晋商在长期的经商过程中，实行了经理负责制、学徒制、人身顶股制、账簿财会制。再如晋商与当地商人合作经营，立有契约，规定出资者与出力者分息比例等。游人通过导游的讲解和参观，感受源远流长的晋商文化，领略晋商文化的流芳异彩，从而陶冶了情操，增长了知识。

（二）了解晋中传统的民俗风情

通过参观晋商大院，了解晋中传统的民俗风情。如乔家大院的人生礼仪习俗馆，包括生日满月习俗、婚丧习俗、祝寿礼仪等内容。其中，以婚事习俗系列最为详尽，从相亲、定亲，到出嫁、迎亲、拜堂、入洞房的全过程应有尽有。节会习俗馆，展示了正月十五元宵节踩高跷、舞龙灯、挂红灯、供神的场面，表达了老百姓喜庆丰收、祈求来年风调雨顺的愿望。还有从七月十五祭祖，到春节一系列的民俗活动。七月十五又名盂兰节，这天农家扫墓。八月十五是大家熟知的中秋节。九月初九是重阳节，有登高赏菊、吃软米油糕的习俗。二月二龙抬头，剥龙皮，吃煎饼，反映了百姓求平安、盼幸福的美好愿望。当地清明节扫墓时，饮食及服饰别具特色。农事习俗馆，展现了晋中一带农家的生活场景，年轻农民男耕女织，年长农民勤劳、朴实，饱经风霜，表现了春耕、夏管、秋收、冬藏的农事活动。取材翔实，场景逼真，宛如一幅古朴的农事活动画卷。

（三）欣赏晋商大院的建筑风格

晋商大院为我国清末民初民居建筑中的珍品，每座大院又有不同特色。乔家大院形如城堡，三面临街，看上去既安全牢固，又威严气派，从高空俯视，院落布局如同象征大吉大利的“囍”字。渠家大院气势威严，在宽敞高大的门楼上，是一座玲珑精致的眺阁，巍峨壮观。曹家大院外观雄伟高大，形似城堡，整座宅院呈“寿”字形，在周围低矮的民居衬托下，十分引人注目。王家大院从外面看是封闭型城堡大院，城堡的四面各有一个堡门，堡门高大坚固，雄伟壮观。

（四）观赏收藏珍品及雕刻艺术

晋商大院中陈列着许多收藏珍品，具有极高的观赏价值。如乔家大院的“犀牛望月镜”，是用纯梨木精雕而成，其木材从东南亚进口，造型独特，样式美观。曹家大院的金火车头钟，是用黄、白、乌三种金制成的，重42公斤，上面有时钟、晴雨表，据说是法国给清廷的贡品，因西太后逃往西安，路经曹家以此抵押借款，留在曹家。晋商大院中的雕塑艺术也堪称一绝。如乔家大院正门相对的砖雕影壁“百寿图”，由一百个字形、字体各异的“寿”字组成。王家大院从门口到室内，再到两厢走廊的上下左右，精美的石、木、砖雕俯仰皆是，美不胜收。与王家大院东堡门相对的是大型砖雕影壁，壁心是狮子滚绣球，背面是牡丹、荷花、菊、梅四季花卉，配以公鸡、鸳鸯、鹌鹑、喜鹊，寓意为“功名富贵，鸳鸯贵子，安居乐业，喜上眉梢”。进入王家大院大门，首先看到石刻的巨幅山水画影壁，刻的是静升风光。此外，从屋檐、斗拱、础石、兽吻，到神龛、石鼓、门窗，无处不现精美的石雕、砖雕和木雕艺术，耐人品味，美不胜收。

开发晋商大院文化旅游带的思路

（一）统筹规划，合理、有序开发

首先，应统一规划，把晋商大院文化旅游带作为一个整体看待，统筹安排开发的项目。其次，对每座晋商大院的开发，要考虑与周边景点的组合，如王家大院与绵山景点的组合，乔家大院、渠家大院和平遥古城的组合，孔家大院、曹家大院、常家大院与太原都市的组合。通过不同组合，形成合理的景区和线路，通盘考虑开发。第三，在开发建设的同时，兼顾资源的永续利用，即资源的可持续利用、环境的逐步改善。总之，应在统一规划下，进行合理、有序开发。

（二）突出特色，塑造旅游产品形象

明清时期，晋商在晋中盆地崛起，一批巨商富贾大兴土木，相继在家乡扩建家园，形成了今天的晋商大院文化旅游资源。晋商大院是中国近代金融业的历史见证，应对其历史、文化背景进行深入发掘，充实其观赏内容，并注意表现每座大院的个性特征，形成晋商大院文化旅游带的整体优势。塑造旅游产品形象，就是要把晋商大院文化旅游带，建成清末民居大观园、中国金融业的摇篮和晋中民俗博物馆。

（三）完善基础设施建设，充分发挥优势

晋商大院文化旅游资源，作为山西新开发的旅游产品，已吸引了国内外愈来愈多的游人前来参观游览。要充分利用这一资源，使其成为山西旅游业的又一拳头产品，必须完善其基础设施建设。虽然乔家大院、渠家大院、曹家大院和王家大院已开发多年，但其配套的基础设施还很不完善。如交通的畅达性较差，上星级的宾馆、饭店几乎没有，缺乏专门的购物场所。以民俗、民间工艺为特色的旅游纪念工艺品，未能很好开发，与旅游景点相配套的文化娱乐设施更少。刚开发的孔家大院和常家大院，基础设施更差。因此，笔者认为，完善基础设施建设，是充分发挥优势，使资源深度开发的关键所在。

（四）科学策划，创造最佳效益

山西是旅游资源大省，同时也是旅游经济的小省。究其原因，对旅游产品缺乏科学策划，是重要因素之一。因此，必须转变观念，改变长期以来误将旅游资源等同于旅游产品的思维定势，认识到经过科学策划和包装的旅游资源，才能称为旅游产品。因此，要想将晋商大院文化旅游资源转化为旅游产品，必须对其进行科学策划与包装。如果能对晋商大院文化旅游资源，进行市场形象策划、广告宣传策划、旅游线路策划，那么既可提高产品的知名度，也可使更多游客为晋商大院文化的魅力吸引而来，还会因旅游线路合理、旅游项目丰富多彩，使游客流连忘返，延长逗留时间，或产生重游的愿望。总之，只有对这一旅游资源进行科学策划与包装，才能创造最佳效益。

对王家大院旅游地形象评价的调查研究

任少芳　刘耀龙　张爱国

引言

旅游地形象是吸引游客最关键的因素之一，能产生巨大的推动效应。旅游地形象策划包括旅游地形象评价、旅游地形象定位、旅游地形象设计、旅游地形象传播四个方面，其中以旅游地形象评价最为重要，在一定程度上指导其他几个方面的工作。而旅游地形象评价则以旅游地形象测量为基础，通过旅游地形象测量得以实现。

本文以山西师范大学城市与环境科学学院 0301 班和 0302 班参加实习的共计 60 名本科实习生作为调查对象，采用国内使用较为普遍的结构法设计进行了"王家大院旅游地形象评价"的抽样问卷调查。问卷共设计 14 个问题，均为封闭式问题，问卷内容的设计是在参考了同类调查问卷的基础上，结合调查区域的实际状况修改而成。问卷在实习生返校的一周内发放，并且及时收回，共计获得有效问卷 60 份，之后进行室内统计分析处理。

调查结果整理与分析

本次调查中针对旅游者对旅游地形象的满意程度、认知、情感、和意动状况分别设定了满意度、形象度、知晓度、美誉度和吸引度调查。

（1）满意度（CSM）分析

对王家大院旅游地形象满意度的调查是通过对问卷中设定的 6 个形象评价指标（即服务质量、价格、旅游产品、交通、接待设施和景观特色）满意程度的判断来实现的。选项设定采用了利克特（Likert R. A）七级态度量表，并且赋予相应的分值，即：很不满意（1 分）、不满意（2 分）、不太满意（3 分）、过得去（4 分）、较满意（5 分）、满意（6 分）、很满意（7 分）。此外，第 7 个问题还涉及到被调查者对前 6 项指标重要程度的评价。满意度各项评价指标的平均分计算公式为：

$$\bar{x} = \sum N \times S / T$$

式中满意度 $\bar{x}$ 各项评价指标的平均分，

N—某一指标中选择特定满意程度的人数，

S—对应特定满意程度所赋予的分值，

T—受调查总人数。

根据以上测算公式得出满意度统计数据见表 1。

由表 1 的数据可以看出：学生对"景观特色"和"旅游产品"的评价较高（分别为 5.4 分和 4.82 分），接近

表1　各项评价指标的满意度统计数据

问卷序号	评价指标	满意程度（分）							项指标平均分
		很不满意（1分）	不满意（2分）	不太满意（3分）	过得去（4分）	较满意（5分）	满意（6分）	很满意（7分）	
1	服务质量	1	2	3	29	17	8	0	4.38
2	价格	2	5	8	14	23	8	0	4.25
3	旅游产品	2	1	2	17	20	15	3	4.82
4	交通	2	0	10	18	19	11	0	4.42
5	接待设施	2	5	15	21	15	2	0	3.8
6	景观特色	2	0	0	7	19	25	7	5.4

"满意"和"较满意"水平；对"交通"、"服务质量"和"价格"的评价居于"过得去"和"较满意"之间，且更趋向于"过得去"水平。而对"接待设施"的评价则相对较低（为3.8分），居于"不太满意"和"过得去"之间。结合第7题重要程度评价的结果，经过数据变量标准化处理之后，以重要程度为横坐标，满意程度为纵坐标，得到如图1的二者关系散点图。

图1　评价指标满意度与重要程度关系散点图

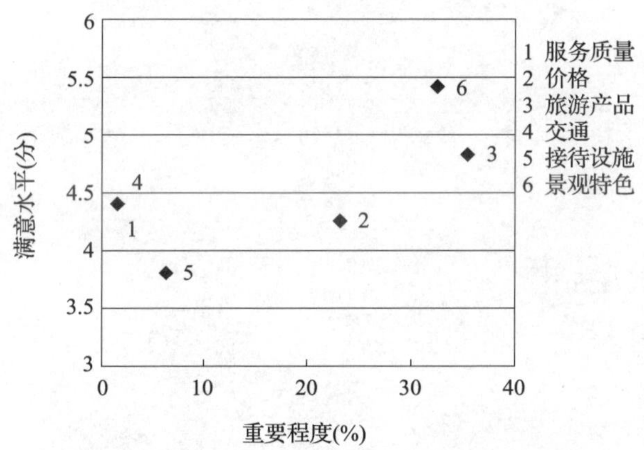

由图1的散点图可以看出：有两项指标（重要程度合占67.69%）落在重要程度高且满意水平也较高的右上区域，分别为"景观特色"和"旅游产品"。可见，对王家大院来说，景观特色明显和旅游产品良好为其旅游地形象中的优势领域，也是其提升旅游形象，保持竞争优势的主要支撑。有两项指标居于满意中等而重要程度较低的位置，即：学生们普遍认为"服务质量"与"交通"两项相对不太重要。尽管如此，该旅游地所在县市交通拥挤及景区服务质量较为一般的现状在一定程度上仍然制约着该旅游地旅游形象的设计与传播。此外，"价格"指标的重要性和满意度均居于中等。而"接待设施"则明显偏于左下角，即学生们对于该旅游地的接待设施意见最大，这也是该景区今后应大力改善的方面。

（2）形象度（ISM）分析

形象度（ISM）为旅游地形象在旅游者心目中所确定和认可的程度，其测算公式为：形象度 =（旅游者确认的形象人数/受调查的总人数）×100%。

本次调查中对王家大院形象度的调查是通过设问"您认为最能代表王家大院旅游地形象的是什么?"多项选择题的调查来实现的。调查结果显示：认为代表王家大院旅游地形象是其"历史文化价值"的有68.3%；认为是"艺术观赏价值"的有45%，而仅有6.7%的学生选择了"科学研究价值"。可见，科研价值一项不是王家大院的代表形象。

（3）知晓度（KNM）分析

知晓度（KNM）为旅游者或潜在旅游者对旅游目的地的识别和记忆状况，其测算公式为：知晓度 =（知晓旅游地的人数/受调查的总人数）×100%。

实际调查中：有66.7%的学生预先知晓灵石；有78.5%的人在未去实习前听说过王家大院旅游地。相比较于山西省其他"大院"旅游地，100%的学生听说过乔家大院（山西祁县）；50%的学生听说过曹家大院（山西太谷）；而仅有35%的学生听说过渠家大院（山西祁县）。这与电视剧《乔家大院》的拍摄有很大的关系。

（4）美誉度（CRM）分析

美誉度（CRM）为旅游者或潜在旅游者对旅游目的地的褒奖、赞赏和喜爱程度。在调查中，采用对王家大院"综合评价"的问题来表现美誉度，调查结果见图2。

图2　美誉度综合评价曲线图

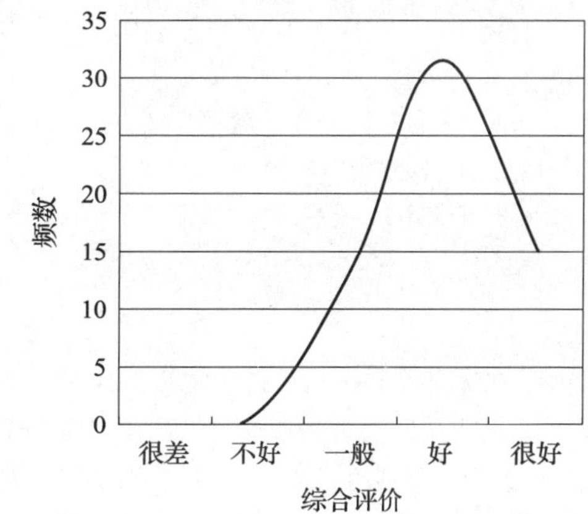

图2的王家大院美誉度综合评价曲线图是一条比较不规则的正态分布线，很明显，评价为"较好"和"好"的学生占曲线覆盖面的大部分（占总人数的76.67%），而认为"不好"的仅占1.67%，且无认为"很差"的学生。可见，王家大院旅游地的美誉度是较高的。

（5）吸引度（ADM）分析

吸引度（ADM）即是旅游地对旅游者的吸引力的大小程度。笔者在问卷最后一题设定了吸引力评价，调查结果显示：认为王家大院对其吸引力"很大"的有6.7%；"大"的有33.33%；"一般"的有55%；"很小"的有5%。可见，王家大院吸引力水平居于一般而略偏高层次。

结论与讨论

通过以上对调查结果的统计分析，可以得到如下的结论：

（1）"景观特色"和"旅游产品"是王家大院旅游地形象定位的主流，"接待设施"和"价格"方面有待改善。调查中我们得到反映：景观独特、历史文化价值高成为该景区的亮点，而基础设施匮乏，价格相对偏高及外部交通建设差是其旅游形象降低的主要原因。故而，在今后进一步规划中，还需要大力加强服务设施的建设，同时要提高餐饮、住宿设施的档次和规模，对于优势项目还须大力宣传以扩大客源市场。

（2）"历史文化价值"和"艺术观赏价值"是王家大院旅游地的代表形象，相对较高的知晓度和美誉度来源于得力的宣传和资源较完美的保存，而吸引度一般则是其游客回头率低的主要原因。笔者也曾收集一些背景资料，得知王家大院曾是一些优秀电视剧如《关中往事》、《沧海桑田一百年》、《古镇大河》和《吕梁英雄传》的拍摄基地，同时，还有一批国家领导人和国际著名学者到此考察，这些活动都直接或间接地加大了该景区的对外宣传力度和文化影响力，多接纳类似的公众活动，必将为王家大院未来的发展提供巨大支持。

（3）调查人数少，调查对象相对单一是本次调查结果普适性降低的主要原因。但是对地理科学专业学生进行旅游地形象调查，使其能用比较专业的眼光去评价王家大院进而得出较为准确的结论则是本调查结论较为科学的方面。当然，更为客观的结论还要在实践中检验和摸索，还需要进一步的调查研究去证实。

山西大院文化旅游开发热中的冷思考

黄　芳

晋商是我国近代经济发展历程中的一支劲旅，强大的经济实力使其住所多规模宏大，建筑精美，目前在山西尤其是晋中地区随处可见其遗留下来的大院。在旅游业迅速发展的今天，这些与晋商密切联系的大院成为了一种财富。近年来，大院开发风起云涌。今年，榆次常家大院的开放，使大院开发达到了又一个新的高潮，也将使竞争趋于白热化，在这一片开发热中，笔者认为有必要冷静下来，面对现实，进行一番深思。

已开发的各大院概况

最早开发的是祁县乔家堡民俗博物馆。这曾经是清末民初的晋中富商大贾乔致庸的私宅——乔家大院，被誉为"北方民居建筑史上罕见的明珠"。建于清朝嘉庆与道光年间，大院四周是全封闭的砖墙，墙上有垛口和更楼，形成一个城堡式的建筑群。作为民俗博物馆，各院落的房间都作了精心安排，从时序节令、供奉祭祀、婚丧礼仪、生活起居等方面反映了清末民初山西一带的民情风俗，还对服饰、瓷器、家具、古玩字画、古钱币、古招幌等作了专题展出。随着电影《大红灯笼高高挂》的拍摄，其知名度越来越大，以至人们说："旅游不到'在中堂'，枉来山西走一趟。"

祁县开发的第二个大院是渠家大院——晋商文化博物馆。因其与清末民初晋中的著名人物渠本翘联系在一起而非同寻常。这是一座全国罕见的五进式的穿心院，纵深100米，其格局高大雄伟，砖木石雕玲珑剔透。内展有晋中八大商贾巨富传奇的发家经历，再现了明末清初晋商票号遍及全国"执金融之牛耳"之雄风。

太谷县也曾是商贾云集的地方。由当地富商曹三喜创建的"三多堂"目前是曹家大院博物馆。全院是一个大

“寿”字形的布局，以“多福、多寿、多子”突出了整个博物馆的主题。全院277间房屋，内展明清古木家具达400余件，还有万寿大屏风、大理石双面镜、羽毛镜、清明上河图画卷、清代慈禧太后赠送曹家的“金火车头”钟等。

王家大院，是灵石县打出的一张王牌。它规模宏大，既是官宅，又是商贾大院，院落变化更大，更为壮观辉煌。整个大院巧妙地将北方建筑雄宏高大的气势和南国建筑秀丽典雅的风格融合在一起，成为晋商文化博物馆中的奇葩。这里的木、石、砖三雕艺术品，随处可见，且件件精妙，引人入胜，它们是王家总体建筑艺术中的重要组成部分。

榆次常家大院，又是一座规模宏大的民居建筑群。在晋中一带，早有“乔家一座院，常家两条街”的说法。院内房舍鳞次栉比，造型各有千秋，楼厅台阁与天井花园相映成趣。主体建筑雄浑方正，附属建筑灵秀绮丽。现存院落中，随处可见的砖雕、木雕、石雕和梁、栋、栏、柱上的彩绘，都是清代建筑艺术的精品。

山西大院文化旅游开发的起源及现状

1984年，山西省榆次县的一次春秋战国墓文物破坏事件引起了全省轰动，此后全省各县纷纷成立文物管理所。1985年，从保护文物的角度出发，祁县向山西省申报成立了乔家堡民俗博物馆，1986年11月1日，乔家大院正式对外开放。1987年，门票二角，全年收入达到了7000元，证明其在当时就已引起了人们的注意。到1990年，因作为电影《大红灯笼高高挂》的拍摄基地而迅速名播天下，成为了山西重要的旅游景点。随后的十多年时间里，其门票价格一再上涨，但游客人数并没有因此而受到影响。到2000年底，已接待游客650多万人次，其中有到山西视察工作的党和国家领导人，以及50多个国家和地区的外宾，有30多部电影、电视剧将此地作为拍摄场所。

乔家大院开发带来的巨大社会和经济效益让晋中人看到了利用大院发展旅游业给当地经济带来的活力，于是，各县纷纷打出大院牌，大院文化旅游热也逐渐形成规模。到目前为止，晋中地区就已陆续开放了这5家大院。

这些大院在对外开放过程中，都取得了一定的成绩。（详见下表）

山西大院开发情况表

大院	开放面积	开馆时间	目前票价	逐年旅游收入情况（万元）				
				2000年	1999年	1998年	1997年	1996年
乔家	8700	1986年	30元	600多	450	405	372	363.8
渠家	7500	1996年	25元	54	50	25	22.89	10
曹家	10638	1995年	22元	60	75	88	108	58
王家	31528	1997年	35元	608	400多	207	80多	
常家		2001年						

从各大院的旅游收入情况可以看出，目前明显以乔家、王家两个大院较为红火，用老百姓的一句话来说就是：“热了乔王，冷了曹渠。”而2001年才开发的榆次常家大院自然也是想利用其区位优势来参与竞争，并从中分羹。

山西大院文化旅游开发热的原因分析

近年来晋中出现大院文化旅游开发热的原因，笔者认为主要有以下几点：

1. 顺应全国旅游业发展大势。在80年代，由于观念的约束，晋中地区并没有认识到文物就是资源，因此也没有对其进行利用。进入90年代，我国经济得到了前所未有的发展，人们生活水平日益提高，加上双休日的实行，使国内旅游开始崭露头角，并表现出强劲的发展势头。山西省也看到了文物在旅游发展中的重要作用以及旅游开发给当地经济发展所带来的巨大活力，从各大院的开放时间就明显可以看出，除乔家大院外，其余都是90年代以后才开发的。

2. 乔家大院的示范作用。除乔家大院外，其余各大院开发的主要原因都是由于旅游开发带来的巨大经济效益的吸引。乔家大院在国人眼中，被认为是我国北方民居中的一颗明珠，甚至有“皇家看故宫，民宅看乔家”之说。但在晋中人眼中，乔家并不是最好的，即使在祁县，类似的大院可能都会有上百座，因此，他们认为，连乔家都能开发成功，能产生如此好的社会和经济效益，那些比乔家更壮观更辉煌的大院肯定也会产生良好效益的。于是，各地纷纷推出了自己的大院。

3. 晋中丰富的大院及其文化资源。乔家虽然给晋中大院开发起了一个示范作用，但如果晋中没有如此丰富的大院资源，大院旅游开发热也是不可能出现的，至少在我国的其他地区就不会有这种现象。而这众多的大院本身也体现了晋商文化的历史文化内涵非常深厚，因此丰富的大院资源和历史文化资源为大院文化开发热提供了资源条件。

4. 各级政府发展旅游的积极性。山西是我国的文物大省，多年来他们以此为自豪，但一直是捧着金饭碗过穷日子，山西经济也一直不能进入全国的前列。全国各地蓬勃发展的旅游业及其带来的巨大经济和社会效益，使山西各级政府开始改变观念，发展旅游业的积极性得到了迅速提高，在认识到自己的优势后，充分挖掘其现有资源潜力，这自然就会加速大院开发热的形成。

5. 大院开发成本相对较低。晋中拥有众多大院，而且从解放以来，这些大院一般都是由居民居住或作为政府部门的办公场所或学校所在地，因此其所遭受的自然和人为破坏相对较少，且多能得到及时的维修，为重新开发利用创造了条件，用较少的投入就可以基本恢复原貌。加上政府的大力支持，搬迁工作相对轻松，资金筹集也比较容易。此外，在文物大省，要收集展品也是易如反掌的，这是大院开发热形成的另一个原因。

对大院文化旅游开发热的冷思考

（一）晋中大院文化旅游开发中存在的主要问题

有人认为，近年来，山西晋中大院文化逐渐兴盛，这是山西民俗旅游逐渐向高层次发展的象征。笔者认为不尽然。因为晋中类似的大院可能还有上千个，而且目前一些大院的开发已进入窘境，且大院开发热中本身反映出存在的一些问题，如不及时加以解决，势必给晋中旅游业的进一步发展留下隐患。

1. 各院布展雷同。目前各大院博物馆，都希望能各具特色，但同为晋商，又处于同一时代，各家从创业到创造辉煌和走向衰落的过程类似，只是所做行当不同，因此各大院经商史的展示和解说如出一辙。又同处晋中，各大院内摆设相同，目前所展示的，也多是体现当地人们生活习俗的明清家具和瓷器等物品，略有不同的只是珍贵程度。总之，在一般游客心中，这些大院都是差不多的。

2. 对外宣传特色不明显。从各大院宣传中，一般游客所能了解到的是：晋中有 4 家大院（常家大院今年才开发，还没有大力宣传），只是姓氏不同：乔家大院是《大红灯笼高高挂》的拍摄场所，曹家有一慈禧太后赠送的金火车头钟，王家大院规模宏大。此外，对其他了解并不是很多，人们也许根本不知道在曹家大院还有《清明上河图》、羽毛镜、百寿大屏风、大理石座镜等几件珍品。游客也很少知道渠家大院是以晋商为主题的，馆内陈列有十大系列。

3. 文化真实性方面。晋中大院很多是具有一定历史意义的建筑，其开发要符合文物保护和文化多样性保护的原则。如果要恢复，应做到原朴而精致，有品位，切忌求新求洋。如属于文物遗迹，还必须经过国家文物部门的批准。但从目前情况来看，在财力不足、缺乏规划和论证的情况下，存在自行对建筑进行改造、修复的问题。如曹家大院中明显不符的彩绘，就是败笔之一。王家大院中的一些摆设、装饰与大院本身历史无关，对于一般游客这没有大碍，但却让一些古建专家心中不平。又如各大院所挂红灯笼，这是《大红灯笼高高挂》中的道具，而不是晋中的习俗，不能反映北方的民俗内容，至少是不能准确地反映。

4. 对整体形势分析不够。各大院之所以开发是因为看到了乔家开发所带来的经济效益，并没有认识到当时乔家之所以能成功，除了其建筑本身之外，电影《大红灯笼高高挂》尤其是其所获国际大奖功不可没，加之乔家与太原较近，因此其是由于占尽了天时、地利、人和才蒸蒸日上，成为山西旅游的必游之地的。其他各大院固然有其独特的魅力，在建筑方面可能胜出乔家一筹，且也有作为电影电视拍摄地的经历，但一来是先入为主让乔家已独占鳌头，二来是所拍电影不出名而收效不大。

不能否认，各大院为了体现自身的特色，也都有些独特的想法。如渠家是希望发展成晋商博物馆，包含有独具特色的镖局和茶庄博物馆，按理来说，是有一定吸引力的。但目前其在镖局布展内容不丰富的情况下就对外开放，不仅不能为其带来很多客源，相反，由于内容不充实，已参观过的游客会为其做负面宣传，造成负面效应。今年的文化节和祁县古街的修建可能会在短时间内对其产生一定的作用，但如果不能抓住时机完善大院的布展内容，形成自己鲜明的特色，从长远来看，古街也不一定能使它摆脱目前的处境。曹家与乔家相距不远，但知名度不高，交通相对不便，布展内容不丰富，宣传促销力度不够，特色不鲜明，处于乔家的阴影之下，无法与乔家抗衡。加之太谷县目前还没有其他景点与之连线开发，使其成为孤家寡人，惨淡经营。王家固然规模宏大，声称是乔家大院的 3 倍半，但在实际游览过程中，却有很大一部分内容仅是向游客展示其规模的，并没有太多的实际展出内容。向游客仔细介绍的部分也是以建筑见长，更像是民居建筑艺术博物馆。新开放的常家也是希望通过建筑规模宏大和精美的建筑艺术来参与竞争，与王家无异。总之，缺乏整体认识，缺乏合理规划和可行性论证，缺乏扎实的调查研究就匆忙上阵的开发是盲目的开发，只会造成资源和资金的浪费。

（二）大院文化旅游资源的特点分析及今后开发建议

从大院建筑本身来说，作为一种文化旅游资源，它们具有以下特点：

1. 共性大，独特性小。在山西晋中地区，大院属于遍布性旅游资源，且其共性大，独特性小，重游率低。尽管从建筑学的角度和历史的角度，每个大院都分属于不同的晋商，而且其各自的大院也各自具有一定的特色。但作为一种旅游资源，从旅游者的角度来看，大院不外乎都是由共性大、独特性小的三雕作品组成的，院的结构也基本相同，建筑的材料、建筑年代基本相似，雕刻内容也都是反映了人们美好的愿望等等。院内的布展内容也多为明清家具、古董瓷器等等，即使有民俗的内容也因处于同一地区而类似。

2. 大院资源间存在近邻负效应。共性大、独特性小的特点会导致相邻的资源个体对远处居民吸引力之间相互影响，这种影响称为近邻效应。又分为正效应和负效应。属于不同类型的资源个体出现在同一地区有助于吸引力的增强。反之，如果属于同一类型的观光型资源个体在同一地区出现时，由于边际效用递减规律，游客都是追求最大效益，一般不会参观所有的大院，而只能是有选择性的，从而个体之间产生空间竞争，分流游客，使各自吸引力相互抑制。

3. 大院旅游资源吸引范围的区域性。从吸引范围来看，晋中大院也只能是一种区域性旅游资源，虽然可能列入国家级或省级文物保护单位，但从旅游开发的角度来看，无论其规模多大，景观多好，其吸引力和吸引范围都是区域性的。

4. 大院独特的旅游生命周期。大院的旅游生命周期比较独特，只要有了投资，得到了开发，其在很短的时间内就能进入到发展阶段，由于轰动效应会吸引大量本地游客及部分外地游客，随着宣传促销力度的加大，知名度逐渐增大，因此在几年内就可以达到高峰时期，进入成熟阶段。又由于其他同类型旅游产品的开发，其竞争力下降，于是开始走向衰落阶段。当然如果大院是与周围其他旅游热线或旅游景点联系在一起，则其成熟阶段会较长，而不会很快衰落。

因此，从大院资源特点及其生命周期特点来看，有几点值得注意：

1. 宏观调控，有选择性地进行开发，以保证大院的可持续发展。晋中地区政府应对大院开发热做一个冷静的思考，从宏观上控制大院的继续开发。我国是一个发展中国家，交通条件相对而言还不是很发达，因此在评价一个旅游地时，旅游资源条件固然是前提，但旅游开发条件也是非常重要的。其内容包括区位特性、可进入性、地方经济能力、接待水平、融资能力、环境质量等。大院固然有其一定旅游观赏价值，但旅游开发条件不佳的地区，旅游开发必然受到限制，强行上马往往事与愿违，或者适得其反。因此，这些大院的开发，要慎重对待，经过认真研究、比较，经过专业部门规划设计和专家论证，并得到相关部门的批准后再进行开发，才能做到有效、健康、可持续发展式的开发。

2. 准确定位，突出特色，加大宣传力度。旅游开发的一个重要工作就是要在了解产品市场情况的基础上，进行定位，并确定自己的优势产品，而不能简单地根据自身的资源，在没有请有关专家对其进行规划或做可行性论证的情况下，就盲目地决定旅游产品和开发项目。旅游产品同工业产品的生产一样，不能重复，不能上马缺乏创新的项目，否则就会受到失败的威胁。由于乔家大院已名播天下，与其距离较近的渠家和曹家自然是处于乔家的阴影之下，如果不重新进行定位，形成自己的特色，并大做宣传的话，它们这种处境艰难的日子还将继续维持下去。渠家应突出晋商和镖局这一特色，而曹家则应从“寿”字上做文章。

3. 目前一些经营状况不佳的大院正在积极准备投入更大的资金扩大规模，试图通过这种方式来提高竞争力，吸引更多的游客。发展旅游业的积极性很高固然不错，但是开发带有盲目性，产品内容单调，文化内涵挖掘不深，可游性不强，造成供大于求，那这种积极性就不值得称道了。其实，旅游投入应以满足基本游览条件为准则，不宜在游客量开始下降时进行大的投资以试图使游客增长，这往往达不到预期效果。因此，在加大投入前就应先进行论证，如果证明经过努力后仍无法与其他大院抗衡，不可能再有重新恢复高潮的情况，尤其是当游客量可能下降到低于门槛游客量，维持不了管理费时，就应该考虑关闭大院。

山西大院文化激活乡村旅游

李　彬

山西的首家大院文化展示是从祁县的乔家大院开始的。在晋中的众多大院中，是乔家大院第一个把晋商文化推向了整个社会，推向了中外世界，开创了山西大院文化旅游的新天地。20 多个年头过去了，山西大院文化已享誉全球。那么，如今的乔家大院，会是什么样子呢？而在它近旁的乔家堡村，又发生了什么样的变化呢？

今天的乔家大院，已是今非昔比。2005 年，这里共接待中外旅游者 60 多万人次，门票收入达到 1270 万元人民币，再创历史新高。而乔家大院也在众多大院中，第一个进入了国家级文物保护单位的行列中。近年来，这里不仅吸引了众多的中外游人，而且还成为了影视界争相选择的拍摄地。去年，中央电视台在此拍摄了 45 集电视连续剧《乔家大院》，作为一枚投向影视界的“炸弹”，《乔家大院》在央视的播出无疑将刮起一场大院文化的大旋风，而且这场旋风还将把乔家大院相邻的村落乔家堡村进一步带进了旅游行业中。

其实，乔家堡村近年来正逐步向旅游村发展，乡村旅游在这里已经成为主业，村民在旅游业发展中渐得实惠。旅游业在此首先带起来的是农耕文化教育旅游，如今它已成为当地乡村旅游的重要内容。中学、小学、大学生在乔家堡村搞农耕文化起源教育，同时进行农业观光旅游，还参与到农村民俗表演旅游节目中。仅太原市、晋中市的30多家大、中、小学校的学生，一年内就有10余万人到乔家堡村接受农耕文化教育。太原理工大学、中北大学和众多的中、小学校还先后与乔家堡村签订了合同，分期分批到这里体验农村耕作、播种、收割的全过程，同时进行当地葫芦工艺烫画制作、粘五谷画工艺操作等民俗旅游活动。

乔家堡村平时有观光旅游者30多万人次，再加上农耕文化教育旅游的学生，旅游人数大为增加。当地人种了几十亩的葫芦专供制作工艺品所需，同时对外出售，仅此一项每年就为村里增加了不少的收入。

乔家堡村现有450多户人家，1600多人，有劳动力800—900人，经过近几年的发展，直接参与旅游业的村民有300多人。在村里开张营业的旅游饭馆、餐馆达34家，这些餐馆大多数由村里人开办，每年收入达160多万元。村里还设有旅游工艺品、纪念品门市部、摊点100余家，每年收入达100多万元。村民种植的枣、向日葵、葫芦、玉米等农产品投入市场出售，每年可收入30多万元。村里旅游停车场和与旅游相关的施工工程收入每年亦达160多万元。依托着旅游业，乔家堡村人均年收入达到了8000元，大大地超出祁县全县的人均收入。

村里人最大的改变还在于观念的转变，旅游的发展使当地人从农耕经济的观念中解脱出来，靠旅游经济发展走向市场求得生存成为人们的主流观念，商业化的理念为人们所接受。家家重视教育成为一种新趋势，20余年来，乔家堡村共有近百名学子走向国内各个高等学府。

今年春节黄金周期间，乔家堡村借助乔家大院的优势，从农历腊月二十六开始，举办了乡村民俗游，村里天天有节目，吃农家饭、包饺子、放爆竹烟火等传统活动让众多旅游者参与到了春节红火的民俗活动中来。

乔家大院的大院文化火爆了晋中，也拉动了乔家堡村的旅游开发。这种辐射带来了乔家堡村村民的观念大变化，村里经济大发展，农民生活水平大提高，村里出现了农村红火，旅游热闹，文化提升的新风貌。

山西大院文化激活了乡村旅游，乔家堡村的乡村旅游方兴未艾，正在朝着更广阔的方向前进。

建设文化景区　打造文化产业

——王家大院的发展及其启示

王家大院地处山西省晋中市灵石县静升古镇，是王氏家族院落的综合称呼，是我国优秀的传统建筑文化之一——民居的代表。它以其亦农、亦商、亦儒、亦官的大院文化品位，以“礼”为准则的建筑布局以及精湛的“三雕”建筑艺术受到中外游客的广泛好评。

王家大院修复开放6年来，随着基础设施的不断完善和宣传促销力度的日益加大，在国内外的知名度越来越高。截至2002年底，共接待中外游客260万人（次），收入达4400万元。同时，解决了部分社会就业，带动了吃、住、行、购、娱等相关产业的发展。王家大院由建馆之初的30多名员工，发展到现在的200名员工。1997年被评为“山西省旅游景区管理先进单位”；1998年成为晋中诸旅游景区中唯一的省级“先进单位”；1999年被评为“山西省十大著名优秀旅游景区”和“省级文明景点”；2000年被评为“山西省旅游开发建设先进单位”和“山西省旅游宣传招徕先进单位”；2002年初被国家旅游局评定为AAAA级旅游景区（点）和中国“质量万里行”全国示范单位；2003年被评为“中国（首选）十佳文明示范旅游景区”。王家大院已成为全县经济建设中的一项支柱型产业。

背景介绍

1996年以来，灵石县先后投资3500万元对王家大院进行了全面修复，并于1997年8月18日以“中国民居艺术馆”名义正式对外开放。王家大院建筑风格独特，是当今极少见的明清民居大型建筑，它承载着中国明清时代建筑文化的大量信息，体现了中国传统建筑文化的精髓。王家大院由历史上灵石县四大家族之一的太原王氏后裔于明万历年至清康熙、雍正、乾隆、嘉庆（公元1573年—1811年）年间先后修建的，总面积达25万平方米以上。现已开放的高家崖、红门堡两组建筑群及孝义祠堂，共有大小院落123座，房屋1118间，面积4.5万平方米。高家崖、红门堡东西对峙，一桥相连，皆属黄土高坡上的全封闭城堡式建筑。外观，顺物应势，形神兼备；其内，窑洞瓦房，巧妙连缀。在貌似千篇一律中千变万化，在保持北方传统民居共性的同时，显现出卓越的个性风采。总的特点是依山就势，随形生变。整体布局层楼叠院，错落有致，功能齐备，气势宏伟，基本继承了我国西周时即已形成的前堂后寝的庭院风格。再加匠心独运的砖雕、木雕、石雕，装饰典雅，内涵丰富，实用而又美观，兼融南北情调，具有很高的历史价值、学术价值和艺术价值，得到国内外诸多专家、学者的高度评价和重视，被广誉为“中国民间故宫”、“山西的紫禁城”和“华夏民居第一宅”。

王家大院是自收自支全民所有制事业单位。开馆初，有工作人员39名，其中行政管理人员7名，保卫人员10名，导游11名，顾问2名，美工1名，后勤人员4名，临时雇用人员4名。在缺乏基础、业务不通、经验不足的情况下，他们边操作边探索，根据本馆的性质和工作需要设立了办公室、保卫科、宣传科、财务科、行政科五个职能管理机构，并制定了《科室工作职责》、《导游员守则》、《安全保卫管理办法》、《门票管理暂行规定》和各类人员责任制等一系列管理制度，使各个环节有章可循，很快步入正常运转的轨道。

他们还提出“以科学的管理建一流景点，以优秀的服务树一流形象，以超前的意识创一流品牌”的方针，从提高景区功能、强化氛围包装、配套基础设施等方面展开工作：一是增加了景点功能建设的投入。在红门堡顶甲花园和茶馆院内修建了仿古休息廊亭，开辟了民居客房。在红门堡开辟了面积130平方米的游客中心，配置了相应的仿古设备和音像器材，为游客提供了一个高雅舒适的休息场所。二是加大氛围包装和基础设施建设的投入。高标准高质量地制作了大院的沙盘模型；完善了室内陈设，充实古家具文物展品1400余件；进行外围环境的绿化工作，栽植针叶类树木3000株、乔木类228株、灌木类2855株、株根类140墩、草本类8560株，种植草坪1610平方米，自育盆景7760株；为王家大院的整体旅游环境增添了生机和活力。

现状　决策　措施

王家大院由于开放时间较短，资金相对不足，管理经验欠缺，在总体要求上还有一定差距。一是基础设施不够健全，旅游专业人才缺乏。需进一步配套设施，吸引培养专业人才，提高综合竞争力。二是尖子导游较少，需在大范围内发现、培养优秀导游员，逐步实现导游员市场化运行。三是宣传促销的力度不够，知名度还不高。四是旅游产品的开发还没有推向市场，需要由依靠政府引导逐步转为社会性开发。五是古民居保护方面还缺乏严谨的科学技术等等。

针对以上存在的问题，馆领导在详细论证后，按照山西省建设厅和山西省城乡规划设计院编制的《灵石县王家大院总体保护与旅游开发规划》的要求，本着“优化环境、丰富内涵、完善服务、塑造精品”的思路和“游客是朋友，服务是根本，市场是源泉”的经营理念，制定了切实可行的一系列措施。从加大旅游资源开发和建设力度出发，努力使王家大院景区的文化品位档次快速提升，旅游基础设施不断完善，旅游线路日趋成熟，旅游服务功能日臻完备。

在抓好基础设施建设的同时，还注意抓内部管理和市场营销：

（一）健全内设机构

在原有管理机构的基础上增设了民居研究室、美术展览研究室和服务质量监督科等科室，保持行政人员队伍的精练，杜绝人浮于事的现象。

（二）严格执行规章制度

建馆6年来，景区大到实质性的问题，小到院内的一个烟头、一片纸屑的治理，都有严格的管理制度，基本做到人人有岗有责，事事有章可循。以高效率的管理为突破口，把管理工作纳入一把手工程。根据业务发展和规范化管理的需要，2001年及时开展了ISO9000质量管理体系认证工作，对全体员工进行了服务质量和技能培训。既增强了员工的质量意识，又规范了各项业务的管理程序和操作程序。在此基础上，还主持编制了系统内的《质量管理手册》，建立了相关的档案资料，顺利地通过了国际组织的认证。综合管理水平有了新的提高，加快了与国际惯例接轨的进程。

（三）把提高员工素质作为重要工作来抓

面对激烈的市场竞争，王家大院始终把员工综合素质的提高当作一项形象工程。首先通过理论学习，统一员工的认识，规范员工的行为，端正员工的工作态度，引导树立“爱岗敬业、乐于奉献”的良好风尚。其次是坚持每“周一”科室例会制度。针对存在的问题，对员工不断进行思想、道德规范教育。再次是注意抓紧提高员工的业务能力和知识水平。采取“送出去”、“请进来”的办法，对导游员进行培训、教育。导游员的讲解活灵活现，知识性、趣味性融为一体，成了王家大院一道亮丽的人文景观，受到广大游客的交口称赞。他们还在院中设立了游客投诉箱和投诉电话，对员工的工作态度和服务态度进行公开监督。一系列行之有效措施的认真贯彻执行，使员工的综合素质得到不断提高。

（四）利用各种方式扩大宣传和促销

一是利用各种媒体进行宣传促销。先后在多家媒体上做了各种形式的广告、新闻报道、专题片宣传。其中，《北京晚报》刊登的《走进民间故宫——王家大院》一文，产生了很大的影响，对启动北京的客源市场发挥了很好的作用。二是走出去进行宣传促销。先后派人参加了在成都、广州、上海、北京及港、澳等地举行的国内国际旅游交易会，为扩大王家大院的知名度起到了积极的作用。三是通过开发旅游产品搞促销。王家大院先后开发了金箔照壁“狮子滚绣球”和“鲤鱼跃龙门”明信片、纪念封以及“三雕”艺术品等12种反映王家大院特色的旅游产品，深受游客欢迎，起到了间接的宣传作用。四是利用自身网站搞促销。为了使国内外游客更加深入细致地了解王家大院，他们将早已建立的王家大院网站重新改版设计为中英文对照的网页，由原来的50个网页扩展到500余个网页，增加了大量的文字介绍和图片内容。为了便于查访，还将网站在3721注册了网络实名，在搜狐、新浪申请了搜索引擎，极大地方便了国内外游客的登录参与，起到了良好的宣传效果。五是借助各地旅行社搞促销。一方面向全国重点旅行社寄发宣传资料进行宣传，另一方面邀请各大旅行社的老总上门洽谈业务。这样不仅扩大了宣传面，而且直接拉动了客源市场。六是利用交通干线和交通工具搞促销。先后在交通干线设置了龙门架广告和大型喷绘广告牌，取得太原—北京、太原—宝鸡、太原—上海的3列列车冠名权及西安开往国内各大城市的22列优质空调旅客列车的广告发布权，为拉动国内的客源市场产生了一定影响。七是通过举办各种活动搞促销。在春节黄金周期间的晋商文化社火节活动中，推出“抛绣球”、“抬花轿”、“入洞房”、“品香茗”等一系列具有民间特色、游客直接参与的活动，有效地激发了海内外游客的热情。与此同时，还编印了图文并茂的画册、导游图、光盘等。

总之，王家大院发展文化旅游产业所依托的王家大院所拥有的独特的文化旅游资源，是最具潜力的财富。今后如何更好地对之进行文化的阐释与包装，使旅游与文化产业更紧密地结合，找到两者的最佳契合点，是王家大院求得旅游产业与文化产业互利双赢的关键所在。

附 录

附录一："山西王家大院旅游开发"搜索关键词

山西王家大院、晋中庭院、民居建筑艺术、民居经典、建筑内涵、大院文化、王家大院申遗、旅游品牌、山西"紫禁城"、"三雕"艺术、晋商文化、民间故宫、华夏民居第一宅、乡土建筑、王家大院旅游产品、大院旅游

附录二：A 类文章目录

- 华夏民居第一宅——山西灵石王家大院/何玉清//中国质量万里行 2002－05
- 华夏民居瑰宝——山西灵石王家大院/素清//中外文化交流 2002－05
- 独具特色的山西大院/曹祈东//福建科技报 2002－08－23
- 王家大院的建筑之奇/张芝繇//集邮博览 2002－11
- 晋商老宅　风采无限——山西晋中晋商文化掠影/段红//中华魂 2002－12
- 民间故宫王家大院/亦心//旅游 2002－12
- 踏访山西的"紫禁城"——王家大院/文华　灵燕//国际商报 2003－02－16
- 王家大院——山西的"紫禁城"/张颜//http：//tieba. baidu. com 2003－03－13
- 华夏第一宅——记山西王家大院/王英杰//中国房地信息 2003－04
- 晋商大院的"三雕"艺术/刘改英//中国地方志 2003－S1
- 民间故宫王家大院/柏冬友//华东旅游报 2003－11－06
- 民居经典王家大院/孙丽萍//今日山西 2004－04
- 10 亿元贷款"扮靓"晋商文化大院/郝薇　白士勇//山西经济日报 2004－05－30
- 王家大院赏楹联/任兰珍//山西老年 2004－06
- 晋商文化奏出晋中旅游最强音/桑莉媛//山西经济日报 2004－07－31
- 山西王家大院入选国家文化产业示范基地//http：//news. 163. com 2005－02－01
- 晋商文化和晋中民居/何佳　赵暄//建筑与文化 2005－03
- 走进民间"故宫"王家大院/柏冬友//统一论坛 2005－05
- 搭建中外文化交流平台，打造晋商文化旅游国际品牌/李永宏//今日山西 2005－08
- 古城大院名山魅力　村镇撑起旅游大旗//人民网 2005－11－24
- 原汁原味的建筑——山西王家大院//http：//www. fblife. com 2005－12－7
- 王家大院的"三雕"艺术/卫军//山西日报 2006－01－20
- 山西大院文化激活乡村旅游/李彬//中国旅游报 2006－02－13
- 晋商文化与王家大院/侯廷亮　郑建华//中国文化报 2006－4－17
- 建设文化景区　打造文化产业——王家大院的发展及其启示//陕西文化信息网 2006－05－23
- 解读王家大院/侯廷亮//文物世界 2006－06
- 依托"晋商文化"　晋中显示产业优势/张宇哲//中国文化报 2006－06－16
- 晋商显贵代表　山西王家大院//http：//luxury. QQ. com 2006－07－06
- 大院文化游颇具磁力　单日门票收入过千万/岳晋峰//山西日报 2006－10－04
- 舞起晋商文化旅游龙头/郭中武　苗峰//中国财经报 2006－10－12
- 王家大院　砖与瓦的震撼/紫图//科学之友 2007－01
- 王家大院建筑雕刻艺术/单珊//中国建设报 2007－01－08
- 王家大院"申遗"被提上议事日程//新浪网 2007－05－08
- 王家大院十年接待游客五百万人次/孟苗　仝美超　程卫军//山西日报 2007－08－03
- 王家大院：用心经营　用情维护/马霞//中国文化报 2007－09－24
- 王家大院，一个家族延续四百年的想象/陈莹//纪实 2007－12
- 王家大院建筑的文化内涵/段建国//中国文化报 2008－01－07
- 晋中以旅游标准打造晋商文化旅游品牌/王力平//山西经济日报 2008－04－07
- 中国文化旅游十大品牌发布，王家大院入选//太原新闻网 2008－06－16
- 美哉，"华夏民居第一宅"！//中国经济导报 2008－07－24
- 王家大院的门墩艺术/王玉轩//山西建筑 2008－09

附录三：B 类文章目录

- 大院文化开发热该叫暂停了//中国旅游报 2002－02－25

附录四：C 类文章目录

- "民间故宫"——山西王家大院（地域风情）//人民网 2005－25
- 从晋商文化看晋商的衰败/贾丽平//商业时代 2005－14
- 浅析山西传统民居建筑文化内涵/李章//山西建筑 2006－21
- 山西大院旅游产品存在的问题及对策研究/王翠平//北方经济 2006－18
- 踏上"金色之旅"　感受晋商文化/王枫//科技信息（学术研究）2007－36
- 对开发晋商大院文化旅游带的思考/佘可文　张慧霞//山西财经大学学报 2002－01
- 山西大院文化旅游开发热中的冷思考/黄芳//山西大学师范学院学报 2002－01
- 王家大院的历史文化环境概略/侯廷亮　温暖//文物世界 2002－01
- 大院文化冷与热应由市场调温//中国旅游报 2002－03－25
- 王家大院的鱼莲文化装饰与生殖崇拜/侯廷亮　仇晓风//文物世界 2002－04
- 庭院深深话王家/西文//人民日报海外版 2002－04－15
- 魅力无穷的晋商文化/孙焕琴//山西经济日报 2002－05－31
- 王家大院/胡文惇//上海集邮 2002－07
- 晋商文化三家谈/孟苗//山西日报 2003－07－22
- 走出大院的大院文化/李彬//山西日报 2003－11－11
- 说不尽的大院文化/杨文//山西日报 2004－02－05
- 晋商与晋商文化/张正明//中国合作经济 2004－03
- 略谈王家大院凝瑞居石刻装饰画/王璐//文物世界 2004－03
- 弘扬晋商文化　共铸社会诚信/孟苗//山西日报 2004－03－11
- 山西民居空间环境特色——浅析山西灵石"王家大院"/赵迎//室内设计 2004－04
- 晋商文化具有时代意义/胡平//山西日报 2004－04－30
- 民居经典王家大院//新华网山西频道 2004－06－02
- 浅析王家大院的门楣装饰艺术及内涵/张利安//山西老年 2004－07
- 王家大院的楹联/宋柳根//对联·民间对联故事 2004－08
- 发掘晋商文化的理由/桑莉媛//山西经济日报 2004－09－16
- 灵石王家大院装饰风格探议/朱方诚//装饰 2004－10
- 晋商文化研究拾零/郦梅//山西日报 2004－10－19
- 晋商文化及全球化时代的新晋商之路/赵建国//山西科技报 2004－11－06
- 晋商文化的启迪/王健//政协天地 2004－12
- 晋商大院文化的拓荒者/李彬//中国旅游报 2004－12－03
- 晋商文化的内涵/龚闻军　张临山//山西日报 2005－02－08
- 晋商文化：历史的悲秋/廖奔//人民日报 2005－02－24

⊙ 从晋商文化看晋商的成功/贾丽平//中国合作经济 2005 -03
⊙ 镂刻岁月——王家大院三雕民俗文化意义探讨//上海工艺美术 2005 -03
⊙ 多学科视野下的晋商文化研究/刘素林　李伟//沧桑 2005 -04
⊙ 戏曲与晋商文化/李建林　仇晓风//文物世界 2005 -04
⊙ 走进民间“故宫”王家大院/柏冬友//统一论坛 2005 -05
⊙ 从晋商文化探析高绩效团队中组织文化的基本特性/杨继平　郑建君//现代管理科学 2005 -06
⊙ 晋商文化的启示/邱文选//决策与信息 2005 -06
⊙ 晋商文化如何突围/卫东海//经理日报 2005 -06 -27
⊙ 从平遥古城到王家大院/赵晅　何佳//城市建筑 2005 -08
⊙ 关于晋商文化研究的几点思考——兼谈晋商在北京的经营活动/葛贤慧//北京市财贸管理干部学院学报 2006 -01
⊙ 华夏民居第一宅王家大院//中国供销商情 2006 -03
⊙ 解密晋商文化/王进　曾子墨//山西社会主义学院学报 2006 -03
⊙ 砖瓦构建中的晋商文化探解/许会荣//民间文化论坛 2006 -03
⊙ 别让晋商文化掉进深渊/姜彬//记者观察（下半月）2006 -04
⊙ 对王家大院旅游地形象评价的调查研究/任少芳　刘耀龙　张爱国//山西师范大学学报（自然科学版）2006 -04
⊙ 解密晋商文化（续）/王进　曾子墨//山西社会主义学院学报 2006 -04
⊙ 晋商文化之法价值探微/赵肖筠//山西大学学报（哲学社会科学版）2006 -04
⊙ 山西民居与大院文化/靳亦冰//国土资源 2006 -04
⊙ 纵横天下五百年——寻访晋商文化和晋商精神/乞登庆//两岸关系 2006 -04
⊙ 晋商文化的传承/杨瑞武　杨爱萍　赵荣达　尚金华//山西日报 2006 -04 -18
⊙ 太原晋商文化闻名//全国深圳特区报 2006 -05 -18
⊙ 让晋商文化走向世界/吴向阳　刘一清//深圳商报 2006 -07 -20
⊙ 晋商之旅：感受晋中庭院深深　落叶归根儒商故事//http：//www. baiyou100. com 2006 -08 -15
⊙ 打造晋商文化品牌　再铸山西经济辉煌/王智庆//山西高等学校社会科学学报 2006 -09
⊙ 华夏民居第一宅/龚宝良　雨集//建筑工人 2006 -09
⊙ 晋商文化：一束阳光掉进深渊/李径宇//中国新闻周刊 2006 -09
⊙ 晋商文化对战略联盟的启示/许瑶　宋大山//时代金融 2006 -09
⊙ 王家大院的历史沿革与有效保护/侯廷亮//中国文化报 2006 -09 -25
⊙ 晋商文化及其对现代企业文化的影响/徐继开　韩慧莲//山西高等学校社会科学学报 2006 -10
⊙ 试论乡土建筑的保护——以山西灵石王家大院为例/王婷//华中建筑 2006 -11
⊙ 山西传统民居的象征文化——以灵石王家大院为例/黎昊//湖南大众传媒职业技术学院学报 2007 -01
⊙ 王家大院三雕艺术浅析/仇晓风//文物世界 2007 -02
⊙ 一座晋商文化的博物馆//中国文化报 2007 -03 -12
⊙ 廉政文化与晋商文化的相关性//先锋队 2007 -04
⊙ 浅析山西传统民居的审美文化特征——以王家大院为例/程轶婷　唐孝祥//小城镇建设 2007 -04
⊙ 中国民间故宫　山西的紫禁城//山西旅游 2007 -04
⊙ 晋商文化的精气神/彭国梁//西部时报 2007 -05 -11
⊙ 发展旅游产业对构建和谐社会的作用——以王家大院为例//最佳东方网 2007 -06 -18
⊙ 晋中庭院式住宅山西静升镇王家大院/井渌//室内设计与装修 2007 -09
⊙ 关于王家大院与历史文化名镇静升村布局的思考/李彬//中国旅游报 2007 -10 -17
⊙“文化包装”打造山西旅游品牌效应/陈芳//山西日报 2007 -12 -06
⊙ 晋商文化及精神对现代工商管理的影响/徐继开　韩慧莲//中北大学学报（社会科学版）2008 -03
⊙ 王家大院民居建筑雕刻艺术/王开//重庆建筑 2008 -04
⊙ 从王家大院看晋中民居/阮晓云　武琛//山西建筑 2008 -05
⊙ 栏杆装饰艺术——王家大院/宁吉//山西财经大学学报 2008 -S1
⊙ 晋商文化及其发展的研究/徐继开　韩慧莲//全国商情（经济理论研究）2008 -11
⊙ 以晋商文化中的诚信精神来谈旅游立法/郭鹏　刘秋花//消费导刊 2008 -11

丽江民族文化资源保护与开发

一、2008年7月—9月，我们设计了18个中文关键词（见附录一），在网上对“丽江民族文化资源保护与开发”进行了迄今为止最全面、最彻底的标题检索，剔除其中大量的无效信息、重复信息和只字片语式的评论，得到的统计结果是：2002年—2008年9月20日，纸质媒体和公共网站发表的各类研究、评论、报道共计293篇。

二、我们根据上述统计材料，对相关内容进行了分类，得出以下结论：

A类：在共计293篇的评论、研究和报道中，对丽江民族文化资源保护与开发予以充分肯定、基本肯定的共计269篇，约占总数的91.8%。（见附录二）

B类：在共计293篇的评论、研究和报道中，对丽江民族文化资源保护与开发予以完全否定、基本否定的文章共计10篇，约占总数的3.4%。（见附录三）

C类：在共计293篇的评论、研究和报道中，对丽江民族文化资源保护与开发无明确评价指向或无法做出分类归属的共计14篇，约占总数的4.8%。（见附录四）

三、我们从上述293篇文章中辑录出有关丽江民族文化资源保护与开发的重要研究观点57条。

四、我们从上述293篇文章中辑录出有关丽江民族文化资源保护与开发的产业效益方面的报道23条。

五、我们集体讨论选编了有关丽江民族文化资源保护与开发的重要文章8篇。

1. 创新体制　转换体制　做大做强丽江文化产业/欧阳坚//云南社会科学2004－01

2. 从资源到产业：丽江的文化产业路径/和慧军//中国文化报2005－11－18

3. 基于循环经济理念的旅游区管理体系的构建——以丽江古城旅游区为例/李庆雷　廖春花　明庆忠//生态经济2006－05

4. 全球化背景下的民族文化及其发展——以世界文化遗产地丽江古城为例/刘天罂　张晓萍//衡阳师范学院学报2006－04

5. 丽江古城旅游资源持续开发之我见/于洪//云南大学学报（哲学社会科学版）2005－04

6. 丽江古城保护的主要做法及对策/和仕勇//宏观经济研究2007－10

7. 西双版纳与丽江旅游发展中政策作用的比较分析/张伟//财贸经济2005－07

8. 丽江模式：文化遗产保护、管理与旅游产业发展/年继伟//经贸世界2004－11

六、附录

附录一：“丽江民族文化资源保护与开发”搜索关键词

附录二：A类文章目录

附录三：B类文章目录

附录四：C类文章目录

重要观点辑录

关于丽江民族文化资源保护与开发的成绩

丽江地处滇、川、藏大香格里拉的核心地区，是羌藏文化圈、汉文化圈和濮越文化圈的重要交汇区，又是历史上中国西部和南亚、东南亚的重要战略通道。从秦汉始，历代中央王朝都把丽江作为巩固边防的战略要地。因此，在丽江这块土地上，保留了古老的东巴文化、丽江古城、纳西古乐、茶马古道等众多民族文化资源。20 世纪初，一些外国专家学者到丽江考察、工作，发表文章和专著，使丽江成为国外地质学界、植物学界、文化人类学界、历史学界、音乐学界、宗教学界众多学者向往的地方。

（摘自和自兴：《丽江发展民族文化产业的实践与探索》，《求是》2006 年第 7 期）

丽江古城的保护引起了相当多学者的兴趣，综观其思路，归纳为以下几点：新区脱离旧城发展，建立以古城为中心的风景保护体系；营造名城历史文化和环境氛围，搞好新城规划建设；划定分级保护区，同时坚持“城—村”发展模式。

（摘自吴其付　王汝辉：《世界文化遗产丽江古城研究综述》，《旅游科学》2007 年第 1 期）

丽江，一个返璞归真的地方，一个诗意盎然的人居环境。它在 20 世纪末戴上“世界文化遗产”桂冠，成为世界名胜。它因有“世界上唯一活着的象形文字”及数万卷象形文经典而著称于世，它因有“世界殉情之都”的凄艳之名而成为东方一个生命和爱情的神奇密境；它又是一个闻名遐迩的乐舞之邦，宗教乐土。

（摘自耿鸿江：《丽江之水：让世界文化遗产一直“活”到今天》，《中国水利报》2005 年 6 月 25 日）

有人说丽江是我国最令人向往的 10 个小城市之一，地球上最值得光顾的 100 个小城市之一。联合国教科文组织一口气给这里戴上世界文化遗产、世界自然遗产、世界记忆遗产三项桂冠，这就是人类美丽的家园——云南丽江。

（摘自耿鸿江：《丽江之水：让世界文化遗产一直“活”到今天》，《中国水利报》2005 年 6 月 25 日）

丽江创造的古城保护与发展的“丽江模式”，被联合国教科文组织世界遗产委员会作为世界文化遗产保护的模式加以推广。

（摘自耿鸿江：《丽江之水：让世界文化遗产一直“活”到今天》，《中国水利报》2005 年 6 月 25 日）

1986 年，中国政府将其列为国家历史文化名城，确定了丽江古城在中国名城中的地位。……丽江古城充分体现了中国古代城市建设的成就。……丽江古城民居是中国民居中具有鲜明特色和风格的类型之一。……丽江古城是自然美与人工美、艺术与适用经济的有机统一体。……丽江古城包容着丰富的民族传统文化，集中体现纳西民族的兴旺与发展，是研究人类文化发展的重要史料。

（摘自王卉：《丽江古城——一首凝固的古老歌谣》，《魅力中国》2008 年第 11 期）

“丽江模式”是世界文化遗产有效管理与旅游开发协调发展的典范，这是联合国教科文组织亚太地区文化遗产管理第五届年会的共识。

（摘自李秀春：《世界的“丽江模式”》，《云南日报》2007 年 9 月 19 日）

在丽江古城申报世界文化遗产之初，并未抱着商业目的，而纯粹是为了更好地保护人类共同的宝贵财富。丽江古城申遗成功，给丽江人带来了无比的喜悦，但冷静下来，丽江人感到这更是一种责任，保护古城的责任。10 年间，丽江已累计投入近 10 亿元资金用于保护古城。丽江古城申遗成功，每年吸引着数以百万计的海内外游客纷至沓来，确实给古城带来了巨大商机。丽江人在有效保护管理古城的同时，不失时机地经营古城，创造了世界文化遗产保护管理和旅游业开发的“丽江模式”。

（摘自李秀春：《世界的“丽江模式”》，《云南日报》2007 年 9 月 19 日）

丽江是一个活见证，它证明旅游业可以给居住在文化遗产区内及附近社区的人民带来不可限量的经济发展机遇。……最令人赞赏的是，这种新的发展没有抹去世界文化遗产大研古城及附近的束河、白沙的历史个性。丽江古城依靠传统的基础、古老的工艺及纳西族的智慧被完好地保存下来，其历史的真实性得到了高度重现。

（摘自李秀春：《世界的“丽江模式”》，《云南日报》2007 年 9 月 19 日）

丽江古城申遗成功 10 年创造的“丽江模式”，科学地处理了保护与经营这个两难问题。

（摘自李秀春：《世界的“丽江模式”》，《云南日报》2007 年 9 月 19 日）

文化遗产地的文化是不可再生的宝贵资源，文化景观的价值远远大于能衡量的经济指标。丽江在保护丽江古城文化景观、促进旅游业与文化遗产协调发展方面，时刻具有紧迫感，并探索出了联合国公认的、属于全世界的“丽江模式”，为丽江软实力的进一步加强和经济社会的可持续稳健发展打下了良好基础。

（摘自李秀春：《世界的“丽江模式”》，《云南日报》2007年9月19日）

丽江采纳的是一种发展的保护观，开发中，针对丽江的环境容量采取了相应的控制措施，从目前看来，丽江呈现的是一种可持续的良性发展状态，可以乐观地认为：保护开发使古城建筑及其环境除了拥有历史价值以外，也发挥更大的社会效益和经济效益，并且建筑物焕发出新的生命力。“对某一场所调整使其容纳新功能，没有从实质上削弱场所的文化意义”，这一理念在丽江的保护开发中得到了佐证。

（摘自吴晓敏　车震宇：《试论丽江古城的保护与发展》，《科技风》2008年第3期）

在工业化进程及旅游业发展中，地处滇西北的世界文化遗产丽江古城在保护与开发中，经历了艰难的磨合，难能可贵地保存了其独具一格的魅力。多次来丽江的联合国教科文组织亚太地区办公室顾问理查德·恩格哈特说：“丽江古城的管理是卓有成效的，其历史的真实性得到了高度重视。”

（摘自杨跃萍：《丽江古城：在开发与保护中艰难磨合》，《经济参考报》2004年6月8日）

2001年10月，在联合国教科文组织亚太地区文化遗产管理第五届年会上，丽江“以世界遗产保护带动旅游业，以旅游发展反哺遗产保护”的实践，被联合国官员高度评价为“丽江模式”，形成在亚太遗产地加以推广的决议。……丽江在保护文化多样性，有效利用文化遗产和发展旅游，带动经济社会发展上取得的经验，值得欧亚世界遗产城市借鉴推广。

（摘自：《“丽江模式”吸引世界眼球》，云南日报网2006年11月1日）

8月14日至16日，在联合国教科文组织亚太地区曼谷会议上，世界文化遗产丽江古城遗产保护民居修复项目荣获“联合国教科文组织亚太地区2007年遗产保护优秀奖”。

（摘自杨圣云：《联合国教科文组织为丽江颁发遗产保护优秀奖》，《中国文物报》2007年10月19日）

参与评审的世界遗产专家们认为：对丽江古城完成的极具原真性的传统民居保护修复，从实质上说明了政府提供补助是结合实际、具有地方特色的有效的保护措施，是对遗产保护具有推动意义的保护措施。这个项目为历史城镇面对旅游和都市现代化迅猛发展步伐的威胁提供了一个有效保护的方法，这种方法简易实用而富有成效，是对遗产保护众多办法的很好的补充，非常适合引导房屋所有人，特别是不具有优越社会地位和经济条件的原住居民通过切合实际的能力和科学技术手段，遵循当地经济和习惯对建筑进行修复加固和科学保护。这种方法为原住居民和政府之间的合作再加上外来的专家、捐助者的支持，搭建了一个更宽阔的遗产保护方法的基础框架，是丽江古城遗产保护模式的延伸和扩充，是符合世界遗产保护综合规划的，值得向全世界遗产地推广。

（摘自杨圣云：《联合国教科文组织为丽江颁发遗产保护优秀奖》，《中国文物报》2007年10月19日）

自2002年初丽江古城保护管理局成立至今，在丽江市委、市政府的领导下，在社会各界的关心帮助下，我们高举邓小平理论和“三个代表”重要思想伟大旗帜，全面落实科学发展观和构建和谐丽江的战略思想，紧紧围绕建设世界级精品旅游胜地的战略目标，严格按《世界遗产公约》的要求，积极开拓进取，实现了世界文化遗产的有效保护和旅游业的协调发展，创造了遗产保护的“丽江模式”，成为世界遗产保护的典范，被广为推广，为丽江古城的可持续发展奠定了更加坚实的基础。

保护性基础设施建设成绩突出。……民族文化保护工作措施有力。……古城品牌牢固树立，战略先导作用日益明显。……民主法制建设不断加强。……实现旅游发展与遗产保护的有机结合。

（摘自：《活着的古城——世界文化遗产丽江古城保护成就斐然》，《宏观经济研究》2007年第3期）

丽江民族文化资源的价值

今天丽江似乎已成为国内休闲旅游的某种象征，是人们，尤其是白领、小资向往的圣地。休闲之都、艳遇之城、媒体推波助澜的宣传，吸引着人们来到这里，住上几天，十几天，数月甚至流连忘返，乐不知归。

（摘自俞坚：《“丽江现象”的思考》，《建筑与文化》2005年第4期）

不可否认的是，丽江的吸引力首先来自于它得天独厚的自然人文环境，以及地处众多旅游景点交通节点的优势。完整独特的建筑景观、气象万千的自然景观、周边旅游交通的节点、富有特色的少数民族风情。

（摘自俞坚：《“丽江现象”的思考》，《建筑与文化》2005年第4期）

但丽江更让我们流连忘返的，是那种处处可见的让人停留、交流、回味的各种场所，是那种不追求星级但真正国际化的生活状态。

在丽江，我们已经完全沉浸在一种外来者和本地居民的充分融合之中。到处都是熙熙攘攘的人群，汇聚了南来北往的游客、本土的各族人群以及分不清身份的各种经营者。这里众多的客栈，提供了便宜与多样的住宿条件，相比那些新区的星级宾馆，为旅游者提供着融入当地生活环境的多样选择；遍及各处的茶坊、餐饮、酒吧、商店，则是创造了在优美的古镇环境中停留、体验、交流的室内、室外环境与场所。时至半夜，我们还能看到街道上涌动的人流、小溪畔畅饮的人们。生活在这里白天黑夜体验着。

我们同时看到，这里的客栈也许简陋，但它可以提供西式早餐，这里的环境非常古朴，但异常干净。在没有豪华，更没有奢华的大背景下，小镇的生活已经融入了现代的生活标准，为来自世界各地的客人们提供了让人舒适的共同标准。也许我们可以称之为无星级，但是与国际接轨的生活状态。

（摘自俞坚：《“丽江现象”的思考》，《建筑与文化》2005 年第 4 期）

学界认为，丽江对人文、自然、民族的独特融合使其更加卓尔不群。

如果说古朴、精致、山水一体构建了丽江古城的血肉，那么怡然自得、宽容厚重的纳西文化才是古城的魂。

（摘自：《从丽江山水看火热的旅游文艺市场》，快旅网 2007 年 9 月 14 日）

丽江在抓旅游产业中除了打文化牌外，还重点打出了生态牌。为保护好丽江古城这一重要的旅游资源，当地政府吸取其他文化古城的教训，在妥善保护古城原貌的同时，在毗邻的地方另建了新城，并把丽江的发展目标定为人与自然和谐发展，历史蕴涵与现代文明有机结合的高原雪山风光旅游城市。这一定位，对丽江的生态保护工作产生了重大的影响。

同我国绝大多数文化古城一样，丽江古城目前最吸引人的是她的文化底蕴、特别是她的人文遗存，但是，无论是历经千年的纳西古乐演奏会也好，清流萦回的丽江古城风光也好，一旦离开了丽江独特的自然环境，这些游览项目便要大打折扣，甚至失去魅力。也就是说，良好的生态环境，是丽江文化古城赖以存续的基础。实际上，丽江古城除了文化之外，优良的生态环境，正是造就丽江古城名胜和旅游业的另一支柱。

（摘自樵山郎：《丽江大打生态牌》，《中国水运报》2002 年 3 月 1 日）

世界遗产如何存续文化魅力？让带有现代商业气息的商品和商家，如音像、珠宝玉器、歌舞厅、网吧、桑拿按摩等迁出古城，是当前丽江古城正在进行的一件大事。去除商业化，丽江古城踏上返璞归真之途。

（摘自张帆：《丽江古城，让现代商业走开》，《人民日报》2003 年 6 月 23 日）

让带有现代商业气息的商品和商家迁出古城，还古城以本来面目，是今年丽江古城去商业化的一项重要内容。除了现代服装，古城管委会还要求珠宝玉器、歌舞厅、网吧、桑拿按摩等行业逐步迁出或停止经营，涉及商家 77 户。

（摘自张帆：《丽江古城，让现代商业走开》，《人民日报》2003 年 6 月 23 日）

疏与导，抑与扶，行政干预与市场调节并重，让现代商业出得来，传统文化进得去。木崇根说，管委会采取了两个办法：一是由管委会下属的管理公司每年出资 200 万元支付房租，请纳西族知名文人、手工业者在古城开馆授艺，形成 26 户纳西文化传播点，对纳西生活、宗教、民俗、文化、艺术进行全面展示。二是管委会手头还有面积可观的直管公房，这些公房的出租将对从事纳西文化研究和开发的人士给予大幅度的优惠。

除此之外，刚成立的古城区人大已通过提案，从今年 9 月起，小学 1—4 年级恢复纳西语教学，同时学生们还要上纳西语言和文化课。

（摘自张帆：《丽江古城，让现代商业走开》，《人民日报》2003 年 6 月 23 日）

树立整体保护的观念，在发展中解决保护的难题，似乎是丽江古城一条可以探索的路子。

（摘自张帆：《丽江古城，让现代商业走开》，《人民日报》2003 年 6 月 23 日）

上海—丽江旅游合作促进推介会近日在丽江古城举行。……这是丽江首次实施“请进来”战略，规模促销精品旅游线路和产品的举措。丽江改变过去在营销单向“走出去”的传统模式，以“请进来”的方式诚邀上海旅游界走进丽江、感受丽江。

（摘自江世震：《丽江规模促销旅游产品》，《云南日报》2005 年 12 月 5 日）

几年来，丽江市成功策划组织了“香江情、丽江韵”丽江包机直飞香港文化旅游推介活动，与日本高山市、瑞士瓦莱州、加拿大新西敏市等建立友好关系。通过采取以项目为载体，招强商、引大资，建立多元文化旅游产业投融资体系等措施，利用品牌资源，吸引了大批品牌企业和人士到丽江投资文化旅游，形成了投资多元化、经营多样化、项目品牌化、产业互动化，以文化旅游促发展、全民参与文化旅游产业的良好态势，涌现了一大批“自主经营、自负盈亏、自我约束、自我发展”的现代文化企业。

（摘自李秀春：《丽江文化旅游联动发展》，《云南日报》2007 年 8 月 31 日）

休闲是一种生活方式，只有在观念上认同、理解这种生活方式，在环境上适应、促进这种生活方式，才会形成真正的休闲旅游业。

中国人的休闲实际上有一个阴暗与封闭的误区，从地下保龄球，到封闭的餐饮包厢、烟雾缭绕的棋牌室、通宵达旦的卡拉 OK，都是在封闭阴暗的地方进行的而充满阳光的、户外的、健康休闲运动的内容，与国际通行的生活观念现在总算开始慢慢被大家认同。丽江实际上只不过先走了这一步。这也就是丽江成为一个大家心目中的圣地、休闲生活代表的重要原因。

实际上，我们的旅游古镇的景观环境，是一笔最大的资源。但这个资源往往只是作为一幅画，让我们匆匆观赏，我们无法真正地生活在其中，融入其中。一个具有极大的生活资源的空间，仅仅是让我们徜徉而过。我们来古镇是想亲近它们，想坐在户外，想住在街上，但我们又带有自身的各种各样的生活习惯，比如我们有的想喝茶，有的想喝可乐，有的想喝酒，有的想喝粥。有的想吃西式早餐，有的想上网，有的想有卫生间，一种古镇风貌中的准现代生活，是很多人心中的理想，也是接受游客的普遍标准，丽江做到了。而我们这里，却是很难找寻得到，我们很难融入其中。我们走在丽江的街上，我们仿佛是丽江的一分子，恍惚间我们是丽江的镇民。但在很多地方，我们就像一个外来者：我们住在新区的星级度假村里，却只能吃千篇一律的早餐；我们坐在封闭的包间里吃饭，却往往不能得到最起码的卫生标准。这样的生活，实际上是一种隔阂。

休闲的旅游是一种渴望融入的生活方式。

（摘自俞坚：《“丽江现象”的思考》，《建筑与文化》2005 年第 4 期）

丽江古城带给我们的是一种特殊的意境，而这一切都要归功于丽江的山水和民族文化。有山有水才能够聚气，才能够藏气。

丽江的民族文化主要体现在它的民居上，主要表现在它没有统一的构成机体，而是在根据自身特点的基础上有机结合了中原古建筑以及白、藏等少数民族的优秀建筑传统，并在许多方面都有创新之处，比如抗震、防雨、通风、避暑等，形成了自己独特的风格。

（摘自高明：《论民族型景观之物境意境情境——以丽江古城为例》，《陕西教育》（理论版）2006 年第 12 期）

漫步古城，只见街边一个个酒吧、茶舍和风格各异的工艺品店，虽小却不乏雅致之处，给小城增添了韵味。

（摘自杨跃萍：《丽江古城：在开发与保护中艰难磨合》，《经济参考报》2004 年 6 月 8 日）

入夜，古城内巡夜人“注意防火”的号子悠远如歌，伴随着铜锣低吟，恍觉时光已倒转。“时光在这里偶尔会停顿一下，这就是丽江古城的魅力。”客居丽江的桂林画家唐星生说。

（摘自杨跃萍：《丽江古城：在开发与保护中艰难磨合》，《经济参考报》2004 年 6 月 8 日）

对丽江民族文化资源保护与开发的批评和负面报道

2008 年 1 月中旬，丽江这个让中国人自豪的古城被联合国检查组批评为“过度商业化与原住民流失”而面临亮“黄牌”之忧。

（摘自晓吾：《古城丽江　遭遇“黄牌”》，《防灾博览》2008 年第 1 期）

如今，源源不断涌入丽江的已不是古战车和铁骑，而是穿梭如织的游客和商人，他们带给丽江的虽不是马刀与盔甲，但确是快速增长的旅游收入和快速消耗的巨额本钱。现在古城周边是宽阔的马路，是汽车飞驰而去留下的尘土，一个个相同模式的楼房和别墅，硬硬地没有感觉地立着，与古城的“三坊一照壁，四合五井天”格格不入。目前，古城核心区域商铺客栈林立，原住民纷纷腾房让院给外来商人以获取一年十几万的租金，并用这笔钱在新城购置洋房，当他们搬离时也搬走了在城中存活了千年的民俗文化。现今的丽江在文人学者和小资们的感叹下，在酒吧的灯红酒绿中，在小贩声声的叫卖声中，她自身的柔美、细腻、婉转都已显得沉重无比；嘈杂、浮躁、钱是根本的浊水逐渐褪去了她古朴的秀美，失去了纯情和透明。那充满古文化的身躯似乎已是空壳。市场经济的大潮把古城冲击得摇摇欲坠。有人说丽江的灵魂在渐渐地离去。

（摘自晓吾：《古城丽江　遭遇“黄牌”》，《防灾博览》2008 年第 1 期）

古城丽江的文化遗产在急速发展中面临生死考验。

（摘自晓吾：《古城丽江　遭遇“黄牌”》，《防灾博览》2008 年第 1 期）

大量原住民搬出古城，大批外地人搬进古城，古城变得复杂起来。……人口置换势必带来文化变迁。没有文化和历史底蕴的古城将变为躯壳一具。

（摘自张文凌：《丽江古城　危机四伏》，《市场报》2003年3月6日）

外来人只以赚钱为目的，对古城仅是利用关系，他们对当地文化既不了解也不珍惜，一味以自己的游民文化置换古城的本土文化。

此外，令人担忧的是，目前丽江古城仅作为旅游景点被开发，而忽略了它作为世界文化遗产的综合性功能。

（摘自张文凌：《丽江古城　危机四伏》，《市场报》2003年3月6日）

丽江古城中心区噪声严重超标。

（摘自刘敏：《"原真"的丽江哪儿去了》，《新华每日电讯》2007年7月19日）

房屋反复易主，威胁古镇风貌。古城里原来居住着6000多户纳西族居民，当地旅游业发展起来后，主要街道上的1600多家户主纷纷开起了店铺和客栈。政府部门统计，这其中有70%以上都是外来人口在经营。

（摘自刘敏：《"原真"的丽江哪儿去了》，《新华每日电讯》2007年7月19日）

旅游开发对丽江原住居民的生活影响显而易见，人口置换导致很多原住居民迁移到古城以外甚至更远的地方，房屋作为丽江文化的重要构成部分遭到不同程度的改变和破坏，这些都使当地民族文化的"原真性"不可避免地遭到了严重的损害。

（摘自刘敏：《"原真"的丽江哪儿去了》，《新华每日电讯》2007年7月19日）

保护古城的努力被商业化消解。……有关专家指出，丽江市为保护古城文化所作的努力值得肯定，但其力度同商业破坏的力度相比还差了很多。比如，丽江古城老屋出租价格普遍很高，政府拿出的补助金则由于财政局限不可能太高，吸引力也就不会太大。诸如此类的问题还很多，丽江古城文化保护任重道远。

（摘自刘敏：《"原真"的丽江哪儿去了》，《新华每日电讯》2007年7月19日）

面对客如潮涌的现状，丽江也令人担忧。这里说"客如潮涌"，有两重含义，一是古城人口置换现象严重；二是游客剧增，会否失去游客规模与古城承受力的平衡点。10年前，丽江完全是属于丽江人的。现在古城店铺南腔北调，来自川、黔、浙、湘、粤、闽、吉、辽的生意人比比皆是。

（摘自冯霄：《丽江惬意　古城堪忧》，《人民日报海外版》2003年4月8日）

丽江应把握游客增长与承受力的平衡点，不可单纯追求人气和经济效益。

（摘自冯霄：《丽江惬意　古城堪忧》，《人民日报海外版》2003年4月8日）

日前在北京召开的中国古迹遗址保护协会科学研讨会上，专门从事世界遗产管理研究的上海同济大学历史文化名城研究中心研究员范利说："丽江正处于一个十字路口，要么走向成功，要么走向失败。"

她说："在丽江，遗产保护方面已经做了大量的努力，然而不恰当的建设也同时在进行。"

丽江是中国最典型的旅游城镇，它也是中国第一个开展了大量保护工作的古镇。过去20年，丽江发生了显著变化。旅游业促进了丽江经济的发展，加强了人们对遗产价值和传统建筑的认识，但同时也带来了许多负面因素：游客数量在过去的10年间从每年20万激增到400万；外来人口已占总人口的1/3；到2020年前，丽江人口还将以每年18.5%的速度增长；农业耕地流失；古城内水质恶化；玉龙雪山的雪快速融化；许多宾馆都修建成假古董的式样；古城内的物价比城外高2至3倍……

"商业气氛浓"是人们现在对丽江的普遍评价。在古镇，旅游业经营者中只有1/4是本地居民，传统的手工艺在逐渐减少。在游客常常光临的地方，数千盆同样的植物被放在每间店铺的门前。河道被清洁过，金鱼被放进水中以增加美观。但在游人不常去的地方，水里充满垃圾。

（摘自喻菲　刘畅　冯国：《丽江：十字路口如何走向?》，《华东旅游报》2005年9月6日）

关于丽江民族文化资源保护与开发的其他方面

然而，在丽江时下空前"繁荣"的背后，却隐隐约约让人有一些忧虑和不安。这些忧虑和不安来自于一些明显的现象和事实：古城时常处在人满为患的状态之下；遍布丽江城内的酒店、饭店、餐厅酒吧、娱乐厅、桑拿；轰轰烈烈的土地出让和房地产开发；三分之二的原住民已搬出古城居住等等。有人说，丽江是"体验之都"。可这样的"体验之都"应该是那些厌倦了城市生活的人们暂时回归田园的"体验之都"。而不是丽江纳西原住民的"体验之都”。换言之，在很大程度上，丽江已被卷入更大范围内、甚至是全球化的时空体系中，她的整个生活逻辑已变了。她的市井生活中的很大一部分已不是本土的了。这里有人会问为什么丽江不能变？难道丽江就不该进入全球化的进程吗？丽江是世界文化遗产，她难道就不该属于世界吗？

如果对问题采取的是实事求是的态度而不是诡辩的态度，就应当承认：丽江要变化，也不可能不变化，但要害的问题是：丽江要向什么方向变化？是走向结合了当代视野和本土情怀而建构的新文化基础上的和谐社会呢？还是走向将商品和资本视为拜教物的、无节制纵欲的消费社会？

在消费社会中，生活的社会功能和意义在于奢侈的、无度的消费，当它成为一种观念、一种合理的景观的时候，世间几乎所有的东西都会被自然地作为商品或消费品而被消费。自然资源可以被消费，人文资源可以被消费，世界文化遗产自然也可以被消费，那小桥流水人家、院落中的桃红柳绿、三坊一照壁和曲径通幽的小街小巷同样可以被消费，而新房子的建造、老房子的改造就更应该围绕消费的目标而进行了。于是在消费社会中，乡土建筑的消失和逝去就将成为一种不可逆转的宿命。对于在丽江建筑的建造，我们应追问的是：“建造”到底是为了生活还是为了消费？到底有多少建造是为了百姓生活的？有多少建造是为了大众消费的？又有多少建造根本就是为了少数人消费的？这是一个“道”的问题。如果不在形而上的层面去回答或解决的话，那么我们就几乎没有办法在形而下的层面上去解决“建造”当中的技术问题，我们也不可能用一种明确的价值观去判断什么是丽江古城民居的真正的“建筑传统”和建造中的优秀品质。最后可以想见的结果很可能就是丽江建筑中的那些“传统”，包括：本土的建造理念、空间类型和形制、建造技术和工艺、形式风格和造型等，都将成为消费社会可资利用的资源而被消费；而在被消费的同时，这些“传统”的本真性将被“解构”和被扭曲从而失去自己原有的价值和意义。

目前，我们社会的文化方式广泛地受到现代性及大工业生产方式的强烈影响，人们普遍接受和认同“发展观”和“消费观”，几乎没有人对其进行怀疑和质疑；这种想当然的观念与意识正是我们这个时代最大的隐患所在。历史已反复证明：经济或军事的强大并不能保证一个民族国家和社会走向真正的强大和繁荣。要使一个社会长治久安、和谐稳定、可持续发展，不断调整和建构民族文化精神、把握良性的文化发展走向则更为重要。从这一意义上讲，人们希望丽江能建立自己的当代本土文化而不要在所谓“全球化”的浪潮中随波逐流，不要被经济发展、资本、消费冲昏了头脑。丽江有丰厚的历史、民族、地域的文化土壤，她可以孕育和生发出“新文化”的参天大树；只有在新文化的建构上做出贡献，丽江才能称得上是“中国的丽江”、“世界的丽江”。

（摘自王冬：《丽江“建造文化”之辩》，《建筑与文化》2005 年第 4 期）

近年来丽江旅游业健康迅猛发展，已呈现出四大特点：散客多——散客 40%，团队 60%。散客多被视为旅游胜地有持续吸引力的一项指标，国外不少著名旅游地散客人数都占到 60% 以上，甚至更多。

外国游客增多——到今年底，外国游客将达 20 万。在笔者到达的当天上午，就有一个 150 多人的外国团队飞抵丽江。在大研古镇，在玉龙雪山，外国游客的身影正在多起来。

乘飞机来的人多——丽江机场自 1995 年 7 月建成通航以来，10 年内旅客吞吐量和航班起降架次均增长了 50 多倍，成为云南省发展速度最快，业务最繁忙的干线机场之一。目前与丽江通航的城市已有北京、上海、广州、深圳、成都、昆明等。就在 11 月 25 日，上海来丽江的乘客胡云峰和丽江前往昆明的乘客唐湖成为了丽江机场第 99999 名乘客和第 100 万名乘客，为此，丽江机场还向这两名乘客颁发了纪念证书。预计到今年底乘飞机来丽江的游客将突破 130 万人次。

会议团队增多——有“高原姑苏、雪山下的威尼斯”之称的丽江，正越来越成为会议的召开地。眼下这个季节在丽江，并非旅游旺季，但大大小小宾馆门前“欢迎某某会议代表光临”的横幅随处映入眼帘。据不完全统计，会议团队已占一成多，丽江正逐渐成为会议的天堂。

（摘自宗吉：《丽江：文化与旅游齐飞》，《云南经济日报》2005 年 12 月 10 日）

近 1 个多月来，在世界文化遗产丽江古城的农贸市场、大小超市及经营门店、餐馆等，已经看不到一次性不可降解的塑料制品。这是丽江市古城区从今年 7 月 1 日起，禁止生产、销售和使用一次性不可降解塑料制品以来出现的新景象。

（摘自张伟　李秀春：《丽江古城拒绝“白色污染”》，《云南日报》2003 年 8 月 18 日）

纳西族著名音乐文化人和文光说，外省学生来丽江学习纳西音乐这件事使他坚信，抓住丽江旅游市场的主体，发挥文化人的传承作用，以传承和发扬纳西民族文化的方法是可行的。这样还会获得更大的经济效益。同时，通过不断地引导和学习，使外来学者不断成为本土文化的研究者和传承者。

（摘自王法：《丽江推广文化旅游互动》，《西部时报》2007 年 12 月 14 日）

总结丽江文化产业发展的经验，笔者认为主要可归纳为七个方面：理念要创新；体制要创新；机制要创新；手段要创新；政策要创新；资源要保护；市场要开拓。

（摘自和自兴：《丽江发展文化产业的实践与探索》，《云南日报》2005年4月20日）

在对丽江进行深入调查时，范利（上海同济大学历史文化名城研究中心研究员——编者注）发现，许多原住民把自己的房子出租给外来的商人经营旅游纪念品。一些历史建筑被当地政府列为重点保护建筑，但老百姓却没有得到足够的补偿。一些原住民抱怨说，其实他们不愿意离开世代相传的老房子。

“古镇不仅要作为游客的文化交流中心，同时也应是本地居民的乐园。”范利说。范利建议，当地政府应与遗产保护方面的专家密切合作，编制遗产地的管理规划，将遗产保护纳入到城市的整体发展战略之中。

（摘自喻菲　刘畅　冯国：《丽江：十字路口如何走向?》，《华东旅游报》2005年9月6日）

丽江古城建造于800年前，城市基础设施已不适应现代社会要求。近10年来，丽江先后投入近4亿元，改善古城供排水、消防、通讯、垃圾处理系统，排污管安装到了每一个院落、商铺。古城大街小巷，一直流水潺潺。

古城内40%的道路以五彩石铺就，曲径通幽。不久前，当地政府对久经沧桑的五彩石道路进行了维修。丽江市政府的官员年建伟说，这些旧五彩石享受与文物保护同等待遇，每块石头都有编号，修复中它原来在哪还放哪。至于其他的水泥路面或土路，也全部铺上了新的五彩石。

当地政府早已禁止汽车驶入古城，在古城中偶尔见到有居民推着自行车穿过古城。15岁的中学生和星每天步行半小时穿过古城去上学。她说，“在古城内骑车会压坏石板的，而且如果被认识的人看见就太难为情了。”

（摘自杨跃萍：《丽江古城：在开发与保护中艰难磨合》，《经济参考报》2004年6月8日）

近些年，拥有“世界遗产”这张名片的云南丽江市古城区，在走可持续发展道路上经过一番艰苦摸索，实现了自我飞速发展。但就在这个过程中，商标保护问题却已成为一个隐患，急需引起各方广泛关注。

丽江市政府副秘书长张学民向记者介绍说，随着旅游业的发展，丽江市在全国、在世界都有了一定的知名度，由于丽江市位于地理相对封闭的少数民族聚居地区，传统文化积淀比较深厚，但受到资金、技术、人才、意识等方面的制约，丽江市知识产权工作相对沿海地区有较大的差距。特别是如何利用商标权更好地保护旅游资源与民族文化（纳西古乐、东巴文化等），使保护民间传统文化和开发现代旅游业二者协调并进，已成为古城丽江在发展过程中面临的重要问题。

（摘自肖峰：《丽江古城遭遇商标保护尴尬》，《中国知识产权报》2005年10月28日）

记者在采访中了解到，作为丽江古街代表的“四方街”和“七星文化街”，至今还没有申请注册商标。丽江古城内，随处可以看见临街店铺的商贩向游客销售同“四方街”、“七星街”有关的商品。由于纳西族东巴文化的知名度越来越高，针对东巴文化的各种侵权行为也日益增多，比如某地专门注册东巴烟，以及对研究东巴文化出版物的侵权问题。

（摘自肖峰：《丽江古城遭遇商标保护尴尬》，《中国知识产权报》2005年10月28日）

商标权不是被动的等待，而是要变被动为主动。在丽江的发展中，如何利用商标将资源优势更好地转变为经济优势，这是当地人一直思考的问题。从商标权的角度来说，丽江的“四方街”非常出名，里面卖的商品繁杂多样，其中有很多手工商品反映了这条街的人文意境，但是几乎没什么给人留下深刻印象的品牌。同样的商品，价格不一，真假难辨，这让消费者很不放心。还有，现在已经出现了有关纳西古乐的知识产权纠纷案件，而前车之鉴犹在眼前——“少林寺”的名字由于被抢注，少林寺的武术表演在国外演出就不能再用这个名字，如此着实让人担忧纳西古乐覆辙重蹈。无论是对丽江古城著名的旅游景点、纳西古乐还是东巴文化，都要做好未雨绸缪的工作，该注册商标的就要注册商标，防范自己辛苦打造的品牌被他人抢注商标。

（摘自肖峰：《丽江古城遭遇商标保护尴尬》，《中国知识产权报》2005年10月28日）

漫步丽江古城，青石板路、纳西民居、小桥流水、垂柳依依，满目高原水城景象，一派纳西纯朴风情。丽江距昆明600公里，是以纳西族为主的逾20个少数民族聚居地，是滇、川、藏交通要冲，是滇西北重要手工业品产地和商品集散地。站在大研古镇放眼瞭望，以四方街为中心形成缜密的辐射型街巷布局，纳西风味街、民族工艺街、织麻制革街、民族乐器街各有特色。纳西妇女摆卖丽江粑粑、酥油茶、挂饰香包，热情洋溢；纳西男人弄鸟养花、琴棋书画，悠闲自得。古城充满了人与自然的和谐美，又独显深厚、凝重的神韵。

1996年大地震，丽江人不幸中又有大幸，这座我国罕见的少数民族古城完好地保存下来；地震给人启示，为了更好地保护古城，必须另建新城。因此，丽江今日呈现在世人面前的是风景秀丽、历史悠久、文化灿烂的古城和酒楼林立、街道繁华、车水马龙的新城两类面貌。显然，保护古城、另建新城是丽江人的正确决策；实现丽江被列入“世界文化遗产名录”是丽江人的杰出成功；将空灵、清纯的纳西古乐发扬光大并推向世界，将民族音乐、歌舞、服饰熔为一炉，创出“丽水金沙”大型综合表演艺术，注重传承“东巴文化”、保护民居、重视环保等等，更是丽江人高度智慧的体现。

（摘自冯霄：《丽江惬意　古城堪忧》，《人民日报海外版》2003年4月8日）

近几年来，丽江市坚持体制创新、艺术创新、运作创新，进一步激活文化旅游的发展活力，挖掘民族文化的内涵，扩展文化旅游资本。同时，积极探索新的路子，促进文化与旅游、文化与企业、文化与科技结合，从而推动文化旅游大联姻，促进文化旅游产业和经济社会实现了大发展。

与此同时，他们不断完善基础设施，提升城市功能，为文化旅游产业的发展提供有力支撑。通过实施大通道建设战略，营造良好的基础条件。

此外，还通过全力推进对外开放，切实加强文化旅游宣传促销，为文化旅游产业发展注入了强大活力。

（摘自大洋：《丽江文化旅游成为滇经济新的增长点》，《中国质量报》2007年10月30日）

追述历史，公元1252年，忽必烈率大军南征云南，且取道丽江。纳西首领阿琮阿良前去迎接，并帮助元世祖攻陷大理。当时面对强大的入侵，纳西先祖凭借弱小民族的生存智慧，以求和的方式，使自己的人民与文化免于屠戮。丽江为此出名了，古镇平地而起，四方街的道路向八方敞开，她的美丽，她的深邃展现在世人面前。

光阴荏苒，走过800年，地处西南边陲的丽江古城及其承载的文化在经历地震、大火及革命后得以幸存，并且被评为世界文化遗产。记得在20世纪三四十年代的丽江被包围在彩色的田野里，蓝天下的玉龙雪山崛起在远处，溶化的冰雪化作细流如绸缎绕镇而流，麦浪在风中泛起道道绿波。古城里喇嘛寺、禅院、道观、孔庙、基督教堂并存而立，四方街上来往的有纳西族农民、白族工匠、藏族马帮、汉族商人，儒、释、道、巫等多种文化在城里碰撞交融，而居民的生老病死、祭祀祈福都相依在其中。极富特色的纳西古乐最先让人知道了丽江，人们寻声而来，使这个穷乡僻壤的小镇举世闻名，进而成为旅游圣地。

（摘自晓吾：《古城丽江　遭遇"黄牌"》，《防灾博览》2008年第1期）

产业效益

丽江文化产业增加值由2001年的2.35亿元增加到2006年的6.6亿元，年均增长29%。

（摘自张飙：《文化产业助推丽江旅游新发展》，《中国旅游报》2007年11月9日）

丽江市文化产业增加值已从2001年的2.35亿元增加到2005年的5.4亿元，年均增长20%，文化产业增加值已占国民经济总产值的9%左右；利税年均递增27.3%；各级财政对公益性文化事业的投入年均增长29%。

（摘自：《丽江文化产业走出一条特色发展道路》，新华网云南频道2007年1月10日）

2003年，丽江市文化产业收入由2002年的2亿元左右猛增到近8亿元，文化产业在旅游业收入中所占的比例实现了三分天下有其一。

（摘自李秀春：《丽江文化产业收入年增3倍》，《云南日报》2004年5月13日）

2007年，丽江市文化产业实现增加值8.6亿元，占全市生产总值的10.3%。

（摘自李秀春：《丽江文化产业成为经济增长亮点》，《云南日报》2008年2月15日）

2006年，丽江古城共接待了460.9万人次海内外游客，同比增长13.82%。

（摘自刘敏：《“原真”的丽江哪儿去了》，《新华每日电讯》2007年7月19日）

2001年，接待322万人次；2002年，增至335万人次；2003年，春节黄金周游客猛增，大年初一逾8300人，预测全年游客数量会比去年有增无减。

（摘自冯霄：《丽江惬意　古城堪忧》，《人民日报海外版》2003年4月8日）

2004年的丽江旅游业硕果累累：全年接待游客359万人次，旅游总收入34亿元，分别增长24.36%和24.3%，各项指标创历史新高。

（摘自江世震　李秀春：《丽江文化旅游出新招》，《云南日报》2005年1月13日）

2007年上半年，丽江市完成生产总值、地方财政一般预算收入分别比上年同期增长10.5%和42.1%；接待海内外游客和实现旅游总收入分别增长18.34%和19.67%。

（摘自李秀春：《丽江文化旅游联动发展》，《云南日报》2007年8月31日）

目前，丽江市文化产业经营户已发展到1700多户，从业人员1.6万多人。文化产业增加值由2001年的2.35亿元增加到去年的6.6亿元，年均增长29%。文化产业实现利税8000多万元，5年增长近3倍。如今，文化产业已成为丽江新的经济增长点和支柱产业。

（摘自李秀春：《丽江文化旅游联动发展》，《云南日报》2007年8月31日）

丽江市旅游局长和春雷介绍说，到今年年底来丽江的游客人数有望突破400万人次，其中上海已成为排四川之后的第二大客源地，上海游客已占丽江总游客数的20%。

（摘自宗吉：《丽江：文化与旅游齐飞》，《云南经济日报》2005年12月10日）

丽江机场自1995年7月建成通航以来，10年内旅客吞吐量和航班起降架次均增长了50多倍，成为云南省发展速度最快，业务最繁忙的干线机场之一。……预计到今年底乘飞机来丽江的游客将突破130万人次。

（摘自宗吉：《丽江：文化与旅游齐飞》，《云南经济日报》2005年12月10日）

2004年，丽江全市共接待海内外游客366万人次，旅游总收入达32亿元，旅游业已占丽江GDP的50%。

（摘自宗吉：《丽江：文化与旅游齐飞》，《云南经济日报》2005年12月10日）

“丽水金沙”民族风情舞蹈晚会自2002年“五一”黄金周推出以来，吸引了50多个国家和地区的旅游者，以极高的声誉成为继“纳西古乐”之后丽江的又一大文化品牌，目前已累计演出近400场，总收入超过1000万元。

（摘自水月清：《风云舒卷丽水金沙　丽江文化产业发展之路》，《支部生活》2003年第12期）

目前，丽江经营文化产业的商家已达1000多个，从业人员1万多人，文化产业总收入已由几年前的年均3000多万元上升到近2亿元，税收占财政收入的10%左右。

（摘自水月清：《风云舒卷丽水金沙　丽江文化产业发展之路》，《支部生活》2003年第12期）

2007年，丽江接待国内外游客已经超过530万人次，旅游综合收入已经超过58亿元。

（摘自李寅：《对话丽江：利用自己的优势特色加快发展》，《中国民族报》2008年3月28日）

“丽水金沙”终于在2003年逐步回暖并越来越火，旺季时每天演出3—4场，淡季每天也要演两场，成为继宣科纳西古乐之后的最大品牌。……2002年5月1日首演以来，它已经成功演出2800多场。

（摘自：《从丽江山水看火热的旅游文艺市场》，快旅网2007年9月14日）

旅游文艺市场的空前繁荣极大推动了丽江文化产业的

发展，目前超过20个经营项目的文化产业总收入占全市GDP的9%，已经成为旅游之外的支柱产业。

（摘自：《从丽江山水看火热的旅游文艺市场》，快旅网2007年9月14日）

1978年，全市生产总值只有1.66亿元，人均生产总值191元，农民的纯收入只有66元，不到全国平均水平的1/2。……从90年代开始，丽江从本地实际出发，以旅游业为主导，发展特色经济，带动了全市经济社会的持续、快速发展。到2007年，全市地区生产总值已经达到84亿元，人均生产总值达到6878元。

（摘自李寅：《对话丽江：利用自己的优势特色加快发展》，《中国民族报》2008年3月28日）

历15年市场风雨的丽江大研纳西古乐会，除在国内北京、天津、上海、南京、山西和香港特区、台湾省等地演出外，已先后到英、美、法、意、德、日、挪威、芬兰、丹麦、西班牙、葡萄牙、爱沙尼亚等10多个国家出访展演。近年演出年收入近千万元，年度纯利润达540多万元，其票房收入超过了驻京一些国家大型乐团的收入。

（摘自刘佳：《民族风情塑造丽江文化产业》，《市场报》2003年1月9日）

于1998年初成立的丽江东巴宫民间艺术团，以展演纳西族民间东巴乐舞为主要功能。这个团曾先后成功地到京、津、沪、宁等十多个城市展演东巴乐舞，并且每年都有到丽江的几十万海内外游客观看演出，也取得年营业收入百万元的丰厚的市场回报和良好的社会效益。

（摘自刘佳：《民族风情塑造丽江文化产业》，《市场报》2003年1月9日）

“丽水金沙”自2001年底公演以来，已先后有50多个国家的海外游客和数万国内旅游者观看了节目，取得了很好的社会和经济效益。

（摘自刘佳：《民族风情塑造丽江文化产业》，《市场报》2003年1月9日）

2003年7月，丽江市民族歌舞团整体转制为股份制企业。2003年11月与深圳能量公司合作推出了大型民族风情舞蹈“丽水金沙”，至今已演出1200多场，观众达50多万人次，总收入近5000万元。

（摘自鲁子花：《丽江文化产业的创新与发展》，《云南政协报》2004年12月15日）

2004年，全市文化产业产值已占GDP的9%，今年力争达到10%以上。

（摘自和自兴：《丽江发展文化产业的实践与探索》，《云南日报》2005年4月20日）

重要文章选登

创新体制　转换机制　做大做强丽江文化产业

欧阳坚

为培育和发展文化产业，寻找新的经济增长点，根据党的十六大有关精神，近年来，丽江市委、市政府在文化体制改革和文化产业发展方面作了一些初步探索，取得了阶段性的成效。

文化体制改革的初步探索

丽江是当今中国西部最具人气和影响力的旅游热点之一，文化底蕴深厚，民族文化纷呈异彩，每年接待外来游客300余万人，这为发展文化产业提供了良好的基础和条件。在这样的背景下，我市一批文化企业应运而生，通过政府引导、市场运作，不断得到发展壮大。文化事业单位也积极探索与市场接轨的路子，取得了较好的社会效益和经济效益。2002年，全市文化单位创办的各类节目吸引了大量的游客观看，在宣传独特的民族文化的同时创造产值2亿元，占据了旅游业的三分天下。

1. 内外联合，优势互补，努力探索发展文化产业的路子。2001年底，丽江市民族歌舞团、丽江国际民族文化交流中心与深圳能量实业有限公司联合组建了丽江股份演艺公司，由深圳方出资800多万元，共同创作上演了一台大型民族风情舞蹈“丽水金沙”。该晚会的创作在注重文化产品意识形态属性的同时，更加注重产业属性和商品属性，较好地实现了文化产品与市场、游客心理的结合，得到了观众的普遍认可。“丽水金沙”投入市场以来，演出几乎场场爆满，成了我市旅游市场的一个“亮点”，年收入超过1000万元。每年为地方财政节省了100多万元的投入。同时，房屋、剧场等设施出租给演艺公司，每年收入近50万元。丽江民族歌舞团30多位演员参与“丽水金沙”演出，演艺公司不仅承担了工资、养老保险、医疗保险、各项福利等，而且月平均收入从过去的700元增加到了1400元，最高达2000元，演职人员的工作积极性普遍得到提高。

2. 按照市场化运作的要求，借助社会和民间力量发展文化产业。近年来，我市民营文化企业阵营不断扩大，一大批民营文化企业正在崛起。以大研纳西古乐会和东巴宫为代表的民营文化企业自组建之日起，便紧紧围绕市场和游客的需求，创作和展演文化产品，实现了文化产品与旅游市场的有机结合，经过多年的探索，已走出了一条成功的经营道路，产生了很好的社会效益和经济效益。大研纳西古乐会曾先后应邀到20多个国家和地区访问演出，引起了较好的反响，年收入超过500万元。东巴宫演出收入年均超过400万元。同时，一批私人创办的诸如马帮历史博物馆、纳西民俗博物馆、奇石博物馆等也应运而生，并取得了较好的效益。这些民营文化企业的兴起，不仅弘扬了我市优秀的传统民族文化，极大地丰富了旅游文化市场，而且有效地探索了文化产业化发展的路子，取得了较好的经济效益。

3. 以体制和机制创新为重点，我市文化体制改革试点工作全面启动。2003年4月，中共中央政治局常委李长春同志到丽江视察，对我市培育和发展文化产业的工作给予了充分肯定，并要求认真总结经验在全国学习推广。在全国文化体制改革试点工作会议上，丽江被国家列为全国8个文化体制改革综合试点城市之一。按照中央和省委的要求，市委、市政府在认真调查研究的基础上，选择了丽江日报社、丽江电视台、市有线电视网络公司、市歌舞团、市电影公司、市博物馆、木府7家单位作为我市文化体制改革的试点单位，并认真制定上报了改革试点实施方案，现已获中宣部批准。目前，改革试点工作已全面展开，试点单位职工思想稳定，各项工作正有条不紊地抓紧进行，有的试点单位通过改革已初步取得了明显的效益。

在发展文化产业方面的一些做法

1. 转变观念，澄清模糊认识。刚实行文化产业化改革初期，有的人认为文化建设的社会效益与经济效益不可兼得；有的人认为高雅文化一旦与商业相结合就会走向庸俗；有的人认为领导认可与群众喜爱很难统一；等等。针对这些模糊认识，市委、市政府一方面组织有关人员认真学习中央有关文件、党的十六大和全国文化体制改革试点工作会议精神，进一步统一了思想。另一方面用具体事例来启发、教育大家，使大家认识到只要加强引导、管理和监督，这些问题都是可以防止和化解的，从而坚定了深化改革的信心，排除了思想顾虑。

2. 坚持原则，明确工作重点。在文化体制改革中，我们始终坚持以下原则：一是坚持党对文化的领导，确保马克思主义在意识形态领域的指导地位，确保社会主义先进文化的前进方向；二是坚持文化体制改革既要符合社会主义精神文明建设的特点和规律，又要适应社会主义市场经济发展的要求；三是坚持两手抓，一手抓公益性文化事业，一手抓经营性文化产业；四是坚持老人老政策、新人新办法，凡列入改革范畴的事业单位的离退休人员、伤残人员的工资、社会保险、福利等全部从所在单位剥离出来交给财政，由各级财政负责；五是坚持保证既得利益的原则，通过改革，使每个职工的基本收入从总体发展趋势上比现在有所增加；六是坚持先易后难、既积极主动又稳妥可行的原则，具备条件的单位可先行一步搞改革，不具备条件的要积极创造条件后再搞改革，改革不搞“一刀切”；七是坚持小改小支持、大改大支持的原则。文化体制改革的重点是围绕面向群众、面向市场进行体制和机制创新。

3. 区别性质，分类指导。党的十六大明确把文化分为事业和产业两种类型，文化客观上具有公益性和经营性两种属性。根据丽江的实际，我们把文化单位具体划分为公益性、部分公益性和经营性3种类型，采取了保住一批、推向市场一批、补助一批3种办法，即对公益性文化事业单位，不能脱离财力和市场谈发展，投入以各级政府为主，鼓励社会捐助，主要是深化内部改革，实行企业化管理；对经营性文化单位，要坚持市场主导的方向，通过创新体制、转换机制，使其由事业单位向企业转变，尽快成为发展文化产业的经济实体；对有部分公益性和经营性职能的文化单位，公益性职能的发挥主要由地方财政负担，其余的经营性职能全面推向市场，实现自主经营、自负盈亏。同时，积极鼓励民间资金和外来资金投资创办文化企业。

4. 理顺政企关系，正确划分党委、政府与文化企业的人权、事权和财权。社会主义市场经济条件下，政府不可能也没有能力对社会事业大包大揽，政府职能主要是解决市场配置资源无效的部分以及兼顾公平的部分和提供社会公共服务。大包大揽一方面会使政府整天陷于各种琐碎的事务之中，另一方面也会使政府财力不堪重负，导致什么都管，什么也管不了，也管不好。因此，要改变过去党委、政府统包统管的做法，把工作重点放到“管导向、定政策、搞服务、抓监督”上，把人员招聘、筹集资金、开拓市场、生产经营等权力全部交给文化企业。政府财力主要集中用来承担文化建设公益性职能的发挥，放到最该政府管住、办好的文化事业上。而属于党委、政府交予的一些特殊职能和专项任务，由财政对相关文化企业安排专项经费，从而让“财政资金只用于做事，再不用来养人和养单位”。

5. 制定鼓励文化体制改革的配套政策措施，确保改革顺利进行。一是对在改革中的落聘人员进行妥善安置，原则上1年内可以待聘，并根据需要和可能组织他们进行转岗培训，或通过兴办新产业为他们提供新的上岗机会。对本系统内确实无法消化的人员，可向同级人才服务机构提出托管申请。鼓励落聘人员按有关政策规定以带薪、辞职、提前退休方式转向发展个体私营经济；二是实施改革的文化单位过去所形成的合理债务或政府同意的新增贷款项目，其利息由财政专项给予补贴；三是在实施改革的文化事业单位内放宽退休政策，视各单位的具体情况，将国家规定的退休年龄放宽3—5年；四是通过特许经营权的发放，使一些文化企业具有一定垄断经营的环境和条件；五是在地方政府权限内对文化企业在一定时期内实行税费减免；六是可以给改制为企业的文化单位划拨一定的国有资产，但要计算为股本，纳入国资管理；七是政府设立专项文化基金，用于对文化建设的扶持性投入，以及对在文化体制改革和文化事业建设中作出突出贡献的单位和个人进行奖励；八是财政筹措资金，确保改革所需的成本费用。

文化体制改革中需要正确处理的几个关系

1. 社会效益与经济效益的关系。就文化产业而言，在把握正确舆论导向的前提下，某个文化产品有社会效益不一定有经济效益，但有经济效益就必定有社会效益。因为要创作、生产、销售一个文化商品，首先必须面向市场，面向市场就是面向群众，群众喜爱的产品，必然会产生相应的社会效益。如果一个文化产品脱离了实际，脱离了市场，不被广大人民群众所接受，它也就丧失了存在的基础，任何效益都无从谈起。同时，在强调文化产业的经济效益时，也必须坚持反对“一切向钱看”的错误倾向，不顾社会效益一味追逐短期利润，最终也会因为丧失市场而损害长远利益。

2. 文化事业与文化产业的关系。文化产业不是文化事业的附庸，更不是一种补充。在现阶段，文化产业是最具有生命力、增长最快的新兴产业之一，是一个地方重要的经济增长点。因为它具有巨大的市场需求潜力，同时又是靠市场力量来发展的，因此它具有无限扩张的能力，只要有效益就能够迅速做大做强。文化事业就不同，它的生存和发展完全取决于政府的扶持力度和财政的供养能力。一般情况下，它不追求经济效益，它的运行轨迹一般是：政府是投资的主体，领导是基本的观众，评奖是主要的目的，仓库是最终的归属。脱离市场就脱离了群众，也就不会产生经济效益。因此，当前丽江市文化工作的重点应该是培育和发展文化产业，通过文化产业的发展和壮大，来带动文化事业的繁荣。

3. 民族文化的继承与创新的关系。丽江有丰富、深厚的多民族文化，这是发展文化产业的宝贵资源，必须加以继承和创新。只有继承，没有创新，民族文化就不会有持久的生命力。只谈创新，没有继承，创新就会成为无源之水、无本之木。继承就是把当地民族文化中的优秀部分进行整理、挖掘并发扬光大。创新就是在继承的基础上，汲取人类一切文明成果，尤其是高新科技成果，进行加工和提升，从而使我市文化产品具有浓郁的地方民族特色，又有鲜明的时代特征，始终代表先进文化的前进方向。在继承、创新的同时，必须加强对不可再生的民族文化资源的保护，既要避免没有节制的掠夺式开发，又要在加强保护的同时进行可持续性开发，形成保护与开发并举、以保护为重的良好态势。

4. 发展文化与提升旅游业的关系。实践证明，文化产业依托旅游业而兴起，旅游业依靠文化而升华。文化企业在旅游业中找到了商机，增添了活力。旅游业通过文化的注入，内容得到了拓展，档次得到了提升。领略丽江独特的民族文化，是游客重复到丽江旅游的主要原因。因此，丽江的文化企业要围绕旅游业来开发更加丰富、更有品位的文化产品，旅游企业要努力增加旅游活动中的文化内涵，从而实现互补和双赢。

在改革中的几点体会

其一，搞好文化体制改革是完善社会主义市场经济体制、培育新的经济增长点、增强地方经济实力的重要举措，也是发展社会主义先进文化、不断满足人民群众日益增长的精神生活需求的客观需要。文化体制改革势在必行，早改早主动，越拖越被动。越拖只能是人心越散、包袱越重、越难参与竞争。

其二，文化体制改革只有从体制和机制入手，大胆创新体制、转换机制，改造和组建规范的文化企业，才能建立起与发展文化产业相适应的微观基础和体制保障。而决不能用一般的文化改革来代替和弱化文化体制、机制的改革。

其三，文化体制改革是一次利益关系的重大调整，加之在旧的文化体制框架内形成了一些既得利益，从而使某些文化单位不同程度地缺乏体制改革的愿望和动力。因此，要保证改革得以顺利、有序地进行，必须发挥各级党委、政府的主导作用。

其四，让经营性文化领域实行市场运作，有利于文化产品的创作和生产更加“贴近实际、贴近生活、贴近群众”。因为只有向社会提供了广大老百姓喜闻乐见、真实感人的精神产品，文化产品才能顺利进入市场，也才能获得应有的经济收益。从而可有效地防止形式主义、脱离实际和假大空等文化产品的泛滥。

其五，把竞争性文化领域全面推向市场，有利于政府职能转变，使政府由办文化为主转向管文化为主，把办经营性文化的职能交给市场、推向社会，就能让党委和政府集中精力“引导好方向、提供好服务、协调好关系、监督好行为”，重点扶持好公益性文化事业的发展，为文化事业和文化产业的共同繁荣与协调发展创造更好的环境和条件。

从资源到产业：丽江的文化产业路径

和慧军

发展文化产业不仅是改革开放的必然要求，也是精神生活日益提高的老百姓的需求。大力发展文化产业，不仅可以推动经济的发展，同时也能产生良好的社会效益。因此，丽江市委、市政府审时度势，提出了建设文化旅游名市、构建和谐丽江的发展思路，这也是应人心、顺民意的重要举措。

文化产业：丽江支柱产业

目前丽江全市已形成艺术演出市场、电影市场、文物市场、艺术品市场、文化娱乐市场、音像制品市场、图书报刊市场、艺术培训市场、对外文化交流市场、网络文化市场以及印刷十一大市场，20 多个经营项目，6000 多名从业人员的大文化市场，有文化经营单位 1697 家。2001 年全市文化产业的产值达 2. 35 亿元，实现利税 0. 29 亿元；2003 年，全市文化产业产值达 3. 25 亿元，实现利税 0. 47 亿元，文化产业年递增 22. 4%，利税年递增 27. 3%。2004 年，文化产业产值达 4 亿元以上，文化产业占国民经济总产值的 9% 左右。

民营企业异军突起，成为丽江发展文化产业的生力军

丽江从事文化产业的企业，80% 以上都是民营企业。他们活跃在演出、影视音像、歌舞娱乐、网吧、酒吧、旅游文化、民族民间文化传承等领域，以独到的市场眼光、灵活的经营机制、强大的市场扩张力，给国有文化企业以新的竞争压力和改革动力。他们用商人的眼光提升文化价

值，用市场诠释文化内涵，并且也创造传播着自己的企业文化，在获得市场回报的同时，“整体丽江”走向了世界，“缤纷丽江”成为了叫得响的品牌。

文化和旅游有机结合

丽江拥有世界文化遗产丽江古城、世界记忆遗产东巴文化古籍文献、世界自然遗产三江并流地区，拥有丰厚的自然资源和人文资源，民族文化风情浓郁，开发条件好，这些民族文化是旅游业发展至关重要的战略支点。旅游业的发展取决于旅游与文化的共同繁荣。近年来，丽江市各级领导对如何做好文化与旅游的和谐发展做了大量的工作：一是具有民族文化特色的文化基础设施建设得到了加强，如政府投资4700多万元，修建了国际民族文化交流中心，投资8000多万元修复了木府，投资近千万元扩建了东巴文化博物馆等；二是以纳西古乐、东巴文化等为代表的民族艺术开始走向市场，如大研古乐会先后访问20多个国家和地区，东巴宫和东巴研究所先后到美国、越南等地进行学术交流。许多具有民族特色的旅游文化产品受到国内外游客的青睐。可以说，文化成就了丽江如火如荼的旅游业，旅游业反过来也为文化提供了不可多得的载体。

文化体制改革初见成效

2003年4月，丽江与北京、上海、西安、深圳、重庆等大城市一道作为全国唯一的地级市被列入全国文化体制改革综合试点地区，丽江市委、市政府高度重视，被列入7家改革试点单位的全体干部职工与时俱进，开拓创新，积极参与改革，通过深化公益性文化事业单位内部改革，推进经营性文化单位转制改企，增强了文化事业、企业单位的活力，促进了公益性文化事业和经营性文化产业的繁荣发展。丽江的文化体制改革工作取得了令人关注的成效，受到了中央及省有关领导“在全国、全省树起了率先改革，率先突破的良好形象”的赞誉，丽江市文化广电新闻出版局也被文化部、人事部授予“全国文化工作先进集体”的称号。

文化事业和文化产业两轮齐驱

文化事业和文化产业是文化建设的两个轮子，是构成文化生产力的两方面，二者紧密联系，相互促进。文化事业是文化建设的基础，文化产业是文化事业进一步发展的动力。丽江在大力发展文化产业的同时，加大了对公益性文化设施建设的力度，各区县图书馆、文化馆和农村基层文化站大为改观，许多公益性文化设施得到改善，社区文化非常活跃。

问题与困难：前进中的症结

文化产业起点低，底子薄，缺乏科技含量，发展后劲不足：

丽江许多从事文化产业的企业，受资金、技术、文化程度等方面的制约，存在着各自为营，零散经营，形不成规模，抵御市场风险能力弱，法制观念淡薄等问题。

文化产业发展水平不平衡，市场化程度有待提高：

由于丽江的文化产业，大部分借助于旅游这一平台，因此文化产业开发和经营状况较好的企业，基本上集中在古城区和宁蒗的泸沽湖地区，其他几个县则相对滞后，绝大部分优秀民族民间文化还得不到更深层次的挖掘和充分的开发利用。文化市场启动缓慢，文化产品的市场化程度低，各区县、城乡之间发展不平衡，活力明显不足，这些问题严重阻碍了文化产业支柱产业的培植进程。

民族民间优秀传统文化的保护难度加大：

随着经济的发展，丽江对外开放的势头迅猛发展，外来文化对本地民族传统文化的冲击越来越大。丽江许多优秀的民族民间文化大部分都保留在贫困山区，如纳西族的东巴文化、彝族的毕摩文化、普米族的韩规文化等。尽管各级政府都在积极做传承和保护工作，但由于利益的驱使、生活的需要，许多民间文化优秀的传承者都到城区的旅游景区做商业性演出或到研究单位做学术研究，基本上很难挤出时间培养后人，许多原来民族民间传统文化保护传承比较好的村寨已后继无人。另一方面，这些地方大部分都处于贫困山区，温饱问题尚未解决，也造成了无力传承优秀民族传统文化的现状。

打造具有丽江特色的文化品牌

从丽江目前的情况看，文化可以在前台唱戏，而且可以唱大戏，唱重头戏。因此，各级各部门必须统一思想认识，转变观念，着力做好“经济文化”这篇文章，以文化促进丽江经济的发展，使文化渗透到产业和产品之中。

保护和开发人文资源，打造具有丽江特色的文化品牌

历史文化资源是一种无形的宝贵财富，也是地区文化品牌的基础。丽江除丽江古城是世界文化遗产外，还有国家级的文物保护单位白沙壁画和14个省级文物保护单位、57个市县级文物保护单位。丽江，不仅要成为云南的丽江、中国的丽江，甚至也是世界的丽江。丽江的人文资源，已得到了初步的开发，但还远远不够，还有许多潜力可挖。在今后的工作中，在遵循“抢救第一、保护为主、合理开发”的原则下，丽江将分期分批有重

点地开发具有品牌价值的人文资源景观，使其在发展文化产业中发挥作用。在开发保护这些物质文化遗产的同时，巩固和提升纳西古乐、丽水金沙等已经在国内外有影响的品牌产品，着力支持由国际著名导演张艺谋执导的《印象·丽江》大型实景演出项目，进一步发挥名人名牌的效应，把《印象·丽江》打造成丽江发展文化产业的龙头项目。

加强对文化产业的规划、指导、管理和政策扶持，鼓励民间资金和外资对文化产业的投入。民营企业投资文化产业是一个新的课题，应制定长期和短期规划，指导民营企业进入文化市场，为他们提供政策上的扶持，创造一个宽松的发展环境，充分调动全社会参与文化建设的积极性。

培养人才，建设队伍

市场经济的竞争，是人才和知识的竞争，要在实践过程中重视经营人才的培养和使用，要把懂经营、善管理的人才放到文化产业开发和经营管理的合适位置，充分发挥他们的长处，施展他们的才华。同时要通过大胆引进，培训等渠道，建设文化产业人才队伍。

加大对民族民间文化的保护力度

最近，国务院、云南省人民政府先后出台了保护非物质文化遗产的政策，丽江市各级文化部门也在积极开展普查、申报、命名等各项工作。但目前存在的问题是由于丽江整体经济收入较低，大部分县乡都没有专项经费来开展这项工作。为此，建议丽江市、县各级政府，在财政预算中，每年都应安排相应的专项资金，首先确保濒危非物质文化遗产的保护工作，彻底改变以往的“重申报、轻管理，重开发、轻保护”的做法，使优秀民族民间文化真正得到有效的保护。

基于循环经济理念的旅游区管理体系的构建

——以丽江古城旅游区为例

李庆雷　廖春花　明庆忠

循环经济的基本内涵

循环经济是运用生态学规律来指导人类社会的经济活动，建立在物质不断循环利用基础上的一种新型经济发展模式。其思想萌芽可以追溯到20世纪60年代，源于美国经济学家波尔丁提出的“宇宙飞船理论”；其理论基础是工业生态学；它以资源的高效利用和循环利用为核心，以减量化（Reduce）、再利用（Reuse）、再循环（Recycle）的“3R”为原则，以低消耗、低排放、高效率为基本特征；其实质是以尽可能少的资源消耗和尽可能小的环境代价实现最大的发展效益。

循环经济是针对传统线性经济模式而提出来的，是对传统的粗放式、直线式经济发展模式的超越，它要求把经济活动重组为“资源－产品－消费－再生资源”的封闭式流程，强调经济系统与自然生态系统的和谐共生。循环经济充分考虑到了整个社会经济系统内人口、资源与环境的协调与发展，融资源循环利用、生态设计、清洁生产、绿色消费和资源无害化处理等为一体，是集经济、技术和社会于一体的系统工程，是实现可持续发展战略的一种优选经济发展模式。

基于循环经济理念的旅游区管理体系构建

1. 循环经济理念在旅游业中的体现

旅游业是以旅游资源为依托，以旅游设施为基础，以旅游产品为核心，以旅游者为对象，通过提供旅游服务和产品满足旅游消费者多样化需求的综合性产业。旅游业所依托的旅游资源包括自然存在、历史文化遗产、社会现象等，具有地域性、不可转移性等特点，可以被重复利用；而作为旅游业核心的旅游产品主要由旅游服务、旅游吸引物、旅游设施等构成，具有空间上的不可转移性、时间上的不可储存性、生产与消费的同步性、所有权的不可转让性、无形性等特点，可以被重复消费。因此，旅游业为旅游者提供的是可重复利用、重复消费的旅游服务产品，旅游消费的主要对象是无形的旅游服务，对资源的消耗量较小，所产生的废弃物也较少，“只留下脚印，只带走照片”的说法就较好地体现了这一点。旅游业的这种特征符合了循环经济低消耗、低排放、资源循环利用的本质要求和特征，是发展循环经济的最佳载体。

2. 基于循环经济理念的旅游区管理体系构建

随着旅游业的不断发展，旅游流的不断扩大，由于旅游者在完成旅游消费的同时也对旅游消费的对象物本身及其存在的环境造成了实际的物质影响，加上在短期利益的驱使下，出现了旅游资源被无节制、无规划开发和破坏的现象，给生态环境造成了负面影响，旅游资源的永续重复利用已经受到威胁。世界各地的旅游业发展实践已经证明，如不进行合理规划和科学管理，旅游业同样会产生环境污染。

旅游业对生态环境造成污染和破坏的原因，除了对旅游资源的不合理开发利用和对旅游项目的盲目开发建设外，对旅游区的无序管理、粗放式管理也是其主要原因之一。目前，我国旅游业的管理体制尚未完全理顺，各级政府对旅游管理机构的设置未形成法制化模式，允许各地根据旅游业发展的实际情况来决定是否成立旅游管理机构，旅游管理机构的具体格局也允许各地自行选择，出现多种管理模式；旅游区的多头管理、条块分割等，导致了一定程度的旅游管理宏观失控、管理无序、管理效率不高等现象的出现。同时，旅游区的管理机构对其管理对象、管理方式、管理目标等都不太明确，在其管理过程中，虽然都涉及到了对旅游区内环境、资源、旅游经营商、当地居民等的管理，但尚未形成较为系统的旅游区管理体系，对旅游区的管理仍然停留在末端管理阶段，走的还是“先污染后治理”的路子，加大了旅游区实现可持续发展的难度。

循环经济理念对旅游区管理提出了如下要求：

（1）在开发建设阶段，就要遵循减量化原则，建立旅游区的技术支撑系统，积极引进和推广应用新技术、新设备，减少进入旅游生产与消费、旅游区开发建设过程的物质量，改进旅游资源的开发利用方式，实现旅游资源的保护性开发，提高旅游资源的利用率，在旅游活动的源头就注意节约资源和减少可能出现的污染，进行预防性管理。

（2）在旅游区的经营阶段（即旅游产品的生产与消费阶段），要遵循再利用原则，建立旅游区的宣传教育系统，积极转变旅游者的消费观念，提高旅游者和当地居民对旅游资源和环境的保护意识，提高旅游产品和服务的使用频率和利用效率，在旅游产品生产和消费过程中实现对旅游资源、环境等的循环利用，延长旅游区的生命周期，防止旅游资源的过快消耗以及相关的旅游产品过早地转化为废物，造成环境污染和破坏。

（3）在旅游区的废弃物处理、环境污染治理阶段，要遵循再循环原则，建立完善的循环法规管理系统，明确旅游区内旅游经营投资商、旅游区管理机构等在旅游区废弃物处理、环境污染治理过程中的责任和义务，加大旅游废弃物的回收利用工作力度，将旅游废弃物最大限度地重新变为资源或作无害处理，以减少旅游资源的消耗，减轻末端管理的负荷。因此，基于循环经济理念，旅游区管理体系的构建要在建立权责明确的管理机构的基础上，通过建立技术支撑系统、宣传教育系统、循环法规管理系统等支撑系统，采用高新科技、清洁技术、宣传、教育、法规限制等方法和手段，对旅游区的环境、资源、投资经营者、旅游者、当地居民等进行系统有效的管理，将减量化原则、再利用原则和再循环原则合理融入并应用于各个不同阶段中和不同的管理对象上，提高管理效率，促进旅游资源和环境的循环利用，最终实现可持续发展。

具体的基于循环经济理念的旅游区管理体系如图1所示。

基于循环经济理念的丽江古城旅游区管理体系构建

1. 丽江古城旅游区概况

丽江古城旅游区位于玉龙雪山下丽江坝子中部，海拔2416米，北依象山、金虹山，西枕狮子山，东南面临数十里的良田沃野，是丽江市政府和古城区政府所在地。因其具有江南水乡般的美景、别具风貌的建筑布局、深厚的文化内涵等，丽江古城先后被列为国家历史文化名城、世界文化遗产。目前，丽江古城旅游区是两项世界遗产——丽江古城世界文化遗产和东巴典籍文献世界记忆遗产所在地的中心，是丽江旅游形象支撑区和产业核心区，旅游接待服务中心和游客集散中心，滇西北旅游精品线和大香格里拉生态旅游区的重要节点。丽江古城旅游区旅游资源丰富多样，多姿多彩的纳西民族文化与小桥、流水、民居共同构成了人与自然和谐共处的独特景观。自1997年被列入世界遗产名录以来，古城旅游区旅游业迅猛发展，游客人次、旅游收入等大幅度增长，旅游设施日益完善，旅游市场影响力不断提高。同时，丽江古城旅游区出现了部分地段客流“超载”、部分河段受到不同程度污染、商业氛围过浓、文化内涵展示不足等问题。

2. 丽江古城旅游区管理现状及其存在问题

目前，丽江古城旅游区由“世界文化遗产丽江古城保护管理委员会”直接管理，下设“管理办公室”对古城旅游区内的相关管理对象进行具体管理。“管理委员会”主要依据《保护世界文化遗产和自然遗产公约》、《云南省丽江历史文化名城保护管理条例》、《云南省丽江纳西族自治县东巴文化保护条例》、《云南省丽江纳西族自治县城市市容和环境卫生管理条例》、《世界文化遗产丽江古城保护管

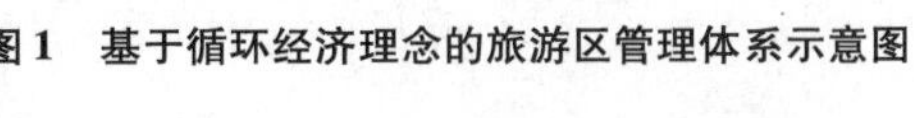

图1　基于循环经济理念的旅游区管理体系示意图

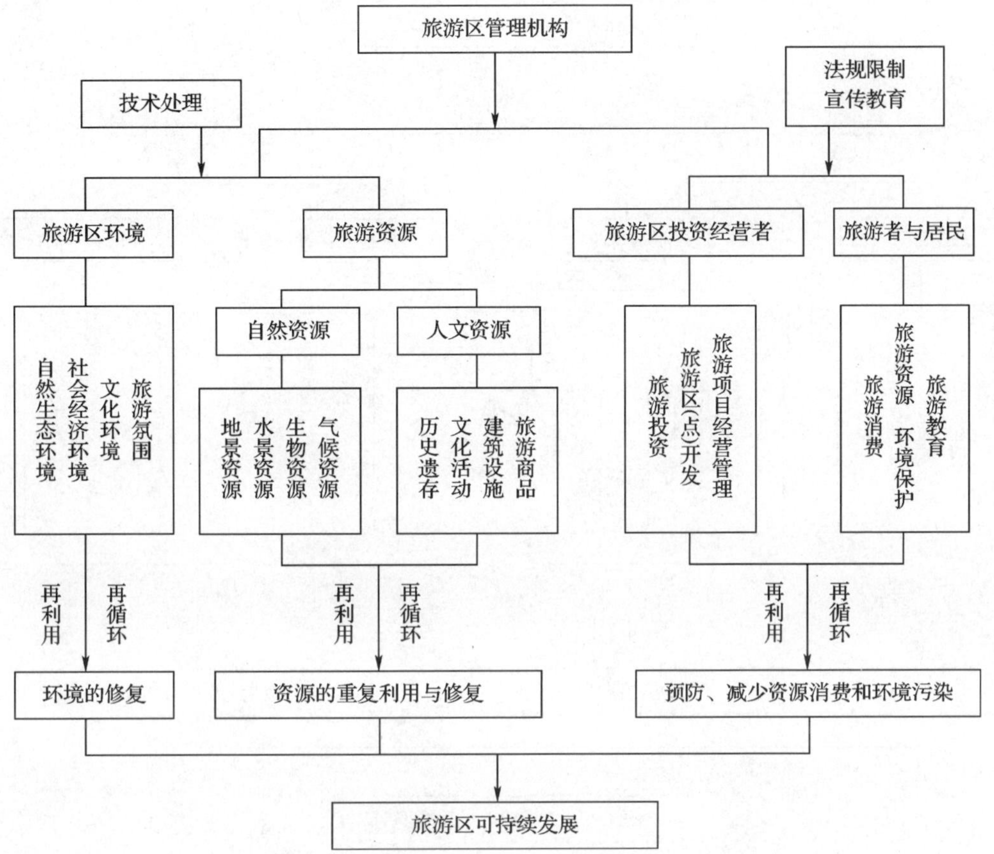

理规定》等法规和条例对古城旅游区进行管理。但这些法规条例多数注重宏观管理，体系不健全，对于旅游区的管理缺乏具体的指导性和针对性，可操作性差；同时，这些法规条例的制定仍然基于末端治理或分段分别治理，强调的是污染或破坏发生后的被动措施。目前，丽江古城保护管理委员会对旅游区内资源、环境、旅游活动的管理主要依靠直接的管制方式，尚未完全建立强有力的监督管理体系，缺乏反馈机制，不利于古城旅游区的有效管理和可持续发展。

3. 基于循环经济理念的丽江古城旅游区管理体系构建

丽江古城旅游区属于已开发旅游区，但随着旅游区的不断发展，依然会有新的旅游点建设以及新的旅游产品和活动开发。因此，基于循环经济理念，在古城旅游区新的旅游产品、活动和新的旅游点的开发、组织和建设过程中，要求要遵循减量化原则，运用新技术、新设备，减少进入旅游点开发建设过程的物质量，改进旅游资源的利用方式，提高旅游资源的利用率，对古城旅游进行预防性管理；在古城旅游区的经营过程中，要遵循再利用原则，建立旅游区的宣传教育系统，转变旅游者消费观念，在旅游产品生产和消费过程中实现对旅游资源、环境等的循环利用；在古城旅游区的旅游废弃物处理、环境污染治理过程中，要遵循再循环原则，提高旅游废弃物的回收利用率，减轻古城旅游区末端管理的负荷，提高古城旅游区的管理效率，促进古城旅游区资源和环境的循环利用，并最终实现古城旅游区的可持续发展。具体的基于循环经济理念的丽江古城旅游区管理体系如图2所示。

4. 构建丽江古城旅游区管理体系的对策措施

(1) 进一步完善法规体系，切实贯彻落实各项法规条例

在借鉴旅游业较发达地区管理经验教训的基础上，进一步完善丽江古城旅游区管理的法规体系，制定《旅游循环经济促进法》，加强绿色消费、资源循环再生利用、包装物品回收利用等方面的法律法规的制定，明确各级政府、旅游部门、旅游企业、旅游者、当地居民等在丽江古城旅游区可持续发展方面的责任和义务，通过法规对旅游循环经济加以引导和规范，坚决杜绝短期行为和急功近利的现象出现。

切实贯彻落实《保护世界文化遗产和自然遗产公约》、《云南省丽江历史文化名城保护管理条例》、《云南省丽江纳西族自治县东巴文化保护条例》、《云南省丽江纳西族自治县城市市容和环境卫生管理条例》、《世界文化遗产丽江古城保护管理规定》、《清洁生产促进法》、《节约能源法》、《环境影响评价法》等法规条例在丽江古城旅游区管理中的运用，提高古城旅游区管理的权威性和管理效率。

图2　基于循环经济理念的旅游区管理体系示意图

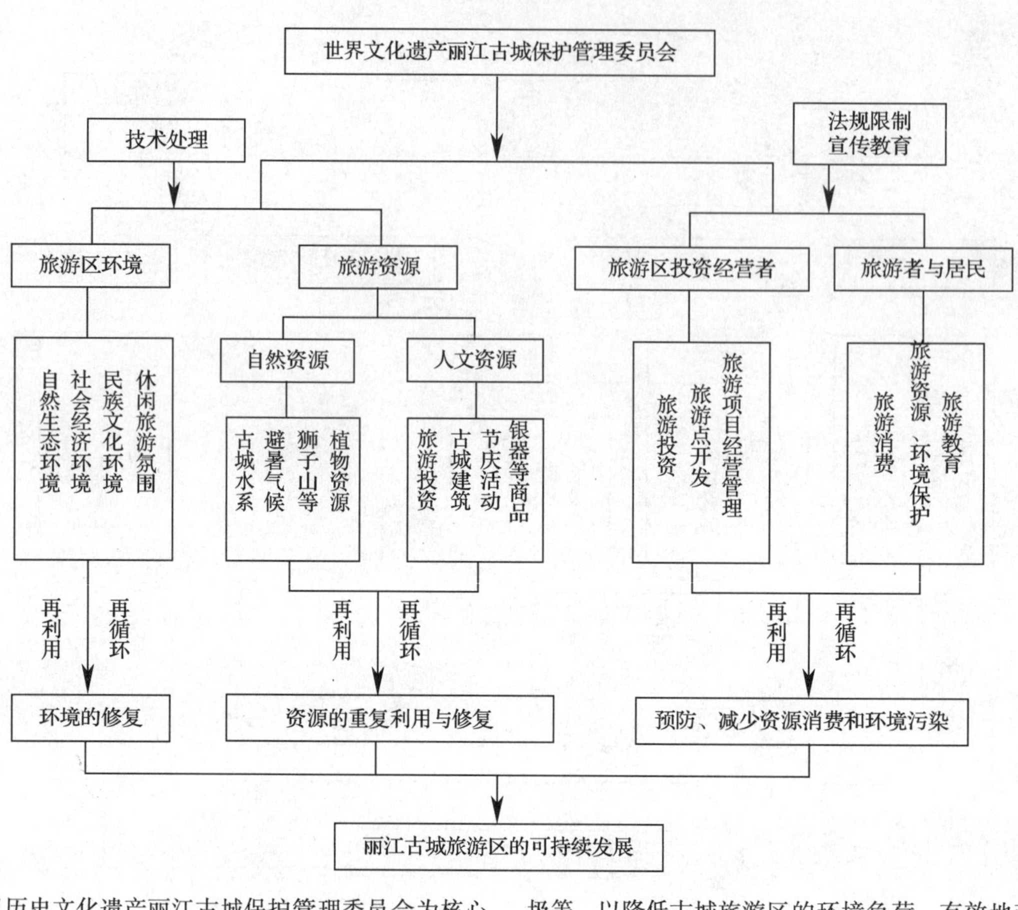

完善以历史文化遗产丽江古城保护管理委员会为核心的行政管理制度，有关古城旅游区的建设、生活等方面都服从该委员会的管理和审查，相关部门应协助古城保护管理委员会进行相应的管理；整合管理机构，完善社区参与机制，鼓励旅游区居民参与旅游区管理。

（2）依靠科技创新，建立旅游循环经济技术支撑体系

充分发挥科学技术的核心作用，建立符合丽江古城旅游区实际情况的循环经济技术支撑体系。发展环境友好技术、环境无害化技术，具体包括替代技术、减量技术、再利用技术、资源化技术、系统化技术等，合理利用旅游资源和能源，减少古城旅游区内的生活污染排放量，以古城环境可接受的方式处置残余的废弃物。

目前，需要重点解决的问题主要有四个方面：第一，重点研究古城旅游区水资源的循环利用及保护技术，完善水质监测体系，及时反映旅游活动对水体环境的影响，重点解决旅游区餐饮服务企业等对河道的污染问题；第二，加强研究传统建筑的维护与修整技术，利用新技术进一步再现古城建筑风貌，加快茶马古道马家大院文化园、留观文化园的建设；第三，积极研究开发与旅游活动、当地居民生活密切相关的食、住、行、游、购、娱的绿色产品，引导绿色旅游消费；第四，切实抓好古城旅游区废弃物回收领域的工作，包括当地居民的日常生活垃圾，旅游餐馆、酒吧、客栈等服务企业产生的垃圾，旅游者留下的垃圾等，以降低古城旅游区的环境负荷，有效地改善古城旅游区的环境质量。

（3）提倡绿色消费，建立完善的旅游循环经济宣传教育体系

在丽江古城旅游区积极开展旅游循环经济宣传、教育和培训，建立完善的旅游循环经济宣传教育体系。通过旅游循环经济相关法规政策的建立与实施，以及对旅游区资源、环境友好的宣传、教育和培训，提倡绿色旅游、绿色消费、理性消费等循环经济意识，改变旅游者不合理的消费观念，提高旅游者、当地居民、旅游投资经营者的“绿色环保”和“回收利用”意识，把与发展旅游循环经济密切相关的生态环保和资源节约等活动逐步变成古城旅游区全体居民、投资经营商和旅游者的责任意识和自觉行为。

加强公众参与和监督。除了古城旅游区管理机构的倡导和相关旅游企业的自律行为外，还应注重提高广大公众（主要包括旅游区当地居民和旅游者）对旅游区循环经济的参与意识和监督能力，提高广大公众对旅游区实现“零排放”或“低排放”等环保行为的社会认识，使旅游区内旅游企业的服务行为等置于社会监督之下；同时，建立旅游区环境信息公开发布制度，建立旅游区生态环境评估和巡察制度，通过权威媒体向社会公布结果，促进全社会积极参与旅游资源和环境保护。

全球化背景下的民族文化及其发展

——以世界文化遗产地丽江古城为例

刘天塈　张晓萍

当今世界是一个全球化的时代，随着经济全球化进程的加快，其对地方民族文化的影响和冲击也日益凸显出来，特别是在当今全球旅游大发展的背景下，民族文化在走向开放、走向世界的同时，也在与外来文化的交流与碰撞中导致了其自身的涵化和变迁；同样，作为一种重要的旅游吸引物，世界文化遗产本身也是一种脆弱的、不可修复的资源，它必须受到保护，以保持它的真实性并留给后人享用，这就引发了民族文化在当今全球化背景下的传承保护与创新发展问题，以及全球化背景下的旅游大发展中如何对文化遗产进行保护的问题。

全球化背景下旅游业的发展对丽江古城的文化影响

全球化首先是在经济领域展开的，但随着经济全球化进程的发展，它也不可避免地会影响到其他领域，如文化领域等，各民族的文化都会因此受到相应的影响而被全球化了。与那些处于世界发展前沿的地区相比，丽江主要是通过旅游业的发展而参与到全球化的进程中，换句话说，全球化对丽江的影响主要是通过旅游业的影响作用体现出来，这包括国际旅游的影响，还有来自那些受全球化影响较为深刻的国内游客的影响。特别是在丽江古城被列入世界文化遗产名录以后，吸引了大批国内外游客前来观光游览。众多游客的纷至沓来，丽江开始全面走向世界，融入世界，世界上很多国家和地区的人民开始对纳西东巴文化产生了浓厚的兴趣，丽江的发展已和世界的发展紧密相联，并受到了全世界的共同关注。丽江旅游的灵魂和精华在于丽江古城和纳西东巴文化，而这二者受全球化或者旅游业的影响和冲击也是最为突出的。

1．世界文化遗产——丽江古城

丽江古城又名大研镇，位于云南省西北部的丽江市古城区，始建于宋末元初（公元 13 世纪后期），至今已有 800 多年的历史，1997 年丽江古城被联合国教科文组织列入世界文化遗产名录。

世界文化遗产丽江古城的主要内容包括：有形文化遗产部分的古街、古桥、木府、福国寺五凤楼、白沙民居建筑群、束河民居建筑群和无形文化遗产部分的东巴文化和纳西古乐。而东巴文化主要包括世界上唯一活着的象形文字——东巴文、纳西族古代社会的百科全书——东巴经、东巴绘画及雕塑艺术品和东巴音乐舞蹈；纳西古乐则主要由《白沙细乐》和《丽江洞经音乐》组成。

2．旅游业对东巴文化和丽江古城的积极影响

首先，旅游业的发展，使当地的民族文化受到了更多人的关注，并焕发出新的活力。优秀的民族文化不仅通过游客的到访得以展示，并通过游客的言传身教向世界传播开去，增强了民族文化的影响力，提高了民族文化在世界文化舞台上的地位。没有旅游业的发展，没有更多国内外游客的参观访问，丽江古城世界文化遗产的价值也就难以体现，东巴文化在全世界的影响和声望也就难以提高；而且，民族文化自身也在同外界的交流碰撞中不断得到强化和提高，通过抛弃传统文化中过时的部分、传扬民族文化的灵魂精华、吸收其他民族的优秀文化，使民族文化在不断的传承、发展、创新中适应社会发展的需要。比如说，旅游业的发展，使得更多的游客对东巴文化感兴趣，这在一定程度上使纳西民众重新认识到了自己的优秀文化传统，濒临消亡命运的东巴文化在一定程度上得以保护和复兴，优秀的民族文化的价值得以真正体现。特别值得一提的是纳西人的文化素质提高了，文化自觉和文化意识得到了加强，而他们也正是在与强势文化和先进文明的交流与接触中不断得到强化和提高的。

传统民族舞蹈的复苏和兴起也是比较明显的例子。一般来说，少数民族舞蹈的参与性和娱乐性都很强，纳西族的传统舞蹈也不例外，这使得传统民族舞蹈在旅游业中得到了很好的利用，成为吸引游客的重要因素之一；同时，通过旅游业的开发利用，民族舞蹈被更多的人所认识和欣赏，这在一定程度上增强了当地人的民族自豪感，并激发了他们对本民族传统舞蹈的兴趣，促进了民族舞蹈的传承和发展。

再比如说丽江古城本身，历经数百年的历史沧桑和自然界的风吹雨打，有的房屋墙壁倒塌，一些建筑木料已经腐烂，街面破烂不堪，古城的河流受到不同程度的破坏和污染，古城的整体布局也面临被破坏的威胁，是世界文化遗产的申报和旅游业的发展，才使得古城重新焕发活力，恢复往日的辉煌。现在，丽江古城的保护在法规建设、设施建设、人居环境改善等方面都取得了较大的成就，古城的布局和建筑也得到了有效的保护和保存。

3．旅游快速发展引出的一些问题

自丽江古城被列为世界文化遗产后，丽江旅游业的发展更为迅猛，仅 2001 年，丽江接待旅游者人数就达 320 万人次。随着旅游业的发展和大批游客的涌入，丽江古城受

到了来自外面世界的、前所未有的影响和冲击。可以想象，对一个只有几万人的小城来说，这将会带来多大的影响和冲击。

为了维护丽江古城的真实性，地方政府对当地居民实行了一些新的限制，这在一定程度上导致了当地居民纷纷迁出古城，这一举动同时也意味着外地人的纷纷涌入，外地人住进古城只是为了赚钱，这使得当地居民平静的传统生活方式受到了严重的威胁，古城的商品化味道越来越浓，而丰富的民族文化内涵却日渐淡薄。古城里的老人不断往外搬，纳西老人少了，传统的手工艺品、刺绣没了，古城就会变成博物馆，而一旦旅游者的旅游经历体验不再那么深刻难忘，丽江古城的吸引力也将会减弱，结果是民族文化的保护与旅游的开发都受到了阻碍。

与上述影响相比，最让人担心的是古城人民的消极冷漠和纳西话在古城居民生活中的淡化。在古城的主街道上是行色匆匆、全副武装、富裕时髦的游人以及富丽堂皇、装饰一新的商业店铺，而在古城深处较为偏远的地方，那里才是纳西人真正的家园，生活较为平淡悠闲，只是房屋有些破旧，建筑物也比较拥挤，生活环境也很不好，衣着有点寒酸，这与那些时尚优越的游客相比，形成了极大的反差。一边是自己的居住环境和生活方式被别人当作商品加以出售，替别人大把大把地赚钱；一边是作为资源主体的居民自己却没有得到多少好处，他们所能感受到的只是生活成本的提高，好奇异样目光的增多，自己几乎成了展示品，难怪他们心理不平衡，也难怪他们会产生抵制情绪。

现在古城里的纳西老奶奶经常说的一句话，就是“兴也不关我的事，亡也不关我的事”。哀莫大于心死，当一个民族处于这样一种心态时，无论是对其自身还是对当地旅游业的发展，都不是件好事。

总的说来，发展旅游业虽然给古城带来了一些负面影响，但是古城得到了更好的保护和适时的发展却也是有目共睹的。经济方面自不必说，因为现在旅游业已经是丽江的重要支柱产业了；同样，丽江古城也在旅游发展中得到了更好的保护，古城本身所蕴含的民族文化也得到了传承和发扬，而只要古城的灵魂——民族文化能够得到发展和传扬，古城的文化韵味仍在，丽江古城就能永葆生机和活力，生生不息。

正确认识全球化对民族文化的影响

虽说旅游业的发展能给古城及当地居民带来诸多好处，可是在这场旅游与社会大发展的变革中，对当地的居民、社会及文化的影响和冲击也是前所未有的，仿佛一夜之间很多东西都不存在了，很多人对此难以适应，对各种变化也想不通，他们对逝去的一切念念不忘，对传统文化的变迁耿耿于怀。然而，全球化的趋势是谁也阻挡不了的，而且丽江的环境条件和现实状况说明，丽江的发展离不开旅游业。那么究竟应该如何看待发展旅游业给古城及当地的民族文化带来的影响？

1. 民族文化在全球文化中的定位

随着改革开放的深入，我国各地区都在不同程度上逐步参与到全球化的进程中，近 30 年的实践发展证明，对外开放确实会带来一些负面影响，但它也是社会发展的必然选择，是国家繁荣富强的唯一出路。民族地区和民族文化更是如此，只有不断扩大和加强对外交流，才能紧跟时代发展的步伐。而这样，民族文化不可避免地会受到外界的影响和冲击，特别在经济全球化的背景下，没有一个地方是与世隔绝的。就说丽江古城，作为世界文化遗产，就表明它将为全世界的人所共有，任何对古城及其文化感兴趣的人都有可能前来游览，它不再是只属于当地的人民，不管你愿不愿意、喜不喜欢，游客的到来已是无法回避的事实，况且游客的增多很大程度上是当地积极发展旅游业的结果，所有这一切，都使丽江古城打破了过去相对封闭的状态而走进一个更加开放、更加广阔的天地，在同外来文化的交流和碰撞中变成你中有我、我中有你，这样，文化的涵化和变迁也就是必然的了。

实际上，全球化并非是洪水猛兽，众多游客的纷至沓来，说明人们被丽江古城的魅力所吸引，为当地的民族文化所陶醉，这是丽江古城及当地民族文化价值的体现，而且，当这些来自世界各地的游客回到家乡时，他们会把旅游的感受和经历与亲人和朋友一同分享，这样一来，地方民族文化也就通过游客而传播到了世界各地，为更多的人所认识和敬仰。

2. 丽江古城传统文化的传承与发展

丽江古城是一座活着的古城，它本身蕴涵着极其丰富的民族文化，丽江古城和古城人民一样，都是有生命的，他们都会随着时代的发展而发展变化，旅游业只不过是换一种方式影响他们的发展变化而已，但是它同时具有更强大的影响力，对民族文化的发展变迁具有更大的推动力，也是民族文化实现跨越式发展，追赶社会发展趋势的最好机遇。

从发展的角度看，丽江古城的许多东西都是可以变化的，只要它能保持自己的地方特色，体现出民族文化的价值，它就可以有新的发展形式，几十年不变，千篇一律的文化是不能适应社会发展需要的。就拿东巴文化来说，虽然很多东巴教仪式已失去其社会基础，但东巴文化中蕴含的人生哲理、人生智慧，如人与自然如何保持和谐的质朴而深邃的思想；以及与东巴文化水乳交融、凝聚着纳西人生命之悲欢离合和激情的民俗活动，如曾经具有巨大的民族凝聚力、也是纳西族最大的节日的“祭天”仪式，解读人与大自然之间的神秘关系，旨在追求人与自然和谐相处的“祭署”仪式等。这些文化精神是纳西民族最本质的东西，如果他们的生命力不复存在，纳西人拿什么去激发自己的民族精神，还有什么民族凝聚力可言。换句话说，纳西文化如果不随着社会的发展而创新发展，它将不再适应当代的需要而首先在纳西人民中失去其社会功能，并可能被淡忘而逐渐消亡，试问这样的民族文化如何在世界文化体系中立足？又怎么可能受到其他民族的尊重和敬仰？

然而，对于静态的文化则另当别论了，譬如说，出土文物、古文化遗迹、古寺庙建筑，以及天然的自然生态环境，如果被破坏就不能再生，仿造的东西毕竟是假古董，所以有的地方要进行抢救性保护，修旧如旧，做到原汁原味。古城的恢复和保护就应这样，从材料的使用、建筑物的外形及构造上尽量保持原来的风格传统，整个古城的布局也不应该被破坏；从古街、古桥、水系、民居建筑、寺庙建筑到古迹文物都要尽量保护好，做到无条件地加以保护，存其原貌，而对已遭破坏的则要修旧如旧，恢复原样。

语言也一样，它是一个民族最具标志性的东西，必须世代传承下去。现在纳西话面临着一定的危机，特别是在古城这样的地方，随着外来人口的不断增多，外地人与当地人的交往也更加密切，甚至还有很多通婚的现象，而外地人是不会说纳西话的，纳西人要与他们交流就只得说汉话，这样一来很多纳西小孩都不会说纳西话了，这确实不能不引起高度重视。如果纳西族自己的语言都消失了，那么纳西人拿什么去与其他民族区别开来？纳西民族还会存在下去吗？好在很多纳西人已经意识到了这一点，他们都下意识地为保存自己的民族语言做着不懈的努力。这说明，纳西人可以讲汉语，甚至英语等其他语言，但纳西人一定不能失去本民族的语言，作为纳西族的标志和象征，纳西话必须被无条件地保护和传承。

3．正确认识丽江古城文化与全球化的关系

民族文化都不是一成不变的，纯粹的不受外来文化影响的民族文化也从来没有存在过。在全球化的进程中，任何文化为了更新自己或影响其他文化，不可避免地会失去一些东西，不再像原来那样纯正而有了很多杂质，但这并不意味着去除民族性，而是表明了民族文化的发展。全球化会导致各国文化在一定程度上的“同化”色彩，不仅不同社会的生活和不同国家的文化正变得越来越相似，而且一国之内各地区间的差异也在逐渐消失，如航空公司、机场、饭店、汽车、火车、加油站、超市、快餐和啤酒；街道装饰、暖气设备、照明系统、厕所、日常服饰和公寓等也越来越相似。这些实际上也是旅游业发展的需要，是各种文化间交流的需要，也许有人会问：如果世界上大部分地区都被同质化了，相互之间越来越相像，那么为什么还会有人想去旅行呢？可以这样认为：首先，还有一些社会、场景、自然特征和气候是无法移动和复制的，或者说对它们的复制是无法令人满意的；其次，更多的同质化和我们对同质化东西的熟悉并不会妨碍我们去旅行，而是使我们更容易克服旅行中的文化障碍和语言障碍；况且我们不是经过精心的设计来维持在建筑、服饰、饮食、色彩搭配、语言（至少口音）和音乐，甚至世俗仪式和节日等方面的明显差异以满足旅游者吗？

历史上，纳西民族就是一个开放性和包容性很强的民族，纳西文化的形成也是受汉、藏、白、彝文化影响的结果，丽江古城建筑群则更是吸取了汉、白、藏、彝民族建筑艺术精华，并独具纳西民族特色风貌的顶尖之作。今天，在全球化的背景之下，面对旅游大发展的良好机遇，纳西人民和纳西民族文化有机会同更多的民族和文化进行交流接触，我们有理由相信，纳西人民一定能更好地发挥他们博览众长、包容并蓄的特长，使民族文化登上一个新的台阶，充分适应现代社会文明的发展要求，在全球文化的舞台上赢得一席之地，充分展示其特色和价值。

所以说，尽管全球化导致了各国文化在一定程度上的“同化”色彩，但只要能以我为主，从一个现代人的立足之地出发，具有清醒的自觉意识，目的在于使自身、自身所处的文化能够适应现代社会的发展，那么各个民族的文化就总能找到其适应现代社会的出路；况且，文化同化的内容很多都是各民族文化的优秀部分和精华所在，因此，只要我们能使自身的优秀文化得以保持和发扬，那么我们在被别的文化所“同化”的同时，也能在某些方面“同化”其他民族的文化，让他们的文化与我们的文化趋同。

丽江古城世界遗产地的未来

近年来，丽江旅游业一直非常火爆，每年到丽江旅游的人数都持续高速地增长，当地的旅游收入也在不断攀升，丽江古城里更是人满为患，像四方街、新华街、东大街等主街道上，每天都是游人如织，而在古城的其他地方，游客明显少了很多，显得相对冷清些。看得出来，到丽江古城的游客，很多都是在导游的带领下，赶场似地穿梭于古城的大街上，这部分游客对丽江古城的了解就只停留在导游的简单介绍上，而对丽江古城深刻丰富的文化内涵却是少有体会，这不能不说是遗憾。

与大研古城相比，同为世界文化遗产丽江古城的组成部分，束河和白沙要冷清得多，但他们也不甘寂寞。比如在束河，当地政府已经与昆明鼎业集团合作，对束河进行名为“保护与发展”的旅游地产开发。现在，“束河古镇茶马古道影视文化城”已经正式挂牌并正加紧施工建设，束河古镇也从2004年5月1日起正式对游人开放，相信在不久的将来，束河古镇就将迎来无数的中外游客。

目前，丽江还在加大旅游业的开发力度，而且地方政府也意识到民族文化及自然生态环境的保护，但是大批游客的涌入，所造成的负面影响是不可避免的，甚至是难以估量的，每天都有成千上万的人群涌向古城，长此以往，丽江古城能堪此重负吗？那么到底丽江旅游应该发展到一个什么规模才是合理的和适度的？近来，到丽江的旅游者在丽江的人均停留天数已在减少，很多游客已开始抱怨古城的商业气味太浓而纯真朴实的民族文化氛围少了，还有人已经抛弃了丽江，进而转向香格里拉或更远的地方。在经历了短暂的辉煌后，丽江旅游是该认真考虑下一步的发展战略了，否则，不仅丽江古城将会受损，丽江旅游业恐怕也难以持续发展了。

实际上，大多数游客到世界遗产地旅游，是出于他们对该遗产地的历史、文化发展有着浓厚的兴趣。丽江古城作为一个少数民族设计、建设和居住的古城镇，蕴含着非常深厚的民族文化内涵，它本身就是一部民族文化的活史诗，游览丽江古城在很大程度上就是领略古城的文化韵味，和纳西人民一起亲近自然、感受自然，充分体验人与自然相处的和谐融合。而为了从世界遗产地获得最大的经济效益，就有必要让游客获得最满意的旅游经历，对参观具有文化意义的遗产地的游客来说更是如此。尽管丽江的旅游业现在看来非常红火，但旅游的质量和效益却在逐渐下降，丽江古城的优势没有被真正发挥出来加以利用，这和旅游者对丽江乃至古城的信息了解也有一定的关系，所以应该加强对旅游者的引导宣传，让他们在丽江旅游时能充分领略地方文化的精华和古城深厚的民族文化底蕴，获得一个高质量的旅游经历。

旅游业已经成为丽江社会经济生活中不可或缺的一部分，现在，很难想象没有旅游业的丽江会是什么样子，而丽江旅游玩的就是丽江古城。丽江古城是丽江人民的巨大财富，对他们来说是一个无价之宝，但丽江古城又不仅仅是当地人的遗产，它同时也是全世界人民的共同财产，珍惜和保护丽江古城，让丽江古城紧跟时代发展步伐、永葆特色和活力是我们共同的责任，如果我们每一个人都能认识到这一点，丽江古城的辉煌就能长期延续下去，直到永远。

全球化已是不可避免，很多地区的（尤其是那些落后的民族地区）社会经济发展也都离不开旅游业，所以我们应积极看待全球化这一不可阻挡的潮流和趋势。虽然全球化会带来一些负面影响，但我们不能因此而把全球化与民族文化对立起来。不受外界影响的文化从来就没有过，民族文化也并非是一成不变的，它要随着社会发展的需要而发展，民族文化的发展又是一个新陈代谢的过程，它在发展中要不断吐故纳新，即不仅要继承传统文化中优秀的部分，更要扬弃文化传统中过时的东西，同时结合本民族文化的实际，积极吸取其他民族文化的精华。所以，随着全球化进程的加快和旅游业的发展，丽江地区的民族文化不但不会消失，反而会更加突出自身的特色，并在与其他文化的交流与接触中吸取养分，以多元文化的形式走向世界，丽江古城也就不再只是属于当地人的遗产而真正变成了全人类的共同财产，供全世界人民共同享用。

丽江古城旅游资源持续开发之我见

于　洪

近几年来，丽江古城旅游资源的开发取得了显著成效。但是，丽江古城目前已开发出来可供游人活动的空间范围，仅占古城318平方公里保护范围内的面积的三分之一。随着游客数量的猛增，日益显得拥挤不堪。且旅游产品单一，造成游客滞留时间短，从可持续发展的角度来看，对旅游业长足发展的制约已明显凸现出来。因此，在保护古城完整性和真实性的同时，必须合理、适量地进一步开发旅游资源，以提高旅游接待能力，满足旅游者的需求。根据丽江古城的文化内涵、存在形态和表现形式，可以将丽江古城的旅游资源划分为物质文化旅游资源与非物质文化旅游资源，本文从这两个方面谈谈进一步开发的设想。

丽江古城物质文化旅游资源进一步开发的设想

现在的丽江古城城区大致以狮子山为界分为东、西两大片区。以四方街为中心的西片区，已经得到了很好的开发，但是东片区的开发仍未引起足够的重视。东片区历史上曾有大量的古代建筑，诸如流官府衙、文庙（孔庙）、武庙（关帝庙）和雪山书院等等，虽然在后来的历史发展进程中多已损毁，但是，这批古建筑是清初“改土归流”后汉文化大举进入丽江历史文化遗存中的典型代表，是古城文脉的重要组成部分，历史上曾对古城人文精神的培育发挥过不可低估的作用，同时也是古城多元文化特色的标志建筑物之一，应当引起重视，纳入规划并逐步加以恢复。

（一）流官府城及府衙

流官府城是汉文化融入丽江古城的标志性建筑之一，建于清雍正“改土归流”之初。史载雍正二年（公元1724年）首任流官知府杨馝到任后，始兴建流官府城。对此，清乾隆《丽江府志略·艺文略》载杨馝《建丽江府城记》说：“二年春，抵郡视事。……而首以建城为请。三年春，奉旨□筑，乃延昆明征士恺然王君，共审背向之势，辨阴阳之宜，正方测景，诹日兴工……告成。周以丈计，凡七百二十；高以尺计，凡十有二；厚视高之三，下广而上锐，基以石，覆以瓦，环绕以隍。开四门：东曰‘向日’，西曰‘服远’，南曰‘迎恩’，北曰‘拱极’，皆竖楼于上。”流官府城的位置，据新修《丽江县志》说：“（流官府城）城墙范围西起今五一街兴仁（巷）上段，东至今丽江地区中学；南起南门桥，北至北门坡玄天阁。”府衙是流官府城的主体建筑和主要办公场所，其建筑形制基本上与内地府治县治衙门大同小异，讲求中轴对称，布局完整，威严肃穆。流官府衙的遗址位置在古城东区五一街文治巷今武警支队机关驻地。经勘察，其地基轮廓仍清晰可见，具有较好的开发基础。

（二）雪山书院和文庙、武庙

据历史文献记载，雪山书院始建于清雍正三年（公元1725年），与黑龙潭西侧的玉河书院并为丽江古城两大书院之一，遗址位置在流官府衙西侧即今古城东片区五一街文治巷内。其来历，杨馝在《雪山书院记》中提及，当年其初入丽江境到东员桥时，见有二十多个学子等在桥南迎接新太守，问之学业，诸生说：“丽实新辟，素不奉君子教，且无托业所，夫是以无学。”于是，杨馝便于“翌日，度地材，建书屋，若而楹既成，搜书籍，资膏火，俾诸生及民之秀者，咸肄业焉”。据说，命名为雪山书院有两重含义：一是“因其地傍以雪山”，二是“取宋文靖立雪程门之义”。学宫（文庙）则建于府城北门外。杨馝在《迁建丽江府学记》中说：孔兴询建之于，“正大爽垲、风气攸聚”的府署北面，于雍正三年秋动工，次年春落成。“自大殿及两庑、戟门、棂星门，率循旧制”，“环垣凿池，宏敞壮丽，丹漆粉垩，焕然为一郡伟观”。后来，知府元展又添建了明伦堂。再至乾隆初年，知府管学宣又加以扩建，重修了魁星阁、大成殿、崇圣祠、泮池、文庙坊等，“易以石砌，缭以通垣”。学宫的位置在今古城城北方国瑜故居附近，其东边就是原武庙所在地。

（三）东片区历史文化旅游景点开发的功能和作用东片区新景点开发的功能和作用，主要着眼点有三

一是可分流部分游客，有效解决古城旅游在空间上“西热东冷”的问题。据调查，目前大量的游客主要集中在开发较为成熟的古城西片区，造成过度拥挤。通过对东片区的开发，可以较大范围地拓展游览空间达到分流游客增大容量的效果。

二是可以更加完整全面地展示丽江古城多元文化荟萃的特色。融多元文化于一体，是丽江古城最显著的特色之一，但由于历史的原因，在古城内部又有一定的文化分区。具体说来，位于狮子山东麓西河沿岸的西片区，为纳西民族传统文化的聚集区，仅著名的建筑群就有四方街、木府、忠义坊、关门口、一桥等数十处，历史上曾是木氏土司统治的政治、经济、文化核心区域；而位于金虹山南麓东河沿岸的东片区，则是清初“改土归流”后植入的以儒家学说为内核的汉文化聚集区，代表性的建筑群除流官府衙、雪山书院、文庙、武庙外，还有见于记载的东岳庙、城隍庙、玄天阁以及流官县衙、兵营、校场等等，清初以后曾是清王朝的代表流官实施封建统治的中心区。因此，从维护古城多元文化的整体性出发，建议先行重建东片区流官府衙，开辟新的旅游景点。解决东西失衡问题并扩大空间容量的同时，把古城“一城两府”的城建格局和文化特色挖掘展示出来，从而为古城旅游又增加一道亮丽的风景线。

三是可以唤起更多古城居民的参与意识，拓宽旅游产业的群众基础。东片区旅游景点的开发，将促使大量的古城居民参与到旅游产业中来。这不仅有助于古城旅游的进一步发展，而且将会在提高古城居民的整体环保意识和打造世界级精品旅游品牌等诸多相关方面，产生有力的促进作用。

（四）景点开发中应注意的问题

一是特色原则。据研究，清初“改土归流”后兴建流官府城及相关建筑，主要是依据汉民族规划布局的传统法则来进行，即注重负阴抱阳、择中立宫、坐北朝南，把府址选在金虹山南麓的高地上，并按“左建府”、“右建学”的原则兴建府衙、书院。此外还于府城之内建县衙、教场、兵营，城北建文庙、武庙、东岳庙、城隍庙、玄天阁等一系列建筑。这些古代建筑，从选址布局、营造模式到用料、装饰、色彩、摆设，都有其深邃的特定文化的内涵。故在修复时，一定要保持原有特色，精心规划，合理布局，建成既具有中原文化特色，同时又兼顾地方特点的古建筑群。

二是协调原则。在建筑材料和色彩的选择上，都要十分注意与周围自然环境和整个古城的氛围协调一致。宏观上要与丽江坝子山川大势相呼应，微观上则要保持与周围民居之间的协调统一，既要体现出封建礼制的建筑表达，

又要保持多元文化的和谐共存、互利互补的共生共存关系。

三是适度原则。东片区新景点的开发不宜铺张，装饰也不宜过分华丽，要体现出简约、古朴、明快的特点。府衙既要力求反映原有的威严、肃穆的气氛，又要注意在建筑上与西片区木氏土司府遥相呼应。

丽江古城非物质文化旅游资源进一步开发的设想

丽江古城的非物质文化，主要是指东巴文化、纳西古乐以及民间歌舞、民间工艺技术等。这些旅游资源虽已得到了一定程度的开发，但仍需要进一步地完善和开发，使之成为国际旅游市场的著名品牌，并促进旅游业的可持续发展。

（一）东巴文化旅游资源的进一步开发

对于东巴文化工艺品的进一步开发，鉴于目前市场上普遍存在的杂乱无序和品质偏低的问题，建议有关部门与东巴文化研究院等专业机构联合起来，在对市场进行调查研究的基础上制定出发展计划，并邀请一些学习过东巴绘画、雕刻，对东巴文化有所了解的专业人员进行东巴文化工艺品的创作和加工，使之既能给人以美感，又适应旅游市场的需要；然后分批分期推向市场，逐步杜绝市场上的粗制滥造和低价推销等一系列不规范行为。

东巴文化内容丰富，不仅保存在东巴文字、图案中，还展现在丰富多彩的祭祀仪式上，涉及美术、音乐、舞蹈等多方面内容。东巴文字、图案因制作简单、投入成本低廉等特点，已经得到了一定程度的开发和利用。相比之下，东巴音乐、舞蹈由于本身的难度和投入成本较大等原因，至今仍未被很好地开发利用起来。目前，对东巴音乐、舞蹈进行旅游开发的，还仅仅局限于东巴宫等几家演出团体且多侧重于商业性表演，东巴乐舞的真正价值并未体现出来。

对此，政府应加以引导，鼓励更多的企事业单位特别是专业技术人员和民营企业家参与到东巴文化的开发、保护、传承中来，成立相关开发保护机构，开办更多的东巴文化传习所，设立东巴文化保护区，倡导开展东巴民俗活动，并把保护传承东巴文化与旅游发展、经济建设结合起进行宣传教育，使当地居民自觉地参与其中。

（二）纳西古乐旅游资源的进一步开发尽管纳西古乐经过宣科和大研古乐会的宣传与展演已经声誉日隆，商业包装和演出也日趋成熟，但从可持续发展和长远利益着眼，目前对纳西古乐仍应进行保护性的进一步合理开发。对纳西古乐的开发，应本着研究、挖掘、保护、恢复的原则进行。大研古乐会之所以受到游客的普遍欢迎甚至是推崇，最重要的原因之一是目前尚有一些古乐高手保证了演奏的质量。如大研古乐会礼乐总监和毅庵，出身于音乐世家，10 岁即从父学习胡琴和笛子，14 岁开始参加演奏，能熟练演奏各种乐器，且通晓儒道经典，能将各种经腔、曲牌准确地背唱出来。现在的问题是一旦这些人作古之后，洞经音乐的魅力就势必受到巨大影响。因此目前迫切要做的是，除对年轻一代接班人的培养外，还应对过去曾使用过、现已失传的乐器，如瑟、钟、磬等进行研究，开发出其传统的制作与演奏方法。为此，应邀请丽江各地的古乐高手集中在一起，花上几年的时间进行传统制作与演奏方法的抢救性开发研究。

同时，几家效益好的演出团体如大研古乐会、东巴宫，应投入适量的经费，联合省内外的专业音乐、舞蹈的研究机构，共同组建丽江民族音乐论坛，邀请外地专家共同关注或对某些重大研究课题进行研讨。对取得的研究成果，一方面应及时进行保护和传承，同时将其搬上舞台进行展演，以不断推陈出新，保持活力。

此外，为了适应旅游市场的需要，在表演形式上进行适当改进也是必要的，这是正常的商业行为而不必大惊小怪。与其他任何事物一样，纳西古乐也是不断发展变化的，在新的时代背景下，要发生变化是必然的趋势，但应注意适度的原则。

（三）其他非物质文化旅游资源的进一步开发在丽江的非物质文化中，东巴文化、纳西古乐等旅游资源的开发相对较为成熟。其余如《热美蹉》等民间歌舞虽已推向旅游市场，但由于这些民间歌舞要求参与者人数众多，场面宏大，步伐整齐，风格豪放自然，舞号豪迈粗犷，因而一些展演团体如东巴宫、纳西古乐院由于场地和经济效益等原因，故至今未将这些歌舞列入主要表演节目。在这种情况下，可以考虑成立专门的舞蹈表演队进行专业演出。一方面，应积极参与丽江地区组织的大型文艺活动演出。如有机会，还可争取到全国各地进行巡回展演，使国内外人士更全面地认识纳西族的民间歌舞，不仅有纳西古乐和东巴乐舞，更有这些原生态的民间乐舞。

另外，在丽江的非物质文化中，还有许多民间的传统手工技艺有待加以开发。如制作皮毛革的技艺，便是其中之一。纳西族先民有制作皮毛的技艺世代相传，历史上，丽江制作的各式羊羔裘衣、皮靴、皮口袋、皮索等曾远销四川、康藏地区，在云南更是享有盛名。目前，丽江皮毛皮革的手工制作仍以满足当地人的生产、生活消费为主，尚未与旅游市场紧密衔接起来，且熟悉这门技术的人越来越少。为此在旅游业发展的大好环境下，应重视皮毛制作技术的开发与传承，使之重新焕发生机，在旅游商品市场中占有一席之地。

目前，鉴于丽江皮毛皮革用品未能挤入旅游纪念品市场，还有很大的开发空间，因而应针对市场的特点组织设计、生产相应的产品。发展民间工艺品，应注意产品的小型化、精致化、特色化。手工艺人则可联合起来，合作分工，以形成规模效应，政府则应加以引导和扶持。

（四）非物质文化旅游资源开发中应注意的问题从目前的情况看，东巴文化的开发虽已基本适应了旅游市场的需求，但仍存在一系列的问题。例如：东巴文是象形文字，每个字都有自己基本、固定的特征。然而在市场上，部分东巴文化工艺品从业者从追求市场效应出发，普遍滥施色彩，甚至肆意篡改东巴文字，使其面目全非。一些人为了迎合部分游客的需要，刻意创造出新词，扭曲了东巴文化的内涵和特色。同样的情况，也存在于东巴绘画、图案中，致使丽江街头的东巴文化工艺品大多千篇一律，缺乏应有的个性。因此，为解决东巴文化工艺品制作中的创作权、版权问题，应由地方政府出面协调，从商业税收中拨出一部分给创作者，鼓励人们从事艺术劳动。政府再把作品的使用权无偿提供给从业者使用，从而达到双赢的目的，使工艺品的创作和销售形成可持续、大规模、有影响的产业。这就需要各个方面共同努力，精诚合作，共同从丽江旅游业的兴旺中获得最大利益。

东巴乐舞、纳西古乐的开发也面临类似的问题。目前，东巴乐舞和纳西古乐的部分内容也同样出现雷同化和过度商业化的明显倾向，客观上已很难展现所包含的深刻内容和艺术成就。与此同时，一些人在市场上利用东巴乐舞纳西古乐发了财，而为数不多的东巴大师却大多处于贫困状态之中，特别是僻居山乡的老东巴更为贫困。由于缺乏经济支撑，民间东巴文化的恢复、传承活动受到严重限制，这极不利于东巴乐舞和纳西古乐根植土壤的保护和发展，致使东巴活动在许多地区已经消失，人们对东巴文化的了解越来越少。

应加以正视的是，东巴文化的真正传承不能只靠经书的翻译、学术研究和政府的宣传推介，东巴文化不仅存在于东巴文字、经书中，还展现在丰富的祭祀仪式和纳西民众的日常生活中，因而面向游客市场的商业性演出和政府、学者、企业、民众的参与，也是东巴文化和纳西古乐传承与保护的重要阵地之一。

这其中又涉及一个文化资源与经济收益的公平享有和再分配的问题，部分人依靠东巴文化和纳西古乐率先富裕起来，但这种经济效益不应完全归属于某一个人、某一组织或某一企业的市场运作，因为这些个人和团体既然使用社会共有的民族文化资源，就有责任对共有的文化资源承担保护的义务，应从其收入中拿出一部分，资助民间的团体和个人。在原丽江县政府制定的《丽江纳西古乐保护办法》中，未涉及文化资源与经济收益的公平享有和再分配问题。这是一个明显的缺陷，需要在合适的时候加以修改和补充，使之更加科学和合理，同时也更有利于东巴文化和纳西古乐的保护与弘扬。

此外，还要注意处理好丽江古城旅游业进一步开发与丽江古城文化保护的关系。在保护中开发，在开发中保护；没有开发的保护，是没有根基的保护；没有保护的开发，则是不可持续的开发；保护与开发相互联系，相互制约，相辅相成。具体说来，旅游业的进一步开发是丽江古城文化保护的经济基础，旅游开发可以较好地推动地方经济的发展，从而为古城的保护提供一定的资金保障。而在旅游业进一步开发的过程中，古城的文化可以得到挖掘、保护、利用。反过来，古城的文化得到了挖掘、保护、利用，又可促使丽江古城的旅游业进一步发展，形成良性循环。

其次是丽江城旅游业进一步开发的模式，要紧紧围绕建设世界级精品旅游目的地的战略目标，在“巩固、提升、开发、完善”上狠下功夫，实施旅游业的“二次创业”。应从粗放的数量增长型向质量效益型转变，从单纯观光型向综合型旅游方向转变，实现旅游业的提质增效。

丽江古城保护的主要做法及对策

和仕勇

中华民族是一个具有5000年灿烂文明的国度，其悠久灿烂的民族文化是人类文明的重要组成部分。独具历史、科学、文化价值的丽江古城独特的魅力元素使其在中国99个历史文化名城乃至世界名城中具有特殊的地位。1997年12月4日，这是一个值得纪念的日子，在意大利那不勒斯召开的联合国教科文组织世界遗产委员会第22次会议上，丽江古城列入世界文化遗产名录。丽江古城成功申报世界文化遗产，填补了我国世界文化遗产中无历史文化名城的空白，标志着中国在世界历史文化名城遗产中占有了一席之地，纳西族先民同其他少数民族一道创造的文明，成为全人类共同爱护、共同拥有、共同享受的宝贵财富。

丽江古城自申报世界文化遗产成功以来，备受世界人民的关注和热爱，先后荣获国家4A级风景名胜区、全国首批十家文明风景旅游区之一、欧洲人最喜爱的旅游城市、全球人居环境优秀城市、中国令人向往的10个小城市之首、地球上最值得光顾的100个小城市之一、CCTV 2006中国魅力城市、2006年度全国民族文化旅游十大品牌十强、2006年游客最向往的旅游景区等称号。2001年10月在丽江召开的联合国教科文组织亚太地区文化遗产管理第五届年会，丽江古城保护管理和旅游经济协调发展取得的优秀经验被确定为“丽江模式—古城遗产保护行动计划”。2007年8月，在联合国教科文组织曼谷会议上，丽江古城又荣获2007年联合国亚太地区文化遗产保护优秀奖。丽江古城在世界遗产保护管理领域创立了科学的、实用的、可供世界遗产地共享的遗产保护管理经验，同时也为丽江古城的可持续发展奠定了坚实的基础，为丽江旅游的“二次创业”和提质增效做出了积极贡献，世界文化遗产丽江古城已经成为丽江旅游品牌不可或缺的决定性的核心因素。

城市类型的遗产保护管理是全世界面临的共同难题。丽江古城是以完整古城，以常民生态空间形式列入世界遗产名录的，它不同于历史遗迹、博物馆、封闭式城堡等文化遗产。至今丽江古城内仍然有6000多户、25000多居民生活其间，是一个四通八达、开放式的城市，是一个随着历史的发展轨迹受到现代文明和强势文化的冲击而会发生建筑风格、建筑形态、生产方式、生活观念等有形遗产和无形遗产变化的，非常脆弱的文化遗产，保护管理的难度也异常艰巨。科学发展，社会和谐，是发展中国特色社会主义的基本要求，是实现经济社会又好又快发展的内在需要，必须坚定不移地加以落实。

丽江古城申报遗产成功10年来，所探索的城市类型遗产保护的经验，正是我们把党中央的精神落到实处、坚持科学发展观的成果。

坚持法制建设，建立规范管理的法制体系，依法保护古城

1994年6月，云南省人大常委会颁布了《云南省丽江历史文化名城保护管理条例》；1995年12月，颁布了《丽江纳西族自治县古城消防安全管理暂行办法》；2000年12月，又颁布了《大研古城区消防安全管理办法》；2002年，着手编制《世界文化遗产丽江古城保护规划》；2003年3月，出台了《关于在丽江古城实行云南省风景名胜区准营证制度的通知》。2005年12月2日《云南省丽江古城保护条例》在云南省第十届人大常委会第十九次会议上审议通过，并于2006年3月1日起正式施行。古城保护管理的法制体系框架的逐步形成与完善，为丽江古城实现依法和科学管理、持续发展提供了强有力的法律保障，对保护世界文化遗产、弘扬丽江优秀传统民族文化、培育壮大文化产业、打造文化旅游名市、建设国际精品旅游胜地具有重要的现实意义，对进一步推动依法治市、利用遗产资源造福人民都具有深远的历史意义。同时在市委、市政府的领导下，不断努力探索合理的管理体制。1998年，设立古城管理所，作为大研镇镇政府保护管理古城的直属机构，2000年6月，丽江县政府成立了丽江古城保护管理委员会，2002年2月，在此基础上成立了由地、县主要领导，地、县有关单位和部，专家学者及古城居民代表组成的市级（原地级）古城管理委员会，及古城保护管理委员会办公室和古城管理有限责任公司。2005年10月，随着形势的发展，依照《云南省丽江古城保护条例》的规定，成立了世界文化遗产丽江古城保护管理局，把原来的议事协调机构职能调整充实为市政府的工作部门。通过5年多来不断的探索和总结，在市直和区县的大力支持下，一种“多级联动、合理分工、协调配合、荣辱与共”的管理模式正在逐步形成。

坚持以人为本，建立良好的环境保护体系，构建和谐古城

在21世纪高度文明的今天，面对25000多古城居民和每年400多万深爱着丽江古城的游客，我们不仅要履行保护世界文化遗产的神圣职责，也要为丽江古城居民和游客提供一个良好的生活和旅游休闲环境，从申报成功那一刻起，从来不敢有所懈怠。我们顶着巨大的压力，拆除了大量的不协调建筑，并在拆除后恢复历史建筑和园林。如，丽江军分区整体迁建后，在原址上恢复历史上马帮文化的典型代表“马家大院”，建设以园林绿化为主的文化园区，供居民和游客休闲。为了恢复古城最具代表性的清代“流官文化”，我们搬迁了武警丽江支队和丽江市医院，恢复流官文化园区，并结合环境整治，恢复基督教堂。为了给古城一个清雅的周边环境，我们还对狮子山做了详细的环境整治规划，计划把沿着狮子山脉的现代建筑全部拆除，进行环境改造。10年来，我们累计投入9.8亿多元，实施了以改善旅游、卫生、通讯、供电、供水、交通等基础设施为重点的古城环境整治、户内外电气线路改造、广场建设、道路改建、夜景灯光、星级厕所、排污管网、景观用水源头治理等等一系列保护性建设工程项目，提升了整个丽江的城市品位。

在不断加强基础设施建设，改善生产、生活、社会发展环境质量、创造良好的人居环境和旅游休闲环境的同

时，积极组织实施了惠民补助项目、古城居民民居修缮工程，完善了便民服务中心的运输服务网络，扩大了古城下岗失业、社会困难人员的就业机会，对古城内住房困难的居民户优先给予安排公房。这些保护管理工作的实施，保护了"人文古城"的历史真实性，为构建和谐古城、和谐社会做出了我们应有的贡献。

坚持文化立市，建立民族文化原真性保护体系，提升古城品牌

在不断加强基础设施建设、创造良好的古城人居环境和旅游环境的同时，我们还积极探索加强民族文化保护的新路子，加强对东巴文化、纳西古乐、民间工艺、传统服饰、节庆习俗的收集、整理、保护、传承；实施了文化名人回落古城项目，形成了"方国瑜故居"、"和志刚书斋"、"品正艺堂"、"东巴纸坊"、"听水轩"、"沙蠡书屋"等一批为代表的民族文化示范窗口，营造了良好的人文环境；组建了丽江古城管理有限责任公司古城民族文化旅游发展分公司，"走进纳西人家"一类极具民族特色旅游项目的开发实施已初见成效。

历史上的丽江古城曾以其诚信的商业贸易、独特的民族文化构建了一个茶马古道重镇和多元文化并存的和谐的商业文化城市，丽江古城过去的历史就是我们今天的现实存在，而今天的丽江古城就是未来的历史。为了淡化现代气息，保护古城传统商业文化的原真性，我们实施了"丽江古城商业经营行为准入制度"，加强了具有地方民族特色店铺的保护力度，古城传统商业文化保护已初见成效。

10年来，我们始终坚持"树品牌、促发展"的思路，加强了古城和整个丽江的品牌建设，"走出去、请进来"，不断展示丽江的自然风光、风土人情、民族文化，不断扩大丽江古城和丽江的知名度。2005年12月8日通过了国家级4A景区评审。2006年初丽江古城在全国22个省、市、自治区，170个国家级风景名胜区创建文明风景旅游区活动中，被中央文明委、国家建设部、国家旅游局正式授予全国十佳文明风景旅游区，2006年被评为中国魅力城市。

这些荣誉是继1997年丽江古城被联合国列入世界文化遗产名录后再次获得的重大殊荣，是在全市构建和谐丽江，全面落实科学发展观，建设小康社会，实施"文化立市、旅游强市"战略，走可持续发展进程中结出的又一丰硕成果。丽江古城的价值内涵再次得到世界的公认，以丽江古城为核心的丽江旅游品牌得到了进一步凸显，在国内外的知名度显著提高，在全市经济社会的协调发展中产生了深远的影响，对丽江乃至云南整个旅游业的带动作用日益明显。

创立保护资金筹措渠道，建立保护管理资金支撑体系

自1997年丽江古城被列入世界文化遗产名录以来，丽江旅游游客的接待量和旅游综合收入呈现出不断增长的势头。旅游业的迅猛发展在为丽江产生良好经济效益的同时，也给丽江的旅游资源带来了前所未有的压力。特别是丽江古城作为丽江旅游的重要聚散地，大量游客和外来经商者的拥入，对古城的环境造成一定的破坏，环境建设、改造和保护成本不断增加，古城这个国际旅游品牌与其品牌所体现的效益和价值不成正比，并出现巨大差距。政府对古城资源的利用远远落后于社众对古城资源的利用，而政府对保护管理成本的投入却远远大于社众的参与。4年间，世界文化遗产丽江古城保护管理局，对古城实施的各项保护性工程总投入达9.8亿元。

为了解决古城保护管理资金严重缺乏问题，实现"以城养城"，我们勇于探索，敢于创新，经多方努力和认真论证、探讨和研究，报省人民政府批准，对到丽江古城旅游的游客开征了古城维护费。自2001年至2007年，累计征收古城维护费4.9亿多元，这些资金全部投入到了古城的保护管理中。建立了政府强制性收费与银行贷款相结合的古城保护管理强有力的、不间断的资金支撑体系，为实现古城的有效保护与管理提供了资金支持。

坚持实事求是，完善古城管理，建立古城科学管理体系

丽江古城申报遗产成功10年后，我们认真审视过去，在遗产保护管理中依然存在着诸多问题，这些问题若不能引起高度重视，必将对丽江古城遗产价值的可持续保护产生影响。

一是游客相对游览空间不足。丽江古城自古就没有城墙，作为国家级4A景区，丽江古城不售门票，游客在丽江旅游期间可以反复多次进出古城。丽江古城的重要组成部分大研古城总面积虽然为3.8平方公里，但因旅游设施不健全、旅行社游览路线设定不科学、人为习惯等方面因素，游客主要集中在以四方街为中心不足0.3平方公里的空间，加之游客进入古城时间相对集中，且主要从北入口进入古城，直观上给游客造成了丽江古城游客拥挤及商业味过重的印象。

我们将结合古城周边的环境整治，不断恢复历史风貌，通过加强缓冲区改造，打通古城南北、东西通道，有效分流游客，降低单位游览人数，合理规划古城游览路线，挖掘人文景点，充分利用古城可游览空间。

二是商业结构布局不合理。丽江古城品牌效应和独特的文化包容性吸引了大量的外来客商，这些客商相对集中

在游客较集中的核心区域，造成古城局部区域商业气氛过浓现象。

我们就古城商业和旅游规划做了专门的科学技术课题研究，目前正在完善，已经完成前期研究的《丽江古城传统商业文化保护管理规划》、《丽江古城旅游资源保护管理规划》和《丽江古城传统文化保护管理规划》。按照这三个规划，限定商业经营类别、品种、规模，突出民族文化特色，合理布局古城商业网点，特别是对古城的三个通道，将进一步限定，逐步做到归行划市。根据《云南省丽江古城保护条例》第八条“利用丽江古城资源从事经营、旅游或者其他活动的单位和个人应当缴纳丽江古城维护费。具体征收办法和标准由省物价和财政部门规定”的规定，我们正在拟定《丽江古城经营户缴纳古城维护费的方案》。

三是古城传统民族文化的挖掘、整理、传承和弘扬工作力度不足，使很多丰富多彩的传统民族文化未能充分展示。

我们在不断充实完善“走进纳西人家”、“名人回落古城”、“民族文化特色街”等项目的基础上，拟成立专门的经营公司，以几条街道为主，经营民族传统工艺品、食品，打造特色文化街，恢复民族传统节庆，以此来更加充分展示丽江的民族文化。同时，结合东郊环境整治，恢复文庙、武庙、财神庙和基督教堂，形成清代文化游览园区；结合白龙文化园项目的实施，建成古城博物馆、游客服务中心等，完善游客服务设施，充实古城讲解人员，合理安排古城游览线路，逐步实现古城讲解专业化、游客服务规范化，让游客尽可能多地了解丽江的民族文化。完善相关政策，明确规定在古城的从业人员中，本地少数民族居民应占一定的比例，要求所有窗口服务人员必须着民族服装上岗，所需的着装经费给予适当的补贴。

四是古城原住居民文化保护尚需加强。在丽江古城申报世界文化遗产之时，为保护古城，降低古城人口密度，按遗产专家的建议，有计划、有步骤地外迁了部分居民。由于保护遗产原真性的要求，古城居民的民居修缮、装饰、交通等都有严格限制，给古城居民生产生活带来了不便，使部分居民外迁。

过去，我们实施的发放生活补助、房屋修缮补助、免费提供运输服务等一系列的“惠民”政策，收到了一定的效果。我们将进一步加大资金补助力度，不断研究新的政策和新的措施，改善古城居民的生产生活条件。制定古城内商户和从业人员的教育培训计划，分期分批对古城内商户和从业人员进行丽江古城历史、民族文化、法律法规等方面的系统培训，坚持以人为本，注重广义的共同保护理念，用不懈的努力来留住古城文化的人文根源。

五是古城内及其周边区域仍有大量不协调建筑存在。

按照申报遗产时向联合国教科文组织所作出的郑重承诺，我们将按《规划》逐年进行拆除改造。在现在的5年和未来的5年里，将投入20亿元资金，用于古城的不协调建筑的拆迁和环境整治。

六是古城的消防安全工作仍有压力。近几年，我们虽然投入大量的人力物力实施了消防管网配套、户内外电气线路改造、灭火器到户配置。居民户由政府免费配置、经营户强制其按要求自行配置、成立专职消防队等措施。但由于古城建筑的特殊性，丽江古城的消防安全工作仍有较大压力。

我们将对古城开展经常性的消防安全检查，落实好消防安全责任制；加强对消防设施的建设和维护，严格户内外电气线路管理及古城用火管理；加强对专职消防队的管理和培训，最大限度消除消防隐患。

七是古城民居修缮施工管理不健全，没有形成有效的规范管理措施。

在坚持现有制度的前提下，普及好《丽江古城民居修缮手册》，制定制度，规范管理古城内从事民居修缮工作的施工单位和人员，实行施工准入制度，杜绝乱修乱建行为，有效保持传统的民居建筑风貌。

八是古城的法制体系建设还需要进一步加强。

保护和管理好丽江古城，需要有保护管理的法制体系作保障。各级党委、人大、政府，历来重视此项工作，先后制定出台了《丽江历史文化名城保护条例》、《云南省丽江古城保护条例》等一系列法规，对丽江古城的有效保护起到了至关重要的作用。但是随着经济的发展和社会的进步，古城的法制体系建设还需要不断完善和加强。鉴于此，由丽江市人大牵头，市政府相关部门参加，组成了《云南省丽江古城保护条例实施细则》起草小组，具体负责《细则》和《古城管理局相对集中行使部分行政处罚权方案》的起草工作。

丽江古城申遗成功10年来，丽江全社会对世界遗产的保护管理已日益成熟和理性。世界文化遗产这个称号不仅给我们带来一种荣誉和骄傲，而更多的是为人类守护好最后的精神家园的神圣的责任感和历史使命感。世界文化遗产严格保护的理念已经延伸到了环境、水系、森林等诸多保护领域。丽江古城如何保护和保护什么，成为了全社会共同的话题。丽江古城作为仍是一个人们生活的载体，活着的集市，必将以和人类发展进程保持动态发展的形态存在，这对古城的有效保护和管理也将带来相应的难度。对于我们来说，就是要珍视前人留下的丰硕成果和宝贵经验，坚持科学发展观，以高度的社会责任感和历史使命感，不断总结和探索新路，面对全世界面临的世界遗产保护管理的共同难题，对古城实施更好、更有效的保护。

西双版纳与丽江旅游发展中政策作用的比较分析

张 伟

旅游业作为云南的支柱产业之一，近年来获得了巨大的发展。从云南旅游业发展的过程看，云南各地旅游业的发展是不平衡的。导致旅游业发展不平衡的原因很多，制度建设是其发展的主要原因之一。为分析以政策为核心的制度因素对旅游业发展的影响，笔者以云南两个著名旅游地西双版纳和丽江作为例，应用比较分析的方法，尝试解释旅游发展不平衡的原因。

选取丽江和西双版纳进行比较的依据

1. 云南各地区资源禀赋与发展差距较大，选择条件相近的地区比较才有意义。为了比较地区间经济政策，我们选择资源禀赋有较大相似之处的西双版纳和丽江地区进行比较。因为它们都具有旅游资源优势、少数民族风情和亚热带自然风光，而且都采取了将旅游业作为主导产业的政策，社会综合发展水平上也相差不太大。

2. 在旅游业发展状况上，西双版纳早于丽江，但丽江在“九五”后期却赶超上了西双版纳，这种差异具有典型的比较意义。在云南省各地州市中，西双版纳是发展旅游业最早的一个地区。作为一个旅游胜地，它在全国具有很高的知名度。交通通讯条件、旅游设施建设都较丽江改善得早。由于旅游业开发较早，而且得益于当时有利的竞争环境，西双版纳旅游业迅速发展，1990 年接待国内游客 40 万人次，接待海外游客 6144 人次，创收人民币 77.84 万元。

与西双版纳相比，丽江旅游业发展起步较晚。1990 年到丽江的游客仅 9.6 万人次。不过丽江旅游业发展得很快，在旅游业规模和知名度上很快赶上了西双版纳，甚至在某些方面超过了西双版纳。到 2000 年，丽江游客总数达 300 多万人次，旅游综合收入达 15 亿多元。10 年来旅游平均增长速度达 35% 左右。而西双版纳发展速度则相对缓慢。到 2000 年，国内外游客总人数为 242.5 万人次，旅游综合收入为 18.3 亿元。游客总人次数已经低于丽江。到 2002 年，西双版纳州的游客人数和综合收入，都落在了丽江的后面。丽江的旅游业发展在“九五”末期超过了西双版纳。

两地区旅游资源都十分丰富，而且西双版纳旅游业发展又早于丽江，为什么后来的发展格局会发生如此大的变化呢？我们认为这与两地的政策措施密切相关。

丽江与西双版纳两地区的制度建设及效果比较

（一）管理体制

合适的制度安排在产业发展中起着极为重要的作用。西双版纳和丽江在旅游制度上存在一些差异，这是两地旅游业发展差异的重要原因。

1. 西双版纳。整个“八五”时期，直到“九五”前期，是西双版纳的旅游业粗放、快速发展时期，其主要的特征是总量的增长。在旅游业的带动下，这一时期西双版纳的城市建设、基础设施和口岸建设有了重大改观。为了进一步加快旅游业的发展，西双版纳“九五”期间提出了“旅游兴州”战略的总体构想，核心是把西双版纳州建成全省的重要旅游区和全国最大的热带森林公园。争取以旅游业为龙头的第三产业产值的大幅度增加。但旅游兴州战略构想，并没有能推进旅游业的持续快速发展。由于前期旅游业发展迅猛，而实践中缺乏方法论的思考和科学理论的指导，使得旅游开发盲目模仿，将旅游发展简单化为数量型增长和外延扩大再生产，对资源开发缺乏系统性。旅游景区实行粗放式管理和旅游基础设施的病态膨胀的这种旅游发展路子，虽然在前期推动了旅游的快速发展，但也形成众多不利于旅游业健康有序、持续快速发展的问题。如众多规模小、管理差、效益低的承包式小旅行社，恶性竞争，服务质量下降，司导人员变着花样宰客、误导客人购物索取回扣，旅游市场长期处于无序竞争状况。游客投诉率居高不下，严重损害了西双版纳旅游的形象。

西双版纳旅游下滑的主要原因之一，在于政府对旅游的管理相对过于粗放，缺乏规范性和系统性，对旅游市场的开发深度不够。战略构想不能与市场对接，真正落实到实际工作中去的时候，力量分散，只埋头注重自己的个别景点的建设，而没有全面照顾到旅游价值链的建设；只重视旅游景点的开发，而没有采取切实有力的措施深度开发国内外市场，没有形成统一的旅游品牌；缺乏创新，没有注意到国内外旅游市场环境的变化，加之公路交通条件较差，依靠航空运输，旅游成本较高等等不利条件，造成旅游业增长率的下滑。

2. 丽江。在“八五”期间，丽江一方面加强旅游景点开发和基础设施建设，一方面致力于健全旅游市场管理体制。实行统一开发，规范管理，而且政府对旅游业发展高度重视。1994 年，颁布了《丽江地区旅游行业管理暂行规定》，对全区各涉外星级饭店、旅行社、导游、旅游景点及接待设施建设进行规范管理。丽江针对旅游业中存在的问题，及时采取了措施进行治理，与西双版纳形成了鲜明的对比。到 1996 年底，全区旅游行业管理体系已建成，并在旅游市场管理工作中起到重要作用。

旅游业中无证经营、旅游景点私人承包、处处设卡、层层收费的行为及旅游企业漫天要价或削价竞争的行为得到了遏制，使旅游市场走上健康有序的轨道。

（二）对民族文化资源的开发利用

同处一个省内，丽江旅游文化特色的突出，无疑对民族文化氛围逐渐退化的西双版纳形成了强势竞争力。

1. 西双版纳。虽然有着热带雨林、民族风情、边境旅游的资源优势，但由于西双版纳管理体制不健全，旅游市场混乱，出现了许多问题，损害了版纳的旅游形象，主要的问题是：（1）部分旅游景点文化含量少，多处于浅层开发，形式单调而乏味。（2）传统文化逐渐消退。（3）商业气息太重。强买强卖，导游热衷于带游客去购物点以收取回扣现象日益增多。（4）旅游商品缺少民族特色。

2. 丽江。在对民族文化的保护发扬上，丽江地方政府采取的措施较西双版纳要有力得多。如对古城进行保护走出了一条“以文化遗产保护带动旅游发展，以旅游发展促进文化遗产保护”的路子，形成为“丽江现象”、“丽江模式”。其主要措施包括保持古城建筑物的真实性，对古城的市政基础设施系统进行现代化改造，对古城的重点民居建档挂牌，开展名城意识、遗产意识宣传教育活动，制定《丽江古城保护管理办法》，对古城实施全方位的维护、管理，对传统的纳西族文化进行系统的抢救、整理与传承等等。这些详尽、规范的制度保证了丽江古城文化的完整性，使得丽江的民族文化更具独特魅力。

在丽江文化部门组织和发动下，“LG 纳西古乐”、“丽水金沙”等已成为当地的民族文化产业龙头和深受海内外游客喜爱的文化品牌。文化产业年成为当地新的经济增长点。

（三）旅游宣传、促销与地区旅游品牌的树立

旅游产品是一种公共产品，对于产品的开发、营销只有由政府主导、统一协调才能奏效。在旅游市场竞争加剧的时代，营销宣传、品牌形象的树立对于地区旅游发展起着至关重要的作用，和丽江相比，西双版纳在宣传促销和品牌的树立方面相对滞后，这是丽江旅游能够后来居上的一个重要原因。

1. 西双版纳。在发展旅游业的过程中，西双版纳在一定程度上存在有“皇帝的女儿不愁嫁”的思想，认为自己的知名度已经很高，没有必要花力气宣传。这种意识的存在，使得西双版纳看不到前面的隐患，只看到眼前总量激增的游客总人数和总收入，“八五”、“九五”期间一直没有对本地区的旅游进行得力的宣传。殊不知一个地区旅游品牌的树立是与持续的宣传分不开的，尤其是在游客需求多样化、市场竞争加剧的情况下，没有强有力的整合营销，任何一类产品的品牌很容易被其他竞争品牌所掩盖。

2. 丽江。在“九五”期间，丽江开始展开大规模的旅游宣传，与西双版纳旅游宣传的零散、沉闷相比，其宣传可谓立体、系统、连贯，而且主要是由政府主导，统一安排，协调性强。

（四）对自然资源的开发

西双版纳在对自然资源开发过程中，一度认为西双版纳拥有丰富的旅游资源就可以拥有广阔的市场优势，而忽视旅游商品开发的市场导向。实际上，只有市场接受的产品才可能是成功的产品，将产品开发与市场对接起来，才能将资源优势转化为市场优势。以资源即为市场的观点来指导工作，导致具体工作中的被动等待或盲目开发资源。使得众多民族文化、热带雨林生态、跨国出境旅游等具有显著区域特色的旅游资源开发力度不够，开发出来的产品特色不明显，雷同现象严重。

丽江从 20 世纪 90 年代初在对自然资源的开发上就比较注重突出地方特色。像玉龙雪山、泸沽湖、老君山、虎跳峡、三江并流等景点，特色突出，各不相同，极具市场竞争力。多种个性突出的自然景观与民族古文化相结合，相得益彰，构成了丽江文化底蕴深厚、旅游产品丰富而新颖的旅游品牌形象。

小结

两地都有发展旅游的比较优势，而且西双版纳还具有先发优势。为什么西双版纳占有明显的先发优势和区位优势却会落后于丽江。资源禀赋是静态的，能不能把这种先天资源优势变为市场优势，取决于诸多因素的影响，其中一个关键因素是采取何种政策措施对资源进行开发、整合和利用。

从西双版纳和丽江旅游业发展中的得失中可以看出，在我国逐渐走向市场经济的过程中，一个地区要获得持续发展，其经济政策也必须以市场为导向，要建立和形成一种有利于当地资源整合与开发的制度，这是形成竞争优势的重要条件，而政府的政策导向在这其中起着极为重要的作用。资源优势不等于市场优势，要实现资源的市场价值，政府必须使其政策系统连续的支持资源的市场化过程，忽略产业价值链上的任何一个环节，都无法实现地区资源的优化配置。在日益激烈的地区间竞争的背景下，各地区都在致力于树立地区品牌以增强地区竞争力。因此，一个地区的经济政策，必须具备系统性、具体性，充分考虑资源优势向市场优势转化的全过程，不能只有远大的战略构想，而缺乏周密、细致的具体工作。

丽江模式：文化遗产保护、管理与旅游产业发展

年继伟

为使世界遗产丽江古城的旅游业实现可持续发展，联合国教科文组织亚太地区顾问办公室在亚太地区选择了文化背景相似的中国丽江、菲律宾维甘，越南惠安、斯里兰卡堪迪、尼泊尔巴克塔普尔、老挝朗勃拉邦、马来西亚迈拉卡、斐济里务卡等8个遗产地组织实施了“文化遗产管理与旅游业管理者之间的合作模式”的项目。2001年10月，在中国丽江召开的第五届年会上将该项目定名为“丽江模式”。后经两年多保护管理与旅游开发的实践，“丽江模式”的内涵得以向纵深方向发展，成效逐渐显现。归纳起来涉及以下几个方面的举措：

地方政府的保护管理措施

（1）建立健全丽江古城保护管理机构

2000年6月丽江县政府成立了“丽江古城保护管理委员会”（未设为常设机构）。2002年2月市政府设立了世界文化遗产丽江古城管理委员会，又提高了这一机构的级别，并设立办公室为市政府常设机构。同时还组建了“丽江古城管理有限责任公司”，行使古城内国有资产的管理经营、用企业化运作的模式实施古城基础设施建设项目。进一步明确了丽江古城保护管理工作的职能职责，使丽江古城的保护管理工作逐步走向规范化、专业化。

（2）多方筹集古城保护管理资金

丽江是一个经济不发达的地区，每年的税收远远少于财政支出。要依靠中央和省的补助来解决。近年来，随着旅游的发展，财政收入有所增加，但1996年大地震恢复重建时欠下的政府贷款目前已进入还贷高峰期，仅靠政府财政收入来解决古城保护资金十分困难，只能通过多方面筹集资金来解决古城的保护管理的经费来源。来源之一是向游客征收古城维护费。2001年共征收了1570万元人民币，2002年我们成立了专门的征收机构，调整了征收范围共征收4646万元人民币，2003年共征收5300万元，所征收的资金全部用于古城的保护管理，成为了我们保护和管理古城的主要资金来源。来源之二是利用商业银行贷款投入丽江古城保护的基础设施建设项目。来源之三是争取国内外捐赠者的援助，用于古城陈旧民居的修复和技术支持。来源之四是地方企业投入资金改造古城供排水、供电、电信等设施。

（3）恢复传统民俗，鼓励民族特色的文化活动

恢复丽江古城特有的“用水冲洗四方街”、“放河灯”等传统习俗，开展“茶马古道”和“走进纳西人家”的项目，把马帮作为载体，将民族传统文化、民间手工艺与旅游业有机地联系起来。同时鼓励当地居民自发形成每晚的民族打跳活动。让其每晚在四方街、古城入口处、剑南春文苑广场等空地开展活动。还实施“地方民族文化展示窗口”项目，由古城管理有限责任公司提供场所，将丽江知名文化人士请到古城展示其民族文化，如：“和志刚书斋”、“品志艺堂”、“王志泓听水轩”等。实施丽江名人故居的保护与恢复工作，将古城内的文化名人故居逐步修复后向公众展示。

（4）加强文化遗产和名城意识的宣传教育与引导

①为了使纳西族语言文字得以传承，在中小学校开设纳西语课程，并在中小学课程中安排了市情教育课，印制了名为《多彩的丽江》的教材。同时组织学生开展“古城小卫士”活动，在古城开展宣传和环境卫生活动。②在丽江电视台、《丽江日报》开辟专栏，进行系列宣传增强保护意识。③邀请有关专家专门对古城居民及在古城内从事生产经营活动的人员进行短期培训。④开展以世界遗产为主题的知识竞赛和有奖征文活动。⑤对青年人进行技能培训，涉及导游、烹饪、财务等专业，同时还开展消防安全专项培训活动。

（5）规范和调控古城的商业活动

丽江古城在历史上作为西南古丝绸之路“茶马古道”上的一个重镇，是滇西北地区的重要商品集散地，历史上商业较为发达。随着新城区的开辟，商业重心逐渐转移，古城曾一度冷落。但近几年，随着旅游业的发展，古城的商业又繁华起来，许多外地客到丽江古城经营，其经营内容和经营手段在一定程度上破坏了古城的传统风貌。为此地方政府加强了对古城商业活动的控制和管理，实行准入制度，将与古城不协调、现代气息较浓的经营项目迁出古城，对店铺招牌、柜台、装修按与古城风貌相协调的要求进行改造，对古城内的经营户实行总量控制，对古城内从事经营活动的人员进行全面的遗产知识和历史、风土人情、职业道德等方面的培训，合格方可上岗。

旅游业对文化遗产保护工作的参与和投入

近年来丽江从文化遗产和旅游发展深层互动着眼，实施了“玉河生态走廊项目”、“狮子黄山公园项目”和“南门小区开发项目”，三大项目将发展与保护的关系由外在整治深入到结构里。

玉河生态走廊项目、狮子黄山公园项目、南门小区开

发项目对丽江社会经济产生了重大的影响。随着旅游业的不断发展，丽江对外知名度不断得到提高，来丽江的专家、名人不断增多。他们对丽江社会经济的发展和古城的保护提出了一些建议，当地政府从中汲取了很多好的经验，有利于民主决策和科学决策。旅游业的发展，带动了丽江经济的发展。来丽游客由1999年的266万人/次增加到2003年的355万人/次；全市的GDP由1999年的28.7亿增加到2003年的41.4亿。城镇居民人均可支配收入从1999年的5402元增长到2003年的7377元。由于旅游业的发展给当地居民提供了更多的就业机会，增加了收入，并且政府加大了基础设施的投入，改善了居民的居住环境。由于居民增加了与外界的接触交往的机会，促进了社会文明的进程。在“丽江模式”中，文化遗产的保护与旅游业发展之间已经达到了相互依赖、相辅相成的稳固关系，要把遗产保护好，必须要有足够的资金，而资金的来源最为稳定的渠道还是通过在保护好遗产基础上的旅游业的发展来筹集。因此，要保护好丽江古城这份全人类的宝贵遗产，必须在保护遗产的前提下，发展旅游业，通过旅游业来筹集更多的遗产保护资金。同时，在发展旅游业过程中，当地居民也得到了遗产旅游带来的利益，并且通过遗产保护意识的教育，从而大大增强了居民遗产保护的自觉性。

近几年，丽江古城的保护和管理工作取得了一定的成效，进一步提升保护与发展的双重效率，使丽江古城这颗滇西北明珠放射更加耀眼的光彩，产生更大的效益，是丽江模式始终不渝的目标。

附 录

附录一："丽江民族文化资源保护与开发"搜索关键词

丽江民族文化、丽江文化、丽江生态、《丽水金沙》、丽江古城保护（丽江保护）、丽江文化模式（丽江模式）、丽江文化旅游（丽江旅游、丽江古城旅游）、丽江之水、丽江文化体制改革、丽江文化产业、丽江文化品牌、和谐丽江、丽江山水、丽江印象、丽江现象、丽江记忆遗产公园、世界文化遗产、丽江古城

附录二：A类文章目录

- 丽江古城走"双赢"之路/段松廷//小城镇建设 2002-01
- 丽江启示录——从丽江现象到丽江模式/段松廷//中国民族 2002-01
- 旅游发展与丽江古城命运的思考/杨慧//中央民族大学学报（哲学社会科学版）2002-01
- 古色古香丽江城/狄华//华人时刊 2002-02
- 向质量效益型跨越 建世界级旅游胜地 丽江地区实施旅游二次创业/和光亚//云南日报 2002-02-16
- 丽江大打生态牌/樵山郎//中国水运报 2002-03-01
- 丽江 旅游促销天下奇 胆魄震动外乡人/和向红//人民日报海外版 2002-03-08
- 丽江旅游亟待二次创业（消费视窗）/张帆//人民日报 2002-03-22
- 大理、丽江旅游业发展的启示/江庆波//创造 2002-04
- 丽江古城民居客栈业的人类学考察/宗晓莲//云南民族学院学报（哲学社会科学版）2002-04
- 云南丽江旅游的发展与大研古镇的发展方向问题/魏小安 窦群//小城镇建设 2002-04
- 丽江古城/翁凯//寻根 2002-05
- 从"丽江现象"到"丽江模式"/段松廷//规划师 2002-06
- 丽江的味道/张娟//今日中国（中文版）2002-06
- 丽江古城 人与自然和谐相处的家园/陈琼//大自然 2002-06
- 丽江古城保护断想/段松廷//创造 2002-06
- 丽江民居一瞥/双惠 张文银//大自然 2002-06
- 灵魂之水——漫话丽江水的利用与保护/阿土//大自然 2002-06
- 丽江风韵/廖奔//中国作家 2002-07
- 丽江旅游业发展中须处理好两个关系/和茂卓//创造 2002-07
- 丽江古城建成环境特色探讨/严爱琼 李和平//工业建筑 2002-08
- 专家研讨茶马古道与丽江历史文化/林英 龚国辉//光明日报 2002-08-23
- 《丽水金沙》：丽江文化旅游新品牌/咏刚//云南日报 2002-09-17
- 让丽江古城永葆神韵/田红玉//美术 2002-10
- 丽江保护与开发的思考/曹滢//人民日报（海外版）2002-11-26
- 丽江 山·水·城的交响曲/陈丽萍//今日民族 2002-12
- 论丽江古城的保护利用及可持续发展/木崇根//创造 2002-12
- 丽江旅游业怎样实现可持续发展/孙昱//云南日报 2002-12-11
- 丽江斥巨资保护文化遗产/曹滢//新华每日电讯 2002-12-16
- 滇西"绿宝石"——丽江/凌申//国土绿化 2003-01
- 丽江文化旅游形成超亿元产业//金融界 2003-01-02
- 丽江民族文化成为亿元大产业/李秀春//云南日报 2003-01-03
- 民族风情塑造丽江文化产业/刘佳//市场报 2003-01-09
- 丽江：打造文化产业"舰队"/王咏刚//云南日报 2003-01-14
- 保护中求发展 发展中守特色——世界遗产城市丽江发展概念规划要略/周俭 张松 王骏//城市规划汇刊 2003-02
- 从"丽江模式"看世界遗产的保护与利用/林幼斌 翟勇//云南财贸学院学报（社会科学版）2003-02
- 丽江古城传统民居环境的古今思考/许涛//重庆建筑大学学报 2003-02
- 世界级精品旅游胜地——丽江/杨廷仁 和良辉//人民论坛 2003-02
- 民族文化撑起丽江旅游三分天下//http://travel.sohu.com 2003-02-06
- 丽江：一曲悠扬舒缓的古调/吴志实//书摘 2003-03
- 旅游业发展中的文化价值论——以云南丽江旅游业为例/张波//思想战线 2003-03
- 以文化生命体的观点审视文化遗产地的可持续发展——以云南丽江古城为例/杨宏浩 杨桂华//思想战线 2003-03
- 丽江古城的日常生活空间结构解析/张天新 山村高淑//北京大学学报（自然科学版）2003-04
- 转变观念创新体制 发展丽江文化产业/欧阳坚//云南日报 2003-04-28
- 丽江注重古城保护/秦昕//云南政协报 2003-04-30
- 纳西文化激活丽江古城之魂——丽江古城文化采访札记（一）/张智敏//法制日报 2003-05-16
- 开拓创新 走特色经济发展之路——"丽江模式"的思考与启示/李耿年 王永正//西南民族大学学报（人文社科版）2003-06
- 丽江古城/黄紫薇//河南税务 2003-06
- 留住古城的灵魂 透视丽江古城保护和发展/余金山 和照//风景名胜 2003-06
- 丽江古城让现代商业走开/张帆//人民日报 2003-06-23
- 让丽江古城更惹游人爱/和向红//云南经济日报 2003-06-28
- 活着的丽江古城/刘永杰//旅游时代 2003-08
- 丽江古城拒绝"白色污染"/张伟 李秀春//云南日报 2003-08-18
- 丽江古城的保护和管理/年继伟//云南经济日报 2003-09-18
- 风云舒卷丽水金沙 丽江文化产业发展之路/水月清//支部生活 2003-12
- 创新体制转换机制 做大做强丽江文化产业/欧阳坚//云南社会科学 2004-01
- 初感丽江古城/赵琪//北京规划建设 2004-01
- 东巴文化对丽江旅游业可持续发展的影响/朱桂香//云南师范大学学报（哲学社会科学版）2004-01
- 丽江的水/李梦游//中国民族 2004-01
- 丽江古城纪行/王同//今日中国（中文版）2004-01
- 丽江：文化产业红火/李秀春//云南日报 2004-01-27
- 丽江古城——一部活的历史/郭品 诸昆雄//云南档案 2004-02
- 人居建筑文化的演绎——从丽江古城看当代中国人居文化/林剑晖//有色冶金设计与研究 2004-03
- 丽江古城保护亮出"束河模式"//新华网云南频道 2004-03-31
- 丽江文化产业收入年增3倍/李秀春//云南日报 2004-05-13
- 立足市场发展特色文化产业——丽江启示/王亚南 郑海 施惟达//今日民族 2004-06
- 沸腾的丽江古城（风土人情）/钟锦棠//时代金融 2004-07
- 住宅建设应注重民族文化传统——丽江古城的民居建筑风格探讨/李克力//住宅产业 2004-07
- 从"丽江模式"看世遗的保护与利用/木基元//中国旅游报 2004-07-05
- 城市之光照丽江/米祖明//中国房地产报 2004-07-21
- 从丽江到石林：文化名牌是怎样打造出来的/木基元 普卫华//中国民族报 2004-07-30
- 打造丽江旅游强市/欧阳坚//创造 2004-09
- 论丽江旅游业的可持续发展/朱桂香//学术探索 2004-09

⊙ 丽江旅游发展与生态环境保护对策研究/李力//云南环境科学 2004 – S2
⊙ 丽江旅游独特资源独占优势/赵雪芹//中国证券报 2004 – 09 – 03
⊙ 大理丽江旅游出新招/王菁　张珂//云南经济日报 2004 – 09 – 03
⊙ 丽江：一座古城的文化突围/李承祖　伍皓　曹滢//经理日报 2004 – 09 – 18
⊙ 丽江模式：文化遗产保护、管理与旅游产业发展/年继伟//经贸世界 2004 – 11
⊙ 丽江文化产业的创新与发展/鲁子花//云南政协报 2004 – 12 – 15
⊙ 丽江旅游资源垄断优势明显/潘乐生//股市动态分析 2004 – 36
⊙ 丽江旅游：香格里拉的明珠/刘庆忠//股市动态分析 2004 – 32
⊙ 从丽江走向世界的“布农·铃”/陈小玮//新西部 2005 – 01
⊙ 云南丽江旅游地质资源及开发/赵亮//云南地质 2005 – 01
⊙ 丽江文化产业事业齐头并进/李秀春//云南日报 2005 – 01 – 09
⊙ 丽江文化旅游出新招/江世震　李秀春//云南日报 2005 – 01 – 13
⊙ 丽江古城纳西和汉文化的相互影响与整合/杨福泉//思想战线 2005 – 02
⊙ 丽江古城——让心停留的地方/Jony　一刀//福建质量信息 2005 – 02
⊙ 丽江文化体制改革呈现五大亮点/李秀春//云南日报 2005 – 02 – 22
⊙ 丽江古城的文化景观及法律保护/宋才发//中国民族 2005 – 03
⊙ 丽江古乐/沙蠡//云岭歌声 2005 – 03
⊙ 丽水金沙：立足市场打造精品/李秀春　王永刚　黄华//云南日报 2005 – 03 – 22
⊙ 把丽江建成文化旅游名市/李秀春　王永刚　黄华//云南日报 2005 – 03 – 26
⊙“丽江现象”的思考/俞坚//建筑与文化 2005 – 04
⊙ 丽江“建造文化”之辩/王冬//建筑与文化 2005 – 04
⊙ 丽江古城旅游资源持续开发之我见/于洪//云南民族大学学报（哲学社会科学版）2005 – 04
⊙ 旅游地空间商品化的形式与影响研究——以云南省丽江古城为例/宗晓莲//旅游学刊 2005 – 04
⊙ 丽江记忆遗产公园景观设计　地域文化与现代生活的契合/刘力　刘辉//建筑创作 2005 – 05
⊙ 长河落日——雪中丽江印象/陈建新//浙江档案 2005 – 05
⊙ 彩云之南系列（45）世界文化遗产——丽江古城/欧阳婷婷//云南电业 2005 – 06
⊙ 彩云之南有丽江/丹增//中华遗产 2005 – 06
⊙ 丽江古城　上帝遗落的脚印/阮仪三//中华遗产 2005 – 06
⊙ 丽江古城保护的实践和探索/周鸿　木崇根//中华遗产 2005 – 06
⊙ 丽江之水：让世界文化遗产一直“活”到今天/耿鸿江//中国水利报 2005 – 06 – 25
⊙ 西双版纳与丽江旅游发展中政策作用的比较分析/张伟//财贸经济 2005 – 07
⊙ 有感于丽江的“四个不”/胡代忠//凉山日报（汉）2005 – 07 – 20
⊙ 丽江水文化初探/耿鸿江//水利发展研究 2005 – 08
⊙ 丽江被评为“欧洲人最喜爱的旅游城市”/和向红　和光亚//云南日报 2005 – 08 – 25
⊙ 旅游业的发展对丽江古城社会文化的影响/刘燕//云南地理环境研究 2005 – S1
⊙ 玉龙山下有桃源——浅析丽江大研古城的空间意匠/王睿//东南大学学报（自然科学版）2005 – S1
⊙ 丽江旅游给出承诺/董振汉　朱远灵//云南经济日报 2005 – 09 – 10
⊙ 丽江“整容”迎“大假”/王法//云南经济日报 2005 – 10 – 01
⊙ 丽江的变迁/李东//新西部 2005 – 10
⊙ 让文化担当市场的“主角”——丽江发展文化产业的实践与探索/和自兴//人民论坛 2005 – 10
⊙ 保护经营并重　文化旅游齐飞——丽江文化体制改革纪实/伍皓　李倩　秦晴//人民日报 2005 – 10 – 15
⊙ 丽江古城遭遇商标保护尴尬/肖峰//中国知识产权报 2005 – 10 – 28
⊙ 从束河古城崛起谈丽江小城镇发展思路/杨晓　王新雨//云南经济日报 2005 – 11 – 05
⊙ 丽江文化产业异军突起/华模//云南经济日报 2005 – 11 – 12
⊙ 从资源到产业：丽江的文化产业路径/和慧军//中国文化报 2005 – 11 – 18
⊙ 立足资源优势　推进文化发展——论丽江文化产业发展的对策和措施/和慧军//云南经济日报 2005 – 11 – 19
⊙ 金融支持丽江文化产业的现状、问题与建议//西南金融 2005 – 12
⊙ 丽江规模促销旅游产品/江世震//云南日报 2005 – 12 – 05
⊙ 丽江：中国最令人向往的城市/徐建霞//中国旅游报 2005 – 12 – 05
⊙ 丽江旅游　二次腾飞/查志华//解放日报 2005 – 12 – 05
⊙ 丽江：文化与旅游齐飞/宗吉//云南经济日报 2005 – 12 – 10
⊙ 丽江古城接轨影视产业/江世震　李秀春//云南日报 2005 – 12 – 19
⊙ 文化搅热旅游　丽江冬天不“冷”/储东华　张议橙//云南日报 2005 – 12 – 23
⊙ 丽江巨变：闪现世界的亮点/王法//云南经济日报 2005 – 12 – 31
⊙ 保留传统建筑“内涵信息”——以“丽江现象”为例谈传统建筑的保护与更新/王琪　魏宏杨　钟纪刚//中国建设信息 2005 – 22
⊙ 大理人看丽江/段蔚//中华遗产 2006 – 01
⊙ 丽江打造国际文化旅游名市/李秀春　江世震//云南日报 2006 – 01 – 05
⊙ 丽江发展三部曲/郑劲松　刘萍//中国环境报 2006 – 01 – 11
⊙ 丽江市政协力保古城魅力长存/段明良　周少诚//人民政协报 2006 – 01 – 14
⊙ 保护历史名城　沱江居民看丽江/杨胜国//团结报 2006 – 01 – 16
⊙ 全球化背景下的民族文化及其发展——以世界文化遗产地丽江古城为例/刘天墨　张晓萍//衡阳师范学院学报 2006 – 02
⊙ 世界文化遗产丽江古城建筑艺术/和勇//民族艺术研究 2006 – 02
⊙ 丽江从废墟中崛起/木艳元　木崇生　李洁//中国税务报 2006 – 02 – 08
⊙ 丽江旅游实现“开门红”/张信//云南日报 2006 – 02 – 09
⊙“文化立市”助推新丽江文化产业 10 – 战略展望/王法//云南经济日报 2006 – 2 – 18
⊙ 保护丽江古城和东巴文化//东方早报 2006 – 02 – 23
⊙ 水　丽江古城的血液/耿鸿江//人民长江报 2006 – 02 – 25
⊙ 魅力无穷的丽江/蔡平//炎黄纵横 2006 – 03
⊙ 丽江旅游　开发不忘保护/佘惠敏　周斌//经济日报 2006 – 03 – 01
⊙ 活着的古城　永远的丽江/郑建苹　汤莉　张妍　陈燕//中国建设报 2006 – 03 – 16
⊙ 看丽江　说东巴/宋明//凉山日报（汉）2006 – 03 – 31
⊙ 为丽江旅游献计/和文//云南日报 2006 – 03 – 31
⊙ 丽江的旅游开发对传统纳西文化传承的影响/廖冬梅　张诗亚//民族教育研究 2006 – 04
⊙ 和谐丽江的守护者/茶莹//人民法院报 2006 – 04 – 18
⊙ 基于循环经济理念的旅游区管理体系的构建——以丽江古城旅游区为例/李庆雷　廖春花　明庆忠//生态经济 2006 – 05
⊙ 历史城镇旅游发展模式比较研究——威尼斯和丽江/陶伟　岑倩华//城市规划 2006 – 05
⊙ 丽江：十年旧貌换新/颜行者//今日中国（中文版）2006 – 05
⊙ 丽江的稀世三宝/刘文起//文化交流 2006 – 05
⊙ 丽江古城　一块诗意栖居的乐土/杨福泉//民族论坛 2006 – 05
⊙ 丽江旅游业发展的十条经验/和春雷//中国旅游报 2006 – 06 – 26
⊙ 丽江调整产品结构　培育高端市场/刘栗//中国旅游报 2006 – 06 – 28
⊙ 丽江发展民族文化产业的实践与探索/和自兴//求是 2006 – 07
⊙ 丽江市诚信建设提升旅游品牌/李秀春//云南日报 2006 – 07 – 16
⊙ 丽江烙上张艺谋“印象”　云南崛起依靠文化牌/橡子//第一财经日报 2006 – 07 – 24

⊙ 丽江民族文化产业建设的探索/和自兴//中国民族报 2006－07－28
⊙ 独辟蹊径造就《印象·丽江》/谭雅竹//云南日报 2006－07－28
⊙ 丽江古城大酒店设计构思/刘卓伦//南方建筑 2006－08
⊙ 丽江：政府主打城市运营牌——访丽江市副市长杨一奔/赵文娟 荆兰竹//城市开发 2006－09
⊙ 丽江市长：保护丽江　最主要是保护纳西民族文化//网易旅游专稿 2006－09－07
⊙ 丽江：纳西族民居/吴玺//国土资源 2006－10
⊙ 丽江：妇女投身文化旅游业/李秀春//云南日报 2006－10－16
⊙ 要站在更高的平台打造好丽江文化品牌//丽江旅游网 2006－10－19
⊙“丽江模式”吸引世界眼球/江世震//云南日报 2006－11－01
⊙ 为了丽江古城的平安/杨树华　袁道钊//云南日报 2006－11－01
⊙ 云南丽江宁舍金山保青山/杨跃萍//中国建设报 2006－11－10
⊙ 加快发展建设和谐丽江/和自兴//云南日报 2006－11－28
⊙《丽水金沙》演绎文化产业神话/任维东//光明日报 2006－12－01
⊙ 论民族型景观之物境意境情境——以丽江古城为例/高明//陕西教育（理论版）2006－12
⊙ 丽江古城/亚楠//审计月刊 2006－12
⊙ 本土的特色文化——丽江文化产业发展现象//金融时报金时网 2006－12－05
⊙ 丽江古城恢复历史走向未来/周雷//华东旅游报 2006－12－12
⊙ 和谐丽江：文化多样性的典范//云南日报网 2006－12－13
⊙ 丽江旅游文化掀起新一轮开发热潮/沈向兴　李秀春//云南日报 2006－12－30
⊙ 东巴档案与丽江旅游的互动/杨毅　张会超//兰台世界 2006－14
⊙ 丽江的持续性优势/刘丽娟//商务周刊 2006－17
⊙ 旅游业的发展对丽江民族关系的影响/杨文顺//西南边疆民族研究 2007－08
⊙ 世界文化遗产丽江古城研究综述/吴其付　王汝辉//旅游科学 2007－01
⊙ 多元文化资源整合与区域文化旅游创新发展——以云南丽江为例/周智生//资源开发与市场 2007－01
⊙ 丽江古城城市格局三元论及其文化透视/吴其付　李小波//城市发展研究 2007－01
⊙ 徐霞客的文化生态观与丽江生态环境保护/禹志云　李现武//云南师范大学学报（哲学社会科学版）2007－01
⊙ 丽江文化产业走出一条特色发展道路//新华网 2007－01－10
⊙ 丽江古城水环境现状与调控对策研究/范弢　杨世瑜//资源开发与市场 2007－02
⊙ 丽江历史/于立平　曹荆//中国地名 2007－02
⊙“金发碧眼”钟情丽江/江世震//云南日报 2007－02－18
⊙ 活着的古城——世界文化遗产丽江古城保护成就斐然//宏观经济研究 2007－03
⊙ 活着的茶马古道重镇——丽江大研古城/羽舞茗伶　陈安定//普洱 2007－03
⊙ 丽江着力推进文化产业发展/李秀春//云南日报 2007－03－05
⊙ 基于旅游影响感知的丽江古城居民类型划分/黄玉理//云南地理环境研究 2007－04
⊙ 丽江旅游三大募资项目“以变应变”/钟彩//证券时报 2007－04－06
⊙《印象·丽江》（雪山篇）　生命与自然的对话//西南航空 2007－05
⊙ 丽江古城的旅游发展与水污染研究/宁宝英　何元庆//中国人口资源与环境 2007－05
⊙ 论丽江纳西族丧葬方式的变迁/和丽东//云南师范大学学报（哲学社会科学版）2007－05
⊙ 丽江加快培育新兴文化旅游精品/李秀春//云南日报 2007－05－08
⊙ 丽江得一创特色添活力/李秀春　杨辉煌//云南日报 2007－05－10
⊙《印象·丽江》的经济印象/赵明//中国经济时报 2007－05－15
⊙ 触摸丽江古城/肖功勋//湖南安全与防灾 2007－06
⊙ 丽江古城刷卡无障碍　示范街建设存在的问题及对策//时代金融 2007－06
⊙ 丽江旅游资源的可持续开发与利用/张祖林//云南民族大学学报（哲学社会科学版）2007－06
⊙ 旅游影响的因子体系及生成机制——以丽江为例/肖佑兴//人文地理 2007－06
⊙ 金融支持丽江旅游产业可持续发展调查/张世雄　和呈文　李新毅//金融时报 2007－06－25
⊙ 丽江古城东郊环境整治及旅游开发的理念//中国旅游报 2007－06－27
⊙ 和谐丽江与纳西文化传承/杨菊仙　杨文//云南档案 2007－07
⊙ 金融支持云南旅游文化产业可持续发展研究——以丽江为例/王智勇 赵越//经济问题探索 2007－07
⊙ 丽江古城　保存完好的少数民族建筑群落//青年与社会 2007－07
⊙ 丽江古城——茶马古道一重镇/魏鸿//驾驶园 2007－07
⊙ 浅析丽江旅游业发展与环境保护/汤金丽　张文　杨世美//时代经贸（下旬刊）2007－07
⊙ 丽江古城管理局局长和仕勇访谈录/施兰英//云南经济日报 2007－07－06
⊙ 丽江木府：纳西的“紫禁城”/张琨　李铎业//西部时报 2007－07－17
⊙ 丽江旅游扩张迈出第一步/陈锡伟　谭晓雨//中国证券报 2007－07－18
⊙ 打响丽江文化和纳西文化研究品牌//丽江政务网 2007－07－19
⊙ 丽江旅游拟定向增发/仁际宇//证券时报 2007－08－15
⊙ 丽江旅游对税收的影响/苏丽霞　李文清　赵芳　李新毅//金融时报 2007－08－28
⊙ 丽江文化旅游联动发展/李秀春//云南日报 2007－08－31
⊙ 从丽江古城谈遗产地文化保护和发展的一些想法/杨福泉//西南民族大学学报（人文社科版）2007－09
⊙ 丽江文化旅游联动发展//中国丽江旅游网 2007－09－04
⊙ 从丽江山水看火热的旅游文艺市场//快旅网 2007－09－14
⊙ 世界的“丽江模式”/李秀春//云南日报 2007－09－19
⊙ 丽江古城保护的主要做法及对策/和仕勇//社会发展 2007－10
⊙ 丽江旅游业对环境的影响之定性分析/汤金丽　张文//新西部（下半月）2007－10
⊙ 世遗保护专家：丽江古城保护模式可推向世界//http：//www.sina.com.cn 2007－10－09
⊙ 联合国教科文组织为丽江颁发遗产保护优秀奖/杨圣云//中国文物报 2007－10－19
⊙ 丽江文化旅游成为滇经济新的增长点/大洋//中国质量报 2007－10－30
⊙ 文化产业助推丽江旅游新发展/张飙//中国旅游报 2007－11－09
⊙ 丽江玉水寨民族文化旅游的发展理念/和锐//中国旅游报 2007－11－19
⊙“丽江现象”对云南省申报世界遗产的启示/苏宏华//科技情报开发与经济 2007－12
⊙ 丽江遐思/张素梅//老年教育（长者家园）2007－12
⊙ 民族地区旅游发展战略转换探究——以云南大理、丽江典型案例/张瑛//产业与科技论坛 2007－12
⊙“充电”本土文化　丽江古城推广文化旅游互动//云南旅游网 2007－12－07
⊙ 丽江古城成功申遗十周年/秦晴//西部时报 2007－12－07
⊙ 丽江推广文化旅游互动/王法//西部时报 2007－12－14
⊙ 丽江古城实现保护与发展双赢/李秀春　杨剑锋　乐志伟//云南日报 2007－12－17
⊙ 丽江推进旅游业转型升级/李秀春//云南日报 2008－01－06
⊙ 丽江外宣助推“丽江品牌”/李秀春//云南日报 2008－01－08
⊙ 5 年前丽江早已悄然“禁白”/柯学东//西部时报 2008－01－18
⊙ 打造精品　构建和谐丽江/刘欣//云南日报 2008－01－24

⊙ 走进丽江古城——丽江古城规划建设和保护探秘/黄海//城乡建设 2008－02
⊙ 丽江白族的历史文化特点初探/杨文顺//云南民族大学学报（哲学社会科学版）2008－02
⊙ 丽江纳西族的习惯法与环境保护/兰元富　陈小曼//贵州民族学院学报（哲学社会科学版）2008－02
⊙ 丽江生态和旅游实现双赢/李秀春//云南日报 2008－02－11
⊙ 丽江文化产业成为经济增长亮点//云南信息港 2008－02－15
⊙ 旅游循环经济视野下的丽江古城旅游业发展研究/王丽娟　李云霞//商场现代化 2008－03
⊙ 以现代生态学观点看丽江大研古城的演进/邓炀　王晓博//山西建筑 2008－03
⊙ 试论丽江古城的保护与发展/吴晓敏　车震宇//科技风 2008－03
⊙ 以节庆营销塑造旅游目的地品牌——以云南省丽江为例/郝胜宇//小城镇建设 2008－03
⊙ 丽江：打造可持续发展新平台/江世震//云南日报 2008－03－25
⊙ 对话丽江：利用自己的优势特色加快发展/李寅//中国民族报 2008－03－28
⊙ 丽江实现又好又快发展的思路与对策/和自兴//宏观经济研究 2008－04
⊙ 谋丽江发展　创特色品牌/和自兴//学习时报 2008－04－07
⊙ 文化丽江更绚烂/蒋安全　宣宇才//人民日报 2008－04－16
⊙“限塑令”与丽江的“禁白令”/和静钧//检察风云 2008－05
⊙ 以丽江为例探索历史遗产古城和小商品经济的协调发展/姚海燕　万强//现代城市研究 2008－05
⊙ 生物多样性保护　丽江处在前沿阵地/杨会民//云南经济日报 2008－05－13
⊙ 丽江整合资源推动旅游业加快发展/杨德山　吴雪//云南经济日报 2008－05－20
⊙ 丽江在废墟上完成文化重建/王婧姝//中国民族报 2008－05－30
⊙ 丽江印象/董烨//2008－06
⊙ 我们拿什么还给自然——以丽江古城为例的生态服务功能/陈民　梅春萍//旅游时代 2008－06
⊙ 探寻现代化进程中民族文化保护的丽江之路/和自兴//学习时报 2008－06－09
⊙ 丽江文化产业异军突起//中国通用旅游 2008－06－10
⊙ 丽江：魅力四射的古城//经济日报 2008－06－11
⊙ 说说“丽江模式”//文化创意产业网 2008－07－16
⊙ 丽江文化产业成为经济增长亮点//昆明中国 2008－08－08
⊙ 丽江古城：城市规划与自然结合的典范/李爱国//中国建设信息 2008－09
⊙ 丽江古城——一首凝固的古老歌谣/王卉//魅力中国 2008－11
⊙ 从建筑形式的角度分析丽江木府和北京故宫异同/肖晖　魏开云//科技创新导报 2008－12
⊙ 丽江古城：在开发与保护中艰难磨合/杨跃萍//经济参考报 2004－06－08
⊙“丽江现象”的思考/俞坚//建筑与文化 2005－04

附录三：B 类文章目录

⊙ 丽江：旅游越发展古城越衰败？/曹滢//新华每日电讯 2002－10－15
⊙ 丽江古城　危机四伏/张文凌//市场报 2003－03－06
⊙ 丽江惬意　古城堪忧/冯雷//人民日报海外版 2003－04－08
⊙ 丽江：旅游病和城市化之痛/克塞//建筑时报 2004－05－06
⊙ 对“丽江现象”的批判与思考//http：//www. xici. net 2004－06－03
⊙ 北京旅行社不满丽江景点捆绑/江文兵//北京现代商报 2005－12－15
⊙ 谁颠覆了梦中的丽江/宋继英//文学教育（上）2007－04
⊙“原真”的丽江哪儿去了？/刘敏//新华每日电讯 2007－07－19
⊙ 古城丽江遭遇“黄牌”/晓吾//防灾博览 2008－01
⊙ 谁动了我的丽江古城/刘敏//经济参考报 2007－07－18

附录四：C 类文章目录

⊙ 丽江之痒/易颖//南方周末 2003－07－10
⊙ 丽江：谁的古城？/易颖//南方周末 2003－07－10
⊙ 丽江：十字路口如何走向？/喻菲　刘畅　冯国//华东旅游报 2005－09－06
⊙ 丽江的旅游开发对传统纳西文化传承的影响/廖冬梅　张诗亚//民族教育研究 2006－04
⊙ 基于循环经济理念的旅游区管理体系的构建——以丽江古城旅游区为例/李庆雷　廖春花　明庆忠//生态经济 2006－05
⊙ 文化休闲旅游符号的思考——以丽江大研古城和徽州古村落为例/丁雨莲　陆林　黄亮//旅游学刊 2006－07
⊙《印象·丽江》能否再创“印象经济”辉煌/刘存学//中国旅游报 2006－07－28
⊙ 云南丽江玉龙雪山环境保护与经济开发之争/杨跃萍//西部时报 2006－10－17
⊙ 旅游业的发展对丽江民族关系的影响/杨文顺//西南边疆民族研究 2007－05
⊙ 丽江加倍收取古城维护费　外国客“难理解”/刘敏//新华每日电讯 2007－07－13
⊙ 丽江古城的文化流失//中国艺术网 2007－10－15
⊙ 从丽江、大理看旅游开发与传统文化保护的互动关系/王曦//经济师 2006－12
⊙ 丽江禁用塑料袋 5 年调查/柯学东//今日国土 2008－Z1
⊙ 丽江生态厕所的发展现状及管理对策初探/胡晓//科技创新导报 2008－20

横 店 影 视 城

一、2008年7月—9月，我们设计了20个中文关键词（见附录一），在网上对“横店影视城”进行搜索，剔除其中大量的无效信息、重复信息和只字片语式的评论，得到的统计结果是：2002年—2008年9月5日，纸质媒体、公共网站发表的各类研究、评论、报道共计162篇。

二、我们根据上述统计材料，对相关内容进行了分类，得出以下结论：

A：在共计162篇的评论、研究和报道中，对横店影视城予以充分肯定、基本肯定的文章共计144篇，占总数的88.9%。（见附录二）

B：在共计162篇的评论、研究和报道中，对横店影视城予以完全否定、基本否定，或只做负面报道的文章共计5篇，占总数3.1%的。（见附录三）

C：在共计162篇的评论、研究和报道中对横店影视城无明确评价指向或无法做出分类归属的共计13篇，占总数的8%。（见附录四）

三、我们从上述162篇文章中辑录出有关横店影视城的重要研究观点53条。

四、我们从上述162篇文章中，辑录出有关横店影视城产业效益方面的报道34条。

五、我们集体讨论选编了有关横店影视城的重要文章5篇。

1. 从文化产业和大文化角度看横店模式/艾丰//中国县域经济报2007－12－17

2. 浙江横店影视产业实验区产业集群形成机理分析/楼彩霞//浙江传媒学院学报2008－04

3. 以大文化手笔打造影视产业链——浙江横店发展影视文化产业的特色和启示/陆天良//科技资讯2007－09

4. 横店构建影视产业集群的模式与启示/刘小铁//声屏世界2007－06

5. 打造横店影视产业链的成功尝试/徐永安//中国广播电视学刊2005－03

六、附录

附录一：“横店影视城”搜索关键词

附录二：A类文章目录

附录三：B类文章目录

附录四：C类文章目录

重要观点辑录

关于“横店影视城”的文化价值、意义、启示

作为我国第一个影视产业实验区，浙江横店影视产业实验区的未来追求是成为在全国和海外具有集聚力和辐射力的影视实景拍摄基地、影视生产经营基地、优秀影视人才的创业基地和影视高新技术的集聚中心。

（摘自檀梅：《首个国家级影视产业实验区落户横店》，《浙江日报》2004年2月8日）

横店影视城正通过影视文化和旅游资源的不断整合、旅游产品的不断升级开发，逐步向打造影视主题旅游公园转变。“集中国影视旅游文化之精义，打造国际化观光与休闲梦幻之城、快乐之都”，这已成为横店影视城的旅游开发理念。

（摘自刘小娟：《互动式体验式节目激活横店旅游》，《金华日报》2005年7月5日）

横店集团发展文化产业由于采取了继承借鉴和改革创新相并重、整体推进和重点突破相结合的方法，在高起点、重规模的建设中，已初步形成大文化产业框架，并走向了经济发展与文化发展相协调、社会效益和经济效益相统一的可持续发展道路。

从社会效益看，横店的文化产业具有教育公民、陶冶情操、强化精神文明的积极作用，如广州街影视基地已先后被列为浙江省爱国主义教育基地、国防教育基地和禁毒教育基地，其他一些基地也先后被评为东阳市和金华市的各类教育基地。文化产业的兴起丰富了社区人民的精神生活，使社区的生活质量和人的文化素质得到了显著提高，整个社区不良社会现象急骤减少，横店呈现出一派社会稳定、祥和、进步的新景象。

从经济效益看，横店文化产业的“龙头效应”带动了第三产业全面发展，创造出大量就业机会。横店影视城的直接旅游收入在保持20%以上递增速度的基础上不断攀升，由旅游带动的餐饮住宿消费也迅速增加，横店正在迅速成为浙江省的一个新兴旅游大景区。旅游业的兴盛又带动了商贸业的发展。横店集团已建起规模巨大的国际商贸城，才半年时间就已成功地举办了国际食品与食品加工技术设备博览会等4个大型会展以及多个商品展销会。

（摘自胡天申　周江峰：《横店文化产业风景正好》，《中国文化报》2003年7月26日）

横店以影视拍摄基地为依托，以影视文化为内涵，以旅游观光为业态，以休闲娱乐为目的，将影视旅游作为一个产业加以发展。其经验对于影视拍摄基地转型和影视旅游的发展具有很强的借鉴意义。

影视旅游发展期经历了两大转变

从横店影视旅游10年的发展过程看，可分为两个阶段。

第一阶段：1996年至2001年，是影视拍摄基地建设期，这期间秦王宫、广州街—香港街、清明上河图、大智禅寺等十多个影视拍摄基地相继建成，吸引了一大批影视剧组来此取景。此间影视旅游还停留在粗放经营阶段，客源还以周边为主。

第二阶段：2001年至今，是影视旅游的发展期。此间实现了两大转变。一是以国家级首个影视产业实验区的成立为标志，实现了影视拍摄基地向影视产业基地转化。在这一阶段，横店涌现出大量为摄制组服务的机构，拉长了影视文化产业链。这些机构包括了策划、创作、拍摄、制作、影视产品的营销、服装道具的租赁、群众演员的培训等等，可以统称为“影视产业的孵化器”。2004年，国家广电总局在横店设立了首个也是唯一的国家级影视产业实验区，加快了产业集聚；同时，利用这一特定载体，吸引了海内外资金和力量，使更多的影视制作公司到这里生根落户。二是从影视拍摄基地向影视主题公园转化。随着影视剧的发行与媒体的宣传，横店影视拍摄基地涌入了大量的游客，使吃、住、行、游、娱、购等旅游六要素得到了迅猛的发展。2001年，横店对旅游资源进行整合，组建了横店影视城有限公司，并将影视拍摄基地、景区旅游、宾馆饭店、餐饮服务等经营业务高度集中、统一管理。与此同时，加强了影视旅游产品的开发力度，使大量的影视元素注入旅游产品中。

（摘自蒋祖云：《横店影视旅游产品的开发》，《中国旅游报》2006年9月4日）

横店提出了“影视为表、旅游为里、文化为魂”的影视旅游开发指导方针，遵循“以影视元素为基础，以互动参与的理念为核心”原则，通过“借”、“挖”、“仿”、“引”等手段，积极开发具有市场号召力的旅游产品。

“借”，是指借助影视拍摄基地剧组多、明星多、演艺元素多等优势，推出影视旅游的核心产品——演艺类旅游产品。清明上河图是横店拍摄影视剧最多的景区，《杨门女将》、《大宋提刑官》、《聊斋》、《宝莲灯》等收视率极高的影视剧均在此拍摄取景。横店影视城“借”这些影视剧的影响力，适时地推出：《杨门女将》“辕门斩子”演艺表演、宋提刑巧断瓜果案、聊斋鬼屋、用宝莲灯精彩片段进行后期制作的“与你同录”等参与性极强的旅游活动。最值得一说的是明清宫苑的“明星见面会”，它是“借”影视明星的知名度来吸引游客的。横店影视拍摄基地平均每天都有十多部戏在拍，众多影视明星云集。因此，横店影视基地在免收拍摄场租费的同时，要求剧组派出明星参

加与观众的见面会。“明星见面会”已坚持了二年，成为横店旅游的一大特色。

“挖”，是指挖掘每一个影视拍摄基地所代表的历史朝代中的文化内涵，用适当的方式展现出来。例如：江南水乡是融合江浙周庄、乌镇等六大古镇精华于一体的影视拍摄基地，以展现20世纪30、40年代的江南民俗风情为特色。先后推出的丝竹音乐《江南遗韵》、皮影戏表演和《梦里水乡》等表演项目，特别是为突出“水”的特色，推出了颇具影视特色的灾难体验性旅游项目——《暴雨山洪》，充分利用声光电水和影视特技，形成暴雨如注、山洪如兽、死里逃生的场景，把水文化表现得淋漓尽致。

“仿”，是指充分利用影视大片的相关道具，展示影视的经典场景或片断，给游人一种崭新的体验。《无极》是在横店秦王宫拍摄的，魔幻王城场景在拍摄完毕后就已拆除。但随着《无极》电影的播映，探寻《无极》诞生地就是一个旅游卖点。于是，横店投资仿建了一座“无极魔幻城”，并推出“杀王救倾城”和“放真人风筝”两个经典影视片断，深受游人喜爱。横店还抓住游客想当一回演员过把瘾的心理，推出了“我到横店当演员”DV游旅游项目，由横店提供专业的设备、服装、道具、剧本、化妆、场景、导演、摄制组等服务，游客只要按剧情表演即可，成为年轻人热衷的旅游活动。目前，金华、台州等地电视台还专门设置栏目，播放游客的DV，并由电视观众进行评奖。

“引”，是通过引进高科技手段开发旅游产品，或通过引进相关的旅游活动充实现有景区的旅游项目。前者如广州街—香港街的“怒海争风”，就是引进大量高科技的影视特技手法，开发出的大型全景式海战节目；后者如江南水乡的“火把节”、“泼水节”、“傩舞表演”等，在原有活动基础上进行创新改造，以符合景区的文化特色。

（摘自蒋祖云：《横店影视旅游产品的开发》，《中国旅游报》2006年9月4日）

新年伊始，横店影视城向海内外市场推出令人耳目一新的现代体验休闲旅游新概念。即将隆重推出的自主研发旅游产品和全年极富个性化的旅游活动，将现代旅游的体验性、时尚性、互动性表现得淋漓尽致，其有望成为2007年业界一道亮丽风景。

一系列主题鲜明、气氛热烈的大型群体集会活动今年将陆续在横店影视城各景区炫目亮相：以大智禅寺大型新春祈福等活动为内容的“快乐横店、九福闹春”红红火火过大年活动把中国新春福文化演绎到极致，八婺民俗演艺展示金华地区最纯正的民俗文化，百对新人在广州街—香港街的大型现代集体婚礼秀让人感同身受传统婚典的温馨浪漫，而“心手相连万人迎奥运篝火歌舞晚会”等大型活动则将大都市的时尚和激情浓缩在横店绵延几千年中国传统文化的各朝代仿古建筑群中。

另外，各种富有创意的横店影视城冠名赛事也做足“眼球经济”的功夫：“华东六省一市地级市电视台旅游专题片邀请赛”将集中横店影视城精华景观在华东各大电视媒体上播出，“我眼中的横店DV游大奖赛”让游客一不小心成为旅游风光片的主创者，“最感人的网恋故事大奖赛”将演绎出现代的经典爱情名篇，全国摩托车越野锦标赛在横店赛车场的举办也将吸引众多的爱好者前来助阵。

为了引爆今年旅游市场，横店影视城目前正倾力打造“梦幻谷”主题公园、“珠江好婚”客家婚礼演出等项目，预计在半年后推向市场。“梦幻谷”项目将以超凡的想象力和艺术表现力，结合影视置景技术和高科技手段，营造出神秘诡异的热带风光景观，成为浙中地区最大的夜间开放主题公园。其中，大型全景舞台音乐剧《梦幻太极》极具视觉震撼力，强大的演出阵容、精美绝伦的舞美效果、熔岩奔涌的火山爆发实景模拟场面必将令无数游客为之动容，有望成为国内主题公园大型实景演出的扛鼎之作。

过去的2006年，横店影视城以其独特的的魅力吸引了395万人次的游客纷至沓来，时至今日，随着新的旅游产品即将成功运作以及一系列内容丰富多彩活动的展开，游客将与日俱增，横店影视城作为以影视文化为特色的体验休闲型大型主题公园得以名至而实归，其独特的成功运作模式已成为国内旅游产业一个著名范例。

（摘自陶永强：《横店影视城力推旅游新概念》，《江南游报》2007年1月11日）

“横店影视”是在横店已有数百部影视剧拍摄，并因此创造大量就业机会，形成庞大群众演员队伍的基础上，通过整合资源，实现由提供拍摄场景向拍片、制片转化所培育的新兴产业。

按照影视文化产业发展的特点，注入全新的民营经济发展理念，借鉴国内外影视文化产业发展的成功经验，推动体制创新，发挥政策优势，形成既符合影视产业发展规律又符合市场经济规律的影视文化产业生产经营一体化、产业链发展充分化的依托基地集聚经营与盈利的模式。这就是横店集团影视文化产业实现历史性突破的奥秘。

（摘自曾毓琳：《横店影视文化产业实现历史性突破》，《江南游报》2006年12月28日）

日前，上海国际电影节评选出8家“最具特色影视基地”，拍摄过多部知名影视作品的浙江横店影视城，成为最具历史跨度影视基地。

（摘自《横店影视城上海国际电影节获最具历史跨度殊荣》，新浪网2007年6月20日）

横店影视城，虽然地处浙江中部，交通极为不便，落后于其他旅游胜地，先天不足，但她以品牌文化建设为发展的内在原动力，借中国的千年文化成就了自己的今日，让人赞叹。而她也时刻记着自己肩上对中国古老文化的责

任。收集那些即将面临失传的中国民间曲艺，整理并使之在影视城表演，让它继续流传下去——傩舞的演出就是横店在回报中国古老文化，她将继续默默为延长中国古老艺术文化的生命而努力下去。

品牌文化的魅力是诱人的，然而，品牌文化的建设和培育却是循序渐进的过程，就像修建长城，不可能一蹴而就。它需要企业集合智力资源、财力资源等，以品牌的核心价值为主线，贯穿与品牌相适应的文化背景元素，进行合理的整合、演绎与传播，日复一日，年复一年。“影视为表、旅游为里、文化为魂”——坚持着这样的发展经营战略，横店影视城正一丝不苟地在为全力打造横店影视城“中国好莱坞”的品牌努力着。虽然后面的道路还很长，但越是民族的，就越是世界的，相信横店影视城定能带着“中国”的东西，走向世界，弘扬民族文化，实现自己国际化的目标！

（摘自吴海娟：《横店影视城决胜未来的三把钥匙与三大招数》，《中国旅游报》2007 年 6 月 8 日）

近日，美国国家公共电台的报道称，“中国好莱坞”成中国发展缩影。

该报道称，中国南部的横店影视城已经是世界上最大的影视城之一，它看上去至少有派拉蒙和环球两个影视城那么大。

许多游客坦言，他们来横店并非为了欣赏电影的光彩夺目，而是从那些仿拟老建筑中了解中国的往昔。

近年来，随着横店影视产业实验区、横店影视城知名度的不断提高，来横店拍片、采访的国外影视制作机构、新闻媒体越来越多。美国、德国、加拿大、印度、芬兰、韩国、日本等 10 多个国家的影视制作机构先后来横店拍摄了 20 多部影视剧，如美国电影《生死有命》、《功夫之王》，韩国电影《飞天舞》、《千年湖》、《中天》、《无影剑》，芬兰电影《玉战士》，加拿大电影《马可 · 波罗》、《龙小子丹比》、《铁路》，日本电影《李香兰》等等。日本产经新闻、美国国家公共电台、韩国 KBS 电视台、英国天空新闻频道、瑞典 WESTLUND 制作公司等国外一些知名媒体也相继来访，对横店影视产业实验区和横店影视城进行了报道，使横店影视城这一目前中国拍摄场景最多，配套设施最全，历史跨度最大、规模世界第一的影视拍摄基地声名远播。

（摘自《美国国家公共电台称横店影视城成中国发展缩影》，业界纵览网 2007 年 8 月 25 日）

横店影视实验区有关人员说，在美国好莱坞有哥伦比亚、索尼、沃纳、派拉蒙、福克斯、迪斯尼、MGM、环球影视等八家主要制片公司，其中已有五家将横店当作重要拍摄基地。另外，在横店拍摄的一些影片如《英雄》、《无极》等，也被美国好莱坞的一些制片公司买断了海外发行权。美国《好莱坞报告》是专门报道美国好莱坞的一本杂志。从前年开始，它开始关注横店。在接受《纽约时报》记者采访时，《好莱坞报告》杂志社北京办事处主管乔纳森 · 兰德莱斯说：“我为什么会来中国？因为好莱坞其他人都来了。”

如果将两者进行对比，美国好莱坞已走过 120 多年历程，而从 1995 年为《鸦片战争》拍摄在横店建立影视基地广州街到现在，横店的影视事业只走过 10 多年路程。美国好莱坞赴横店考察的一名导演告诉记者，虽然收入规模、年拍摄影片数量还无法与美国好莱坞相比，但在横店他们已经找到了美国好莱坞的感觉。

（摘自蒋中意　吴子全：《横店影视城追赶美国好莱坞》，《金华日报》2007 年 8 月 28 日）

六大新景区各有特色：汇聚古今艺术精品的横店华夏文化园经过 4 年多建设，多处景点已完工，游人入内仿佛走进了历史文化长廊，在漫游中去认知华夏文明进步的沧桑变化；中国革命战争博览城毗邻红军长征博览城，仿建有中国共产党“一大”至“七大”会址、延安和西柏坡中共中央办公旧址等，并展出相关的图文资料；集休闲娱乐和健康教育于一体的合欢谷，融合异域浪漫风情和高科技梦幻娱乐魅力，以爱神娱乐广场、情侣休闲度假区、情海娱乐园、性文化展馆、环幕花海高科技娱乐馆等景点突出爱情主题，并引入异域风情表演，使游客在获得愉悦观感的同时，接受到健康知识教育；明清民居博览城分为“秦淮河”和“桃花源”两大区域，“秦淮河”又以江南贡院和秦淮人家分成两大景系，再现了有“九朝古都”之称的金陵旧貌；九龙文化博览园按东南西北方位，照金木水火土五行之说，对九道大峡谷进行精心设计，塑起了各具特色的九条巨龙，而对应龙名，每条龙的腹内又各藏故事，分门别类地展示了百科知识。

梦幻谷是横店影视城在产品升级中整合江南水乡、横店老街和文化村的旅游资源，精心打造而成的大型影视旅游主题公园，以展示火山爆发、暴雨山洪等自然现象及自然风貌为主，配以各种游乐设施和演艺活动。“火山爆发”是该景区大型演艺节目“梦幻太极”的高潮部分。高 35 米的火山在漆黑的夜里突然爆发，山崩地裂，火光迸射，浓烟弥漫，热浪冲天，火山的岩浆急速流泻而下，可谓气势磅礴，撼人心魄，令人叹为观止。

（摘自：《浙江横店影视产业实验区六大新景区正式开业》，大商圈网 2007 年 12 月 10 日）

横店影视城的集聚效应为它自身的发展提供了条件，带动了一大批相关产业的发展，带来了显著的经济效益和社会效益。（1）经济效益。靠影视出名，靠旅游赚钱，这就是横店影视城的盈利模式。方圆 10 平方公里的横店，有十余家星级宾馆、8000 多个床位，无论是高档酒店还是

基地宾馆、游乐园、健身中心、演艺中心等，设施配套齐全。人流的涌动，给横店的宾馆、餐饮、娱乐、运输业都带来了勃勃生机，也带动了当地商贸、金融等其他相关产业的发展。影视业带来了第三产业的发展，尤其是在免收场地费这一举措之后，给当地农民创造了大量的就业机会。(2) 社会效益。影视城对于当地文化的传播、提高当地人们的素质都是一种很好的途径。如《鸦片战争》这种爱国主义题材影片的拍摄，就可以激起人们的爱国主义热情。此外，影视城的发展带动了当地城市化的进程，实现了横店由农村到城镇再到城市的历史性变迁。

（摘自刘慧娟：《横店影视城的文化产业集群效应》，《企业改革与管理》2008 年第 5 期）

关于“横店影视城”的成功原因

在旅游产业蓬勃兴起的环境中，横店影视城从名不见经传到声名鹊起，一跃成为首批国家 AAAA 级旅游景区之一，被誉为“东方好莱坞”。但是横店影视城并不满足于此，他们着眼于国内外旅游市场，以独特的经营理念、完整的营销网络和专业开发思路，全力把影视城打造成为华东旅游新热点和观光中心，使其逐渐成为国内影视特色旅游胜地。

横店影视城在景区改造和丰富内容上花大力气。他们投入巨资，加快明清宫苑二期建设，使明清宫苑具有明清时代皇宫的特色，而且还设计了王府、老北京民居等建筑，使其成为展现老北京胡同文化和明、清皇家宫苑的一个完整集锦，让游客在江南也能领略到集北国风光与皇家宫殿于一体的老北京景观。横店影视城还投资改造影视城各个景区，增加景区的时代特色和年代氛围，展现历朝历代独有的文化内涵，特别是利用影视的影响和手段，以扩大影视城的影响。如秦王宫的改造，充分利用著名导演张艺谋拍摄的电影《英雄》的场景，再现浓郁的秦代特色和皇家风格。为增加景区的展示性、表演性、参与性，使整个景区充满活力，他们还聘请专业人员设计不同的表演方式和表演内容，使景区内容更加丰富，对游客具有更大的吸引力。

横店影视城以影视文化旅游为依托，增加自然山水景观，改变横店单一人文主题游览内容。通过对周边旅游资源的考察，将开发以自然景观为主的余杭超山和浦江神丽峡景区，最终形成杭州—浦江—横店—磐安的旅游线路，改变到横店旅游路程过长、单点旅游的现状，并利用横店影视城地处经济发展较快的江、浙、沪、闽、赣四小时旅游经济圈内的区域优势，以及杭金衢高速公路、甬金高速公路将穿越横店境内的交通优势，与浙江境内丰富的自然旅游资源、成熟的旅游市场相结合，形成多种线路组合，多条旅游线路通道，逐渐使横店成为浙江中部旅游的中枢，游客的汇聚之地。

横店影视城从吃、住、行、游、购、娱六大旅游要素着手，加快旅游配套的建设，以满足游客日益增长的旅游需求。横店影视城建成了功能齐全的从二星级至四星级不等的宾馆 10 家，可以容纳 5000 位客人住宿和就餐，同时还兴建了旅游特色商铺、康乐健身娱乐中心。为了方便游客，还开通了横店各景区之间的游览专车。

横店影视城以影视文化旅游为特色，创造旅游规模、旅游品牌、旅游线路三位一体的全新经营模式，充分发挥横店影视城的品牌、管理、营销和资源优势。这里所拥有的景区其年代跨度之大，贯穿秦汉至现代长达三千多年的历史阶段；其风格民俗之异，北至京城，南至羊城，兼具异域风情；上至皇家宫廷，下至百姓民居，更有自然山水之美妙。正是丰富多彩的旅游内涵，使横店影视城成为江南旅游的新亮点、旅游观光的中心。

（摘自纪哲：《横店打造江南旅游中心》，《浙江日报》2002 年 4 月 5 日）

宏大的基地规模，丰富的拍摄场景，使海内外影视导演们，纷纷率领剧组前来横店取景拍戏。

（摘自曾毓琳：《东方影视文化胜地正在横店崛起》，《当代电视》2002 年第 6 期）

2000 年 3 月，横店集团郑重宣布，向国内外所有影视剧摄制组免收场租、提供横店影视城所有的拍摄基地后，在影视界引起了强烈反响。

（摘自曾毓琳：《东方影视文化胜地正在横店崛起》，《当代电视》2002 年第 6 期）

与国内其他影视城相比，横店影视城应该说是一种“横店模式”，除企业的内部管理之外，横店影视城的外部优势主要源于横店集团，横店影视城因拥有强大的资金后盾而保持稳定的发展。

（摘自官广军：《“横店模式”比拼“环球影城”》，《国际金融报》2003 年 1 月 13 日）

由于横店集团做大文化产业的思路比较清晰，所以在具体实施中，其已形成了规模化、专业化和多元化整体推进的发展格局。具体表现为：

影视基地建设。横店已建成包括广州街、香港街、清明上河图、秦王宫、大佛寺、江南水乡、横店老街、明清

街、明清宫苑、古战场等12个影视拍摄基地。其中，室内拍摄基地的大摄影棚为全国之最，横店影视城总规模居亚洲第一。

2002年8月又动工兴建华夏文化园。该工程规划占地500亩，主要吸收民间赞助资金，建成后将成为全国规模最大、内容最全的华夏文化景观。

展馆建设。横店已建成开放包括横店集团展览馆、东阳木雕博览馆、中国竹编博物馆、东阳人才博览馆、邵飘萍纪念馆、严济慈陈列馆等12个文化艺术展馆，在建的还有明清民居博览馆。

旅游建设。以影视为龙头带动的旅游产业也在发展壮大，除横店现有的影视基地和展馆等人文景观外，横店集团已着手对旅游自然资源全面开发，在横店境内立项建设的有国家级森林公园、屏岩洞府、八面山、荷花芯、太子洞等自然景区。对外形成旅游专线的景区有杭州、超山，正在构建边线旅游的有浦江神丽峡、磐安花溪和黄檀林场旅游区。

文化艺术建设。横店集团组建的影视文化传播公司、影视咨询公司、演出放映公司、艺术团、航空俱乐部、时装表演队等各种艺术团体，不仅得到了社会好评，而且产生了直接经济效益。此外，横店集团自1993年起，每年资助浙江婺剧团20万元，以保护地方剧种，繁荣地方文化；设立邵飘萍新闻教育基金，用于奖励中国人民大学和复旦大学新闻学院的优秀教师和学生，以支持新闻事业发展。

社区特色文化建设。横店集团为保护具有东阳特色的建筑、木雕、竹编等传统精湛工艺，弘扬社区特色文化，采取征集、收购等方法，广集艺术精品。在建的明清民居博览城采取整体搬迁、集中一地加以保护的方法，将从全国各地收购移建具有文物价值的古民房100幢，现已在浙江省完成移建30幢；木雕、竹编展馆藏品丰富，多有获全国工艺大奖的精湛之作。

（摘自胡天申　周江峰：《横店文化产业风景正好》，《中国文化报》2003年7月26日）

现今社会，游客对旅游产品多样化的需求越来越强烈，横店影视城抓住了游客的心理，在《英雄》的诞生地——秦王宫景区，复原了部分经典场景，专门聘请了武打指导对演员的动作一一锤炼，利用声、光、电等最新技术，再加上崴亚高空飞腾特技，真实生动地再现了电影中“漏盯棋馆”打斗的激烈场面，并且利用电影原声烘托气氛，增加了感官效果，得到了游客的一致好评。

因以往的影视剧拍摄都是封闭进行，观众不能参与，所以游客们对拍摄过程大都非常感兴趣。而横店影视城在这方面有着得天独厚的条件，一大批名导演、名演员来横店拍戏，留下了很多珍贵的资料和宝贵的经验。如何充分利用这些资源，整合它们来提升景区的附加值，形成区位优势，是“横店”人一直在思考的问题。“横店”人表示，现在复原电影《英雄》只是第一步，接下来还要大规模开展这种样式的旅游项目，提高游客的参与性，达到以影促游的目的。相信，根据市场需求定制旅游产品是符合现今旅游市场的发展规律的，“横店”人正用自信和努力来创造影视旅游经济更加辉煌的明天。

（摘自张国锋　陈静：《影视旅游为横店带来良好效益》，《中国旅游报》2003年8月27日）

尤令他（徐永安，横店集团董事长——编者注）备感兴奋的是，浙江省广电局局长林吕建当场表示，可以将广电总局刚刚试点下放到省的电影审查权职能延伸到横店实验区，在此设“审片中心”。

（摘自：《独掌影视产业实验区牌照横店剑指好莱坞》，你好台湾网2004年2月21日）

后期制作一直是国内影视业的软肋。去年国内票房2.5亿元、占据全国整个市场约1/4的《英雄》投资2000万美元，但只有400万元人民币落在主拍摄地横店；除支付演员1100万美元，800万美元用于在澳大利亚完成一整套后期制作。“影片的精加工阶段，整个亚洲都没有形成一个大的制作中心。”

“我们计划建设50个适合现代影视拍摄的高科技摄影棚群，年内就会建5到10个。”徐永安说。出于对影视后期制作前景的格外看好，横店集团已决定在实验区建起一个投资2亿元，涵盖洗印、剪辑、数字化的合资高科技后期制作中心。

横店实验区围绕形成完整影视产业链的重点规划项目包括着力打造创作中心、拍摄制作中心、后期制作中心、审片中心、发行中心、影视后期产品开发中心、人才培养中心、影视展览与交易中心、影视产品投融资中心、影视产业政策与信息研究中心。

（摘自：《独掌影视产业实验区牌照横店剑指好莱坞》，你好台湾网2004年2月21日）

横店实验区在产业发展与财政税收方面，亦将出台一些极具诱惑力的招商政策，包括基金扶持、外汇金融支持政策、专项财政补贴、减免所得税等各种税项、鼓励出口与再投资的政策等。

横店实验区除了撩拨起众多影视生产企业的心，也令境内外传媒机构跃跃欲试。截至目前，已有上海东方卫视、湖南卫视、光线娱乐现场、香港华侨娱乐电视台、澳门卫视华人导视台、湖北卫视、福建东南台、浙江影视频道、杭州影视频道等9家电视媒体提出到横店设立记者站的意向。

（摘自：《独掌影视产业实验区牌照横店剑指好莱坞》，你好台湾网2004年2月21日）

凭借雄厚经济实力，横店集团已经大举进入相关领

域：旗下影视娱乐公司已投拍2部、筹拍6部电影电视剧，并专注打造全国性电影院线；横店集团还取得了今年的“国际儿童电影节”主办资格；开始发展动漫等一批衍生产业；教育培训方面，除了北京广播学院实习基地，电影艺术与科技学院也已在筹备之中……

（摘自：《独掌影视产业实验区牌照横店剑指好莱坞》，你好台湾网2004年2月21日）

2003年7月，横店集团影视娱乐有限公司借杭州市电影发行放映公司改制之机，以1600万元挤走参加竞标的上海电影集团，成功收购杭州市电影公司39%的股权，重组更名为杭州电影有限公司，横店集团并持有浙江星光电影院线33%的股份。横店集团此举使其成为进军浙江电影产业的第一家民营企业。从此，横店集团形成了一条从剧本创作到电影拍摄、发行、放映及后电影产品开发等完整的电影产业链。

据了解，横店集团从1995年开始涉足影视产业，在影视拍摄制作方面已颇具影响力。下一步，横店集团影视娱乐有限公司将以资本、人才、机制、管理上的优势，参、控股电影院线和投资建设影院双管齐下，追加投资，整合资源，搞活机制，完善功能，扩大规模，打造全国一流水平的跨省电影院线，实现横店集团在电影产业开发中辐射全国、面向世界的新飞跃。

（摘自吴晨：《横店集团大举进军电影业》，《市场报》2004年4月9日）

制作过《人间四月天》、《像雾像雨又像风》等多部电视连续剧的横店集团在业内声誉颇隆，它是“全国民营企业十强”第3名，截至2003年底，总资产达129.9亿元，集团投资的横店影视城，经常是七八个摄制组在“城内”同时运作，已是声名远扬的“东方好莱坞”。

但这家来自浙江的民营企业显然并不满足于做“东方好莱坞”，它的眼界已经突破浙江、长三角或中国，瞄准了海外市场。

徐永安（横店集团董事长——编者注）表示，如果往海外发展，寻找外资合作，无疑是相当明智的。比如《卧虎藏龙》，由于与美国环球公司共同制作，影片首先在环球自己的几十家电影院里放映，再通过宣传费超过电影制作费的轰炸式宣传打响市场。而国内其他的武打影片很少有机会在人家的电影院里上映，就根本谈不到能不能火。

三方合作后，有了国际水准的制作水平，再加上国际发行和华纳在海外的发行渠道，国产片打入国际市场也不是不可能，徐永安如是表示。

（摘自邵一乙：《华纳借力横店掘金中国影业》，《国际金融报》2004年10月29日）

作为游客，不仅能参观这些影视城，还能在这里见到“好莱坞”高科技电影实景再现；有“暴雨山洪”、“火山爆发”的大自然灾难震撼体验，有“怒海争风”的缉毒警察与海盗大战实景表演等10多个大场面影视特色项目活动制作，还有《英雄》、《无极》、《鸦片战争》等电影大片经典场景再现。此外，横店影视城每周末安排明星见面会；游客可与剧组主演明星面对面交流，零距离接触，签名合影，拍手跳舞，这对于追星一族特别有吸引力。出产过《天下粮仓》、《人间四月天》等几十部电视剧的江南水乡，是专门为广大游客开放的夜游景区，集乌镇、周庄、绍兴三地风貌。横店既是一个“一朝步入画中，仿佛梦回千年”的影视旅游时空隧道，又是一个现代时尚的动感地带。

这次与旅行社的见面授奖会，沿途经镇江、扬州、常州、无锡、苏州、南京，横店影视城本着只有让旅行社得到更多的组团利益，享受各项服务的品质保证，才能建立稳固的旅游客源地与旅游团目的地，与各地旅行社老总相互交流，使输送渠道和营销网络不断扩大，双方高效互动，做到“渠畅通，水畅流”。

（摘自徐力平　施晓文　李智勇：《横店影视旅游营销先人一步》，《华东旅游报》2004年12月24日）

目前，横店集团影视娱乐有限公司在北京、上海、杭州等地设有办事处，控股或参股了不少省市的电影院线，并与国内一批影视编剧和演员签订了合约，已形成从题材策划、剧本创作，到拍摄、剪辑、后期制作、发行等影视制作一条龙的作业模式，是浙江省首家拥有全国跨地区电影发行经营资格的民营影视机构。

为吸引剧组前来拍片，横店影视城继续完善各个拍摄基地的硬件设施，进一步改进和加强了影视拍摄管理和服务工作。热心、周到的服务吸引了大量剧组前来横店拍片，不少原计划在其他拍摄基地拍摄的剧组纷纷调整计划，改赴横店拍摄，甚至整部剧全都在横店完成拍摄。

为了扩大旅游收入，横店影视城去年策划了37次大型旅游营销活动。通过与剧组沟通，利用其拥有的明星资源，举办深受影迷喜欢的明星见面会。由陈凯歌执导的《无极》一直处于封闭状态，直到举行明星见面会才首次直面游客与媒体，吸引了全国各地游客3000余人。目前明星见面会已经成为每周末必定的节目，成为横店区别于其他影视城的独特产品。据了解，2004年共有90多位影视明星到场与游客交流。

另外，为增加旅游产品的内涵，横店影视城将影视元素、演艺表演融于旅游产品的开发之中。去年横店推出的实景式影视特技产品“暴雨山洪”，在设计制作过程中大量运用影视特技、光效、音效、道具等制作手段，制造出令游客仿佛身临其境的奇观。此外还在广州街更新了异域风情舞蹈节目，在秦王宫重新设计了“棋馆大战”打斗场面，在清明上河图推出了“宋史演义大展示”节目。

（摘自小于：《横店影视城2004年创新高》，《中国电

影报》2005年1月13日）

浙江金华的横店集团自1995年把影视产业作为重点发展战略以来，已经累计投入约30亿元开发影视产业基地，探索出了一条企业自主投资建设、以市场为导向的影视产业运作体系。现已建成广州街、明清宫苑、清明上河图等13个影视拍摄基地和两座超大型现代化摄影棚。经过近十年的发展和积累，已经成为国内最大的影片生产基地和亚洲规划最大的影视剧拍摄基地，被称为“中国好莱坞”。

横店影视城的场景不仅体现在时代跨度最大，远至秦汉近至民间，涵盖上下五千年，同时体现在种类繁多，上至宫殿、王府、达官府第，下至街道、肆坊、民宅，乃至牢房、妓院，一应俱全，还体现在风格各异或人文荟萃，如广州街、香港街、老北京、江南水乡，集中国影视拍摄的所需场景。

（摘自陈明：《浙江横店影视基地：走向“中国好莱坞”之路》，《中国文化报》2005年4月18日）

横店影视产业实验区定位于一个面向国际的集影视创作、拍摄、制作、发行、交易于一体的现代化影视产业交流平台；拥有专业的影视产业设施、完善的影视行业服务以及完整的具可拓展性的相关影视产业链。

横店影视产业实验区以电影、电视剧的拍摄、制作、发行为主业，逐步延伸产业链，形成全国乃至全球规模最大、水平最高的集影视剧创作、拍摄、制作、发行、交易于一体，同时带动影视会展、影视研究、影视娱乐、影视旅游等相关产业全面发展的专业性产业集聚地，成为对全国和世界都有较强集聚力和辐射力的国家级影视产业基地。

预期在未来十年内，实验区将成为集历史题材、现代题材与高科技题材的全球最大的影视拍摄基地；建设一批特点鲜明、功能齐全、设施一流的影视生产和服务项目，成为文化景观和现代化科技相结合、影视拍摄制作和旅游业相互交融、影视后期产品开发与现代营销等相互配套的影视生产经营基地；吸引和培养着一批优秀的编剧、导演、策划人、制片人、发行人和经纪人，成为全国高素质、专业化的各类优秀影视人才的创业园；大力促进影视产业和高科技的融化，加快实现影视产业数字化、高度加工，使实验区成为影视新技术的集聚地；通过影视产业实验区的集聚力和辐射力，加快发展步伐，提高发展水平，使实验区成为多种形式合作、多种所有制共同发展，影视创作生产产业化、市场化高度发达，影视产业管理规范有序、影视产业政策完备健全的影视新体制政策的实验区文化体制创新的窗口，为全国影视产业发展提供有益经验。

（摘自陈明：《浙江横店影视基地：走向“中国好莱坞”之路》，《中国文化报》2005年4月18日）

横店影视城为旺人气、聚财气，早在黄金周到来之前就抓紧练兵，强化训练，成功地砍出了“三板斧”。

第一斧：抓实旅游新品开发

横店影视城把开发旅游新品作为重中之重，从文化内涵着眼，从游客参与入手，把活动项目和各景区的特色文化紧密结合起来。秦王宫景区以仿电影《英雄》片段表演，吸引了游客的眼球；清明上河图景区以体验《聊斋》惊悚的场面设置，让旅游者置身其境，感受到志异世界的离奇；屏岩洞府景区则以林绿草深、岩奇洞异的自然风光，使游客流连忘返；江南水乡景区有篝火狂欢夜的浪漫，更有融声光电特技设置的暴雨山洪场景，给游客带来发乎自然的震撼；在明清宫苑景区午门城楼上，与浦叶栋、李卉、何文辉、刘佳杰众明星零距离接触的明星见面会，又让追星族们欣喜若狂；大智禅寺鸣钟祈福的活动，则为游客们吉祥如意讨彩；广州街—香港街景区打造的大型节目“怒海争风”，作为影城最近推出的旅游新品，以水上影视特技表演博得了阵阵喝彩和声声赞叹。在片场看剧组拍摄，更是影视城各拍摄基地随处可遇的幸运。推陈出新、层出不穷的旅游表演节目和参与性活动，使影视城抢占了浙江旅游市场的大量份额。

第二斧：完善旅游营销体系

为牵住旅游营销这一至关重要的“牛鼻子”，横店影视城在黄金周到来之前就派出了精干的促销队伍，出击杭州、上海、南京、南昌、合肥等省会城市和周边中小城市，推介横店旅游，宣传横店品牌，致使所到之处的许多居民在节前就拟定了赴横旅游的计划。他们到一地访一地，积极宣传，与当地的旅行社联系，结为利益共同体。

这第二斧的砍出，如同开辟了条条汇聚横店的旅游通道。黄金周期间，由旅行社组团赴横店旅游的队伍络绎不绝；上海安莎、上海新乐、温州瑞安顺达、宁波中青旅、江西锦峰、江西德兴阳光、绍兴康辉、嘉兴嘉工、福建中旅、苏州青旅、南京国旅等多不胜数的旅行社都积极为横店输送客源。更让人惊喜的是，今年的散客竟大大超过了团队游客，尤其是自驾车的“合家游”，成了横店一道新的亮丽风景线。秦王宫、广州街、清明上河图等景区停车场远远不够，车满为患，让各景区周边竟无插“车”之地。车多客众，使横店影视城旗下的各家宾馆应接不暇。

第三斧：规范服务提升档次

重视服务质量这一关键环节，又为影视城赢得了回头客。为迎接黄金周，影视城狠抓质量、苦练内功，并三管齐下强化管理，促进旅游服务上台阶；一抓制度建设，自上而下从公司到下属各景区乃至各具体岗位，都按职按岗制定了相应的职责规章，使责到岗、事到人，按章办事一点也不含糊；二抓队伍建设。通过资源整合，对导游、餐饮、住宿以及安保等队伍都进行了整顿，该进的进，该退的退，该调的调，该换的换，以强化员工的责任意识，打造队伍；三抓教育培训。大到职业道德，细到个人修养；

远到行业要求，近到个人业务，各项培训都以灌输教育、指导示范、练兵考核全面实施，有效地提高了员工的思想素质和业务能力。正是这一原因，使黄金周里还出现了许多重游横店的来客。

（摘自施卫东：《横店影视旅游的“三板斧”》，《中国旅游报》2005 年 5 月 13 日）

横店创立的互动式、体验式旅游项目，据说在全国各旅游景点中绝无仅有，横店以具有丰富文化内涵的旅游产品吸引全国各地的游客。

（摘自刘小娟：《互动式体验式节目激活横店旅游》，《金华日报》2005 年 7 月 5 日）

据横店影视城有限公司的曾毓琳介绍，影视城自去年以来，就开始通过增加表演节目和游客互动节目来吸引游客。事实证明，这一招很受游客欢迎。曾毓琳说，影视城的旅游表演节目不断推陈出新，根据季节变化不断调整旅游主题。比如在 7 月，就针对炎热天气推出了“七彩缤纷水世界”旅游主题。

（摘自刘小娟：《互动式体验式节目激活横店旅游》，《金华日报》2005 年 7 月 5 日）

影视产业实验区的发展规划已突破横店区划，拓展到 365 平方公里，其由美国 XWHO 公司设计的核心区控制性规划，也通过了东阳市建设局的论证，即将组织实施。实验区成立的行政服务中心、剧本创作中心、影视后产品开发中心、演员培训和经纪中心等机构，通过优化对入区企业的服务，向各级政府部门争取优惠政策等一系列工作，顺利推进了招商引资工作。

总部还对现有影视类企业进行了编排重组，通过业务整合，形成了以影视制作、影视投融资、院线发展、音像发行、广告传媒、后期制作、演艺经纪、娱乐网站、剧本策划等为产业链的企业架构，为横店影视娱乐产业的内部协调和良性互动提供了组织保证。

（摘自杨城：《横店 2006：加快影视要素集聚》，《中国电影报》2006 年 2 月 23 日）

在横店集团 2006 年工作思路中，加快影视要素集聚，丰富影视产业实验区内涵是横店集团实现“国际化”目标的重要一环。

“2006 年，影视娱乐产业要依托国家级影视产业实验区的运作平台，加速影视学院建设，加快人才开发与培养，大力推进后期制作中心的建设。实验区还要加大招商力度，重点引进 3—5 家有实力的影视公司，并努力提高对影视公司、剧组及明星的服务水准。完善影视产业链，形成集群效应，将横店建设成规模最大、设施最齐、影响最广、成本最低的影视产业生产经营基地，成为名副其实的‘中国好莱坞’。”徐永安（横店集团董事长——编者注）介绍了 2006 年实验区发展目标。

对于影视城公司，徐永安强调要充分利用景区现有资源，继续深度开发旅游商品和旅游服务，提升精细经营和精致服务的能力，利用正在不断改善、优化的交通环境，培育旅游市场，建设从浙江到华东乃至全国的多层次市场网络体系，并着手开发国际市场，争取横店早日晋升为 5A 级国家旅游区。

徐永安对横店娱乐有限公司提出的要求是，要借业务整合的东风，充分利用现有资源，深度开发影视文化内涵，综合利用“横店影视”的品牌效应，主攻影视制作，联动影视服务和发行网络建设，“重点培育出 2—3 个具有较强竞争力的业务专项，形成未来 5 年的盈利模式，打造成具有强势盈利能力的全国一流的综合性娱乐集团。”

（摘自杨城：《横店 2006：加快影视要素集聚》，《中国电影报》2006 年 2 月 23 日）

是什么原因使横店影视城旅游发展保持如此强盛的势头，使各地游客钟情横店？答案就在横店影视城富有特色的旅游产品开发上。在今春的横店影视城里，许多游客不再像过去那样只是走马观花般看一看气势宏大的建筑，而是充分领略浓郁的影视文化氛围，尽情享受独特的快乐体验。秦王宫景区成功复原了电影《无极》的经典场景，为游客演绎东方魔幻浪漫爱情提供了原汁原味的平台。“鲜花盔甲巡游”节目满足了不少游客英雄与美女的体验；“时光倒流隧道”引领游客进入如梦似幻的绿色蕉林、金丝鸟笼、海棠绽放等旖旎胜景。“秦王巡游”、“英雄比剑”等经典节目更是有口皆碑。广州街—香港街景区在去年成功推出的大型影视特技海战表演节目《怒海争风》的基础上，又新编排了“超级审审审”节目，游客可以登台当一回法官。清明上河图景区的“欢乐踩街”、“九狮闹春”、“与你同乐”、“大宋提刑官乱点鸳鸯谱”、“聊斋惊魂”等集演员表演与游客参与互动于一体的节目，广获游客欢迎和好评。《封神榜》、《张居正》、《大航海》、《庚子风云》、《大人物》等一部部电影和电视剧接连在横店开机，谢霆锋、郑元畅、梅婷、何润东、唐国强、范冰冰、张瑞希等一大批中外影视明星频频亮相横店片场，更为横店影视城集聚旺盛的人气。

（摘自曾毓琳：《横店影视城人气集聚》，《华东旅游报》2006 年 4 月 20 日）

为了与拍摄配套，横店集团积极打造电影院销售网络，以兼并、参股或共同投资等形式，拥有了杭州星光、广州珠江、江苏亚细亚、南京新街口、长沙王府井等电影院线，并与武汉天河等院线公司建立了良好的合作关系。此外，横店集团还以开放的姿态寻求合作，与境内外多家影视文化产业类的企业以不同形式联袂发展影视产业，特别是发展影视后期制作。成立了“中影华纳横店”合资公

司并开展了大量业务，制作并发行了《玉战士》、《第601封信》、《面纱》等影片，市场运作取得了成功。为了使实验区实现“对全国和海外均有集聚力和辐射力的国家级影视产业实验区”的定位，“横店影视”正在打造集前期策划、剧本创作、拍摄制作、发行放映、后产品开发在内的要素齐全的影视产业链。目前，横店影视产业实验区已吸纳了157家影视企业入驻，它们的入驻标志着实验区已进入蓬勃发展的时期。

特别值得指出的是横店影视城以市场为导向的产业运作。尽管全国各地已有大大小小共计100多个影视拍摄基地，但是，横店影视城后来居上，成为全球规模最大的拍摄基地、全国经营最佳的影视文化主题公园，被美国媒体高度评价为“中国的好莱坞”，被国家旅游局评为全国首批AAAA级旅游区，获得“中国十大影视拍摄基地”殊荣。2004年5月，第八届中国国际儿童电影节和2004年中国电影童牛奖颁奖典礼在横店成功举行，中外影坛明星欢聚横店，共襄盛事。由于为影视拍摄的各项配套服务不断改进，配套设施不断完善，使越来越多的海内外影视剧组前来横店影视城拍摄，极大地提高了横店影视城在业界的知名度。此外，“暴雨山洪”、“怒海争风”、“梦回秦汉”、“明星见面会”等颇具影视特色的旅游产品陆续推出后，受到了海内外各方人士的广泛欢迎。2006年，横店影视城接待中外游客预计有390万人次。随着横店明清民居博览城、横店红军长征博览城的建成，加上正在建设的上海滩影视拍摄基地和“梦幻谷”等景区，横店的影视拍摄场景优势和配套服务优势更加明显。横店有望建设成为中国的“环球影城”。

（摘自曾毓琳：《横店影视文化产业实现历史性突破》，《江南游报》2006年12月28日）

横店被选做中国影视产业实验区有其自身的优势。横店拥有13个外景拍摄基地和亚洲最大的摄影棚，从秦汉到民国的场景十分完备，基地建设规模已居全球第一；横店可以为前来拍摄的剧组提供从场景搭建、道具制作、演员中介到餐饮、住宿等系列配套服务，并控股院线，具有坚实的文化产业基础和发展氛围；巨大的财力支持和灵活的民营机制；最重要的是横店集团的智囊团认识到集聚经济的优势，并制定了一系列策略和规划来实施，如横店集团主席所说：“我们将把实验区打造成中国影视产业生产要素最集聚、生产成本最低、技术最先进的地方。”

（摘自李晓蓓　蒋安：《影视产业中的集聚经济——从好莱坞到横店》，《电影评介》2006年第13期）

中共中央政治局委员、中宣部部长刘云山在对横店实地考察时表示，横店影视产业快速发展的主要原因，就是充分发挥机制和体制上的优势，围绕影视产品的拍摄制作销售等影视产业链，加快开发和建设……

（摘自：《浙江东阳市横店镇：“穷乡僻壤”里的文化帝国》，中国甘肃网2007年5月31日）

按照浙江省文化体制改革综合试点总体方案的要求，横店影视城确立了一城三带四区的总体规划。

在影视拍摄资源利用上，横店集团联合浙江省20多个拍摄基地，组建了优势互补的全省影视基地协作体系；在影视拍摄制作上，与中国电影集团公司、美国华纳兄弟影业公司成立了首家中外合资的影视公司；在院线建设上，先后参股控股国内多条院线，使横店院线发行加盟的影城多达112家，逐步形成覆盖全国的电影院线放映网络；在实景基地建设上，横店先后投入近40亿元，相继建成了红色旅游城、华夏文化城、生态休闲城等以影视带动旅游的横店影视旅游四大城，并组建了浙江横店影视娱乐有限公司，形成了影视制作、影视投融资、院线建设、音像发行、广告传媒、后期制作，乃至演艺经纪、娱乐网站、剧本策划的企业动作架构。

栽好梧桐树，引得凤凰来。境内外一大批影视公司纷纷抢滩横店影视产业实验区，香港的唐人电影国际有限公司、北京的华谊兄弟等与影视产业相关的公司均在横店设置了影视机构。迄今，入驻实验区的企业已达160多家，影视制作的投资总额达25亿元，先后完成拍摄了电影36部、电视剧268部。国内外的一大批影视名人也纷至沓来，前往横店影视产业实验区踩点取镜。法国的ECLAIR集团、罗森电影公司、美国的二十世纪福克斯公司、日本的角川映画公司等国际知名影视企业，都与横店影视产业实验区进行了广泛深入的接触，就合资建立影视后期制作公司或合拍中国电影等事宜，达成了合作意向。

（摘自：《浙江东阳市横店镇：“穷乡僻壤”里的文化帝国》，中国甘肃网2007年5月31日）

在横店影视城，人本管理的核心理念人性化管理，被灵活运用和充分发挥。有的企业把“人性化管理”当作一种漂亮的幌子，口号说给员工听听，执行时让中层干部组织游戏玩玩，大家乐一乐，仅此而已。而在横店影视城，“人性化管理是管理者流淌在血液中的东西”。公司经过多年总结，已经建立起了一套非常完善的管理系统，任何一个行动均有章可循，让人很容易想起“苛刻的制度管理”几个字。但是，横店影视城提出的却是“铁的纪律，爱的教育”的管理原则，这种人性化的制度管理使员工对公司有相当高的忠诚度。在这种管理制度下，大家真诚相待，通情达理，其乐融融。

“以人为本”的管理思想，实质就是达成“人”和“事”、“人”和“人”的和谐一致。横店影视城，正是在以人为本的思想的指引下，从最初的用硬性管理“逼”人把事情做好，逐渐变成了激发人自觉、主动发挥积极性和创造性的柔性管理，让横店影视城的每一个人都有了“自我经营”的创新空间，把公司总的战略落实到每一个人身上，最终又将促进公司目标的达成。

（摘自吴海娟：《横店影视城决胜未来的三把钥匙与三大招数》，《中国旅游报》2007年6月8日）

横店影视城就是在实际管理中通过各种方式激励企业人力资本的能力，让影视城的每一个人自主地发挥自己的潜力。这为人力资本的能力创造了一个无限广阔的空间，为企业建立了竞争优势。

（摘自吴海娟：《横店影视城决胜未来的三把钥匙与三大招数》，《中国旅游报》2007年6月8日）

潜能管理是一种更深入、更有效的管理。多数人只将部分创造力和智慧用在工作上。横店影视城却想方设法尽可能释放员工的潜能。她努力创建的学习型组织，鼓励全体员工进行自学，开展读一本好书写一篇观后感；组织观看余式维讲座，发表几分钟演讲等活动。据不完全统计，去年参加学习培训的员工共4443人次，投入学习费用多达28.6万元。这充分体现了横店影视城的管理。

（摘自吴海娟：《横店影视城决胜未来的三把钥匙与三大招数》，《中国旅游报》2007年6月8日）

首先，在人才的界定上面，横店影视城提出了独具特色的品牌员工概念。什么是人才？品牌员工就是人才！你在你的岗位上，通过辛勤劳动，能够充分展示横店影视城的形象，你就是横店的人才。即使你是清卫员，但只要你把自己分管的区域扫得干干净净，游客到这里问你景区的问题你能答得比较清楚，你就不纯粹只是个清卫员，而是横店影视城的人才。

其次，在人才的任用方面，影视城推行“优胜劣汰”的机制。对所有景区的导游组长实行公开竞聘；对下属分公司中层干部和文员进行综合考评，根据考评结果实行晋升或降职，其工作岗位实行公开竞聘；对演员推行职称评定，适当拉开薪酬差距……这一系列的人事举措，给员工奋斗的希望，给企业注入了生机和活力。

第三，在人才的考核方面，影视城以管理岗位为突破口，建立“公平、公开、合理”的考核淘汰、考核定级机制，把定量与定性、定期与临时、财务性与综合性相结合，重点考核一线岗位、探索技术岗位。

第四，在人才的提升方面，“台阶提升”和“破格提拔”并用，两者是相辅相成。在正常情况下，公司内部员工提拔一般是“台阶提升”。在众多的人才中，当有一部分骨干人才做出了显著的成绩，根据公司发展的需要，就会把他们提拔到各级领导岗位，或提拔到各级职能管理系统的负责岗位上。逐级提拔，脚踏实地，逐步锻炼，这有利于公司员工的健康成长，也能保证各级领导岗位的工作质量。

最后，在人才的激励方面，针对每天或每月的工作重点，进行考核和评比后，公司会用一定的物质激励、精神激励、荣誉激励或工作激励等方式来激励员工。

（摘自吴海娟：《横店影视城决胜未来的三把钥匙与三大招数》，《中国旅游报》2007年6月8日）

横店影视城的人员来自不同地方，没有足够的人文关怀，异乡的生活是很难过的。为了丰富员工工作之余的生活，为他们创造良好的工作、生活环境，让他们快乐地工作，快乐地生活，影视城不仅在员工宿舍等硬环境方面追求生活环境的完美，花费巨资建设“花园式”企业，更是关注员工的日常生活，组织多种多样的兴趣活动和文娱活动。乒乓球小组、象棋小组、流行音乐小组……志同道合的人因此聚在了一起；关心大龄青年及丧偶人群的七夕大型活动、困难户补助工作、员工外出学习考察……横店的关怀丝丝温暖人心；迎新年长跑、谷雨诗歌朗诵会、夏季趣味水上活动……员工闲暇的时间变得多彩起来。

在李世民的管理启示下，横店影视城的殷总提出“屈己广纳、任贤使能、恭让节俭、厚待员工”的企业CEO管理真言，并在工作上如是要求公司的管理层……

（摘自吴海娟：《横店影视城决胜未来的三把钥匙与三大招数》，《中国旅游报》2007年6月8日）

在2002年横店影视城公司成立次年就将打造强势品牌提上工作日程，并在2004年将品牌战略列入《浙江横店影视城有限公司管理制度汇编》，明确了品牌管理的战略地位。但在产品同质化程度越来越高的今天，公司到底要打造怎样的品牌，才能一枝独秀，高速、持续发展呢？说到底，品牌最核心的DNA是品牌文化，它是品牌价值内涵和情感内涵的自然流露，触动着消费者的心灵，也创造了品牌价值。那公司打造怎样的品牌，关键就是要塑造怎样的品牌文化。

公司在分析横店影视城的优劣势，并比较研究世界各地影视城和主题公园后，提出了“集中国影视旅游文化之精义，打造国际化的观光与休闲的梦幻之城、快乐之都”的品牌理念，找到了自己独特的品牌文化建设的方向和道路。并走在消费者的前面，针对不同的目标消费群创造需求：她对游客承诺“以高品质的产品满足游客体验梦幻和快乐的需求”，她对员工承诺“让员工在公司这座大学校里不断取得进步，同时获得合理的收入”；她对合作伙伴承诺“相融相容，互补互利”；她对投资者承诺“以合理的成本，创造最佳的效益”；她对社会承诺“营造一方健康有益、传承中国文化的乐土”。

（摘自吴海娟：《横店影视城决胜未来的三把钥匙与三大招数》，《中国旅游报》2007年6月8日）

横店影视产业实验区是全国首个国家级影视产业实验区、浙江省文化体制改革的重要窗口。去年，该实验区紧紧围绕“打造中国好莱坞”这一目标，在基地建设、招商

引资、优化服务、培育品牌、影视旅游等方面取得了新的突破。

招商引资取得了新突破。去年有56家影视文化企业入驻，到目前入区企业已有218家，注册资金总额达到7.5亿元，形成了从剧本创作到影视制作、发行、后产品开发一条龙的相对完整的影视产业链。入区企业在器材、制景、道具、服装、灯光等影视配套服务方面，已完全能够满足国内外各类剧组的需求，有效降低了剧组的拍摄成本。

基地建设取得了新突破。按照"一城三带四区"的整体规划，加快实验区核心区建设，高科技摄影棚、影视后期制作中心等项目被纳入浙江省文化产业重点招商项目，向国内外招商。实验区在现有16个影视基地的基础上，致力打造国际化的影视产业基地，横店影视旅游"四大城"——横店影视城、红色旅游城、华夏文化城、生态休闲城建设全面推进。

优化服务取得了新突破。加强与国家、省、市有关部门的联系沟通，为入区企业在市场准入、税收、信贷等方面争取更多的支持和优惠。去年8月，东阳市政府下发了《关于扶持浙江横店影视产业实验区发展有关政策的补充意见》。及时、主动地为入区企业办理资格认定、工商登记、政策享受等各项行政审批手续，积极提供会计代理、办事员代理和政策、信息、税务、财务等咨询。同时按照依法管理、科学管理的要求，强化了对入区企业的管理，提高了管理效率。在首届"中国文化产业园区新锐榜"评选中，实验区荣获"最佳投资环境园区"称号。

培育品牌取得了新突破。积极整合、优化资源，大力培育"横店影视"品牌。"横店影视"控（参）股的各院线、影城均取得良好的票房，郑州、南京夫子庙等五星级影城已开工建设。去年投资拍摄了《楼王之谜》、《大珍珠》、《精武陈真》等电视剧，电视剧《农民代表》在摘取第16届浙江省电视牡丹奖一等奖、最佳导演奖、杰出演员奖三项桂冠后，去年又获得了浙江省第九届精神文明建设"五个一工程"入选作品奖；电视剧《暗哨》获得了第17届浙江省电视牡丹奖二等奖。合资公司中影华纳横店投拍了《投名状》、《铁路》、《银牌车手》等电影，古装动作大片《投名状》上映后轰动全国，成为年度票房最好的国产片。2006年国产片票房冠军《疯狂的石头》，一举获得第12届中国电影华表奖优秀数字电影奖、优秀电影技术奖，导演宁浩获得优秀新人导演奖。

影视旅游取得了新突破。去年横店接待境内外游客突破500万人次。横店影视城开发的梦幻谷景区的大型火山实景演出"梦幻太极"、清明上河图景区的大型古彩戏法情景剧"汴梁一梦"等旅游新产品，吸引了众多游客。

形象推广取得了新突破。实验区以活动为载体，提升品牌形象。12月1日至5日，横店成功举办了第七届中国农民旅游节，CCTV"百年歌声"走进横店大型歌会、第三届中国县域经济论坛、"横店风采"第五届全国摄影大赛、民俗文艺踩街巡游等活动同期举行，展示了横店新农村、新城镇、新文化建设成就。横店影视城承办了"走进影视聚焦横店"大型电视联合采访大赛及2007全国越野摩托车锦标赛第五站比赛等活动。加大对外宣传力度，实验区去年在金华市级以上媒体累计发稿400多篇，有效地提升了实验区的影响力和知名度。

（摘自柴燕菲：《浙江横店影视产业实验区：实现营业收入12亿元》，横店红色旅游城网2008年1月30日）

---

1. 横店影视城的发展条件。究竟是什么因素使得横店在竞争如此激烈的市场中脱颖而出呢？（1）资金优势。横店影视城地处浙江这样一个经济发达、文化底蕴丰厚的大省，发达的经济为文化产业集群提供了资金来源，民营资金的介入也为文化产业的发展注入了新的活力。正是由于横店集团——这个资产近百亿的民营企业，为横店影视城的发展提供了源源不断的资金链，同时也加快了民营企业对文化产业的渗透力。没有这种强有力的资金支持，影视城只是"海市蜃楼"而已。（2）政府支持。只背靠横店集团这一棵大树，而没有政府政策上的支持与肯定，也不可能有影视城的健康、快速发展。在2005年出台的《浙江省建设文化大省纲要》中，明确提出要采取积极措施，扶持文化产业发展；大力培育和发展重点文化产业门类，包括传媒业、旅游业、演艺业、美术业、会展业以及体育业。与此同时，横店集团也积极依靠行政，促进影视城的发展。可见，政府的支持与引导是文化产业发展的"第一推动力"，也是促进文化产业集群的重要保障。（3）体系完善。横店影视城在政府的支持下，先后建立了五大体系：一是要素构架体系。包括影视外景基地建设、大型室内高科技摄影棚、影视投融资中心、道具制作及相关设备租赁以及演艺经济与培训服务。二是策划制作体系。成立了横店影视文学创作中心，与中影集团和美国华纳电影公司组建合资公司，成立了高科技动漫制作公司。三是商务服务体系。如政策咨询服务、行政审批服务、网络通讯服务、宾馆餐饮服务、文体娱乐服务等。四是展示交易体系。成立影视博览与交易中心、成立影视发行中心以及组建电影院等。五是后产品开发体系。成立了影视后产品研发中心、组建影视文化公司、吸引国内外与影视有关的产品开发等。（4）集聚效应明显。影视城五大体系覆盖面广，它所涉及的经营项目涵盖了影视制作、影视器材、道具、服装租赁、动漫、电影院等多个领域。影视产业链得到进一步发展和完善，并带动了一系列相关产业的发展，如旅游业和服务业的发展。横店影视城是我国的4A级旅游景区，而旅游的联动效应又带来了餐饮宾馆业的兴旺。

（摘自刘慧娟：《横店影视城的文化产业集群效应》，《企业改革与管理》2008年第5期）

对“横店影视城”批评、否定的意见和负面报道

但是，6000亩、200亿元——重建圆明园一开始就给人虚张声势的感觉。首先，这项美其名曰“重现历史恢弘”、“鼓舞国人志气”的浩大工程最佳落地处“恰巧”就在横店本地，这显然难以自圆其说。其次，6000亩计划用地规模远远超出当地政府的审批权限，得到中央批准的胜算几何？再次，集中国古代园林建筑之大成的圆明园，仅建筑设计就是一个巨大的工程。横店如果真想再现圆明园之美景，应先掏不菲的银子，请海内外专家设计、论证，有了全套的设计才谈得上选址和预算。看现在的势头，重建圆明园将是“边设计、边筹资、边建设”的“三边工程”！最后，也是最关键的是横店围绕圆明园项目构建的利益框架——以浙江华夏文化发展基金会为融资平台。

围绕这一事件的利益关系，从一开始就显得扑朔迷离。笔者曾两次致电横店集团，被告知重建圆明园的不是横店集团，而是浙江华夏文化发展基金会。这一基金会是今年6月初由浙江省文化厅、民政厅等部门共同推动成立的一个筹资机构。此后，此机构又拉扯上中国文物保护基金会，与其签订协议，共同设立了中国圆明园文物保护专项基金，向海内外公开筹集重建圆明园需要的至少200亿元的资金。据悉，浙江华夏文化发展基金会是公益性质的，资金来源主要靠社会捐助，辅以专项投资募集资金，将以股权投资形式注入浙江横店中国圆明新园有限公司，基金会的股权投资收益将用于海外国宝回购等。

这一看似完满的路线图却有着难以克服的缺陷：

首先，是基金的主体可疑、责权混沌。公益基金在管理方面有一整套国际惯例：一般由国际顶级银行做受托保管人、由国际四大会计师事务所全程审计，职业化管理团队的一言一行都会受到严格的监督……而浙江华夏文化发展基金会由横店集团原董事长徐文荣发起成立并担任理事长，以公益旗号募集到的资金将投入与横店关联重重的交易中。圆明园建成后恐怕还得以为横店创收为首要任务，这就好比一个癌症治疗基金的管理人自己开着个肿瘤医院，而接受基金资助的病人必须把钱花在那家医院里。这样的“公益基金”会被捐赠人接受吗？

其次，在环保、贫困人口、教育、医疗方面还需大量投入的情况下，捐赠人是否会将钱投给横店建个假景观？慈善、公益类捐助不可能唱主角，以盈利为目的的投资机构更不可能为这种“三边”项目烧钱。那么，谁会为这场打着公益旗号的愚人游戏埋单呢？横店心里最有数。

〔摘自东方愚：《横店造园：一个不可能完成的任务》，《商界》（中国商业评论）2006年第11期〕

从现实的角度看，200亿元资金如何到位？

通过华夏文化发展基金会的安排，实力强大的横店已把自己摆在只赚不赔的位置。美国华纳等“老江湖”也不会轻易投入重金。真正承担重任的是政府、银行和“拉郎配”的公有制企业。曾因《鸦片战争》的拍摄而在横店“无中生有”造出个“广州街”的徐文荣，此番难道会给自己一个不可能完成的任务？

横店的如意算盘是：先以宏大的计划取得地方政府的支持，同时圈占大片土地；然后大造舆论，把重建圆明园包装成中华振兴的象征。然后，一方面要挟中央政府批准其用地计划，另一方面吸引“手头富裕”、不明真相且对未来通过关联交易套利满怀憧憬的民企入伙。一有了土地和启动资金（比如说3亿、5亿），就可以编造一个一期工程投入10亿的规划，其余大半的资金缺口自然由政府“协调”银行来解决。圆明园局部建成后，就可接待海内外剧组和观光游客，继续大造噱头、吸引眼球，再视情况陆续上二期、三期……最终，园子造成什么样不知道，银行贷款如何偿还也说不准，反正横店是名利双收了。

横店的美梦就是以民族感情为卖点，以全方位炒作来“忽悠”政府，让银行资金挑大梁，最终受益的是自己。

〔摘自东方愚：《横店造园：一个不可能完成的任务》，《商界》（中国商业评论）2006年第11期〕

横店影视城这些年来依托影视剧的大量拍摄，大力发展旅游事业，以“感受电影里的情境、与明星邂逅”等为广告，吸引游客前往旅游。以影视文化为旗号做旅游生意是商家策划的商业行为，但此行为在争取商家利益最大化的同时，却损害了游客和影视剧组的利益。仅以《满城尽带黄金甲》的拍摄为例，剧组租用明清宫苑拍摄期间，横店影视城仍然在售卖已是剧组专用场地的明清宫苑的门票。记者采访《黄金甲》剧组相关负责人后得知，《黄金甲》剧组是在横店影视城负责人数次恳请下，才最终选取在横店拍摄《黄金甲》部分场景的，并向横店影视城支付了场地租赁费用。横店影视城关于“游横店，看张艺谋、周润发、巩俐等大腕”的广告册“五一”前就印制散发了。

（摘自：《剧组不满游客抱怨　横店影视城“拉大旗”做生意自毁口碑》，新民网2006年5月17日）

《黄金甲》制片人张伟平则表示：“横店影视城的这种行为让我们哭笑不得，他们以优秀影片的拍摄和明星云集招徕游客，其实电影拍摄期间也有版权的问题，你租场地给人家拍电影，就有权暗示、误导游客去探视、去赏玩一部电影的生产过程吗？作为影视产业的一份子，我们希望

这个产业的各个环节专门化、职业化。自己把自己的品牌、口碑给弄坏了，哪个剧组还敢上横店去拍戏，哪个游客还去这种不讲诚信的景区玩？”

（摘自：《剧组不满游客抱怨　横店影视城“拉大旗”做生意自毁口碑》，新民网2006年5月17日）

占地逾6000亩、未经报批即展开征地的横店圆明新园工程，最近“被指借公益谋利”。这一项目是以民间机构的名义进行的，被视为投资者的“绿色银行”。（据《新京报》昨日报道）和之前圆明园遗址重建一样，笔者对其正当性多有质疑。

一问“赝品”圆明新园是否具有公益性？所谓“帮助国家追讨被抢的文物”的名义，无非是在拍卖市场高价购买文物的商业行为，与根据国际条约的文物索还无关。而易地新建的圆明园也不具有任何文物价值，再逼真也不过是赝品。更何况，正如国家文物局局长单霁翔所说：“圆明园当年到底什么样？根本没有确凿可考的记录”，“复建后的建筑是不是圆明园，我也表示怀疑”。文物界泰斗谢辰生先生也对重建圆明园表示强烈质疑：“真的不去保护，造些假的干吗？”

既然作为“赝品”的横店圆明新园与文物不沾边，自然也不具有保护文化遗产所赋予的“公共利益”的属性，那么，商业运作圈占6000多亩土地的正当性又何在呢？

二问圈占的到底是荒地还是良田？横店集团董事长徐文荣称圆明新园所用的都是早已废弃的“四荒地，即荒山、荒地、荒坡、荒水和少量的三类土地”。而此前另一则报道中，徐文荣曾请中国圆明园学会等单位的专家，论证“横店是天生的圆明园地貌”。

荒地如何能符合“圆明园地貌”？真圆明园所在的北京海淀，原为一片湿地，明清时期被广辟为水田，乾隆帝曾以“垂柳依依村舍隐，新苗漠漠水田稠”的诗句描绘当时的风景。圆明园里“映水兰香”、“多稼入云”、“北远山村”的三处景观展现的也是“稻香徐引”的水田风光。换句话说，所谓“圆明园地貌”几乎就是那种最宜耕种的江南水乡。

不出所料，在“七山一水二分田”的浙江，横店征用的果然是几千亩良田：据东阳市国土资源局一份有关报表显示，征用农田超过200公顷，即超过了三千亩。在土地生财已经难以控制的今天，特别是耕地稀缺的浙江省，将可能造成极坏的示范效应。如此破坏国家耕地，如何才可保住耕地红线？国土资源部决不能对此坐视不管，各级国土部门有必要及时介入。

三问征用耕地是商业行为，还是政府行为？商人怎么计划是一回事情，但是，一旦为商业项目政府动用公权力，征用了几千亩农民土地，则是关乎民生的一项重大公共问题。从执掌统筹立项的当地发改委、负责“城乡统筹规划”的规划局、到守土有责的国土局，当地政府必须审慎行事，严格遵照物权法充分保障农民的土地使用权，切实守护民生。

（摘自姚远：《三问横店“圆明新园”》，《新京报》2008年1月29日）

对此，同济大学国家历史文化名城研究中心主任阮仪三教授并不赞同：“在八国联军的大火中，圆明园已经死了，如今残破的圆明园是那段历史的见证，因此，不管在哪里重建，价值都不大。同时，圆明园并非短短五年、十年就可以完成的。与其如此，不如将这笔资金用于当前迫切需要保护的古代文化遗产，或者干脆建造一些展现当代风格的建筑，其中可以融合古代建筑精华，为后代子孙留下当代的文化印记。”

阮仪三并非孤独的反对者。反对圆明园重建的声音一直在学界存在。1999年，全国两会时，“主修派”与“保留派”就曾有过一场激烈的交锋，当时包括叶廷芳、李学勤、梁从诫在内的49位政协委员联名上书，坚决反对重建圆明园。梁从诫（梁启超长孙）曾激动地表示：“不能再毁圆明园了。”然而，“为了满足广大游客的需要，北京的圆明园还是重建了”，阮仪三不无遗憾地说。

更有学者认为，英法联军火烧圆明园后，它的价值已不在于舞榭歌台、雕梁画柱了。圆明园呈现出的艺术辉煌，在诸如故宫、虎丘、拙政园等园林里都有所体现。而罹难后的圆明园，它的价值恰恰在于它的破损性。偌大一个园林，残垣断壁写满耻辱，同时也时刻警示后人，成为中华民族自强不息的动力。他们认为重建圆明园，如同给维纳斯接断臂，这是玷污艺术，也是践踏历史。中国残损园林殿宇很多，如阿房宫。阿房宫被史学家誉为“中国古代宫殿建筑代表性杰作”，亦是秦始皇父子大兴土木、涂炭百姓、重赋急刑的佐证。横店集团重建对象选择圆明园而不是阿房宫，无非是圆明园更具有国际性，更有巨大的轰动效应而已。

（摘自骆高远：《重建圆明园的横店道理》，《科学时报》2006年10月16日）

产业效益

迄今为止，横店集团在建设横店影视城方面的投入已累计达20多亿元。已建成广州街、香港街、秦王宫、清明上河图、古民居、江南水乡、横店老街、明清宫苑、古战场等十多个影视拍摄基地，还建设了全国最大的现代化摄影棚……

（摘自毓琳：《东方影视文化胜地正在横店崛起》，《当代电视》2002年第6期）

去年，横店影视城共接待国内外游客100万人次，预计今年可望达到150万人次。影视与旅游的互动，使横店的文化产业呈现出前所未有的喜人局面。

（摘自毓琳：《东方影视文化胜地正在横店崛起》，《当代电视》2002年第6期）

横店集团提供的数字显示，横店集团对影视旅游业的专项建设资金共投入16.7亿元。

（摘自官广军：《“横店模式”比拼“环球影城”》，《国际金融报》2003年1月13日）

到2002年年底，横店集团拥有总资产110亿元，销售额92亿元，出口总额22.1亿元。

（摘自官广军：《“横店模式”比拼“环球影城”》，《国际金融报》2003年1月13日）

2002年，横店影视城旅游人数近140万，与2001年相比翻了一倍，并预计游客人数每年将以40%—50%的速度递增，10年后游客总数争取突破500万。

（摘自官广军：《“横店模式”比拼“环球影城”》，《国际金融报》2003年1月13日）

去年，分布在各景区的店铺有100多家，今年已迅速增至200多家，并已开发出70多种别具特色的旅游产品，深受游客的喜爱。

横店影视旅业公司下属制景装修公司在成立时只有240平方米厂房，员工不到30人，如今已发展成拥有1500平方米厂房、员工80多人的中等规模企业，年产值达380多万元。该公司光是为剧组布景、制作道具就收入颇丰。

（摘自陈建强：《横店影视旅游业渐成气候》，《浙江日报》2003年7月3日）

2002年横店影视城接待游客已达到了123万人次。

（摘自陈建强：《横店影视旅游业渐成气候》，《浙江日报》2003年7月3日）

据浙江省企业家协会、省企业联合会公布的数据，截至2002年年底，横店集团拥有下属子公司30家，总资产113亿多元，年经营收入94亿元。在全国乡镇企业2001年“最大经营规模”、“最高利税总额”、“最大出口创汇”1000家排序中，横店集团分别列第3名、第2名、第4名，列国内最大工业企业500家中第131名。

（摘自胡天申　周江峰：《横店文化产业风景正好》，《中国文化报》2003年7月26日）

横店集团用于文化产业发展的总投资高达282185.83万元，其中固定资产211490.74万元，土地70695.09万元。

此外，横店集团以无偿为社区服务的形式，组建了横店演出放映公司。该公司在横店设立了17个放映点，每年为社区放映电影3000场，演戏600场，设备投资和正常费用达169万元。据统计，公司至今已接待剧团180个，演出戏剧、曲艺等1052场，观众83万人次；放映电影5150场，观众达261万人次。

为丰富社区的群众文化生活，横店集团出资举办了四届中国横店农民旅游节，吸引了国内外旅客和省内外观众。组建的横店艺术团全年演出500场，每年由企业联合会拨款30万元，维持艺术团正常开支。

（摘自胡天申　周江峰：《横店文化产业风景正好》，《中国文化报》2003年7月26日）

横店影视旅游的人气越来越旺，仅2002年上半年，横店的景区门票收入即达5409.81万元，旅游人次达54万多，据此对2002年全年部分指标分析，企业的直接效益可为：

社会的直接受益2002年则表现为，带动个体工商户1009户，个体工商从业人员达5220人，营业收入为12538万元，使邻近影视拍摄基地的大量农民成了相对专业的群众演员，收入逾100万元，各景区停车场收费，即达25.6万元。由文化产业所带动的社会就业年均已达11073人，就业人员收入为15906.45万元。全街道办事处年上缴税费为18702万元。

（摘自胡天申　周江峰：《横店文化产业风景正好》，《中国文化报》2003年7月26日）

至今年10月底，浙江东阳横店影视城接待游客已突破200万人次，比去年同期增长90%；营业收入达到1.5亿元，比去年同期增长72%；影视拍摄剧组达到60个，均创下历史最高纪录。

（摘自曾毓琳　施晓文：《横店影视城夺人眼球》，《华东旅游报》2004年11月16日）

在建设规模上景区占地面积达5000亩，10多个景区总投资27亿元，有三星级以上宾馆8家，7000个床位为之配套服务，短短8年时间，这个不足10平方公里的江南小镇崛起了一艘亚洲最大的影视旅游“航空母舰”。现在每年有60余部电影、电视在这里拍摄，今年还被确定为中国唯一的国家级影视产业实验区。

（摘自徐力平　施晓文　李智勇：《横店影视旅游营销先人一步》，《华东旅游报》2004年12月24日）

2004年，一共有72部海内外电影、电视剧在浙江横店影视城拍摄，创下了历史最高纪录。此外，去年横店影视城共接待游客250万人次，同比增长58%，营业收入增长51%，实现利润增长180%。

（摘自小于：《横店影视城2004年创新高》，《中国电影报》2005年1月13日）

去年，横店集团的影视旅游收入超过3亿元。

（摘自程悠悠：《横店集团拆分影视产业准备上市》，《第一财经日报》2005年2月28日）

浙江金华的横店集团自1995年把影视产业作为重点发展战略以来，已经累计投入约30亿元开发影视产业基地，探索出了一条企业自主投资建设、以市场为导向的影视产业运作体系。

（摘自陈明：《浙江横店影视基地：走向"中国好莱坞"之路》，《中国文化报》2005年4月18日）

作为横店影视产业实验区的开发主体之一的全国特大型民营企业横店集团，2003年底总资产129.9亿元，位居"中国企业500强"第131位、"全国十强民营企业"第三名……据预计，在未来的5年至6年内集团总资产将达到400亿元。影视文化产业是横店集团大力扶持的产业，集团迄今为止已累计投入28.22亿元人民币。

（摘自陈明：《浙江横店影视基地：走向"中国好莱坞"之路》，《中国文化报》2005年4月18日）

"五一"黄金周，横店影视城再度出现井喷；各地游客汇聚横店，影视城每天接待游客近4万人次。其间接待游客27.01万人次，与去年同比增长10.59%，营业收入居全省第二。

（摘自施卫东：《横店影视旅游的"三板斧"》，《中国旅游报》2005年5月13日）

自1995年把影视产业作为重点发展战略以来，横店集团目前已经累计投入约30亿元开发影视产业基地，并拥有13个影视基地……

横店影视城另一人士对记者表示，前段时间影视娱乐有限公司的注册资本金已由原先的6000万元提高至3亿元人民币，而增资扩股正是给上市做好充分准备。"我们的目标是控股全国30%的院线，并实现票房4亿以上的规模。"

（摘自严丹虹：《横店集团谋海外上市筹资约1亿美元》，《东方早报》2005年6月15日）

横店集团现在国内已有2家控股上市公司，2003年全年实现销售收入120.2亿元。

（摘自严丹虹：《横店集团谋海外上市筹资约1亿美元》，《东方早报》2005年6月15日）

今年"五一"期间，横店影视城接待游客27.01万人次，营业收入高居全省旅游景区第二名。

（摘自刘小娟：《互动式体验式节目激活横店旅游》，《金华日报》2005年7月5日）

全年接待76个影视剧组和15个纪录片类摄制组；接待游客突破300万人次，比上年增长15%。企业联合会建起横店红军长城博览城，开辟了横店红色旅游新领域，自去年10月开业以来，接待游客超过了30万人次，并增添了影视拍摄的新题材、新内容。

院线发展也步入正轨，长沙王府井和南京新街口等大型影城相继建城开放，长沙影城月票房已突破两百万元，珠江院线也已跻身全国院线前5名。影视制作类企业则灵活运用投资合作模式，完成了《侠骨丹心》等影视剧的拍摄和12部影视题材的申报立项……

（摘自杨城：《横店2006：加快影视要素集聚》，《中国电影报》2006年2月23日）

2005年，入驻实验区企业营业收入3亿元，税费收入1800万元。

（摘自杨城：《横店2006：加快影视要素集聚》，《中国电影报》2006年2月23日）

据统计，今年1至3月，横店影视城共接待国内外游客78万人次，与去年同期相比增长了60%，营业收入同比也增加了51%；横店影视城的宾馆营业收入及住宿客人分别比去年同期增长了38.75%和35.80%。

（摘自曾毓琳：《横店影视城人气集聚》，《华东旅游报》2006年4月20日）

浙江横店影视旅游起步于1996年，历经10年发展，横店影视拍摄基地已成为国家4A级旅游区。2005年，横店影视拍摄基地共接待游客330万人次，接待影视剧组近80个，这两项指标均在全国影视拍摄基地中处于领先地位。

（摘自蒋祖云：《横店影视旅游产品的开发》，《中国旅游报》2006年9月4日）

横店集团在发展影视文化产业中，已投资30多亿元，建起了全球最大规模的影视拍摄基地，并已接待了400多部、10000多集中外影视作品的拍摄，奠定了大力发展影视文化产业的坚实基础。

（摘自曾毓琳：《横店影视文化产业实现历史性突破》，《江南游报》2006年12月28日）

目前，横店影视产业实验区已吸纳了157家影视企业入驻，它们的入驻标志着实验区已进入蓬勃发展的时期。

（摘自曾毓琳：《横店影视文化产业实现历史性突破》，《江南游报》2006年12月28日）

2006年，横店影视城接待中外游客预计有390万人次。

（摘自曾毓琳：《横店影视文化产业实现历史性突破》，《江南游报》2006年12月28日）

迄今，入驻实验区的企业已达160多家，影视制作的投资总额达25亿元，先后完成拍摄了电影36部、电视剧268部。

（摘自：《浙江东阳市横店镇：“穷乡僻壤”里的文化帝国》，中国甘肃网2007年5月31日）

在实景基地建设上，横店先后投入近40亿元，建成了红色旅游城、华夏文化城、生态休闲城等，并组建了浙江横店影视娱乐有限公司，形成了影视制作、影视投融资、院线建设、音像发行、广告传媒、后期制作乃至演艺经纪、娱乐网站、剧本策划的完整架构。

（摘自蒋中意　吴子全：《横店影视城追赶美国好莱坞》，《金华日报》2007年8月28日）

据资料显示，美国好莱坞的一些电影公司争相移师中国，计划在未来几年向中国电影业投资1.5亿美元。可以肯定，这又会给横店影视实验区带来更多的机遇。

（摘自蒋中意　吴子全：《横店影视城追赶美国好莱坞》，《金华日报》2007年8月28日）

据统计，2007年，共有83部中外影视作品及20个中外著名品牌广告在横店影视城拍摄。论影视剧组的接待量，横店影视城在全国众多影视拍摄基地中一枝独秀。自1996年以来，横店影视城已累计接待了近500部中外影视作品的拍摄，创下了一个令海内外影视界为之瞩目的纪录。

影视拍摄的兴旺，也有力地推动了旅游产业的发展。2007年，共有478万人次的中外游客赴横店影视城度假休闲旅游。“影视旅游”这一全新的旅游概念，也因横店影视城的丰富实践而受到业界的广泛关注，称之为“横店传奇”……

（摘自曾毓琳　胡国洪：《横店影视城领跑全国影视基地》，《金华日报》2008年1月27日）

到2007年底，入驻该实验区的影视文化企业已有218家，去年影视制作投资总额达7亿元，完成电影8部、电视剧69部、专题片5部；入区企业实现营业收入12亿元，比上年增长50%。

（摘自柴燕菲：《浙江横店影视产业实验区：实现营业收入12亿元》，横店红色旅游城网2008年1月30日）

招商引资取得了新突破。去年有56家影视文化企业入驻，到目前入区企业已有218家，注册资金总额达到7.5亿元，形成了从剧本创作到影视制作、发行、后产品开发一条龙的相对完整的影视产业链……

（摘自柴燕菲：《浙江横店影视产业实验区：实现营业收入12亿元》，横店红色旅游城网2008年1月30日）

影视旅游取得了新突破。去年横店接待境内外游客突破500万人次。

（摘自柴燕菲：《浙江横店影视产业实验区：实现营业收入12亿元》，横店红色旅游城网2008年1月30日）

重要文章选登

从文化产业和大文化角度看横店模式

艾　丰

党的十五大报告提出要激发全民族创造活力，提高国家的文化软实力。十七大报告提出要全面认识祖国传统文化，取其精华，去其糟粕，使之与当代社会相适应，与现代文明相协调，保持民族性，体现现代性，用现代科技手段开发利用民族文化的丰厚资源，提高国家文化软实力。

下面探讨一下关于文化产业和大文化的几个问题。

第一，软资源的问题，也就是文化性和信息性资源的问题。现在我国经济最大的问题不是速度，而是转变增长方式。转变增长方式，我认为是两条线，第一条线大家认识得比较清楚，但是操作还不到位，叫做硬资源的节约利用和循环利用。还有一个方面，应该引起我们的注意，就是软资源的利用，中国的经济在未来应该更多地靠软资源去发财，软资源就是文化的、信息性的资源，包括信息、科技、知识、文化创意等。

第二，文化资源是中国的优势，现在我们讲到中国的经济优势，中央文件里头讲三个优势，一个叫劳动力优势，一个叫本土市场优势，一个叫基础产业优势，这三个优势确实是我们的优势。但是我认为从软资源的角度来看，我们有第四个优势，就是文化资源优势。文化资源优势首先是意识形态的文化资源优势，文化资源是很广泛的，中国有最丰富的意识形态的文化资源。

第三，我们的传统文化除了意识形态的存在以外，以广泛的多种形式存在，包括各种文化古建筑、各种艺术古迹、各种出土文物和古代文明遗址、各种历史城镇和村落、各种民族性节日、各种民族性服装和习俗、各种民间手工艺、带有地方特色和人文融为一起的自然风光等。至少我们的文化除了意识形态以外，还有这八种形态的存在，就打开了我们文化资源的眼界。这些形式关乎农业产业化，农业产业化再往下延续，应该延续到农村资源产业化，这就包括形式多样的文化资源。

第四，正确对待传统文化。首先，对传统文化不能采取全盘否定的态度。其次，对传统文化，包括各种形态的文化首先是保护，取其精华，去其糟粕。再次，要充分看到传统文化包含着现代要素，传统文化当然是很古老的，但是一些古老的文化里面，包含着很多现代要素。

第五，从文化产业和大文化的维度谈一下横店模式。横店的各个景点是中国传统文化和革命传统文化的荟萃，它为什么能够成功？我认为有如下几条。

第一个经验，以正确的认识为前导，横店能够成功，源于决策者正确的思维，认识到文化的力量和文化产业的前景。横店虽然是一个镇，但是徐文荣的眼光却是世界性的，看到了当代世界文化发展和经济发展的一个潮流、一个趋向。学横店，就是要把这个正确的思维，对文化的发展趋势，文化产业的发展趋势，整个世界性的大趋势真正认识到。

第二个经验，以产业化为依托。光认识了不行，要操作起来文化一定要产业化。因为文化只有产业化了，文化才能有效益，有了效益了，文化才能发展，二者是互相支持的，是一个良性循环的关系。

第三个经验，资源整合。横店为什么能够做这么大的事，我认为最奥妙的就是资源整合，发挥了当地的两个优势，第一是土地资源优势。第二是人才优势。东阳是木雕之乡，手艺人特别多。发挥这两个优势，就可以把外界的文化优势拿回来了。

第四个经验，我认为要找到恰当的载体来运作。这个载体的概念很广泛，比如说横店发展乡镇企业，是以社团所有制，原来叫共享经济为体制载体的，就文化产业来说，横店现在老城叫影视城，现在还有新三城，不管是新三城，老的影视城，实际上横店载体最具特色的就是影视城。影视城跟城镇化结合起来了，要用农民的地，想办法让农民进城，把地腾出来，城镇化就很容易推行，所以他找到这样一个恰当的运作模式和恰当的载体，就把这个事做活了。

浙江横店影视产业实验区产业集群形成机理分析

楼彩霞

产业集群是一个全球产业经济发展与科技演进的阶段性现象。国内外产业集群发展对一国区域经济的影响证明：产业集群本身就具有一种聚集优势，这种优势能够转化成区域的产业竞争力并提升整个区域的竞争力，同时为实现城市或地区产业经济的高起点、跨越式发展增加了新的动力。此外产业集群已经成为实现区域经济规模扩张和产业结构升级的支撑力量。

2004 年 4 月国家广电总局迄今为止批准建立的唯一一个国家级影视产业实验区浙江横店影视实验区正式挂牌。实验区的思路是：由政府部门主管、横店集团主办的横店影视产业实验区紧紧抓住国家和浙江省大力发展文化产业的大好机遇，充分发挥横店丰富的影视资源优势和灵活的机制优势，采取构建产业集群的理念，通过完善影视产业要素体系和提供优质高效的行政服务，吸引大批海内外影视机构落户横店，逐步形成影视产业发展的产业链，把横店影视产业实验区打造成亚洲规模最大的“中国好莱坞”。

根据《横店影视实验区总规划》，横店影视产业实验区产业集群的集群单元由几大体系组成：要素构建体系，策划、制作体系，展示交易体系，影视后期产品开发体系，综合服务体系。这五大体系互相联结、互相作用，融合成横店影视产业集群。横店影视产业实验区致力于打造拥有专业的影视产业设施，完善的影视行业服务，以及完整的、具有可拓展性的相关影视产业链，以在横店建构起一个集影视创作、拍摄、制作、发行、交易于一体的中国影视产业发展平台。这些具体的要素由不同的企业所承担，成为他们的主营业务，这些企业通过在横店影视产业实验区的集合形成巨大的积聚效应，发挥出产业集群的合力，这是企业分散分布局面所不能达到的效果。

以下通过价值链分析方法和产业价值链分析方法来分析横店影视产业的集群单元和它们所产生的聚集效应。

影视产业价值链分析

企业的每一项经营与管理活动都是价值链上的一个环节。价值链可以分为两个部分：一是与商品实体的加工流转相关的“基本增值过程”，主要包括生产活动、仓储保管、市场营销和服务；二是支持和服务于基本增值活动的“辅助性增值活动”，主要包括企业的基础设施建设、采购、研发、人力资源等。企业要想获得竞争优势，应专注于优化价值链上企业活动的战略，使其获得差异化。

电影和电视剧的运作都是以项目的形式进行的。这里和对企业价值链的分析不同，影视剧制片人其实也就是商业运作的项目经理。一部电影或一部电视剧的价值链环节大致如下：剧本创意——剧本——制作——发行（播出）——后产品，按照以上的划分，与电视剧的加工相关的“基本增值过程”主要包括了剧本、制作、发行等几个阶段。电视剧运作背后的制作公司和发行公司承担了企业的基础设施建设、人力资源等。影视产业的运作基本上是以一个项目的形式来进行的。

影视产业价值链环节分析

现代企业处于一个生产作业的系统之中，社会分工和生产的专业化使得企业只能处于价值链的某一个环节，在企业的运作中必须顾及到它的上下游。同样，价值链理论，不仅仅是取决于对企业自身所参与和控制的企业价值链的理解，而且取决于对企业的供应商和买方，甚至供应商的供应商、买方的买方价值链的理解。企业每完成一项作业，产生的价值必然随下一个环节转下去，这样逐步的转结，最后凝结到最终的产品。产业价值链就是任何一个产业从最初原材料的开发到产品的最终消费所形成的一系列不同价值作业的结合。它是从企业内部的研发、生产、营销，直到消费者手上的整个过程所构成的一个增值链。

电影电视剧行业本身是一个分工非常明确的和细化的行业，尤其是随着产业的发展，行业的专业化和分工更加深入和细化。在横店影视实验区内，企业高度专业化分工，形成大规模生产和销售，大大降低了影视产品的生产和交易成本，形成整个产业链各环节的合力，造就主导产业强劲的竞争力，形成集聚效应，加快影视产业的发展和升级。

产业价值链的分析包括产品研究与开发产业链、供应商、顾客价值链及其与企业价值链之间的关系分析以及竞争对手价值链的分析。价值链分析强调企业利润增加或降低成本两个方面，即供应商和购买者之间的竞争与合作的关系。以 2003 年的《英雄》为例，作为一个视觉产品出现在市场上，从原材料供应商、产品制造商、分销商（批发商）到最终客户，也存在完整的价值链。

利润最终来源于客户，客户付出的价值将在供应商、制造商、分销商和零售商之间分配。一个价值链要正常运转，价值的分配比例很重要。一个价值链要形成，必须有一个主导环节。哪一个环节处于价值链的主导地位，取决于其对客户的号召力和影响力。《英雄》的制造商张氏梦工厂和新画面公司在整个价值链环节中处于主导地位，而对于一般电影而言，分销商和零售商则可能也是主导环节。

（一）融资

回顾本土影片《英雄》的运作方式，应准确定义为资本运营：进行融资是通过资本运作采用的国际惯例，以内地投资者和香港的国际投资集团将剧本、导演、演员和各种市场未来的收益分析报告，采用国际通行的现值法，将这部电影当一个产业来做，预计未来的收益，用财务的办法把它折算成现值，那么累加数就是这部电影的价值，呈给保险公司审核，然后在保险公司担保的情况下，向银行融资，才会有整合非娱乐企业资源（联合促销、贴片广告、相关产品开发和特许经营）等方面的运作模式。

横店影视产业实验区拥有最丰富的影视资源，包括影视生产的各大门类和组合，在这里成立投资中心，专门由投资负责人来经营，一方面是为了更多地盈利，另一方面更重要的是推动了影视产业价值链的启动。为给入区影视机构解决资金问题，实验区成立了由若干有意从事影视产业战略投资的大型企业集团和金融机构参与的影视投融资中心，按照市场法则为区内影视机构提供投融资服务。此外，于2004年设立了“横店振兴中国电影基金”，该基金下设儿童电影基金，首期出资5000万元，主要用于支持优秀剧本的创作、优秀影片的拍摄和放映等。

（二）剧本

从制造业的角度来讲，剧本的写作是产品研发阶段，第二个阶段是由剧本变成影像的阶段，也即制作阶段。价值链模式下的产品研究与开发已不再是一个企业单独进行，是供应商、销售商以及包括研发机构与众多供应商的群体作战，是将研发机构与供应商、销售商以及用户全部参与到产品的研究与开发当中来。剧本是一部电视剧、电影的根本和核心。票子、本子和班子是大家常常挂在嘴边的，而在资金具备之后，在电影和电视剧行业，剧本决定了一个片子的成败，而且剧本连带到其他后面所有环节的发挥。好的演员可以为好的剧本锦上添花，但是好的演员绝对无法改变一个差剧本的命运。

就中国目前的影视产业发展来看，剧本和制作这两个阶段都是由影视制作公司来完成。在制作上电视剧、电影是一个集体创作的过程。从电影、电视剧的产业链上来看，剧本、制作和发行这一整个链条更加是紧密联系在一起的。各环节的公司合成一个价值链构成的合作团体。剧本的成败关系到影视剧制作机构、院线、电视台和一切与这个电视剧、电影制作有关的公司和成员的安危。牵一发而动全身，这就是剧本在整个影视产业链中的核心位置。而且与这里关系最直接的就是影视剧制作公司。影视行业的壁垒很高，投入高，风险也大，一个戏质量的优劣和市场状况直接影响一个公司的生存状况。

由于中国目前影视产业链没有完全顺畅，一些财力大的公司掌控电影、电视剧产、供、销所有的价值链。为打通和理清影视产业价值链，振兴中国影视产业，在横店影视实验区准备成立专门的影视题材策划、创作、交流中心，来整合影视剧本的策划、创作、交流、交易。

（三）明星、演员

经纪人公司是电影产业化分工的产物，是联系电影企业与明星的纽带，与明星构成一个经济共同体，其主要的职责之一是经营明星，为电影制作提供源源不断的演艺人员。目前我国也有经纪人，但是只有“明星经纪人”，是先有明星，而后有经纪人。这与国外“先有经纪人，而后有明星”的商业运作顺序刚好相反。

影视人才教育和储备对实验区的发展具有很大的作用。横店影视产业实验区演员公会对特约演员、群众演员开设短期培训，邀请导演、资深演员为他们讲授表演基础理论。截至2006年3月底，横店群众演员公会能为剧组单次提供注册特约演员300多名、专业演员30多名以及影视拍摄基地邻近小区的数以万计的群众演员。通过横向联系寻求影视院校的支持，使这些院校成为横店影视产业实验区的编外培训中心和人才储备库。此外，实验区演艺职业培训中心则开设表演、摄像、服装、音响、灯光等专业的中期培训。2006年横店集团还决定与浙江传媒学院联合办学，共建浙江传媒学院横店校区，开设与影视产业相配套的相关专业，逐渐建成一个具有广泛影响力的影视工程技术专业院校。

现在横店影视产业实验区在这方面的要素只能提供群众演员和特约演员，还没有完整的演艺价值链环节，而且产业层次属于低层次。群众演员的供给虽然在规模上形成了，但是在利润上很低，一个群众演员一般一天的报酬是30元左右，可以形成的价值也比较低，横店方面正积极努力培养自己的演员体系，形成价值含量高的演艺经济。

（四）影视基地——影视主题公园

场景是影视作品的基本单位，一部电影、一部电视剧由若干个场景构成。场景由时空、人物和事件等元素构成。其中人物塑造和事件的演绎在拍摄过程中由演员来完成，时间是拍摄过程和编辑过程中的自然流动的时间。空间是影视作品中人物的活动空间，是故事发生的地点。时间是无形的，而空间是具体的。

从创作的元素上来分析，影视基地就是给影视作品提供场景，提供人物活动的空间，故事发生的地点。一个承载人物和事件及时间的物理空间。从实际拍摄上看，它属于物质层面的东西，不属于创造性的。单从一部电影或电视剧的创作来讲，它融合在作品中，没有像一个明星或者其他的影片创作人员一样单独被列出来计算价值。但是在实际拍摄中它同样也是剧组蹲点驻扎的地方。尤其是一部大型的电影或长篇电视剧，它的拍摄周期有可能是两三年，像《无极》这样的大片一拍就是3年时间，给横店带来的消费是巨大的。

对于影视基地而言，来的剧组越多，影视基地的利用率就越高，带动的产业元素就越多，产生的经济效益就越大。

截止到2006年5月，横店影视城是全球规模最大的影视拍摄基地，被美国《好莱坞报道》杂志称为"东方好莱坞"，国内影视界更是把横店影视城赞誉为"中国好莱坞"。经过10年的艰苦创业，横店影视城下辖13个拍摄基地，是中国最大的影视城。影视城内有最大规模的室内摄影棚：横店影视城内有两座高科技摄影棚，其中一座面积为1944平方米、高23米，是中国规模最大的室内摄影棚。

为充分发挥横店影视产业实验区的龙头作用和集聚功能，现任总裁徐永安在横店影视产业实验区正式挂牌后，就精心编织联合协作网，与同类实体包括新昌风景旅游区、桐乡乌镇、舟山桃花岛、温州楠溪江等34个知名影视拍摄基地和旅游景区，携手成立浙江省影视拍摄基地联合会，使全省的影视基地由松散型走向紧密型，以此吸引了更多的影视业机构，又使影视产业链越拉越长，为实验区的快速健康发展奠定了基础。

"影视为表，旅游为里，文化为魂"，这是横店发展影视产业的双重考虑。横店影视城紧紧围绕影视文化特点，大力开发旅游产品，充分挖掘影视文化资源，把旅游产业与影视元素需求相结合，以演艺节目和参与性活动等多种形式，不断地开发出新的、富有鲜明个性的旅游产品。从影视产业和旅游产业构成比例上，影视收入和旅游收入是2∶8。因为影视产业的发展基本还是处于投入期。另一方面，旅游本身就是一项"富民工程"，它带来的收入不仅是集团的，而且惠及当地居民。一些外乡人也纷纷离家来横店打工。2003年，当地农民群众的收入已达615亿元之巨。2008年横店接待游客数目可达到500万人次，旅游收入将超过10亿元。以影视文化和旅游为主的第三产业的收入，已占集团总产值的近1/4。在创业10年后，横店旅游逐步实现了从单一经营影视基地旅游向打造国内一流影视旅游主题公园的转变。

（五）供应商—影视制作机构—制造商

从中国影视产业运行状况来看，供应商和制作商是合为一体的，在实际的运作中形成了一体运作，供应商就是电影制片厂或者是影视制作公司。制造商在整个影视产业运作中处于核心地位。制造商的重要性在电影《英雄》的价值链中可以清楚地看出来，它是整个电影价值链的核心。其他的环节都是在靠它这个良好的产品进行运作才得到利润的。

电影和电视剧通过故事、情节、画面等元素的组合创作，带给观众的是一种"体验"，在体验过程中实现了影视作品的价值。同时一部电影、电视剧从创造到观众市场的过程中，需要一系列的资源整合。这种整合又是以工业化的思维和模式展开的。"制作"概念正是体现这种"创作"工业化的表现。

制作是影视生产的一个核心环节。在选好了剧本之后，影视制作公司就准备进入制作阶段。在这个阶段，制作公司完成两个任务：

1. 完成提供和组织由剧本到影像的转化过程的所有要素。影视行业是一个创意行业，人的要素是最大的资源，也是核心资源，一个强有力的创作队伍是作品成功的关键因素。编剧、导演、摄像、明星、演员、美术、录音、照明，还有后期的编辑等。除了这些主创人员之外还有制片和群众演员等，影视制作公司在短时间内把他们以最优的比例合理地组合在一起，迅速地组成一支精干的队伍，这种组合是最经济又最有战斗力，在整个制作中发挥出最强大的绩效。

2. 完成由剧本到影像的转化过程。在与制作相关的人员全部到位后，剧本向影像的转化过程中，拍摄和制作所用的时间是第一位。在电影和电视剧的拍摄中，一个大的剧组会有几百号人参与，集中到一个拍摄场地。剧组庞大的花费是一个很大的负担，拍摄时间拖得越长，前期花费的成本就越高。这就迫使剧组的所有创作人员提高时间的利用率。在横店影视产业实验区内，提供最全的拍摄场景是一方面。在这里所有的相关资源和后期要素的配备以及合理配置，处处为剧组从省钱和效率出发，形成一个为剧组服务的一流体系。

在这期间，制作公司还要负担由以上过程产生的剧组在横店的运行和花费。电影和电视剧都被列为时空艺术。国内目前有很多外景拍摄基地，到底哪一个拍摄基地符合剧本要求和导演要求，需要做出精心的选择。如果一个片子中的场景有很多处，这些场景间距很大，如果整个剧组在拍摄过程中来回挪地，场景的转化成本会很高。还有一种情况是需要搭不同的场景来表现剧中时间，这时需要考虑到拍摄的进度和成本进行最优的组合，省钱又出效率。而横店的上下5000年的影视基地在这方面解决了剧组的后顾之忧。

横店影视产业实验区从经营影视基地开始迈入影视产业，至今影视基地也是横店影视产业实验区吸引众多剧组来拍剧的根本原因，也成为了影视产业实验区形成产业集群的基础条件。在成立影视产业实验区之后，围绕影视基地的服务形成了统筹管理，对来实验区拍摄的剧组统一协拍、统一安排住宿、统一调度场景、统一安排群众演员、特约演员和场工，同时还提供一些其他的配套服务。

1999年，在影视基地不景气的情况下，徐文荣推出免收场租费的策略。虽然当时免收场租费是一个小小的经营策略，但却引来了众多的影视剧拍摄剧组，剧组来了就来了钱，横店的所有其他相关产业链也就都运行起来了。拍摄基地是横店影视实验区的基础，剧组是横店影视实验区内盈利链多米诺骨牌的撬动力量。《侠骨丹心》剧组2005年7月6日—2005年8月31日在横店拍摄基地拍摄，剧组人员总共120人，拍摄期两个月。整个剧组在横店的花费总计711527元。兵马未动，粮草先行，剧组到来的同时也调动了横店第三产业的极大发展。第三产业的发展也是影视产业产生的延伸价值的一部分。

（六）发行

1．发行环节的价值链构成

影视博览交易➡发行{影片形象宣传；宣传渠道整合营销；版权交易；电影随片广告；院线、台线}

在中国，电影的票房收入是电影的主要收入来源。这是中国电影运营的主要模式：拍电影的人单纯地想，只有片子能卖钱，没有想到组成电影作品中的各个生产元素延伸出来都可以被运作来卖钱，甚至连电影的营销也可以产生价值。

2．院线制经营

根据现任总裁徐永安的分析，影视制作的盈利点重要是三个节点：一个是制作，一个是发行，另一个就是终端影院。横店影视娱乐公司在继杭州电影有限公司之后，2004年又先后参股或控股了广东珠江、江苏盛世横店亚西亚、湖南横店潇湘等院线，与武汉天河院线签订了由我方控股的合作意向书，横店系影院已拥有影院112家、银幕244块、座位87341个、年票房约1亿元的规模；横店方合资新建并绝对控股的长沙王府井五星级影视城已试营业，合资新建并绝对控股的南京盛世横店新街口五星级影城和相对控股的佛山东方广场电影已经具备开工条件将马上建设；另有数家电影院线和北京、上海、杭州、深圳等大中城市的10余家高等级电影院的合作建设已经达成意向或正在洽谈中，横店系电影院线开始展现宽广的发展前景。这个平台的建立为入驻横店影视实验区的影视制作发行公司和在实验区拍摄的众多剧组提供了一个播出和放映的平台。

（七）影视后产品

以《英雄》为例，还没开始公映，后产品就在市场上所向披靡，一路走好：首先海外发行权以2000万美元高价卖出；紧接着海外音像版权又卖了1000万美元；更令人兴奋的是从未卖过百万元一部影片的国内音像制品版权，《英雄》却拍出1789万元的天价；还有国内广告招商和小说、邮票、漫画版权转让等收入也超过2000万元……此外，自《英雄》为奥斯卡限量公映一周后，全国掀起了预订《英雄》影片拷贝和预售《英雄》门票的热潮，仅广东全省预售门票款就高达600多万元。为此，按照价值决定价格，价格围绕价值上下波动的经济学原理，《英雄》成为第一部卖价高于好莱坞进口大片的国产影片也就不足为奇了。

从产业价值链到产业集群

产业价值链的主体是企业，特别是为数众多的中小企业。产业链的形成是市场竞争和企业理性选择的结果。每个企业都不是随意寻找和任意确定交易伙伴，他们的选择遵循利润最大化的原则。产业链的规模在区域扩张上的高度集中，就形成了产业集群。

在横店影视产业实验区，横店集团和政府双方努力，在横店影视产业试验区内形成了各大影视产业的价值系统。策划、制作体系，要素构建体系，展示交易体系，影视后产品开发体系和实验区服务体系的构建形成了横店影视产业实验区的一个产业集群价值系统。

横店影视产业实验区的运作模式是：剧本是推动所有产业链的元素，外景基地是吸引剧组来的一个基础，同时也是横店影视实验区形成产业集群的空间元素，正是因为横店十年来从事影视基地的建设和开发，形成了现在影视产业集群的空间基础，横店具备了影视产业发展的一个框架，政府在这里看到横店发展影视业的实力。借着这个影视产业改革的好时机，政策允许民营经济发展影视产业，国家广电总局和横店集团合力把影视实验区作为一个影视产业发展的孵化器。现在横店的大力招商就是在这个框架里填满各式各样的企业也即生产要素。最后通过剧本这个驱动因素把所有的产业元素运转起来，横店影视产业实验区成为一个生产电影和电视剧的大工厂。

横店影视产业实验区形成影视产业集群的竞争优势

影视产业集群通过地理集中和产业组织优化，通过群体网络获得经济要素的竞争优势，具体体现为：生产成本优势、区域营销优势、市场竞争优势。

（一）生产成本优势

在横店影视产业实验区，可以通过产业集群，生产成本优势可用积聚经济、外部规模经济、劳动的供给等来获得。

1．积聚经济。各类型的影视企业通过横店影视实验区在空间上的集中，改变了以前分散状态下的单兵作战，而且因为积聚产生的整体系统功能大于分散状态下的各企业实现功能之和，在集群中企业共同使用横店集团提供的公共设施，减少了分散分布所需要的额外投资，利用了地理接近性而节省了相互间物质和信息流的远移成本，从而降低了生产成本。横店实验区为各剧组提供最丰富的影视基地，让剧组省下了很多资金。尤其是在生产配套成本优势上，横店影视实验区内汇集了影视产业各种要素企业，这些不同形式的专业化企业只是整个产业链中的一个环节，相互之间形成了高效的影视产业分工协作系统。

2. 外部规模经济。外部规模经济是由众多的相互联系的企业集中在特定地方所产生的规模经济，集群外部规模经济表现在生产或销售影视产品的企业之间存在着产业关联。上、中、下游企业集中在横店实验区，这里提供了专门的影视方面的各类人才和专门影视生产设备和器械，企业可以利用这种地理的接近性，通过合资、合作或建立联盟等方式共同进行生产、销售等价值活动，以降低成本。

3. 专业化分工提高了生产率，作为各类影视资源的汇集体，横店影视产业实验区能使区内企业获得专业化的，经验最丰富的雇员和供应商的支持，得到最快、专业化程度最高的市场信息，现代化的技术支持，以及享受到横店集团提供的各类公共产品所带来的好处，集群内部通过成员之间的互相依赖和竞争，提高产品的质量和企业的高质量运作效率。

4. 劳动力市场的有效供给，在横店影视产业实验区自发地汇集了很多群众演员，他们为剧组和企业提供了便利。随着集群的发展，会出现一个专门的影视人才中心，企业根据自己的需求，在数量上和质量上都会得到满足。

（二）区域营销优势

集群通过传统的营销途径可以建立区位品牌优势。企业通过集聚，集中广告宣传的力度，利用群体效应，形成“区位品牌”。在 2004 年以后的 5 年间，横店影视产业实验区管委会努力吸引更多的企业来到横店入驻。现在的横店影视实验区是世界出名的片场。

（三）市场竞争地位优势

市场是企业成败的核心所在。浙江横店影视实验区不仅是一个生产基地，也是一个产品交易基地。集群通过企业培育影视生产要素的集聚形式，对内通过前后项的垂直关系，形成既类似于大企业垂直一体化的生产过程，同时，又通过水平联系合作与竞争，有利于提高整体效率和竞争力，不仅在影视产品成本、价格、营销上有一定的优势，而且，企业在影视产品生产的细分化和专业化上会越来越精到，从而以培育整体强大的影视规模企业成为市场上最有竞争力的主体。这里是创意中心，这里是拍摄中心，这里是产品交易中心——在未来的影视产业中，浙江横店影视实验区将以产业集群方式在中国以及世界的影视市场上占据核心地位。

以大文化手笔打造影视产业链

——浙江横店发展影视文化产业的特色和启示

陆天良

影视产业是文化产业中最具发展潜力的一个朝阳产业。但因投资大、成本高、回收周期长，加上其产业的特殊性，市场风险相对比较大。选择这样的产业，需要对影视产业发展前景的预见性和实施发展战略的坚定性。值得一提的是，地处浙江中部半山区的横店镇及其核心企业横店集团，多年来以其超前意识和非凡胆略，不断投入巨资发展影视文化产业，在推进当地农村社会全面、协调、可持续发展的同时，实现了产业结构的全面调整，加速了资源经济向文化经济的过渡，为浙江发展民营文化产业，实施文化体制改革提供了有益的探索和成功的经验。

横店发展影视文化产业的特色

横店集团起步于工业产业，由于科技含量高和规模化经营，创造了巨大的经济效益。在此基础上，于 20 世纪 90 年代中期以经济发展与生态环境和资源相协调、人与自然相和谐为追求，致力培育影视文化产业，以推进企业的产业结构调整。1996 年，为支持爱国主义教育影片《鸦片战争》的拍摄，横店集团开始投资影视产业，走上了一条以影视文化旅游为龙头，带动其他第三产业，进而推动经济社会全面发展的新农村建设之路。据不完全统计，10 多年来其对文化产业的投入累计几近 40 亿元，建起了堪称一绝的影视产业基地。从目前情况来看，横店影视文化产业的发展具有以下几个方面的特色：

1. 规模大

横店集团致力于以大文化的手笔发展影视产业。按1:1的实景布局建成的横店影视城，包括广州街、香港街、清明上河图、秦王宫、江南水乡、明清宫苑、横店老街等14个跨越几千年历史时空、汇聚南北地域特色的影视拍摄基地和亚洲最大、总面积达3万多平方米的室内摄影棚。此外，为开发红色旅游，又建起了占地近万亩的红军长征博览城。加上在建中的华夏文化城，横店集团发展影视旅游的“三城”建设，已经建成开放的景区就有32742.48亩，可以满足除沙漠外所有场景的拍摄。由此，横店不仅成了全国拍片最多的基地，而且还是全球规模最大的影视实景基地，被包括美国《好莱坞报道》的国内外媒体广泛誉为“中国好莱坞”。从首拍影片《鸦片战争》以来，横店影视城已先后接待过《荆轲刺秦王》、《英雄》、《无极》、《汉武大帝》等剧组近400个，有7000多部（集）中外影视剧在横店取镜。平均每天有10多个剧组在此拍摄，每年有三分之一古装戏取景于此。

2. 体制新

由于多年来坚持发展文化产业，具有坚实的影视产业基础和发展氛围。2003年12月，经批准，横店成为我国首个影视产业实验区的落户地。作为中国影视产业发展的试验田，横店开始了文化产业体制上的巨大创新：以政府部门为主管（实验区由东阳市人民政府设立并建立管委会），以企业（横店集团）为投资和发展主体，区内企业可享受省、市、县各级政府相关的优惠政策和措施，体现了各级政府和企业共同建设实验区的特色。近三年来，实验区按照市场经济的规律，积极探索影视产业发展的新的模式。围绕形成影视产业需要的一系列生产要素组织影视产业生产要素市场，鼓励和吸收包括外资、民资在内的各种社会力量广泛投资影视产业，积极探索多种所有制共同建设影视产业基地的新路子，探索新的企业集聚模式、产业开发模式和行业管理模式，为社会力量投资影视产业搭建起一个新平台。

3. 功能齐

横店影视城不同于其他影视城的一个重要特点是，它采用了一种类似韩国釜山的发展模式——将整个城市建设成一个庞大而完备的影视产业配套和后勤服务基地，而不是单纯而孤立的几个拍摄基地。从2000年起，横店集团全面整合影视、旅游和服务资源，宣布所有拍摄基地免收场租的同时，为前来拍摄的剧组提供从场景搭建、道具制作、设备租赁、演员中介到餐饮、住宿、娱乐设施等的一系列配套服务。此举摆脱了依靠场租维持影视城经营的单一模式，尽一切最大的可能整合影视拍摄所需要的所有基本要素，吸引了大批剧组前往。

4. 集聚快

浙江横店影视产业实验区犹如一个充满活力的磁场，近三年来，以其丰富的影视资源、低廉的拍摄成本、优越的发展条件以及强有力的政策支持，吸引了大量的各类影视机构加入。据统计，到今年9月底，已有144家影视文化企业进驻实验区，比去年同期增长80%以上，正在办理工商登记等入区手续的还有15家，估计到今年底入区企业将突破160家。它们的经营项目涵盖了影视制作，影视器材、道具、服装租赁，院线影城，广告，动漫以及出版等多个领域，影视产业链得到进一步完善和延伸，并带动了相关产业发展。据相关部门统计，今年上半年入区企业实现营业收入3.37亿元，超过了去年全年的营业收入。

5. 要素全

经过两年多时间的运作，横店影视产业实验区已形成了较为完善的从剧本创作到影视制作、影视发行以及影视后产品开发一条龙的影视产业链。随着一大批涉及设备租赁、后期制作、影视后产品开发等机构的加盟，以及横店与香港一家公司组建影视后期制作公司，打造高科技后期制作中心，使横店影视产业链日益完整，改变了以往单纯提供拍摄场地和生活服务、留不住剧组的状况。2004年5月26日，经国家广电总局批准，浙江省广电局电影审查中心也正式落户横店，这是国家广电总局下放电影审批权限后，首批3个获得审片权的省市中最早挂牌运行的地方电影审查中心。随着电影审查制度的“下放”，浙江省广电局电视剧的审查权也将逐步落实到横店影视产业实验区。至此，实验区基本上实行了“带着剧本来，拿着片子走”的目标。

6. 辐射强

影视文化产业具有极强的联动效应，它的发展可以带动旅游业及相关产业的全面兴旺。特别是横店集团放弃收取场租费的短期逐利，免费为剧组提供拍摄基地之举，不仅吸引了中外剧组的大量涌入，而且使直接旅游收入不断攀升，全面带动了横店的交通运输、宾馆餐饮、医疗卫生、商业贸易、休闲娱乐等第三产业的发展。1996年以来，到横店旅游的游客平均每年以近50%的速度增长。横店影视文化旅游已成为国内旅游的著名品牌，被列入浙江省黄金旅游线路。2000年横店影视城被国家旅游局评为首批“AAAA级国家旅游区”。2005年影视城接待游客数达330万人次，仅门票收入就超过1亿元。预计今年可突破500万人次，门票收入超过1.5亿元。此外，影视旅游产业催生的经营运输、商业餐饮等服务业，去年营业收入达14.7亿元。影视、旅游、文化等第三产业给横店农民带来的效益已基本与工业持平，旅游业已成为横店农民增收的另一个重要门路。

横店发展影视文化产业的启示

由上可见，横店集团以影视文化旅游为切入点发展文化产业，不但带动了与文化直接相关的产业，也带动了包括教育、医疗卫生和体育等在内的大文化产业，同时也带动了信息、金融、商贸、物流、运输、服务等第三产业。现在，以文化产业为主体的第三产业已成为横店集团新的支柱产业。从横店发展影视文化产业的实践中，我们可以得到一些有益的启示：

1. 发展文化产业要立足于实际，因地制宜

我国幅员辽阔、地区跨度大，在地理环境、人口资源、民族宗教信仰等方面情况不一，就是同一地区差别也很大。发展文化产业就要从本地实际情况出发，充分发掘有利因素，扬长避短。横店集团就是从本地、本企业的实际出发，根据影视拍摄的需要，充分利用横店的荒山荒坡和原有的文化景点，陆续建成了全球最大的实景拍摄基地。把发展文化产业同改善投资环境、促进高科技工业发展、治理美化环境、解决“三农”问题、推进农村城市化、增加农民就业机会、提高农民素质等结合起来，因此，有持久的内在动力和蓬勃的生机活力。由于大规模的影视基地建设，横店农村城市化的进程也颇具特色：大批农村劳动力就地转移，横店农民在自己家门口完成从农民到工人再到市民的身份转变，走上了“离土不离乡”的富裕之路。

2. 发展文化产业要放眼于长远，高瞻远瞩

文化产业中，影视业是支柱之一。横店集团的掌门人从一开始就认识到影视文化产业是一个“有灵魂、有发展前景”的朝阳产业，但是，影视文化产业投资大、成本高、回收周期长，加上其产业的特殊性，市场风险相对比较大。因此选择这样的产业，需要决策者对影视产业发展的预见性和发展战略实施的坚定性。事实上，在横店影视产业发展的起步阶段，其经济效益非常低下，且出现过一年亏损5000万元的情况。继续追加投资曾经引来多方责难和非议，在1998年前后，随着投资规模的不断扩大，不仅开始遭到集团内部的强烈反对，更主要的是来自集团外部的许多部门的压力，甚至很多人说：“横店工业搞得好好的，为什么要去投资这种亏本的生意？到时候会把整个横店都拖垮。”然而，面对质疑和诘难，集团领导人没有因此而动摇，而是仍然坚持既定的战略，不断地投入，再投入，最后终于建成了一个以影视文化为龙头、旅游服务为辅助、配套体系比较齐全的影视产业集群。

3. 发展文化产业要充分利用民营企业的优势

十六大以来，国家文化主管部门和地方政府相继发布了一系列文件，鼓励和允许非公有资本进入文化产业领域。因此，发挥民营企业的资金管理和经营优势，引导其投资和发展文化产业，对于我国文化产业的进一步发展壮大，将起到强有力的推动作用。随着社会经济的发展，人们对文化消费的需求越来越大，文化市场也越来越广阔。像横店集团这样的大型民营企业介入文化产业有其自身的独特优势，一是他们有很强的市场观念和产业意识，一开始就把文化产品作为一个产业来做，并实行企业化管理、市场化运作；二是有灵活的机制，在用人用工以及分配等方面都按市场经济的方式来运作；三是有强大的经济实力，可以化解不少市场风险，使文化产业渡过难关，顺利发展。因此，民间资本投资经营文化产业，一方面可以促进文化产业的成熟和发展，另一方面，可以减轻国家财政的支出，使政府部门可以集中财力办大事，更好地引导和带动整个文化事业的繁荣。

4. 发展文化产业要遵循市场化和社会化的原则

文化产业是市场经济的重要组成部分，发展文化产业也是市场经济的内在要求。文化产业的市场化、社会化是文化产业发展的必然趋势。这不仅是产业经济发展的自身需要，也是生产力发展到一定程度的客观要求。市场经济是大众的经济，要调动、利用、优化一切资源，更要调动一切人的积极性和创造性。文化产业更是大众产业，在市场经济条件下发展文化产业更是要调动包括民营企业在内的大众的力量，只有大众参与，文化产业才有持久的动力，才能长久兴盛。横店既无地理之便，又无山水之奇，更无文化之胜，为何能在全国众多影视城中脱颖而出，一枝独秀，达到今天的水平和规模？究其原因，乃是横店集团发挥民营企业灵活机制，走市场化发展之路的结果：一是免收所有影视拍摄景点场租费的“低成本”操作策略；二是通过创办“影视产业实验区”，打造发展平台，促进市场体系建设。同时，由于整个城市成为庞大而完备的影视产业配套和后勤服务基地，有了民众的广泛参与，影视文化旅游产业已走上了一条社会化道路，具备了顽强的生命力和广阔的发展前景。

5. 发展文化产业要走集聚式扩张之路

集聚经济，指的是同一行业或相关联产业中的许多个企业集聚到同一区位，通过分享公共基础设施、专业化劳动力、信息传递网络、销售市场等资源，降低各企业的成本支出，提高生产经营效益。20世纪初，位于美国洛杉矶市郊的好莱坞，以集聚这种产业的组织经营模式促成了美国电影事业的繁荣成功，成为全球影视产业的焦点。好莱坞的模式证明了集聚经济不仅适用于工业企业，同样也适用于影视产业的发展，其他国家在探索影视产业发展的道路时可以尝试采取。近年来横店对影视产业的培育，实际上就是集聚这种产业组织经营模式的运用。特别是2004年4月，我国首个影视产业实验区在横店挂牌运行后，作为一个产业发展的平台，以其特有的优势在短短的二年多时间内便聚集了多达144家影视文化企业，不断拉长产业链，构建起一个囊括影视策划、拍摄、制作、展示交易、

后期产品开发等一条龙的“影视王国”。不仅使“带着本子来，拿着片子走”成为现实，而且使“带着投资来，拿着效益走”也成为可能。横店的成功，充分说明了集聚式扩张之路在影视产业发展过程中的巨大作用。

6. 发展文化产业要充分发挥其联动效应

文化产业包容性强，产业关联度也大，具有很强的联动效应。因此，发展文化产业，无论是从哪个方面切入，都要考虑到其规模化和相关产业链，以实现农民增收，增强社会效益。横店集团以影视文化旅游为切入点发展文化产业，采用了一种类似韩国釜山的发展模式——将整个城市建设成一个庞大而完备的影视产业配套和后勤服务基地，而不是单纯而孤立的几个拍摄基地。不但带动了与文化直接相关的产业，也带动了包括教育、医疗卫生和体育等在内的大文化产业，同时也带动了信息、金融、商贸、物流、运输、服务等第三产业，促成了社会和谐、文明、健康的发展。由此可见，把影视与旅游结合并开发和带动相关产业，从而达到延长产业链、优化资源配置和组合的目的，不失为一条切实可行的途径。单纯地搞影视和单纯地搞旅游，都不可能达到这种综合的效应。而这一点也正是横店文化产业的成功经验之一。

横店构建影视产业集群的模式与启示

刘小铁

产业集群是指同一产业的企业以及该产业的相关产业、支持性产业在地理位置上的集中。由于大量的同类企业以及相关与支持性产业在同一地区集中，有利于降低交易成本，提高整个产业的生产效率，形成竞争与合作的机制；同时，有利于促进创新，产生外部规模经济效应，塑造区域品牌和市场。

从全球来看，影视文化产业的集群现象较少，最著名的只有美国“好莱坞”和印度“宝莱坞”的电影业。我国的浙江横店影视产业实验区正在形成产业集群，其古装剧产量已占全国总量的三分之一以上，国外也有不少剧组来此取景拍摄，被誉为“中国好莱坞”。毫无疑问，横店构建影视产业集群的实践，对我国创新影视文化产业的发展模式，促进影视文化产业加速发展，具有不可低估的借鉴作用。

横店影视产业集群的发展状况

横店影视产业实验区是依托我国特大型民营企业——浙江横店集团投资而逐渐发展起来的，占地面积 365 平方公里。先后斥资 30 亿元修建了秦王宫、广州街—香港街、清明上河图、江南水乡、明清宫苑、明清民居博览城、华夏文化园、红军长征博览城等 14 个大型影视拍摄场景和 8000 多平方米的室内摄影棚，总建筑面积达 1.8 万余亩，成为全国甚至亚洲规模最大的影视外景拍摄基地。2003 年底，经国家广电总局批准，横店影视城成为我国第一个影视产业实验区。经过两年多的运作，目前实验区已吸引了 120 多家国内外影视机构入驻，年实现产值达 8 亿多元。经营范围涉及影视策划创作、影视拍摄、后期制作、道具和设备租赁，影视培训、影视博览与交易、影视后产品开发、电影院线、影视投融资、影视旅游等领域，已初步形成了一条较完整的影视产业链，产业集群效果也开始显现。

根据规划，到 2010 年，横店实验区将建设 25 座现代化高科技摄影棚，30 处外景拍摄基地和影视公园；入区企业达 300 家，年产电影 20—30 部，电视剧 3000 部（集），产量占全国总数的 40%；实现产值达 15—20 亿元。到 2020 年，入区企业数达到 800 家，产量占全国总数的三分之二以上，实现产值 100 亿元以上。届时，实验区将成为亚洲规模最大，并在国际上具有重要影响力和集聚力的影视产业基地。

横店构建影视产业集群的主要举措

为了进一步加速产业集聚，横店影视产业实验区制订了以构建产业集群、打造影视产业链为主要内容的发展思路，并以建设“五大体系”（要素构建体系、策划制作体系、展示交易体系、影视后产品开发体系和综合服务体系）和“十大中心”（影视生产中心、影视后期制作中心、影视娱乐中心、影视人才中心、影视发行中心、影视投资中心、影视博览交易中心、影视文学创作中心、影视后产品研发中心、影视信息中心）为重点，采取了一系列具体举措。主要有：

1. 要素构建体系

不断加大影视外景基地建设。除建设14个大型外景基地外，还陆续建成了聊斋园、名人园、美人园、皇帝园、九龙大峡谷、大智禅寺、八面火山奇观城，以及大战场、枪战片拍摄基地等景点。目前，正在兴建的景点有：唐城、上海滩、圆明园等。计划兴建的有：世界名宫群、欧洲风情园、亚洲风情园、美洲风情园、山地丛林拍摄基地、水上拍摄基地、乡村题材拍摄基地等。此外，横店还与全省其他影视基地（如舟山的海上外景地等）建立协作体，做到优势互补、资源共享。通过这些外景基地的建设和链接，使横店实验区成为适合各类影视题材拍摄的、跨越千年历史时空的特大型影视城。

建设一大批大型室内高科技摄影棚。目前已建有2000平方米以上的摄影棚6座，“十一五”期间还计划建20座，其中包括若干大型室内水下特技摄影棚。

组建影视投融资中心。为给入区影视机构解决资金问题，实验区成立了由若干有意从事影视产业战略投资的大型企业集团和金融机构参与的影视投融资中心，按照市场法则为区内影视机构提供投融资服务。此外，于2004年设立了“横店振兴中国电影基金”，该基金下设儿童电影基金，首期出资5000万元，主要用于支持优秀剧本的创作、优秀影片的拍摄和放映等。

道具制作及相关设备租赁。利用东阳“木雕之乡”的优势，吸引了大批企业和个人从事影视道具制作和置景服务。同时，通过招商引进境内外影视器材和设备租赁企业来实验区落户，不但方便了剧组的拍摄，还为其节约了大笔成本。

演艺经纪与培训服务。为了给剧组提供配角演员和其他工作人员，实验区与影视专业院校联合创办了演艺培训中心，每年都有大量学员进入剧组工作。

2. 策划制作体系

成立了“横店影视文学创作中心”。通过与大批国内外剧作家签约，为剧组源源不断地提供题材策划和文学剧本。同时，实验区还以网络为载体，广泛收集影视剧本，并建立项目库。

以横店集团为主体，与中影集团和美国华纳电影公司组建合资公司，专门从事电影拍摄。与香港东方娱乐公司合资组建影视后期制作公司，使实验区内所拍摄的影视剧均可就地进行后期加工制作。

成立高科技动漫制作公司。一些影视剧的特技和动漫镜头可在实验区内完成。

3. 展示交易体系

成立影视博览与交易中心。每年举办一次影视博览与交易会，为影视交易与流通创建平台。

成立影视发行中心。为区内外机构提供影视发行服务。

组建电影院线。目前已参股或控股电影院线6条，如珠江院线、亚细亚院线、潇湘院线、星光院线等，年票房收入占全国总量的20%。

4. 后产品开发体系

成立了影视后产品研发中心。每年为一些大型影视剧进行影视后产品开发服务。

组建影视文化开发公司。负责将实验区内的作品加工制作成音像制品和图书，并对外发行。

吸引国内外企业进行与影视有关的玩具、服装、纪念品和电子游戏等生产品的开发等。

5. 综合服务体系

成立行政服务中心。由工商、税务、文化、土管等部门共同为入区企业实行一条龙服务，提高办事效率。同时，为区内机构提供政策咨询。

成立“电影电视剧审查中心”。为方便区内企业影视作品的审批，浙江省广电局在实验区设立了分支机构，就近为他们提供行政审查服务。

组建汽车服务公司，为入区企业和剧组提供交通运输服务。

制订优惠政策。2004年，东阳市政府出台了《关于支持浙江横店影视产业实验区发展的若干政策意见》，对入区企业给予免征三年企业所得税、营业税按20%征收、减免房产税和水利专项基金等优惠政策，并降低企业进入门槛。

兴建宾馆饭店、高尔夫球场等设施，为剧组和入区企业提供便利的生活服务等。

横店构建影视产业集群的启示

横店影视产业实验区的实践表明：构建产业集群是促进影视文化产业加快发展的一条有效途径，横店的启示主要表现为：

1. 在产业选择上要明确定位

横店的成功在很大程度上取决于从一开始就有一个明确的产业定位，这就是历史剧和古装剧的拍摄基地。正是因为产业定位明确，而且具有特色，才不断地集聚和吸引了大量相关生产要素的汇合，如剧本策划创作、道具设计制作、影视器材租赁、演艺经纪与培训等。久而久之，便逐渐形成了集聚效应和品牌效应，使横店成为国内外剧组拍摄历史剧和古装剧的首选之地。因此，在构建其他文化产业集群时，一定要根据各地的特色资源和条件，找准主攻方向，切忌片面求大求全。

2. 在发展方式上要形成产业链

形成产业链是产业集群赖以生存和发展的主要条件之

一。综观国内外较有规模的产业群，它们都是由研发、生产、流通及其他相关环节共同构成的共生网络，产业的各个环节之间存在着很强的相互依赖性和联动性。在一个产业群内，如果产业链不完整，或者各个环节彼此脱节，甚至相距甚远，那么，该产业群就很容易变成“孤岛”，不可能产生集聚效应。显然，横店打造影视产业链的做法，是符合产业集群发展规律的，不但促进了影视产业要素的集聚，而且带动了影视旅游等相关产业的发展，据统计，2006 年横店的游客超过了 300 万人次，旅游收入达 4 亿多元。

3. 在实施步骤上要以建立要素体系为重点

经济学原理告诉我们，企业和产业实质上都是一定要素的组合体，并且要素条件越充分、素质越高，企业和产业的发展水平就高。产业集群作为众多企业的集合，需要更充分的要素供给，这是产业集群形成和发展的必要条件。回顾横店影视产业实验区的发展过程，我们不难发现，建立影视产业的要素体系始终是其开发的重中之重。从 20 世纪 90 年代中期以来，先后投资 30 多亿元建立了 20 多个大型外景基地和室内摄影棚，为历史剧和古装剧拍摄提供了关键要素，令其他影视基地望尘莫及。此外，还通过组建影视投融资中心、演艺经纪培训中心、道具制作与设备租赁中心等措施，使实验区的要素体系进一步得到完善，大大增强了实验区的集聚力和吸引力。因此，今后在构建其他文化产业集群时，应当积极借鉴横店的做法，把建立要素体系放到突出的位置。

4. 在运作模式上要采取“政府搭台、企业唱戏”的形式

横店影视产业实验区是由大型企业主导和政府扶持推动相结合而形成的产业集群。其模式是：当地政府负责建立实验区运作框架，包括向国家有关部门办理报批手续、编制发展规划、提供政策咨询、建立行政服务中心、制订优惠政策、对外宣传与招商、完善城市基础设施、实行市场监管等；企业（横店集团为主）负责具体运作，包括建设外景拍摄基地、组建投融资中心、提供配套服务（道具制作、设备租赁、办公场地等）、进行演艺经纪与培训、从事影视拍摄制作、协助政府招商引资等。这是一种典型的“政府搭台、企业唱戏”的模式，政府与企业之间既有明确的分工，又有密切的配合，两者相辅相成。影视文化作为新兴产业，尤其是我国在文化产业市场化程度不高的条件下，要构建产业集群仅仅依靠企业的力量是远远不够的，必须充分发挥政府特有的推动作用。

打造横店影视产业链的成功尝试

徐永安

到 2004 年底，浙江横店集团在影视文化产业的投资和经营已走过了 10 个年头。回想起当年的横店，很多人根本不会想到，也不敢去想象，今天的横店竟然会成为全球最大的影视实景拍摄基地之一，被国外的著名影视媒体《好莱坞报道》称为“中国的好莱坞”。

其实，在 1995 年，横店集团选择做文化产业的初衷并没有想成为影视拍摄基地，仅仅是为了想丰富企业员工的一些文化生活，提高和改善横店社区的文化品位，以吸引人才，留住人才。而当时的横店条件很差，文化设施贫乏，交通极不发达，从横店到杭州需要七八个小时的路程。所以，集团的创始人从内心发出了“一定要把横店改造成为很美丽的地方”的心声。因此集团开始从多年工业积累的利润中拿出很大一部分投资建设文化村、度假村、影剧院等文化设施，大力改造横店的社区环境。那个时候国家对民营资本投资文化产业的政策还不是很明确。况且，像横店这样偏僻的地理位置是否能够像发展工业那样去经营文化产业，我们自己也没有很明确的思路和战略。只是坚持一个理念，投资文化设施改善横店的社区环境。

横店影视城的缘起是从电影开始的，1996 年借助拍摄《鸦片战争》的契机，我们与谢晋导演合作兴建了广州街、香港街拍摄基地，开始涉足影视产业。影视基地独特的文化特征和丰富的内涵，让我们觉得找到了一个有灵魂的文化产业。影视基地的建设和《鸦片战争》的播放，给横店集团起到了一个巨大的广告效应。利用平整荒山荒地修建影视基地，不仅仅用低成本的方式改变了横店社区环境，更重要的是对于从农村走出来的横店人，电影剧组的进入等于给他们送来了丰富的文化精神食粮。许多土生土长的农民被请进了剧组做群众演员，不仅得到了经济实惠，也

得到了文化艺术的熏陶。

从《鸦片战争》影视基地的开发中，我们敏锐地觉察到应该把影视基地的建设和经营，作为横店集团发展文化产业的切入点。在进一步分析和总结了国内外其他影视基地的经营方式和运作经验之后，我们果断地制定了进一步发展影视基地的战略。投资兴建了秦王宫、清明上河图江南水乡、大智禅寺、明清宫苑等个影视拍摄基地。到目前为止，基地总计建筑面积超过50万平方米，成为国内乃至亚洲最大的影视基地。事实上在影视基地的发展过程中，我们走得非常艰辛。随着投资规模的不断扩大，不仅开始遭到集团内部的强烈反对，更主要的是来自集团外部的许多部门给我们很大的压力。甚至很多人说：“横店工业搞得好好的，为什么要去投资这种亏本的生意，到时候会把整个横店都拖跨。”而当时进入横店拍摄基地的剧组很少，旅游根本不成规模。亏损最多的一年达到5000多万元。这样发展下去是否能够取得投资回报呢？横店的影视产业究竟如何生存呢？

在大家的疑虑之中，横店集团仍然坚持原来制定的战略，不断地投入、再投入，最终建成了一个配套服务设施齐全，以影视文化为龙头、旅游服务为辅助的影视产业集群。同时进入横店的影视剧组也开始不断增加，1997年进入横店拍片的剧组只有3家，2000年达到27家，2004年，共有70多家剧组进入横店拍摄。9年来，共有200多家影视剧组在横店拍摄制作了5000多部集的影视剧。不仅诞生了《鸦片战争》、《荆轲刺秦王》、《英雄》、《无极》、《雍正王朝》、《天下粮仓》等多部著名电影和电视剧，也吸引了张艺谋、陈凯歌、吴宇森、李安、约翰·麦克提南等著名中外导演和众多中外影星走进横店。

从横店发展影视产业基地的事实中透露出一个道理：那就是任何产业发展的成功，一定要形成相当的规模，才能在激烈的竞争中立于不败之地。

我们在影视基地的经营中，采用了独到的经营策略，向剧组推出了所有影视拍摄景点免收场租费的政策。简单地看，我们让剧组在基地免费拍摄损失了很多场租收入，但恰恰是我们的让利，大大降低了剧组的经营成本，吸引了更多的剧组进人横店这个影视制作的大工厂，这样就大力地促进和推动了影视基地服务体系的更加完善，同时给我们带来了更多的综合服务收入。众多的影视明星也给我们的游客带来了精彩的“免费表演”，使我们的旅游产品越来越有吸引力。2004年横店影视城的游客达到了250万人次，影视旅游总收入超过3亿元，2008年预计可达到500万人次，旅游收入将超过10亿元。正是这种“双赢效应”推动了我国影视产业的发展，为横店集团带来了可观的收入，还探索出了一条解决横店“三农”问题的独特之路。

虽然我们在影视基地的发展上形成了一定的规模和以市场为导向的运作体系，但横店不可能永远只做一个影视基地的运营商，也不能走单一扩大基地规模的发展模式。

在国家大力发展文化产业的政策推动下，在进一步地研究了影视产业的特征和国外著名的影视传媒集团的发展历程后，2003年我们开始介入电影院线改制，并着手建立全国电影放映网络。在短短一年多时间里，我们参股控股了杭州星光、广东珠江、江苏盛世亚细亚和湖南潇湘等多家院线，并启动了在长沙、南京、佛山等大中城市新建影城的工程，还与北京、上海、广州、深圳等城市洽谈了建设高等级电影院的合作意向。此外我们还直接进入了影视拍摄领域，开始尝试合拍或独家拍摄影视产品。

我们这些行动的意图是打造横店的影视产业链，培育自己的核心竞争力，形成个性化的竞争优势。

我们也认识到，民营影视要进一步做强做大，还有许多困难和不足。尽管我们横店在拍摄基地方面做得最大，但是，在标准服务系统上，在影视产业人才资源上，在国际化运作方式上，在影视发行渠道上以及影视作品大制作等等方面上做得还远远不够。中国的文化体制改革刚刚起步，在影视资源的进入和分配上，民营影视企业都还远远不能享受与国有企业同等的待遇，投融资渠道也不畅通，还有其他一些因素在制约着民营影视的进一步发展。

在探索持续发展的道路中，我们受到义乌成功创办小商品城经验的启发，意识到只有要素非常齐全、配套非常完善、有众多经营商参与的市场才有生存和继续发展的空间。那么我们能不能把横店培育成为一个各种影视产业要素最齐全和最集中的地区呢？显然，只靠横店集团一家企业是难以实现的。它不仅需要得到政府的强有力的支持，还需要得到国内外众多影视传媒企业的呼应。

在2003年中央文化体制改革春风的吹拂下，我们提出了建立影视产业实验区的设想，立刻得到了浙江省和国家广电总局的支持。2004年4月2日，中国唯一的国家级影视产业实验区——浙江横店影视产业实验区在杭州授牌。

实验区建立以来，各级领导倾心扶植。国家广电总局领导强调批建横店影视产业实验区是一项重大突破，是在体制机制和产业政策上的创新，广电系统要支持实验区工作，使实验区走出一条发展中国影视产业的新路，并希望横店影视产业实验区打造出一个立足浙江，面向全国、辐射世界，高起点、全方位、多品种，在世界上都有很大影响力的国家级的影视产业基地。

浙江省委领导明确表态，要举全省之力，把浙江横店影视产业实验区建好，使之成为中国影视产业的要素平台，以促进全省文化体制的改革和文化产业的发展。

中共中央政治局委员、中宣部部长刘云山专程到横店视察时，勉励横店要积极探索，加快开发，加快建设，拓宽合作渠道，力争使实验区成为全球最大的影视产品生产基地，为我国的文化体制改革提供有益经验。

各级政府的大力支持是中国影视界的巨大福音。今天在横店发展影视产业，不仅能够享受国务院支持文化产业发展的有关优惠政策，还能享受到浙江省人民政府和东阳市人民政府的多项优惠措施。横店影视产业实验区自 2004 年 4 月挂牌运作以来，吸引了全国各地的影视文化公司进入。截至 12 月底，已在实验区办好工商登记的影视文化企业达到 32 家，其中，中国最大的民营影视制作企业之一的华谊兄弟，也入驻了实验区。

目前，实验区正在大力着手建设策划制作、展示交易、要素构建、后期产品开发、配套服务的五大功能体系，使横店成为中国影视要素最集中、影视制作成本最低廉和影视产业最发达的地方。为此我们真诚地欢迎国内外影视界朋友和我们携手共建浙江横店影视产业实验区。我们希望在不久的将来，会在横店影视产业实验区中产生一批能够与世界级影视传媒集团相媲美的民族影视传媒企业，让横店成为一个名副其实的影视“梦工厂”。

横店影视产业实验区设立以后，我们对自己在影视产业的发展战略上做了新的定位。希望依托实验区的发展，把横店的影视娱乐产业打造成一个具有强大影视内容制作能力和规模化经营渠道网络的影视娱乐集团。

我们借助与中影集团、华纳兄弟合资成立影视公司的契机，来提升在内容制作方面的能力，使自己的内容产品能成为新的经济增长点。

为了保证可持续发展，我们还在人才储备培训和教育上狠下功夫。目前我们已与浙江传媒学院联手共同创办了横店影视科技学院，培养影视表演、影视工程技术及影视制作现场管理等应用人才。

虽然，我们横店集团的影视产业经过了近十年的发展，但是她还只是一棵刚刚发芽的小苗，以后还需要各方面更加细心地呵护和浇灌，也许再过十年，或者更长时间，她会茁壮成长为一棵参天大树，为我们中国的影视产业傲立于世界作出贡献。

附　录

附录一：“横店影视城”搜索关键词

横店影视城、横店影视旅游、横店文化产业、横店集团、横店影视旅游营销、横店影视产业实验区、横店影视产业基地、横店集团上市、横店影视职业学院、横店影视旅游产品、横店模式、东方影视文化胜地、中国好莱坞、横店影视产业链、横店造园、横店影视发展环境、横店影视产业集群、东方好莱坞、重建圆明园、徐文荣

附录二：A 类文章目录

- 中国农民的亮色（一）——徐文荣和他的横店集团/吴又强//中国农村科技 2002 - 03
- 中国农民的亮色（二）——徐文荣和他的横店集团/吴又强//中国农村科技 2002 - 04
- 横店打造江南旅游中心/纪哲//浙江日报 2002 - 04 - 05
- 东方影视文化胜地正在横店崛起/毓琳//当代电视 2002 - 06
- 横店影视城的“戏中戏”/姚建中//旅游纵览2002 - 11
- 横店：《英雄》诞生地鲜为人知的故事/曾毓琳//大众电影 2002 - 24
- 横店商贸城　小镇大手笔//现代乡镇 2002 - Z1
- “横店模式”比拼“环球影城”/官广军//国际金融报 2003 - 01 - 13
- 横店　永不落幕的展览/马丽洁//中国会展 2003 - 06
- 横店影视旅游业渐成气候/陈建强//浙江日报 2003 - 07 - 03
- 横店文化产业风景正好/胡天申　周江峰//中国文化报 2003 - 07 - 26
- 横店三日云游//中国会展 2003 - 08
- 影视旅游为横店带来良好效益/张国锋　陈静//中国旅游报 2003 - 08 - 27
- “声色”横店快乐追星/李汀//风景名胜 2003 - 11
- 中国好莱坞　横店影视城/曾毓琳//风景名胜2003 - 11
- 自驾车快乐横店之旅//风景名胜 2003 - 11
- 横店：为农民办节走旅游之路/温秀//中国旅游报 2003 - 11 - 05
- 张纪中安营横店拍喜剧/曾毓琳//当代电视2003 - 12
- 好莱坞名导看上横店影视城/横新//浙江日报 2003 - 12 - 08
- 把浙江打造成极具吸引力集聚力的影视产业基地——横店影视产业实验区建设可行性调研报告/胡瑞庭　陈永昊　王国富//视听纵横 2004 - 01
- 首个国家级影视产业实验区落户横店/檀梅//浙江日报 2004 - 02 - 08
- 独掌影视产业实验区牌照　横店剑指好莱坞//你好台湾网 2004 - 02 - 21
- 横店集团如何用人//人才瞭望 2004 - 03
- 美轮美奂的明清宫苑——横店影视城又一独特景观/章文志//文化交流 2004 - 04
- 横店要当中国影视产业“孵化器”/檀梅//浙江日报 2004 - 04 - 03
- 横店集团大举进军电影业/吴晨//市场报 2004 - 04 - 09
- 横店集团：用文化产业铸就辉煌/吴又强//中国文化报 2004 - 05 - 14
- 《无极》横店聚焦/曾毓琳//大众电影 2004 - 06
- 实施品牌战略，打造国际化横店/葛一兵//中外企业文化 2004 - 07
- 横店——中国的好莱坞/张乐//今日浙江 2004 - 10
- “迁建”、“仿古”各有千秋——浙江横店古建保护工作的思路与经验/潘有华　吴新建　斯满芳//建筑 2004 - 10
- 华纳借力横店掘金中国影业/邵一乙//国际金融报 2004 - 10 - 29
- 横店：梦想成真的地方//成才与就业 2004 - 11
- 横店影视城夺人眼球/曾毓琳　施晓文//华东旅游报 2004 - 11 - 16 第 001 版
- 横店——东方好莱坞//政策□望 2004 - 12
- 横店要建中国好莱坞/祁建//中国商报 2004 - 12 - 07
- 横店影视旅游营销先人一步/徐力平　施晓文　李智勇//华东旅游报 2004 - 12 - 24 第 002 版
- 横店影视产业实验区引起关注/檀梅//浙江日报 2004 - 12 - 30
- 横店剑指好莱坞/师瑛//西部大开发 2004 - Z1
- 横店影视城 2004 年创新高/小于//中国电影报 2005 - 01 - 13
- 影视产业提升旅游经济前景无限/杨一晨//中国电影报 2005 - 01 - 20
- 横店集团拆分影视产业准备上市/程悠悠//第一财经日报 2005 - 02 - 28
- 打造横店影视产业链的成功尝试/徐永安//中国广播电视学刊 2005 - 03
- 浙江横店影视基地：走向“中国好莱坞”之路/陈明//中国文化报 2005 - 04 - 18
- 横店影视旅游的“三板斧”/施卫东//中国旅游报 2005 - 05 - 13
- 横店影视城坐上全省第二把交椅/邵雪廉//金华日报 2005 - 05 - 19
- 横店集团的“好莱坞”之梦/高菲//声屏世界 2005 - 06
- 影视拍摄对外景地旅游发展的影响分析——以浙江新昌、横店为例/潘丽丽//经济地理 2005 - 06
- 横店集团谋海外上市筹资约 1 亿美元/严丹虹//东方早报 2005 - 06 - 15
- 横店成全国小康建设明星镇标兵/陈其宪　陈一点　葛一兵//金华日报 2005 - 06 - 25
- 互动式体验式节目激活横店旅游/刘小娟//金华日报 2005 - 07 - 05
- 横店集团成功转化 863 成果/蒋中意//金华日报 2005 - 07 - 11
- 横店影视产业实验区初显集聚效应/陈扬渲　刘慧//浙江日报 2005 - 07 - 17
- 横店影视城再度扩张　新增红军长征博览城/盛欢欢//浙江新闻网 2005 - 08 - 04
- 横店大手笔建设红色旅游城/许新//中国旅游报 2005 - 08 - 05
- 横店参加国际影展/蒋中意//金华日报 2005 - 08 - 31
- 浙江横店影视产业实验区文化产业探新路/黄平　杨忠阳//经济日报 2005 - 09 - 05
- 横店有座“红军长征博览城”/刘一丁//浙江日报 2005 - 10 - 23
- 横店：“电影城”，农民造/房煜//经济观察报 2005 - 11 - 14
- 山凹里崛起的“中国好莱坞”/曾毓琳//大众电影 2005 - 11
- 浙江横店集团三管齐下反哺农民/鲍洪俊　江南//人民日报 2006 - 01 - 22
- 义乌规模企业牵手横店影视城/蒋中意//金华日报 2006 - 02 - 09
- 横店影视城元宵“欢乐颂”/胡国洪//金华日报 2006 - 02 - 13
- 横店 2006：加快影视要素集聚/杨城//中国电影报 2006 - 02 - 23
- 横店：适宜农民居住的城市/陆旭升　陈其宪　陈一点//金华日报 2006 - 03 - 12
- 横店场景露雄姿/曾毓琳//金华日报 2006 - 03 - 23
- 111 家企业进驻横店影视产业实验区/蒋中意　吴子全//金华日报 2006 - 03 - 24
- 横店影视城——东方好莱坞/李磊/中外文化交流 2006 - 04
- 横店：一个小镇“改变”了 108 个村/许阳//中华建筑报 2006 - 04 - 08
- 横店影视娱乐全国同行最大/蒋中意　吴子全//金华日报 2006 - 04 - 13
- 横店影视城人气集聚/曾毓琳//华东旅游报2006 - 04 - 20
- 走进横店感受快乐/丰晓原//金华日报 2006 - 04 - 24
- 横店：东方好莱坞之梦渐行渐近/杨城　吴子全　曾毓琳//中国电影报 2006 - 04 - 27
- 横店：给农民造城/梅柏青//成都日报 2006 - 05 - 08
- 中华名镇　魅力横店/陈其宪　周江峰　陈一点//浙江日报 2006 - 05 - 24
- 横店：影视拍摄环保先行/曾毓琳//金华日报 2006 - 06 - 15
- 横店对话张纪中/胡国洪//金华日报 2006 - 07 - 11
- 发展文化产业　实现横店影视业跨越与发展/何金平//中国文化报 2006 - 07 - 13
- 横店影视产业实验区名扬海外/蒋中意　吴子全//金华日报 2006 - 08

-11

⊙ 横店影视旅游产品的开发/蒋祖云//中国旅游报2006-09-04

⊙ 电子产业成为横店的另一块"金字招牌"/舒欣　蔡小君//中国经济时报2006-11-09

⊙ 税收优惠扶植横店影视业发展/潘敏康//中国税务报2006-12-04

⊙ 横店影视文化产业实现历史性突破/曾毓琳//江南游报2006-12-28

⊙ 影视产业中的集聚经济——从好莱坞到横店/李晓蓓蒋安//电影评介2006-13

⊙ 探索艺术人才培养新模式——"浙艺"与"横店"联手/杨晓泫//中国文化报2007-01-01

⊙ 横店启动新一轮城市化建设/邵雪廉//金华日报2007-01-08

⊙ 横店影视城力推旅游新概念/陶永强//江南游报2007-01-11

⊙ 牵手横店影视城/曾毓琳　杨晓□//中国文化报2007-01-11

⊙ 横店要在南京建第二家五星级影城/杨城　吴子全//中国电影报2007-01-18

⊙"中国好莱坞"游客量创记录——万名海外客快乐横店游/曾毓琳//华东旅游报2007-01-25

⊙ 横店去年游客突破460万人次/曾毓琳　楼舒真//金华日报2007-01-25

⊙ 培育影视产业：新农村建设的"横店模式"/陆天良//宁波党校学报2007-02

⊙ 浙江文化产业首次向国内外招商——"横店娱乐"三项目入选/杨城　吴子全//中国电影报2007-02-15

⊙ 横店影视产业实验区业绩骄人/吴子全　蒋中意//金华日报2007-04-03

⊙ 横店实验区成为影视产业发展平台/陈其宪　陈一点徐晓恩//浙江日报2007-04-04

⊙ 横店影视产业实验区建区三年成绩斐然/杨城　吴子全//中国电影报2007-04-12

⊙ 和谐发展的横店集团//浙江人大2007-05

⊙ 横店影视城发育环境的SWOT分析/王丽丽　朱小丽//内蒙古农业大学学报（社会科学）2007-05

⊙ 横店：企业与乡镇共成长/付之棣　蒋文龙//农民日报2007-05-30

⊙ 横店旅游：赢得"未来"就是靠品牌较量/郑韬　蒋祖云　章国斌//江南游报2007-05-31

⊙ 浙江东阳市横店镇："穷乡僻壤"里的文化帝国//中国甘肃网2007-05-31

⊙ 横店构建影视产业集群的模式与启示/刘小铁//声屏世界2007-06

⊙ 横店旅游：从"荒漠旅游"到"洼地效应"/刘思靖蒋祖云　章国斌//江南游报2007-06-07

⊙ 横店影视城决胜未来的三把钥匙与三大招数/吴海娟//中国旅游报2007-06-08

⊙ 横店：穷乡僻壤的文化帝国/柴燕菲//今日信息报2007-06-11

⊙ 横店民营文化：用文化产业让农民富起来/叶辉　杜冰//光明日报2007-06-18

⊙ 横店集团重视职业病防治/邵雪廉　倪寒霞//金华日报2007-06-20

⊙ 横店影视城上海国际电影节获最具历史跨度殊荣//新浪网2007-06-20

⊙ 横店"合欢谷"正式亮相/邵雪廉　倪寒霞//金华日报2007-06-25

⊙ 徐文荣：东方好莱坞的梦工场/相俊红//经营者2007-07

⊙ 争创5A级旅游区——浙江横店影视城通过4A复核中/杨城　吴子全//中国电影报2007-07-19

⊙ 游客影视旅游偏好及开发研究——以"横店二日游"为例/钟伟　王玉玲　吴建//消费导刊2007-08

⊙ 横店潇湘王府并影城欲继续领跑/张晋锋　吴子全//中国电影报2007-08-23

⊙ 美国国家公共电台称横店影视城成中国发展缩影//业界纵览网2007-08-25

⊙ 横店影视城追赶美国好莱坞/蒋中意　吴子全//金华日报2007-8-28

⊙ 以大文化手笔打造影视产业链——浙江横店发展影视文化产业的特色和启示/陆天良//科技资讯2007-09

⊙ 浙江横店影视城直追美国好莱坞梦想成现实//搜狐网2007-09-01

⊙ 已经找到了感觉　浙江横店影视城追赶美国好莱坞/柴燕菲　蒋中意　吴子全//萧山文化网2007-09-02

⊙ 横店集团以制度建设促进国际化//浙江人大2007-10

⊙ 省旅游局长赵金勇考察横店旅游业/季显方//江南游报2007-10-18

⊙ 小横店大产业/黄明明//科学时报2007-12-10

⊙ 浙江横店影视产业实验区六大新景区正式开业//大商圈网2007-12-10

⊙ 从文化产业和大文化角度看横店模式/艾丰//中国县域经济报2007-12-17

⊙ 质疑中"圆明新园"一路绿灯——总投资达200亿浙江横店正满怀信心异地重建圆明园/李建平//法制日报2007-12-18

⊙ 横店影视产业年产值超8亿元/王卫英　韦向亮//金华日报2008-01-02

⊙ 横店影视城领跑全国影视基地/曾毓琳　胡国洪//金华日报2008-01-27

⊙ 横店圆明新园"绿色银行"狂想曲/吕宗恕//新京报2008-01-28

⊙ 浙江横店影视产业实验区：实现营业收入12亿元/柴燕菲//中新浙江网2008-01-30

⊙ 浙江横店的"圆梦"脚步/黄明明//科学时报2008-02-25

⊙ 横店影视城进军厦门旅游市场/张科　史蔓蓉//中国旅游报2008-3-10

⊙ 李长春充分肯定横店影视旅游产业的发展/曾毓琳//华东旅游报2008-03-11

⊙ 横店：何妨借道"圆明乐园"突围/刘思敏//中国旅游报2008-03-28

⊙ 浙江横店影视产业实验区产业集群形成机理分析/楼彩霞//浙江传媒学院学报2008-04

⊙ 联手国际机构横店影视打造完整产业链/张乐　璩静//中国县域经济报2008-04-03

⊙ 横店影视城加大宣传力度促进了春季旅游/王扬平//江南游报2008-04-24

⊙ 横店影视城的文化产业集群效应/刘慧娟//企业改革与管理2008-05

⊙ 游横店影视城秦王宫/李君生//文学教育（上）2008-05

⊙ 218家企业入驻横店影视产业实验区实现新突破//江苏广电网2008-05-07

⊙ 办文化产业徐文荣给横店带来了什么/李泽铠//中国县域经济报2008-06-26

⊙ 旅游市场吹来"横店风"/何红艳　沈美标//金华日报2008-07-03

⊙ 横店影视城今年时间过半任务过半/王扬平//江南游报2008-07-10

⊙ 到横店品读中国革命战争史/何华英//中国县域经济报2008-08-21

⊙"东方好莱坞"的发展路径/陈立旭　何金平//人民论坛2008-09

⊙ 政府在浙江横店影视文化产业集群中的运营作用/楼彩霞//中国集体经济2008-12

附录三：B类文章目录

⊙ 剧组不满游客抱怨　横店影视城"拉大旗"做生意自毁口碑//新民网2006-05-17

⊙《黄金甲》与横店吵起来了/章杰//南京日报2006-05-23

⊙ 横店造园：一个不可能完成的任务/东方愚//商界（中国商业评论）2006-11

⊙ 三问横店"圆明新园"/姚远//新京报2008-01-29

⊙ 横店圆明新园　谁的乌托邦/刘海明//中华商标2008-03

附录四：C 类文章目录

- 横店的出路何在？/徐永安　木木//中国电影报 2005－01－27
- 横店筹建影视职业学院/徐铭//金华日报 2006－05－31
- 横店集团：200 亿欲重建“圆明园”/丁仕松//经理日报 2006－09－18
- 横店 200 亿复建圆明园引争议/向辉　孙晓辉　傅春荣//中华工商时报 2006－09－26
- 重建圆明园的横店道理/骆高远//科学时报 2006－10－16
- 徐文荣凭什么重建圆明园/李鹭芸//环球人物2006－19
- 浙江横店重建圆明园引争议/李扬//科学之友2007－12
- 横店欲 200 亿异地重建圆明园　盈利前景受质疑/乐琰//第一财经日报 2007－12－26
- 横店复制圆明园起争议/蒋彦鑫　吴昊亮//江苏经济报 2008－02－29
- 浙江横店启动建设圆明新园//信息网络 2008－03
- 徐文荣 200 亿豪赌圆明新园/邓熙//新财经2008－03
- 斥资 3000 万横店娱乐郑州建五星影城/胡钰//经济视点报 2008－04－10
- 浙江横店 200 亿元重建圆明园/张乐//建筑工人 2008－06

中国文化产业“年度业内亮点”评价集成：统计、分析与结论

三辰卡通影视

一、2008 年 7 月—9 月，我们设计了 21 个关键词（见附录一），在网上对“三辰卡通影视”进行检索，删除了其中大量的无效信息、重复信息和只言片语式的评论，得到的统计结果是：2002 年—2008 年 9 月 5 日，纸质媒体、公共网站发表的各类研究、评论、报道共计 147 篇。

二、我们根据上述统计资料，对相关内容进行了分类，得出以下结论：

A：在共计 147 篇评论、研究和报道中，对“三辰卡通影视”予以充分肯定、基本肯定的共计 86 篇，占总数的 59%。（见附录二）

B：在共计 147 篇评论、研究和报道中，对“三辰卡通影视”予以完全否定、基本否定的共计 12 篇，占总数的 8%。（见附录三）

C：在共计 147 篇评论、研究和报道中，关于《蓝猫》版权方面的文章共计 16 篇，占总数的 11%。（见附录四）

D：在共计 147 篇评论、研究和报道中，对“三辰卡通影视”无明确评价指向或无法做出分类归属的共计 33 篇，占总数的 22%。（见附录五）

三、我们从上述 147 篇文章中辑录出有关“三辰卡通影视”的重要研究观点 51 条。

四、我们从上述 147 篇文章中辑录出有关“三辰卡通影视”产业效益方面的报道 19 条。

五、我们集体讨论选编了有关“三辰卡通影视”的重要文章 7 篇。

1. 蓝猫模式　难以模仿的胜利/苏锋　王莉//企业管理 2008 - 02

2. 迪斯尼 + 沃尔玛 + 耐克——蓝猫的卡通产业化策略/伏睿//经营与管理 2004 - 01

3. 三辰集团：小玩意变“大戏法”/王凤云//市场观察 2007 - 02

4. “蓝猫”现象：制造品牌升级的快乐/肖峰//中国知识产权报 2004 - 04 - 06

5. “蓝猫”的品牌拓展之路/马春茂//中国文化报 2004 - 09 - 06

6. 蓝猫挑战唐老鸭/李帆//中国科技财富 2003 - 03

7. 尴尬的“蓝猫”——侵权盗版威胁民族文化产业的思考/常新人//记者观察 2003 - 12

六、附录

附录一：“三辰卡通影视”搜索关键词

附录二：A 类文章目录

附录三：B 类文章目录

附录四：C 类文章目录

附录五：D 类文章目录

重要观点辑录

关于“三辰卡通影视”成功的经验和影响

在提到“蓝猫”这一动漫形象时，三辰卡通集团的聂先生自豪地说，蓝猫几乎被认为是最成功的模板。著名策划大师石岩先生认为，国内通过衍生产品赚钱的只有“蓝猫”一家。目前，三辰卡通集团的《蓝猫淘气3000问》已经在两岸三地1020家电视台同步播出，每天累计播出蓝猫卡通片500小时，随片广告30小时。这只淘气的“蓝猫”覆盖了玩具、饮料、服饰、日化用品等行业的4000多个品种的商品。同时，一个以“蓝猫”产品销售为中心的全国庞大销售网络也浮出水面，全国蓝猫专卖店达到2400家。聂先生在接受采访时将“蓝猫”模式戏称为“迪斯尼沃尔玛＋耐克”的杂交——采用迪斯尼的品牌授权，像耐克一样做一些带设计理念的采购和加工，让专营店像沃尔玛一样把蓝猫产品销售出去。石岩先生认为，蓝猫专卖体系的意义已经超越了动画界本身，它实质上是以文化产品为龙头、跨行业的（影视、音像、图书、百货、物流等）集成型企业。

（摘自郭莉：《中国动漫像蓝猫一样颠覆传统》，《投资北京》2006年第6期）

由湖南三辰影库卡通节目发展有限公司制作的《蓝猫淘气3000问》以当时播出500集、7500分钟（全部3000集，总长45000分钟）的长度，创造了最长动画片的中国吉尼斯纪录。这一纪录打破了1986年出品的美国动画片《辛普森》保持的242集的世界吉尼斯纪录。

（摘自朱肖莉：《为动画插上翅膀》，《软件世界》2002年第7期）

“蓝猫”的高产、快产正得益于三辰卡通的秘密武器——自主开发的一套“网络动画集成技术”。此项技术使动画的制作速度比传统动画提高了10倍。它实现了动画制作全计算机化，即“无纸化作业”。三辰卡通成为国内唯一完全利用计算机进行动画制作的厂商。目前，三辰卡通每天生产电视动画30分钟，全年生产10000分钟，占全国动画片生产总量的50%以上。

（摘自朱肖莉：《为动画插上翅膀》，《软件世界》2002年第7期）

有关人士评价说，“蓝猫”改变了中国“卡通片贴钱赚吆喝”的历史。“蓝猫”现象最大的特征就是“土洋”结合。它的民族性，就像许多人说的那样，它是一只“土猫”，但它走的是国际化道路，大胆借鉴“美国动画偏爱动作，日本卡通注重情节”等国际流派，兼收并蓄，探索出一条开放性、大容量、面向当代、面向国际的新型创业之路。

（摘自高秀珍　王亚军：《“蓝猫”扬起中国卡通产业风帆》，《市场报》2003年3月27日）

美日动画界人士当然难以理解，因为它们做的是娱乐卡通，而“蓝猫”则是科普卡通，这在动画界里多少有点“另类”。“蓝猫”在故事情节和语言上，贴近今日生活、贴近少儿，融娱乐和求知于一体，针对中国国情，创作出具有鲜明民族特色的国产卡通精品。

（摘自高秀珍　王亚军：《“蓝猫”扬起中国卡通产业风帆》，《市场报》2003年3月27日）

三辰卡通借鉴迪斯尼的做法，通过形象授权使广告宣传成本最低化；借鉴沃尔玛通过连锁经营，使交易、管理、物流成本最低化。

三辰卡通集团在北京还建立了营销策划、产品开发和物流中心。现已将产品延伸到音像、图书、玩具、文具、服装、鞋帽、食品、饮料、保健品、日用品、自行车等诸多行业，蓝猫卡通产品经销商已覆盖了全国315个地级市，占全国地级市的95%，开设蓝猫专卖店2260家。同时，《蓝猫淘气3000问》已经在两岸三地1020家电视台同步播出，每天累计播出蓝猫卡通片500小时，随片广告30小时。业已形成一条艺术形象—生产供应—整合营销的产业生态链，从而体现了三辰卡通“将精神文明转化为物质文明、用文化品牌整合产业”的经营理念。

（摘自高秀珍　王亚军：《“蓝猫”扬起中国卡通产业风帆》，《市场报》2003年3月27日）

三辰之所以创造出了一个蓝猫品牌，除了知识性题材的选择迎合了孩子们的求知欲外，关键在于靠着强有力的技术支持创造出了一流的作品。该公司开发出了一套拥有自主知识产权的动画制作软件平台，开了民族动画制作全计算机化即“无纸化作业”的先河，创造了一条世界上独一无二的艺术生产流水线。由于软件代替了手绘，鼠标代替了画笔，从而大大降低了生产成本，提高了生产力。在三辰，动画生产的整体效率是传统工艺的16倍，实现了超低成本下的高效率。其动画制作的先进性居国内同行前列，在国际动画领域亦属领先水平。目前，公司已成为中国最大的动画制作基地，年产动画片1万分钟，占国产动画片年产量的70%以上。“蓝猫”的贡献还在于，它为国产动画成功实现“卡通产业化”探索出了一条路。三辰集团用“蓝猫”文化品牌整合产业，两年内迅速组建了一个卡通衍生产品的产业集群及全国连锁专卖体系，已在全国范围内形成13家专业形象授权产品生产公司、13家销售区域公司和3000家各类蓝猫产品专卖店的生产销售布局，

涉及图书、音像、文具、玩具、服装、食品、电子用品等十多个行业，打造出一条"艺术形象—生产供应—整合营销"的产业生态链。

（摘自杨丹：《走向世界的中国"蓝猫"——从"蓝猫"的崛起看国内动漫市场》，《湖南日报》2004 年 2 月 10 日）

---

20 世纪 90 年代后期至今，形象授权概念逐渐在中国卡通产业内成熟起来。以卡通品牌授权的发展来看，它从最初简单的形象授权，已经向多种授权发展；授权范围从传统的儿童消费品产业（玩具、服装、图书）逐渐地扩大延伸到通讯、银行等高端产业领域，并且在传播媒介、主题公园、专卖销售、教育实体等多种经营方面都有飞速的扩张发展。这样一种变化使得品牌授权不再是单纯的艺术形象权的交易，不再是一种简单的商业契约建立，而上升到一个更高的经营层次，无论是授权方还是被授权方，都有必要在"品牌经营"的高度上严格完成。

与蓝猫产业进行合作的有汇源（饮品）、香港裕元（鞋业）、伟易达（玩具）等国内外知名企业集团。透析它们与"蓝猫"的结缘，可以发现"蓝猫"品牌具有的独特品质。蓝猫产业流程，是通过数字技术与艺术的结合，创造出卡通形象品牌，通过文化的产业化运作和知识产权的延伸、保护，把形象品牌转化为商品品牌，以形象品牌的观众年龄段为衍生产品的目标消费群，通过商业模式的设定实现产业的"文化"化，提升产业的最高价值。"蓝猫"这样有影响的卡通形象可以成为儿童消费品的最佳品牌代言人。

（摘自聂文：《"蓝猫"成为"中国驰名商标"》，《中国文化报》2004 年 3 月 29 日）

"蓝猫"和它的伙伴们先后捧回了第 20 届中国电视金鹰奖"最佳美术片奖"、第 5 届电视金童奖、全国优秀科技音像制品一等奖、全国优秀教育音像制品一等奖等等。从 2000 年 6 月起，《蓝猫淘气 3000 问》先后在全国包括香港和台湾地区在内的 1020 家电视台播出，港澳媒体给予高度评价，"卡通片的奇迹，电视圈的神话"，台湾东森卫星电视连续播出 900 集，称之为"海峡两岸文化交流的一大盛事"；连国际动画界巨头迪士尼公司到中国考察后也给出极高的评价："蓝猫"有望成为继"米老鼠"、"铁臂阿童木"之后，销售收入超过 1000 亿美元的国际性卡通品牌。

"三辰影库"是一家专业从事计算机动画制作软件系统开发、动画节目制作以及动画形象衍生产品设计、开发和市场营销的民营企业，几年的摸爬滚打，已经步入投入—生产—销售—回收—再投入—再生产逐步扩大的良性循环轨道，已成为中国最有实力的动画基地之一，去年的销售收入就达 20 亿元，创汇 2000 万美元。

（摘自罗霄：《"蓝猫"品牌能值多少个亿》，《经济日报》2004 年 4 月 28 日）

蓝猫产业的崛起，预示着一种新的产业形态的横空出世——通过艺术生产流水线和现代产业供应链的无缝对接，发展以数字技术为载体的教育娱乐业，实现文化的产业化和产业的"文化"化，用文化品牌整合产业，推动十几个行业的重新洗牌。

（摘自刘云伶：《"蓝猫"变"胖"出口美国》，《经济参考报》2004 年 10 月 11 日）

有 2—10 岁孩子的家庭都知道一部国产卡通动画片《蓝猫淘气 3000 问》。该动画片自 1999 年首播以来，已在两岸三地 1020 家电视台播出，平均每天播出累计超过 500 小时。而它的衍生产品——音像、图书、文具、玩具、服装、鞋帽、食品等已涉及到十几个行业的 6000 多种儿童消费品。创意制作该动画片的三辰卡通集团也从当年投资的 6000 万元人民币里收获了如今的 7.4 亿元人民币，资产增值超过 12 倍。三辰卡通的迅速崛起被业内人士称为"蓝猫现象"。

（摘自陈隽：《从"蓝猫现象"看科技与教育相结合》，《国际人才交流》2004 年第 7 期）

蓝猫系列卡通节目自 1999 年开始发行播出以来，已基本形成了海内外一体化规模播出网络，其电视播出最高峰时在中国内地、香港和台湾达 1020 家电视台，目前数量维持在 700 余家。为了实现"走出去"战略，三辰卡通集团自 2001 年起将"蓝猫"国际版进行了全方位再包装：重新剪辑节目，使其节奏更加流畅，动画音效特效更趋成熟，以符合国际市场播出要求。三辰卡通最终于 2004 年 9 月与美中贸易发展协会（Sino American Trade Development As - sociation）签约，将蓝猫卡通输出到米老鼠的故乡；今年 3 月 10 日，三辰卡通集团又与以色列 New Generation 公司签约，将《蓝猫淘气 3000 问》输出到以色列，目前希伯来文版的《蓝猫淘气 3000 问》正在译制中，该节目将在以色列儿童频道和 PBS 电视台播出。《蓝猫淘气 3000 问》的法文版、俄文版和格鲁吉亚文版版权贸易也在接洽中。

（摘自赖名芳：《国产"蓝猫"成功"走出去"》，《中国新闻出版报》2005 年 5 月 11 日）

自 1998 年以来，法国昂西动画节、柏林电影节、东京国际动画节、蒙特利尔国际电影节、韩国国际动画节等国际知名的国际影视和动画展，三辰已经不记得参加了多少次。虽说参加这样的影视节目展，对当时的三辰集团来说是一笔不小的负担，但是对于立志要把蓝猫推向世界的三辰人来说，决不能放过在这样的国际平台上树立品牌形象的机会。

"走出去"和"请进来"，这就是三辰人简单却屡屡能出奇制胜的法宝。在展示会上播放样片，与外商建立业务联系，提供成片，互通商务邮件，最后通过面谈，签约成交。就是凭着这一套流程，三辰人把蓝猫推向了全世界。

2004年8月21日，三辰与美中贸易协会正式签约，将《蓝猫淘气3000问》输出到美国，目前英文版的《蓝猫淘气3000问》正在译制中，这个节目将在美国儿童频道和PBS电视台播出。蓝猫能通过文化贸易的方式进入美国市场，其影响和意义自不待言。今年6月13日，台湾版蓝猫打入了全球最大卡通频道——迪斯尼频道（Disney Channel），在亚洲播出。此前，蓝猫已经走进了科威特、巴林、阿联酋等海湾6国，以及韩国、美国、印尼等14个国家和地区。

（摘自曲晓燕：《蓝猫：三辰托起中国卡通世界梦》，《中国文化报》2005年12月9日）

三辰将与澳大利亚方面在北京文化创意园举办商业进程管理高级研修班，为国内的文化创意园区和动漫基地、大专院校培训专业化人才，预计在两年内，双方将共同培训文化创意管理人才、动漫制作等各类人才1000名，合作项目金额达250万美元；在韩国，三辰卡通原创制作的国产大型科普动画系列片《蓝猫淘气3000问》将译成韩文并引入韩国，并开发相关衍生产品。据测算，仅借助在韩国国内电视播出和品牌授权，"蓝猫"就将获取200万美元的版权收入；泰国方面也将《蓝猫淘气3000问》五大系列50种图书译成泰文，这是中国系列动画图书首次进入泰国主流市场。泰方已着手在泰国开发"蓝猫"系列衍生产品，双方通过在泰国推广"蓝猫"系列产品的收益将达到100万美元。

（摘自赖名芳：《三辰卡通喜结国际合作伙伴》，《中国新闻出版报》2006年12月18日）

2000年，随着湖南三辰卡通公司成立，"蓝猫"开始大步走向全国。在"蓝猫"带动下，长沙动漫产业迅猛发展，动漫企业由1家发展到8家，动漫工作室达130多家，从业人员2万人。

（摘自周立耘：《动漫湘军何以独领风骚》，《人民日报》2007年1月11日）

"蓝猫"动画片已经在香港亚视（ATV）和台湾东森幼幼台（yoyo）播出。海外版权已输出到海湾六国、印度尼西亚、韩国、以色列、美国、中南美洲等18个国家和地区。连续两个年度获得政府"国产音像制品出口专项项目"奖励。

全方位带动文化产品出口：与国际出版集团艾格莫斯出版集团公司（英国）签约，授权艾格莫斯出版集团出版发行以"蓝猫"卡通形象为主体的儿童百科全书系列丛书，它标志着国产原创卡通突破"洋卡通"一统市场的壁垒，实现与国际图书出版市场的正式接轨。

品牌授权衍生产品业务和增值业务拓展：蓝猫品牌衍生产品涉及16个行业，6600种。蓝猫专卖渠道网络发展最高峰达到2400多家，授权厂家包括上海永久自行车和广东纺织品进出口公司等知名企业。电信增值"声讯"业务等发展势头极好。为确保产品质量，增加产品的品种，提升"蓝猫"的品牌价值，集团严化品牌授权流程，建立淘汰机制，强调与各个行业的前3名企业进行强强合作。

专卖渠道建设：2001年秋季，通过特许加盟的形式在全国各地发展"蓝猫专卖店"。"蓝猫专卖店"在不到半年时间内发展到500多家，到2003年年底，专卖店数量迅速达到2400家，专营"蓝猫"产品的专柜达600多家，从而创造了单一品牌拥有3000个销售终端门店的惊人业绩。

（摘自端木晨阳：《三辰卡通集团：力建动漫基地"新魔方"》，《中国电影报》2007年11月8日）

关于"三辰卡通影视"成功的原因

三辰卡通依靠流水线作业，卡通节目日产量达到每天2集、每集15分钟，即使是三维画面占2/3以上的《蓝猫淘气3000问》、《恐龙世界》等大片，也能做到每天出品1集。目前蓝猫卡通片已制作1200多集，制作成本大大降低，实现了超低成本下的高效率。有关人士认为，这样一条流水线很可能在长期低效率、高成本小规模的卡通产业掀起一场革命性的风暴。

美国著名卡通电视节目制作商人尼可曼丁2002年与马特尔等公司进行授权交易，仅玩具销售一项就赢得25亿美元，比2001年提升19%。在此方面列第一位的是迪斯尼，它通过形象授权获得130亿美元。三辰自创立之始就尝试整合迪斯尼、沃尔玛、耐克的品牌优势，开拓了一种盈利的新思路。

（摘自高秀珍　王亚军：《"蓝猫"扬起中国卡通产业风帆》，《市场报》2003年3月27日）

"蓝猫专卖"根本的落点是卡通品牌衍生品的专卖。正如一位蓝猫专卖店店主所说，清晰地提出"专卖中心店"概念后"蓝猫"品牌的伸张力得到保护，避免很多儿童品牌扩张后的急速萎缩，防止形象被逐渐淡化，由此产业才能够继续拥有个渠道支撑平台。

蓝猫专卖的市场定位是儿童商品，因此，贴近孩子，方才能够实现贴近市场。专家预测，在5年之内，孩子最有可能成为影响家庭消费的主导因素。相关儿童市场调查数据显示，50%的孩子认为自己应该成为他们这一群体的领导者，而80%的孩子说，对他们重要的是要“感觉”。记者在采访中发现，蓝猫专卖的“蓝猫卡通迷”已经从不稳定到稳定，形成一个相当固定的、数量庞大的消费群。

蓝猫专卖提出，不应该只在孩子走进专卖店那个时刻，从他的目光中来发现他们对蓝猫的爱，对蓝猫产品的渴望，应该用一种更系统的方式去理解和发现孩子们。

会员制给“蓝猫”提供了一种系统方式，可以远距离地发现孩子，了解孩子。蓝猫专卖体系发展第一阶段的“蓝猫贵宾卡”，是蓝猫会员制规范建立的一个基础。会员制新系统需要有效地利用各区域专卖店贵宾卡的积累信息。

（摘自吴珊红：《定位明确是蓝猫实现盈利的关键》，《国际商报》2004年4月26日）

“蓝猫”品牌源于蓝猫卡通形象及其作品的巨大成功，二者可以说是互相依存的关系。这样，对“蓝猫”未来的担心也就顺理成章：如果蓝猫卡通的电视播出结束或频率下降，会不会殃及整个“蓝猫”品牌其他产品，包括筹划中的图书销售渠道？对此，三辰自己显然充满信心。三辰工作人员介绍，三辰的王牌产品《蓝猫淘气3000问》目前制作播出的还不足一半，而后续的作品无论是创作质量和制作质量都在稳步提高，这样至少未来几年内，蓝猫卡通作品将持续存在。同时，三辰也在开发新的卡通产品，塑造新的卡通形象，争取形成“蓝猫”品牌的集群优势，而它在其他领域的拓展也会为其带来新的品牌影响力。

（摘自马春茂：《“蓝猫”的品牌拓展之路》，《中国文化报》2004年9月6日）

三辰集团决策层提出了一个“另类”卡通概念——“知识卡通”。希望把蓝猫淘气制作成一部小型的卡通版少儿百科全书，寓教于乐，使“蓝猫”与学生和家长形成互动。这个创意不仅符合目前我国素质教育和学科教育的基本理念，适应中国的特殊国情，而且钻了国外制作上的空档。所以一经推出，就得到中央及各地电视台的热捧，使之成为目前国产卡通动画片中最有影响的卡通形象之一。

为了迎合时代的发展，20世纪90年代以来，世界各国都十分重视教育改革，重视创新能力的培养，并特别重视学龄前儿童创新意识、创新思维、创新能力的培养。美国早在1990年就制定了脑科学10年计划，强调孩子从生命第一天起就必须进行教育。日本则宣布“认识脑、保护脑、开发脑”时代的到来。法国提出学生最重要的是学会观察，学会动手，通过动手培养科学能力。而我国目前在学龄前儿童能力的培养和开发上明显存在空白，无论是卡通制作，还是图书、玩具的开发，知识的引导上都与世界先进国家存在巨大差距，如何弥补？《蓝猫淘气3000问》的成功告诉我们，巨大的差距里存在着巨大的商机，把科技与教育有机地结合起来，弥补教育空白，将为人们铸造又一轮的知识英雄。

（摘自陈隽：《从“蓝猫现象”看科技与教育相结合》，《国际人才交流》2004年第7期）

在卡通片上蓝猫以聪明博得小朋友的喜爱，在饮料上他们再度把蓝猫的聪明嫁接过来……蓝猫淘气饮品公司并没有自己的生产科研人员，也没有自己的生产线……在技术方面，蓝猫淘气“咕噜噜”的口味和配方是由中国营养学会妇幼分会专家研制的，而这个分会融合了亚洲顶尖科技研发实力；在生产方面，蓝猫用的是“借鸡生蛋”的方法，也许人们会理解为OEM生产，但蓝猫的做法比单纯的贴牌委托生产更进一步，这种进步表现在产品的生产配方、生产技术均是按蓝猫的要求进行的，除了生产工人之外，品控、质检人员都是蓝猫自己的特派员，而物流也由蓝猫自己控制，他们称这种生产方式为“ODM”。

产品的定位直接决定着营销模式，蓝猫针对细分市场所采用的方式是区域总代理制，但他们对代理商却有着较高的选择标准……代理商在省会市场启动资金不少于150万，在地级市场启动资金不少于60万，县级市场则不少于30万，凡是达不到第一个条件的一切都免谈。

市场开发则由网络营销员（所长）进行承包销售……一般一个人负责300—400个网点。

分支机构建好后，“蓝猫”开始实行动态管理，网络营销员会按ABC类店进行固定拜访，A类店一般一周拜访两次，B类店一周一次，C类店两周一次。

蓝猫的市场运作最大限度地减少了人员费用和管理成本，使营销链条扁平化，蓝猫淘气饮品公司的负责人幽默地称这种方式是“后终端时代的营销”。

（摘自高素英：《“蓝猫”抢滩儿童饮料市场》，中国营销传播网2005年3月10日）

“三辰一贯重视原创，重视创意对我们这个产业的影响，蓝猫这个品牌的成长反映了这一点”，李频总裁说，“同时，三辰也是一家有着集团化发展架构的文化企业，我们有国家级的产业基地，掌握了产业发展的人才和高技术，有一个叫得响的品牌，还搭建了遍及全国乃至整个世界的渠道网络。”

作为一家已经初步形成的产业集团，三辰已经形成了一条“上游开发、中游拓展、下游延伸”的产业链条。从上游来看，为加强漫画原创，重塑产业发展的源头，三辰先动后漫，逆向进军漫画领域。今年6月，三辰联手二十一世纪出版社、《北京卡通》杂志社，联合颜开、姚非拉等国内新一代漫画家组建了“中国原创漫画创作联盟”，并入驻杭州动画基地，以此推动中国原创漫画事业的发展。

从卡通节目的生产制作来看，三辰目前的产量占全国动画年产量的53%，高技术的掌握使三辰的生产效率得到了大幅提升。而蓝猫由于品牌授权而横跨图书、音像等多个领域，也创造了下游衍生产品开发的新纪录。

（摘自曲晓燕：《蓝猫：三辰托起中国卡通世界梦》，《中国文化报》2005年12月9日）

“‘教育’标签，长期以来被认为是卡通业的‘中国特色’。实际上，‘中国特色’不一定没有市场，走教育和娱乐结合的道路，就是三辰卡通集团在发展中开凿的一条捷径。”三辰卡通集团将成功归于“动画娱乐+知识卡通”路线。他们认为，蓝猫卡通片的成功之处是把卡通和科普结合在一起，在带来乐趣的同时把知识灌输给孩子，走出了传统教育的窠臼。

已生产2100多集的《蓝猫淘气3000问》，以生动有趣的故事情节，塑造了“蓝猫”、“淘气”两个顽皮、可爱、好奇的卡通形象。“蓝猫”、“淘气”在幽默系列、星际大战系列、恐龙时代系列、海洋世界系列等故事中的体验和经历，把中华上下五千年、宇宙星空、人体奥秘等传统与现代的知识点，在欢乐中传递给了孩子。

市场业绩从数字中可见一斑：蓝猫在海峡两岸和港澳地区的1000多家电视台同时“露脸”，目前仍在中央电视台等数百家电视台播出。据三辰卡通集团统计，每天约有8000万固定观众守候观看蓝猫。

三辰卡通集团痴心不改地继续推行“教育娱乐品牌”。他们新推出的全三维动画连续剧《青青号》，以十二生肖形象为载体，讲述一个寻找人类新家园的故事。这部动画片的版权也获得了数百家电视台的预购。

（摘自：《中国动漫业的突围：蓝猫“发迹”之“三问”》，新华网2006年10月17日）

“知识就是财富，品牌就是效益”，三辰公司的生态产业链真正将知识变成了财富，将品牌变成了效益，使公司进入了良性的生态循环——在获取效益的同时又进一步扩大了品牌的影响——更大的品牌将带来更大的效益和财富，这是“蓝猫”成功最大的法宝，恐怕也是中国民族企业应该好好学习的经验，而不仅仅是动漫业。

“蓝猫”的出现摸索出了一条符合自己特点的成功科学的发展模式——以“蓝猫”为品牌，以“蓝猫”观众——儿童为目标市场，进行文化产业延伸，其独特的“艺术形象—生产制造—整合营销”产业链模式被称为“蓝猫模式”，开创了我国“文化产业延伸”之先河，给中国卡通界提供了一个借鉴的蓝本。

（摘自柏定国　欧阳友　权胡幽：《“蓝猫”：中国最具品牌价值的“猫”》，《中国文化报》2006年12月4日）

从三辰公司的成功经验我们可以得出解决这一问题的关键：一条科学、生态的产业链。三辰公司成功地打造出一条以卡通形象为龙头、跨行业的“艺术形象—品牌商标—生产供应—整合营销”的“产业生态链”，建成全国性的集影视传媒—工业制造—商业零售特征为一体的复合型大企业。

（摘自柏定国　欧阳友　权胡幽：《“蓝猫”：中国最具品牌价值的“猫”》，《中国文化报》2006年12月4日）

成体系的发行渠道是三辰成功的又一因素，其五大主要发行渠道包括体系内销售网络（即蓝猫专卖店）、新华书店销售网络（专柜）、超市销售网络、民营销售网络、直销网络。为进一步拓展发行渠道，三辰与国内30余家最优秀的少儿出版社强强联合，缔造“1+1联盟”，利用“蓝猫”品牌和连锁加盟的方式，高峰时在全国范围内建立了3000家“蓝猫快乐书屋”少儿连锁店和1万个“蓝猫快乐书架”，以此为基础共同打造中国出版发行产业的“第三渠道”。

（摘自李雪昆：《小“蓝猫”跳进国际大舞台》，《中国新闻出版报》2006年12月26日）

“蓝猫”成功的秘诀首先就在于其能够坚持原创，坚持打造自己的品牌。在10多年的时间里，很多动漫企业倒下了，但“蓝猫”这个原先并不为很多人看好的卡通形象却屹立至今，这不能不让我们感叹优秀原创的力量所在。当然，在坚持原创之外，如何维持企业持久的经营力也很关键，毕竟有很多企业并不是由于产品不够好，而只是因为种种原因没能坚持到产品成功的那一天。“蓝猫”和三辰值得人们学习的地方尽在细微之处。

（摘自王新：《三辰卡通：用原创撬动产业链》，《中国文化报》2008年1月25日）

关于“蓝猫”的版权保护

从全国总体情况看，“蓝猫”企业的努力并没有能有效遏制盗版侵权“蓝猫”产品的势头。究其原因，既有现行法律法规对制假售假者打击力度不够的原因，也有执法者认识上的原因，但最大障碍是地方保护主义。

一、地方保护主义是假冒产品长期存在的温床

长期以来，地方保护主义的存在严重影响了我国市场经济的发展。一些地方政府及其所属部门从狭隘的地方和部门利益出发，把打假工作与发展地方经济对立起来，担心打假会影响经济发展。有的甚至错误地认为出现假冒商品是市场经济发展中的必经阶段，在市场经济发展初期制

假售假是一条致富捷径。这就导致“不能不打，又不能真打”的怪论，对打假采取“不表态、不支持”的错误做法，使一些地方成为假冒商品的制造地和集散地……有的地方执法机关查处了几家造假商，但都不愿意三辰公司的法务人员参与和见证查处过程。而且往往是举报了十几家造假厂家，最后被告知只有一家查到货，其他几家没发现有生产假冒蓝猫产品。

二、部分执法者“灵活”运用法律处罚规定，形成对售假制假商的“纵容”

在东南某省，当地工商局对几家售假商进行了处罚，但每家都只处以区区300元的罚款。而根据《商标法实施条例》第五十二条规定，对侵犯注册商标专用权的行为，罚款数额为非法经营额3倍以下；非法经营额无法计算的，罚款数额为10万元以下。修改后的《商标法实施条例》明确规定并加大了工商机关对侵权人的罚款额度。当地工商局这种300元的“象征性罚款”，对于已有成十倍甚至上百倍暴利回报的造假者来说，不仅没有多大的威慑作用，甚至从另一个角度纵容了当地的售假制假商。

三、我国现行法律法规对假冒伪劣商品的打击力度不够

目前，我国有不少法律法规条款对造假售假者的打击力度不够，处罚较轻，特别是国家对打假或保护知识产权的法律不健全，经济重罚、重赔和刑事处罚均不到位，执行力度弱，既打不疼，也打不死……虽然法律有规定，执法部门可以责令侵权人赔偿被侵权人的损失，但从“蓝猫”打假工作开展以来，从来没有任何执法机关行使这一权力，更没有哪个执法机关主动行使。就连三辰公司对维权打假的巨额投入也无法获得应有的补偿。

（摘自：《“蓝猫”被疯狂盗版》，中国企业网2003年9月25日）

“蓝猫”盗版、侵权产品的销售地遍布全国，从比较大的商场、超市、批发市场到游商小贩，盗版、侵权“蓝猫”产品无处不在。以北京为例，仅在王府井的几家大型商场、超市中就有大量的盗版VCD、假冒服装、假冒书包等侵权产品在销售。同时，在各城市的主要批发市场也均能见到大规模的假冒、侵权“蓝猫”产品销售。可以说，只要是有销售童装、儿童书包、童鞋的市场就有假冒侵权“蓝猫”的同类产品。“蓝猫”卡通形象著作权被侵权的猖狂程度令人瞠目结舌。

更有甚者，这些盗版、侵权行为愈演愈烈，现在市场上已经出现了以前从未发现的盗版DVD。再以“蓝猫”童鞋为例，以前市场上只有少数的假冒童鞋，可现在仅仅在温州地区，三辰公司就发现有多家制鞋厂生产的大量童鞋在销售。这些假冒童鞋占有的市场份额远远大于三辰公司自身生产的童鞋的市场占有份额，使得三辰公司自身生产的童鞋销售愈发艰难。

肆虐的盗版、假冒等侵权行为使三辰卡通集团蒙受的损失是无法估计的。“蓝猫”专卖系统受到了很大的冲击，专卖店的发展在一定程度上陷入停滞的状态，销售额也不断下降。

（摘自郭燕　徐浩：《“蓝猫”卡通形象遭遇全面盗版》，《中国新闻出版报》2003年9月30日）

盗版产品的盛行对“蓝猫”专卖店的冲击也非常大。以长沙高桥大市场为例，那里到处充斥着假冒的“蓝猫”产品，随便什么童装贴上一个“蓝猫”头像就算是“蓝猫”产品，价格仅为正版产品的几分之一，因此吸引了许多不明真相和贪图便宜的消费者。尽管“蓝猫”公司和各级政府相当重视，采取了各种有力措施进行打击，但盗版总是打而不绝。而且，目前“蓝猫”产品的销量在很大程度上取决于“蓝猫”卡通在电视台的播映和卡通幕尾的“蓝猫”推荐。一旦“蓝猫”卡通在电视台停播，加上盗版猖獗，那么“蓝猫”产品的销售就更成问题了。

（摘自左丹　曾小颖：《“蓝猫”专卖店长沙经营遭遇尴尬》，《湖南日报》2004年3月1日）

“蓝猫”处境不妙，铺天盖地的盗版、假冒大有吞食真“蓝猫”之势。这家企业的董事会办公室主任郭燕告诉记者，随着蓝猫卡通片在全国各地热播，从大商场、超市、批发市场到游商小贩，各种侵权、盗版“蓝猫”产品层出不穷。特别是盗版“蓝猫”VCD，假冒署名的出版社有16家之多。如果正版“蓝猫”VCD销售额近1亿元，盗版VCD造成的损失将达9亿元左右。中国音像协会的专家估计，盗版“蓝猫”VCD占市场的90%以上。不仅是音像制品，在服装、书包、文具、童鞋、方便面、饮料、糖果食品、复读机等市场都发现了假冒“蓝猫”产品。有些造假者甚至将假冒“蓝猫”产品搬到规范授权的蓝猫专卖店（专柜）旁边销售。

长期以来，地方保护主义的存在严重影响了我国市场经济的发展。一些地方政府及其所属部门从狭隘的地方和部门利益出发，把打假工作与发展地方经济对立起来，担心打假会影响经济发展。有的甚至错误地认为出现假冒商品是市场经济发展中的必经阶段，在市场经济发展初期制假售假是一条致富捷径。这就导致“不能不打，又不能真打”的怪论，对打假采取“不表态、不支持”的错误做法，使一些地方成为假冒商品的制造地和集散地。

徐浩（三辰卡通集团知识产权办公室主任——编者注）介绍说，在国外，只要是造假，被抓住后就要判刑，同时没收一切非法所得。而在我国，很少有侵权人因侵权而受到刑事处罚。例如，经三辰公司投诉，某地工商局对当地某服装厂严重侵权行为进行了查缴，按照《刑法》的有关规定，侵权人的行为已经构成了刑事犯罪，该工商局也认定当事人的行为属于侵犯注册商标专用权的行为，但

是最终却没有将案件移交公安机关，追究厂商的刑事责任。虽然法律有规定，执法部门可以责令侵权人赔偿被侵权人的损失，但从“蓝猫”打假工作开展以来，很少有执法机关行使这一权力，结果使得连三辰公司对维权打假的巨额投入也无法获得应有的补偿。

（摘自唐哲：《谁偷了“蓝猫”?》，《中国质量万里行》2004年第1期）

由于中国知识产权保护体系的不健全，三辰卡通企业集团成立了维权中心，每年不得不耗费大量的人力、物力和精力去扫除“李鬼”。盗版侵权不仅发生在蓝猫VCD，也出现在蓝猫服装、书包、文具、童鞋、方便面、冰淇淋、糖果食品、复读机等产品上。《蓝猫淘气3000问》的制作商、三辰卡通总裁孙文华感慨地说：“《蓝猫淘气3000问》创造过吉尼斯世界最长动画片纪录，现在其盗版产品恐怕也可以创造另一项吉尼斯纪录。”三辰对蓝猫、淘气等多个卡通形象进行了全面的商标注册保护，专门成立了知识产权保护办公室，在全国范围内招聘“打假代理”，承诺打假收益的80%归代理。但要以一家企业的力量和全国规模的盗版蓝猫作斗争，的确很难。

（摘自韩亮：《蓝猫超生隐痛缠身》，《营销》2004年第5期）

蓝猫品牌还面临着假蓝猫的疯狂“撕咬”。随着蓝猫卡通片的热播，盗版蓝猫产品层出不穷。一些知名公司都在擅自使用蓝猫的形象进行生产经营。在某省一个县，生产假冒“蓝猫”童装的厂商竟有百余家。一条以仿冒蓝猫品牌为依托的地下产业链已经形成，并且在吞噬着合法蓝猫品牌的市场空间。

“侵权已经成为一种习惯了。外国的企业迟迟不进入中国市场的一个原因就是担心中国的知识产权保护的难度。”

三辰卡通集团也像很多企业一样每年耗费巨资进行打假维权。2003年11月5日，香港法院对香港利宏科技被指控侵权盗版蓝猫一案做出判决，公司3名法人代表中有两人分别被判处一年和六个月有期徒刑，没收非法所得8000港元。这是迄今为止三辰集团在打假行动中的最大斩获。但是对蓝猫的仿冒仍然屡禁不止。“仿冒蓝猫的产品的质量可能并不差，但是它们不用缴纳品牌费用，所以价格比真货低很多。”

三辰集团曾经采用特价促销策略打击仿冒产品。三辰的特价策略在运动鞋市场上取得了很大成功。

由于中国的卡通产业化刚刚兴起，市场规则处于完善中，相关法律法规也亟待健全。2003年3月，在成都糖酒会上，湖南三辰影库卡通节目发展有限责任公司授权经营的北京蓝猫淘气饮品营销有限责任公司（汇源集团的控股企业）与隶属于唐山蓝猫饮料集团、厂址建在河北遵化市的蓝猫饮料有限公司发生了品牌争执，并引发了双方人员的肢体冲突。同年9月，唐山蓝猫以侵犯商标权、不正当竞争为由将北京蓝猫告上法庭，诉讼期间，北京蓝猫的产品在一些地区遭到查封。此后，授权北京蓝猫经营蓝猫品牌的湖南三辰公司以同样理由将唐山蓝猫告上法庭。

（摘自石宇：《蓝猫离迪士尼有多远?》，《中国质量与品牌》2004年第6期）

“蓝猫”的阵痛，指的是受到盗版和侵权之苦。在中国动漫的产业化上，三辰集团是先行者。科普动画《蓝猫淘气3000问》，至今已完成5个系列1700多集，目前在700余家电视台播出。产业化更重要的标志是产业链条的延伸。截至目前，挂上“蓝猫”头像的，有图书、音像、文具、玩具等十几个行业的6600多种产品。

随着产品的热销与知名度的提高，“蓝猫”遭遇“假猫”，备受侵扰。据初步统计，盗版者所攫取的利润约为正版经营的9倍。“蓝猫”品牌延伸的巨大市场也被侵权者蚕食，服装、书包文具、童鞋等市场上都发现了假冒“蓝猫”的产品。

虽然“蓝猫”采取了各种行动，但并没能有效遏制“假猫”。对此，三辰公司知识产权办公室徐浩律师总结了两个原因：一是严重的地方保护主义，二是现行法律法规对制假售假者打击力度不够。

在辽宁省某地，工商部门的有关负责人就直率地表示：原则上为了地方经济，政府是不允许打假的。正因如此，在他们采取行动的时候也只是应付，效果并不理想。2003年1月中旬，三辰集团向福建某地工商部门递交侵权“蓝猫”产品投诉材料，同年6月中旬，工商局采取查处行动，前后近5个月，开支6万多元，但造假售假者受到的处罚却只有1万元左右，“蓝猫”得不偿失。

徐浩认为，国家对打假或保护知识产权的法律不健全，经济重罚、重赔和刑事处罚均不到位，执行力度弱，既打不疼，也打不死。有的地方对几家售假商不论缴获的假货数量和其他情节，一律做出相同的300元处罚决定。几天后，依然有许多假冒“蓝猫”在卖。对他们来说，300元根本起不到惩罚作用。

（摘自张铁：《“蓝猫”阵痛警醒动漫产业》，《人民日报》2005年5月12日）

随着“蓝猫”卡通片在全国各地的热播，从大商场、超市、批发市场到游商小贩，各种侵权、盗版“蓝猫”产品层出不穷。仅盗版“蓝猫”VCD，假冒署名的出版社就有16家之多。三辰卡通集团董事长孙文华气愤地说：“现在造假者简直胆大包天，他们甚至将假冒‘蓝猫’产品搬到规范授权的‘蓝猫’专卖店旁边去卖。目前三辰企业正版‘蓝猫’VCD销售额近1亿元，而由于盗版VCD造成的损失却高达9亿元。”

“在动漫市场开发和运作中，保护知识产权的问题十分突出。”北京中英联合知识产权代理有限责任公司经理胡战平说，“不仅动漫产品本身需要保护知识产权，在大量的衍生产品中更需要保护知识产权。”

怎样做才能更好地保护动漫作品的知识产权？她认为应该做到以下几点：

提前防范，增强动漫知识产权保护意识……

熟悉法律，懂得动漫知识产权保护形式……

洞察市场，掌握动漫知识产权运作方式……

（摘自李延生：《谁来保护“蓝猫”？——动漫市场知识产权困局呼唤破解良方》，《中国企业报》2007年1月31日）

经过一系列的创新与保护实践，三辰走到今天，已经整理出一套相对科学的版权资源开发、管理、运用、保护制度。对内，不断引进人才，创新形象，开发不同体裁的动漫节目和产品，进一步提高创新能力。对外，以制度化的方式规范版权授权体系，推动创新成果的多层次开发、运用、获利。并将重心从传统的音像制品销售、电视台播出转移到衍生产品的开发和互联网传播、电讯声讯服务以及各类新媒体的授权使用上。经计算，目前公司通过各类版权授权所获的收益已经大大地超过传统的音像制品销售和电视台播出收入。

在打击侵权盗版长效机制建设方面，三辰集团成立了知识产权保护办公室，在进行版权登记的同时，对“蓝猫”、“淘气”等8个卡通形象和文字在44个商品和服务类别上申请了385件知识产权，做好随时运用法律手段捍卫自身权益的准备。在全国范围内多家媒体上刊登广告，招聘“打假代理”，承诺打假收益的80%归代理。这种集团自身维权与社会打假相结合的方法，不但在一定程度上降低了维权成本，还大大提高了打击“蓝猫”侵权盗版活动的力度和范围。

（摘自李东生：《版权保护推进自主创新》，《中国新闻出版报》2007年4月19日）

《蓝猫淘气3000问》至今已完成5个系列1700多集，目前在700余家电视台播出。其产业链已经延伸至图书、音像、文具、玩具等十几个行业，有6600多种产品。但是随着产品热销与知名度的提高，“蓝猫”已经被盗版者盯上。据三辰集团统计，盗版商所攫取的利润约为正版经营的9倍。“蓝猫”品牌涉及的巨大市场也被侵权者蚕食，服装、书包、文具、童鞋等市场上都发现了假冒“蓝猫”的产品。

（摘自：《“蓝猫”下金蛋9成归盗版》，《南方日报》2007年11月23日）

对“三辰卡通影视”的负面意见

作为一部科普电视作品，它最基本的属性就是可看性。说得明白一点，就是能吸引观众看下去。原因也很简单，如果观众连看都不愿意看，还能实现什么所谓的功能和社会效益？然而，“蓝猫”恰恰是忽视了这一点。在中央电视台的一次节目中，“蓝猫”的制作单位负责人竟然说“蓝猫”是以数量取胜的，要让全国电视台一年到头把“蓝猫”播个没完，于是进口动画就无法立足。这里面有很奇怪的逻辑：第一，如果依靠保护主义的政策搞这种“猫海战术”（在“蓝猫”的网站上有若干部门的推荐信），对于提高作品的水平没有任何帮助；第二，即使是最好的影视作品，也不能一年到头看个没完，会倒胃口的。“蓝猫”能称得上优秀作品吗？不能，无论是它的形式还是内容，都没有办法和真正的优秀动画作品相提并论。在去年9月19日的《北京晚报》上，有文章对“蓝猫”提出了批评的意见，遗憾的是大多数媒体都在一边倒地吹捧“蓝猫”，就连对“蓝猫”的介绍都是一个模子，什么用高科技模拟龙卷风、原子弹爆炸云云。那些吹捧“蓝猫”的人，到底有几个真正仔细看过“蓝猫”？

又有多少稿子是假扮的广告？在去年9月6日的《南方周末》上也有一篇批评“蓝猫”的文章，这也是难得的不同声音之一。在这篇文章里面，作者说：“没有独特吸引人的外在形象也就算了，如果在一个幽默、风趣、有内容的剧本里，动画人物有自己鲜明的个性，那也会吸引人的，而且这比外在形象更容易打动观众，但这恰恰也是国内动画所严重缺乏的。情节的展开、人物的处理、事件的冲突、高潮的出现都安排得很中庸、统一化、简单化，缺乏夸张、变形、幽默的俏皮与技巧。‘蓝猫’企图避开剧情设计，拣了一条‘捷径’，那就是照搬《十万个为什么》里的问题。提问并回答和讲故事有着天壤之别，所以，在‘蓝猫’里就会出现两个傻动物站在屏幕里，一动不动或做些很多余的动作，在那里喋喋不休地对着话，倒是有点像说相声！”

“蓝猫”就是前后依靠这种耍贫嘴的剧情，中间加一段有旁白讲解的所谓“科普”。其实完全可以拆开来：“蓝猫”耍贫嘴的那20分钟可以不看，纯粹瞎耽误工夫。而剩下的那5分钟的“科普”不看也罢，因为这“科普”纯粹就是七拼八凑。

“蓝猫”已有的700多集的目录给人的感觉是，杂乱无章，东拼西凑，逮着什么算什么。这也难怪，“蓝猫”制作单位就公开承认“我们从47个版本的前沿性科普读物中筛选知识点，制作成我国第一部大型科普动画系列片”。至于到底是哪“47个版本”，都是哪国的读物，由什么人来筛选，编者的科学素养和艺术修养够不够，全都一笔带过，只要能依靠广告、依靠特殊的国情，卖得出去，一切万事大吉。

（摘自柯南：《“蓝猫”还是“烂猫”？——不要假借科普之名》，《中华读书报》2002年2月27日）

正是这种广撒网、不计较加盟店质量的快速扩张为“蓝猫”引来了一场灾难。全国一下子有了400家专卖店，开一个店要向三辰交5万元提货，订单如潮涌来。但是与三辰合作的一些企业没有在内地做童装的经验。生产的童装不但尺码不对，北方的孩子穿不上，而且价格很高，一件上衣要140多元。“香港人强调品牌，认为只有价格高才能体现品牌的价值，但中国很多地方的人买不起啊，当时在公司内部出现了前所未有的观念上的矛盾。”另一方面，由于货要得紧，量又大，生产周期大大缩短。生产出来的玩具质量不合格。电动车按一下就不动了，400家专卖店纷纷要求退货，全国一片骂声。

（摘自刘涛：《“蓝猫”是怎样长大的?》，《中国企业家》2003年第2期）

蓝猫目前的做法，可能是“先发展、再规范”，思路不错，但实际执行下去，就会发现很难走通。因为实际上，它的队伍和管理很难适应这么多行业的要求，它也没有很好的渠道去做产品；因为产品太多，它的精力会被严重分散。

“伤其十指，不若断其一指”，根据锐利营销的原理，要想快速突破，往往要根据“聚焦原则”集中兵力，只有这样，才能快速突破。所以蓝猫最大的风险是：欲速则不达！

（摘自齐馨：《欲速不达　卡通品牌“蓝猫”遭遇发展风险》，《财经时报》2004年4月17日）

米老鼠的商业成功延续了八九十年，这种品牌的可持续竞争力，来自其品牌中的文化底蕴。在蓝猫的发展中，我认为它过多地强调了战术、技巧，这表现在它的这种快速的冲锋式的市场策略上。但消费者既看不到它的优势产品系列，也看不到其品牌内涵。

而市场上成功的以授权为模式发展的品牌，其品牌拥有者无不是将精力主要放在品牌的经营和运作上。在蓝猫已经解决了生产、渠道及市场的有关问题后，下一步的关键是要解决品牌的内涵。如果蓝猫既想做迪斯尼，也想做耐克或沃尔玛，那最终的结果可能是哪个也做不好。

（摘自齐馨：《欲速不达　卡通品牌“蓝猫”遭遇发展风险》，《财经时报》2004年4月17日）

营销专家冯良说，蓝猫这种迅速扩张、四面出击的做法，主要还是想通过快速扩张获得丰厚回报，降低了自己的风险和成本，同时也想先在各个领域全面试水，然后抓住几个不错的项目重点投入和发展。这种思路有其道理，但也有其风险。

因为企业的超速发展已经为自己埋下了管理风险，比如这样快的扩张速度，在挑选合作伙伴方面也就必然缺乏耐心和细心。像汇源这样大的合作伙伴还可以放手一试，但像蓝猫保健法人代表这样的个人合作伙伴也随便放行，就必然给自己留下祸患，而像蓝猫保健这样的株连事件如果再发生几次，那么蓝猫的品牌就必然遭受致命打击，甚至有可能会一蹶不振。

同时因为涉足过多的领域和产品，三辰集团的精力也被严重分散，企业内部也难以提供适合多种行业的投资和管理人才。各个领域和产品的销售和回款力度都会因此打个折扣，而如果各合作伙伴自己的利益没有保障，那么蓝猫的品牌和商标使用费用也就成了无水之源。

走访了一些位于北京不同地段的蓝猫专卖店，发现这些专卖店很分散，而且没有统一的风格和店面，大多已经不“专卖”，除了销售蓝猫产品也同时销售一些其他品牌的产品。而且据销售人员反映，蓝猫品牌的产品，如玩具、服装、文具等销售情况也并不是很好。

或许正像冯良先生所说，中国很多民营企业往往并不是因为没有发展就枯萎而死，而恰恰是因为发展过快、胃口过大导致消化不良而造成最终死亡。

（摘自王英：《蓝猫：“快品牌”模式之祸》，《财经时报》2004年12月20日）

蓝猫的上游专业公司在短短一年多的时间里发展到十几家，几乎涵盖了儿童市场的所有产业，这种快速扩张的模式带来了相应的副作用，给人以蓝猫不珍惜自己的名誉乱贴牌的感觉。

蓝猫虽然有衍生产品6000多种，却没有一款产品算得上是名牌。而且，蓝猫缺乏品牌管理意识，在一个行业里还没把品牌形象树立起来，就匆匆忙忙介入到另一个行业。

蓝猫的思维是“先发展壮大、再规范管理”，但是企业发展到一定阶段，没有规范，就很难继续发展。根据锐利营销原理，要想快速突破，往往要采用“聚焦原则”集中兵力，只有这样才能快速突破。而在蓝猫的发展中，战术和技巧被过多地强调了，这表现在快速的冲锋式的市场策略上，但结果却是消费者既看不到它的优势产品系列，也看不到其品牌内涵。

三辰与授权企业间的协作可能产生的摩擦、6000多种产品的质量能否保证、大批新经销商的管理等一系列头疼问题随着企业的膨胀都暴露出来。品牌过度超生，时刻掩藏着单个企业（产品）出现问题株连其他企业的危机。快速扩张时，更应该在挑选合作伙伴方面格外严格以保证其产品质量和良好的渠道销售，但蓝猫在这方面缺乏耐心和细心。像蓝猫保健法人代表这样的个人合作伙伴也没有严格把关，必然留下隐患。

2004年四五月开始，部分经销商经销的蓝猫保健品因为没有保健品批号而被当地卫生部门查封，经销商按照合同条款要求退货时却遭到拒绝；2004年8月3日，一名经销商就蓝猫保健欺诈行为在河南省洛阳市西工区法院起诉，蓝猫保健败诉，并被法院查封。

“蓝猫”儿童保健品是得到“蓝猫”品牌持有者湖南三辰卡通企业集团的正式授权的，因此在蓝猫保健品出事后，公众自然也就把目光对准了它的大股东三辰卡通。虽然三辰卡通将自己与蓝猫保健划清了界限，并声称自己也是受害者，但三辰卡通最严重的损失却绝不是区区一年的品牌租借费，而是蓝猫品牌的信誉度及其他合作伙伴的利益。

（摘自邱小立　兰茂勋　康迪：《中国营销败笔解析录》，《决策与信息》2005年第5期）

北京市工商局在进行的一次儿童商品质量检测情况通报中，指出共有23种儿童玩具检验不合格被勒令退出市场。其中，一款蓝猫牌“战机十发手枪”也“榜上有名”，不合格原因是被检测出弹射玩具重金属和铅超标。

（摘自李京：《“蓝猫”玩具重金属和铅超标》，《中国中医药报》2006年3月20日）

5月24日，北京市工商局公布了对文具、童车、童鞋、儿童玩具、儿童服装和眼镜等六大类儿童商品的监测结果，共有109种儿童商品不合格，消费者熟知的“永久蓝猫”儿童三轮车因挤压点和小零件不合格、“蓝猫淘气”童鞋不耐磨、“巴布豆”背带裤因容易退色而被曝光。

（摘自贾君：《“永久蓝猫”、“蓝猫淘气”、“巴布豆”上黑榜》，《中国消费者报》2006年5月26日）

蓝猫是一个完全模仿迪斯尼盈利模式迅速崛起的卡通品牌，靠着风靡国内的《蓝猫淘气3000问》，蓝猫一夜之间成为了“超生品牌”。谁肯出钱，谁就能得到蓝猫的品牌授权，在一个放任自流的品牌管理框架下，蓝猫品牌在短短数年间就已经横跨食品、服饰、玩具、日化、图书等几十个儿童消费品领域。悲剧自蓝猫极盛时期上演，2004年10月，蓝猫授权的蓝猫保健品因合同纠纷出事，由于没有启动应急的危机公关，蓝猫品牌遭受重创。

（摘自宗和：《蓝猫“失足”品牌授权》，《中国现代企业报》2006年10月17日）

危机管理专家唐朝认为，一个强势品牌，要想利用品牌授权进行品牌传播，可考虑进行品牌多元化延伸，它必须对品牌授权的流程进行严格的审视和管理。对品牌授权的产品阈限进行界定固然是重要的，但对品牌管理者而言，更为重要的应该是对品牌授权申请人的考核和管理。每一个授权产品都是一个品牌接触点，如果申请人在任何一个品牌接触点上给品牌目标人群留下了坏印象，受拖累的将是自己的整个授权品牌。

品牌管理者应明确，申请人不是企业的员工，他不会主动管理授权品牌，并进而管理好每一个品牌接触点，他之所以需要授权品牌，仅仅是因为他想借助授权品牌良好的品牌形象去赚钱。申请人永远不会对授权品牌负责，一旦手中的授权品牌出事，他马上会转向申请另一个品牌的授权。因而，品牌管理者要让授权品牌在申请人手中完好无损，就必须全面介入申请人全流程的品牌管理操作中，而不是将授权费收入腰包后撒手不管。

（摘自宗和：《蓝猫“失足”品牌授权》，《中国现代企业报》2006年10月17日）

对一个动画项目来说，国外成功的动画公司其后期的资金占到了总资金额的40%，而国内动画制作企业绝大部分的资金使用量放在前期和中期，后期市场开发资金投入仅占10%，甚至有些公司没有规划后期市场运作资金。而即使是有了这种思路，也常常因市场调研不足而导致投资方向失误，如曾风靡一时的蓝猫，衍生产品多达6600多种，但产业销售收入仅有20亿元人民币。其主要原因是产品以文具和儿童服饰作为主打方向，导致衍生产品局限性发展。产业链的缺失最终导致目前的国产动漫尽管已经在数量上占据了国内动漫市场的半壁江山，但却创造不出与产品数量相匹配的市场价值，在产业利润上远远落后于国外动漫企业。

（摘自张书乐：《2007国产动漫：产业链成熟前的局部繁荣》，《中国文化报》2007年12月28日）

在食品饮料类，蓝猫的品牌先后授权给了5家企业。于是出现了2003年秋季糖酒会“五猫齐聚”的怪现象。

在同一领域的多个公司使用一个品牌，问题就出现了。市场上既有3—5块钱的蓝猫饮料，也有不到1块钱的饮料，而低价产品的冲击使得蓝猫高端产品很难赚钱，不同授权商相互之间也有竞争。

蓝猫饮品公司出现的问题只是冰山一角。短时间内，蓝猫品牌横跨食品、服饰、玩具、日化、图书等几十个儿童消费品领域，除此之外，蓝猫授权产品的加盟店也遍地开花。广泛撒网式的授权本身就隐含着风险。2004年10月，蓝猫授权的蓝猫保健品因合同纠纷出事。由于没有启动应急的危机公关，蓝猫品牌遭受重创。

（摘自姜蓉：《撒网式授权蓝猫失控泛滥》，《经济视点报》2008年4月3日）

本来制作动画片是三辰集团的专长，可是生产出动画片后却是这样一个过程：将动画片卖给电视台换来的是一堆广告时间，于是，不得不去卖广告，变成广告公司；将

产品授权给儿童用品生产商，产品却没有渠道去卖，于是又成了盟主，因为不擅长特许经营，只好在各地设立代理商，用分特许的方式开加盟店。除此之外，还要按照这个行业的规则管理那些被授权的企业。

（摘自姜蓉：《撒网式授权蓝猫失控泛滥》，《经济视点报》2008 年 4 月 3 日）

蓝猫失败案例的关键：

1. 在企业承受资金压力的前提下，为回收资金，在同一个行业类别实行多家授权，造成市场价格混乱，无法实现高端战略。

2. 播动画片换来的不是资金而是广告时段，为销售广告被迫成立经营广告的广告公司，多元化造成精力分散。

3. 为回收资金，广开加盟店，成了加盟盟主。在制作动画的主业以外，还要承担连锁经营和加盟管理的重任。

4. 综合加盟经营战略和各类品牌授权商分类开加盟店的经营思想相抵触。

（摘自姜蓉：《撒网式授权蓝猫失控泛滥》，《经济视点报》2008 年 4 月 3 日）

产业效益

当播到210集的时候，《蓝猫》吸引了娃哈哈的跟片广告，240集的时候得到了招商银行的投资，到了260集、300集的时候就有新加坡的天乐文具公司和香港上市公司德发服装集团希望与三辰合作生产"蓝猫"品牌的衍生工业品。

（摘自刘涛：《"蓝猫"是怎样长大的?》，《中国企业家》2003年第2期）

三辰出品的《蓝猫》已经在香港播出。韩国、越南、日本、法国等则表达了合作意向，或已签订了购片合同。在大陆，蓝猫同时在1017家电视台播出，蓝猫衍生产品已经有音像、图书、文具、玩具、服装等4000多个品种。经营蓝猫卡通衍生产品的代理已经约350个，覆盖全国95%的地级市；"蓝猫专卖店"达到了2300多家，平均每个地级市7家。2002年，蓝猫衍生产品的销售额达到了几个亿。

（摘自李帆：《蓝猫挑战唐老鸭》，《中国科技财富》2003年第3期）

从2001年9月到2003年1月，短短一年零四个月的时间，蓝猫专卖体系就创造了平均每个月销售额4000万元码洋的奇迹，并且造就了两项中国第一品牌。一是蓝猫音像制品，近一年来，蓝猫光盘销售6000万元码洋，创下了国产音像单一产品的最高销售纪录。二是蓝猫童鞋，上市仅四个月就销售童鞋100多万双。

（摘自李帆：《蓝猫挑战唐老鸭》，《中国科技财富》2003年第3期）

"蓝猫"形象走下荧屏，迅速扩张到音像、图书、文具、玩具、服装、鞋类、食品等十几个行业，在"蓝猫"品牌下涌现出6000多种儿童消费品。三辰卡通集团公司已初步建立起一个全国性的儿童消费品生产供应体系和专卖网络，现有14家生产制造专业公司、11家区域销售分公司、2400多家"蓝猫专卖店"，平均每个地市拥有7家以上专卖店。

（摘自肖峰：《"蓝猫"现象：制造品牌升级的快乐》，《中国知识产权报》2004年4月6日）

三辰卡通集团计划斥资3000万元人民币，到2006年年底，建立起3000家蓝猫快乐书屋、5000个蓝猫快乐书库、1万个蓝猫快乐书架；

（摘自马春茂：《"蓝猫"的品牌拓展之路》，《中国文化报》2004年9月6日）

《蓝猫淘气3000问》已经在华语圈内1020家电视台同步播出，包括中央电视台、中国教育电视台、香港亚洲电视台、台湾东森电视台及国内各地方电视台等，每天累计播出蓝猫卡通片500小时，随片广告30小时。同时，与中东地区1国和越南已签订购片合同，与日本达成电视播出意向，法国也在洽谈购买蓝猫在法国和非洲法语地区的播出版权……蓝猫形象已经广泛占领市场，聚集起强大的人气。

从产业化程度来看，巨大的蓝猫卡通产业集群悄然形成。蓝猫VCD、蓝猫卡通书、蓝猫文具、蓝猫玩具、蓝猫饮品、蓝猫儿童服饰、蓝猫日化用品等。4000多个品种已经通过蓝猫专卖店等形式走进小朋友们的生活。一个以蓝猫产品销售为中心的全国庞大销售网已形成，其地级代理覆盖了全国315个地级市，占全国地级市的95%，开设蓝猫专卖店2400多家。蓝猫主题公园也在筹划中。

（摘自伏睿：《迪斯尼+沃尔玛+耐克——蓝猫的卡通产业化策略》，《经营与管理》2004年第1期）

2003年蓝猫产业群销售收入达7.5亿元，预计2004年将超过20亿元，创汇2000万美元。

（摘自韩亮：《蓝猫超生隐痛缠身》，《营销》2004第5期）

三辰卡通集团制作发行的国产《蓝猫淘气3000问》系列卡通片的播出权、影像权、DVD版权、VCD版权已输出到海湾六国（科威特、巴林、阿联酋、约旦、安曼、卡塔尔）、印度尼西亚、韩国、美国等13个国家和中国香港、台湾地区，合计4878集、66380分钟，版权出口创汇达213万美元。

（摘自赖名芳：《国产"蓝猫"成功"走出去"》，《中国新闻出版报》2005年5月11日）

14个国家和地区、4878集、53658分钟、200多万美元。这一连串数字反映了"蓝猫"这个可爱的小家伙在全世界的普及度。

（摘自曲晓燕：《蓝猫：三辰托起中国卡通世界梦》，《中国文化报》2005年12月9日）

三辰集团塑造的"蓝猫"，已被国家工商总局评为"驰名商标"。为充分发挥"蓝猫"的品牌效应，三辰集团开发出"蓝猫"系列衍生产品达6600多种，涵盖了图书、音像、文具、玩具等十几个领域，收益占到了集团总收入的70%以上。

（摘自周立耘：《三辰集团"知识卡通"成就行业"领头羊"》，《人民日报》2006年10月17日）

年产动画12000分钟，占全国原创动画总产量三分之一；三辰集团开发出"蓝猫"系列衍生产品达6600多种，涵盖了图书、音像、文具、玩具等十几个领域，收益占到了集团总收入的70%以上。"蓝猫"卡通版权已输出到美国、韩国、印度尼西亚等15个国家和地区，输出节目4878集，共计6.6万分钟，版权出口创汇123万美元。

（摘自周立耘：《三辰集团“知识卡通”成就行业“领头羊”》，《人民日报》2006年10月17日）

2002年9月至2003年12月期间，集团业务营业总额达12亿元。“蓝猫”品牌授权产品涉及16个行业，6600个品种。

（摘自柏定国　欧阳友　权胡豳：《“蓝猫”：中国最具品牌价值的“猫”》，《中国文化报》2006年12月4日）

2006年11月，《蓝猫淘气3000问》被列为“中国青少年最喜爱的十大国产动画片”。

（摘自李雪昆：《小“蓝猫”跳进国际大舞台》，《中国新闻出版报》2006年12月26日）

2000年6月，系列动画片《蓝猫淘气3000问》相继在全国1020家电视台播出；自2001年起，三辰卡通围绕“蓝猫”品牌，开发出“蓝猫”系列衍生产品6600多种，涵盖了图书、音像、文具、玩具等十几个领域，收益占集团总收入的70%以上。此外，他们还在互联网和电信增值业务上率先发力，“蓝猫快乐热线”每日声讯量高达20万人次，年收入逾2000万元。2004年，国际版“蓝猫”卡通系列进入卡通王国美国，国家工商总局认定“蓝猫”为中国驰名商标。公司发展了3000多家各类“蓝猫”产品专卖店，2006年实现销售收入4.7亿元。

（摘自周立耘：《动漫湘军何以独领风骚》，《人民日报》2007年1月11日）

蓝猫卡通片从1999年开始播出，截至2006年底，三辰卡通巩固已形成的高覆盖率的全国电视播出网络，延续国内第一卡通品牌影响力。蓝猫卡通节目在包括中央电视台、三个动画专业频道在内的全国712家电视台播出，每天固定观众保持在8000万，央视播出收视率属前列……2006年，三辰卡通继续拓展国际版权输出网络，加快“蓝猫”融入国际动画市场的步伐。迄今为止，蓝猫卡通片已输出到亚洲、欧洲、美洲等17个国家和地区。

（摘自王凤云：《三辰集团：小玩意变“大戏法”》，《市场观察》2007年第2期）

蓝猫卡通网在全球ALEXA（权威网站流量统计）网站排名在3000位左右，注册会员已近60万人，网站最高日流量达到30万人次，是中国国内最大的儿童绿色卡通网站。

（摘自王凤云：《三辰集团：小玩意变“大戏法”》，《市场观察》2007年第2期）

湖南三辰自2001年底开始授权生产蓝猫系列儿童用品，两年内迅速发展出十几家上游专业公司，6000多种衍生产品，仅在食品饮料行业，就有5只“蓝猫”。蓝猫2002年的销售额就已经达到4个亿。到2003年底，代理已有180多家，专卖店有2600多家。

（摘自王玉：《卡通营销：虚拟品牌代言人走俏》，《企业研究》2007年第3期）

《蓝猫淘气3000问》已经制作完成八大系列、2400余集，截至2007年年中，总产量已经达到36819分钟。

（摘自王新：《三辰卡通：用原创撬动产业链》，《中国文化报》2008年1月25日）

《蓝猫淘气3000问》以近3000集的规模，在华语圈内1020家电视台同步播出，包括中央电视台、中国教育电视台、香港亚洲电视台、台湾东森电视台及国内各地方电视台等，每天累计播出蓝猫卡通片500小时、随片广告30小时。“蓝猫”形象广泛应用于文具、玩具、饮品、儿童服饰、日化用品等16个行业，6600余个品种，通过遍布在全国2400多家蓝猫特许连锁专卖店来进行销售。2002年9月至2003年12月期间，三辰集团公司营业收入总额达到12亿元人民币，其中音像、图书产品收入1.8亿元；童鞋、服装产品收入2亿元；玩具、文具产品收入2.2亿元；饮品饮料收入2亿元；食品1亿元；自行车、手表、电子产品等其他系列产品收入3亿元。

（摘自苏锋　王莉：《蓝猫模式　难以模仿的胜利》，《企业管理》2008年第2期）

重要文章选登

蓝猫模式　难以模仿的胜利

苏　锋　王　莉

动画产业作为新的经济增长点已逐步纳入关注者的视野，2006年国产动画片的产量实现82000分钟，2007年有望生产10万分钟，因此引起了前所未有的投资热潮。目前国内很多公司欲以"蓝猫"模式为样板进入动画产业。那么，接下来的一个关键问题是，"蓝猫"模式是在什么样的条件下实施的？其他企业是否可以复制？

"蓝猫模式"的形成

20世纪80年代以来，进口动画片大量占据我国电视的播出频道，因而国产动画片在电视台的播出费陷入了价格低谷。中央电视台的播出费为每分钟1000元左右，地方台的播出费只有30—50元，甚至更低，相对于电视动画片每分钟7000—10000元的制作成本差距甚远，动画企业无法通过电视播出收回成本，极大地影响了动画企业的制作积极性，影响了行业的规模和产量的提高。

1999年，三辰公司在经营方式上进行了大胆创新，放弃播出阶段的盈利，将目光转向后期衍生产品的收入。以电视媒体的播出形式，进行了"地毯式轰炸"，以塑造"蓝猫"品牌，带动衍生产品的开发与销售。1999年10月，《蓝猫淘气3000问》在北京电视台成功首播。2000年6月1日开始在全国大规模发行。2001年1月娃哈哈公司新品"娃哈哈铁锌钙奶"、"儿童营养液"全面使用蓝猫淘气卡通形象。2001年9月3日蓝猫专卖店招商热线开通。2001年10月与汕头添乐有限公司合资组建汕头三辰蓝猫产品发展有限公司，开发生产"蓝猫"品牌文具等产品。这是第一家蓝猫卡通衍生产品授权公司。至2002年11月已成立11家专业公司。2003年8月7日三辰卡通集团、汇源集团在北京人民大会堂联合举行新闻发布会，宣告两大强势品牌联手推出的"咕噜噜"饮品。《蓝猫淘气3000问》以近3000集的规模，在华语圈内1020家电视台同步播出，包括中央电视台、中国教育电视台、香港亚洲电视台、台湾东森电视台及国内各地方电视台等，每天累计播出蓝猫卡通片500小时、随片广告30小时。"蓝猫"形象广泛应用于文具、玩具、饮品、儿童服饰、日化用品等16个行业，6600余个品种，通过遍布在全国2400多家蓝猫特许连锁专卖店来进行销售。2002年9月至2003年12月期间，三辰集团公司营业收入总额达到12亿元人民币，其中音像、图书产品收入1.8亿元；童鞋、服装产品收入2亿元；玩具、文具产品收入2.2亿元；饮品饮料收入2亿元；食品1亿元；自行车、手表、电子产品等其他系列产品收入3亿元，因此，"动画影视制作—媒体播出—音像产品的出版发行—衍生产品"构成了完整的价值活动体系。

1999年，正是中国动画的低谷期，"蓝猫"模式的出现使人们看到了电视动画片的希望。"蓝猫"模式的成功为中国动画产业提供了强烈的示范效应，并且在统计数据上得到反映。从1993年—2006年全国动画片发行许可证核发情况来看，集数为52—104集之间的中长系列片和104集以上的长篇系列片占到50%，而且后者比例在近年来呈现逐年扩大趋势。目前在动画系列片的原创投资中呈现出向大型动画剧集发展的趋势，就是这一示范效应的体现。

"蓝猫模式"成功实施的条件

1. 企业资金实力要强

由于该种模式是在电视台播出费极低的情况下，动画片制作企业放弃电视播出费的期待，将目光转向蓝猫衍生产品开发以求获利，这就注定了动画公司要预先投入资金，而收益延迟。《蓝猫淘气3000问》在播出200集之前，还没有广告跟进。"蓝猫"播到210集时，引来了娃哈哈的跟片广告；240集时，得到了招商银行的投资；到260集、300集时就有新加坡的天乐文具公司和香港上市公司德发服装集团希望与三辰合作生产"蓝猫"品牌的衍生产品。也就是说，三辰公司必须在"蓝猫"品牌的培育阶段包括以下四方面的直接费用：

①电视动画片的制作费用。包括前期制作、中期制作和后期制作，制作成本为7000元/分钟，每集11分钟，200集的成本约为1500万元人民币。

②动画片完成后所发生的费用。电视动画片从制作完成后，到电视台等待播出，以及播出后至引来广告之前，在这段时间内企业需要稳定员工队伍、新的制作项目的跟进等所发生的一切费用。

③衍生产品销售之前的资金垫付。衍生产品的开发投资和制作的先期投入。

④衍生产品专买店的投资。衍生产品专买店是衍生产品的销售终端，是企业资金回笼的主渠道。动画企业直接投资专卖店可以控制销售和现金流量。也可以运用另外一种运营模式，即引入加盟店。

上述四方面资金投入以第①项为刚性投入，第②③④项投入则有一定的弹性。

2. 企业管理能力要强

管理是生产力诸要素的有效粘合剂，管理能力是企业随着科学技术和生产力的发展，对企业生产要素和管理职能在质和量上所作出的新变化或新的组合，是一种新的有效的资源整合方式。三辰公司的管理能力首先在于经营理念的创新，在充分了解电视媒体特性的基础上，嫁接多种国外成功商业模式，如迪斯尼公司通过品牌形象分类授权推出衍生产品，实现广告宣传成本的最低化；沃尔玛通过连锁经营，实现交易、管理和物流成本的最低化；耐克通过自带设计理念的加工采购，实现产品质量的最优化。其次，三辰公司的管理能力在于有效整合社会资源的能力，通过品牌授权，将一些原来看上去与动画产业无关的产业纳入动画产业的势力范围中。而且，在整合的过程中，三辰公司注重了兼顾合作各方的利益，使蓝猫的品牌和商标使用费成为获利源泉。因此，“蓝猫”模式中的三辰公司不仅要像其他动画公司一样完成动画片的策划和制作，还要在后期衍生产品开发和管理上投入大量精力，而且前期动画形象的设计与后期衍生产品的开发做到了有效的结合，例如：衍生产品线的开发，目标市场的协调等。

3. 知识产权保护到位

从目前动画形象衍生产品所涉及的行业来看，主要是玩具、文具、服装、鞋帽、音像图书、饮品饮料、食品、自行车、手表、电子产品等消费品。动画授权产品与非授权产品对于消费者来说，有着不同的含义。其差别不在于其使用功能，而在于动画品牌的文化内涵，这就为动画品牌衍生产品的购买提供了动力。与此同时，动画授权产品与非授权产品在制造过程上几乎没有差别，这就为造假和盗版创造了极大的便利条件。在购买动力和生产的便利条件共同作用下，衍生产品的盗版和造假就成为必然。而这些衍生产品恰恰是动画公司的利润来源，因此，知识产权保护是否到位就关系到动画公司的生死存亡。三辰公司为了保护自己的知识产权利益，成立了专门的知识产权保护办公室。一方面对蓝猫品牌进行多种产品的商标注册，取得商标所有者的合法地位；另一方面，与国家有关部门积极联系，投入了巨大的资金和人力，采取法律的手段打击盗版、造假行为，共同营造维护知识产权的氛围。

上述3个实施条件是“蓝猫”模式管理的硬件。在实施中，资金问题和管理问题属于企业内部问题，现在大部分业界人士关注的是资金问题，实际上管理问题更难于解决。如果说，资金问题可以通过借助外界资金的注入来一次性解决（包括政府支持、其他行业的进入、企业筹资等），那么管理问题并不是简单的事情。它需要从少数人的认识变成多数人的行动、从局部改进到整体提高，是全方位协同、循序渐进的动态过程。在这个模式中，动画公司不仅需要掌握一般物质产品的生产、营销、战略管理的技能和方法，更要了解文化产业和动画产业的特殊性，才能对症下药。这后一点恰是企业界的短项，也是中外学术界缺少研究的领域。而知识产权保护涉及国家的立法、执法及全民的法律意识提高，它是一个不断完善和改进的过程。但企业的经营活动不能等待，等待则意味着死亡。这就使企业经营与外界环境之间产生了严重的矛盾，在经营中出现问题就不足为奇了。

“蓝猫模式”存在的问题

1. 动画片质量下降

“蓝猫”模式是在电视台播出费几乎为零的情况下，动画公司放弃播出费的期待，将目光转向蓝猫衍生产品开发以求获利。这就决定了在动画片的策划阶段就要为衍生产品的开发做准备。由于动画企业的盈利点在于衍生产品，不在于动画片本身，这样动画片反而成了衍生产品的附庸，电视播出的动画片也变成了衍生产品的动画广告片，颠覆了动画片与衍生产品之间的关系。为了扩大动画形象的市场知名度，以利于后期衍生产品的开发与销售，电视媒体实施“地毯式轰炸”，长时间、高密度、大范围反复播放。于是在中国动画产业出现了一个奇怪的现象，在行业资本和企业规模都十分有限的情况下，电视系列动画片越拍越长。集数加长，导致剧情稀释；在资金来源有限的情况下，电视动画片的整体投资增大，单位时间投资就要减少。资金过多投入到中期制作，而对前期制作和后期制作无力顾及，用于剧情策划和宣传推广的资金缺乏。以剧情策划为例：2002年，动画公司支付剧本作者的稿酬是每集1200元，现在是2000元，而真人电视连续剧的稿酬是每集10000元，一流作家的稿酬更达到每集30000元，因此无法吸引高水平的作者，这也是导致动画片质量下降，无法吸引观众的原因。进而更进一步影响到衍生产品的开发和销售，影响到企业的现金流量和投资回收，陷入恶性循环。长此下去，无论对于动画艺术还是动画产业均会产生负面影响。

2. 品牌的安全性问题

动画公司将单一品牌同时授权给多个行业的多个生产厂家，在授权的过程中，动画公司难以对授权申请人逐一仔细审查其生产能力和诚信状况。在生产授权产品的过程中，动画公司也难以对产品质量严格监控。这样就隐藏着一个严重的问题，一旦某款式更新颖一些，销量自然也更好。一旦其中任何一个品牌授权申请人经营失败，或产品质量出现问题，就会对其他行业的“蓝猫”品牌授权申请人和三辰公司产生负面影响。北京蓝猫保健品有限公司被法院查封一案就是典型。

3. 加盟店的管理问题

在资金不足的情况下，动画公司可以采用加盟店的形式扩大衍生产品专卖店的数量和规模，以扩大衍生产品销售终端覆盖的范围和密度。加盟店通过向动画公司缴纳一定费用，获得衍生产品的销售权。但加盟店与动画公司分属不同利益主体，双方存在着双向选择。实际上，加盟店的质量与动画形象的市场价值有着紧密的联系，动画形象越受市场欢迎，动画企业在加盟店的选择与谈判中越占有优势，越能寻找到优质的加盟店。可以说，加盟店的质量是动画企业综合实力的折射。在“蓝猫”加盟店实际运作中，曾出现过加盟店退出、店面的设计与装饰风格不统一、人员的培训不到位、“专买店”变成“杂货店”等方面的问题，对动画制作公司的企业形象和衍生产品的销售均有不同程度的影响。2005 年后，三辰公司调整了加盟店的标准，例如，营业面积不得小于 100 平米。但标准的提高，增加了加盟店的成本，缩小了对加盟店的选择范围。如何掌握加盟店的标准与加盟店数量之间的关系，涉及到动画公司整体战略的实施。

4. 盗版问题

盗版产品的盛行对“蓝猫”专卖店的冲击非常大。三辰公司出自湖南长沙，尽管当地政府对三辰公司相当重视，采取了各种有力措施对盗版进行打击，但盗版总是打而不绝。三辰集团公司董事长孙文华先生感慨道：“《蓝猫淘气 3000 问》创造过吉尼斯世界最长动画片纪录，现在其盗版产品恐怕也可以创造另一项吉尼斯纪录。”三辰公司成立了维权中心，每年耗用大量的人力、物力和精力用于打假，在全国范围内招聘“打假代理”，承诺打假收益的 80% 归代理。但是以一家企业的力量同全国规模的盗版作斗争，其艰难程度可想而知。

对“蓝猫模式”的思考

在对“蓝猫”模式进行分析的时候，还有三点因素不容忽视：

1. 特定的历史条件造就“蓝猫”

“蓝猫”模式出现的时期，正是中国动画产业发展的低谷期，电视中充斥着进口动画片。在进口动画片的冲击下，中国动画产业饱受“双重怪圈”的蹂躏。国家有关部门已经意识到了进口动画片对我国的经济影响和文化影响，特别是对于青少年的影响。1996 年，中宣部、新闻出版署启动了“中国儿童动画出版工程”亦即“5155”工程，广电总局也采取了多方面的措施，开展动画节目的制作工作。

“蓝猫”的出现饱含着国人对国产动画的期待，因此引来了政府和社会的极大关注，三辰集团公司多次得到中央、省部级领导的接见和视察及有关部门的支持，为蓝猫品牌的形成提供了强大的政治资源和社会资源，也在消费者心中树立了良好的形象，促进了蓝猫品牌的快速形成，为其衍生产品的销售做了最好的广告。而这一强大的政治资源和社会资源对于今天的动画业界后来者无疑是难以得到的。

2. 教育动画征服中国家长

“蓝猫”走的是教育动画和“知识卡通”的路线，也可以说是动画版的百科全书，其内容可以是上下五千年，纵横八万里，可以无所不包，取之不尽。从生产的角度看：其内容重在传授知识，对于情节不需要过多的看重，易于构思和创作；从消费的角度看：教育动画面对的是中国 2 亿多中国儿童，适应了中国当代家长望子成龙的普遍心理，因此，家长们支持孩子看“蓝猫”，同时，也就为衍生产品的销售提供了更大的卖点。所以，生产与消费的匹配才造就了今天“蓝猫”2700 集的规模，只要三辰公司有意制作下去，其长度可以无限延长。

而对于娱乐动画却没有这样幸运。首先以迪斯尼为代表的娱乐动画，或情节跌宕起伏，或幽默滑稽，对观众的吸引力首先在于故事的情节。因而，它的创作和制作不仅需要大量的财力，更需要很长的时间进行反复推敲。任何动画作品都不可能在情节上无限延长。但品牌培育又需要动画形象尽可能多地出现在电视屏幕上，以此加深观众的印象。对于消费者来说，中国的家长们在高考指挥棒的引导下，不愿意让孩子们将过多的精力和时间花费在“不务正业”的娱乐中，对娱乐动画的观看采取拒绝或限制态度，对衍生产品的购买更是严加防范。

3. 竞争中提高产业进入门槛

国内动画企业在以蓝猫为样板的时候应充分考虑到企业自身的实力和外部环境的变化。随着“蓝猫”模式被更多人熟知，就会有更多的“蓝猫”们出现，在“蓝猫”们中间必然产生竞争，这样，势必分散广告商的注意力，会产生两种结果：一是动画片的创意和制作质量要求提高；二是广告商跟进的时间会延迟，这两种结果无疑都会增加企业的前期投入，而且这些前期投入会比“蓝猫”当初的投入高出许多。如果企业的资金实力不足，很可能会半路夭折。用千万元以上的资金在短期内去培养一个崭新的动画形象，其风险之大对任何一个动画企业家来说都是一个极大的考验。管理能力更是中国动画产业的软肋，一方面因为我国的文化产业长期处于计划经济的体制之下，缺乏市场的磨砺，导致了我国动画产业仍处于艺术家主导的时代。另一方面，文化产业和动画产业的特殊性决定了其对管理能力有着更高的要求。

如果我们不能清醒地意识到上述三点，势必对中国动画产业造成巨大损失。事实上，损失的不仅仅是资金，更重要的是对投资动画产业的信心；损失的不仅仅是经济利益，更重要的是文化利益。只有不断地进行经营模式创新，努力开拓新的市场，才能促进中国动画产业的健康发展。

总之，“蓝猫”模式是中国动画业界的大胆尝试，同时，我们也应看到：“蓝猫”模式并不一定适用于其他企业，对于中小企业更是难以模仿、复制的。

迪斯尼+沃尔玛+耐克
——蓝猫的卡通产业化策略

伏　睿

卡通片，一直是孩子们的欢乐源泉，被赋予了独特性格的卡通人物形象也就顺理成章成为聚集了超高人气和巨大商业价值的“金矿”。国外的卡通偶像如米老鼠、Kitty猫、加菲猫等所代表的绝不仅仅是好看的动画片，而是围绕卡通形象所构成的庞大的产品体系。美国迪斯尼的成功便是这一现象的最直接诠释。小至印有米老鼠、唐老鸭头像的儿童文具，大至以卡通人物为主题的汽车，乃至风靡世界的迪斯尼乐园。迪斯尼以卡通入手，却又不仅仅局限于卡通片，而是以卡通片聚集起的人气为依托，全方位地开发其商业价值。反观国内动画制作业，虽不乏好片子，如《大闹天宫》、《宝莲灯》等，却一直将商业开发局限于卖动画片放映权的初级阶段，导致其有限的收入无法支撑制作的巨大费用而陷入困境。国内卡通制作业的萧条是产业化的失败，是营销的失败，而不是缺乏创作能力。

在这种背景下，“淘气蓝猫”在卡通片运作和商业运作上的成功格外引人注目。从卡通片收视情况来看，截至目前，《蓝猫淘气3000问》已经在华语圈内1020家电视台同步播出，包括中央电视台、中国教育电视台、香港亚洲电视台、台湾东森电视台及国内各地方电视台等，每天累计播出蓝猫卡通片500小时，随片广告30小时。同时，与中东地区1国和越南已签订购片合同，与日本达成电视播出意向，法国也在洽谈购买蓝猫在法国和非洲法语地区的播出版权……蓝猫形象已经广泛占领市场，聚集起强大的人气。

从产业化程度来看，巨大的蓝猫卡通产业集群悄然形成。蓝猫VCD、蓝猫卡通书、蓝猫文具、蓝猫玩具、蓝猫饮品、蓝猫儿童服饰、蓝猫日化用品等4000多个品种已经通过蓝猫专卖店等形式走进小朋友们的生活。一个以“蓝猫”产品销售为中心的全国庞大销售网已形成，其地级代理覆盖了全国315个地级市，占全国地级市的95%，开设蓝猫专卖店2400多家。蓝猫主题公园也在筹划中。一部卡通片带动集群发展的商业王国开始浮出水面。

商业化导向引领制作革命

国内卡通业的制作方式大多停留在追求艺术完美、较少考虑商业成本的初级阶段，消耗大量人工的手绘方式仍是制作主流。以《宝莲灯》为例，仅手绘用纸就有30吨，一张张连接起来有30公里长，可想而知其工作量何其浩大。手绘方式存在着大量的重复劳动，其实完全可以在电脑中运用基本图像素材进行组合完成。

《蓝猫淘气3000问》的制作方湖南三辰影库卡通节目发展有限公司敏锐地发现了这一弊端，决定采用无纸绘画方式，从一开始就由制作人员在电脑上进行创作。特别是在人物形象愈加鲜明、视频素材非常丰富的制作后期，动画制作更多地利用前期素材，规模效益非常明显。先进的制作方法带来极快的速度和成本优势。“蓝猫”900名创作人员同时开工，每天可以生产出两集15分钟的《蓝猫淘气3000问》，甚至超过了迪斯尼的制作速度。价格方面的优势更加明显，中央台接一部动画片每秒报价大约15000元，而三辰卡通只需每秒7000元。

同时，三辰卡通还有效地运用了规模化经营的模式。这种规模效应不仅体现在制作上，而且还体现在蓝猫的贴片广告上。一般而言，科普性质的卡通片一般要做到200集以上才能形成规模效应，否则名气将在短时间内消失。三辰卡通深谙此道，以3000集的规模，1000多家电视台滚动播放的覆盖面，大力打造“蓝猫”品牌。当时电视台播放到100集、200集时还没有广告跟进，当播到210集时，娃哈哈集团跟进播出广告；播到240集时，招商银行与“蓝猫”结成战略合作伙伴。随着蓝猫影响力的日益扩大，越来越多的企业与其合作。不少厂商都表示，他们看中的就是“蓝猫”无限庞大的广告资源。不仅如此，随着蓝猫观众的增长，其影响力将更为快速地扩大，蓝猫的规模效应日趋明显。

卡通形象带动衍生产业集群

尽管《蓝猫淘气3000问》的热播使广告收入大幅跃升已经为三辰卡通带来了可观的盈利，但《蓝猫》前进的脚步却显然没有停留在卡通片播放市场上，而是坚定不移地利用卡通片所聚起的超高人气拉动"蓝猫"系列衍生产品的开发。

作为卡通片商，延伸的第一步自然是图书、VCD等直接衍生产品的开发。在这些领域，蓝猫形象的拉动力是最大、最直接的。据三辰公司提供的材料显示，仅《蓝猫淘气3000问》VCD便已售出500万张。此外，三辰公司不定期发出电视播出配套图书、星际大战、优秀剧本精选等四大类图书系列。

根据国外的成功经验，延伸的第二步是形象授权。例如印有迪斯尼卡通形象的商品从几美分的普通橡皮到2万美元的高级手表应有尽有，其通过授权经营的所得收入已经超过10亿美元。三辰公司认为，迪斯尼的方式仍需改进，因此他们决定采用多头参与的方式，不仅仅停留在松散授权收取版权费的层面上，而是同时参与产品生产和销售渠道的建设。一方面，三辰参与一些蓝猫产品的设计，并采取外包或自行生产的方式将其转化为产品；另一方面，在三辰目前力所不能及的领域采用迪斯尼的品牌授权方式以获取授权费用。所有的产品通过蓝猫专卖店进行销售，这些专卖店部分是三辰自有的，其他则采取加盟店的方式以三辰统一的标准销售蓝猫产品。这样，三辰"一手牵着上游，一手牵着下游"，以上下游整合的力量来增强自己的竞争力。

三辰公司副总裁罗沐将三辰的这一模式戏称为"迪斯尼+沃尔玛+耐克"的杂交——采用迪斯尼的品牌授权；像耐克一样做一些带设计理念的采购和加工；让专营店像沃尔玛一样把蓝猫产品销售出去。目前，蓝猫专卖店已达2400多家，蓝猫系列产品约4000种，初步显示出这一模式的威力。

连锁布局铸造中国沃尔玛

由卡通到沃尔玛，仿佛风马牛不相及，但这却是三辰公司关于未来的大胆构想。该公司负责人称，迪斯尼通过卡通不断播放使广告宣传成本最低；沃尔玛通过连锁经营使交易、管理、物流成本最低；耐克通过采购发包达到产品加工和采购质量最优。三辰卡通正在尝试整合迪斯尼、沃尔玛、耐克的优势，形成蓝猫卡通连锁经营体系——即迪斯尼卡通形象授权产品的系统化加沃尔玛商场的小型化，辅助以耐克的采购制度创新。这才是三辰关于未来之路的真实想法，而卡通只是其整个宏大战略中的一部分。

为了实现这一构想，湖南三辰在全国200多个地区设置了代理商，发展了2400多家专卖店，覆盖了全国95%的地级市。除长沙动画节目创作中心外，湖南三辰还建立了北京营销策划中心、浙江义乌物流配送中心，并即将在上海建立产品研发中心。蓝猫衍生产品的营销网络全面铺开后，北京营销策划中心每天要接待十几个甚至几十个来访者。同时，新的商业模式吸引了更多的加盟者，而加盟费水涨船高，由每年5万元涨到10万元。可以预见，在蓝猫销售网络进一步成熟的情况下，其规模优势将进一步发挥出来，大大增强其渠道竞争力。

反思"蓝猫模式"

蓝猫的成功得益于其完全的商业化导向和创新的整合营销模式。其背景建立在国内大多数卡通制造商对商业化运作的懵懂之中。在国内诸多大制片商经历市场洗礼觉醒过来和国外大集团进入国内市场的明天，蓝猫还能否保持其优势，顺利实现以卡通拉动衍生产业集团，构建娱乐王国的梦想呢？笔者认为有以下几个关键点。

1. 卡通形象的大众吸引力需要进一步强化。卡通对衍生产业的拉动作用建立在卡通形象的大众吸引力上。难以想象脱离了卡通形象的迪斯尼产品能吸引到什么顾客。而蓝猫之所以较为成功地实现了从卡通到产业的"惊险一跃"，其根本也是建立在卡通形象的成功上。脱离了卡通形象的大众吸引力，衍生产业必然萎缩。《蓝猫淘气3000问》抓住了科普性卡通片这一市场空缺，迎合了孩子和家长的喜好。在国外大型卡通制造商进入国内市场的明天，淘气蓝猫的形象和内涵如何进一步丰富，如何开发出新的卡通偶像，都成为决定三辰的卡通王国梦能否最终实现的决定因素。

2. 必须进一步加强其整合营销传播能力。卡通片本身就是衍生产品最好的广告，而衍生产品反过来又强化了卡通片本身的影响，呈现出片品互促的特点。蓝猫的成功，目前还基本上体现在卡通片对其衍生产品的拉动上。下一步应加强其衍生产品营销的力度，力争实现衍生品对卡通形象的大力促进作用。最终只有以卡通片及其衍生产品群为整体考量的整合营销传播才能收到最好的效果。

3. 蓝猫卡通形象不足以支撑沃尔玛式的大型连锁超市，专业连锁店是更为理性的选择。卡通形象的拉动力量在儿童群体中的作用较为明显，针对儿童用品市场的专业连锁店能够更好地利用这一拉动作用，而要以卡通形象支撑类似沃尔玛的大型连锁超市，其品牌支撑力及核心能力都将面临极大的挑战。例如喜爱蓝猫形象的儿童更喜欢去蓝猫连锁店购买蓝猫形象的系列产品，而成人不会对此有兴趣。在蓝猫连锁店里摆放太多脱离儿童特色的商品，将模糊其市场定位，也吸引不到足够的成人顾客。

4. 加快布局，以竞争优势左右行业格局。国内大的卡通片制作商基本上是国有企业，其商业运作能力在现阶段十分薄弱，而国外大集团还未直接进入国内市场。国内市场的竞争现阶段还停留在卡通片、玩具等局部市场，三辰目前所初步具备的以卡通带动衍生产品集群的经营模式在现阶段市场上具有极大的竞争优势。但是这个优势在面临其他国内厂商逐步成熟和拥有更丰富商业运作经验的国外大公司进入的挑战时，将是非常短暂的。如何紧紧抓住短暂的市场空白，运用现阶段巨大的竞争优势，将优势地位尽快转化为实际的市场占有，转化为牢不可破的渠道优势，转化为目标群体的品牌忠诚，将是蓝猫能否实现其目标的关键所在。

5. 集中核心资源，聚焦优势领域。三辰作为一家民营企业，其资金、人才等实力都是有限的。在现阶段固然可以依靠其独特的选题、商业化运作领先大型国有制作企业一步，但是在未来的竞争中未必能永葆目前的优势。认真观看蓝猫系列卡通片后不难发现，其制作水平与老牌制作公司还有一定差距。如果不集中核心资源于优势领域，而是四面出击，试图做囊括所有领域的万宝囊，其人才、资源必将被摊薄。如果其他制作公司在进一步成熟后以更有吸引力的卡通片为突破口来打击蓝猫形象的影响力，将很有可能使其陷入困境。三辰在现阶段的最佳选择应该是以卡通形象塑造为聚焦领域，建立起不可动摇的卡通制作业领跑者地位，才能保障蓝猫形象的市场号召力，也就保障了未来的成功。在此基础上可以选择有限的优势行业进行深度开发。至于其他无法兼顾的领域，可采取授权经营、寻求战略合作伙伴等方式进行。

三辰集团：小玩意变“大戏法”

王凤云

如果对婴幼市场的特点做个比喻，那么就是小玩意儿变“大戏法”。

婴幼市场是儿童消费市场的一个重要组成部分。世界著名儿童市场研究专家保罗·克内特（PaulKurnit）做过一个出色的比喻：“孩子是第三父母。”这个比喻有什么内涵呢？它折射出，现代社会，孩子在家庭和儿童消费中的主导作用愈加重要，孩子们的意见日渐受到重视和关注。比之以往，孩子更加关注他们周身的文化偶像、品牌。

然而，孩子毕竟是孩子，他们在儿童角色下日渐社会化，与朋友、父母之间形成一种伙伴关系。现代的孩子比他们的父母懂得更多，比如计算机、软件、技术或者家庭娱乐。毫无疑问，面向孩子的市场延伸到新的、近乎眼花缭乱的境地——更多的商品类，更多的游戏者，更多的品牌，更多广告时间和空间。因而，比之以往，儿童市场营销变得更加复杂。

针对孩子的营销

三辰集团资深工作人员聂金星向记者介绍了他在工作中获得的经验。他介绍，作为儿童消费市场的经营者，非常有必要了解到现代儿童的行为（包括消费行为）的10个特征：

1. 孩子不是小大人。与成年人相比，孩子感知和思考都运用最简洁的方式。游戏和欢悦在他们的生活中起着指导性作用，是他们生活中的学习园地。

2. 孩子之间有年龄差异，没有一致的态度。事实上，今日的孩子世界，如电视卡通《天线宝宝》（Teletubbies）所显示的，孩子至少有4个年龄段划分：0—3岁（婴幼儿）、4—8岁（幼童）、8—12岁（少儿）、13—14岁（青少年）。

3. 无论何处，孩子们总渴望着自己快快长大。年龄越大的孩子，就拥有越多的自由和力量，有更强的能力，能做更多的事情。孩子总是渴望变强大起来。

4. 孩子是好动的。喜好运动的孩子总是蹦蹦跳跳，他们情感丰富，他们很少会静坐很久，除非安静时刻充满愉悦。

5. 孩子是天真的。稚气可掬，但出于天然。孩子有着极高的想象力，他们总是在细微中进行着自己的创造。

6. 孩子是敏感的。孩子们有极高的反应性和情感化，他们需要夸赞或者辅助。

7. 孩子喜聚群。被接纳使孩子感到舒适，在他们的小团体中感受包容。他们寻求心理和情感支持，诸如时尚、嗜好和流行倡导。

8. 孩子喜体验。孩子是探险者、适应者和变化者。他们处于一个持续学习的阶段。对新事物的体验和尝试教会他们识别正误、是非、苦乐等。

9. 孩子是任性的。孩子总是想到什么做什么，并且多数情况下他们渴望得到它们。

10. 孩子是品牌关注的兴趣点。如今，任何一个品牌在成长的过程中都不会放弃孩子这个兴趣点。

以上对孩子的透视对于儿童市场的商家不啻为好新闻，其间包含着丰富的营销机遇。保罗·克内特认为，要把营销机遇具体转化为儿童市场营销原则。他提出了7方面的营销因素：

1. 以孩子为核心的相关产品
2. 鲜明突出的包装
3. 富有洞察力的市场战略，产品定位清晰完善
4. 深入的信息传递、广告和促销
5. 快速的辅助体系、战略联盟或合作伙伴，以及奖励机制
6. 保持市场营销主题的明晰度
7. 统一的品牌化路线

事实上，市场上多数儿童产品的描述清晰地直接指向儿童。愈来愈多的研究显示，一个优秀品牌如果能够调动起孩子的消费影响力和沟通力，那么它足以影响父母的购买行为。并且面向儿童的媒介与面向父母的媒介相比，利用起来更加廉价。儿童市场有着另类原则。孩子在不同时期拥有不同的偶像英雄，并且父母亲是他们最大、最直接的偶像英雄。

在当今这个速度日渐加快、规范日渐增多的世界中，孩子和父母亲有着不同的消费趋向和不同消费举动。但比之以往，孩子与父母之间的相互尊重也更加明晰起来，孩子和父母在消费上有着更多的一致性。他们都穿牛仔服，喜欢一样的音乐，喜欢相同的食品。

无论是孩子还是父母，都希望在紧张的社会生活中拥有他们共同度过的美好闲暇时光，尤其是双职工父母，他们愿意和孩子建立起伙伴式的关系。这是新的家庭营销和儿童市场营销必须关注到的，这是一个营销上新的维度空间。自然，家庭永远不会有一个完全一致的营销对象：妈妈、爸爸和孩子，他们有着不同的市场面、兴趣点，营销媒介也有差异。

三辰别出心裁的传播模式

作为国内原创动漫的骨干企业，三辰卡通拥有中国卡通产业唯一的驰名商标——"蓝猫"。电视播出网络是三辰卡通品牌传播的第一层面。蓝猫卡通片从1999年开始播出，截至2006年底，三辰卡通巩固已形成的高覆盖率的全国电视播出网络，延续国内第一卡通品牌影响力。蓝猫卡通节目在包括中央电视台、三个动画专业频道在内的全国712家电视台播出，每天固定观众保持在8000万，央视播出收视率属前列。在国内绝大部分地区，傍晚少儿节目时段打开电视，随意调换频道，都可以看到蓝猫和他的伙伴们的科学探险故事。

2006年，三辰卡通继续拓展国际版权输出网络，加快"蓝猫"融入国际动画市场的步伐。迄今为止，蓝猫卡通片已输出到亚洲、欧洲、美洲等17个国家和地区。三辰集团经过两年调整，规范了品牌授权体系，实施专业化经营服务，产业链经营逐步进入良性循环。授权厂家包括上海永久自行车、广东纺织品进出口公司、孚日家纺、台湾乐升等知名企业，品牌授权的童鞋、书包、文具、童装等产品在业内享有较高知名度。

考虑到大众传播媒介的多样化，以及"分众沟通"、"双向对话"的需要，整合多路媒体、制定最高效的媒体投放策略变得越来越重要，对于三辰卡通的战略发展也不例外。例如，蓝猫俱乐部的受众目标定位于儿童，以看似"漫不经心"的娱乐形式实现"商业意图"——鼓励更多的"蓝猫迷"成为"蓝猫"产品消费者，并与这些消费者建立持久的顾客关系，为"关系营销"做好准备。

比如，蓝猫网站设立有一个能让小朋友产生归属感的栏目——"我的家"，这是小朋友的网上家园，可以供小朋友在里面购买虚拟礼物或享受礼物馈赠、给邻居留言、写日记、查询社区信息等等。未来蓝猫网还将增加蓝猫贵宾卡会员专区，为小朋友提供一个学习、娱乐、参与和交流的平台，加深他们对蓝猫品牌的了解与喜爱。蓝猫网还设立贵宾卡会员（"蓝猫"消费者），让他们在网上享受到贵宾待遇，从中了解到消费者的最新需求，并努力满足他们的需求，甚至可以不定期地寄蓝猫卡通新片、新产品的资料给他们，鼓励他们再次消费。同时，对还没有成为"蓝猫"消费者的网站注册会员，可以通过相关活动鼓励他们成为"蓝猫"消费者，乃至成为"蓝猫贵宾卡会员"。

蓝猫卡通网在全球ALEXA（权威网站流量统计）网站排名在3000位左右，注册会员已近60万人，网站最高日流量达到30万人次，是中国国内最大的儿童绿色卡通网站。

基于对媒体内容数字化、传播跨媒体化、互动化的理念共识，三辰卡通正在依托自有品牌资源，与国内优秀的SP合作，在移动通讯网络上面向少儿和父母家庭做增值服务。

过去谁把尿不湿、肚兜兜、婴儿车……放在眼里，把它们当作赚大钱的买卖？现在大不一样了，因为有了卡通形象授权，这些用在小鬼们身上的小玩意儿，也能变起

“大戏法”，赚了大钱。近些年婴幼儿卡通形象授权产品持续繁荣。而且产业人士纷纷注意到这样一个现象：众多卡通明星、娱乐节目形象及其他类艺术形象都投向婴幼儿睡眠用品及相关用品市场，品种十分完备。这乐坏了大零售商，他们恨不得那些“爱心绵绵、时尚十足”的爸爸妈妈们在“一站式”购物中把所有的卡通明星抱回家。

避开营销传播的盲点

在儿童消费市场上，有这样一句很流行的话：儿童有“6个口袋”，这6个口袋是父母、祖父母和外祖父母。如何让这6个口袋“开口说话”，是让儿童广告人绞尽脑汁思考的事情了。

正所谓“芝麻开门”，口诀要念对。广告人放在嘴边的话，好广告必须有准确定位，就是通称的“Key Man”，即“针对最后决策者所影响的人”。儿童消费实际上是一种双重意识消费，即“Double Mind ”。那么，儿童广告就与两种类型的“Key Man”息息相关，一种是商品的直接消费者，即儿童本人。另外一种并不是产品的消费者，但在购买决策过程中有决定权，即父母。儿童广告中的“Key Man”出现的不同类型的分化，是由儿童作为“消费者”这样一个特殊的消费群体的特点所造成的。

父母在家庭购买决策过程中所扮演的决策人角色并不是绝对的，儿童市场也并非是单一的，正是因此，广告要学会给孩子点主动，给孩子点儿想象力。反观国内的儿童广告，仿佛不管是3岁还是13岁的儿童，他们所要接受的广告都是同一个模子里铸出来的。这些被“克隆”的儿童广告紧紧抓住儿童好奇、模仿、趋同等心理，大走“儿童群体形象”的创意路线，千篇一律的“幸福儿童”的面孔填满了整个电视画面。究其根源，不外乎这两点，一是这些广告人在策划儿童广告时，往往错误地认为儿童广告的诉求对象仅限于父母，而缺乏对儿童心理所应有的了解和研究。或是仅凭自己对儿时的回忆和经验操作一番。这样的广告出笼后，不是“鸡同鸭讲”，就是“四季饮品、老少皆宜”，达不到广告的最大效果，无法影响到销售工作的进程。

品牌在我们的文化中无处不在，所有各种年纪的孩子们都会在很多场合遇到对品牌的广告宣传。在认识品牌的过程中，知道有这样一个品牌只是第一步。在消费者心目中，每个品牌都有自己与众不的特点。如果一个4岁的孩子说他喜欢某个品牌时，他并没有因为名牌所昭示的身份和地位而喜欢这个品牌，很可能仅仅是因为对商品气味、颜色或者外观上的偏好，而选择了某个商品。对于四五岁大小的孩子，产品更多是满足基本和直观的需要。

如同父母不可能是完美的一样，但凡给孩子做的一切都不可能是完美的。面向儿童之行为但求加倍的爱心，那么即使是最具反叛性的孩子也会“投降”在这样的爱心之下。做儿童广告也是一样，需要时常问一句：孩子，你看懂了吗？所谓“懂”，就是我们口所说的与我们行为必须相符，广告对品牌之渲染，最终必须要浸润到孩子心中。

聂先生认为，身为一个儿童品牌，无论是卡通品牌，还是其他某一种具体产品品牌，恐怕都要有这样一种功能：有助于父母为孩子建造一个“家”。或许一个商品坏了，可以重新买来一个；可是一个孩子被毁了，是不可能再有一个的。父母必然要悉心建造房子，建造墙，保护孩子。一个儿童品牌应当成为这一保护墙工程的砖石，而不是去拆毁它。儿童品牌广告所应渲染的就是这样一种价值。

此外，在儿童消费市场上，儿童对消费具有影响力，但没决策权。尤其在婴幼市场上，重要的挑战不单是要孩童动心，还是要想办法打开“妈妈”的荷包。

“蓝猫”现象：制造品牌升级的快乐

肖　峰

三辰卡通认为：“卡通走向孩子有一个强大的屏障，就是家长。电视遥控器有一半掌握在家长手上，知识卡通可以拆除这个屏障。”卡通人物蓝猫、淘气、菲菲等，将宇宙星空、海洋环境、人文历史及生物等科普知识融入卡通片中，以每日一问的形式，轻松可爱的蓝猫攻陷了城市里无数家长的钱包。

从“蓝猫”现象说起

许多家长都无法理解“蓝猫”现象的魔力，但是却身不由已地套上了蓝猫卡通的商业链条。

“蓝猫”现象之一：每天晚6点，小朋友都会准时地坐在电视机前，细细品味“蓝猫淘气3000问”这道丰盛的知识大餐。尽管一些家长并不十分欣赏“蓝猫”，可是小朋友却恰恰相反。同他们沟通，最好的切入点就是“蓝猫”，这时候的小朋友俨然成为“蓝猫”专家。

“蓝猫”现象之二：不知什么时候，商场里、大街上冒出了这么多“蓝猫”专卖店！虽然只有十几平方米，却有着各种“蓝猫”卡通商品。从衣物鞋帽到玩具文具，甚至还有儿童食品！经常看到孩子们在里面流连忘返，旁边的家长只好拿出钱包，满足孩子的要求。

著名的《华尔街日报》在一篇报道评论中阐述到，“蓝猫”系列动画片是中国知名度最高、播出时间最长、收视率最高的少儿卡通节目！“蓝猫”的缔造者——三辰卡通集团公司在短短的时间内建立了全国性的专卖连锁体系，“蓝猫”卡通和开发衍生品的成功，为中国文化、娱乐商业化、市场化的发展开辟了广阔的天空。

知识卡通：猫鼠对抗的利器

风靡全球的经典卡通偶像是谁？当然是“米奇鼠”！而“蓝猫”与“米奇鼠”的市场竞争更像生活中的猫鼠对抗。

这两个卡通品牌都有着准确的市场定位。迪士尼卡通家族在全球取得成功的原因是组合营销的实施，在世界范围内难以与其对抗的国际化战略、财务和法律机构。

纵观国内动画产业，大多具有总体程度不高、发展缓慢、产业意识落后等特点。“蓝猫”如何在其中脱颖而出，在这场猫鼠对抗的竞争中占据主动？问问孩子们为什么喜欢“蓝猫”，他们多半答道：“因为‘蓝猫’可爱，快乐，还可以学到很多知识。”这就是“蓝猫”现象在动画产业中的一个明显优势——以文化理念先行，牢牢把握“知识卡通”的概念。

知识卡通，定位在2—14岁的儿童，同美、日纯娱乐性卡通不同，每集一个“知识点”，从宇宙星空到历史人文，从史前恐龙到海底世界。中国父母普遍望子成龙，“蓝猫”与家长共谋，在轻松活泼的气氛中展示知识点，赢得孩子和家长的心。家长们一改以往对卡通片的抵触情绪，鼓励孩子看“蓝猫”，孩子的喜好和家长的认可相衔接，出现了两代人、三代人一起看“蓝猫”的罕见情景。

“动画娱乐＋知识卡通”是一个新生事物，当然也是国产卡通片重新占领屏幕的利器。三辰卡通集团公司就是以“蓝猫”系列知识动画片为起点，拉动着一条“艺术形象—生产供应—整合营销”的产业生态链。

“杂交”模式促进品牌升级

2003年，对于“蓝猫”产业而言是一段“巩固、整顿、发展、提高”的时期。“蓝猫”卡通片在荧屏上大获成功之后，三辰卡通集团便对“蓝猫”品牌进行升级、开发“蓝猫”卡通的衍生产品，在全国发展“蓝猫连锁店”。然而，如果缺少成熟的商业运做模式，必将事倍功半。

集团决策层深刻把握世界产业发展的潮流和趋势，大胆借鉴吸收国际先进的商业模式和成功经验。三辰卡通集团公司采取的是一套国际知名品牌的复合型商业运做模式，即Disney通过品牌形象分类授权推出衍生产品，实现广告宣传成本的最低化；Walmart通过连锁经营，实现交易、管理和物流成本的最低化；Nike通过自带设计理念的授权加工，实现产品质量的最优化；P&G通过同一资本发展不同品牌的竞争合作，占有最大的市场份额；以及整合营销的新体制，为“蓝猫”品牌的升级、产业的迅速扩张和长久健康发展奠定了基础。

截至目前，“蓝猫”形象走下荧屏，迅速扩张到音像、图书、文具、玩具、服装、鞋类、食品等十几个行业，在“蓝猫”品牌下涌现出6000多种儿童消费品。三辰卡通集团公司已初步建立起一个全国性的儿童消费品生产供应体系和专卖网络，现有14家生产制造专业公司、11家区域销售分公司、2400多家“蓝猫专卖店”，平均每个地市拥有7家以上专卖店。

关注现在　畅想未来

对于“蓝猫专卖店”的运营商和消费者来说，2004年是值得庆贺和高兴的一年。一方面，在“蓝猫”品牌成功进行升级后，三辰卡通集团公司将2004年命名为“蓝猫专卖店盈利年”；另一方面，2月26日，国家工商总局商标局认定“蓝猫”为“中国驰名商标”。

当然，三辰卡通集团公司在拥有大部分市场份额、体验品牌升级所带来快乐的同时，也不得不面临另一个令公司头疼的问题——盗版侵权。现在，三辰卡通集团公司拥有《蓝猫淘气3000问》电视作品、音像制品及配套图书的著作权、“蓝猫”系列卡通形象的商标权。三辰卡通集团公司密切关注市场动态，争取执法机关对“蓝猫”打假维权的支持，全面打击盗版侵权的行为。

“蓝猫”系列卡通不仅让国产动画走向世界，更让世界了解“蓝猫”品牌及其产业！三辰卡通集团公司未来的目标是拥有大中华地区最大的全球知名卡通品牌加工体系和专卖网络，三辰卡通集团公司还会对“蓝猫”品牌进一步升级，使其成为中国卡通和儿童消费市场的第一品牌！尽管做到这点还有一段很长的路要走，但是我们相信，品牌提升后的“蓝猫”将会给儿童、国产卡通产业带来更大的快乐！

笔者手记

当身边的孩子都成了"蓝猫"专家，当"蓝猫"连锁专卖店如雨后春笋般遍布城市的各大商场，我有些惊叹"蓝猫"的魔力了。

现在，如果身边的朋友再不屑地说："动画，那只是小孩子的玩意。"我会郑重地告诉他："请严肃地看待卡通产业。"

在采写这篇报道时，我了解到：中国每年的文具销售额为600亿元，儿童食品1999年的销售额为326亿元，2000年玩具销售额约200亿元，2002年童装的市场规模接近900亿元。如此庞大的消费市场，谁也不会小视。三辰卡通集团公司以"蓝猫"系列动画片为基础，品牌逐渐扩展到儿童消费的其他领域，并成为儿童市场的一匹黑马，它的状态在潜规则中代表了中国卡通产业的某种方向。

"蓝猫"现在不仅仅是小朋友的热点话题，很多媒体也表现出对其少有的关注，作为一种文化和艺术，卡通片的影响是持续而持久的，这也使包容其中的品牌具有广泛的传播性与生命力。在新世纪，卡通文化将对孩子们的审美、品德、生活情趣等方面产生巨大的冲击。甚至有这样一种看法："蓝猫"现象将影响一代人！当一个孩子从两三岁开始看"蓝猫"，一直看到十几岁，"蓝猫"将成为他（她）生活中的一项主要内容，陪伴他（她）成长。

小朋友喜欢"蓝猫"，因为他们可以从中享受到很多快乐和知识。其实，"蓝猫"系列卡通人物所折射的正是这一代孩子的精神特征——热爱科学的精神和积极生活的心态。或许，"蓝猫"是这一代孩子们童年中美好回忆，"蓝猫"情结将伴随孩子们一生，甚至由他们把这种情结传给下一代。

"蓝猫"现象，从务实的起点升级到辉煌的高点，其间的快乐无以言表！

"蓝猫"的品牌拓展之路

马春茂

合作打造新渠道

8月28日，中国少儿读物出版工作委员会（以下简称"少读工委"）与三辰卡通企业集团在山西太原举行了主题为"共享蓝猫品牌资源，打造少儿图书产业发行新渠道"的"战略联盟"签约仪式新闻发布会。据称，双方将在互补与共享的环境下协同互动，形成产业模式，创造出新的产业效益和社会效益，同时形成新的出版产业链和价值链，创造出多元化内容产业共同发展的良性局面。三辰卡通企业集团将给"蓝猫快乐书屋"注入新鲜活力和"蓝猫"的品牌，而中国少儿读物出版工作委员会将给"蓝猫快乐书屋"带来丰富的出版物资源和作者、编辑队伍。会上，双方希望，两者的强强联合能够形成资源合力，从而创造中国少儿出版发行新的品牌，打造发行产业的"第三渠道"。

看起来，这将是一场"双赢"的合作。与会者分析，三辰将有可能从这次合作中获得少读工委30多家成员单位——它们都是专业的少儿出版社的海量资源，这会为其建立全国性的少儿图书推广销售系统"蓝猫快乐书屋"连锁提供宝贵的内容资源；而少读工委也将利用蓝猫品牌，有可能开辟一条新的销售渠道。评论认为，"战略联盟"是少儿图书发行业的一个创举。而三辰卡通集团计划斥资3000万元人民币，到2006年年底，建立起3000家蓝猫快乐书屋、5000个蓝猫快乐书库、1万个蓝猫快乐书架，这有可能改变少儿图书发行的传统渠道构成，打造新的"第三渠道"。也正是由于这种种可能，这次合作吸引了众多关注的目光。

从文化品牌到商业品牌

三辰的这次举动可以说是看准了少儿图书的巨大市场空间，"蓝猫"品牌在儿童中强大的号召力使三辰的目标显得更为切实。"蓝猫快乐书屋"构想的一步步推进，不仅仅是三辰向少儿图书发行渠道的渗透，更成为"蓝猫"品牌的一次大举扩张和拓展，它正进行着一场从文化品牌到商业品牌的蜕变。从最初可爱的卡通形象到玩具、服装、饮料等产品上的标志，再到设想中的渠道品牌"蓝猫快乐书屋"，三辰对蓝猫品牌的利用和发展脉络可见一斑。三辰公司董事长孙文华称，"蓝猫"品牌的经营是"在借鉴迪斯尼经验的基础上，嫁接了沃尔玛的连锁经营模式"，准备"以卡通形象为龙头，发展出一条跨行业的产业链"，看来三辰的胃口着实不小。

在一片对未来的美好憧憬中，也并不缺乏冷静的思考。"蓝猫"品牌源于蓝猫卡通形象及其作品的巨大成功，二者可以说是互相依存的关系。这样，对"蓝猫"未来的担心也就顺理成章：如果蓝猫卡通的电视播出结束或频率下降，会不会殃及整个"蓝猫"品牌其他产品，包括筹划中的图书销售渠道？对此，三辰自己显然充满信心。三辰工作人员介绍，三辰的王牌产品《蓝猫淘气3000问》目前制作播出的还不足一半，而后续的作品无论是创作质量和制作质量都在稳步提高，这样至少未来几年内，蓝猫卡通作品将持续存在。同时，三辰也在开发新的卡通产品，塑造新的卡通形象，争取形成"蓝猫"品牌的集群优势，而它在其他领域的拓展也会为其带来新的品牌影响力。

"蓝猫"不是"蓝猫"了？

在品牌的拓展和推广的过程中，品牌内涵的改变几乎是不可避免的问题。梳理"蓝猫"品牌的发展战略，从卡通品牌到服装、饮料等产品品牌，再到可能出现的少儿图书销售渠道品牌，"蓝猫"所涉足的领域越来越多，其本身所代表的含义正发生着变化。一个明显的例子是，"蓝猫"所瞄准的市场主体目标已经从《蓝猫淘气3000问》时的4至10岁幼儿扩展到10至14岁甚至14岁以上。三辰自己的总结是，"蓝猫"的扩展主要就是消费群体的扩大、产品种类和表现形式的多样化。那么，在扩展的过程中，如何对"蓝猫"品牌进行重新定位呢？"蓝猫"究竟还是不是那个小朋友心中可爱的"蓝猫"了？

对此，三辰公司坚称，不管对"蓝猫"形象的开发怎样进行，蓝猫品牌的内涵和定位始终不会改变。作为一个以卡通形象为起点的文化品牌，"蓝猫"始终定位于少年儿童的教育和科普致力于教育与娱乐的连接。事实上到目前为止，"蓝猫"的一切拓展都没有离开青少年这一目标群，"拓展不是没有原则和限度的"。

在卡通制作发行领域，三辰已经取得了巨大的成功，打下了"蓝猫"的品牌基础；而在向文具、玩具、鞋类的扩展上，"蓝猫"巩固了品牌优势。此次"蓝猫"进军少儿图书发行，结果如何我们将拭目以待。但是，在发展的过程中如何保持"蓝猫"在少年儿童心目中的地位，保持其一贯的品牌形象，三辰的每一步都必须小心谨慎。毕竟，"蓝猫"是我国唯一的从少儿卡通作品中走出来的"中国驰名商标"，而保护民族品牌，绝不仅仅只是反对侵权盗版行为，它还包括对品牌核心价值和内涵的维护。

蓝猫挑战唐老鸭

李　帆

2003年1月13日，大陆首部卡通系列片《蓝猫淘气3000问》在台湾东森幼幼电视台（YOYO）播出，蓝猫的衍生产品也计划在台湾市场全面铺开。

"这是蓝猫从2001年9月开始招商后，最让我们感到自豪的成绩之一。"三辰卡通集团的北京蓝猫卡通产品销售有限公司副总裁祝华新介绍说。在此之前，三辰出品的《蓝猫》已经在香港播出。韩国、越南、日本、法国等则表达了合作意向，或已签订了购片合同。在大陆，蓝猫同时在1017家电视台播出，蓝猫衍生产品已经有音像、图书、文具、玩具、服装等4000多个品种。经营蓝猫卡通衍生产品的代理已经约350个，覆盖全国95%的地级市；"蓝猫专卖店"达到了2300多家，平均每个地级市7家。2002年，蓝猫衍生产品的销售额达到了几个亿。

"蓝猫改变了50年来中国卡通片只赔不赚的局面。"业内人士这样评价，"主要原因就在于其走了一条产业化道路。"

三辰董事长孙文华，是一个成功但处事低调的商人。孙文华出生在温州，那里是一个盛产中国商人的地方。在市场经济日益发展的今天，温州人赚钱的本领让他们受到了国人的尊敬。依靠房地产挖到第一桶金后，1997年，时任湖南三辰董事长的孙文华投入几百万资金与王宏合作制作商业动画片。

1998年，公司开始从科普读物中筛选知识点，制作成科普动画系列片《蓝猫淘气3000问》。“娱乐的东西容易浅薄，教育的东西容易枯燥”，孙文华称蓝猫采用“动画娱乐＋知识传播”的方式，将涉及宇宙星空、海洋环境、人文历史、生物百科等领域的内容通过蓝猫、淘气、菲菲、鸡大婶等活泼、夸张的卡通形象表现出来。

“总共不到1000万的资金，做到100集时已经所剩无几了。”王宏只有去吸引投资。1999年6月，他把《蓝猫淘气3000问》免费送给北京电视台播出，换回每集45秒钟的贴片广告时间。据称第二周开始，播放该片的频道收视率即上升到全台的前2位。由于蓝猫的品牌尚未建立，贴片广告时间卖不出去，于是公司决定用它来做《蓝猫淘气3000问》项目自身的招商广告。约100天之后，终于有7至8家投资者来联系。在决定招商前，王宏征求孙文华的意见，孙答应再次投资。1999年底，孙文华追加3000万元投资，成立湖南三辰卡通节目发展有限公司，王宏出任总裁。

但是中国的卡通播出市场有市无价。早期的美国日本卡通片为了占领中国市场，把已经在国内赚足了钱的卡通送给中国的电视台免费播出，再通过卡通片的衍生产品获取利润。“中国的电视台就这样被国外的惯坏了”，在三辰公司的开放式办公室里，祝华新说：“国产电视卡通片没有播出这一块利润。通常情况下，做一分钟的卡通成本在15000元人民币左右。但在电视台播出时，有的每分钟只给10元、20元，有的电视台干脆不给钱，只给贴片广告，而这些贴片广告是很难卖的。”

在孙文华之前，已有不少投资者涉足卡通业：海尔集团的《海尔兄弟》203集、威力集团的《太阳之子》52集、今日集团的《反斗奇星》6集。但是结果，3家都没收到直接的经济效益，令他们寒心不已。总投资6000万元的《海尔兄弟》前106集在全国100多家电视台播出，其中只有6家付了播出费共60万元。

马克思在《资本论》中说，从产品到商品，是惊险的一跃，它的结果，要么是产生利润，要么是摔死资本家。孙文华不想被摔下来，就必须让蓝猫平安地完成这一跃。

在国内，孙文华可以说是一个较早的把动画片、卡通片看作商品，而不是纯艺术品的人。介入湖南三辰后，他将自己的教育理念、资金实力，和湖南卡通制作的经验结合起来，共同打造他称之为“以数字技术为载体的音像娱乐业”。

介入后最明显的是生产方式的改造。在湖南三辰卡通制作基地，“蓝猫”一改传统的手工绘画，在国内率先实现了从录入端开始的全程计算机绘画和网络集成，形成了一条好莱坞式的艺术产品的工业化生产流水线。

“艺术品生产可以分解成五六道工序”。湖南三辰总裁王宏，进入卡通业以前就是国家一级导演，他认为，除了构思外，其余的几道工序，包括人物关系、剧作结构、噱头、语言、统筹等都是可以工业化、数字化的。“在这条流水线上，每个创作人员只是这台机器上的一部分。但同时每个人又是一个艺术创作的节点，在流水线的大框架内，每个创作人员可以最大限度发挥自己的创造力。”

像卓别林的影片《摩登时代》一样，孙文华的流水线让每个员工的某一项技能得到最大限度的强化，综合能力却很难提高。同时，专业化的分工合作也训练了全体员工的团队意识，产生了一种新型的企业文化。

“采用流水线的作业方式，制作卡通的成本大幅下降。我们做一集卡通的成本只是手工做卡通成本的1/16。”北京蓝猫卡通产品销售有限公司常务副总裁裴非，慢条斯理地向记者介绍蓝猫成功的奥秘所在。“除了成本领先外，流水线的模式还带来了高效率、大规模以及团队的高度稳定性和凝聚力。”

目前，在湖南三辰，做二维动画，每天可以完成两集，每集十五分钟。即使是制作以三维为主的动画片，每天也能完成一集。“这个速度不仅在国内让人瞠目结舌，就是在国外，也很少有公司达到了这样的高效率。”

当然，这样的模式并非完美无缺。当每一道工序炉火纯青的时候，作品就会模式化。“但对于一个投资商来说，艺术产品的核心竞争力在哪里？是一种天才的灵感？还是一条流水线？”祝华新引用其董事长孙文华的话，“从投资的角度来说，投资天才的灵感风险太大；而投资流水线，就能够把天才的灵感物化、固化。”对无法用工业化方法解决的构思创意问题，三辰提出了解决之道：向社会征稿，吸引外来人才合作，招标寻找新的题材、新的形象。

“我们的竞争力在什么地方？”祝华新认为，不在于蓝猫这个具体的节目，而在于这条流水线，这条流水线将来可以放大到好莱坞式的管理平台，帮资本找项目，帮项目找资本。在打造品牌上，三辰的优势在于制度设计、流水线的生产方式和由此产生的一种生产关系。

制约国产卡通的瓶颈不是资本，而是体制。三辰卡通的一个根本性突破就是制度创新，把卡通片当作产业来经营，在中国率先实现了卡通片投入—产出—扩大再生产的良性循环

业内人士分析，《蓝猫淘气3000问》之所以能在国内以及海外一些国家站稳脚跟，绝大程度上是因为它进入了目前卡通市场的一个空白点：知识卡通。在世界卡通市场上，大部分都是娱乐卡通片。而知识卡通片则少有人涉足，这是因为知识作为一个元素加入卡通片中，一定要形成系列，才能营造出一个环境，达到培养孩子学习知识的习惯。日本人认为，知识卡通至少要制作300集，否则必亏无疑。

“蓝猫”在电视台播到第210集时才有企业广告跟进。播到240集时，招商银行与三辰结成战略合作伙伴。播到270集时，迪斯尼授权商——汕头添乐公司表示愿意开发“蓝猫”系列文具。“只有足够长才能有后续运作的空间。”王宏说。

“通过广泛传播，蓝猫成为了流行文化符号，有了感召力。这给了我们向下游转移的机会。”裴非说。

2001年9月，北京蓝猫卡通产品销售公司成立，启动了蓝猫卡通衍生产品开发、在全国发展“蓝猫连锁店”的序幕。

在上游，三辰通过参股、形象授权等方式，与厂家结成战略合作伙伴关系。上海三辰卡通服饰有限公司、上海蓝猫袜业有限公司、汕头三辰蓝猫产品发展有限公司（文具）、温州蓝猫鞋业有限公司、北京蓝猫玩具有限公司、北京蓝猫淘气饮品有限公司、北京蓝猫保健品开发有限公司、深圳蓝猫钟表有限公司、香港新创意蓝猫食品有限公司、蓝猫星空英语开发公司等，组成了一个以蓝猫品牌为中心的上游产品的庞大加工体系。

“我们每进入一个行业，都选择那些具有整合能力、代表性的企业进行合作。这种合作并不仅仅局限于你告诉他怎么生产，更重要的是以此为平台，将整个上游资源整合起来。”裴非认为，这种行业价值链的整合，能够最大限度地挖掘出蓝猫品牌的价值潜力。

为保证上游产品的质量，三辰公司内部成立了供应商管理部，对产品的形象、质量统一进行监督，同时向每个厂家派驻质量监督员。“过去，我们没有进入过这些领域，需要加强的地方还很多。”面对蓝猫凌厉的扩张势头，三辰高层保持了高度的清醒。“对上游产品的管理，解决方法不是监控，而是进行招标，对上游厂家进行淘汰、更新，不合格的可以收回形象授权。”

在下游，一个遍及全国的特许专卖连锁体系，正在源源不断地把蓝猫形象创造的价值变成滚滚金钱。

根据美国商务部的调查，一般小零售店的失败可能性为83%，而特许经营的零售店成功率却在90%以上。“连锁能够保证规模效应，特许能够保证对加盟店进行有效的统一管理，同时每个加盟店又是独立的经济实体，能发挥各自的积极性。”谈到为什么选择特许连锁专卖的模式，祝华新说，“这种模式让三辰蓝猫产品迅速完成了铺网设点的过程，下一步我们提出销售终端多元化的策略，逐步从综合性的专卖店向行业型的专营店发展，由一个综合型的销售体系变成十几个专卖体系。我们必须适应这个高度细分的市场，否则会被淘汰出局。”

从2001年9月到2003年1月，短短一年零四个月的时间，蓝猫专卖体系就创造了平均每个月销售额4000万元码洋的奇迹，并且造就了两项中国第一品牌。一是蓝猫音像制品，近一年来，蓝猫光盘销售6000万元码洋，创下了国产音像单一产品的最高销售纪录。二是蓝猫童鞋，上市仅四个月就销售童鞋100多万双，预计2003年可实现销售额3亿元实洋。

“这个体系当然还有脆弱和不完善的地方，也会有一些泡沫。”三辰高层敏感地认识到这一问题，并从2002年9月开始采取相应措施：对代理商和专卖店实行末位淘汰制；从当年的11月1日起暂停发展新的蓝猫专卖店，往后发展的专卖店将实行新的加盟标准。“这意味着蓝猫正式转入了‘巩固、整顿、发展、提高’的新阶段。”北京蓝猫卡通产品销售有限公司总裁成吉斯，这样总结蓝猫的这一举措。

现在，三辰的物流中心从北京搬到了浙江义乌。在义乌，每天有一万多辆车发往世界各地，直接到达的城市有228个，运输速度快，成本低。更重要的是，这里有着“永远比隔壁铺子早起一刻钟”的义乌商人。“三辰的物流成本在全国的可比范围内绝对是具有优势的。”裴非说。在三辰的内部刊物上，孙文华谈到物流时说：“通过三五年的努力，相信我们可以下降10个点。现在的物流成本已经明显下降了几个点。”

吸纳迪斯尼、沃尔玛、耐克、宝洁的优势，整合代理制、连锁制和经典的推销员制度，三辰在体制上的创新已经成为众多竞争对手竞相研究的对象

按照国际惯例，动画片市场一般分为三个层次：第一个层次是动画片本身的播出市场；第二个层次是卡通图书和音像制品市场；第三个层次是卡通形象所衍生的产品，包括服装、玩具、饮料、儿童用品等。而且，后一个层次比前一个层次的收入要大，周期要长。

米老鼠刚问世时，就有许多厂商与沃特·迪斯尼联系，请求允许他们使用米老鼠的形象。开始时，沃特·迪斯尼考虑到这样可以扩大迪斯尼系列影片的知名度，是一种免费广告，于是分文未取地同意了。后来，免费使用米老鼠形象的厂商越来越多，他开始意识到“出卖”米老鼠的使用权也是一笔大买卖。正巧，有一天，沃特·迪斯尼和哥哥罗伊·迪斯尼在一家餐厅用餐时，一名男子忽然走到他们身旁，彬彬有礼地说：“我是一个家具制造商，我给你们300美元，你们让我把米老鼠的图像印在我的写字台上，好吗?”沃特·迪斯尼爽快地答应了。这笔钱，是迪斯尼公司第一笔销售品牌使用权获得的报酬。

今天迪斯尼公司的特许经营权业务，已从当年餐厅偶遇的口头交易，变成了给公司带来巨额利润的“摇钱树”。公司每年特许经营业务营业额多达10亿美元，如今，全球有4000个拥有迪斯尼特许经营权的商家。通过这些商家，迪斯尼产品越来越多样化，从最普通的一块橡皮，到

价值2万美元的手表。这些商家不仅协助迪斯尼公司拓展了业务，自己也从迪斯尼的特许经营权中获得了收益。米老鼠就曾经使一家濒临破产的美国公司起死回生。制造电动玩具火车的莱恩公司，因受全美经济不景气的影响，已向法院申请宣告破产。一个偶然的机会，有人建议莱恩公司生产有米老鼠造型的有轨火车玩具。经迪斯尼公司特许，莱恩公司造出了米老鼠玩具火车，投入市场4个月就销售了25.3万部，莱恩公司也因此得救。

“迪斯尼只是卖自己的品牌形象，没有自己的生产厂家。这样它的盗版就会很多。”成吉斯分析说：“三辰在借鉴迪斯尼的品牌授权方式时，经过了一定的改革。我们组织了自己的专业化公司，对产品的控制更加严格。”

“卡通形象、衍生产品、专卖店”是蓝猫卡通产业链的关键环节。孙文华称，迪斯尼通过卡通不断播放使广告宣传成本最低，沃尔玛通过连锁经营使交易、管理、物流成本最低，耐克通过采购发包达到产品加工和采购质量最优，三辰卡通正在尝试整合迪斯尼、沃尔玛、耐克的优势，形成蓝猫卡通连锁经营体系——即迪斯尼卡通形象授权产品的系统化加沃尔玛商场的小型化，辅助以耐克的采购制度创新。

随着蓝猫影响日渐扩大，三辰的衍生产品生产也逐渐从OEM向ODM转变。在OEM阶段，只是把蓝猫这个文化符号单纯地贴在产品上。而到了ODM阶段，则是三辰掌握消费者的需求，要厂家按照三辰的设计去制作产品。现在，三辰产品设计中心正在建设之中。“带着设计理念去采购，在厂家面前我们才有‘话语霸权’。”孙文华说。

同时，宝洁所采用的同一资本下不同品牌竞争的策略也正在考虑之中。在为三辰生产衍生产品的厂家中，汕头和北京两家玩具公司生产的玩具各自在后面标注上“ST”、“BJ”的字样，以示区别。“与其出现一个新的竞争对手，不如我们自己培养一个竞争对手。左边钱包与右边钱包的竞争，不会给主人带来任何困扰。以后，这种策略会更多地出现在三辰内部。”

由于涉及的产业面广，产业链条长，三辰的信息化建设也很早就提上了议事日程。“从一开始，我们就强制性要求不接受传真定货，全部是网上定货。”祝华新介绍说，三辰给每个地区代理都配备了一台电脑，定货必须在网上进行。“下一步我们做产品的二维条形码，同时还和工商行协谈POSE机，如果二者结合起来，我们就能做到实时的销售管理。这将大大降低库存及成本。”

在销售终端，蓝猫开始尝试经典推销员制度。在长沙试点，推销员穿上蓝猫的衣服，进入社区、进入每个家庭，上门推销。“目前，长沙试点非常成功。”成吉斯告诉记者，“长沙专卖店不仅价格规范，销售额上升，而且杜绝了盗版的现象。”三辰形象地把推销员们形容为“游击队”。

“三辰创新有很多方面。”成吉斯说，这大多数是因为孙文华的观念创新。“比如说，国内常常认为，专卖店的品牌产品都是高价位的。但三辰却把蓝猫专卖店定位在中低档上。在童鞋进行‘特价’战役时，一双鞋只赚两三元钱，迅速地占领了广大市场。”

三辰卡通形成了总公司、代理商、专卖店和生产商风险共担、利益共享的“产业生态链”。在这条产业链内部“强强合作”，上下游之间“双赢游戏”，对于产业链以外的企业竞争，则是“胜者通吃”

新的商业模式使三辰有信心向国际资本伸出橄榄枝。据悉，招银国际从2001年开始帮助湖南三辰卡通节目发展有限公司在香港以私募方式融资。高盛、摩根士丹利、华平创投、COMPASS（指南针）等名列其中。还有消息称，湖南三辰卡通节目发展有限公司正在积极谨慎地谋求在香港上市，三辰有关人士没有否认这一消息。

谈到招商银行为何介入“蓝猫”卡通，招行江南财务有限公司副总经理谭岳衡坦言：“卡通产业具备知识经济所有特征，主要产品是版权和品牌形象的专有权。如果产品经过努力能做成精品，版权可长期使用，几乎不用折旧，这样成本越来越低，而电视播出、VCD光碟、卡通形象使用权的收入随着时间的推移逐年递增。这与传统工业企业正好相反，传统产业随着时间的推移，成本越来越高，收入却逐年递减。以版权为载体的卡通产业，一旦成功就具有很高的成长性。”谭总介绍说，招行将以专业的战略合作者的身份，为蓝猫卡通产业的发展提供帮助，包括协助公司建立符合国际惯例的管理体制和财务制度，联系境内外投资者参股卡通产业，利用招行网上银行结算平台，为卡通产品的销售提供金融服务。

目前，“蓝猫”已经完成了大中华地区的产业布局：北京是策划营销和艺术创意中心，湖南是卡通及影视节目原创中心，上海周边的长江三角洲是产品开发中心和物流中心，香港是资本运作中心。四大中心由北京蓝猫产品销售公司自行开发的企业信息管理系统（ERP）实现零距离管理。

在谈到2002年工作时，孙文华认为三辰存在两大“落差”：其一，现有卡通形象品牌利用远远不够；其二，卡通节目的观众以及卡通衍生产品消费者远远大于我们的专卖网络覆盖面和供应量。“今年我们的工作主要考虑三个方面，”祝华新介绍说，“首先要拓展形象授权领域。利用蓝猫俱乐部拥有的30万会员资源，启动图书发行公司。另外还要提高营销的水准、发展国外版权贸易。”

将来，三辰卡通的产业定位和发展方向是：中国最大的数字艺术制作商；中国最大的卡通衍生产品经销商；未来动画行业的“梦工厂”；以信息技术为载体的教育娱乐业的开拓者。

迪斯尼以其百年老店的形象，成为世界卡通史上的传奇。如果三辰能成功地延伸其初期的势头，并主宰庞大的卡通品市场的话，总有一天它也会成为传奇。

尴尬的“蓝猫”

——侵权盗版威胁民族文化产业的思考

常新人

目前在孩子中知名度最高的国产卡通形象“蓝猫”日子不太好过，因为盗用蓝猫形象、侵犯蓝猫著作权的产品在大街上随处可见。大规模的侵权、盗版，使得“蓝猫”版权所有人——三辰卡通企业集团苦不堪言。

假“蓝猫”充斥全国

在国产卡通尚未走出低谷的大背景下，三辰卡通集团制作的1400多集科普卡通片《蓝猫淘气3000问》异军突起，先后在两岸三地1020家电视台同步播出。借助电视台地毯式轰炸的播出，在两年多的时间里发展出从音像、图书、文具、玩具到服装、鞋袜、食品、饮料、保健品等十几个行业的6000种产品，在全国建立起12个区域销售公司、2400多家专卖店，平均每个地级市7家专卖店。

但随着蓝猫卡通片在全国的热播，从大商场、超市、批发市场到游商小贩，各种侵权、盗版蓝猫产品层出不穷。不仅是音像制品，其他产品的盗版侵权也很猖獗，在服装、书包、文具、童鞋、方便面、饮料、糖果食品、复读机等市场都发现了假冒蓝猫产品。有些造假者甚至将假冒蓝猫产品搬到规范授权的蓝猫专卖店（专柜）旁边销售。一些不法侵权商人说：“现在儿童产品特邪乎，贴个猫头就好卖!”

侵权、盗版产品的主要生产基地集中在福建、浙江、河南、辽宁、广东、上海等地。包括一些知名的公司都在使用“蓝猫”的形象进行生产经营。深圳一家公司在全国极力促销其生产的假冒“蓝猫”复读机的时候，三辰公司的同类电子产品尚未推出。据这家企业追踪调查，假冒“蓝猫”产品几乎遍布全国，其数量之大、品种之多、范围之广，在民族企业中是少见的。特别是盗版“蓝猫”VCD，假冒署名的出版社有16家之多。中国音像协会的专家估计，盗版“蓝猫”VCD占市场的90%以上。这家企业正版“蓝猫”VCD销售额近1亿元，盗版VCD造成的损失达9亿元左右。三辰公司每售出一件自身生产的产品的同时，假冒、侵权产品就会有上百件售出。这家企业的董事长孙文华无奈地表示：《蓝猫淘气3000问》曾经创造并至今保持着吉尼斯世界最长动画片纪录，而盗版“蓝猫”产品的数量也可以创造另一项吉尼斯纪录！三辰卡通集团为打造“蓝猫”品牌做出的逾亿元投入难以得到应有的回报，品牌延伸所蕴藏的巨大市场正在被不法侵权者蚕食鲸吞。

卡通片制作本来就是一个高投入、高风险的行业，电视播出基本上没有收入，投资回报主要靠音像制品和各种卡通形象衍生产品，现在假冒伪劣的“蓝猫”音像制品和其他衍生产品充斥全国市场，严重侵蚀合法生产者和经营者的利益，一个很有希望的民族文化产业处境堪虞。

企业打假　维权新举措

面对汹涌澎湃的盗版势头，三辰卡通集团以中国企业前所未有的力度组织反击。他们已对蓝猫、淘气等7个卡通形象进行了全面的商标注册保护。集团成立了知识产权保护办公室，编制10人，协调各专业公司和经销商，统筹安排全国市场的打击盗版工作。他们在公司电子商务平台（www.topbluecat.com）上设立反盗版子网，公布全部产品的造型图片和盗版产品的特征。从2002年下半年开始，该公司在多家媒体上刊登广告，招聘“打假代理”，承诺打假收益的80%归代理，揭开了中国企业维权的新篇章。

“蓝猫”打假的最大突破在香港。三辰卡通集团把收集到的16个不同版本的盗版“蓝猫”VCD送到公安部深圳光盘鉴定中心进行鉴定，鉴定的结果为这些盗版光盘是香港利宏科技有限公司、香港升杰科技有限公司生产的。

香港海关接到举报后，派遣海关人员到制作“蓝猫”盗版的利宏科技有限公司和盛安集团有限公司收缴了生产线上的模具13个。据香港有关方面的人士估计，“蓝猫”在香港每一品种被盗的数量为1000万碟，数额巨大。现已没收生产线共计10条，其中3条为印刷生产线、7条为光盘生产线，价值8000多万元港币，并由香港海关提起刑事诉讼。

在两年的时间里，三辰派员七下香港，做了大量艰苦扎实的调查取证工作。在这个过程中，企业接到了各种各样的说情，私了开价从200万元港币一直到1000万元港币。三辰卡通集团董事长孙文华提出开价再高也绝对不能私了，坚决把盗版者送上法庭，让盗版商倾家荡产。

执法部门支持“蓝猫”打假

扶持民族卡通产业，保护民族文化创新能力，是执法部门不懈努力的方向。国家工商总局局长王仲孚为“蓝猫”打假做出批示，全国“扫黄”“打非”办公室主任桂晓风亲临三辰卡通集团考察，均表示执法部门要支持企业维权，要查源头、端窝点、破网络。

国家版权局、福建省版权局接到三辰公司关于福建侵权“蓝猫”情况后，层层下文，由省版权局版权处王凌处长带队赶赴泉州，集合泉州局、石狮局执法人员对侵权厂家进行了突击检查，起获一批印有蓝猫图案的成品服装以及一定数量的侵权图案模板，做出行政处罚。同时，福建省版权局在石狮开办《著作权法》培训班，集中组织泉州市各相关企业老板，对其进行普法教育。

在锦州市工商局的安排下，执法人员兵分六路，对锦州市百货大楼、华联商场、中百商厦、新玛特超市、站前地下商场、辽西小商品批发市场等六个锦州市较大的商场、批发市场进行了突击清查，收缴了一大批假冒、侵权“蓝猫”产品，有力地肃清了锦州市场。

今年7月15日，辽宁省文化厅成功破获一起特大音像盗版经营案件，一举查缴到盗版《蓝猫淘气3000问》，精装、套装、大盒装、小盒装等5个不同的版本，震慑了当地盗版侵权的不法分子，使正版经营深受鼓舞。

地方保护使假“蓝猫”打不胜打

三辰卡通集团知识产权办公室主任徐浩律师介绍说，从全国总体情况看，“蓝猫”企业的努力并没有能有效遏制盗版侵权“蓝猫”产品的势头。究其原因，既有现行法律法规对制假售假者打击力度不够的原因，也有执法者认识上的原因，但最大障碍是地方保护主义。

在辽宁省某地，工商部门的有关负责人就露骨地表示：原则上为了地方经济，政府是不允许打假的。正因为如此，在他们采取行动的时候也只是应付，效果并不理想。在福建某地，从2003年1月中旬三辰卡通集团将侵权“蓝猫”产品投诉材料递交，到6月中旬工商局采取查处行动止，前后共花了5个月的时间，开支了6万多元的费用，但造假售假者受到的处罚却只有1万元左右，可谓“得不偿失”。

徐浩律师认为，现行法律法规对假冒伪劣商品的打击力度不够，执法部门执行力度轻。目前，我国有不少法律法规条款对造假售假者的打击力度不够，处罚较轻，特别是国家对打假或保护知识产权的法律不健全，经济重罚、重赔和刑事处罚均不到位，执行力度弱，既打不疼，也打不死。有的地方对几家售假商不论缴获的假货数量和其他情节，一律做出相同的300元处罚决定。难怪过几天再到那家市场时，依然可以看到许多假冒“蓝猫”在卖。这300元对他们来说，实在是“毛毛雨”，根本起不到惩罚作用。

民族文化产业亟待扶持

三辰卡通集团董事会办公室主任郭燕说，民族文化产业不仅在资金规模上与外资文化产业相比处于弱势，在打假维权上有时也比不过外资。像美国电影协会介入中国“扫黄”“打非”的深入程度，超过国内任何一家音像企业和电影制片厂。地方政府对国际文化品牌的保护、重视程度也高于国内文化品牌。这既有外资挟WTO的游戏规则对我造成的强势压力因素，又有我国执法部门，特别是地方政府对保护文化创新能力、扶植民族弱小产业重视不够的因素。现在美日卡通片大举入境，韩国动画、漫画也在国门口虎视眈眈，已经对中国卡通产业构成致命威胁。

“蓝猫”卡通产业好不容易才在境外卡通的重重包围中杀出一条血路，却又遭到盗版侵权行为的围追堵截。长此以往，本来就存在很多先天不足的国产卡通将失去发展壮大的势头，陷入绝境。郭燕恳切地对记者表示：希望国家有关部委联合行动，综合治理，全面打击对“蓝猫”形象、著作权的盗用、侵权行为，遏制侵权、盗版“蓝猫”音像制品、衍生产品的泛滥。从实际情况看，由某一单位单独进行查处，实际效果不大或事倍功半。“蓝猫”联合打假的尝试对于探索建立中国打假维权综合治理机制意义重大。他们还希望：加快“蓝猫”驰名商标的审批速度，以加大对蓝猫品牌的保护力度。

附 录

附录一：“三辰卡通影视”搜索关键词

三辰卡通影视、三辰卡通集团、蓝猫、动漫、卡通（中国卡通）、动漫产业、卡通文化品牌、蓝猫专卖店、“蓝猫”现象、“蓝猫”品牌、电子教育产品产业链、“蓝猫”裂变、“蓝猫”产品、“蓝猫”玩具、动漫市场知识产权（“蓝猫”保卫战、“蓝猫”侵权盗版事件）、蓝猫“快品牌”模式、蓝猫虹猫、蓝猫企业文化、动漫衍生品、卡通童装、科普动画

附录二：A类文章目录

- 资本青睐动画 20亿港元敲响三辰大门／夏欣／／中国经营报 2001－08－16
- 三辰卡通创造中国第一“猫”／张茧 李源芳／／湖南日报 2002－11－03
- 蓝猫挑战唐老鸭／李帆／／中国科技财富 2003－03
- “蓝猫”扬起中国卡通产业风帆／高秀珍 王亚军／／市场报 2003－03－27
- 美国有米奇 中国有蓝猫／冯馨／／财经时报 2003－07－05
- 科技添双翼 “蓝猫”闯天下／朱永华／／湖南日报 2003－12－08
- 迪斯尼＋沃尔玛＋耐克——蓝猫的卡通产业化策略／伏睿／／经营与管理 2004－01
- “蓝猫”的品牌世界／王星／／IT经理世界 2003－Z1
- 蓝猫”卡通前途无量／蒙志军／／湖南日报 2004－01－10
- 走向世界的中国“蓝猫”——从“蓝猫”的崛起看国内动漫市场／杨丹／／湖南日报 2004－02－10
- 长沙全力扶持“蓝猫”／左丹 杨丹 曾小颖／／湖南日报 2004－02－11
- “蓝猫”成为“中国驰名商标”／聂文／／中国文化报 2004－03－29
- “蓝猫”现象：制造品牌升级的快乐／肖峰／／中国知识产权报 2004－04－06
- 蓝猫，从小巷叫响／聂金星 李凤发／／经理日报 2004－04－12
- 定位明确是蓝猫实现盈利的关键／吴珊红／／国际商报 2004－04－26
- “蓝猫”品牌能值多少个亿／罗霄／／经济日报 2004－04－28
- 打造全新的电子教育产品产业链／方铭／／中国新闻出版报 2004－05－21
- 从“蓝猫现象”看科技与教育相结合／陈隽／／国际人才交流 2004－07
- “蓝猫”裂变预演国产动画大震荡？／罗武战 龙昊／／中国经济时报 2004－07－14
- 三辰要造少儿书业航母／刘宝强／／经理日报 2004－08－31
- 迎接中国动画产业的春天／王永利／／中国电视 2004－09
- “蓝猫”的品牌拓展之路／马春茂／／中国文化报 2004－09－06
- “蓝猫”欲谋跨媒体经营／聂金星／／中国新闻出版报 2004－09－07
- “蓝猫”变“胖”出口美国／刘云伶／／经济参考报 2004－10－11
- 国产“蓝猫”成功“走出去”／赖名芳／／中国新闻出版报 2005－05－11
- 蓝猫：一个品牌的梦想／李荣锋 温戈／／人民政协报 2005－6－24
- 创新的魅力／左丹／／湖南日报 2005－11－01
- 蓝猫：三辰托起中国卡通世界梦／曲晓燕／／中国文化报 2005－12－09
- “蓝猫之父”打造中国“迪斯尼”／／人民网 2006－5－24
- 三辰卡通：“蓝猫”激活市场民族 卡通凸显新生力／／中国童鞋网 2006－07－29
- 三辰集团“知识卡通”成就行业“领头羊”／周立耘／／人民日报 2006－10－17
- 三辰卡通：动画娱乐＋知识传播／龙军／／中国记者网 2006－10－17
- 中国动漫业的突围：蓝猫“发迹”之“三问”／／新华网 2006－10－17
- 争做中国“迪斯尼”／曾衡林 璩毅／／湖南日报 2006－10－17
- 三辰打造中国卡通第一品牌 “蓝猫”支撑半壁江山／／北青网 2006－10－17
- 陈至立到长沙调研 鼓励三辰卡通加快发展／／长沙出版物交易中心网 2006－11－20
- “蓝猫”：中国最具品牌价值的“猫”／柏定国 欧阳友 权胡幽／／中国文化报 2006－12－4
- “蓝猫”国际化再迈大步／信渝／／中国文化报 2006－12－15
- 三辰卡通喜结国际合作伙伴／赖名芳／／中国新闻出版报 2006－12－18
- 小“蓝猫”跳进国际大舞台／李雪昆／／中国新闻出版报 2006－12－26
- 蓝猫三单海外版权收入超300万美元／芳菲／／中国新闻出版报 2007－01－08
- 创新成就未来／曾衡林 王方晖／／湖南日报 2007－01－11
- 动漫湘军何以独领风骚／周立耘／／人民日报 2007－01－11
- 三辰集团：小玩意变“大戏法”／王凤云／／市场观察 2007－02
- 乘风破浪勇争先／曾衡林 实习生璩毅／／湖南日报 2007－03－12
- 浙少“牵手”三辰卡通 整合“蓝猫”系列图书／艾蝶／／中国新闻出版报 2007－05－09
- 国产动漫收视率一路高涨／方圆／／中国新闻出版报 2007－05－21
- 浙少“牵手”三辰卡通整合“蓝猫”产品／陈香／／中华读书报 2007－05－23
- 三辰卡通集团的原创动画与产业发展之路／李频／／理论网 2007－11－09
- 宏梦卡通控股三辰卡通 国产动漫“巨无霸”诞生／马晓芳／／第一财经日报 2007－11－29
- 虹猫、蓝猫两“小巨人”合并 动漫湘军图谋国内第一股／翁海华／／21世纪经济报道 2007－11－30
- “虹猫”“蓝猫”强强联手／冯志伟／／市场报 2007－12－03
- 国产动漫：“小玩艺儿”里突起“大产业”／肖一／／光明日报 2007－12－07
- “虹猫”“蓝猫”强强联手打造国产动漫航母／产文／／中国新闻出版报 2007－12－12
- 三辰卡通集团：力建动漫基地“新魔方”／／中国电影网 2007－12－25
- 三辰卡通：用原创撬动产业链／王新／／中国文化报 2008－01－25
- 蓝猫模式 难以模仿的胜利／苏锋 王莉／／企业管理 2008－02
- “蓝猫”成就“虹猫蓝兔”／厉林／／中国现代企业报 2008－02－15
- 民族动漫产业驶入发展快车道／许静文／／中国知识产权报 2008－04－09
- 三辰宏梦投资2亿成立“蓝猫卡通传媒”／／新华网 2008－04－25
- “虹猫蓝兔”化身动漫烟花／莫亚柏／／中国知识产权报 2008－06－20
- 打胜中国动漫衍生产品市场“争夺战”／高思／／时代经贸（中旬刊）2008－S3
- 中国卡通产业何时不“掉链”／吕福明 赵丹鹰／／经济参考报 2003－11－04
- 国产卡通“卡”在哪儿／贺广华 周立耘／／人民日报 2005－11－09
- 本土动漫何时打破供需失衡僵局／董伟／／中国文化报 2006－06－12
- “蓝猫”之父另起炉灶 “宏梦”欲走卡通高端／李凤发／／经理日报 2004－06－10
- 原创力：中国动漫产业最稀缺的资源／蒋莉莉／／中国文化报 2006－09－08
- 热动漫的冷思考／哈尔滨新闻网／／2006－10－08
- 通过比较看不足——论国产动画的缺失／董娜 祁梦竹／／声屏世界 2007－03
- 卡通动漫畅销背后有隐忧／杨为民／／中国新闻出版报 2007－08－30

- 为动画插上翅膀/朱肖莉//软件世界 2002－07
- 卡通商机还得挖/拂晓//人民日报 2003－08－15
- 电视卡通片：产业＋文化的发展之路/蔡骐　吴楚轩//今传媒 2005－07
- 蓝猫动漫的本土“偶像”/胡兰//中国高新区 2005－08
- 我国动画产业的四大发展趋势/汪淼　张俊苹//文艺研究 2005－10
- 中国原创动画产业模式探析/黎青//文艺研究 2006－02
- 如何深入挖掘品牌效应/于鑫//中国新闻出版报 2006－02－17
- 美、日、韩动漫产业发展经验及对我国的启示/李子蓉//世界地理研究 2006－04
- 中国动漫像蓝猫一样颠覆传统/郭莉//投资北京 2006－06
- 蓝猫打造快乐卡通图书/夏雪//出版参考 2006－07
- 拉长国产动漫产业链/夏佳欣//经济日报 2006－08－27
- 三辰“北京文化创意园”：企业谋产业/崔成泉//中国文化报 2006－09－08
- 我国动漫出版的营销策略/黄婷//出版科学 2007－02
- 国内动漫衍生品市场的现状与前景/赵路平//西南民族大学学报（人文社科版）2007－09
- 对动漫产业链的再思考/李楷//中国电视 2007－11
- “蓝猫”抢滩儿童饮料市场/高素英//中国营销传播网 2005－03－10

附录三：B 类文章目录

- 2007 国产动漫：产业链成熟前的局部繁荣/张书乐//中国文化报 2007－12－28
- “蓝猫”还是“烂猫”？——不要假借科普之名/柯南//中华读书报 2002－02－27
- 欲速不达　卡通品牌“蓝猫”遭遇发展风险/齐馨//财经时报 2004－04－17
- 蓝猫：“快品牌”模式之祸/王英//财经时报 2004－12－20
- 中国营销败笔解析录/邱小立　兰茂勋　康迪//决策与信息 2005－05
- “蓝猫”玩具重金属和铅超标/李京//中国中医药报 2006－03－20
- “永久蓝猫”、“蓝猫淘气”、“巴布豆”上黑榜/贾君//中国消费者报 2006－05－26
- 剖析动漫衍生品衍生的难题/王素慧//民营经济报 2007－02－14
- “猫”多就一定能抓到老鼠吗？——“蓝猫”现象的思考//愿景学习型组织促进会网 2007－03－30
- 撒网式授权蓝猫失控泛滥/姜蓉//经济视点报 2008－04－03
- 品牌延伸的得与失蓝猫“快品牌”模式之祸//中华税网 2006－07－10
- 蓝猫“失足”品牌授权/宗和//中国现代企业报 2006－10－17

附录四：C 类文章目录

- “蓝猫”被疯狂盗版//中国企业网 2003－09－25
- 尴尬的“蓝猫”　侵权盗版威胁民族文化产业的思考/常新人//记者观察　2003－12
- 知识产权三局合力共同发起“蓝猫”保卫战//北京市知识产权网 2003－12－23
- 卡通产业呼唤维权机制/姚文平//中国知识产权报 2005－01－05
- 动画角色商品化权的知识产权问题研究/杨为国　薛佳佳　李品娜//湖北社会科学 2006－06
- 十只“蓝猫”九只假　卡通产业先行者陷入盗版困局//长沙出版物交易中心网 2006－10－31
- 谁来保护“蓝猫”？——动漫市场知识产权困局呼唤破解良方/李延生//中国企业报 2007－01－31
- 论动漫产业的知识产权法律保护/黄大赛//重庆邮电大学学报（社会科学版）2007－03
- 版权保护推进自主创新/李东生//中国新闻出版报 2007－04－19
- 蓝猫超生，隐痛缠身/韩亮//营销 2004－05
- “蓝猫”下金蛋　9 成归盗版//新浪广东 2007－11－23
- 动漫产业亟待知识产权交叉保护/王瑞　刘岩//中国知识产权报 2008－03－07
- “蓝猫”阵痛警醒动漫产业/张铁//人民日报 2005－05－12
- “蓝猫”专卖店长沙经营遭遇尴尬/左丹　曾小颖//湖南日报 2004－03－01
- “蓝猫”卡通形象遭遇全面盗版/郭燕　徐浩//中国新闻出版报 2003－09－30
- 谁偷了“蓝猫”？/唐哲//中国质量万里行 2004－01

附录五：D 类文章目录

- 卡通湘军背起中国卡通大突围/张开宏//湖南经济报 2001－10－12
- 蓝猫饮品的“卡通”策略/张静　黄婕//经理日报 2003－10－12
- 三辰卡通“投奔”杭州　动漫的好日子来了//浙江新闻网 2005－03－13
- 三辰牵手欧特克　寻求中国动漫新突破//中漫网 2005－11－14
- 中国玩具业出口问题及对策分析/闪海燕//商场现代化 2005－25
- 国产动画片振兴之路　三辰“蓝猫”还能守多久？//网易 2006－7－31
- “蓝猫”童装：外贸企业品牌经营新创意/朱乃肖//大经贸 2006－08
- 从营销角度看金鹰卡通频道的经营策略/朱秀凌//声屏世界 2006－09
- 把漫画做成大产业/柳斌杰//中国新闻出版报 2006－11－07
- “蓝猫”明年进军韩泰市场//北青网 2006－12－25
- 冲刺“动漫之都”首打原创牌/唐红阳//湖南经济报 2006－12－26
- 卡通营销：虚拟品牌代言人走俏/王玉//企业研究 2007－03
- 宏梦模式：中国“迪斯尼”之路——湖南动画产业发展模式初探/田玲//福建艺术 2007－04
- 中国动漫产业发展的四大悖论/欧阳爱辉//东南文化 2007－05
- 国产卡通商品授权问题及对策建议/李芹燕//新闻界 2007－06
- 金鹰卡通、宏梦、三辰或将“三合一”/李亚馨//第一财经日报 2007－06－22
- 动漫产业拐点后的盈利模式之惑/李亚敏//黄河　黄土　黄种人 2007－07
- 聚焦我国动漫业之发展/李兴伟//科技智囊 2007－08
- 浅析我国动漫产业的现状及其发展的对策思路/张斌　何艳//特区经济 2007－10
- 打造动漫湘军“超级航母”　宏梦、三辰卡通实现战略整合/曾衡林//湖南日报 2007－11－29
- 动漫两巨头合造中国迪斯尼/严丹虹//东方早报 2007－11－29
- 对中国动画教育“大跃进”的冷思考（上）/葛宗男//吉林艺术学院学报 2008－01
- 贴近，再贴近些/曹焕荣　贺广华//人民日报 2008－01－10
- “宏梦”寻求商业营销新模式/王敏//中外玩具制造 2008－02
- 卡通形象，为何成功的总是猫？//文化传播网 2008－02－29
- 动漫“新大陆”——国内动漫衍生产品开发现状及高校动漫教育面临的挑战/罗文茜//装饰 2008－03
- 卡通暴力影响下的儿童媒介素养教育/曾鸿//现代传播（中国传媒大学学报）2008－03
- 备受争议的“蓝猫现象”//光明网 2004－06－21

⊙ 蓝猫之父另起炉灶　湖南图谋动画大业//搜狐 2004 - 07 - 21
⊙ 民营经济挺进文化产业/朱永华　毛青山//湖南日报 2004 - 12 - 03
⊙ 国产卡通“蓝猫”也要“品”三国//人民网 2006 - 09 - 01
⊙ 蓝猫离迪斯尼有多远？/石宇//中国质量与品牌 2004 - 06
⊙“蓝猫”是怎样长大的？/刘涛//中国企业家 2003 - 02

二人转演艺产业

一、2008年7月—9月，我们设计了22个关键词（见附录一），在网上对“二人转演艺产业”进行检索，剔除其中大量的无效信息、重复信息和只字片语式的评论，得到的统计结果是：2002年—2008年9月5日，纸质媒体、公共网站发表的有关各类研究、评论、报道共计256篇。

二、我们根据上述统计材料，对相关内容进行了分类，得出以下结论：

A：在共计255篇的研究、评论、报道中，对“二人转演艺产业”予以充分肯定、基本肯定的共计206篇，约占总数的80.8%。（见附录二）

B：在共计255篇的研究、评论、报道中，对“二人转演艺产业”予以完全否定、基本否定的共计6篇，约占总数的2.3%。（见附录三）

C：在共计255篇的研究、评论、报道中，对“二人转演艺产业”无明确评价指向或无法做出分类归属的共计43篇，约占总数的16.9%。（见附录四）

三、我们从上述256篇文章中辑录出有关“二人转演艺产业”的重要研究观点67条。

四、我们从上述256篇文章中辑录出有关“二人转演艺产业”产业效益方面的报道3条。

五、我们集体讨论选编了有关“二人转演艺产业”的重要文章6篇。

1. 把握改革创新的时代精神　构建我省二人转艺术竞合发展的新格局——在“二人转”艺术发展研讨会上的总结发言/林君//戏剧文学2008－05

2. 解构·建构——关于东北民间戏剧二人转/王红箫//文艺争鸣2004－03

3. 论大众传媒对二人转文化转型的重塑/阚淼//新闻爱好者（理论版）2007－04

4. 二人转商业化的成功转变及其文化根源/赵燕南//商业文化（学术版）2007－05

5. 大众消费时代二人转演出的转型态势刍议/张荔//戏剧文学2007－07

6. 东北二人转的历史渊源及演艺风格初探/刘丽//内蒙古大学艺术学院学报2008－01

六、附录

附录一：“二人转演艺产业”搜索关键词

附录二：A类文章目录

附录三：B类文章目录

附录四：C类文章目录

重要观点辑录

关于“二人转演艺产业”的文化价值、启示、影响

二人转，又名蹦蹦，最初广泛流行于东北农村、是深受农民喜爱的一种艺术形式。当下，二人转不仅在东北三省的农村流行，在东北三省各大中小城市，乃至全国都异常火爆，拥有着不同年龄、阶层和文化背景的观众。……由两个人表演的二人转没有固定角色的扮演，一男一女，一旦一丑两个人，通过叙事兼代言的方法，在各种人物的角色中跳进跳出来表演故事。当下戏曲和曲艺总体上都处于低迷的状态，二人转则由于电视剧《刘老根》的播出又重新走进了人们的视野，受到人们的关注。

（摘自于佳：《当代生态环境下对“二人转”的思考》，《艺术研究》2007 年第 3 期）

二人转诞生于东北，至今已有 200 多年的历史。它俏皮幽默、嬉笑怒骂、高昂泼辣、载歌载舞。可以说它是一个精灵、艺术的精灵。学者王朝闻说：“它既很优美，又很自重，是个泼辣带刺的姑娘。”著名剧作家吴祖光观看二人转后挥毫泼墨：“删繁就简二人转，以少胜多单出头。”二人转以自己的特性，被许许多多人所喜爱，但是，二人转近年来也出现了一些低俗的倾向，其嬗变与市场法则与商业原则不无关系。二人转现在的问题不在其娱乐化，而在其娱乐的低劣化，在其对“娱乐本质”的有意无意的误置和误用。

〔摘自李家君：《试论二人转在审美和娱乐之间的价值取向》，《沈阳建筑大学学报》（社会科学版）2006 年第 4 期〕

它（二人转）的唱本语言通俗易懂，幽默风趣，都是普通、直白的“庄稼磕”。音乐唱腔是以东北民歌、大秧歌为基础，吸收了东北大鼓、莲花落、评戏、河北梆子的曲调而构成，高亢火爆，亲切动听，十分丰富，有“九腔十八调七十二嗨嗨”之称。舞蹈来自东北大秧歌，并吸收了民间舞蹈、武打成分以及要扇子、要手绢等技巧。戏曲的四功五法，相声中的逗哏捧哏，曲艺中的行出行入、装啥像啥在二人转中都有，可以说二人转是将戏曲、说唱和歌舞糅合在一起的民间综合艺术，其间积淀着深厚的民族文化内涵。在表演形式上二人转最基本的特征就是旦角和丑角两个演员“转入转出，分包赶角”。一出三四十分钟的戏，情节再复杂，人物再众多，都主要由旦角和丑角两个角色以“分包赶角”的形式来进行完成。常常是演员“转”个身即可由年愈半百的婆婆变成年方二八的姑娘，不须幕起幕落，不须当场换装，就可以生动形象地演出多时空、多场面、多人物，形象地展示了中国传统写意文化的精髓。

（摘自梁海：《二人转现象的双重解读》，《中国戏剧》2004 年第 7 期）

二人转，史称小秧歌、双玩意儿、蹦蹦，又称过口、双条边曲、风柳、春歌、半班戏、东北地方戏等。二人转属走唱类曲艺，大约有 300 年的历史。它融合了东北秧歌、民间说唱莲花落，其他民间说唱、戏曲、民歌、笑话、杂要等，表演形式丰富多彩。在民间中流传着“宁舍一顿饭，不舍二人转”的说法。

二人转内容取材广泛：上有天文，下有地理，民间传说，神话故事，灯谜酒令，典故谚语，三教九流，红白喜事，应有尽有。有故事、有人物、有情节；又唱、又跳、又说、又笑，因此有论者认为它具有戏曲性、说唱性、歌舞性，美不胜收。

（摘自宋冰宁：《舍一顿饭，不舍二人转》，《人民日报海外版》2006 年 6 月 2 日）

“二人转”的表现手段丰富多彩，有“四功一绝”之说。“四功”指的是唱、说、扮、舞。“绝”是指绝技。“二人转”的“唱”，高亢红火，风趣幽默；“二人转”的“说”，多采用民间生动活泼的语言，插科打诨，机智灵活；“二人转”的“扮”，“接得严，兜得紧，放得下，撒得开”，扮演人物以形写神，以假代真，讲究“二人演一角，人分神不分”，“一人演多角，人不分神分”；“二人转”的舞蹈更是别具一格，肩功、腰功、步法很有特色，尤其腕子功，包括平腕、翻腕、甩腕、压腕、绕腕、抖腕等多种，不一而足，令人称奇。

〔摘自吴海清：《浅析当代二人转发展特点》，《科技信息》（学术研究）2007 年第 6 期〕

二人转的音乐唱腔极为丰富，素有“九腔十八调，七十二嗨嗨”之称。其结构为曲牌联缀体，积累的曲牌约有 300 多支，比较常见的有 56 支，其中包括胡胡腔、喇叭牌子、红柳子、抱板、三节板、文嗨嗨、武嗨嗨、大鼓调、大救驾、小翻车、哭糜子、大悲调、五字锦、压巴生、靠山调等。

〔摘自吴海清：《浅析当代二人转发展特点》，《科技信息》（学术研究）2007 年第 6 期〕

具有 300 多年历史的东北二人转，本身就是一座丰富的艺术宝库。改革开放以来，二人转焕发出新的艺术青春。尤其是近年来，全国范围内更兴起了一股“二人转热”，二人转艺术不仅走向大江南北，走进每个人心中，而且走向了世界。之所以如此，是因为二人转本身具有迷

人的艺术魅力，而这种艺术魅力也自然辐射到其他许多艺术品种，它们主动靠近二人转，从中汲取艺术营养，提高自己的艺术水准。

（摘自李秋香：《二人转艺术辐射力解读》，《四川戏剧》2008 年第 3 期）

东北农村多年来流行一句话“宁舍一顿饭，不舍二人转”，二人转受欢迎的程度由此可见一斑。二人转从它诞生之日起就深深地根植在民间，走屯串店，在地头、窝棚、船营演出，带着浓厚的乡土气息。其最突出的特点就是与老百姓“不隔语，不隔音，不隔心”。中国民间文化的精髓被二人转用最质朴的形式作了最通俗的演绎，使之成为老百姓生命当中一个不可分割的组成部分，如同与生俱来的本能，祖祖辈辈延续下来。即使今天，二人转在东北农村依然颇为流行，在农家小院，在田间地头，上自八旬老妪，下至呀呀学语的孩童，都能唱上几口“二人转”小调。尽管现代传媒改变了农村，电视也早已进入普遍百姓家，但二人转作为主打艺术在东北农村占据着不可动摇的地位。当地人形象地比喻二人转好比车轮辘菜，它长在乡间的泥土里，踩不死，压不败，深深扎根在老百姓的心坎儿上。

（摘自梁海：《二人转现象的双重解读》，《中国戏剧》2004 年第 7 期）

由于二人转是在东北乡间这片具有浓郁及深厚的生活根基中诞生出的艺术产物，其特殊性的地域风情以及粗犷豪放的人文特色，造就了二人转具有贴近生活、贴近民意的通俗和民俗的“俗”文化意味与艺术特色。它不像京剧和越剧等剧种那样，艺术表现手法涵盖或蕴藏着儒与雅的韵味，使观者回味与探究。二人转非常单纯地娱乐于民众，用“说、学、逗、浪、唱”这些自身独到的表演形式，十足地让观者尝尽生活中人情冷暖，在会心一笑中感慨生活的酸甜苦辣，也解去身心之乏累，这便是二人转艺术特色中“俗”的特点。也因二人转这种粗野、粗陋和粗鄙的“俗”，才使得它具有了自身的独特性和艺术价值，成为了“俗”文化的代表。它以独特的艺术表现形式充分地展现了东北纯朴的民风、民俗，又把东北人的性格、情感和智慧以及精神素质表现得淋漓尽致。

（摘自郝玉婉：《把握二人转“俗”的尺度》，《剧作家》2008 年第 2 期）

二人转就是这样一种民间演艺，只要观众喜欢，二人转都可以“拿来”，它有一个吞吐、消化力极强的“胃”，它以自己的方式包容一切。二人转包容其他诸种演艺的精华，它似乎与其他诸种演艺相似；然而，二人转是以自己独特的方式呈现它所包容的演艺，因此它又与其他诸种演艺不同，具有独特的魅力。

（摘自王红箫：《二人转靠什么转?》，《艺术评论》2006 年第 12 期）

东北小品之所以能成为一种独特风格的代名词，能成为小品中的一面旗帜，正是因为东北小品实际上就是二人转的衍生物。东北小品中的经典语句，就是二人转中丑的说口，说口是丑的一种基本的艺术手段，是丑保持艺术生命力旺盛的原因。二人转说口的运用使东北小品的幽默性不同于其他小品，并成为东北小品区别于其他小品的一种独特的风格和特色，因而可以说是二人转成就了东北小品。所以并不是二人转越来越像小品了，而是在东北小品中运用了很多二人转的表现形式和手法，可以说东北小品的精髓来源于二人转。

（摘自于佳：《当代生态环境下对“二人转”的思考》，《艺术研究》2007 年第 3 期）

几乎所有在东北风剧场观看演出的观众都会对现场火爆热烈的场面留下深刻印象，舞台上灯光闪烁，二人转演员以及穿插的歌舞表演幽默精彩，观众笑得开心尽兴，时时舞动手中的敲板与台上的演员节奏一致地互动。演出结束之后，观众会回味无穷地感叹：在现代都市之中，这是老百姓们难得的一个开心和娱乐的场所。

（摘自孟凌云：《老百姓的快乐大本营》，《吉林日报》2006 年 3 月 7 日）

二人转的演法，演员与观众不隔，不时地相互交流，这是影视艺术根本无法取代的独家优势，所以它才不受冲击。如果没有东北二人转的滋养就不可能有赵本山、范伟这些喜剧明星的出现。

（摘自尹俊明：《生存·生命·生态——二人转发展战略笔谈》，《戏剧文学》2006 年第 1 期）

“二人转”的流传区域广大，遍及黑龙江、吉林、辽宁三省和内蒙古的广大地区，这一点在国内民间艺术中，恐怕是比较突出的。这里从行政区域上看，包括了面积广大的三省一区，从居住的民族来看，有汉族、满族、朝鲜族、回族、纳西族、鄂伦春族、鄂温克族、达斡尔族等多民族聚居，各民族文化特色鲜明。但民间对“二人转”这种艺术形式的喜爱甚至是狂热却是一致的，深究其原因，这是东北平原广袤平坦的地理特征的反映。

（摘自张希玲　耿家林：《东北民间艺术“二人转”的地域文化认识价值》，《边疆经济与文化》2004 年第 6 期）

“二人转”的艺术特点是集说、唱、舞于一体，以唱为主，且唱且舞，中间加上一些口语说词，表演时拿手绢、扇子、竹板等道具，表演过程中不时加一些类似于杂技式的“绝活”，一些艺术表演的基本要素几乎都可在这里找到影子，形成了一种“麻雀虽小，五脏俱全”的特点，体现的是一种“自给自足”式的文化意识，这是东北地区封闭式地域文化特征的一种折射。

（摘自张希玲　耿家林：《东北民间艺术“二人转”的地域文化认识价值》，《边疆经济与文化》2004年第6期）

二人转是老百姓的艺术，是不能免“俗”的，否则就不能为大众所喜爱。然而这个“俗”只能是“通俗”，它是将普通百姓心中对美好事物的向往和对真善美的渴望，以适宜人们接受的方式表达出来的一种方式，是对人民大众积极意识的一种引领。

（摘自张宇辉：《发展二人转艺术的现实思考》，《文化学刊》2007年第6期）

文化艺术的性格取决于创造它的人的性格。二人转中的喜兴、幽默、滑稽风格取决于东北民众的幽默、实惠、豪爽、乐观的“苦中作乐”的性格。这里的性格是指地域性的群体性格。东北大风大雪天寒地冻的自然环境是形成东北人野放、粗犷、豪爽性格的物质环境因素，他们与恶劣的自然环境抗争和雄强的生命意志是性格形成的文化心理基础，东北人活得不轻松，但他们会“苦中作乐”，这“乐”是“失意中的乐趣”，东北人的“滑稽玩世”既是一种征服又是一种逃遁。在二人转中，东北人的性格特征得到淋漓尽致的表现。

（摘自许维萍：《农民的二人转如何成了市民的二人转?》，《辽宁日报》2006年2月24日）

当代民间二人转的“魂”就是大众消费文化中的“杂、活、乐、美”，是城市大众文化的推动使当代民间二人转进了城，二人转“杂取活出”的艺术特征又使它和城市大众文化迅速相融。在表演中体现出的自由度、随机性使它可以将大众文化“碎片”资源任意组合，在接受流行文化方面是即时又便利的。就像今天是情人节，演员可以在表演的当晚就加入有关节目，他们可以演唱最新流行的歌曲《你是我的玫瑰花》，也可以随时加一段《花为媒》。现代城市人走入剧场，不想听说教也不想看沉重，他们到剧院只是想在消费文化中得到快乐，二人转满场取乐的氛围正契合了观众的心理期待。当代民间二人转已经不是传统意义上的二人转，它只能是传统民间二人转的又一个变体。因此，我们可以看到，二人转的观众群发生了很大的变化，当代民间二人转的观众群已经变成了城市市民阶层。农民们是不看当代民间二人转的，农民们喜爱的是有故事有人物有情节又有俗艺表演的传统民间二人转。

（摘自许维萍：《农民的二人转如何成了市民的二人转?》，《辽宁日报》2006年2月24日）

民间艺人和民众是二人转的创造者，所以二人转本身拥有着朴实、真挚、自然的情感因素，凝聚了关东大地劳动人民的集体智慧，是人们喜庆、哀愁的表达方式。从艺术角度而言，二人转则把“二”这个最简单的形式同最丰富的演出变化结合起来，使时空变换、人物变换有更大的自由，成为在现代表演艺术中较有生命力的群体创造的立体艺术。

（摘自徐冠一：《一唱三叹二人转》，《吉林日报》2004年4月29日）

二人转的土、野不是粗俗、野蛮，土要有底气有厚度有营养有根脉；野是有活力的野，是充满生命力的野，是健康的野，是对人类、人生有价值的野。不能表面地皮相地理解二人转的美学价值，只有美与丑的区别，二人转的丑不是生活中的丑，不能把自己的开心建立在别人的痛苦之上。

（摘自张丽红　孔祥羽：《“二人转”变得非驴非马了吗?》，《文艺报》2006年11月16日）

近年来，二人转不仅受到广大群众的喜爱，而且还受到专家学者的关注。北京的王朝闻、上海的余秋雨、辽宁的乌丙安、彭定安等学者，都评论过二人转。东北的二人转专家、知名作家，陆续出版了二人转论著，有王兆一、王肯的《二人转史论》，霍长和、金芳的《二人转档案》，马秋芬的《到东北看二人转》，那炳晨、杨修生的《东北二人转音乐》，李玉珍的《东北二人转音乐概论》等书。《中国曲艺志》之北京卷、辽宁卷、内蒙古卷、河北卷都收录有二人转艺人与曲目。沈阳的“清文化丛书”中，也有两本介绍了清代的二人转。此外，还有一批中青年作者、大学研究生，也发表了二人转论文。

（摘自耿瑛：《二人转的喜与忧》，《文化学刊》2007年第2期）

二人转的艺术形态具有明显的多元性，可以说，它是一种边缘性、交叉性的艺术。艺人云：“二人转是大箩筐，什么玩意儿都能装。”说得十分恰切。它融曲艺、歌舞、戏曲、小品、杂技、魔术、笑话、漫画、皮影、声乐、器乐等各种艺术于一炉，可谓随心所欲，无所不包。对此，王肯先生阐释得十分透辟：“比起二人转这个概念更为复杂的是二人转的归类问题。说它是戏曲，又不全是戏曲的戏曲，曲艺和歌舞的分不少；说它是曲艺，又不全是曲艺的曲艺，戏曲和歌舞的分较重；说它是歌舞，又不全是歌舞的歌舞，戏曲和曲艺的特点突出。因此，二人转的归属问题，至今争执不下，各说各的理，较难统一。我认为这统一之难，正说明二人转形式之特，用一般的戏曲、曲艺和歌舞的定义，框定不了它。过去用艺人的话说，它是‘既沾鼓书性，又沾秧歌性，还沾戏性’的‘三性艺术’。今天许多同志认为二人转是一种交叉的、边缘的艺术形式，是一种在国内少见的独特的艺术形态。”

（摘自杨昆：《当前二人转理论研究漫议》，《戏剧文学》2007年第10期）

除对戏剧、影视艺术有强大的辐射力以外，二人转对其他多种艺术，也具有强大的辐射力。这里仅选取其中最为主要者，略举数端：1. 二人转对音乐的辐射力。二人转对音乐的辐射力，是十分强大的。早在建国初期，著名的东北民歌手郭颂演唱的《丢戒指》、《瞧情郎》、《看秧歌》等，都直接取自二人转中的民歌小调，他创作并演唱的新民歌《新货郎》、《越走越亮堂》、《宝山谣》等，也直接从二人转音乐中吸取素材。李高柔演唱的《王二姐思夫》、《洪月娥做梦》、《杨八姐游春》等，都是同名二人转名段，她演唱的新民歌《大庆子》也以二人转音乐为基调。直到近年，著名民歌歌唱家宋祖英，还和赵本山联袂演出二人转名段《小拜年》。至于许多“东北风”中的民歌，如《大姑娘美》、《美美观观的山》等等，也无不从二人转的音乐宝库中取出“真刀真枪”。2. 二人转对舞蹈的辐射力。除了对舞剧具有辐射力之外，二人转对舞蹈艺术也具有强大的辐射力。例如舞蹈《红手绢》、《黑土情》、《扇子舞》等等，都是二人转舞蹈或绝活（手绢功、扇子功）等的活用。3. 二人转对曲艺的辐射力。二人转对曲艺，尤其是对相声，也具有强大的辐射力。例如赵本山、侯耀文合说的相声《学唱〈红灯记〉》，就是二人转与京剧的交融，也取得了令人瞩目的艺术效果。

（摘自李秋香：《二人转艺术辐射力解读》，《四川戏剧》2008 年第 3 期）

二人转作为一个独特的艺术品种，其艺术形态具有明显的多元性特点，既具有曲艺的特性，又具有戏曲、歌舞的特性。正如著名二人转专家王肯先生所说：“说它是戏曲，又不全是戏曲的戏曲，曲艺和歌舞的成分不少。说它是曲艺，又不全是曲艺的曲艺，戏曲和歌舞的分量较重。说它是歌舞，又不全是歌舞的歌舞，戏曲和曲艺的特点突出。”正因为如此，它的辐射力之广、之大、之深，几乎使所有的艺术都获益匪浅。

（摘自李秋香：《二人转艺术辐射力解读》，《四川戏剧》2008 年第 3 期）

二人转对新潮艺术电视的辐射力，更为强大，也更为广泛，其覆盖面之广、出镜率之高，几乎达到铺天盖地、家喻户晓的程度。例如赵本山主演的电视连续剧《一村之长》、《一乡之长》、《刘老根》、《马大帅》、《乡村爱情》等剧目中，都使用了大量的二人转演员，并在其中演唱了大量的二人转唱段，深受广大观众的喜爱。由此，一大批二人转演员也成为影视明星，除赵本山本人外，还有高秀敏、李静、阎学晶、张小飞……不胜枚举。可以说，一方面是二人转成就了电视剧，另一方面电视剧也成就了二人转和二人转演员。除了电视剧以外，在各电视台，尤其是东北三省的各省、市电视台，大量的电视文艺节目也瞄准了二人转，以其为闪光点与动情点，吸引广大电视观众的眼珠。例如电视栏目“刘老根大舞台”，在东北三省各电视台广为播放，吉林电视台的“家乡二人转”、黑龙江电视台的“咱村也有文艺人”、哈尔滨电视台的“锵锵二人转”等文艺专栏，也都强力推出二人转，并取得了理想的收视率和收视效果。

（摘自李秋香：《二人转艺术辐射力解读》，《四川戏剧》2008 年第 3 期）

谈到《秋天的二人转》一剧的特点，车院长说，该剧最大的特点就是将二人转与话剧巧妙地结合在一起。一方面，二人转的形式丰富了话剧的感染力和美感；另一方面，话剧舞台也给二人转提供了更为宽阔的表现空间。二人转一直都给人“土得掉渣”的印象，但正因为来自民间，也就拥有其他剧种不可模仿的鲜活表现力。在这个剧中有很多新尝试，包括剔除二人转不健康的段子，保留“说、唱、扮、舞”的表演精粹，穿插东北秧歌、民歌、唢呐的绝活，演员还会露一手“扇花儿”、“转巾”等即兴表演……“话剧与二人转的结合，是两个剧种发展的共同需要。”

（摘自柴宇宁：《火透大江南北　红遍长城内外》，《哈尔滨日报》2005 年 10 月 9 日）

“俗”是二人转表演艺术的基本属性，也是二人转的生命力，脱离开“俗”就不能称其为二人转。当然，这里的“俗”是指通俗和民俗，并非衍生出的那种庸俗和低俗。因此，“取其精华，弃其糟粕”是必然的生存之道。古人说：“文贵于曲。”戏剧、曲艺亦然，力避直白。把二人转的荤口隐含化，或表述的本质明明不是关于两性之事，但说口却有意误导观者向此方面猜想，进而营造出强烈的逗趣效果，用东北话说，这叫“荤破素猜”。还完全可以通过演员夸张的表演、精彩的绝活、独特的演出个性特点以及浑圆响亮的唱功来博得观者的青睐，这样的演化是可取的，也应是二人转今后生存发展之道。

（摘自郝玉婉：《把握二人转“俗”的尺度》，《剧艺求索》2008 年第 2 期）

如果有些二人转艺人仍在盲目地制造表演低级的节目，使沉溺于其中的被动的观众习惯于感官的满足，在轻松愉悦之后丝毫不留下什么，始终停留在较低的审美认知结构水平上，这种对观众的不尊重，实际上就是对二人转自身的自轻自贱，恶性循环的结果将导致这一艺术精灵的“香消玉殒”，将会使二人转在不远的一天走向没落。乔治·梅尔迪斯曾在《关于喜剧的短文》中说过这样一段话：“鉴别一个国家的文明程度高低的一个好方法……我认为是那些国家滑稽戏和喜剧的水平；而能否引起有思想内容的笑声则是区别喜剧优劣的标准。”我们是否可以从和梅尔迪斯同样以制造笑声为核心的卓别林和达里奥·福得到一些启示呢？

（摘自李家君：《试论二人转在审美和娱乐之间的价值

取向》,《沈阳建筑大学学报》(社会科学版)2006 年第 4 期)

近年来,随着“赵本山现象”的出现,“东北风”日益强劲起来,尤其是赵本山戏剧小品的热播,使得东北民间艺术二人转也一跃成为全国家喻户晓、喜闻乐见的娱乐形式,成为一种文化现象,备受专家学者们的关注。一时间对二人转这一地方艺术,褒声贬声,众说不一。实际上,如果我们抛开个人喜好,丢弃文学批评中“雅俗”观念的准绳,进行冷静的分析和思考,我们就会真切地感受到二人转对东北地域文化特征有着独特的诠释,具有深刻的地域文化认识价值。

二人转以它独有的艺术形式充分地展现了东北纯朴的民风民俗,又把东北人的性格、情感、智慧和精神素质表现得淋漓尽致。以赵本山为代表的民间艺术家们,在他们的喜剧小品中体现出来的东北二人转的文化生命力,是应该予以肯定的。东北二人转的火爆是东北社会经济,尤其是东北宏观社会环境变迁的一个产物。二人转在当代的市场竞争环境中能完全靠市场、靠观众自己掏钱买票维持演出,这主要是取决于其特殊的艺术形式和它的喜剧风格。这种喜剧风格的形成应归功于二人转能表现当代生活,能把当下的时代生活顺畅地吸纳到自己的艺术形式里去。虽然二人转中有很多原生态的俗味儿,但它的旺盛生命力和它所引发的喜剧娱乐效应还是值得专家学者们研究和思考的。余秋雨先生从学术角度研究“赵本山现象”,他说:“世俗才是文化基础,是全部文化构架的根基,也是推动精雅文化不断变革的动力。它比精雅文化更天然,更贴近民族的生态,因此也更能深入人心。赵本山的表演艺术来源于他深厚的东北农村生活根基,他把中国农民的朴实、机智、小狡猾、大善良表演得惟妙惟肖。”东北地域文化的演进关涉着东北老工业基地的全面振兴,地域文化要发展,地域文化必须顺应时代的潮流,不断创新,不断推广。否则古老的地域文化的艺术生命将会枯竭。

(摘自孙艳红:《传承与提升——二人转的地域文化价值与影视艺术》,《舞台研究》2005 年第 3 期)

“二人转”充分体现了东北的地域及文化特色。俗话说“一方水土养一方人”,“二人转”是在东北这块土地上生长起来的,它揭示了东北的地域及文化特色。

(1)二人转是东北平原广袤平坦的地理特征的反映。艺术总是离不开生活,东北独特的地理风貌自然而然地体现在二人转中。东北文化所处地理环境的独特之处,就在于三面为山水环绕,中间为贯穿南北的东北大平原,从南到北,从东到西,几乎无山川阻断,特别是东北大平原,更是一无遮拦,就是说,地理上不是封闭型的,而是开放型的,这就为各民族文化交流提供了最大的方便。因此,生存在这里的人们,无论是生活习俗,还是语言习惯,基本上是相似的,因而文化欣赏口味也基本相同,这才使得“二人转”这种艺术形式能够在如此广阔的区域里得到流传,得到老百姓的共同喜爱。

(2)二人转是东北人文化性格特征的真实写照。东北独特的历史地理风貌,塑造出东北人特有的性格。首先,东北地区的冬季持续几个月,每逢冬季,漫天风雪,寒风刺骨,这使得东北人对“火”情有独钟。因此,东北人具有火辣的性情。在“二人转”演出中我们看到的是演出气氛的热烈火爆,唱腔的粗犷豪放,这与东北人火辣的性格不谋而合。其次,东北地区平原广阔,一望无际,生存在这样的环境中,养成了人们的直爽的性格,说话也高声调,大嗓门,毫无顾忌。而二人转表演的幽默诙谐,演员的粗声大嗓,口语的直白,会让你深刻地感觉到东北人的这种有趣的性格。

(3)二人转是东北方言的集中体现。二人转采用东北方言,平白如话、“土”味十足。二人转生长在一个语言十分丰富的文化土壤里,东北的民间语言第一个特点是既形象又实在;第二个特点是既富想象力,又具幽默感,话不但要说得实,还要说得巧,这与东北人的性格特征、审美习惯和表达方式有关。二人转就是东北劳动人民充分运用自己的语言来表达自己的生活习尚、思想情感和审美趣味的民间艺术。生动、形象、朴实、幽默的东北方言为二人转增添了迷人的能力。

(摘自于雪 张翠晶:《打造东北乡村旅游的文化品牌——二人转》,《黑龙江对外经贸》2007 年第 12 期)

二人转是旅游者了解东北文化、艺术、生活、娱乐最接近、最直接的窗口。二人转的内容涉及东北的历史、东北人的生活、风俗、习性,从多方面体现出东北人的审美情趣、理想愿望,是名副其实的“东北人文资料馆”,同时也是研究东北社会学、民族学、民俗学、美学等学科的“宝库”。

(摘自于雪 张翠晶:《打造东北乡村旅游的文化品牌——二人转》,《黑龙江对外经贸》2007 年第 12 期)

二人转的美,因此属于“土野的美”。即便进入都市,也不会因为“土野”的出身,减却自身的价值,反倒可能由于审美的距离,增添更大的魅力。“土野的美”曾经被认为难登大雅之堂,殊不知被许多人划定的所谓“雅”与“俗”的分野,原本不是价值判断的“高”与“低”或“好”与“坏”,而是审美判断的“甜”与“酸”或“苦”与“辣”。没有定于一尊的问题,只是风格口味的不同。更何况,有“土”才会有“根”,有“野”才能保持鲜活与清新。二人转“土野美学”的精髓,因而不是一般人眼中的“粗俗”与“粗糙”,而是根植土地的宽广博大与深入民间的贴切深到,亦即替民众写心代言,为民众喜闻乐见。任何艺术,只有具备了这两点,庶几可以兴旺发达、万古长青。当代中国的审美文化要想健康发展，二人转艺术的这种品格无疑有着深刻的启示作用。

作为一种综合性很强的表演艺术，二人转又是借鉴融合了文学、音乐、舞蹈、杂技、美术等等艺术元素和审美手段的艺术文化形态，吸纳并体现着东北地区民间艺术几乎所有的成分及养料，堪称东北民间艺术的"集大成"者。

（摘自吴文科：《二人转：当代中国审美风尚的一个支点》，《艺术评论》2004年第11期）

关于"二人转演艺产业"成功的原因

包含着丰厚文化底蕴的二人转，它的崛起并不是一个偶然的现象。面对现代西方文化的侵蚀，一种对本民族文化的寻根激情激荡在人们的心底，"使他们在审美趣味上自觉地要求复归传统，重新通过艺术感知来寻找和确认自己的文化认同"，文化寻根成为抗拒文化侵蚀而引发的心理不适的自发反应，并发展成一股世界风潮开始席卷全球大地。

（摘自梁海：《二人转现象的双重解读》，《中国戏剧》2004年第7期）

二人转的出现，恰恰与人的娱乐天性达到了最大程度的契合，并使得娱乐在最大程度上实现了社会化。"它与观众有着最直接的通道，让人们以一种整体状态进入娱乐节目当中；他在交流互动中还原了人最初始的人性化娱乐状态，并且这种人际亲密的放松状态舒展了人的天性，与人的生命状态相和谐，通过"二人转"，娱乐游戏更加社会化，成为现代人类生存的减压阀。

（摘自李家君：《试论二人转在审美和娱乐之间的价值取向》，《沈阳建筑大学学报》（社会科学版）2006年第4期）

通常说，东北人"三个女人一台戏"、"两个男人扯淡嗑"，在漫无边际的寻开心逗乐子中，他们创造了"乐子文化"。于是"说笑话"、"逗乐子"、"扯淡嗑"成为东北二人转艺术幽默搞笑的重要源头。在今日，二人转能火爆艺术市场，是有其内在精神内因的。在以竞争为准则的市场经济环境下，人们的身心都处在紧张疲惫中，人们需要放松。而二人转无边际的幽默搞笑正契合了现代城市人的这种心理需求。以"乐"而调众"心"，不仅在过去、在今日有普适性，在今后也有普适性。

（摘自许维萍：《农民的二人转如何成了市民的二人转?》，《辽宁日报》2006年2月24日）

二人转与生俱来的丑角形态和喜剧功能就给了人们这个释放的机会和欢乐的理由。来自老百姓的大实话，根据现场情势、观众情绪随时变化的自然随意、率性的表演让观众马上融入现场欢乐的氛围当中，这使得二人转轻易地做到了与观众的互动。此外，二人转极少追求戏剧的庄严感，更注重传递欢快的情绪，使其在当今大众文化消费倾向乐于轻松休闲的文化环境中，更易于被城乡更广泛的层面所接受。

（摘自于雪　张翠晶：《打造东北乡村旅游的文化品牌——二人转》，《黑龙江对外经贸》2007年第12期）

二人转本来就是在东北农村土生土长的民间艺术，二人转本来就不是什么阳春白雪，而是下里巴人。就是因为它操的是东北话，唱的是东北民歌，放浪的舞蹈体现着东北人热辣和乐观的性格，说的都是东北人想说的话，甚至有些人想说却不敢说的话它也说了，所以它才会被那么多的东北的观众、甚至是全国的观众所喜爱。正如余秋雨先生所说："世俗文化是全部文化的根基，也是推动精雅文化不断沿革的动力，它比精雅文化更天然，更接近民族的生态，因此也更能深入人心。"

（摘自于佳：《当代生态环境下对"二人转"的思考》，《艺术研究》2007年第3期）

二人转骨子里透出的乡土气息，注定了它无缘像京剧、昆曲那样成为皇亲国戚的娇宠。但也正因为如此，造就了二人转在艰苦环境中求生存的坚强生命力。正如吉普赛大篷车艺术那样，走街串巷，四处游走。为了生存，艺人们身上每一个艺术细胞都高度敏感，他们时刻把握时代的脉搏，体悟老百姓的鉴赏趣味，并不断从其他民间艺术中汲取新鲜的血液，因此，二人转总是带着生活的热情和真实，以最鲜活与贴切的艺术姿态展现在观众的面前，逐渐成为了老百姓喜闻乐见的民间艺术。

（摘自梁海：《二人转现象的双重解读》，《中国戏剧》2004年第7期）

与其他艺术形式相比，二人转更具喜剧精神。二人转是一旦一丑两个演员跳进跳出地表演一个叙述兼代言的诗体故事。丑角艺术是二人转的灵魂，丑角演员大多身怀绝技，他们在舞台上起着主导作用，调动着观众的情绪。好的丑角能用诙谐幽默的语言、夸张的表演，让观众兴奋；奇妙的绝活更能吸引观众。正是丑角艺术的魅力，才使二人转演出内容相对固定，同时也培育出每场必看的特殊观众群体。

二人转是活的艺术。为了适应观众，它始终把观众的需求放在第一位。二人转艺人从戏剧、舞蹈、音乐等艺术门类中吸取精华，化他为我。只要观众喜欢，不管是什么艺术形式，都采取拿来主义，并根据观众的需求不断调整与变化。小品、流行歌曲、民谣等在二人转演出中得到了充分的表现，博采众长赋予了二人转旺盛的生命力。顺应市场，以市场消费为主导，让二人转演出充满活力。观众固然需要高雅艺术，但大多数人更喜欢喜闻乐见和适应他们消费水准的艺术形式。与流行音乐会、交响乐上百元的票价相比，二人转更适合工薪阶层的消费水准，它满足了这种大众文化消费需求。

（摘自金芳：《二人转何以走进现代都市》，《辽宁日报》2003 年 7 月 23 日）

草根艺术二人转是以观众为中心的“你”的艺术，其顽强的力量源于与“你”即观众的“不隔语，不隔音，更要紧的是不隔心”。二人转的演艺精神是格外关注演艺的另一半——观众，“台上人”与“台下人”知心、平等、对话、互动，如此观演关系产生了超强的裹卷力，深深地将观众吸引。

（摘自王红箫：《二人转靠什么转?》，《艺术评论》2006 年第 12 期）

二人转的一大特点就是演员与观众互动，与老百姓“不隔语、不隔音、不隔心”，与老百姓极为“亲昵”。这种亲昵缩短了与观众的距离，消除了观演之间的权力关系和情感障碍。例如，在剧院演出，二人转一开场，一个男演员他会绕台转一圈，碰到熟识的老观众，他会亲切幽默地和你打招呼。演员还可以根据剧情的需要，伸手向观众要把瓜子，要一支烟，拿一个水果；甚至走下台坐在观众席上，或把观众请到台上。演员在台上演唱或说白，更是无拘无束，很随意地和观众交流。台下的某位观众电话响了，二人转演员在台上就会说：“电话响了，接电话，你就告诉他，你不在这……”任凭谁都会真心地笑。巴赫金说：“笑就它的本性来说，具有深刻非官方性质：笑与任何的现实的官方严肃性相对应，从而造成亲昵的节庆人群。”

二人转在演出时，往往采用笑谑的方式。把观众拉进粗鲁的交往氛围，消除了观众对现实和世界的恐惧和尊崇，使观众获得心灵解放。如果高雅艺术是阳春白雪，那么“二人转”只能算是下里巴人了。它生长在农村，体现的是东北农民的智慧。这种“出身”与“本性”，决定了二人转“土野”的品性。二人转的美，因此属于“土野的美”。无论身在何处，它也不会因为“土野”的出身，减却自身的价值，反倒可能由于审美的距离，增添更大的魅力。“土野”的特性，决定了二人转没有精雕细刻的语言，它说话粗粗拉拉，嗓门火爆，大胆率性，狂放无忌。舞蹈动作的“浪”，既会让人目瞪口呆，面红耳赤，又会让人会心微笑，暗自称绝。二人转的这些因素，很容易让观众忘却对现实的恐惧担心。这种恐惧担心会影响每一个活在世俗中的人，只是程度不同，但都存在着，时时地主宰影响着人们。不但有恐惧担心，也有对人的尊崇。杰出的人物很多，江山代有才人出，在怀着尊崇之心时，不知不觉，潜移默化中又对自己施加了压力。生命中有许多不能承受之轻，人们渴望摆脱恐惧也罢，崇高也罢。“躲进小楼成一统，管它冬夏与春秋。”二人转的演出情境就是最好的“桃花源”。

（摘自李家君：《二人转：狂欢之后——对东北二人转的阐释和反思》，《渤海大学学报》（哲学社会科学版）2006 年第 2 期）

二人转不仅对俗文化普通受众有慑服的魔力，对文化精英甚至专家同样产生审美效应。这一类观众，在观看二人转的表演时，也有和普通市民一样的要求，要大笑要宣泄，但他们往往更带着批判审视的目光，以理性观照这种土生土长的民间艺术，就此来反观精英文化面临的现状，希望为它找到更好的出路与方向。而精英文化现状是：前现代社会里，精英文化具有很高的精神性的社会地位，文化精英们通过交流体制把个人话语推向大众，对大众进行规范引导，大众被动地跟着精英们亦步亦趋。然而，在市场经济越来越体制化的今天，尤其经历 80 年代末的主流权力对精英文化的冷淡之后，精英们普遍失语，迅速滑向边缘化。而此时东北二人转的火爆，恰恰与他们的“意向性期待视野”共振。

（摘自李家君：《二人转：狂欢之后——对东北二人转的阐释和反思》，《渤海大学学报》（哲学社会科学版）2006 年第 2 期）

二人转在今天的影响渐大，是自己成长的必然，没有必要无限夸大并完全归功于影视的作用。究其原因，一是都市文化消费在呈多样性发展，连评书这种传统的曲艺形式都能蒸蒸日上，拥有一大批忠实听众，更何况在群众中曾经喜闻乐见的二人转。其二是二人转本身的变化。它始终像一个善于察言观色的孩子，真正以观众的喜好为自己的方向，不断地调整自我，因此促进了二人转被大众接受。

（摘自王国华：《嬗变中的二人转》，《大舞台》2003 年第 3 期）

二人转之所以能受到广大群众的欢迎，就在于它俗中有雅，俗中见雅，俗是其骨，雅为其魄。

（摘自张爱兵：《浅谈二人转的雅与俗》，《戏剧文学》2004 年第 5 期）

东北二人转的市场是一个不断发展成熟起来的市场。它经历着由几个人的民间小团体演出阶段、民间剧团演出阶段、专门的二人转剧场演出阶段、电视剧等现代主流媒体应用阶段等几个不同阶段。当前，我国二人转表演市场

存在着多种营销形式，主要包括：第一，剧团演出形式的经营活动。这种经营活动以流动性经营为主。第二，发行传统经典二人转曲目的光碟市场。这种光碟广泛地在农村城镇市场畅销。第三，以电视剧为契机，开始运用市场营销的方法，开拓主流媒体市场，通过自身的艺术魅力和各种商业化的包装手段来吸引观众，提高衍生效益，获得社会效益和经济效益的双丰收。第四，固定的二人转演出专业剧场经营运作。这些专场二人转针对的是一些较高的消费群体。第五，以电视频道的专业栏目方式运作，推销介绍二人转作品及新人等，促进二人转的整体市场的发展。

这些不同阶段反映着二人转艺术发展过程中所做的适应经济发展的灵活的市场调整，可以看出二人转的市场营销模式采用的手段越来越复合化、品牌化、区域联盟化等。

（摘自侯延爽　王秋林：《二人转市场及其营销模式探析》，《戏剧文学》2008 年第 3 期）

民间二人转红遍大江南北，而这与许多民间二人转演员的辛苦努力和付出密切相关，他们的高超表演技巧推动并带火了二人转演出市场。为了鼓励、肯定这些民间艺人的成绩以及他们对社会文化事业所作出的贡献，昨日下午，省文化厅和省人事厅对 20 位民间二人转演职人员授予国家级专业技术职务资格。这意味着，这 20 位民间二人转演员享有和国有剧团演员同等待遇，这在省内外还不多见。这 20 位演职人员是我省民营文艺团体东北风二人转艺术团的演职人员，其中 11 人被批准为国家三级演员，6 人被批准为国家四级演员，1 人被批准为国家三级演奏员，两人被批准为舞台技师。他们中既有在省内外颇有名气的优秀二人转演员，也有从事二人转表演十多年的老演员，还有“身怀绝技”、表现突出的青年演员。

（摘自宋莉：《二人转演员首次获得专业技术资格》，《长春日报》2006 年 4 月 17 日）

二人转在当代的迅速发展并不是偶然现象。在这个多变的年代，二人转顺应了时代的发展，保留了当代人喜欢的成分，加入了当代人喜欢的元素，它必然是成功的。虽然说二人转是通过某些人的力量得以发展的，这并不能代表所有中国传统说唱类曲种的发展路线，但它毕竟为其他曲种的发展做了一次成功的榜样。

（摘自吴海清：《浅析当代二人转发展特点》，《科技信息》（学术研究）2007 年第 6 期）

对“二人转演艺产业”的批评、否定意见和负面报道

二人转既然是一种艺术，就应该受到文化的约束和审美的衡量。提倡文化约束和审美衡量并非要求对二人转实行文化专制，那是不应该不允许也做不到的。但二人转演出应该有一个文化的底线、审美的底线。这里所说的文化的底线就是人类共同的规范、信仰，遵守的文明的东西。对女性进行丑化和戏耍、糟践和愚弄，把女性作为狂欢和粗鄙化的对象，所损害的不仅是女性，而是所有人的尊严，是人本身，是文明本身。

（摘自杨朴：《二人转不应以丑化女性为乐》，《文艺报》2008 年 1 月 24 日）

现在的二人转用不着女扮男装了，几乎所有的旦角都由女性来扮演了，即使有个别的也叫“反串”了。女性扮演的旦角当然比男性扮演的旦角获得了女性身份的认可，但在得到身份认可的同时，一种女性难以表现出来的女人美、女人浪、女人味也失去了。梅兰芳的京剧表演艺术炉火纯青空前绝后，当然与他精湛绝伦的“唱念做打”功夫有关，但是，如果它不是男扮女装的旦角，它能有这样大的蜚声中外的影响吗？与传统二人转男扮女装的旦角装束相比，现在的旦角的打扮时尚和时髦，鲜艳和灿烂。然而，人们还是觉得它缺少了旦角表现的女人美、女人味和艺术性，它多了对女性的侮辱和贬低、戏弄和损害。这倒不是说，旦角一定要男扮女装，才有艺术意味，早年那些女性旦角同样给人以美的享受。但是，现在许多的男扮女装或女性旦角所表现的已经不是女性的美而是女性的丑甚至是对女性丑的调笑和戏弄了。现在的男扮女装（并非旦角）不是尽可能地调动艺术手段在表现女性的美，而是无所不用其极地在表现女性的丑。再看女性旦角的表现，那令人眼花缭乱的服装，那越穿越少的衣服，那越露越多的身体，那失去旦角而只表现某类女性的角色，究竟给人带来多少美的欣赏和美的愉悦呢？再看丑角与旦角的共同表现，那个丑角对女性的调笑和挑逗，讽刺和挖苦，糟践和亵渎，侮辱和损害，贬低和戏弄，不要说从女性主义的角度，就是从一般意义上来看，不也是对女性的贬损、戏耍和玩弄吗？二人转的戏拟与谐谑确实给人带来了不可替代的娱乐和欢笑，但这娱乐和欢笑不能以降低女性、降低美、降低文化格调为代价。民间艺术是杂芜的，本色与庸俗一体，精华与糟粕共存，不可能要求民间艺术像精英艺术那样纯正、高雅和精致，那样就毁掉了民间艺术，但是民间艺术也应该与时俱进而不是背道而驰。早期对二人转的艺术欲求是被当时封建社会文化环境所压抑。人们的基本的性爱表现为对女性的渴望，对美的渴望，对爱情的渴望，对美好生活的渴望，对命运转机的渴望，这些被压抑在潜意识中的人性就转换为对二人转的欣赏，当时也只有

二人转艺术才能使这种压抑获得宣泄和释放。

现在，爱情和欲望没有当年那样强烈的压抑了。人们不再需要二人转那种委婉、曲折、故事化地表现被压抑的欲望了。他们在新的文化环境中形成了与封建专制时代全然不同的艺术欲求。他们希望把二人转原来隐晦表现的东西更明确化、强烈化、赤裸化，因而，由美的形式表现的性爱欲望就只剩下了性爱欲望而脱去了形式美的外衣。但是，二人转既然是一种艺术，就应该受到文化的约束和审美的衡量。没有文化约束和审美衡量的艺术很有可能变成非艺术。提倡文化约束和审美衡量并非要求对二人转实行文化专制，那是不应该不允许也做不到的。但二人转演出应该有一个文化的底线、审美的底线。这里所说的文化的底线就是人类共同规范、信仰，遵守的文明的东西。对女性进行丑化和戏耍、糟践和愚弄，把女性作为狂欢和粗鄙化的对象，所损害的不仅是女性，而是所有人的尊严，是人本身，是文明本身。女性是男性爱的对象，是男性的伙伴，是人类的母亲，女性还曾经被神化被崇拜为神圣的女神，我们的二人转怎么能把女性当成男性宣泄自己欲望的玩物和工具呢？文明是一种人性的创造和提升，但文明也是一种压抑，所压抑的是人性中非人性的东西。二人转所表现的东西不能从人化的人返回自然性的人。二人转不能在那条路上走下去，在那条路走下去，二人转就会有灭顶之灾。

（摘自杨朴：《二人转不应以丑化女性为乐》，《文艺报》2008年1月24日）

不可否认的是，二人转在弘扬东北优秀地域文化的精神的同时，也在客观上传播了东北文化中保守落后的一面，暴露出东北人现代文化人格的缺失。丑角元素的夸张运用，夸大了丑角的性格缺陷，使观众对东北人群体产生了集体丑化意识，东北人成了愚昧、粗鲁、懒惰、落后的代言人。还有一些包括传统剧目在内的作品宣扬封建、落后的文化观念，诸如“杀富济贫”、怀念“大锅饭”时代、羡慕偷懒耍滑、鄙视辛勤劳动等，都产生了不良的负面影响，而这些负面影响又通过“东北风”进一步放大了。在赵本山、高秀敏、范伟合演的小品《拜年》中，从拜见乡长时的恭敬与胆怯，到忽悠乡长时的尴尬与谄媚；从听说乡长被罢免时的得意与轻松，再到获悉乡长被提升时的恐惧与沮丧，无不显示出东北人在长期半封建、半殖民统治重压下所培养出的畏惧权威，谦卑、恭顺、容忍的性格弱点。而小品《卖拐》中忽悠、诈骗、巧取豪夺受到了公然的赞美。

（摘自梁海　李敬巍：《浅谈二人转对“东北风”的影响》，《今日科苑》2007年第22期）

当我们仔细考察在商业原则下发展至今的二人转给人们提供的娱乐之后，会发现如今所谓的“娱乐”已经与它的原初涵义相去甚远，它变得更相近于“感官享乐”，而离艺术和审美则愈远了。当娱乐一词的内涵随着时代变换而发生改变的时候，问题就不再是是否和怎样娱乐的问题，对于我们的二人转来说，它已经演变成为娱乐和审美之间的轻重取舍的价值取向问题了。

（摘自李家君：《试论二人转在审美和娱乐之间的价值取向》，《沈阳建筑大学学报》（社会科学版）2006年第4期）

二人转是诞生于封建社会的历史产物，其必然带有封建文化腐朽、没落、粗俗和浅薄的时代烙印，而在其发展变化的过程当中，又处于相对封闭、偏僻、贫瘠的东北三省的广大农村区域，其艺术创作与艺术表演中陈旧、庸俗、丑陋的成分，包括污言秽语、低级怪相和下流动作，一直“查而不禁”，留存至今。

（摘自常晓华：《二人转前途令人堪忧》，《中国文化报》2004年9月18日）

随着中国历史进入改革开放的社会主义新时期，近20余年来，二人转艺术逐渐从农村走向了城市，一些“滚地包”的游击队也摇身一变，成为了国有体制的“铁饭碗”队。大土大俗的二人转又一次面临着“阳春白雪”的“雅化”和“进步”的严峻考验。于是，从文学创作到演出形式，审美取向到服装道具，通通与“下里巴人”的艺术风格、艺术品质渐行渐远，使得习惯于表达农民家长里短、柴米油盐的二人转丧失了鲜活生动、通俗易懂的诸多情趣。结果依然是土不土、洋不洋的“四不像”，闹了个“俗也不爱，雅也不赏”。真是应了那句老话：兴于民间，衰于庙堂。

市场经济的大潮，席卷大江南北，二人转也不能幸免。从前那么些“滚地包”的“小班”，在“向钱看”的诱惑中“野火吹又生”，并一时间星罗棋布于东北地区的广大城乡。为了迎合某些人追求的感官刺激，博得部分观众廉价的开心一笑，掏出一些人腰包里的钞票，二人转先前“胎里带”的庸俗丑陋的恶性又趁势膨胀起来。加之文化市场管理部门的疏忽大意，时下的二人转艺术已经被放任自流于纯粹的“性生理”与“性心理”的全面包围之中，被糟蹋得面目全非，并有愈演愈烈之态。

（摘自常晓华：《二人转前途令人堪忧》，《中国文化报》2004年9月18日）

既然拿着二人转的通行证，自称二人转品牌，人们就有理由用二人转的审美标准去衡量它。无论传统二人转，还是新二人转，唱、说、扮、舞、绝，不仅是它的基本功法，也是舞台构成的基本要素。说、学、逗、唱，以唱功为主，这个唱，指的是演唱二人转剧目。在二人转的本体中，唱是中心，人物是根本，说、学、逗是唱的陪衬，而且是个柔和的整体。

但要想成为名副其实的二人转艺人，仅仅能说，仅仅能逗，还远远不够，必须有动情的唱腔，有“演人物又不人物扮”的逼真的人物相，这种演，又不同于相声的“说表”。而小剧场民间艺人二人转，他们基本放弃了这个最根本的一条，很少演唱完整的二人转剧目。他们的“唱”，多是流行歌曲，或二人转的小曲小帽，或用《回杯记》的唱腔装上他们即兴的内容。他们大多没有舞，话筒把他们限制在那里，只能站着唱，“二人转变成二人站”。

（摘自田子馥：《坐在观众中的思考——吉林省民间小剧场二人转现象研究》，《戏剧文学》2002 年第 7 期）

“你妈在外乱搞男人，最后生出你这么个傻玩意儿!”“我一下子踹死你得了，就当我流产了”……如果不是亲耳所闻，很难相信这一段段不堪入耳的话是出自一些小剧团的“二人转”演员之口。一些常看“二人转”的人说，这还不算最“俗”的，比这“黄”、“狠”的表演和对白多得是。

聊起低俗“二人转”，经常出差的哈尔滨市民宋先生说，在东北三省一些县城，演出的“荤”段子更“邪乎”，不“黄”不上台，不“色”不表演，至于互骂几句更是“小意思”了。

知名“二人转”艺人张野说，一些演员为了眼前的利益，迎合少数观众的低级趣味，啥段子都往台上搬，啥脏话都敢说，这种演出简直是在毁“二人转”的牌子。

黑龙江省文化管理部门说，对于这些低俗“二人转”，目前只能靠罚款和吊销演出许可证加以制止，但因为罚款起到的作用不大，无证演员流动性强，所以治理成效不明显。

（摘自崔峰　郭威：《“二人转”低俗表演令人忧》，《人民日报》2004 年 1 月 17 日）

关于“二人转演艺产业”的其他相关方面

多年来，民间二人转是文化管理部门“扫黄打非”的重点。此次吉林二人转演艺界刮起的“绿色风暴”，与其说是上级主管部门的要求，不如说是经营者的自觉行动。和平大戏院以“原生态”二人转著称。此次净化舞台行动中，和平大戏院动了“真格”。全体演员开会，共同归纳总结了 26 条“忌口”。

十一黄金周期间，和平大戏院各分院经理，人手一个警报器，当演员在舞台上有不文明行为时，经理就会按警报器，亮红灯，并报总院，公开对演员进行处罚。但是管住二人转“脏口”需多方努力。

（摘自郎秋红：《吉林：“绿色风暴”直指二人转“脏口”》，《新华每日电讯》2007 年 10 月 18 日）

东北风二人转艺术团是受省文化厅扶持的一家民营表演团体。它成立于2002 年年底，在短短的几年内，东北风实现了快速发展，到今天已经成为一个具有相当艺术实力和经济基础，以现代管理理念经营，影响广泛的民营经济实体。目前，全团共有演职人员 140 余人，在长春拥有两家环境一流的大型演出剧场，同时在北京、石家庄、上海、西安等地拥有固定演出场所 5 家，流动演出场所 31 家。在长春的两个主剧场，每晚五六百人的剧场上座率至少达到 80% 以上。艺术团的团长李云杰粗略地算了这样一笔账：以每场看二人转的观众为 200 人计算，那么每晚近 40 个场所就要有 8000 名观众。由于是天天演出，累计下来全年就将有二三百万观众。这样的观众数量是其他音乐会、戏剧等演出形式所无法比拟的。由此可见，二人转的影响力和受欢迎度是毋庸置疑的，而它的市场也是庞大的。而东北风二人转艺术团在这股热潮中更是担负起了重要的推动作用。

（摘自孟凌云：《精确定位　大胆开拓》，《吉林日报》2006 年 3 月 27 日）

据田子馥先生新著《二人转美学新论》，他将东北二人转历史发展划分为三个阶段。

第一阶段是传统民间二人转时期。二人转已经有 270 多年的历史。它大约始创于清雍正末年，约从公元 1735 年王蹇学艺算起。原名叫“蹦蹦”，最早在报纸上出现“二人转”名称是 1934 年 4 月 27 日的《泰东日报》，直至 1953 年 6 月，《新观察》发表马可题为《二人转》的文章，“蹦蹦戏”得以命名为“东北二人转”。起源于“唱乞艺术”的二人转，发祥地在辽西走廊和海城沿海一带。那时，关内的艺术品种在海城口岸汇聚，秧歌、莲花落等艺术形式为二人转的源头。1906 年，锦西老艺人王荣将辽西秧歌和辽南秧歌整合，并带班进关到唐山、天津一带，学习冀东莲花落的唱腔和曲目，蹦蹦戏经过融合出现了新的演戏形态，二人转从开拓期进入成熟期。其标志就是，形成了完整丰富的唱腔——“九腔十八调”，演剧形态形成固定形态，有丰富的剧目 200 到 300 个，艺人形成了多种流派。传统民间二人转是双线结构，既有情节线又重视俗艺线。

第二阶段是专业二人转时期。1953 年前后，民间二人转纳入了政府文化建设中。1955 年，组建了二人转艺术团体，改变了过去师徒带班，师承谱系的规则。过去是一个师傅带着三五个人或几十个人，在农村流动演出。到了解放后，由国家解决了二人转艺人的生活、剧目建设、演出条件等问题，形成了专业二人转时期。此时的二人转，“说唱靠作家打本子，唱腔靠音乐家打谱子，舞台行动靠导演摆位置”，形成“三靠”的演出形态。此阶段的二人转完全隐没了俗艺线，大大发展了情节线。从历史的角度来看，专业二人转只是传统民间二人转的一个变体。

第三阶段是当代民间二人转时期。20世纪80年代中期，传统民间二人转与城市大众文化相结合，占据了城市小剧场。它完全颠覆了专业二人转的模式，继承了老一代民间艺人的演艺传统，又拆解了传统规范，演员模仿和借鉴当代流行艺术形式，又将其二人转化，这一时期的二人转忽略甚至否定文艺的社会功能和教育功能，大大发展了二人转双线结构中的俗艺线，成为传统民间二人转的又一个变体。

（摘自许维萍：《农民的二人转如何成了市民的二人转?》，《辽宁日报》2006年2月24日）

“建团5年来，我们累计演出场次已达9000余场，一年365天，演员们没有休息日，奔波在全国各地的38个固定或流动演出场所，为大家带去欢乐。尽管如此，吉林省长春市的3家大型剧场一年中几乎还是场场爆满，一票难求，观众反响强烈。这更坚定了我们的信念——再苦再累也要满足基层群众看戏的需求。”近日，吉林省东北风二人转艺术团团长李云杰对记者表示。

东北风二人转艺术团是吉林省最大的民营文艺表演团体，自2002年建团以来，坚持传承与创新，创编演出了许多健康、绿色的二人转剧目。2005年12月，被中宣部和文化部授予“全国服务基层服务农民文化工作先进集体”称号；2006年5月，被文化部命名为“国家文化产业示范基地”。

（摘自肖春：《东北风二人转：民营院团的市场经》，《中国文化报》2007年9月21日）

在赵本山的悉心教导下，沈鹤慢慢地多才多艺起来，不仅学会了一身的“武功”，吹拉弹唱样样都行，特别是模仿明星唱歌简直是到了出神入化的地步。赵本山还给沈鹤取了一个艺名——“小沈阳”。

（摘自周柏杨：《“小沈阳”：赵本山带给我信仰》，《八小时以外》2008年第4期）

有很多人说，没有赵本山就不会有现在的“小沈阳”；有人说“小沈阳”自身的条件足够优越了，再碰上赵本山，不火才怪！采访了“小沈阳”，我们才对他以及赵本山有了更深一层的了解和尊敬。“小沈阳”也许真的是太有福气，能认赵本山这样的大腕做师傅。但是，我们还是相信，“小沈阳”和赵本山能有结成师徒的缘分，是因为他们从对方身上都看到了一股子气。这种气是精神，也是一种信仰。他们都是真正地热爱民间艺术，用心去表演，用灵魂带给观众欢乐和思考的演员！

（摘自周柏杨：《“小沈阳”：赵本山带给我信仰》，《八小时以外》2008年第4期）

为了能让二人转更有看头，能走出东北、为更多的观众所接受，东北风二人转艺术团提出了二人转的创新问题。他们在演出中尝试融合戏曲、舞蹈、杂技、武术等多种艺术表现形式，把专业的旦角和民间的丑角有机结合起来，创作出《为了谁》、《打虎上山》等作品，深受观众喜爱。又在舞蹈中融入了芭蕾舞、拉丁舞、桑巴舞、印度舞等异域特色，这种土洋结合的创新节目非常受欢迎。

有了这些成功的创新尝试，二人转开始走出东北，赢得了更加广阔的市场空间。据介绍，近两年东北风二人转艺术团多次受邀参加了江苏常熟杨梅节、宝岩观光节等一些省内外的展会、洽谈会、旅游节等活动，今年春节期间，他们还应邀到新加坡参加了“春到河畔新春文艺晚会”。

为了扩大二人转的影响力和知名度，东北风二人转艺术团还注册并建设了“中华二人转网”，搭起了一个能使二人转走向全国、走向世界的平台。目前，该网站每天的平均访问量近万人，最高达2万人。

（摘自肖春：《东北风二人转：民营院团的市场经》，《中国文化报》2007年9月21日）

二人转理论本身，即是一项复杂的系统工程。为建立科学完整的二人转理论体系，多年来许多理论工作者进行了系列化研究，并初步建立起二人转理论体系。

1. 二人转本体特征的系列化。从剧本创作到音乐创作，直到导演、表演、舞美等各环节，都建构起完整的二人转理论体系。例如关于剧本的题材内容，就概括为讲古类、爱情类、悲苦类、善恶类、公案类、神鬼类、田园类、寓言类、喜笑类、优美类等十大系列。又如田子馥著的《二人转本体美学》，就分为阐发自身、哲学意味、演剧体系、双向交流、“动”的章法、滑稽精神、民间剧诗、百年精粹、当代风采、本体历程等十大系列，也自成科学完整的体系。

2. 整体理论建构的系列化。从理论上考量，二人转的整体理论建构也以系列化的方式形成体系化的大格局。既有二人转史学研究，如王肯、王兆一著的《二人转史》，李微著的《东北二人转》辽宁部分，隋书今著的《黑龙江二人转史志》，王肯参与编辑的《二人转史料》一一三集。又有基础理论研究，如袁文波、王天君著的《二人转艺术论》；还有基础知识的普及，如王玉文编辑的《二人转词典》。可谓内容广泛，体系完整系列，清晰。

3. 理论形式的系列化。从二人转理论形式上考量，也以系列化的方式形成体系化的大格局。既有学术专著，如王铁夫的《二人转研究》，田子馥的《二人转本体美学》，袁文波、王天君的《二人转艺术论》，王肯的《土野的美学》，靳蕃的《二人转曲牌集成》，王肯、王兆一的《二人转史论》，李微的《东北二人转史》辽宁部分，隋书今的《黑龙江二人转史志》，寄明的《东北蹦蹦音脚》。又有学术论文与理论评论文章，如王朝闻的《开心的钥匙——吉剧和二人转观感》，高占祥的《万人围着二人转》、王兆一的《论“说口”》、杨朴的《论二人转艺术的构型》、孙国华的《二人转舞蹈概述》等等。尤其要强调指出的是，二人转理论体系中还包括二人转艺人艺诀、艺谚系列，这就使得二人转的理论研究密切结合实践，力戒了“空谈理”的倾向。那炳晨就有论文《东北地方音乐诀谚的研释》，《戏剧文学》“二人转宝典”栏目中，还刊发有萧萧女搜集整理的《二人转艺诀》特征篇，如：“千军万马，全凭咱俩，分包赶角，装啥像啥。不隔语，不隔音，更要紧的是不隔心。”就十分精彩恰切，发人深思。

4. 二人转理论队伍的系列化，主要表现在梯队化和资历的层次化上。梯队化主要指年龄而言，既有老一代二人转理论家王肯、王兆一、袁文波、田子馥，又有中年二人转理论家常晓华、薛成荣，还有一大批青年二人转理论家。资历的层次化，指的是既有全国著名的美学家王朝闻，又有名不见经传的一般二人转理论研究者。这里应当特别提到的是被二人转人誉为“二人转红衣大主教”的王肯，他除了创作出许多吉剧、二人转精品以外，还是一位全才型、高水准的二人转理论家，他对二人转艺术娴熟通透，博大精深，就像被誉为京剧“通天教主”的王瑶卿一样，“二人转红衣大主教”之名，他也当之无愧。

（摘自杨昆：《当前二人转理论研究漫议》，《戏剧文学》2007 年第 10 期）

每年春节期间，省民间艺术团都会参加一些联欢演出活动，且呈现出越来越火的迹象，演出形式也趋向于灵活多样。但相当多的演出不是全团组团进行二人转专场演出，而是一两个节目或几名演员出去，与其他院团和主办方的节目一同构成一台晚会。其实，作为一种地方戏，二人转与别的戏种相比，既有自己突出的地域特色，又以其热烈红火、幽默喜庆的风格而独树一帜，因此非常契合节日的热闹气氛，传统唱段《小拜年》和一些有说有唱的雅俗共赏的小品、拉场戏等是突出代表。另外，二人转由两个人表演，节目可长可短，不需要特殊的舞台和复杂音响灯光等演出设施，因此相对演出费也不会太高，很容易适应市场的需求。

（摘自孟凌云：《二人转应抓住春节档期》，《吉林日报》2006 年 1 月 21 日）

二人转是一种从群众性的民间歌舞活动中分化出来的艺术形式，而这种分化完全是市场作用的结果，是市场需要才催生了二人转艺术的产生。随着社会的发展进步，二人转这种由农业文明中生发出来的艺术形式，也随着时代的发展，进入到后工业时代和信息时代。在新的历史时期里，二人转的受众结构也愈加复杂，观众的文化层次逐渐提高，他们对二人转艺术的欣赏需求，已从以往那种寻开心、看搞笑、图热闹为满足的低级层面，向追求审美愉悦的高级层面转变。面对这样一个变化了的市场，二人转艺术要与时俱进，在保持自己固有特点和风格的基础上，努力适应市场的变化和需求。不仅要表达出农民的思想和性格，也要表达出工人阶层、市民阶层以及其他各阶层劳动人民的思想和性格，这样才能适应社会的变化需求。进一步发展二人转艺术，提高二人转的文化品位，是建设先进文化，发掘地域文化特色，促进民族艺术发展的重要举措。需要全社会的大力支持。就二人转艺术本体而言，自我完善，创新发展，则是二人转艺术进一步发展的必由之路。

（摘自张宇辉：《发展二人转艺术的现实思考》，《文化学刊》2007 年第 6 期）

一个人对于一个地方剧种能做点什么？著名小品演员赵本山对这一问题无疑作出了最好的回答。这位喝着“二人转”奶汁成长起来的小品怪才，身体力行，尽自己最大的努力来倡导和推动“二人转”这一地方剧种的健康发展。

继 2001 年举办首届“赵本山杯”东北二人转表演大赛、2004 年举办第二届“赵本山杯”二人转大赛后，拜“二人转”所赐成名的赵本山近日又有大动作，由他牵头的 2006 二人转全国巡演活动正式拉开帷幕，并计划用两年时间让这个在白山黑水间孕育、成长起来的民间艺术“转”遍全国。这是一个创举，这更需要勇气。它所折射的意义是巨大的，影响力也必将是深远而持久的。有人说，二人转不能总是沉湎于庸常甚至于低下的生存状态，是的，虽然它是东北人的专利，但这个“专利”不能囿于一隅，它应该成为全国人民共享的艺术产品。

（摘自耿宝文：《赵本山：一个人的“保卫战”?》，《工人日报》2006 年 3 月 3 日）

地方剧种是什么？它是民粹，它是散发着璀璨光芒的文化标签、凝重的历史积淀、根植于我们血脉中的一种思想和情感认同，具有鲜明的地方特色、民间智慧的结晶。可以说，地方剧种已经深深地楔入我们的骨髓，是挥不去抹不掉的。

（摘自耿宝文：《赵本山：一个人的“保卫战”?》，《工人日报》2006 年 3 月 3 日）

产业效益

提起笑星赵本山，路人皆知。但您不一定知道，赵本山创办并领衔的辽宁民间艺术团，去年演出"二人转"1760场，演出收入达4200万元。其实，这只是辽宁省民营文化产业迅猛发展的一个缩影。最新统计表明：2006年辽宁省文化产业共创造增加值50.3亿元，其中民营文化产业创造的增加值已占40.9亿元，可谓五分天下有其四。

（摘自：《辽宁民营文化产业发轫 "二人转"收入4200万》，东北新闻网2007年2月2日）

以沈阳为例，单二人转这一项演出，就能为沈阳年增加5000万元的营业额，而凡是与二人转搭边的都身价倍增，难怪一位在沈阳从事多年二人转经营的业内人士总结道："二人转就是印钞机。"

（摘自：《二人转赚钱惊人 堪比印钞机》，中国吉林网2008年1月15日）

虽说刘老根大舞台还没火到天天彩旗飘舞的份儿上，可逢年过节在过道上花个五六十元加个板凳那可是再正常不过了。记者近日走访了沈阳生意最火的位于中街的刘老根大舞台，发现票价在50元到200元间，可真正能买到50元票的人不多。据了解，每天也就卖5张左右，剩下的就是120元、180元和200元的票了，每场演出平均有11万元左右的收入。即便如此，周末和节假日剧场仍旧场场爆满，还经常出现一票难求的情况，即便周一到周四，剧场的上座率也能达到八成，这可让明星们眼馋死了。记者给沈阳四家二人转场子算了笔账，刘老根大舞台在沈阳三家店的年收入过4600多万元，而群众影剧院的二人转场子日收入近万元，四家加起来近5000万元的年收入可以毫不含糊地跟任何一个明星演唱会相比，就是成龙年演出额能赚到这个份儿，他都得乐得屁颠屁颠的。

（摘自：《二人转赚钱惊人 堪比印钞机》，中国吉林网2008年1月15日）

重要文章选登

把握改革创新的时代精神 构建我省二人转艺术竞合发展的新格局

——在“二人转”艺术发展研讨会上的总结发言

林　君

近年来，随着“二人转”艺术的发展，特别是随着演出市场份额的不断扩大、影响力的不断延伸，“二人转”这朵生长在东北黑土地上的民间艺术奇葩，越来越受到社会各界的广泛关注。我省的“二人转”艺术在优秀领军人物的带动下，在省内外媒体的强势推动下，在文化消费群体的驱动下，无论在艺术生产方面还是在市场开拓方面都取得了长足发展，形成了国有院团和民营院团竞合发展、省直院团和基层院团竞合发展的良好态势。

吉林省的“二人转”艺术作为一种平民艺术，不仅在吉林的土地上生根、开花，深受广大群众喜受，而且走进了黄河流域，并逐步向长江流域渗透，以期寻求更大的发展。多年来，东北“二人转”这个独特的艺术品牌在满足百姓娱乐需求、丰富城乡文化生活方面起到了很好的作用，我省的一些表演团体也得到了中宣部、文化部的充分肯定。因此，从总体上讲，我省“二人转”艺术的发展是健康的、积极的，市场前景是好的。但是，也应该注意到，“二人转”艺术在健康、积极发展的过程中，还存在着一些需要加以引导和解决的问题。

一是存在“黄绿之争”：“黄绿之争”主要体现在对当下“二人转”演出内容方面存在的不同看法。对于这个问题，学界、业界以及媒体都比较关注。所谓“黄”、“绿”，涉及到对雅俗的把握问题。“二人转”艺术是民间艺术，是平民艺术，是雅俗共赏的艺术，更多地体现在“俗文化”的层面上，是大俗之中见功力的艺术。但这种“俗”不能伤雅，不能害雅。之所以在这个问题上产生争论，这说明我们在处理“二人转”雅俗关系上还存在一些需要解决的问题，存在进一步抑制低俗和陋俗的问题。

二是存在“真伪之辨”：“真伪之辨”实际上讲的是如何对待和处理二人转本体和客体的关系问题。它不仅体现在“二人转”艺术的演出形式和演出样态上，更隐含着传承与创新的深层话题。艺术的传承与创新是一个永恒的命题，也是“二人转”艺术发展到今天必须面对的两大课题。“二人转”艺术距今已有近三百年的历史，经历了从老一代民间艺人到新一代专业艺术工作者长期的艺术实践的打磨和积累，留下了大量的经典段子和经典音乐唱腔，以及表演手段上的绝活、技巧等。这些宝贵的艺术财富需要传承下来，我们不能把几代人的艺术积累、几百年的艺术精华统统丢掉。但是，我们在继承“二人转”优秀传统的同时，又要有所创新，有所发展。时代变了，文化消费群体的成分构成和娱乐需求也随之发生变化。如果我们的作品与当下的生活有隔膜，就很难打动现在的观众，同时，既要围绕本体做文章，提高核心竞争力，又要积极借鉴影片、杂技等各种艺术，但这种借鉴不能脱离本体，甚至失去本体，衍变为其他表演艺术。因此，如何吸引当下的“二人转”消费群体，让他们走进来、坐得住，这就需要我们的“二人转”表演团体和艺术指导部门，在把握“二人转”本体特征的基础上，进行多方面的调整和创新，在作品内容上更加贴近当下、贴近观众；在演出方式上，更加注重时代感、注意与观众的现场互动，从求繁荣、求发展的目的出发，处理好在“二人转”艺术发展过程中传承与创新、完善本体与借鉴客体的关系。

三是存在“优劣之论”：目前，我省的“二人转”演出市场呈现出国有院团、民营剧团和散在的民间艺人多元发展的格局。其中，建团历史较长、艺术积淀较丰厚的国有院团和在产业上已初具规模、各种机制相对灵活的民营表演团体，在演出市场份额上、在人才资源配置上，在媒体宣传推介上都构成了明显的竞争态势。这种竞争折射出来的是表演团体的体制、机制创新问题。从市场开拓和产业经营的角度看，民营演出团体有着自身的优势。民营剧团从成立伊始，就非常清醒地意识到自己是在“经营文化产业”。明确的“产业意识”和经济体制定位，使民营剧团既没有历史遗留下来的体制、机制上的负担，也没有依赖政府“包”着、“保”着的幻想，一切要按市场规律办事，一切要靠实力打拼，一切着眼于观众。特别是经营者要对产业的生死存亡负全责。在“用人”和“分配”这两大运行机制上，民营院团实现了真正意义上的“按劳取酬”、“双向选择”，使“重视人才”、“吸引人才”、“留住人才”不至于成为套话、空话；在演出形态上，由于民间“二人转”目前尚处于一种动态的发展变化过程中，这反而使民间“二人转”吸纳其他门类艺术、化他为我的能力较强，演出样态灵活多变，可以根据生活的变化、观众需求的变化适时进行自我调整，适应性比较强。但是，在艺术层面上，国有院团有着较丰厚的艺术资源，在表演上，在原创剧目生产上、在理论研究上，都有一批有影响的领军人物，整体艺术含量比较高，对观众引领作用大。总之，“二人转”艺术市场上的“优劣之论”，为我们表演团体的体制改革和机制创新提供了很有价值的议题，我们的职能管理部门和艺术指导机构要认真调研，切实解决表演团体的体制改革和机制创新的问题，促进两者之间优势互补，竞合发展。

四是存在“管放之议”：在“二人转”艺术遍地开花、演出市场十分活跃的今天，演出市场必然出现一些鱼龙混杂的现象。我们的职能管理部门对“二人转”市场的管理要着眼于繁荣，尊重现实状况，逐步加以引导、提升，在发展中规范，在繁荣中提升，该放的放开，该管的管好。要尊重艺术规律，倡导积极的、乐观的、健康向上的“二人转”演出，推动“二人转”艺术的健康发展，在这方面，我们还存在着很大的工作潜力。

五是存在“文化之说”：任何一种艺术都带有它生成于斯的文化印迹。“二人转”是在东北黑土地上发展起来的民间艺术，它带有东北民俗文化和东北地域文化的显著特征，东北黑土地上的广大观众与“二人转”艺术有着来自文化渊源上的天然亲和力。因此，“二人转”艺术在东北深受广大城乡观众的喜爱。最近几年，随着东北小品和反映东北生活的电视剧在全国的热演、热播以及“二人转”演出市场的不断拓展，我们的“二人转”艺术在黄河流域也很受欢迎。但是，长江流域观众目前对东北“二人转”艺术还处在磨合之中，尚未在文化层面达成广泛共识。另外，中西不同的文化观念也影响着西方观众对“二人转”艺术的接受与欣赏。“二人转”的喜剧精神和“丑角艺术”对中国东北或黄河流域的百姓来说是“轻松”、“解乏”、“开心的钥匙”，是民间智慧和审美情趣的体现。但到了西方，就与西方的人本主义价值观发生碰撞，特别是模仿残障人员动作的一些表演，是西方文化不好接受的。因此，我们的“二人转”艺术要想进一步向前发展，走向全国、走出国门，还面临着一些文化上的碰撞，还有许多问题需要从文化的角度进行思考和完善。

总之，这五种现象说明，当前“二人转”艺术还存在着如何进一步创新、如何进一步发展等几个方面的问题，今天只是把题目点出来，供大家思考。

在下一步的工作中，我们一是要对我省“二人转”艺术目前形成的良好发展态势积极加以推动，在推动的过程中，不断完善、不断创新，形成一种积极的工作氛围。

二是在具体实践中努力处理好以下几组关系：

第一要处理好“高雅”与“高兴”的关系。

“二人转”艺术是民间艺术，是平民艺术，我在前面说过，它是一种俗文化，但是要俗不伤雅，做到不恋殿堂，但要通往殿堂，不盲目追求高雅，但要不伤高雅，这是基本原则，尤其不能调侃政治，戏弄道德。要拒绝淫秽内容。“二人转”艺术要坚持以健康娱乐为主的原则，要让老百姓高兴，让老百姓得到愉悦。在这种健康娱乐的基础上，兼顾到艺术的审美功能和教育作用。

第二要处理好“优势”与“优长”的关系。

“国有”和“民营”这两种不同经济体制和不同管理机制的院团各自有着自己的优长与优势。国有院团在保持“二人转”本体特征方面、在经典剧目的积累方面、在艺术积淀上、在演员的综合素质上都有自己的优长；民营演出团体有长于变通的优势，有市场开拓的优势。我们要把这两者的关系处理好，形成优势与优长的互补。

第三要处理好“管理”与“繁荣”的关系。

不能否认，在当下的“二人转”演出中有涉性问题。但严格地讲，不是所有的涉性话题都是性垃圾，我们应注意区别什么是“性幽默”，什么是“性垃圾”，以便在理性的前提下加以引导。但“二人转”表演不能以低俗为趣，要大俗之中通大雅，大俗不伤大雅，这是一条基本的道德底线。

第四要处理好“普及”与“提高”的关系。

民间和基层的演出要努力满足百姓文化娱乐生活需求；国有院团特别是省直院团要力求创作出适合现代观众欣赏需求的精品剧目，并做好示范、推广工作。同时，在管理上也要具体情况具体分析。我们的管理部门和演出单位要根据不同的演出场合、针对不同的观众对象加强分类指导，对演出内容进行不同的引导和规范。在专业剧场演出要比在田间地头演出有所规范，在荧屏上播放要与在大众剧场演出有不同的要求。“二人转”既然是一门艺术，我们就要按艺术规律办事，用科学的态度来对待它，用社会主义先进文化的前进方向引导它，贵在包容，重在引导，旨在繁荣。我省的“二人转”艺术发展前景是乐观的。我们有王忠堂、韩子平、郑淑云、董玮、闫淑平等一批优秀的表演艺术家；有王肯、王兆一、金世贵、那炳晨、王木箫、杨朴等理论研究方面的专家；有省民间艺术团的老品牌，有东北风艺术团、和平大戏院这样的民营品牌，相信吉林省的“二人转”一定能转起来、转出去，转出艺术魅力来，转出经济效益来。

文化体制改革的目的是为了解放和发展生产力，改革是否成功归根到底要看我们的各种艺术门类能否发展起来、繁荣起来。“二人转”艺术在舞台上是二人“转”，在台下要大家“转”，因此，希望大家共同参与，共同培育，为“二人转”艺术的发展营造一个健康、繁荣的新局面，使它真正立足本土（东北黑土地），不离本体（二人转艺术的基本内核），不弃本位（平民艺术），不断出新，不断出彩。

解构·建构

——关于东北民间戏剧二人转

王红箫

中国曾是戏剧之大国，但今日戏剧的命运却令人痛忧。在许多剧种、剧团难以维系生计时，人们愈来愈关注东北民间戏剧——二人转的发展。它为何而生命依然？它的活力在哪里？

敢于解构

延续传统，是越古老越好的中国人的原则。传统固然有价值，但当传统与现实生发矛盾之时，再一味固守传统，不思解构自身进行新的创造，那将是愚腐陈旧的保守主义。

昨日的戏剧不是今日的戏剧。我们应该拥有属于我们这个时代的戏剧，我们早该冲出传统的桎梏，打造一片新的艺术空间。但由于以往的艺术体制，戏剧并非面向观众，戏剧高台教化，程式僵化，已处于远离当下中国百姓审美趣味的"伪戏剧"的境地。

真正的戏剧在民间。

东北民间戏剧——二人转，在正常的并非畸形的戏剧存在土壤上，在与观众"不隔语，不隔音，更要紧的是不隔心"的交流碰撞中，无拘无束地自由创造，不局囿于成规。

当下在城市中演出的一些民间艺人，成功地创造出被城市观众所喜爱的东北民间戏剧——二人转，他们不仅在演出内容上与城市百姓心心相印，更在演出形式上进行种种探索。他们的演出效果极佳，台上台下情感互动，碰心开心。这些民间艺人们，为与今日城市观众"不隔"，敢于解构二人转。在解构中，与其说背离了传统（譬如在有些剧目中不用延续已久的手绢、扇子），毋宁说拾回了民间戏剧的精髓——打破定式。这种大胆的艺术创造精神是民间戏剧生命不灭之根。

理论家们总是惊异：同样是产生于封建时代的剧种，为什么东北民间二人转能超越时空，今日生命依然？

我们的确需要透过东北民间戏剧——二人转的存在状态，进而反思中国一些剧种、曲种的命运。"生于民间，死于庙堂"的那句老话难以忘怀。在民间艺人变成国家职员——戏剧工作者之时，在只为汇演而排戏、演出不演出收入一个样的体制下，曾经具有民间性的民间戏剧其实已失去了活力。

远离了观众的戏剧是没有生命力的戏剧，远离了观众的戏剧是停滞在远离之日的戏剧。

为使今日戏剧拥有艺术生命力，必须像凤凰涅槃一样，敢于解构，在解构中寻找那已逝去了的戏剧生命。

解构纷乱

艺谚云："二人转要同观众走一条道。"然而，观众群体三教九流，五花八门，并非在一条道上，艺人们该怎样抉择？在解构二人转的艺术创造中，切忌"一窝蜂"地崇尚一种模式，清一色地追寻一种风格，而应该按照不同层次观众的不同审美期待，创造出不同风格的作品。尤其是在当下中国艺术转型时期，任何对东北民间戏剧——二人转的探索，都有其一定的价值。

回望东北二人转的历史，传统民间艺人也在解构中求发展。他们随着戏剧时空的变异，随着观众审美趣味的变化，不断改变二人转的表述方式。最初的二人转是打竹板，唱很多，逐渐增加了舞蹈的成分、说口的成分。民间艺人在东北农村那种有限的条件下，在流动演出中，看见当时老百姓也喜欢大鼓、杂技、皮影等艺术样式，就在二人转里融进了这些成分。20 世纪初，二人转走进城市时，城市人爱听梆子、落子，民间艺人又汲取了这些营养。城市中的二人转在茶社里演出，演出空间与以往有了很大不同，演出时间也从在农村唱一宿改为一场演 4 个节目，一个节目唱 40 分钟。民间艺人必须根据戏剧时空的不同改变二人转，《大西厢》在农村演出能唱两个小时，在城市演出就要大大削减。民间艺人正是在改变二人转、解构二人转的艺术创造中，使二人转一直转到今天，真正继承了东北民间戏剧二人转的传统，可以说，传统活在解构中。

当下，在城市中演出的有一些想法的民间艺人，他们对二人转进行了全新的解构，使二人转外在形式上变化很大，但却不失二人转无形的传统，譬如《傻男人也潇洒》等。这些东北民间戏剧二人转让人感受到在这些民间艺人脚下似乎能走出一片二人转新天地。

在一些保守者眼中，当他们以凝固的外在形式为圭臬，来量度今日二人转时，他们会认为《傻男人也潇洒》不是二人转，理由是人物已不中性扮，没有跳进跳出，唱又很少，手绢、扇子也不存在。但我认为《傻男人也潇洒》依然是二人转，它体现了东北民间戏剧精神，那就是台上台下，观演互动，用艺人的话说，是"不隔语，不隔音，更要紧的是不隔心”的“不隔”！民间艺术是民间百姓心性的显现，在真正的二人转观演空间中总是自然流淌出浓浓的东北民间真情。我曾经在《你的艺术》、《我你他结构》的系列论文中论述了二人转艺术形态的独特性。二人转不是孤立的艺术，而是全方位地向观众开放的艺术，它的艺术价值是在我（演员）、你（观众）、他（人物）三者的互动关系之中实现，它要完成“我与你”、“我与他”、“你与他”的三维交流对话。从这个意义上说，二人转看似简单，实则丰富，在“小型多样”的演出中，满足观众的种种情感欲求。难怪艺人自己这样评价今日的二人转：它像小品又不是小品；它像相声又不是相声；它像歌曲又不是歌曲；它像戏曲又不是戏曲。其实，传统二人转也处在多种艺术门类的中间地带。理论家们曾认为二人转是从曲艺向戏曲过渡的艺术，但为什么过渡来、过渡去依然尚未定型，恐怕东北二人转的本质就是一种边缘艺术，或被理论家称作类似“间性”的艺术。它的说、唱、扮、舞诸种艺术手段，它的“形散而神不散”的自由结构，它的一男一女、一旦一丑的“二”的形态，都带给艺人多方面满足观众、愉悦观众的艺术创造空间。东北二人转的这些特质，依然存在于今日变化了的二人转艺术中。

我们不能不承认，《傻男人也潇洒》令人耳目一新，观众顿生视听美感。“傻男人”的形象是人物扮的，而非中性扮（姑且不说二人转的一个分支拉场戏的人物就是人物扮），这似乎失去了二人转的特性，即以中性扮的演员跳进跳出的表演，来完成演员与人物、演员与观众、观众与人物的多维交流。其实，《傻男人也潇洒》虽然是人物扮，但却另辟蹊径实现了戏剧的多维交流。在《傻男人也潇洒》演出前，演员非人物扮的以“说”的方式与观众交流，当他扮作“傻男人”之后，扮前与扮后的反差更让观众新奇。演员以“傻男人”形象出现在舞台上，一方面像话剧、戏曲那样，其言语动作、行为动作是为了表现自己的个性，从而实现了演员与人物的交流。譬如演员上场说：“吃不用愁/喝不用愁/大街小巷瞎转悠/吃别人剩/穿别人剩/也不管干净不干净/……我这前半生活得太潇洒/公安局不管/法院不抓/走到哪儿都是家/我闲着没事/往哪个门口一趴/好心人还能给点零钱花。”另一方面又与话剧、戏曲不一样，其言语动作，行为动作不是为了塑造自己，而是诉说观众心中的郁闷，是观众的代言人，从而实现了演员与观众的交流。

解构二人转，是因为固有的二人转样式已不适应当代观众的审美趣味。在年轻观众眼中，手绢、扇子是那么俗气，甩来甩去无什么美感。手绢的绝活处处看到，不再令人感到奇妙；扇子的造型庸俗矫作，激不起观众的兴趣。既然这样，就没有必要非得保留手绢和扇子。如果今日二人转工作者们，误把失去了当代民间戏剧精神的二人转老套路奉为二人转的优长，承袭，模仿，貌似创造，那么所产生的作品也必定不会被民间百姓所喜爱，它不过是当代民间戏剧的赝品。

解构僵死的东北二人转的“老套路”，是今日二人转工作者不能回避的问题。在解构中为适应观众口味，会有种种不成熟的“拿来”尝试。解构允许纷乱，解构中瑕瑜互见。反思艺人们的种种努力，在解构中建构，必将创造出属于我们这个时代的东北民间戏剧。

建构空间

不要以为东北二人转只是消遣娱乐而已，难登艺术的殿堂。

其实，今日的艺术世界不再是昔日的象牙塔，它越来越走向世俗，走向大众，它在寻求着与社会结合的最佳方式。今日民间艺人们明明白白地说，二人转就是要逗观众笑。

如果把笑的含义进一步放大，将其理解为“开心”，像民间老艺人所说：“二人转是开心的钥匙”。那么，“开心”作为审美快感，就是一切审美范畴带给审美主体的精神愉悦感，不仅是喜剧，还有悲剧、优美、壮美、丑。东北二人转追求多种审美风格，无疑会扩大自己的戏剧建构空间。

当然，东北民间戏剧与东北人紧紧相依。更多的东北人是“好乐”的，他们走进剧场，也是为了“找乐”，这种乐观、质朴、豁达的东北人性格，决定了东北二人转主要呈现出欢快、火爆、幽默的喜剧品格。

如何理解喜剧性？其产生的原因是什么？怎样营造喜剧艺术？是我们建构东北民间戏剧二人转的关键。

关于喜剧性产生的原因，历来有多种说法。在英国，经验主义哲学家霍布斯在《人类本性》中提出了“突然荣耀说”或“鄙夷说”。他认为凶恶是令人憎恨的，无伤大节的拙劣才可以令人发笑。当权威失去权威，让我们感到鄙夷时，他才使人感到可笑。“笑的情感不过是发现旁人的或自己过去的弱点，突然想到自己的某种优越时所感到的那种突然荣耀感。人们偶然想起自己过去的蠢事也往往发笑，只要那蠢事现在不足为耻。人们都不喜欢受人嘲笑，因为受嘲笑就是受轻视。”（霍布斯语）二人转有许多这种类型的喜剧，它在轻松愉快的氛围中否定着人的陋习。观众在喜剧的虚拟世界里发现人的弱点，陶冶人的性情。喜剧艺术既满足了人们的精神需求，又增添了生活的乐趣。

在德国，流行着“乖讹说”或“预期失望说”。乖讹，指不和谐、不协调。一般是指打破现有的秩序或规律，让人的紧张的期望突然消失。康德在《判断力批判》中说：“在一切引起活泼的撼动人的大笑里必须有某种荒谬背理的东西存在着。……笑是一种从紧张的期待突然转化为虚无的感情。”他认为可笑的东西，是荒谬的、不伦不类的、乖讹的，常常出乎人的预料，让人们的心理期待突然归于消失。二人转也显现出这种喜剧性，目前在城市里流行的民间艺人们的幽默笑话里，有许多是以“预期失望”来引人发笑的。

在法国，著名哲学家、直觉主义哲学体系的创始人柏格森提出了“生命的机械化”理论，他在1990年出版了《笑——关于滑稽含义的一篇论文》一书，从他的生命哲学出发，认为生命是一个不断创造的过程。作为这种创造的推动力的，是一种盲目的非理性的本能——“生之冲动”。“生之冲动”不断推动生命向前奋进，不断使生命趋于紧张和活动。生命的最基本的价值，就在于它的紧张性和活动性。而一般物质，作为生命的反面，则显得僵硬、呆滞，阻碍生命的前进。因此，生命的责任，就是战胜物质，当它战胜物质，它就欣欣向荣，它就前进；否则，它就停止，甚至死亡。而喜剧产生的原因，就在于动作、姿态、形体的机械化。卓别林的喜剧意蕴给人这种喜剧感觉。二人转则很少显现出这种喜剧性。这恐怕是因为中国传统文化大背景下“天人合一”的意识，以及中国物质发展并未像西方那样达到扭曲人生命状态的地步。但随着中国市场经济的进一步发展，人与物的冲突越来越凸现，这类喜剧值得尝试。

在奥地利，弗洛伊德提出了“心理能量消耗的节省说”，他于1905写了《巧智和无意识的关系》一文，1927年又写了《论幽默》一文，发表了自己对喜剧的看法。他认为人的本能欲望受到压抑，压抑到无意识之中，喜剧具有一种释放性的作用，让欣赏者发泄它们，使它们浮动在意识之中，得到满足。压抑需要心理能量，喜剧释放了本能欲望，无需再压抑。这种由移除压抑所费力的节省，弗洛伊德称之为“移除的快乐”。压抑既已排除，心理能量得到了自由的发挥，自然破颜为笑，乐不可支。二人转也有这种释放功能，观众走进二人转剧场，会感受到人与人之间自然放松的关系，观看二人转表演，心中的本能欲望的确得到宣泄。

在当代中国，人们也在探讨着喜剧性产生的原因。中国相声艺谚云：“理而不歪，笑话不来。”其实这只说对了一半，道理歪了，还不一定引起笑，歪理还得在逻辑空白中有“理”，才能逗人发笑。也就是说幽默产生在有理与无理之间。

可以说，喜剧观念、喜剧意识的开阔而不闭塞、超前而不滞后、清醒而不茫然，有助于二人转的创造者们，在喜剧天地中上下求索。

喜剧的效果是笑，“搞笑”这句时尚语被艺人用来指称他们的工作。在今日民间艺人演出的东北二人转的光盘上，标有这样的话语：“笑破了嘴巴没钱赔，乐破了肚皮没药医。”“幽默笑话，滑稽小品。”“狂歌劲舞，笑语连篇。”“开心一笑，解除烦恼。”“生活离不开地方戏，快乐少不了二人转。”生产快乐的民间艺人们苦苦探索，多方学艺，将二人转的触角伸向当下时尚的方方面面，拉近戏剧与观众的距离，生活中有趣的东西非常快地展现在二人转舞台上，努力满足着现代文化语境下的今日观众的精神欲求。

拾回了民间戏剧精神，艺人们才发现：活的民间戏剧传统不是靠原封不动地照搬照演传统剧目得以继承的，无形的民间戏剧传统只有在下一代人的创造中才能拥有生命。以往，我们所继承的有形的文化遗产，是丧失了民间精魂的呆板形式，我们是为文物价值而延续历史，并非为审美价值来创造鲜活的民间戏剧。

民间戏剧是群体创造的综合艺术，需要方方面面人才的合作，编剧、导演、演员、作曲、编舞、化妆、舞台美术等等。东北民间戏剧——二人转的表现手段，离不开说唱扮舞。我们的“狂歌”，我们的“劲舞”，是照搬流行歌曲、流行舞蹈的，我们能否推出东北二人转首创的悦耳的音乐、美妙的舞蹈？能否自然浑成地创作出以全新说唱扮舞为手段的、兼具跳进跳出、“我你他”多维交流的真正现代民间戏剧？当然，这并非一朝一夕之功。未来的路，长且难。

论大众传媒对二人转文化转型的重塑

阚　森

在我国，民间文化因大众文化的流行而呈现出被边缘及神秘化的生存态势，有学者指出，大众文化的喧嚣取代和压抑了民间文化，使之走向沉默。而时下，一个值得注意的现象对这种观点提出了挑战。一向以低级趣味著称的东北二人转唱遍了半个中国，与歌舞等艺术样式同登大雅之堂。民间文化与大众文化的对立统一正在以新的视角被诠释。

二人转作为民间文化的历时性考察

民间自发的原初性。作为流行于东北三省的地方戏曲剧种，二人转的形成追溯至今逾200年历史，至20世纪80年代，民间自发演出团体近80个，“取之于民”使二人转素有“农民戏”之称。它以农民自有的方式形成了对生活的娱乐化思考，满足过着相似生活、有着一致趣味的群体需求。二人转以“作者式文本”的方式呈现，创作者既创作出作品，又是作品的欣赏者，在接受的同时又去重新书写文本，并从中创造意义。二人转的精神内核正在于此。

二人转原初性的另一表现是，言语粗俗、插科打诨等构成了它的主要表意方式，并以满足人的原始欲望为主要动机。例如，二人转选段《皇亲梦》中：“那潘小姐遇上色狼了，这可坏事啦。”“没事，别看刘总管眼珠子焦绿，浑身充满了情欲，可对潘小姐来说，根本就构不成威胁，形不成恐惧。”“为啥呀?”“因为刘总管是太监呗——即使有作案心理，可是他没有作案工具。”

它是区域群体精神享乐的工具，这种文化气质注定是平庸、低俗而轻松的。

非商业化的传播方式。相对于大众文化的“非本真性”，民间文化表现出了独有的本真性。如同民歌、曲艺等民间文化样式，二人转也是群体表达自己情绪、希望和想象的手段。大车店、秧歌会、屯场等群体性娱乐地点构成了二人转主要表演场所。在“唱屯场”中，场院、炕头十几人围坐一堆，二人转登场表演。制造元素、追求利润尚未成为这种文化行为的主要意图。二人转的小众传播使其发展受到了在地性限制。

大众传媒对二人转的重塑：作为大众文化的消费娱乐意义

传媒关注：二人转突破在地性限制。在不同文化交织成的文化圈围中，当民间文化的传播环境从有机社会转为组织化社会时，它必将成为大众媒介的“新宠”，并按照大众文化的模式满足公众娱乐需求。

需要指出的是，民间文化的沉默与崛起，区别在于其创造者是否借助大众媒介带动受众注意力的转移和集中。1990年，赵本山操着浓重的东北口音，携小品《相亲》亮相春晚，大众媒介的关注使二人转突破了在地性限制，具备了公众集体创造的大众文化雏形。

可以看到，《相亲》及此后的赵氏小品，其表现方式皆脱胎于二人转样式：农村题材及人物角色，工整对仗的台词，杂技类绝活表演，中间用类似相声的段子相启承。二人转选择了以小品的方式被公众认知和接受。

传媒重塑：二人转的文化转型。市场经济作为意识形态的合法性被确立后，大众文化的规模生产具备了合理性依据。赵氏小品应潮流展开的系列创作开始成为一种高度参与的文化形式。它契合了中国1亿农民的娱乐需求，亲和力、土根性使大众从文本中寻找与自我生活的关联，接受属于自我的意义与快乐，这为二人转的大众文化转型打下了牢不可破的受众基础。

作为当时小品唯一的传播媒介，电视带有明显的大众文化倾向，因此，它所呈现的内容充满了迎合大众的预谋炮制色彩。这使得赵氏小品在连续十几年的春晚中收视率居高不下，拥有了独特的大众文化话语权。

传媒营销：作为文化商品的批量复制。二人转在衍变为赵氏小品的同时，也带动了一批东北农村题材电视剧的热播。受众从中找到了相似的演员、语言、道具。《刘老根》、《马大帅》，接二连三的续集，文化商品以不同的表现形式、相同的生产手段“被迅速而大量地拷贝，使得自身成为无穷无尽的复印件，从而成为批量制作、批量生产但又脍炙人口的艺术快餐”。

传媒显示出制造神话的巨大功能。巧合的是，电视剧成为传播二人转的主要形式；不同的是，电视剧已成为大众文化的典范，使二人转被不自觉地纳入意识形态范畴。二人转“主动参与”大众传媒：作为大众文化的意识形态意义在意识形态规范内，这股源于二人转的文化热潮使全体民众持续了近二十年的娱乐狂欢，同时，也实现了二人转从窄众传播向大众传播的转变。

如今，二人转已转战华北、华中、华东近半个中国。二人转被广为接受，关键在于二人转在不失母体、不失大俗的同时，被全方位地进行了创作整理：不被文化主流认可的元素已不复存在，演员除了在着装上保留二人转的原初态外，其表演主题、动作、道具都符合文化主流的框定。在这个转变过程中，二人转借鉴了大众文化模式，在既有意识形态指设内调整传播策略，靠近文化主流，在多元文化圈围内逐渐被认可。

思考民间文化在大众媒介环境下的未来发展之路

作为民间文化的典范，二人转的转型取得了成功，也为我国其他民间文化的未来之路提供了诸多启示。但这只是某种层面的借鉴，文化的特质性决定了各自文化发展之路的特殊未来。

大众媒介时代，同类文化之间，主流文化与大众文化、民间文化之间，皆不可简单地被认为是“对立”抑或“合谋”，而是呈现出复杂的交织状。民间文化不可避免地要改变自身传播方式和在主流意识形态下的文化策略，在保留民俗性的同时，积极地将自身纳入大的文化语境中，不是在寂静中陨落，而是在沉默中爆发。

二人转商业化的成功转变及其文化根源

赵燕南

就在传统戏曲江河日下之际，名不见经传的“二人转”，却红遍大江南北，从蛰居东北的一隅小戏走向全国，这是当下全球化文化语境之下文化寻根热潮的一个表征，挖掘这一现象的文化根源更具意义。当下全球化的文化空间，并非由各民族的多元文化交融而成。相反，它是以美国文化为代表的现代西方文化的垄断和霸权。那些积淀着祖国厚重民族文化的东西却日渐冷落。皮影戏、相声、京剧、昆曲正在淡出人们的视野。恰在此时，风情浓郁的“二人转”，“转”入人们的视野，向世人证实着中国民间艺术的强大生命力。在当前传统戏曲和曲艺都不景气的大背景下，二人转是如何转变才适应了新时代要求的呢？

这里，必须首先厘清“新时代”的涵义。从某种意义上说，“新时代”指改革开放以来，发展商品经济，进而建立市场经济体制这段时间。当代的各种文化艺术，必须在这个大的时代背景之下发展，这个背景或许很残酷，使得某些艺术样式枯萎甚至死亡。但同时也是机遇，某些艺术样式因势乘便，发展壮大起来。那么二人转如何转变才适应了市场经济的游戏规则呢？

二人转的转变主要体现在以下三个方面：

首先，传统二人转的舞蹈被大删大减，剩下的仅仅是上下场舞和走过场舞，取而代之的是大量的流行歌曲和笑话，说口更是成了大部分二人转表演的主体，说口在原来的二人转中比重很小，只起逗趣作用和调节情绪作用。但是，现在的二人转中“说口”成了表演主体。因此，现在的二人转表演更像是综艺节目。

其次，戏耍性模拟取代了正经性的表演。如小曲小帽代替了成本大套；逗哏、调情、性文化趣味的固定，使喜剧化色彩更加强烈。二人转历来讲“四功一绝”，即“唱、做、说、舞、绝”。其中，“唱”是最重要的，列为“四功”之首，目前，二人转演出最大的变化是减少了“唱”。把“唱、做、说、舞、绝”变成了“说、逗、扮、舞、绝”。

第三，娱乐性趣味取代了教化性主题。现在的二人转露骨地、强烈地追求娱乐性趣味了，这种娱乐性趣味又都是以“荤”的笑话构成的。注意，二人转本来就是以一种“性趣味”为主要形式意味的艺术，只要这个“荤”不被作为宣扬黄色文化的工具滥用就可以了。如果单从二人转表演形态的角度看，二人转的确是变了，但是，如果从文化的角度看，二人转又是“万变不离其宗”的，其艺术旨趣从未改变。变了的只是某些形式，转变的目的正是为了适应市场经济运作的游戏规则，其实质是商业化的转变。转变，是求得生存的必然要求。事实证明二人转的商业化转变是成功的，那么，二人转经过转变并取得成功，隐藏在其背后的文化根源何在呢？

首先，按照马克思主义观点，文化艺术活动是一种生产活动。这一论断放在今天市场经济的语境下来考量，越发显出张力来。艺术活动既然是一种生产活动，必然要受经济规律制约，要遵循商业流通规则。比之于其他戏曲形式，二人转具有生产周期短、速度快的特点。现实生活中的素材随意抓取即可入戏，这是二人转即兴发挥的固有特征，所以二人转总能够在很短的时间内不断翻新，推出新作品。

二人转在表演时（表演的过程可以理解为产品销售的过程、观众消费的过程、制片人利润实现的过程），具有随意性强、体式灵活的特点。表演者可以根据现场的情况，与观众互动，控制节奏，调整内容。

在当今社会，生活节奏日益加快，人们在艺术消费时青睐那些短小、精悍、不断翻新的作品，二人转商业化的成功转变突破了许多传统戏曲演出节奏慢、作品更新慢的困局，既能保障生产方面的充足供应，又能不断唤起接受者的欣赏热情，制造出更大需要。这就形成了供需方面的良性互动。这是许多商家梦寐求之而不得的。

其次，二人转与大众文化有大量相通之处。大众文化又称工业文化，按照西方马克思主义代表人物本雅明的观点，大众文化具有机械复制的生产特点，追求感官和肉体的刺激，不追求艺术的韵味，缺乏传统艺术对灵魂的叩问和余味曲包的灵韵，是一种平面化的浅俗的艺术。大众文化还具有暂时性特点，其作品生命力短暂，流行周期短，新陈代谢快。大众文化在艺术生产上采取工业化生产方式，是一种彻头彻尾的商业文化。

经过商业化转变之后的二人转就具有了大众文化的品格和气质。

当下的二人转作品，为迎合下层位的市民社会的审美趣味的艺术处理随处可见。在艺术生产上，二人转具有生产周期短、生产速度快的固有特点。现实生活的素材随意抓取即可入戏，加之现代工业的强大生产能力，二人转通过机械复制的生产方式被迅速制造出来，之后迅速占领市场。其作品比较空虚，没什么韵味可言，仅仅是表面上的对感官的视听冲击。为实现商业利润，二人转作品不断上演，制造欢乐、笑声的同时制造着新一轮的市场需求，在欢乐和笑声中，传统艺术的灵韵、蓄势待发的张力、耐人寻味的意蕴被消解得荡然无存。留下的是大众文化取媚世俗的娱笑和刺激。在幕后，制片人、投资者因为商业利润的实现而窃喜。

大众消费时代二人转演出的转型态势刍议

张　荔

二人转是产生并流行于东北三省的综合性表演艺术形式，它横跨曲艺和戏曲两个艺术门类，由“单出头”（即一个人进入角色表演）、“二人转”（两个人表演）和“拉场戏”（三个或更多人以人物装扮方式进行表演）三种演出形式组成。其中“二人转”属于曲艺中的“唱曲”范畴，“单出头”和“拉场戏”则属于戏曲或者戏剧中的“小戏”范畴。通常情况下，广义的二人转因包含了两个艺术门类而属于艺术文化的范畴，狭义的二人转即两个人演出的“二人转”属于曲艺艺术范畴。本文从剧场演出的角度，更重视狭义二人转的分析阐释。作为一种地域性很强的艺术文化形态，二人转从其诞生之日起就具有“穷欢乐”的特点，十分讲究“说学逗浪唱”，特别是“浪”得狂放无忌、“浪”得自由洒脱，其热辣、土野味和挑逗性等都是其他地方戏曲样式难以企及的。正是二人转这种当行本色，契合了当今大众消费时代的文化诉求，在新的时代中呈现出前所未有的新气象。因应时代，二人转出现了转型，产生了新的态势———狂欢化、鄙俗化、隐喻式讽拟体。当然，二人转的变通与发展不容否定，同时，其问题也不容忽视。

“狂欢化”：土野之美的现代转型

二人转是农业文化的产物，传统的二人转体现的是东北农民的智慧。这种“出身”与“本性”，决定了二人转“土野”的品格，因此，二人转的美，也属于“土野”之美。发展到都市后，“土野”的出身非但没有减少其自身的价值，反倒由于审美的距离，具有了更大的魅力。传统二人转的“土野”本色，并非一般人眼中的“粗俗”或“低俗”，而是一种根植东北黑土地上的农村民间智慧的展示，是其鲜明的民间立场与民间情怀的表达，是一种具有鲜活的乡间“土”味、“野”味、“浪”味，是俏皮滑稽的表演。在原生态的二人转中，其演出主体是两个演员，他们分别彩扮成一旦一丑，其中旦角称“上装”，丑角为“下装”，一女一男，一上一下，一“美”一“丑”，相得益彰；叙述统领，做舞配合；跳入跳出，模拟代言；唱说扮舞，变化灵活；“千军万马，全凭咱俩”；以简驭繁，以一当十。历经几代艺人的创造和积累，二人转拥有三百多个传统曲目，如《回杯记》、《猪八戒拱地》、《西厢》等，而今天在都市演出中，观众已很难欣赏到原汁原味的二人转表演——两个人表演的曲艺型二人转。传统二人转自身的优势，特别是过去素有"九腔十八调，七十二嗨嗨"的音乐唱腔以及"四功一绝"的表演手法已难得一见。当今的演出中，"杂耍"和"说口"已经成为演出主体，特别是以恶搞为能事的"说口"常常是博得台下的阵阵爆笑……在今天的演出中，二人转的"土野"之美已经被极度的煽情、搞笑所取代，狂欢化倾向显著。

今天的二人转演出仿佛一次次民间的狂欢：人们在那里看到的是嬉笑怒骂中亢奋情绪的宣泄和爆发，许多时候在演员不断升级的调动下，台下观众往往难以自抑地狂喊大叫呼应台上的表演，剧场气氛热烈，即使很理性的人也难以控制不被这种狂欢的气氛感染，台上台下有时竟成了欢乐的海洋。而且，这种狂欢没有边界，不受限制，人们摆脱了一切等级关系、特权、禁令，它使人不自觉地采取了非主流意识形态的官方思想观念，超越了原有的生活轨迹，在二人转营造的语言乌托邦中梦游。比如，在许多演出中，最能煽动观众情绪的"关于打倒日本帝国主义"的"说口"。在痛快放浪的语言发泄中，中国与日本历史上的纠葛被演绎为中国人酣畅淋漓的"复仇"，在对日本和日本人的极端贬讽中，民族的积怨与仇恨得到了最大限度的释放、化解。当然，场上的狂欢不是无序的，它是按照笑的原则，经过了精心的组织和安排。目的只有一个，即吸引观众并使观众"欢乐"起来。因此，它并不在意于引起悲剧化的净化、怜悯，多使用的是喜剧、闹剧的形式，在趣剧式的揶揄中逗乐、搞笑。演员一再申明演出的宗旨：观众"是来开心的，不是来开会的"。在剧场营造的趣剧情境中，二人转演出中"可笑的事接三连四而来，使观众来不及地笑乐，当时没有工夫去细想……（它）所用的乃是希腊亚里斯多芬常用的方法，将一个人的特别性格或将一件不应做的事，过分地形容，便成为攻击与讥讽了"。如此这般，二人转的"穷欢乐"传统在当今时代得到了充分的发展，甚至几乎走向了某种极致。在极度的笑谑中演员与观众共同缔造了"第二种生活"。

所谓的"第二种生活"是指"平民的节日生活"，是"生活在狂欢节上的表现，而表现暂时又成了生活"。这样，在剧场空间特定时间内演员和观众共同缔造了一个特殊的世界："第二世界"——以游戏方式建立的世界，人们游戏并快乐着，在快乐中回到了自身感官，抛弃了各种陈规戒律的束缚，摆脱了各种有形无形的压力。在剧场，人们实现了乌托邦理想与现实暂时的交融。这正是巴赫金所谓的"狂欢节的世界感受"。无疑，二人转的狂欢及狂欢带来的别样的生活视阈与感受，对于现代人在消费社会中程式化、教条化的生活方式无疑是一付十分有益的清热解毒剂；对于庸常乏味的日常生活也是疗效显著的镇痛剂、兴奋剂。在清热、解毒、镇痛、兴奋的调理后，人们就如同在狂欢节"谢肉欲"一样，能体会到一种由外而内的痛快、轻松和舒爽。正因此狂欢化使二人转演出在今天魅力不可阻挡。在消费时代，沉重的现代人谁不愿意卸下沉重的肉身，哪怕是暂时的、曾经拥有。

应该指出的是，这里使用的巴赫金狂欢化理论更加强调的是狂欢式的感受世界的方式：在某种程度上，向往着自由的感受、交往与对话；人具有了自己的独立自主的思维，享受到一种自由的感觉。巴赫金说："一切有文化之人莫不有一种向往：接近人群，打入群众，与之结合，融合于其间；不单是同人们，是同民众人群，同广场上的人群进入特别的亲昵交往之中，不要有任何距离、等级和规范，这是进入巨大的躯体。"在二人转制造的"这个躯体"中，人们实现了一种理想化的人际关系：交往与对话不拘形迹，是任意的、自由的交往。这种理想的人际关系也正是现代人在消费社会中求之而无法得到的，二人转给予了现代人这样的交流空间，部分地实现了人们自由交流的渴望与畅快。

狂欢化是二人转因应时代的变通策略，显示了其与时俱进的适应性和灵活性，这无疑是值得肯定的。但，其趋时媚俗、急功近利使传统的二人转本色不再，这不能不说是二人转无法回避、亟待解决的时代病症。

鄙俗化："贱文化"在二人转演出中的主要表现

伴随资讯技术的突飞猛进、图文时代的到来，中国社会的精神文化发生了巨大的变化。与传统纸质的、"听的时代"不同，在多媒体图文时代，是"看的时代"，看备受恩宠。随之而来的，"听的时代"崇尚理性、想象丰富、憧憬未来和理想化等被"看的时代"新的特质所取代。在"看的时代"，人们更加重视的是直觉和感官享受，鄙俗化倾向严重、"贱文化"畅通无阻，追逐快感取代了审慎的思索：我享受故我在，我看故我在，而绝非"我思故我在"。在这样的时代，恰恰使以狂欢搞笑为能事的二人转如鱼得水，它无可替代地成为地方戏曲市场的宠儿。

令人遗憾的是，受宠的却并非二人转土色土香的本色神髓，而是被放大了的"以俗见长"的特点。放大变形后的"俗"充满了鄙俗味，具有十足的贱文化色彩。当然，二人转艺术历来就是俗文化的代表，但传统二人转的"俗"，应该是通俗、民俗的俗，是民间百姓精气神的本真表现；而绝非庸俗、低俗的俗。今天二人转演出中频繁出现的"粉词脏口"尽管不是这个时代所独有，但其肆无忌惮的程度史无前例。传统二人转所具有的东北憨劲儿、地道朴实的哏儿、俏、野、浪几乎被洗劫一空，取而代之的是鲁迅先生所说的"把无聊当有趣"的男扮女装、恶搞暴笑、施虐受虐的疯狂等，比如演员一边表演倒立绝活，一边一口气喝一瓶啤酒；再如，很响亮地打对手的嘴巴或者对打等等……种种油腔滑调、猥形亵态、污言秽语充斥了舞台。满台荤话脏口、穷要恶逗的确取悦了部分观众，迎合了他们的低级趣味，但同时也使二人转误入歧途，陷入了“贱文化”的误区，卷入了“贱文化”的滚滚洪流之中。

当代对“贱文化”的痴迷已经形成一种新的大众趣味，作为文化趣味，“贱文化”的大行其道与精英文化不断被贬损、颠覆几乎同步发生，而它的发展大致经历了——从灵魂到感官到肉体——的进程。“从感官走向肉体”的精神逻辑，使人们既反对道德制约，又反对审美幻觉；因为不重视内容，故而俗；因为不重视形式，故而粗。其审美趣味主要集中在一种与崇高的道德愉悦、雅致的艺术趣味完全不同的生理快感上。这成为了浅白、低俗的“贱文化”滋生的肥沃土壤。

“贱文化”在二人转演出中的主要表现就是鄙俗化价值取向。鄙俗化使当代人的审美趣味具有了明显的反传统倾向。对传统的调侃、戏谑与拆解，实质上是一种有意识的“精神犯规”。所谓的“精神犯规”体现在二人转演出中就是：它只是一种游戏活动，不是直接地违法乱纪。一切都在二人转的游戏规则中进行，只是许多时候，“说”的语言，或“学”的气势，或“浪”的动作，或“逗”的分寸等超过某种界限——“越轨”——正是他们孜孜以求的情境。因为在这种情境中，他们能够使剧场充满感官刺激，在狂放中，举重若轻地实现人的某种释放乃至解放。应该肯定，适度的犯规、越轨是艺术保持其先锋性的艺术手段，毫无疑问具有一定的积极意义。但是，如果“人只能在精神犯规中获得心理—生理和谐，人自身就丧失了他的全面性，而沦为喜剧趣味的异化物。他失去了严肃、执著、愤怒等，这无疑也不是健康的精神结构。人的健康的精神结构应表现为种种矛盾在对立中达成的互补”。二人转的问题就出在这里。它没有能力也不在意与这种“互补”的达成，他们的舞台永远是倾斜的，感官刺激永远压倒理性思考，他们只有在倾斜中与观众合谋，在合谋中实现乌托邦式的精神与肉体的“越轨”与“犯规”。

事实上，“精神犯规”从一个侧面体现了现代人的道德困境，不把人们从这个困境中拯救出来，也就无法奢谈改变二人转低俗化的现状——尽管已经到了非整顿提高不可的地步。

隐喻与讽拟：精神犯规的主要方式

二人转“精神犯规”的主要方式就是娴熟地运用隐喻手法，它通过创造一种类似的话语氛围、戏剧情境，使观众在想象中或审美幻觉中沉醉与宣泄。在隐喻手法中运用最多且最较劲的莫过于性隐喻。性隐喻，即是一切都按着性的心理、意识和行为等来“编码”，也就是一切依照性的本原状态表演。性隐喻推崇的是弗洛伊德的泛性论：世界上的一切事物，不是象征男性器，就是象征女性器，再不就是象征着两性的交合状态……性隐喻还原了人类的原始意味，给人类文化、行为以一种最原初的表达……它吞噬了文明的内容，具有强大的破坏价值，而且这种破坏价值越大，给予人的快感就越大。

在二人转的演出中，性隐喻是无法回避的话题。本来“脏口”、“诨段”在二人转的传统曲目中就比比皆是，它是二人转“土野”之美的自然而本真的流露。同其他地方戏曲形式一样，“插科打诨，填词之末技也。然欲雅俗同幻，智愚共赏，则当全在此处留神”。用这种人们喜闻乐见的形式表达新的内容，使原本严肃的话题在俏皮、幽默、诙谐中完成。人在感受这种内容被架空的形式时，感到极大的愉快。应该说这是一种举重若轻的智慧，而且也能够迎合大众的审美趣味，身处下层的大众，无论物质上还是精神上受到的压抑都更大，他们有一种犯规冲动，需要释放内心的压抑……采用一种高智商的、妙在似与不似之间的隐喻手段，既可发泄其压抑和不满，又不会身受其害，因此这种性隐喻式的“黄段子”深受大大众的热爱和模仿。如果把握好其中的度不但不会低俗，而且会为二人转艺术增添魅力，正如李渔所说的“插诨之妙，在于近俗，而所忌者又在于太俗……”真正做到“取其俗而不俗者”是二人转发展中很难达到又必须重视的当务之急。

与隐喻手法并驾齐驱的是，当今二人转演出中不可或缺的有机组成部分——讽拟体话语方式的“说口”。特别是模拟政治文本的反讽话语在二人转中反响最为强烈——拿平时崇敬、肃穆或流行的人和事开涮，如拿日本首相小泉说事、讽刺刘欢及其流行歌曲等。在隐晦、反讽的嬉笑怒骂中化解积郁、颠覆权威——这是一种以游戏的方式流露的政治参与意识，是典型的底层平民心态的表达。他们既不甘于被抛弃在权威话语之外，实际上又没有权力对社会施加多大的影响，于是，以貌似无为的游戏、撒娇、拆解、颠覆来抒发内心的政治冲动就成为了一种赏心悦目的乐事。在二人转中，这种“说口”具有非凡的魅力，它们往往于三言五语的话语言说中，就能平地起波澜，化腐朽为神奇，充分表达对政治本身的批评、调侃或特立独行的态度，从而使人释放被压抑的思想，解人心颐。在这个自由的剧场空间中，讽拟式“说口”似乎以游戏的方式向观众表明：政治只能束缚行为，人思想的自由是神圣不可侵犯的，快乐地“思想”是美妙的，快乐的“解构”尤其妙不可言。

其实，二人转中的性隐喻和政治反讽，都是针对权威话语编码的一种民间解码行为，其目的是通过解码而减轻压抑与禁忌，从而获得近似游戏或戏谑后的愉悦。这种恣意的解码使二人转无所畏惧并常常带有了毁灭性的力量，比如对于某种社会现象剖析入木三分、对那些不良风气与不正之风的批判鞭辟入里等等。但是，与由二人转脱胎的东北戏剧小品相比，二人转的这种解码还存在严重缺欠，比如格调低、蕴涵浅、表达俗等。当前，二人转要更好地释放自身的艺术特质，就必须扬长补短，必须在高格调、深寓意和“取其俗而不俗”艺术追求中才能最大限度地健康发展，展示东北地方戏的艺术魅力。

今天的二人转如何打破自己的时代局限，使其能够保持“长远时间”健壮地存活到世世代代之中；即如何使二人转的艺术之树常青是人们最关注的问题，同时更是关系到二人转命运攸关的沉重课题。如摆脱低俗和粗俗而又不失其优长，完整地保存二人转初始的淳朴与乐观，达到“本色而出色”的境界，是当今二人转工作者不能也不容忽视的大问题。它决定了二人转能否一路走好、能够走多远……作为申请世界文化遗产的重要项目之一、作为中国地方戏曲中的奇葩，我们希望二人转在新的时代境遇中迈好脚下的每一步，越走越好、越走越远……

东北二人转的历史渊源及演艺风格初探

刘　丽

东北地区的二人转属于曲艺中的走唱类形式，是基于广泛流传于东北三省的双调、蹦蹦、对口唱、双玩意儿、小秧歌等名称的地方曲艺形式而发展起来的一种地方戏，应当属于东北文化圈的产物。1953 年 4 月，在北京举行了第一届全国民间音乐舞蹈大会，东北演出队推出二人转为正式参赛节目参加汇演，从此二人转得到全国文艺界的认可，而各种形式的二人转小戏统一名称为二人转。据考证，二人转形成于清中叶，源于东北当地的民歌和大秧歌，一般由两个人表演，说唱兼备，并伴以舞蹈，当然是以唱为主。二人转的内容有点像当代的戏剧小品，带有浓厚的喜剧色彩，常常逗引得观众捧腹大笑。东北民谚有“宁舍一顿饭，不舍二人转”之说，应当说形象表明了“二人转”在东北民间精神生活中不可缺少的重要性。如今，这种艺术表演形式在农村和城市十分普及，受到了广大群众的喜爱，有的优秀节目还登上了中央电视台的大雅之堂。

二人转的起源与流传

二人转起源并流行于中国的东北地区，至今已有近 300 多年的历史。但由于清末的社会动荡以及战乱的缘故，文献记载大多不全，关于其源头的问题，长期以来仅是依靠民间流传的说法。有学者研究认为二人转的形式来源于“莲花落”，还有学者认为二人转之源头是“大秧歌”，另有学者认为二人转说法是以“莲花落”打底，“秧歌”镶边，或反过来，是以“秧歌”打底，“百戏”镶边……可以说是众说纷纭，莫衷一是。有记载表明，清道光二年（公元 1822 年），吉林省怀德县八老爷庙（普济寺）的庙会上就曾演出过“蹦戏”。早期的二人转也叫“蹦蹦”，盛行于东北三省（辽宁、吉林、黑龙江）地区，深受东北民众，特别是农民兄弟的喜爱。它是一种有说有唱、载歌载舞、生动活泼的走唱类曲艺形式。它的唱本语言通俗易懂，幽默风趣，生活气息浓厚，富有地方特色。它的音乐唱腔是以东北民歌、大秧歌为基础，吸收了东北大鼓、莲花落、评戏、河北梆子等曲调构成，高亢火爆、亲切动听；它的舞蹈是来自东北大秧歌，还吸收许多民间舞蹈成分，如武打、耍扇子、耍手绢等技巧。在长期流传的过程中，逐渐形成了以黑山为代表的西路二人转，以大石桥为中心的南路二人转，以吉林为重点的东路二人转和以黑龙江为重点的北路二人转等四个表演流派。表演风格上素有“北唱、南浪（舞），中间两边晃”的说法。

二人转艺术和其他民族民间艺术一样负载着我国东北地区人文、地理、历史、民族、民俗、宗教、科学、医学、美学等的各种文化载体。它既是过去的，也是现在的；既是原始的，也是现代的。随着社会的不断发展，二人转也在逐渐地发生着变化。解放前，民间艺人在农闲季节，邀集成班，多数是“唱屯场”，即演唱在夜间进行。三五日后，请当地乡绅当“齐头”，向各家各户“齐钱”或“齐粮”（即收钱或收粮）。少数二人转艺人是到城镇“串店门子”，在大车店中演唱，在演唱中向观众“齐钱”。

新中国成立后，“二人转”叫法才得以流传。辽宁省的四平、辽源铁岭，吉林省的长春、白城等大、中城市，及西丰、榆树、梨树、德惠、双辽、扶余、镇赉等县，相继成立了地方二人转剧团。1955 年，女演员开始逐渐增多，二人转的演出基本结束了男扮女装的历史。自此，男女开始分腔，演唱讲求科学发声方法。自20世纪60年代始，二人转这一剧种建设取得了长足的进步。加强了编导工作，开拓了二人转的新剧目，丰富了音乐伴奏，改进了服饰，充实了舞蹈美术，演员手持道具的种类有了发展变化。在内容上，对古典剧目取其精华，去其糟粕，坚持剔除低级、庸俗的表演内容，大力发展二人转健康、幽默、风趣的优良传统。音乐唱腔设计克服了单调、贫乏的倾向。在表演上，要求做到“唱的好听，舞的优美，逗的风趣，扮的逼真，绝活精湛”，这五功综合，达到雅俗共赏的艺术效果。

改革开放以后，二人转曲牌又不断出新，伴奏乐器增加了扬琴、琵琶等，并兼用武场鼓、锣、钹。演员手持道具又增加了花伞、纱巾、长绸。根据塑造人物的需要，服饰又得到相应的改进。舞台演出运用灯光色彩的变幻，烘托戏剧情境，综合艺术质量不断提高。在文化部公布的国家级非物质文化遗产501项保护名录中，二人转排列第262号，这充分说明其被重视、被认可的重要程度。由于内蒙古东部地区与我国东北地区接壤，因此，二人转这种民间地方小戏也在内蒙古东部地区流行。通常是以内蒙古兴安盟乌兰浩特市（王爷庙）为中心，向西影响至突泉县一带，向南影响至哲里木盟的部分地区，向东北则辐射着扎莱特旗与兴安盟阿尔山地区一带。从内蒙古东部兴安盟地区的地理位置上看，它南与吉林省北部的白城地区接壤，东与黑龙江省靠近，因此自清末始，随着吉、黑两地汉族移民的大量涌入，也自然将二人转这种民间艺术带到了草原牧区。随着时间的流逝，二人转这种汉民族的地方小戏在接近东北的蒙古族地区也扎下根来，在与当地民众的接触融合中产生了一些风格上的变化。如语言方面，方言的味道更趋于普通话；音乐方面，韵味也有了地方性音乐的“语法”；在表演形式上，更趋于“即兴”表演等。但其整体艺术形式、风格等，并未有实质性的改变、仍传承着以吉林为“东路二人转”的风格。

二人转的表演形式及唱腔曲牌

二人转的表演形式是在长期实践的基础上形成的，二人转最初由男性演员表演，换装成一旦一丑。以后出现女演员，由一男一女演唱，作简单化妆。从表演形式上看，“二人转”不只是两个人在舞台上“转”。其实它是一树多枝，一种唱腔，却有多种演出形式，大体可分为下面几类。

1. 单出头：又称“独角戏”，其实就是一个人一台戏。由一名演员以人物身份边唱边舞，一般多向观众演绎发生在“自己”身上的一段故事，有时也可以进出几个角色。单出头的传统曲目不多，只有《红月娥做梦》、《丁郎寻父》、《王二姐思夫》、《刘姥姥还乡》、《南郭学艺》、《老汉背妻》、《小看戏》等。建国后出现了《开明姑娘》、《丰收桥》、《新媳妇闹房》等一大批现代作品。

2. 二人转：此种叫法为狭义的“二人转”，即男女二人对唱对舞，是最广泛、最普遍、最多的演出形式。东北民间称之为“双玩意儿”。二人转表演者可演绎众多角色，叙事兼代言，行话称“跳入跳出”，即跳进角色演人物，跳出角色讲故事，且载歌载舞，如《大西厢》、《兰桥》、《回杯记》、《八大扯》、《挡马》、《包公赔情》、《讨骂》、《墙里墙外》等。

3. 拉场戏：是指三人以上同台演出，用二人转曲调演唱的民间小戏。拉场戏和中国其他地方戏曲一样，在艺术手法上是写意的，人物上场可自报家门，时间、环境都可以随着剧中人物的唱词来变化，如重新整理改编的拉场小戏《冯奎买妻》、《马前泼水》、《白玉汤》、《骂鹅》、《换亲记》、《锯大缸》、《二姑爷拜寿》、《白女婿》等。

4. 坐唱：演员、伴奏员坐在舞台上，用二人转曲调演唱的一种表演方式。演员根据剧情进入角色，互相可以对戏、对唱、对话，也可以站起来出队表演，其代表曲目是《巧嫂卖杏》、《处处有亲人》、《饭店迎春》。

5. 二人戏：又称“双人戏”，由两个人演唱的拉场戏。与二人转不同的，是“二人戏”的角色是固定的，不是分色赶角。如《夜宿花亭》、《六月雪》、《桥头会》、《风嫂》、《求师》、《进城》等。在东北二人转的表演形式中，单出头、二人转、坐唱三种表演形式运用最多。单出头形式因为舞台上只有一个演员（女性为多），表演方便，其内容以一种“套路”为模式，即兴加入“新”内容，便于随地而宜地结合当地风情编演。二人转为基本形式，其歌舞表演精彩纷呈，深为群众喜爱。坐唱多为女性多人表演，以唱为主，而辅以说白表演。演员手中多拿竹板等打击乐器配合表演，具有形式活泼而表演优美等特点。拉场戏、二人戏形式则较少运用，大概是因为传统剧目较少和创作难度太大之缘故。

二人转的音乐唱腔极为丰富，素有“九腔十八调，七十二嗨嗨”之称。其结构为曲牌联缀体，积累的曲牌约有300多支，比较常见的有50多支，其中包括“胡胡腔”、“喇叭牌子”、“红柳子”、“抱板”、“三节板”、“文嗨嗨”、“武嗨嗨”、“大鼓调”、“大救驾”、“小翻车”、“哭糜子”、“大悲调”、“五字锦”、“压巴生”、“靠山调”等等。唢呐、板胡是二人转的主奏乐器。击节乐器，除用竹板（两块大板和五块节子板）外，还用玉子板，也叫手玉子（四块竹板，一手打二块）。二人转的表演，有“四功一绝”之说。四功是指“唱、说、做（或扮）、舞”，一绝不等，有手绢、扇子、大板、玉子板等表演绝技。东北二人转的传统曲目很多，计有300多个。东北二人转艺人有“四梁四柱”之说，“四梁”指的是大四套曲目，即

《钢鉴》、《清律》、《浔阳楼》和《铁冠图》；"四柱"指的是小四套曲目，即《西厢》、《兰桥》、《阴魂阵》和《李翠莲盘道》。这也是二人转艺人的拿手曲目。近些年来，又有大批新创作的二人转曲目问世，如《丰收桥》、《接姑娘》、《柳春桃》等，民间自编、自唱、即兴创作的段子更是比比皆是。

二人转的演艺风格

二人转是生长与民间的地方戏曲，要扎根民间，就要为人民大众带来欢乐，因此，二人转的喜剧效应是其演艺风格中最突出的特点之一。二人转的行话称之为"又逗又扯"，在二人转"唱、说、扮、舞、绝"五功中，都有"逗"和"扯"的影子。按照戏剧理论的分析方法，戏剧的特点要包含幽默、讽刺和赞美等因素，这些喜剧因素在地方戏二人转中都能找到。如二人转《梁赛金擀面》中的梁赛金，二人转《回杯记》中张廷秀等人物，都展现出戏剧人物的幽默的特点，恰如美学家朱光潜先生所言："从心理学的观点看，谐趣（The sense of humour）是一种最原始的普遍的美感活动。"二人转中讽刺的艺术风格，是在一些丑角戏中展现的，如二人转《闹发家》中的"磕头了"扮演成又癞又瞎的老头，到李三巧家里去骗治疗鸡瘟的特效药，结果弄得丑态百出，最后被揭穿，不禁令人发笑。另外，如二人转小戏《佛祖封官》中的猪八戒也是如此，展示了二人转的讽刺功能。这里需要指出的是：二人转的笑声不仅仅是为了迎合观众，或完全是媚俗而"逗"出来的，而是一种发现，二人转不同的喜剧小戏是对生活的发现，是发现了生活中的幽默，然后展示给民众看，同时也是对"丑"的一种否定。是用二人转的独特的表演手段，使观众了解现实中的丑的东西、不道德的行为等等，才是真正缺少美感的东西。正是二人转这种戏剧艺术效果的加强，才使得其审美品位不断提高，从理论上概括，像大学者王国维先生所说的："不独使人能笑，而且使人敢笑。"可以说是由内省型渐次过渡到生命的外化型，在欢笑声中升华了精神境界。

其次，地域风格浓烈是二人转的另一大特色。东北平原是中国北方地区最大的平原，其突出的地理特点是没有天然屏障，各地区、各民族之间的交流和沟通是比较方便的，不论是物流还是文化的传播，都具备了先天的优势。因此，二人转才能在东北平原上获得如此广泛的流传，得到老百姓的喜爱。历史上的东北平原地广人稀，居民相对集中的大型村镇比较少，固定的戏台、戏园子更是很少。当地的老百姓没有经济能力请得起大戏班子进行文化娱乐活动，而土生土长的地方艺术只能以小巧灵活的模式生存下来。二人转就是这样适应当地的环境而生长发展起来的，演员人数少，演出形式简单，道具更少，几件乐器伴奏即可，游动性大，行走方便。因此，它的地域特色十分浓烈。一句话，"小而全"就是它的地域特色，也是它生存发展的必要保证。它不但可以在田间地头唱，甚至可以在老百姓家的炕头上唱，这也是业内人士称其为"滚地包"的原因。因此，这种来自民间、生长于民间的艺术，在其艺术表现手段上，可以看到二人转的演员都是大嗓门，台词口语化，再加上很多夸张露骨的表演动作，几乎成了东北人火辣辣性格的真实写照。我们看到不少二人转传统曲目中，人物表现手法都是粗粗拉拉的，不论男女，都有一股风风火火的劲头，敢恨敢爱，当然也会偶有粗野低俗之嫌，但浓郁的黑土地狂野的性格，在二人转的表演风格中是一览无余绽露出来。不少人看完地道的二人转后，都认为二人转有一种"狂"和"浪"的味道，所谓"狂"是特指演出时的舞台效果，即那种台上台下如醉如痴的激情和状态；"浪"则是与传统的美感模式相对立的一种放纵和性感。二人转本来就来自于民间，在田陇地头也可以演唱，现在"二人转"表演中的许多动作，如扔手绢、转扇子、互相打情骂俏及扭动腰肢等，都是民间真实生活的写照，这些带着黑土地气息的演艺风格在二人转中被表现得淋漓尽致，特别是二人转中丑角的表演，没有矫情的粉饰，而只有本能的原始冲动，更使得"狂"、"浪"发挥到极致。正像二人转研究专家王肯所说的那样："东北丑之魂，是东北人赋予的，是在东北广阔的黑土地中孕育、诞生、成长的。"

第三，二人转具有即兴表演特色。由于二人转是在农村集市演出，很大程度上要求演员同台下的观众进行交流互动，以增强演出效果。二人转是一种观众参与意识很强的艺术形式，有很大一部分表演成分是与现场观众的交流中完成的，特别是"说口"，即兴的成分最大，要求演员随机应变，现砍现安，铺平垫稳，三翻四抖，没有"包袱"还要求丑角演员现找"包袱"……因此，即兴表演成为二人转演艺风格的一大特色，不论在何时何地，演员可随时根据群众的要求与现场的实际情况，即兴穿插一些现代流行歌曲、现代舞蹈、小品片段或干脆诗歌朗诵，行话称之为"外插花"。实际上，二人转从它诞生的那一天起就是发展中的艺术。即兴表演成为二人转的源头活水，成为二人转生机勃勃的生命力所在，不少二人转小戏之所以有生命力，就是因为它是一个动的流程，是活的艺术生命体。对于二人转艺术而言，它既是艺术积累的产物，又是不断创新、不断注入新鲜血液的产物。这样才能永远赋予二人转以新的灵感，形成"万人围着二人转，二人演给万人看"的民间艺术生态格局。

第四，是突出的丑角艺术。二人转艺术行当中有句行话说"三分包头的，七分唱丑的"。所谓"包头的"是个传统行话，因为在二人转形成的早期，没有女性演员演出，而由男性演员装扮成女性，男扮女装的演员要把头包起来，所以称之为“唱包头的”，实际上就是旦角儿。解放后才实现了男女同台演出，俗称“一副架”；“丑”即是丑角儿，男的丑角儿，行话称“唱丑的”，是剧中逗乐的角色。好的丑角儿是二人台艺术的表演中的亮点，业内人士常说“三年能学成个包头的，十年学不成一个唱丑的”、“包头的是棵菜，全靠唱丑的卖”，这些二人转行当中的“艺谚”，充分说明丑角在二人转中的突出地位。许多二人转的传统剧目是这些丑角支撑的，其喜剧效果极强，类似于相声表演艺术中的“抖包袱”。二人台表演艺术中丑角的扮相十分重要，有怪相、傻相、娃娃相等，扮相好，才能演出水平和风格，二人转老艺人说“包头的凭唱凭浪，唱丑的凭口凭相”就是这个道理。很多二人转小戏，都是丑角精彩的表演，才展现出二人转“丑中见美”的演艺风格。新编二人转小戏《傻子相亲》就是这方面的代表作。

当代二人转的审美取向与创新思考

当代的二人转是由传统二人转逐渐演变而来的，它的创新性主要体现在当代二人转的时代性上。我国市场经济体制的确立，使得西方的文化思潮大量涌入，人们价值观念的改变和东北文化的自身特性，都在不同程度上对地方小戏二人转有所影响，使当代二人转艺术片面强调娱乐功能，出现了消解深度、颠覆主流、解构一切、语言粗陋等一系列的新变化。由于消费经济产生消费文化，大众的文化消费口味也开始倾向于轻松搞笑的文艺节目，二人转灵活的演出方式使它立即迎合了市场的需要，开始了一个由深刻到肤浅、由严肃到搞笑的演艺风格的美学转向。当然，二人转演员本身并非是有意的，但在客观上，整个社会的潜意识和演出的经济效益，都驱使近年来的二人转出现了上述媚俗的演艺特点。

正是由于二人转的率直、火爆、直露和不羁，长期以来，对其表演存在着许多争论，但争论的焦点还是围绕着“雅”与“俗”的风格界定或“收”与“放”的尺度把握上。值得我们关注的是，近些年出现了随意越过伦理界线，不惜触犯道德规范的插科打诨与粗制滥造的“荤黄二人转”、“脏口二人转”、“变形二人转”等演艺风气，反而将二人转的许多艺术特色，如“大板”、“花棍”等绝活儿都丢了。这些倾向的产生，无疑是在市场经济条件下，二人转艺术发展不健全、艺术创演和经营理念不成熟、缺乏审美的自觉意识、单一追求娱乐效果和经济收益而产生的恶果。

那么，二人转究竟应该怎样发展才能给当代审美文化带来清新鲜活的气息呢？笔者认为，二人转来源于民间，其本质上是一种农业文化的产物，而这也决定了二人转的草根身份和其“俗”的本质特点，但也正是由于“俗”，才会给纷繁复杂的社会生活注入了一丝清新的山野气息，才会如此受到广大底层民众的欢迎。但这种“俗”是指其周身散发着的乡野气息，而决不能与“粗俗”与“粗糙”画等号。因此，无论二人转怎样发展变化，其本质不能变，只有继续保持其“俗”的本质，二人转的创新、发展才会有意义。相对而言，虽然二人转以“俗”为本，但决不能无限制地媚俗，对于那些盲目追求娱乐效果和经济收益的二人转，似乎在艺德上已经超越了道德的底线，使得二人转失去了“文化”的意义，对于它们而言，“荤段子”、“新式杂耍”要比叫二人转艺术更合适。二人转作为东北方言区域的一种独具乡土气息的民间艺术，在保持其“俗”的本质的同时，还要做到“雅俗共赏，丑中见美”。这样，二人转才能带着清新与健康的气息走进更多人的生活中。这一发展趋向应该是二人转艺术努力的目标。

附　录

附录一：“二人转演艺产业”搜索关键词

东北风二人转、“二人转”、“二人转”商标、“二人转”艺术团、民营剧团、民间艺术、二人转演员、春节晚会、赵本山、范伟、阎学晶、小沈阳、黑土地文化、东北农村题材、“二人转”艺术、乡村旅游文化品牌、东北家乡戏、“二人转”唱腔、“二人转”文化现象、东北文化、东北现象、刘老根大舞台

附录二：A 类文章目录

- 无丑不成戏/王兆一//吉林日报 2000－04－03
- 黑土地上的乡音/王小微//吉林日报 2001－02－27
- 打造文化品牌/岩楚　赵建青//吉林日报 2002－08－13
- 土戏着洋装　味道不一样//新华每日电讯 2002－06－13
- 雕刻在岩石上的“二人转”——论二人转与北方原始文化/李秀云//戏剧文学 2002－02
- 二人转起源说的质疑/陆德华//戏剧文学 2002－10
- 论二人转的“绿”、“黄”之争/夏波//戏剧文学 2003－02
- 从赵本山和《刘老根》看东北文化现象/崔凯//辽宁日报 2003－02－21
- 二人转艺术影响力新论/谭吉龙//戏剧文学 2003－03
- 二人转的背后/老毅//北京日报 2003－03－16
- 二人转：“绿”与“黄”的较量/曹家骧//文汇报 2003－04－22
- 东北“二人转”/罗周//证券时报 2003－04－27
- 闲话东北二人转/沙永胜//中国档案报 2003－05－16
- 嬗变中的二人转/王国华//大舞台 2003－06
- 解读文艺界“东北现象”/王军//记者观察 2003－07
- 二人转何以走进现代都市/金芳//辽宁日报 2003－07－23
- 二人转何以赢得都市人喜爱/金芳//中国艺术报 2003－08－22
- 二人转源于中原文化/孙静波//中国艺术报 2003－08－22
- 专家研讨二人转//中国文化报 2003－08－23
- “东北二人转”的所思所想/祝东力//中国党政干部论坛 2003－10
- 二人转从东北转向全国/王文郁//中国消费者报 2003－11－14
- 二人转成为沈阳旅游新品牌/周凤文//中国旅游报 2003－12－08
- 二人转艺术的原型研究/杨朴//吉林日报 2003－12－13
- 解读文艺界“东北现象”/王军//记者观察 2003－07
- 二人转助兴东北会展节庆/秋思//国际商报 2004－01－14
- 专业与民间——论二人转发展的此消彼长/王木箫//戏剧文学 2004－02
- 绿色二人转吹新风/毛琦　高欣//辽宁日报 2004－02－11
- 辽河文化叫响评书、小品、“二人转”/马义　丁铭//光明日报 2004－02－26
- 二人转不怕争论/王兆一//中国艺术报 2004－02－27
- 解构·建构——关于东北民间戏剧二人转/王红箫//文艺争鸣 2004－03
- 通俗·庸俗·低俗——二人转表演艺术论/刘淑华//戏剧文学 2004－03
- 拿什么拯救你　我的二人转/余裕//北京科技报 2004－03－17
- 二人转营业性演出有新规/高欣//辽宁日报 2004－04－09
- 二人转新秀昨晚“唱炸”北展/赵爽//北京日报 2004－04－27
- 一唱三叹二人转/徐冠一//吉林日报 2004－04－29
- 浅谈二人转的雅与俗/张爱兵//戏剧文学 2004－05
- 漫谈二人转/罗辑//中国戏剧 2004－06
- 东北民间艺术“二人转”的地域文化认识价值/张希玲　耿家林//边疆经济与文化 2004－06
- 《二人转档案》抒写二人转历史/章红雨//中国新闻出版报 2004－06－09
- 二人转现象的双重解读/梁海//中国戏剧 2004－07
- 粗鄙：二人转艺术的本质/杨朴//戏剧文学 2004－07
- 关于二人转表演人才的培养/张爱兵//戏剧文学 2004－08
- 庙堂之下的二人转/振宇//出版参考 2004－08
- 从越剧“东北行”想到二人转/龚保华//吉林日报 2004－08－10
- 民间草根势力崛起中国——大东北文化及二人转对话/黄纪苏　祝东力//艺术评论 2004－11
- 从农村大炕走进城市包厢的二人转/蒋慧明//艺术评论 2004－11
- 二人转：当代中国审美风尚的一个支点/吴文科//艺术评论 2004－11
- 二人转为什么变了？/杨朴//吉林日报 2004－11－18
- 劲刮绿色“东北风”/李信　孟凌云//吉林日报 2004－12－24
- 如何看待二人转的大俗大雅/瞭望//2004－16
- 探求二人转的生命力/马扬　姜佐//瞭望 2004－16
- 二人转：草根里长出的带刺玫瑰/刘阳//南风窗 2004－20
- 雅俗牵手南北热演/杨宁舒//黑龙江日报 2004－02－16
- 丑旦的移情形式/杨朴//吉林日报 2004－02－12
- 浅谈东北“二人转”/曹翎//艺术研究 2005－01
- 二人转：根在遥远的历史深处/杨朴//吉林日报 2005－01－27
- 著名作家谈二人转/杨宁舒//黑龙江日报 2005－01－27
- 当前二人转发展形势的解读/孙立亭//艺术广角 2005－02
- 打造品牌求突破/孟凌云//吉林日报 2005－04－06
- 东北风二人转艺术团打出文化牌/宋莉//长春日报 2005－04－10
- “二人转”转向何方/崔明祥//中国文化报 2005－04－21
- 让东北文化火起来/徐冠一//吉林日报 2005－04－22
- 脚踩大地的艺术——二人转/刘青林//齐齐哈尔日报 2005－04－27
- 对东北二人转的重新认识/孙红侠//戏剧文学 2005－05
- 唱好旅游“二人转”/江水//长春日报 2005－06－08
- 民间二人转的艺术升格/罗辑//吉林日报 2005－06－30
- 把真正的二人转奉献给热心观众/王伟//辽源日报 2005－07－13
- 二人转表演手段与表现方法/吉林农村报//2005－09－07
- 何庆魁：东北风格的一面旗/常纪　郭岩//吉林日报 2005－09－08
- 二人转何去何从/孟凌云//吉林日报 2005－09－13
- 东北二人转到底该咋“转”/宋莉//长春日报 2005－09－15
- 二人转发展呈现新风貌/张鹏　孟凌云//吉林日报 2005－09－16
- “东北风”：东北文化的旋风/杨朴//吉林日报 2005－10－10
- 传承与提升——二人转的地域文化价值与影视艺术/孙艳红//戏剧文学 2005－03
- 赵本山：一个人的“保卫战”？/耿宝文//工人日报 2005－03－03
- 精彩亮相加味悠长/孟凌云//吉林日报 2005－10－23
- 东北二人转新趋势——专业民间“二人转”/李小卉　老唐//新华每日电讯 2005－12－11
- 走村串户的二人转/吉林农村报//2005－12－14
- 二人转的起源/孙红侠　刘文峰//戏曲艺术 2006－01
- 生存·生命·生态——二人转发展战略笔谈/尹俊明//戏剧文学 2006－01
- 民营院团活跃在基层/赵凤兰//中国文化报 2006－01－07
- 长春二人转该往哪里“转”？/李波//长春日报 2006－01－10
- 二人转应抓住春节档期/孟凌云//吉林日报 2006－01－21
- 二人转：狂欢之后——对东北二人转的阐释和反思/李家君//渤海大学学报（哲学社会科学版）2006－02
- 传承民间艺术丰富农民生活——东北风二人转艺术团发展侧记/陶沙//戏剧文学 2006－02

⊙在剧变中永恒——20世纪中国民歌综论/冯志莲//文化学刊2006-02
⊙二人转小剧场：因为草根所以火爆/贾大雷 薛明//哈尔滨日报2006-02-19
⊙二人转：朴实是根粗俗是瘤/唐小清//黑龙江日报2006-02-21
⊙浅议"二人转"/刘雅静//辽源日报2006-02-23
⊙农民的二人转如何成了市民的二人转？/许维萍//辽宁日报2006-02-24
⊙"绿色二人转"唱响古城/丁咏静//保定日报2006-02-27
⊙二人转如何才能永久"火"下去？/宋莉//长春日报2006-03-02
⊙东北文化为啥火遍全国/陶玲 宋莉//长春日报2006-03-06
⊙老百姓的快乐大本营/孟凌云//吉林日报2006-03-07
⊙二人转：东北特色的文化品牌/宋莉//长春日报2006-03-18
⊙吉林二人转：东北地域民间艺术的奇葩/宋莉//长春日报2006-03-19
⊙东北小品："俗"的魅力/郭岩//吉林日报2006-03-30
⊙狡黠和幽默：东北俗文化的胜利/乔迈//长春日报2006-03-31
⊙试论二人转在审美和娱乐之间的价值取向/李家君//沈阳建筑大学学报（社会版）2006-04
⊙说不完的二人转/王兆一//长春日报2006-04-03
⊙二人转不再只是"二人"转//吉林农村报2006-04-05
⊙二人转演员首次获得专业技术资格/宋莉//长春日报2006-04-17
⊙精彩之招频出 独特方式做强/孟凌云//吉林日报2006-05-31
⊙东北二人转的叙述视角解读/卢晓侠//戏剧文学2006-06
⊙文化部命名文化产业示范基地 东北风二人转艺术团入选/孟凌云//吉林日报2006-06-01
⊙宁舍一顿饭 不舍二人转/宋冰//人民日报海外版2006-06-02
⊙东北二人转做好文化经济大文章/宋莉//长春日报2006-06-13
⊙二人转：非物质文化遗产/杨朴//吉林日报2006-06-15
⊙坚持两个效益统一 发展壮大民营剧团/张大鹏//吉林日报2006-07-09
⊙辽宁民间艺术团创新模式拓市场/苗家生//光明日报2006-07-23
⊙精英和大众的"二人转"模式/王晓渔//中国图书评论2006-11
⊙形式喜闻乐见 效果深入人心/孟凡明//吉林日报2006-11-14
⊙冰城二人转"转"出多大市场？//哈尔滨日报2006-11-16
⊙"二人转"变得非驴非马了吗？/张丽红 孔祥羽//文艺报2006-11-16
⊙民营院团搅热辽宁演出市场/毛琦//中国文化报2006-12-04
⊙精确定位 大胆开拓/孟凌云//吉林日报2006-03-28
⊙健全文化市场体系加快文化产业发展//吉林日报2006-07-03
⊙沈阳文化旅游年打造特色牌/罗信 周凤文//中国旅游报2006-03-20
⊙各自为战还是合作共赢？/孟凌云//吉林日报2007-01-25
⊙继承与创新是二人转永远的命题/金士贵//戏剧文学2007-02
⊙重整旗鼓，奋力前行/尹俊明//戏剧文学2007-02
⊙辽宁民营文化产业迅猛发展/魏运亨//沈阳日报2007-02-22
⊙当代生态环境下对"二人转"的思考/于佳//艺术研究2007-03
⊙在乡土与都市间游移——东北民俗喜剧的当代文化选择/卢晓侠//戏剧文学2007-03
⊙打造"二人转"品牌 发展文化产业/徐立忠//四平日报2007-03-01
⊙论大众传媒对二人转文化转型的重塑/阚淼//新闻爱好者（理论版）2007-04
⊙文化走出国门先要了解外国人欣赏需求/张粉琴//新华日报2007-04-20
⊙东北民间笑谑艺术初探——以东北方言与"二人转"为例/周福岩//辽宁大学学报（哲学社会科学版）2007-05
⊙二人转商业化的成功转变及其文化根源/赵燕南//商业文化（学术版）2007-05
⊙发展二人转艺术的现实思考/张宇辉//文化学刊2007-06
⊙浅析当代二人转发展特点/吴海清//科技信息（学术研究）2007-06
⊙现代二人转变与不变的艺术性质/程金花//黑龙江史志2007-07
⊙大众消费时代二人转演出的转型态势刍议/张荔//戏剧文学2007-07
⊙民间与专业何时能二人转？/郎秋红 张颖//新华每日电讯2007-07-27
⊙对二人转的重新审视/纪琢媛//记者摇篮2007-09
⊙东北风二人转：民营院团的市场经/肖春//中国文化报2007-09-21
⊙当前二人转理论研究漫议/杨昆//戏剧文学2007-10
⊙同地异天：二人转的嬗变——二人转现状的深层分析/王红箫//文艺争鸣2007-11
⊙东北喜剧小品中的二人转现象/孙艳红//戏剧文学2007-11
⊙以"陌生化"的眼光重新审视二人转/王研//辽宁日报2007-11-07
⊙东北二人转为啥这么火？/商越//人民日报海外版2007-11-27
⊙打造东北乡村旅游的文化品牌——二人转/于雪 张翠晶//黑龙江对外经贸2007-12
⊙给二人转提点意见/王晓峰//辽宁日报2007-12-05
⊙关于二人转/王晓峰//辽宁日报2007-12-19
⊙二人转能"火"遍全国吗？/博娜娜//内蒙古日报（汉）2007-12-21
⊙浅谈二人转对"东北风"的影响/梁海 李敬巍//今日科苑2007-22
⊙健康向上寓教于乐/孟凌云//吉林日报2007-07-07
⊙东北风飙扬背后的正负文化价值/逄增玉//现象2007-05
⊙二人转靠什么转？/王红箫//艺术评论2007-12
⊙二人转文化现象的特殊性与面对市场经济的思考/黄敬文//戏剧文学2007-05
⊙黄金搭档"转"起来——记东北风二人转艺术团马普安、李云杰夫妇/王术萧//特别关注2007-03
⊙美的欣赏到丑的调笑/杨朴//吉林日报2007-09-06
⊙大力推进和谐文化建设/郝圣亮 王付友//吉林日报2007-04-23
⊙长春文艺界共谋精品大计/侯丽//中国文化报2007-11-12
⊙"文化大篷车"又上路了/杨竞//辽宁日报2007-09-07
⊙活力进现 日渐繁荣/王勇 孟凌云//吉林日报2007-06-07
⊙2006年：农村文化建设绚丽多彩/周玮 郑玮娜//中国审计报2007-07-26
⊙农村文化如何创新发展/张中立//农民日报2007-05-12
⊙沈阳大舞台再次"降价"挂牌/郭宏颖 刘体//中国文化报2007-07-16
⊙提高我市文化软实力之我见/刘子豪//铁岭日报2007-12-06
⊙在乡土与都市间游移——东北民俗喜剧的当代文化选择/卢晓侠//戏剧文学2007-03
⊙大众消费时代二人转演出的转型态势刍议/张荔//戏剧文学2007-07
⊙辽宁民营文化产业发轫 "二人转"收入4200万//东北新闻网2007-02-22
⊙东北二人转的历史渊源及演艺风格初探/刘丽//内蒙古大学艺术学院学报2008-01
⊙开拓民间文化资源的新维度/许维萍//辽宁日报2008-01-11
⊙什么才是真正的二人转/孔祥武//人民日报2008-01-29
⊙扶持传统文化 为二人转免费版权登记/瀚木//中国知识产权报2008-02-01
⊙赵本山传承二人转：凭实力还是靠名气/魏运亨//经济参考报2008-02-13
⊙由"二人转"想到河南文化/刘哲//河南日报2008-02-29
⊙二人转艺术辐射力解读/李秋香//四川戏剧2008-03
⊙二人转起源问题再辨/孙红侠//戏剧文学2008-03

⊙"二人转"名演员年挣百万/吴海鸥//中国文化报 2008－03－10
⊙非遗保护应多学学"二人转"/姜玉泰//华东旅游报 2008－03－20
⊙传统二人转：不该淡忘的活化石/杨竞//辽宁日报 2008－03－31
⊙闻名全国走向世界的东北二人转——二人转演出市场调查与思考/陈静//艺术评论 2008－04
⊙二人转到底该咋"转"/孟凌云//吉林日报 2008－04－10
⊙二人转"转"向何方？/孔祥武//人民日报 2008－04－15
⊙满城尽说二人转/沈彬 谢强//贵州日报 2008－04－16
⊙管窥近年来东北二人转发展/谢霜//戏剧文学 2008－05
⊙把握改革创新的时代精神 构建我省二人转艺术竞合发展的新格局——在"二人转"艺术发展研讨会上的总结发言/林君//戏剧文学 2008－05
⊙"综艺二人转"——繁荣冰城舞台的生力军/张巍//哈尔滨日报 2008－06－15
⊙二人转和拉场戏的关系/石逢玉//铁岭日报 2008－06－16
⊙让先进文化之花绽放乡里民间/李云杰//长春日报 2008－06－26
⊙刍议二人转的发展与走向/罗忠秀//民营科技 2008－07
⊙"二人转"与"脱口秀"/郭志英//中国广播电视学刊 2008－07
⊙得意啥来啥，"二人转"想抓住观众难也不难/申尊敬 郎秋红//新华每日电讯 2008－08－04
⊙浅论东北二人转的地域文化特征/罗忠秀//黑龙江科技信息 2008－24
⊙敢问路在何方/刘佳丽//大庆日报 2008－03－13
⊙辽宁地方戏喜忧参半/盖云飞//中国文化报 2008－04－14
⊙一腔热血写春秋/蒋金萍//锦州日报 2008－03－28
⊙积极探索农村文化阵地建设的新模式/王振华//长春日报 2008－07－06
⊙"欢乐庄稼院" 文化行百村/罗云川//中国文化报 2008－05－11
⊙文化产业崛起"吉林现象"/郎秋红//经济参考报 2008－06－23
⊙变"送"文化为"种"文化/高菲//吉林日报 2008－07－11
⊙集中力量培育新增长点/孟凌云//吉林日报 2008－06－07
⊙产业丰富 魅力独具/刘威 孟凌云//吉林日报 2008－05－20
⊙"种"下文化 花开农家/高菲//吉林日报 2008－08－10
⊙长春庄稼院里欢乐多/孔祥武//人民日报 2008－05－11
⊙"精神食粮"的渴望/欣阳 孙媛媛//吉林农村报 2008－06－27
⊙优秀民营剧团共商发展大计/谌强//光明日报 2008－03－22
⊙保障非物质文化遗产 "活态流变"呼唤法治/席锋宇//法制日报 2008－02－25
⊙民间文化的脊梁/张春喜//铁岭日报 2008－06－23
⊙二人转赚钱惊人 堪比印钞机//中国吉林网 2008－01－15
⊙把握二人转"俗"的尺度/郝玉婉//剧作家 2008－02
⊙二人转市场及其营销模式探析/侯延爽 王秋林//戏剧文学 2008－03
⊙"小沈阳"：赵本山带给我信仰/周柏杨//八小时以外 2008－04

附录三：B 类文章目录

⊙坐在观众中的思考——吉林省民间小剧场二人转现象研究/田子馥//戏剧文学 2002－07
⊙民间二人转现状幽思录/王木箫//戏剧文学 2002－11
⊙"二人转"低俗表演令人忧/崔峰 郭威//人民日报 2004－01－17
⊙二人转前途令人堪忧/常晓华//中国文化报 2004－09－18
⊙二人传：俗而不脏是正道/赵宇清//黑龙江日报 2005－06－30
⊙二人转不应以丑化女性为乐/杨朴//文艺报 2008－01－24

附录四：C 类文章目录

⊙赵本山小品表演艺术与开原地域文化/高振民//中国文化报 2003－05－24
⊙解读东北喜剧小品/金芳//中国艺术报 2003－06－13
⊙赵本山：农民本色/王炜琨//人民日报海外版 2003－05－09
⊙二人转"荤口"被禁 演员将持证上岗//中国商报 2004－01－13
⊙赵本山说：二人转的大雅之堂不是央视/姜佐 周长庆//新华每日电讯 2004－02－29
⊙二人转京城抢滩 是否可口看了再说/贾薇文//北京日报 2004－03－12
⊙赵本山与东北二人转是是非非/蒋志祥//吉林日报 2004－04－17
⊙对当下东北地域文学、文化热潮的"误读"及其启示/胡柏一//社会科学战线 2004－05
⊙赵本山与"绿色二人转"/修成国//今日科苑 2004－11
⊙二人转现状剖析/王兆一//艺术评论 2004－11
⊙为何中国没有民间音乐剧？/彭俐//北京日报 2004－12－19
⊙东北二人转，何时走出雅太雅、俗太俗/惠小勇//新华每日电讯 2004－08－21
⊙"说口"二人转与东北民间口头文学/杨朴//吉林日报 2005－06－16
⊙赵本山与辽宁民间艺术团：以二人转的名义发展/曲晓燕 崔成泉//中国文化报 2005－09－02
⊙东北振兴意味着文化入关/许维萍//辽宁日报 2005－04－04
⊙二人转热演背后的思考/孙红侠//中国戏剧 2005－12
⊙"二人转"咋就不能表现正面人物？/王涛//中国文化报 2006－02－15
⊙"二人转"的商标风波说明了什么/魏运亨 蒋桂斌 张颖//中国改革报 2006－02－25
⊙论二人转艺术表达方式与民族欣赏习惯/郝晓光//戏剧文学 2006－03
⊙赵本山：一个人的"保卫战"？/耿宝文//工人日报 2006－03－03
⊙神秘东北商人愿高价买回"二人转"商标/鲁艺//中国商报 2006－03－21
⊙二人转的兴衰与危机/徐凯泉//长春日报 2006－04－11
⊙赵本山让二人转起来"绿"//吉林农村报 2006－07－12
⊙二人转：民间与专业何时能二人转？/郎秋红 张颖//新华每日电讯 2006－07－27
⊙牵着县域非公经济发展的鼻子/叶飞 毕方平//安康日报 2006－03－27
⊙演出市场挤出暴利泡沫趋于平稳/徐雪梅//北京日报 2006－12－21
⊙非物质文化遗产的商标权保护模式/齐爱民 赵敏//知识产权 2006－06
⊙边缘与中心的对话——狂欢化理论视域下的赵本山喜剧小品文化/江朝辉//东方丛刊 2006－03
⊙感动与担心/冯延飞//长春日报 2006－04－04
⊙建设新农村必须培育新农民/刘云山//华夏星火 2007－05
⊙旅游演艺市场瓶颈在哪里/杨竞//辽宁日报 2007－01－31
⊙方言、二人转与东北地域文化问题/周福岩//民俗研究 2007－02
⊙二人转的喜与忧/耿瑛//文化学刊 2007－02
⊙东北二人转未发展为成熟戏曲形态之原因/赵欣 孙红侠//山西师大学报（社会科学版）2007－04
⊙陌生化与熟知化之维——谈赵本山小品的艺术性/陈斯金//陇东学院学报（社会科学版）2007－04
⊙吉林："绿色风暴"直指二人转"脏口"/郎秋红//新华每日电讯 2007－10－18
⊙民营资本搅热辽宁文化产业/魏运亨//经济参考报 2007－03－09
⊙非物质文化遗产商标法保护模式的构建/徐辉鸿 郭富青//法学 2007－09
⊙笑声的根苗——文化语境中赵本山喜剧的接受场考察/宋铮//电影评介 2007－13
⊙"忽悠"中崛起的赵本山/薛飞//理财杂志 2007－02

⊙ 赵本山的商业模式/仝慧敏//经营者 2008 – 11
⊙ 加大公共服务力度　推进和谐文化建设——关于沈阳市于洪区大文化建设调查/赵小华//沈阳干部学刊 2008 – 01
⊙ 在本色与表演之间——赵本山春晚小品中外乡人角色研究/张维//艺术广角 2008 – 01

北京798艺术产业区

一、2008年7月—9月，我们设计了22个关键词（见附录一），在网上对“北京798艺术产业区”进行检索，剔除其中大量的无效信息、重复信息和只字片语式的评论，得到的统计结果是：2005年—2008年9月5日，纸质媒体、公共网站发表的有关各类研究、评论、报道共计246篇。

二、我们根据上述统计材料，对相关内容进行了分类，得出以下结论：

A：在共计246篇的研究、评论、报道中，对“北京798艺术产业区”予以充分肯定、基本肯定的共计149篇，约占总数的60%。（见附录二）

B：在共计246篇的研究、评论、报道中，对“北京798艺术产业区”予以完全否定、基本否定的共计12篇，约占总数的5%。（见附录三）

C：在共计246篇的研究、评论、报道中，对“北京798艺术产业区”无明确评价指向或无法做出分类归属的共计85篇，约占总数的35%。（见附录四）

三、我们从上述246篇文章中辑录出有关“北京798艺术产业区”的重要研究观点53条。

四、我们从上述246篇文章中辑录出有关“北京798艺术产业区”产业效益方面的报道4条。

五、我们集体讨论选编了有关“北京798艺术产业区”的重要文章8篇。

1. 798艺术区作为北京文化旅游吸引物的考察：一个市场自发形成的视角/宁泽群　金珊//旅游学刊2008-03

2. 在传统与时尚的交融中打造文化创意园区——以前民主德国援华项目北京798厂为例/于雪梅//德国研究2006-01

3. 北京的“798”现象/谭雪梅//经济日报2003-07-11

4. 798扫描/张晓军//人民日报海外版2005-07-11

5. 798——一个文化社区的生死抉择/张贺//人民日报2004-04-21

6. 创意产业与工业类建筑遗存的结合——以北京798地区为例/杨琳　王小凡//北京规划建设2007-02

7. 工业废弃地的景观再生——对“798”艺术中心可持续发展的思考/金纹青　胡继东//中国勘察设计2007-03

8. 大山子798厂艺术区调研报告/崔永福等//美术研究2006-08

六、附录

附录一：“北京798艺术产业区”搜索关键词

附录二：A类文章目录

附录三：B类文章目录

附录四：C类文章目录

重要观点辑录

关于“北京798艺术产业区”的文化艺术价值

“798”位于北京东北方向大山子地区，是原国营798厂等电子工业的老厂区所在地。从2002年开始，一批艺术家和文化机构开始进驻这里，成规模地租用和改造空置厂房，逐渐发展成为画廊、艺术中心、艺术家工作室、设计公司、餐饮酒吧等各种空间的聚合，形成了具有国际化色彩的“Soho式艺术聚落”和“Loft生活方式”，引起了相当程度的关注。经由当代艺术、建筑空间、文化产业与历史文脉及城市生活环境的有机结合，“798”已经演化为一个文化概念，对各类专业人士及普通大众产生了吸引力，并在城市文化和生存空间的观念上产生了影响。

以“798”为主的厂区的建筑风格简练朴实，讲求功能。巨大的现浇结构和明亮的天窗为其他建筑所少见。它们是50年代初由苏联援建、东德负责设计建造的重点工业项目，几十年来经历了无数的风雨沧桑。伴随着改革开放以及北京都市文化定位和人民生活方式的转型、全球化浪潮的到来，798厂等这样的企业也面临着再定义、再发展的任务。随着北京都市化进程和城市面积的扩张，原来属于城郊的大山子地区已经成为城区的一部分，原有的工厂外迁，原址上必然兴起更适合城市定位和发展趋势的，无污染、低能耗、高知识含量的新型的产业。大批艺术家、文化人的入驻，正是这一历史趋势的反映。

这批入驻者中，包括设计、出版、展示、演出、艺术家工作室等文化行业，也包括精品家居、时装、酒吧、餐饮等服务性行业。在对原有的历史文化遗留进行保护的前提下，他们将原有的工业厂房进行了重新定义、设计和改造，带来的是对于建筑和生活方式的创造性的理解。这些空置厂房经他们改造后本身成为新的建筑作品，在历史文脉与发展范式之间、实用与审美之间与厂区的旧有建筑展开了生动的对话。而这批入驻者的生存方式本身就是经济改革的产物，他们展示了个人理念与社会经济结构之间新的关系：在乌托邦与现实、记忆与未来之间。“798”是新时期以来的青年文化经过积淀转向成熟的过程。这里形成的文化将是地方资源的国际性转化，是个人理想的社会化。新的“798”意味着先锋意识与传统情调共存，实验色彩与社会责任并重，精神追求与经济筹划双赢，精英与大众的互动。出现在“798”的这一现象，牵涉到都市发展、生产和消费模式的广泛问题。

现今，“798”已经引起了国内外媒体和大众的广泛关注，并已成为了北京都市文化的新地标。

（摘自webmaster：《798大山子艺术区简介》，798艺术网2006年10月30日）

2003年，美国《新闻周刊》评选出“世界城市TOP12”，北京798的空间重塑所代表的新风格得以入选。《纽约时报》称“北京东郊出现了当代艺术SOHO区”，将这里与美国纽约当代艺术家聚集区SOHO区相提并论。法国《问题》周刊也刊登了名为《新北京已经来临》的文章，认为“798”的出现是中国正在苏醒的标志之一。用英国当代艺术中心前任总监Philip Dodd的话，“‘798’已经成为朝阳区最大最重要的品牌之一，从伦敦，到纽约，到巴黎，每一个关心艺术的人都在谈论‘798’。”

（摘自左林：《北京“城市名片”的未来》，《中国新闻周刊》2006年2月20日）

7月17日，北京798艺术区被授予朝阳区首批文化创意产业聚集区的称号。从某种意义上来说，北京798艺术区已成为中国当代艺术的一个地标、一个符号和一个窗口。

（摘自艾禾：《商业文化》2006年第15期）

在“798”，人们可以看到其他地方无法显示的当代中国历史，可以看到不同年代中国最有创造力和代表性的内容，以至有人称：来北京去了长城、故宫而没有去798艺术区，就算是没有去过北京，就算是不了解中国！

（摘自：《北京798：LOFT时尚的地理新坐标》，《课堂内外》（高中版）2007年第2期）

2003年，798艺术区被美国《时代》周刊评为全球最有文化标志性的22个城市艺术中心之一。

（摘自程绮瑾：《北京“798”艺术区遭遇“变更期”》，《中国文化报》2007年3月18日）

“798”在短短几年间就成为了北京艺术界最火的投资地点，美国《时代周刊》把“798”比作美国的苏荷艺术区。台湾艺术界普遍看好大陆艺术市场的发展，多有北上发展的计划，其中“798”自然是首选地点，“这里的人气、氛围都是其他地方无法相比的”。

（摘自陈之川：《“798”：投资热下的艺术之惑》，《第一财经日报》2006年5月19日）

清华大学美术学院教授李象群向北京市人大递交的提案中提到，“798”不仅有艺术价值，还有建筑价值、历史价值、经济价值和奥运价值，这也是保留这个新艺术区的原因。的确，以“798”为主的厂区的建筑风格简练朴实，讲求功能。巨大的现浇结构和明亮的天窗为其他建筑所少见，这片带有包豪斯遗韵的建筑在我国还是为数不多的。我们不但要保护胡同，也要适当保护新中国早期的建筑遗存。而且更为重要的是，798艺术区已经由一个地理概念

演化为一个文化概念，甚至成了北京城新的文化旅游景区，甚至有人认为，来北京旅游却不去“798”完全就是一个遗憾。例如，“两万五千里文化传播中心”，在“798”那是个很独特的地方，因为展出的都是很另类的民间艺术。“798”最大的意义是使文化成为都市的一部分，这是社会还来不及理解的，由此可见，798 艺术区带来的不仅仅是经济方面的问题。

（摘自董翠　王敏：《浅析 LOFT 空间的自由与局限性——以北京“798”艺术区为例》，《艺术与设计》（理论）　2008 年第 2 期）

---

798 工厂里的艺术区是东方与西方，传统与现代，保守与前卫艺术大融合的地方。强烈的反差吸引众多艺术家在此创建工作室，展示自己的作品，交流艺术理念。从整体来看，“798”本身就是一个巨大的艺术品，吐着白色蒸气的粗大烟囱，爬满青藤的高大库房，已开始锈蚀的纵横交错的工业管道，还有墙上作为历史见证的口号和语录，这些在满足众多艺术家创作空间需求的同时，还滋生出了丝丝缕缕的令人遐想联翩的怀旧情调。这种氛围或许也成为激发艺术家创作灵感的因素。

……

“798”是新中国历史的一部分，它浓缩了新中国的过去和今天，同时这里空间很自由，可任意施展搭建，创造艺术家或商家所需要的环境。艺术家选择这里，除了创作艺术品，更是为了实现自己的生活理想。英国艺术家马腾飞说：“人们来这里的目的是接触历史，这里与中国当代社会有关系，也与中国未来社会有关系。这里有机会接触前卫艺术，接触各种各样的人，它把不同的环境融合在一起，把我们对这些环境的判断也融合在一起。”

这里还是“后现代主义艺术基地”、“民间艺术村”。画家罗清说：“798 的学术氛围很浓，画家举办展览都有自己的想法和见解，很独特、很开放，决不是模式化的东西。艺术要发展，就要有一个开放的场地，给艺术家和大家见面交流的机会。”

……

798 工厂艺术区是近距离观察中国当代艺术，感受中国当代艺术思潮的理想场所。它被有些外国旅游者称为“今日北京的一张脸”，他们参观完长城、故宫后，常到这里感受当代中国，这很令一些中国人费解。

（摘自杨宝民：《触摸今日“798”》，《中外文化交流》2005 年第 9 期）

清华大学美术学院教授李象群（清华大学美术学院教授——辑录者注）告诉记者，“798”艺术家有的曾就读于国内知名艺术院校，有的曾在海外留学多年，还有德、法、英、日、意、新等国的艺术家。他们中很多人都是各自领域中的活跃人物，有着丰富的艺术实践经验。“798”已经成为了让中外艺术界了解中国当代艺术的窗口，成为了一个交流互动的艺术平台。

与上海、广州出现的艺术村落大多局限于画廊的情况不同，“798”汇集了众多当代艺术门类，绘画、雕塑、环境设计、摄影、精品家居设计、时装……李象群要求他的博士生整天待在“798”，他认为，这里比学校更能感触到当代艺术思潮的脉搏。

更加出人意料的是，“798”正在形成日臻活跃的文化经济市场。艺术家从事艺术创作的同时，这里的艺术展示机构为他们提供了展示、交流与交易的平台。同时，各门类的艺术设计和配套的服务性设施，又为艺术家提供了良好的生活环境，从而形成了比较完善的文化艺术社区和活跃的文化市场。

（摘自《“798”：首都工业废墟蜕变的现代艺术村落》，《经济参考报》2005 年第 13 期）

李象群（清华大学美术学院教授——辑录者注）认为：“从前学生的作品仅限于校内展示，但那样的展示更接近观摩而非展示，把作品从学院带到‘798’，既是对学生作品的检验，也是对艺术教育最为直观的审视。”

（摘自苏娅：《李象群：798 缺乏严肃的学术探讨》，《第一财经日报》2007 年 10 月 12 日）

李象群（清华大学美术学院教授——辑录者注）先生将他的理论归纳为“五大价值说”。一是建筑价值；二是历史价值；三是艺术价值；四是经济价值；五是奥运价值。李象群认为，“798”之所以能够产生艺术家聚集的社区，是天时、地利、人和综合作用的结果，顺其自然发展下去，很有可能成为像美国纽约 SOHO 那样的艺术核心区，即“艺术 CBD”，成为中国当代艺术的浓缩点；这样的艺术 CBD，体现了北京既有古老的文化，也有新文化，能潜移默化地影响中国未来的新艺术、新文化，其价值远胜于“中关村第二”。

（摘自陈荣荣：《从“798”引发的思考看政府在首都文化生活中的作用》，《首都经济贸易大学学报》2005 年第 6 期）

“大山子艺术区”的文化价值：该地区的价值更多的在于其人文价值，以及由此引发的经济、社会价值。包括建筑艺术价值、历史纪念价值、文化载体价值、旅游经济价值、社会影响价值五个方面。

一、建筑艺术价值。798 等厂当年在建筑设计方面邀请了众多的德国专家，采用了当时世界上先进的建造工艺和德国包豪斯现代建筑设计理念，为北京不可多得的现代工业建筑珍品，具有较高的建筑艺术价值。从建筑可持续利用的角度，旧建筑的再利用已成为世界趋势，巴黎由火车站改建的奥赛美术馆、伦敦由热力电厂改建的泰德现代美术馆，均为典范之作。

二、文化载体价值。该地区独特的建筑风格魅力与后工业艺术风格的有机结合，合乎当代世界艺术潮流趋向，为艺术家提供了符合其审美趣味的理想工作与相互交流的场所。该地区现有50多个机构，聚集了近30位艺术家的工作室，有些工作室还向社会公众开放，经常举办各类艺术展示活动，创建了一个艺术和社会互动的窗口和交流的平台。

三、历史纪念价值。该地区是新中国工业厂区的典型代表，保留这个地区对展示中国工业史非常有意义。而且该地区见证了解放初社会主义经济建设初级阶段中德、中苏人民的友谊，是新中国建设史的纪念园地。

四、旅游经济价值。该地区以其独特的先锋艺术，吸引了社会各界的目光，到此参观消费的人群逐渐增多，目前已带动了相关服务领域的聚集，并且有带动周边地区环境品质的提升的趋向。若这一地区得到政策支持，有望主要通过民间资本成为新北京的新兴文化亮点。

五、社会影响价值。“人文奥运”是北京举办2008年奥运会的三大理念之一，艺术区是人文精神的体现，也是新北京的产物，先锋文化体现了国家的当代艺术水平和民族精神境界。据报道，2003年北京首度入选美国《新闻周刊》年度十二大世界城市，原因就是此艺术区的发展证明了北京作为世界之都的能力和未来潜力。

（摘自许楱：《798政协提案》，《北京规划建设》2004年第5期）

将城市里的废弃工厂改造为艺术工作室——这是欧美发达国家进入后工业时代的表征之一。但是对于正处在工业化进程的中国而言，798的出现无疑再次折射出这个古老国度现代化历程的复杂性和多样性。

因此，798艺术区为外国人观察中国提供了一个活标本。

……

国外媒体认为，在“798”，人们可以看到其他地方无法显示的当代中国历史，以及不同年代中国最有创造力和代表性的内容，可以看到一个诚实和真实的中国；而作为中国的艺术高地，它的生命才刚刚开始。

（摘自周政华：《798的艺术出走》，《经济》2007年第11期）

一直到2002年，又有一些艺术家开始在北京城区内租用原国营798厂的厂房作为工作室，随后，国内外的画廊，以及艺术书店、艺术空间、酒吧、咖啡馆、餐厅、服饰店等等带有都市街区文化特征的时尚元素纷纷入驻其中，形成了在北京大山子的“798艺术区”。这一艺术家生存地域从城郊边界扩展到北京城区内的变化，一方面说明了中国前卫艺术从“农村包围城市”的渗透与延伸过程；另一方面也标志着随着中国改革开放的逐渐深化和文化全球化的蔓延，中国民间空间日渐扩大，使以边缘艺术家为主体的群落，在一定的社会条件下按自己的愿望去生存和从事艺术创作成为了可能。倘若退回到十年前，他们似乎只能在城乡结合部的混杂环境中寻求到暂时的栖居地。

……在对生活方式的梦想终于获得经济支撑的今天，中国前卫艺术家的生存空间逐渐位移，并与国际接轨，益趋文雅而人文。所以“北京大山子艺术区”一经形成，就抓住了中国的小资、白领们以及一些年轻人对这一另类新空间、酷社区的追求。……新的艺术或许就在这种新的栖居地中产生，它是通过栖居或是那些愿意久留在那里的艺术家来完成的，他们不仅仅是对某一文化景观的观察者，更成为帮助扩展其可能性的参与者。指责或非议这一新的艺术区商业化、时尚化、旅游化，其实是缺乏宽容的、乌托邦的心态表现。在一个民间自发状态下形成的艺术区，又如何能够成为一个所谓纯粹的、有秩序的、高尚的艺术社区呢?! 唯其如此，才是它的魅力所在。可以说它是中国民间都市文化的典型代表，它的形成模式和具有LOFT性质的文化创意园正带动着中国其他城市文化建设并成为重要参照之一。

（摘自冯博一：《栖居与行旅——关于北京798艺术区》，《艺苑》2008年第1期）

“大山子艺术区”的出路应在城市物质空间改造过程中，慎重对待现有城市人文环境的精神内涵，探讨两者结合的可能性，使我们的城市建设在保障城市功能有效正常运转的框架下，城市文化更加多姿多彩，为文化发展的多元化提供适宜的空间与土壤。

……

798艺术社区意味着先锋意识与传统情调共存、实验色彩与社会责任并重、精神追求与经济筹划双赢、当代艺术与大众需求互动。从深层次来探究艺术社区的缘由、带给我们的思索是多方面的。它自觉地呈现和记录着社会转型过程中鲜活的文化现象和人们的情感历程。

（摘自许楱：《798政协提案》，《北京规划建设》2004年第5期）

关于"北京798艺术产业区"的形成及受人瞩目的原因

据说"798"的形成最早是1997年中央美术学院雕塑系在此租借厂房进行艺术创作。2000年，在雕塑师的介绍之下，美国人罗伯特来到"798厂"租用了一座原先的回民食堂，改建成了前店后公司的艺术书店。罗伯特本人是做艺术网站的，在罗伯特的推荐下，更多的人看中了这里宽敞的厂房和低廉的租金，于是来到这片工厂区，建立起艺术工作室、展厅以及画廊。798艺术区的产生和发展过程，与当年美国纽约苏荷区的情况几乎如出一辙。

从2002年开始，艺术家和文化机构开始成规模地租用和改造空置厂房。"798"真正引起外界关注，缘于2003年这里发起的一个大型活动——"再造798"。据说，活动当天，各家艺术机构都在自己的空间内办展览，来了观众两三千人，规模空前。从此，"798"声名鹊起。

2004年798艺术区举办首届艺术节，使"798"逐渐发展成为画廊、艺术中心、艺术家工作室、设计公司、餐饮酒吧等各种空间的聚集区。最近两年有太多的商业机构入驻，使得"798"更加商业化。其中为人们所熟知的包括北京公社、常青画廊、东京画廊、洪晃的媒体集团、雕塑家隋建国及当代艺术家艾未未、黄锐、赵半狄的个人工作室等。

目前798艺术区内有80多家艺术工作室和画廊，代表了当代艺术的最前沿。每年一度的798艺术节（也有人称大山子艺术节）是国际艺术家们的狂欢日，也是所有个人工作室对外开放的日子。越来越多的参观者赋予"艺术公众化"的新局势。

798平日里大部分艺术展和演出都是免费的。表现形式以及布展方式也是多元化的，展览规模、展品都已经可以和国际现代艺术品展相媲美。最早的盈利模式集中在画廊、书屋、艺术品餐厅和家居用品。而随着最近两年商业化的进程，这一地区的性质也逐渐发生改变，许多公司机构都选择在这里举办各种活动，厂房的费用也因此而节节提升。行业逐渐也增加了出版、表演艺术、音乐、电影与录音带、时尚设计、工艺、广告、建筑、时装设计、软件、古董、休闲游戏软件、电视与广播。

……

除了艺术节与创意产业以外，"798"还为中国带来了两个外来词汇，那就是"SOHO"和"LOFT"。

SOHO一词来源于美国纽约的SOHO区。全区都是四五层高的旧大楼，以及类似货仓的建筑，从名牌到一些新的设计师或是艺廊都在这里有专卖店，而这里的内部设计讲究的是自然和个性。SOHO现象指的是由艺术家改造废弃场所，通过艺术团体对空间的影响，先吸引文化交流中心、画廊等艺术机构，再聚集商业产业如餐饮、服务业，渐渐兴起娱乐业，最终带动当地房地产业热。这样的现象在纽约、柏林、伦敦等城市都出现过。

而LOFT字面的解释为仓库，是将工厂或仓库进行整修改为工作室和住宅。一般的LOFT工作室中都有高大而开阔的空间，多层的复式结构，类似戏剧舞台效果的楼梯和横梁。此类建筑往往乐于暴露，甚至刻意炫耀现浇水泥梁柱结构，或将各类工业残留物审美化。

（摘自：《798重生记：以创意之名》，《第一财经日报》2007年8月10日）

"798"虽然只是军工厂的代号，但对于艺术家来说，却是一个巧妙的组合：798，三个顶天立地的数字。

对于过去的"798"来说，一切都是全新的。798厂在今天的命运是当年的设计者和建造者无法预料的。但现在大量进驻的艺术家和文化机构，又有谁能预料"798"未来的命运？

如果说我们正处在前工业时代向后工业时代发展的转折点上，那么"798"的存在便是这一转折的见证，从标准化的规模生产，到突出创意和个性，"798"浓缩了这期间各种变化的缩影。

但"798"在中国并不孤立。除北京外，上海、昆明、成都、广州等地也都有类似的区域。"798"的发展以及北京政府所承担的角色，也许会对全国起到示范作用。

……国外媒体认为798艺术区是中国的希望；在798，人们可以看到其他地方无法显示的当代中国历史，可以看到不同年代中国最有创造力和代表性的内容，可以看到一个诚实的和真实的中国。以至有人称：来北京去了长城、故宫而没有去798艺术区，就算是没有去过北京，就算是不了解中国。

"798"就是这样一个独特的中国现象。在中国制造的背景下，"798"成为引人注目的"中国创造"。

（摘自798as：《北京798　从军工厂到艺术区》，798艺术网2006年11月6日）

可以说，"798"不是某一个艺术家个人的作品，而是一大批艺术家、设计人和各种各样的文化机构"扎堆儿"所形成的结果。基于空间的可塑性、交通的便利性以及经济成本等考虑，一批又一批的人们入驻了该loft空间。其中，起着决定性的因素是经济因素，因为入驻旧厂房所需要的租金是相当低廉的。据说，一个画廊每年只需要卖出几幅画便可以维持店面一年的费用。在北京地价、店面租金高涨的情况下，艺术家进入"798"实现自己的理想是一个很好的选择。以"798"为主的厂区的建筑风格简练

朴实，讲求功能。巨大的现浇结构和明亮的天窗为其他建筑所少见。建筑本身的独特性让入驻者能够充分发挥自己的创造性，去潜心创作和经营。在对原有的历史文化遗留进行保护的前提下，艺术家根据自己的喜好，在这样的空间中将原有的工业厂房进行了重新定义、设计和改造，带来的是他们对于建筑和生活方式的创造性的理解。

（摘自董翠　王敏：《浅析Loft空间的自由与局限性——以北京“798”艺术区为例》，《艺术与设计》（理论）2008年第2期）

798工厂始建于20世纪50年代，是当时民主德国援建的华北无线电器材联合厂，每所工厂都像军工厂一样，用数字作为名称，所有工厂被统称为“798联合工厂”。798工厂规模之大，当时在亚洲都难得一见，它曾是我国最早的电子产品制造基地之一，我国第一颗人造卫星的许多重要零部件也生产于此。至20世纪80年代末，798工厂陷入半停产状态，大部分职工下岗分流，从近20000在职员工递减到不足4000人。90年代后，各厂开始出租闲置厂房以度难关。798的厂房虽已陈旧，但宽敞的空间、低廉的租金和便利的交通，吸引艺术家们纷至沓来在此创建工作室。798的建筑设计秉承包豪斯风格，每间厂房均有10米多高的空间、屋顶斜铺下大扇玻璃窗，非常适合绘画、设计和现代艺术的创作。1995年，中央美术学院在798工厂里租下一座旧厂房建起了雕塑工作室，被称为“798厂”艺术区的发源地。至今，雕塑工作室仍在并取名“雕塑工厂”。

2002年2月，一位名叫罗伯特的美国人出现在这座到处充满闲置厂房的厂区里，这位活跃在北京艺术圈中的特别人物，是中国当代艺术的专家，也是把中国当代艺术向外国传播的关键人物。经过一番考察，他租下面积120平方米的回民食堂，随后改造成前店后公司的格局，他创办的艺术书店成为许多中国艺术家经常光顾的地方。罗伯特还创立了中国艺术网站，通过互联网世界，使更多的人知道了“798工厂”及其存在。

（摘自杨宝民：《触摸今日“798”》，《中外文化交流》2005年第9期）

798的建筑风格很鲜明，空间很开阔，很明亮，有利于做绘画、设计，也可以做多媒体，很适合做现代艺术。现在这种风格的建筑在全世界存在的已经不多。这也是为什么艺术家会对这个在常人眼里破旧不堪的厂房情有独钟的原因。

（摘自艾禾：《798艺术区：商业了又能怎样?》，《商业文化》2006年第15期）

从圆明园到宋庄，再到798，三点一线的轨迹勾勒出京城艺术家十年迁徙路线图，也反映了艺术家“从农村包围城市”的历程。

在传统的主流价值体系中，现在798辖内的艺术家大都可以归入“边缘人群”，因而北京会出现诸如圆明园艺术村、宋庄画家村一类特殊“景观”。而时下的798的兴起，可视为社会逐步走向“兼容并蓄”的一个例证。

798艺术区的兴起与其说是偶然，不如视为天成。

798大院里的厂房大都系前东德工程人员设计并指导建造，采用了包豪斯设计理念，强调在实用性中体现艺术性，造型简洁，内部空间完整、高大。建筑北侧的高天窗形成较为均质的室内光环境，对当代艺术活动的建筑和空间需求有着很好的适应性。

此外，中央美术学院的暂住经历，也为718大院（798为原718联合厂大院之一部分）平添了一份有关艺术的回忆。1995年，中央美术学院从王府井原址迁出后，曾在大山子北京电子器件二厂有过6年的过渡办学期，被称为美院的“二厂时代”。

由于718厂房的建筑特点非常适合于艺术创作、加工，当时租金相对低廉，吸引了大批艺术家入驻。因比邻首都机场、艺术学院、东部新的使馆区、CBD的地理位置，也为798的国际化提供了一条捷径。

而以前艺术家比较集中的地方像宋庄等地，大都远离市区。中央美术学院李象群教授（清华大学美术学院教授——辑录者注）认为，宋庄画家村代表的内向、封闭型的艺术区，而798具有开放和外向型的特点，是展示给大家看的，所以能留住人。

1995年，中央美术学院雕塑系以每天每平方米3毛钱的价格，在北京酒仙桥718大院租用一个仓库作为雕塑车间，接受政府委托制作卢沟桥抗日战争纪念群雕……

（摘自周政华：《798的艺术出走》，《经济》2007年第11期）

“北京798艺术产业区”存在的问题及思考

然而，从艺术区形成之时，就有了按照现状发展和按照规划拆迁两种声音。按有关规划，此地应该发展电子工业与电子贸易，计划“克隆”成中关村模式。与政府规划持相反意见的人认为，798之所以能够产生艺术家聚集的社区，是天时、地利、人和综合作用的结果。它体现了北京既有古老的文化，也有新文化，能潜移默化地影响中国未来的新艺术、新文化，其价值远胜于“中关村第二”。而对于厂家来说，艺术家的到来，不仅实现了经济上的创收。更重要的是，随着798品牌的形成，越来越多追逐时尚的商家把选择798作为流行趋势，从而提高了798以及周边的地价，其含金量不言而喻。

（摘自洁集：《798——北京的艺术CBD》，《时事（时事报告大学出版）》2004年第1期）

在艺术家们唤醒这片沉睡的厂房的同时，苏醒过来水涨船高的还有租金。徐勇（摄影艺术家，胡同游文化旅游公司的创始人，“798艺术区2003综合艺术活动”的发起人，798艺术新区“时态空间”、“百年印象摄影画廊”创办人——辑录者注）于2001年入驻798的时候，“时态空间”的租金是0.6元/平方米/天，现在转几次手之后，租金甚至会达到4至5元的高价，徐勇对798的前景忧心忡忡。798越来越大的知名度更让他有“自掘坟墓”的感觉，“知名度越大，房租越高，最后就只能是越来越商业化”。

……

798的喧嚣有目共睹，在搜索引擎上输入798，可以看到光是域名里有“798”、关于艺术和设计的网站就至少有10个。而每天在798主干道的宣传栏里贴出的展览则至少有20个以上，更不用说每年能够以798冠名的艺术节、创意文化节，还有知名艺术家黄锐（当代艺术家，“798”艺术区发起人——辑录者注）所策划的“大山子艺术节”等诸多艺术活动。对于如此众多的活动、展览，人们的热情与前些年相比却明显减退。以前798凡是有展览开幕，北京甚至外地的艺术青年都会蜂拥而来。而现在，不少展览甚至在开幕当天都十分冷清，展览期间更是鲜有人问津。“一是现在所谓的画廊展览真正有探索性的展览很少，大部分实际上是以学术展览名义的艺术促销会或派对，都是为了卖作品和交际发名片。二是展览实在太多了，没有时间也没有必要都去看一遍。”朱其（艺术批评家，独立策展人——辑录者注）认为这大概是人们对展览的热情减退的原因。但是798的意义仍然显而易见，“它带动了普通市民对当代艺术的兴趣，证明当代艺术可以被公共话语纳入。”田霏宇（瑞士巴塞尔艺术博览会的亚洲顾问，二万五千里文化传播中心副艺术总监——辑录者注）如此认为。

从艺术品交易市场来说，798显然比不过拍卖会，重要的画廊和藏家在798也很少……

对于798的将来，作为艺术区管理者的陈勇利认为最好的状态是“共赢”，同时也毫不讳言对商业利益的追求。艺术家代表徐勇则对过度的商业化十分担忧，“中国艺术市场的一级市场很商业化，都快要变成‘前店后厂’了，创作、评论、销售也都一条龙了”。罗伯特要折中一些，“商业是无法避免的，但是最需要的是创意，要找到商业和艺术之间的平衡”。而在朱其看来，“798艺术区确实是一个公共的艺术旅游区的典型案例。798目前的魅力在于它的鱼龙混杂和多元性，但我觉得这种魅力模式是暂时的，因为，它最终要么变成一个真正的公众旅游区，这样一些重要的好画廊就会搬出来；要么变成一个真正高端的艺术商业区，但这个可能很小。”可以断言，798已经成功地实现了从艺术到商业的价值转变，但是二者之间的平衡，大约还仍然在路上。

（摘自：《798工厂50年：艺术与商业之间》，《第一财经日报》2007年10月12日）

现在人们提到798，大多数人首先想到的是时尚区域的概念，而后才想到艺术区域的概念，所以也是因为太多商业机构的入驻，使得人们对于798的过于商业化的看法越来越大。

……

“这几年房租确实涨得很快，这是肯定的。但是为什么798会被这么多人关注？他们愿意来是因为这里有他们以前没见过的、新鲜的、有创意的东西，所以说这才是核心。我们在这种商业化的发展中，还是要坚持给人们提供这种真的有价值的东西才能生存得下去。”罗伯特用流利的中文说道。

……

“不要回避商业，本来当代艺术就是和商业在一起的。798实际上就是一级市场，我管这里叫做前店后厂。前边是画廊，后面是工作室，艺术家已经成为了资本运作的对象，这里有很完整的一个食物链。”徐勇说，“798的出现是市场的选择，但是我们要知道未来的走向是什么样的。我们要保护艺术区的核心，那就是艺术本身和艺术家。如果过度的商业化，艺术家不在了，这里的生命也不会长久。”

（摘自杨时旸：《798艺术节变调》，《财经时报》2007年4月9日）

“画廊一天比一天多，艺术家一天比一天少了，虽然没有人作过这方面的具体统计，但是这绝对是事实。”对于艺术家离开“798”，独立策展人、艺术批评家冯博一认为，“其实，现在把‘798’称作商业艺术区或许要更合适一些，艺术家去通县宋庄那样的艺术区生活或许更适合一些。‘798’现在太热闹了，并不适合他们。”

（摘自陈之川：《“798”：投资热下的艺术之惑》，《第一财经日报》2006年5月19日）

“良莠不齐，鱼龙混杂，很多作坊式的小画廊，一些做艺术品交易的人来这里，很廉价地收购作品”，成了今天的798艺术区被诟病的地方，而在身兼艺术教育者等多重身份的李象群（清华大学美术学院教授——辑录者注）看来，“自从798文化产业区真正地得到认可后，它的活力和在文化方面思考的问题变得商业化了。作为艺术区的798，缺少了一些严肃的学术思考。”

（摘自苏娅：《李象群：798缺乏严肃的学术探讨》，《第一财经日报》2007年10月12日）

同样是租金问题，国内另一个著名艺术基地大芬油画村面对的是另一种局面。大芬油画村管理办公室主任肖新霞告诉记者，这几年随着大芬村名声的日渐响亮，租金也很自然地上涨了，现在大芬村最旺的一条街上，租金甚至比市区内某些临街的商铺还高。

但是大芬村和798艺术区走的是不同的两种发展模式，所以面对同样问题时有不同的结果。肖新霞分析，798艺术区聚集的多是原创画家，他们追求的是艺术创造、个人的艺术发展，热衷于开画展、出画册、个人作品获奖，通常情况下，艺术家们的创作过程较长，可能一年才卖几幅画，因此经济上可能不太宽裕，对租金也就比较敏感。

但大芬村里驻扎的基本都是企业和个体商户或者画廊，每年交易额巨大，这是一个市场化了的销售场所，住在这里的画家基本上都跟市场接了轨。早先也有原创画家进入，但经过市场选择后，留下来的都是能赚钱的，所以这里的一切都跟着市场走，租金提高也就是很自然的事了。

大芬村原本只是一个300多人的小村庄，现在已成为全国最大的油画生产基地，它的发展模式在国内独树一帜。肖新霞认为，798艺术区的问题在于其中的租户都是画家个人，因此租金才会成为一个焦点问题。其实大芬村提高租金时也曾遭到租户反对，后来经过充分沟通，还是达成了一致。因此肖新霞认为，798艺术区物业公司应该调查对于租金问题到底有多少人反对，他们的接受尺度又是多少，在全面了解以后，双方可以再进行协商。

有业内人士认为，798艺术区和大芬村走的是完全不同的两条路子，北京艺术家大都不愿让自己的作品沾染上商业气息，更不愿像大芬村那样画一些“行货”，因此大芬村模式是不可复制的。但要解决艺术家的生计问题，仍然要通过市场化这个手段，因此一个折中的方法是充分发展中介平台，让市场和艺术家之间有一个相互对接的桥梁。对于798艺术区的物业公司来说，也许可以考虑将艺术区分区规划，辟出一块中介机构区；充分挖掘商业价值，让画廊、经济公司入驻，物业管理可按市场规律操作；而对于艺术家区域，则仍然以原有的低租金保留，继续保持艺术区的本色。

（摘自王素慧：《火爆艺术区加租，水涨船高还是杀鸡取卵?》，《民营经济报》2007年1月24日）

有一种观点似乎占了上风：借助资本的力量将“798”逐步产业化，最终可以形成一个以文化创意产业为主的区域经济亮点甚至经济支柱，带动整个区域产业升级，形成独特的竞争力。

“798”早晚会被改造的。因为从建筑角度分析，它完全不能适应大规模商业化的要求。无论市政基础设施还是其他配套设施均先天不足，且在现状基础上投入巨资改造的投入产出比更难以令人满意，最终只能是推倒重来。

（摘自姜炜：《高房价不会降低区域竞争力》，《中国房地产报》2007年2月5日）

艺术节组委会的李先生表示，“大家普遍的心态是‘玩艺术’，至于如何拓展产业链条，引入商业元素，似乎还没有人认真考虑。尽管政府已将此地确立为文化创意产业基地，但如何发展还没有具体的说法。”

有关专家指出，798艺术区作为一个重要的文化现象是20多年改革开放的成果，是经济发展、社会文明程度提高的重要标志。它的发展符合北京无污染、低能耗的产业发展趋势，但是如何与周边环境相协调，如何实现自身的可持续发展是“798”必须面对的问题。

（摘自杨震宇：《聚宝尚难，现状堪忧——北京文化创意产业扫描》，《时代经贸》2006年第3期）

纽约SOHO艺术区从艺术家入驻，到政府保护，再到风生水起，耗时十余年，而798艺术区则仅用了3年。

业主七星集团对艺术文化的轻视与急功近利，不仅造成租金飞涨，而且还迫使一部分最初在798开疆扩土的元老级艺术家，开始考虑转战他地。或许那时它更加符合业主的计划，但没有了艺术家驻守，798将仅剩产业，而没有创意。

政府护航，企业配合，艺术家亲身实验、推动潮流，一个创意产业园区原本应该三足鼎立的发展形态，目前在798的状况是：政府在企业面前妥协，业主短视，而原应是艺术区核心主导的艺术家们沦落为弱势群体，准备跑路。照此看来，作为文化艺术创意产业园区，艺术似乎已经走到尽头，剩下的唯有商业利益。如果业主继续给这个艺术实验基地填充商业压力，那么，“798艺术区的存在也就是3年。”黄锐不无悲观地说。

（摘自石赟：《798：创意上游　产业下游》，《互联网周刊》2007年2月5日）

2004年北京市“两会”期间，市人大代表李象群提出《关于原718联合厂地区建筑及文化产业保护的议案》。该议案认为798艺术区在建筑、历史、艺术、经济、奥运五个方面具有极大的潜在价值，呼吁政府相关部门应立即制止718联合厂地区大规模拆迁预建电子商业区的行为，应保护、整合此艺术区，并使之成为北京城市文化发展活力的体现。该提案得到15位北京市人大代表的联名支持。798被作为“艺术CBD”而保留至今。

几年间，798经历了极其迅速的发展，引起了艺术界的广泛注目。然而，就在最近出现了两种新情况：一是一些艺术家因为猛增的房价而考虑离开，二是一些首先发掘这里的艺术家不甘只做房客，他们更想参与798的发展和规划。这就导致了作为798艺术家们的领军人物黄锐和七星集团公司及所属的物业公司产生了直接冲突。去年11

月，七星公司决定断约于黄锐。2007年伊始，黄锐在工作室发表名为《公开》的讨论信，在社会各界引发了异常激烈的讨论，有媒体称：798遭遇了更年期。

……

798艺术家黄锐正在忙着搬出798，早在2002年，他以0.6元/平方米一天的低价入驻798，并从2004年起开始组织策划艺术节至今，798对黄锐的意义是深刻而重大的。他见证了798的崛起，黄锐说："798由民间发起，一些有才华却没有舞台的艺术家和世界各地友人共同成就了798，每一次的展览，每一个主题的确立，都是思想的碰撞和提升，我们传播的是一个形象，一种意念，是当代的思想，是对人类生活品质以及内心的尊重和关怀。随着798的发展，艺术家的思维也在完善，对生活环境有了更自然的解读。但是，798的发展过于迅速，它甚至失去了发展的空间，被挤压被拉伸，从形式和管理方法上都有很大的问题。我们提倡的艺术工作室是非常自然又不乏特色的狭小空间，而不是不和谐的冠冕。我们不反对有人来管理这里，也不想抵制商家，798必然会变成商业区，但是，那必须是顺应自然的发展，而不是打压式、强权式的治理。"黄锐已经找到了另一处工作室，他不准备和物业这样争执下去了，他说："在798，我的演出结束了。"

（摘自张雪妍：《798：演出还能持续多久》，《人民政协报》2007年4月2日）

"当时有两个危机，一个来自一些政府官员的不理解，一个来自体制内，美术家协会的一些传统类型的艺术家，他们对前卫艺术有抵制情绪，这种抵制不光是认识问题，更是身份、地位，最后是利益的问题。"工作室在798的徐勇说。更直接的压力来自作为直接业主的七星集团。早在出租之初，厂里就打了招呼，这片厂区已经被规划为"中关村电子城"用地，到2005年年底要完成拆迁。但是压力也可以转化为动力，园区艺术家、艺术机构都在利用自己的资源为保留这片热土努力着。

……

更大的危机来自园区内部的名利之争。2004年的第一届大山子艺术节，是内忧外患的一次集中爆发。活动如期开幕，但最终草草收场。物业方面虽然将设置路障、限制出租车进出解释为出于安全考虑，但在园区艺术家看来，就是为了给艺术节制造困难。

……

"第一届艺术节完全不像'再造798'那时团结、融洽。原来这个地区像个大家庭，艺术节造成很大隔阂。"徐勇说。

在798内部，有的租户享受着关注度上升之后带来的利益，有的租户却不满于人潮汹涌而来，对自己静心创作的打扰，还有的租户是两种状态兼而有之。不论哪种状态，这些租户一致感受到的是一种无奈。

……

在前几年比较798与圆明园画家村的不同时，清华大学美术学院雕塑系教授李象群就指出，798是外向型，它的地理位置靠近使馆区、时尚人群，有对外展示的先天意识。现在，随着租户类型的改变，798从艺术创作区逐渐转向艺术品交易、交流区，展示平台的角色日趋明显。

……

对于这些新的管理者和管理机构，艺术区的租户们大多还持观望态度。特别是去年10月，由管理办公室牵头组织的"798创意文化节"，引起园区艺术家的普遍不满，认为与园区的当代艺术氛围格格不入。一些艺术家主动选择了离开，向798周边的草场地、酒厂、环铁等地区转移。很多都已经在别处租下了新的工作室，将798的工作室纯粹用作展示。"798越来越像作秀、卖小工艺品的、卖服装的地方，越来越跟我们没关系了。"苍鑫说。

（摘自程绮瑾：《北京"798"艺术区遭遇"变更期"》，《中国文化报》2007年3月18日）

虽然艺术家们想让798成为一个较为纯粹的艺术文化区，但是，在商业的社会中，艺术很难跟商业理清关系。

艺术家所追求的是一种比较纯净的东西，他们不屑与商业为伍，可是即便艺术家们不爱听，艺术或文化市场也离不开商业运作，他们和他们的作品必然要跟商业有着千丝万缕的联系。

事实上，由于798声名鹊起，这片原本沉寂多年的老厂房区成了地产热区。同时也影响了城市的规划。要保留这片厂房区，还是将其拆除，建成高楼大厦，成为艺术界、地产界和文化界争论的焦点。

798艺术区，商业了又能怎样？

这是一个值得探讨的问题。

有政协委员呼吁要保护798这种文化形式，并在提案中提出了798建筑、历史、艺术、经济和奥运上都具有很高的价值。对于798这种自发形成的文化地带，从规划和管理上也应该因势利导，采取保护和扶持的措施，这对于北京的文化生态发展是富有正面意义的，符合协调发展的观念。

（摘自艾禾：《798艺术区：商业了又能怎么样？》，《商业文化》2006年第15期）

曾经拍摄《798》画册的摄影师朱岩说："工人来了农民走了，艺术家来了工人走了，买卖人来了艺术家走了，随它去吧。"

……

"当代艺术里面有很多虚假泡沫。这种虚假在传统艺术里很难存在，因为它需要技术磨练，有客观的可以量化的价值。当代艺术很难量化，只有被造势炒作，概念被指认到一定程度之后，才能被资本视为依附工具来运作。"

一开始就看出798的商业价值的徐勇说，“现在正是收获的季节，2008还没到来，概念正是火热。除非798衰败了，否则大家不会离开。”

（摘自程绮瑾：《798遭遇更年期》，《南方周末》2007年3月8日）

“大山子艺术区”现在的窘境：该地区的发展目前面临着矛盾冲突，一方面是推土机式的城市物质空间的改造建设方式，另一方面是有机自然式的城市文化空间的生存发展方式。

（摘自许槟：《798政协提案》，《北京规划建设》2004年第5期）

今年初，一些艺术家开始搬离798。最直接的原因是，这里的房租已经超过了市区高档写字楼，让他们不胜负荷。

更深层次的背景是，随着798的名声鹊起，地价升值，一场围绕798艺术区发展主导权的明争暗斗也渐次展开。“角力”的双方分别是798的“房东”七星华电科技集团和艺术家“房客”。当后者发现自己处于劣势地位时，他们就开始考虑离去。

……

对七星集团而言，798老厂值钱的不是那些质量上乘的厂房，而是价值十数亿的地皮。据悉，798拆迁之后，如果按照计划克隆中关村模式，大建电子城，随之而来的将会是滚滚财源。但是，艺术区的名声日隆却使798的定位偏离了七星集团的预设轨道。

798的名声鹊起，带动了地价上涨，引发了土地产权所有者七星集团与艺术家们的矛盾。艺术区的土地使用权属于798工厂的七星集团，厂方屡次想收回土地进行地产开发，这就意味着这里聚居的艺术家们必须迁出。

……

更深层次的危机则来自艺术家的出走。眼下，日益高涨的租金正逼迫一些艺术家搬离798。还有一些艺术家由于对七星集团物业管理的不满，选择了主动离开，向798周边的草场地、酒厂、环铁等地区转移。

……

租金的高涨背后是商业化的无形推手。事实上，对于商业化，艺术家也不尽然视之为洪水猛兽。油画家张思勇就表示，798需要商业行为，艺术家也要生活，艺术和商业并不矛盾。但过快的发展和迅速的商业化正在侵蚀798的艺术基础。与20世纪90年代初开始发展的什刹海、中关村相比，798仅用3年时间就完成了从升温到沸腾的过程。

798正面临着从艺术区蜕变为商业区的尴尬境地。

现已搬离798的黄锐认为，798的发展过于迅速，甚至失去了发展的空间，被挤压、拉伸，从形式和管理方法上都存在问题。

美国纽约苏荷区的历史为798提供了前车之鉴。苏荷区在艺术家进驻前，是一个租金低廉的普通街区。随着艺术家的进驻，该区域吸引来越来越多的画廊和品牌店，成为纽约昂贵的画廊区和时尚消费区，艺术家由于无法承担高额的租金被迫迁出该区。

大山子艺术区如果不能采取对驻区艺术家的保护措施，也将重蹈纽约苏荷区的覆辙。犹如牧民逐水草而居，艺术家们总能找到房租更便宜的地方。

中国艺术研究院研究员陈醉表示，有关方面应该委派熟悉艺术、有艺术头脑、了解艺术市场并能把握艺术市场本质规律的人来管理798的艺术活动以及艺术机构。但是目前798艺术区占用的是七星集团而非政府的土地，这也给政府直接管理造成了难度。

（摘自周政华：《798的艺术出走》，《经济》2007年第11期）

如今的798虽然声名鹊起，但当初对于它的评价却是毁誉参半。《乐》周刊的创办者洪晃女士曾经对媒体谈到对798的印象：“798在整个中国来讲都是个怪物，这地方属于国有资产，一寸土地都不能卖。如果你跟任何房地产商人说，兄弟，你赚钱了，开发点艺术，把这地方租了，弄弄好，来个艺术区什么的，你也跟着雅一次，如何？他肯定在脑子里算盘一会告诉你，如果不把这些破厂房都铲了盖楼，这地方肯定没有任何经济价值——除非能买，租是没戏的。而现在一帮不会算账的艺术家不顾经济后果在这开画廊、咖啡馆、工作室，而且把这地方生给炒火了。按道理来讲，谁是地主谁该偷着乐，可是我们的地主还天天发愁，读不懂为什么。”

而另外一些艺术家已经开始考虑转移，寻找更适合的发展地。艺术家蔡德全告诉记者说：“我现在着手寻找更好的地点，也试着把一些作品放到别处去展示，比如我的一些铁艺制品，就放在高碑店那边代卖。”

除了场地的矛盾以外，艺术家与当地原有居民的矛盾同样客观存在，据一位知情者透露：“几次艺术展举办都发生过当地居民和艺术家的轻微摩擦，居民担心过多艺术青年的涌入和展览会的过于前卫会造成治安问题或者影响正常起居生活。但这几年情况随着政府对整个区域的认可而逐渐改善。”

……

越来越多的商业行为出现在798，关乎名利的仪式此起彼伏，也有不少人担心过多的商业活动会冲淡798原有的艺术气息。正如声音艺术家冯昊所说：“这是一个浮躁的年代，很少有人能静下心来做艺术，大部分人都在标榜自己。假装自己喜欢艺术懂艺术，或者打着艺术的名义达到个人目的。”更有些激进人士宣称“798的艺术早已死掉”。

（摘自：《798重生记：以创意之名》，《第一财经日

报》2007 年 8 月 10 日）

“798”是由一些旧建筑改造而成的，然而，这个被海外媒体称为城市文化的神来之笔，却在商业和艺术之间面临着拆与不拆的抉择。有人认为，在国外，这类旧厂房本身就位于远郊，它们的存在不会影响城市不断变化的面貌。“798”所在的地理位置与周围的环境不协调，它的旧与北京这一现代都市形象不相融。北京市一位官员曾透露，香港的一家地产商已派代表到朝阳区大山子一带考察了多次，并开始与当地业主七星华电集团接触，有意整体买断包括“798”在内的 22 万平方米的区域作房地产开发。同时“798”本身所创造的社会价值也是微乎其微，而在北京地面面积紧张的情况下，将“798”用于其他任何投资，收效都要大得多。

（摘自董翠　王敏：《浅析 Loft 空间的自由与局限性——以北京“798”艺术区为例》，《艺术与设计》（理论）2008 年第 2 期）

由于成本很低，市场需求旺盛，不少创意地产的租金甚至不低于乙级写字楼的水平，创意地产成为投资客的新目标。投资客对创意地产或买或租，等时机成熟后或倒手或转手。

但是，创意地产的精髓是它的文化价值，如果没有足够的文化内涵，就不能体现创意地产的价值。因此，对于文化氛围的保护是决定投资创意地产能否成功的重要砝码。在招商时，很多创意地产都会宣称对入驻的企业有严格要求，但是在利益的诱惑下，开发商很难保持原来的艺术立场。这也就是为什么说商人来了，艺术家就走了的原因。如果进驻创意地产的企业与艺术根本不沾边，虽然短期内租金提高了，短期收益也好了，但是长此以往，艺术氛围没有了，艺术家只能离开，奔着艺术而来的客户也将随之而去。

798 就是一个鲜活的案例。随着中国艺术品市场的泡沫和价格虚高，更多的圈外商业资本开始进入到这个行业。798 及其附近的地价也随之上涨。现在 798 产权拥有者七星集团定的租金是每天 1.5 元/平方米，比原始租金增长了 3 倍。经过“二房东”转手后，每平方米的房价可以上涨到 3 元、4 元甚至 6 元，最高增长了 4 倍。房地产公司准备介入到 798 艺术区中，增加园区内的酒吧和高级会所，把它改造成上海新天地的模式。商业资本的介入改变了 798 的文化生态。未来 798 的发展将如何还很难下定论。

当然，我们不必也没有能力对开发商过分苛求，只能是在投资前多加考察。投资者如果要投资创意地产，要格外注意开发商的“艺术操守”。虽然开发商最终都是利益至上，但是愿意以什么样的价格放弃“艺术原则”却各有不同。尽量寻找那些心理价位比较高的，对入驻的企业更挑剔的开发商。只有那些文化价值被充分挖掘，并且艺术氛围始终良好的创意地产才有更大的升值潜力。

（摘自傅乐乐：《当艺术撞上现实》，《中国经营报》2007 年 8 月 13 日）

关于“北京 798 艺术产业区”的其他方面

1. 到访过 798 的国际名人（2004—2005 年）

政界要人：

西班牙国王卡洛斯（2004 年初）

欧盟文教委员维亚娜·蕾丁（2004 年初）

美国前国务卿基辛格博士（2004 年）

2004 年 11 月 24 日德国总理施罗德在国务院有关部门陪同下到访 798 艺术区参观“空白空间”及包豪斯建筑。

比利时国王比兰德拉夫人（2005 年）

奥地利总理许塞尔（2005 年）

建筑界大师：

美国建筑师屈米

法国建筑师安德鲁（2003 年）

国际著名建筑师德穆窿

国际著名建筑师扎哈·哈迪德

国际著名建筑师库哈斯

中国建筑大师张永和

艺术文化名人：

美国国际顶级边锁式博物馆、现代艺术带头人古根海姆

TIMEZONE8 的副总裁大山子艺术区最早进驻者之一罗博特先生

清华大学美术学院教授李象群（人大代表）

北京大学教授张颐武

北大学者于长江

北京理工大学教授杨东升

高级咨询专家王禄德

台湾作家龙应台（2003 年 11 月）

艺术家刘索拉、隋建国

摄影家朱岩

著名出版人舒阳

独立策划人李振华

2. 在798艺术区举办过的重要活动

2003年4月“798当代艺术展”

2003年“非典”时期举办的“蓝天不设防”活动

2003年9月“左手与右手”中德文化艺术展

2004年4月20日国际视听艺术节

2004年4月23日—2004年5月23日首届大山子国际艺术节

2004年7月24日—8月23日798艺术区3818库画廊举办《黑白川三》画展

2004年11月9日第五届中国艺术产业论坛

2004年中法文化节法国向中国文化人授勋仪式

2005年英国、奥地利举办画廊博览会

3. 关于798的广告语

798—北京东郊出现的世界级商务文化SOHO区

798—艺术CBD与商务CBD的完美结合

798—北京的文化符号，现代商务和时尚文化的象征

798—商务文化产业园是北京非规划的野生风景

798—承载城市亚文化

798—“LOFT”理念的代表

798—北京的新名片

798—幻想与成功的见证

798—商家的梦想艺术的绿洲

798—商务园——真正意义上的SOHO

4. 798对北京城市的定位影响

2004年，北京被列入美国《财富》杂志一年一度评选的世界有发展性的十二个城市之一，入选理由之一是798。

798建筑改造方案是威尼斯十二个中国优秀建筑展之一，是2004年北京双十年优秀建筑展的重要展品。

（摘自webmaster：《798艺术区大事记》，798艺术网2006年11月11日）

当代艺术评论家杨卫认为，798工厂艺术区和圆明园艺术家村的根本区别在于，前者已经成功地商业化。

（摘自周政华：《798的艺术出走》，《经济》2007年第11期）

“798”位于北京东北方向大山子地区，是原国营798厂等电子工业的老厂区所在地。它们是50年代初由苏联援建、东德负责设计建造的重点工业项目，几十年来经历了无数的风雨沧桑。20世纪90年代以后，由于产品不能适销对路，各厂均出租部分闲置厂房以渡难关。随着原有的工业外迁，大批艺术家文化人入驻798。从2002年开始，它逐渐发展成为画廊、艺术中心、艺术家工作室、设计公司、餐饮酒吧等各种空间的聚合，形成了具有国际化色彩的“SOHO式艺术聚落”和“Loft生活方式”，引起了相当程度的关注。

（摘自董翠　王敏：《浅析Loft空间的自由与局限性——以北京“798”艺术区为例》，《艺术与设计》（理论）2008年第2期）

自由空间彰显个性，改变人的生活方式。以798为例，随处可见的雕塑立于人行道中，行为艺术的表演经常展示，这些都给人以独特的感受。各种独特的VI效果与建筑的陈旧形成鲜明的色彩反差，无不透露着使用者强烈的个性表达和生活主张。艺术区内，工业厂房错落，砖墙斑驳，管道纵横裸露在外。沉重的厂房铁门内是猎奇、怀旧和前卫的气氛。在改造厂房时，艺术家特意保留了墙壁上的朱红标语以及部分工业机械部件。厂房里，另类的当代艺术作品与斑驳的标语、过时的机械等历史痕迹相映成趣，仿佛展开一场跨越时空的“对话”。建筑的内部空间十分开敞，使用者可以自由发挥自己的创意，将空间组织得更为合理。因此在798室内格局几乎不会雷同，唯一相同的是保留旧工业时代的痕迹。例如，水管暴露于外，地面也没有再次铺装，墙壁上仍旧是那个年代所留下的标语画幅，这些都折射出50年代的红色记忆。

（摘自董翠　王敏：《浅析Loft空间的自由与局限性——以北京“798”艺术区为例》，《艺术与设计》（理论）2008年第2期）

“798”的三张面孔

面孔一：路线图

开车走北京的四环路，在大山子环岛上酒仙桥路，从酒仙桥路2号入口或酒仙桥路4号入口进入“798”。乘公共汽车可选择401、420、405、909、955、991、988、小30路。

面孔二：景点

“798”方圆一平方公里内有100多家文化机构，包括出版、建筑设计、服装设计、室内家居设计、音乐演出、影视播放、艺术家工作室等。比较典型的艺术景点有：百年印象摄影画廊、798时态空间、西苑雅集画廊、北京东京艺术工程、北京季节画廊、3818库、空白空间、中国当代、七酒吧料阁子、二万五千里长征文化传播中心等。

面孔三：文化人

邓小平广安塑像及现代文学馆巴金雕像的创作者、清华大学美术学院教授李象群；知名作家、作曲家刘索拉；北京“胡同游”策划人、摄影家徐勇；被称为中国当代艺术发端的《星星美展》的发起者黄锐；著名传媒人、章士钊的外孙女洪晃；著名当代艺术家卢杰、毛栗子、张小涛、陈文波、彭禹、孙原、庆庆、白宜洛、苍鑫、付磊等

文化界名人均生活在“798”。

（摘自：《“798”：首都工业废墟蜕变的现代艺术村落》，《经济参考报》2005 年第 13 期）

北京最早的一个创意产业基地无疑是目前已经成为北京艺术和创意地标的“798”艺术区。“798”艺术区也是北京市重点建设的六大文化创意产业集聚区之一。其不同之处是“798”由艺术家自发促成，而其他五大文化创意产业集聚区——北京数字娱乐示范基地、中关村创意产业先导基地、德胜园工业设计创意产业基地、国家新媒体产业基地、东城区文化产业园，则是由开发商或是政府规划开发的。

（摘自吴林：《北京创意地产集聚六大区域》，《中国房地产报》2006 年 3 月 13 日）

对 798 的看法，人们公认的有三点：第一，这里自发形成了创意产业园区，而且引起了世界的注意；第二，798 商业化的倾向越来越严重，但还没有良好的商业规划；第三，当创意经济逐渐被中国所重视，798 面临着前所未有的竞争。

（摘自：《798 重生记：以创意之名》，《第一财经日报》2007 年 8 月 10 日）

在策划“工业遗产”专题时，798 作为一个典型个案被我们“相中”。作为一个工业遗产，798 与上海江南造船厂或沈阳铁西区的大型工厂显然不能相提并论，但我们选择它却是基于另一种典型性：从工厂区到艺术区，从工业到后工业，从沉寂到活跃，从保守到创新，从封闭到开放，从低租金到高代价，从纯民间到政府的介入……一切的转变都是在不经意中“转瞬”即成。

798 过去是大型国有军工企业。也叫国营北京第三无线电器材厂，此前是 718 联合厂（即华北无互电器材联合厂）的三分厂，曾在国家建设中发挥过重要的作用。1964 年 4 月 718 联合厂分家，才有了 798 厂。自 20 个世纪 90 年代，聚集在酒仙桥地区的各电子工厂均大规模转产或停产。经过企业调整，797、798、706 等七个工厂合并为七星集团。现在的 798 艺术区也称大山子艺术区，是对七星集团属下这一区域的统称。

……

从院门到 798 艺术区还有一段距离。这一片原是 718 厂的厂区，路边矗立的宏源公寓和相对成熟的社区环境，暗示着原来的工厂区曾经历过房地产开发时代。再往前行，工厂的面貌逐渐清晰，横七竖八的管道，高耸的烟囱，“文革”时期的标语，身着蓝色工作服的工人，以及不断传来的机器轰鸣声，可以感受到这是一个活生生的工厂；而艺术展览的宣传海报，画廊、工作室的指示标牌，引人注目的雕塑作品，时髦的青年和穿梭往来的外国游客，一切又构成了极强的艺术和时尚氛围。少时记忆中的工厂环境与奇思幻想的艺术构思的组合，让人有种时空交错的感觉。

这是一个氛围独特的工厂，同时也是一个生机勃勃的艺术区。工业与艺术，竟能彼此相安，甚至相得益彰，这在中国的其他工厂中是难得一见的。

（摘自 798as：《北京 798 从军工厂到艺术区》，798 艺术网 2006 年 11 月 6 日）

一直在为 798 奔走的李象群（清华大学美术学院教授——辑录者注）教授在 798 也拥有自己的工作室，他十分担心政府管得过度让艺术区失去活力。对此，连玉明一针见血地指出，关键在于政府应“少管理，多服务”。

北京大学景观设计学研究院院长俞孔坚说，城市的活力来源于多样性，政府要做的就是尊重创意本身的规律，维护这种多样性。是否硬性地造出一个园区并不重要，在创意产业上，民间永远走在政府前面，关键是不要用一厢情愿的单一规划来取代多样。中关村之所以相比以往丧失活力，就是政府将高科技园区理解得过于单一，认为只是高科技企业的办公场所，没有居住、餐饮等其他元素，因此难以形成氛围。

李象群对 798 的未来想法很多，在他自己所做的远景规划中有一个详细的列表，从改善道路交通到兴建公厕、绿化带，从统一指示标牌到建立艺术交流的信息平台都有涉及。他希望政府能在基建上给予大力支持，而不是对艺术家进行太繁琐的管理。

连玉明总结道，要想将 798 建成成熟的创意产业集群，首先要有完善的公共设施和公共服务，其次要有健全和宽松的制度环境，营造自由的创新氛围。文化产业有自己的规律，产业肯定是市场的选择，只有企业才是创新的主体，政府必须完全退出文化市场，而通过税收、补贴等优惠政策，对企业进行扶植。文化从来不是管出来的，但是如何区分服务与管理，在实践中也十分困难，只要管理不适当就会造成负面影响。

李龙吟代表朝阳政府做出表态，他说，针对 798 的具体措施尚未出台，但朝阳区政府正和 798 内的艺术家以及对创意产业有兴趣的规划师共同研究，是否有必要对 798 艺术区进行重新规划。对此，市政府对朝阳区的要求是，“绝对不违背创意者自己的意志”。在谈到如何区分服务与管理时，他说，关键在于明确政府和艺术家各自承担的责任和义务。政府依法行使公共管理职能，对非公共事务绝不介入，放手让艺术家自己去做；同时艺术家也不能强调艺术需要，违背公共安全、危害公共利益。他举了一个门的例子说，安装门框是建筑安全的要求，但是 798 内的艺术家普遍将厂房的门框取下、打通，其实只要验收时承重符合要求，就应该对此报以宽容的态度，创意就是不守规则，过分用规则约束的结果就是创意无从发展。

艺术家最关心的是房租问题。

对此，李龙吟表示，政府原则上不会介入二者之间的具体经济关系。如果直接干预价格，怎么补贴、补到何时，都是问题，将如同多年前“政府养剧团”的情况一样，带来无穷后患。显然，政府更希望以税收等优惠手段对此加以宏观调控，而非直接帮扶。李龙吟说，全北京对创意产业都有优惠政策，至于针对798的具体政策，还需要进一步研究。

徐勇对此提出自己的构想，他说，政府可以针对酒吧等附属机构、文化机构、商业机构等不同主体分别规定不同的税收政策，可以设立艺术基金直接对艺术机构进行补贴，甚至可以和厂方置换一个区域来一劳永逸地解决七星集团与艺术家之间的矛盾。

（摘自左林：《北京“城市名片”的未来》，《中国新闻周刊》2006年2月20日）

例如北京的798工厂厂区，这些工厂今天也在保护工业遗产的热潮下，开始被提上保护工作的日程. 然而需要思考的是，这些工厂的价值到底是什么，它们对于城市的价值是否是作为工业遗产而存在的？显然这些工厂对于展示工业发展历史的价值是有限的，更重要和更突出的价值在于它们对中国当代艺术史的意义，是作为艺术家的聚集地，作为重要的当代艺术事件发生地而具有的价值。对这样一些工厂的保护，需要采取完全不同于对待展示工业发展历史那类遗产的保护方式，它们对于城市环境的影响，对城市性格的影响也完全不同于江南造船厂类型的工业遗产。对它们的保护应当体现出对其价值的认识，更应当通过这种保护而使保护对象的价值得到充分的表达和传递。

（摘自吕舟：《城市工业遗产保护价值观察——以江南造船厂与798厂为例》，《中国文化遗产》2007年第4期）

“中国的艺术节大概有两类。一类是官方政府主导的双年展，比如北京双年展等；但是因为模式比较死板，所以在艺术圈内的口碑并不是很好。另外就是民间策划的大山子艺术节这样的，因为都是内行做，所以形式和内容都不错，但问题是容易个人化，资金也是个大问题。”朱其说，“所以这次的798艺术节尝试这种做法也不错。官方做一个平台出来，再找圈内的人做具体内容，算是一半一半。”

……

艺术节共分为四个部分，主题展，独立单元展、同盟展和论坛。展览内容涉及90年代以来的艺术议题，对全球化、都市化、现代性、人性、消费文化作了进一步的关注和拓展。作品类型涵括绘画、雕塑、摄影、装置、Video、摄影等。此外，在独立单元展版块中又分为“影像单元”、“独立影像单元”、“舞蹈单元”、“时尚单元”和“音乐单元”。

（摘自杨时旸：《798艺术节变调》，《财经时报》2007年4月9日）

艺术节和论坛选择在这里举办，看重的是这里蕴含的文化能量以及历史与现实、艺术与商业、热情与隐患所呈现的张力和活力，在这里艺术与市场的博弈无时无刻不在进行，任何一方占据压倒性优势都不利于整个生态的延续和壮大，所以有些暴露出来的问题要解决，有些误解和不清晰的地方要澄清，有些潜在的趋势要挖掘和导引，这样的一种努力和姿态才是保证整个区域生机勃勃、潜力无限的支撑。

（摘自：《798艺术节引来人流无数》，《东方艺术》2007第11期）

从2003年4月“再造798”，“非典”时期的“蓝天不设防”，2003年9月以“左手与右手”为代表的若干北京双年展的外围展，到“大山子艺术节”，这些由艺术家自发举行的大规模活动极大提升了798艺术区的知名度。流浪的艺术家们开始在798安营扎寨。

七星集团是将798艺术区作为集团旗下的一项创意产业来经营。据此，策划了2007北京798创意文化节——暨718大院走过50年的纪念活动。

（摘自周政华：《798的艺术出走》，《经济》2007年第11期）

大山子国际艺术节（DIAF）是在北京大山子艺术区举办的大规模艺术活动，是DIAF组委会与大山子艺术区各机构、艺术家积极促成的丰富多彩的当代艺术项目。每年春天，DIAF都会上演一场为期三周的鲜活对话，通过视觉艺术、现场音乐、舞蹈、戏剧、行为艺术、设计作品和电影来展现当代艺术的创新观点和魅力实验。

大山子艺术区坐落在老式的包豪斯工厂建筑群落中，三年来毫无疑问已成为北京新趋势的发展先驱。它不但引人注目，同时也激发、反映了一种中国新的生活方式。在大山子，当代艺术已经是公众触手可及的。

DIAF 2004主题为“光·音/光阴”，探索光、声音、时间在798地区特定的可能性。在四周举办期间内计有80000人次来场参观。DIAF 2004主题为“语言/寓言”，探索语言文字、寓言故事对艺术里的教化含义，三周的活动期间计有近10万观众到场。两届DIAF都引起新闻媒体极大的关注（每次逾有百计的报章报道）。在公众的视野里，DIAF不仅是一次时间限定的艺术活动，而是发生在城市敏感部位，需予以重视并建立关系的美学事件。

（摘自webmaster：《北京国际当代艺术节（DIAF）简介》2007年1月15日）

产业效益

目前798厂已经容纳了354家文化创意产业机构，每年厂区的直接收益有3000多万元，而整个文化产业创造的价值则在3个亿左右。

陈勇利介绍，798厂区有近30万平方米的占地面积，目前文化创意区仅仅使用了12.5万平方米，可开发的潜力非常大。798文化创意产业投资股份有限公司成立后，文化创意产业区至少将在现在基础上再扩大一倍。

（刘砥砺：《北京：798艺术区将扩大一倍》，《中国文化报》2007年10月9日）

2006年参观798艺术区的艺术爱好者已经超过100万人，厂区文化产业创造的价值接近3亿元人民币。

（摘自周政华：《798的艺术出走》，《经济》2007年第11期）

目前798艺术区的占地面积有30万平方米，建筑面积是23万平方米，其中用于文化创意产业的有10万平方米，还有12.5万多平方米的面积还是用于798厂区日常的生产。798入驻的画廊和艺术家工作室是“350多家”，这个数字随着艺术区面积的增大，还在继续增加之中。已经有人将798称作亚洲最大的艺术区，瑞士巴塞尔艺术博览会的亚洲顾问田霏宇觉得这种说法没有太大的问题，因为日本并没有艺术区这种空间概念，韩国的非常小，东南亚各国的艺术区更是无法与798相比。

（摘自：《798工厂50年：艺术与商业之间》，《第一财经日报》2007年10月12日）

从2003年的“再造798”，到随后的三个艺术节中，参与的艺术家和机构的快速递增：从2004年的10家左右，到2005年的40多家，再到今年的80多家，798当代艺术活动的跳跃式发展，已成为一种耐人寻味的文化现象。

（摘自798as：《北京798从军工厂到艺术区》，798艺术网2006年11月6日）

重要文章选登

798艺术区作为北京文化旅游吸引物的考察

——一个市场自发形成的视角

宁泽群 金 珊

研究背景与问题的提出

798艺术区位于北京东北部的朝阳区大山子地区，是原国营718联合厂的电子工业厂区所在地。该联合厂由798等数个工厂组成，建于1951年。1989年，工厂由于难以适应市场经济的发展，生产的产品不能适销对路，工人大批下岗，各厂均出租部分闲置厂房以渡难关。

1995年，中央美术学院的隋建国教授租用了798工厂空置厂房作为雕塑车间。这一举动后来被认为是798艺术区发展的伊始。此后，陆续有一些艺术家进驻。

2002年，中外艺术家的进入达到了一个高峰时段。他们在此创建自己的艺术工作室，推动了798艺术区在短时期内的迅速形成。2003年798艺术区举办了以“再造798”为主题的当代艺术展，规模空前，从此，798艺术区声名鹊起。2003年年底，土地所有者七星集团开始在798艺术区周边展开拆迁行动，希望把土地卖给地产商，以解决企业职工下岗、退休工人的安置问题。2004年，北京市委、市政府，朝阳区委、区政府，市区两级的人大、政协，以及规划等部门陆续到798参观、视察、调研，而后决定保留798艺术区。

2003年以后，到798艺术区参观、访问、观摩、学习、交流、购买艺术品的人越来越多，已经对到北京的中外游客产生了强烈的吸引力，日益成为了北京市城市文化旅游资源的重要组成部分。2003年北京被美国《新闻周刊》入选为“世界上最有风格的12个首都”之一，而798艺术区的存在和发展是入选的重要原因之一；2004年法国总统希拉克的夫人纳黛特·希拉克参观798艺术区之后，把这里称为中国正在苏醒的标志；2006年，798艺术区被国家正式评为了“国家文化创意产业基地”。

2007年，798艺术区的知名度进一步提升，根据有关报道，美国CNN最新调查显示，798艺术区已经成为外国人到北京的第二目的地，在此之前，798艺术区已经被外国旅游者列为仅次于长城、故宫的第三个必须前往的景区。国际奥委会主席罗格在北京考察2008年奥运会的准备工作时，也慕名专程前往798参观。现在，通过官方渠道要求在2008年安排参观798的奥运代表团就有30多个。2007年5月1日，世界著名的西班牙富拉剧团在798艺术区举行实验戏剧《帝国》的全球首演。

一个曾经名不见经传的废弃工厂区，在没有经过旅游开发规划部门预先设计的情况下，在短短的几年时间里迅速成为了外国旅游者的热门景点，这是非常值得我们深入思考的。

笔者基于这一现象，对798艺术区进行了相关的考察。这一考察集中在对到访798地区的中外游客进行问卷调查，通过对市场中需求者的动机和偏好的了解，来考察798艺术区作为旅游吸引物的价值所在。我们希望以此来探究这一地区是如何成为目前这个举世闻名的旅游景点的，很显然，它所成功的一般特征，应该对国内旅游吸引物的开发具有重要的借鉴意义。

研究方法

我们在考察798作为旅游吸引物的意义时，主要采用了问卷调查的方式。

在问卷设计阶段，笔者除实地调研考察，从各种途径搜集与访问者需求动机及偏好相关的信息外，还特别参考了2005年9月北京市旅游局撰写的《“798艺术区”调研报告》中与访问者需求动机与偏好之相关题项。

正式调查发放的《北京（大山子）798艺术区调查问卷》包括两个部分。第一部分为问卷主体，共涉及了16道与访问者需求动机及偏好相关的问题；第二部分为个人信息，共计6道题。

正式调查采用以实地发放纸质调查问卷的方式。2007年3月底至4月初，调研小组针对798艺术区不同层次、不同类别、具有不同消费能力的中外访问者进行了实地抽样调查。此项调查共发放问卷180份，回收有效问卷145份，有效率为80.55%；其中，针对中国访问者发放问卷105份，回收有效问卷84份，有效率为80.00%；针对外国访问者发放问卷75份，回收有效问卷61份，有效率为81.33%。通过推断798艺术区中外访问者所占比例的置信区间得出：在95%的置信水平下，中外访问者样本所占比例的允许误差为8.04%，即798艺术区的中国访问者占49.89%—65.97%，外国访问者占50.11%—34.03%（推断过程见附录）。

表1　中外访问者调查样本的人口学特征　　单位：%

	特征值	样本总体	中国访问者	外国访问者		特征值	样本总体	中国访问者	外国访问者
性别	男	53.70	53.57	54.10	文化程度	大学以下	11.70	17.80	3.28
	女	46.20	46.43	45.90		大学	60.00	70.20	45.90
年龄	20岁及以下	6.90	10.71	1.64		硕士	26.90	9.50	50.82
	21－35岁	57.90	71.43	39.34		博士及以上	1.30	2.30	0.00
	36－45岁	24.80	11.91	42.62	职业	学生	24.80	30.90	16.39
	46－55岁	8.90	5.95	13.12		政府公务员	8.20	7.10	9.84
	56岁及以上	1.30	0.00	3.28		公司职员	26.80	34.50	16.39
常住地	北京	75.10	85.71	60.66		工人	4.10	2.30	6.56
	其他	24.80	14.29	39.34		医护人员	0.60	1.10	0.00
月收入	1500元及以下	25.00	34.52	2.78		军人	0.60	1.10	0.00
	1501－3000元	16.60	23.81	0.00		艺术工作者	15.10	16.60	13.12
	3001－5000元	18.30	26.19	0.00		自由职业者	9.60	3.50	18.03
	5001－7000元	5.00	3.58	8.33		失业者	0.00	0.00	0.00
	7001－10000元	8.30	5.95	13.89		退休人员	0.00	0.00	0.00
	10001元及以上	26.60	5.95	75.00		其他从业人员	9.60	2.30	19.67

关于798艺术区访问者需求动机与偏好的调查样本的基本情况见表1。在被访问者总体中，19.31%为艺术工作者，34.48%为艺术爱好者，46.21%为一般访问者。其中，在中国访问者中，48.81%为一般访问者，27.38%为艺术爱好者，23.81%为艺术工作者；在国外访问者中，42.62%为一般访问者，44.26%为艺术爱好者，13.12%为艺术工作者。

对中外游客的基本分析

1. 关于中外游客到访798的动机与偏好在调查中，我们使用了到访798艺术区的目的、对798艺术形式的偏好和看中哪些798艺术区的特质等几个选项，来主要考察中外游客的动机与偏好的情况。由于这部分我们使用了多项选择，因此，我们主要用一般的比例分析方法来说明中外访问者被调查的情况。

中外游客到访798艺术区的目的参见表2。

表2　中外访问者访问798艺术区的目的对比

单位：%

访问目的 / 访问者	参观访问	观摩学习	交流沟通	购买艺术品	其他
中国访问者	66.60	30.95	22.62	4.76	15.48
一般访问者	70.70	29.27	7.32	2.44	29.27
艺术爱好者	91.30	47.83	30.43	8.70	4.35
艺术工作者	30.00	35.00	45.00	5.00	5.00
外国访问者	52.40	26.23	19.67	18.03	19.67
一般访问者	34.60	30.77	30.77	15.38	15.38
艺术爱好者	77.70	18.52	3.70	22.22	18.52
艺术工作者	25.00	62.50	37.50	12.50	25.00

在表2中，中国访问者和外国访问者访问798艺术区的目的基本一致，均为参观访问、观摩学习、交流沟通以及购买艺术品等。

然而进一步的细分和归纳汇总后，我们可以发现，中外艺术工作者都以观摩学习和交流沟通为最主要的访问目的，但他们各有偏重，外国艺术工作者注重观摩学习，中国艺术工作者更注重交流沟通。在一般访问者中，中国访问者主要体现为一般性的观赏，其他比例均较低，而外国一般访问者在各种选项中的比例则相对平均，可见，外国访问者不仅仅注重一般性的观赏，他们更热衷于各种体验活动。特别值得注意的是，外国各类别访问者的购买艺术品比例均高于中国访问者。

当进一步探究中外访问者对798艺术形式的偏好时，我们发现，798艺术区的设计对中外访问者最具有吸引力（51.03%），其次分别是绘画（41.38%）、雕塑（34.48%）、摄影（28.28%）、行为艺术（22.07%）、其他（15.86）。在中外访问者的对比中，除了对摄影这一艺术形式的关注度存在较大差异外，在其他方面并没有特别明显的差异（图1）。

图1　中外访问者关注的艺术形式的对比

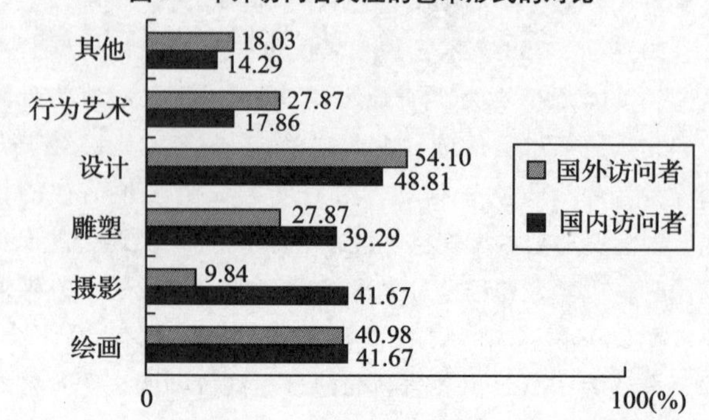

由此可见，无论中国访问者，还是外国访问者，在对798艺术区艺术表现形式的认同感上是基本一致的。

那么，798艺术区的哪些特质为中外访问者所看中呢？我们的调查显示，中外访问者所看重798艺术区的特质依次为：文化氛围（70.34%）、艺术价值（52.41%）、建筑风格（34.48%）、商业开发价值（17.93%）、历史价值（14.48%）、知名程度（11.03%），以及地理位置（5.52%），且中外访问者没有明显差别。

综上所述，吸引中外访问者的主要特征是798艺术区的文化艺术体验与感受。

2. 关于中外游客对798信息的获取途径

我们的调查显示，亲朋好友是中外访问者公认的最主要的信息来源途径；旅游中介组织（包括旅行社）则极少成为中外访问者获取798艺术区相关信息的来源途径；中国访问者较多从电视广播这一途径获取798艺术区的信息，而外国访问者较多通过报刊杂志获取相关信息（表3）。

通过中外访问者对798艺术区信息的获取方式上，我们不难看出，798艺术区作为旅游吸引物是在不为旅游经销商所知的情况下发展起来的。到访的游客属于散客旅游群体。

3. 关于中外游客在798的逗留时间与消费

我们利用交叉量表的分析方法，对中外访问者在798艺术区的停留时间和消费支出进行了相关分析，其结论是：中外访问者在798艺术区停留时间大体相同，主要集中在2—5小时，相比之下，艺术工作者比一般访问者和艺术爱好者的平均停留时间稍长一些。对于798艺术区这样一个基础设施和服务设施还不够完善的自发形成的文化艺术区来说，这已足能证明798艺术区的吸引力及其未来发展潜力。而在消费支出方面，中国访问者在798艺术区的消费支出以0—300元居多，平均花费760.60元；外国访问者的消费支出以100—300元居多，平均花费844.03元。可见，798艺术区的访问者具有消费能力强的特点，外国访问者比中国访问者的平均消费能力略强一些。我们曾经在2004年对北京市高端休闲旅游市场研究时，对高端旅游市场的平均花费作过定义，即一个游客每人每天平均花费在500元人民币以上的旅游者，可以被认定为高端休闲旅游消费人群。而这里我们对照着这个定义，访问798艺术区的中外游客在平均半天的逗留时间里，每人的平均花费均超过了这一水平。这从另一个角度说明了能够提供游客充分自由体验的旅游景点，往往是游客的消费支出更高。

4. 关于中外游客对798的总体满意度评价

在分析这一问题时，我们采用了李克特（Likert）5点量表的分析方法。

为了准确地了解中国访问者与外国访问者对798艺术区的总体满意度是否存在显著差异，我们首先运用SPSS1210统计软件对数据进行独立样本均值的t检验，结果分析如表4和表5所示。

表4说明了中国访问者和外国访问者对798艺术区的总体满意度的均值分别为3155和3162，二者样本均值存在着差距。

表5列出了方差齐性检验结果为F = 0.586，显著性概率P = 0.445 > 0.05，所以，可以得出假设方差相等成立，即两个总体的方差相同；此时，均值差的显著性概率P = 0.446 > 0.05，所以，我们认为在0.05的显著性水平上，不能拒绝原假设，即两个组的平均值没有显著差异。也就是说，从总体上看，中国访问者和外国访问者在总体满意度上没有明显差异；同时说明，样本间的总体满意度差异是由样本造成的。

表3 中外访问者了解798艺术区的途径对比　　单位：%

访问者 \ 了解途径	报刊杂志	电视广播	互联网络	亲朋好友	旅游中介组织（包括旅行社）	其他
中国访问者	28.57	19.05	22.62	63.10	0.00	10.71
一般访问者	41.03	15.38	33.33	69.23	0.00	5.13
艺术爱好者	27.59	27.59	20.69	44.83	0.00	6.90
艺术工作者	0.00	12.50	6.25	81.25	0.00	31.25
外国访问者	40.98	4.92	22.95	62.30	1.64	6.56
一般访问者	38.46	7.69	26.92	53.85	1.64	4.92
艺术爱好者	40.74	3.70	14.81	66.67	0.00	3.70
艺术工作者	50.00	0.00	37.50	75.00	0.00	0.00

表4　中外访问者对798艺术区总体满意度的均值、标准差及标准误差

	国籍	人数	均值	标准差	均值的标准误差
总体满意度	中国	84	3.5	0.589	0.064
	外国	61	3.6	0.582	0.075

表5　中外访问者对798艺术区总体满意度均值差的独立样本t检验

	方差齐性的 Levene 检验		均值的t检验						
	F	显著性 Sig	t	df	显著性 Sig（双侧）	均值差值	标准误差值	差分的95%置信区间	
								下限	上限
假设方差相等	0.586	0.445	-0.764	143	0.446	-0.075	0.099	-0.270	0.120
假设方差不等			-0.765	130.337	0.445	-0.075	0.098	-0.270	0.119

在确定了中外访问者在总体满意度评价没有明显差异的前提下，我们从交通条件、停车区域、环境状况、卫生条件、规划布局、艺术表达形式和宣传推广力度7大方面来测算访问者的感知评价。

图2表示了访问者感知评价的平均值折线图。平均值代表了样本总体的平均态度，总的来说，访问者对环境状况（3.66分）、规划布局（3.64分）和艺术表达形式（3.99分）的感知评价均高于总体满意度，最高为艺术表达形式；而对交通条件（3.39分）、停车区域（3.28分）、卫生条件（3.37分）以及宣传推广力度（2.88分）的感知评价均低于总体满意度，最低为宣传推广力度。这说明，当旅游吸引物能够为游客提供出足够的特殊体验和环境氛围时，即使没有进行充分的宣传营销，访问者仍然会对其产生强烈的兴趣。

图2　访问者感知评价平均值折线图

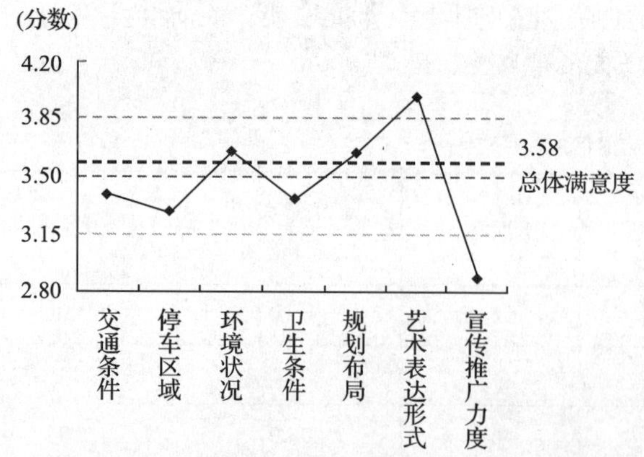

为了找出影响访问者对798艺术区总体满意度的主要因素，我们又以交通条件、停车区域、环境状况、卫生条件、规划布局、艺术表达形式以及宣传推广力度为解释变量；以访问者对798艺术区的总体满意度为被解释变量，在检验数据满足多元线性回归的基础上，运用SPSS1210软件来建立多元回归模型，并进行统计分析，得到的结果如表6、表7和表8所示。

表6　回归方程的描述统计量

模型	R	R^2	调整的 R^2	估计的标准差
1	0.799（a）	0.639	0.621	0.360

注：a. 预测变量（常量）：宣传推广力度、艺术表达形式、规划布局、卫生条件、环境状况、停车区域、交通条件。

表7　回归方程的方差分析表（b）

模型		平方和	df	均方	F	显著性
1	回归	31.53	7	4.505	34.673	0.000（a）
	残差	17.8	13	0.13		
	合计	49.33	14			

注：a. 预测变量（常量）：宣传推广力度、艺术表达形式、规划布局、卫生条件、环境状况、停车区域、交通条件。b. 因变量：总体满意度。

表8　回归方程的系数分析表（a）

模型		非标准化系数		标准化系数	t	显著性
		B	标准差	Beta		
1	（常量）	0.517	0.210		2.462	0.015
	交通条件	0.122	0.041	0.178	2.964	0.004
	停车区域	0.104	0.051	0.128	2.028	0.044
	环境状况	0.141	0.045	0.191	3.116	0.002
	卫生条件	0.092	0.049	0.129	1.901	0.059
	规划布局	0.031	0.052	0.043	0.597	0.552
	艺术表达形式	0.230	0.039	0.379	5.837	0.000
	宣传推广力度	0.157	0.032	0.274	4.827	0.000

注：a. 因变量：总体满意度。

表6是描述统计量，可以得出回归模型的拟合优度。从这部分结果看出：相关系数R＝0.799，判定系数R2＝0.639，表示因变量“总体满意度”有63.9%可以由自变量“感知评价（7个方面）”来解释；调整的判定系数R2＝0.621，回归估计的标准差＝0.360，可以看出此回归的拟合优度还不是很高，这也说明多选解释变量还不是很全面。

表7是方差分析表，可以看出多元回归模型的总体显

著性。这部分结果显示：统计量 $F=34.673$，显著性概率值 $P=0.000<0.05$，说明回归模型的总体显著性是明显的，因变量“总体满意度”与自变量“感知评价（7个方面）”之间确有线性回归关系。

表8是回归系数分析，可以得出多元回归模型系数的显著性。从这部分结果可以看出：艺术表达形式的检验统计量 $t=5.837$，显著性概率值 $P=0.000<0.05$；宣传推广力度的检验统计量 $t=4.827$，显著性概率值 $P=0.000<0.05$；环境状况的检验统计量 $t=3.116$，显著性概率值 $P=0.002<0.05$；交通条件的检验统计量 $t=2.964$，显著性概率值 $P=0.004<0.05$。由此证明，艺术表达形式、宣传推广力度、环境状况以及交通条件对访问者总体满意度有着显著性的线性关系。

根据上述分析，我们可以得到访问者对798艺术区的总体满意度的多元线性回归方程为：总体满意度 = 0.230×艺术表达形式 + 0.157×宣传推广力度 + 0.141×环境状况 + 0.122×交通条件。

在上面的方程中，我们不难发现，艺术表达形式对中外游客的总体满意度评价影响最大，其影响因子为0.230。由此可以看出，798艺术区的现代艺术的表达方式和内涵决定了798艺术区对游客的吸引力，如果能够很好地保留这个艺术区的创意氛围和自由空间，该艺术区的文化旅游价值就能够得到旅游访问者的认可。

我们的结论及引申的问题

798艺术区的形成过程实际上是一个废弃的工业区如何被转化为艺术区的过程，而这一过程的附带产品，就是它成为了城市文化旅游的资源，成为了城市文化旅游的重要吸引物。关键的问题是，它是一个市场自然生成的产物，而不是人为规划的结果。

实际上，类似798艺术区的现象在国外并不罕见。以美国纽约为例，20世纪40年代，美国纽约休斯敦街的南端有一个无人居住的废弃工业厂房仓库区，被称为Loft，一批贫穷的艺术家与设计师因为缴纳不起市区住房的昂贵租金，纷纷入住这里开办工作室，开始了他们自由的现代艺术创作。从此，Loft成为了现代艺术的一种符号，也被当成是一种生活方式，后来这里被人称为“SOHO”区，全称为“South of Houston Street”，SOHO已成为纽约美国现代艺术的发源地。同时，由于SOHO区的形成，各种艺术、文化、媒体很快驻守当地，接着，购物人潮及观光客大批涌来，自此，这一萧条的城市街区显现出了勃勃生机。美国纽约的SOHO区也是一个并没有进行规划而自发形成的旅游吸引物。

798地区原有资源的特性，就在于它的艺术功能和文化氛围，以及它所保持的相对淳朴的建筑风格和开放格局，让游人能够在其艺术的表达中自由自在地徜徉，来体验它的艺术魅力。这是一种典型的文化旅游现象。

根据有关学者的研究，文化旅游可以从不同方面进行解释。从民族学角度来看，文化旅游可以定义为“基于需求一种全新的深层次文化经历，无论是在审美、知识、情感还是心理方面都是一种特殊的旅游活动”（Reisinger，1994:24）。而从人类学角度来看，文化不仅仅是文化中心或旅游吸引物，让当地人表演的一些宗教仪式、典礼或舞蹈，文化旅游的更丰富含义在于这些活动与许多不为人们所熟知的传统习俗密切相关，也是当地居民日常生活的一部分（Fridgen，1996）。玛萨森（Mathieson）和沃（Wall，1982）认为文化包含了行为的条件及其产生的结果。

由此可见，文化旅游力图营造思考型的学习机会，而这一点只有通过深度参与到文化资产之中才能实现。它不能仅仅依靠简单的专门用于旅游者观赏的表演秀和一般走马观花的景点讲解来完成。然而，我国当前许多地区的旅游开发规划都往往停留在这一层面。一个重要的原因就是：他们忽略了文化的内涵是无法设计和规划的，它是一个地区在几年、几十年、上百年、上千年的时间里，当地居民吃喝拉撒睡的生活习惯、精神生活与审美兴趣、人际沟通与交往行为、情感表达方式等各种日常生活现象长期积淀的结果。它们构成了一种特殊的文化氛围和环境，也就形成了历史。因此，我们可以说，文化旅游资源是社会发展自发形成的产物。798艺术区的形成就同样如此。

由此，我们引申出一个问题，即对于这类文化旅游资源而言，我们是按照其原有的特性来合理地开发市场，还是从经济增长的角度来单纯追求它的当期收益。这是一个按照旅游发展规律来发展旅游，还是按照经济增长规律来发展旅游的问题。前者可以实现旅游的可持续发展，而后者则可能由于短期行为而导致对原有旅游资源的破坏。前者往往是市场自发形成的，后者往往是倾注了太多的人为主观设计理念，结果却又往往事与愿违。所以，旅游的发展应该更加注重旅游吸引物特质的发现与保护。从这种意义上来说，798艺术区成为北京市的一个新的举世闻名的旅游吸引物的过程就是一个最好的注解。

附录：抽样调查样本估计误差和置信区间的推断

已知：样本容量 $n=145$；

置信水平为95%，$\alpha=0.05$，$t=1.96$；

$p_{中国访问者}=0.5793$，

$p_{外国访问者}=1-0.5793=0.4207$；

根据公式：$n=\dfrac{t^2p\ (1-p)}{\Delta_p^2}$

推导出：

中外访问者样本的允许误差

$$\triangle p=\sqrt{\frac{t^2p\ (1-p)}{145}}$$

$$=\sqrt{\frac{1.96^2\times 0.5793\ (1-0.5793)}{145}}=0.0804$$

$=8.04\%$

得出：中国访问者所占比例的置信区间为57.93% ± 8.04%，即［49.89%，65.97%］；外国访问者所占比例的置信区间为42.07% ± 8.04%，即［50.11%，34.03%］。

说明：在95%的把握程度下，798艺术区的中国访问者占49.89%—65.97%之间，798艺术区的外国访问者占50.11%—34.03%之间。

在传统与时尚的交融中打造文化创意园区

——以前民主德国援华项目北京798厂为例

于雪梅

文化创意产业为城市发展注入活力

文化创意产业是典型的都市型产业，城市为文化创意产业的兴起创造了契机，为文化创意产业的发展提供了土壤，而文化创意产业也为城市的发展注入了活力。

20世纪90年代以来，随着都市经济的发展，商务成本的提高，都市产业结构不断调整，导致一些传统工业的衰退和外移。城市发展必须以高附加值的制造业和现代服务业为主要方向。作为现代服务业重要组成部分的文化创意产业，具有很强的渗透力和辐射力。它渗透到各行各业，可大大提升产品的附加值，如产品构思、设计、造型、款式、装潢、包装、商标、广告等，无一不凝结着一定的文化素养、文化个性和审美意识。一个好的创意能带来新的附加值。而文化创意产业的辐射力可以推动产品热销，为产品拓展市场开路。

国际经验表明，大多数大城市在实现工业化后都把发展文化创意产业作为催化经济转型的重要战略举措，因为文化创意产业在增强城市综合竞争力、促进产业升级和转变经济增长方式上有着巨大的作用。创意的本质是创新，具有裂变效应，而创新能力是国际竞争力的核心能力之一。发达的创意产业体现了城市的创新能力，这种能力也正是国际大城市的比较优势所在。综观全球，有影响力的世界级城市，无一不是文化创意产业最集中、最发达的地区，都以独具特色的文化创意产业而闻名世界。

发达的文化创意产业也大大增强了城市的辐射功能。发展文化创意产业不仅可以推动城市功能再造，为城市规划提供新思路，而且还可以创造新的城市文化氛围。

文化创意产业以文化为基础，以文化的消费者为出发点，强调文化艺术的市场化、商业化，既继承和发扬了文化传统，又带来了社会经济和文化的繁荣。

进入知识经济时代，人们不再追求对资源、能源和农产品的更大消费，而是追求时间与智慧的价值，即“知识价值”的大量消费。对时间与智慧价值的追求，很明显地产生了两种不同的消费指向——未来与过去——既追求高产值的高科技时代，也追求高产值的手工艺时代。而文化创意产业恰如其分地满足了怀旧与创新在现实中的联接与融合。进入知识经济时代后，文化活动在社会生活中所扮演的角色已经发生了变化，它可以作为一种产业，通过文化产品的生产、传播、消费等来达到提供就业、增加出口、提高税收、创造财富等目的。同时，由于文化创意产业以文化为基础，它所创造出的文化产品能够起到愉悦身心、陶冶情操、传承文明等作用，这也是文化创意产业与其他产业相比对社会经济协调发展的突出作用。

文化创意产业不仅营造出新的现代时尚生活，而且还可以改善经济环境和社会面貌。一方面，文化创意产业的发展，为城市创造了时尚的文化生活环境，促进了城市创造力的提升，从而带动了经济的发展，也改善了人们的生活质量。另一方面，文化创意产业的发展需要宜人、快乐尤其是宽容的社会环境。因此，文化创意产业离不开宽松愉悦的社会环境，而宽松愉悦的社会环境不仅是文化创意产业的出发点，也是文化创意产业的归宿。

文化创意产业为旧城改造提供新的契机

文化创意产业具有知识密集性的特点，消耗物质能源少，取得效益大。在环境日益恶化的今天，文化创意产业显然是最有利于实施可持续发展战略的产业。

文化创意产业不仅不掠夺越来越宝贵和稀缺的自然资源，而且还能够保护现存的文化资源，文化创意产业集聚区与旧城区之间的有机互动性，从另一个侧面体现出文化创意产业是一个面向未来、可持续发展的朝阳产业。

文化创意产业界是新兴的业界，创业者大多年纪较轻，经济实力较弱，因此他们往往把城市中逐渐被废弃的旧区作为创业的基地，将其改造成充满性格的创意园区，进而形成文化创意产业的集聚地，为城市的旧区带来了新的生命力。国际上很多重要的创意产业区都和旧区重建有关，如英国泰晤士河南岸、柏林的东港、温哥华哥兰桂岛、日本北海道小樽运河，纽约的苏荷是在19世纪制造业大发展时建造的厂房仓库，伦敦著名的泰德艺术馆由原本可能拆除的火力发电厂改造而成。

旧式建筑，保留着城市人文遗存。把城市旧区改造成充满活力和个性的文化创意园区，唤醒了人们的怀旧情节。这种对人文、对历史的召唤，有着弥足珍贵的社会意义。这些创意产业集聚区，不仅利用了现有建筑创造了文化创意产业发展的平台，而且还保护了历史文化财产。工业老厂房、老仓库运用新的模式设计和改造，为历史的留存注入了时尚、创意的元素，使保留的旧厂房成为现代城市景观的新景象，也促进了文化创意产业链的形成，是城市历史与未来承接的良好典范。

文化创意园区与城市旧区的有机结合，可以避免城市文脉的中断，不仅保留了具有历史文化价值的建筑，而且通过历史与未来、传统与现代、东方与西洋、经典与流行在这里的交叉融会，为城市增添了历史与现代交融的文化景观，对城市经济的发展产生了巨大的推动作用。它无需占用更多的土地和资源，仅仅依靠人才的创造力和集聚效应，就使面临废弃的老城区焕发了青春，不仅提升了该地区的文化品位，而且体现了区域经济协调发展的要求。

文化创意园区同时也不仅仅是文化创意产业成长壮大的外部空间环境，而是凭借其独具魅力的内涵成为一个城市的标志性建筑或区域，是这个城市的著名人文景观及最具代表性的名片。标志性的文化创意园区首先注重的是个性，缺少了个性也就缺少了魅力，也就缺少了城市的竞争力。其次，园区符合被广泛认可的城市精神。一个城市的标志性建筑是这个城市最具代表性的东西，也是最能体现城市精神的东西，文化创意园区往往就是展现这一城市文化的重要场所。除此之外，园区还与城市生活紧密融合在一起，这不仅可以提高文化创意园区的亲和度，使之获得更多市民的认可，而且丰富的城市生活本身就是创意的源泉，是文化创意产业基地的精神给养。可以不夸张地说，发展文化创意产业园区的过程，就是为城市精心设计名片的过程。

北京798厂的发展历程

北京798厂是20世纪50年代前民主德国的援华项目，位于北京东北郊的大山子地区，由六个军工厂组成（由于798厂最大，所以通称为798厂，以下简称为798）。从建筑风格上看，它是德国包豪斯艺术的完美再现，弥足珍贵。50年来，798见证了新中国建设的历史，经历了大发展时期的辉煌，也遭受了经济转型期的痛楚。如今，798成了文化经济的聚集地，发展为中国当代艺术的窗口。然而，刚刚获得了新生的798依然面临着商务性开发的危险，要在保护和拆除之间进行理性的选择。

1. 798的诞生：德国包豪斯艺术的完美再现

20世纪50年代初，新中国刚刚诞生，以苏联为首的社会主义阵营对华实施了156个援建项目。当时，中国提出要建设作为国家级战略工程的电子工业基地，而苏联的电子工业是从民主德国引进的，于是798以及相邻的几个军工厂便成为了单独立项的第157个项目，由原民主德国负责设计建造并提供技术援助。

1953年，中德双方在合作建设协议上签字。1954年，建设项目开始。由于当时民主德国不存在同等规模的工厂，所以由副总理厄斯纳亲自挂帅，组成了工程后援小组，并动用了全民主德国的电子工业力量，包括技术、专家及设备生产线。1957年，项目竣工。这项庞大的工程在意识形态上带有乌托邦理想的色彩，而从外形上看则属于典型的包豪斯风格建筑。

包豪斯（Das Staatliche Bauhaus）诞生于1919年的小城魏玛，这所只存活了短短14年，一直处在一个恶劣的政治、经济环境中，并且在乱世艰难中三易其址的设计学校，却对现代建筑设计的发展起着举足轻重的作用。包豪斯学派主张适应现代大工业生产和生活需要，讲求建筑功能、技术和经济效益的融合，它为推动现代设计的向前发展作出了十分杰出的贡献，并对全世界的设计教育产生了深远的影响。

20多年后，在中国北京的798，包豪斯的艺术与设计相结合的思想得到了非常充分的体现。798的厂房高大宽敞，弧形的屋顶、倾斜的玻璃窗，透射出独特的韵味。其建筑风格简练朴实，讲究功能。由于既要考虑充足采光，又要避免阳光直晒影响操作，设计师采取了半拱形的顶部设计——朝南的顶部为混凝土浇筑的弧形实顶，朝北则是斜面玻璃窗，构成了高大粗砺的完美空间。特别是向北开的窗户，大而通透，保证了光线不管阴天下雨还是阳光高照，都能均匀地洒到房间，这种恒定的光线产生了一种不可言喻的美感。

厂房不仅外形漂亮，而且内在结构也相当牢固。当时厂房在建造的时候就已经充分考虑到备战的需要。骨架非常结实，而屋顶却很薄而且留有细缝。这样设计的目的就是为了在厂房遭遇袭击发生爆炸时，可以散发热能，以免厂房由里向外全部炸毁。这充分体现了798工厂建筑的科学性和独特性。

798当年在建筑设计方面邀请了55位德国专家，采用了当时世界上最先进的工艺和包豪斯设计理念，是不可多得的现代工业建筑珍品。像798这种风格的现代工业建筑，目前仅在中、德、美等少数国家有极少量留存，堪称工业发展史上的文物，弥足珍贵。

2. 798的成长：新中国建设的历史见证

798不仅是中德人民友谊的见证，是社会主义同盟时期的历史风云的见证，也是一本新中国建设的历史教科书。它除了具有包豪斯现代主义的建筑印记，还具有中国工业化建设的印记，更具有文化大革命时期的历史印记（墙上始终保留着文化大革命时期的标准口号和绘画）。这个工业建筑载体反映了半个世纪以来中国政治、经济、技术、设备材料、文化、思想的历史发展过程。

798曾经是中国电子工业的基石之一，体现了当时国家军事战略的基本思想。当初出于国防需要，以数字代码作为厂名。798隶属于电子工业部，生产航空用的电子元器件，这里曾被称为“新中国电子工业的摇篮”，我国第一颗原子弹和第一颗人造卫星的许多关键元器件就生产于此。

798是纪念昔日曾经辉煌一时的新中国电子工业的“历史博物馆”。798承载着几代人对于中国社会主义电子工业的历史记忆，见证了中国工业一段辉煌的历史。它是民族国家在现代化过程中的一个缩影。798是时代文化的载体，体现了它那个年代的精神状态、社会理想，以及潜藏期间的文化内涵。至今留在墙上的那些文革时期的标语——“车间到处红旗飘，产量质量逐日高”；“思想红专放红星”；“把工厂办成毛泽东思想的大学校”——是清晰的时代印记，经过了50多年的风雨，透露出逼人的沧桑感。残留的机器、粗大的烟囱、爬满青藤的高大库房、拥挤着向内延伸的工业管道，在798的每个角落里，都遗留了它所属时代的烙印。

3. 798的衰落：经济结构调整的痛楚感受

798是计划经济和国家特殊战略的产物。当计划经济向市场经济转轨时，798衰落的命运也就不可避免了。

798开始没落于20世纪80年代。一方面，由于传统电子工业的退化，产品不能适销对路，经济效益持续低迷。另一方面，随着改革开放，经济结构开始调整，城市功能也开始转变，一些能耗高、污染严重、劳动密集型的工业形式慢慢退出了都市。到20世纪80年代末，798已陷于半停产状态，大部分工人下岗分流。到了90年代，这个国有军工企业在完成了自身的历史使命之后，彻底陷入困境，车间停产，人去楼空。

工厂的衰落带来的是工人的茫然与痛楚。798鼎盛时期曾有在职从业人员2万余人，如今只剩下不足4000人，大量的下岗工人，加上1万到2万名离退休员工仍需要工厂来负担他们的生活。由于多数工厂车间长期处于闲置状态，工厂开始靠出租闲置厂房以渡难关，并曾一度为租不出去空置厂房而犯愁。当然，在厂方看来，出租厂房并不是最好的选择，厂方希望能有投资者对这一地区进行商业性开发，通过出售土地的方式获得一大笔出让金，并且还有可能顺便解决部分职工的就业问题。

4. 798的再生：新经济时代文化产业的灵动涌现

798的再生始于2002年前后。当时，一批艺术家看中了这里宽大的空间、沧桑的氛围以及廉价的租金，成规模地租用和改造了空置的厂房，为老厂区注入了新的活力。短短的两年时间里，随着艺术家和文化机构进驻，798逐渐发展成为艺术中心、画廊、艺术家工作室、设计公司、广告公司、酒吧等各种现代空间的聚合，形成了具有国际化色彩的“SOHO式艺术聚落”和“Loft生活方式”。在这里，绘画展、摄影展、实验戏剧、音乐会、影视播放、时装发布会等艺术和商业活动非常频繁，798已经成为中国当代艺术的集中地，是近距离观察中国当代艺术的理想场所。

798还不仅仅是艺术的创作地，而且正在形成日臻活跃的文化经济市场。艺术家从事艺术创作的同时，这里的艺术展示机构又为他们提供了展示、交流以及交易的平台。各门类的艺术设计和配套的服务性设施，又为来宾及内部艺术家提供了良好的生活环境，从而形成比较完善的艺术社区和活跃的文化市场。当艺术品走向市场变成商品的时候，艺术区的生命也就真正开始活跃了。

从本质上说，798为艺术家们提供了一种难得的怀旧情调。他们将原有的工业厂房进行了重新定义、设计和改造，让历史与现实、实用与审美，艺术与工厂建筑之间生动对话，强烈的视觉反差和文化内涵的碰撞，撞击着人们的心灵。

798与德国的渊源在50年后也随着它的再生而重新得到恢复。2004年12月6日，统一后的德国总理施罗德来到798艺术区，为在这里举行的中德当代艺术展剪彩。在这一刻，在798，人们不仅可以感受到德国现代的包豪斯建筑风格，认识中国现代工业发展的历史，而且可以欣赏到24位中德当代顶级艺术大师创作的装置艺术、声响艺术及绘画。

5. 798的未来：保护性再利用与商务性开发的激烈较量

然而，798这个发展迅速、欣欣向荣的艺术区，建立在十分脆弱的基础上。这里的艺术家都只是过客而并非主人。

798吸引的不仅仅是艺术家，还有开发商们。经初步规划，798这个地方可以容纳100多万平方米的房地产项目。于是，厂方与开发商们的商务性开发计划就摆到了议事日程上。798里的艺术家与厂方的租房合同大都至2005年12月31日到期，接下来是否可以续约，不得而知。798工厂几十年来经历了无数的风雨沧桑，如今面临着推倒重来的厄运。798艺术区经历了两年多的风雨漂泊，如今前途未卜。伴随着改革开放以及都市文化定位和人民生活方式的转型，798面临着定义再发展的任务。而这一任务，被798里的艺术家们称为“生死抉择”。

从经济上和法律上说，对798进行商务性开发是合情合法的。但是，让一个宝贵的工业建筑遗产、一个正在发展中的新文化产业区消失在隆隆的推土机声中，却绝非是一个理性的选择。798可以被看作是北京的一个文化符号，其意义非常深远。一个城市的灵魂和魅力是由人文氛围和文化生态决定的，城市硬件建设只是提供了物质存在，如果没有自己的精神气质，那城市只是钢筋水泥的丛林。798艺术区在这个意义上成了新城市的焦点，因为它提升了城市生活的魅力和复杂的趣味，以及与效率同等重要的情感欲望。

2003年美国《新闻周刊》“首都风格”评选中，北京首度入选12大世界城市，理由中首先是以798的空间重塑说明北京的新风格，正是这个艺术区的发展证明了北京作为世界之都的能力和未来潜力。《纽约时报》也将这里与美国著名的艺术家聚集区——苏荷相提并论。在这样的艺术区，奔走于其间，自然就会获得一种国际大都市的繁华感、文化底蕴的厚重感和时代的生机感。

结语

文化创意产业为北京798的发展提供了新的思路。在珍贵的工业建筑遗产受到保护的同时，文化创意产业也获得了理想的发展空间。当我们在提到历史建筑保护的时候，不仅仅是保护古老文化的代表，比如故宫、长城，重要的是把所有人和时代的遗迹都有所保留，并赋予遗迹以新的生命。都市里的人要和这种遗迹形成融合，在旧建筑中形成新的朝气。因此，通过文化创意产业对传统的工业建筑进行保护和再利用，是历史遗迹和新的时代精神的结合，是城市风格与活力的体现。当我们在追求经济利益的时候，不能以现代化和城市化的名义，使城市丧失个性和特征，丧失城市的竞争力。

北京的“798”现象

谭雪梅

一

今年4月以来，“再造798”艺术活动开幕式及厂区各机构协办的“大山子艺术新区综合艺术活动”之后，北京的“798”的名声越来越大。这个有2万多平方米的艺术家聚集区，吸引了许多人的目光。此前北京艺术家和画家的工作室大多散落在郊区，而不为大众所知。从2002年下半年开始，一批艺术家和文化机构开始成规模地租用和改造空置厂房，逐渐发展成为画廊、艺术中心、艺术家工作室、设计公司、餐饮酒吧等各种空间的聚合，这些变化不仅对各类专业人士造成了吸引力，就是普通大众也时常有人光顾，引起了海内外相当程度的关注。

如今，在“798”高大宽阔的厂房里，工作并生活着越来越多的画家、雕塑家、作家、设计师、艺术策展人和出版人，他们用独特的生存方式向人们展示了一个新空间，同时以凝聚而成的文化力，成为一扇对外交流的窗口。如今你只要进入798，就会感觉到新奇，你不认识谁不要紧，你敲门进屋，就能观赏他们的作品，和主人聊天，他们或许为你指路，或许带着你一家一家探望、闲聊或者喝酒。据说，最早来798的是一个外国人，名叫罗伯特，他3年前搬进来了，而今天，人们似乎是忘记了他，熟悉的倒是一批中国艺术家。

二

“798艺术区”位于北京市朝阳区大山子，原国营798、718、706等厂，现北京七星华电科技集团，其是20

世纪50年代初由苏联援建、东德负责设计建造的国家重点工业项目。798厂工人最多时能达到2.4万人，现在剩下只有5000人，这两年内大批工人下岗，生计较为艰难。人去楼空，接管这片地区的七星集团物业管理中心经理曲京生，整日琢磨着怎么才能把空置厂房往外租出去，收钱养活人。起初有不少小厂来实地考察，也有不少南方的小厂来此落脚，但因798厂位于院内最靠里的角落，汽车出入不便，感兴趣的人渐渐稀少，情急之下，他们甚至把小一点的房子租给做豆腐的，哪怕一月就收100元租金。艺术家来了后，他们不仅迅速地租完可能出租的房子，去年光租金就收了2000多万现金。今年将更为可观。这里的变化不仅给困境中的798工厂的工人们带来实实在在的经济利益，同时也为社会创造了无形的文化价值。

有评论认为：“798艺术区”试图打破以往的在社会艺术领域中艺术家内部小范围活动和交流和限制，形成艺术、特别是当代艺术与社会大众的有机互动。在对原有的历史文化遗留进行保护的前提下，他们将原有的工业厂房进行了重新定义、设计和改造，带来的是对于建筑和生活方式的创造性的理解。这批入驻者的生存方式本身就是经济改革的产物，他们展示了个人理念与社会经济结构之间新的关系。

还有评论认为：艺术区的创生和形成是新时期以来的青年文化经过积淀转向成熟的过程。他们具有自觉的独立意识，正在实践和探索未来形态的新文化，积极地将地方资源向国际性转化，使个人理想与社会产生生动的交流和相互作用。旧厂区的艺术再造将意味着先锋意识与传统情调共存，实验色彩与社会责任并重，精神追求与经济筹划双赢，精英与大众的互动。

三

最早入驻“798”的艺术家黄锐认为：作为个人来说：他看好的是这里便于创造的室内空间，从更高一级的角度看，人是需要文明的，文明要用历史来体现，人如果看不到这种历史的话，会失去自信变得单薄，人需要历史提供文明的信仰。

他还表示说：我们在这里建的是一个咖啡厅、一个餐厅，但更重要的，它首先是一个作品，它的细节都流露着创意。黄锐表示希望这些酒吧、咖啡馆能引导城市文化的潮流。现在长长的艺术通道内正在进一步完善，占地600多平方米的“八十度空间”就要开业了，而这里富有特色的餐桌椅本身就是主人邵帆的作品。他们以润物细无声的方式，表达自己的艺术主张和趣味，以期影响大众。

“798艺术区”目前已有近40位艺术家入住。日本东京画廊也已入住，他们实行的北京东京艺术工程也在去年年底在这里完成了首次展览——《北京“浮世绘”》，包括行为装置、摄影、油画、影像等多项内容。东京画廊是一个有着雄厚实力的画廊，其看好“798”实际上是看好中国艺术品市场的未来。

四

在众多入住“798”的艺术家中，刘野是一个具有典型代表性的艺术家，刘野的作品很有市场，所以手头也比较宽裕，他先是在郊区盖了一所大房子，由于生活不便，他又迁回城在望京买了一套房子，初到望京生活的那段时间，他感到生活比在郊区的画室方便了一大截，想吃饭，打个电话，楼下的饭馆就把饭送上来。可是知道这个地方以后，刘野基本上是想都没想就来了。他与吴晓军、赵半狄共同租了一间工作室，在他们看来，这里不仅工作起来方便，降低了生活成本，同时彼此之间的互相激发更重要，他们有一个认同的观点：艺术本身重要，但过程与方式也很重要。

画家陈文波，入住798工厂36号房间，与其他许多工作和生活在这里的艺术家不同，他并不住在这里，但是每天骑车从离此地不远的望京的家来这里作画。他说：作为画家，我们都有一个梦想，渴望有一个大的空间。高大空间带给我的是更多的想象力。来这里后，我画了一系列大的作品，像《席位》什么的。创作力和生产力的提高是艺术家们普遍的反映。我来的时候就知道这里两年后要拆，我把它当成我的工作室，我计划两年作20幅画，这样它就变成一个投资了。

材料与装置艺术家陈庆庆，其创作需要较大的空间，她原来住在城里的胡同中，有时晚上回家，光是找地方停车都要转上一个小时，经过几番考虑，她还是在这里租下了房子，她表示即使两年半后这里拆掉了，在这个时间段内，我的工作效率是高的。

落户“798”的艺术家们与“798”签的都是两年半的合同，他们指望通过自己的努力把这里做成一个艺术基地，许多海归艺术家指出：如果真的成立一个艺术区，它的潜力会更大。不过，也有艺术家指出：“798”发展起来当然好，但它会不会也许像纽约的苏荷（SOHO）区一样，因为艺术家们创造的艺术氛围，吸引来大量商家，在这里开画廊建设计室，最后连服装商都进来了，成为一个商业区。之后，地价猛涨，画家们承担不了昂贵的租金，全部搬走。

五

“非典”过后，尤其是艺术家们在“非典”期间搞了“蓝天不设防”的活动以后，有越来越多的人、尤其是艺术代理机构和收藏家们开始关注“798”。中国嘉德国际拍卖有限公司的总经理王雁南、副总经理寇勤等一行三人考察了这里，他们看了以后，感觉很好，他们认为：作为艺术市场的一环，这里是符合艺术市场规律而自然产生的艺术家群落和艺术机构的集中地，比起北京其他地方的艺术家聚集地，这里静中有动，与城市的距离更近，似乎现代气息更浓。索思比拍卖公司驻上海办事处的工作人员，也专程到“798”来考察。

当然“798”也有许多变数，这里大多数租房合同都签到2005年底，在未来的两年半时间里，这里会变成什么样子？两年半后它又会是什么样子，有人说：这块地方早已列入了北京市的规划，但是更多的艺术家似乎更有信心，他们说：只有把这里做大又做出规模，做出影响力，才能意味着长时间的留存。

798扫描

张晓军

坐落于北京市朝阳区酒仙桥附近的“798”，原来是一个十分神秘的电子工厂。几年前因产业调整而遭废弃，但由于数百位当代艺术家的重新改造和数十家文化商业机构的蜂拥而至，陡然间已变成这个城市中最为耀眼的艺术中心和最具当代气质的文化景观。

感受798：大工厂+艺术

798始建于20世纪50年代，由苏联专家援助，并由当时的民主德国帮助建造。厂房空间宽敞明亮，结构简洁平朴，是典型的包豪斯建筑。这也为艺术家们今天的钟情与重塑埋下了伏笔。现在我们所看到的798艺术社区，并不仅限于798厂，与之毗邻的706厂、792厂、797厂，也都已成为这一新兴艺术群落的组成部分，而且目前还有向周边地区拓展的迹象。因此有人把它称为“大山子艺术社区”，很多人更把它与巴黎的“左岸”、纽约的“苏荷”相提并论。

走进798厂，你定会有种时光错乱的感觉——优雅的酒吧音乐和着机器轰鸣的噪音便是它的情调，工人的匆忙脚步、艺术家的闲散神情和着探访者的诡异目光组成了它的韵致。在798厂区，你见得最多的是那五花八门的招贴海报和各式各样的画廊招牌，间或有些艺术机构的引导牌和画家工作室的标志，不禁令人感受到一种激情的冲击和别样的气氛。

“时态空间”也许是最令人叹为观止的地方。这里正是人们常在传媒中见到的那个798的标志性图像——弧形的屋顶，采光良好的立面窗，残留着几十年前的标语口号。宽阔明亮的大空间里，798的许多重要活动都是在这里进行的。如2003年以“再造798”为主题的当代艺术展、2004年5月的艺术展示月活动和今年5月大山子国际艺术节的启动仪式等。有时这里还进行一些戏剧活动和时装走秀。

798的另一个特点是画廊展场不计其数、多彩多姿，单是它们的名字就足以令人目不暇接：新艺术仓库、艺术车间、空白空间、易正空间、中方角艺术空间、星空间、南门空间、单向度、大窑炉音画馆等，许多都是境外投资。

艺术家的工作室也是因地制宜、千奇百怪，没有重样的。工厂中的每一个角落，只要能被允许，什么样的残砖败瓦都能被艺术家们改变模样。厂区偏南地段有排“料槽子”，是工厂备料储料的地方，如今也被艺术家们租了下来，变成了不同规模的工作室，大有化腐朽为神奇的功力。

体验798：冒着热气儿的前卫艺术

798最具魅力的地方是它的开放性。无论艺术家的工作室，还是艺术的展示空间，都随时向公众开放。艺术家的工作室实际上也是一个个大小不等的展场，其创作可以第一时间和零距离地与观众见面，有种新鲜出炉，还冒着热气儿的感觉。你不但可以与艺术家面对面地交流，表达对艺术的看法和意见，还可以洞察艺术家的创作状态和艺术背后的东西。这样一来，艺术创作与艺术受众的互动加快了，直接了，势必带来艺术生产力的提高和社会影响力的扩大。

798最具魅力的地方还在于它的前卫性和时尚性。入驻于798的艺术家们多为中国当代艺术创作的骨干力量，他们思想活跃，观念前卫，对于当代艺术发展变化十分敏感，有着丰富的想象力和创新精神。他们并不仅仅停留在以往的艺术层面，引领当代艺术风骚的装置艺术、行动艺术、影像艺术以及多媒体的综合艺术，已经成为这个艺术群落的探索内容。加之现代设计人、现代戏剧人、现代音乐人的纷纷加入和艺术商业人士的遥相呼应，这个艺术新区有了与众不同的结构配置和多元综合的时尚色彩，俨然成为中国新兴艺术思潮的集散地和发布场，成为中国当代艺术创作状况的风向标和晴雨表，它的生命力度和历史价值也就毋庸赘言了。

领悟 798：经济与精神生活催生

在 798 出现之前，艺术家聚居地在国内已出现不少，具代表性的有圆明园画家村、昌平上苑、通州宋庄等。这些艺术家聚居地多半处在城市的边缘地带和普通的民宅中，艺术家们采用小作坊式的生产方式，经济基础相对薄弱。而 798 则是一种更为新颖的生存样本：这里的艺术家多为各艺术思潮的领军人物，经济实力也相对好些，有较为成熟的创作理念，对于大空间、大生产的欲望比较强烈，也有很强的掌控能力。他们善于与各种各样的艺术门类进行沟通和相互作用，又善于与艺术商人联手互动，因此效率高、效果显，也更具有当代性和时代感。

从历史的角度看，798 的出现也绝非偶然，这是时代发展的必然产物。随着中国市场经济的不断完善和都市化进程的不断加快，城市里的产业调整和空间重组成为自然而然的事情。与此同时，中国的当代艺术家们也已在国家的总体发展中得到了经济上的改善，思想的开放度也越来越高，艺术创作也随之从个人化的传统格局走向大市场化生产。于是，废弃的城市空间便成为艺术家们理想化的首选之地。艺术家的聚集和新兴艺术社区的产生便很自然地存在于人们的期待之中。

从某种意义上说，798 的出现，反映了中国当代艺术的精神亢奋和生命活力；反映出中国当代艺术家敢为人先、统领潮流的强烈愿望；显现出当代中国精神生活的开放和生存理念的高度。一位评论人说得好：“798 艺术社区是自发形成的，也是由城市活力和文化传统孕育而成的。这种自发形成的文化地带从先天上就克服了经济的、地域的种种局限，具有很强的适应性、自我调整能力和生命力。798 艺术社区的出现，反映出北京的文化重要性正在不断发展，文化产业的内驱力极为活跃，如果把它比喻成一枚文化果实，那正是因为北京这棵大树有着深厚的文化根基、强健的经济体魄和良好的国际交往环境。”

正因如此，我们也就没有多少必要为 798 的前景担忧，因为它是一颗时代的种子，因为它曾经拥有。

798——一个文化社区的生死抉择

张 贺

旧厂房中诞生了艺术社区

位于北京市朝阳区大山子一带的 798 工厂曾经是军工企业，自 2002 年起，随着一批艺术家和文化机构进驻这里，成规模地租用和改造空置厂房，一个集艺术中心、画廊、艺术家工作室、设计公司、广告公司、酒吧等于一体的艺术社区逐渐形成了。

目前有 60 多位艺术家和 50 多家机构在这里落户。绘画展、摄影展、实验戏剧、音乐会、时装发布会等艺术和商业活动非常频繁。从某种意义上讲，798 艺术社区是近距离观察中国当代艺术的理想场所。

但是，这个艺术社区实际是建在沙滩上的脆弱的城堡。艺术家们只是过客，产权方把这些废弃的厂房租给他们，不是对艺术情有独钟，而是为了赚取租金。他们的租房合同大部分将在2005 年到期。按照有关建设规划，这里将要发展电子工业和贸易，798 一带的老厂房均在拆迁之列。最近有关拆迁的风声越来越紧，人们不禁担忧，这个自发形成的艺术社区会不会在推土机的轰鸣声中消失？共同的生存危机使这些背景不一、个性迥异的艺术家联合起来，试图挽救社区。在他们看来，保留 798 不仅使他们能拥有一个自由的创作空间，也是保护历史遗产，保护刚刚萌芽的新型文化产业。他们说，对城市、对文化的责任感促使他们奔走呼吁。

“建筑本身就是艺术珍品”

人们不禁要问：为什么在常人眼里破烂不堪而在这些艺术家的眼里却成了珍宝的旧厂房非拆毁不成呢？难道这些厂房真的没有历史价值吗？

从事装置和立体艺术的黄锐说：“这里的建筑本身就是艺术珍品。虽然外表很普通，都是红砖、水泥、玻璃窗，但是它设计造型的规范性、合理性、严谨性，都是罕见的。”据介绍，798一带的工厂是20世纪50年代初，由苏联援助并由德国专家设计建造的，带有鲜明的包豪斯艺术特征，强调在实用性中体现艺术性，房屋高大宽敞，弧形的屋顶、倾斜的玻璃窗，透射出独特的韵味。有许多来这里参观的外国学者认为，像798这样的现代工业建筑，在整个亚洲已是寥寥无几，弥足珍贵。清华大学美术学院教授李象群对798工厂的建筑特点曾做过详细考察。他说，当时厂房在建造的时候就已经充分考虑到备战的需要。骨架非常结实，而屋顶却很薄并且留有细缝。这样设计的目的就是为了在厂房遇到袭击发生爆炸时，散发热能，以免厂房由里向外全部炸毁。“这充分体现了798工厂建筑的科学性和独特性。”

而798的价值还不仅于此。李象群、黄锐等人认为，这里的建筑见证了中国工业一段辉煌的历史，至今留在墙上的那些“文革”时期的标语和壁画经过50多年的风雨，透露出逼人的沧桑感。在目前规模最大的“时态空间”画廊里，斑驳的红色标语和崭新的现代绘画相映成趣，历史和现实仿佛在这里展开一场跨越时空的奇异对话。“在这里工作，时时刻刻都能让你感觉到自己是活在历史之中，那种感觉很奇妙。”李象群说。

拆与留的讨论还引发了艺术家们对中国城市建设的反思。他们认为，当前城市建设中普遍存在一种“推倒重来”的倾向，仿佛陈旧就是耻辱，崭新才是现代和荣耀。李象群说：“拆掉这些建筑就等于是割断了与历史的联系。”经过保留和改造，完全可以赋予这些建筑新的意义和生命。国外已经有过这方面的成功经验。邢俊勤，798社区里唯一的军队画家，曾到过世界很多地方。他介绍说，法国现代美术的重镇奥赛博物馆就是由一个废旧火车站改建而来的；澳大利亚的卡修拉美术馆也是用工厂改造的。“如果能把798的厂房改建成中国第一座现代艺术博物馆，那该多好啊！”

拆与留：悬而未决的命运

有人估计，798厂区的土地值十几亿人民币。在巨大的现实利益面前，艺术家们所说的这些理由能说服产权方和房地产开发商吗？

不管能不能说服，现在798地区的拆迁活动已经停了下来。而这一切要归功于北京市人大和政府的介入。李象群是北京市人大代表，在北京市今年的“两会”上，他提交了一份议案，建议政府相关部门立即制止798地区的拆迁活动。邀请建筑、文化、历史、经济与城市战略等领域的专家组成专家组，评估该地区的潜在价值。这份议案因得到了15位代表的支持而被北京市人大通过。4月25日，北京市人大的一个调查小组将到798社区考察调研。而此前的4月14日，北京市委宣传部、市旅游局和朝阳区委宣传部已经派出4个小组分别对798社区的艺术家、产权方、物业和周边居民进行了一次调查。

李象群承认，他这样做确实影响了产权方和开发商的利益。“站在他们的立场上，卖掉土地赚钱，当然是无可指责的。但这片建筑是承载着丰富文化内涵的历史遗迹，拆掉了不是太可惜了吗？”他认为，假以时日，这里很有可能发展成一个庞大的新型文化产业区，成为一个新的旅游热点，对于提升北京的国际大都市形象，对于促进周边地区的经济发展和就业，是大有好处的。最近，内地、香港以及新加坡、韩国、日本等国的房地产商不断找到李象群，希望通过他和艺术家们协调一下，共同开发798社区。

798社区现在已是名声在外，每天慕名前来参观的人络绎不绝。而这里的艺术家工作室大都是免费开放的，人们不但可以欣赏到当代的艺术作品，而且还能看到艺术家的工作状态，看到艺术生产的全过程。“时态空间”的艺术总监孙宁说：“从这个角度看，798社区承担了本该由国家机构承担的普及艺术教育的职能。”

近几年来，有些人打着艺术的名义搞了一些挑战社会道德底线的活动，引起政府和群众的反感。798社区的艺术家和文化机构负责人曾在一起开了几次会，要求所有租户“自律”，严禁在社区内从事违反国家法规和带有暴力、色情内容的所谓艺术活动。李象群说：“我们不能让少数人不负责任的行为影响了整个社区的形象。”目前，在798社区里还没有一个类似行业协会那样的管理机构，许多艺术家担心，仅仅靠自律，恐怕是不够的。如果北京市政府或者实力雄厚的开发商能买断这片土地，成立一个有艺术家参与的专门的管理机构，798社区也许能改变当前的松散状态，走上一条规范的、健康的发展之路。“不过，这些设想还太遥远，眼下当务之急是解决798的生存问题。”李象群说。

在没有明确的政策出台之前，798艺术社区的命运依然悬而未决。当记者问道，如果租房合同到期了，他们该怎么办时，外表瘦弱，戴着黑边眼镜，像个文弱书生的黄锐坚决地说：“除非推土机推到门口，否则我决不离开这里。”

创意产业与工业类建筑遗存的结合

——以北京798地区为例

杨　琳　王小凡

约翰·霍金斯在《创意经济》一书中指出，全世界创意经济每天创造220亿美元，并以5%的速度递增，在一些国家，增长的速度更快，美国达到14%，英国达到12%。纵观全球，发达国家的众多创意产品、营销、服务，吸引了全世界的眼球，形成一股巨大的创意经济浪潮，席卷全世界。

近年来，中国创意产业有很大发展，尤其是香港、台湾地区，创意产业正在以前所未有的速度迅速崛起，北京、上海、深圳等城市积极推动创意型行业的发展，正在建立一批创意产业基地。

如果把城市比作一个博物馆，那么工业类建筑遗存则是关于工业化时代最好的展品。对于某些工业城市，一个家庭若干代与厂矿存在联系，彼此间形成难以割舍的情感，因此对工业类建筑遗存的保护、改造、再利用，维系了蕴含其中的历史记忆和文化价值。

创意产业与工业类建筑遗存结合的发端可以追溯到20世纪中期纽约苏荷。在西方国家，认识到工业类建筑遗存的价值，有意识地结合各类创意产业进行再利用的发展阶段是从20世纪70年代到80年代末。其过程还伴随着各种鼓励改造工业类建筑遗存及地区的法律法规的实施。

北京798，位于北京市区东北郊机场路附近的大山子地区，是20世纪50年代初国家级战略工程"一五"计划中规模最大的项目之一，国家拨款1.47亿，1951年开始筹备，1954—1957年完成建造。由前民主德国援助设计，设计原则符合"实用与效率"，建筑立面是平面功能的真实表现，简约而非简单，建筑凸显出体量感、几何感、秩序感。一定程度上继承了包豪斯建筑设计的风格，如今仅存于中国、美国、德国、日本。

798地区的现状功能有：商贸、餐饮、学校、工业、文化艺术、服装共六类。798地区是一个复合功能的综合体，车间的机器轰鸣与酒吧里前卫的音乐交织在一起，历史环境与现代艺术融合，颇具后现代语境。

798地区的建筑大致分工业厂房、生活用房和设备用房三类。工业厂房类：厂房室内空间较高，其中帆状部分厂房采用锯齿形现浇筒壳结构，梁柱形式为弧形Y状结构，融合梁柱的结构功能，屋顶形式是钢筋混凝土横向锯齿形天窗，窗户平面向外倾斜约15度，结构上更加稳定合理，有利于消除侧剪力，同时有利于排水。建筑的外立面有清水红砖墙面，混凝土勒脚，混凝土檐口，砖过梁，砖立砌窗台，条形横向天窗。生活用房类：用房包括工人宿舍、浴室、食堂等，有框架结构和砖混结构，建筑的外立面有清水红砖墙面，钢窗框玻璃窗户。设备用房类：用房包括锅炉房、变配电用房、水站等，有框架结构和砖混结构，建筑的外立面有清水红砖墙面，钢窗框玻璃窗户。

原工业区的设备有热电产业设备和煤气产业设备等，其中热电产业始建于20世纪50年代中期，各种管道纵横交错，宏伟壮观的锅炉房群、铁路专用线、输煤带、各类型吊机及烟囱展示着工业生产基地的历史。室内仍保留着原有的设备，一些设备作为艺术展示的一部分，是历史的见证，另一些则和空间的改造再设计结合，被现代艺术激活。

798地区各类人员活动有一定规律，并形成了一种生活模式。798地区各类人员的生活模式体现于他们对该地区的看法。

工人群体：正式员工对自己的收入及生活状况比较满意，临时工对自己的收入及生活状况不满意，不同工种、不同文化层次的工人对待艺术区有不同的看法。文化层次稍高的或者乐意接受新鲜事物的工人，对艺术家的进驻持欢迎态度，反之则反。

居民群体：对艺术空间的存在欢迎者居多，希望有更多的绿地及休闲广场，同时希望区域内的治安得到改善。

艺术家群体：他们喜欢这里工业氛围交织着艺术氛围，大部分都在艺术区生活并工作，希望自己的生活及工作不被打扰。

经营者群体：他们看好艺术区的发展，希望该地区的管理更规范，租金更合理。

来访者群体：他们喜欢来这里参观，觉得别具特色，同时提议增强可识别性，改善公共服务设施。

正是不同的人群聚集在这里，他们之间的想法有的融合，有的冲突，相互间有碰撞，相互影响，才形成798地区特别的人文氛围。

798地区浓浓的艺术氛围交织着浓浓的历史气息，虽然部分厂房已另作他用，但人非而物是，厂房内外的点点滴滴依旧能唤起对它往昔沸沸腾腾气氛的回忆，建筑物室内外的历史标语遗迹承载着这些历史信息，它们记着“伟大的领袖毛主席万岁”、“为人民服务、促生产、抓革命、奋发图强、自力更生”。

造就798地区生机活力的因素有多方面。第一，多功能的复合让798充满丰富的城市生活气息。在这里有继续生产的工厂，有居民住宅，有学校，有艺术家的工作间，有传媒业的制作间，有画廊、展厅、咖啡馆、餐厅、服装店等。第二，进驻北京798地区的国内外艺术家及国内外来访者，向该地区注入了世界各地的人文信息。既将外面的世界带入了798，又将798推向了世界，798现在已成为北京的城市名片。第三，以工业类建筑遗存作为物质基础造就的环境氛围，带给798浓浓的工业文明气息，是城市文化的沉淀。第四，历史标语遗迹承载了历史信息，赋予798独特的历史感。第五，室内外空间的艺术化设计提升了798地区空间景观品质。

创意产业与工业类建筑遗存的结合，是创意产业推崇创新、变化的特点与工业类建筑遗存固有的空间灵活、美学价值、历史沉淀的特点相互碰撞的结果。从经济角度来看，创意产业入驻工业类建筑遗存，有利于节约土地和资金。从环境角度来看，既减少了新建创意产业基地带来的资源浪费及对环境的污染，又减少了拆除闲置工业类建筑遗存带来的建筑垃圾及由此带来的城市污染。从城市角度来看，是对城市文脉的延续，丰富了城市生活类型，加深了城市的文化底蕴。另外，对工业类建筑遗存的持续使用，避免陷入因长期闲置而自然衰退的消极状态，这实际上也是实施保护的过程。从人文角度来看，二者结合唤起了历史的记忆及人们的怀旧情绪，同时处于这种氛围中利于激发创意产业人员的灵感。

目前，创意产业与工业类建筑遗存的结合已经从最初的自发个人行为发展到有政府力量介入的行为，规模也从最初的小范围改造发展到成系统成规模的改造。因此有理由相信二者的结合有良好的发展前景。

工业废弃地的景观再生

——对“798”艺术中心可持续发展的思考

金纹青　胡继东

工业废弃地的景观再生

20世纪六七十年代以来，一方面，伴随着后工业时代的来临，第三产业逐渐代替了第二产业在产业结构中的主导地位，导致了许多传统工业基地的结构性衰落；另一方面，进入信息社会以来，新的生产、通讯、运输技术和方式的出现，原有工业、交通、仓储用地的功能布局、基础设施不能满足新的要求，导致功能性的衰退，甚至沦为弃置地；再者，城市化的蔓延造成内城经济的严重萎缩，被围合于城市中心地带的产业类用地沦为废弃。如何在人类过度利用而污染严重的废弃地中实现生态恢复，谋求科学的解决办法，是工业之后景观再生研究的现实性课题。工业废弃地的景观再生旨在通过技术、生态和艺术化的手段，再现衰退、弃置的工业地的场所精神，改善区域的生态环境，并带动区域经济的发展及社会效益，实现地区的可持续发展。

西方景观再生的实践

现代西方已完成了许多工业废弃地的保护、改造和再利用的景观工程，对整个世界都产生了重大的影响。现代景观设计具有科学、艺术和社会三个方面，三者密不可分，相辅相成，不同的景观设计师或景观设计作品对这三方面有不同的侧重。

以美国纽约苏荷（SOHO）区为例。该区原是纽约19世纪最集中的工厂与工业仓库区，规模、型貌、功能与北京798艺术工厂区非常相似。20世纪中叶，美国率先进入后工业时代，旧厂倒闭，商业萧条，仓库空间闲置废弃。20世纪五六十年代，美国艺术新锐群起，各地艺术家以低廉租金入住该区，眼光敏锐的画商在该区先后设立画廊。1960年，纽约市放弃拆掉苏荷修建高速公路的设想，决定大规模改造苏荷，全部保留旧建筑景观，确认苏荷为文化艺术区。

在废弃厂房仓库基址上自然生长起来的苏荷艺术区，在政府的保护和支持下，通过立法，确立了该区域的艺术文化区的身份，使曾经一度面临拆迁的苏荷区起死回生，同时向着多元化的方向发展：文化、商业、旅游观光等等，共同拉动了区域经济，成为城市改造的催化剂。

“798”艺术中心的前世今生

原798厂废弃多年的破旧厂房，因两年来由于一大批艺术家的涌入，摇身一变成为荟萃中国尖端艺术作品的殿堂。LOFT和SOHO两大概念的“798”刚一出现，便吸引了众多惊喜的目光，人们将其比作巴黎的“左岸”、美国的“SOHO”。“798”是艺术家们制造梦想的工厂，也是观光者思想的驿站、梦游的天堂。

1. “798”的前世

“798”艺术区所在地，是聚集在七星华电集团下几个工厂的厂区之一。这个厂区是新中国成立初期由前苏联援建、原民主德国负责设计施工的包豪斯建筑风格的轻工业厂房。这种建筑风格的厂房目前仅在中、德、美等国家有极少量存留，堪称工业发展史上的文物。20世纪80年代开始，这个盛极一时的企业开始衰落；90年代，许多厂房已经人去楼空。

2. “798”的今生

1989年前后，物业公司开始向外出租空置的厂房；2002年一些艺术家先后看中了这里宽敞的空间和低廉的租金，纷纷租下一些厂房作为工作室或展示空间，画室、摄影棚、展厅等艺术场所接二连三地出现在厂区，“798”艺术家群体的队伍就这样发展壮大起来。“798”艺术区的产生和发展过程，与当年美国纽约苏荷区的情况几乎如出一辙。

截至目前，100多家艺术机构租用了这里大约2万平方米的旧厂房，“798”成为拥有百家艺术中心、画廊、艺术家工作室、设计公司、餐饮酒吧、时尚品牌的现代艺术空间，形成具有国际化色彩的“SOHO式艺术群落”和“LOFT生活方式”，被人们称作“后现代主义艺术基地”、“民间艺术村”，“798”正在形成日臻活跃的文化经济市场。

3. “798”所面临的问题

与纽约苏荷区相似的是，“798”同样经历了一年多关于拆迁与否的风风雨雨后，最终于2005年作为典型的原生性艺术产业聚集区而得以保留。然而，当关于拆留的争论归于平静之时，我们能够看到一些新的问题也在悄然而至。

（1）关于产业定位的问题

“798”艺术区能否作为北京文化产业的重要支撑，曾经是在保留该园区的争论过程中的主要焦点之一。现在，当保留成为定局以后，艺术区能否真正发挥作为产业聚集区的作用，正在成为各方关注的新问题。目前，已经有一些早期进入艺术区的艺术家开始尝试引进国外大型艺术机构进入该区域，这也似乎昭示着一种新的趋势，也为艺术区未来的发展定位打下了深深的烙印。但令人担心的是，随着艺术区的发展，会越来越多地得到政府的关注乃至政府资源的直接投入，这当然是有利于艺术区的发展，然而地方政府在支持的同时会不会采取传统的方式，反而阻碍了艺术区原有的发展活力呢？

（2）关于租金问题

这是一个非常现实的问题。过去艺术区是作为闲置的破旧厂房，其租赁价格相当低廉。但如果在舍弃房地产开发，作为文化产业的发展基地之后，其价格必然会发生很大变化。在此过程中，存在着积极力量的消极化趋向。事物的发展总是在主要矛盾和次要矛盾的不断转化过程中进步的，随着环境的变化，原本促进事物发展的积极力量可能成为最主要的阻挠。现在，已经没有人质疑四合院远远高于星级饭店的价格。但我们注意到，当高举着保护产业文物的旗帜成功地将房地产商阻滞于“798”大门之外以后，对于可能升高的租金，一些人又会抱怨说“这样的破旧厂房怎么要与写字楼一样的价格?”。“798”艺术区以超级速度发展，带来的冲突就异常地大，然而知名度也会随之到来，现在它已经过了青春期，因为由于它已经成为一个品牌，地产价格就上升。

（3）关于基础设施的问题

初期，艺术区曾以方便的交通、充足的电力和热力供应、安静的工作环境引以为傲。但是艺术区最初是由艺术家自发的个人行为形成的，没有整体规划与配套建设。在此区域中，仍然有一些大型的物流和生产类企业。这种无序的杂乱布局对于形成规模化的产业聚集地显然存在障碍：一方面是已经发展起来的艺术工作室、沙龙、文化餐厅、酒吧等；另一方面在企业走向破落时临时搭建的简易工棚尚待清理。随着人流增加，交通组织、停车场等配套设施滞后日益凸现，与国际同类地区相比，在多语种设施表示等方面还存在着很大差距。

“798”的可持续发展战略

方振宁曾经写了一篇关于“艺术激活城市”的文章，他认为艺术社区是现代都市化发展中野生的自然。所谓“野生的自然”，是指这种生态区是自然生长的结果，它不是人为规划和理性设计出来的产物。然而我们通过对世界各大都市的比较之后会发现，并不是所有的艺术社区都会激活城市的死角。“798”艺术区是在工业废弃地的厂址之上建立发展起来的，它的现状与当年的纽约苏荷区以及德国的鲁尔工业区的情况极为相似。借鉴西方工业废弃地更新较为成功的案例，我们会发现一个共性：在生态主义原则的指导下，以艺术化的表现手法，通过功能定位，确立整体的规划与开发，再造出一个城市传统文化与工业景观完美结合、社会效益与经济效益双收的城市情调空间。

“798”艺术区虽然保留下来了，但是仍然面临着许多问题亟待解决。如何才能长久地存活下去？我们应当借鉴西方优秀案例的开发模式，从科学、艺术与社会三个方面，通过人为规划与理性设计，使其重焕光彩、历久弥新。

1. 艺术区的发展方向与城市的总体规划相一致

对于北京未来的发展，《北京城市总体规划 2004—2020 年》明确了四大目标：“国家首都、国际城市、文化名城、宜居城市”。

新中国成立以来，北京一直是中国最沸腾的一个城市文化的中心。所有新锐的思想、艺术，以及怀抱梦想的艺术家相继涌入北京，形成一个巨大的文化资源。“798”应当继续保持它的艺术文化区的发展方向，成为中国现代艺术的孵化中心。同时，从 2002 年 10 月开始，“798”迅速成为艺术区，美国《纽约时报》曾经把北京选为世界上最为活跃的城市之一，其理由就是北京有个“798”；有不少国际知名人士和外国政府元首级人士的到访，使“798”迅速成为一个世界关注的文化社区案例，如今他的名气应该不在纽约的苏荷之下，因为北京是“798”的托儿。因此，“798”应当依托北京浑厚的传统文化积淀，加强国际间的艺术交流。

2. 艺术区的功能定位能够作为城市功能的补充与完善

在新的北京空间布局上，北京市将全市 18 个区县，从总体上划分为首都功能核心区、城市功能拓展区、城市发展新区和生态涵养保护区四大功能区。其中，紧挨核心区的朝阳、海淀、丰台三个区和核心区这 4 个区是实现和拓展首都城市性质功能的重要区域。它们将成为拓展首都城市功能，特别是面向全国和世界的外向型经济服务功能，推进生产者创新的重要基地，为提升首都发展的核心竞争力做出贡献。

“798”所在的朝阳区大山子地区位于城市功能拓展区，它的功能应当能够拓展北京市的城市功能。作为集画廊、展示中心、酒吧、餐饮、艺术家工作室、居室于一体的“798”艺术区，保留后的再开发应当属于复合商业地产开发的概念范畴。因此，“798”艺术区的产业功能定位应当依据现有场所的人文、历史及商脉，以及周边地区的消费层次和消费需求模式等基础条件，确立产业功能，其中包括艺术区的主体内涵和服务配套设施定位。

3. 艺术区情调空间的不可替代性与不可复制性

刘心武曾经说过：“城市空间布局除了以功能性划分，还可以从不同的角度加以区别，比如，以情调为前提考察，则可以发现若干不同的情调空间。”几乎所有城市里的传统情调空间都应当尽量维护。

在“798”艺术区，在一排排高大的厂房里，轰鸣的机器声中，纵横交错的分别流淌着蒸汽、油和水的管道之间，有一些自在和自为的景观默默地诞生和成长，在粗犷、杂乱中却依稀闪耀着实验性和先锋性。同样，在哈克的西雅图煤气公园和彼得·拉茨设计的杜伊斯堡风景区中我们随处可见废弃的管道、转盘的涂抹和拼贴了鲜艳的色彩、前卫的标志以及墙面抽象的涂鸦，这些戏谑的画面、装置艺术富有幽默感而充满机智，使平凡的物件得到重生。大地艺术、波普艺术、极简主义在这里尽情展现，创造着城市的艺术情调空间。“798”的旧工业区的历史背景、包豪斯风格的厂房建筑与现代艺术中心的现状，使其具备了不可替代性，是城市中不可复制的情调空间。

4. 通过政府支持与商业地产开发，完善周边配套，形成通畅的产业链

谈到“798”此类主体区域的可持续发展，如果只单纯从艺术、建筑等学院派角度去考虑规划设计，去一味地追求打造特定人群的世外桃源而脱离市场运作，此类地区将只会有观赏性而缺乏发展的活力。成功的规划应该考虑地区不能单一地为了实现某种主题而完全依赖于其他地区的输血，而应该分析本区域内可实现的产业链条，通过产业链结构上不同行业的合理布局逐步达到自身造血、对外输血的目的。在某些业态还不成熟的情况下，切不可急功近利，为了区域内能够均衡长久的发展，应制订不低于 15—20 年的发展规划，一定要为各种商业地产的可能性留有适合的空间。

时间是对规划合理性最好的评委，随着人类自然科学的不断进步，此类主题区将会带给人们传承与发展的最大的争议，但正是这种现象将给投资者带来巨大商机。当一个区域由艺术家为它赋予灵感，商人为它带来活力，那么政府应该为它提供尽可能完善的各类城市基础配套。政府是为商业地产投资者提供最适合的商业发展的政策空间，打造最完善的城市基础设施；商业地产投资者为区域内形成的各类主题产业改造原有建筑空间，创造更适合当时市场的商业模式，为产业链源头——艺术工作者们提供最适合发展的条件；艺术工作者或者经营艺术产品的运营商们是这个舞台上最活跃的因素，正是他们对时代具有敏感性，不断创新，使主题区域有发展的基础。政府、商人、艺术工作者通过彼此正确的分工和定位，在遵循经过广泛讨论达成共识的整体规划下，在市场这个无形的手调控下，稳定而长久地发展，可持续性也是在对规划预留的空间下根据不同时期不断反思的产物。

5. 艺术区内部的格局规划与空间布局的合理性

反观“798”的前世今生及各国发展成功的案例，不难看出无序的发展和有序的规划在可持续发展上有着天壤之别的效果。从概念上应在艺术区内部本着“物以类聚”的原则进行不同的功能区域定位；在规划的专业性角度从

各类不同功能性建筑的服务半径为依据对艺术区平面布局进行合理布置；根据不同项目自身总体定位的区别，在规划上应采取不同的手法，也可以尝试以交通、建筑、景观为不同主体的规划元素进行合理规划布局。正确认识规划的重要性，明确在经济指标测算下的规划，将为艺术区这类感性思维的空间提供更有序发展的保证，为将来对艺术区可持续发展提供更明确的量化指标。

6. 以新技术与新的设计手法赋予传统建筑新的内涵

此类主题区域的特点就是在原有建筑机理上进行改造，以适合空间内部承载更多反思工业时代的艺术产品。在整体规划确定的前提下，对原有各类空间尺度的改造也应该打破固有的设计原则，去创造新型的空间，好让在内部的艺术工作人员突破各类束缚。

本区域的核心竞争力就是它的创新性和文化对比的冲击力，采用新技术和新的设计手法使这个区域具备无论在建筑符号还是景观符号应该保证的最基本的特色。给更多的人以思考的空间，是这个区域备受关注的特色，通过改造与创新的结合去为在这里工作和生活的人们以启迪，并将会为这个区域提供可持续发展带来无限的想象空间。

大山子798厂艺术区调研报告

崔永福　林　茜［执笔］
曾文锦　周　瑛　姜伟琦　张玉平　杨修鸿
吴洪亮　郭　佳　陈米娜　房　芳　李彦欣　郭伟红

有关大山子艺术区的历史回顾

1. 工业厂区历史

现在我们看到的北京798厂大山子艺术区，是原718联合厂，位于北京市朝阳区酒仙桥路2—4号院，798只是对这个区域的一个约定俗成的简称。联合厂筹建于1951年，1954年开工，1957年竣工投产，由前苏联政府援建，建设资金来源于民主德国对苏联的战争赔款，建设总面积为116.19万平方米。全部由民主德国设计、施工。在设计、建筑工艺及规模等方面，在当时亚洲地区可称得上是一流的。保存如此完好的此类建筑群，现在即使在世界范围内也是很少见的，在中国更是绝无仅有。这个主要以生产无线电零部件的原国营（军工）联合厂，承担了中国第一颗原子弹的重要零部件的生产和制造任务，从这儿能够看出工厂曾经有过非常辉煌的历史，而进入工厂的普通工人至少也应是根红苗正、祖孙三代无历史问题的人，这也更增加了工厂的神秘色彩。

在考察工厂过程中，我们发现，厂区规划合理、对称，平面布局宏伟。建筑本身由民主德国设计、建造，据行内人士称，建筑明显秉承了德国“包豪斯”的设计风格（但也有业内人士认为厂房的设计与“包豪斯”设计并无大的关联，在“包豪斯”出现以前，这种厂房已曾出现，为大工业革命的产物）。房屋高耸、宽敞，屋顶设计为相连的半弧形状，排列简洁而有序，并呈锯齿状；厂房的窗户朝南，低于屋顶，这样阳光照射进来，形成了自然的光线反射；光线均匀、柔和、实用，大大地降低了电耗；对建筑的使用功能的设计更加适应了现代大工业生产和生活需要，建筑风格简练、朴实，讲求实用。

现存的建筑墙壁留下了许多往昔的痕迹。各种语录、口号，裸露的老旧红砖墙，原始的机器设备，错落有致的工业管网络，原始、真实地呈现着，无声地叙述着它的故事。

工厂从建成到80年代末，经历了计划经济年代，有过很辉煌的历史，这一点我们可以从现存的建筑群、相关图片和文献中看出。从80年代后期开始，随着改革开放的大潮，工厂像许多其他国营企业一样开始告别了往日的辉煌，陷于困境、没落、衰败。职工人数也由原来的2万多，精简至不到4000，工人纷纷下岗、分流。大片的厂房车间长期处于闲置状态，逐渐地荒寂了。至此曾经有过辉煌历史的原国营（军工）企业完成了它的历史使命。

2. 艺术家进驻过程

798工厂所以能成为艺术区，与中央美术学院搬迁过渡有直接的关系。中央美术学院从1995年迁出王府井原址，到2001年迁入望京花家地新校址，其间在大山子北京电子器件二厂有过6年的过渡期，这时期曾被称为美院的“二厂时代”。中央美术学院雕塑系教授隋建国为便于进行大型雕塑创作，租用了798工厂荒废了的闲置车间。成为第一个利用其现有空间的艺术家。由于原有厂房的建筑特点，其高大的空间、自然的采光、原始的情趣，非常适合于艺术创作、加工，当时租金相对低廉，地理位置又与中央美术学院邻近，吸引了大批的艺术家聚集此地，他们开始租厂房建造自己的艺术工作室。2002年前后，是艺术家进驻的高峰时段。黄锐、贾涤非、于凡、喻高、陈羚羊、刘野、孙橙宇等艺术家纷纷进入，创建自己的艺术工作室，推动了艺术区在短时期内的迅速形成。同时也出现了各种与艺术相关的机构、画廊，如罗伯特创办的“八艺时区”现代艺术书店、徐勇创办的时态空间、还有二万五千里文化传播中心、百年印象、东京艺术工程、北京季节等画廊，还有《世界都市》、《乐》杂志社等。各种服务业、文化娱乐业也相继出现了，如餐饮、酒吧、服饰饰品店等争奇斗艳，日见红火。

3. 798区内艺术活动统计

从2002年开始至今，这里举行了40多个大大小小风格多样的展览，内容主要涉及摄影、行为、音乐、地景等各方面，比较大型的展览有以“再造‘798’”为主题的当代艺术展；去年非典时期，以抗击非典为主题的“蓝天不设防艺术展”；还举办了名为“左手与左手”的中德文化艺术展。据保守估计，参观人数在2500人次以上。2003年，在北京国际艺术双年展期间，这里还举行了多个外围展，吸引了大批的中外观众。今年4月，为期30天的大山子艺术区艺术展示活动拉开了帷幕，其主题为“光、音/光阴”，它吸引了大批的艺术家、媒体记者和中外参观者，使本来安静的798厂区变得热闹非凡。这次展示活动集合了视觉艺术和声音艺术，包括建筑设计展览、音乐、舞蹈、戏剧电影和行为表演活动等。展示活动虽然还不够成熟，但在七星集团物业管理部门的阻挠下，一个民间组织在一个月的时间里，竟能集合起这么多不同艺术门类作如此规模的集中展示，实属不易。

此次活动规模很大。其展示活动设计为五个方面类别，第一部分为视觉展览；第二个部分为音乐展览演出；第三部分为戏剧及现代舞演出；第四部分为建筑和设计展；第五部分为艺术区画室工作室开放活动。总共有30多项展演活动。具体活动包括有“行动戏剧”；多国艺术家参与的“越界语言·音量调节”声音艺术与行为表演展览会；音乐人共同组织实施的798音量系列音乐活动；“中国影像绘画展”还有20多个独立艺术家的工作室在活动期间向公众开放。这些活动用不同的方式展示艺术节的主题：光、音/光阴。除这些大展活动外，艺术区几乎每天都有不同类型的展览展示活动，多为开放性的，观众可免费参观。

4. 商业活动统计

除了艺术方面的展示活动外，这里还举办了许多产品发布类的大型时尚商业活动，如索尼公司、摩托罗拉公司等都曾在这里举办过最新款产品的发布推广活动。其他展示发布活动还有：法国靡西时装、意大利DIOR时装、欧米茄表发布会和宝马汽车新闻发布会等。世界三大珠宝商之一，意大利著名品牌格丽，被媒体称为王室的御用珠宝商，有100多年的历史他们的分店在北京王府饭店开张时，开幕式选在798的“八十座”举行，还邀请了世界名模来推广其产品。

有关大山子艺术区的现状

这里的艺术家与这里的文化机构以及餐饮等服务行业之间是相互依靠的关系。相比较现在的喧嚣，艺术家有时会留恋以前的安静，尽管如此，艺术家们还是不得不承认喜欢这里的每一个角落，因为这里的环境和氛围给艺术家的生活和创作带来很多方便，如交通便利，建筑空间合理、光照充分，各种生活服务业一应俱全，夜晚又十分安静，有助于艺术家思考与创作。并且艺术人同处一区，为举办艺术聚会、沙龙交流会等活动提供了方便。艺术家无论在哪里生活都不喜欢被束缚，他们喜欢无拘无束，自由自在地参与活动，但现实往往是相反的，他们虽对798的前途表现出极大的关注，但他们知道自己没有权力，对一些问题只有无奈。

这里的文化机构、画廊、空间所做的展览活动，到目前为止大多还是资金投入阶段，但基本上是不盈利的，所以他们大多通过开展一些像产品发布会等商业活动来增加收入。有时国外的收藏家也会给他们带来一些收入。他们自己也在积极地开辟思路，与国外的艺术机构和收藏家联手合作，举办展览，以及一些现代舞、实验话剧、京剧等活动，促进互动和交流。

这里的咖啡店、酒吧、餐厅与其他地方的有些不同，更突出文化艺术氛围。在经营时间，针对人群方面，每家的经营思路也各不相同。“八十座”老板对法餐有一定研究，他们的法式餐厅只有八十个座位，所以就餐必须提早预约，平时是闭门谢客的。还有一些餐厅是为展览活动服务的，有休闲式的、书吧式的、还有沙龙聚会式的，就餐的同时能够欣赏艺术。

有关大山子艺术区的未来

1. 发展方案

798大山子艺术区的形成，它已成为了一个特定的文化现象，各方都给予了极高的重视。中外媒体、政府官员、规划专家、民间团体、学术界人士等众说纷纭，是拆，还是保留，或者是赋予新的可能性，开发新的功能，成了现今各方议论的焦点。

在今年4月“光、音/光阴”艺术节期间的建筑和设计展上，中央美术学院建筑学院和美国南加州建筑学院分别以 798 艺术区作为教学科研课题，展出了规划方案、设计图及大量的建筑模型。他们分别多次到厂区进行实地考察，仅美国南加州建筑学院院长就来了四次之多，还有意在此建立南加州建筑学院在中国的建筑分院（1000 万元的先期资金已到位）。这些设计方案，在保留工厂原貌的基础上，进行了大胆的探索与尝试。通过创新与改造，既能更清晰地看到历史的脉络，又能感受到现代时尚的气息。他们分别的设计叙述，使得人们对展览产生了不同的文化思索，让人们在传统与现实之间往返穿梭。

2. 各方态度

今年初，在北京市召开两会期间，身为人大、政协代表的泰康人寿保险公司董事长兼 CEO 陈东升先生和清华大学美术学院雕塑系教授李象群先生，分别向大会提交了题为《关于北京市城市定位和发挥北京独特的文化产业优势的建议》和《关于原 718 联合厂地区建筑及文化产业保护的议案》，得到了市委市政府的高度重视。议案提出，在经济快速增长的同时，文化的发展如果得不到支持和重视，将极大地阻碍社会的全面协调进步。该提案还建议保护、整合大山子艺术区，并使之成为北京城市文化发展活力的体现。李象群委员还在议案中提出了关于保护 798 大山子艺术区的五大价值说。价值说之一是建筑价值：798 等厂当年在建筑设计方面邀请了 55 位德国的专家，采用了当时世界上最先进的工艺和包豪斯设计理念，为不可多得的现代工业建筑珍品，目前在中国仅此一件，理应保护。价值说之二是历史价值：该地区见证了中德人民的友谊，见证了社会主义同盟时期的历史风云，是一本新中国建设的历史教科书。价值说之三是艺术价值：2003 年，北京首度入选美国《新闻周刊》年度十二大世界城市，原因就是这个"艺术区"的发展证明了北京作为世界之都的能力和未来潜力。价值说之四是经济价值：若这一地区能够得到政府的支持而持续发展，以其现状及未来发展的潜在模式而论，这里有望成为北京最大的民间资金集散地之一，在无须政府投资、银行贷款的情况下建成一个新的文化、经济区。价值说之五是奥运价值："新北京·新奥运"，现代艺术区是新文化的象征，这种新文化体现了一个国家的艺术水平和精神状态。

该提案建议政府相关部门立即制止 718 联合厂地区正在发生和计划中的大规模拆迁行为，邀请建筑、文化、历史、经济与城市战略研究等各领域专家组成专家组，正式评估该地区的潜在价值，在专家组拟订发展规划之前，暂停原拆迁计划的实施，建议政府将该地区的规划过程透明化、公开化，广泛征求各方意见。认为以 798 厂为代表的大山子一带之所以能够产生艺术家聚集的社区，是天时、地利、人和综合作用的结果。如能够顺应自然、因势利导地发展下去，很有可能成为像美国 SOHO 那样的艺术核心区，成为艺术的 CBD，成为中国当代艺术与当代文化的浓缩点。这样的艺术 CBD 正体现了北京既有古老文化也有新文化，能潜移默化地影响中国未来的新艺术、新文化的发展，其价值其意义远胜于"中关村第二"，却会出现"798 文化第一"。

在此工作、生活的艺术家和各艺术机构的经营者反响热烈、呼声连连，他们更加有一种文化的使命感。他们开始对这里的文化进行思考，开始深入地探讨其价值和意义。对于艺术家个人而言，拆的是房子，并没有拆走他们的艺术。艺术家只是不希望这里太商业化，但又不想让商业离他们太远。艺术家就像个孩子一样，他们需要安全、稳定的生存状态，他们有天生的真诚与爱，也有强烈的社会责任感。

798 厂原来有 2 万多职工，随着近年大批的工人下岗、分流到现在只剩下不到 4000 多人，当时的物业管理部门的经理们准备把空置的厂房租出去，以租金养活厂里剩余的职工。当初有一些个体业主来实地考察，工厂以极低的租金给他们，哪怕一个月收 100 元租金。到后来，由于艺术家陆续搬入，带动了相关的一些餐饮、休闲、娱乐等产业，以及服饰店、书店、俱乐部、设计事务所，各种公司等。在短短的时间内，租金以惊人的速度一路攀升，从 0.3 元/天到现在的 2.5 元/天，2003 年仅租金一项就收入 3200 多万元。更重要的是，随着 798 大山子艺术区品牌的形成，798 越来越成为崇尚时尚商家的首选，这样就会大大提高 798 以及周边区域的地价。但是，随着地价的上涨，很有可能导致一些艺术家望而却步。

798 的艺术家们不满足于自己只是每月交纳租金的房客，他们认为自己应该对这片地区的发展和规划拥有发言权。但这种想法和七星集团公司及所属的物业公司产生了直接的利害冲突，打乱了七星集团原有的的发展计划，数以亿元价值的地皮对他们来说是非常重要的。

"再造 798"的活动，使矛盾激化，活动明确提出了加快 798 艺术区自发形成的未来使命，这意味着这块黄金地的利益对七星集团公司来说将化为乌有。七星集团公司指责艺术家没有权力"再造 798"，此后七星集团意识到，艺术家的急剧增加会使他们的话语权越来越强大，对于这个地块七星集团有潜在的失控和恐惧感。他们的文化园区策略迅速从最初"只租给艺术家"改变为"艺术家不租"，直至宣布从此停止 798 厂区的一切租房新计划。

对于 798 现象的出现，社会公众、中外媒体反响热烈。在 2004 年北京建筑文化周活动中，"北京十大建筑文化"评选出炉了。此活动由北京市规划委员会、中国建筑学会等倡导，采用网上调查方式，同时邀请社会学、经济学、建筑学等各界专家、学者与网民进行在线交流，就评选结果从不同角度发表评论。入选的 40 个北京新场所中，80% 都分布在以 CBD 为圆心的东部地区，798 大山子艺术区排在后海、三里屯之后名列第三名，中外闻名的故宫位列其后，居第四；第五至第九位的依次为新兴的潘家园、宜家、星巴克咖啡、宋庄、画家村、钱柜、人艺小剧场，长城排在第十一位，古老的琉璃厂却排在了第十八位。

798大山子艺术区居前三位的理由，网民与学者的点评为，798大山子艺术区可称之为北京艺术的CBD，是北京、全国乃至亚洲先锋艺术的潮流、前沿，等等，可见社会公众对798大山子艺术区的关注程度。

美国的《新闻周刊》在2003年评选年度世界城市，首次把中国北京列入其中，原因之一就是因为有798大山子艺术区。该刊认为，798艺术区的存在和发展，证明了北京作为世界之都的能力和未来潜力。美国的《纽约时报》惊称，在北京出现了当代艺术SOHO，这个SOHO区就在北京东郊大山子798工厂内。国内外各大媒体如中央电视台、湖南卫视、《北京青年报》、《北京青年周刊》、《世界商业评论》、《北京现代商报》、《三联生活周刊》、《中国文化报》，及国内外各大网站都纷纷给予了极大的关注。从各个方面，798厂的过去、现在和未来，从各个角度，建筑、艺术、社会和人文进行报道与审视。

当然官方也给予了充分的重视。市委、市政府、区委、区政府，市区人大、政协、规划等部门陆续到798参观、视察、调研。北京市城市规划设计研究院朱嘉广院长表示，设计院早在五六年前就开始关注着798文化艺术区，但至今还未将之作为专题进行深入调研，而今，798发展成了规模，确实应得到重视。

今年3月，建设部出台了相关的指导意见，要求各地加强保护城市优秀的现代建筑。并着重指出：优秀近现代建筑是城市历史文化遗产的重要组成部分。指导意见中所指的城市优秀近现代建筑，一般是从19世纪中期至20世纪50年代建设的，能够反映城市发展历史，具有较高历史文化价值的建筑物和构筑物。意见中提到的这一时期也正是北京城市发展的重要历史阶段。无论从建设的年代，还是建筑本身，798厂区的厂房建筑都非常符合此意见对优秀近现代建筑的界定，无疑798厂应该被保护。

我们的分析

1. 艺术区的性质

20世纪40年代，美国纽约有一个无人居住的废弃工业厂房仓库区，被称为Loft（英文原意为阁楼或高空间的建筑），一批贫穷的艺术家与设计师因为缴不起市区住房的昂贵租金，纷纷入住这里开办工作室，开始了他们自由的现代艺术创作。从此，Loft成为了现代艺术的一种符号，也被当成是一种生活方式，后来这里被人称为“SOHO”区，全称为South of Houston Street。SOHO已成为纽约美国现代艺术的发源地。而今，当越来越多的现代艺术家入住798后，人们开始也把这里视为中国的SOHO。在这个足够大的空间里，艺术家可以尽情地创作，追寻自己的理想。

入住798大山子艺术区的艺术家们，成分构成也是极其复杂的。但是798与历史上的同类现象有所差别。不管是美国纽约的SOHO，德国柏林的奥古斯特大街、还是法国的马列尼翁大道，最初入住者大多是在当时特定的环境下不为主流艺术社会所认同、不被接纳的一些愤世的艺术青年和靠艺术谋生的贫穷艺术家。后来，画廊、时髦商店、商业设计室及实力雄厚的店铺才逐步进入这些地区，同时“loft－living”的称呼也伴随出现，仓库生活也渐成为了现代艺术的一种象征。而在北京798大山子艺术区中，这些现象却几乎是在2－3年的短短时间内就先后出现了。进入者有主流艺术家也有非主流艺术家，身份也从以往的单一身份，转变为多重身份，艺术家不只是艺术家的身份，同时还可能是文化推广者、策划人、商业的经营者、设计者等等。而商业、文化、时尚和服务行业机构也是在此两三年间陆续进入的。

2. 商机

很多的艺术家对于798正逐渐商业化的现象，开始感到厌烦。越来越多的各类参观者涌入，艺术家戏称他们自己为文化动物。商业化的突现，使他们的生活开始变得不安静了。房子的租金一路攀升，厂房是否可能续租等等问题出现了。这里的艺术氛围已不是当初他们所想象的那种环境，798正被日益浓厚的商业气息所侵占，其速度之快令人惊讶。各种机构在这里已形成了“十面埋伏”之势，艺术家感到了“四面楚歌”的惊恐和不安。

但正像北京市规划设计院朱院长提到的那样，“艺术区不意味着就是唯一的保护手段和方法”，艺术就该是多元的，应该是多种样式共存的方式。文化和商业相互交融，不但会给北京的城市和经济带来发展，同时也会给文化产业的发展创造必要的条件和空间。政府应有效地加以合理规划、综合治理、顺其自然、固势和异、开阔视野、大胆创新，这会大大地吸引国内外的艺术收藏爱好者、旅游者，带动多样化的文化消费，如文化传播、艺术商品、服装、陶艺、餐饮业、旅游业、艺术教育、展览业等各个行业。以798厂为中心的大山子艺术区的未来发展，重要的是要依靠艺术家以及艺术区居民的热情关注和支持，今后只要798存在，他们就要充分利用此地的价值。

3. 文化意义

李象群在议案中提出的五大价值，基本涵盖了798厂艺术区的重要性。798大山子艺术区的存在，对于开放的北京、现代国际化的北京、奥运的北京的国际形象、地位，具有不可估量的作用。它的存在对于历史遗留的现代工业文物的保护具有重要意义。

北京作为政治、经济、文化中心，给予现代文化的发展以宽容姿态，体现着社会的进步和政治的胸怀。对建筑的保护，对现代文化的扶持与正确引导是它责无旁贷的义务。地处CBD的大山子艺术区，发展成有规模的艺术CBD，加上与环境的配套作用，作为知识产业的新兴区域，它具有像北京胡同一样的富有特色的内涵与价值。北京作为政治文化中心，极需要有这样的一块地方展示其独特的文化魅力。

4. 问题

城市发展是一个矛盾体，如果不进行新陈代谢，城市会变得缺乏生命力，而对于真正有长期保存价值并代表该城市独特特征的旧建筑的评定，也是众说纷纭。承载着历史情感的旧建筑，要以怎么样的形式保留或更新，化为现代都市的部分，还需要一个长期过程和更多人的参与。美国SOHO区是艺术区建设发展的参照物，但终究大山子非美国的SOHO，时代背景、人文环境、体制及很多细节都不尽相同，城市要变化、进步，拿来主义只是方法之一，不可能成为唯一。

终于，近期已确认这座已经超过50年历史的工业建筑——798厂属于文物，798艺术区终于逃离了被拆迁的命运。但仍然得面对产权、租赁等一系列敏感问题。但有一点可以确定的，这里将会继续演绎着历史与前卫、厂房与文化兼容的故事。

798大山子艺术区会是一个永远的文化存在吗？过去的798一定是一个文化的记忆，前卫的798是否会“万寿无疆”或者会“永垂不朽”呢？

附　录

附录一："北京798艺术产业区"搜索关键词

北京798艺术区、大山子798厂艺术区、798文化概念、中关村创意产业基地、创意经济、创意产业、创意产业园、798创意产业、798艺术区、后工业景观、文化创意产业集群、798艺术区旅游攻略、798正当代艺术会、大山子艺术区、工业遗产、旧建筑改造、北京Loft、北京SOHO、北京朝阳区文化创意、798艺术网（http：//www.798as.com）、北京798艺术区（http：//www. 798art. org）、北京798艺术网（http：//www. bj798arts. com）

附录二：A类文章目录

- 北京LOFT：798工厂/张磊//室内设计与装修2003－05
- 当代艺术的狂欢——谈北京双年展期间798艺术社区的展览/张朝晖//美术之友2003－06
- 走出室内——北京大山子艺术区观后感/黄源//时代建筑2003－06
- 北京的"798"现象/谭雪梅//经济日报2003－07－11
- 都市工业遗产的再利用/徐逸//建筑2003－09
- 东成西就/今来//中国图书评论2003－11
- 生活在仓库/杜晨//IT经理世界2003－19
- 2003年，中国当代艺术收获了什么？/赵川//社会观察2004－01
- 798——北京的艺术CBD/洁集//时事（时事报告大学生版）2004－01
- 在城市的另一端　798现代艺术空间/李健//信息产业报道2004－01
- 798梦工场/杨剑坤　志杰　皖山//文明2004－03
- 798让人反思：如何保留和利用具有历史价值的建筑//文艺报2004－03－27
- 798厂改造，北京，中国/伯纳德·屈米//世界建筑2004－04
- 798之不是艺术家的故事/舒东平//北京规划建设2004－04
- Loft在中国/姜晓樱//装饰2004－04
- 从798文化艺术区，谈近现代建筑的保护——访北京市城市规划设计研究院院长朱嘉广/舒东平//北京规划建设2004－04
- 对于798艺术区的保护，就是对北京文化保护的思路——访长城战略咨询董事长王德禄/舒东平//北京规划建设2004－04
- 798采访札记/舒东平//北京规划建设2004－05
- 798政协提案/许模//北京规划建设2004－05
- 衰落与重振：在艺术中敞开的"798"/蔡平//神州2004－06
- 老厂房的命运/邹密//重庆日报2004－06－30
- LOFT文化在旧建筑改造与社区更新中的应用/赵晓刚//天津大学2004－07－19
- "798"：首都工业废墟蜕变的现代艺术村落//经济参考报2005－01－03
- 798是个文化动物园吗？/尹吉男//读书2005－02
- 北京大山子艺术区：下一个苏荷？/舒阳//艺术评论2005－05
- 谁舞今生——国内画家村现象扫描/严长元//艺术评论2005－05
- 艺术回归城市之旅/崔健//北京规划建设2005－05
- 艺术区：城市的"线粒体"/范迪安//北京规划建设2005－05
- 折射——798/郑文//中外文化交流2005－05
- 走进"798"/应利民//中国摄影家2005－05
- "798艺术区"拷问关怀城市的立场/王军//中国美术馆2005－07
- 旧工业建筑的自我更新——798工厂的改造/沈实现　韩炳越//工业建筑2005－08
- 台湾画廊再掀798艺术区海外入驻热潮//中国文化报2005－08－05
- 北京的文化力与投资促进的关系/张吉福//中国外资2005－09
- 触摸今日"798"/杨宝民//中外文化交流2005－09
- 创意如何成为产业？/李亚夫　孙萍　IC//21世纪商业评论2005－09
- 索家村的前生与今世——北京国际艺术营的由来//东方艺术2005－09
- LOFT风格与工业建筑再生/付志前　姜萍//工业建筑2005－11
- 体验空间——798工厂漫步/张震莲　李伟//建筑学报2005－11
- 商业建筑的主题化与主题商业建筑/张红//建筑学报2005－12
- 城市旧工厂再生的若干问题研究/徐杰//清华大学2006
- 变革之道——北京老工业区复兴规划思辩/陈军//2006中国城市规划年会2006
- 产业建筑的新生/沈丽琼//同济大学2006
- 成都东郊工业区旧工业建筑改造性再利用模式浅析/黄步瓯//西南交通大学2006
- 在传统与时尚的交融中打造文化创意园区——以前民主德国援华项目北京798厂为例/于雪梅//德国研究2006－01
- 一个全新独特的文化艺术乐园/孟菁苇//中国消费者报2006－01－13
- 798，北京"城市名片"的未来//中国文化报2006－03－28
- 工业遗产：不是"破烂"，是文物/王力　张舵　王露露//新华每日电讯2006－04－21
- 798缤纷的镜像//金融时报2006－05－12
- 文化创意产业开拓旅游新空间/魏晓霞//中国旅游报2006－05－15
- 北京名片798/韩英杰　牛慧祥//财经时报2006－05－22
- 北京798在艺术中重生//人民日报海外版2006－05－26
- "798"北京"城市名片"的未来/左林//中国新闻周刊2006－06
- "751"复制"798"//北京现代商报2006－07－10
- 蔡明：艺术区不可复制/吴林//中国房地产报2006－07－10
- 798：从工厂到艺术仓库//人民日报海外版2006－07－28
- 城市中的工业遗产记忆/王雯淼//建筑创作2006－08
- 创意产业园区Q&A/洪晃//上海信息化2006－10
- 文化产业和文化自觉/张颐武//民主2006－11
- 行驶在798的艺术概念车/马玉　路路者//家用汽车2006－11
- 北京798从军工厂到艺术区/798a//798艺术网2006－11－06
- 在"宽容"中发展和创新/李家杰//光明日报2006－11－08
- 798艺术区大事记/webmaster//798艺术网2006－11－11
- 再造798//财经时报2006－11－20
- 酒厂：五环边上画家村/杨时旸//财经时报2006－11－27
- 朝阳：创意产业多点开花/石丹//科技潮2006－12
- 无尽的艺术灵感，游不完的798/非智//电脑技术HELLO　IT　2006－12
- 十二朵创意之花//北京商报2006－12－11
- 旅游业：驶入创意产业快车道/魏晓霞//中国旅游报2006－12－18
- 电子城将建创意产业基地/张立军//科技日报2006－12－22
- 九点艺术廊　798的另一种商业模式/亦水//商业文化2006－15
- 九点艺术廊：艺术并商业着/跃进//商业文化2006－15
- 艺术创意人才空间集聚的初步研究——以北京的艺术家集聚现象为主要研究案例/黄鹭新　胡天新　杜澍吴思群//2007中国城市规划年会
- 在古典中追求前卫/刘迪//东方早报2007
- 面向创意产业园的旧工业建筑更新研究/韩育丹//西安建筑科技大学2007
- 基于涌现性的创意产业集群动力机制研究/伍志鹏//北京交通大学2007
- 基于复杂性理论的创意产业集群动力研究/万陶//北京交通大学2007
- 后工业的景观更新及其在中国的实践/余丽娜//北京林业大学2007
- 关于废旧工业建筑再利用研究/韩锐//东北师范大学2007
- 关于创意产业园区的理论与实证研究/赵谦//北京交通大学2007
- 废旧产业类历史建筑再利用中艺术家的美学取向与艺术实践/张辛//厦门大学2007
- 创意产业中的工业类建筑遗存更新设计研究/杨琳//湖南大学2007
- 城市旧工业区改造中文脉继承的思考/张瑞平//西安建筑科技大学2007
- 城区传统建筑的创新语意/谢华//中国科协年会2007
- 北京创意产业喧哗与骚动/龚慧娴//投资北京2007－01

◎ 北京文化艺术村落调查/赵佳琛　何明//红旗文稿 2007－01
◎ 旧建筑改造中的低技术建造/韩巍//南京艺术学院学报（美术与设计版）2007－01
◎ 中国十大产业园点评（上）/深雪//民营经济报 2007－01－10
◎ 首钢变脸：北京新文化地标/刘鹤翔//财经时报 2007－01－15
◎ 抢救工业遗产　留住时代记忆/宋秋佳（整理）//中华建筑报 2007－01－30
◎ 北京 798：LOFT 时尚的地理新坐标//课堂内外（高中版）2007－02
◎ 创意产业发展与工业厂区改造/冯斐菲//北京规划建设 2007－02
◎ 创意产业与工业类建筑遗存的结合——以北京 798 地区为例/杨琳　王小凡//北京规划建设 2007－02
◎ 创意万岁——中国进入创意时代/杨度//中国纺织 2007－02
◎ 从城市的矛盾性与复杂性说起——漫谈“798”地区规划/王科//北京规划建设 2007－02
◎ 对当代艺术发展的生态和区域的思考——以 798 大山子艺术区为例/赵洪生//美术研究 2007－02
◎ 艺术，让生活更美好　石家庄合作艺术社创建与当代艺术园区的发展/徐秋红//湖北美术学院学报 2007－02
◎ 高房价不会降低区域竞争力/姜炜//中国房地产报 2007－02－05
◎ 工业废弃地的景观再生——对“798”艺术中心可持续发展的思考/金纹青　胡继东//中国勘察设计 2007－03
◎ 基于中国创意产业的地域文化研究/崔东艳//艺术探索 2007－03
◎ 旧厂艺术区：798/阎海东//世界博览（看中国）2007－03
◎ 高碑店向北　北京下一个文化创意左岸/林播//中国房地产报 2007－03－19
◎ 石景山可以学学“798”//中国经济导报 2007－03－24
◎ 798 给时尚一个落脚点//北京服装纺织（时尚北京）2007－04
◎ 798 以艺术的名义对症都市/李艳锋//大美术 2007－04
◎ 城市工业遗产保护价值观察——以江南造船厂与 798 厂为例/吕舟//中国文化遗产 2007－04
◎ 加强园区协作，发展北京文化创意产业/程正中//科技与管理 2007－04
◎ 798 军工代码变身文化符号//文汇报 2007－04－17
◎ 城市里的另类艺术 798/张晶　渝京//新财经 2007－05
◎ 创意：我们时代的来临/高永钰//中国电子商务 2007－05
◎ 发展中的我国当代艺术/解文金//滁州学院学报 2007－05
◎ 工业遗产：不能抹去的时代印记/魏慧缤//工人日报 2007－05－11
◎ 798 艺术节的变数//经济观察报 2007－05－14
◎ 创意产业集聚区如何形成/周政　仇向洋//决策 2007－06
◎ 多面“798”/华少君//今日中国（中文版）2007－06
◎ 解密创意产业集聚区形成机制/周政　仇向洋//民营经济报 2007－06－27
◎ 北京：文化创意渐成发展新引擎/顾阳　徐晓然　肖导//经济日报 2007－07－03
◎ 798 的美好年代/刘玉芳//北京服装纺织（时尚北京）2007－08
◎ 建筑空间的文化更新与城市文脉的有机传承/杨磊　邱建//城市建筑 2007－08
◎ 798 重生记：以创意之名//第一财经日报 2007－08－10
◎ 文化与商业的平衡：政府在创意产业园建设中的角色/宋延鹏　徐逸伦//现代城市研究 2007－09
◎ 当艺术遭遇旧厂房——798（京）、M50（沪）LOFT 创意艺术区之视觉乐章/木木　赵毅炜//东方艺术 2007－09
◎ 文化创意产业成北京经济新引擎//北京商报 2007－09－20
◎ 建筑功能的嬗变——浅谈大山子艺术区的改造/侯婷//艺术与设计（理论）2007－10
◎ 798 工厂 50 年：艺术与商业之间//第一财经日报 2007－10－12
◎ 环铁艺术区：拿什么特色来提速？/徐家玲　严长元//中国文化报 2007－10－14
◎ 798 艺术节引来人流无数//东方艺术 2007－11
◎ 旧城改造：城市动脉　再造新血/汪丽//安家 2007－11
◎ 文化创意　创造奇迹/李文玲//金融时报 2007－12－21
◎ 艺术家聚落景观探究/李莎　杭程//山西建筑 2007－25
◎ 浅议工业遗产的保护与旅游开发/袁方//时代经贸（中旬刊）2007－SB
◎ 创意地产　迎来花样年华/边疆//中国地产市场 2007－Z1
◎ 创意地产，城市发展新动力/李灵犀　赵相争　吴燕//房地产导刊 2007－Z3
◎ 创意产业之北京艺术群落研究/娄轩//中央美术学院 2008
◎ 保护与复兴：工业遗产的环境重塑与活力再生研究/解翠乔//西安建筑科技大学 2008
◎ 北京文化创意产业集聚区建设研究/赵弘　唐勇　刘牧雨　赵燕霞//北京市经济管理干部学院学报 2008－01
◎ 创意产业与北京城市发展/柯焕章//规划师 2008－01
◎ 基于波特集群理论的创意产业园区发展路径探析/张祖林//上海管理科学 2008－01
◎ 论老建筑再生与城市空间品质的塑造/马庆峰　陈刚//合肥工业大学学报（社会科学版）2008－01
◎ 栖居与行旅——关于北京 798 艺术区/冯博一//艺苑 2008－01
◎ 感受“798”/唐勇//前线 2008－02
◎ 游荡在 798/王伟强//中外建筑 2008－02
◎ 基于“工业遗产”特色的城市街区更新开发模式浅析/袁大昌　王灵羽//城市 2008－05
◎ 北京书画市场的蛋糕/于莉娟//小康 2008－06
◎ 非历史保护性旧建筑的改造与利用/马迪　魏春雨//中外建筑 2008－06
◎ 未来城市　后工业时代的思索/佳子　王玉玺//绿色中国 2008－07
◎ 北京的“文化名片”/徐文营　吴锡俊　李明等//经济日报 2008－08－04
◎ 20 世纪文化遗产该如何摆脱“盲区”之困/祁建//观察与思考 2008－13
◎ 现代工业建筑设计的新思路/满春红　陈阵//科技信息（科学教研）2008－16

附录三：B 类文章目录

◎ 聚宝尚难，现状堪忧——北京文化创意产业扫描/杨振宇//时代经贸 2006－03
◎ “798”：投资热下的艺术之惑/陈之川//第一财经日报 2006－05－19
◎ 浮在泡沫之上的中国创意园区/宋敏//艺术与设计（理论）2006－11
◎ 798 艺术区：商业了又能怎样？/艾禾//商业文化 2006－15
◎ 火爆艺术区加租，水涨船高还是杀鸡取卵？/王素慧//民营经济报 2007－01－24
◎ 中国创意产业的尴尬/杨艳华　荣书霞//中国中小企业 2007－03
◎ 行为艺术？公众事件？经济冲突？/程绮瑾//南方周末 2007－03－08
◎ 798 遭遇更年期//南方周末 2007－03－08
◎ 北京“798”艺术区遭遇“变更期”//中国文化报 2007－03－18
◎ 798，演出还能持续多久//人民政协报 2007－04－02
◎ 李象群：798 缺乏严肃的学术探讨//第一财经日报 2007－10－12
◎ 798 的艺术出走/周政华//经济 2007－11

附录四：C 类文章目录

◎ 798：一个文化社区的生死抉择/张贺//人民日报 2004－04－21
◎ 798：艺术是否只是匆匆过客/官苏艺//中国地产市场 2004－05
◎ 798 故事篇之“川三工作室”/舒东平//北京规划建设 2004－05
◎ 798 故事篇之艺术家的故事/舒东平//北京规划建设 2004－05

- 艺术家：798的过客？/李钺//今日中国（中文版）2004－07
- 北京自由艺术家的工厂生活/俊勤//中关村2004－10
- 拆还是留，北京“798”面临生死抉择//新华每日电讯2004－12－24
- 798大山子艺术区/孙宁//美术大观2005－01
- 保留之后的798能否一路走好/刘春成　徐轶尊//北京规划建设2005－01
- 北京798艺术区命运难料//经理日报2005－01－15
- 中国城市报道//领导决策信息2005－02
- 内外兼“修”/苏丹　姜涌　苗剑飞　褚平　米俊仁邓志伟等//建筑创作2005－02
- 探析现代艺术中的实验性景观——从798工厂看现代艺术影响下的景观设计/沈实现　韩炳越//建筑师2005－04
- 艺术资讯//天津美术学院学报2005－04
- 从“798”引发的思考看政府在首都文化生活中的作用/陈荣荣//首都经济贸易大学学报2005－06
- 798艺术区逃往何处//财经时报2005－06－06
- 北京大山子艺术区面临生死劫/于娜//中国商报2005－06－09
- 梦断梦工厂？/于娜//中华工商时报2005－07－29
- 索家村“艺术营”，究竟该不该拆？/官苏艺//中国地产市场2005－08
- 798扫描/张晓军//人民日报海外版2005－07－11
- 聚会——798工厂里的各国在华商会联谊会/黄波//中国企业家2005－09
- 温故知新话“798”/费麟//工业建筑2005－10
- 中国LOFT现象的建筑学研究/侯方伟//东南大学2006
- 心灵的对话VS“798”/应利民//中国摄影家2006－01
- 大山子艺术区的LOFT文化现象/严建伟　田迪//西安建筑科技大学学报（社会科学版）2006－01
- 798，理想与现实的对撞/郭鲲//新选择2006－03
- 北京创意地产集聚六大区域/吴林//中国房地产报2006－03－13
- 中国MALL需要腊八粥式的地域融合/张甚//中国房地产报2006－03－13
- 798艺术区欲转型创意产业园//今日信息报2006－03－15
- 天堂与误读/傅刚//北京规划建设2006－05
- 第三只眼看西方　从798说起/罗小平//雕塑2006－06
- 北京的艺术“地志图”/马艳//艺术市场2006－07
- 大山子798厂艺术区调研报告/崔永福等//美术研究2006－08
- 第三届北京大山子艺术节如期亮相/王雪芹//东方艺术2006－09
- 新闻//艺术与设计（理论）2006－10
- 798另类装修风头正劲//中华建筑报2006－10－14
- 798大山子艺术区简介/webmaster//798艺术网2006－10－30
- 2006北京798创意文化节论坛述要/风声//美术观察2006－11
- 798趣事/莫月//商业文化2006－15
- 中国民营美术馆现状报告/柳淳风//中央美术学院2007
- 北京国际当代艺术节（DIAF）简介/webmaster//798艺术网2007－01－15
- 大山子手册/傅刚//北京规划建设2007－02
- 你的798什么样/陈出云　colphoto//地图2007－02
- 印象798　追寻LOFT生活迹/刘爽//新华航空2007－03
- 真言议发展，良策促和谐——2007年“两会”提案议案选录//北京规划建设2007－03
- 艺术节开始呈现多元化/沐佳//北京日报2007－04－06
- 798艺术节变调/杨时旸//财经时报2007－04－09
- 第一届798艺术节　无主题狂欢/吴靖　陈伟民//明日风尚（生活态度）2007－05
- “文化游”吹响“五一”京城休闲号角/海钰//中国文化报2007－05－14
- 798该往哪里去？/沈文//建筑与文化2007－08
- 当艺术撞上现实/傅乐乐//中国经营报2007－08－13
- 朝阳文化创意五大模式/付昱佳　赵信一　姜琳琳//北京商报2007－09－11
- 文化创意聚朝阳/付昱佳//北京商报2007－09－11
- 北京：798艺术区将扩大一倍//中国文化报2007－10－09
- 动态//当代经理人2007－11
- 艺术与市场的博弈——2007年798艺术节论坛琐记//东方艺术2007－11
- 解读朝阳文化创意产业/付昱佳//北京商报2007－11－06
- 十多年前来，就被中国的雄心所震撼/戴盈　马文博//新华每日电讯2007－11－28
- 朝阳区文化创意产业发展政策研究/刘春成　白旭飞//时代经贸（下旬刊）2007－12
- 艺术区须有独立的品质/　徐家玲　严长元//中国文化报2007－12－02
- 《Time Out乐》798艺术节上的“新乐子”与Pébéo公司共同举办“买得起艺术节”/Cissy//东方艺术2007－13
- 北京798，吴蔚“阵风”展/大江//东方艺术2007－13
- 到798赶“艺术大集”//中国新闻周刊2007－13
- 798与中国当代艺术//艺苑2008－01
- 创意与困惑/陈秉钊//规划师2008－01
- 制造798黄翊影像作品展作品选登/黄翊//艺苑2008－01
- 构想城市公共艺术区/阎承骏//大连日报2008－01－27
- 北京文化创意产业集聚区发展研究/孔建华//中国特色社会主义研究2008－02
- 浅析Loft空间的自由与局限性——以北京“798”艺术区为例/董翠　王敏//艺术与设计（理论）2008－02
- 艺术区工作室何去何从？/宋轶//艺术与投资2008－02
- 艺术聚集点变身“创意产业园区”成风潮/邱家和杨琳//上海证券报2008－02－22
- 798艺术区作为北京文化旅游吸引物的考察：一个市场自发形成的视角/宁泽群　金珊//旅游学刊2008－03
- 创意产业的代名词——Loft发展模式//中国高新区2008－03
- 超大艺术社区诞生“1号地”/路艳霞//北京日报2008－03－26
- 文化创意产业迎黄金年代/王娟//首都建设报2008－03－26
- 简单的符号/潇潇//商业文化2008－04
- 北京民营企业在文化创意产业中的发展状况/姚腾霄//科技信息（科学教研）2008－05
- 北京市文化创意产业集聚区再添新军/赵雷　赵方忠//投资北京2008－05
- 创意产业：改变城市布局与面貌/牟晓春//政工研究动态2008－05
- 798艺术味蔓延751//北京科技报2008－06－09
- 艺术与体育交辉　北京798诠释“人文奥运”//21世纪经济报道2008－07－07
- 798艺术区展出当年工厂老照片//北京日报2008－07－10
- 我们已准备就绪/刘忱//中国文化报2008－07－19
- 北京民营企业在文化创意产业中的地位作用/姚腾霄//科技资讯2008－08
- 京城创意生态地图/刘嘉//纺织服装周刊2008－24

首届山东文化产业博览会

一、2008年7月—9月，我们设计了12个关键词（见附录一），在网上对“首届山东文化产业博览会”进行检索，剔除其中大量的无效信息、重复信息和只字片语式的评论，得到的统计结果是：2006年—2008年9月5日，纸质媒体、公共网站发表的有关各类研究、评论、报道共计120篇。

二、我们根据上述统计材料，对相关内容进行了分类，得出以下结论：

A：在共计120篇的评论和研究报道中，对“山东文博会”予以充分肯定、基本肯定的共计54篇，占总数的45%。（见附录二）

B：在共计120篇的研究、评论、报道中，对“山东文博会”无明确评价指向或无法做出分类归属的共计66篇，约占总数的55%。（见附录三）

三、我们从上述120篇文章中辑录出有关“山东文博会”的代表性的评价、报道77条。

四、我们从上述120篇文章中，辑录出有关“山东文博会”产业效益方面的报道11条。

五、我们集体讨论选编有关“山东文博会”的重要文章8篇。

1. 论“文博会”/大众日报特约评论员//大众网 2006-04-15

2. 将文博会打造成山东发展文化产业的品牌/王敏//大众网 2006-01-16

3. 文化产业扬帆远航正当时——访中共山东省委宣传部副部长徐向红/盛利//走向世界 2006-23

4. 文化·创意·财富——三论文博会主题词/王育济//山东文化产业网 2006-06-05

5. 论“文化、创意、财富”三者间的关系/唐锡光//东岳论丛 2006-03

6. 山东文博会：齐风鲁韵激活文化产业经济/金霞//中国图书商报 2006-06-20

7. 山东文博会成功的启示/赵秋丽//光明日报 2006-08-15

8. 寻味省思06文博会热/王丽琼//中国图书商报 2007-01-05

六、附录

附录一：“首届山东文化产业博览会”搜索关键词

附录二：A类文章目录

附录三：B类文章目录

重要观点辑录

关于“山东文博会”的影响、意义

2006年首届山东文化产业博览会是山东省举办的首届综合性、国际性文化产业博览会，由山东省人民政府主办，文化部、国家广电总局、新闻出版总署、全国侨联、中国贸促会为支持单位，山东省文化厅、省广电局、省新闻出版局、大众报业集团、山东出版集团、济南市人民政府承办。文博会以“文化的盛会、人民的节日”为理念，以“文化·创意·财富”为主题，安排了博览交易、项目招商、文艺演出和文化论坛等重点活动59项，来自海内外的535家客商应邀参展。

（摘自：《精彩文博会盛装登场》，《济南时报》2006年6月17日）

今天（2006年6月16日）的济南舜耕国际会展中心彩旗飘扬，气氛热烈。上午9时，2006山东（国际）文化产业博览会在这里隆重开幕。中共中央政治局委员、中央书记处书记、中宣部部长刘云山，全国人大常委会副委员长、民进中央主席许嘉璐，全国政协副主席、致公党中央主席罗豪才分别发来贺信。全国政协副主席阿不来提·阿不都热西提出席开幕式。

刘云山在贺信中说，近年来山东省委、省政府坚持以邓小平理论和“三个代表”重要思想为指导，认真贯彻落实科学发展观，构建社会主义和谐社会，经济社会发展迈上新的台阶，正朝着全面建设小康社会的目标稳步迈进。同时，省委、省政府高度重视文化建设，提出建设文化强省的目标，全省文化事业和文化产业有了很大发展，取得了可喜成绩，积累了宝贵经验。

刘云山在贺信中说，山东是孔孟之乡，历史文化资源丰富，发展文化事业和文化产业具有得天独厚的优势和条件。希望省委、省政府进一步解放思想，坚持先进文化的前进方向，深化文化体制改革，积极探索，大胆创新，发挥优势，打造精品，以山东文博会的举办作为新的起点和新的契机，推动全省在社会主义文化建设上迈出更大步伐，取得更大成绩。

本次文博会是山东省举办的首届综合性、国际性文化产业博览会，由山东省人民政府主办，文化部、国家广电总局、新闻出版总署、全国侨联、中国贸促会为支持单位，山东省文化厅、省广电局、省新闻出版局、大众报业集团、山东出版集团、济南市人民政府承办。文博会以“文化的盛会、人民的节日”为理念，以“文化·创意·财富”为主题，安排了博览交易、项目招商、文艺演出和文化论坛等重点活动59项，来自海内外的535家客商应邀参展。文博会将为国内外文化企业搭建一个产品展示、项目交易和信息交流的平台，为国内外客商创造良好的合作机会。

省委书记、省人大常委会主任张高丽宣布2006山东（国际）文化产业博览会开幕。省委副书记、省长韩寓群致辞。省政协主席孙淑义，济南军区副司令员钟声琴，省委副书记、济南市委书记姜大明，省委副书记、省纪委书记赵春兰，省委副书记高新亭出席。省委常委、宣传部部长、文博会组委会主任王敏主持开幕式。

出席开幕式的领导有：中宣部副部长欧阳坚、文化部副部长赵维绥、国家广电总局副局长雷元亮、国家版权局副局长阎晓宏、中国侨联副主席林淑娘、中国文联副主席李牧、云南省委副书记丹增。

出席开幕式的香港主要嘉宾有：香港立法会主席范徐丽泰、香港大公报社长王国华。

出席开幕式的外国主要嘉宾有：韩国前副总理赵淳，古巴驻华大使阿鲁菲，越南驻华大使陈文律，泰国驻华大使祝立鹏，韩中亲善协会会长李世基，荷兰王国北荷兰省常务副省长胡吉玛，美国花旗集团执行董事、美国国际管理集团高级合伙人库恩，意大利当代艺术大师奥马尔，意大利文化中心主席维秦佐·桑弗，美国内华达州旅游局局长、美国国家旅游协会国际旅游策划委员会主席布鲁斯。

出席开幕式的文化名人有：著名书法家欧阳中石，中国音乐文学学会会长乔羽，中国美协常务副主席、秘书长刘大为，著名作家莫言，原中央歌剧舞剧院院长、著名作曲家、指挥家刘文金。

前来参加开幕式的还有：山东省委、省人大、省政府、省政协和省军区、省武警总队有关领导，论坛嘉宾，参展商，兄弟省市和香港地区的参观团，以及山东各界代表，共5000多人。

韩寓群在致辞中首先代表山东省委、省政府向参加展会的各位领导和海内外朋友表示热烈的欢迎和衷心的感谢。他相信在海内外朋友的积极参与和共同努力下，本届文博会一定能够办成合作交流、互相学习、共同发展的盛会，一定能获得圆满成功。

开幕式后，与会领导和嘉宾参观了文博会主会场展区。

（摘自：《文博会隆重开幕》，大众网2006年6月16日）

2006山东（国际）文化产业博览会，就是一次立足于将分散在各领域的文化要素进行全面启动的成功实践。文博会筹办期间，全省新注册文化企业1000多家，签约项目投资总额217亿元，做足做活了市场这篇大文章。但文博会更大的意义在于唤醒了全社会各领域共同参与“大文

化"建设的意识，促进全社会的文化要素、资金要素、人才要素等开始浮上水面，在全省产生了"吹皱一池春水"的强效应。

（摘自宋弢：《文化产业，以整合"破题"》，大众网—大众日报2006年8月20日）

以"文化·创意·财富"为主题的文博会，体现了"文化的盛会、人民的节日"的办会理念，突出地域性、开放性、产业性、社会性和创新性特色，以会展培育文化品牌，以市场整合文化资源，以交易创造文化价值，以论坛汇集文化信息，以节庆丰富文化生活，以科技推动文化创新，是文化产业发展的国际化大型文化交流和经贸合作平台。借由这个平台，山东省文化机制改革得以展现其大步向前的成果。以此为突破口，山东文化产业将更好地走向市场，接轨国际，加快发展步伐。

（摘自：《山东文化体制改革进入快车道》，《走向世界》2006年第11期）

"南有深圳'国际文化产业博览交易会'，北有山东'东北亚国际文化产业博览交易会'。"齐勇锋博士非常看好山东文博会未来的发展前景，他建议山东省在今年举办文化产业博览会的基础上，抢占市场先机，积极申请承办"2008年中日韩文化产业合作论坛"，同时在2008年将"山东省文化产业博览会"升格为"东北亚国际文化产业博览交易会"，为山东实施外向型文化产业发展战略搭建一个国际化、品牌化和永久化的平台，与深圳"国际文化产业博览交易会"形成南北呼应的态势。

（摘自彭东　徐静：《建议山东文博会"升格"》，《齐鲁晚报》2006年6月18日）

文博会既是一个文化商品和服务的交易会，更是一个商业资本和文化资源对接的平台。打造文化市场，为资源寻找资本，让资本发现资源，是文博会的核心价值所在。从这个意义上说，文博会吹响了进军的号角，山东文化产业发展积累的爆发力，将在今后一个时期集中展现。

首届山东（国际）文化产业博览会，对山东文化产业来说，是里程碑式的新起点；而对山东而言，一台拉动全省经济社会又快又好发展的新引擎，紧锣密鼓，指日可待……

（摘自李海燕：《打造发展新引擎——文化产业发展的现状与未来》，大众网—大众日报2006年6月15日）

乔羽先生频频称赞山东省文博会的举办："好，在山东虽然是首次举办，但比起一些新兴的城市来，山东更适合开文博会。"听说文博会要两年举办一次，乔羽先生表示："下次文博会，如果让我来的话，我还来。"

乔羽先生觉得：文博会是对山东省文化的一次很好的梳理。文博会能看到非常具体的文化产品，让人很容易明白，很容易被人接受。这次文博会既宣传了自己，也使自己有更多的朋友，可以和很多地区进行有效的合作。文博会对山东有益，有利于山东的发展。对外省人也有所启发。山东应该宣传，山东是中国一个重要的省份，山东在文化上的积淀是很多地方比不上的。

（摘自：《"我是山东土里长出的庄稼"——本报记者专访著名词作家乔羽先生》，《生活日报》2006年6月18日）

此次山东之行，文怀沙（著名国学大师，上海大学文学院名誉院长）最关心的是孔子标准像的定位。他在采访中，也包括在文博会的多个场合说，他心目中"夫子莞尔"，孔子应是个会微笑的东方圣人，他的笑使人如沐春风，他的笑和蔼可亲，是孕育着两千五百多年文化的智慧的笑，有礼乐内涵的笑。孔子标准像的定位应表现出这一点。文怀沙说，他不赞成过分严肃的孔子像。

（摘自：《文怀八斗叹骚才　恍若云中屈子来——文博会上专访文怀沙先生》，《济南日报》2006年6月19日）

对于记者将就要开幕的山东（国际）文化产业博览会比作"党委政府关于发展文化产业的发令枪"的说法，王骞（山东东方天健公司总经理）说，"有了文博会这声'发令枪'，我相信，山东如果要在动漫产业赛跑的话，尽管起跑晚，但在抢夺'文化金矿'面前，会跑得非常快！因为我们既有丰厚的传统文化资源为创作做保障，也并不缺少创作技术层面上的创意手段。"

（摘自：程洪建　公晓慧：《山东"文化金矿"等待"创意"》，《山东画报》2006山东［国际］文化产业博览会专刊创意财富卷）

山东正进入文化产业发展的战略机遇期。多年经济持续快速发展奠定的坚实物质基础，作为文化大省在文化资源和文化市场方面的独特优势，使山东具备了加快文化产业发展的基础条件。举办文博会，打造大型文化交流和经贸合作平台，有利于充分发挥市场机制作用，增添文化产业发展的活力，繁荣文化市场，对于满足人民群众精神文化需求，提高人民群众思想道德、科学文化素质，落实科学发展观，实现小康社会目标，构建社会主义和谐社会，具有重要的意义。

（摘自谢方：《文化的盛会　人民的节日——2006山东［国际］文化产业博览会侧记》，《经济》2006年第6期）

山东首届文化产业博览会催生出新的地域文化代表符号。从"齐鲁风"会徽到"山东大嫂"，无不体现着一种崭新的文化理念和时代气息。……山东省委宣传部副部长徐向红说，本届文博会是齐鲁文化的全面展示、山东文化产业发展成果的整体亮相。以青岛为中心的滨海文化产业集聚区，以济南为中心的山泉文化产业集聚区，以济宁为

中心的儒家文化及运河文化、黄河文化产业带集聚区，将在展会上集中展示文化产业发展的创新成果。特别是文博会会徽“齐鲁风”和“吉祥娃”——“山东大嫚”，作为齐鲁文化符号，具有浓郁的山东特色，受到省内外的广泛关注和喜爱。另外，文博会从内容设计到产品交易、项目招商，都体现了“文化齐鲁，风扬天下”的整体形象。

（摘自：《山东出现新的地域文化代表符号文博会场展魅力》，新华网2006年6月15日）

“齐鲁风”的意思是“文化齐鲁，风扬天下”。会徽以“山”为基础形态，意在表现“泰山”和“山东”；会徽中间一座高峰，寓意着先进文化的引领，也暗含孔子为中国古代思想的泰斗。作品将彩虹、鸟羽和黄河的形态巧妙融合，象征着山东省文化灿烂缤纷、源远流长和文化产业的腾飞。在意味上，“齐鲁风”表现出热烈的特点。“齐鲁风”摆脱原始符号固有的限制，将代表山东传统文化的泰山、黄河、东夷人的图腾鸟等大胆变形，使本来沉重、呆板的原始符号变得轻巧、热烈。在会徽中，“泰山”表现了一种向下的力，“水”则是横向走的力，“鸟”是向上的张力，三种元素三种力，力的方向各不同，既表现出一种热烈的内涵，更表现了山东文化产业在丰厚底蕴的支托下面向未来的发展方向。

（摘自：《山东出现新的地域文化代表符号文博会场展魅力》，新华网2006年6月15日）

“山东大嫚”甩动着一条美丽的大辫子，飞扬着动人的刘海儿，身着大红大绿的山东服饰，引领观众游览山东源远流长的历史文化和飞速发展的现代文化产业，领略美不胜收的齐风鲁韵。山东男性在外有“山东大汉”的褒称，在文博会动漫专题片中，“山东大嫚”则被塑造成为与“山东大汉”齐名的文化符号。卡通形象“山东大嫚”，以厚重的齐鲁文化为底蕴，演绎山东女性温柔、贤惠、勤劳的优良品德。“山东大嫚”美丽大方、活泼灵动，服饰、发型、造型都反映了山东人的地方特色，是“山东人自己的一个形象”，活像田野里一朵娇美的山菊花。

中国民俗学会顾问、民俗专家山曼教授从民俗学的角度阐释了“山东大嫚”。他说，在抗战以前，山东姑娘的装扮一般是前额留刘海儿，背后甩一条用红头绳扎起来的大辫子，美丽、端庄。这种装扮直到姑娘出嫁时才改变。“山东大嫚”从民俗上体现了山东姑娘的形象，让山东人产生文化和心理认同感，让外地人产生“山东人”的概念。用“山东大嫚”作为山东文化的符号去推介，是可行的。

（摘自：《山东出现新的地域文化代表符号文博会场展魅力》，新华网2006年6月15日）

鉴于“山东大嫚”的热效应，省文博会组委会决定陆续开发“山东大嫚”卡通形象即时贴、卡片、画册，“山东大嫚”工艺品、装饰品、玩具、彩色银币和卡通服装、日用品（如伞、手机袋、T恤衫、大襟花褂）等系列衍生产品。省文博会组委会还与济南市邮政公司一起开发了“山东大嫚”个性化邮票。

（摘自：《文博会吉祥娃始显产业效应山东大嫚衍生品推出》，青岛新闻网2006年6月4日）

本届文博会确定了“政府主导、社会参与、市场运作、规范管理”的办会原则，从一开始就走市场化的路子，运用市场手段经营文博会、开发文博会。除政府给予必要政策支持、配套服务和一定启动资金外，政府不直接办展，由大众报业集团具体实施，形成了企业办展、政府办会的新模式。文博会通过冠名、协作、承办等多种形式，融集了大量所需资金。从筹备到举办，仅80多项文化活动就投入资金达7000多万元，均是市场运作，通过项目开发和形象宣传，增加了效益，实现了双赢。文博会会徽、“吉祥娃”也是市场运作的产物，确定后及时进行工商注册，拍卖其商业使用权，开发出了系列衍生文化产品。

（摘自：《山东首届文博会内容丰富体现六大鲜明特色》，大众网2006年6月15日）

来自海内外的深圳文博会观众，对山东将举办文博会表示出极大的信心和兴趣。他们说，山东是一代思想家、教育家孔子的故乡，孕育了孟子、孙子、诸葛亮、王羲之、李清照等一大批文化名人，还有泰山、黄河等人文资源，发展文化产业有得天独厚的优势。

参加深圳文博会的文化企业和投资商，对山东省文化产业招商项目表示极大关注。许多客商在看了《山东省文化产业招商项目册》后，当场表示要参加山东文博会，投资山东文化产业。

参加深圳文博会的我省其他企业和单位，同样达到了推介山东、招商引资的目的。他们说，尽管2006山东文博会筹备时间不长，又是首届，但宣传推介的力度很大，在海内外的知名度很高，许多参加深圳文博会的中外客商几乎没有不知道山东文博会的。通过2006山东文博会的搅动，我省文化产业却是“动”起来了，在外边也越来越有名声，容易招商了。

（摘自：《深圳刮起山东文化风》，《生活日报》2006年5月23日）

作为巴布亚新几内亚驻华大使馆的一等秘书，为参加文博会，从北京赶来的拉辉阿酷将妻子、两岁半的儿子金商也一起带来。16日上午，记者在文博会展厅跟着他采访，看到他不时掏出名片，投放进各展区所设的名片盒内。关于对山东文博会的参观感受，拉辉阿酷用简要的汉语表示“很好”、“办得很独特”。他介绍，他的祖国巴布亚新几内亚也经常举办专门的艺术展，而像文博会这样汇

聚各种艺术形态的展会则没有举办。他还坦白对山东有“非常好”的印象：“我去过烟台和青岛，又来到了你们的省会济南，感觉山东是一个非常优美的地方。”“投放名片就是为了今后有更长远的合作。”

（摘自：《文博会“办得很独特”》，大众网 2006 年 6 月 18 日）

文博会推动文化产业发展，拉动黄金周文化消费。今年“五一”黄金周，恰逢 2006 山东文博会紧锣密鼓筹备期间，丰富多彩的文化艺术活动为黄金周备下丰盛的文化大餐。据来自省有关部门的消息，文化消费成为今年黄金周消费一大热点。文艺演出异常火爆。5 月 1 日至 4 日，广东省木偶剧团的艺术家们在济南历山剧院连续上演 12 场人偶剧《白雪公主》，虽然单张票价高达 120 元、亲子套票高达 160 元，还是吸引了济南的大批小观众，演出场场爆满。黄金周期间，济南市在省科技馆举办第六届齐鲁（国际）动漫展，每天吸引观众数千人。“相约文博会·欧美风情缤纷秀”也牢牢吸引了济南市民的眼球。青岛市话剧院推出的亲子场儿童剧《绿野仙踪》、《小红帽》，黄金周 7 天共安排了 26 场演出，几乎每次都是提前两天售完票。5 月 1 日晚，威海市启动第四届“激情广场大家乐”活动，活动深入到各社区，为市民放映广场电影，举办广场文艺演出。文化旅游成为最大卖点。曲阜三孔景区旅游活动丰富多彩，游客在一天之内就能感受到多种不同的文化体验。曲阜三孔景区今年黄金周游客接待量、门票收入、宾馆出租率都超过往年同期，宾馆出租率高达 90% 以上，旅游收入涨幅达 40%。蓬莱市投资近千万元打造现代舞剧《魂系仙境》，将蓬莱丰富的历史文化、八仙过海传说、戚继光事迹等，运用歌舞、现代舞、芭蕾、魔术等形式表现出来。《魂系仙境》在今年“五一”黄金周推出，吸引了海内外游客前来观看，演出将一直持续到“十一”黄金周。看展览、逛书店成为新的热点。5 月 1 日至 7 日，省博物馆举办馆藏书画精品展，展出历代名家书画，吸引了书画爱好者。各地新华书店新上一批图书，满足节日市民需要。济南市泉城路新华书店每日前来购书的市民平均达 1 万多人次，图书的销售量比去年同期增长 20%。

（摘自：《文博会推动文化产业发展拉动黄金周文化消费》，大众网 2006 年 5 月 8 日）

文博会招商以展示山东文化产业发展成果、搭建文化交流合作平台为主题，围绕我省文化产业发展的五大战略，将突出“六大亮点”、“十大板块”，把资本和资源的对接放在最重要位置。

（摘自：《山东通过文博会发展文化市场》，大众网 2006 年 8 月 29 日）

文博会招商工作将突出“六大亮点”：展示山东文化产业发展的高新技术成果；展示山东文化产业集团的整体风采；展示山东丰富的文化资源和深厚的文化底蕴；展示山东各地区的特色文化、区域优势；突出中外文化产业的交流融合；突出文博会的社会性，吸引全社会参与，让群众受益。

这“六大亮点”，将在招商布展规划的“十大板块”中充分体现出来。其中，山东文化产业成果展区，将展示山东省文化产业发展的突出成果以及重要的文化产业招商项目。高技术文化传媒以及网络动漫文化展区，面向网络运营商、IT 企业等招商招展，将展示流媒体终端设备、动漫制作（代理）等高端技术。文化集团风采展区，将全面展示大众报业集团、省广电总台、省出版集团等大型文化产业集团的发展成果。

在区域文化展示方面：滨海文化产业带展区，将体现海文化开阔、包容的特色，展示山东半岛城市群以及半岛制造业基地的文化产业发展成果。以山、泉以及儒家文化为代表的鲁中文化产业带展区，将体现山（泰山）、泉（泉城）以及儒家的文化特色，展示中心城市在文化产业发展上的辐射带动作用。运河、黄河文化产业带展区，将体现运河物流、商业氛围浓郁的基本特色，展示运河文化产业带的建设成果。这些区域文化，以滨海文化为龙头，以山、泉及儒家文化为龙身，以运河文化为龙尾，形成山东文化产业巨龙，形成由东到西的山东文化产业带或产业长廊，促进我省文化产业的协调发展。

（摘自：《文博会将突出“六大亮点”、“十大板块”》，广视网 2006 年 1 月 18 日）

文博会自开始筹备伊始，就关注如何为资源和资本的对接搭好平台，做好服务。省委常委、宣传部部长王敏指出：“要通过举办文博会这一有效手段，努力形成壮大一批有实力、有活力的文化市场主体，使之成为文化市场的主导力量。”“文博会就是为文化产业发展提供的平台。”在文博会上，有无数文化项目如待嫁的女子，在寻找“生命中的另一半”，而握有资本的商家，也在苦苦寻找合适的对象，为手中的资本寻找创造更大价值的载体。一旦双方擦出火花，带来的就不是几张订单，而是长期的合作、深度的开发、崭新的产品和富有创意的商业模式。自去年年底，省委省政府决定筹办 2006 山东国际文化产业博览会以来，短短几个月时间，山东省已注册成立各类文化企业 1000 多家，许多省外、国外企业及个人，纷纷前来考察了解，在山东投资发展文化产业。

（摘自：《山东通过文博会发展文化市场》，大众网 2006 年 8 月 29 日）

举办文博会要与培育文化市场主体结合起来，与做大做强文化产业集团结合起来，与山东整个文化产业布局结合起来，与丰富群众文化生活结合起来，与打造精品力作结合起来，提升文博会的文化品位、产业品位，形成新的

文化产业品牌和发展的新优势。

要通过举办文博会这一有效手段，努力形成并壮大一批有实力、有活力的文化市场主体，使之成为文化市场的主导力量。要突出地域性、突出开放性、突出产业性、突出社会性、突出创新性，努力办出特色、办出水平、办出规模、办出品牌，真正把由山东省人民政府第一次举办的文化产业博览会办成一次全方位、大容量、多功能、高起点的文化产业盛会。

（摘自王学文：《经营文博会提出新理念真正办成文化产业盛会》，《齐鲁晚报》2006 年 1 月 5 日）

为举办好 2006 山东（国际）文化产业博览会，充分体现文博会市场化运作的理念，文博会组委会成立伊始即实行会、展分离的运作模式，确定组织协调工作由文博会组委会协调办公室负责，招商招展工作则向社会公开征招具体实施单位。“这样运作的好处显而易见，”孙猛进（山东省文化厅文化市场处处长、文博会组委会协调办公室负责人）说，“政府从繁杂琐碎的招商招展工作中解脱开来抓大事，企业凭自身优势取得相应经济效益和社会效益，两者各自扬长避短，可谓各得其所、一举两得。”

（摘自：《让金碗盛金——山东文化产业发展的调查与思考》，大众网 2006 年 2 月 17 日）

文博会组委会在讨论确定文博会招展公告时提出，要用科学会展理论指导文博会招商招展，发挥会展经济作为信息经济、服务经济、人气经济、特色经济、文化经济的“五大功能”，提升文博会品质，打造文博会品牌，促进山东文化产业跨越式发展。

……

文博会经济是知识经济、文化经济。要充分挖掘文博会蕴含的知识含量、文化含量，发挥其经济价值。把文博会作为文化产业发展的突破口，拉动文化投资，转变消费观念，刺激文化消费，开拓文化市场，拉长产业链条，培育优质品牌和产业集群，促进山东文化资源向产业优势、市场优势转变。

（摘自王学文：《五大功能提升文博会品质促进山东文化产业发展》，《大众日报》2008 年 2 月 6 日）

文博会的成功举办受到社会各界的广泛赞誉，并给予高度评价。香港立法会主席范徐丽泰称赞本届文博会汇聚着齐鲁传统文化和现代时尚文化的精华，是一个媒介，把齐鲁文化弘扬开来。云南省委副书记丹增认为，山东举办文博会是件非常好的事情，山东文化产业潜力无穷。有关省市参观团认为文博会充分展示了山东文化大省的形象，表示要好好学习山东的经验。广大参展商普遍表示，文博会给他们带来了商机，搭建了平台，希望文博会越办越红火。来自欧美的 200 余名观众对博大精深的齐鲁文化和孔子文化十分喜欢，对文博会赞不绝口。

（摘自吉颐：《文博会彰显五大特点》，《济南日报》2006 年 6 月 19 日）

山东文博会已引起海内外广泛关注。首届山东文博会何以有如此魅力？

作为山东省文化产业跨越式发展的破题之作，文博会个性突出，扣合时代潮流，发挥了市场的力量。追根溯源，文博会的成功，来自于山东省文化体制的深入改革，来自于用新的理念举办了一次全新的展会，来自于观念的更新、思想的解放。

（摘自：《山东文化体制改革进入快车道》，《走向世界》2006 年第 11 期）

“政府主导、社会参与、市场运作、规范管理”，这是山东确定的办会原则。他们从一开始，就走市场化的路子，运用市场手段经营文博会、开发文博会。除政府给予必要政策支持、配套服务和一定启动资金外，政府不直接办展，由大众报业集团具体实施，形成了企业办展、政府办会的新模式。从筹备到举办，仅 80 多项文化活动就投入资金达7000 多万元，均是市场运作，通过项目开发和形象宣传，增加了效益，实现了双赢。文博会会徽、“吉祥娃”也是市场运作的产物，确定后及时进行工商注册，拍卖其商业使用权，开发出了系列衍生文化产品。

（摘自：《传统与现代融合的文化盛会》，www. CCTV. com 2006 年 6 月 16 日）

环顾一下国内已经面世的几个文博会，作为“后起之秀”的山东省将倚助怎样的优势进入展览市场“争夺”项目并成为强者？省文博会承办方——山东工艺美院的负责人将其落脚到：特色的树立，品牌的经营。

该负责人详细解释说，展会的号召力与生命力在于品牌。品牌是一个展会赖以生存和发展的根本。德国并不是世界上展览会最多的国家，却是公认的“世界展览王国”，除了良好的展览设施和服务质量外，更重要的是它充分利用了那些国际著名品牌展，吸引了广大投资者。具体到这次文博会，他认为要使其具有恒久的生命力就要挖掘“山东特色”的所在，建立一目了然的品牌标识。只有这样才能使文博会真正成为文化资源的“孵化器”，在国内外投资者中、在更广泛的社会各阶层中形成关注的焦点。

（摘自张华：《文博会，势在必行的挑战——探访“备战”中的山东［国际］文化产业博览会［下］》，《青岛日报》2006 年 2 月 22 日）

此次文博会立足山东区位优势，面向全国，辐射日韩，联动东南亚、欧美及其他国家，成为山东文化产业参与全球分工合作的重要平台。文博会还实行了国际策展人制度，吸引了 500 多家中外文化企业参展。……对于文化产业而言，项目是发展文化产业的载体、外壳，而创意则

是其内核，是文化产业的灵魂。本届文博会坚持以创新精神举办文博会，在内容和形式上着眼产业导向性、本土原创性和文化观赏性，用创意架起文化与财富之间的桥梁，全面展示文化产业发展的最新成果，反映了现代文化产业的发展方向。

（摘自杨维忠：《创意搭起文化与创意的桥梁》，《中国知识产权报》2006 年 6 月 30 日）

在此次文博会上，许多旅游业参展人员把文博会主张的"挖掘文化资源新优势"看成是旅游产业化升级和旅游资源开发建设的新契机。参展者将各种文化资源进行梳理，统一烙上齐鲁文化印记，并制作成项目招商说明书，向展会一一推介。他们说，多年的旅游从业经验已经让他们认识到，"齐鲁文化"包装下的旅游产品在国内外市场上最具吸引力，他们一致认为：齐鲁文化应该成为山东旅游的新热点。

（摘自山文：《齐鲁文化成山东旅游热点》，《华东旅游报》2006 年 7 月 4 日）

中国农村文化是广褒的沃野，蕴含着无限的文化生长空间和市场拓展空间。但当前，农村文化仍未"脱贫"、健康文化缺位的现状以及农村文化生态的失衡发展的确不能不引起我们的重视。农村文化产业是整个社会文化产业重要内容，文博会这只巨大鼠标正是要点击并激活这"篇"重要链接。

（摘自夏白白：《［文博会访谈］潘鲁生：激活农村文化产业之重要链接》，大众网 2006 年 2 月 16 日）

在文博会的影响下，今年我省高校文化产业类专业成为学生报考热门，最高录取比例高达 82:1。截至目前，我省已有 6 所高校招收文化产业管理专业的本科学生，有多所学校正积极申请设置此类专业。

（摘自：《文博会"炒"热文化产业教育》，《济南日报》2006 年 5 月 28 日）

山东利用文博会这一平台，加强对文化产业发展的引导和布局，起到了引领创意产业的作用。山东工艺美院等大专院校展示的动漫、网络、影视制作等新兴文化产业备受青睐，这些单位正成为培育文化创意人才的基地。孔子是山东文化的名牌，孔府、孔庙、孔林老"三孔"，如今被重新包装、重新创意，文化资源优势转为文化产业优势，老"三孔"展示出新活力。他们将诠释儒家思想的大型广场乐舞——《杏坛圣梦》，精心打造成新的文化产品，今年 4 月以来，门票收入超过 100 万元，受演出的带动，曲阜各宾馆入住率保持在 80% 以上，改变了曲阜文化游"白天看庙、夜晚睡觉"的难堪局面，显示出文化创意的无穷魅力。

（摘自赵秋丽：《山东文博会促进文化市场大发展》，《青岛日报》2006 年 6 月 20 日）

用现代艺术形式包装传统文化因素，让传统因素在现代社会生活中焕发新的艺术生命力。这是山东文博会倡导的文化理念。在此影响下，山东民歌《沂蒙山小调》被成功改编成同名大型民族管弦乐交响曲，并在中国民族管弦乐作品征集大赛中获得铜奖，这是我省在此类赛事中取得的最好成绩。

（摘自：《文博会理念助推传统文化现代包装：〈沂蒙山小调〉获得大奖》，《济南时报》2006 年 5 月 3 日）

此次文博会作为展示我省规范管理文化市场的重要窗口，很好地展示了我省在知识产权保护、专项整治活动等方面的工作亮点。首先，为做好知识产权保护工作，组委会加强了管理力度，一旦发现涉嫌违反知识产权保护的企业，将马上停止其参展资格。按照年初商务部、国家知识产权局联合发布的《办法》规定，权属证明包括专利、商标及著作权等方面的内容。因此，对自主创新的参展项目，将在展台显著位置标示其专利、技术所有权证书，促进以企业为主体、市场为导向、产学研相结合的技术创新体系建设。其次，文博会筹备工作开展以来，省新闻出版局、省"扫黄打非"办公室在全省开展"迎接文博会"净化出版物市场专项行动，大力开展"扫黄""打非"斗争，不断完善文化市场的综合执法，提高执法的准确性和快速反应能力，净化社会环境，保护知识产权，实现文化市场的健康繁荣统一有序，为文博会的召开营造良好的社会文化氛围。再次，不断提高文化单位开拓市场的能力，使其成为自主经营、自负盈亏的文化商品的经营者，把企业的经济效益和社会效益有机结合起来。用市场文化运作改变旧传统、旧做法，引发一切思想的"裂变"和要素的"重组"，为文化产业跨越式发展开辟道路。发展壮大文化产业，维护文化企业独立自主的合法地位，使之成为自主经营、自负盈亏、自我约束、自我发展的市场竞争主体。

（摘自：《山东通过文博会发展文化市场》，大众网 2006 年 8 月 29 日）

山东（国际）文化产业博览会，以经济发达、文化底蕴丰厚的山东省为依托，是整个山东乃至周边地区最大的文化产业会展。山东（国际）文化产业博览会不仅仅是一个产品交易会，也不仅仅是一个文化交流会，它是一个有机复杂的系统，对山东和周边地区文化产业的作用必将是综合性的，需要我们对它有一个全面的认识和理解。

首先，应该认识到文博会的最终目的是"打造文化品牌，发展文化产业，建设文化强省"。

其次，文博会最终目的的实现要靠它自身独特的作用发生机制，可以从两大方面来解析这个发生机制：

1. 文博会作为会展，本身就是文化产业的一部分。它具有经济和文化的双重功能，既可以促进经济和文化的繁荣，又可以推广文化产业理念，提高广大民众对文化产业政策、发展文化产业的认同感和参与度；

2. 文博会作为文化产业领域的专业会展，对于地方文化产业的发展具有重大作用。

再次，文博会对于地方文化产业的作用可以从三个方面来理解：

1. 外向展示。把本地的文化资源和文化产品向外展示、介绍和推广，提高整个地方文化的知名度和美誉度，为本地文化品牌的推广搭建平台；

2. 内向吸引。对于中国大多数地区来说，发展文化产业最缺乏的是金融资本和产业人才，随着资本和人才而来的还有先进的管理经验和运营模式；

3. 双向交流。文博会的本质在于交流，对于文化产业来说是文化产业理论的学术交流和文化产业实践的合作交流。通过这两种交流充分调动起包括大学在内各方面的学术力量和包括传统行业企业在内各企业实体的积极性，在交流中激发灵感、实现创新。

（摘自王广振：《图解2008山东文博会之一：文博会作用的发生机制》，山东文化产业网2008年8月30日）

山东文博会对山东省文化产业发展的综合作用就表现在这四点上：

首先，通过对地方文化资源的包装、推介，吸引金融资本的投入；

其次，通过对文化产业政策、法规的宣传和文化产业理念的推广，强化地方民众对文化产业的认同感和参与度；

再次，山东文博会可以间接地促进文化产业人才的培养，并为文化产业人才的引进打开一个窗口；

最后，山东文博会通过对金融资本的吸引和民众热情的调动，间接地促进包括文化基础设施和相关基础硬件条件的建设和改造。

综上，山东文博会在山东地方文化产业布局统筹中起到了整合带动的作用，山东文博会必将极大地促进山东省文化产业的繁荣发展。

（摘自王广振：《图解2008山东文博会之二：地方文化产业的布局统筹》，山东文化产业网2008年9月12日）

作为社会化、综合性、国际化的文化博览交易盛会，2006山东（国际）文化产业博览会不仅是各地文化产业展示的舞台，更是对我省文化体制改革阶段性成果的一次全面检阅，而文博会本身亦是发展文化市场的一大成果。打造文化市场，为资源寻找资本，让资本发现资源，是文博会的核心价值所在。

一、通过举办文博会，推动文化产业观念的更新；

二、通过举办文博会，打造资本和资源对接的平台；

三、通过举办文博会，加快文化产业项目招商的步伐；

四、通过举办文博会，促进文化市场的规范化管理；

五、通过举办文博会，拓展文化消费的市场空间。

（摘自：《一个产业的兴盛——山东文化产业发展基本情况》，《经济》2006年第6期）

文化产业被誉为21世纪的朝阳产业、黄金产业，是一个前景广阔、回报率高、膨胀迅速的产业。推动文化产业项目的开发和招商引资，是发展文化产业最便捷最有效的切入点。山东省委、省政府高度重视文化产业发展，决定于2006年6月16日至18日在济南举办2006山东（国际）文化产业博览会。借助文博会平台，山东省文化产业发展工作领导小组办公室设计开发了“山东省文化产业项目数据库”，在网上长期运行。在较短的时间内，全省征集申报了1300多个文化产业招商项目，诚邀各界商家洽谈投资。……

为帮助各界客商了解山东文化产业、投资山东文化产业，我们从“山东省文化产业项目数据库”中选取了273个文化产业招商项目，编辑成《山东省文化产业招商项目册》进行重点推介。……

山东是经济大省、人口大省、文化大省，有着深厚的文化历史底蕴、丰富的社会文化资源、宽松的文化产业投资环境和优惠的文化产业发展政策。诚挚欢迎各界客商在山东找到能够带来丰厚利润的文化产业合作项目，与山东人民一道，真诚合作，携手共进，共创美好明天。

（摘自山东省文化产业发展工作领导小组办公室：《山东省文化产业招商项目册》前言）

作为东道主，我们不仅要服务文博会，更要参与文博会。大家能否积极主动地投入到琳琅满目的文化产业盛会中，获得心灵的熏陶、精神的升华和发展的启示，这也是每个济南人面临的一道考题。文博会是文化的盛会、人民的节日、文明的交汇。全体市民是文化产品的消费者，也是文化产品的创造者，更是文化产业的创业者。举办文博会，发展文化产业，归根结底是为了满足人民群众日益增长的精神文化需要。这样的文化盛会，需要广大市民广泛和深入的参与，参与得越深广，文博会就越容易成为一种文化的力量，一种精神的力量，从而推动城市更快更好更文明地发展。同时，文博会期间，中外文化精英云集，古今文化精品毕至，为我们学习借鉴优秀的文化成果和别人的长处，打造有济南特色的文化精品和文化产业，提供了有利条件，创造了难得机遇。作为济南人，要树立文化强市的新观念，增强文化市场意识和产业意识，把举办此届文博会作为发展我市文化产业的一个突破口，人人了解文博会，人人关注文博会，人人参与文博会，通过全市人民的共同努力，趟出一条符合我市实际的发展文化产业的市场之路。文化就是力量。我们期待着文博会成为我们城市

生活的一个重要组成部分。

（摘自杨清波：《我们该怎样当好东道主》，《济南日报》2006年6月12日）

山东将利用文博会这一平台，加强对文化产业发展的引导和布局，充分发挥文化产业基地在引领创意产业中的作用，打造理论研究、学科建设、人才培训、产业带动和成果孵化五大功能。

理论研究功能。发挥我省文化产业研究基地的人才和科研优势，加强对文化产业发展的基础理论、应用理论和对策研究，为全省文化体制改革和文化产业发展提供理论支持。根据省委、省政府加快我省文化产业发展的总体战略，研究山东文化产业发展的思路、布局和框架。加强产业发展应用对策研究，着重研究山东动漫产业、数字电视产业、广播影视业、新闻出版业、演艺业、工艺品研发等产业的发展规律，资本、人才、信息流动和品牌形成规律，以及各类文化市场发育和成长规律，分别对不同文化产业的发展提出思路和建议。

学科建设功能。建立完整配套、务实管用的学科体系。加强文化产业教材开发、编撰，既要推出文化产业概论等基础理论教材，又要开发文化产业经济学、管理学、投资学、市场营销学、文化体制改革学、动漫经济学等分支学科教材，还要进行票务理论与实践、租赁理论与实践、剧场理论与实践、电影院线建设理论与实践等方面的研究。

人才培养功能。发挥文化产业基地的培训优势，加强人才培养。首先要夯实人才基础，形成合理的人才梯次结构，高端人才、专业人才、基础人才合理搭配，优势互补，产生最大工作效益。既要注重院校人才的培养，又要重视短期培训的作用。培养一批有技术、懂经营、会管理的复合型人才。

产业示范功能。加强对文化产业园区的政策支持和政府扶持力度，鼓励文化产业园区积极用高科技改造、嫁接传统产业，用文化产业解构传统产业，把文化产业基地建设成山东文化产业发展的示范园、试验田，促进产业优化升级，打造山东文化产业发展的新优势，抢占文化产业发展的制高点。

成果孵化功能。加大对文化产业基地的支持力度，促进科技成果向现实生产力和产品的转化，将文化产业基地建设成研发、生产、销售一条龙的基地，使科技成果尽快实现产业化，尽快形成市场，形成效益。

（摘自：《聚焦文博会：提升山东文化产业基地的研发水平》，大众网—大众日报2006年4月25日）

济南市文化产业有着良好的基础。据有关部门统计，就文化资源而言，济南在全国排名第九。深厚的历史文化底蕴，成为文化产业发展的基础，而且经过多年努力，形成了相对齐全的文化行业门类，组建了一批文化产业龙头企业，文博工作领先全国，有效带动了产业发展。可以说文化产业规模发展已具备雏形。尤其是近年来，全市上下有效贯彻落实中央和省里的文化体制改革相关政策，解放思想，更新观念，文化产业改革和发展有了长足进展。济南日报报业集团、济南市图书馆、济南市吕剧院、济南市演出公司作为全省文化体制改革试点单位，在深化改革，加快发展方面进行了积极探索和有益实践；全市按照“以项目推改革，以改革促发展”的思路，“储备一批、发展一批、壮大一批、运作一批”，通过“政府推动，市场运作，社会参与”的运作模式，全面整合文化产业资源，在文化产业项目运作上探索了新途径；广电局、出版社和文化系统按照重塑市场主体的要求，整合资源，优化配置，正在形成一批有实力、有活力的国有或国有控股的文化企业。全市文化产业形成了良性发展态势。

（摘自王良：《以文博会为契机实现济南市文化产业跨跃式发展》，《学术前沿》2006年第4期）

关于“文博会”主题词：文化·创意·财富

经过热心观众以网络和手机两种方式投票，文博会主题词今天（2006年3月15日）从10件入围作品中评出，1号作品“文化·创意·财富”以最高票入当选。为了更广泛地宣传文博会，引领人民群众参与文博会，文博会组委会自今年1月23日面向社会征集文博会主题词，在40天的征集时间里，共收到来自全国30个省、市、自治区的应征主题词5856条。经过专家公平公正地评审，评选出10件入围作品。入围作品自2月24日面向社会公示，在20天的公示期内，来自省内外的上万名公众分别通过网络和手机短信参与了投票。

（摘自：《文博会主题词昨评出》，《生活日报》2006年3月16日）

近日评选出的文博会主题词“文化·创意·财富”，被专家和群众认为很好地表述了文化产业。专家说：这条主题词一针见血，直奔主题，道出了文化产业的内涵和特征。普通群众说：这条主题词就像用快刀切白菜，一刀下去，直见菜心，说出了文化产业的内核和要领。

（摘自：《创意：文化产业的核心要素》，《生活日报》2006年3月29日）

“文化·创意·财富”——文博会的主题，简短六个字，道出了文化创造财富的重要理念。它昭示，用创意架起文化与财富之间的桥梁，它展示了产业导向性、本土原创性和文化观赏性，代表了当今文化产业的发展方向。

（摘自：《传统与现代融合的文化盛会》，www.CCTV.com 2006年6月16日）

文博会主题词“文化·创意·财富”自揭晓以来，持续受到专家、群众的好评。山东大学历史文化学院暨山东省文化产业研究基地的师生们认为，主题词反映了山东举办文博会的宗旨和文化产业的内涵特征，强调了以创意产业为带动力，推动社会财富的增值，对于实现文化富民、文化乐民工程，将具有积极的意义。

山东大学历史文化学院院长、山东省文化产业研究基地首席专家王育济教授认为，文化产业是在经济社会、科学技术发展到一定程度后出现的一种经济文化形态，它以文化为基础，以“文化创意”为核心，以创造财富为目的，通过技术的介入和产业化的方式，制造、营销不同形态的文化产品。“文化·创意·财富”，准确地体现了文化产业的内涵和特征，将文化产业完整地表述了出来。

山东大学文化产业管理学系主任韩英教授说，主题词短小精悍、内涵丰富，让人产生无限遐想，颇具灵性和灵动之美。在文意表达上准确、鲜明，直奔主题，直白无误地将文化产业的核心要领告诉人们。

山东省文化产业研究基地副主任王广振博士，在接受采访时，先给记者画了一个圆，他解释说，文化产业是这个圆的圆心，文化、创意、财富是圆周上的三个点，三点围绕着圆心转，本身又互相推动，形成一个互动连贯的整体。山东是经济、文化大省，也是公共历史文化资源大省，各地应当梳理当地文化资源、包装文化产业项目，以此招商引资，通过文化创意，变资源优势为产业优势，创造最大效益。主题词反映了发展文化产业的这个思路，很有逻辑性。

山东大学历史文化学院学生张运春、金郸说，主题词犹如一篇关于文化产业论文的三个关键词，将发展文化产业的要领悉尽道来，星空闪烁，连缀成篇，既能让人一下子记住，又有丰富的内涵，确实是一条很好的主题词。

（摘自王学文等：《山大师生畅谈文博会主题词》，《齐鲁晚报》2006年3月21日）

2006山东（国际）文化产业博览会是山东省首次举办的文化产业博览盛会，本届文博会以“文化·创意·财富”为主题，以会展培育文化品牌，以市场整合文化资源，以交易创造文化价值，以论坛汇集文化信息，以节庆丰富文化生活，打造“文化的盛会，人民的节日”！

（摘自：《山东［国际］文化产业博览会开幕日通栏公告》，《齐鲁晚报》2006年6月16日）

乔羽先生作为一个创作者，对创作、创新、创意有着很高的追求。而此次文博会的主题是“文化·创意·财富”，在乔羽先生看来，创意就是创新的意思，创新是文化发展的动力。只要谈文化，只要它是活的、有生命力的文化，它都是有创意的。没有创新就没有文化。没有创新，文化就不可以想象。秦始皇时期中国的文化就已经很发达了，但是我们的文化史并没有停留在那个时期，总是在不断地创新。

（摘自：《“我是山东土里长出的庄稼”——本报记者专访著名词作家乔羽先生》，《生活日报》2006年6月18日）

丹增认为，目前文化产业的发展还处于初级阶段，全国各地都在大力推广文化产业的建设，在这个过程中，山东有着其他地方无法比拟的自然优势，有充分的理由走在全国文化产业建设的前列。丹增说，齐鲁文化是中华民族的文化之根。孔子创立的儒家思想被认为是中华民族文化的核心，它作为东方文化的代表深远影响了整个世界。除此之外，曲阜等旅游景点都是承载着历史文化发展脉络的圣地，作为发展文化产业的重要资源，它们对文化产业的辐射作用将是不可估量的。

当然，有着天然的自然优势并不代表文化产业就自然而然地取得领先地位，关键是通过各种方法利用好这些资源。正如此次文博会的主题——“文化·创意·财富”，其中的“创意”起着承前启后的作用，只有“创意”适合，“文化”才能源源不断地转化成“财富”。

（摘自：《山东有理由领跑全国——云南省委副书记丹增泉城纵论文化产业》，《生活日报》2006年6月17日）

首届山东文博会以“文化的盛会、人民的节日”为理念，以“文化·创意·财富”为主题，遵循“政府支持、社会参与、市场运作、规范管理”原则，经营文博会、开发文博会，开展文化项目招商、文化产品展销、文艺节目展演、文化信息交流，努力构建大型文化交流和经贸合作的平台，推动文化产业在新的基础上实现新发展、大发展。

（摘自王敏：《打造文化产业腾飞的平台》，《山东画报》2006山东［国际］文化产业博览会专刊创意财富卷）

文博会以“文化的盛会、人民的节日”为理念，以“文化·创意·财富”为主题，安排了博览交易、项目招商、文艺演出和文化论坛等重点活动59项，来自海内外的535家客商应邀参展。文博会将为国内外文化企业搭建一个产品展示、项目交易和信息交流的平台，为国内外客商创造良好的合作机会。

（摘自：《文博会隆重开幕》，大众网2006年6月16日）

即将在济南开幕的首届全球文化产业博览会的主题词已经呈现在我们面前：文化、创意、财富，三个关键词精准地点出了文化产业的三个决定性要素，同时也揭示出三个要素之间的基本关系。应该怎样具体描述三者之间的关系？文化是前提，创意是关键，财富是目的——相信这样的判断已经在许多专家和众多媒体众口一词的褒扬中不止一次地提到了。但是，文化、创意、财富三者之间的关系是否真的像我们所描述的这样单纯？从文化达到财富或者从财富到达文化是否只有一个让人欢欣鼓舞的结局？在文化、创意、财富三者之间，文化是否一定是前提和决定性的力量？我们是否可以逆向考量一下三者之间的关系？财富——也就是资本是否可以作为发展文化产业的前提？财富是否可以通过创意的途径影响文化的发展进程？文化的基本结构、文化的消费方式能否最终改变文化的属性？在一项影响巨大而深远的社会工程开始之初，多换几个角度思考问题，多一点逆向的思考和疑虑，应该是一种积极的态度。

（摘自唐锡光：《论“文化、创意、财富”三者间的关系》，《东岳论丛》2006 年第 3 期）

很少有一个会展的口号像文博会的主题词这样得到众口一词的好评，寥寥六个字，生动地点出了文化产业的核心内容，同时也含蓄地点出了三者之间的互动关系。我们应当准确把握文化与财富之间复杂互动的情景。文化不是道学先生，它本身具有巨大的经济可能性，它也从未拒绝通过消费和流通的环节进行传播；财富也不是慈善家，它选择与文化共舞首先是为了获取利益，但这并不影响它客观上促进文化的交流与发展，至少，正是由于资本的介入，大规模的、现代化的文化产品生产和流通体系才得以形成，文化的传播才更加快速、便捷。

（摘自唐锡光：《论“文化、创意、财富”三者间的关系》，《东岳论丛》2006 年第 3 期）

昆明市的文明街、景星街、文庙直街等 10 条“老街”，已有 900 年的历史，是昆明市清代和民国时期特色民居建筑、商铺建筑最多的片区，是昆明传统市井文化、传统街巷风貌保护较好和街巷最密集的区域。

据昆明市有关方面介绍，在最初的城市规划中，他们只是打算投资两亿元，对“昆明老街”进行拆迁改造。但昆明人很快发现了其中的文化价值，将昆明老街包装成包含民族歌舞表演场馆、民族服饰展演厅、画廊、茶艺坊等十几个项目的“昆明老街文化产业传播交流基地”，吸引了深圳、浙江等地投资达 30 亿元。

“昆明老街的投资比最初增长了 15 倍，这是因为充分挖掘了它所蕴含的文化资源和底蕴，针对市场，进行了创造性的文化创意。”山东工艺美术学院院长潘鲁生对此点评道。

潘鲁生认为，文化产业是出售文化、信息、智慧的经济活动，它以文化为基础，以创意为手段，以市场为目标，经过创新性的脑力劳动，来创造财富。“文化 · 创意 · 财富”，正是按这种逻辑关系表述了文化产业。这也是国内许多学者将“文化产业”理解为“创意产业”的原因。

2004 年国家统计局公布了我国首个《文化及相关产业分类》，将文化产业界定为新闻、出版、网络、娱乐、旅游十几个行业。我省文博会的一个重要任务，也是按国家统计局界定的文化产业的范畴，包装文化产业项目，在文博会上集中招商引资。潘鲁生认为，项目是发展文化产业的载体、外壳，而创意则是其内核，是文化产业的灵魂，要做大做强文化产业项目——如同昆明老街的改造，首先要针对市场进行创造性的文化创意。

（摘自：《创意：文化产业的核心要素》，《生活日报》2006 年 3 月 29 日）

随着 2006 年 6 月 16 日的倒计时推进，我们可以这样预见：山东本土创意团队的春天已经来临！在即将到来的山东（国际）文化产业博览会上，“创意人”和他们的“创意团队”必将成为核心的关键词。

当“文化 · 创意 · 财富”这些个词汇日渐成为政界、学者乃至媒体口中的时髦称谓时，山东的“创意”阶层作为创意产业的幕后推手，理所当然地走向文博会前台，亦将成为一种历史的必然。

（摘自程洪建　公晓慧：《东方天健：在山东本土崛起的 CG 团队》，《山东画报》2006 山东［国际］文化产业博览会专刊创意财富卷）

“文博会”中的重要活动聚焦

本届博览会分博览交易、发展论坛、节庆活动、网上展会四大部分，设一个主展区和四个分展区，展览面积 14500 平方米，展位 1600 余个。按照王敏部长提出的“经营文博会”的理念，文博会筹备工作从一开始就坚持走政府支持、市场运作的路子。文博会的核心是项目招商，着力抓好文化产业项目推介招商、资源整合、改制融资、形象展示、产品推介和市场营销等工作，为文化产业发展创造了新的机遇。

（摘自：《山东通过文博会发展文化市场》，大众网2006年8月29日）

首届文博会包括招商展览、项目推介、文化论坛、文化活动四项内容。

（一）招商展览。突出"六大亮点"：突出山东文化产业发展的高技术成果；突出山东文化产业集团的整体风采；突出山东丰富的文化资源和深厚的文化底蕴；突出山东各地的文化资源和区域优势；突出中外文化产业的交流融合；突出文博会的社会性，吸引全社会参与，让群众受益。文博会主会场济南舜耕国际会展中心，主展区面积达到14500平方米，标准展位1600余个，设置六个展区：山东文化产业成果展示区、山东区域文化产业文化资源展示区、文化产业集团风采展示区、高科技及信息产业展示区、省外及港澳台文化产业展示区、国外文化产业展示区。另外，在省博物馆、省体育馆、山东大厦及省美术馆设立四个分展区，分别举办文物精品展、山东图书展销会、书画摄影精品展、意大利著名画家画展。

（二）项目推介。采取政府主导、企业承办、市场运作方式，宣传推介各类文化产业招商项目，开展文化产业项目洽谈及招商。

（三）文化论坛。文博会期间，第三届中国企业文化论坛在济南举办，举办孔子文化与文化产业高层论坛，保护利用文化资源、促进文化产业发展高层论坛，山东广播影视发展战略论坛，出版发展论坛，中国工艺美术产业论坛，文化产业发展论坛·书法，文化产业发展论坛·摄影，2006山东民间文化发展论坛，山东美术发展论坛9大主题论坛，提升文博会的理论高度，为文化产业发展注入崭新的理念。

（四）文化活动。组织开展聚焦文博会、相约文博会等多种形式的新闻宣传活动、群众性互动活动和文化艺术展演展示活动，使筹备举办文博会的过程成为群众享受丰硕文化成果的过程，把文博会真正办成"文化的盛会、人民的节日和旅游的热点"，吸引中外客商、专业观众、社会观众和旅游观众参加，拉动文化消费，锻造文化品牌，发现文化商机，培育文化市场，最大限度地扩大文博会的社会影响。

（摘自谢方：《文化的盛会人民的节日——2006山东［国际］文化产业博览会侧记》，《经济》2006年第6期）

文博会上安排了文艺演出、高层论坛、艺术展出以及招商签约等59项重点活动。其中，文艺演出包括开幕式鲁信之夜——齐风鲁韵大型文艺晚会、泰山魂——刘文金作品大型民族音乐会、银座之夜——走进文博会大型演唱会、大羽华裳——中国戏曲服饰展演、闭幕式大型乐舞《杏坛圣梦》5场大型演出和18场广场演出。高层论坛包括孔子文化与文化产业高层论坛，保护利用文化资源、促进文化产业发展高层论坛，山东广播影视发展战略论坛，出版发展论坛，中国工艺美术产业论坛，书法论坛，摄影论坛，2006山东民间文化发展论坛，山东美术发展论坛，论语纵谈等论坛。艺术展出包括故宫珍宝——清代帝后御用金银器特展、霓裳银饰——贵州少数民族服饰展、山东省馆藏历代瓷器精品展、馆藏历代书画珍品展、奥马尔当代艺术及潘鲁生彩墨艺术展、动漫艺术作品展、山东美术书法摄影精品展、山东省图书展等十余项。

（摘自：《文博会精心准备文化大餐供各界朋友尽享》，大众网2006年6月15日）

（文博会）开展了文博会会徽设计、主题词征集、孔子标准像征集、征文、知识竞赛等系列活动，组织举办了美丽山东城市形象大使比赛、大型民间艺术展演、万场电影下乡进社区、全省庄户剧团调演，以及繁花四月天、动感五月情、激情六月风等丰富多彩的群众性文化娱乐活动，"月月有主题、周周有亮点"，既有省内优秀剧目调演，又有省外国外精品艺术展演，老少皆宜，各有所爱，活跃了城乡文化生活，吸引了广大群众参与。会徽设计有全国27个省区市的公众参加网络投票；主题词征集有全国30个省区市的3000多名作者应征；美丽山东城市形象大使比赛有两万多人报名参加，短信支持近200万条。文博会上，我们将更加突出群众参与、双向互动的特点，把展馆内外结合起来，不仅安排琳琅满目的各类展出，举办丰富多彩的文艺演出，还将组织文化名人与观众面对面、工艺品现场制作、鉴宝、艺术品拍卖等多项互动活动，更好地满足广大市民对文化的享有权、参与权。

（摘自：《山东首届文博会内容丰富体现六大鲜明特色》，大众网2006年6月15日）

为有效扩大2006山东（国际）文化产业博览会对外影响，更好地展示山东文化资源优势和文化产业成果，定于2006年6月9日至17日举办"相约山东文博会——中国网络媒体山东行"大型采访活动。

（摘自：《相约山东文博会——中国网络媒体山东行》，http：//www2. sdnews. com. cn/zt/2006/shandongxing/#）

2006山东（国际）文化产业博览会重点项目签约仪式今天（2006年6月17日）下午在山东大厦举行。从文博会190个签约项目中精选出来的34个重点项目在仪式上签约，签约项目投资总额超过176亿元。

（摘自：《34个项目签下176亿元》，《生活日报》2006年6月18日）

2006年4月9日，山东省文化产业研究基地暨山东大学历史文化学院文化产业管理学系举行了一次校内小型研讨会。与会的18名师生围绕着我事先提出的四个专题——文化与文化产业、创意与文化产业、财富与文化产业，以及“文化·创意·财富”的互动与文化产业——进行了讨论，意在从学术的层面上，对文博会的主题词以及与文化产业相关的一些理论问题进行阐释。

（摘自王育济：《文化产业：学术阐释的原则与目的》，《东岳论丛》2006 年第 3 期）

山东广播影视发展战略论坛（2006 年 6 月）16 日举行。中国人民大学新闻学院教授喻国明、中国传媒大学传媒经济研究所所长周鸿铎教授、清华大学新闻与传播学院教授尹鸿、中国传媒大学广告管理学院教授黄升明演讲并与观众交流。4 位专家一致认为，山东省的历史文化优势是广播影视发展的最大“资本”。“山东广播影视事业的发展脉络应该充分融合自己独特的自然、人文资源。”在今天举行的山东广播影视发展战略论坛上，周鸿铎说，山东是五千年文化的发祥地之一，人们常讲“一山一水一圣人”，可见山东省文化底蕴之深厚。有了这些资源，山东广播电视事业的发展就有了基础。如果利用媒介手段充分开发山东省的民俗资源，在使文化底蕴得到升华的同时，还将有助于提升广播影视事业的核心竞争力。周鸿铎建议，山东广播影视事业的发展，应在开发山东广播电视媒介现有资源基础上，根据自身的实力，将山东历史人文文化资源、自然资源以及其他可利用的资源捆绑在一起来进行有效的经营。

（摘自：《文化资源是最大的资本》，大众网 2006 年 6 月 17 日）

如果搞个售报量评比，文博会主会场舜耕国际会展中心大众报业集团展区里“酣睡的卖报人”肯定要得冠军。开展两天来，“他”每天售出的《大众日报》、《齐鲁晚报》、《生活日报》等报纸高达 5000 份。另外文博会期间，“他”还将免费赠送两万份《文博会特刊》。

奥秘在于，这个特别的卖报人是个完全可以以假乱真的假人，因为太像了，加之睡态又非常生动可爱，随时吸引着大批的参观者来围观。而这个卖报人又“接到”大众报业集团的指示，在展会期间将这个报摊上所有的报纸统统免费赠送给参观者。于是参观者们争抢阅读大众报业集团的报纸，往往是刚放上一大摞报纸转眼就被参观者拿完了。

今天（2006 年 6 月 18 日）上午 10 点，记者来到舜耕国际会展中心大众报业集团展区，看到一大群参观者将这个报摊围得严严实实。卖报人坐在报摊旁的椅子上歪着头打着呼噜睡着了，胖肚子还一起一伏的。刚围上来的参观者大都会惊异地问：“他怎么睡着了？”展区工作人员则打趣地说：“今天报纸都免费赠送，他没事干了，可以睡觉了。”当看到有参观者摸摸卖报人的脸或身子时，那些刚围上来的参观者会再次惊异，这个卖报的咋睡得这么死，别人碰他，他还睡得这么沉！而当有人说这是个假人时，新围观者会又一次惊异，只是与前两次惊异不同，这次惊异是怎么也想不到这竟是个假人。于是他们也会试探着伸手去摸一摸，有的还将手伸到卖报人的鼻子上试一试，看看是不是真人装的。有位刚围上来的女士还弄出了笑话，她以为这位卖报人休克了，上来就掐“他”的人中，别人告诉她这是个假人时，她惊得一下缩回了手，惊异过后自己也笑了。

何以使得“酣睡的卖报人”能如此以假乱真，制作该产品的西安超人雕塑研究院的院长助理张利庆女士讲，首先这个假人使用的是高分子硅橡胶材料，它是蜡像的升级换代产品，它因更逼真被称为超写实主义；另外除最新材料的使用外，工艺的精细是一个更重要的方面，像毛发的植入、汗毛孔的处理等非常到位。做这么一个假人，前后用了约 4 个月的时间。

大众报业集团展区负责人告诉记者，大众报业集团推出这个仿真卖报人，是有其寓意的。广大群众对报业的最直接了解就来自于卖报者这个报业终端经营环节，在展区上的卖报者形象拉近了群众与报社的距离。并且这个卖报者是一个尖端的艺术和文化产品，也很好地让大家感受到了现代文化的魅力，同时这样的产品近距离地摆在参观者面前，可以让大家近看和手摸，展与观互动起来，彼此间也更加贴近。贴近大众、服务大众，这也是大众报业集团一贯的经营理念。

（摘自：《闭着眼一天“卖报”5000 份》，《生活日报》2006 年 6 月 18 日）

今天（2006 年 6 月 18 日），文博会舜耕国际会展中心主会场，各展台前的文化活动精彩纷呈，熙来攘往的观众则纷纷在参与中释放着激情。

上午 11 时许，记者在山东出版集团的展台前看到，一本特制的巨幅书籍被观众层层包围，人群中间，不断有观众上前挥毫泼墨，展示自己的书法造诣。参与者中，有青年学生、也有年迈的老人，一名 11 岁的小女孩在家人鼓励下，也勇敢地上前执笔写下了斗大的“秋色”二字。此时，在很多观众看来，参与只是一种热情，完全与书法的造诣无关。但谁又能否认这本身就是一种艺术呢？毕竟，在艺术的领域中个性就是美的。这本书高约 1.2 米、宽约 1 米。展方人员介绍，这是一本特殊的书：不仅书本身是特制的，而且里面的纸张也是特制的。这是展方的创意策划。展方人员说，展会结束后，他们将对该书进行珍藏。而参与观众留下的一个个字，则让这本 1000 页白纸装订而成的“无字书”，成为 1000 页精彩纷呈、各不相同的多彩画卷。17 日上午 11 时左右，记者现场了解到已有近 400 名观众留下了自己的“墨宝”，而到 18 日上午 10 时许，已至少有 800 位观众现场留言。

（摘自：《观众“书法家”巨书留“墨宝”》，《生活日

报》2006年6月18日）

为了突出山东历史文化底蕴，文博会筹备伊始就大打孔子牌。为此，文博会组委会与中国孔子基金会策划了一系列推介孔子的活动：孔子像标准征集工作正在顺利进行中，5月中旬将组织“我心目中的孔子”征文活动，文博会期间开展参评孔子像代表作品展出活动，文博会结束后组织“孔子回家乡”活动。

（摘自：《突出山东历史文化底蕴文博会筹备大打孔子牌》，大众网2006年5月7日）

今天（2006年4月29日），山东航空集团第4981次航班刚一降落，一张印有文博会标志的宣传牌就被张贴进了机舱。从今天起，山航集团与文博会组委会正式展开协作，让天南海北空中陆路来山东的客人都了解文博会、参与文博会。

山东航空集团拥有的30多架飞机，110多条航线，每周600多个航班，都将参加这一活动。即日起，山航将在指定的飞机上张贴文博会标志，公司乘务员也将佩戴印有“相约文博会，欢乐空中行”、“文化济南，魅力泉城”、“文化·创意·财富”等字样的绶带，在客舱中迎宾和服务。飞机上的广播，也将向乘客介绍文博会的相关知识。同时，乘客还将得到公司赠送的文博会纪念品——文博会会徽及纪念章。

（摘自：《文博会宣传直入蓝天》，《济南时报》2006年4月30日）

本届文博会给社会各界群众和中外宾客提供了丰盛的文化大餐，三天时间，成功组织了5场大型演出、18场广场整点演出和十几场艺术展出，让大家全方位、多角度地感受到文博会的文化气息，使文博会真正成为了人民的节日、欢乐的海洋。

“齐风鲁韵”大型文艺晚会、“泰山魂——刘文金作品大型民族音乐会”、“相约银座——走进文博会”巨星演唱会、美丽山东城市形象大使表演、戏曲展演、军乐表演等各类演出活动，以及故宫珍宝展、少数民族服饰展、馆藏历代瓷器精品展、历代书画珍品展、奥马尔当代艺术及潘鲁生彩墨艺术展、动漫艺术作品展、美术书法摄影精品展等文化展出活动，为文博会营造了浓厚的文化气氛，受到社会各界的高度评价和热情参与。

（摘自曲涛：《丰盛文化大餐为文博会营造浓厚文化气氛》，大众网2006年6月18日）

我国首部戏曲服饰展演“大羽华裳”亮相文博会。省委常委、省总工会主席柏继民观看了演出。

（摘自王凯：《“大羽华裳”亮相文博会》，大众网2006年6月18日）

省体育中心体育场内星光璀璨，歌声、叫喊声响彻天际，“相约银座·走进文博会”巨星演唱会也将6月16日这一天变成了“完美的一天”。

（摘自：《巨星演唱会引爆泉城》，《生活日报》2006年6月17日）

（2006年6月17日）晚，山东省2006—2007年度入围国家精品工程首选剧目大型现代京剧《石龙湾》在鲁艺剧院与广大京剧爱好者见面。作为文博会期间唯一一场京剧演出，这部先后投资百余万元精心打造的京剧大戏，阵容豪华，场面宏大，无疑成为了此次文博会期间的一大亮点。

（摘自：《京剧〈石龙湾〉亮相文博会》，《生活日报》2006年6月18日）

当代著名作曲家和指挥家刘文金先生，专门为2006年山东文博会创作了民族管弦乐交响序曲《泰山魂》。刘文金先生于五一黄金周期间来到山东指导排练。以音乐作品《泰山魂》和刘文金先生其他作品为主要内容的大型民族音乐会《泰山魂》，将由山东歌舞剧院民族乐团在今年6月16日文博会开幕当天上演。

（摘自王学文：《文博会开幕日将奏响〈泰山魂〉》，百灵网2006年5月8日）

由意大利文化中心和山东（国际）文化产业博览会组委会共同主办的《奥马尔当代艺术·潘鲁生彩墨艺术展》（2006年）6月16日11时在山东省美术馆隆重开幕。

（摘自：《奥马尔与潘鲁生：东西方艺术家对话山东首届文博会》，新华网2006年6月18日）

从文博会开幕到结束，参观文博会舜耕国际会展中心主展区都需要购票入场，门票价格每人10元，而参观者游览17个城市展并捎带着在门票所列景点上盖个章，门票就可以“升值”，参观者在今年12月31日之前凭门票去票上指定景点游玩就可享受到免费或半价的优惠。

（摘自：《文博会门票盖章可升值》，大众网2006年6月17日）

作为信息技术在文化产业领域应用最成熟、对传统形式影响最大的成果，山东世纪天鸿书业有限公司推出的数字出版业务成为本届文博会的看点之一。……从2000年开始，公司就将自身定位在成为中国最大的教育信息资源提供商和教育数字出版物提供商，专门组织研究数字出版技术和市场，并建立了数字出版技术网络平台——中鸿网。

（摘自杨晓芳：《山东国际文化产业博览会：文化齐鲁风扬天下》，《中国新闻出版报》2006年6月23日）

产业效益

据山东省委宣传部副部长徐向红介绍，本届文博会突出了招商交易这个核心，在全国首次设计开发了“山东省文化产业项目数据库”，征集招商项目1500多个，从中选出273个项目重点推介，取得了丰硕的成果。合同类项目签约有137个，投资总额316亿元，融资总额217亿元；意向签约项目60个，投资总额273亿元，融资总额249亿元。签约项目呈现大项目多、内容产业项目多、引进外部资金多的特点。此外，各展区现场交易也十分火爆，文化产品交易额达到1.6亿元。

（摘自：《06山东文博会各项活动达到高潮硕果累累》，新华网2006年6月18日）

2006山东（国际）文化产业博览会重点项目签约仪式今天（2006年6月17日）下午在山东大厦举行。从文博会190个签约项目中精选出来的34个重点项目在仪式上签约，签约项目投资总额超过176亿元。……参加签约的34个重点项目，其最大特点是投资数额大。这些项目绝大部分是投资额过亿元的大项目，其中投资额过20亿元的有两个，过10亿元的有6个，过5亿元的有13个。青岛金九龙文化发展有限公司和香港国际金融投资集团股份有限公司合作的世界文化村建设项目投资额24亿元，为此次参加签约仪式的最大项目。第二个特点是签约项目科技含量高、附加值高、现代文化产业多。项目涵盖了文化创意、影视剧拍摄、文化基建、出版发行、旅游开发、网络开发、动漫制作等多方面。第三个特点是签约项目体现了山东文化产业项目投资的国际化。参与签约项目投资的既有国有单位、民营企业、港台资企业，也有来自美国、加拿大、韩国等多个国家的外资企业，呈现出投资多元化、社会资本兴办文化产业的特点，体现了“走出去、引进来”的国际化、开放性特点。

（摘自：《34个项目签下176亿元》，《生活日报》2006年6月18日）

山东文博会在全国首次设计开发了“山东省文化产业项目数据库”，面向社会征集、申报、推介文化产业项目，使一大批文化产业项目浮出水面。文博会组委会在全省征集文化产业招商项目1440多个，其中过亿元的项目360个，有的项目超过50亿元，呈现出大项目多、内容产业项目多、大企业集团和民营企业投资多的特点。他们从中筛选出273个项目，印制成招商项目册，在本届文博会上重点推介，吸引卖家和买家共同进场洽谈交易。文博会期间，举行招商项目集体签约仪式，并举行多场艺术品拍卖活动。所有签约项目都通过新闻媒体向社会公布，确保项目实实在在，见到实际效果。目前，文博会的效益已初步显现，社会各界开发文化资源、投资文化产业的积极性明显提高，全省新注册各类文化企业已达1000多家。

（摘自：《传统与现代融合的文化盛会》，www.CCTV.com2006年6月16日）

6月18日，2006山东（国际）文化产业博览会谢幕。短短3天时间内，参观文博会各项展览和参加各项活动的总人数达96.5万人次；合同类项目签约137个，投资总额316亿元，融资总额217亿元。其中，投资额过亿元的项目66个，过20亿元的项目2个。

（摘自冯锐　刘勇：《文化产业“金矿”待深掘》，《青岛日报》2006年6月20日）

文博会组委会专门负责项目招商和推介，全省各市也都设立了项目办公室。济南市发挥省会城市的地域优势，建立了全省第一家文化产业项目库，面向全市公开征集到文化产业项目189个，其中过亿元的招商项目32个，招商的总金额160.4亿元，充分显示出投资省城文化产业的宽广空间和济南文化产业发展的巨大潜力。

（摘自赵秋丽：《山东文博会促进文化市场大发展》，《青岛日报》2006年6月20日）

此次淄博来文博会进行签约的项目总共26个，签约资金总额为44亿元，而为人们津津乐道的，就是《聊斋志异》要拍动漫版的消息。……此次《聊斋志异》故事动漫精品版项目是当地的一个新举措，由蒲松龄纪念馆与淄博齐风实验剧社签约，预计投资1000万元。双方将在资料、技术等方面予以合作，精选20个聊斋故事以动漫形式面世。

（摘自杨晓芳：《山东国际文化产业博览会：文化齐鲁风扬天下》，《中国新闻出版报》2006年6月23日）

在即将赴济南参加山东首届文化产业博览会的青岛市，共推出257个文化产业项目，计划投资273亿元。包括20亿元以上的项目2个，10亿元以上的项目1个，过亿元的项目61个。其中，核心层文化产业项目89个，计划投资总额38亿元，计划融资总额28.7亿元；外围层文化产业项目128个，计划投资总额226亿元，计划融资总额67.3亿元；相关层文化产业项目21个，计划投资总额9.1亿元，计划融资总额5.2亿元。

截至目前，实际签约的文化产业项目15个，合同投资总额86.7亿元，推荐到山东首届文化产业博览会上签约的项目3个，合同投资总额46.2亿元。

在众多青岛文化产业项目中，计划投资额24亿元的世界文化村、20亿元的创意文化城、1.2亿元的卡通乐园三大项目备受瞩目，他们将在山东首届文化产业博览会上进行签约。

（摘自张华：《“青岛军团”声赫山东文博会》，《中国文化报》2006年6月15日）

烟台展位在3天时间内，推介文化产业招商项目60个，签订合同、协议或意向23个，签约项目投资总额超过40亿元。

（摘自：《烟台招商成果丰硕　文博会期间签约总额超40亿》，《胶东在线》2006年6月19日）

此次文博会，潍坊市申报的文化项目总计招商金额达到115.3305亿元，总融资金额达55.8060亿元，其中过亿元的项目31个。在文博会重点项目签约仪式上，有总投资10亿元的中国（潍坊）国际印刷包装生产基地项目、总投资6000万元的寿光永合国际旅游生态度假村建设项目、总投资1000万美元的潍坊九龙涧体育俱乐部等3个项目签约，均被列为全省重点招商项目行列。

（摘自：《文博会重点项目签约　潍坊市三个项目当场签约》，《潍坊日报》2006年6月19日）

重要文章选登

论“文博会”

一

一种铿锵有力的声音，文博会的足音，离我们越来越近了!

犹如龙腾深渊，文博会将搅活一池春水。沉睡于渊底池中的各种文化要素，将随波而起，浮出水面，汇于文化产业发展的滚滚大潮。

犹如鹰击长空，文博会将激荡一片天地。蛰眠于地角天边的万般文化资源，将应风而动，破土而出，融入文化产业发展的浩浩方阵。

分秒闪烁白驹过隙，文博会举办的日子——2006 年 6 月 16 日，正向我们走来。我们万种忙碌，百般准备，正在迎接这一天!

二

泰山脚下，胜友如云；黄河岸边，产业如金。文博会，既是花团锦簇莺歌燕舞的文化盛事，更是文化产业发展的助推器。

风展彩旗美如画，“六个亮点”源动力。山东文博会将唱响四支歌：招商引资的歌，“靓女出嫁”，“招婿进门”，包装文化产业项目在文博会上招商引资；文化产品交易的歌，买来卖往，价值交换，将图书、影视剧、软件游戏等文化产品在文博会上销售；文艺展演展示的歌，轻歌曼舞，美音绕梁，向中外来宾展示博大精深的齐鲁文化；文化产业论坛的歌，百家争鸣，群言兴业，邀请专家、业界进行交流探讨。

文博会将做足“六个亮点”：展示山东丰富的文化资源和深厚的文化底蕴；展示山东各地区的特色文化、区域优势；展示山东文化产业发展的高新技术成果；展示山东文化产业集团的整体风采；突出中外文化产业的交流融合；突出文博会的社会性，吸引全社会参与，让群众受益。

三

先机非独有，早有慧眼来。市场有限，资源有限，如不昂首疾步迎头赶，资源将被人抢去，市场将被人占去，生存空间将遭人挤压，发展主动权将付之东失。山东文博会，只有建成吸附投资的大磁场，搭起产业发展的宽平台，办出特色，办出水平，才能分得文化市场的“蛋糕”来。

四

快马加鞭，紧锣密鼓。经过前一段时间的筹备，我们已为文博会的举办打下坚实的基础。

相约文博会，举办了一场又一场与民同乐的文艺演出，为文博会营造了浓厚的喜庆氛围；现在又紧锣密鼓，请名角，策演出，准备了 50 多台“大戏”上演文博会。更为重要的是，各地解放思想，破土解冻，挖掘、包装了一批文化产业项目，招商引资已达 500 多宗；我们请来专家，激起院校力量，正群策群力为文博会进行展览设计……

红日初升，其道大光；河出伏流，一泻汪洋。有此良好的开端，文博会之舟必能行驶到辽阔的大海。

五

文博会怎么举办?“政府支持、社会参与、企业承办、市场运作”，此为指导原则；“经营文博会、开发文博会”，是为经办理念；“文化的盛会、人民的节日”，乃是办会宗旨。

具体来说，文博会是山高海深之宝藏，要把它当做一项事业来看待，当做一项产业来经营，充分挖掘所蕴含的经济价值和文化价值。为此，举办文博会要实现“五个结合”：与培育文化市场主体相结合，与做大做强文化产业集团相结合，与山东整个文化产业布局相结合，与丰富人民群众文化生活相结合，与打造精品力作相结合。

六

市场化运作是举办文博会的正确选择。

山东文博会，自一开始就确定走市场化的路子。当然，“市场运作”也要政府支持，但最终还是要靠市场。

反观我省文化产业发展不够快，根本原因是市场因素不活跃，市场作用发挥不够。文博会作为我省发展文化产业的一个突破口，要用市场的方法运作，为文化产业的发展注入市场活力，趟出一条发展文化产业的市场之路。

七

举办文博会要与培育文化市场主体结合起来，培育壮大一批文化产业集团。要按照现代企业制度的要求，全方位培育文化企业，打造一批有活力、有实力、有竞争力的微观主体。

惊蛰未到已惊蛰，我省文化产业的先行者们，早已运作了一批产业项目。借文博会的契机，它们浮出水面，小荷已露尖尖角。

八

举办文博会要与做大做强文化产业集团结合起来，形成新的文化产业品牌和发展新优势。

发展文化产业，落脚点是打造一流的文化企业。我省文化资源丰富，要通过举办文博会，招商引资，借风出海，打造山东文化产业集团的“航空母舰”。

九

举办文博会要与山东整个文化产业布局结合起来，以市场整合文化资源，变资源优势为产业优势。

山东文化产业是条龙：东部为龙头，发展滨海文化产业，龙头高昂向大海；中部为龙身，发展以儒家文化及山泉文化为代表的鲁中文化产业，中华民族五千年传统文化的源头活水为其肝胆心脏，动力无限；西部为龙脊，发展运河、黄河文化产业，千里大运河滔滔黄河母亲河，几多灵动几多丰厚。

东风浩荡入齐鲁，催发杨柳万千条。文博会是对我省文化资源的一次梳理，是对各地文化产业项目的一次遴选。文博会上，全省17市以“龙”形“带”状为核心特征进行整体布展，参观者在文博会上走一圈，犹如在15万平方公里的齐鲁大地走一圈。以此展示各地风采资源，方便客商投资洽谈。

十

举办文博会要与丰富人民群众文化生活结合起来，办成文化的盛会、人民的节日。

发展文化产业，归根结底是为了满足人民群众日益增长的精神文化需要。作为发展文化产业的突破口，文博会丰富群众文化生活，实现与民同乐，是题中应有之义。

在筹办文博会期间，文博会组委会推出以“相约文博会”为主题的大型系列活动，月月有活动，周周有亮点。二月举办元宵节大型民间艺术展演活动；三月举办万场电影下乡进社区活动；四月“繁花四月天”；五月“动感五月情”，接连举办高规格演出；六月“相聚文博会”，“激情六月风”，大型文艺演出展现齐鲁风采，体现山东水平。举办文博会的过程，正是人民群众“大快朵颐”享受文化大餐的过程。

十一

举办文博会要与打造精品力作结合起来，提升文博会的文化品位、产业品位。

有没有精品力作，有多少精品力作，是检验一个地区文化发展水平的重要标志，也是体现影响力和竞争力的核心要素。文博会是文化的盛会，各路才俊云集，古今精品毕至。我们要趁此学习借鉴别人的长处，打造传世的精品力作。

十二

要借文博会的东风做大山东文化市场。

会展经济是人气经济，人流物流信息流，流通四海达三江。首届深圳文博会上，从书画艺术品到影视改编权，从印刷设计到动漫游戏，从报业出版经营到数字电视……总交易额达三百多亿元。

我省文博会，将组织拍卖公司举行文物艺术品拍卖，还将汇集其他文化产品，或批发，或零售，进行活跃的交易活动。要借助文博会的人气和通达，做大山东文化市场。

文博会是金山一角，要用市场的办法经营文博会，开发文博会。通过文博会传递的信息和交易的市场信号，拉长文化产业链，带动相关产业，发展产业集群。

会展产业是朝阳产业，朝阳一升，万物勃发；会展经济是服务经济，会展一开，百业兴旺。据统计，国际会展业的产业带动系数为1：10，即展览场馆的收入如果为1，则所带动的相关收入将达到10。要借文博会的契机，推动发展山东的旅游业，将旅游链条上的“吃住行游购娱”六个环节，做得丰丰满满，创造最大效益。

还有两个月就要举办文博会了。我们要有强烈的责任感、使命感和时不我待的紧迫感，在省委省政府的坚强领导下，认真负责，勇于创新，周密细致，精心实施，不待扬鞭自奋蹄，让文博会之花开出丰硕之果！

将文博会打造成山东发展文化产业的品牌

王　敏

让文博会成为山东发展文化产业的平台

大众网1月15日讯　韩寓群省长政府工作报告中指出，2006年山东要精心组织好首届山东文化产业博览会。文博会也成为代表们分组讨论时的热点。省委常委、宣传部部长王敏在参加威海代表团分组讨论时强调，文博会将从文化产品交易、文化项目招商引资、文艺展演以及文艺研讨四方面来经营文博会、开发文博会。

王敏强调，发展文化产业是省委、省政府确定的重大战略举措。现阶段，文化产业如果跟不上，就会影响到整个经济社会的快速发展。站在新的起点实现新发展，文化发展面临着历史性机遇，文化对经济发展的促进作用也日益凸显出来。文博会就是为文化产业发展提供的平台。

王敏强调，对于即将举办的首届文博会，山东省提出要用市场的办法，从文化产品交易、文化项目招商引资、文艺展演和文艺研讨四方面经营文博会、开发文博会，拉长文化产业链，带动相关产业，形成产业集群，如会展产业、演艺产业、动漫产业、休闲产业等。举办文博会要与培育文化市场主体结合起来，与做大做强文化产业集团结合起来，与山东整个文化产业布局结合起来，与丰富群众文化生活结合起来，与打造精品力作结合起来，提升文博会的文化品位、产业品位，形成新的文化产业品牌和发展新优势。要通过举办文博会这一有效手段，努力形成壮大一批有实力、有活力的文化市场主体，使之成为文化市场的主导力量。

王敏说，1月13日文博会会徽已经揭晓，下一步文博会还将开展推出城市文化代言人、吉祥物等活动，进一步扩大文博会知名度，提高社会参与度。要将首届文博会努力办出特色、办出水平、办出规模、办出品牌，办成一次全方位、大容量、多功能、高起点的文化产业盛会。

将文博会打造成山东发展文化产业的品牌

山东新闻网济南3月20日讯　省委常委、宣传部部长、文博会组委会主任王敏今天听取文博会筹备工作汇报。王敏指出，通过前一段的努力，文博会筹备工作已取得明显效果，下一步要继续坚定不移地把文化产业的招商引资放在突出位置，把招展工作的重点放在企业招展上，继续加大“造势”工作，为文博会的举办烘托浓厚氛围。

王敏指出，文博会的筹备工作取得许多新的进展，文博会在社会上的影响越来越大。广大干部群众一致认为，举办文博会是省委省政府作出的正确决策，是促进我省经济社会发展的重要举措。运用市场的方法整合全省文化资源，举办文博会，打造发展我省文化产业的平台，获得了全省上下的充分肯定。组委会全体同志要进一步提高对举办文博会重要意义的认识，增强使命感，将文博会打造成促进山东文化产业发展的一个品牌。

王敏要求，下一步工作要继续坚定不移地把文化产业的招商引资放在突出位置。现在全省已申报520多个文化产业项目。下一步要抓紧落实文化产业项目，加大招商引资力度，争取较大的签约额。文博会上要举行文化产业项目集体签约仪式。

王敏强调，要把招展工作重点放在企业招展上，对各市的招展采取自愿的原则。对企业的招展要开阔视野，既要面向省内企业，又要面向省外和国外企业。文博会布展要充分体现山东文化大省底蕴深厚、文化产业发展潜力巨大这两大主题，把传统、当代与未来结合起来，视野要开阔，思想要解放，要有创意。要进行文博会总体设计招标，尽快制订招标书，面向全国招标。要用市场的方法办展览，善于从展览中寻找经济效益点。要精心研究，通过文博会纪念品和宣传品的开发等，寻找经济效益点，创造最大效益。这样才能体现文博会主题词“文化·创意·财富”所表达的理念。

王敏强调，要继续加大文博会的“造势”工作，为文博会的举办营造浓厚的节庆氛围。文艺演出既要有数量，更要有亮点，举办能够真正吸引观众的演出。要有能够烘托文博会气氛的综合性文艺演出，邀请国内外著名演员和山东籍文化名人参加，评选出的美丽山东城市形象大使，也要进行表演。演出要有文化味，体现文博会特点。文博会上要举办民间手工艺品展售，开展地方小吃、特色饮食服务，吸引并方便广大市民参与。

继续发扬创新精神筹备文博会

山东新闻网济南5月12日讯　省委常委、宣传部部长、文博会组委会主任王敏今天听取文博会筹备工作汇报。王敏指出，自从文博会总指挥部成立以来，文博会各项筹备工作取得新的进展，舆论氛围越来越浓厚，项目推介、招商布展等工作取得突破性进展，全省干部群众对文博会有了更深入的了解。现在离文博会召开还有一个月多一点的时间，要继续发扬创新精神，再接再厉，毫不松懈地推进各项工作，确保文博会成功举办。

王敏指出，这是我省第一次举办文博会，在缺乏筹办经验的情况下，各项工作都取得很大成绩，这是各地各部门认真贯彻省委省政府决策部署，恪尽职守、认真负责的结果，是发扬创新精神、创造性地开展工作的结果。我们要继续发扬这种精神，高质量高水平地推进各项筹备工作。

王敏指出，通过前一段时间的工作，文博会招展布展工作进展顺利，现在展位部署已经大体就位。下一步关键要把展位布置好，有吸引客商的内容。要充实展位内容，把招商项目和文化产品布置到展位中来。每个摊位还要专门设置接洽人员，方便客商洽谈合作事宜。

王敏强调，要加强统筹协调，成立统筹协调组，每五天调度一次工作进展情况，随时了解情况，解决问题。五月下旬将再召开一次总协调会。为了提高工作效率、统筹安排各项工作，文博会组委会各小组在5月19日以前集中办公。各小组要制订工作实施方案，紧张有序地开展工作。为方便游客参观文博会，要在展馆内外设置总体展区布置图，做好向导、提示工作。要设计包装精美、内容丰富的会展指南，为游客提供最周到的服务。要做出预案，做好文博会举办期间的宣传报道工作。

打造文化产业腾飞的平台

文化产业是21世纪的“朝阳产业”、“黄金产业”，是经济社会发展的重要推动力量。举办首届山东（国际）文化产业博览会，加快文化产业发展，是山东省委、省政府为推动经济社会又快又好发展作出的战略决策。

发展文化产业，山东具有良好条件。齐鲁大地历史文化底蕴深厚，文化资源丰富，传统文化、革命文化、现代文化构成了纵贯古今的文化体系，为文化产业发展积淀了极为宝贵的精神财富。我省经济繁荣发展，社会安定团结，人民安居乐业，人们的精神面貌发生着深刻变化，经济社会发展进入了一个新阶段，为文化产业发展提供了不竭的源泉。

山东坚持以邓小平理论和“三个代表”重要思想为指导，全面落实科学发展观，认真贯彻胡锦涛总书记视察山东时的重要讲话，充分发挥丰厚的历史文化资源优势，努力在推进社会主义文化建设上迈出更大步伐，文化产业发展呈现良好发展态势，具备了进一步加快发展的基础条件，面临大好发展机遇。

加快文化产业发展，很重要的一条就是引入市场机制，充分发挥市场在资源配置中的基础性作用。举办文博会就是一个重要措施，目的是为文化产业发展注入市场经济活力。首届山东文博会以“文化的盛会、人民的节日”为理念，以“文化·创意·财富”为主题，遵循“政府支持、社会参与、市场运作、规范管理”原则，经营文博会、开发文博会，开展文化项目招商、文化产品展销、文艺节目展演、文化信息交流，努力构建大型文化交流和经贸合作的平台，推动文化产业在新的基础上实现新发展、大发展。

以举办文博会为契机，山东文化事业和文化产业发展一定会迈出新步伐、开创新局面，为建设“大而强、富而美”社会主义新山东作出更大贡献。

文化产业扬帆远航正当时

——访中共山东省委宣传部副部长徐向红

盛　利

7月，文博会余热尚未散尽，人们对山东文化产业的探讨也并未降温，山东的文化产业现状如何，走势如何？带着这些疑问，记者采访了中共山东省委宣传部副部长徐向红，请他谈谈山东的文化产业。

从“文化搭台，经济唱戏”到发展文化产业

仅仅在几年前，各地政府在组织文化经贸活动时，往往提倡“文化搭台，经济唱戏”，而如今，发展文化产业则成为各级政府的共识。从“文化搭台，经济唱戏”到发展文化产业，在观念上经历了一种什么样的变化？当记者

将这个疑问向徐向红提出时，他笑着说，“文化搭台，经济唱戏”和发展文化产业确实是两种不同的发展观念。“文化搭台，经济唱戏”是要求文化提供氛围，最终达到发展经济的目的，文化在这里只起到辅助的作用。而发展文化产业，则要求文化不仅要搭台，而且还要唱戏。文化不仅是意识形态领域的一个重要组成部分，而且还要成为经济社会发展的重要组成部分。发展文化产业，要求文化既要服务经济工作的中心，又要融入这项中心工作。从“文化搭台，经济唱戏”到发展文化产业，是社会经济发展到一定阶段的必然要求。

徐向红接着举例说：比如，山东省提倡要从“山东制造”发展为“山东创造”，就需要提高创意水平。经济发展到了一定程度，需要提高各行业的设计水准，实际上也就是创意。而文化产业本身就是一种创意产业，它的发展会极大地带动其他部门的创意水平。

文化产业，就在爆发的临界点

说到此，徐向红话锋一转，指出，如果说山东是一个文化大省的话，更多是指山东是一个文化资源大省，目前来看，山东已初步形成三大文化产业集聚区，品牌效应初步显现，产业基础初步形成，具备了一定的规模。但同时也应该看到，全省文化产业的整体发展规模偏低，文化产业占 GDP 的比重，与其他兄弟省市相比还有较大的差距，也与山东省的社会经济发展的水平不相符。

但从目前山东省的整体社会发展状况而言，确实是可以说“万事俱备，只欠东风”了。

山东经济总量突破 1.8 万亿元，人均生产总值超过 2400 美元，为文化产业发展提供了强有力的物质支撑；城镇居民人均可支配收入超过 1 万元，农民人均纯收入超过 4000 元，消费结构加快升级和文化需求日益增长，为文化产业发展提供了广阔市场空间；推动服务业的繁荣发展，加快增长方式转变和产业结构调整优化，文化产业日益成为新的增长点和重要引擎；齐鲁大地历史文化底蕴深厚，传统文化、革命文化、现代文化资源丰富，文化产业发展有着独特优势。

鉴于以上种种因素，中共山东省委、省政府从建设“大而强、富而美”社会主义新山东的战略高度，做出发展文化产业、建设文化强省的重要决策，纳入“十一五”发展规划。

山东发展文化产业，如今就在爆发的临界点上。

发展文化产业的新亮点

其实，近几年，山东的文化产业也并非止步不前，相反还是取得了不菲的成就。这些都为下一步山东省文化产业的爆发奠定了坚实的基础。徐向红向记者娓娓道来：

文化产业集团做大做强。组建大众报业集团、山东广电总台、山东出版集团、济南日报报业集团、青岛日报报业集团、烟台日报传媒集团、临沂日报报业集团 7 家国有文化集团，实力不断壮大，成为带动山东省文化产业发展的龙头。

重点文化设施建设形成亮点。着力建设一批国际一流、国内领先、体现山东风貌的文化设施，突出抓好省会济南重点文化设施建设，集中精力建设齐鲁文博中心、山东演艺中心、泉城文化娱乐园、山东书城等重点项目。

文化产业结构进一步优化。积极发展数字广播电视业、新闻出版业、影视剧创作业、发行分销业、文艺演出业、动漫产业、旅游产业、体育产业、广告会展业、古玩书画与工艺品产业等十大文化产业，形成了数字电视、鲁版图书、鲁剧品牌等产业亮点。

文化产业特色品牌培植壮大。今年 6 月 16 日至 18 日，在济南举办的“2006 山东（国际）文化产业博览会”盛况空前，取得圆满成功。以会展培育文化品牌，以项目吸引外来投资，以市场整合文化资源，以交易创造文化价值，以论坛汇聚文化信息，以科技推动文化创新，打造了大型文化交流和经贸合作平台，扩大了山东在海内外的影响。

发挥区域特色文化优势，合理规划产业布局，以青岛为中心的滨海文化，以济南为中心的山泉文化，以济宁为中心的儒家文化及运河文化、黄河文化等三大产业集聚区已具雏形。济南的齐鲁国际动漫艺术展、“泉城文化社会办”项目洽谈会、青岛的“帆船之都”、“音乐之岛”、“影视之城”等社会文化品牌有了越来越大的社会影响。济宁曲阜的孔子文化、潍坊的风筝年画民俗文化、淄博的齐文化、泰安的泰山文化、聊城的运河文化、临沂的书圣文化、菏泽的牡丹文化、东营和滨州的黄河文化、半岛各市的海洋文化等特色文化产业品牌焕发出强大的生机活力。

民营文化企业快速发展。编制发布《山东省社会资本投资文化产业指导目录》，鼓励支持社会资本兴办文化产业，逐步形成以公有制为主体、多种所有制共同发展的文化产业格局。全省 6041 家发行单位中民营企业占了半壁江山，销售收入过亿元的民营发行企业已有 8 家。

文化市场日趋繁荣活跃。建立了新世纪、青岛银星两条电影院线；形成了图书、音像、文物、艺术品等一大批文化超市；济南古玩书画市场，济南、青岛演艺市场，淄博陶瓷琉璃市场，潍坊民间工艺品市场等特色文化市场初具规模，文化中介组织和行业协会有了较大发展，行业协会达到 46 家。

展望未来

1997年，韩国遭遇亚洲金融危机，众多大财团解体，1/3的银行关门，但在危机后，韩国通过设立“文化产业促进法”，成立游戏产业振兴中心、成立文化产业振兴院、政府资助等大力发展文化产业的措施，不到5年韩国经济就再度崛起。从滚滚而来的影视“韩流”，从风靡亚洲各国的韩制“天堂”游戏，都能感受到这一点。现在，韩国把“文化立国”定为基本国策，成立了许多大型跨国文化产业集团，2004年市场规模超过63.64亿美元。

美国文化产业作为三大支柱产业之一，占GDP的比重已达20%以上，文化娱乐业年出口额900亿美元，占国际市场份额的42.6%，已取代航空航天业成为第一大出口行业。

日本文化产业的市场规模已赶上汽车业，与动漫相关的市场规模超过2万亿日元，占国际市场份额的62%。

从国内来说，近年来中国各省市纷纷确立“文化强省”、“文化立省”、“文化立市”的战略，发展文化产业的势头迅猛。浙江省2004年文化产业增加值826亿元，已占GDP的7.4%。广东省2003年文化产业增加值956.56亿元，占GDP的7%。其他省份也在加快发展文化产业，形成千帆竞发之势。

展望山东省发展文化产业的前景，徐向红充满信心，向记者介绍，山东正在认真落实《中共中央、国务院关于深化文化体制改革的若干意见》和全国文化体制改革工作会议精神，积极推进文化体制改革，实现文化产业的跨越式发展，加快文化强省建设步伐，为山东的社会经济发展注入强劲的活力。

文化·创意·财富

——三论文博会主题词

王育济

文化与文化产业——一论文博会主题词

文化，如同云端的头雁，既彰显着文博会作为“文化盛宴”的应有之义，又醒豁地标示了“文化”在文化产业中的“本根”地位。

这种“本根”地位，不但体现为文化是文化产业的“逻辑起点”，即一切的文化产业都必须以“文化”为基础，文化于文化产业，犹如木之根、水之源，万丈高楼之基石；更重要的是，“文化”的“本根”地位，还深刻地表现为：

文化是文化产业的“内在之魂”；

文化是文化产业的“无形之魅”。

美国迪斯尼的米老鼠之所以带动了一个巨大的文化产业，当然有技术、资本、营销等众多的原因，但“文化”则是其风靡全球的“魅力之源”。沃尔特·迪斯尼通过米老鼠所传达的“善意与关照，幽默与自嘲”，既是美国文化精神的典型凝练，又体现了具有人类某种共性的文化诉求。

湖南三辰影库公司以“蓝猫形象”为核心创意的卡通产业，“两年中，版权收入1.2亿元，产业群销售收入20亿元”，美国迪斯尼公司派人实地考察后认为：“‘蓝猫’将成为继‘米老鼠’、‘铁臂阿童木’之后销售收入超过一千亿美元的又一国际卡通品牌。”蓝猫的成功，从其核心创意看，是因为它代表了同“米老鼠”、“阿童木”所不同的一种“中国文化的范式”，它是“红领巾”、“小大人”、“潘冬子”、“三好学生”、“鸡毛信”、“孙悟空”，乃至“孔融让梨”、“司马光砸缸”等多种“中国文化符号”的巧妙融合，也切合了人类喜爱“阳光少年”的文化心理。

“有文化，当然有魅力。”不同“文化范式”所彰显的文化个性，就是迪斯尼和蓝猫成功的“魅力之源”。在文化产业的问题上，也同样印证了如下“硬道理”：

越是个性的，越是普遍的；

越是民族的，越是世界的；

越是文化的，越是市场的。

缺乏文化含量、缺乏文化个性、缺乏文化精神的文化产业是没有灵魂和生命，也是没有市场的。

文化是文化产业的“内在之魂”，而文化产业则是文化的“有形载体”。

文化需要呈现、需要交流、需要传播、需要延续，文化需要成为千百万人世世代代的精神食粮，这一切都离不开“文化产业”这一载体。

尤其是在全球化的语境下，一个民族的文化要自立于世界文化之林，要在与各国文化的竞争中获得尊严乃至生存的一席之地，更是离不开文化产业的强力支撑！

应该从文化战略的高度去认识文化与文化产业的问题。因为，在当今世界的发展中，文化的因素已经变得越来越重要。

过去，文化只是一个民族的凝聚力，决定一个国家实力的是政治和经济。而在现代社会，各个国家综合国力的竞争，已经不仅仅是政治和经济的比拼，更重要的是文化的比拼，文化已经被看作一个国家的“软实力”。

过去，强国对弱国的控制主要是政治和经济的控制，而现在，主要依靠强大的文化产业所赋予的话语权和文化霸权。好莱坞、迪斯尼的输出远比飞机和导弹更有力量。西方学者不无得意地说：“斯大林希望获得压倒一切的绝对实力地位。而米老鼠却真正实现了这种绝对实力地位。”

美国学者亨廷顿认为，未来世界的冲突将不再是政治和经济的冲突，而是文明的冲突和文化的冲突，这种“文明冲突论”在一定程序上反映了当今世界的现实。

一个国家文化的“软实力”主要由三个方面构成，即文化的积累、文化的创新和文化的传播，而包括文化产业在内的文化的传播是最重要的方面。因此“文化”要真正成为具有竞争性的“软实力”，必须通过“文化产业”这个载体。

从这个意义上看，文化产业的发展就有了战略高度。发展文化产业就不仅有经济的动因，而且有政治和文化的动因。中央政治局第七次集体学习，以“世界文化产业发展状况和我国文化产业发展战略为内容”，其深刻的意义也正在于此。

文化与文化产业的关系虽然如此紧密。但“文化产业”在任何意义上也不等于“文化”。有人用弗洛伊德的“冰山理论”来解释文化和文化产业的关系，即我们看到的文化产业只是一个巨大冰山露出海面的很小的一部分，它所依托的文化虽然隐藏在目不可测的海面之下，却构成了这个冰山的绝大部分。

这个比喻是贴切的。

所以，并不是所有的文化要素都可以产业化的，哪些文化可以推向市场，哪些文化需要政府的扶植，这些都应当认真考虑。

文化产业的基本属性之一是文化，这不必怀疑，但是被产业定义了的文化和我们通常所说的文化并不是一回事情。

首先，它是一种“消费主义的文化”，是按照消费者的要求和市场的需求改造后的文化；

其次，它是被产业化的文化，是根据产业化的生产和再生产需要规范化、标准化、程序化、品牌化之后的文化；

再次，它是一种流行主义的文化，它只会选择那些具有最大消费群体的，满足大众品味的文化内容作为生产原料。

这就告诉我们，在论及文化与文化产业时，以下的两种情况应该是同时存在着的。

一方面，文化“市场化”的过度追求，导致了诸如“戏说历史”、“大话经典”，以及对历史名胜景点的毁坏性经营等一系列问题；而文化产业的大众品味，以及文化产业对艺术作品的大量复制也导致了文化的平庸化，抑制了文化的个性和创造性，妨碍了艺术精品的产生。有学者不无忧虑地指出：“如果我们对此没有对策的话，像托尔斯泰、高更和莎士比亚这样的艺术大师恐怕离我们越来越远了。”

但是另一方面，文化产业的巨大发展，包括文化产品（书籍、影视、唱片、光盘）、文化设备以及传播载体的发展，也的确极大丰富了人类的精神生活，并从根本上促进了人类文化的繁荣。

如果说，“经济的发展，就是女王穿的丝袜一般工厂女工也有能力购得”的话，那么文化发展的主要标志就是，一般大众也能分享和消费文化。文化的大众化与政治的民主化一样，代表着人类的进步。文化产业的最大贡献，就是将以前只为某一个阶层所垄断的“文化”普及于一般民众。尤其是当代文化产业通过电视、光盘和互联网等等，更是消除了所谓“高雅文化”与“通俗文化”的界限，从整体上提升了大众文化的品位。例如作为电视剧的《红楼梦》，就很难说它是“大众文化”还是“高雅文化”。据报载，电视剧《红楼梦》首播时，北京夜间的盗窃案件一度下降为零，可见其影响阶层之广泛。

其实，上述两种情况给予我们的启示是一致的。这就是：文化品格是文化产业的头等问题；文化产业的发展始终需要“精神标尺”的考量。

这也是“文化·创意·财富”这一主题词首先突出“文化”的意义之所在。

创意与文化产业——二论文博会主题词

创意，像一道气韵灵动的彩虹，连接起两端的“文化”与“财富”。

的确，文化产业中的“创意”，正是商业眼光与文化眼光的结合，它旨在从文化资源中发掘、提炼出最能切入大众文化心理和精神诉求的，因而也最具有市场潜力的“卖点”（或曰“概念”），并设计出一种最合适的商业“呈现方式”，使这一“卖点”实现商品价值的最大化。

“超级女生，想唱就唱”的创意，就切合了当代大众最为关心的两大文化诉求：机会均等和公平取胜；而“拇指（手机）投票”的创意，更是契合了普通民众日益活跃的民主意识和社会参与激情。再加上一系列“刷新大众视听”的呈现方式，如“海选”、“PK”、“观众短信发言”、“苛刻、戏谑、自嘲混杂的评委语言”、“颠覆评委的观众评判”、“言辞滑稽、势如潮湧的33频道滚动短信播放”、“放肆于喜怒哀乐的夸张表演”，以及透明清晰却又有意拉长的比赛程序，所有这些商业化的呈现方式，终于把“超女”抬升至财富之巅。

所以，文化产业中的“创意”尽管也有创新、发明等共有含义，但更重要的却是以下三点。

第一，它是对文化内容的一种独具慧眼的商业选择。

创意虽然以“文化”为基础，但它通常并不是对文化内容的全新创造，而是对已有的文化内容进行独具慧眼的选择，选择“文化”中所包含的具有普遍商业价值的东西。

第二，它是牵动文化与资本结合的“一根红线”。

文化现象纷繁多样，并不是所有的文化都可能带来财富，唯有那些能够引起普遍关注的，能够带来普遍性的意义和精神价值的“文化”，才有产业化的价值，才能与资本兼容。

“创意”，就是寻找文化与资本匹配的“缘分”，这既需要了解“文化”，也需要了解“资本”。如果不是这样，而是生硬地将“文化”与“资本”拉郎配，这不是创意，而是破坏，既毁坏了文化，也损失了资本。

第三，它是按市场的要求，对文化进行全方位规划、设计的“婚前化妆”。

文化产业所界定的创意不仅仅是一个别出心裁的想法，而应该是在寻找到文化现象当中潜在的商业卖点之后，给文化一个符合现代消费习惯的包装，规划一个合理的生产流程，制订一个切实可行的生产资料和人力资源分配方案，设计一套营销和推广方案。

这之中体现的是策划、制作、传播、管理、销售等多方合作的综合。所以，文化产业中的创意，虽然也推崇个人的独创能力，但同时更强调集约化、团队化的特点。单打独斗的“创意”，至多是一个好点子，而不是文化产业意义上的创意。

创意在文化产业中犹如“转换器”，是文化资源转化为文化产业，资源优势转化为产业优势的关键。

文化资源优势并不能天然地转化为产业发展的优势，要变资源优势为产业优势，形成具有丰厚知识产权的文化产品，关键是创意。

中国不缺文化资源，五千年的文明古国，给我们留下了足够今天利用的丰厚的文化资源。但我们今天仍是文化产业小国。

相反，美国是一个只有200年历史的文化资源小国，缺少悠久的历史和灿烂的文化，缺少文化产业的传统资源，但它却能在文化生产和传播上有着巨大的能量和影响，成为一个文化产品的输出大国。这里的关键的因素，就是文化创意开发能力的强弱。只要有创意，在不涉及产权保护的情况下，全世界的文化资源都可以为我所用，如中国古老的《木兰辞》，就被美国人“创意”为卡通巨片《花木兰》，在全球获得了3亿美元以上的票房收入。电影《泰坦尼克号》取材于世人尽知的海难悲剧。美国的电影制片企业对这个故事进行了全新的“创意”和全面的市场运作，于是这个故事被演绎为一个凄美的爱情故事，不仅赚到了观众大把的眼泪，而且从全球直接拿走了18亿美元的票房收入，间接地还从副产品中收入了53亿美元。

创意是文化产业中的“裂变器”。

创意是一种对文化资源的高层次的加工，是依靠创意人才的智慧、灵感和想象力，借助于高科技对文化资源的再创造、再提高，它会衍生出无穷的新产品、新服务、新市场和新商机，是文化产业创造巨额价值的“裂变器”。

正如比尔·盖茨所言“创意具有裂变效应，一盎司的创意，能够带来无以计数的商业利益和商业奇迹”。

创意是文化竞争力中最活跃的因子。

判断一个国家、一个地区的文化竞争力的高低，决定性的指标就是有无“自主创意”的文化产业品牌。如果没有自主创意的产品，其文化竞争力必然会处于弱势，甚至成为强势者倾销其产品的低端市场，国外大片在中国的热播，就属这种情况。

女子十二乐坊，是依托中国传统民乐自主创意的一个音乐产业的品牌，“已在日本赚到了近7个亿的人民币”。《十面埋伏》、《英雄》这两部充满中国文化符号的自主创意，也在海外有着不俗的市场。但是，此类创意目前还很少。时至今日，我们还拿不出与《大长今》、《樱桃小丸子》，以及迪斯尼、奥特曼相抗衡的产品；我们也未能使我们的“孙悟空”、“封神榜”和“神笔马良”具备《哈利·波特》那种风靡全球的“魔力”。响当当的“中国制造”仍呼之未出。我们在文化交流、国际竞争和文化贸易中仍处于被动地位。

这不是我们的文化资源不够丰厚，而是我们的“自主创意能力”不足，没有形成文化产业的核心竞争优势。

要改变上述状况，一方面需要综合国力的提高，另一方面则需要着力培养创意人才，建立有利于创意人才生长的社会机制，使创意人才茁壮成长。

目前中国的“创意”人才往往是有文化眼光的可能缺乏商业头脑，而有商业头脑的又缺少文化底蕴。二者俱佳的创意人才少而又少。据报载，前面提到的蓝猫卡通行业，目前已出现了明显的危机，其中最致命的问题就是“从业人员的素质偏低，艺术和文化理念沉淀严重不足”。

如同任何产业都有赖于人才一样，文化创意和文化产业，对人才的依赖程度更高。

山东大学历史文化学院院长、山东省文化产业研究基地首席专家王育济教授在教育部首次设置文化产业管理的本科专业时就提出，要在“文化精神、产业理念、现代技术相融合的最佳状态中培养出合格的文化产业管理人才”。

山东省广播电视局刘长允局长说：“我们广电系统目前不缺具体的编导制作人员，缺的是既懂文化又懂观众市场，既有宽广的人文视野，又有精深的产业理念的复合型的策划、管理人才。”

“文化创意，尤其是世界一流的文化创意有赖‘精神家园’涵养基础，需要文化战略性胸怀和高端投入资源的行为，从而激励超群的个体人脑挥洒才华。这绝非低层面圈大地、改大房、建流水线的办工业模式所能奏效。”北京市社科院首都文化研究中心副主任沈望舒最近也特别强调了这一点。

如果说其他产业还要更多地依赖于物质资源的话，那么对文化创意产业来说，“最可宝贵的”就是人才了。正如英国学者佛罗里达在《创意精英》一书中指出的，人的因素是第一位的。创意产业的动力，首先是一种有趣的人才组合，是在一种自由创造的空气中，由科技与艺术、创新与管理、艺术家与工程师、创意精英与能工巧匠形成的丰富组合。它不但有专业化的分工，而且有文与理、设计与复制、创意与营销等的交融。这会极大地刺激知识阶层，让他们在不同学科的碰撞中产生创意和创造。

“只要有了人，什么人间奇迹都可以创造出来。”毛泽东的这句话与盖茨的“一盎司的创意可以裂变出无以计数的商业奇迹”，可谓隔代呼应，前后辉映，为文化创意和文化产业的发展，标示了一条清晰的路径。

财富与文化产业——三论文博会主题词

三组跳跃的音符，渐行渐强，由“财富”奏出了曲终的高亢。

文化创造财富，古今皆然。

“洛阳纸贵”，左思的《三都赋》至少间接创造了财富；“密尔顿创作《失乐园》得到了五镑”，马克思《资本论》中的这句名言，则直接标明文化的商品属性；曹雪芹本人虽穷困潦倒，他的《红楼梦》却流淌着不竭的利润；梵·高的油画在他去世百年之后，也卖到了每幅千万美元的高价。

但上述事例同时也给了我们一个巨大的反讽：文化的商品价值的真实呈现，竟是如此之艰难！

是的，文化只有进入产业的程序，人类社会只有发展到文化产业的阶段，文化才能实现其商品价值的真实回归，文化才能理直气壮地步入创造财富的商品市场。

文化产业是19世纪前后现代工业文明的产物。

在此前传统的手工业和小生产社会中，文化产品的生产和经营很难形成规模经济效益，文化的经济价值也就不可能被充分发掘。至19世纪末20世纪初，伴随着工业革命和工业技术的巨大进步，不但使文化产品的印刷复制呈现出巨大的规模，而且也产生出诸如照相、电影、留声机（以及后来的录音机、电视等）等新的文化形式。

这些新的文化形式，可以像工业产品那样批量生产。规模化、工业化的文化产业应运而生。

文化也就由此开始了产业界面上的财富之舞。

文化产业所带来的财富是巨大的，尤其是伴随着近二三十年现代传媒技术的飞速发展，文化产品借助网络传媒技术，彻底突破时间、空间的局限，无限地拓展了流通径域，提升了盈利空间，从而创造出惊人的财富。

文化产业之所以被称为“黄金产业”、“朝阳产业”，或“21世纪最后一块暴利蛋糕”，就是因为“文化创意”的无限性，与网络传媒等高端技术所造成的流通的无限性，二者的相互融合，成就一个又一个的财富神话。

文化产业中的“财富”，不应被狭隘地理解为一件文化产品赚了多少钱，它更为宏大的意义至少有以下两点。

第一，它是对一个区域的经济提升。

文化产业是生产文化产品或提供文化服务的经营性的行业集合，其经济的“联动效应”不仅会带动其他相关行业和产业，对区域经济的发展也具有无可比拟的促进和带动作用。

美国的奥兰多原来仅是一个以橘子种植和畜牧业为主业的18万人口的小城镇，迪斯尼乐园的建成，使它迅速转型成为一个观光娱乐城市，每年接待的游客人数高达2500万以上。文化娱乐业的发展，又带动了该地区的宾馆、餐饮、旅游、交通、演艺市场的发展，还吸引了大量的投资者，在当地相继投资兴建了美国境内最大的海洋公园、未来世界等等，每年为当地带来1亿多美元的收入。

第二，它意味着经济发展战略意义上的调整。在西方发达国家，文化产业在GDP中的比重都普遍高于10%。美国的文化产业在其国内产业结构中仅次于军事工业居第二位；日本文化产业的规模比电子和汽车还要大；英国自2001年以来，文化产业年产值已超过了任何一种传统制造业所创造的价值……

《多伦多环球邮报》在评论世界财富500强会议时称：“《财富》论坛有一个古老而新鲜的问题：财富是什么？在知识经济和数字化时代，或许财富就是文化。经过产业结构调整的重新洗牌，许多昨天的巨头离开了500强的位置。”

这种“重新洗牌”的真实含义恰如美国学者沃尔太所言，“文化——而不是那些看上去更实在的汽车制造、钢铁、金融服务业——正在迅速成为新的全球经济增长的驱动轮”。

“文化”通过“创意”产生“财富”，现在已经多少成为人们理解文化产业的一个基本思路了；甚至，“文化＋创意＝财富”一类更为直观的表述，最近也频繁地见诸于报章。

如果说，这是一种“文化－财富”的思想启蒙的话，那么，启蒙之后防止对“文化－财富”的“直观预期”和“非理性热情”，也同样是必要的。

“文化”通过“创意”产生“财富”，甚至是巨大的财富，这是毋庸置疑的。但“文化”怎样通过“创意”而演变为“财富”，却又是道路曲折，环节百结的。这里绝不存在“阿里巴巴”的神话，有的仍然是马克思所说的从产品到商品的“惊险的一跃”。

科学把握“文化－财富”的关系，树立科学的财富观，正是中国和山东文化产业发展的关键所在，也是文博会秉持的最高理念。

文化创造财富，财富也创造文化。

这不仅体现在文化产业所获得的财富可以反哺于文化，造成文化事业的繁荣。更重要的是，在“文化·创意·财富”这一循环互动的链条上，“财富”既是“目的”，也是“前提”——它是文化产业得以启动、发展、壮大的基本前提。

换言之，没有资本（财富）的介入和运作，任何文化产业都将是空中楼阁。

前文化部副部长孟晓驷博士指出，“资本是文化产业发展的基础，资本运作能力决定着文化产业的生存能力和发展空间，这其中包括资本投入方式和融资模式。”

依据她的研究，“早在20世纪80年代，美国文化产业集团已经形成了比较完善的融资体制，一些有实力的文化产业集团其背后都有金融资本的有力支撑，文化产业集团与金融集团间互相渗透，互相参股、控股，二者之间建立了稳定的伙伴关系。从支出的角度来说，1999年美国平均每部电影的拍摄成本为5150万美元，这相当于中国电影全年的拍摄费用；2000年，美国的大公司共拍摄故事片84部，平均每部影片的投入高达8210万美元。从回报的角度看，1999年美国电影的票房收入为75亿美元，而中国同期票房收入仅为8.1亿元人民币。”

由此可见，资本运作的能力正是决定文化产业发展规模和水平的关键因素，财富的确可以创造文化。

文化产业的行业特点，容易使人们更为关注“文化的创意”，而忽视“资本的运作”，所以，强调财富创造文化，强调资本对文化产业的决定作用，是十分必要的。

文博会既是文化的盛宴，也是资本运作的平台，招商引资是它的题中应有之义。而在“文化·创意·财富”这一循环互动的链条上，突出财富对文化的决定作用（而不是把财富看成文化的结果），正是一种高点起飞的思路，对推动山东文化产业迅速形成较大的规模和效益，具有重要的理论和实践意义。

文化需要财富（资本），财富（资本）也需要文化。

追求高附加值、高回报率、低成本、低风险，是资本投资的最大特点，而文化产业恰恰符合资本的这种要求。“在很多产业，100亿做不成大事，但是文化产业却蕴含巨大价值，两亿美元就足够让投资者在新媒体市场里面创造70倍的价值。”唐龙传媒集团董事长陆兴东如是说。

财富通过操纵“文化的舞蹈”实现增值，文化依靠财富的力量得以更加广泛地传播。这种互动的结果是，文化被筛选，被改造，形成新的文化特点，新的文化品格；财富也被重新定义，具有了文化的内涵。

所以，在“文化·创意·财富”这个互动循环的链条上，我们可以说，文化通过创意产生财富；但也可以反过来说，财富通过创意环节作用于文化，形成文化产品。

这种文化产品通过营销环节到达消费者手中，既完成了文化传播的使命，同时也实现了财富的增值。而通过文化生产实现增值的财富，也同时具有了某种文化特性。

“文化·创意·财富”，三个词组精准地点出了文化产业的核心要素，同时也自然地包含了三者循环互动的生成关系，凸显了文博会作为文化盛宴、创意天地和融资平台的三大功能；纲举目张，多维尽开，为文博会乃至文化产业的发展，营造了一个无限延展而又生生不息的寥廓空间。

论“文化、创意、财富”三者间的关系

唐锡光

即将在济南开幕的首届全球文化产业博览会的主题词已经呈现在我们面前：文化、创意、财富，三个关键词精准地点出了文化产业的三个决定性要素，同时也揭示出三个要素之间的基本关系。应该怎样具体描述三者之间的关系？文化是前提，创意是关键，财富是目的——相信这样的判断已经在许多专家和众多媒体众口一词的褒扬中不止一次地提到了。但是，文化、创意、财富三者之间的关系是否真的向我们所描述的这样单纯？从文化达到财富或者从财富到达文化是否只有一个让人欢欣鼓舞的结局？在文化、创意、财富三者之间，文化是否一定是前提和决定性的力量？我们是否可以逆向考量一下三者之间的关系？财富——也就是资本是否可以作为发展文化产业的前提？财富是否可以通过创意的途径影响文化的发展进程？文化的基本结构、文化的消费方式能否最终改变文化的属性？在一项影响巨大而深远的社会工程开始之初，多换几个角度思考问题，多一点逆向的思考和疑虑，应该是一种积极的态度。

谈到文化产业，我们通常喜欢拿美国说事。好莱坞、时代华纳、沃特·迪斯尼等等常常会挂在文化产业学者的嘴边。不错，迪斯尼的奇迹开始于一只小老鼠，但是这只小老鼠又是依靠什么成为巨无霸的？这个巨无霸又是怎样影响美国的流行文化，进而对世界的流行文化产生影响的？中国的美猴王为什么就没有小老鼠的力量，为什么不能流传更远更广，为什么不能给我们带来源源不断的收入？资本的运作无疑是造成两者区别的关键性的力量。我不否认，无论是出于知识分子的文化自尊还是出于对创造力的推崇，无论是从重文轻商的传统还是强调意识形态至高无上地位的现代政治体制出发，我们都更加乐意把文化置于发展文化产业不容置疑的中心地位上。但是，发展文化产业的决定性因素不是文化，也不是创意，而是财富。最近有一个很流行性的说法：在创意面前生意是不平等的，这句话精彩地点出了在文化产业发展过程中资本的决定性力量。

这样的说法可能很难令人接受，那么我们可以尝试换一个角度思考。发展文化产业，谁要求谁？谁限定谁？又是谁在选择和改变谁？是文化要求财富吗？是文化限定资本的方向吗？是文化对资本做出筛选和改变吗？当然不是，在产业领域，资本永远是最活跃的最有力的力量，它不断寻找最好的机会，以求通过低成本高回报的方式迅速壮大自己；对于它而言，文化和煤炭、木头、黄金、铁矿石、棉花没有什么根本区别，只要有巨大的商机，资本就会全力以赴。

文化产业的基本属性之一是文化，这不必怀疑，但是被产业定义了的文化和我们通常所说的文化并不是一回事情。首先，它是一种消费主义的文化，是按照消费的要求进行选择，根据消费的需要进行改造后的文化；其次，它是被产业化所定义和改造的文化，是根据产业化的生产和再生产需要规范化、标准化、程序化、品牌化之后的文化；再次，它是一种流行主义的文化，资本获取最大利益的终极目的决定了它只会选择那些具有最大消费群体的、满足大众口味的文化内容作为生产原料。总之一句话，文化产业中的文化内容，是被过滤后的、简化后的，抛弃了文化的多样性、丰富性的文化残片，是专门用于消费的一些关于意义和快感的去差异化的话语结构，如此而已。因此，文化本身希望通过财富发展自己，如果放弃独立的发展道路和多样化的传播渠道，其结果就如同浮士德同梅菲斯特签订的盟约，放弃灵魂，获得权利。

这样的说法更加离经叛道，同时也会让人产生这样的误解，似乎我反对发展文化产业，其实并非如此。我所反对的是将产业化作为文化发展的主要渠道甚至唯一渠道，从而放弃我们各自的文化责任。发展文化产业是发展一种新兴的产业，而不是发展文化。二者之间固然有相交相生之处，但是确实不是一回事。最近有一种非常盛行的说法，认为发展文化产业是我们保护物质文化遗产和非物质文化遗产的一条有效途径，我对此表示怀疑。且不论消费行为本身对物质文化遗产可能造成的破坏，传统文化能有多么大的消费群体、能够形成多么大的产业规模、能够吸引多少资本的介入都成问题。从市场的角度看，发展文化产业也绝不是在旧有的坛坛罐罐上修修补补，而是依托现代科技，根据现代人的需求，以现代化的生产方式做文章，如果我们把孔子、老子、李清照等等历史文化名人标注为文化产业的最大品牌，说明我们对文化产业的真正含义并没有真正理解，只会框住我们的思路，限定我们的视野，影响文化产业的真正发展。

在文化、创意、财富三个词汇中，创意居于中心的位置，它是文化和财富相互转换的关键，是点石成金的那根棒子。但是什么是文化创意？一直没有一个权威的说法。一般的说法是，创意是创造性的脑力劳动，是创造性的好主意好点子，是一种创造性的思维。这种定义对文化产业而言，几乎毫无意义。北京画家村的画家哪个没有一肚子的灵感？李白、杜甫、曹雪芹的作品中何曾缺少过创造的灵光？但是这些并不能改变他们一贫如洗的窘境，显然文化创意光有别出心裁的好点子是远远不够的。我认为，文化创意起码应该包含以下几个方面的内容：

第一，它是发现。发现文化现象中所包含的独特的、有价值的东西，就文化产业而言，这种价值应该体现为一种被普遍消费的可能性，也就是一种具有普遍意义的意义和快感的潜在结构。

第二，它是寻找。寻找文化现象与资本连接的可能性，寻找从文化到达财富的最便捷的路径。发现前所未有的产业模式意味着发现了财富，同样，发现具有普遍意义的文化现象也意味着发现了财富的金矿。文化现象纷繁复杂，并不是所有现象都可能带来财富，唯有那些能够引起普遍关注的、能够带来普遍性的意义和快感的现象，才有产业化的价值。文化又是随意的多变的，这种随意和多变既不利于复制，也不利于传播，文化创意的过程就是通过筛选、简化、标准化等一系列手段，创造一条从文化到达财富的捷径。

第三，它是创造，也是规划和设计。文化创意所界定的创造不仅仅是一个别出心裁的想法，一个前无古人的点子，而且要在寻找到文化现象当中潜在的商业卖点之后，给文化一个符合现代消费习惯的包装，规划一个合理的生产流程，制订一个切实可行的生产资料和人力资源分配方案，设计一套营销和推广方案。也就是说，文化创意应该是一个系统，涉及宏观的政策把握、战略选择，中观的产业结构、组织方式，微观的产品形式三个基本层面，涉及观念、市场、资本、机制、组织、生产、内容、产品、品牌、推广、博弈等多方面的内容。

概而言之，所谓文化创意，通常来说并非是创造全新的文化内容，而是发现文化现象中具有商业价值的内涵，并设计一种合适的形式，使这种商业价值最大化，同时设计一整套生产流程和营销方案以实现其商业价值。因此，文化创意作为现代文化生产的一个重要组成部分，更多地体现出集约化、团队化的特点，而不是个人的单打独斗。其典型代表就是好莱坞的电影脚本创作，有专门负责提供故事梗概的，有设计细节的，有设计台词的，有设计打斗场面的等等，这个团队的核心人物——导演在整个创意过程中既是创作者之一，同时又承担着项目管理人的角色。

创意是文化生产的关键因素，但是并非决定因素。在文化生产过程中，创意是被资本所限定的，资本要求文化创意必须直接指向市场，而不是天马行空，任意驰骋，只有被资本所选择的创意才是可能实现的创意，否则只能是空想。当然，从另一方面说，与创意结合的资本也失去了它单纯的财富属性，而具有了特定的文化指向和文化意义。

回到本文的主题，文化的财富之路和财富的文化之舞，之所以确定这样一个主题，目的在于描述两者之间特定的互动关系。一方面，文化的传播需要依托现实的社会生活，市场经济作为当前社会生活的主要内容和主要社会交往方式，不可避免地会成为文化传播的主要途径之一。尤其在大众传播媒介已经被商品经济完全殖民化的前提下，文化与资本的合作可以说是大势所趋。另一方面，财富的社会化体现形式——资本也一直寻求高附加值、高回报率、低成本、低风险的发展之路，而以满足公众的文化消费需要为核心内容的文化产业，恰恰符合这种需要。财富通过操纵文化的舞蹈实现增值，文化依靠财富的力量得以更加广泛、快捷地传播。这种互动的结果是，文化被筛选，被改造，形成新的文化特点，新的文化品格；财富也被重新定义，具有了新的文化内涵。我们可以通过这样一张图表来表示两者之间的关系：

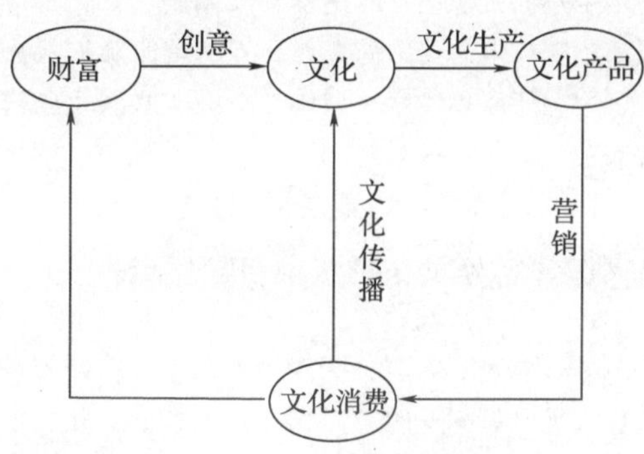

财富通过创意环节作用于文化，形成文化生产，其结果是文化产品；文化产品通过营销环节到达消费者手中，消费者在文化消费的同时，完成了文化传播的使命，同时也实现了财富的增值。经过产业链条和消费流程的文化，具有了更加适合财富需要的特征；同时，通过文化生产实现增值的财富，也具有了某种程度的文化特性。

很少有一个会展的口号像文博会的主题词这样得到众口一词的好评，寥寥六个字，生动地点出了文化产业的核心内容，同时也含蓄地点出了三者之间的互动关系。我们应当准确把握文化与财富之间复杂互动的情景。文化不是道学先生，它本身具有巨大的经济可能性，它也从未拒绝通过消费和流通的环节进行传播；财富也不是慈善家，它选择与文化共舞首先是为了获取利益，但这并不影响它客观上促进文化的交流与发展，至少，正是由于资本的介入，大规模的、现代化的文化产品生产和流通体系才得以形成，文化的传播才更加快速、便捷。但是我认为还是有必要再次强调，发展文化产业并不是解决一切文化问题的万应灵药，也不是我们做这件事情的主要目的。

山东文博会：齐风鲁韵激活文化产业经济

金　霞

“人人那个都说哎，沂蒙山好……”一位纯真质朴的“山东大嫚”，一曲原汁原味的《沂蒙山小调》，把五湖四海的宾朋带进了底蕴深厚的齐风鲁韵中。6月15日晚，2006山东（国际）文化产业博览会在一台全面展示齐鲁文化的大型晚会中拉开序幕。

6月16日，济南舜耕国际会展中心，山东省委书记、省人大常委会主任张高丽宣布2006山东（国际）文化产业博览会开幕。中共中央政治局委员、中央书记处书记、中宣部部长刘云山，全国人大常委会副委员长许嘉璐，全国政协副主席罗豪才分致贺信。全国政协副主席阿不来提·阿不都热西提、中宣部副部长欧阳坚、文化部副部长赵维绥、国家广电总局副局长雷元亮、国家版权局副局长阎晓宏、中国侨联副主席林淑娘、中国文联副主席李牧及山东省有关领导出席开幕式。

市场化运作首推文化产业项目数据库

“一山一水一圣人”。作为中华五千年文明的发源地之一，齐鲁大地既有深厚的文化积淀和独特的文化资源，又地处我国对外开放的前沿和中日韩东亚经济圈的核心区域，举办综合性、国际性的文化盛会可谓占据“天时地利”。据山东（国际）文化产业博览会组委会副主任、山东省委宣传部副部长徐向红介绍，文博会计划今后每两年举办一次，意在以此为突破口，推动山东省文化产业快速发展。首届文博会由山东省人民政府主办，山东省文化厅、省广电局、省新闻出版局、大众报业集团、山东出版集团、济南市政府承办。

记者了解到，政府除给予必要政策支持、配套服务和一定启动资金外，并不直接办展。由大众报业集团具体实施，通过冠名、协作、承办等多种形式，筹集了数十项活动所需的7000多万元资金，形成了“企业办展、政府办会”的新模式。

本届文博会以“文化·创意·财富”为主题，分文化项目招商、文化产品展销、文化节目展演、文化信息交流四部分。主会场展览面积1.5万平方米，标准展位1600多个，共安排参展单位535家。山东全省17市、大众报业、山东广电、山东出版等省内7家大型文化产业集团及海尔、浪潮等28家高科技企业，美国花旗集团、澳大利亚国际商会、意大利马拉茨集团、日本BIK株式会社、韩国庆云大学以及香港大公报、北京演出行业协会、深圳报业等一批国内外知名文化企业参展。

突出“招商交易”是本届文博会的一大核心。组委会在全国率先设计开发了“山东省文化产业项目数据库”，去年启动以来，共征集文化招商项目1500多个，从中选出273个进行重点推介，成交额十分可观。据组委会统计，截至6月18日，合同类项目签约137个，总投资316亿元，融资总额217亿元；意向签约项目60个，总投资273亿元，融资总额249亿元。

文博会惠及百姓知识产权贯穿主线

“文化的盛会，人民的节日”是本届文博会的理念。泉城济南随处可见“走，看文博会去!”的大幅广告，专为本次文博会设计的“山东大嫚”的可爱形象备受追捧，山东全省的“温度”更是在“喜迎文博会”的热潮中一路上扬。

“泰山魂——刘文金作品民族音乐会”、乐舞“杏坛圣梦”等5场大型演出、18场广场整点演出精彩迭出，民俗展、故宫珍宝展等十几场艺术展令观众目不暇接。而价值10元的文博会门票，只要盖全了主会场内山东全省17市分展区的印章，还能享受免费或半价游览部分景点的“升值”服务。据统计，三天时间参观各项展览和活动的总人数达96.5万人次。文博会正式开展前，组委会还组织了美丽山东城市形象大使比赛、大型民间艺术展演、万场电影下乡进社区、全省庄户剧团调演，以及“繁花四月天”、“动感五月情”、“激情六月风”等丰富多彩的群众性文化娱乐活动，让老百姓过了个“文化大年”。

在现场表演的济南历下区民间艺人张文成说，这是老百姓的文博会，各人看各人的门道：收藏的收藏，欣赏的欣赏，怀旧的怀旧，看热闹的看热闹，每个人都能在文博会上享受文化的魅力。大众报业集团党委副书记、副总编辑李壮利表示，这次文博会吸引了如此多的群众参与，出乎主办方的意料，这一方面说明老百姓的精神文化生活还有待更加丰富，他们对文化产品还有极大的需求，另一方面也是对全社会关于“文化产业”的集体启蒙，让更多人了解文化产业的真正丰富内涵。

本届文博会紧扣齐鲁文化，大打“孔子牌”。从“孔子文化与文化产业高层论坛”，到“我与孔子说句话”、“我和孔子留个影”，多个活动均与孔子有关。与会专家认为，孔子在世界范围内的影响无须赘言，山东作为孔子家乡在这方面有得天独厚的比较优势，应利用各种方式和途径扩大孔子文化的影响，这也是为山东文化产业走向国际埋下伏笔。

论坛内容异彩纷呈，也是本届文博会一大亮点。“保护利用文化资源、促进文化产业发展高层论坛”、“山东广播影视发展高层论坛”、“出版发行论坛”、“中国工艺美术产业论坛”、“书法论坛”、“摄影论坛”、“山东民间文化发展论坛”、“山东美术发展论坛”、“论语纵谈”、“第三届中国企业文化论坛”等吸引了不少专家学者各抒高见。

对知识产权的保护意识贯穿整个文博会。组委会专设了知识产权组，负责审查展厅内使用的背景音乐、计算机软件是否正版；展销的图书、报纸、杂志、音像制品和电子出版物、动漫游戏软件是否正版出版物；审查境外参展商参展的出版物和文化产品是否通过正常渠道进入，有无内容问题；审查展会上展示和转让的专利产品是否有相关资料等。

书业借台唱戏　出版初显创意产业之源

作为文化产业的主力军，山东出版集团在如何利用文博会这一平台，凸显“出版产业是文化产业的创意之源”的理念上，颇费了一番心思，也为书业在文博会中应当扮演的角色作了很好的诠释。文博会组委会副主任、山东出版集团副总编辑钟永诚告诉记者，与全国书市、北京国际图书博览会等书业内的交流相比，文博会是面向全社会的文化盛会，所以集团重在让社会了解出版，让出版更好地融入社会。

蔚蓝色的展台气势宏大，优秀图书的封面展板韵味十足……这一切，都是山东出版集团为打造“传播文化、传承文明、资政育人、服务社会”的形象而精心设计的。集团精选了成立55年来出版的十几个门类最具代表性的精品图书进行集中展示，引来一拨又一拨观众驻足欣赏，特别是不少对鲁版图书感情深厚的老读者，细细品读之外还纷纷拍照留念。

临沂印刷厂的工人们，用胶粒等印刷材料设计制作了几件造型夸张、色泽绚丽的“华服”，还自当“走秀模特”，让观众大开眼界，忍不住凑上前去，看看摸摸，问个究竟。内涵深厚的出版文化与时尚元素的巧妙结合，不仅彰显了山东出版人的创意与智慧，更为集团传统的儒雅形象平添了几分现代气息。一部由集团创意设计的几百页厚的“无字大书”，任观众现场挥毫泼墨，体验文化魅力，更是让山东出版集团的展位前总是一派人头攒动的景象。

集团还将涉及编、印、发各个环节的76个项目集中编制成《山东出版集团文化产业项目手册》。文博会期间，“钦定古今图书集成”项目已吸引到资金1100万。

为配合中央社会主义新农村建设，山东出版集团编辑出版的《社会主义新农村建设文库》、《社会主义新农村建设影库》也在文博会期间奉献给农村读者。集团援建的“农村红领巾书屋”同期启动，今明两年将向10所革命老区、贫困山区的小学校配送图书。

为配合文博会分会场重要活动——“山东省图书展销会”，山东出版集团、山东省新华书店精心组织了全国300多家出版社的2.6万余种精品图书，并全部以半价销售，成了除文博会主会场外最热闹的地方。截至记者发稿时止，共接待读者4.2万人次，累计销售100余万元。与此同时，全省100多个市县新华书店及中心门市部，同步进行精品图书优惠销售活动，预计11天销售码洋有望突破1300万元。

钟永诚表示，图书是文化的重要载体，出版业作为文化产业的重要组成部分，应当扮演支撑文化产业发展支柱的角色。通过文博会，更感受到了出版人肩负的社会责任，对了解广大读者的精神文化需求也大有裨益。

中国出版科学研究所所长郝振省认为，综观目前各地组织的文化博览会，出版业没有达到其应占有的分量。人们更多地将目光投向动漫等“创意产业”及新媒体，但归根结底，出版业才是整个文化产业的前提和基础，是为其他文化产品提供依托和支撑。对此，文博会的组织者要有意识地扩大出版产业在文博会所有文化产业的份额。而出版界也应自觉地加大营造书香社会的宣传力度，并在活动形式上进行创新，寻求老百姓喜闻乐见的、多样化的方式，如“读书状元”评选、推举领导干部读书典型、年度好书评选、阅读调查等。

区域文博会趋热　理性、特色、品牌是关键

文化创造财富。在深化文化体制改革、积极发展文化产业的大背景下，各地近年来纷纷组织策划区域性文化产业博览会。2005年7月，大连国际文化产业博览会以“科技与文化”为主题，力求“高新科技与文化内容结合、文化产业与资本市场结合、成果展示与奖励创新结合”；2005年12月，首届中国西部（昆明）文化产业博览会成功举办，展示了西部省区市丰富独特的民族文化资源和西部文化产业发展成就；2006年5月的中国（深圳）国际文化产业博览交易会，已由区域性文化交流升级为国家级文化产业盛会，吸引了一大批科技含量高、文化内涵丰富的文化产业项目和国内外资金，在这个平台上“相亲”并“联姻”；今年10月，以创意设计、动漫游戏、传媒等新兴产业为主打项目的首届中国中部（武汉）文化产业博览会又将粉墨登场；将于11月举办的2006中国西部（成都）文化产业博览会已开始全面招商，将以“汇聚文化资源、搭建投资平台、推进文化贸易、促进产业升级”为宗旨。据悉，目前还有不少省市已将筹办文化产业博览会提上议事日程。

区域性文博会渐成趋势，一方面表明各地开始高度关

注打造平台、促进文化产业发展的重要性，另一方面也给主办方提出了更多的思考：本地区的文化产业定位是否明确？文化资源如何开发？突出什么特色？主打什么产品？文化产业发展的持续动力何在？

国家发改委文化产业研究中心主任齐勇锋建议，山东省在今年举办文化产业博览会的基础上，抢占市场先机，积极申请承办“2008年中日韩文化产业合作论坛”，同时在2008年将“山东省文化产业博览会”升格为“东北亚国际文化产业博览会交易会”，为山东实施外向型文化产业发展的战略搭建一个国际化、品牌化和永久化的平台，与“中国（深圳）国际文化产业博览交易会”形成南北呼应的态势。

齐勇锋也不无担心地表示，预计在“十一五”期间，伴随着产业政策的倾斜，全国各地都会形成文化创业投资热潮和文化资源开发热潮。在文化产业热到来之际，更需要冷静的头脑，避免出现像其他产业发展过程中一哄而上的局面。各地应在各自的“十一五”区域文化产业发展规划中，对自身的资源条件进行科学分析，对未来重点发展的产业、产品明确定位。北京、上海作为国际化大都市，人才集中、资金充足，有条件发展高端的文化创意产业，而中西部地区则应从自身的实际情况出发，着眼于发展区域特色文化产业，避免结构雷同。例如云南的文化旅游产业已经形成规模和特色，成为该省新的经济增长点。

云南省委副书记丹增认为，文化产业是市场经济发展到一定阶段的产物，但文化产业赖以生存和发展的市场却不是天然的，它需要全社会不断地培育和开拓。在一定程度上，培育市场、激活消费是发展文化产业的第一要务。

山东文博会成功的启示

赵秋丽

217亿元是如何引来的？

去年底，山东省委、省政府决定举办文博会，而且标准高、要求严：主展区面积要达到15000平方米，标准展位要有1600多个，国内外参展单位500多家，文博会期间要演出50场大戏，举行20场文化活动、23场文艺演出，举办10个高层文化论坛，近100万人参观。如此规模，资金从哪里来？走市场化的路子！山东要用全新的理念，举办一个全新的文博会。于是，他们确定了“经营文博会，开发文博会”，“政府主导、社会参与、市场运作、规范管理”的办会原则。在这一理念指导下，许多新的运作模式涌现出来。文博会通过冠名、协作、承办等多种形式筹集资金。文博会吉祥娃“山东大嫚”的运作，就是一个典型的例子。这个融合齐鲁文化元素、美丽大方、活泼灵动的卡通形象，一公布就引起了社会关注，赢得了广大群众的好评和喜爱。文博会组委会抓住良机，将吉祥娃注册、拍卖、开发衍生品，一个以“山东大嫚”为代表的产业链条迅速形成。文博会会徽、美丽的城市形象大使、各种文博会标识，都成了市场运作的产物。文博会本身就是创造财富的文化产业，通过项目开发和形象宣传，解决经费问题。“政府拨款办展览”的老思想、老路子，彻底改变了。

山东文博会的实践证明：一台演艺节目、一次大型活动，可以组建相应的文化公司；一部影视作品、一个卡通形象，可以衍生相应的产业链条。本届文博会上，80多项文化活动，上百场演出，数不清的文化产品，培育了大量商海弄潮健儿，孕育出一大批市场主体。市场是一双灵巧神奇的手，山东文博会堪称利用这双手推动文化产业发展的成功范例。自文博会筹办开始，全省共新注册成立各类文化企业1000多家。这些企业涵盖了文化产业的所有方面，既有核心层的传统文化艺术业，又有外围层的现代网络文化服务企业，还有相关层的文化用品生产和销售企业；既有注册资金上亿元的“大鳄”，又有投资几百万元的“小龙”。

山东文博会率先实行国际策展人制，在全国首次设计开发了“文化产业项目数据库”，面向社会公开征集、申报、推介文化产业项目。文博会期间，共有197个文化产业项目签约，为山东文化产业发展引进资金达217亿元。文博会立足山东，面向全国，辐射日韩，联动东南亚、欧美及其他国家，进行国际性招商引资。卡通产品销售量位居韩国第一的布滋（vooz）动漫公司、居世界500强的意大利马拉茨集团、日本BIK株式会社等分别参展；澳大利亚国际商会列出了“动漫专业人员培训、民俗文化的海外推广”等多个合作菜单。

一手抓《论语》 一手抓“算盘”

山东文化资源丰富，文化底蕴厚重。但资源丰并不等于产业兴。在过去较长的时期内，山东人只懂得学习齐鲁文化，欣赏齐鲁文化，对于齐鲁文化可以创造财富这一点，认识并不清楚。更不会想到文化可以作为一项产业，甚至是一个大产业。山东举办文博会，最大的收获就是思想观念上的更新，文化发展观上的变革。

有这么一件事：在文博会高层论坛上，有的专家介绍了韩国的情况：韩剧之所以成功，在于宣扬了儒家道德；韩国的游戏产业之所以在世界市场占有率节节上升，就在于将儒教的“仁”、“孝”等理念，发掘得淋漓尽致。于是，山东人开始懂得：自己最大的文化资源是儒家文化，要发展文化产业，就要打好“孔子牌”。“一手抓《论语》，一手抓‘算盘’”，这句形象的语言，成了山东人树立新文化发展观的生动写照。目前，“孔”字号文化产品大发展。孔府、孔庙、孔林，展现出新活力。“孔子故里游”，每天接待的外来游客一万人次以上。孔子六艺城、论语碑苑、民俗园、鲁国故城等一大批各具特色的文化项目，为游客体验儒家文化提供了新的去处。尼山砚、楷木雕、碑帖等传统工艺品的生产，也逐步形成产业，仅三孔碑帖每年的销售额就在500万元以上。

山东以《论语》为营商“宝典”，以儒商精神打造“儒”文化产业，建设“儒”文化产业基地，以儒家文化为主导，整合山东文化资源，实现新闻、出版、发行、文娱、旅游等文化产业的系统联动。山东文博会组委会将和中国孔子基金会一起组织“百名儒商百家企业孔子文化走向世界战略联盟”，发动企业界的力量，推动孔子走向世界。生产具有儒学特色的“儒”文化衍生品，借助孔子的影响营销相关商品，儒文化正转化为巨大的财富。

创意，为文化产业注入活力

人们忘不了，文博会上那台我国首部戏曲服饰展演《大羽华裳》引起的轰动。《大羽华裳》注重新的创意，实现了古与今、传统与现代的完美结合。它以瑰丽的戏曲服饰为中心，融诗、乐、歌、舞、技、画于一体，排排花旦飘然而去、队队武将威风而来，古朴恢弘，典雅灵秀。观众不仅在流光溢彩中欣赏到了华美异常的戏曲服饰，更体会到了中华民族传统文化的博大精深。彰显文化现代化，《大羽华裳》仅是一例。传统文化要实现“现代转换”，靠什么？靠创意！泰山文化博大精深，在我国及东南亚国家乃至整个亚洲，都有着深远的影响。山东正在对古老的泰山文化进行新的创意策划与挖掘开发。譬如，他们投资300多万元，设计、创作了气势恢弘的“泰山仿古封禅”表演。这个大型表演，浓缩了历史上历届封禅大典的艺术精华，生动地再现了泰山的历史画卷。他们着力打造的大型民族交响乐《泰山魂》，在文博会上场场爆满、一票难求，已经成为山东民乐的新的代表作和市场运作的新品牌。同时，山东还围绕泰山封禅文化、碧霞元君文化、泰山石敢当文化，创意开发出旅游、印刷、服饰、古代兵器等近10个系列100多种文化产品。淄博市是齐文化发源地，他们以现代观点、创新观点看待这一历史文化优势，利用文博会大力招商引资，仅以齐文化为代表的旅游开发项目就招商80亿元，齐文化保护与开发招商10亿元。他们决心把淄博建成齐文化产品的集散地，创造以齐文化为核心的现代特色文化、规模文化、品牌文化。

创意为文化产业注入活力，创意与高科技结合产生现代文化产业。在山东文博会上，现代文化产业亮点频闪。浪潮集团研制的网络游戏在全国有名，这次他们与一家网络游戏公司合作，在文博会上推出网络游戏《新郑和》等，让人们尽赏了现代文化大餐。动漫是新兴的高科技文化产业，文博会的宣传片《文化齐鲁，风扬天下》，就是技术先进生动形象的动漫片。文博会使山东文化人受到深刻启示，他们正强化发展齐鲁动漫产业的具体措施：举办动漫产业展览，加强中外交流、引进先进技术；打造动漫产业创意园区、加大项目推介与招商工作；拉长动漫产业链，发展儿童玩具，电子出版物等动漫衍生品；加强动漫人才队伍建设，引领齐鲁现代文化产业前行。

“创意出新，草木成金。”这句话在山东文博会上，得到了最好的验证。古老的山东大地，滋生了极其丰富的民间文化。在劳动人民手中，草、木、石、土，皆可成宝。文博会上的2000平方米民俗展区，146个民俗文化展位，五光十色，琳琅满目，潍坊的彩扎风筝，烟台的扑灰年画，济南发雕、蛋雕，菏泽的面人、泥塑等等，花色品种成千上万，令人眼花缭乱。文博会组委会的领导们，正在实施一个宏伟的规划：让这些民间艺术走出炕头，走出山村，形成产业链，让群众依靠这些艺术富裕起来，达到文化乐民、文化富民的目的。

寻味省思：’06 文博会热

王丽琼

现象回顾

规模空前　创意是主旨

2006 年 5 月 18 日至 21 日，由文化部、广电总局、新闻出版总署、广东省人民政府和深圳市人民政府主办的第二届中国（深圳）国际文化产业博览交易会召开，此次文博会以“文化中国、创意未来”为主题，以“创意”和“科技”为核心。据会后统计，此次文博会吸引了 90.63 万人次参与，合同成交额比首届增加了 2 倍多，其中超亿元的项目 28 个。

6 月 16 日至 18 日，由山东省人民政府主办的“2006 山东（国际）文化产业博览会”在济南召开。虽然是地方政府牵头主办的展会，但规模不容小觑：文博会以“文化・创意・财富”为主题，分文化项目招商、文化产品展销、文化节目展演、文化信息交流四部分。主会场展览面积 1.5 万平方米，标准展位 1600 多个，共安排参展单位 535 家。山东全省 17 市、大众报业、山东广电、山东出版等省内 7 家大型文化产业集团及海尔、浪潮等 28 家高科技企业，美国花旗集团、澳大亚国际商会、意大利马拉茨集团、日本 BIK 株式会社、韩国庆云大学以及香港大公报、北京演出行业协会、深圳报业等一批国内外知名文化企业参展。此次文博会合同类项目签约 137 个，投资总额 316 亿元，融资总额 217 亿元。各展区现场文化产品交易额达到 1.6 亿元。

10 月 27 日至 29 日，由文化部、国家广电总局、新闻出版总署、山西、河南、安徽、江西、湖南、湖北省政府和武汉市政府主办的主题为“文化中国魅力中部”的国家级重要文化盛会——首届中国中部文化产业博览会在武汉召开。据报道，此次文博会总展出面积 16.7 万平方米，吸引了 14 个省会城市和 20 多个国家和地区的机构与企业参展，参展主体 3500 多家。在会上，中部六省一市共报送 691 个文化产业投资项目，主要包括文化娱乐、媒体传播、出版发行、旅游休闲、体育健身、创意设计、文化设施等门类，涉及金额近 1000 亿元。

11 月 29 日至 12 月 2 日，由文化部、广播电影电视总局、新闻出版总署、四川省人民政府共同主办，西部其余 11 省区市人民政府协办的第二届中国西部（四川・成都）文化产业博览会在成都召开。据报道，此次西部文博会吸引了来自全国 29 个省区市以及港台地区的 700 余家文化单位参展。文博会共推出重点文化项目 289 个，分别包含了文化艺术、广播影视、新闻出版、文化旅游、网络动漫等内容，涉及项目投资总额达到了 510 亿元人民币。88 个文化项目实现了有效对接并签订了合作协议，签约总金额达到 221．869 亿元。

12 月 10 日至 14 日，由文化部、广播电影电视总局、新闻出版总署和北京市政府共同主办，以“创意・科技・文化”为主题的首届“中国北京国际文化创意产业博览会”在北京召开。据报道，北京文博会期间，举办了展览展示、文艺演出、创意活动、推介交易和论坛峰会等五十多场活动，共有来自海内外的各界群众 20 多万人次参与了文博会活动。据不完全统计，此次文博会期间，共签署产业基地建设等合作意向、协议 184 个，总金额 37.63 亿美元。岁末的北京文博会为 2006 年度大热的文博会画上了一个句号。

问题思考

创意的“难”与“易”

有人把 2006 年命名为“创意之年”，而文博会则使“创意产业”这个原本热度很高的概念更深地嵌入了老百姓的生活当中。今年各地的文博会，几乎都不约而同地打出了“创意”这张王牌，从主题到内容都与“创意”或多或少扯上了关系。无论是在文博会现场聆听“文化创意产业发展论坛”、“动漫、游戏产业发展论坛”、“文化体制改革与文化创意产业成功案例高层论坛”、“广播电影电视发展论坛”等高水准的讲座，还是与数万观众一起参观令人眼花缭乱的博览会本身，可以发现，文化创意产业正在我们的身边红火起来。

为期四天的北京文博会场面之火爆，超乎人们的想象，甚至也让在论坛峰会中坐而论道的学者们惊讶。在国际展览中心铺开的 3 万平方米五光十色的创意世界，吸引了各个年龄层面的人前来参观。开幕当天进场的观众估计达 3 万多人次，他们或许就为了体验一下“创意之美”。深圳文博会的主会场共分九大展馆，其中之一就是创意设计馆。令人瞩目的是，深圳文博会上有一支“特警队”，就是保护知识产权“警察”，他们全程为展品文化安全和知识产权“护驾”。由深圳市知识产权局牵头，市文化局、工商局、公安局、技术监督局、文化市场行政执法总队、深圳海关等 17 个部门，共同参与打一场知识产权保卫战，这在全国尚属首例，也是此次文博会的创意亮点之一。武汉文博会上，12 家创意和动漫企业集体亮相创意设计与动漫游戏展，首届武汉双优动漫社团评选、武汉高校创意设计展、“光谷动漫城吉祥物”主题涂鸦大赛等活动精彩纷呈。山东文博会上，临沂印刷厂的工人们，用胶粒等印刷材料设计制作了几件造型夸张、色泽绚丽的“华服”，还自当“走秀模特”，让观众大开眼界，忍不住凑上前去，看看摸摸，问个究竟。内涵深厚的出版文化与时尚元素的巧妙结合，不仅彰显了山东出版人的创意与智慧，更为集团传统的儒雅形象平添了几分现代气息；一部由集团创意设计的几百页厚的“无字大书”，任观众现场挥毫泼墨，体验文化魅力，更是让山东出版集团的展位前总是一派人头攒动的景象。

笔者了解到，对于“创意”一词的理解也是仁者见仁，智者见智。不少人认为所谓“创意”，就是与众不同，能够吸引参观者的眼球，引来投资方的关注。综观各地特色鲜明的文博会创意展会发现，人们对于文化创意产业的另一种误解是：以为有中国五千年的文化传统、文化底蕴，文化产业就会自动地发展起来。实际上，文化创意产业的发展不仅基于传统文化积累，而且要与现代高新技术、未来眼光完美融合。北京文博会上，主办方更是提出了将北京打造成“创意之都”的观念，此前的11月7日，《北京市促进文化创意产业发展的若干政策》高调出台，35项优惠措施每一项都令投资者难掩兴奋，同时也清晰地勾勒出北京打造“文化创意之都”的新思路。

展会的热闹场面，创意论坛的火爆，政府的大力支持，也许很容易让人产生一种错觉：文化创意产业的发展很容易，好像依靠一些简单的创意、很软性的东西就能赚到大把钞票。但一位资深业内人士却提出：实际上，创意经济是在不断失败的基础上发展起来的，错误、失败远比成功多。所以，文化创意产业的发展是个非常艰难的过程，一点也不比传统的制造行业更容易。该人士提醒说，发展文化创意产业面临着一些挑战。他特别提到，创意产业和创意经济不像传统经济那样基于供求关系，而是依赖于个人的创意、想法，需要有独特的个人梦想、个人的想象力、个人的追求。要成功实现新的经济形态，就要将个人对创意、创新的表达，与经济体系结合起来，确保经济体系是由个人关于创意的表达所驱动的，他强调，教育是创意产业发展的驱动力之一。

传统文化产业PK新兴产业

2006年度，如火如荼的文博会现场也是传统文化产业和新兴产业的PK台。文博会上，新兴文化产业，如动漫、传媒科技等赚足了人气和商机；传统文化产业也纷纷推陈出新，创意不断。

各地的文博会上，都以“秀”传统文化和地方特色作为招牌，如山东文博会，就大打“孔子牌”。从“孔子文化与文化产业高层论坛”，到“我与孔子说句话”、“我和孔子留个影”，多个活动均与孔子有关。与会专家认为，孔子在世界范围内的影响无须赘言，山东作为孔子家乡，在这方面有得天独厚的比较优势，应利用各种方式和途径扩大孔子文化的影响，这也是为山东文化产业走向国际埋下伏笔；武汉文博会上，山西省的特色民间工艺、河南省的龙门石窟景观、江西省的“瓷乐”表演、安徽省的文房四宝、湖北省的随州编钟等，令观众目不暇接。成都文博会期间亮相的四川“天府流韵”、“双流狮子”、“苍山大乐”等川味十足的原生态节目表演，更是彰显原汁原味的天府文化。

另一方面，2006年各地的文博会几乎都设置了类似于“动漫游戏”和“传媒科技”展区。武汉文博会期间，地处武昌光谷广场的动漫游戏分会场活动最多。武汉12家创意和动漫企业集体亮相创意设计与动漫游戏展，使光谷广场变身为华中地区规模最大的动漫城。首届武汉双优动漫社团评选、武汉高校创意设计展、“光谷动漫城吉祥物”主题涂鸦大赛等活动精彩纷呈。华中师范大学数字媒体工程技术有限公司打造的大片《七摄氏度》与美国华纳达成意向协议，协议金额约1000万美元。

可能是老百姓也或多或少地嗅到了游戏动漫等新兴产业的诱人前景，在首届北京文博会的展览现场，广播电影电视与游戏动漫等展区吸引了最多的人驻足。据北京市新闻出版局一位负责人介绍，最近几年北京的游戏动漫产业发展十分迅猛，2005年游戏市场总规模已达到11.7亿元，年增长速度为42.7%，北京的动漫出版物电视网络播映市场规模在2005年也达到了将近一个亿，年均增长速度6%。北京的动漫游戏产业已经具备了较强的人力、技术实力和自主开发能力，并逐步形成一定的产业基础。而且，北京的动漫游戏产品已经走出国门，涌现出了像金山软件、目标软件、搜狐、三辰卡通、数位红软件等一批领先公司，形成了中关村科技园区海淀园、石景山园、雍和园等重点聚集区。经新闻出版总署批准，国家级游戏动漫产业北京发展基地2005年6月在中关村科技园区正式挂牌。

综观目前各地组织的文化博览会，很容易发现一个问题：出版业并没有达到其应占有的分量。人们更多地将目光投向动漫等“创意产业”及新媒体。但事实上，出版业才是整个文化产业的前提和基础，是为其他文化产品提供依托和支撑的，理应引起主办方的重视。

立足特色，品牌化是关键

当又一年的文博会曲终人散后，主办方在盘点经济收益的同时更应该多一分理性的思考：本地区的文化产业定位是否明确？如何有效开发现有的文化资源？有什么特色？怎样能做大做强，形成品牌？下一届的持续动力何在？

事实上，经过市场的选择，目前具有特色、形成品牌的文博会也是屈指可数：已经形成优势并走向国际道路的深圳国际文化产业博览交易会；为了促进西部大开发而又符合条件的省、直辖市、自治区轮流举办的中国西部文化产业博览会；为了振兴东北而举办的中国东北（沈阳）文化产业博览会；为了中部崛起而举办的中国中部（武汉）文化产业博览会。这些文博会从地区上具有了广泛的代表性，几乎涵盖了我国的所有地区。内容上，这些地方的文博会都具有浓郁的地方特色，不至于出现内容上的雷同。

各地的文博会能否形成品牌，与其本身的经济及文化产业发展特点是密切相关的。要将文博会引向健康有序的发展轨道，各地必须根据自身经济发展方向，树立独有的品牌。同时，政府应尽快建立准入制度。只有品牌展会才能吸引高质量的参展商；有了高质量的参展商才能吸引来高质量的买家，而高质量的买家又会吸引来更多参展商，这样才能形成一个办展市场的良性循环。政府应积极培育品牌展会，走市场化运作道路，使会展业在市场竞争中不断提升水平，向专业化、国际化的方向发展。

趋势展望

国际化前景明晰

随着文化体制改革的深入和对外交流的加强，各地文博会上外商的参展和合作项目的国际化渐成趋势。

第二届（深圳）文博会共有1000多家中外文化企业和中介机构参展，两万名国内外专业观众报名参观、采购。全国有20多个省（市、自治区）政府和香港、澳门特别行政区组团参展，国外有美国、法国、德国、比利时、澳大利亚、加拿大、日本、韩国、马来西亚、埃及等国家26个城市组团参展。举办了诸如2006中国国际文化产业论坛、印刷业国际论坛、国际画廊经营者论坛等，特设澳大利亚电影周、好莱坞电影特技表演等活动项目。主办方也曾表示，较之首届，第二届（深圳）文博会招商招展的重点转移到了海外，东南亚、东北亚以及文化发达的一些西方国家成为海外招商招展的重点地区。深圳市有关部门强调，要将文博会打造成国内促进文化产品出口的重要交易平台，在推动文化产品出口方面作出贡献。这其实也预示着文博会发展的一个方向。

山东，既有深厚的文化积淀和独特的文化资源，又地处我国对外开放的前沿和中日韩东北亚经济圈的核心区域。2006年的山东文博会，美国花旗集团、澳大利亚国际商会、意大利马拉茨集团、日本BIK株式会社、韩国庆云大学等一批国外知名文化企业参展；2006年5月的中国（深圳）国际文化产业博览交易会，已由区域性文化交流升级为国家级文化产业盛会，吸引了一大批科技含量高、文化内涵丰富的文化产业项目和国内外资金，在这个平台上“相亲”并“联姻”；国家发改委文化产业研究中心主任齐勇锋曾建议，山东省在今年举办文化产业博览会的基础上，抢占市场先机，积极申请承办“2008年中日韩文化产业合作论坛”，同时在2008年将“山东省文化产业博览会”升格为“东北亚国际文化产业博览会交易会”，为山东实施外向型文化产业发展的战略搭建一个国际化、品牌化和永久化的平台，与“中国（深圳）国际文化产业博览交易会”形成南北呼应的态势。

市场化是出路

必须正视的一个事实是，现阶段的文博会实际上还是一种政府行为，推动运作的前提是文化部和地方政府的扶持和引导。另一方面，文博会在各主办方乐此不疲，看似繁荣的背后，是参展企业“‘活动’猛于虎”的感叹和无奈。由于文博会在各地不断举办，参展商们疲于奔命于各种大大小小的文博会，有的招展台前门庭冷落，主办方的投入产出不成正比。文博会何去何从成为政府和企业探讨的热门话题。

诚然，我国展览业尚处于起步阶段。在发展之初，政府用行政力量扶植这一产业有其合理性，“政府搭台、企业唱戏”的运作模式在现阶段是可取的。但随着市场经济的快速发展，政府应从前台退到后台，扮演经济资源调节、市场监督、社会管理和公共服务角色。政府需制定相关的法律法规，走市场化培育品牌展会之路。

不少业内人士都表示，文博会是市场经济发展的产物，理应进行市场化的运作。然而一些原因的存在，目前文博会的举办大量是政府行为，但现阶段文博会中存在的问题却必须由市场来解决。把更多的事情交给市场去做，这是一个发展的趋势，但这个趋势需要一个过程才能实现。但不管怎么说，把文博会交还市场是未来的发展方向。

编后语

文博会火热，固然可以推动中国文化产业的发展，但闹中取静的思考是中国文化产业稳健前行的保证。在各地文博会流光溢彩的华章之中，有一些隐而未发的问题值得我们在这里认真思考：在日益务实的文化产业发展背景下，这一产业的命名问题依然困扰着大家，在以文化部为首的管理部门，基本都是在使用“文化产业”这一称谓，但2006年在上海大力发展“创意产业”和北京全力提倡“文化创意产业”的实践过程中，文化及相关产业的名称问题不免有些扑朔迷离，莫衷一是，这也算得上2006年度中国文化产业领域之一大学案。我们很自豪地认为我们是一个文化大国，但我们也很无奈地看到我们的巨大文化贸易逆差，如何解决“文化逆差”，如何提升中国的文化竞争力，如何让中国文化“走出去”，这些问题都在2006年之前就提了出来，在2006年这些问题似乎被一片发展的繁荣所淹没，但我们都知道，这些问题很长一段时间都将是中国文化产业前进中的地平线。

附 录

附录一："首届山东文化产业博览会" 搜索关键词

文博会、山东首届文化产业博览会、山东国际文化产业博览会、文化盛会、文博会启示、文博会现象、文化·创意·财富、创意、徐向红、王敏、山东大嫚、文博会会徽

附录二：A 类文章目录

- 经营文博会提出新理念真正办成文化产业盛会/王学文//齐鲁晚报 2006-01-05
- 文博会将突出"六大亮点"、"十大板块"//广视网 2006-01-18
- 五大功能提升文博会品质促进山东文化产业发展/周传金//2006 山东（国际）文化产业博览会网 2006-02-07
- 五大旅游看点为文博会添人气/侯海花//大众日报 2006-02-15
- 潘鲁生：激活农村文化产业之重要链接/夏白白//大众网 2006-02-16
- 山大师生畅谈文博会主题词/王学文　张虎　张蕾//大众网—生活日报 2006-03-21
- 文化产业的核心要素——创意/王学文　张蕾//大众日报 2006-03-30
- 论"文博会"/大众日报特约评论员//大众网 2006-04-15
- 山东提出按市场方式打造文化品牌/王学文//大众网—大众日报 2006-04-25
- 提升山东文化产业基地的研发水平/王学文//大众网—大众日报 2006-04-26
- 山东文博会着力打造"十大文化产业"/王学文//青年记者 2006-05
- 文博会推动文化产业发展拉动黄金周文化消费//大众网 2006-05-08
- 民间文化红透文博会/李魏//青岛日报 2006-05-24
- 文博会不妨简称"文交会"/马夫//深圳商报 2006-05-26
- 文博会"炒"热文化产业教育//济南日报 2006-05-28
- 文化的盛会　人民的节日——2006 山东（国际）文化产业博览会侧记/谢方//经济 2006-06
- 一个产业的兴盛——山东文化产业发展基本情况//经济 2006-06
- "青岛军团"声赫山东文博会/张华//中国文化报2006-06-15
- 打造发展新引擎——文化产业发展的现状与未来/李海燕//大众日报 2006-06-15
- 山东出现新的地域文化代表符号　文博会场展魅力//新华网 2006-06-15
- 山东首届文博会内容丰富　体现六大鲜明特色//大众网 2006-06-15
- 文博会精心准备文化大餐供各界朋友尽享//大众网 2006-06-15
- 传统与现代融合的文化盛会——2006 山东（国际）文化产业博览会纪实/赵秋丽//光明日报 2006-06-16
- 文博会给文化产业创造了机会//大众日报 2006-06-16
- 精彩文博会盛装登场//济南时报 2006-06-17
- 山东首届文博会盛大开幕/魏巍　王凯//济南时报 2006-06-17
- 深圳展团秀出文化创新亮点/姜媛　汪涓//深圳商报 2006-06-17
- 文博会重点项目签约逾 176 亿元/吉颐//济南日报 2006-06-18
- 2006 山东文博会各项活动达到高潮　硕果累累//新华网 2006-06-18
- 丰盛文化大餐为文博会营造浓厚文化气氛/曲涛//大众网 2006-06-18
- 文博会"办得很独特"//大众网 2006-06-18
- 徐向红指出——"文博会永不谢幕"/王振国　温涛//齐鲁晚报 2006-06-19
- 文博会：传统与现代融合中行进/张华//青岛日报 2006-06-19
- 相约文博会：96.5 万人次参会融资总额217 亿元//生活日报 2006-06-19
- 山东文博会：齐风鲁韵激活文化产业经济/金霞//中国图书商报 2006-6-20
- 山东文博会促进文化市场大发展/赵秋丽//光明日报 2006-06-20
- 山东国际文化产业博览会：文化齐鲁　风扬天下/杨晓芳//中国新闻出版报 2006-06-23
- 创意搭起文化与财富的桥梁/杨维忠//中国知识产权报 2006-06-30
- 五大突出特点促成山东首届文博会空前盛况/曲涛//大众网 2006-07-05
- 齐鲁文化成山东旅游热点/山文//华东旅游报 2006-07-04
- 齐鲁文化成山东旅游热点　文博会带来后续效应/吕振勇　李梦//大众旅游 2006-07-06
- 弘扬齐鲁文化精髓　积极开展对外文化交流//当代世界 2006-08
- 山东文博会成功的启示/赵秋丽//光明网—光明日报 2006-08-15
- 文化产业，以整合"破题"/宋弢//大众网—大众日报 2006-08-20
- 文化产业叫响品牌/杜启洪　侯贺良//走向世界 2006-10
- 文博会永不谢幕/刘玫　訾秉会//走向世界 2006-11
- 山东文化体制改革进入快车道//走向世界 2006-11
- 文化产业从"软肋"到"脊梁"/王玉芳//人民日报 2006-12-12
- 2006 中国文化产业年度盘点/魏鹏举//人民网 2006-12-26
- 山东"文博会"的产业效应//招商周刊 2006-13
- 文化产业扬帆远航正当时——访中共山东省委宣传部副部长徐向红/盛利//走向世界 2006-23
- 文化为经济注入新活力//科技智囊 2007-02
- 一次文化盛会　一个城市品牌　一个发展起点——写在我市参展省文博会成功归来之际/刘斯峰　孙玉光//琅琊新闻网 2007-10-09
- 大文化挺起山东"软实力"/杜启洪//走向世界2008-05

附录三：B 类文章目录

- 打"孔子牌"重在创新/乔显佳//大众网—齐鲁晚报 2004-06-18
- 首届山东文博会将在泉城开幕　会徽"齐鲁风"揭晓//青岛新闻网 2006-01-17
- 让文博会成为山东发展文化产业的平台/王敏//大众网 2006-01-16
- 山东各市积极响应首届文博会加快当地文化产业的发展//济南新闻网 2006-01-23
- 关于我国文化产业人才培养的忧思/张友臣//东岳论丛 2006-02
- 让金碗盛金——山东文化产业发展的调查与思考//大众网 2006-02-17
- 文博会，势在必行的挑战/张华//青岛日报 2006-02-22
- 文博会主题词昨日评出//生活日报 2006-03-16
- 文化产业：学术阐释的原则与目的——代本专栏主持辞/王育济//东岳论丛 2006-03
- 论文化产业的财富观/李冬梅//东岳论丛 2006-03
- 关于文化创意产业的几点认识/唐建军//东岳论丛 2006-03
- 论"文化、创意、财富"三者间的关系/唐锡光//东岳论丛 2006-03
- 加强文化产业的基础理论研究/郑群//东岳论丛2006-03
- 也谈文化与文化产业的关系/董雪梅//东岳论丛2006-03
- 首届山东文博会是展示民乐的大舞台//中新山东网 2006-03-23
- 创意：文化产业的核心要素//生活日报 2006-03-29
- 将文博会打造成山东发展文化产业的品牌/王敏//山东新闻网 2006-3-20
- 以文博会为契机　实现济南市文化产业跨越式发展/王良//学术前沿 2006-04
- 我省文化产业该加速了/张文敬　张伟//联合日报2006-04-28

- ⊙ 文博会宣传直入蓝天/魏巍//济南时报 2006－04－30
- ⊙ 突出山东历史文化底蕴　文博会筹备大打孔子牌//大众网 2006－05－07
- ⊙ 文博会开幕日将奏响《泰山魂》/王学文//百灵网 2006－05－08
- ⊙ 继续发扬创新精神筹备文博会/王敏//山东新闻网 2006－05－13
- ⊙ 山东“文化金矿”尚待深挖/董莉等//济南时报2006－05－17
- ⊙ 深圳刮起“山东文化风”//生活日报 2006－05－23
- ⊙ 文博会吉祥娃始显产业效应　山东大嫚衍生品推出//青岛新闻网 2006－06－04
- ⊙ 大众网专访文博会副总指挥徐向红/曲涛//大众网 2006－06－07
- ⊙《沂蒙山小调》被改编成交响乐//搜狐网 2006－06－11
- ⊙ 我们该怎样当好东道主/杨清波//济南日报 2006－06－12
- ⊙ 走市场化道路山东首届“文博会”准备就绪//中国经济网 2006－06－15
- ⊙ 打造发展新引擎——文化产业发展的现状与未来/李海燕//大众网 2006－06－15
- ⊙ 2006 山东文博会开幕　中宣部部长刘云山致贺信//中国网 2006－06－16
- ⊙ 一个产业的兴盛——山东文化产业发展基本情况//经济 2006－06
- ⊙ 打造济南的文化名片：专访济南市委常委、宣传部部长王良//舜网 2006－06－17
- ⊙ 巨星演唱会引爆泉城//生活日报 2006－06－17
- ⊙ 文博会门票盖章可升值//大众网 2006－06－17
- ⊙ 山东有理由领跑全国——云南省委副书记丹增泉城纵论文化产业//生活日报 2006－06－17
- ⊙ 文化资源是最大的资本//大众网 2006－06－17
- ⊙“我是山东土里长出的庄稼”——本报记者专访著名词作家乔羽先生//生活日报 2006－06－18
- ⊙ 奥马尔与潘鲁生：东西方艺术家对话山东首届文博会//新华网 2006－06－18
- ⊙ 建议山东文博会“升格”/彭东　徐静//齐鲁晚报2006－06－18
- ⊙ 京剧《石龙湾》亮相文博会//生活日报 2006－06－18
- ⊙《大羽华裳》亮相文博会/王凯//大众网 2006－06－18
- ⊙ 文化品牌成城市“招牌”/李文明　张子扬//大众网 2006－06－17
- ⊙“酣睡的卖报者”缘何被追捧/逄春阶//大众网 2006－06－18
- ⊙ 闭着眼一天“卖报”5000 份//生活日报 2006－06－18
- ⊙ 观众“书法家”巨书留“墨宝”//生活日报 2006－06－18
- ⊙ 聚焦文博会：山东省 33 件民俗工艺品被评为优秀//齐鲁晚报 2006－06－19
- ⊙ 烟台招商成果丰硕文博会期间签约总额超 40 亿//胶东在线 2006－06－19
- ⊙ 文博会重点项目签约潍坊市三个项目当场签约//潍坊日报 2006－06－19
- ⊙ 相约山东文博会：文化博览会每两年将举办一次//济南日报 2006－06－19
- ⊙ 文博会彰显五大特点/吉颐//济南日报 2006－06－19
- ⊙ 文怀八斗叹骚才　恍若云中屈子来——文博会上专访文怀沙先生//济南日报 2006－06－19
- ⊙ 文化产业“金矿”待深掘/冯锐刘勇//青岛日报2006－06－20
- ⊙ 东方天健：在山东本土崛起的 CG 团队/程洪建　公晓慧//山东画报 2006 山东（国际）文化产业博览会专刊创意财富卷
- ⊙ 打造文化产业腾飞的平台/王敏//山东画报 2006 山东（国际）文化产业博览会专刊创意财富卷
- ⊙ 文化产业，以整合“破题”/宋弢//大众网 2006－08－20
- ⊙ 山东通过文博会发展文化市场//大众网 2006－08－29
- ⊙ 文化＋创意＝财富——探寻文化强省的产业之路/李海燕//大众日报 2006－08－29
- ⊙ 王育济教授三论文博会主题词：“文化、创意与财富”/王育济//山东文化产业网 2006－09－29
- ⊙ 山东文化产业发展现状、问题及对策/王丽梅　牟芳华　董西明//企业经济 2006－12
- ⊙ 大事件与大稿子记写《论文化产业》和《论文博会》/王学文//青年记者 2006－19
- ⊙ 寻味省思 06 文博会热/王丽琼//中国图书商报 2007－01－05
- ⊙ 认真贯彻省委工作会议精神　扎实推进文化强省建设/吕光社　王磊//大众网—大众日报 2008－08－22
- ⊙ 图解 2008 山东文博会之一：文博会作用的发生机制/王广振//山东文化产业网 2008－8－30
- ⊙ 图解 2008 山东文博会之二：地方文化产业的布局统筹/王广振//山东文化产业网 2008－09－12

长岛“渔家乐”旅游模式

一、2008 年 7 月—9 月，我们设计了 15 个关键词（见附录一），在网上对长岛“渔家乐”旅游模式进行检索，剔除其中大量的无效信息、重复信息和只字片语式的评论，得到的统计结果是：1996 年—2008 年 9 月 5 日，纸质媒体、公共网站发表的有关各类研究、评论、报道共计98 篇。

二、我们根据上述统计材料，对相关内容进行了分类，得出以下结论：

A：在共计 98 篇的评论和研究报道中，对长岛“渔家乐”旅游模式予以充分肯定、基本肯定的共计 88 篇，占总数的 89.8%。（见附录二）

B：在共计 98 篇的研究、评论、报道中，对长岛“渔家乐”旅游模式无明确评价指向或无法做出分类归属的共计 10 篇，约占总数的 10.2%。（见附录三）

三、我们从上述 98 篇文章中辑录出有关长岛“渔家乐”旅游模式的重要研究观点 36 条。

四、我们从上述 98 篇文章中，辑录出有关长岛“渔家乐”旅游模式产业效益方面的报道 8 条。

五、我们集体讨论选编有关长岛“渔家乐”旅游模式的重要文章 5 篇。

1. 山东长岛特色旅游资源研究/王涌//地域研究与开发 2000 - 01

2. 长岛岛群未来旅游开发研究/张文萍//烟台师范学院学报（自然科学版）2005 - 02

3. 山东省长岛县渔家风俗成为旅游品牌/王金虎　范延亮　顾延学//经济日报 2002 - 08 - 28

4. 民俗旅游开发模式研究/王德刚//民俗研究 2003 - 01

5. “公司 + 渔户”式休闲度假村发展模式探讨/邹建森　戴桂林　张晓燕//山东经济 2007 - 02

六、附录

附录一：“长岛‘渔家乐’旅游模式”搜索关键词

附录二：A 类文章目录

附录三：B 类文章目录

重要观点辑录

关于长岛“渔家乐”旅游模式的文化价值、启示、影响

长岛“渔家乐”旅游项目自1999年开发推出后，深受游客的青睐，慕名而来的旅游者每年以40%—50%速度增长。目前已发展经营业户680余户，为游客提供床位13000余张，“渔家乐”海上游船只20条。游客可以吃住在渔家，游乐在海上，跟渔民一起出海布网、下笼、抓蟹、赶海、垂钓，真正体验做一次渔民的新奇与快乐。独具长岛特色的渔家风情，让游客流连忘返，进岛游客由过去的一日游变成现在的二日游、三日游或更长时间的休闲度假游。仅去年，赴长岛体验渔家乐的游客就达到了25万。“渔家乐”成为长岛旅游的一张王牌。

（摘自李玲：《山东长岛：打造北方海岛度假中心》，《中国旅游报》2004年4月21日）

由32个岛屿组成的山东省长岛县，地处黄海渤海分界线，素以“自然景观美，历史源远流长，季节气候宜人，生态环境优良，海岛资源丰富，民间风俗独特”享誉国内外。近年来，长岛实施“旅游兴岛”战略，树立旅游名牌意识，先后投入4000多万元，进行了多层次的景源开发和配套设施建设，每年招来大批游客来岛观光游览，成为名副其实的海上旅游“超市”。

（摘自范延学：《长岛建成海上旅游“超市”》，《农民日报》2001年5月18日）

中国海带之乡、中国鲍鱼之乡、中国扇贝之乡、国家级风景名胜区、国家级自然保护区、国家森林公园、国家地质公园、国家首批农业旅游示范点、中国最佳避暑胜地加上刚刚获得的中国十大最美海岛，近几年，山东长岛县已获得10张国字号金名片，形成了品牌“领跑”长岛旅游的格局。

（摘自邢鹏　张鹏：《品牌战略领跑长岛旅游》，《中国旅游报》2005年11月2日）

盛夏本应是渔家“歇伏”的闲季，但长岛县的渔民却忙得不可开交——旅游高峰期还没到，就有北京、天津、上海、郑州、西安、太原等30多个大中城市的旅行社组团进岛，他们的眼光瞅准了渔村的名牌旅游项目“渔家乐”。这样一个总面积仅56平方公里，人口仅4.5万的弹丸小岛，如何产生了如此的旅游名牌效应呢？聪慧的长岛渔民巧借资源优势，深挖特色旅游文化，终使自己在全国旅游业中独树一帜，叫响了“渔家乐”旅游名牌。

（摘自顾延亮　范延学：《长岛“渔家乐”叫响旅游名牌》，《中国旅游报》2001年7月13日）

旅游经济如同商品经济一样，没有特色不是名牌就只能卖低价。“低价游览”，最后只能被淘汰。于是，经营意识很活的渔民纷纷搞起“渔家乐”旅游项目，做起了名牌特色文章。他们把游客请进渔家，与渔民同吃、同住、同出海，白天边捕鱼网虾，边欣赏山海胜景，夜晚围着篝火唱渔歌看舞龙，吃饭以各种海鲜为主，鲜鱼饺子、咸鱼饼子等渔家风味小吃更是风味十足，游客可从中领略长岛渔家的盛情和豪爽，真真切切地过一把当渔民的瘾。他们还把渔村民俗游、潜水采捕游、海上垂钓游、候鸟放飞游等特色旅游项目一并纳入“渔家乐”旅游之中，满足游客更高层次的需求。

（摘自顾延亮　范延学：《长岛“渔家乐”叫响旅游名牌》，《中国旅游报》2001年7月13日）

渔民们做梦也没想到，闯海为本的渔家人现在能玩着赚钱。他们按岛上渔俗建起“老渔寨”，里面有海草房、篱笆墙、碾子磨和大橹把，房檐下挂着咸干鱼、苞米棒和地瓜干，再在海边拖上老帆船，利用闲置的船网和渔楼，请游客学渔家劳作，喊渔家号子，喝渔家老酒，睡渔家炕头，游客玩得痴迷愿掏钱，渔家豪爽待客增收入。

（摘自于国旭　丰淑亮　陈英：《“渔家乐”唱响新渔村》，《中国财经报》2007年7月3日）

“渔家乐”是一种典型的、完全按市场化原则运作的民俗旅游开发模式，它把存在于社会生活最基层的生产和生活民俗资源进行了有效的提升和整合，并与市场对接进行了以知识创新为基础的“虚拟包装”，把一种普通的生活和生产过程变成了一个有市场品牌的“产品”。在“渔家乐”的影响下，2002年，山东省又出现了第二个并且是一炮打响的民俗旅游产品——荣成市河口村的“胶东渔村”。它在“渔家乐”的基础上对产品进行了从内容到形式上的改进，是“渔家乐”的一种升级换代产品。特别是它一开始就借助专业旅游策划人员的力量，对产品（民俗旅游行动）的内容、形式进行了专门策划，并把它包装成最具北方意义的渔家民俗旅游品牌“胶东”的“渔村”——“胶东渔村”。

（摘自王德刚：《民俗旅游开发模式研究》，《民俗研究》2003年第1期）

名气加人气，让“长岛渔嫂”成了长岛旅游走俏全国旅游市场的金色“名片”，各地旅行社也纷纷把“长岛渔嫂”作为吸引客源的“招牌”。北京、天津、河南、陕西等60多个城市地区，每年有100多万游客来长岛体验渔家风情，不少人是跟长岛渔嫂“拜姊妹”的回头客。

（摘自延亮　其鹏　海波：《渔家大嫂　长岛旅游新

“名片”》，《烟台日报》2006年4月10日）

长岛有6500年的人类文化历史，特别是以长岛妈祖为代表的中国北方妈祖是世界妈祖文化重要组成部分，长岛显应宫在妈祖信众心目中占有极重要的地位。长岛有近千年的妈祖文化积淀，民间一直保持着信仰妈祖的浓郁人文氛围。同时，长岛得天独厚的地理位置和自然环境，以及基础设施条件等均具有良好的匹配价值，在这里建立大型露天妈祖塑像，是全球2亿多妈祖信众的共同意愿。

（摘自：《长岛新名片：中国北方妈祖文化中心》，《烟台日报》2008年3月1日）

长岛坚持“秉承与弘扬并举，文化同经济结合”的思路，深入挖掘、整合丰富的妈祖文化、渔家文化和神仙文化，重点开发妈祖文化、神仙文化，致力打造“中国北方妈祖文化中心”为主题的长岛文化品牌。相继实施了庙岛群岛妈祖宫庙建设与修缮、以妈祖文化为载体的道教场所、妈祖祭祀大典、中华妈祖文化节庆、对台湾妈祖文化交流、妈祖文化旅游产业、妈祖文化园、大型露天妈祖塑像、中华妈祖文化交流和中华妈祖文化论坛的妈祖文化建设十大工程；顺应世界妈祖文化交流的形势和中外妈祖信众的要求，在目前已存有世界唯一一座886年香缘妈祖铜像的庙岛，建立具有北方特色的大型露天妈祖塑像和妈祖文化公园，打造以妈祖文化为主体的宗教文化旅游区，并在庙岛塘建设海上平台，开发歌舞表演、深海潜水和垂钓等休闲渔业项目，打造海上娱乐公园；同时依托北庄史前遗址、妈祖庙、望福礁、渔家乐等历史文化资源，发展海上文化游，进一步吸引国内外财团商社来长岛进行民间文化旅游与海洋经贸投资，携手打造具有中国北方海岛观光、度假、娱乐特色的国际性旅游休闲度假区。

（摘自：《长岛新名片：中国北方妈祖文化中心》，《烟台日报》2008年3月1日）

长岛有闻名遐迩的半月湾，在状如新月的千米海滩上，遍地五彩斑斓的卵石令游人流连忘返。长岛又是多种候鸟的乐园，良好的岛陆自然生态环境为鸟类的栖息繁衍提供了绝好条件，有250多种近百万只鸟类途经此地或在此地安家。万鸟岛上栖息着3万多只海鸟，飞起时遮天蔽日，壮观至极。依鸟而生的蛇类是长岛的又一景观，大黑山岛拥有各种蛇类1万多条，是中国第二大蛇岛。长岛不仅拥有几十处这样的自然胜景，更有那稀世罕见的海市、海滋、海雾、海火等海上奇观，有幸一睹的游人恍若置身仙境。

（摘自范延学：《长岛建成海上旅游“超市”》，《农民日报》2001年5月18日）

长岛至今还流传着唐王东征、八仙过海、海神救难等美丽的传说。聪慧的海岛人据此建成了历史博物馆、航海馆等一批历史文化景观，使虚幻的历史传说变成直观的景象，从而满足了游人对海岛的历史文化渊源的探求欲。

（摘自范延学：《长岛建成海上旅游“超市”》，《农民日报》2001年5月18日）

长岛是游人温馨之家。游客在这里不仅能享受海岛宾馆独特服务，也可到渔家小往，品渔家小吃，听渔民号子，访渔岛民俗，感受渔家人的热情和豪爽。

（摘自范延学：《长岛建成海上旅游“超市”》，《农民日报》2001年5月18日）

长岛县根据自己特有的山、海、林、礁、滩、仙、古、俗及自然生态风光，以海为主题，围绕观海、赏海、尝海、游海开发建设了具有长岛特色的“渔家乐”旅游项目，不断完善旅游设施。同时加大对外招商引资的工作力度，与国内外大商团达成合资建设月牙湾度假别墅区项目、海豹表演项目、水上游乐项目及渔家号子等民俗表演。在望福礁景区增加由长岛特产的球石雕成的“百福图”、精卫填海、八仙过海、张羽煮海、妈祖护海大型王秀岩玉雕及毛主席纪念章陈列馆等，进一步增加景区的内涵和吸引力。先后在国家工商局注册了“海上仙山”、“渔家海上游”和“小康渔家”三个商标，打破了长岛旅游无商标的历史。

（摘自丛海波：《长岛滨海旅游呈现旺盛生命力》，《中国海洋报》2004年11月5日）

长岛“渔家乐”中最具特色的是海上大帆船，大帆船又叫“大瓜篓”，它曾是长岛风帆时代海上的一支劲旅，被称为北方海洋文化的标志物，风帆时代的活化石。正是由于大帆船的建造以及上网、撑篷、摇橹及渔家号子的流行，才使得海上拔笼、船上垂钓、小型拖网等项目应运而生，长岛“渔家乐”的旅游项目也因此而丰富多彩。20世纪初，长岛地区有大帆船330只，它的存在承载着长岛几百年的渔家历史、民俗文化，承载着长岛人与大自然作斗争百折不挠的闯海精神。可是到了20世纪70年代，木帆船锐减到不足10只，再后来，竟然连一条完整的“大瓜篓”都找不到了。为了挖掘民俗文化，重现渔家风帆，近年来，长岛旅游局专门请来民间仅有的几位还会设计风帆船的工匠，投资60余万元建造出了失传数十年的风帆船。如今，游人乘坐着这漂亮俏丽的大帆船，观看渔民出海前的祭祀，上船后的升帆、撑篷、摇橹、海上作业，从中感悟到了久违的风帆文化。

（摘自程杰：《品渔家之乐》，《中国农村科技》2007年9月）

除了北方海岛度假中心之外，长岛还将努力营造中国北方妈祖文化中心、中国北方休闲渔业中心两大品牌。突出四大资源特色：岛岸风光游、自然生态游、渔家风情游、历史文化游，让游客在长岛看海豹、酷暑度假、秋天放鸟、冬季观潮。

（摘自李玲：《山东长岛：打造北方海岛度假中心》，《中国旅游报》2004年4月21日）

在我国，南方有6000多座岛屿，其中旅游度假最负盛名的是海南岛，而北方只有100多座岛屿，长岛在这100多座岛屿中，旅游资源当属佼佼者。的确，素有“海上仙山”之称的长岛，山青水碧，礁峻滩美，崖险洞幽，旅游资源十分丰富，先后被列为国家级风景名胜区、国家级自然保护区、国家级森林公园、省级海豹自然保护区和省级地质公园。

（摘自李玲：《山东长岛：打造北方海岛度假中心》，《中国旅游报》2004年4月21日）

休闲渔业将渔民的生活方式和工作方式与旅游结合起来，通过对渔民的家居和渔船进行改造，让游客真正贴近渔民生活，享受自然古朴的渔家风俗；它科学配置渔业资源，实现第一产业与第三产业、都市与渔村的对接，使渔业功能由生产向服务转化；开展旅游观光、垂钓、水族观赏等休闲活动，满足都市人群的休闲娱乐需要；提高渔民收入，发展渔区多元经济，实现渔民转产转业，是促进社会主义新渔村建设的新兴产业。

（摘自陈明宝　任广艳：《长岛县休闲渔业的发展及对策研究》，《渔业致富指南》2007年1月）

长岛地处渤黄海交汇处，南与蓬莱阁相望，北与老铁山对峙，是大连、旅顺、秦皇岛、天津、青岛、烟台等环渤海开放城市海上往来的必经之地。这里不仅地理位置优越，而且气候宜人，风景优美，生态环境优良，水产资源丰富，民俗风情独特，1988年被国务院列为国家重点风景名胜区。据专家考察，仅长岛南部岛屿就有各种旅游景点68处，其中一级景点17处，被认为是岛岛见美，处处有景。尤其难得的是，长岛海域还时有发生世人难得一见的海市蜃楼、海滋、平流雾等奇观，使长岛成为游客向往的“仙岛”乐土。

长岛县有8700平方公里海域，岛屿面积56平方公里，是“国家级自然保护区”和“中国鲍、扇贝、海带之乡”，获得联合国环保组织“全球500佳”提名奖。长岛在保护近岸与水下原始生态环境的同时，采取投石造礁、人工殖藻等手段，在32个岛屿周围造出6万多亩生态和谐“海底森林长廊”。去年以来，长岛投资2亿多元扩大生态养殖规模，形成了品种齐上、多途径并进的“生态牌”渔养生产模式，今年产值至少可达6亿元。

（摘自顾延亮　石其鹏：《山东长岛“三牌”互动打天下》，《中国海洋报》2003年10月24日）

长岛灵巧运用“生态”与“绿色”外接内补的互联关系，将“绿色牌”产业定格在海珍品精深加工和海底风力发电等重点绿色项目开发上。借助生态资源优势，长岛推出20多个海珍品养殖加工招商项目，广泛吸纳岛内外和民间资金。目前，与香港威哥集团等商社合作开发的干化海参鲍、纯天然海带保健食品等一批绿色项目，列入国家和山东省技术创新计划，产品打入国内30多个大中城市，远销日本、韩国。长岛还快速推进以风力发电为标志的“绿色牌”产业，自1999年起投资近2亿元分期实施30台风机项目工程后，现计划两年内建成装机容量10万千瓦的风电基地。

（摘自顾延亮　石其鹏：《山东长岛“三牌”互动打天下》，《中国海洋报》2003年10月24日）

“长岛作为一个海岛县，不仅要打‘生态牌’和‘绿色牌’，还要打‘民俗牌’。只有‘三牌’互动，才能赋予地域特色经济更大的底蕴和张力。”基于这种认识，长岛很重视开发民俗特色旅游。近年，长岛在建设生态化绿色型现代化旅游城市的同时，立足自然风光与民俗休闲相结合，依托月牙湾、九丈崖、万鸟岛和庙岛等10多个旅游景区，完成了王沟、黑石嘴、店子等20多个民俗村的建设。同时，利用我国北方规模最大、建庙880多年的妈祖庙的影响力，每年举办“渔家乐”民俗文化旅游节和妈祖诞辰庆典活动，开发和稳定了40多个大中城市的旅游客源市场，也吸引了俄罗斯等一些民俗旅游开发合作伙伴。

（摘自顾延亮　石其鹏：《山东长岛“三牌”互动打天下》，《中国海洋报》2003年10月24日）

关于长岛“渔家乐”旅游模式成功的原因

长岛渔家乐的成功首先在于长岛优越的自然条件和区位优势。长岛县隶属于山东省烟台市，是山东省惟一的海岛县。长岛即长山列岛，又称庙岛群岛，位于黄渤海衔接处，由大小32个岛屿组成，它们像一串珍珠散落于胶辽半岛之间，南北纵贯56.4km，扼守着渤海海峡，是京津的门户。南部为山东半岛，北接旅顺、大连，西北部为京津地区，东与朝鲜、韩国、日本隔海相望，处于环渤海经济圈和旅游圈的核心位置。同时海岛作为海中陆地，犹如镶嵌在海洋中的串串明珠，因其四面环海，对久居大陆的人更具吸引力。

（摘自王涌：《山东长岛特色旅游资源研究》，《地域研究与开发》2000年第1期）

长岛诸岛四面环水，气温变化和缓。大陆度为52.3%，年内平均气温极差26.1℃，具有热而不闷，酷而不燥，润而不潮的特点。海岛地区空气清新，被称为“空气维生素”和“长寿素”的负氧离子含量远高于城市，且寿命长达20分钟，吸入人体后能改善大脑皮层功能状态和肺的换气功能，加速骨胳生长，调节神经，对解除精神紧张有特效，是天然的疗养院。

长岛是国家级风景名胜区——胶东半岛海滨的主要组成部分，缥缈的海市蜃楼、瑰丽的海滋倩影、迷人的碧水青山，犹如海洋中的盆景，素有“美岛”、“古岛”、“鸟岛”、“渔岛”、“仙岛”五岛美誉。

（摘自王涌：《山东长岛特色旅游资源研究》，《地域研究与开发》2000年第1期）

长岛积极主动寻找市场。长岛在20世纪80年代末启动旅游产业，20世纪90年代中后期亮出“海上仙山”风光游、“列岛探奇”生态游和“渔家乐”民俗游三大品牌。在短短的近3年里从中北部各大城市“抢”出客源份额，瞄准中下层消费者，来岛游人和门票收入每年以25%的速度增加。在长岛外域，有关部门组成专门负责搜集旅游市场信息的“外遣游击队”，从省内外各大旅行社发现不少市场需求的蛛丝马迹。在弄清了主要客源大都是河南、河北、北京、天津等地的中薪以下阶层的游人之后，他们派出专人长年推销长岛旅游，按游客需求改进自身旅游环境，使其成为吸引华北地区客源的“海上磁场”。

仅仅会找市场是不够的，一个区域的旅游产业要迅速壮大，还必须是品牌创立和运筹的“领跑者”。长岛人在全国既打古人留下的“八仙过海”的老字号，又亮出“生态旅游”和“民俗旅游”的新招牌，以海岛的新、奇、幽、险、美、纯的神韵，让游客投来青睐的目光，高峰时仅南长山岛每日游客就达1.6万人。“海岛”二字本身就是一个旅游市场中的卖点，这使长岛人把自己的地理资源优势点化成“软黄金”，自然而然拥有了市场主动权。但长岛人在善用“天时”和“地利”之便的同时，把精力投在“人和”的具体运作上。于是有了“观光、赏古、访俗、休闲、度假”的旅游模式，先后投入2亿多元，依托32个岛屿开发了历史人文、岛屿海岸、水景天象、滩涂生物、山林崖花、民俗风情六大景源，设立海岛风光游、海岛森林游、海岛沙滩游、海岛历史游、海岛风俗游五大旅游项目，新辟了奇礁异石、海上垂钓、潜水猎捕、候鸟放飞、渔村民俗和祭祀妈祖等旅游单项。

（摘自顾延亮　石其鹏：《感悟长岛旅游“经”》，《中国海洋报》2002年7月15日）

在坚持“发展大旅游，拓展大市场”前提下，长岛从健全组织入手，以股份制的形式。组建了长岛县旅游集团公司，统一指导全县旅游景点建设和“渔家乐”行业管理，重点解决四大矛盾：落后的经营方式远远跟不上“渔家乐”旅游市场发展的矛盾；“渔家乐”产业化和市场无序、盲目竞争的矛盾；“渔家乐”旅游规模发展的高起点、高要求和设施、服务、建设水平低层次的矛盾”；“渔家乐”特色旅游的形成与旅游文化滞后的矛盾。在此基础上，长岛县通过强化改革与管理，推动“渔家乐”旅游名牌创建活动进入“快航道”。他们把创“渔家乐”旅游名牌与精神文明建设、城乡绿化美化、渔村环境治理有机结合起来，制定出台了《关于规范“渔家乐”定点接待服务工作的意见》，在渔村进行了植树育花的“海上花园”建设，村村建有花园、绿地，主要街道安装了路灯，对垃圾进行定点清理，对服务业户所具备的卫生条件、收费标准、接待程序、管理办法、奖惩规定等都作出了明确具体要求，并开展了专项治理活动，为树立“渔家乐”品牌创造了良好的环境。“人人都是旅游环境，人人代表长岛形象”早已成为长岛渔民的共识，“渔家乐”旅游品牌有了可靠的质量保证。

（摘自顾延亮　范延学：《长岛“渔家乐”叫响旅游名牌》，《中国旅游报》2001年7月13日）

“渔家乐”旅游项目能成功地产生名牌效应，舍得投入加大宣传是长岛县的又一“招式”。为全方位地树立和强化“渔家乐”的品牌形象，去年一年，长岛县就投入近60万元进行文字与影视宣传，在影响力大、辐射面广的报刊刊登旅游稿件、广告130余部，邀请中央电视台、山东卫视、河南卫视、青岛电视台等媒体进岛拍摄10余部“渔家乐”特色旅游专题片，产生了强烈的轰动效应。他们还制作了介绍“渔家乐”项目的风光影碟和画册，录制了由著名歌唱家毛阿敏、关牧村、宋祖英等演唱的《相约长岛》录音带和光盘，利用参加全国性旅游交易会、联谊会的机会广为散发，使这一特色品牌在国内旅游市场形成了强大的冲击波。长岛还连续在北京、天津、大连、烟台等城市大作旅游广告，在巩固北方旅游市场的基础上，以中原、上海为突破口，逐步向南延伸，进一步拓宽旅游渠道，使旅游客源市场扩展到北京、天津、上海、郑州、西安、太原等30多个大中城市，来自省外的游客占总数的80%以上。

（摘自顾延亮　范延学：《长岛“渔家乐”叫响旅游名牌》，《中国旅游报》2001年7月13日）

为了充分发挥山东省烟台市蓬莱、长岛两地的区域优势，实现资源共享、优势互补、区域联动、市场双赢，8月20日，“蓬莱—长岛‘仙境之旅’”在蓬莱举行合作签约仪式。从此，一衣带水、隔海相望的蓬莱—长岛两地旅游业将携手合作，共同打造“仙境之旅”品牌，推动两地旅游业的共同发展。

蓬莱、长岛同临黄渤二海，隔海相距8海里。两地地缘相近、人缘相亲、习俗相似、市场相依，有着共同的环境气候和相同的人仙传说，这一切为两地旅游业的合作提供了良好的基础。然而，相近的旅游资源优势使两地曾经在旅游方面存在着利益冲突，出现了各自经营、各自为利的局面，在很大程度上割裂了两地共有的旅游文化，影响了旅游效益的最大化。共同打造“仙境之旅”这一旅游品牌，可以使蓬、长区域尽快成为环渤海黄金旅游板块中心，促进两地旅游业的共同发展。

（摘自路敦海：《打造环渤海黄金旅游中心》，《中华工商时报》2003年8月21日）

长岛根据海岛基础条件、资源禀赋和海洋经济发展趋势，坚持“陆海统筹、一体发展”的原则，放大已有优势与增强创新优势并举，构筑“2+5”新型产业框架，形成海洋经济核心竞争力。在生态旅游业方面，围绕建设国内外知名的旅游度假区这一目标，推进长岛旅游产业的合理布局和结构优化，创新旅游经营管理体制机制，打造旅游精品项目，打响“海上游”、“渔家乐”和妈祖文化三大特色品牌，提升旅游服务业层次。在现代渔业方面，加快渔业科技化、产业化、品牌化进程，搞好生态养殖基地和海珍品良种繁育中心建设，充分利用长岛海珍品的优良品质，实行标准化生产、地理性标志产品认证和无公害产地认定，建设高效渔业、生态渔业和品牌渔业。同时，培植做大龙头企业，带动渔业由分散粗放型向规模集约型转变。

（摘自延亮　新国：《构筑海洋经济新型产业框架》，《中国特产报》2008年5月23日）

对长岛“渔家乐”旅游模式其他问题的研究

“渔村变城镇，渔民变市民”，这“两个转变”是长岛在建设社会主义新渔村中提出创建“花园式渔村”的主要目标之一。长岛在全力打造“中国北方海岛植物园”和“海岛天然氧吧”的同时，通过各种方式引导渔村改善自然环境和生活环境，实现了三季有花，四季常绿。目前全县森林覆盖率达到55%，绿地覆盖率47%，人均占有林地绿地700多平方米，实现了由绿化向美化、森林向园林的过渡。

靓丽的风貌，使长岛在今年5月获得了全国第一批“十大国家园林县城”称号。长岛乘势运作，加快了建设“花园式渔村”的进程，县乡村在前三年投入700多万元的基础上，近期又筹资360万元，购进30多种500多万株苗木，建立7处标准化花园式渔村，新增绿地面积7万多平方米，规范化退耕还林1000多亩，植树总量超过前五年的总和，林地面积达2774公顷，栖息鸟类250多种，形成了“人植树，树涵水，水养人”人与自然和谐的良性循环生态链。

（摘自延亮　其鹏　克廷　绍超　新国：《海上浮起“花园式渔村”》，《烟台日报》2006年9月15日）

长岛在加快推进环保产业化的过程中，实行“海、滩、山”齐头并进。水土是海岛宝贵而有限的资源，实施植树造林、绿化海岛是长岛人保持水土的主要措施，也是改善岛陆生态环境的关键。同时，为解决海岛淡水贫乏的矛盾，长岛人对水资源进行了开发利用，在全国率先进行了屋檐节水工程，最大限度地收集利用雨水。

（摘自崔华清：《山东长岛构建环保产业链》，《中国海洋报》2005年10月28日）

为进一步加强和改进渔村基层组织建设，加强和改善党对渔村工作的领导，规范村级组织之间的关系，推动海岛经济发展和社会稳定，根据党和国家有关法律法规，山东长岛县于近期出台了《长岛县村级规范化管理工作实施细则》。

该《细则》共分8章55条，对渔村党支部、村民委员会、渔村干部管理、集体资产管理、村级财务管理等方面作出了较具体的规定。分别是：村级组织领导体制，含村党支部职责、党支部议事规则、党员大会、党员队伍建设；村民委员会职责、村民会议、村民代表会议、村民代表的条件及其产生、村民代表的权利和义务、村民小组。渔村干部管理，含村干部任职资格、村干部的选举、村“两委”成员分工、村干部及管理人员和其他非生产性人员工资及报酬、渔村后备干部队伍建设、渔村干部的评议、渔村干部诫勉的条件和程序、渔村干部罢免的条件、渔村干部的撤换和调整、渔村干部离任审计的内容。村民管理，含制定村规民约坚持的原则和制定程序、村民的权利和义务。集体资产管理，含宅基地的审批程序、各种集资款的集资表决方式方法、集体企业资产管理、集体房产管理、集体经济组织管理、经济合同管理。村级财务管理，含财会人员的配备、账簿设置、村级财务收支预决算、村党支部书记财务开支审批权限、村“两委”财务开支审批权限、村民会议或村民代表会议财务开支审批权限、村民理财小组的选举及培训和职责。村务财务公开，含村务公开的内容、财务公开的内容，公开的形式和时间等。

（摘自孟祥春：《长岛出台渔村管理新政策》，《中国海洋报》2000年6月27日）

长岛，又称庙岛群岛，是山东省惟一的海岛县。位于胶东半岛、辽东半岛之间，黄海渤海交汇处，地处环渤海经济圈的连接带，东临韩国、日本。全县由32个岛屿组成，森林覆盖率达55%，大气环境质量达到国家一级标准，年平均气温11.9℃，年平均降水量为560mm。岛陆面积56平方公里，海域面积8700平方公里，海岸线146公里。长岛海域辽阔，条件优越，进行海珍品养殖有得天独厚的优势，适宜海参、鲍鱼、海胆、虾夷扇贝、海带的养殖，盛产30多种经济鱼类和200多种贝藻类水产品，被称为“中国鲍鱼之乡、扇贝之乡和海带之乡”。长岛旅游资源十分丰富，岛屿山清水秀，礁峻滩美，文化底蕴深厚，是理想的旅游度假胜地。2005年，实现国内生产总值20.86亿元，工农业总产值27.8亿元，是全国农村综合实力百强县之一。

（摘自孙玉峰：《基于生态承载力的长岛县生态环境问题分析与对策》，《生态经济》2007年11月）

长岛县生态环境脆弱的原因：

1. 地区发展过于密集。长岛县人口大约有4.5万人，岛陆面积为56平方公里，人口主要集中居住在32个岛屿中的10个。这造成了长岛县人口密集、交通密集、建筑物密集、资源消耗密集以及废弃物排放密集等特性。这种密集型的区域发展模式，在带来经济发展的规模效益的同时，也引发了环境污染、生态破坏等生态环境问题，给区域的可持续发展带来了一定的压力。

2. 生产结构过于单一。以前，长岛县的渔业主要是捕捞型。过度的捕捞导致长岛县的主要经济鱼种资源严重衰退，捕捞强度大大超过了渔业资源的再生能力，使海洋走向荒漠化，严重制约了长岛县经济的可持续发展。近些年来，长岛县的经济发展模式由过去的捕捞型转向养殖型。近海地区由于养殖密度过大，超出了海洋生态可承载能力，致使海洋环境恶化，使其养殖业连年受灾，又造成了严重的经济损失。长岛县的养殖业连年受灾，渔业资源衰退，生态环境恶化，都是由于其生产结构过于单一所致。

3. 环境意识不强。长岛县拥有土地10184平方公里，仅占水域（海域）面积的4.36%。少地多水的现状，使当地政府和居民形成了重视土地资源的开发利用和保护，而轻视海洋资源的生态环境的保护，保护海洋环境的意识不强。因此，大量的工业垃圾、生活垃圾以及渔船和航船的废油被直接倾倒入海。长期以来，使海水受到污染，海域生态环境恶化。

（摘自孙玉峰：《基于生态承载力的长岛县生态环境问题分析与对策》，《生态经济》2007年11月）

长岛县素以青山绿水、碧海蓝天而著称。20世纪90年代中后期，由于海上渔业资源匮乏、水产养殖业受环渤海湾海水污染、养殖品种老化等原因影响，使长岛县持续几年栉孔扇贝大面积死亡，经济受到巨大的损失。长岛县及时调整工作思路，注重抓好养殖结构的调整和生态环境的治理。1. 加大海洋生态保护工作，制定严格的海洋生态保护措施，加大海洋保护执法力度，严格排污标准，禁止全县任何单位和个人向海洋乱倒垃圾和废弃物，任何单位和个人严禁在海蜇旺季加工海蜇，从而达到净化海洋环境的目的。2. 适时调整养殖结构，改变过去单一的养殖结构，采用立体化的养殖模式，海带、海参、鲍鱼、虾夷贝、杂交栉孔扇贝、深水网箱养鱼等项目同步发展，海珍品育苗、保苗、养成一条龙服务。3. 为了使长岛海洋生物与人类和谐相处，根据每年春季斑海豹循回长岛的特点建立“省级海豹自然保护区”，加强对斑海豹的保护工作。

（摘自于洪社　万兵力　王海亮　高峰：《保护海岛生态环境促进长岛经济发展》，《山东国土资源》2007年2月）

长岛积极保护岛屿生态环境。1. 坚决杜绝有污染、耗水大的企业到长岛投资，积极鼓励和争取清洁、环保的“风力发电”项目。目前，已有山东鲁能、华能、联凯等5家公司来长岛县投资“风力发电”项目，到2006年底投资5.4亿元，总装机容量6万千瓦，78台风机将全部投入营运，年可创利税4600万元。2. 做好水土保持工作。长岛县注重加大对“风力发电”项目破坏山体恢复治理的监管，采取制定“项目水土保持方案”、收取“项目水土流失防治费”的办法，积极引导投资企业保护海岛生态环境。目前，长岛县水土流失综合治理程度达到95%，仅“风力发电”项目水土保持治理资金就达1500万元。3. 保护好水资源。长岛县淡水资源匮乏，为了保护好地下水资源，长岛县出台政策，鼓励使用雨水，采取屋檐节水、环岛蓄水等办法来减少地下水的使用，达到涵养水源的目的。有条件的岛屿还利用先进的海水淡化技术，让海岛群众吃上了清洁、甘甜的淡化水。4. 保护好地质环境。长岛县委、县政府规定“严禁全县所有岛屿滩涂上裸露的球石资源的开采、严禁全县山石的开采”，采取强制性措施，关停全县所有采石场，从县外进石解决建设用石，同时对已破坏的山体收取“恢复治理抵押金”，使长岛的地质环境得到逐步恢复和保护。5. 保护好林业生态环境和鸟类生态环境。长岛县是“国家级自然保护区”，森林覆盖率达到56%，长岛县又是著名的候鸟驿站，每年春秋季节，各种南来北往的鸟类都要途经长岛，长岛县规定“凡鸟类必经的岛屿不允许建设影响鸟类迁徙的‘风力发电’等项目”。

同时做好城市建设和绿化美化工作。近3年来，县政府筹资4亿多元，投资于明珠广场、海滨广场、长岛港整体改造等100多项工程。同时，为了强化城市垃圾的处理，防止其对海洋环境及岛屿环境的影响，长岛县根据海岛的特点，利用围垦工程集中无害化处理城市垃圾，每年处理城市垃圾约2.6万吨。长岛县还注重抓好海岛绿化美化工作。近年来，栽植各种树木75万株，花卉100万株，退耕还林54.47万平方米，裸露山体造林80万平方米，城区绿地覆盖率达到54%，兴建渔村花园7处，绿地面积6.3万平方米，粉刷面积3万平方米。城乡生态环境明显改善，承载能力明显增强。

（摘自于洪社　万兵力　王海亮　高峰：《保护海岛生态环境促进长岛经济发展》，《山东国土资源》2007年2月）

多年来，个体客运船舶为逃避管理部门的监督管理，多数采用挂靠或委托公司经营。这只是形式上的公司经营，在船舶实际经营过程中，船长、船员只服从船东的要求，对于公司的各种安全管理、经营管理、从业人员管理措施，得不到落实。船舶之间无序竞争，客运市场混乱，航运市场得不到健康有序发展。

为此，长岛港航部门在对辖区整个航运市场进行近3个月的调查和广泛征求船方和船公司的意见和建议后，结合长岛实际，制定长岛3艘个体客运船舶，根据船公司与船东完全自愿、双向选择的方式，全部实行船舶光租的实施方案，由船公司统一经营、统一管理。对船员统一培训、统一调配，从业人员择优录取。

长通旅运有限公司分别以每年51万元的租金光租了“海神9号”、以每年48万元光租了“长山号”、以每年58万元光租了“钦岛1号”客船。长通旅运有限公司以光租的形式获取了3艘个体客船的全部经营权、管理权。至此，长岛县结束了个体经营客运船舶的历史，长岛县的客运船舶从真正的意义上实现了集约化经营，规范化管理。

（摘自孙明瑞：《长岛个体客船走集约化经营之路》，《中国水运报》2006年3月24日）

产业效益

山东长岛县地处山东半岛与辽东半岛之间及黄渤海交汇处，过去一直是以渔业为主的海岛县。近年来，该县受捕捞资源衰退和养殖病害影响，渔业经济面临困境。为此，长岛县委、县政府在加快推进渔业结构调整的同时，充分利用海岛天蓝、海清、山绿、景美的优势，念好“海”字经，唱好特色戏，大做“旅游兴海”文章，使当地旅游业骤然升温，“火爆”长岛。2001 年，全县共接待游客 74.7 万人次，旅游业直接收入 1.2 亿元，分别比 2000 年增长 17.2% 和 17.6%。

（摘自李昌　赵忠娜：《长岛旅游业骤然升温》，《中国海洋报》2002 年 3 月 26 日）

进入 8 月份以来，人口仅 5 万多的岛屿县——山东省长岛县每天接待游客数量均突破 1 万人，日最高接待游客数量达 1.6 万人以上。一直默默无闻的长岛旅游业何以见热，这主要得益于该县创出特色品牌“渔家乐”旅游项目抢占了市场先机。去年，全县旅游直接收入达 7000 多万元，第三产业增加值 3.7 亿元。今年 1—7 月份，全县进岛游客达 53.2 万人，同比增长 27.8%；门票收入 700 万元，同比增长 70%。

（摘自王金虎　顾延亮　范延学：《山东省长岛县渔家风俗成为旅游品牌》，《经济日报》2002 年 8 月 28 日）

国家级风景名胜区长岛历来把养殖业作为第一主导产业，曾以栉孔扇贝产量占全国 75% 而名声大振，过去岛上渔民年人均收入近万元。1996 年后，长岛扇贝生产连年遭灾，经济收入锐减。开发海岛风光旅游资源成了长岛人拓展经济新空间的新招式，但苦于缺乏特色旅游项目，一直难成“大器”。1999 年，该县王沟村渔民率先尝试了“渔家乐”旅游项目，把游客请到了普通渔民家里，吃渔家饭，睡渔家炕，体验渔家生活。独特的风俗及淳朴的民风中所包含的旅游价值，产生了强大的吸引力，仅三个多月就接待游客 3000 多人，直接收入近 30 万元。

（摘自王金虎　顾延亮　范延学：《山东省长岛县渔家风俗成为旅游品牌》，《经济日报》2002 年 8 月 28 日）

随着长岛“海上仙山”名气在旅游市场愈来愈大，慕名前来寻古访俗的游客越来越多，现时每天约有 1 万多人停留在长岛渔村。去年在渔闲时节经营“渔家乐”旅游的渔民总收入达 1500 多万元。如今，长岛已在全国打出了“海上仙山”风光游、“列岛探奇”生态游和“渔家风情”民俗游三大特色旅游品牌，北京、天津、河南、河北的游客分外钟情渔村民俗娱乐的不眠之夜。

客源市场这般火爆，不仅使长岛去年赢得了旅游直接收入 1.44 亿元的实惠，也使得长岛加大了对旅游产业的投入。据悉，今后长岛将每年以 5000 万元到 6000 万元资金，用于妈祖观光圣地、海豹海狮园和海岛度假村等风俗与生态项目开发。近日又与俄罗斯阿尔别克阿古罗有限公司签订了投资 4000 万元的合作协议。

（摘自石其鹏：《海岛特色游广招财源》，《中国海洋报》2003 年 8 月 15 日）

近四年，长岛迎难而上，在全力打好渔业、工业、旅游业三个翻身仗的同时，实现了城市建设和绿化美化两个大变样。先后投入 9.6 亿元，打破渔业产业“单打一”结构，形成了多品种一起上、多形式齐发展的多元化新格局，渔业增加值年均增长 20%。以风电为标志的海岛特色工业初成态势，投资 5 亿元，实施了 80 台风机的陆上风场开发，全县风电总装机容量达 6.2 万千瓦，工业增加值年均增长 46%。旅游吸引力和影响力不断扩大，打响了“渔家乐”特色品牌，获得“中国最佳避暑胜地”、“国家地质公园”和“首批农业旅游示范点”等称号，旅游直接收入年均增长 25.7%。投资 7 亿元开工 30 多个城建项目，投资 2100 多万元实现了由绿化向美化、森林向园林的过渡，全县森林覆盖率达到 56%，被评为“国家园林县城”、“中国十大最美海岛”和“山东十大最美地方”。截至 2006 年，长岛地区生产总值、渔村人均纯收入和社会固定资产投资年均增长分别达到 20.7%、15.7% 和 27.4%，荣膺“全国中小城市综合实力 100 强”、“全国最具投资潜力中小城市 50 强”等称号。

（摘自徐瑞蔓　张景亮：《长岛构建“中国最美海岛”》，《青岛日报》2007 年 4 月 3 日）

适应城里人渴望回归自然的需求，村里鼓励渔民借助原始生态环境和传统生活习俗办家庭旅游业，330 户人家有 80 多户建起“渔家小院”，130 多户转产搞海味餐饮、海上游乐和水陆客运，户年均收入 3 万元左右。全村三分之二的渔民放弃传统渔养劳作改行“玩”旅游，带动全村年人均纯收入 3600 多元。

（摘自于国旭　丰淑亮　陈英：《“渔家乐”唱响新渔村》，《中国财经报》2007 年 7 月 3 日）

“开发有地域特色的民俗生态旅游，是解决渔民增收、转产和就业三难的有效途径。”鹊咀村党支部书记邵万林说，在目前渔业资源减少和市场制约加重的情况下，渔民面临着如何增收、转产和就业的新问题，渔业生态旅游的兴起给渔民带来了希望。村里的旅游业每实现 1 人就业，可以带动 3 人间接就业；旅游业每增加 1 元收入，可以带动相关行业 5 到 10 元的收入。特别是像长岛这些有条件的渔村，扩大民俗生态旅游业规模，就能通过劳务投入、旅

游服务和直接就业来增加渔民收入。去年旅游旺季，仅南长山镇10多个渔村就投入四分之一的劳力，接待15万游客，实现收入1200万元。

（摘自于国旭　丰淑亮　陈英：《“渔家乐”唱响新渔村》，《中国财经报》2007年7月3日）

长岛县从事“渔家乐”旅游项目的渔户700多户，床位达8000多个，每年渔家乐接待游客占进岛客源20%以上，民俗生态旅游已成为长岛经济三大支柱之一，它不仅拉动三产增值7亿元，也使渔民人均纯收入增加7000多元。

（摘自于国旭　丰淑亮　陈英：《“渔家乐”唱响新渔村》，《中国财经报》2007年7月3日）

重要文章选登

山东长岛特色旅游资源研究

王　涌

旅游资源特色

1. 独特的区位

长岛县隶属于山东省烟台市，是山东省惟一的海岛县。长岛即长山列岛，又称庙岛群岛，位于黄渤海衔接处，由大小32个岛屿组成，它们像一串珍珠散落于胶辽半岛之间，南北纵贯56.4km，扼守着渤海海峡，是京津的门户。南部为山东半岛，北接旅顺、大连，西北部为京津地区，东与朝鲜、韩国、日本隔海相望，处于环渤海经济圈和旅游圈的核心位置。同时海岛作为海中陆地，犹如镶嵌在海洋中的串串明珠，因其四面环海，对久居大陆的人更具吸引力。

2. 宜人的气候

长岛诸岛四面环水，气温变化和缓。大陆度为52.3%，年内平均气温极差26.1℃，具有热而不闷，酷而不燥，润而不潮的特点。高于35℃的酷热日数年均0.2—0.3天，高于30℃的炎热日数仅12.8天，晴日多，人类最适宜生存温度为日均温8℃—20℃，长岛一年可达180天，各项气候指标均优于周边其他旅游城市，属于旅游气候优势区。海岛地区空气清新，被称为"空气维生素"和"长寿素"的负氧离子含量远高于城市，且寿命长达20分钟，吸入人体后能改善大脑皮层功能状态和肺的换气功能，加速骨胳生长，调节神经，对解除精神紧张有特效，是天然的疗养院。

3. 丰富多彩的旅游资源

长岛是国家级风景名胜区——胶东半岛海滨的主要组成部分，缥缈的海市蜃楼、瑰丽的海滋倩影、迷人的碧水青山，犹如海洋中的盆景，素有"美岛"、"古岛"、"鸟岛"、"渔岛"、"仙岛"五岛美誉。

"美"首先指长岛县三季有花，四季常绿的幽静、清新、美丽的"海上花园"形象，其次是指美丽的岛屿海岸风光。长岛系"胶辽隆起"断陷分离出的岛链式基岩群岛，大小岛屿高低疏密错落，植被丰茂，构成海湾99处，其中以半月湾尤为著名。岛屿周围大小明礁180多处，海蚀地貌景观异常丰富，崖、礁、洞、滩、台各具特色，有的突兀群聚，有的孑然屹立，有的古朴玲珑，构成了长岛旅游资源的主体与特色。

"古"是指悠久的历史。早在旧古石器晚期，长岛就有人类活动。著名考古专家苏秉琦教授对它的评价是："黄河、长江都是中华民族古文化的源泉，长岛地方虽小，但也是源，而不是流，长岛也是中华民族发祥地之一。"大黑山北庄遗址号称"东半坡"，与西安的半坡村齐名。

"鸟"指候鸟驿站。每年9—10月间，生活在长白山，大、小兴安岭，内蒙古草原和西伯利亚一带的候鸟经庙岛群岛迁移至南方避寒，翌年3—4月经此飞回北方，由此长岛就成了候鸟迁徙的必经之地，以其规模大、分布广、时间长而独具特色。目前，已查明鸟类19目，50科，240种，其中列入国际濒危动物红皮书的8种，国家重点保护珍禽9种，另外，还有世界上12个国家的国鸟7种。其中以万鸟岛、大黑山岛最为集中，号称"候鸟天堂"。

"渔"指独特的海洋文化。长岛作为海中陆地，与世隔绝，在认识和征服海洋的漫长岁月里积淀形成了独特的海洋文化，包括对海洋、潮汐、岛礁、风浪、海流、滩涂及海洋生物的认识，生活工具用品和生产方式的不断进化，以及在此基础上产生的与海洋有密切关系的宗教信仰、精神生活、文化艺术和神话传说等。海洋文化与大陆文化的差异性强烈地吸引着久居大陆的人投入大海的怀抱。

"仙"指天景天象资源。海天相映，云缠雾绕，流泻飘逸，景致变换奇特，赋予长岛风景以个性特色。主要表现在以下几个方面。海市蜃楼：长岛地处胶东、辽东、朝鲜半岛之间，四面环水，海天空旷，海水透明度和空气能见度高，是我国海市发生频率最大的地区。偶发于春夏之交或初秋之际，持续时间多则半小时左右，少则几分钟，因其千载难逢身价倍增。海滋倩影：春夏和伏暑之时，在特殊的气象和海况条件下，海上自然景观将发生虚幻变形，"上下时翻覆，分合瞬息中"，如入异国他乡，可谓海上奇观。平流雾：春夏之交或秋季伊始，东风乍起，庙岛群岛海域时有阵阵流雾在岛上飞泻飘逸，绕岛缠山，弥海填湾，山情水势呈现奇姿异态。流雾之上多是万里晴空，流雾在阳光照射之下，洁白如水，又似翻滚奔腾的银沙。日出日落：长岛地处黄、渤二海交汇处，因而可以在同一地点看到黄海日出和渤海日落。

开发现状评价

在"旅游兴岛"战略的指导下，该岛旅游业近几年来取得了很大进展，进岛游客明显增多，1997年达100万人次，直接收入5200万元，比上年增长20%，旅游业收入占全县海洋产值的1/6；游客来源由过去的北京、天津为主向上海以南各大都市及东北三省和西部内陆省份扩展；旅游空间从南北长山岛移向北五岛、无居民岛；旅游时限也由7、8、9三个月向其他月份延伸，基本形成了观光、赏古、度假的特色旅游模式，但仍存在许多问题。

1. 自然资源占绝对优势，开发功能较单一

目前全岛已开发98处景源，按景源类型可将其划分为自然景源和人文景源两大类，其中自然景源88处，占89.2%，人文景源仅占10.2%。长岛旅游资源自然景源包括：岛屿海岸景源、山林景源、海岛生物景源、天景天象景源。人文景源包括历史人文景源、民俗民情景源。

2. 区域发展不平衡，南北差异显著

根据地理位置可划分为南、北两大景区。南部景区主要包括南、北长山岛，庙岛，大、小黑山岛，高山岛，万鸟岛，大、小竹山岛等22个岛屿。该区岛屿密集，海域平静，岸坡缓冲，景点68处，包括了长岛的全部人文景观和大部分自然景观，占全岛景观的69.4%。北部景区包括砣矶岛，大、小钦岛，南、北隍城岛等大小10个岛屿。该区岛屿分散，孤峰插海，陡峭险峻，景点30处，以自然景观为主，占全岛的30.6%。虽然南北景区各具特色，但因长岛的经济政治中心集中于南部景区，交通便捷，景点基础设施起步高，综合发展条件明显优于北部景区。

3. 景深浅，基础设施低

长岛县因其海岛本身的区位优势形成了无人区开阔、环境优雅、淳朴清新的风格，颇受游人的青睐。但由于统一规划开发较晚，存在档次低、规模小、景深浅等问题，加之观光旅游天然排斥旧地重游。因此，旅客复游率低。另外，食宿、交通、娱乐等设施在旅游旺季也不能满足游客需求，旅游产品无特色。以上种种都在一定程度上影响长岛旅游形象及其旅游业的持续发展。

4. 可进入性差

长岛与陆地的惟一联系就是蓬莱—长岛航线。因此，必须经蓬莱中转才能到达长岛，这种间接性限制了旅游者作出以此为旅游目的地的决策。另一方面，是指旅游地内部的交通条件。长岛由32个岛屿组成，其中有居民岛10个，除南、北长山岛之间有公路相通外，各岛间联系均借助于海运，受气候因素制约，影响了旅游计划的确定，成为该岛旅游业发展的限制性因素。

开发原则及建议

1. 原则

（一）独特性原则。正如有鲜明个性的人才能给他人以深刻印象一样，旅游资源的开发应突出自身特点。特色旅游即在此基础上产生和发展起来的。因此，更应坚持这一原则。

（二）时代性原则。从商业价值看，旅游资源必须赋予时代性内容，只有与当代时尚、审美观、文化价值取向相吻合的景观才具有生命力和吸引力。

（三）系统性原则。旅游资源的开发实际上是系统工程的开发。因此，应从大区域角度进行整体规划，实现景点的多层次立体开发。

2. 建议

（一）塑造良好的旅游形象。设计旅游形象应从旅游地的食、住、行、游、购、娱六大要素方面体现个性。

（1）食——弘扬海洋美食文化。俗话说“民以食为天”，无论长、短途旅游都离不开这一要素，具有地方特色的小吃往往能给游客留下极深的印象，亦可成为该地区的旅游吸引物。长岛身处汪洋大海之中，长期以来形成了独特的海洋美食文化，海鲜水饺、海胆汤、延巴冻、“哈”海蜇等特色小吃品种多样，风味独特。随着人民生活水平的提高，食品结构发生变化，海鲜目前已成为都市美食新时尚，就地取材加工制作的海产品鲜味十足，对久居内陆的游客更具吸引力。海鲜品尝旅游必将成为长岛一条流动的风景线。

（2）住——营造恬淡舒适的渔家氛围。“住”是旅游中不可或缺的因素，游客大都追求温馨舒适的环境、合理的价位。同时，长岛县目前只对国内开放，游客大部分为工薪阶层。因此，不能盲目建设高档宾馆，应大力发展中、低价位的旅馆。另外，还可根据游客的好奇、怀旧、求新、求知心理设立“孤岛野营”基地；或者以简为主，因势随形，修建古雅的茅屋渔舍，以一床、一桌、一灯、一网勾起人们怀古探幽的心情；亦可选一港湾，泊几条渔船，烛光灯影，随波摇摆，海风轻拂，星空灿烂，令游客领略一番水上人家的风情。

（3）行——变间接为直接。“行”即交通方便程度。首先，必须改变长岛与大陆单线联系的局面，开辟新航线，使之成为直达性旅游地，目前规划开辟蓬莱—长岛—旅顺航线和长岛—天津—秦皇岛环渤海旅游航线，加强与环渤海旅游圈的联系；各岛之间开辟空中旅游航线，减少对气象条件的依赖性；至于各岛内部可借助出租车、摩托车等现代化交通工具，亦可安步当车，开展徒步旅游和单车旅游。

（4）游——“观光、赏古、度假”的特色旅游模式。“游”是六大要素的本质和灵魂。长岛旅游资源以自然景源为主，因此，观光旅游占较大比重；而观光旅游由于在一定时期内景观变化小，天然排斥重复旅游，所以，长岛旅游整体设计必须注重多功能、多层次开发，将观光旅游与追求舒适环境、身心松弛的度假旅游和访古归宗的赏古旅游有机结合，加强参与性、新奇性、娱乐性、知识性和享受性，充分发挥“海”“岛”特色，开展民俗探奇、奇礁异石观赏、水上娱乐、海上垂钓、品尝海鲜、候鸟放飞

六大特色旅游。改造完善南岛旅游区，开发建设北岛旅游区，增设直通航线，配套旅游设施，形成以南、北长山岛为中心，全面发展的新格局。

（5）购——开发特色旅游产品。“购”是旅游活动的附属产物。据有关部门统计，我国平均旅游商品收入占旅游总收入的30%以上。但目前存在各地旅游商品趋同，销售不畅的问题。能够刺激游客购买需求的只能是带有浓郁地方特色的旅游产品。长岛应着重开发天然饮料“一点碘”、用浪石条带绢云母千枚岩制作的高级盆景、与徽砚齐名的砣矶砚。另外，还可仿制原始地穴房屋模型、鸟形杯、蛋壳陶等作为陈列装饰品。

（6）娱。娱乐设施长期以来一直是长岛旅游的弱项，是亟待解决但未提到议事日程的问题。

（二）科学预测客源市场。

长岛的客源市场可分为三个层次：其一是以250km为游客吸引半径，吸引范围包括山东省的烟台、威海、东营、青岛以及辽宁省大连市，这是目前已开发的稳定客源市场；第二层次以500km为吸引半径，包括山东、河北、辽宁的大部分地区，以及江苏北部地区，属机会客源市场，是近期开发的主要目标；第三层次以750km为吸引半径，增加了山西、河南、安徽、江苏、上海、吉林、内蒙等省市，属于潜在客源市场，可作为远期开发目标。另外，随着长岛开放力度的加大，日本、韩国、朝鲜等国也必将成为最大海外客源市场。

（三）加强区域联合，搞好宣传促销。

长岛县位于环渤海旅游圈的核心位置，但由于地域开放性差，交通不便等因素，尽管有丰富的旅游资源，却未能发挥其核心作用。因此，加强区域联合势在必行。作为登州海市的有机组成部分，可与烟台相联合，借助其四通八达的交通运输条件，通过蓬莱吸引大量游客，与山东省旅游开发结合起来。大区域的联合首先要改善交通状况，变长岛为直达性旅游地，开辟长岛—天津—北京、长岛—秦皇岛、长岛—旅顺—大连、长岛—上海等长途旅游航线，与京津沪秦连等著名旅游城市联合开发，增长旅游链条，搞好宣传促销，提高知名度，扩大游客吸引范围，不断开拓新的客源市场，使之成为真正的环渤海旅游圈的核心。

长岛岛群未来旅游开发研究

张文萍

海岛因其给旅游者以远离城市喧嚣和彻底回归自然的心理感受而备受青睐，已成为旅游热点地区。从历史上看，海岛旅游的开发是与滨海旅游的发展紧密联系在一起的。从1730年在英国斯的盖堡拉和布赖顿出现现代意义的海滨旅游到今天已有200多年的历史，其间滨海旅游产品开发大致经历了三个阶段：疗养康复阶段、疗养游乐相结合阶段、游乐度假阶段。目前，世界上成功的海岛旅游开发主要分布在地中海沿岸、加勒比海沿岸及东南亚地区。我国自20世纪70年代末起，一些海岛得到了大规模的旅游开发，海南岛的观光度假旅游、上海横沙岛的度假旅游、浙江普陀岛的观光旅游以及我国沿海的一些小型岛屿的休闲旅游都在开发建设之中。总之，海岛已经成为最有吸引力的旅游目的地之一。

长岛即长山列岛，总称庙岛群岛，由大小32个岛屿组成，隶属于山东省烟台市，是山东省惟一的海岛县。其中南部的南长山岛、北长山岛、大黑山岛、小黑山岛、庙岛（习称南五岛）和北部的砣矶岛、大钦岛、小钦岛、南隍城岛、北隍城岛（习称北五岛）为有居民岛屿，其余均为无居民岛屿。全岛总人口4.5万人，岛陆面积55.963km^2，海岛岸线长146.06km。长岛拥有发展旅游业得天独厚的条件，为了能更好地发挥其资源优势，顺应新世纪旅游发展趋势，本文在对其旅游业发展优势及存在问题进行分析的基础上，对今后长岛旅游开发提出了新的模式和应遵循的原则。

长岛旅游业发展的优势

1. 区位优势

长岛岛群位于黄渤海衔接处，锁渤海咽喉，扼京津门户。南部为山东半岛，北接旅顺大连，西部为京津地区，东与朝鲜、韩国、日本隔海相望，处于渤海经济圈和旅游圈的核心位置。长岛依托的陆域，南部的山东半岛，西北部的京、津、塘地区，工农业发达，商贸活动活跃，经济和社会发展程度高，经济基础雄厚，科技力量较强，居民出游率较高，近几年一直是烟台旅游业的主要客源地区。

2. 优越的气候条件

长岛地处暖温带季风气候区，诸岛四面环水，气温变化缓和，年均气温为11.10℃。大陆度为52.3%，年内平均气温极差26.1℃，具有热而不闷、酷而不燥、润而不潮、冬无严寒、夏无酷暑的特点。高于35℃的酷热日数平均0.2—0.3天，高于30℃的炎热天数仅12.8天，晴日多，人类最适宜生存的温度为日均温8—20℃，长岛一年可达180天，其各项气候指标均优于周边其他旅游城市，属于旅游气候优势区，是不可多得的海岛旅游度假地，旅游开发价值居全省海岛之冠。

3. 丰富的动植物资源

长岛因其与大陆隔绝，加之特殊的地理位置，相对陆地来说，人类活动较晚，而且影响力小，故岛上的动植物资源较为丰富，全岛森林覆盖率为56%，共有树木85种，浅海植物79种，浅海动物91种，海洋鱼类72种。良好的自然环境，为鸟类的生活、繁衍提供了优越的条件，长岛成为许多鸟类迁徙的必经之路，被人们誉为“候鸟旅站”。全县目前已查明的鸟类有19目，50科，240种，占全国鸟类种类的25%，主要是候鸟，其中国家一级保护鸟类9种，二级保护鸟类40种，列入《国际濒危动植物红皮书》的国际重点保护鸟类52种，还拥有被世界上12个国家定为国鸟的鸟类8种。另外还有被称为中国第二大“蛇岛”的大黑山岛的蝮蛇群被以及庙岛的海豹等珍稀动物。

4. 独特的旅游资源

长岛拥有种类繁多的旅游资源，既有自然旅游资源，又有历史人文旅游资源。其中自然旅游资源包括岛屿海岸地质生态旅游资源（著名的宝塔礁、石矾礁、望福礁及丰富的海蚀洞、海蚀崖、海蚀平台等海蚀地貌景观）、海岛生物旅游资源（有丰富的鸟类资源、山林资源、珍稀的蝮蛇、海豹及其他海生动植物资源等）和天景天象旅游资源（神奇的海市蜃楼、海滋倩影、平流雾景及渤海日落和黄海日出等特有奇观）。人文旅游资源以海洋文化、渔家民俗为主。长岛丰富的自然旅游资源和人文旅游资源使其获得了“美岛”、“古岛”、“鸟岛”、“渔岛”、“仙岛”、“海上仙山”等美誉。

长岛旅游业发展现状及存在的问题

1. 长岛旅游业发展现状

长岛因其地理位置的特殊性，出于国防考虑，直到1983年才对国内开放，至今仍不对国外开放，因此其旅游业起步较晚。尽管如此，但其发展迅速，现已初具规模。长岛目前有4家旅行社、22家饭店（其中有两家正在申请三星级宾馆，预计今年可获批准）、85家个体旅馆（含6000多张床位）。1999年兴起的“渔家乐”项目，已成为长岛旅游的知名品牌，具有一定的区域知名度和市场号召力。现已通过审批的渔家乐业户共有681户，可提供8000多张床位。长岛旅游资源丰富，是国家级风景名胜区、国家级自然保护区、国家级森林公园和省级海豹自然保护区。自1985年以来，已开发的旅游景区有九丈崖半月湾省级地质公园、林海烽山国家森林公园、望福礁仙境渊民俗风情公园、庙岛妈祖文化公园、海上石林公园等。烽山鸟展馆、长岛博物馆、庙岛中国古船博物馆等景点可供游人观赏、娱乐。近几年还推出了渔家乐之旅、候鸟放飞之旅、四季吃海鲜之旅、岸边垂钓之旅等特色旅游产品。长岛还有驰名全国的砣矶砚、石盆景以及生物活性碘、海胆罐头、石莼粉皮、一点碘口服液等省内名牌产品，可供游客购买。蓬莱至长岛每日两岸对开游船有30多艘，乘快船进岛15分钟，慢船40分钟，滚装船可同时载车30余部，游客可带车进岛。同时，岛上有旅游车60余辆，还有出租车提供服务，交通便利。

近几年长岛旅游宣传促销力度有所增强，不仅参加了各种旅游交易会，而且在报纸、电视等大众媒体上做了大量宣传报道，加上游客对渔家乐品牌比较认可，游客数量不断上升，旅游收入也不断增加。2004年共接待游客105万人次，直接收入1.89亿元，占全县GDP的36%，旅游业成为长岛经济的主导产业。

2. 存在的问题

长岛旅游资源的开发大多处于初级阶段，各景点多以山海为特色，景区内容雷同。旅游餐饮、旅游商品、旅游文化娱乐方面的开发配套都极为不够，开发利用率很有限，造成了旅游效益低下；旅游产品结构单一，产品缺乏深度吸引力，至今仍处于以观光功能为主的开发阶段，度假旅游、生态旅游未能体现，文化内涵发挥不足；旅游产品缺乏娱乐性、享受性和晚间活动内容，这种状况很不适应当前旅游市场的变化，使其在旅游资源方面的优势既不能充分发挥出来，又削弱了旅游产品在市场上的竞争力；在旅游开发的过程中忽视了海岛生态环境的脆弱性等问题。这些都影响了长岛旅游业的可持续发展。

长岛未来旅游开发模式

1. 海上游乐场

海上游乐活动可以搞一些滑板、水上摩托、快艇、牵引伞、水上帆船、冲浪、游艇等参与性比较强的游玩活动。在近海岸区域可利用渔业生产场地、渔船渔具、渔业产品以及渔业经营活动，增加游客对渔民生活的体验，开发以"当渔民、唱渔歌、观渔灯、驾渔船、撒渔网、钓海鱼、吃渔家饭"等为主要内容的渔家乐项目，让游客可以当一回"真正的渔民"。

2. 科普生态旅游产品

长山列岛系"胶辽隆起"断裂分离出的岛链式基岩群岛，岛屿海岸风光独特且丰富，有"海上盆景"之称，在我国各类旅游区、风景区体系中占有特殊的地位。岛上崖、礁、洞、滩、台等景观各具特色、别有洞天，构成长岛景源的主体与特色。海蚀洞、海蚀崖、海蚀平台等丰富的海蚀地貌景观是很好的海岸地貌天然的野外课堂。因此长岛可以此开展地貌科普旅游以及荒岛和海洋探险旅游等，让游客在旅游中了解海岛与海洋的有关知识。

3. 海岛生物观赏旅游产品

长岛有丰富的生物旅游资源，包括鸟类资源、山林资源、蝮蛇资源、海生动植物资源和海豹资源等。候鸟奇观、海豹洄游是长岛生物景源的主要特色。每年9—11月间，生活在长白山、大小兴安岭、内蒙古草原和西伯利亚一带的候鸟经庙岛群岛迁移至南方避寒；每年的11月前后，从俄罗斯鄂霍次克海启程的海豹，经日本海、北黄海到我国渤海的辽东湾一带越冬繁衍，而长岛的长山水道是海豹的必经之路。因此可在长岛开展候鸟放飞、观鸟、观海豹等专题旅游，既丰富了旅游产品内容，又可解决淡旺季的问题。

4. 民俗文化旅游

长岛有着悠久的历史文化，早在旧石器晚期就有人类活动。长岛作为海中陆地，与世隔绝，在认识和征服海洋的漫长岁月里积淀形成了独特的海洋文化以及在此基础上产生的与海洋有密切关系的宗教信仰、文化艺术和神话传说等。因此，长岛可以多开展能突出海洋文化和别具一格的渔家风俗的婚嫁礼俗及庙会、灯会等以民间文化习俗为题材的民俗旅游项目，让游人充分体验海洋民俗风情。

长岛未来旅游开发的原则及措施

1. 应遵循的原则

（1）保护生态环境的原则。长岛旅游开发，一定要把保护环境放在首位。长岛与陆地相比，具有面积小、淡水资源缺乏、生物种群多样性低、环境容量有限等特点，因此生态环境脆弱，极易受到破坏。在旅游开发中，无论是管理部门还是使用人，都应严格遵循生态环境保护和海岛环境承载量的原则和规律，"以保护为主，在保护中开发"，以保证海岛旅游资源可持续利用。

（2）统筹规划，重点开发的原则。长岛旅游业应统一领导，统一规划，处理好当前利益与长远利益、局部利益与整体利益、重点与一般的关系，充分发挥海岛生态旅游的资源优势，点、线、面结合，重点开发，注重实效，形成拳头产品。在开发中要先易后难，由少到多，逐步实施，不断发展。

（3）因地制宜，突出地方特色原则。特色是海岛旅游资源开发的魅力所在，有特色才有竞争力。要使长岛海岛旅游在全省乃至全国占有一席之地，必须突出地方特色，挖掘悠久的历史文化内涵并体现于旅游项目之中，使之成为有较强冲击力的特色旅游产品。

（4）市场导向原则。海岛旅游资源开发后的效益直接取决于其客源市场状况。当前旅游业激烈的市场竞争也要求长岛旅游开发必须坚持以市场为导向，即依据旅游者的需要，根据客源市场结构特点及其变化，适时确定并调整现有资源开发利用的方向、内容和形式。

（5）参与性原则。参与性旅游是主动地将旅游者自身的愿望、情趣、伦理在旅游活动中自我实现。现代旅游的发展，尤其是生态旅游的发展，要注重参与性的原则，长岛传统的旅游方式已经不能够适应现代旅游的发展需要。

2. 应采取的措施

（1）积极发挥政府的主导作用。在长岛旅游开发过程中，应依靠行政力量，将各利益主体（政府、开发商、当地居民）的利益统一起来，形成旅游开发合力。同时完善立法，形成以法律为准绳的开发机制，严格项目申报、立项、审查程序，使海岛旅游开发规范化、法制化、有序化，在政府监督和控制下开展各项工作。

（2）提高旅游发展水平，增强旅游产品的竞争力，根据旅游产品市场需求变化特点，不断推陈出新。一是提高传统项目档次，在原有特色上深入挖掘文化内涵；二是充分利用长岛的区位优势和资源优势，不断推出新的旅游产品，特别是参与性和娱乐性产品；三是引导产品向纵深发展，体现特色。

（3）积极进行旅游产品的宣传促销活动，通过促销，产品才能让人们了解、熟悉、接受。长岛游客虽然如潮，但人们对其认识仍比较片面，因此，各旅游区必须进行宣传促销工作，通过媒介，向国内外广泛宣传其旅游资源，以达到扩大客源规模和吸引投资的目的。

（4）优先发展投资少、文化内涵丰富的产品。由于长岛发展旅游业的资金不足，一般应尽量开发投资少、文化内涵丰富、经济回报快的旅游产品。如可以大量开发具有民族特色、地方特色和艺术特色的简易建筑为旅馆和餐馆。在旅游项目上，多开发一些民族性、地方性、娱乐性强的项目。

（5）进行区域旅游合作。区域旅游合作是现代旅游业发展的一个基本特征。长岛与处于同一旅游风景带内的蓬莱、威海知名度相当，而且旅游资源方面也有很大的相似性，因此，长岛旅游发展应站在区域旅游整体发展的高度来确定自己的定位，按照“优势互补、客源互送、资源共享、信息联动、共同发展”的原则，积极开展区域旅游合作。如实施蓬莱长岛旅游联动机制、胶东半岛海岛旅游开发整体化等策略。

山东省长岛县渔家风俗成为旅游品牌

王金虎　顾延亮　范延学

进入8月份以来，人口仅5万多的岛屿县——山东省长岛县每天接待游客数量均突破1万人，日最高接待游客数量达1.6万人以上。一直默默无闻的长岛旅游业何以见热，这主要得益于该县创出特色品牌“渔家乐”旅游项目抢占了市场先机。去年，全县旅游直接收入达7000多万元，第三产业增加值3.7亿元。今年1—7月份，全县进岛游客达53.2万人，同比增长27.8%；门票收入700万元，同比增长70%。

国家级风景名胜区长岛历来把养殖业作为第一主导产业，曾以栉孔扇贝产量占全国75%而名声大振，过去岛上渔民年人均收入近万元。1996年后，长岛扇贝生产连年遭灾，经济收入锐减。开发海岛风光旅游资源成了长岛人拓展经济新空间的新招式，但苦于缺乏特色旅游项目，一直难成“大器”。1999年，该县王沟村渔民率先尝试了“渔家乐”旅游项目，把游客请到了普通渔民家里，吃渔家饭，睡渔家炕，体验渔家生活。独特的风俗及淳朴的民风中所包含的旅游价值，产生了强大的吸引力，仅三个多月就接待游客3000多人，直接收入近30万元。

长岛县的决策者认识到，不仅山水风光是旅游资源，就连渔风渔俗、渔家生活都是吸引游客的“卖点”。旅游产业如同商品经济一样，没有特色难有大的作为。于是他们抓住休闲度假式旅游渐受青睐的时机，启动民间资本扩大旅游经济规模和领域，鼓励渔民在休渔期投资或从事具有海岛民俗特色的“渔家乐”家庭旅游业经营，适时引导渔民纷纷搞起“渔家乐”特色旅游项目，做起了特色旅游的文章。他们把游客请进渔家，与渔民同吃、同住、同出海，白天边捕鱼网虾，边欣赏山海胜景；夜晚围着篝火唱渔歌看舞龙，渔家风味小吃更是风味十足，游客可以真真切切地过上一把当渔民的瘾。据了解，该县仅南长山岛和北长山岛就有680多户渔民从事“渔家乐”旅游项目，共有接待床位8000多个，占全县旅游接待能力的1/3以上。

民俗旅游开发模式研究

——基于实践的民俗资源开发利用模式探讨

王德刚

“广谷大川异制，民生其间异俗。”我国幅员辽阔，历史悠久，各族、各地人民在特定的生活环境中，形成了丰富多彩、奇异纷呈的民俗文化。在历史发展的长河中，民俗文化伴随着人类的生活和生产活动，不断地形成、演变和发展，成为人类文化体系中一枝瑰丽的奇葩。

作为传统文化、民间和地方文化的重要组成部分，民俗文化具有鲜明的原始性、地方性和民族性，从旅游文化的角度来说，也具有奇特性和区域垄断性，因而能够成为旅游资源的重要组成部分，能够为当今的旅游开发和社会经济发展服务，成为社会经济发展的基础性文化资源之一。

我国的民俗旅游开发始于20世纪80年代初期。当时我国刚刚推行开放政策，现代旅游业作为一个改革开放的直接产物首先从发展国际入境旅游开始起步。为吸引海外旅游者，当时开发的旅游资源主要集中在国内最著名的、品位和级别最高的名山大川和历史文化两个领域，民俗旅游的开发作为补充性产品还局限在比较狭窄的领域，无论是在开发的广度还是在开发的深度方面，都没有展开。随着旅游业的不断发展，特别是进入90年代中期以后，伴随着国内旅游的“井喷式”兴起，民俗旅游资源的开发也进入大发展时期，民俗旅游产品如雨后春笋般发展起来，直至今日，民俗旅游的开发仍然是一个热度不减的“高烧”领域。因此，在这样的时刻，研究民俗旅游的开发模式是有现实意义的。通过对现实经验的总结和理论上的探讨，找到民俗资源开发、利用的有效途径，指明民俗旅游发展的正确方向，既为社会经济发展的实践服务，也为民俗文化的理论研究提供一些实证素材。

通过对二十年来我国民俗旅游开发的发展经验总结和笔者从事民俗旅游开发设计实践的体会，将民俗旅游开发的模式总结为如下六种类型，即品牌经营模式、社区—历史（传统）街区模式、乡村模式、“生态博物馆”模式、主题公园模式、节庆活动模式。

品牌经营模式

品牌经营模式是民俗旅游开发过程中市场化程度最高的一种模式，它是通过把民俗资源在生产和生活中分散的存在形式进行提升和整合，并进行“虚拟包装”，使其成为一个“完整的产品”，这种产品有市场“品牌”和“商标”，在经营过程中，以这种“虚拟包装”出来的“品牌”为纽带，组织“产品”的规模化生产，在市场上进行推销，获得经济收益。

山东省长岛县是我国十四个海岛县之一，地处黄、渤海交界处，它的海岛、海滩、海礁、海洋生物和气候、天气、天象等自然资源都独具特色。而且，由于地处海湾之内，与大陆隔海相望，保存了我国北方地区最原始、最传统、最原汁原味的海洋、渔业和渔家生活民俗。自1998年以来，长岛县在发展海岛观光旅游的基础上，以传统的渔家生活民俗为基础，结合休闲渔业生产民俗，推出了极具海岛特色的渔家民俗旅游项目——“渔家乐”民俗旅游产品（产品—旅游活动的基本内容是住渔家炕、吃渔家饭，与渔民一起出海下网打鱼，体验渔业生产和渔民生活的乐趣），并把“渔家乐”作为一个产品品牌进行了商标注册，然后以“公司+农户”的形式组织批量生产和市场推销：即由拥有产品商标品牌的旅游公司制定统一的产品（旅游活动）内容和服务标准，与愿意参加经营的渔民家庭签订产品“特许经营”协议，公司统一进行市场促销、组织客源和分解接待，经营业户向公司缴纳定额的“特许经营费”和与经营额等比例的管理费用。经过四五年的经营运作，“渔家乐”已经成为山东省乃至我国北方地区有极高市场影响力的旅游产品，经营业户发展到一千家以上。2002年，收入最高的业户达到了30万元/年，全县“渔家乐”产品的经营总收入超过6000万元/年。

“渔家乐”是一种典型的、完全按市场化原则运作的民俗旅游开发模式，它把存在于社会生活最基层的生产和生活民俗资源进行了有效的提升和整合，并与市场对接，进行了以知识创新为基础的“虚拟包装”，把一种普通的生活和生产过程变成了一个有市场品牌的“产品”。在“渔家乐”的影响下，2002年，山东省又出现了第二个、并且是一炮打响的民俗旅游产品——荣成市河口村的“胶东渔村”。它在“渔家乐”的基础上对产品进行了从内容到形式上的改进，是“渔家乐”的一种升级换代产品。特别是它一开始就借助专业旅游策划人员的力量，对产品（民俗旅游行动）的内容、形式进行了专门策划，并把它包装成最具北方意义的渔家民俗旅游品牌“胶东”的“渔村”——“胶东渔村”。

社区—历史（传统）街区模式

民俗是基于生产和生活实践的一种社会文化现象，也只有在现实的生产和生活过程当中，民俗才是有血有肉、活生生的文化现象，因此，在山东省人民政府委托、世界旅游组织编制的《山东省旅游发展总体规划》中，外国专家首次提出了“把山东人和山东人的生活作为最宝贵的资源”，来开发融入现实生活的民俗旅游，规划中认为，以芙蓉街为代表的济南市老城区，是济南市作为国家级历史文化名城的历史文化、（城市）民俗文化、泉文化的现实载体，是济南地方文化的“灵魂”。规划中提出，作为济南市最具代表性的历史街区，它就像一块被现代物质文明包裹起来的历史文化“活化石”，用活生生的现实生活在讲述着济南的历史，因此，它的旅游开发价值极大，要把这片传统性和地方性特征非常显著的历史街区开发成为一处“社区型”的旅游区：这里有经修整后仍然保留着明清民居建筑形式的民俗建筑群落，有拥泉而居的济南老市民，有临街而开的老店铺，有熙熙攘攘的街头小卖，市井民俗文化在这片历史街区中被表现得淋漓尽致，这里成为旅游者进行文化寻古、城市民俗体验、观光与休闲旅游的好去处。

社区—历史（传统）街区模式，强调的首先是“社区”的概念，它打破了传统的旅游景区的开发模式（封闭管理的、以收取门票为主要收入来源的经营单元），而是把一处完完全全的、有人和人的生活（而且这种生活并没有因开发旅游而发生改变）的城市街区变成一个有吸引力的旅游吸引场所，以旅游者在这片街区的休闲消费、购物、餐饮、娱乐消费作为收入的来源，这些因发展旅游而带来的收入也并不是被以“旅游开发公司”为代表的开发商或地方政府获得，从中直接和最大受益的是当地居民，他们通过为旅游者提供具有民俗性质的吃、住、购、娱等服务而获得收益，提高了社区的经济发展水平和居民的生活质量，改善了社区环境。这正符合世界旅游组织所倡导的旅游发展理念：发展旅游首先要考虑社区利益。

目前，山东省烟台市的海滨历史街区、青州的回民古街、周村的大街、台儿庄的古运河码头等也都在规划进行城市历史（传统）街区的民俗旅游开发。北京的胡同文化旅游、上海的豫园、南京的夫子庙等也都属于同类的城市民俗旅游开发模式。

乡村模式

乡村模式与社区—历史（传统）街区模式在形式上有相同之处——它们都是在一处有人和人的生活的区域，在不改变人们日常生产和生活秩序的前提下进行的。但它们的资源主体和所依托的载体有所不同：乡村模式是在乡村环境中，以乡村生活和田园风光为依托开发的与农业生产和乡村生活相关的“乡村民俗旅游”。

潍坊市寒亭区的杨家埠是一个有600年历史的小村庄。相传在600年以前，一户杨姓人家从四川逃难来到这里落脚，定居后他们仍操起在四川时的祖传手艺——刻印木版年画，并使之世代流传，一直延续至今。传统的年画是中国汉族地区在农业社会时期几乎家家户户都要贴的一种象征吉祥、期盼、希望的图画，但随着社会的变迁和进步，特别是随着城市化的进程，传统年画的直接市场越来越小，几乎快要绝迹。但在今天的旅游开发中，木版年画作为一种最传统的民俗资源，却有了新的用场——发展民俗旅游。在《杨家埠民俗村旅游开发建设规划》中，提出了“建设中国民间艺术遗产村庄”的设想，要通过对有600年历史的木版年画传统艺术的挖掘、整理、传承和发扬光大，恢复明清杨家埠年画发展鼎盛时期的村庄面貌，形成一处有浓郁乡村氛围和民间工艺民俗特色的专业旅游村，开展“入户”（进入有木版年画作坊生产的家庭）的民俗旅游活动，让旅游者在家庭年画作坊中，亲自刻印年画，亲自张贴年画或把自己刻印的年画带（买）回家。最终的目标是：把杨家埠建设成为中国的“民间艺术遗产村庄”，把木版年画传统艺术列入世界文化遗产名录。经过初期的开发，杨家埠已经建起了民间艺术大观园、木版年画博物馆、风筝扎制演示车间等设施，有几十个家庭的木版年画业户接待游客，年接待游客20万人次，全村旅游收入过亿元。2001年春节期间，接待了6000多海外旅游者前来参观、游览，其中有许多国内外旅游者住进了年画生产业户的家庭，与他们一起印年画、扎风筝、贴对联、包饺子、放鞭炮，过了一个地地道道的“民俗年”。

在山东省内，除杨家埠之外，还有高密的扑灰年画村、郸城的“天下武术第一村”（宋江武校）、枣庄山亭区的洪门村（葡萄生态村）、峰城区万亩石榴园内的“石榴人家”、章丘市的朱家峪、莱芜市的房干村、威海市的“花村”和“画村”等，都在开发这种乡村民俗旅游，业绩显著。特别是在威海市，这种具有特色民俗意义的村庄，经统一规划后，已形成“一村一点”的民俗旅游开发趋势。

近几年来，在国内也兴起了许多著名的乡村旅游地，如苏州的周庄和同里、上海的朱家角、安徽的西递村等，都已成为闻名全国的民俗旅游村。

“生态博物馆”模式

“生态博物馆”是指不移动文物的原始位置，而是把文物、文化保持在其原生状态下的一种“博物馆”建设形式。这是当今国际上最新的博物馆建设理念，它打破了传统的集中收藏式的博物馆建设模式。它的意义在于能够让人们了解文化遗产的本来或原始面貌，能够满足人们对文化的“本性追求”。“生态博物馆”的建设理念被引用到民俗旅游的开发过程中，并成为一种很有市场前景的开发模式。山东省安丘市的石家庄村，是山东最早开发民俗旅游的村庄之一，村中建起了一个个各具特色的“民俗主题小院”，将当地传统生活和生产民俗一一地展示出来，包括“婚俗小院”、“年俗小院”、“居家小院”等，一个小院一个主题。这种“民俗主题小院”融入村民的生活当中，与当地的乡村生活融为一体，纯朴、未加任何修饰的乡村环境烘托着这些民俗小院，旅游者在这里，能够领略到中国最典型、最具代表意义的民俗活动——结婚、过年。

另据《人民日报》（海外版）报道，民俗旅游经过几年的发展，在北京郊区已经初具规模，“住农家院，吃农家饭”成为众多京城市民的郊游时尚。北京平谷区大华山镇挂甲峪村因此而搞起了种类繁多的农家“主题院落”。“主题院落”就是依托传统的民居，以丰富的农村传统手工制品、传统农业生产方式和工具、传统文化氛围，通过展示、参与，让游客，尤其是都市青少年充分了解传统农业文明的悠久历史。每个接待户按不同民俗手工艺主题来布置，形成不同“主题”的院落，并以该主题命名此院落。

“生态博物馆”模式的最大意义在于：它是在一种原生的状态下，以“活博物馆”的形式和手段来展示民俗文化，它既将分散于人们生活和生产过程中的民俗资源整合到了一起进行集中展示，提高了民俗资源的单位丰富度，又没有使他们完全离开现实的生活而保持了民俗文化的“原汁原味”，作为一种民俗旅游的开发模式，极具吸引力。

主题公园模式

主题公园模式的旅游开发，是在一处专门为开发旅游而建设的园区内，通过仿造民俗环境、表演民俗节目或生产、生活民俗中的某些活动，形成规模展示，表现多种不同民俗文化的一种民俗旅游开发方式。

从理论上说，主题公园里的“民俗”是一种假民俗，是“表演出来”的，而不是真正源于生活的民俗，或者说是民俗文化的“复制品”或“赝品”，因为民俗来源于生活，也体现在生活当中。一旦把它从生活当中剥离出来，使它离开了现实生活的土壤，它就只能是一种或通过表演、装扮而形成的“假民俗”，或通过静态展示手段，将民俗生活、生产中的某些素材展示出来，用这种方法展示的只是民俗生活、生产过程中的一部分使用材料（如生活、生产工具和场景等），而不是民俗活动本身。

但是从实践角度来说，这种模式却有很大的现实意义，它可以将民俗资源进行“异地移植”，有利于民俗文化的宣传和交流，被更多、更广泛的人们所认识和了解；它有利于将民俗资源进行“集约化”开发，实现民俗旅游的“工厂化”生产与经营。因此，从实践的角度讲，这是一种文化效益与经济效益能够“双赢”的开发模式。

主题公园模式的民俗旅游开发，在世界上许多国家和地区都是一种被普遍采用的民俗旅游开发模式。如泰国的“东巴文化村”，就是一个典型的以当地民俗文化为主题的文化公园；而南非开普敦的“原始丛林”则是以土著黑人文化为主题的文化公园。

在我国，深圳的“中国民俗文化村”是“主题公园”式民俗旅游开发的典型代表；山东省安丘市的“青云山民俗乐园”、临沂市的“圣能乐园”以及正在建设的济南市“九顶塔民族风情园”、莒南县的“沂蒙乡村风情园”等属于这种主题公园式的民俗旅游开发项目。而河南省开封市的“清明上河园”则是一种以历史民俗为主题的文化公园。

节庆活动模式

节庆活动模式是以传统的民俗节日、民俗活动或民俗文化为主题，以举办大型节庆活动为形式而进行的一种民俗旅游开发模式。根据利用资源本身的特征和节庆活动的形式，又表现为两种类型：

一是民俗节日—节庆活动形式。即利用传统的和已经俗成的民俗节日，开发成一种观光与参与相结合的旅游活动。如傣族的泼水节、福建的妈祖节和藏族的展佛节、达玛节、林卡节等这些地区和民族的传统民俗节日，现都已经被开发成为与传统节日结合在一起的专题旅游活动。

二是民俗活动—节庆活动形式。即以传统的民俗活动为主题，举办专门的文化旅游活动，这种民俗活动本身在生活或生产中并不是一种固定或俗成的节日活动，而是在现代旅游发展过程中专门开发而成。如潍坊市一年一度的“国际风筝会”就属于这种类型。扎制和放飞风筝在潍坊一带是一种流传历史悠久、民间基础广泛的民俗活动，但在历史上并没有这样一种专门的放风筝的节日，改革开放以后，为发展旅游业，促进对外交往和商贸活动的进步，潍坊市把这种传统的民间民俗活动组织成一个大型的、国际性的主题民俗节庆活动，并固定下来，成为每年一届的定期民俗节日。这种民俗节庆活动的开展，提高了潍坊市的知名度，促进了潍坊与世界各国的广泛交往，扩大了潍坊国际旅游业的发展，为潍坊市社会经济的发展起到了巨大的促进作用。其他还有海南的国际椰子节、新疆的葡萄节、内蒙古的那达慕大会、吴桥的杂技节、岳阳的国际龙舟节等都属于这种类型。

总之，民俗文化作为一种旅游资源，在现代经济发展过程中发挥着越来越大的积极作用，特别是对于经济发展水平相对落后的农村地区来说，民俗旅游的开展正在改变着农村传统经济的产业结构。如荣成市的河口村，自开发“胶东渔村”民俗旅游以来，一位家庭妇女可以主持一个“胶东渔村”民俗旅游业户的全部工作，而这一人一户一个月的纯收入却可达到3000—4000元，使渔村传统的经济收入来源由以海上捕捞为主转变为以旅游服务为主，实现了乡村经济由第一产业向第三产业的自然过渡。同时，民俗旅游的开展，也最大程度地发挥了社会和文化效益，像潍坊杨家埠的传统木版年画工艺民俗，由于现代城市化的进程使其直接的市场越来越小，经营年画越来越无利可图，使这种有六百年之久的传统艺术几乎失传、绝迹（实际上这种民俗在我国历史上四大木版年画基地中的大部分地区已经绝迹），是旅游开发“抢救”了它，使这种传统的民间艺术又重新焕发了青春。

在民俗旅游的开发过程中，内容和形式都十分重要，它们是塑造民俗旅游产品吸引力的两个基本支柱：内容（民俗本身）是开发的前提，适当的模式则是取得效益的保障；同时，二者又应该是协调的、对应的，才能够相得益彰，取得社会效益与经济效益的“双赢”。

“公司 + 渔户”式休闲度假村发展模式探讨

邹建森 戴桂林 张晓燕

建设社会主义新农村是中共十六届五中全会提出的重大历史任务。近些年来，随着海洋渔业资源的衰退，渔民开始走出靠捕鱼维持家用的生活，积极寻找新的出路。青岛市西麦窑村与威海市河口村两地依靠当地优势，搞起了以渔家风情为特色的旅游模式——“公司 + 渔户”式休闲度假村，并取得了良好的效果。笔者在对两地初具规模的“公司 + 渔户”式休闲度假村进行深入调研后，整理分析了所获得的相关资料并认为，“公司 + 渔户”式休闲度假村对我国沿海渔村经济发展作用显著，成为沿海渔村改造的有效模式之一，值得我国沿海地区借鉴推广。

两地“公司 + 渔户”式休闲度假村的发展状况及比较分析

1. 两地简况

青岛西麦窑“山海人家”旅游度假村位于崂山旅游风景区的入口处，该村虽保留着传统的耕耘渔樵生产方式和典型的崂山当地民俗风情，但其总体生活水平却已相当高。富裕人家盖起了别墅小楼，虽然少数还居住在传统民居里，但家庭内部的生活设施也已经实现现代化。该村的“山海人家”度假村起始于 2004 年，最初仅有 18 家，短短数年，目前已经发展到 89 家，并且由最初的粗放经营变成了现在的规范经营，收效显著。山海人家的总规模在逐年扩大，而且扩展速度也在逐渐加快，西麦窑共有 200 多户，但是目前加盟“山海人家”度假村的农户比例已经接近全村人数的 45%，正在等待加盟的农户还在不断增多。加盟渔户的收入都明显提高（如下表所示），平均年经营收入增长率都在 50% 以上，这种模式成为解决当地渔民增收难问题的有效途径。同时，越来越多的游客表明“山海人家”度假村的市场反应是相当强烈的，迎合了消费者的口味，深受广大城镇居民的欢迎。

西麦窑家庭旅馆式休闲度假村发展统计

	山海人家度假村加盟户数			年平均经营收入（万元）
	总户数	每户年接待人数	年经营收入大于两万元的户数	
2004	18	400	2	0.5
2005	37	700	9	0.9
2006 预计	89	1000	18	1.4

资料来源：实地调查问卷整理所得。

威海河口“胶东渔村”旅游度假村三面环山，一面环海，保持着质朴的渔村民俗民风，是都市人体验渔家风情、寻找心灵休憩的理想处所。2001 年 9 月，该村成立了“胶东渔村”旅游公司，针对城市工薪阶层设计了中档消费的二三日休闲游项目，实行统一管理，产、供、销一条龙。随后便呈现出蓬勃发展的良好态势。全村 286 户，800 多人，80% 以上的农户从事文化旅游事业，渔家游达标的农户有 100 多家，与北京、青岛、烟台、威海等处的 82 家旅行社建立了长期的业务关系，渔家游拉动全村户增收入达 4000 多元，年收入 1 万元以上的户主比比皆是，2006 年 1 到 8 月份接待游客多达 3 万人，赚足了风景钱，多次受到荣成市政府、威海市政府的表彰。

2. 两地的比较分析

两地渔民度假村建立之初都是按照农户自愿加盟的原则，不搞强迫命令。在调查中两地加盟渔户对此模式的满意度都无一例外地达到 100%，强烈地表示通过休闲度假村快速地带动了当地的经济发展。同时通过比较分析，笔者发现了两地发展模式存在差异。主要有：

（1）所处地理位置不同。崂山“山海人家”地处崂山景区入口而且濒临海滩，所以基本定位属于观光游览型，游客白天更多的是到景区或者市区去玩，晚上回渔村住宿；而荣成“胶东渔村”由于远离城市，基本定位于民俗民居型和娱乐休闲型之间，当地直至现在仍然保留着“路不拾遗，夜不闭户”的美德，游客可以远离城市尘嚣，体验渔民生活。

（2）经营管理体制不同。崂山“山海人家”采取的是较为松散的自主经营型，而荣成“胶东渔村”采取的是比较严格的统一管理型。这主要跟当地的风土人情和经济发展水平有关，特别是渔村运营公司的所有权归属不同。崂山“山海人家”旅游公司是由村里个人入股投资建成运营的，而荣成“胶东渔村”的产权是属于集体所有制的。

（3）等级审核制度不同。崂山“山海人家”对加盟渔户和非加盟渔户及加盟渔户之间进行分类区别，对加盟渔户实施挂牌管理和挂牌之后再定星级的做法。现在另外有大批的农户等待加盟，但审核标准大大提高。而荣成“胶东渔村”采用的是建筑分区的分类方式，游客进入村庄可以选择入住平房户型和楼房户型，但是该地区没有从外观上明显区分加盟渔户和非加盟渔户的标志。

沿海推广"公司＋渔户"式休闲度假村的类型和思路

"公司＋渔户"式休闲度假村是我国沿海地区海洋旅游的新亮点，它充分利用当地自有资源，投资相对较少，以价格低廉等优势吸引了大量游客，同时也为面临"海洋渔业资源衰退"难题而赋闲在家的渔民开拓了新的增收途径，具有重要的研究价值和高度的开发可行性。

1. 渔村建设"公司＋渔户"式休闲度假村的定位

"公司＋渔户"式休闲度假村的出现，是社会需求与供给拉动相互推动的结果，是都市经济发展到一定阶段必然出现的配套产物。特别是我国政府加大了对"三农问题"的重视力度以后，"公司＋渔户"式休闲度假村在我国沿海渔村蓬勃发展起来。结合各地信息，我们把这种"公司＋渔户"式休闲度假村的建设特色归纳为如下四种类型。

（1）劳动自助型：这种模式充分利用渔户家庭的渔具、养殖区等渔家资源，增设现场钓鱼、出海撒网、拣拾贝类、任意点捕、野炊烧烤等服务项目，让游客亲自参加渔业劳动，体验渔民生活。这是一种渔区自助模式，并往往与渔业养殖场相联系，属于渔业娱乐型"渔家乐"，主要吸引游客在渔民的指导下在沿海各类渔业养殖区或捕渔区自由捕捉鱼、虾、蟹，从事野炊活动，学习渔业技巧等，体验渔民劳动的辛勤，感受丰收的喜悦和地道的渔家风情。

（2）民俗民居型：这种模式以突出简单、朴素、洁净的格调为主，对渔家院落、传统民居进行改造和包装，设置渔家桌椅、渔用器具，收集民间故事、渔民服饰，吸引都市游人和渔民同吃、同住、同劳动，体验渔家风情。这是一种纯粹的"渔家乐"形式，渔户利用自家的房院、自家打的鱼、自家养的海产品，来顺应都市人的"绿色消费"心理。这种"吃渔家饭菜、走渔村石路、唱渔民山歌、听美丽传说"的民俗民居模式在全国各地比较普遍，开发地点主要集中在大中城市周边地区。

（3）观光游览型：这种模式通过开发古渔村、海外小岛等或凭借靠近沿海风景区的优势，来开辟旅游线路，增设配套设施，完善吃、住、游等服务项目，让游客饱览自然奇观的华美之余，体验当地渔民的生活方式。它具有很强的度假功能，既有优美的滨海风光，又有足够的价格适宜的设施，能够为旅游者提供较丰富的运动、娱乐或休闲活动项目，满足旅游者度假的需求。

（4）娱乐休闲型：这种模式主要是利用传统渔村民俗文化，开发以休闲娱乐为主的游乐场所和游乐设施，或举办渔民风俗文化节等，坐海船、游海岛、住海边、吃海鲜、购海品、玩海面，将观光、度假、娱乐、餐饮与旅游有机结合。傍晚，人们围坐海滩，点起篝火，唱起歌谣，欢乐之声混杂阵阵海浪潮汐之音飘散夜空，休闲渔村与滨海环境浑然一体，"枕畔闻涛声"的经历令有恋海情结的都市游人乐而忘忧。严格地讲，这已超越了一般意义的"渔家乐"，如果仍然把它看成"渔家乐"，便可称之为乡村度假型"渔家乐"。

2. 渔村建设"公司＋渔户"式休闲度假村的思路

（1）围绕一个目标：增加渔民收入，推动乡村经济发展。从传统渔民依靠捕鱼为生的生活方式向现代渔民依靠家庭服务业及其他产业实现增收的方式进行转变，切实让国家的新农村建设政策惠及广大渔民。传统渔业，渔民生活艰辛，风险巨大，收入低微。但建设休闲旅游型渔村，若仅凭单个渔民自发组织，又容易出现规模较小、服务比较松散、产品相对单一、综合效益不高等问题。因此，政府部门需要科学详细地规划、分阶段地进行旧渔村改造，并将其发展成为规模进一步扩大、组织更加紧密、产品相对丰富、综合效益较高的休闲度假渔村，走出一条专业利用民居建设休闲旅游型渔村的路子，富裕渔村居民，壮大集体经济，使渔村率先建成社会主义新农村，同时作为发展乡村旅游的一个试点，推动当地甚至全省乡村旅游经济的发展。

（2）坚持两项原则：盘活资源和低投多产。

首先，充分借助现有政策和利用已有资源的原则。坚持在现有原则允许的范围内，努力争取上级政府部门的政策和财政支持，譬如请求开设渔户奖励基金、开设交通线路、聘请专家指导等。充分利用当地现有的山、林、海、民居等物质资源和农耕文化、渔文化、历史传说、民俗风情等非物质资源，不盲目模仿照搬，坚持本色，突出特色。其次，坚持成本最小化产出最大化的原则。不搞不切实际的大投入、盲目投入，找准渔村居民发展经济需求点和政府壮大旅游经济切入点两者的最佳结合所在，把发展的速度、强度和居民可接受程度结合起来，用最少的投入，产生最大的综合效益。政府要把资金投入集中在村容村貌、垃圾处理、路灯照明、街道硬化、厕所改造、治安巡逻等上面，同时引导并审核好渔户室内改造一系列问题，将钱花在刀刃上。

（3）体现三个特点：整合现有条件、安置闲余劳动力和体现文化特色。

首先，整合市场要素，盘活产业资源，以现有渔户房屋为载体，变民居为游客住宿单位。渔村居民亦住亦商，投入低、风险低、运行成本低，渔村家庭旅馆便容易推广发展。渔民不再是旅游的被动参与者、间接受益者和旅游"包袱"的承担者，而变成了旅游的主动参与者、直接和最大的受益者。其次，对从业人员的年龄、性别、技能及其他要求具有极大的包容性和延展性，渔村就业全员化、多元化。由于对技能技巧、年龄性别和知识水平要求不高，休闲旅游渔村的建成，可以使当地劳动力特别是赋闲在家的妇女劳动力得到较好安置而且有所收入。据我们对山东半岛的考察，渔户依靠此产业充分解决了许多诸如家庭主妇、中老年劳动力的就业问题，其年收入能达到万元左右甚至更高，同时对相关配套产业亦有极大的拉动作用，如餐饮、零售、运输等产业。最后，通过挖掘、整理和向游人展现岁时节日、渔（农）事活动等民俗，对于保护和传承渔村非物质文化遗产，推动文化建设和群众性精神文明创建，可以起到非常直接而且很有效的作用。另一方面，也为当地渔民根据市场需求对传统文化进行创新和改造提供了可能，有利于政府废除封建迷信、复兴传播当地本土固有文化和引导并开展新文化建设。

（4）注意四个事项：整体规划、生态保护、转变思想和可持续发展。

首先，注意整体规划，突出特色，因地制宜，避免盲目上项目，继承与发扬农村和睦亲近的邻里关系和优良纯朴的传统文化，保留山水交融的沿海风光和安静舒适的居住环境，使现代、文明的生活方式与渔村朴实的传统生活方式有机地融合在一起。其次，有效利用自然资源的同时要特别重视生态保护。再次，以城镇社区建设的理念来改造传统的渔村，建设整洁优美的渔村社区，转变当地渔民的思想，加强职业培训，使传统渔民成为有文化、有技术、会生活、善经营的现代渔民。最后，注重可持续发展，保证利益分配的平衡性。

“公司＋渔户”式休闲度假村的管理模式

为了有效管理和经营沿海的休闲度假村，许多地方采用了成立某某品牌旅游经营公司对渔村进行管理的方式，譬如：青岛的“山海人家”旅游公司、威海的“胶东渔村”旅游公司、烟台的“长岛渔家乐”旅游公司。公司聘请具有一定经营管理能力的人担任经理，主要负责渔村的政策协调、外部营销和内部管理。政策协调主要包括争取上级政府部门政策支持、财政补助和管理咨询，以及负责适时向政府提交报告、办理签字盖章手续等工作；外部营销主要包括开设网站、刊登广告、制作宣传手册、开设咨询热线、规划修整渔村外貌、协调交通运输等；内部管理主要包括调配客人入住渔家、制定住宿餐饮价格、组织游客生活物资供应、为游客及住户购置保险、处理投诉意见、预定游客车船票务、提供游客导游咨询、审核评级渔户条件、组织人员监督检查、策划篝火晚会类文体活动等。由于各地经济水平和发展状况不同，在管理和运营上建议采取如下两种方式：

1. 统一管理型

此种类型适合经济发展水平较为一般的渔村。此类渔村民风淳朴，村民从事经济活动往往行为比较保守，属于风险厌恶者。他们日出而作日落而息，习惯于传统安静的田园生活，家庭收入比较低，村民的经济能力比较弱。在这种渔村推广休闲旅游型渔村项目，为了降低渔民所承担的风险并取得良好效果，渔民必须较高程度依靠当地政府的支持与引导。因此，为了更好地开展并推广这种建设模式，对渔村适合进行统一管理。具体方式如下：由当地政府或村委会通过上级拨款和集体融资的方式成立休闲渔村经营公司，公司所有权归当地政府或村委会，即属于集体所有制。公司经理适合由村委会中工作能力强、群众威信高且号召力强的领导兼任，如主任或党支部书记。当地政府或村委会的领导干部首先带头进行项目试点并组织号召渔户自愿加盟。公司根据渔村内的加盟渔户住宅状况，进行分类并与渔户协商按照等级分别制定价格标准，譬如分为楼房户型和平房户型；公司设定餐饮要求并规定渔户遵守，譬如规定每餐必须有海鲜、晚餐必须有水饺等；公司统一供应平价的印有该渔村品牌标志的吃、穿、住、用、行等物资及纪念品；公司统一组织客源，并本着公平公开自愿的原则分配游客入住各家渔户；公司除留给游客一定自由时间以外，统一组织游客进行各种休闲游玩活动；最后，公司把所得收入纳税以后的剩余收益转交给提供食宿的渔户手中，并按比例提取公司运营费用。

2. 自主监督型

此种类型适合经济发展水平已经接近城镇社区的较为发达渔村。此类渔村的居民思想较为开放，已经具有一定的经济意识，能够自行处理简单的经济活动，属于风险中立者甚至风险偏好者。在这种渔村推广休闲旅游型渔村项目，当地政府可以尝试提高渔民经营的自由度，积极做好引导、审核、定级和监督的工作，鼓励并协助村民自治自营。具体方式如下：由当地政府或村委会发起或提供担保，鼓励渔村内经济状况较好的部分村民共同出资组建休闲渔村经营公司，公司组成后由出资村民根据自己所占的股份对公司拥有所有权。聘任公司经理采取竞选答辩的方式，最后由董事会成员集体开会投票决定候选人中的优秀者担任经理。董事会成员率先带头试点并鼓励村民自愿加盟。公司负责联系旅行社和接待外来散客入住渔村，政府或村委会允许游客自行入村根据自己需求选择渔户入住。而且，政府或村委会制订出游客常购买的商品价目和质量指导表并张贴于村落醒目位置，允许渔户销售商品给游客。政府或村委会除做好引导和审核工作以外，还负责对公司的运行管理进行监督、审查及投诉处理，以此方式防止出现宰客、强行拉客等不良现象，保证渔村有序健康运行。当地政府部门或村委会还承担着为公司提供各种政策法律咨询的任务，组织专家小组定期对渔村渔户进行考核审查，择优奖励，对不合格的则取消其加盟资格。青岛“山海人家”休闲旅游渔村采用的星级评选方式就值得推广。首先，公司给每个加盟渔户在家门口安装标有“山海人家”标志的灯箱，然后再根据渔户住宅的设施标准评定星级，从二星到五星不等，并制作标志牌悬挂于灯箱旁边。最后，公司也是把所得收入纳税以后的剩余收益转交给提供食宿的渔户手中，并按比例提取公司运营费用。

合理的管理模式是“公司 + 渔户”式休闲度假村健康发展的重要前提，在调查中两地都针对当地的特色选定了不同的管理模式，目前两地都处于健康稳定的发展时期，成为沿海渔村转型过程中的新亮点。

附 录

附录一："长岛'渔家乐'旅游模式"搜索关键词

渔家乐、长岛渔家乐、长岛渔家风俗、民俗旅游开发、旅游品牌、乡村游、长岛休闲渔业、农业旅游、体闲度假村、特色休闲渔业、海洋文化、渔家乐餐饮、山东长岛旅游、诚信旅游、长岛渔家乐购物

附录二：A 类文章目录

- 长岛县制订跨世纪"旅游兴岛"规划/王德生　李维广//海洋信息 1996－01
- 山东长岛特色旅游资源研究/王涌//地域研究与开发 2000－01
- 长岛打好特色"牌"/范延学//中国海洋报 2000－10－17
- 迎接"入世"长岛打好特色"牌"/范延学//中国海洋报 2000－10－17
- 发展生态旅游　振兴长岛经济/孙玉茂//防护林科技 2001－03
- 长岛建成海上旅游"超市"/范延学//农民日报2001－05－18
- 长岛"渔家乐"叫响旅游名牌/顾延亮　范延学//中国旅游报 2001－07－13
- 长岛建成海上旅游"超市"/范延学//农民日报2001－05－18
- 三年"吆喝"一年见效/丛海波//华东旅游报 2001－12－27
- 长岛旅游业骤然升温/李昌　赵忠娜//中国海洋报2002－03－26
- 感悟长岛旅游"经"/顾延亮　石其鹏//中国海洋报 2002－07－05
- 发展特色休闲渔业让渔民不渔捞也有活儿干/李剑平//中国水产 2002－04
- 重振海岛雄风　迎接蓝色挑战/王诗成//海洋开发与管理 2002－06－01
- 山东省长岛县渔家风俗成为旅游品牌/王金虎　顾延亮　范延学//经济日报 2002－08－28
- 民俗旅游开发模式研究/王德刚//民俗研究 2003－01
- 山东长岛建成海上花园/何勇//人民日报 2003－04－21
- 八方游客涌长岛当"神仙"/石其鹏//华东旅游报 2003－08－07
- 海岛特色游广招财源/石其鹏//中国海洋报 2003－08－15
- 打造环渤海黄金旅游中心/路敦海//中华工商时报 2003－08－21
- 山东长岛"三牌"互动打天下/顾延亮　石其鹏//中国海洋报 2003－10－24
- 喊渔号"喊"出一个大旅游/顾延亮　石其鹏　丛海波　林雪梅//华东旅游报 2003－11－20
- 长岛旅游淡季忙招商/丛海波//中国旅游报 2003－12－10
- 烟台市发展观光农业和乡村民俗旅游业的优势、问题与对策/曹艳英　建国　兴华//烟台师范学院学报（自然科学版）2004－02
- 山东长岛：打造北方海岛度假中心/李玲//中国旅游报 2004－04－21
- 渤海深处有渔家　长岛做好做大"渔家乐"发展旅游产业//大众报 2004－06－02
- 长岛滨海旅游呈现旺盛生命力/丛海波//中国海洋报 2004－11－05
- 长岛将建成中国北方海岛度假中心/丛海波　纪红//华东旅游报 2004－11－12
- 长岛岛群未来旅游开发研究/张文萍//烟台师范学院学报（自然科学版）2005－02
- 长岛快桨行船抢"满舱"/顾延亮　石其鹏　王新霞//烟台日报 2005－03－17
- 加快发展长岛旅游业/郝加喜//烟台日报 2005－06－08
- 夏日渔岛别有情/顾延亮　石其鹏//烟台日报 2005－06－10
- 哼罢渔谣唱山歌/顾延亮　石其鹏//烟台日报 2005－07－22
- 实现海岛经济发展新突破/新国　其鹏　诗钰//烟台日报 2005－07－23
- 培育休闲旅游品牌/郑野军　丛海波//烟台日报 2005－07－26
- 省城后花园：从概念到现实/杨镇　李继三　王道玉//济南日报 2005－07－27
- 潮涌长山岛/邹海东　顾延亮　石其鹏//烟台日报 2005－09－06
- 蔚蓝色的畅想/邹海东　顾延亮　石其鹏//烟台日报 2005－09－08
- 度假游　优哉游哉/郑野军　丛海波//烟台日报 2005－10－06
- 长岛"渔家乐"：创新思变　兴岛富民/吴忠波//中国旅游报 2005－10－10
- 风景这边独好/邹海东　顾延亮　石其鹏　邢鹏//烟台日报 2005－10－15
- 山东长岛构建环保产业链/崔华清//中国海洋报2005－10－28
- 品牌战略领跑长岛旅游/邢鹏　张鹏//中国旅游报2005－11－02
- 长岛特色经济搭上"生态船"/顾延亮　石其鹏　张剑锋//烟台日报 2005－11－20
- 畅游山海仙境　领略魅力烟台（系列报道一）/孙玉敏//招商周刊 2005－15
- 烟台休闲渔业发展探讨/张文政　隋丽丽//农村经济 2005－5
- 长岛：海上仙山人间胜地/秦丽//招商周刊 2005－02
- 年底渔村人均纯收入 6900 元/石其鹏　许杰//烟台日报 2006－01－15
- 海洋经济　烟台经济增长又一极/孟宪臣　宋贤成//烟台日报 2006－02－16
- 长岛："三八"推出旅游新看点/张鹏　赵培霞//中国旅游报 2006－03－03
- 长岛：在新渔村踏板上起跳/泽太　勇军　新国　晓姣　延亮　其鹏//烟台日报 2006－03－07
- 渔家大嫂——旅游新"名片"/延亮　其鹏　海波//烟台日报 2006－04－10
- 市场开放　客源互送　优势互补　合作共赢/青岛日报 2006－04－18
- 发展渔家乐产业　打造度假岛品牌//中新河南网 2006－04－23
- 旅游发展经验全省推广/顾延亮　石其鹏//烟台日报 2006－05－23
- 旅游业：长岛发展最快板块/徐中华　顾延亮　石其鹏//烟台日报 2006－08－03
- 发挥海岛优势　促进海岛经济/中国渔业报 2006－08－07
- 海上浮起"花园式渔村"/延亮　其鹏　克廷　绍超　新国//烟台日报 2006－09－05
- 山东乡村游期待再破题/徐瑞蔓//青岛日报 2006－09－26
- 乡村游"快乐"山东农民/施维//农民日报 2006－09－29
- 发展特色产业　繁荣海岛经济//烟台日报 2006－12－12
- 长岛县休闲渔业的发展及对策研究/陈明宝　任广艳//渔业致富指南 2007－01
- 关于中国发展乡村旅游的思考/高化园　宋迎喜　孙宁　李杰//甘肃农业 2007－01
- 保护海岛生态环境促进长岛经济发展/于洪社　万兵力　王海亮　高峰//山东国土资源 2007－02
- "公司＋渔户"式休闲度假村发展模式探讨/邹建森　戴桂林　张晓燕//山东经济 2007－02
- 发展海洋经济推动海岛建设//烟台日报 2007－03－04
- 建设中国最美海岛/石其鹏　梁卫国　刘新国//烟台日报 2007－03－10
- 长岛打造中国最美海岛/顾延亮　石其鹏　张景亮//烟台日报 2007－04－01
- 长岛构建"中国最美海岛"/徐瑞蔓　张景亮//青岛日报 2007－04－03
- "渔家乐"乐了长岛渔民//大众网 2007－04－21
- "渔家乐"唱响新渔村/于国旭　丰淑亮　陈英//中国财经报 2007－07－03
- 长岛全力打造国际生态旅游休闲区/徐瑞蔓//青岛日报 2007－08－16
- 品渔家之乐/程杰//中国农村科技 2007－09

⊙ 山东"渔家乐"从业人员达十万大军//大众网 2007 - 09 - 18
⊙ 特色文化扮靓"中国最美海岛"——山东长岛隆重举行"中国·长岛中华妈祖文化节"/石其鹏　葛茂林　沈荣民　冷宁//两岸关系 2007 - 11
⊙ 长岛六个项目面向国内外招商/凌云鹏//烟台日报 2007 - 11 - 17
⊙ 长岛生态文明建设见实效/顾延亮　石其鹏　徐中华//烟台日报 2007 - 11 - 18
⊙ 长岛入围中国旅游强县/吉忠　邢鹏　娄旭华　肖宏//烟台日报 2007 - 12 - 06
⊙ 长岛发展战略研究初稿完成/刘新国//烟台日报2007 - 12 - 07
⊙"生态长岛"正扬帆/徐中华　顾延亮　石其鹏//烟台日报 2008 - 01 - 02
⊙ 促进长岛旅游业的发展/文艳　彭超//海洋开发与管理 2008 - 02
⊙ 开发海岛旅游资源　促进长岛旅游业的发展/文艳　彭超//海洋开发与管理 2008 - 02
⊙ 长岛新名片：中国北方妈祖文化中心//烟台日报2008 - 03 - 01
⊙"渔家乐"吹响集结号　实行集约化经营//水母网2008 - 03 - 23
⊙ 海洋文化提升长岛软实力/顾延亮　石其鹏　徐中华//烟台日报 2008 - 04 - 18
⊙ 休闲渔业成为山东渔民收入新亮点/鲁大众//中国渔业报 2008 - 04 - 28
⊙ 构筑海洋经济新型产业框架/延亮　新国//中国特产报 2008 - 05 - 23
⊙"渔家乐"唱响新渔村——长岛"旅游兴岛"纪实//人民网 2008 - 06 - 19
⊙ 渔家乐再弄新潮/权立通　王成法　石其鹏//烟台日报 2008 - 07 - 02

附录三：B 类文章目录

⊙ 长岛出台渔村管理新政策/孟祥春//中国海洋报2000 - 06 - 27
⊙ 长岛县渔村经济体制改革的调查/刘以宏　孙德晶　孙剑英　赵文肖义媛　宋丽丽//山东省农业管理干部学院学报 2003 - 06
⊙ 发展旅游对海岛环境的影响及应对策略研究/孔海燕//四川环境 2005 - 24
⊙ 长岛个体客船走集约化经营之路/孙明瑞//中国水运报 2006 - 03 - 24
⊙ 解决新农村建设的资金瓶颈与金融支持互动研究——对山东省长岛县新渔村金融与经济互动发展的考察与思考/杨占法　吴强//河南金融管理干部学院学报2007 - 04
⊙ 近 2 万旅客顺利出长岛/孙明瑞//中国水运报 2007 - 08 - 15
⊙ 山东省乡村旅游发展现状及可持续发展的思考/周杰//山东经济 2007 - 05
⊙ 基于生态承载力的长岛县生态环境问题分析与对策/孙玉峰//生态经济 2007 - 11
⊙ 烟台城市空间形态、海洋文化与旅游形象定位/衣华鹏　王庆　李旭东　高光辰//城市规划研究 2006 - 07
⊙ 山东省海洋旅游业区域整合与管理体制创新研究/张广海　陈婷婷//海洋开发与管理 2006 - 03

杭州旅游休闲博览会

一、2008年7月—9月，我们设计了12个关键词（见附录一），在网上对“杭州旅游休闲博览会”进行检索，剔出其中大量的无效信息、重复信息和只字片语式的评论，得到的统计结果是：2001年—2008年9月5日，纸质媒体、公共网站发表的有关各类研究、评论、报道共计191篇。

二、我们根据上述统计材料，对相关内容进行了分类，得出以下结论：

A：在共计191篇的评论、研究和报道中，对“杭州旅游休闲博览会”予以充分肯定、基本肯定的共计58篇，占总数的30%。（见附录二）

B：在共计191篇的评论、研究和报道中，对“杭州旅游休闲博览会”无明确评价指向或无法做出分类归属的共计133篇，占总数的70%。（见附录三）

三、我们从上述191篇文章中辑录出有关“杭州旅游休闲博览会”的重要研究观点45条。

四、我们从上述191篇文章中，辑录出有关“杭州旅游休闲博览会”产业效益方面的报道18条。

五、我们集体讨论选编有关“杭州旅游休闲博览会”的重要文章8篇。

1. 杭州休闲文化的特色和发展趋势研究/康保苓//生态经济（学术版）2007－02

2. 杭州休闲产业的现状及发展对策/周志平//商业时代2006－27

3. 试论提高杭州旅游的国际化程度/刘晓伟//商业经济与管理2003－01

4. 从休博会到世博会/袁华明//观察与思考2006－09

5. 休博会是市民和中外游客共同的节日——2006杭州世界休闲博览会执委会主任、杭州市人民政府副市长项勤访谈录//度假旅游2006－05

6. 浅论杭州市休闲旅游资源的开发/周绍健//浙江树人大学学报（人文社会科学版）2006－03

7. 如何加快推进杭州旅游市场国际化/章国斌　俞甜甜//江南游报2007－08－23

8. 营造休闲天堂的几点建议/邹身城//中共杭州市委党校学报2005－06

六、附录

附录一：“杭州旅游休闲博览会”搜索关键词

附录二：A类文章目录

附录三：B类文章目录

重要观点辑录

关于"杭州旅游休闲博览会"的意义、作用和影响

休博会以"休闲——改变人类生活"为主题，融休闲、旅游、娱乐、会议、展览、大型活动于一体，并与第八届中国杭州西湖博览会实现"两会联动"，推广先进休闲理念，倡导健康休闲方式，让人们享受高质量的休闲服务和丰富的休闲体验，进一步打响杭州"东方休闲之都"的品牌。休博会已经确定立项100个会议、展览、节庆活动。休博会主会场由新建成的萧山湘湖旅游度假区、杭州世界休闲博览园、杭州世界休闲风情园、东方文化园等"一湖三园"组成。淳安、绍兴、临安、桐庐、建德、富阳、诸暨、安吉、周庄、黄山设立了分会场。

（摘自金波　戴睿云：《2006杭州世界休闲博览会暨第八届西湖博览会隆重开幕》，《浙江日报》2006年4月23日）

因为这场盛会，杭州在为世人搭建休闲平台之时，也在为自身打造"东方休闲之都"找到了切实的抓手。由于休博会的举办，促成了"一湖三园"的开发，推动了西湖、西溪、运河综合保护工程和"十大休闲基地"的建设；杭州的经济步伐也踏入了现代服务业的一条"高速轨道"；曾经是旅游资源荒地的萧山在杭州推进沿江开发、跨江发展战略的实施下，实现了休闲产业的异军突起；这场"没有围墙的博览会"整合了杭州现有的自然、历史、文化等资源，集聚了国内外知名企业、知名产品、知名品牌，汇聚商流、物流、技术流、人才流、信息流、资金流，吸引国内外权威机构和著名展览公司来杭举办大型会展项目。今年以来，首届世界佛教论坛、第九届世界休闲大会、世界休闲高层论坛、第二届中国国际动漫节等有国际影响力的大型会展活动在杭举办，促进了杭州会展业整体水平的提升。

（摘自李稹：《这座城市，因休博会而被世界瞩目》，《杭州日报》2006年12月9日）

宋城集团董事长助理杨轶清说："休博会是一扇窗，是一道门，一条路，让世界了解杭州，走进杭州，也让杭州走向世界。"

休博会对于自称不是这方面专家的杨澜来说简单多了。她说2006年杭州世界休闲博览会就是给大家需要休闲、快乐、放松这样的一种生活态度找到一个好的出口。对于大部分人来说，2006年杭州世界休闲博览会就是这么简单，有好吃的、好玩的、好看的，休闲着，快乐着。

（摘自小周：《杨澜：恋上休博，爱上杭州》，《大视野》2006年第6期）

习近平（省委书记）在充分肯定前段准备工作的同时指出，办好休博会的意义不仅仅体现在杭州，还体现在全省，甚至体现在全国。举办休博会，为杭州市打响一张"金名片"，为杭州的发展搭建一个"大平台"，成为向国内国外展示浙江形象的一个重要窗口，让浙江更好地走向世界的一条重要渠道。这对于倡导新的生活理念和生活方式，对于促进扩大内需、推动消费，特别是倡导符合资源节约型和环境友好型社会的休闲消费观念，都有着特殊的意义。

（摘自周咏南：《把休博会办成世界水平的博览盛会》，《浙江日报》2006年4月15日）

吕祖善（省委副书记、省长）指出，要抓住休博会的契机，把杭州休闲、旅游、度假、商贸等服务业的品牌打响，大力推进杭州市和全省现代服务业的发展，带动全省经济结构的调整和优化。同时，要当好东道主，促进全民素质的提高，全面加强精神文明建设。

（摘自周咏南：《把休博会办成世界水平的博览盛会》，《浙江日报》2006年4月15日）

为了打造休闲之都，杭州已连续举办4届休闲论坛和休闲大会。这4次休闲论坛，都是围绕休闲主题，对不同专题内容进行深入探讨和阐释，极大地促进了休闲理念的推广及国际、国内休闲产业的发展，为未来休闲生活勾勒出了美好蓝图。特别是2006年杭州世界休闲博览会成功举办，吴仪副总理参加休闲高层论坛并发表重要讲话，不仅为杭州休闲论坛的继续召开，留下了丰富的遗产和成果，打响了杭州"东方休闲之都"的品牌，也成为了中国休闲发展的一座里程碑。

（摘自：《打造东方休闲之都　杭州将年年推出休闲论坛》，《搜狐旅游》2007年11月8日）

首届世界休闲博览会与第八届中国杭州西湖博览会同期同地举行，意义重大。休博会将以"休闲——改变人类生活"为主题，传播休闲理念、推动休闲产业，倡导健康休闲，提高生活品质，展现人与自然的和谐相处。休博会在杭州召开，有助于宣传"山水浙江，诗画江南"，打响杭州"东方休闲之都"品牌。同时，一年一度的西博会已经成为浙江发展会展业和开展经贸合作的重要平台，成为广大市民和中外游客的盛大节日。今年的西博会借首届休博会的东风，必将取得更大的成果，产生更大的影响力。

（摘自翁若川：《东方休闲之都揭开盛会面纱》，《杭州日报》2006年4月23日）

西博会和休博会以其特有的魅力和强劲的轰动力，使

新闻发布会成为一场中外媒体的"信息大餐"，吸引了驻京的80余家媒体参加。

（摘自杨泽伟：《杭州：打造东方休闲之都　构建和谐创业之城》，浙江在线新闻网2005年8月3日）

杭州相继实施了西湖综合保护工程、西溪湿地综合保护工程等，沿西湖公园免费开放，实现了西湖岸线这个公共资源的最大化，保护了西溪湿地这个杭州的"肾"，提升了城市知名度、美誉度，推动杭州旅游业从观光游"一枝独秀"向观光、休闲、会展游"三位一体"转型。休闲与老百姓创业、生活密切相关。建设小康社会，就是要让老百姓既有钱又有"闲"。杭州希望通过举办西博会、休博会，倡导休闲理念，推进休闲旅游，发展休闲产业，打造东方休闲之都。

（摘自杨泽伟：《杭州：打造东方休闲之都　构建和谐创业之城》，浙江在线新闻网2005年8月3日）

"休博会为杭州带来了什么？首先，是对城市知名度的影响。当前，杭州在打'东方休闲之都'品牌，休博会的举办让这个品牌有了切实的抓手，有了可以'落地'的载体。其次，休博会集聚全球的来客，对杭州形成了直接的消费拉动。同时，随着休博园等'一湖三园'梳妆迎客，这也使得萧山的传统工业格局得以变革，以湘湖为核心的休闲产业块将异军突起，进一步优化萧山的经济结构。"

魏小安（2006休博会智囊团成员——编者按）最看重的还是"后休博时代"的深远影响，"尽管在当前，这些影响暂时还未显现出来，但随着时间的推移，休博会的后续意义将会越来越深远！"在休博会结束后，这个城市本身的外延会无限扩展，内涵也会日益丰满。

（摘自吴薇：《杭州开启中国"休闲元年"》，《杭州日报》2006年10月22日）

2006休博会和第八届西博会历时半年，共举办了240个会议、展览、文体和商旅活动项目，有3422万中外来宾和市民直接参加了博览会（含分会场）的项目活动，是杭州历史上规模最大、时间最长、影响最大、参与人数最多、办会水平最高的展会。

（摘自丁雄英：《发挥休博拉动作用为"十一五"开好局》，《杭州日报》2006年4月23日）

2006杭州世界休闲博览会暨第八届中国杭州西湖博览会加深了人们对休闲重要性的认识，提升了杭州作为休闲城市的知名度，加强了世界休闲组织与中国的关系。休博会的举办也确立和巩固了杭州"东方休闲之都"的地位。

（摘自翁若川：《世界休闲组织授予杭州"东方休闲之都"称号》，《杭州日报》2006年10月23日）

配合休博会的休闲理念，老字号休闲文化节和精品博览会特别选择东方文化园作为展示地，打破了以往展馆展示的固有模式，采取新颖的街展形式，配合文化的表演，利用古朴的建筑为老字号品牌做背景，将再现中国古代商业街的繁华气氛。这是中国第一条，也是唯一一条中华老字号商贸街，组委会有意在博览会期间把东方文化园步行街打造成"中华第一街"。

（摘自徐道红：《首届中华老字号休闲文化节杭州开幕》，《中国现代企业报》2006年5月23日）

今年，我国不少城市旅游形势相对较差，而我市游客增长率却在两位数以上，仅次于北京、上海。

萧山，今年实现了游客接待人数、入境人数和旅游收入的翻番，一跃成为"令人向往"的旅游目的地。

促成这两个变化的"助推器"，源于我市成功举办、现已进入冲刺阶段的休博会和西博会，得益于休博会、西博会开幕以来形成的"市区联动"机制。……借助"联动"机制，城区扬了名气，聚了人气和财气。

（摘自王成：《一个没有围墙的休博会》，《杭州日报》2006年10月10日）

要按照"打造会展业和招商引资的平台，精神文明建设的载体，老百姓的节日"的要求，办好"世界水平、中国一流"的盛会；体现"亲民、节俭、文明、安全"理念；努力实现接待国内外游客1600万人次，引进外资10亿美元，引进内资100亿元"三大目标"。要充分发挥休博会的拉动作用，为杭州"十一五"发展开好局、起好步，推动杭州旅游业转型升级，提升市民生活品质，增强杭州城市竞争力。

（摘自翁若川：《发挥休博拉动作用为"十一五"开好局》，《杭州日报》2006年5月13日）

2006杭州世界休闲博览会的举行，将启动中国休闲旅游产业的全面发展，并标志着中国进入了全新的休闲时代。

（摘自姜俊：《杭州世界休闲博览会启动中国休闲产业的里程碑》，《中国投资》2003年第8期）

休博会，不仅拉动着本土的旅游商业，更催生出一个特殊群落的诞生——长三角休闲旅游圈。

（摘自吴薇：《休博会，催生长三角休闲旅游圈》，《杭州日报》2006年8月13日）

一场休博盛会的联动机制，让长三角旅游业渐入"百花齐放"的美景。一场成功的竞合运作，让旅游"金三角"的地域开始重构未来旅游前景。

休博会分会场的设立，使得安吉县的旅游业成为最大受益者。旅游的丰厚收益，让许多安吉民营企业老总坐不住了，纷纷投入休闲旅游业。

（摘自吴薇：《休博会，催生长三角休闲旅游圈》，《杭州日报》2006年8月13日）

2006杭州世界休闲博览会是世界上首次以休闲为主题

的国际性博览会。办好休博会，事关老百姓的长远利益，事关杭州的长远发展，对杭州进一步打响“东方休闲之都”的品牌具有重要意义。

休博会，有利于提高杭州作为旅游城市和休闲之都的国际知名度。除杭州主会场外，绍兴、黄山、安吉、诸暨、周庄等10个休博会分会场将结合当地休闲与旅游资源的特色，举办系列会展节庆活动项目。为了让中外游客更好地体验杭州休闲，休博会还将推出世界休博会专题游、走遍杭州城郊游、诗话江南浙江游、长江三角洲华东游和锦绣中国精彩游等20条“休博之旅”系列旅游观光路线。同时，还在休博会主场馆休博园设立百城馆，集中展示国内外100多个城市的休闲风情与文化，推进城市间的交流。

休博会，有利于先进休闲理念的传播，提升群众的生活品质。休博会期间将举办2006休闲高层论坛、第九届世界休闲大会、首届世界休闲峰会，届时世界休闲领域专家和权威机构将集聚杭城，传播交流和展示休闲文化，推广先进休闲理念。休博会坚持以人为本，促进人的全面发展，围绕“休闲——改变人类的生活”的主题组织项目，满足人民群众物质文化的需求，对于倡导健康的休闲方式，倡导符合资源节约型和环境友好型社会的休闲消费理念，都有着特殊的意义。

休博会，有利于推动杭州旅游业从观光旅游向观光旅游、会展旅游、休闲旅游“三足鼎立”的格局发展。就杭州当前的经济发展情况来看，旅游业亟待通过结构调整来实现结构优化、产业升级，杭州的旅游业正处在结构调整的战略机遇期。2005年，杭州市会展游和休闲游两项人数之和已经超过了观光游。今年“五一”期间，杭州观光游、会展游、休闲游处处热闹，全市各景区景点游客总量达到663.52万人次，为历史之最，实现旅游收入20.06亿元人民币，比去年同期增长28.3%。这表明杭州打造“东方休闲之都”的定位是正确的。举办休博会，将进一步引导杭州旅游产业的发展方向，加快会展游、休闲游的发展步伐，促使观光游、会展游、休闲游“三位一体”发展。

休博会，有利于促进杭州旅游经济、会展经济和休闲经济加快发展。杭州市萧山区今年1—5月与休博会相关的地税收入就达到5200多万元。

（摘自金中伟：《借休博会东风进一步打造东方休闲之都》，《江南游报》2006年6月15日）

关于“杭州旅游休闲博览会”成功举办的原因

2006杭州世界休闲博览会成功实践了政府主导力、企业主体力、市场配置力“三力合一”的现代办会思路，吸引的国内和境外游客已达到预期目标。社会效益和经济效益背后，杭州这张“东方休闲之都”的名片在世界上的影响和知名度进一步增值。

（摘自韩露霞　王浩：《杭州被正式确认为“东方休闲之都”》，《杭州日报》2006年10月13日）

作为2006年世界休闲博览会的举办地，杭州是中国最适合休闲的城市之一，优越的区位条件、丰富的旅游资源、深厚的文化底蕴和雄厚的经济基础，其显著的综合优势在国内城市绝无仅有，在世界上也不多见，完全具备发展休闲产业和成为21世纪“世界休闲之都”的先决条件。

（摘自徐瑞萍：《杭州构建休闲型城市的优势及对策》，《特区经济》2005年第6期）

杭州地处亚热带季风气候区，四季分明，气候温和，光照充足，雨量充沛，植被丰富，年平均气温为16.2℃，平均最热月气温28.4℃，平均最冷月4.2℃，自然条件非常适合人们四季游玩，是人们出行旅游、休闲度假的首选地之一。市区群山环绕，环抱西湖，绿树成荫，风景秀美。近些年来，杭州市政府高度重视城市的建设和环境的保护，并先后获得了“中国优秀旅游城市”、“全国创建文明城市工作先进城市”、“国家卫生城市”、“全国科技进步先进城市”、“国家环境保护模范城市”、“中国人居环境奖”、“联合国人居奖”和“国际花园城市”等荣誉称号。无论市气候特征，还是自然条件、环境质量，杭州堪称国内最好的休闲城市。

（摘自徐瑞萍：《杭州构建休闲型城市的优势及对策》，《特区经济》2005年第6期）

旅游业的发展离不开必要的资源条件支撑，杭州自古就享有“人间天堂”的美誉，拥有众多的自然和人文景观。同时杭州又与上海、南京共同构成了长江三角洲地区的金三角，成为世界六大城市群中的中心城市，具有良好的区位条件和交通设施条件以及旅游业发展基础。

（摘自：《杭州正向国际旅游明星城行列迈进》，《城乡建设》2001年第7期）

无论是从地理位置、自然条件，还是经济区位、交通便利方面，杭州作为世界休闲之都，都有国内其他城市所无法比拟的区位优势。21世纪杭州旅游将率先与世界接轨，杭州不仅要为国人休闲旅游发挥作用，而且要更加对外开放，把杭州真正建设成为世界休闲之都，为世界各国特别是为亚太近邻国家和地区的人民休闲旅游、休闲娱乐、休闲度假作出重要贡献。

（摘自姜俊：《杭州世界休闲博览会启动中国休闲产业的里程碑》，《中国投资》2003年第8期）

举办休博会，积极性主要来自杭州市，基本目的是将杭州推向世界级的休闲城市，促进杭州的城市发展。西博会会场从西湖边搬到钱塘江畔，拉动钱江新城建设，休博会会场被放在萧山区，提升萧山区的知名度和发展级别。为了产生更大的辐射和拉动效应，休博会还设置了淳安、绍兴、临安、桐庐、建德、富阳、诸暨、安吉、周庄、黄山10个分会场。

（摘自王越：《2006杭州世界休闲博览会的“看点”和“视点”》，《园林》2006年第11期）

举办世界休闲博览会是基于杭州在休闲产业方面的厚重底蕴和基本条件，杭州要借世界休闲博览会的东风，进一步打造“东方休闲之都”的品牌。

杭州打造东方休闲之都具有厚重的底蕴。首先，杭州拥有一流的风景旅游资源。这其中首推的当然是西湖。西湖十景早在宋朝就名闻遐迩，经过历代特别是现代的建设，又出现了“新西湖十景”。近年来，杭州实施了“西湖西进工程”，使西湖这颗明珠更加璀璨夺目。除了西湖，杭州还有富春江—新安江—千岛湖这个国家级重点风景名胜区，天目山、清凉峰两个国家级自然保护区，千岛湖、大奇山、富春江、午潮山、青山湖五个国家级森林公园，一个国家级旅游度假区——之江国家旅游度假区和一个国家级湿地公园——西溪国家湿地公园，还有世界著名的钱塘江大潮……

其次，杭州拥有悠久丰富的文化资源。如果从跨湖桥遗址算起，杭州已经有8000年的历史。4700年前，先民在此生息繁衍，创造了被称为文明曙光的良渚文化。秦朝始设钱塘县，隋唐时期成为州治，公元10世纪和12世纪，五代吴越国和南宋王朝先后在杭州建都223年，由此杭州被列为中国七大古都之一。杭州是中国历史文化名城，历史给杭州留下了丰富的文化资源。

（摘自金中伟：《借休博会东风进一步打造东方休闲之都》，《江南游报》2006年6月15日）

休博会，杭州人筹备了很久。休闲论坛邀请各界人士以休博会为主题举行专题座谈会，经过专家评委团层层评选，选出会标、吉祥物；2006年世界休闲博览大会的主会场之一——杭州世界休闲博览园2005年底前顺利建成。

（摘自小周：《杨澜：恋上休博，爱上杭州》，《大视野》2006年第6期）

如果说休闲旅游是生活中最好的佐餐，那么现代化的通信以及信息服务则是时刻在手的一杯饮品——它让美餐更有滋有味，让生活更惬意从容。

休博会前夕，杭州电信为休博会所做的各项准备工作已纳入轨道，为休博会烹制的一道道信息化“大餐”也陆续上桌。休博会期间来杭州的游客将享受到杭州电信全方位、多层次、高效率的信息化服务。据了解，本次休博会将有100多个展览节庆活动项目，这些活动分散在不同的场馆，并且由不同的单位举办。为此，休博会组委会办公室确定杭州电信114号码百事通平台为休博会指定的语音服务平台，中外游客和商家来杭州，如果需要各展会场馆的电话，不必再问号码、记号码，只要拨打114，电话就可以转接到各场馆或组办单位。在休博会持续半年的时间内，杭州电信114号码百事通，将使来杭的游客能快捷、方便地查询有关休博会的交通、住宿、餐饮、出游、景点路线等各类信息。

（摘自顾瑾　钱乘：《杭州电信以信息化演绎“数字休博”》，《人民邮电》2006年5月10日）

“当好东道主”，是“办好休博会”的关键所在。要充分调动和发挥全市人民的积极性、主动性和创造性，凝聚全市人民的力量和智慧，合力把休博会办成展示杭州改革发展成果、展示杭州市民主人翁风采的盛会。同时，要把“办好休博会”作为“当好东道主”的检验标准，力争取得更多的办会成果，使人民群众得到实实在在的好处，让主办单位、参会人员、杭州老百姓“三满意”。

（摘自：《休博会要使群众得到实实在在的好处》，《浙江日报》2006年3月6日）

五一前夕，2006年杭州世界休闲博览会、第二届中国国际动漫节在杭州相继闪耀亮相，作为“东方休闲之都”、“动漫之都”的杭州再次为世人所瞩目，也吸引了大批业界人士和游客到杭州来感受休闲、体验动漫。

从5月1日开始，成千上万的游客向2006杭州世界休闲博览会主园区“一湖三园”集聚。休博园内的啤酒狂欢、风情表演、各色美食、环球嘉年华以及东方文化园举办的万佛节等活动吸引了国内外的游客。

（摘自小周　俞忠民：《杭州“休闲”之花开满黄金周》，《浙江日报》2006年5月6日）

杭州在选择休博会分会场的时候，将目光放在整个长三角地区，积极联合周边有特色休闲旅游资源的地区如黄山、周庄等加盟，充分整合文化娱乐、风味餐饮、特色购物等多领域、多地区资源，加大以景观、文化、产业为支撑的“东方休闲之都”的品牌形象宣传。这正像杭州市发展会展业协调办公室施黄凯处长所说的：“休闲之都”的发展空间不应只局限于一个点，而要以一种开放的姿态，吸纳多种休闲资源，形成众星捧月的集聚效应。

（摘自薛晓东　戴作仁　徐桢　许兵：《“休闲之都”理念新》，《连云港日报》2006年6月23日）

总投资35亿元的“世界休闲博览园”就是由中国最

大的民营旅游投资集团——宋城集团投资兴建的。“政府没出一分钱，只给了政策。我们通过项目建设把地带旺，生地变熟地，再变热地。”宋城集团的负责人说。

“‘借资兴市’既盘活了一些闲置民间资本，也拓宽了投资渠道，让民间资本成为城市运营的第二主角，实现公用事业规模经济。”郭初民（休博会执委会办公室副主任——编者按）介绍，这种以市场机制为主体、以民营企业为主体的创新模式在中国尚属首次，也让杭州变得更有吸引力。

（摘自薛晓东　戴作仁　徐桢　许兵：《“休闲之都”理念新》，《连云港日报》2006 年 6 月 23 日）

长期以来，杭州作为中国知名的旅游和省会城市，由于自然与文化资源丰富，经济和城镇发展迅速，各类旅游产品应有尽有。近年更因经营手法的创新，客流量大增，为地方旅游发展作出了极大贡献，也促使了旅游产业和休闲产业走向稳定的发展。

（摘自李稹：《打造“东方休闲之都”支招》，浙江在线新闻网 2007 年 11 月 6 日）

1927—1936 年间，在具备年轻化、专业化特点城市政府的主持下，杭州的城市发展逐渐步入正轨，开始了较为系统、规范的都市建设。城市政府在杭州城市发展中扮演着越来越重要的角色，成为推动城市发展的主体性因素。在寻求适合城市具体情况的独特发展道路、充分发挥城市功能优势方面，杭州城市政府的作用更是不可替代。最终，杭州市政府确定了杭州旅游城市的发展方向，并使杭州的旅游资源优势和旅游城市特色因城市政府的决策引导和政策扶持而日益显现，城市个性和城市功能得到强化。这种城市特色及功能优势至今还影响着杭州的城市发展方向。

（摘自赵可民：《民国时城市政府行为与杭州旅游城市特色的显现》，《中共杭州市委党校学报》2004 年第 2 期）

关于“杭州旅游休闲博览会”的其他问题

2006 年至 2010 年，杭州新的旅游规划以国际市场为重点，以特色文化为灵魂，重点建设以观光游览、休闲度假、会展商务为核心的多元化产品体系，为杭州打造“东方休闲之都”和国际风景旅游城市勾勒框架。

（摘自郑韬：《杭州旅游“十一五”将打造东方休闲之都》，《江南游报》2006 年 8 月 10 日）

杭州是国家重点风景旅游城市，发展文化旅游的资源得天独厚。杭州发展旅游的战略思考，一是实施以“三江两湖一山”（钱塘江、富春江、新安江、西湖、千岛湖、天目山）为基础的“旅游西进”，构筑大杭州旅游格局；二是在传统的观光旅游基础上，努力发展会展旅游和休闲度假旅游。本着这样的思路，杭州市加快“旅游西进”的步伐，努力开发旅游文化资源，2001—2002 年，杭州在宋城、杭州乐园、未来世界等老景区持续发展基础上，相继建成、开放清河坊与信义坊仿古历史街区、雷峰塔、万松书院、杭州野生动物园、中国古代造纸文化村、桐庐“女儿村”民俗文化园。举办了“西湖之春”、“杭州之夏”旅游节、杭州金秋旅游节和中国国际（萧山）观潮节、西湖国际烟花大会、“娃哈哈”西湖狂欢节等重大旅游节庆活动。

（摘自李建国　来虹　陆正品：《处在现代化进程中的杭州文化产业》，《中共杭州市委党校学报》2002 年第 6 期）

区域经济发展的经验表明，一个城市是否能发展起具有创新特色的产业或经济，很大程度上决定了这个城市能否处在地区、国家、世界经济发展的前列。杭州以“休闲”为特色，因而，政府应从多方面着手，大力发展围绕休闲的事业，大力改善市民的休闲环境，提高人们的休闲质量，从而把休闲经济变成杭州城市经济新的增长点。

（摘自徐瑞萍：《杭州构建休闲型城市的优势及对策》，《特区经济》2005 年第 6 期）

变社会资源为旅游产品，是旅游国际化的重要标志之一。目前杭州市城市社会资源转化为旅游产品实施方案已正式出台。按照此方案，杭州市将通过 1—3 年的努力，把城市的部分社会资源转化为可供接待海内外游客的国际旅游产品。届时，遍布城市的各个地域、各个领域、各个侧面，都将成为满足海内外游客旅游文化交流需求，展示全市城市化、社会建设和精神文明建设重要成就的窗口，杭州将全面构筑起一个开放的、可进入的、具有亲和力和真实感的、精致和谐、大气开放的国际风景旅游城市。

（摘自徐军　夏燕：《杭州推进旅游国际化打造“东方休闲之都”》，《中国改革报》2005 年 5 月 16 日）

文化经济时代开发杭州的文化旅游资源，要以充实内涵为经，扩大外延为纬，以点带面，点面结合，交织出一幅全方位、放射型的旅游景点网络。

首先要充实景点内涵：一是保护景观的历史风貌；二是恢复原有景观；三是挖掘现有景观的内涵。其次是扩大景区外延：我们对杭州旅游发展在认识上应真正跳出西湖的圈子，明确大杭州、大旅游的观念，与城区、近郊乃至郊县、全省共同形成一个多层次的开放型的有机体。

（摘自周绍健：《略论文化经济时代开发杭州旅游资源》，《浙江树人大学学报》2002 年第 1 期）

主题公园是当今世界上广泛应用的吸引游客的游乐形式，品牌是主题公园的核心。确立主题公园的品牌，就具备了广泛的信誉度和巨大的商业价值，品牌的扩展经营也就有了坚实的基础。品牌扩展经营是主题公园乃至整个旅游业可持续发展的理想战略，只有进行合理的主题公园品牌延伸和扩展，才能使主题公园的经营长盛不衰。

（摘自胡爱娟：《杭州旅游业中“主题公园品牌化经营战略”的应用》，《温州职业技术学院学报》2002 年第 2 期）

旅游景观房产的开发的一个重要前提就是旅游产业的成熟，只有当旅游产业走出原来以观光旅游为主的低层次模式，向以休闲度假旅游的较高层次旅游模式转变，旅游景观房产才能有发展的市场。

（摘自倪沪平　倪炎　石利群　何俊民：《旅游产业的发展为杭州旅游景观房产的开发带来机遇》，《杭州科技》2002 年第 4 期）

休闲游在旅游消费中的比重和位置，过去几年来的上升趋势一直非常明显。因为休闲旅游的功能和作用，较之传统旅游方式的进步是显而易见的，休闲旅游为人们在职业活动以外个人兴趣的充分发展、身体素质的全面提高、心里构架的合理完善、人格精神的现代化及至社会群体意识的现代化，提供了现实的条件和实施的载体。而且，休闲旅游资源消耗少，就业容量大，综合产出高。随着人们对自身和整个自然社会生态系统可持续发展的日益关注，休闲在小康社会的旅游业乃至整个国民经济中的地位和综合功能将更加突出。

（摘自黄巧灵：《休闲——小康旅游的灵魂》，《旅游学刊》2003 年第 2 期）

没有互补的竞争是你死我活的竞争；没有竞争的互补是无效的互补。上海缺乏的，杭州要大力发展；上海弱项的，杭州要异军突起；上海是强项的，杭州要避其锋芒，细分市场，差别吸引。从资源看，国际上旅游吸引物资源已经从 3s（阳光、沙滩、海水）过渡到 3n（nature 自然、nostalgic 怀旧、nirvana 回归），而杭州完全具备这些优势，发展自然、回归式休闲旅游和怀旧式观光旅游。树立“时尚杭州”的概念，达到现代时尚和古典时尚的统一，重点推出和完善南山路休闲街、河坊街历史文化区、湖滨路特色商贸街区、梅家坞茶乡文化村落，以及女装产业（含武林路时尚女装街）、茶楼休闲业、杭州不夜城等。

（摘自崔凤军：《城市旅游的空间竞争与合作——关于杭州旅游接轨上海的对策研究》，《商业经济与管理》2004 年第 3 期）

要发展杭州的佛教文化旅游，首先要恢复和保护一些佛教文化胜迹。当然不是所有的遗存都需要恢复，而是要有选择、有重点地适当保护开发。如雷峰塔佛教文化相关遗迹的修复，白塔的保护，云栖寺的恢复与《金刚经》碑文的保护，梵天寺的恢复与经幢、古井的保护，《弥陀经》摩崖石刻的保护，余杭径山寺的进一步开发保护等；保护与开发也不是完全按原样原貌在原地恢复，应该契合现时代的特点与需要适当创新，比如在条件成熟时可考虑建造中国佛教文化中心。已故佛教协会主席赵朴初生前就曾经想在杭州建“中国佛教文化城”，由于种种原因而未能如愿。“灵山大佛”的海外投资者原本是看中杭州，欲在杭州投资的。因此，杭州要对佛教文化开发利用，在观念方面的转变和意识方面的觉醒也是很重要的。

（摘自张玲蓉：《佛教文化开发与杭州文化旅游》，《商业经济与管理》2003 年第 6 期）

发展山体文化景观廊道，是杭州定位世界“休闲之都”的重要举措之一，它将赋予杭州旅游经济发展以新的含义与诠释，无论是区位条件、经济基础、城市建设、政府平台，还是旅游文脉、接待能力、休闲意识、运作模式，都呈现出欣欣向荣的良好发展势头。

（摘自吕雄伟　陈永明　蒋长禄　俞宸亭：《构筑西湖群山文化景观廊道推动杭州旅游经济向纵深发展》，《中共杭州市委党校学报》2003 年第 2 期）

构筑西湖山体文化景观廊道任重而道远，要按照“大杭州、大旅游、大发展”的要求，打响“学在杭州，游在杭州，住在杭州，创业在杭州”品牌，讲求建筑语言极重审美，旅游信息系统便捷畅达，景观景点构筑工艺精细唯美，旅游企业经营管理一丝不苟，旅游节庆活动组织化、产业化和大众化，有效规范地制定营销目标、运用营销策略，从而建设出一批体现杭州历史文化底蕴和现代风景旅游形象的山体旅游精品景点，努力把杭州建成现代化的国际风景旅游城市。

（摘自吕雄伟　陈永明　蒋长禄　俞宸亭：《构筑西湖群山文化景观廊道推动杭州旅游经济向纵深发展》，《中共杭州市委党校学报》2003 年第 2 期）

对定位于旅游休闲的杭州来说，无烟的动漫游戏产业是一场不可错过的盛宴。杭州，打出了动漫之都的金字招牌，而打造动漫之都的中坚力量，大部分都聚集在杭州国家动画产业基地里。

目前，杭州国家动画产业基地内聚集了中南卡通、太子龙文化等共计 45 家企业，形成了“洼地效应”。众多动漫企业来基地“安营扎寨”，除了杭州丰富的资源之外，还源于基地优厚的政策支持。

（摘自余小平　叶春冬　李晓军：《“天堂硅谷”创意

圆梦——走进杭州国家动画产业基地》，《中国高新区》2007年第7期）

阿根廷驻沪总领事馆领事鲁纳先生认为，一个中国城市要让外国游客感兴趣，必须具备5个条件：深厚的文化基础、经常有异国文化展览的博物馆、有东方特色的美术馆、全世界的美食和很多的电影院。他认为，杭州具备很多条件，但优势还不明显。“杭州有足够的能力举办国际电影节，因为它在休闲方面比上海更有优势，它更美、更小、更安静。如果有了电影节，各国领事馆都会参与，杭州的国际知名度一下子提高了。

（摘自戴睿云：《四国领事“把脉”杭州休闲产业》，《浙江日报》2006年3月20日）

作为长三角南翼中心城市，杭州的经济总量连续多年居全国省会城市第二位，城市综合实力在国内同类城市中名列前茅，顺应经济的迅猛发展，杭州市政府根据城市的定位及杭州在人才、创意、策划、组织、技术、设备、资金、经营方式等方面的优势，倡导发展“创意、休闲”产业，把动画产品列入市文化精品工程，每年安排专项奖励基金，培育动画品牌，让动漫产业成为新的经济增长点。

（摘自周旭霞：《杭州动漫产业融合的基础与动力》，《华东经济管理》2006年第1期）

杭州动漫产业融合有其特殊的人文基础、产业技术基础、人才基础、产业环境基础。杭州独特的历史文化，留下了许多美丽的民间传说和经典故事，为动漫产业的原创提供了丰富的素材。高新技术产业的发展具备了发展动画产业应有的先决条件。杭州的动漫人才储备非常充足，动漫教学科研实力雄厚，已经初步显现出杭州动漫产业的“硅谷”效应。杭州大多动漫企业基本属非国有资本投资，其拥有的灵活机制尤其使杭州在动漫原创方面拥有很大潜力。

（摘自周旭霞：《杭州动漫产业融合的基础与动力》，《华东经济管理》2006年第1期）

产业效益

今年“五一黄金周”期间，杭州仅休博会主园区——“一湖三园”接待的游客就达53.49万人次，实现营业收入1.8亿元。

（摘自薛晓东　戴作仁　徐桢　许兵：《“休闲之都”理念新》，《连云港日报》2006年6月23日）

对于杭州人而言，这次休博盛会将至少为杭州提供1.5万至2万个就业机会，必将吸引更多的国内外游客来杭游览参观，吸引更多的海外旅游设备投资商。

（摘自袁华明：《从休博会到世博会》，《观察与思考》2006年第9期）

2000年西博会总成交（营业）额69.61亿元，门票收入1471.75万元，招商引资项目总投资137.3亿元和3.11亿美元，旅游收入同比增长24%。经统计部门测算，西博会创造增加值5.5亿元。

（摘自邓国芳：《杭派休闲激活城市会展经济》，《杭州日报》2006年4月20日）

去年杭州市通过2006杭州世界休闲博览会加强与国内外旅游业界的合作。目前，杭州市已向全国3000家旅行社推出“休博之旅”专题旅游线路。近年杭州市接待境内外游客超过3400万人次，其中入境游客数居全国第6位。旅游已经成为杭州作为“东方休闲之都”的“金名片”和“摇钱树”。

在欧洲市场，杭州市首次与CNN和BBC合作，分别与德国、法国旅行社签订杭州市旅游产品协议书。据统计，2006年，欧洲市场来杭旅游18.16万人次，同比增长45.7%；美洲市场来杭旅游14.2万人次，同比增长26%。在杭徽、杭千高速开通之际，杭州重点启动“名城、名湖、名山”国际黄金旅游线营销工作。

（摘自石剑飞　王颖　郎莉莉　郑名智：《杭州打响“东方休闲之都”品牌》，《西部时报》2007年4月17日）

近年来，杭城高档宾馆酒店几乎没有淡季。以往酒店的旺季要从4月份开始，现在往往在春节时酒店就提前进入了旺季。究其原因，离不开频繁的商务活动和会展市场。浙江世贸大饭店全年几乎天天都有各种会议、论坛在举行。

（摘自俞淳婕　杜蕾　吴幼祥：《杭州会展业长大成人》，《杭州日报》2007年1月9日）

2003年，杭州接待入境游客86.12万人次，外汇收入4.22亿美元；实施旅游国际化战略3年后，去年杭州接待入境游客182.02万人次，外汇收入增长到9.09亿美元。

（摘自唐斌：《杭州旅游国际化三年露锋芒》，《杭州日报》2007年9月10日）

截至6月下旬，旅博会招商招展工作成绩喜人，已获意向参展企业达200余家。“张小泉”剪刀、“王星记”扇子、“都锦生”丝绸等一批中华老字号将继续亮相展会。法国、澳大利亚、菲律宾、日本等国以及香港、台湾、上海、广东等地的一些旅游休闲产品厂商也将远道而来，寻找合作商家。

与此同时，组委会还邀请国际友好城市、跨国零售采购集团、大型超市、百货公司、休闲商品经销商、行业买家等出席展会。预计本次展会的参观人数将达10万人次以上，参展面积将达10000平方米，交易额将过亿元，金秋的杭城将掀起一股强劲的休闲飓风。

（摘自祝洁炜　周春燕：《杭州旅游商品要打“休闲”牌》，《杭州日报》2005年8月10日）

今年元旦杭州首批推出了56处社会资源国际旅游访问点，在前4个月中共接待了360个团队计8024名外宾，这个杭州旅游的新创举在社会上口碑着实不错。今年7月1日，杭州将推出第二批社会资源景点。目前，29处“榜上有名”。

（摘自：《杭州旅游业欲借休博会“升级”》，南京档案信息网2005年8月23日）

2006杭州世界休闲博览会开幕一个多月，主会场“一湖三园”和各类展会迎来的中外游客、客商突破600万人次。

（摘自金波：《杭州迈向“东方休闲之都”》，《浙江日报》2006年6月7日）

2003年，杭州接待入境游客86.12万人次，外汇收入4.22亿美元；自实施旅游国际化战略3年后，去年，杭州接待入境国际游客达182.02万人次，带来的外汇收入为9.09亿美元。由此可见，旅游国际化对杭州经济社会发展的推动力，远远超出我们的想象，旅游业已经成为杭州名副其实的支柱产业，成为杭州最具差异性的比较优势和核心竞争力。

（摘自支圆圆：《杭州推进新一轮旅游国际化进程》，《江南游报》2007年9月13日）

杭州市在去年全年接待入境旅游者同比增长22.6%，各项指标在全国各大城市中继续稳居前六名，在国内非沿海口岸城市中稳居第一位；旅游总收入465亿元，同比增长13.2%。

（摘自刘青：《历史性跨越为杭州旅游发展奠定坚实的基础》，《江南游报》2006年2月9日）

截至6月18日，休博会已经吸引了超过620万的国内外游客，其中国内游客590万人次，海外游客34万人次。仅休博园就已接待游客92.9万人次。有关部门预测，休博会期间，作为主场馆的休博园的游客量将在300万人次—

350万人次。休博会有望突破“接待国内游客1500万人次，海外游客100万人次”的预期目标。

（摘自翁若川：《休博会游客突破620万》，《杭州日报》2006年6月21日）

2005年我市全年接待入境旅游者151.36万人次，但今后五年，我市接待的入境游客人数将以12%的年均速度增长，2010年将达到250万人次。去年我市接待国内游客3266万人次，而在“十一五”期间，国内游客人数年均增长4.5%，五年后的2010年将达到4000万人次。在旅游总收入方面，未来五年将在去年旅游总收入465亿的基础上，以12%的年均增长速度递增，到2010年达到810亿人民币，保持旅游经济的快速健康发展。

（摘自吴薇：《休闲，杭州旅游的“潜力股”》，《杭州日报》2006年4月13日）

在本次西博会投资合作周上共签约外商投资项目49个，总投资为21.51亿美元，合同外资10.17亿美元。投资者主要来自美国、加拿大、日本、意大利、英国、比利时、新加坡、香港等国家和地区。参加本次签约的外商投资项目具有规模大、项目涉及领域广、知名企业多等特点。在这些项目中，总投资在3000万美元以上的项目有19个，合同外资6.72亿美元。项目涉及工业制造、软件开发、商业流通、房地产和旅游等多个领域。

（摘自：《“2006西博会投资合作周”成果丰厚》，《中国外资》2006年第11期）

因为这场盛会，杭州国际旅游城市的定位坐标被不断放大，盛会期间共吸引了2040.55万游客参与，其中，入境游客102.55万人次，国内游客1938万人次；实现贸易成交137.38亿元，协议利用外资10.17亿美元，引进内资108.34亿元。这些数据全部达到或超出了计划。杭州旅游业从单一国内游的“一轮独大”向国内游、入境游“两轮驱动”转型，从观光游的“一枝独秀”向观光游、会展游、休闲游“三位一体”转变。

（摘自李稹：《这座城市，因休博会而被世界瞩目》，《杭州日报》2006年12月9日）

杭州是中国重点风景旅游城市和历史文化名城，在国内旅游业一直处于领先地位。2001年，杭州市接待海外旅游者达81.94万人次，比2000年增长15.8%，旅游外汇收入3.73亿美元，比上年增长27.7%。接待国内旅游者2510万人次，国内旅游收入218.88亿元人民币，分别比2000年增长8.9%和15.2%。

（摘自张静：《打造网络时代的杭州旅游休闲房产》，《商业经济与管理》2002年第11期）

西湖南线景区在正常情况下每天接待游客大约在12000人—15000人之间。考虑到旅游旺季因素，南线景区全年游客流量大约在500万左右……南线景区所带来的全年旅游总收入为31.84亿元到34.92亿元之间。

（摘自曹正：《杭州西湖南线景区的旅游经济效益分析》，《城市发展研究》2004年第2期）

一个以杭州为中心、以休闲为名义、布局长三角十大休博分会场的区域内，正源源不断蒸腾着旅游商机的热潮：

今年上半年，安吉县旅游人次达240万，门票收入2425万元，旅游收入6.9亿元，同比增长分别为25.2%、46.3%和25.8%；旅游业对财政的贡献率同期上升了6个百分点。

周庄分会场开幕以来至6月底，共接待游客79.17万人次，比去年同期增长14%，其中境外游客占总游客的18%。

富阳市今年上半年共接待国内游客193.07万人次，同比增长31.65%，实现国内旅游收入10.51亿元，同比增长36.4%，均创历史新高。

（摘自吴薇：《休博会，催生长三角休闲旅游圈》，《杭州日报》2006年8月13日）

重要文章选登

杭州休闲文化的特色和发展趋势研究

康保苓　江成器

休闲与休闲文化的概念

什么是休闲？从哲学、经济学、文化学、美学等不同的角度，对“休闲”有不同的诠释。本文研究的是休闲文化，采用马惠娣老师的解释，即“休闲作为一种现实存在，首先通过人的外在行为表现出来，并由特定历史时期的人们对其所面临的生活历程和所抱有的生活理想而确立起来的文化样式和生活方式、价值取向所决定的。因而，休闲本身是一种文化、一种人类文明程度的标尺、一种价值观”。

休闲文化是人在闲暇时间里，按照自己的兴趣自由选择，用于自我享受、调整和发展的观念、态度、方法和手段的总和。它可以让人获得更多的幸福感，使人保持内心的安宁与舒适，激发人审视、品味、完善人生的热情和活力。

杭州休闲文化的内涵

杭州休闲文化是在浓厚历史文化底蕴和城市型山水文化的基础上形成的。生活气息浓厚，多元而灵动的文化，具有江南文化婉约、娴静的风格，是杭州文化的重要组成部分。具体而言，其内涵可以从以下几个方面诠释。

1. 从休闲文化的文脉分析：杭州休闲文化吸收了历史上吴越文化、宋代雅文化、元代多民族文化、明清市井文化等时代特征，是承载了千百年文化积淀的产物。

2. 从休闲文化的主体分析：既有安于现状而又追求时尚、及时享受现时生活的杭州本土人，也有不断进取、富于开拓精神的新杭州人。他们在享受杭州休闲之美的同时，也在丰富着杭州休闲文化的内容。

3. 从休闲文化的客体分析：杭州休闲文化是在天人合一的氛围中，人文景观和自然景观和谐共生的文化，杭州的环境、杭州的氛围，无论山水与城市的结合，还是人文与自然的融洽，无一不让人深深感受到一种和谐之美。

4. 从城市文化精神分析：杭州休闲文化是休闲、生活与创业有机结合并和谐共融的文化。工作是美丽的，工作着并休闲着的人生更为丰富、更为精彩。

5. 从生活方式分析：杭州休闲文化是杭州人在平和的心境中享受生活和生命的闲适文化，是追求精致、浪漫和诗意生活的文化，是具体的可感知的文化，也是典型的市井风情文化。

杭州休闲文化的特色

杭州休闲文化是在历史的长河中不断丰富和发展的，是经济、政治、社会等多种因素共同作用的结果，既有优点，也有有待进一步改进提升的方面。具体来看有以下几个方面。

1. 历史传承性

从历史上看，杭州休闲文化由来已久，传统基因发达。不同时期的杭城市民，都在不断延续、创造并繁荣着杭州的休闲文化。

以南宋为例，杭州休闲文化主要有休闲方式多样化（体现在饮食、旅游、娱乐等领域）、休闲主体多元化（既有皇亲国戚、达官贵人，也有文人士大夫、普通百姓，休闲并不是贵族的专利）、汴京风味浓郁等特色。

杭州休闲文化的许多方面具有极强的历史传承性，从佛教文化可见一斑。东晋时期，杭州和佛教禅宗就有了不解之缘，著名的灵隐寺于此时创建。史书记载，嘉兴、湖州以至于苏南一带妇女，多在每年春夏之际成群结队，身背黄色布制香袋，到西湖各处寺院拜佛烧香，许愿还愿，出现旅游高潮。上香的风俗始自南宋，历代沿袭。直至今天，上香祈福作为杭州佛教文化的重要部分，依然盛行。

杭州休闲文化繁荣与长期以来形成的社会习俗有关。社会习俗对休闲生活方式起指导作用，规定休闲生活方式的性质和总的方向，帮助确定主题休闲行为。吴越时期杭州就以风俗华丽著称于世。吴自牧说：“杭城风俗，畴昔侈靡之习，至今不改也”（吴自牧：《梦粱录》卷一《正月》）；“杭城风俗，侈糜相尚”（《梦粱录》卷二《清明节》）。杭人喜欢游山玩水，“临安风俗，四时奢侈，赏玩殆无虚日”（《梦粱录》卷四《观潮》）。

从社会学的角度看，喜奢华、遨游、厚滋味等社会习俗对杭人产生了长期潜移默化的影响，悠闲、恬淡的休闲理念以及全民普遍参与成为人们的共识，这为杭州休闲文化的繁荣奠定了心理基础。休闲文化传统代代传承，秉承了先人的休闲遗风，杭州休闲文化气息非常浓厚。

2. 和谐性

和谐，是杭州休闲文化的重要特色之一，是杭州休闲文化的优良传统。杭州山水与城市的结合，人文与自然的融洽，人与环境、人与人相处，无一不让人深深感受到一种和谐之美。这既与大自然赐予杭州的山水之美有关，更与千百年来人文历史所铸造而成的人文精神有关。而环境和社会的和谐，是杭州休闲文化和谐性的物质基础。

谈到自然环境对杭州休闲文化的影响，我们不妨引用著名学者钱穆先生的观点："各地文化精神之不同究其根源，最先还是由于自然环境有分别，而影响其生活方式，再由生活方式影响到文化精神。"杭州"三面云山一面城，一城山色半城湖"的自然景观，浑然天成，湖光山色，四季宜人。寺、庙、楼、阁等名胜古迹点缀于西湖及周围群山之间，一个亭就是一个故事，一座桥就是一个历史的音符，展现的是人与自然的和谐，自然景观和人文景观交融。从杭州社会发展史看，杭州历史上环境相对平和、安定，少战乱，生活相对安逸，文化开放兼容、交流融合，更涵养了其独特的人文精神。

生活于"人间天堂"的杭州人，不急不躁地享受着自然和历史的恩赐，从容地追求自我价值的实现，精致地生活、和谐地创业。人们已经将优游山水、赏花观月视为生活中必不可少的组成部分，休闲体现在多数杭州人的文化品格和精神气质中。新华社《瞭望·东方周刊》在对北京、上海、杭州、武汉、西安和成都六大城市进行幸福指数测定后得出结论，杭州人的幸福指数最高。这种追求人与人、人与社会、人与自然关系的精致和谐，是杭州历史文化传统的重要内容。杭州正是在生活与创业、保护环境与发展经济、人与自然的和谐统一中，得到了协调、持续、快速发展。

3．开放性

开放是杭州休闲文化的鲜明特色，也是杭州休闲文化不断丰富和发展的重要原因。

历史上杭州休闲文化就具有开放、交流、融合的特点。例如休闲文化的母体杭州文化就是本地文化与外来文化不断融合发展的产物。秦汉时期，它吸收融汇了越文化、吴文化、楚文化等；魏晋隋唐时期以佛教文化为主的印度文化，大大丰富了杭州文化的内涵；元明清以降，杭州文化在不断吸收本国其他地区文化的同时，又吸收了伊斯兰教文化、基督教文化及以科学技术为主要内容的西方文化等。杭州文化在开放中融合诸多外来文化而得以不断发展。

在杭州休闲文化的发展史中，有几次大规模休闲文化的交流和碰撞，最明显的是南宋、元朝。宋室南迁，南宋将临安府（杭州）作为"行在所"，北方移民大量南迁。移民是文化的载体，他们多来自较发达地区，将故乡的习俗带入新居地，使得北方休闲文化的成果、特色南传，南北交融。浓厚的汴京风味是南宋杭州休闲文化的一大特色，"圣朝祖宗开国，就都于汴，而风俗典礼，四方仰之为师。自高宗皇帝驻跸于杭……虽市肆与京师相侔"。这从杭州饮食文化、服饰习俗、娱乐文化等方面体现出来。

元代是杭州休闲文化交流的又一重要时期。元代杭州的百万人口中不仅有原居当地的南人（原南宋统治区居民），有来自北方的汉人以及边疆地区的蒙古、女真、党项等族人，还有大批西域各族人，中外各族杂居，"山川风物之美，四方未能或之过也。天下既一，朔方奇峻之士风致，自必乐居之"（虞道园：《道园学古录》卷十《题杨将军往复书简后》）。同时，由于蒙古大帝国力控欧亚，东西陆海交通，一时畅通无阻，阿拉伯商人大量来到杭州，使杭州成为商旅辐辏之地。随着民族间交往、杂居的增多，具有异域风情的休闲文化渗入杭城。

文化交流与碰撞，是补充新鲜血液与能量的过程，也是促使杭州休闲文化进一步丰富与繁荣的过程，从中也可以看出，杭州的休闲文化是开放的，兼容众家之长。

4．多元性

杭州休闲文化在开放的过程中，在己质文化与异质文化的相互碰撞、比较、筛选、交融过程中，通过吸收世界上及本国的各种各样的优秀文化而获得新的生命力，形成多元共生的特征。如上所述，历史上，杭州休闲文化吸收融汇了越文化、吴文化、楚文化、佛教文化、伊斯兰教文化、基督教文化等内容，具有多元性的特征。今天，杭州休闲生活更为丰富，休闲园林、休闲别墅、休闲购物、休闲娱乐、休闲健身、休闲服饰、休闲聚会、休闲足浴……从饮食文化看，南烹北味，有传统的南宋宫廷菜，也有欧洲的比萨；有本土的西湖醋鱼，也有北方的许府老山东牛杂。有汉族文化，也有灵隐寺、天竺、净慈寺为代表的佛教文化，以凤凰寺为代表的伊斯兰教文化。从休闲文化主体看，有老杭州人，来此地求学创业的新杭州人，外地民工子弟，外国人。杭州休闲文化是在保持自己独特个性的基础上，本地文化与外来文化不断融合发展的产物。

5．灵动性

杭州休闲文化是江南文化的典型之一，江南文化灵动、柔美的特征浸润在杭州休闲文化之中。

从休闲文化自然基础分析，杭州建立在西湖、钱塘江、古运河、贴沙河、中东河以及西溪水叉港湾之间，西湖山水、西溪风、运河景观、钱塘江风情，大自然赐予杭州得天独厚的休闲资源，这是许多地方所不能比的。被水环绕的休闲文化环境是灵动的，充满活力的。古语说"静观山"、"动观水"，"仁者乐山，智者乐水"。水，是文明与灵性的象征，是生命之源，人们亲水、乐水、赏水。杭州人离不开城中的水，水丰富了人们的生活，陶冶了人们的性情，滋养了杭州的文化。"长忆钱塘，不是人寰是天上。万家掩映翠微间，处处水潺潺。"水的灵动、智性赋予休闲文化以活力，成为城市空间的特色与灵魂，龙舟盛会，集市贸易都与水有关，湖畔、河埠、桥头，成为城市中人们交往、交流，进行世俗活动的重要场所。精致的茶艺、缤纷的丝绸、婉转的越剧、杭州园林、杭帮菜等，都透着灵动的气息，与北国旷野风格的"大漠孤烟"、高亢的信天游风格迥异。杭州休闲文化于灵动、柔美中透着一种恬淡的味道。

6. 生活性

杭州是休闲的，杭州人是休闲的、快乐的，休闲成为杭州人生活品质的重要组成部分，成为一种生活方式。杭州休闲文化具有生活性、大众性的特征。休闲改变人们的生活、丰富人们的生活内容，使生活质量不断提高。

“东南形胜，三吴都会，钱塘自古繁华”的杭州，物产丰富，素为丝绸之府、茶叶之都、鱼米之乡，具备休闲的物质条件。杭州休闲文化充满了生活气息，聊天品茗，下棋垂钓，游山玩水，赏花观月……杭州人在幽雅、恬淡、闲适、平和的心境中，从容地尽情享受着山水之美与物产之丰。休闲文化涵盖日常生活的许多领域，比如体现生活内容的丝绸、女装、茶、美食、扇子、剪刀、中药、雨伞、毛笔等产业发达，中国丝绸城、武林路女装一条街、龙井茶文化村、胡庆余堂中药博物馆等是其中的佼佼者。丝绸之府、女装之都、中国茶都，这些美誉与休闲文化有关，与杭城百姓的生活密切相关。

杭州人追逐时尚，俗称“杭儿风”。杭州休闲文化也受此影响。比如节庆商场促销，杭城必定上演疯狂大购物的狂潮。泉水有保健价值，于是清晨早班公交车上是叮叮当当拎桶取水的浩荡队伍；据说收藏品升值空间可观，于是短短数月，杭城突然冒出了好几家规格不同、档次迥异的收藏品市场……“杭儿风”有助于休闲文化现象的普及，同时应当注意到，休闲文化的发展需要理智，人们的休闲热情也需要理智的引导。

从生活性出发，杭州的休闲不是少数人的休闲，而是大众的。林语堂曾说：“消闲生活并不是富有者和成功者独享的权利，而是一种宽怀心理的产物。这种心情是由一种达观的意识产生。”这话在杭州人身上能找到最好的注脚。休闲已成为杭州人生活中的一部分，杭州休闲文化是大众阶层积极参与的通俗休闲文化，吃茶等休闲方式，已成为一种休闲消费文化符号，这种休闲文化浸染使人们的休闲体验打上了深深的文化烙印。

站在休闲文化品位的角度分析（人们的休闲文化生活也存在一定的品位差别，较有代表性的就是所谓精英休闲文化与大众休闲文化的差别，也可以简单概括为雅与俗的差别），目前杭州休闲文化中俗的成分比较多，偏重享受生活，人们安于现状、不思进取，沉湎于湖山之乐。这与历史上的传统有关，也与杭州的资源有关；鱼米之乡，物质上富足，有休闲的经济基础；环境优越有享受的资本，有休闲的天堂般的处所。同时，杭州休闲文化重物质休闲轻精神休闲，重感官享受轻精神提升。而从休闲文化的发展看，人们需要休闲文化中俗层次的普及，也需要向雅层次的提高，如高雅艺术、高科技娱乐、高文化休闲的普及，这涉及引导休闲主体品位提升的问题。

7. 品味性

陈从周谈及对杭州的感受时说：“宜游，宜观，宜想，宜留，面面生情，处处生景。”杭州休闲文化是可品的，是很有味道的，需要慢慢欣赏、参与、体会，而不是快餐式的，只解决久渴的饥肠。

杭州休闲文化底蕴深厚、丰富多彩，而且与西湖自然风光融为一体。只有悠然地徜徉于西湖山水之间，才能真正领略西湖的内质美，领略杭州文化的真谛，品味杭州文化的丰富内涵和鲜明个性。历史形成的杭州风土人情、传统工艺、民间技艺、服饰饮食、市井民居、酒肆茶楼、医药保健等独具特色；南山路特色休闲街，咖啡吧、酒吧、茶楼、工艺字画、古玩珍品、艺术画廊林立，散发着浓厚的艺术气息；南宋官窑、王星记扇子、中国印学等博物馆，都是集休闲和艺术于一体的幽静宝地，需要静心品味，才能感受杭州休闲文化的美。

杭州休闲文化的发展趋势

文化是不断发展的，休闲文化亦然。未来杭州休闲文化的发展趋势可以从以下几方面概括。

1.“根文化”的挖掘

文化性是休闲产品的内容和高层次表达，是休闲产品的灵魂，“休闲最大的特点，是它的人文性、文化性、社会性、创造性，它对提高人的生活质量和生命质量，对人的全面发展有其十分重要的意义……休闲的价值不在于实用，而在于文化”。从现代人的休闲需求分析，人们在满足物质享受的同时，也在追求高尚的精神享受，需要了解各种文化与历史的知识，享受各种文化与艺术的生活。而休闲产品只有体现各种不同的文化特色，创造和生产适合各种文化层次、审美情趣的消费者需要的产品，才能吸引人们参与。

杭州休闲文化的发展要特别注意“根文化”的挖掘和保护。所谓“根文化”，就是体现城市文脉的文化。杭州是国务院确定的第一批全国历史文化名城，历史文化资源极为丰富。杭州的“根文化”，是吴越、南宋等时期的有形的或无形的遗迹、遗址，如西湖文化、运河文化、历史文化街区、杭派民俗文化等。充分挖掘历史文化资源，增加休闲产品文化内涵，并与自然资源紧密结合，使杭州的历史文化优势转化为发展休闲文化产业的核心竞争力，是杭州休闲业保持旺盛生命力的关键所在。从杭城现有的休闲文化产品看，以风景旅游为主，对文化内涵的挖掘还远远不够，这无疑是资源的浪费。在休闲文化产品的设计上，应强化历史文化名城内涵的体现，充分发掘“根文化”，增加休闲产品文化内涵，提高休闲产业的档次和品位，努力实现从文化到经济的再生过程，寻求经济发展和文化保护的平衡点，探索“以文化为魂，休闲与文化紧密结合”之路。

2. 休闲文化产业化

文化与经济的紧密结合、相互渗透，是杭州城市发展的又一个特点。杭州休闲文化产业从经济运行方式分析，是一种文化经济，不仅体现在产品具有较高的知识、艺术、科技内涵，更体现于企业经营管理也具有较深的文化内涵，经济运行本质上是在经营、推广着文化价值、文化理念和文化特色。

杭州的第三产业和现代服务业已渐趋成熟，为休闲文化产业的发展提供了产业支撑，旅游业、会展业、商贸业、餐饮业、旅馆酒店业、茶馆业、娱乐业等休闲产业的发展，已经达到了一个新的水平。杭州休闲文化的发展，要重视文化产业之间内在的关联性，将其组建成一个个休闲文化产业链，满足消费者在消费休闲上的需求，使休闲文化与休闲产业两者间找到较好的契合点，形成以休闲文化产业为龙头的经济形态和产业系统。文化部门与休闲活动经营商要做好休闲娱乐场所和休闲旅游景点、历史文化遗存等的开发与保护工作，充分利用文化产品的差异性来满足不同休闲消费群体的休闲需求，以此来促进休闲文化产业的发展繁荣，以休闲产业的发展促进休闲文化资本的积累。

促进休闲文化产业化的同时，要注意品牌化经营，通过创新品牌运行机制，推进休闲文化产业的繁荣。

3. 国际元素的融入

休闲文化在保持本土化特色的同时，是不断发展的，这也符合杭州休闲文化开放性、多元性的特色。随着杭州在国际上知名度、美誉度的提升、国际化程度的提高，一些国际化的休闲文化元素必定会融入进来，包括国际上先进的休闲文化理念、科学技术、管理方法。在引进的同时，要积极消化吸收，增强开放和引进的吸纳能力，不断创新发展。

4. 城乡联动的深入

休闲场所从城市波及城郊、乡村，是杭州休闲文化发展的趋势。

在杭州市区休闲文化产业开发一步步趋向成熟的情况下，要加大环城市休闲带的开发，加大杭州周边及各县市的开发，发展以亲近自然、乡野情趣为特色的乡村休闲文化。近几年，杭州农家乐旅游的兴起呈现良好的发展态势，临安太湖源、桐庐红灯笼、余杭山沟沟等是突出的例子。今后，随着经济的发展、闲暇时间的增多，休闲文化的城乡联动还将进一步深入。休闲农庄、自助公寓、休闲渔村等经营方式，将是都市人休闲的重要渠道。在这一过程中，要建立健全相关的标准和法规，加强从业人员的专业培训，增强村民、市民的环保意识。同时，乡村休闲旅游产品的设计开发要遵循本土性、自然性、体验性、市场性、差异性的原则，充分利用当地有特色的旅游资源，强调原汁原味，增强参与性和知识趣味性，增加乡村旅游的吸引力。在城乡联动的过程中，要把促进“三农”全面发展与拓展休闲文化产业的发展空间有机结合起来，把发挥休闲文化产业优势与发展农业产业化和相关产业有机结合起来，准确把握乡村休闲文化产业的发展定位，充分发挥其在农村经济中的带动作用和对城市休闲文化的补充作用。

5. 个性体验的强化

经历，尤其是强调个性化体验的经历是休闲文化产品发展的方向。未来杭州休闲文化产品的开发应以满足人们的个性化体验为突破口。

随着休闲时代的到来，休闲文化中快乐体验的兴起，产业的文化化与文化的产业化，将成为休闲文化产业带动服务业、服务业促进休闲产业发展的内在动力。通过大力发掘杭派文化资源，以丰富多彩的休闲文化体验经济与消费文化来满足消费者需求，使消费者的基本偏好有多种基于社会文化因素的选择。从传统的批量生产概念转向量身定制，从传统的讲究规模效益转向更加注重单体效益，休闲文化市场需要个性化、多样化、高质量的产品与供给。休闲文化产业的经营者必须注重文化的过程，把静态文化与动态文化结合起来，调动人们的参与性，如旅游景点文化节的举行，休闲体育中运动技能的传授等，只有在个性化体验型休闲文化产品的开发上有所创新，才能开拓出广阔的市场。

6. 休闲主体品位的提升

总体而言，目前杭州休闲文化品位不是很高，市民对阳春白雪的雅文化参与度不高。通过喝茶、打牌、健身等打发闲暇时间是休闲的较低层次；现代休闲理念应较多关注人的发展性需求，促进身心的发展、追求休闲的意蕴，是高层次的休闲。

休闲文化生活是否健康取决于人们的生活价值取向。城市休闲文化中蕴涵的价值观念、生活时尚、风俗习惯、礼仪服饰、语言行为、交往方式等不仅仅受到历史文化的影响，而且还在人们的互动过程中被不断地创造和发展着。杭州休闲文化的发展需要全体市民的努力。

随着人们受教育程度的增加、社会的发展，未来杭州休闲主体的品位肯定会有较大提升，以此带动杭州休闲文化品位的提高。在这一过程中，需要政府及社会各界对市民进行引导，倡导科学健康的休闲生活方式，在潜移默化中提高广大市民对休闲文化的自觉意识，引导人们追求有益、有趣的生活方式。既要清除那些禁锢我们认同现代休闲生活准则的传统思维障碍，也要摈弃那些不加区分盲目跟风休闲的浮躁和庸俗休闲观念。建立休闲教育和休闲职业培训机构，普及科学、健康的休闲观，提高休闲主体从事休闲活动的素质和能力。

7. 杭派休闲文化的推出

浓厚历史文化底蕴和城市型特征的山水文化是杭州休闲文化的基础。在此大背景下，要浓墨重彩地打造具有地域特色的杭派休闲文化，如西湖文化、杭派女装、丝绸文化、龙井茶文化、杭州运河文化、杭州中医药文化、杭派建筑文化等，将挖掘文化内涵与促进文化产业化有机结合，在保护的基础上求发展，在发展的过程中强化杭派休闲文化的特色。“越是民族的，越是世界的”，把握特色、突出特色，才能在全球化的进程中保持旺盛的生命力。

结论

综上所述，在杭州，休闲真正展现了一种生活方式、一种生命状态、一种价值表现的核心本质。杭州是美丽的，未来的杭州，因休闲理念的充分诠释和融入，必将成为一个更为美丽的休闲家园。

杭州是中国的，也是世界的。今天，杭州正引领着中国休闲文化发展的潮流。我们希望，在不久的将来，杭州能够成为全球各地的人们休闲的乐园。

杭州休闲产业的现状及发展对策

周志平

休闲产业是涵盖旅游、观光、休闲、度假以及与此相关的餐饮、住宿、交通、通讯、文化娱乐、纪念型工艺美术品等多方行业的综合产业，又是能优化和美化生态环境的可持续发展产业。

从1999年提出的“游、学、住、创业在杭州”到2001年的“休闲之都”和“女装之都”，再到2002年提出的打造“会展之都”与2005年实现的“中国茶都”和“动漫之都”，而2006年杭州世界休闲博览会的举行更是将杭州的休闲产业带到了一个更高的层次。总的来看，杭州休闲经济起步虽然只有五六年时间，但随着改革开放的深入，杭州的休闲产业大有后来者居上之势，已形成了休闲度假、文化娱乐、体育健身、休闲餐饮和都市购物等五大休闲场所。休闲产业成为杭州新的经济增长点。到2005年6月底，杭州市已有210家星级饭店，数量仅列北京、上海之后，位居全国大中城市第三位，并拥有各类旅行社318家。值得一提的是，随着杭州美誉度和知名度在国外市场的扩大，杭州的入境游人数已连续三年排全国大中城市第六位。

杭州休闲产业发展存在的问题

杭州拥有理想的区位优势与便捷的交通条件、良好的生态环境与丰富的自然资源、人文历史资源与深厚的休闲文化底蕴，地区经济的发达、休闲设施的逐步完善与已经颇具规模的消费场所，这一切都是杭州发展休闲业的有利条件。但休闲业在杭州还处于发展的初级阶段，杭州目前在休闲产业发展方面还存在问题，具体体现在以下几个方面：

休闲产品的个性不够鲜明，缺乏对文化资源的深刻理解。虽然杭州已经初步形成了五大类旅游休闲场所和设施，如以宋城、杭州乐园等为代表的休闲度假类；以五大博物馆和浙江图书馆等综合性文化设施为代表的文化娱乐类；以黄龙体育中心等为代表的体育健身类；以杭州大厦和武林女装一条街为代表的都市购物类；以“楼外楼”和“张生记”等新老酒家和各类休闲吧与茶室为代表的休闲餐饮类。但休闲旅游产品的个性不够鲜明。有些人造景区和娱乐场所虽然经济效益不错，但对外地游客来说，在其他地方也可找到替代者，难以形成强烈的吸引力。总体上看，杭州休闲产业还缺乏文化资源与休闲项目相结合的有效形式，也没有对传统的文化资源进行现代意义上的创新性组合开发。目前杭州文化休闲项目依然处于分散的、浅层次的、粗放式的阶段。

基础薄弱，服务质量和专业水平不高。目前杭州市的饭店经营方式以观光型、商务型为主，没有突出体现休闲度假旅游的需求；一些度假村打着休闲的牌子，却没有具备休闲度假村的条件和设施；导游服务水平、技能跟不上，不能开展针对性的服务；景区建设缺乏休闲设施，可供游客长时间逗留和游览的景点不多；而专业学校很少有针对休闲业开设的培训课程。

缺乏品牌推广，国际知名度不高。一直以来，杭州在国际上的知名度并不高，例如在近邻日本，杭州的知名度除了低于北京、上海、西安、桂林之外，还低于苏州，甚至大连、长春、哈尔滨。在韩国，更是低于青岛、烟台等地。旅游形象缺位的直接后果就是入境游各项指标不尽如人意。

杭州有许多值得自己骄傲的荣誉，如中国重点风景国际旅游城市、中国园林城市、中国优秀国际旅游城市、中国城市环境综合治理优秀城市、全国环境保护模范城市、全国居民治安满意率最高城市、联合国人居环境改善国际最高奖等等，可是很少向外宣传。杭州的一些旅游宣传资料内容单薄，游客无法轻松便捷地找到所需信息，无法让游客在杭州的时间变得很充实，无法长时间的留住游客。

因此，杭州休闲产业的当务之急是立足资源优势，把入境游作为扩大杭州休闲产业国际知名度的突破口来抓，大力实施旅游国际化战略，努力提高杭州休闲产业的国际化水平。

专业人才不足，经营管理知识欠缺。休闲产业作为一个新型的朝阳产业，和其他行业不同，休闲产业人才应该是一种复合型人才，外语要好，信息要通，还要具有国际休闲市场的开拓和应变能力。杭州休闲产业在最近几年才得到较快的发展，这方面的专业人才依然比较欠缺。一方面缺乏一批具有国际水准的休闲产业管理人才。另一方面，缺乏素质较高的休闲产业服务人才。人才是根本，人才的缺乏将限制杭州休闲产业的充分发展。

资源缺乏整合与有效利用。杭州拥有得天独厚的风景旅游资源，杭州拥有两个国家级风景名胜区，一是西湖，它三面环山，一面临城，画桥烟柳，山色葱茏，浑然天成，形成了中国境内“西湖天下景”的独特旅游风光。而另一个国家级风景名胜区“富春江—新安江—千岛湖”则构成了中国江南水乡最具特色的黄金旅游线。此外，作为中国六大古都之一的杭州，有着丰富的人文资源。据统计，西湖风景区内遍布65个国家级、省级、市级文物保护单位。各类人造旅游娱乐项目近百家。应该说，杭州的休闲资源是非常丰富的，但是在一定程度上却缺乏整合与有效利用，甚至有部分资源存在开发不当的现象，严重损坏这些不可再生的资源。

国内高端市场与国外市场开拓力度不够。西班牙的马德里市只有400万人口，但每年吸引着近6000万国外游客，旅游收入占到国民收入的10%；2004年，杭州共接待国内旅游者3016万人次，接待海外旅游者却只有123万人次。“杭州国内市场做得太安逸，没有海外市场也能过得很舒服，所以杭州对海外市场的开拓还不够。”西班牙专家JoseAntonio先生一针见血地指出了原因。杭州应该利用国内旅游市场份额高的优势，吸引国内富裕的旅游者来杭州游玩，做好了国内高端市场，在一定程度上也吸引了国外远程旅游者，对抢占欧美的旅游市场非常有利。

进一步提升杭州休闲产业发展水平的对策

塑造休闲产业品牌

要注重休闲与文化的结合，深入挖掘文化内涵，形成杭州休闲产业的品牌个性。

将休闲和文化联系在一起，是休闲产业深入发展的必然趋势。要使杭州的休闲产品具有特点和品牌的竞争力，最好的办法是给休闲产品注入文化品位和人文含量。运用文化内涵的深化来提高品牌号召力和亲和力，形成品牌个性。中国文化乃至东方文化最典型的现象在杭州都有十分突出的表现，如古人类的文化——良诸文化；物产文化——丝绸茶叶等文化；宗教文化——东南佛国；艺术文化——飞来峰石窟等；民俗文化——西湖香市、钱江观潮等。从文化角度来看，“清水绿山、丝府茶乡、东南佛国、文物之邦”16个字高度概括了杭州的文化积淀，同时也是挖掘、开发，进而形成杭州休闲旅游品牌个性的方向标。

如何将文化转化为休闲生产力是关键。首先，杭州需要一个集约式地展示杭州历史与现代文化的、具有休闲旅游观赏价值的核心项目。这个项目，能让国际的休闲旅游者通过它得到个性化的休闲愉悦，并在短时间内直观地了解杭州的历史与现实的各类文化的精粹。其次，依靠杭州良好的生态环境和优美的风景开发杭州的休闲农业、休闲渔业和景观房产。再次，用重视历史的信息、借助名人的光环效应和开发独特的地域文化等方法来挖掘文化的内涵。

充分发挥区位优势

要充分利用杭州举办2006年世界休闲博览会与上海成功申办2010年世博会的极好机会，与上海联手发展国际休闲业，共建“世博圈”，以提升杭州休闲产业的层次和国际影响力。

杭州具备发展休闲产业的条件，但由于杭州的城市知名度在国际上不高，正如世界休闲组织秘书长来杭考察杭州申办2006年世界休闲博览会时所说：“杭州与其他城市相比，目前杭州在世界范围内的知名度不是很高，世界上许多人都知道中国的北京、西安、上海，却很少有人知道杭州也是中国的主要大城市，而且是非常美丽的旅游胜地。另外，杭州始发的国际航班很少。”

然而，杭州的另一个优势是毗邻国际大都市上海，并号称上海的“后花园”。我们完全可以好好利用这一地域优势，借用上海国际知名度的延伸，来提高杭州的国际知名度。杭州可以与上海联手发展休闲业，休博会的一些项目也可以让上海直接参与，甚至还可以将一些项目放到上海去举办。当然，另一方面，我们杭州也可以积极协助参与上海的一些休闲与会展活动，比如担当上海的一些大型休闲会展活动的协办或承办者等。上海申办2010年世博会取得成功，这正是与上海联手发展休闲产业与会展业，提升杭州休闲产业知名度的大好时机。并且还可以和长江三角洲地区的其他城市一道打造“世博圈”。

开发设计新的休闲项目

目前，在国际上不少人已从传统的海滩度假转向参加各种乡村文化和风情风俗活动。文化设施、科技公园、主题娱乐场所等新的休闲去处和服务项目不断出现。杭州可根据自身优势，大力开发、设计新的休闲项目，如富有冒险性的空中跳伞、飞行模拟、森林旅游、水上活动等，带有科普性的现代科幻、未来世界生活、海族馆，鼓励人们回归自然的农事活动，锻炼与开发动手能力的技工作坊，各种竞技性的运动项目等。小型休闲项目的运作可考虑以民营为主，政府应鼓励股份制休闲娱乐公司，鼓励中小型的投资，以个性化的特色丰富休闲业的品种。同样重要的是，政府应借鉴引进海外对休闲业的管理模式，这不仅能满足市民的需要，也将吸引海内外来杭人士。

发展多元经营的休闲经济

浙江有着非常发达的民营经济，民间有着巨额的资本，他们出于经济目的，有着强烈的投资欲望。所以我们正好可以充分利用这一资源，吸纳民营资本来促进杭州休闲产业的发展。比如宋城集团和横店影视城就是利用民间资本发展杭州休闲产业的成功案例。

以旅游业为例，可将旅游资源的国家所有权与经营权分开，采用委托经营或买断一定时限的经营权等方式，由国有股份公司或民营公司等投资经营，以解决资金筹集、经营管理等问题。同时，旅游产品也应由单一的观光旅游发展为多种多样、丰富多彩的休闲、游乐、度假旅游，满足游人吃、住、行、游、购、娱等全方位的休闲需要。

强化人才引进队伍建设和相关软硬件建设

一方面要实施大旅游与休闲产业人才培训计划。推出针对旅游、会展等专业人才的引进政策，加强人才储备；利用在杭旅游教育培训机构和师资力量，提高大旅游产业所需的各类人才素质，如旅游与节庆策划人才、旅游企业经营管理人才、目的地信息化人才、小语种（韩语、泰语等）导游等。

另一方面，要抓好杭城休闲业软硬件建设，按国际标准搞好相应的配套设施。要使杭城成为休闲之都，必须要在道路建设、公共交通、通讯信息、购物街区、金融业务、宾馆饭店、度假区、新闻传媒、文化设施、公共厕所等方面按国际标准进行大力投资建设或改建。有专家指出，一座“休闲之都”整个接待设施至少30%要吻合国际休闲这个条件和标准，且整个城市建筑格调、色彩、尺寸都要围绕休闲这个中心转，市民的素质、游人的观念和生活的环境也要围绕休闲这个中心转。另外，政府应大力加强精神文明建设，提高整个城市及市民的文明程度，让来杭客人真正体验到“亲切感、舒适感、安全感、文明感”，从而提高城市的形象。

提高休闲产业和休闲消费的质量

马克思曾说过：“动物只是按照它所属的那个种的尺度和需要来建造，而人却懂得按照任何一个种的尺度来进行生产，并且懂得怎样处处把内在的尺度运用到对象上去，因此，人也按照美的规律来建造。”按照“美的规律来建造”消费主体、消费客体和消费环境，得到美的享受，是人区别于动物的一个重要标志。根据笔者的理解，其实“美的规律”就是要“尊重自然”，对于我们杭州而言，还有一层意思就是不能破坏杭州业已形成的文化底蕴和历史特色。根据这一论断，在休闲资源的开发和利用上，在休闲产业和休闲服务等方面，如何具体实现“美的规律”的要求，不断提高文化消费的质量，还有大量的工作要做。这就要在消费主体、消费客体和消费环境各个方面都要按照“美的规律”来建造。例如，在开发旅游资源方面，如何重视生态平衡，加强环境保护，反对那种掠夺式的所谓“开发”？如何开拓、营造一个优美的人文环境，充分创建有地方特色、高层次的人文景观和休闲活动，给人以美的享受、艺术的享受？

这里需要强调的是：开发休闲资源，必须开发真正具有文化品位的优势资源，必须用先进的文化来引导人们的消费导向，决不能开发“文化垃圾”，用低级庸俗的东西来误导人们的休闲生活（如杭州的苏小小墓：慕才成为“摸财”）。“要把文化融入到休闲中去”。要创新休闲方式，改变过去人们传统的“吃、喝、玩、乐”的休闲理念，要把休闲与旅游业发展结合起来，将积极健康文化的休闲方式融于杭州的旅游休闲中，创新传统的休闲方式。

加强城市间合作

对于杭州休闲产业而言，面临的竞争对手不仅仅是国内其他城市，更主要是来自于国际竞争。我国已加入WTO，对外开放的步伐会进一步加快，服务贸易壁垒将逐步被拆除，我国休闲产业将面临外国同行更为直接和激烈的冲击，休闲经济将会以更快的速度和国际接轨。在这种形势下，我国休闲产业的发展既有新的机遇，也将面临严峻的挑战。因此，面对入世，面对竞争，当务之急是我们必须打造出适应行业发展趋势，代表市场发展方向的休闲产业“航母”——企业集团，从而使我国休闲产业走上规模经营之路。

我国未来最有发展前途的城市群是长江三角洲城市群，在这个城市群中，上海是增长极，杭州和南京分别地处两翼，是区域副中心。杭州的功能定位就是服务业和休闲产业，随着区域一体化的推进，这一特点将更加突出。要通过加强城市间合作，特别是充分利用上海的资金与人才客源优势，利用杭州、温州、宁波等广阔的腹地，建设成熟而广阔的城市休闲产业大系统。在这些城市内部，应根据不同的城市特色和资源优势，进行合理的分工与布局，进行差异化的建设与定位。上海以开发建设现代化最时尚的休闲活动方式为主，而杭州以开发舒适自在与自由畅想的静谧空间为特色，宁波与温州以海上活动与激情创意等其他特色为主。

试论提高杭州旅游的国际化程度

刘晓伟

一

作为国际风景旅游城市，杭州的旅游产业发展迅速，自1997年至2001年五年间，全市累计接待国内游客1.12亿人次，年均增长4.5%；累计接待境外游客313万人次，年均增长12.1%，旅游外汇收入12.93亿美元，年均增长17.4%。就这些绝对数字而言，有理由对杭州的旅游业发展充满信心；但就其城市定位来看，杭州与国际著名风景旅游城市尚有相当距离。现在国际上通行以入境游客占一个城市人口的比例来评价该城市的旅游国际化程度，按此标准衡量，杭州作为国际风景旅游城市，其国际化程度则明显较低，主要表现为以下两个方面：一是境外游客占杭州全部游客的比例较低。在2001年的2500万游客中，入境游客约80万人，仅占3%；且其中一半为东南亚各国与我国香港、台湾地区的游客，欧美日等发达国家的游客约为40余万人。二是杭州在国际上的旅游知名度较低，欧美等发达国家知道杭州乃旅游胜地者不多。上述二者既各有成因，又互为因果。笔者认为，影响杭州旅游国际化程度提高的因素主要有以下两个：

城市旅游资源的文化特色不足

众所周知，旅游属于一种文化类型的经济活动，其消费者购买的实为一种具有文化特质的“一次性商品”，旅游资源在文化上的差异性越大，就越能成为旅游的消费热点或“卖点”。因此，具有明显的文化特征，是国际化旅游城市不可或缺的要素。对于杭州来说，秀丽山水固然令人流连忘返，但从对自然景观的审美角度来看，西湖的山水并非是天下独绝的，特别是对于来自生态居住环境极佳的一些欧美国家的游客来说，仅靠秀山丽水，仍难以具有很大的吸引力（这也是多年来外国游客在杭州驻留时间短的主要原因之一）。而作为曾是七朝古都的杭州，有着上千年的历史文化积淀，它兼有了自然景观、古都文化、宗教文化、建筑艺术和民俗文化等多元文化要素，这是它得天独厚的。然而若单列来看，山形地貌，它不如黄山、泰山那样险峻奇秀；古都文化，它不如北京、西安那样恢宏完整；宗教文化，它不如普陀、嵩山那样悠久集中；建筑艺术，它不如歙县、丽江古城那样古朴纯粹。正是这些“不如”，决定了杭州旅游资源“秀丽”有余而“奇特”不足，难以在海外打响自己的品牌。

城市景观的文化内涵尚嫌单薄

随着人们对自己的时间和活动拥有更为自由主动的权利和机会，休闲文化已成为一种时尚，休闲旅游则成为当今世界旅游的国际化潮流。为了满足这一新兴的旅游群体的消费需求，旅游城市需要构建一个更为宽松和谐的休闲空间。而杭州原有城区空间就很狭小，近年来随着旧城改造步伐的加快，城市中心区域摩天大楼林立，高层住宅密布，使得杭州的城区空间更显局促拥挤。而正是在原先的老城区里，积淀着十分丰厚的历史和民俗文化。这就使杭州的旅游现状呈现出这样一个怪圈——一方面，这个千年古都拥有着特有的历史民俗文化内蕴；另一方面，多年来偏重“城市形象”的建设思路使得这个城市与世界上大部分现代化城市几无二致，从而呈现出“特色危机”。长期积淀的文化痕迹就是这样被高速浇铸的钢筋水泥轻易地掩盖抹淡了。

还需要指出的是，随着城市空间的不断扩容，杭州原先“一半西湖一半城”的格局已经完全被打破，西湖从审美观照的层面看，其相对空间日渐“萎缩”。城市的扩容，固然同步带动了旅游产业的明显增长，但也带来了一些负效应：由于游客的大量增加（包括城市人口剧增后的本地游客），致使西湖各景点人满为患的状况日益严重，其结果不仅造成对景点资源的过度耗损，也会破坏游客的心态，降低旅游质量。从长期效应看，这两个因素又会影响杭州旅游品牌的声誉，遏制旅游产业的发展。

二

杭州毕竟是天下独一无二的，它的特色在于把上述的各种自然景观与人文景观融合在了一起，且注入了极具“含金量”的文化成分。因此，只有把这些资源很好地整合利用，充分发挥杭州在黄金旅游线上的良好的区位条件，突出旅游资源的地方性、文化性、差异性和唯一性，才能形成其独有的优势，吸引四方来客。对此，笔者认为应从以下两方面入手改进：

强化“人文西湖”的主题

西湖所具有的丰富的人文内蕴是天下独绝的，其鲜明的民族性便是它的优质品牌。越是民族性的东西，就越具有世界性，也才越有可能实现“国际化”。因此，只有强化“人文西湖”的主题，才能有效地打响杭州旅游文化在国际上的知名度。

1. 对传统的旅游资源进行精细加工。进一步对现有的自然景观从硬件和软件两方面进行完善，近期完成的雷峰塔重建工程和对西湖南线景观的还原开发工程，是充分挖掘西湖文化含量的重要工作。与此同时，对杭州的食文化、竹文化、丝绸文化和各种具有特色的手工艺产品从质量到包装进行优质处理，以过硬的品牌来完善西湖的形象。

2. 充分利用名人故居的旅游资源。西子湖畔如珍珠般撒落下众多各个时期的名人故居，这些“凝固的音乐”大大增加了西湖旅游的文化含量。难点不仅在于对这些故居的恢复开放上，更在于对这一旅游产品的推销上。因为单纯参观这些地方，旅游内容较为单一，也即游玩性不强，想让国内游客对之情有独钟尚非易事，而要让在文化历史上对之存在很大“感知空白”的国外游客慕名观赏更有难度。要想让这些名人故居对海外游人更具有“亲和力”，除了让他们走进这些不会说话的建筑的同时，还需要以各种方式，把这些独特的文化元素自然地融入到整个西湖旅游文化中去。例如可把位于里西湖一带的名人故居群同周边的西湖景点（如孤山、断桥、葛岭、初阳台、黄龙洞、里西湖泛舟赏荷等）进行巧妙的“文化联姻”和最佳整合。

3. 建立有特色的商贸旅游特色街区。在已经建成的河坊街仿古游景点和即将投建的运河购物步行街之外，毗邻西湖东畔、位于闹市中心的湖滨街区无疑是最能聚集“人气”的地方，而最理想的选址便是湖滨路一带。而目前的湖滨公园面积狭窄，人行便道行人与自行车共用，加之湖滨路上机动车辆日增，致使湖东环境日益拥挤嘈杂，与整个西湖景观极不协调。拓展湖滨面积，变马路为公园，是从根本上改变这一状况的有效途径。也即把现有的湖滨路改建成湖畔公园，置以大面积的草坪花坛。这不仅可以有效地减少湖滨一带的汽车噪音，净化湖畔空气，为游客及晨练的人们提供恬静宽松的活动空间（这对于已进入老年社会的杭州来说尤有现实意义），还能明显减轻节假日（尤其是夏夜）白堤人满为患的压力。在改路为园的同时，可在原来的湖滨路下面修建地下通道和旅游购物商场，这样既解决了车辆通行和原有路面商家生存的问题，且能为杭城提供永久性的湖滨夜市场地，从而从根本上优化湖东环境，使西湖总体布局更显和谐大气。

从长远看，是合乎把杭州建设成一个国际性的风景旅游城市的要求的。

增加城市景观的魅力

曾几何时，“美丽的西湖，破烂的城市”这一对杭州城市景观的著名评价已得到了彻底的改变。但是如果今天的杭州给予世人的观感是“美丽的西湖，缺乏特色的城市”的话，那么同样难以让杭州真正成为一个名副其实的国际旅游城市。为此，总结以往和现在城市建设的得失，对杭州旅游产业的未来发展是十分必要的。

1. 做好“水文化”的文章

杭州江湖汇聚，河泽相连，市内水域景观资源丰富，除了位于城西的名闻遐迩的西湖外，驰名中外的大运河自西向东从城北一直贯通钱塘江，而位于城市中心的中河（即浣沙河）和东河由南向北穿城而过，此外还有毗邻进出杭城铁路干线的位于城东的贴沙河等十几条河流。在发展城市旅游产业的过程中，应充分利用水域景观的条件，做好“水文化”的文章，从而使杭州尽显江南古城之风韵。

（1）运河的整治。市城市规划局提出的“城河一体，以河兴城”的发展思路，强调发展生态化与品牌化的运河环境，用绿化和交通引导催化运河沿岸开发。笔者认为，这一思路是合理的，只是还应把运河的开发整治工作与国际化结合得更加紧密些。就因为运河在世界上的知名度要超过西湖，杭州所处的运河河段的位置使之具有更加独特的优势。应该把旅游从西湖向运河充分延伸，为此，从长远的旅游发展效应和城市环境保护来看，运河不应再成为一条运输的主航道，其货运功能应逐步淡化，而应强化其客运观光功能。包括两岸景观的建设，在统一规划时，应控制高层商品住宅楼群的数量（这会使运河显得局促狭窄），多建有特色的商贸购物和娱乐休闲的设施，使之真正成为杭州休闲旅游的又一个黄金线路。

（2）中河、东河的整治。浸润千年古韵的中河、东河、贴沙河、新开河等市内河道，是先人为江南水乡描画绮丽长卷时留下的几处生花妙笔。若把西湖比作明珠，这些河道当如彩练，二者互添情趣，相得益彰。尤其是贯穿杭州南北的中河、东河，对和谐城市景观及汛期排除水患起着十分重要的作用。20 世纪 80 年代对中河整治以后，在有效改观中河水质和沿途市容的同时，由于建设中河路的需要，致使该河道面积缩小，而后来在中河路上新建的中河高架公路，不仅严重破坏了整个城市的景观，更使本已狭小的中河显得如同一条大水沟，这不能不认为是一种遗憾。

在大力做好历史文化名城这篇大文章的今天，我们应该认识到，中河、东河等市内河道的合理整治，不仅可以使杭州的城区景观大为改善，而且可以开发出同样颇有价值的旅游资源。对此，笔者认为可从两方面着手进行：首先，现有的市内河道的开发建设再不能处于无序状态，任由一些房地产开发商分而治之，而应该由政府统一规划，经各方专家精心设计，充分吸收江南小镇河域建筑文化特色，结合杭城历史文化项目的建设，在河道的某些区段，如河坊街、鼓楼等城南一带（这是这些河道仅存的可供开发的区域），沿河畔修建一些古朴廊房、石板小桥和别致短亭等；同时还可像水城威尼斯那样，建造一批精巧小船，让游客轻舟荡漾，穿行于绿柳红桃和石桥水榭之间，饱览江南古城的独特风貌。而从这些具有旅游观光功能的项目中回收的资金，则可作为疏浚修缮河道的费用，可谓取之于河，用之于河。

其次，整治市内河道是一项耗资巨大的综合工程，它既属于政府行为，也可以成为企业行为。即这项工程的实施，同样应该走市场化的道路。例如可采用招标形式，吸引有实力的产业集团分河或分段进行开发。对于开发商来说，得益与付出理应是对等的。因此有必要同时立法，规定在这些地块开发房地产的单位，必须承担河域的整治任务，或向政府交纳相应的河道整治费用，因为一旦河域环境得到有效改善，必定会使这些承建单位的房地产明显升值。这一做法的可行性在于，它不仅可以使整治运河的资金尽快到位，且由于所开发的项目同经济利益密切挂钩，就会促使有关经营单位切实地抓好保护河道水质和周边环境的工作。

2. 精心营建民俗文化氛围

求新猎奇是游客共同的旅游心态，而作为国际旅游城市，还应充分注意外国游客的兴趣指向和旅游个性，他们更注重旅游景点的文化性、生态性、探险性和古朴性。杭州是一个有着千年历史的古城，其民居老宅中同样积淀着浓郁的人文色彩和民俗韵味。

自公元907年钱镠在杭州建立吴越国都以来，历经千年朝代更替，其城建格局基本承袭旧制，即以一河一道作为中轴线，向周边延伸拓展，致使杭州那些历史悠久的坊巷，大都分布于后来的中河沿岸以及与中河并行的中山路和建国路两侧，人们傍河而居，借水运物，岸边民居密集，店肆林立。更有无数名流先贤在长巷短弄里留下足印，如陆游、于谦、王文韶、龚自珍、胡雪岩、鲁迅、丰子恺、郁达夫、夏衍、潘天寿、钱学森等。

保留民居老宅，就是在保护传承历史文化。在重建一些历史文化街区时，应该在整体布局上给予巷弄以一定位置。如可以依托已经初步建成的清河坊仿古街，启动“巷弄工程”，即在主街上旁生若干巷弄，其间墙门错落，水井点缀，高墙矮楼，曲径通幽；而在用黑瓦朱门搭建的酒肆商铺里，或可经营风味小吃，或可出售土产古玩，届时中外游客漫步穿行于这些寻常巷陌之中，便可回首千年岁月，品味市风民俗，从而使古都遗风自然地融入我们城市的文脉之中，而不仅仅是只有驱车他乡僻壤才能窥到的一道景观。

三

杭州市在“建设国际大都市”的发展规划中，制定了“旅游西进”和“城市东扩”的发展战略，这是进一步改善杭州城市景观的重大举措。笔者认为，在西进和东扩的战略实施中，应该处理好以下问题：

（一）旅游西进：现行规划中包括保护城市的西部旅游资源。杭州西部群峰叠翠，山势绵延，是发展休闲旅游的极佳资源。旅游西进构想的实施，不仅可以充分挖掘西湖山水的自然与人文价值，还可以在为现有西湖景点提供分流游客的途径的同时，为休闲旅游提供了地理空间。问题在于理念的准确定位——应该把旅游西进视为杭州旅游文化的延伸，而不应成为各房地产开发公司对自己利益领地的大举拓展。事实证明，在西湖周边青山碧坡上大兴土木营建私人别墅豪宅，使观光胜地成为私家领地，大好山水变成旅游“禁区”，不仅是对西湖景观的破坏，而且也是对旅游资源的浪费。虽然从眼前利益看能为政府筹集大量资金，从整体和长远利益看，则弊大于利。已经开发的杭州九溪一带的别墅群便是证明。

（二）城市东扩：杭州城市建设向钱塘江扩展，自然要做足江水的文章。钱塘江除了著名的观潮胜景外，其文化含量虽不如西湖，但其雄浑气势和独特地理环境无疑会成为休闲旅游的良好资源。问题同样在于对其规划必须具有前瞻性和整体性，切不可一哄而上，在沿江一带大建商品房，把两岸的黄金宝地变成房地产开发公司的又一块利润蛋糕。笔者认为，钱塘江两岸地块（尤其是钱塘江一桥至二桥区域），应该由市政府统一规划，建设项目应以高品位的旅游休闲项目为主，包括营建大面积的森林公园，使其成为名副其实的杭州的“外滩”。如在规划和资金上难以一步到位，宁可“留白”，让后人去精心填补，以免重现市区中河、东河的失误。

推销城市就是在推销景点，应该让二者充分发挥互动作用。杭州要想真正成为著名的国际旅游城市，除了上述举措外，还应全方位地宣传城市形象，通过经常举办各种大型国际性会展、文化体育艺术等活动，提高杭州的知名度。限于篇幅，本文不再赘述。

从休博会到世博会

袁华明

2006年4月22日至10月22日，杭州休博会；2010年5月1日至10月31日，上海世博会。

一个希望以“游憩中心”的品牌吸引全球来宾；一个则力争成为历史上吸引外国观众最多的博览会。

4月11日，两大盛会的主办方在上海握了握手。这次握手，对于这两大城市，对于这两大城市的所有企业、所有市民，意味着什么机遇呢？

两大盛会的互动

就在休博会召开前夕的2月28日，杭州市副市长项勤在休博会上海新闻发布会上表示，2006年休博会是主动接轨2010年上海世博会的重大举措，其主题为：休闲——改变人类生活。持续半年的休博会由近200个会展、节庆、文化、体育、经贸、旅游等活动组成。迄今为止国内最大的环球嘉年华将在休博会期间落户杭州休博园。由于休博会跨越今年的两个黄金周，所以必将成为今年假期休闲旅游的一个热点。杭州市旅委副主任崔凤军表示，上海旅行社将开辟旅游专线到杭州休博园。此外休博会专题游还包括从上海和长三角其他旅游城市的旅游集散中心每日开出的休博会专线游览车。一日游线路包括参观休博园，参观十大主题景观，参与游乐项目和观看演出；二日游线路还增加了游览世界休闲风情园、东方文化园和萧山湘湖景区。

届时上海市民可以到旅游集散中心购买套票前往休博园，而根据休博园的定价，散客门票价为每人150元（含30元环球嘉年华硬币）。今年休博会的另一个特色是将举办世界百座城市休闲风情展示。崔凤军表示，目前已有国内外90多个城市入驻休博园开设场馆，上海将在休博园内开设395平方米的上海馆，以展示上海一些新发展的区县。

凡是休闲产业发达的国家，其政府必然对休闲产业有较高的重视，从舆论、组织、政策等各个方面给予支持。1970年有关国际组织讨论通过的《休闲宪章》中指出：“休闲为弥补当代生活方式中人们的许多要求创造了条件，更为重要的是，它通过身体放松，欣赏艺术、科学和大自然，为丰富生活提供了可能性。无论在城市或农村，休闲都是重要的。它为人们提供了激发基本才能的变化条件：意志、知识、责任感和创造能力的自由发展。”国内正在向这个方向努力，杭州、上海两地政府部门也在为各自举办的世界性博览会而不断加大合作。作为杭州来说，希望通过上海历来的经验为我所用，而上海则也希望通过观察杭州的休博会为自己未来的世博会吸取经验。

分享对方的“蛋糕”

休博会的公众知名度相对奥运会与世博会来说，要小得多。若不是去年9月杨澜女士担当杭州2006休博会形象大使并高调亮相，这一活动的舆论影响力恐怕仍囿于地方。杭州方面也希望嫁接上海世博会，为自己加分。

2010年，全世界的目光将注目上海。作为主办城市，上海提出要把这届世博会办成人气最旺的一届世博会，力争有174个国家和国际组织参展，参观人次要达到7000万—7500万人次，其中外国参观者要力争达到520万人次，成为历史上吸引外国观众最多的一届博览会。在杭州休博会上，推出了世博局设计打造的面积为232平方米的世博馆，主要展示2010年上海世博会的推广活动。

世博会的举办城市在筹备和举办世博会期间，以及世博会后的一段时间内，利用世博会带来的商业契机，推动和发展本地经济的一系列活动，将产生巨大效益，这被统称为“世博经济”。显然，“世博经济”是一块巨大的“蛋糕”，作为紧邻上海的杭州，将凭借自身的区位优势、人文优势和产业优势，一起分享“世博经济”这块“蛋糕”带来的效益。

业界表示，上海世博会的举办将成为上海与杭州会展业联动发展的最好契机。通过与上海一些国际展览公司的联合或合作，使杭州成为上海会展的分会场；同时，杭州与上海形成错位，上海以发展综合性、大型的会展活动为主，而杭州则立足于开展一些专业性的、中小型会展活动，与上海形成联动。

会展经济正蓬勃

发达国家的历史经验表明：经济发展到一定的程度，一个地区的人均GDP处在3000—8000美元的时候，居民的需求就会到达一个跳跃性发展阶段，人们的文化娱乐需求会迅速增长。而我们杭州，在朝着发展大文化产业的方向大步奔去的时候，也意味着在众多领域蕴涵着无限的商机。

对于杭州人而言，这次休博盛会将至少为杭州提供1.5万至2万个就业机会，必将吸引更多的国内外游客来杭游览参观，吸引更多的海外旅游设备投资商。与此相应的，杭州申办2006年休闲博览会的目标是：引进50个国家以上、3000家以上境外旅行商和设备生产商赴会；吸引50万人次境外旅游者赴会观光；吸引1000万人次以上国内旅游者观光；增加旅游外汇收入3亿美元以上；增加国内旅游收入100亿元以上；吸引50家以上境外生产厂家，2亿美元以上外资在浙江投资或合作生产国际水准的休闲、旅游、娱乐装备。杭州世界休闲博览会将超过昆明世界园艺博览会的总体水平。比如，150万人次的海外游客，国内旅游者1000万人次，休闲度假者50万人次，参展商5万人次。

虽然杭州享有“人间天堂”的美誉，有着丰富的休闲资源，但是，在竞争激烈的今天，面对消费者日益增强的休闲需求，我们有必要重新审视一下杭州休闲资源的开发思路，认清形势，拓展视野，真正将资源优势有效地转化为产业优势。

“求新、求奇、求刺激”与“求高雅、求宁静”必将是休闲产业两大主要发展趋势。极限运动是对人们体力和毅力的考验，较有代表性的有蹦极、攀岩、滑翔、潜水等。在早期的英国，蹦极等极限运动是只供皇室观赏的休闲项目，但现在已越来越走向大众化。在一些大型游乐场，“挑战极限、追求刺激”已成为大多数休闲娱乐项目的共同点。人们在疯狂中彻底抛开烦恼，完全放松身心，从而达到真正休闲的效果。虽然“求新、求奇、求刺激”是现代休闲项目的一个大势所趋，但它毕竟还是以20—35岁的年轻人居多，中老年人、女性、儿童等人群可能对此感兴趣，但往往不会轻易尝试，更多的只是“旁观”。正是由于有相当一部分人群更青睐于一些节奏平和、内涵丰富的休闲项目，于是，另外一种“求高雅、求宁静”的休闲趋势也随之发展。在英国，相当一部分公众会选择音乐会、博物馆等比较高雅、宁静的场所作为休闲之地，或者选择高尔夫、垂钓等体育运动。

显然，无论是休博会还是世博会，会展经济的号角已经吹响，诚如外国友人所说的那样，任何市场对于中国这个13亿人口的国家来说都是巨大的，会展市场的“蛋糕”同样无比诱人，等待能把握市场的人去切分。

休博会是市民和中外游客共同的节日

——2006杭州世界休闲博览会执委会主任、杭州市人民政府副市长项勤访谈录

本刊记者（以下简称“记”）：项副市长，您好。首届世界休闲博览会在杭州举行，无论从打造城市品牌还是推动经济发展，都有着深远的意义，下面能不能请您谈谈杭州举办休博会的目的和意义？

项勤副市长（以下简称“项”）：好的。举办休博会，目的就是提高浙江省和杭州市的国际知名度，引领中国休闲产业发展，促进旅游产业结构优化和旅游产品转型，打造“山水浙江、诗画江南”和杭州“东方休闲之都”品牌。我们希望通过这次活动，扩大世界休闲博览会的国际影响，促进世界各国尤其是发展中国家休闲科学的交流与传播，促进休闲经济发展，提高人们生活质量。

从现实的角度讲，办好休博会意义深远。首先，有利于加快旅游业的转型升级，推进服务业整体发展，优化产业结构，是加快杭州经济发展的孵化器。其次，坚持以人为本，促进人的全面发展，通过系列活动突出项目个性化和独特性，满足人民群众的物质、精神需求，是提升市民生活品质的发动机。再次，以活动为契机，成功实施各项环境整治工程，提升城市“四化”管理水平，增强城市服务功能，是提高城市建设管理水平的推进器。最后，发挥窗口作用，提高城市的国际影响力和美誉度，搭建“大平台”，带动周边县市发展，融入大杭州，是增强城市综合竞争力的助跑机。

记：本次休博会的主题是“休闲——改变人类生活”，历时半年的休博会对老百姓的生活又会有哪些影响？

项：政府举办休博会就是要让大家都来参与，参与的人越多说明它越受欢迎，越成功。任何一个活动都不能自娱自乐，唱独角戏，休博会是市民和中外游客共同的节日。这从整个活动的内容安排上可以看出，休闲、文化、旅游、体育及各种娱乐活动和赛事，无一不坚持以人为本，体现人文关怀。最终的目的就是通过传播先进的休闲理念，倡导健康的休闲方式，推动和繁荣休闲产业，提高城市的休闲服务水平，丰富人们的休闲体验，享受更加美好的生活，展现人与自然的和谐相处，“和谐生活、和谐创业”。

记：“和谐生活、和谐创业”，这是每一个公民所追求和期望的。本届休博会除了杭州主会场以外，还链接了十

个分会场，这次活动对当地旅游经济有哪些促进作用？

项：休博会不是单纯的一个会展，它既有会展的性质，又有旅游的功能。这次打破地域划分，设立十个分会场，是一种概念的创新，体现了大都市圈的形成。目的就是希望能通过休博会这个载体，促进长三角城市带的共同发展。本次活动预期接待国内游客1500万人次，海外游客100万人次。无论是对主会场的杭州还是十大分会场，举办休博会必将推动和繁荣各地区的休闲产业，带动交通、运输、住宿、餐饮、娱乐、商贸、传媒、银行、保险、金融、邮政、通讯等几十个相关产业的发展。为了让中外游客更好地体验杭州休闲，休博会专门设计推出了世界休博会专题游、杭州休闲深度游、走遍杭州城郊游、诗画江南浙江游、长江三角洲华东游和锦绣中国精彩游等20条"休博之旅"系列旅游观光线路，休闲旅游活动丰富多彩。

除了旅游功能，休博会还是发展会展业和招商引资的平台。计划实现贸易成交和营业收入100亿元，协议引进外资10亿美元，协议引进内资100亿元。

记：听您这一番介绍，让我明确了办休博会的意义，我想无论是对政府还是企业，都是一项双赢的活动。项副市长，作为主会场的杭州，在本次休博会上所扮演的角色和承载的责任又是什么？

项：杭州是个充满活力的经济强市，又是浙江省省会城市，素以"人间天堂"、"丝绸之府"、"茶叶之都"享誉天下。同时，杭州又是一个大气开放的创业天堂，也是发展会展业的"风水宝地"。举办休博会将进一步加快杭州旅游国际化步伐，形成观光游、会展游、休闲游"三位一体"的旅游格局，进一步发展大都市经济和休闲产业。同时，休博会又是城市精神文明建设的载体。所以我们一定要引导市民群众提高文明素质，引导旅游服务、宾馆饭店、餐饮商贸、公交出租等"窗口"服务单位文明礼貌待客，提供优质服务，让广大中外游客吃得满意、住得舒心、行得便捷、游得畅快、购得放心、娱得尽兴。办一届亲民、节俭、文明、安全的休博会，这就是我们的责任。

记：能不能请您简单介绍一下首届休博会的特色和相关内容？

项：这次休博会的主园区简称"一湖三园"，分别指萧山湘湖旅游度假区、杭州世界休闲博览园、杭州世界休闲风情园和杭州东方文化园，这是专门为休博会配套建设的特色功能区块。另外，我们还在杭州市范围的富阳、临安、建德、桐庐和周边地区的绍兴、安吉、黄山等地设立了十个分会场。内容分为休闲旅游、文体活动、会议培训和展示展览四大类型200多个项目，相信每一位来参加休博会的游客和广大市民都能找到自己喜欢的活动内容。至于特色，我认为有四个：第一是主题鲜明。因为这是世界上首次以休闲为主题的博览会；第二是国际性。休闲旅游界的国际机构作为活动的主办或支持单位，又有百城馆等国内外著名城市休闲风情展示，显示了海纳百川的胸怀；第三是市场化运作。休博会的几个主要园区政府均不投资，采用政府主办、企业主体、市场运作的方式；第四是引领世界休闲潮流。我们希望通过本届世界休闲博览会的举办，对世界休闲业的发展起到良好的推动和牵引作用。

记：谢谢项副市长，现在就让我们共同来期待2006杭州世界休闲博览会取得圆满成功。

浅论杭州市休闲旅游资源的开发

周绍健

我国的公共假日已经达到了114天/年，集中放假时间增长，国民生活水平和消费水平提高，人们在满足基本物质生活需要之后，需追求休闲、享受等精神消费，为休闲消费逐步上升提供了有利条件；世界旅游组织预测，到2020年中国将成为处于领先地位的世界旅游休闲强国，成为全球旅游休闲第四大消费市场。

杭州市具有优越的地缘优势、丰富的旅游资源、深厚的人文底蕴，素有"人间天堂"的美誉，已获得"人居环境改善国际最高奖"，并且成功取得了2006年"世界休闲博览会"举办权，其发展休闲旅游的优势十分明显。

大力发展休闲旅游
是杭州市旅游发展的必然选择

在后工业化时代的今天，市场经济逐渐成熟，社会分工日益复杂，生态环境不断恶化，人类面临着前所未有的生存压力和心理负担。这种情况下，人居环境和心理环境的转移成为现代人的普遍追求，休闲旅游业也自然地为人们所崇尚。已经进入"闲暇经济"阶段的发达国家，人们的劳动所得，不但可以满足个人作为生产力的自身修整、恢复、继续工作的要求，以及维持必须直接供养人口的最低生活水准的需要，而且有剩余的钱来购买闲暇消费，从而形成了一种以闲暇经济为支持的高层次的消费潮流，引领了消费时尚。这种发达经济阶段和生活方式也将成为我国殷实小康社会消费的发展方向和必然趋势。这一点，目前已初见端倪。受这种前沿消费思潮的影响，一部分先富人群自然地成为休闲旅游的率先追逐者。从长远看，经过未来10年、20年的努力，中国必然会从目前的总体小康水平向富裕小康水平过渡，休闲旅游将随之上升为一种消费需求，并将形成潮流，其趋势在所必然。

改革开放20多年来，杭州旅游事业发展迅速，而今休闲旅游也已兴起。突出的例子是"梅家坞现象"，原来不过是出产龙井茶的小山村，借旅游西进的东风和满目葱茏的自然条件，如今一户户农家小院竟成了万人云集的休闲（喝茶、打牌、吃饭）好去处。这里除了为旅游西进而修建的一条梅灵公路，没有景区的概念，而在不经意间却成了杭州又一个休闲中心！显然，"梅家坞现象"是自发形成的，是休闲旅游的一种初级形态。但正是这种初级形态，表现了现代人对休闲的一种渴望和需求，预示着21世纪休闲旅游、休闲经济将得到空前发展。

自古就是"人间天堂"、旅游胜地的杭州，现在把城市定位在"国际风景旅游城市"的"东方休闲之都"，这表明大力发展休闲旅游是杭州市今后旅游发展的必然选择。

杭州市休闲旅游资源的现状分析

1. 杭州市旅游资源分布总体特点

杭州市的旅游资源分布特点主要有以下四个方面：

（1）总量丰富，类型多样，自然旅游资源和人文旅游资源兼容并蓄。杭州市旅游资源分属8个主类、33个亚类、140个基本类型，主类拥有率为100%，亚类拥有率为97%，基本类型拥有率为77%。从中可见，杭州市的旅游资源总体拥有率较高。在旅游市场细分化、旅游需求多元化的竞争态势下，这一特点为杭州市面向国内外旅游市场开发各种休闲旅游产品提供了坚实的资源基础。

（2）平均品质高，优良级旅游资源多。杭州市优良级旅游资源单体有452个，占全部旅游资源单体数的1/6以上。这一特点为杭州市打造有市场号召力的休闲旅游精品提供了有利条件。

（3）各类资源的丰度和品质差异显著，但均有精品和亮点。这一特点为杭州市开发多样性的休闲旅游产品提供了资源保证。

（4）各地均有丰富的旅游资源，区域特色明显。全市大多数区县均有比较丰富的旅游资源，虽然中心城区的资源品质明显高于远郊区和近郊区，但后者休闲旅游资源开发的潜力却很大。

2. 杭州市休闲旅游资源开发现状

为了实现打造"东方休闲之都"这一目标，杭州市在提高城市品位和加快景区建设上加大了投入。先后在西湖南线、西线景区和北山路、湖滨路、梅家坞进行了综合保护治理，逐步形成了"东热南旺西幽北雅中靓"的新格局。在抓好核心景区建设的同时，又在中心城区着力建设好西湖文化广场、杭州大剧院、国际会展中心等标志性建筑，打造良好的都市景观。

近郊景区建设以之江国家旅游度假区为依托，以休闲度假旅游为重点，努力建设一批上规模、上档次、上水平、有特色的重大旅游项目，重点抓好西溪湿地公园、上泗片旅游休闲区、转塘镇（旅游集散中心镇）、龙坞风景区、灵山风景区规划建设，加快运河风景带、钱塘江观潮城、东方文化园二期、休博园、良渚国家遗址公园等重大项目的建设，使其成为核心景区延伸扩展的重要方面和杭州休闲旅游的重要增长点。

远郊景区建设以"两江（富春江、新安江）、一湖（千岛湖）、一山（天目山）"为主线，重点抓好富阳新三国旅游线、桐庐富春江、梅城三江口、大慈岩景区、千岛湖、浙西大峡谷等旅游项目的建设，努力塑造主题鲜明、个性突出的旅游产品形象。根据"中心辐射、轴线扩展、优化组合、特色互补"的原则，把全市的主要景点"串联成链"，形成以"三江两湖两址一山一河"为轴线的大杭州旅游发展格局。

与此同时，杭州市在整合以商贸、会展业为主的现代服务业方面采取了新措施与新手段，相继建设并精心包装了7条商贸旅游特色街区，其中清河坊历史街区、武林路时尚女装街、梅家坞茶文化特色村落等已成为杭州休闲旅游的亮点。此外，众多休闲场所和设施的落成也为杭州发展休闲旅游提供了竞争力。

杭州休闲旅游资源开发与整合中存在的问题及对策

1. 深入挖掘休闲旅游资源的内涵，提高旅游资源品位。杭州在近几年花大力气开发了众多的休闲旅游资源，其成就有目共睹。今后要进一步挖掘杭州旅游的内涵，提高杭州的休闲旅游资源的品位。

西溪具有让人心醉的独特风情，在江南渔桑农业的长期改造下，逐步形成了以鱼塘、河港湖漾水网及众多洲渚构成的次生湿地景观。但其开发尚处于初级阶段，应该进一步开发建设，经过周密的调研与科学的规划和充分的论证，在不破坏现有水陆野生动植物的基础上，进一步恢复和保护湿地特色地貌和物种多样性，保护和发展水乡田园人文风貌，并有选择地恢复和重建部分古迹，尽量使其展现人与自然和谐发展的良好风貌。

茶文化作为杭州的一项重要的休闲旅游资源，近年也得到了大力的开发。但目前，其开发和利用也仅仅停留在茶馆和产茶区的饮茶而已，没有进行深入的开发。旅游资源的开发应该是有组织、有计划地对旅游资源加以利用的经济技术系统工程，在茶文化资源开发中，应依托杭州丰富的茶叶资源和深厚的茶文化底蕴，集中展现茶区的自然本色，让人们在“回归自然”的主题中放松身心。在进行浏览的同时，进行深层次开发，如让游客在专业人员的指导下，采茶、炒茶，体味自己的劳动成果，在娱乐性、参与性、大众性的前提下，做到雅俗共赏，老幼同乐。而茶道作为茶文化的精髓，深受海内外众多游客的喜欢，所以在开发茶资源的时候，可以融入茶道表演等内容。此外，要特别重视保护茶农的生产生活方式，警惕商业化侵袭破坏真正的茶乡风情。

2. 加强休闲旅游资源的特色化和个性化。特色、创新是休闲旅游发展的突破口，杭州的休闲旅游要发展，要走向世界，必须体现出自己的特色。杭州一年一度的西博会、国际烟花大会、西湖桂花节、蒋村龙舟胜会等富有杭州特色的节日内涵应深入发掘，提升节日的附加值，深化节日的吸引力，突出其中的休闲特色，对节日的气氛应再搞得轻松活泼些，增强娱乐性，注重参与性。

另外，杭州要在保持传统特色的基础上加快国际化步伐，应抓住国际休闲流行趋势并结合自身资源特色，开发、设计新的休闲旅游项目。目前，在国际上不少人已从传统的海滩度假转向参加各种乡村文化和风情风俗活动。文化设施、科技公园、主题娱乐场所等新的休闲旅游项目不断出现。杭州可根据自身优势，大力开发、设计富有冒险性的空中跳伞、飞行模拟、森林旅游、水上活动等，带有科普性的现代科幻、未来世界生活、海族馆，鼓励人们回归自然的农事活动，锻炼与开发动手能力的技工作坊，各种竞技性的运动项目等。

3. 加强各部门之间的协作，统筹规划，合理配置杭州地区的旅游休闲资源。休闲旅游涉及各经济部门及其他许多职能部门，政府应由一个部门牵头或成立一个权威组织，负责全面协调和指导全市休闲旅游工作。政府还应积极沟通政府部门与企业之间信息交流，引导行业、企业之间加强沟通与合作，实现信息互通、资源共享。对杭州各市县的旅游资源也应统筹配置，合理开发，避免雷同和重复建设，对已有的资源要合理组合，形成几条风格各异的休闲旅游线，联合出击。另外，政府要推动休闲行业协会的建立与发展，引导和鼓励他们成为行业发展的“领头羊”，追踪国内外休闲业发展的现状及趋势，为业内企业提供信息与交流，使之成为沟通政府与企业的“桥梁”。

4. 制定鼓励发展休闲旅游的政策法规，推动杭州休闲旅游资源的开发。首先需制定倾斜性的产业发展政策。政府部门应对休闲旅游的发展提供政策指向和优惠条件。特别是要在社会条件支持系统的形成方面给予大力扶持，如在道路建设、公共交通、通讯信息、购物街区、金融业务、宾馆饭店、度假区、新闻传媒、文化设施、公共厕所等方面要按国际标准进行大力投资建设或改建。另外，政府应大力加强精神文明建设，提高整个城市及市民的文明程度，让来杭客人真正体验到“亲切感、舒适感、安全感、文明感”，从而提高城市的形象。

其次，要进一步开放休闲市场，引入多种经济成分参与休闲旅游资源的开发，采取多种措施提高民营企业、财团、外资投资休闲业的积极性。尽管外资投资休闲产业的数量在不断增长，但业内人士分析目前还处于“预热”阶段，中国加入 WTO 后，杭州的涉外经济，特别是休闲旅游经济将率先与国际接轨。

21 世纪是休闲的时代，中国休闲文化、休闲产业、休闲经济以及休闲旅游将得到空前发展，我们必须用新的思路、新的观念，重新审视和设计 21 世纪杭州城市发展目标和旅游发展规划，做好杭州市休闲旅游资源的开发工作，在新世纪里确立自己的定位，塑造、提升自己的国内外形象，提高杭州的竞争力，成为中国的“休闲之都”，并最终成为国际休闲旅游名城。

如何加快推进杭州旅游市场国际化

——访杭州市旅委市场处处长王信章

章国斌　俞甜甜

王信章： 西湖要在国际市场中成为金字招牌，必须是好看，又好玩，更应是好懂的。

目前在西方国家打杭州知名度主要还是靠我们自己宣传推广，靠调研摸索。像北京可以依托2008年的奥运会，上海可以借用2010年的世博会，海南一个小小的博鳌也因“亚洲论坛”而闻名中外。杭州这几年虽然也有一些国际性的活动，如世界休闲博览会，但其世界影响仍有限。还有，杭州如果握有长城、兵马俑、三峡这样高知名度的旅游资源，那在国外的宣传推广也就省力多了。杭州人杰地灵、山灵水秀、文化底蕴深厚，但杭州缺乏大事件（世界性节事活动）、大资源（世界自然、文化遗产）的衬托，提升知名度主要靠自身宣传与推广，任务艰巨，见效也较慢。西湖在杭州是一块金字招牌，放在国际位置中要发挥金字招牌的作用，便需认真研究。西湖如果仅仅是一个自然湖泊的话，对杭州来讲也许是惟一的，但对世界来讲不是惟一的。但西湖不是单纯的一个自然湖泊，而是有悠久的人文历史、深厚的文化积淀的，这样来理解西湖，西湖在世界上也是惟一的了。但这样“惟一”的西湖外国人特别是西方不了解，不知情，暂时不接受。在西方人眼中看到的西湖只是一个湖，和一些山、一些建筑、一些树、一些草……他们不了解杭州文化、杭州传统。要让人家知道这些，过程非常漫长，要经历一番努力。一旦我们工作做到位了，让人家认识了解和发现了西湖真正的内涵，西湖自然会成为西方天空上的一个亮点，一个受欢迎的、在西方找不到的旅游亮点，因此，我们不仅要把西湖打造成好看、好玩的旅游景点，更要把西湖打造得让外国人好懂，要把西湖文化有机地改造成为可视、可听、可触摸、可感知的景点。西湖综合保护工程、特别是挖掘西湖文化历史碎片、旅游国际化战略等就是为了把西湖打造成不仅好看、好玩，还好懂的金名片。

王信章： 杭州在日本的知名度远远超过苏州、西安了。

杭州在国外的知名度在不断提升，但提升的市场不一样，我们工作的重点也不一样。一个国家或地区的知名度肯定从周边国家开始的，慢慢向远程国家的市场渗透、拓展。我们前几年主要工作目标在日本、韩国。杭州在日本的知名度这几年明显提升。2003年对日本的调查发现杭州知名度远低于苏州、西安，北京更不用说了。从2004年开始连续3年我们把重点放到了日本，通过大量的电视广告等媒体报道，伴随一些促销活动，结果杭州知名度很快提升，且越来越高。从去年提供的信息表明，杭州知名度已超过了苏州和西安。当然境外知名度的提升，不完全是一个对外宣传推广的问题，这里有杭州经济发展、交通发展，及杭州至日本航班开通等有利因素在内。

相对讲，杭州在欧美市场知名度至今还较低。在欧洲市民当中，普遍认为东方中国是一个很大国家，类似杭州这样的城市在中国是很多的，只不过是一座普通的城市而已，没有杭州自身的努力，要让西方社会记住一个杭州可不容易。因为欧洲国家媒体至今仍是以西方国家为中心进行报道，对来自中国的信息报道较少，如果有报道中国的信息往往也是发生在北京和上海这些大城市的。在杭州发生的“重要信息”难以进入国外媒体的重要版面。因此，杭州需要采取主动的姿态进行宣传，邀请国外重要媒体来杭州采访，主动在世界主流媒体进行各种形式的宣传等。

王信章： 在欧美打市场要有个“慢慢来”的逐步推进的过程。

尽管如此，近几年在杭州市委市政府的明确指示下，我们在欧美国家做了很大的努力，逐渐提升了杭州知名度。我们考虑到杭州还是有自己能走出去的个性，有我们值得推崇的东西，譬如说杭州是一座具有典型中国味的城市，杭州不论山水还是文化都以和谐为主题。杭州的个性、特长和优势怎样能让西方国家的市民来认识、认知和认可，是我们需要做的，也是努力在做的。从去年开始，我们在巩固日本、韩国市场的基础上，开始转身于欧美。在西方一些主要国家的电视媒体或其他主流媒体上打出杭州形象广告，邀请西方媒体记者来杭州采访，请西方作家写介绍杭州的书籍等，经过一段时间尝试，效果显示出来了，许多人在国外都说看到了杭州的广告，英文版《杭州》获得广泛好评，欧、美游客来杭人数出现快速增长势头，今年上半年增幅超过30%。同时，我们计划继续邀请西方媒体到杭州进行现场采访，特别是一些杂志、旅游类读物的记者。现在网络网站非常普遍，推广品牌特别好。我们把杭州英文等外文旅游网站做好，然后跟国际上一些大的网站合作，如日本JTB网站、国际航空公司和大型旅游批发商的网站等，通过合作，让他们进入到杭州的网站里去了解杭州。由于欧洲市场毕竟是个远程市场，推广宣传成本很高，这就需要有个“慢慢来”的渐变过程。我们将根据实力，有计划地推进，不急不躁，坚定不移，持之以恒，定能结成硕果。

王信章：推进杭州旅游国际化很有前途。

杭州市委市政府提出了杭州旅游国际化战略。我们推进旅游国际化，很重要的内容就是市场国际化。旅游国际化的体现就是旅游外向度的程度的提高。眼下杭州接待境外游客在全国旅游城市中排位前五，这说明杭州在走旅游国际化道路是很有前途的。旅游市场国际化，我们提出来一些措施：一是打造杭州为“东方休闲之都”和“品质生活之城”，把这两个品牌作为整体推广。同时，为解决市场信息不对称问题，我们将定期在西方客源市场进行市场调查，此外我们还计划在国外重点市场如欧洲、北美等设立旅游办事处或杭州旅游营销代表。首先是与欧美的大型旅游批发商、零售商建立直接的合作关系，积极引进这些旅行商在杭州举办独资或合资旅行社等，同时重视与欧洲一些中小旅行社的沟通联络，希望通过一系列推广，使杭州的城市品牌、城市知名度得到快速提升。

同时，我们也将积极借助重大活动来提升杭州知名度。第一，做好我们自己“分内”的事，办好第二届休博会、西博会、动漫节、茶博会等，提升这些活动的国际化水平；策划一些国际化的大活动，如在今年10月底将举行“品质——杭州国际论坛”，有亚洲新闻联盟12个国家、14家亚洲新闻英语媒体的总编等与约120家国际旅行社的总经理来杭。第二，借助国际性大事件，如北京奥运会、上海世博会等在欧美市场进行杭州宣传推广活动，积极接轨北京奥运会、上海世博会。第三，我们不能放弃对欧美游客及其他在华的外国人的宣传。我们在北京就是通过分众传媒的广告显示屏、北京王府井大街观光车体上的流动广告，进行中国最佳旅游城市的宣传推广；我们还把《杭州旅游指南》（英文）同《北京旅游指南》合并在一起进入北京高星级酒店，让在北京的一些外国人随时可以看到或索取这些广告。在上海将与外国人商会刊物进行合作。第四，很重要的一点，我们要积极争取开通杭州至欧洲的直达航线，这对于提升杭州知名度、推进旅游国际化战略具有十分重要的意义。我们认为经过努力，欧洲市场每年保持20%的增长率应该是不成问题的。

营造休闲天堂的几点建议

邹身城

世界第一届休闲博览会，正紧锣密鼓地在杭州市加紧筹备。这是杭州的荣耀，既带来机遇，同时又提出挑战，而且并非图一时的热闹，旨在借此时机造好国际旅游休闲城市的长远目标。为此，需要从多方面进行策划与探索。

杭州之所以被世界休闲组织获准承办世界第一届休闲博览会，主要在于杭州市在人与自然、人与社会以及人与人的关系基本和谐。但和谐与休闲的水平是动态的，而且随时而进永无止境。我们在现有基础上如何进一步努力，共同营造好现代东方休闲之都，既需要促进城市的发展与国际接轨，又需要弘扬城市自身的特点，围绕和谐社会的主题，提升休闲的档次。

一是全民树立科学的休闲观念。休闲之都的打造并非单靠硬件设施的建设就足以完成的。城市休闲生活是否健康，取决于人民的生活价值取向：1. 现代人重视精神放松、心理调节，追求灵与肉的协调。2. 现代休闲在吃喝玩乐之外，更注重文化内涵的品位，趋向艺术境界。休闲生活中要求环境美化、饮食适度、器物洁净、声光雅致、气氛温馨，具有艺术含量。3. 休闲过程尽量摆脱低级趣味与无聊的消极娱乐，力求休闲内容充实，最好寓智能于休闲，使休闲有助于开发智慧、增益见识、扩大见闻、受到启迪。4. 现代休闲旨在养生健身，活动样式生动活泼，与单调的传统休闲大异其趣。5. 现代休闲着重人与社会的和谐、人与自然的和谐。环保的良好，生态的优越，社会的安宁、服务的热情、交通的顺畅，都为现代休闲所不容忽略的要素。6. 现代休闲讲究开发，重视互动。传统的园林全部是封闭式的私家花园，民国初年才出现“公园”；近年取消风景区的“禁地”，尤其是环西湖公园的门票被取消，更是一大进步。沪杭“同城待遇”，市县融为一体，开放的规模不断扩大，以及入境旅游的迅猛发展、出境游的放宽限制，促使人们放开眼界。“小家碧玉”的西子，正逐步转化为面向世界的“大家闺秀”。

二是广泛拓展宽广的休闲空间。如果局限于杭城现有的湖光山色，势将无法容纳大量海内外游客，那就谈不上打造国际性休闲之都。只有放大视野，充分发掘附近区域性大景观的潜力，以文化名城为核心向四方辐射，由近郊、远郊延及周边三小时旅游圈，分区规划特色休闲项目，使各区广为联结。近的如超山、径山、良渚、余杭、塘栖、瓶窑、湘湖、临浦、鹳山、龙门、桐君山、富春江、新安江、梅城、白沙、排岭、千岛湖、青山湖、衣锦城、天目山、大明山、清凉峰等；略远的则涉及周边县市属下之乌镇、南浔、西塘、南湖、南北湖、九龙山、武原、蠡山、下渚湖、龙王山、梅溪、独松关；即便是钱塘江南岸的绍兴、新昌、余姚，均近在咫尺，甚至可直达宁波和杭州湾大桥，或西进至黄山，均离杭不远，尽在三小时车程的“休闲版图”之内。须知组织国际休闲，并非按行政区域划界，而是以市场整合，产业纽带，结成网络，从而彼此一兴俱兴，互相促进，可以共图兴旺。

三是稳步提升国际化的休闲水准。杭州的国际化程度不够，以东方休闲之都来要求，与国际休闲都会存在较大差距。诸如人员素质、服务水平、管理准则、基础设施等等，均未能与国际接轨，使来自六大洲的游客会感觉不便。最突出的是语言沟通，杭州服务业从业人员大多不会讲英语，旅游地图、道路标志、公共建筑、娱乐购物消费场所等均缺乏中英文对照的说明。反观东方国家的一些大都会，如马德里、孟买、加尔各答、东京、大阪、汉城、曼谷、雅加达、伊斯坦布尔，乃至我国的香港，市民的英语水平普遍高于我们。另外，宾馆、饭店等休闲场所的管理制度需要按国际规范达到标准化，尤其是休闲部门的领导层和中层工作人员必先通过学习培训熟悉有关的国际业务。

四是着力强化特色的文化休闲。休闲有别于匆忙中走马观花的观光旅游，其特征为和缓的体验性文化活动。外来游客往往对当地的风俗习惯、古迹遗闻、饮食特产、景物人情、水土资源、历史源流、社区生活、节日礼仪、音乐艺术、娱乐竞技等较感兴趣。这就要求休闲都会提供足够的人文内涵、深厚的文化价值、生动的表演形式，引人乐意欣赏，使之回味无穷。杭州独特的旅游休闲资源不少，众所周知享誉海内外的中国茶叶博物馆令茶人汇聚大开眼界，此外富有特色的茶村茶园为数众多，可供人接触采茶、炒茶、辨茶、品茶，进行茶道交流。全国惟一的综合性丝绸博物馆，可令人领略几百年前江南社会男耕女织的生活场景；规模宏大的丝绸市场，更引人联想古代“丝绸之路”的繁华、“丝绸之府”的繁盛。杭州独有的南宋官窑博物馆让人触摸陶艺工序，感受到塑陶的美妙滋味。另外，如“江南药王”的胡庆余堂、“万年长存”的张小泉剪刀，大多具有很强的参与性与互动性，对崇尚动手的欧美人士极具吸引力。近年倡导的开放学校、小菜场等百余社会资源观光点，供海外游客亲身体验杭州日常生活，从中了解这座天堂城市，譬如让他们实地到农贸市场买一次菜，到中医院接受一次针灸推拿，到万松书院参加“相亲会”，或者尝试进入社区去与市民一起生活一天，足以感知一个真实的、立体的、鲜活的杭州。

五是创建全景观的和谐环境。休闲与老百姓安居乐业的生活密切相关，打造休闲之都本质上就是全面建设有个性的小康社会，让老百姓有钱又有“闲”，推进工作与休闲、生活与创业、文化与经济、对外开放与内生创新的和谐。休闲之都不能局限于几处景观、几项产业、几个工程，而应着眼于全方位城建的和谐气氛，全面营造好安居乐业的生存环境、创业环境与休闲环境。城市形象的美好、社会结构的完善、市民素质的提高，体现自然优势与现代产业、科学管理高度统一，才能引领休闲经济潮流。

六是增辟群众野外的休闲线路，疏导人流。现代休闲区别于传统休闲的重要特征是广大群众的全面参与。但是东方的休闲城市受客观条件限制——人口拥挤，这就需要在有限的城市空间里设法疏导人流，以丰富多彩的活动形式去吸引民众投入各自爱好的活动项目，形成杭州人独特的休闲方式。只要措施得力，会有越来越多的市民走出市区，成为野外休闲的爱好者。扩而大之，自行车队野外考察；自驾车家庭野外休闲；水上巴士运河访古；太湖源回归生态。这可把闹市中心和西湖景区，以及人造的休闲乐园，让给远方来客。西方著名休闲城市每年的入境者通常多于本地长住户口，如西班牙这个总人口不足4000万的国家，每年却引来5000多万的外国游客，其中马德里又是入境者必到的旅游休闲城市，常见满街尽是外国游客。日内瓦、苏黎世、威尼斯等名城也大抵如此。它们的国际化程度高，硬件设施完善，有能力完成接待任务。以洛杉矶为例，拥有世界上最大的游轮，豪华程度超过名闻遐迩的泰坦尼克号；市里较大的一座体育场就能容纳观众 9 万人；好莱坞影城拥有着现代化影棚 180 多处；明星路上镶嵌不同图案各类明星姓名达1000多个，吸引无数游人。

七是适度推广多元的歌舞休闲。歌舞为休闲活动中尽情欢娱的表现形式。如果把休闲比作高山流水的乐曲，那么歌舞当是这首乐曲中不可或缺的音符。杭州人向来有音乐的悟性，也有欣赏音乐的传统习惯，早在南宋时杭城已拥有庞大的专业化“乐人”、“弟子”、“琴师”、“才人”，演出形成市场，连茶坊、酒肆都配演唱。民国时期杭州的流行歌曲也风靡一时，李叔同的《送别》就是在杭州首先唱响的。如今许多酒店为了营销揽客，都开始注重卖“感觉”，除了让客人享受味觉、嗅觉、视觉、触觉外，也注重让客人感受美妙音乐的听觉。但是迄今为止，酒吧歌舞盛于高雅艺术，正如宋玉所说的“下里巴人属和者众，阳春白雪曲高和寡”。远方来客目睹当地民风民俗，会从音乐殿堂里分享旅途的欢乐。维也纳以音乐吸引来客并且享誉世界，有着不少经验可供借鉴。总之，打造休闲之都的过程中，宜把握好音乐舞蹈这一艺术门类，善于吸收多元文化，烘托歌舞升平气象，为构建和谐社会作出贡献。

八是全盘布置经济型休闲酒店。所谓“经济型酒店”，指开放城市新兴的一种供外来度假休闲或会展商务人员寄住的简便生活场所。当今一般发达国家的城市里经济型酒店迅猛发展，已成为旅店业的主流。面对世界休博会1600万的来客，“住”的现实问题必须周密筹划，分档次解决；其中中下层的人数占极大比例，经济型酒店必定应运而生。事实上能够经常寓居高级宾馆的贵客为数极其有限，多数人喜欢选择价格实惠而设施现代的经济型酒店。经济型酒店具有以下几个特征：（1）不求星级，单店面积不大，客房不多而入住率高；分散设置的分店相互联结，总体规模也就不小。(2) 管理层次减少，工作人员精简；空间紧凑，而客房标准化水准不低；多方压缩成本以保持收费低廉。(3) 卫生条件力求良好，安全措施不稍放松，交通旅游信息平台配套完整，以保证旅游休闲者或商务客、会议客的基本需求。（4）各分店布局有序，位置选择精当，便利顾客进出，并考虑附近饭馆、购物中心、娱乐场所配套，使店内可免除豪华餐厅、购货中心、娱乐设施。可见经济型酒店投入少、资源省、成效快、效益高，因而竞争力强，发展前途很大。

九是坚持推行节约型建设原则。我们有些城市一味追求奢华和高档，忽视人力、物力、材料、资源和能源的节约，实在令人汗颜。为此打造休闲之都这项巨大工程，能节省的应尽量节省，重复建设力求避免；对于批地从严把关，严禁暗箱操作，对于高级别墅、高尔夫球场之类高档项目，宜少而精，切勿过多。当前城市除提倡经济型酒店外，还可推出分时式度假、寺院休闲、水上休闲；郊外可推行生态村镇、历史村镇的农家休闲，以及野外篷帐休闲、旅行汽车休闲等经济实惠的休闲方式。饮食应以本地特色健康食品为主，不宜过度推出山珍海味的奢侈品；尤其要杜绝追求暴利的欺诈行为。

附录

附录一："杭州旅游休闲博览会"搜索关键词

杭州旅游休闲、杭州城市旅游休闲、杭州市旅游国际化、杭州城市旅游产品、杭州旅游产业、休博会、东方休闲之都、中国休闲元年、"一湖三园"、杭州休闲博览会、《世界休闲杭州共识》、形象大使杨澜

附录二：A 类文章目录

- 杭州世界休闲博览会启动中国休闲产业的里程碑/姜俊//中国投资 2003－08
- 打响"东方休闲之都"品牌加快发展会展游、休闲游/肖赵//浙江日报 2004－08－19
- 杭州旅游业欲借休博会"升级"//南京档案信息网 2005－08－23
- 西博会、休博会　打造东方休闲之都/梅子//中国展览 2005－09－05
- 杨澜的杭州情缘/陈美君//文化交流 2006－03
- 休博会给杭州带来什么？/李虹//杭州日报 2006－03－13
- 中华老字号休博会上展风采/杨林平　苏宁//中国知识产权报 2006－03－24
- 休博园，杭州旅游新天地//度假旅游 2006－04
- 风情·一湖三园/叶彬松//杭州通讯 2006－04
- 浅谈构建杭州世界休闲博览会服务质量管理体系/胡雷芳//大众科技 2006－04
- 加快"一湖三园"建设步伐/翁若川//杭州日报2006－04－01
- 休闲，杭州旅游的"潜力股"/吴薇//杭州日报 2006－04－13
- 把休博会办成世界水平的博览盛会/周咏南//浙江日报 2006－04－15
- 杭派休闲激活城市会展经济/邓国芳//杭州日报2006－04－20
- 2006 杭州世界休闲博览会暨第八届西湖博览会隆重开幕/金波　戴睿云//浙江日报 2006－04－23
- 打造休闲之都迎接休闲时代/丁雄英//杭州日报2006－04－23
- 东方休闲之都揭开盛会面纱/翁若川//杭州日报2006－04－23
- 国际休闲产业博览会昨开幕/陈昌旭//杭州日报2006－04－23
- "一湖三园"接待游客 18 万人次/邵玲玲　陈昌旭//杭州日报 2006－04－30
- 休博会是市民和中外游客共同的节日——2006 杭州世界休闲博览会执委会主任、杭州市人民政府副市长项勤访谈录//度假旅游 2006－05
- 2006 相聚杭州世界休闲博览会//风景名胜 2006－05
- 在杭投资世界 500 强和跨国公司高层来宾杭州共度休闲博览会//中国外资 2006－05
- 和谐生活　和谐创业——2006 杭州世界休闲博览会介绍//中国外资 2006－05
- 休博园迎客六万多人/郑初华　陈昌旭//杭州日报 2006－05－03
- 夜湘湖闲庭信步　休博园激情摇滚/郑初华　倪霞　陈昌旭//杭州日报 2006－05－04
- 杭州电信以信息化演绎"数字休博"/顾瑾　钱乘//人民邮电 2006－05－10
- 发挥休博拉动作用为"十一五"开好局//杭州日报 2006－05－13
- 休博会上推介"神奇山水名城衢州"/陈昌旭//杭州日报 2006－05－16
- "一湖三园"一月内迎客 105 万/周春燕//杭州日报 2006－05－23
- 首届中华老字号休闲文化节杭州开幕/徐道红//中国现代企业报 2006－05－23
- 杨澜：恋上休博、爱上杭州//大视野 2006－06
- 2006 杭州世界休闲博览会/挺硕//上海集邮 2006－06
- 杭州休博园第一世界大剧院的音响系统设计方案/隋春立//演艺设备与科技 2006－06
- 杭州迈向"东方休闲之都"/金波//浙江日报 2006－06－07
- 借休博会东风进一步打造东方休闲之都/金中伟//江南游报 2006－06－15
- 休博会游客突破 620 万/翁若川//杭州日报 2006－06－21
- 杭州休博会刮起"嘉兴旋风"/辛勤//嘉兴日报 2006－07－02
- 谋求新突破　办好休博会/翁若川//杭州日报 2006－08－02
- 杭州旅游"十一五"将打造东方休闲之都/郑韬//江南游报 2006－08－10
- 休博会，催生长三角休闲旅游圈/吴薇//杭州日报 2006－08－13
- 从休博会到世博会/袁华明//观察与思考 2006－09
- 发挥休博会拉动作用　推动经济社会发展/翁若川//杭州日报 2006－09－09
- 井喷！"一湖三园"日均游客 10 万以上/李稹//杭州日报 2006－10－06
- 一个没有围墙的休博会/王成//杭州日报 2006－10－10
- 杭州被正式确认为"东方休闲之都"/韩露霞　王浩//杭州日报 2006－10－13
- 第二届世界休闲博览会花落杭州/翁若川//杭州日报 2006－10－21
- 杭州开启中国"休闲元年"/吴薇//杭州日报 2006－10－22
- 世界休闲组织授予杭州"东方休闲之都"称号/翁若川//杭州日报 2006－10－23
- 市场做主让休闲盛会漂亮转型/丁雄英//杭州日报 2006－10－24
- 杭州扬帆"东方休闲之都"新征程/李稹//杭州日报 2006－10－25
- "2006 西博会投资合作周"成果丰厚//中国外资2006－11
- 2006 杭州世界休闲博览会的"看点"和"视点"/王越//园林 2006－11
- 这座城市，因休博会而被世界瞩目/李稹//杭州日报 2006－12－09
- 西博接轨世博　杭州有戏可唱/赵力//杭州日报 2007－07－11
- 西湖的盛会百姓的盛宴——访杭州市西博会组委会办公室副主任郭初民/江山//杭州通讯（下半月）2007－11
- 第九届杭州西湖博览会主打亲民牌/尤悦　王瀛波//中国文化报 2007－11－08
- "一湖两园三广场"彰显文化特色/许晓蕾　袁斌//湛江日报 2007－12－28
- 一湖两江三园四山五城/贺连//广东建设报 2008－03－04

附录三：B 类文章目录

- 杭州正向国际旅游明星城行列迈进/王士兰　刘立耘//城乡建设 2001－07
- 略论文化经济时代开发杭州旅游资源/周绍健//浙江树人大学学报 2002－01
- 寻找增值的兴奋点——杭州宋城集团资本经营之谜/潘杰//中国工商 2002－01
- 杭州旅游业中"主题公园品牌化经营战略"的应用/胡爱娟//温州职业技术学院学报 2002－02
- 旅游产业的发展为杭州旅游景观房产的开发带来机遇/倪沪平　倪炎　石利群　何俊民//杭州科技 2002－04
- 雕塑在旅游业中的地位及其价值/王宏//武汉大学学报（工学版）2002－05
- 宋城模式——主题公园到休闲社区的跨越/郑红霞//中国投资 2002－05
- 提升杭州城市核心竞争力问题研究/郑逊良//中共杭州市委党校学报 2002－05
- 杭州正在成为世界休闲之都/何思源　赵菲//浙江日报 2002－05－14
- 处在现代化进程中的杭州文化产业/李建国　来虹　陆正品//中共杭州市委党校学报 2002－06

⊙ 打造网络时代的杭州旅游休闲房产/张静//商业经济与管理 2002－11
⊙ 试论提高杭州旅游的国际化程度/刘晓伟//商业经济与管理 2003－01
⊙ 构筑西湖群山文化景观廊道推动杭州旅游经济向纵深发展/吕雄伟 陈永明 蒋长禄 俞宸亭//中共杭州市委党校学报 2003－02
⊙ 休闲——小康旅游的灵魂/黄巧灵//旅游学刊 2003－02
⊙ 打造"休闲之都" 提升国际形象/华雨农//华东旅游报 2003－03－06
⊙ 佛教文化开发与杭州文化旅游/张玲蓉//商业经济与管理 2003－06
⊙ 杭州离"世界休闲之都"有多远/张玲蓉//浙江经济 2003－15
⊙ 杭州文化娱乐产业商机渐现/章佳毅//浙江经济2003－21
⊙ 杭州西湖南线景区的旅游经济效益分析/曹正//城市发展研究 2004－02
⊙ 民国时城市政府行为与杭州旅游城市特色的显现/赵可民//中共杭州市委党校学报 2004－02
⊙ 杭州旅游实施国际化战略工程/叶建良 曹伟庆//华东旅游报 2004－02－19
⊙ 城市旅游的空间竞争与合作——关于杭州旅游接轨上海的对策研究/崔凤军//商业经济与管理 2004－03
⊙ 杭州市发展休闲度假旅游的对策研究/戚能杰//北方经贸 2004－04
⊙ 杭州旅游资源整合研究/徐祖荣//中共杭州市委党校学报 2004－05
⊙ 西部乡村旅游开发与可持续发展/罗自力 张洋//农村经济 2004－05
⊙ 差异化：夯实杭州发展支撑点的战略选择——关于深化差异化发展战略研究的思考/郭东风//中共杭州市委党校学报 2004－06
⊙ 杭州西湖旅游产品优化与升级的思考/徐云松//商业经济与管理 2004－06
⊙ 杭州加快打造旅游"新天堂"/张雪南 金波 华雨农//浙江日报 2004－06－03
⊙ 要把杭州的旅游业好好发展起来/聂晓民 雪近 文潇//中国旅游报 2004－08－23
⊙ 杭州致力打响"东方休闲之都"品牌/金波 应建勇 戴袁//浙江日报 2004－08－28
⊙ 杭州启动旅游国际化新战略/新文//中国国门时报 2004－09－04
⊙ 杭州旅游要打国际牌/李晓良//中国旅游报 2004－09－17
⊙ 杭州旅游业积极迈向国际化/魏晓霞 文潇//中国旅游报 2004－11－17
⊙ 杭州旅游国际化之路如何走？/傅宏波//观察与思考 2004－19
⊙ 杭州：加快建设国际风景旅游城市/董建平//浙江经济 2004－20
⊙ 杭州入境游市场有待拓展——杭州入境游市场现状与特征分析/周国忠//浙江经济 2004－24
⊙ 推进"人间天堂"的旅游国际化/柴国荣 徐祖贤//经济日报 2005－01－11
⊙ 城市旅游信息化建设初探——以杭州市旅游信息化建设为例/陈硕//华东经济管理 2005－03
⊙ 探寻杭州旅游发展"秘诀"/李晓良//中国旅游报 2005－03－04
⊙ "免费西湖"拉动相关产业大发展——杭州市西湖风景区公园免费开放的做法与启示//价格理论与实践 2005－04
⊙ 产业融合的基础与动力——以杭州动漫产业为例/周旭霞//中共杭州市委党校学报 2005－05
⊙ 发展杭州茶文化旅游（续）/赵浪平//中国茶叶2005－05
⊙ 杭州市体育休闲旅游发展前景研究/顾兴全 于可红//浙江体育科学 2005－05
⊙ 以杭州为例解析旅游产业对区域经济发展的贡献度/魏颖//中共杭州市委党校学报 2005－05
⊙ 现代服务业理论与会展旅游开发案例研究——以杭州市为例/蒋婷婷//中共杭州市委党校学报 2005－05
⊙ 杭州推进旅游国际化打造"东方休闲之都"/徐军 夏燕//中国改革报 2005－05－16
⊙ 繁荣茶文化引领茶都精神/龚之江//中国茶叶 2005－06
⊙ 关于继承游船文化服务休闲时代的建议/陈明钊//杭州科技 2005－06
⊙ 杭州构建休闲型城市的优势及对策/徐瑞萍//特区经济 2005－06
⊙ 营造休闲天堂的几点建议/邹身城//中共杭州市委党校学报 2005－06
⊙ 阳光创意激情下的闲适演绎——记 2006 世界休闲博览会形象广告创作//广告人 2005－07
⊙ 杭州——休闲的乐园/徐兵//两岸关系 2005－08
⊙ 杭州应大力发展农村旅游业/周亚雄//浙江经济2005－08
⊙ 杭州：打造东方休闲之都构建和谐创业之城/杨泽伟//浙江在线新闻网 2005－08－03
⊙ 杭州旅游商品要打"休闲"牌/祝洁炜 周春燕//杭州日报 2005－08－10
⊙ 杭州旅游赴欧宣传促销/王信章//江南游报 2005－08－11
⊙ 杭州：大力发展农业旅游/孙景淼//政策瞭望 2005－10
⊙ 杭州市旅游国际化进程简析/任宝莹//浙江统计2005－11
⊙ 我们怎样打造杭州的城市品牌/孙忠焕//领导科学 2005－11
⊙ 发展杭州会展旅游的思考/费康峰//中国科技信息 2005－12
⊙ 杭州茶文化旅游开发探索/沈国斐//北方经济 2005－12
⊙ 浅论杭州市休闲旅游资源的开发/孙莉//今日中国（中文版）2005－12
⊙ 杭州旅游集散中心：随百姓需求变化应运而生在推进旅游国际化战略中快速成长/王怡怡//江南游报2005－12－15
⊙ 加强杭州与上海之间的旅游合作/徐辉//浙江经济 2005－14
⊙ 湘湖——崛起休闲之城/马媛媛//楼市 2005－17
⊙ 长江三角地区旅游产品联合发展战略研究/卞显红//商业时代 2005－18
⊙ 推动长江三角洲城市旅游产品一体化/卞显红 王苏洁//商业时代 2005－32
⊙ 创新管理体制打造休闲杭州——杭州市游览参观景点门票价格研究/韩长发 牛艳玉 臧建平 郑援朝//中国物价 2006－01
⊙ 杭州动漫产业融合的基础与动力/周旭霞//华东经济管理 2006－01
⊙ 基于 SWOT 分析的杭州会展业发展对策探讨/余向平//商讯商业经济文荟 2006－01
⊙ 名镇古村的保护与再利用研究——以杭州为例/项文惠//浙江工业大学学报（社科版）2006－01
⊙ 历史性跨越为杭州旅游发展奠定坚实的基础/刘青//江南游报 2006－02－09
⊙ 开发南宋勾栏文化资源打造杭州文化产业品牌——杭州南宋"勾栏"文化的开发与利用/王月清//杭州师范学院学报（医学版）2006－03
⊙ 浅论杭州市休闲旅游资源的开发/周绍健//浙江树人大学学报（人文社会科学版）2006－03
⊙ 休博会要使群众得到实实在在的好处//浙江日报2006－03－06
⊙ 四国领事"把脉"杭州休闲产业/戴睿云//浙江日报 2006－03－20
⊙ 杭州特色区块建设和各种经济文化活动的发展导向/杨正宇//中共杭州市委党校学报 2006－04
⊙ 杭州"休闲"之花开满黄金周/小周 俞忠民//大视野 2006－06
⊙ 对杭州会展业的现状认识及发展思考/滕玮峰 李宜时//当代经理人（下旬刊）2006－06
⊙ 杭州国内休闲度假旅游市场调查及启示/王莹//旅游学刊 2006－06
⊙ "休闲之都"理念新/薛晓东 戴作仁 徐桢 许兵//连云港日报 2006－06－23
⊙ 产品结构变动对旅游流空间结构的优化效应分析——以杭州为例/金准//旅游学刊 2006－07
⊙ 杭州发展会展旅游的对策研究/梁赫//商场现代化 2006－07
⊙ 杭州城市旅游休闲与国际接轨的问题及对策研究/宋国琴 郑胜华//商业经济与管理 2006－07
⊙ 杭州：平均一天一个展览九个会/王力//中华建筑报 2006－07－08
⊙ 对杭州会展业发展的思考/滕玮峰//科技经济市场 2006－08
⊙ 杭州：离休闲之都还有多远？/袁华明//观察与思考 2006－09
⊙ 休闲之都争夺战/袁华明//观察与思考 2006－09

⊙ 中国休闲发展的经验就是杭州经验/方张接　史洁//杭州日报 2006 - 10 - 18
⊙ 杭州休闲旅游产品的深度开发研究/康保苓//商业研究 2006 - 12
⊙ 加快"东方休闲之都"建设/丁雄英//杭州日报2006 - 12 - 05
⊙ 宋城：打造休闲之都/张娴//中华工商时报2006 - 12 - 15
⊙ 新形势下杭州旅游业发展对策探讨/黄金华　程玉申//集团经济研究 2006 - 13
⊙ 旅游展示设计中的问题与思考——世界休闲博览会设计实践/陈凯//中国科技信息 2006 - 14
⊙ 试论杭州城市旅游产品的开发/谈晓//经济论坛2006 - 20
⊙ 杭州休闲产业的现状及发展对策/周志平//商业时代 2006 - 27
⊙ 杭州市"农家乐"旅游项目开发现状与改进思考/郑虹//东南大学学报（哲学社会科学版）2006 - S2
⊙ 对现代杭州休闲体育的现状的研究/杨保法//科技信息（科学教研）2007 - 28
⊙ 杭州农村旅游产业现状调研及发展前景分析/林楠//杭州科技 2007 - 01
⊙ 杭州会展业长大成人/俞淳婕　杜蕾　吴幼祥//杭州日报 2007 - 01 - 09
⊙ 渗透在杭州骨子里的休闲气质/王力//杭州日报2007 - 01 - 19
⊙ 杭州市旅游产业发展的问题及其对策/潘孝斌//改革与开放 2007 - 02
⊙ 杭州休闲文化的特色和发展趋势研究/康保苓//生态经济（学术版）2007 - 02
⊙ 打造杭州城市特色的游憩商业区/吕红环　吕孝虎　谈丽艳//浙江经济 2007 - 04
⊙ 杭州打响"东方休闲之都"品牌/石剑飞　王颖　郎莉莉　郑名智//西部时报 2007 - 04 - 17
⊙ 供给、需求与文化资源整合/李强//长江日报 2007 - 04 - 19
⊙ 从"杭州西溪·渔舟唱晚"的创作看建筑与地方文化融合之路的探索/刘顺为　董华//华中建筑 2007 - 05
⊙ 杭州会展旅游业发展研究/黄子燕//金华职业技术学院学报 2007 - 05
⊙ "天堂硅谷"创意圆梦——走进杭州国家动画产业基地/余小平　叶春冬　李晓军//中国高新区 2007 - 07
⊙ 发展杭州城市民营绿化企业　打造"东方休闲之都"绿色经济/俞宸亭//蓝天园林 2007 - 07 - 06
⊙ 打造杭州特色生活品质旅游休闲行业杭州传奇//新浪 BLOG2007 - 07 - 18
⊙ 杭州会展业的现状、问题及对策/张漪//知识经济 2007 - 08
⊙ 东方休闲之都之媒介传播策略//季候风杂志 2007 - 08 - 09
⊙ 如何加快推进杭州旅游市场国际化/章国斌　俞甜甜//江南游报 2007 - 08 - 23
⊙ 杭州旅游国际化三年露锋芒/唐斌//杭州日报 2007 - 09 - 10
⊙ 旅游，杭州的新一轮城市国际化事件/唐斌//杭州日报 2007 - 09 - 10
⊙ 杭州推进新一轮旅游国际化进程/支圆圆//江南游报 2007 - 09 - 13
⊙ 杭州展开新一轮旅游国际化进程/徐文潇//中国旅游报 2007 - 09 - 21
⊙ 关于杭州市新一轮旅游国际化的认识/崔凤军//杭州通讯（下半月）2007 - 10
⊙ "东方休闲之都，品质生活之城"——解读《杭州市旅游发展总体规划》/唐斌//中国旅游报 2007 - 10 - 24
⊙ 城市居民对重大事件的感知变化研究——2006 杭州世界休闲博览会间的纵向研究/许春晓//旅游学刊 2007 - 11
⊙ 上海、杭州和苏州旅游集散中心运营模式比较研究/连漪//企业经济 2007 - 11
⊙ 打造"东方休闲之都"支招/李稹//浙江在线新闻网 2007 - 11 - 06
⊙ 打造东方休闲之都杭州将年年推出休闲论坛//搜狐旅游 2007 - 11 - 08
⊙ 杭州旅游谋划 2008 大事件/唐斌//杭州日报 2007 - 11 - 27
⊙ 论奥运背景下杭州国际旅游形象的提升/徐立娣//科技信息（科学教研）2007 - 31
⊙ 杭州娱乐产业发展浅析/杨波//新西部（下半月）2008 - 01
⊙ 加快融入杭州都市经济圈/唐中祥//政策瞭望 2008 - 01
⊙ 旅游综合体建设加快杭州国际化步伐/徐文潇//中国旅游报 2008 - 02 - 20
⊙ 挖掘动漫产业竞争力创建杭州"动漫之都"/陈林彬//新闻 2008 - 03
⊙ 以迪拜为跳板提升杭州旅游国际化水平/邓国芳　何欣　陈欣文//杭州日报 2008 - 05 - 10
⊙ 体育旅游及发展对策研究——以杭州市为例/骆高远陈冠霖//生产力研究 2008 - 09
⊙ 基于产业集群理论的杭州城市旅游圈发展研究/范轶琳//北方经济 2008 - 15

清宫戏走红荧屏

一、2008年7月—9月，我们设计了19个中文关键词（见附录一），在网上对“清宫戏走红荧屏”进行检索，剔除其中大量的无效信息、重复信息和只字片语式的评论，得到的结果是：1999年—2008年9月5日，纸质媒体发表的各类研究、评论、报道共计240篇。

二、我们根据上述统计材料，对相关内容进行了分类，得出以下结论：

A：在共计240篇的评论、研究和报道中，对“清宫戏走红荧屏”予以充分肯定、基本肯定的共计37篇，占总数的15.4%。（见附录二）

B：在共计240篇的评论、研究和报道中，对“清宫戏走红荧屏”予以完全否定、基本否定的共计125篇，占总数的52.1%。（见附录三）

C：在共计240篇的评论、研究和报道中，对“清宫戏走红荧屏”无明确评价指向或无法做出分类归属的共计78篇，占总数的32.5%。（见附录四）

三、我们从上述240篇文章中辑录出有关“清宫戏走红荧屏”的重要研究观点（包括批评意见）48条。

四、我们从上述240篇文章中，辑录出有关“清宫戏走红荧屏”产业效益方面的报道11条。

五、我们集体讨论选编有关“清宫戏走红荧屏”的重要文章9篇。

1. 杂谈五题——清宫戏走红漫说/乐朋//中国电视 2000－02

2. “清宫戏热”现象透视/戈小燕//视听纵横 2004－03

3. 电视剧：在历史和受众之间——历史剧传播分析·以宫廷剧为例/郑孝芬　郭媛媛//无锡商业职业技术学院学报 2006－04

4. 消费历史：电视历史剧的文化陷阱/姚馨丙//南通师范学院学报（哲学社会科学版）2002－04

5. 帝王戏的正路/孔庆东//艺术评论 2005－06

6. 古装戏占用了太多公共资源/孟菁苇//中国消费者报 2007－01－26

7. 从传播学的角度看当前历史剧/李强//中国广播电视学刊 2007－07

8. 电视剧市场营销策略探微——以湖南卫视成功运作《还珠格格Ⅲ》为例/肖柳//声屏世界 2004－09

9. 历史剧中封建帝王评价的思考/童庆炳//文艺报 2006－07－06

六、附录

附录一：“清宫戏走红荧屏”搜索关键词

附录二：A类文章目录

附录三：B类文章目录

附录四：C类文章目录

重要观点辑录

关于“清宫戏”的文化价值、意义和启示

凡看过电视连续剧《雍正王朝》的，很多人会对剧中雍正皇帝的“治国即治吏，治贪先治官”的名言警句记忆犹新。

据《毛泽东眼中的帝王将相》一书记载，毛泽东也曾认定雍正是一位很有政治头脑和能干的皇帝。毛泽东说雍正很赞赏《资治通鉴》中“礼义廉耻，国之四维；四维不张，国乃灭亡”之说，并据此得出结论：治国就是治吏。如果臣下个个寡廉鲜耻、贪得无厌，而国家还无法治他们，那非天下大乱不可。

纵观雍正皇帝吏治革新实践，以下几个方面于今极具启迪意义：

其一，洞察世情：吏治革新的动因。可以说，不管什么朝代和何种性质的社会，只有掌权执政者洞察世情，既熟悉官情，又了解民愿，才会产生革新的愿望和动力。……

其二，用人为本：吏治革新的重点。千秋大业，用人为本。雍正皇帝在位期间十分重视用人问题，把用人作为治国理政的要务来抓。他说：“治理天下以用人为本，其余都是枝叶小事。历史上帝王治理天下，都说理财用人最重要，我看用人比理财更重要。如果用人得当，何患财之不理？如果用人不当，财又怎能理得好？”有一次，他对云贵总督说：“你们封疆大吏，重要的是选好人才。庸碌安分、洁己沽名的人固然驾驭省力，但恐怕会误事。”

其三，惩贪安民：吏治革新的落脚点。雍正很懂得“民生安危视吏治”的古训，深知贪官污吏的勒索和压榨是激起民变的直接原因。在看到他关于财政改革新法的实际效果后雍正说：“自行此法以来，吏治稍得澄清，闾阎咸免扰累。”可见，减少官场腐败，减轻民众负担，这是雍正王朝吏治革新的最终目的。

（摘自朱贵玉：《治国就是治吏——雍正王朝吏治革新的启示》，《领导之友》2008年第4期）

观赏吴子牛执导的电视大剧《天下粮仓》，在感受作品饱满而极致、多变而精致的震撼中，不断感觉到电影的在场。我以为，这是一部电影化电视的划时代力作，与“电视电影”样式相比，它将对中国电视艺术的发展，产生更加重要的影响。

理由是，电影艺术对电视艺术的提升性影响，并不仅仅在于用胶片拍摄的多集故事，通过电视媒体播出就能体现；审视电影数码化发展的趋势，可以看出，胶片显示画面的优势，并不是电影艺术的精髓所在。应该讲，电影艺术对观众的审美震撼，发生于电影在特别设定而又非常有限的叙事时空里，通过饱满而极致、多变而精致的视听张力，诉诸并打开接受者超常想象的过程中；其间，显示着电影艺术家叙事思维的复杂、深刻以及叙事手段的精巧，并由此陶冶接受者的审美能力。吴子牛执导的《天下粮仓》，就显示了这样的特点。

《天下粮仓》用电影化的视听语言，在电视历史剧创作上，开创了一片新的天地。作品用31集的篇幅，“小切口、宽视野、大纵深”的角度，截取乾隆元年以粮食为中心的政治文化态势，演绎几千年农业文明中国的政治文化，不但视点集中，视野宽广，而且透视感强烈；不仅笼罩面临社会转型的中国当代，而且穿越“秦时明月汉时关”，阐释“历史的历史”。比之用现代审美眼光演绎历史，或借历史浇胸中和现实块垒的历史剧，感怀之余，多了一份洞察透视的清醒。这也正是历经百年磨炼的电影化叙事思维的深刻，叙事手段的精巧所能够更好完成的。

（摘自张翼：《展现电视电影化的艺术魅力——从电视剧〈天下粮仓〉谈起》，《晋阳学刊》2006年第2期）

专家愤愤然，特别是历史学家忧心忡忡，呼吁不要误导下一代，出现另一种版本的中国历史，但是，又有几人看到了种种喧嚣与躁动背后蕴含的社会文化动因呢？其实，追本溯源，这一“戏说历史”现象揭示了社会文化发生的演变，它与后现代主义文化思潮在全世界的滥殇有直接关系。

而“戏说剧”则是后现代的历史观和人生观的宣泄，历史年代只不过为其提供了一副空壳，剧中人物与其说像那么一点儿历史人物，不如说是一种“后现代人”。他们以“自我为中心”（不光“皇帝”如此），对个人感情、个人幸福追求不止。忧国忧民、忧患意识则成为外包装。我们看到的是“稗史”的创造和“碎片式”非线性结构，看到的是剧中人物追寻的“狂欢节”状态（如《还珠格格》中“巡游”那几集），看到的是打情骂俏式幽默诙谐和投机取巧式情节（如《还珠格格》那根俗得不能再俗的丢珠—还珠—弃珠—明珠的情节主线）。

“戏说剧”体现出的风格，作为一种叙述话语，以无选择技法、无中心意义、“精神分裂式”的结构特征，力求在叙述中产生一番新的“意义”。

（摘自赵鹏：《仪式的庄严与戏谑——评历史题材电视剧之“戏说历史”》，《现代传播》2001年第1期）

历史剧作家以一种沉重的心态面对历史，是因为他想在浩瀚的历史中发掘出一种历史的精神，并发展这种历史精神，他有一种天然的社会责任感和历史使命感。“以古为镜，可以知兴衰。”虽然历史剧作家不想如历史学家那

样做出纯粹的历史评判，但是他们的身上不可避免地留有历史评判的痕迹。对人类发展的关心，使他们情不自禁地评判历史人物的功过是非。历史是一面镜子，历史剧的历史题材应该具有反射的功能。历史剧同时又是一种艺术，它还有审美的功能，也具有与众不同的审美的内在规定性。也正是历史剧的题材具有特别的指向和审美特性，才使得它获得独特的魅力。

历史剧是一种艺术创造，它同历史研究不同。对于历史研究来说，可能有历史性就够了，但这对历史剧来说还远远不够，因为它是写给现代的人看的，必须具有现代性。正如黑格尔所说，"外在事物的纯然历史性的精神，在艺术作品中只能算是次要的部分，它应该服从一种既真实而对现代文化来说又是意义还未过去的内容（意蕴）。"《雍正王朝》题材的选择，不在于康熙的几个儿子争权夺位的戏剧性，不在于雍正与八王党一般意义上的斗争性，而在于雍正在推行改革的过程中与八王党斗争的尖锐性，编导们力图寻找古今汇通的东西，引发观众对历史的现代性思考和对现代的历史性思考。如果《雍正王朝》只是一般意义上的表现宫廷内部矛盾、党派之争，那么它就失去现代性的审美意蕴。"这些历史的东西虽然存在，却是在过去存在，如果它们和现代生活已经没有什么关联，它们就不是属于我们的，尽管我们对它们很熟悉；我们对于过去事物之所以发生兴趣，并不只是因为它们有一度存在过。历史的事物只有属于我们自己的民族时，或是只有在我们可以把现在看作过去事件的结果，而所表现的人物或事迹在这些过去事件的连锁中形成主要的一环时，只有在这种情况下，历史的事件才是属于我们的。"历史是历史性的客观存在，历史剧是从历史中取来的存在。如果取来的存在和现代人没有什么精神联系，那么它就不会成为现代人的审美对象。如果历史事物本身不具有现代性，或者剧作家无论从哪个角度都挖掘不出它的现代性，那么这样的历史事物犹如落定的尘埃，将被密封于浩瀚的历史之库，也暂时不可能被激活。

（摘自吴玉杰：《历史剧题材的审美特性》，《辽宁大学学报》（哲学社会科学版）2004年第6期）

《孝庄秘史》这种新的样式及其特点可以概括为：其一，剧中出现的重要历史人物，如孝庄、皇太极、多尔衮、哲哲、代善、多铎、豪格、福临、董鄂妃、范文程、洪承畴等的基本历史定位及其相关关系（包括年龄、辈份关系和政治、情感关系），许多重要历史事件和皇太极登基和他的死、袁崇焕之死、松锦决战、洪承畴降清、多尔衮摄政、顺治亲政、董鄂妃和顺治之死的描写，都是忠于基本的历史事实的。这些历史真实构成了全剧叙事的骨架和人物命运的社会支撑点，从而使它在"大关节目"上能够真实地反映历史风云、揭示历史精神，而不会导致观众对历史的误读。正是这一点，使它与那些戏说作品拉开了距离。

其二，骨架不等于血肉。《孝庄秘史》又与那些主要是描写历史大事和大事中的情感冲突的历史剧有所不同，在"大关节目"上忠于史实的支点上，它以大部分的篇幅，主要是用合理想象的虚构方法去形象描绘孝庄的人生经历和生命体验，特别是着重描绘她与多尔衮、皇太极、福临这三个男人的情感纠葛，描绘福临与董鄂妃以及其他许多人物之间的情感关系，而且篇幅最多的是在虚构事件中的情感纠葛，这些描写才构成了全剧的血肉。其结果，编导者在艺术虚构上有广阔的空间，同时这种虚构又是大体合理的，包括采用"庄妃劝畴"传说的那段虚构情节，也属亚里士多德说的"可能发生的事"，从而给人以真实感。

其三，编导者自觉地以现代人文主义精神去审视、关照、描绘历史人物的命运和情感历程，揭示封建礼教对美好人性的压抑和扭曲，同时又能历史地肯定孝庄的牺牲精神，并努力在对话、服装、造型、氛围乃至战争场面的描绘上再现当时的历史风貌，因而从一个特定的角度实现了历史感与时代性的有机结合。

（摘自李准：《〈孝庄秘史〉和历史题材创作》，《光明日报》2003年4月9日）

《天下粮仓》在叙事方法上就充分体现了精英文化与大众文化的结合。从一定意义上来说，"该剧所作的审美追求已经超越了一般国计民生的生存意识而与一个时代的政治根基联系到了一起"。在再现历史的过程中也进行着历史精神的追溯和体认，这完全是精英文化的历史正剧的追求。但是为了好看，有卖点，该剧对情节安排、形象刻画等又使用了与以往不同的手法。它大处落笔亦不忽视细节，在灵活的复式叙述中用交错引发的冲突来掀起引人入胜的情节波澜，这不仅使全剧结构在置换中始终保持审美的张力，也使这种张力突破了一般历史剧固有的沉闷和凝重，表现出了汩汩的灵气。观众看到了艺术本身所必须具有的"生命意识与丰盈的生命情致"，看到了"类型化人物的个性描写"，看到了"风格化叙事的美学追求"——概括其为具有正剧品性的传奇剧似乎更为恰当，既具有现实主义的正剧品性又包含浪漫主义的激情。

……《雍》剧为例，在看似错位、偏移的超常规结构中该剧完成了家国难以同构主题的揭示，"于各种政治矛盾与冲突背后建构了一个再现当时社会普遍意识和心理的文化框架"，"人物语言也摆脱了传统历史剧人物对话节奏缓慢、拖沓冗长的毛病，处处充满了动作与张力"。

（摘自欧磊：《哪是风雨哪是晴——历史剧现状冷暖谈》，《声屏世界》2003年第8期）

大清帝国以轰轰烈烈地征服中原开始，以被逐出紫禁城的悲惨结局收场，这风雨飘摇的漫长历史可以说是一部

中华民族遭受外来侵略、丧失主权和领土的耻辱史。尤其是清末，清政府的统治极其腐朽，这无疑是值得当代人正视和反思的。而大量的历史正剧正是从这个角度出发来“冷面正说”清宫戏的。他们往往以“再现”中国历史上重大历史事件和历史人物为己任，以奋发昂扬的基调、深沉博大的历史感来撼动观众的心，体现出强烈的宣传和教化观念，表露出明显的意识形态趋向，最终达成与国家主流意识形态的默契。《雍正王朝》便是将观众的审美兴奋引入到具有历史理性的鉴赏层面上。该剧深入开掘皇室题材中与当代大众的民心向背、善恶取舍紧密相连，观众深切关注的厚重的社会历史内容，再现符合历史趋向的民愿，沟通古今之间社会价值取向的共通点，着意点化具有人民性、民本思想的美感境界。可以说《雍正王朝》紧紧抓住了历史与现实的共通点。恰如主演唐国强所说的：“历史有惊人相似之处。雍正当年做的事情，我们今天依然在做，像反腐倡廉等，都是老百姓关心的问题。当家难啊，国家要强大，经济要发展，有些事情不做不行。”这种现实意义正是该剧最大的艺术魅力所在。回顾和反省清朝的荣辱史是为了更好地把握当下。正剧由于涉及到治国、改革、惩腐等一系列与当代密切相关的话题，因而往往被赋予史诗性质与悲剧格调，尽管它不可避免地传递着主流文化的意识形态，但比起戏说的史剧来，毕竟更具认识和审美价值。

（摘自戈小燕：《“清宫戏热”现象透视》，《视听纵横》2004 年第 3 期）

《戏说乾隆》、《康熙微服私访记》、《铁齿铜牙纪晓岚》、《神医喜来乐》等“戏说”样式的历史题材电视剧，是随着 20 世纪 90 年代以来我国进入文化转型期、大众文化崛起而出场的，有其发生和存在的历史合理性。“戏说剧”是传统的“民间传说”和电视这种现代电子传媒结缘的产物，是古代“说三分”形式的当代承传，只不过由“勾栏”、“瓦舍”变成了家庭性的日常接受。正如大家常说的那样，戏说剧这种后现代文本的特征是“平面化、拼贴化、无深度、历史感缺失”，“真实性”不是它的追求目标。戏说剧是一种娱乐化、游戏化的，它采用“戏仿”的创作手法，变“旧闻故事”为“新闻故事”。戏说剧的内容可分为“实的部分”和“虚的部分”，前者是当下一些社会现象的变形平面植入，后者是金钱、美女、权力等大众梦想的娱乐化变体。在文本“惩恶扬善”的叙事结局中，观众的愿望与幻想得以“接地”和实现。作为一种电视民间故事，戏说剧体现的是一种“民间视点”，按照老百姓的道德观和价值观处理故事和人物形象塑造，把现实中的难以办到的事情，在戏剧中“翻了个”，使老百姓的愿望、欲望和想象在艺术幻觉中得到替代满足。在观赏中，老百姓根据自己的喜好实行选择性接受，获得一种“狂欢化的世界感受”，产生属于自己的意义和快感。所以，渗透“戏说剧”其中的，是狂欢化的、富于后现代意味的美学精神。对戏说剧的单一文本进行艺术批评已经失去了意义，需要在文化研究的视野内阐释戏说剧的类文本现象、类文本价值和意义。无论从艺术生产还是艺术批评来讲，在指出其一定负面影响的同时，也要看到娱乐和游戏功能为老百姓带来的快乐，而这种“快乐”，甚至是一般意义上的电视历史剧也不具备的。

（摘自王昕　刘欣欣：《历史剧的再现、表现与戏仿》，《文艺报》2003 年 6 月 12 日）

关于“清宫戏”成功的原因分析

当代商品社会饶有趣味的文化现象是：一方面，我们以前所理解的历史和历史感，在这一时期的文艺中普遍地丧失了；另一方面，历史题材在严肃文学和通俗文艺中焕发出旺盛的生机。近年来，顺应市场需求和观众接受心理的需要，影视创作中涌现出了一大批历史题材的作品，其中部分剧作，在探讨过去、现在和未来的关系时，巧妙地寻找到了三者的契合点，真正做到了融现实于历史之中，“让历史告诉未来”，借古讽今、借古喻今，赢得了广大观众的青睐，引起了强烈的社会反响。电视连续剧《雍正王朝》，正是这样一部古为今用，表层故事为展示历史，深层意蕴为讽喻现实的影视佳作。

《雍正王朝》一剧中雍正皇帝正是以一个为了革除旧制、整顿吏治、兴利除弊而不辞辛劳、鞠躬尽瘁的“铁腕”形象出现的，这恰恰满足了百姓对英雄的期冀和呼唤，引起了观众情感上的强烈共鸣。

（一）现代意识浓厚

《雍正王朝》虽是历史剧，但没有将自己的思路和立场局限于历史的一隅，而是拓展视域，融会古今，使剧作既不失典雅风范，又富有时代气息。全剧讴歌了一位革故鼎新的历史英雄——雍正皇帝。他身处“不改革没有出路，改革却又阻力重重”的艰难处境之中，立志维新、力排众议、矢志不渝。从历史剧艺术创作研讨史上看，康雍乾三世正值清王朝盛世之高峰，雍正为了更好地维护中央集权政治的法统，推行新政、整顿吏治、惩办贪污，对当时的社会发展起到了一定的推动作用。以社会性而言，剧中诸如修堤救灾、惩办贪官污吏、追缴国库欠银、惩处卖官鬻爵、科场舞弊等情节，则很容易引起观众联想，激起社会反响。

《雍正王朝》最"抓人"的地方，就在于它挖掘和描摹了人——这一历史和文明之"核"的种种情态，从而拨动了观众的心弦。尤为值得一提的是，该剧在刻画雍正皇帝这一形象时，既表现了他励精图治、英明果断、处变不惊、自律严格、节俭朴素的人格优点，又表现了他暴戾冷酷、刻薄寡恩、心狠手辣的人格阴暗面；既表现他白日里朝堂上一呼百应、威风八面的风光，又表现了他暗夜里居所中孤灯一盏、形影相吊的苦涩；尤其是对他为了国家长治久安被迫杀子的细节，对他粉碎廉亲王政治阴谋，在朝堂上慷慨陈词等细节的精当处理，均令人信服且颇见功力。如此一来，历史人物已不再是一个僵死的概念、一个封存的姓名和头衔，作者从个体生命的深层层面入手、取人情视角来塑造的人物，还原了其本然状态的复杂与多维，呈现出生命意义上的鲜活与温度。丰满的人物性格、立体的人物形象使观众能放下隔膜与敬畏，走进历史人物的生活，走进历史人物的内心，与之作平等的谛视。

《雍正王朝》的主人公深入民间、体恤民情的行为，令今天百姓备感欣慰，百姓很乐意在荧屏上见到既有人情味儿，又值得信赖的国君。剧中主人公大刀阔斧变法维新的举措，则更令今天的百姓感到振奋，百姓更乐意在荧屏上见到既有雄心又有魄力的改革家。重读历史，思索现实，可以补足人们对现实的不满，满足人们对善、对正义的需要。《雍正王朝》对伟大历史人物、对昔日改革英雄的景仰讴歌，恰恰反映了人们对当代铁腕英雄的热切呼唤，全剧发乎民心，顺乎民意，所以它的成功也就顺理成章了。

（摘自陈丹琳：《谈电视连续剧〈雍正王朝〉的艺术魅力》，《中国广播电视学刊》2000 年第 4 期）

凌力作为当代颇有实力和成就的历史小说家，其作品中呈现了一个明显的特点就是遵循"文学就是人学"的原则，不仅从其作品中可以看出，而且作家本人也明确地提出了这一点。她始终把人放在第一位，正如她自己认为：文学的本意乃是人学。这个观念在她创作之初，并不十分明确，在《少年天子》创作过程中，主观上便把人作为创作中心，这是《少年天子》创作之中最深切的体会，也是《少年天子》成功的根本所在。在《少年天子》中，作者已感悟到写人不仅仅是展示人的行为、人与人之间的关系，由不同的人的群体联系到社会，而是把自己深深地浸入到对象主体的情感世界中，在心与心、情与梦的化合中来提纯历史生活，从而呈现出一种超凡的人性魅力和诗化的人生哲学，这也许是凌力历史小说中潜藏的最大的成功因素。

（摘自田吴：《试论凌力历史小说的审美追求——兼评〈少年天子〉》，《四川理工学院学报》2005 年第 3 期）

《天下粮仓》有三大成功之处。第一个就是以粮为纲，纲举目张。大多数帝王将相戏是以帝王将相为纲，在帝王将相的周围设置了乱七八糟的纠纷、仇杀、乱伦、搞笑，结果是有故事、没问题，有情节、没主题，成为单面的文化消费品。而《天下粮仓》是以问题统帅全局，抓住了天下最大的问题——粮食——来做出了一篇大块文章。

《天下粮仓》的第二个成功之处是，激情澎湃，扣人心弦。大型电视连续剧一般都由许多个故事组成，安排好这些故事之间的关联是一件技术性很强的工作。《天下粮仓》在粮食这个主题之外，用激情来覆盖所有的故事，并且追求情理交融，以情带理。在尖锐的戏剧冲突中，人物达到一种激情状态，用过去的话讲，叫做"把人物放在阶级斗争的风口浪尖上"，这样就产生了极强的感染力和冲击力。观众可以发现，《天下粮仓》一剧中的许多场面都是激情场面，许多人物都一次或者多次处于激情乃至巅峰状态。在这些非同寻常的时刻，人性深处的火花得以迸发，从而深化了戏剧的主题，使观众可以超越粮食问题去思考更普遍的人生价值和社会价值。

《天下粮仓》的第三个成功之处是，充满阳刚之气的美学风格。编剧、导演和主要演员都在这一点上付出了显著的努力。编剧有意设置了大开大合的戏剧结构，塑造了铮铮磊落的人物群像。导演吴子牛发挥了以往的特长，浓墨重彩，神气充足。主要演员的表演凝重、内在、大气。王庆祥所扮演的刘统勋，外冷内热，静如泰山，动如雷霆，既有锋芒，又有睿智，是一个百炼成钢的男子汉的典型。非常值得提出的是田成仁扮演的田文镜这个角色，虽然着墨并不太多，但几乎每次出场都很精彩，全身都带着戏。田文镜是个大清官，但却是个为了个人政治声誉和集团利益而无视人民死活的清官。他以政治斗争为人生乐趣，孤傲专断，睥睨一世。他不肯利用落井下石的卑鄙手段去陷害政敌刘统勋，而是要堂堂正正地在光天化日之下击败刘统勋，因为他知道刘统勋是他的真正的对手。这也是一种男子汉的风采。

（摘自孔庆东：《好大一个仓——评电视连续剧〈天下粮仓〉》，《中国电视》2002 年第 3 期）

2001 年对于古装历史题材电视剧来说是一个喜获丰收的好年头。年初的《铁齿铜牙纪晓岚》，年中的《一代廉吏于成龙》、《大宅门》、《少年包青天》，岁末的《康熙王朝》均取得了较高的收视率，其原因大致如下两方面。

首先是对大众审美需求的认同。20 世纪 90 年代后，最令人瞩目的现象是随着市场经济的发展，中国进入了以大众文化为主导的历史时期。在这种环境中，所谓文化，成为被精心包装、大力宣传、"供人消费"的一种过程。外国理论家的观点就是："大众文化的花招很简单——就是尽一切办法让大伙高兴。"从 2001 年古装历史题材电视剧的创作来看，为达到"让大伙高兴"的目的，其创作手法的通俗化日见明朗。这种通俗化首先表现在塑造观众喜爱崇拜的极具个人魅力、富有人情味和充满智慧和正义感的理想人物。如《大宅门》中的白景琦、《康熙王朝》中的康熙、《铁齿铜牙纪晓岚》中的纪晓岚、《一代廉吏于成龙》中的于成龙。其次表现在起伏跌宕的情节设置上。如《大宅门》中沉浮荣辱的家族史、《康熙王朝》中扣人心弦的人物命运、《铁齿铜牙纪晓岚》中和珅和纪晓岚的心智较量。

其次是应和了时代精神：在一定意义上讲，社会现实生活中老百姓最关心的热门话题，往往是电视剧的题材源泉。以上历史剧，都努力在历史和现实的契合点上，把握住了历史题材的现实意义，使观众在欣赏历史题材电视剧时，找到了与现实对应的东西，从而获得了审美愉悦和满足。《铁齿铜牙纪晓岚》创下很高的收视率，除了演员的精彩表演成为一大看点外，还在于该剧淋漓地鞭挞了丑恶，张扬了正义，歌颂了正直和善良。尤其是纪晓岚以聪明智慧与大贪官和珅的较量和最终获胜，极大地对应了中国老百姓审美期待中的理想结局。而《一代廉吏于成龙》塑造的清官形象，大力褒扬推崇他为民请命、不畏权势的为政精神，对当下中国进行的反腐倡廉任务提供了启示，同时也给予百姓极大的精神抚慰。

（摘自赵小青：《历史题材电视剧中的文化导向值得关注》，《文艺报》2002 年 2 月 7 日）

历史剧可以虚构，至于是否以及如何进行美化或丑化的艺术加工，应视主题而定。莎士比亚的悲剧《哈姆雷特》、《麦克白》和《安东尼与克丽奥佩特拉》等作品均取材于历史，是属历史传奇剧。莎士比亚还有关于英国历史的戏剧，较忠实于历史事实，英文称为 chmnideplay，应该译为“编年史剧”。但是上述作品无论是悲剧还是编年史剧，根据专家考证，它们都与历史事实相去甚远。在中国古典戏剧中历史纪实剧较少，但是即使是最具有纪实性的作品，如《桃花扇》，都有大量虚构。从中外文学艺术的实践看，历史剧存在着大量虚构，中外古人都没有人提出真实性作为历史剧的某种标准，这本来并不是一个问题……

历史剧不是对历史的记录，而是对历史的思考。历史剧可以对历史事实进行随意剪裁虚构，也可以做翻案文章，这里无须考虑所谓的历史真实性，而只须遵循艺术家自己的道德标准和美学追求。不要把作品与历史事实直接挂钩，至于所谓历史剧中的虚构会以讹传讹产生误导的说法，不是幼稚的想象就是专制的借口。郭沫若的《高渐离》虚构了一个下流的罪犯秦始皇，并没有发生什么传讹和误导。

《戏说乾隆》和《还珠格格》是电视剧，是通俗文艺。通俗艺术在内容上的特点是市民道德和庸俗理想，它宣扬主流社会的道德，不会触怒统治者，它创造从天而降的幸福，带给受众虚幻的满足；它在形式上的特点是诉诸本能和直白易懂。人有生死和性欲，通俗文艺往往描写性和死亡。有关性的题材，高级的是言情文艺，低级的是色情文艺；有关死亡的题材，高级的是武侠（中国）和西部、动作（外国），低级的是犯罪文艺（中国有公案、外国有侦探）和恐怖文艺（中外都有）。通俗文艺尽管故事离奇，但是艺术方法千篇一律，反复使用俗套，决不进行创新冒险，以确保受众在观赏过程中轻松愉快，不会受到文艺素养方面的限制。因此，通俗文艺有着最广泛的受众，那一对金童玉女的武侠和言情作品如此畅销，应该不难理解。《戏说乾隆》受到了一定的欢迎，它的成功主要依赖于以下因素：主人公乾隆皇帝不仅有丰富的物质享受，而且还有无数的情欲欢乐，观众在观看他享乐的时候，得到了移情的快感。在通俗性方面，《还珠格格》与《戏说乾隆》相同。小燕子福从天降，从四处漂泊的江湖艺人阴错阳差地变成了大富大贵的皇家格格，这种灰姑娘交好运的故事是一种母题，能够满足人不劳而获、一夜暴发的异想天开的愿望。但是《还珠格格》远比《戏说乾隆》更加风靡一时，作品还具有某种高级品质，这就是小燕子的疯丫头性格。小燕子疯疯傻傻，表面看来不合情理，恰恰引起了人们的兴趣。小燕子胆大妄为，但她是青年女性，又是皇家格格，观众既可以原谅她的鲁莽，又无须为她的命运担心，也就不会影响自己与她产生共鸣；同时，也是更重要的，她的胆大妄为隐含着一种对权威的反抗，潜在地释放了人们无意识中的心理压抑，借助于观看小燕子，人们获得了某种替代性的或者补偿性的自由（附带说一句，武侠文艺大受欢迎的原因也部分在此，不过武侠文艺表现的主要是身体自由，而这里更多是精神自由）。从许多观众特别是年轻人的反应来看，他们最喜欢小燕子的就是她肆无忌惮的性格。每一部作品的成功都有理由，《还珠格格》成功的原因就在于它在满足人们一般趣味的同时，还满足了人们的某些较高需求。当然，《还珠格格》也就是相对于《戏说乾隆》较好，它还属于通俗文艺的范畴，不宜评价过高。

（摘自华明：《历史剧和清宫戏断想》，《南京师范大学文学院学报》2002 年第 1 期）

对于清宫戏走红荧屏这一现象及其成因，众说纷纭，本属常情。如有的称，清宫戏的好看、热闹，是借鉴了港台电视剧的“戏说”风格，活泼轻松，再不像以往电视剧般索然无趣；有的说是演员水准好，李保田、张国立、邓婕、焦晃、唐国强技艺高超，苏有朋、赵薇等崭露头角，他们的表演出神入化，有深度，有灵气，把观众吸引住了；还有谓“戏中有戏”，“戏外有戏”，以电视剧为镜子，烛照现实生活，说出了一些借古喻今、借古鉴今、借古讽今的快语，看了顺气舒心，欲罢不能，等等。这些说法，都不无道理，但如果从文化层面论，我以为探究其根源，或许更能说明问题的本质，因而更具批评意义。

电视作为大众传媒，具有反应快速、受众广泛、感染力强的特点。收看电视剧，现在已经成为大众日常生活中不可缺少的文化娱乐和消费活动。当人们看腻了打打杀杀、拳头加枕头的武打片，絮絮叨叨、悲悲切切的言情片，而反映现实生活题材的电视剧又显得平庸质次，虚假成习，不屑一顾之后，寓武打、言情于一剧，集古今奇事、奇观于一体的清宫戏，一经在荧屏推出，便彩声满座，形成新的热点，就在情理之中。西洋大菜，山珍海味，久食亦无味。从这个意义上说，清宫戏的走红，反映了大众文化消费的丰富性和喜新厌旧的消费心理。

不能不看到民族文化基因对国人欣赏习惯的影响。多数中国老百姓，尤其是作为电视剧观众主流的市民阶层，现代科学文化水准不太高，历史知识有限。他们对民族历史和社会生活的了解，主要不是从经史典籍，而是从《三国演义》、《水浒传》、《清宫十三朝演义》之类通俗文艺中获取，宁可读金庸的《射雕英雄传》、《天龙八部》，也不大喜欢西方的流行文学。这是一种历史的民族的文化积淀，直接影响着文化阅读、娱乐消费的习惯和偏好。加之清宫戏所写的时代距今较近，只有一二百年时间，观众觉得贴近自己，似乎戏中人物的命运就是自己或周围人的命运，有一种认同的亲近感。正因为这样，清宫戏才成为市民们关注和瞩目的热点。

还要顾及社会文化氛围的某种制约。就创作角度说，写清宫戏，从人物、事件到情节、语言，用不着担心什么“禁区”和忌讳，也没人来打侵权官司，因而创作的自由度较大。特别是“戏说”，任由虚构，真假善恶，率意挥写，顶多读几本史书、请教一下史学家而已！这好像是一条创作捷径。再从欣赏角度说，清宫戏所演示的社会生活又与现实生活有着某种联系，观众于欣赏过程中在一定程度上可以得到情绪的宣泄，如对社会不公的悲愤，对贪官污吏的憎恶，以及对上流社会卑鄙龌龊的唾弃等等。客观存在的有些不满情绪，在清宫戏中似乎得到了某种消解和稀释，这不能不说是它走红荧屏的重要因素之一。

清宫戏的走红表现了历史传统文化的力量，而生活总要向前行进。作为起点，传统文化是不可超越的；但传统文化之所以是历史的，又在于它作为起点注定要被超越，需要用创造去进一步开拓和发展。“外之既不后于世界之思潮，内之仍弗失固有之血脉，取今复古，别立新宗”（鲁迅：《坟·文化偏至论》），方有出路。我们不能满足于昔日的辉煌和成功，而应描绘更加灿烂的今天和明天，也只有借助于新一轮的太阳，才能使往昔更加流光溢彩。

（摘自乐朋：《杂谈五题——清宫戏走红漫说》，《中国电视》2000 年第 2 期）

对“清宫戏”的批评

当前历史剧的问题，主要体现在如下两方面：

其一，思想价值立场的“缺席”。真实可靠的历史事实是历史剧具有正确的思想价值导向的基础。历史剧创作应忠于历史事件和历史人物的总体面貌，不能随意编撰历史事件和历史人物。可当前不少历史剧（包括戏说剧和正剧）创作却漠视这一原则，表现出历史虚无主义的偏颇，造成思想价值立场的缺席。

戏说剧虽说可以允许较多的假定性，但不能违背历史事件和历史人物的总体面貌，此乃正确的思想价值导向所要求的事实真实的最低底线。可当今许多戏说剧并非如此。如《康熙微服私访记》中康熙微服私访民间的故事基本都属编造，《铁齿铜牙纪晓岚》中令当今公众拍手称快的“忠臣”“优秀文人”纪晓岚、《还珠格格》中自由快乐的“小燕子”等更是虚构。而即便诸如《雍正王朝》、《康熙王朝》、《汉武大帝》等正剧，也缺乏对历史的应有尊重，缺少对“大事不虚，小事不拘”的遵循。如收复台湾时降清的本是郑克爽，《康熙王朝》却将已死两年的郑经拉出来代子受过，自刎而死。《汉武大帝》也多有与历史不符者，如将伊稚斜祖先冒顿弑父篡立之事移植于伊稚斜，飞将军李广也由历史上的自刎变成了效死疆场。2006年播出的《清宫风云》有近 30 处情节明显失实，等等。上述视历史为无规律、无是非的虚无时空之现象必然导致历史虚无主义，其结果必定是消解了厚重、严肃的历史，消解了历史作为确定的客观存在的性质，如此，便造成历史剧严肃的价值立场缺席，更遑论思想价值导向的实现了。

其二，思想价值导向的偏差。有了真实可靠的历史事实，历史剧还要在科学、民主为核心的正确价值取向下叙述、反思历史，如此，才有可能把握和实现正确的思想价值导向，而当前部分历史剧却与此相背离。这些历史剧竞相歌颂早已被埋葬的封建帝王将相，大力美化尊卑贵贱等不合理的历史现象，敢于坚持真理正义的科学家、思想家却在荧屏上被冷落一旁，普通民众的形象变成了只能匍匐于地、高呼万岁、等待圣君明主施恩拯救的毫无主体性的群氓！匍匐于殿下的臣子们哪个不是嘴里高呼“吾皇圣明，臣罪该万死”的屈膝俯首的奴才？这就宣扬了一种奴才主义，宣扬了对统治者生杀予夺之绝对权力的崇拜。在科学、民主观念深入人心的现代文明社会，这些历史剧的“美好”表现，“与现代文明社会最基本的民主、法制观念完全是背道而驰的”，在某种程度上构成对“五四”传统——科学与民主——的全面颠覆。

（摘自李盛龙：《当代电视历史剧的困境与出路》，《电

影评介》2007 年第 17 期）

笔者对清朝的历史知之不多，不知道康熙帝微服私访了几次，每次都有哪些奇遇，相信编剧、导演们都是清史专家。至少，《清史稿》的人物纪传部分、《国朝耆献类征》、《康熙起居注》、《东华录》之类的史料应翻检过，由他们站在现代艺术的高度来重新诠释清朝 267 年的历史，在带给观众视觉感官娱悦的同时，还应传授给人们一些客观的历史常识和有益的人生启示：哪些人物是青史留名的，哪些人物是遗臭万年的；应该效仿的是哪些历史人物，应该唾弃的是哪些行为，善与恶的尺度应如何把握等。这不仅是读史书应具备的起码的价值判断，更是一个文艺工作者自觉的艺术追求。然而，我在粗略观看过几集"清宫戏"之后，心中却不由地产生了这样的疑惑：花费巨资拍摄的、场面豪华壮观的"清宫戏"，究竟弘扬了传统文化的哪些成分？这份包装亮丽的精神快餐究竟给观众尤其是青少年观众的肌体注入了怎样的新鲜血液？

在笔者看来，"清宫戏"中众多的人物谱系实际上可分为两类：主子和奴才。除了万岁爷一人是永恒的主子之外，其他的人如娘娘、王爷、公公、阿哥、格格、某大人之流，则兼有主子和奴才的双重身份，正如鲁迅所说："他们是羊，同时也是凶兽；但遇见比他更凶的凶兽时便现羊样；遇见比他更弱的羊时便现凶兽样。"于是戏中经常出现这样的场面：某大人诚惶诚恐地跪在王爷的脚下（更不必说万岁爷了），磕头如捣蒜，还不停地用手抽打自己的嘴巴，口中念念有词："奴才该死，小人不敢，王爷饶命！"而换个镜头，则这位大人又在怒不可遏地训斥另一个奴才："大胆！放肆！滚开！要你的狗命！砍下你的狗头！"人物就在这样翻云覆雨的剧情进展中变换着自己的角色。就跟契诃夫笔下的变色龙一样，时而昂首挺胸、八面威风，时而弯腰曲背、战战兢兢；一会儿下跪磕头，一会儿拍桌子打人。因此，错综复杂、跌宕起伏的剧情实际上只在演绎着一个极简单的游戏：即主子如何统治奴才，奴才如何讨主子的欢心，两者之间只有绝对的奴役与绝对的顺从，如此而已。其主题也只是盛行于封建官场的处世哲学的现代翻版而已。至于"说大人则藐之，勿视其巍巍然"的铁骨铮铮的硬汉子，"富贵不能淫，贫贱不能移，威武不能屈"的大丈夫，在"清宫戏"里是看不到的。奴颜媚骨、权谋心计、见风使舵、尔虞我诈、八面玲珑是"清宫戏"不变的主题。此外，只是掺合了贵族王爷与民间少女之间的爱情佐料，无聊的插科打诨，出丑露乖。伴随着"你是风儿我是沙，缠缠绵绵到天涯"的主题曲，一份亦古亦今、中西合璧的精神大餐就这样被调制出来了。

（摘自魏红梅：《"清宫戏"与和谐社会》，《电影文学》2007 年第 14 期）

电视剧作为被大多数人接触的叙事艺术形态，它与社会历史的关系十分重要，无论从其内部规律还是外部规律来讲，它都不应该也不被允许超乎于社会历史之上成为一个与世隔绝的审美或娱乐自足体。然而近几年却相反，一是历史相对主义的极端化，"戏说"成了历史电视剧的主流。电视剧对历史的描述既与公认的史实相去甚远，也谈不上是在文化的视野上对历史文本进行叙述、解读、阐释以补充、修改、重塑被正史疏漏和谬写的东西。"戏说"历史以后，在许多文化水平不高、知识准备不足、审美判断能力低下的观众眼里，历史成了一块留言簿，什么人都可以随意涂写发表感言，什么人都可以天马行空自由想象。实际上，既然我们无法阻止观众通过电视剧来了解和理解历史，我们就没有权利要求拥有对于历史彻底的想象自由，没有权利不负责任地以彻底娱乐和游戏的姿态对待历史，用所谓的戏说、另说来消解历史的厚重、严肃，消解历史结构和历史进程作为确定的客观存在的性质。除了"戏说"，历史虚无主义还表现为将历史变成消费对象。对过去的书写都不是历史的重现，而是一种风格化的"记忆"，它们不是历史剧而是怀旧剧，对过去表现出的是一种非历史的欣赏口味的选择，把过去包装成消费品，提供一系列伪历史形象。历史的大事没能真正进入这些电视剧的视野，对历史的讲述并不是告诉我们历史是怎样发展的，美感风格的历史取代了真正的历史，关于过去的电视剧只是奇观式的电视剧而不再是真正意义上的历史剧。

（摘自关连莹：《对历史题材电视剧的几点思考》，《理论界》2006 年第 2 期）

历史，作为人类记忆与经验的绵延，真正的诗意栖居之地是在各种样式的历史文艺之中。然而，通观我们今天与历史题材相关的艺术，历史的几种存在形态正分别经历着"寒流"、"暖流"：大众对于史学或历史事件缺少问津和探究的兴趣，而对各种历史文艺形式尤其是电视剧却始终热情高涨。正如除了历史学家很少有人能耐心读完卷帙浩繁的《清史》，但绝大多数人可以毫不费力、兴致盎然地看完荧屏上的清宫戏。

历史文艺的创作者和传播者并不应该因此而沾沾自喜、得意忘形，相反，正因为他们所提供的作品是大众了解历史的重要渠道，他们应该时时意识到这肩负的重任，对于自己的作品在创作和传播的每一个环节持一种严肃、敬畏的态度，而不是游戏历史、误导受众。在这一点上，当前的历史小说家做得较好，如凌力、唐浩明、刘斯奋的小说。且不说他们的小说在历史真实与艺术真实的结合上达到的高度，单是作家们尊重历史、考据史料，十年磨一剑的精神就令人肃然起敬。当前的历史题材的电视剧创作在这一点上的表现却不尽如人意。在对历史的态度上也出现了冷热不均的局面。

首先，对史书与史料漠视，而对"戏说"热衷。且不说那些将残酷的君王摇身一变为有趣的皇阿玛的纯粹戏说历史的闹剧的热播，那些自标为“正剧”的历史剧对史书与史料所传递的真实的历史又能有几分尊重？前者的态度倒也老实，戏说就是戏说。而后者，正是最令史学家义愤填膺、指摘不断的靶子。

其次，对推动历史前进的普通民众、进步的知识分子漠视，而对帝王将相热衷。在这一点上，历史小说的创作仍然要好于历史剧。几乎所有为中国历史的发展与进步作出过自己贡献的人物都被历史小说家注意和发掘出来，如孔子、王安石、黄巢、石达开、谭嗣同等不同时代的优秀人物多不胜数。而看看当前的电视荧屏，走马灯式的走来走去的不过还是那几个阿玛、皇后、格格。

再次，对真正的历史精神的漠视，而对于历史的琐屑皮毛表现出超出寻常的热情。真正优秀的历史文艺作品，应该是能传达出历史文化的所有表层和深层的东西，并对之具有清醒的批判意识。而当前的历史剧只注意到了文化的物质层面、生活方式层面的东西，比如饮食起居、舟车器用，而很少在表现历史文化的观念层面上下功夫，这才是真正的历史精神由以显现的所在。像唐浩明笔下的曾国藩那样充满文化蕴含与历史质感的厚重、复杂的人物形象，在当前的历史题材的电视剧中是很难见到的，更遑论创作者的历史意识与批判精神。即使当前的一些历史正剧试图传达一种历史精神，但这种历史精神是不是能正确反映历史的必然趋势和真实面貌还值得商榷。

正如有的史家指出，现在的多数历史剧中，充斥着英雄史观、权谋主义，而缺少“穿透封建权力的思想和对独裁制度批判的力量”。这在一些清宫戏中尤为突出。另外，“情”的成分在当前的历史剧中占了很大比重，除了阴谋，就是爱情。所谓的“秘史”，看到的只是历史人物情感纠葛的私史，历史进程的真正社会性动因则被遮蔽。当前引起争议的“红色经典”的改编也存在这样的问题，对原著所体现的真正的时代精神缺少足够的理解和大气的想象，却在一些枝节性的、琐屑的所谓“人性化”的东西的虚构上着力不少。这种既不能自创新作、依赖改编却又不尊重原著精神的行为，折射出某些创作者想象力的贫血和投机取巧的心态。

（摘自韩元：《历史题材电视剧创作的冷与热》，《人民日报》2004 年 4 月 27 日）

目前，具有文化品位、道德规范、象征标志、引导功能的历史电视剧凤毛麟角，大多数历史电视剧所展现的人物形象，存在着明显的深度缺陷。

历史题材的电视剧不应该依赖“娱乐”和“戏说”而生存，而应当以使观众在视觉享受的同时了解和理解历史，进而借鉴历史而品鉴当代为己任。如果历史题材的电视剧远离和轻视了历史的真实，追求的是一种在非历史化和高度娱乐化状态下的享受与利益，历史电视剧不但失去了“历史”的借鉴意义，同时也使一个民族的历史彻底抛弃了自我和尊严，失去了存在于世的价值。

我以为，大众化不单单是娱乐化，通俗化不可庸俗化，普及性不能粗鄙性，历史电视剧不能在高度娱乐化的“语境”下失去“重读”历史的借鉴意义，不能让历史电视剧的娱乐性、消费性、世俗性来消解中华民族的历史深度和文化深度。

虽然“消费主义”产生于经济领域，但它却是以文化的形式传播和扩张的，而现代的大众传播媒介正是“消费主义”扩张的主要载体。因为传播和鼓动“消费主义”最直接和最有力的不是文字而是形象，尤其是电视的“立体影像”。不可否认，电视剧确实是一种受众率极高的文化载体，而正因为它是一种受众率极高的文化载体，历史电视剧所叙述的历史就更不能屈服于“消费文化”和“大众文化”的威逼利诱，不能以娱乐性、消费性和世俗性来消解历史真实性和历史文化深度，不能把历史中的种种不可能在“大众化”的口号下变成消费主义的“艺术的可能”，更不能以“历史知情权”的借口而导致大众的“历史误会”。虽然，历史题材电视剧的创作从来都是允许艺术虚构的，但是无论怎样的虚构都不能只单纯地追求娱乐价值，对于人物和事件要有起码的历史与道德的评价，要尊重历史客观性、历史本质和历史规律的真实，不能违背历史的规定性，要辩证统一地处理和对待“历史真实”与“艺术虚构”的关系。

综上所述：中国的历史题材电视剧不能再狂舞着“娱乐”和“戏说”的旗帜远离历史了，我们的责任和义务是不能让历史电视剧的娱乐性、消费性、世俗性来消解中华民族的历史深度和文化深度，否则在这种“历史”氛围中生存的中国电视文化，会导致“历史虚无主义”的蔓延，甚至会使我们的电视文化艺术陷入一场灾难！

（摘自村夫：《历史的“真实”与艺术的“虚构”——探究中国历史题材电视剧的价值取向》，《当代电视》2007 年第 7 期）

合理的艺术虚构与对重要人物、事件的歪曲和篡改是两个不同的概念。对有史料记载并且已有历史结论的人物和事件进行篡改是不足取的。《康熙王朝》在对一些重要历史人物的表现上，确有不符合史实的缺憾，比如对鳌拜的评价。该剧对鳌拜的历史功绩表现不足，给观众看的是一个不完整的鳌拜形象，尤其设计鳌拜图谋不轨，欲谋反篡位的情境，就不符合史实了。史料记载：“康熙五十二年，玄烨已到了晚年，犹记起鳌拜的功劳。他召集诸王贝勒大臣说：忆及数事，朕若不言，无敢言之人，非朕亦无此事者。我朝从征效力大臣中，莫过于鳌拜巴图鲁者……鳌拜功劳显著，应给世职。”康熙帝讳而不言的是，当年捉鳌拜系不得已之举。雍正帝执政后，“赐鳌拜祭葬，复一等公，世袭罔替”，并于雍正九年加封超武公。这些身

后隆葬，说明鳌拜并非是企图谋反的巨奸大憝，而仍是清帝褒奖的有功之臣。可见《康熙王朝》对鳌拜的总体评价有悖于史实。由此启示我们，为避免在重大历史事实、重要历史人物的表现上出现偏差，历史剧在拍摄前邀请史学专家进行论证是必要的。

（摘自吴学明：《历史剧浅析——观历史剧〈康熙王朝〉、〈雍正王朝〉、〈汉武大帝〉有感》，《中国电视》2005 年第 5 期）

为了有效地使历史题材电视剧创作趋利避害，从而使“量”的“繁荣”向“质”的飞跃转化，构筑出真正的精品乃至经典，必须重申历史题材电视剧的一些根本性的问题。

首先是创作观念问题。……时下的一些唐宫戏、清宫戏、民国戏格调低下，把皇权思想、人治思想、专制思想抬得很高，奴才味很浓，把一些帝王写的可亲可敬，形象十分高大，甚至于把皇帝写成了呕心沥血，甚于无产阶级革命家，具有明显的“皇帝崇拜”意识。比如《康熙王朝》、《雍正王朝》都程度不同地存在这种问题，以至使一位女生在看完电视剧后，投书一家报社，表示“真想回到康熙王朝的时代”。电视剧的误导观众便由此可见一斑。

其次是创作态度问题。一个时期以来，历史题材的电视剧存在着严重的以游戏和玩笑的态度来对待创作的问题。一些编导不是以严肃的态度来创作，而是游戏历史，调侃历史，乱语讲史，随意拿古人开玩笑。这种极不严肃的创作态度，严重地消解了作品的意义内涵，损害了历史剧的艺术形象。甚至有人认为历史剧的本质是游戏而非历史。不错，历史剧绝非完全等同于历史，但历史剧的本质也决非是游戏。早在 20 世纪 60 年代，史学家吴晗就认为“历史剧是艺术，也是历史”。我认为这才是历史剧的本质所在。这就要求历史剧的创作者，要具备历史学家和艺术家的双重品格，既尊重历史规律，也尊重艺术规律。而我们的一些编导却无视这一点，比如《康熙王朝》的编剧甚至说：“历史上的康熙怎么样，我并不知道，只能靠猜想和感情的期待去慢慢接近他，揣摩他。”这是历史剧创作的正确态度吗？仅仅靠猜想和揣摩能塑造出符合历史真实的艺术形象吗？这怎能不令人怀疑？事实上，《康熙王朝》的结尾处，“编造”性十分明显，对此，史学家曾一针见血地指出其“硬伤”。如对葛尔丹这个历史上的反面人物却大加颂扬，整个作品“戏说”的成分比较浓。再比如《戏说乾隆》更是以对历史的“戏说”引起许多学者的反感。尽管收视率不低，但不能据此认为价值、成就、档次很高，因为观众的娱乐需求已超过了对历史原貌的兴趣，观众的“宫廷情结”也超过了历史真实和艺术品位的追问。我们很难说皇帝与佳人的“戏闹”有什么品位与档次。

（摘自王卫平：《历史题材电视剧创作的趋利避害》，《中国电视》2002 年第 12 期）

但是，正所谓“成也萧何，败也萧何”。作者过于偏好细节描写和复杂型人物的艺术选择，使《天下粮仓》具备了某些先天的不足。我们知道，电视连续剧本质上是一种通俗文艺形式，它要求有很强的故事性，且故事线索应该简洁，戏与戏之间有一定的悬念。在人物塑造上，多数人物应该好坏分明，适当脸谱化，主题也不能太深奥，应让不同文化层次的人都能理解作者想要表达的思想。用这样的要求来衡量《天下粮仓》，我觉得还有较大的差距，这也是电视剧播出之后，观众对它反应不佳的原因。首先，虽然在片段上，这部电视剧不乏有意思的故事，但是，全剧总体结构相对紊乱，特别是京城和杭州两地故事线索并进，中间又加入清河县和河南开封的故事，头绪过多；米汝成和卢焯从正面人物向反面人物的突然变脸（卢焯也许最终仍然不能算反面人物，但他的悲剧结局无法让观众坦然接受，因为中间缺少应有的铺垫），似乎也有作者用力太过之嫌。最不能让人理解的是柳含月，作者如此追求复杂性人物的塑造，但这个女诸葛的塑造，却简单得如一个泥捏娇妹。

其次，这部剧作无论故事或人物，都有太多“编”的痕迹。电视剧是“剧”，可以有传奇和浪漫，但同时电视剧叙事艺术又讲究“大处是虚，小处是实”，即在情节设置和人物言行的细节处理上必须合情合理。然而，《天下粮仓》在细节、情节和人物的编排上都有过分虚夸之嫌。且不说柳含月在书院长大就有料事如神的本领，乾隆会不知道牛饿三天便无力耕田；就是白献龙在运河船上把人挂“鸭笼”，数天后拉上来已成一副白骨，这个细节几乎也是天方夜谭。

正是因为这样的乱和假，不仅影响观众进入剧情，还影响了观众情感的投入。应该知道，多数观众看电视剧，关键在“入情”，即要在剧中选择情感投注的对象，获得或同情、憎恨、爱恋，或期待、紧张、兴奋等审美愉悦，然而这部电视剧令观众较难找到感情的切入点。从总体上说，《天下粮仓》文人味太浓，如果作为一部小说，值得称道的地方似乎更多一些。遗憾的是，它是一部电视连续剧，而且由一位初涉电视剧领域的电影导演来执导，他还表示要把它拍摄成精品电视剧。因此，《天下粮仓》剧本的文人味不但没有得到抑制，某些方面还得到不该有的张扬。正是这一缺陷，也有损于作品想要突出的主题思想。

（摘自陈建新：《〈天下粮仓〉为何吃力不讨好》，《文汇报》2002 年 1 月 25 日）

据说在一片红顶子的清宫戏中间，偶尔播出了几部当代题材的电视剧如《让爱作主》、《危险真情》、《牵手》等等，由于内容上涉及婚外恋，受到有关人士的质疑和管

理部门的批评，原因是与刚出台的婚姻法相抵牾。台湾的《流星花园》也因其可能对青少年产生的不良影响而被禁播。然而大量的以专制独裁的帝王和残酷的宫廷争斗为描写对象，以帝王将相的野史和种种传闻为素材的清宫戏却大行其道，没有受到太多的指责和非难。

……可能是《宰相刘罗锅》或《雍正王朝》之类电视剧的票房成功，引来大批模仿者；可能是现行的影视审查制度对写古代题材的审批相对宽松，一些制片人更愿意将大笔资金投放古装戏这一领域；也可能是其中某些部集的电视剧制作精良，表演精湛，有较高的收视率，便以为这里有大市场，值得大投入。当然，此中也不乏媒体的“功劳”，大大小小的媒体趋之若鹜地评说这些作品的“艺术性”，分析它们的“娱乐性”，赞赏这些作品的“好看”，至于在许多清宫戏中宣扬了封建主义、专制主义、蒙昧主义思想，传授了卑劣的治人之道和驭人之术，也许从制片到编剧再到演员都觉得只不过是娱乐一把，何必大惊小怪。

在一个大变革的时代，人们总是渴望从文艺作品中汲取人性的热量，希望文艺成为国民精神的火炬。德国文化史家瓦尔特·本雅明说过：“小说不是因为它为我们展现了别人的命运而有意义，而是因为别人命运燃烧的火焰为我们提供了从自身命运中无法取得的热量。”而现时诸多电视剧中王侯将相玩弄权术的“政治智慧”和高官大臣拍马溜须的“厚黑学”，想必给不了人们几多热量吧？

（摘自刘建新：《从电视中清宫戏的泛滥谈起》，《新闻记者》2005年第1期）

近些年历史题材的创作过于凸显，而以历史剧最为引人注目，它几乎有“满目尽是历史剧”之势。对于当下中国的历史剧，人们虽众说纷纭，但真正有眼光、有见解、有理论深度的探讨并不太多。我认为，历史剧的所谓“繁荣”背后是泛滥的洪水，是文化、文艺与文学的失范，是整个国民心性的异常，如果不能及时给以重视，并采取积极有效的措施，它的危害之大将是难以想象的。

客观地说，当下中国的历史剧不能说毫无意义，它至少能给人一些历史知识，可供人娱乐和打发时日；但从根本上说，尤其站在国民精神的角度审视，它是一股文化逆流，这从内容到形式都有明显的表现。

一是荒唐的失真与历史的阉割。由于现在的历史剧不是以学术研究为前提，也不遵从“真实性”原则，还无严肃认真的态度，更不考虑国家民族的命运与国民素质的提高，而只着眼于吸引观众和获得经济利益，这就难免导致错误百出、胡编乱造以及戏说历史的不良倾向。像“孝庄太后”本来是死后之溢号，但在《康熙王朝》中却由她自己说出，其表述为“我孝庄”……

二是低级趣味和迎合大众。优秀的历史剧应该考虑到大众的实际状况、接受能力和审美趣味，从而与国民达到沟通与和谐；但另一方面，站在更高的视点，提升国民的素质和文化品位更为重要！而现实的历史剧则不然，它除了过于迎合有些观众的低俗趣味，以求更多的看客和收视率外，有时到下作不堪的地步。如许多历史剧过于热衷地发掘宫廷隐秘、你死我活的爱情和权力争斗、血腥的战争场面，这显然是为满足“看客”的好奇心和探秘趣味。本来，如果通过这些矛盾冲突来展示封建制度和帝王的局限性也是有益的，然而作品往往没有这样的高度，也没有深入地探讨下去，表现了极其低俗的品位。

三是封建流毒的传布与现代意识的匮乏。现代化在中国已走过了百年的历程，封建主义早已成为历史陈迹，然而中国的历史剧却裹挟着大量的封建泥沙呼啸而来，淤积于前行的河道。像封建迷信、权力崇拜、奴性心理、妻妾成群、侵略扩张，这些“五四”以来广受批判的文化思想今天又开始泛滥起来，似乎我们又走了一个怪圈，回到了现代化历史的起点。如历史剧不约而同地将目光集束到“帝王”身上，且极力渲染其丰功伟绩和至高无上的权威，而百姓包括那些有着高尚品质的人也只有甘拜在这一权力底下。《雍正王朝》不仅对这个大搞“文字狱”的暴君没有批判，反而对其极尽夸张吹捧之能事。

四是奢靡之风与空虚之心。对于中国的国民来说，虽然现在受到商品社会的影响，但简朴和充实的正音至为重要！作为国民生活中的历史剧也应该如此，它不是不可以展示封建时代尤其是帝王将相的奢侈空虚，但立足点仍然应该是批判，而决非玩味欣赏。一方面，当下历史剧在尽情展示帝王将相豪华生活时，没有清醒的理性批判意识；另一方面，许多历史剧的创设就是极尽豪华之能事，只以表面的吸引眼球作为目的。有的历史剧竟然多达近百集，有的历史剧只衣饰一项花费就令人瞠目结舌，有的历史剧以展览这些穷奢极欲为目的。而所有这些都是因为有一颗空虚无聊之心在作怪。不要说有许多国民至今还非常贫穷，国家经济还处于爬坡阶段，就是国家真正的强大了，我们的历史剧也不能如此奢侈糜烂。

令人悲愤的是：现在打开电视，到处都是泛滥成灾的历史剧，而其对于帝王的美化和歌功颂德极为普遍，对他们隐秘而奢侈的生活尤感兴趣，并且其制作华而不实、空洞无聊。相反，这些历史剧唯独没有现代思想和文化意识的烛照，没有对于国民精神的提高。作为寸土寸金的电视媒介，当它不是将目的放在国民精神的健全和提升上，而是只认金钱，甚至将封建毒质随意施放时，这是令人担忧的。

（摘自王兆胜：《当下中国历史剧的泛滥以及隐忧》，《中国社会导刊》2007年第21期）

将帝王将相搬上荧幕，如果是让人们从历史的兴衰中知兴替、察殷鉴、明是非，汲取成功与失败的经验教训，那倒也是件好事。问题在于如今所谓的帝王戏在借用历史

的煽情中挟带着太多的糟粕，它不仅与严肃的历史思考相距甚远，而且与革新鼎故的社会潮流背道而驰。

看看这些争奇斗异的“帝王戏”，所透露的社会价值观无不散发着封建专制的霉味：或神化着至高无上的皇权，或着墨于勾心斗角的阴谋；或展示太监外戚的屠戮，或抒发着臣服顺从的奴性。荧幕上所表现的那些“真命天子”，哪一个不是指点江山而又忧国忧民的“好皇帝”。他们自幼都是“天才”神童，个个胸怀宏图大略：掌管朝政，呕心沥血；整顿吏治，勤政爱民；礼贤下士，宽厚仁慈。那雍正皇帝，连掉在桌上的一粒饭渣也要捡起来送到嘴里；那汉武大帝，更是以“燃烧自己，温暖大地，任自己成为灰烬”的“鞠躬尽瘁”为百姓的明君。电视剧通过这样的艺术形象来塑造皇帝，完全丧失了历史真实的公信力。它不仅掩盖了封建专制社会官民对立的根本矛盾，而且也掩盖了天下帝王荒淫无度、残暴桀纣这一基本事实。

帝王戏的另一个表现重心是通过宫闱秘史来展示权术的诡秘，宣扬封建君主专制为核心的官场文化。毋庸讳言，帝王戏的“魅力”很大程度上是靠戏中的争权夺利和宫廷阴谋来吸引眼球。为了成就霸业，帝王们泯灭人性，为了权力的争夺可谓不择手段，明枪暗箭、勾心斗角被重彩浓墨，以此来打造“轰动效应”。而在完美帝王形象的感染下，这种宫廷血腥的争权夺利，还往往被归结为改革与守旧的路线斗争，那些靠屠刀和密札驾驭臣民的专制君主，则被捧为创建盛世的千古一帝。这种为求私利而不惜一切代价的人生哲学和为官之道，在帝王戏中竟像鲜花，被作为“艺术”欣赏着，这对人们的世界观、人生观和价值观所起到的坏影响是不言而喻的。

在多元的社会生活中，我们无意否定帝王题材文艺创作的价值，也不以为写先前帝王的作品就肯定是宣传封建专制思想，写古时平民的作品就一定没有奴才气。问题在于写这类作品要有一种历史的审视。文学艺术毕竟承担着教化的功能，电视人也要有一种社会责任感。现在一些帝王戏所揭示的并不是封建专制的可恶和可怕，而往往是通过专制制度下忠臣与奸臣之间所表现的人性来讴歌皇帝的英明；通过忠奸的矛盾和斗争来代替专制社会中的官民对立；通过帝王的丰功伟绩来肯定主奴关系、赞美人治秩序，这是对历史发展进程的严重误读。可以肯定的是这种文化现象绝不是先进文化，它在本质上与科学、民主、法制、平等的现代文明观念是对立的。

（摘自吴建平：《帝王戏“教化”了什么》，《浙江日报》2005 年 5 月 30 日）

张鸣：在帝王戏中，即使是挂上了“戏说”的牌子，也不应该完全不尊重历史的真实，因为“戏说”的人或事，大多是真有其名的人物，“戏说”久了，真实和虚幻之间的界限就模糊了。在所谓的“正剧”中，也并不是说所有的历史细节都不能走样，应该允许创作人员进行合理的加工，但必须要保证大体的趋势、历史的走向不能错。比如说，我们的帝王戏，把“康雍乾”时代描写成“盛世”，一味宣扬这几个皇帝的“十全武功”与权术斗争以及所谓的亲民爱民等等，但是却没有看到当时文字狱盛行、思想专制严重，他们仍然是专制、残暴的封建帝王。

张鸣：帝王戏、历史戏的创作，涉及到一个对历史事件、历史人物的基本评价问题。这个评价的标准，不能像现在的帝王戏一样，是以结果论过程，只重视历史人物尤其是帝王的丰功伟绩，而没有看到丰功伟绩背后是什么。我们评价历史的尺度，应该是“人”。我认为，历史戏也应该从“人”或是“人民”的角度评价历史，看到作为“人”的历史，把握“人”的视角与尺度。“以人为本”，应该是我们评价或者创作的“价值底线”。

（摘自：《给帝王戏降降温》，《人民日报》2005 年 6 月 9 日）

杨扬：历史剧拍了不少，虽然绝对媚俗的不是太多，但从整体质量上看，没有达到很高的艺术水准，称得上是精品力作的基本上没有，所有的只是数量上的繁荣。像《康熙王朝》，根本不能称是艺术精品。全剧的场面也好，人物也好，看是能看得下去，但看完以后，没给人留下什么深刻的印象。《三国演义》改编拍摄得还看得下去，《水浒》就拍摄得更差了。有思想和艺术品位，并不意味着作品要艰深，通俗中也能产生经典的东西。像好莱坞就拍出过不少经典性的作品。如《飘》，看过多少年了，至今对一些人物和场面仍留有很深的记忆。相比之下，我们的影视剧创作还是缺乏经典。当然，这是可遇而不可求的事。一部真正好的艺术精品，是需要时间不断打磨的，不能仓促为之。现代市场不可能给你漫长的创作周期。像曹雪芹那样一生只写一部《红楼梦》的事，在今天的电视剧创作中似乎已经不太可能了。

（摘自杨扬　唐明生：《古代题材电视剧泛滥的原因何在》，《文艺报》2002 年 4 月 25 日）

有点常识的人已然看出：我们的历史剧已经不再是过去的历史剧，已经没有了传统意义上的道德正统感和历史严肃性，也很少在历史中寄寓“以史明智、以史为鉴”的哲理反思。它已经变成了消费时代创作者借史排遣情绪，或者顺应商品时代洪流赚钱的工具，也是观众表达欲望、消遣娱乐、提供感官刺激的影像化娱乐快餐。虽然在娱乐大众化的今天，所有正当的快乐追求都是无罪的，但是，透过娱乐心态揭示出来的国家和民族的集体无意识倾向，却可以昭示一个民族的未来。国家主流媒体为了所谓顺从民意而实则一味媚俗从众，从而忽略应该承担的民族先进意识氛围的塑造和先进性人格培养的责任，这也是具有消费主义时代特征的责任流失。如果抽查选看其中任何部分历史剧，我们都可以明显感觉到它们在中国正努力迈向现

代化的今天的价值缺陷。

一、历史虚无主义的另类表现。……《雍正王朝》中把雍正写成殚精竭虑为国为民为公的古今第一的贤能道德的君主，完全抹杀了他专制残暴冷漠、不顾一切地强化封建专制、禁锢人民思想、大肆杀戮异己的历史事实。而在康熙影视中，康熙成为风度翩翩，既是情种又是贤君的大众情人形象。就连古今难及的贪官和珅，也写得憨态可掬、任劳任怨。《大明宫词》中把历史上鄙视的权谋功利主义典型——太平公主写成了高华纯洁的情圣，惹得无数观众流下了感动的热泪。如此种种的随意改篡，完全隐藏了帝王的专制残忍本质，对他们的罪恶进行了艺术化的掩盖和美饰，即使无法掩盖的罪行，也编织了美丽的借口或者请出帝王臣奴做替罪羊，以此在潜移默化中加深了观众对帝王将相权力、专制的膜拜，认同了封建人治和官僚体制，从而缺少了对封建残余思想和体制的自觉反思和抵制。

二、现代性人文精神的缺失。……看看大众热爱的历史剧，不管是戏说、正说还是其他什么类型的历史剧，大都充满了皇权意识、权谋主义和金钱至上观念，戏中奢华的场面，唯我独尊的气势，争权夺利的勾心斗角，以及无数情欲的泛滥，都让观众在潜移默化中得出成功的铁定概念：最大成功 = 绝对权力 + 绝顶财富 + 绝色美女。剧中主要人物即使在陷入绝境时，只要亮出自己达官或者帝王身份，马上化险为夷不说，常常会自得地接受臣民属吏的叩拜和簇拥，那种权势背景下的自满和骄傲，让平时受忽略的观众有一种替代性的梦幻般的满足，也日渐滋生权力欲望和官本位意识。观众在满足中回味和梦想着权力、金钱和美色的成功拥有的假象，他们被编造扩大的"历史真相"蒙蔽住了对现实的批判性思考，一旦回到现实遭遇权力和金钱逼其为臣奴时，内化的意识形态外化为无奈而宿命的独白：自古皆然，我不得不然。从而放弃了对现实的理性批判和有望的改造。一个在全球化背景下本当具有现代性人格的主体人便不由自主地继续成为新时代的阿Q。在充斥着封建皇权意识、人治思维盛行的历史剧里，人们乐此不疲一往情深地观看，要想根除原本就根深蒂固的奴性臣民意识的困难，于此可见。而历史剧创作者们恰好针对性地借历史帝王之魂，还给人家一个"皇帝梦"。现代性人格的塑造在历史剧中无形中被隔离了，而皇权意识、官僚思想、奴性本位却被有力地激活和固化了。看看广告中"皇帝专业户"演员们拍摄的广告之无孔不入就可知国人多么喜欢"皇帝"了。

三、历史审美维度的流失。……胡玫力辩之《雍正王朝》，周小文之《秦颂》。当然，它们在很多方面的艺术水准是相当高的，在很多方面也代表了我国影视剧最高水平。但是无一例外的在历史审美维度上有着巨大缺陷。

（摘自唐爱明：《历史剧会"锯掉"我们什么？——论当今历史剧的价值缺失》，《文艺评论》2008 年第 1 期）

近年来，历史题材的电视连续剧接二连三地热播，令人目不暇接，但这些作品所反映出的历史观和价值取向却不得不让人感到忧虑。

在这些历史剧中，清宫戏占了一个相当大的比重，诸如《雍正王朝》、《康熙王朝》、《孝庄秘史》等，《康熙微服私访记》、《铁齿铜牙纪晓岚》等更是被拍成了系列剧。它们在创作手法上或正说，或戏说，但都清一色地聚焦于帝王将相，而且侧重对帝王的形象进行重新刻画：皇帝励精图治、心系苍生、深明大义、明察秋毫，身边虽佳丽如云，却坐怀不乱，仍然苦苦追求纯真的爱情。经过编导的这一番演绎，封建帝王暴戾、专横、纵欲的一面被淡化甚至抹去了，而封建盛世的光环却被无休止地放大了。在《还珠格格》中，小燕子入宫认亲，皇帝与草民居然可以同为一家，上下尊卑之间的壁垒和分野在诙谐幽默的剧情中轻松地化为乌有。难怪许多中小学生看后会感到困惑：原来封建专制时代的皇帝竟是如此的可亲可敬，这与教科书上所说的不一样，究竟谁更可信呢?

再就具体情节而论，作为历史剧，尊重最基本的史实，避免闹出"关公战秦琼"一类的常识性错误，这应当是进行艺术虚构的一个最基本的前提。如果说戏说类历史剧在典章制度、礼仪、服饰、习俗等方面出现不少硬伤尚情有可原的话，那么，所谓的正剧也出现大量的硬伤就不免让人大失所望了。对此，某些编导以电视剧是艺术作品、允许虚构作为托辞，但同时却又宣称自己的作品"廓清了历史迷雾"，这就不免令人费解了。更何况诸如将直隶省说成是河北省、孝庄太后自称谥号之类的错误，已经远远不属于是否虚构的范畴。总之，艺术虚构必须把握好分寸，绝不能信马由缰，否则历史剧便失去了其应有的神韵，并在无意中传播了错误的历史知识。至于一些描写男欢女爱的情节或暴露镜头，则明显反衬出某些主创人员的"媚俗"心态。

……在清宫戏的推波助澜下，皇帝坐在金銮殿上神采飞扬、群臣唯唯诺诺的镜头如今已经堂而皇之地被嫁接到广告当中，"宫廷"、"皇室"也成为商家招揽生意的流行用语。我担心，有朝一日，这些东西会不会被某些人视为"国粹"？这不能不让人感到悲哀和忧虑。

（摘自夏春涛：《历史剧媚俗何时休》，《人民日报》2003 年 8 月 13 日）

无论是"戏说"，还是"正剧"，在"清宫戏"的作者们看来，康熙、乾隆、雍正无疑都是"好皇帝"，个个心忧天下，爱民如子，鞠躬尽瘁，励精图治，凭其个人才智，把大清江山治理得国运昌盛，天下太平。似乎只要有了圣明的君主大清江山便可以传万代而不衰。以"正剧"自居的《雍正王朝》的作者便直言不讳："帝王的性格决

定了国家的命运”，“（雍正）以钢铁般的意志，忍到常人不能忍的地步……成功地推动了一个千疮百孔的古老大帝国向好的方向转动”。且不论作品塑造的雍正是否符合历史的本来面目，这个问题须由历史学家来作评说，但作者显然认为，大清王朝的命运是由皇帝的圣明或昏庸决定的。这是一种典型的历史唯心主义观念，它完全无视历史发展的客观规律，因此也不可能对历史人物作出正确的评价。

如果我们把“清宫戏”放在一个更加宽广的历史背景下来剖析，就不难发现其更加消极的作用。众所周知，清朝是中国最后一个、也是最为腐朽的一个封建王朝。所谓“康乾盛世”并不能掩盖其行将灭亡的历史趋势。盛名之下，封建生产关系未发生任何变化，封建社会的固有矛盾一个也没有解决，却面临着新的危机。而雍正在位时期，英国已开始了工业革命，资本主义的发展极大地促进了生产力的提高，然而，在古老的中华大地，封建专制统治却更加严酷，统治者大搞愚民政策，大兴文字狱，残酷迫害知识分子，压制民主思想，对外继续施行海禁政策，切断中外文化交流，把外国的科学文化视为异端邪说。这一切都严重阻碍了近代社会生产力的进步，进一步加大了中国与西方国家的差距。鸦片战争中国之所以战败，根本原因在于制度的腐朽，因为这是一场以蒸气机为代表的大工业对手工作坊的战争。回顾历史，我们应当为我们的落后感到悲哀。然而，在众多“清宫戏”里，我们看不到王朝衰落的迹象，看到的却是一片“太平盛世”和轻松的田园风光。作品不仅把康熙、乾隆、雍正都描绘成治国有方、关心百姓、雄才大略的千古英雄，而且津津乐道的不外是宫廷争斗，骨肉相残，风花雪月，嫔妃争宠。沉重的历史变成了妙趣横生的传奇故事，野蛮残酷的奴婢、太监制度化作了君臣之间的忠肝义胆，不仅专制者是那么平易近人，和蔼可亲，就连小太监也显得那么聪明伶俐，惹人喜爱！所有的专制制度下的暴戾、杀戮、骄奢淫逸及灭绝人性，全被无情地抹杀了，取而代之的是轻松、调侃、平民化和一不小心就流淌出来的一丝浪漫。这不是为专制主义唱赞歌又是什么？我不禁要问，假如专制制度如此可爱，我们为什么还要反封建？

（摘自孙克民：《莫为专制主义唱赞歌——评荧屏“清宫戏”》，《北京联合大学学报》2000 年第 S1 期）

表现古代生活，特别是帝王生活的荧屏作品，播得太多，写得太滥。

太多，大家都感觉出来了。打开电视机，到处是清宫戏。帝王将相加上武侠靓女，占领的远不止是荧屏戏剧的“半壁江山”。有人说，现在出镜率最高的，一是脑白金广告，二是清朝皇帝。此话虽有几分调侃的味道，但也不无事实依据。相比起来，表现当代生活的作品，显得势单力薄。就是写古代生活，也多是把镜头对准帝王将相、猛男靓女。写普通劳动者，写底层受压迫者的，实在少得可怜。去年有一部《太平天国》，招来了不少抨击之声，有的是严肃地指出其不足之处，有的认为就是不该赞颂农民起义。仿佛从陈胜到洪秀全，带给社会的只是血腥与破坏，对历史的发展有百害而无一利。近来写农民反压迫斗争的作品十分稀少，在一定范围里，它几乎成了新的“禁区”。

太滥，主要表现在以下几个方面：

一、胡编乱造。如果说，过去是某些挂着“戏说”招牌的作品在胡编乱侃，那么近来，有些号称“严肃历史剧”的节目也纷纷加入随意编造的行列。死于雍正年间的田文镜，居然在乾隆年间为非作歹、祸国殃民。比康熙大 13 岁的李光弟，居然以翩翩少年的风度和康熙的女儿谈恋爱。早在顺治年间就降清的施琅，居然在康熙平“三藩”之后仍然替郑成功带兵和清朝作战。郑成功被南明朱聿赐姓朱，是顺治二年（1645 年）的事，他从荷兰人手里收回台湾，完成于康熙元年（1662 年 2 月），这两件事居然搅在一起，郑成功被说成因为收复台湾被“明皇”赐姓朱。施琅、李光弟、田文镜，都是《清史稿》立传的人物。郑成功光复宝岛，更是我国历史上的一件大事。对于这样的人和事，怎能随意编造？历史剧在尊重基本史实的前提下，可以有一定的虚构。但虚构到随意改变历史年表，却很难说是艺术提炼的需要，它反映了创作态度的某种不严肃，也反映出文化知识的某种缺失。

二、宣扬“救世主”意识。“好皇帝”不但是“廉政”的代表，也是“勤政”的楷模，夜以继日，呕心沥血，一心想着老百姓，一心为着老百姓，应该“再活五百年”。“官吏”们简直赛过焦裕禄，超过孔繁森，穿的是打上无数补丁的衣服，吃的是糙面掺沙子的饼子。他们“救斯民于水火，解百姓于倒悬”，真是一派“皇恩浩荡”。普通老百姓既无自强之志，也无自救之力，他们惟一指望的就是“皇天”和“青天”。我国历史上产生过一些很有作为的封建帝王和官吏，有的具有比较优良的个人品质。但他们毕竟是封建制度的代表者和维护者，各自身上都带有这样那样的矛盾，甚至是悲剧性的矛盾。倘若他们都是通体光明，那么历史上还有什么阶级矛盾和阶级斗争？

三、渲染政治权术。那些被作为正面人物来描写的“明君”、“权臣”，许多人都工于心计，娴于权谋，善于纵横捭阖，翻云覆雨。似乎不如此就不能成大事，似乎把“权术”和“爱民”结合起来，这样才能体现出人性的丰富性。我国的封建统治者长期讲究儒法并用，他们中确有不少人精于耍弄权术。真实地表现这一点，是必要的。但不能无批判地去渲染这些东西，不能把这一套写成安邦治国的必备之术。厚黑之道不是传统中的精华，恰是需要扬弃的糟粕。艺术家不可能无动于衷地反映生活，他们在对历史和现实进行审美观照的时候，总要把自己的爱憎或明或暗地投射到对象中去。他们既要“审美”，也要“审丑”。艺术中的丑是美和丑的统一。作为人物性格，它是丑的；作为艺术形象，它是美的。审丑体现了文艺的批判功能。如果只是加油添醋地展示“帝王之术”，甚至把“帝王之术”描写成“明君”的英明之处，那么这不仅不能给人以积极的历史启迪，也有害于今天的精神文明建设。

（摘自放谭：《清宫戏播得太多　写得太滥》，《文艺报》2002年2月9日）

近几年清宫戏、帝王戏很流行，编导演们可着劲儿地拍，电视台可着劲儿地播，报刊也可着劲儿地鼓噪。好在老夫不看电视，眼不见心不烦。前不久伦理学家肖雪慧君寄来她的随笔集《独钓寒江雪》，开篇就是骂这些个庸劣电视剧如《只见“皇上”不见人》、《我观〈武则天〉》的文章，会心一笑，也就罢了。想起以前回老家，看到小儿女们对那些风流皇帝、傻里吧叽的“小燕子”迷得不得了，恨不能时空倒转，也钻进紫禁城当回皇上、格格，虽想告诉孩子们：这可使不得，那皇宫大院是吃人不吐骨头的无底洞，里边什么狼心狗肺、荒谬悖伦的事都紧着上演，比如说人彘……怕吓着孩子们，终于没说。昨日买份晚报，翻阅娱乐版轻松一下，不料一股腐尸味儿扑面而来，呛得老夫连打几个喷嚏，什么“皇权大印天子掌，清国大厦百姓承。载舟覆舟水有意，盛世皇爷擎天功。”（《康熙大帝·玄烨夺宫》）“终不悔九死落尘埃”（《雍正王朝》），“虽然是悲欢只身两徘徊，今生无悔，来世更待”（《唐明皇》）之类的主题歌词，最呛人的是那句“我还想再活五百年”（《康熙王朝》）。辛亥革命把最后一个皇帝拉下马已经90年，其后虽有袁世凯称帝、张勋复辟，但都是闹剧。如今有人要玄烨再活五百年，掐指一算，老鬼得活到2222年。完了，不仅老夫要在皇权专制下终身为奴，连孙子的孙子也无出头之日，害得老夫一夜无眠，凌晨倚在床头，步李煜《虞美人》韵，哀哀地填了首词：

> 清宫闹剧何时了？惨案知多少。荧屏不断戏说风，诏狱不堪回首湮尘中。
>
> 罗织经典应犹在，只是版本改。几家欢乐几家愁，竟借陈年尸布扮风流？

……近几年盛气凌人的清宫戏、帝王戏，是长在中国文化子宫里的一颗超生怪胎，该清清宫了。

（摘自沈良庆：《清宫戏该清清宫了》，《社会科学论坛》2003年第1期）

《康熙王朝》在电视上热播之后，全国反响很大。不知道史实的人认为好得很，但我要泼点儿冷水：我发现其中有不少错误，特别是对一些重大历史事件的描绘或演绎，不够严谨，漏洞百出。姑且不去理论该剧中的其他错误，仅围绕统一台湾这一历史事实，就可先举出以下十点不实之处，并加以纠正，以正视听——

错误之一，剧中人物明珠所谓郑成功于明末清初收复台湾一说，是严重失实……

错误之二，该剧的剧情展开到康熙二十八年时。台湾还没有统一而刚开始涉及到台清问题……

错误之三，该剧中所描绘的施琅这个人物，与史实不符……

错误之四，该剧中所展开的“台清弃留”问题……

错误之五，剧中所谓大阿哥胤禔来到福建前线，率军出征，把施琅打败说，更是奇谈怪论……

错误之六，该剧第二十八集中，内阁大学士明珠以钦差大臣义赴台与郑经谈判。这一情节又与史实不符……

错误之七，该剧中所有郑经与施琅的戏，都与历史事实不符……

错误之八，该剧中的历史人物姚启圣，也与历史上的姚启圣有很大出入……

错误之九，该剧中郑经对施琅说：“你的父母就是我的父母”，郑经又亲手将施琅眷属全部杀害，等等情节，也与史实不符……

（摘自双成：《史剧〈康熙王朝〉的十大错误》，《湖南档案》2002年第5期）

《康熙王朝》对帝王之道的醉心和津津乐道，那种不加批判、鞭挞，似乎冷静客观的零度立场，有时甚至是欣赏、褒扬的态度，使这些作品成了形象化、艺术化的“厚黑学”。特别要指出的是，这些作品以“好看”为诱因，事实上将最坏也最虚伪的为人、为官之道，传授给了善良的人们。试想，如果我们的一些官员，不是去攀登焦裕禄、孔繁森这样的“人格高山”或者是“虽不能至，心向往之”，而是以这些官场小说、清宫电视当作为官的圣经和教科书，以这类作品中主人公的阴谋诡计作为为官之道，对干部队伍将会产生怎样的腐蚀性？……

恕我直言，这两部电视剧体现的价值核心是未加任何批判的“利益至上”主义和为了利益的不择手段。电视剧创作的问题主要不在于技术层面的戏说与正说，而在于其价值观、历史观。

（摘自山风：《价值观问题不可忽视》，《光明日报》2002年2月20日）

由小说《康熙大帝》改编的《康熙王朝》是一部严肃的大型历史电视剧，主题厚重，气势恢宏，波澜壮阔，高潮迭起，人物、情节除某些败笔外，多能引人入胜，煞是好看。惜其细节硬伤较多，难耐推敲，归纳起来，约在如下几方面：

一是朝代、年号方面……

二是官职品级方面……

三是科举制度方面……

四是名讳称谓方面……

五是文学知识方面……

诸如此类的知识性细节“硬伤”，在历史题材的小说、影视剧中时有所见，也可以说很难避免，不足为怪。但如此之多，伤痕累累，还是颇为醒目的缺憾，有损作品的审美价值和文化品位，从事历史题材创作的作家、艺术家，还是要重视各种相关历史知识的储备和把握，重视细节的推敲和打磨，力避细小却无可辩驳的知识性“硬伤”，以利推出更高质量的艺术精品。

（摘自马振方：《〈康熙王朝〉硬伤多》，《文艺报》2002 年 1 月 10 日）

对“清宫戏”其他方面的分析

刘和平在《关于〈大明王朝·1566〉创作的几点说明》中，谈到关于尊重史料前提下的艺术创作问题时，申明了三点：

一、本着“大事不虚，小事不拘”的原则，本作品所描述当时之政治经济文化力求历史本质的真实，也有部分审美层面上的虚构。

二、本作品中的人物绝大多数都是根据史料记载的真实人物，亦有虚构的艺术形象。

三、为了作品结构的需要，为了艺术真实的需要，本作品中真实的历史人物的行状，诸如何时任何职务，以及与其他人物的关系做了艺术上的调整，但俱以不影响历史本质的真实为前提。

以上三点，也就是他关于历史正剧创作的“思路”，是其史观、史识和创作理念的体现。正是这些，构成了从《雍正王朝》到《大明王朝》一以贯之的“刘和平式”的话语形态。其艺术探索集中到一点，就是努力遵循唯物史观和“美的规律”，处理好实写和虚构、史实和历史本质、史诗化和世俗化之间的关系，力求历史真实和艺术真实的统一，达到雅俗共赏的审美效果。这正是历史文艺美学中一个带有根本性的具有重要现实意义的命题。

（摘自胡光凡：《再现历史本质的真实——兼论刘和平的历史剧创作观》，《理论与创作》2007 年第 3 期）

《孝庄秘史》的全国播出权全部卖出，尤小刚很兴奋地告诉记者“当然是赚了！”在电视市场很不景气的时候，《孝庄秘史》又是因何取胜？究竟历史剧该不该遵循历史？总导演尤小刚一言以蔽之：“秘史”就是在大的历史背景真实的前提下，用文学即人学的眼光，去审视、挖掘、描写历史人物关系及情感冲突的故事。许多历史人物、事件的年代和地点可能在史书上找到记载，但是大多都很简略粗疏，是结果性的，是个轮廓，而他们在某件具体规定情景中的心理情感状态谁又讲得清？你又知道大玉儿对多尔衮说了什么样的情话？而这正是艺术家们和观众最感兴趣的，这些空白也正好为艺术家们提供了广阔的想象创造空间。因此“秘史”要比“纪史”故事性更强，更好看。接下来，中北将拍摄“秘史”系列，有《皇太子秘史》、《香妃秘史》和《妙龄慈禧秘史》，规模化地开创古装新篇，精心锻造“秘史”黄金品牌。杨海薇对观众来说可是个“生人”，刘德凯告诉记者，她就是《孝庄秘史》的编剧，宁静、马景涛等大明星都对她另眼相看呢。刘德凯说，《孝庄秘史》是他们两人花数年时间一起策划写就的。但此时正好遇上台湾经济下滑，仓促上马，将很难保证拍摄质量。而这时因拍《欲望》，刘德凯与名导尤小刚相逢，两人合作非常投机愉快，聊天说到了搁浅的《孝庄秘史》。尤导看完剧本，立马拍板，由中北全力投巨资拍摄。不过，他提出要修改剧本。现在剧本虽然很好，不过更像是一部纯言情的《罗密欧与朱丽叶》，而从孝庄一生的情感命运中，更包含了清初那段风云际会的历史讯息，他要求的是一部《战争与和平》，要让人更感受到那段特殊历史阶段的情和爱。于是，就在隆冬飞雪之际，杨海薇从温暖的宝岛飞抵北京。改写剧本每晚都到凌晨，辛苦备尝。如今，这部新派古装剧终于可以接受观众的评判了，他希望能倾听到观众的反馈，无论是表扬还是批评。

（摘自赵文侠：《尤小刚直言：〈孝庄秘史〉不是历史剧》，《北京日报》2002 年 12 月 31 日）

《康熙王朝》取材于我国历史上繁荣昌盛的一个封建朝代，其中所塑造的主要人物也是被称为“千古一帝”的杰出帝王康熙和他的一些智慧过人的辅政大臣以及太皇太后等等。但是，编导们并没有把艺术视点放在重现历史的辉煌，以歌颂什么千古伟业上；也没有重复那些所谓总结历史经验，以便“以古鉴今”之类历史题材的传统模式。作品的基本主题是表现实实在在的人，尤其是表现“大量人不好做”，以及“做人有苦有甜，善恶分开两边”的平民化了的人生体验。编导及演员们从康熙这一历史的伟人身上深入揭示的是人性的复杂，尤其是在建立一个强大的帝国、平定天下、巩固朝政的激烈纷繁的斗争中，人性所面临的种种困顿、无奈和难于明辨的善恶冲突。

该剧对第一主人公康熙的塑造不仅有血有肉，而且有情有性。康熙作为封建帝王，有极其残忍的一面，极其暴戾的一面，如，有时为了换取朝廷和百姓一个阶段的安宁，或者仅仅是为了实施某些政治的权术和谋略，他经常不惜砍掉一个人头，送上几条人命，甚至断送爱女的终身幸福，牺牲爱妃的人格与肉体。在这方面，他简直可以说丧失了人性。然而，从另一方面来说，打天下也好，坐天下也好，使天下百姓能够安居乐业也好，又无法不去牺牲少数人的幸福和性命。从根本上说，由于人性本身的善恶并存，人类的历史上也就充满了人类自相残杀，人类社会的发展和稳定从来也离不开用人的鲜血和头颅去换取。在这样的意义上，康熙的作为，只能说是历代治国者的一个缩影。在该剧作中，作为封建帝王的康熙只是作为“人”的康熙的一个层面而已，而就历来的封建帝王而言，又往往只是把自己作为高于一切的“天子”而把其作为人的其他的方面给湮没了或吞噬了，尤其是那些残酷的暴君，由于一贯把自己置于所有人之上而在自我意识中将人性丧尽。历史上的康熙并非如此，而该剧也正是充分发掘了康熙作为人的其他方面的性格构成和人性成分，从而才把一个圣君塑造得既威震天下又充满人情味。对于那些才能卓越的功臣，康熙总是能够充分任用，但是，在他的内心之中，却又深深埋藏着对这些人的负疚之感。所以，他能为周培公一夜守灵，他还能与魏东亭同榻而眠。尤其是对蓝齐格格和容妃，他做得最残酷，而他在内心中对她们的负罪感也最强烈，剧中通过许多镜头表现了康熙的这些情绪。作为权力至高无上的帝王，他经常面临着政治需要与人性亲情之间的两难选择，所以他才时时感到活得很累。他说过这样的一句台词：“朕的心也是肉长的，受不了你捅一个窟窿，他捅一个窟窿的。”这部电视连续剧最让人感到心灵震撼的，恰恰是这些表现一个帝王平时难于外露的情感冲突和内心困惑之处。

（摘自郝雨　邢虹文：《评电视剧〈康熙王朝〉》，《电视研究》2002 年第 3 期）

电视剧《雍正王朝》、《康熙王朝》中的“故宫”，也不是机械移入，而是渗透着审美主体的视角和敏感，被纳入到有机构成的审美整体之中。也就是说，艺术品的外部真实性要受到艺术内在真实性所制约，决不是孤立的生活外在形态的相似，而是成为传达艺术信息的有机编码。外部真实性只有准确、恰当地呈现内在真实，才会有真实的活力和真实的品格。

在电视《末代皇帝》中，正是由于艺术家们将观察历史人物的真知灼见与艺术创作有机结合起来，才使得观众在审美中获得了深厚的历史感受。

（摘自王昕：《论电视历史剧的艺术真实性系统》，《现代传播》2007 年第 1 期）

我可以想见高锋在其后的两年时间里，为《天下粮仓》的每一粒米都耗尽了心血。这一粒粒浸染了高锋心血的米，养育了一批血肉丰满的历史人物形象。米河、刘统勋、米汝成、卢焯、田文镜、柳含月、苗宗舒、潘世贵、乾隆等众多的性格鲜明、内涵丰富、复杂而又独特的人物，将为我们在很长时间里提供着兴奋、愤怒、震撼，乃至击节赞叹、扼腕叹息。米河，这个后来有了六品荣升顶戴的年轻人，在农业文明营造的高度封闭的社会框架里，基于人性的自有人类以来就具有的本来禀赋左冲右突，以至于被认为性格乖张就是那个老百姓叫做“疯”的东西。正因为此这也成了他的形象符号，成了《天下粮仓》的先进意义；刘统勋的社稷江山观和嫉恶如仇的是非观，包括视乌纱帽为身外之物然以乌纱帽治乌纱帽的智慧显示，怕会为读者津津乐道；以俭朴形象勤于政务的米汝成，殚精竭虑不惜为其子米河实现男儿当为江山栋梁之志，甚至不动声色疯狂敛财，又遗言其子揭露父亲巨贪以便邀功请赏，用心良苦之至，实在叫人一声叹息后再一声叹息，再一声叹息；卢焯的“枷锁”意识，即扛着木枷赴任浙江巡抚，大灾之年力挽狂澜，隐约其间的罪恶感在于为其女复明平安而向富商“借”钱之举，当乾隆皇帝高举卢焯的一双封建官员中独一无二的“茧手”而斩立决之时，我们也似乎进入了对封建吏制深处的拷问；前朝老臣田文镜赫赫功勋，以“咬裤腿大将军”之狗严把抵御腐败之门，却以墨守陈规僵死于新皇新政之中，多少有点叫人爱恨交加；柳含月以冷月之貌冷月之气冷月之神孝忠于米氏父子，最终爆发于一个“爱”字，但又只能化身为烛，人已亡但期待未亡的含月，叫人连连扼腕……好了，不一一转述了，《天下粮仓》中的人物群像，尽可以一路可圈可点下去，愿与读者一起继续欣赏。但是我不惜背上褒奖过度之名，一定要说高锋，高峰也。

（摘自程蔚东：《历史题材·历史规律·历史品格——电视文学剧本〈天下粮仓〉》，《中国电视》2002 年第 2 期）

《雍正王朝》是历史“正剧”，这个文本在真实历史、艺术真实和时代风尚之间游走，“历史”对《雍正王朝》来说是一个“历史元素”，是按年代顺序排列了的连串事件。在创作者给事件的编年记录赋予情节结构即“情节化操作”（the operation of emplotment）时，历史是转义性的，因为创作者已把自己文化政治层面上的心理倾向与精神吁求烙印在他们的作品上了，改革和吏治的主题被一而再再而三地显现。连主演唐国强也说：“历史有惊人的相似之处，雍正当年做的事情，我们今天仍然在做。像反腐倡廉等都是老百姓关心的问题。”通过《雍正王朝》这个文本，我们可以洞鉴我们这个时代的公共心理与创作者的社会理念。因此“‘过去’如果不是全部，那么也最主要由现在的关注所形塑的”。从这个意义上说，《雍正王朝》无疑找到了真实历史、艺术真实和时代风尚的相邻性，舍弃了历代文本中的杂音。传统民间话语中对雍正“谋父”的骂名以及历史学家勾勒的心狠手辣的性格特征被“合理地”隐去。创作者还在意识形态链上找到了市民社会、政治社会和国家之间的意识形态互动和平衡机制，即一方面聚焦于康熙晚期到雍正一朝国家最高权力的接班和接班后的政权

巩固等问题，隐喻的是当代最根本最核心的改革和吏治问题。文本隐喻、暗示的修辞在意识形态上符合政治精英文化的需要。另一方面，帝王政权的权力争夺、朝堂上的邀功取宠、后宫里的争风吃醋的形象化与戏剧化渲染，使原来是禁忌的帝王平民化。文本的零度叙事产生的阶层、身份的淡化感使大众的平等意识获得了宣泄和满足，这又符合大众文化娱乐和狂欢的需要。《雍正王朝》这个文本正是纽康姆和艾丽（Newcomb & Alley）所说的合唱式电视文本。在这个文本中精英意识和大众文化的合流，它具有多元的文化维系功能和社会整合意义。

《宰相刘罗锅》是民间野史剧。这部电视剧是成功的，它也为以后的民间野史剧提供了一个范本。剧本着力刻画了刘墉智慧传奇的一生，刘罗锅的形象伴随着“天地之间有杆秤，那秤砣是老百姓”的歌声深入人心，其扮演者李保田凭此一跃成为中国一线男演员，从此红遍海峡两岸。在结构上，《宰相刘罗锅》以智慧人物刘罗锅为中心，把他的许多争斗事迹贯串起来，构成系列故事，表现出独特的民间文艺风格。在人物塑造上，主人公刘罗锅一方面非常机智，好打抱不平，爱说公道话，总干公道事。另一方面，虽具有英雄性，却并非传统意义上的高大全英雄，而是有着诸多缺点的小人物，亲切感十足。这种聪明且富正义感的人物在现实生活中又是稀缺的，符合民间话语需要。文本的平民化叙述视角又符合市民社会的需要，获得了更多市民群体的认同。在叙事结构上，文本吸收宋元评话的叙事艺术，故事结构紧凑严密，曲折委婉，人物设置以典型的正邪二元对立来引人入胜，每一集都有看点，每一集都各自成章。民间野史剧从民间话语的视角不断地叙述我们民族的历史传统，一遍遍地加深民族的集体记忆，表达着从民众角度所解说的历史，传承着民俗传统和民俗文化，是当代通俗文化的典型样式，不仅受到广大农民观众的喜爱，还受到都市市民的欢迎，得到市民社会、民间话语、大众文化工业、国家意识形态的认可。

《还珠格格》是戏说类电视历史剧，创作者忽略了历史真实和现实生活秩序的叙事逻辑。在以《还珠格格》为代表的这类电视历史剧中，文化的历史深度体验不再作为电视历史剧的前提和保障，而诙谐、嬉戏、幽默、讽刺、游戏、狂欢的大众文化却作为文本的指归。正如席勒指出的：“只有人才游戏，只有游戏才能成为人。”游戏是人的共同潜在心理，戏说类电视历史剧不断地满足游戏心理。在电视剧叙事所生发的欢快和娱乐游戏中，“大众暂时摆脱了社会所设定的种种等级关系和人为隔阂，大众在与文本的交合面上释放着本真人性的自由能量，从而获得一种脱离体制的自由度和力量感”。大众审美的自足性在游戏文本中获得了快乐体验，狂欢感受。这类文本虽然没有完整的意识形态链条，不能同时满足政治精英文化的需要，没有政治教化的功能，但却定位于市民意识和大众价值观，不着力于民族记忆、集体无意识，而将帝王平民化的零度叙事产生的阶层、身份的淡化感符合大众文化娱乐的需要作为卖点，折射着当下时代市民精神生活，表现着大众文化话语的合理性和优势地位，是市民社会价值观和大众文化娱乐性的显现。

（摘自郭敏：《历史剧文化传播功能分析》，《中国电视》2006 年第 11 期）

关于人格理想的价值重估。中华民族历来把正直、良知作为一种人格理想。对这种人格理想的“寻根”，在今天的社会依然必要。对于这一主题，电视剧常常通过人物形象来作具体表述。正义之于邪恶、忠良之于奸诈、美好之于丑陋，总能激发人们的正直和良知感。一组组据此设立的人物形象尽管难免有脸谱化、卡通化特征（如《铁齿铜牙纪晓岚》、《宰相刘罗锅》中对和珅的丑化），然而，老百姓却坚持“宁可信其有不可信其无”的立场，将一种对完美人格理想的追求进一步明朗化、清晰化。

关于清明政治。与现阶段中国的社会改革紧密关联，一些历史剧迎合宏大的政治主题奏响“主旋律”。1. 有关改革。以《雍正王朝》为典例。该剧有意将雍正塑造成一个具有清醒超前意识的改革者，担顶着滚滚而来的“骂名”治理国家，中心突出“改革艰难”。与其说这是关于雍正王朝的一幅政治写真图，毋宁说是社会转型时期的现代中国于遥远过去的现实投影。2. 有关反腐。近几年随着全社会反腐呼声的高涨，以此为题材的影视剧也愈来愈多。一些追求“正说”的历史剧除却现实的禁锢，言说空间更为自由。比如《一代廉吏于成龙》、《海瑞》等对此均有涉及。而一些“戏说”者则做得更加彻底。《康熙微服私访记》的“霞被记”，中心揭示的就是地方官吏贪污腐败、飞扬跋扈的现象。3. 有关安定团结。《康熙王朝》的骨架主要由几件重要大事构成：平三藩消除割据、打葛尔丹消灭分裂、收复台湾统一国家等。尤其是“收复台湾”一节，在全剧中占了长达 18 集的篇幅。选取这些典型事件，该剧在让人们了解历史的同时阐明了反对分裂、主张民族团结的鲜明的现实政治主题。

（摘自李艳：《历史横亘在现实之中》，《中国电视》2003 年第 9 期）

作为历史剧，表现皇权的至高无上是不置可否的，但该片除了表现这一点外还体现了普通人强烈的缘于人伦的情感。剧中无论是皇帝还是大臣，无论是宫妃还是太监，无论是落魄文人还是平民百姓，这些鲜活的人物均隐含着丰厚的情感因素。康熙是这部历史剧的中心人物，皇权与情感在他身上自然表现得最为突出，并凸现出激烈的较量。有研究者说：“平心而论，《康熙王朝》比前两年播放的《雍正王朝》电视片一味歌赞雍正要站得高些，看得远些。具体地说《康熙王朝》的编剧和导演自觉或不自觉

地、明显或隐蔽地企图勾勒出康熙身上出现的一系列矛盾，其中既有一定人性的表现，同时又有至高无上皇权的特性，这二者在康熙的心态上构成若干矛盾冲突。"

（摘自刘高峰：《皇权与情感的较量——评电视剧〈康熙王朝〉的再审视》，《电影评介》2008年第8期）

《康熙王朝》的编剧在改编二月河的小说《康熙大帝》时，正是把握住了这一方向，尊重历史，特别是尊重历史事件。电视剧将康熙亲政、除鳌拜、撤三藩、收复台湾、剿灭葛尔丹等等，即在位61年间，所涉及到的重大事件，都一一展现在观众面前。纵观整个《康熙王朝》的叙述过程，称这是一部弘扬中华民族抵御侵略、平定内乱、励精图治、统一中华的长篇历史史诗实不为过，给观众留下的是激励和振奋，与当前我们为中华民族的伟大复兴有其相同之处。它集中到一点，就是突出了一个"真"字，给观众留下思考。留下新的启迪。

《康熙王朝》的编剧、导演和制片人在创作和加工上，是努力追求一定的艺术美感和内在的审美意识的。《康熙王朝》原小说中孝庄皇太后的篇幅并不多，然而经过艺术的加工和再创造，将孝庄皇太后刻画得栩栩如生，犹如乾清宫中的一棵顶梁柱。同时，《康熙王朝》的编剧在描写康熙皇帝玄烨时，有一些故事情节是编剧演绎出来的，但并未脱离历史的原貌，而是将康熙这个人物塑造得有血有肉，入木三分。《康熙王朝》在情节的每一步发展中，将演员的外在表演与人物内心世界的独白，演绎得淋漓尽致。观众可以在精彩的人物对话中洞若观火，剧中人物的个性特点也在彼此的对话、行为中呼之欲出，给观众留下了一个真实的"信"字，这就是该剧的成功之本。观众对《康熙王朝》的信任和认可了，他们也就会不失时机的每天等待它的播出，就会给它打上一个满意的评判分。

（摘自蔡永瑞：《〈康熙王朝〉创作有感》，《中国电视》2002年第2期）

朱苏进说，他创作该剧的最主要意图，还不是完全展现具体的历史事件，而是刻画康熙性格和命运的发展过程。康熙作为一个皇帝，是中国传统文化的结晶体，他最显著的特点是把封建社会的"帝王之道"推向了一个很高的境界。朱苏进花了不少笔墨对封建帝王执政的观念、策略及手段进行了描绘，这在以往电视剧中是不多见的。他说，从总体上讲，康熙认为"帝王之道"是"天道"的具体表现，所以任何违反"帝王之道"的人物和做法都要坚决消除。但是，他也摆脱不了亲情、友情、爱情等"世人情怀"的影响。不坚决执行"帝王之道"，他就是失败的皇帝；坚决执行"帝王之道"，又有愧于人子、人夫、人父之道。正是在"帝王之道"与"世人情怀"之间的痛苦挣扎和艰难选择上，他使康熙这个人物立体、生动起来。

对于历史人物与艺术人物的关系，朱苏进谈道：中国文化在漫长的发展历程中，由于知识能力和接受途径的限制，人民大众逐渐形成了从戏剧演出和故事传说中学习历史知识的习惯，这样得到的答案常常是不准确的。因为艺术创作与历史研究的性质和规律是不相同的，艺术家为了表现对历史人物的理解和感悟，难免要对历史事件进行重新的设计与编排，使之符合刻画人物形象的需要。史实的作用是联接历史人物和艺术人物的脐带。艺术作品能够提供给观众的，是帮助他们亲近历史、领略历史的魅力，进而走向历史宝藏的方便途径。因此，他写出的康熙，不完全是历史上的康熙，而是电视剧中的艺术形象，而且只是一个作家心目中的康熙形象而已。

（摘自肖海鹰：《"帝王之道"与"世人情怀"的激烈冲突》，《光明日报》2002年1月9日）

大陆制作比较成功的历史题材类电视剧，尤其是宫廷剧，正是借电视剧这种在电视媒介上传播的艺术形式，拉近了过去与当下的空间距离；借皇家秘史，消弭了宫廷这一传统的上层与普通大众所代表的下层社会的距离；借助人物的人性化，缩短了线形历史与当下时空中的受众这一点上的时间距离；借助历史意识与情感，联结起历史剧所代表的特定历史时空与特定时空、特定地域中的受众的距离。如此全方位、立体时空中距离的消失，造就了大陆创作历史剧的盛行和大陆受众对这些电视剧的喜爱与痴迷，从而完成了传受双方的良好互动，并收到良好的传播效果。

（摘自郑孝芬　郭媛媛：《电视剧：在历史和受众之间——历史剧传播分析·以宫廷剧为例》，《无锡商业职业技术学院学报》2006年第4期）

《雍正王朝》中的老年康熙形象主要定位在一个"贤"字，以贤德治国，以宽忍待人，是剧中康熙皇帝一以贯之的行为准则。我们可以看到，为扭转税赋流失、国库空虚的状况，他派四阿哥追还国库欠款，但面对曾经忠心耿耿、奋战疆场的老臣们，最终却由他自己替大臣们还上；他选择了善良的二阿哥做太子，是为把自己的"仁政"推行下去，可惜太子的懦弱和无能让他痛心疾首，只能将刷新吏治、重振江山的千斤重担最终交付给了雍正。焦晃扮演的老年康熙，举手投足之间都充满了韵味，演活了一位善待臣民、老成稳健而又不乏心术的帝王形象。而孝庄太后，历史上是一位能够忍辱负重、极具传奇色彩的人物。如何塑造这样一位皇帝背后的传奇女性形象，是《康熙王朝》编导和扮演者斯琴高娃日夜冥思苦想的问题。斯琴高娃就曾对记者如是说："在扮演这个人物之前，我对清朝历史了解一些，但对孝庄这个人物却知之甚少。为了能准确塑造好这个人物，事先我看了大量史料，又去故宫向专家请教。我经常是关起屋门，一个人悉心揣摩人物的内心世界。"《康熙王朝》播出后，电视观众对孝庄这个人物形

象的印象非常深刻，而且斯琴高娃扮演的孝庄也可以说是越演越老到，她不仅把孝庄从中年到老年的岁月积淀表现得淋漓尽致，而且将人物既智慧又老辣、既细腻又粗犷等内心世界刻画得栩栩如生。

《雍正王朝》的人物语言也摆脱了传统历史剧人物对话节奏缓慢、拖沓冗长的毛病，处处充满动作和张力，如雍正让十四阿哥去守陵时的对话，一气贯之、充满张力。这样的语言成为全剧的风格。《康熙王朝》则采用了"冰糖葫芦串"式的结构，有主副两条线索。主线围绕着康熙开创盛世的艰难历程。戏基本上是环环相扣，层层递进，没有过多拐弯抹角的地方，充满了大信息量。而且每一节由多个子结构组成，一波未平一波又起，处处是动作和悬念，结构风格统一。但《康熙王朝》同样需要表现家国难以同构的主题，这个任务便交给了具有悲怆意味的情感副线。情感副线也是由多个子结构交错而成：伍次友与苏嘛喇姑互生情愫，却是"有情人终难成眷属"；蓝齐格格下嫁葛尔丹，仇恨转换为爱情继而演化为更深的仇恨；容妃是康熙最钟爱的一个妃子，却最终也不能避免被打入冷宫的悲惨结局。还有太子与小红，大阿哥与宝日龙梅……这一切的感情悲剧又都源于主线，这既是历史的幸运，又是历史的不幸。《康熙王朝》正是通过这样主副线分明的层次结构再现了康熙历尽艰难险阻、成就统一大业的一生。围绕环环相扣的叙事结构，《康熙王朝》的人物语言同样充满张力，传神地表现出人物的性格特点。

综上所述，《雍正王朝》、《康熙王朝》在题材定位上，在人物塑造和语言结构上都获得了较为明显的成功。诚然，两部历史剧在人物语言上还有一些不尽善尽美的地方，在历史事实上还存在着一些小小的硬伤，但总的来说，瑕不掩瑜，《雍正王朝》、《康熙王朝》是我国历史题材电视剧中的两部精品之作。

（摘自付勇：《磨砺历史题材的电视剧精品——从〈雍正王朝〉到〈康熙王朝〉》，《电视研究》2002年第4期）

产业效益

《铁齿铜牙纪晓岚》第一部热播完后，在北京地区的最高收视率达30%；《铁齿铜牙纪晓岚Ⅱ》首播的收视率则为15.9%，市场占有率为38.2%，在2004年北京地区“收视十大”中占据冠军宝座。

（摘自：《清官文化的正说与戏说》，http://www.cqvip.com/qk/83862A/200604/23467539.html）

1997年最无年龄无界限的电视剧就是《还珠格格》，最红火最疯狂的电视剧还是《还珠格格》。《还珠格格》成就了赵薇，令她一夜之间与章子怡、徐静蕾和周迅一起跻身内地四小花旦，成为影视圈红人；也成就了香港亚洲电视台，在一直被对头无线台打压的形势下，一部《还珠格格》的播出，立刻扭转乾坤，收视飙升到20多点，打得无线台措手不及。《还珠格格Ⅰ》在内地播出时的收视率最高达到42%，至今无一剧能超越这个数字。“格格热”的风潮影响程度甚至波及到韩国、东南亚地区。当年小朋友的书包上贴的是“小燕子”的大头贴，床头挂的是“格格”们的画像，嘴里哼的是“格格”小曲，还有一些小年轻视“小燕子”、“紫薇”为未来女友、老婆的标准模板。编写20几年言情小说的琼瑶阿姨自己都惊讶她的这次毫无诗意的尝试怎么会有这么大的威力！

（摘自：《〈还珠格格〉带动全民娱乐》，http://news.163.com/special/000127A2/hunanwenhua.html）

1999年开春举国上下“锁定频道看雍正”的景象，曾令媒体连连发出惊叹。当央视以每集65万元、共2860万元的天价购下《雍正王朝》，话题效应已令这部剧集成为全国的目光焦点。央视评审组“史无前例”地一集未删、一集未改便拍板通过该剧，更勾起了观众极大的好奇。

即使在这样的高期待之下，《雍》剧引爆的热潮仍远远超出所有人的预期。近20%的央视收视记录令后来者难以望其项背。该剧之热在黄河以北更达到令人瞠目结舌的程度，据哈尔滨、沈阳、大连、济南等地方台统计，它的收视率超过80%或接近80%。

这是一个无法复制的收视神话。因为，那样的时代已经一去不复返。

（摘自：《97—07年十大最经典电视》，http://et.21cn.com/tv/huati/2008/01/23/4272965_2.shtml）

《康熙王朝》已经热播近一半了，有很多观众都是它忠实的收视支持者，使“康熙”有了很好的业绩，在上海、北京、广州三地，收视测量仪的最高数据为16.1%。仅看数字似乎说明不了什么，但如果拿“康熙”与前些日子炒作得翻了天的《笑傲江湖》和《情深深雨蒙蒙》比较一下，就知道“康熙”的厉害了。之所以将这三部剧放在一起比较，是因为他们都是在同一个频道——中央电视台电视剧频道播出的，都是一天播出两集，且播出前都曾借媒体大肆宣传，且都有名演员加盟，且拍摄时就一直是新闻焦点。《笑》剧的最高收视率为14%左右，《情》剧为16%多，“康熙”刚刚播出就已经在该频道稳夺冠军了。

（摘自：《超越〈笑傲江湖〉比肩〈情深深雨蒙蒙〉〈康熙王朝〉收视率攀升》，http://www.hf365.com/epublish/gb/paper5/1/class000500005/hwz74396.htm?% 46% 01%20%c0%97）

长篇电视连续剧《康熙王朝》自播出起，就吸引了社会各方面的广泛关注，本报编辑部接到观众来函来电无数，褒奖者有之，求疵者有之，推敲史实者有之，以史为鉴报发胸臆者亦有之，足见一部好电视剧的社会影响之大，也足见中国电视观众群体的扩大和观赏水平的提高。目前，本报记者走访中央电视台影视部，查询《康熙王朝》全部播完后的各项统计数据，得知《康》剧在全国的收视率最高点为13.52%，在北京地区为21.83%，名列年度第二名。同时，《康》剧在湖南经济台、上海有线影视、福州影视等频道的同步播出，一方面对中央台的播出收视率造成分流，另一方面也在当地成为高收视率剧目。

（摘自：《〈康熙王朝〉收视率年度第二，吸引高学历人群》，http://www.cctv.com/tvguide/dongtai/20020114/110.html）

对于此次《少年天子》这部历史剧，邹敬之认为是非常有想法的一部作品，而且是不甘于流俗的，不甘于按所谓的流行的那种戏剧创作方式去创作，是以写实来写意，以写情来写政，以写家庭伦理来写朝纲、治国伦理。人物的矛盾和人物的特点也都是非常明显的，是波澜壮阔、内心激荡的。最终对于《少年天子》一剧收视率的预测，邹敬之是这么表示的：“我觉得只要是刘恒老师的戏，应该都是这个城市这个时期最大的热点。”

（摘自：《五大名人的五大视角——细评〈少年天子〉》，http://ent.sina.com.cn新浪娱乐2003年10月05日）

《成都商报》消息，刚刚在湖南电视台赢得23%高收视率的电视连续剧《孝庄秘史》今晚将作为开年大戏在成都电视台黄金时间与蓉城观众见面。

（摘自胡晓、王紫薇：《〈孝庄秘史〉被指模仿〈射雕英雄传〉》，http://ent.163.com/edit/030210/030210_151108.html）

广东巨星公司投拍的电视剧《康熙微服私访记》，被香港无线电视购入并重新剪辑配音后，从6月12日起在翡翠台播出。这部首次进入香港电视台黄金时段的内地电视

剧，平均收视率第一周29点，第二周32点，第三周35点；最高收视率高达40点，也就是说，此时全香港有87%电视观众在看《康熙》！如此之高的收视率，历来港产剧能达到的也为数不多。

（摘自:《〈康熙微服私访记〉火爆香港　内地剧“出口”也吃香》,http://www.actimes.com.au/Oldsite/285/recreational.html）

在对香港娱乐近乎膜拜的人文气氛中，大陆导演近来在选材和表现手段上也在汲取港片经验与模式，向消费文化和商业性靠拢。张国立等人出品兼主演的《康熙微服私访记》返销香港，竟然高居香港无线电视台收视率排行榜榜首，一度创下40%高收视率的新记录。

（摘自赵鹏：《仪式的庄严与戏谑——评历史题材电视剧之“戏说历史”》，《现代传播》2001年第1期）

《乾隆王朝》正在辽视二套热播，这部剧剧情紧凑、内容恢宏、演员表演精彩到位，吸引了不少观众的眼球。昨日记者从辽台总编室得知，该剧开播至今，收视率一直高居同期播出电视剧榜首。尽管观众对焦晃一大把年纪还来演乾隆皇帝的评价有贬有褒，但《乾隆王朝》还是依靠其高质量的艺术品质在沈阳播火了。

（摘自：《〈乾隆王朝〉热播之际访“乾隆”　焦晃“皇上”当腻歪了》，http：//ent.sina.com.cn 时代商报 2003年09月24日）

继《雍正王朝》、《康熙王朝》之后，又一部大型历史剧《乾隆王朝》将于9月12日在辽台黄金剧场播出，而在此之前，该剧在其他省市电视台播出的时候，收视率也是一路高走。

（摘自：《辽台十二日开播〈乾隆王朝〉　焦晃再现帝王风采》，http：//www.hsw.cn/gb/hscb/2003－09/04/content_ 495388.htm）

重要文章选登

杂谈五题——清宫戏走红漫说

乐　朋

一个不争的事实摆在面前：清宫戏在荧屏大行其道。从前两年的《宰相刘罗锅》、《康熙微服私访记》到去年的《雍正王朝》、《还珠格格》，几乎形成了街头巷尾众口评说的场面。这自然是编导者和演员们的一次成功，也是中国电视剧史上的一个亮点。

对于清宫戏走红荧屏这一现象及其成因，众说纷纭，本属常情。如有的称，清宫戏的好看、热闹，是借鉴了港台电视剧的“戏说”风格，活泼轻松，再不像以往电视剧般索然无趣；有的说是演员水准好，李保田、张国立、邓婕、焦晃、唐国强技艺高超，苏有朋、赵薇等崭露头角，他们的表演出神入化，有深度，有灵气，把观众吸引住了；还有谓“戏中有戏”，“戏外有戏”，以电视剧为镜子，烛照现实生活，说出了一些借古喻今、借古鉴今、借古讽今的快语，看了顺气舒心，欲罢不能，等等。这些说法，都不无道理，但如果从文化层面论，我以为探究其根源，或许更能说明问题的本质，因而更具批评意义。

电视作为大众传媒，具有反应快速、受众广泛、感染力强的特点。收看电视剧，现在已经成为大众日常生活中不可缺少的文化娱乐和消费活动。当人们看腻了打打杀杀、拳头加枕头的武打片，絮絮叨叨、悲悲切切的言情片，而反映现实生活题材的电视剧又显得平庸质次，虚假成习，不屑一顾之后，寓武打、言情于一剧，集古今奇事、奇观于一体的清宫戏，一经在荧屏推出，便彩声满座，形成新的热点，就在情理之中。西洋大菜，山珍海味，久食亦无味。从这个意义上说，清宫戏的走红，反映了大众文化消费的丰富性和喜新厌旧的消费心理。

不能不看到民族文化基因对国人欣赏习惯的影响。多数中国老百姓，尤其是作为电视剧观众主流的市民阶层，现代科学文化水准不太高，历史知识有限。他们对民族历史和社会生活的了解，主要不是从经史典籍，而是从《三国演义》、《水浒传》、《清宫十三朝演义》之类通俗文艺中获取，宁可读金庸的《射雕英雄传》、《天龙八部》，也不大喜欢西方的流行文学。这是一种历史的民族的文化积淀，直接影响着文化阅读、娱乐消费的习惯和偏好。加之清宫戏所写的时代距今较近，只有一二百年时间，观众觉得贴近自己，似乎戏中人物的命运就是自己或周围人的命运，有一种认同的亲近感。正因为这样，清宫戏才成为市民们关注和瞩目的热点。

还要顾及社会文化氛围的某种制约。就创作角度说，写清宫戏，从人物、事件到情节、语言，用不着担心什么忌讳，也没人来打侵权官司，因而创作的自由度较大。特别是“戏说”，任由虚构，真假善恶，率意挥写，顶多读几本史书、请教一下史学家而已！这好像是一条创作捷径。再从欣赏角度说，清宫戏所演示的社会生活又与现实生活有着某种联系，观众于欣赏过程中在一定程度上可以得到情绪的宣泄，如对社会不公的悲愤，对贪官污吏的憎恶，以及对上流社会卑鄙龌龊的唾弃等等。客观存在的一些不满情绪，在清宫戏中似乎得到了某种消解和稀释，这不能不说是它走红荧屏的重要因素之一。

清宫戏的走红表现了历史传统文化的力量，而生活总要向前行进。作为起点，传统文化是不可超越的；但传统文化之所以是历史的，又在于它作为起点注定要被超越，需要用创造去进一步开拓和发展。“外之既不后于世界之思潮，内之仍弗失固有之血脉，取今复古，别立新宗”（鲁迅：《坟·文化偏至论》），方有出路。我们不能满足于昔日的辉煌和成功，而应描绘更加灿烂的今天和明天，也只有借助于新一轮的太阳，才能使往昔更加流光溢彩。

有点“戏说”亦无妨

影视文化，以其思想内容、价值取向论，应当肩负起弘扬主旋律的任务，无愧于建设有中国特色社会主义文化的历史使命；而以其艺术形式、艺术风格论，则又需要提倡和发展多样化，让人民群众喜闻乐见。前些年港台电视剧首开“戏说”风，大陆电视人似乎从中受到某些启示，《宰相刘罗锅》、《康熙微服私访记》、《还珠格格》一部比一部拍得精彩、好看。一时间，电视强档频道上满眼都是顶戴花翎、满汉全席，热闹非凡。对这类颇有“戏说杂议”特征的电视剧，或褒或贬，见智见仁。我以为，这种文化现象的发生与发展，恰是与中国社会的转型相匹配的文化转型，应当引起关注和研究。

二十年改革开放和现代化建设，在普遍提高人们特别是城镇居民物质生活水平的同时，也空前广泛地拓展了人们的精神世界和文化视野。而在之前的较长一点时段，由于对中国国情的漠视，对马克思主义的片面理解，导致文化形态在艺术风格上表现为：作品结构雷同、人物脸谱化，空洞说教和生硬、死板，缺乏生活情趣，缺少娱乐功能。正因为如此，当港台剧的“戏说”风如缕吹来，迅速满足了观众的文化娱乐消费，产生一种全新的感受。可以说“戏说”片走红荧屏，既是影视文化的固有功能的回归，也是艺术生产力的一次解放。

如果我们承认电影、电视剧是文化艺术，承认它是一种艺术的创造、创新，那么我们就不能不承认“戏说”的合理存在。任何艺术创作都不能没有艺术的虚构。如同《三国演义》不等同于《三国志》，《清宫十三朝演义》不等同于《清史稿》一样，电视剧的“戏说”需要艺术家想象力、洞察力的尽情发挥。所以，《戏说乾隆》、《戏说慈禧》中的乾隆、慈禧，并不是历史上的乾隆、慈禧；小说《雍正皇帝》、电视剧《雍正王朝》中的雍正，也不是历史上雍正的原版。各色艺术品中的同一人物形象，呈现出某种差异和矛盾，正是文学家、艺术家历史观、审美观的视角差所决定的，不必过于较真。要学历史，去请教史学家，去读二十五史，不能以舞台、屏幕形象为准；而千姿百态的艺术形象，妙趣横生的故事情节，生动活泼的艺术表演，又必须依赖文学家、艺术家的艺术创造，其中就包含了千差万别的“戏说”。“戏说”是为了出戏、出彩，使艺术更具有魅力，更具鲜活的生命力。在当今世界多元文化相互激荡的背景下，在文化的市场取向、市民娱乐消费走强的情势下，影视剧的“戏说”空间空前增大。这对于影视业来说既是难得的机遇，也是严峻的挑战。

世纪末的90年代，可以说是一个欲望骚动的年代。中西文化的交流、碰撞，频繁而剧烈。“戏说”作为多元文化中的一角，自有其价值，至少是对文化唯我独尊主义的一种否定。近读《钟山》的一篇文章，看美国人对中国古典文学名著《西游记》的“戏说”，真让人大跌眼镜，叹为观止！在波士顿上演的这部荒诞喜剧，主要描述了西梁国误饮子母河水、荆棘岭四妖谈玄、比丘国降妖救小儿等三个故事片断，却注入了当代文化的新内核，对现实问题和未来命运的人文关怀，完全是人类可持续发展的借题发挥。它用子母河水的神奇，诠释大自然的力量，用四妖谈禅阐发人与自然的关系，又用比丘国救小儿铺染人道主义的伟大，进而揭示人类纵欲无度的祸患。美国人“戏说”《西游记》，或许是借东方神话故事，疗救西方文明的某些病状和病根，不能不说是慧眼独具，别出心裁。试问，我们会有这样的“戏说”吗？这种“戏说”有何不可?!

我这样解读“戏说”，当然不是像有人那样成心要“气死历史学家”，更不是说影视创作可以脱离生活，闭门造车。我们要建设和发展的文化，是“面向现代化、面向世界、面向未来的，民族的科学的大众的社会主义文化”。当审美文化日趋世俗化，面临经济冲动与文化冲动相对立、科技含量与人文含量相抗衡的矛盾，大众传媒正在迅速改变人们的思维方式、生活方式和情感方式，电视剧的“戏说”，理当更具历史的观点和美学的观点，注重文化开拓和人文含量，逐步提高观众的审美情趣。“戏说”毕竟只是影视剧之一翼，它的存在与发展，不能也不必排斥、湮没别的影视艺术品。正是在多元的文化意义上，我才说，有点“戏说”亦无妨。

遭遇“广告轰炸”

《还珠格格》（第二部）在电视荧屏上红红火火的播放着，引得电视机前的老老少少如痴如醉。但是，煞风景的事未可尽免，《还珠格格》播放过程中没完没了的插播广告，便像“集束炸弹”，惹得人们啧有烦言。

片头片尾的广告姑且勿论，光是夹在剧中的广告，其时间之长、数量之多、音量之大，已然到了令人难以忍受的程度。以南京有线电视台播放该剧为例，我粗略统计了一下，每集播放时间约70分钟左右，而插播广告竟占去20余分钟，差不多占了整集播放时间的1/3。有时候，我的脑子里就浮出一大疑问：到底是在看电视剧，还是在看广告？

插播广告的数量与品种之多，简直叫人应接不暇：有吃的，如啤酒、椰汁、矿泉水、果奶、奶粉、八宝粥、方便面、酱油、蛇肴、海苔、果冻、可乐、绿豆汤、红茶、汉堡包、消闲食品等，似逛了一回食品超市；有家电，如彩电、冰箱、热水器、空调机、电脑、抽油烟机等，犹如转悠了一个家电商城；还有用的，如洗衣粉、防晒膏、卫生巾、油漆、洗发露、消毒液、胶带、杀虫剂、手纸、牙膏、治脚气膏、香皂、面霜、服装、药品、蚊香等等，应有尽有，俨然去了百货商场。琳琅满目的商品广告，一集电视剧中就插播了60个上下！

电视台的市场化、商业化运作，固然离不开广告。电视台不能不讲经济效益，吃电视饭的人也要养家糊口。从这个层面说，热门电视剧播放时插播广告是意料中事。高收视率与高广告率，总是如影随行。但我想，过度的插播广告，其弊害也十分明显：其一，有侵害观众收视权利之嫌。特别是有线电视，收视者是付费收看的，你收了人家的钱，就得提供相应质量的服务；人家要看电视剧，你却接二连三地放广告，只顾自己捞广告费，不管人家的电视消费权益，就有些说不过去。其二，也有侵犯电视作品著作权之嫌疑。电视剧一经拍摄完成，就成了文化作品，刊发、播放作品必须顾及它的完整性、连续性，不能任意删节或插入别的东西。否则便构成对作品权利的侵犯。像《还珠格格》播放时大量插播广告，在时间和空间上严重地割裂、打断了作品的完整性和连续性，损害了文艺作品的艺术质量。打个不恰当的比方，好比买一件漂亮的衣服，商店却强行搭售占价格1/3的其他杂物，顾客能没有怨言吗？设身处地，将心比心，电视台应多考虑观众的利益、作品的权益，把社会效益放在经济效益之上。倘若一个劲往钱眼里钻，漠视观众和作品，最后自己也不会有好果子吃。至少像我这样的观众，要看那么多烦人的广告，是不高兴的，那对付的办法有两个，一是抽空去喝水、上厕所，二是调换频道，看别的节目。过滥的插播广告，我视之为一种传媒霸权。咱惹不起，还躲不过、避不成吗？

据说广电总局对电视剧插播广告已作出规定，这当然很好；但是，规定执行得如何，有否落到实处，恐怕又是另一回事了。作为电视观众，我不想与电视台去打官司，只想用自己的办法来维护自己的收视选择权利，实在不行，关机看书或睡觉去。我就不信，它能一次次霸道地对观众进行“广告轰炸”！

绕不过的素质问题

《长江日报》披露，上海市文化局近日组织文艺院团的一批一级演员到“高考班”复习4个月，以让他们去大学深造，岂料一场考试曝出大新闻：语文、政治、历史、地理4门功课，成绩最差的仅28分，平均每门7分，只能算个半文盲。

以半文盲的文化知识水平，如何赴大学深造、提高？又如何与一级演员这个相当于教授的职称匹配？更如何去担当“灵魂工程师”、建设精神文明的历史重任？

或许这只是个别的典型事例，但一个无可争辩的事实是：影视界，尤其是演艺界的不少中青年演员，文化知识的素质普遍偏低。在旧社会，演员被贬为“戏子”，受教育程度很差，有的甚至是文盲、半文盲，这并不奇怪，是那个黑暗的旧社会使然；如今是在新中国成立半个世纪、城乡普及9年制义务教育，演员们不少是“科班”出自，受过中等艺术教育，再发生一级演员只有半文盲文化水平的事，就实在说不过去了。

世界经济的一体化和文化的多元化趋势，资本、技术、信息、人才以及各种物质、文化资源在世界范围内以前所未有的速度流通和转移，乃至发生碰撞，而唯一不能流通、转移和引进的便是国民素质。国民整体素质的提高和人才资源的开发，已成为中国知识和文化创新的重中之重。人的素质决定一个国家、一个民族的创新进程，经济建设、文化建设概莫能外。建设有中国特色的社会主义文化，创造有中国气派的影视艺术，这个任务只能由中国人自己来完成。而要完成这一任务，没有高素质、高水平的影视艺术家队伍是不行的。从这个意义上说，像一级演员这样的高级人才，就理当是德艺双馨、素质高的艺术家。如果他们的文化素质低得只是个半文盲，那便有些名不副实，也就很难会有创造和创新能力。明星弱智，难以为继！

我无意责难明星，也并非苛求一级演员的文化知识水准与大学教授持平；电影电视戏剧界的情形不尽相同，但有一点共识不能忽视：强调素质问题，构建终身教育体系。艺术院校对学生实行过早的专业教育，忽视文化知识基础，给学生造成素质缺陷，不利于艺术人才的成长。这些年来，大量平庸影视剧作品的产生，一些明星的洋相百出，归根结底，绕不过人的素质问题。而某些传媒的急功近利，过分“炒作”，又恰恰加剧了作品的“泡沫化”和明星的“膨化”，使之在低素质的歧途上愈滑愈远。这是不能不令人隐忧、焦虑的。

“一招鲜，吃遍天”，在演艺界可谓通行惯例。然而应当明白，没有厚积，就没有薄发。作为一个演员，无论成名与否，最要紧的是提高素质，包括道德品质、文化水平和艺术修养。艺无止境学无涯。只有乐于接受终身教育、不断追求素质进步的演员，才能常葆艺术青春，赢得更加美好的明天。

“非常”的乏味

西方谚语说，只有原子弹的力量才可与传媒的力量相匹敌。如今的传媒神通广大，一个新栏目、新名词，能在一夜之间变作流行时尚。自“非常男女”一炮打响之后，各色媒体上的各类“非常××”，便如滔滔江水，涌向观众。

“非常周末”，是电视台的当家娱乐节目；

“非常女警”，正在播放的港台电视剧；

“非常系列”，包括“非常苹果”、“非常柠檬”、“非常可乐”等等，为某商家在媒体天天狂轰滥炸的广告词。

初闻“非常男女”，感到新鲜，也曾吸引我去看过那档节目，后来“非常”日多，听腻了，看滥了，“非常”就倒胃口，乏味，陈腐了。

既曰“非常”，当非泛泛。我查了《辞海》，“非常”一词其义有三：一指异乎寻常；二指突如其来的事变；三作副词，修饰用，即十分、很的意思。现今媒体的“非常”，大致所用的是第一种含义，即非比寻常、独树一帜之意。太史公云：“盖世必有非常之人，然后有非常之事；有非常之事，然后有非常之功。非常者，固常之所异也。”司马相如赋《子虚》、《上林》，文名重天下，却又大违礼教，与寡妇卓文君私奔，当垆卖酒，当得“非常”二字！孙中山出任“非常大总统”，张学良、杨虎城西安拘捕蒋介石也都可谓“非常”之举。倘然本不是“非常之人”，亦无“非常之事”，更未建“非常之功”，就贸贸然的“非常”起来，那不是贻笑大方么？

如果说“非常男女”还有点“常之所异”的况味，比如登场嘉宾都是未婚的大龄青年，又要在众目睽睽之下谈婚论嫁等等，似有些异乎常人常情；那么蜂涌而至的“非常”，就相形失色，甚至名不副实，只是拿“非常”来爆炒、“作秀”而已。“非常苹果”，仍是苹果汁；“非常柠檬”，仍是柠檬汁；“非常可乐”，仍是可乐饮料；其色、香、味并没有多少“非常”之处。人们在品尝了“非常”的不“非常”滋味之后，多半会失望，乃至敬而远之。

追求“非常”无论是物质产品还是精神产品，勇于标新立异，超越常规，不失为一件好事。然而，这必须是名副其实的“非常”，而不是徒有其名的、冒牌的“非常”。国人的模仿、追风本领很强，但到底不如创新思维方式有效。“纵横自有凌云笑，俯仰随人亦可怜。”拾人牙慧，盲目模仿，何来“非常之功”?!乱套“非常”，把什么芝麻绿豆都冠以“非常”，怕就不只是“非常”的乏味，抑或倒是头脑、思维方式有些不大正常了。我们不能忘记英国人杨格说过的一句话：“模仿使人成为奴才。”

“清宫戏热”现象透视

戈小燕

近几年，古装戏占据了电视荧屏的“半壁江山”，诸如“战国戏”、“汉宫戏”、“三国戏”、“唐朝戏”、“清宫戏”等，你方唱罢我登场，而其中“清宫戏”又可谓是独领风骚。“帝王系列”、“格格系列”、“清宫才子系列”……从吵吵闹闹的格格们到故作姿态的帝王们，从驼背的刘罗锅到铁嘴铜牙的纪晓岚，这厢尚未曲终人散，那厢却又鸣锣开场，以至于有人感慨，眼下整个电视屏幕上简直就是清朝的风流人物借尸还魂。这话语或许有些夸张，但客观上却提醒人们必须正视眼下清宫戏愈演愈烈的事实。那么，究竟是什么原因使得清宫戏风景这边独好呢?

“陌生化”的审美距离

中国五千年的历史源远流长，古文化博大精深，这对电视剧创作而言是一块资源极其丰富的宝藏，其中的远古、春秋战国、南北朝等在电视剧创作中还处于空白状态，但耐人寻味的是，编导们却不愿开垦这些处女地而专注于早已被拍了又拍的清宫戏，不仅《末代皇帝》、《宰相刘罗锅》、《雍正王朝》、《康熙帝国》等新戏不断，而且续作也接踵而至。《康熙微服私访记》已连拍四部，《还珠格格》也推出三部曲，还有《铁齿铜牙纪晓岚》的续集又获得了高收视率。

其实，清宫戏之所以在眼下电视荧屏中成为屡试不爽的“灵丹妙药”，甚至被当作了提高收视率的一根“救命稻草”，这是有其深刻的社会原因的。清朝作为中国历史上最后一个封建王朝，距今不过一二百年时间。这段时间说长不长，说短不短。大清帝国曾经给中国人带来过无尚荣耀，也有着抹不去的辛酸耻辱，这段历史充满着传奇和神秘的美感，也夹杂着炮灰和血泪的现实之痛。对当代中国人而言，它是连接古代和现代的一座桥梁，一个回头可以看见千年历史，抬眼可以关照当下现实的窗口。总之这是一种不远不近，若即若离，看得见却又抓不住的感觉。对电视剧而言，恰恰为创作上的艺术“陌生化”的最佳距离。

中国人是喜欢怀旧的，尤其是进入21世纪，人人为现实的重压所累，不堪重负之时，到电视的虚幻世界，古时候那种节奏较慢的社会氛围里暂时陶醉一会，便成为现代人逃避现实的最佳选择。然而中国的历史太过漫长和广博，过于久远的年代和故事会让人产生冰冷和隔膜之感，而太过于靠近当下现实又没有轻松和笑意。因此这不远不近的清朝便成了人们稍作回望和寻求轻松之感的驿站。

对观众而言，清宫戏所表现的时代是贴近自己，犹在眼前的，尤其是在北方，清朝的许多建筑和风俗至今犹存。故宫、颐和园、茶馆、说书艺人、京戏、琉璃厂、同仁堂、冰糖葫芦这些每日所见，带着老北京气息的东西将人们和刚过去的那个朝代联系了起来。因而当它们在清宫戏中重现时，人们无疑多了几分亲切感。虽然远离了长衫马褂的年代，但戏中人物却仿似自己的祖辈，他们的命运就是自己或周围人的命运。而反过来，这一二百年的历史毕竟是过去了的岁月，兴衰荣辱自有定论，清朝遗老已少之又少，故宫是不可能长去的地方，连听京戏、上茶楼也成为难得的享受。因而对于那段历史，观众尽可以带着欣赏和把玩的态度来关照，甚至猎奇的心理也未尝不可。

而对创作者而言，不远的清朝是他们从爷爷奶奶的嘴里就能听到的故事，是他们熟悉和善于驾驭的题材。而同时又因为和现实隔着一段距离，因此在艺术创作上尽可以自由发挥。写清宫戏，从人物、事件到情节、语言，用不着担心什么“禁区”和忌讳，也从来没人打侵权官司。特别是“戏说”，任由虚构、真假善恶、率意挥写，这已成为一条创作的捷径。无怪乎，在《还珠格格》之后，一下子又冒出这么多的"十三格格"、"红艳格格"……深究起来，这不远不近的清朝历史给了创作者和观众极大的创作和想象空间。

主流方化的传递和娱乐快感的宣泄

影视作品是现实、梦、幻想的三重奏，而其中虚构又最为重要。即便是对于历史故事，影视创作在本质上也只能是对历史进行审美化、有序化的选择、整理、重塑，而不可能是直观反映。海登·怀特就认为，任何一部历史文本都呈现为叙述话语的形式，是用语言把一系列的历史事件贯串起来，以形成与所叙述的历史相对应的一个重新结构的具有约定性的符号系统。"历史话语所产生的是对历史学家掌握的任何关于过去的资料和源于过去的知识的种种阐释。"而语言作为一种社会规则，它是与所处的社会生活、意识形态紧密联系在一起的。这就决定了历史故事的叙述不可能是超然的、绝对的，必然与其具体语境有关。因此任何历史文本都必然地反映着当代史。对于清宫戏而言，清朝的宫廷故事也不可能超然于所在当下，其任何一个历史故事都指涉着当代人的情感与认知。而清宫戏之所以如此火爆，恰在于它找准了历史与现实的共通点，很好地契合了当下的社会心理。无论是正剧还是"戏说"，它所折射的当代意识、历史想象都供给了观众一种想象性的满足，当然这种满足又是多角度多层次的。

大清帝国从轰轰烈烈地征服中原开始，以被逐出紫禁城的悲惨结局收场，这风雨飘摇的漫长历史可以说是一部中华民族遭受外来侵略、丧失主权和领土的耻辱史。尤其是清末，清政府的统治极其腐朽，这无疑是值得当代人正视和反思的。而大量的历史正剧正是从这个角度出发来"冷面正说"清宫戏的。他们往往以"再现"中国历史上重大历史事件和历史人物为己任，以奋发昂扬的基调、深沉博大的历史感来撼动观众的心，体现出强烈的宣传和教化观念，表露出明显的意识形态走向，最终达成与国家主流意识形态的默契。《雍正王朝》便是将观众的审美兴趣引入到具有历史理性的鉴赏层面上。该剧深入开掘皇室题材中与当代大众的民心向背、善恶取舍紧密相连，观众深切关注的厚重的社会历史内容，再现符合历史趋向的共通点，着意点化具有人民性、民本思想的美感境界。可以说《雍正王朝》紧紧抓住了历史与现实的共通点。恰如主演唐国强所说："历史有惊人相似之处。雍正当年做的事情，我们今天依然在做，像反腐倡廉等，都是老百姓关心的问题。当家难啊，国家要强大，经济要发展，有些事情不做不行。"这种现实意义正是该剧最大的艺术魅力所在。回顾和反省清朝的荣辱史是为了更好地把握当下。正剧由于涉及到治国、改革、惩腐等一系列与当代密切相关的话题，因而往往被赋予史诗性质与悲剧格调，尽管它不可避免地传递着主流文化的意识形态，但比起戏说中的史剧来，毕竟更具认识和审美价值。

当然清朝毕竟曾经是一个疆域辽阔、地大物博的世界强国。除却那段不堪回首的耻辱历史，清朝也曾有过"康乾盛世"的繁华市景，出过康熙、雍正、乾隆这样千年难遇的帝王。这种美好的记忆犹如一帖怀旧良药，很好地迎合了当代观众的心理需求。自20世纪90年代中期以来，中国社会处于一个不断变化的极其复杂的多元结构中，处于转型期中的人们不可避免地出现信仰危机、精神家园丧失的各种问题。焦灼和迷乱的心理本能地让国人将目光投向历史的记忆深处，企望从"曾经泱泱大国"的往昔岁月中寻找到自我心灵的寄托和民族自尊自信的支点，而清宫戏正是给张皇失措的现代人营造的一方暂时得以安息的栖居地。它在剧中描绘的圣王和清官以及关于他们的神话传奇则正好迎合了观众长久以来潜藏在心底的帝王和英雄情结。《雍正王朝》的女导演拍摄此剧在很大程度上就出于一个藏在她心中多年的隐衷："英雄对一个民族的提升太重要了！我觉得近代男人都萎靡了，我渴望英雄。黑泽明电影中的英雄振奋了二战后的日本，我们为什么不能在千百个荒淫皇帝中塑造一个好皇帝?"还有康熙、刘罗锅、纪晓岚这些人物被塑造成具有感召力的强者形象，在他们身上体现出智勇双全和刚强有力的英雄气质，他们完全迎合了当下这个英雄逝去的年代里人们对英雄缅怀和召唤的心态。

除去传递主流文化和满足观众心理欲求这两方面的因素外，电视剧毕竟是一种大众文化时代的产物，要合消费主义的情。因而清宫戏就不可避免地产生"戏说"的倾向，唯有如此，它才可能给观众提供一种现代消费的想象性满足。

"戏说"的实质就是把历史当作一种消费品，建立一种消费意识形态话语。它是一种修辞化了的叙述，而非客观的叙述，更非历史的再现。"戏说"的清宫戏把历史从人的记忆深处放逐出去，在消解历史深刻性、严肃性、神圣化的同时将历史推向了片段化、零散化、低幼化和卑琐化。《宰相刘罗锅》、《康熙微服私访记》、《铁齿铜牙纪晓岚》等均是将正统的历史故事用传奇的笔法来改编，将历史糅入世俗生活的视野之中，以消费历史客观性、严肃性的方式，使电视观众体验到一种前所未有的快感。史书中正襟危坐的帝王将相和普通市井百姓一样，上演着一个个忍俊不禁的童话，历史于是幻化成一场游戏。《还珠格格》则是一个民间女子的"灰姑娘"传奇，她的经历过去没有，将来也不会有。但自"小燕子"之后，这类天不怕、地不怕的古代美侠女一下子流行起来，十三格格、杜小月……千人一画的形象复制却依旧让观众如痴如醉，这无疑是"戏说"清宫利用大众文化的特性，抓住观众收视心态创造的成功范例。

奇观化的历史故事

找到历史与现实的共通点，使清宫戏与观众之间建立了某种默契，而在艺术处理上深入挖掘清宫题材的奇观性并采用本民族传统文化的叙述方式来讲述历史故事，则是使清宫戏走红的另一个重要原因。

对汉民族而言，清朝统治者始终是一个外来民族。无论是在政治、文化还是思想意识、生活方式上，两个民族都有着较大差异。入主中原后，清朝统治者为了保持其血统的纯正性和维护皇室尊严，实行了一定的民族隔离政策，如限制汉族官员的等级、禁止满汉通婚、八旗子弟有着自己独立的生活领地等，这些措施在一定程度上限制了满汉两族的沟通，因此对大多数老百姓而言，虽然共同生活在同一个地方，但满族始终是一个蒙着神秘面纱的外来民族，禁卫森严的紫禁城则更是遥不可及的神圣领地。因此当赏玩后宫轶闻或猎奇皇宫大内的萧墙之祸抑或钟情于帝王贵戚的风流清雅、优哉游哉的清宫戏一出炉，观众的猎奇心理马上得到了最大程度的满足，同时剧作的奇观性又表现得恰到好处，它总是在观众能够感知和理解的范围内，而不至于完全陌生化，它在表现深宫秘事的奇观性时也抓住了满族已渐渐被汉化这样一个特点，寻找满汉共同的一面或汉民感兴趣的东西加以表现。《雍正王朝》关注的君父传位的翻云覆雨，兄弟争位的尔虞我诈，臣僚倾轧的奇谋诡术，惊心动魂，康熙、诸子与群臣竟然能把数千年汉文化中的驭臣之法、惑君之术活学活用到这般水平，令人叹为观止，这种离心离德、尔虞我诈的冷酷与惨烈是观众想看并且能看懂的。又如《还珠格格》围绕着小燕子认父这条线索，剧中有着五光十色的奢华展览、三宫六院的争妍斗丽，这极大地满足了观众从史书中得来的对清宫的想象。但透过后宫里的缠绵悱恻、卿卿我我，电视剧也表现了围绕权力而进行的你死我活的搏斗的黑幕，不至于让剧中表现的皇宫生活太过于理想化。这种“陌生又熟悉”的效果使得清宫戏极大地俘虏了观众的心。

在具体讲述故事的手法上，清宫戏也深谙观众审美心理。它利用传统文化的特点找到了清宫独特的大众色彩。“绝大多数的中国观众对于一个内容丰富、情感跌宕的好故事都是十分热衷的。一切哲理和思辨都必须是在命运曲折、感情复杂的人物活动中才能被观众接受。如果认识不到东方文化背景下的观众的这种特有的心理，而照搬西方哲学思想指导下的舶来艺术样式，其结果一定是在这样的文化接受群体中遭到排斥。”基于这个特点，清宫戏建立了二元对立模式，善与恶、美与丑、悲与欢，这种鲜明对比、一目了然地传达了创作者的价值评判和道德立场，而结局总是光明美好的，刘罗锅斗倒了和珅，“小燕子”找到父亲和爱情，雍正终于建立起心目中理想的帝国……虽然这剔除了历史复杂性的传统审美倾向过于脸谱化，但却迎合了观众在积淀深厚的民族传统文化中培养起来的审美心理。当然清宫戏也在日渐融入新的东西，比如给人物形象增添现代因子，帝王将相平民化，不仅有着自己的烦恼和痛苦，而且与市井百姓打成一片，住茅屋、幸民女，嬉笑怒骂皆成文章；公主格格完全是现代女性的做派。又如，正剧一改冗长、缓慢、拖沓等弊端，而采取快节奏、多信息、多角度、多运动、高反差的结构方式等，这些新方法也让观众对清宫戏“耳目一新”。

像《宰相刘罗锅》里唱的：“故事里的事说是就是，不是也是，故事里的事说不是就不是，是也不是。”这是“清宫戏”的整体风格，也是目前它面临的尴尬处境的一种写照。因为当“清宫戏”在中国电视荧屏愈演愈烈的时候，人们的审美疲劳自然也就随之产生，历史题材电视剧创作如何突破与创新，也就日益显得迫在眉睫。

电视剧：在历史和受众之间

——历史剧传播分析·以宫廷剧为例

郑孝芬　郭媛媛

和其他题材的电视剧相比，历史题材的电视剧尤其是宫廷题材的电视连续剧，与武侠题材的电视剧一起，几可占中国大陆当代电视剧创作的半壁江山。当前受众对电视剧的选择中一个引人注目的现象是：看都市生活剧，选韩国、香港的；看言情剧，选韩国、台湾的；看武侠剧，还是觉得香港的正宗；历史题材的电视剧，黄金的选择却非大陆的莫属。什么原因呢？是中华人民共和国才能代表两千年的中国历史的身份意识？是大陆的意识形态与正史的严正面目的历史品相相似？是原住地丰富的文物和江山民俗，映现了历史题材的电视艺术创作中的文化蕴藉？还是……和香港成熟的商业文化冶炼出的“商品＋艺术”的电视剧创作相比，台湾尴尬的政治、地理处境，则有一种浓厚的漂泊意识导致的顾影自怜中的情感泛滥，于是台湾电视剧中的男人、女人都容易将哀婉的情感，在泪水和诉说中绵延至极致。历史是客观的，是由人来演绎的，于是，香港历史题材的电视剧创作，就多了些因迎合市场而有的浅薄与无聊，不被大陆受众接受。台湾的历史题材的电视剧，则因情感的过多挥霍，冲淡并弱化了历史叙事，也不令受众们满意，倒是大陆自己创作的历史题材的电视剧，受到了大陆观众的关注与欢迎。与历史文献及正史给人的出土文物般的旧老、板正、静止、馆藏化的面貌相比，大陆的历史电视剧，则是新兴、鲜活、动态和生活化的。有学者认为：“历史的自在结构有三种”，即：“直接的物质结构”、“间接的民俗结构”和“考据的学术结构”。如果对历史的诠释，以不改变自在结构来呈现，是为电视记录的历史；但如果选用使历史“在生活的逻辑中复活的记录方法”，“电视对历史的诠释就可能趋向电视艺术”。电视剧是一种虚构的艺术，这意味着历史题材的电视剧，无须担当史书所担当的记录历史、传播历史的使命，而可以以自己的艺术理解和追求，将历史作为素材进行重新的整合和艺术诠释，结合电视媒介的特殊技术、本质结构与记录叙事技巧，从而塑造出属于当下作者、编导、演职员和观众的、虚构的、演绎的、艺术的历史。经过比较、分析和探究，获得大众欢迎的宫廷类的历史电视剧，有以下4个特点。

借助电视艺术：拉近历史与当下的距离

作为媒介的电视，具有“实现动态记录和传播‘物质现实’的功能”，所以，电视播放的图像信息，对于受众来说，似乎正在活生生地发生着。电视记录下的历史题材的电视剧，是通过戏剧的形式演绎着的历史，而电视剧编导人员用自己的主体意识，以蒙太奇手段，有选择地拼接历史的时空，拼接着演员们表演的属于历史的人与事。于是那些被史书所记录的历史时空中的人和事，不再是遥远、陌生的，而是在一方私有的空间里的电视荧屏上，活起来了、动起来了。正是这样，中国两千年的历史，不再是文物器具中的固态的残断的遗迹，不再是民俗风物中尚存的褪色的历史风范，也不再是文献典籍中枯燥的文字记录，而是活了的历史：那逝去了的历史断面与时空，那曾经活动着的人与事，通过电视媒介记录下的演员的仿真表演，呈现在荧屏上和受众的眼中。电视剧《武则天》把中国第一个女皇帝在宫廷斗争中，从一个纯真的女孩子磨砺成一个心狠手辣的女政治家的经历，栩栩如生地再现了出来；电视剧《康熙王朝》、《雍正王朝》，通过具有时空特性的电视艺术，呈现了清王朝帝权的更迭、政治与社会的现实，具像、鲜活而可以触摸。如学者所说，“电视不仅实现了荧屏内部多种关系和空间关系的衔接，而且实现了荧屏之外，现实的时间关系与空间关系的多维衔接”。电视虚拟“直接用特殊材料来创造或生成‘非现实’的现实”，主创人员所含在电视剧当中的对历史的现代理解和与受众相同的视角，带来了电视艺术所具有的亲和力，使当下坐在电视机前的受众，能够接受并理解历史题材的电视剧所展示的虚拟历史，实现与过去的人事的交流与共鸣，从而实现历史的时空与现在时空的共在、在客观与主观的并有、在现实与虚构的交叉，在荧屏内外，拉近了历史与当下的距离。

借助皇家秘史：拉近历史与普通大众的距离

在有着两千多年封建历史的中国社会，严格的等级制度将民众与统治者绝对地隔离开来，皇帝与皇权至高无上，民众对皇家的了解，只能在蒙着面纱的神秘的传说与演义中，得以歪曲地实现。如果说在正史中与国家、政治等概念维系在一起的皇帝及其统治，是威严和没有烟火气的，与普通大众的生活相距甚远，那么，民间野史和通俗文学却有着演绎皇帝及其后宫故事的传统，而为卑微的大众所热衷和喜好。在正史中无法进入历史的普通民众，借助了消解性地对皇家故事的再造和解读，想象性地改造了正史的面貌，为正史添补上平常面目。

历史题材的电视连续剧，正是承续了民间传说和通俗演义的传统，将题材定位在通俗文化视角上。大陆拍摄的较为成功的宫廷题材历史连续剧主要采取了以下几个方式，将历史上的帝王拉下神坛：1. 大历史的小写化。历史是在腥风血雨和政权更迭中宏大地延续的，国家、民族、政治、皇权等等，这一切主宰着历史的流程在大事件中接续。但是，大事常与普通民众的生活相距甚远，在和平的环境、紧张的现代社会中，电视受众期冀的是一种浅显而能愉悦自己的情感体验和视听过程。历史连续剧所以集中描写的是后宫争斗、情感纠葛、平常人生。2. 宫廷生活的日常化。在这些连续剧中，正史中所刻录的政治、军事等大事件，经常被处理为剧情发生的背景，并在日常生活的节奏中有序地演进着。《武则天》中，武则天从一名位置低微的宫女，经过残酷的宫廷政治斗争，成为中国历史上惟一的一位女皇是连续剧的主线，但在剧中，武则天的成长史，更多地在与亲属、大臣的日常交锋与纠缠中进行。3. 人物关系的家庭化。在宫廷生活的政治层面、生活层面上，历史题材的电视连续剧更偏重于人物关系的家庭联系，如以表现宫廷政治斗争的深入与深刻而著称的《雍正王朝》中，围绕着康熙的数个皇子的夺位之争，宫廷就是一个大家庭，父子、兄弟、主仆等关系，是剧中人物的社会和心理联系。由此，即使是表现政治等大主题的剧情的进展，因为是在普通受众可以接受和理解的家庭内部的各种关系中循序渐进地展开的，于是，历史就在皇家秘史的小写、日常和家庭化中，走近家庭中的电视机前的普通受众。

借助人物的人性化：拉近历史与受众个体的距离

历史事件的发生与进展，其实是由众多的有血有肉的大小人物去参与、承担与经历的。所以，活动在历史进程中的人物，才是历史的主角。历史事件是无法重复发生的，当代电视剧受众或许因无法经过，必须借助剧情和演员的表演想象才能完成对过去历史的复原，而复杂的爱恨、情仇、恩怨、功过、得失等等，却是人类社会中每个成员的生命中无法超越的普遍人性。

大陆较成功的宫廷类的历史电视连续剧中，人物的塑造常常采用的艺术手段有：1. 人物的普通化。虽然是历史上的统治者，但在剧中，大人物被剥离了威严和神圣而仅为一个大人类中的普通个体，如宫廷剧中的被描写的诸位皇帝；虽是平民，小人物也有自己的生命尊严而拥有为人的位置与定位，如穿梭在皇宫中的普通宫女、太监等，都与电视机前的受众一样，他们都只作为一个活在中国社会中普通的有血有肉的人，或为父亲、母亲，或为儿子、丈夫，他们重新活跃在历史的故事中。2. 情感的生活化。“电视提供打发时间的渠道，已成为家庭日常生活的一部分”，电视剧所依据的电视传播媒介的这一特点，决定了受众对接受对象的特殊要求。宫廷剧正是顺应了人们家庭日常生活的频率和节奏，在每天固定的时间，提供给受众观看穿着古代服装的人，在过去的故事和生活流程里，处在生活矛盾的情感的波澜起伏。其中，情感是具像的，在一定的故事时空里按照生活的逻辑和人物相互之间的情感互动呈现出来的，因而就有了一定的真实可信性。3. 人性的普遍化。虽然电视剧中的历史人物各有各的身份背景、人生故事、性格外表，但是，所为人类必然具备的人性的生理、心理表现，灵与肉的坚强、软弱，生物与社会性的情感波澜，人与人的关系纠葛等等，却深藏在不同的人性表现之后。康熙在面对众皇子的自相残杀时的痛心、雍正皇帝在面对父皇的深藏不露的爱护与保护时的感动等等，都是那么地可触可感。这些人性中普遍的经历与感受，同样发生在今天现实生活中的每一个个体身上，通过如此的艺术构思与设计，历史就在一定的人性层面上，实现了不同历史时空中的人心的共鸣。

借助历史：拉近历史与中国大陆受众的距离

作为文明古国，中国漫长的历史当然有着不尽的故事与人物题材，可供电视剧创作予以取材。美国的肥皂剧，除了一些西部片怀恋或记忆当年西部拓荒的牛仔们的代表新兴国家的血性以外，因为历史的积淀并不深厚，同时也因为受众的兴奋点更落实于当下社会的现代生活，所以，电视剧中更喜欢取材当前生活。比如在不同时期创下较高收视率的《达拉斯》与《欲望都市》等，更多是因其反映了当时社会生活的真实，突出的社会问题与受众所思所想的问题的接近，而形成了对现代美国受众的吸引。但是，中国社会中成长的每个人的先天和后天的培育、教养中，都自然或有意地晕染着浓厚的历史色泽。历史，是中国人成长的天然环境，线形历史有绵长的继续，历史横断面有深厚的积累与呈现，这使得每一具体过程中的文化传播的主体，都承载着或多或少历史的泽被，资源也就有可供挑选的最丰富的历史素材库。于是，历史剧创作者们用电视为手段，预备向与传播主体有着同样的历史背景与历史心态的电视剧受众传播影像化、故事化的历史。文化成长环境所赋予的历史意识，成为电视屏幕后面与电视剧内容、形式的深层中，连接主体与受众的沟通渠道，每一个主动或被动地在中国文化母体中成长的个体，会因历史而走近。

同样，中国人懂史。漫长的历史长河中文明历程与朝代的兴衰更替，历史事件的大小、进步与后退，人物的忠奸善恶，都自在于作为传播主体或受众的中国人的深层精神肌理里。在生命的记忆、过程和展望中，在生活的表面与内里，在群体或个体的交流当口，他们背负着历史，承继着历史，也褒贬着历史。除了用自己的存在与活动继续构筑中国社会的历史延续以外，他们还有意组织或结构一定的文化动作，以重现或发扬中华历史的光彩与优良。所以，中国电视剧创作中，历史题材的居多；而受众喜爱的电视剧中，历史剧居多。或许，从自身所处历史文化的兴衰得失中，更好地理解了社会与人生，理解了时间与空间，理解了国家与国际，理解了历史与现代。在历史剧的传播与接受的过程中，中国历史剧的传播主体与受众，既在传播过程的构建里，获得对历史的参与，更要以个体所具备的思想意识，重新阐释和褒贬历史。宫廷剧中，对正史上已有定论的历史人物的看法与定位，常常因创作主体的好恶各有不同：在《康熙王朝》和《雍正王朝》中，对雍正的评价，有所区别；康熙在上述两部宫廷剧中，性格、秉性也各有侧重。但是，这没有影响到两部电视剧的传播过程与效果，懂史的创作主体和同样懂史的受众，用既有的历史褒贬与理解意识参与历史，同时也用各自个体的已经流动变化的现代或个性评判、呈现和诠释历史，于是共同构建了新的历史。

因为身在的历史环境和个体的历史意识的存在，所以中国人拥有对历史的情感。历史剧在中国大陆的兴盛与长久不衰，与中国大陆受众对历史的浓厚兴趣与热爱，其实有着主要的关系。那些在故纸堆、传说、记忆中的历史时期、历史事件、历史人物，在家常的电视荧屏上活动起来，是历史剧创作人员的一种愿望和情感的实现，也是大陆受众的心理期待与喜悦。在传受双方的共谋里，宫廷剧容易获得身在中华民族古老发源地上的大陆受众的接受。其中，大陆受众那强烈的历史意识、懂得历史和热爱历史的情结，让宫廷剧为代表的历史类的电视剧与受众之间，没有距离与隔膜。

综上所述，大陆制作比较成功的历史题材类电视剧，尤其是宫廷剧，正是借电视剧这种在电视媒介上传播的艺术形式，拉近了过去与当下的空间距离；借皇家秘史，消弭了宫廷这一传统的上层与普通大众所代表的下层社会的距离；借助人物的人性化，缩短了线形历史与当下时空中的受众这一点上的时间距离；借助历史意识与情感，联结起历史剧所代表的特定历史时空与特定时空、特定地域中的受众的距离。如此全方位、立体时空中距离的消失，造就了大陆创作历史剧的盛行和大陆受众对这些电视剧的喜爱与痴迷，从而完成了传受双方的良好互动，并收到良好的传播效果。

消费历史：电视历史剧的文化陷阱

姚馨丙

在全球化浪潮滚滚袭来的当今时代，随着以消遣、娱乐、休闲为时尚的大众文化的全面飙升，历史也成为一种抢手的文化商品，进行着赤裸裸的拍卖与消费。消费主义的意识形态在文学艺术的各个领域内调制出一大批消费性的快餐文化，同时也致使历史的严肃性与权威性逐步丧失。正如法国思想家波德里亚在《消费社会》一书中指出的那样，这的确是一个奇怪的循环：这个崭新的时代埋葬了传统的历史，但这些历史却被制作为特殊的符号供人消费。这种历史“不是产自一种变化的、矛盾的、真实经历的事件、历史、文化、思想，而是产自编码规则要素及媒介技术操作的赝像”。纵观近年来以古代和近代历史为题材的国产电视剧，大多将历史当作一种消费品，使历史剧变成现代社会中的一种文化消费，一种被商品化了的历史赝像。这种体现着消费主义的历史现代消费，为电视历史剧埋设了“欲望化”、“非历史化”、“低俗化”等一个个文化陷阱，导致近年来国产电视历史剧人文精神的陨落、现代意识的颠覆和审美内涵的消解。

欲望化：人文精神的陨落

正如有首摇滚歌曲所唱的：“我们有了机会/就要表现我们的欲望，/我们有了机会/就要表现我们的力量。”作为现代人，有这样或那样的欲望是天经地义的；在商品社会中，文学艺术的消遣、娱乐、休闲功能上升，呈现出世俗化、平民化、人性化等症候，也是无可厚非的。但欲望不等于人性，欲望的放纵也决不是人性的复归和张扬。近几年来，电视中的唐宫戏、清宫戏、民国戏风靡一时；“戏说风”、“滥情风”、“宫廷风”漫卷荧屏。在一些电视历史剧中，随心所欲地宣泄着物欲、情欲乃至性欲，借古人的躯壳将现代人对权力、金钱、美女的欲求表现得淋漓尽致。恶性膨胀的欲望无视人的精神价值和人性的全面发展，诋毁对道德理想和人文精神的追求，最终必然导致道德的失范、伦理的失衡和人性的失态。

这些电视历史剧往往以编造、戏说为叙事策略，以趋众媚俗为最高时尚，以宣泄欲望为终极目的。或则表现皇宫中的兄弟倾轧、后妃争宠、大臣犯上、太监作乱，宣扬皇权崇拜、人治思想、专制主义和奴才意识；或则描写三妻四妾、争风吃醋、偷香窃玉、色情乱伦，展示早已被历史唾弃的丑恶现象；或则铺陈皇帝的登基、选妃、驾崩和民间的祭祖、求神、拜佛等繁文缛节，充满封建礼教和迷信色彩；或则崇尚拉帮结派的江湖义气；或则礼赞孝忠霸主的英雄主义。从古老的怪力乱神到封建的皇权崇拜，从狭隘的民族偏见到传统的女性歧视，从曲折离奇的男欢女爱到眼花缭乱的武侠打斗，广大观众观看这些电视连续剧，往往在嘻嘻哈哈的轻松或者打打杀杀的紧张中获得了某种心理的满足和某些欲望的宣泄。

值得注意的是，以《还珠格格》为代表的戏说历史剧以“逗笑取乐”的消费历史观为主旨，把历史从人们的记忆深处放逐出去，将封建帝王糅入世俗生活的视野中，先验地设置了各种人物关系、情节编码和戏剧冲突，一波三折的爱恨情仇、是非恩怨在言情——武打——古装的叙事图式中得以演绎，使电视观众体验到一种前所未有的快感。这种消费历史客观性和严肃性的叙事策略是一种非客观的叙述，更是一种非历史的想象。对这类戏说剧，我们不应在历史的真实性上提出苛求和责备，但我们完全有必要对这类戏说剧试图通过“戏说”索取和昭示什么、宣扬怎样的人文精神进行探寻和追问。在《还珠格格》中，封建社会被粉饰成没有阶级对抗和权力倾轧、没有尔虞我诈和宫廷政变的太平世界；仪态万方、正襟危坐的皇帝被美化成与市井俚民一样嬉笑怒骂、平凡可亲的凡夫俗子。这种“戏说”在很大程度上掩盖了历史复杂、沉重、残酷的一面，完全脱离了封建社会的价值体系和统治范式，提供给人的是一种虚拟性的文化想像，甚至是历史幻觉和历史错觉，不仅缺乏起码的历史精神，而且亵渎了基本的人文意义。其实，“小燕子”自由、快乐的背后，隐藏的仍是趋炎附势的奴才主义，浸渍的仍是至高无上的皇权思想，这群俊男靓女编织的现代童话宣扬的仍是情爱至上、江湖义气等陈腐观念。

早在20世纪初叶，我们就已开始了对封建王朝及其封建制度、伦理道德的批判，并得到了历史的认同和人们的共识。然而，一百年后的今天，那些早已批判过并已作出定论的东西却又在一批电视历史剧中复苏了。这种逆历史潮流而动的复古倒退倾向应引起我们的高度警觉。也许是出于某种欲望的驱动，这些历史剧的制作者们自觉不自觉地沉浸于封建主义的思想糟粕中，在艺术创作中放弃了人文精神和人格操守，降低了历史电视剧的品位与格调，造成人文精神的日渐颓废。这足以说明：当人的欲望过度膨胀，理想、道德、价值均被撕成碎片时，艺术必然会丧失应有的审美品格和人文精神。

非历史化：现代意识的颠覆

意大利著名历史学家、文艺批评家克罗齐有句名言：“一切历史都是当代史。”从本体角度看，历史是客观的，它并不因人们对它的不同认识而改变其本真的形态。但从认识角度看，历史又是主观的，它只存在于人们的记忆、思考与描述之中。海登·怀特说：“历史话语所生产的是对历史学家掌握的任何关于过去的资料和源于过去的知识的种种阐释。”任何历史剧，即使是声称最忠实于历史本相的艺术创作，在本质上都只能是对历史的审美阐释和重塑，是一种艺术化了的历史虚构，主体化了的历史想象，现代化了的历史折射。电视历史剧也就是按照电视语言编码规则对历史的现代阐释。笔者曾撰文指出：“如果说，过去我们研究历史片的创作时，在较长时期关注的是历史真实与艺术真实的统一，我以为现在亟待探讨和解决的重要课题应该是如何在历史片中，体现历史意识和现代意识的融合。”电视历史剧作为一种阐释行为，既要关照历史，又要产生意义。这个意义就是历史意识与现代意识、历史精神与现代精神的综合体现。

然而，近年来的国产电视剧，一方面如前文所说的，采用“借尸还魂”的伎俩，不遗余力地宣扬皇权思想和奴才意识，表现出复古倒退的倾向，没有一点现代文明和人文精神的气息；另一方面，又用“现代意识”解构和颠覆历史，将当代某些时髦的表层观念强加给历史，对历史进行肤浅的演绎和粗暴的篡改。正如张建伟先生所说的：“（清史剧）最大的问题是伪造历史，尤其是打着正剧的旗号对历史进行的伪造。我觉得《还珠格格》之类的‘历史肥皂剧’问题还不大，观众也知道这一点，只要看着好玩就行了。但如果像《雍正王朝》等所谓的历史正剧，其中许多情节竟与真实历史毫无关联。如果观众一旦认为那就是历史，问题就大了！”（《北京晨报》2000年3月5日）这是一种“非历史化”乃至“反历史化”的创作倾向。

被爆炒一时的《雍正王朝》就是用所谓“现代意识”解构和颠覆历史，借历史正剧之名，行非历史化、反历史化之实的一个标本。该剧主创人员对传媒一再表白该剧“绝非戏说”，而是“忠于历史的正剧”。然而编导依据的史实却是雍正的《大义觉迷录》，这是一部欺世盗名、连雍正儿子都为之羞耻的自辩书，乾隆登基后，立即下旨宣布其为禁书。然而该剧编导竟据此对雍正的过失和恶行只字不提，肆意编造历史，把雍正捣鼓成“爱民”、“勤政”、“菩萨心肠”、“得民心者得天下”的仁德天子，甚至将他捧为“改革皇帝”。雍正的扮演者曾动情地称赞：改革皇帝雍正是“用雷霆手段，行菩萨心肠”，“历史有惊人相似之处。雍正当年做的事情，我们今天依然在做，像反腐倡廉等，都是老百姓关心的问题。当家难啊，国家要强大，经济要发展，有些事情不做不行”（《北京青年报》1999年2月12日）。编剧也声称该剧的主题是“国家至上”，“他（雍正）能推动整个国家，却天生悲剧性格；他有恩于民族，却被后代子孙唾骂”；导演则言说该剧要表现“当家难”，“英雄对一个民族的提升太重要了！我渴望英雄”（《北京晚报》1999年2月5日）。对雍正这样一个封建社会最高统治者的吹捧简直到了无以复加的地步！问题的严重性还在于如此美化吹捧皇帝的绝不是《雍正王朝》一部，而已成为当代荧屏令人触目惊心的一大景观。只须听一听这些电视历史剧的“主题歌”，就足已发现电视剧的编导对封建社会最高统治者的赞颂是多么倾心而又肉麻：“有道是人间万苦人最苦，终不悔九死落尘埃”（《雍正王朝》）；“我站在风口浪尖，紧握住日月旋转，愿烟火人间安得太平美满！我真的还想再活五百年”（《康熙王朝》）；“煌煌天朝，万千气象”，“大江南北，人丁兴旺”，

"一代代兴亡天下人担当，一座座粮仓天下人共享"，"热天热地热太阳，江山坐在百姓心上"（《天下粮仓》）。这哪里是什么皇帝佬儿，简直就是无私无欲、有情有义、敢作敢为的革命领袖！这哪里是什么封建王朝，分明就是一好端端的社会主义！

在艰难转型的世纪末，中国人需要的是现代精神的塑造和民主法制的呼唤，而不是对圣主明君的崇拜和专制人治的向往。一些电视历史剧，从表面看似乎是以现代人的意识、眼光与立场来解读和观照历史，但非历史化乃至反历史化的叙事立场与现代意识的颠覆伎俩奏出的只能是明显对立的不和谐音，孕育的只能是非驴非马的畸形儿。如《武则天》的编导试图以女权主义的现代意识阐释和表现武则天这个人物。武则天为登上皇位，确实是野心勃勃，不择手段，甚至会以女性的姿色作为"向上爬"的资本。但仅以此为视角，表现武则天以女色谋取权力的过程，忽视其作为杰出政治家的其他谋略和才华，有失公允。《大明宫词》借历史人物演绎现代情爱观，将历史上自始至终作为政治公主的太平公主打扮成"爱情女神"，一方面掩盖了她参与政治和军事政变的种种史实，淡化了封建皇权专制下的种种罪恶；另一方面，以太平公主的婚恋作为全剧主旨，甚至让比她晚生 37 年的大诗人王维出场，与其演绎了一段奇异的情缘。如此杜撰历史，实在让人瞠目结舌！至于长达 46 集的《太平天国》不仅连篇累牍地捏造史实，美化洪秀全等人物，而且让一个又一个的美女充斥荧屏，她们穿戴的虽是天国服饰，但言谈、举止、气质却和当代都市丽人别无二致，剧中不仅有几组三角关系恋爱戏的铺陈，甚至还演出了充满革命浪漫主义的"刑场婚礼"，"现代味"十足。

法国阐释学家迦达默尔曾郑重地指出："历史性正是人类存在的基本事实，无论是理解者还是文本都内在地嵌于历史之中。"这些电视历史剧一反戏说调侃的常态，披上历史正剧的外衣，骨子里是用非历史化的叙事立场，诋毁历史性这一人类存在的基本事实。而广大观众特别是青少年看了这些非历史化的历史正剧，误以为电视剧表现的就是真实的历史。一位年仅 12 岁的初中生看了《雍正王朝》后，竟在网上无限崇敬地大发感慨："世间万苦人最苦，常人的七情六欲，皇帝岂能没有？人间最苦的还是皇帝！"编导煞费苦心地编造历史，丧失了对历史的良知。观众也就在不知不觉中接受这样的历史教育，最终必然忘掉了历史的真相。詹姆逊曾尖锐指出这种影像符号恰恰切断了历史的血脉："始终无法捕捉到真正的文化经验中社会现实的历史性"，"这种崭新美感模式的产生，却正是历史特性在我们这个时代逐渐消退的最大症状。我们仿佛不能再正面地体察到现代与过去之间的历史关系。不能再具体地经验历史（特性）了"。这正是近几年一大批国产电视历史剧为我们设下的最可恶也最可怕的文化陷阱。

低俗化：审美内涵的消解

消费历史观操作下的电视历史剧不仅使人们放弃了对历史人物、历史事件的追索与反思，造成了历史意识、历史精神的迷失与扭曲；而且历史本身也被打造成"娱乐化的历史"、"消费性的历史"，成为大众的娱乐消费和"感官盛宴"。这些电视历史剧在以消费历史为根本旨归的文化想像中，不仅削平了文化的历史感和历史的文化感，而且消解了历史剧的艺术感和审美性，使它陷入一种低俗化的文化陷阱。

审美性是一切艺术共有的本质属性。电视的大众文化特性和商品社会中大众对文化的消费欲求，互为表里，导致了近年来国产电视历史剧的通俗化。我们无意指责这种通俗化，而且在当今社会，以娱乐、消遣、休闲为特征的通俗文艺已成为时尚，并对当代文化发展的格局产生了巨大影响。但是应当指出，无论是雅文化，还是俗文化，首先都是美的文化。通俗文艺也应该并完全可能具有较高的审美格调。通俗不等于庸俗和粗俗，更不等于低俗和恶俗。然而，令人遗憾的是近年来不少电视历史剧追求媚俗，格调低下。在一些历史影视片中，凶杀暴力的场面，色情迷乱的镜头，粗野疯狂的动作，肮脏下流的语言，光怪陆离的音画，比比皆是，不堪入目。请看，《新孟姜女》出现了"第三者"，将"千里寻夫、哭倒长城"的爱情传说糟蹋得低俗不堪；《新梁山伯与祝英台》竟让温文尔雅的梁祝有了一套花拳绣腿，一出经典的文戏也塞进了武打暴力的"佐料"；《秦颂》的编导不仅让乐师高渐离与秦始皇的女儿死去活来地热恋了一场，而且荒唐地编造出性交做爱能治愈下肢瘫痪的"天方夜谭"；在《乱世英雄吕不韦》中，赵姬变成了秦始皇的母亲，还当上了吕不韦的情人；《西楚霸王》中，编导不仅让项羽的爱妃虞姬和刘邦的妻子吕雉这两个从未见过面的女人见上面，交上手，而且这两个女人赤裸裸地泡在大缸里洗浴，让观众大饱了一顿"沐浴斗法"的眼福。为了追求"目欲綦色，耳欲綦声"的感官刺激，有些编导简直是不择手段，黔驴技穷，这已不只是低俗，而是走向了恶俗。

这类电视历史剧大多是一些追求感官刺激，毫无艺术价值和审美内涵的粗制滥造之作。但也有一些电视历史剧不惜工本，制作精致。富丽堂皇的场景，华美绚烂的服饰，唯美的镜头语言，流畅的叙述方式，但这一切外在形式的"美"掩盖不了内容的贫乏苍白和审美格调的低下。它犹如精神鸦片，在诱人的美丽包装下，贩卖丑恶污秽的历史陈渣，既麻痹人们对历史精神和美好理想的追求，又将艺术的审美内涵消解殆尽。据闻正在拍摄中的《还珠格格Ⅲ》，声称这次不再"搞笑"，而是完全按照现代人的方式，打造一部琼瑶童话的"成人版"（《南方都市报》2002 年 8 月 1 日）。剧中有小燕子因流产丧失生育能力，五阿哥被迫纳妾而出现"第三者"的风波；有年事已高的皇阿妈与扬州名妓夏盈盈的风流；有福尔康在战争中因与缅甸公主相爱竟被诱吸毒的风情。这样的电视剧除了荒诞不经和"有趣好玩"外，离真正意义的"美"实在太远了！正如美国大众文化批判理论家麦克唐纳所指出的："它是一种低级的、琐细的文化，同时出空了深层现实（性、死亡、失败、悲剧）和质朴自然的快感，……来替代那些游移无定、无以预测，因而也是不稳定的欢乐、悲剧、巧智、变化、独创性以及真正生活的美。而大众，既然经过几代人如此这般堕落下来，反过来要求得到琐细的和舒服的文化产品。"我国近几年来，电视历史剧的制作、播放和观赏，正出现这样的恶性循环。

历史题材已成为近年来国产电视剧的首选和热点。拍摄最多的是历史剧，最受观众关注的是历史剧，然而问题最多的也是历史剧。据资料统计，仅2001年下半年，共有264部电视剧未获国家广电总局审查通过发行，其中历史题材比例最高，占27.8%（《新民周刊》2002年第10期）。正因为此，笔者觉得有必要指出近年来国产电视历史剧，特别是其中被观众看好而热播的电视剧的诸多弊端，并热切地期望电视历史剧的制作者们按照"代表先进文化的前进方向"的要求，走出"消费历史"的文化陷阱，坚持历史唯物主义的立场，在尊重历史的前提下，用现代意识阐释历史，张扬人文精神，创造出一批思想和艺术堪称上乘的精品，以无愧于我们这一伟大的时代！

帝王戏的正路

孔庆东

从题材上讲，帝王戏本来就是大众艺术的主流。中国长篇通俗小说的开山之作便是描述帝王们争夺天下的《三国演义》。一部二十四史，成了中国传统戏曲和说唱艺术取之不尽的艺术素材。需要注意的是，喜欢帝王戏的人并不都是——或者并不一定是帝王将相，毋宁说更喜欢帝王戏的乃是平民百姓。因为帝王毕竟是大多数历史活动的中心，是传统民众生活的梦想极致。平民百姓在帝王戏的观赏过程中可以轻松地忘记自己的奴隶地位并满足自己的白日梦。列宁和鲁迅都曾论述过，统治者把自己的审美趣味灌输给被统治者，百姓往往拿贵族的思想当作自己的思想。胡风更明确地指出，这是几千年压迫史加在劳动人民身上的"奴役的创伤"。但是问题也有另外一面，即平民百姓在接受帝王戏的过程中，也用自己的审美趣味对作品施加了"反影响"。帝王戏的发展历程，实际上是一部统治者和被统治者审美趣味的斗争史。统治者要求帝王戏能够劝导民众忠孝节义，温良安顺。被统治者则通过帝王戏表达反贪爱廉、反暴政爱仁政的正义要求。所以，帝王戏历来就是鱼龙混杂，优劣并存。比如"杨家将"系列的作品，通过大力彰显杨家的"一门忠烈"，既表达了民众对保国安民的爱国将领的拥戴，同时又表达了统治者安抚民众、强化忠诚的意愿。帝王将相作为一种复杂的意识形态符号，始终是以暧昧的和变幻的姿态出现在传统大众艺术中的。这种状况直到五四新文化运动才开始发生转变。

五四文学革命初期，周作人在著名的纲领性文献《平民的文学》中指出："我们不必记英雄豪杰的事迹，才子佳人的幸福，只应记载世间普通男女的悲欢成败。"从五四新文学开始，普通人开始大规模以主人公的身份进入文学。他们不再是简单的龙套，不再是丫鬟仆役走卒听差，而是成了叙事和抒情的中心。然而这种崭新的转变主要停留于新文学范围之内，大众艺术的节拍则要缓慢得多。戏曲舞台上还是《贵妃醉酒》和《定军山》，新兴的广播电台播放的也是《三侠五义》。新文学发起了三次大众化讨论，但正如鲁迅所说，大众化如果没有政治的支持，是不能成功的。直到抗日战争爆发，中国的大众艺术才又攀上了一个台阶，这不仅仅表现在普通百姓占据舞台的数量，更表现在帝王将相和普通百姓的价值对换。产生于抗日民主根据地的新京剧《逼上梁山》和新歌剧《白毛女》就充分说明了这一点。毛泽东在《写给延安平剧院的信》中说："历史是人民创造的，但在旧戏舞台上（一切离开人民的旧文学旧艺术上）人民却成了渣滓，由老爷太太少爷小姐们统治着舞台，这种历史的颠倒，现在由你们再颠倒过来，恢复了历史的面目，从此旧剧开了新生面，所以值得庆贺。你们这个开端将是旧剧革命的划时期的开端，我想到这一点就十分高兴，希望你们多编多演，蔚成风气，推向全国去！"

大众艺术终于借助政治的力量颠覆了帝王将相牢不可

破的统治。

然而帝王戏自身的美学魅力是十分强悍的。即使到了1949年以后的新中国，他们仍然在舞台上占据着相当大的比例，只不过传达的意识形态信息已经发生了本质性的变化。例如新编京剧《杨门女将》和电影故事片《甲午风云》，都把叙事的重心由忠君和义气转移到了“保家卫国”。然而即使这样，仍然为文化激进派不能容忍。江青在1964年的《谈京剧革命》中指出，全国三千个剧团中，两千八百多个是戏曲剧团，“在戏曲舞台上，都是帝王将相、才子佳人，还有牛鬼蛇神”。而话剧则是“一大、二洋、三古”，她愤怒地指出：“剧场本是教育人民的场所，如今舞台上都是帝王将相、才子佳人，是封建主义的一套，是资产阶级的一套。这种情况，不能保护我们的经济基础，而会对我们的经济基础起破坏作用。”在随后到来的文化大革命中，帝王将相彻底被清扫出局，工农兵一统天下。只有在批林批孔和评法批儒运动中，秦始皇、商鞅等一批代表“法家”的铁腕形象才以“另类”的面貌出现。

新时期以后，在重提“双百方针”的旗帜下，帝王将相披着《孔雀公主》一类的外衣不露痕迹地悄悄归来。《蔡文姬》、《王昭君》、《吴王金戈越王剑》等一系列剧目的上演，走出了矫枉过正的紧张，进入了一个题材上的生态平衡时期。作为对“样板戏”的反动，传统戏曲又大行其道。然而无论是影射平反昭雪的包公戏，还是展示流派纷呈的三国戏，都在客观上夺了工农兵的戏。工农兵退回到把自己的人生价值寄托在包公的清正廉明和诸葛亮的神机妙算之上的时代。不过，给包公和诸葛亮一席之地，应该说是历史的公正，这时的帝王将相，仅仅是以“摘帽地主”的身份恢复他们正常人的生活。而帝王将相们经过了充分的休养生息，以“还乡团”的姿态大规模席卷中国大地，则是20世纪90年代中期之后，中国进入市场经济的高潮阶段所发生的神奇景观。

目前中国的帝王戏大体可分三类。一类是赞歌，一类是戏说，一类是讽喻。这三类有时也相互交叉，彼此衬托。从接受角度讲，铺天盖地的帝王戏大大满足了市场经济下物质欲望极度膨胀的观众心理。而为了满足这一特殊心理，帝王戏便一步一步由秦皇汉武唐宗宋祖，降而集中到“大清天下”，特别是康熙、雍正、乾隆几代威风不可一世的“圣主”身上。因为清朝的皇帝出于深刻的文化自卑，集以前历代封建君主气派之大成，辉煌显赫，空前绝后。从清朝的开国之主努尔哈赤，到“末代皇帝”爱新觉罗·溥仪，整个清朝的十二位皇上外加西太后，都已经进入了影视作品，以致被人讥讽为“辫子军满天下”。老舍的《茶馆》中仆人李三有句幽默的台词：“我还留着我的小辫儿，万一把皇上改回来呢！”此话不幸言中。

对清朝皇帝的功过评价历来是褒少贬多。前期是血腥镇压和文字狱，后期是丧权辱国和反革命。但当今的帝王戏故意改变视角，往往先由武侠片言情片进行“戏说”，在嘻嘻哈哈、装疯卖傻中消解原有的价值判断，模糊观众思维，混淆舆论视听，然后再通过“正剧”来翻案，推出与原有价值判断相反的新形象。“小燕子”穿上日本海军军旗，单从孤立的事件来看，似乎是由于无知产生的“错误”。而实际上从“小燕子”出现在荧屏中开始向受众推销“无知美”那一刻起，就决定了终有一天要发生类似的丑剧。抗日战争期间，日本侵略者在占领区就大力制造和包装“小燕子”这样的形象，瓦解我民族精神，消磨我抗日气概。港台地区异乎寻常地流行“戏说”，并不是什么政治宽松的结果，而恰恰是与那里的殖民地文化互为表里、紧密结合的。有了“戏说”，接下来就意味着“怎么说都行”。于是，酷虐的暴君可以变为勤政的明主，凶恶的太后可以变为温柔的贤妇。我在北大的一次讲演中说道：“有一部电视连续剧《雍正王朝》，收视率很高。它为雍正翻案，理由之一是雍正非常勤奋，每天批阅大量奏折文件，事必躬亲，废寝忘食，呕心沥血，春蚕到死丝方尽，所以说雍正是个好皇帝。有的老百姓说，这雍正简直是个焦裕禄啊！但是，我们应该认识到，雍正的勤奋与焦裕禄的勤奋具有本质的不同。焦裕禄的勤奋是为人民勤奋，他死了，人人感动，我们要学习他。而雍正的勤奋是为他个人勤奋，为他自己的江山社稷勤奋，他累死了活该，少害几个人。”雍正和慈禧这样的人可以说成好人，那就意味着什么人都可以说成好人，也就意味着什么人都可以说成坏人。一部分帝王戏就是在这样进行着它的意识形态工作的。

上面重点批评了翻假恶丑为真美善的一类帝王戏，但这不应该成为全盘否定帝王戏的理由，戏说也不一定就直接导致歪理邪说。其实仍然有相当一部分帝王戏通过帝王将相的生活进行了对历史和现实问题的严肃反思，并且受到了广大观众的真心喜爱。这类戏可以推《宰相刘罗锅》和《天下粮仓》为代表。《宰相刘罗锅》的主题歌简捷明快地表达了它的历史观：“天地之间有杆秤，那秤砣是老百姓。”剧中的乾隆被讽刺得恰到好处，小处的戏说没有违背而是充实了总体的历史辩证法。封建君主政体决定了任何皇帝从本质上都是“家天下”的维护者，但所谓贤明的皇帝能够处理好“家天下”与“民天下”的关系。我在另一篇文章中指出：“中国古代帝王的明贤昏暴，集中体现在对待臣民的态度上。君和民，犹如舟和水，水可载舟，亦可覆舟。所以深明此理的帝王，一般都会在某种程度上，接受民本思想，以让利与民来达到民心归顺，从而获得更大的利。用通俗的话讲，就是不去与民斤斤计较地抢夺一块蛋糕，而是引导臣民去把蛋糕做大，从而君民‘双赢’，天下安定。”乾隆盛世固然有乾隆皇帝弘历个人的因素在起作用，但关键还在于他明智地认识到如何顺应历史潮流，才能从中获得最大的红利。剧中乾隆皇帝在贤臣刘罗锅与奸臣和珅之间巧妙的平衡利用，反映了乾隆真正的“智慧”。而《天下粮仓》一剧在总体上苍凉雄劲，是近年帝王将相戏中难得的佳作，但却在皇帝形象的塑造上随了大流，误入俗路。我把这一点概括为批判锋芒的折损。“该剧在反贪思廉方面的确颇有深度，但在触及腐败根源时仍然停留于‘人治’的层面，未能一举突破‘清/贪’的思维模式。特别是把乾隆的形象塑造得过于光辉贤明。这个刚刚登基的青年皇帝，忧国爱民，勤政好学，睿智果断，明察秋毫，还亲自参加生产劳动，简直是一位‘三好皇帝’。如此，就回避了腐败与封建社会体制的关系，退到了只反贪官不反皇帝的《水浒传》时代。”

由此可见，帝王戏作为大众艺术的一个重要题材，不可偏废，但也不必去处心积虑地炒作谋划，它自有其旺盛的生命力。一个民主开放的时代，帝王不应该只是受到简单的批判或者“戏说”式的调侃。借用鲁迅先生《拿来主义》中的几个“术语”，一味批判帝王的所有言行，惟恐自己思想不进步、惟恐自己沾染了封建毒素的，是“孱头”；一味戏耍帝王、视帝王个个为阿斗，表示自己一片纯情心地无瑕，见人就叫“阿哥”和“格格”的，是“昏蛋”；一味仰视帝王光辉灿烂，表示自己五体投地，恨不能倒退三百年的，则是“废物”。历史是由帝王将相和工农兵学商共同创造的，谁在历史上发挥的作用大，与他个人的身份并没有必然联系。所以工农兵学商应该勇敢地与帝王将相一同站到荧屏上和银幕上，像历史的本来面目那样互动互搏。这或许是帝王戏的正路之一吧。

古装戏占用了太多公共资源

孟菁苇

古装戏扎堆儿，成了这两年电视剧作品挥之不去的“顽症”，先前是没完没了的清宫戏，没想到今年一开年来了个换药不换汤，又改成了明朝戏，当然，“大辫子”戏仍在延续。观众审美疲劳自不必说。但电视剧市场的这一现象让人捉摸不透，是现代题材难以驾驭，还是古装戏随意性强？是历史戏没有界限，还是观众确实喜欢古装戏？本报记者为此采访了中央民族大学教授、戏剧评论家李佩伦先生。

历史在古装戏里变成了“酵母”

李佩伦教授开门见山地谈了自己的看法：近一二年总的感觉是古装戏多了一些，质量优劣不一，观众的评价也不一。他分析说，目前的古装戏大致可分为四类：第一类是以历史真实为基础演绎出来的历史剧；第二类是根据古典名著改编的古装戏或历史剧；第三类是类似金庸作品一样，有一点历史由头，由现代人创作的怪诞的武侠戏；第四类是有一点历史的影子，由现代人创作的戏说式的宫廷戏。

李教授说，实际上后两类作品与历史毫不沾边。这类作品虽然也涉及到了历史，但所涉及的历史在这类作品中不过是一种“酵母”而已，一种通过历史而制作出来的面包，或者称之为文化面包，其中的明星不过是面包上的果料和奶油。这类古装戏，也是时下流行的文化快餐。

他还明示：这种片子以纯娱乐为目的，供人们茶余饭后消遣，属于消闲文化。由于其情节失去了真实性，人物属于类型化人物，演员不断地重复自己，整体上既没有现实感，也没有历史感。现在看来，观众已经感到疲倦，甚至让人生厌。也可以说，这类作品已让观众产生了审美疲劳，如果用艺术的高标准要求，这个“美”也还属于那种低层次的美。

在李教授看来，前些年根据古典名著改编的电视剧，相对还是比较严肃的。但眼下改编古典名著又热了起来。他说，古典名著是中华民族的文化精品，它带有中华民族的文化精神，改编者应该对中国传统文化既有正面、深刻的理解，又要有一定的传统文化修养。如果对传统文化爱得不深，理解得肤浅，那么在改编和创作过程中，就很难取得成功。但必须要说的是，古典名著本身代表和展示着某一民族的文化精神，它是中华民族精品文化的代表。因此，从这一意义上来说，任何人都不可以、也不应该去亵渎它们。

虚构不是捏造

关于历史剧的问题，李教授说，眼下历史剧在屏幕上不是多而是太少。他强调说，我说的历史剧是真正的历史剧。古装戏现在取代了历史剧，对于当下的古装戏，有历史知识的人觉得可笑，不爱看；没有历史知识的人，觉得好玩，受它骗，甚至于被其中所谓的历史所诱导，由此产生对历史的误解和对历史理解的偏离。因此，我觉得历史剧无论是古典名著还是古代历史，都是中华民族的文化遗产，它携带着中华民族文化的遗传基因。出于功利目的，不负责地去戏说历史、改编古典名著，是对这种遗传基因的破坏，是对中华民族文化生态的破坏。

李教授认为，历史剧编剧应该是历史家和艺术家的重合。历史剧作者需对历史真实在深刻认识中进行理性开掘，这是前提，是历史剧作者首先要做到的。其次是作为历史剧作者应对现实生活有深刻把握，感悟之后再令其升华，二者的结合才是一个历史剧作者所具备的基本品格或基本的文化品格。因此说，历史剧是在历史与现实的结合点上，在对历史负责、对现实负责的前提下，创作出一种有益现代人的历史精神的复活作品，同时更是一种对现实生活的深刻认识。它不是纯粹写历史，而是以历史为借鉴深刻认识今天。西方一位哲学家说过，“一切历史都是现代史”，就是这个意思。

在李教授看来，要成为一名历史剧作家是很难的。历史剧不是历史的翻版，但又必须尊重历史的真实。历史剧的历史真实必须在历史的框架内完成，虚构虽然是作家、剧作家本该具有的权利，但是这种虚构必须做到不歪曲历史，不捏造历史。所以，虚构不是随心所欲、凭空来的，而是在历史框架内的虚构。虚构出来的人物、情节、事件，不要求与历史真实有同一性，但是要有相似性，但绝不应有过多的随意性，把历史变成随意打扮的小姑娘是不允许的，那就是戏说了。只有在历史框架内的相似性，才是历史剧所追求的品位和高度。

寓教于乐并不过时

李佩伦教授告诉记者，就历史剧而言，不管是正剧、悲剧、喜剧，它的骨子里必须是崇高的。因为历史是无数人用血泪、用生命，战胜荒诞与邪恶，留给后人的财富。历史表层帝王的仁义，英雄的正义，在他们身后应该是无数非正常死亡的亡灵和无数百姓的苦难。元代诗人张养浩在一首《潼关怀古》的散曲里，怀思汉唐盛世以来的王朝兴替，“兴百姓苦，亡百姓苦”，他一语道破了历史真实的本质。

李教授说，现在所谓的历史剧也好，戏说也好，实际上是对那些为历史付出生命的亡灵们的一种戏弄。因为在戏说这种作品里，在随意改编的古典名著里，他们忘掉了那个历史背后所淤积的多少善良人和无辜者的生命。昨天延续到今天，昨天成为历史，今天延续到明天，今天就成为后人的历史，所以历史是很沉重的。戏说的作品一定会给历史留下后遗症。

怎样面对所谓的“娱乐性”呢？李教授认为，电视剧要有娱乐性，但不能把娱乐性绝对化，在娱乐之后要给人一点感悟、一点思考，要有些文化价值。因为电视剧占用了那么多的公共资源，吸引着那么多的观众，它不能像相声、小品那样纯娱乐。因此，我们要求它寓教于乐并不过时。就历史剧来讲，起码要做到这一点。按照这样一个要求，当今荧屏上的很多与历史相关的影视作品，只能归类为古装戏，或者叫戏说戏，真正意义上的历史剧倒是少得可怜。

李教授最后说：“我倒是希望能拍一些真正的历史剧。简单说，增加人们的历史知识；深一层说，把握历史精神；更深一层，通过历史的借鉴来校正我们今天的脚步。”

从传播学的角度看当前历史剧

李　强

电视剧已经成了当代最为主流的一种艺术样式，在当代普通平民的精神生活中占据着非常重要的地位。在全国各地电视台播出的电视剧中，历史剧占了很大的比重。尽管近几年历史剧的播出出现了下降趋势，但在电视里仍然随处可见新拍摄的和以往播出过的历史剧。从传播学的角度来看，频繁、大量播出质量不高的历史剧，是电视在意识形态建设中走入的一个误区。

历史剧的含义

通常我们所指的历史剧，是指以历史事件为题材，以历史人物为主体，用艺术的手段对历史所作的一种表现与反映。从字面上来看，“历史”和“剧”是相矛盾的两个词，“历史”是事实，是既定的；而“剧”是偶然的，是演绎出来的。所以历史学家和历史剧作家的立场是不同的。历史既为历史，就不可能完全再现其原貌，从这一点来说，“历史剧是一种寓言于历史的戏剧。这里的‘寓言’是指历史剧作家按照严格的生活逻辑和不苟的历史精神对真实的历史过程进行科学思辨的外化形式。而思辨的真正价值就在于对历史本质的辨求”。从历史剧的这些定义来看，历史剧虽然不是说人物、时间、地点、情节都经详尽考证，事必有据，但借用历史人物虚构的非历史的故事，如《包青天》、《宰相刘罗锅》等，还有一些戏说历史人物的古装剧，并不是历史剧。

当前历史剧中存在的问题及其负面影响

历史剧在荧屏上泛滥成灾，而精品却很少，商业炒作、利益的引诱致使历史剧质量下降，尤其是滥情风愈刮愈烈。电视传播者几乎以吸引受众为第一目标，收视率成为衡量节目传播效果的重要尺准，而隐藏其后的是广告商的利益诱惑。商品化的日渐深入，使中国文艺“载道”的传统观念和追求高雅艺术趣味的创作原则遭到了前所未有的挑战，历史剧也因为对轻松、娱乐或刺激的追求而走向了喧闹与浅表，价值探求淡化，深层思考缺失。

但历史剧并不因为其轻松娱乐就对受众的思想观念没有了影响。“任何历史剧，即使是声称最忠实于历史本相的艺术创作，在本质上都只能是对历史的审美阐释和重塑，是一种艺术化了的历史虚构，主体化了的历史想象，现代化了的历史折射。电视剧作为一种阐释行为，既要关照历史，又要产生意义。这个意义就是历史意识与现代意识，历史精神与现代精神的综合体现。”从我国如今的历史剧来看，其反映出的思想道德观念存在着许多问题。

1. 历史剧和古装剧、戏说剧的混淆

历史剧作为一种电视文化现象，近二三十年才受到人们的关注，目前对其概念的界定，学界尚存诸多争议。现实生活中，观众对历史剧的概念往往存在误解，对影视历史剧的性质、功能认识上有偏差。不少古装剧打着历史的招牌戏说历史，特别是以宫廷秘闻为情节演绎而成的电视连续剧，如《戏说乾隆》、《还珠格格》、《康熙微服私访记》、《铁嘴钢牙纪晓岚》等，其戏剧情节不取材于正史，而取材于野史和民间传说，甚至是编剧们妙笔生花、杜撰演绎的产物。这些并不属于历史剧，但却被人误认为是历史剧，是历史的反映，继而把这些情节当成历史来理解，造成历史观、价值观的混乱。

2. 用反历史的形式消费历史

纵观近年来电视上播出的以古代和近代历史为题材的历史剧，大多将历史当作一种消费品，使历史剧变成现代社会中一种被商品化了的文化消费。历史剧的制作者们用“现代意识”解构和颠覆了历史，将当代某些时髦的表层观念强加给历史，对历史进行肤浅的演绎和粗暴的篡改，使历史真实变得虚无。《走向共和》对袁世凯进行的美化，让人难以认同；《末代皇妃》把婉容描写成令人不齿的反面人物，把文绣描写成风流女，引起史学界不满；《雍正王朝》让雍正几百年后成了中国历史上最贤达的皇帝。这种没有是非观念和标准的想象和臆造是对历史的否定，是反历史的。

3. 历史剧中落后、封建思想泛滥

大量的历史剧情节中充满着对权欲、情欲、物欲的宣泄和崇拜，鼓吹皇权思想、奴才意识和权谋文化，以致出现了20世纪末中国荧屏上“皇”风四起的怪现象。这些电视剧或表现皇宫的兄弟倾轧、后妃争宠、大臣犯上，或描写三妻四妾、争风吃醋、色情乱伦，或崇尚拉帮结派的江湖义气、礼赞孝忠霸主的英雄主义。人治思想、专制主义、奴才意识、封建迷信、民族偏见、男尊女卑等沉渣泛起，广大观众观看这些连续剧，往往在嘻嘻哈哈的轻松或者打打杀杀的紧张中获得了某种心理的满足和某些欲望的宣泄，但同时也在受着寓含于其中的这些落后思想的“熏陶”。这些意识与当今科学、民主、平等、法制等现代意识是格格不入的，更不要说代表中国先进文化的前进方向。

4. 重笔美化帝王将相，忽视平民百姓

历史剧中的内容大都是以帝王将相为主角，他们把皇帝塑造成为天下操劳、无不牵挂社稷百姓的圣人。荧屏上的康熙、雍正、乾隆、秦始皇，个个都成了好皇帝，剧中所塑造的圣君、贤相、清官，个个呼风唤雨，瞬间都成了百姓心中的青天大老爷。《雍正王朝》里面的雍正皇帝，竟然将掉到桌上的饭渣捡起来送到嘴里，朴素节约成天下的楷模，而其残忍、乖戾不见了；《开创盛世》里面的李世民在政治上呼风唤雨，在战场上战无不胜，似乎从来没有错过、失败过。除了对这些帝王将相的美化之外，真正创造历史的劳动人民却不见了。平民百姓只是这些“精英”的追随者、崇拜者。这种隐藏于其中的“精英观”会对人们造成误导。

历史剧成为电视在意识形态建设中的误区

电视的普及使整个人类生活视像化了。视觉形象传播以其直观的优越性，迎合了后现代时代人们娱乐生活、消解紧张、追求幻象的心理需求。随着电视对人们生活影响的深入，其承载的社会角色越来越重要，媒介的价值趋向也比以往更广、更深地影响着接受者和社会的发展。新世纪中国的社会发展对有序化、科学化、开放化的追求愈显迫切，社会的民主化进程很大程度依赖于媒介传播的民主化进程，两者互为联系，互为推动。只有在深刻的认识我们所处的社会变化发展的时代前提下，才能使电视真正实现其传播价值和效果。

作为电视重要节目的电视剧是文化产品，导向和价值观尤为重要。当前在电视屏幕上不断播出的《康熙王朝》、《雍正王朝》、《汉武大帝》、《大明宫词》等历史剧，其导向和价值存在着偏差。其中对权欲、情欲、物欲的宣泄和崇拜，对皇权思想、奴才意识和权谋文化的鼓吹，都会对我国现代意识形态建设造成不利的影响。

当今，中国人需要的是现代精神的塑造和民主法制的呼唤，而不是对圣主明君的崇拜和专制人治的向往，历史剧应该在维护我们的民族精神、文化传统的基础上，实现当代意识对传统文化的批判和反思，去其糟粕、取其精华。大众传媒是我国社会政治、经济、意识形态建设体系中的一部分，作为党和人民喉舌的媒体，必须义不容辞地承担起激励社会变革、传播先进文化、鼓舞亿万民心的历史使命。一个不容否认的事实是大众传媒已经成为现代观念形成的重要来源，尤其是电视传媒在营造文化氛围、传播思想观念方面优势独具。充分利用电视传媒的文化、价值观的导向功能，可以提升国家的文化品质，加快社会前进的步伐。

从全球视野正确认识历史剧的定位和传播

面对蓬勃发展变化的现实，媒介的责任、媒介的权利和媒介的利益，都不允许媒介视而不见、墨守成规。他们只有时刻保持着对社会风云变幻敏锐的洞察力、积极的应对力、卓越的传播力，才有可能在激烈的市场竞争中抓住受众的眼球，同时又不负自身所承担的意识形态建设、传播历史文化的重要使命。

强调民族传统文化的独特魅力已经成为电视在"入世"以后树立民族观念、对抗文化霸权主义的共识性策略。历史题材已成为近年来国产电视剧的首选和热点，拍摄最多的是历史剧，最受观众关注的是历史剧，而问题最多的也是历史剧。剧作者应该按照"代表先进文化的前进方向"的要求，走出"消费历史"的文化陷阱，从全球视野的角度，坚持历史唯物主义的立场，在尊重历史的前提下，用先进的现代意识阐释历史，张扬人文精神，体现民族的传统和历史，展现民族精神和文化。

1．树立精品意识，提高历史剧的哲学和美学高度

历史剧不是一般的电视商品，所以必须树立精品意识，严抓质量关，加强对影视历史剧剧本及影视制作的审查监督力度，做到"去粗取精，去伪存真"，提高历史剧的哲学和美学高度。现在的历史剧，往往只是一般地表现历史的经验教训，一般地表现政治斗争的险恶和一般地刻画人物的复杂，而不太注重从一般的个别的历史现象中找出某种带有普遍意义的、深刻的、前人探讨不多的或没有探讨过的哲理，缺少对历史的整体性哲理反思。如伦理道德与历史进步的关系、政治权力对人性的异化、制度对权力制约的作用、爱情与政治的关系、传统伦理道德的利弊、中国封建社会超稳定延续的原因等等。剧中任何矛盾的解决似乎都要归结到权力或某个清官的正直清廉，这无形中强化了观众对权力、好官的依赖心理，而忘掉或冲淡了对制度、法律等问题的思索。这是历史剧在制作时应该改变的一个问题。

2．追求艺术不能完全忽略历史

历史剧是以历史为依据的，但它同时也是一种艺术形式，历史真实和艺术虚构是一对很难处理得完美统一的矛盾。历史剧是以历史真实性为主还是以艺术真实性为主的问题上曾有过很多争论，未能形成共识。历史剧作为戏剧的一类，自然应该有艺术虚构，但任何虚构的情节，都不应该超越历史认识许可的范围，不能和真实的历史相冲突。这个范围包括当时特定的历史环境、价值取向、道德观念、生活方式以及社会习尚等方面所规定、允许、可给予的限度。合度的虚构才能合历史之情、合过程发展之理。特别是历史剧的细节一定要真实，而这一点恰恰是我国历史剧中经常犯的错误。《汉武大帝》让司马迁长出了胡子；《大明宫词》让比太平公主晚生了37年的大诗人王维与其演绎一段奇异的情缘；《雍正王朝》中多次出现"南京"、"台北港"等词。这些常识性错误严重损害了历史剧的真实性，引起观众的指责和怀疑。所以合度的虚构和处理真实的细节是历史剧必须重视的重要方面。

3．寻找中西文化的结合点，走向世界

在全球化形势下，中国历史剧面临着保持国内市场与走向世界的双重挑战。所以，它既要考虑国内大多数人的精神生活需要，同时还要考虑与西方文化的契合点、兴奋点以及西方的审美习惯和接受方式，打造出走向世界的品牌。历史剧《赵氏孤儿》就是一个走向国际市场的成功范例。其成功的原因是多方面的，例如，蕴含的中西文化最重要的契合点——对仇恨的态度和复仇的精神，正义之士在黑暗和残暴面前的毫不退缩、前赴后继、视死如归。还抓住了国外受众对中国文化的兴奋点和契合点，并充分考虑了西方文化的审美习惯和接受方式。中国历史剧只有塑造起自己的品牌，以强壮的身躯屹立于世纪的艺术舞台上，才能真正反映出中华民族历史文化的光辉。消费观、娱乐观、商业色彩的渗透和冲击，使中国现阶段的历史剧具有了尖锐的否定性、游戏性、先锋性特征。凡此种种，必然渗透于大众传媒的意识语言体系，并在传播中影响人

们的思想观念。电视媒介应全面认识历史剧的地位、功能及其存在的问题，在基本导向的框架下，努力在传统与现代、同一与差异、精英与大众、主流与边缘之间，探求并确立自身传播的价值取向，完成媒体所承载的重任：“以科学的理论武装人，以正确的舆论引导人，以高尚的精神塑造人，以优秀的作品鼓舞人。”

电视剧市场营销策略探微

——以湖南卫视成功运作《还珠格格Ⅲ》为例

肖 柳

2004年春节前后，湖南卫视隆重推出自行拍摄制作的具有传奇色彩的古装电视剧《还珠格格Ⅲ》（以下简称《还Ⅲ》）。由于成功的市场营销，《还Ⅲ》为湖南卫视创造了近年来电视剧收视的最高纪录，也为频道创造了可观的广告收益，而且在一定程度上扩展了频道品牌价值。

《还珠格格Ⅲ》的营销效果检视

《还Ⅲ》的营销效果集中体现在频道收视率的攀升和频道影响力的扩大。

1月11日，《还Ⅲ》开播，当日收视率湖南为15.9%、长沙为11.9%，创造了湖南卫视“金鹰剧场”收视新记录。此后，该记录被一再打破，截至2月8日，《还Ⅲ》在湖南和长沙两市场的平均收视率分别为20.2%、15.2%，市场份额分别为42.2%、36.5%，创下湖南卫视在这两个市场的最高记录。与此同时，《还Ⅲ》还创下了“金鹰剧场”在全国各区域市场的收视新高。根据央视索福瑞提供的收视率城市数据，截至2月8日，《还Ⅲ》在北京市场的收视率最高达到14.4%（5分钟数据），收视排名进入当地市场所有节目前10位。

数据显示，在整个湖南市场《还Ⅲ》的到达率达86%，在长沙市场的到达率达89.4%，超过湖南卫视2003年播出效果最好的《绝色双娇》十多个百分点，可以说《还Ⅲ》的影响力是空前的。这种影响力从湖南卫视网站的点击率上也得到充分体现。据卫视网站粗略统计，在《还Ⅲ》播出的一个月里，湖南卫视网站的日平均点击量达到439.9万次，最高日点击量达到655万次。

《还珠格格Ⅲ》的营销策略探微

《还Ⅲ》之所以能取得良好的营销效果，很大程度上得益于成功的市场营销。

一、强势的市场推广为《还Ⅲ》的成功营销奠定了雄厚基础

湖南卫视总编室早在《还Ⅲ》开播前半年就制定了详细的市场推广计划，确立以媒介宣传、活动造势和与观众互动作为市场推广的主要策略，同时考虑到北京地区尚未首播的实际情况，确立以“立足湖南，强攻北京，辐射全国”作为基本的推广战略，先后进行两轮战役式炒作，掀起了一轮又一轮高潮，形成整体规模效应。

《还Ⅲ》的媒介宣传是湖南卫视近年来投入人力、精力最大的一次。总编室通过已经在全国建立的媒体网络和推广平台，依托省内外主流报纸、相关电视栏目、强势广播电台及互联网和路牌灯箱等对《还Ⅲ》进行了全方位立体宣传，而且《还Ⅲ》的媒介宣传有重点、有层次，基本上以观众市场大、报业发展好的北京、杭州、成都等城市为主。以第二轮《还Ⅲ》宣传热潮为例，这次热炒与本频道的宣传联动，相互呼应，渐次递进。北京、杭州、成都等地的主流报纸相继刊发若干《还Ⅲ》即将播出的相关消息；《北京广播电视报》在头版刊发《还Ⅲ》开播的消息；新浪、搜狐、TOM三大门户网站则相继在首页醒目位置转载各主流媒体刊发的《还Ⅲ》新闻，湖南卫视网站更是开辟《还Ⅲ》专页，提供丰富资讯；从2003年12月15日起，湖南卫视的名牌栏目“娱乐无极限”、“卫视中间站”每天都在节目中播报《还Ⅲ》专题新闻。这些举措吊足了观众胃口，在观众中形成了极高的期待度。

《还Ⅲ》的活动造势同样功不可没，在两轮炒作中特别是在第二轮热炒中，湖南卫视采用了“事件+活动+新闻发布会”的模式进行造势推广。1月8日，湖南卫视特制的《还Ⅲ》台历大派送活动拉开序幕，直达中小学及社区的“每日一送”；为开播加温，1月10日，湖南卫视在长沙的湖南大剧院举行“《还Ⅲ》灯谜会”，现场发烧友们

的狂热表现成为《还Ⅲ》人气旺盛的最好诠释，多家媒体大加追捧；1月14日，“《还Ⅲ》演员见面会”在长沙万代大酒店举行，“还珠迷”的热情达到极点。这些活动的举办有效地激发了观众对《还Ⅲ》的关注热情，也形成了观众对《还Ⅲ》的收视心理定势。

此外，开播前，湖南卫视与北京鸿信讯盟公司合作推出了“《还Ⅲ》何时播出听你意愿”的手机短信与网络调查活动；开播后，又推出“《还Ⅲ》手机短信留言版”，观众将所看所想发送到卫视网站并在每天的剧目播完后选择播出。这些举措极大地激发了观众的参与热情，更激发了观众的收视热情。

二、编排创新成为《还Ⅲ》保持高收视率的助推器

节目好是高收视率的必要条件，但节目好并不等于高收视率，实践证明高收视率必须依靠科学合理的节目编排。科学合理的节目编排往往随观众收视心理、收视习惯及竞争环境的变化而变化，特别是国家广电总局17号令颁布以后，如何创新节目编排已成为各电视台争夺受众资源、提高广告收益的重大课题。

在制定《还Ⅲ》的编排策略前，湖南卫视总编室认真分析了观众心理、观众需求和竞争环境，最后确立的基本原则是：特别节目、特殊时段实施特色编排。采取的主要编排策略是：

第一，无缝隙编排，防止观众“溢流”。尽管《还Ⅲ》是强档电视剧，但观众通常在广告时间频繁转台依然是普遍现象。针对这种情况，为防止观众“溢流”，湖南卫视采用无缝隙编排策略，一是压缩两档电视剧节目之间的广告时间，将广告打散插播于节目接口之间，形成“Next标版+宣传片+广告+下一节目片头”的新模式；二是在上一档节目（央视《新闻联播》）结束后，跟进播出快节奏的《还Ⅲ》情节预告短片“精彩抢‘鲜’看”，此举让观众无暇顾及其他频道，有效地留住了观众。

第二，针锋相对，正面打压竞争对手，增加观众“入流”。在当下电视剧成为各台争夺受众资源的杀手锏之后，区域内外频道电视剧之间的竞争日趋白热化。长期以来，在湖南市场，湖南卫视“金鹰剧场”与eTV“730剧场”之间的竞争十分激烈。就在湖南卫视《还Ⅲ》隆重推出之时，eTV“730剧场”也换档播出《福星高照》，为此湖南卫视将《福星高照》当作竞争对手，采取了非常编排措施。

在乒乓球比赛中，运动员都非常重视运用“前三板”技术压制对手，抢占先机，控制局面，同样，在电视剧播出中也讲究“前三板”效应。为此，湖南卫视在无缝隙编排的基础上，强化剧情预告，通过“精彩抢‘鲜’看”和飞播字幕的方式，覆盖《福星高照》的节目接口和广告时间，使《福星高照》的“溢流”观众变成《还Ⅲ》的“入流”观众，此举效果非常明显。

第三，“先剪后拖”，吸引观众。《还Ⅲ》原定40集播出，但根据春节前后频道竞争环境的变化，湖南卫视采取非常规的“先剪后拖”编排手法，即在剧目前段压缩情节，加快节奏，提高精彩度，以吸引观众，而在剧目后段则“放水”延续情节，让观众欲罢不能，结果，《还Ⅲ》由40集变成了51集。此举既延伸了频道收视优势，又有效利用了资源，增加了广告收益。

第四，编播特辑“精彩抢‘鲜’看”与飞播字幕。提前预告剧情是吸引观众的有效方式，但预告剧情必须掌握节奏，不能平均用力，不能占用广告时段和节目时间。为此，湖南卫视根据《还Ⅲ》的情节编辑了特别片段“精彩抢‘鲜’看”，并且采用递进法编排播出。《还Ⅲ》播出前一天，湖南卫视在“开心剧场”编播了30分钟“精彩抢‘鲜’看”；播出当天，又分别在上午的“经典剧场”和下午的“开心剧场”各播一次。然后，一天一天减少“精彩抢‘鲜’看”的时长，吊起观众胃口，吸引观众看下去。与此同时，湖南卫视还在广告时段飞播字幕，预告剧情，观众此时即便想转台也难以割舍。

品牌延伸与资源利用扩展了《还Ⅲ》的市场价值

品牌战略是市场营销的重要手段，而在品牌营销中，品牌延伸又是重要的选择手段。品牌延伸的价值就在于新产品利用已有的品牌影响力来达到营销目的。从近年来国内电视剧的运作来看，翻拍和续集有着巨大的利润空间，金庸的作品被翻拍多次依然大受欢迎，《康熙微服私访记》拍到第四部，收视率在部分地区依然雄居榜首。究其原因就在于这些系列剧的前几部作品培养了大批观众群，积累了品牌效应。同样《还Ⅰ》和《还Ⅱ》也早在观众中树立了品牌，培养了自己的观众群，《还Ⅲ》的市场营销取得成功也就在情理之中了。同时，为配合《还Ⅲ》的播出，并考虑到春节前后收视环境的变化，湖南卫视在《还Ⅲ》开播前几天将《还珠格格Ⅰ》和《还珠格格Ⅱ》整合编辑出《还珠格格》精装版，共72期，分别在白天的“经典剧场”和“开心剧场”播出，这样从上午到晚上，观众都能在湖南卫视频道上看到“小燕子”活泼可爱的形象，给人一种还珠格格无处不在的感觉。这种套播法既有利于品牌延伸，又有利于资源利用，具有一石二鸟之功效。

启示

一、要强化电视剧本体意识，进一步突出电视剧在频道节目运营中的主体地位

调查表明，中国电视节目市场依然是电视剧、新闻、综艺三类节目唱主角。对比2002年和2003年各类节目的

收视份额，电视剧、新闻、综艺类节目收视整体上升，其中，电视剧依然占据最大的市场份额。

从湖南卫视2003年的运作情况来看，由于改版，设立五大剧场，增加电视剧播出时量，收视效果非常明显。而从业界看，中央台2003年调整节目营销战略，把电视剧提到空前突出的位置，争吃省级卫视的护家领地，同样效果明显。对此，省级卫视没有退路可走，必须加大对电视剧的投入，确保电视剧在频道节目中的主体地位。

二、要抢占资源高地，争取竞争优势

电视竞争发展到今天实质上成了资源竞争，无论是全国性传播价值还是资源优势，中央台均一家独大。作为省级卫视，最有可能争夺的空间就是市场化运作条件下的电视剧，但电视剧也存在资源制约问题，谁抢占到资源高地谁就成为赢家。对于省级卫视来说，抢占电视剧资源高地，必须在三个方面下功夫：一是与大型制片公司建立密切联系，确保资金投入，实现版权突破；二是打明星牌，开拓独家资源；三是延伸独家资源。从近年国内电视剧市场翻拍、续集成风的走势看，利用已有品牌拍系列剧是很见成效的事情。

三、要加强受众研究，提高营销水平

研究受众心理，了解受众需求，运用“观众流”理论进行科学运作，这是电视剧运作成功的重要法则。《还Ⅲ》的市场推广与编排创新就是遵循这一法则进行的。《还Ⅲ》的观众虽然始终是以24—54岁女性观众为构成主体，但是由于注重受众研究，推广力度不断加强，推广手段不断多样，编排手法不断创新，到了剧目的中部及后半部分，25—64岁的主流电视观众比例明显增加，这不仅大幅度地提高了《还Ⅲ》的观众到达率，也大幅度地提高了《还Ⅲ》的观众规模和观众质量，从而达到了营销目的。

历史剧中封建帝王评价的思考

童庆炳

帝王形象塑造需要“主体意识”的参与

对于历史剧，我们看重历史的真（可信）、艺术的美（好看），但是历史的真和艺术的美如何才能达到呢？这就有赖于作家的自身思想情感介入与参与。历史的真，不是现成的东西，尽管有各种历史著作作为依据，但那是后代的历史学家追忆的东西，其中的偏见几乎到处可见。所以有的学者把原本原貌的历史叫做“历史1”，而把历史著作中所展现的历史叫做“历史2”。作家不可能面对几百年前、几千年前的“历史1”。在我看来，就是大家一致称赞的司马迁的《史记》，其中也有不少的虚构和假定、美化和丑化、选择与摈弃、增添和忽略、隐藏与凸显。那么如何尽可能（我只说尽可能）接近历史的本真原貌呢？这就要靠作家主观思想情感的介入与参与，设身处地，感同身受，这样，也许更能接近历史本真。艺术的美更要作家主观思想感情雨露的浇灌，如果没有作家思想感情雨露的浇灌，不可能把读者需要的艺术的美展现出来。从这个意义上说，作家的“主体意识”力量重于历史的真与艺术的美的力量，它不能不是历史剧中的另一种声音。

值得注意的是，作者们在写古代帝王生活的时候，更要有主体意识的介入，即对帝王及其生活进行评价。把某帝王的所谓千秋功罪做平列式的罗列，堆砌各种资料，拼凑各种细节，虚构具体的场景，东拉西扯，万般铺陈，这都是无济于事的。重要的是主体意识的灌注，给帝王一个中肯的评价，把某帝王的真实还给历史。这种经过作家主体意识参与的历史，我们似乎可以叫作“历史3”。帝王的真实不在“历史1”，因为这样的历史本真无从追寻；也不在“历史2”，这仅是历史学家的历史。惟有具有作家主体意识参与的“历史3”，才是历史剧所需要的历史真实。

帝王形象需要“最现代的思想”的评价

马克思1859年在给拉萨尔的信中，谈到他的历史题材的剧本《弗朗茨·冯·济金根》创作的得失。马克思认为拉萨尔对于济金根贵族们隐藏着的旧的帝国和强权的梦想，描写得太多，“占去了全部注意力”，“而农民和城市革命知识分子的代表（特别是农民的代表）倒是应当构成十分重要的积极的背景。这样，你就能够在更高的程度用朴素的形式把最现代的思想表现出来”。马克思这段话对我们是有启发的。特别他要求历史剧“用朴素的形式把最现代的思想表现出来”，尤其精辟。如何来理解历史剧表现“最现代的思想”呢？是不是像电视剧《汉武大帝》那样，汉代的古装的人们说着现代的白话，加上诸如“国家兴亡，匹夫有责”这类清代才有的警句，就表现出“最现代的思想”呢？当然不是。让古人嘴里充满了如今才流行的话语，这是编导无能的表现。

马克思的意思显然是作为现代的剧作者应该以唯物史观这个“最现代的思想”去掌握和选择历史资料、去分析历史事实、去评价历史人物、去总结历史的经验与教训，并最终让人对于今天的社会有所“感悟”和联想。用今天“最现代的思想”看，帝王无不是反民主的、反法治的，他们代表着旧的社会经济形态及其上层建筑，代表着旧的政治和文化，这是他们的共性。人们可能会问，历史上是不是有开明皇帝？帝王中是不是有伟大的人物？如果有的话，他们对社会发展问题的解决作出的贡献是否应该得到肯定的评价？我想这些问题都是需要也是可以回答的。马克思说：“每一个社会时代都需要有自己的伟大人物，如果没有这样的伟大人物，它就要创制出这样的人物来。”的确是这样，历史总是给历史人物（包括帝王）提供了机遇。现实也总是给现实的人提供机遇。不论是什么时代，都可能面临一些必须解决的问题。电视连续剧《汉武大帝》肯定和颂扬了打击匈奴所取得的功绩，是大体不错的。所以我们应当承认帝王中有开明的或睿智的或有气魄的或有才干的，有为历史过程中重大问题的解决获得成就的人物，有为民族国家的形成作出贡献的伟大人物。不承认这一点区别，统统简单地归结为罪不可赦的剥削者压迫者是不符合历史事实的。

但是，就电视连续剧《汉武大帝》在肯定汉武帝功绩的同时，对于汉武帝的赞颂，也过分“拔高”就不合适。特别是当他晚年穷兵黩武，好大喜功，炼仙丹，喜方士，剧作者那些吹嘘谄媚之词，是汉武帝能够承受得起的吗？汉武帝的伟大，仍然是作为封建帝王的伟大，帝王的本性在他身上并没有改变，过分的鼓吹乃是臣民的奴性思想在作怪。

评价帝王的要点

在当代历史剧创作中，帝王常常成为人物描写的中心，成为作者们热衷的事情。《康熙王朝》、《雍正王朝》、《乾隆王朝》、《成吉思汗》、《汉武大帝》等等影响很大的小说和电视连续剧，都以帝王作为主角来展开艺术描写。这里当然不应设什么禁区，问题在于怎样写才是成功的。我认为，在写帝王的时候，重要的要看对封建帝王的评价是否准确和正确。

我们的作者们不要把这些帝王看成是天生的，离开他们历史就不能前进。要知道，在封建社会中，谁成为帝王，是封建内部斗争的结果，带有很大的偶然性。像汉代的汉武帝的出现，是历史需要的结果，因为在那个时期，匈奴的问题已经到了非解决不可的时候，需要有一个具有战略眼光的帝王出来平定匈奴之乱。如果没有刘彻，“他的角色会由另一个人来充当的”。那种在小说或影视作品中故意渲染某个帝王出生时就不同凡响，有什么天人感应的现象发生，连孩子哭声都不同凡人，似乎他真是上天派下来专为解决某个历史难题的人物。这样一些描写，都是历史唯心主义的伪艺术伎俩。

我们的作者们应当把帝王置于历史发展潮流中去把握，看他是顺应历史潮流还是逆历史潮流而动。帝王总生活在一定的历史阶段。这个阶段的现实是否是必然的合理的呢？即是否合符历史潮流？历史潮流滚滚向前，原有的现实可能不具有必然性和合理性，那就要用新的、更富有生命力的现实加以取代。对于帝王及其行为的评价，就应该用这样的观点加以衡量。例如同样是生活于封建社会的帝王，也有一个是生活于封建社会上升时期还是衰落时期的问题，我们对于他们作出的评价，就不能不考虑这种区分。

还是以电视剧《汉武大帝》为例。这部电视剧的主要人物汉景帝和汉武帝，都处于中国封建社会上升时期。电视剧的主要内容写了汉景帝平定内部的七国之乱，建立汉代中央集权；汉武帝讨伐匈奴胜利，扩充了疆土。《汉武大帝》对于汉景帝的评价应该说是大体不错的；《汉武大帝》赞扬了汉武帝对匈奴作战的胜利，也是符合历史潮流的，评价应该说也大体不错。但是对于处于封建社会衰落时期的清代康熙、雍正、乾隆来说，就不能与汉景帝、汉武帝同日而语了。笔者曾在一篇文章中说过：对于具有五千年历史的古代中国来说，“康雍乾盛世”不过是封建社会末世的“繁荣”，是即将开败的花，是即将枯萎的树，是黄昏时刻的落日，是远去的帆影。但作者们还是不能按照历史发展的大趋势去真实地把握它，而用众多的艺术手段去歌颂“康、雍、乾”诸大帝，并充满了溢美之词。作者们把他们的统治描写成“盛世”，这不能不令人费解。其实，中国的历史发展到晚明，中国社会自身已经生长出了资本主义的幼芽，资本的流通和市民社会初步形成，使中国到了一个历史转折的关头，如果不遇到障碍，资本主义有可能自然破土而出。这就是当时社会发展的走向。清朝建立后是顺应这个历史潮流的，还是逆这个历史潮流而动的呢？这是我们必须弄清楚的。康雍乾三朝长达134年的统治，虽然社会是基本安定了，生产也得到了恢复，但他们把封建主义的专制制度发展到极端。特别是儒家思想僵硬地钳制着人们，更是达到登峰造极的程度。尤其是康雍乾三朝所盛行的文字狱，一朝比一朝严厉。这一扼杀思想自由的行为，最为严重，直接导致了国民奴性的形成，也直接导致朝廷眼光狭隘、闭关锁国、蔑视科学、重农轻商等。可以说在康雍乾三朝已经埋下了晚清社会落后、国力孱弱、内忧外患、亡国灭种的危机。不幸得很，正当我们为17、18世纪康雍乾盛世而自满自骄自傲的时候，欧洲的主要国家在文艺复兴运动之后，开始并完成资产阶级革命，科学技术发明接连不断，轰轰烈烈的现代工业革命创造了人类空前的财富，开始了现代化的进程，把东方各国甩在后面。以英国为首的列强已经开始向东方的中国虎视眈眈。中国离遭受别人宰割的日子已经不远了。这就是历史大趋势和总趋势坐标中的所谓“康雍乾盛世”，他们的统治并非顺应历史发展的潮流。但剧作者歌颂他们殚精竭虑为百姓谋利益，不畏艰险为中国谋富强，千方百计为国家除腐败等却成为主调。这是在歌颂逆历史潮流而动的最腐朽的东西，我不认为这样的评价是可以接受的。

附　录

附录一："清宫戏走红荧屏"搜索关键词

清官、清宫戏、帝王戏、古代题材电视剧、古装戏、历史剧、历史题材电视剧、清宫文化、《少年天子》、《天下粮仓》、《雍正王朝》、《康熙王朝》、《乾隆王朝》、《康熙微服私访记》、《还珠格格》、《孝庄秘史》、《皇太子秘史》、清电视剧、清历史剧

附录二：A类文章目录

- 杂谈五题——清宫戏走红漫说/乐朋//中国电视 2000-02
- 谈电视连续剧《雍正王朝》的艺术魅力/陈丹琳//中国广播电视学刊 2000-04
- 纵论"荧屏上的历史"剧作——中国历史题材电视剧回顾与展望/严萍英//当代电视 2000-S4
- 仪式的庄严与戏谑——评历史题材电视剧之"戏说历史"/赵鹏//现代传播　（北京广播学院学报）2001-01
- 历史剧和清宫戏断想/华明//南京师范大学文学院学报 2002-01
- "帝王之道"与"世人情怀"的激烈冲突——《康熙王朝》编剧朱苏进谈康熙形象/肖海鹰//光明日报 2002-01-09
- 历史题材·历史规律·历史品格——电视文学剧本《天下粮仓》序言/程蔚东//中国电视 2002-02
- 历史题材电视剧中的文化导向值得关注/赵小青//文艺报 2002-02-07
- 《康熙王朝》创作有感/蔡永瑞//中国电视 2002-02
- 好大一个仓——评电视连续剧《天下粮仓》/孔庆东//中国电视 2002-03
- 评电视剧《康熙王朝》/郝雨　邢虹文//电视研究 2002-03
- 磨砺历史题材的电视剧精品——从《雍正王朝》到《康熙王朝》/付勇//电视研究 2002-04
- 尝试两种文化形态的契合——评电视连续剧《天下粮仓》的创作思路/盘剑//电视研究 2002-04
- 艺术匠心与极致的追求——《天下粮仓》看片随想/李准//中国电视 2002-04
- 展现电视电影化的艺术魅力——从电视剧《天下粮仓》谈起/张翼//晋阳学刊 2002-06
- 尤小刚直言：《孝庄秘史》不是历史剧/赵文侠//北京日报 2002-12-31
- 《孝庄秘史》和历史题材创作/李准//光明日报 2003-04-09
- 《乾隆王朝》有哪些看点？/李光一//解放日报 2003-04-29
- 历史剧的再现、表现与戏仿/王昕　刘欣欣//文艺报 2003-06-12
- 哪是风雨哪是晴——历史剧现状冷暖谈/欧磊//声屏世界 2003-08
- 历史横亘在现实之中——简论历史电视剧的当代性/李艳//中国电视 2003-09
- 尤小刚："皇太子"会接好"孝庄"的班/赵文侠//北京日报 2004-02-02
- "清宫戏热"现象透视/戈小燕//视听纵横 2004-03
- 距离是一种节奏——从《天下粮仓》谈起/高彦//视听纵横 2004-04
- 《少年天子》荧屏内外"热"起来/陈慧//大市场·广告导报 2004-05
- 历史剧题材的审美特性/吴玉杰//辽宁大学学报（哲学社会科学版）2004-06
- 中国现当代历史剧的启蒙精神/邓齐平//南京大学 2004（博士论文）
- 试论凌力历史小说的审美追求——兼评《少年天子》/田昊//四川理工学院学报（社会科学版）2005-03
- 电视剧：在历史和受众之间——历史剧传播分析·以宫廷剧为例/郑孝芬　郭媛媛//无锡商业职业技术学院学报 2006-04
- 历史剧文化传播功能分析/郭敏//中国电视 2006-11
- 刘和平：从《雍正王朝》到《大明王朝》/张英//南方周末 2007-02-08
- 再现历史本质的真实——兼论刘和平的历史剧创作观/胡光凡//理论与创作 2007-03
- 历史剧：真实与虚构之间的桥梁/黄朴民　葛伟//中国艺术报 2007-04-20
- 《少年天子》思想内涵浅析/司娟娟//南昌高专学报 2008-03
- 治国就是治吏——雍正王朝吏治革新的启示/朱贵玉//领导之友 2008-04
- 浅析历史题材电视剧中的英雄奇观/李庚//中国广播电视学刊 2008-06
- 皇权与情感的较量——对电视剧《康熙王朝》的再审视/刘高峰//电影评介 2008-06

附录三：B类文章目录

- 帝王戏与平民戏——近期电视剧创作中的两大热点透视/钟友循//长沙铁道学院学报（社会科学版）2000-01
- 解剖当今历史剧　专家挑出六根"刺"/檀梅//浙江日报 2000-06-21
- 莫为专制主义唱赞歌——评荧屏"清宫戏"/孙克民//北京联合大学学报 2000-10
- 影视历史剧离历史有多远/单三娅//光明日报 2001-04-25
- 历史剧要"戏说"有度/张凤铸//中国艺术报 2001-06-22
- 《康熙王朝》电视剧与文化心理/栗子//华夏文化 2002-01
- 我看《康熙王朝》/晓勉//山西日报 2002-01-08
- 《康熙王朝》硬伤多/马振方//文艺报 2002-01-10
- 此非彼也——读学术专著《康熙皇帝一家》　看电视剧《康熙王朝》/陈力丹//大众科技报 2002-01-15
- 《天下粮仓》为何吃力不讨好/陈建新//文汇报 2002-01-25
- 电视剧《天下粮仓》悬念过多　效果不佳/小可//文艺报 2002-01-26
- 评古装戏成风/韩梅//视听界 2002-02
- 《康熙王朝》的鳞伤/小丁//文史杂志 2002-02
- 回光返照式的辉煌——《康熙王朝》批判/陈欣//吉林财税 2002-02
- 清宫戏播得太多　写得太滥/放谭//文艺报 2002-02-09
- 价值观问题不可忽视——从《黑洞》、《康熙王朝》热播说起/山风//光明日报 2002-02-20
- 《康熙王朝》异议/梁培镇//当代电视 2002-03
- 封建极权政治的挽歌——电视剧《康熙王朝》观后浅议/刘自立//当代电视 2002-03
- 深层透视《康熙王朝》　简析朱苏进与二月河的较量/葛维屏//当代电视 2002-03
- 皇风帝雨吹野史——我看当前中国电视的后历史剧现象/王一川//电影艺术 2002-03
- 消费历史：电视历史剧的文化陷阱/姚馨丙//南通师范学院学报（哲学社会科学版）2002-04
- 谈历史剧/薛若琳//中国文化报 2002-04-02
- 历史剧的创作态度/吴文科//光明日报 2002-04-10
- 清宫帝王戏是不是太滥了？//解放日报 2002-04-19
- 古代题材电视剧泛滥的原因何在/杨扬　唐明生//文艺报 2002-04-25
- 成也"突转"　败也"突转"——《天下粮仓》艺术得失谈/何祖健//中国电视 2002-05
- 历史剧《康熙王朝》的十大错误/双成//湖南档案 2002-05
- 民间立场的历史叙事——评电视连续剧《康熙王朝》/刘永昶//写作 2002-05

- 向文艺家进一言——从清宫戏创作热说起/胡光凡//湖南日报 2002－05－08
- 戏说与历史真实之比较——我观《康熙王朝》/冯佐哲//湖南日报 2002－05－08
- 审美的温弱导致国民精神的缺钙——从电视剧《天下粮仓》的播出谈起/俞胜利//中国电视 2002－06
- 历史剧创作中的非道德倾向/汪方华//文艺报 2002－06－27
- 从帝王戏谈到反腐败反封建/丘立//中华魂 2002－09
- “历史剧”审美品质的提升/陈斌善//剧本 2002－10
- 历史题材电视剧创作的趋利避害/王卫平//文艺报 2002－10－17
- 历史的权威在历史题材电视剧中丧失/蔡建梅//电视研究 2002－11
- 历史题材电视剧创作的趋利避害/王卫平//中国电视 2002－12
- 也谈历史剧/吴忠//文艺报 2002－12－05
- 从《还珠格格》联想到的/王维力//大众电影 2002－18
- 清宫戏该清清宫了/沈良庆//社会科学论坛 2003－01
- 时代呼唤崇高——透过《康熙王朝》热映试析影视观众的审美心理/格明福//南宁师范高等专科学校学报 2003－01
- 论 20 世纪中国现代历史剧的批评话语/范志忠//浙江大学学报（人文社会科学版）2003－01
- 《乾隆王朝》：四大看点引人追寻/单中桂//深圳商报 2003－01－22
- 和珅成了谋国干臣？——评电视剧《乾隆王朝》/傅启芳//中国文化报 2003－02－20
- 关于《孝庄秘史》的思考/仲呈祥//人民日报 2003－04－11
- 关于历史剧的几个问题/姜鸣//文汇报 2003－05－25
- 电视剧《孝庄秘史》启示录/仲呈祥//当代电视 2003－06
- 古装历史剧之“硬伤”与“正说”/张一平//中国文化报 2003－06－03
- 帝王戏的历史观问题应引起重视/张西立　刘云川//中华魂 2003－07
- 历史戏剧化与历史剧创作原则反思/邓齐平//中国戏剧 2003－07
- 琼瑶阿姨，您又骗了我——《还珠格格Ⅲ》观感/小李//电影画刊 2003－09
- 历史剧：历史的无奈/王春瑜//中国党政干部论坛 2003－09
- “秘史系列”何以有所作为？——从电视剧《孝庄秘史》谈起/李亚威//电影 2003－11
- 清宫戏与当代作品中的权谋文化/孙书文//文艺报 2003－11－04
- 天上人间——评《还珠格格》第三部/孙露丝//好家长 2003－12
- 古装戏传播了什么/王锡松//中华新闻报 2003－12－19
- 谁能让小说“害羞”——以《少年天子（顺治篇）》为例漫谈小说的影视改编/付艳霞//北京社会科学 2004－01
- 《乾隆王朝》：帝王历史剧的末路狂花？/谢建华//声屏世界 2004－01
- 历史之于历史剧/刘淑萍//当代戏剧 2004－03
- 历史题材电视剧创作的冷与热/韩元//人民日报 2004－04－27
- “清宫戏”该降温了/王文元//文史天地 2004－07
- “清”风何故乱荧屏？——浅析当前“清宫戏”走红的原因/陆霞//中国历史文学的世纪之旅——中国现当代历史题材创作国际研讨会论文集 2004
- 从“好皇帝”现象看近年历史题材电视剧对历史的背离/郑淑梅　唐红//中国历史文学的世纪之旅——中国现当代历史题材创作国际研讨会论文集 2004
- 单调的热闹与认真的荒诞——近年中国电视剧“清宫戏”热及其特征分析/武丹//吉林大学 2004（硕士论文）
- 对历史剧创作的思考/赵锡淮//戏曲艺术 2005－01
- 从电视中清宫戏的泛滥谈起/刘建新//新闻记者2005－01
- 时代感与历史剧创作/冯栎钧//青海师专学报 2005－02
- 消费历史：历史题材电视剧的文化批判/李力//中国电视 2005－03
- “帝王戏”何以热播/蔡韬//黑龙江日报 2005－03－29
- 清史剧之我见——杂议历史剧/张之一//当代电视 2005－04
- 硬伤——历史剧不能承受之重——对历史题材电视剧创作中“硬伤”问题的一些看法/魏炜//中国电视 2005－04
- 历史剧浅析——观历史剧《康熙王朝》、《雍正王朝》、《汉武大帝》有感/吴学明//中国电视 2005－05
- 历史剧创作的人文底线/王晓华//学习月刊 2005－05
- 帝王戏“教化”了什么/吴建平//浙江日报 2005－05－30
- 帝王戏的正路/孔庆东//艺术评论 2005－06
- 历史剧与青少年历史价值观的培养/王会//当代传播 2005－06
- 给帝王戏降降温//人民日报 2005－06－09
- 强调提升历史剧的品质/高小立//文艺报 2005－06－09
- 历史剧首当体现历史精神/李汀//文艺报 2005－06－09
- 如何看待帝王戏/张铁//贵阳日报 2005－06－13
- 历史剧的热闹与尴尬/董红言//中国电视 2005－07
- 历史剧，娱乐还要走多远？/何东//四川日报 2005－08－26
- 青少年学生鉴赏影视历史剧的误区原因及对策初探/钱静//浙江传媒学院学报 2006－01
- 对历史题材电视剧的几点思考/关连莹//理论界 2006－02
- 怎样看待时下的帝王戏/栾保俊//中华魂 2006－02
- 艺术的历史真实——关于历史题材电视剧“历史真实”与“艺术真实”的一元论/张莉//电影文学 2006－04
- 家国设置模式的审视与反思——电视剧帝王戏的一种解读/陈力君//中国电视 2006－05
- 现代历史理性的遗落与重拾——90 年代后电视历史剧的泛政治寓言化现象批判/姚爱斌//文艺评论 2006－05
- 历史剧：何必符合历史事实/江晓原//世界 2006－05
- 论历史题材电视剧中的表演问题/赵宁宇//中国电视 2006－06
- 历史剧中封建帝王评价的思考/童庆炳//文艺报 2006－07－06
- 古装戏不要损害女性形象/安宁//光明日报 2006－08－11
- 对历史题材电视剧的文化批判/韩晓洁//郑州大学 2006（硕士论文）
- “风风火火”的历史题材电视剧的审美内涵/石立干//电影评介 2006－14
- “清宫戏”与和谐社会/魏红梅//电影文学 2007－14
- 商业语境下的历史小说和历史剧创作取向/蔡贤富//电影文学 2007－15
- 当代电视历史剧的困境与出路/李盛龙//电影评介 2007－17
- 当下中国历史剧的泛滥及其隐忧/王兆胜//中国社会导刊 2007－21
- 影响我国历史剧内容创新的因素分析/姚婷//中南大学 2007（硕士论文）
- 历史剧更应注重真实/史佳　孙海波//当代电视 2007－01
- 盲目跟风者面临市场风险——部分古装戏成为今年电视荧屏热点/王磊//文汇报 2007－01－16
- 古装戏占用了太多公共资源/孟菁苇//中国消费者报 2007－01－26
- 借帕慕克之眼审视国产古装戏/海凝眉//中国文化报 2007－01－30
- 历史题材电视剧随想/龚书铎//中国人民大学学报 2007－02
- 中国历史电视剧的定位、类型及其美学价值/杜莹杰　路宝君//现代传播（中国传媒大学学报）2007－02
- 历史剧：荧屏热收视冷/李凌俊//文学报 2007－02－08
- 历史剧、历史讲座与历史观/林治波//学习月刊 2007－03
- 我对《雍正王朝》有微词——论帝王系列与《红楼梦》/二月河//艺术评论 2007－04
- 历史剧观念反思/杨达　秦勇//海南广播电视大学学报 2007－04
- 历史剧和历史讲座当以进步的历史观为灵魂/林治波//社会科学论坛（学术评论卷）2007－05
- 历史照进现实——浅析历史剧现状、类型及其投射出的社会思潮/王宽//湖南大众传媒职业技术学院学报 2007－05
- 历史剧缘何热播/陈仓//西部大开发 2007－06
- 历史的“真实”与艺术的“虚构”——探究中国历史题材电视剧的

价值取向/村夫//当代电视 2007 -07
- 象征历史与媒介把关——关于中国历史题材电视剧审美传播/王昕//中国电视 2007 -07
- 从传播学的角度看当前历史剧/李强//中国广播电视学刊 2007 -07
- 论当代中国历史剧的缺失/尚文祥//科教文汇（下旬刊）2007 -08
- 正说·戏说·假说·胡说——论历史剧的四种言说方式/陈吉德//电影文学 2007 -09
- 历史剧：大众电视的文化反思/陈洵//中国社会导刊 2007 -09
- 历史剧会“锯掉”我们什么？——论当今历史剧的价值缺失/唐爱明//文艺评论 2008 -01
- 如何引导中学生观看历史题材电视剧/苏伟珊//教师博览 2008 -02
- 帝王戏该降降温了/欧阳军//声屏世界 2008 -03
- 非历史化：20 世纪 90 年代历史剧的艺术取向/谷海慧//河南社会科学 2008 -03
- 摭谈历史剧的“实与虚”/樊庆斌　刘文学//剧作家 2008 -03
- “现代”意识与清宫戏之“软肋”/颜榴//21 世纪经济报道 2008 -07 -28
- 文化的困境——电视剧《少年天子》的文化隐喻/黄亚清//名作欣赏 2008 -10

附录四：C 类文章目录

- 谈清宫戏的“火”——兼及它对历史认知的正负面影响/许德楠//文史杂志 1999 -05
- 观众喜欢什么样的历史剧？/任忆//文艺报 2002 -01 -17
- 历史剧：寻找历史与艺术的平衡/关耳//四川政协报 2002 -01 -31
- 古装戏、旗袍、唐装和怀旧/杨柳岸//海峡时报 2002 -02 -22
- 成功的奥秘·启示与不足——评《康熙王朝》/费如明//当代电视 2002 -03
- 体察历史的忧伤——《天下粮仓》品谭录/刘扬体//电视研究 2002 -04
- 慎用“古装戏”替代“历史剧”/仲呈祥//人民日报 2002 -05 -05
- 王朝的兴衰与帝王的命运——评 46 集电视连续剧《康熙王朝》/焦素娥//中国电视 2002 -07
- 历史剧补议/高平//文艺报 2003 -01 -09
- 从清宫戏想到章太炎的“落伍”/刘彤//宁波大学学报（人文科学版）2003 -02
- 古装戏面面观/张咏华　洪伟成//解放日报 2003 -03 -20
- 中国当代历史剧研究现状概述/吴玉杰//广播电视大学学报（哲学社会科学版）2003 -04
- 有关历史剧讨论的讨论/周宁//晋阳学刊 2003 -04
- 与尤小刚对话古装戏的“第三条路线”//工人日报 2003 -04 -11
- 历史剧不等于历史研究/独孤秋秋//中华新闻报 2003 -05 -19
- 哪个和珅更接近真实——从电视剧《乾隆王朝》说开去/李天纲//文汇报 2003 -05 -30
- 少年天子的启示/朱耀廷//中国人才 2003 -07
- 偶像扮乾隆戏清宫戏青春逼人//时代风采 2003 -08
- 古装戏这口老井能否挖出水/解玺璋//北京日报 2003 -10 -26
- 从梅兰芳的“古装戏”谈起/张香云//戏剧文学 2003 -12
- 最新清宫戏//新闻周刊 2003 -21
- 中国现代历史剧“史”“剧”争议评析/邓齐平//理论与创作 2004 -01
- 从“民间文本”看历史正剧/戏说剧的创作合流——对当前历史影视剧创作、批评的观照和阐释/丁莉丽//浙江社会科学 2004 -01
- 历史的影像化书写——评近年来影视历史剧的创作/郭培筠//广播电视大学学报（哲学社会科学版）2004 -02
- 废弃“历史剧”称谓如何/陈云发//光明日报 2004 -02 -25
- 拿什么奉献给你，我的观众/傅铁铸//吉林日报 2004 -03 -05
- 多元文化语境中的历史题材电视剧——试析近十年大陆历史题材电视剧的几种类型/楼岚岚//伊犁教育学院学报 2004 -03
- 电视剧市场营销策略探微——以湖南卫视成功运作《还珠格格Ⅲ》为例/肖柳//声屏世界 2004 -09
- “史录”、“历史剧”与“戏说”——关于清宫戏的是是非非/樊云芳　王保纯//光明日报 2004 -09 -02
- 谈谈历史剧的史实与虚构/薛若琳//光明日报 2005 -01 -07
- 中国历史题材电视剧的类型与美学精神/王昕//当代电影 2005 -02
- 20 世纪历史剧争论之检讨/孙书磊//南京师大学报（社会科学版）2005 -03
- 历史题材电视剧的文本类型/谢勇　胡军//戏剧之家 2005 -04
- 从历史剧到古装戏——浅析当下历史题材电视剧创作思路的变迁/李哲明//中国电视 2005 -05
- 历史题材电视剧散论/张智华//中国电视 2005 -05
- 历史题材与艺术创作/杨新敏//中国电视 2005 -07
- 战争剧趋热　清宫戏趋冷/陈星宇　周戎//新华日报 2005 -11 -26
- 影视创作中历史剧的批评标准/方维保//文艺报 2005 -12 -08
- 对豫剧古装戏《巾帼雄风》的评论综述//东方艺术 2005 -16
- 历史名人是个宝藏——漫话电视剧古装戏的取材/楚欣//东南传播 2005 -Z1
- 世纪之交的清朝题材电视剧现象研究/李兴亮//四川大学 2005（博士论文）
- 20 世纪明清历史剧研究综述/王海燕//南阳师范学院学报 2006 -02
- 老百姓为何喜欢看钦差大臣微服私访惩奸除恶的古装戏/云樵//辽河 2006 -03
- 清代历史剧中的热门人物/于华颖　郝月元//网络科技时代 2006 -03
- 刁民与清宫戏/高德蒙//消费 2006 -08
- 谁动了我们的文化奶酪/朴素//海南日报 2006 -09 -02
- 清宫文化的正说与戏说/蔡爱丽//阿坝师范高等专科学校学报 2006 -04
- 90 年代以来历史剧当代性现象研究——以《雍正王朝》、《康熙王朝》、《太平天国》、《走向共和》和《汉武大帝》为中心/周荣//苏州大学 2006
- 中国历史题材电视剧的文化意义及其受众研究/钟颖//四川大学 2006（硕士论文）
- 大众文化视野中历史电视剧的叙述策略/李鹏飞//复旦大学 2006（博士论文）
- 历史和人生的深层认识——论文学意识对电视剧《少年天子》叙事的拓展/黄亚清//电影文学 2007 -20
- 现代语境中的历史剧创作/陈彩玲//中国艺术研究院 2007（博士论文）
- 1990 年以来中国电视历史剧类型研究/宗俊伟//南京师范大学 2007（硕士论文）
- 论电视历史剧的艺术真实性系统/王昕//现代传播（中国传媒大学学报）2007 -01
- 论中国历史题材电视剧的史诗品格/杜莹杰//重庆邮电大学学报（社会科学版）2007 -01
- 20 世纪 90 年代以来中国电视历史剧的子类型探究/宗俊伟//文艺评论 2007 -01
- 历史剧与影视史学（笔谈）//中国人民大学学报 2007 -02
- “历史剧”术语溯源浅说/史革新//寻根 2007 -02
- 历史的悲剧与人性的悲剧——抗战时期的历史剧叙论/解志熙//中国现代文学研究丛刊 2007 -02
- 从《水浒传》谈当前历史剧的改编//太原城市职业技术学院学报 2007 -02
- 关于 20 世纪 60 年代历史剧大讨论的思考/杨利娟//西安电子科技大学学报（社会科学版）2007 -03

- 历史题材电视剧的第三条道路/马知遥//齐鲁艺苑 2007－04
- 论 20 世纪 50 年代初历史剧大讨论/俞佩淋//西安电子科技大学学报（社会科学版）2007－04
- 论历史剧的人物形象与虚实问题——从电视剧《贞观长歌》谈开去/张智华//湖南大众传媒职业技术学院学报 2007－06
- 20 世纪 90 年代历史剧的主观化倾向/谷海慧//当代戏剧 2007－06
- 大众文化消费条件下的历史小说和历史剧创作/滕剑锋//天中学刊 2007－06
- 历史剧的非历史化现象评述/李楷//中国电视 2007－07
- 还历史剧以真面目——访第四代导演黄健中/黄健中　侯亮//大众电影 2007－09
- 传媒帝王戏公民社会/丁启文//前线 2007－11
- 《新定九宫大成南北词宫谱》收录的清宫戏——曲文、曲乐材料来源考之一/吴志武//南京艺术学院学报（音乐与表演版）2008－01
- 关于历史剧创作问题论争的考察/史革新//天津社会科学 2008－01
- 论再现模式电视历史剧的史诗性/王昕//现代传播（中国传媒大学学报）2008－01
- 关于历史剧创作问题论争的考察/史革新//天津社会科学 2008－01
- “历史剧”概念论略/朱夏君//剧作家 2008－02
- 治国就是治吏——雍正王朝吏治革新的启示/朱贵玉//领导之友 2008－04
- 《康熙微服私访记》第五部发行权引发纠纷/大任//中国新闻出版报 2008－06－12
- 新历史主义对历史剧研究的适用性/袁甲//文学教育（上）2008－07
- 新中国影视创作中帝王形象的流变/赵彤//中国艺术研究院 2008（硕士论文）

韩　　流

一、2008 年 7 月—9 月，我们设计了 28 个关键词（见附录一），在网上对“韩流”进行检索，剔出其中大量的无效信息、重复信息和只字片语式的评论，得到统计的结果是：2001 年—2008 年 9 月 5 日，纸质媒体、公共网站发表的有关各类研究、评论、报道共计 493 篇。

二、我们根据上述统计材料，对相关内容进行了分类，得出以下结论：

A：在共计 493 篇的评论、研究和报道中，对“韩流”予以充分肯定、基本肯定的共计 437 篇，占总数的 88.6%。（见附录二）

B：在共计 493 篇的评论、研究和报道中，对“韩流”予以完全否定、基本否定的共计 21 篇，占总数的 4.3%。（见附录三）

C：在共计 493 篇的评论、研究和报道中，对“韩流”无明确评价指向或无法做出分类归属的共计 35 篇，占总数的 7.1%。（见附录四）

三、我们从上述 493 篇文章中辑录出有关“韩流”的重要研究观点 54 条。

四、我们从上述 493 篇文章中辑录出有关“韩流”产业效益方面的报道 6 条。

五、我们集体讨论选编有关“韩流”的重要文章 8 篇。

1. “韩流”文化盛行于中国及其原因/詹小洪//当代韩国 2007 - 01

2. “韩流”：又一种追星的新范式？/仰滢//中国青年研究 2004 - 01

3. 解读“韩流”：一次成功的文化转型/许徐//安徽电气工程职业技术学院学报 2007 - 04

4. 从“韩流”看中国文化产业的发展出路/周晓明　朱长春//现代商贸工业 2007 - 10

5. 解读“韩流”对我国青少年的影响/马建青　李小芳　董海军//中国青年研究 2004 - 01

6. “韩流”给我们带来了什么——关于“韩流”现象访文化评论家马相武/安裴智//深圳特区报 2004 - 12 - 01

7. 由“韩流”看创意产业在旅游地产中的扩展/金大鸿//经济导刊 2007 - 10

8. 浅谈文化产业的发展特征——“韩流”的经济学启示/赵锦兰　蔡荣生　蔡奕勇//北京工商大学学报2006 - 06

六、附录

附录一：“韩流”搜索关键词

附录二：A 类文章目录

附录三：B 类文章目录

附录四：C 类文章目录

重要观点辑录

关于“韩流”文化价值、启示，经验和影响

最近几年，越来越多的韩国商品及其大众文化出现在我们身边。从最初的流行音乐、影视剧到服装、饮食，以及化妆品、日用品，韩国的大众文化正铺天盖地向我们涌来。这股韩国大众文化热被媒体称为“韩流”。那么这股“韩流”是如何产生的，对我们的生活究竟产生了哪些影响，又带给我们什么样的启示呢？

启示之一：韩国文化的活力——传统文化与现代文化的优化结合。对于这股“韩流”，吉林大学东北亚研究中心徐文吉教授指出，这是我国在当前全球经济一体化趋势之下，在文化交流方面出现的一种正常现象。中韩两国同处于以儒家文化为主体的东亚文化圈内，具有文化上的相近性和地理上的邻近性等，因此在审美情趣方面也体现出一定的相似性，韩国的商品和文化在中国更容易得到认同，这也是出现“韩流”的主要原因之一。“与此同时，我们也应意识到，‘韩流’现象正是韩国文化具有活力的体现。”

启示之二：加强文化产业化意识，让中国的文化走向世界。“韩流”现象也是韩国文化以产业化模式运作成功的象征。吉林大学哲学社会学院从事社会文化研究的博士漆思针对“韩流”现象谈了自己的体会。漆思博士认为，最近几年我国的经济虽然取得了突飞猛进的发展，但与韩国等国家相比，文化产业的市场化相对滞后。以影视、图书、服装、饮食为载体的韩国文化除了具有自己的特色之外，其对周边国家形成一定影响的原因之一便是采取了商业化运作模式。正是这种按经济规律去经营文化产业，同时在文化产品中融入自己特有的文化内涵，韩国的影视、图书等文化产业才能做大、做强，创造出更广阔的生存空间，产生更广泛的影响。现在我国已经加入世界贸易组织，我们的文化产品要参与国际竞争，应该借鉴韩国文化产业的成功模式，加强中国文化产业化，使本民族优秀的文化走向世界。

（摘自孟凌云：《“韩流”现象及文化启示》，《吉林日报》2002 年 10 月 31 日）

近几年来，随着韩国影视剧的热播，韩国大众文化在中国掀起一股又一股的“韩流”热潮。年轻一代十分热衷韩国的流行文化，他们不仅喜欢模仿韩国影视明星的穿着打扮，甚至毕业后想到韩国留学。许多年轻人耳朵听的是韩国流行歌曲，眼睛看的是韩国电视剧，房间墙上贴的是李贞贤、张东健、宋慧乔、李英爱、裴勇俊等韩国偶像明星的照片，嘴里偶尔还会冒出几句韩语，中国称这样的年轻人为“哈韩族”。“韩流”涌动成为 20 世纪 90 年代以来中国流行时尚的表征之一。

（摘自晋爱荣：《由韩剧热播带给我们的启示》，《电影评介》2007 年第 5 期）

这种不仅包括了投资、经营和消费品，更包括了流行文化、消费观念、生活习惯甚至还包括了移民的全方位的“韩流”，会不会最终造成一种文化入侵呢？国务院发展研究中心亚非发展研究所研究员、中共中央党校政法教研部教授赵虎吉教授认为大可不必杞人忧天。文化本来就要在不断的学习和交流中才能发展的，中国传统文化在数千年的历史中融合和吸纳了多少种来自不同国家的文化？只有在不断学习和交流的过程中，文化才能保持其鲜活的生命力。

赵虎吉教授表达出这样一种愿望，不论它是人流、物流还是文化流，都尽管流来，如果有一天，中、韩、日三国能因为这种频繁而多方位的流动而关系日益紧密，形成一个“东亚铁三角”，那更是一件再好不过的事情。

（摘自初景波：《韩流注入中国身体》，《消费日报》2002 年 5 月 20 日）

北京哆咪嗦文化传媒有限公司与韩国 DOREMI 传媒公司共同主办大学生原创歌谣节，标志着韩国企业正在通过国内的海选娱乐模式淘金。对于为何会选择进入中国的选秀市场，韩国 DOREMI 传媒公司负责人表示：“我们注意到，在最近的一段时间内，韩国的娱乐文化在中国得到迅速的普及和追捧，我们希望能在这一趋势下进一步参与中国的娱乐文化经济。我想韩国文化在中国的推广离不开韩剧大量在中国播出所做的推进作用。”

（摘自傅凯：《“韩流”借海选渗透中国娱乐业》，《北京商报》2007 年 3 月 12 日）

韩剧的巧妙之处在于，它没有过分强调自己的民族身份、国别身份和意识形态特征，而是在尊重民族文化自主性的基础上，更强调将整个东方文化作为其文化背景与题材资源，超越了原本作为民族文化的弱势层面，走与西方文化截然不同、根本相逆的文化路线。可以说，韩剧是绕开民族文化的弱势，借东方文化之全力，与西方文化形成对抗之势。

（摘自张国涛：《韩剧：“咸鱼翻身”的奇迹》，《中国经贸》2006 年第 4 期）

韩剧的流行还得益于电视台、制作公司、制片人全方位市场营销手段的推波助澜。韩国政府一方面营造促进本土文化产品出口的宏观体制环境，但同时还在相关法律中规定，影视制作公司不能获得 15% 以上的利润，目的是鼓

励影视制作公司开发下游产品，公司把靠产品本身赚来的钱用于广告、市场推广、时尚产品、影视衍生产品等综合开发。另外，按照规定，韩国公司不只是制作影视，还承担演艺人才培养、包装、广告、演唱会、影视衍生品的开发等业务，这样韩剧制片人有权力把除剧作本身以外的各种衍生产品推向国际市场。因此，在某种意义上，韩剧并不仅仅是韩剧，与韩剧相关的其他行业，都可以借此机会走向国际市场，开拓海外空间。日前正在湖南卫视热播的《大长今》无疑是韩剧市场营销取得成功的一个标版。

（摘自张国涛：《韩剧：“咸鱼翻身”的奇迹》，《中国经贸》2006年第4期）

继日剧之后，如今韩剧已大规模抢占荧屏，掠夺人的眼球，让国内青春剧纷纷败下阵来，而那些当红的韩剧明星也理所当然地俘虏了内地追星族。这种现象几乎是像上世纪80年代无数的人追捧琼瑶一样，如醉如痴，整个是爱你没商量。尽管有很多人批评琼瑶小说肤浅、模式化，可年轻人还是爱看，而今大家又把注意力转在了韩剧上。当我们纵观韩剧后，不得不佩服它的几招抓心之处。

（摘自吴小曼：《韩剧风靡的五大灵丹》，《华夏时报》2002年6月13日）

韩剧吸引观众的另一个重要原因是它对古老传统的尊重和对美德的发扬，这一点在内地电视剧中则成了稀有的元素。韩剧比较注重情感。不论是亲情、爱情、友情，他们都备加珍惜，并且还很讲究东方的忍耐、宽容精神，不走极端。从韩剧中，我们能看到古老中国的东西，还有对人类传统道德的维护，这对于目前陷入物欲而不能自拔的国人是很好的借鉴。

（摘自吴小曼：《韩剧风靡的五大灵丹》，《华夏时报》2002年6月13日）

“韩流”代表了一种生活方式，其追捧者多是年轻人，他们鲜明的消费方式也很快影响到嗅觉敏锐的商界。2000年成为许多在华韩国企业的转折点，它们借助“文化东风”在中国市场崛起。三星2000C手机、三星MP3随身听、三星数码YEPP旋风强势登陆中国。这些新的数码电子产品定位于时尚、精力旺盛、注重个性的年轻人。中国上世纪80年代出生的新新人类将心中的文化圣地由欧美转向汉城，在文化的强劲攻势下，“韩流经济”终于势不可挡。

（摘自：《“韩流”与“韩流经济”》，《中国高新技术企业》2008年第6期）

韩剧的精髓是中国传统的儒家文化，韩国的文化工作者在这一点做得比我们要出色。韩剧结合了时尚事件，造就了时尚明星，亮出了时尚卖点，但是其主要内容却是围绕着亲情、爱情以及个人奋斗来展开，彰显的文化精神全部围绕儒教的道德核心进行，即忠、孝、诚、信、礼、义、廉、耻。能够打动中国观众的心，那是因为我们现在处在一个社会的快速转型期，那种传统情怀眼下成为稀缺品。中国观众热捧韩剧，正好说明了儒家文化的强大生命力。

（摘自：《韩流其实报告了财富方位》，《深圳商报》2005年9月28日）

让“韩流”经久不衰，政府再出新策。对韩国人来说，席卷亚洲的“韩流”威力之大，也是其未曾想到的，这不仅坚定了他们发展文化产业的信心，也增强其经济转型的自信。但韩国政府特别是文化界对“韩流”前景也不乏危机感。不久前，韩国政府还召开国务会议，对政府的“韩流”支持政策实行情况进行评估，决定分阶段、战略性地开拓全球市场，将“韩流”市场分为“深化”（中国和日本）、“扩散”（东南亚）和“潜在”（中东和中南美）三个等级，分阶段推进。

2005年初韩国开始筹建的“韩流坞”（Hallyuwood），就是防止目前以少数明星为中心的“韩流”成为泡沫，希望通过政府与商界系统的努力和支持，让“韩流”持续不断地“吹”下去。

（摘自初晓：《从“韩流”现象看韩国文化产业崛起之路》，《中国信息报》2006年7月19日）

当前，韩国影视剧（简称韩剧）在中国大有燎原之势。甚至有观众称：没有韩剧，电视简直没法看。自1983年中央电视台引进第一部韩国电视剧《嫉妒》开始，中央电视台及各地方台相继推出了《爱情是什么》、《星梦奇缘》、《天桥风云》、《蓝色生死恋》、《澡堂老板家的男人们》、《冬季恋歌》、《情定大饭店》、《我的野蛮女友》、《夏娃的诱惑》等大批制作精美的影视剧，《看了又看》、《人鱼小姐》播了一次又一次，《北京，我的爱》、《黄手帕》即使安排在子夜播，也照样能让韩迷们翘首等待……与此同时，在大大小小的音像商店，韩剧受到了特别的青睐，赫然设置了专门的柜台……

（摘自王健：《韩剧，凭什么让我们着迷?》，《金华日报》2005年5月11日）

如今，中国学生赴韩国留学的渠道已十分通畅，因此，国内自费留学市场上韩国热明显升温。留学韩国五大优势：

留学政策宽松。韩国政府为吸引外国留学生，推出一系列优惠的留学政策，对中国学生更是青睐有加。如在学费、食宿费等方面给中国学生较大优惠。

申请签证容易。韩国教育界尚处于开辟中国市场的阶段，所以目前中国学生赴韩留学签证率较高，审理周期较短，留学担保金较低，一般为1万美元。韩国高校的门槛也不高，外国学生达到韩语测试3级以上，并通过大学面试即可被录取。

教育质量较高。韩国高校的教学设施和教育水准与发达国家持平，教员都是硕士以上，且多有海外留学背景。在《亚洲周刊》评出的亚洲大学排行榜中，韩国延世大学、首尔大学等都名列前茅。

经济压力较小。韩国对留学生打工没有限制，可以做家教，也可到餐厅、便利店、建筑工地、公司等地方打工。韩国高校为吸引优秀的中国学生，提供高额的奖学金，例如，本科阶段学习提供相当于 30%—100% 学费的奖学金，硕士则可学费全免。

就业前景良好韩国企业正致力于开拓中国市场，来华投资额逐年增加。而来华的韩资企业需要有韩国留学经历、精通韩语、熟悉国内市场运作的高素质人才。

（摘自梁杰：《留学市场“韩流”袭来》，《威海日报》2005 年 7 月 18 日）

韩流体现的是韩国的智慧，体现的是特殊的民众心态。韩国是个大国边上的国家，在历史上，它曾深受中国儒家文化影响；到了近现代，日风美雨也曾强烈冲击过这个国家。可以说，韩国一直承受着外来文化侵袭的压力。今天我们说“哈韩”，其实在韩国国内，他们也曾哈日、哈美过。但是韩国人有一个优点，他们很善于吸收外面的东西，比如像太极旗，其实吸收的是中国的阴阳八卦。再如韩剧，也是在吸收和消化好莱坞肥皂剧和日本偶像剧的长处后，加上特有的韩国意蕴才形成的。兼容并蓄、突出自我，这就是韩国流行文化的成功之道。当然，和中国比起来，韩国没有那么发达的文化外壳，但是其自身文化所特有的矛盾环境，造就了很强的文化张力和创造力。

（摘自玲琳　金心：《全球化语境下的韩流现象》，《解放日报》2004 年 10 月 30 日）

韩国电视剧创造了独特的韩剧模式：用温暖人情作为价值基础，让观众感受美丽的视觉盛宴，又让观众感受完美爱情失落的痛苦。这正好弥补了中国观众对现实老百姓生活的温情体察，它给人以美丽、浪漫的视觉享受，它让人体会现实生活中的实实在在的温情，它又让人感受到完美爱情因为社会的不确定性带来的失望和落差。这样渗入观众的内心，把握了观众内在性情，自然能够让观众为之悲伤，为之流泪，自然会获得很高的收视率，这正是韩剧“模式”吸引观众的魅力所在。

（摘自佘世红：《视觉盛宴与温暖人情的有机融合——论中国电视文化背景下“韩剧”的魅力》，《理论与创作》2005 年第 6 期）

不管是饮食还是化妆品，说到底“韩流”还是代表了一种新奇的生活方式。不过与以往不同的是，这次着迷者可不仅仅是年轻人，它的范围大多了——时尚女士的化妆品、家庭主妇的韩式餐具、新潮男人的韩国手机……

自然，这类人群鲜明的消费方式，很快影响到嗅觉敏锐的商界，“韩流经济”便借韩剧“粉墨登场”，并以惊人的速度“遍地开花”了。

（摘自张守梅：《“韩流经济”冷眼观》，《牡丹江日报》2006 年 6 月 5 日）

韩国文化观光部副部长裴钟信最近在出席亚洲文化部长论坛时说：“中韩两国的价值观念非常相近，所谓‘韩流’实际上是在韩国文化中重新找到了中国的古典文化。”

《大长今》在中国走红，使得“韩流”再度在中国掀起了一轮冲击波。韩国文化为何拥有如此魅力，中国人一直百思不得其解。现在，韩国文化官员的这番话，似乎告诉了我们答案：韩国文化在汲取中国古典文化的精髓后，融入了韩国自己的意蕴，然后才放射出无限的文化魅力。也就是说，“韩流”之所以在中国受欢迎，源于中韩文化同源，并且韩国人不讳言中国古典文学是源，韩国今天的包括电视剧在内的文化，不过是“流”而已。当然，人家这个“流”，因为是标准的“混血儿”，有两国各自的文化精华作母乳，一经问世，便所向披靡，同时折服了韩国和中国的观众。所谓奥秘，不过在于谁能较好地继承并发扬汉文化，谁就占领了新时代的文化制高点而已。

听了裴钟信先生的解释，令人想到了一个词：反哺。汉文化的乳汁喂养了韩文化，韩文化在日臻完善之后，重新轮回中国，反哺中国。这种现象，符合世界文化交流的规律，不足为奇。我们所需要面对的是，在“韩流”冲击波面前，不必自卑；该学习的时候，也不妨放下惟我独尊的架子。研究韩流的成功之道，对中国当代文化的成熟，很有必要。

（摘自朴艺丹：《试从韩剧看“韩流”影响及其启示》，《甘肃农业》2006 年第 3 期）

中国手机市场一向是四分天下，分别由欧美、日、韩以及国产占据。业界焦点也一直聚集在欧美厂商与国产军在市场份额的争夺上。但最近，在这貌似稳定的市场格局下，却有暗流涌动。一股不为人注意的“韩流”正悄然袭来。业界预测，这股“韩流”可能会对国内手机市场造成强烈冲击。

业界分析认为，韩国手机在生产技艺和核心技术上掌握优势，特别是在多家韩系品牌联手进攻中国市场后，对现已打得热火朝天的国内市场将会造成强势冲击。但由于国产厂商多定位在中低端领域，因此，这股“韩流冲击波”最可能直接冲击的是欧美厂商，如摩托罗拉、诺基亚等把持的高端市场。

（摘自柯晓明　李淑华：《手机“韩流”热大陆》，《亚太经济时报》2004 年 8 月 20 日）

图书界的“韩流”只是大“韩流”中的一部分。韩国文化登陆中国，最早是在影视和时尚圈。“韩流”图书的第一股热潮主要也是伴随着韩国电影、电视剧热播而全线

飘红的出版物，比如《我的野蛮女友》、《冬季恋歌》、《蓝色生死恋》和《女主播的故事》等，这些书都带有明显的时尚文化的痕迹。这些故事并不复杂，只是细腻地演绎了生活中的点点滴滴，让我们感觉故事就发生在我们的身边。普通读者也多是因为喜欢电影和电视剧中的情节和主角而钟情于同名的畅销书。

从目前的发展趋势来看，"韩流"图书，主题健康，情节细腻感人，也注重强调传统文化中的伦理关系，写作手法符合现代人尤其是年轻人的阅读习惯，个性很强，继续畅销是必然的。

（摘自李利平　罗文东：《图书市场"韩流"涌动》，《人民日报》海外版 2004 年 12 月 24 日）

"韩流"的源头来自电视剧，而这些围绕着爱情的背叛和宽恕的东西正是中国都市人正在体验的，《天桥风云》、《星梦奇缘》等包装精美的韩剧和其中的明星成为许多中国人追捧的对象。从"追星"到追求商品无疑是一件很自然的事，韩国的化妆品、服装开始趁着"韩流"的"天赐良机"走俏市场。"试试吧，韩国的版型，今年最流行"成为许多小贩新的宣传口号。由于韩剧的先锋人物安在旭在中国内地的知名度很高，被任命为韩国旅游形象大使。据统计，2000 年中国人去韩国旅游的人数达到了 40 多万，比上一年增长了 40%。一时间，韩国美女、餐馆、手机、电视剧伴着 HOT、NRG 等韩国流行组合的劲歌狂舞席卷而来。

（摘自李礼：《我国文化产业需有战略眼光——从"韩流"现象看当前文化市场现状》，《市场报》2001 年 12 月 3 日）

海纳百川，有容乃大。在韩流面前，我们不应盲目地崇拜或恐慌。韩流带给我们的影响应该是积极的。观别人的长处，反思自我的弱点，国产影视剧创作要树立精品意识，戒除浮躁心态，在这场没有硝烟的文化战役中，闯出自己的特色，拍摄出同样令观众喜欢的剧目，以优秀的或者更优秀的作品赢得市场。驱逐"韩流"，这虽然是不容易做到的，但是影视工作者如果有这样的想法，必将发现问题的根本原因，找到自我升华的内在动力，如此国产影视的振兴方能指日可待！

（摘自晋爱荣：《在沉潜的反思中勃发——由"韩流"现象反观国产影视》，《电影评介》2007 年第 18 期）

1999 年春夏之后，韩国电视剧逐渐在中国文化市场流行。至 2004 年，韩国官方将这一年定为"韩流年"，韩剧在拥有十三亿人口的中国几乎妇孺皆知。如今，随着韩国影视剧在中国及东南亚和世界其他国家和地区的普及，以韩国旅游、购物、时装、美容，以及其他韩国品牌为标志的"新韩流"，将伴随"韩流"旅游战略实施而启动。

"韩流"代表一种生活方式，其追捧者多是年轻人和妇女，他们鲜明的消费方式也很快影响到商界。韩国商品借助"文化东风"在中国市场崛起，形成一股"新韩流"，中韩贸易迅速飙升。目前，韩国已成为中国第 5 大贸易伙伴、第 4 大出口对象和第 3 大进口来源。据中国海关统计，2002 年中韩双边贸易额达到 345 亿美元，比 1992 年两国建交时增长近 7 倍。2004 年，中韩贸易额从 13 年前的 50 亿美元发展到 900 亿美元。2005 年中韩双边贸易继续保持高速增长，有望突破 1000 亿美元。

（摘自赖小萍：《浅析韩剧热背后韩流经济的成功模式》，《当代经理人》2006 年第 9 期）

对西方文化中的某些附属或外延产品，韩国人采取了慎重选择的态度。再以文化产品为例，西方国家的电影电视剧里有一些暴力和色情镜头，在韩国的电影电视剧里就很少。对于我们常常躲不开的血腥暴力和逢戏必上床的荧屏场面，他们不屑一顾。这是值得称道的。

更可贵的是，韩国人没有不分青红皂白地胡乱抛弃传统文化，他们能够分辨出哪些是珍宝，哪些是垃圾，知道怎样保护和抛弃。从这两部韩剧看，目前的韩国人非常崇尚做人的准则，即使是陌生人之间也表现得彬彬有礼。这是一个在社会转型期实现了传统和现代价值观平稳交接的社会。这个国家懂得如何向世界上先进文化学习，懂得如何对待自己的传统文化遗产。

（摘自岳建国：《我国为什么会出现韩剧热》，《南通日报》2005 年 10 月 18 日）

关于"韩流"盛行的原因

"韩流"风靡中国的原因：中韩文化的相通性为"韩流"来袭提供了前提条件。中国和韩国同处于东亚地区，有一种天然的地缘亲近，长期的亲善交往和交融，使两国既有自己的民族文化特色，又有共同的文化遗产，因此在跨国文化的传播中存在着文化趋同性：文化根基、价值观念和生活方式等等都存在着相通之处。历史上都曾接受过儒家文化的洗礼，具有共同的历史渊源，同属于以重人伦为内在本质的汉字文化圈体系。

强势经济带来强势文化是韩流西进的动力。尽管不是绝对的，但中外文化的传输往往是单向的。强势文化依靠经济的力量，借助现代化的传播方式不断扩大其辐射力，增强其穿透力，全球化时代的到来加速了这一进程。

“哈韩族”在“韩流”中产生共鸣是“韩流”盛行的根本原因。从某种意义上来说，“韩流”在一定程度上顺应了青少年追逐时尚的需要，“韩流”满足了青少年渴望变化、渴望新鲜、渴望个性化的心理需求。流行的韩国偶像剧，多以青少年熟悉的校园为背景，更多地关注普通人的生活，讲述的仿佛就是发生在他们身边的故事。虽然理想主义的成分比较多，但是个性化的语言、栩栩如生的人物形象、浓郁的生活气息，韩剧以其特有的亲和力深受广大青少年的喜爱。

（摘自仰滢：《“韩流”现象探析》，《青年探索》2002年第6期）

幽默乃出奇秘籍。韩剧向来的套路，生旦净末丑，其中丑角必不可少。韩式幽默往往夸张火爆，不仅笑话百出，肢体语言更离谱，所以经典韩剧常是俊男靓女苦情眼泪和丑角胡闹插科打诨一起来。

音乐为制胜法宝。从韩剧中可看出，编者对于电视音乐的创作非常重视。朝鲜族本是能歌善舞的民族，对音乐有先天敏感，加之多年欧风美雨的浸淫，对于流行元素的把握和创新已得心应手，韩式流行音乐俨然走在东亚流行音乐的前端。韩剧靠动人的音乐包装电视主题，提高收视率，精致的音乐无疑是韩剧炒作成功的因素之一（如《巴黎恋人》）。而我们的尝试和见识都较少，虽英氏情景喜剧开始重视主题音乐创作，《大宅门》的音乐中也糅进了京剧唱腔及京胡京鼓等民族乐器，可精品实在稀罕，电视荧屏大量充斥着似是而非，不痛不痒，俗滥恶劣的音乐垃圾，闻之令人心寒。

韩剧注重模式化操作，喜剧、悲剧、家庭伦理剧、偶像剧、恋爱戏，定位准确，分工明确。动听的流行音乐，精致的服饰化妆，俊男靓女青春偶像，加上笑料、悬念、恋爱故事、伦理道德，不时还穿插些民族历史文化和爱国主义教育，确是一种有意识的文化战略。

（摘自张瑞燕：《“韩流”其实是一种政治文化策略》，《社会科学报》2007年1月11日）

韩剧为什么能火遍东南亚？不久前，20名来自韩国的知名编剧与上海电影艺术学院的上百名学生举行研讨会，共话“韩流”的秘密。韩国的编剧们均认为，在拍摄过程中注重与观众的互动，大量女性编剧的出现，以及将古装剧、历史剧拍得“多元化”是韩剧大受热捧的主要原因。

（摘自木木　王永钢：《“大长今”现象的立体解读》，《西部时报》2005年9月13日）

韩国电视剧风靡亚洲，在华语地区产生巨大的影响，也恰恰在于它以寻常百姓的家庭生活、爱情理想、事业追求为关注点，在嬗变的社会中，掌握了观众的需求心理，并与之进行心与心的交流，让观众与艺术作品产生了共鸣。

（摘自付延慧：《“中国潮”如何跟上“韩剧热”?》，《中国电影报》2005年6月23日）

韩剧为什么能在国内市场红火，除了故事说得好，演员夺人眼球之外，在笔者看来，韩剧处处体现出特有的民族文化烙印，才是广受欢迎的根本原因。不论是古装剧，还是偶像剧、家庭剧，观众从中所获得的不仅是故事情节曲折跌宕中的观赏愉悦，还有对异国文化和生活情趣的好奇心的满足。

（摘自郑宏：《韩剧热的文化思考》，《东南传播》2006年第8期）

首先是亚洲文化圈情感上的认同感。与欧美电视剧不同，韩剧深受儒家文化影响，亚洲观众能产生共鸣。其次是与国际接轨的时代文化。韩国的大众文化在继承传统价值观念的同时，又与国际社会融合，创造出亚洲式新文化。

（摘自郑宏：《韩剧热的文化思考》，《东南传播》2006年第8期）

韩国文化能够流行是因为韩国影视剧在中国的热播，以及韩国流行音乐的推广。1993年中国首次引进并播放韩剧《嫉妒》，之后随着更多的连续剧持续不断的大力催化，“韩流”范围逐渐扩大。1999年11月“酷龙”组合成功演出后就出现了所谓的“韩流”的名词，翌年2月H.O.T组合的演出受到了热烈的欢迎，“韩流”这个词开始被广泛使用。近几年，韩国影视剧更是攻势凌厉，强势杀入中国市场，进一步加大了“韩流”的扩散幅度。

（摘自晋爱荣：《由韩剧热播带给我们的启示》，《电影评介》2007年第5期）

韩剧中理想主义的成分居多，唯美已成为韩剧的一种气候，这也是年轻人爱看的一个原因。在韩剧中有很多我们生活中不太多的理想美，如女主角大多温柔贤良，个性几近完美，婚后对夫家人言听计从，很少看到撕破脸皮激烈争吵的场景。这可能和韩国社会里女性不占主导地位有关系，与我们看到的某些剧中尽显峥嵘、能争善战的女性截然不同。韩剧中的女生多身世坎坷，屡遭不幸，却仍保持美好人性，男主角专一执著，总是不离不弃，和某些国产青春剧里女生不可爱男生不专情相比，韩剧无疑要好看得多。20世纪90年代起的韩剧，越发唯美的审美倾向满足了现代人对真善美的大众化幻想和期待。一些青春偶像剧如《冬季恋歌》、《夏娃的诱惑》等，青春亮丽的人物造型、时尚优雅的服饰、真挚单纯的爱情、健康向上的思想内容，都是韩国青春偶像剧深得国内年轻观众喜爱的原因。韩剧中的演员造型总是干净本色，男女主角的打扮时尚又有品位，不论是《蓝色生死恋》、《美丽人生》、《真实》还是《我的野蛮女友》等等，收拾得干干净净的清纯

青春镜头总让人赏心悦目。演员很少有不美的，但这种美得淡然、不妖冶、不夺目的素朴之美，唯有韩剧。再加上编导对韩国自然美不遗余力地展现，高清晰度的摄像器材带来的近乎透明的色调和视觉美感，一幅幅具有浓郁韩国风情的画面，随处都能营造出诗意的美来，或幽雅或活泼，配以动听的音乐，是景更是情，使得观看韩剧变成了如同享受一场视听大餐般的愉快经历。

（摘自晋爱荣：《由韩剧热播带给我们的启示》，《电影评介》2007 年第 5 期）

韩国在遭遇亚洲金融风暴袭击后，对文化产业进行了重新定位，并将其作为 21 世纪发展国家经济的战略性支柱产业，积极进行扶持和培育。1998 年正式提出“文化立国”方针。韩国文化观光部部长南宫镇曾表示：19 世纪是军事征服世界，20 世纪是以经济，到 21 世纪是以文化建构新时代的时候。影视产业作为文化产业中的重要组成部分，在新的政策的扶植下得到了飞速的发展。大量的资金投入，《保护电视电影法》、《文化产业促进法》等一系列政策法规，为韩国影视业的发展营造了良好的“生态环境”。同时，也保证了韩剧的高质量制作水平，使韩剧有实力与中国电视剧进行竞争。

韩国在 6 年前推行了一个重要的政策——鼓励文化出口。在成本有了保障的前提下，虽然制作费由电视台付出，但他们鼓励制作者用各种办法以比较低的价格将电视剧批量推销到海外市场，海外收益由电视台和能够推销到海外的制作者 4/6—6/4 分成，极大地刺激了制作公司海外销售的积极性。其文化产业振兴院还可以帮助销售状况好的文化产品申请免税，这一系列的政府行为使得韩国的文化产业迅速地发展起来并推到海外。中国有着巨大的市场，与韩国又是毗邻，韩国的文化产业必然把触角伸进中国来。

（摘自丛琳：《“韩剧”在中国流行一个制度经济学解释》，《科技信息》2006 年第 12 期）

《中国电视剧市场报告（2003—2004）》中指出，根据 2002 年对 33 个城市 156 个频道 17 时至 24 时电视剧收视的统计数据，中央级频道和省级卫视频道播出的涉案剧和都市生活剧在现代剧中并列第一，这种题材的单一化极易使观众产生收视上的疲劳。而韩剧这种主打家庭伦理和坚贞爱情的电视剧，弥补了国内电视剧市场的空缺，满足了大众对真、善、美最基本社会道德的心理渴望，自然也就吸引了广大的中国观众。正是由于中国的文化产业政策如此薄弱，才让韩剧有了可乘之机。以短短几年迅速打入中国市场，并侵占中国电视剧原有的市场份额。

（摘自丛琳：《“韩剧”在中国流行一个制度经济学解释》，《科技信息》2006 年第 12 期）

“韩流”的袭来，不仅是韩国政府的强有力的文化政策的推动，还有优良的制作流程，与中国相同的文化渊源，以及中国电视剧质量不够优良、内容不能满足观众心理需求的原因。这其中起重要作用的主要是非正式制度因素——共同的文化渊源。以相似的文化作为基础，观众对韩剧的欣赏就更加自然，成为一种潮流，席卷了整个中国大地。

（摘自丛琳：《“韩剧”在中国流行一个制度经济学解释》，《科技信息》2006 年第 12 期）

对“韩流”的反思

日前，国家广电总局根据电视剧管理的有关规定，通报了 2005 年度第二季度全国引进电视剧的情况。与第一季度相比，第二季度准许发行的引进剧的数量大幅下降，尤以韩剧引进数量的减少最为明显。鉴于韩剧在国内观众中的受欢迎程度，不少电视台将其作为提高非黄金时段收视率和收视份额的必备武器——强势的如央视想借引进剧继续保持其鹤立鸡群的强势地位，弱势的则想“比学赶超”。如此一来，便是非黄金时段里，全国上下一片“韩流”。而这必然也会引起有关各方的注意，甚至是不满。

（摘自王波：《数量大幅下降　韩剧不再受宠》，《中国电影报》2005 年 7 月 21 日）

“墙内开花墙外香”的现象，对一个国家影视业的可持续发展，虽然会起到一定的促进作用，但是也会产生较大的负面影响，千万不可等闲视之。如果韩剧不加以改进，不求突破，一直坚持沿老路走下去，让“韩流”在亚洲其他国家的影响地位不动摇，那将可能是一厢情愿的妄想。因为没有哪一位观众会愿意长久地看着相同的演员，演绎着相同的剧情，诠释着相同的结局。届时，恐怕“韩流”面临“寒流”的尴尬，将不止在韩国本国发生了！

（摘自严勇：《“韩流”变“寒流”说明了什么?》，《中国文化报》2006 年 5 月 10 日）

看似顽强的“韩流马车”，却未必能在中国大地行进得太远。这是因为：

其一，在时下风起云涌的“韩流”背后，真正起推波助澜作用的是商业利益而不是其他。“韩流”之所以能如此迅猛地涌进中国，很大的功劳应该记在那些嗅觉灵敏的演出商账上。作为一种商业行为，它是以能实现利润为其存在前提的，假若有朝一日“韩流”的新鲜感在观众那里衰减，也就意味着演出商要蚀本，此时也就是“韩流”退潮的时刻。而这一刻迟早会到来。其二，“韩流马车”所载商品，尽管乍看起来琳琅满目，但许多东西在中国市场却未必能适销对路。其三，面对“韩流”文化的大肆侵入，看着“韩流”经销商大斗分金量银的好日子，经营本土文化的大小老板也绝不会坐以待毙。他们也肯定会本能地加大对本土文化的开发力度，而中国有着数千年的文化底蕴，其中许多精华不乏生命力，只要我们的文化人别再那样急功近利，多些扎扎实实的探索，也一定能拿出独树一帜的新东西来。

（摘自周士君：《“韩流”何时“断流”》，《河北日报》2002 年 11 月 22 日）

连韩国的影评人都承认，韩片的一大弊病是模仿。韩国电影在整体上缺少对本民族特立精神气质的挖掘与表现，这无疑将成为长远发展的致命伤。

韩国电影产业没有准确的、真正的基础。现在的 1000 万观众只是由明星效应、巨额制作费、市场营销等炮制出来的。如《海慈航》的制作费花了 4.7 亿韩元，但广告费就超过了 6 亿韩元，这样的电影是冒险，如果都这样，后果将是只有很少一部分电影能够幸存。

（摘自金艺华　徐伯超　王帅：《电影“韩流”卷着危机来中国》，《新华日报》2004 年 12 月 3 日）

自国家“863 计划”为网络游戏正名之后，国产网络游戏在“韩流”垄断中艰难起步。国家音像电子和网络出版管理司副司长寇晓伟表示：“国产游戏正在逐步崛起，今年尤其表现明显。”据他透露，今年至少有 20 款到 30 款大型的国产网络游戏有望面世，韩国游戏垄断局面将被打破。寇认为，目前国产游戏在数量和质量上有了大幅度提高。盛大、金山等厂商不惜以上千万元费用投入研发，一批新国产网游精品争夺到不少的市场份额。

（摘自谢微微　季杰　张萍：《国产网游对抗“韩流”》，《深圳商报》2004 年 4 月 29 日）

在韩迷中经常听到这样的话——“韩剧看得多了会让人厌倦”。产生厌倦情绪的原因，从韩迷角度来讲，可能是对韩剧产生了审美疲劳，但从韩剧本身来说，的确也有许多硬伤，让人遗憾。最突出的问题就是雷同，这里列举一二。

雷同之一：多角恋；雷同之二：死亡如影随行；雷同之三：随意开关的记忆；雷同之四：扑朔迷离的身世；雷同之五：美国好像后花园，几乎所有的韩剧导演，都把美国当成了自家的后花园，当遇到难以解决的矛盾和难以排遣的痛苦时，就去那里躲避几年；雷同之六：类似的不幸家庭。

大多凡此种种，还有不少。就像无论多么美味的大餐，吃多了也要没胃口，韩剧看多了，了解了些套路，就少了些迷恋和狂热，不会再像刚接触韩剧那样照单全收，心也变硬了，主人公滚滚落泪的时候，竟也无动于衷。这时候，该是换换频道看看别的剧目的时候了。

（摘自王健：《韩剧：有多少雷同让人厌倦》，《金华日报》2005 年 5 月 20 日）

尽管韩国电影在近年来一直走好，但现在也出现隐忧。在 2005 年上半年中，本土电影占有的市场票房比例由 2003 年的 47.4%、2004 年的 64%，下降到今年的 47%。2005 年上半年加上 2004 年最后两个月的七个月时间里，韩国票房一直呈下降趋势——这也是自从 2000 年韩国电影强劲复苏以来韩国电影经历的最长时间的颓势。

（摘自李兮：《没有热门影片撑腰　韩国上半年票房不振》，《中国电影报》2005 年 7 月 14 日）

为了论证《大长今》的精彩而把国内其他同类剧作说得一无是处，就有点不太厚道了。比如说“内地的历史剧，正剧太正、戏说太戏，不是让你像看教科书一样累，就是忽悠得你不着边际；香港的历史剧基本上是一番笑闹后，历史无痕迹；台湾的历史剧又流连声色、感情泛滥，实际上是现代版的古装爱情戏……”惭愧得很，咱也看过不少内地和港台的历史剧，却没看出这些戏都那么烂。确实有粗制滥造的作品，但也有不少看过后还能有所触动的。要把这么多戏“一网打尽”地予以否定，来衬托《大长今》的“高大全”，或许只有“专家”才能修炼到这个高度。

（摘自张建高：《玩命吹〈大长今〉拼命贬国产戏　所谓专家图啥》，《新华每日电讯》2005 年 10 月 7 日）

韩国文化界人士指出，韩剧的危机源于两大问题：首先是创新危机。作为大众文化，只有不断推陈出新，才能让大众始终保持喜爱。但在经过五六年的发展后，韩剧的题材日益匮乏，一旦某种题材的电视剧热播，马上会有大批的“克隆”作品出现。很多电视剧不仅套用韩剧已有的模式，还热衷于翻拍日本和美国的热播电视剧，时间一长，这些题材重复的电视剧难免让人厌倦。

其次是单向输出带来的文化逆反心理的挑战。在“韩流”的强势推动下，韩国向周边国家单向输出影视产品的同时，文化优越感悄然滋生，政府行为的加入，更让周边国家对韩国借电视剧“搭卖”韩国历史观、文化习俗甚至饮食的做法产生逆反心理。

（摘自李拯宇　干玉兰：《“韩流”电视剧遭遇发展瓶颈》，《中国改革报》2008 年 4 月 12 日）

韩剧近一两年在中国降温了，这和韩剧自身重复有关系，也和国产电视剧的崛起分不开。2007 年国内涌现出众多优秀的电视剧，有成为全民话题的《士兵突击》，有在 80 后中影响甚广的《奋斗》，有拥有大批中老年粉丝的

《金婚》，还有精致程度媲美日韩剧的《五星大饭店》，国产剧在通过掳获各个年龄层的观众的方式对韩剧进行狙击，目前已经收到了良好的效果。

（摘自韩浩月：《韩剧降温源于国产剧火爆》，《文汇报》2008 年 1 月 20 日）

在《大长今》红遍全国之后，近两年一直没有出现像这样家喻户晓、老少咸宜的韩剧。对于韩剧简单雷同、过多过滥的评论并没减少，时有国内影视大腕将韩剧视为洪水猛兽大加抨击，韩剧的播出也被挤出黄金时段。今年暑期档各电视台引进的电视剧中，日剧、美剧甚至台剧都比韩剧抢眼，分流了不少观众，“韩剧十年、风光不再”，韩剧已成“强弩之末”的论调越来越盛。

（摘自陈祥蕉　申凡：《韩剧十年，风光不再?》，《南方日报》2007 年 8 月 19 日）

前几年韩国电影形势较好，明星越来越红，这使明星们在拍摄影片时“狮子大开口”，报价越来越高，导致拍片成本上升，进而造成除演员之外其余部门经费紧缩，导致影片质量有所下降从而市场反应一般，难以收回成本。尤其是在海外市场，因为韩国影片的充斥，观众“消化不良”，导致外国观众对韩国影片期望值下降，韩片收益大幅缩水。

（摘自林良敏：《韩国电影：明星自降片酬来救市》，《中国文化报》2007 年 4 月 13 日）

目前中国内地加上香港、台湾地区的电视剧年产量，初步估算已超过 16000 集，成为全世界电视剧产量最多的国家之一。此外电视剧播出时段的广告收入，约占电视台广告总收入的三分之二，这在全世界也是绝无仅有。但是，近年来随着“韩流”的冲击、新媒体的诞生，以及在电视剧生产与播出的产业链条中存在众所周知的不合理因素的困扰，华语电视剧要压倒“韩流”走向世界，依然需要相互借鉴、扩大合作、和衷共济、共同克服诸多的困难和问题。

（摘自韩云升　张晋锋：《内地香港电视剧合作：“大汉风”压倒“韩流”走向世界》，《中国电影报》2006 年 12 月 14 日）

虽然 2002 年至 2006 年年初是韩剧最辉煌的时期，但 BBC 说，其实韩剧从 2005 年之后已经有些疲态了。流行韩剧以纯粹的爱情剧为主，但不管是浪漫色彩，还是反映生活疾苦的悲情色彩，都有些夸张。另外，演员那种始终如一的表演方式，也让大家感觉到了审美疲劳。而由于央视、各地方电视台大量播出韩剧，也造成了老百姓的热情大减。

（摘自唐小璐　刘婷婷：《韩剧：价格走高缺乏热点收视降温》，《中华新闻报》2006 年 12 月 6 日）

2006 年，对韩国电影圈来说，不是好年份。韩国国内市场，由于电影配额制度改革，国产片义务放映天数被大幅缩减。国外市场更是遭遇滑铁卢，出口急剧下滑。内忧外患，是该韩国电影出新招的时候了。

（摘自陈榕：《韩片出口锐减中国票房成救命稻草》，《第一财经日报》2006 年 8 月 8 日）

关于“韩流”的其他方面

“汉风”和“韩流”现象都是商业发展和经济发展的产物。“韩流”宣传的流行文化并不完全是韩国年轻人或者是中产阶层真正的生活文化，其商业化色彩越来越浓，渐渐脱离了健康的生活文化理念，也渐渐丧失其阶层群体基础。而“汉风”的盛行多少带点功利主义和实用主义色彩，吸引韩国人的是中国巨大的市场和汉语能力在求职时的作用。另外，吸引他们的文化主要也是中国传统文化，因为中韩文化相近，韩国人对中国文化有很强的认同感，中国当代的文化似乎对他们的吸引力并不大。从某种程度上看中国改革开放后没有形成有中国特色的成熟的大众文化。其深层次的原因恐怕就要和中国未形成相对稳定、成熟的中产阶层有关。

（摘自芦恒：《“汉风”与“韩流”折射出的中韩经济文化现象》，《经济视角》2005 年第 9 期）

韩剧这几年在中国风头正劲，除了媒体关注外，制作公司更是积极迎合，推波助澜。他们干脆直接引进韩星，拍成“中国式韩剧”，于是出现了大量韩星入侵国内电视剧，催生出不少嫁接式韩剧。不过，嫁接式韩剧并不能使国产剧集在年轻观众群体中产生韩剧热潮的效果。因此，有业内人士认为，盲目推崇并滥用韩星成为国内一些制作公司的误区。韩国剧集的一大特色在于造星，即通过偶像剧打造明星。宋慧乔在《蓝色生死恋》的时候也还是新人，而《明朗少女成功记》也是张娜拉的处女作。因此，韩剧的主要资金是用在剧集的制作上的。而国内制作公司动辄邀请韩星做噱头，大把资金花在韩星身上，能够用于剧集制作的经费自然减少，剧集质量无疑会受到一定影响，又怎么能怪投资不够呢?

（摘自辛石：《韩剧“入侵”中国电视剧如何反思》，《新华日报》2005 年 6 月 16 日）

韩国在遭遇亚洲金融风暴袭击后，重新认识文化产

业，并将其作为21世纪发展国家经济的战略性支柱产业，积极进行培育。

韩国发展文化产业的基本战略是：1. 集中力量开发具有国际竞争力的高质量文化产品；2. 重点培育战略性文化产业。由于资源和资金有限，不搞平均主义，实行“选择与集中”的基本政策，集中力量支持重点产业和重要项目；3. 力争使国家扶持政策产生最大的整体实效。发展文化产业采取的主要措施是，在组织管理、人才培养、资金支持、生产经营等有关方面逐步加强机制建设，对文化产品的研发、制作、经销、出口，实施系统性扶持。

（摘自：《韩国发展文化产业的战略和措施》，《中国文化报》2003年8月15日）

从构造形式上看，“韩流”是利用固有的单音语素按照固有的构词方式（偏正式）构成的。但与一般的新词不同的是，它运用了谐音的造词法。人们为了加强表达效果，不仅在造句时注意运用修辞格，就是在造词时也注意使用修辞手段。许多传统的修辞手法，同时也是一种造词方法。修辞格中的谐音，一般具有一语双关的效果。而作为造词法的谐音，在造词时只求谐音，并无双关。新造的词语和词汇系统中已有的某个词语在语音形式上相同或相近，所以，虽然两者在意义上并无直接关联，但谐体词的使用往往让人联想到本体词，从而产生新鲜、幽默、生动的效果，很容易流行开来。“韩流”的本体词是“寒流”，由于两者具有源生关系，在使用“韩流”时，常常也能找到“寒流”的影子。

（摘自童盛强：《“韩流”来了》，《语文建设》2002年第1期）

韩国电影在中国掀起的风潮，为中国影视的发展提供了耳目一新的方向。中国是一个有着十三亿人口的巨大电影市场，是世界上任何一个国家都不能比拟的，在好莱坞看来，“它不只是座金矿，简直就是一座未开发的钻石矿”。中国影视若能抓住本土的电影市场资源，瞄准本国市场，立足中国观众，即便将来中国电影完全不卖到国外，就在中国的电影市场上，一样可以获得非常高的票房收入。

（摘自晋爱荣：《由韩剧热播带给我们的启示》，《电影评介》2007年第5期）

产业效益

韩国海关22日公布的数字显示，去年韩国对亚洲地区化妆品出口额猛增35.6%，达到2.222亿美元。这一数字不包括香水和沐浴产品。

韩国业内人士认为，韩国对亚洲地区化妆品出口猛增与韩国流行文化在这一地区影响扩大有密切关系。韩国海关的数字显示，去年韩国对中国大陆的化妆品出口为6273万美元，年增幅32.8%；韩国对台湾地区的化妆品出口额为3345万美元，年增幅为157.4%；香港进口韩国化妆品总值为2542万美元，比上年增长69.6%。

（摘自：《“韩流”不光卖文化　化妆品出口也大增》，《新华每日电讯》2006年2月23日）

根据韩国贸易协会统计资料，2004年由韩流形成的韩流商品、观光、影像制品等3个大项收入达18.7亿美元，在韩国国内形成附加值10.4亿美元，拉动2004年国内生产总值增长0.18%；出口商品总值9.18亿美元，观光收入8.25亿美元，影像制品销售额达1.3亿美元，特别是在比2003年来韩观光增加的96.8万名旅客中，因韩流而来观光的人数达64.7万人，占增加游客的66.9%。

因韩剧《大长今》的热播，2005年1—10月，韩国韩流相关产品出口总额达8.8亿美元，共吸引境外游客501万名，同比增加4.7%，电影产品出口总值4181万美元，同比增加28.6%，但和去年年增长率88.1%比，呈增长滞缓现象，这显示出韩国电影产品经过高速增长阶段后，恢复了平稳增长态势。从电影产品出口地域看，80.4%在亚洲，而日本又占对亚洲出口的32.1%。

从韩流产品出口类别来看，2004年电气、电子产品达4.99亿美元，占2004年出口的64.2%；饮料类、塑料橡胶皮革类产品分别为1.06、1.02亿美元，体育、杂货占出口的10.1%。从韩流经济效果来看，2004年对日、中、台湾地区、香港地区、泰国的出口分别达3.46、3.42、0.88、1.04、0.38亿美元。

（摘自：《“韩流”与“韩流经济”》，《中国高新技术企业》2008年第6期）

目前，中国国内最大的网络游戏运营商是上海的盛大公司。他们为所代理的韩国游戏付出了高昂的代价，盛大公司除了从韩国引进《传奇》和《疯狂坦克》之外，又从韩国的TAE－WOOL引进了3D游戏《新英雄门》，从韩国NEXON引进了《泡泡堂》、《破碎银河系》。版权费从《传奇》的代理费30万美元/3年，上涨到现在一款游戏最高的代理权达100万美元/2年。除代理费之外，《传奇》开发商每个月还从盛大拿走销售收入27%的分成，基本上每个月可达到150万美元，最高时达到过200万美元。

（摘自李玉山：《“韩流”席卷网络游戏市场》，《中国旅游报》2003年4月2日）

据韩国官方数据，2002年，韩国包括游戏、动漫、电影、音乐、出版、广告、广播等在内的9类文化产品销售规模为327亿美元，占韩国国内生产总值的6.7%；2003年达到429.29亿美元，其中出口额为6.31亿美元。据统计，2004年韩国文化产品已经在世界市场上占到3.5%的份额，成为世界第五大文化产业强国。以电视节目的出口为例，其出口额近几年来几乎是成倍地增长：2001年出口额是1890万美元，2002年2880万美元，2003年4213万美元，2004年7146万美元。这些电视节目出口到美国、日本、中国、法国等18个国家。

据韩国经济研究院2004年底发表的《“韩流”现象与文化产业战略》报告显示，单单主演《冬季恋歌》的韩国演员裴勇俊所引发的“裴勇俊现象”，带来的经济效益就超过3万亿韩元（约30亿美元），其中旅游业等收入1万亿韩元，产品输出日本收入2万亿韩元。《冬季恋歌》在日本走红，使到韩国观光的日本游客大幅增加。裴勇俊的写真集每册要卖到150多美元，在日本一销就是10万册，仅此一项就入账1500万美元。他主演的《冬季恋歌》的小说在日本发行了120万本，VCD、DVD更是供不应求，裴勇俊所用品牌的围巾与香水也十分走俏。

（摘自沈林：《解读“韩流”产业链》，《新华日报》2005年11月1日）

韩国电视节目出口额自1999年的761.5万美元，提高至2001年的1235.6万美元，其中2001年韩剧出口达9515集，金额约达790万美元；2002年韩剧外销收入达到1639万美元，出口集为12363集；2003年韩国电视台节目进出口情形为，出口比2002年增长46%，达4300万美元，进口则约2800万美元，在节目出口产品中，韩剧就占86%（约3698万美元），因此韩剧成为韩国电视最大的输出品。

（摘自张国涛：《韩剧：“咸鱼翻身”的奇迹》，《中国经贸》2006年第4期）

2004年，由“韩流”文化产品的出口对韩国其他制造业、服务业的产额、附加值、创造就业岗位的间接效果达4.5万亿韩元（约合41亿美元），其中由中国市场产生的经济效果为3.3万亿韩元。

“韩流”助韩国化妆品销售。随着《冬季恋歌》上映，中国女性观众喜爱女主角崔智友，爱屋及乌，因而也喜欢使用她使用的韩国化妆品。2003年，韩国化妆品出口首次突破1亿美元。其中有1695万美元是出口到中国，居韩国化妆品出口国第一位。2004年为4311.6万美元，2005年为6273.1万美元，均居韩国化妆品出口市场第一位。“韩流”带动了到韩国旅游观光热。据韩国观光公社委托韩国学者做的一份《“韩流”旅游营销效果分析及发展方向调查》，2004年，来自中国内地、台湾地区和日本的游客中，有 27.1%（约 71 万人次）是直接或间接受到韩国影视剧的影响来韩旅游的。

“韩流”带动整容业。近几年，借助韩流影视剧的影响，韩国整形外科声名鹊起。韩国报纸报道了上海的一个例子。六位韩国整形外科医生在上海开办了一家拥有高端设备的整形外科医院，在当地掀起打造韩流明星容颜的热潮。做一个双眼皮手术费要 100 万韩元（合人民币 7500 元），面部轮廓整形手术费 390 万韩元（约 3 万元人民币），是上海当地医院手术费价格的两倍。但顾客仍络绎不绝，女性顾客拿着金喜善、宋慧乔、李英爱的剧照，将她们作为整形模仿对象。

“韩流”带动了韩国服装和饮食业的出口。《大长今》在中国内地、台湾、香港播放后，韩国的膳食和医药产品开始热销。在香港，人参和冬虫夏草比以前销量上升了 10%—20%。来韩国旅游的客人买高丽参的数量也增多不少。

（摘自詹小洪：《“韩流”文化盛行于中国及其原因》，《当代韩国》2007 年第 1 期）

重要文章选登

"韩流"文化盛行于中国及其原因

詹小洪

近些年来，"韩流"这个名词在中国几乎是无人不晓，"韩流"作为一种外来的流行文化在中国有很多的 funs，乃至有了"哈韩族"群体。进入中国的"韩流"文化产品门类众多：电子游戏、电影电视剧、歌曲舞蹈、文学作品、绘画，以及衍生的韩国服装、饮食、体育休闲、旅游等产业。这些"韩流"文化产品在中国都有很大市场。本文将概述"韩流"在中国的现状、探讨"韩流"在中国得以盛行的深层次原因、揭示"韩流"在中国进一步发展存在的隐忧，同时展望中韩文化交流的前景。由于本人是个经济学者，与文化学者研究视角稍显不同的是，本文尽可能用能够搜集到的经济数据来说明"韩流"在中国的影响力。

"韩流"文化在中国的勃兴

"韩流"在中国的影响力

"韩流"文化压倒了同时在中国的所有境外文化的影响。要想把"韩流"文化在中国的影响数量化，也就是说要准确地得出上述"韩流"文化产品在中国市场的份额是很困难的。不过，借助互联网搜索工具可以间接地比较目前在中国各种境外文化的影响力。

在流行的大众文化中，对中国人的影响最大的莫过于电影电视剧了。2006 年 9 月 20 日，笔者利用中国网民使用率最高的网络搜索工具"百度"，检索了"韩剧"、"日剧"、"港台电视剧"、"韩国电影"、"日本电影"、"港台电影"、"美国电影"这些关键词汇，结果见表 1。笔者发现，在电视剧方面，相对于日剧、港台电视剧、美国电视剧，韩剧对中国电视剧收视者具有压倒优势的影响力。在电影方面，韩国电影影响力也仅小于以好莱坞领衔的美国电影大片，远高于日本电影和港台电影。表中所列的网页数与我们现实中的感受基本上是一致的。

从中韩两国主流报刊、网站上也可以发现很多经济数据，足以给读者"韩流"文化在中国一个较为清晰的印象。

——2005 年 3 月 15 日的《朝鲜日报》发表了韩国产业政策研究院对"韩流"的经济波及效果的分析报告。该报告表明，2004 年，由"韩流"文化产品的出口对韩国其他制造业、服务业的产额、附加值、创造就业岗位的间接效果达 4.5 万亿韩元（约合 41 亿美元），其中由中国市场产生的经济效果为 3.3 万亿韩元。该报告还证实，在中国，对"韩流"品牌价值的评估远远高于日本和美国。而在中国形成"韩流"的首要功臣是电视连续剧。

——韩国电子网络游戏产品（Cybergame）几乎垄断了中国电子游戏市场。据中国电子信息产业发展研究院（CCID）提供的数据，2001 年和 2002 年，从韩国进口的电子游戏产品占中国市场份额超过 70%，2003 年也占近 50%。

——"韩流"助韩国化妆品销售。随着《冬季恋歌》上映，中国女性观众喜爱女主角崔智友，爱屋及乌，因而也喜欢使用她使用的韩国化妆品。2003 年，韩国化妆品出口首次突破 1 亿美元。其中有 1695 万美元是出口到中国，居韩国化妆品出口国第一位。2004 年为 4311.6 万美元，2005 年为 6273.1 万美元，均居韩国化妆品出口市场第一位。韩国媒体不无得意地写道："韩流"和化妆品出口的关系证实了一句营销格言，"卖货先卖形象"。

——"韩流"带动了到韩国旅游观光热。据韩国观光公社委托韩国学者做的一份《"韩流"旅游营销效果分析及发展方向调查》，2004 年，来自中国内地、台湾地区、日本的游客中，有 27.1%（约 71 万人次）是直接或间接受到韩国影视剧的影响来韩旅游的。这些"韩流游客"共为韩国带来了 7 亿美元的外汇收入。

——"韩流"带动整容业。近几年，借助韩流影视剧的影响，韩国整形外科声名鹊起。韩国报纸报道了上海的一个例子。六位韩国整形外科医生在上海开办了一家拥有高端设备的整形外科医院，在当地掀起打造韩流明星容颜的热潮。做一个双眼皮手术费要 100 万韩元（合人民币 7500 元），面部轮廓整形手术费 390 万韩元（约 3 万元人民币），是上海当地医院手术费价格的两倍。但顾客仍络绎不绝，女性顾客拿着金喜善、宋慧乔、李英爱的剧照，将她们作为整形模仿对象。

——"韩流"带动了韩国服装和饮食业的出口。《大长今》在中国内地、台湾、香港播放后，韩国的膳食和医药产品开始热销。在香港，人参和冬虫夏草比以前销量上升了 10%—20%。来韩国旅游的客人买高丽参的数量也增多不少。

另外，韩流影视剧还带动了韩国家电、汽车、手机、电脑等 IT 产品的热销，这里不一一举例了。

韩流文化在中国流行的几个特点

1. 来势猛而且持续时间相对长

自 1949 年中华人民共和国建立以来的 50 多年里，先后有多种境外文化在中国内地流行过。20 世纪五六十年代是苏联文化，当时苏联的歌曲和电影对中国观众和读者确实影响巨大，但随着 60 年代后期中苏交恶，苏俄文化对中国的影响随之式微。

表1　境外影视对中国内地观众影响力的概况

	韩剧	日剧	港台电视剧	美国电视剧	韩国电影	日本电影	港台电影	美国电影
“百度”记载的网页数	1480	931	276	94	268	119	53	891

70年代末中国开始改革开放，国门大开，先是日本影视对中国的影响，接着是港台影视对内地的影响，日本影视和港台影视对大陆观众的影响地位到90年代中期被韩流影视所取代。欧美影视文化当然也对中国观众产生过很大影响，而且是相对持久的，但都没有像韩国文化产品这样来势汹涌，在中国形成所谓“潮”和“流”。

仅以电视剧为例说明。韩国电视剧在中国内地放映的数量很多，2002—2004年分别是：67部、155部、104部。有些电视剧是多家电视台同时上映，不少电视剧还多次被中国内地电视台重播。曾记得，在一段时间内，只要打开电视机，多个频道都在放《看了又看》、《人鱼小姐》、《明成皇后》、《黄手帕》、《女人天下》、《商道》，等等。2005年湖南电视台播出《大长今》，平均收视率达到3.5%，平均收视份额达到15.3%，居全国同时段电视节目收视率第一位，创下了外国电视剧在中国内地最高的收视纪录，从而将韩剧、韩流文化在中国的热度推向了顶峰。

“韩流”文化最早进入中国内地可以追溯到1988年的汉城（首尔）奥运会，一首《手拉手》（Hand in Hand）主题曲，使中国听众第一次听到来自韩国的歌曲的动人旋律，随之这首歌曾长时间风靡中华大地。1993年，第一部韩国电视剧《嫉妒》登陆中国，90年代后期，电视剧《爱情是什么》、《蓝色生死恋》、《冬季恋歌》，电影《我的野蛮女友》、《夏娃的诱惑》等源源不断进入中国，都深得好评，加之2005年电视剧《大长今》的热播，这一切标志着“韩流”作为一种外来文化在中国取得了空前的成功。

据中国最大的门户网站新浪网调查，在接受调查的网民中，有83.12%的人喜欢韩剧。在问到“你最喜欢哪个国家或地区的影视”时，有54.55%的人选择了韩剧。从20世纪90年代中期到目前，“韩流”在中国持续升温，热了近十年时间，作为一种外来文化在中国有这种影响力是比较罕见的。

2. “韩流”几乎得到中国内地各阶层各年龄段的喜爱

客观地说，对“韩流”文化最着迷的是中国大城市具有一定经济实力和文化素质的青年人，多半是高中生和低年级的大学生。他们穿韩国青年爱穿的流行服装，听韩国歌曲，看韩国最新的电影，像韩国青年那样化妆、做发型。他们喜爱的韩剧是青春偶像爱情剧。

家庭主妇尤其是中老年妇女比较喜欢集数较长的系列韩国电视剧。这种韩剧突出家庭伦理。在收视风行于中国内地多个电视频道的“韩国剧”时，这些女性观众会在泪水涟涟的同时，发现老祖宗的儒教伦理穿越了时空隧道在我们的东邻继承和保存尚好，因而在文化上认同的刹那，产生了心灵的震撼与反省。

男性观众尤其是中老年观众比较喜欢韩国的历史片、战争片。如《明成皇后》、《太极旗飘扬》。他们希望了解韩国的近代历史变迁，通过观看韩剧，知道韩国人是如何解释上世纪50年代的朝鲜战争的。

3. 中韩经济关系发展与韩流文化流行同步

中国有句流行语叫“文化搭台，经济唱戏”，说的是借助文化的影响发展经济。“韩流”文化带动了中韩两国经济关系的全面发展。“韩流”引发了韩国向中国的资金流（投资）和物流（商品贸易）。

自从1992年中韩两国建交以来，韩国对华投资的增长速度十分迅猛。据中国方面的统计资料，1992年韩国对华直接投资额仅为1.19亿美元，而到2004年达到62.2亿美元，年均增幅36.78%，大大高于其他国家同期在中国投资10.87%的增长幅度。尤其是近几年来，中国已经成为韩国最大的对外直接投资国，韩国资本在中国吸引外资中所占地位也直线上升。详情见表2。

表2　近年韩国对华直接投资一览表

年　份	中国吸引外资总计（亿美元）	比上年增长（%）	韩国对华投资（亿美元）	比上年增长（%）	占中国吸引外资比重（%）	韩资占中国吸引外资的位次
2000	407.1		14.89		3.6	
2001	468.7	19.62	21.51	44.45	4.58	7
2002	527.4	12.51	27.21	26.44	5.15	5
2003	535	1.44	44.9	65	8.4	3
2004	606	13.2	62.47	39.1	10.3	2
2005	603	-0.5	51.7	-17.2	8.57	3

资料来源：中国投资指南网 http：//www.f.gov.cn。

1992年建交时，中韩两国贸易额仅为53亿美元，但到了2005年，就达到了1119亿美元，是建交时的21倍，年均增长率为27%。这样高的双边贸易增长速度在国际贸易史上确实少见。中国是韩国商品的最大出口市场，对华出口占韩国出口总额的19.1%，因此，韩国将中国视为最大贸易伙伴国。值得注意的是，在中韩双边贸易中，中国处于严重的逆差状态。在2004年，中方逆差达300亿美元，几乎等于中国这一年外贸的总顺差额。从中不难看到，中国市场对于韩国多么重要。这在相当程度上归功于“韩流”。

“韩流”盛行于中国的原因

毋庸讳言，在长达数千年的历史交往长河中，中韩两国并非没有过宿怨，在结束不久的冷战时期，两国更是分属不同的意识形态体系和阵营。那么，中国国民为何容易接受“韩流”，“韩流”文化为何能迅速成功登陆中国，换句话说，让两国的战场变市场的终极因素是什么？鉴于从影视艺术、演员水平乃至市场营销等角度研究“韩流”文化现象的文章已经太多，笔者将从更广阔的视角，即主要从历史文化、经济、外交关系多方面分析“韩流”文化盛行于中国的原因。

历史文化层面

1. 文化同源说

中韩两国之间的历史交往源远流长，两国拥有相似的文化背景。中韩两国同属东亚儒教文化圈，两国国民有着一样的黄皮肤、黑头发、黑眼睛，有着相似的姓氏名字。无论是语言文字还是价值观、礼仪、民俗、建筑，韩国都深受华夏民族的影响。韩国同中国一样，信奉孔子的儒家学说，因此韩国人在感情表达、价值观念和思维方式等方面与中国人都很相近。这是中国观众容易接受韩剧，“韩流”得以顺利登陆中国的“先天条件”。

2. 文化活化石说

20世纪的中国，历经了五四运动、文化大革命。这两场运动对以孔子开创的儒家学说为代表的中国传统文化造成了巨大的影响。而在以韩剧为代表的韩流文化中，我们看到传统的道德观对韩国国民的约束力还是很大，他们提倡长幼尊卑秩序，尊师重教，甚至“三从四德”也还有相当市场。韩剧往往将“仁、义、礼、智、信”的儒家思想文化精髓演绎得炉火纯青，国民对“万世师表”孔子更是敬仰有加。这些正是今天的中国所缺失的。

当我们把目光转向韩国，突然发现了这个比中国本土在某种程度上或许更人文中国的地方。有人说，当今，韩国人比中国人更像中国人（儒教文化意义上的中国人）！韩剧就是以中国文化征服了中国市场，以中国文化“打败了”中国人！更有人认为，今天的韩国是古代中国的活化石。

3. 历史文化自豪说

一个不可否认的事实是，在历史上，中国对韩国施加过广泛的影响，但今天的韩国经济发展水平又超越了中国，这使一些民族主义情绪较重的年轻人心目中产生有一种强烈的失落感。然而，在观看一些韩国历史电视剧时，这种失落感得到了一定程度的慰藉。

多部韩剧反映了历史上的韩国从文字、制度、礼仪到建筑全方位深受中国的影响。大至朝鲜李朝对明代中国实行“事大主义”，很长时期内两国存在一种朝贡关系，每年李朝要派使团向中国朝廷纳贡，历代的皇位继承需要得到中国朝廷的册封认可，韩国也像中国一样地实行科举制度等等。小至在普通老百姓家庭生活中，也将诵读“三字经”、“百家姓”、“千字文”作为儿童启蒙教育，客厅里也挂着中国字画。这一切都会使中国观众在潜意识中对自己民族历史上曾有过的强盛产生自豪感。人们认为，就像今天“韩流”猛烈地横扫中华大地一样，过去“汉风”也曾席卷过朝鲜半岛。眼下，两国正进入“韩流”与“汉风”交相辉映的时代。

经济层面

1. 另类现代化模式说

新中国成立以来，中国一直在苦苦探索现代化之路。就走什么路，即遵循什么现代化模式，发生过激烈的争论。建国初的五六十年代，“一边倒”地以苏联为榜样，实行生产资料公有制和计划经济。80年代开始的体制改革意味着对苏联现代化模式的否定。紧接着又出现唯美国马首是瞻“全盘西化”的倾向，在推进现代化引进西方思潮的同时，传统又面临被抛弃的境地。但是韩国所走的道路显现了另一种现代化模式，即在迅速实现工业化的同时，又较好地保留了自己民族的历史文化传统。

“韩流”文化就是儒家文化与美国工业化的大众文化相结合的产物。它利用文化全球化过程中出现的全球化与本土化的冲突与调和，将传统伦理与现代性的冲突、东西方价值观的冲突体现得淋漓尽致，并因此吸引了中国人。

2. 生活水平参照说

尽管经过二十多年的改革开放，中国国力有了很大增强，但以人均GDP来衡量，离发达国家相差还很远。中国与欧洲以及美、日等国相比，生活水平差距太大，对它们只能是“可望而不可即”。但通过看韩剧，突然觉得中国相比韩国国民生活水平确实也有差距，但不会觉得高不可攀。尤其是在中国东部沿海以及北京、上海、广州、深圳等大城市近年人均GDP已经达到六七千美元，如按购买力平价（PPP），与韩国人均GDP差距更不会太大。因此，中产阶层人士就有了一个生活水平、消费方式的参照系，通过韩剧，预先知道了当人均GDP达到一万美元以上，会是什么样的状况。

3. 借鉴意义说

中国要赶超发达国家，韩国也提供了借鉴。中韩两国国情是相近的，都是后现代化的东亚国家，不像欧美现代化历史那样漫长，甚至也不如同属东亚国家的日本。日本早在1864年就进行了明治维新，比中韩早一百多年迈入发达国家行列。直到20世纪60年代初，中韩经济起点都差不多，同样是“一穷二白”的农业国，人均GDP都只有一百多美元。另一个类似点是，半个世纪以来，两个国家都惨遭分裂的命运。

虽然有上述相似点，但后来因为走了不同的发展道路，两国差距拉大了。到20世纪80年代初韩国由于实行市场经济体制，经济实现了起飞，成为“亚洲四小龙”之一，而中国还在为解决温饱问题而努力。中国知识分子透过“韩流”文化在反思为何国情相似、起点相同的两国，现代化的程度却明显分出高下。这也是中国观众在观看韩国影视剧时经常会思考的问题。

正是由于中韩两国的国情相似点多，韩国的经验对中国发展经济、实现现代化的借鉴意义更大。

外交层面

1992年中韩建交后，两国关系迅速升温，两国国民彼此都表示亲善。针对东北亚地区一些重大问题，如朝核问题，中韩两国立场接近。与美国、日本对朝鲜动辄挥舞施压制裁大棒明显不同的是，中韩主张用外交手段解决一切问题。中韩两国的共识是建立在自己的切身利益之上：一是两国都不愿将朝鲜逼到穷途末路而导致它的现有体制崩溃；二是两国对于遭受日本殖民侵略的历史创伤记忆犹新，中韩都警惕日本借机重新军国主义化。

在中韩美三国关系上，韩国有逐渐摆脱美日而向中国靠近的趋势，乃至韩国政界出现“疏美亲华”的口号。这都会使中国国民对韩国产生好感，从而喜欢“韩流”文化。

“韩流”文化在中国的前景

日本和东南亚等国家也是“韩流”盛行地区。据韩国报纸报道，这些国家已经出现了“寒流”，在日本甚至出现了“反韩流”或“嫌韩流”。但目前在中国，虽然还未出现上述现象，但“韩流”也在慢慢地降温。进入2006年以来，在中国上映的韩国影视剧数量少了，得到的好评也不如前几年多。韩国电子游戏产品占中国市场份额也在下降。“韩流”明星在中国举办的各种演唱会也不如过去那样火爆。从表2可以看出，2005年后，韩国对华直接投资也下降了许多。“韩流”在中国降温似可归因于：

1. 中韩文化产品贸易不对等

中国有媒体报道，中国对韩国文化产品贸易的逆差比制造业产品贸易逆差还大。中韩文化产品交易额比例是1∶10。中国存在严重的“文化赤字”。中国大量引进了韩国影视剧，批准了许多韩国影视明星来中国开演唱会，却没得到韩国同样的回报。中国影视剧很难进入韩国市场，韩国三大电视台更少播放中国电视剧。据韩国《朝鲜日报》披露，为了平衡韩国与越南的文化贸易，韩国政府有意识地引进了多部越南电影。可韩国对中国却没这样做过。

2. 韩国影视剧对中国市场的冲击太大

自从1993年以来，中国引进的韩剧不断增多，韩剧屡屡在中国内地创造高收视率。与韩剧在中国的“红火”形成对照的是，中国产的电视剧艰难度日。据了解，2004年，中国国产电视剧大约1.2万集，但能在黄金档播出的只占5000集。为此，中国电视剧制作公司1年要亏损30多亿元人民币，在其他文化产品中也不同程度地存在类似的情况。这些文化产品的经营者势必结成利益共同体，要求政府减少进口韩国文化产品。韩国政府屈服于美国压力，为增加进口好莱坞电影，而减少韩国产电影一半配额，因而遭到韩国电影从业人士的强烈抗议，要求政府保护本国产电影。中国影视界人士以此为例，也要求中国政府减少进口韩国影视剧。

3. 韩国输入中国的电视剧价格上涨过快

据引入《大长今》的“湖南卫视”称，以前韩剧每集的价格为1000—2000美元，由于《大长今》的成功，韩国电视剧价格现在已经上涨至每集8000—20000美元。中国内地电视台感到不堪重负，自然也会减少对韩国电视剧的上映。

4. 民族主义情绪的负面影响

中韩建交十几年来，两国关系总体发展良好，但也存在一些不和谐音。诸如在高句丽历史问题、端午“申遗”风波、海上经济专属区划分、农产品贸易等事件中，两国也曾产生相互猜忌和不信任。再加上极少数让中国观众听来不舒服的韩剧台词，也容易激起中国内地“愤青”的民族主义情绪。这种情绪扩散开来，对中国观众接受韩国文化产品肯定会产生负面效应。

尽管韩流文化在中国发展势头目前稍稍减缓，但不能就此说“韩流”在中国前景暗淡。我们应该看到，两国政府都在努力发展双方友好关系。2006年胡锦涛主席访问韩国时，与卢武铉总统商定，将2007年即中韩建交15周年定为中韩交流年。2007年，两国的国民相互交往只会越来越多，相互的理解定会随之加深，“韩流”有可能在中国掀起另一波高潮。我们高兴地看到，“汉风”也在韩国劲吹，中国电视剧《乔家大院》在韩国上映后，韩国的《朝鲜日报》等主流报纸都进行了报道，并在2006年9月举行的首届首尔电视剧颁奖盛典上获得了最佳长篇电视剧奖。本人作为一名韩国文化的爱好者，期盼着在国内看到更多更好的韩国影视剧。

“韩流”：又一种追星的新范式？

仰　滢

20世纪90年代末以来，随着韩国影视剧、韩国流行音乐、韩国明星大举登陆中国大陆，韩国文化风行一时，引发了所谓“韩流”现象。青少年炮制并演绎着的这一轮新的文化浪潮，是否是青少年追星的又一种范式？

每个时代的年轻人都有自己的流行文化，青少年是制造和追随流行文化的主力军。20世纪90年代末以来，青少年炮制并演绎着一轮新的文化浪潮。随着韩国影视剧、韩国流行音乐、韩国明星大举登陆，韩国文化风行一时，引发了所谓“韩流”现象。“韩流”，就是浸透着韩国特有文化气息的纯粹的韩国式生活方式在国内青少年中掀起的新的流行风潮。

“韩流”涌入国门最早是在1998年，以劲歌热舞著称的酷龙（CLON）组合敲开了北京的大门，打响了中国“韩流”热的第一炮。随之而来的“韩流”旋风从北京迅速席卷上海、浙江、重庆等地，风靡大小城市，在青少年群体中激起了一轮不小的冲击波。

“韩流”的“始作俑者”和追随者

“哈韩族”与“韩流”共生共荣。在团中央宣传部与中国青少年研究中心2002年进行的一项关于青少年“流行语”现象的调查中显示，有31%青少年认为“哈韩”一词在近两年中是最为流行的。

“哈韩族”就是指一群疯狂追求韩国流行文化，连穿着打扮、行为和思想都仿效的人。主流是能自由接触外来文化的开放性人群，以14—18岁的初中生和高中生为核心，19—30岁的大学生和刚参加工作的社会青年为外延，两个层次的都市年轻人组成了引领“韩流”的新新一族。“哈韩族”以他们的执著和热情，掀起了一个个“韩流”高潮，伴随着“哈韩族”的成长与壮大，“韩流”以汹涌之势狂飙突进。

“哈韩族”标准像。曾有些时日，走在大街小巷，总会遇到那么一些令人侧目的新新人类：缤纷的松糕鞋使人目眩；超级肥大的牛仔裤配上一件色彩鲜艳的T恤衫是最IN的选择；背包上别着十几个琳琅满目的徽章；无论男生还是女生，脖子、手腕、耳朵处常换常新的金属饰品是最“酷”的装扮；一头金黄色前长后短的头发如丝般柔顺，半遮半掩露出一脸不羁的表情……“哈韩族”不无夸张地显示着他们与父辈和前辈的不同，以独特的形象展示着自己、识别着彼此。

“哈韩族”行动宣言。“哈韩族”唱着“H·O·T”、“神话”、“BabyVOX”的歌；墙上贴着安在旭、金喜善的巨幅海报；从租片店里宝贝似的捧回大摞大摞的韩国偶像剧，《爱情是什么》、《蓝色生死恋》成为茶余饭后的时髦话题；他们把玩着“流氓兔”、“溜溜球”，迷恋于形形色色的徽章；沉浸在，HIP－HOP带来的动感与快乐之中；他们开始吃泡菜、韩国BBQ；学韩语……举手投足间都在向世人宣告：我们爱“韩流”！我们是“哈韩族”！这样的年轻人，花样年华绽放着别样的青春活力。

在波澜起伏的韩国时尚间穿梭的“哈韩族”，不知不觉中扮演了“韩流”的“始作俑者”，随后又心甘情愿地成为“韩流”的忠实追随者。可别小看了这群乳臭未干、少不经事的年轻人，他们踩着时代的节拍，引导的可是一场全社会的风潮。无怪乎，有人称21世纪是亚洲文化风行的世纪，那么今天“韩流”作为亚细亚文化传播的排头兵和急先锋，无疑构筑了这个时代的一道亮丽风景线。

扫描“韩流”表现形式

“韩流”勃兴，劲爆于各大都会城市，又迅速席卷华夏大地，颇有燎原之势。由不得不让国人感慨万千：“韩流的威力真是大！”中韩文化交流史上，已经习惯于文化输出的国人在啧啧称奇的同时，自当十分意外，不禁疑惑：“韩流”凭什么“流”？

影视剧。1998年，《向日葵》、《蕃茄》、《再见我的爱》等韩剧的播映，在国内深受好评，也造就了安在旭、金喜善等第一波“韩流”的先驱者。继《爱情是什么》之后，中央电视台和各地方台相继推出了《星梦奇缘》、《天桥风云》、《我的野蛮女友》等大批制作精美的影视剧，韩剧通过电视这一黄金媒体，在黄金时间走进了千家万户。生活气息浓郁，富有人情味，加之时尚的场景、清雅的画面、朴实自然的表演，使人耳目一新。一时间，韩剧好评如潮。

流行音乐。韩国流行音乐起步很晚，但是流行起来一发不可收拾。其流行程度可从每星期在上海或北京举行的大小歌手的见面会上窥见一斑：刚走了N·R·G，又来了S·E·S。韩国音乐很前卫，劲歌热舞，酣畅淋漓，引得年轻人竞相仿效。

韩国明星。韩国的电影和音乐，尤其是电视剧，能如此深入人心，一个重要的原因，就是要归功于一代接一代成长起来的俊男美女。金喜善、张东健、安七炫、金南珠……无一不是“哈韩族”心目中的重量级人物。无论

“哈韩族”是否愿意，他们不得不承认，美貌是“韩流”暗藏的一把最锋利的尖刀，被它击中，年轻人在不知不觉中失去了抵御的能力。

韩装。超大码的直筒裤和T恤，是“哈韩族”的必备行头；警戒灯似的橙黄、太空人一样的银色，是“哈韩族”的首选色彩，青春的肌体在或夸张前卫或浓烈鲜艳或轻松随意的韩国服装里逛荡。长长短短、色彩缤纷的袜子，美轮美奂的徽章、手链、手机带子显然是绝妙的配饰，看似随意而为，却是“哈韩族”匠心独具之作。

“流氓兔”。1999年，一只名叫Mashimaro的兔子诞生在韩国，这只手持马桶刷子、屁股像狗脸的坏坏兔极尽流氓无赖之能事，时不时无伤大雅地开开黑色幽默玩笑，国人称之为“流氓兔”，深得“哈韩族”喜爱。如今“流氓兔”跳出ON－LINE，被制成各种OFF－LINE商品，玩具、饰品、工艺品等等成为“哈韩族”竞相收藏的宝贝。

网络游戏。从《红月》、《千年》、《龙族》到《传奇》和《天堂》，网络游戏市场“韩流”滚滚。韩国游戏以其形式多样性、内容新颖性，迅速抢占中国网络游戏市场，使得“哈韩族”以及众多的网虫趋之若骛。

文字与语言。蓦然发现习惯于使用手机短信、伊妹儿、QQ与朋友交流的e时代宠儿再次钟情于写信时，我们大可不必一惊一诧，那些瘦瘦长长的韩国信封和印有稀奇古怪韩文的彩色信笺才是他们的目力所及，兴趣所在。据说在一些大都市，部分少男少女掀起了自发学习韩语的热潮，梦寐以求的是能在歌迷（影迷）见面会上与心目中的偶像亲切交流，或者只是为了满足“看好韩国偶像剧，听懂韩国歌”的心愿。

“韩流”的载体和传播途径

文化产业：“韩流”的源头活水。在市场经济体制下，青少年流行文化的产业化趋势是不争的事实。以韩国明星为例，尽管作为个体的明星，会像一阵流星雨一样，转瞬即逝，但是在“韩式造星厂”的规模经营下，一茬茬的歌星、影星在流水线的作业下，迅速“包装上市”。无论是影视、音乐、出版，还是服饰、美容、电子，这些文化产业在“韩流”这道丰盛的大餐面前，无不抱有分一杯羹的希望，不少商家瞄准市场，一手构造了“哈韩”大本营。正所谓文化产业化经营、制造、导引并推广着“韩流”。

文化产品：“韩流”的物质载体。“韩流”来袭，推动了与之有关的诸多文化产品的热销，如相关的影视剧、各类VCD、CD等音像制品，电脑游戏，FLASH，偶像的经典服饰、背包、海报、化妆品、玩具等等。这些种类繁多的文化消费品又紧紧吸引着青少年眼球的注意力，大大刺激了“哈韩族”的消费欲望。以韩剧《蓝色生死恋》为例，该剧不仅捧红了宋承宪、宋慧乔、元彬等男女主人公，关于他们的海报、写真集、服装、眼镜等饰品也大行其道，成为年轻人追逐的焦点。“韩流”随着此类文化产品的涌现和热卖而不断升温。

大众传媒：“韩流”绿色通道。随着声像技术和通讯技术的发展，现代传媒加速了“哈韩”这一个体生活方式的复制，并使之迅速成为整个青少年群体的生活情趣。大众传媒以其不可低估的力量畅通了“韩流”的传播渠道，在“韩流”的肇起、流行中起着推波助澜的作用，报纸、杂志、广播、电视、网络等传媒成为“哈韩族”与“韩流”亲密接触的绿色通道。

“后物质主义”倾向：“韩流”成为一种生活方式。在物质生活充裕的今天，年轻人对经济保障的强调逐渐减弱，而个人归属、自我尊重和自我实现的需要显得日益重要。青少年对“后物质主义”（自我实现）有了更强烈的偏好。“哈韩族”不仅仅满足于沉浸在网络、电视、CD等营造的韩式生活氛围中，做一个被动的“韩流”接受者，更渴望创造属于自己的生活空间。他们在夸张的着装、发型和表情下，体验的是新鲜的青春感觉，追求的是自我认同和自我表现，探寻的是富有个性、独树一帜的生活方式。

“韩流”之何去何从

“韩流”——外来文化轨迹的延伸。大凡得风气之先，领潮流风骚的往往都是年轻人。在这个倡导与国际接轨的社会里，青少年自然不甘落伍，他们虽然并不排斥“本土文化”，但是新潮前卫的外来文化对他们有一种天然的吸引力。从“欧美风”、“港台风”到“日韩流”，外来文化此消彼长，异军突起，无不使出浑身解数，向“本土文化”发起挑战。回眸外来文化轨迹，正是在中外文化的冲突与碰撞中，“本土文化”不断产生新的张力、激起新的活力。年轻人敢为天下先，总是率先成为外来文化的弄潮儿，推动着中外文化的交流与融合。一代代成长起来的青少年见证了外来文化的轨迹，打造着专属于自己一代的文化景观，主张并实践着自己的文化式样。

文化惯性推动下的“韩流”。一种流行文化一旦形成，必然带有一定的惯性，使后来者不经意间被夹带其中。在文化惯性的驱动下，“韩流”在短时期内仍然不会消退；在“哈韩族”的呼声中、在巨额商业利润的驱使下，还可能制造出一浪高过一浪的“韩流”小高潮；“韩流”总体将呈现出由大都市向周边的小城镇扩散、由沿海地区向内陆腹地渗透的趋向。

文化新时尚——“韩流”终结者。如果说青少年流行文化的当下性、多样性和易变性是“韩流”之魅力所在的话，那么同样这也是"韩流"的致命伤。因为时尚的诱人之处就在于时尚的短暂性，任何行为或事物一旦失去短暂性的特征，成为一种长期存在的模式，就会失去其新颖性的特点，也就难以继续吸引追随者。今天，"韩流"还在继续，但总有一天，年轻人会腻烦它，把它封存在记忆之中，因为追逐流行的人们总是喜欢追求新鲜的事物。飞速发展的社会、日月轮回的光阴会创造新的神奇，"韩流"就如同天际的一颗流星，它的光亮在划破了静默的长空之后，终将陨落，又被其他的"流星"所取代。

我认为，"韩流"作为社会、经济变革时期的独特文化现象，是对青少年流行文化的一次重新注释。对于"韩流"，我们究竟是把它看成洪水猛兽，诚惶诚恐，封杀围堵；还是视作小菜一碟，掉以轻心，听之任之？未尽的思考给我们带来了一个意味深长的话题。

解读"韩流"：一次成功的文化转型

许　徐

"韩流"是社会学家对韩国文化风靡、流行的一种统称。很多学者在解释"韩流"风行中国的原因时，往往认为是同处以儒家文化为核心的中华文化圈孕育的文化接近性使然。不可否认，一国文化在另一国的传播与流行，必定存在可以交流沟通的基础，但原因不止于此。比如，作为"韩流"主流的韩国音乐，主要包括以说唱为主的Hip－Hop音乐、带有复古性质的轻摇滚、以黑人爵士乐为代表的欧美风格的抒情音乐，这些都是西方大众文化的舶来品。其实，作为一种大众文化，"韩流"是韩国快速工业化时代市民社会的产物，在对朝鲜民族长期边缘化历史和固有文化的批判审视中，成功实现了适应现代市民社会多元需求的现代性转换，这种多元性和现代性恰恰满足了向市场经济急速转型中的中国社会多种迫切而又匮乏的消费需求。

多元化的碰撞

韩国位于亚洲大陆东北朝鲜半岛的南半部，是一个典型的半岛国家，由于国土面积狭小，历史上一种思潮登陆，可以很快影响整个国家。自668年新罗统一朝鲜半岛，历经了臣属国、日本殖民、美国管制、南北分裂、军政府独裁、快速现代化的复杂历史，不同历史时期生长了不同的主流文化，如儒家文化的自强、信义，西方人文主义的自由、民主，争取民族独立孕育的国家精神乃至佛教、基督教等等多元汇流。特别是近代以来，朝鲜半岛因其独特的地理政治学位置，多次成为大国冲突的第一线，这种长期位于大国夹缝、边缘化的处境，形成半岛民族特有的自卑、自负、激进和振兴国家的强烈民族意识。韩国社会节奏十分急促，民众永不满足，希望国家迅速发展、谋求世界舞台中心地位的急切民族心理可见一斑。

作为半岛国家，韩国一面濒临大海，一面伸入大地，因而韩国文化"并不从属于大陆或者海洋文化，而是大陆与海洋这两种文明混合而成的半岛型文明"，"韩流"正是"半岛文明"的产物。这种半封闭半开放的半岛文明，使得韩国一方面能够扎根于自己的历史和文化传统，一方面能够以较为开放的姿态在政治、经济、文化等诸领域对一切外来文明进行解构与吸收，并整合入韩国现代文明。可以说，韩国多元的历史碰撞出了今天韩国多元的文化，而且长期边缘化的处境还使得这种文化对历史和传统具有强批判性和否定精神，"应激—反应"的压迫性心理特征使得韩国民众痛恨并反思落后、弱小的历史，力主国家富强。"韩流"正是在这种批判中，实现了多样整合的现代性转换。

市民化的转型

市民社会，在古代西方是指市民的共同体——国家，是指政治社会。今天，"市民社会"被认为是一个国家或政治共同体内的一种介于"国家"和"个人"之间的广阔领域，是国家权威和个人自由的缓冲地带。韩国市民社会产生经历了"工业化—中产阶级—市民社会—民主化"的一般过程。上世纪70至90年代，韩国"威权主义"政府主导模式创造了"汉江奇迹"，韩国成为新兴工业化国家，快速现代化带来的城市化使大量农村劳动力流动到城市，产生了大规模的"离农现象"。2005年，仅汉城市人已近

1000 万，占韩国全国人口的五分之一。韩国经济保持 30 年高速增长，国民教育水平普遍提高，生产和组织规模化，技术和管理专业化，培育了大量高素质的中产阶级，“80 年代后期，79% 以上的人认为他们属于中产阶级”，构成市民社会主体。20 世纪 80 年代的民主抗争斗争后，韩国民主化进程取得突破性进展。相对民主的政治环境和经济发展培育出多元利益群体，多元价值取向的市民社会基本成型。

与传统社会划分身份等级不同，市民社会是以市场经济为基础的契约社会，基本价值包括：个人主义、多元主义、公开性和开放性、参与性、法治原则。“韩流”正是主动适应韩国传统等级社会向现代民主社会的转型，对传统文化、外来文化作了现代转换，这种社会转型正在或者已经在包括中国在内的很多国家发生，因而“韩流”具备了很强的文化扩张力和创造力。就如历史剧《大长今》导演李丙勋所说：“《大长今》的故事背景是古代的，像古代的建筑、服饰、语言、场景等。但它的主题是现代的，反映人与人的关系和矛盾、人生的选择和困惑，以及亲情、爱情等，这也是现在的人要面临的问题。”“韩流”种转换的实质是韩国社会市民力量解放的过程，机会平等取代社会等级、后天奋斗取代先赋特权、法治取代人治、民主取代专制、开放取代封闭等成为主流话语体系。市民社会个人主体性张扬，不会以国家权力强制统一人们的价值观念，也不会以群体的神圣价值抹煞个人存在，肯定多元并存的价值目标，多元的“韩流”应运而生。

适应市民社会个人主义价值原则，“韩流”鼓吹自由、民主、个人奋斗，并且这种转型建立在对传儒教的反拨基础上。学界有一种流行观点，把儒学视为一种人文主义。实际儒学重人事、尚伦理，自立之日即与中国古代宗法政治联姻，伦理政治一体化是儒学的本质特征。儒家所谓“人”是“伦理—政治”等级结构中的“伦理人”，宗法等级鲜明，这与西方人文主义把人视为一律平等的“自然人”有本质别。另外，以自然经济形态为基础的儒家文化在现代化进程中本就有阻碍作用。儒家文化“重农抑商”忽视了工商业的发展，中央集权的政治体制形成的一元化思维体制极易僵化，带来闭关锁国，延迟现代化进程。更为重要的是，面对儒家文化，近代以来韩国一直在谋求文化主体性，他们刻意推翻儒文化影响，比如近年发起的高句丽历史之争，把高句丽本属的中国历史篡改为韩国历史，力图使高丽化成为一种独立的文化模式。

以《大长今》为例，与中国宫廷剧渲染权谋斗争不同，叙述的是一个身处逆境的小人物——医女徐长今通过人格的力量和不懈的努力，不断反败为胜，使自己悲惨命运发生改变的故事。这是一个依靠自身，从底层开始努力，最后到达顶峰的个人奋斗的“成功神话”。《宫 S》，虚构了一个君主立宪制的韩国现代皇室，在民间长大的王子李厚重返宫廷生活，平民文化对固有宗法文化发生冲击。《冬日恋歌》中，郑惟珍为了和李民亨的初恋，离弃爱恋她十年的男友金相奕而去。这是一种不惜与传统儒家理念决裂，实现“自我”的执著精神。人文主义的另一种表现，是女性主义思潮出现。代表性作品如影片《我的野蛮女友》，主人公一反温和、贤淑、柔弱的传统形象，变身为一个性格怪癖、酗酒任性并常对男友大打出手的野蛮女友，这种对女性性别地位的重构正是女权主义话语的胜利。其他如《大长今》、《加油，金三顺》、《明朗少女成功记》等莫不如此。韩国民众激烈、性急的国民性格，也使得多元文化的积累缺少潜心整理，难免鱼龙混杂，对传统的反拨矫枉过正。近几年的作品如《家族荣誉》、《梦精记》、《绿色椅子》、《我是老师》、《我的缺德家教》等，无论是校园偶像剧的放荡不羁，还是以“人”为母题、以“性”为表达的情色电影的前卫或颓废，无论是冷幽默喜剧一本正经的受虐，还是动辄拳脚相加教训别人的暴力习惯，个人色彩走向极端。这类影片，题材上存在不少误区和不良倾向，像《岛》里哑女将鱼钩放进下身自残，等等。

朝鲜半岛一直是多元文化的交汇点，中国、日本及美国都在韩国扮演了强势文化输出的角色。韩文化属中华文化圈，由于特殊的历史进程，进入近代以后融合了佛教、基督教等外来文化，实现了对儒核心价值观的改造。特别是工业化时代以来，随着经济发展、政治民主化、教育程度提高，韩国一方面对儒家文化进行扬弃，一方面融入现代社会价值理念。忠诚、自律、爱国的传统伦理价值观与效率、竞争、民主等现代理念交融，体现着市民社会的多样化，社会进程的广泛参与性，以及对个性表现形式的不创新和追求。在国内，一般认为“韩流”代表了中国传统儒教文化的复兴与回归，韩国总是被作为一坚守传统的“儒教国家”受到赞扬，事实并非如此。在韩国，佛教、基督教、天主教三分天下。早在 1999 年，韩国祥明大学教授金经一就写过一本畅销书《孔子死了，国家才能生存》。不过，为了增强社会凝聚力，促进经济社会发展，韩国政府也对儒家文化选择性地加以宣扬。比如韩国推行“政府主导型”经济发展模式，需要韩国人具有强烈的国家观念。为激励民众建功立业，韩国政府有意识地利用儒家中央集权政体形式和等级分明伦理秩序的影响，使韩国民众强烈的自强意识，形成统一的国家意识。为给经济发展提供稳定的社会基础，引入“忠义”、“自律”等观念，在政府和企业、企业内部人与人之间形成家族式的尊卑关系。这种家族文化正是儒家思想的社会基础。

“韩流”作为一种大众流行文化，实质是在现代工业社会产生、与市场经济发展相适应的一种市文化。“韩流”是一种商品，具有平面化、批量复制的特点，在巨大利润的诱惑下，产品往往难以摆脱商业化的精美包装和大众传媒功利性的渲染，鼓吹物质至上的消费主义和享乐主义。正如法兰克福学派学者马尔库塞的论断：当代资本主义时代的畸形文化是使人丧失了批判和否定能力的单向度的文化。“韩流”这种大众文化是一种“肯定文化”，这种文化丧失了否定和批判功能。这会导致人们在会生活中价值取向紊乱和道德判断力削弱。

产业化的运作

在韩国，“韩流”是一项利润巨大的产业。“韩流”虽以“韩剧”为代表，但却没有局限于娱乐领域而是通过商业化、市场化运作，发展为以韩国娱乐产品为代表，包括韩国电子产品、服装、化妆品、旅游文化和经济发展模式在内的一个相互影响和带动的循环体系，形成一个多米诺骨牌式的商业链条。

2005 年韩国文化观光部公布的《2004 年韩国文化产业白皮书》披露，涵盖韩国出版、音乐、游戏、电影等 10 个领域的文化产业市场销售额为 44 万亿韩元（按当年汇率，折合 370 亿美元），占当年韩国 GDP 6%，“韩流”已经成为一个完整的产业和韩国的新的经济增长点。推进“韩流”产业发展，追求“韩流”效益最大化，是韩国政府、民间团体、娱乐公司和企业共同关注的话题。韩国文化产业的高速发展首先得益于政府的积极推动。1998 年金大中总统上任，明确提出“文化立国”方针，将文化产业列为韩国 21 世纪发展国家经济的战略性支柱产业优先发展，提出“韩国文化世界化”的口号。为优化文化产业发展环境，韩国政府在政策、法律、机构、资金、人才方面付出大量努力。在韩国，几乎每所大学都设立与影视相关的院系。为培养专业游戏人才，政府开办专门的游戏学校。前不久，韩国政府专门召开国务会议，根据“韩流”发展现状制定针对不同国家和地区的推进策略，将“韩流”市场分为“深化”（中国、日本）、“扩散”（东南亚）和“潜在”（中东和中南美）三个等级，分阶段推进。2005 年初韩国筹建“韩坞”，希望通过政府与商界系统的努力，让“韩流”持续下去。一些民间团体，如亚洲产业文化交流财团等，组织亚洲范围内的大型文化交流活动。一些以保护推广韩国传统文化为主要目的的团体则将韩国传统文化与“韩流”捆绑推广。娱乐公司培养适合不同地域的歌手或演员，并在中国和东南亚国家选秀并赴韩国专业培训，使“韩流”本地化，延续其生命力。企业借“韩流”开道，利用“韩流”明星和“韩流”对国家形象的提升寻找商机。韩国旅游更是乘“韩流”之风，着力招揽受韩剧吸引而赴韩国旅游的各国游客。这种全民参与的产业化运作使得“韩流”具有旺盛生命力。

大众文化主要是在大众传媒的引导下发生、发展和变化的，没有大众传媒，也就没有大众文化。在这个意义上，“韩流”也是一种传媒文化。随着科技的发展，21 世纪的流行时尚文化更多地依赖于现代的媒介手段，声像技术和通讯技术的发展大大丰富了流行文化的物质载体，通信、网络、软件、直播卫星影视等技术和产品正在成为新的文化推广工具，有力促进了流行文化的传播与接受。“韩流”充分利用传播技术革命成果，借助电影、电视、网络、报刊、杂志等多种现代化媒介，铺天盖地而来，通过电子媒介传播的“韩流”，如戴维·巴特勒所说的“注射模式”一样，把信息像皮下注射一样轻松注入人们体内，个人根本无力反抗。

文化产业本就属于创意产业，“韩流”尤为强调此点。“韩流”依赖大众流行文化机制，全球化的市场，明星制度、经纪人制度和全球营销方式等，通过时尚化的创意、浪潮化的运作、巨大而高速的复制制作、极为迅捷的传播方式、高新技术的强大支持，产生了跨国界的文化吸附力。无论是韩国影视作品，还是“韩流”明星，十分注重包装策划，甚至虚饰美化。韩国影视作品，从制作到拍摄，再到包装、后期的宣传、推介和销售，是一套完整的亚洲版好莱坞模式。“韩流”明星不仅发型、服饰等要求时尚，还要刻意包装出健康向上的公众形象。在参演综艺节目等公众场合，比如“夜心万万”这类访谈节目，明星不仅“外形”时尚、得体，而且大都会谈个人艰辛奋斗，亲情、友情的珍视等等。在韩流明星粉丝见面会及音乐会现场，“韩流”明星都极具亲和力、谦逊、坦率，以握手、拥抱等方式与粉丝亲密接触。见面会接近尾声，每每还有“写给粉丝的信”这一环节，博取粉丝好感。当然，包装一旦过度，比如韩国舆论常把一些并不知名的艺人夸张为顶级明星，造成“韩流”与真实面貌的严重偏离，也会引起反感。

结语

文化是一种社会现象，是渗透于一个国家或民族政治、经济、军事、社会等所有层面的精神状态，实际构成了一国经济发展的内在动力和民族竞争力的软性力量。“韩流”主动适应市民社会转型所作的成功转换，不仅生存并扩张至东亚地区，形成巨大影响，促进了韩国经济国际化和韩国形象国际化。今天，随着中国经济、政治领域改革的深化和拓展，市场经济迅速发育，国家法治体系逐步完善，一个现代意义的中国市民社会正在发育、成长和崛起。“韩流”的流行岁月，正是韩国文化产业的发展过程，反映的也是东方文化的现代化过程，值得借鉴。文化有“内旋”（Involution）机制（美国人类学家盖尔茨提出：某种民族文化为适应新的条件，解决新的问题，但又要维持传统结构，而采取现存结构自我调整及复化的过程），这是经济全球化条件下多元文化背景中的文化形成机制。开放的中国必须具备"万物皆于我"的远见卓识，积极面对社会转型。在全球化背景下，发展中国文化产业，推进中国文化输出战略，加快中外文化的碰撞和融合，通过自觉的文化批判和文化选择，在全球文化格局中确立中华文化的重要地位，重建文化中国的国际形象，提升中国软实力。

从"韩流"看中国文化产业的发展出路

周晓明　朱长春

韩国文化产业的发展

近年来，韩国组合、韩国电影电视剧、韩国综艺节目、韩国歌舞风头强劲，在亚洲的几个大国刮起了一阵阵热风，不但推动了韩国整个文化产业的快速发展，而且为韩国经济创造了相当可观的利润。韩国文化产业的成功与其国家对文化产业的重视程度有着密不可分的关系，说到底，是韩国的"文化立国"战略推动了韩国文化产业的迅猛发展。

韩国在早于中国十几年前就意识到：在本国资源并不丰富的情况下，走传统的经济发展模式存在着很多制约。为了推动本国经济的发展，走出金融危机的泥淖，韩国开始向西方国家学习，将目光转向文化产业，力图以文化带动本国经济的复兴。以金大中总统为核心的新政府在1998年正式提出"文化立国"的战略，将文化产业作为促进21世纪国家经济发展的战略性支柱产业。在接下来的几年里，韩国政府出台了各种措施，为本国文化产业的发展提供了有利的支持和保证。现在，文化产业已经成为仅次于汽车产业的韩国第二大出口创汇产业。2004年，韩国文化产品已经在世界市场上占到3.5%的份额，成为世界第五大文化产业强国。这些成绩的背后，是韩国"文化立国"战略的有力支撑。

文化产业是一种朝阳产业，它既关乎一国经济发展，更关乎一国内部凝聚力和国际竞争力的提升。文化产业的发展不能仅仅依靠市场这一只"看不见的手"来推动，政府的宏观调控与合理引导对文化产业发展的作用不容忽视。在中国文化产业的发展过程中，如何充分发挥政府的宏观调控、引导作用也是我们面临的一个重要问题，在这方面，韩国的"文化立国"战略对我们不无启示。

对韩国文化产品在中国影响的分析

积极推进"文化立国"战略的韩国，以电视剧为龙头，在中国、亚洲乃至世界掀起了一股势头强劲的"韩流"。"韩流"的成功对我们发展本国文化产业无疑有着重要的借鉴和启示意义，然而，在一个每年出产电视剧达万集的生产大国，何以会有这么大的市场空间去容纳他国的影像制品？不能不值得我们警惕。在当今的形势下，"韩流"已经到了我们必须应对的时刻。

1. 以文化产品为龙头，"韩流"已经形成了比较完善的产业链条。文化产品具有强大的整合效应，能带动相关产业链的形成。目前，韩流已经以文化产品为龙头，带动了旅游、饮食、服装甚至化妆品等其他产业在中国的发展。在这情况下，韩流的进一步蔓延，已经不再是文化产品方面的问题，而是整个相关产业链在中国的渗透。

2. "韩流"在中国已经形成品牌，培养了一大批"韩流"的忠实追随者。在国际文化贸易中，最为重要的是"品牌"。对于何谓文化产品的品牌，有着多种意见。笔者以为，文化产品品牌形成的一个最为主要的标志是"形式化"。"形式化"的根本是形式大于内容，我们可以为了某一品牌本身而去欣赏一个产品，而不顾及它的内容究竟是什么。比如，在中国听帕瓦罗蒂演唱会的人，可能不知道他在唱什么，甚至根本不懂得音乐，但"帕瓦罗蒂"的品牌本身就是卖点，其演唱内容已经变得不再重要。好莱坞电影、日本动漫也都是已经形成品牌。今天，韩流在中国的品牌化过程已经基本完成，对很多韩流忠实追随者来说，"韩剧"必看，甚至"非韩剧不看"的现象已经十分普遍。

由于文化产品的特殊性，文化产品品牌的形成势必伴随着其文化内涵忠实追随者、认同者的形成。我们无法想象一个国家的大多青少年成为国外文化的崇拜者，继续放任韩流蔓延，任其在中国培育其文化亲近者、认同者是一件多么可怕的事情！

3. 中国文化产品“走出去”，目前面对的最为主要竞争者就是“韩流”。近年来，中外文化贸易逆差问题已经得到了党和国家领导人的高度重视和关注，为扭转这一现象，中国文化产品“走出去”已经成为各界人士的普遍共识。然而，在当前情况下，中国文化产品“走出去”的最大竞争者就是“韩流”。①国内市场是一国文化产品“走出去”的根本所在。拥有最大的国内市场，是美国文化产品在世界上成功的主要原因，这一点，已经成为文化贸易研究者的共识。对中国而言，打不赢家门口的这场文化贸易战争，不能保护本国文化市场，“走出去”就只能是空谈。②东亚文化市场是中国文化产品“走出去”最为主要的目标市场。东亚国家与中国有着相同的文化根源，中国文化产品在东亚市场上会遭遇更小的“文化折扣”。目前，韩国文化产品在东亚市场的主导地位基本形成，因此，在争夺东亚文化市场的过程中，韩流无疑是中国文化产品最主要也最为有力的竞争者之一。从中国文化产品“走出去”的角度讲，我们也必须将韩流作为最主要的竞争对手，积极应对韩流。

应对措施

面对“韩流”的滚滚之势，面对市场运作已经比较成熟的韩国文化产业，我们应该如何应对呢？笔者认为，主要策略应有以下几点：

1. 在文化贸易政策方面，针对“韩流”采取本国文化保护主义政策。

目前，在美国文化产业的冲击之下，世界上绝大多数国家对本国文化市场采取了保护主义政策，法国是其中最为典型的代表。积极推进“文化立国”战略的韩国，也是采取了“两条腿走路”的方式：一方面大力推动本国文化产品的出口，另一方面采取严格的文化贸易保护主义政策，保护本土文化市场。韩国《电影振兴法》第28条规定：每家影院必须有2/5以上的时间放映国产电影，即每年不得少于146天。即使在特殊情况下获得政府的许可，放映时间也必须保证在106天以上。目前，世界上有法国等8个国家还实行电影配额制度，但是韩国政府规定的时间最长，也最为严格。在电影配额的保护之下，1998年以来，韩国电影在本土市场的占有率节节攀升。目前，韩国已经成为世界上仅有的3个国产电影市场占有率超过50%的国家之一。

面对韩流在中国的肆虐，韩国在文化贸易方面严格的保护主义政策更值得我们反思。对仍属幼稚产业的中国文化产业来说，保护主义的贸易政策势在必行，尤其是对于那些对本国文化产业冲击最为强烈的国外文化产品。韩国与中国同属儒家文化圈，在文化传统方面有着很多相似之处，这就使得韩国文化产品在进入中国时，缺少了“文化折扣”这一文化贸易的天然壁垒。在这种情况下，我们必须在政策制定方面自觉、有针对性地采取较之其他国外文化产品更为严格的保护主义政策，限制其文化产品的大规模进入。

2. 以国家文化产业整体发展为核心，避免以只顾眼前利益不为长远打算的“短视”现象。不断完善文化产业的相关政策法规，推动我国文化产业健康有序地大力发展。

在任何产业整体的发展过程中，都会面临整体与部分、中央与地方、长远目标与近期利益等方面的矛盾，在文化产业的发展中也是如此。目前，韩国电视剧在中国的火爆与许多电视台以近期利益为首要目标有着不可分割的联系。由于韩剧的品牌效应，播放韩剧有利于电视台收入的提高。甚至，有电视台的影视部主任认为国外电视剧的引进现在还远远不够。但是，对于中国文化产业的长远发展来说，大量引入韩国文化产品，却无疑是一种沉重的打击。因此，国家有关部门必须处理好短期利益与长远目标的矛盾关系。政策制定和指导机关，必须从中国文化产业发展的大局出发，制定长远战略，限制韩流文化产品的大规模进入。在必要的情况下，也可采取“分流”策略，避免韩流文化产品主导我国文化市场。

3. 媒体与学术力量相结合，深入剖析韩国文化产品，淡化和消除其“品牌效应”。

经过多年的市场培育过程，韩流在中国已经形成品牌。对许多中国文化消费者来说，“韩剧”、“韩国电影”本身就足以促成他们对该产品的消费。在很多中国观众心目中，韩剧已经成为优秀电视剧的代名词。其实，从艺术水准、思想内涵等方面看，很多韩国文化产品难说“优秀”。在这种情况下，我们应该组织有关力量，对韩剧、韩国电影等文化产品进行深入剖析、批评，揭示其不足之处，以此剥除由于品牌效应而形成的偏见。

4. 深入分析韩国文化产业的发展经验，取其精华，结合实际，为我所用。

中国与韩国有着共同的文化传统，在文化产业的发展过程中，也有着很多共同之处。但是，韩国在文化产业发展方面无疑走在我们前面。深入研究韩国文化产业发展经验，为我所用，是我们当前必须要做的工作。不可否认，美国文化产业是世界上最为成功的，但美国的发展机遇、产业整合能力、创新能力、技术水平、市场成熟程度都是我们目前所无法达到的，因此很多美国经验对我国文化产业发展并不具有操作层面的借鉴意义。与之相比，韩国的文化产业发展经验对我们更具启示和借鉴价值。深入研究韩国文化产业发展经验，一方面可以为我所用，推动我国文化产业的发展；另一方面，也可以以子之矛，攻子之盾，更为有效地应对“韩流”在中国的进一步蔓延。

5. 弘扬自己的传统文化，一味西化不可取，盲目排外也不可取。

中韩文化有着同源性，但是韩国人却比现代的中国人更像传统上的中国人，中国传统的文化应该得到我们的弘扬。另外，韩国其实是很多文化相融合的，经济上类似于日本，生活方式又受美国影响较大，所以说，合理的融合才是正确的选择，学会去糟粕取精华并与我国相结合。

解读“韩流”对我国青少年的影响

马建青　李小芳　董海军

近一两年来，由韩国流行音乐、偶像剧、服饰打扮所聚集起来的韩国文化风潮席卷了我国绝大部分的都市时尚人群。新的社会现象催生了新的词语，“韩流”一词应运而生，并在电视、报纸、杂志、网络等传播媒体中频频出现。正如社会语言学家陈原先生说的：“凡是社会制度出现了新的东西，不论是新制度、新体制、新措施、新思潮、新物质、新概念、新工具、新动作，总之，这新的东西千方百计要在语言中表现出来。”而语言中的新词语是新事物、新现象和新概念最直接的反映和记录。

“韩流”是社会学家对韩国文化风靡、流行的一种统称，就是浸透韩国特有文化气息的纯粹的韩国式生活方式在国内掀起的新的流行风潮。静心审视，“韩流”在中国大陆的种种体现虽繁杂，但归根结底均属于大众文化、消费文化的范畴。它的出现与世界范围内伴随着现代工业社会乃至后工业社会而生的大众文化、实用哲学、享乐主义与消费主义的文化潮流不无关联。我以为对“韩流”的出现，应有辩证性认知，而不宜偏执一端，只在书斋内作纯学术性的词语推敲，而应“审时度势”地作现实审视。

我相信，随着时间的推移，“韩流”也会渐行渐远，但是它对中国青少年的影响并不会瞬间销声匿迹，我们绝不能因此而忽视。

积极影响：独立的理性精神

知识传播和观念更新。任何一种社会现象的产生，都不能离开时代的背景。中国自改革开放以来，在政治、经济、社会等各个领域取得了巨大的发展，中国人特别是青年人对于新颖而形式多样的文化现象有了更多的需求。

在审视“韩流”涌入中国并赢得许多青年的同时，我们应该看到，在某种程度上也正是由于中国的文化境域较少，正面提供或者说没有充分适应当代青年真实的质感的精神文化渴求，使供求之间存在较大差距，于是青年人必然要寻找其他替代。中韩建交才十几年，通过传媒我们接触了越来越多的韩国年轻一代的偶像，而且在韩国越来越具有经验制造自己明星的声势中，我们越来越多地认识了韩国的文化，或是越来越对韩国的前卫的或是后现代的行为方式认可了。这是一个开放的时代，文化的多元化使年轻人有了更多的选择。他们愿意选择那些具有活力的新文化，并与其一起成长。而韩国文化，是在融合东西方文化的基础上发展起来的一种具有原创性的新文化，新鲜而不浅薄，因此对青年更具有一定的感召力。这是一方面。

另一方面，我们也要看到它的传播必然要负载许多现代观念和新的知识，给青少年以影响。“韩流”以其世俗化促进了世风的转变和世俗化，也促进了对僵化观念和落后生活方式的冲击。我们不能只纠缠于一些细枝末节，只看到青少年行止的不尽人（某些成人）意，便惊骇“狼来了”，悲叹“世风日下”，感慨“人将不人”或“国将不国”，实在大可不特别企划。

在当前这个开放时代，外来文化的融浸与国内文化的多元已不应是值得奇怪的现象。当代青年已不愿亦步亦趋地跟进，他们天然地寻找着适合自己、更具活力的新文化，并乐意与新文化一起成长。尽管他们的选择可能有些偏向，他们的表达方式也太稚嫩，他们有时还被商业化炒作裹挟着懵懂地迈步。但无论如何，年轻人反应快，脑袋灵活，容易产生新思想，接受新事物，耳濡目染潜移默化的时间长了，不仅知识面扩大了，而且观念新了，视野开阔了，愿意以新的精神对待生活，面向世界，从而去改变自己的命运。从此角度看，可以说影响之大难以估量。

思维方式和行为方式的形塑。生活不能没有平淡的轻松，不能没有休闲的愉悦，不能没有原始的放任。年轻时的躁动、梦幻、反叛、浪漫是人生多元文化生活的必然。其实回眸一下历史，“韩流”不过是“港台流”、“日流”等时尚风潮的延续。青少年最推崇的就是外来文化的时尚和自我个性的张扬。只要有这两点，无论港台、日、韩风潮必定是一拍即合。而当“韩流”出现，以奇异美艳的时尚发型和装束、特立独行方式让中国的青年似乎找到了最佳结合点。一切唯我、唯现代、唯时尚、唯另类、唯美艳，这便是“韩流”与现代青少年迅速结合的内涵。这也说明了青少年对于快乐简单的渴求，这样简单浅显又个性张扬的东西能让他们放松满足。用快乐的方式生活，凭感觉唱歌、跳舞、成长，并不需要太多的理由。娱乐活动的多样性赋予青少年乐观自然的生活观念，使他们在娱乐中忘记烦恼。这也算是“韩流”给我们的有益启示吧！文化不能过于“沉重”、让人难以走出压抑，过于沉重决不应该成为文化消费的结果；而消费文化的轻松也决不应该以浅薄为基础让人轻浮，堕入轻浮毁掉的会是整个民族文化的构造。

价值观和人生观的选择。“韩流”得以广泛的流行，体现了当代青少年的价值认同与追求，是社会转型期青少年价值观的生动表现。“韩流”的前卫，或是“酷”也好，“蔻”也好，其实，只是一种包装的形式，是他们对这个自认为是“僵化世界”的反叛，是他们需要走出世俗以及要和传统对峙的一种存在方式。在这种极度扩张的视野中，它的表现也许是肤浅的，也会有颓废的情绪存在，而这些对于易于愤世嫉俗的年轻人人性化和人文精神的重建，要远比说教更容易被青少年所接受。

“韩流”有助于青少年个性的解放和民主化倾向的加强，赋予青少年积极的主体意识，使青少年呈现出具有时代特征的理性精神。在青少年的价值观念中，自我无疑是最重要的，自我意味着独立，是现代社会最起码的思想资源。青少年有自己的时尚和娱乐，有自己的表达方式，他们不一味地崇拜权威、顺从长辈，不循规蹈矩，崇尚个人的选择，这种独立的理性精神适应了现代社会生存竞争的需要，有利于发挥当代青少年的创造性、开拓新的道路。这种普遍的参与也可以说是一种“文化民主”。当然，精英们尽可指责这种文化低俗，没有深度和个性，但它毕竟给多数人的身心带来了愉悦和快乐。

消极影响：功利性和世俗性

以大众文化和消费文化为本质特征的“韩流”，由于其感性的指向和追求愉悦的功能，必然带有娱乐性的特点。而由于其市场广大和文化产业的存在，其作为消费品必然会被成批地生产出来，以满足广大消费者的要求，同时满足文化商的盈利需求。这种只重视感性愉悦和被成批复制的产品难免带有低俗化和无个性的特点，风行一时即会被新的流行所取代。这种感性的流行和可以复制及批量生产以供大众消费的文化传播，必然给社会生活方式带来巨大而不可磨灭的影响。

影响青少年的生活方式。生活方式，最浅显地说，是回答人们“怎样生活”的问题。如果我们给它下个定义，那么生活方式是指在不同的社会和时代中生活的人们，在一定的社会条件制约下和在一定的价值观引导下，所形成的满足自身需要的生活活动形式和行为特征的总和。这个概念包括三个必不可少的构成要素：即生活活动条件、生活活动主体、生活活动形式。青少年的生活方式之生活活动条件是中韩建交及韩国强势文化的渗透；其生活活动主体是青少年；其生活活动形式是“哈韩”。“韩流”以娱乐为目的、以技术为手段、以文化商品生产的方式创造出来的这种被大众喜好的文化形式，不仅构筑起青年人一种全新的生活方式和生存方式，而且深刻地影响和改变着他们的认知、情感、思想与心理。

影响青少年的审美方式。“韩流”对青少年审美方式的影响，一是审美追求感性化。“韩流”的本质特点是平面化的，没有多少崇高的追求，至少不以追求崇高为己任。理想主义受到冲击，不管是东方的还是西方的，甚至主流意识形态也受到忽视。英雄主义受到冷落，青少年更倾向于对直观形象的接受。读图成了青少年最主要的阅读方式，图形、图像成了接触最为频繁的媒体；图片成了杂志的主角，文字在某种程度上成为可有可无的东西。“韩流”对形象化的追求使青少年更注重对文化的直观性体验而将思想意义放逐。二是审美情趣的低俗化。青少年审美的低俗化表现在其对审美对象的选择上，表现为古典严肃的文学艺术受到冷落。在审美方式上，他们追求浅显直接，在审美情感上，他们不再崇尚含蓄古朴，而去追求露骨的男女性爱和金钱关系，由此也带来了青少年行为处事、日常生活、社会交往等方面的世俗倾向。

影响青少年的成才方式。青少年世界观、人生观和价值观尚未定型，他们的思想最活跃，对社会潮流最敏感，但是他们的理性选择能力和是非辨别能力较弱，因此其成才方式受“韩流”的消极影响也越大，具体表现在青少年的成才观方面呈现出功利性、世俗性的特点。在市场经济的今天，更多的青少年把个人收入、社会地位作为人生成功的标志。当代青少年相信金钱和权力的威力，这种功利意识及其行为所表现出来的利益驱动性，集中体现了当代青少年“物质主义”的精神特征。他们越来越依赖于物质的满足，追求世俗的幸福。他们很少去追逐那些名扬天下的雄才大略的政治领袖人物和学富五车的泰斗大师，而更崇拜世俗的明星人物，如韩国的安在旭、金喜善等。明星的耀眼光环深深地吸引着他们，明星的成功之途更是千千万万青少年所梦寐以求的。于是我们看到青少年表现出理想主义的匮乏、理性价值淡化。有的青少年竟然要整出和金喜善一样的眼睛。这反映了他们对“投机取巧”“一夜成名”的成功方式的推崇与模仿。

“韩流”对青少年成才方式的影响，还集中体现在青少年对“酷”时尚的推崇上，他们以能扮酷玩酷为成功。青少年将“酷”表现为一种吸引力的现象、一种欣赏的水平。他们片面认为，充当电脑黑客为“酷”；充当杀手，“潇洒走一回”是“酷”；黑社会老大也为“酷”。总之，他们认为“酷”是一种挑战，一种勇气，一种能力，一种卓然独立、与众不同的特性。可以看出，“酷”满足了青少年彰显个性的心理需求，但是极端的“酷”使青少年一步步迷失了“自我”，其感性能力畸形增强，而理性能力日趋萎缩。他们丧失了自己本该有的成才观，“跟着感觉走”，“过把瘾就死”，其玩世不恭的态度，放弃理想和道德追求，丧失现实责任感，以至于无理性的潜意识、生命意识、性意识得以凸现，而认知理性和道德理性被湮灭。

青少年是祖国的花朵，是社会主义事业的接班人，他们的健康成长关系到国家的长治久安和社会主义事业的兴衰存亡。为此，对于“韩流”与中国青少年的问题解读，还是一个远未结束的话题。

“韩流”给我们带来了什么

——关于“韩流”现象访文化评论家马相武

安裴智

全球化背景下的“哈韩”景观

记者：不知从何时开始，看韩国电视剧，听韩国流行音乐，吃韩国料理，穿仿旧牛仔裤，染金色或红色的头发……一股“韩流”席卷了中国的大小城市，充斥着电视荧屏和时尚杂志，成为了中国年轻人追捧的时尚生活姿态。中国城市青年狂热追求韩国流行文化，在穿着打扮和行为方式上进行效仿，形成了独特的“哈韩”景观。你在韩国讲学两年，对韩国文化很熟悉。请你谈谈对此现象的看法。

马相武：中国确实出现了“韩流”，而且方兴未艾。我以为还是要从全面的角度和相互的关系来看，这样才能避免片面。我最早接触韩国，实际上是从接触韩国留学生开始的。那是1992年，我已经开始指导最早的一批韩国留学研究生了。后来我一直指导多届韩国的研究生。所以我的角度和别人的不一样，尤其是几年前在汉城的一所风景优美的大学担任客座教授期间，感触更是良多。我甚至在一个夜晚，在汉城的我的研究室的窗口，听到了高音喇叭在播放《志愿军战歌》。换句话说，我们对于“汉流”或“汉风”在韩国的影响，也只有到了韩国才能切身体会到。韩国和中国比算是小国，但好像还没有对中华文化的影响产生恐惧。我们首先要把中国出现的“韩流”放在今天的经济和文化的全球化背景下，放在双边文化交互关系上，还有，要放在中国文化的特性当中来看待。我们应当在“韩流”中学习，并加大“汉流”对于“韩流”的融合。包括时尚的传播、文化产业的机制和生产流通，以及文化的外向拓展、文化吸引力亲和力的生成，在开放、交流和融合中发展文化，创新文化。1992年两国建交以来，各方面关系迅猛发展，十几年中，数字指标都是成倍增长。光是北京的韩国留学生就数以万计。但是，赴韩留学的中国学生又有多少呢？

你说的现象的确存在，但是，不用担忧少数青年的“哈韩”会有多么巨大的不良社会效果。我们承认韩国文化从各个方面对中国文化中国青年产生了影响，而且值得我们关注。但是，我相信中华文化的生命力，相信我们的青年的文化鉴别能力和民族自信心。中韩文化历史、地理、人文甚至族群的渊源都很深，我们两种文化是最有亲和力的文化，我们和而不同。目前，即使从主流意识形态主流文化角度看，“韩流”也很有借鉴价值，可以“拿来”。当然，对于青年的“哈韩”，可以有忧虑，但是好像还不用害怕惊慌。我举一个例子，你刚才说的染发，正式的词汇是茶发，作为时尚，它最早源于日本，传到韩国，又传到台湾和东南亚，最近几年又进入中国大陆。如果是十多年前，人们会说是崇洋媚外。但是现在没人这样说，哪怕是保守派。在韩国，我曾经问过许多人，他们也无一这样认为。在日本、韩国，主要是青年人成为茶发族。但是，在中国，几乎是中老年和青年同时成为茶发族。20多岁青年真正做茶发的不见得比30岁以上甚至中年做的比例大。这里还有一层意思，就是任何外国的时尚进入中国，都会变形。青年也不会照搬韩国时尚。公正地说，彩发族（茶发族中的最醒目者）占很小的一个比例。尤其是在大学生中，几乎很难见到。但是，韩国的彩发大学生比前几年有所增加。其比例远大于中国大学生。至于茶发族，占韩国大学生的比例远远大于中国大学生。

记者：有人说，“韩流”迎合了那种标新立异的心理。因为流行文化的一种功能就是提供宣泄的平台，韩国流行文化填补了国内民众尤其是都市消费者在社会转型期的心理空虚和迷茫。你觉得这个说法对吗？你认为“韩流”的入侵，会改变中国流行文化的方向吗？

马相武：只要是流行文化，是时尚，都有你说的那些功能和作用，可以填补需求。由于韩国对于中国来说，它是先发展国家，已经属于初步发达国家。这对于文化产业和时尚进入中国有着高位的优势，流行文化和时尚有一个原则或惯性就是由高到低。所以它能够一定程度影响或改变当下的流行文化的方向，是并不奇怪的。但是，到目前为止，似乎最多也就是局部和一时的意义上是这样的。中国社会现在处于转型期，新旧价值交替，经济规范和文化范式都出现大量混乱，迫切需要别人的生活教科书。从文化艺术本身的流行的动力来说，又似乎缺乏原创性。而韩流中的电影电视剧有不少可以当生活教科书来看。当然也有一些主要是供消遣。

“汉风”和“韩流”是最有亲和力的两种文化，但又和而不同

记者：有人说，“韩流”是儒家文化与工业化背景下的大众文化相结合的产物。它利用了文化全球化过程中出现的全球化与本土化的冲突与调和，将传统伦理与现代性的冲突、东西方价值观的冲突体现得淋漓尽致，因此吸引了众多的中国人。请从全球化角度，谈谈你对“韩流”横行亚洲的看法。

马相武：韩国先发展，就有先进入全球化的有利条件。所以在全球化面前，各个国家的待遇并不平等。现在有的国家出现了反全球化的声音，似乎更多地是从行业、个人、组织的角度发出。其实许多国家抱着复杂心情跟着拖下去。因为无可奈何。中国是一方面付出代价一方面获得红利。你提到的三种冲突是中国和韩国乃至许多亚洲国家都有的，只不过韩国先经历了，而且继续经历着，它似乎有给大家经常讲讲故事的资格，又有这个爱好，而且它态度认真，喜欢把故事讲得很动人很精致。相比起欧美的故事，它的故事和亚洲许多国家的故事在语言、人物、道德甚至结构上都更加接近。由于日本在近代历史上的表现不太好，现在又经常涂改以前的成绩单和档案，所以它在经济上的遥遥领先的优势和文化上的优越感在有的时候有的情况下受到了影响。加上日本一直有“脱亚”的倾向，“日流”就会失去一些吸引力。这样给韩流的流行提供了更加良好的机遇。谁是最合适的讲故事者？都是相比较而言。包括在收取听故事的费用上，谁的性价比更佳，谁的价格低廉，都会考虑。

记者：在韩国，有“汉风”一说，主要是指中国传统的儒家文化，可以说，韩国文化受中国传统儒家文化的影响很大。近些年，随着两国之间经济文化交流的增多，彼此之间有了更多深入的了解。像张艺谋、侯孝贤等华人导演的影片在韩国很受欢迎，有人认为是因为这些电影表达了传统的儒家文化价值，体现了中国传统文化和伦理道德。有人认为，很多韩国年轻人对中国文化的学习过程，是一种文化寻根的过程。你认同这种说法吗？从历史的角度看，韩国文化与中国文化是一种什么样的关系呢？

马相武：说寻根好像牵强了一点。尤其是韩国人的民族情感特别强，举世公认。韩国文化在历史上的形成过程中，受到中华文化很重要的影响。韩国古代君主是自觉而指令式地推行中华文化。来自中国的文化特别是儒家思想文化以及统治方法在朝鲜李朝开国太祖李成桂那里得到了完整的运用。在君主更迭和臣民教化中，又十分重视扬弃儒家思想文化传统中的负面因素。加之单一民族的相对整一，它的封建专制统治是相当牢固的、稳定的。

记者：你认为“韩流”的涌来，对中国流行文化会带来积极的影响，还是消极的影响？

马相武：作为流行文化，都是既有积极的地方，又有消极的地方。“韩流”对于中国流行文化的影响也完全一样。所以需要青年分析鉴别。

记者：你认为在韩国流行文化中，最值得中国青年人学习和看重的是什么？

马相武：是结合了现代性和人文关怀的特定的传统文化的理念因子。现代性和传统文化可以统一。它们不是冰冷的概念，而是人性化的，并且剔除了阻碍青年族群进步的一切因素。怎样让流行文化帮助塑造青年的健全的精神和人格，是最根本的。

“韩流”入侵：一种文化意义上的国家目标

记者：12 月初，“2004 韩国电影展”在北京举行；12 月 13 日至明年 1 月 10 日，由 21 位韩国水墨画家参加的“韩国现代水墨展”将参加在深圳关山月美术馆举办的“深圳国际水墨展”。这是我们此次访谈的背景和新闻由头。我觉得，这两次展览为“韩流”在中国的进一步火爆无疑起了助推的作用。那么，你认为“韩流”如此大举进军中国市场的根本原因是什么？

马相武：在北京举办的韩国电影展十分成功。4 天展映了 12 部影片，广受好评。双方影人也交流得比较好。如果无意外的话，深圳国际水墨展也应该取得成功。首先，它们是“韩流”的一部分；其次，它们的确会为“韩

流”添加动力。实际上，韩国人一直在研究中国，包括市场和文化产业的可能性和消费资源的潜在性。你说的“大举进军”，完全不是夸张的词汇。“韩流”“大举进军”的“根本原因”要从韩国的特点和国家目标中去寻找。它一直是缺乏资源和国土狭小的国家，20世纪的最后二三十年，它依靠外向型贸易实现现代化。现在它要和中国一起前进，借助中国的发展来振兴一直不那么景气的经济。它很清楚自己的地缘优势和人文条件。所以，从文化和文化产业角度切入是最正常最自然的选择。这是中韩当前交流的主要特点。当然，部分产业和服务业的技术和经验的优势，它也在一直利用加大中。相比较而言，过去在服装加工和普通电子领域的制高点逐渐失去。它需要利用“韩流”出现的文化气场和人气，拓展它的市场。它的目标是达到中等发达国家水平，提升国际地位。它有个口号就是成为“亚洲中心”、“世界枢纽中心”。它要在这五年中成为世界文化产业五强之一。文化产业的产值要增加五倍。它的地理位置比较重要，它有意充当欧亚运营桥梁。韩国人认为，文化是一个既能输出民族精神产品又能带来巨大经济利益，而且能够提升政治地位的重要领域。现在它就在这个方面努力奋斗。要实现国家目标，必须首先在中国取得成功。说征服可能太刺激，但是，说占据中国市场却是实实在在的目标。而占据市场有一个间接但最为有效的方法和途径，就是通过文化来获得潜在顾客的好感。在这个过程中，它的文化力也大大加强了。这样，国家形象也在新的层面上获得提升。

韩国影视剧：突出本民族的文化生活特点

记者：我周围的一些朋友认为，他们很喜欢韩国电视剧那种细腻的情感、精美的画面和感人的音乐，也喜欢韩国电视剧人物很讲究的服装和化妆，比国内某些偶像剧好多了。请你对中韩两国的电视剧作一比较分析。

马相武：你概括的几条已经说明问题了。这个问题很大，只能简要提一下。电视剧和电影不一样，要求很干净。韩国做到了。中国没做到。比如现在有一个规定，公安、侦探和法制题材的电视剧中相当大一部分放在半夜里播出。为了避免影响青少年，无形中有了“成人级”。这是很有意思的。韩剧不走这个路线，照样流行于我们的海峡两岸以及东南亚。生活剧是在家庭日常生活中充满伦理道德和亲情爱情，注重人文关怀。也很好，老百姓爱看。你说的偶像剧，它也很纯净。让人净化心灵，提升情操，获得愉悦。它的爱情往往是既执著热烈又典雅含蓄，带有一种东方式的情调。对于社会来说，电视剧有一个主要的功能就是以伦理感情催化矛盾，催生和谐社会。韩国也有许多电影电视方面的严格规定，但是对于电视剧来说，人家一般不去极力突破规定，而是努力减少电视剧对社会的负面影响。它还有一个很重要的追求，就是突出本民族的文化特点和生活特点。

记者：韩国电影导演姜帝圭在接受记者采访时说，韩国的电影导演有一种“视拍电影为生命”的精神。韩国电影的每部作品都是呕心沥血之作。你觉得中国当代电影与韩国当代电影相比，二者的优劣如何？

马相武：这个问题也很大，只能说一点是一点。就电影本身来说，中韩都有多元化的格局。电影多观念多风格多样式，是普遍的情况，而且也都有优劣之作。我们还是以优秀的那部分或票房最大的那部分来讨论二者的差异。总体上说，虽然韩国也是编导立场可以独立，但是在事关民族悲剧悲情的大问题上却是采取绝对严肃的态度。而中国的呢，基本上是取材于日常生活并且采取狂欢和消解的态度。相比起韩国的民族悲剧主题和题材，在中国，主旋律作品几乎没有占据票房前茅的。你提到的姜帝圭在韩国是票房号召力最大的，相对的就是冯小刚，擅长喜剧样式或喜剧元素的处理，和韩国恰好相反。《太极旗飘扬》、《生死谍变》和冯小刚导演的《手机》以及那些捧哏逗乐的贺岁片无法同日而语。主旋律可以拿最高票房，但是我们没有做到。喜剧也有境界问题。韩国有雅的喜剧，更多是俗的喜剧，但是，它们不是主要采取消解正义和道德价值的态度。这两个票房很大的导演这次见面讨论得很好。据报道说他们一致认为只有艺术价值和商业价值取得平衡的电影才会长久、健康，成为经典。这个话在我看来是成立的。但是，其实他们各自的含义并非一致。因为最根本的东西其实还是真诚。其实从一个侧面也可以看出两国的观众无论是价值观念还是趣味，差异悬殊。如果这样下去，韩国真的会以小博大，占据上风。对于中国电影界，需要严肃思考的是怎样学习韩国电影从创作到运营机制的成功经验。不说别的，拿高票房的影片来说，中国13亿人口只有几百万观众，而韩国4000多万人口却有2000多万观众。也许中国电影的终极目标是打败好莱坞，但首先学好韩国吧。韩国电影已经在韩国打败了好莱坞。当然在这方面政府有很多事情可以做。韩国这方面有许多做法值得借鉴，这里不展开了。

“韩流”在加强自己的“特色”和文化内涵，但它在中国迟早会被边缘化或消解化

记者：目前，这股“韩流”似乎越涌越急，并向越南、蒙古和中国香港、台湾等国家和地区扩散。你认为“韩流”在中国能继续流行下去吗？有学者认为韩国没有很深的文化根基来支持它的继续发展。对于“韩剧”，现在虽然很流行，但从长远来看，还是表面的、浅层次的，可能也是短暂的，在中国很难继续流行下去。所以，目前只能凭不断更换影星来使“韩流”持续下去。你觉得这种

说法有道理吗？

马相武：“韩流”在香港、台湾等地区以及后来在大陆都很顺利，一路畅通，相信在东南亚和东北亚刚刚开始流行的国家也会再现辉煌。我相信它会继续在中国流行一个时期。但是，这里有个文化的主体性的问题。中华文化的包容性是世界上的几大文化体系中最大的。但是，它需要在经济全球化的进程中实现文化的全球化。我这里是说中华文化也要全球化。而且是向外发展和拓展，它有主体性和方向性。理想的趋势是吸纳世界上所有文化的优点和优秀成果，当然包括韩国文化，来拓展自身，推广自身。我们这样来定位韩流与中华文化的关系：它应该有助于中华文化的发展，而不是取代中华文化的地位。它的一部分文化基础是来源于中华文化，总体上我们也许可以称它为东亚文化的一部分。我认识的韩国的一些学者也意识到“韩流”似乎有浅文化的特点。他们虽然这样表示，同时已经在为“韩流”寻找出路。你提到的两个展览就是一例。他们不会在总体上和中华文化来比较，但是他们在传统文化的继承和发扬上，在使传统和民族精神结合并渗透于现代化的过程中，有自己的成功之处。“韩流”会继续从出其不意的地方冒出来，也许文化根基不那么深厚。但同时，“韩流”在加强自己的“特色”和文化内涵。而且它的生产机制已经具备为输出的文化产品（包括韩剧）的消费者量体裁衣的功能。所以还能够影响我们。你引述学界有人认为韩国没有很深的文化根基，这话看怎么看。其实它的许多文化来自中华文化，还有许多文化来自西方现代文化，所以它可以继续“拿来”别的文化为本民族和现代化服务。就像它虽然和我们一样是使用筷子的民族，但是它把竹筷改成钢筷，而且同时使用刀叉等西餐具。它的街头到处是中华料理，还有日本料理，除了韩国料理之外。但是话说回来，时尚和流行是不同于学术文化的，并非越深刻越好越流行。所以还是要研究“韩流”怎样继续流行，观察和把握它的走势是十分必要的。随着中华文化的发展，随着中国经济的进一步成熟和发达，随着中国社会综合发展指数的提高，“韩流”在中国早晚也会遭遇边缘化或消解化的结果。

由“韩流”看创意产业在旅游地产中的扩展

金大鸿

21世纪是知识经济时代，“创意”文化已成为经济收益的增长点。旅游地产开发中如果能够赋予更多的“创意”元素，不仅能够更加满足市场需求，而且产品也有高附加值。

“创意”已被广泛认可为决定巨大经济效益的关键因素。约翰·霍金斯在《创意经济》一书中明确指出，全世界创意经济每天创造220亿美元，并以5%的速度递增，从世界创意产业发展来看，英国、美国、澳大利亚、韩国、丹麦、荷兰、新加坡等国都是创意产业的典范国家。

创意旅游地产是“旅游地产 + 创意产业”，它不仅是含有旅游因素的产品，更是一种产业范式，项目开发前期规划到营销推广等多个流程环节中，整合旅游产业具有独特的产品与理念。一方面，地产开发需要更加贴近市场的需求；另一方面，独特的创意元素能使旅游地产开发避免同质化竞争，品牌价值、无形资产获得提升。

韩国政府推进发展“创意”产业的国家战略

1997年亚洲金融危机给韩国经济以沉重打击，为了摆脱危机，韩国实施经济转型，1998年政府提出“设计韩国”战略。如今韩国拥有以创意设计大获成功的三星、LG等全球著名品牌，韩国也从制造国家向设计创新国家成功转型。

2003年—2004年以来，韩国的影视文化作品在亚洲以至全世界迅速掀起了一股强烈的“韩流”，其中电视剧、电影以及相关产品的收入成为韩国文化创意产业的又一增长点，与此同时，韩国人捕捉到了旅游地产与影视文化相结合的市场契机，影片拍摄基地的开发运营带来了巨大的经济收益，出口外汇收入持续增加。据韩国经济研究院2004年底发表的《“韩流”现象与文化产业战略》报告调查结果，仅一部电视剧《蓝色生死恋》中的《冬季恋歌》带来的经济效益就超过约30亿美元，其中旅游收入就达约10亿美元，而影片拍摄地江原道已建设成为知名旅游胜地，连续5年年均接待游客在5万人以上。

韩国政府在其中起到了决定性的推动作用，政府相关专责部门为了将文化资产转化为创意产业，以进入国际市场为目标，设立了“文化产业局”，下设12个附属机构，其中“文化产业振兴院”承担的主要职责是协助将创意文化内容衍生成市场化产品，所界定的产业项目有动画、音乐、影视、卡通等，提供设备租借、投资、技术教育训练、协助发展国际行销策略，进行产业中长期计划的研究并与其他国家、地区单位发展策略联盟的伙伴关系。

政府极力促进以民间为主导的“韩流”活动，并为之创造条件。包括政府出面设立文化产业研究生院；加强文化产业基础设施建设，对一些大型文化项目进行经济支援，成立管理投资资金的专门公司；采取措施保护著作权；为缓解部分国家对“韩流”产生的排斥情绪，政府还每年引进并上映部分亚洲国家的优秀影片。

目前，中国也正经历着从中国制作到中国创作，从中国制造到中国创造，“创意中国”的发展过程。在经济发达的北京、上海等城市，创意产业所涉及并引申的相关领域已向人们证明了它可以创造的巨大经济收益，而地方政府对于创意产业园区的支持表明各级政府都在积极寻求、培养新的经济增长点，特别是能够引领未来社会发展的“创意”产业。但也不得不指出的是，中国各级政府在国家战略层面对于创意产业的重视、支持程度还远远不及一些典范的发达国家，相关政策的制定还需进一步的实践。

中国创意旅游地产开发的突破点

中国旅游房地产早在20世纪八九十年代已萌芽，近年来借鉴美国、日本、韩国等国家房地产的开发经验，一些城市通过开发度假村、高尔夫大型楼盘等旅游地产，发展产权式酒店、分时度假别墅等旅游物业。北京、天津、上海、大连、青岛、海南等地已开工的旅游房地产项目达到近百个，以高尔夫、山地、滑雪、冲浪、野外运动为主题的休闲度假住宅、别墅、酒店超过80家。该类地产大多依托较好的自然风景或依托自然风景加人文景观两方面资源；或是发展商自己投资，规划建设一种独具吸引力、具有旅游度假气氛的创意来推动项目开发。

但是，如何实现旅游地产长期持续性、有质量地发展，是业界面临的巨大挑战，项目定位、营销推广理念等方面存在大量“复制”，使项目同质化趋势愈加明显，无法实现地产本身的高附加值以及品牌影响力。

韩国充分借鉴了创意产业所取得市场效应，将旅游地产的不可复制性与“韩流”文化特质资源充分整合，创新了地产的开发模式。

基于韩国电视剧、电影所带来的巨大文化影响力，以往大多基于当地自然资源进行项目规划设计的发展策略，逐步转变为依靠上游产业链中的电影、电视产品已形成的全球影响力、吸引力，再根据影视的情节开发、包装旅游景点。济州岛、雪岳山、京畿道等不断在韩国影视剧中出现，它们不仅是具有当地特色的传统旅游资源，更应运而生开发了大量与具有影响力的影视剧相匹配的文化园、酒店等。如体验韩国传统宫廷料理的“大长今”旅游项目的开发，在电视剧的主要拍摄地首尔以北的MBC文化院，建起了面积达4000平方米的“大长今村”。2006年韩国京畿道政府正式与投资商签订合同，宣布将完全比照美国好莱坞兴建一座“韩流坞”，其占地面积90多万平方米，拥有“韩流”明星街、“韩流”购物中心、主题公园等设施。韩国政府计划在2010年前投资2万亿韩元，打造与“韩流”有关的主题公园、饭店等。

值得关注的是，韩国之所以能够运作此创新的开发模式，主要原因在于：韩国制订了创意产业推动经济发展的战略，各行业以及政府部门都具有此意识，重视通过创意的高附加值来获得经济收益；韩国旅游局、影视文化制作机构、地方政府、开发商已形成了一个成熟的运作系统，在影视剧策划、拍摄、场景选择以及宣传等方面沟通协调，地方政府力求通过与影视剧制作的合作，展现地方资源并配合文化影响而进一步开发当地资源，这样才能够使一个影视旅游景点在启动开发、营销运作、成熟各个阶段都取得成功，并且经久不衰。

利用影视剧影响力所带动的旅游业、旅游地产开发，关键就是让消费者能够体验到他们对于剧中场景、韩国文化的喜好需求，因而其市场营销要突破地产传统的平面媒介传播，而将韩国文化的独有性、影视剧中场景的独特之处以及旅游地产项目所具备的区域特有、稀缺性、不可复制性的资源充分整合，通过影视剧、媒体、文化展会以及消费者间的口碑宣传而产生巨大的推广营销力。

如何开发中国特色的创意旅游地产发展模式

创意文化产业要真正走出去才能实现巨大商机。韩国针对韩国影视剧的“韩流”文化传播制定了一系列方案，其中包括在首尔建立“韩流”发祥园地；在中国北京、上海等地建设“韩流”体验馆等等，韩国文化节目出口的年均增幅达到31%。

目前，中国创意旅游地产的开发大多是基于当地已有的自然资源或是人文景观而规划开发，进而再依据此旅游创意文化点进行营销推广。韩国旅游地产开发模式值得中国借鉴，它是以市场文化、消费者需求为主导相应进行的主题开发模式。

重视知识产权保护，提升高附加值

美国人把创意产业叫做“版权产业”，足以见得美国人非常重视对创意产品的知识产权保护。知识产权是创意产业能够得以持续、良性发展的法律保障，创意过程需要大量的投入，而剽窃、盗版行为会给创意者造成极大的损害。而实际上，有些不动脑筋的“照搬”并不能给剽窃创意者带来利益。现实中开发商在不同程度上都有着“克隆”他人创意的行为。不仅是楼盘设计、景观设计的模仿，有的甚至连案名都直接拿来使用，这实际上降低了自身项目的价值。

目前，中国出现了大量的高尔夫度假区、海景住宅区、温泉度假村等地产项目，不难发现，其中存在着大量的重复抄袭行为，这就很难成为真正的创意旅游地产，也无法实现理想的高附加值。因此，政府必须重视房地产知识产权的立法和执法问题，这样才能给创意地产提供一个良性的发展环境。

浅谈文化产业的发展特征

——“韩流”的经济学启示

赵锦兰　蔡荣生　蔡奕勇

引言

自1997年韩国连续剧《爱情是什么》走红至今，“韩流”侵袭了中国将近10年，韩式文化深深地扎入这个曾长期影响其文明发展的东方古国；同时，“韩流”还产生了巨大的经济效应，拉动了韩国音像娱乐、消费电子、纺织时尚、化妆品、形体整容和饮食旅行等行业的强势发展。据统计，2004年由韩流形成的韩流商品、观光、影像制品等3个大项收入达18.7亿美元，拉动韩国国内生产总值增长0.18%，而中国作为韩国的第一大出口国，贡献了当中的大部分。面对“韩流”和韩式文化的扩张，有人欢迎与赞叹，因为娱乐和时尚总能让人兴奋不已；当然也有人抵制和批判，因为一个文化的强势必然暗示另一个文化的弱势。作为经济学研究者，我们更愿意将“韩流”作为成功的经济学案例，探讨新兴文化产业的经济特征，并总结当中的实践启示，为中国的经济发展提出建议。正所谓，它山之石，可以攻玉。

在此，我们把文化产业的客体定义为以音像娱乐和时尚文化为代表的“虚拟产品”（Virtual Product），以区别于传统的“物质产品”（Physical Product）。当然，我们也区分“虚拟产品”（比如电视剧、歌曲和书本内容）和“虚拟产品”的物理载体（VCD、CD和书本），后者仍属于传统的“物质产品”范畴。在Information Rules：A Strategic Guide to the Network Economy一书中，Shapiro和Varian（1999）探讨了“数字产品”（Digital Product）的经济特性。而在韩国高丽大学的《网络经济学》课程中，吴政勋教授（2006）则论述了“信息产品”（Information Product）的经营之道。因为本文所讨论的“虚拟产品”主要包含“数字产品”与“信息产品”，在此，我们将援用他们所构建的理论框架，结合“韩流”的现实情况，研究文化产业的经济特征。

虚拟产品的特性

吴政勋教授（2006）归纳了“信息产品”的“不可灭性”、“可变性”和“可复制性”。在此，我们将拓展这些定义的外延，论述“虚拟产品”的三大物理特性：

1. 不可灭性（Indestructibility）

正如蔡荣生（2005）所言，“文化产品的消费方式更多地表现为欣赏，人们所消耗的是知识、文化、艺术的物质载体（而非其文化价值）”。信息与娱乐等虚拟产品一旦被创造，将永远维持其形态和质量，而并不会像传统产品一样，由于消费而遭受毁损和折旧。比如拍摄于2000年的韩剧《蓝色生死恋》，其中所体现的真情并不会随着岁月的推移而消减，至今仍可以“欺骗”观众的眼泪；而刻录着电视剧的磁盘，如果不加保护地重复使用，数月就可能毁损。这就是“不可灭性”。一方面，这种特性使虚拟产品具备“耐用产品”（Durable Product）的特点，对生产者提出了挑战：因为产品可以长时间持续使用，消费者在短期内将不会重复购买，所以市场的空间会日益缩小。因此，生产者并不乐意出售产品，他们更愿意保留产品（利用其耐用的特性）采用“授权使用”的方式（比如《蓝色生死恋》的转播权）；抑或，他们需要不停地推出新产品或售后升级服务（比如拍摄《蓝色生死恋Ⅱ》，又如在

《大长今》风靡之后推出题材相近的《女人天下》)。

另一方面,“不可灭性”使“虚拟产品”具备了“非排他性”。在传统的条件下,由于资源稀缺,消费无法无限扩张——一旦市场需求大于供给,价格必将升高,从而抑制消费,因此既得利益者不会乐意推广产品的消费。然而,新兴文化产品却可以适用于大规模的国际传播和消费,因为国内消费者的消费并不会排除或影响国外消费者的消费。因此,即使是最抵制全球化的韩国民众也乐意于让电影和流行音乐风靡世界。唯一的问题是韩国能否生产适合世界口味的文化产品。

2. 可变性(Transmutability)

十分幸运的是,由于“虚拟产品”不存在物质形态,生产者可以对其内容进行实时的、无限制的变更和修改,并针对消费者的具体价值要求进行“个性化营销”(Customization)。也就是说,“韩流”的生产者可以适当地修改产品(比如为电视剧添加中文对白和配音,删减敏感性的镜头),以满足不同市场的文化特点和市场准入制度,推动“韩流”的全球化。同时,生产者还可以进行针对消费者的差异化营销,实施“价格歧视”,最大程度地获取生产者剩余(参见图1)。比如新拍摄的韩国电影,可以做成原版拷贝在亚洲各大城市的电影院播放,票价100元;上映1个月后,又可以制成DVD进行分销,售价50元,或提供影碟租赁,每日20元;上映半年后,可以通过收费频道向高端电视观众转播,收费10元;上映一年后,又可以授权有线电视台向一般用户播放。从这一点上讲,文化产业是十分有利可图的。

3. 可复制性(Reproducibility)

在传统的“物质产品”的生产中,制造原件和复制原件的成本几乎是一样的。比如现代索纳塔汽车,制造一辆需要20万元人民币,制造第二辆同样需要20万元。但“虚拟产品”的生产却完全不同:制造原件需要很高的成本(搭建摄影棚、购买剧本、聘请导演和演员),但复制原件的成本却相对低廉(录制电影拷贝、制作DVD):因为第一份原件的制造成本占据了所有生产成本的绝大部分,或者说,虚拟产品的成本结构由固定成本支配(Fix-cost Dominant),而边际成本却几乎可以忽略不计。比如,制作电影《台风》,需要投资上千万美元,但电影完工后,制作拷贝的成本却不到1美元。另外,由于科技的进步(比如互联网技术和卫星通信技术),“虚拟产品”的配送成本日益下降,这赋予了其固定成本支配的成本结构不可变更的历史性;也就是说,随着时间的推移,复制“虚拟产品”的成本将越来越低。综合这两点,我们可以推断:文化产业具有“规模经济效应”(Economy ofScale),其生产的平均成本将随着产量的扩张而降低。这为“韩流”的全球化提供了强大的经济动机。

图1 价格歧视

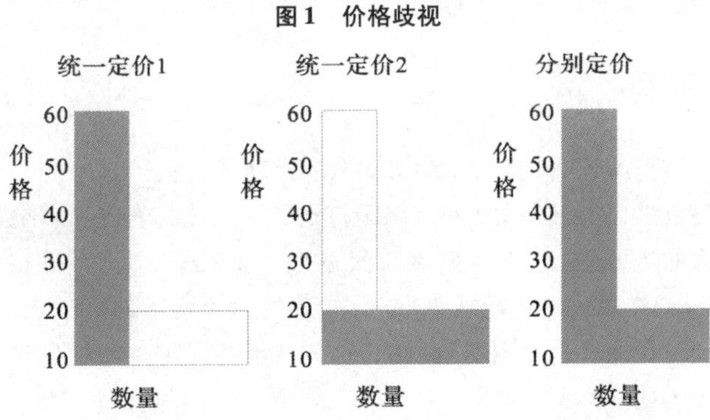

资料来源:Shapiro和Varian(1999),Infomation Rules:A Strategic Guode to the Network Economy,第38页。

文化产业的发展特征

1. 自然垄断

由于以上所讨论的“不可灭性”和“可复制性”,“虚拟产品”避免了传统经济学所强调的“资源稀缺”(Scarcity)和“负反馈”(Negative Feed-back),也避免了“边际成本递增”和“平均成本递增”。从而使文化产业表现出“规模效应”(参见图2)。

图2 物质产品和虚拟产品的成本变动比较

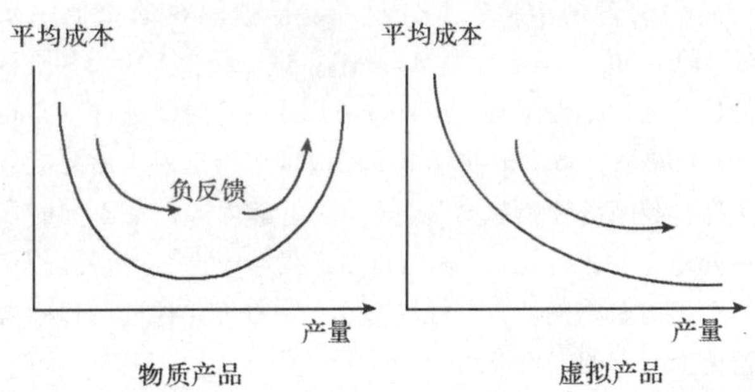

资料来源:Oh,Jeong-Hun(2006),Lecture Notes on Network Economocs. Graduate School of Internatonal Studies,Korea University。

而如图3所示,这种成本结构必然导致文化产业的自然垄断:因为首先原有的生产者享受成本优势,可以将价格定在拥有较小生产规模的市场进入者的成本以下,迫使他们因为亏损而自动退出(当前中国的电视剧制作公司就面临这样的威胁)。其次,由于“虚拟产品”的“可变性”,生产者还可以利用原有的资本设备(摄影棚,长期宣传所建立演员知名度,以往成功剧作的品牌效应),生产新型产品;而且,韩国的电视剧中还经常刻意加载对韩国汽车、数码产品、时尚服装和旅游观光等具有广告作用的情节,以促进其他产业的发展),以获取“范围经济效应”(Economy of Scope)。再次,我们还应该考虑生产中的学习作用,即成本曲线1左移至成本曲线2(比如演员表演经验的积累)。

图3 虚拟产品市场的竞争

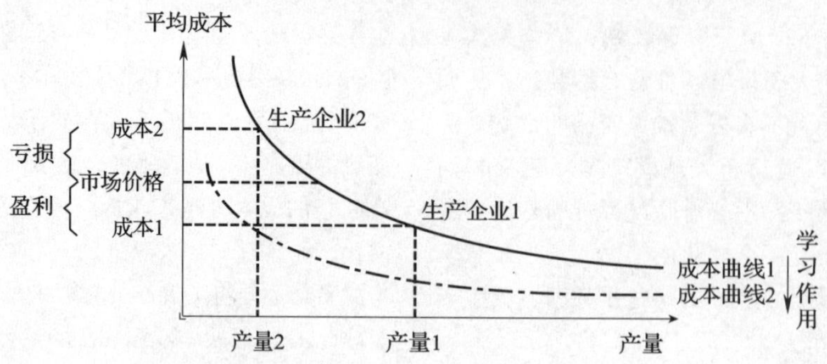

总而言之，文化产业的先动者将具有绝对的竞争优势，因此中国的管理者应该警惕"韩流"所带来的经济威胁，并从中汲取经验。

2. 以顾客价值为基础的

由于"虚拟产品"的边际成本随着技术的发展将趋为0（P→0），几乎可以忽略不计，这打破了传统经济学以成本为基础的定价模式：在竞争条件下的 P≥MC（利益最大化的一阶条件为 P = MC）和垄断条件下的 MC≤MR = P（利益最大化的一阶条件为 MC = MR = P）——因为企业不可能无偿销售产品。基于所讨论的"可变性"，在"虚拟产品"的营销中，生产企业可以根据顾客的价值定价 MV≥P≥MC（均衡点为 MV = P），进行歧视定价。其歧视的标准为"消费耐心"（Patience）或消费时间偏好（Time Preference）。Shapiro 和 Varian（1999）指出，"信息就像生蚝，越新鲜价格越高"。同样的电影内容，在不同时段不同地点发送将收取不同的价格。我们还将引入"虚拟产品"顾客价格的"外部性"概念，以补充论述这种以顾客价值为基础的定价模式。

前面我们指出，"虚拟产品"具有"非排他性"：一个人的消费并不会排除或影响其他人的消费。然而不仅如此，"虚拟产品"还具有"外部性"：信息和文化是人类沟通的媒体，休闲娱乐往往在人与人之间展开，而时尚又需要社会个体的相互认可，因此"虚拟产品"的价值，将随着其消费人数的增加而呈现几何上升趋势，使产品更具吸引力。这将使文化产业具备"需求方规模经济"（Demand-Side Economy of Scale）（参见图4）。比如，电视剧的内容往往是人们茶余饭后的谈资，当几乎所有的人都谈论《大长今》的时候，没有看过该剧的人将发现自己难以融入其社交圈，因此将增强其观看该剧的欲望；同样的，表演者的艺术价值由支持他的观众数量决定，当几乎所有的人都认可 Rain，Rain 演唱会入场券的价格也会直线上涨。这就是蔡荣生（2005）所提出的"（文化产品）在人们的共鸣中变得更加丰富"。

3. 不断扩大的利润空间

综合上述两点，新型的文化产业将同时享受"虚拟产品"所具备的供应方和需求方规模经济：一方面，产品的平均成本因为产量的增加而减少，虽然最终可能由于物质载体的限制而稳定在某一水平；另一方面，消费者从产品消费中所得到的价值随着消费群体的扩大而上升。如图5所示，生产者的定价空间（MV≥P≥AC）将越来越大，可能获得的利润水平也越来越高。

图4 需求方规模经济

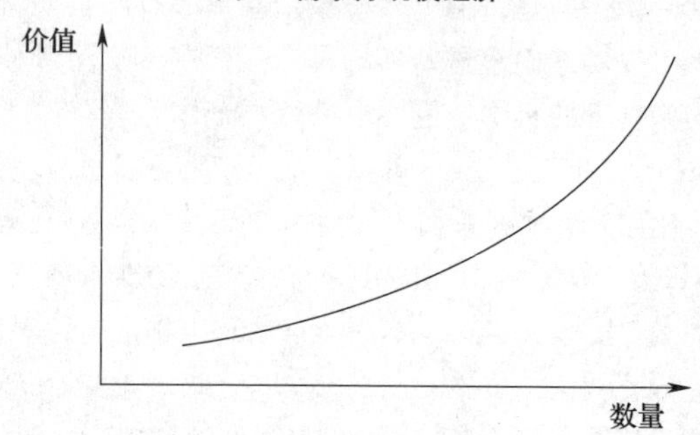

图5 不断扩大的利润空间

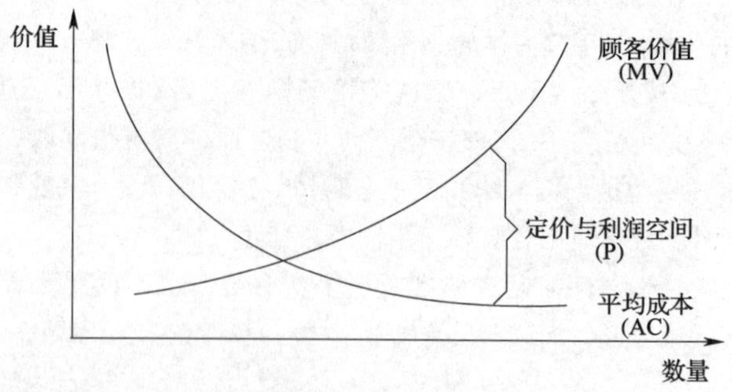

启示

至此，我们不难总结韩国政府推动"韩流"外溢的经济哲学：由于先发优势，韩国打造了一大批具有国际影响力的艺人（比如裴勇俊、张东健、李英爱、李孝利和 Rain），韩国影视娱乐业积累了丰富的生产经验（比如如何撰写观众喜爱的剧本），同时也树立了韩国时尚文化在亚洲的地位，大大减少了韩国文化产业再生产和再推广的成本；利用电视剧的广告效用，韩国的三星手机成为亚洲手机市场的宠儿（《夏娃的诱惑》中就有许多关于三星手机的特写）；同时，许多韩国景点比如南怡岛（得益于《冬季恋歌》）成为亚洲旅客最向往的旅游目的地；另外，韩剧还兴起了学习韩语的热潮（从2005年起，韩国政府还免费为中国部分重点高校的大学生提供韩语培训课程），使韩国成为继美、英、加、澳、日等之后热门留学国家。韩国一旦率先使韩式文化产业成为亚洲文化产业的先锋，就将获得绝对的竞争优势；而等其他国家翻然大悟而奋起直追的时候，由于"虚拟产品"的物理特点和市场特征，它们将永远无法获得韩国所具备的优势，只能充当将被淘汰的追随者。

当然，其他国家的文化产业也并非毫无希望。希望在于创新，而不是急于去哈韩、哈日、哈美。正如我们在文中所论述，先行者具有后来者永远所不能具有的优势；后来者要赶超，只有另辟一块战场，自己充当先锋。打造"汉风"，不能拍中国版的《我的野蛮女友》，而要拍世界级的《疯狂的石头》；中国有中国自己独特的文化优势，不能舍本逐末。毕竟，陈凯歌让张东健扮演《无极》的主角，到头来只被调侃成《一个馒头引发的血案》，而李安将中国式的委婉手法加入完全西方文化背景的《断背山》，却捧得奥斯卡金像奖。

另外，中国的文化产业要和物质产业紧密结合。一方面，由于韩国具有先动优势，后发展的中国文化产业需要从成熟的物质产业中寻求资金与资源支持，以弥补自身的成本弱势；另一方面，中国的物质产业则可以通过文化提升其品牌形象，打破当前的"中国制造"困境。韩国三星手机的成功，使我们相信，如此的合作必然是双赢的。

附　录

附录一：“韩流”搜索关键词

韩流、韩流现象、韩流经济、“嫌韩流”、“韩流”电视剧、《大长今》、“韩流坞”、韩剧影视、韩剧热、韩国电影、韩国影视旅游产业、韩国流行文化、韩国文化产业、韩剧产业、韩剧爱情片、韩国制造、“韩流之父”李秀满、“哈韩”、韩国服饰、“韩流”热袭、校园韩流、《加油，金三顺！》、《说你爱我》、《人鱼公主》、《浪漫满屋》、《看了又看》、《澡堂老板家的男人们》、《大长今》

附录二：A 类文章目录

- 今冬“韩流”大普查/刘春燕//重庆与世界 2001-05
- “韩流”流入中国市场/高浩荣//文汇报 2001-11-18
- “韩流”来了/童盛强//语文建设 2002-01
- 吹袭东亚的“韩流”/白元淡//文艺理论与批评2002-01
- 从“日剧韩流”中“拿来”什么/吴娟//文汇报2002-01-08
- 当代韩国大众文化的发展/邹广文//兰州大学学报（社会科学版）2002-02
- “韩流”与“华风”/王宣敬//当代韩国 2002-04
- 青年文化论坛——“哈韩”、“哈日”细细说/王懿麟陈楠　陈元元　王敏芳　沈黎子行　孟歆云//上海青年管理干部学院学报 2002-04
- 韩国影业：从事业向产业的嬗变/王泠一//中国文化报 2002-04-22
- “韩流”中的韩国服装/袁原//开放潮 2002-05
- 感受“韩流”/程晓非//中国环境报 2002-05-18
- “韩流”注入中国身体/初景波//消费日报 2002-05-20
- 出版借势“韩流”登陆中国/穆东//中国图书商报 2002-05-28
- “韩流”现象的文化审视/桂青山//电影艺术 2002-06
- 疯狂“韩流”席卷华夏——韩国文化投资跨国行动的追踪分析/要英//上海国资 2002-06
- “韩流”现象探析/仰滢//青年探索 2002-06
- 漫话韩国传统服饰/庄文//中国民族报 2002-06-04
- 透析韩剧流行八大定律/刘江华//西安日报 2002-06-08
- 体育与文化同在韩国亮相/何东宪//经济日报 2002-06-09
- 韩剧风靡的五大灵丹/吴小曼//华夏时报 2002-06-13
- 电影韩国用美丽诱惑你/筱林//中国文化报 2002-06-19
- 韩国电影崛起的秘密/雷雯//文汇报 2002-06-21
- 韩国电影给我们上一课/赵爽//北京日报 2002-06-23
- “韩流”：被文化包装的商业/要英//上海经济研究 2002-07
- 电影和足球：在中国与韩国/黄小邪//北京日报2002-07-07
- 磨砺三十年　韩剧更“抢眼”/戴妍//文汇报 2002-07-26
- 韩剧影视同书畅销之谜/张戈//中华读书报 2002-07-31
- 中韩音乐艺术交流源远流长/辛萍　赵永伟//亚洲中心时报（汉）2002-08-15
- “韩流”来袭出版升温/胡婧//中国图书商报 2002-08-29
- 关于搞活韩中旅游交流的研究——以济州道为中心/金炯吉//南京经济学院学报 2002-S1
- “韩流”的启示/于雁宾//吉林日报 2002-09-08
- 漫画书“台风”遭遇“韩流”/陈香//中华读书报 2002-10-30
- “韩流”现象及文化启示/孟凌云//吉林日报 2002-10-31
- IT 日“韩流”——“体验经济”是方向还是赚钱的幌子，企业 IT 应该向消费 IT 学什么/初蒙　梁昊　谢文辉//互联网周刊 2002-11
- “汉风”与“韩流”沟通无极限/吴迪　邢晓芳//文汇报 2002-11-21
- 医药市场“韩流”不寒/齐继成//医药经济报 2002-11-25
- 赶赶“韩流”潮/王坎//光彩 2002-12
- 韩国电影梦想成就光荣/杜庆春//经济观察报 2003-01-13
- 韩国电影加入贺岁战团/董卉　黄臻平//广州日报 2003-02-01
- 黑白世界“韩流”涌动/祝铭利//深圳商报 2003-02-14
- 解析韩剧流行中国的原因/郑寅淑//视听界 2003-03
- 偶像剧解读/田春华//声屏世界 2003-03
- “韩流”再刮动漫龙卷风/张珺//中华读书报 2003-03-19
- 当“韩流”遇到中国暖气流/恬恬//中国图书商报 2003-03-21
- 青春偶像剧的美学分析——从韩国偶像剧谈起/郭小平　张泓//湖南大众传媒职业技术学院学报 2003-04
- “韩流”席卷网络游戏市场/李玉山//中国旅游报2003-04-02
- “韩”潮涌动——话韩剧/王莉//人民日报 2003-05-01
- 平淡的韩剧总能夺人眼球/张久英//中国消费者报 2003-06-12
- “韩风”“韩流”背后还有韩国城/吴晶//新华每日电讯 2003-07-07
- 我国影视界缘何一度“哈韩”成风/徐晋//今日信息报 2003-08-10
- 韩国发展文化产业的战略和措施（上）//中国文化报 2003-08-15
- 韩国旅游产业：挟文化之威狂飙突进/玲子//云南日报 2003-08-19
- 韩国发展文化产业的战略和措施（下）//中国文化报 2003-08-22
- 点击“韩流”/万凌云//出版参考 2003-09
- “哈韩”的理由/许军//法制日报 2003-09-05
- 最大“韩流”刮进北京/沈莉//中华工商时报 2003-09-22
- “原创”对抗“韩流”/韦子//中国质量报 2003-09-23
- 网络游戏新一轮竞争走向何处？/择言//中国经营报 2003-10-13
- 试析电视传媒的经济功能——“韩流”热袭带来的思考/张艳艳//声屏世界 2003-11
- “韩剧”为什么成为了“流”？/蒋泥//中华读书报 2003-11-12
- “韩剧”是如何成为“韩流”的/蒋泥//北京日报 2003-11-16
- 文学市场：“韩流”来势凶猛/王佳欣//中国新闻出版报 2003-12-03
- “韩流”在中国的波及与影响/朴光海//当代韩国2003-Z1
- 中韩文化交流的快速升温及其原因/沈定昌//当代韩国 2004-01
- 从“哈韩剧”看“哈韩”青年/吴娅丹//中国青年研究 2004-01
- 韩剧启示录——兼论对国产现实题材电视剧走向世界的借鉴意义/操慧　刘亚峰//中国电视 2004-01
- 艺术平衡中的融合与超越——韩国电视剧艺术特色解读/谢建华//南京艺术学院学报（音乐与表演版）2004-01
- 关于“韩流”——中韩文化交流及“韩流”在中国研讨会纪要//文学前沿 2004-01
- “韩流”：又一种追星的新范式？/仰滢//中国青年研究 2004-01
- 追因与探寻：关于“韩流”/马建青　仰滢//中国青年研究 2004-01
- 韩国重视推广传统文化游/王新胜//中国旅游报2004-01-02
- 韩国“CHINATV”乘“汉风”而来/张利//市场报 2004-01-16
- 韩国吸引中国游客的战略和方案/吴益根//南开管理评论 2004-03
- 韩国文化产业的核心引擎/明豪侠//文学报 2004-03-18
- 关于中华文化与“韩流”对话——记第六届中韩文化论坛/成泓//当代韩国 2004-04
- 苏北旅游市场刮起“韩流”/王世停//新华日报 2004-04-16
- 在畅想思维中感受电影“韩流”/宋乐永　张仁涛//当代电影 2004-05
- 在“韩流”的背后——解读韩国电视剧/刘原//当代电视 2004-05
- 国产网络游戏如何应对“韩流”/小刀马//通信信息报 2004-05-26
- 探析“韩流”文化现象对中国服装市场的影响/高磊//武汉科技学院学报 2004-06
- 中、日、韩文化交流与东亚文化产业/李康化//东北亚论坛 2004-06
- 韩剧张扬的是什么？/单泽润//文艺报 2004-06-03
- 韩剧好在哪里？/古晓木弓//文艺报 2004-06-05
- 手机“韩流”热大陆/柯晓明　李淑华//亚太经济时报 2004-08-20
- 我们为什么爱看韩剧？/王敬　杨宁舒//黑龙江日报 2004-08-23

- 韩剧之风缘何强劲？/杨宁舒　王敬//黑龙江日报 2004 -08 -24
- 与韩剧比拼国产剧欠缺什么/王敬　杨宁舒//黑龙江日报 2004 -08 -25
- 看韩国影视产业如何抢滩中国市场/杨宁舒　王敬//黑龙江日报 2004 -08 -26
- 《菊花香》引发“韩流”　眼光独到是关键/鲍晓倩//中华读书报 2004 -09 -01
- 漫画“韩流”登陆日本岛/白晓煌//中国图书商报 2004 -09 -17
- 对“韩流”来袭的文化思考/王凡//思想理论教育 2004 -10
- 韩国导演谈韩剧/一迈//中国艺术报 2004 -10 -22
- 韩剧继续升温/李君娜//解放日报 2004 -10 -25
- “韩剧”打败中日电视人靠的是儒家精气神/邱红杰//新华每日电讯 2004 -10 -27
- 立足本土的韩国电影/林良敏//中国文化报 2004 -10 -29
- 全球化语境下的“韩流”现象/玲琳　金心//解放日报 2004 -10 -30
- “韩流”阵阵　“韩”气袭人//吉林日报 2004 -11 -04
- 美商急于打破韩国电影配额制/李锐//中华工商时报 2004 -11 -18
- 韩国电影缘何飞快走红/王恩泽//山西经济日报2004 -12 -03
- 国产网游也能不“哈韩”？/刘亿林//科学时报2004 -12 -04
- 韩国文化与中国楚文化联系蠡探/杨万娟//湖北日报 2004 -12 -09
- 电影“韩流”碰撞中国电影/吴月玲//中国艺术报 2004 -12 -10
- “韩流”给我们带来了什么——关于“韩流”现象访文化评论家马相武/安裴智//深圳特区报 2004 -12 -12
- 韩剧带来的启示/郑殿辉//吉林日报 2004 -12 -15
- 整形“韩流”中国升温/丁琛//医药经济报 2004 -12 -17
- “韩流”图书还能“火”多久/冯琬惠//中国图书商报 2004 -12 -17
- 成都家具也“哈韩”/蒲文　楚昌良//成都日报2004 -12 -24
- 图书市场“韩流”涌动/李利平　罗文东//人民日报（海外版）2004 -12 -24
- “韩流”挡不住/李昕//世界知识 2004 -16
- 你可以不跟随，但不能不知道韩国风/卞吉//科技广场 2004 -Z1
- 韩国文化产业探微//中国文化报 2005 -01 -14
- 韩国电影 2004 继续跃进/钱有珏//中国电影报2005 -01 -27
- “美容韩流”之我见/陈小平　宋建良//中华医学美学美容杂志 2005 -03
- “韩流”的影响与展望/郑贞淑//当代韩国 2005 -03
- 韩国服饰在深迅速蹿红/吴素红//深圳商报 2005 -03 -17
- 以韩剧为招牌的韩国主题旅游/赵仁//中国旅游报 2005 -03 -18
- 《银戒指》借“韩流”掀起青春小说热潮/鲁大智//中华读书报 2005 -03 -23
- 日韩电影巨头公开合作伙伴关系/何仕名//中国电影报 2005 -03 -24
- “韩剧现象”成因的多视角解读/王新//徐州教育学院学报 2005 -04
- “韩流”飒飒，切莫等闲看冷暖——韩剧在中国“走红”带来的思考/任天华//理论与创作 2005 -04
- 韩国剧作家要来中国抢饭碗？/甘文瑾//中国电影报 2005 -04 -15
- 拂面而来韩剧风/蔡骐　张萍//中华新闻报 2005 -04 -27
- 韩国电影：爱与美的盛宴/张洁华//中国邮政报2005 -04 -29
- 试析韩国旅游业的政府主导型发展模式/王继庆//东北亚论坛 2005 -05
- “韩剧”的审美特性及商业特性分析/沈雷//视听纵横 2005 -05
- 韩剧：凭什么让我们着迷？/王健//金华日报 2005 -05 -11
- 韩剧热播探秘/樊苏华//文艺报 2005 -05 -12
- “韩流”到　卷走大把钞票//亚太经济时报 2005 -05 -20
- 韩剧成功之道的传播学透视/许建//中国艺术报2005 -05 -20
- 韩剧的艺术质地与消费表象/王文捷//中国艺术报 2005 -05 -20
- 韩星代言广告也兴韩国风/梁永年//民营经济报2005 -05 -20
- 视觉盛宴与温暖人情的有机融合——论中国电视文化背景下“韩剧”的魅力/佘世红//理论与创作2005 -06
- 韩剧的诱惑——试析韩剧热播现象/齐珂//中国电视 2005 -06
- 韩剧与道德教化/赵建华//现代传播 2005 -06
- 韩剧：执意的魅力与时尚的个性——从《大长今》说起/陈林侠//理论与创作 2005 -06
- 韩国商业电影产业模式新动向/姜乃英//中国电影报 2005 -06 -02
- 《大长今》演绎“韩流”升级版/赖少芬//经济参考报 2005 -06 -13
- 何不变“韩流”为动力？/何勇//四川日报 2005 -06 -15
- 韩剧“入侵”中国电视剧如何反思/辛石//新华日报 2005 -06 -16
- 韩剧走俏的背后/王学礼//蚌埠日报 2005 -06 -21
- 中国电影人应向韩国电影学什么/陈弋弋//新华日报 2005 -06 -22
- “中国潮”如何跟上“韩剧热”？/付延慧//中国电影报 2005 -06 -23
- “韩流”、偶像、亲情映现荧屏/陆成钢//嘉兴日报 2005 -06 -24
- “韩国周”引发“韩流”涌动/边铁才//沈阳日报 2005 -07 -01
- “韩流”？寒流？/严圣禾//南风窗 2005 -07
- 何必炮轰韩剧/朽木//中国文化报 2005 -07 -04
- 追赶韩国电影/镜子//中国财经报 2005 -07 -05
- 留学市场“韩流”袭来/梁杰//威海日报 2005 -07 -18
- 炎热街头遭遇强劲“寒（韩）流”/张妍//深圳商报 2005 -07 -21
- 网络上“卖”掉了进口韩剧/唐红波//湖南经济报 2005 -07 -21
- “韩剧热”原因探析/赵春梅　郑美连//中国电视 2005 -08
- 韩剧流行因素的些许思考/周宜一//中国广播电视学刊 2005 -08
- 韩国电影业印象/晓刚//中国文化报 2005 -08 -05
- 和韩国电影谈谈情过过招/普扑//中国民航报 2005 -08 -24
- 低价“蜂抢”生意火　网购“韩流”又一波/周净//消费日报 2005 -08 -26
- 韩剧热播的文化反思/周保欣//光明日报 2005 -08 -26
- 韩剧的魅力/李凡//平凉日报 2005 -08 -27
- 韩剧为啥火？燃烧的是中华文化精髓/肖春飞　万一　肖文峰//新华每日电讯 2005 -09 -04
- “韩流”进入美国/李兮//中国电影报 2005 -09 -08
- 《大长今》，用营销提味的韩国料理/丁树雄//中国经营报 2005 -09 -12
- “大长今”现象的立体解读/木木　王永钢//西部时报 2005 -09 -13
- 韩剧引进：掀起内地电视剧市场新一轮竞争/崔娜//中国电影报 2005 -09 -15
- 电视人应正视韩剧的“大举入侵”/明星//中国改革报 2005 -09 -17
- 《大长今》热播的启示/朱国良//浙江日报 2005 -09 -21
- “砍砍”韩剧/海岸//四川日报 2005 -09 -23
- “大长今飓风”喜煞商家//中国文化报 2005 -09 -26
- “韩流”其实报告了财富方位//深圳商报 2005 -09 -28
- 在惊羡《大长今》中感悟精品意识/东方愚//中国文化报 2005 -09 -28
- 韩剧热播的思考/祁建//文艺报 2005 -09 -29
- 韩国电影振兴的秘密武器：电影基金/李兮//中国电影报 2005 -09 -29
- 韩国电影流行合拍风/杨司晨//中国电影报 2005 -09 -29
- “大长今”文化为名“赚”遍世界//亚太经济时报2005 -09 -30
- 再说韩剧/李凡//平凉日报 2005 -10 -01
- 韩剧缥缈着一条看不见的战线/沙蕙//艺术评论 2005 -10
- 《大长今》展示儒家文化魅力/谭飞//湖北日报 2005 -10 -08
- 韩剧：拿什么打动了国人的心灵？/刘璐璐　明星//新华每日电讯 2005 -10 -11
- 大长今因何能代言中国梦/于彤//北京科技报 2005 -10 -12
- 看了大今看金顺　韩剧咋就这么火？/岳建国//今日信息报 2005 -10 -13
- 新“韩流”的背后透视韩剧《大长今》热播/刘萍//河北日报 2005 -10 -14
- 寸寸韩剧寸寸金/马朝阳//中国证券报 2005 -10 -15
- 来自《大长今》的启示/赵文侠//北京日报 2005 -10 -17

- 别忙“讨伐”《大长今》/潘志兴//中华新闻报2005－10－18
- 我国为什么会出现韩剧热/岳建国//南通日报2005－10－18
- 从《大长今》运作看客户营销/叶开//经济视点报2005－10－20
- 韩剧缘何“高烧不退”/张欢//山西日报2005－10－21
- 韩剧影响着我们的生活/刘翠仙//山西日报2005－10－21
- “韩剧热”呼唤国产剧反思/郭亚斌//山西日报2005－10－21
- 韩剧是东方文化的派生物/张锐锋//山西日报2005－10－21
- 韩剧的诱惑/许晓泓//中国民航报2005－10－21
- 韩剧给我们带来什么/晓光//人民日报2005－10－21
- 中华传统文化如何应对“韩流”侵袭 “端午节.CN”缺失示警各界专家呼吁提前保护//苏州日报2005－10－23
- 韩剧：平淡中展现魅力/尹心言//唐山劳动日报2005－10－24
- 国产电视剧该向韩剧学什么/黄小驹//中国文化报2005－10－25
- 儒家文化成就《大长今》/木子//兰州日报2005－10－27
- 真超女一剧“疯”行——《大长今》效应面面观//广告大观（综合版）2005－11
- 《大长今》是怎样炼成的？/丁树雄//广告大观（综合版）2005－11
- 《大长今》：韩国文化的一次成功登陆/吴祚来//商业文化2005－11
- 韩剧与韩国制造/田凯//广告大观（综合版）2005－11
- “韩流”的文化意味/樊星//学习月刊2005－11
- “韩流”“汉流”双向涌动/丁丽洁//文学报2005－11－03
- 我们如何看韩剧/王小微//吉林日报2005－11－03
- 韩剧热的思考/袁敏杰//宝鸡日报2005－11－04
- 韩国全方位的旅游目的地营销/马聪玲//中国旅游报2005－11－04
- 文化“韩流”一点儿也不寒/陈茁//河南日报2005－11－05
- 打造我们的“大长今”/陈伟 代静//成都日报2005－11－10
- “华流”缘何输“韩流”/东方//新华日报2005－11－10
- 从《大长今》看中国书业如何走出去/郑重 黄育海 潘岳 黄鲁 梁光玉 章祖德 扈文建//中国图书商报2005－11－11
- 韩剧为什么热播？/吴锡平//学习时报2005－11－14
- 韩剧风行缘有政府支持国剧低迷自救才是前提/勾晓峰//经济参考报2005－11－14
- 韩国游借韩剧大赚“真金白银”/谢臻//南京日报2005－11－20
- 一部韩剧是怎样成为生意的？/张衍阁 徐正辉//经济观察报2005－11－21
- 韩剧：今天你看了吗？/石寒//兰州日报2005－11－22
- “韩剧”靠什么吸引眼球/丁丽洁//文学报2005－11－24
- 坚守还是溃败——《大长今》热播引发的文化思考//苏州日报2005－11－27
- 韩剧图书引进要有选择/张戈//中华读书报2005－11－30
- 整合营销成功蹿红《大长今》/钟竞英//投资与营销2005－12
- 韩剧《大长今》对我们媒体的启示/贾岳//新闻传播2005－12
- “韩流”刮向中国宝宝/周周//中国图书商报2005－12－16
- 从韩剧火爆看传统文化的缺失/肖雨//平凉日报2005－12－17
- 艺术“韩流”闹北京/周欣//中华工商时报2005－12－23
- 韩国安东文化考察记/朱万曙//安徽日报2005－12－23
- 《大长今》、端午与祭孔/崔勇//文艺报2005－12－29
- 《大长今》的时代意义/林义凯//IT经理世界2005－20
- 韩国文化秀上APEC/齐晓峰//世界知识2005－24
- 网络中的“韩流”/施伟//艺苑2005－Z1
- 《大长今》的营销连环套/丁树雄//财富智慧2005－Z2
- “韩流”：青年的精神后花园/陈久国 罗媛媛//当代青年研究2006－01
- 区域性再想象——2005年“‘韩流’在中国”国际研讨会述评/孙晓忠//上海大学学报（社会科学版）2006－01
- 超越与坚守——从《大长今》看历史题材电视剧的柳暗花明/曲茹 苏咏鸿//许昌学院学报2006－01
- 从《超级女声》到《大长今》：平民文化的胜利/许静//怀化学院学报2006－01
- 文化博弈：坚持抑或放弃——从《大长今》配乐透视当代韩国传统音乐的突围之路/朴万里//吉林艺术学院学报2006－01
- 借“韩流”温州人捕捉商机/阿里//今日财富2006－01
- 从契合到浸润——文化传播学视角下的“韩剧热”/朱权//当代电视2006－01
- 对韩国影视剧在中国流行的思考/温朝霞//岭南学刊2006－01
- 文化出口战略下的“韩流”/王长路//中国妇女报2006－01－02
- 韩剧流行密码解析/王长路//中国妇女报2006－01－05
- 韩国：本土影片继续发威/杨司晨//中国电影报2006－01－12
- 韩剧为人熟知 美剧汹涌来袭/高飞//吉林日报2006－01－18
- 韩国政府斥巨资“韩流坞” 2008年竣工/李兮//中国电影报2006－01－26
- 浅议韩剧的生成特点及韩剧背后的思考/李玮//北京电影学院学报2006－02
- 韩剧热播在媒介地理学层面的思考/马妍妍//绍兴文理学院学报（哲学社会科学版）2006－02
- 从“韩流”看“影视表象”与“旅游地形象”的构筑/侯越//旅游学刊2006－02
- 走进韩国史剧《大长今》/李慧净//北京电影学院学报2006－02
- 韩国青春剧的流行元素/杨晓铃//艺术广角2006－02
- 从“韩流”看“影视表象”与“旅游地形象”的构筑/侯越//旅游学刊2006－02
- 《马大帅》、韩剧为啥火？贴近生活/魏运亨//新华每日电讯2006－02－06
- 韩国电影配额削减一半/李兮//中国电影报2006－02－09
- 韩剧变脸谋钱途/赵斌//成都日报2006－02－11
- 2005年：人文电影支撑“韩流”翻译/杨司晨//中国电影报2006－02－16
- 韩剧引进受限版权 中间商转投欧美/陈榕//第一财经日报2006－02－17
- “韩流”不光卖文化 化妆品出口也大增//新华每日电讯2006－02－23
- “韩流”带动化妆品出口猛增/银秀//威海日报2006－02－25
- 《大长今》引发“新健康”电视热销//中国电子报2006－02－28
- 全球化形势下韩国国家形象的变化方向——韩国海外宣传院俞载雄院长访谈录/朴宰雨//当代韩国2006－03
- “韩剧”热与中国青少年的成长/万美容 陈久国//中国青年研究2006－03
- “韩流”在温州/章翔鸥//温州了望2006－03
- 韩国旅游业发展的成功经验/仲寒//当代韩国2006－03
- 韩剧热播商机在我们身边涌现/汪成//生意通2006－03
- 文化的冲突与认同——“韩流”背后的跨文化意蕴/董萃//艺术广角2006－03
- “韩流”现象与朝鲜族消费文化认同/孙岿//大连大学学报2006－03
- 广告暴露频次·注意力传播与《大长今》——从湖南卫视《大长今》广告投放中得到的启示/郭韶华//广告大观（媒介版）2006－03
- 韩剧批评中的假命题——也谈“韩剧热”及其缘由/傅晓微//文艺理论与批评2006－03
- 韩剧的超现实悲情模式/任威//艺术广角2006－03
- 浅析韩剧流行的原因/周洋//艺术广角2006－03
- 缺失与补偿——从接受心理看“韩剧热”/任湘云//中国广播电视学刊2006－03
- 试从韩剧看“韩流”影响及其启示/朴艺丹//甘肃农业2006－03
- 《大长今》手机音乐引发逾3000万元侵权案/周健森//北京日报2006－03－03

- 中韩休闲文化旗舰起航/李锡铭//中华工商时报2006-03-10
- 韩剧与金庸小说的文化差异/赖玉芹　赖军//中国文化报2006-03-11
- 图书出版市场汹涌“伪韩流”/刘河//中国知识产权报2006-03-17
- 韩剧风靡　耐人寻味/郑殿辉//吉林日报2006-03-21
- 韩片与韩剧：哪个“世界”更真实？/李保平//辽宁日报2006-03-22
- 国产情感剧如何赶超“韩流”？/甘文瑾//中国电影报2006-03-23
- 韩剧的魅力/艾纾//郴州日报2006-03-23
- 对韩国电视剧在中国流行现象的跨文化解读/林洁琛//苏州大学2006-03-24
- 日剧、“韩流”此消彼长/寒流//温州日报2006-03-25
- 当数字内容产业遭遇“韩流”/任翀//解放日报2006-03-30
- 《大长今》在中国热播原因探析/王莉　薛朝晖//湖南城市学院学报2006-04
- “韩剧热”：电视文本的文化旅行——以《大长今》为例/金昌庆　易前良//新闻界2006-04
- 韩剧：“咸鱼翻身”的奇迹/张国涛//中国经贸2006-04
- “韩流”吸引海外女游客　“磁力”越来越强//新华每日电讯2006-04-05
- 2006“高烧”“韩流”开始回归理性//中国图书商报2006-04-18
- “韩流”热对发展我国文化产业的启示/罗媛媛　陈久国　刘从德//学习与实践2006-05
- 韩剧：关于女性、消费与文化认同/萧萍//上海师范大学学报（哲学社会科学版）2006-05
- 湖南卫视精彩营销韩剧《大长今》/王平//新闻天地2006-05
- 历史剧的新叙述——《大长今》的启示/贺晓兰//当代文坛2006-05
- 韩国影视剧的跨国传播对我国文化建设的启示/温朝霞//广东行政学院学报2006-05
- 韩国影视剧在中国的成功传播/马鸿雁//视听纵横2006-05
- 论韩国街舞文化的品格/黄璐　孙平　马虎//山东体育学院学报2006-05
- 关于“韩流”的观察与反思/薛宝林　张丹//理论观察2006-05
- 韩剧文化扩张之启示/胡嵘//中国电影报2006-05-11
- 韩国影视业冲出国门/徐宝康//人民日报2006-05-15
- “韩流”来袭/晓惑//当代汽车报2006-05-17
- 浅谈文化产业的发展特征——“韩流”的经济学启示/赵锦兰　蔡荣生　蔡奕勇//北京工商大学学报（社会科学版）2006-06
- “儒家思想的最大公约数”——论韩国历史题材电视剧《大长今》的文化内涵/郑世明//现代传播—中国传媒大学学报2006-06
- 从传播生态中文化因素看中国“大长今”热/蔡正华　沈悦　魏欣//福建师大福清分校学报2006-06
- 从影视“韩流”中看中国传统文化的回归/周琰//美与时代2006-06
- 韩剧与儒家文化版图的拓展/郭敏//江淮论坛2006-06
- “韩流”背后有推手/魏寒//中国经济导报2006-06-06
- 中国农村能经得起“韩流”吗？/郭松民//中国信息报2006-06-16
- 韩国文化产业在中国市场传播的研究/金银河//对外经济贸易大学学报2006-06-27
- “韩流”从荧屏涌向片场/傅庆萱　张敏喆//文汇报2006-06-30
- 从韩剧中透视中国传统文化的影子/牛寒婷　杨竞//辽宁日报2006-07-17
- 从“韩流”现象看韩国文化产业崛起之路/初晓//中国信息报2006-07-19
- 韩国影人为民族电影抗争/林良敏//中国电影报2006-07-20
- 韩国电视剧成功进入我国的传播学分析/顾广欣//兰州大学2006-07-27
- 韩国影视剧新瓶装陈酒/聂伟//文汇报2006-07-29
- 韩剧热的文化思考/郑宏//东南传播2006-08
- “韩流”坚冰待破　本土网游绝地反击/周东//中国高新技术产业导报2006-08-07
- 山东跃跃欲试迎“韩流”/崔晓黎//中国证券日报2006-08-13
- 艺术“韩流”/郭娟//经济观察报2006-08-14
- 新韩流：走近温柔的韩国酒文化/郤举//科技日报2006-08-15
- 净化荧屏韩剧可资借鉴/闻过//广州日报2006-08-26
- 细看“韩流”入长来/左丹　子慧　陈泱//湖南日报2006-08-29
- 从韩剧《大长今》的热播看儒家文化的复兴/陈东辉//边疆经济与文化2006-09
- 浅析韩剧热背后“韩流”经济的成功模式/赖小萍//当代经理人（中旬刊）2006-09
- 以《大长今》为例解读“韩剧热”/谭云明　易前良//当代电视2006-10
- 由韩剧热播引发的关于保护传统文化的思考/黄纯纯//湖北经济学院学报（人文社会科学版）2006-10
- 盐城“韩流”越来越浓/王世停//新华日报2006-11-17
- “韩流”与“汉风”共鸣/冽玮//经理日报2006-11-26
- 韩国电影2006：十字路口起点隐现/聂伟//文汇报2006-11-26
- “韩剧”在中国流行一个制度经济学解释/丛琳//科技信息（学术版）2006-12
- 中韩旅游业合作与发展前景/沈卫平　侯祥鹏//现代经济探讨2006-12
- 大学校园“韩流”不息/倪蔚薇//无锡日报2006-12-18
- 论“韩剧效应”在韩国旅游业中的特殊作用/匡健//商场现代化2006-18
- 我国对外国际文化传播如何借鉴韩国经验——从韩剧的跨文化传播现象说起/王梓伊//辽宁经济管理干部学院学报2007-01
- 东方文化神韵交响曲——谈韩国电视剧《大长今》的艺术魅力/李迎迎//枣庄学院学报2007-01
- 当代青年文化热点现象述评/杨昕//广东青年干部学院学报2007-01
- 韩剧的儒学魅力——兼论跨文化传播伦理合法性的建构/高庆//社科纵横（新理论版）2007-01
- “韩流”文化盛行于中国及其原因/詹小洪//当代韩国2007-01
- 论日韩影视剧的跨国传播对中国经济文化的影响/温朝霞//广州市经济管理干部学院学报2007-01
- “韩流”不寒——多角度解读韩国电视剧成功的原因/徐鹏//绵阳师范学院学报2007-01
- “汉风”“韩流”竞风流/李敦球//人民日报（海外版）2007-01-05
- 韩国以文化推广促入境旅游/龚立仁//中国旅游报2007-01-05
- “韩流”其实是一种政治文化策略/张瑞燕//社会科学报2007-01-11
- 韩国影视旅游产业成功要素/陈雪钧//中国旅游报2007-01-12
- 从《大长今》看韩剧的品牌营销之道/陈碧媛//四川大学2007-01-22
- 语言学习用书“韩流”潮起/张翠侠//中国图书商报2007-01-23
- 首尔：韩剧场景变身旅游路线/王浒//中国旅游报2007-01-26
- “韩流”对韩国旅游形象的影响/唐代剑　朴昌奎//旅游科学2007-02
- “韩流”的经济学分析/王芳//现代商贸工业2007-02
- 试论韩剧对当代中国文化精神的冲击/余敏先//淮南师范学院学报2007-02
- 07韩剧能否重掀热潮/蹇莉//西部广播电视2007-02
- 韩剧的传播攻略：符号与偶像/杨典武//现代视听2007-02
- “韩流”神话正趋向破灭？/欧阳晓璇//中国经贸2007-02
- 从韩剧热播看奥运会软环境建设/牛静　郭传鑫//浙江体育科学2007-02
- “韩剧热”透视中国大众媒介的传统文化/杨鹿//和田师范专科学校学报2007-02
- 育儿书领域遭遇“韩流”/小李//中国图书商报2007-02-06
- 设计韩国　造就创意韩国/邱登科//民营经济报2007-02-07

- “韩流”是这样形成的——湖南省开发韩国市场的做法/湖南省旅游局//中国旅游报 2007-02-12
- 推动中韩两国交流的文化因素/袁小琨　张博//武汉理工大学学报（社会科学版）2007-03
- 试探韩剧走俏中国的原因及其影响/武利敏//乌鲁木齐职业大学学报（人文社会科学版）2007-03
- 韩剧——作为大众文化的代表/冯进//电影评介2007-03
- 论韩剧九要素/石秋仙//浙江传媒学院学报 2007-03
- 韩剧样式蕴涵的文化心理/张永屹　张涵/视听界 2007-03
- 中国大众文化流变中的“韩流”/李旭渊//当代韩国 2007-03
- 韩国官民共推文学世界化/崔莲花//中国新闻出版报 2007-03-02
- 韩剧热播现象分析/刘敏智//中华新闻报 2007-03-07
- “韩流”借海选渗透中国娱乐业/傅凯//北京商报 2007-03-12
- “韩流”拍打出中国队希望之星/王向娜//中国体育报 2007-03-13
- 透视“韩流”现象/王剑//黄石日报 2007-03-26
- 媒体引导下的消费时代——《大长今》的消费策略/刘彦君//社会科学战线 2007-04
- 电视剧《大长今》排播策略的启示/曹海鸥//东南传播 2007-04
- 由“韩流”来看“文化遭遇”/王运启//中国中小企业 2007-04
- 在平凡生命的凝视中展现人文之美——韩剧在中国流行的启迪/王新菊　冯雨晴//南通航运职业技术学院学报 2007-04
- 解读“韩流”：一次成功的文化转型/许徐//安徽电气工程职业技术学院学报 2007-04
- 中国：“韩流”不退　韩国：“汉风”起兮/李拯宇　干玉兰//新华每日电讯 2007-04-09
- 化妆品行业袭来高科技“韩流”/刘畅　佳凝//中国企业报 2007-04-19
- 1980 年后日韩影视剧在中国的传播/温朝霞//暨南大学 2007-04-20
- 韩国儒家文化的保护及弘扬/金惠林//社会科学报 2007-04-26
- 韩国无形文化遗产保护的现状及政策/洪锡俊　刘娜//社会科学报 2007-04-26
- 由韩剧热播带给我们的启示/晋爱荣//电影评介2007-05
- 解读“韩流”对我国服饰文化的启迪/谭国亮　陈丹//装饰 2007-05
- 电影“韩流”/倪骏//世界知识 2007-05
- “韩流”的政府“推手”/张英//南方周末 2007-05-03
- 解密“本本”“韩流”文化//中国电脑教育报2007-05-07
- “韩流”催生网络购物商机/方文//消费日报 2007-05-24
- 试谈《大长今》中通俗化的儒家思想/郑瑞//辽宁行政学院学报 2007-06
- “韩风韩雨”何以成“韩流”——关于韩剧流行原因的思考/张立环//四川戏剧 2007-06
- “韩流”给我国对外传播带来的启示/陈小洁//东南传播 2007-06
- 教育“韩流”吸引宜昌学子及家长/阳柳//三峡日报 2007-06-03
- 借日韩之“瓶”，装中国之“酒”？/孙丽萍　仇逸//新华每日电讯 2007-06-14
- 日韩偶像剧的文化价值/孙丽萍　仇逸//中国改革报 2007-06-16
- 内忧外患国产电视剧海外销售不敌“韩”流/李亚馨//第一财经日报 2007-06-20
- 韩剧《大长今》与中国电视剧的审美启示/乔亚兰//新西部（下半月）2007-07
- “韩剧热”的心理因素分析/李英霞//电影评介2007-07
- “韩流”还是“寒流”？/刘佳//汽车观察 2007-07
- 浅谈韩国影视带来的韩服热/汤臻//电影评介 2007-07
- 中韩文化交流的现状及问题/朴光海//当代亚太2007-07
- “韩流”涌动的文化成因与市场运作/汪霏霏//山东大学 2007-07-19
- 韩流、长今与“超女”/李旭渊//读书 2007-08
- 韩剧：中国青年的“精神驿站”/夏蕾//科教文汇（上旬刊）2007-08
- 从韩剧营销策略看国产电视剧的海外市场开发/童姝//中国文化报 2007-08-10
- 韩国：文化立国初显成效/潘俠//民营经济报 2007-08-20
- “哈韩”“哈日”旋风日盛/徐素琴//民营经济报 2007-08-24
- 全球资本市场也“哈韩”/杨逸枫//中国证券报2007-09-04
- “韩流”的力量/微语//民营经济报 2007-09-14
- 广州动漫“韩流”来袭/杨金霞　赖春晖　李倘研　胡一钗//民营经济报 2007-09-19
- 由“韩流”看创意产业在旅游地产中的扩展/金大鸿//经济导刊 2007-10
- 悉数“韩流”/杨柳树//温州了望 2007-10
- 从“韩流”看中国文化产业的发展出路/周晓明　朱长春//现代商贸工业 2007-10
- 釜山电影节：韩国电影振兴的折射/尹达//第一财经日报 2007-10-12
- 韩剧产业探析/洪梅//湖南师范大学 2007-10-19
- 韩国休闲文化走进百姓生活/李光斗//消费日报2007-10-22
- 影视在国际传播中的作用——以韩国为例/黄启龙//东南传播 2007-11
- “韩流”对中国传统武术文化的冲击与反思/崔浩澜//体育文化导刊 2007-11
- 从韩剧到美剧　解读青年受众心理走向/岳金霞//中国青年研究 2007-11
- “韩流”对中韩两国旅游经济的影响研究/金亨根//当代经济（下半月）2007-11
- 关于“韩流”现象的思考/于淑静//文艺争鸣 2007-11
- “韩剧热”中看企业管理/辛华//经理日报 2007-11-07
- 韩国推动文化发展对中国的启示/王文华　胡杰群//中国审计报 2007-11-09
- 祭祖岁拜聚餐，韩国借节假日增强文化认同/干玉兰　李拯宇//新华每日电 2007-11-14
- 泰州城初现“韩流”/赵晓勇　钱建虎　钱成//新华日报 2007-12-04
- 韩剧对中国电视发展的启发/祝晶晶//职业 2007-14
- “韩流”来袭：从《天国的阶梯》的审美多元化说起/詹海玉//电影评介 2007-15
- 论韩剧《大长今》的文化启示/韩占良//电影评介 2007-17
- “韩流”滚滚　“汉风”劲吹——纪念中韩建交 15 周年/张宏喜//世界知识 2007-17
- 在沉潜的反思中勃发——由“韩流”现象反观国产影视/晋爱荣//电影评介 2007-18
- “韩流”袭来/张汝逍//电影评介 2007-21
- 韩剧的繁荣对中国电视剧创作的启示/焉德才//电影评介 2007-22
- 韩国：文化保护与文化传播的完美结合/卜彦芳//政工研究动态 2007-22
- 对近年来迅猛发展的中韩文化交流的动因的分析与思考/牛莉//科技资讯 2007-27
- “韩流之父”李秀满/彭雨安//国际市场 2008-01
- “韩流”登陆日本七年回眸/甄西//中国图书商报 2008-01-18
- 韩国企业文化的中式转化/陈杨//中国文化报 2008-01-23
- “韩流”成因及其对我国青少年的影响/郑小红//中国青年研究 2008-02
- 创新：韩国文化创意产业的动力/吴绍阶//重庆日报 2008-02-02
- 韩剧热与儒学“反哺”——关于现代伦理思考的误解/何同彬//南京师大学报（社会科学版）2008-03
- 关于所谓“嫌韩流”的思考/魏志江//亚太经济时报 2008-03-02
- 韩国文化产业为何这么火/杨眉//中华新闻报 2008-03-05
- 韩国世界文化遗产“七姊妹”/易羽//中国文化报 2008-03-05

◎ 我们也来“哈韩”/刘旭//中国船舶报 2008-03-19
◎ 三星丑闻：李健熙下台对韩国企业文化最佳反省/乐言//电子资讯时报 2008-05-08
◎ 媒介消费主义视域下的“韩流”现象/何伶凌//新闻前哨2008-06
◎“韩流”与“韩流经济”//中国高新技术企业 2008-06
◎ 触摸韩国科技创新背后的文化因子/王晓映　吴红梅 周静文　翟慎良　姜圣瑜//新华日报 2008-06-15

附录三：B 类文章目录

◎“韩流”何时“断流”/周士君//河北日报 2002-11-22
◎ 哈家军缩水至 23 人/王涛//北京日报 2004-02-27
◎ 国产网游对抗“韩流”/谢微微　季杰　张萍//深圳商报 2004-04-29
◎ 电影“韩流”卷着危机来中国/金艺华　徐伯超　王帅//新华日报 2004-12-03
◎ 韩剧：有多少雷同让人厌倦/王健//金华日报 2005-05-20
◎ 没有热门影片撑腰　韩国上半年票房不振/李兮//中国电影报 2005-07-14
◎ 数量大幅下降韩剧不再受宠/王波//中国电影报2005-07-21
◎ 玩命吹《大长今》　拼命贬国产戏　所谓专家图啥/张建高//新华每日电讯 2005-10-07
◎ 因特网盗版冲击韩国电影业/杨司晨//中国电影报 2006-02-09
◎ 广电总局欲限韩剧进口？/叶文添//中国经营报2006-03-06
◎ 韩国削减电影配额引发抵制狂潮　中国或成风险出口/叶文添//中国经营报 2006-07-10
◎“韩剧受限”传言再起　折射文化贸易逆差/匀晓峰//经济参考报 2006-07-21
◎ 韩片出口锐减　中国票房成救命稻草/陈榕//第一财经日报 2006-08-08
◎ 韩剧：价格走高　缺乏热点　收视降温/唐小璐　刘婷婷//中华新闻报 2006-12-06
◎ 内地香港电视剧合作：“大汉风”压倒“韩流”走向世界/韩云升　张晋锋//中国电影报 2006-12-14
◎ 韩国电影：明星自降片酬来救市/林良敏//中国文化报 2007-04-13
◎“韩流”“汉风”遭遇亚洲区域一体化瓶颈/程实//上海证券报 2007-06-13
◎ 韩剧十年，风光不再？/陈祥蕉　申凡//南方日报 2007-08-19
◎ 韩剧降温源于国产剧火爆/韩浩月//文汇报 2008-01-20
◎“韩流”电视剧遭遇发展瓶颈/李拯宇　干玉兰//中国改革报 2008-04-12
◎“韩流”变“寒流”说明了什么？/严勇//中国文化报 2006-05-10

附录四：C 类文章目录

◎ 一种流行文化的解析/王晶　简敏//湖北日报 2001-11-03
◎ 我国文化产业需有战略眼光——从“韩流”现象看当前文化市场现状/李礼//市场报 2001-12-03
◎ 从流行语解读中韩关系/王泠一//文汇报 2002-08-23
◎“韩流”气象分析/张柠//中国图书商报 2002-11-15
◎ 韩国电影喜中有忧/严敏//文汇报 2003-01-17
◎ 中国大学生与“韩流”——关于“韩流”的调查分析报告/楚卫华　刘朝霞　王怡琳//中国青年政治学院学报 2003-04
◎“韩流”·“溪流”——青少年中“韩流”现象微型调查报告/刘宏森//中国青年研究 2004-01
◎“韩流”对成人世界的启示/马建青　李小芳　仰滢//中国青年研究 2004-01
◎“韩流”与“汉潮”——漫谈近年来迅猛发展的中韩文化交流/李英武//唐都学刊 2004-01
◎ 解读：“韩流”对我国青少年的影响/马建青　李小芳　董海军//中国青年研究 2004-01
◎ 亦热亦冷话“韩流”/聂伟//中国艺术报 2005-05-20
◎“汉风”与“韩流”折射出的中韩经济文化现象/芦恒//经济视角 2005-09
◎ 韩剧热促业界分歧拥反两派各执一词/汪小意//第一财经日报 2005-09-27
◎ 韩剧的“热播”与“冷思”/王华超//中华新闻报 2005-09-28
◎ 韩剧热播的思考/祁建//文艺报 2005-09-29
◎ 话说《大长今》与《宝莲灯》/青影//中国艺术报 2005-10-28
◎ 解读“韩流”产业链/沈林//新华日报 2005-11-01
◎“韩流”与“汉流”的内涵解读/孙逊//文汇报2005-11-14
◎“韩流”与中国青年文化建设/汪慧//陕西青年管理干部学院学报 2006-02
◎“韩流”外的反思/聂辉华//中华读书报 2006-03-08
◎“韩流”与“汗流”/汪德宁//文学报 2006-03-23
◎ 韩剧热的冷思考/傅晓微//光明日报 2006-03-24
◎“韩流经济”冷眼观/张守梅//牡丹江日报 2006-06-05
◎ 韩国综艺节目能成为新的韩流吗？/陈耘//中国文化报 2006-09-13
◎ 韩剧热播的批判性思考/张晓宇//新闻知识 2006-10
◎ 由韩剧的热播引起的冷思/李金玲//消费导刊 2006-11
◎ 韩剧的文化反思/高小健//文艺报 2007-01-09
◎ 韩剧热播对中国青少年的影响探析/林爱清//河北青年管理干部学院学报 2007-02
◎ 韩剧热播现象分析/刘敏智//中华新闻报 2007-03-07
◎ 透视“韩流”现象/王剑//黄石日报 2007-03-26
◎“韩流”造成的中国文化之“衰落”的辨证性认知/杨冬冬//新学术 2007-06
◎“韩流”现象与中学传统文化教育/王文静//华中师范大学 2007-08-17
◎ 大学生对韩剧的认识与解读/张晓艳//中国传媒大学 2007-09-05
◎ 透过两扇窗口看韩国文化/蔡双喜//中国妇女报2007-11-13
◎ 大学生收看韩剧与文化认同的关系研究/张璐　徐芸//中国健康心理学杂志 2007-12

网络歌手走红

一、2008年7月—9月，我们设计了16个中文关键词（见附录一），在网上对“网络歌手走红”进行搜索，剔除其中大量的无效信息、重复信息和只字片语式的评论，得到的统计结果是：2000年—2008年9月5日，纸质媒体、公共网站发表的各类研究、评论、报道共计234篇。

二、我们根据上述统计材料，对相关内容进行了分类，得出以下结论：

A：在共计234篇的评论、研究和报道中，对“网络歌手走红”予以充分肯定、基本肯定的文章共计59篇，占总数的25%。（见附录二）

B：在共计234篇的评论、研究和报道中，对“网络歌手走红”予以完全否定、基本否定，或只做负面报道的文章共计24篇，占总数的10.5%。（见附录三）

C：在共计236篇的评论、研究和报道中，对“网络歌手走红”无明确评价指向或无法做出分类归属的共计151篇，占总数的64.5%。（见附录四）

三、我们从上述234篇文章中辑录出有关“网络歌手走红”的重要研究观点54条。

四、我们从上述234篇文章中，辑录出有关“网络歌手走红”产业效益方面的报道9条。

五、我们集体讨论选编有关“网络歌手走红”的重要文章9篇。

1. 网络音乐：音乐工业的新商机/陈建国//市场观察 2002 - 05

2. 网络歌曲商机凸显　唱片公司大呼“芝麻开门”/陈汉辞//第一财经日报 2006 - 04 - 26

3. 网络音乐——音乐传媒的一场革命/梁茂春　李姝//人民音乐 2007 - 09

4. 江小鱼：恶俗是对价值观最极端的解构方式——中国音乐报社副社长江小鱼谈净化网络歌曲/雷志龙//人民网文化频道 2007 - 10 - 11

5. “恶俗”中的现代性——歌曲《老鼠爱大米》的意识形态浅析/谢丹华//电影评介 2008 - 08

6. “飞乐”唱片热闹开张　天价收罗网络歌手——“飞乐”总裁钟雄兵谈网络歌曲热销现象/君子//中国文化报 2004 - 12 - 13

7. 水木年华：网络改变唱片工业//互联网周刊 2005 - 06

8. 网络歌曲——有待规范的朝阳产业/杨茜//电子出版 2005 - 10

9. 当音乐和网络碰撞出火花——由首届中国（台州）网络音乐节想到的/王科//中国新通信 2005 - 12

六、附录

附录一：“网络歌手走红”搜索关键词

附录二：A类文章目录

附录三：B类文章目录

附录四：C类文章目录

重要观点辑录

关于“网络歌手走红”的文化价值、意义或启示

网络歌曲主要是指通过网络进行传播并得以流传的歌曲。主要包括三大类，即网友们原创、翻唱和改唱的歌曲，是互联网和音乐碰撞的产物。它的出现代表着我国流行乐坛多元化的发展趋势。

（摘自程海艳：《网络歌曲对青少年综合素质的影响》，《文教资料》2006 年第 15 期）

何为网络歌曲？主要是指那些通过网络传播并得以迅速流传的歌曲。歌迷早已发现，在我国各大音乐网站，几乎都为网络歌曲开辟了一片新天地，并捧红了一些名不见经传的歌手。

（摘自蒋林：《网络歌曲缘何走红》，《广西日报》2005 年 3 月 17 日）

什么是网络歌手，至今没有人作出严格的定义。笔者认为是通过互联网传播其演唱的歌曲并为互联网服务，随着歌曲被大众熟悉，本人再通过互联网这个载体走向前台，如杨臣刚等一批歌手。他们以互联网为展示平台，并借助它走红，成为网络歌手的领军人物。他们将独特的音乐元素融入到歌曲创作中，有把握住流行时尚的能力，逐步受到各唱片公司和商业机构的青睐。

（摘自周希正：《网络歌手的风格特征及文化价值》，《学习月刊》2006 年第 22 期）

网络化给人们带来了便捷并影响着每一个人的生活。在工业化文明秩序里，大多数人无奈地过着模式化的生活，激烈的竞争和生活压力，导致人们寻找精神的安慰。在这种背景下，网络歌手不断地为人们构成充满趣味的快感，充满希望和温情，不断地在现实与虚拟的空间中弥合着人们的理想与现实的裂缝，为人们提供宣泄情绪、放松心情的处所。网络歌手在虚拟世界里演绎着现实世界的真情。

网络歌手的出现对于艺术创作与市场运作带来巨大冲击。长期以来在传统音乐创作中音乐文化对于市场的不适应，在很多人士那里，仍然坚持高雅艺术不能进入市场。网络歌手的巨大市场说明艺术创作本身不能按照纯物质产品的经营去运行，但艺术的运作却可以按照市场规律并尝试建立新的运作机制。网络歌手的火爆不能仅仅归因于他们的演唱技巧有多高，重要的是它运用了市场的手段进行操作。同样，伴随着物质生活的发展而产生的“发烧友”群体对网络音乐的渗透，最终，传统的高雅音乐也会随网络获得更多的受众面。

对于民间音乐文化的挖掘和对各民族原始音乐资源运用，已经成为网络音乐强大的潮流。历史已经证明，音乐的传统资源的每一次再发现都是音乐前进的巨大动力。或许在网络歌手的作品中会产生几首经典。

网络歌手是网络时代一个必然性的产物，是基于网络的普及，爱好音乐、爱好歌唱的年轻人渴望自我表现的一种文化现象。它为歌坛制造了空前的自由和激情，对作为主流媒体的电台、电视台来说不能不说是一个很大的冲击。网络歌手的出现体现人们的文化价值取向，人类在为越来越多的欲望所困扰时，网络歌手用他们的快乐倡导一种符合人类天性的生活方式并在多角度、多视野地演绎着人的爱、善、和谐。作为文化消费的一种，我们应该以一种辩证的眼光审视网络歌手。如果一味地强调迎合大众口味，极有可能导致作品的思想性和艺术性的失落，从而将网络歌手沦为一种粗俗化的娱乐工具。

（摘自周希正：《网络歌手的风格特征及文化价值》，《学习月刊》2006 年第 22 期）

2004 年，网络歌手异军突起。刀郎、杨臣刚一“网”成名，红遍大江南北。杨臣刚的《老鼠爱大米》迅速占领了 MP3 下载排行榜榜首，在各大商场被反复播放，还迅速闯入各大 KTV 的点唱机，成为年轻人广为传唱的“口水歌”，飞乐唱片更是以 500 万元的高价签下这位“网络歌手”。

2004 年，谁也无法再忽视这支来自网络的歌坛力量。没有电台或电视台打榜，没有唱片公司包装、炒作，没有尖叫的歌迷，没有太多的商业因素，但他们却拥有毋庸置疑的网络点击率，拥有 10 大最流行网络歌曲排行榜，拥有一批痴心的歌迷。

（摘自曹键：《刀郎们纷纷“脱网”》，《新华每日电讯》2005 年 1 月 4 日）

今天，如果你没听过《老鼠爱大米》、《两只蝴蝶》，无疑是太落伍了。流行乐坛的变化就是这样快，《老鼠爱大米》、《两只蝴蝶》、《别说我的眼泪你无所谓》等网络歌曲，蹿红速度之快让众多歌手自叹不如。无论是街边的音像店，还是超级市场里的背景音乐，甚至于电视中那些专业得不能再专业的纯音乐专栏，无不拷贝着来自网上的歌声。懵懵懂懂中，网络歌曲强势出击，迅速占据了人们的视听空间。

雪村可谓网络歌曲的鼻祖，当年正是因为戴军把《东北人都是活雷锋》贴到网上，才让他一夜成名。网络的发展无疑给网络歌手提供了一个新的平台，这里不需要花费很多钱，不需要知名度，只要你的东西有特色就能得到青睐。而专业歌手制作唱片要花很多钱，加上宣传等各类费

用，附加给专辑的成本也就高了，歌迷如果想听就必须花钱买，这样必然限制了某些人听音乐的欲望。

（摘自凌波：《网络歌曲管饱，但不管营养》，《中国文化报》2005年1月26日）

搜索网站google，与“网络歌曲”相关的网页达到了2，490，000篇，不管你是否认同，不管你是否接受，网络歌曲都在以一种非常快的速度流行起来，无时无刻不在寻找着机会塞满你的耳朵。

从网络音乐的开山鼻祖雪村《东北人都是活雷锋》到《大学生自习曲》，打造了一个非专业音乐人士的网络流行歌曲作者的传奇，从新浪网评比的网络年度歌曲《丁香花》到将网络歌曲推向最高峰的《老鼠爱大米》，短短几年时间，网络歌曲已经历经了从出生，成长到成熟的过程。它以越来越快的更替速度不断带给人们新的感官冲击，让人们逐渐熟悉它适应它而最终成为生活中不可少的一个部分。

这个新兴的流行元素，正以一种迅猛不可挡的势头向上冲……

（摘自欧东衢：《“老鼠”闹春晚的背后》，《贵阳日报》2005年2月20日）

从雪村的《东北人都是活雷锋》到郝雨的《大学生自习曲》，网络流行歌曲在网络上大行其道。网络以丝毫不亚于四大媒体的姿态担当了捧红歌星、传播原创音乐、聚集网络歌迷的角色。不论是已是当红歌星的雪村，还是仍在大学校园的郝雨，与其说他们是音乐天才，不如讲他们是网络高手，透过网络流行歌曲的背后，真正传递的是利用网络媒介生成的青年文化价值。

（摘自项国雄　黄璜：《从网络流行歌曲看网络对青年文化价值的传递》，《新闻与传播研究》2005年2月）

通过网络，涌现出了太多有才能的网络歌手，他们以网络为舞台，用宽带扩充声带，纷纷被唱片公司相中从而转型为职业歌手。不久前，杨臣刚、香香、唐磊等三位网络歌手参加了在南宁南湖南广场举办的大型晚会，在璀璨的大舞台上，他们掀起了晚会一个又一个高潮。

（摘自蒋林：《网络歌曲缘何走红》，《广西日报》2005年3月17日）

如今的网络已成为展示音乐的一个大平台，它为许多热爱音乐却苦于没有机会展示的音乐爱好者们提供了一个快捷而低成本的舞台，使自己的音乐才能得以发挥。网络歌曲的流行也代表着我国流行乐坛多元化的发展趋势，它与传统音乐存在着各自的领域，拥有着各自的受众。无论你是如何看待网络歌曲，总之，存在是事实，传唱更说明了它的地位和魅力。

（摘自蒋林：《网络歌曲缘何走红》，《广西日报》2005年3月17日）

点击率的居高不下已证明了网络歌曲的受欢迎程度。而中国唱片金碟奖等专业评奖也开始增设“网络音乐奖”的奖项，则说明内地传统音乐界对网络歌手的充分认可。这都预示着内地歌坛确已步入了“网络乐坛元年”。

（摘自杨煜普：《华语网络歌手网上竞风流》，《北方音乐》2005年第7期）

网络歌曲流行带来的启示：

1. 要高度重视互联网络对音乐的重要影响。

2. 音乐创作必须坚持贴近实际、贴近群众、贴近生活。

3. 音乐艺术的生命在于不断创新。

4. 加强对网络音乐的管理。

（摘自李灵艺：《浅谈网络歌曲》，《中共郑州市委党校学报》2005年5月）

网络歌曲作为一种新兴的潮流，在某种程度上，对歌曲甚至音乐的传播起了重要的作用。网络的主力用户群都迫切希望通过网络这一新兴的媒体形式来拓展交流渠道、展现个性自我。从这点也可以看出，网络歌曲的发展态势良好，前景也不错。

（摘自周珍：《网络歌曲火爆是过眼云烟?》，《中国文化报》2005年8月1日）

网络搞笑歌曲作为都市民间文学的一种，既秉承了传统民间文学的精神气质，又融合了现代文化的一些外在元素，已成为大学生喜闻乐见的一种民间歌谣形式，并在大学校园中广泛流传。在流传的过程中，我们注意到，这些网络搞笑歌曲很好地发挥了它们的娱乐、调节功能，丰富了大学生的课余生活，调节了紧张的学习节奏，也为大学生宣泄不悦情绪，缓解在情感上的受挫，提供了一条重要的途径。另一方面，那些突出鲜明校园特色的网络搞笑歌曲，与大学生生活贴近，年龄接近，风格上多为轻松、幽默型，内容上多为调侃校园生活中所见所闻，语言上多为网络流行语、数字、符号、代用语的杂糅，较之其他类型的网络搞笑歌曲，流传得更持久，因而也更具生命力和活力。从中也可以折射出我们当代大学生喜欢体验新鲜事物，善于发现，勇于探索创新的精神气质。

总之，网络搞笑歌曲正以它独具的魅力，成为大学校园生活的一个方面，以调侃的方式记忆并流传着大学生活的点点滴滴。

（摘自马琼：《都市民间文学之网络搞笑歌曲在校园中流传的调查报告》，《榆林学院学报》2006年第5期）

网络歌手的特点：反精英化、本土化，他们代表了庶民审美观，是草根阶层的声音，但是他们的音乐在内容上与传统流行音乐并无分别，只是不需经过老板、经纪人、

音乐人认同就能创作，其“名分”则是由群众来决定的。虽然网络歌手还算不上正规，但他们具有一种源于民间的生命力。

（摘自金小炬：《网络有理 流行无罪——透视网络歌手现象》，《观察与思考》2006年第19期）

关于“网络歌手走红”的成功原因

这些网络歌曲走红有什么秘诀？

秘诀一：歌词通俗有趣。无论是《东北人都是活雷锋》，还是《老鼠爱大米》，都有个共同的特点：歌名另类，而且来源于民间生活。歌词中也不乏通俗易懂的关键句，相信雪村幽默搞笑的那句“翠花，上酸菜！”现在“地球人”都嚼烂了；而“某某某我爱你就像老鼠爱大米！”的民间俗语早就深入人心。许多人听过《别说我的眼泪你无所谓》这首歌后，被歌词中男生对女生的爱情感动，纷纷跟帖向最爱的人诉说“我最爱我的老婆！”“我和她有缘无分，只能在心里默默祝福她。”“我的最爱，希望能陪伴我走过今生，我们会在一起尝尽各种酸甜苦辣，永不分离”……很多人说，这首歌的歌词写出了每个人埋在心里的深情，因而特别感人。

秘诀二：旋律琅琅上口。网络歌曲流行的另一要素当然离不开音乐本身的特点，旋律琅琅上口无疑是此类歌曲走红的特色。例如刀郎的那首《冲动的惩罚》，听过几遍的歌迷肯定会哼唱出该曲的旋律，这样既容易流传，又容易被记住，更符合网络歌曲的特点。此外，琅琅上口的旋律也可以满足普通人在卡拉OK演唱，奇怪的歌词加上搞笑的MV画面，也为演唱制造出“轰动”效应，事实上，这样的歌曲也是在KTV点唱率最高的一种。

秘诀三：歌手藏身网络。刀郎的成名跟他的“只闻其声不见其人”的炒作方式有一定关系，先用优美的歌声吊足了歌迷的胃口却久久不露面，攒足噱头的刀郎马上就成为歌迷希望见到的歌手，其人气也直线上升。当歌声家喻户晓时，那些只闻其声难见其人的网络歌手们才耐不住虚拟世界的孤寂，纷纷抖落纠缠于身的那张“网”，现实起来。签约唱片公司、演出网络音乐剧、出席各种晚会……

（摘自凌波：《网络歌曲管饱，但不管营养》，《中国文化报》2005年1月26日）

流行原因一：创作人群年轻化

郝雨，1981年出生，曾经创作的《大学自习曲》在网上几天时间突破200万点击率神话，在创作此歌时，还是哈尔滨工业大学导航测控专业的一名大四学生，用“一举成名天下知”来形容刚大学毕业的他十分确切。也许郝雨自己也无法想到，这样一首反映大学生活内容的歌曲会引起如此大的反响。

如果说郝雨是打造非专业音乐人士创作网络流行歌曲传奇的第一人，那么今年25岁的唐磊则是将这个传奇进行到底的另一个传奇人物。《丁香花》创作于作者大四毕业前夕。2000年毕业于山东建筑材料工业学院计算机专业的他，在毕业几年之后，凭借网络的迅速传播，将用他的《丁香花》不断打动着网民，点击率也直线上升，在几个月前，《丁香花》击败网络歌手东来东往的《别说我的眼泪你无所谓》而一举夺得了新浪评比的2004年度最佳网络歌手称号。

同样，被称为中国“网络音乐剧”第一人的网络歌手曾一鸣也才二十出头。文章开头提到的《老鼠爱大米》的创作者杨臣刚，于1979年出生……

笔者发现，这些网络歌手中，1978年之后出生的占了很大比例。年轻人总爱幻想，而网络则为他们的梦想提供了实现的可能，只用很小的成本就可以把自己展示在世人面前，只用了不那么多的付出就可以期盼“一举成名天下知”。

同样，这一个年轻化的网络音乐创作人群，他们中的很多都是非音乐科班出生，打破常规的歌曲创作模式无疑给人们带来了更多的新鲜感。而且，这些年轻歌手的创作无疑更加适合现代社会中引领时尚的年轻人。

网络无疑给年轻人提供了展现自己的空间，年轻人也同样给予网络以新的活力。

流行原因二：歌曲内容多样化

如果把雪村《东北人都是活雷锋》看做是网络音乐的一个开始，而《老鼠爱大米》是一个总结的话，我们可以发现，网络歌曲和普通流行歌曲相比除了传播媒介的不同之外，更多的不同体现在内容上的多样化。

当现代都市人都厌倦了传统流行音乐，又都对古典音乐提不起兴趣，对蓝调布鲁斯缺乏激情的时候，现代社会的都市男女们就格外渴望有这样一种新的音乐形式出现，他们不愿意在传统流行歌曲里为爱反复苦痛，也不愿在古典音乐中体验什么是奢侈和苦难，在社会家庭给予他们的双重压力越来越大的时候，网络是属于他们的一个很好的压力发泄口。在这里，他们想要追求的新鲜和放松在雪村的一声“翠花，上酸菜”中得到了满足，他们简单的情感在这一声中得到了某种唤醒，他们难得地会心一笑，使网络音乐一发而不可收拾。

《东北人都是活雷锋》，用雪村的话来说是“音乐评书”，他用简单诙谐的语言表达对“活雷锋”时代的回顾和渴盼。在现代都市，“雷锋”越来越成为一个神话而远离我们，呼唤“活雷锋”精神的这首歌曲和穿着一身中山装的雪村无疑为人们带来视觉和心理上的双重冲击，而这样的一种新鲜感无疑标志着网络音乐的成功和被人接受，同样，这样的一种新鲜感也导致了网络音乐更加多样化。

在歌曲《丁香花》中，作者以舒缓的乐曲讲述了这样一个故事：花开花落，丁香雨下，一个山村女教师为孩子们奉献了自己的青春后终于被病魔夺去了生命。正是这首简单的歌，打动了无数的人，唤醒了人们心底的某种感动，在心底的感动和泪眼朦胧中，这首歌的点击率不断升高。

同样，获得了“网络音乐剧第一人”称号的青年歌手曾一鸣，在他的第一张网络专辑中收入的《感谢》一曲是他特意为当时战斗在抗击“非典”第一线的白衣战士所创作的作品。

一些网络音乐作品，在带给人们一种感动一种新鲜的时候，作者的那份社会责任感也让人感触万千唏嘘不已，但反思和感动总是少数，更多的网络音乐作品则纯粹是为了取乐和放松，从曾经街头巷尾到处传唱的《猪之歌》到现在的《老鼠爱大米》，它们的内容显得似乎浅俗和空洞。

但是这种浅浴的内容和轻快的曲风也许正是被人群广泛接受的一个重要原因。你不用思考它的内涵，不浪费你的眼泪，它的目的只是让你在筋疲力尽的时候得到彻底的放松。

流行原因三：音乐快餐化

快餐式的食品，快餐式的爱情，快餐式的生活。

以上三句话似乎可以概括出现代社会人们生活的一个状态，现代人似乎偏爱于这样的快餐式生活方式：任何东西都可以像快餐一样，吃完了里面的内容，然后向脑后一扔，轻松了事。网络音乐正好是这样的消费品。流行的时候，一秒钟，就可以拷贝在 MP3 上，不高兴了，一个动作，一秒钟，它马上也可以消失得无影无踪像是从未存在一样。

同样，不管是商家还是歌手都瞅准了网络这块松软可口的蛋糕，低成本高回报的事让网络音乐的追随者们趋之若鹜，越来越多的网络歌手参与进来，越来越多的新鲜感和越来越少的内容，再加上比以前更方便快捷的网络传输，网络音乐存在的寿命也在不断缩减，用昙花一现来形容网络歌手和网络歌曲并不为过。

“在快速的更替中找到新的自我。”这句话已经成为越来越多的年轻人的座右铭，对于现代社会的年轻人来说，快速的更替就是生活的全部，于是，快餐音乐也越来越适应这样一种社会趋势，成为流行因素必不可少的一部分。

（摘自欧东衢：《“老鼠”闹春晚的背后》，《贵阳日报》2005 年 2 月 20 日）

网络流行歌曲是近几年来伴随着 flash 的产生而出现的新的音乐形式，是音乐爱好者利用网络中传播主体多元化的特性，将自己创作的音乐在网络上传播，由于音乐要满足视听觉欣赏的要求，这种音乐类型就借助于网络上的 flash 形式。

网络上传播的歌曲的内容和方式都是多种多样的，在现实生活中可以接触到的各种类型的歌曲在网上都可以找到，主要收听的方式有两种：在线收听和下载。本文研究的网络流行歌曲是有别于传统制作流程的，其特点有：第一，网络原创。即歌曲从开始诞生到广为流传都是诉之于网络这一媒体。第二，易于引起网络受众共鸣，内容区别于传统歌曲，往往不被主流媒体接受。第三，风格幽默。网络流行歌曲必不可少的特征之一就是其内容和形式上的幽默特征，这样的特点容易引起网民的共鸣。第四，批判、揭露性比较强，歌曲饱含对现实的思考与批判。第五，由于网民的年龄特征，制作者基本是年轻人，作品运用了多项计算机技术，制作者的文化水平比较高，同时大都不是职业的音乐人，歌曲的推广全靠网民的点击率，没有大张旗鼓的宣传策划。

从以上分析我们可以看出，网络流行歌曲是一种由网络原创的，借助制作技术，反映青年人生活、思想、心境，在网络上广为流传的歌曲，往往伴随着幽默、调侃、讽刺的意味。因此也可以说，网络上的流行歌曲是将流行歌曲搬到了网络这一媒体上，是流行歌曲的另一种传播方式。

网络流行歌曲的类型是多样的，主要有：

幽默调侃型：这种网络流行歌曲是对现实生活的一种幽默陈述，内容大都是青年人关注的热点……

反思现状型：这种网络流行歌曲是对现实生活的思考与批判，常常是反映一类人的生活、思想状况，由于这种形式的网络歌曲批判性强，以反映青年人的生活为主，常常引起网民的强烈共鸣，是比较多的网络歌曲形式……

关注社会型：这类歌曲是青年人社会责任感的集中体现，针对某一社会现象或事件做出自己的阐释和反应，不少作品体现了强烈的爱国热情，此类作品在网络流行歌曲中占有较大的比重……

老歌翻唱型：二度创作者对老歌进行翻唱省略了对曲、调创作的专业过程，让更多的人参与到了网络流行歌曲中，翻唱的形式以重新填词为主……

（摘自项国雄　黄璜：《从网络流行歌曲看网络对青年文化价值的传递》，《新闻与传播研究》2005 年第 2 期）

互联网周刊：从小范围的流传到大规模的流行网络音乐的蹿红是否因其自身具备了一些天然的流行元素？

伍洲彤：是这样的。网络音乐在题材上贴近生活，歌词非常口语化，通俗易懂。虽然国外的流行曲风早已进入中国，但这些接近日常而又十分本土化的网络歌曲让大众听来更觉顺耳。另外，网络歌曲和网络歌手的名字起得也非常有趣，容易让听众记住，像《老鼠爱大米》和香香就是很好的例子，这些因素都在无意间为歌曲和歌手的推广提供了便利。

（摘自：《伍洲彤：网络歌手称号将会淡化》，《互联网周刊》2005 年第 6 期）

网络歌曲为什么会这么火呢？原因有二：一是网络歌曲旋律简单易唱，语言诙谐通俗，曲调琅琅上口。一曲《两只蝴蝶》唱红了整个华人圈，一曲《老鼠爱大米》更是走红港台，有的网络歌曲还配有好玩好看的画面，想不吸引人都难；二是网络传播的速度快、范围广，网络的力量不可小觑啊！

（摘自潭萍：《网络歌曲　想唱就唱!》，《北方音乐》2006 年第 1 期）

网络歌曲到底有何魔力，让它得以如此流行？本文将从以下几方面探究其风靡之原因：

一、网络歌曲大多是歌词表达通俗直白、感情真挚动人、旋律琅琅上口，有些作品也很值得人们去品读。

二、网络歌曲不仅制作门槛低，而且还可以造就新的盈利模式。

三、无论是翻唱还是原创，网络歌手都是普普通通、热爱网络的年轻人，从词曲的编排到内容的表达，网络歌曲都能最大限度地体现年轻一代对生活的感悟，这一切都远比那些高高在上的流行歌手显得更有亲和力。

四、网络流传的便捷和迅速，使得好听的歌曲走红速度加快。各种网络播放器，尤其是 MP3 播放器为网络歌曲的流行提供了很好的载体。

（摘自黄李娜：《中国网络歌曲流行原由之探》，《安徽文学（下半月）》2006 年第 8 期）

一是中国网民的平均欣赏水平决定了这种旋律简单、歌词上口的平民化的作品容易流行；二是歌迷之间的相互推荐和跟风；三是今年华语原创歌坛本身不够活跃，没有出现能够在影响力上远远超越这些网络歌曲的作品。

（摘自金小炬：《网络有理　流行无罪——透视网络歌手现象》，《观察与思考》2006 年第 19 期）

对“网络歌手走红”批评、否定的意见和负面报道

近日，记者在对部分大学生、中学生和小学生进行调查中发现，很多学生会唱网络歌曲，大部分男生和部分女生会不时地哼着带有脏口的网络歌曲。更让人担忧的是，一些十几岁、几岁的孩子口中不仅传唱着黑色、灰色甚至是黄色的歌词，脏话说唱起来竟还“振振有词”。

（摘自张颖　文竹：《网络歌曲啥都敢唱，越脏越流行?》，《新华每日电讯》2005 年 2 月 26 日）

记者在网上随便点击，就发现有成百上千网络歌手的名字弹出页面。而一些网络歌词更是不堪入耳。“大连的哥们儿你到底有多狂？MM 只要漂亮，多钱我都上!”（《大连站》歌词）“照片里的小妹子小样一个个都那招×，本来以为等到了我心目中那传说中的姣凤，等一见着哎妈那家真就吓俺一大蹦，接着就听嘎嘣一声我脑瓜造直蒙，从此上半身癫痫下半身中风遗恨半生……”（《东北人不是黑社会》歌词）

记者也发现，在目前的音像市场上，像这种脏口网络歌曲的 CD 和磁带随处可见，而且价格也不高，包装精致一点的 8 元至 15 元一张，包装粗糙的仅 2 元。据商家介绍，目前网络歌曲销量也非常好，买的人大多都是学生。

（摘自张颖　文竹：《网络歌曲啥都敢唱，越脏越流行?》，《新华每日电讯》2005 年 2 月 26 日）

一位中学生告诉记者：会唱网络歌曲是一种时尚的表现，校园里现在到处都在流行，谁也没有考虑脏口问题，反正都是网上的，会得越多的人，大家越认为他“前卫”。学生家长李女士说：孩子天天哼着不伦不类的歌词，也不知道他们怎么学的，最流行的东西孩子都会。一批评，他还说我跟不上形势。

吉林电视台词作家牛世生说，目前在铺天盖地的网络歌曲中，大致可以分为两类，即要活宝型和玩清馨型，它们之所以脱颖而出，也是因为现代都市人都喜欢标新立异，当脏口网络歌曲与社会上一种普遍的心态吻合时，自然也就有了共鸣。中小学生由于没有社会阅历和生活实践，对网络歌曲的好坏也不会进行选择，何况孩子天生有一种猎奇心理，他觉得十分新鲜很好玩，天天听便会唱了。吉林省社会科学院文学研究所副所长朱立春认为，网络是个虚拟的世界，也是个自由的地方，就是这样过于自由的地方滋生了这些垃圾歌曲，现实社会中的人根本不可能这样自由，随心所欲地骂人和批判。一些层次较低的网络歌手正是利用网络传播文化的快速和便捷使自己的某种心理得到补偿。

（摘自张颖　文竹：《网络歌曲啥都敢唱，越脏越流行?》，《新华每日电讯》2005 年 2 月 26 日）

也有人说，网络歌曲火爆的同时，也暴露出中国流行

音乐体质薄弱的现状。在发达的欧美音乐界，网络歌曲没有形成潮流，就是因为音乐创作与生产都有着比较科学完善的规则体系，不成熟和稚气的音乐很难找到市场。

虽然，网络可以让爱乐人免费发表歌曲，但是免费也带来了另一个后果，那就是网上的很多歌曲都闹不清究竟谁才是这首歌的版权拥有者。《别说我的眼泪你无所谓》让东来东往和张振宇对簿公堂，香香也因为翻唱林俊杰的歌惹出事端，而目前《老鼠爱大米》的版权拥有者竟多达五人。某些网站还是推出了名为“同一首歌”，张罗着大家一起去翻唱。

（摘自王贝　赵宇清：《网络歌曲太成问题》，《黑龙江日报》2005 年 3 月 23 日）

在网上，很多经典歌曲的歌词都被随意篡改了，那首《月亮代表我的心》也被填了新词：“你问我钞票有多少，我背景好不好！我的心不移，我的爱不变，存折代表我的心……”这种做法被网友称之为“歪唱”。据说，这种唱法已被广州的一些中学生们视为“新时尚”。还有一些古诗在网络歌曲中也被改得面目全非，什么“床前明月光，地上鞋两双”。现在网上还推出了歪唱爬行榜，为了增加搞笑成分，方言也被纳入了网络歌曲。单单是周杰伦的《双截棍》就有山东话版、武汉小民工版、武汉女生版、重庆农民版、大连版等五六个版本。

许多家长对于孩子热衷于歪唱忧虑不已，十分担心一些消极的、不健康的歌词会影响到孩子的人生观和价值取向……

（摘自王贝　赵宇清：《网络歌曲太成问题》，《黑龙江日报》2005 年 3 月 23 日）

年轻网友热衷的 MP3 下载服务被网易降温。因为网络歌曲大部分没有版权，具有法律风险。网易公司内部讨论一个半月之后，决定从 8 月 15 日开始停止 MP3 搜索服务，一同撤下的还有彩铃搜索。

尽管网易 MP3 搜索每天拥有 100 万人次的流量，但网易公司主管搜索业务的高级副总裁伍雪君表示，随着《互联网著作权保护办法》的实施，版权问题已经日益被社会重视。MP3 搜索虽然跟歌曲版权没有直接关系，但一定程度上对真正侵权人的侵权行为起到了帮助的作用。我们不希望年轻用户因为 MP3 搜索而习惯“拿来主义”，认为在互联网上总是可以找到各种免费午餐。

（摘自贺文华：《网络歌曲大多没有版权　网易叫停 MP3 搜索服务》，《北京娱乐信报》2005 年 8 月 17 日）

迄今为止国内索赔金额最大的一起网络歌曲著作权侵权案近日在北京市一中院开庭审理。大型音乐网站——娱乐基地同时向新浪、雅虎（中国）、百度三大国内著名网站发难，称网络歌曲《下辈子不做男人》被侵权，索赔金额达 1500 万元。

（摘自王文波：《国内索赔金额最大的网络歌曲著作权侵权案开审》，《中国质量报》2006 年 6 月 17 日）

网络的出现，为大众参与创作和传播歌曲提供了机会，所以被称为“草根娱乐”。但由于网络歌曲的门槛很低，网友原创、翻唱、改唱的歌曲都可以传到网络上去，这也造成了网络歌曲鱼龙混杂，良莠不齐。

网络歌曲由于创作者自身的局限以及制作设备的简陋，与正规的流行音乐相比，显得粗糙草率，艺术价值不高，因而生命力也极其短暂。网络歌手杨臣刚说：“网络歌曲的寿命一般不会很长。”他解释道，“我认为网络歌曲的寿命不长……因为它只能在某段时间里给某个年龄段的人一种感受，一种和他们生活很相像的感觉。网络歌曲是有一个时间周期的。”网络歌曲的开山之作《东北人都是活雷锋》至少传唱了整整一年，而从《丁香花》的火爆到《老鼠爱大米》的走红，点击不断被刷新，从一个流行点到另一个流行点的时间间隔还不足两个月，这些网络歌曲“各领风骚没几天”。青少年只是在不断的更新中求得新奇的刺激，新奇刺激一过，他们深爱的网络歌曲就成为“昨日黄花”。

网络歌曲最遭人诟病的是歌词中的脏话和色情等不健康内容。如非常流行的《大连站》就充满了赤裸裸的男女色情。芙蓉姐姐本来在社会上就有恶劣的影响，可是王蓉却在网上唱了《芙蓉姐夫》来调弄芙蓉姐姐。这类歌曲的流行，对儿童和中小学生负面影响非常大。一位小学老师对此表示了自己的担忧：“越是年龄小的未成年人对这些歌曲辨别能力越差，这些歌曲的流行极易让孩子们把它们当作社会认可的主流歌曲去接受、模仿，而且并不觉得有什么不对。”

网络歌曲中有很大一部分是对经典之作的改唱，专门术语叫“歪唱”。如把邓丽君的《月亮代表我的心》改为：“你问我钞票有多少，我背景好不好！我的心不移，我的爱不变，存折代表我的心……”还有人竟把李白的《静夜思》“歪唱”为：“床前明月光，地上鞋两双。一对狗男女，脱得精光光。”真是让人难以忍受。但是，不管是哪一种的“歪唱”，都会对青少年带来负面的影响。这些不健康的歌会使青少年产生悲观绝望的情绪，丧失希望，同时这些“歪唱”都是建立在对经典之作的解构破坏之上的，无形之中会使青少年失去神圣感、崇敬感。

（摘自王建浩：《网络歌曲，别说你的流行我无所谓》，《中国教育报》2007 年 5 月 12 日）

伴随着十大恶俗网络歌曲的出炉，网络流行音乐也堕落到了一个灰暗的时期，一方面是大量的音乐作品被上传到网络上，期待复制前辈们的辉煌，一方面是网民对网络流行音乐渐渐失去了新鲜感和耐心，传统唱片业抢滩网络，真正有实力的歌手占据了下载排行版的重要位置。如

果网络流行音乐仍然一如既往地以丑为美，把粗糙当个性，这种音乐形式难免会逐渐为人所遗忘。

（摘自韩浩月：《把粗糙当个性　十大恶俗网络歌曲恶心了谁?》，《中国青年报》2007年10月15日）

中国音协副主席徐沛东分析说：“网络歌曲有的淫言秽语、宣传色情，有的痞话连篇，充斥着语言暴力，而像《那一夜》、《狼爱上羊》等主题空洞，矫情做作，《我是你老公》、《不怕不怕》、《嘻唰唰》则语无伦次、废话连篇，甚至还有一首歌直接叫《放屁》，‘放屁’的字眼多次出现，实在太低俗。”他指出，出现这种恶俗之风，除了网络音乐的“门槛低”之外，很重要的原因，就是香香、庞龙等人的一夜成名刺激了网络歌手纷纷进入，于是泥沙俱下，低俗之风泛滥。

（摘自：《重拳砸向恶俗网络歌曲》，《郑州晚报》2007年10月23日）

淫言秽语、宣传色情，辱骂攻击、歪唱恶搞，矫情做作、无病呻吟，佶屈聱牙、语无伦次，东拼西凑、废话连篇，哗众取宠、庸俗无聊，被归纳为恶俗网络歌曲的六大特点。

（摘自文静：《网络歌曲为什么越恶俗越流行》，《中国青年报》2007年10月29日）

在众专家看来，网络时代，流行音乐的门槛逐步降低，为低素质、急功近利的创作者和歌手大开方便之门。他们通过博客、网络音乐、无线音乐等方式，千方百计走低俗无聊、自我炒作的路子，只要能吸引人，哪怕再色情、再露骨的歌词都敢写敢唱。与此同时，某些音乐网站唯利是图，扭曲歌曲的衡量标准，恶意炒作网络歌曲排行榜，煽动听众非理性、低层次的需求。

帮助这些网络歌曲快速流行的，还有手机彩铃下载业务的兴起。这些歌曲以彩铃为依托，迅速传播。“网络歌曲里歌手是谁并不重要，只要有一两句旋律得以在网络或彩铃上反复播放，歌曲的传播效应迅速提升。”中国传媒大学影视艺术学院音乐系主任曾遂今说，网络音乐传播以点击率或下载率高为荣，点击率和下载率可以直接转换成财富，这是网络歌曲走向恶俗最大的根源。

还有一些专家认为，恶俗网络歌曲流行主要是“年轻人觉得好玩，能宣泄情感”。著名军旅作曲家印青说，他学音乐的女儿就认为恶俗网络歌曲“娱乐、好玩，可以宣泄感情”，“在浮躁心态作用下，年轻人有互相攀比的心理，你俗，我比你更俗，你搞笑，我比你更搞笑”。

中国流行音乐协会秘书长、音乐评论家金兆钧认为，网络歌曲恶俗之风的产生有社会基础：“近30年来，歌曲恶俗之风被明确定位的有两三次，往往发生在社会思想变动比较激烈的时期，年轻人价值观受到某种冲击时容易出现这种情况。”

同时，网络歌曲恶俗之风蔓延，还涉及青少年教育问题。金兆钧认为，现在的孩子早熟，他们是网络音乐的主动购买者和消费者，音乐界用“堵”的方式是挡不住的。因此，网络歌曲恶俗之风蔓延不仅是音乐人的问题，更具有某种社会原因，包括歌曲创作者的创作心态、青少年的接受心态。

（摘自文静：《网络歌曲为什么越恶俗越流行》，《中国青年报》2007年10月29日）

在那份中国音协的倡议书中，对网络歌曲低俗化倾向是这样阐述的：近一段时间，有些网络歌曲格调低俗、歌词怪异，甚至以打情色擦边球等做法来哗众取宠，在客观上败坏了社会风气，毒害了青少年心灵，玷污了音乐艺术，这是令我们痛心和不愿意看到的情况。

中国音协副主席徐沛东分析说：“这些歌曲，有的淫言秽语、宣传色情；有的痞话连篇，充斥着语言暴力；有的主题空洞、矫情做作；有些则语无伦次、废话连篇。实在太低俗。”

（摘自万一：《新华调查：网络歌曲该如何走出低俗?》，新华网2007年10月26日）

徐沛东认为，网络歌曲出现这种恶俗之风，除了网络音乐的门槛低之外，很重要的原因，就是一些网络歌手的“一夜成名”刺激了很多人，于是泥沙俱下，低俗之风泛滥。

有专家指出，互联网的普及让每个人都获得了平等实现音乐梦想的机会。但与之相伴的是，这些网络歌曲往往倾向表面化的个性标榜，而缺乏对生活内涵的发掘。更糟糕的是，为了哗众取宠，一些歌曲还采用侮辱人格和打情色擦边球等“出位”的做法，导致格调低下之风在网络歌坛蔓延。

一些网民也对网络歌曲的低俗化现象表示了遗憾和痛心。网民们指出，一些歌手为了达到一夜成名的目的，把恶搞当幽默，创作上毫无道德感和艺术责任心；一些专业网站和手机彩铃制作商等，则为了经济利益罔顾社会良俗和道德，传播劣质作品。上述种种恶行导致网络歌曲的集体名誉受到损害。

此外，也有舆论指出，对网络歌曲的监管不力，也是低俗现象泛滥的重要原因。首先，对于网络歌曲的管理在制度上存在空白地带。目前，我国的文化市场和文化产品监管部门还没有涉及网络歌曲这一领域。互联网有关管理部门只对网吧等提供互联网接入服务的公共场所实施监管，如涉及到出版物的版权问题，则由知识产权部门监管，网络歌曲在事实上是处于“监管真空”。

此外，政府管理部门的相关政策滞后。以前，流行歌曲的传播渠道是通过唱片或者磁带，有关管理部门针对这些音像制品的来源，制定了详细、有效的管理办法。但那些办法对于新兴的网络歌曲则鞭长莫及。

（摘自万一：《新华调查：网络歌曲该如何走出低俗?》，新华网 2007 年 10 月 26 日）

音乐人科尔沁夫指出，网络音乐恶俗习气蔓延的诱导因素是“名利”，“网络是很重要的宣传途径，也是重要的盈利途径，大家不顾颜面，惟利是图”。当网络成为巨大的“名利场”时，单靠唱片公司和艺人的自律是不可能也是不现实的，徐沛东指出，“网络音乐恶俗现象的产生有综合原因，需要有关部门配合，制定相关法律，采取相关措施。”法律问题集中表现为著作权得不到保护。作曲家们认为，“网络音乐要健康发展的前提之一是解决网络音乐著作权问题，版权得不到保护，也是目前许多优秀音乐作品不能大量及时地进入网络传播渠道的现实原因。”

（摘自刘琼：《网络音乐，如何走出低俗?》，人民网—人民日报 2007 年 10 月 27 日）

用经济学上的长尾理论解释——在网络上，这些大热单曲的消费者其实并非音乐聆听的核心人群，就是说，最初在网上真心拥护这些歌的是那些不怎么买唱片的人。如果仅是在网上下载，这些网络歌曲对音乐本身的损害倒不大；然而一旦它们被传统唱片演艺业扶助，以唱片和演出的形式进一步扩大影响的时候，这些垃圾歌曲便极有可能对培养全民音乐素养，特别是培养青少年的音乐素养起到非常大的负面作用。

（摘自：《拿什么抵制低俗网络歌曲》，《中国电脑教育报》2007 年 10 月 29 日）

“抵制网络歌曲恶俗之风，倡导网络音乐健康发展”
倡议书

一、音乐工作者要树立社会主义荣辱观，进一步增强社会责任感，自觉抵御不良内容的侵扰，摈弃低级恶俗之风，推动网络音乐健康发展，努力创作出更多符合时代要求、关注人民命运、赞颂人民奋斗、激励人民前进、反映民族精神，为人民群众尤其是广大青少年喜闻乐见的优秀网络音乐作品。

二、用先进技术传播先进文化，创作更多适合网络传播的优秀歌曲，用健康向上的歌曲作品占领网络空间，用倡导真、善、美的优秀之作引导网络歌曲的创作，抵制反映假、恶、丑和与社会公德、中华民族优秀传统美德相背离的低俗甚至恶俗的网络歌曲，营造良好的网络音乐文化氛围。

三、和社会各界一道，运用各种形式，着重在音乐欣赏方面对网络歌曲的主要传播对象青少年进行教育和引导，使他们认识到低俗网络歌曲对自身成长的侵害，提高他们的音乐品位和鉴赏能力，使他们能够自觉抵制低俗的网络音乐作品。

（摘自：《拿什么抵制低俗网络歌曲》，《中国电脑教育报》2007 年 10 月 29 日）

关于“网络歌手走红”的其他观点

互联网周刊：网络似乎成为了唱片公司发掘人才和作品的好地方。现在唱片公司对网络音乐究竟抱怎样的态度?

伍洲彤：唱片公司对网络音乐怀有比较复杂的心情。一方面唱片公司必然关注这一群人的音乐创作；另一方面，网络音乐往往制作粗糙，内容也过于浅显，不具备流行音乐的本质要素，达不到唱片工业要求的专业水准。现在的网络音乐给人的印象是录音差、音质低，但它依然在发展过程之中，将来的制作会慢慢精良起来的。

（摘自：《伍洲彤：网络歌手称号将会淡化》，《互联网周刊》2005 年第 6 期）

通过对网络流行歌曲这种新的网络文化的探讨，可以折射出现代年轻人的文化价值取向：他们追随新兴的科技产品，对社会保持着高度的敏锐，同时倡导符合道德标准的文化，有一颗赤诚的爱国心，向往美好爱情，年轻的他们存在着现实与理想之间的茫然，生活态度乐观向上同时承载着压力。

（摘自项国雄　黄璜：《从网络流行歌曲看网络对青年文化价值的传递》，《新闻与传播研究》2005 年第 2 期）

做网络歌曲更多的是付出。五洋（网络原创歌曲《你的方向》的词曲作者兼演唱者——编者注）告诉记者，每次创作完歌曲后要做伴奏，一首歌最便宜也要 2000 元左右，租用音乐网站的空间每年也要一笔钱。在朋友的帮助下，五洋把费用尽量减少。

五洋说，自己每创作一首歌，就立即贴到网上，然后整夜地听：“好像有点自恋，其实是从中发现歌曲的缺陷和不足。”每当看到网友们对歌曲的评价、争论、建议，他感到很幸福：“我觉得自己活在网友的期待中，希望自己的歌能带给大家快乐。”因为网络歌曲，五洋有了一群朋友，得到了网友的关注，也有了成就感：“其实人们应该更加公正客观地看待网络，网络为人们提供了自由发挥个性的空间，也给了许多普通人成就梦想的机会。”

“用音乐诠释人生的感悟，用歌声演绎生活的色彩。”这是五洋在接受记者采访时常说的一句话。自开始网络原唱歌曲创作后，五洋结识了一批与他有同样理想的网络歌手，并成为了朋友。

被五洋等人看作圈子里核心人物的侃侃是其中的一位。这个女子用自己的作品和声音不断影响着身边的朋友，鼓励大家加入原创队伍。她常说，原创的人生是快乐和充实的。来自成都的张毅，对音乐的执著令人感动。历经艰辛，张毅终于签约于广州一家音像公司，继续自己在音乐路上的梦想。

谈到这些网络原创音乐人时，五洋的话多了起来。他说，自己和身边那些致力于网络原创歌曲的朋友，用心把自己对生活的美好向往、对爱情的赞美、对亲情的眷恋，融进自己的音乐中，为无数的网友带来了精神食粮和健康娱乐……

（摘自王研：《网络歌手：可能就是你的远亲近邻》，《新华每日电讯》2006 年 2 月 18 日）

"其实，网络歌曲与作者的心情、目的关系很大。"五洋说，只有发自内心、对现实能够产生积极影响的作品，才容易被网友接受，这就是为什么一些网络歌手玩了快六七年音乐，却没被认可的原因。"比如我的歌虽然都是描写情感的，但很少有情、爱之类的字眼出现。"五洋说，自己喜欢户外运动，并经常从中获取灵感，歌曲常通过对景物的描写，表达自己真实的内心感触，达到激励旁人的目的。

（摘自王研：《网络歌手：可能就是你的远亲近邻》，《新华每日电讯》2006 年 2 月 18 日）

对于网络搞笑歌曲之所以称它为都市民间文学，是由它自身的特点决定的。一方面，它同样是在民众中广泛流传，具有内在的传统民间文学的特征，这是它的传承性；另一方面，它又是伴随着信息网络时代的到来而新生的事物，自然又皆具现代性的因素，这是它的创新性；此外，由于它植根于喧嚣的都市生活，自然关注都市人的生活状态，反映的是都市生活的方方面面，因而也带上了鲜明的都市性。网络搞笑歌曲正是融合这三方面的元素形成自己的风格特点的。

具体说：第一是创作者的匿名化。对于这些网络搞笑歌曲，大部分都无从知道它们的作者，即便是知道，也都是网络化名，如《猪之歌》的作者是香香。这些网络歌手最初创作网络搞笑歌曲时，并不是出于功利目的，只是为了宣泄自己的不平静的情感，表达自己对都市一些现象的看法或是与其他网友共享自己的经历故事，所以并不需要将歌曲实名化，何况在网络中，人们已习惯于真真假假，虚虚实实的氛围，即便是实名，也未必有很多人相信。正是在这样一种开放的创作环境中，在没有任何负担、压力的情况下创作，网络搞笑歌曲却往往让我们感受到原生态民歌中蕴含的真实、自然，因而更能引起网友的共鸣，更广传唱。第二是形式多样化。它主要分为：原创歌曲、翻唱歌曲和说唱歌曲。原创歌曲主要是网络歌手根据自己的生活经历、情感历程以及其他在都市生活中所见所闻独自谱曲填词并亲自演绎而成，比如：《老鼠爱大米》，《猪之歌》等；翻唱歌曲则是"旧曲填新词"，套用已被人们熟知的歌曲曲调，填上自己的心情故事或观点看法而成，这类歌曲因原有较好的群众基础，更易流传，比如：《进一个球好难》是翻唱《爱一个人好难》，《女人吃吧吃吧不是罪》是翻唱《男人哭吧哭吧不是罪》等；说唱歌曲可以说是继承民间评书、相声等说唱艺术的幽默诙谐精髓，并借鉴西方 rap 音乐的形式，在简单背景节奏的配合下，信口道来，说唱的内容也往往是自己的所经所历，所感所想。还有些现代都市版民间叙事诗的味道，比如：《大学自习曲》、《爱情上甘岭》等。第三是内容的丰富化。总体来说，网络搞笑歌曲反映的是都市生活的方方面面，与时代贴近，与生活接近，大到国内外时事政治，小至都市人的生活状态、情感世界，可以说是无所不包，无所不至，是折射都市人生活状态的一个窗口。具体说可分为三大类：一是演绎现代都市人的生活。现代的都市人一天尽管忙忙碌碌的，但还要关心时事政治，并要稍带调侃一下，如美国发生了 911 事件后，网上便也出现了《东北人之 911 事件》带有时事特点的调侃歌。现代都市人也对娱乐始终抱有热情，同时对娱乐圈中的不良现象也要加以调侃，从幽默搞笑中反映问题，如《是谁搞"黄"了娱乐圈》、《愚乐圈》等，生活中的点点滴滴都会出现在歌曲中；二是上演大学生活的点滴。食堂、自学室是学生出没最多的地方，所以上演了许多的故事，因此就有了爆笑的《大学食堂》、经典的《大学自习曲》等反映校园生活的歌曲；第三是吟唱都市人情感生活。这类题材的作品，自然爱情是关键词，有歌唱全心全意的爱情的《老鼠爱大米》，也有吟唱两人缠绵温馨、相依相恋的《两只蝴蝶》，还有调侃恋人的《猪之歌》，更有描写失恋后种种痛苦、孤单的《孤单北半球》、《别说我的眼泪你无所谓》，这些歌曲都细腻动人，抒发的是最真挚的情感和最动人的情怀，即便是失恋的歌，也写得暖人心脾，只用淡淡的心绪去回忆，去抚慰。第四是语言的民间化。首先表现在这些歌都是歌唱日常生活的，个人琐事以及对一些问题的个人看法，是直接的我手写我口；其次表现在各种形式语言符号的狂欢化，往往是网络流行语、代用语、数字、符号的杂糅，如在《网络综合症》中，就出现了机器代替电脑，q 代表一种非常流行的网络聊天工具，8 可思议代替不可思议，5555 代替哭声，偶代替我，JJGG 代替哥哥姐姐等，整首歌都是由这些语言符号杂合而成，充分体现了民间语言的狂欢化特点；最后体现为善意的讽刺性语言。比如在《大学自习曲》中，说在自习室中喜欢吃零食的女生是"左边那个女生她是十分乖巧，只是嘴里零食像灶坑一样没完没了"，以上便是网络搞笑歌曲自身的一些特点。

此外，我们通观这四个特点，就不难发现蕴含在网络搞笑歌曲中的开放性因素，由此便带来了创作者和传唱者的众多化，每个人都可以唱出自己的心情故事、观点看法，或唱出自己风格的《老鼠爱大米》；歌曲版本的多样化。歌曲在流唱的过程中，每个传唱者将自己不同的特色融合进去，便会出现新的版本，如用不同的方言演绎就会出现不同的版本，或将故事发生的地点更改，也会出现新的版本，像《交大无美女》就出现了《西南交大无美女》的版本，还有改变演唱方式带来的新版本，如独唱可以改为合唱、对唱，男声可以改为女声或混声；受众群的广泛性。因为网络搞笑歌曲内容的普遍性、大众化，使得它关照到了都市生活的方方面面，每个人都可以找到适合自己口味的歌曲。

（摘自马琼：《都市民间文学之网络搞笑歌曲在校园中流传的调查报告》，《榆林学院学报》2006 年第 5 期）

对于大学生来说，他们是一个年轻的群体，思想观念新，喜欢体验新鲜事物，并且在多元文化的冲击下，使他们形成了开明、兼容并包的性格。他们对网络歌曲的喜爱，正是由于它本身就带有笑话的性质，即与那种官方、正式、经典、严肃相对立的概念，有轻松幽默的风格，这不仅为他们的生活增加了乐趣，也可以借用这种诙谐的形式表达自己的一些观点和看法。在校园中盛传的网络搞笑歌曲多为那些以校园生活开涮的曲子，总体看来，大学校园中流行的网络搞笑歌曲，都是贴近当代大学生的校园生活，年龄层次和语言风格，以调侃、搞笑的姿态出现，既调节了大学生紧张的学习课业负担，又为大学生的课余生活增添了无穷的乐趣，同时也是调节情绪、宣泄烦闷的一剂妙方，更是大学生偶尔发发小牢骚的绝佳方式。

（摘自马琼：《都市民间文学之网络搞笑歌曲在校园中流传的调查报告》，《榆林学院学报》2006 年第 5 期）

南京艺术学院流行音乐学院院长王建元认为，内容提供商借助增值服务商——互联网的平台发布单曲，开创了原创正版音乐上网的良好开端。而以雅虎为代表的互联网公司已经开始主动与娱乐巨头合作，推动我国音乐产业的数字化进程。

王建元说，传统唱片业大可不必谈网色变，因为网络只是一种传播形式，技术永远不会取代内容。在过去 10 年里，日本的数字化进程加快，但大型唱片连锁店还是不断开张，唱片销量在 2006 年上半年不降反升，其“招数”就是充分挖掘传统音像制品的价值。

（摘自刘海　苑坚：《网络音乐逼音乐产业变局?》，《中国税务报》2006 年 8 月 30 日）

记者列举的网络歌曲的五大缺陷包括：俗不可耐、结构松散和思维混乱、制作粗糙、低级趣味严重、缺少音乐功底。这些致命伤并非存在于所有网络歌曲当中，难免有以偏概全的成分。而且，看问题不能过于偏激和片面，从另一角度来看，也许缺点就会变成优点。如果网络歌曲不是具有上述某些特点的话，恐怕也不会广为传唱备受欢迎。很多大家熟悉的网络歌曲，比如《老鼠爱大米》、《猪之歌》等等，并不属于低级趣味，充其量只是停留在轻松娱乐的层面，而娱乐性正是流行音乐的普遍特性。

（摘自潘凤亮：《流行音乐不必拒绝网络歌曲》，《中国文化报》2006 年 11 月 29 日）

从音乐市场和受众需求来看，流行音乐已经成了今天的绝对主流，甚至那些流行音乐人也颇找到了一点“大哥大”的感觉，因此又开始对作为后来者的网络歌曲横挑鼻子竖挑眼。比如斥责网络歌手的杨坤，想当初他成名之前做流浪歌手的时候，也是不被权威们认可的。可是一旦得到认可并确立了自己的相应地位，为何就不能容忍后进者的不足了呢?

之所以会有知名音乐人直斥网络歌手的事件一再上演，最根本的原因还在于他们感到了市场的压力和利益的危机。自从网络时代开始悄然改变各种领域的存在状态，传统从业者的既得利益就正在受到前所未有的挑战。现在会去买唱片公司发行的专辑来听的人越来越少了，上网免费下载歌曲已经成为年轻人接触流行音乐的主要方式，网络技术对唱片市场的冲击可想而知。新兴的盈利增长点彩铃市场也多被网络歌曲占据，网络歌曲的风靡直接侵占了传统音乐人的市场份额和经济利益，除了商业演出之外，他们甚至不知道该从哪里找回自己的饭碗，到了这一境地的传统音乐人怎能不有些气急败坏呢。

（摘自潘凤亮：《流行音乐不必拒绝网络歌曲》，《中国文化报》2006 年 11 月 29 日）

其实网络歌曲只是流行音乐在网络时代的一种表现形式，是流行歌曲在制作形式、发布渠道等方面的必然转型。传统的流行音乐没有必要也没有能力将本属同门的新生代拒之门外。新生事物的诸多不足是在所难免的，但不能因此就欲置之死地而后快吧。与其怒斥和打压不如接受和扶持，并顺应信息时代的发展潮流，将自己的作品做成数字音乐，放到机会平等的网络平台上去接受大众市场的检验。这不是一件挺好的事吗?

（摘自潘凤亮：《流行音乐不必拒绝网络歌曲》，《中国文化报》2006 年 11 月 29 日）

事实上，要甄别“通俗”还是“恶俗”却是件费力且不讨好的事。缘由很简单：所谓“恶俗”本身就是一个很难公断的事情。路人甲认为“恶俗”，但路人乙确认为不“恶俗”，也许路人丙还会“歌功颂德”一般。再比如，近期丁汀的《我要找老婆》被列入“恶俗代表”的“黑名单”。就说这首“找老婆”之歌吧，我还真看不出“恶俗”在哪里?若谓“恶俗”在“找老婆”，早有火风的

《老婆老婆我爱你》在前。对于高进，很多歌迷对他并不熟悉，不过应该有不少人听过《听着情歌流眼泪》，这首歌就是他的作品。而《江山》之所以引发歧义，就是因为听着曲风像《曹操》，都是同类风格，相似本没什么好疑问的，只要歌曲不是抄袭，但是被评为“恶俗”歌曲，着实地冤枉，歌曲充满了男儿豪情壮志，若这样便叫“恶俗”，那么与之曲风相似的《曹操》便也逃脱不了“恶俗”的骂名，一代英雄曹操，也便成了莫名其妙的“恶俗之人”，可悲！可叹！

笔者认为：“明星”们理应充分尊重网络歌手的创作自由，理应充分信任大众的判断能力、鉴赏能力，不是说群众的眼睛是雪亮的吗？事实上，2007年的网络歌曲依然数量走俏，为什么能走红能唱到人心坎上的也就其中一小部分呢？为什么《芙蓉姐夫》人们听了不过付诸一笑，而丁汀《我要找老婆》路线低俗反而并没脍炙人口呢？我看，歌曲的优劣与否，“恶”不“恶俗”，最终只应是交由市场来检验，交由广大的网虫朋友了。

（摘自娱乐小权：《拿什么拯救你“恶俗的歌曲们”?》，人民网—娱乐频道2007年11月2日）

在“精英们”的眼里，网络歌曲难登大雅之堂。但“精英们”似乎忘记了，自己曾经身处的草根地位。回顾中国音乐的发展史，应该知道，昔时通俗歌曲同样是登不了大雅之堂的。曾记否，邓丽君亦被称为靡靡之音。可千山万水毕竟遮不住，如今通俗歌曲已经顶起半边天。而诸多音乐人，也因为通俗音乐赢得了所谓“知名人士”的头衔，更为自己赢得了巨额的物价利益。

回顾当初，对于今天“精英们”的号召应有一种“狐悲”的感觉。诚然，网络歌曲中有很多问题，但何谓恶俗，何谓高雅？且所谓的恶俗难道只出现于网络歌曲中吗？

这里，“精英们”公开批评了刀郎与杨臣刚的歌曲。两人被批，可能是刀郎的《羊爱上狼》让精英们感到不妥吧，可能是杨臣刚的《老鼠爱大米》让精英们感到恶心吧？若说这是恶俗，不妨再听一首刘德华、陈小春的《马桶》，两人在歌中大唱“亲爱的马桶”。试问，这恶俗吗？难道就因为刘德华是“天王级”的人物，所以只把枪对准了分量相对较轻的刀郎与杨臣刚？

“精英们”表示，广大音乐工作者和网络从业者一定要共同携手，努力创作出更多反应时代精神，形式多样，内容新颖，为广大青少年所爱听、爱唱的优秀网络音乐作品。且问，时代精神到底是什么？笔者以为，无论时代精神如何定义，开放、包容都应该是其核心内容。这种对待网络歌曲的态度，无论如何与开放、包容联系不上。并且，广大青少年到底爱听爱唱什么歌曲，“精英们”到底有多深的研究？事实上，“精英们”抵制的一些歌曲一些人，在青少年中还是受到一定欢迎的。

不客气地讲，这里的抵制除了“精英”的惯性傲慢外，可能还透着利益之争。“精英们”大多为音乐界的既得利益者。今天的歌坛，看似百花齐放，其实被种种力量分别控制着。对于普通人来说，想进入是极其困难的。而网络给众多平民歌手一丝出头的机会，这无疑极大地挑战了“精英们”的权威；而网络歌曲也以自己独特的传播方式，进而威胁到“精英们”的利益。故而，“精英们”坐不住了，以卫道的名义，祭起道德的大棒。

想来颇为好笑，这样的抵制到底代表谁？除了代表你自己，代表既得利益群体，能代表得了广大音乐工作者和网络从业者和吗？更能代表得了广大青少年吗？毫不客气地讲，这些年来，“精英们”在创作上是难以让人满意的，经典已经越来越稀缺了。到底是自己高峰期过了，还是过多地钻到功名利禄中去了？

（摘自毛建国：《“抵制网络歌曲”透着精英的傲慢》，中国网2007年10月22日）

10月20日晚，在十七大新闻中心——北京梅地亚中心举办的主题为“重视未成年人教育”的集体专题采访活动中，来自美国《世界华人》杂志社的记者向文化部党组书记、副部长于幼军提出了一个问题：“最近几天，有知名人士和权威人士对于流行在网络上的歌曲提出了严厉的批评，并认为对青少年成长没有好处，比如《老鼠爱大米》等，请问于幼军部长，您个人对这个问题怎样看?”

于幼军回答说：“这些年来，网上的音乐创作发展得很快，它的传播、流行也非常快。像你说的《老鼠爱大米》这一类的歌曲，很快就在青少年中广泛传开。我们文化部门从中得到一个启发，就是要主动适应互联网迅猛发展、广泛渗透的趋势和要求，关注网上的音乐、艺术、文化方面的建设和管理。要鼓励网上的音乐文化活动，这也是文化生活的一个重要方面，并且可以让更多的人参与到文化生活中来。另一方面要注意加强对网上音乐等艺术和文化活动的引导，使它们朝着有利于青少年身心健康成长的方向发展。我们也呼吁更多的音乐家、文艺工作者、教育工作者都来关注网上音乐这一块阵地，积极为青少年创作更多健康向上的、受青少年欢迎、喜闻乐见的歌曲，让它们在网上广泛地流传开来。”

（摘自文松辉：《鼓励网上的音乐文化活动　加强引导——文化部党组书记、副部长于幼军代表在十七大新闻中心“重视未成年人教育”主题专访中答美国记者问》，人民网—文化频道2007年10月23日）

笔者认为，面对风生水起的网络歌曲，进行简单抵制是不够的，应先厘清四点：

其一，应先定义何谓恶俗的网络歌曲？对此，中国互联网协会秘书长黄澄清表示，恶俗有三个标准，一个是内容侵犯他人的利益；一个是侵犯社会公众的利益；一个是违反国家的法律法规。

其二，谁更有资格来论定网络歌曲是否恶俗？亿万网友是网络歌曲的受众，歌曲恶俗不恶俗，他们最有感受，也最有发言权，论定是否恶俗的裁决权最好交由听众。如果靠主流音乐界人士闭门造车、心照不宣地给网络歌曲贴上不堪的标签，甚至下达封杀令，这不仅对网络歌曲的创作人员不公平，对听众也不公平。

其三，网络歌曲为何风行于世、被四处传唱？互联网技术的突飞猛进是网络歌曲发展的技术根基，现实土壤则是它茁壮成长的关键因素。分析大量网络歌曲，可以发现，它们更能反应老百姓的喜怒哀乐，是下层民众的心声。

其四，为何动辄抵制，抵制是最优选择吗？应该说，正如网络信息良莠并存一样，网络歌曲的确也有杂草，但是简单的抵制不免粗糙。动辄运用行政权力抵制之，这种行为不具有建设性；动辄号令天下百姓挞伐之，这同样是一种语言暴力。不妨让时间来考验和检验。

无论是网络歌曲还是主流音乐界眼中的高雅歌曲，它们都是提供给公众的精神产品。既然如此，与其简单抵制，不如良性竞争。那些才华横溢的主流音乐界人士何不创作出更为百姓喜闻乐见的音乐作品，靠作品说话，靠吸引力说话，而不是靠贴标签、靠“群殴”、靠行政权力来击败对方。否则，这种傲慢与偏见，不仅会贻人笑柄，也是对音乐的伤害，对广大受众智商的轻视。

（摘自王石川：《网络歌曲：简单抵制不如良性竞争》，《东方早报》2007 年 10 月 22 日）

细观音协的那些具体措施，就可以发现，音协也不是光骂，也想招安，同时也可以明显地发现其单方向特质。开办训练班，对网络歌曲创作者进行专业培训，其教师显然要由音协的音乐家充任；举办网络歌曲大赛，评委自然也是音协的音乐家了；开设网络音乐乐评栏目，主要的作者也不大可能逃出音协音乐家之手。而且，乖乖，这还是一大笔好生意呢。

我并不否认，网络音乐良莠不齐，有些歌曲也的确恶俗。但是，我还是要问，音协之措施为什么就不能采取平等姿态呢？开办一个交流音乐技法的论坛，让有志于音乐的年轻人自由进入研讨、学习；举办网络歌曲大赛，音协音乐家和网络音乐人同时把作品放在网上，让公众选择、评说。因为公平地讲，好音乐也不天生长在音协里，网络音乐与网络音乐人中也有很出色的。如此，音协才可能达到提升网络音乐品质的目的，不然，我深恐没有多少好的网络音乐人会陪音协玩。

（摘自乐毅：《将对网络文化的招安进行到底?》，《中国青年报》2007 年 11 月 2 日）

产业效益

杨臣刚的《老鼠爱大米》迅速占领了MP3下载排行榜榜首，在各大商场被反复播放，还迅速闯入各大KTV的点唱机，成为年轻人广为传唱的“口水歌”，飞乐唱片更是以500万元的高价签下这位“网络歌手”。

刀郎第一张专辑《2002年的第一场雪》的正版发行量便直逼百万。在近年内地单张唱片行量达10万张已算惊人的背景下，单片正版发行量百万不能不说是个奇迹。

（摘自曹键：《刀郎们纷纷“脱网”》，《新华每日电讯》2005年1月4日）

就是这样一首简简单单的歌曲，在网上发布的第64天，MP3搜索总量累计指数就突破1000万人次大关，目前《老鼠爱大米》这首歌的全球搜索总量累计已突破1亿人次大关。更有网络人士估计，这首歌将成为全球MP3搜索量最多的一首情歌，有望成为今年情人节的“国际歌”。

（摘自欧东衢：《“老鼠”闹春晚的背后》，《贵阳日报》2005年2月20日）

2005年，当以《老鼠爱大米》为代表的网络歌曲在不知不觉中传唱开时，这首歌的彩铃已经创下单月下载量600万次的纪录，1200万元的收入相当于70万张传统唱片，杨臣刚等一大批网络歌手随之浮出水面。网络音乐在经历《东北人都是活雷锋》的时代后，开始被更多人接受，而这只“老鼠”更是挤进ITUNE全球音乐下载排行榜。这一年，被众多业内人士称作“中国数字音乐元年”。据中国音像协会会长刘国雄透露，2005年，我国数字音乐市场规模达到36亿元，今年预计将扩大到50亿元。

（摘自刘海　苑坚：《网络音乐逼音乐产业变局?》，《中国税务报》2006年8月30日）

据新华社报道，《香飘飘》无线首发前5天的流量已经超过40万次，这当中包括IVR、彩铃、试听等等，收入超过了50万元。据香香歌迷会统计，在5天内，累计有3万多名“香迷”及时听到和下载了香香的新歌《香飘飘》。

（摘自刘海　苑坚：《网络音乐逼音乐产业变局?》，《中国税务报》2006年8月30日）

庞龙的《两只蝴蝶》在网上首发，给华友世纪带来了200万元人民币的收入；太合麦田携手太乐网首发“超女”李宇春的《冬天快乐》付费下载超过50万次。

（摘自：《网络音乐与传统音像：促进还是替代?》，《中国新通信》2007年第16期）

2005年中国无线音乐市场达到了36亿元的规模，其中彩铃市场收入超过了25亿元。

（摘自：《网络音乐与传统音像：促进还是替代?》，《中国新通信》2007年第16期）

据美国音乐销售市场调查公司Nielsen Sound Scan宣布，2004年前半年，美国互联网用户下载音乐的数量是0.55亿首单曲；2005年前半年，美国互联网用户下载了1.59亿首单曲。2006年美国音乐下载量大幅增加，截至2006年的第49周，普通消费者下载的乐曲数量比2005年同期增加67%，超过5.25亿次。这些数据表明，美国的网络音乐快速发展，成为美国人获取音乐的主要媒介和方式。

（摘自侯琳琦：《美国网络音乐发展现状分析》，《北京邮电大学学报》（社会科学版）2008年第1期）

2001年，约有3000万美国成年人（约占美国成年人的29%）通过互联网下载音乐曲目。而且，美国的青少年更喜欢从网上下载音乐，有53%的12—17岁的青少年（超过700万青少年）声明下载过音乐。更重要的是，至少79%的下载者是免费从互联网上下载曲目的。

（摘自侯琳琦：《美国网络音乐发展现状分析》，《北京邮电大学学报》（社会科学版）2008年第1期）

2001年至2005年美国网络音乐发展迅速，将2005年和2001年相比较，数码下载音乐增长了40多倍，网上定购音乐增长了近30倍，而音乐传统方式的增长仅为3倍多。可见，网络音乐的增长率远远高于音乐传统方式的增长率，表明越来越多的美国消费者接受了网络音乐模式。

2007年3月，据市场研究公司Nielsen Sound Scan的最新调查报告表明，在2007年第一季度中，美国音乐CD唱片销量下滑了20%，与此同时网络音乐下载业务则撑起了唱片公司的盈利线。据法新社报道，在2007年3月18日之前，美国市场CD总销量为8900万张，这个数字在去年同期曾经达到1.13亿张。第一季度美国网络音乐销量为1.19亿美元，这个数字在去年同期为9900万美元。

（摘自侯琳琦：《美国网络音乐发展现状分析》，《北京邮电大学学报》（社会科学版）2008年第1期）

每一个购买了的消费者只需要为在线歌曲支付每首歌99美分，每张专辑9.99美元的费用，就可以“合法”下载、播放以及在法律规定范围内合理使用经苹果公司技术处理过的音乐曲目。苹果公司这项软硬捆绑的服务模式自推出就受到了市场的热烈欢迎。据统计，2003年4月推出的音乐商店迄今已售出了超过7000万首歌曲，在线音乐下载市场上的占有率也超过了50%。

（摘自侯琳琦：《美国网络音乐发展现状分析》，《北京邮电大学学报》（社会科学版）2008年第1期）

重要文章选登

网络音乐：音乐工业的新商机

陈建国

说起 MP3 网虫们不知道的不多，其实，MP3 早在 1987 年就在德国 Fraunhofer 公司的一个研究中心里诞生了。德国总统约翰内斯·劳曾将代表德国科技发明与创新的最高荣誉——未来奖，亲手颁给卡尔海因茨·勃兰登堡、恩哈德·格里尔和哈拉尔德·波普，他们 3 人是 MP3 技术的发明者，但后来不知何故，人们对它的热情却冷了下来。MP3 再度引起人们的注意是 1997 年春天某个晚上，18 岁的大男孩麦克·克拉玛，因没参加舞会，在家闲得无聊，便将网络上提供 MP3 播放软件和歌曲网站的网址放在自己的网页上，供人免费下载，结果每天吸引了超过 1 万访客进入他的网页，下载网页上数千首无版权的 MP3 歌曲。

MP3 的一个重要功能就是让人们从网络上攫取歌曲放在光碟或硬盘中，随时按心情点歌。MP3 格式的文件使得人们在电脑上可以播放 CD 品质的音乐，MP3 文件的大小（一首 4 分钟的歌曲需占据 3 至 5 兆左右的空间）也适合在网上下载和传播，加上市场上的 MP3 随身听，人们还能把喜爱的 MP3 的曲目从电脑转录到随身听上尽情欣赏。

曾几何时，只要你有足够的耐心和电话费，无论是柴科夫斯基的《第一钢琴协奏曲》，还是王菲的专辑《寓言》都可以成为你硬盘上的藏品，通过网维下载高保真的音乐成为一些网络用户的休闲时尚。美国一家名为 Napster 的互联网服务商，它曾是网络音乐革命中最具独创性的典范，但也是一个最有争议的网站。因为它允许用户之间以数字拷贝形式交换歌曲，而对创作这些歌曲或是拥有知识产权的唱片公司、演唱者及词曲作者不给予任何补偿。Napster 是一个可以从网上下载的小程式，它将用户与一个特殊的网络服务相连。Napster 本身并不提供音乐，但它有一个音乐清单，罗列了所有当时与 Napster 相连的用户电脑硬盘中的数字格式音乐。你可以输入演唱者或歌名来查找所要的音乐，或者浏览任何在线用户的音乐目录，找到目标后，Napster 软件能将别人硬盘上的歌曲免费下载到你的硬盘上，其他 Napster 的用户也能把歌曲从你的硬盘下载到他们的电脑上。在那里，人们可以找到几乎任何流派的任何歌手的音乐，包括电影原声音乐、百老汇戏剧、歌剧、古典音乐和爵士作品，而且都是流行的原声专辑，在唱片店里购买将所费不菲。

网络音乐还掀起了一场互联网音乐设备狂潮，像日本的索尼、荷兰的飞利浦这样的大公司都纷纷投资多种多样的互联网音乐播放设备，从轻薄的便携式设备到家用立体声设备应有尽有。网络音乐也给无线网络市场带来生机。美国一家公司手机的 MP3 播放器可以从用户的电脑里下载音乐文件，它可以储存 64 兆字节的数据，这相当于大约 20 首歌曲。

MP3 也引起了广泛的争议。一旦作品由公司发行出售，被人私自翻成 MP3 格式置于网络上供别人免费下载，唱片公司认为这种行为与盗版无异。事实上，绝大部分网站的下载服务都没有得到唱片公司的版权许可。

有数据表明，全球音乐工业的产值每年高达 380 亿美元，在娱乐工业发达的美国年产值就达 120 亿美元。有人以为，网络音乐已永远改变了音乐工业，将把这个近 400 亿美元的产业发展成 800 亿美元的产业。眼看这块音乐工业的大饼被 MP3 瓜分，大型唱片公司再也不敢小看这小玩意儿，并开始正视 MP3 播放软件已在全球网络广为流行的事实。美国录音工业协会曾宣布了一个名为 SDMI 的数码音乐加密计划，来防止有版权的音乐被制作成未授权的 MP3 格式音乐。同时，他们也看到大势之所趋，提出标准化规格以便为将来唱片公司上网贩卖音乐铺路，抢回流失的音乐市场。

2000 年 4 月，美国唱片工业联盟环球、索尼、百代、华纳/宝丽金、贝塔斯曼等世界大唱片公司开始了他们的反侵权行动。最具代表性的互联网数字音乐服务公司 Napster 和 MP3. com 厄运缠身，最终分别被德国媒体巨人 Bertelsmann AG 和法国传媒集团 Vivendi（环球音乐集团的母公司）收购。给网民们带来无数快乐的 Napster 网站终于在 2001 年 7 月关门大吉。

在国内，MP3 音乐的版权问题也较尖锐。早在 1999 年初，国内就有六家唱片公司起诉迈威网索赔 6 元钱。2001 年 6 月，中国音乐著作权协会通过电子邮件向国内上百家音乐网站发出了律师函，要求它们停止在未经授权的情况下，将该协会管理的大量音乐作品上载到互联网上及提供公众免费点播、视听及下载服务。协会表示网站想要继续使用会员的音乐作品，无论是谁都要交纳费用。

有许多小网站不同意付费，其原因是价格。搜狐每年要为它网上 400 多首歌曲支付 23000 人民币，平均每首 50 元。两万块钱对于每个季度广告收入上千万的搜狐来说是个小数目，但对既缺乏广告、也没有其他经营收入的小网站来说，这笔钱也许就能压断他们的腰。一些小的音乐网站，它们能下载几千首甚至上万首的歌曲，要付费每年将高达几十万。但法律专家建议费必须要交、多少可以谈。

许多艺人对 MP3 表示欢迎，因为这样能大大增加自己的知名度，而艺人的收入来源主要并不是销售CD，目前因为艺人都是签约唱片公司的，他们不拥有作品的版权。像那英做什么发型化什么妆不是自己做主，而是唱片公司说了算。因为她是EMI的签约歌手，EMI拥有她所有歌曲的版权。但EMI确实让那英的《征服》和《干脆》传唱一时。唱片业有它自己延续了百年的操作模式。

对于唱片公司来说，MP3是一柄双刃剑。一方面网络的普及对宣传公司有很大益处，孕育着无限的商机；另一方面，一旦将来成为网络的天下，唱片公司的垄断也会成为历史，所以目前很多公司对网上试听讳莫如深。与此形成鲜明对照的是，7成以上的网友表示可以接受付费下载，他们认为将来的音乐主流是数字格式而非今天的传统格式，网友们更看重的是网络音乐的前景。

2001年7月，美国有一家公司针对全球14个网民较集中的国家和地区所做的调查研究显示，网络音乐服务市场商机正在萌芽。网络音乐市场的用户制付费服务到2006年前收入总额可望暴涨6倍，市场规模将达62亿美元。这项研究指出，2006年网络音乐市场交易量将占美国所有音乐产品交易量的32%，比2001年增长7%，数字音乐交易量或网络音乐下载量比2001年的3%，增加10倍之多，使交易总额从2001年的2900万美元，暴增至19亿美元。

在网上做代理宣传发行、包装歌手、制作新唱片，可以节约大量的成本。音乐的词曲作者一直是稀缺资源。按照圈内的规矩，一旦向作者约歌后，都必须买他的作品，不管是否满意。然而一些音乐网站曾经在网上征曲和征词，都得到了不少优秀作品。面对来抢饭碗的互联网，传统的唱片工业和娱乐业的运营模式也许已经落伍了。网络音乐实际上提供了一个全新的、更佳的音乐传播渠道，它服务于大众，至少是与互联网相连的那部分大众。

许多唱片公司在面临产业革命性创新时，他们只是单纯地把变革视为威胁，而非机遇。有关人士认为，市场是第一原则，没有网络大家只能去音像店，没有录音机的时候人们连拷贝都听不到，新技术必然带来新市场；做音乐的规则必然会变化，小众创作也许会变为大众创作，卖表演会比卖唱片更赚钱，艺人不再依靠唱片公司，网络会让其歌声传得更快。对唱片公司来说开放版权出让利益是难以避免的结局。关键是唱片公司和网络公司双方要建立互利的合作，唱片公司要取得利益回报。

另外一种迅猛发展的技术——流媒体技术（Streaming Media），也正被传统音乐工业和互联网共同认可。流媒体（Streaming Media）是一种基于网络的多媒体信息实时传输技术，通过这种技术，人们在网页上看到的不再只是静态的图文，而是丰富的音频、视频等多媒体信息。有调查显示，2000年，互联网上的流媒体技术应用增长幅度已达到了史无前例的215%，可以预见不远的将来，随着宽带互联网的普及，流媒体技术也将被广泛应用于网络音乐。

有人相信如果唱片公司是可以从网络音乐上受益的，艺术家和词曲作者也同样是可以的。但前提是网站必须提供付费下载。而当网站购买新的专辑，把它们变成MP3文件，新鲜的调子就成为了一种增加点击率和吸引更多广告商的工具。许多网站已致力于将MP3发展到能够更好地保护艺术家和唱片公司，但令人遗憾的是现在还没有任何相关的法律出台。

以MP3为代表的数字音乐的蓬勃兴起，对音乐工业是一个巨大的机会，通过付费下载的方式直接在网上销售数字音乐唱片将成为主流。有人预测，2002年互联网上会有上百万艺人和上百万唱片。那时还有谁会说一张专辑得花一百万元制作？抑或一张影碟的成本高达60万？互联网的优势在于远程性、交互性和开放性。真正的网络音乐的特征就应该从互联网的这些特性出发。专家们大胆设想网络音乐的未来可能是一个“虚拟音乐厅”，它是远程的“空间隔离”与虚拟的“空间融合”相结合的产物，将在音频的虚拟空间处理器中实现。另一个可能便是“交互作曲法”，它将“独立思考”变为“群体意识”的选择，让音乐的DNA在群体干预的过程中逐渐成长。互联网的出现对音乐的冲击绝对是划时代的，互联网从根本上改变了音乐的贮存和传播形式，而这一过程是无法逆转的。网络日益普及的今天，作为“新宠”的网络音乐将有广阔光明的前景。

网络歌曲商机凸显　唱片公司大呼"芝麻开门"

陈汉辞

19 岁的网络歌手阿正签约飞乐影视集团（下称"飞乐"），目前刚录制完自己的第一张 MTV《今年我 18 岁》。

4 月 10 日，阿正在接受《第一财经日报》采访时说："以前家里并不富裕，妈妈为了我读艺术学校，买断了工龄，我一直也是自己打零工挣钱，现在我的事业虽然刚刚开始，但能养家，可以让我妈不再为我操劳了。"

而签约飞乐的第一位网络歌手香香，在 11 日飞赴北京、广州等地，一是忙着新专辑的宣传，二是要忙着为代言的八个广告拍摄。

"香香的身价至少 2000 万元、杨臣刚的身价为 3000 万元。"飞乐的总裁钟雄兵很自信地说道。

而在一年前，阿正、阳一、杨臣刚、香香等网络歌手都还在网络世界里神游。

作为中国唱片业制作和发行的知名人物，钟雄兵在 2004 年年末的时候就很迷茫了。2004 年的"刀郎"、2005 年的网络歌曲《老鼠爱大米》、《猪之歌》、《两只蝴蝶》都让传统的唱片业有点尴尬。

一段时间，钟雄兵每天的工作就是看各大媒体的歌曲排行榜和各大网站中的歌曲下载率及点击率，结果发现前三名基本就是那三首，杨臣刚的《老鼠爱大米》、香香的《猪之歌》、庞龙的《两只蝴蝶》。

于是，钟雄兵派人通过 QQ 找到了《猪之歌》的演唱者香香，"先签一个看看"。

钟雄兵告诉记者："香香虽然很喜欢唱歌，但做专业歌手她还是差一些，比如，发声方法、唱歌的技巧、面对镜头的感觉等。"

于是，飞乐给香香找来了舞蹈、表演、声乐老师，进行了半年的魔鬼培训。飞乐也花去了几十万元。

但在录制过程中，香香一次就过，这又让飞乐减少了成本。钟雄兵告诉记者，因为是很平民化的演唱歌曲，在录制的过程中基本就是唱一遍就 OK 了，不需要一句一句录制，而一般专业歌手录制一首歌基本也要花十几万元。

同时，钟雄兵也在算着另外一笔账，那就是香香本身具有的 FANS 也是一大笔财富，"如果，点击率上千万的网络歌曲如果落到地上为 2% 的话，那我们也能发行几十万张，这对于遭遇盗版冲击率为 90% 的唱片市场也是不得了的。"

一切就绪后，飞乐还是保险地发行了 30 万张，因为按照经验，就是国内大姐级女歌手，一次发行 20 万张就算不错了。但钟雄兵没想到的是，第一批订单就达 50 万。

《猪之歌》的火爆让钟雄兵有了底气，赶紧签下了当时排名很靠前的几位歌手，其中有演唱《老鼠爱大米》的杨臣刚、《回来，我的爱》的阳一、《别说我的眼泪你无所谓》的张震宇、《你是我的心、你是我的肝》的阿正等六名网络歌手。

单在 2005 年，这些网络歌手给飞乐在唱片上所带来的收入就达 3000 万元。

传统歌手不敌网络歌手

而接下来的好运却是钟雄兵所始料不及的。

当香香的《猪之歌》等歌曲全面发行时，广东移动找到了钟雄兵，提出要买下《猪之歌》、《老鼠爱大米》、《别说我的眼泪你无所谓》的彩铃授权，当时钟雄兵和广东移动签下了授权分账。此后，广州 10 个彩铃用户中，有 3 部手机使用飞乐的歌曲。结果第一次和广东移动分账，飞乐就拿到了 10 万元，而这种授权收入是源源不断的。

与此同时，中国香港、中国台湾、韩国、日本等地的音乐分销网络也向飞乐买下了这些网络歌曲在当地的彩铃授权。

但让钟雄兵更为意外的是这些网络歌曲竟然进入了美国市场。

一次偶然的机会，香港知名音乐人向雪怀与钟雄兵谈到要将中国音乐如何营销到国外的问题，就是和全球最大的数码音乐分销网络——美国果园公司合作。

而之前，果园公司创办人及主席 Richard Gottehrer 对中国音乐并不感兴趣。向雪怀找到了成龙说起此事，成龙专门录制一首歌，算是对此项目的支持，结果，对中国音乐鲜有所闻的 Richard Gottehrer 一听到"成龙"二字便答应，说可以试试，于是，包括周杰伦、香香在内的歌手所唱的一千多首歌上了全球最大的数码音乐分销网络。

因为是中国流行音乐第一次登陆美国市场，飞乐并没有向果园收取授权最低保险金，只是授权分账合同中提出五五分成。

而结果让所有人吃惊，在第一周，飞乐英文版的六首网络歌曲在下载率排行榜的前 20 位，有的排到单曲第二名，网络歌手的排名远远超过港台明星。

"对于这样的现象，我们到目前都无法真正解释。"向雪怀笑着说道。

Richard Gottehrer 在接受记者采访时也表示，中国的音乐一定会发展起来，今后，他们会将更多更好的中国音乐介绍到国外。

在 2005 年的此次合作中，飞乐在第一次分账中就赚到了几十万美元。

而网络歌手在商业活动中的收入占到一大半，远大于唱片、彩铃等领域给公司带来的利润。目前找香香代言的广告就达八家。香香告诉本报记者，她唯一的变化就是现在要买很多衣服。

网络歌曲面临版权纠纷

随着生意越做越大，钟雄兵也不得不面对新的问题："词曲的版权以及演唱者之间所产生的版权纠纷是很让我们头痛的问题。"

在钟雄兵所推广的六首歌中，《老鼠爱大米》和《别说我的眼泪你无所谓》都遇到这样的问题。"《别说我的眼泪你无所谓》本是张震宇收到的一份生日礼物，他先在网上唱了一个版本，但是没有火起来，后来被另外一个人翻唱给唱红了。这样的情况下，这首歌的词曲版权究竟归谁是很难说清楚的事，而在有关的法律层面也没有明确的规定。这就是网络歌曲普遍面临的问题。"

在经历过《老鼠爱大米》和《别说我的眼泪你无所谓》你争我夺的"战争"后，钟雄兵在签阿正等网络歌手时，就先从法律层面和合约层面将歌曲的词曲版权归属明确，另外在合约中也有明确地规定，音乐监制也将对词曲把关，避免侵权事件发生。

一切就绪后，2006 年，飞乐还想盯住网络歌曲排行前 20 名的歌手："我们陆续在签。"钟雄兵胆子放大了。

最初给飞乐带来意外的《猪之歌》等网络歌曲在北京、上海等大城市火过之后，也向二级城市以及农村市场挺进。

在网络歌手给飞乐带来上亿元收入的同时，歌手的收入也发生了变化，尤其是香香，身价在几百万元。在近日于北京揭晓的 2006 年"福布斯中国名人榜 100"中，香香首次上榜，收入榜排名位居第 40 位，综合榜排名位居第 48 位，年收入高达 660 万元。

和飞乐签约的阿正还没有忙到那一步："我还没想到那么远，我想还是好好把第一张专辑做好再说。"

网络音乐
——音乐传媒的一场革命

梁茂春　李　姝

20 世纪末，互联网给全世界带来了传媒的一次巨大的革命。21 世纪初，网络音乐给中国音乐带来了巨大的冲击。从音乐创作到音乐传播，到音乐爱好者的音乐生活，都发生了翻天覆地的变化。

科技革命给音乐带来了意想不到的发展机会。唱片、录音技术的发明和发展，对音乐的传播和普及形成了巨大的推动。以 20 世纪百年来中国音乐发展为例，音乐传媒的几次革命性成果，都给中国音乐的发展带来了新的活力，给喜爱音乐的广大群众带来了实实在在的好处。

音乐传媒的几次革命

20 世纪中国音乐传媒技术的发展极其迅猛。在 20 世纪末网络音乐出现之前，重要的革命性突破大致有六次。

音乐传媒的第一次革命——留声机与唱片的发明

1877 年爱迪生发明了唱片和留声机，人类第一次对音乐和各种声音获得了保存的方法，这对世界音乐的发展是一座里程碑。音乐传播从自然传播开始了技术传播。约 30 年后，在 20 世纪初，制造唱片的技术传到中国，1904 年就有中国戏曲唱片产生（京剧名角孙菊仙灌制的一批唱片），1907 年中国第一家唱片公司在上海创办。20 年代之前，大量戏曲（特别是京剧，留下了谭鑫培、余叔岩、言菊朋、梅兰芳、程砚秋等人的珍贵声音）唱片产生，20 年代之后，又有曲艺唱片、地方小戏、民族器乐唱片等出现，对保留民间艺术作出了重要的贡献。30 年代的唱片，主要是 78 转的胶木圆盘唱片，一面只能录三分钟左右的音乐，它对救亡歌曲的传播，起了无法比拟的作用。以革命音乐家任光为音乐部主任的百代唱片公司，就灌制了大量的爱国歌曲，对抗日救亡歌咏运动的兴起，起了重要的促进作用。围绕唱片生产，一些配套产品——唱机产业、出版唱本（三四十年代主要是出版《大戏考》）等产业也兴旺起来。唱片在 50 年代又发展成 45 转、33 转的"慢转唱片”（LV），以及立体声唱片。“文革”期间，1968年中国唱片厂研制成功塑料薄膜唱片，为我国增添了一个新的大众化唱片品种，降低了生产成本，对音乐普及产生重要作用。

总之，唱片的产生使音乐进入了工业生产的时代，使数量众多的音乐爱好者能够比较容易地接触到他所喜爱的音乐。

音乐传媒的第二次革命——有声电影的发明

1927年美国发明了有声影片，使电影从无声发展到图像和声音相结合。4年后，1931年中国也有了第一部有声电影《歌女红牡丹》。从此，电影逐渐成为音乐传媒的一大重镇。在“左翼电影”发展迅速的30年代，许多进步歌曲是从电影院里传播到社会上的。如聂耳的《毕业歌》、《大路歌》、《义勇军进行曲》等，任光的《渔光曲》、《王老五》等，贺绿汀的《天涯歌女》、《春天里》等。40年代后期产生了一些娱乐电影产生了《香格里拉》、《玫瑰玫瑰我爱你》、《蔷薇处处开》等流行歌曲。歌曲通过电影而流行这种情况一直继续到新中国成立之后，50年代的《我的祖国》、《九九艳阳天》、《蝴蝶泉边》、《草原之夜》等歌曲，都是作为电影插曲而流传全国的。当时往往出现这样的情况：电影放映队来过边远的山村之后，电影插曲就在这个山村传唱起来了。

在电影放映之后，插曲、主题歌都会灌制成唱片出售，进一步推广了电影音乐的流传。电影这种大众文艺和音乐结合之后，使音乐的传播获得了新的广阔的途径。

音乐传媒的第三次革命——广播电台和收音机的发展

中国的广播电台兴起在20世纪30年代，最初的流行歌曲——黎锦晖的《家庭爱情歌曲》就是靠商业电台和唱片流传起来的。新中国成立之后，电台成为国家统一领导和重点建设的宣传项目，成为向人民进行政治宣传的有力工具，许多革命歌曲在电台教唱。“文革”中重点抓的是覆盖全国城乡的有线广播网。在边远地区，电影放映队难以到达，民众又买不起唱片，广播和半导体收音机成了人们学唱新歌、学习音乐的唯一路径。

音乐广播是一种比之唱片和电影更加方便，也更加便宜的接触音乐、欣赏音乐的大众化方式。

音乐传媒的第四次革命——录音机的发明、发展和普及

19世纪末欧洲人发明了钢丝录音技术，到20世纪30年代发展成磁带录音机。这两种录音机体积大，因此难于进入一般家庭。录音技术进入中国比较慢，产生的影响更慢。直到1950年，民族音乐家杨荫浏还是用钢丝录音机为民间艺人瞎子阿炳录下了《二泉映月》等6首民族器乐曲，留下了光辉的民间音乐瑰宝。

60年代初中国已经能够生产“钟声牌”磁带录音机，体大价贵，很少进入家庭使用。而在国外，飞利浦公司在20世纪60年代发明了小型轻便的“卡式录音机”，逐渐使录音机飞进了千家万户，方便的复制技术，成为传播音乐的寻常用品。1980年，日本索尼公司推出了流行全球的“随身听”，录音机的这一革命性的改良，使音乐变得无时不在、无处不在，使人和音乐的关系变得更加密切。“随身听”造就了大批的音乐爱好者和“发烧友”，给广大的老百姓带来了极大的方便。

音乐传媒的第五次革命——电视和彩色电视的发展

电视是20世纪影响人们生活最大的发明之一，30年代在世界上诞生之后，迅速传到全世界。中国的电视是从20世纪50年代开始发展的，“文革”之前只有很小的影响。在“文革”中还受到了很大的破坏。1973年5月北京试播彩色电视，这是彩色电视首次在中国出现。电视机走进千家万户，真正对广大的中国人民产生影响，是在80年代改革开放和经济起飞之后。受到香港70年代兴旺的“粤语电视连续剧”以及日本、韩国电视连续剧的影响，电视连续剧的音乐（主题歌及插曲）也风靡大陆。随着“春晚”等各种“晚会”的产生以及各种“歌手大奖赛”的出现，以及80年代“音乐电视”的出现，电视已经承担了音乐传媒的主导作用。

音乐传媒的第六次革命——CD、VCD、DVD的发明和普及

20世纪80年代初发明了CD唱片。这是唱片技术的一次巨大的飞跃。从最初的圆筒唱片、胶木圆盘唱片、慢转唱片、塑料薄膜唱片，百年间唱片事业经过了数次重要的改良，在唱片发明一百年之后，CD唱片的出现将唱片推向了一个转折点。从1982年的第一代“傻大个儿”的播放机，到1984年“CD随身听”的出现，只用了短短的两年时间。CD唱片的出现，彻底颠覆了所有的传统唱片，由于它具有耐磨损和音质优良的特点，确实是传统唱片所望尘莫及的，因此在数年间CD就将传统唱片（包括很红了多年的“慢转立体声唱片”）淘汰出局。这里上演了一出“天演竞争，适者生存”的历史大戏。

当CD系列音像产品一统天下的时候，因为其价格太高，因而出现了严重的、以前唱片界少见的“盗版”问题。当年塑料薄膜唱片出现时只卖2.5毛—4毛钱一张，利润很小，不可能出现盗版之类的问题。但在当时也并不是一般老百姓都买得起的。相比之下，现在的正版CD由于利润太高，对受众（包括专业音乐家）成了高消费，因而自然都需要廉价的CD产品，即使是质量较差也乐于接受。

音乐传媒的第七次革命——网络音乐的发明和完善

到了20世纪末，音乐传媒又发生了翻天覆地的新技术革命，新出现了网络音乐，使音乐传媒再次发生根本性的变化。

网络技术给音乐传媒带来的冲击

互联网以其强大的传递、沟通、分享信息的威力使人类冲破了时间和空间的限制，打破了传统的地缘政治、经济和文化的概念，形成了以信息为中心的跨国界、跨文化、跨语言的全新的虚拟空间，重构了一个人类共同的精神家园。20世纪90年代后期，随着国际互联网技术的快速发展和计算机多媒体、电脑音乐技术的日趋成熟，计算机除了能传递文字、静态图像，还能传递动态视频和音频信息。由此，计算机音乐便逐渐迁移到了网络音乐。网络音乐不仅从艺术传播角度来看是一次伟大的革命，同时也对艺术传统的创作、欣赏、传播、策划、营销等理念产生了强烈的冲击。

网络技术直接导致了网络音乐的诞生及迅速发展。网络音乐的迅速崛起，已经成为音乐圈内的热门话题。从广义上讲，凡是网络上的音乐实践活动都可称为网络音乐，如网站背景音乐、网络邮件音乐、网上点播音乐、Flash动画音乐、贺卡音乐、网络游戏音乐、网络广告音乐、手机下载铃音等等。因此，网络音乐的含义就显得相当复杂。但我们这里要讨论的是狭义的网络音乐，即特指那群未成名者或者普通网友所制作出来，并通过网络传播的新音乐作品。

21世纪初，最初一批网络歌手开始在中国出现。在海量的网络音乐中，一只“老鼠”让网络音乐真正成为大家关注的焦点。在网络上走红从而成为著名歌手的，不仅有与《老鼠爱大米》直接相关的杨臣刚和香香，还有之前的雪村，后来的庞龙、东来东往等。但网络音乐也惹来了不少非议，被很多人认为是“旁门左道”，很多业内人士也认为那只是“上不得台面”的玩意儿。

与传统音乐相比，网络音乐必须依靠数字技术、电脑音乐技术和网络技术。伴随越来越多的网站开始向网民提供音乐下载与试听服务，网络音乐迅速颠覆了传统音乐获取模式。一时间，互联网成了人们的音乐“天堂”，已经成“大气候”的网络音乐不仅成了最热门的网络娱乐方式之一，同时也受到了正统音乐界和文化界的重视。在这里，我们尝试探讨网络技术的特点及给音乐传媒带来的强烈冲击。

互联网的优势在于远程性、交互性和开放性，真正给音乐传播带来的革新就应该从互联网的这些特性出发。

特点一：广泛性与无限性

在音乐产生以后的很长一段时间里，参与音乐传播过程的只有音乐创作者（即创作者、演唱者、演奏者）和数量有限的音乐欣赏者。在原始的音乐传播过程中，没有其他媒体的介入，音乐的传播范围小，速度慢，影响力弱，受众面窄。

而网络世界是没有国界、没有民族、没有太多约束和限制的自由世界，是一个真正民主、自由和平等的世界。众所周知，传统音乐策划不仅流程复杂，并且要得到一个公司的包装也是要受到各种各样条件的限制。而这一切在网络世界里都得到了改变，无论你属于哪个国家，哪个民族，无论你的外貌，无论你的身份地位，都可以参与到网络音乐活动中，准入条件是最基本的硬件设施、上网技术以及个人才能，除此之外没有任何限制，这样就大大降低了网络音乐传播的门槛，使更多的音乐作品、音乐人才拥有得以展现的一个机会。另外，网络的容量具有无限的可能性，网络环境的时间和空间具有无限扩充性和多样性。网络时间处于一种无始无终状态，用户实时交互，网民时时在线，信息无时不在，始终处于全天候运行状态。所以这就有了音乐传播的时间与空间上的无限性。

特点二：双向及多向互动性

网络具有双向甚至多向交流的功能，使人类的交流方式获得一次重大的变革，使传统的定时单向传播转变为立体式发布、即时双向互动传播。在网络音乐出现之前，我们除了自己购买磁带、CD等欣赏方式外，还可以通过电台、电视台欣赏到我们喜欢的音乐，可是电台或电视音乐的选择性很狭窄，我们只能跟着电台、电视节目所定的曲目来欣赏音乐，却不可以随自己的喜好去选择，并且要想进而与音乐形成互动的流程也很复杂，一是通过电话拨打到电台，但常常会遇到严重占线的问题；二是通过信函的方式，其反馈信息较慢。这样的方式都大大降低了音乐互动的效率，而网络音乐带给人们的就是优越的选择自主性及即时性，网民可以在网上任意选择自己喜爱的音乐，并在最短的时间内对其作出回应，同时网民也可以将自己创作的音乐或是演唱的歌曲放到网上，凭借网络的平台将自己的音乐推广出去，争取大家的认可。国内网络歌手香香、唐磊等都是通过这一途径在事业上有了较大的发展。

特点三：公平性

现实生活中有着严格的层级界限，我们的一言一行都要受到或多或少、这样那样的限制与约束。但是在网络世界里，外在因素的影响很小，每个人都是平等的，每个人都可以在这个虚拟世界里充分自由地展示自己的个性。没有了现实生活中的条条框框，没有了太多的背景限制，每个人都可以处在一种自由、平等和直接的交流状态中。人们对事物的认识也将是更加客观的、更加真实的，并把影响人们判断的诸多因素降低到了最低点，解决了现实生活中竞争“平台不平”的问题，给更多的人以公平的竞争机会。

特点四：成本低廉

与传统音乐制作相比，网络音乐制作具有成本低廉的优势。传统的创作与传播流程的复杂性导致了成本的提高，其程序是：

创作者——→乐谱——→唱奏——→制作——→发行——→播

放——→受众

而网络音乐的创作与传播方式如下：

创作者——→电脑音乐制作（乐谱——唱奏——制作）——→网络传播（发行——播放）——→受众

它将制作与发行的程序大大简化，另外在传播、宣传的过程中也无须租用平台的费用及广告的费用，同时减少了很多不必要的中间环节，成本达到最小化。便宜的网络音乐，甚至使廉价的盗版 CD 销售也受到冲击。

特点五：音乐理念的革新

由于网络的介入，使得音乐理念上也有了重大革新，要求在理念上积极与市场接轨，根据切合时代的关键词，创作富有时代气息的歌曲，这些歌曲都有富有人气的标题，歌词更加自由和口语化，适合所有人倾听和随口吟唱。网络歌手都要有独特的音色，声音要有亲和力，足以让人在上千首歌中一下子就被记住，引起注意。而在旋律上，网络音乐更注重优美和动听，没有过多对技巧上的单纯追求，因为过于追求技术的编曲方式，只会让大众产生疏离感。歌曲要求简单易唱、琅琅上口，蕴含着一种原始感动。所有这些音乐理念，都完全顺应全民娱乐时代音乐的特点，具备这个时代音乐所需要的所有流行元素。

以上简单论述了网络音乐给音乐传媒带来的五大特点，亦即五大冲击。由此可见，网络确实为音乐传播提供了别样的方式。当然，网络音乐也会给音乐生活带来许多负面的影响，这也是需要引起我们特别注意的事。在“全民作秀”的时代，网上的娱乐趣味普遍低俗，文化含量太低。许多网络歌曲被称为“无聊音乐”、“口水歌”和“网络垃圾”，高艺术质量的网络歌曲精品极其缺乏。目前我国的网络音乐还处在比较杂乱无序的初级阶段，亟待走向成熟。希望网络音乐在今天多元的音乐文化格局中，成为丰富的、成熟的、独特的一元。

江小鱼：恶俗是对价值观最极端的解构方式

雷志龙

“通俗、庸俗、恶俗三者的区别在于：通俗有益无害，庸俗无益无害，恶俗有害无益。”“恶俗是对人类价值观最极端的一种解构方式。”11 日下午，中国音乐报社副社长江小鱼与互联网协会秘书长黄澄清做客人民网强国论坛，与网友交流“如何净化网络歌曲”，在回答网友提问时，江小鱼表达了自己对“恶俗”的定义和理解。

以恶俗为主流　是时代的巨大悲哀

江小鱼在交流中多次表达对“恶俗”的声讨，他认为以恶俗为主流的解构文化不应是这个时代的基本价值立场，“解构是公众不可剥夺的自由的言说的权利，但在我们这个历经苦难和重创，价值体系早已崩溃离析的年代，价值的重建显得如此之艰难，建构应该是这个时代的公众的基本价值立场！”

价值体系是江小鱼判断与定义“恶俗”的重要参照物，在回答“网络歌曲恶俗产生原因”时，他表示：“除了不分善恶的庞大的商业需求之外，我们这个转型时代的价值体系的缺失，也是一个最重要的因素。”他将“恶俗”与整个文化生态联系在一起进行解读，竭力挖掘“恶俗”底下深层次的原因，“由于价值体系的混乱，导致了人们对于歌曲的艺术价值和社会价值的认知模糊，把庸俗当成时尚，以粗鄙为个性，从而构成了一种没有立场的恶俗的网络狂欢。”

不应指望用行政方式去干涉音乐传播

关于如何遏止恶俗歌曲的传播，江小鱼强调需要“靠民众自身的美学觉醒和道德重建”，而“不应该指望自上而下的用行政方式去干涉音乐的传播”，行政干预音乐传播是应该警惕的“一种倒退”。他对教育寄予厚望，认为整体美学素质提高“艺术教育显得尤为重要和紧迫”。

对于现在流行的一些网络歌曲，江小鱼认为“绝大部分艺术质量都不高，制作水准大部分听起来像听小样”。他推荐网友“多去听一些制作精良的传统意义上的音乐和歌曲”。

“恶俗”中的现代性

——歌曲《老鼠爱大米》的意识形态浅析

谢丹华

2004年，一首《老鼠爱大米》红透半边天，不仅跻身国内各大网站“热门金曲排行榜”，还登上了中央电视台的春节联欢晚会。“飞乐唱片”以500万元签约该曲后，同名专辑一周销量就达300万张！尽管《老鼠爱大米》自始至终都伴随着争论，然其成为当年一个引人注目的文化现象却是毋庸置疑的。

让我们首先来看看《老鼠爱大米》的文本：

我听见你的声音/有种特别的感觉/让我不断想/不敢再忘记你/我记的有一个人/永远留在我心中/哪怕只能够这样的想你/如果真的有一天/爱情理想会实现/我会加倍努力好好对你/永远不改变/不管路有多么远/一定会让它实现/我会轻轻在你耳边/对你说/对你说/我爱你/爱着你/就像老鼠爱大米/不管有多少风雨/我都会依然陪着你/我想你/想着你/不管有多么的苦/只要能让你开心/我什么都愿意/这样爱你

总体而言，《老鼠爱大米》文本简单、直白，用对话的口吻将从倾慕到爱恋的情感展现出来，透着初恋般清纯。然而这“清纯”最后竟被落脚在对爱情的另类诠释之上——“我爱你，就像老鼠爱大米”——成为整个作品最受争议的焦点：纯洁无上的爱情怎能和老鼠爱大米一个层次呢？用老鼠对大米的“爱”来比喻几千年来被视为至高无上的纯洁爱情，堪称当代社会把肉麻当有趣的恶俗典型。

《老鼠爱大米》何以能得到大众喜爱？从其平淡无奇的曲调和另类的歌词中，究竟透视出怎样的意识形态？

事实上，所有叙事背后都体现着一种价值取向。《老鼠爱大米》从备受诟病的恶俗而成为风靡一时的时尚，反映的是现代社会由工业文明所带来的异于传统社会的价值取向以及社会转型过程中传统性与现代性之间的矛盾冲突。

工业化社会所带来的审美感性化的趋向

工业文明中，由文化、艺术等精神生产的工业化而形成的“文化工业”，使文艺对心灵美学的重视，转向倚重眼睛和耳朵的快感。大众审美的日常形象被视觉化、听觉化了，成为凌驾于心灵体验和精神追索之上的感性存在，审美被推向感性化——“美丽”不在内涵，而成为画在女人浓妆上的媚态；爱情不在真情，而在于异性之间感官体验……这种由视听表达与感性满足所构筑的美学现实，颠覆了强调非功利的传统美学，营造了更具官能诱惑的实用美学，使追求感官享乐有了理性说法，从而使现代社会中的爱情也愈发少了形而上的内涵，而多了些直白实际。

所以在《老鼠爱大米》中，我们看不到传统爱情中“窈窕淑女，君子好逑”的优雅；也看不到“所谓伊人，在水一方”的纯洁；更看不到“天上掉下个林妹妹”的烂漫和“天长地久有时尽，此恨绵绵无绝期”的刻骨铭心。而是“声音”——“感觉”——“想”——“记得”——“哪怕只能够这样的想你”……这样一串具有清晰的感觉符号，张扬出的是一种强烈的、个人化的感性体验。

这种感受一方面是强烈地感官化的。上世纪那种对恋人“心灵美”的强调在这里完全被消解为一种虚无的感官感觉；歌词里无处不在的是“开心”、“愿意”、“陪着你”，而那种不在于朝朝暮暮久长时的“情”，却变得无影无踪了。

另一方面，这种感受突出的是个人化体验。传统的爱情强调对于爱恋对方的体悟，是一种由双向互动而形成的情的张扬！而在这里，情的对象仿佛醉眼朦胧，碎片化的“爱情”突出的更多是在“爱”的过程中“我”的个体感受——歌曲主人公的爱的发生是基于“听见你的声音”后那种“特别的感觉”，并由此而“不断想”、“不敢再忘记”、“哪怕只能够这样的想你”……从虚无感觉一下子跳跃到主观内在的感受，尽管不乏对个性独立的张扬，却也凸显了工业社会中人的孤独。

工业化社会所带来的审美物化倾向

在工业文明条件下，现代社会的一切（包括精神）都能够被以一种物质化的标准进行衡量，物质化成了一种特征。在《老鼠爱大米》中，一向被视为人区别于动物的最重要的特征的情感之爱，被喻为龌龊鼠辈对果腹物的欲望，看似犯了非常低级的逻辑错误，实则却是工业文明中物欲对人的精神家园粗暴积压所形成的社会心理的意识形态写照，是法兰克福学派所概括的现代大众文化的技术化、商品化、齐一化、强迫化特征的真切体现。

老鼠“爱”大米基于的是物欲所带来的功能满足。而事实上，当技术近乎能解决曾经困惑人类的一切问题，实现人类几乎一切梦想之时，工业文明以风卷残云般的态势把人类文明所形成的精神寄托荡涤一空！甚至纯粹的精神满足也被变得功能化、物质化了！物欲的满足似乎成了仅剩的感觉，爱情被拆解为“声音”的感觉、“耳边”的感觉、“身边”的感觉……等等“碎片”，对一切精神的追求都变成了消费，变成赤裸裸的金钱交易，“诗意的栖居”不再是精神的栖居，而成为别墅的代称；审美失去了想象，“没有愉悦，只有快感”，只有物化满足。

生死相许的爱人，决非老鼠充饥的大米。“老鼠爱大米”之泛滥，和“今年过节不收礼”等的恶俗广告一样，都不过是工业文明下物质化生活方式的象征。这个与传统悖逆的比喻，正如巴尔特所指出的，其功用不真实的正是关涉世界的这种准确性，这里，人们遇到了艺术的悖论，任何这样详细描述的比喻都不真实，但与此同时，这个比喻越具有偶然性，就越显得自然。

转型期社会中传统性与现代性冲突的反映

音乐不仅是审美，同时也是现实，是内心的反映，是情感的符号。它模仿生活感受，唤醒使人们沉浸其中的所有甜美和痛苦的情调。在几千年来一直很难将老鼠与“美”连在一起的中国文化中，《老鼠爱大米》之所以能够成为一种时尚，同样有着深刻的社会背景。

首先，从支撑这首网络歌曲的群体特征看，据统计中国网民中，18—24 岁的年轻人比例最高，达 35.3%；其次是 25—30 岁的网民（17.7%）和 18 岁以下的网民（16.4%）。35 岁以下网民总数 7596 万，占总数的 80.8%。这些构成网络歌曲创作和受众的主体的网民，出生和成长的时代正值改革开放之初，都市文化渐兴，西方文化蜂拥而入，他们自小接受的老鼠的形象是动画片里迷人的米老鼠（《唐老鸭和米老鼠》），搞笑机智的杰瑞（《猫和老鼠》）等。《老鼠爱大米》对鼠的翻案，无疑透射出西方工业文明对中国传统文化的冲击。

其次，支撑《老鼠爱大米》现象的中国年轻一族，正是独生子女长大形成的“新新人类”，从小在文化教育背景与之大相径庭的父辈的呵护管束之下成长起来的年轻人，有着追求个性独立和反叛传统束缚的强烈冲动。作为本身就是青春期写作的爱情歌曲，试图通过反叛在不理想的生存下为自己塑造完美的理想化的空间，正如弱小的老鼠对于强大的猫的反叛。他们通过音乐的进行的内心表达，通过“老鼠爱大米”这般与长辈全然不同的爱情，进行自我解放和释放，以求给自身一种其他方式难以得到的内在自由。

“飞乐”唱片热闹开张　天价收罗网络歌手

——“飞乐”总裁钟雄兵谈网络歌曲热销现象

君　子

近日，在大街小巷，无论你走到哪里，都会听到“我爱你，爱着你，就像老鼠爱大米……”的歌声，也许大家并不知道这首歌是谁唱的，但每个人却都能唱上两句，通俗易懂的歌词唱出了“爱人”之心！这就是由网络歌手杨臣刚创作、在网上风靡一时、而今红遍大江南北的网络歌曲《老鼠爱大米》。

网络链接的快速普及，为广大歌曲创作爱好者提供了广阔的展示平台，网络歌手凭借其特有的方式，带着自己创作的具有生活气息、体现生活状态的歌曲，走进了人们的生活。例如，前一段时间由哈尔滨工业大学在读学生郝雨创作的《大学自习曲》就疯狂流行于大学校园内，每天的点击率达四五十万次之高，而如今只要在网上点击，就会有成百上千网络歌手的名字弹出页面。如今网络传播对传统媒体和娱乐的影响力越来越大，网上歌手的迅速成名，逐渐开始被各大唱片公司所关注。

12 月 3 日，广东飞乐唱片有限公司在北京成立了飞乐唱片公司，这是广州“飞乐”正式进军北方市场的开始。在公司成立当天举行的发布会上，“飞乐”除了宣布唱片公司开业之外，还与西域刀郎潘晓峰、陈少华、陈星、正午阳光、黑客组合等歌手及乐队组合签约，但最令人震惊的是，他们竟以 500 万的天价签下了“网络创作歌手”杨臣刚，网络偶像歌手香香也被签于旗下。这一举动在中国流行音乐史上是极为罕见的。针对飞乐唱片的此次行动，笔者采访了广东飞乐唱片公司的总裁钟雄兵。

5000 万转型发行唱片

其实，提及飞乐签约网络歌手，就不得不提“飞乐”的转型。钟雄兵说：“过去，我们公司只做音像制品的发行，要向唱片制作公司买歌曲的发行版权。但做了这么长时间，我们发现其中一直存在一个问题，就是唱片公司为我们提供的版本与市场需求对应不上，市场上流行的版本他们不能及时提供给我们，这就等于说唱片公司和音像制品公司的合作脱离了市场。这直接造成我们生产的音像制品大量积压，所以我们要建立自己的唱片公司，培养自己的歌手，自己制作唱片，发行唱片，形成完整的产业链结构。因此，我们投资5000 万元在北京建立公司，就是要利用北京得天独厚的资源，发挥南北音乐人和歌手们的优势，全面进军中国唱片业。”

网络歌曲唱片走俏

那么，既然“飞乐”转型后的第一举措便是以天价收罗网络歌手，钟雄兵自然有独特的想法。他告诉笔者，为网络歌手发行唱片有三大优势：第一，在目前的情况下，如果唱片公司要推广一个新的歌手，首先就要在宣传造势上花费大量的人力、物力和财力。但前期所做的工作并不一定会取得好的后期效果，而网络歌手的最大特点是歌红人不红，在网络领域已经具有了一定的名气，并在网络上拥有了固定的听众群，所以推出网络歌手的唱片，只要将歌手个人加以个性化包装、宣传，再加上他们创作的音乐所显示的亲和力，就会很快占据唱片市场。

第二，唱片公司做唱片主要还是要考虑到市场，而用一句话来说明网络歌手唱片的市场状况，就是“有多高点击率就有多高销售量”，网站上的点击率是很难做假的，所有上网的人都可以看到。比如杨臣刚，大家在百度的搜索统计资料上可以看到，每天的搜索率都高达二十几万人次。网络点击率在一定程度上就代表了听众的购买力，而且，听众在网络上听到的歌曲只是网络歌手自己制作的歌曲小样，由于技术、设备等方面原因，听起来效果并不是很好。如果制作成优质的唱片，一定会受到更多歌迷的欢迎。据钟雄兵介绍，杨臣刚版《老鼠爱大米》的唱片现在处于供不应求的状态，短短两个星期的时间里已经卖了 30 多万张，很多中小城市处于断货状态，就目前的形势，再过一个星期卖到 40 万张不成问题。同时，香香版的《老鼠爱大米》也卖到了十几万张，网络歌手的唱片销售量也基本和国内一线歌手持平，甚至超过了一线歌手的唱片销售量。

第三，网络歌手受欢迎的原因还有，过去，大家主要听一些港台歌手的歌曲，但听了这么多年，在形式上没有太大改变。由于音像唱片市场的不景气，港台的唱片制作也不像原来那么精良，同时，港台的一些传统习惯与内地有所不同，听起来会感觉离我们的生活很远。所以，当大家听到网络歌手创作的这种本土化、口语化的歌曲时，会有一种全新的感觉，让人觉得这种歌曲接近大众的生活，而只有真正来源于生活的作品，才能与听众的心灵产生共鸣。

根据目前网络歌手唱片的销售状况，钟雄兵预测，2005 年，唱片市场将是网络歌手的天下。他表示，“飞乐”如今正在和更多网络歌手谈签约条款，今后还会把重点放在发行低端唱片上，为内地唱片业增添特色音乐；同时，他还告诉笔者，他们公司的网络歌手现已受到湖南卫视和中央电视台春节晚会的邀请，但具体事宜还在进一步协商中，不过钟雄兵表示大家很快就会看到网络歌手的全新形象了。

水木年华：网络改变唱片工业

水木年华，男子二人演唱组合，其成员卢庚戌和缪杰均毕业于清华大学。多年的专业理工科教育让他们对网络有比其他歌手更深入的认识，而职业歌手的身份也让他们独特地关注今天的流行音乐。

互联网周刊：网络音乐这种说法已经流行开了，你们对它怎么理解？

水木年华：网络音乐只跟传播的方式有关，与通常的流行音乐无异。现在是多媒体时代，我们签约歌手会全方位地宣传自己的歌曲，这包括电台、电视台、平面媒体，还有网络。而没有签约的网络歌手除了把作品放到网上，没有其他的选择。网络是一个自由的地方，这是网络歌手唯一的宣传渠道。

互联网周刊：网络在推广音乐方面有那些优势和劣势？

水木年华：媒体是歌手跟歌迷之间的桥梁，但也可以说媒体是一层“防火墙”，它把自己不喜欢的，认为不好的东西隔离起来不让歌迷接触。以前，歌手要把自己的作品展现给听众，必然要经过媒体这个桥梁。但是现在网络歌曲绕开了传统媒体，一改过去B2C，变成了直接的C2C，开辟了一条新渠道。但结果就是无论好的坏的，一股脑儿都交给听众，听众必须自己选择要去听那些歌。

虽然通过网络传播歌曲比较直接和客观，但网络歌手还是可以“炒作”。比如在各大论坛上疯狂发布自己的歌，也可能换个“马甲”（账号）来拍自己马屁。不过如果作品本身不好，再怎么吹牛也是不行的。

互联网周刊：你们这些签约歌手是否也看重网络这条渠道呢？

水木年华：以前没有刻意地利用网络宣传自己，但是现在开始重视起来了。两年前，我们在网上看到了一个歌曲Flash的排行榜，出乎意料的是，我们的歌《一生有你》有100多个版本的Flash，排名第一。这些Flash都是网友自发制作的。那一次我们认识到网络媒体不可忽视，所以就成立了自己的官方网站来提升人气。

互联网周刊：很多歌手通过网络被唱片公司发现，成了签约歌手，这是否说明唱片工业与网络渠道存在着一定的联系？

水木年华：当然有联系，网络渠道迟早要给唱片业一个天翻地覆的改造，因为网络会改变人们生活的每一个细节，唱片业不可能幸免。但同时需要一个控制机制，因为这将牵涉到版权的问题，因为职业歌手制作音乐的成本很高，需要尊重知识产权。

这还会改变唱片工业的运作方式，国外很多地方的消费者已不必到音像店去买CD，通过网上支付就可以下载歌曲。即然这样，歌手也没必要非得凑齐十几首歌才出一张专辑——那是受到了光盘容量和磁带长度的限制——可以制作出一首，就拿到网上发行一首。现在，很多歌手就是因为凑不齐歌曲，专辑才迟迟推不出来。

互联网周刊：为什么很多网友也喜欢听普通人翻唱经典曲目的网络歌曲？

水木年华：这可能有两种情况。一是网友翻唱的确实比原唱好，中国那么大，嗓子好又有才华的人有很多，他们缺的只是机会；二是大家听大牌歌手的歌听烦，想听点新鲜的。

互联网周刊：普通人用电脑录制的歌曲，质量能达到什么水平？

水木年华：理论上，软件能代替一切东西。像李延亮（著名吉他手，与许巍、水木年华等歌手保持着合作关系）出版的DIY专辑，就是用一台破PC。现在一台PC已经实现了录音棚所能实现的大部分功能，对于一个真正的音乐爱好者来说，一台电脑足够实现很多梦想。而且国能听众很少挑剔到发烧级的水平，大部分人还是听感觉、听内容，就像某流行歌手用的录音设备很简陋，他的专辑一样卖得好；十年前，《校园民谣》那张专辑也没什么配器，就是几把吉他噼里啪啦的伴奏，照样大卖。现在的汽车音响、随身听和破耳机很难分辨出制作得精良还是粗糙，稍好一点的麦克风的录音效果听着就和专业录音差不多。

互联网周刊：从雪村到杨臣刚，都成为了央视春节晚会上的明星。这些民间的流行已经火爆到进入主流媒体的程度，怎么看？

水木年华：网络歌手和其他歌手没有本质的区别，只是他们通过网络成名。筛出来的网络音乐肯定是上网的老百姓觉得好的东西。这不排除那些作品音乐价值很高，但也可能迎合了人们某个时期的品味，存在讨巧的成分。比如前几年流行过“该出手时就出手”，也流行过“俺们那嘎瘩都是活雷锋”……歌手究竟实力如何，还是让时间说话吧。

网络歌曲——有待规范的朝阳产业

杨 茜

网络下载侵权严重

2005年9月，由于在MP3搜索下载服务中提供未经版权人授权的歌曲，百度被歌曲版权人上海步升音乐文化传播有限公司告上法庭。北京市海淀法院认定百度侵权，判令其立即停止涉案歌曲的下载服务，并赔偿步升音乐公司6.8万元。法院审理认为，用户并未向“百度”搜索系统发出查询指令，而是通过点击相关网页上的“MP3”、“歌手列表”等链接标识访问到载有涉案的“歌曲列表”网页；当用户访问下载涉案“歌曲列表”网页时，网页自动弹出的下载框注明该MP3文件来自“mp3. baidu. com”，同时网页刊有雀巢咖啡、摩托罗拉手机等商品广告；其下载的MP3歌曲与步升公司出版CD中的歌曲内容相同，而百度没有已被授权的证据，故判百度侵权。因步升公司提供的1张光盘与其他5张封面有区别，法院未主张该光盘中12首歌曲的权利，故判令百度立即停止侵权并按照每首歌2000元的价格赔偿步升公司34首歌曲6.8万元。

2005年9月底，七大唱片公司状告百度公司侵犯信息网络传播权案在北京市第一中级人民法院开庭审理，七大唱片公司要求百度赔偿经济损失和调查费用共计167万元。七大唱片公司在法庭上宣读起诉状称，百度公司在未经七大唱片公司许可的情况下，在百度网站上对七大唱片公司录制的陈慧琳演唱的《记事本》等137首歌曲提供给网民免费下载，而这些歌曲的信息网络传播权应该分别为七大唱片公司所有。这和此前的“步升状告百度案”相比，这场官司在涉及数额和规模上更加引人注意。有敏感的观察者表示，这是传统音乐传播渠道在互联网时代和互联网传播渠道的一次撞击，两者的较力深层次里是新旧两种媒介力量的博弈。参与状告百度的七大唱片公司是：环球唱片有限公司、华纳唱片有限公司、金牌娱乐事业有限公司、EMIGROUP香港公司、索尼BMG以及它们的中国子公司新艺宝和正东唱片的代理人。

2005年10月，流行歌曲《回心转意》词曲作者侯强将北京龙腾阳光科技发展公司告上法庭，指责对方未经授权把该歌曲制成彩铃供手机用户有偿下载，要求对方赔偿88万元。此案在朝阳法院开庭审理。这是继水木年华成员卢庚戌起诉后，龙腾阳光公司遭遇的第二起彩铃纠纷。代理人冯福增律师称，龙腾阳光公司未经侯强的授权，把歌曲制成彩铃供手机用户有偿下载，从2004年11月到2005年8月，收入达140万元，根据移动运营商和彩铃公司“二八分账”的约定，他认为龙腾阳光公司获利88万元，为此按照这个数额要求赔偿。

随着《互联网著作权保护办法》的实施，网易宣布停止MP3搜索服务，百度也删除了3000多个MP3下载的链接。国内几家音乐公司开始对网上盗版音乐链接进行“监控”，一旦发现盗版MP3下载地址便要求删除。显然，这是一次“海量式”的监控，也是一次艰难的“拉锯战”。据国内少数几家拥有正版音乐下载权利的源泉公司游女士称，他们采取的监控办法是，开发一个新系统统计出某首歌网上所有提供下载的网站，将这些网站与唱片公司核对，找出盗版网站。

在线音乐盗版如何运作

挣扎于正版与盗版之间，在线音乐市场目前已经形成了一明（正版产业链）与一暗（盗版产业链）争食的形势。只不过盗版产业链已经基本成熟，并且抢占了大部分市场，而正版产业链内部很难达成一致，令正版市场前景堪忧。目前在线音乐盗版主要来自P2P网站。这种P2P网站现在有两类：一类是由个人爱好者通过上传自己爱好的音乐作品而形成的小型网站，大多为免费的、非营利的。有的稍微做大一点会增加一些广告，取得一定的收入。这种小型P2P网站现在有两三千家以上。另一类是由一些公司经营的大型商业网站，它们是盗版产业链最赚钱的一部分。音乐来源主要通过自己每次上传上万首歌，或者会员之间通过共享服务器交换，再由网站编辑。

这种大型的网站目前存在两种盈利模式。一种是靠音乐本身赚钱，下载的价格非常低。例如有的网站实行低价包月，20元钱包一个月，几十万首歌随便下，它有几百万的会员，每个月的销售额能达到700万—800万元。另一种是通过免费下载带来大的流量，做周边产品开发。周边产品包括手机铃声下载、短信和广告。其中手机铃声下载是最主要的盈利途径，广告数量不是很大，但种类很多，包括手机短信交友、网站会员注册等。

和基本成熟的盗版产业链比起来，在线音乐的正版产业链则因版权分成的矛盾而遇阻。目前在正版的这条产业链条上有内容提供商、服务提供商、版权监测机构和网络运营商四部分。下载一首歌曲的费用是1元—3元不等，这笔费用的15%给运营商，剩下85%由服务提供商与内容提供商分。

在85%的费用里，服务提供商与内容提供商对分成很难达成协议。美国在这方面已经有三七分的模式。五大唱片公司是主要的内容供应商，在国内也要求按照美国的模式分成。国内的服务提供商认为提供付费下载本身的成本就非常高，不仅要付给内容提供商一笔不小的授权费用，还要面对其他的服务提供商盗版的成本。所以这种三七分成是国内的服务提供商们不愿意接受的。

在传统的唱片时代，国内的分成标准是唱片公司将唱片销售额的6%分给著作人。由于在线音乐的出现，著作权人可以直接和网站去谈生意，所以现在著作人认为在网络上的传播不能再维持原来的分成标准。这样，唱片公司的地位正在下降。另外，MP3 下载不像铃声下载，只包括曲子，它包括词作者、曲作者、制作者。服务提供商除了要跟唱片公司谈，还要跟不同的著作人谈。这几方面若有一方不同意，服务提供商就拿不到全部版权，这对服务提供商来说既麻烦又要冒风险。

网络下载的巨大商机

作为一种有利于网间传播的压缩文件格式，MP3 音乐出现于 20 世纪 90 年代后期，仅仅数年之间就在全球范围内得到广泛的普及，近年来的发展速度更为加快。根据国际唱片业协会日前公布的资料，网上合法的 MP3 音乐下载，2003 年的下载量还只有 2000 万次，一年之后便暴涨 10 倍，达到 2 亿次以上。统计显示，2004 年合法提供的音乐曲目多达 100 万首，网上发行音乐制品的总收入为 3.3 亿美元。

与之相比，非法提供 MP3（或其他格式压缩文件）的音乐网站不计其数，其经济价值更是无从统计，但至少应在 100 亿美元以上。这样说的根据是，全球音乐产品产值早在 1999 年即已达到 400 亿美元，但在 5 年之后不增反跌，下降至 320 亿美元。网上大量的盗版行为是导致产值下降的一个主要原因。与非法下载紧密相关的，是一个蒸蒸日上的 MP3 播放器市场，以及目前正红火异常的搜索引擎行业。由于有大量的网上免费资源做支撑，国内 MP3 播放器市场近年来发展的势头非常之猛，可以说是“翻着跟头”增长。就搜索功能而言，目前国内国外知名的搜索引擎几乎都提供 MP3 文件的搜索服务，而且这项服务已经日渐成为其主要的业务内容之一。

在2003 年中，全球手机铃声下载业务的市场销售收入高达 25 亿美元。同期美国市场该业务的销售收入为 8000 万美元，比 2002 年增长了 3 倍。2004 年美国手机铃声下载业务的销售收入达到 1 亿美元。目前美国市场上手机铃声的下载收费标准通常在每首 99 美分到 2.49 美元之间，价格差异主要取决于铃声的声音质量。但许多手机用户对这些价格并不怎么在意，只要自己喜欢，他们就会下载相关的铃声。目前美国使用手机铃声下载业务的人群年龄在 16 岁到 34 岁之间。如果使用了新手机铃声后，手机使用者和拨打者都能听到相应的新铃声。看到了手机铃声市场的巨大潜力，美国主要的移动通信运营商们都对此心动不已。这些运营商有的已开通此项业务，没有开通的也将在不久后开通。显而易见，如果手机铃声下载业务日益红火起来，最大的赢家并不仅仅是移动运营商，各大唱片公司也将从中获取丰厚的商业利润，而从中牵线搭桥的手机铃声内容制作商同样也能借此大捞一把。

新技术终将取代旧技术。在互联网日渐普及的今天，MP3 也必然影响和左右唱片业的发展。有关调查数据表明，今年全球在线音乐服务的收入可达 16 亿美元。预计到 2007 年，欧洲市场将达到 13 亿欧元，美国市场也将达到 20 亿美元。5 年后，全球网上音乐制品的销售额有可能达到唱片业总销售额的 25%。

促进网络歌曲的健康发展

互联网世界，并不意味着一切信息都可以免费获得。虽然这个道理大家都懂，然而在真要面对收费的时候，却不一定能够接受得了，音乐就是如此。在许多人看来，从网上免费下载音乐似乎是一件天经地义的事，感觉并没有什么不妥。但事实是这样做明明白白地违反了“知识产权保护”法。

目前在中国 7000 多家音乐网站中，只有不足 20 家拥有合法的内容提供权。为了加强打击网上侵权行为，香港工商及科技局局长曾俊华建议，业界成立基金向侵权者提出民事索偿，同时设立一个提供合法下载音乐的收费网站，以配合新科技的发展。我们如果仍采用 19 世纪的销售方式，在 21 世纪进行买卖是行不通的，我们一定要采用 21 世纪的销售方式来做 21 世纪的生意。网上下载，我们只能是促进其健康、有序发展，而不是限制。

多年来，网民早已习惯了免费的互联网服务，从免费资讯到免费邮件，从免费 IM 到免费软件下载。而高举知识产权保护的大旗，进而全面实施 MP3 下载收费，在目前的这种大环境之下，似乎是有些不合时宜的，有些操之过急。收费肯定是个大方向，关键只在时间点的把握。过度的知识产权保护，跟不保护的危害一样大。

产业链的上下游企业平心静气地坐下来，在现有的法律框架之内，寻求相互间的利益平衡点，商讨一个共赢的、与时俱进的商业模式，当是明智之举。百度已经和一些国际及国内音乐版权组织的版权授权监控方达成协议，从 10 月份开始将铃声下载服务指向正版合法的音乐下载地址，并逐步将音乐下载中的非法链接取消，在铃声下载的收入中获得分成。

当音乐和网络碰撞出火花

——由首届中国（台州）网络音乐节想到的

王　科

如果没有首届（台州）网络音乐节的举办，就不会让那么多人同时认识了台州这一蓬勃发展中的城市，就不会有浙江电信时尚动感的全新亮相，也不会有众多网络音乐爱好者齐聚台州，共赏乐符之美妙，记者更不会得以在北京飘摇而短暂的秋季之后再次领略南方秋的美好。毫无疑问，音乐和网络碰撞出来的火花是璀璨的，既推销了自己，又愉悦了大家。

大雨中 e 歌晚会座无虚席

“雨逢贵人来”，为迎接当晚来自五湖四海的朋友，台州飘起了雨；尽管主办方担心这一场过于“热情”的雨会为参与者带来不便，但现场的情况却是，观众们丝毫不减对这一网络音乐盛典的热情，当晚的“星”光极其灿烂。作为建市以来最大规模的一场演唱会，台州万人空巷；20时，漫天飞舞的烟花伴着秋雨与现场的 3 万多名观众共同欣赏了网络音乐节的开幕式——“e 歌无限 · 电信之夜”大型演唱会，见证了网络音乐节的盛大开幕。

演唱会由《序曲》、《点击中国》、《联网世界》、《e 歌无限》及《尾声》5 部分组成。当杨臣刚、香香、唐磊、东来东往等众多当红网络歌手带来的《老鼠爱大米》、《猪之歌》、《丁香花》、《别说我的眼泪你无所谓》等多首耳熟能详的经典网络歌曲在台州体育场响起时，与现场观众产生了极大的共鸣，人们在雨中忘情地挥舞着荧光棒，一次次地沉浸在网络音乐美妙世界里。而当晚，来自中国台湾的歌手蔡依林、罗志祥、徐怀钰、周杰轮和周华健的登场，更是把现场的气氛一次次地推向了白热化。最后，在《世界触手可及》的大型舞蹈中，整台晚会圆满落幕。据悉，当晚 5000 多网民同时点击中国网络音乐网（www. e – music. com. cn）观看现场直播，共同见证了这一历时近 3 个小时的网络音乐盛事。

音乐节　留给我们的启迪

启迪一：为电信搭建一个树立品牌、扩大影响的平台

“浙江”在很多人的心目中都是“经济发达”的代名词，为响应浙江省文化厅今年提出的“建设浙江文化大省”的号召，台州市委书记蔡奇陷入了思考之中：如何能在彰显台州经济实力的同时体现台州的地方文化特色，又能张扬台州新面貌呢？正流行的网络音乐节给了蔡书记很多的灵感，举办网络音乐节策划案应运而生。

网络音乐节的举办无疑是为各地的音乐爱好者和网民提供了一个聆赏流行网络音乐与展示音乐才华的时机，生动地展示了台州市时尚、活力颇具时代气息的一面，也为本次音乐节的主办方之一的台州电信搭建了一个树立品牌形象、扩大影响力的平台。

以电信命名的演唱会圆满落幕，通过现场观众和各地方媒体、主流媒体，尤其是中央电视台和中国网络音乐网地线直播，使得中国电信品牌名声远扬。据统计，自 8 月 25 日本次由中国卫联网络协会、中国轻音乐学会、浙江省电信有限公司、台州市人民政府联合主办的全国性大型文化活动在北京召开新闻发布会，网络音乐网同步开通，到报名截止这短短 40 多天的时间里就有 200 多万人相继登录网站浏览相关信息，日均点击量均保持在 5 万人以上。另外，报名参赛的选手，除宁夏和澳门外，包括台湾在内的全国各省（市、自治区）及香港特别行政区均有选手报名参加，共中台州本地选手就达 299 人之多；此外，新西兰、美国也各有一位选手报名参赛。

网络音乐节无论对于舞台上的歌手还是舞台下的听众来说，都是一次网络音乐的盛典，但台州电信才是这场盛宴里最大的主角。站在网络音乐的舞台上，台州电信代表整个中国电信鲜明地传达出这样的讯息：如果你们还把电信看成是仅仅提供固定电话传统业务的运营商的话，那可就大错特错了；连时下最流行的网络音乐我们都可以搞得有声有色，那么还有什么新鲜通信业务是我们所提供不了的呢？

启迪二：新形势下电信推进信息化的超级策划

如何打造台州的文化“软实力”以及如何推动城市的信息化建设，台州市政府和台州电信为此牵手达成了共识——那就是让城市的建设搭乘网络的信息化快车；至此，由台州电信举办的“网络应用及产品展览会”在各界的关注下隆重登场。台州电信公司总经理张建国主持了开幕式，信息产业部原党组成员、纪检组长常延延，信息产业部计算机网络管理中心副主任、中国互联网协会秘书长黄澄清及台州市领导朱贤良、王文娟、卢子跃、樊友来等为开幕式剪彩。

网络应用及产品展览厅位于台州电信大楼一楼，展区面积1600 平方米，展会内外块块大小不一的风帆造型，诠

释了“信息传承文明　科技领航未来”主题，展会按功能划分为社会信息化展区、互联网应用区、通信产品展示区、网络娱乐区、IPTV展区、通信产品展区、赞助商展区这六大展区。本次展会上，华为、UT斯达康、中兴、联想、杭州贝尔等全国知名的通信设备和计算机制造商、软件开发商悉数登场，参展的网络展品涉及的领域广阔，代表了目前国内IT的技术水平。3G手机、IPTV（网络电视）和QBOX无限通信等最新鲜、最热门的通信业务也都亮相台州。

“21世纪最宝贵的是什么？是人才！”这是一句耳熟能详的电影台词，换个角度我们也可以这样理解：21世纪最闪光的是什么？是有创意的策划。台州电信公司趁中国网络音乐节在台州举办之机推出网络应用及网络产品展览的活动无疑就是一成功的典范，使得这一原本旨在宣传电信网络活动由于和当地政府的合作而提升为一个颇具社会意义及影响力的文化主题活动，这个策划相当成功。

启迪三：有力地推动了网络音乐产业链的构建

音乐将这个世界联为一体，网络使这种联结变得更加紧密；当音乐遇上网络就衍生出了时下最流行的网络音乐，在网络音乐的正当红阶段推出的网络音乐歌会很快就成为网络音乐人中的一个盛大派对。根据赛事统计数据显示，在网络歌会的海选阶段，中国网络音乐网共收到1656名歌手上传的2243首参赛歌曲。

就像一位网名为candyshop、留学新西兰的中国留学生选手在网络音乐网上留言说的那样：通过网络这个平台，音乐以一种快乐的方式传播着。是的，网络音乐是快乐的，它的魅力就在于它是一种很自由的娱乐方式，每个网民都可以上传自己或原创或翻唱的音乐作品，将自己的音乐才华与人分享。但这种自由也不能是无限度的，无限度的自由不利于网络音乐的长期发展，在业界还没有明确的法律法规来规范的前提下，网络音乐将来是否健康发展已经引起很多社会人士的担忧。

政府和电信运营商的适时加入就为网络音乐今后的发展注入了一股规范化的力量，引导着网络音乐向着更健康、更有秩序、更符合市场需求的方向发展。同时，也推动了网络音乐产业链的构建，链条上的成员越多，网络音乐才会更有市场，不至于昙花一现。

留下的不足之处

首先举办的网络音乐节由于缺少经验还有一些地方不尽如人意。比如，尽管此次音乐节的举办加入了很多市场化运作的元素，但参与运作和策划的主要力量还是地方政府和电信运营商，这就在一定程度上限制了网络音乐节影响力的传播。如果能有更多的来自全国其他城市的策划公司和演出公司参与进来，尤其是更多SP的参与，必然会将网络音乐产业链拉长，增加产业链上的环节。在这样的前提下产业链各环节如果能发挥自己应有的作用，就能把网络音乐节打造成一个更大范围内的盛典，并可提供持续的效力和影响。

附 录

附录一："网络歌手走红"搜索关键词

网络歌曲、网络歌曲商机、网络歌曲低俗化、网络搞笑歌曲、网络歌曲《老鼠爱大米》、《两只蝴蝶》、网络歌曲著作权、网络歌手、网络歌手现象、当红网络歌手唐磊、庞龙、网络音乐、华语网络歌手、恶俗网络歌曲、通俗网络歌曲、网络歌手走红

附录二：A类文章目录

- 网上飘来首发音乐——国内第一支网络首发歌曲在人民时空诞生/史律//互联网周刊 2000－07
- 网络音乐的崛起/刘钰//世界博览 2000－10
- 网络音乐：一场音乐革命/周洁　白木//实用影音技术 2001－08
- 网络音乐：音乐工业的新商机/陈建国//市场观察 2002－05
- "飞乐"唱片热闹开张　天价收罗网络歌手——"飞乐"总裁钟雄兵谈网络歌曲热销现象/君子//中国文化报 2004－12－13
- 网络上，一首温州话的火爆歌/王永胜//温州了望 2005－01
- 刀郎们纷纷"脱网"/曹键//新华每日电讯 2005－01－04
- 网络歌曲管饱，但不管营养/凌波//中国文化报2005－01－26
- "老鼠"闹春晚的背后/欧东衢//贵阳日报 2005－02－20
- 迈进网歌新时代/王琳//互联网天地 2005－02
- 从网络流行歌曲看网络对青年文化价值的传递/项国雄//新闻与传播研究 2005－02
- 新浪"网络中国"盛典惊艳亮相/凌平//经营者2005－02
- 浅谈网络歌曲/李灵艺//中共郑州市委党校学报2005－05
- 水木年华：网络改变唱片工业//互联网周刊 2005－06
- 华语网络歌手网上竞风流/杨煜普//北方音乐 2005－07
- 网络歌曲火爆是过眼云烟？/周珍//中国文化报2005－08－01
- 开创网络音乐新天地/林远锦//台州日报 2005－08－27
- 中国首届网络音乐节迎来"开门红"/林远锦　郑攀//台州日报 2005－09－30
- 网络歌曲——有待规范的朝阳产业/杨茜//电子出版 2005－10
- 网络歌手的幸福生活/安妮//电脑技术－HELLO－IT2005－11
- 当音乐和网络碰撞出火花——由首届中国（台州）网络音乐节想到的/王科//中国新通信 2005－12
- 第五届金唱片奖评选启动//音乐周报 2005－12－16
- 网上唱响"新莲花落"/章利霞//浙江日报 2005－12－20
- 网络歌曲　想唱就唱！/潭萍//北方音乐 2006－01
- 计算机互联网络媒体的音乐传播优势/聂芳//中国音乐 2006－01
- 网络金唱片奖吸引原创音乐/赖名芳//中国新闻出版报 2006－02－08
- 互联网最红网络歌曲排行榜//现代计算机（普及版）2006－03
- 网络歌曲秀场　人气大盛/刘越山//时代潮 2006－04
- 网络音乐崖略/苏青//音乐艺术—上海音乐学院学报 2006－04
- 网络歌曲商机凸显　唱片公司大呼"芝麻开门"/陈汉辞//第一财经日报 2006－04－26
- 破蛹新生　蝴蝶展翅飞翔　花落花开　玫瑰再度绽放——庞龙访谈/顾峥兴//互联网天地 2006－05
- 网络歌曲对青少年综合素质的影响/程海艳//文教资料 2006－15
- 看网络音乐转正/明盛//中国计算机报 2006－06－26
- 孙楠：我的缘分天空/孙瑾　裴永宅//世界高尔夫 2006－07
- 网络歌手首获金唱片奖/谭丽莎　徐民//中华工商时报 2006－08－14
- 网络音乐与传统音像的关系：是促进而非替代/王建元// 中国文化报 2006－08－21
- 网络音乐逼音乐产业变局？/刘海　苑坚//中国税务报 2006－08－30
- 流俗独立 OR 经典流行才是王道/琳距离//京华时报 2006－11－19
- 流行音乐不必拒绝网络歌曲/潘凤亮//中国文化报 2006－11－29
- 政策出台　网络音乐趋于规范/马春茂//中国计算机报 2006－12－20
- 看好网络音乐："钱"途无限的网络艺术产业/熊晓萍　林安斯//创业者 2006－13
- 网络有理　流行无罪——透视网络歌手现象/金小炬//观察与思考 2006－19
- 网络歌手的风格特征及文化价值/周希正//学习月刊 2006－22
- 疯狂的网络音乐/纪亮//中外管理 2007－01
- 文化部新规为网络音乐发展护航/梅倩//中国知识产权报 2007－01－05
- 星文唱片："一网"网尽"红人"/郎晓黎//通信产业报 2007－03－05
- 网络音乐——音乐传媒的一场革命/梁茂春　李姝//人民音乐 2007－09
- 网络歌曲：抵制不如竞争/王石川（媒体评论员）//长江商报 2007－10－22
- 对网络歌曲不必另眼看待/匡生元//中国新闻出版报 2007－10－23
- 徐沛东：并非一竿子打死网络歌曲/李懿//东方早报 2007－10－23
- 鼓励网上的音乐文化活动　加强引导——文化部党组书记、副部长于幼军代表在十七大新闻中心"重视未成年人教育"主题专访中答美国记者问/文松辉//人民网—文化频道 2007－10－23
- 关注网络音乐创作　营造良好音乐文化风尚/徐沛东//中国艺术报 2007－10－26
- 网络歌手都是顺应时代潮流而生/刘志文//中国新通信 2007－16
- 网络歌曲成就流行音乐传奇//中国新通信 2007－16
- 网络音乐的走俏引发音乐产业一场大变革/白炜//中国新通信 2007－16
- 网络音乐：流行乐坛闹革命//中国新通信 2007－16
- 网络音乐带来美妙"钱景"//中国新通信　2007－16
- 网络音乐：未来音乐的主流载体//中国新通信 2007－16
- "不要棒打一片，我们通俗，但不恶俗"/百欣//中国文化报 2007－11－09

附录三：B类文章目录

- 网络音乐：唱片公司心头的痛/蓝鸟//广西日报2000－10－19
- 当红网络歌手唐磊遭受侵权折磨/裴宏//中国知识产权报 2005－02－02
- 网络歌曲啥都敢唱，越脏越流行？/张颖　文竹//新华每日电讯 2005－02－26
- 网络歌曲太成问题/王贝，赵宇清//黑龙江日报2005－03－23
- 网络歌曲小心前面带刺的玫瑰/牛春梅//北方音乐 2005－06
- 网络歌曲大多没有版权　网易叫停 MP3 搜索服务/贺文华//北京娱乐信报 2005－08－17
- 王蓉：网络歌曲水平太低/刘葳漪//北京晨报 2005－09－07
- 网络歌手杀入乐坛起争议//黄河之声 2006－01
- 互联网——流行音乐的乌托邦——对于网络流行音乐选择的民主性的质疑/凌馨//法国研究 2006－01
- 《下辈子不要做男人》等遭遇侵权　网络歌曲再起纠纷/苏蕾//北方音乐 2006－03
- 十大恶俗网络歌曲榜单验证了网络音乐之堕/韩浩月//千龙网 2007－03－02
- 不告而取《芙蓉姐夫》/晓邹//中国新闻出版报2007－04－11
- 网络歌曲，别说我的流行你无所谓/王建浩//中国教育报 2007－05－12
- 扫扫网络歌曲的"垃圾"/李红艳//北京日报 2007－10－23
- 重拳砸向恶俗网络歌曲/本报综合报道//郑州晚报 2007－10－23
- 优秀的词作者都去哪儿了？/关东客//光明网—光明观察 2007－10－23
- 音协抵制恶俗网络歌曲　痛批《老鼠爱大米》//北京晨报 2007－10

-23
- 批网络歌曲恶俗风气/文松辉//中华新闻报 2007-10-24
- 为业界所诟病　网络歌曲：除了拍砖我们还能做啥？//泉州晚报 2007-10-25
- 恶俗网络歌曲走红的原因值得反思/艾琳//中国文明网 2007-10-25
- 网络歌曲为什么越恶俗越流行/文静//中国青年报 2007-10-29
- 音乐界迎战网络歌曲恶俗风/李韵//光明日报 2007-10-31
- 网络歌曲，想说爱你不容易/张蕾//音乐周报　2007-10-31
- 旗帜鲜明地反对网络低俗之风/王永民/光明日报2008-01-27

附录四：C 类文章目录

- 歌手说网络音乐/朴子//音乐天地 2000-06
- 网络音乐著作权保护的法律思考——从 MP3 现象谈起/刘燕//贵州师范大学学报（社会科学版）2002-06
- 网络音乐尚未诞生/邵一//中国文化报 2000-12-07
- 网络音乐作品的著作权保护/谢玉训//中国政法大学 2001
- 网络音乐的多文化视角研究/胡斌//人民音乐 2002-11
- 从 Napster 案、Grokster 案看网络音乐作品的版权保护/赵莉　郭宝明　王利　高娅//电子知识产权 2003-07
- 国内首例网络音乐侵权案落槌//中国电子与网络出版 2003-10
- 网络音乐纷争/杨涛//知识经济 2004-06
- 网络歌手一成名就被“商业机器”招安/张彦　曹健//经济参考报 2005-01-24
- 唐磊和他的《丁香花》/王剑锋//深圳特区报 2005-01-30
- 关于 MP 数字化网络音乐作品的著作权问题/于胜刚//烟台教育学院学报 2005-02
- 网络歌曲：快餐还是垃圾？/凌波//四川日报 2005-02-25
- 网络：民间音乐的狂欢舞台？/易芝娜//北方音乐 2005-03
- 网络歌手：蹿红=速朽？/何雄飞//河北日报 2005
- 网络歌曲：快餐乎？垃圾乎？/凌波//中国审计报 2005-03-11
- 网络歌曲缘何走红/蒋林//广西日报 2005-03-17
- 网络音乐研究之检讨/杨春圃//兰州大学学报（社会科学版）2005-04
- 网络音乐的现状分析/姚琦　易柯//音乐探索 2005-04
- 网络音乐，流行乐坛救世主？/林瑞华//中国文化报 2005-05-11
- 网络歌曲/柯秉刚//北方音乐 2005-05
- 网络歌手的动物乐园/贾妍//计算机与网络 2005-05
- 网络技术与网络音乐文化对音乐艺术教育的影响/李杰鹏//云岭歌声 2005-05
- 网络歌曲：高歌猛进还是昙花一现/张　帆//济南日报 2005-05-31
- 网络歌曲演绎高雅与恶俗的较量/张海志//中国知识产权报 2005-05-31
- 论我国著作权转让登记公示制度的构建——从著作权的“一女多嫁”谈起/黄玉烨　罗施福//法律科学—西北政法学院学报 2005-05
- 别说网络歌曲你无所谓/阮志斌//东方艺术 2005-06
- 在百度新闻搜索中输入“网络歌手”，最先遇到的五个名字是：//互联网周刊 2005-06
- 伍洲彤：网络歌手称号将会淡化//互联网周刊 2005-06
- 网络音乐　路在何方/周军//电脑应用文萃 2005-06
- 热闹之中看门道/宋妍//互联网周刊 2005-06
- 两只“老鼠“抢“大米”——谁动了网络歌《老鼠爱大米》/祁建//工会博览 2005-06
- 网络歌曲能走多远/刘向阳//电子出版 2005-08
- 茶余饭后话爱情歌曲——兼评网络歌曲《老鼠爱大米》/枚川//词刊 2005-09
- 网络歌手：你的星光是否依然灿烂？/阿俊//中国审计报 2005-09-16
- 打击盗版又有新招　网络歌曲只能链接不能下载/王晓玥//北京现代商报 2005-10-24
- 网络歌曲能火多久？/吴明//科学与文化 2005-10
- 数字音乐版权革了谁的命？/林遐//新经济杂志2005-10
- 网络音乐：向左走、向右走？/小刀马//电脑知识与技术 2005-19
- 网络音乐的喜与忧/张贺//人民日报 2006-08-18
- 从几首网络歌曲谈起/吴广川//词刊 2006-01
- 网络歌手：可能就是你的远亲近邻/王研//新华每日电讯 2006-02-18
- 近距离接触网络歌手/王研//中国改革报 2006-02-18
- 论网络音乐作品著作权的保护/王征//政治与法律 2006-02
- 网络音乐作品著作权的保护的几点建议/曾冰//湖南环境生物职业技术学院学报 2006-03
- 版权转让中的交易风险规避问题分析——《老鼠爱大米》一案所引发的思考/徐聪颖//电子知识产权2006-03
- 论网络音乐的继承、创新与发展/李志刚//星海音乐学院学报 2006-03
- 都市民间文学之网络搞笑歌曲在校园中流传的调查报告/马琼//榆林学院学报 2006-05
- 网络艺术的现状与产业化趋势/熊晓萍//文艺评论 2006-05
- 网络音乐带给教师的思考/袁枫//中国音乐教育2006-05
- 让网络歌曲唱响山城/罗志宾　熊锐//中国邮政2006-05
- 《老鼠爱大米》一权数卖是否合法/汤敏煌　崔青　李晴文//中国审判 2006-06
- 网络音乐对大学生的影响及思考/唐传莉　王方根//教育 2006-06
- 老鼠还爱大米么？/闫俊平//通信产业报 2006-06-12
- 国内最大网络歌曲著作权侵权案开审/王文波//中国艺术报 2006-06-16
- 国内索赔金额最大的网络歌曲著作权侵权案开审/王文波//中国质量报 2006-06-17
- 网络歌手陈汉的“统一”心迹/苏峰//宁夏日报2006-06-19
- 中国网络歌曲流行原由之探/黄李娜//安徽文学（下半月）2006-08
- 2006 中国都江堰网络音乐节落幕/白炜//中国文化报 2006-08-21
- 看典型案例：解读网络音乐的版权出让问题/周洪雷//中国文化报 2006-08-28
- 老鼠、大米以及草根、新市民/牛建宏//中国建设报 2006-09-15
- 通俗还是粗俗——网络歌曲五宗罪/刘林//北京娱乐信报 2006-11-16
- 《丁香花》不能随便“采”/彭建东//中国知识产权报 2006-12-08
- 网络音乐还能“想唱就唱”？/张贺//人民日报 2006-12-14
- 文化部整肃网络音乐：网民“海量制造”怎么管？/雷中辉//21 世纪经济报道 2006-12-15
- 网络音乐不能想唱就唱/龙莉莉//科技日报 2006-12-17
- 2006 中国网络音乐节活动现场传真//中国新通信2006-18
- 文化部门管理网络音乐是一厢情愿之举/南方//中国信息界 2006-23
- 网络歌曲，爱它还是杀死它？/曹红蓓//中国新闻周刊 2006-32
- 利益、体制、资本的冲突和两大影响/王巨//中国文化报 2006
- “丁香花”　你在天堂能听见吗/江枫//现代班组2007-01
- 网络音乐管理新规引发业内热议//北方音乐 2007-01
- 郑立：缔造中国网络音乐帝国的人/宿淇//传奇文学选刊（人物金刊）2007-01
- 解读《文化部关于网络音乐发展和管理的若干意见》/李祥柱//信息网络安全 2007-02
- 网络恶搞：青少年集体狂欢的新主题/杨春荣//当代青年研究 2007-03
- 探析网络“恶搞”之存在/杜向菊//声屏世界 2007-03
- 网络歌曲对青少年的影响及对策/蔡音颖　叶亚玲//宁波大学学报（教育科学版）2007-04
- 漫谈网络音乐/王国良//洛阳师范学院学报 2007-04

- 网络音乐的特性及其评析/王国良//郑州大学学报（哲学社会科学版）2007－04
- 野百合的春天有多远？ 对“网络红人”现象的传播学解读/赵尚//新闻爱好者 2007－04
- 中国乐坛的春天离我们还有多远？/张秦//人民网文化频道 2007－04－19
- 浅谈网络音乐之走向/季向敏//美与时代 2007－05
- 灭杀网络歌手是“反音乐革命”/田金双//流行歌曲（e乐族）2007－05
- 网络音乐版权保护难在哪？/陈晓晨//通信信息报 2007－06－06
- 低俗怎么成了荧屏永远的痛/朱玉 王君策 吕婧//中国青年报 2007－07－06
- 中青报：迎合低俗是对良知和责任的背弃/冯雪梅//新华社—《半月谈》2007－07－06
- 恶俗成了这个社会明码标价的姿态？/邓海建//国际在线 2007－07－06
- 低俗之风四处蔓延 “拷问”媒体社会责任/邱红杰、邹声文//新华社 2007－07－06
- 《那一夜》流行“俗文化”不是”低俗文化”/刘培//《广州日报》2007－07－31
- 江小鱼：恶俗是对价值观最极端的解构方式——中国音乐报社副社长江小鱼谈净化网络歌曲/雷志龙//人民网文化频道 2007－10－11
- 数字音乐无极限——数字音乐时代：内容为王？渠道为王？/宋铮//成功营销 2007－10
- 黄澄清：恶俗歌曲的三个标准/雷志龙//人民网—文化频道 2007－10－11
- 流行歌曲被指低俗 艺术市场机制待改良//法制晚报 2007－10－15
- 广州日报：“俗文化”不是“低俗文化”！/刘培//广州日报 2007－10－15
- 把粗糙当个性 十大恶俗网络歌曲恶心了谁？/韩浩月//中国青年报 2007－10－15
- 莫让网络歌曲越“低俗、色情”越流行/李亚广//人民网文化频道 2007－10－19
- 音乐人联合抵制恶俗网络歌曲 杨臣刚被点名批评//南方网 2007－10－21
- 面对网络歌曲简单抵制不如良性竞争/王石川//东方早报 2007－10－22
- “会诊”网络歌曲 阎肃等痛批《那一夜》恶俗 /文松辉//人民网—文化频道 2007－10－22
- “抵制网络歌曲”透着精英的傲慢/毛建国//中国网 2007－10－22
- 该拿什么来抵制“恶俗网络歌曲”/于立生//金羊网 2007－10－22
- 如何让网络音乐健康发展/高峰//中国艺术报 2007－10－23
- 网络歌曲应在自律与自省中成长/张国举//新华网 2007－10－23
- 该反思的不只是网络音乐/关东客//新浪博客 2007－10－24
- 音乐家倡议抵制网络歌曲恶俗之风/李韵//光明日报 2007－10－24
- 徐沛东否认炮轰《老鼠爱大米》 顶多是幼稚/王晓晶//青年周末 2007－10－25
- 探究恶俗泛滥三大成因/王巽//中国改革报 2007－10－26
- 期待健康网络音乐蓬勃发展/高峰//中国艺术报2007－10－26
- 网络音乐，如何走出低俗？/刘琼//人民网－人民日报 2007－10－26
- 新华调查：网络歌曲该如何走出低俗？/万一//新华网 2007－10－26
- 谁是网络歌曲恶俗风背后推手/万一//中国改革报 2007－10－26
- 拿什么抵制低俗网络歌曲//中国电脑教育报 2007－10－29
- 抵制网络歌曲也有利益之争/毛建国//中国商报2007－10－30
- 音乐教化要扶正驱邪/李韵//民主 2007－11
- 将对网络文化的招安进行到底？/乐毅//中国青年报 2007－11－02
- 拿什么拯救你“恶俗的歌曲们”？/娱乐小权//人民网—娱乐频道 2007－11－02
- 网络歌曲 何去何从/万一//中国改革报 2007－11－03
- 网络歌曲并非一无是处 有效监管是关键/陈丹//通信信息报 2007－11－07
- 网络音乐资源的缺陷与教育对策/孙梅//艺术教育 2007－11
- 网络歌曲恶俗之风，拿什么抵制？/韩辉丽//音乐生活 2007－12
- 关于网络歌曲的断想/金兆钧//人民音乐 2007－12
- 网络音乐“倒春寒”/厉林//中国经营报 2007－12－24
- 以强烈的社会责任心多创作反映时代的优秀网络歌曲——“抵制网络歌曲恶俗之风 倡导网络音乐健康发展”座谈会在京举行/王素芳//人民音乐 2007－12
- 关于网络音乐//中国新通信 2007－16
- 网络歌曲到底是封杀还是保护？//中国新通信2007－16
- 网络音乐与传统音像：促进还是替代？//中国新通信 2007－16
- 网络歌曲为什么这么火？/张志远//中国新通信2007－16
- 闲聊中国的网络歌手与网络音乐//中国新通信 2007－16
- 网络音乐管理应顾及草根需求//中国新通信 2007－16
- 网络歌手飞速成名的 W 与 H//中国新通信 2007－16
- 宣言篇——网络歌手//中国新通信 2007－24
- 中国大陆网络音乐的现状分析/黄李娜//华中师范大学 2007
- 宽容的批评和对批评的宽容/邓清波//学习月刊2008－01
- 美国网络音乐发展现状分析/侯琳琦//北京邮电大学学报（社会科学版）2008－01
- 论网络音乐对音乐创作的影响/白晨//歌海 2008－01
- WEB 2.0 时代的网络音乐传播/程晓婷//南京艺术学院学报（音乐与表演版）2008－01
- 网络歌曲低俗化争议：狼到底能不能爱上羊/李韵//正义网 2008－01－09
- 新民风时代——网络歌曲特点及影响浅析/陈弦章//龙岩学院学报 2008－02
- 网络歌曲的新闻性传播/陆金玉//南京广播电视大学学报 2008－02
- 试论网络音乐的功能/侯琳琦//河北大学成人教育学院学报 2008－02
- 网络歌手与选秀歌手大打口水仗//北方音乐 2008－02
- 广义流氓学视野中的音乐传播/陈镇华//南京艺术学院学报（音乐与表演版）2008－02
- 对网络音乐文化的点滴思考/周烨//黄河之声 2008－02
- 摇摆与分化：音乐和利润/程绮瑾//南方周末 2008－02－14
- 网络音乐初探/谢霜//文化学刊 2008－04
- 网络歌曲现“离骚体” 恶搞还是复活经典？//中国青年报 2008－05－13
- 网络歌曲真面目/俞培焰//青年博览 2008－05
- 新闻与网络歌曲的联姻/陆金玉//新闻与写作 2008－05
- 网络音乐产业价值链之初探/侯琳琦//人民音乐2008－06
- 浅谈网络音乐/董璐//职业技术 2008－06
- “哉之乎兮”体复古网络曲/坊间佳平//互联网天地 2008－07
- “恶俗”中的现代性——歌曲《老鼠爱大米》的意识形态浅析/谢丹华//电影评介 2008－08

周庄旅游观光模式

一、2008年7月—9月，我们设计了15个关键词（见附录一），在网上对“周庄旅游观光模式”进行检索，剔除其中大量的无效信息、重复信息和只字片语式的评论，得到的统计结果是：1997年—2008年9月5日，纸质媒体、公共网站发表的有关各类研究、评论、报道共计162篇。

二、我们根据上述统计材料，对相关内容进行了分类，得出以下结论：

A：在统计162篇的评论和研究报道中，对“周庄旅游观光模式”予以充分肯定、基本肯定的共计133篇，占总数的82.1%。（见附录二）

B：在共计162篇的评论、研究和报道中，对“周庄旅游观光模式”予以完全否定、基本否定，或只做负面报道的文章共计10篇，占总数的6.2%。（见附录三）

C：在共计162篇的研究、评论、报道中，对“周庄旅游观光模式”无明确评价指向或无法做出分类归属的共计19篇，约占总数的11.7%。（见附录四）

三、我们从上述162篇文章中辑录出有关“周庄”的重要研究观点56条。

四、我们从上述162篇文章中，辑录出有关“周庄旅游观光模式”产业效益方面的报道15条。

五、我们集体讨论选编有关“周庄旅游观光模式”的重要文章5篇。

1. 旅游地发展创新理论与实例研究——以江苏周庄为例/万绪才//南京财经大学学报2007-05

2. 江南水乡古镇的保护与合理发展——阮仪三教授在“首届古镇保护与发展周庄论坛”上的讲演/袁菲//文汇报2008-06-22

3. 怎样看待周庄的旅游开发/吴焕加//中国旅游报2003-11-19

4. 可持续旅游在快速发展期旅游地的实现途径探讨——以周庄古镇为例/周彬　董杰　刘庆友　徐永辉　任雪梅//北京第二外国语学院学报（旅游版）2005-03

5. 周庄旅游保护与开发研究/徐致云　陆林//资源开发与市场2006-05

六、附录

附录一：“周庄旅游观光模式”搜索关键词

附录二：A类文章目录

附录三：B类文章目录

附录四：C类文章目录

重要观点辑录

关于"周庄旅游观光模式"文化价值、启示、影响

千年历史沧桑和浓郁吴地文化孕育的周庄，以其灵秀的水乡风貌，独特的人文景观，质朴的民俗风情，被联合国教科文组织列入世界文化遗产预备清单，荣获迪拜国际改善居住环境最佳范例奖、联合国亚太地区世界文化遗产保护杰出成就奖、中国首批十大历史文化名镇、国家卫生镇和全国环境优美乡镇等殊荣。

凭借得天独厚的水乡古镇旅游资源，坚持"保护与发展并举"的指导思想，大力发展旅游业。以水乡古镇为依托，不断挖掘文化内涵，完善景区建设，丰富旅游内容，强化宣传促销，经过十多年的努力，成功打造了"中国第一水乡"的旅游文化品牌，开创了江南水乡古镇游的先河。

（摘自：《百戏之祖，昆曲故乡——周庄》，《中国·城乡桥》2006年第9期）

"小桥流水人家"的古镇周庄，在过去10多年里，凭借得天独厚的自然资源和文化底蕴，成功塑造了"中国第一水乡"的旅游品牌。但随着人们生活水平的提高，旅游业已经从单纯观光旅游向休闲旅游业态的升级发展，这对周庄来说既是挑战，又意味着更大的机会。近年来，周庄变压力为动力，努力放大自身资源优势，放大周庄文化内涵，放大产业效应。围绕三个"放大"，周庄旅游与经济的发展逐渐进入良性循环阶段。

（摘自凌凤琦：《"中国第一水乡"的放大效应》，《中国旅游报》2005年11月30日）

千年水乡古镇周庄，吴地文化的摇篮，东方文化的瑰宝。江南"小桥流水人家"的杰出典范。

元末明初江南首富沈万三的沈厅、"船自京中过"的张厅、昆曲缠绵的古戏台、陈逸飞先生笔下注满浓郁乡情的双桥以及荟萃周庄民俗文化，再现旧时江南生活风貌的文化街等等，皆出自这里。周庄以其特有的自然风光、深厚的文化底蕴，彰显着"生活周庄、民俗周庄、文化周庄"的魅力。

（摘自：《百戏之祖，昆曲故乡——周庄》，《中国·城乡桥》2006年第9期）

在周庄，桥是这里的一道独特风景。人在桥上是一种风景，人在桥外又是另一种风景。周庄最著名的桥要数世德桥与永安桥，这两座桥的形态不一样，桥面一横一竖，桥洞一方一圆，形成明显的对比。就是这两座桥，在陈逸飞的艺术慧眼中，成了"挥手的故乡"和"永远挥别不了的回忆"。这两座桥形似钥匙，亦真的成了一把神奇的"钥匙"。陈逸飞把这把"钥匙"绘上联合国邮局的首日封，邮票上的"钥匙桥"成为周庄最初的媒介和最典型的象征。这把"钥匙"也为世人打开了周庄神秘而陌生的大门。自此，周庄水墨画般地走进了世人的视线，全世界的目光开始审视周庄，全世界的脚步开始向往周庄，全世界的心灵开始探寻周庄。

（摘自大康：《梦里水乡——走进美丽的江南水乡周庄》，《湖南安全与防灾》2007年第9期）

国际著名华裔建筑大师贝聿铭题词："周庄是国宝"。著名美术大师吴冠中在著述中写道："黄山集中国山川之美，周庄集中国水乡之美！"以方圆不足0.5平方公里的体量规模，承载起百余位海内外大家、名人的无尚赞誉，就周庄而言，是一种独得的骄傲；就全国范围而言，也是一个少有的奇迹！

（摘自周伟明：《阮仪三教授称：周庄保护走在所有水乡古镇前列》，《中国旅游报》2005年4月1日）

周庄，让碧水环绕了千年，一块石板，一株小树，一扁舴艋舟，一只灯笼，一幢老屋，都氤氲着水乡独特的神韵。吊脚楼鳞次栉比簇拥着水岸，木楼粉墙黛瓦，灵巧韵致，浑然天成，俯拾即是，让人看上一眼，便刻骨铭心。难怪，流浪的三毛一扑进周庄的怀抱，就哭了。热泪滚滚的三毛发现这世界上竟还有一方风柳清月能浣洗她尘垢的心灵；难怪，足履遍天下的余秋雨看了周庄后，发出浩天的长叹：可惜终究要返回，返回那种烦嚣和喧嚷！

（摘自傅辏：《天赐周庄》，《中国教育报》2007年3月5日）

也许是周庄的水土育人，在历史上，小小一个周庄出过进士、举人等二十多人，这是相当了不起的。有名的如张翰、周迪功郎、叶楚怆等。但在民间影响最大的当数沈万三。

（摘自陈富强：《历史长卷中的周庄》，《国家电网》2006年第6期）

周庄首创的"旅游业加高科技产业"发展新模式似乎更值得外界关注。

（摘自郭军：《屈玲妮：从古镇周庄到国际周庄的跨越》，《新经济杂志》2006年第11期）

在这个只有一千多人口的江南小镇中，镇子周围被湖与河流包围。全镇以河成街，桥街相连，依河筑屋，水陆平行，深宅大院，重脊高搪，河埠廊坊，过街骑楼，穿竹石栏，临河水阁，古色古香，水镇一体，呈现一派古朴、明洁的幽静。那一条条小巷幽弄，一座座深宅大院，处处显露着小镇的古朴清幽；那水巷上的拱

桥、驳岸，深宅内的蠡窗、黛瓦，又时时给人一种浓郁的历史沧桑感。满街粉墙花窗、轩廊画栋，古朴典雅，依依相偎，鳞次栉比地挤在水巷两岸。屋后便是水巷，家家必备的交通工具就是船。波光粼粼的水巷，小船轻摇，绿影婆娑。荡舟于江南水乡的水巷里，好客的船主便为你送上江南水乡独有的小调，虽然不能完全听懂小调的清韵，但还是被那悠扬的歌声所陶醉，这一切都与忙碌而不喧闹的古镇和谐相融。身处其中，仿佛置身于陈逸飞描绘的周庄的画中，水波自船后向远方荡漾，一层层，一圈圈，恬静而自然。小桥流水，粉墙黛瓦，周庄真的不愧于“江南第一水乡”的称谓。

（摘自大康：《梦里水乡——走进美丽的江南水乡周庄》，《湖南安全与防灾》2007 年第 9 期）

作为中国第一水乡的周庄以清纯、古朴、秀逸的纯江南水乡的原汁原味而蜚声海内外，成为中国古镇的金字招牌。

（摘自周伟明：《阮仪三教授称：周庄保护走在所有水乡古镇前列》，《中国旅游报》2005 年 4 月 1 日）

周庄是幸运的，因为它保护的是人类财富，世界瑰宝，在这一点上，周庄不仅仅是创造了旅游奇迹。

（摘自周伟明：《阮仪三教授称：周庄保护走在所有水乡古镇前列》，《中国旅游报》2005 年 4 月 1 日）

周庄可谓是“一夜暴露”，每年 30% 的游客增长率，使周庄年收入逾亿元。但周庄并不富有，因为 80% 的资金投入到古镇保护和项目开发上。这种卓有远见的举措，揭示了周庄人不是为了急功近利而无视“摇钱树”的滋润，而是从千秋大业来精心保护江南巨富沈万三寄蛰的古镇。

（摘自周伟明：《阮仪三教授称：周庄保护走在所有水乡古镇前列》，《中国旅游报》2005 年 4 月 1 日）

阮仪三教授认为，在所有古镇中，周庄的保护是做得比较好的，目前已经进入了良性循环阶段。周庄出现的问题是前进中的问题，也是在其他旅游景点都出现的问题。那就是对旅游人数缺乏控制的合理办法，对旅游商业的泛滥缺少严格管理，但如果把这些说成是对古镇保护的破坏，我认为是不负责任的！

（摘自苏菁：《高坡：谁在炒作“封杀周庄”?》，《苏州日报》2005 年 3 月 20 日）

“周庄的商业气息太浓了！”听见一些游过周庄的人这么说，似乎尽兴之后还带着一种遗憾。我觉得，这是把周庄理解错了，当成了桃花源。不过我听到这样的感叹倒是欣慰，因为我从受众者那里看到了世俗文化的力量。

周庄从来不是桃花源，“商业气息”是说对了，周庄从来是个商业繁华的集镇，可以说，没有商业，就没有周庄，与今天许多享誉中外的名镇、名城一样。

（摘自徐卓人：《周庄——世俗文化的启示》，《散文》2001 年第 6 期）

今天走过周庄每一条街，发现真的还是户户经商，家家开店呀，与当年红火的景象相比，只是换了一种形态，这于周庄，是多么妥帖！

这是一种世俗的文化，血肉的人须臾离不开世俗文化，人间的烟火总是最具亲和力，最符合生态的七情六欲，当然也是最人性的，如果这样，又何必要把周庄生硬地认作桃花源呢？

找准自己的位置真的很重要，这包括创造者和欣赏创造的人。

（摘自徐卓人：《周庄——世俗文化的启示》，《散文》2001 年第 6 期）

周庄的魅力在于它的古朴。古镇周庄，以古扬称，以秀扬名，以水为美，以桥为奇，以景为画。悠久的历史，古老的建筑，以及多姿多彩的民俗风情构成了一幅弥足珍贵的历史画卷。

（摘自李耀胜：《周庄的魅力及其承载的旅游价值》，《吐鲁番报（汉）》2005 年 9 月 15 日）

周庄魅力在于它的珍奇。周庄绝美之处在于水，水不仅可以流过门前，还可穿过庭院。保存完好的明清建筑依水而立，错落有致，再加之淳朴的民风习俗，使周庄有了江南第一水乡的美誉。

（摘自李耀胜：《周庄的魅力及其承载的旅游价值》，《吐鲁番报（汉）》2005 年 9 月 15 日）

周庄魅力还在于它的清雅。有人说周庄是一本书，举世无双的石桥，典雅古朴的宅院，无不令人称奇叫绝；有人却说周庄是一幅画，这幅画有丰富的文化底蕴和难得一见的水乡景色，无处不见水，满目都是桥；也有人说周庄是一壶茶，茶杯里放少许茶叶，在周庄品茶，清香思溢，沁人肺腑。

（摘自李耀胜：《周庄的魅力及其承载的旅游价值》，《吐鲁番报（汉）》2005 年 9 月 15 日）

周庄给我们的启示，就是中国在改革开放、进行现代化建设的过程中，一定要保留自己民族的文化、传统和价值观念，不必一切按照西方人的标准搞“国际接轨”。

（摘自江流水：《周庄的启示》，《体育文化导刊》2001 年第 4 期）

这就是周庄的品性，其品性大有“两耳不闻窗外事，一心只读圣贤书”的味道。这就是周庄人的传统文化，其文化闪烁着华夏五千年的悠久历史和民俗风情的精华。

（摘自程秋生：《周庄旅游：十年磨砺成大器》，《人民日报海外版》2003 年 4 月 18 日）

周庄“镇为泽国，四面环水”，河流呈井字形从镇中

穿过，“咫尺往来，皆须舟楫”，小小的的周庄共有十座四百年至八百年历史的古桥，是个具有典型意义的江南工商小镇，也是不可多得的古镇旅游区。

（摘自陈建勤：《豪富沈万三和周庄文化旅游开发》，《江南论坛》2006 年第 2 期）

保存如此完好的明清古镇，江南罕见。仅就周庄的石桥而言，也许不及绍兴的拱桥那般精致巧妙，但周庄在咫尺之间集河、桥、楼、庙于一体，融建筑、商业、宗教、文艺于一身，令人叹为观止。

（摘自陈富强：《历史长卷中的周庄》，《国家电网》2006 年第 6 期）

屈玲妮说：“周庄发展起来了，就要和大家有福同享。周庄的价值不在于自我的实现，周庄的最大价值就是掀起了全国保护古镇的热潮。周庄一年的旅游收入是 6 个亿，而如果算在全国的贡献恐怕 60 个亿也不止。”

（摘自郭军：《周庄涅槃》，《新经济杂志》2006 年第 6 期）

庄春地：中国的古城镇保护，必须要走商业化的道路；哪个古镇如果没有商业味，那这个古城镇保护就毁了。不管怎么痛苦，你必须走。因为不走，古城镇就“死掉”。谁不让我们在古城镇的保护中走商业道路，那他就是在毁灭古城镇。

（摘自施贝遐　汪小意：《庄春地：说周庄不该商业化的人就是“敌人”》，《第一财经日报》2005 年 3 月 31 日）

一个经典创意激活本镇旅游经济，她带领群众用智慧把周庄塑造成知名品牌。

（摘自袁挺　许伟　吕吉山：《周庄用创意引领经济发展》，《中国企业报》2005 年 2 月 1 日）

他（陈逸飞）不止一次这样深情地说道：“周庄是我到过的国内许许多多地方中所见到的古建筑保存比较完整、历史文化遗迹比较多、水乡风光最为浓厚的一个地方！”

（摘自秋石：《他使周庄走向了世界——追忆陈逸飞先生》，http：//www. gmw. cn/01ds/2005 - 04/20/content _ 220268. htm）

1994 年底江苏昆山市周庄镇调整成立周庄旅游发展总公司，这个由该镇精兵强将组成的领导班子，一开始就能较好地以科学观点发展旅游，把古镇保护与旅游发展紧密结合起来，以改过境旅游为目的地旅游、改观光旅游为休闲度假旅游为抓手，从而把古镇旅游的可持续性发展落到了实处，十年持续发展带来了十项效应，荣膺全国历史文化名镇、国家 AAAA 级旅游区等几十项全国性、国际性称号，取得了社会与经济效益的双丰收。

效应之一是促进古镇保护。

效应之二是促进产业结构调整。

效应之三是促进招商引资。

效应之四是致富百姓。

效应之五是促进环境保护。

效应之六是改善人居环境。

效应之七是带动江、浙、沪其他古镇的保护与旅游发展。

效应之八是促进旅游土特产品与工艺品生产发展。

效应之九是促进江南水乡民俗文化保护。

效应之十是周庄古镇旅游已成为我国的一种旅游发展模式。

（摘自赵伟东：《周庄镇旅游经济何以蓬勃发展》，《华东经济管理》1997 年第 5 期）

关于“周庄旅游观光模式”成功的原因

周庄的成功得益于科学的规划和产业拉动。按照规划的科学性、系统性、权威性原则，自 1986 年至 2000 年的十几年时间里，根据发展的需要，我们共 6 轮次对全镇的总体规划进行了修编、完善。1986 年，在同济大学等专家的帮助下，镇政府制定了“保护古镇，建设新区，发展经济，开辟旅游”的总体规划，成为日后周庄小城镇乃至经济和社会全面发展的第一份蓝本。2000 年的总体规划提出了“把周庄建设成为依托古镇发展旅游业和依托新区高科技园发展高新技术产业为两翼的城市化集镇”的总目标。通过几十年的努力，目前周庄已形成了古镇特色旅游区、高新技术产业园区、太史淀风景旅游区，有关的居住、商贸及配套服务设施均得到了合理科学的配置，环境功能基本到位，且具较强的集聚和吸纳功能，一个以“小桥流水人家”风韵为特色的传统文化和以高新技术产业为特色的现代文明相融合的小城镇框架已经形成。

（摘自屈玲妮：《周庄：传统文化与现代文明融合的典范》，《中国党政干部论坛》2001 年第 5 期）

回过头来看，周庄旅游的发展历程，不外乎迈出了坚实的五大步：修复、开发旅游资源是重要的第一步。年久失修的沈厅、张厅、迷楼、叶楚伧故居需要修旧如旧。在资金短缺的情况下，他们千方百计，想方设法，投入有限的资金尽快让古镇的特色建筑焕发青春，风采依旧。借用名人的笔墨扩大的周庄舆论宣传是不可或缺的第二步。1995 年，周庄召开柳亚子及南社作品研讨会、俄罗斯画家写生

周。期间，我国著名画家吴冠中、李琦、冯贞和古建筑专家罗哲文以及大批作家、诗人、摄影家先后踏上周庄这块热土，或写生作画，或创作摄影作品，或撰写抒情散文，散见于国内外报刊上，后编辑出版成《悠悠周庄情》，其影响甚为深远。加大排污力度，完善景点景区设施是优美旅游环境的第三步。水是周庄的灵魂，水清清才能船悠悠，于是，周庄人又投入大量资金，改造河道，保护纯净的水质。随着周庄人生活水平的提高，电灯、电话、有线电视必然进入千家万户。而蜘蛛网似的电线又大煞了古朴典雅的水乡风景。周庄人当机立断，"三线"全部埋入地下，岂不美哉喜哉！修建古戏台，让昆曲走进水乡人民和广大游客的心中，是弘扬吴文化、大打文化品牌的第四步。古戏台位于双桥之畔，天天演出，免费欣赏，这自然引来了周边地区的众多昆曲爱好者。一年多来，苏州昆曲院已在周庄古戏台演出2000多场，有时一天要演三四场，场场爆满，掌声不绝。作为中国戏剧精粹之一的昆曲在此有了大显身手的"用武之地"了……在国家旅游局授予4A级景区的基础上，周庄人毫不懈怠，再接再厉，全面提升旅游产品质量，终于通过了ISO9000认证，是让周庄与国际接轨迈出的第五步。

（摘自程秋生：《周庄旅游：十年磨砺成大器》，《人民日报海外版》2003年4月18日）

古镇周庄在完善景区建设上就以弘扬吴地民俗、挖掘文化底蕴为支撑点。首先合理规划布局，减少商业气息，增加文化品位，在原先商业网点最为集中的中市街关闭商店，构建了"民俗文化街"，集中推出了打铁、圆木、剪纸、面塑、泥人、蔑竹、皮匠、草编、纺纱、织布等传统民俗手工表演，向游客展示了传统文化最为世俗化的部分，游客既可观赏又可亲临操作，体验古镇人的劳动生活。文化街上还辟出了"大诚堂"中药铺、"贞丰人家"民居客栈、南货店、酒作坊、豆腐坊、茶馆等展示原汁原味生活场景的参与性项目，再现了历史岁月中的活生生的周庄人生活状态，使游客忘却了大都市的喧哗和烦恼，恍如隔世，令人回到似曾相识的从前。

文化街的推出受到了广大游客的青睐，成为古镇旅游的新亮点，在此基础上投资2000多万恢复重建了"周庄古戏台"，常年演出列入联合国首批"人类口头与非物质遗产代表作"的昆剧，让游客领略昆剧艺术的特有风采。品茗听曲、茶香兰馨，带来极妙的艺术享受和难以忘怀的无穷回味。古戏台气势恢宏、古色古香，整个建筑占地六亩，建筑面积3500余平方米。除了演出外，还布置了昆剧脸谱馆、服饰馆，大大丰富了戏台内容，提高了文化品位，深受游客好评。誉为"百戏之祖"的昆剧源于昆山，因此正积极申报世界文化遗产的周庄更有责任和义务来保护和弘扬昆剧等各种传统文化。两个文化遗产的交流、结合，提高了周庄旅游的文化品位。周庄积极探索旅游与文化的结合和相互促进，走文化旅游之路。

（摘自《"民俗文化"热周庄》，《中国旅游报》2002年2月20日）

思想重视，加强领导，措施到位，发展旅游。

古镇保护，三年投入亿元治理，永葆魅力。

以人为本，全面培训，优质服务，一流品牌。

（摘自费幸林：《周庄旅游品牌是怎样得来的?》，《华东旅游报》2004年3月23日）

《四季周庄》以水文化为背景，以本地民俗为特色，以国际时尚为元素，集中展示了周庄优秀传统文化和浓郁水乡民俗风情，以艺术的手法展示水乡人民与水和谐相处的生活画卷，试演期间受到好评。全场演出共计60分钟，分"水韵周庄"、"四季周庄"、"民俗周庄"三个篇章，采用开放式、全景式舞台，演出阵容200余人，既有专业演员，又有大批本地农民、渔民、市民，整台演出富有生活气息和市井气息，正式上演后将作为常设旅游项目在周庄江南人家水上舞台演出，是古镇周庄休闲旅游的一大新亮点。

（摘自黎宏河：《〈四季周庄〉演绎原汁原味周庄》，《中国文化报》2007年7月23日）

旅游的持续发展，为周庄打造招商引资高地奠定了良好基础。10年间，周庄共吸引海内外资金50亿元，为发展增添了后劲，特别是成功引进高科技产业，建成国内最大的传感器生产园区，消除了传统工业的污染，有力保护了整个周庄的生态环境，这又为周庄旅游业、绿色农业的进一步发展开创了良好条件。现在旅游产业与高科技产业相互支持，相得益彰，铸就了周庄全镇经济腾飞的双翼。

（摘自湘江月　徐灿龙：《旅游经济是富民经济》，《华东旅游报》2005年10月11日）

一再拒绝大上工业的诱惑，在保护中快速协调发展，从有意识地将古镇作为独特的旅游资源加以保护，到旅游产业逐渐兴旺并成为第一大支柱产业，周庄人经历了长达十多年的漫长等待，并一再拒绝了以牺牲环境为代价大上工业的诱惑。

周庄并未因为强调保护古镇而影响工业发展，但发展工业时却坚持做到了"几个不"，即项目一律不得进古镇、供地不搞四面开花、不引进污染企业。最终，周庄采取鼓励措施，引导有较高科技含量、无污染、市场前景好的传感器产业向此集聚。如今，周庄最主要的工业产品传感器的产出规模已占国际市场的70%以上，成为与古镇区旅游业比翼齐飞的第二大特色产业。

（摘自陆剑　刘艳元：《周庄18年科学发展的实践》，《新华日报》2004年6月23日）

围绕"国际周庄"品牌的打造，周庄在软、硬件的配

套上都下足了功夫。古镇区外，已建和在建的配套设施有高尔夫球场、富贵园、江南人家、钱龙盛市、财富周庄等，近期还将有一个全球连锁的五星级宾馆在周庄落户。从去年开始，周庄还推出了一系列相关活动，包括举办了国际旅游小姐大赛、举办驻华使节夫人中国才艺大赛、开展与法国阿尔勒市的文化交流并缔结为友好城市、主动接轨杭州休博会等等。

（摘自静闻：《周庄：长盛江南“庄老大”》，《中国商报》2006 年 10 月 27 日）

富贵园是周庄近年新兴的景点。这里四面环水，园内港汊分支、湖河相通、桥街相连、依河筑屋。人们刚刚感受了古镇古韵，在富贵园更多领略的是时尚之美。原来，上海的著名酒吧、西餐厅、俱乐部，给周庄注入了现代时尚元素。古典和现代，传统文化和现代文明的结合，中西方文化的交融和组合，构成了周庄旅游的新亮点。去年到访游客 260 万、创收已达 6 亿元的周庄，将依托古镇旅游资源，逐渐将昔日穷水乡，打造成国际旅游、休闲基地。

（摘自庄荣鑫：《周庄富贵园演绎旅游亮点》，《华东旅游报》2004 年 10 月 21 日）

2003 年以来，周庄进一步加强古镇保护，完善张厅后花园，开发“沈万三水底墓”、酒作坊等，不断营造古镇特色，丰富旅游内容，并打造水乡周庄“美食天堂”，推动周庄饮食行业发展，促进周庄旅游业的全面发展。旅游业的蓬勃发展扩大了周庄对外影响，造就了优美的投资环境，与中国科学院合作兴建的“中科昆山高科技产业园”已形成了以传感器产业为特色，电子新材料及应用产品为两翼的高新技术企业群。同时，加大旅游项目开发力度，发展多元化旅游投资体系，扩大旅游规模。云海农夫山庄、苏州大学应用技术学院已落成启用，江南人家、富贵园将在年内开业迎客，上下五千年主题文化公园、钱龙盛市等旅游配套项目正在加快建设中，这些大型旅游项目为周庄旅游从观光型向休闲度假型发展奠定了坚实基础，为周庄旅游可持续发展增强了后劲。

（摘自费幸林：《周庄古镇保护性开发有新进展》，《华东旅游报》2004 年 4 月 13 日）

周庄按照“以居家为基础、以社区为依托、以社会福利为补充”的发展路径，先后构建起社区公建设施的运营与服务、社区教育、体育、医疗、文化、交通、就业等保障服务体系，涵盖涉及社区居民安家、学习、工作、休闲等所有领域，社区居民的面貌在科学转型中不断改变。江东生态园、华宏生态农林园等六大农业生态园区已建成。今年还将完成三房巷三溪和周东卧龙湖两个生态园的建设，两个园区总投资达到 1.3 亿元，新增林地 2500 亩。正是凭借着地域环境发展起了较有特色的“生态经济”，周庄经济社会的发展不断加速。

（摘自吕涛　古月：《周庄激活生态经济竞争力》，《无锡日报》2007 年 3 月 28 日）

周庄镇投资 3600 万元进行了污水处理和河水净化工程，建立了完善的古镇消防体系，消除水灾隐患，完善市政配套设施，并且将架空线路地埋，使居民的生活条件真正得到改善，同时也保证了历史环境的协调。

（摘自熊侠仙　张松　周俭：《江南古镇旅游开发的问题与对策——对周庄、同里、甪直旅游状况的调查分析》，《城市规划汇刊》2002 年第 6 期）

根据越来越多的画家前来周庄采风创作的情况，因势利导，于 2007 年启动了“周庄画家村”文化创意产业项目。

（摘自许群　顾烨　陈佳佳：《旅游周庄变身文化周庄》，《中国文化报》2008 年 8 月 2 日）

为实现与原创区的错位发展，周庄镇政府目前还在周庄西北角的工业园区引进了香港达派恩公司、深圳黄江艺术有限公司等原创作品复制工厂，利用其成熟的商业网络和工厂化运作方式，批量生产绘画作品。

（摘自许群　顾烨　陈佳佳：《旅游周庄变身文化周庄》，《中国文化报》2008 年 8 月 2 日）

《四季周庄》是一部呈现江南原生态文化的水乡实景演出，整组演出以水墨泼画的表现手法，再现了“中国第一水乡”的文化特质与迷人情韵……这一台演出主要是以周庄的民俗文化为根，把周庄传统的民俗文化用艺术加工的形式搬到舞台上……周庄的发展是以文化为起点，现在又回归到文化上来，但这一次“文化”已被提升到产业的高度……《四季周庄》已成为周庄旅游经济的一个品牌。

（摘自许群、顾烨、陈佳佳：《旅游周庄变身文化周庄》，《中国文化报》2008 年 8 月 2 日）

周庄镇不再考核 GDP 之后，镇党委及时调整了周庄的发展思路：作为闻名国内外的江南水乡古镇来说，“保护就是发展”、“环境就是生产力”和“水是周庄的灵魂”成为三大鲜明理念。镇党委书记曲玲妮多次说：“不再考核 GDP，我们要自加压力，成为发展绿色 GDP 的实践者”。2005 年初，镇党委、政府响亮提出：以创建“地球卫士”为抓手，打造一流生态环境。

（摘自高杰　杭春燕：《周庄，不考核 GDP 之后》，《新华日报》2006 年 1 月 26 日）

构建江南第一豪宅，是周庄建设沈万山文化的一个大手笔，制定保护办法细则，启动商业准营证制度，是把营造古镇文化环境，减少商业气息纳入到制度管理上。这两项重大举动，标志着周庄经营水乡的思路正在从保护环境上升到弘扬历史文化的新阶段。

（摘自郭军：《周庄涅槃》，《新经济杂志》2006

年第6期）

近两年来周庄有意识地对外保持低调，这是因为作为全国最早开发的水乡古镇，用低调的言语和积极的态度探索一条古镇保护、开发之路是非常必要的。

（摘自郭军：《周庄涅槃》，《新经济杂志》2006年第6期）

从水乡周庄到文化周庄，中国第一水乡的战略正在发生重大变化。一边大量挖掘、建设江南水乡历史文化，一边通过新区建设，不断消减商业气息，还原古镇风韵，一个充满浓郁江南水乡文化的周庄正在向我们走来。

（摘自郭军：《周庄涅槃》，《新经济杂志》2006年第6期）

周庄已经学会运用品牌输出，横向联合为自己打造多个国际化平台来提升品牌价值。

（摘自郭军：《周庄涅槃》，《新经济杂志》2006年第6期）

对“周庄旅游观光模式”批评、否定的意见和负面报道

为沟通江南名镇周庄、同里、角直的旅游线，有关部门决定修建一条联系三镇的公路，而公路的选址却严重破坏了进入周庄聚宝桥及整个古镇区的风貌。周庄不仅是周庄人民的周庄，也是中华民族和世界人民的周庄。粉墙黛瓦、深弄曲巷、小桥流水、枕河人家是周庄的最显著特色。为进一步保护古镇，镇政府对连接古镇区唯一陆上通道——周庄大桥进行车辆限制。如果现在聚宝桥边上新开公路建大桥，必将破坏古镇风貌，影响周庄申报世界文化遗产。

（摘自冯雁军：《公路穿周庄有损古镇风貌》，《光明日报》2000年4月24日）

建筑专业教师吴荣礼：要用双赢的思维方式来处理经济建设与保护历史文化遗产的矛盾。既要保护历史文化遗产又要现代化，不能用排斥的方法，就事件本身来说，公路应该修建，但要绕道。要想避免因此而引起的修改建设规划、增加项目投资，就要改革制定规划的程序，使规划更具有科学性、系统性、超前性和合理性；要改革税制，在税收总量不变的前提下，增设历史文化遗产保护税，确保双赢的可操作性。

（《“周庄”事件大家谈》，《上海城市管理职业技术学院学报》2001年第2期）

在经济利益驱动下、破坏性建设之风有愈刮愈盛之势……此风之所以甚嚣尘上，缘于城市规划建设的最高决策者和全体市民公众对历史文化建筑的保护与城市整体文脉发展还缺乏深刻的理解和认识，片面追求外貌新潮靓丽，功能设施先进，不惜巨资，大兴土木，结果“破坏真遗存，建起假古董”。

（摘自静枝：《从公路“入侵”周庄说起》，《中外房地产导报》2000年第8期）

从周庄回来，心头总有一些东西纠缠着，那些形形色色的经济大潮下烙印的事与物，如职业化的笑脸，商业化的民谣，还有那打着各种招牌招徕顾客的门楣，挥之不去。有人说，人类的文明与进步是以损失作为代价的。是否现代的周庄在自身发展的同时，也失去什么？众多游人的涌入，是否是对周庄一种隐性的破坏？喧嚣和浮躁，荒芜与炎凉，势利与俗气，在周庄敞开经济大门的同时，也一股脑地涌进来，让古朴幽静的周庄从沉静里喧哗起来，从质朴里艳丽起来，把原本淳朴敦厚的水乡人打造成市井勾栏之众。

（摘自杜怀超：《冷眼看周庄》，《师道》2003年第5期）

“周庄现象”。1984年，旅美上海画家陈逸飞先生的油画《故乡的回忆》把周庄带向了世界，各国各地的旅游者纷纷涌入，当地居民也积极参与到旅游业的发展中去。同时，这个古镇的开发与保护问题也成为旅游界的焦点。所谓“周庄现象”中最显著的是周庄旅游业发展的商业化问题。商业化带来了一系列的后果：①“万三蹄”好卖，汤水却污染河道。在小小的周庄中，以外卖“万三蹄”为主的店铺有100多家。“万三蹄”给当地居民带来了可观的收入，但是它对环境的破坏是巨大的，再加上周庄过去没有任何污水收集、排放系统，污水等统统倾入周庄河道之中。②饭店赚钱，但破坏古建筑和环境。不少居民为开店，不惜拆墙除瓦。周庄的门窗原有100多种风格和式样，如水墙门、屏风门等，具有很高的艺术欣赏价值，但由于人为破坏，很多样式不见了，存世的数量大大减少。③商店太多，风情难再。周庄的商业化气息越来越浓，古朴的小巷被小作坊、小买卖摊占据两旁，尤其是围绕张厅、沈厅这两个著名景点的街道都变成了商业区，商品琳琅满目。

“周庄现象”的思考。周庄居民在经济利益的驱动下，自觉参与到旅游业发展的过程中却造成了自然旅游资源与人文旅游资源的破坏。

（摘自刘少艾：《社区居民参与的激励因素——“周庄

现象”的思考》，《资源开发与市场》2007年第10期）

然而，今天周庄发生的某些变化，却令人不免对她文化价值的保护产生担忧：庄外正在修建的堂堂大路、统一模式的仿古商店和成排的柱式华灯以及庄内鳞次栉比的茶楼、酒肆、卖店、摊床，加上人潮汹涌，几令古朴、静谧、恬淡的周庄气韵荡失。难怪有人撰文叹道：“周庄的一切正被‘现代化’的色彩所涂抹淹没。古运河仍在，儒雅无迹；双桥、旧巷犹存，遗风已失……”人们不禁要问：我们今天还有周庄吗？

（摘自刘鲁燕：《勿失周庄》，《人民日报海外版》2003年8月30日）

但令人遗憾的是随着游人和财富的到来，周庄独特的文化魅力受到了相当的冲击，管理层面对商业化的浪潮，往往不能保持冷静的头脑，在采取一系列保持古镇原貌的措施的同时也走入了一些误区。周庄原来四面环水，要进入就必须摆渡，这是古代江南水乡以水为路，以水建村、建镇、建市的地域特色。然而在1988年，为了方便汽车的进入，周庄人兴建了一座笨重粗大的钢筋混凝土桥，放弃了原来以水为路摆渡坐船的交通方式，这使周庄的水乡魅力大大降低。前几年政府还在古镇的外围新建了一系列商业街，以此来吸引游客，繁荣经济。但生活在大都市的中外游客，到周庄多是为了品味悠远的历史文化，和水乡古镇古街的历史氛围、建筑特色以及老街上的土特产、工艺品，而不是普通百货，所以很少光顾这条商业街。结果在周庄这样寸土寸金的地方，因建造商业街而浪费了巨额资金和土地资源，常置政府不许破墙开店的规定于不顾，偷偷破墙、破窗开店，采取“先斩后奏”，先开店后办照，或是“半夜破墙”等办法，达到开店的目的，这使管理部门也无可奈何，毕竟大多数房屋是住户自己的。结果使得古镇内到处是商店，目光所及之处尽是蹄髈与酒家，殷勤的招呼声让人听了觉得格外的腻味。这种浓厚的商业气息让游人感觉很不舒服。而更令人痛心的是，由于大量的开店，使原来的门窗遭到了人为破坏。据说，周庄的门窗原有100多种风格和式样，如水墙门、屏风门、角门、海棠窗、顺风窗、元宝窗等，这些都具有很高的艺术欣赏价值，但由于人为破坏，很多样式见不到了，存世数量锐减。这不得不令人扼腕叹息。

（摘自阮秀梅：《“过”与“不及”——从“周庄现象”看流坑旅游资源的开发与保护》，《企业经济》2002年第12期）

悠久的历史，是周庄镇发展旅游业得天独厚的有利条件。

自然、朴素的江南水乡古镇风貌，是周庄人民发展旅游业的物质财富。

丰富的人文资料、厚实的文化积淀，是周庄人民宝贵的精神财富。

古朴的明清建筑，旖旎的水乡风光，丰富的历史和人文资料，把具有九百余年历史的古镇有机地结合在一起，构成了一座灿烂的艺术宝库，这是周庄镇发展旅游业的源泉，也是周庄镇旅游业不断取得发展的基础。

（摘自赵伟东：《周庄镇旅游经济何以蓬勃发展》，《华东经济管理》1997年第5期）

周庄镇旅游经济的蓬勃发展，有其客观的原因，比如优越的自然条件，丰富的人文、历史，当然，也离不开国家改革开放的方针、政策，离不开“产业结构调整”的有利形势，但更重要的是人的主观努力和正确的思维判断，决策的出台、规划的制订都离不开人和正确的思路。社会是人类的社会，推动社会、经济取得前进的原动力是人。在旅游经济的发展进程中，周庄镇党委、政府以及像旅游发展总公司那样奋斗在旅游战线上的一班人是周庄镇旅游经济获得蓬勃发展的最重要的原始推动力。“旅游的本质是经济产业”，而经济产业的竞争，归根到底是人的竞争。

（摘自赵伟东：《周庄镇旅游经济何以蓬勃发展》，《华东经济管理》1997年第5期）

产业效益

1998年这个镇与中科院开展合作，共建科技成果转化基地，目前这里已建成国家火炬计划昆山传感器产业基地，去年传感器实现销售额7亿多元。

（摘自周文林：《专家聚会共商周庄保护与发展》，《新华每日电讯》2001年8月6日）

2001年接待游客达208万人次，旅游经济总收入突破5亿元。

（摘自《"民俗文化"热周庄》，《中国旅游报》2002年2月20日）

周庄是江南水乡古镇中旅游发展最早也是发展最快的古镇。自1996年以来，古镇的旅游业就呈迅猛发展的态势。从调查的数据分析可以得知，到目前为止，历史文化保护区内平均每天接待游客3000—4000人，周末平均每天7000—8000人。现在每年的观光游客数已经超过了1996年的3倍。2000年的游客总数约为150万，其中外国游客就有22.5万。在国庆节期间，每天的游客量达到了3万人次，旅游业的年收入约有4.2亿元。

（摘自熊侠仙　张松　周俭：《江南古镇旅游开发的问题与对策——对周庄、同里、甪直旅游状况的调查分析》，《城市规划汇刊》2002年第6期）

据介绍，2001年全周庄镇的人均国内生产总值已达22000元。这是别的乡镇望尘莫及的。

（摘自阮秀梅：《"过"与"不及"——从"周庄现象"看流坑旅游资源的开发与保护》，《企业经济》2002年第12期）

2002年全镇旅游人次263万人次，旅游收入达7亿元人民币。

（摘自苏勤：《旅游者类型及其体验质量研究——以周庄为例》，《地理科学》2004年第4期）

全镇农民人均年纯收入7000多元、就业率92%、57.4%的家庭拥有物业、全社会保险覆盖率96%、农民基本医疗保险参保率98%；全年接待海内外游客180万人次，旅游经济占10.2亿元GDP总量的62%。

（摘自陆剑　刘艳元：《周庄18年科学发展的实践》，《新华日报》2004年6月23日）

据统计，1996年周庄GDP为2.86亿元，至2004年已增加到11.98亿元，全镇农民人均纯收入也从1996年的4574元提高到2004年的8076元，全镇人口2.3万人，储蓄总额现已超过7亿元。

（摘自湘江月　徐灿龙：《旅游经济是富民经济》，《华东旅游报》2005年10月11日）

周庄的旅游业是富民的行业，据统计，1996年周庄GDP为2.86亿元，至2004年已增加到11.98亿元，全镇农民人均纯收入从1996年的4574元提高到2004年的8076元，全镇人口2.3万人，储蓄总额超过7亿元。

（摘自凌凤琦：《"中国第一水乡"的放大效应》，《中国旅游报》2005年11月30日）

周庄的旅游业自从20世纪80年代中后期起步以来，接待旅客人数和旅游收入逐年增加，2002年接待旅客已达263万人，自1996年以来，接待游客以平均每年30%的比例增长。

（摘自张宏梅　陆林　章锦河：《感知距离对旅游目的地之形象影响的分析——以五大旅游客源城市游客对苏州周庄旅游形象的感知为例》，《人文地理》2006年第5期）

全镇三产总收入6.35亿元，占国内生产总值的58%，而旅游占三产总收入的90%。目前，基地已累计引进投资15亿元，实现年产值6.5亿元，利税1.5亿元，产品90%出口海外。

（摘自郭军：《周庄涅槃》，《新经济杂志》2006年第6期）

2005年周庄实现（GDP）国民生产总值13.5亿元，人均GDP64000元。

（摘自郭军：《屈玲妮：从古镇周庄到国际周庄的跨越》，《新经济杂志》2006年第11期）

近年来，依托古镇旅游资源，全镇旅游经济、高新技术产业和民营经济迅猛发展。2005年实现财政收入1.54亿元，农民人均收入9018元。

（摘自《中国第一水乡——周庄》，《环境经济》2006年第12期）

最新统计，今年上半年全镇农民人均现金收入达到1.0483万元，名列全省前茅。金湾村农民开发商业用房，年房屋租赁收入超100万元，山泉村创办污水处理厂一年增加收入245万元。目前，全镇村级资产中，有房屋、电力设施、土地等经营性资产达4.51亿元。周庄的农民可享受到家庭财产保险费、灌溉费、机耕费、粮油费、有线电视费、学生经费、自来水费等13项补贴，受惠面达100%，全年用于农民的福利达5600万元。全镇15个行政村一年用于社会事业建设和农民保障的资金就达1.1亿元。

（摘自古月：《周庄演绎"富农"新版本》，《无锡日报》2007年8月10日）

2007年，该镇旅游人口达到300多万，直接与间接的旅游经济收入将近10亿元。

（摘自许群　顾烨　陈佳佳：《旅游周庄变身文化周庄》，《中国文化报》2008 年 8 月 2 日）

近年来，旅游经济获得快速增长，以 50% 的年增长率递增。据周庄镇旅游发展总公司的调查统计，1997 年 1 至 6 月份旅游门票收入突破 470 万元，游客总数超过 35 万人次，其中境外游客 5 万人次，旅游经济总收入超 9000 万元，取得历史最好水平。

（摘自赵伟东：《周庄镇旅游经济何以蓬勃发展》，《华东经济管理》1997 年第 5 期）

重要文章选登

旅游地发展创新理论与实例研究

——以江苏周庄为例

万绪才

旅游地发展创新最佳时机、原则、程序与一般模式

1. 旅游地发展创新最佳时机

一般来说，旅游地发展创新是为了促进旅游地的加速发展，或是为了维持旅游地的持续发展避免衰落，或是为了提高旅游经济效益等。旅游地发展创新需要成本（包括人力、财力等），并且存在风险，因此不能盲目创新，需要在调研基础上选择最佳时期。旅游地生命周期理论认为，旅游地发展演化一般包括探索阶段、参与阶段、发展阶段、巩固阶段、停滞阶段、衰落阶段或复苏阶段（见图1）。从旅游地生命周期视角与创新的必要性来分析，旅游地发展创新最好选择在巩固或停滞阶段。

图1　旅游地生命周期模型

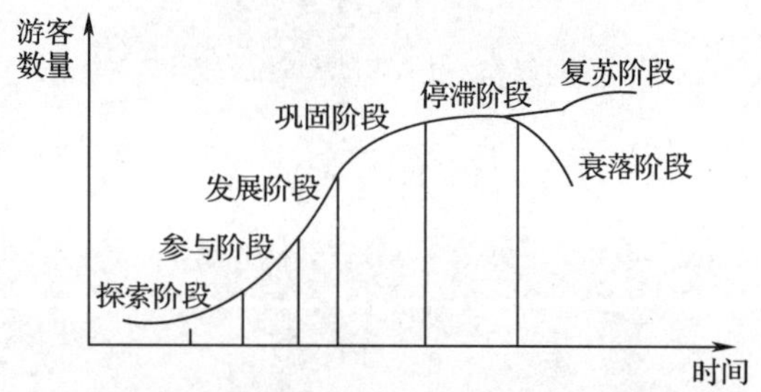

2. 旅游地发展创新原则

一般的改变并不等于创新，只有符合科学的改变才是创新，真正的创新是要遵从一定的原则。衡量旅游创新成功与否的唯一标准是能否符合游客旅游需求、能否为游客所接受与喜爱，同时还要考虑旅游经济效益的可行性。旅游创新一般要遵循以下几个原则：

（1）资源基础性原则。旅游创新要以资源为基础，这种创新旅游开发成本较低，根基较牢，风险较小。旅游创新可以不以资源为依托，即完全无中生有，但这种创新与旅游发展模式成本很高，风险很大，一般不被提倡。

（2）市场导向性原则。旅游市场是旅游创新的风向标。旅游创新时要对旅游需求现状及其发展趋势进行准确了解与把握，只有这样，旅游创新品才能为市场所接受。

（3）特色性原则。旅游特色是旅游吸引力的源泉与灵魂，旅游创新一定要以特色为准绳。特色表现为两个方面：一是人无我有，即独特性，创造这种特色乃最佳，但很难，因旅游产品与服务易被模仿与克隆；另一种是人有我优，以我之优，克敌制胜，不失为良策。

3. 旅游地发展创新程序

旅游地发展创新程序基本上分为以下三个步骤：一是对旅游发展现状及其所处的生命周期阶段进行分析，了解旅游发展存在的问题，确定创新的必要性。二是了解客源市场，把握国内外旅游需求风向。了解客源市场的直接途径为实地调查与分析，间接途径通过搜集有关资料获取。三是在掌握客源市场情况（特别是旅游者的旅游兴趣与时尚）的基础上，根据旅游地现有资源，策划设计出相应旅游产品等旅游相关要素。

4. 旅游地发展创新一般模式

旅游发展创新途径一般有两种：一是基于旅游活动要素的创新途径，即旅游发展创新可对旅游诸要素（包括游、吃、住、行、娱、购等）进行创新。二是基于旅游开发活动层面的创新途径，包括理念与形象创新、旅游产品创新、营销推广创新、经营管理创新等。根据创新内容，可将旅游地发展创新分为全面创新和局部创新。全面创新是对以旅游吸引物为核心的旅游诸要素或对旅游开发活动各层面进行系统改变，推陈出新，打造全新的旅游地；局部创新是对其中某一个或几个要素（或旅游开发活动某些层面）进行改变。其中，旅游产品创新是旅游地发展创新的核心，旅游产品可从旅游主题和功能等方面进行创新。旅游地发展创新一般模式如图2所示。

图2　旅游地发展创新一般模式

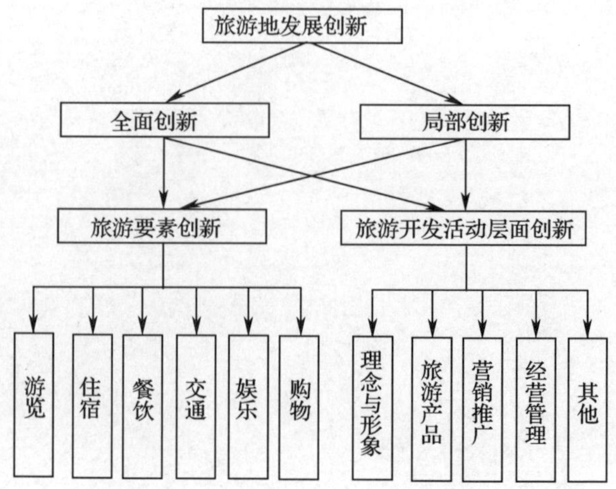

周庄旅游发展现状与创新的必要性

1. 周庄旅游发展现状

被誉为“中国第一水乡”的周庄的旅游发展主要从1989年开始，至今不到二十年。1989年，经过修复的周庄重要景点沈厅对外开放，首次向旅游者售出了门票，当年周庄接待游客5.5万人次，而2002年，周庄客流量已增至263万人次，为1989年的47.8倍，2006年周庄游客量突破300万人次，旅游收入超过7亿元。根据有关统计数据进行游客年增长率测算得出，1997年至2002年，周庄游客数年均增长率超过40%，而2002年至2006年，年均增长率约为4%。可以看出，与以前相比，近几年来周庄游客数年增长率已大大降低。

2. 周庄旅游发展创新的必要性

（1）旅游发展转型的需要。从2002年起，周庄的年客流量均在260万人次以上，日均客流量超过7000人次，客流高峰期时，日均客流量更是大大高于这个数字，有时甚至高达3万人次以上。而周庄古镇旅游主要集中在面积只有0.47平方公里保护区内，古镇观光旅游的空间容量十分有限。目前，周庄旅游容量处于超饱和状态，这对于旅游者的旅游质量、旅游环境质量以及居民的生活质量都有较大的负面影响，近年来去过周庄的旅游者有关抱怨大大增加，足以证明这一问题的凸现及其严况，周庄宜调整旅游发展战略，即由目前的追求游客数量增长型向追求旅游经济效益型转变，这就需要通过旅游创新加快旅游产品转型与产品层次的提升。

（2）旅游竞争的需要。近年来，江苏的同里、角直、木渎、锦溪，浙江的南浔、西塘、乌镇，上海的朱家角等许多类似古镇也开始大力发展旅游业，这些古镇由于建筑布局和风格、文化氛围、水乡风光以及生活环境与周庄十分相似，因此对周庄的旅游替代性较强；另一方面，这些古镇相距较近，将周庄四面包围（见图3），且这些古镇近年来知名度也在大幅度提升。虽然周庄旅游开发较早，知名度较高，但同类型旅游地如此近距离激烈的竞争给周庄的旅游发展带来很大挑战。鉴于这种竞争态势，周庄的旅游业要想继续保持持续健康的发展，必须进行创新，即进行第二次旅游创业。

（3）满足日益多元化旅游市场需求的需要。目前，国内外旅游市场发生较大变化，旅游需求呈现多元化发展趋势，特别是休闲度假、养生保健、生态旅游、乡村旅游等新兴旅游渐成旅游时尚，且旅游者的旅游品位也在迅速提升。而周庄一直主要以观光旅游为主，旅游产品较单一，产品与形象老化，不能很好地满足现代和将来旅游者的需求。

图3　江南古镇空间总体布局

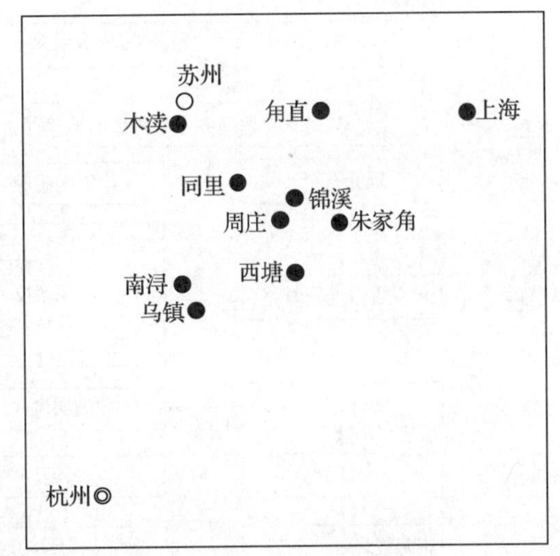

周庄旅游发展创新总体思路

鉴于旅游发展实际情况，周庄宜进行系统性创新，这里重点从理念与形象、旅游产品两个方面进行探讨。

1. 理念与形象创新

理念是统领旅游地发展的灵魂与指导思想，旅游地的发展创新首先要进行理念创新，接着是进行理念具体化的形象创新。到目前为止，周庄的旅游发展理念一直定位为“中国第一水乡”观光旅游地，塑造与宣扬“小桥流水人家”江南水乡形象，这一理念与形象定位在其发展初期应该说是准确与合理的，这一点从周庄旅游迅猛发展史得到证实。但这一理念与形象已不能适应其目前和将来的发展。周庄要想冲出重围走出自己独特的旅游发展之路，必须从理念上有所突破，塑造新的旅游形象。

周庄可考虑以现有的水乡资源为依托，根据旅游市场发展变化现状与趋势，瞄准中高端旅游市场，引领休闲与美体健身之生活时尚，打造江南水乡休闲养生旅游目的地。

2. 旅游产品创新

旅游产品是旅游理念与形象的载体。根据以上旅游理念与形象定位，建议周庄旅游产品创新总体思路如下：一是旅游功能创新，由目前以水乡古镇观光游览为主的旅游功能向休闲度假养生旅游发展。二是旅游项目创新，以丰富休闲项目为目标，除了传统的水乡古镇观光游览以外，还可拓展水乡游空间，开发大水乡乡村游，同时可考虑开发具有特色的娱乐表演、游乐竞技、运动健身、美容美体、保健康疗等项目。三是旅游产品层次创新，由于增加了许多高品位、参与性旅游项目，不仅丰富了周庄旅游产品体系，而且提高了旅游产品层次（见图4）。

图4　周庄旅游发展创新思路及其效果

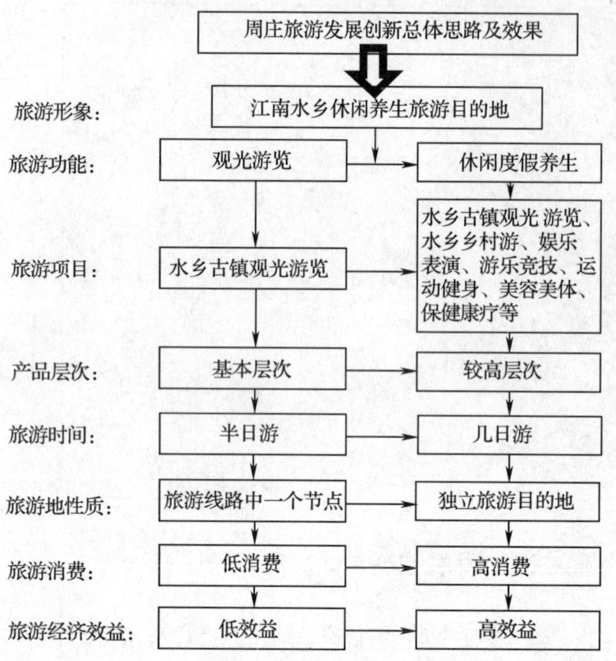

周庄旅游发展创新效果分析与展望

上述创新思路如果实施成功，将会使周庄旅游在游客停留时间、旅游地性质、旅游消费以及旅游经济效益等方面向利好方向发展。一是旅游时间：由于丰富了旅游项目，延长了游客逗留时间，周庄将会由目前的半日游变为二日游或几日游。二是旅游地性质：由于游客停留时间延长了，周庄将可能由目前游客整个旅游线路中的一个节点向独立的旅游目的地转变。三是旅游消费：由于游客停留时间增加了，加之旅游消费项目的增多，游客人均旅游消费将会大幅度提高。四是旅游经济效益：由于人均旅游消费提增了，即使在游客总量受限的情况下，旅游经济效益也将会得到大大提升（见图4）。

江南水乡古镇的保护与合理发展

——阮仪三教授在“首届古镇保护与发展周庄论坛”上的讲演

袁　菲

江南水乡古镇以周庄为代表，是我国地域文化中极具完整性、区域性、多样性的典型传统城镇类型，从上世纪80年代开始的水乡古镇保护实践，是我国城市遗产保护历程的实践典范和发展的里程碑。在经历了所谓“旧城改造”的建设性破坏、旅游兴起后的过度商业化、居民外迁导致的社会变异、环境恶化等负面现象之后，进入新世纪，新问题新矛盾此起彼伏：全球化对地方特质的冲击，深度旅游对古镇文化新产品的需求，新的建设一波未平一波又起……水乡古镇的保护和发展走到十字路口，该向何处前行？我们以江南古镇的保护与发展为主要研究对象，通过回顾江南水乡古镇的保护实践历程，总结经验教训，可以为我国历史城镇的保护与未来发展提供有益的启示。

从“周庄模式”看城镇遗产的整体保护

上世纪80年代，正值改革开放初期，乡镇企业大发展之时，在“要想富、先修路”、“汽车一响、黄金万两”的热潮下，江南河网平原上的大小村镇都鼓足了破旧立新的干劲，纷纷拆桥拓街、填河筑路，以期筑巢引凤。一大批具有鲜明水乡特色的古镇在这场城乡运动中遭受了风貌格局上的巨大破坏，如前州、偃桥、芦墟等。而周庄则因为与外界交通过于闭塞，发展较慢，才得以幸免。1986年同济大学为周庄制定的保护规划中明确提出“保护古镇，开发新区，发展旅游，振兴经济”的十六字方针，这在当时俨然是与热火朝天的乡镇改革反其道而行之，顶着前所未有的反对和质疑压力，开创了江南古镇保护的先河。

根据规划要求的严格实施，周庄古镇的保护在实践中取得了突出成效：保存完整且丰富多变的街河空间、小桥人家的玲珑闲适、清朴秀丽的民风民俗……对这些优秀历史文化资源的精心保护，为周庄赢来了旅游观光的发展先机。更为可贵的是，1995 年周庄古镇在旅游业取得显著经济效益时，还及时建立了“古镇保护基金”，将每年古镇旅游门票收入的 10% 用于古镇保护，包括修缮历史建筑，改善基础设施，提高古镇居民生活环境质量等。这种用旅游收入反哺古镇发展的做法，为古镇的良性发展提供了资金保障，也获得了古镇居民的拥护，“古镇要发展、保护不能忘”的观念不仅是政府管理部门的点金石，更是取得了深入人心、全民参与的效果。这种严格按照规划实施保护，强化历史特色开展城镇旅游，并将旅游收入回馈于古镇保护的做法，被人们简称为城镇发展的“周庄模式”。一时间成为全国上下拥有历史遗存的城镇争相效仿的对象。尤其是江南地区的水乡城镇更是纷纷以“周庄第二”、“小周庄”、“可与周庄媲美”之名自居。

遍布江南地区的水乡古镇是我国传统城镇中的一种独特类群。从聚落的空间构成上看，它们枕河而居、因河设市、夹岸为街、水陆两宜，构筑了人们心中“小桥流水人家”的闲适意境；从建筑特征上看粉墙黛瓦、水巷幽仄、山墙起伏、宅院四合，既不失传统中正的封建家族伦理秩序，又捎带着文人墨客的清寡、商贾小宦的偏适、衣食百姓的厚朴；而那乡里乡间土生土长、生生不息的稻米、桑蚕、纺织、印染等活动，则成就了共同地域文化背景下因地制宜的传统小农经济类型，并在历史的长河中为这些水乡古镇构筑了经济学意义上的共同语。

继周庄保护取得初步成功之后，西塘、乌镇、同里、角直、南浔等古镇相继编制了总体规划和保护规划，并开始投身于积极的保护实践。这些古镇的保护，在把握江南水乡共性的基础上抓住各自特点，形成独特韵味：周庄是前街后河的商业市镇，同里是恬静的水乡居家小镇，西塘是廊棚数里的黄酒之乡，乌镇是水阁楼枕河卧波，角直以庙兴市、民风古朴，南浔的丝商留下了中西建筑文化交融的杰作……正是这每一个古镇、每一处细微的不同，才使得江南水乡有着百看不厌、多姿多彩的魅力。古镇保护的重点也正是在于这种共性把握之下的特质挖掘。2000 年，在联合国遗产中心专家的提议下，江苏的周庄、同里、角直，浙江的乌镇、南浔、西塘，开始正式以“江南水乡古镇”的名义联合申报世界文化遗产。从此“江南六镇”开始作为江南水乡古镇这一群体的突出代表，为人们所逐渐熟知。

2003 年 12 月，“江南六镇”由于在规划和保护上“对整个城市发展起到里程碑式的作用”，“留存了文化遗产，很好地处理了保护与发展的关系”，“让人们看到了古代人的生活，同时很好地让今人生活在其中”，而获得了“联合国教科文组织亚太地区文化遗产保护杰出贡献奖”。

以“江南六镇”为代表的江南水乡古镇，作为一种典型地域的城镇遗产类型的整体保护模式，已取得突出成就，影响和带动了江南乃至更大地域众多古镇的保护与合理发展，上海的朱家角、枫泾、新场，苏州的木渎，宁海的前童，富阳的龙门等一大批古韵犹存的水乡也逐渐进入人们的视野。“江南水乡古镇”作为一种遗产类群，也将最终成为祖国优秀文化宝库中的重要成员。

十字路口，古镇将向何处去

进入新千年，江南水乡古镇已成为长三角大都市区引人瞩目的休闲“后花园”，“保护古镇、发展旅游”逐渐成为人们的共识，波及每一个水乡小镇，哪怕只是一条小街、两三顶拱桥、几座老宅，都受惠于这场古镇保护运动，水乡的空间形态、历史建筑保存下来了；在市场机制的推动下，小镇的商业旅游发展了。可是水乡那闲适有序的生活也变了味道，江南古镇的发展似乎又走进了使人们无所适从的境地。分析这些问题和现象，主要有以下若干类型：

1. 旅游内容雷同，旅游产品相互模仿，古镇趋向同质化竞争。古镇旅游几乎都是走一条或几条老街，看几所大宅、花园，坐一日小船，吃一餐家乡饭；所买的旅游纪念品也无非是松糕、蹄髈、酱菜、米酒、蓝印花布等等。这些在相同地域文化作用下且分布相对密集的水乡古镇，在城镇景观上具有较强的可替代性。另一方面，水乡古镇是传统经济生产模式下的产物，聚落尺度相对于现代的交通工具和生活节奏而言，往往只能开发为一日游、半日游的观光对象，再加上旅游经营缺乏亮点，旅游产品相互“克隆”，容易引起旅游观光者的体验疲劳，游客不会从深层次去细究水乡差别，更难留下深刻印象。

2. 全民经商，破墙开店，古镇过度商业化成致命伤。从 1998 年到 2002 年，周庄古镇的店铺数从两百多家激增至六百多家，短短 4 年数百栋民居破墙开店。店铺泛滥不仅破坏古镇风貌，拉客现象、恶性竞争也使旅游环境日益恶化。不少居民开店后又租给外地人经营，“小桥流水”依旧，而“人家”不在，水乡古镇的意境渐将泯灭。

3. 节假日游客饱和，服务质量差，门票涨价却难达“限容”目的。据规划测算，周庄每年最佳旅游人数为 60 万，可 2002 年就达到了 263 万人次，高峰时每天近 4 万游客涌进古镇。2005 年同里接待游客 220 余万人次。2007 乌镇东西栅接待游客 200 余万人次，预计 2008 年将翻番。与滚滚人潮相对应的是古镇门票的一涨再涨，即使这样仍难以控制容量，也许门票涨价的背后本也不是出于限制容量。这种高价而拥挤不堪的旅游体验，使水乡不再古朴静谧、可亲可近。

4. 原住民迁出，社会结构变异；房地产运作，古镇日趋贵族化。一方面古镇保护区里的砖木房屋难以灵活适应现代化的生活需求，古镇生活对年轻人的吸引力越来越小，导致古镇原住民流失和老龄化、空巢化的现象日益突出；而留在老屋中的房主也乐得将沿街或底层的房屋出租给外地人开店，赚取租金，水乡生活和人文环境逐渐变质。另一方面，古镇在修缮整治时，往往将保护区内的居民另迁他处，修缮完成后仅有少量居民得以回迁，大多数沿街住宅也都改造为店面，并采取市场化的招商进驻方式，古镇原汁原味的生活场景一去不返。白天熙来攘往的街河，到了晚上则除了几家旅店外，灯火寥寥。

5. 古镇周围土地用尽，楼宇包围，"盆景化"现象，尽失水乡田园风光。随着古镇区商业旅游兴旺带来寸土寸金的丰厚利润，古镇周边的地价也水涨船高、一路攀升。几乎所有的水乡古镇都采取过以地生财的捷径。几乎每个古镇周边，旅游度假区、星级宾馆、高尔夫球场都在陆续兴建。在诸多现代化设施的包围下，水乡古镇成为新都市的缩微盆景，与小桥流水相伴相生的水乡田园无奈退出了人们的视野。

6. 古镇旅游经营权出让，主题化、公园化引发社会置疑。2006年香港世贸集团以每年2000万左右的资源使用费获得了同里古镇的经营权，全盘负责古镇的保护与开发。古镇区的社会公共属性、历史文化资源的不可再生性面临挑战，而垄断式的经营权行为，既存在政策风险，又引发社会争议。

商旅文化各显其能，前进道路举步维艰

尽管水乡古镇的发展都不约而同地暴露出这样那样的问题，甚至集多重矛盾于一身，但值得赞赏的是，各古镇并没有在新时期的发展中消极地静观其变，而是从城镇定位、发展思路、文化创新等多方面积极探索，试图为江南水乡古镇的和谐有序发展探路导航。这些实践探索，体现为以下几种类型：

1. 新旅游空间的开拓与旅游内容的多元化发展。在古镇周边进行新的旅游空间的外扩拓展，是大多数水乡古镇率先采取的空间突破式发展方式，这是应对水乡古镇空间构成特征与现代化的快捷多元生活模式之间差异的最直接策略；并且往往是在古镇区内部过度商业化和环境空间容量极度拥挤等负面影响之下的被动之举。如周庄在镇北的太史淀推出"江南采珠"生态旅游项目；西塘在西线入口处建造了颇具人文特色的五姑娘主题园；同里则积极开展肖甸湖生态农业旅游等。

与现代多元的商业消费模式相统一，旅游内容的多元化配建，是古镇经营与都市消费之间链接的纽带。以"周庄富贵园"、"同里老街·新江南"为代表的综合旅游度假区的建设，集参观游览、特色商业、餐饮服务、休闲展示于一体，创造出一种新型商业消费空间，既满足了现代人的怀古之情，又弥补了传统城镇空间与现代化生活品质之间的不适应性。而周庄"江南人家"水上剧场的节目则融合了情景表演、民俗风情、吴歌渔唱等新老艺术表现方式，演绎出历史文化的新时代魅力。

当然，这种娱乐消费空间的大规模推出，究竟是为古镇居民开辟了新的生活天地，还是为都市一族提供了更灵活的休闲选择？它能否受到各方消费者的青睐？这些古镇发展探索中的经济风险最终由谁来埋单？这些疑问还有待时间来解答。

2. 保护理念与修缮技术的不懈追求和遗产价值的再认知。保护并不是要维护破破烂烂、陈旧落后、一成不变。现代化的生活设施、便利的交通通讯，都是古镇生命力得以延续的重要前提。如何在留存传统建筑空间特质的同时，实现现代生活舒适的品质保障，这是历史城镇维修改善的最终任务。占地3平方公里的乌镇二期西栅景区修缮历时四年，走出了一条历史街区再生的创造性道路：修缮不仅是修复历史建筑的外观立面，更是彻底改善历史建筑的内部设施。污水处理、厨卫设计、管道煤气、宽带电气等一系列基础设施在有限空间内的适应性改造，从根本上改善了古镇房屋的建筑质量。而外观的修复则特别强调准确捕捉细节，小到砖雕门楼上的装饰花纹，都细细甄别其年代工艺，务求对历史真实性的再现。

对历史遗存的价值认知是一个永无止境的求真过程。正视这种价值认知的局限性，敢于置疑并不断修正文化遗产修复过程中的种种疏漏和错误，是对待历史文化遗产的科学态度。早期的历史街区改造大多是以开发旅游获取经济收益为目的，经常只凭几张老照片或旧绘画，在无法掌握细部、材料及构成的情况下贸然修复或重建，甚至有时根本就是毫无根据的杜撰和臆造。那些短期速成的仿古建筑，形式不伦不类，做工粗糙，缺乏细部考虑，整条街完全雷同，与历史遗存的真实性原则完全相悖。这种仿古重建的行为往往是以真实的历史地段和传统生活的消亡为代价的。同里古镇通过挖掘《珍珠塔》历史故事，全面整理珍珠塔历史遗迹，积极抢救仅存残垣断壁的陈御史府，经过两年多的修复工程，巧妙地将厅堂楼阁、田园山林融为一体，体现了江南水乡园林式建筑群落的建造艺术，实现了一座古典园林的再生。

这些在实践过程中所显现出来的遗产保护理念的逐渐明晰和修缮技术的不断提高，是水乡古镇保护从静态留存，到自发模仿，逐渐转向自觉自愿、积极探究的可喜

转变。

3. 与社会生活需求同步的多样化文化发展策划。借助影视大片的拍摄扩大知名度，通过承办各种文化发展论坛提升古镇的文化氛围，与传统文化节日相结合举办多种多样的旅游节、文化展、民俗庙会，借鉴国内外创意产业区的发展适时引入艺术家的入驻等，是近年来愈演愈烈的古镇软实力（或者说文化品质）的竞争。

好莱坞电影《碟中谍3》的拍摄使得西塘名声大振；李安《色·戒》的老上海外景将养在深闺人未知的上海新场古镇推向众人眼前。丝乡南浔一年一度的蚕花节，木渎古镇寻找“姑苏十二娘”，乌镇成为茅盾文学奖的永久颁奖地，西塘迎来国际旅游小姐中国区决赛。各种国内国际高端文化论坛的频频举办，不仅为古镇提升文化品位，更是文化交流的重要纽带。2007年“周庄国际画家村”的正式启动，是在借鉴苏荷区文化创意产业的成功经验，在政府引导、政策配套的官方主推方式下，一种新型文化产业的积极培育。

客观上看，江南水乡古镇分布密集、数量众多，城镇历史环境空间特征相似，传统文化和产业构成也十分相近。因此，与时俱进地为古镇空间注入新功能、与社会生活同步的文化发展策划和非物质文化遗产的继承发扬，是古镇发挥自身特色的必然选择。成败的关键，在于是否能够充分挖掘古镇内涵，依托古镇资源，合理审慎地选择与古镇传统特色相适应的文化功能。城镇发展的再定位，是水乡古镇能否走得长远的战略之举。在这一方面，尚有较大发展空间和前景。

古为今用，创建文化特色新城镇

江南文化在中华文化中独具魅力，而江南古镇是重要的江南文化载体，今天留存下来的江南水乡古镇留存了比别的区域更有完整性、区域性、多样性的文化和空间特质。另一方面，江南水乡古镇二十多年的保护与发展，为全国历史城镇的保护与发展提供了重要的实践典范，其中的成功与失误都为其他地区城镇发展提供了难得的经验，是中国城镇保护的里程碑。

江南水乡古镇的独特魅力，为旅游发展提供了宽广的前途。古镇旅游的发展经历了自发性的个体商业活动、公司型的联合运营，到整个古镇旅游统一经营的演变过程，在当今快速城市化阶段和工业社会向消费社会转型时期，文化旅游、休闲体验成为人们工作之余不可或缺的生活方式之一。古镇旅游应当从粗放迈向精细，从观光到休闲，从物质到精神，提升文化层次，改善环境质量，培养参与型、学习型乃至思考型的旅游产业策略，成为江南地域中人们真正的精神家园和文化港湾。

为了迎接全球化、信息化的时代挑战，各国各城市都争相挖掘本土的文化内涵，以形成鲜明特色的地域民族文化景观。新时代的水乡古镇旅游更应当由一镇一家单打独斗、互相比拼人气，转为联手合作，结成水乡联盟，共同开发，资源共享，功能互补，积极构建大水乡旅游联合体，开展水上网络旅游，力争在国际上形成高层次、高水平的江南水乡文化旅游品质。

“整体性保护”是一种动态的文化的保护，不只是保护历史建筑和城镇空间，更重要的是保护居住于其中的社会阶层，并通过适宜的环境与政策的提供，使这些社会阶层，连同他们所创造的制度、精神文化一起，融入到现代社会的生活秩序中来。

江南水乡城镇在经历从农耕到小手工商业社会漫长的自然演进过程中，积累了大量与生活形态息息相关的民间传统文化；这些文化在一代代人的传习和潜移默化中，又维系和充实着历史城镇各自独特而丰富的物质空间环境。

如何在精心保护水乡城镇空间环境的同时，进一步使物质环境中蕴涵的文化底蕴绽现出它在现代社会生活中的生命力，将物质环境保护整治与文化旅游发展利用紧密结合，形成物质环境留存、社会网络维系、无形文化传承三位一体的江南水乡文化空间整体性保护，是当前古镇保护与发展中急需解决的重要课题。

对历史遗迹的清理抢修，再现曾经名噪一时的名园名宅，策划古镇戏台、文化剧场，对大型历史街区进行整体修复和现代化设施的全面引入等做法，虽然一出现便总是众议纷纷、难辨是非，需要随着时间的沉淀在社会发展中求证功过。但“实践出真知”，正确的认识总是有赖于不断的实践积累。更何况，对于历史城镇这样复杂的社会、文化、经济、生活有机体，其保护原则、价值认知和发展理念，都是在永无止境的探索中不断锤炼和逐渐清晰起来的。不是消极地静观其变，而是积极投身保护与发展实践，从失败中矫枉勘误，从错误中汲取教训，江南水乡古镇这二十余年的实践历程，就是这样风风雨雨地走过来的。

所以，只要是无害于古镇历史文化遗产留存的积极尝试，都应得到鼓励。而以科学客观、严谨审慎的态度，对这些实践探索加以冷静分析，有利于我们树立正确的保护与发展理念，为江南水乡古镇的前进道路拨开迷雾。

怎样看待周庄的旅游开发

吴焕加

有些人对周庄的现状提出批评，归结起来，突出的是：人多，商多，空壳化及雅与俗问题。

人多：指去周庄的游客太多，尤其在节假日，镇上人山人海。昆山市旅游局注意到这个问题，据我所知，最近修编的昆山市旅游业发展总体规划提出开发周庄之外多种多样的旅游资源，以“二河、二湖、三镇、四园、五场”构建昆山市大旅游格局，摆脱古镇观光旅游形式的单一性。即以水乡古镇旅游而言，正在开发千灯镇和锦溪镇两个水乡古镇的旅游资源。实现这个新规划，将会对去周庄的游客起到分流的作用，缓和大量集中的游客与周庄承载力低的矛盾。

周庄旅游承载力有限，有限到什么程度呢？有一种计算是这样的：周庄每年最佳旅游人数为60万人，最多也不应超过180万人。可实际情况是2002年周庄旅游的人数是206万人次，是最佳容量的3．43倍。这是按年平均数计，如果以游人最高日计算，就更厉害了。镇方多次采用提高门票价格的办法限制游人数量，但“越提人越多”。分流的办法能有多大效力，也未可太乐观。办法还可继续再想。现在要问：我们应怎样看待人多这个问题！

游人太多不是周庄特有的现象。北京故宫人不多？上海城隍庙人不多？人多在中国的著名旅游点有普遍性，应该说这是中国现象。我在国外的著名旅游地没有看见过像中国这样的人山人海景象，巴黎铁塔没有，威尼斯圣马可广场也没有。如果有，也只是在狂欢节的很短时段内出现，很快便消失。中国可好，人挤人持之以恒。原因在哪里？很简单，中国是世界上第一人口大国！人多是中国一大特色，于是旅游热点人多便很自然。再说，旅游是第三产业中的支柱产业，在有些地方还是龙头产业。旅游业发展的重要指标便是吸引了多少游客。香港愁的是游客人少，盼的是人多。一个地区如此，一个景点何尝不是这样。所以人多一项，在一定范围内，也应看到它的正面意义与价值。

从中国的实际情况和周庄的实际情况出发，我对周庄游客容量的计算数字质疑，因为那样的计算方法至少不完全切合我们的国情。我们还需拟制适合我国特点的计算理论与方法。脱离实际情况的计算没有指导意义。

商多：我与一些文章作者们的意见一致，不赞成商业气太浓，主张对周庄的商业活动加强管理，使之适量、有序。这件事除商贩本人及其家人外，大家，包括周庄镇领导，都拥护，可是不容易解决问题。

为什么周庄存在那么多的摊贩？答案很简单：因为买主多。西塘、同里等水乡古镇的商业都没有周庄多，原因也简单，因为那里的游客比周庄少。有买的才有卖的，买的多，卖的才会多起来。另一个原因是本地居民还不够富。一个周庄人家，他的家门正临水街，大批游人天天在眼前过来过去，很多游客要买点土特产、纪念品，你要他眼睁睁看邻居开店而不动心？难以哉！你要他保持淳朴之风，绷住劲不赚钱？难以哉！请勿忘记，现在水乡古镇里住的不是古人而是今人，21世纪的活人！大家拥护市场经济，抓住商机发财致富，为何独独不让小镇子上的百姓做小生意？

其实，商业活动的繁盛原来就是江南六大水乡古镇周庄、同里、角直、南浔、乌镇、西塘的特色。自明代起，随着商品经济的持续发展，江南地区农业经济商品化程度显著提高，它们进入了以商品和市场流通为主要特征的时期。南浔、乌镇是丝业专业市镇，同里是粮食专业市镇……周庄是竹木器业和水产业专业市镇，元朝时周庄又成为松江棉纺业的集散中心。这些古镇因其丰饶的水环境，形成了极具特色的“水市”商业中心。史料记载乌镇“市河通贾舶，而列肆贾区夹处两岸”。周庄等镇也都如此。因水成市，贾商云集，屋宇林立。正是当时繁盛的商业活动才造成了周庄古镇今天的格局和面貌。我们可以有根据地说，商业气浓原是水乡古镇的大特点。如果周庄街巷今天没有兴盛的商业活动，那才叫真的丧失了周庄的原来风貌。

有人喜好“见物又见人”，希冀在古镇里不仅看到古物，还看见保持淳朴古心的居民。这种想法接近陶渊明先生的观点。陶先生写的是一个乌托邦，今天想要见到一个住着怀有淳朴古心的居民的桃花源式的古村镇，岂有可能？缘木求鱼，难免失望。

域外的许多旅游热点，商铺确实比我们少，有的少很多，但也清静整洁得多。为什么呢？我未曾仔细调查研究，看起来同居民的生活水准有关系。比较富裕者很少做小商贩，他不需要也不屑整天设摊叫卖小商品（有的地方节日时有居民凑在一处，出售一点自家制的手工艺作品或特色食品，带有娱乐交流性质，并非谋生手段）。一般只有囊中羞涩的人才干小买卖。欧洲几个地方，多是居无定所的吉卜赛人在旅游点干这种营生。周庄街头，老太婆拦路兜售风景片，与意大利的吉卜赛姊妹相似。我猜想，如果那几位老奶的儿女有钱有车有孝心，她会自己到别处旅游去了，就不在周庄的街头巷尾添乱了。

再有一点，我们现在的商业活动还处于初级阶段，这也是促成小商小贩繁荣的一个原因。反过来，我猜想，当中国的商业发展上去后，善钻空子、拾遗补缺的小商贩数量大概也会减下来。

我绝非赞成周庄人人做买卖，我拥护对商业活动加强管理，不过想说：价值法则在周庄不会失效。所以，我们在考虑游客观景需要的时候，也要顾及居民的生计；在考虑文化的时候，宜兼顾经济民生；在考虑长远利益的同时，不忘眼前利益之所在；在研究形而上的学问时，也思及形而下的俗务。总之，处理商业过量问题也要软着陆！

空壳：有的先生反对古村镇旅游点的原有居民离开原地原处，害怕景点“成了空壳”，使当地的“人文环境发生变化”。我则以为空壳或半空壳不一定是坏事，兴许还是好事。

空壳代表古村镇里没有原来的业主、使用者，即土生土长的原住民，只剩空房空物空景了。然而，唐代诗人崔颢的名句“昔人已乘黄鹤去，此地空余黄鹤楼”，是一切古迹、古建筑共同的、不可避免的命运。拿周庄来说，那里的房舍如是建于清代早期，或中期，或晚期，真正的那时候土生土长的原住民一定已经离开地球，即使生于民国初年的人，怕也所剩无几。上面已经提到，现今住在里面的都是现代活人，他们早已不过清朝的生活，他们的生活方式，特别是后生小子们的生活追求和生活样态，已经与时俱进，大别于他们的清朝祖辈，与父辈都有代沟，哪里还肯“返祖”？这样的人要他留在原地，对于保持旧状、旧貌、旧风俗和旧民风，非但无益而且多半只会带来矛盾和干扰。因为他们和你我一样，也想住好一点的房子，过现代一点的生活，提高生活品质。周庄的老屋不好吗？是好，不过那是对有怀古情结的中外游人和专家（如历史学家、古建筑专家等）而言，他们来此观光一日或考察几天就走了，回到他们的有舒适、方便的现代设施的住宅里去了。你冷静客观地细看，就明了这里的老旧砖木房屋，其实是潮气重，阳光少，不结实，不防火，隔音差，房间小，设备难装。大沙发、大弹簧床进不了屋，大屏幕彩电也难进房，年轻人有摩托车、小汽车开不到自家门口。总之，古镇老屋对后辈吸引力越来越小。现在城里人见面寒暄，常问“你搬了么”？因为搬新居的人多起来。古镇后生果要迁离老屋，我们能说不应该吗？

周庄的居民现在还不少，因为老屋还真是一棵“摇钱树”，在眼见的短时期内空壳化似不可能。如果以后古镇核心区的居民人数渐渐少下来，呈现“半空壳”状态，倒有可能，那时居民改善生活条件的要求与旅游事业的矛盾将会逐渐减轻。我访问过意大利北部的一个小古镇，叫古比奥（Gub－bio），山区石屋，古色盎然，镇里游客虽多却整洁清静，原因是大部分居民搬出去了，住在古镇周围的现代新房子里。这种方式使古比奥的旅游业与居民的新生活各得其所，这是半空壳化的优点。

完全空壳化也没有什么可怕。其实北京的故宫与颐和园早就空壳了，里面早已不见皇帝皇太后，没有官员宫女太监，没有一个土生土长的清朝人，按前面所引一篇文章的逻辑，故宫里“一座座充满灵性”的殿堂都成了“名不符实的空壳”，可故宫还不是很好的一个旅游热点吗？设想，如果故宫今天还住着清朝的子孙后代，处处见到大臣宫女太监，文化倒是有了真内涵，可旅游者参观故宫也就麻烦了，至少会受到许多限制。当年溥仪住在清宫里的时候，为了骑自行车，他把许多院门的高门槛锯断，因为祖传的宫殿与他的新生活有矛盾。清朝后裔如果今天还住在故宫里，他们也不会比溥仪老实。

景点景区的本真性当然是可贵的，是值得追求的，但不是惟一、绝对和排他性的。世间纯粹的事物极少。景点没有原居民，成了空壳和半空壳，并不意味本真性的完全消失。所以，空壳或半空壳化对旅游事业不见得完全有害，反而可能有利。

雅与俗：社会分层，经济上有穷有富，文化上有高有低，趣味有雅有俗。旅游者也如此，财力、文化、趣味都有差异。

旅游者的心理在文化层面上包含两个方面：文化寻异与文化认同。两者同时存在，统一而比重不一。去周庄前，看到讲它成了反面典型的说法，怀疑周庄是否真会沉沦，是否真的到了它的生命周期的下坡路，不免惴惴。走马观花一趟，心放下来了。我知道周庄只是在一些人的心中沉沦了，成了反面典型。批评是有的，但决非舆论一致，天下滔滔。据我观察，批评意见最烈的是文人雅士型的高级知识分子，不仅如此，还多是古建、园林、国画、历史等方面的学者、专家。他们来周庄心理上主要不是文化寻异而是文化认同。其实，他们来此的目的并非旅游，其实是考察、研究。这些同志先生到水乡古镇来心中有一种预设，有一种理想，甚且藏有一种理想的模式。他们的预设、理想和模式是什么呢？不是别的，就是中国传统美学的素养、意象和意境。具体说来，是积淀着中国传统文化的诗情画意。总之，专家学者们希望，周庄以及其他江南水乡古镇现在还能体现那种场所精神：萧散、苍古、闲适、静谧、清远的诗情画意。他们的情趣用一个字概括，曰“雅”。可今日的周庄却是那么闹忙，嗓杂，红男绿女，人山人海，摩肩接踵，川流不息，怎一个“乱”字了得！他们没法认同这个“乱”，于是拉响警笛，发出警告。

旅游之事人人可以参与，雅人有雅的方式，俗人有俗的游法，口径难一致！何必求一致？出行有自主权，节假日俗人太多，雅人可以退避三舍，暂等几日，另选人少清静日子去好了。雅兴更浓的，不妨专挑下雨下雪日子去，雨雪纷飞，气氛更相宜，更能提升雅兴，如何？

文化专家说，文化除主导文化外，还分精英文化和大众文化。显然旅游文化也有精英的旅游文化和大众的旅游文化之别，两头兼顾，雅俗共赏，各得其所，不是挺好吗！

有人担心大众化的旅游会破坏以至毁掉周庄，我看言重了。房屋、路面、石桥、栏杆等等坏了修理就是了，古人就经常修桥补路，我们当然也可以做，不过一定要采用和原来一样的材料和工艺，认真严谨，土法上马。这并非什么难办的事。我们也不要被"假古董"和"本真性"这两顶大帽子吓得缩手缩脚。

可持续旅游在快速发展期旅游地的实现途径探讨
——以周庄古镇为例

周　彬　董　杰　刘庆友　徐永辉　任雪梅

引言

旅游业是一个资源依托型的产业，旅游资源是吸引旅游者的最根本力量，保持良好的环境是旅游业发展的基础。我国旅游业在短短20多年的时间里得到了飞速的发展，过快的发展速度使人们忽略了发展旅游的方式，从而产生了旅游资源开发强度过大、旅游环境保护不利、旅游产品开发深度不够等一系列问题。本文以周庄古镇为例，初步地分析了旅游业发展过程中面临的主要问题，寻求快速发展时期旅游地的可持续旅游实现途径。

周庄古镇位于江苏省昆山市，古镇区总面积24km^2，总人口2.2万人（2002年），古镇的历史文化保护区面积4km^2，居民约4000余人。古镇的历史文化保护区已有900多年的历史，古镇内保留有46%的公元15—20世纪初的传统建筑，现有2个省级文物保护单位、4个市级文物保护单位和20个市级文物控制单位。

可持续旅游的涵义

可持续旅游又被称作"永续旅游"，是由"可持续发展"演化而来，它代表了一种科学的旅游发展观。可持续旅游能够在旅游地发展过程中充分协调旅游环境、旅游者、社区以及旅游投资与管理者之间的长远关系，并从资源管理的生态整体性和社会经济背景的异质性以及旅游者的教育、心理和生理需求的透视角度重新审视了旅游业的发展。可持续旅游强调在保护和增强未来机会的同时满足现时旅游者的审美和旅游目的地社区经济、社会方面的需要，它与某种能使我们的后代赖以生存的资源基础得以维持的标准紧密相关，如生物多样性、文化完整性的保持和人类历史文化遗产的保护、基本生态过程、生命支持系统整体规划发展的保护。可持续旅游实质上是通过减轻环境压力来平衡经济利益，通过保持旅游区景观资源和文化的完整性来实现代间和代际的利益共享的公平性。它是以实现旅游景观资源可持续利用为基本前提，通过保护并改善旅游业赖以生存的自然环境和营造良好的社会环境，来达到为旅游目的地居民提供就业机会、提高生活质量，为游客提供高质量的自然、人文游览经历，为旅游业发展提供决策参考，即以实现所谓的经济可行、生态负责、社区妥切、个人心理上能接受的旅游业为其基本出发点。

周庄古镇可持续旅游面临的主要问题

加拿大学者R·W·Butler提出旅游地生命周期的6个阶段，即探索阶段、参与阶段、发展阶段、巩固阶段、停滞阶段、衰落或复苏阶段。

一般而言，任何一个旅游地都会经历从产生到快速发展、成熟，然后被时代淘汰的过程。周庄古镇也是如此。1989年，周庄古镇经过修复后，正式对外开放，由此拉开了旅游开发的序幕。1995年，周庄被公布为江苏省历史文化名镇，旅游业进入了快速发展时期。2001年，周庄古镇与同理、角直以及浙江省的南浔、西塘和乌镇5个古镇联合申报世界文化遗产，并正式列入预备清单，随之成为旅游热点地区。周庄旅游业的快速发展不仅提高了古镇知名度，还给当地社区带来了难得的经济发展机遇，并且带动了其他产业的兴起和发展。但目前面临着一系列制约旅游业可持续发展的问题：

1. 有限的旅游环境容量和快速增长的游客数量矛盾突出

所谓旅游环境容量是指某一特定的旅游环境在保持稳定的条件下能容纳的旅游活动量或游客数量的水平。一般

表1　周庄古镇1995—2004年游客接待量

年　份	1995	1996	1997	1998	1999	2000	2001	2002	2003	2004
接待人次（万人）	40	50	80	100	125	150	208	263	181	260
增长率（%）	—	25	60	25	25	20	38.67	26.44	-31.18	43.65

资源来源：周庄旅游发展股份有限公司提供

情况下旅游环境容量量化为旅游地容纳游客的最大值，当游客数量超过这个最大值时游客的质量体验和旅游环境就会受到影响乃至破坏。

周庄旅游经过多年的开发和经营，旅游产品的知名度逐渐提高，旅游接待设施、服务设施也日臻完善，尤其是游客的数量逐年高速增长。1995年，周庄的游客接待量仅有40万人次，到了2004年就达260万人次，除2003年受"非典"因素影响外，游客年增长率保持在20%以上（见表1）。持续快速增长的游客数量，大大超过了古镇的旅游环境容量，尤其在旅游旺季时，周庄每天接待游客高达1.5万人次，超出平时游客量的近一倍。由于游客的激增导致交通拥挤，住宿紧张，景点爆满，旅游服务质量下降，游客投诉增多，甚至带来对古建筑和文物古迹的破坏等负面现象，极大地降低了游客的旅游质量。

2. 商业化气氛过浓，旅游产品缺乏特色

快速发展期旅游地的旅游业以前所未有的速度发展，已经成为当地经济的支柱产业，无疑商业活动在旅游地占有重要的地位，但是如果单方面强调经济效益，本来有益于旅游地经济发展的商业活动就会变利为弊。快速发展期旅游地的商业发展往往呈现出量的迅速膨胀和质的低下，其主要表现为旅游地商业区范围的扩大和商业点数量的增多。

截止到2002年底，周庄全镇旅游饭店已经超过了150家，旅游商店超过了1800家，现在的周庄古镇仿佛已经被浓厚的商业气息淹没，几乎很难体验到淳朴的民风和优雅的人文环境。另一方面就是旅游商品雷同，缺乏地方特色。走进"唐风孑遗"、"宋水依依"的石牌坊，还没见周庄的真面目，就看到满街都是所谓的正宗"万三蹄"，使人们真假难辨，不仅失去了地方特色，而且还使游客失去了兴趣。

3. 文化旅游产品开发深度不够，文化资源利用率较低

文化和地域特色是文化遗产的重要组成部分，只有保留原有的文化地域特色，才能更多地吸引游客。周庄古镇是江南吴文化的载体，吴文化有着丰富的内涵和特色，不仅包括特色建筑，还包括具有浓郁江南特色的民族风情和传统手工艺。周庄古镇的许多民间节庆活动，如舞龙灯、快摇船、划灯船以及宣卷、锡剧、越剧等艺术表演构成了独具江南特色的民俗风情。传统食品，如万三蹄、三味圆、莼莱鲈鱼羹、白蚬汤成了独具江南特色的饮食文化。

当前周庄古镇旅游开发存在着对江南吴文化的片面理解，即仅仅停留在文物古迹的恢复和利用上，缺乏对文化内涵的深入挖掘。限于这种认识，周庄古镇文化旅游产品开发深度不够。观光旅游目前仍是周庄古镇的主要旅游产品，游客的旅游活动仅仅停留在观光游览、购买旅游商品的低层次水平，这种旅游方式距离领略了解当地的吴文化还相差甚远。

4. 资源保护力度不足，影响旅游资源的永续利用

独具特色的周庄古镇是祖先和大自然留给后人的瑰宝，是旅游业赖以生存和发展的基础。旅游资源的开发和保护与旅游业发展的关系十分复杂，尤其对周庄这样的遗产旅游地，发展旅游业不仅可以弘扬遗产地的文化价值，还能为保护遗产旅游资源提供丰富的资金来源，但也会带来巨大的负面效应。而可持续旅游的基础则是两者良性互动、相得益彰，这就要求将古镇资源的保护放在核心位置。

然而，周庄古镇在旅游发展过程中，部分居民保护古镇的意识相当薄弱，有时为了一时的经济利益，背着管理部门拆墙除瓦、破窗开店现象层出不穷，每年未经主管部门允许私自拆建和改建的事件就有十多起，极大地影响了旅游资源的永续利用和旅游业的可持续发展。

5. 当地社区参与不足，阻碍了社区的持续发展

社区是旅游业发展的依托，社区的发展和社区的支持是可持续旅游发展的基础。同时可持续旅游强调在旅游业的发展过程中维持公平，提出社区应该分享旅游业带来的利益，社区的参与是建立旅游发展与社区发展良好互动机制的有效途径。

由于周庄古镇内的传统建筑质量较差，基础设施相对落后，同时也是为了发展旅游业，将近一半的居民迁出古城区，换成了外来从商人员，这就造成了当地居民参与不足的局面。因此，周庄的可持续旅游发展必须重视当地居民参与这个问题，因为吸引游客的不仅是古镇的文物古迹，游客更希望体验到古镇的民风民俗，再者古镇内的许多旅游吸引物属于居民所有，如果当地居民不积极配合，还会严重地影响游客的旅游体验，从而影响旅游的可持续发展。

周庄古镇可持续旅游实现途径

可持续旅游是全球旅游业发展的根本目标，其最终目

的是实现旅游经济、社会和环境效益的统一。处在快速发展时期的旅游地可持续旅游的核心在于保护旅游资源，进一步开发特色旅游产品，从而增强旅游吸引力等等。所以，我们认为周庄古镇可持续旅游的实现途径主要包括以下几个方面：

1．加强古镇旅游资源的保护

对资源的保护是周庄发展旅游的首要任务，不保护好古镇旅游资源和旅游环境，就根本谈不上古镇的可持续旅游。周庄古镇是江南地区特殊的自然和文化历史相互融合的有机整体，是一个地域概念。保护，不仅仅是保护区域内的几个点或几条线，而是整体观念的保护，是区域的保护。首先要保护古镇的建筑、水体、空气、环境不受到破坏和污染。其次保护古镇的历史文化氛围，尤其是具有历史文化价值的史迹、古建筑、名人故居等名胜古迹，要本着修旧如旧的原则对其进行慎重的修复。再次是保护古镇有代表性的景观，使古镇保持特有的空间尺度感和自然美的感染力。这就要求古镇旅游管理部门按照古镇旅游发展规划里的要求严格控制古镇内相关建设的审批，对古镇内各种破坏环境的行为进行严惩，保证古镇良好的环境风貌。此外还要制定合理的环境容量，加强对旅游客流的疏导，按照规划制定旅游接待，有计划地组织游览活动，尤其是要尽量避免“五一”和“十一”黄金周以及旅游旺季期间，巨大的旅游客流对古镇旅游环境带来的负面影响。

2．加强旅游市场的管理，优化服务质量

旅游市场的管理作为旅游地管理的一个重要组成部分，对旅游业的可持续发展有着重要的意义。尤其是像周庄古镇这样一个处在快速发展时期的旅游地，旅游市场管理制度还不是十分完善，期待进一步加强。比如，近期对古镇内的经营摊点进行全面的清理和整顿，并实行总量控制，逐步撤销有污染的餐饮经营点，对于游客的投诉，旅游管理部门还要做出严肃认真的处理等一系列措施来完善旅游市场的管理。

服务质量是以人为主要服务对象的旅游业的根本，失去了这个根本旅游业就不可能有很大的发展。不断地提高服务质量是旅游业永恒的主题。所以，周庄应该逐步建立健全旅游市场管理体系，综合应用现代化的手段和方法，通过优化服务质量，提高游客的满意程度，促进可持续旅游的发展。

3．开发特色旅游产品，提高其文化品位

旅游资源是开发旅游产品、开展旅游活动的物质基础。旅游产品的特色和品位是旅游竞争力的源泉，没有高品位的旅游产品就不会有丰富的客源市场，更不会在激烈的旅游市场竞争中拥有一席之地。对于江南古镇而言，旅游资源已经十分丰富，重要的不是外延的拓展，而是内涵的挖掘、资源的集成，要形成新的竞争优势关键是突出资源特色和产品特色，提升旅游产品特色，强化旅游主题，提高知名度。对江南古镇而言，其资源特色是以“小桥流水人家”的江南人文景观取胜，经过旅游产品开发，形成以吴文化为主打旅游产品，大力开发江南吴文化的系列旅游产品。

日趋激烈的旅游市场竞争机制推动着旅游产品的文化含量日渐提高，营销文化氛围的日益加强，管理文化价值的日益突出。对周庄古镇而言，提高其旅游产品的文化品位就意味着对江南古镇的文化定位，故此应依据江南古镇的自然、人文环境特征与悠久的历史，制订出完整的古镇旅游文化战略，因此古镇的旅游开发规划、经营管理与市场营销都必须从其文化定位出发，延伸创意，策划卖点，包装形象，最后形成富有浓郁的江南文化特色的高品位古镇旅游产品，从而大大提高其市场竞争力。

4．加强区域合作，形成旅游网络

从国内外旅游开发成功的例子来看，加强区域旅游的合作开发是大势所趋，单一区域的旅游活动将越来越缺乏市场竞争力，因此江南古镇旅游开发应当走联合开发的道路。不久前江浙的周庄、同里、角直、南浔、乌镇、西塘等江南六大古镇联合共同申报世界遗产，是实施旅游业联合发展的典型。但是，由于行政区域的划分以及旅游业独立发展的格局导致很多古镇尚未形成一个健全的旅游网络。但是从未来的旅游发展趋势来看，在现有基础上创造条件，本着资源共享、优势互补、协调发展的原则，在更大的范围内形成点、线、面统一的旅游区域，形成紧密相连的古镇旅游网络，使游客在同一次旅游中享受到不同风格、不同特色的古镇旅游活动内容，进而提高游客的旅游兴趣，使古镇旅游保持旺盛的生命力。

5．加大宣传力度、科技创新促销

加强古镇的对外宣传是树立古镇旅游形象、提高知名度的重要手段。面对激烈的市场竞争，周庄古镇旅游主管部门应该充分意识到加大对外宣传对古镇可持续旅游的紧迫性和重要性。当前，世界旅游强国都建立强大的旅游促销网络，运用多种宣传促销手段，积极塑造旅游形象，以促进旅游业的可持续发展。鉴于江南古镇旅游业的发展已经具备了一定的经济基础，可以拿出足够的费用用于古镇的宣传促销，运用先进的网络技术和媒体传播手段进行形象宣传。例如建立江南古镇旅游联合网站，并且及时更新网站信息，同时还可以积极利用电视、广播、报纸以及会展等多种渠道进行促销。

周庄旅游保护与开发研究

徐致云　陆　林

研究区域背景与研究设计

1. 研究区域背景

周庄是一个具有900年历史的水乡古镇，有着独特的“小桥流水人家”的自然风貌。镇上近千户民居中，明清建筑占60%以上，并保护得较为完整，民风民俗较为淳朴。在20世纪80年代以前并没有旅游者光顾。20世纪80年代初，少量知名人士开始到访周庄，周庄在很大程度上因交通闭塞、经济落后而保护完整的水乡古镇风貌为世人所知并令人叹绝。周庄古镇旅游地探索阶段自此开始。1984年，上海旅美画家陈逸飞以周庄双桥为题材绘成油画《故乡的回忆》，后被选为联合国首日封图案，周庄由此名扬天下。1986年，周庄镇政府开始在专家的指导下对旅游发展进行规划并成立了周庄旅游服务公司，政府作为主要力量参与开发，这标志着周庄旅游地生命周期短暂的探索阶段的结束和参与阶段的开始。1989年，经过修复的重要景点沈厅对外开放，向旅游者售出首张门票，当年旅游人次达到5. 5万人，客流量开始以平缓的速度逐年递增。

自1996年开始，客流量快速增长，周庄旅游进入了发展阶段，旅游人次从1996年的50万人次增到2002年的263万人次（见图1）。周庄旅游的迅猛发展在带来经济效益的同时，也给周庄旅游的进一步发展提出了挑战。

图1　周庄客流量年际变化

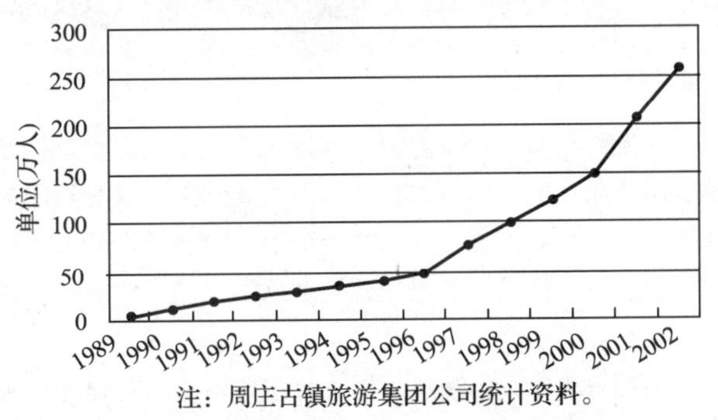

注：周庄古镇旅游集团公司统计资料。

2. 研究设计

2004年5月，在周庄的张厅、沈厅等景点对国内旅游者进行随机抽样调查，发放国内旅游者调查问卷450份，收回422份，其中有效问卷395份，有效率为87. 8%。同时通过周庄镇一所小学的高年级学生以家长填写的方式，发放居民调查问卷300份，收回300份，有效问卷268份，有效率达89. 3%。调查问卷共涉及居民对旅游影响和旅游发展感知问题45项，将居民的态度分别设值，“非常同意”为5，“同意”为4，“中立”为3，“反对”为2，“非常反对”为1，并收集了第二手资料。通过收集的第一手资料与第二手资料，对周庄旅游发展的影响因素进行了分析，并进而提出周庄旅游的保护及开发模式。

周庄旅游发展的影响因素

通过抽样调查问卷及收集的周庄旅游统计资料分析发现，周庄旅游地生命周期的影响因素可分为内部因素与外部因素（见表1）。内部因素包括旅游形象、旅游资源、旅游产品竞争力、旅游环境的质量与容量、旅游接待设施供给、信息供给、交通设施供给、经济发展水平、当地政府与旅游管理部门的作用以及居民的态度。外部因素包括区位条件、旅游者的因素、其他旅游地的竞争、偶发事件的影响。从影响因素的利弊看，可作如下分析。

1. 有利因素

知名度高，旅游形象良好，口碑较好：1984年，上海旅美画家陈逸飞以周庄双桥为题材绘成油画《故乡的回忆》，后被选为联合国首日封图案，周庄自此在国内外享有较高的知名度。良好的旅游形象对旅游者产生较大的吸引力，对旅游者的决策行为具有正面影响，对发展旅游具有重要作用。针对旅游者的调查结果也表明，目前周庄的旅游形象较好。40%的旅游者了解周庄的渠道来自亲朋好友，70%以上的旅游者愿意重游周庄并向他人推荐周庄，说明周庄的口碑尚佳。

表1　周庄旅游地生命周期主要影响因素

因素	内部因素										外部因素		
具体因素	旅游形象	旅游资源	旅游产品竞争力	旅游环境的质量与容量	旅游接待设施供给	信息供给	交通设施供给	经济发展水平	当地政府与旅游管理部门的作用	居民的态度	区位条件	旅游者的因素	其他旅游地的竞争	偶发事件的影响

自然资源极具地域特色，人文资源具有深厚的历史与文化底蕴：水巷、老桥与古民居构成了周庄独特的“小桥流水人家”式的江南水乡风光。极具特色的自然资源、近千年的古镇历史与浓厚的吴文化底蕴是周庄发展旅游的根本要素。保护好古镇自然资源，挖掘古镇的文化内涵对发展旅游业的意义重大。

区位条件好：周庄位于长三角地区，经济发达、交通便捷、人口稠密、居民消费水平高，旅游需求旺盛，是周庄重要的客源地。同时，周庄与该地区的上海、苏州、南京、杭州等城市距离很近，可以受到来自这些城市的辐射作用，实现区域旅游地捆绑销售，增强周庄对远程市场的吸引力。

交通可进入性较强：周庄东距上海60km，西距苏州40km，昆周公路和周商公路连接京沪铁路、沪宁高速公路、苏沪机场路、312国道和318国道。周庄境内的急水江是重要的水上交通要道。周庄的可进入性较强，对发展旅游起到了促进作用。

当地良好的经济环境：旅游地当地较好的经济发展水平会给发展旅游业提供良好的发展空间，如在旅游接待设施的投资方面会给予较大的物质支持。周庄位于经济发达的长三角地区，经济发展很快，周庄镇经济已形成良好的协调发展格局。旅游业的发展带动了其他产业的发展，同时又促进了旅游产业的发展。

国内客源市场结构趋向合理：周庄国内客源市场结构日趋合理，近距离的客源市场份额在下降，远距离的客源市场份额呈上升趋势。国内客源市场目前是周庄客源市场的主体，国内客源市场结构对周庄旅游可持续发展有着极其重要的意义。周庄国内客源市场结构的主体是近距离的江苏本省和上海，同时远距离客源市场所占份额正在日益加大，这表明周庄的吸引力在不断扩大，过分依赖近距离客源市场的结构得到改善，国内客源市场结构正向稳定、合理的方向发展。这既是周庄旅游地生命周期现阶段的重要特征，又是周庄旅游地生命周期向成熟阶段发展的重要标志。

旅游者的需求与期望：工作和生活压力使生活在高楼大厦里的人们回归自然、享受悠闲时光的需求日渐强烈。与现代建筑格局、风格截然不同的周庄古镇以其独特的古老、宁静、悠闲的水乡风貌在满足旅游者的需求方面无疑具有较大优势。此外，对于远程客源市场，周庄景观的异质性同样满足了旅游者求新求异的需求。

居民对旅游发展的支持度较高：旅游发展给当地居民的生活带来了巨大变化，其生活水平、就业状况都有了很大的改善。旅游发展早期，居民对旅游发展的支持度及对旅游者的欢迎度也都较高，针对周庄居民的调查充分证实了这点。居民对发展旅游的积极态度无疑会提高旅游者对旅游地的信任度和满意度，将利于旅游管理工作的顺利进行，从而促进周庄旅游业的发展。

政府与旅游管理部门的作用：政府在旅游发展中起着十分重要的作用。政府制订与旅游相关的政策对旅游发展的影响重大，旅游管理部门的规划、管理直接决定了旅游发展的方向与进程。周庄十多年的旅游发展进程与旅游管理部门的规划与管理密切相关，周庄旅游发展的未来走向也取决于旅游管理部门的规划。目前政府与旅游管理部门的旅游政策、旅游规划及旅游管理对周庄旅游业起着积极的作用。

2. 不利因素

过度商业化：随着周庄旅游的发展，以经济利益为驱动力的商业活动日益增多，目前已呈过度商业化状态。古镇街区商业店铺林立，不少原有的临街古建筑遭到破坏，古镇充斥着无特色的旅游商品和商贩的叫卖声，浓重的商业气息极大地侵蚀着古镇的自然环境和人文氛围。旅游者的旅游效果受到很大的影响，对发展旅游产生较大的负面影响。

旅游环境质量下降：旅游环境是旅游者游览的空间载体甚至是游览内容，对旅游发展的意义重大。目前周庄旅游环境质量下降，特别是作为旅游特色的“小桥流水人家”的流水已不再清澈，水体污染严重。造成环境质量下降的主要污染源来自古镇区旅游接待设施、旅游者以及居民的生活垃圾。环境质量下降造成旅游者的旅游质量下降。

旅游者过多，旅游区域狭小，旅游容量已达饱和状态。2002年，周庄的客流量已达263万人次，日均客流量已达7205人次。客流高峰期时，日均客流量更是大大高于这个数字。而周庄古镇旅游集中在面积只有0.47km^{2}的保护区内，即周庄的日均旅游者人数已达15319人次/km^2，是普陀山日均旅游者人数的6倍。周庄旅游容量处于饱和状态，这对于旅游者的旅游质量、旅游环境质量以及居民的生活质量都产生了较大负面影响，不利于旅游业的可持续发展。

旅游产品单一：目前周庄开发了观光游览型、事件型等旅游产品，但事件型旅游产品只是起到营造旅游氛围的作用，并不是对旅游者具有主要吸引力的旅游产品。周庄的主要旅游产品供给是观光游览型旅游产品，旅游产品较单一。

周边旅游地竞争激烈：周庄是在江南水乡古镇中旅游发展最早，也是发展最快的古镇。近年来，其他江南古镇也开始大力发展旅游，其中较为有名的古镇有同里、角直、南浔、西塘、乌镇。由于这些古镇建筑布局和风格、文化氛围、水乡风光以及生活环境十分相似，替代性较强。周边旅游地激烈的竞争给周庄的旅游发展带来了较大挑战。

内部交通条件较差：旅游地外部可进入性与内部可达

性对旅游地发展都很重要。目前周庄镇内交通状况不尽人意，主要问题包括：古镇保护区外交通工具少、道路窄，主要景点附近缺少指引方向的交通图；停车场位置和收费不合理、三轮车管理不规范。旅游者对周庄镇交通设施评价的均值为3.21，可见旅游者对周庄内部交通状况的满意度不高。旅游接待设施数量多，但缺少高质量的接待设施：旅游接待设施的供给状况会影响旅游者旅游活动的安全性、便利度与舒适度，从而对旅游者的决策及整体旅游效果产生影响。目前周庄的旅游接待设施供给存在数量足但档次不高的局面，旅游者对住宿的评价均值为2.93，对餐饮评价的均值为3.23，这对接待设施要求高的旅游者具有负面作用。

突发因素的影响：偶发事件通常包括战争、特大自然灾害、严重的社会经济动荡等因素。偶发事件具有突发性及不可预见性，会给旅游业带来较大冲击。2003年，由于"非典"疫情的影响，周庄上半年的旅游人次和旅游收入下降幅度很大，"五一"其间，周庄的门票收入就同比减少了1000多万元。

周庄旅游保护与发展的调控措施

SheelaAgarwal在研究英国海滨旅游地生命周期时将产品重构理论与生命周期理论结合起来，提出避免旅游地走向衰落的应对措施：产品重组、产品转化、劳动力转化和空间迁移。不同的旅游地因其地理位置的不同、影响旅游发展的因素各异，相应的调控措施也有区别。考虑到周庄目前生命周期阶段的影响因素，可以看出SheelaAgarwal的产品转化以及空间迁移策略对周庄更具有针对性。SheelaAgarwal的空间迁移策略意指中心化或逆中心化，本文用空间转换策略进行替代，这里的空间转换主要包括空间拓展以及空间合作，与SheelaAgarwal的空间迁移策略有所区别。

1. 旅游产品转化

开发多样化旅游产品：目前周庄旅游产品比较单一，主要是观光游览型旅游产品。针对旅游者的调查表明，观光游览型旅游者的比例高达74.1%，同时86.0%的旅游者的旅游动机是领略江南古镇风光，72.9%的旅游者最喜欢欣赏老宅、古桥。虽然旅游者的旅游动机与旅游偏好说明观光游览型旅游产品在旅游市场中的重要地位，但从长远来看，单一的旅游产品的吸引力与竞争力都将很难经受考验，开发多样化旅游产品势在必行。笔者建议，目前周庄应在观光游览型旅游产品、节庆旅游产品的基础上，逐步开发下列旅游产品：①度假休闲型旅游产品。调查表明，15.7%的旅游者的旅游目的是度假休闲，此外针对是否应开发综合性的度假休闲项目，大部分旅游者（81.6%）表示有必要，认为没必要的旅游者比例仅为6.6%。可见，旅游者对度假休闲型产品的需求较大。周庄位于经济发达的长三角地区，这里集中分布着包括上海、苏州在内的众多经济发展水平较高的城市，居民收入高，但同时也面临工作压力大、生活节奏快等烦扰，因此度假休闲需求的居民比比皆是。周庄宁静悠闲的小桥流水以及古老幽雅的古民居与现代城市的高楼大厦形成强烈的反差，对度假休闲旅游者具有很大的吸引力，开发度假休闲型旅游产品具有必要性和可行性。目前周庄正在进行"上下五千年主题公园"和"云海农夫山庄"的建设，如果开发得当，度假休闲型旅游产品可成为周庄旅游发展新的增长点。②商务、会议旅游产品。目前周庄的商务、会议旅游者的比例不高。这主要有两方面原因，一是度假休闲型旅游产品尚未被开发出来，单一的旅游产品不能对商务、会议旅游者形成足够的吸引力；二是高质量的旅游接待设施相对缺乏，难以满足要求较高的商务、会议旅游者。周庄毗邻上海、苏州，这两个城市经济发展水平高，商务、会议活动十分频繁，周庄可利用资源优势与区位优势，在开发度假休闲型旅游产品以及提高旅游接待设施质量的基础上开发商务与会议旅游产品。③农业生态旅游产品。伴随着人们对生存环境质量的关注和返璞归真需求的日益增长，一种与农业、农村、农事活动相结合的农业生态旅游或农业观光旅游、乡村旅游、绿色旅游逐渐成为新崛起的旅游类型。周庄镇域内辖10个行政村，淀山湖、澄湖、白蚬湖、南湖环绕在周庄镇周围，宜人的气候、充足的水源提供了发展多种农作物、林木花卉和水产养殖的良好自然条件，这些都是周庄开发农业生态旅游产品的良好条件。同时，具有淳朴自然风光的农业生态旅游产品与周庄宁静、古老、悠闲的"小桥流水人家"的观光游览型旅游产品相辅相成，无疑会增强旅游地的生命力。

提升旅游产品文化内涵：旅游的本质在于其文化性，越具有文化底蕴的旅游地越具有生命力，对旅游者的吸引力也越强。周庄位于吴文化底蕴浓厚的江南水乡，有着绚丽多彩的民俗与文化资源。目前周庄已作出开发利用文化资源的一些努力，如1994年在张厅推出具有浓郁民俗文化特色的"阿婆茶"、纺纱、织布等活动；2000年推出民俗文化街；2001年恢复重建了周庄古戏台，与苏昆剧团合作进行全年的昆剧表演。在民俗文化街的基础上，开设了具有传统特色的中药铺、具有当地特色的"贞丰人家"民居客栈以及传统的酒铺与南货店。这些举措增添了周庄古镇的文化内涵，但广度与力度远远不够。尤其是在旅游者众多的中市街，浓重的现代商业气息严重地破坏了周庄原真的吴文化旅游氛围。周庄应在以下几个方面来挖掘文化底蕴：多进行具有地域特色的节庆、婚娶等民俗表演，如赛花船、舞龙等；恢复部分传统手工艺作坊，如磨豆腐、酿酒、刺锈等作坊，展示传统捕鱼等劳作方式；开设部分茶馆、书场，进行传统的说书、昆剧、江南丝竹等方面的表演；进行各种吴文化表演的人员及其他工作人员的服饰要体现地方特色；保护并修复古建筑、古民居，保持古老建筑文化的原真性。

提高环境质量：水是周庄发展旅游业的生命线，古建筑是周庄的宝贵资源。而在周庄保护区内河水污染严重，古建筑也受到商业化的威胁。旅游环境质量的持续下降最终会使周庄失去对旅游者的吸引力。针对暴露出的环境问题，周庄应采取措施改善镇区河水质量，拆除有碍古镇景观的不协调建筑物，对旅游区内现代商铺进行迁移或适当控制古镇保护区旅游人次，等等。

提高旅游接待等设施质量：旅游接待设施、信息供给、内部交通状况都会影响到旅游者在旅游地的舒适程度和便利程度。周庄目前这些旅游接待设施的供给质量不高，降低了旅游地对商务、会议旅游者的吸引力，同时对旅游者的停留时间造成负面影响。因此，周庄现在需要做的不是进行低水平的数量上的增加，而是要在质量上进行提高。值得注意的是，旅游接待等设施方面的建造应与周庄的古镇风格协调一致，才能相得益彰。

2. 空间转换

旅游区域拓展：旅游的快速发展使周庄的客流量迅猛增加，环境容量已呈饱和状态。古镇保护区 0.47km^2 的狭小面积已远远不能适应旅游发展的需要，而周庄境内（保护区外）却有很多未开发的有价值的旅游区域，如太师淀、白蚬湖、急水荡和南湖以及周围地区。周庄可以将旅游区域拓展到周庄镇外围，利用外围优美的自然环境开发度假休闲型产品、农业生态产品等，以达到分流旅游者的作用，缓解环境压力，同时大大增强旅游产品的吸引力。

空间合作：随着周庄旅游的快速发展，其他江南水乡古镇也开始重点发展旅游，这给周庄的旅游发展造成较大压力。各个江南水乡古镇风貌相似，替代性较强。恶性竞争对各个江南水乡古镇的旅游发展都将不利，周庄可联合其他水乡古镇共同发展旅游，变竞争为合作关系。周庄已联合同里、角直、南浔、西塘、乌镇共同申报世界文化遗产，这有利于各个江南水乡古镇利用各自的旅游特色有效分流旅游者，同时也有利于创立江南水乡古镇品牌，提高旅游产品的整体竞争力。考虑到各个古镇的不同特色和旅游发展状况，周庄可分阶段进行不同的空间合作组合。同里距离周庄最近，知名度日益扩大，旅游发展正呈快速发展期。此次调查也表明，16.7%的旅游者的旅游路线包括同里，因此近期周庄应首先加强与同里的旅游合作；其次是周庄与乌镇的旅游作用，远期可发展与角直、南浔、西塘间的旅游合作。

附　录

附录一："周庄旅游观光模式"搜索关键词

周庄旅游、中国第一水乡、昆曲故乡、周庄魅力、古镇周庄、"旅游周庄"、"文化周庄"、"周庄事件"、陈逸飞、周庄现象、周庄模式、《四季周庄》、周庄开发、周庄旅游保护、江南古镇旅游开发

附录二：A 类文章目录

- 周庄镇旅游经济何以蓬勃发展/赵伟东//华东经济管理 1997－05
- 近看周庄/孙立峰//城乡建设 1999－02
- 美就美在周庄水/施友明//江苏政协 1999－06
- 精益求精　返璞归真——周庄古镇保护规划/阮仪三　邵甬//城市规划 1999－07
- 周庄、同里镇申报世界文化遗产工作正式启动/苏见禾//城市规划通讯 1999－07
- 话说周庄/杨明义//全国新书目 1999－08
- 水乡寻梦——建筑大师贝聿铭参观周庄随记/王雅静//小城镇建设 1999－11
- 周庄魂牵梦绕的地方/孙乃昌//江苏地方志 2000－04
- 梦里水乡——迷人的周庄/三石//城市与减灾 2000－06
- 古镇周庄整顿水上旅游市场/张文明//中国水运 2000－07
- 上有天堂下有苏杭中间有个周庄/罗伯昌//珠江水运 2000－08
- 梦里周庄/马焰//今日湖北 2000－10
- 水乡古韵看周庄中国第一水乡——周庄古镇/王春玲//绿化与生活 2001－01
- 江南第一水乡——周庄/资源开发与市场//2001－04
- 品味周庄/湛汝松//中国地名 2001－04
- 专家聚会共商周庄保护与发展/周文林//新华每日电讯 2001－08－06
- 周庄的启示/江流水//体育文化导刊 2001－04
- 周庄——世俗文化的启示/徐卓人//散文 2001－06
- 夜卧周庄好梦来/吴跃农//四川统一战线 2001－05
- 周庄：传统文化与现代文明融合的典范/屈玲妮//中国党政干部论坛 2001－05
- 走进周庄/冯世鑫//中国检验检疫 2001－05
- 水乡明珠——周庄/谢文//北京物价 2001－07
- 烟雨周庄/谭芸//中国审计 2001－08
- 周庄游记//中国工商 2001－10
- 中国第一水乡——周庄/陈兴发//消防月刊 2001－11
- 郑一军在"古镇周庄保护与发展"研讨会上强调　切实保护并科学合理地开发利用优秀历史文化遗产/文和//城市规划通讯 2001－16
- 中国第一水乡——周庄/亚太经济时报 2002－07－10
- 小桥流水人家——江南古镇周庄/于长川//铁道知识 2002－01
- 水乡古镇的考察——周庄偶感/段非//小城镇建设 2002－01
- 又见周庄//阳关 2002－02
- 情迷周庄/陈慧//当代护士 2002－02
- 锁定周庄/秦铁飞//丝绸之路 2002－03
- 闲话周庄/张孟//旅游 2002－06
- 天伦之居古韵悠然——江南水乡名镇周庄民居的艺术特色/李贺楠//中国房地产 2002－11
- "民俗文化"热周庄//中国旅游报 2002－02－20
- 游园惊梦周庄/陈荣力//民族论坛 2002－12
- 中国第一水乡——周庄//中国旅游报 2003－02－28
- 从周庄到福州朱紫坊的所见与所思/潘敏文//福建建筑 2003－01
- 读周庄/戴云//福建劳动和社会保障 2003－01
- 周庄旅游怎样做大做强做美做优/王国宝//苏南科技开发 2003－02
- 记游古镇周庄/曹兴旺//绿化与生活 2003－02
- 周庄"庄主"庄春地：不一样的江湖梦/李艾伦//中国西部 2003－03
- 周庄客栈：住在名人故居/赵亚非//时尚旅游 2003－03
- 眷恋周庄/杨珏//云南社会主义学院学报 2003－03
- 天堂的周庄/周芃芃//江苏政协 2003－08
- 水乡周庄——"东方威尼斯"/张立功//建设科技 2003－08
- 为迎接下一个黄金周作准备——周庄投资 2500 万元完善景区建设/仲毛//中外企业家 2003－08
- 江南水乡周庄游/乔水佳//长寿 2003－09
- 江南水乡——周庄·乌镇/王晓莉//城乡建设 2003－09
- 水漾桥影梦周庄/周俊杰//源流 2003－10
- 感受周庄/刘晓闻//长江文艺 2003－10
- 怎样看待周庄的旅游开发/吴焕加//中国旅游报 2003－11－19
- 周庄旅游：十年磨砺成大器/程秋生//人民日报海外版 2003－04－18
- 古镇周庄为何大幅度提价/周伟明//中国旅游报 2004－11－08
- 古镇周庄科学发展的启示/陆剑　刘艳元//农民日报 2004－08－09
- 周庄：江南的小家碧玉/雪儿//中国建设信息 2004－01
- 周庄同里甪直跻身全国十大历史文化名镇/小咏//江苏地方志 2004－01
- 我看周庄/吴焕加//建筑学报 2004－01
- 周庄 18 年科学发展的实践/陆剑　刘艳元//新华日报 2004－06－23
- 工业周庄腾飞的奥秘/朱江平//农村工作通讯 2004－07
- 周庄富贵园演绎旅游亮/庄荣鑫//华东旅游报 2004－10－21
- 周庄雨韵/吴叶图//源流 2004－08
- 周庄旅游十年持续发展彰显十项效应/湘江月//华东旅游报 2004－12－14
- 古镇周庄"减商"运动//证券时报 2004－08－08
- 周庄古镇保护性开发有新进展/费幸林//华东旅游报 2004－04－13
- 丰富旅游内涵　彰显周庄魅力//华东旅游报 2004－10－29
- 周庄旅游品牌是怎样得来的？/费幸林//华东旅游 2004－03－23
- 周庄减商/袁田恬//商业时代 2004－14
- "中国第一水乡"的放大效应/凌凤琦//中国旅游报 2005－11－30
- 周庄的魅力及其承载的旅游价值/李耀胜//吐鲁番报（汉）2005－09－15
- 古镇周庄痛下决心"减商"/高坡　苏菁//苏州日报 2005－03－19
- 周庄用创意引领经济发展/袁挺　许伟　吕吉山//中国企业报 2005－02－01
- 旅游经济是富民经济/湘江月　徐灿龙//华东旅游报 2005－10－11
- 庄周之梦庄春地和他的周庄/郭军//新经济杂志 2005－02
- 保护周庄古镇的艰辛历程/阮仪三//衡阳师范学院学报 2005－02
- 陈逸飞与周庄/张寄寒//上海艺术家 2005－02
- 谁是发现周庄的第一人/由力//中国地名 2005－02
- 他让双桥走向世界——陈逸飞与古镇周庄的传奇情/高波//中国地名 2005－02
- 周庄"庄主"庄春地一个人·一个疯子·一个水乡//第一财经日报 2005－03－03
- 庄春地：说周庄不该商业化的人就是"敌人"//第一财经日报 2005－03－31
- 周庄三味圆/钱建林//四川烹饪高等专科学校学报 2005－04
- 周庄旅游者的结构特征及利益追求/尹乐//资源开发与市场 2005－04
- 周庄乡农民惜土如金/周岐学//河南国土资源 2005－04
- 阮仪三教授称：周庄保护走在所有水乡古镇前列//中国旅游报 2005－04－01
- 他使周庄走向了世界——追忆陈逸飞先生/秋石//杭州网 2005－04－26
- 周庄情结/岩柏//今日中国（中文版）2005－05
- 前世 de 周庄/邓玫//扬州文学 2005－05

- 庄春地周庄"庄主"/侯燕俐//中国企业家 2005 - 06
- 周庄的美学分析/陈彦//大众科技 2005 - 09
- 中国江南第一水乡周庄旖旎风光掠影/周锦骝//当代电视 2006 - 01
- 周庄：长盛江南"庄老大"/静闻//中国商报 2006 - 10 - 27
- 周庄，不考核 GDP 之后//新华日报 2006 - 01 - 26
- 周庄印象/陈儒家//黄河文学 2006 - 02
- 院地合作使江南水乡成为高新技术产业基地——周庄传感器产业迅速崛起的启示/张俊华//中国科学院院刊 2006 - 02
- 富豪沈万三和周庄文化旅游开发/陈建勤//江南论坛 2006 - 02
- 快读周庄/徐海帆//散文百家 2006 - 02
- "农企对接"，推进农业产业化——江苏省兴化市周庄镇"农型工业化"调查与思考/黄鹏进//唯实 2006 - 03
- 千灯"百戏之祖"的昆曲故乡//黄河之声 2006 - 03
- 美哉，周庄/孙燕//黄河文学 2006 - 04
- 梦里周庄/北原//中国报道 2006 - 04
- 历史长卷中的周庄/陈富强//国家电网 2006 - 06
- 周庄涅槃/郭军//新经济杂志 2006 - 06
- 周庄环保考核名次强力反弹/高杰//绿色视野 2006 - 06
- 中国第一水乡——周庄/荣堂//农业知识 2006 - 07
- 周庄：发展旅游产业建设水乡名镇//小城镇建设 2006 - 08
- 速写周庄/高平//丝绸之路 2006 - 09
- 百戏之祖，昆曲故乡——周庄//中国·城乡桥 2006 - 09
- 历史对话中新的空间艺术塑造——解读周庄富贵园旅游商业街区/史亦彬//东南大学学报（哲学社会科学版）2006 - S1
- 屈玲妮：从古镇周庄到国际周庄的跨越/郭军//新经济杂志 2006 - 11
- 销售周庄/张祖安//董事会 2006 - 12
- 中国第一水乡——周庄//环境经济 2006 - 12
- 周庄之旅/樊若玥//文学与人生 2006 - 24
- 中国第一水乡周庄//中国名村名镇保护与旅游发展高峰论坛文集 2007
- 周庄"好戏连台"游客纷至沓来/赵伟东//亚太经济时报 2007 - 03 - 15
- 《四季周庄》演绎原汁原味周庄/黎宏河//中国文化报 2007 - 07 - 23
- 周庄与魅力名镇云南和顺喜结"良缘"开展合作//新经济杂志 2007 - 01
- 周庄沈厅/雍振华//古建园林技术 2007 - 03
- 恬淡在周庄/郭启宏//大舞台 2007 - 04
- 梦里水乡——走进美丽的江南水乡周庄/大康//湖南安全与防灾 2007 - 09
- 周庄古镇别样神韵/刘金玲//城建档案 2007 - 10
- 周庄激活生态经济竞争力/吕涛　古月//无锡日报 2007 - 03 - 28
- 四季周庄新魅力/唐快哉//瞭望 2007 - 32
- 天赐周庄/傅辏//中国教育报 2007 - 03 - 05
- 周庄演绎"富农"新版本/古月//无锡日报 2007 - 08 - 10
- 中国第一水乡的春夏秋冬——原生态·水上情景·民俗魅力的《四季周庄》//大美术 2007 - 10
- 中国第一水乡——江苏周庄镇/邓爱华//民营经济报 2008 - 01 - 05
- 昆曲故乡以昆曲文化育人/牟康//中国艺术报 2008 - 04 - 08
- 江南水乡周庄游/缪士毅//绿化与生活 2008 - 01
- 周庄张厅/雍振华//古建园林技术 2008 - 01
- 周庄旅游业态转型或考虑提高门票价格控制游客总量/姜燕//新民网 2008 - 03 - 31
- 旅游周庄变身文化周庄/许群　顾烨　陈佳佳//中国文化报 2008 - 08 - 02
- 倾力打造文化产业"旅游周庄"变身"文化周庄"/许群　顾烨　陈佳佳//新华网 2008 - 08 - 01
- 他使周庄走向了世界——追忆陈逸飞先生/秋石//http://www.gmw.cn/01ds/2005 - 04/20/content_220268.htm

附录三：B 类文章目录

- 公路穿周庄有损古镇风貌/冯雁军//光明日报 2000 - 04 - 24
- 从公路"入侵"周庄说起/静枝//中外房地产导报 2000 - 08
- "周庄"事件大家谈//上海城市管理职业技术学院学报 2001 - 02
- "过"与"不及"——从"周庄现象"看流坑旅游资源的开发与保护/阮秀梅//企业经济 2002 - 12
- 冷眼看周庄/杜怀超//师道 2003 - 05
- 勿失周庄/刘鲁燕//人民日报海外版 2003 - 08 - 30
- 从对周庄的失望说起/德义//光明日报 2004 - 12 - 29
- 周庄：村镇中的文化文化中的反思/张彬//城乡建设 2005 - 09
- 可持续旅游在快速发展期旅游地的实现途径探讨——以周庄古镇为例/周彬//北京第二外国语学院学报（旅游版）2005 - 03
- 社区居民参与的激励因素——"周庄现象"的思考/刘少艾//资源开发与市场 2007 - 10

附录四：C 类文章目录

- 江苏省周庄风景区游客清洁生产活动的调查与分析/朱国伟　陆小明//南京师大学报（自然科学版）2002 - 02
- 江苏省周庄风景区游客清洁生产活动研究/朱国伟//中国生态农业学报 2002 - 03
- 江南古镇旅游开发的问题与对策——对周庄、同里、甪直旅游状况的调查分析/熊侠仙//城市规划汇刊 2002 - 06
- 论江南水乡古镇旅游资源的开发与保护——以周庄和同里为例/李丽雅　黄芳//桂林旅游高等专科学校学报 2003 - 02
- 基于态度与行为的我国旅游地居民的类型划分——以西递、周庄、九华山为例/苏勤//地理研究 2004 - 01
- 旅游者类型及其体验质量研究——以周庄为例/苏勤//地理科学 2004/04
- 传统古民居旅游地旅游影响居民感知的比较研究——以西递、周庄为例/刘葆　苏勤　葛向东//皖西学院学报 2005 - 02
- 古镇旅游解说系统实证研究——以周庄为例/罗燕　胡平//北京第二外国语学院学报（旅游版）2008 - 05
- 破墙开店民风丢？周庄遭封杀//民营经济报 2005 - 03 - 08
- 江南古镇旅游开发基础分析/李建国//湖州职业技术学院学报 2005 - 04
- 周庄古镇生命周期研究/庄秀琴//商场现代化 2006 - 03
- 感知距离对旅游目的地之形象影响的分析——以五大旅游客源城市游客对苏州周庄旅形象的感知为例/张宏梅//人文地理 2006 - 05
- 周庄旅游保护与开发研究/徐致云//资源开发与市场 2006 - 05
- 周庄旅游语言的初步研究/徐致云　陆林//安徽师范大学学报（自然科学版）2007 - 02
- 居民旅游影响感知态度及其动力因子研究——以周庄为例/徐致云　陆林//资源开发与市场 2007 - 04
- 历史文化村镇旅游流季节性特征比较研究——以西递、周庄为例/钟静　张捷　李东　卢松　赵勇　陈友军//人文地理 2007 - 04
- 旅游地发展创新理论与实例研究——以江苏周庄为例/万绪才//南京财经大学学报 2007 - 05
- 以周庄为例谈历史城镇潜景观/卢方国　谭跃//山西建筑 2008 - 09
- 江南水乡古镇的保护与合理发展——阮仪三教授在"首届古镇保护与发展周庄论坛"上的讲演/袁菲//文汇报 2008 - 06 - 22

红　色　旅　游

一、2008年7月—8月，我们设计了10个中文关键词（见附录一），在网上对“红色旅游”进行检索，剔除其中大量的无效信息、重复信息和只字片语式的评论，得到的结果是：2002年—2008年9月5日，纸质媒体发表的各类研究、评论、报道共计488篇。

二、我们根据上述统计材料，对相关内容进行了分类，得出以下结论：

A：在共计488篇的评论、研究和报道中，对“红色旅游”予以充分肯定、基本肯定的共计35篇，占总数的7.2%。（见附录二）

B：在共计488篇的评论、研究和报道中，对“红色旅游”予以完全否定、基本否定的共计27篇，占总数的5.5%。（见附录三）

C：在共计488篇的研究、评论、报道中，对“红色旅游”无明确评价指向或无法做出分类归属的共计426篇，占总数的87.3%。（见附录四）

三、我们从上述488篇文章中辑录出有关“红色旅游”的重要研究观点（包括批评意见）32条。

四、我们从上述488篇文章中，辑录出有关“红色旅游”产业效益方面的报道8条。

五、我们集体讨论选编了有关“红色旅游”的重要文章9篇。

1. 将红色旅游纳入微观经济/李涛//发展 2005－10

2. 我国发展“红色旅游”的经济学分析/曾国平　阳乾凤　彭小兵//经济论坛 2005－11

3. 对红色旅游节庆若干问题的思考——以2006·中国（江西）红色旅游博览会为例/陈平平　吴水田//农业考古 2007－06

4. 市场导向型红色旅游发展模式研究——以甘肃省为例/李永乐　孙天胜　成升魁　陈远生//学术论坛 2007－09

5. 红色旅游景区体验型开发研究——以陕西“延安保卫战”旅游景区为例/方世敏　陈攀//求索 2007－10

6. 红色旅游产业、文物保护开发与地区经济发展的互动关系研究/倪卫红　冯林林　董敏//商业研究 2007－11

7. 红色旅游特色商品开发的原则与策略/王晖//商场现代化 2008－02

8. 红色旅游需走出的几个误区/何天维//贵阳市委党校学报 2005－04

9. 红色旅游“跑调”的原因与对策/刁小林//江西科技师范学院学报 2005－04

六、附录

附录一：“红色旅游”搜索关键词

附录二：A类文章目录

附录三：B类文章目录

附录四：C类文章目录

重要观点辑录

红色旅游成功因素分析

1. 市场条件。旅游业作为我国国民经济中发展最快、最具活力的新兴产业和新的经济增长点之一，其地位日趋重要。目前，我国已成为全球增长最快的旅游市场，2004年，中国内地旅游出游人数达到11.02亿人次，国内旅游收入达4711亿元，国际国内旅游业总收入为6840亿元，这为发展“红色旅游”提供了重要条件。在国内，仅13个省市的150多个“红色旅游区”，去年就接待游客达到2000万人。在世界上，许多作家和记者对于史无前例的红军长征表现出浓厚的兴趣和极大的热情，用各种文字记述和出版了大量著作，称赞长征是“人类历史上英勇无畏和坚忍不拔精神的典范”。以包含“红军文化”为主题的各种红色旅游项目在许多地区的《旅游总体规划》中被提上日程，在追溯历史的足迹下慢慢成为许多中外游客向往的旅游产品。

2. 资源条件。我国的红色旅游资源极其丰富，具有以下四个突出特点：一是具有主题性。所有红色资源都是以中华民族奋起反抗侵略和争取民族独立的革命斗争为主线，并围绕中国革命斗争历史的主线而形成的。二是具有广博性。在我国，有数量庞大的以革命史迹为主的红色史迹群。迄今为止，在国务院先后公布的五批全国重点文物保护单位中，属于革命遗址和革命纪念建筑物的就达127处之多。特别是在第四批公布的50处全国重点文物保护单位中，近现代重要革命史迹及代表性建筑占了29处之多，比例高达58%。而归属于各省市县管理的革命历史遗迹，数量更多。三是具有多样性。我国红色史迹的类型构成极为丰富，主要可分为战争或重大事件的发生地、各种重要机构的办公地旧址、重要会议的会址、革命烈士陵园以及各类纪念馆、杰出人物的故居或纪念堂等。四是具有广泛性。中国共产党成立以后，在中华大地上进行了艰苦卓绝的斗争，留下了广泛的足迹，同时，随着不同历史时期革命任务的不同，革命史迹的分布又呈现出相对集中和区域性的特点。

3. 心理条件。中国人民具有根深蒂固的红色情结，老年人还存在着对上世纪的革命激情和理想以及对峥嵘岁月的缅怀；中年人重担在肩，崇尚红色传统和红色精神；年轻人身处和平也向往着那段激情燃烧的岁月。重温红色历史，重走胜利之路，重筑高尚情操，包含着人民对英雄业绩的无限崇敬和对红色历史文化的向往与追求，这为红色旅游打下了牢固的社会基础。

4. 动力条件。红色旅游的迅速发展具有很强的动力支撑。一是在时间上，双休日和黄金周制度的推行，为人们参加红色旅游提供了有效的时间支持。二是在时机上，各类纪念日为红色旅游的开展搭建了全新的平台。三是在政策上，红色旅游产品的开发方向与国家西部大开发的大政方针和现代游客的需求具有同一性，这必将使长征线路所覆盖区域在开发建设中获得国家、地方政府以及各部门的大力扶持。四是在合作上，区域联合开发也已成为整合各类资源发展红色旅游的成功模式，有利于推动红色旅游的发展步入快车道。五是在导向上，党和政府为加强对未成年人的革命传统教育，增强人民群众的爱国情感，永远保持共产党员先进性，在全社会大力弘扬民族精神，抓住机遇，因势利导，在全国适时启动红色旅游工程，这不但使红色旅游成为各级各类教育的独特载体，而且使各级各类教育活动成为红色旅游发展的新型目标，成为红色旅游发展的巨大推动力量。

满足新形势下革命传统教育的需求……满足推动革命老区经济社会协调发展的需求……满足保护和利用革命历史文化遗产的需求……满足增强中国旅游业发展后劲的需求……

（摘自谷玉芬：《红色旅游成功因素分析》，《商业经济》2006年第2期）

当中华民族实现伟大复兴，中国人民享受和平与幸福生活时，红色成为了人们心中最富传奇的色彩，而红色圣地则成为中国乃至世界人民心中永恒的传奇。不可否认，这里面包涵了对复杂精神力量的追寻，这种追寻恰恰就是市场需要的内在动力。将中国共产党艰苦卓绝的奋斗史、波澜壮阔的革命史、可歌可泣的光荣史牢牢凝固在中华大地上，深深植根于人民群众的心坎里，并升华成我们今天保持共产党员先进性、全面建设和谐社会的强大精神力量。

红色旅游资源多集中在经济欠发达的中西部地区，充分发挥红色旅游资源，不仅可以带动老区经济社会进一步协调发展，延长产业链，形成巨大的人流、物流、财流和信息流，同时，对于扩大招商引资、增加就业岗位，促进劳动力转移都具有重大意义。

发展“红色旅游”，可以吸纳大量的劳动力。旅游业是一项劳动密集型行业，由于游客的直接消费会产生多种就业机会，与旅游业发展相关的行业会创造更多的就业机会。大多数的革命老区，经济还不是很发达，第二、三产业吸纳劳动力的能力十分有限，就业压力较大，而发展“红色旅游”，可在一定程度上增加就业机会，缓解就业压力。

通过发展红色旅游，有效保护和利用革命历史文化遗产，使老区的旅游品牌和形象更加鲜明；更好地整合自然环境资源和人文历史资源，“红”“绿”结合，优势互补，发挥旅游业的关联带动作用，推进经济结构调整，促进生态建设和环境保护，扩大就业，增加收入，推动老区经济社会的协调发展。

红色旅游把政治优势有效地转化为经济优势，形成革命老区的经济增长点，成为一项无污染、可持续的扶贫工程、富民工程。红色旅游既是政治创新、文化创新，也是经济创新。

（摘自范方志　林澍：《“红色旅游”耀中国——兼评“保持共产党员先进性教育活动”》，《湖南工业职业技术学院学报》2005 年第 4 期）

红色旅游最显著的特点，就是将丰富而深刻的思想内容与生动活泼的游乐形式结合起来，这不仅是进行革命传统和爱国主义教育、弘扬民族精神的重要途径，也是促进革命老区经济社会发展的动力。

红色旅游是集旅行、游览、学习、教育为一体，以游览革命纪念地、革命旧址等文化遗存以及相关自然景观为主要内容，以养德、益智、休闲为主要目的，兼顾经济效益的旅游种类。游人所参观游览、体验感知的内容，一是有形的，即具体可感的实在之物，如革命旧居、旧址等文物；二是无形的，即精神方面的东西，如革命历史文化知识和苏区优良传统、井冈山精神、长征精神、延安精神、红岩精神、西柏坡精神等。

红色旅游的价值凸显在“养德”的过程之中。中国共产党自成立以来，为争取民族独立和人民解放，领导全国各族人民与帝国主义、封建主义和官僚资本主义进行了艰苦卓绝的斗争。革命前辈的鲜血浇灌了革命的胜利之花，革命先烈的身躯铺就了革命的胜利之路。红色旅游将这一气势磅礴、可歌可泣的革命历史画卷展现在人们面前。就拿江西来说，“八一”南昌起义，升起了人民军队的大旗；井冈山的星星之火，点燃了人们翻身解放的火焰；而在赣南苏区，创建、保卫中央革命根据地和中华苏维埃共和国的斗争是何等的波澜壮阔，何等的惊天动地！当年仅 240 万人口的赣南苏区，参加红军的就有 33 万人，参加赤卫队、担架队等支前作战的就有 60 万人，革命烈士多达 10.8 万余人。只有 23 万人口的兴国县，参加红军的就有 5.5 万余人，有名有姓的烈士 23213 人，仅在长征路上牺牲的就有 12038 人。人们了解、认知这些革命史实之后，怎能不倍加珍惜今天的幸福生活，进而为祖国的繁荣富强而更加努力奋斗呢！

红色旅游还有益智和休闲的作用。人们在旅游中，除增长革命历史知识外，对游览地相关的经济、社会、人文、地理等知识也会有相应的涉及，革命老区丰富的山水人文资源，同样能给人以审美的愉悦，达到健身怡情的综合效用。

（摘自胡国铤　凌步机　幸跃凌：《红色旅游大有可为》，《求是》2005 年第 18 期）

红色旅游与教育文化

“八荣八耻”的提出对“红色旅游”的发展具有推动和指导作用。一方面，“八荣八耻”的提出使广大群众加深了对荣辱观的认识，促使更多的旅游者积极投身于“红色旅游”活动，缅怀先烈、勉励自我。另一方面，“八荣八耻”的提出有利于规范旅行社、旅游饭店、旅游交通等部门的经营行为，有利于约束导游等旅游从业人员的服务工作，有利于监督旅游行政管理部门的工作职能，促使“红色旅游”朝着健康的方向发展。

“红色旅游”的发展能够促使广大群众深入理解和践行社会主义荣辱观。人民群众通过参加“红色旅游”的实地考察学习，能够受到先烈们的熏陶；通过对历史事件和英雄人物的了解，有助于他们辨识是非、善恶、美丑的界限，熟知应该坚持什么、反对什么、倡导什么、抑制什么，从而深入理解和践行以“八荣八耻”为核心的社会主义荣辱观。

（摘自贺志燕：《刍议“八荣八耻”与“红色旅游”》，《时代教育》2007 年第 24 期）

《中共中央国务院关于进一步加强和改进大学生思想政治教育的意见》（以下简称《意见》）指出，加强和改进大学生思想政治教育的主要任务是“以爱国主义教育为重点，深入进行弘扬和培育民族精神教育，深入开展中华民族优良传统和中国革命传统教育”。《共青团中央关于进一步加强和改进大学生思想政治教育的实施意见》指出，要“充分发挥博物馆、纪念馆、展览馆、烈士陵园等爱国主义教育基地的教育作用”，使大学生“了解中国革命、建设和改革开放的历史和成就，增强大学生对党的感情，激励他们为全面建设小康社会、实现中华民族伟大复兴而建功立业”。《2004—2010 年全国红色旅游发展规划纲要》指出，“发展红色旅游，对于加强革命传统教育，增强全国人民特别是青少年的爱国情感，弘扬和培育民族精神，带动革命老区经济社会协调发展，具有重要的现实意义和深远的历史意义”。2005 年初，中共中央和国务院召开的加强和改进大学生思想政治教育工作会议上，胡锦涛总书记强调指出，我们必须始终把培养造就中国特色社会主义事业的建设者和接班人作为一

项关系全局的战略任务抓紧抓好，全党同志要以对党和国家前途命运高度负责的态度，充分认识新形势下进一步加强和改进大学生思想政治教育的重要性、紧迫性，把提高大学生的思想政治素质作为庄严的历史责任，增强做好各项工作的自觉性、坚定性。这些重要论述深刻阐明了“红色旅游”对于进行大学生思想政治教育具有重要的现实意义。

（摘自刘锦华：《红色旅游和大学生思想政治教育》，《世纪桥》2007 年第 8 期）

红色旅游是以中国共产党领导人民在革命和战争时期建树丰功伟绩所形成的纪念地、标志物为载体，以其所承载的革命历史、革命事迹和革命精神为内涵，组织接待旅游者开展缅怀学习、参观游览的主题性旅游活动。红色旅游资源是指中国共产党成立以后、新中国成立以前，包括红军长征时期、抗日战争时期、解放战争时期等重要的革命纪念地、纪念物及其所承载的革命精神，从地域范围上主要是指革命老区和红军长征线路。2005 年 2 月，中宣部、国家发改委、国家旅游局在北京联合召开了全国发展红色旅游工作会议，对在全国范围内深入、持久开展红色旅游工作做了专题部署，把红色旅游提升至党和国家工作大局和发展战略的层面。在一定程度上说，红色旅游的开展，不仅有利于帮助至今经济欠发达的老少边穷地区脱贫致富，而且对于旅游者来说更具有重要的教育功能。

（摘自殷盈：《试论红色旅游的教育功能》，《广西青年干部学院学报》2006 年第 3 期）

2006 年 3 月 4 日胡锦涛同志在全国政协十届四次会议民盟、民进联组会上，亲切看望各位委员，并参加了他们的讨论，第一次提出树立社会主义荣辱观。3 月 11 日共青团中央发出通知，要求各级团组织认真学习、深入领会胡锦涛总书记关于社会主义荣辱观的重要论述，把在青少年中开展社会主义荣辱观教育作为加强青少年思想道德建设的重要内容抓紧抓好，广泛组织社会主义荣辱观的学习实践活动，教育引导广大青少年牢固树立社会主义荣辱观，努力成长为有理想、有道德、有文化、有纪律的社会主义公民。这表明以胡锦涛同志为核心的党中央对青少年健康成长的重视和关怀，也为我们进一步加强青少年思想教育工作，促进青少年健康成长指明了方向。随着红色旅游活动的全面开展，红色旅游资源逐渐成为青少年思想教育的鲜活素材。

红色旅游，主要是指以中国共产党领导人民在革命和战争时期建树丰功伟绩所形成的纪念地、标志物为载体，以其所承载的革命历史、革命事迹和革命精神为内涵，组织接待旅游者开展缅怀学习、参观游览的主题性旅游活动。发展红色旅游，对于加强革命传统教育，增强全国人民特别是青少年的爱国情感，弘扬和培育民族精神，具有重要的现实意义和深远的历史意义。

八荣八耻是社会主义荣辱观的直接体现。以热爱祖国为荣、以危害祖国为耻，以服务人民为荣、以背离人民为耻，以崇尚科学为荣、以愚昧无知为耻，以辛勤劳动为荣、以好逸恶劳为耻，以团结互助为荣、以损人利己为耻，以诚实守信为荣、以见利忘义为耻，以遵纪守法为荣、以违法乱纪为耻，以艰苦奋斗为荣、以骄奢淫逸为耻。红色旅游以其独特的价值在树立青少年社会主义荣辱观中起着重要作用。

青少年荣辱观的树立不是一朝一夕就能成功的，而是长期的、细致的、反反复复的工作，利用红色旅游树立青少年的社会主义荣辱观，既能不断激活青少年的爱国主义热情，又能促进红色旅游的发展，在培育中国特色社会主义事业合格建设者和接班人、全面建设小康社会、实现中华民族伟大复兴的历史征程中具有重要意义。

（摘自禹登科　易滢滢：《利用红色旅游树立青少年社会主义荣辱观》，《科教文汇》（上半月）2006 年第 4 期）

发展红色旅游，有助于推进爱国主义教育

开展红色旅游，是爱国主义教育和革命传统教育的好形式。可以使成千上万革命前辈和先烈可歌可泣、惊天动地的事迹感染广大人民群众，使我们更好地继承革命传统，抵制腐朽思想和文化的侵蚀。革命先辈们高尚的爱国主义情操和大无畏的革命英雄精神是一笔宝贵的精神财富，激励和教育着一代又一代中华儿女。分布在神州大地上的众多丰富的红色旅游资源正是这种精神的载体。

发展红色旅游，有助于促进公民道德建设。红色旅游文化是培育社会主义文明道德风尚的重要体现，也是社会主义和谐社会的重要特征。一个社会是否和谐，一个国家能否长治久安，很大程度上取决于社会公民的基本道德素质。无论是处理人与人之间的关系还是协调人与自然的关系，无论是处理实现社会公平正义还是维护社会安定团结，都要求不断提高全社会的文明程度和公民的思想道德素质。

发展红色旅游，有助于提升青少年荣辱观。发展红色旅游，对青少年的爱国情感的增强，民族精神的弘扬和培育，具有重要的现实意义和深远的历史意义。红色旅游以其独特的价值对青少年树立社会主义荣辱观起着重要的作用。

发展红色旅游，推动大学生思想政治教育。中共中央国务院《关于进一步加强和改进大学生思想政治教育的意见》中明确提出，在加强和改进大学生思想政治教育中，要以理想信念教育为核心，以爱国主义教育为重点，以思想道德建设为基础，以大学生全面发展为目标，坚持以人为本，贴近实际、贴近生活、贴近学生，努力提高思想政治教育的针对性、实际性、吸引力和感染力，要充分发挥爱国主义教育基地对大学生的教育作用。因此，切实加强和改进大学生思想政治教育，已经成为实现全面建设小康社会目标，构建和谐社会的一项重大而紧迫的战略任务。而开展红色旅游，则是党中央在加强大学生思想政治建设重大战略部署中的一项重要举措。

发展红色旅游，有助于培育优良民族精神。民族精神是一个民族生命力、创造力和凝聚力的集体表现，是民族文化的精华，是一个民族赖以生存和发展的精神支撑。一个民族，没有振奋的精神和高尚的品格，不可能自立于世界民族之林。面对世界范围内各种思想文化的相互激荡，必须把弘扬和培育民族精神作为文化建设极为重要的任务，纳入国民教育全过程，不断丰富以爱国主义为核心的伟大民族精神，使全体人民始终保持积极向上的精神状态。社会主义和谐社会需要有社会主义先进文化。中国革命史是中国历史的重要组成部分，中国革命精神是中华民族精神的重要组成部分，也是中华民族优秀文化传统的生动体现。革命历史文化遗产是中华民族宝贵的精神财富，具有丰富的历史内涵和人文价值。中国共产党领导人民在长期的革命斗争中形成的各种革命精神是对中华民族精神的传承和丰富。

（摘自庄军：《红色旅游教育功能研究》，《现代商贸工业》2007 年第 4 期）

红色旅游的过程，既是观光赏景的过程，也是学习历史、增长知识、陶冶情操、提高修养的过程。通过发展红色旅游，了解革命历史知识，挖掘革命精神内涵，赋予新的时代特色，培育新的时代精神。

山西省电力公司利用红色旅游，寓教于游，将革命历史知识、革命传统和革命精神以旅游这一时尚方式传输给员工，是因为他们认为，要搞好新时期的企业思想政治工作，首先应该探索多种形式，丰富教育内容。雄奇秀美的自然风光、优秀的传统文化和可歌可泣的中国革命历史等都是企业思想政治教育的内容，职工经过这种“大文化”的熏陶，在思想上会产生深远的积极的影响。其次，红色旅游传导的是政治内容，满足的是企业员工有关理想、信念的需求，有利于“红色精神”真正入脑入心。因此，红色旅游已成为思想政治工作的新平台、新课堂，具有很强的教育功能。

（摘自支翠平：《红色旅游传导革命精神》，《华北电业》2005 年第 3 期）

红色旅游，它的出发点是通过旅游达到学习、受教育的目的，由此可见，对中国革命史的学习、对中国革命优良传统的传承是红色旅游的目的，而旅游只是达到这一目的的手段。这是一种新型的学习方式，它不是一种静态的学习、填鸭式的学习，而是一种“身临其境”的学习，一种“望、闻、问、切”的学习，因而，无论在学习的感观刺激上，还是学习内容的收效面上，都是坐在课堂里无法体验的。通过旅游，我们党的光辉历史、革命先辈的崇高精神和英雄事迹可以淋漓尽致地展现在学生面前，成为活生生的教材，达到“游中学、学中游”，润心无声的效果，这种学习方式也就自然而然地易于被学生认同，学习的内容也易于被吸收、消化，在很大程度上也就避免了枯燥乏味的“说教”和当代大学生对传统的思想政治教育的排斥心理。通过这种学习方式，促使大学生能更全面深刻地理解历史和人民是为什么和怎样选择了中国共产党、选择了社会主义制度，这对于帮助青年大学生形成正确的世界观、人生观、价值观，树立拥护共产党领导、走社会主义道路的坚定信念，具有十分重要的意义。

时代在前进，社会在发展，环境在改变，当前大学生的心态、思想都在与时俱变。面对新形势、新问题、新任务，如何结合实际，研究新情况，解决新问题，改革和创新大学生思想政治教育新途径已成为做好大学生思想政治教育的当务之急，而红色旅游具有深入浅出、生动活泼、潜移默化、情景并茂的特点，借助这种寓教于乐、寓教于游的方式，把当前亟待加强的思想道德建设、爱国主义教育和弘扬民族精神教育结合起来，融入到青年大学生喜闻乐见、主动参与的活动之中，使我们党的艰苦卓绝的奋斗史、波澜壮阔的革命史、可歌可泣的光荣史被赋予新的时代内涵，使广大青年大学生思想情感得到熏陶，精神生活得到充实，理想境界得到升华，成为强大的精神力量。由此可见，红色旅游将以其教育面广、感染力强、收效显著等优点，成为大学生思想政治教育的新创举。

（摘自钱兴成：《红色旅游：开拓大学生思想政治教育的新途径》，《思想政治教育研究》2005 年第 6 期）

探求进行旅游活动的动机，不难发现寻找文化、传播文化、修身养性是绝大多数人的选择，这表明旅游除了具有强大的经济功能之外还具有强大的教育功能。随着物质生活的丰富，人们也在经历着新旧思想变迁带来的精神生活的再定位，在这个过程中的旅游活动起着潜移默化的作用。因此如何发挥旅游的教育功能，让优秀的旅游产品使旅游者强闻开智、提高素养，成为旅游开发者新的追求。结合我国多种社会现实，旅游界推出“红色旅游”主题产品，期望以弘扬革命传统和文化、增强全民的爱国主义情感来增强社会主义先进文化建设，也为改进和创新爱国主义和革命传统教育方式进行新的尝试。此举得到全社会的认可，中共中央办公厅、国务院办公厅为此专门印发了《2004—2010 年全国红色旅游发展规划纲要》，决心在全国范围内开展“以中国共产党领导人民在革命战争时期形成的纪念地、标志物为载体，

以其所承载的革命历史、事迹和精神为内涵，组织接待旅游者开展缅怀、学习、参观游览的主题性旅游活动"，为推进旅游教育功能的发挥、大力弘扬革命精神和再塑中华文明营造了强大的社会与政治舆论。红色旅游之所以受到中共中央和各级地方政府的重视，与我国特定的政治及文化背景有很大的关系，也必定为社会主义政治与文化建设作出巨大贡献。

（摘自田东娜：《发展红色旅游传承中华民族伟大精神》，《大连民族学院学报》2006 年第 2 期）

发展"红色旅游"具有重大的教育意义和社会意义。

发展"红色旅游"的教育意义：一是"红色旅游"是开展爱国主义教育、革命传统教育、政治思想教育的重要阵地。红色旅游区不同于一般的旅游风景点，拥有众多的爱国主义教育基地，是爱国主义教育的舞台，是弘扬革命正气的圣地。革命先烈艰苦奋斗、前仆后继、英勇斗争的精神，可以使旅游者受到深刻、生动的教育和熏陶，有利于革命优良传统文化的传播，有利于社会主义文化事业的发展。二是"红色旅游"是建设有中国特色社会主义先进文化的有效载体。革命的优良传统文化是中国社会主义先进文化的重要组成部分，革命先辈的宝贵精神财富，是对中华民族优良传统文化的发扬光大和创新发展，是催人奋进，是激励中华民族不断进步的精神之源和不竭动力。发展"红色旅游"必将有力地促进中国特色社会主义先进文化的建设。三是"红色旅游"是新形势下思想政治工作的新方法、新途径。"红色旅游"为深化思想政治教育提供了广阔的空间和生动的舞台。开发红色旅游产品，增加红色旅游项目的生动性、趣味性，可以潜移默化地感染旅游者。老一辈革命家的成长历程、崇高品格、先进事迹、精神境界、道德风范、人格魅力可以教育今人，鼓舞后人。"红色旅游"集思想政治教育与旅游观光于一体，寓教于游，寓育于乐，在潜移默化中提高人们的思想道德水平。

发展"红色旅游"的社会意义：一是有利于促进区域经济的均衡发展。红色旅游区多为革命老区，交通不便，经济发展缓慢，教育落后。红色旅游区可以依托独有的红色旅游资源，带动老区经济社会的协调发展，缩小与发达地区的差距。二是有利于社会福利的优化。根据新福利经济学的观点，如果既定资源配置经过调整能够使某些人的福利增加，而又不使其他人的福利减少，那么这种配置就是最优的。就红色旅游区而言，通过发展红色旅游业，可以增加红色旅游区人民的收入，提高当地人民的物质生活水平和生活质量，进而改善当地人们的福利水平，且不会损坏和降低其他地区人们的福利，使社会福利整体向最优状态趋近。三是有利于实现共同富裕。革命老区经济发展水平还较低，大多数人民群众的生活比较艰苦。让革命老区尽快发展起来，让老区人民尽快富裕起来，是党和政府的重大责任，是促进经济和社会事业、不同地区之间、城乡之间协调发展的重要措施。发展"红色旅游"，可以加快革命老区的基础设施建设，培育和发展特色产业，把资源优势转化为经济优势，这是促进革命老区经济社会发展的重要契机。

（摘自阳乾凤　张爱萍：《"红色旅游"的教育和社会意义》，《思想政治工作研究》2005 年第 6 期）

红色旅游与经济发展

我国西部旅游资源丰富，其中"红色旅游"更有其优势和特色。既有陕西延安、贵州遵义会议和陕西瓦窑堡会议、洛川会议会址和西安事变遗址，又有山西繁峙平型关大捷遗址和山城重庆；既有位于四川、陕西边界地区的川陕革命根据地，位于陕西北部和陕西、甘肃边界地区的陕甘革命根据地，又有位于中西部的四川、贵州、湖南、湖北的湘鄂川黔革命根据地。仅西部第一大省四川省来说，这里既是邓小平、朱德、罗瑞卿等伟人的故乡，又有红军长征经过的大渡河、若尔盖草原、夹金山，还有红军长征纪念馆、川陕革命根据地博物馆、红军文化园等红色旅游文物宝库，资源优势非常突出……

为此，西部各省、市、区在全国"红色旅游"总体规划框架下，研究制定本地的"红色旅游"工作方案，加快"红色旅游"产品体系建设，高起点、高水平地开展好"红色旅游"，形成西部旅游业新的增长点。

（摘自翟峰：《红色旅游：西部旅游的新亮点》，《发展》2005 年第 10 期）

2004 年国务院下发的"一号文件"，其基本精神就是关于如何增加农民的收入。这是关系到我国改革事业能否取得胜利的关键所在。井冈山市政府在近几年里为了提高农民的收入，大力发展旅游业，并在一开始就把工作重点放在发展红色旅游上，多方法、多渠道地促进农民增收，这为其他革命老区红色旅游的发展提供了例证，同时也为其他地区农民脱贫致富做出了好的榜样。

井冈山市自 1988 年组建井冈山旅游局以来，主打"红色旅游"的牌子，同时整合"绿色旅游"资源，他们依靠旅游行业自身的滚动积累和政府的少量投入，使旅游业不断壮大，保持了良好的发展势头，成为第一批"全国重点风景名胜区"。现在又通过"依靠旅游，发展旅游"

的精神不断努力和全面发展，先后获得了“中国优秀旅游城市”、“国家4A级旅游区”、“全国卫生城市”、“全国造林绿化百佳县（市）”等一系列荣誉称号。

井冈山市外承沿海经济发达省份，内接广大内陆地区，与国内现实的和潜在的客源市场以及国际旅游的主要客源国都比较接近或有直接的交通相连，随着赣粤、昌泰高速公路和井冈山机场的开通，泰井高速公路的完工和吉井铁路的即将开工以及319国道的改造，赣江航道的开辟，形成了完善的“水、陆、空”一体的交通体系和各旅游景点之间的“半小时”到达圈。便利的交通使游客的到访量不断增加，大量的游客到访也使农民的增收成为现实。

2003年井冈山全市客流、货流和信息流明显升温趋旺（除去因非典造成的客流减少）。全市客运周转量达13150万人/公里，仅比2002年下降了4%；货运周转量达到3865万吨/公里，比上年增长了20%；邮电业务总量达6338万元，比上年增长了16.3%；移动电话用户21940户，比上年增长了62.5%。运输和邮电事业的发展为风景区内旅游业的发展提供了可靠的物质保证。

（摘自贾浩华　张英明　方淑婷：《井冈山红色旅游的发展与农民收入的增加》，《党史文苑》2005年第8期）

发展红色旅游带动了整个旅游业乃至促进老区经济社会的全面发展，红色旅游辐射的综合效应已日益凸显。红色旅游激活了第三产业的发展，使江西省农业和种植业逐步演变为外向型经济产业。自2003年以来，以旅游业为龙头的第三产业已成为井冈山市的最大产业，2004年红色旅游业对当地财政的贡献率已超过35%。赣南的水果曾是“养在闺中人不识”，红色旅游兴起后，当地人真正认识到了赣南水果的市场价值，他们改良品种，发展绿色食品，如今赣南的脐橙、蜜桔、柚子等水果远销海内外。

（摘自廖国良　周雷　董磊：《江西以红色旅游促经济发展》，《台声》2005年第12期）

“红色旅游”是一个历史范畴，它具有特定的内涵。众所周知，“红色旅游”是指以中国共产党领导人民在革命战争时期形成的纪念地、标志物等为主要载体，这些都是全国著名的爱国主义教育基地。以其所承载的革命历史、革命业迹和革命精神为内涵，组织和接待全国旅游者，特别是对广大青少年开展缅怀学习、参观游览的主题性旅游活动。据国家旅游局截至2005年3月底的最新统计，2004年全国20个主要红色旅游景区旅游总收入达到了2025733万元，比2003年同期增长33.26%。今年，这种融革命传统教育和风光游览的红色旅游线路成为我省旅游市场的最大的卖点。从遵义、黎平、荔波、息烽等景点的统计显示：2005年第一个春节黄金周，共接待国内外的游客达12万人次，旅游收入为4500万元，占全省春节黄金周期间旅游总收入的二成左右。可见，贵州开展红色旅游活动，组织游客，增加创收是大有可为的。

（摘自胡承宁：《贵州发展红色旅游大有可为》，《贵州工业大学学报》（社会科学版）2005年第2期）

滨州曾为中国革命做出过重要贡献，是中共冀鲁边区特委、中共清河特委和八路军山东纵队第三旅等机关所在地和中国人民解放军28军、33军诞生地。1944年1月，清河区与冀鲁豫边区合并为渤海行政区，建立中共渤海区党委和八路军渤海军区。滨州自1926年初期开始有党的活动，在中国共产党的领导下，滨州大地红色革命的火焰不断扩展，革命精神不断发扬光大，留下了许多可歌可泣的英雄故事和众多的历史文物与战争、战场遗址。滨州是一个有着光荣历史和革命传统的地方，“不屈不挠、艰苦奋斗、顾全大局、无私奉献”的老渤海精神一直是滨州人民乃至全国人民的一笔宝贵精神财富。同时，滨州更有许多红色旅游景点尚待开发，诸如惠民县的何坊渤海区党政军领导机关驻地，邹平县的“耀南中学”，长白山抗日根据地，博兴县的“八四”暴动遗址，沾化县、无棣县抗日海上交通线，阳信县张家集土改纪念堂等等。特别是惠民县何坊，是抗日战争后期、解放战争时期山东五大战略区之一的渤海区领导机关的驻地，陈毅、粟裕、邓子恢、张云逸均在此处多次召开重要会议，他们工作和生活过的房屋，甚至用过的物品，基本得到了保护。我们要弘扬宝贵的老渤海精神，更要借助丰富的革命战争遗址、遗迹开发红色旅游，开展革命传统教育活动，把保持共产党员先进性教育推向深入，促进滨州市经济发展。

按照国家总体要求，我们应结合实际，制定本地区红色旅游发展规划，并纳入经济社会发展计划。事实上，滨州市也正积极操作这项重大工程，整合相关资源，将各县红色景点贯穿起来，形成“环滨红色旅游”一条线。红色旅游将中国革命的辉煌历史与现代旅游形式统一起来，具有丰富的思想内涵和鲜明的时代特征，为党的先进性建设和执政能力建设提供重要的精神支持。红色景区被广大党员干部誉为“党性培养和锻炼的大课堂”，巩固先进性教育成果，红色旅游将发挥更为重要的作用。做好滨州红色旅游的文章，把滨州红色旅游发展起来，是对加强全国革命传统教育的一大贡献，是对我市保持共产党员先进性教育长效机制的贡献，同时也将成为实现滨州经济跨越式发展的又一增长点。

（摘自宋芙蓉：《发展滨州红色旅游，促进滨州经济发展》，《滨州学院学报》2006年第2期）

金寨县地处安徽省西部，大别山北麓，鄂豫皖三省八

县结合部，总面积3814km^2，辖28个乡镇、1个办事处、438个行政村，总人口63.9万人，是集老区、库区、深山区为一体的国家级重点贫困县。多年来，金寨县委、县政府充分挖掘红色、绿色两大旅游资源，着力打造“红色金寨、绿色天堂”两大旅游品牌，在带领老区、山区群众走旅游扶贫之路方面进行了一些有益尝试。努力打造“千里跃进、将军故乡”的主题形象，继争取国家投资350万元先后对该县革命博物馆和革命烈士陵园进行维修改造后，又科学制定了红色旅游精品线路建设经营方案，加大了对革命烈士陵园、红25军旧址、红28军旧址、刘邓大军前敌指挥部旧址恢复项目的争取、实施力度，力争尽快将该县建设成为大别山红色旅游的核心区。金寨县的旅游经济经过十余年的发展，经历了从无到有、从小到大的转变，已经完成了从“事业接待型”向“一般产业型”的转变。金寨县目前已基本形成吃、住、行、游、购、娱一条龙的旅游配套服务体系，2005年该县还被安徽省政府评为“全省旅游经济强县”。自1998年以来，金寨县共接待各类游客107.1万人次，旅游综合收入1.59亿元。2006年上半年全县接待各类游客24万人次，旅游综合收入4500万元，占全县当年GDP的2.3%，比“八五”末提高了1.5个百分点，焕发出前所未有的生机和活力。据统计，今年黄金周期间，仅天堂寨景区就实现综合收入1690.8万元，同比增长36%。

（摘自张正琴：《WO发展红色旅游，加快脱贫致富步伐——以金寨县为例》，《安徽农学通报》2007年第12期）

革命老区为党的事业和新中国的建立做出了不可估量的贡献。它既是我国革命战争的重要见证地，拥有得天独厚的红色资源；同时，也有着不可多得的自然生态环境，适宜开发红色旅游资源，发展红色旅游产业。因此，充分发挥红色旅游的优势，对于加快革命老区全面建设小康社会的步伐，具有重大意义。

（一）能加速革命老区人民观念的更新

老区的发展，首先要改变观念。随着红色旅游的开展，各种阶层、职业、年龄的旅游者比比皆是，既可以使游客受到革命思想的洗礼，也可以使老区人民接受外来文化的熏陶，解放思想，开阔眼界，形成思想文化上的双向交流，从而改变落后守旧的思想，增强自信，增强市场经济意识，为老区的发展寻求新的突破口。

（二）能有效促进革命老区经济的增长

大多数红色旅游景区（点）地处贫困地区、欠发达地区，经济发展水平比较低，人民群众的生活比较艰苦。红色旅游为老区奔小康提供了新的契机。发展红色旅游，可以加快革命老区的基础设施建设，扩大招商引资，带动相关产业的发展，刺激消费，提高人民生活水平，使老区与发达地区产生良性互动，为老区带来巨大的经济效益。

（三）能增加革命老区人民的就业机会

革命老区由于第二、三产业发展缓慢，提供就业机会很有限，存在大量剩余劳动力，发展红色旅游则可改变这一现状。旅游业是一项就业成本较小的劳动密集型产业，因而所需就业人数相对其他产业要高得多，且就业层多面广；同时，发展旅游业也会带动其他相关行业的发展，间接提供就业机会。如红色旅游会促进运输业、餐饮服务业、农产品生产、工艺美术品、纪念品制造等的发展，而这些行业的发展，又拓广了就业的渠道，能缓解老区的就业压力。

（四）能增强革命老区自身的“造血”功能

革命老区由于历史原因和自然条件的限制，社会经济发展缓慢，主要是靠国家支援和救济维持发展。通过发展红色旅游，可以优化老区产业结构，带动关联产业的发展。据统计，目前我国各地的红色旅游景区每年旅游综合效益约为200亿元人民币，同时还推动建筑、商贸、交通、电信、加工业和农业等相关产业的发展，形成了“一业兴，百业旺”的良好局面。利用红色旅游“点石成金”，将“输血”变“造血”，增强革命老区的自我积累、自我发展能力，可使老区人民短期内摆脱贫困，走上富裕道路。

（五）能促进资源开发与保护

随着红色旅游的开展，老区原先几乎被遗忘的得天独厚的红色资源和不可多得的生态环境重获重视，当地一些传统习俗和文化活动得到开发和恢复，保存完好的历史建筑又得到维护和管理，这不仅增强了旅游吸引力，也使老区人民对革命历史文化遗产的价值有了新的认识，从而提高其保护资源的自觉性，并促使政府有关部门更加重视保护和有效利用红色资源，增加必要的投人，使后代也能享受到这些弥足珍贵的红色历史文化遗产。

（六）能提高革命老区的综合效益

发展红色旅游既是一项经济工程，更是文化工程、政治工程，是一项利党利国利民的重大举措。对于发展中的革命老区来说，发展红色旅游不仅是促进革命老区经济社会发展、提高老区人民生活水平的经济工程，是弘扬伟大民族精神、加强老区青少年思想道德建设的文化工程，还是巩固党的执政地位、维护老区安定和谐局面的政治工程。因此，红色旅游是能为老区创造极高综合效益的专项旅游活动。

（摘自阎友兵　曾妍：《红色旅游与革命老区全面小康建设》，《湖南城市学院学报》2006年第1期）

红色旅游是新时期加强和改进爱国主义教育、革命传统教育、公民道德教育、未成年人思想道德建设和大学生思想政治教育的一种创新性方式。当前，红色旅游已成为一项重要的政治工程、文化工程和带动革命老区

发展及老区人民脱贫致富的经济工程，它使得旅游事业与经济发展、民族振兴、人民生活水平提高更密切地结合起来。

红色旅游寓教于乐，寓教于游，将革命历史知识、革命传统和革命精神以旅游这一时尚方式传输给大众，会收到事半功倍的效果。红色旅游传导的是政治内容，采取的是市场手段，满足的是人民群众的需求，实现了“三个文明”建设的有机结合，在推动产业经济发展的同时，也推动了精神文明建设，有利于“红色精神”真正深入人心。特别是在培养下一代方面，红色旅游是难得的新平台、新课堂，具有很强的学习、教育功能。

红色旅游给革命老区奔小康和西部大开发创造了新契机、提供了新引擎，是一项不容忽视的扶贫工程。现在，旅游业已成为很多老区的优势产业、特色产业和支柱产业，对促进老区人民脱贫致富发挥着不可替代的作用。位于河南漯河的“大同世界”南街村，近年来大打红色旅游牌，受到了国内外游客的青睐。2002 年，南街村接待中外游客近 50 万人次；2004 年“五一”黄金周期间，共接待游客 3.73 万人次，门票收入 76.8 万元，宾馆客房入住率达到 97%，创历年来接待游客的新纪录；2004 年“七一”，南街村又迎来旅游新高峰，日接待游客量创出新高。

红色旅游带动了革命老区的建筑、商贸、交通、电信、城建、加工工业和农业等关联产业，形成“一业兴，百业旺”的良好局面。红色旅游还是老区利用外资的大卖点，近 3 年，江西瑞金引进大笔外资，建起一系列“红色”项目，使这座位置偏远的“红都”渐成旅游热点。红色旅游也有助于东、中、西联动，统筹协调经济、社会与自然，适应了促进“五个统筹”的需要。

中国共产党人在革命斗争中锻造的“红色精神”，是中华民族的骄傲，也是十分重要的世界文化遗产。在被称为“中国革命转折点”的遵义，除了遵义会议旧址和红军总政治部旧址，还保存有毛泽东同志旧居、娄三关战斗遗址、四渡赤水渡口等革命纪念地，这些宝贵的遗址极大地丰富了遵义的“红色文化”内涵。这里，差不多每个人都能讲出几段关于长征的故事，随便问一下路边的市民，都可以准确地告诉你去往“遵义会议旧址”的道路。人们感受到红军和长征留给它的已不是几处简单的旧址，而是一种精神，一种文化。

红色旅游具有很强的政治功能、经济功能和文化功能，但首要的还是其旅游的功能特征。红色旅游，红色是内涵、资源、特色、品牌，旅游是实质，即红色旅游在实质上是一项旅游活动，而不能将其直接等同于爱国主义教育、革命传统教育。因此，作为红色与旅游的结合，红色旅游产品、项目既要具有思想性、教育性，又要具有文化性、知识性，还必须具有趣味性、参与性。最理想、最成功的红色旅游产品、项目应该将这些特性有机地结合起来。思想性、教育性是由红色旅游发挥爱国主义、革命传统教育等政治思想教育功能的需要所决定的，文化性、知识性是发挥教育功能所必需具备的。尽管大多数旅游活动项目都具有文化性、知识性，但红色旅游在这方面更突出、更重要。

（摘自张建宏：《试析红色旅游的功能》，《商业现代化》2005 年第 12 期）

红色旅游存在问题分析

“红色旅游受到冷遇与景点自身条件不无关系，多数景点设施落后，产品单一，首先无法从眼球上吸引游客。”据省旅游局一工作人员介绍，南昌红色旅游资源十分丰富，但由于不少景点将展板作为唯一的表现方式，游客看着一堆图片和文字总觉得十分呆板，吸引力根本谈不上。另外，一些景点交通不便，急需修路；景点设施及配套陈旧，复建和扩建项目较多，红色景点资金渠道单一，急需资金；景点自身整体包装与其他旅游产品组合包装不够，急需观念更新。

据记者观察，总体来看，红色景点的配套条件普遍不完善。比如，纪念品是旅游体验的延伸和物化，可是红色旅游点缺乏有特色的旅游纪念品。很多景点只有一堆书，或者全国都可以看到的竹雕、玉雕之类的东西。同时环境也尚需改善。建设不足造成环境不好，甚至连基本的需求都难满足。

对于英雄城南昌红色旅游的尴尬处境，民盟南昌市委的邬海明、杨光宠撰文认为其原因有两点。首先，旅游资源的管理体制不适应市场运作的要求。南昌的红色景点分别由市文化局、市民政局及各级政府职能部门管理。文化部门和旅游部门旅游业务缺乏沟通，两个部门的业务相互掣肘，着力点也不同，以至于两者形不成合力。各景点均为事业单位，依靠财政拨款，“等”、“靠”、“要”保守思想严重，主动开发市场、招揽业务的积极性不高，大部分景点处于维持经营状态。

其次，景点基础设施差，陈设老旧，内容不丰富，缺乏现代化手段。市内红色景点占地面积小，每个参观景点日客流量超过 1000 人，就会显得很拥挤，也不便于开展活动。在展示内容上，除南昌八一起义馆的展品稍许丰富，有少量声、光、电现代表现手段外，其他景点陈列品以图片和文字说明居多，实物很少。景点所安排的旅游活动单调，游客在旅游活动结束时，除了知道一些简单的历史背景外，少有收获，更谈不上有吸引力，未体现现代旅游的趣味性和参与性。

（摘自尹思齐：《英雄城，红色旅游遭遇尴尬》，《大江周刊》2007 年第 7 期）

---

1. 景区方面

首先，有些景区游客稀少，门可罗雀，红色景区并不红火的现象很多。有些景区缺乏营销意识，宣传力度不够，又不能和旅行社很好地协调，造成旅行社在组织线路时并不把这样的景点包括在内，从而使其失去大部分外地游客。

其次，红色景区趋同化严重，这就使得一部分散客产生了“游一当十”的心理，有些游客不禁发出了“红色景区咋都一个样”的感叹，这样的趋同化无疑给游客心理造成了误解，从而影响整个红色旅游市场的发展。

2. 红色旅游产品方面

（1）产品形式单一、雷同。大多是以纪念碑、纪念塔、塑像、展览等为主，走到哪里，看到的都是这样的外在表现形式。

（2）景点管理运行机制与市场结合不紧。全国红色旅游景点大多隶属民政、文化部门管理，引入旅游和市场意识严重不足。

（3）景点可说的多，可看的少。对革命遗址的合理包装不足，不能充分满足旅游者的游览需要，看后总感到不够味、不解渴。

（4）文字介绍和讲解内容忽视观众需求。目前各地红色旅游景点的解说词大都是由不熟悉旅游的党史、军史专业的研究人员撰写的，大多就事论事，严肃说教有余，生动有趣不足，一般游客听起来不免感到枯燥乏味，不符合旅游业所要求的老少咸宜、雅俗共赏。

（5）展示方式落后、制作粗劣。不能运用时尚现代的科技手段充分诠释红色内容，难以真正有效吸引旅游者，从而达到感染效果。

（摘自王东峰：《我国红色旅游发展存在的问题及对策》，《商场现代化》2006 年第 11 期）

红色旅游项目简单化、不成体系。现在许多红色旅游景点都是博物馆阵列加上枯燥无味的讲解，很难对游客产生强烈吸引力。目前，红色旅游产品基本上处于初级阶段，对党史事件及人物的宣传方式和手段比较陈旧，某些纪念馆的解说、展示方法不够形象、生动。缺乏游人参与的互动旅游项目，就整体看，红色旅游的吸引力远远没有历史文化旅游与生态旅游的吸引力大，红色旅游资源没有被充分地挖掘和展示出来，内涵发掘不足，是造成某些红色旅游目的地出现冷落的主要原因。

不正之风随处可见。这里所说的不正之风主要表现在三个方面：一是红色旅游在一些地方有所走样，歪曲历史、戏谑英雄人物等行为时有发生，使这项工程染上了另类颜色。二是不买门票。门票是一个旅游点进行维修和日常开支的重要来源。有的地方只有 1/3 的来客买票。三是刮“共产风”。本来，发展红色旅游就是为了发展革命老区经济，然而，在一些地方却刮起了一股吃喝风。如 2004 年春节后到古田的游客有上百万人，政府接待的就占了一半。一年下来，古田镇的接待费花去了上百万元。每年去红色旅游热点旅游的游客那么多，政府每年要花掉多少接待费用呢！一些单位说是来接受传统教育，自己却不以身作则，下到基层就要吃喝，这可真是违背了红色旅游教育的初衷。

景区管理不完善。据了解，全国不少红色景点尤其是重点红色旅游景区都存在着体制不活的问题。在景区管理中也因地方及各级部门利益而各自为政，难以协调，景区所有权、经营权、管理权“三权分立”问题没有得到解决，直接影响景区开发、经营、管理和招商引资工作，影响旅游精品的打造。由于红色旅游起步较晚，旅游基础设施和景区建设仍较薄弱，近几年来，在基础设施建设方面有了较大改善，但“瓶颈”制约因素仍然存在，主要是景区内交通状况较差，景区配套设施、旅游服务项目不配套，通讯、邮电、商业、应急救援等设施建设滞后，旅游项目前期工作缺乏深度，招商引资进展不大、成效不明显，专业人才严重不足，旅游人力资源开发程度低、开发机制不健全，经营、管理人才缺乏，行业管理水平低，服务质量和水平不高。

导游人员服务水平欠佳。红色景区是红色旅游的窗口，导游是红色景区的代表。“旅游景色美不美，全凭导游一张嘴”，可见导游人员在整个旅游过程中的地位是非常重要的。然而在有的红色旅游景点，一些导游不尊重历史事实，对红色资源乱讲一气，以哗众取宠，博得游客一乐；一些导游对传播“另类文化”乐此不疲，带队到了红色景点，他们时常挂在嘴边的不是革命的艰苦，英雄的事迹，而是一些道听途说的野史，甚至艳史。相反把好端端的红色资源涂抹上了“黑色”和“黄色”。结果造成纪念馆讲解员说一套、导游说另一套，让游客觉得模棱两可，莫衷一是，也感到很不严肃。

（摘自穆芃芃：《为中国的红色旅游发展把脉》，《科技信息》2007 年第 17 期）

在许多地方，公款旅游借红色旅游畅行的并不在少数。比如，明明是游山玩水，却偏偏要顺便看一座烈士陵园；明明是去欣赏名胜古迹，却顺便组织一次党的先进性教育，或瞻仰一处革命圣地。难怪有人戏称一些地方的红色旅游变成了“踏着烈士的鲜血吃喝玩乐”的闹剧，是一

条公款消费的“合理”路径。

红色旅游热起来了，这是好事，这既是加强革命传统教育的良好方式，又是革命老区经济发展的一次新的机遇，但一定要警惕红色旅游陷入公款旅游的误区。希望有关部门尽快出台切实可以操作的规定，确保红色旅游不变色。

（摘自周文水：《警惕红色之旅成为公款旅游》，《党建》2005 年第 6 期）

《新快报》刊登的一条新闻就可以窥见一斑。新闻说，近段时期来，以“红色旅游”为主题的旅游线路成为旅行社的主打线路，但旅游发票不能报销成了不少机关单位和旅行社头痛的问题。因此有不少旅行社人士都呼吁有关部门，“让旅游发票的报销合法化”。

然而在呼吁旅游发票报销合法化的背后，我们分明看到的就是以“红色旅游”为名的公款旅游。不可否认，红色旅游概念的推出，使得一些地方更是明目张胆地打着“红色爱国之旅”的大旗，去游览名山大川。比如，明明是游山玩水，却偏偏要顺便看一座烈士陵园；明明是去欣赏名胜古迹，却顺便组织一次党的先进性教育，或瞻仰一处革命圣地。难怪有人戏称一些地方的红色旅游是“踏着烈士的鲜血吃喝玩乐”的闹剧，是一条公款消费的“合理”路径。

（摘自晓舟：《警惕红色之旅成为公款旅游》，《时代潮》2005 年第 8 期）

（一）受政府决策影响大，缺乏市场机制作用。2005 年是中国的第一个“红色旅游年”，红色旅游成为了国内旅游业的全新亮点。比如，“五一”黄金周期间，一些知名的红色旅游景区掀起接待高潮：革命圣地延安共接待游客近 68.5 万人次，实现旅游综合收入 3.07 亿元，分别比去年同期增长 20.98% 和 22.31%；四川省 26 个主要红色旅游景区，共接待游客 33.27 万人次，门票收入 560.29 万元，游客接待量占全省游客总量的 1/4；上海的中共一大会址第一天就接待游客 1.1 万人次，同比增长 20 倍。然而，这些乐观的数字在很大程度上是政府政策影响的结果，根本上缺乏市场机制的作用。在政策号召下，出游活动中由部门或单位组织的集体行为占据了不小的比例，且游客的重复出游率较低，一旦脱离了政府政策的支撑，热潮退去，难以经受市场考验的部分红色旅游景区就有可能陷入门可罗雀的尴尬境地。

（二）资源开发模式单一，可持续发展受到制约。目前，在政策的引导和各地各部门的高度重视下，全国范围内已发展起特色纷呈的红色旅游产品。但是，由于项目上马仓促，多数红色旅游景区开发模式过于单一，经营的产品内容还不够完善，陷入了就革命精神谈革命精神的开发误区，尤其缺乏对革命圣地和纪念地的区位资源的优化整合，千篇一律的博物馆式的陈列活动使游客体验较为单调，游客的重游率较低导致产品自身的生命周期的延长受到限制。此外，有的地区对外的宣传促销工作做得不充分，比如，与某些游客络绎不绝的景区相比，类似山西的武乡、黎城和河北的武安等地的红色旅游景区门可罗雀的现象却并不少见。因而，这部分红色旅游景区的可持续发展受到很大的制约。

（三）急功近利心态作祟，盲目建设现象严重。红色旅游作为独具特色的专项旅游产品，受到了中央政策的大力支持，可为地方发展带来十分可观的经济效益和社会效益，于是，各地区都积极参与进来，针对本地红色旅游资源的实际着手组织制定旅游业发展规划，开发红色旅游产品。本来，制定科学合理的旅游规划用以指导地方红色旅游产业的健康发展是十分有益且可行的，然而，急功近利、大干快上的心态却左右了红色旅游发展的正确进程，对红色旅游资源的正确开发在某些地方已经异化为对红色旅游产业的盲目追捧和对红色资源的掠夺。盲目建设、大兴土木的政绩工程、形象工程乘机再现，不仅破坏了“红色资源”的珍贵历史本色，也给地方财政造成了很大的浪费，如河北“‘将军岭’红色旅游工程”，诸如此类的一些有名无实的开发工程已经对部分地区的资源造成了严重的破坏和浪费。

（四）公款旅游借鸡下蛋，目的地不堪接待之苦。红色旅游资源主要分布在经济落后的革命老区、贫困山区。开展红色旅游在深刻教育旅游者的同时，其不可低估的消费潜力能为地方经济发展做出的贡献是不言而喻的，这也是中央号召开展红色旅游的初衷之一。然而，当红色旅游热潮掀起的时候，红色旅游景区虽然火爆一时，而背后却别是另一番景象：一方面，一些单位趁机“借鸡下蛋”，利用公款违规组织旅游活动，为公款旅游、公务腐败披上堂而皇之、名正言顺的外衣；另一方面，个别权势部门则通过种种方式要求免费游览，甚至还要地方管理部门出面“盛情接待”，不仅影响了地方旅游收入，没给红色旅游地带来经济效益，反而加重了地方政府的接待负担，使地方政府不堪重负，叫苦不迭，大大影响了地方政府的日常行政工作。

（摘自林茂：《红色旅游热的冷思考》，《桂林旅游高等专科学校学报》2005 年第 5 期）

红色旅游身负多项使命，因此，红色旅游的成功开发意义重大。旅游产品是旅游业的灵魂，开发红色旅游的关键就是产品化的过程。与其他专项旅游不同的是，红色旅游产品依托革命纪念地、纪念物及其所承载的革命精神等旅游资源，红色旅游的客源市场相对于依托自然旅游资源的产品而言，不会因为季节、气候等原因出现大的波动，相反会因为纪念日以及节假日而瞬间增长，从这个角度讲，该产品拥有巨大的市场潜力和发展前景。但是，我们

在看到希望和优势的同时也要未雨绸缪，警戒在开发经营过程中可能出现的问题。

1. 红色资源遭破坏

红色旅游的地点大多是在偏远的地区，这些地方条件艰苦，可利用的自然资源相对薄弱。但是为了搞旅游，就需要兴建一系列的基础设施。在开发的同时，如果缺乏保护意识，片面追求红色旅游的产业化，盲目开发，惟利是图，必然会造成不可再生的红色资源的破坏。结果是既吃不成“祖宗饭”，也断绝了“子孙粮”。因此，在红色旅游开发前，做好科学的规划，避免为了盈利而大肆兴建与景区不协调的景观或者废除原有建筑，保护革命历史遗迹和周边的自然景观是开发中应注重的问题。

2. 红色旅游变公费旅游

各地如火如荼地开展红色旅游之时，要警戒一些党政机关的党员、干部借到红色教育基地进行参观访问之名搞公费旅游，不但吃、住、行、游、购、娱的花销用公款，而且旅游的目的地也不仅仅是革命纪念地及周边，更多的是借机参观自然风光及优美的名胜古迹。例如，北方的党员干部公款组团往重庆红岩、广州，而东南地区的党员干部则往延安、西柏坡，天热时去参观庐山，天冷时到海南五指山等等，反正可以打一个接受教育的旗号，用公款或用党费报销，变成变相的公费旅游。这样利用公款公费集体到红色旅游景点去，即使是接受了革命传统教育，但结果却是背道而驰，只能滋长党员干部的腐败作风，违背了发展红色旅游的初衷。

3. 红色旅游庸俗化、泛滥化

党中央、国务院大力支持发展红色旅游，在开发时要特别注意市场化运作，避免政府包办的强制行为，使之落入庸俗化。红色旅游的提出虽然在某种程度上有很强的政府导向性，但是作为一种专项旅游产品必须要遵循市场的规则才能拥有持续的生命力。务必要吸取人造主题公园最初在我国兴起时的教训，不搞人造景观在同一地区的一哄而上；避免打着发展红色旅游的旗帜，不考虑资源、市场等情况而任意开发、规划、建设，导致红色旅游缺乏品位、泛滥化、庸俗化。红色旅游的含义与范围有明确的界定，一定要尊重历史，实事求是。红色旅游景点的讲解也不能像自然或人文景点那样，可以人为地尽情演绎或发挥。离开了“红色”基调，不但不能振兴当地的“旅游”市场，而且会影响红色旅游作为品牌的持续发展。

4. 红色旅游单调化

由于红色旅游是以革命精神、爱国情感为主要吸引力，所以，红色旅游很容易变成单调的革命历史遗迹观光活动，游客只是走马观花似的在革命博物馆或者纪念地走一圈，很难感受到该旅游地所反映的革命精神，也难以提起游客的兴趣。这不但不会吸引游客故地重游，就是对没有来过此地的游客也难以构成较强的吸引力。此外，大部分红色旅游资源分布在偏远山区，交通状况较差，配套设施不完善，有的地方已是有点无景，旧迹难寻，风光不再，加之周边自然景观单一，若不采取相应措施改善这种状况，红色旅游的开发就会导致景线长、鲜有特色和吸引力，缺乏外延产品。红色旅游属于一种传统的旅游产品，兼有传统观光旅游和传统文化旅游的特点，它的开发重点在于超越传统观念的创新，在产品的内容、形式、品牌、宣传、销售等方面的创新是其避免单调化、实现可持续发展的途径之一。

5. 多头管理

多头管理是红色旅游发展的一个制约因素。由于历史原因，许多红色旅游景点的管理部门并不统一，文体部门、旅游部门、文物保护部门多头管理，致使红色旅游产品的开发受到多重制约，缺乏统一性和整体性。多部门的同时管理只能对红色旅游的发展产生负面影响，延缓其发展进程，多方牵制不利于个性化和创新化产品的推出。

（摘自刘红芳：《红色旅游热的“冷”思考》，《温州职业技术学院学报》20006 年第 1 期）

政府的推动和提倡使红色旅游快速发展，同时又影响了其正常的发展。2005 年国家开展和提倡的“党员先进性教育”和“红色旅游”促成了红色旅游景点的繁荣，在一定程度上促进了各地红色旅游景点的发展，但在此过程中出现政府各级部门和企事业单位根据上级文件强制安排本单位集体参观，而非旅游者自觉自愿的行为。从另外的角度看，那就是当前红色旅游的繁荣并不是直接来源于红色旅游本身，而是来自非旅游产品的行政力量。结果就使红色旅游走上一条非正常发展的轨道，为红色旅游本身生命力的培育过程制造了不必要的障碍。

不少旅游者在参观中持有不正确的态度。由于是单位组织，并非个人自愿，且很多组织者对红色旅游本身认识不够，这使得大部分旅游者名曰接受传统教育，实际上却带着某种“消极心理”，人到心未到，旅游者的兴趣和组织旅游的诉求严重错位。

项目开发简单，产品单一。红色旅游资源虽然遍布全国各地，但比较丰富的地区还都集中在我国中西部，即使在东部的一些省份，也多是在一些老、少、边、穷的经济欠发达地区，基础设施建设落后，宣传促销经费严重不足，造成旅游项目和产品十几年如一日丝毫未变。在经营上还停留在遗址参观、简单的图片和物品的展示阶段；展示内容雷同、方式单调、僵硬。旅游者在游览此类景点时均以参观为主，缺少参与性，停留时间不长。

讲解人员缺乏相应的知识储备和讲解技巧。主要表现在：①对革命历史文化挖掘不够，表现方法陈旧，缺乏震撼力和感染力；②仅仅依赖红色旅游资源，片面理解“红色"概念，过分突出政治色彩，使游客被动接受单一的革命传统教育；③产品开发方式简单化、无差异化和程式化，许多景点简单的文物陈列，很难对游客产生强烈的吸引力；④管理体制落后，造成重复建设。

管理水平落后。大多数红色旅游资源丰富的地区经济落后，投入不足，管理混乱。因为红色旅游目的地一般都是革命老区，信息闭塞，缺乏品牌和市场意识，营销宣传力度不够，有的甚至过度商业化、庸俗化。许多著名的红色旅游点将领袖神话、迷信的现象严重，与红色旅游目的相违背。

（摘自张宏丽：《红色旅游繁荣背后的隐忧》，《农村经济与科技》2006 年第 7 期）

由于历史原因和客观条件的限制，大多数的红色旅游景区都处于贫困地区、欠发达地区，当地群众的生活还比较艰苦。而位于城市的红色旅游景点基本都是国家投资建设的爱国主义教育基地，如果国家的投入不足，发展旅游将更加艰难。

据侵华日军第"731"部队罪证陈列馆馆长王鹏介绍，2005 年，该馆争取到了 3000 万元的国家红色旅游建设资金。但是，"731"遗址核心区周围 12 处遗址，涉及的企业就达 33 家，"这些年随着遗址的知名度大增，周边的地产价格在以每年 500 元的价格上涨，这让遗址的恢复和保护工作更加艰难。资金缺乏是最重要的制约因素。

而在一些地方，红色旅游景点也遇到诸多行政管理上的难题。据悉，目前全国大部分地区的红色旅游景点大都不直接归口旅游局管理，比如抗美援朝烈士陵园归民政局管，"九一八"纪念馆归文化局管，甚至还有归宣传部管的。"根本不能形成合力进行统一规划"，随行的辽宁省旅游局的管理人员告诉记者，"有的上级主管部门不愿意投入，觉得有碑有馆就行了。有的上级主管部门根本就没有资金投入。"

（摘自宋雪莲：《红色旅游——离市场化有多远?》，《中国经济周刊》2007 年第 39 期）

建设红色旅游项目，要确保红色的本质与方向，但一定要按照旅游的规律，精心策划和设计。在加大对红色旅游投资的同时，要注意防止几个倾向：

一是项目贪大求洋倾向……

二是项目简单化，开发中重硬轻软，文化挖掘和资源整合不够……

三是对市场可以进入和开发的红色旅游项目，研究和策划还不足……

四是过度商业化、庸俗化的现象比较突出……

（摘自石培华：《发展红色旅游值得关注的几个问题》，《党建》2005 年第 5 期）

"七一"临近，从旅行社传来消息，红色旅游又将迎来一个新的高峰。然而，在浩浩荡荡的红色旅游大军中，却夹杂着一些歪念红色旅游经的队伍。

公费旅游堂而皇之。

一位在机关工作的朋友告诉记者，他刚从西柏坡"接受爱国主义教育"回来。该活动由他们单位公费组织，名为"参加学习，接受革命熏陶"，实则旅游观光一番，顺路欣赏了"大雨落幽燕，白浪滔天"的北戴河，"就近"看了山海关和承德避暑山庄。他说，这也算是单位的一种福利。

为此，有人担心，红色旅游如火如荼的今天，在党政机关的党员、干部中会不会引发新一轮公费旅游热?

事实证明这种担心不是杞人忧天。例如北方的党员干部公款组团往重庆、广州跑，而东南地区的干部党员则往延安、西柏坡跑，天热时去参观庐山，天冷时到海南五指山等等，反正可以打一个接受教育的旗号，用公款或用党费报销，成为变相的公费旅游。而且各单位之间相互攀比，惟恐落在后面，走得少、去得慢就是接受爱国主义教育不积极。

据记者了解，现在全国任何一个单位，都没有专项的旅游经费，这么多的人要出去，钱从哪里来呢? 有相关人士透露，利用本部门的权力罚款、收费是最好的"筹资"办法。更危险的是，有些人还可能把"灰色开支"都放在"红色旅游"等爱国主义教育的账里。这样一来，势必会诱发新的贪污和腐败。对此，有关专家提出，红色旅游不宜由公款来埋单，而应由个人掏钱。

红色老区不堪重负。

各地的红色旅游迅速升温，但旺盛的人气并没给有的老区带来太多的经济收益，反而让一些单位不堪重负。

某红色旅游景区镇政府一中午招待 36 桌客人，旅游局一天接待 110 名来客，这是一些革命老区的红色旅游景点近段时间来见诸报端的不良现象。春节过后，各地的红色旅游迅速升温，一些知名度高的红色旅游景区游人火爆。出人意料的是，旺盛的人气并没有给老区带来太多的经济收益，反而是繁重的吃住接待，让一些地方政府不堪重负，叫苦连连。

（摘自郝涛：《当心念歪红色旅游经》《市场报》20005 年 6 月 24 日）

产业效益

2004年，广安市共接待海内外游客544万人次，比上年增长120%，旅游收入17.1亿元，比上年增长67.2%。2005年春节黄金周省内11个红色旅游重点市共接待游客65万人次，红色旅游收入1.04亿元。

（摘自子墨：《开发一方红土，致富一方人民，红色旅游业已成为四川旅游新的增长点——经营红色旅游助推旅游经济》，《四川党的建设》（城市版）2005年第4期）

2003年井冈山全市客流、货流和信息流明显升温趋旺（除去因非典造成的客流减少）。全市客运周转量达13150万人/公里，仅比2002年下降了4%；货运周转量达到3865万吨/公里，比上年增长了20%；邮电业务总量达6338万元，比上年增长了16.3%；移动电话用户21940户，比上年增长了62.5%。

（摘自贾浩华　张英明　方淑婷：《井冈山红色旅游的发展与农民收入的增加》，《党史文苑》2005年第16期）

2004年，江西省红色旅游景区共接待游客1350万人次，红色旅游的总收入77亿元，分别占全省旅游接待人数和旅游总收入的32.7%和31.9%。

（摘自廖国良　周雷　董磊：《江西以红色旅游促经济发展》，《台声》2005年12期）

据国家旅游局截至2005年3月底的最新统计，2004年全国20个主要红色旅游景区旅游总收入达到了2025733万元，比2003年同期增长33.26%。

（摘自胡承宁：《贵州发展红色旅游大有可为》，《贵州工业大学学报》（社会科学版）2005年第2期）

2004年12月，中共中央办公厅、国务院办公厅印发了《2004—2010年全国红色旅游发展规划纲要》（以下简称《纲要》），就发展红色旅游的总体思路、总体布局和主要措施做出明确规定，提出将培育形成12个“重点红色旅游区”，配套完善30条“红色旅游精品线路”，重点打造100个左右的“红色旅游经典景区”，实现红色旅游产业化，使其成为带动革命老区发展的优势产业；到2010年，红色旅游综合收入达到1000亿元，直接就业人数达到200万人，间接就业人数达到1000万人。标志着我国将把红色旅游作为一种旅游产业进行大力发展。

（摘自谷玉芬：《红色旅游成功因素分析》，《商业经济》2006年第6期）

2004年，全国20个红色旅游景区旅游总收入达到202亿元，比上年同期增长33.26%，并带动建筑、商贸、交通、电信、加工业和农业等相关产业的发展。井冈山地区的旅游业收入已占到了财政总收入的35%以上。

（摘自谷玉芬：《红色旅游成功因素分析》，《商业经济》2006年第6期）

国家旅游局最新统计数据显示，2004年，全国20个红色旅游景区旅游总收入达到202.57亿元，比上年同期增长33.26%。其中，河北西柏坡旅游区接待旅游者46万人次，同比增长27.78%，年旅游总收入414万元，同比增长130%；江西井冈山市和瑞金市分别接待旅游者163万人次和54万人次，同比分别增长34.71%和20%，年旅游总收入分别达到8.36亿元和1.56亿元，同比分别增长26.67%和33.33%。

（摘自晓舟：《警惕红色之旅成为公款旅游》，《时代潮》2005年第8期）

2004年1月至7月，延安市已接待海内外游客231.7万人；江西井冈山2004年“红色旅游”异常火爆，上半年就接待海内外游客78万人次，与2002年同比增长1.68倍。“红色旅游”的经济效益也是非常显著的，如2004年10月3日一天到韶山毛泽东故居参观游览的客人就达到了4.4万余名，门票收入达55万余元。

（摘自张娟：《红色旅游经济现象的深层思考》，《兰州教育学院学报》2005年第3期）

将红色旅游纳入微观经济

李　涛

红色是象征着中国的颜色；所谓“红色旅游”，顾名思义，就是“革命精神”与现代“旅游经济”的时代结晶，也是中国特有的旅游形式。

“红色旅游”是指以革命纪念地、纪念物及其所承载的革命精神为吸引物，组织接待旅游者进行参观游览，实现学习革命历史知识、接受革命传统教育和振奋精神、放松身心、增加阅历的旅游活动。

“红色旅游资源”指的是中国共产党成立以后、新中国成立以前，包括红军长征时期、抗日战争时期、解放战争时期等重要的革命纪念地、纪念物及其所承载的革命精神；从地域范围上主要是指革命老区和红军长征线，但以长征线为重点，这就形成了井冈山、瑞金、韶山、遵义、延安、西柏坡一条“红色”主线。

发展“红色旅游”，既能创造旅游经济效益，促进社会主义物质文明的发展；又能创造巨大的社会效益，促进社会主义精神文明的发展，对于推进全面建设小康社会，具有综合效益。

“红色旅游”是革命传统教育观念和旅游产业观念与时俱进的结果，是我国旅游大产业一个新的重要组成部分。红色旅游最早是从有组织的革命传统教育孕育演化而来。起初，革命圣地和纪念地只是用于革命传统和政治思想教育，供人们参观和学习。到了20世纪80年代中后期，随着经济的飞速发展和人民生活水平的提高，许多富有“绿色旅游资源”的革命圣地和纪念地，凭借已有的知名度和良好的接待设施，转变观念，由单一的政治教育模式向市场经营模式转变，逐渐将“红色资源”与“绿色资源”结合起来，推向市场，从而产生了“红色旅游”的新型旅游模式。红色旅游的发展说明革命传统教育不仅能够与一般的社会实践活动相结合，还可以与旅游产业相结合；不仅能够创造巨大的经济效益，而且能够创造更大的社会效益。红色旅游既服务于物质文明建设，又服务于精神文明建设。

在市场经济条件下，一个产品从萌芽、发展到成熟，本体性的决定性因素在于需求。所以红色旅游的开发，首先要解决红色需求，从微观经济的角度，为旅游者创造出对红色旅游的偏好。这点是至关重要的也是最为艰巨的。对于红色旅游，国家应有政策性倾向，将其从政治领域纳入到经济领域。

目前，从经济学的角度看，几乎没有宣传红色文化的广告。历来的红色宣传只是一种纯粹的告知或是文件。试想，这样一种缺乏诱惑力的行为怎么能引导需求。有些广告设计者似乎在红色宣传上进入了盲区。比如说，在宣传地道战的时候，广告词是：抗日战争期间，中国军民以地道战的方式抗击了日本侵略，其中有着可歌可泣的故事。显然，这个广告告诉人们的是人们都相当熟悉的，缺乏经济学意义上的广告效果。因此，红色旅游产品的广告创意要从粗放转向集约，从细节入手，引导游客兴趣。要将红色旅游纳入经济轨道就必须首先让产品广告和营销遵从经济规律。

过去，我们在红色宣传中注重的是实物形态，而忽视了融合当地的风俗和文化，以至单调缺乏张力。如果在红色开发中，很好地将两者兼容，增加旅游者参与红色生活的互动性，就会收到奇效。比如，体验延安时期的生活，摇摇木纺车，学唱信天游，住窑洞窝棚等等，都是典型。这一点，八路军太行山纪念馆做得很好，它的游击战术演示厅，让旅游者身临其境地体会当年的游击战术。这种细节性演示是最能吸引游客的。白洋淀红色文化更具有优势，不仅景色优美，又有一篇《荷花淀》做文化底蕴，若是在开发中能模拟当年水上游击的活动，那将是热点。

红色旅游对周边的文化和教育都有积极的影响。因而政策必须是倾斜的。在起步阶段，财政扶持很有必要。除了经济政策，一定的行政管理不可或缺。近年来，有些地方出现了以“红色”为幌子，惟利是图的行为，这对刚刚起步的红色旅游是极为不利的。总之，红色旅游是旅游产品的“新生代”，让其步入经济轨道，随市场规律发展，需要举国支持。

我国发展"红色旅游"的经济学分析

曾国平　阳乾凤　彭小兵

今年是抗日战争胜利60周年，中国工农红军长征胜利70周年，在这个特殊年份里，国家旅游局将2005年旅游主题确定为"红色旅游年"。为了推动"红色旅游"的发展，国家旅游局提出了"全面整合'红色旅游'资源，大力构建'红色旅游'体系，不断推出'红色旅游'精品和线路，并逐步辐射到其他'红色旅游'区（点），争取5年后全国'红色旅游'区（点）的年接待人数达1.5亿人次、综合收入380亿元，10年后全国'红色旅游'区（点）的年接待人数达3亿人次、综合收入1000亿元"的总构想，还提出发展"红色旅游"的具体设想，即用五年时间，在全国范围内重点建设以10个"红色旅游基地"、20个"红色旅游名城"、100个"红色旅游经典景区"为主体的"红色旅游"骨干体系。

"红色旅游"是开展爱国主义教育和发展经济的有益结合，是将精神财富转化为物质财富和社会财富的成功探索。"红色旅游"是旅游业创新发展的产物，是旅游业新的经济增长点。研究"红色旅游"对我国发展红色旅游业具有重大的现实意义。

目前，我国对"红色旅游"的研究甚少，例如张彬彬（华东师范大学）、王忠武（中共中央党校哲学部）和文军（广西大学）等论述了"红色旅游"的开发；李宗尧（临沂师范学院）、沈乔（中共太原市委党史研究室）和魏国英（八路军太行纪念馆）等阐述了"红色旅游"的功能。本文力图用经济学的原理来挖掘和论述"红色旅游"产生和发展的原因，并对"红色旅游"的进一步发展提出了经济学的思考。

"红色旅游"的定义和"红色旅游资源"的界定

"红色旅游"是指以革命纪念地、纪念物及其所承载的革命精神为吸引物，组织接待旅游者进行参观游览，实现学习革命历史知识、接受革命传统教育和振奋精神、放松身心、增加阅历的旅游活动。红色旅游依托的是特殊的文物遗迹类旅游资源，是以观光旅游为主体的旅游活动，是精神文明和物质文明的集中体现。

"红色旅游资源"是指中国共产党成立以后、新中国成立以前，包括红军长征时期、抗日战争时期、解放战争时期等重要的革命纪念地、纪念物及其所承载的革命精神。从地域范围上主要是指革命老区和红军长征线路，但以长征沿线为重点。

我国发展"红色旅游"的重大意义

（一）有利于促进地区经济的均衡发展

红色旅游区多为革命老区，交通不便，教育落后，经济发展缓慢。红色旅游区可以依托独有的红色旅游资源，利用红色旅游资源的稀缺性和内生的资源禀赋，发展红色旅游产业来带动老区建筑、商贸、交通、电信、加工业和农业等关联产业的发展，进而从整体水平上拉动老区经济的协调发展，缩小与发达地区的差距。

（二）有利于社会福利的优化

根据新福利经济学的观点，如果既定资源配置经过调整能够使某个人的福利增加，而又不使其他人的福利减少，那么这种配置就是帕累托最优的。就红色旅游区而言，通过利用红色旅游资源，发展红色旅游业，可以增加红色旅游区人民的收入，改善当地人民的物质生活水平和生活质量，进而提高当地人们的福利水平，且不会损坏和降低其他地区人们的福利，使社会福利整体向帕累托最优状态趋近。

（三）有利于满足消费者的不同偏好

旅游活动是人类的生活需求之一，是较高品位和格调的消费方式。不同的消费者具有不同的消费偏好，"红色旅游"恰恰应和了人们的这种偏好，即对革命精神和凝重的历史内涵的追求。"红色旅游"的日益火爆也是人们追求个性化旅游的一种体现。

（四）有利于增加国民收入

消费、投资和出口是拉动经济发展的三驾马车。旅游是一种消费方式，它对经济发展的拉动作用有目共睹。旅游业在国民经济中的地位日益重要，其对国民收入的贡献率也在逐步提高。目前，全国几乎所有的省、自治区、直辖市都将旅游业列为新的支柱产业、第三产业的龙头产业、优先发展的产业和新的经济增长点。红色旅游刺激了国内外消费，为老区带来了可观的经济收入，创造了大量的物质财富，增加了国民收入。

（五）有利于实现共同富裕

革命老区经济发展水平还比较低，大多数红色旅游景区地处贫困地区、欠发达地区，人民群众的生活还比较艰苦。让革命老区尽快发展起来，让老区人民尽快富裕起来，是党和政府的重大政治责任，是促进经济和社会事业、不同地区之间、城乡之间协调发展的重要措施。发展"红色旅游"，可以加快革命老区的基础设施建设，培育和发展特色产业，把资源优势转化为经济优势，这是促进革命老区经济发展的重要契机，我们一定要努力办成牵动大、效益好的扶贫工程、富民工程。

我国“红色旅游”产生和快速发展原因的经济学分析

（一）产生的原因

1. 资源的稀缺性是“红色旅游”产生的根本原因。我国共有1389个革命老区，中国革命赋予革命老区以红色文化、革命传统精神和凝重的历史内涵。红色旅游资源的稀缺性决定了占有红色旅游资源的革命老区具有优先发展红色旅游业的先决条件和基础，内在的红色资源禀赋是“红色旅游”能够产生的根本原因。

2. 巨大的潜在的市场需求是“红色旅游”产生的原动力。爱国主义教育一直是我国公民情感教育的主要组成部分，而以参观游览革命纪念地、纪念物为形式的“红色旅游”又恰好是爱国主义教育的重要组成部分，再加上旅游业的迅猛发展，这样一来“红色旅游”的客源市场相对于其他旅游产品而言，非但不会因为气候等原因出现大的下滑，相反会因为纪念日以及节假日而瞬间增长，市场潜力不可估量。市场需求催生了“红色旅游”。

3. “红色旅游”是老区新的经济增长点，是老区后富的主要出路。我国共有1389个革命老区，遍布在28个省、市、自治区，人口3.7亿多，占全国总人口的29.3%。1/3老区人民的脱贫致富关系到我国共同富裕目标的实现，老区经济社会发展的速度直接关系到中国实现社会主义现代化的历史进程。目前，全国几乎所有的省、自治区、直辖市都将旅游业列为新的支柱产业或第三产业的龙头产业或优先发展的产业。“红色旅游”将爱国主义教育与休闲娱乐相结合，寓教于乐，既满足了消费需要，又陶冶了爱国主义情操。它是我国旅游业创新发展的产物，是老区经济发展新的增长点。

（二）快速发展的原因

1. 国家宏观调控加速了“红色旅游”的发展，这是“红色旅游”快速发展的主观条件。国家旅游局于2004年启动了“红色旅游”工程，为“红色旅游”添了一把火；2004年11月间由国家发改委牵头正式出台了《“红色旅游”景区建设规划》，更为“红色旅游”做了科学规划。规划中提出“红色旅游”在空间布局上，一方面应突出重点和主题，一方面要兼顾空间上的均衡。到2007年底前，要围绕“新民主主义革命时期建党建军重大事件”等8个主题，培养形成“以韶山、井冈山、瑞金为中心的湘赣红色旅游区”等12个重点红色旅游区，要形成整体发展，特色化推进。中央办公厅、国务院办公厅2004年底印发了《2004—2010年全国红色旅游发展规划纲要》，就发展红色旅游的总体思路、总体布局和主要措施做出明确规定。2005年2月，国家旅游局将2005年旅游主题确定为“红色旅游年”。

这一系列举措都表明了国家要大力发展红色旅游业，宏观调控这把“有形的手”在很大程度上促进了红色旅游业的发展。

2. “红色旅游”产品相对价格较低，物超所值，这是“红色旅游”快速发展的根本原因。“红色旅游”以革命老区固有的革命纪念地、纪念物及其所承载的革命精神为基础，与其他旅游产品相比，其开发成本较低，开放费用也较低，具体体现在交通费、门票费以及其他各种费用的价格较低。价格优势在很大程度上能够吸引广大消费者。“红色旅游”既降低了消费者的旅游成本，又可使其受到革命精神的鼓舞、熏陶和启迪，消费者所获的价值远远超过其价格，是一种超值享受。

3. “红色旅游”与“绿色旅游”相得益彰，消费者身临革命圣地的同时又亲近了大自然。这是红色旅游迅速发展的客观原因。历史赋予革命老区以深邃的红色文化和优良的革命精神，同时又赐予其迷人的风景、秀丽的景色、清新的空气和远离繁华都市喧嚣的宁静与平和。丰富的绿色旅游资源与红色旅游资源相融合、相映衬，更使红色旅游资源锦上添花。红色旅游好比红花，绿色旅游恰似绿叶，红花需要绿叶陪衬，而绿叶则需要红花来提升。历史客观上造就了双色旅游，“绿色旅游”让消费者亲近了自然，而“红色旅游”则满足了消费者高品位的精神追求和享受。

我国进一步发展“红色旅游”的几点思考

（一）确保红色旅游产品的独特性和生命周期的可持续性

“红色旅游”是一种旅游产品，且是一种特殊的旅游产品。红色旅游产品的产生、发展和衰退符合产品发展的一般规律。产品有其生命周期，“红色旅游”也不例外。我们要探索“红色旅游”的生命周期，把“红色旅游”的主题回归到历史文脉的人文精神中，融入到“和而不同”的地域文化中，确保其旅游产品的独特性和生命周期的可持续性。

（二）红色旅游产品的打造和开发既要适应市场的需求，又要保持本色

“红色旅游”这种旅游产品具有特殊性，所以在景点的打造上不能忽视原先景点所呈现的原生态历史感和沧桑感，在文物的陈列上不能不考虑消费者的视角。“红色旅游”的开发方式应多样化，应打破程式化的套路，鼓励旅游产品开发方式的创新，以吸引消费者。“红色旅游”以爱国主义教育为基地，要精心设计“红色旅游”产品，挖掘红色精神，展现红色文化，防止“红色旅游”开发中的

庸俗化，要将“红色旅游”的特色产品以及与此相关联的消费方式挖掘出来。

（三）整合各地“红色旅游资源”，发挥整体规模经济效益

把“红色旅游”与“绿色旅游”、“古色旅游”结合起来，科学合理规划景点，既要满足不同层次旅游者的需要，又要提高旅游业的整体规模效益。我国的红色旅游资源遍及28个省、市和自治区，如果把各地的红色旅游资源都打造成精品，既不可能也没必要。根据相邻原则，鼓励相邻红色旅游资源拥有地区的合作、开发和建设，联合各地优势力量塑造红色旅游带，防止重复开发和建设，节省社会和经济资源，发挥规模经济效益。

（四）“红色旅游”可确保经济利益与社会利益和谐统一

“红色旅游”在本质上是一种经济活动，红色旅游区必定从中获得经济效益和经济利益。消费者参加红色旅游活动，一方面为红色旅游的经济利益做出贡献，另一方面又是红色旅游社会利益的获得者。“红色旅游”所承载的革命精神和红色文化教育震撼、净化和感染一批批消费者，这些消费者用行动感化更多的社会人，从而提升整个社会利益。

（五）“红色旅游”具有旅游和产业的属性

一方面，“红色旅游”是旅游产业的重要组成部分，只是红色具有革命意义而已，因此“红色旅游”具有产业的属性。另一方面，“红色旅游”在本质上是旅游，所以其具有旅游的本质属性和社会属性。旅游的本质属性是文化，旅游的主要目的之一是为了让旅游者了解异地的文化，同时文化交流又是构成旅游活动的基础，旅游文化是旅游业发展的重要的物质基础。旅游是人类社会发展的产物，是政治文化发展的产物，是现代社会生活发展的必然产物。

（六）拉长和延伸红色旅游的产业链，充分发挥其经济带动性

红色旅游产业的发展必将带动旅游目的地的餐饮、住宿、交通运输、娱乐、消费等相关产业和领域的发展，红色旅游区应将分散的旅游要素结合起来，把它们串联成一条相互呼应的旅游链，形成旅游目的地“一体化”的经营服务系统。通过开发红色旅游纪念品，创新红色旅游项目有计划、有步骤地拉长和延伸其产业链，发挥“红色旅游”对经济发展日益重要的辐射作用。

对红色旅游节庆若干问题的思考

——以2006·中国（江西）红色旅游博览会为例

陈平平　吴水田

旅游节庆是旅游事件营销的重要方式，也是发展旅游产业的重要载体。近几年来，随着红色旅游发展步伐的加快，红色旅游节庆也受人瞩目，2006年10月在赣州等地举办的第二届红色旅游博览会成为红色旅游节庆的典型案例，这次活动取得了巨大成功，同时也有许多问题值得我们思考。

“红博会”的举办背景与由来

2006年是红军长征胜利70周年和中华苏维埃临时中央政府成立75周年，为纪念这一重大历史事件，进一步推动江西省红色旅游事业的快速发展，由江西省人民政府、国家旅游局和国家广电总局主办，中共江西省委宣传部、江西省旅游局、赣州市人民政府等单位承办的第二届红色旅游博览会主会场系列活动于2006年10月16在赣州开幕，同时在南昌、上饶、萍乡、井冈山等地举办了系列策应活动。

中国（江西）红色旅游博览会（以下简称“红博会”）是全国第一个以红色旅游为主题的旅游博览会，由江西省政府倡导创办，每年举办一次。2005年举办首届，主会场设在南昌市，2006年为第二届，其持续时间之长，活动范围之广，内容之丰富，参与人数之多，在全国旅游业堪称空前，成为江西发展红色旅游的一面旗帜。“红博会”以“红色摇篮，绿色家园”为主题，体现了江西发展旅游的“红绿”结合。江西森林覆盖率达到60.05%，处处山清水秀，生态环境良好，成为红色旅游的有力衬托，并与江西“物华天宝，人杰地灵”的历史文化资源相结合，使“红博会”形式多样、内容丰富，取得了较好的社会效益、经济效益和环境效益，实现了红色文化与旅游节

庆的完美结合。虽然此前江西省内的吉安、萍乡、上饶、瑞金等地每年都举办红色旅游文化节，但仍不是全国性的，也不是综合性的博览会，而在全国知名的红色旅游节庆也不多，以国家有关部委为主办单位的“红博会”的规格是最高的，在全国红色旅游节庆中确立了重要地位。

2006·中国（江西）“红博会”的特点

（一）规模宏大，内容丰富

开幕式场面宏大。本届“红博会”主会场设在赣州，把纪念活动与红色旅游博览有机结合。江西省委、省政府和国家有关部委及社会各界对此高度重视，出席开幕式的嘉宾达到1.5万人，其中全国百强旅行社及新闻媒体代表269人，旅游团队近3000人。特别是开幕式，场面壮观、气势恢弘、组织有序、场景感人，突出了“隆重、大气、热烈”的特点，受到了领导和游客的一致好评。节庆内容丰富多彩，除开幕式（大型历史场景再现）外，还举办了全国爱国主义教育基地第四次联席会议、赣南红色经典《哎呀叻·这片红土地》歌舞晚会、红色旅游推介会、客家美食节、赣粤闽桂四省红色山歌艺术节、客家唢呐表演、“长征号”（瑞金——延安）红色旅游专列出发仪式、专业考察活动等等，整个活动连贯有序，始终处于热烈的氛围之中，突出了红色与旅游市场的有机结合。

（二）主题鲜明，地方特色突出

赣州有“客家摇篮”之称，861万人口中90%以上是客家人。主办方牢牢把握“红色旅游”的主题，把客家民俗风情贯穿其中，突出了地方特色。在开幕式和红色经典歌舞晚会中，通过大量的客家民间民俗活动，如客家女揺茶、儿童玩茶篮灯和鲤鱼灯、青少年游幡灯、唢呐演奏、走马灯等多种形式，与现代的声、光、电技术手段相结合，安排在迎送队伍和演出的歌舞表演中，既突出了“红色”的历史经典场景再现，又非常巧妙地彰显了赣州博大精深的客家文化底蕴，提高了游客的参与性、观赏性和现实感，充分体现了赣南这块热土以及赣南人民的热情。参会者评价认为，本届“红博会”集展览、展销、旅游、文化为一体，是赣州市改革开放以来，规模宏大、范围最广的以红色旅游为主题的盛会，也是江西省办得最好的一届红色旅游节庆活动。

2006·中国（江西）红色旅游博览会的成功经验与启示

（一）红博会的成功是“四个结合”的结果

1. 把握政府主导与参与主体的有机结合

从主题到活动形式的确定，充分发挥了政府强大的整合资源优势和协调优势，如赣州市政府成立了专门的领导机构和操作机构，把工作任务分解落实到人，实行定期调度、抽调工作人员集中办公，全市各个部门都为活动开绿灯，使活动衔接到位。同时，在参加的主体上，确立了以主要客源市场的旅游部门、媒体、游客代表为主要对象，邀请老红军及其后代代表参会，政府部门领导少参与的原则，突出了办会以旅游为主的目的。

2. 把握历史场景演绎与旅游规律的有机结合

“红博会”结合传承红色文化，注意了与游客体验的有机结合，实现了两个双赢。以“红”为主题组织的各项活动，突出了红色旅游的本质，弘扬了红色文化，发挥了教育功能。同时注重游客体验，再现历史场景，如在当年练兵、学校上课、扩红等场景的设计中融入原汁原味的“红色”。按照当年中华苏维埃中央临时政府成立及当年的生活场景，结合旅游景区内线路设计的蒙太奇原则，把在瑞金叶坪景区召开的开幕式分为“欢庆盛典”文艺表演、序曲、开幕式、“共和国从这里走来”经典情景表演、“十送红军”情景再现等五个部分，把场景表现设计成景区旅游线路，可观赏性强。特别是离开景区时安排了敬酒、送别的场景，让游客犹如回到当年红军长征出发、当地老百姓十送红军的动人场面。

3. 把握实时宣传与后续影响的有机结合

本届“红博会”突出了实时宣传的轰动效应，活动吸引的媒体之多，播出的新闻之多，在全国红色旅游节庆中罕见。赣州主办方采取高层次、多角度、全方位的宣传模式，对“红博会”进行宣传报道。开通了与全国各大新闻网站和商业网站相互链接的“红博会”官方网站；邀请了中央电视台、人民日报、中国旅游报、香港文汇报、凤凰卫视等境内外60多家媒体进行了现场采访报道。据统计，自2006年8月下旬到“红博会”开幕期间，在中央电视台《新闻联播》等媒体上共发表赣州“红博会”新闻报道1000余篇。“红博会”召开期间，赣州市实现旅游收入912.36万元。“红博会”的后续效果显著，其中广东卫视等主要客源地媒体多次前来拍摄旅游专题片。2006年，赣州市共接待红色旅游者270.51万人次，占国内旅游人数的38.58%，红色旅游收入16.99亿元，占国内旅游收入的37.13%。接待海外旅游者7.36万人次，同比增长34.80%；旅游外汇收入2151.35万美元，同比增长28.71%。全市实现旅游总收入47.47亿元，同比增长18.58%，相当于GDP的8.15%，旅游各项指标均创历史新高。

4. 把握了办会与推进城市建设和景区建设的有机结合

赣南属经济欠发达地区，“红博会”对旅游基础设施建设的带动作用尤其显著。如为与“红博会”相配套，瑞金市政府在短短两个多月时间内投入资金4000多万元，高效率地全面改造了红都大道、沙洲坝旅游功能街、东升街、入城口以及叶坪、沙洲坝红色旅游区，新建旅游公厕3座、标准生态停车场一块，新增旅游标识标牌28块，瑞金的城乡面貌焕然一新，"红色故都"的旅游形象更加鲜明，景区设施进一步完善。

（二）对存在问题的思考

1. 政府职能与会展市场需求的错位

办会展的主要目的是经济和社会效益，特别是经济效益，而为使会展取得更好的经济和社会效益，往往采取市场化运作的方式。由于"红博会"的特殊性，目前由政府主办，在办会过程中难免受行政手段的影响，办会机制与市场接轨有一定的距离，不能完全满足参展商的要求，如全国百强旅行社的代表出席完开幕式就离开了，留下现场洽谈或会后再来谈发展的寥寥无几。因此，笔者认为本届"红博会"的社会效益大于经济效益。另外，举办博览会专业性强，过程复杂，需要花大量的精力去处理和研究。政府由于本身的工作繁多，领导投入的时间是有限的。而整个指挥系统一般按照政府领导层的决策运作，特别是主要领导的意见往往起决定性作用，并通过一系列的会议体现。虽然领导的决策很科学，但与市场需求仍然存在错位，需要妥善处理好政府角色与"红博会"性质的关系。

2. 教育主流导向与游客需求的错位

红色旅游往往给人以教育为主、旅游体验为辅的印象，以红色旅游景点为主要内容的吸引力是有限的，其主要目标市场也具有一定的指向性，以学生、干部和开展教育的群体为主。因此，红色旅游线路设计要注重综合性，注重与绿色、古色的结合。另外，由于宣传方式的单一，加上生活方式和教育制度、社会制度的差异，境外游客对红色旅游的了解不足，兴趣程度有限，造成红色旅游节庆的主要客源市场以国内为主。因此，必须针对不同的客源市场选取不同的宣传模式。

（三）对继续办好"红博会"的建议

1. 继续坚定不移地打"红色摇篮，绿色家园"品牌

实践证明，"红色摇篮，绿色家园"是最能体现江西旅游特色的品牌，也是宣传赣州旅游的一面旗帜，是赣州扩大对外影响的主要亮点。因此，利用红色的知名度，需要进一步结合旅游的规律和游客的需求，整合"红色"、绿色、古色旅游资源，突出产品的综合性，在具体产品形式上把握"红色"为名，"三色"一体，打造综合旅游产品。通过持续的宣传和运作塑造品牌，把"红色"的教育融于潜移默化之中，实现旅游与革命教育的双赢。

2. 直接与市场对接，逐步淡化政府的主体作用

旅游节庆的最终目的是要效益，主要是经济效益，同时兼顾社会效益，因此必须最大限度地赢得经济效益，在前期效益比较差甚至亏本办会的情况下，应最大限度地节约成本，实现少花钱多办事。由于政府办会需要处理的关系太多，对政府的日常职能有一定的影响，可尝试其他运作模式，一步到位，直接采取市场化运作，减少行政干预。如以政府名义主办，经招标由企业操作，企业唱主角，政府以调控为主，以减少成本，既可避免直接指挥和与市场对接不畅等问题，还可减少多头指挥下级情况的发生。

3. 突出整体形象，避免内部相互排斥

江西的红色历史有其整体性，是工人运动的摇篮、革命的摇篮、军队的摇篮、共和国的摇篮，在实施红色旅游品牌战略中，"四个摇篮"的产生地应该整体考虑，减少相互排斥，突出整体性和互补性。如2006年的井冈山"红色"旅游高峰论坛没有邀请瑞金参加，使瑞金错失了一次对外宣传的好机会。因此，通过整合，对外保持一致的宣传口径，打造既统一品牌又个性突出的旅游产品，增加对游客的吸引力。

市场导向型红色旅游发展模式研究

——以甘肃省为例

李永乐　孙天胜　成升魁　陈远生

引言

红色旅游是由爱国主义教育和革命传统教育衍生而来的一种旅游产品。已有研究中，多位研究者提出了红色旅游的发展模式。张先智等提出红色旅游资源开发应该实施政府主导战略；盛正发提出了以开发促保护，以保护促效益，以效益促可持续发展的模式；尹晓颖等指出资源—市场—文化综合导向是红色旅游发展的未来方向；王艳平提

出"自上而下"和"自下而上"的"相向"平衡发展模式。

近年来红色旅游发展迅速，市场火爆，但我们通过分析，可以发现某些深层次的市场特征：红色旅游市场的迅速发展源于各级政府的倡导和推动；红色旅游的客源构成比较单一；红色旅游市场的时间分布具有明显的不均衡性；红色旅游产品开发单一，游客活动形式比较单调；红色资源的知名度未必能够形成市场知名度；红色旅游目的地硬件建设和软环境建设相对滞后。这说明，红色旅游还停留在直接、强势和政府主导的超常规启动阶段，急须迈向成熟的市场化发展阶段。本文拟在已有研究的基础上，探索、总结市场导向型红色旅游发展模式，并运用这种模式对甘肃省红色旅游的发展进行实证分析。

市场导向型红色旅游发展模式内涵

旅游开发的市场导向思路是指从市场需求出发，找出本地资源与市场需求的对接点，然后以此为依据来开发资源。当然，无论哪种发展思路和模式，都是建立在资源以及对资源保护的基础之上的。

红色旅游虽然具有特殊性，但作为一种推向市场的旅游产品，其发展不可能背离市场规律。市场导向型红色旅游发展模式要求立足市场现状进行红色旅游发展定位分析，利用市场进行红色旅游发展的资本运作，围绕市场需求活化红色旅游产品，遵循市场规律开展红色旅游营销。在红色旅游发展过程中，坚持区域旅游合作，实现共赢；整合区域旅游资源，融红色文化于更广阔的地域文化之中(如图1所示)。

图1　市场导向型红色旅游发展模式框架

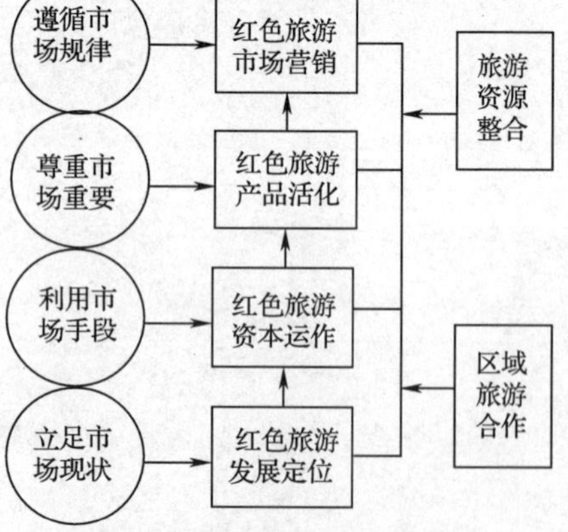

遵循市场规律
红色旅游市场营销
旅游资源整合
尊重市场重要
红色旅游产品活化
利用市场手段
红色旅游资本运作
区域旅游合作
立足市场现状
红色旅游发展定位

（一）红色旅游发展定位

红色旅游发展定位建立在地方文脉分析、资源本底分析、竞争性分析、政策分析和游客调查的基础之上，其目的在于解决区域红色旅游发展的可行性及其规模和目标客源市场等问题。

地方文脉分析主要指通过对区域自然特性和文化特性的把握，分析红色旅游发展是否具有"地格"基础。资源本底分析主要分析该区域红色旅游资源的知名度和独特度。竞争性分析包括区域内竞争性分析和区域间竞争性分析。区域内竞争性分析指分析区域内不同旅游资源与旅游主题的竞争性，确定红色旅游在该区域内是否具备成为主要旅游发展方向或主打旅游产品的可能，或者能否成为其补充。区域间竞争性分析指分析该区域周边地区红色旅游资源的知名度以及开发状况是否会对本地红色旅游的发展产生"阴影"和"遮蔽"效应。笔者在吉安调研时发现井冈山红色旅游对其周边区域红色旅游发展产生明显的抑制作用。政策分析指的是分析影响红色旅游发展的宏观政策和微观政策，主要包括政府出台的各种鼓励红色旅游发展的措施。游客调查的基本目的是了解游客对红色旅游地的感知和对红色旅游产品的偏好。

（二）红色旅游资本运作的市场化

红色旅游具有不可替代的教育功能，红色旅游景区（点）的建设有可能争取到专项资金的支持，2005 年至 2006 年国家在国债资金中共安排红色旅游专项资金 11 亿元，支持了 101 个红色旅游经典景区（点）基础设施项目建设。在今后一段相当长的时期内，专项资金依然是红色旅游发展资金的重要来源渠道之一。但是，仅仅依靠政府的投资来发展红色旅游是远远不够的，红色旅游发展所需资金的融资渠道离不开市场，要面向旅游市场，树立经营理念，既服务于各类游客的需求，也要满足投资者的需要，合适的机会可以考虑从股票、债券等资本市场上募集资金。截至 2005 年上半年，吉安市签约旅游招商项目 38 项，签约金额 26.7 亿元，包括吉水县毛泽东祖籍地游览苑、井冈山大井领袖峰景区、井冈山荆竹山景区等红色旅游景区的建设都是通过吸引民资来筹措资金的。

红色旅游的发展需要以资本为纽带，创新发展红色旅游经济体制。通过国有旅游资产的整合、重组、改制，组建以红色旅游景区开发建设和经营管理为主业的综合性大型旅游企业集团；积极引进跨地区、跨行业、跨所有制的大企业、大集团参与红色旅游景区的开发与管理。

（三）红色旅游产品的活化

体验与旅游有着直接的天然的联系，旅游者花费了时间、精力和金钱，增长的是阅历，得到的是体验。从本质上来说，旅游是个人旨在满足各种心理欲求所进行的休闲体验活动。传统的说教式的政治教育参观模式已经不适应红色旅游发展的需求，市场需要活化红色旅游产品，让人们在快乐体验中接受红色文化，让历史变得时尚。沙家浜景区利用 30 集电视连续剧《沙家浜》开拍之机，聘请专业人员帮助设计修复了横泾老街，再现了江南小镇风情和当年阿庆嫂和新四军与日伪斗智斗勇的历史场景，使游客有身临其境之感。延安投资 1500 万元着力打造红色经典旅游品牌《延安保卫战》大型实景演出，首创真枪实弹的全新模式，再现了1947年保卫延安的历史画卷。

（四）红色旅游市场营销

红色旅游的教育性使其拥有学生、党员、干部等较为固定的客源市场群体，但这并不意味着红色旅游可以忽视市场营销，成功的市场营销是扩大客源市场的重要途径。作为主题产品的红色旅游应该关注消费者的心理需求，其市场营销应该与时代性、消费者的潜在心理需求等相对应和吻合，努力把红色旅游打造成社会时尚的兴奋点。红色旅游营销的方法很多，电子商务、软营销、组合营销和协作网营销等都是有效的营销方法。要调动旅行社经营红色旅游的热情和作用，让旅行社成为输送客源的主渠道，使自费红色旅游成为主体。

（五）红色旅游区域合作

红色旅游区域合作，既有可能性，又有必要性。首先，由于红色旅游资源的不可替代性以及主题的相近性，不同地区的红色旅游产品有着很强的结合性，这就为红色旅游的区域合作提供了可能；其次，中国革命斗争多发生在两省、三省甚至多省交界地带，主题相同或相近的红色旅游资源往往分布在不同的行政区域内，这是红色旅游开展区域合作的必要性。开展区域旅游合作，共创品牌，共享市场成为市场导向型红色旅游发展模式的题中应有之义。实践已经证明，井冈山—瑞金—古田的“共和国寻根之旅”，瑞金—遵义—大渡河—延安的“重走红军长征路”都能成为很好的红色旅游产品。

（六）区域旅游资源整合

旅游市场的需求存在多样性，区域内不同旅游资源的整合可以满足市场多样化的需求。整合区域旅游资源有两种情况，第一种情况更确切地说应该称为组合，不同性质的旅游产品捆绑经营，共享市场，例如江西省提出“红色摇篮，绿色家园”，把红色旅游和生态旅游组合发展。另一种情况是通过整合两种或多种旅游资源，创造出内涵更丰富、覆盖客源市场更广的提升型产品。河北安新县“白洋淀文化苑”就是整合白洋淀地区红色文化、历史文化和生态、民俗等多种旅游资源，创建综合旅游景区的有益尝试。

总之，市场导向型红色旅游发展模式以市场现状为基础，以市场需求为导向，以市场经营为手段，以市场规律为圭臬，最终目的就是要促使旅游市场实现以下五个转变：“文件游客”向“市场游客”的转变，“接待要钱”向“市场挣钱”的转变，“教育参观”向“复合市场”的转变，“门票经济”向“服务经济”的转变，“外部市场”向“内生市场”的转变，使红色旅游场所由教育基地发展成为旅游目的地，红色旅游由事业接待型发展成为旅游产业型。

甘肃省红色旅游发展实证分析

甘肃省在中国革命历史上占有重要地位，拥有丰富的红色旅游资源。甘肃属于全国12个重点旅游区之一的“陕甘宁红色旅游区”；在全国30条红色精品线路中，“兰州—定西—会宁—静宁—六盘山—银川线”和“成都—松潘—若尔盖—迭部—宕昌—岷县—临夏—兰州线”两条线路贯穿甘肃；甘肃有4个景区入选全国100个红色旅游经典景区，分别是甘肃红军长征红色旅游系列景区（点）（白银市会宁县红军长征会师旧址、甘南州迭部县腊子口战役遗址、陇南市宕昌县哈达铺红军长征纪念馆、定西市岷县“岷州会议”纪念馆、通渭县榜罗镇革命遗址），兰州市城关区八路军驻兰州办事处旧址，庆阳市华池县陕甘宁边区苏维埃政府旧址和张掖市高台县高台烈士陵园。

（一）甘肃红色旅游市场发展定位

会宁县是红军实现大会师、长征胜利的标志地；迭部腊子口战役是打开红军通往陕甘革命根据地的决定性战役；宕昌哈达铺会议是确定红军长征目的地的重要会议；兰州八路军办事处在抗日战争期间，为推进抗日民族统一战线作出了巨大贡献；华池南梁苏维埃政权是陕甘宁边区最早的红色革命政权；岷县三十里铺“岷州会议”统一了红军思想，坚定了北上抗日的方针。从全国范围看，甘肃省的红色旅游资源品位和富集程度都较高，同时，红色旅游的发展承担着爱国主义教育和革命传统教育的特殊功能，有各级政府的高度重视和大力支持，客源市场广阔，因此，红色旅游有条件也有必要成为甘肃省旅游业的重要发展方向。

但是，红色旅游产品在甘肃旅游业发展中不能成为主导旅游产品。

首先，甘肃省优势旅游资源是丝路文化旅游资源、黄河文化旅游资源和民族文化旅游资源等。横贯甘肃全境的丝绸古道成为承载华夏文明走向西方的脊梁，而甘肃则被誉为“丝绸之路的黄金路段”。甘肃境内丝绸之路旅游线上名胜古迹和历史文物荟萃，著名的有敦煌莫高窟、安西榆林窟、天水麦积山石窟、炳灵寺石窟、嘉峪关城楼、拉卜楞寺等。黄河是中华民族的摇篮，流经甘肃800多公里，其支流湟水、庄浪河、大夏河、洮河等风光旖旎，情景兼备。黄河流经玛曲大草原时，形成了“天下黄河九曲十八湾”之首曲。甘肃有44个少数民族，其中东乡族、裕固族、保安族是甘肃特有的少数民族，民俗风情浓郁，文化底蕴深厚。从甘肃省内旅游资源的对比来看，红色旅游资源不是优势旅游资源。

其次，和周边相比，甘肃红色资源和红色景区的知名度和发展水平总体偏低。甘肃属于“陕甘宁红色旅游区”，在该旅游区内，周边的延安和六盘山的知名度和红色旅游发展水平都高于甘肃，甘肃红色旅游的发展受到一定的遮蔽。

总之，通过地方文脉分析、资源本底分析、竞争性分析和政策分析，我们可以把红色旅游定位为甘肃省重要的旅游发展方向之一，但不是主导发展方向。

（二）甘肃红色旅游发展战略举措

1. 重点打造两大景区，发挥品牌带动作用。美国市场营销学会（AMA）对品牌的定义是：品牌是一种名称、术语、标记、符号或设计，或是它们的组合运用，其目的是借以辨认某个销售者，或某群销售者的产品及服务，并使之与竞争对手的产品和服务区别开来。品牌对旅游目的地的发展具有至关重要的作用，没有获得消费者认可的"品牌"，旅游目的地就会在未来的市场竞争中面临困境。

由于甘肃只是红军的过境，大部分情况处在转战和行军中，在一个地方往往停留时间短，使得红色旅游资源总量虽大，但分布零散，单个资源地资源遗存少，体量小，景观平淡，缺少知名景区。因此，甘肃必须集中力量，选择一至两处条件好的红色旅游景区，打造成具有强大竞争力的品牌景区。

会宁红军会师地在中国革命历史上具有极高的地位，是中国红军长征四大聚集点之一（瑞金是出发点、遵义是转折点、会宁是会合点、延安是落脚点），拥有中国目前最大的红军长征纪念馆，同时位于"兰州—定西—会宁—静宁—六盘山—银川线"和"成都—松潘—若尔盖—迭部—宕昌—岷县—临夏—兰州线"两条全国红色旅游精品线路上，和省级森林公园桃花山形成红色、绿色资源的组合优势，是甘肃省赖以发展红色旅游的重点和龙头景区之一。腊子口战役遗址位于迭部腊子口风景区内，该风景区刚刚被评为3A级旅游景区，自然景观和红色历史遗址组合度好，腊子口战役纪念碑、俄界会议遗址、茨日那毛泽东故居、红军长征栈道、红军桥、防御工事等红色景点聚集度较好，位于"成都—松潘—若尔盖—迭部—宕昌—岷县—临夏—兰州线"全国红色旅游精品线路上，具有成为品牌红色旅游景区的条件。

以会宁红军会师地和腊子口战役遗址景区作为甘肃省重点打造和建设的品牌景区，通过精心打造两大景区，提升甘肃省红色旅游在全国的市场知名度和竞争力。甘肃省一些红色景区（点）的配套设施不够完善，景区内道路状况差，景点内建筑已显得破旧，缺乏完善的供水、供电、供暖设施以及消防网络和有效的火灾预警、救助体制，在品牌景区建设的带动下，严格按照国家《旅游区（点）质量等级的划分与评定》标准，加快各红色旅游景区的旅游标准化建设进程，提高旅游接待水平。

2. 组合多种旅游资源，创新红色旅游发展。甘肃省地域狭长，红色旅游资源和景区分散，而且相邻区域的革命历史较为相似，为了克服红色旅游区之间的相似性和替代性，展现甘肃红色旅游的丰富内涵，各地的红色旅游有必要和当地的特色旅游资源和旅游产品组合发展；甘肃自然地理景观和历史文化独具特色，类型多样，丝路文化、石窟艺术、历史古迹、民俗景观、民族风情兼备，大漠戈壁、黄土风光、青山绿水、丹霞地貌、冰山雪山俱佳，红色旅游资源和当地特色资源的组合发展具备良好的基础与条件。现代旅游的综合性越来越强，红色旅游只有与绿色（生态旅游）、古色（历史文化旅游）、土色（民俗旅游）以及彩色（民族风情旅游）等多种旅游资源和旅游产品组合发展，打造复合型的旅游产品，才能满足人们多样的旅游需求，增强红色旅游的吸引力。

河西走廊地区，红色旅游可以和生态考察游、沙漠探险游、登山旅游和西域特色文化旅游组合发展；陇南地区，可以和生态旅游和山地石耕文化旅游组合发展；甘南地区，可以和草原旅游、藏族风情和宗教文化旅游组合发展；陇中地区，可以和文化体验游、历史古迹游和体育旅游组合发展；陇东地区，可以和黄土风情、民俗文化和历史古迹等旅游资源组合发展。

3. 大力推进红色旅游区域合作。甘肃所在的"陕甘宁红色旅游区"是红色旅游资源富集区，而且甘肃处于西南各省红色旅游区和宁夏、陕西红色旅游区的中间地带，可以发挥这种优越的地缘优势，南联北引，按照时间、地域、人物、事件等历史脉络，组合成多条概念性红色旅游线路，形成"以点带线，以线联面，点线面有机结合"的红色旅游圈。大力推进和陕西、宁夏以及四川等周边地区的红色旅游区域合作，实现捆绑发展。联合组织线路、包装产品；联合开展旅游促销、拓展客源市场；联合举办红色旅游高峰论坛，共同打造品牌等都是区域旅游合作的题中应有之义。

结语

市场导向型模式为红色旅游可持续发展提供了一条可能的发展道路，研究过程中，笔者感到有三个问题有待进一步深入研究。其一，政府作用与市场导向如何更好地结合；其二，红色旅游的产生和发展是否符合一般的旅游产品生命周期理论，有何特殊性；其三，红色旅游市场化发展过程中，如何把握正确的政治方向。以上问题的进一步研究会加深我们对红色旅游的发展规律和发展模式的理解。

红色旅游景区体验型开发研究

——以陕西“延安保卫战”旅游景区为例

方世敏　陈　攀

近几年来，红色旅游在全国掀起了旅游发展的新热潮，带来了巨大的经济效益和社会效益。但在迅猛发展的同时，一些问题也逐渐显现，如何解决这些问题，促进红色旅游可持续发展成为业界和学界共同面临的现实课题。1998年，美国经济学家约瑟夫·派恩二世和詹姆斯·吉尔摩在《体验经济》一书中指出人类正迈向体验经济时代，追求体验是当今和未来社会新的消费特征。这一判断对探讨旅游景区开发及其经营管理尤其是解决红色旅游吸引力不够、发展后劲不足的问题具有一定的理论和现实意义。

景区体验型开发是红色旅游发展的必然选择

（一）红色旅游景区体验型开发的概念

红色旅游景区的体验型开发，是指顺应体验经济时代潮流，创新性开发红色旅游景区的一种模式。相较于传统型开发模式，体验型开发模式更注重游客的情感需求，强调游客对景区项目的参与，让红色旅游景区“动起来”，通过让游客真实地感受到革命年代的氛围、切身体验到革命年代的斗争生活等方式，使游客更好地了解革命历史，理解红色精神，“寓教于游、寓教于乐”，于潜移默化中受到深刻的思想洗礼。

（二）红色旅游景区体验型开发的必然性分析

1. 体验型开发是红色旅游本质回归的必然

从旅游发生和运行的过程上看，“愉悦”是旅游的内核，旅游从本质上是一种主要以获得心理快感为目的的审美过程和自娱过程，其本质属性是审美，而非经济属性。红色旅游也不例外，即旅游者进行红色旅游主要是为了寻求旅游愉悦，拉动经济，思想教育只是连带效应。红色旅游就是要让旅游者在参观游览、参与活动和互动交流过程中，不知不觉、自觉自愿地学习知识、了解历史、接受教育、陶冶身心。

因此，在红色旅游未来的发展中，遵循旅游的相关规律和理论，改变传统旅游方式，在保持红色基调的前提下，创新性开发顺应旅游者心理需求，增加以旅游者愉悦为基本导向的体验型景区，就是红色旅游向旅游本质的回归。

2. 体验型开发是顺应体验经济时代潮流的必然

体验经济时代的旅游者，不再满足于被动接受设计好的、标准化的旅游产品，而是希望能亲自参与设计自己的旅游线路，和旅游经销商共同完成其所需旅游产品的生产，从而体现个性化的特征。反映在红色旅游中，就是旅游者不仅仅是以旁观者的身份去品评红色文化的行迹，更应该以参与者的角色去把握完成对红色精神内涵的深度体会。

体验有四个部分（4E），即娱乐体验（Entertainment）、教育体验（Education）、遁世体验（Escape）和审美体验（Estheti－cism），这四个部分的体验互相兼容，形成独特的个人遭遇。而目前红色旅游因为一些观念误区，在娱乐、遁世和审美体验的创造性设计方面都亟待加强。开发体验型红色旅游景区，就是强调要深入地挖掘产品的红色文化内涵，以旅游者为中心，从4E入手多方位整合旅游体验要素，在旅游过程中为游客创造“重回革命年代”的难忘经历，使旅游者愿意为这种美好的回忆付费，甚至额外付费，这是顺应体验经济时代潮流的必然。

3. 体验型开发是红色旅游可持续发展的必然

可持续发展理念包括环境可持续发展、经济可持续发展和社会可持续发展三个方面。对红色旅游景区进行体验型开发是红色旅游可持续发展的必然，主要体现在：第一，从环境方面来说，体验型开发要求给旅游者创造审美体验。因而，旅游开发者必须更注重景区的环境保护，以构建良好的景区视觉形象，避免因生态破坏和环境污染等带来负面影响，达到给旅游者一种美好而难忘经历的效果。第二，从经济方面来说，红色旅游市场要在政策扶持消退后经受住观光旅游、休闲度假旅游等产品的竞争，必然要以市场为导向，分析旅游者的个性需求，更好地吸引和稳定旅游客源市场。而体验型开发注重旅游者的情感需要和参与体验，顺应时代潮流，对增强红色旅游产品的市场竞争力十分有益。第三，从社会方面来说，对红色旅游景区进行体验型开发，能够逐渐纠正人们观念中对红色旅游的认识误区，将“说教式”传统思想教育方式变为生动的切身体验，人们更乐于接受，这对新时期整个社会的思想教育工作都具有深远意义。

红色旅游景区体验型开发模式的构建

（一）红色旅游景区体验型开发的四大关键要素分析

旅游景区的开发涉及诸多的因素，如景区所在地的自然、文化和社会经济环境，交通条件，配套旅游设施和服务，客源市场等等，但具体到红色旅游景区的体验型开发，关键性要素主要有如下四个方面：

1. 资源定位

资源定位的含义主要包含两方面：①通过详细的实地调查，掌握红色旅游资源和景区内其他旅游资源的丰富程度，在统筹考虑的基础上，实事求是地确定红色旅游在当地旅游产业中的地位，即红色旅游应该是当地旅游业的主打品牌，还是仅处于其他类型旅游的从属地位。②掌握红色旅游资源的特征，主要是资源所承载的革命历史文化的个性特征，由此挖掘景区体验型项目开发的内核和特色。

在开发之前，对景区内的红色旅游资源进行这两个方面的定位是十分必要的。准确定位红色旅游资源，能有效地遏制开发中的急功近利行为，同时有利于增强红色旅游产品的竞争力，为体验项目的创新设计打下基础。

2. 市场分析

体验经济是一种市场导向的经济，即比较重视市场分析，通过满足消费者的个性需求来获取高附加值。因此，红色旅游景区体验型开发中，对旅游客源市场的分析是必不可少的组成部分。对客源市场的分析主要包括对客源市场特点，如规模大小、出游时间、消费能力等的掌握，并进行有效的客源市场细分。

从目前的现状看，红色旅游开发者和经营管理者应该逐步转变政策扶持下“皇帝的女儿不愁嫁”的心态，积极分析了解客源市场的特征和需求，进一步整合其他旅游资源，将红色旅游景区建设成让国内外旅游者了解中国革命历史传统和革命历史人物生平，体会中国革命精神，了解中国民俗风情风貌的良好平台。

3. 产品设计

产品设计是景区体验型开发的重要一环。如果把红色旅游景区看作一件产品，而旅游者到景区旅游就是购买一次完整的“体验”，那么，从体验“创造”的过程来看，产品设计的内容包括以下六个方面：①主题。主题是整个景区的核心和灵魂，景区的环境布置、项目设计等都围绕这一中心来开展。鲜明而独特的红色旅游景区主题是在融合了当地的地域历史文脉的基础上提炼出来的，是最能体现景区特色，并促使游客产生消费行为的刺激物。它能给游客留下深刻的印象，并迅速地引起联想和想象，从而树立起红色旅游地的特色形象。红色旅游景区的主题多种多样，但归纳起来主要有四类。一是军事战争；二是政治事件；三是领袖人物；四是革命生活。红色旅游景区可根据实际情况从这四个类别里挖掘有价值的体验主题。②情节。在旅游活动过程中，通过一系列的活动形式把主题表现出来，就是体验的情节。情节是预先设计的，情节展开的过程也就是体验产品“生产”的过程。情节设计主要包括“策划不同的项目——安排这些项目出场的前后顺序——根据主题和各情节的特征进行系统安排”这样一个完整的活动策划过程。③布景。对于旅游景区来说，所谓“布景”就是景区的各种自然和人文景观以及作者根据不同主题、不同情节需要而精心策划布置的“第二自然”，即经过一定的人为加工后，能体现主题，能令情节顺利铺展拟人化的山水。在体验的过程中，布景是相当重要的，好的布景能给旅游者创造一种身临其境的真实感，它能配合情节的展开从而提升旅游体验的视觉和心理效果。④角色。游客实际上是脱离惯常的生活圈，进入到一个安排好的“故事”中去扮演各种暂时的角色，从而获得一种难忘经历的人群。因此，体验型旅游产品的开发者需要通过对产品与众不同的人性化设计，来让游客进入特定的情节，感受到自己的主角地位。⑤表演。表演技巧主要是针对景区服务人员而言的。景区服务人员投入到位的“表演”，不仅能增加活动的真实性，还能利用人与人之间互动的力量有效地使游客融入活动之中，使他们自然而然地忘却现实和约束，从而尽情地享受独特的体验。⑥控制。在体验生产的过程中，有很多必然或偶然的因素会影响体验的完整性和审美效果。因此，旅游开发者必须建立体验型旅游产品设计控制系统。它可以了解游客感受，发现游客的潜在需求和体验型旅游产品存在的不足，改进产品以适应顾客的体验需求，获取更高的价值。

4. 景区营销

这里的景区营销是指景区体验营销。景区体验营销分为景区外营销和景区内营销，前者是指展示者通过声音、图像等为客人营造一种氛围、一种情景，使客人感到身临其境，未进入景区却已体验到在景区游览的感觉；后者就是指在景区内为游客提供的体验。可见，景区体验营销，尤其是景区内营销实际上就是体验型产品设计方案的实施，是体验型产品“生产”的过程。因此，景区体验营销也包括了主题、布景、情节、角色、表演、控制六个环节，红色旅游景区可围绕这六个环节开展体验营销。

（二）红色旅游景区体验型开发四大关键要素的关联性分析

红色旅游景区体验型开发的四大关键要素之间是相互关联的，其关系主要表现在：

首先，不论是进行景区红色旅游资源的定位和客源市场分析，还是强调体验型产品设计和景区体验型营销，其指导思想都是顺应体验经济时代背景下旅游者的情感需要和参与意识，以改变目前红色旅游景区所面临的产品以静态为主、形式单一，生命力受到质疑的现状，促进红色旅游的健康和可持续发展。

其次，资源定位和市场分析是产品设计和景区营销的基础。开发者只有在对红色旅游景区进行全面客观的资源调查之后，才能挖掘出有吸引力的体验主题；只有进行了准确的客源市场分析之后，才能确定出有针对性的景区营销策略。

再者，四大关键要素也是红色旅游景区体验型开发的四大关键步骤，贯穿其中的主线就是充分考虑各种影响因素，为旅游者创造一次完整而美好的红色旅游体验，即“4E”交合的“甜美的亮点”。

第四，在将产品设计方案付诸实践的景区营销中，旅游者在预设的背景里扮演一定的角色，与表演的员工互动，进入预定的主题情节，这一“体验创造”的过程都将由控制系统进行控制，并做出反馈，反过来对资源定位和市场分析起修正和指导的作用。

（三）红色旅游景区体验型开发模式

根据上述分析，可以构建“红色旅游景区体验型开发模式”（如图1所示）。这个模式反映的是，以满足旅游者情感需求和参与意识为指导思想，在对红色旅游景区进行客观准确的资源定位和客源市场分析的基础上，挖掘出有吸引力的红色体验主题，并据此设定情节、布景、角色和表演，开展有效的景区体验营销，同时，建立完善的控制系统对此过程进行监控，不断发现问题并修正，从而为旅游者创造出完整而美好的红色旅游体验。

图1　红色旅游景区体验型开发模式图

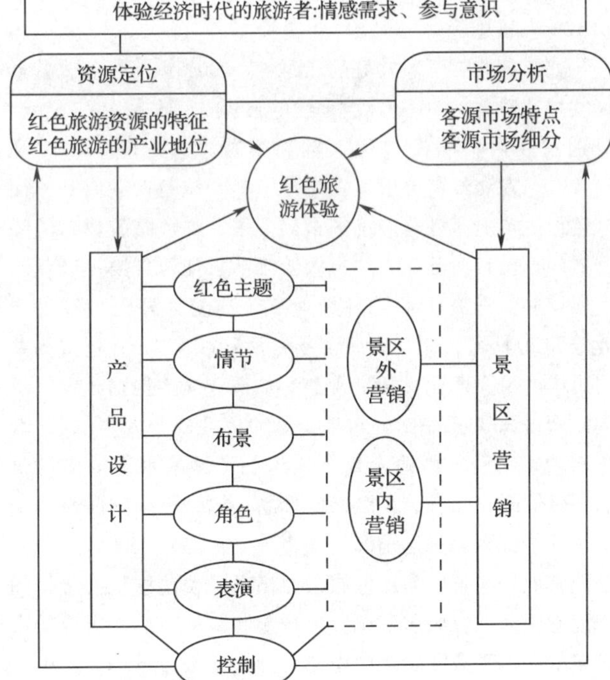

案例分析——“延安保卫战”旅游景区

延安保卫战旅游景区位于陕西省延安市宝塔区枣园，是浙江仙居景星岩风景区在当地政府和新闻媒体的支持下，投资千万元开发建设的。景区引进先进的开发理念，实施红色旅游从静态向动态转变、从展览向参与转变的原则，依托延安的真实环境，在全国首创真枪实弹的全新模式，再现了硝烟弥漫的战争场景。同时，推出“延安盛典红色电影传奇”项目，受到游客的青睐和专家的好评。国家旅游局、全国红色旅游工作协调小组有关领导也对景区给予了高度评价，认为它为我国的红色旅游景区建设做出了有益的探索。

（一）“延安保卫战”旅游景区开发的特色

1. 定位于军事战争文化

“延安保卫战”旅游景区深入挖掘历史承载，定位于军事战争文化，把延安“革命圣地”的记忆变为了现实。红色经典旅游项目《延安保卫战》，用写实的艺术手法，充分利用声光电等现代科技手段，营造出一幅逼真而动人心魄的革命战争场景，真实再现了1947年保卫延安的历史画卷。游客可选择扮演电影中的角色，亲历硝烟弥漫、战火纷飞的场面，体会当年延安军民共歼顽敌的革命激情。同时，随着“保卫延安”斗争的发生和进行，蓝天白云下原生态的陕北“信天游”、热情奔放的拥军秧歌以及粗犷豪放的安塞腰鼓等民俗风情，也在游客面前得到了集中的显示。

“延安保卫战”旅游景区这种新颖独特的军事战争文化定位，不论是对青少年、中青年，还是对老年市场都具有强烈的吸引力。自2006年4月份开业以来，旅游人数持续稳定增长。

2. 设计多样而富特色的参与性体验活动

“延安保卫战”旅游景区全面整合资源，创造性地设计了许多特色参与体验项目。例如“盛典红色电影传奇”，游客可选择自己想扮演的角色，并在道具房选好服装道具，即可在景区免费提供的场景里体验跃马扬鞭、纵横驰骋的感觉，身背摄像机的景区工作人员紧随其后，不一会儿，由游客主演经过专业剪裁配乐的小电影就送到了游客手中，成为可长期保留的美好记忆。景区的大部分特色旅游项目都紧扣军事战争的主题，同时融合了陕北地方民俗风情，一武一文形成强烈的感观反差，给游客以强烈的感官冲击。

这些特色项目融娱乐、教育、遁世和审美体验（4E）为一体，为游客创造出了美好难忘的体验。同时，围绕军事战争主题，进行保卫战的情节设置以及景区内枪支、马匹、战壕、炮楼等真实战争用品或设施组成的战争场面布景，红军、老百姓、国民党等游客角色的选择，工作人员的表演，都充分体现了体验型产品设计的思路和内容。

（二）延安保卫战旅游景区的启示

“延安保卫战”旅游景区的成功，给同业如下启示：

第一，体验型红色旅游产品具有很强的旅游吸引力和生命力。体验型红色旅游产品充分考虑了市场导向，比传统静态的观光型红色旅游产品更能吸引旅游者的眼球。另一方面，它遵循了旅游经济发展的规律，体现了红色旅游本质的回归，因而不仅不会损害红色旅游的性质，反而真正有利于将红色旅游开发成为一项造福于社会大众、寓教于乐的教育旅游活动。

第二，体验型开发是红色旅游景区（点）开发的趋势，应该以创新的精神确保红色旅游的可持续发展。随着体验经济时代的到来和旅游市场的日趋成熟，游客已不满足于被动参观，参与式的体验旅游是景区（点）发展的趋势和方向，红色旅游景区的开发也必须顺应这一趋势。只有这样，红色旅游才能真正做大做强。应该以开放的眼光来看待红色旅游景点的体验型开发，以创新的精神来推进红色旅游的可持续发展。

红色旅游产业、文物保护开发与地区经济发展的互动关系研究

倪卫红　冯林林　董　敏

红色旅游简介及其发展情况

红色旅游，由于其独特的教育功能，日渐成为旅游产业发展中的一个重要组成部分。对红色旅游最具权威性的定义是：红色旅游是指以中国共产党领导人民在革命战争时期形成的纪念地、标志物为载体，以其所承载的革命历史、事迹和精神为内涵，组织接待旅游者开展缅怀学习、参观游览的主题性旅游活动。

目前，红色旅游的发展呈现出良好态势，特别是2005年国家旅游局将该年定为“红色旅游年”，大大推动了我国红色旅游的发展。2004年至今年上半年，红色旅游一直呈现高速增长状态。2004年，全国20个红色旅游景区旅游总收入为202亿元，比上年同期增长33.26%。2006年上半年，全国红色旅游重点景区发展势头良好，与上年同期相比，呈现大幅度增长趋势，旅游接待人次同比平均增长19.28%，旅游收入同比平均增长22.53%。红色旅游不仅给当地景区带来直接的经济收入，而且还带动当地建筑、商贸、交通、通讯、加工业和农业等相关产业的发展。此外，红色旅游与其他旅游产品（绿色自然生态旅游、彩色民族文化旅游、古代文物遗迹旅游、民俗文化旅游等）进行了深度整合开发，形成了叠加的吸引力和整体优势，提高了出游率，满足了游客多方面的需求，使得红色旅游得以可持续发展。

红色旅游产业与经济发展关系的研究

综观历史，旅游业是一个在解决了温饱问题的国家中必定要出现高速增长的产业，它在GDP中所占份额近年来一直呈现快速增长势头。目前全国已有24个省（区、市）将旅游业确定为支柱产业、先导产业或优势产业。而红色旅游作为我国旅游产业中的一支新秀，近几年来在旅游产业中所占的比重呈不断上升的趋势，对经济发展的促进作用也越来越显著。

如红色旅游开展较好的江西省，2004年其红色旅游景区共接待游客1350万人次，红色旅游的总收入达77亿元，分别占江西省旅游接待人数和旅游总收入的32.7%和31.9%。发展红色旅游不仅带动了整个旅游业的兴旺，而且还促进了老区社会经济的全面发展，红色旅游辐射的综合效应也已日益凸显。红色旅游激活了江西省第三产业的发展，使江西省农业和种植业逐步演变为外向型经济产业。如2003年以来，以旅游业为龙头的第三产业已成为井冈山市的最大产业，2004年红色旅游业对当地财政的贡献率已超过35%。赣南的水果曾是“养在闺中人不识”，红色旅游兴起后，当地人真正认识到了赣南水果的市场价值，他们改良品种，发展绿色食品，如今赣南的脐橙、蜜桔、柚子等水果已远销海内外。

其他一些省市的红色旅游也出现了快速增长态势，如湖南省凭借红色旅游资源，整合包装红色产品，促进景区景点所在地经济发展，使当地贫困人口数量下降。其中仅韶山伟人故里游一项，2004年度接待旅游人数171万人次，直接收入508万元，直接就业人数1800人，间接就业人数达到23000人，产生综合经济效益8500万元。同时随着红色旅游景区一大批基础设施的配套完善，交通条件得到改善，城市功能进一步完善，整体形象大为提升。综上所述，红色旅游产业与当地经济发展的互动关系是非常明显的，这种关系主要体现在以下几个方面。

（一）红色旅游作为“增长极”推动了当地特别是革命老区的社会经济发展

法国发展经济学家佩鲁最早提出“增长极”理论，认为增长以不同的强度出现于一些增长点或增长极上，形成了一个强大的磁场，具有技术的创新与扩散，资本的集中与输出，规模经济效益，凝聚经济效果四大作用。“增长极”发展到一定程度，就会产生“涓流效应”，包括技术创新、制度创新在内的各种创新活动和部分资金、劳动开始向四周地区扩散和输出，带动非“增长极”地区共同发展。因此要促进区域经济发展，就必须有意识地发展和培育“增长极”。而作为“增长极”的产业则必须具有生产规模大，有很强的增长推动力并且与其他产业有广泛的关联等特点。这样当作为“增长极”的关键产业开始增长时，该产业所在区域的其他产业也开始增长。经济增长的动力将逐步渗透，最终波及整个地区。

此外，“增长极”将在两个方向作用于周围地区。一是“极化过程”，即增长极以其较强的经济技术实力和优越条件将周围区域的自然及社会经济潜力吸引过来，如矿产资源、原材料、劳动力、投资、地方工业或企业；二是扩散过程，即增长极对周围地区投资及其他经济技术支援，形成附属企业或子公司为周围地区初级产品提供市场，吸收农业剩余劳动力等。而在“增长极”发展演化的中后期，以“渗漏（扩散）作用为主，在这阶段，给予多于吸取，区域发展水平将趋于均衡”。

目前在各地迅速发展起来的红色旅游产业，既是自身增长极的形成过程，又是逐步开始发挥增长极作用的过程。虽然红色旅游一开始具有显著的政治色彩，其客源中有相当一部分来自于有组织的革命传统教育，在时间上也受到革命纪念日和政治活动的影响，但随着红色旅游由事业接待型向支持地方经济发展的旅游产业型的转变，红色旅游作为地区（主要是革命老区）经济发展“增长极”的作用将越来越显著，通过“增长极”的极化作用和扩散作用带动当地旅游业和其他相关产业的全面可持续发展，实现地区经济的均衡增长。红色旅游作为增长极的作用主要体现在以下两大方面：（1）区域经济增长的带动效应；（2）改造传统产业的辐射效应。

红色旅游“增长极”的形成和发展过程有以下三个明显特点：（1）人力资源聚集迅速，这是因为旅游业是一个劳动密集型的产业；（2）主导产业迅速形成，红色旅游产业有很强的关联效应、乘数效应和竞争优势，呈现出发展快、竞争力强的特点。因此，对于那些红色旅游资源丰富、密集成片的地区可以把红色旅游作为旅游产业的主打产品。而那些红色旅游资源相对零星、单一的地区，也可以结合当地的其他旅游资源开展红色生态旅游、红色农业休闲游、红色地质旅游、红色民俗旅游等复合型旅游形态，深化旅游产业链，满足游客的多重需求，从而使旅游这个主导产业能得以持续发展；（3）资金迅速聚集，旅游是一个集吃、住、行、游、购、娱于一体的综合性服务体系，同时也处于产业链的末端，因此旅游产业的快速增长会拉动整个产业链和相关产业的发展，在这个过程中，也会不断吸引新的投资迅速围绕该产业聚集，形成资金集聚效应，投资的增长反过来又会促进产业本身的发展。

（二）经济的发展促进了红色旅游的繁荣兴旺

伴随着红色旅游而繁荣的地方经济为更好地开展红色旅游打下了坚实的基础，经济对红色旅游的促进作用主要表现在以下三个方面：

1. 改善了基础设施情况，方便了旅游活动的深入开展

由于自然历史的原因，大多数红色旅游区的经济比较落后，人民生活相对贫困。此外因为缺少资金的来源，这些地区的基础设施建设十分落后，严重限制了该地区的远期发展。

在开展红色旅游以后，受其影响，旅游已经成为了该地区的一个新的经济“增长极”。随着旅游业的发展，该地区必然会吸引大量财力、人力的注入，由此带来相关基础设施建设的新高潮，形成“一业兴而百业旺”的良好局面。伴随着相关设施的完善，旅游区条件的改善，它对旅游者的吸引度也就越大。从此形成了一个良性循环：旅游带动地区经济的良好发展，经济发展反过来促进旅游产业的进一步繁荣。

2. 加大了对文物保护的力度，实现了文物资源的可持续开发利用

随着我国经济的高速发展，旅游热已经遍布全国各地，旅游市场急速扩张，旅游人数大量增加。与这个有着巨大产出市场形成鲜明对比的是国家对文物资源的投入不足。每年国家用于文物保护的经费与实际需求之间都存在着巨大的缺额。在这种情况下，很多文物单位不得不因为自身的生存而在对文物的开发上采取“涸泽而渔”的方式。这种开发方式严重损害了文物的价值和生命，如曲阜发生的“水洗三孔”事件和武当山遇真宫被完全烧毁事件，对文物价值造成了不可恢复的损害。

因为红色旅游近几年刚刚兴起，所以在这之前，旅游对文物的损害在红色旅游资源上表现尤为明显。但随着红色旅游的兴旺，这种情况肯定将有所改变。红色旅游带来的经济增长会给自身的发展提供足够支持，从而实现红色旅游资源的可持续利用，避免因为经费的问题损坏前人留下的宝贵财富，实现资源的保护开发及和谐发展，做到在充分保护的条件下开发，在开发的基础上保护。

3. 扩大了红色旅游的产业链，赋予了红色旅游长久的生命力

因为红色旅游教育和学习性的色彩比较浓厚，所以对普通群众的吸引力没有一般旅游项目那么大。一些著名的红色旅游纪念地只是孤零零的普通民宅、庭院，与其他旅游景点相距很远，而且较少有相应的纪念品可买，令旅游

者难以尽兴。所以，以红色旅游为主题的旅游区的受众是有一定局限的。

红色旅游要想有持久的生命力就应该千方百计扩展产业链，延长旅游者的游览时间，增加其消费内容和金额，而这一切都要以经济的发展为后盾。只有在经济发展的基础上，才能形成以红色旅游为主、其他旅游项目为辅，具备完整的吃、住、玩、游、购、娱这六大要素的旅游产业链，并以此来扩大自己的潜在顾客群。红色旅游只有多元化经营，才能适应不断变化的市场，保证自身生命力的持久性。

总之，红色旅游和经济发展是相辅相成的，经济发展是红色旅游发展的基础，红色旅游是经济发展的动力。

红色旅游产业与文物保护开发互动发展的研究

文物是人类社会活动中遗留下来的具有历史、艺术和科学价值的遗物和遗迹，是人民群众智慧的结晶。如何保护好文物，是世界各国共同关心的问题。然而，旅游活动的兴起和旅游业的发展，又给文物保护工作带来了新的难题。我国是一个文物大国，文物保护的任务非常艰巨，而我国旅游事业的发展异常迅猛，因而旅游发展与文物保护之间的矛盾显得尤为突出，如何处理好旅游产业发展与文物保护之间的关系就成为当前急需解决的问题。

（一）文物古迹是一项重要的旅游资源，是地方旅游产业发展的关键要素

探古求知是广大旅游者的共同心理，作为人类文化的载体、反映人类发展历程的文物古迹给人以直观、形象、生动的感受，留给人的印象深刻，所以文物成为旅游资源中不可缺少的一部分。

我国是世界四大文明古国之一，文物古迹比比皆是，这就决定了我国要重点开发以历史文化为主体的旅游资源，旅游产品以观光型文化旅游为主，地方特色、民族特色构成旅游业的灵魂。因此，较之其他国家来说，文物对于我国旅游事业更具有举足轻重的意义，文物古迹在旅游中所起的作用，在全国各地都有非常明显的表现。基于如此现实，应充分利用文物优势，以推动我国旅游事业的发展。

（二）发展旅游可促进文物保护

1. 文物具有经久不衰的文化经济价值，对发展经济特别是旅游经济有着巨大带动作用。充分利用它，可推动旅游事业的发展，促进区域经济发展。在认识到文物古迹在旅游中的这一重要作用后，为了吸引旅游者，必然会注意保护文物，以便使其尽量完好地展现在旅游者面前，从而获取最大限度的经济效益。

2. 为了文物这项旅游资源的永久利用，旅游部门必然会重视文物保护。文物是不可再生性旅游资源，一旦受损，很难恢复原样。文物被破坏后，必然降低文物所在旅游点的吸引力，影响其经济效益。为了使文物能永久保存下来，长期为旅游所用，旅游部门必然会重视管辖范围内的文物保护。

3. 发展旅游可以部分解决文物保护经费不足的问题。既然文物古迹可为旅游区带来经济效益，那么，该旅游区就应该从经济收益中提出相当部分，用于区内的文物保护，这样，大批文物就可得到抢救和保护。

（三）发展旅游对文物保护有一定负作用

1. 对旅游区进行开发，本身就是一种破坏行为。开发旅游区，就要在旅游区内进行基础设施建设，这一切都破坏了文物原有保存环境，直接威胁着文物的保护。

2. 旅游业对环境的污染，使文物遭到破坏。车、船等交通工具排出大量的废气，严重污染了旅游区的空气。旅游基础设施中排出的废水、废渣以及船舶泄出的油污等严重污染了旅游区的水源。这些被严重污染的水和空气对文物古迹有着强烈的腐蚀作用。

3. 游客对文物的破坏。众多的游客在游览过程中，呼出的二氧化碳气体中含有大量的水份，使文物古迹受到浸蚀，旅游者的踩踏、攀登、抚摸等行为可严重损坏文物，更有甚者，竟然用敲砸等手段盗取文物古迹的部件，此等野蛮行径，严重地危害着文物古迹的保护。

（四）探索文物保护与旅游事业发展的新模式

保护文物的目的是为了更好地利用文物，发挥其作用，实现其价值。在保护好的前提下合理利用，在利用的过程中加强保护，是应坚持的原则。关于文物保护在市场经济体制下的模式问题，清华大学的程子建、钟笑寒在《文物保护与旅游产业化：不完全合同理论》中提出：旅游价值越大的文物反而越不适宜由企业经营，而适宜由事业单位经营，由于旅游开发会对文物有损坏，因此，越是容易在开发中破坏的文物旅游景点越适于事业单位经营，在国家的文物保护经费不足的情况下，应该继续对文物脆弱但开发价值高的文物景点采取事业体制。而对于损害程度低价值不高的文物景点，引入多种社会力量包括旅游企业从事开发和经营。事业单位经营和产业化改革倡导的企业经营各有其利弊。事业单位经营的问题是激励不足，而企业化的问题是，在盈利项目上激励过度，而在公益项目上激励不足。这样，应当针对文物资源的不同特点，在不同的旅游景点，文物保护单位采用不同的模式进行开发。

文物作为一项重要的旅游资源，既可吸引游客，获得经济效益，又可通过旅游活动起到对人们的宣传、教育作用，弘扬传统文化，并可使文物本身得到一定的保护，这样，既保护了文物，发挥了文物的作用，又达到了发展旅游的目的，文物事业与旅游事业可谓是相互促进的。

旅游的发展，对文物保护有一定的负作用，这是不容忽视的事实。但决不能因此而将文物保护与发展旅游截然对立起来，任何极端的观点和行为都是极为有害的。忽视

负作用，对文物只用不保，既不利于文物保护，又会损害旅游景观，从而降低经济效益。一味地夸大负作用，只保不用，既违背了保护文物的根本目的，又无视人民群众的普遍心理需求。正确的策略应是：在保护好的前提下，合理地利用文物为旅游服务，边用边保，采取各种政策和措施，尽量消除对文物保护的负面影响，使文物事业与旅游事业的结合达到和谐、完美的境界。

红色旅游特色商品开发的原则与策略

王　晖

红色旅游特色商品的概念

旅游商品是旅游者在旅游地购买，并在途中使用、消费或者携带回使用、赠送、收藏的以物质形态存在的实物。主要包括：旅游纪念品、旅游工艺品、文物古玩及其仿制品、土特产品、旅游日用品等。有特色的旅游商品往往是一个地区传统文化、民族民俗风情的浓缩，是具有强烈地域信息性和纪念性的商品，也是拥有广阔市场前景的商品。目前我国红色旅游十分兴旺，但景区出售的商品却基本仍以传统工艺品、食品和纪念品为主，与其他类型的旅游区相比，缺乏独具红色旅游特色的优质商品。

红色旅游特色商品开发的三大原则

1．研究主要客源的消费特点，有针对性地开发

要认真分析和调查客源市场，了解旅游者不同的需求和心理，有针对性地开发红色旅游区特色商品。目前在我国“红色旅游”的客源主要来源于三个方面：一是具有特殊的思想和政治教育意义的集体考察，其主要形式为公费旅游，对象是中青年干部；二是为接受革命传统教育，激发爱国热情和艰苦奋斗精神的学习团体，对象以青少年学生为主；三是一些经历过革命战争年代的老一辈无产阶级革命家或离退休老干部。其中前两个方面的客源数量大、旅游参与积极性高、购物潜力大，是值得重点研究的需求对象。

2．结合具体景区的不同特点，加强体验式开发

是指商品的开发必须注重创新。当前全国各地都掀起了红色旅游的热潮，但目前对于红色旅游特色商品的研究还较少。为避免在全国范围内出现低水平重复开发的局面，应该根据各红色旅游景区的不同特点，采取灵活的经营模式，将红色资源与一般物质性资源如草、木、泥、竹、石、矿、布、水等结合起来，重点推出能够带给游客不同体验的红色旅游特色商品。例如有的景区开设了打靶场，利用游客自己打靶后剩下的弹壳，现场粘贴制作玩具模型出售，很容易激起游客参与和购买的欲望。

3．坚持红色旅游文化本色，开发与景点相匹配的商品

红色旅游是指以中国共产党领导人民在革命战争时期形成的纪念地、标志物为载体，以其所承载的革命历史、事迹和精神为内涵，组织接待旅游者开展缅怀学习、参观游览的主题性旅游活动。其本意在于寓教于游，使游客了解历史、陶冶情操，并为革命老区经济发展提供更广阔的空间。但在某些地区，一些开发者们为了达到单纯的商业目的，任意篡改甚至践踏革命精神，有报道说：在毛泽东一手创办的农民运动讲习所里销售着麻将桌；遵义的餐馆出现了所谓的“长征文化套餐”，其中一道菜“一渡赤水”即红烧鲢鱼，寓意当年红军战士“一渡赤水”。本文认为，这些不尊重历史严肃性的“创意”，即使短期内能产生一定的市场噱头，但由于其丧失了“红色旅游”文化的本色，是不利于长远发展的。

红色旅游特色商品经营的六大策略

1．重点推出符合主题的商品

红色旅游区特色商品必须与景区的“红色旅游主题”相吻合，而不能无根据地随意发挥，否则就成了“无本之木”。我国红色旅游资源精品多数量大，各红色旅游区都有着不同寻常的典型代表人物、文物和事件，可以形成各具特色的旅游主题。目前，我国已经确定了12个红色旅游重点区域的形象主题，在此基础上，一些地方结合当地实际又确定了自己的小主题，特色商品的设计就应该依据这些主题进行。这类商品的功能、色形与包装可能与别的普通物品一样，但反映的主题不同，这也是“特色”之所在。

2. 积极发展不同用途的商品

目前许多景区出售的红色旅游特色商品，大多局限于手工艺品和小纪念品，其实还可以延伸到日用品、旅游用品及文化艺术产品等各个方面。例如结合当地物资资源，配合先进的现代化生产工艺开发红色系列食品、药品、酒饮、服装、鞋袜、箱包、玩具、装饰品以及书籍、书法、绘画等美术藏品。其实现在很多人仍有浓厚的军人情结，许多年轻的姑娘、小伙子曾梦寐以求能穿上军装；一些经历了上个世纪“上山下乡”的中老年人对于当年“不爱红装爱武装”的经历也回忆颇多；如果能针对这些市场需求，结合红色旅游地文化及旅游需要，出售款式新颖、适合不同年龄段顾客需求的军绿色、迷彩色衣、裙、裤、鞋、帽、伞、帐篷、旅游背包、时尚小提包、钱包、书包等，一定会受欢迎。

3. 出售限制购买条件的商品

据了解，国家旅游局启动的“红色旅游”工程准备用5年时间，在全国范围内重点建设以10个“红色旅游基地”、20个“红色旅游名城”、100个“红色旅游经典景区”，在如此庞大的规模之下，要避免各景区出售的商品雷同，最好设立专营商店销售红色旅游特色商品，即那些最能体现本景区、本景点特征的旅游商品，并且规定旅游者只有具备某种旅游经历之后，方可允许购买某项旅游纪念品。这一点日本的经验很值得我们借鉴。日本各地都有许多钥匙圈纪念品，但并不雷同，吊牌的正面是这个名胜古迹中最富有代表性的建筑物，比如金阁寺、唐招提寺等，另一面是简易的旅游图，独一无二，很有特色。最有意思的是富士山的钥匙圈：上1000m、上2000m和上3000m的钥匙圈各不相同，旅游者若没能爬到3000m，是不能买到3000m钥匙圈纪念品的。一般的钥匙圈花300至500日元可以买上一个，而这一个则要花800日元左右，但因赋予旅游者特殊经历和特有的成就感及自豪感，几乎没有一个游客不慷慨解囊买上一个作为“好汉非要到顶峰”的纪念。

4. 开发利于身心健康的商品

红色旅游是在中国新的历史条件下伴随着有组织的革命传统教育和爱国主义教育活动的开展而产生、形成的新型旅游产品，是开展爱国主义教育、革命传统教育的生动教材，其目的在于使游客净化灵魂、锻炼体魄。红色旅游区特色商品的开发必须依据这一目的，例如结合“重走长征路”、“战地重游”、“伟人故里游”等活动，开发既能反映当年时代特色，又有利于现代都市人放松身心、亲近自然的产品，如草鞋、布鞋、布衣以及用野菜、杂粮制成的食品等。

5. 积极借助外力研究创新商品

我国很多红色旅游资源分布在老少边穷地区，这些地区经济发展底子薄、基础差，投入不足，往往缺乏相应的特色商品研究。因此，要广借外力。例如，在资金筹措方面，广泛动员社会各方面的力量，制定并实施各项优惠政策，拓宽融资渠道；在人力、技术方面，可采取技术合作或委托生产的方式寻求大型企业的支持；在样本设计方面，可以通过各种奖励形式面向广大游客，特别是大中小学生征集稿件，游客对于自己参与设计的商品往往会产生较强的购买冲动。

6. 注重培养红色旅游品牌商品

“消费者忠诚的是品牌，而不是生产者”，商品的品牌建设非常重要。但过去我国旅游业品牌意识十分淡薄，尤其是一些小规模的旅游商品生产企业，往往没有明确的研发和生产目标，而是盲目地模仿，导致一些低成本、大批量却缺乏特色的工艺品、纪念品充斥国内旅游市场。其实我国的商品生产能力并不弱，通过来料加工的方式，中国的旅游工艺品、纪念品已经遍布了全世界，在国外，许多知名旅游景点销售的商品都是中国制造的。当前借我国红色旅游兴起的大好机会，有关企业和部门应当坚定品牌信念，针对这一需求巨大的市场，培养一批既精美独特、品质过硬，又具有纪念性、感染力、亲和力和吸引力的红色旅游名牌商品。

红色旅游需走出的几个误区

何天维

红色旅游是指以革命纪念地、纪念物及其所承载的革命精神为吸引物，组织接待旅游者进行参观游览，实现学习革命历史知识，接受革命传统教育和振奋精神，放松身心，增加阅历的活动。

红色旅游是旅游大家庭中的新生代，在我国，随着中共中央办公厅、国务院办公厅印发的《2004－2010年全国红色旅游发展规划纲要》的出台，红色旅游逐渐升温，红色旅游开发成为旅游开发的新亮点。红色旅游一时成为旅游开发者们的热门话题，红色旅游项目纷纷上马。但如何实现红色旅游健康发展，走良性发展之路，笔者认为应注意走出几个误区。

认识上要走出资源定位不准的误区

资源定位是开发利用的前提和基础。现实中我们对资源的定位往往会不切实际地估价本地的资源，表现在“有条件要上，没有条件创造条件也要上”。这种思想的存在，小则会出现夸大其辞，诱骗投资，资金难以收回，效益不佳；大则会造成决策失误，坑害旅游，不利于地方经济的发展。

因此，在红色旅游开发认识上要从实际出发，准确定位。要科学编制本地旅游开发规划，对开发的目标、内容、步骤作出合理的安排。一要把握好该资源在全国全省及本区域同类资源中的地位，既面对现实，又要充分考虑开发的潜力。二要考虑红色旅游资源在本地旅游资源中的定位，既突出它的特点，又考虑与其他旅游资源互为补充，相得益彰。三要考虑红色旅游与整个国民经济的关系，把红色旅游纳入整个国民经济发展规划体系。对资源定位要做到不好高骛远，又不妄自菲薄。

开发上要走出变味开发的误区

红色旅游属文化遗产，要注意开发与保护相结合，尊重历史与创新相结合。但由于我们一些地方其他旅游资源相对较匮乏，为了发展壮大本地旅游产业，对红色旅游的开发饥不择食，盲目上马；为了赶时间、速度，揠苗助长；有的则贪大求洋，开发变味。这是一种急功近利不切实际的行为，其后果是不但不能把有限的资源开发好，反而破坏了资源，造成难以估量的损失。要避免开发变味，在编制好规划的基础上，一要尊重历史，尊重实际；二要分步骤分重点来实施，切忌全面开花，对重点景点、景区要有鲜明的主题，建出自己的特色；三要把开发和保护结合起来，能开发的努力开发好，暂不能开发的要做好保护，同时在开发当中也要注意保护，让游客透过景点看到历史，深受教育。

营销上要走出单一为旅游而宣传的误区

旅游资源的发展，营销是一个重要环节。红色旅游兼有文化遗产、革命精神、历史知识、爱国教育于一身，内容丰富，意义深远。因此，我们的宣传应从多方面、多视角去考虑。

一要拓宽视野。不但从旅游视角去宣传资源如何丰富、引人，还可以考虑抓住某一历史事件或人物去重点宣传。如百色、广安开展的“纪念邓小平诞辰100周年”活动，广泛宣传伟人、推销自己；再如一首“万泉河”打出了红色娘子军故乡文昌的名气，这样的方式值得提倡。

二要注意突出宣传的主题。红色旅游全国各地较多，内容大同小异，如果主题不鲜明就体现不出地方的特点，也很难引起游人的注意。因此，要注意在挖掘主题上做文章。如以上海为中心的“沪浙红色旅游区”的主题是“开天辟地，党的创立”；以韶山、井冈山和瑞金为中心的“湘赣红色旅游区”以“革命摇篮，领袖故里”为主题；左右江红色旅游区则以“百色风雷，两江红旗”吸引游人。不同的主题将会吸引不同的游人，收到不同的效果。

三要注意研究开发重点旅游群体。由于红色旅游本身内涵的丰富性和特殊性，给营销工作赋予了新的内容，提供了新的机遇。因此要注意抓住特定的对象，诸如积极联系学校、共青团等单位和组织，进行宣传，与他们开展活动，从而水到渠成地宣传地方的旅游资源。要抓住大众的需求心理，提高营销商机。如广西和广东联合开展“两广青年百色游”，广东推出的红色旅游专列，百色开辟的北大学生实践基地等等都是一些营销的好方式。

加强合作，走出恶性竞争的误区

红色旅游景区大多分布在革命老区，经济欠发达，人民生活水平不高，地方财政较困难。因而都有改变落后面貌的愿望，一旦有了机会，大家都上足了劲，不想把机会让给别人，结果形成恶性竞争，这不利于整个红色旅游事业的发展。因此，一要加强跨区域联合，推动旅游品牌的创造和旅游线路的设计，整合红色旅游资源，增强区域竞争力，实现双赢；二要加强红色旅游资源与其他旅游资源的整合度。红色旅游资源只有与其他自然景观和人文景观结合起来，才更丰富多彩，更具吸引力。同时，也更能突出其自身的特点，满足旅客的不同旅游需要。

科学测算，走出效益评价的误区

红色旅游处在起步阶段，对该项工作开展后的评价如何，将直接影响到该项事业的发展。评价本身就是一项系统工程，方式多样。就红色旅游来说，由于受市场经济的影响，我们往往会从效益去分析，而又以经济效益为主。

因而常会出现盈利或亏损的字眼，对新开发的红色旅游的测算，不算经济账是不可取的，而仅仅从经济效益去看，也难免会出现偏颇。为此，需要我们制定出一套科学的评价体系，对整个事业进行客观公正的评价。

一是经济上要算明细账，做到心中有数。只有经济上的量化才知道盈亏，分析盈亏才能明确努力的方向，从而找出原因加以改正。

二是社会效益不可忽视。红色旅游在加强国民的思想政治教育，弘扬爱国精神，振奋人心，鼓舞士气方面作用明显，这也是社会系统工程的重要组成部分，很难量化，功不可没。同时红色旅游的发展在宣传地方，增加知明度，让外界了解自己几方面发挥巨大作用，因此，也给地方带来无限商机，一旦知名度转换成商机就会带来一系列效益，这些都是其他产业无法做到的。

三要从眼前利益和长远利益相结合来评价。不要仅看到眼前利益，而要从长远发展去看问题。

四要从综合因素去考虑。旅游本身是一个系统工程，不但靠景区、靠资源，还与交通、旅馆、餐饮等其他因素紧密联系。因而要客观地评价，实事求是地加以引导，才能不断发展。

红色旅游“跑调”的原因与对策

习小林

一

随着中共中央办公厅、国务院办公厅宣布《2004—2010年全国红色旅游发展规划纲要》正式实施，各地红色旅游出现了前所未有的发展势头。正当人们为之由衷欣慰之时，2005年6月，《光明日报》、《半月谈》、《市场报》、人民网、新华网等媒体陆续刊载新闻述评，指出各地红色旅游中所出现的一些问题。其中《光明日报》刊载出了一篇有代表性的文章：《谨防红色旅游“跑调”》。此文作者在调研的基础上反映，自2004年春节后红色旅游迅速升温，赣南瑞金的叶坪、沙州坝，闽北上杭的古田等一些知名景点十分火爆。但出人意料的是，旺盛的人气并没有给老区带来相应的经济效益，反而增加了沉重的负担，其具体表现在：一是门票负担，来自全国各地的游客，有很多人以接受革命传统教育为名，不买票成了常事，其中某些上级部门以行政指令要求免票，说是要带干部来学党史，实际来的全是家属、小孩，嘻笑游玩。二是吃住负担，游客中有不少行政、事业、企业的干部，说是要搞教育活动，因种种原因吃住往往都由当地政府埋单。当地有关领导及景区景点的干部职工对上述负担十分头痛，但又无可奈何。除上述负担之外，还有些媒体发表评论精辟指出，虽然红色旅游迅速升温，火爆一时，但存在虚热与泡沫，问题出在当前支持红色旅游升温火爆的经济基础还不是市场，多数是靠公款消费，长此以往，红色旅游将缺失发展的原动力，这就必然会严重影响红色旅游的可持续发展。

二

红色旅游本是件大好事，但在实际运作中步入“跑调”境地，其原因十分复杂。为弄清个中原因，笔者认为，首先必须从理论上弄清怎么样才算是不“跑调”的、健康正常的红色旅游。《2004—2010年全国红色旅游发展规划纲要》以及中央有关领导对纲要的解读，已经明确要求：健康正常的红色旅游，首先是社会效益，其次是经济效益，并且必须做到社会效益与经济效益的统一。这个要求，实际上就是红色旅游管理运作的根本目的。这一根本目的不是抽象的，而是具体可感触的，它体现在参与红色旅游运作的各个方面，各个部分，也就是说，参与红色旅游的任一要素，如旅游消费者、景区和景点管理者、旅游职能部门、地方政府，它们都可以分别地表现出独自的社会效益与经济效益，参与红色旅游运作的各个方面、各个部分都有一个是否能达到红色旅游根本目的的问题。倘若具体地分析各参与方面其红色旅游预设目的的达标情况，我们就不难发现，为什么红色旅游在一些地方会相继发生“跑调”。

以下几点就是对红色旅游各参与方面其社会与经济效益目的达标情况的分析。

从旅游者来看：“跑调”的旅游者们打着“红色旅游”的幌子，“寓乐于教”，千方百计通过关系、渠道，求得免费关照，一批批地赶往各红色景点景区，以接近于零消费的待遇享受游览、吃喝、招待。他们如此便得到红色旅游的社会效益吗？没有，说重一些，也许只是让灵魂再一次地感染病毒而已。他们得到了经济效益吗？也没有，因为我们这里所讨论的经济效益，必须通过正当的途径所获，至于通过不正当途径攫取利益，这就和讹诈取财没什么两样了。

从景区、景点管理者来看：由于“跑调”，在管理服务工作大幅增加的情况下，管理者却少收了大量门票，如此这般，社会效益有可能是增加了，但经济效益与服务管理的投入相比较却呈负增长态势，并且，因为经济效益的不理想，必定会从基础上制约红色旅游景区、景点进一步扩大发展，还会因物质条件匮乏而制约社会效益的可持续输出。

从地方的旅游职能部门来看：红色旅游项目，只因沾有“红色”，就大大提高了行政级别，对此类项目，地方旅游职能部门基本上是无权过问，这就使地方旅游部门对本区域的旅游构想，难于做到有效地统筹规划，虽有好的经营构想，却只能纸上谈兵。事实表明，单一的红色旅游产品容易流入单调呆板，因此，需要组合能融入当地风俗文脉的一些旅游产品，并且要调动游客参与体验，激发情趣，这就需要地方旅游职能部门参与组合到红色旅游的管理中来，善打组合拳的红色旅游产品才能占有市场。目前，红色旅游与地方旅游，规划经营上的井水河水互不相干，使地方的旅游职能部门无用武之地，制约了社会效益与经济效益。

从地方政府来看：红色旅游的景点、景区虽然是在地方政府的辖区内，但地方政府对景区、景点没有丝毫的管理权力，在得不到任何门票收入的情况下，地方政府因行政必需及其他种种原因，仍然需要义务性地大量承受来自全国各地乃至对世界友人的吃住、娱乐接待，这和红色旅游的政治色彩密切相关。除此之外，地方政府还要承担景区、景点外围大量的软硬件设施的开发投入，而治安、保洁、绿化、美化等工作就更成了份内之事了。实事求是地说，地方政府从红色旅游获得的社会效益，充其量只是提高了地方知名度，至于经济效益，目前看来，仍然是投入远远大于产出。

由上述对参与红色旅游各有关方面社会与经济效益状况的逐个分析，可以得出结论：所谓红色旅游“跑调”，其实质是当前表面上火爆的红色旅游并没有实现中央所期望的社会与经济效益的预期目的，出现了社会与经济效益不协调的情况，甚至是失去了双重目的。这就是红色旅游“跑调”的一个总体原因。围绕着总体原因的形成，进一步探讨，还可以得出如下几点更具体的原因：

1. 对红色旅游定性把握不准，影响了相应的政策制定、精确的运作管理

对任一事物进行运作管理，都必须对事物的性质作出判定，性质判定模糊不清，便不可能准确高效地进行运作管理。那么我们应当对红色旅游作出怎样的定性呢？

首先，红色旅游是革命前辈浴血奋战的历史积淀形成的，并经由后人保存、整理，在国家投入大量的人财物管理资源的情况下，经场地修建装饰后隆重推出，得以辉煌展示的一种人工产品。

其次，红色旅游产品因其具有政治感化、劝诫的功能，它应该是一种有利于政府，有利于社会，有利于干部，有利于百姓，所有中国公民都应该理所当然去享用的一种产品，并且这种享用的权利也得到政府的大力推崇与鼓励。最重要的一点是，在特定的时期，它是一种政治需要，为了政治需要，理论上看，政府会无条件地让公民都获得该产品，不可能排斥任何人。因此，红色旅游产品具有公共经济学意义上的一项重要的特性：“非排他性”。所谓“非排他性”就是说不可能拒绝排除任何人去享用它，“非排他性”是判定公共产品的充分必要条件，这就是说只要某项产品具有“非排他性”，就可以肯定该产品属于公共产品。

再次，红色旅游虽然是一种公共产品，但是因为其具有休闲、娱乐、审美功能，就使人们都想占为己有，而相对于几十亿人实际操作起来又绝对不可能做到人均一份，这无疑是一种资源极其稀缺的产品。如果让一部分人享用该产品，必定会影响制约到另一部分人的正常享用，因此，红色旅游产品具有“竞争性”特点。从公共经济学意义上看，具有竞争性的公共产品，就不是纯粹的公共产品，纯粹的公共产品必须合乎“非排他性”与“非竞争性”两个条件。

由于红色旅游产品属于非纯粹性公共产品，这就决定了红色旅游产品的管理运作，必须合乎非纯粹公共产品的供给规律。但从目前对红色旅游的管理运作看，尚未按此规律行事。

2. 在红色旅游的管理运作中，行政性太强，市场化太弱，制约了红色旅游的可持续活力

中国人几十年来已经形成了这样一种思维惯性，对把握不准的事物，往往会采取“宁左勿右”的处理方式：一方面是对新生事物把握不准，另一方面却宁可把新生事物管得半死不活，也要坚持强势的政治管理方式不动摇，只要不犯错误，什么都可以原谅。对红色旅游的运作管理，实际上明显地存在着这种倾向。

我们看到，带着浓厚政治色彩的行政方式充斥于红色旅游管理运作的始终，几乎所有的红色旅游景区、景点都是一个个处级、副处级、科级、副科级单位，都按照行政方式经营，任何一个部门，只要官级比景区、景点行政级别更高就可以下达免费游看的指令。地方政府及旅游职能部门虽然对红色旅游多种经营充满热情，谋略良多，但却对辖地的红色景区、景点没有管理权，而对红色旅游的景区、景点具有管理权的管委会，其所获的门票收入，基本

上也就是行政收费性质，远不足以维持日常管理支出，以至于门票收入越多，反而是管理超支越大，更何况有不少游客奉行政指令，可以不买门票就能享受服务呢！因此，景区、景点的管委会并不希望有太多的游客，游客太多，实际上就会使定量的财政拨款支出剧增，反而会影响景区、景点的基础设施等等方面的扩大发展，并且弄得不好还可能会影响职工福利。从上述可以看出，红色旅游一方面因行政因素太强而缺乏内在动力，另一方面又借助不到来自市场的外在动力，红色旅游市场动力不足，如同经济学意义的"滞胀"状态，将失去可持续发展的动力。

3．体制、机制瓶颈制约了红色旅游的产业化、区域化经营

红色旅游要想求得经济效益，就必须和其他品类的旅游景区、景点竞争，而要竞争就必须使出规模经营的招数，走产业化、区域化经营之路，否则就无法参与竞争，竞争不过，也就不可能有经济效益。当前各地对红色旅游的管理运作存在着一系列的瓶颈制约，严重制约了红色旅游的产业化、区域化经营。主要表现在：①景区、景点的管理，一般都是省属直管，地方政府虽然有能力进行产业化、区域化经营，以求带动本地经济发展，但是却没有丝毫的管理权限，只能是做做景区、景点的外围工作，投入巨大，但产出微薄。②当地的旅游职能部门虽然对本地的所有旅游资源有一个专业性强的整体规划，以便于产业化、区域化经营，但是却无权过问红色旅游景区、景点的发展意向，而红色景区、景点一般都有充足的财政专款下拨，景区、景点的管理好坏与否，门票收入多少与否，并不会明显增加或减少干部职工的收入，反正有充足的财源养着，犯不着杞人忧天，去费心考虑如何配合地方政府、地方职能部门、地方百姓的红色旅游产业化、区域化的经营愿望。

4．社会风气不正，导致红色旅游的社会与经济效益大打折扣

红色旅游，无疑必须走可持续发展之路。首先要解决生存问题，要生存就必须维持简单再生产；其次是解决发展壮大问题，要发展壮大就必须扩大再生产。红色旅游景区、景点的生存发展壮大，简单再生产和扩大再生产，都必须要有充足财源做基础。目前来看红色景区、景点的门票收入，实际上已经远低于对景区、景点的管理服务成本价，但就是这么点微薄的财源，也有不少游客想方设法求得免票逃票。其中有不少是官方指派来的旅游者以及一些有身份的领导都加入到这个行列之中。更有甚者，某些干部打着虔诚学习的幌子要求免票，实际上是带着家属孩子游山玩水、吃喝玩乐，方方面面都让地方招待，却心安理得，毫无羞颜。

如此这般的"红色旅游"，一方面实际上是在挖红色旅游的墙脚，使红色旅游无法存活发展壮大；另一方面是这些旅游者以及这些旅游者的指派者们在放任灵魂堕落。哪里还会有什么社会与经济效益呢？或许有的人还会振振有词，认为红色旅游政治教育功能第一，免票是应当的，要不然谁会去看？但这正是社会风气不正影响到红色旅游的社会与经济效益的一个方面。

三

对红色旅游出轨"跑调"问题的解决，总体上看，其实质是要求红色旅游的社会与经济效益这一双重目的在红色旅游运作的各个具体领域得到兑现。即参与红色旅游的各个组成部分，无论红色旅游者、景区和景点管理者、旅游职能部门、地方老百姓、地方政府，都应该获得自己应有的那份社会与经济效益，不能倚轻倚重，只强调某一参与部分的社会与经济效益。要达到这一和谐完满的目标，笔者认为应采取如下相应对策：1．把握红色旅游性质；2．扩大市场运作范围；3．力推体制机制创新。

上述三项对策之间的内在关系是："把握红色旅游性质"是一项基础性的工作，只有认清性质，才会有"扩大市场运作范围"自觉主动性，从而"力推体制、机制创新"，体制、机制的创新方向是市场运作，倘若能够做好上述三项工作，即使社会风气不正也不会影响红色旅游社会与经济效益的正常实现，从而形成"社会风气可奈我何"的和谐局面。

那么应如何理解和运用好这三项对策呢？

关于"把握红色旅游性质"。关键是要让高层决策者、具体管理者、地方政府、职能部门、红色旅游消费者、地方老百姓都能够明白，对红色旅游这种公共产品必须科学管理。而公共经济学就是关于对公共产品进行管理的一门科学。公共经济学认为：红色旅游产品虽然是公共产品，但不是纯粹的公共产品，因此不可能完全由国家免费提供，消费者必须负担一部分管理服务成本。并且对于具体的管理者以及地方政府、相关职能部门来说，因为不是纯粹的公共产品，就绝对不能只使用单一的行政手段去管理，而应辅之以较大份量的市场经营方法。至于在红色旅游中免费游览参观，吃住、招待、玩乐都由政府埋单的情形是不符合公共经济学的科学规律的，往后当力求杜绝此类情形的出现，否则红色旅游就难以形成可持续发展的健康局面，其"跑调"现象仍将继续发展，乃至走火入魔。

关于"扩大市场运作范围"。公共经济学认为，对于非纯粹的公共产品，如红色旅游产品，如果政府供应该产品的成本大于市场供应该产品的成本，就应该主要由市场手段来供应；如果市场供应该产品的成本大于政府供应该产品的成本，就应该主要由行政手段来供应。目前来看，由政府或是由市场来供应红色旅游产品，谁的

成本将会更高，尚未见有任何统计资料。但依据中国几十年来一向的经验事实，即从中国目前的国情来看，由政府供应某项产品的成本往往会比市场供应的成本高出许多。这就是说，红色旅游产品如果是由政府提供，其成本可能要比由市场提供高出很多。因此，红色旅游产品从理论上说，还是应该以市场为主去提供，必须坚决纠正目前红色旅游运作中行政手段一把抓的局面，努力扩大在红色旅游管理中市场机制的运用，力求市场运作为主。考虑到改革的渐进性以及实践中的可操作性，市场份量可能达不到理想要求，但市场机制至少应占红色旅游运作的50%。

关于“力推体制机制创新”。目前红色旅游健康发展遭遇到严重的体制、机制的瓶颈制约。体制上，旅游部门热情万丈却没有经营权，文化部门资源在手但经营乏术；红色景点落在地方却不归地方所管，上级部门直接管辖但开发无力。机制上，行政机制难以抵制社会不正之风，且难以带来经济效益，而它却几乎占据了红色旅游所有管理层面；市场机制难以进入红色旅游的管理层面，而它却对市场条件下的社会不正之风有天然免疫力，且能带来经济与社会效益。由上述可知，体制、机制如不加以创新，红色旅游要存活发展就只能是一个纲要性的理想。

如何创新红色旅游的体制、机制？从宏观上看，体制、机制的创新必须更有利于扩大市场运作的范围与份量，为红色旅游增添市场活力，以使社会经济效益双增。但体制、机制创新不可能一蹴而就，创新的难点与重点是要找到行政管理与市场运作之间的平衡点，行政份量太强，或者市场份量太强都不适宜红色旅游这一特殊的公共产品，检验行政与市场两者力量融洽均衡的标准就是要看红色旅游能否使自身的社会效益与经济效益统一，能否最大限度地输出社会与经济效益。在创新中还要注意，行政手段与市场手段这两者的平衡是动态的，应根据红色旅游的具体运作，随时对两者的比例加以调控，只有这样才能使体制、机制的创新落到实处，取得最佳的社会效益与经济效益。

附　录

附录一：“红色旅游”搜索关键词

《2004—2010年全国红色旅游发展规划纲要》、红色旅游、红色旅游产业、红色旅游现象、红色旅游景区开发与保护、革命精神、爱国主义、革命传统、黄金周、革命历史博物馆

附录二：A类文章目录

- “红色旅游”独具魅力/叶周//人民论坛 2004-10
- 国家将大力发展红色旅游产业//人民日报 2005-02-23
- 百色红色旅游创金色效益/覃蔚峰//广西党史 2005-02
- 贵州发展红色旅游大有可为/胡承宁//贵州工业大学学报（社会科学版）2005-02
- 红色旅游传导革命精神/支翠平//华北电业 2005-03
- 积极发展红色旅游　深入开展爱国主义和革命传统教育/胡振民//思想政治工作研究 2005-04
- “红色旅游”耀中国——兼评“保持共产党员先进性教育活动”/范方志　林澍//湖南工业职业技术学院学报 2005-04
- 开发一方红土，致富一方人民，红色旅游业已成为四川旅游新的增长点——经营红色旅游助推旅游经济/子墨//四川党的建设（城市版）2005-04
- 开发红色旅游拉动地方经济/李项云//中国城市经济 2005-06
- “红色旅游”的教育和社会意义/阳乾凤//思想政治工作研究 2005-06
- 伟人故里和领袖文化——由“红色旅游”想到的/陈晋//党的文献 2005-06
- 红色旅游：开拓大学生思想政治教育的新途径/钱兴成//思想政治教育研究 2005-06
- 大力发展红色旅游　推进三个文明建设/何光玮//求是 2005-07
- 红色旅游：西部旅游的新亮点/翟峰//发展 2005-10
- 红色旅游与革命老区经济社会的协调发展/阎友兵//湖南科技学院学报 2005-10
- 重庆酉阳红色旅游经济增长强劲//中国旅游报 2005-10-24
- 红色旅游——构建和谐社会的创新工程/齐少国//中国监察 2005-11
- 试析红色旅游的功能/张建宏//商场现代化 2005-12
- 江西以红色旅游促经济发展/廖国良//台声 2005-12
- 井冈山红色旅游的发展与农民收入的增加/贾浩华//党史文苑 2005-16
- 红色旅游大有可为/胡国铤　凌步机　幸跃凌//求是 2005-18
- 红色旅游与革命老区全面小康建设/阎友兵//湖南城市学院学报 2006-01
- 发展红色旅游　传承中华民族伟大精神/田东娜//大连民族学院学报 2006-02
- 红色旅游成功因素分析/谷玉芬//商业经济 2006-02
- 发展滨州红色旅游，促进滨州经济发展/宋芙蓉//滨州学院学报 2006-02
- 试论红色旅游的教育功能/殷盈//广西青年干部学院学报 2006-03
- 利用红色旅游树立青少年社会主义荣辱观/禹登科　易滢莹/科教文汇（上半月）2006-04
- 红色旅游教育功能研究/庄军//现代商贸工业 2007-04
- 红色旅游和大学生思想政治教育/刘锦华//世纪桥 2007-08
- WO发展红色旅游，加快脱贫致富步伐——以金寨县为例/张正琴//安徽农学通报 2007-12
- 刍议“八荣八耻”与“红色旅游”/贺志燕//时代教育 2007-24
- 发展红色旅游产业　拉动四川老区经济/竹君　仇靖晗//中国特产报 2005-03-18
- 积极打造红色旅游　推动文化体制改革//巴中日报 2005-01-24
- 红色旅游，丝绸之路新亮点/本刊编辑部//丝绸之路 2005-04
- 长征精神永放光芒——四川省省长张中伟谈红色旅游/王兆雷//时代潮 2005-08

附录三：B类文章目录

- 红色旅游经济现象的深层次思考/张娟//兰州教育学院学报 2005-03
- 红色旅游开发的问题诊断及对策——兼论井冈山红色旅游开发的启示/余凤龙//旅游学刊 2005-04
- 红色旅游需走出的几个误区/何天维//贵阳市委党校学报 2005-04
- 红色旅游“跑调”的原因与对策/习小林//江西科技师范学院学报 2005-04
- 发展红色旅游值得关注的几个问题/石培华//党建 2005-05
- 红色旅游热的冷思考/林茂//桂林旅游高等专科学校学报 2005-05
- 我国红色旅游发展现状及发展对策研究/陈志永//学术探索 2005-05
- 先进性教育不宜“夹带”红色旅游/周林章//光明网 2005-05-11
- 警惕红色之旅成为公款旅游/周文水//党建 2005-06
- 谨防红色旅游“跑调”公款接待旅游/陈春园　项开来//光明网 2005-06-06
- 当心念歪红色旅游经//市场报 2005-06-24
- 警惕红色之旅成为公款旅游/晓舟//时代潮 2005-08
- 红色旅游资源也要节约利用//安徽经济报 2005-08-30
- 在先进性教育活动中不宜提倡“红色旅游”/宋晓勇//中华魂 2005-10
- 莫让红色旅游变味/王学江//政工研究动态 2005-11
- “巧合”背后的必然——“红色旅游”题的启示/冯一下//历史学习 2005-12
- 红色旅游掩盖下的工程诈骗/杨路//中国社会导刊 2005-19
- 红色旅游的“冷”思考/刘东舜//瞭望 2005-21
- 红色旅游热的“冷”思考/刘红芳//温州职业技术学院学报 2006-01
- “回头看”不妨先看看“红色旅游”真伪/陈庆贵//金羊网 2006-01-29
- 红色旅游与黑色讽刺/蒋元明//前线 2006-03
- 红色旅游繁荣背后的隐忧/张宏丽//农村经济与科技 2006-07
- 评论：红色旅游不是摇钱树/匿名//光明网 2006-7-22
- 我国红色旅游发展存在的问题及对策/王东峰//商场现代化 2006-11
- 英雄城，红色旅游遭遇尴尬/尹思齐//大江周刊 2007-07
- 为中国的红色旅游发展把脉/穆芃芃//科技信息 2007-17
- 红色旅游——离市场化有多远？/宋雪莲//中国经济周刊 2007-39

附录四：C类文章目录

- “红色”旅游城/江秀星//中国老区建设 2002-01
- 论“红色旅游”功能的多样性——兼谈蒙阴县野店镇旅游业的综合开发/李宗尧//山东省农业管理干部学院学报 2002-04
- 开展红色旅游拓宽教育功能/魏国英//文物世界 2002-04
- 赣州交警确保红色旅游/邓大群//汽车与安全 2002-07
- 发展红色旅游造福老区人民——在江西省萍乡市武功山风景区客运索道奠基仪式上的讲话/王作义//中国老区建设 2002-12
- 莆田发展红色旅游的SWOT分析与对策/林明太//莆田学院学报 2003-04
- 赶红色旅游风潮　纳红军布鞋好俏/胡海军//农村百事通 2003-05
- 红色旅游“火”起来/袁桂启//经济论坛 2003-22
- 开发江西赣州六县（市）红色旅游的探讨/文军//桂林旅游高等专科学

校学报 2004 - 01
◎ 都市地区的"红色旅游"开发——以上海为例/张彬彬//桂林旅游高等专科学校学报 2004 - 02
◎ 武乡描绘太行山红色旅游线/刘进//商业文化 2004 - 03
◎ 党史研究在红色旅游中的功能取向/沈乔//沧桑 2004 - 03
◎ 名人故居打造红色旅游品牌/易凤葵//中国博物馆 2004 - 04
◎ 打造韶山红色旅游产品的战略思考/方世敏//湘潭大学学报（哲学社会科学版）2004 - 05
◎ 红色旅游热神州//时事（时事报告大学生版）2004 - 06
◎ 开发"红色旅游"的几点思考/王忠武//思想政治工作研究 2004 - 09
◎ 中国石油映红"红色旅游线"/张平//中国石油企业 2004 - 09
◎ 旅游卫视启动"红色之旅"/旅卫//大市场（广告导报）2004 - 10
◎ 红色旅游与绿色经济对接　中国绿色韶山建设工程日显端倪/郭娅妮//公关世界 2004 - 10
◎ 旅游卫视体验"红色之旅"/杨宁//大市场（广告导报）2004 - 11
◎ 红色旅游升温的背后/曹晖//中国老区建设 2004 - 11
◎《江西省红色旅游发展纲要》颁布实施//中国旅游报 2004 - 12 - 17
◎ 风景这边独好　精心打造"红色旅游"——来自邓小平故乡的最新报道/明红//先锋 2004 - 13
◎ 河北"将军岭""红色旅游工程"调查/穆易//中国经济周刊 2004 - 40
◎ 长汀"六大战略"打造红色旅游产业/江鹏//闽西日报 2005
◎ 加快发展长汀红色旅游产业探析/陈日源//闽西日报 2005 - 10 - 29
◎ 架构武乡红色旅游新平台/沈乔//沧桑 2005 - 01
◎"红色旅游"发展探讨/李应军//湖南商学院学报 2005 - 01
◎ 红色的诱惑——红色旅游蓄势待发/曹铠鸥//中国老区建设 2005 - 01
◎ 从平山看红色旅游/潘治宏//中国老区建设 2005 - 01
◎ 红色旅游潮涌中国/张俊才//中国经济周刊 2005 - 02
◎ 红色旅游的人文精神回归/李小波//中国经济周刊 2005 - 02
◎ 加快发展泾县红色旅游的思考/张光勇//党史纵览 2005 - 02
◎ 井冈山：领跑红色旅游/党宁//小城镇建设 2005 - 02
◎ 丰碑永存山水间　广西启动红色旅游/师小玲//广西党史 2005 - 02
◎ 加快红色旅游的发展/刘绍卫//广西党史 2005 - 02
◎ 红色旅游产品特点和发展模式研究/尹晓颖//人文地理 2005 - 02
◎ 谈红色旅游产品营销策略/罗茜//内蒙古农业大学学报（社会科学版）2005 - 02
◎ 红色旅游产业开发浅析/贾力//沈阳农业大学学报（社会科学版）2005 - 02
◎ 整合"红色旅游"资源，促进广西旅游经济的发展/吴东荣//张家口职业技术学院学报 2005 - 02
◎ 国家出台扶持红色旅游政策//中国改革报 2005 - 02 - 23
◎ 共同推动红色旅游持续健康发展//中国旅游报 2005 - 02 - 23
◎"红色旅游"纳入国家规划//中国经济导报 2005 - 02 - 26
◎ 福建省革命历史纪念馆入选全国红色旅游经典景区/林俊超//福建党史月刊 2005 - 03
◎ 我省五部门就红色旅游档案工作联合发文/饶柏先//湖北档案 2005 - 03
◎ 江西发展红色旅游 SWOT 分析与可持续发展对策/庄东泉//江西财经大学学报 2005 - 03
◎ 红色旅游可持续发展研究/王亚娟//北京第二外国语学院学报（旅游报）2005 - 03
◎ 河北省红色旅游发展研究/王子新//江西科技师范学院学报 2005 - 03
◎ 把红色旅游打造为陕西新的旅游王牌产品/马耀峰//陕西省行政学院.陕西省经济管理干部学院学报 2005 - 03
◎ 对我国"红色旅游"开发的初步探讨/王伟红//国土与自然资源研究 2005 - 03
◎ 发展百色"红色旅游"的思考/莫仲宁//中共南宁市委党校学报 2005 - 03
◎ 试析政府促导红色旅游的着力点/刘正芳//中共四川省委党校学报 2005 - 03
◎ 简论"红色旅游"的发展/范方志//南京工业职业技术学院学报 2005 - 03
◎ 我市召开红色旅游项目建设方案汇报会//张家界日报 2005 - 03 - 11
◎ 让红色旅游"红"起来//保定日报 2005 - 03 - 22
◎ 红色旅游待补"市场基因"//经济视点报 2005 - 03 - 24
◎ 推进红色旅游全面发展/苏小梅//中国经贸导刊 2005 - 04
◎ 红色旅游——看江山如此多娇/郑飞翔//福建质量信息 2005 - 04
◎ 福建红色旅游规划为"一区两线五景"//福建质量信息 2005 - 04
◎ 全国红色旅游精品线//新西部 2005 - 04
◎ 加快旅游资源保护开发，制定"36836"战略规划——构建红色旅游发展大格局/沈游//四川党的建设（城市版）2005 - 04
◎ 山西省红色旅游发展大盘敲定——五大活动贯穿红色旅游发展年/晋萱//今日山西 2005 - 04
◎ 辽宁省红色旅游开发的构想/任长琴//理论界 2005 - 04
◎ 市政协考察红色旅游掠影/谢伟//贵阳文史 2005 - 04
◎ 红色旅游开发的理论和实践研究/曹新向//西北农林科技大学学报（社会科学版）2005 - 04
◎ 陕西红色旅游发展战略研究/马耀峰//西北大学学报（哲学社会科学版）2005 - 04
◎ 试论庐山的红色旅游开发/李文明//江西财经大学学报 2005 - 04
◎ 让红色旅游红火起来——四川省省长张中伟谈整合红色旅游资源/胡俊//人民论坛 2005 - 04
◎ 精心打造红色旅游品牌/刘捷//人民论坛 2005 - 04
◎ 河南红色旅游发展透析/姜莉//平原大学学报 2005 - 04
◎ 找准亮点打造品牌　发展崇左红色旅游/韦强//广西党史 2005 - 04
◎ 关于开发红色旅游的几点思考/邓燕萍//井冈山学院学报（社会科学版）2005 - 04
◎ 中办、国办印发《2004 - 2010 全国红色旅游发展规划纲要》　国家将大力发展红色旅游事业//小康生活 2005 - 04
◎ 积极发展红色旅游//小康生活 2005 - 04
◎ 红色旅游饮水思源——对保持共产党员先进性教育活动的再认识/范方志//温州职业技术学院学报 2005 - 04
◎ 税收如何助推红色旅游的发展/谢永清//安徽商贸职业技术学院学报（社会科学版）2005 - 04
◎ 论生态旅游资源对红色旅游产业发展的作用/袁书琪　孟铁鑫　缪芳//福建地理 2005 - 04
◎ 河北省发展红色旅游的优劣势分析与开发对策研究/史广峰//河北省社会主义学院学报 2005 - 04
◎ 红色旅游中革命纪念馆发展模式探讨/杨荣彬//南方文物 2005 - 04
◎ 红色旅游/胡瑞琴//南方文物 2005 - 04
◎ 论红色旅游线路的开发设计/贺德红//内蒙古农业大学学报（社会科学版）2005 - 04
◎ 用大手笔构建红色旅游大格局——关于发展五台山红色旅游的思考与建议/谢音呼//五台山研究 2005 - 04
◎ 百色市：打造"红色旅游"品牌/覃蔚峰//当代广西 2005 - 04
◎ 对湖南发展"红色旅游"的几点思考/杨平//企业家天地（下半月）2005 - 04
◎ 人大代表畅谈红色旅游/潘治宏//中国老区建设 2005 - 04
◎ 发展红色旅游 促进我州经济全面协调发展//阿坝日报 2005 - 04 - 04
◎"红色旅游"的"红 + 绿"探索//经济视点报 2005 - 04 - 14
◎ 让红色旅游真正"红"起来//黄冈日报 2005 - 04 - 18
◎ 精心打造"红色生命"/江山//党建 2005 - 05
◎ 新疆红色旅游的特色探讨/郑晓英//新疆职业大学学报 2005 - 04
◎ 句对红土地　情联苏维埃——为闽西红色旅游景区题联/李治权//对联.

民间对联故事 2005－05
⊙体验冀中红色旅游/李国文//今日中国（中文版）2005－05
⊙《旅游》在“红色”//旅游 2005－05
⊙红色旅游游什么？//内蒙古林业 2005－05
⊙红色旅游的三大功能/刘建平//学习导报 2005－05
⊙光明日报出版社推出红色旅游系列图书//新闻前哨 2005－05
⊙广元：红色旅游地绿色消防风/刘荣健//中国西部科技 2005－05
⊙红色旅游走红山西/武耀丽//今日山西 2005－05
⊙四川红色旅游发展的战略思考/张先智//乐山师范学院学报 2005－05
⊙山东旅游掀起红色旋风/杜启洪//走向世界 2005－05
⊙临沂：红色旅游彰显历史文化/刘广阔//走向世界 2005－05
⊙历史唯物观下看红色旅游发展走向/王艳平//东北财经大学学报 2005－05
⊙忆苦思甜　红色旅游//数字生活 2005－05
⊙河南省红色旅游的开发战略研究/孙艳红//河南师范大学学报（哲学社会科学版）2005－05
⊙试论长征精神与红色旅游的遇合与转化/向宝云//毛泽东思想研究 2005－05
⊙红色旅游——河南旅游业的新主题/方世苏//平原大学学报 2005－05
⊙试论当前我国红色旅游发展的信息化建设/李晓敏//中共山西省委党校学报 2005－05
⊙统一思想　扎实工作　推进红色旅游全面发展——在全国发展红色旅游工作会议上的讲话（摘要）/李盛霖//中国经贸导刊 2005－05
⊙关于红色旅游的探讨/姚素英//北京第二外国语学院学报（旅游报）2005－05
⊙丰富和发展满洲里市红色旅游的调查与思考/高玉臣//内蒙古统计 2005－05
⊙谈南昌市红色旅游的发展/徐晓进//南昌高专学报 2005－05
⊙浅析赣南红色旅游/骆之圃//南方冶金学院学报 2005－05
⊙红色旅游理论梳理与实践建议/雷召海//中南民族大学学报（人文社会科学版）2005－05
⊙发展红色旅游还须绿色环境/董文茂//环境 2005－05
⊙红色旅游“红”遍神州/许建起//中国老区建设 2005－05
⊙信阳市红色旅游精品线全面飘红/王昕昱//中国老区建设 2005－05
⊙红色旅游醉游人//巴中日报 2005－05－06
⊙挖掘整合资源　发展红色旅游//阿坝日报 2005－05－12
⊙“红色旅游”：在增强吸引力上下功夫//中国国防报 2005－05－23
⊙产业导向开发红色旅游//长江日报 2005－05－30
⊙踏寻红军足迹　环游红色之旅/朱林//汽车实用技术 2005－06
⊙上杭县委党史研究室为延伸红色旅游景点提供资政服务/刘宝联//福建党史月刊 2005－06
⊙武夷山赤石、大安红色旅游景点被收入国家级红色旅游精品线和经典景区名录/张金锭//福建党史月刊 2005－06
⊙促进红色旅游建设生态湘潭——访湘潭市林业局党委书记、局长刘青山/戈亘//湖南林业 2005－06
⊙把发展红色旅游作为宣传思想工作和精神文明建设的一项重要任务//新闻战线 2005－06
⊙红色旅游对机关后勤服务业的启迪和影响/姚万垠//中国机关后勤 2005－06
⊙红色旅游扮靓四川宣汉/刘传国//西部大开发 2005－06
⊙关于发展沂蒙红色旅游的探讨/李宗保//山东经济战略研究 2005－06
⊙台儿庄精心打造红色旅游基地/陈学超//今日国土 2005－06
⊙红色旅游发展价值分析/方聪惠//地理教育 2005－06
⊙红色旅游产品开发对策探讨——以红三角地区为例/黄静波//湖南行政学院学报 2005－06
⊙新增图定旅客列车，满足红色旅游/铁运//铁道知识 2005－06
⊙甘肃红色旅游发展对策研究/师守祥//兰州学刊 2005－06
⊙红色旅游开发与区域旅游业新增长点的培育/阎友兵//湘潭大学学报（哲学社会科学版）2005－06
⊙长沙市“红色旅游”资源开发研究/罗文斌//长沙大学学报 2005－06
⊙发展“红色旅游”，完善桂林旅游格局/连云凯//桂林旅游高等专科学校学报 2005－06
⊙对我国发展“红色旅游”的一点思考/范方志//宁波职业技术学院学报 2005－06
⊙精心设计路线开发红色旅游//长白山日报 2005－06－23
⊙“抗战精神”——中国人民抗日战争纪念馆之魂/江山//党建 2005－07
⊙红色旅游地——榜罗镇/李献土//丝绸之路 2005－07
⊙区域红色旅游产品营销策略初探——来自湘粤赣红三角的实证分析/王发兴//韶关学院学报 2005－07
⊙红色旅游线路精选/张蕾//金融信息参考 2005－07
⊙开发红色旅游　造福祖国边疆/刘清山//农村财政与财务 2005－07
⊙携手打造夹金山红色旅游经典景区/刘期荣//中国西部 2005－07
⊙江西红色旅游开发之思考/朱湘辉//江西社会科学 2005－07
⊙吴旗县提出红色旅游梯级开发构想//延安日报 2005－07－26
⊙浙江的5个“红色旅游经典景区”/尤琪//今日浙江 2005－08
⊙红色旅游“红”遍大江南北/阿木//时代潮 2005－08
⊙我国发展红色旅游要实现的“六大目标”//时代潮 2005－08
⊙浅谈湖南红色旅游的开发/刘骏飞//经济师 2005－08
⊙求真务实，塑造三晋红色旅游丰碑——山西省旅游局局长籍振芳专访/李潇泉//当代世界 2005－08
⊙红色旅游潮涌山西//当代世界 2005－08
⊙红色旅游主题活动之一：“太行情·山西行”红色之旅主题系列活动//当代世界 2005－08
⊙红色旅游主题活动之二：“走向胜利的征程”主题旅游接力活动//当代世界 2005－08
⊙红色旅游主题活动之三：“弘扬太行精神，百万青少年革命老区行”红色旅游活动//当代世界 2005－08
⊙红色旅游主题活动之四：“黄河魂·华夏情”天下华人共唱一首歌——首届中国黄河壶口国际合唱节/谈亚东//当代世界 2005－08
⊙红色景区燃情山西——山西省31处红色旅游景区/谈亚东//当代世界 2005－08
⊙全国红色旅游线路//当代世界 2005－08
⊙历史文化名镇如何向红色旅游城镇转变——以湖北省监利县周老嘴镇为例/王婷//小城镇建设 2005－08
⊙红色旅游产品的生命周期及价格策略/钟俊昆//价格月刊 2005－08
⊙打造锦州红色旅游精品工程/迟克举//理论界 2005－08
⊙韶关、郴州、赣州三市联合打造红色旅游品牌的战略研究/王发兴//南方经济 2005－08
⊙给陕西红色旅游支招/拓菁//西部大开发 2005－08
⊙让红色旅游“火”起来/杨爱花//经营与管理 2005－08
⊙民族品牌民族心——宇通情系“红色旅游”//运输经理世界 2005－08
⊙台儿庄精心打造红色旅游基地//党员干部之友 2005－08
⊙皖西南利用资源发展红色旅游//安徽经济报 2005－08－19
⊙题红色旅游教育基地/方探春//对联．民间对联故事 2005－09
⊙淘金“红色旅游”/李海侠//光彩 2005－09
⊙今天，我们这样纪念红色历史——记“红色旅游潮涌山西”主题活动/陈瑾//旅游时代 2005－09
⊙广西红色旅游发展战略研究/廖国一//改革与战略 2005－09
⊙红色旅游研究的文化人类学视野/丁武军//江西社会科学 2005－09
⊙体验经济背景下红色旅游发展模式探讨/付美蓉//江西社会科学 2005－09
⊙红色歌谣与旅游应用/徐德培//江西社会科学 2005－09

◎ 保护生态环境与发展红色旅游/陶表红//江西社会科学 2005－09
◎ 将红色旅游与扶贫开发结合起来/李文明//老区建设 2005－09
◎ 红色旅游大众化的制约瓶颈和发展策略研究/董观志//特区经济 2005－09
◎ 红色旅游：体验长征文化感悟多彩贵州/本刊编辑部//当代贵州 2005－10
◎ 红色旅游方兴未艾/景伯平//当代贵州 2005－10
◎ 富有潜力的贵州红色旅游/石培华//当代贵州 2005－10
◎ 红色旅游：规划建设有举措/喻丹//当代贵州 2005－10
◎ 陕西推出多条红色旅游专线//丝绸之路 2005－10
◎ 红色旅游三题/刘东朝//思想政治工作研究 2005－10
◎ 将红色旅游纳入微观经济/李涛//发展 2005－10
◎ 摊开甘肃红色旅游发展线路图/师守祥//发展 2005－10
◎ 红色旅游与革命老区经济社会的协调发展/阎友兵//湖南科技学院学报 2005－10
◎ 关于发展红色旅游的思考/刘砺//特区经济 2005－10
◎ 红色旅游红色体验走进 2005，红色旅游“火”起来/李力//当代广西 2005－10
◎ 我国发展“红色旅游”的经济学分析/曾国平//经济论坛 2005－11
◎ 山水园林城市红色旅游胜地/杨群//党员干部之友 2005－11
◎ 韶山仪陇等五地携手推进共和国领袖诞生地红色旅游//南充日报 2005－11－09
◎ 红色旅游/陈四益//读书 2005－12
◎ 延安红色旅游及其创新开发的思考/程莉娜//小城镇建设 2005－12
◎ 推动红色旅游可持续健康发展/张建宏//特区经济 2005－12
◎ 从促进革命老区经济社会协调发展看红色旅游的社区参与/邱小燕//福建党史月刊 2005－12
◎ 弘扬红军精神　打造红色旅游精品　振兴雪山草地//阿坝日报 2005－12－01
◎ 江西省人民政府关于成立 2005·中国（江西）红色旅游博览会组织工作委员会的通知//江西政报 2005－16
◎ 发展红色旅游之我见/张继芳//合作经济与科技 2005－18
◎ 积极促进红色旅游的健康发展/焦新旗//经济论坛 2005－18
◎ 2005·中国（江西）红色旅游博览会盛大开幕/陶刚//江西政报 2005－18
◎ 实现浙江省红色旅游的可持续发展/傅琴琴//商场现代化 2005－20
◎ 对搞好当前红色旅游规划的几点思考/焦新旗//经济论坛 2005－24
◎ 对红色旅游的分析及营销方式的建议/贾昆畚//商场现代化 2005－30
◎ 论革命纪念馆打造“红色旅游”品牌/纪东海//徐州工程学院学报 2005－S1
◎ 红色旅游产品的设计思路/王立东//求实 2005－S2
◎ 全面开创红色旅游发展新局面//党建 2005－Z1
◎ 探索免费开放管理新路（3－4）/徐机玲//党建 2005－Z1——“让红色旅游更有吸引力”系列篇之一
◎ 红色旅游/周亚丽//小学生导刊（中年级）2005－Z2
◎ 把红色旅游产业做大做强/梁敏//阿坝日报 2006－08－04
◎ 会宁县全力打造红色旅游产业/杨春霖//白银日报 2006－09－02
◎ 也谈做大做强延安红色旅游产业/雷斌//各界导报 2006－12－01
◎ 开发红色旅游产业大力发展旅游经济/程岳峰//甘南日报（汉文版）2006－04－27
◎ 褒扬烈士精神　教育启迪后人/闫应标//甘肃日报 2006－09－01
◎ 岷县开发红色旅游产业/王富海　牛树基//甘肃日报 2006－09－16
◎ 大力发展韶关红色旅游产业/孙斌//韶关日报 2006－06－24
◎ 发展永顺红色旅游产业的思考/彭成林//团结报 2006－10－09
◎ 关于如何做大做强延安红色旅游产业的几点思考与建议/雷斌//延安日报 2006－10－31
◎ 江西红色旅游经典之一：人民军队的摇篮——南昌/金哲//党史文苑 2006－01
◎ 江西红色旅游经典之二：中国革命的摇篮——井冈山/穆子//党史文苑 2006－03
◎ 江西红色旅游经典之三：瑞金——共和国的摇篮/晓燕//党史文苑 2006－05
◎ 江西红色旅游经典之四：中国工人运动的摇篮——安源/晓庄//党史文苑 2006－07
◎ 江西红色旅游经典之五：上饶——闽浙赣革命根据地的中心/金哲//党史文苑 2006－09
◎ 江西红色旅游经典之六：座座名山——红色故事的摇篮/穆仁姆//党史文苑 2006－11
◎ 江西红色旅游经典之七：庐山——避暑胜地政治名山/晓燕//党史文苑 2006－13
◎ 江西红色旅游经典之八：龙虎山——红十军与中央红军会师地/晓庄//党史文苑 2006－15
◎ 体验经济时代　发展我国红色旅游的战略思考——以百色市为例/乔海燕//桂林旅游高等专科学校学报 2006－01
◎ 红色旅游的可持续发展研究/盛正发//广西社会科学 2006－01
◎ 红色旅游撼山水/张今中//水利天地 2006－01
◎ 论山西红色旅游发展策略/郭娟//山西煤炭管理干部学院学报 2006－01
◎ 中越边境跨国红色旅游“金三角”的构想/廖国一//东南亚纵横 2006－01
◎ 闽西红色旅游发展浅析/林爱平//福建地理 2006－01
◎ 红色旅游的可持续发展研究/阎友兵//湖南工程学院学报（社会科学版）2006－01
◎ 红色旅游胜地　尚志东北抗联纪念//黄河之声 2006－01
◎ 河南发展红色旅游的分析与对策/刘红芳//洛阳工业高等专科学校学报 2006－01
◎ 对衡东县“红色旅游”景区保护与发展的粗浅思考/董石贵//企业家天地（下半月）2006－01
◎ 红色旅游发展的需求及其增长/李广春//郑州航空工业管理学院学报（社会科学版）2006－01
◎ 河北省红色旅游开发研究/邓卓鹏//山西师范大学学报（自然科学版）2006－01
◎ 张家界开发红色旅游产品的战略思考/王云良//怀化学院学报 2006－01
◎ 甘肃发展红色旅游 SWOT 分析与对策/薛武//甘肃农业 2006－02
◎ 武乡发展红色旅游的 SWOT 分析与对策/邓秀艳//科技情报开发与经济 2006－02
◎ 沪赣红色旅游联动开发的思考/孙玉琴//老区建设 2006－02
◎ 浅议徐州都市圈红色旅游产品开发/唐飞//江苏商论 2006－02
◎ 金融支持红色旅游发展问题研究：广安个案/人民银行广安市中心支行课题组//西南金融 2006－02
◎ 对四川红色旅游产品开发的一些思考/徐朝霞//特区经济 2006－02
◎ 对我国当前发展红色旅游的几点思考/陶少华//重庆文理学院学报（社会科学版）2006－02
◎“红色旅游”对相对成熟旅游地客流量的拉升作用——以武夷山为例/董霞//桂林旅游高等专科学校学报 2006－02
◎ 让红色旅游永远红下去——摘自“红色旅游资源开发与利用”专题调研报告/江西省全国人大代表“红色旅游资源开发与利用”专题调研组//中国人大 2006－02
◎ 河北省红色旅游发展对策研究/高海生//河北学刊 2006－02
◎ 英雄城市锦州创建“红色旅游名城”之构想/张利民//辽宁工学院学报（社会科学版）2006－02
◎ 江西红色旅游营销战略浅析/钟先丽//江西科技师范学院学报 2006－02
◎ 论徐州红色旅游的发展/薛爱义//徐州工程学院学报 2006－02

⊙ 论红色旅游目的地的开发与建设——以山西省左权县麻田抗战根据地为例/邵秀英//人文地理 2006－02
⊙ 红色旅游与体育旅游融合性开发的战略思考/姚洁//山东体育学院学报 2006－02
⊙ 湘赣闽红色旅游发展初探/龙茂兴//信阳农业高等专科学校学报 2006－02
⊙ 发展红色旅游对构建和谐社会的重要作用/傅爱平//内蒙古农业大学学报（社会科学版）2006－02
⊙ 皖西红色旅游发展战略研究/张树萍//皖西学院学报 2006－02
⊙ 论桂林旅游圈红色旅游的资源开发与品位提升/李芳云//桂林航天工业高等专科学校学报 2006－02
⊙ 桂林发展红色旅游的战略设想/廖国一//桂林旅游高等专科学校学报 2006－02
⊙ 红石林：“4R”策略打造“红色”旅游品牌/罗乾波//广告大观（综合版）2006－03
⊙ 论红色旅游与区域经济协调发展/粟娟//北方经贸 2006－03
⊙ 红色旅游与红色资源关系解析/谷玉芬//商业经济 2006－03
⊙ 红色旅游扶贫实现的途径/唐治元//老区建设 2006－03
⊙ 红色旅游地区及相关历史事件/林绪智//中学政史地（初中历史）2006－03
⊙ “红色旅游”的理论思考/陈德群//思想政治课教学 2006－03
⊙ 中部崛起进程中的红色旅游价值分析/符太浩//江西财经大学学报 2006－03
⊙ 区域红色旅游品牌整合问题探析/罗小斌//怀化学院学报 2006－03
⊙ 安徽省红色旅游发展态势分析/尹寿兵//资源开发与市场 2006－03
⊙ 山东省红色旅游的开发策略研究/窦蕾//资源开发与市场 2006－03
⊙ 山西红色旅游可持续发展研究/李雪琴//高等函授学报（自然科学版）2006－03
⊙ 遂川县红色与绿色生态旅游的构想与启示/陈艳//农业考古 2006－03
⊙ 沂蒙山区红色旅游发展对策/郑昭佩//山东师范大学学报（自然科学版）2006－03
⊙ 网上开展评选红色旅游景区/江山//党建 2006－04
⊙ 红色旅游/陈四益//雨花 2006－04
⊙ 发展红色旅游之我见/胡柏翠//经济与社会发展 2006－04
⊙ 红色旅游的可持续发展研究/张丹//湘潭师范学院学报（社会科学版）2006－04
⊙ 老区发展红色旅游对策研究——以吉安市为例/刘小泉//当代经理人（下旬刊）2006－04
⊙ 论体验经济与红色旅游开发/师守祥//甘肃农业 2006－04
⊙ 让“红色旅游”致富一方——对西柏坡红色旅游发展的几点思考/王超//农村经济与科技 2006－04
⊙ 论我国“红色旅游”的发展/龙丽民//地理教育 2006－04
⊙ 视察息烽“红色旅游”（诗四首）/王正山//贵阳文史 2006－04
⊙ 市政协视察红色旅游/杨立成//贵阳文史 2006－04
⊙ 贵阳红色旅游精品景点//贵阳文史 2006－04
⊙ 红色旅游营销对策的探讨/唐文林//科技与管理 2006－04
⊙ 湖南红色旅游开发创新研究/杨洪//湖南科技大学学报（社会科学版）2006－04
⊙ “红色旅游”的发展给我国档案馆的启示/钦娟//机电兵船档案 2006－04
⊙ 红色旅游的理论建设和理论创新/李湘//党政干部学刊 2006－05
⊙ 通渭发展的契机——红色旅游/陈丽丽//甘肃农业 2006－05
⊙ 红色旅游与贵州经济可持续发展浅析/张引//商场现代化 2006－06
⊙ 如何整合红色旅游市场/谷玉芬//商业时代 2006－06
⊙ 全国百个红色旅游经典景区藕塘烈士陵园/刘经华//中国地名 2006－06
⊙ 红色旅游与体育旅游资源融合开发可行性分析/姚洁//体育文化导刊 2006－06
⊙ 百个红色旅游景区“会师”四明山//宁波日报 2006－06－29
⊙ 在打造红色旅游基地中塑魂立根//政工研究动态 2006－07
⊙ 江西省发改委关于做好红色旅游景点门票价格管理工作的通知//价格月刊 2006－07
⊙ 发挥红色文化优势　打造特色旅游亮点——以贵州瓮安红军长征突破乌江天险主题园规划为例/赵军//小城镇建设 2006－07
⊙ 安徽红色旅游环境分析及生态保育对策/刘云霞//华东经济管理 2006－07
⊙ 仁怀市红色旅游产业发展的 SWOT 分析/赵雪阳//特区经济 2006－07
⊙ 红色旅游市场定位与营销策略研究——以云南省为例/周刚//江苏商论 2006－07
⊙ 江西红色旅游经济持续升温//华东旅游报 2006－08－01
⊙ 红色旅游发展走向研究/张雅敏//合作经济与科技 2006－08
⊙ 湖北省红色旅游发展对策探讨/熊继红//商场现代化 2006－08
⊙ 红色旅游目的地营销方略/陆军//旅游学刊 2006－08
⊙ 做大红色旅游产业　形成新的经济增长点——赣南红色资源考察/郭起浪//商场现代化 2006－09
⊙ 什么是红色旅游？//中国保安 2006－10
⊙ 红色旅游娱乐产品开发研究/陈素平//文史博览 2006－10
⊙ 2006·中国（江西）红色旅游博览会隆重开幕//江西日报 2006－10－17
⊙ 文化人类学视角下的红色旅游/王继红//当代经理人（中旬刊）2006－11
⊙ 安徽省“红色旅游”品牌开发研究/胡伟//北方经济 2006－12
⊙ 红色旅游：加快老区富民步伐/戴积水//今日浙江 2006－12
⊙ 论河北省发展红色旅游的现实意义/邢慧斌//商业研究 2006－15
⊙ 红色旅游能“红”多久——探寻中国红色旅游发展的原动力/石培华//人民论坛 2006－16
⊙ 试论红色旅游的科学发展观/谷玉芬//商业时代 2006－16
⊙ 利用“红色旅游”创新中学政治教育/罗晰//文教资料 2006－18
⊙ 浅析红色旅游与生态旅游的协调发展/张启//商场现代化 2006－19
⊙ 我国红色旅游开发的对策探讨/陈佳平//商场现代化 2006－22
⊙ 宁夏开发红色旅游的几点思考/段文彬//社会科学家 2006－S1
⊙ 红色旅游产品的线路设计/王立东//求实 2006－S1
⊙ 瑞金大力发展红色旅游产业/赖永峰　姜建明//经济日报 2007
⊙ 我市红色旅游产业蓬勃发展/南卫东　吴丽霞//延安日报 2007
⊙ 海岛红色旅游开发策略——以浙江舟山群岛为例/郭旭//科技信息（学术版）2007－14
⊙ 红色旅游情报//神州 2007－01
⊙ 红色旅游情报//神州 2007－02
⊙ 红色旅游情报//神州 2007－03
⊙ 红色旅游情报//神州 2007－05
⊙ 红色旅游情报//神州 2007－06
⊙ 红色旅游情报//神州 2007－07
⊙ 红色旅游情报//神州 2007－08
⊙ 红色旅游情报//神州 2007－09
⊙ 红色旅游情报//神州 2007－10
⊙ 红色旅游情报//神州 2007－11
⊙ 红色旅游情报//神州 2007－12
⊙ 关于发展“红色旅游”的几点思考/李静//山西大同大学学报（社会科学版）2007－02
⊙ 基于 SWOT 的云南红色旅游产业发展战略选择/魏传超　陈方　陈娟娟//山西科技 2007－02
⊙ 试论湖南红色旅游的开发/谭业//湖南第一师范学报 2007－03
⊙ 关于湖南红色旅游地区旅游人才的调查和思考/邹照兰//长沙民政职业

技术学院学报 2007－03
⊙ 新疆红色旅游发展研究/张珏//新疆师范大学学报（自然科学版）2007－03
⊙ 关于如何做大做强延安红色旅游产业的思考与建议/李爽//企业家天地 2007－03
⊙ 江西红色旅游产业发展特征评析/高茂兴//宜春学院学报 2007－03
⊙ 落实科学发展观与江西红色旅游发展的新思路/邓燕萍//中共南昌市委党校学报 2007－03
⊙ 广西红色旅游发展的 SWOT 分析与对策/韦倩虹//内江师范学院学报 2007－04
⊙ 红色旅游与赣州市体育旅游的发展对策选择/赵金岭//山西师大体育学院学报 2007－04
⊙ 延安发展红色旅游的现状与对策/康琪//延安教育学院学报 2007－04
⊙ 红色旅游公益性和营利性关系重构/李自茂//赣南师范学院学报 2007－04
⊙ 加快红色旅游发展的对策思考/张震//沧桑 2007－04
⊙ 中国红色旅游全面发展研究/韩福文//沈阳师范大学学报（社会科学版）2007－05
⊙ 湖南红色旅游发展的战略思考/阎友兵//经济地理 2007－05
⊙ 重庆红色旅游的发展思路与措施/李家发//重庆教育学院学报 2007－06
⊙ 信阳红色旅游与旅游经济协调发展研究/谌静//湖南财经高等专科学校学报 2007－06
⊙ 红军长征的地缘空间特点及其红色旅游开发构想——以四川省为例/陈炜//桂林旅游高等专科学校学报 2007－06
⊙ 红色旅游数字化综合服务平台的构想及其意义——以江西为例/黄细嘉//南昌大学学报（人文社会科学版）2007－06
⊙ 对红色旅游节庆若干问题的思考——以 2006·中国（江西）红色旅游博览会为例/陈平平//农业考古 2007－06
⊙ 红色旅游热与广西民族地区旅游业的发展/贺剑武//特区经济 2007－07
⊙ 贵州红色旅游的功能与战略对策/陈康海//理论与当代 2007－07
⊙ 彩云之南系列（71）：国家级红色旅游经典景区——会泽县水城红军扩军旧址/欧阳婷婷//云南电业 2007－08
⊙ 彩云之南系列（72）：国家级红色旅游经典景区——威信县扎西会议纪念馆/欧阳婷婷//云南电业 2007－09
⊙ 彩云之南系列（73）：国家级红色旅游经典景区——石鼓红军渡口/欧阳婷婷//云南电业 2007－10
⊙ 彩云之南系列（74）：国家级红色旅游经典景区——昆明市“一二·一”四烈士墓及“一二·一”纪念馆/欧阳婷婷//云南电业 2007－11
⊙ 彩云之南系列（75）：全国爱国主义教育示范基地——彝良罗炳辉陈列馆/欧阳婷婷//云南电业 2007－12
⊙ 开发革命历史档案促进红色旅游发展/马进甫//中国档案 2007－08
⊙ 浅析发展山西红色旅游的对策/郅润明//经济师 2007－08
⊙ 红色旅游文化建设的战略意义/周振国//今日中国论坛 2007－08
⊙ 论红色旅游如何营销红色文化/王娟//科教文汇（上旬刊）2007－08
⊙ 风景这边独好——江西红色旅游发展现况及思考/子玉//时代主人 2007－08
⊙ 发展安源红色旅游之我见/周同跃//时代主人 2007－08
⊙ 红色旅游旺赣鄱——部分人大代表视察我省红色旅游随行见闻/江先贞//时代主人 2007－08
⊙ 发展张家界红色旅游　完善张家界旅游品牌/卓德红//企业家天地 2007－08
⊙ 市场导向型红色旅游发展模式研究——以甘肃省为例/李永乐//学术论坛 2007－09
⊙ 红色旅游发展与革命纪念馆建设/曾慧兰//时代经贸（中旬刊）2007－S8
⊙ 红色旅游景区软环境建设初探/吴强//知识经济 2007－10
⊙ 发展红色旅游加强革命文物保护/史永平//前进 2007－10
⊙ 江西老区红色旅游 SWOT 分析与发展研究/魏政//老区建设 2007－10
⊙ 红色旅游景区体验型开发研究——以陕西“延安保卫战”旅游景区为例/方世敏//求索 2007－10
⊙ 红色旅游产业、文物保护开发与地区经济发展的互动关系研究/倪卫红//商业研究 2007－11
⊙ 简论辽宁省“红色旅游”的发展/王素珍//商业研究 2007－11
⊙ 红色旅游的可持续发展战略研究/孙凯//消费导刊 2007－11
⊙ 红色旅游营销对策研究——以桂西为例/闫贺平//东方企业文化 2007－11
⊙ 江西红色旅游的思考/胡强//民营科技 2007－11
⊙ 中部地区红色旅游形象设计/卢丽刚//求索 2007－11
⊙ 纪念馆/欧阳婷婷//云南电业 2007－11
⊙ 对战场型红色旅游产品开发的思考/李志勇//江苏商论 2007－12
⊙ 提案唱响闽西“红色旅游”/秋枫//政协天地 2007－12
⊙ 论中国红色旅游产业化与可持续发展的制度安排/李先维//经济论坛 2007－13
⊙ 湖北省洪湖红色生态旅游度假区——瞿家湾//学习月刊 2007－15
⊙ 河北省红色旅游可持续发展的思考/潘保海//经济论坛 2007－16
⊙ 加快红色旅游由事业接待型向旅游产品型的转变/刘娅琼//经济论坛 2007－17
⊙ 井冈山红色旅游产品深度开发研究/白竹岚//集团经济研究 2007－19
⊙ 2010 年：中国红色旅游综合收入将达 1000 亿元//空运商务 2007－22
⊙ 浅谈赣南红色旅游产品的深度开发与创新/吴强//大众科学（科学研究与实践）2007－23
⊙ 红色景区体育旅游产品开发构想/谭曙辉//科技咨询导报 2007－25
⊙ 河北省红色旅游的跨越式发展对策研究/胡玲玲//商场现代化 2007－25
⊙ 试论陕西红色旅游的可持续发展/闫团结//商场现代化 2007－27
⊙ 对江西红色旅游发展的战略思考/钟先丽//商场现代化 2007－27
⊙ 试论井冈山红色旅游的可持续发展/詹素平//商场现代化 2007－27
⊙“重走转战路，体验黄土情”——陕北打造红色旅游路线图/李延军//中国经济周刊 2007－28
⊙ 理论视野中的红色旅游发展初探/刘东朝//集团经济研究 2007－31
⊙ 川东发展红色旅游的 SWOT 分析与对策/叶青//中国市场 2007－31
⊙ 刍议中国红色旅游开发策略/程远清//考试周刊 2007－31
⊙ 对南昌红色旅游开发的几点思考/胡晶//商场现代化 2007－32
⊙ 论红色旅游的品牌开发/赵丽丽//科技信息（学术研究）2007－34
⊙“红色”旅游渐入佳境/袁元//瞭望 2007－41
⊙ 华池红色旅游开发项目建设力度大进展快/杨晓春　田力　李志文//陇东报 2008－04－21
⊙ 浅谈如何打造革命纪念馆红色旅游品牌，充分发挥其社会教育功能——以湖南第一师范青年毛泽东纪念馆为个案/刘立勇//当代教育论坛（校长教育研究）2008－01
⊙ 2007 年中国红色旅游优秀景区人物评选//党建 2008－01
⊙ 重庆市红色旅游产品开发研究/江燕玲//重庆文理学院学报（社会科学版）2008－01
⊙ 湖湘文化：湖南红色旅游之魂/伍慧玲//湘潮（下半月）（理论）2008－01
⊙ 广西百色市发展红色旅游的思考/陈红玲//资源开发与市场 2008－01
⊙ 唐山市“红色旅游”资源开发的思考/邢志勤//特区经济 2008－01
⊙ 以经济战略模型探析红色旅游景区的市场定位——以延安清凉山为例/高小燕//陕西行政学院学报 2008－01
⊙ 经济落后地区学生对红色旅游的认知和意向行为特征研究——以永州为例/周慧玲//湖南科技学院学报 2008－01
⊙ 金华红色旅游的发展研究/沈雁飞//华东森林经理 2008－01
⊙ 河南省红色旅游可持续发展研究/刘桂兰//河南师范大学学报（哲学社

会科学版）2008－01
⊙发展红色旅游的SWOT分析——以桂西为例/闫贺平//经济与社会发展 2008－01
⊙闽赣边区红色旅游发展SWOT分析与对策/檀小舒//闽西职业技术学院学报 2008－01
⊙洞头县红色旅游开发现状与对策思考/孙仁峰//浙江工贸职业技术学院学报 2008－01
⊙红色旅游特色商品开发的原则与策略/王晖//商场现代化 2008－02
⊙红色旅游发展的潜力、动力、活力何在/夏莉//现代商业 2008－02
⊙浙东四明山红色旅游目的地的开发与建设/童亿勤//资源开发与市场 2008－02
⊙河北省红色旅游·文明生态村建设与乡村旅游互动/赵从欣//安徽农业科学 2008－02
⊙红色旅游与体育旅游融合性开发的策略研究——以韶山为例/骆慧菊//湖北体育科技 2008－02
⊙基于SWOT分析的红色旅游国际市场开发初探/陈宁英//科技创业月刊 2008－03
⊙会宁红色旅游产业发展策略初探/侯敏　笪晓军//资源与产业 2008－03
⊙基于社区参与的红色旅游发展研究/程道品//商场现代化 2008－07
⊙老区发展红色旅游的思考/姚卿善//商场现代化 2008－08
⊙石河子红色旅游市场分析及营销策略研究/肖静//科技信息（科学教研）2008－11
⊙推进红色旅游全面发展/李盛霖//人民日报 2005－04－02

红色题材新影视化

一、2008年7年—9月，我们设计了14个关键词（见附录一），在网上对“红色题材新影视化”进行检索，剔除其中大量的无效信息、重复信息和只字片语式的评论，得到的统计结果是：2000年—2008年9月5日，纸质媒体、公共网站发表的有关各类研究、评论、报道共计166篇。

二、我们根据上述统计材料，对相关内容进行了分类，得出以下结论：

A：在共计166篇的评论和研究、报道中，对“红色题材新影视化”予以充分肯定、基本肯定的共计109篇，占总数的65.7%。（见附录二）

B：在共计166篇的评论、研究和报道中，对“红色题材新影视化”予以完全否定、基本否定，或只做负面报道的文章共计31篇，占总数的18.7%。（见附录三）

C：在共计166篇的研究、评论、报道中，对“红色题材新影视化”无明确评价指向或无法做出分类归属的共计26篇，约占总数的15.6%。（见附录四）

三、我们从上述166篇文章中辑录出有关“红色题材新影视化”的重要研究观点57条。

四、我们从上述166篇文章中，辑录出有关“红色题材新影视化”产业效益方面的报道6条。

五、我们集体讨论选编有关“红色题材新影视化”的重要文章7篇。

1. 红色经典：在官方与市场的夹缝中求生存/陶东风//中国比较文学2004-04

2. “红色经典”艺术生产的内在机理分析——以作品《林海雪原》的生成、改编为例/熊文泉//当代电影2004-06

3. “红色经典”的改编之路/苏星//大众电影2006-13

4. 后现代语境下审视“红色经典”的电视剧改编/谢婉若//求索2007-08

5. 原典化对文化产业化的启示——以红色经典《红岩》为例/傅明根//湖南文理学院学报（社会科学版）2008-01

6. 漫谈“红色经典”改编/杨锦鸿//文艺理论与批评2008-02

7. 红色经典改编现象透视/陈昭明//赣南师范学院学报2008-04

六、附录

附录一：“红色题材新影视化”搜索关键词

附录二：A类文章目录

附录三：B类文章目录

附录四：C类文章目录

重要观点辑录

关于“红色题材新影视化”的文化价值、意义、影响

“红色经典”的改编主要发生在影视界。影视界对于中国历史上的经典作品的改编由来已久。《红楼梦》、《西游记》、《水浒传》、《三国演义》等改编的影视剧早已妇孺皆知，甚至一改再改。但对“红色经典”的电视剧改编还是三四年前的事。2000年万科影视公司推出的中国版电视剧《钢铁是怎样炼成的》一炮走红，不仅赢得很高的收视率，而且得到官方与民间的一致赞赏。2003年夏天，电视剧《烈火金刚》热播；2004年3月，《林海雪原》在各大电视台轮番上演。就在“红色经典”的话题被炒得沸沸扬扬之后，《小兵张嘎》也在电视台黄金强档播出。改编后的电视剧《红色娘子军》也将在今年国庆节面世。《闪闪的红星》将于2009年播出。消息还在源源不断地传出，完成或正在摄制和筹备之中的“红色经典”改编电视剧还有：《红岩》、《红日》、《红旗谱》、《阿庆嫂》、《红灯记》、《鸡毛信》、《这里的黎明静悄悄》、《牛虻》等等，一个“红色经典”的改编热潮已然到来。

（摘自陶东风：《红色经典：在官方与市场的夹缝中求生存》，《中国比较文学》2004年第4期）

“几千年的文化给我们留下了那么多的东西，我们的粮食多得是，为什么不可以重做一锅新米饭呢？”5月23日，在中国文联、中国剧协、中国影协、中国视协联合在京举办的“红色经典”改编创作座谈会上，著名电影导演艺术家谢铁骊如是说。

（摘自吴晓东：《“红色经典”改编必须尊重历史记忆》，《中国消费者报》2004年5月28日）

当下电视剧的改编理念并不囿于忠实原著，而更致力于出新。这“出新”中，既包含着深化提升原著的思想文化意义的旨趣，还兼顾了对受众群体审美心理的号脉，对观赏性、娱乐性的考虑必不可少。正如原著作者曲波所说：“我的小说是1957年写的，已经是上一个世纪了，今天改编成电视剧，要站在今天的历史高度，用现代人的视角和审美观念出发进行再创作，不必拘泥于原小说的内容。”

（摘自戴清　宋永琴：《“红色经典”改编：从“英雄崇拜”到“消费怀旧”——电视剧〈林海雪原〉的叙事分析与文化审视》，《当代电影》2004年第6期）

“红色经典”的影视剧改编，是创作理念和艺术实践不断求新的过程，更是当代意识与革命历史对话、碰撞的重要交汇点，由此也决定了“红色经典”的长久生命力，恰如古道上的鲜花，历久弥新。

（摘自戴清　宋永琴：《“红色经典”改编：从“英雄崇拜”到“消费怀旧”——电视剧〈林海雪原〉的叙事分析与文化审视》，《当代电影》2004年第6期）

在观众、学者和影视主管部门等各方面的共同影响和干预下，“红色经典”改编已经逐步走出了“戏说”的误区，渐入良性发展的轨道。

（摘自杨利景：《“红色经典”改编：警惕走入另一个误区》，《阅读与写作》2007年第6期）

正因为“红色经典”本身存在着这样的诸多缺憾，所以我们在改编的过程中不但要有所继承，更要有所扬弃。

（摘自杨利景：《“红色经典”改编：警惕走入另一个误区》，《阅读与写作》2007年第6期）

对“红色经典”的改编是非常有价值的。其一，是在艺术创作层面，“红色经典”改编提示我们重新思考历史与文学的关系、艺术真实性、纪实作品的合理虚构、艺术形式间的互动（如电影、小说、戏剧等的互相改编）、创作主体的著作权等一系列问题，当然还包括如何对待既定文本、处理其精神价值等问题。其二，在社会意识形态层面，“红色经典”改编引发出意识形态怎样对待艺术自由、艺术创作，如何建构意识形态的问题。

（摘自李钟声　陈志红：《“红色经典”改编：想说爱你不容易》，《南方日报》2004年6月2日）

在如今的市场经济时代，传媒需要市场，作为文化产业的影视业更需要市场。改编热的兴起正是顺应了市场的需求。现在连好莱坞也掀起了改编的热潮。这种热潮可以说是方兴未艾。影视业既然要走文化产业之路，不仅“红色经典”的改编成为热潮，任何东西都会被挖出来改编。

（摘自李钟声　陈志红：《“红色经典”改编：想说爱你不容易》，《南方日报》2004年6月2日）

“红色经典”中所展示的为群体和国家的利益而牺牲自我的英雄主义精神，为人类未来创造光明的崇高理想，以及“正义必定战胜邪恶”的坚定信念等，无疑都具有浓重的浪漫主义色彩，这在今天都是弥足珍贵的。

（摘自杨利景：《“红色经典”改编必须解决的几个问题》，《辽宁师范大学学报》（社会科学版）2006年第2期）

经典也不是为了被高阁“悬置”而存在的，它的价值在于传承。大众传媒使经典的传播和扩散达到了一个空前的高度，而基于不同媒体形态的经典改编就是最直接的方式。

（摘自白忠德：《“红色经典”改编热的冷静思考》，

《陕西广播电视大学学报》2005年第4期）

“红色经典”在30多年后的今天的重现，是对红色原典的激活和重建，有利于新的历史背景下红色原典的传播，并对当下的意识形态格局、民众精神图谱和文化艺术生产产生一定的影响力。

（摘自闻言：《专家学者会诊“红色经典”改编问题》，《文艺报》2005年2月3日）

“红色经典”改编无论是从历史教育意义出发，还是从文学积累角度出发，都是“经典”再生的过程。

（摘自曾祥书：《“红色经典”改编应是经典再生》，《文艺报》2006年8月5日）

“红色经典”作品，感染、教育、影响了几代人，今后还将感染、教育、影响一代又一代的人们，其教化功能是不可替代的。

（摘自傅伯言　舒信波　公仲　吴海　周劭馨　胡颖峰　夏汉宁：《“红色经典”现象透视——江西评论家七人谈》，《文艺报》2004年6月8日）

现在我们回首“红色经典”，重温“红色经典”，召唤英雄主义，提倡奉献精神，帮助人们从迷茫的思想雾氛中突围，在精神上补血、补钙，提升思想境界，正是回应了广大人民群众对建设健康向上的思想文化的强烈诉求。

（摘自傅伯言　舒信波　公仲　吴海　周劭馨　胡颖峰　夏汉宁：《“红色经典”现象透视——江西评论家七人谈》，《文艺报》2004年6月8日）

再现“红色经典”剧已经不仅仅是影视娱乐界的事，它同时也肩负着一种不可忽视的社会责任。那就是按照“代表中国先进文化的前进方向”这一宗旨去发展其文化艺术事业。民族精神激励着一代又一代人成长，“红色经典”剧就是要向人们展示这种精神。

（摘自朱莉：《“红色经典”剧究竟该如何“变脸”——由〈林海雪原〉引发的争论所想到的……》，《声屏世界》2004年第11期）

就“红色经典”而言，那些越是具有民间传奇色彩的作品，可改编性就越高。

（摘自赵勇：《“红色经典”剧改编的困境在哪里——以〈沙家浜〉为例》，《社会科学辑刊》2006年第6期）

在新的形势下，“红色经典”影视仍是当代大学生思想政治教育的重要形式。

（摘自杨澜洁：《“红色经典”影视仍为大学生思想政治教育的重要形式》，《大学时代》（B版）2006年第8期）

关于“红色题材新影视化”的创作原则

由于电视连续剧以“集”为单位进行制作，这就需要“红色经典”在情节设计与安排上要服从电视连续剧的创作规律。所以那种由于电视剧的生产者根据电视连续剧的创作规律对“红色经典”的情节做出增、删、改的情况，而遭到了“忠实”原著再现观念的研究者的抨击，我认为是不符合“红色经典”改编为电视连续剧的艺术创作规律的。

（摘自景秀明：《“红色经典”电视剧改编研究的反思及改编的再出发》，《当代电影》2007年第1期）

我们应该不只把“红色经典”改编成的电视剧看作是对“原著”做简单的影像再现，而是应该把“红色经典”改编电视剧看作是创作者与其所处的创作时代的各种因素（诸如观众、政治、文化思潮等）呼应以后的再创造，把“红色经典”改编成的电视剧看作某一历史时期所编码而成的蕴藏着改编年代的文化与审美信息的重要文本。

（摘自景秀明：《“红色经典”电视剧改编研究的反思及改编的再出发》，《当代电影》2007年第1期）

改编者在对“红色经典”进行电视剧改编过程中，应该充分考虑各场域对“红色经典”改编成电视剧的立场，然后趋利避害地做出选择。这就是改编者将“红色经典”改编成电视剧所应有的立足点。

（摘自景秀明：《“红色经典”电视剧改编研究的反思及改编的再出发》，《当代电影》2007年第1期）

从技术层面上讲，对“红色经典”的改编应遵循的原则：一是作品原作中的道德观、价值观和理想信念不能变。二是人物的基本形象不能变，观众认定的就是原有的人物形象。如电视连续剧《林海雪原》中杨子荣，给战友下巴豆、使绊子，连人物的品格都有所改变了，观众就难以接受。三是人物关系不能变。

（摘自李钟声　陈志红：《“红色经典”改编：想说爱你不容易》，《南方日报》2004年6月2日）

第一，要考虑当下观众收看电视剧的特点，弄清观众对“红色经典”电视剧的欣赏期待。

第二，要充分领会政府主管部门对“红色经典”改编创作的指示精神。

第三，“红色经典”的电视剧改编的制作者在改编的时候，最应该汲取当前学术界对“红色经典”的研究成果。

除了以上三点所论之外，“红色经典”在改编成电视剧的时候，还应该考虑改编者的想法、电视剧文类特征、电视媒介特性等等。

（摘自景秀明：《“红色经典”电视剧改编研究的反思及改编的再出发》，《当代电影》2007年第1期）

文艺评论家李准提出了改编“红色经典”的基本原则：尊重原著基本的主题、人物关系、故事结构；尊重原著的价值导向；创作改编从现实出发，尊重原著的时代背景。

（摘自李钟声　陈志红：《“红色经典”改编：想说爱你不容易》，《南方日报》2004年6月2日）

“红色经典”包含着一个时期的纯洁的人民记忆，蕴藏着一种高尚的伦理标准，改编要注重对人民记忆的守护。艺术家虽然有创作的自由，但与其去迎合公众，倒不如运用经典向现实发问，刺激现代的人们思考，反而更能让人们感受到“红色经典”的力量。

（摘自赵娟：《“红色经典”翻拍热潮涌动》，《广西日报》2005年6月6日）

只要不脱离生活，影视剧适当地虚构一些情节是必要的。影视创作原本就是一个再创作的过程，而并不是严肃的历史记录。任何一部经典作品在创作时都会受到时代的限制，时代变了，也必须对其作一些必要的删除或添加。像过去把英雄描写成一个“高、大、全”的形象，那才是真正的大忌。

（摘自：《“红色经典”改“偏”了吗?》，《深圳商报》2004年4月5日）

对于“红色经典”的改编，应该是在充分吸收原著精髓和美学内涵的基础上有所取舍、有所创新，做到艺术和利润的双赢。

（选自杜山：《“红色经典”电视剧改编的美学与人文精神思考》，《东南传播》2007年第11期）

针对“红色经典”中业已存在的人文精神的缺失，改编者在对“红色经典”进行改编时，首要的就是要找回一个“人”，一个活生生的、充满感情和人类悲悯之心的大写的“人”。

（选自杜山：《“红色经典”电视剧改编的美学与人文精神思考》，《东南传播》2007年第11期）

关于“红色经典”改编热出现的原因

从投资者角度看，“红色经典”是吸引受众收看的招牌。电视剧投资者正是看中了“红色经典”在今天的中老年观众中深刻的记忆，认为适时地推出“红色经典”，可以节省广告推广的费用，提高收视率。

从观众角度看，“红色经典”能满足年轻一代的新鲜感，尤其能满足当前那些在“红色经典”影响下成长的中老年观众的“怀旧”心理。

从时代角度看，虽然“红色经典”在思想上存在着明显的不合时宜的内容，但是作为特定时代的特定精神产品，“红色经典”中蕴含的对美好生活的向往，对理想的坚持，对信念的执著，对英雄主义的悲壮与崇高的推崇以及作品所展现的公而忘私的精神境界，显然已经成为时代的思想遗产与精神遗存，这无疑在当下日渐市场化的时代中具有烛照意义。

从电视剧文本角度看，目前改编成电视剧的“红色经典”大多是“夺权”故事。“夺权”所具有的故事性、传奇性以及二元对立的人物关系的设置，无疑很适用电视连续剧文本要求。

正是上述这些因素所形成的合力，才使电视剧制作者选择“红色经典”进行改编。

（摘自邵文林：《“红色经典”改编剧的现实分析》，《视听界》2007年第4期）

对于“红色经典”改编剧热拍现象，一位业内人士一语道破天机：《激情燃烧的岁月》走红，让电视界看到了革命题材的巨大市场前景，然而《军歌嘹亮》等系列后继之作在市场上的表现不尽如人意，这让投资方将注意力转移到挖掘经典题材上。

拍摄“红色经典剧”的好处是显而易见的：经典名著在漫长的历史进程中积累起来的知名度和品牌效应，为制片商节约了一笔不小的宣传费用，任何一部红色经典剧无一例外地在筹拍之初就引起了媒体和观众的极大关注，就已经具备了不菲的“广告品牌”价值，将来进入市场自然是道路平坦。而从投资商的投资回报来看，不论影视剧成败与否，观众口碑如何，制片商总是赚多赔少。所以，越来越多的投资人将大笔资金义无反顾地投向“红色经典”剧改编领域，以至形成一股亮眼的红色热潮。

（摘自赵娟：《“红色经典”翻拍热潮涌动》，《广西日报》2005年6月6日）

目前为什么会形成“红色经典”改编热？我觉得是为了迎合社会上不少人的“怀旧”心理需要，以提高收视率为目的而掀起的一阵风潮。

（摘自李钟声　陈志红：《“红色经典”改编：想说爱你不容易》，《南方日报》2004年6月2日）

“红色经典”改编热是两种因素合力推动的结果。一是20世纪八九十年代，“戏仿”（戏说、模仿）的风潮从影视界吹到文学界，如《我的帝王生涯》，就是对文学意义上的现实主义的颠覆之作；《沙家浜》是“戏说”，或者说是“重写”，不是真正意义上的改编。二是由于文化消费市场的需要。我们正处在一个多元化的社会，人们的消费需求也是多元的。目前，改编热是世界上一个普遍的文化现象，并且将会越来越热。

（摘自李钟声　陈志红：《“红色经典”改编：想说爱你不容易》，《南方日报》2004年6月2日）

改编热的兴起，说明了当下的作品不足以满足大众的文化消费需求，文化经营者们就把过去的东西拿来重新包装推向市场。

（摘自李钟声　陈志红：《“红色经典”改编：想说爱你不容易》，《南方日报》2004年6月2日）

这种“红色经典”再度走红的内在机缘，有人们怀旧心理的因素。另外，“红色经典”的再度走红，还与当下的文艺现状有关。“红色经典”的出现，正如一缕清新的风、一眼甘甜的泉，一改文艺界的“靡靡之音”，满足了人们的这种期待。

（摘自杨利景：《“红色经典”改编必须解决的几个问题》，《辽宁师范大学学报》（社会科学版）2006年第2期）

为什么有那么多制作单位热衷于此？首先，制作单位一窝蜂改编“红色经典”是创作者急功近利的表现。第二，滥改“红色经典”，是大众文化中的庸俗化倾向在电视剧改编中的一种表现。第三，热衷于改编“红色经典”是创作者创造力衰退的表现。

（摘自陆绍阳　张岚：《“红色经典”改编的背后》，《中国电视》2004年第9期）

“红色经典”改编热持久不衰，一个基本原因就是它抓住了当代人的怀旧情绪。作为美学范畴的怀旧是历史意识退化的产物或替代品，弥漫在“红色经典改编剧”的生产、消费过程中的怀旧情绪在一定意义上显示了我们的“历史记忆的空洞化”。

（摘自白忠德：《“红色经典”改编热的冷静思考》，《陕西广播电视大学学报》2005年第4期）

近年来一批被称为“红色经典”的作品正在引起人们越来越大的改编兴趣，这有多方面的原因。首先，应该是这些作品本身的价值与魅力。其次，是影视，特别是电视剧艺术的迅速发展与扩张，带来了优秀文学剧作严重不足的矛盾。

（摘自彭加瑾：《“红色经典”改编似一把双刃剑——兼评电视连续剧〈林海雪原〉》，《文汇报》2004年2月3日）

文化市场、艺术市场的发展需要政治的支持，而政治宣传更需要市场的繁荣，这应该说是中国的一种国情，而文艺的创作和演出，既要获得政治的支撑，又要有经济效益，这（“‘政治＋经济’学”）正是当下文化、艺术市场运作者所应遵循的“第22条商规”。正是在这种“政治经济学”原则下，他们将“红色经典”重新包装，并使之成为一种能够带来票房价值的商品。从这里，我们又一次看到了商人的狡黠。

（摘自宝宝：《“红色经典”再度走红的内在机缘》，《南京艺术学院学报》（音乐及表演版）2000年第2期）

耐人寻味的是，为何“红色经典”在远离战争的年代再次火爆？

怀旧心态：对于经历过革命战争年代和20世纪五六十年代社会主义建设热潮的人来说，那如火如荼的岁月和勃发昂扬的激情，已经成为不可磨灭的光荣记忆。重温那段人生历程可以看到，其中倾注了他们的青春和热情，奉献了他们的热血和生命，寄托了他们的理想和憧憬。

英雄情结：在今天，英雄主义同样具有不可抗拒的魅力。英雄的感染力是可以超越时代和地域的，他们在文艺作品以娱乐功能为主、阴柔甜腻情调盛行的今天，凸显了阳刚伟岸之风，通过作品中的人物传递英雄主义、理想主义和乐观主义精神，给人以光明感和希望感，从中可以寻求精神支点。

个性创作：当今的影视人思想解放，广泛吸收中外文艺创作思潮和观念，并注入自身的哲理、美学思考，进行全新的理解和阐释，讲求个性化的表现手法，力图摒弃概念化、公式化、脸谱化的“高大全”式的形象，淡化过于强调政治性、阶级性的偏颇。

从众流俗：影视界的浮躁、功利之风仍然盛行。哪里挖到“金子”，大家就都拥向哪里，于是出现一窝蜂扎堆的情况，同类题材的剧目频频撞车。还有部分创作者思路狭窄，思维枯竭，当思想、艺术和生活的积累不足时，便掉过头来放弃原创，转而从经典作品中寻找出路。

迎合市场：经典题材如果完全原汁原味，不合乎现在观众的口味，编导就多加篇幅，添加作料，增加卖点，甚至不惜杜撰出莫名无谓的内容。一些媒体归纳出重拍经典的几大“招术”：英雄形象增加“缺点”，凡人化；反面角色增添“人性”，模糊化；感情描写多角关系，复杂化；内容“注水”，娱乐化。

（摘自谭洪京：《“红色经典”褪色了吗?》，《中国老年报》2004年6月4日）

细细爬梳，我们从“红色经典”热中可以触摸到当下社会生活中人们多元复杂的文化心理。首先，它契合了中老年人的怀旧情绪。其次，它迎合了一些青少年寻求“陌生化”的好奇心理，青少年喜欢快节奏的生活方式、陌生的阅读领域，不喜欢慢板的戏曲、传统的“经典”。其三，

它适应了主流文化的历史阐述。其四，“红色经典”还满足了商业文化的经济效益。

（摘自田承良：《“红色经典”市场化的文化思考》，《泰山学院学报》2005年第4期）

为什么会出现“红色经典”的改编热呢？

笔者以为，大致有以下几个方面的原因：其一，为纪念毛泽东《在延安文艺座谈会上的讲话》发表60周年（2002年）和纪念抗日战争胜利60周年（2005年）及纪念中国电影诞生百年（2005年），一些文艺工作者不约而同地把目光重新投向了主旋律的“红色经典”。其二，因为“红色经典”留给人们太多的回忆与难忘，而由于种种原因，以前拍摄的“红色经典”作品现在看来确有诸多不足和不尽如人意之处（如有的受当时条件限制，艺术上比较粗糙；有的明显带有“左”的痕迹，人物形象“高大全”、“脸谱化”等），加之人们的欣赏水平提高了，只是一味重播老片已不能满足人们的愿望。为了满足当代人（尤其是40岁以上的人）的一种怀旧情绪，于是便有了翻拍和改编。其三，商业利益的驱动。在当代中国，市场化程度最高的大众娱乐形式应当说非电视剧莫属。而决定一部电视剧命运的则很大程度上是取决于收视率：只有收视率上去了，电视台和制作方才能获得较高收益。

（摘自杨锦鸿　洪山：《关于“红色经典”改编的二三感想》，《滁州职业技术学院学报》2006年第4期）

“红色经典”何以在当代流行？

“红色经典”是时间磨洗的产物，具有很强的审美艺术价值。无论何时观看你都能感受到它强烈的时代精神，为它传递的激情昂扬的理想主义、英雄主义精神所感染。人是需要精神鼓舞的，更需要昂扬向上的精神传承。那些峥嵘岁月的革命意志、奋斗故事的确具有荡涤世俗、令人激情燃烧的特殊魅力。此外，“红色经典”表演自然真实，具有很高的艺术水准。

“红色经典”有一批特定的观众群，它曾伴随一代人的成长岁月，如今他们大多已人过中年，有了回眸重温的情怀，“红色经典”的适时推出迎合了他们观摩的愿望。配合各种主题纪念活动举办的“红色经典”演出，首先是起到了传承的积极作用；其次能够得到上级肯定，甚至拨专款扶持；第三市场业绩不俗。

（摘自安瑞：《复排“红色经典”何以盛行?》，《音乐周报》2007年8月22日）

新时期“红色经典”电视剧改编热原因有三：国家主流意识形态对红色作品的倡导；一批新的红色作品上映后深受市场欢迎，形成了红色品牌效应；电视机的普及带来的观众市场和电视连续剧无可比拟的大容量。

（摘自杨传明：《“红色经典”生产语境中的外部制衡——以〈林海雪原〉的生成、再生产为例》，《电影评介》2008年第9期）

目前的“红色经典”改编其实是处在一个尴尬的两难境地：一方面，如果改编者力图回到过去，原封不动地重现“红色经典”的本来面目，且不说用解释学的观点来讲这种努力是徒劳的，即便是改编者有“回天之力”，由于“红色经典”本身的局限与不足，当下的观众在接受起来也会是一个问题。另一方面，如果按照时下流行的创作模式，把“红色经典”“庸俗化”处理，又会重新走进我们前面所指责过的改编现状之中，不但观众不买账，“红色经典”本身所拥有的“红色”也会褪化为“粉色”、“黄色”，就根本不是“红色经典”了。这样的两种困境的实质是不同时代两种创作理念及其所包含的历史观、人生观、审美观、艺术观的全面冲突。

（摘自杨利景：《“红色经典”改编必须解决的几个问题》，《辽宁师范大学学报》（社会科学版）2006年第2期）

在“红色经典”改编中，有三种语境是同时存在的。一是在比较古典的语境下，更多地体现对原著的尊重，注重故事的完整和人物的鲜活，有一些改编是在这样的情况下进行的。二是现代主义的语境，不是把尊重原著摆在主要的位置上，而是更加注重改编者个人主观的东西，这种改编目前还不多。三是后现代语境，既不需要特别尊重原著，也不需要多少个人主观的东西，只要好玩就可以。

（摘自闻言：《专家学者会诊“红色经典”改编问题》，《文艺报》2005年2月3日）

关于“红色题材新影视化”批评、否定的意见和负面报道

“红色经典”影片不仅记录的是一段历史，也是对那段历史的思想观念的一种阐释，其中所蕴含的坚定信仰、献身精神、纯真爱情等高贵品质恰恰是对当下人文精神缺失的补偿。“恶搞”“红色经典”影片不仅践踏了几代人的理想，更践踏了国家的尊严和民族情感，是对英雄和先烈的不敬和污蔑，更是对国家尊严的一种亵渎。

（摘自胡忠青　石华：《“恶搞”“红色经典”影片：跨越底线的颠覆与解构》，《电影评介》2007年第6期）

“恶搞”之风流行是源于某些人创作才能枯竭，而又

急于“轰动”的一种行为。“红色经典”无论算不算得上经典，但总归在一代人中还是有广泛的影响力的。于是成了“恶搞”之人的一种出名、捞利的捷径了。无论你是欣赏“恶搞”的，还是讨厌“恶搞”的，都让“恶搞”之人给“搞”了一把。

（摘自阮直：《恶搞“红色经典”的思考》，《四川文学》2006年第10期）

我们渴望“经典”，但不是人为染成红色的经典；我们渴望红色，但它应该是历史的真实，而不是蹩脚的艺术制造。

（摘自阮直：《恶搞“红色经典”的思考》，《四川文学》2006年第10期）

呜呼，为钱敢把英雄贱！如此改“偏”也真大胆。这些“另类剧”播放之日，就是英雄人物在观众心中扭曲之时。孩子们搞不懂英雄为什么不是老师说的那样，这将是教育面临的尴尬，社会必将付出沉重的代价。这是十部、百部影视剧所赚的钱也弥补不了的呀！“红色经典”是无形的教科书，那些可歌可泣的人物和故事，影响熏陶了一代代人，其意义非同一般。改编者应有责任感，“红色经典”可不是池塘里的泥窝窝想捏扁就捏扁，想捏圆捏圆！

（摘自：《“红色经典”改“偏”了吗?》，《深圳商报》2004年4月5日）

“红色经典”是意识形态的符号，一旦解构，就意味着对历史的颠覆。

（摘自李钟声　陈志红：《“红色经典”改编：想说爱你不容易》，《南方日报》2004年6月2日）

有出息的作家不需要改编别人的东西，何必拾人牙慧、踩着别人的肩膀出名呢？改编热纯粹是一伙想出名、想赚钱的人营造起来的。

（摘自李钟声　陈志红：《“红色经典”改编：想说爱你不容易》，《南方日报》2004年6月2日）

那些产生于特定历史时期的作品，称“红色”是可以的，但不一定是“经典”。那些作品是为当时的政治服务的，含有较强的政治干预的目的，是意识形态合谋的结果。从文学性来看，它们并不具备“经典”的资格，改编是没有太大的价值和太大的意义的。

（摘自李钟声　陈志红：《“红色经典”改编：想说爱你不容易》，《南方日报》2004年6月2日）

当然，迄今为止所有对“红色经典”的改编又是不尽如人意的。究其原因，主要有几个方面：第一，急功近利的商业心态。在某种意义上，这是大众传媒的本性使然。第二，影视界原创能力的枯萎。第三，牵扯到改编的职业伦理。

（摘自张贺：《“红色经典”改编为何难如人意》，《人民日报》2004年12月24日）

不是所有的“红色经典”都适于改编，只有具备了大众娱乐基本元素的作品才有改编的可能。

（摘自张贺：《“红色经典”改编为何难如人意》，《人民日报》2004年12月24日）

急功近利的商业心态，轻视原著的精神内涵，历史意识的严重缺失。

（摘自张贺：《“红色经典”改编为何难如人意》，《人民日报》2004年12月24日）

对“红色经典”改编重拍是“旧瓶”装“新水”，没有味道，没有必要。

（摘自齐殿斌：《“红色经典”重拍，无人喝彩》，《中国文化报》2003年7月31日）

重拍不等于简单的重现，而是在时代演进中的复杂再生。重拍不等于单纯的迎合，而是在迎合中的荡涤和超拔。

（摘自薛晋文：《“红色经典”重拍误区何在?》，《中国教育报》2007年12月8日）

所谓“红色经典改编”活动，应该从王朔们呼吁“躲避崇高”开始算起。改编者，改变也。这十余年的种种意识形态的变动，终于积累出用“告别革命”的情绪来“改编”革命故事的集体事件（据统计，通过规划立项的此类电视剧约有40余部850集），这也算是20世纪90年代人文精神大讨论在电视界的一个反讽性的回应。

（摘自仲呈祥：《红色经典改编不能改掉其精神实质》，《文艺报》2005年10月27日）

如果长此下去，“红色经典”的改编将走上歧途，最终真正的“红色经典”将被遗忘，中国革命和建设的心路历程将被遗忘，英雄将被遗忘，责任将被遗忘，追求将被遗忘。这是一个可怕的后果！

（摘自小鱼：《不要让“红色经典”变了色》，《中华新闻报》2004年5月26日）

产业效益

据了解，《林海雪原》在成都地区的卖价达到2万多元1集，在江浙一带达到四五万元1集，如此价位在国内电视剧市场属中上水平，而该剧制作成本仅数百万元。

（摘自吴晓东：《“红色经典”改编必须尊重历史记忆》，《中国消费者报》2004年5月28日）

2003年，电视剧《烈火金刚》火爆荧屏，仅投资230万元，就为投资方至少赚得了三倍的利润。

（摘自陆绍阳　张岚：《“红色经典”改编的背后》，《中国电视》2004年第9期）

据悉，在国家广电总局已报批并获得开拍许可证的改编经典剧目已达45部。

（摘自李正环：《红色经典缘何魅力无限》，《当代电视》2005年第2期）

据广电总局统计，从2002年至2004年底，两年间有40多部“红色经典”电视剧列入规划批准立项，共约850集。

（摘自赵娟：《“红色经典”翻拍热潮涌动》，《广西日报》2005年6月6日）

从已播出的“红色经典”电视剧看，无论是《钢铁是怎样炼成的》、《这里的黎明静悄悄》，还是引来一片争议的《林海雪原》，都创下了极高的收视率。AC尼尔森数据显示，《林海雪原》在北京电视台播出的平均收视率达到了10%，远远高于该台同期播出的《其实你不懂我的心》、《豪门惊梦》、《结婚十年》等多部电视剧。不仅如此，电视剧的播出还影响到其他相关产业，比如《钢铁是怎样炼成的》在央视热播时，原小说也成为书店“最好卖的图书”。

（摘自刘艳：《红色经典改编刍议》，《中国电视》2005年第10期）

电视连续剧《长征》风靡全国和《激情燃烧的岁月》在市场走红，形成了一种品牌效应，也使制作者看到了“红色经典”所具有的巨大市场潜力，于是对高收视率的预期就成为改编的动力。

（摘自杨锦鸿　洪山：《关于“红色经典”改编的二三感想》，《滁州职业技术学院学报》2006年第4期）

重要文章选登

“红色经典”：在官方与市场的夹缝中求生存

陶东风

所谓“红色经典”

21世纪初的中国文坛，一个新的流行语开始在各大媒体游走：“红色经典”。这个词的构成本身就非常有意思。“红色”在中国现当代史的语境中具有非常明确的政治含义：社会主义革命、中国共产党、马克思主义。与“红色”相匹配而成的词语（如“红色江山”、“红色政权”等）在汉语中曾经占有绝对的霸权地位。而“经典”则是一个政治色彩相对淡薄的词。特别是在具有自由主义倾向的美学理论与文学理论的阐释框架中，“经典”通常没有或被着意淡化其政治色彩与党派色彩，被解释为是人类最优秀的普遍文化成果的结晶，是超越的道德价值与审美价值的体现。于是“红色经典”这个词本身就包含了内在的张力。实际上，在20世纪80年代“重写文学史”的运动中，已经有不少崇尚“纯文学”立场、启蒙思想比较强烈的文学理论家，对于“红色作品”的经典地位提出了挑战（比如对于茅盾的“大师地位”的挑战，对于一向被认为非常经典的革命作家赵树理等提出了非议，对于《创业史》、《红旗谱》、《太阳照在桑干河上》等诸多“红色经典”进行质疑）。即使在今天，也有学者站在普遍人类文化的立场质疑“红色经典”的提法。其理论的依据就是经典是普遍人类文化价值的体现，它与短期的政治行为是对立的。

但是“红色经典”的准确内涵与外延却不容易确定。登陆任何一个中文网站搜索“红色经典”，都可以发现一个滑稽的现象：“红色经典”不仅指中国文学史上那些赫赫有名的文艺作品，而且也被用来标志一些时髦商品。比如松下一新款MP3就叫“红色经典”，还有一款宏Ferrari3200笔记本电脑也叫“红色经典”。这本身就是一个极为有趣的文化症候：商业话语与政治话语的相互盗用与改写。

即使在文艺作品的范围内，该词的内涵与外延也差异甚大。官方的界定见于2004年5月25日国家广电总局向各省、自治区、直辖市广播影视局（厅）、中央电视台、中国教育电视台、解放军总政治部宣传部艺术局、中直有关制作单位发出的《关于“红色经典”改编电视剧审查管理的通知》。在通知中，“红色经典”这个词用括号注明：“曾在全国引起较大反响的革命历史题材文学名著”。

按照某些人的诠释，“红色经典”的范围比较小，只限于文学作品，且主要是解放后创作出版的描写革命历史题材的小说，不包括外国作品，甚至不包括现代文学史上的革命文学作品。比如有人认为“红色文学经典”只有10部，即“三红一创，山青保林”：《红岩》、《红日》、《红旗谱》、《创业史》、《山乡巨变》、《青春之歌》、《保卫延安》、《林海雪原》。它们与写于20世纪40年代的《太阳照在桑干河上》，主要写于五六十年代的《上海的早晨》构成了“红色文学经典”，表现了中国共产党在成长壮大的历史中方方面面的社会生活。也有人把“红色经典”的范围稍稍扩大，认为所谓“红色经典”既包括那些20世纪50年代到70年代中期红极一时的中国作品，也包括斯大林时代被钦定为“经典”的苏俄作品，如《青年近卫军》、《钢铁是怎样炼成的》。

更大的“红色经典”概念则把范围扩大到所有其他的艺术类别，如绘画、雕塑、音乐与舞蹈，以及无产阶级革命家传记文学，等等。查看一下网络上以“红色经典”冠名的文章即可发现这点。中国新闻网上的《伟人传记领袖题材销量攀高　“红色经典”映照7月书架》一文把所有纪念邓小平诞辰100周年的纪念书籍或其他出版物以及其他无产阶级革命家的传记等都叫作“红色经典”。仅就文学作品而言，也把范围扩展到了《平原枪声》、《暴风骤雨》、《吕梁英雄传》、《新儿女英雄传》等。

还有走得更加远的观点认为“红色经典”不但不只是五六十年代的作品，而且还应包括现代文学史上一般被认为是启蒙主义思想家如鲁迅的作品。“鲁迅的作品，一般不冠以‘红色经典’，因为他的作品大多数创作于旧中国二三十年代，但如果宽泛一点，也可以把他的作品包含进‘红色经典’中去。”这样一来，“红色经典”不但在范围上说不清楚，而且连内涵也搞不明白了。

但是尽管如此，除却商家对这个词的盗用以及个别批评家对它的无限扩大，“红色经典”的基本内涵大体一致：它一定与中国共产党领导的社会主义革命有关，是典型的革命话语。

“红色经典”成了“黄色经典”

“红色经典”的改编主要发生在影视界。影视界对于中国历史上的经典作品的改编由来已久。《红楼梦》、《西游记》、《水浒传》、《三国演义》等改编的影视剧早已妇孺皆知，甚至一改再改。但对“红色经典”的电视剧改编还是三四年前的事。2000年万科影视公司推出的中国版电视剧《钢铁是怎样炼成的》一炮走红，不仅赢得很高的收视率，而且得到官方与民间的一致赞赏。2003 年夏天，电视剧《烈火金刚》热播；2004 年 3 月，《林海雪原》在各大电视台轮番上演。就在“红色经典”的话题被炒得沸沸扬扬之后，《小兵张嘎》也在电视台黄金强档播出。改编后的电视剧《红色娘子军》也将在今年国庆节面世。《闪闪的红星》将于 2009 年播出。消息还在源源不断地传出，完成或正在摄制和筹备之中的“红色经典”改编电视剧还有：《红岩》、《红日》、《红旗谱》、《阿庆嫂》、《红灯记》、《鸡毛信》、《这里的黎明静悄悄》、《牛虻》等等，一个“红色经典”的改编热潮已然到来。

当《钢铁是怎样炼成的》播出以后，主流意识形态与大众对此都倾注了很高的热情。当时还在各家媒体进行了一场关于“保尔·柯察金与比尔·盖茨：谁是‘真正英雄’”的讨论。结果大多数人认为他们应该“并称当代英雄”：革命与商业、政治与经济的双赢。一夜间，开始出现所谓“道德真空”的消费社会似乎在并不久远的“红色历史”那里找回了伦理支柱。这是官方与民间都愿意看到的情形。但是所谓“道德的回归”、“理想主义的复活”只是表象或某些人一厢情愿的期许。事实是，在“红色经典”改编所体现的文化、经济、政治、伦理、市场、大众、消费等元素在影像世界的奇妙融合中，消费主义与商业的逻辑无疑起了主导或统帅的作用。正如有人认为的，重拍“红色经典”之所以成“风”，是因为改编者抓住了“红色经典”原本被掩盖住的商业价值。“红色经典”大都弘扬集体英雄主义，且本身是抑商的，但辩证法的道道恰恰就在于此——从集体英雄主义中，可以挖掘个人英雄主义；从“高大全”式的人物中，可以挖掘英雄多重性格的一面；从不食人间烟火的英雄中，可以挖掘出七情六欲。就这样，重拍“红色经典”有了争议，也因而有了卖点。有人说，不就是借历史背景的壳，来讲述人之常情的故事嘛？只要故事性强，怎么改都可以。况且，演杨子荣的，在百老汇泡过；演白茹的，刚刚挨过男朋友的打。这些商业炒作的要素还不足以构成未播先热的卖点吗？

在消费主义的逻辑驱使下，这些改编后的“红色经典”开始“变味”：革命故事与英雄事迹被大众消费文化的巨手所改写，成为政治话语、革命话语与商业时尚话语的奇特结合物。从大家一致的感受看，“红色经典”不过是包装过的特种大众消费文化快餐而已。红色经典的改编、定位、目标受众，是完全按照当前消费市场逻辑运作的。譬如，《红色娘子军》中有青春偶像剧的影子：吴琼花成为时尚女性，洪常青则透着帅哥的浪漫情怀。导演袁军希望把洪常青、吴琼花的“青春美”张扬出来。他说：“这是一部描写‘女人与战争’的作品，但是女人再革命也是女人，像她们个性中的可爱，骨子里的帅气，绝不能只是表现在行军礼时有多标准，而是要在她们的情感上下功夫。如果将来观众看了这部戏后感觉这些女人有些味道的话，我就满足了。”《林海雪原》则融入了言情剧，少剑波与白茹的情感被大大地渲染放大，杨子荣陷入“三角恋”，居然还与匪首座山雕成为情敌，连“私生子”也出来了。用商业的逻辑改写革命话语必然要求尽量张扬所谓“人性”，淡化阶级性。这不，座山雕不仅有“养子”，而且是一个颇重情义的好爹，儿子不认他就难过得老泪纵横。“人性”化的良苦用心可见一斑。同时，商业化、大众化还表现在解神圣化、解英雄化，少一些英雄主义，多了一些商业/消费主义。在改编电视剧的宣传剧照上，洪常清与吴琼花激情拥吻，与商业大片无异；杨子荣显得自由散漫，流里流气。阿庆嫂则更邪乎，俨然一个风骚老板娘，不分敌我，还与胡传魁和郭建光卷入所谓“情感漩涡”，难怪有某些媒体称此类改编为“红色变桃色”，与其说是《林海雪原》，不如说是《林海情缘》。在这样的“桃色经典”乃至“黄色经典”中，原有的政治教化功能自然轰然瓦解。在荧屏上“戏说”“红色经典”、“性说”“红色经典”的同时，网上也在流行“红色搞笑”。据说在国内一些网站论坛、手机彩信上，手握钢枪、保卫神圣领土的战士，喊的却是“严防死守，根除二奶”；捧着红宝书的女红卫兵，说的却是：“好好学习，天天想你”。

于是有人说“红色经典”变成了“黄色经典”。

批判但是不封杀

但是，我们显然不能对于消费主义的神通估计过高。中国毕竟是中国。社会主义市场经济毕竟是社会主义市场经济。在短暂的官民共赏之后，各家媒体展开了对于“红色经典”改编的猛烈批评。几乎所有的批评都认为：“红色经典”改编的失败原因在于时尚化、现代化、商业化，是戏说、性说，没有忠实原著。除了《钢铁是怎样炼成的》以外，对改编“红色经典”的指责之声成为主流媒体的一致走向。网上有人这样调侃：“如果再没人管这些烂编剧，没准哪天会出来个戏说雷锋的电视剧，把雷锋说成是因为失恋自杀的！”

针对“红色经典”原著存在“高大全”、“阶级斗争为纲”因而需要改写的辩解。齐殿斌在《再评“红色经典”重拍在“倒彩”中前行?》指出：“红色经典”是在非常态下形成，正是它的局限性造成了它的成功，如果丢掉“红色”也就不再是经典了。每个时代都有它的阅读节奏和审美观念，脱离时代的演绎是很难成功的。他还认为：“红色经典”都是特定时代里反复锤炼出的文艺作品，并在艺术形式上有了经典的格式，像《林海雪原》这种小说经过样板戏《智取威虎山》的高度浓缩、升华之后，已经成为人们的“阅读记忆”和“完美范例”，想要轻易颠覆和改变是不容易的事。电视剧《林海雪原》不去张扬英雄传奇的浪漫，反而想在还原生活、表现人物的复杂性上下功夫，结果丧失了原作的风貌，也丢弃了电视剧通俗好看的特点。还有一种观点认为："红色经典"改编的失败在于对于所谓"文化稳定性"不了解，"'红色经典'经历几十年在潜在的文化层所形成的积淀、所确定的美学规则具有稳定性，不能轻易改变，如果改动过大，容易引起群众，特别是看过原著的观众的反感。"

但问题是，不进行这样的改造，这些剧还能够有观众么？还能够与这个消费主义的文化语境协调么？说到"戏说"或"性说"，哪里还有比《大话西游》走得更远的？为什么"大话"可以成功呢？具有几百年历史的《西游记》的"格式化"、"范例化"、"稳定性"程度难道会低于只有几十年历史的"红色经典"？人们为什么能够接受对它们的"戏说"？为什么改编非得忠实"原著"？许多戏说的作品不是非常成功么？更重要的是，为什么人们可以允许别的经典（如《西游记》）戏说，别的历史（比如清代历史）戏说，惟独"红色经典"、"革命历史"不能呢？可见问题的关键恐怕还不在是否"忠实原著"、"忠实历史真实"上，而在于恰恰是"红色经典"的"红色"使得改编显得步履维艰，无法放开手脚。但是消费主义的文化语境又使得改编不能不伤及"红色"。夹缝中求生存的处境使"红色经典"的改编既不能讨好喜欢放开手脚戏说、性说的年轻观众，又开罪希望忠实原著的中老年观众。改编"红色经典"，难矣！

有趣的是，《林海雪原》播出以后，面对受众和原著相关人物（比如作品的人物家属）的批评浪潮乃至官司风波，影视公司表现得毫不在乎。万科影视的负责人说："我们改编的态度很认真。虽然加入了杨子荣的感情戏，但是干净得不得了。并没有歪曲人物的意思。"至于观众提出的意见，这位负责人觉得："大家有意见就提嘛，没什么值得大惊小怪的。"即使像把"八一五光复"说成是"九一八光复"这样严重的事情，也只是导演出来表示一种姿态而已。

但是一旦到了官方出面批评，制片商就没有脾气了。2004 年 4 月初，官方文化领导机构终于动用行政命令直接出面干预。据《南方都市报》报道，国家广电总局在 4 月 19 日所发布的"三大禁令"中，其中第三条就是针对"红色经典"改编的。《通知》的原文如下："一些观众认为，有的根据'红色经典'改编拍摄的电视剧存在着'误读原著，误导群众，误解市场'的问题。有的电视剧创作者在改编'红色经典'过程中，没有了解原著的核心精神，没有理解原著所表现的时代背景和社会本质，片面追求收视率和娱乐性，在主要人物身上编织过多情感纠葛，强化言情戏；在人物造型上增加浪漫情调，在英雄人物身上挖多重性格，在反面人物的塑造上追求所谓的人性化和性格化，使电视剧与原著的核心精神和思想内涵相距甚远。"但《南方都市报》文章的立场显然是站在改编者与市场一方，认为以上这段批评"从官方角度看当然都正确，但从电视剧创作者的角度看，不编织情感纠葛，不强化爱情戏，怎么吸引观众？不增加浪漫情调，不把人性多重化，如何发展戏剧冲突？"文章作者所说的情形反映出官方的意识形态导向与市场的盈利目的产生了微妙的错位。"红色经典"所体现的官方与民间、政治与商业的相互借重的初衷在这里已经出现深刻的分裂。"红色经典"陷入了政治与商业、革命与市场的夹缝。

第二个值得关注的是，2004 年 5 月 23 日，在由中国文联、中国剧协、中国影协、中国视协举办的"红色经典"改编创作座谈会上，各界的专家、教授发表了对改编"红色经典"的看法，其基调是："红色经典"改编要尊重原著的思想内涵、时代背景和主要人物的塑造。对原著主题的歪曲和任何随意的删改都是对经典的亵渎。与会者严肃批评了某些改编以"人性化"之名，行"消解崇高"之实，颠覆了"红色经典"的"凛然正气和昂扬激情"。有的改编甚至按相反的方向，肆意污辱"红色经典"，将其改编成了"桃色经典"甚至"黄色经典"。将"庄严的历史人生思考成为嬉皮笑脸的市井闹剧，侠肝义胆的英雄成为小肚鸡肠、利欲熏心的政客，卖国求荣、无恶不作的汉奸成为侠骨柔情的义士……"专家们认为"红色经典"对中国观众而言具有特殊的含义，保留了人们的集体记忆，这对今天来说是一笔巨大的精神财富。因此，对它们的改编就必须十分慎重。他们特别批评了改编中的"人性化"倾向，认为改编的错误根源是有意无意地错误理解所谓"人性"，编者要么将"人性"抽象化，并将抽象化的"人性"凌驾于一切之上，与爱国主义、理想主义、集体主义、奉献精神等对立起来；要么将"人性"卑微化、卑俗化，将"人性"等同于放纵，等同于人格缺陷，因而在改编的时候"去红色"、"去革命化"、"去积极健康"、"去爱国主义"、"去英雄主义"，使原作的基本精神变质。这样做的结果，就会毁了我们的"精神长城。"显然，这些批评所突出的还是"红色经典"的"红色"性质。评论家雷达曾经一针见血地指出："事实上，把问题说到底，人物处理上的得失只是表象，争论的实质牵涉到对革命传统、现代史和党史的重新评价问题，这是颇为复杂的，这也是真正的难度所在。"

专家的呼吁很快变成了官方政策。仅两天以后（5 月 25 日），国家广电总局就向全国各地有关职能部门下发了《关于认真对待"红色经典"改编电视剧有关问题的通知》，通知用行政方式规定所有"红色经典"电视剧，经省级审查机构初审后都要报送国家广电总局电视剧审查委员会终审，并由国家广电总局电视剧审查委员会出具审查意见，颁发《电视剧发行许可证》。从收到《通知》之日起，凡未经国家广电总局审查并取得总局颁发的《电视剧发行许可证》的“红色经典”电视剧，一律不得播出。对于违规机构，一经查实，要予以严肃处理，并追究领导责任。广电总局电视剧司领导与总编室的相关人士认为，目前在“红色经典”电影改编电视剧的过程中存在着“误读原著、误导观众、误解市场”的问题，改编者没有了解原著的核心精神，没有理解原著表现的时代背景和社会本质。片面追求收视率和娱乐性，在主要人物身上编织太多的情感纠葛，过于强化爱情戏，在英雄人物塑造上刻意挖掘所谓“多重性格”，在反面人物塑造上又追求所谓“人性化”，当原著内容有限时就肆意扩大容量，“稀释”原著，从而影响了原著的完整性、严肃性和经典性。

禁令的出台显然会触及一部分人的利益，也引发了各种反应。据报道，原本在黄金档播出一集1万元收入的电视剧，在晚间11时后播出价格会缩小到1000元。一位影视演员这样评论：“警匪题材能吸引大量的投资者，如果没利润不拍了，那不是很多人会失业破产？这样突然的一刀切对很多人都不负责任，不知道出于什么初衷，莫名其妙。”

与这位置身事外的演员不同，制作方在面对官方的指责与红头文件时，更多的是无奈与敢怒不敢言。这也不足为怪，作为民间性质的制作公司怕的不是学术界评论界，也不是观众，而是单方面制订“游戏”规则的顶头上司。万科影视的负责人说：“我们改编的态度很认真。说我们误读原著、误导观众、误解市场，我觉得很委屈。”

但是有意思的是：官方却没有封杀“红色经典”改编的意思。据《新京报》文章《四部“红色经典”批准立项》报道，就在国家广电总局下发“5·25通知”以后，仍然有新的“红色经典”被批准改编或播放。据广电总局《2004年度（第二批）全国电视剧题材规划概况》，有4部根据“红色经典”改编的电视剧获得了申报立项的批准，它们分别是《野火春风斗古城》（海润影视制作公司）、《霓虹灯下的哨兵》（南京军区政治部电视艺术中心）、《雷锋》（浙江电影制片厂）、《冰山上的来客》（新疆电视台）。另外据报道，就在“5·25通知”之后，中央电视台文艺中心影视部6月份举行了“《小兵张嘎》与“红色经典”改编研讨会”，声称“红色经典”“只要改得好，就不会被封杀”。《小兵张嘎》将于7月份在央视黄金档播出。《北京日报》最新披露的消息：在2004年（第二批）全国电视剧题材规划申报立项剧目中，《野火春风斗古城》、《霓虹灯下的哨兵》、《雷锋》、《冰山上的来客》等4部“红色经典”剧目批准立项，加之先前已批准立项的41部“红色经典”剧目，到目前为止共有45部“红色经典”剧目拥有开拍许可证。

它表明官方既希望利用“红色经典”来进行革命教育，巩固革命意识形态的合法性，同时又不满意于改编以后的“红色经典”对原作的改写——实际上也就是对于革命意识形态的进一步削弱。这个原则概括起来：可以改，但不能乱改。这一点正好表明“红色经典”的改编在今天这个消费主义话语与官方意识形态话语并存的特殊语境中，红色作为市场与官方同时利用的资源，所处的尴尬境地。这种尴尬当然是与“红色经典”的“红色”有关。比较一下电视剧与电影中其他经典的改编行为（比如《还珠格格》、《大话西游》等），应该说“红色经典”的戏说成分是最小的，也是最“忠实”原著的，为什么那些戏说得更加肆无忌惮的作品虽然也遭到评论界的批评，却始终没有引起官方的重视？答案显然是：“红色”比“经典”的禁忌更多。

与诸多千篇一律的平庸批评文章相比，陈思和与谢玺璋的文章比较引人注目。陈思和在《南方周末》发表的访谈《我不赞成“红色经典”的提法》中不赞成“红色经典”的概念，并认为把对于所谓“红色经典”的迷恋称呼为“我们这个年纪的人”的“自恋情结”。他特别不能同意有人把样板戏纳入“红色经典”这里头来，认为“这已经把‘红色经典’的意义给颠覆掉了”。他认为，“样板戏严格说来是极左的文艺路线导致出现的文艺上的怪胎，强调政治宣传意识、强调政治功能和作用到了破坏文艺规律的地步，与马克思主义文艺观是根本上背道而驰的。对这样的作品，我们在今天还要把它当成是‘红色经典’，特别是把它当成是一种不可动摇、不可改变的《圣经》一样的作品，我觉得是非常可笑的，这与我们今天时代的主导思想理论也是相违背的。”然而，陈思和把经典当作是超越阶级与政治的普遍人类文化成就是我所不能同意的，他甚至认为经典没有时代性：“我们真正判断文学作品的文学史地位，并不看它当时引起的社会反响。因为在任何一个时代，流行歌曲、通俗文学往往会产生很大影响，是不是这样的作品都应该进入文学史？当然不是。这些东西都存在一个时代的人们的记忆当中，过了这个时代也就被人遗忘了，不可能一代代地吸引读者。”但是事实证明许多历史上的流行歌曲、通俗文学已经进入了文学史并成为经典（如宋词、明清小说）。在我看来，即使是“普通性”这个标准也是特定的群体在特定的历史时期确立的，也是相对的（这个问题非常复杂，在此不能展开，可以参见拙作《文学经典与文化权力》，《中国比较文学》2004年第3期）。

谢玺璋在《新闻周刊》发表的《有多少经典剧可以重拍?》也显得别具眼光。他对于“红色经典”同样持批评态度，但是角度与立场却迥然不同。文章分析了“红色经典”流行的社会原因，认为投资者所以看中“红色经典”，除了经典的知名度以外，从社会需求的角度讲是对当代人怀旧心理的迎合，这种怀旧心理为其提供了潜在的消费市场。作者更认为，“红色经典”的大规模改编，在20世纪80年代几乎是不可想象的。因为社会没有为它提供“现实性”。这种现实性是指现实中的某种缺失，比如英雄主义、献身精神、纯真爱情、道德情操以及所谓道德滑坡、灵魂堕落、信仰弃置、价值沦丧。“这种议论像空气一样弥漫在我们的周围，使我们感到窒息。于是，作为对这种缺失的补偿，‘红色经典’拥有了进入现实领域的一次机会。人们在寻找重建道德伦理资源的时候，将所谓‘红色经典’纳入自己的视野也是很自然的。”但是这种“弥补”的方式是作者不认同的，因为，对于现实的判断以及如何弥补现实的缺失，历来有两种态度，一种是向前看，发展现实中的新的可能性，促使其内部生长出新的力量；另一种就是向后看，发掘历史中可以借用的资源，为现实提供必要的参照。他更认为“红色经典”不是一个严格的学术概念，而更像一个商业炒作的概念。被它煽动起来的，不可能是历史理性，只能是一种盲目性。它在观众的心理中形成或强化了对所谓“红色经典”的盲目崇拜。作者认为在对于电视剧《林海雪原》的批评背后发挥作用的，就是这种盲目的“社会群体心理”。作者问道：批评是不是一定要以曲波的标准为标准？改编“红色经典”是不是必须“忠实于原著”？小说版《林海雪原》是对那段历史惟一正确或真实的描述吗？那段历史是否存在“另一种真实”？这个观点非常值得我们重视，它触及了历史写作，特别是革命史写作中必然存在的权力问题。对于“红色经典”原著的维护不是为了维护什么真实或历史的本来面目，而是维护“红色经典”原著中叙述的那个历史与真实以及它所体现的意识形态。现在许多批判“红色经典”改编的人把“忠实于原著”与“忠实于历史”混淆了，仿佛原著中叙述的“历史”才是真正的“历史”，违背原著就是篡改“历史”。比如有人在批评《林海雪原》等不忠实原著时就认为：“事实上，历史是不可以抹掉的。历史不可能这样随便改编。历史是固定了的。不尊重原意的对‘红色经典’改编，这个‘去’字可就比较麻烦了。有些肆意的改编，它把‘红色经典’最核心的东西，即爱国的、正义的、勇敢的、牺牲的，特别是革命英雄主义，革命人道主义，这样一些都去掉了。”显然，在这位批评家眼里，只有一种“历史”，这就是原著中叙述的历史，其他的叙述都是非历史或伪历史。他忘记了一个最基本的历史哲学原理：任何对于历史的书写都是带有特定的主观意图与意识形态烙印的，历史是多种多样的，有多少种叙述历史的方法角度就有多少种历史。因此我们不能认为只有原著中书写的历史才是历史。

谢玺璋的立场是一个启蒙主义知识分子的立场，这种立场还体现在其他对于“红色经典”的批评中，比如《质疑“红色经典”》（傅谨）对于央视播放根据前苏联同名小说改编的电视剧《钢铁是怎样炼成的》表示了担忧。作者认为：这些所谓“红色经典”都是带着特定时代鲜明烙印的作品。当我们埋怨现在的青少年被日本卡通、港台武侠、言情小说所包围，担心这类缺乏“教育功能”的读物会妨碍他们身心健康成长时，有人希望能重新搬出曾伴随我们成长的“红色经典”，给新一代青少年提供更好的精神食粮。但是作者提醒道：“我们是不是忘了，那些曾经被当作大补之药的作品当年起的作用就很值得怀疑，它们之诞生多半受到太多行政干预，不得不以塑造高大全的伪英雄和传播假大空的极左观念为己任；实际效果也正如其所愿，持续几代人的基于愚昧和盲从之上的个人崇拜，构成大跃进、反右、文化大革命内在动力的伪理想主义，借某些貌似高尚的目标以扼杀个人正当情感生活的禁欲主义，都或多或少地寄生于这类作品。更不用说其中还存在诸多对历史有意的歪曲和欺瞒，以及对人性的无视乃至摧残。要说它们是红卫兵的思维模式与行为方式的范本，可能有些责之过苛，但如果说它们为遍布全国的红卫兵横扫一切的狂妄与激进提供了部分精神资源和思想基础，而从小就努力将这些作品所塑造的英雄奉为楷模的一代人也决没有成为理想化的‘四有’青年，恐怕是很难否认的。”作者认为：“反思历史，也包括反思以所谓‘红色经典’为代表的那段文学艺术史，假如只知用鲜花遮掩历史的劣迹，甚至将劣迹装扮成鲜花，又如何可能避免悲剧重演，避免让下一代重蹈覆辙？”

如果把这样的解读与上面介绍的对于“红色经典”的批评进行对比，会非常有意思。他们都批判“红色经典”的改编，但出于完全不同的价值立场与政治目的。他们从改编的“红色经典”中解读出的是完全不同的文化政治含义。启蒙主义者担心“红色经典”中的“红色”——极左意识形态——会毒害观众，特别是青少年；而左派批评家则批评红色经典的改编改掉了“红色”，甚至变红色为“粉色”乃至“黄色”，危及社会主义的“精神长城”。这两种解读方式各有自己的理据，但实际上他们大多忘记了“红色经典”出现的商业主义语境。一方面，商业化的红色革命文化，商业逻辑的力量充分显现为对于革命文化的“红色”性的消解，这点左派批评家的担忧是正确的；但是另一方面，希望借助“红色经典”的“正确”改编来达到社会主义精神文明教育的目的，也是一厢情愿。谁都知道，“红色经典”的原著之所以要改编而不是直接传播，就因为它们已经没有观众市场，已经完全与今天的消费文化语境脱节；而一旦改编就必然依据消费文化的逻辑，所谓“人性化”、“性说”、“戏说”都乃“红色经典”在今天这个时代的必然命运。而且即使这样“性说”、“戏说”以后的“红色经典”实际上也仍然没有多少观众市场。

看来，在消费主义话语与革命政治话语的夹缝中，“红色经典”也只能在“红色”与“消费”、政治与经济、革命与金钱之间左右不逢源。改编的“红色经典”没有多少艺术价值可言，也没有什么了不起的“危害”，它的价值是为我们提供了解剖当代中国文化症候的极好案例。

结语：另一种"告别"

中国是否是一个经济军事大国还不好说，但是她曾经是一个"革命"大国却是毫无疑义的。特别是20世纪，中国革命的历史之长、死人之多、方式之惨烈，均可以说是世界第一。以至于许多热心革命的西方伟大作家艺术家（比如萨特、罗曼·罗兰等，都对中国的革命极具向往之心，纷纷前来"朝圣"。同样可以想象的是，一旦这个革命大国一头扎进商业主义与消费主义，其可资利用的革命资源当然也非别的国家可比了。这不，革命在政治话语与知识分子的精英话语中已被"告别"，但在广告、在流行歌曲中、在电视剧中却"方兴未艾"——但是这也可以被理解为另一种"告别"的形式。当然，利用消费主义逻辑来改写"革命"话语，这种策略的创始人还是西方的一些广告人。斯道雷曾经指出过：在20世纪60年代，一个卧室兼起居室的单间里如果没有一个古巴革命者切·格瓦拉的画像，就等于根本没有装饰。那么这幅画像是一种热衷于投身革命政治的标志，还是一种紧跟最新时尚的标志？斯道雷的回答自然是后者。

经典，不管是西方经典艺术，中国的古典艺术，还是当代的革命文艺，一旦被纳入商业主义的语境中，就必然遭遇被改写的命运。在谈到商业文化中古典作品的"复活"现象的时候，马尔库塞分析道："……尽管古典作品复苏了，但是性质变了，它们丧失自身的对抗力量，丧失了对社会的疏远，而这种对抗和疏远原本正是它们真理的一面。这些作品的意图和功能也因此从根本上发生了改变。如果它们曾经站在与社会现状相互对立的立场上的话，那么现在这种对立性已经荡然无存。"本尼特为我们提供了另外一个这方面的例子，那是他对于《泰晤士报》上的一个广告的分析："这则广告一整页都是由一幅彩色的马蒂斯的'桥'构成，在这幅画下面有一段广告词：'生意是我们的生活，但是生活并不完全是生意。'非常矛盾的是，由于这幅画被用作金融资本商品所自发产生的新的功能已经掩盖了它作为马蒂斯油画的重要一面，表面上与经济生活相对立的脱离的东西被经济生活所同化了，成了它的一部分。"

这个分析不仅适合于古代的传统经典，也适合于西方的现代主义经典，同样，它也适合于革命的"红色经典"。它必然是一把双刃剑：在解禁的同时，也消解了人类任何神圣的价值，使人类变得无所顾忌。

我们应该怎么办？任何简单的药方都可能是廉价而无效的，我们现在所要做的第一件事情是准确地诊断中国的状况。

"红色经典"艺术生产的内在机理分析

——以作品《林海雪原》的生成、改编为例

熊文泉

20世纪90年代初期，改编的"红色经典"歌曲《红太阳》新唱片获得巨大发行量，传统革命题材小说相继再版，经过不同程度改编的样板戏和歌舞剧高扬"红色经典系列"旗帜隆重推向市场，获得经济效益与社会效益双丰收，随后，电视剧改编版《青春之歌》、《红岩》等也好评如潮。

然而，2003年以来，小说《沙家浜》和电视连续剧《林海雪原》的出现却牵动社会的反感神经，引起骂声一片；导致《小兵张嘎》、《红旗谱》等的生产计划一再调整，播出日期也一再推迟，播出后依然是众说纷纭褒贬不一；《沙家浜》、《红色娘子军》等也即将或正在改编成电视连续剧（据说《红色娘子军》要走所谓的青春偶像剧的路子），也引起强烈的反响。

无论骂也好，赞也好，在文学"边缘化"、"退场"甚至"终结"的市场文化语境下，如此沸沸扬扬的"红色经典"改编热是喜是忧？有何经验教训？值得我们关注。下面以"红色经典"作品《林海雪原》的生成、改编为例，具体分析其背后到底隐藏着怎样的文艺生产规律。

艺术生产的视角

综观"红色经典"的生成与当代"改编热"及其引发的"热评"现象，可以发现文艺生产中主要存在三种泾渭分明的调节系统：国家调控系统、艺术自律系统和市场调节系统。它们就像拉动文艺生产的三驾马车，在不同的时代形成不同的合力，拉着艺术朝着不同方向一路狂奔。

国家调控系统主要包括文艺政策、文艺政治运动及政治批评。文艺政策对文艺生产起指导性调节作用，是过去、现在和未来都离不开的调节手段。文艺政治运动通过直接干预的方式规定具体的文艺生产实践，往往大规模地改变文艺生产的现状，例如数次“整风运动”对文艺的影响。文艺政治运动往往负面影响较大，极端的例子就是文化大革命对艺术生产的致命破坏。政治批评主要以政治需要为视角，运用阶级分析方法对文艺现象、生产活动及文艺作品进行直接评价、议论或引导。国家调控不仅作用于艺术生产的外部环节，还影响艺术的本体领域，如革命现实主义与革命浪漫主义相结合的创作模式就是国家调控的产物。

艺术自律是指艺术生产主体自觉遵守的各门类艺术在其漫长的发展历史进程中形成的独特规律，主要包括艺术表达形式、创作原则、审美追求、文艺批评与接受美学规律等等。在任何时候，艺术自律都是不可或缺的，否则，艺术生产将沦落为一般产品生产。

在市场经济社会，艺术生产还不可避免地要受到价值交换规律的影响。市场调节系统这匹马威力非常大，有时甚至会抵消国家调控与艺术自律系统这两匹马的合力，导致艺术的死亡，这也是引起当今艺术危机的根源所在。

《林海雪原》的生成集中体现了艺术自律系统与国家调控系统在冲突中艰难地寻求共谋。曲波创作的《林海雪原》一方面自觉地坚持传统现实主义的创作原则，生动地再现了1946年前后发生在我国东北的剿匪战争，真实地塑造出少剑波、杨子荣等英雄的人民子弟兵形象。但在写作的过程中，曲波显然也受到当时文艺政策的深刻影响，透出一股革命浪漫主义的气息，英雄人物“高大全”，贫苦农民觉悟高，反面人物脸谱化，最后故事以英雄的全面胜利而结束。就是这样的《林海雪原》，“文革”中还被打成“毒草”！仅仅杨子荣“智取威虎山”一段被改编成了样板戏，得以在民间广泛流传。

在市场调节系统中，消费对生产的调节是第一位的。在市场经济背景下，艺术生产再不可能无的放矢，而必须把握大众的文艺消费动态。艺术生产者在“接收”到艺术消费者的“订单”后，才能开始“加工”，当然，艺术消费者这个“集体”是不可能主动给生产方下“订单”的，在电视剧产业，要求制片人主动去向市场“订货”。“红色经典”的改编就是制片方研究市场后向消费主体要来的“订货”。

有批评者指责“红色经典”的改编是缺乏原创精神的惰性行为。其实并非当今的艺术生产家们缺乏原创力，非要借用文学史料不可，实际情况是因为“红色经典”中孕育着巨大的商机，家喻户晓的“红色经典”与老百姓之间具有深厚的感情基础，“发自心灵的音乐可以是充当推销术的音乐。所以，重要的是交换价值，而不是真实的价值。”另一方面，“红色经典”在艺术上、思想上的成就也相当独特，无论是“悦读”、“误读”还是“解构”，大多数“红色经典”作品都是不可多得的好文本。例如，1958年，《青春之歌》一出版就成为当年的畅销书，次年突破了130万册的发行大关；被搬上银幕后，更是受到广大观众的热烈欢迎，产生过很大的社会影响。《林海雪原》中的杨子荣也是一位深入民间的英雄，正是看中这一点，《林海雪原》被改编成电视连续剧，不仅可以节省广告推广的费用，还可以收获巨大的“注意力经济”。

国家调控与市场调节对艺术生产的作用是一把双刃剑，《林海雪原》等“红色经典”的生成与当下改编充分体现了艺术生产中三驾马车各领风骚、相互冲突又相互统一的复杂关系。在国家调控系统的强力下，艺术家的审美主体会发生变异，但不可能完全消失，作者的审美倾向与国家意志在艺术的美学本体内争夺阵地，呈现冲突与共谋的关系。市场调节一般只作用于艺术外部，生产者自觉地调整创作心态，如果过分突出消费受众的审美需要时，作者主体的审美意志悄然退居第二位，甚至完全缺席，最终导致艺术自律系统的退场，艺术退化成非艺术。表现在文本形式上最大的变化就是审美的欲望化、通俗化、日常生活化以及不可持久等新特点。

比较《林海雪原》小说原创版和电视连续剧版的文本可以看出如下不同：

对比项	小说原著《林海雪原》	电视连续剧《林海雪原》
英雄人物	“高大全”、理想化	平民化、人性化
反面人物	没有人性， 扁平化、脸谱化	人性化、复杂化
创作手法	革命现实主义	一般现实主义
叙述风格	庄重、严肃	游戏、诙谐
故事结局	英难的全面胜利	英雄遗憾地死去
审美倾向	作者中心	观众中心
生产主体	个人	集体
生产投资	个人的时间与精力	大量的人力、财力、物力
国家调节系统	强有力，直接干预	宏观、间接
艺术自律系统	强烈	较弱
市场调节系统	基本缺席	占主要地位

经典的生成方式：改编与戏说

有人认为《林海雪原》这样的“红色经典”算不得真正的艺术经典，因为经典的形成属于艺术本体领域的事，只接受艺术自身发展规律的检验。而“红色”与“经典”的组合，是荒谬的，是国家机器一手打造的。经典就是经典，不存在什么不伦不类的“色”别。在小说原著《林海雪原》中无论英雄人物还是反面人物，其形象都失之于扁平化、脸谱化，缺少人味，故事情节、深层结构等呈现二元对立模式。有鉴于此，电视剧改编版尽量让英雄人物回到民间，叙述语言适合当代人口味。但被改编成电视连续剧后的《林海雪原》却又陷入“戏说”的泥沼，取消了原著仅剩的一些经典元素，杨子荣变成一个油滑的伙夫，最后死于无名小辈之手更不真实，战斗场面也像捉迷藏或玩游戏。

尽管有诸多不足，但也不是一无是处。就《林海雪原》的改编及其所激发的批评现象来看，首先应肯定的是，这是一具有文化产业发展史学意义的文艺生产个案。这次的批评主体不仅仅是学院派批评家和相关专业人士，更可喜的是，广大观众的批评也纷纷见诸各大报纸、网络、杂志，充分证明了“红色经典”在民间土壤中已生了根、发了芽，是不能任人“宰割”、随意“解构”的，还表明了大众的文艺消费中理性的成分正在增加。这不仅对今后人们诠释、改编经典具有积极意义，而且对当今纷乱的文艺生产状况也会增加一抹理性的色彩。

不可否认，过分强调国家意志大于个人意志、集体利益高于个人利益，终会导致“红色经典”原创作品中有反人性的一面，个体遭到否定，对现实困境视而不见，典型人物“高大全”。但这并不能成为完全否定“红色经典”的理由，“红色经典”的艺术创造性也是有目共睹、耳熟能详、举世公认的，正如有论者指出“毕竟是艺术家戴着镣铐跳出来的舞蹈”。

客观地说，当时的社会背景存在“红色经典”生成的可能性和必然性。

常言道：时世造英雄，英雄出乱世。在那一段风雨飘摇的峥嵘岁月，中国诞生了无数可歌可泣的英雄儿女及他们的英雄事迹。文艺必然要反映时代，书写历史，所以，即使没有国家调控系统对文艺生产的约束，类似于“红色经典”的作品也一定会出现的。

首先，从艺术家的主体精神来说，我国文艺生产历来有“饥者歌其食，劳者歌其事”的现实主义传统，有“文章合为时而著，歌诗合为事而作”的使命意识。文艺工作者、艺术家们在思想认识、审美追求上与国家调控系统其实无绝对矛盾，曲波在《林海雪原》前言中说：“以最深的敬意，献给我英雄的战友杨子荣、高波等同志……每到冬天，我便本能地记起当年战斗的艰苦岁月，想起一九四六年的冬天……写！突破一切困难……战友不怕流血，歼灭敌人，我岂能怕流汗突破文字关，这是我应有的责任，这是我对党的文学战线上应尽的义务。”也正因为这种书写时世的精神，“红色经典”是当之无愧的“经典”。

其次，在当时情况下，政府强化国家调控系统排他性地对文艺生产进行引导与管理既有必要性也具有可行性。

1949年建国以后，新中国还很不平静，一直被西方资本主义阵营当作假想敌，先后经历了抗美援朝、援越战争和自卫反击战争，在那样的非常岁月里，为了保卫国家安全，新中国仍需要一种占绝对优势的爱国主义、革命英雄主义、集体主义文化语境和情感结构。另一方面，举国沉浸在“中国人民从此站起来了”的喜悦之中，民间本来就充满了革命英雄主义，人们的爱国热情一点就燃！浩然曾传达出当时的这份社会情感：“刚刚从半封建、半殖民地牢笼里被解放出来的农民，是多么的兴高采烈、意气风发……对未来的日子是多么的充满信心……为此，我有一股子强烈的自豪感，忍不住地想用艺术手法表达出来……”

如今，这些批评已经越辩越明，“红色经典”是被时代打造的特殊经典，又有一般经典的共性。既然是经典，能否改编？如何改编？在当代改编的争议上都聚焦于如下两个问题：一、“红色”可不可以解构？二、“经典”能否戏说？关于前者其实可以转化为今日中国还要不要革命英雄主义、集体主义、爱国主义问题，如果要，又该如何注入新的时代精神？而后者则涉及“经典”的生成、诠释与历史检验等艺术本体问题。

我的观点是，“红色”可以解构，“经典”也可以戏说，而且具体作品、具体形式、个别人物形象中僵化的不能与时俱进的东西必须解构，但是“红色经典”中结晶的人类的共通之崇高精神不能断裂、颠覆。尽管各个时代对英雄主义、集体主义、爱国主义的具体诠释不同，但其中凝结着人类的永恒精神和生命力。只要还有蓝领工人、弱势农民在，只要社会上还存在假恶丑势力，只要共产主义还未实现，就需要这块精神高地的指引！文艺生产不能只为“白领”、“金领”服务，不能沉浸在咏叹“小我”或“小资”情调中。打着“人性化”、“娱乐化”的旗号消解“红色经典”中的“共通精神和生命力”，不仅误读“红色”，更误读了观众，难怪会激起骂声一片。而改编者误读社会思潮，简单地机械地转译流行文化，对“期待视野”作出了庸俗化的判断，充分证明了文艺生产市场调节系统的不足，“红色经典”的改编当然不能进入欲望化叙事轨道中越跑越远，而需要艺术自律的深度介入。

正所谓“横看成岭侧成峰，远近高低各不同”，不同文化、不同语境、不同时代的人们对经典有着不同的理解，这是经典改编的根本原因所在。例如，钟嵘的《诗品》将作者分为上中下三等，曹植居上，而鲍照、陶潜为中品，曹操为下品。显然，这种观点具有南北朝时偏重形式华美的时代色彩，今天看来则有失偏颇。再如《水浒传》在封建统治当局眼里就大逆不道，乃至被改编成《荡寇志》，然而《水浒传》还是经典的《水浒传》，《荡寇志》则理所当然遭受人们的唾弃。

“经典”的生成本身也是开放的与时俱进的动态过程，是时间检验出来的经典，例如王实甫的《西厢记》就是一部历史检验出来的“经典”。故事最早见于广为流传的唐传奇《莺莺传》（元稹著）——“始乱终弃”的爱情悲剧，作者对张生为科举考试而遗弃莺莺反被认为是“善补过”（体现了当时“仕途至上”的理性精神）。后人对《莺莺传》的解读与改编其实大多采取解构式，如董解元的《西厢记诸宫调》，故事的矛盾冲突发生了根本改变，追求爱情自由的莺莺与张生的性格变得丰满坚强，共同反对封建家长专制婚姻。王实甫的《西厢记》又是对前人的超越，而元明以后人们对《西厢记》也多有解构式搬演与阅读，但因为再没有出现过超越原著的，如明代李日华的《南西厢》就毁多誉少，所以至今世人仍认可王实甫的《西厢记》。

历史地看，改编就是经典的存在方式。改编经典与原作之间有三种可能。第一，若改编后的新作在艺术上或思想上超越了原作，则会提升或取代原作的地位而进入经典史。第二，若改编后的新作从原作中完全脱胎出来且另有原创性建树，则与原作形成某种文本间性，与原作一起载入经典史，接受后来者的检验，如周星驰主演的《大话西游》与原著《西游记》。第三，如果改编后的新作无论艺术上还是思想上都平庸无奇，甚至低俗不堪，则会被淘汰进历史的垃圾箱。但这种改编也不是完全没有价值的，它至少使经典原著接受了一次历史的检验，还可以作为研究经典接受的资料进入文艺生产史。

在解构式改编经典的方式方法中，“戏说经典”是最基本的一种，不能被一棍子打死，也打不死。“戏说”历来就是民间惯用的解读方式，追求平等自由是“戏说精神”的核心成分。赫尔岑认为“诙谐具有某种革命性因素”，“强使圣牛嘲笑上帝这就意味着使它从神圣的高位还俗为普通的牛”。中世纪的戏仿文学“是关于世界的第二种真理”，“好象是在游戏和诙谐中对世界第二次新发现”。在中国，“戏说”同样生长于民间，如《诗经》中尤其“国风”部分作品中“戏说精神”就很多。中国古典戏剧更是天然地渗透着滑稽诙谐的民间“戏说”因素，从俳优滑稽发展而来的喜剧艺术，到元杂剧已不仅是一种民间趣味与民间意识，它得到了高雅文学艺术的滋养，地位也获得空前的提升。元代文人士子因政治上的边缘化而流落民间，不得不“以文章为戏玩者”（钟嗣成《录鬼簿》）。关汉卿“滑稽多智，蕴藉风流，为一时之冠”，其《救风尘》、《望江亭》等堪称平民喜剧的经典之作，杜仁杰“性善谑”，王晔“善滑稽”，由此足见当时在文人心中“戏说”占有重要地位。

如果没有“戏说精神”，当代文艺生产中的审美意识冲不破种种樊篱与限制，但是它又带着与生俱来的弱点，即粗鄙性与庸俗化，需要我们把握一个合适的“戏说度”，如电视剧《林海雪原》在“戏说度”上还把握得不够好。简言之，即艺术生产过程中需要自觉强化艺术自律的调节。

总之，“红色经典”作品《林海雪原》的生成、改编不失为近年来文艺生产走向繁荣的经典个案，具有深远的实践探索意义，可以管窥国家调控、市场调节和文艺批评调节这三大调节系统的相互关系及其作用于文艺生产的内在机理。过分强调某一调节系统都不利于文艺生产的全面发展，各系统如果能克服自身的不足形成一股合力作用于文艺生产，必然对繁荣文艺事业、发展文化产业具有巨大的推动力。

“红色经典”的改编之路

苏　星

6月8日下午，北京电影学院标准放映厅放映了动画片《小兵张嘎》，这是这部被称为“中国首部‘红色经典’大型影院动画片”的影片首次面对媒体和公众。影片创作时间长达6年，耗资1200万元人民币，动用了北京、上海、深圳、杭州、大连、长春、青岛以及朝鲜的创作人才，最多时创作队伍达到600余人。值得一提的是，《小兵张嘎》的主创全部来自北京电影学院动画学院，其中导演便是动画学院院长孙立军。

三天后，由北京电影学院研究所、北京电影学院动画学院、北京大学文化产业研究所等单位发起的，以“‘红色经典’在今天的现实意义”为主题的电影创作研讨会在北京电影学院举行。与会的既有孙立军等新“红色经典”作品的创作者，又有北大教授张颐武、胡军等学者，更有葛存壮、凌圆等创造出了“红色经典”作品的老一辈电影艺术家。研讨会围绕三个议题“我们如何创造了‘红色经典’”、“‘红色经典’如何影响了我们的成长”、“我们如何重现红色经典”展开，各抒己见。

关于“红色经典”的改编一直颇有争议。反对者认为“红色经典”产生于特定的年代，有特定的时代背景，一旦脱离了那个时代，无论怎样改编，都必然沦入“不伦不类”的境地。支持者认为，“红色经典”作为那个时代遗留给我们的宝贵的文化精神财富，要重新焕发它的生命力，除了改编，将现代精神注入其中，别无他途。相对于上述两种较为极端的观念，绝大多数人秉持的是更为理性的态度，那就是“红色经典”可以改编，但是必须遵循一定的原则。

那么这样的原则到底是什么？“红色经典”的改编如何才能做到各方“皆大欢喜”？这个问题至今没有标准答案。然而，从较早的《野火春风斗古城》，到近期热播的《沙家浜》，十几年已经出现了几十部被改编的“红色经典”作品。它们中有的成功，有的失败，有的反响巨大，有的悄无声息。围绕这些作品，“红色经典”原作者、投资商、编剧、导演、演员、观众、文化管理者、学者等等，都发出了自己的声音。

是红色不是桃色

2004年的电视荧屏上，根据作家曲波的同名小说改编而成的新版电视剧《林海雪原》引起轩然大波。为了达到电视剧播出的足够内容量，《林海雪原》对原作情节进行了大量扩充。其中最引人注目的，是杨子荣的“感情戏”得到浓墨重彩的描写。杨子荣不仅有了一个名叫槐花的初恋情人，而且因为槐花后来被迫成为土匪“老北风”的老婆，杨子荣的剿匪行为也因此具有了“为爱情而战斗”的现代色彩。根据电视剧的描写，杨子荣是为了营救槐花的儿子而牺牲的。那么史实是怎样的呢？杨子荣是1947年2月23日在海林县北部梨树沟山里追歼残匪战斗中牺牲的。当时他在山沟里发现一户猎人的小木屋里藏有残匪，由于身上带的枪被冻住，紧急关头打不出子弹，不幸被匪徒开枪击中而牺牲。从这一重要情节的改动中，我们不难发现某些“红色经典”改编者们的思路：“戏不够，爱情凑”。另一方面，在英雄人物身上编织大量的情感纠葛，可以加强电视剧的娱乐性，进而提高收视率。不过，电视剧《林海雪原》的这招显然失算。以杭州地区的收视调查为例，一个电视剧如果达到4个百分点属于正常水平，而《林海雪原》只是3个百分点。面对这样一个“杨子荣”，许多熟悉老版电影《林海雪原》的观众表示“看不懂”甚至“很反感”。

《林海雪原》一波未平，《红色娘子军》一波又起。新剧《红色娘子军》还在拍摄阶段便明确提出，要将“革命剧”改造成为“青春偶像剧”。该剧制片人称，新剧的人物性格将抛却老版的限制，展现时尚感；该剧导演称，电影版《红色娘子军》祝希娟饰演的吴琼花、王心刚饰演的洪常青之所以为人喜爱，就是因为他们除了表现出了革命者的风骨，还有年轻人的朝气与情感。他说：“这是一部描写‘女人与战争’的作品，但是女人再革命也是女人，像她们个性中的可爱，骨子里的帅气，绝不能只是表现在行军礼时有多标准，而是要在她们的情感上下功夫。如果将来观众看了这部戏后感觉这些女人有些味道的话，我就满足了。”很快，在剧组向媒体提供的剧照里便出现了吴琼花与洪常青热情激吻的画面。

面对接二连三这样的改编，许多观众禁不住质疑：这到底是“红色经典”还是“桃色经典”？天津社会科学院文艺评论家张春生提出，改编“红色经典”必须准确地定位。尽管可以用发展的眼光看待经典、可以得出不同的结论，但对这些经典不能改变过多，毕竟它们都是当时革命现实主义的代表作。张春生认为，“红色经典”虽然有片面强调阶级斗争、展现生活情趣不够充分的弱点，但如果仅仅因为这一点，就在改编时采取生活化、比较宽泛的态度进行补充，这是相当危险的。他说：“今天的改编者没有原作者当年的生活，改编总有些隔山打牛；其次加入的内容很难讨好，比如《林海雪原》加大少剑波与白茹的感情，中间还多了萨沙，多多少少带有现代人的成分，不太可信。”

在当今开放的市场经济里，在以个性张扬为主流的市民生活里，“红色”变“粉色”这个看似“与时俱进”的举措，为什么会招致这么多人的反感乃至反对呢？中国人民大学哲学系的张法解释说，“红色经典”是一种具有非常深厚的历史和美学内容的文艺模式。中国当代的前期现代性基本上是套用苏联模式，红色是当时最主要的而且是惟一的特征标识。中国传媒大学的曾庆瑞说，“红色经典”不太强调某一部作品的个体性的“经典”资格，更看重的是这种独特的文学艺术现象以及这种独特的文学艺术现象中的所有作品的群体性的共有的“红色”特征。这种“红色经典”的作品，已经创造的审美价值是稳定的，已经实现的社会功能是难以抹煞的。这种价值和功能也是不能随意加以改变的。

是改编不是戏说

“红色还是桃色”并不是“红色经典”改编中的惟一问题。仍以新版电视剧《林海雪原》为例，杨子荣当年的战友张仁财很不满意剧中杨子荣的形象，他说杨子荣是一个遵守军队纪律的人，完全没有流氓习气，行军中都是主动给老百姓挑水、扫地。电视剧里有一个情节，说小白鸽教苏联战士滑雪的时候，有个苏联战士无意中推了小白鸽屁股一把，杨子荣看到很生气，在雪地上埋下竹签，报复苏联战士。对这个情节，张仁财无法认可：“杨子荣是战士，不是流氓，这样的流氓手法他使不出来。这个《林海雪原》离杨子荣太远了，根本没法看。”

与“红色还是桃色”平行的问题还有，“红色经典”是必须尊重的“经典”还是可以任意改编的“素材”？“红色经典”是“历史事实”还是“艺术创作”？描写英雄人物身上的缺点和寻找反面人物身上的优点，这是“表现人性”还是“颠倒黑白”？所有问题的要害其实在于，对于“红色经典”到底是改编还是戏说？

观众和评论界的种种意见很快在文化管理者那里得到了共鸣。2004 年 4 月，针对“红色经典”改编中出现的种种问题，国家广电总局向全国各地有关职能部门下发了《关于认真对待“红色经典”改编电视剧有关问题的通知》。

广电总局总编室相关人士解释《通知》精神时，点明批评了改编电视剧《林海雪原》和《红色娘子军》。他说，目前在“红色经典”电影改编电视剧的过程中存在着“误读原著、误导观众、误解市场”的问题，改编者没有了解原著的核心精神，没有理解原著表现的时代背景和社会本质。片面追求收视率和娱乐性，在主要人物身上编织太多的情感纠葛，过于强化爱情戏，在英雄人物塑造上刻意挖掘所谓“多重性格”，在反面人物塑造上又追求所谓“人性化”，当原著内容有限时就肆意扩大容量，“稀释”原著，从而影响了原著的完整性、严肃性和经典性。

同年 5 月 23 日，纪念毛泽东《在延安文艺座谈会上的讲话》发表 62 周年之际，中国文联、中国剧协、中国影协、中国视协联合邀集有关学者、艺术工作者在京座谈，反思一段时间以来对“红色经典”的改编。

与会者严肃批评了某些改编以“人性化”之名，行消解崇高之实，颠覆了“红色经典”的凛然正气和昂扬激情。会议同时明确了“红色经典”的意义，所谓“红色经典”应指在 1942 年毛泽东发表《在延安文艺座谈会上的讲话》之后，产生的大量反映时代、对人民群众有重要影响的一批小说、戏剧、电影等作品。

针对当时某些对“红色经典”改编只是一味迎合市场的低俗趣味，任意“戏说”的倾向，电影导演谢铁骊指出，改编“红色经典”，必须要尊重原著的思想内涵，尊重原著的时代背景，尊重原著的主要人物塑造，尊重原著的艺术风格。北京大学教授张颐武则认为，“红色经典”包含着一个时期的纯洁的人民记忆，蕴藏着一种高尚的伦理标准，改编要注重对人民记忆的守护。艺术家虽然有创作的自由，但与其去迎合公众，倒不如运用经典向现实发问，刺激现代的人们思考，反而更能让人们感受到“红色经典”的力量。

很快，5 月 25 日国家广电总局发出《关于“红色经典”改编电视剧审查管理的通知》。《通知》指出，为切实加强对“红色经典”改编电视剧的审查管理，根据目前各有关机构对于“红色经典”改编、播出电视剧的实际情况，经研究决定，全国所有电视剧制作机构制作的以“红色经典”改编的电视剧，经省级审查机构初审后均报送国家广电总局电视剧审查委员会终审，并由国家广电总局电视剧审查委员会出具审查意见颁发《电视剧发行许可证》。从收到此《通知》起，凡未经国家广电总局审查并取得总局颁发的《电视剧发行许可证》的“红色经典”电视剧，一律不得播出。对于违规机构一经查实，要予以严肃处理，并追究领导责任。

是娱乐也是教育

《通知》虽然措辞严厉，不过“红色经典”改编的步伐并未就此减缓。甚至就在《通知》颁布的同时，广电总局审查通过了 20 集电视连续剧《小兵张嘎》。在广电总局的审查意见里，不仅认为该剧改编总体没有脱离原著精神，对青少年有教育意义，而且建议中央电视台暑假期间安排在一套黄金时间播出。

到至今为止的两年多时间里，电视连续剧《苦菜花》、《红岩》、《敌后武工队》、《铁道游击队》、《沙家浜》等“红色经典”改编作品不断出现在荧屏上。可以说，整个“红色经典”改编的创作，仍然呈现蓬勃发展的势头。然而，“红色经典”改编中的某些倾向正在悄悄改变，这可以从有关创作人员的言论中明显感觉出来。

电视剧《红旗谱》的导演胡春桐围绕改编“红色经典”的创作表示：“改编不等于改变人物关系和定位，否则就得‘出事’。我们绝不敢偏离原著精神，偏离原则地增加剧情不是聪明之举，观众眼里可不揉沙子。”电视剧《苦菜花》的导演王冀邢对自己的这部作品信心十足：“电视剧版《苦菜花》比 40 年前的电影版更忠实于小说原著，真正的‘红色经典’根本无需超越！”《敌后武工队》的改编者、编剧史航认为：“最重要的是不要图解那些先辈，不要浅层次地讲述他们如何享受生命、珍惜感情。因为这一切他们比我们更懂，他们的选择更为高贵并且会深深打动现代人的心灵。”为了写好“红色经典”，他亲自到河北沧州，采访了当地几十位当年的武工队队员，搜集了一批鲜为人知的动人故事，他将这些故事融合到原著当中写成了现在的剧本。电视剧《铁道游击队》中芳林嫂的扮演者史兰芽，对原剧本中关于芳林嫂与刘洪之间爱情的描写，颇有微词：“原剧本写得好像芳林嫂一看到刘洪就两眼冒火花；况且在抗战时期，就那么你亲我一下我亲你一下，这我可演不了。”后来，她根据自己的理解，强调两人的爱情应该是在打日本鬼子的战斗中逐渐产生，从而将这段感情演绎得既含蓄又真挚。

既然在“红色经典”的改编中布满雷区，文化管理部门为什么不干脆一禁了之？文化投资商们为什么不干脆避而远之？这个问题并不难以回答：因为相对于原创作品，“红色经典”的教育作用和娱乐性都是经过证明了的，面对自由选择的市场，“红色经典”改编作品的保险系数更高。很显然，文化管理部门重视它的教育作用，而文化投资商们则瞄准了它所具有的娱乐性。

真正难以回答的问题是，在“红色经典”改编作品中，“娱乐”与“教育”该如何平衡？要回答这个问题，我们不妨回顾一下“红色经典”改编历史。

2000年播放的电视剧《钢铁是怎样炼成的》应该是最早走红的一部“红色经典”改编作品，虽然它改编自苏联同名小说，但对许多从那个时代过来的人来说，这部小说给人的亲切感一点也不亚于我们自己的作品。投资拍摄这部电视剧的是万科影视公司，也正是这家公司在《钢铁是怎样炼成的》大获成功后，接连投拍了电视剧《林海雪原》和《牛虻》。

万科影视公司负责人在回答记者关于为何要频频投拍“红色经典”改编作品这一提问时是这样说的：“万科影视公司是个企业，我们的作品必须要让广大观众接受。从经营的角度讲，我们在策划的时候就会考虑能不能播出，能不能在黄金档播出，能不能在任何电视台都能播出这些问题。选择名著的风险非常小，因为它们已经积累了几代读者，读者的认知度高，参与度也就高。观众对名著改编是有期待感的，这对制片商意味着在发行时可以节省较多的宣传费用，而像《钢铁是怎样炼成的》这样的名著属于主旋律作品，受到的限制会少。”

这番话充分显示了文化商人在投资上的精明。“红色经典”改编作品，往“上”能够符合当前“弘扬主旋律，发展多样化”的文艺政策；向“下”能够利用观众的怀旧情绪，坐享其高收视率。只不过，这种乍看上去两面讨好的制作策略，一旦在“教育”与“娱乐”两方面做不好平衡，便很有可能搬起石头砸自己的脚。那些失败的“红色经典”改编作品，往往是制作者依据自己既往的制作经验，在改编“红色经典”时，普遍遵循单纯的市场逻辑，即根据当前消费市场，也就是电视剧市场的走向来给“红色经典”定位和确定目标受众。他们常常忽略作为特殊文化资本的“红色经典”自身所具有的文化逻辑。结果他们制作出来的改编“红色经典”，普通观众既无法把它纯粹当作怀旧对象进行消费，而文化主管部门又无法把它作为主旋律作品看待。从而，在实际上陷入两面不讨好的境地。

是怀旧亦是创新

从上面的分析可以看出，“红色经典”改编的生存之道只有一条，那就是忠实于原著。对于40岁以上的中老年人来说，忠实于原著的“红色经典”改编复活他们年轻时的记忆，集体怀旧所带来的巨大幸福感会把他们牢牢拴在电视荧屏前。

在北京电影学院举办的研讨会请来了北京市赛福达出租汽车公司的司机魏勇师傅，他九年如一日接送因肾病不得不去医院做透析的老大妈，并与之建立起亲人般的感情。魏勇直言，他之所以能做这些事情，与“红色经典”对他的教育分不开。发言时，他反复用“根深蒂固”四个字来形容“红色经典”对自己的影响。发言最后，魏勇用饱含深情的一组排比表达了自己对“红色经典”的看法：“第一，它以寓教于乐的方法，把共产党创业的历史历程展现给了世人。第二，它以演教结合的形式，告诫人们，勿忘过去，勿忘国耻，深刻领会忘记过去就意味着背叛这句话真正的含义。第三，“红色经典”，它像迎风傲雪的梅花，虽无一陪衬，但却鲜艳依旧。第四，“红色经典”，它像无花果树，虽无花朵的美丽，但却把无华的果实奉献给了人们。第五，“红色经典”，它更像永不变色的松柏，把经典传奇的故事与人物永远留在了人间。”

比魏勇更有名的崔永元，因为《电影传奇》，《南方周末》评价他是“拿‘红色经典’做文章，规模最大、触及最深者”。对崔永元来说，“红色经典”不仅仅是与生命血脉相连，甚至可以说就是生命本身。在接受《南方人物周刊》专访时，崔永元说：“让我能活在老电影里，在老电影创造的境界里自由自在地驰骋，当我面对现实，没有能力去应对的时候，我可以退回到我的老电影的梦境里，让我有一条退路，而不是死路一条。我每天睡不着觉，心绪烦躁的时候就在家里看老电影，看老电影的小人书，看老电影的剧本，凡是跟老电影有关的，一看，心里就会平静……”

面对这样的收视人群，“红色经典”改编作品只要能做到充分尊重原作，收视率就有保证。近期播出的《沙家浜》是又一典型例子。在网络上的相关讨论版里，网友们就新版电视剧《沙家浜》与京剧《沙家浜》、电影《沙家浜》的比较展开热烈讨论。从他们的言论中可以发现，由许晴扮演的阿庆嫂，由陈道明扮演的刁德一，由刘金山饰演的胡传魁，得到了观众的普遍认可，这正是该剧收视率飘红的主要原因。从发言网友的知识构成、阅历经验来看，绝大部分是40岁以上的中年人。也就是说，收看电视剧《沙家浜》的年轻人并不多。如果“红色经典”改编仅仅做到了忠于原作，那它只能供中老年观众们“怀旧”，而不能供青少年朋友们“尝鲜”。而“红色经典”所具有的教育功能、教化作用更多的要在青少年观众身上才能得到体现。那么，忠于原作与吸引年轻人，真的是一对无法调和的矛盾吗？

动画片《小兵张嘎》做了可贵的尝试。早在制作初期，创作者们就已经确定，少年儿童应该是影片的收视目标观众，他们称：“影院动画《小兵张嘎》是新一代的

‘红色经典’，试图重新唤起少年儿童的英雄梦！”为了达到这一目标，影片在充分尊重原作的基础上，对情节作了一些更动。比如有一场炸炮楼的戏，动画片《小兵张嘎》改为炸火车，极大提升了影片的视听效果。影片完成后，有评论赞扬影片“既体现出‘红色经典’的悠久生命力，同时也开拓了一条‘红色经典’在当代电影创作中试图成为一种‘新类型片’的艺术探索之路”。

2006年4月，动画片《小兵张嘎》在石景山小学进行了试映调研，全校2—6年级200多位小学生观看了影片。调研报告里说：“小观众完全被影片的情节和故事所感染，在影片悲伤的段落，比如奶奶牺牲的时候，80%的观众流下了热泪；在影片幽默诙谐段落，比如嘎子从军等段落，小观众又笑声此起彼伏，整部影片的放映过程中响起了十多次的笑声与掌声。”

然而，探索之路并非一帆风顺，目前影院动画《小兵张嘎》在发行上遇到了一些困难，不过我们相信，“红色经典”改编之路一定会越走越宽。不为别的，就因为我们相信，“红色经典”拥有着永久的艺术生命力！在大力发展市场经济的当代社会，“红色经典”面临一次重生，我们坚信，“红色经典”这只凤凰，一定能在烈火中涅槃，以崭新的、更加辉煌的面貌面对世人。

后现代语境下审视“红色经典”的电视剧改编

谢婉若

“红色经典”的电视剧改编

“红色经典”具有时代性和民族性，是共产党领导的革命战争中可歌可泣的革命英雄们先进事迹的艺术升华，是对无数英勇献身的革命先辈们一种出自内心深处的记忆和敬重，是我们通过这种文学艺术的形式来表达我们对先烈的怀念和崇高的敬意。“红色经典”的电视剧改编热的出现是一次主流文化和商业文化的合谋。首先为纪念中国共产党成立80周年，2001年中宣部、文化部重点推出了一批文艺作品，在各地电视台和电影院热播一大批反映中国革命历史题材的影片和电视连续剧，如《长征》、《红岩》、《忠诚》、《日出东方》等，收视率不错。还有为纪念抗日战争胜利60周年，国家也提倡重读“红色经典”，一些电视编剧作家和导演也纷纷投向主旋律的“红色经典”。其次“红色经典”有巨大的市场潜力，2000年万科影视公司推出的中国版电视剧《钢铁是怎样炼成的》一炮走红，既赢得很高的收视率，又得到官方与民间的一致赞赏。《长征》和《激情燃烧的岁月》也在市场上走红，形成了一种品牌效应，制作者们也意识到“红色经典”所具有的商业卖点。“红色经典”是主旋律作品，制作者在政治可靠和市场潜力之间找到了一个结合点。再次，在当代中国，市场化程度最高的大众娱乐形式非电视剧莫属，而“红色经典”大多已被成功改编为电影或戏剧，难以再超越，于是乎影视界纷纷转向“红色经典”的电视剧改编，形成一股改编热潮。“据广电总局统计，从2002年到2004年两年间，就有近40部约850集的‘红色经典’被批准立项，投入拍摄。”

电视剧的改编首先必须遵循电视视听特点的各种艺术要求，将抽象的文字符号变成形象生动的视听符号，这主要是技术层面的要求。更重要的是内容（情节结构）上面的删、增、改的技巧处理。改编应忠实原著而又不拘泥于原著，这是任何改编应遵守的基本原则。夏衍在20世纪50年代末提出两种改编方法：一是改编经典著作，无论如何要保持原作思想、风格，不得随意改动情节；二是改编神话、民间传说和稗官野史，改编者有较大增删和改作的自由。“红色经典”作为一种经典，一种主流意识形态作品，其改编必须正确了解原著的核心精神，理解原著所表现的时代背景和社会本质，充分展示作品所张扬的爱国主义、革命英雄主义、奋斗意志和奉献精神等崇高主题。

诚然，既然是改编就可能对原著进行增、删、改，这是改编作品最棘手也是最能体现改编作品成功与否之处。针对电视剧的特征来看，情节跌宕，人物关系复杂，故事错综交叉是电视连续剧得以延伸下去的关键。从商业角度分析，电视剧是电视台吸引广告的主要渠道之一，电视剧的收视率及收视时长为商家看重，好看而集数又较多的电视剧更为广告商青睐。再说从制作方角度看，其生产的电视剧是按集为单位卖给电视台的，故制作者也希望尽量增加电视剧的容量。这就是观众经常抱怨一些电视剧“又臭又长”的主要原因。所以，目前电视剧的改编运用“增、改”的手段较多，增加人物和故事情节来扩充内容。“红色经典”的电视剧改编也主要采用这种方法，但一些改编者没意识到“红色经典”的典型性：“红色经典”不是通常意义上的文学经典，它不仅仅具有文学史上的意义，还承载着整整一代人的生命经验，包含着一种质朴的、丰厚的道德情感。编导们纷纷跌入到“戏不够，感情凑”的误区，给主要人物都加大了谈情力度。《林海雪原》中杨子荣有了个旧情人槐花，是土匪老北风的老婆；杨子荣最后为救情人的儿子而牺牲。《红色娘子军》则更打出“青春偶像剧”的口号，大大咧咧地让剧中每个人谈起了恋爱，而这样的“凑感情”结局如何？非但没有拉拢年轻观众，更让老观众感觉如吐血，严重损伤了原著中英雄人物的高大形象，伤害了观众的民族英雄情感，招来一片骂声，最终引起了国家广电总局的重视和发布《通知》进行干预，规范对“红色经典”的电视剧改编。这是对我国文学经典的保护，也是对近几年电视剧创作领域借“红色经典”吸引眼球的颠覆改编风和借“红色经典”生财的庸俗改编风的有利纠正，不仅关乎到“红色经典”本身，也关乎到社会思想和社会价值观念的培养，意义重大。

也有一些改编比较成功的电视剧，如《小兵张嘎》，该剧改编总体上没有脱离原著的精神，突出了革命英雄主义和民族主义，增加的人物（佟乐、刘燕、石磊等）没有违背原著的精神。在小说和电影的基础上，对原著有所取舍，故事情节的重心总体上转移到确保八路军急需的药品安全经过白洋淀上来。但故事的叙事方式发生了根本改变，这是《嘎》剧忠实原著而又超越原著的亮点之处，运用了“叙事冲突的多样性、开放性、层次性和喜剧性”。总体上看，《嘎》剧的冲突主要围绕三个方面展开：民族矛盾（抗日）、阶级矛盾（除汉奸，争取小资产阶级）、内部矛盾（嘎子与区队、朋友、老百姓之间，日本鬼子之间，汉奸之间，区队之间的矛盾）。叙事节奏紧张而又有条不紊，人物性格的塑造随情节的展开和深入逐渐鲜明起来。叙事过程中也不时运用悬念、巧合、误解、隐喻等电视剧艺术修辞手法营造出喜剧场景，使用少儿视觉也增加了喜剧效果。《嘎》剧的成功在于编导们尊重原著，始终注意体现嘎子身上那种原汁原味的东西，又对一些情节做了改动，丰富了嘎子的性格命运。展示了嘎子、胖墩、玉英、佟乐4个孩子，在抗日烽火中的戏剧故事和富于传奇的童稚友谊，在紧张的战斗中体现了孩子们的机智勇敢，而又生活化，深得观众的喜爱。

还有像《烈火金刚》、《野火春风斗古城》、《铁道游击队》等部分电视剧改编也受到观众认可。但总的来说，“红色经典”电视剧改编热潮作为一个文化事件，在观众与学界进行的关注和讨论中，诟病者为众，随处可见指责和批评之声。“红色经典”的电视剧改编为何难如人意？这可不能简单地将原因归咎于编导们，应分析我们当下所处的社会文化语境。

后现代社会文化语境

后现代社会即后工业社会也就是信息社会、消费社会。随着中国经济的迅速发展和整个社会的急剧转型，在全球化浪潮的推动下和各种新媒体技术的支撑下，源于西方社会尤其是战后美国社会中的消费主义文化渗透入中国普遍日常生活领域。“后现代性正活生生地包围着我们：不仅是在我们的电影中，也在我们的建筑、政治和伦理中。”不可否认，当下的中国在经济、科技等软实力方面还尚未进入后工业社会，但社会文化及人们的观念意识已受到后现代主义的影响。后现代主义这一概念，理论界一般认为是产生于20世纪50年代末60年代初的西方文化思潮，在各个领域中均有充分的反映。后现代主义文化思潮是后现代社会的文化语境。“后现代主义是一种文化风格，它以一种无深度的、无中心的、无根据的、自我反思的、游戏的、模拟的、折衷主义的、多元主义的艺术反映这个时代性变化的某些方面，这种艺术模糊了‘高雅’和‘大众’文化之间以及艺术和日常经验之间的界限。”

后现代主义作为西方后工业社会的产物，是与当代社会的高度商品化和高度媒介化联系在一起的。当代美国最有影响的马克思主义文化和文学批评家弗雷德里克·杰姆逊曾指出：“现代主义的特征是乌托邦式的设想，而后现代主义却是和商品化紧紧联系在一起的。”后现代主义丧失了人的主体性，突出自我怀疑，个性和个人终结，反对自我中心，怀疑一切，解构一切，消解权威和崇高。以零散化、边缘化、多元化来取代整体性，力图消解艺术与非艺术的区别，消解精英文化与大众文化、高雅文化与通俗文化的界限，其结果导致了文化上的通俗化和随意性，使其趋于平面化和游戏化。大众传播媒介的复制和快速传播功能也推动了这种后现代主义文化倾向，如自胡戈的《一个馒头引发的血案》对电影《无极》进行消解的网络文化出现以来，网络上就不时传出某电影或电视或某个明星人物被“恶搞”的消息。戏谑、搞笑、大众性、非严肃性是后现代社会文化的主要特征。

在西方后工业社会和文化背景下产生的后现代文化渗入中国的时间不算太长，但影响巨大。20世纪80年代初《读书》杂志上的一篇文章较早地引进了“后现代主义”一词，后来美国杜克大学的弗雷德里克·杰姆逊，在北大开的专题课《后现代主义与文化理论》。此后，后现代主义红遍了整个中国，当时还主要是一个文化代码，口头上嚷嚷的符号而已。但是80年代后期开始，随着商品经济的发展和电视机以及DV的普及，文化的产业化和市场化，政府放松对文化影视部门的管制，鼓励其走市场化的道路，使得以电影电视为主体的影像文化与商业利益更加密切地联系在一起，同时也促成了后现代文化在中国的产生发展。中国的政治教化、启蒙主义、追求崇高理想的延续了几千年的传统文化逐渐让位于无深度的、平面化的、追求消费性的娱乐和消遣的大众文化，而大众文化是后现代文化的一种表现形式。尤其是自90年代以后，大众文化日益成为主流文化，而精英文化边缘化，一些精英知识分子也逐渐放弃了对高雅文化的追求，而趋向对普通大众趣味的迎合。如王朔的“痞子文学”，躲避崇高，在调侃中亵渎，在亵渎中消解着神圣的规范、权利话语和削平历史深度感，甚至骂出“狗日的文学”的语句来，却受到了读者的青睐，其改编成电视剧的作品也赢得了很高的收视率，引起学界关注，其典型的后现代转向现象被称为“王朔现象”。还有周星驰的“无厘头”电影，以游戏来消解崇高，解构经典，以荒诞来替代正说，通过拼贴无由头的情节人物反叛传统，严肃的主题、崇高的精神在观众们阵阵嬉笑声中丧失了。但在青少年中却引起了热烈反响，其所谓的“经典台词”在这一群人中广泛传唱。如果说对文学的消费不足为奇，那么影视界对历史的戏说则会有点让人大跌眼镜，90年代中后期的荧屏上游戏历史、戏说帝王等历史人物的电视剧搞得热火朝天，收视率还普遍居高。这就是中国当今所处的后现代社会文化现象。

寻求娱乐、新鲜、奇异、多元化是当下人们普遍的文化消费心理和精神状态。为了收视率，为了利润最大化，中国的影视文化大多迅速放弃对艺术个性、美学品格的执著，去迎合大众的趣味，整个影视界甚至可延伸到整个文化界处于一种躁动、平面化、无深度的无序状态。“红色经典”的电视剧改编就是在这种语境下出现的又一种后现代文化形式。

“红色经典”电视剧改编的后现代体现

“将革命历史题材作品冠以‘红色经典’并纳入市场消费轨道，本身就隐藏着借这类特殊题材作品内蕴的政治权力资源去实现权力资本的最大利润化。这切无小视。这就势必要消解崇高、消解品质、消解革命精神和革命理论。”仲先生的这一论断似乎有些言重，其实将“红色经典”推向市场的确有利润因素，但如果是原著或只是形式发生了改变（如画册、动漫、光碟等形式），是有利于记忆和展现革命历史和革命精神的，有助于发挥其教育作用的。但是一些“红色经典”的电视剧改编却出现了巨大偏差，随意改动原著情节和人物性格形象，体现出一些后现代主义的文化倾向。

一、英雄人物平凡化。“红色经典”原著大都弘扬集体英雄主义，塑造典型的“高大全”式的英雄人物，性格较单一。电视剧中的英雄人物形象则遭到消解，成了具有多重性格的平凡的人。电视剧《林海雪原》中对杨子荣的改编就是此类典型，原作中小分队是从各个部队中挑选的具有特长的精兵强将组成的，杨子荣进入小分队时已经是侦察排的排长，具有革命军人的较高素质和侦察英雄的称号。而电视剧中，杨子荣出场时不是一个精干的侦察英雄，只是在牡丹江司令员身边的一个“伙夫”，而且毛病很多，不仅喜欢喝酒，还爱唱几句带点荤味的小曲，与市井里的三教九流也混得很熟，事故圆滑。司令员的一次激将使他很偶然地加入了侦察小分队。而且剧中还给杨子荣增加了一个旧情人槐花，杨子荣陷入“三角恋”，与匪首座山雕成为情敌，甚至还有了“私生子”。一位智勇双全的剿匪侦察英雄，在电视剧中成了一个“痞子”加“情种”式的人物。严重违背了原创作者的初衷，作者曲波自己曾说过：“让杨子荣等同志的事迹永垂不朽，传给劳动人民，传给子孙万代。”原著中杨子荣崇高、伟大的形象是那个特定时代的无数革命战士的精神凝聚，是个理想人物。还有剧中少剑波与白茹的情感戏被极度地扩大，增加了一个滑雪教练苏军少校萨沙，构成一个三角关系。这样的改编似乎体现了人物性格的多面性，符合常人的本性，却消解了艺术与生活之间的界限。原著中塑造的英雄人物在电视剧中被消解为没有棱角的凡夫俗子，从英雄视角转向了平民视角，从仰视转向了平视。“十七年文学”的英雄崇拜在文化大革命时期达到登峰造极的地步，“样板戏”被反复咏唱，而到新世纪“革命”被消费、“英雄”遭到消解，这也正是后现代文化中躲避崇高，反权威、反个性、反严肃的一个缩影。

二、反面人物人性化。这几年有一种流行的说法叫“描写人性的深度复杂性”，引导许多作品在“人性化”的幌子下，表现人性复杂性的时候发生偏差。中国的“十七年文学”尤其是归为“红色经典”的一类作品，人物形象类型化、脸谱化，正面人物完美无缺，反面人物则从外坏到里，人物的阶级性格界限分明。而在后现代以消费文化为特征的大众文化，人物平面化、人性化，反对绝对化的人物性格，认为人物的性格似乎都是美丑、善恶的二重性格组合，成功的人物形象必须是善恶兼备、美丑共处的。因此，大多作品塑造正面人物就要展示其“人性弱点”，写反面人物就要开掘其身上的“人情味”和“人性美”，认为只有这样的人物才是真实可信的，才是具有人性深度的“圆形人物”。在大众的这种文化消费旨趣的诱导下，一些“红色经典”电视剧开始抛开人物类型化的特征，换成“正面人物”个性化和更加人性化，“反面人物”则无限制地人性化，甚至有时观众反而会欣赏或同情起反面人物来。《林海雪原》原著中的“座山雕不仅残忍，狂笑着杀人，连土匪都惧怕他的笑声，而且老奸巨滑，具有顽固的反共立场，‘最恨的是被共军俘虏过的人’，对小分队、对夹皮沟翻身的百姓恨之入骨。座山雕无疑是一个集中了政治土匪、地方土匪于一身的阴险狡诈的典型，而电视剧却让座山雕收养了孤儿（槐花的儿子），而且对这个孤儿关爱有加，常带在身边。更主要的是剧中选择的孤儿无论是其形象还是性格都缺少一种可理解性，两相对比更加突出了座山雕的容忍和仁爱。当剧中的座山雕希望这个孤儿叫自己爹而被孤儿无情拒绝的时候，观众甚至会觉得孤儿无情”。座山雕，一个老奸巨滑、凶残的土匪在电视剧中成了具有人情味的“慈父”形象，还表现出儒雅的意味，咏涵经书，字字蝉联《百家姓》。如此具有“人性化”的反面人物，让人难以视其为“阶级敌人”。这种泛“人性化”不仅严重违背了原作者塑造典型的反面人物以烘托正面人物的伟大的目的，消解了阶级性，影响了原著的完整性、严肃性和经典性，而且也抹杀了艺术与生活的界限，不利于艺术创作的健康发展。

三、时尚化。“红色经典”无疑是时代的产物，是当时的一种主流意识形态，反映革命精神和革命理想主义的革命文学作品，讲述的是那个年代的故事，具有严肃性、政治性、革命性和经典性。其英雄传奇故事和人物角色深入民间，为几代人所传诵，尤其是“文革”期间的“样板戏”，传遍中国的大江南北，其对革命英雄和革命精神的传唱影响了那个时代的人们。而“红色经典”电视剧中却搀杂了一些现代气息，一些时尚元素。譬如，《红色娘子军》中有青春偶像剧的影子：吴琼花成为时尚女性，青春靓丽有余，而革命野性不足；洪常青则透着帅哥的浪漫情怀，剧中还出现了吴琼花与洪常青激情相吻的情节，“娘子军”群像也都个个青春逼人。这与当下的都市偶像剧是多么的相似！唯美的拍摄手法和镜头更是随处可见：一位娘子军在一泓碧池中沐浴，而此时她已经知道敌军正在包围她。而娘子军传奇性的战歌，是由一些被逼上梁山的苦大仇深的山村女子谱写的，在电视剧中则有了一种娉娉婷婷的做派和莺歌燕语般的情致。整部片子削减了革命性，削弱了激荡人心的英雄主义情结，给观众留下更多的是现代的生活再现和浪漫的艺术情调。还如《林海雪原》中杨子荣旧情未了，不幸落入了“婚外情”的俗套，少剑波、白茹与萨沙之间的“三角恋”，就连《苦菜花》中“革命母亲”冯大娘也摆脱不了要闹出一段“婚外情”的命运。“三角恋”、“婚外情”是后现代的“时髦”话语，也是大众所津津乐道的话题。大众普遍的消费口味，及其收视率的影响驱使“红色经典”电视剧出现了“黄色”化的倾向，这是以现代人的审美趣味来对待“红色经典”的改编。时尚元素的渗入，消解了经典的严肃性和革命性。

“红色经典”是特定时代里反复锤炼出的文艺作品，并在艺术形式上有了经典的格式，具有极其重要的历史价值和审美价值。后现代语境下，“红色经典”的电视剧改编或多或少受当下人们的审美趣味的影响，有其合理性，但必须在“忠实原著”的基础上坚持“历史观点”和“美学观点”进行改编，既把握作品本身所具有的精神内核，又要体现出当代人的价值判断、历史思维和审美追求，并赋予它为“一个时代的新生命”。

原典化对文化产业化的启示
——以“红色经典”《红岩》为例

傅明根

文化可以作为产业来经营已经是一个不争的事实，比如英国的教育文化产业。文化产业将是21世纪全球最有前途的优质产业之一，将成为21世纪各国经济的支柱产业、新的经济增长点，这已成为人们的一种共识。例如美国以好莱坞、CBS、NBC、ABC为代表的影视文化，以摇滚乐、爵士乐、乡村歌曲为代表的流行音乐，以科幻小说、侦探小说、言情小说为代表的通俗书刊，以麦当劳、肯德基、可口可乐为代表的餐饮文化，以美式橄榄球、棒球、NBA为代表的体育文化，以圣诞节、情人节、万圣节、感恩节为代表的节日文化，以迪斯尼为代表的娱乐文化等已构成了一个巨大的大众文化产业群。那么，面对文化产业的时代语境，中国如何寻找、发展中国特色的文化产业，各省又如何探寻一条文化产业发展的路径，采用什么样的策略应对全球化文化产业化时代的高歌猛进等等，必将是我们文化工作者应该思考和关注的课题。本文试图梳理、阐述一个文学作品的经典化过程以获得文化产业化之启示。

从原创到原典

当今社会文化是一个涉及到文学艺术、新闻出版、广播影视、网络及计算机服务、旅游、教育等各个领域的最为宽泛的概念。其中最接近文化核心意义层的是文学艺术领域，因此，文学艺术应该成为文化产业的原创地。对具有原创意义或原创价值的文学艺术的逐步产业化开发可以开发一条可观的文化产业化路子。比如"红色经典"之再造嬗变过程可以走产业化路子，但以前我们都没有用产业化的眼光、视角去关注、思考和运作使之产业化。

"红色经典"的再造即"红色经典"热的促成离不开不同媒介的催化，也即产业化。新的媒介不断促成着文学存在方式的转变，对经典文学作品而言更为显著。中国90年代所引发的"红色经典"再造热，就与新的媒介的介入有很大关联。在本文看来，正是新的媒介催化着"红色经典"文学迅速向"红色经典"影像转换。由美术"红色经典"到舞台"红色经典"、电影"红色经典"、电视"红色经典"再到报刊、广告、网络等"红色经典"的再造，足以说明在新的媒介的驱动下"红色经典"文学的多元化存在方式正在形成。总体而言，中国"红色经典"走过了一个由文学化"红色经典"到影像化"红色经典"的生产、传播与接受的嬗变过程。这个过程的出现与社会的历史时代语境有着直接的关联，也隐含了一条文化的产业化思路。

我们一般把新中国成立之后到"文革"之前这"十七"年中所创作的对中国人民精神生活产生过巨大影响的带有明显"革命"色彩的文学艺术作品像"三红一创，山青保林"称之为"红色经典"。人们（指民间与政府）之所以选择"十七"年的部分文学经典作为"红色经典"再造，是因为"十七"年是中国的一个集体记忆时期，这种集体记忆主要是一种精神追求多于物质享受的一致记忆和体验。这一时期人们信仰马列主义、毛泽东思想，崇尚为革命作出贡献和牺牲的英雄，要求做毫不利己、专门利人，一心为公的社会主义新人。总之，这是一个崇尚精神追求、克制私欲的时代，它涵盖了人们丰富的情感因素，寄托了人们的理想追求。

"红色经典"作品的出现是离不开其所产生的时代语境的。今天我们所冠名的"红色经典"，在产生之初不是作为一种经典对象来生产的，而是作为一种政治的、革命的对象来生产的，是实施政治标准第一、艺术标准第二，遵命创作第一、个人创作第二的文艺生产机制和批评机制下的产物。正是这一特殊语境使"红色经典"作品从它诞生的那一刻起就具有了权威性、政治性和革命性。从"红色经典"之一《红岩》以及其中的重要红色人物形象之一的江姐形象的形成过程就可见一斑。

（一）"红色经典"小说《红岩》的产生

1961年由罗广斌、杨益言在《锢禁的世界》的基础上创作的长篇小说《红岩》，虽然署名罗广斌、杨益言二人，但实际上参与创作的除了罗广斌、杨益言二人以外，还有一位名叫刘德彬的同志。因"文革"中，刘德彬被划成右倾主义分子，没有刊登其名。这三位作者实际上都是非常优秀的共产党员，都是从"渣滓洞"、"白公馆"的大屠杀中生还的，《红岩》的内容也大多是这三位共产党员的亲身经历。小说共分30章，采用了多角度、多线索的叙事手法，描写了许云峰、江姐等数十个光彩照人的、性格鲜活的人物。可说《红岩》是一组英雄烈士的群雕，是渣滓洞、白公馆狱中轰轰烈烈反迫害和反虐待的斗争组画，是一首雄浑悲壮的英雄赞歌。

小说自1961年12月由中国青年出版社正式出版后，截至1995年8月，前后共印刷了41次，总印数达720万册，并被译成英、日等多种文字向国外发行，成为当代中国文学作品发行量最多的长篇小说。1999年11月由人民文学出版社、中国青年出版社、解放军文艺出版社、作家出版社联合发起的、让读者投票评选最喜欢的十部长篇小说中，《红岩》位居第一。《红岩》被公认为最具革命精神的作品，也是革命传统教育的经典文本。可以说《红岩》哺育了一代又一代人精神的成长，给予了青年以理想与信念、精神与信仰、忠诚与献身的楷模。

（二）"红色经典"电影《烈火中永生》的出炉

小说《红岩》出版后引起的轰动，促成了当时许多导演和编剧的关注。据影片《烈火中永生》的主演于蓝回忆说，最先产生拍摄这部电影想法的是她和欧阳红缨，后在筹备阶段又增加了著名导演张水华。1963年的深冬，一个成型的剧本、一部优秀电影的雏形诞生了，水华、赵元、于蓝等剧组创作人员拿着改好的剧本，再次入川，动手拍摄电影。起初拍摄受到江青的压制，最后周总理在审片时确定用《烈火中永生》片名，使这部电影得以起死回生。1965年夏天，这部历经磨难的电影终于和观众见面了。从小说《红岩》到电影《烈火中永生》，其间经过夏衍改编，周总理重新起名。这部"红色经典"电影集中、典型、鲜明地确定了以江姐为中心人物形象的影像"红色经典"模式。这一模式的确定不仅经历了从民间到官方的"合谋"，更经历了各种媒介形式的参与、塑造并最终成型。比如江姐形象的形成分别经历了不同阶段：首先是红岩英烈代表人物——革命烈士江竹筠为原型的江姐形象（1948）；之后江姐首次作为一个雏形的艺术形象出现在《圣洁的血花》中，1961年又出现在由罗广斌、杨益言、刘德彬共同创作的纪实文学《禁锢的世界》中；随后又被写进由罗广斌、杨益言根据《禁锢的世界》创作的革命现实主义长篇小说《红岩》中（1961）；而1965年导演水华等人集体制作的电影《烈火中永生》是第一次通过银幕塑造了江姐形象。于是，江姐形象开始多姿多彩起来。这可以从江姐的舞台形象可见一斑：在地方戏曲舞台上就有川剧江姐、越剧江姐、杭剧江姐、粤剧江姐，等等，另外天津歌舞剧团、重庆歌舞剧团、沈阳空政歌舞剧团等也都有根据小说《红岩》改编的不同版本的歌剧《江姐》，可以说在歌剧舞台上的江姐是一人千面。其中最具影响力的是由空政歌舞团创作、1963年在北京首演的英雄歌剧《江姐》，这一歌剧没有按照传统歌剧的模式，而是先有了江姐的主要唱腔，后有主题歌《红梅赞》，创作者谱写音乐时融入了川剧嘹亮的高腔、江浙秀丽的民歌以及其他地方如清音等说唱艺术。音乐上的不拘一格，使得作品呈现出刚柔并济的艺术风格。1978年由上海电影制片厂摄制成歌剧舞台艺术片。江姐以她特有的传奇经历、独特的人格魅力深入人心，成为家喻户晓、光彩照人的革命者典型。所以江姐的形象经历了从原型人物革命烈士江竹筠——江姐小说形象——江姐银幕形象——江姐舞台形象——江姐的荧屏形象的嬗变过程。从小说《红岩》中能独立成篇的《江姐》一章中的江姐形象的基本成型，到电影中作为第一号主角人物江姐形象的出炉，标志着完整细致的“红色经典”人物江姐形象的完型，为当代艺术画廊增添了一个不朽的典型，而后的几乎所有影视作品都是以这个经典形象为规定模式来创作和延伸故事情节的。

（三）“红色经典”电视剧

90年代以降的“红色经典”再造促成早期文学“红色经典”存在与撒播形式呈现出多元化态势，“红色经典”再次升温是以电影和电视剧的“红色经典”样式的再造影响较大。1999年有三部取材于红岩英烈故事的电视连续剧摄制完成。一部是由中央电视台摄制的20集纪实电视连续剧《红岩魂》，另一部是8集电视连续剧《小萝卜头》，再有就是上海东方电视台、重庆电视台和北京文化艺术音像出版社联合录制的15集电视连续剧《红岩》。在这三部主要电视连续剧中，作为中华人民共和国成立50周年献礼的十部电视剧（片）之一的《红岩》是最引人关注、最有影响的一部；《红岩魂》是严格按照历史真实创作出来的纪实电视连续剧，没有任何虚构的情节和人物；《小萝卜头》是以渣滓洞监狱最小的烈士宋振中的故事为叙事的重点，以一个孩子的视点展现集中营的生活和斗争、刻画英雄形象的。

与这之前的各种媒介形式下的江姐形象相比较，电视连续剧《红岩》对荧屏江姐形象的塑造是有遗憾的。一方面电视连续剧《红岩》遵循了小说的叙事线索，基本上原封不动地把小说中的故事情节照搬过来，缺乏创意。另一方面江姐虽然是着力刻画的女英雄形象，并且电视连续剧的创作者力图改变以往江姐形象过于英雄化和神化的塑造模式，意在展现江姐作为活生生的个体所具有的丰富的情感，这样的用心自然是好的。为此，剧中有意识地加入了三场江姐和儿子云儿在一起的戏，其中两场都是江姐坐在熟睡的孩子身边织毛线帽子，一场是江姐教孩子唱歌。在监狱里有一个很短的闪回镜头，导演希望借此表现江姐的母性和柔情。但是由于这种故事讲述方式陈旧，表现方式俗套化，演员表演粗疏生硬，使得这一情节没有分量，不能真正打动人心，达不到创作者所想要表现的江姐细微、温情的内心情感的目的。再比如表现江姐和丈夫的夫妻之爱时，设计了一个围巾作为道具，以体现他们夫妻之间在艰难险恶的环境中的相互体贴和关心。但这个情节的设置因为没有必要的铺垫而显得不自然，演员的僵化表演也让这一小的细节几乎没有意义，它令观众在荧屏中看到的江姐柔情的一面是如此的轻微和肤浅。后来江姐被捕、受刑讯逼供、领导监狱的斗争、英勇就义等主要的情节与小说和电影《烈火中永生》也相差无几。另外，电视连续剧加入了一场正面描写江姐作为女游击队长领导群众夺取武装、发动群众抗丁抗粮的戏，以表现她的英勇机智和军事才能。虽然江姐在这部电视连续剧中占很重的戏份，但是就整个江姐形象创作而言，可以说并没有达到历史已经提供的美学起点，江姐形象有整体下滑之感。

由此可见，电视连续剧并没有像人们所期望的那样呈现出更加富有人情味和更能打动人心的东西。它既没有把江姐的形象丰满起来，又没有将她的形象提升到一种高度典型化和象征化的程度上去，创作者将江姐英雄形象进行人性还原的同时，进行了浅化和俗化的处理，损伤了江姐作为一个英雄和典型人物的精神内核，从而缺乏个性魅力，没有真正的情绪感染力和精神感召力。之所以出现这种遗憾，这与市场化、大众化与娱乐化的时代语境有着密不可分的关系。首先投资者看中了“红色经典”日益积累起来的社会知名度和品牌效应所提供的潜在的消费市场这一经济利益，因此选择“红色经典”进行改编。其次，90年代以来虽然四处弥漫着怀旧的情绪，但对“红色经典”产生的时代非常陌生的观众来说，他们接受的动机不在乎经典的精神享受，而在乎经典的娱乐消费。另外，电视连续剧《红岩》的再造说明，江姐题材虽然蕴含了无穷艺术开掘的可能性，但是简单的重复是不行的，以浅化英雄本身固有的特质而将之简单地还原成“人”也不行，艺术必须创新才能焕发新的生命力。

原典化的启示

综上所述，一个“红色经典”的完型是对真人真事之原型在不同时代语境下的三番五次的改写过程，也是利用各种媒介进行集中、散播、强化、典型化等多样化艺术形态之改写过程。今天回顾这一过程，对我们的文化产业化具有很大的启示和借鉴意义。

其一，文学“红色经典”政治化、精英化色彩走向影像“红色经典”商业化、大众化色彩；文学“红色经典”

英雄化色彩走向影像“红色经典”平民化色彩；文学“红色经典”制作的集体化色彩走向影像“红色经典”制作的个人化色彩；文学“红色经典”的精神享受走向影像“红色经典”的娱乐消费；文学“红色经典”印刷传播的单一化走向影像“红色经典”电子传播的多元化。

其二，如果按照文化产业化的路子再造文学经典产品，会形成一个具有巨大发展潜力的可持续再造的产业链或产业群，其策略是：第一轮利用书籍、杂志、报刊等纸质媒介将之进行立体式炒作，造成轰动效应；第二轮利用广播、电影、电视等电子媒介将之改编成电影或电视剧加以视觉性传播；第三轮对其进行批评、评论等炒作；第四轮进行CD、VCD、DVD等光盘系列衍生产品的开发与发行；最后是余兴节目，比如影片中经典镜头的专利拍卖，电影明星与影迷的现场见面会和音乐演唱会等。

其三，有利于促进文化产业品牌建设，达成品牌效应，对原创作品的普及、流传也大有裨益。如美国好莱坞历史上出现的通俗的畅销小说《飘》被改编成经典电影《乱世佳人》后，小说就跻身于世界一流的经典小说之列。

第四，以广播、电影、电视等电子传媒为主要形式的媒体产业是一种低能耗、低投入、高产出发展模式的绿色产业，它是代表现代经济、社会和文化全球性发展的新兴产业，代表着具有巨大市场发展潜力的产业。对这种适应未来社会发展趋势的先进产业发展模式的注入非常适合于构建和谐社会的要求。实际上，像好莱坞的电影文化产业、日本的动漫文化产业、韩国的影视剧文化产业就是支撑这些国家未来文化产业的极具竞争力的核心绿色产业。

第五，目前我国的文化产业人才资源相当短缺，文化人才的教育培养没有形成产业化培养体系。文化产业的竞争关键是人才的竞争，文化的繁荣关键是人才的涌现和人才积极性的充分发挥。目前人才紧缺是制约文化产业建设的重要因素。这就必须像浙江地区那样，把教育作为基础性、前瞻性和战略性产业优先发展，给予重点扶持。基于此，我们必须建立一个创意性人才培养机制或培养基地的办法，推动文化产业品牌的可持续性发展。我们更应该注重和加强对在岗的文化产业人员的培训工作，比如对我国初具规模的游戏动漫人才的培训，实现现有的人才资源、产业资源的快速转化。

漫谈“红色经典”改编

杨锦鸿

“红色经典”的改编是近些年文艺界一个非常引人注目的现象，一批“红色经典”作品被陆续改编为电影电视或其他艺术形式，从而形成一道“红色风景线”。成功的改编无疑既可显示影视艺术的独特魅力，也可证明“红色经典”的不朽生命力。其实在中外文学艺术发展史上，改编是一种“常态”现象。如美国的好莱坞和百老汇，就经常翻拍或改编以往的经典作品，很受观众欢迎。而在构建和谐社会的今天，利用新的艺术形式和表现技巧来改编“红色经典”，则可以起到延伸经典、弘扬民族优秀文化的作用，这是毋庸置疑的。但遗憾的是，有些“红色经典”改编已发展为不同于常态的“变态”。普遍存在着“误读原著、误导观众、误解市场”的问题，于是乎，改编成为“戏说”，“戏说”上升为“胡说”，“红色”也变为“桃色”；更有甚者，时下又有人在网络上“恶搞”红色经典，且有愈演愈烈的趋势。这些，不能不引起人们的高度警觉与特别关注。那么，究竟什么是“红色经典”？为什么会出现“红色经典”改编热？改编又为什么多不理想？应当如何改编？这是本文要讨论的问题。

为什么会出现“红色经典”改编热

何谓“红色经典”？“‘红色经典’既是一种约定俗成的话语指称，更是20世纪中国文学发展进程中一种文学经典化的历史遗产。”它通常是指1942年毛泽东《在延安文艺座谈会上的讲话》发表之后出现的大量反映时代、对人民群众有重要影响的以中国新民主主义革命和社会主义革命与建设为题材的一批小说、戏剧、电影等文艺作品。代表作有《红岩》、《红日》、《红旗谱》、《红色娘子军》、《闪闪的红星》、《林海雪原》、《铁道游击队》等。之所以称之为“红色经典”，是因为“红色”意味着这些作品往往与人们坚定的革命理想和豪迈的战斗精神紧密联系，象征着一种深入骨髓的情操，并带有一些理想主义的情愫；

“经典”则意味着这些作品能经得住时间淘洗、具有永恒价值，它们不会因历史变迁而失去生命，失去意义。而且，“红色”和“经典”互为前提、互相连接。

但需要指出的是，这里的“红色经典”不同于一般意义上的文学经典。作为一种革命话语，它承载着历史叙述的重任；作为一种文学话语，它造就并容纳了当代中国几代人的生活、激情和理想。可以说，“红色经典”以精神方式参与了20世纪中国历史的进程。它既是历史叙事，同时也是历史本身。由于“要表现革命的历史趋势，并普遍地采用了革命现实主义的典型化的手法，并以雄阔的场面，以与历史时代相连接的寓言化的方法来表现”，所以，“红色经典”作品一般都是“宏大叙事”、场面广阔、豪情万丈，阳刚之美成为其共同的美学特征。而又由于“作品的人物大多是正面的阳刚的，作品所反映的面是广阔的，并且又联系着历史深度和民族在某一历史时期里的昂扬的情绪，因此，雄壮豪迈成为那个时代文学的主流风格。”

众所周知，“红色经典”作为革命现实主义的代表作，从它诞生之日起，已影响和鼓舞了几代中国人。只是到了改革开放后，“红色经典”作品才逐渐退出了人们的视线。而进入21世纪之后，沉寂多年的“红色经典”又重新开始在荧屏“走红”，改编“红色经典”在文艺界形成热潮。据广电总局的统计，从2002年到2004年的两年间，即有近40部约850集的“红色经典”改编被批准立项，投入拍摄。

那么，为什么会出现“红色经典”的改编热呢？笔者以为，大致有以下几个方面的原因：其一，为纪念毛泽东《在延安文艺座谈会上的讲话》发表60周年（2002年）和纪念抗日战争胜利60周年（2005年）及纪念中国电影诞生百年（2005年），一些文艺工作者不约而同地把目光重新投向了主旋律的“红色经典”。其二，为了满足当代中老年人的一种怀旧情绪和青少年的期许心理。“红色经典”留给人们太多的回忆与难忘，但由于它是特定“历史情境”的产物，其“史诗”性的创作追求一方面成就了“经典”，另一方面也带来了一些缺失——如“缺乏对人的命运、灵魂和价值的哲学思考”，人物形象多“高大全”、“脸谱化”等，加之现在人们的欣赏水平提高了，只是一味重播老片已不能满足人们（特别是青少年）的愿望，于是便有了翻拍和改编。其三，商业利益的驱动。在当代中国，市场化程度最高的大众娱乐形式应当说非电视剧莫属。而一部电视剧的命运在很大程度上取决于其收视率。只有收视率上去了，电视台和制作方才能获得较高收益。前些年，电视连续剧《长征》风靡全国和《激情燃烧的岁月》在市场走红，形成了一种品牌效应，也使制作者看到了“红色经典”所具有的巨大市场潜力，于是对高收视率的预期就成为改编的动力。而在缺乏高质量的新剧本的情况下，在急功近利的商业心态下，改编“红色经典”自然就成为一个最简便的选择。

为什么“红色经典”改编多不理想

其实，“红色经典”改编的不断升温也折射出当下中国社会在日常生活、个人记忆乃至审美趣味等方面出现的新变化，从而成为我们今天必须面对的现实问题。

如前所述，改编在文艺界是一种常见现象，而经典的不断被改编，正是其魅力所在，它们在一次次新的创造中，可获得长久而广泛的传承。但近年这股“红色经典”改编热却引发了人们普遍的不满和批评。原因何在？这是因为许多改编者在改编“红色经典”的过程中，没有尊重原著的核心精神，没有了解原著所表现的时代背景和社会本质，片面追求收视率和娱乐性，一味在主要人物身上编织过多情感纠葛，强化爱情戏；在人物造型上增加浪漫情调，在英雄人物身上挖掘所谓的多重性格，在反面人物的塑造上追求所谓的人性化，从而使改编的电视剧与原著的核心精神和思想内涵相去甚远。还有，由于有的“红色经典”作品原本内容有限，改编者即人为地稀释作品内容，扩大作品容量，从而影响了作品的完整性、严肃性和经典性，这样一来，“改编”很快演变成“戏说”，继而又上升为“胡说”、“乱说”。例如，在电视剧《林海雪原》中，“穿林海，跨雪原，气冲霄汉”的侦察英雄杨子荣，竟多了个“初恋情人”槐花，而“座山雕”把槐花与土匪“老北风”生的儿子当成人质威胁杨子荣，最后“座山雕”还意外死在了这个孩子的手上；新版《沙家浜》里，精明、聪慧、自信、忠诚的地下党员阿庆嫂却成了与胡传魁和郭建光都有情感纠葛的风流老板娘，原本严肃的敌我斗争变为恶俗的个人恩怨；而《小兵张嘎》里，不仅增加了一个女特派员刘燕，还增加了一个小男孩乐乐，以便引出更多的故事和看点；更荒唐的是，在《红色娘子军》中，洪常青和吴琼花的爱情纠葛则成了全剧的主线，在新版剧照上，赫然出现的是两个人激情拥吻的照片，如此等等。庄严的历史人生思考成为嬉皮笑脸的市井闹剧，侠肝义胆的英雄成为小肚鸡肠、利欲熏心的政客，卖国求荣、无恶不做的汉奸却成为侠骨柔情的义士……在这种漫无边际的扩充与稀释中，在这种不负责任的胡编乱写中，名著被涂改得面目全非，经典只剩下一个被借来赚钱的外壳。这完全是“挂羊头卖狗肉”！

更可气的是，随着技术进步和传媒方式的变革，目前精英传播已经转化为草根传播，这股“胡编乱写”的歪风很快侵蚀到了草根文化中，如今，网络上又出现了“恶搞”“红色经典”的现象。当某些网站上出现手握钢枪保卫神圣领土的战士雄壮地高喊“严防死守，根除二奶”或手捧红宝书的女红卫兵媚笑地说着“好好学习，天天想你”的时候，人们或许还不甚在意。但当网上出现了《闪闪的红星之潘冬子参赛记》这样的“恶搞”之作时，我们不能不感到震惊了。在这个时长9分36秒的短片中，所有画面皆出自八一电影制片厂拍摄的故事片《闪闪的红星》，但其中的对白、配音全被篡改了，片头也变成了“八七电影制片厂”，小英雄潘冬子变成了一个整日做明星梦、希望挣大钱的“富家子弟”，其父亲竟然是“地产大鳄”潘石屹，母亲则一心想参加“非常6+1”，因为她的梦中情人是主持人李咏。潘冬子来参加青歌大赛，恶霸胡汉三竟成了评委负责人“老贼”，不仅操纵着其他评委，还是大赛各种新花样的制造者。潘冬子与胡汉三之间的阶级斗争被恶搞成“参赛歌手”与“评委”之间的脑筋急转弯游戏。整部“恶搞”片子还夹杂着一些下流的对白。随着“恶搞”之风愈演愈烈，不仅“红色经典”被恶搞，许多英雄人物、古典名著，包括公众人物、标志性图像等都被“恶搞”染指。比如，“雷锋是帮人太多累死的”，“黄继光是摔倒了才堵枪眼的”，“董存瑞为什么牺牲？因为被炸药包上的两面胶粘住了”，显然，“恶搞”发展到如此地步，早就偏离了其娱乐性的本质，也早已跌破了道德的底线！

可见，“戏说”经典、“恶搞”经典，实际就是一种颠覆——是对一个时代的颠覆，是对民族精神的颠覆！当“戏说”与“恶搞”成为一种文化潮流，任何真实与神圣都会被颠覆得面目全非。其悲哀之处不仅在于它颠倒黑白，更在于国人精神的堕落。因为，“戏说”和“恶搞”的本质即为该认真时不认真、该严肃时不严肃、该敬畏的不敬畏、该负责的不负责、该反思时却哈哈大笑……“这股声浪影响所及，使我们的文艺失去了远大理想的烛照，造成许多真诚的作家、艺术家感到困惑甚至彷徨”。所以这种“戏说”与“恶搞”若再不加以约束，民族精神无疑将面临迷失的危险。民族精神是一种社会意识，是一个民族区别于其他民族的精神特质，是民族大多数成员所认可和接受的，富有生命力的优秀思想品格、价值取向和道德规范的总和。这个总和是一个民族在长期的历史过程中逐渐形成的，是集体理想信念、尊严人格的体现。而雷锋、黄继光、董存瑞等英雄人物，在战争或生活中体现出来的爱国、爱民族以及不怕牺牲、英勇顽强等优秀品质，更是民族精神的精髓。应当说，正是在这种精神的支撑和指引下，一代代人为中华民族的伟大复兴继往开来，中华民族才有了今天的辉煌成就。试想，一旦这种民族精神迷失了，倘若中华民族再次面临战争重演或侵略威胁时，还有谁会舍生忘死、抛头颅洒热血？还有谁会挺身而出、挽救中华民族的危亡？这些，不能不引起我们的忧虑和深思！

应当如何改编“红色经典”

当然，我们这样说，并不意味着要全盘否定“红色经典”的改编，更不是否定改编这种形式。“红色经典”作为一种历史的坐标，是某一特定历史时期的艺术创作，总会带有特殊时代的烙印，往往会与现实有一种距离感，甚至还会包含一些与现代不尽相同的精神成分。随着社会文化语境的变化，考虑到今天观众的欣赏习惯，对“红色经典”进行适当的改编是完全可行甚至是必要的。事实上，许多优秀革命题材作品正是经过改编得以很好地延续其生命的。如电视剧《钢铁是怎样炼成的》就是这样一部非常成功的改编之作。所以，问题的关键不在于能不能改编，而在于究竟应当如何改编，才能实现主流文化、商业文化与观众认同三者的“共赢”。

“红色经典”凝聚着革命时期的特殊情感，包含着珍贵的历史记忆，已经积淀为民族宝贵的精神财富。改编者有责任敬畏这种情感、尊重这种记忆、保护这种财富。因此，笔者以为，“红色经典”的改编必须遵循原著的核心精神，必须有鲜明的立场，必须体现原著的完整性、严肃性和经典性。在这一大原则、大前提下，然后再在故事情节的曲折性、叙事的细节性、人物形象的丰富性等方面下大力气、大功夫——改编是一种再创作（而绝非投机取巧），这样改编才可能真正获得成功，受到人们的称赞和欢迎。其实，所有积极的好的改编皆是在已有的基础上，提供一种新的模式，提供一种健康的价值观念；而无论怎样改编，原著中所倡导的理想主义、英雄主义、革命激情都不能丢弃，更不容随意地“戏说”和“恶搞”。毕竟“红色经典”是与几代中国人坚定的革命理想和豪迈的战斗精神紧紧联系在一起的，是与原创人员的人生信仰和价值观分不开的，它们曾经几乎家喻户晓，深深影响了一代又一代中国人文化心理结构，并且仍在继续发生精神效应。当那些改编者在随意、肆意地“戏说”、“恶搞”，在将“红色”不负责任地改成“桃色”时，实际上是把几代人的理想和内心最干净、最美好、最珍贵的东西给践踏了。因为亵渎了“红色经典”，就是亵渎了中国人的精神家园，就是亵渎了中华民族的传统美德，必然会遭到绝大多数有良知、有责任感的中国人的唾弃和不齿。那些“戏说”者、“恶搞”者把对基本道德价值的蔑视和挑战当作“时尚”、“前卫”或“个性”，貌似勇敢的创新，实则是思想贫乏、道德滑坡的表现。他们既缺乏令人震撼的创造力，又没有追求、坚守崇高道德的品性修养，只会从经典中寻找哗众取宠的噱头，追求所谓的“市场利益最大化”，实在是可怜而又可憎的。而真正的艺术家，即有社会良心和创作责任感的艺术家，应当尊重革命英雄们用生命和鲜血写下的历史，不应该也决不会做出那种歪曲英雄、否定历史、伤害人民感情的事。艺术家是灵魂的塑造者，是思想和生活的开拓者。艺术家应该成为人类文化精神的中流砥柱和文明的建设者，应当以高度的社会责任感和历史使命感来看待、从事“红色经典”的改编，永远不能愧对社会和观众。

“红色经典”改编现象透视

陈昭明

“红色经典”作为一个约定俗成的概念，是指以中国现代民族民主革命为题材，以歌颂中国共产党领导的革命斗争为主题，经过历史的筛选和检验，至今仍为广大群众所喜爱的文艺作品。“红色经典”这一命名本身是耐人寻味的，其内涵更加具有中国特色，更加切近主流意识形态，更加历史化而富于理想色彩。“红色”意味着这些作品往往与人们坚定的革命理想和豪迈的战斗精神紧密联系，象征着一种深入骨髓的情操，并带有理想主义的情愫；“经典”则意味着这些作品必然是经得住时间考验、具有永恒价值的东西，它们不会因为历史变迁而失去生命，失去意义。当“红色”和“经典”互为前提、互为连接的时候，一种极富魅力的艺术概念就诞生了。

“红色经典”改编的历史必然性

当前，随着一股红色浪潮席卷荧屏，“红色经典”改编已成为一个热点问题。“红色经典”改编的原因也成为人们关注的焦点。那么究竟是什么原因让“红色经典”改编得如此热闹非凡呢?

中国“红色经典”的建构如同大多数的现代经典建构一样，带着鲜明的历史特征和功利主义色彩，伴着时代应运而生，又伴着时代消弭而去。当它产生的时代转换之后，其内在建构上的矛盾也一一暴露出来。这个暴露过程跟“文革”悲剧有着密切的关联，当“文革”被彻底否定之时，“红色经典”也被无情地抛弃了。“文革”中，作为共产主义革命先锋和马克思主义传播者的知识分子受到无情的压制，一而再再而三地成为政治运动的斗争对象。“文革”后，他们成为否定“文革”的主力，那些本出自知识分子之手的“红色经典”，却被他们自己拒挡于心理之外，因为“红色经典”的阶级斗争主题所引起的联想正是知识分子在“文革”中受到的种种非理性的迫害。尔后的十多年期间，“红色经典”的正面形象几乎完全消失于中国文化舞台，惟有以负面形象出现在反映“文革”悲剧的背景之中。

“红色经典”重登中国文化舞台，是在20世纪90年代。这次改编热潮的出现并不断升温，折射出当下中国社会在日常生活、个人记忆乃至审美趣味等方面出现的新变化。这绝不仅仅是一种文学艺术现象，而更是一种意识形态、商业法则运作和调控的结果，其背后有着强大的政治动机和商业利益。国家意识形态终于与商业性文化产业联手，轰轰烈烈地推出了新的“红色经典”热。直至今日，“红色经典”的再生产主要服从国家意识形态和市场需求的双重制约。热拍“红色经典”是因为它具有很高的商业价值，具有巨大的市场前景。据了解，《林海雪原》在成都地区的卖价达到2万多元1集，在江浙一带达到四五万元1集，而该剧每集制作成本仅数百万元。在文化市场多元化的今天，“红色经典”的生命力突显出更多的价值。年代久远，语境变迁，经典亦如隔代的美酒，甘洌醇香，浓烈异常。一部分影视人、自由作家，他们在更多地服从市场需求的情况下，以影视为载体，重塑“红色经典”，掀起一股“红色经典”改编热风。

“红色经典”毕竟是一种具有非常深厚的历史和美学内容的文艺模式，以其特有的艺术魅力陶冶了一代人。这正是当年时代精神与价值观念的投影，激励了万千读者投身社会主义建设大潮中去。对英雄的崇拜，对英雄主义的颂扬，激起读者对社会主义的无限热情。这对活在那个时代的人民来说，可谓是饱实的精神食粮。虽然是因为历史的原因，“红色经典”沉寂了一段时间。随着时间的推移，“红色经典”创立时代的主要接受者沉淀了一种怀旧情结，这是一个时代消失后存在的普遍的一种社会情绪，这种情感的再现彰显出“红色经典”的生命力。无论是哪部“红色经典”作品都塑造了一系列血肉丰满的英雄形象，有的是侠肝义胆的英雄，有的是侠骨柔情的义士，每部作品都充满了庄严的历史人生思考。像《小兵张嘎》、《烈火金刚》、《红旗谱》、《保卫延安》、《闪闪的红星》、《红日》等等具有不可磨灭的价值与魅力。“红色经典”的改编使儿童观众、青年观众、老年观众受益颇多。因此，通过改编可以传承经典作品的艺术生命，传承经典作品的艺术魅力，从而使一代又一代的中国人从中汲取养分。中国当代的前期现代性基本上是套用苏联模式，“红色”是当时最主要的特征标识。改革开放以来形成的以西方现代性模式为标准的经典观念，强烈地冲击了传统意义上的“红色经典”。两种模式的对峙，使得大家面对昔日的红色历史时有一种有意识或无意识的阐释冲动，成为“红色经典”改编的深刻背景。

“红色经典”改编现状概述

1. 新意迭出的加工与创作

“红色经典”的艺术生命力能适应广大电视观众的欣赏趣味和审美要求，所以大量的“红色经典”作品被搬上舞台。“红色经典”改编而成的电视剧正燃烧观众的激情，有《林海雪原》、《烈火金刚》、《红日》、《红岩》、《红旗谱》、《闪闪的红星》、《小兵张嘎》、《红色娘子军》、《苦菜花》、《野火春风斗古城》等等。可见，“红色经典”改编已经大张旗鼓地进行，已成为当代社会的一个热点问题。通过改编，使“红色经典”里宝贵的题材资源用电视剧、电影这种新的艺术样式表现出来，使经典的艺术魅力、艺术生命在全新的艺术载体里更加充分地表现出来，使人们在深受感染的同时获得尽可能多的美的享受，这是一种值得肯定的艺术创造精神。如徐耿导演的电视剧《小兵张嘎》就得到了社会的认同。从《小兵张嘎》这部电视剧可以看出创作者们在人物和情节两个方面的努力与成功。改编牢牢把握住的一点是嘎子等人的英雄本色。一方面，嘎子是抗日战争时期冀中平原里白洋淀上一个抗日的小八路，是在国恨家仇的时代和抗日队伍的大家庭里成长起来的小英雄。他机智、勇敢、健壮、活泼、虎虎有生气，但他也有一身的嘎气，一身的嘎劲儿，做出了那么多的嘎得出奇的蠢事。另一方面，电视剧虽然给嘎子身上加了很多的故事，添了不少的戏，但嘎子还是一个真正的少年抗日英雄，是一种“面不改色”的英雄形象。在情节方面，《小兵张嘎》加进了真假特派员的故事，并且尽量放大到使这个故事成为全剧的叙事主线，这是一个大胆而又出色的艺术想象。我们知道，原来的故事主线是成功地营救老钟叔。现在，让老钟叔壮烈牺牲，在营救的过程中引出真假特派员的线索，而后淋漓尽致地加以铺陈。这就使得全剧的故事更有波澜，更加离奇曲折，更加充满悬念，更加吸引人，更加好看。当然，也更加有利于嘎子等人物的塑造。因此从人物和情节这两个方面可以看出《小兵张嘎》这部电视剧改编是相当成功的，给电视观众带来美的享受。

2．任意发挥导致的歪曲篡改

“红色经典”的改编有积极重要的影响，当然也不可避免的负面影响。“红色经典”改编除了要符合现在的审美需求，也要考虑到所面临的课题。如何重现故事与故事所表现的时代精神，如何把以往的“历史”变成鲜活的“当代史”，如何提高收视率，确实需要花费大量的功夫。在这种情况下，就出现了不尊重原著的改编现象。如将《林海雪原》中的杨子荣，《红色娘子军》中的吴琼花、洪常青等塑造成多情的、多重性格的人，其结果是造成对英雄人物崇高的亵渎。这是一种篡改经典、亵渎经典的现象，这无疑让人感到痛心，因为它对人生观、价值观正在形成的青少年可能会产生极为不利的影响。我们以电视剧《林海雪原》为例，它是由深圳市委宣传部文艺创作中心、万科影视有限公司、解放军总政话剧团联合拍摄制作的。小说原著塑造了小分队领导少剑波和战士杨子荣、刘勋苍、孙达得、栾超家等英雄人物。通过他们在战斗中不畏艰险、不怕流血牺牲和善于克敌制胜的种种行为，鲜明地显示了革命战士的高贵品德。作者曲波曾说他写这部小说是为了“让杨子荣等同志的事迹永垂不朽，传给劳动人民、传给子孙万代”。作家赋予人物造型以浪漫主义的色调，突出表现英雄们的机智和勇敢。其中，最富有传奇色彩的、也最突出地表现了革命战士大智大慧的人物非侦察英雄杨子荣莫属。

改编后的电视剧《林海雪原》，只表现了原著小说的半部内容，却伸长到28集。“革命战争文学无疑都是英雄主义的赞歌”。然而在原著小说中形象高大光辉的侦察英雄杨子荣却在电视剧中摇身一变由侦察排长变成了“伙夫”，成了爱好喝两口烧酒、唱几句酸曲的混角，还有个叫槐花的初恋情人，他之所以被安排进小分队是因为他熟悉当地情况、会说土匪黑话，只是随着战争的深入，杨子荣才显出他的英雄本色。小说中原本智慧双全的侦察排长在剧中变成了放荡不羁的江湖浪子，深入匪巢的孤胆英雄却坠入情网不能自拔、为抓匪徒不幸壮烈牺牲却成了为情毙命。

无“情”不成戏，这几乎是当代电视剧的通则。《林海雪原》也脱不了这个套路，改编者在剧中加入了大量的爱情戏。原著里没什么故事的女卫生员白茹，一跃成了该剧的一个主角，浓重地渲染了她和少剑波的革命恋情；杨子荣、少剑波陷入三角恋中；而新增的杨子荣未过门的媳妇“槐花”嫁给土匪“老北风”后，杨子荣和“老北风”便成了情敌。这种以“情”凑戏的调味品式的情感戏不仅俗不可耐，同时也颠覆了原著，更会让不明历史的年轻人产生误解。“无情不成戏”的创作理念，恰恰成为中国影视作品的痼疾。虽然说英雄人物作为一种特殊的人群，既不能超越人的社会属性也不能抹杀人的自然欲求。但是革命英雄的产生具有特殊的规律：除了自身具备相当高的智慧之外，还有高度的组织性和纪律性。这样，战争中就使本来复杂丰富的人性和人际关系在理性的约束下变得相对简单和明了，这种简明并没有否定人性的存在和爱情的神圣不可侵犯，这也为作家描写人的精神欲求留出了一定的张扬空间。在某些场合、某些地点、某些情况下人的欲望就会表达，爱的种子就会发芽，复杂的人性就会适度扩张和暴露。显然这种扩张和暴露也不会允许创作英雄人物时，使人物放弃敌我立场，违背道德准则。

“红色经典”改编失误之症结透视

《林海雪原》的改编，只是“红色经典”改编的冰山一角。但它所包含的问题，却能代表在“红色经典”改编过程中出现的问题：肆意释放原著内容、增加扯眼人物、夸大感情戏份以及对人物重新进行“生活化”、“人性化”刻画等等，这都是改编“红色经典”作品中普遍存在的问题。这种毫不严肃的，不尊重原著精神，没理透原著情感和价值取向而胡编乱造的行为，不仅是对经典作品的无情亵渎，也是对观众情感的一种巨大的伤害。中国社科院陈福民说：“改编者可以轻松，但不可以轻佻；可以使人物下移，但不可以下作；可以使作品由原来的单一的红色变为杂色，但没有必要变成桃色。”究其原因，造成“红色经典”改编失误的原因主要有以下五个方面：

1. 资本趋利性使然

的确，在我们如此这般强调市场经济的今天，人们的物质生活水平越来越高，精神文化需求也越来越丰富。而在市场竞争备显激烈的传媒业中，为了争夺更多的商业利润，电视制作商们于是绞尽脑汁寻找市场、迎合观众口味。致使改编者盲目追求“生活化”、“人性化”，加“情”节、增人物，破坏了“红色经典”的严肃性，也降低了改编剧的质量，观众也不买账，真可谓吃力不讨好。北京大学副教授陆绍阳一语道破：“资本的力量促使了改编者的急功近利。”

2. 对人性认识的片面与畸形

每个时代的“生活化”、“人性化”都应有其独特的内容，而一些改编者对“生活化”、“人性化”的理解偏颇，认为“人性化”就是要表现英雄人物的猥琐、反面人物的善良，这样的改编还被认为是“生活化”的必要的艺术加工。他们对英雄“生活化”，颠覆英雄，使英雄平民化，不再让人心生敬畏；对反面人物“人性化”，使观众看后竟同情怜悯起那些十恶不赦的敌人来。如此改编，实属虐杀。

3. 创造力趋于衰竭

经典的改编应该要有编创者自己的东西，惟有如此才能体现改编的意义和价值。“红色经典”原著这些作品不仅具有文学史上的意义，还承载着整整一代人的生命体验，包含着一种质朴的、丰厚的道德情操。创作基础扎实，创作功力深厚，创作态度严肃，是现在的创作者望尘莫及的。而现在的一些编、导、演往往急功近利，懒于花时间去对那种情感作深入的体味，结果全无历史的庄重与激情，很多场面显得不伦不类，颇像一场闹剧。改编者由于没有能力去开掘新的资源，对“红色经典”原著作品又不愿潜心体会其中的精髓，只是一厢情愿地按照自己肤浅、偏颇的理解来改编。摒弃了时代精神，换来的却是俗套的、低趣味的戏说，遭到质疑和批判是理所当然的。

4. 借用经典来追求商业炒作和市场卖点

长时间以来，文艺理论、文艺批评的弱化，甚至缺席，导致一些错误观念长期得不到匡正。不少创作者找不到正确的艺术观，就以为迎合市场中庸俗化的倾向，就是正确的创作观念。正是在这种观念的指导下，许多改编者便以迎合市场、贴近观众为借口，对“红色经典”进行既不尊重原著也不追求意义的改编创作。这种现象实际是一种文化讨巧，借助经典的深入人心，达到不费吹灰之力就可以传播四方的广告功能。正如陈冲指出的：“改编变味”之所以成为一个紧迫的问题，主要是影视界部分人的狂妄无知造成的。而其背后，则是管理的缺位和市场机制的缺失。

5. 受众不统一导致创作的“平均倾向”

改编者想以怀旧情绪吸引老观众，又想加大爱情戏吸引年轻人。老观众、年轻人都想吸引，势必造成两败俱伤。电视剧《林海雪原》在感情戏上的努力给人一种事倍功半的效果。这是因为如果增加感情戏是为了吸引年轻人，那就很不够，不足以把他们吸引过来。结果看电视剧《林海雪原》的还是年纪较大的观众，而他们对原著比较熟悉，增加的这些感情戏他们又较难接受。改编者对文化稳定性的不了解、不尊重所造成的欣赏性代沟冲突是误会观众的主要表现。

“红色经典”改编的当代艺术原则

“红色经典”非但不是不能改编，而是改编得越多越好，说明作品的历史价值越高。“红色经典”原著作品本身是极富价值和魅力的，但可能会由于时代的局限、观念的匮乏、意识形态的禁锢等原因留下许多遗憾和缺陷，这给改编留下了较大的再创作空间。用现代视角和现代手法来改编经典，并不是信手拈来的易事，应该遵循以下四条艺术原则：

1. 尊重原著的核心精神和基本价值

“红色经典”有着一种弥足珍贵的核心价值，那就是英雄主义精神，“红色经典”是高扬革命英雄主义的生动载体。通过改编的“红色经典”要更加形象鲜明地体现中华民族的历史，提醒国人不要忘记曾经降临过的灾难，提醒我们民族一定要有我们的民族脊梁。以《小兵张嘎》为例，对于中国电影史来说，《小兵张嘎》是一部历久弥新的“红色经典”，这里的嘎子英雄形象不会让人忘记，这里讴歌了革命先辈，弘扬了民族精神。《红旗谱》改编中塑造的朱老忠这一电影人物，爱憎分明，感情饱满，在观众中留下了深刻的烙印。“红色经典”是一本无形的教科书，他们描写的是光明和黑暗、正义和邪恶的殊死斗争，抒写了军民的英雄气概和丰功伟绩。作品中展现的爱国主义精神、艰苦奋斗精神和无私奉献精神正是我们建设繁荣富强的祖国需要继承和发扬的优良传统与价值。对经典的编改，要延续它的教化功能，认定原著中最基本的价值观和文化内涵；在创作主题上彰显革命英雄主义，让它感染、教育、影响一代又一代的人。其意义非同一般。抛弃经典的民族教育，可以用八个字来概括这种后果：离经叛道，礼崩乐坏。

2. 尊重原著人物的形象和命运

“红色经典”之所以称为“红”、称为“经典”，是因为产生于特殊的年代，而特殊的年代烙印了特殊的主人公。崇尚英雄是中国文化最强大的传统，虽然现在的时代不同于产生英雄的年代，但对英雄的再现是不能按照大众的趣味选择并重新加于解读，这种为了顺应市场以期获取商业价值的消费英雄的行为，夹注了太多创作者自己的东西，"在所谓'人性化处理'问题，形成了一种时尚和风气"时，他们也没落下俗套，他们在人物"生活化"、"人性化"的问题上不断纠缠，这表现为对英雄人物的随意改写和戏说。英雄不再是那个在特定的时代氛围中呈现出某种独特历史内涵的英雄，而成为添加了各种娱乐和时尚要素、被流行和世俗所替代的英雄。英雄的命运也由改编者的喜乐而改变。这种只看中商业价值而不下功夫钻研原著、体验生活的胡编乱造，怎么会有好的结果呢？因此，我们要认定原著中基本的故事情节和人物命运，认定原著中基本的故事框架，否则就是批判而不是改编。

3．改编"红色经典"的行为要规范

"红色经典"具有深刻的历史内涵，其中所创造的英雄人物的胸襟和表现的英雄主义精神可以超越时代、陶冶后人。但简单的移植和照搬肯定难于获得"再度创作"的成功，惟有正视由于年代和意识隔阂下造成的遗憾和缺陷，在创作中赋予创新精神，才能获得艺术上的突破。"红色经典"改编持久不衰的一个基本原因就是它抓住了当代人们的怀旧情绪。作为美学范畴的怀旧是历史意识退化的产物或替代品，弥漫在"红色经典"改编剧的生产、消费过程中的怀旧情绪在一定意义上显示了我们的"历史记忆的空洞化"。由于历史记忆的空洞化，在重述"红色经典"时就出现了一个十分普遍的现象：用我们今天的价值观念、生活经验去演绎历史，仿佛不这样做，历史就得不到合乎逻辑的再现。但改编应当有个"度"的规范，而不是随心所欲、天马行空。通过这个"度"，达到在对顾及历史真实和生活原型的前提下，为弥补原著的不足、更好地弘扬原著所承载的崇高精神和价值取向，进而匡正"红色经典"改编过程中形成的偏颇、盲目的错误观念。这个"度"还应该由国家文化管理部门组织理论专家和行业者共同来制定，要有健全的制片制度，保证它的权威性和可持续性。"没有规矩，不成方圆"，艺术需要天马行空的想象，但不可回避的是，具有市场意义的艺术理想同时呼唤着科学健全的制片制度。

4．认清和掌握不同艺术形式的创作规律

最初的"红色经典"是以书本的形式出现的，给人的是一种视觉感观的享受，而现在的改编现象则是把平面的著作转化为立体的影像化叙事，有听的有看的……在叙事模式、话语结构、环境氛围等艺术手法上需要进行再创作，选准从文字表达到影像传递的不同艺术审美角度。

惟有如此，"红色经典"的改编才能健康发展，才能再燃观众的火红热情，才不仅仅是中国文化多元多极状况中的一个时尚，而且还是具有现实意义的再创作缔造的永恒。

附 录

附录一："红色题材新影视化"搜索关键词

"红色经典"、"红色经典"翻拍热、"红色经典"改编热、"红色经典"现象、恶搞"红色经典"、红色青春偶像剧、红色激情、红色影视、革命历史题材影视、主旋律题材、《林海雪原》、《小兵张嘎》、《恰同学少年》、《长征》

附录二：A 类文章目录

- 开创重大革命历史题材影视创作新局面/杨伟光//中国电视 2000－02
- 直观求真实　时空求精深　意境求壮美——从电视剧《上饶集中营》谈革命历史题材影视作品的审美"亮点"/郑日金　张乐夫//上饶师范学院学报 2000－05
- "红色经典"再度走红的内在机缘/宝宝//南京艺术学院学报（音乐及表演版）2000－02
- 论"主旋律"题材电视剧之蕴涵/郑书梅//中国电视 2000－12
- 《长征》缘何吸引人？/向兵//人民日报 2001－07－13
- 《长征》：历史深处的生命交响曲/汪方华//中国文化报 2001－10－13
- 电视剧《长征》好评如潮/佟奉燕//市场报 2001－07－01
- 《长征》：并非神话的史诗/路海波//电视研究 2001－09
- 红色影视催人奋进/邬焕庆//市场报 2001－07－03
- 重大革命历史题材影视创作断想/韦廉//当代电影 2001－04
- 重大革命历史题材影视艺术创作的新发展/陈播//当代电影 2001－06
- 《长征》启示录/郭嘉雯//文艺理论与批评 2001－05
- 关于重大革命历史题材的影视创作——银屏审美对话之六/仲呈祥//中国电视 2002－03
- 论主旋律题材的电视剧创作——从《红岸——邓小平在 1929》等三部电视剧说起/江建文//南方文坛 2002－01
- 关于红色激情的对话——访电视剧《军歌嘹亮》、《激情燃烧的岁月》的作者石钟山/文继红//辽宁日报 2003－09－12
- "红色经典"改编：从"英雄崇拜"到"消费怀旧"——电视剧《林海雪原》的叙事分析与文化审视/戴清　宋永琴//当代电影 2004－06
- "红色经典"改编剧的改编原则与审美价值取向分析/彭文祥//当代电影 2004－06
- "红色经典"褪色了吗？/谭洪京//中国老年报 2004－06－04
- "红色经典"现象透视——江西评论家七人谈/傅伯言　舒信波　公仲　吴海　周劭馨　胡颖峰　夏汉宁//文艺报 2004－06－08
- "红色经典"艺术生产的内在机理分析——以作品《林海雪原》的生成、改编为例/熊文泉//当代电影 2004－06
- "红色经典"：界说、改编及传播/侯洪　张斌//当代电影 2004－06
- 《苦菜花》：成功改编的红色经典//人民日报海外版 2004－10－12
- "新红色经典"与消费主义/彭兴庭//中国妇女报 2004－04－27
- 《小兵张嘎》：电视剧改编"红色经典"的新维度及叙事特色/彭文祥//中国广播电视学刊 2004－11
- 电视剧改编"红色经典"的意义与原则/彭文祥//电影文学 2004－10
- 红色经典：改编及传播/侯洪　张斌//当代文坛 2004－06
- 红色经典：在官方与市场的夹缝中求生存（下）/陶东风//中国比较文学 2004－04
- 也谈红色经典/吴士余//文学报 2004－08－19
- 重铸红色经典弘扬民族精神/钟轩影//电影艺术 2004－04
- 我对红色经典改编问题的看法/雷达//人民日报海外版 2004－06－08
- 说说红色经典剧的改编/陈荣真//中华新闻报 2004－10－27
- "红色经典"改编现象读解/张法//文艺研究 2005－04
- "红色经典"市场化的文化思考/田承良//泰山学院学报 2005－04
- 对当代大学生观看"红色经典"影视剧的调查分析/黎光容　田义贵　胡文奇　李钟勤//中国青年研究 2005－11
- 改编"红色经典"如何叫座又叫好/刘炜//中国文化报 2005－07－07
- 红色经典改编刍议/刘艳//中国电视 2005－10
- 解析红色经典/何延锋//中国电视 2005－03
- 红色经典缘何魅力无限/李正环//当代电视 2005－02
- 透视红色经典现象/马立新//山东农业大学学报（社会科学版）2005－04
- 谁在守护"红色经典"——从"红色经典"剧改编看观众的"政治无意识"/赵勇//南方文坛 2005－06
- 专家谈"红色经典"的改编/容明//光明日报 2005－01－07
- 新时以来红色经典"冷""热"原因探析/焦垣生　胡友笋//湖南文理学院学报（社会科学版）2005－02
- 定位与错位——影视改编与文学研究中的"红色经典"/张志忠//文艺研究 2005－04
- "红色经典"的改编之路/苏星//大众电影 2006－13
- "红色经典"改编必须解决的几个问题/杨利景//辽宁师范大学学报（社会科学版）2006－02
- "红色经典"改编应是经典再生/曾祥书//文艺报 2006－08－05
- 关于"红色经典"改编的二三感想/杨锦鸿　洪山//滁州职业技术学院学报 2006－04
- 红色经典的改写与革命集体记忆——以小说《红色娘子军》、《沙家浜》为个案的分析/赵天才//嘉兴学院学报 2006－01
- 红色经典影视仍为大学生思想政治教育的重要形式/杨澜洁//大学时代（B 版）2006－08
- 今天，如何翻拍"红色经典"/李君娜//解放日报 2006－07－26
- 也谈"红色经典"影视剧的改编/梁峰//新闻前哨 2006－11
- 续写革命历史题材的影视红色经典——从《长征》到《陈赓大将》/李治安//当代电视 2006－09
- 重拍"红色经典"放大精神内核/刘玉琴　王颖//人民日报 2006－08－17
- 动画电影《小兵张嘎》的剧本改编/马华//北京电影学院学报 2006－05
- 从电影《长征》谈大学生艰苦奋斗精神的培养/李达军//电影评介 2006－17
- 简评《我的长征》影片的创新意识/韦兆钧//电影评介 2006－24
- 红军长征题材影视创作历史状况与现实思考/周星　李艳//当代电视 2006－11
- "红色经典"电视剧改编的美学与人文精神思考/杜山//东南传播 2007－11
- "红色经典"电视剧改编研究的反思及改编的再出发/景秀明//当代电影 2007－01
- "红色经典"改编剧的现实分析/邵文林//视听界 2007－04
- "红色经典"为什么受欢迎/王蕴明//中国文化报 2007－10－09
- 《恰同学少年》充满活力的红色经典青春剧/日一夫//新湘评论 2007－06
- "新红色经典剧"有看头/赵凤兰//中国文化报 2007－11－15
- 从社会审美心理的变迁看"红色经典"电视剧的改编策略/秦俊香//现代传播（中国传媒大学学报）2007－03
- 电视剧《霓虹灯下的哨兵》再创红色经典的动人魅力/习正//《剧影月报》2007－01
- 后现代语境下审视红色经典的电视剧改编/谢婉若//求索 2007－08
- 简论红色旅游开发与红色经典影视制作关系/杨少伟//电影评介 2007－03
- 钱耀棠：打造中国人的"红色经典"动漫品牌/胡崃//中国电影报 2007－09－20

⊙浅论“红色经典”的影视改编/张立兵//电影评介 2007-11
⊙慎越“雷池”深挖“富矿”/刘彬彬//中国电视 2007-08
⊙也说红色经典“翻拍热”/尹春芳//人民日报 2007-09-13
⊙心理学视角：剖析一部“红色经典”的形态流变与意义呈现//宋素丽//当代电影 2007-01
⊙我对改编“红色经典”的想法——导演访谈录//当代电影 2007-01
⊙小说《林海雪原》影视化研究/姚丹//河北学刊 2007-03
⊙论动画电影《小兵张嘎》的美学创新/谈凤霞//电影评介 2007-24
⊙看《恰同学少年》，谈当代青少年价值观教育/庄国萍//新天地 2007-06
⊙“红色”文本：复调叙事与异质解读——兼论《恰同学少年》/梁振华//理论与创作 2007-03
⊙《恰同学少年》：革命历史剧和青春偶像剧的对接与融合/李兰//理论与创作 2007-03
⊙《恰同学少年》：历史与现实的超越/李超//理论与创作 2007-03
⊙论《恰同学少年》的创新与突破之处/马梅//浙江传媒学院学报 2007-04
⊙《恰同学少年》塑造最“酷”的青春偶像/李春利　孙宁//光明日报 2007-05-25
⊙《恰同学少年》的启示/张国祚//光明日报 2007-07-20
⊙《东方大港》：主旋律题材彰显核心价值观/崖丽娟//中国电影报 2007-10-18
⊙革命历史题材影视作品的独特作用/杨新贵//文艺报 2007-10-18
⊙我国重大革命历史题材影视创作的新突破/张阿利//陕西日报 2007-12-31
⊙进一步推动重大革命历史题材影视创作/丁洁//中国艺术报 2007-06-15
⊙一个“红色青春偶像剧”的范本/龚政文//理论与创作 2007-03
⊙让理想与激情在红色影视中延伸/吴武洲//传承 2007-09
⊙红歌会成就红色经典/杨志文//今传媒 2008-02
⊙复排红色经典何以盛行？/安瑞//音乐周报 2007-08-22
⊙红色经典及其改编的理性向度和价值追求/肖智成//电影文学 2008-05
⊙时代语境与红色经典的传承/杨传明//电影文学 2008-09
⊙浅析红色经典电影放映在大学课堂中的教学意义——以电影《青春之歌》为例/康文//电影评介 2008-07
⊙消费文化语境中的“红色经典”改编/巫明川　郭欢欢//电影文学 2008-06
⊙影视商业化与英雄情结——再谈“红色经典”改编电视剧的英雄人物/韩婷婷//中州学刊 2008-04
⊙原典化对文化产业化的启示——以红色经典《红岩》为例/傅明根//湖南文理学院学报（社会科学版）2008-01
⊙红色·青春·偶像——《恰同学少年》对青春偶像剧的超越和创新/张新英//声屏世界 2008-01
⊙《恰同学少年》对培养大学生人文精神的启示/张华　杜纪伟//科教文汇 2008-06
⊙青春正典——《恰同学少年》影视类型模式解读/张永禄//电影文学 2008-01
⊙以《恰同学少年》激励当代大学生/王庆环//光明日报 2008-02-15
⊙《恰同学少年》与观众的精神需求/嘉娜·沙哈提//文艺报 2008-03-06
⊙精神寻根与偶像制造——写在《恰同学少年》热播背后/魏颖//中南大学学报（社会科学版）2008-01
⊙从电视剧《恰同学少年》获得的……/常晓丹　李志江//电影评介 2008-04
⊙试论红色偶像剧——以《恰同学少年》为中心/刘智跃//湖南科技学院学报 2008-03
⊙从接受美学谈影视审美——以《恰同学少年》为例/和曼　白树亮//电影文学 2008-09
⊙偶像的重塑，青春的重释——从《恰同学少年》和《我们无处安放的青春》看国产偶像剧的突破/刘杰//电影评介 2008-07
⊙“红色影视”——加强和改进大学生思想政治教育的新亮点/柳礼泉　张红明//思想教育研究 2008-02
⊙从少儿英雄形象看爱国主义情怀——再谈“红色经典”的教育价值/袁卫民　周娜//泸州职业技术学院学报 2008-01
⊙大众娱乐时代的“红色英雄”/任晓楠//四川戏剧 2008-02

附录三：B类文章目录

⊙“红色经典”重拍，无人喝彩/齐殿斌//中国文化报 2003-07-31
⊙“红色经典”改编的背后/陆绍阳　张岚//中国电视 2004-09
⊙“红色经典”改编热的冷思考——把“红色经典”打造成什么？/赵勇//艺术广角 2004-04
⊙“红色经典”改编为何难如人意/张贺//人民日报 2004-12-24
⊙不要让“红色经典”变了色/小鱼//中华新闻报 2004-05-26
⊙不要“调戏”红色经典/武陵生//中国艺术报 2004-03-19
⊙改编红色经典拿什么感动观众//晚报文萃 2004-06
⊙红色经典岂容“戏说”/詹丹//文汇报 2004-04-27
⊙另一种形式的“从概念出发”——“红色经典”改编剧在艺术创作观念上的偏离与迷失/彭文祥//南阳师范学院学报 2004-10
⊙禁止戏说红色经典/裴艳　赵楠楠//当代电视 2004-06
⊙红色经典重拍：让“婚外情”、“三角恋”走开/齐殿斌//中国电视 2004-12
⊙红色岂能变“桃色”——文艺界与理论评论界人士谈红色经典改编/宋合意　赵凤兰//中国文化报 2004-05-25
⊙切勿滥改“红色经典”　捍卫民族精神长城/胡可//中国艺术报 2004-05-28
⊙为“红色经典”重拍喝声倒彩/齐殿斌//湖北日报 2004-04-10
⊙新红色经典：改掉经典留下壳/陆高峰//新闻天地 2004-05
⊙文艺家呼吁切勿滥改“红色经典”/余宁//中国艺术报 2004-05-28
⊙专家会诊“红色经典”改编症结/李韵//光明日报 2004-05-25
⊙有多少经典剧可以重拍？/解玺璋//新闻周刊 2004-13
⊙不能随意乱改“红色经典”/胡殿红　江湖　任晶晶//文艺报 2004-05-18
⊙“红色经典”翻拍热潮涌动/赵娟//广西日报 2005-06-06
⊙红色经典岂可“游戏”/王岚//科学与文化 2005-03
⊙红色经典改编不能改掉其精神实质/仲呈祥//文艺报 2005-10-27
⊙恶搞红色经典的思考/阮直//四川文学 2006-10
⊙红色经典不容“恶搞”/曹建文//光明日报 2006-08-10
⊙“恶搞”红色经典影片：跨越底线的颠覆与解构/胡忠青　石华//电影评介 2007-06
⊙红色经典改编不能一味世俗化/赵葆华//中国艺术报 2007-11-23
⊙浅析红色经典影视剧改编热背后的大众信仰危机/陈婷//电影文学 2007-13
⊙网络恶搞红色经典及其批评/童建军　刘光斌//当代青年研究 2007-06
⊙“红色经典”重拍误区何在？/薛晋文//中国教育报 2007-12-08
⊙当代意识与历史镜像——当前“恶搞”红色经典现象分析/马建辉　赵长江//文艺报 2007-01-02
⊙恶搞红色经典何时休//科学之友（A版）2008-02

附录四：C类文章目录

⊙“红色经典”改“偏”了吗？//深圳商报 2004-04-05

⊙“红色经典”改编：必须尊重历史记忆/吴晓东//中国消费者报 2004-05-28
⊙文艺界召开评说改编“红色经典”座谈会/徐馨//人民日报 2004-05-24
⊙广电总局要求认真对待“红色经典”改编电视剧/邱红杰//光明日报 2004-04-24
⊙红色经典剧究竟该如何“变脸”——由《林海雪原》引发的争论所想到的……/朱莉//声屏世界 2004-11
⊙“红色经典”改编：想说爱你不容易/李钟声　陈志红//南方日报 2004-06-02
⊙“红色经典”改编似一把双刃剑——兼评电视连续剧《林海雪原》/彭加瑾//文汇报 2004-02-03
⊙“红色经典”改编热的冷静思考/白忠德//陕西广播电视大学学报 2005-04
⊙专家学者会诊“红色经典”改编问题/闻言//文艺报 2005-02-03
⊙重写“红色”还是改编“经典”？——影视“红色经典”改编引出的话题/祝晓风//中华读书报 2005-01-12
⊙红色经典：新版改编要“归正”/钱佳芸//济南日报 2006-06-23
⊙红色经典剧改编的困境在哪里——以《沙家浜》为例/赵勇//社会科学辑刊 2006-06
⊙论红色经典电影改编过程中反面人物形象的转变/蒲洪花//电影文学 2006-05
⊙论红色经典戏剧作品的版权问题——以沪剧《芦荡火种》版权归属为例/寿步//电子知识产权 2006-10
⊙浅析红色经典改编风潮中的社会文化心态/龚知敏//艺术探索 2006-S2
⊙谈“红色经典”的改编/杨立元//大舞台 2006-02
⊙“红色经典”改编：警惕走入另一个误区/杨利景//阅读与写作 2007-06
⊙关于“红色经典”的几点思考/余志平//湖北大学学报（哲学社会科学版）2007-04
⊙红色经典的“红色”要素——兼论红色经典改编与新创的一些基本尺度/杨青芝//电影文学 2007-15
⊙红色经典改编热读解/王瑾//文艺理论与批评 2007-04
⊙视听话语阐释与精神传承——对“红色经典”改编剧创作研究的梳理与反思/刘硕//当代电影 2007-01
⊙浅论政治化语境对“红色经典”改编者的影响/李旭红//电影文学 2007-16
⊙一起事先张扬的文化事件——透视“红色经典”改编/张宗伟//当代电影 2007-01
⊙红色经典改编现象透视/陈昭明//赣南师范学院学报 2008-04
⊙漫谈“红色经典”改编/杨锦鸿//文艺理论与批评 2008-02
⊙红色经典生产语境中的外部制衡——以《林海雪原》的生成、再生产为例/杨传明//电影评介 2008-09

拇　指　经　济

一、2008年7月—9月，我们设计了12个中文关键词（见附录一），在网上对“拇指经济”进行检索，剔除其中大量的无效信息、重复信息和只字片语式的评论，得到的统计结果是：2005年—2008年9月5日，纸质媒体和公共网站发表的各类研究、评论报道共计394篇。

二、我们根据上述统计材料，对相关内容进行了分类，得出以下结论：

A：在共计394篇的评论、研究和报道中，对“拇指经济”予以充分肯定、基本肯定的共计273篇，占总数的69.3%。（见附录二）

B：在共计394篇的评论、研究和报道中，对“拇指经济”予以充分否定、基本否定，或只做负面报道的文章共计36篇，占总数的9.1%。（见附录三）

C：在共计394篇的评论、研究和报道中，对“拇指经济”无明确评价指向或无法做出分类归属的共计85篇，占总数的21.6%。（见附录四）

三、我们从上述394篇文章中辑录出有关“拇指经济”的重要研究观点（包括批评意见）35条。

四、我们从上述394篇文章中，辑录出有关“拇指经济”产业效益方面的报道13条。

五、我们集体讨论选编有关“拇指经济”的重要文章5篇。

1. 手机短信：一种文化新主张/丁妍　沈汝发//中国青年研究2003-03

2. 短信文化现状及其作为文化产业之思考/黄孝萍//江南论坛2004-01

3. “拇指经济”还能再创新奇迹吗？/詹新慧//传媒2005-05

4. 126亿条背后的隐忧/苗振华//中国新通信2006-05

5. 揭秘垃圾短信产业链：技术无难度　内容泥沙俱下/孙琎//第一财经日报2008-03-28

六、附录

附录一：“拇指经济”搜索关键词

附录二：A类文章目录

附录三：B类文章目录

附录四：C类文章目录

重要观点辑录

关于“拇指经济”的文化价值和意义

传媒具有文化建构的功能，不同形态传媒会加速某种文化结构的形成或者消亡。口头传播成就了部落文明；文字印刷对时空的突破强调了线形的逻辑思维，这个时期的文化结构是阶梯式的，是知识精英才能创立和守护的“公共领域”；而电子传媒的兴起使人们各种感官处于平衡，中枢神经得到延伸。距离的消亡使整个地球浓缩为所谓的“地球村”，重归部落文明。网络媒体的兴起代表了平面化、平等互动的“大众社会”的文化形态。短信文化强大的人际传播特性更将话语权赋予了每一个人。后现代的传媒观念认为，传媒应当在原则上由量上无限、质上无中心的非秩序模型构成。严肃的精英文化的衰落与大众文化的兴起成为信息消费社会来临的开端。在这种对传统文化结构的解构过程中，如果说互联网的普及率是网络对文化影响的一个瓶颈的话，短信的出现是对这一瓶颈的重要突破。并且，短信作为一种媒体真正实现了这种非秩序化的模式，无中心，无层次，平面化，非壁垒化。短信与网络传媒有着同样的内容供应，而不同的仅仅是接受终端的差异。随着技术的发展，这种差异不会比移动电话与固定电话之间的差异更大。

（摘自胡易容:《短信媒体及其文化冲击》,《成都大学学报》2004 年第 4 期）

“拇指文化”的崛起兼具大众、分众与人际传播的属性。很多人舍弃嘴而用拇指来“讲”话了。所有以往本来由贺卡、书信传达的功能现在都在以短信替代。有人认为，发送短信息就是一种“民间语文”，或者说他们更类似于巴赫金的“狂欢理论”中的“民间戏谑（笑的）文学”。短信作为一种民间文学样态是否成立暂且不论，从某种程度上说，至少是新的无线媒体带来的新的文本修辞形式，他不同于我们习惯的书面文本风格，却又不是纯粹的口语，具有简约、幽默、娱乐、E 化的新兴媒体特征。并且，短信通过改变文本修辞方式改变了人们之间的交流方式，进而改变了作为广义文化存在的人们的社会生活。

（摘自胡易容:《短信媒体及其文化冲击》,《成都大学学报》2004 年第 4 期）

美国未来学家阿尔温·托夫勒曾在《第三次浪潮》一书中预言：随着新文明浪潮的到来，人与人之间不可避免地出现疏离，这将是人类社会发展的趋势。在当今信息社会，城市变得越来越大，工作变得越来越忙，时间变得越来越宝贵，通讯技术的发展越来越快，人与人之间的交往越来越“点到为止”，因此，心与心之间的距离会越来越远吗？然而，短信这个不可触摸的“精灵”，当它无所不在地穿梭于城市上空时，即便预言家们对人们之间的关系会越来越冷漠的说词一日胜过一日，我们还是在这些荒凉中感受到了温暖。一颗心的图案，一句甜甜的问候，无时无刻不在倾诉着人们的心声。即便是商业合作，短信仍比公函有人情味。对于一些生性木讷的人更是如此，他们终于在这里找到一个情感出口，所有的人都在追求乐观风趣或温情脉脉。与此同时，我们的交流似乎不再需要太多技巧了，在距离和非距离之间，所有的关系都是变数，全由拇指掌握。我们省略了许多环节，语言代表一切。交流的质量高低，全看你的文字功夫。

（摘自张西:《“拇指经济”催生“拇指文化”》,《苏南科技开发》2003 年第 7 期）

手机短信最重要的价值在于它为我们社会文化的发展所造就的文化生态环境。从文化发生学的角度讲，手机短信的生态价值主要体现在以下方面。

第一，手机短信的产生使社会更多的人参与了文化的生产，更多的人的思想、智慧、情感充实到文化的内涵中，文化的生长有了更坚实的人文基础。就本质而言，文化是人类的精神现象，属于观念形态，而文化的产生源于人们的社会实践，是人的所有实践活动形之于观念形态的东西。毫无疑问，文化是人类创造和智慧的结晶。当然，我们可以说人类的实践活动创造了文化。但是，如果从文化产生的源头考察，人类的实践活动创造了文化只是一个基本的判断。实际上，我们并不能说人类的实践活动就是文化，人类的实践活动在形之于观念形态的东西之后，基本上符合我们现在理解意义上的文化。这里有一个转化的过程。而使实践活动转化为文化的并不是所有参与实践活动的人，可能只是少数人。手机短信作为当下风行的文化形式，挣脱了少数人生产、制造文化的模式和程序，使更多的人进入到社会文化生产的过程中去，接触手机短信的人既是手机短信的消费者，又是手机短信的生产者，无论是亲自书写制作还是复制转发，要么从事了手机短信文本内容的制作，要么经历了手机短信文本形式的制作，些许的精神劳动也有个人智力因素的凝结。即使是完全转发复制别人的信息，也存在过滤选择的过程，信息在某种程度上也实现了个性化。这样，更广泛的社会大众的思想、智慧、情感在手机短信中得到表达，手机短信实现了文化本质上的诉求，文化在其内涵和本性上进一步与人拉近了距离，文化的人性化更加彻底，文化发展的人文基础大大增强。

第二，手机短信向更多的社会大众普及文化，迅速及时地消费文化，使文化的生长传播有了更加广袤的土壤。

手机短信尽管是只有几十字的语言文本，但却是有着多样表达的文化形式。它的迅速向大众普及，为广大社会人群消费，当然是与其短小、平白、可口有关，但实际上与其自身蕴涵的文化含量关系更为本质。说到底，手机短信的根本在于表达，表达所体现的是芸芸众生的思想、观念、情感、人生感悟，反映的是人生的百态，社会的多样。简言之，手机短信促成了人际间的一种广泛交流，催生了一种生活方式，表达了一种文化。而这种生活方式是以人际间互动、互为供给为基本机制的。这就为人们参与文化、传播文化注入了动力。实际上，这种机制也就成为文化生长的基本机制。同时，手机短信迅速进入寻常人家，使社会大众前所未有地身临文化之中，感受文化，体味文化，消费文化，制造文化，文化不再是社会精神贵族的奢侈品，人们既是消费主体，又是生产主体，文化生成的土壤和生长的空间空前地广阔。

第三，手机短信迅速广泛地蔓延已经形成一种生态，成为当代中国文化生态的一个重要链条。目前，手机短信已经为3亿多中国人所掌握。在文化范畴，有哪一种文化形式能够这么广泛地为社会大众掌握——既广泛为社会大众消费，又广泛为社会大众制作？我们通常认为广播、电视以及互联网等大众传媒文化具有这样的特性。不错，广播电视是可以通过不间断地发送信号，不厌其烦地向人们的听界、视界推介文化信息符号，甚至互联网也可以伴随着电脑的可携带机型的逐渐普及向人们更方便地传播信息。但广播电视的信息是由广播电视机构制作成型之后发出的，人们只是被动地接收；在互联网上人们可以通过电脑制作发送信息，但毕竟受电脑固定性的限制，进入网络的人是有限的。自从手机普及之后，信息发生、流传的方式出现了重要变化，社会大众都成为信息的拥有者，人们不仅是信息文化的消费主体，又是信息文化的制作主体，如果我们不再深入研究、感受文化，甚至可以摆脱广播电视等媒体，依靠手机便能生活在文化社会，接受文化的浸润。因此，手机短信已经成为当今社会大众文化重要的有机组成部分，在某种程度上影响和制约着社会文化特别是大众文化的发展。

第四，手机短信的不断发育，内容和形式的不断完善，内涵和外延的进一步丰富和扩大，成为中国当代文化发展重要的生态资源。手机短信经过短短几年的发展，文本的内容、形式已经比较成熟。就内容而言，既有向公共空间延伸的公共信息，又有触及私人空间的个人信息；既有宏大叙事，如国家大事、世界事件等，又有个人间的温情私语，几乎当代大千世界之事无所不包，可感，可观，可餐，可品，可思，可论。因此，手机短信的内涵已经非常丰富和充实。就形式而论，手机短信的汉文字文本最为成熟：首先是文本的格式比较稳定，在文本篇幅长度限定的前提下，仍然可以利用汉语的语义、语用、语篇特点实现文本形式的多样化；其次是由于汉语的字词都能单独表达意思，使手机短信的文本既能最大限度地精悍、短小，又能最大限度地实现内容表达的丰富性。在手机短信的动态发展中，积累的成熟文本非常多，这些成熟的文本为人们吸纳、鉴赏、传诵，有些已经成为名篇、名段，频频出现在社会大众的手机上，有的已被严肃的文学作品、文化产品吸收。可以预测，手机短信的许多文本经过若干时期的演化将成为现代社会的新民谣、新民俗。因此，手机短信已经成为中国当代文化发展重要的生态资源。

（摘自吴圣刚：《手机短信：文化生态价值》，《信阳师范学院学报》2006年第1期）

手机从它诞生的第一天起就被赋予了文化的意义，笨重的“大哥大”曾经是财富的象征。手机短信的出现，则是人类文化史上的一次革命。中国人民大学人文学院中文系教授马相武说：“短信文化是一种大众文化，也是手机使用者之间以及运营者介入生成的一种文化生活方式。”四川大学文化与新闻传播学院博士生导师李杰也认为：“短信文化是现代社会兴起的一种流行文化现象，科技进步和经济发展催生了‘短信文化’。从文化的角度讲，发送信息就像流行了千万年的‘吟诗作对’，它在骨子里是一种古老的休闲文化。短信息就是一种‘民间语文’。从某种角度上讲，它让我们的民俗文化潜移默化地进入了大众的视线。”作为一种民间语言，短信上搞笑的段子、顺口溜因为其通俗易懂所以很快流行起来，人们在记住并传播这些轻松、幽默短信的同时，一种新颖的短信文化逐渐形成。每个人都可以成为短信文化的生产者、消费者和传播者，它名副其实的是一种大众文化。

（摘自王天鹏：《手机短信的大众文化解读》，《沈阳工程学院学报》2006年第7期）

2003年农历初一，美国哥伦比亚号航天飞机突然失事，当传统媒体还没来得及广而告之，各大门户网站已在10分钟之内把这一消息发送到了用户手机上。据统计，通过航天飞机失事事件，新浪新闻短信的新增订户近10万，直接收益近300万元人民币。同样，在纽约双子塔被袭事件中，在美伊战争事件中，在美国大选事件中，在奥运会、亚运会事件中，细心的人们都会留意到“第五媒体”已悄悄发挥出了巨大的传播效应。“第五媒体”已经来了。在这些事件中，手机短信起到的作用不只在收入上，其更深层意义在于“发掘出了一种新的新闻传播方式”。手机短信超越了地域、时间和电脑终端设备的限制，几乎可以做到与新闻事件同步，可称作继报刊、电视、广播、网站之后的“第五媒体”。手机已经从一种通讯终端演变成一种信息终端。

（摘自王丽辉：《“拇指经济”与“第五媒体”》，《中国企业报（理论版）》2005年6月30日）

媒体的划分是根据其传播介质特点而来的。第一媒体是纸面介质，可以购买阅读；第二媒体是声音介质，可以闭眼收听；第三媒体是影像介质，可边看边听；第四媒体是互联网介质，可以自由点击查看并无限链接。

媒体产生趋势是时效性越来越强。纸面介质媒体需要有较长的印制周期和较固定的获取地点。声音介质媒体虽然也有制作周期，但打破了固定的获取地点限制，制作周期也缩短了。影像介质媒体则打破了制作周期和获取地点的双重限制，通过现场直播即时传递。互联网使制作周期和获取地点更为快捷方便，充分利用全球公用信息进行海量的信息整理。“第五媒体”则使信息时效性的各个方面更进一步革新、进步，在打破制作周期、获取地点、公用信息利用等方面的限制的同时，更打破了信息采集者的限制，几乎每个人都可以成为这一媒体的记者，这使得信息的来源更加多元、全面和快捷。同时，天然的互动特色无疑是媒体传播的巨大进步。

（摘自王丽辉：《“拇指经济”与“第五媒体”》，《中国企业报（理论版）》2005年6月30日）

在世俗人的眼里，文字的霸权成为文化的一种象征，好像谁能在纸面上书写文字，谁就有文化。虽然文人如今已无法像商人一样有钱有势，却还矜持地拥有最后的自尊和清高。他们把持着文字，就像把持着玻璃旋转大门的门童，只允许少许持票者进入，让他们去舞文弄墨，去风花雪月，去进行自己的文字狂欢，而把大众排斥在门外。手机短信，打破了这扇看似透明高雅却壁垒森严的玻璃门，让任何人都可以出入自由。文字作为语言的载体而形成的语言关系，从来都是社会关系的缩影。手机短信无疑是一种对以往文字把持着的纸面媒体垄断的打破，是一种新形式的语言资源的“均贫富”，也是对死气沉沉的文字空间的一种补氧。

（摘自肖复兴：《“拇指经济”带给我们多少冲击波?》，《中国经营报》2003年4月15日）

在风、雅、颂的那个年代，文人以短得不能再短的文字传达丰富的思想内涵，手机的出现让我们领略了古人字贵的滴血推敲，这种潮流正在蔓延开来，在一定程度上影响着中国文坛未来的走势，我们不能不注意这个文坛现象对中国语言和思维的浸透力和创造力。信息是现代人交流的心灵之桥，相信随着社会发展速度的日益加快，用手机短信来作为一种文体方式，这一启示将无论在形式还是在内在的牵动上都会越来越频繁地叩击人们的心灵。

（摘自范鹏：《叩击心灵的短信》，《人民日报》2007年6月10日）

对现代人而言，手机已不仅是简单的通话工具。在公共汽车站或地铁里，常常可以看到人们掏出手机抓紧时间联接“WAP”上网浏览股市动态，或发短消息与远在千里之外的好友聊天，某著名音乐电视频道还推出了直接通过手机给自己喜爱的歌手投票活动。

在给人们生活带来方便的同时，手机也在悄悄改变着社会架构。从事与手机、网络及相关信息行业的人已成为新职场的白领。在他们身上，求新求变和风险意识大大增加，而手机与网络的连接也使得传统的属地感在转淡。

（摘自：《手机改变中国人的生活方式》，新华网2002年2月9日）

关于“拇指经济”风行的原因

尽管短信的火爆是在最近几年，但这一技术的存在已有10年以上的历史。自1992年世界上第一条短信在英国沃达丰的网络上通过电脑向手机发送成功后，短信功能并没有太多设备和技术上的改变。中国的移动通信网络在1994年就具备了短信功能。但当时并不为人所知。业内普遍承认，短信成功最根本的一点，就是其运营模式的成功选择。

在短信业务开通初期，存在10元的月租费、没有中文输入法、需到营业厅开办业务等等障碍，门槛虽不算高，却把很多根本还不了解短信是什么的用户挡在了外面。

首先拿出范例的国家是日本。1999年2月，日本DoCoMo从它的母公司日本NTT脱离了出来。公司领导人决定创立一种新的移动通信模式。DoCoMo决定使用基于HTML的技术，推出新的移动通信模式I－mode。与互联网联姻的I－mode开放了技术平台，与内容提供商合作开发丰富应用以期达到共赢。很快，这一全新模式就显示出其市场号召力。

2000年年末，中国移动推出类似的“移动梦网计划”，与网站等内容提供商按15：85的比例分成，迅速激起广泛热情。数百个营业性网站几乎同时都做起了短信的生意，并不断涌现新的创意。发送短信，成为一种好玩、便捷、廉价的新时尚。2001年年初，中国移动又取消了点对点短信的月租。无需申请就能尝试使用。很快，短信开始为人们所熟悉，市场也被迅速点燃。点对点短信的简单传送如今早已不新奇，在运营商与内容提供商的不懈努力下，现在的短信服务进入了一个“应用为王”的时代。继“眼球经济”之后，“拇指”接过推动现代经济发展的大旗，逐渐发展出一种真正意义上的经济概念。

（摘自乐茜：《拇指经济比童话更需想象力》，《IT时代周刊》2003年第7期）

短信成功的实质是一个运营模式的胜利。中国移动正是在全面借鉴了I-Mode的经验后，将移动梦网变成一个开放的平台，通过利益分成紧紧地将SP（内容提供商）团结在一起，形成了一个完整的包括电信运营商、内容提供商、系统和终端设备提供商、用户的产业链，并担负着联系各方、协调整个链条正常运转的最关键责任。

（摘自张瑾：《120亿元："拇指经济"的蛋糕》，《成功营销》2003年第3期）

2004年全球的手机短信发送总量是5100亿条，中国就占了三分之一，而美国1.5亿手机用户一年的短信发送总量还不到中国人一个星期的发送量。为什么中美两国在短信使用量上有如此巨大的差异呢？倪桓认为：短信人际交往是中国人民族性格的合理选择。中国传统文化浸淫中的民族文化心理主要有这样一些特征：内倾性、和谐性、封闭性、顺从性。中国人在心理气质上趋于内向、隐蔽，不习惯直白地表露内心的真实情感，在语言的使用上注重措辞的分寸和含蓄。在日常交际中，说话喜欢绕弯子，通常留有余地去让对方体会。与西方民族相比，中华民族个体意识比较淡薄，在交往中奉行克制与含蓄，不强调直率地表现自己。而在美国，人们爽朗直率的个性使得大多数人更喜欢直接通电话。最近的调查结果显示，多达94%的美国人认为只有手写的便笺、卡片或小礼物才是表达关心和拉近情感的最佳方式，用电子邮件或手机短信等方式向别人表示问候，是一种非常失礼的行为。

由此可见，考察媒体的潮起潮落仅仅局限在媒体自身显然是不够的，文化的眼光和视角是必要和必须的。国人的民族文化心理深刻地影响着我们的大众传播和人际传播，这种文化基因不存在“超英赶美”的先天优势，它是“中国特色”的一种。而要科学地说明和解释中国媒体发生的一切，仅仅满足于产业和市场的范围显然不得要领。如今“文化产业”一词颇为时髦，而手机短信的“产业”首先是“文化”创造的。并且，这种文化可能还是无形的，但又深深地浸透在国人的血脉之中，难道不是吗？正像倪桓指出的那样：“中国手机短信使用的人数和短信发送量都呈几何级的巨大增长，剔除手机的普及和手机短信相关软硬件技术提高等因素之外，源自民族文化心理的需求也是短信传播热潮兴起的主要动力。”

（摘自时统宇：《手机短信火爆的文化基因》，《青年记者》2006年第13期）

有关媒介的选择和接受问题，美国著名传播学者埃弗里特·罗杰斯曾提出公众普遍接受新技术、新媒介的五条标准：方便、兼容、简便、可靠、可见。仅从这几条标准看，手机短信受欢迎是理所当然的，它基本符合这五条标准。

传播学大师施拉姆曾提出一种估算，一个人选择某种传播渠道或媒介的或然率公式：报偿的保证/费力的程度=选择的或然率。报偿的保证主要同它能满足当时需要的可能性有关，费力的程度主要同这种媒介的可得性和使用它的难易有关。根据这个公式，我们具体分析手机短信被选择的可能性。

首先，从可得性上看，手机短信随时随地可以收发，不需要专门培训，具备一定的阅读和书写技能即可。

其次，这种传播方式的吸引力在于：（1）非常便捷，节省时间。从打开手机，输入信息到发送信息，最多也就几分钟时间。况且，信息可随时转发给其他人，不需太多等待的时间。（2）便宜。收发短信费用很少，彩信稍贵一点，但与话费相比，交流的成本是相当低的，这也是人们选择手机短信作为拜年与平时问候的一种特别重要媒介的理由。（3）手机短信让人感到亲切。收发短信的过程中，小小的屏幕，安静的个人空间，使人感到彼此流动的信息更具私密性，犹如促膝谈心。（4）手机短信随时能给你带来惊喜。长时间没有联系的朋友，可发个短信，送去祝福和问候，对方会非常高兴。如果打电话，还得考虑措辞和时间的控制问题。（5）给处在特定环境下的人提供了进行持续的人际互动的窗口。处在特定环境下的人，如卧榻的病人、离异者、旅行者、旅途中人，甚至是社会疏离者，他们可与亲戚、朋友、同学相互交流，不仅可以打发时光，交流感想，而且更重要的是得到心理支持和心灵的慰藉，而其他的人际传播手段也能做到这一点，但手机短信发送快、便宜，可持续地进行交互收发，保持交流的连续性，这些特点使它在人们更需要交流的时候能发挥更好的功能，提供互动的窗口。（6）手机短信可以使人的幽默感得以发挥，带来欢笑，愉悦身心。

再次，使用者的生活环境和经济能力也制约人们的选择。从这方面看，目前的文本短信符合大众的一般消费水平，最受欢迎，是人们的主流选择。至于多媒体短信则需要更多的投入，它的普及在短期内还无法实现。

从以上分析可以看出，手机短信是人们愿意选择的人际传播媒介。

（摘自张晓辉：《新近火爆的人际传媒——手机短信》，《新闻三昧》2003年第4期）

媒介的更新换代同时具有继承性和革命性两大特点。任何一种新媒介的出现，都必然在一定的性能指标上对原有媒介进行革新和完善，从而促生出特定的使用（消费）媒体。与其他媒介相比，手机可以说是与人体最贴近、最亲切的媒介。手机具有与人体天然协调的一致性和易操作性，这就为短信的风靡提供了生理上的基础。另一方面，由于手机短信受文字书写方式、字符量等限制，省去了电

话、书信甚至面对面交流中难免的客套和迂回，往往言简意赅，将冗余信息降至最少。同时，手机短信独有的个人化的使用方式，也避免了很多噪声干扰，从而有利于传收双方进行最大信息量的交流，大大提高了通信效率和质量。

通常，语言在传播过程中有三大功能：阐述功能、表达功能、信号功能。一般人们多关注前两项功能，而忽略了语言作为传递相关群体的意识形态、使用心理、流行时尚的信号功能。在手机短信（特别是网站提供的短信）中，文字游戏和模仿之作比比皆是，这是中国后现代式的复制之举。在一个话语的异质性和无意义已成为流行风潮的时代，游戏和模仿既是人们（特别是年轻人）以无厘头姿态独步天下的两件武器，同时也彰显了主流话语体系的无力和个人创作性在风尚吹拂下日渐麻木的现实。而为大家偏好的“整蛊类”短信也让人在“恶作剧式”地愚弄和“开心”地被整中体验到了调侃一切的快感。

（摘自魏薇　袁博　仲林　张雪：《有事“短”我——拇指经济初探》，《中国招标》2006 年第 16 期）

在中国社会已经进入建设社会主义和谐社会的新的进程中的时候，“第五媒体”的一些深层次的文化特性无疑具备了大发展的深厚土壤。

——“第五媒体”的第一大特性：操作方便，普及率高，用户年轻化。

一项针对手机用户短信使用趋势的全国性调查显示，89% 的被访者有给朋友发短信的习惯，58% 的被访者给家人发短信；在 23 至 35 岁的被访人群中，有 55% 的人每天发 20 条以上的短信，61% 的被访者曾经通过短信约对方出去，近 8% 的被访者表示会通过短信求婚，12% 的被访者表示会通过短信断绝关系。

——“第五媒体”的第二大特性：个性突出，更符合东方人接受信息传播的习惯。

一位社会学者指出，作为新兴交流方式，短信正发挥着传统交流方式不能替代的作用，人们的情感不但没有稀释，反而得到了某种程度的融合。这不仅因为其实用、易用，更深层次的原因是可以用简短的文字来传递信息、传达情感，这更符合东方人含蓄、婉转的表达习惯。这种情感功能是声音所不可替代的，因为音调、语气会影响沟通效果，而短信呈现的是一种清晰纯净的文字语言，有想象的空间。

——“第五媒体”的第三大特性：突破传播手段壁垒，形成真正的大众个性化随心互动。

在传统社会里，文字和语言的区分是鲜明的，文字大多以纸面媒体为传播方式而存在，不是印在报纸上、书籍上，就是印在课本上、文件上。媒体受众鲜有将自己的话语变成文字的权利。尽管传统媒体都有与受众互动的传统美德，报纸、杂志都辟有“编读沟通”、“读者来信”等栏目，广播电视也请观众嘉宾出声露影，但空间毕竟有限。手机短信则哪怕是打工仔或者小学生，可以随时发送信息，完成文字传播功能。

（摘自王丽辉：《“拇指经济”与“第五媒体”》，《中国企业报（理论版）》2005 年 6 月 30 日）

信息的发展，是传统的话音业务向信息业务发展的象征，而话音业务市场向信息业务市场的发展是业务发展的必然趋势。试想一下，拿起电话，你能做的事情有哪些？通话。对了，你可以通话，但是你必须保证你的通话对象也在电话的另一头，否则你必须借助于语音信箱或者留言机。而短信则可以克服这个缺点，发出的短信直接保存在服务器上，一旦用户联上服务器，短信即从服务器上传送到用户端机上。短信息不仅可以实现丰富的服务内容，而且信息服务可以实现 push（推）的概念，这对茫茫信息大海中捞针是非常重要的。此外，短信息可以实现一点对多点的信息发送，把一则笑话同时发送给多位朋友，多节约时间啊。

在一个信息服务欠发达的市场里，资费成了决定业务成功与否的关键。虽然，话音业务的资费不断下调，但昂贵的话音业务仍是普通大众无法随意“电话”的原因。而目前移动短信息每发送一条 0.1 元，短信息接收方无需费用。这样一来，短信息业务的资费优势就非常明显。于是，人们渐渐习惯了“大拇指”生活，逐渐成为“拇指一族”，而且很多人到了外地出差更是习惯于发送短信息。

话音通信确实缩短了人们的心灵距离，但文字却有话音通信所不能替代的功效，简简单单的一些符号更是会意深刻：一个媚眼“：－）”，一个夸奖“＝＝b”都会令人心动。短信无疑创造了一种新的文化。

（摘自曹莹：《“拇指经济”步入时尚》，《浦东开发》2003 年第 5 期）

短信之所以会发展如此迅速，主要有三个方面的原因：①短信本身收费便宜、互动性强、个性化表现、快捷高效的优点立刻吸引了在当下仍然深受通话双向收费之苦的国内用户。②中国还是发展中国家，国民收入水平要远低于欧洲发达国家，老百姓对电信的价格因素还十分敏感。目前，中国有 4.3 亿的移动用户，但很大一部分新发展的用户都是低端用户，我国移动用户的 ARPU 值还不到全球水平的二分之一。因此，在我国移动语言资费不菲，并且采取收费的情况下，很多消费者依然会毫不犹豫地选择短信来传递信息。③短信业务的特殊性不仅深受众多低端用户的欢迎，同时也吸引了众多中高端用户。春节移动短信的热潮已经证明，把短信等同于“低端业务”是个很大的误区。的确，短信较为繁琐的操作使一些中老年用户无法使用。但众多的青年一族却对短信情有独钟，其中，包括最具有消费实力的白领一族。这些用户并不都是低端

用户，相反很多都是话务量较大的中高端用户，或者是潜在的高端用户。

（摘自刘芳鸣：《发展“拇指经济”促进“拇指文明”》，《现代经济》2008年1月）

手机短信介入广播，搭建起一种全新的交流平台，它快速、方便、回合多、吞吐量大、参与程度高，便于主持人选择和掌控；特别在对记者的报道或采访嘉宾的现场反馈中，短信的参与和现场评价更使互动链条加长、变宽，听众对被采访者的评价当场反馈，主持人、采访对象、听众形成了互动三角，从而使一次节目的传播循环化、立体化。正因为如此，在短短的时间内，短信交流成为了广播的主打品种。

（摘自蔺平：《短信互动成为广播发展新亮点》，《中华新闻报》2004年9月1日）

关于“拇指经济”的发展趋势

“拇指经济”的概念出现于2003年，当时是对手机短信业务的一种形象称谓。而随着手机短信的爆发式增长，“拇指经济”在中国迎来了黄金时代。实际上，在拇指经济这座金矿被极力开采的时候，人们忽然发现这座金矿远比想象的大很多。因为人们意识到，我们的拇指除了能发短信外，还能干很多事情。

2006年是手机游戏发展极为迅猛的一年，其发展的强劲势头甚至令很多业内人士都感到意外。据悉，去年国内手机游戏市场规模为14.8亿元人民币，同比增长高达50.2%。随着国家3G牌照发放的临近，手机游戏市场再度成为业界关注的焦点。另据权威调查机构预测，到2010年产业规模将达到180亿元。在这种大好形势下，尽管从目前现状来看，手机网游仍处于起步阶段，厂商、运营商们仍然是摸着石头过河，但却不能否认其前景的美好。

“善读者，有三上之功，枕上、途上、厕上。”这是北宋欧阳修评论读书的一句话，然而恰好也体现了手机游戏以及拇指经济的特点。

基于手机的拇指经济，其手机终端具备高度的用户粘性、便携性和灵活性，必然使得手机及其娱乐方式得到现代用户的青睐。通过抓住用户的闲暇时间，手机游戏似乎已经开启了短信之后的“后拇指经济”时代。

（摘自培垠：《手机游戏敲出“后拇指经济”时代》，《消费指南》2007年第18期）

众所周知，“拇指经济”的奇迹源自手机短信，不仅挽救了“寒冬”中的互联网公司，也启动了通信产业一个新的市场。但随着手机技术的开发应用和移动增值服务的多元化、快速发展，手机短信市场的增长呈下滑趋势。来自调查机构的数据显示：短信市场从三年前占据移动增值服务市场80%的份额减少到目前的40%，跌幅近一半，取而代之的是包括wap、彩信、无线游戏、手机媒体和IVR等在内的整个无线互联产业。随着3G时代的到来，一些困扰无线增值产品发展的技术瓶颈将获得突破，手机报纸、手机电视等目前尚在襁褓中的新产品会层出不穷。围绕新的产业，用户、网络运营商、设备和终端制造商、增值应用服务商和内容提供商将打造出一条完整的产业链，启动“拇指经济”新一轮的发展契机。

（摘自林华：《活跃的“拇指经济”神话》，《西部大开发》2006年第4期）

据嵇海荣介绍，分众传媒认为，分众无线此前以手机短信业务收入为主的发展不具备可持续性，从目前来看，如何建立一个可持续性发展的无线广告模式，是分众传媒正在考虑的问题，“分众无线的商业模式已经做了相关调整”。

这一调整为：分众无线逐渐把业务重心转为手机WAP网站广告、无线IM及各种具有创新性的无线互动营销业务。

（摘自杨琳桦：《“短信门”招致巨亏　分众剥离手机短信》，《21世纪经济报道》2008年6月10日）

据iResearch的调查报告显示，到2008年，中国手机游戏市场规模将达到30.9亿元，签订用户将达到3169万人。据易观国际预估，2005年，我国手机游戏市场规模为14.41亿元，2008年将上升到58.62亿元。虽然iResearch与易观国际预估的数字有出入，但他们都一致看好手机游戏市场的发展潜力。

而种种迹象也表明，广大的SP早已经磨刀霍霍杀向了“手机游戏”：2004年，盛大以数千万元收购手机游戏开发商数位红；2005年6月，空中网全资收购手机游戏开发公司天津猛犸；同年12月，华友世纪以410万美元全资收购手机游戏发行商岩浆数码；2006年初，掌上灵通180万美元收购北京奥嘉无限公司51%的股权；英国手机铃声及游戏开发商Monstermob以3000—3500万美元全资收购杭州联梦；甚至包括网易、新浪、腾讯等传统互联网门户也已瞄上并准备伺机抢入手机游戏市场；不久前，手机巨头摩托罗拉与PC网络游戏巨头盛大强强联手，大举进军手机网游市场。

（摘自孙封蕾：《手机游戏成拇指经济增长点》，《每周电脑报》2006年第11期）

手机短信造就了“拇指族”，这也是人类进化史上第一次拇指的使用频率超过了其他手指，时间进行至今如果你还认为“拇指族”只是短信一族的话，那么很显然你OUT了，因为随着手机功能的增强和彩屏机的普及，手机游戏开始像“病毒一样流行起来”。

由于手机游戏市场的巨大潜力和无限商机，许多厂商纷纷推出功能强大的手机并提供开放应用平台，相关手机游戏开发商也是相继与手机厂商或运营商者合作，推出各种跨平台的解决方案。从最早的内嵌式游戏到最新的游戏，基于各种技术和平台的手机游戏分类繁多。

（摘自胡豆豆：《娱乐进行时——手机游戏平台扫描》，《数字通信》2004年第8期）

针对“拇指经济”在中国未来的发展趋势有分析人士认为，由于操作简单、资费相对便宜以及符合中国文化习惯等原因，手机短信在国内从一诞生就获得了飞速增长。但面对即将到来的3G时代，简单的传统短信内容和功能无法成为承载“拇指经济”的主力。这需要更强大的技术进步、更丰富的商业应用以及配套完整的社会法律法规。可以想像的是，未来手机短信的内容和功能将远远超越目前的应用水平，“拇指经济”的奇迹也可能再次出现，但新一阶段“拇指经济”究竟能释放多大的能量、创造多少财富，需要依赖于上述条件实现到的程度。

（摘自：《“拇指经济”凸显能量》，《企业研究》2006年第5期）

关于“拇指经济”批评、否定的意见和负面报道

短信，更新着国人的情感表达方式和娱乐方式，也带来与日俱增的烦恼：“灰色”、“黑色”、“黄色”垃圾短信肆虐，让人不胜其扰。短信文化不尽如人意一个重要原因是我们对新技术带来的新文化载体，有些猝不及防，未能与时俱进地进行有效监管和建设性引导。很多人只将它看成是一种信息沟通手段和游戏娱乐平台，没有认识到，它也是文化教育的重要载体。因此，虽然短信已经成为流行文化的一种迅速、广泛、有效的传播方式，但运营商们对于短信“经济利益”的青睐，远甚于对“文化价值”的关注。我们看了不少盘点“短信经济”成果的喜人报道，看了不少移动通信业务创造经济增长点的乐观估算，但却少有人算计，一年400亿元短信收入中，那些垃圾短信“经济贡献”背后的社会代价和文化损失。更鲜有人思考，这样一个新传播方式的文化特性和发展方向。在短信的“文化意义”远未被正视之时，手机虽然空前迅速地发展着，但却只是技术和数字的增长，对其内容和文化含量，却缺乏引导。一方面，中国手机用户4.6亿，是网民的3.3倍，与全国约4亿台电视机相当。另一方面，短信文化如同一盘散沙，主要是人们自发创作，表情达意有余，文化熏陶不足。更有不少商家推波助澜，在商业利益背后缺少一份社会责任和人文关怀。

（摘自刘芳鸣：《发展“拇指经济”促进“拇指文明”》，《现代经济》2008年1月）

短信文化背后的危机是短信成为一种时尚文化后不可避免地显现出来的，但不是短信文化本身的问题。短信作为一种沟通工具和传播信息的方式，其本身没有责任，也不是技术本身所带来的，也不是技术所能解决的。危机的产生主要是流行过程中手机使用者和短信平台管理的问题，是人际关系在交际过程中表现出来的社会问题。要解决和避免这些问题，决不是仅仅只靠加强法律建设和道德建设就能解决的，需要全社会的共同努力。

（摘自刘英姿：《手机短信的文化解读》，《湖南人文科技学院学报》2004年第4期）

如此蓬勃兴起的“拇指经济”，以及拜年短信千篇一律的“格式化”模式，在提高国人拜年效率的同时，也早已吞噬了国人传统拜年往来中一种特有的亲情和灵感。而原创太少、内容太滥和拷贝太多的拜年短信，就好像一束束干瘪的塑料花，令许多接受者却之不恭、受之尴尬，结果只好“投之以桃，报之以李”，“信信”相报，没完没了。如此这般，谁能说年味式微的尴尬与拜年短信没有半点关系呢？毕竟纷繁如织的短信，不仅没有拉近人与人之间的固有情感，反倒令情感产生了某种疏远和隔膜，而曾经的年味，也因此而被稀释殆尽了！

（摘自周士君：《“年味式微”与“拇指经济”》，《上海人大月刊》2006年第3期）

一方面，国内近几年短信发送量正稳定快速地发展，令人欣喜；另一方面，短信投诉开始居高不下，让人忧虑。2003年，当国内短信突破2000亿条时，据全国消费者协会统计数据显示，2003年涉及短信业务的投诉比2002年同期增长一倍多，而其中大部分与骗取话费有关。2004年，消费者对电信的投诉上升了22.4%。而到2005年，信息产业部公布的一份资料显示：电信用户关于信息服务的申诉呈现上升趋势。目前，短信业务相关的用户申诉已占到电信用户申诉总量的30%以上。如果从用户具体的投

诉内容来看，人们对短信的不满已由过去相对单纯的收费问题，演进为对短信诈骗、色情、赌博等方面的担忧，这些非法短信不仅仅造成人们日常生活的不便，而且严重地危害着人们的生命、财产安全。

（摘自林华：《短信演绎“拇指经济”神话》，《中国社会导刊》2006 年第 8 期）

手机短信作为一种新兴的大众媒介，承载着越来越多的社会意识形态和文化功能，一些敏感的、社会大众普遍关注的以及与青年学生思想生活密切相关的问题基本上都能在手机短信上找到它的踪影。同时，由于短信媒体不再像传统媒体那样拥有林林总总的“把关人”，无限丰富的信息被不加控制地四处传播，导致短信内容良莠不齐、泥沙俱下。而手机短信文化作为一种年轻的文化，一种年轻人的文化，正成为大学校园中的流行文化，对大学生的道德观念、价值取向、生活方式产生着深远的影响。

（摘自石笑寒：《关于大学校园手机短信流行现象的几点思考》，《中国电力》2006 年第 2 期）

目前，国内不法分子利用移动短信息作案、侵犯他人或社会利益主要是通过以下两方面的形式进行的。

内容方面

1. 传播影响社会稳定、危害国家安全的、扰乱社会秩序的谣言和信息。

2. 散布淫秽色情、封建迷信等方面的信息。短信息的便捷性和低价位使得原先只在小范围内流传的“地下文化”迅速蔓延，一些所谓黄段子、荤段子常在一种恶作剧或“炫耀”的心理下进行传递，虽然这些低俗信息往往不具有直接侵犯性，但随着手机一族中中小学生的不断加入，色情或迷信短信将对青少年的健康成长带来很大的误导和潜移默化的不良侵蚀。

3. 短信息自身的内容侵犯他人的知识产权。

行为方面

1. 发送短信息对他人正常生活进行干扰。由于短信息具有按收被动性的特点，用户往往无法对其进行甄别筛选，致使此人可以利用短信对他人进行挑逗或辱骂，被害者却没有有效手段及时保护自己。

2. 通过短信息设置各种陷阱骗取他人钱财。

3. 盗取他人的电话号码或互联网短信服务账号从事与短信有关的违法活动。还有些人利用盗来的号码恶意发送短信息，损坏他人声誉、嫁恶名于人。

上述情况可以清晰地感触到，规范治理如此快速增长的短信市场是多么紧迫和必要。

（摘自陈云涛：《“拇指经济”的法律规制》，《浙江经济》2004 年第 12 期）

打开电视机，相当多的节目都增加了短信参与的内容，猜比赛结果，猜剧情发展，甚至一些极简单、极无聊的问题，声称有机会获得若干大奖。奖品之丰厚，让人怦然心动，对处于情绪容易激动年龄段的一些人，更是一个诱惑。于是，短信如潮涌来，让一些人赚得盆满钵满。然而，天下哪有免费的午餐？一收一支中，要玩点猫腻太容易了，这期间，缺乏必要的监督和公开，难以取得公众的信任。间或会有凤毛麟角的主办者，对此种利益敬而远之。如上海文广集团为消除“短信圈钱”的质疑，将观众参与《加油好男儿》投票的收益，在扣除成本后全部捐赠给中国少年儿童基金会。但是，更多的主办者，是热热闹闹中闷声大发财。类似短信投票的做法，因其暗箱操作的特点，除肥了一些主办者的腰包，实在看不出有什么好处。它最大的害处，是在增加了“粉丝”们彼此莫名其妙的仇视、伤害和不信任之际，败坏了社会风气和诚信意识。

真正的民主，是无法用几文钱买来的。将民主庸俗化为选秀进价短信投票，是对民主的藐视，更伤害了公众对民主的渴求与信任。

（摘自范伟国：《“短信圈钱”何以叫停》，《人民日报》2007 年 9 月 24 日）

南师大社会学教授朱强说，传统的拜年属于“一对一”的私密型传播方式。身处信息无限复制的“克隆时代”，拜年以短信形式传递实际上已演变为“一对多”的群体传播方式。当以往口耳相传的祝福成为可以复制、转发、群发的短信，拜年的意义也在过度传播的“拇指经济”中贬值了。

（摘自顾雯：《短信拜年千篇一律让人“审美疲劳”》，《南京日报》2006 年 2 月 6 日）

短信内容的骚扰，相信大部分手机用户都遇到过。垃圾邮件与电脑病毒几乎让网民草木皆兵，每打开一个邮件都小心翼翼。如今，类似的困扰也降临到了手机用户身上。就在今年 4 月份，一种名为“洪流”的手机病毒曾以手机短信为载体悄悄流传。该病毒攻击的对象主要是某著名品牌的几种型号的手机。据专家预计，该手机病毒很有可能会向手机密码发起攻击，利用 SIM 卡的手机自我保护功能破坏硬件设备。

（摘自赵明：《短信，始于拇指的狂乱经济》，《电子科技》2002 年第 22 期）

产业效益

信息产业部统计数据显示，从2000年以来，我国手机短信发送量飞速增长，2001年全国手机短信发送量为189亿条，2004年达到2177亿条，2005年达3046亿条。而节假日短信增长更为明显，据统计，今年春节7天长假全国手机短信发送量达到120多亿条，上年春节假期这一数字为110亿条。

收益最大的是中国移动。目前中国移动用户总数已超过2亿，其庞大的用户群，特别是以“动感地带”为主的年轻用户群成为短信收入的主要来源；联通的短信发送量一般相当于移动的三分之一到四分之一；新加入“短信大家庭”的小灵通虽刚刚与手机实现短信互通，但在这方面的收入也颇为可观。

在互联网泡沫快要破裂的关键时刻，互联网行业借助短信的推出，迅速重获新生，成为国内短信服务的最大最直接的受益者。在互联网的黄金时代，新浪、网易、搜狐三大门户网站赚够了眼球，却就是赚不到钱。在网络事业处于寒冬之时，中国移动一项不起眼的短信业务，让互联网行业一下子找到了新的收费模式——由移动代收，然后再与移动分成。有了这种收费模式，互联网才真正找到了“钱途”。2004年10月26日，在海外上市的互联网行业12只中国概念股，市值总和达100亿美元。这12家互联网公司的收入构成中，以移动梦网为主体的增值业务占了50%以上的收入。目前，三大门户网站每月的短信收入均超过千万，这还不包括增值服务。从统计数据看，网易现在每月的短信收入近3000万元，TOM是2000多万元，搜狐和新浪也有1000多万元。

短信服务的另一个重量级受益者非电视台莫属。现在，滚动播出的有奖竞猜信息在各大电台、电视台异常活跃，丰厚的利润来源令其趋之若鹜。因为，听众和观众参与这类有奖竞猜，需要付出电话费。虽然拨打一个这样的电话或发一个手机短信，对单个的受众而言花费不多，但积沙成塔，对节目制作单位来说却是一个大数目。

“短信在成为网站盈利的主动力之后，又成为电视节目的一个新利润增长点，节目制作方最高可分享到七成的短信收入。”央视一位知情人士表示，一般省级电视台每个月的短信收入在200万元以上，地市级电视台在30万元以上，央视的短信收入就更是一个“天文数字”了。根据节目类型不同，这类短信的每条收费标准从0.2元到2元不等。有的节目还采取包月的做法，每月最低收费几元，最高可达20元。据透露，手机用户参与互动短信而支付的信息费用主要被三家分成：一是通讯运营商；二是具有技术平台、被运营商许可的短信服务商；三是电视台。运营商的分成是固定的，约为12%至15%，而服务商和节目制作方的分成一般对外宣称是除去运营商的收入后三七开，即服务商拿七、节目制作方拿三。据介绍，2006年春节晚会，扣除广告收入，央视仅从电信业拿到的那块收入就达到了亿级。不过，春节晚会能打进多少电话，收多少短信还是由电信说了算。

更让人感到新奇的是，“短信”催生了一些新职业。目前，全国手机小说和短信平均每月发送量大概有几千万条，于是出现了一些靠写短信提成谋生的专职或业余短信写手。根据创作的短信内容的不同，他们又分为文字写手、图片写手和铃声写手。一家短信公司的业务人员介绍，短信写手有一些是专职的，但多数是大学二三年级的学生。这些写手进行创作后，发布在短信网站或门户网站上。若被下载，在一毛钱的短信发送费用里，写手可以提成一分钱。一条比较经典的短信，写手的收入可高达1000元甚至2000元。一些专职短信写手的月收入可以达到五六千元。

（摘自林华：《短信演绎“拇指经济”神话》，《中国社会导刊》2006年第8期）

有专家深刻指出：“短信后面是个产业链，意味着一个全新的通讯产业。短信构筑了一个新的经济平台。短信息已成短信经济！”

短信息已成为移动通信运营商们新的收入增长点，已为商业网站以及手机生产商的产品和服务、软件制造业等产业打开了巨大的增值空间。目前欧洲的移动通信运营商，8%到20%的收入来自短信息。网络泡沫曾使网络服务商们英雄气短，网络经济陷入了无利可图的尴尬境地。但短信息的出现，使他们如同发现了救命稻草，终于可以像其他产业一样名正言顺地向用户收钱了。目前无论是中国移动的“移动梦网”，还是中国联通“一点接入，全网服务”的短信服务模式，其网络的服务提供商已达到几百家，其中大多数是网络公司。有数据显示，在庞大的短信流量中，20%左右的短信来自各大网站。

短信对各门户网站实现盈利起到重要作用。对于新浪、搜狐、网易这三大门户网站来说，短信业务的收入占总收入比例至少在30%以上，而TOM则成为国内第一家主要依靠电信增值业务并获得盈利的门户网站。搜狐CEO张朝阳认为，短信“拇指经济”已经建立起成熟的价值链典范，无论是通信运营商、服务提供商还是手机终端商，价值链的参与者各司其职，在为整个产业创造价值的同时，也填满了自己的钱包。目前，继新浪、搜狐、清华深讯、灵通网率先实行短信服务之后，越来越多的网站与电信商联手推出了互联网发短信、邮件短信通知、新闻及天气预报短信发布等增值业务。同时，随着GPRS等移动通信新技术的开发，图像的传输进入实用阶段，多媒体短信息将成为现实，短信业务正使互联网的春天大步走来。对手机生产商而言，短信业务的兴起也是一大“福音”。各大手机厂商纷纷推出了短信收发、短信聊天及中文电话本功能的手机。另外，短信的新闻服务在近期迅速崛起。哥伦比亚号航天飞机失事后不到十分钟，国内几十万手机用户就通过新浪网发送的短消息获知了这一重大消息。与以往短信注重娱乐的方式相比，新浪别出心裁，以“新闻冲浪”的形式，将短信应用拓展到了实用信息领域，从而把短信经济竞争引入了新的战场。在短信经济规模不断提高的同时，越来越多的服务商看中了这一平台。目前与中国移动签约合作的有400多家内容提供商，以短信为主的非广告业务收入在各大网站总收入中的份额也不断增加，以新浪为例，非广告业务收入已经占到其总收入的近40%。

近期新浪推出的各种短信服务层出不穷，从爱情快递到鸟叫铃声，从新浪宝贝、新浪笑话、新浪短信学英语到新浪在情人节期间推出的“超炫彩信情人节”，目的都是进一步挖掘短信经济的潜力。之前，为了加强短信方面的服务能力，新浪还收购了讯龙科技。讯龙是国内首批移动内容、应用服务提供商，其推出的移动非常男女、移动大富翁、移动游乐场、移动求职网、移动三国志、铃声图片等在国内已经拥有了200万每月付费短信用户，业务覆盖全国20多个省份，尤其在经济发达、手机用户占全国用户总数一半以上的东南部沿海各省份有着很高的市场占有率。手机周边设备的制造厂商也从短信息里面得到了灵感。比如存储短信的SIM卡制造厂商，正加紧进行研发和销售，市场前景相当不错。有关短信的发送平台也将继续完善。目前，中国移动和中国联通GSM网上的短信息中心共约有150套，与短信的巨大需求仍不适应，亟待升级和更新。不仅国内的华为、中兴以及大唐等厂家看重相关产品的研发，连诺基亚、摩托罗拉、爱立信等国际通信设备巨擘和CMG这样的独立短信息设备供应商也纷纷赶来，希望在中国的短信市场分得一杯羹。

（摘自李强：《拇指经济摁出一个全新的“情调产业”》，《商业文化》2003年第3期）

直到2001年下半年，中国移动公布了与增值服务提供商的分成模式，互联网企业依靠短信收费的可能性才算清晰起来。手机用户通过中国移动和联通的电话账单为短信服务付费，其中由门户网站提供的短信内容服务，电信运营商只获得约15%的相关收入，其余的85%为内容提供商所有。用户可以在网站注册包月服务套餐，价格从几元到几十元不等，也可按条计价，起价为每条人民币0.10元。门户网站有的是流量，把原来不值钱的流量转换成值钱的短信服务，整个市场就起来了。

SP网站因短消息的原因逐渐转好是个不争的事实，搜狐、新浪、网易等推出2002年第4个季度的财务报告，纷纷扭亏转赢，股票在NASDQ上的指数也在跳动攀升就是很好的例证。在过去的一年里，全年世界股市出现了“普跌”，纳斯达克指数下跌了315%，而中国三大门户网站新浪、搜狐和网易的涨幅分别为311%、433%和1105%。

以搜狐为例，2002年第四季度公司收入为1060万美元，同比增长57%，比上季度增长41%，搜狐公司已连续10个季度实现双位数季度收入增长。Cap－Stone投资公司研究经理杰森·戴蒙德表示：“搜狐成功突围证明了中国网站可以盈利。”其中，非广告收入来自于以收费信息服务和短信服务以及电子商务为主的消费者业务，构成2002年第三季度总收入的51%，首次取代了广告收入成为总收入的最大来源。

新浪2002年第四季度的净营收额为1290万美元，较上一季度增长24%，较上年同期增长90%。净盈利达150万美元，广告营收较上年同期增长44%，达740万美元，占营业收入总额的57%；非广告营收达到创纪录的550万美元，较上年同期增长234%，占营业收入总额的43%。如此骄人业绩的取得主要系新浪无线短信服务（SMS）和SINA.net企业服务的驱动所致，这两方面的营收增长速度都超过了广告收入的增长。

网易的增长也是如此，行业专家网络分析师吕伟刚认为，短信对网易的影响越来越大，就网易2002年前三个财季的状况来看，其短信收入已达到总收入的50%以上。

来自TOM的数据则显示，电信增值业务占到其收入的80%。

（摘自张瑾：《120亿元：“拇指经济”的蛋糕》，《成功营销》2003年第3期）

2003年春节的7天长假里，国内的短信发送量超过70亿条，创下一个新的历史纪录。而据最新统计，去年中国短信总量达到900亿条，这个数字意味着一个手机用户平均一年发送450条、平均每天发送1.25条。以目前短信基本资费每条0.1元计算，这900亿条就意味着90亿元的总收入，而这还没包括以短信方式下载更高资费的铃声、笑话、图片等方面的增值业务收入。

（摘自曹莹：《“拇指经济”步入时尚》，《浦东开发》2003年第5期）

“超女”的短信收入主要由两部分构成：“短信投票”和“向观众发送有关超级女声等节目资讯的短信增值服务”。据天娱传媒负责人说，湖南卫视大约能从每场比赛的短信收入中分得100万元左右。而总决选期间短信投票量激增，每场总决选比赛的短信收入至少200万元，7场比赛就是1400万元，加上预赛期间的收入，总计有3000万元左右的收入！其中，短信增值服务的基本服务费为6元，订制后服务提供商会在一个月内发送15条“超女”花絮，每条1元。一旦投票者发送定制信息，已被捆绑接收关于超级女声各类资讯与花絮的增值服务。这类短信资讯消费，使得湖南卫视在短信内容平台上的先后两家合作伙伴——TOM无线和掌上灵通也获得了巨大的收益。

（摘自：《手机改变中国》，《21CN论坛》2007年12月3日）

重要文章选登

手机短信：一种文化新主张

丁 妍 沈汝发

短信文化的流行现象

1992年，世界上第一条短信在英国发送成功，这拉开了短信文化的序幕。我国是1998年开通手机短信的，使用短信的手机用户逐年增多，随着手机短信由纯文本形式到融声音、图片、文字于一体的多媒体短信的进化，我国手机短信用户在2002年达到了一个新的高峰。

手机短信的兴起是与手机的普及密切相关的。最初，手机还是一种奢侈性消费，随着科技的进步，经济水平的提高，手机逐渐成为人们日常生活用品。据统计，至2002年，仅中国移动用户就已达到1亿多户。在初期，手机的功能主要是作为移动的电话，是一个方便、快捷的通话通讯用品，随着短信功能的开发，具有短信功能的手机才是一款完整意义上的手机。在日常生活中，越来越多的手机购买者在问过手机的价钱以后，紧跟的问题就是：这款手机能发中文短信吗？

短信与手机同步增长，手机用户中已经有大部分人收发过短信。据北京勺海市场研究公司近期对北京、上海、广州三地居民手机短信消费行为的调查显示，63.1%的被访者曾经使用手机向他人发送过短信，其中年轻人发送短信的比例高达89.0%。短信，作为一种新的沟通方式，已经深深嵌入人们的日常生活中。曾经在网上有过调查："过节了，你想以什么样的方式去问候他（她）"，结果发短信祝福占总数的67.1%。通过手机短信相互问候已不鲜见，每到春节、情人节期间，中国移动每秒能处理470条短信的短信平台就被挤得水泄不通。

网络在数年前掀起了一场生活方式的革命，而日益普及的短信文化则似乎在悄然酝酿着一场新的生活革命。在日本，成千上万的人群，既有染着各种颜色头发的青少年，也有背负着家庭责任的主妇以及严肃的"办公一族"，都不约而同地拿着各种颜色、各种型号、各种款式的手机，不断地用拇指在手机上按动。对他们而言，通过手机发送短信已不仅仅是一种时尚，而是一种新兴的沟通、娱乐和生活方式。

短信文化在中国的兴起是近几年的事，但中国却是短信使用量增长最快的国家。尤其是在善于追逐时尚的青年"手机一族"中，手机短信这样一种新的文化方式已经被普遍接受。手机短信是一场"全民运动"，但毫无疑问的是，它更是一种年轻人的文化。尽管每一个手机用户都可以收发短信，但中年人思想相对保守，不善于接纳新生事物，因此，年轻人无疑是"短信一族"的主力。另据调查，年轻人在将来使用短信的意向也显著强于中老年群体。

短信文化是一种年轻的文化，是一种年轻人的文化。这注定了这种流行现象绝非昙花一现，而是具有很强的生命力的。尽管由于手机尚未大量普及，短信文化也没有深入到社会的各个角落，但谁又能忽视这具有极强生命力，有可能引起社会生活方式巨大变革的流行文化呢？

短信文化的内容分析

短信受到越来越多人的追捧，自然有其技术方面的优势，但作为一种文字的表达方式，短信文本的内容似乎才是我们应该更为关注的。据北京勺海市场研究公司调查显示，问候语、闲聊、正经的事情和一般的笑话是短信使用者发送最多的，其选择比例分别占到被访者的66.5%、60.1%、59.6%和51.2%。另外，工作沟通、情感表达方面的内容选择比例也相对较多，而彩票信息、股票信息等内容发送比例要少得多。

根据短信内容的目的与用途，我们可以将短信内容分为五大类：爱情短信、幽默短信、友情短信、节日祝福短信和工作短信。

通过手机发送爱情短信已经成为一种新的时尚情爱方式。古代爱情是鸿雁传书，后来，情书、电话成为新的爱情红娘，现在，短信是新的爱情联系的纽带。情书太慢，也太费劲，电话是快捷了，但有很多情话是在电话里说不出口的，而短信则最为快捷、自然，还带着那么一点儿神秘，从而成为爱情的新宠。一位被访者说，拍拖以后才知道，短信是用来拍拖的，就好像情书一样，让感情迅速地升温。"突然闻到我熟悉的香水味，以为你在地铁，我想你。"这是他发给女友的短信。

短信文化的实质在于娱乐，是透着骨子的娱乐。幽默短信正是这种娱乐精神的体现。虽然并没有多少实质的信息传播，但很多"短信一族"却依然不可救药地爱上了幽默短信。幽默短信是短信文本中最受欢迎的，他们所追求的是娱乐、娱乐、还是娱乐。幽默短信给发信者带来的快乐是双重的，看到有趣的整人短信自然会会心一笑，而当发送出去，想象着收到短信者大吃一惊的样子，又是一种得意的开心。娱乐精神是这个社会所需要的，在越来越激烈的生存竞争中，现代人的生存压力越来越大，这需要释放，需要发泄，他们需要的是开怀大笑，于是透着智慧与幽默的短信成为现代人的宠爱。

除了爱情短信和幽默短信之外，节日祝福短信是广泛流传的另一种短信文本。尽管祝福短信没有见面那样诚恳，甚至没有电话祝福热情，但短信祝福却是现代社会中最为合适的一种祝福表达方式。现代社会中，人际交往越来越广泛，而人情却越来越淡薄，大多数的联系都只是蜻蜓点水，泛泛之交，连电话祝福都嫌热情，短信祝福恰到好处。

还有一种短信文本是不能不提及的，这就是黄段子短信。在调查中，发送黄段子短信的比例并不高，仅占8.7%，但这显然是不真实的。但这又是可以理解的，因为这本就不是一种适宜公开的短信内容。在私下里，尤其是亲密的朋友间，黄段子短信是相当多的，之所以如此，是与国民性有关的。中国人崇尚的是含蓄，对性这样的文化一向是避讳的，尽管已经开放了很多，但性这类的玩笑还主要是在私下里流传，譬如酒桌上，譬如短信里。

工作短信是比较少的。这主要是因为，在现阶段，短信沟通还主要是一种娱乐、休闲方式。正式的工作往来大多是通过正式的沟通方式来联系的，譬如公函、书信、电话。短信这种非正式的信息传递方式会削弱工作联系的正式性，亦显得过于随意，而不够严肃与郑重。

友情短信以幽默短信为主，也有一般的笑话与节日祝福问候。这在前文已作了详述，不再赘述。其他内容的短信，如新闻服务、天气预报等商业性信息和公益性信息都只占了很少的一部分。

全球每年大约有3600多亿条短信在无线的空中流动，短信的内容也多种多样，通过对短信文本的分析，我们不难看出，短信内容主要有三个特点：（1）短小精悍。短信，顾名思义，为短的信息，无论是中文字符，还是英文字符都是有字数限制的，因此，一定要言简意赅。（2）言之有物。空洞的短信不能表达任何情感，也不能传递任何信息，因此是毫无意义的，短信文本尽管简短，却一定要言之有物。（3）幽默风趣。短信是作为一种娱乐休闲的沟通方式出现的，因此，幽默风趣便是短信所必须的。幽默短信毫无疑问是要搞笑的，而爱情短信幽默一点亦显得更有情趣。

短信作为一种民间的语言，其文本充分体现了民间的智慧，这都是在正式的新闻媒介上所看不到的。短信文化某种程度上代表了一种民俗文化，它将民间的、私下的、口头流传的文化以文字的形式传播开来。短信这种民俗文化已越来越进入大众的视线，这也可以看作是“大众文化”对“精英文化”的又一次反抗。

短信文化流行的原因

短信文化是现代社会兴起的一种流行文化现象。从宏观上看，是与科技进步和经济发展分不开的。没有科技进步与经济发展就没有手机的普及与短信功能的开发，没有手机的普及与短信功能的开发就没有短信文化的流行。但具体到短信文化，分析其原因，笔者认为，至少可以从社会心理、社会文化和技术功能等三个层面来探讨。

短信文化作为一种流行的文化现象，是现代社会的产物。因此，分析其得以流行的原因便不能不从社会群体自身去寻找。

首先，社会个体对现代程式化社会的不满催生了短信文化的流行。现代社会日趋程式化，在向工业化、现代化发展的过程中，人逐渐被异化了，成为社会这个大机器的一个附属物。在这样一个高度程式化的社会中，人的个性得不到发挥，人的欲望受到了压抑。流水性作业、科层制结构都使得生活越发的无趣。在日益无聊的生活中，人们从短信中寻找到了乐趣。人的内心深处总有那么一点点恶的念头，于是幽默（整人）短信便应运而生，甚至人的丰富的情感也是通过短信来得到表达。短信是以人为本的，是对社会理性化趋势的一种反动。

其次，短信文化的流行是与对时尚的模仿和时尚形成的从众压力分不开的。短信文化已经成为一种时尚，是一种以手代口、无声胜有声的时尚，是一种全新的、具有特殊情趣的生活方式。随着大众媒介的传播，这种时尚成为主流的生活节拍，引起越来越多人的仿效，同时，这种时尚也造成一种从众压力，当短信文化被公认为时尚时，不短信就是不时尚，如此，谁敢不短信，谁愿不时尚？

再次，短信文化的流行还建构了新的人际交往关系，并使得短信文化成为连接个体与交往圈的媒介。在此前，书信、电话、电子邮件都是连接人与人之间关系的沟通媒介，短信文化盛行后，短信成为新的沟通媒介，它整合了新的人际关系，形成了新的人际交往圈。此时，短信成为连接个体与交往圈的媒介，如果没有加入短信沟通则意味着落伍，意味着孤立于交往圈之外。

第二个层面是社会文化层面，短信文化天然的具有契合东方文化的文化特征，因此，在东方社会的文化氛围中，得以广泛流行开来。

首先，短信文化契合了东方文化的含蓄、内敛的本质。短信文化是不喜张扬的，短信永远比铃声大作的电话更有分寸，更为礼貌。电话显得过于直白和直接，而短信则给了对方很大的回旋余地与思考空间。在收到短信以后，可以立即回复，也可以思考一段时间再回复，甚至可以不回复，短信比电话更为善解人意，更尊重对方的意愿，这是符合东方文化的本质的。

其次，短信文化在语言形式上也更适宜于东方文化。汉字比单词表达的意思更多，无需冠词和介词，没有单词的间隔，中文显得更为紧凑，这是非常符合短信短小精悍的特点的。中文文字上的简洁、画面中的意境都更符合短信时代的风韵。这也许是短信文化在东方盛行的一个重要原因。

再次，短信文化更为委婉，可以说一些在电话里面不方便说的话。中国人是很讲究面子的，因此，很多事在公开场合，在口头上很难表达出来，譬如说一些情话，譬如说一些道歉的话。而短信则恰到好处地解决了这一问题。短信这种传输方式，改变了人类语言一定要通过嘴巴的传统方式，利用手机点对点的直接交流，使许多不易出口的话通过手表达了出来，达到了沟通的目的。

第三个层面是技术功能层面。这是短信文化流行的基础。正是由于短信具有其他媒介所没有的技术优势，才使得短信文化成为流行的文化现象。

首先，手机短信的收发非常方便和快捷。手机是随身携带的，因此收发短信随时都可以进行。手机短信非常快捷，一个短信笑话可以在很短的时间内传播给成千上万的手机用户。因为，这些操作都是非常简便易行的，与传统的沟通方式相比，与网络沟通相比，短信沟通无疑具有技术优势。一般而言，短信用户都能在第一时间收到对方的短信，同时，也能在第一时间回复对方。

其次，短信沟通比其他沟通方式更为便宜。调查显示，大部分短信用户使用手机短信是因为短信更为便宜。短信一般为0.1元/条，而手机花费市内一般为0.2元/分钟。其他沟通方式也有较高的成本。目前，尽管手机用户数已有大幅上升，但高昂的手机花费却让许多手机用户打不起手机，尤其是对那些尚未具备经济能力的青少年群体，他们最为现实的选择就是：要联系，发短信，手机不接电话。这样，短信的使用就远远高于其他沟通方式了。

再次，短信沟通还有一个其他沟通方式都不具备的技术优势，即到达的无限制性。打对方手机，对方可能会关机，可能会不接电话，也可能手机没电。这样，沟通都无法进行。但短信沟通是没有限制的，除非出现网络故障，短信总是会到达对方的。因此，从信息传递的有效性来看，短信沟通的效率也要高于手机联系，这也是短信文化更为流行的原因。

短信文化的流行是多种因素综合作用的结果，离不开大的社会背景，离不开技术功能的优势，也有社会文化的原因，还有社会心理层面的原因。我们要从多视角透视短信文化的流行原因。

短信文化的功能分析

短信，并不仅仅是简单的信息媒介，它负载了太多的文化含义，具有相当多的文化功能。

首先，短信文化具有娱乐功能。正如前文所说，娱乐精神是短信文化的本质，信息交流是一种表象，其实质是从短信的收发中获得快乐。闲得无聊的时候，便发发短信，娱乐一下，发一条幽默短信，捉弄一下别人，获得一些快乐。这是短信文化的最主要功能。

其次，短信文化具有情感功能。短信文化是维系友情，也是维系爱情的纽带之一。从文化意义上来说，短信沟通也是一种仪式，是增加人与人之间的情感，维系人际关系的仪式。久未联系会让对方觉得被冷淡、被遗忘，而偶尔的短信联系则会让对方感觉到别人还记着他。从这层意义上说，短信交流已不是信息本身，而是人与人之间的一种联系的纽带。短信沟通还可以加强爱情双方的感情，一位被访者说，通过短信约会，感觉地域的距离无形地缩短了，及时、频繁的短信让她觉得，好像男友就在身边。由于短信沟通有时具有匿名性，匿名的短信便构成了想象的空间，会获得一种新奇的感觉和朦胧的美感。这种情感功能是声音所不可替代的，因为声音表达了某种情感，音调、语气都会影响沟通的双方，而短信则没有声音，呈现的是一种干净、清晰的文字语言，构成了想象的意境。无论是爱情短信、友情短信，还是祝福短信都是一种情感的表达，具有加强情感的功能。

再次，短信文化具有交流功能。短信提供了一个良好的语言平台，改变了传统的交流方式。传统的交流往往是要面对面的，是要通过语言表达出来的。但短信却可以通过书写的形式进行表达。平时不好意思说出口的话都可以通过短信来实现。这也为那些生性木讷、不善言辞的人提供了一个情感出口，让他们可以清晰地表达自己的思想。通过手机短信进行交流，感觉很自由，很自在。一位被访者说，短信是最好的表达方式，对于她这种表面老实本分，内心又有点小狂野，却又极其好面子的人来说，短信的存在简直帮了她的大忙。另外，短信还有一些其他功能。譬如信息传递功能，这应是短信的基本功能。短信还有炫耀性功能，现在，用短信谈恋爱是比网络更时髦的方式。在短信应用功能上，早期的SP服务，主要以控制文本信息为主，现在的SP则要丰富得多，包括“铃声下载”、“图片传情”等。聊天和娱乐，也不必非要连上电脑才可以和QQ上的好友聊天，通过手机短信，仍可以时刻在线。

短信：新的文化媒介的兴起

短信承载着越来越多的文化功能，短信文化逐渐渗透于社会生活的各个方面。短信对于社会的影响是巨大的，作为一个文化媒介，它的出现宣告了一个新的媒体时代的到来。

短信这种书写，既不同于口语，又区别于网络符号。短信媒介既和传统印刷媒介上的表达方式不一样，又有别于几近泛滥的网络页面。“短信一族”每个人都在书写和阅读着他们之间能够迅速心领神会的东西，可能是文字，也可能只是几个标点符号的组合。这是形式上的区别，在本质上，短信用有限的文字突出互通信息的本义，而舍弃了一切虚伪的客套与不着边际的迂回。

短信是一种新的文化媒介，既区别于传统媒介，又区别于网络，具有如下五个特点：

第一，短信具有方便、快捷、含蓄等基本特性。短信是通过手机收发的，手机是移动电话，随身携带，使用起来非常方便与快捷。短信比电话更加含蓄，更为委婉，不像电话那样直白与直接。

第二，短信沟通具有非即时性与去现场性。即时性是一般人际沟通的主要特性，双方在沟通中都必须即时地做出反应，而短信沟通则具有非即时性。当对方发来一条短信时，接受者可以迅速应答，也可以思考一段时间后再应答，甚至可以根本不予应答。去现场性是短信沟通的另一重要特性，一般的人际沟通是面对面进行交流，双方都可以感知对方的声音、表情、动作，但短信沟通不同，双方都无法感知对方的现场反应，无从知晓对方的声音、表情、动作。这种沟通脱离了限定的场域，对双方而言都更为轻松、随意、自由、自在。

第三，短信沟通是一种更为“有效”的沟通方式。这里说的有效具有两层含义，一是指前文所说的沟通的无限制性，除非出现网络故障，对方总会收到发送的短信；另一层含义是指沟通更具有效率。与网络交往相比，短信交往一般都是在有了一定的了解的基础上才进行的，因此，短信交往中信息更为真实，更为诚信，废话和无聊、无意义的信息要少很多。短信沟通更具有效率。

第四，短信沟通具有与其他沟通不同的交流模式。短信沟通是以一对一，而传统沟通方式和网络沟通都可以是以一对多。一般而言，一个手机号码对应一个个体，因此，两者之间的交流就是两个个体之间一对一的交流，而传统沟通方式和网络沟通都不同。一个个体在传统媒介上发表自己的看法，会获得多个个体的回应与交流，在网络上，除了私聊以外，个体可以通过在 BBS 上发帖子和多个个体进行交流，发帖者为一个个体，但看帖者和回应者则是多个个体。因此，短信沟通的交流模式是区别于传统沟通与网络沟通的交流模式的。

第五，短信媒介融合了多种媒介的优势，是一种新的更为优异的媒介形式。媒介是伴随着交流的欲望而发展的，交流的欲望无穷无尽，媒介也在一点一点进步，从文本到声音，从声音到图像，从图像到视觉。短信媒介具有无线媒介的基本特点，同时又融合了纸质媒介的书写与互联网络的交互，具有比语言和文字更为丰富的多媒体功能。纯文本短信迈出了无线媒体融合的第一步，多媒体短信 MMS 则完全整合了视频、图片、声音和文字等多种信息形式，形成了一个全新的、性能优越的文化媒介。

短信是一种更加有效的沟通方式，短信文化则日益改变着人们的书写和交流习惯。短信文化的流行也许并不单单是指一种文化现象的流行，它昭示的是一种新的生活方式的兴起。

短信文化现状及其作为文化产业之思考

黄孝萍

短信，又称短消息。第一条短信于1992年由英国的沃达丰公司发送成功，我国于1998年开通手机短信，而短信市场则是在2000年正式启动。其后使用短信的手机用户逐年增多，随着手机短信由纯文本形式到融声音、图片、文字于一体的多媒体短信的进化，我国手机短信用户在2002年达到了一个高峰，2002年全球短信发送总量是3600亿条，其中我国占900亿条。这意味着，全世界每发送的4条短信中，就有一条是中国人发送的。2001年，我国手机用户超过1.5亿，位居世界第一，当年全国短信发送量为159亿条，2002年全年短信发送量为900亿条，而2003年春节的短短7天假期发送量就为70亿条，有人估计2003年短信的发送量将达到1500亿条，全世界二分之一的短信将由中国人发出。

就目前状况而言，不仅有中国移动和中国联通介入了这一业务，就是中国电信对此也十分感兴趣，部分小灵通已经在网内支持该项业务。据有关方面称，就国内而言，全国有400至500家网站提供短信内容服务，网易、搜狐、新浪这三大门户网站称短信收益已超过其总收入的30%，而 Tom 在互联网普遍不景气的时代居然成为国内第一家依靠短信业务获得盈利的网站。凭借着“短信”这个概念，网易、搜狐、新浪在2002年末的两个月内，股价在美国纳斯达克股市分别上涨了4—6倍。

据一项网上调查显示，在2003年拜年方式的选择上，手机短信拜年占35.1%，电话拜年占31.2%，而当面拜年则为28.4%，手机短信拜年作为一种新兴的方式显现出后来居上的势头。如今，人们把用手指熟练写短信的人称之为"拇指一族"，而由此引发的经济效益则称之为"拇指经济"。短信之深入人心，从人们现在的告别方式就可见一斑。人们以前说"没事打电话"，再往后说"没事发电子邮件"，如今则说"没事来短信"。在一项名为2002年全国报纸使用频率最高的词汇调查中，手机短信排在十六大和世界杯后，位列第三。

手机短信的用途多种多样，从获知新闻、预知天气到账务结算几乎无所不能，但是人们更愿意把它当作一种交流感情、分享快乐的工具来进行使用。春节期间短信的火爆就证明了这一点。当人们运用手机短信进行交流时，不仅是因为它是高科技时代的产物，给人们的生活带来了便捷，同时也因为它本身所蕴含的文化属性，而对它大加青睐。春节之时收到"祝你福气多多，快乐连连，万事圆圆，微笑甜甜，一帆风顺、二龙腾飞、三羊开泰、四季平安、五福临门、六六大顺、七星高照、八方来财、九九同心、十全十美"，心头便荡漾起节日的欢欣。中秋节时收到"送你一个月饼，第一层是体贴，第二层是关怀，第三层是浪漫，第四层是温馨，中间夹的是甜蜜"，会顿觉无比幸福。失意之时收到"人在旅途，难免会遇到荆棘和坎坷，但风雨过后一定会有彩虹"，心中就会激起再度奋发的勇气。三言两语的短信却让生活增添了诗意。正是这些诗性的语言，让手机短信散发着独特的魅力。

中国的电子专家罗沛霖院士曾特别强调信息高速公路的文化蕴涵，认为："信息高速公路所导致的信息革命，实质上就是文化领域的产业革命，文化领域以电子技术为立足地的新产业革命将形成一个先进的文化信息技术系统。"毋庸置疑，短信已经是一种都市文化产业，各个网站都将短信当作新的经济增长点。当然任何具有高额利润和广阔市场的产业都会导致蜂拥而上的态势，但是也会因此产生不少问题，这些不得不引起我们的思考。

关于效益和利益兼顾的问题。短信作为文化产品，消费逻辑之于它显然是第一位的。人们认为消费逻辑不仅支配着生产的物质产品，而且支配着整个文化、人际关系，以至个体的幻象和冲动。在巨大的利益面前，短信不得不通过媚俗来扩展市场。然而，正如人们所意识到的，如果单纯以市场来做裁判，必定会形成所谓劣币驱逐良币的现象，以金钱为惟一驱动和价值评判，必然会造成短信的不良倾向。因此，如何使短信兼顾经济效益和社会利益将是一个值得我们探讨的问题。

关于精神生态问题。当代社会，人们强调"生态"，它主要指人与环境相互作用的生存状态，人与生活环境共存的方式，包括自然生态、社会生态和精神生态等层面。精神生态对于文化领域显得尤为重要，面对现代社会的各种诱惑，人类面临着信仰失落、金钱至上、人性扭曲等危机，如何使这一切得到妥善解决，就成为当务之急的问题。短信的极速发展，必然会涉及精神生态问题。有人说，短信是一柄美丽与邪恶共存的双刃剑，如何使其向善、向美，需要人们不断参与铸造。一个完善的社会，必然要塑造良好的精神生态，要求人们形成健康的审美趣味。面对这一切，笔者认为应从以下几个方面着手：

1. 加大力度整治网络

不少不良短信都是从网上发布的，而且互联网的广泛影响，使得短信拥有了大量的传播源，所以网络是至关重要的。广东省通信管理局从2003年4月24日起实行《广东省通信短信息服务管理办法（试行）》，它从短信服务提供者，包括基础电信业务经营者和增值电信业务经营者抓起，对短信包括文字、数据、声音、图像等各种形式进行规范。《办法》规定，短信服务提供者要对利用短信息服务系统向用户播发的公共短信息内容进行审核，如发现有规定禁止内容的，应当立即删除，保存有关记录，并向国家有关机关报告；对界定不清、有可能引起不良社会影响的公共信息，原则上不能给予播发。

据悉，国家信息产业部拟定的有关手机短信规范化管理办法，正在广泛征求意见，其中对发布、传播黄色短信、虚假短信造成的社会危害，发布人和网络公司等应承担的责任都作了详细规定。这对于短信市场兴利除弊，还人们一个规范洁净的信息通道，具有重要意义。

2. 加强对公民进行引导

如果说，网上散发的短信还可以有法可依，那么点对点的短信控制起来就有点问题了，尽管《中华人民共和国电信条例》、《互联网信息服务管理办法》和《中国互联网行业自律公约》等条文中对"制作、发布或传播危害国家安全、危害社会稳定、违反法律法规以及迷信、淫秽等有害信息"都有明确的禁止性规定。另外，广东曾要求移动用户每小时短信的发送量不能超过30条，上海方面则要求不超过100条的发送量，但因为在对个人短信进行监控时会涉及私人通信隐私，不能事先监测、过滤。如何减少手机发送的不良短信还是管理难题。

3. 要加大技术投入

尽管有人声称"没有任何杂质的水养活不了鱼虾，一个荤段子都要受到严密监控的社会，无异于一座巨大的监狱。"但是这种传播必须分清场合、地点、人物，对于网络等宣传媒体，因为其影响面极广，我们并不能因为"荤段子"之类的短信有其存在的合理性而听之任之。因此，我们必须在技术方面加大投入力度，对网站和通过通信网发出的短信清理整顿，研制相应的程序对发出的不健康信息进行屏蔽，对发出的短信能够进行自动识别和充分过滤，对涉及色情挑逗、人身攻击等内容的短信，能够立即删除。艺术的生存，或曰诗意的生存，是人类千百年所梦想和追求的生存方式。短信如果能够良性发展，无疑对于人与人之间的交流有着巨大的促进作用，它给予熙熙攘攘现代社会中的人们以一种精神方面的关怀，为人情日渐冷漠的岁月增添一份温情。因此，我们期待着也努力着。

“拇指经济”还能再创新奇迹吗？

詹新慧

五年前，当21世纪的钟声刚刚敲响的时候，没有人预测到会有一个叫“短信”的小东西将改变社会经济发展和人们的文化生活，尽管世界第一条短信早在1992年就在英国沃达丰的网络上通过电脑向手机发送成功了；三年前，短信已经从诞生时的手机附属品变成电信商和各网站的重要经济源泉，只是数据业务仅占用户费用的14%，86%集中在语音通讯上。但是，一个新的名词“拇指经济”已经频频见诸报端。在其后的两三年里，“拇指经济”在中国的互联网经济中扮演着救世主的角色，在纳斯达克上市的“中国概念股”背后，都是小小的短信在支撑其收入的半壁河山。手机短信，开创了“拇指经济”的奇迹。

今天，当我们再谈“拇指经济”，质疑“拇指经济”能否再创奇迹、能走多远时，我们对“拇指经济”概念的理解已经不单单指短信了。面对即将到来的3G时代，基于手机终端的无线互联应用将怎样改变我们的生活？无线互联产业会创造新的“拇指经济”奇迹吗？

3G时代的“拇指经济”：从短信市场到无线互联产业

众所周知，“拇指经济”的奇迹源自手机短信，不仅挽救了“寒冬”中的互联网公司，也启动了一个新的市场。但随着手机技术的开发应用和SP移动增值服务的多元化、快速发展，手机短信市场的增长呈下滑趋势。来自调查机构的数据显示：2002年，SP移动增值服务市场基本上就是短信市场，当年市场规模为17亿元。2003年，在短信市场飞速增长的同时，2.5G增值服务市场开始启动，当年SP增值服务市场总规模为45.3亿元。今年，预计SP增值服务市场总规模将达到110.7亿元，其中短信为47.4亿元，WAP为11.5亿元，彩信为18亿元，无线游戏为12亿元，IVR市场为21.8亿元。

数字是枯燥的，但简单的数字说明着一个不可逆转的趋势：短信市场从三年前占据移动增值服务市场80%的份额减少到目前的40%，跌幅近一半，代之而起的是包括WAP、彩信、无线游戏、手机流媒体和IVR等在内的整个无线互联产业。

以WAP为例，2003年WAP市场规模仅为2.3亿元，2004年就大幅增长245%，达到8亿元的市场规模。预计2005年将进一步增长到11.5亿元的规模。

从短信单一、低端产品到WAP、彩信、无线游戏等多品种、高端产品，不仅扩大了市场规模，做大了移动增值服务业务这块蛋糕，而且形成了一个新的、市场潜力无限的无线互联产业。随着3G时代的到来，一些困扰无线增值产品发展的技术瓶颈将获得突破，手机报纸、手机电视、手机电影和手机游戏等目前尚在襁褓中的新产品会层出不穷。围绕新的产业，用户、网络运营商、设备和终端制造商、增值应用服务商和内容提供商将打造出一条完整的产业链，启动“拇指经济”新一轮的发展契机。

无线互联产业市场有多大？

发展无线互联产业，第一环节是手机用户。用户的多少直接影响着数据流量、消费能力和产业规模。据中国移动提供的数据：截至2004年10月，中国移动用户数量达到3.25亿，平均每4人拥有一部手机。预计到2006年，中国手机用户将达到4.4亿，2010年，中国移动用户将突破7亿，其中有80%的手机用户使用增值业务。庞大的手机用户群奠定了无线互联产业发展的良好基础。

细分无线互联市场，从网络运营商、设备终端制造商、增值应用服务商到内容提供商的每一个环节都蕴藏着无限的发展潜力，其中尤以增值应用服务和内容提供服务为突出。

增值应用服务，是指基于手机的便利应用而开发的生活、消费等含有高附加值的服务。现阶段比较典型的是手机支付，像电信运营商从手机上代为扣除的电话费、水电费、订阅费等等，但这种支付还算不上便利，因为毕竟是代扣而不是主动支付。而到了3G时代，这种情况不复存在。同时一些新的应用也将出现，比如：

——手机看病。欧洲的手机商正在筹划推出用手机看病的服务。患者对着手机可视镜头同医院联系，医院通过眼球虹膜密码验证后在电脑中调出病历，患者可同医生直接对话，对于一般性的疾病医生开出处方并传至患者指定的药店或超市，患者凭虹膜密码取药。这种医疗服务可以节省大量时间和精力。

——手机搜索。2004年10月8日，Google推出手机短信查询服务。用户可以通过“Google SMS”提供的服务搜索家庭电话号码、字典解释、Web搜索结果片断等内容。另外，它还有查找电话区号、邮政编码等功能。

——手机钱包。日本电话电报公司都科摩通信技术研究中心宣称，将推出可以取款的手机，让手机成为“移动现金卡”。用户将现金卡中的信息传输入一种新型号的手机，然后应用该手机配备的红外线通信功能将信息发送给ATM机，用户便可存取现金。

内容提供服务，是指专为手机用户提供的信息产品和娱乐产品。应用比较广泛、成熟的是手机短信，手机新闻订阅，正在开发的是手机报纸、手机网站，未来随着手机宽带的建成，手机广播、手机电视、手机游戏和手机广告等多种内容产品将被广泛应用。比如手机网站。目前共有100多家SP提供上千余项WAP服务，涵盖新闻天气、铃声图片、聊天交友、在线游戏、时尚生活、证券财经等业务。2005年3月，中国手机娱乐第一门户——空中网对第76届奥斯卡颁奖典礼进行了全程的“手机直播”。这是国内手机增值行业第一次用手机进行大型活动的实时报道。

未来，个性化的信息产品和娱乐产品开发将是无线互联产业内容发展的重点。特别是针对特殊人群开发的特殊产品和特色服务，只有提供了极具定制化和个性化的内容，服务商和运营商策划的收费模式才会得到认同，无线互联产业也才能更具竞争优势，获得更长远的发展。

一项新的应用就是一次市场需求的反映，一次产业价值链形成的过程，一次市场机遇。无线互联产业的发展表现在：一方面和传统产业结合，不断延伸、扩展传统经济市场；一方面开发、设计基于手机终端的新内容、新产品，发掘新的用户群，开辟新的渠道，拓展新的市场。需求到哪里，应用就到哪里；应用到哪里，市场就到哪里。从某种意义上说，无线互联产业的市场将是一个没有穷尽的市场。

“拇指经济”发展的瓶颈：技术、内容、资费

当然，无线互联产业能否真正成为一个没有尽头的市场，取决于三个因素：技术、内容、资费。

技术永远具有“两面性”。无线互联产业能够发展到今天的规模，技术的引领功不可没。但技术又永远是下一个发展的瓶颈和障碍。比如现在的手机带宽问题。中国目前的移动通讯网络还处在2.5G时代，承载数据通讯的能力比较弱。一个基站支持流媒体的用户不超过10个，也就是说在5平方公里的小区内，只有不超过10个用户可以享受流媒体服务，这就严重制约了手机电视、手机电影和手机游戏的发展。还有未来可能出现的手机病毒、手机信用卡安全问题，都是对技术的挑战。无线互联产业未来发展如何，很大程度上取决于技术的引领和保障。

再说内容。如果说技术决定着无线互联产业发展的深度，内容就决定着无线互联产业发展的广度。目前，无线互联产业存在着三大问题：

——业务品种匮乏。图铃下载类业务占据了大部分的市场份额，而信息浏览、游戏娱乐和沟通互动类业务市场份额较小，流媒体业务没有更多发展；

——内容同质化严重。上百家SP提供上千个项目服务，同类型的手机图片和铃声在各SP之间相互转载，游戏简单又大同小异，对用户没有太多吸引力；

——低俗内容泛滥。为迎合年轻用户的猎奇心理牟取商业利益，一些内容服务商采取种种方式打“擦边球”，致使黄色、一夜情、算命卦相等格调比较低俗的内容泛滥，甚至出现手机成人网站、手机赌博等问题。

内容是决定无线互联产业能否良性健康发展的关键。就好像一条高速公路，路上都是好车自然一路畅通，如果总是翻车、撞车或坏车，这条路就会堵塞、瘫痪甚至被迫关闭。内容就是无线互联产业这条高速公路上的车。

自从有手机以来，资费就是人们心头永远的痛。即使到了3G时代，如果不解决资费问题，无线互联产业的种种产品就像一辆辆豪华的高级轿车，只可远观而不可近坐也。目前，电信运营商对流媒体的收费还是比较高的，1kb的流量平均一分钱，传输1M数据就需要大约15元。虽然运营商现在一般提供200元包月服务，但依然阻挡了一大部分低收入消费者享用无线互联产品提供的内容服务。从短信的发展过程可以看到，如何把无边无际的无线互联市场转化成“拇指经济”的新奇迹，资费则起着决定性作用。

分析短信时代，正是因为技术应用便利、个性服务初现、资费相对便宜而成就了“拇指经济”的第一轮奇迹，那么进入3G时代，无线互联产业要想再现“拇指经济”奇迹，依然需要成熟的生态环境，需要技术、内容和资费的强力支撑。产业价值链的发展以满足用户需求为前提，

以广泛应用为推动。虽然目前出现了一些诸如手机银行、移动证券等在无线互联领域的新应用，表现了很好的发展趋势，但还不能达到一个令人满意的商业化的运营状况。无线互联产业要想再创“拇指经济”奇迹，任重而道远。

---

126 亿条背后的隐忧

苗振华

2006 年春节，短信的市场热浪再次不出意料地掀起。从除夕至大年初七，移动和联通用户的手机短信发送量共为亿条。像前几年一样，人们手机上的拜年短信响个不停，短信又一次扮演了春节送福的使者，但在这些“送福使者”中却有许多面孔雷同，充斥着工业化味道，让那原本寄托在短信中的浓浓祝福淡了许多。每年一度的春节晚会，是阖家团圆时必不可少的节目，今年春晚上吸引了许多人关注的“给赠台大熊猫征乳名”的活动，也让人们的手机又忙活起来。发短信选乳名，伴着过年的喜气选出心仪的大熊猫名字让很多人“掺合”了一把，但是待随后看到每条短信收费一元的消息时，一种与欢快的节日心情相悖的情绪在人们的心中油然而生。再有，骚扰、诈骗短信的不断侵扰，也让本该安心过年的人们颇感头痛。面对随短信而来的无奈和困扰，人们对短信的热情和信任少了许多，我们也不禁有了这样一个疑问：“短信还能火下去吗?”

二手祝福泛滥　拜年短信味道有点变

除了喧闹的鞭炮、丰盛的年夜饭之外，春节期间花样繁多的短信祝福成了人们新年大餐上的一道“主菜”。从信息产业部在其官方网站公布的 2006 年春节期间的短信发送数量统计看，仅从除夕到大年初七 8 天，全国手机用户共发送短信 126 亿条。其中，中国移动手机用户短信发送量达到 94.8 亿条，除夕当天短信发送量达 19 亿条。中国联通手机用户短信发送量达到了 31 亿条，仅除夕和农历大年初一两天，也达到了 14 亿条的发送量。中国移动和中国联通两大运营商这 8 天的短信收入就超过 12 亿元人民币，平均每个手机用户发送短信超过 30 条。春节短信的大市场，让运营商又一次笑在了心里，也让不少短信写手的荷包鼓了起来。

虽说收到的拜年短信有增无减，但人们却无奈地发现，这些祝福有了越来越多的相似之处。你会发现在众多的短信当中，不但有相同内容不同署名的“同胞兄弟”，甚至有连发送者署名都忘记更改的“孪生姐妹”，另外也不乏有由自己发出作品在“周游世界”后又“安全”回到自己手中的情况发生。短信祝福正日益走向“工业化”大生产，网站专职的短信写手炮制出众多让人眼花缭乱的短信，“金鸡踏雪归，玉犬迎春到，祝您狗年行大运，人旺、财旺、精神旺”。这样的短信在各大网站很容易找到，转发再转发，在一次次转手之后，再精彩的内容也成了人们甚至都不愿意看完的套话，人与人之间的距离就在这没有看完就被删掉的短信之中被拉大了。相比千篇一律的机械文字，也许那些短短的还不慎打错几个字的手写祝福要来得更亲切。

面对汹涌而来的“二手”短信，人们大多已经麻木，不但将之随手删掉，而且记者在采访中了解到，已经有人充当了“短信终结者”——发到手中的短信决不再转发出去。短信对于一部分时尚人群来说也早已失去其原有的吸引力，在他们中间，发送短信的祝福方式已经开始被彩信、彩铃甚至个性化视频等一些更有新意的方式所取代。这些能更多元、更丰富的传情达意的形式，也许在不久的未来将对文字形式的短信形成强有力的冲击。另外，随着传统的回归，更多的人也开始对冰冷的文字失去了兴趣，电话拜年甚至走访拜年方式又开始复苏起来。同时，一些城市通信资费在竞争的压力下，已经相当便宜，短信的资费优势也在渐渐失去。虽然短信有其沟通信息快捷、传情达意方便的自身优势，不会出现大幅滑落的现象，但随着越来越多的人对这些同质化的短信失去兴趣，对短信祝福淡漠的情绪的滋长，来年的年节短信市场辉煌恐怕难以再续。

公益也卷钱　短信投票信任危机

春节虽然已经过去，但春节晚会上“给赠台大熊猫征乳名”的短信投票活动引起的轰动却没有结束。由于春晚主持人没有在活动期间对活动的短信收费做出提示，人们在得知投票短信十倍于平时的收费后提出了置疑，加之参与活动的投票者纷纷遭遇收费短信的骚扰，人们的热心参与，变成了节日期间的闹心事，“信任危机”的引发也就理所当然了。回想去年红红火火的“超级女声”因短信投票而大赚特赚，虽然“超级女声”们没有出现在今年春晚上，但是与超女“圈钱”手段类似的手机短信投票活动，却在春晚上大展拳脚。由于涉及收入等敏感问题，今年春晚并没有公布最终的短信票数，但在春晚进行期间，主持人曾宣布收到短信7000多万条，按每条短信实际收费一元计算，仅仅春晚的三四个小时内就有7000多万元短信收入，春晚票选的收入将大大超过湖南卫视去年从“超级女声”短信投票中获得的两三千万元，其“圈钱”手段可谓是青出于蓝而胜于蓝。

春晚给“赠台大熊猫征乳名”活动的出现，很明显是想利用春晚的人气，来吸引到更多的人参与，但征名活动应该是公益性质的，短信作为方便快捷的交流平台来支持公益活动本是好事，但是把公益活动变成“增加收益”活动，却昭示了短信信任危机的开始。据了解，此次征名活动的幕后，还有一家叫做“兴国融合”的SP（服务提供商）从中受益。“兴国融合”专门负责处理中央电视台的观众互动服务平台，目前，央视上所有短信互动栏目都是由该SP代理，电信运营商则扮演了提供短信通道和代收费的角色。固然媒体也得考虑经济效益，短信收费也可以，但如果将互动短信当成摇钱树，任由公益活动变圈钱手段的情况继续发展，短信互动这种模式将面临巨大信任危机。在春晚这样宣传范围很广的公益活动中，其短信收费标准反而提升十倍，不但媒体公信力已在广大用户心中大打折扣，而且也让消费者对原本就问题多多的短信互动活动更加失去信心。随着消费者的消费日趋理性，消费者也逐渐懂得如何维护自己的权益，在经历一次上当的不快体验之后，不仅会对其下次的参与行为形成巨大阻碍，同时短信互动的生存土壤将越来越小，产业链上的运营商、SP也会因信任的缺失而失去本应蓬勃的市场。

春节过后，信息产业部随即发布了《关于开展“畅通网络诚信服务”系列活动之规范电信企业资费行为专项活动的通知》。通知要求，电信企业要严格执行《电信服务明码标价规定》，明确告知用户各项业务的计费原则、收费方式、资费标准及适用时限等，以杜绝价格歧视、价格欺诈、多收费、乱收费等消费者投诉集中的电信资费矛盾。面对消费者对电信资费的意见增多，政府加强监管和整治是非常必要的，只有监管和整治能形成长效机制，才能保证这个产业健康发展。

陷阱难防 “别理陌生短信”

春节前后短信诈骗暗流也在不断涌动，让饱受滋扰和不慎落入陷阱的人们叫苦不迭。去年十一期间爆发的短信诈骗潮在春节期间再度袭来，不少人又收到大量诈骗短信，甚至人们嘴上的问候语也变成了“今天你收到了吗”。这里的“收到”所指既不是公务信函，也不是新年祝福，而是花样繁多、防不胜防的诈骗短信，足见其影响之大。目前，短信欺诈的手法层出不穷，冒充朋友身份点歌，诱骗消费者拨打高价点歌电话或者以朋友口吻留言，诱骗消费者回复短信定制高额业务；还有打着优惠之名诈骗短信费用等，短信欺诈手段的迷惑性和隐蔽性越来越强。节前记者本人就曾收到类似的短信，一直在办公室的记者，却收到内容为2小时前在某地刷卡消费3000元，如有疑问可致电×××查询的短信，如果不是记者早已了解其诈骗本质，其言之凿凿很有可能让记者上套。此外，垃圾短信的滋扰也让人们感到不堪重负，形形色色的短信广告、莫名其妙的“提醒”都严重地影响了手机用户的正常使用。

面对这些短信诈骗陷阱，虽然有关单位已经发出防范通知，消费者也积极向电信等行政主管部门投诉，或向公安部门报案，但在人们对自己资金安全的担忧心理之下，陷入短信诈骗陷阱的事件还是屡有发生。为了避免上当，对于可疑短信，人们都表现出不理为妙的态度，不但对陌生短信绝不回复，甚至一些正规的通知也无人敢信，因而导致了高额奖金无人认领，缴费通知也被置之不理等情况的发生。短信污染让广大手机用户痛苦不堪，各类短信服务平台在这些“黑”短信的影响下，已经变得不复可信，消费者对SP整体行业大都抱有不信任感，甚至谈“信”色变。虽然，是少数“黑SP”搅乱了市场，但是不可否认，政府及运营商面对缺乏管理的短信市场，在全面规范短信行业和减少管理漏洞方面，还有很多工作要做。

为加强对整个行业的有效监管，信息产业部预计将在今年7月统一各大SP的短信接入，所有短信SP要全部更改为8位号码。要开展业务，SP需先到信息产业部领取入网许可，获得统一的业务代码后，再由运营商完成其接入业务。由信息产业部统一SP号码的发放和监管，实际上回收了对SP的控制和管理权，届时短信市场将得到一定程度的重整，不法SP会受到进一步打击。此外业内人士指出，运营商对规范活动的积极性，也将对目前的混乱现状能否得到有效遏制起关键作用。

虽然2005年的短信市场再次高奏凯歌，狗年春节短信发送量再创新高，但我们也可以看到在繁荣的背后，人们对“工业化”短信的趋于冷淡，短信活动面对信任危机，还有短信陷阱的困扰，都已经成为短信继续发展的掣肘。如此这般下去，短信的“运程”差矣。

揭秘垃圾短信产业链：技术无难度　内容泥沙俱下

孙　琎

由于相关立法和监管缺位，垃圾短信在庞大的利益驱动下迅速滋生，产业链已经形成。目前，中国移动已经对于在央视“3·15”晚会上曝光的分众等7家正规公司短信业务端口予以关闭。但这些大公司容易管理，更庞大的短信群发存在于没有业务端口，只利用短信群发器进行群发的个人和小公司。

群发产业链

垃圾短信发送主要有两种手段：一种是通过运营商的正规端口发给指定的号段；另一种就是把买来的大量充值手机卡装在短信群发器里，接上电脑，就能任意群发。

从产业链上看，对于运营商来说信息发送量越大，利润就越多。而SP企业通过投放广告获得的利润还会与运营商分成。

从业务流程看，这一产业链出现了不断细分化的趋势——从专门进行搜集倒卖用户信息、专门编写广告信息、研制购买短信群发设备，到代理广告客户，最终通过正规的通信端口或非正规的个人手机卡发送出去。这一产业链远比想象的复杂和完善。

垃圾短信的广告客户可以将广告内容、目标客户、发送时段、发送量等信息提交给短信群发公司，不仅可以由短信群发公司进行发送，还可以由广告客户自行发送。由短信群发公司提供相应的客户端软件，客户安装后通过网络与群发公司的后台服务器连接，由客户自行在客户端设置发送等。

将短信群发器与电脑相连，每个群发器每小时就可以发送600—700条短信。一个小公司，利用廉价的电信公司包月卡，一天就能发送数百万条垃圾信息。每个短信群发器则只需要500—3000元不等。

网上存在大批兜售短信群发平台或相关软件的企业，其拥有的数据库从10万个用户号码到几百万个不等。根据发送短信量和精准度的不同，可以做到每条低至2分钱。

内容则泥沙俱下，不仅仅有骚扰和泄露隐私的，还涉及非法活动，如诈骗和出售非法物品等。

产业发展之忧

而目前我国现有5亿多手机用户，每天未经许可的垃圾短信约为10亿条，意味着每个用户平均每天要被迫接收2条垃圾短信。

按照摩根士丹利的分析，2007年中国手机广告市场的总收入约为7.8亿元人民币（约合1.1亿美元），只占广告市场总收入的约0.7%。由于中国5亿多移动用户，预计中国手机广告市场未来5年的年复合增长率约为45%。

有业内人士担忧的是，3G出台后，当传送视频的成本降低后，连视频广告都能发。而且，垃圾短信的不良影响还在于“劣币驱逐良币”，由于现在垃圾信息过多，导致一些规范的商家或是新的营销模式被误读，让用户产生所有广告都是垃圾的印象，而短信广告只是无线营销的一种，却会影响整个无线营销产业的发展。

附　录

附录一："拇指经济"搜索关键词

拇指经济、拇指文化、手机短信、"后拇指经济"、拇指一族、节日短信、拇指游戏、拇指时代、短信广告、短信文化、无线互联、第五媒体

附录二：A 类文章目录

- 拇指经济，如何让它更经济？/析儿//中国计算机用户 2008-16
- 新近火爆的人际传媒——手机短信/张晓辉//新闻三昧 2003-04
- 拇指经济是否来临//每周电脑报 2004-28
- "拇指经济"带给我们多少冲击波？/肖复兴//中国经营报 2003-04-15
- 拇指文化与现代生活——快餐文化之代表"手机短信"一瞥/王昭晖//山东省工会管理干部学院学报 2006-01
- 拇指一族的宝藏手机游戏狂下载/罗丁//数码世界2005-15
- 手机短信火爆的文化基因/时统宇//青年记者 2006-13
- 手机游戏成拇指经济增长点/孙封蕾//每周电脑报2006-43
- 手机游戏敲出"后拇指经济"时代/培垠//消费指南 2007-18
- 有事"短"我——拇指经济初探/魏薇　袁博　仲林　张雪//中国招标 2006-16
- 手机短信息：时尚成就商机/陈晓冬//企业家天地2002-02
- 短信，还能飞更高/王雅平//中国无线电管理 2002-03
- "拇指原理"与"中国指数"权重确定问题/包明宝//现代经济探讨 2002-04
- 春节新现象和短信之路/阴志华//通信世界 2002-07
- 让手机短信更精彩——访掌门网中国区总经理金宝启先生/晓寒//世界电信 2002-07
- 始于拇指的狂乱经济/赵明//中国经济时报 2002-10-11
- 拜年用短信情谊更长远——关于春节间短信用户使用情况的调查报告//电子商务 2003-02
- 短信市场引发拇指经济/韩林//今日信息报 2003-02-14
- "拇指经济"竖起大拇指/韩维阳　凌云//中国质量报 2003-02-17
- "拇指经济"拉动了多少产业/徐英//中国商报 2003-02-18
- 手机短信抢食假日经济大餐/金非//经济日报 2003-02-20
- 短信写手，时尚生活催生的新职业/一民//组织人事报 2003-02-24
- 面对"拇指经济"/李佳路　沈虹冰　张旭东//人民法院报 2003-02-26
- 手机短信：一种文化新主张/丁妍　沈汝发//中国青年研究 2003-03
- 120 亿元："拇指经济"的蛋糕/张瑾//成功营销 2003-03
- 拇指经济抠出一片新天地/邓永强//中国计算机报2003-03-03
- "拇指经济"击热短信市场/李佳路　沈虹冰　张旭东//河北日报 2003-03-04
- 谁来打造拇指文化/赵爽//北京日报 2003-03-25
- "拇指经济"/素素//中国海关 2003-04
- 拇指经济迅速涌来的消费热潮/倪里勛//上海轻工业 2003-04
- 传统媒体牵手"拇指经济"/京平//中国新闻出版报 2003-04-21
- "拇指"也成"族"/宗守云//咬文嚼字 2003-05
- "拇指经济"步入时尚/曹莹//浦东开发 2003-05
- 手机短信：崛起的第五媒体？/西门西子//文明与宣传 2003-05
- 移动世界广告舞台——短信广告初探/黄飞//广告人 2003-05
- "拇指经济"制造"赚钱新贵"/沙戈//经理日报 2003-06-17
- "拇指经济"催生"拇指文化"/张西//苏南科技开发 2003-07
- 规范"拇指经济"中的价格行为/朱德成　林爱华//价格与市场 2003-07
- 拇指经济比童话更需想象力/乐茜//IT 时代周刊2003-07
- 手机短信息：崛起的"拇指经济"/方洲//草原税务 2003-07
- 短信写手从幕后走向前台/许军//北京日报 2003-08-24
- 手机短信，能否成为新媒体/严国萍　严俊//浙江日报 2003-09-08
- 寻找"后拇指经济"避风港/张懿//文汇报 2003-10-28
- 小灵通与手机短信互联在即　"拇指经济"时代呼之欲出/余京丰//通信信息报 2003-12-03
- "拇指经济"按出崭新市场空间/蔡计锁//河北日报 2003-12-22
- 试论短信产业效应/刘素军//濮阳职业技术学院学报 2004-01
- 手机业：拇指与耳朵的较量/蔡钰//财经时报 2004-01-31
- 从短信拜年的再度火爆看"拇指经济"/王继晟//中国传媒科技 2004-02
- 短信拜年古老节日新亮点/李兵//人民论坛 2004-02
- 手机短信息的语言及其文化观照/王艺玲　马宏基//山东理工大学学报（社会科学版）2004-02
- 短信文化与传播诉求/陈文敏//湖南大众传媒职业技术学院学报 2004-03
- 短信媒体及其文化冲击/胡易容//成都大学学报（社会科学版）2004-04
- 掌上灵通身价一年暴涨 25 倍——杨镭：创造拇指经济奇迹/沈云//沪港经济 2004-04
- 从两会看手机短信的媒体角色/张培君//中华新闻报 2004-04-14
- 营造"拇指文化"/顾莹//通信产业报 2004-04-26
- "拇指文化"演绎语言新时尚——手机短信的语体分析/毛力群//浙江师范大学学报（社会科学版）2004-05
- 探索固话短信的市场营销之路/周晓慷//通信世界2004-05
- 手机短信造就"拇指文化"/潘攀//中华新闻报2004-05-26
- 短信新闻，走向何方/陈未//中华新闻报 2004-06-30
- 短信息，并非难解的局/臻玫//中国电信业 2004-08
- 娱乐进行时——手机游戏平台扫描/胡豆豆//数字通信 2004-08
- 广播短信节目"热"的"冷"思考/侯英杰　洪晓庆//中华新闻报 2004-08-25
- 短信互动成为广播发展新亮点/蔺平//中华新闻报2004-09-01
- Google 短信搜索亮相推动美国"拇指经济"/严婷//国际金融报 2004-10-12
- 全国短信互通在即　拇指经济时代呼之欲出/余京丰//通信信息报 2005-01-12
- "拇指经济"捧红短信写手/彭勇//中国税务报 2005-01-19
- 通信做大"拇指"经济//经济视点报 2005-01-20
- "拇指文化"——短信的词汇衔接/张斌华//长江大学学报（社会科学版）2005-02
- 拜年跑上"现代化"/郑伟涛//中国电子商务 2005-02
- 略论"拇指经济"衍生的法律问题/相媛媛//法治论丛箱 2005-02
- 浅谈春节短信祝颂语/张慧//北华大学学报（社会科学版）2005-02
- 短信经济：拇指启动大产业/彭永芳　王树花//通信企业管理 2005-03
- 用高新技术推动"拇指经济"——哈工大研制的语句级手机智能拼音汉字输入法问世/刘培香//中国高校科技与产业化 2005-03
- 真心一语寄深情，百万祝福暖人间//市场观察 2005-03
- "短信发手"的生意经/王晓红//金融经济 2005-04
- 手机短信与年轻人文化特征/许莺燕　何煜//浙江传媒学院学报 2005-04
- "拇指经济"吸引我市商家眼球/洪钧//厦门日报2005-04-05
- 从"短信经济"到"拇指议政"/李昊//甘肃经济日报 2005-04-13
- "拇指经济"的下一次新浪潮，手机游戏何时脱颖而出？//新电脑 2005-05

◎"拇指经济"还能再创新奇迹吗？/詹新慧//传媒2005－05
◎从经济与大众传播视角解读短信传播/肖芃//湖南大众传媒职业技术学院学报 2005－05
◎发条短信挣大钱/王晓红//职业圈好财路 2005－05
◎"短信"文化——雅俗共"舞"/于迪//长春日报 2005－05－15
◎3G："拇指经济"的新财富机会/陈张书//湖南经济报 2005－05－17
◎"拇指经济"与"第五媒体"/王丽辉//中国企业报（理论版）2005－06－30
◎关注"拇指思想工作"/刘四辈//思想政治工作研究 2005－07
◎拇指文化倡导信息文明/秦磊//人民邮电 2005－08－26
◎"拇指经济"移情商务营销/赵钢//中国商报 2005－09－16
◎许昌：用拇指点开财路/谭嘉伦//河南日报 2005－11－18
◎短信传播的多维解读/肖芃//湖南工程学院学报（社会科学版）2006－01
◎发条短信，火车票给您送上门/季杰 廖志慧 蔡炜健//深圳商报 2006－01－01
◎时尚短信的社会语用心理探析/谢旭慧//上饶师范学院学报 2006－01
◎手机短信：文化生态价值/吴圣刚//信阳师范学院学报 2006－01
◎迅速崛起的短信市场/李佳路 沈虹冰 张旭东//今日科苑 2006－01
◎短信促销效果不错/何可//河南日报 2006－01－04
◎拇指一族/何明伟//健康报 2006－01－10
◎3G 到来短信也需升级换代/侯燕//中国消费者报2006－01－11
◎短信依赖者超半数/杨小丹//中国消费者报 2006－01－11
◎集团短信：恶名困扰下的商机/屈彩梅//江苏经济报 2006－01－11
◎短信网址放大"拇指经济"/芦燕娟//济南日报2006－01－19
◎打响围剿"短信污染"的人民战争/孙巡//新华日报 2006－01－23
◎"拇指思想政治工作"的可行性研究/张娅菲//思想教育研究 2006－02
◎"一毛钱"效应——透视迅速崛起的短信市场/任瑞媛//北方经济 2006－02
◎拇指点金非神话/林华//上海经济 2006－02
◎浅论移动短信的文化特征/夏艳//陕西广播电视大学学报 2006－02
◎"拇指经济"逐渐释放能量/周文林//中国改革报 2006－02－06
◎短信拜年让拇指经济红红火火/蓝岸//深圳特区报 2006－02－06
◎过年方式悄然生变 "春节经济"节节攀高/李巍//河北日报 2006－02－06
◎短信拜年 1.3 亿条创下新高/千月 钱敏//无锡日报 2006－02－07
◎春节 8 天联通拜年短信达 31 亿条/武晓黎//中国消费者报 2006－02－08
◎春节手机短信 120 亿条 "拇指经济"能量凸显/周文林//中华新闻报 2006－02－08
◎短信代码"四网合一" 利益博弈呈磁场效应/雷宾建//通信信息报 2006－02－08
◎活跃的"拇指经济"/熊熙玲//中国财经报 2006－02－08
◎春节手机短信凸显"拇指经济"能量/冯晓芳//民营经济报 2006－02－09
◎电讯业拇指经济显能量/刘海勇//九江日报 2006－02－09
◎短信拜年创新高 "数字春节"呈现新特点/张薇 闫永//经济视点报 2006－02－09
◎福建移动佳节短信量大不塞车/郑欣//人民邮电2006－02－09
◎海南联通节日短信发得火/陈琦//人民邮电 2006－02－09
◎吉林联通贺岁短信达 6900 万条/郑晓颖//人民邮电 2006－02－09
◎上海联通新"好"短信贺大年/邓云岚//人民邮电 2006－02－09
◎春节短信排行：国人钟爱"和""合""财"/徐寿松 叶锋//新华每日电讯 2006－02－11
◎短信求职受青睐//中国电脑教育报 2006－02－13
◎互联网输了，短信夺冠"第三大通讯工具"/刘洪//通信产业报 2006－02－27
◎短信：淘金空间大/傅烨珉//上海金融报 2006－02－28
◎春节在"短信"的饕餮盛宴中狂欢/唐大中//上海信息化 2006－03
◎手机短信的大众文化解读/王天鹏//沈阳工程学院学报（社会科学版）2006－03
◎新媒体的新值域：短信产业研究——04、05 年广播动态及相关研究述评/周笑//新闻大学 2006－03
◎持卡一族须防短信诈骗/陈明德 陈继柏//泰州日报 2006－03－02
◎"拇指文化"刍议/于国建//泰州日报 2006－03－06
◎"拇指"一按税收千万/冯勇琦 林贻雄 庄桂珠//海峡财经导报 2006－03－09
◎短信网址应用提速技术创新撬动巨大商机/张伟//中国高新技术产业导报 2006－03－13
◎短信业务需走出娱乐/李小龙//通信产业报 2006－03－13
◎小短信激活大市场//中国邮政报 2006－03－14
◎细品短信时代的"节日经济"/高扬//牡丹江日报 2006－03－15
◎手机短信在美国得到"迟来的爱"/于杉//经济参考报 2006－03－18
◎湖北加大短信市场整治力度/梁艳 李刚//人民邮电 2006－03－23
◎活跃的"拇指经济"神话/林华//西部大开发 2006－04
◎公益短信为何没人叫好/苑广阔//中国社会报 2006－04－12
◎拇指族热捧深圳手机游戏/郑恺 万红金 郑宇 薛松//深圳商报 2006－04－14
◎短信快餐如何传承国学精粹/于彤 阮帆 王元元//北京科技报 2006－04－19
◎华师大社首创手机短信网址搜书平台//中国图书商报 2006－04－21
◎短信网址：未来企业移动营销主流/肖卫//市场报 2006－04－24
◎短信网址将成中小企业移动营销主流方式/缪舢//中国企业报 2006－04－25
◎让短信消费公开透明/张斌峰//陕西日报 2006－04－25
◎短信架起沟通桥/王丽霞 张国宪 段飞//人民邮电 2006－04－26
◎拜年短信与新闻报道"三贴近"/任旭日//青年2006－05
◎缔造"拇指经济奇迹"/张刚 陈益锋 阙世华 邢紫月 顾欣 孙雅男 陆振华 何雨潞//中国新时代 2006－05
◎短信订票时代来临/孙尚伟//市场报 2006－05－08
◎短信网址为服务行业点石成金/顾克非//消费日报 2006－05－08
◎沭阳：短信也能解难题/徐明泽 徐增祥//新华日报 2006－05－10
◎短信搜索全免费手机成了"指明灯"//消费日报 2006－05－19
◎"拇指经济"商机无限/袁嘉彤//粤港澳市场与价格 2006－06
◎企业短信应用助推信息化建设/蔡丽金//中国企业报 2006－06－01
◎析"手机短信"发展的原因及文化意义/梁兰香//理论界 2006－06
◎小议"梦网短信"的发展/马强//经理日报 2006－06－09
◎短信资费陷阱难遮掩/吴穹//计算机世界 2006－06－12
◎短信治理难在"齐抓共管"/吴穹//计算机世界2006－06－19
◎湖南联通开展短信营销/付武兵 王蓉晖//人民邮电 2006－06－23
◎发送"陷阱短信"将被清理出局/陈为佳 马剑芳//深圳商报 2006－06－30
◎手机短信的大众文化解读/王天鹏//沈阳工程学院学报 2006－07
◎手机短信的功能分析/何广寿 戚杰强//科技信息（学术版）2006－07
◎"移动门户"瞄准共赢 开创新拇指经济时代//天极网 2006－07－05
◎"拇指运动"的警务效应/唐楠 王星芳//人民公安报 2006－07－10
◎移动门户引领"拇指经济"新方向/刘歆//http：//www.cnii.com.cn2006－07－18
◎短信"赢在中国"，分享创业成果/胡艳//证券日报 2006－07－23
◎短信演绎"拇指经济"神话/林华//中国社会导刊 2006－08
◎848 万公益短信抗"格美"显信息之力/陈丽容//通信信息报 2006－08－02
◎移动商务：企业短信说了算？/闫俊平//通信产业报 2006－08－14

⊙ 运营商力推移动电邮　后短信时代悄然来临/赵明//中国经济时报 2006-08-16
⊙ 手机网游拇指经济新金矿/胡廉往//苏州日报 2006-08-23
⊙ 为百万条"辟谣短信"叫好/张培元//中国消费者报 2006-08-30
⊙ 短信：把企业移动起来/李刚//中国计算机报 2006-09-04
⊙"拇指经济"时代的发财新招——短信发手/晓莉　刘夏亮//成才与就业 2006-10
⊙ 广东移动彩信祝福传递亲情/尚明洲//人民邮电 2006-10-10
⊙ 佳节寄相思　短信促和谐/杨玲玲//人民邮电 2006-10-11
⊙ 短信市场混乱　手机实名制呼之欲出/邱桂奇//通信信息报 2006-10-25
⊙ 有效遏制短信诈骗必须启动手机实名制/高骥远//通信信息报 2006-10-25
⊙ 辽宁移动"红段子"短信掀红浪/白宁宁//人民邮电 2006-10-27
⊙ 手机短信助增珠宝消费信心/李蔓//中国黄金报2006-11-17
⊙ 短信互译成增值新亮点/赵垒//中华工商时报 2006-11-22
⊙ 增值业务走向实用短信互译成新亮点/雨虹//科技日报 2006-11-22
⊙ 短信带动农家乐/卢向前　李文学　龙海燕　孙磊　张云川//人民邮电 2006-11-24
⊙ 生活因短信而改变/周贵勤　卢洁葵　王席传//人民邮电 2006-11-24
⊙ 短信获罪的悲剧为何重演/叶祝颐//华夏时报 2006-11-27
⊙ 短信招商你玩过吗？/厉林//中国经营报 2006-11-27
⊙ 短信寻址3G时代企业"门牌号"/李国华//中国经营报 2006-12-11
⊙ 武汉移动开发短信警务平台/王政　闵守华//人民邮电 2006-12-15
⊙ 集文明短信　促社会公益/吴本馨//人民邮电 2006-12-26
⊙ 河北移动建立"短信俱乐部"/段妍　王红艳//人民邮电 2006-12-30
⊙ 手机短信的语域借用现象初探/李国俭　贾宁//商丘职业技术学院学报 2007-01
⊙ 健康文明：手机短信新趋势/董城//光明日报 2007-01-09
⊙"拇指经济"借节日升温/毛涛涛//北京商报 2007-01-10
⊙ 垃圾短信能如此"变废为宝"么？/李传涛//通信产业报 2007-01-15
⊙ 拇指经济开挖新金矿/程武//中华工商时报 2007-01-15
⊙"绿色手机文化"大赛拉开序幕//中国信息报 2007-01-25
⊙ 上海联通"气象短信"受青睐/朱骏　邓云岚//人民邮电 2007-01-25
⊙ 短信文化的现实价值与治理策略/白鑫刚//现代教育科学 2007-02
⊙ 拇指文化——思想教育新载体/关洁//思想政治工作研究 2007-02
⊙ 企业"下赌"短信商机/郭志明//中国企业报 2007-02-01
⊙ 短信收入高达21.6亿元/马剑芳　杜翔//深圳商报 2007-02-05
⊙ 商家注册短信网址欲乱中求胜//人民邮电 2007-02-08
⊙ 短信百年新三样/谢征//通信产业报 2007-02-12
⊙ 春节，待真情、个性化短信/杨谷//光明日报 2007-02-15
⊙ 北京移动支持短信庆新春活动/于娜　董长海//人民邮电 2007-02-18
⊙ 短信拜年差序格局的应对/艾小米//新京报 2007-02-21
⊙ 六亿条短信忙拜年/武信//湖北科技报 2007-02-27
⊙ 千万短信拜大年/闫莹莹//中山日报 2007-02-27
⊙ 上海移动除夕短信同比创新高/张春敏　卢佳侃//人民邮电 2007-02-27
⊙ 传统佳节热炒拇指经济/毛涛涛//北京商报 2007-02-28
⊙ 手机动漫将成市场新盈利点/廖庆升//通信信息报 2007-02-28
⊙ 拇指文化与高校思想政治教育/李雅兴　关洁//甘肃社会科学 2007-03
⊙ 商都县上网过年短信拜年成时尚//呼和浩特日报（汉）2007-03-01
⊙ 试论高校拇指文化载体的隐性德育功能开发/陈秀妍//华南农业大学学报 2007-03
⊙ 谁的短信在飞/伍振//中国中小企业 2007-03
⊙ 拜年短信闹新春　移动通信助和谐/杨玲玲//人民邮电 2007-03-02
⊙ 春节间拜年短信高达151亿条/杨玲玲//人民邮电 2007-03-02
⊙"拇指经济"持续升温/韩雪洁//吉林日报 2007-03-06
⊙ 节日短信欢喜多多/史恭敬//伊犁日报 2007-03-21
⊙ 短信市场呈现"雪球效应"/郭培宽//通信信息报 2007-03-28
⊙ 市场黄金到来短信网址扬帆起航/小蔡//民营经济报 2007-03-29
⊙ 福建移动"小区短信"方便求职招工/郑欣//人民邮电 2007-03-30
⊙ 大学校园"拇指文化"的德育视角研究/李正军　陈艳飞//湖南社会科学 2007-04
⊙ 手机短信寻址产业释放提速信号/周文林//经济参考报 2007-04-12
⊙ 短信寻址五大标准将出/廖奇　王博飞//西部时报 2007-04-17
⊙ 热点小区短信打造"新媒体方式"/马绍辉//通信产业报 2007-04-23
⊙"拇指经济"春节再续财富神话/李素莉//今日科苑 2007-05
⊙ 手机短信：传播公益广告的一种新载体/汤劲//当代传播 2007-05
⊙ 无线创富由短信开始/谢征//通信产业报 2007-05-07
⊙ 云南联通举办"红段子"短信大赛/俞泳//人民邮电 2007-05-08
⊙ 让大学生短信活起来/黄昕//中国电脑教育报 2007-05-14
⊙ 陵川用短信促廉/王志敏//山西日报 2007-05-16
⊙ 借短信网址发起移动营销攻势/秦龙//民营经济报 2007-05-17
⊙ 短信资费应及时下调/程京生//通信产业报 2007-05-21
⊙ 旅行社的手机短信营销/陈辉　邓娅妮//中国旅游报 2007-05-21
⊙ 短信传播的类型与功能/康静芳//新闻爱好者 2007-06
⊙ 治理和引导手机短信/温哲//光明日报 2007-06-07
⊙"飞信"与MSN短兵相接/周净//消费日报 2007-06-08
⊙ 小小短信巧理财/王丽霞//人民邮电 2007-06-08
⊙ 有了"短信通"沟通更轻松/丁卫红　韩良义//中国税务报 2007-06-13
⊙ 企业市场：手机邮件PK短信/江山//中华工商时报 2007-06-25
⊙ 公益短信为和谐通信增色/余赖//通信信息报 2007-07-04
⊙ 短信大赛劲吹手机文明风/甄妮//消费日报 2007-07-06
⊙ 手机短信引发商标侵权纠纷/车文秋//中国知识产权报 2007-07-06
⊙ 小短信引来揭丑"大整容"/杜跃鑫//人民公安报 2007-08-03
⊙ 美国：发送商业短信，须经用户同意//新华每日电讯 2007-09-14
⊙ 国外监管手机短信良招多/新华//中国消费者报 2007-09-19
⊙ 马相武：构建短信文明需在法律基础上多管齐下/陈丽容//通信信息报 2007-09-19
⊙"第五媒体"手机短信是一场信息革命/雷耀//中国社会报 2007-09-21
⊙ 反骚扰短信"绿化"增值产业/于晓姗//通信产业报 2007-10-08
⊙ 短信营销的三种武器/赵一倩//中国邮政报 2007-10-16
⊙ 短信寻址开启"拇指经济"新亮点/肖扬//金融时报 2007-11-07
⊙ 短信：数据业务的"第一桶金"/陈静//经济日报 2007-11-22
⊙ 手机改变中国//21CN论坛 2007-12-03
⊙ 短信文化应该提倡什么/赖少芬　肖文峰//中华新闻报 2007-12-12
⊙"短信"给远程教育锦上添花/刘玉岗　王立才　朱冰　李志平//淄博日报 2007-12-17
⊙"红段子"传播健康向上拇指文化/刘燕//科技日报 2007-12-19
⊙ 常发短信会使人变笨吗？/蒋秀娟//科技日报 2007-12-19
⊙ 红色短信文化靠什么孕育？/陈家兴//人民日报2007-12-19
⊙ 让红色短信文化涵养生活/陈家兴//人民日报 2007-12-21
⊙"e拇指"引领绿色手机文化/廖志颖//通信产业报 2007-12-24
⊙"花园幽径"在"拇指文学"中的应用浅析/王亚非　高越//北京邮电大学学报（社会科学版）2008-01
⊙ 发展"拇指经济"，促进"拇指文明"/刘芳鸣//现代经济 2008-01
⊙ 思想政治教育新载体——拇指文化/段晶晶//中国高等教育评估 2008-01
⊙ 手指间的艺术/蓝绿//湛江日报 2008-01-03
⊙ 榕城商家爱上短信促销/任思言//福州日报 2008-01-24

- 拜年短信人均发送40条/周净//消费日报 2008－02－15
- 短信之中看后市/文兴//上海证券报 2008－02－24
- 手机短信成为“小广告”新温床/席锋宇//法制日报 2008－03－18
- 开辟拇指经济新空间/韩义雷//科技日报 2008－03－29
- 大学生老板短信创业/贾林海//经理日报 2008－03－31
- “拇指信息”助推海西新经济/卞桎　欧弘//人民邮电 2008－04－01
- 掘金“拇指经济”/赵春秋//中国邮政报 2008－04－01
- “短信门”招致巨亏　分众剥离手机短信/杨琳桦//21世纪经济报道 2008－06－10

附录三：B类文章目录

- “年味式微”与“拇指经济”/周士君//上海人大月刊//2006－03
- 大众传媒利用手机短信的负面影响浅析/田丰兵　何江凤//沙洋师范等专科学校学报 2005－06
- 短信：始于拇指的狂乱经济/赵明//电子科技 2002－22
- 短信文化对青少年社会化的影响/张叶云//当代青年研究 2005－01
- 短信文化现状及其作为文化产业之思考/黄孝萍//江南论坛 2004－01
- 校园“拇指文化”的负面影响及其应对策略/莫靖林//教育学术月刊 2008－05
- 谁来填平短信陷阱？//甘肃经济日报 200－10－19
- “拇指经济”：繁荣背后有隐忧//中国改革报 2003－02－26
- 拇指经济摁出一个全新的“情调产业”/李强//商业文化 2003－03
- 拇指经济　迅速涌来的消费热潮/倪里勋//上海轻工业 2003－04
- 给“拇指经济”降降温//光明日报 2003－10－29
- 当心短信消费陷阱//山西日报 2004－03－27
- 拇指文化：生产快乐，催生烦恼/赵宇清//黑龙江日报 2005－03
- 垃圾短信泛滥谁在制造？谁来终结？/王亚红//海峡财经导报 2006－01－12
- 短信诈骗又出新花招/黄庆畅//人民日报 2006－01－24
- 短信拜年千篇一律让人“审美疲劳”/顾雯//南京日报 2006－02－06
- “拇指文化”如何“治污”？/黄如飞//福建日报2006－04－05
- 冷对短信网址/何砝//中国计算机报 2006－04－17
- 短信消费陷阱重重运营商应加强监管/晓岩//科技日报 2006－04－26
- 专家提醒：警惕四类涉嫌违规短信/晓马　吉文//吉林日报 2006－05－19
- “短信陷阱”何日方休/柯士雨//贵阳日报 2006－05－22
- 短信诈骗屡打难绝/梅永存　涂洪长　项开来//经济参考报 2006－07－26
- 不实短信何以成势？/李柯勇　宋振远　王思海　李舒　张晓松　闻白//人民日报 2007－01－18
- 短信招聘：“高薪”背后有陷阱/罗萍　白小雷　孟瑞君//河北日报 2007－03
- 短信文化“绿”起来/苏立新//人民日报 2007－05－15
- “短信轰炸”背后的利益链条/余荣华　曹树林　曲昌荣//人民日报 2007－05－29
- 当垃圾短信成了公害/白育庆　李玉霞//甘肃日报 2007－07－10
- 垃圾短信泛滥成灾/高深　郭振兴//甘肃日报 2007－07－10
- 手机短信诈骗手段翻新/谢佳　马杰//人民公安报 2007－07－26
- 不良短信　究竟谁管/娄和军//人民日报 2007－09－06
- “短信圈钱”何以叫停/范伟国//人民日报 2007－09－24
- 垃圾短信急挫分众股价“隐私经济”遭遇道德谴责/林剑//通信信息报 2008－03－26
- 垃圾短信缘何难以“斩草除根”/郑猛//中国税务报 2008－04－09
- “流氓短信”让人深恶痛绝/张丽娜//经济参考报2008－05－15
- 短信拜年莫让祝福流于形式/张磊//中国消费者报2006－02－08
- 追问垃圾短信利益链未解悬疑/张磊//中国消费者报 2008－04－02

附录四：C类文章目录

- “克隆”贺年短信为何几家欢乐几家愁/曹健//中国改革报 2008－02－14
- “耳朵文化”将替代“拇指文化”/季洪光//科技日报 2003－07－01
- “垃圾短信”需斩根截源/董永前//兰州日报 2006－02－27
- 别让短信竞猜成为社会公害/倪倩//江苏法制报 2006－04－17
- 打击垃圾短信难在哪里？/高深　郭振兴//甘肃日报 2007－07－10
- 短信拜年新民俗呼唤真情感/武晓黎//中国消费者报 2007－02－28
- 透视“拇指经济”中的消费者权益保护问题/张博　刘夏//行政论坛 2006－02
- 短信的著作权保护初探/李少锋//研究生法学 2006－01
- 短信互动应注重用户权益/高骥远//通信信息报 2006－02－15
- 短信文化现状及其作为文化产业之思考/黄孝萍//江南论坛 2004－01
- 利用手机短信和网络造谣者将受法律惩处/周刚//新华日报 2007－08－21
- 略论“拇指经济”衍生的法律问题/相媛媛//法治论丛 2005－02
- 期待拇指经济规范运营/赵福军//中国计算机报 2006－07－17
- 新经济时代，垃圾短信如何规制？/赵玉玉　康学强//中国电信业 2007－09
- 齐抓共管合力整肃重拳打击不良短信/陈月影　陈宁颉//深圳特区报 2006－03－15
- 手机短信享有著作权吗？/蒋文国//中国知识产权报 2006－06－23
- 春节，期待真情、个性化短信/杨谷//光明日报 2007－02－15
- 从抢着看到懒得看，拜年短信有点窘/张舵　崔军强//新华每日电讯 2008－02－13
- 打击垃圾短信难在哪里？/高深　郭振兴//甘肃日报 2007－07－10
- 代表委员建言力刹“短信诱骗”歪风/周华　王勉//经济参考报 2007－03－16
- 短信：让人欢喜让人忧/王根喜//安徽日报 2003－12－10
- 短信背后的“低价游”陷阱/李兆举　张明灿//中国旅游报 2007－04－16
- 短信繁荣走向终结？//南方日报 2006－02－14
- 短信广告：便民还是扰民？/林淑芳　吴静　张萍//福建日报 2006－08－04
- 短信广告：不得不看与不能不补/陈冰//中国质量报 2007－11－09
- 短信广告：移动骚扰还是精确营销？/孙琎//第一财经日报 2008－03－21
- 短信广告成基金风险监管软肋/邱锴俊//北京日报 2007－05－23
- 短信获罪的悲剧为何重演/叶祝颐//华夏时报 2006－11－27
- 短信经济几多尴尬/王立嘉//市场报 2008－02－15
- 短信欺诈是周瑜打黄盖？/苗壮//中国计算机报 2006－02－13
- 短信求职看上去很美？/周宝来//北京人才市场报 2006－09－16
- 短信算命何时止？/罗颖　康丹　黄诚克//贵州日报 2006－08－07
- 手机短信的文化解读/刘英姿//湖南人文科技学院学报 2004－04
- 短信陷阱能撑多久/邓海平//中国质量报 2006－02－25
- 短信写手的网络维权路/胡嫚//中国新闻出版报 2008－03－13
- 短信诈骗“版本升级”/杨华//经济参考报 2006－02－09
- 短信治理难在“齐抓共管”/吴穹//计算机世界 2006－06－19
- 短信资费陷阱难遮掩/吴穹//计算机世界 2006－06－12
- 反骚扰短信“绿化”增值产业/于晓媚//通信产业报 2007－10－08
- 防范短信骚扰　监管何处着力/苏显龙//人民日报 2007－09－06

◎ 分众“短信门”暴露新媒体灰色地带/路修远//中国审计报 2008－03－24
◎ 广播短信节目“热”的“冷”思考/侯英杰　洪晓庆//中华新闻报 2004－08－25
◎ 哈埠拜年短信今年减少4000万条/张秀巍//哈尔滨日报 2006－02－05
◎ 黄色短信屡禁不止，利润诱惑是源头/杜学敏//中国妇女报 2007－06－07
◎ 集团短信：恶名困扰下的商机/屈彩梅//江苏经济报 2006－01－11
◎ 加强对通讯平台的管理　有效杜绝违法短信广告/李章生//联合时报 2007－04－06
◎ 建立更加规范的短信资费体系/秦海波//经济日报 2006－02－22
◎ 揭秘垃圾短信产业链：技术无难度　内容泥沙俱下/孙琎//第一财经日报 2008－03－28
◎ 揭秘手机短信陷阱/简文湘//广西日报 2006－02－22
◎ 节日发祝福短信“超标”正常手机用户被“误伤”/李健//中国消费者报 2008－03－26
◎ 警惕有害短信新“变种”/朱海兵　廖小清//浙江日报 2005－11－10
◎ 净化“拇指文明”重在用好法律武器/文贻炜//镇江日报 2007－09－26
◎ 垃圾短信并非不治之症/韩丹//经济参考报 2006－07－06
◎ 破解“短信陷阱”：从守垒到出击/李兆举　张明灿//中国旅游报 2006－07－19
◎ 企业应增强短信网址保护意识/乔云//光明日报 2007－01－28
◎ 三部门联合出新规垃圾短信利益链将依法斩断/王晓东//大众科技报 2008－04－13
◎ 手机短信市场亟待规范/大江//中国改革报 2004－03－30
◎ 手机短信预警　有待推广完善/苏显龙//人民日报 2006－01－05
◎ 手机广告能否摆脱垃圾短信恶名/俞丽虹//经济参考报 2008－06－19
◎ 谁来监管手机短信的“灰色地带”？/金平　林宇峰//人大建设 2004－07
◎ 谁来屏蔽垃圾短信/立嘉　富垚　陈墨//联合日报 2007－08－15
◎ 推行手机实名制遏制垃圾短信/王哲//哈尔滨日报 2006－06－07
◎ 违规短信再遭诛杀　“拇指经济”挤泡沫/常经//中国高新技术产业导报 2006－02－20
◎ 我国短信增长速度放缓/银刀//中国高新技术产业导报 2007－07－30
◎ 小心短信网址被恶意抢注/马晴//光明日报 2006－03－16
◎ 依法斩断垃圾短信利益链/杨曼　王立嘉//市场报 2008－03－28
◎ 以技术手段实现垃圾短信拦截/王骞//人民邮电 2008－04－17
◎ 银行卡诈骗短信节前回潮/毛涛涛//北京现代商报 2006－01－04
◎ 运营商清除“短信陷阱”有新招/俞懋峰//经济参考报 2006－08－17
◎ 运营商应对垃圾短信负责/猫瞳//市场报 2008－03－21
◎ 整治垃圾短信，美英德等国家经验可借鉴/何玲玲//新华每日电讯 2008－07－05
◎ 整治涉黄短信运营商首担其责/刘复晨//法制日报 2007－05－30
◎ 治“垃圾短信”，原来并不难/王研　周慧敏//新华每日电讯 2006－11－30
◎ 治理短信价格欺诈从“头”抓起/胡红军//经济日报 2006－06－20
◎ 治理短信欺诈须“釜底抽薪”/修荣腾//通信信息报 2006－06－14
◎ 治理和引导手机短信/温哲//光明日报 2007－06－07
◎ 治理垃圾短信有望“有法可依”/毛立军//人民政协报 2007－09－17
◎ 治理手机有害短信的思考/丁震//信息网络安全 2004－02
◎ 治理有害信息　政府不能不在“服务区”/宁杰//人民法院报 2006－03－11
◎ 中国移动拜年短信再创新高/李军//人民邮电 2006－02－09
◎ 重视做好高校“拇指一族”的思政教育工作/田洁//消费导刊 2007－11
◎ 珠联璧合：运营商、内容商共创短信金矿/孙丽君//中国电子商务 2002－06
◎ 专家解析：健康短信真假参半/崔佳　程莹　韩璐//科技日报 2007－11－26
◎ 专家认为治理垃圾短信需多管齐下/俞丽虹　陆文军//中国税务报 2008－04－09
◎ 专家提醒：手机用户谨慎参与短信互动/彭勇//经济参考报 2007－02－15

美　女　经　济

一、2008年7月-9月，我们设计了12个关键词（见附录一），在网上对“美女经济”进行检索，剔除其中大量的无效信息、重复信息和只字片语式的评论，得到的统计结果是：2002年-2008年9月5日，纸质媒体、公共网站发表的有关各类研究、评论、报道共计185篇。

二、我们根据上述统计材料，对相关内容进行了分类，得出以下结论：

A：在共计185篇的评论、研究和报道中，对“美女经济”予以充分肯定、基本肯定的共计55篇，约占总数的29.7%。（见附录二）

B：在共计185篇的评论、研究和报道中，对“美女经济”予以充分否定、基本否定的共计37篇，约占总数的20%。（见附录三）

C：属于其他态度的（不属于以上两类范围的都归此）或无法分类归属的共计93篇，约占总数50.3%。（见附录四）

三、我们从上述185篇文章中辑录出有关“美女经济”的重要研究观点（包括批评意见）20条。

四、我们从上述185篇文章中，辑录出有关“美女经济”产业效益方面的报道6条。

五、我们集体讨论选编有关“美女经济”的重要文章5篇。

1. “美女经济”面面观——社会文化环境中的营销价值/李莉//商场现代化2006-27

2. “美女经济”与政府功能的再定位/唐德龙//中国社会导刊2005-14

3. 2003年媒体“造美”热现象分析/林晓华//新闻界2004-03

4. 美女经济热潮背后的冷思考/辛湲//学术交流2005-03

5. 关于美女经济的思考/夏建尧//无锡商业职业技术学院学报2006-01

六、附录

附录一：“美女经济”搜索关键词

附录二：A类文章目录

附录三：B类文章目录

附录四：C类文章目录

重要观点辑录

关于“美女经济”的文化价值、意义、影响

知识是有价的，美丽也是有价的。美女和飞速发展的经济一旦结合，就产生了美女经济，而如今正是美女经济的时代。

市场经济时代是大众消费欲望旺盛的时代，美女成了商家和消费者共同追逐的对象。美女在经济生活的许多细节深处展示着她们无所不能的魅力，一个手势、一个眼神胜过千言万语，商家顺理成章地要充分开发这种资源。

中山大学管理学院博士生导师李江帆教授认为，选美对经济至少有四方面的带动：对媒体来说选美大赛可以提高收视率，获得较高的广告收益；对商家来说利用美女做形象代言人可以提高产品的关注度及购买率；对赞助商而言美女带来了广泛的广告效应；对参赛者而言，更是名利双收。

当然，美女经济不仅仅是让美女们掏腰包。美女也是生产力，美女带动的不仅是选美产业，还间接地带动了其他多种经济的发展，比如会展、广告、服装、化妆、餐饮等等。

我们现在所处的时代是一个发现美女和需要美女的时代，是一个美丽的女人因经济的发展而增值的时代。有人已经断言，21世纪的美女经济所起的作用将是很大的，因为美丽的女人永远是走在时代最风光的路上。所以，社会越是进步、经济越是发展，社会对美女的需求就越大。

（摘自黄勇：《美女牵着经济跑》，《经营管理者》2003年第9期）

人们发现，藏在深山的美女未必能推动消费，因此知名度也成一个问题，于是“选美”这样的好点子便出台了，通过一系列程序，使一群陌生的美女通过传媒一夜成名，此后美女或进入演艺界发展，或进入大富翁们的笼子……各种出路都会大幅度缩短奋斗的进程，这也从某一角度说明，“美丽＋名气”可以提高竞争力。

一般说来，在选美出台之前，冠名权非常重要，能卖一大笔钱，再拉拢若干赞助商，如大赛指定化妆品、指定洗发水、指定泳装之类，甚至美女参赛还要交报名费，实际上在比赛还没有开始前，主办方已经赚钱了。而赞助商们也会借此类活动扩大各自产品的知名度，从而影响相关产品的消费。

（摘自猛小蛇：《美女是消费第一推动力》，《商业时代》（半月刊）2002年第8期）

中国美女产业的鼻祖、世界选美组织秘书长史嗣智在会上指出，美女经济就是“注意力”经济、“眼球”经济，它通过争夺眼球来占领市场，而美女无疑是最能抢夺眼球的“资源”。

史嗣智还说：“世界500强企业中，有女性产品的就有147个，这些产品进入中国的还不到10%。随着中国加入WTO，这些女性产品都将进入中国，它们会在国内寻找相应的女性形象代言人，这必然会促进美女经济在国内的发展。”

环球小姐、洲际小姐组委会主任卢俊卿认为，现在企业之间的竞争更多的是企业形象和产品形象的竞争、知名度的扩展，因此，人性化的产品广告以及形象代言人成为树立和扩展知名度的有效方式，而美女则成为最佳传播载体。

（摘自喻春来：《首届中国美女经济论坛开坛，专家指出美女经济商机无限》，《华夏时报》2004年5月31日）

“中国价位最高的10位美女明星，估计总市场价值超过6亿元人民币，光是排名第一的章子怡，就高达1.2亿元。”来自华南师范大学的女性专家用收集的这一组资料证明了“美女”广告对经济的拉动作用。

经济学家表示，选美是一种经济活动，需要一些周边产业的配合来发展。例如，选美需要电视台来拍，可以带动电视的发展；有很多人看，又可以带动影碟的发展。这属于上游带动。选美过程中还需要很多“原材料”，比如为了选美，美容美发、百货公司、珠宝公司、服装公司、宾馆酒店、摄影冲印等行业加起来，为选美大赛服务的人员将超过上千人。不少人通过选美走上银幕、拍广告等等。

女性学家：“美”有着严重的性别歧视。“当前的‘美女经济’主要还是在男性中心主义的背景下设定的，因此对‘美’的定义有着严重的性别歧视。”前不久参加沙龙的女性学家普遍认为，“被比喻为‘眼球经济’的‘美女经济’，吸引的其实主要是男人的眼球，所谓的‘美’，也主要是迎合男性的口味，展示的美主要还是女性性征的美，比如丰满的乳房、细嫩的皮肤等等”。

经济学家：“美女经济”可能是“泡沫经济”。虽然在当前，美女经济可能对经济有着积极的拉动作用，但很快就会供过于求。市场经济的规律会自动地对过盛的美女经济进行矫正。

社会学家：“美女经济”误导社会价值取向。在社会学家们眼里，现在社会对“美”的运用已经到了滥用的地步了，而最让她们担忧的是，这样的社会现象对人们尤其是青少年的不良诱导。如今一些小女孩的理想竟然是“当美女”，很多女学生坚信“学得好干得好不如长得好”。社会将“美”的定义聚焦在脸蛋和躯体上，对社会价值导向

是一种严重的误导。

笔者认为，大力推进选美、服装模特比赛等活动，提高人们的文化品位，通过这些活动，树立大众的爱美观，发掘女性美的魅力，提高大众的审美观以及积极参与国际交流，传播祖国的悠久、传统文化，让世界更加了解中国，是无可厚非的。通过宣传和张扬女性美和各种选美活动，带动一些产业和行业经济的发展，也没有什么疑义。但是，不能够使“美女经济”影响到人们的价值取向，特别是影响到未成年人的价值取向。这就要求，首先，不要过分夸大“美女经济”的作用，误导人们的思想和行动。其次，坚决杜绝把选美活动引入校园。否则，对于可塑性很强的未成年人来说，会影响到他们的世界观、价值观的形成。其三，坚决杜绝各种各样的选美活动和广告美女镜头过多过烂的现象。要举办一些高品位、高规格的比赛，防止一轰而起、盲目跟风。要拍摄和播出一些经典、高品位美女领衔的商品广告，否则，将会造成资源的浪费，边际效益递减，最终结果是广告经济进入快速饱和期、衰退期。其实，现在一些观众对一打开电视就是美女广告的现象已经开始厌烦和讨厌。有关职能部门必须加强对这个市场的管理，使其规范、有序、健康发展。

（摘自余丰慧：《“美女经济”的含金量》，《中国社会导刊》2005 年第 2 期）

选美的营销模式有点像广告。策划选美经纪公司提供免费服务；观众在各种媒介上可以免费观看；赞助商出钱给策划选美的公司。在这一过程中，观众收获了娱乐，一赢；策划选美的公司收到赞助费，二赢；出资企业，形象宣传随着选美也达到了目的，比买广告套餐还划算，三赢；还有四赢，美女也赢了，通过策划，美女知名度也提高了。这形成了一种良性循环，四方受益。

选美的投入和回报的比率大概是 1：4，也就是说选美活动如果投入 1 万元钱，就可以带动整个社会 4 万元的增加值。从就业岗位说，一个选美的就业岗位可以带动大概是数十个岗位。其次，很显然，选美推动了厂商和赞助商的知名度，产品好销了。再次，选美也是一个培养人才的过程，使这些选手变得更有修养，形象更好了，增加了进入娱乐圈的可能，带动文化发展，最终促进社会发展。

不管怎么说，利用美女来做文章，确实能给各方人士都带来好处。于电视台而言，美女的加入可以提高收视率，使广告不再单调乏味；对商家来说，利用美女做形象代言人可以提高产品的关注度及购买率；赞助商得到的好处就是，美女为他们带来了广泛的广告效应；而观众满足的是，看“美女加广告”要比看纯粹的广告有意思多了。

美女的商业价值被再次发现，除了电视里、大街上什么商品都搭配的美女形象外，更有无数选美赛事发生，“文化礼仪小姐”、“形象大使”也屡见不鲜，一个消费“美”的时代是真正到来了。选美营销从中获得了成功。

一个经典性的代表是，第 53 届世界小姐总决赛首套金票在南方某地拍出 2.8 万美元的天价，创中国商业演出及赛事的历史最高纪录。

三亚举办世姐总决赛以后，相关机构曾经做了一个评价，按照文章刊登的版面和同一个版面引起同样注意力的广告的价值，海外媒体关于三亚的曝光率初步估算折合人民币 1.3 亿元；此外，今年春节期间，三亚游客的人数较去年同期有了大幅度增长。正如三亚市市长陈辞所言：“哪怕是不赚钱，都是值的。”三亚更看重赛后效应，三亚将举办这样的国际赛事作为一种城市营销手段，通过赛事累积的无形资产，并且将这些无形资产转化为旅游、房地产等产业价值。

（摘自扈明：《选美营销：共赢的商业契机》，《北京现代商报》2006 年 5 月 19 日）

“美女经济”盛行的原因

为什么美女经济可以如火如荼地展开，商家乐意投资而消费者又愿意买单呢？我们也许应该看到，作为一种社会文化资源，美女背后隐藏的商机已经被充分发掘。“美女经济”的出现是适应了市场的需求，也是适应了消费者的需求。

在美女经济活动中，美女是一种特殊的人力资源。在商品经济没有产生之前，它就作为一种潜在的人力资源存在，只是缺乏创造经济价值的适合土壤，没有表现出来。及至后来，伴随着社会生产力的不断提高，美丽价值被迅速开发，并在社会财富的创造、分配过程中发挥着前所未有的作用。

美女资源还是一种重要的情感资源，审美情感深藏于人类的本性之中，“爱美之心，人皆有之”，这一情感一旦被挖掘、激发，将会产生巨大的历史推动力。单以“香车美女”为例，它表达出工业化、现代化的普世情感偏好，也导引着现代人的审美趣味和价值取向。

营销商的投资。美女资源是一种经济效益，这是近年人们越来越认可的观点。良好的广告投资收益，更让营销商们尝到美女经济带来的惊喜。由于市场需要，精明的商家早已把目光放在了女性产品的市场上。曾经有专家计算过，一个女性从头到脚需要的产品将近有 2000 件。这样一个数字会让人觉得不可思议，但如果女性朋友仔细想一想就会发现其实自己的确需要这么多的附属品来装扮自己。女性在消费市场上也占有相当大的比重。

媒体的“喝彩”。美女经济的大力发展离不开传媒的介入。大众传播凭借其覆盖范围广、传播效果佳的优势，对美女经济的发展起到了推波助澜的作用。

（摘自李莉：《美女经济面面观——社会文化环境中的营销价值》，《商场现代化》2006 年第 9 期）

美貌作为中性事实，却对分配正义产生不可忽略的影响。美女经济给我们的正义观念提出了挑战，但也提供了更新的契机。从哲学的角度来观照现代社会对美貌的推崇，可以很清楚地看到美貌者对美貌拥有权利，美貌不应该被当作一种共同财产进行变相分割（在这一点上诺齐克对罗尔斯的批评是对的），但由于对美貌的利用有赖于社会资源，需要一定的社会条件，因此不能简单地就美貌论收益。把自然资质完全看作共同资产，缺少道德上的论证，也有导致平均主义的危险；而像诺齐克那样过分强调对自然资质所拥有的权利，忽略了对非美貌者的隐形损害，也显然有失公允。美貌及其收益，应该在一个公平、合理的限度之内。

（摘自刘成付：《美女经济的哲学观照》，《湖北经济学院学报》2005 年第 1 期）

不管怎么说，利用美女来做文章，确能给各方人士都带来好处。于电视台而言，美女的加入可以提高收视率，使广告不再单调乏味；对商家来说，利用美女做形象代言人可以提高产品的关注度及购买率；赞助商得到的好处就是，美女为他们带来了广泛的广告效应；而观众满足的是，看“美女加广告”要比看纯粹的广告有意思多了。

（摘自扈明：《选美营销：共赢的商业契机》，《北京现代商报》2006 年 5 月 19 日）

一位法国经济学家曾说，一个国家和地区的“美女经济”质量是考察这个国家和地区的国际化程度、大众消费取向和投资发展空间的一个重要因素。美丽产业是对人们工作、生活的优化，是我们提高生活质量不可或缺的一部分。

美女经济的美丽导向影响力和庞大的消费需求市场刺激了这种需求的供给和交换机制的出现，带来的美女经济的发展和繁荣带动了更广泛的美丽消费。

何谓美女经济？在经典经济学词典里没有解释，即使目前，也还没有一个权威的定义，只有两种不同的说法：一是所谓美女经济，就是围绕美女资源所进行的财富创造和分配的经济活动，其宗旨是开发美丽资源，服务市场经济，其本质是以美丽为介质传播、提升、放大经济价值；二是利用“美女搭台、经济唱戏”，把消费者的注意力转移到产品、服务贸易上的经济活动。

这种经济行为的核心是“消费”美女，并有着鲜明的功利色彩和商业目的。在“选美”过程中，美女们凭借自身的条件，加上刻意的“修炼”，刺激大众“眼球”，进而成为商业促销的手段和吸引注意力的工具。

应该说，作为一种经济文化形态，美女经济的产生有其合理性：美貌是一种天赋，美是可以作为个人文化资本的。人人皆有爱美之心，美是大众文化永远的亮色。党的十六大报告“确立劳动、资本、技术和管理等生产要素按贡献参与分配的原则”，“美丽”作为一种天赋“姿本”，也应成为资本的一个重要方面。可以相信，“美丽资源”必将成为一项可供应用的重要资源，将有越来越多的人们加入到美女经济和美丽资源开发的浪潮之中。

美丽产业是一个古老的产业。古人说，“食必常饱，然后求美；衣必常暖，然后求丽”。人们在满足了温饱需求后，发展美丽产业来满足人们更高层次的其他需求成为一种必需。

（摘自郑继江：《对美女经济和美丽资源开发与管理的思考》，《聊城大学学报》（社会科学版）2006 年第 1 期）

卢俊卿说，美女经济已经成了一个成熟的产业，在这条产业链上，有一套完整的生产线——对美女的需求、包装、挑选、上市、册封和消费，而美女经济具体表现为美女代言、表演、公关、广告、促销等等，它已经涉及到服饰、珠宝、减肥、美容、美发、健美、化妆品、摄影等行业。

（摘自喻春来：《首届中国美女经济论坛开坛，专家指出美女经济商机无限》，《华夏时报》2004 年 5 月 31 日）

所谓美女经济，是指将美女作为一种媒介或平台，并把“美女”作为噱头、招牌，从而促使受众的注意力转移到商品上来的一种经济活动或手法。这种做法正因它所取得的空前绝后的极佳效应而在各地如火如荼地展开着。小到一粒药片，大到都市形象都由这些美女们充当着所谓的代言人、广告人。而在电视界，这种本就靠吸引眼球作为生存动力的产业，自然在这股热浪中更难背离了。因而，美女当家自然地成为了今日电视的一大景观。

电视新闻的收视率，尤其是新闻评论类节目的收视率也得到了相应的提高。这种令人可喜的现象无疑是美女经济为电视带来的积极传播效果。受众的积极参与意识也证明美女对电视传播效果起到了积极的促进作用，她们吸引了观众的眼球，在某种程度上也促使了注意力的转移。

（摘自罗颂华：《美女经济影响下的电视传播效果分析》，《学术前沿》2006 年第 5 期）

关于“美女经济”批评、否定的意见和负面报道

虽然“美女经济”花样翻新、愈演愈烈，但一个国家的经济发展不应靠“美女”。所谓的“美女”这个赛那个赛，使“美女”身价倍增，她们的实际价值被放大了不知多少倍，这本身就是一种泡沫。各种选美巧立名目，有人从中赚钱，这是商业文化中腐朽的东西。值得一提的是，“美女经济”的骨子里其实是“大款”文化，“美女”选出来是供那些“大款”享用的，是借着市场经济搞腐败。少数有钱人在美女面前争雄斗富，毒化社会风气。我看过一次选美，感觉像耍猴儿似的，那些年轻女子量身高和胸围时挺风光，一到综合素质考核时就丢脸了，连诸葛亮是什么时候的人都不知道。现在生活好了，但年轻人没有信仰、没有信念，人为地制造出来的美女明星就成了一些人的偶像。社会要多做一些正面的工作，多宣传一些文化水平高、关心国家、关心民族命运的真正明星。最可恶的是“美女经济”竟冲击校园，最近一段时间里，大学校园内的选美层出不穷。学生的任务是学习，不是比美选秀，不能不务正业。有的选美甚至还渗透到中小学校园，严重影响了未成年人的价值取向。低俗的道德观念逐渐侵蚀和影响着一些女性和青少年一代。另外，“美女经济”是对女性的物化和商品化，偏离了对妇女的正常评价标准。一些人看待女性，不是关心她们的素质和贡献，而是过分关注其相貌美丑，把美貌当成了一种无形资产，直接影响了女性的工作选择和生存质量。其实质有贬低女性独立的人格和社会价值之嫌。

（摘自张玉玲：《莫让美女经济泛滥》，《光明日报》2005 年 4 月 18 日）

用商家的话说，美女促销是一种“创意”。的确，市场营销讲究推陈出新。商业策划者处心积虑、绞尽脑汁时不时地搞点标新立异，以紧跟商业潮流，迎合消费者需求，本无可厚非。但推销商品本应围绕商品质量、功能、款式、价格、售后服务等动脑筋、做文章、搞营销，又岂能“走火入魔”，专拿美女说事？如果说“美女经济”是一种“创意”，那也只能是一种亵渎文明、亵渎道德、污辱女性人格的的创意，应当摒除。

细细思之，不难发现，“美女经济”的热捧者无非是想借女人的姿色招徕顾客。“爱美之心，人皆有之”，女人是美的化身，美女走在马路上招来众多回头率，那是路人情不自禁地对美的欣赏，属于人性爱美之心的萌发。但一些美女被商家推上销售前沿，穿着暴露、举止轻浮，“秀色可餐”成了招牌，身体成了推销商品的“诱饵”，哪里再看得到人性与生俱有的的纯洁之美？

“美女经济”是一种畸形经济。说其畸形是因为它践踏了社会文明和伦理道德。比如，把女人的奶水当作商品做成人乳宴供男人品尝，难道不是道德的沦丧吗？“美女经济”把女人当作商品“卖点”，是封建社会“男尊女卑”残渣余孽的“翻版”，有辱妇女尊严和人格，有违男女平等，尤如“SARS 病毒”侵害着社会健康机体。因此，构建和谐社会必须坚决摒弃“美女经济”，社会主义市场经济之下，商业文化理应是健康、高尚的文化，商业促销首先要讲文明、讲道德，商业营销策划者需要在提高商品质量、完善售后服务方面多想点子、多出奇招，通过热情、周到、细致和尽善尽美的服务赢得消费者的“芳心”，而非动辄就盯着美女，在女人身上打主意。

（摘自尹卫国：《美女经济是一种畸形经济》，《法律与生活》2005 年第 7 期）

靓丽的外表和高收入让“高校美女”成为身边很多同学羡慕的对象，但是，在一串串炫目的光环背后，等待美女们的是什么？暨南大学学生处处长李坚指出，若所有外形不错的女生都以此为生存基点，那“美女经济”造成的不良风气会侵入校园，严重影响乃至扭曲现有的教育体制及观念。同时，这可能会使更多的女生厌恶勤奋学习和艰苦劳动，成天想着鲜花、时装、珠宝、名牌跑车和别墅，转而利用自己的外在条件，千方百计地换取金钱和一步到位的生活。

“到了高等学府这个层次，不应该再以貌取人，而要看个人素质和水平。商家的行为可以理解，但可能会在高校造成一种不良导向，让一些女生把更多的时间花在穿着打扮上。”中山大学一位辅导员认为，“高校美女经济”实际上是对高校所倡导的“大学精神”的一种世俗冲击。

广州市穗港澳青少年研究所副所长陈冀京指出，随着时代的进步、社会的发展及市场经济的不断成熟，广大消费者也会不断从盲从走向理智。当消费者对华而不实、泛滥成灾的“美女经济”逐渐厌倦的时候，那些为了短期利益而荒废了学业的美女们，将无法在这种激烈的社会竞争中占有优势。

（摘自赖少芬：《“高校美女经济”腐蚀大学精神》，《新华每日电讯》2005 年 3 月 11 日）

选美活动确实对地方经济的发展会有好处。当然，它对于地方经济的发展作用也是有限的，任何地方不可能把“美女经济”作为支柱产业。任何地方的经济发展，还得依赖于农业、工业、服务业甚至金融业等方面。从这个意义上说，不宜过分地强调发展“美女经济”。“如果‘美女经济’变成了一种把美女当成一种商品、一种工具，来刺

激消费或者来促进一方经济发展的做法，这肯定是不对的，这是对美、对美女的歧视和侮辱，是一种不健全、不健康的观念。”

（人大代表、江西省妇联主席）李亚平从女性自身发展的角度审视“美女经济”现象，认为对于“美女经济”的发展，女性自身也要反省。这实际上反映出目前女性自身觉醒的危机。

李亚平表示，很多女性的价值观出现了滑坡的社会现实是：学得好，干得好，都不如长得好，长得好就可以有钱，就宁愿做别人的附属。

有年轻女孩对于“要钱还是要老公，要钱还是要父母，要钱还是要祖国”全都选择要钱时，这是一种悲哀。

如果我们还把种种落后的现象当作是先进的东西，真的是一种历史的倒退。中国妇女解放运动的先驱者们会感到痛心的。

如果社会对这种现象还感觉麻木，女性还乐此不疲，不惜牺牲健康和尊严，对此还陶陶然，甚至包括一部分知识女性都沦为金钱和美色的奴隶，我们期待的女性素质的提高又从何而来？

（摘自吴玉蓉：《遏制“美女经济”期待女性觉醒》，《中国妇女报》2005 年 3 月 14 日）

在市场化、商业化的今天，把“美女”与“经济”连结起来，就是利用“美女”来开拓“市场”。近年来，“美女经济”大有愈演愈热的趋势，并已经渗透到社会生活的各个方面。不仅选美成为时尚以至成为经济，“造美”工程也不断升级，出现了以 30 万元打造的“中国第一人造美女”，10 万元的“中原第一美女”以及其他“人造美女”工程。因相貌不佳难以求职的女性由于整形求得工作，从而更使整形不断升级，已对女性求职就业产生了深刻影响。另外，美女广告促销，也是花样翻新，无形之中已将女性的美丽变成了赚钱的机器。

我们不否认“美女经济”的商业效应，既然“美”是一种公认的“资本”，那么，自然就会有“价值”的意义。“美女经济”不应该是火起来的“色情经济”，而应该转向于美的行为艺术。全国妇联名誉主席彭佩云在“全面建设小康社会，促进性别平等”研讨会上说：“‘美女经济’的实质是将妇女物化、商品化、工具化，把女性当作花瓶、玩物，贬低了女性独立人格和社会价值，对女性发展极其不利，也不利于未成年人健康成长。”“美女经济”的泛滥和低俗化，严重误导女性的价值观、成长观、审美观，使一部分女性一味追求外貌并视之为成功的捷径，偏离了通过勤奋学习，提高素质和能力，为社会多做贡献的正确方向。

“美女经济”的热潮可能夸大了“美”的价值，造成价值颠倒和“美”的异化，很多年轻人以为参加选美可以走上明星之路，事实上，这是一个很大的心理误区。由于“美女经济”过分强调女性外在的美丽性感，甚至用性挑逗来招徕消费者，使两性之间的差异以前所未有的方式被强化，对女性追求与男性平等的社会地位和社会分工极为不利。过于注重外在美，忽视了女性的内涵与人格的美，把人的容貌、身材的“美”当作快速致富和实现其人生价值的惟一资本。美女经济不仅冲击着成人世界，还对中国的未成年人产生了不可估量的影响。“当美女”！“学得好不如干得好，干得好不如长得好”，这种观点正在侵蚀着我们的青少年一代，大中小学校都出现了“学生选美”，竞选“班花”、“校花”，有的学校，荣获“美女”称号的女生可以不用打扫教室。这种认识淡化了女性创造力的潜质，也削弱了社会的群体创造力和创造精神，自己热衷于打造寄生的温床而不是奋斗与拼搏的历史。社会将“美”定义聚焦在脸蛋和躯体上，对于学校教育来说无疑是一种扭曲，对女性社会价值导向是一种严重的误导。

（摘自郑继江：《对美女经济和美丽资源开发与管理的思考》，《聊城大学学报》（社会科学版）2006 年第 1 期）

什么是“丽人经济”？组委会负责人这样介绍：“‘丽人经济’强调美女要内外兼修，而不只是单看外表好看而忽略素质和品德。”这些话如此耳熟，其实有哪次模特大赛、选美比赛不是这样宣称的呢？看来，所谓的“丽人经济”，不过是“美女经济”的同义词罢了，其内容实质还是要“物化”美女、“经营”美女！因此，“丽人经济”不仅不可取，还应被摒弃。

为什么这么说？抛开“丽人经济”将女性降低到“物品”不谈，发展经济总要达到某个目的，拿举办这次比赛的西部地区来说，西部开发为的是缩小东西部贫富差距，提高西部人民的生活水平，而“丽人经济”的目的又是什么呢？我们不妨以“小人”之心度一下“君子”之腹：以“丽人”为工具（虽然这种活动在某种程度上满足了一些女孩的梦想），博少数有钱人一笑，从而赚得大把钞票！其背后隐藏的，正如有关专家所指出的，乃是“大款文化”！

科技是第一生产力，也是西部地区经济发展的主导力量。西部地区要缩小与东部地区的差距，实现跨越式发展，只能依靠科学技术和自主创新，依靠高素质人才和西部人民同甘共苦、奋斗努力，而不是靠什么花哨的“丽人经济”。“丽人经济”既无益于西部经济发展，更无益于缩小东西部差距。“丽人经济”的核心是丽人，所谓的“丽人数据库”可算是个“人才库”了，但这种人才库既非必需，更不急需，其作用非常有限，有哪个地区的经济发展是靠美女带动起来的？西部开发真正需要的，是符合西部地区实际的科学技术，是那种既懂专业技术，又能脚踏实地扎根西部的人才。“丽人经济”貌似新颖，实则与西部开发的目标相去甚远。从“美女经济”到“丽人经济”，这种玩弄概念的背后，暴露出的是浮躁心态，缺失的是务实精神。联想到近日媒体报道的某市到重庆去招聘“美女”接待人员，人们无法相信“丽人经济”能生长出美丽之花。毕竟，依靠自主创新、依靠科技推动西部经济发展才是正道，搞一时吸引眼球的“丽人经济”，到头来只能是害了“丽人”，也发展不了“经济”。

（摘自李金桀：《丽人经济不可取》，《光明日报》2008 年第 5 期）

各种选美比赛过程，实际上都是在“流水线”上进行的。一般来讲，这类活动要先搞批文，再找赞助，要给赞助商和拉赞助的人许多承诺，至于承诺能否兑现是另一回事，那要取决于很多因素。然后，召集媒体举行新闻发布会、打广告招选手。接下来是买分赛区冠名权，这是启动期。从启动期到所有选手的最终报到之间，大概有 3 个月到半年的时间是预热期，在这个时期，大赛的一班人马倾巢出动，有的当评委、见选手、组织分赛区；有的编故事、造新闻、提高观赏度；有的联系场地、比赛地点、落实种种事宜……反正一切围绕为大赛制造气氛服务，再以后就是总决赛阶段了。说到总决赛，就是把人聚齐，少则十几位，多则近百名，选一个风景秀丽的地方当外景地，外景地最好可以为尽量少地穿衣服提供场景和外部环境，实在不行也要到人工湖或酒店的游泳池里补上泳装这一课。

一位业内人士在谈到中国“美女经济”的现状时说：“‘美女经济’的核心是消费美女，有着鲜明的功利色彩和商业目的。在这一过程中，美女们通过自身的天然资源和外在条件，成为刺激眼球的道具、商业促销的手段和吸引注意力的工具。她们已经很难被视为文艺人才而成为精神文化产品的一部分被公众所接受，国家有关部门给了她们一个很古怪的称谓：在娱乐场所从事商业性活动的从业人员。真正了解我国美女行业现状和大多数从业人员生活的人有多少呢？媒介对这一行业常常是报喜不报忧，问题往往被弱化和回避。”

一些社会学家认为，“选美”过分强调女性外表的美丽、性感，使两性之间的差异以前所未有的方式被强化了，不利于女性追求与男性平等的社会地位和社会分工。事实上，附着在“选美”活动中的奖金、名誉等等，不言而喻地对美女构成了诱惑。这样貌似动人的诱惑，其实是对女性的一种“软暴力”。

审视目前国内层次较低、太过泛滥的各类选美活动，其过分强化对女性外表美丽、性感的价值，事实上已构成对女性的一种“软暴力”，绝不可低估其危害。而对这种易被人们忽视的“圈美女”现象，负有社会监管职能的有关部门，必须尽快拿出切实可行的办法，防止其戕害社会、扼杀人性。

（摘自祁建：《美女成灾——选美泛滥之惑》，《经纪人》2005 年第 2 期）

产业效益

选美本身属于一种经济活动，需要一些周边产业的配合来发展，如选美需要电视台来拍片，可以带动电视和影碟的发展，这个属于上游带动。选美过程中需要很多材料和原料，可以带动GDP几个百分点。选美的投入和回报的比率大概是1：4，也就是说选美活动如果投入1万元钱，就可以带动整个社会4万元的增加值。从就业岗位说，一个选美的就业岗位可以带动大概是数十个岗位。

一个经典性的代表是，第53届世界小姐总决赛首套金票在南方某地拍出2.8万美元的天价，创中国商业演出及赛事的历史最高纪录。2003年12月6日在三亚举办的世界小姐总决赛是第一个真正在中国市场形成影响并获利丰厚的世界级选美赛事，世界小姐有限公司不仅将480万美元特许费收入囊中，更有价值不菲的国际电视转播权以及热衷时尚选美的珠宝行业国际赞助商的慷慨解囊。

三亚举办世姐总决赛以后，相关机构曾经做了一个评价，按照文章刊登的版面和同一个版面引起同样注意力的广告的价值，海外媒体关于三亚的曝光率初步估算折合人民币1.3亿元；此外，今年春节期间，三亚游客的人数较去年同期有了大幅度增长。正如三亚市长陈辞所言："哪怕是不赚钱，都是值的。"三亚更看重赛后效应，三亚将举办这样的国际赛事作为一种城市营销手段，通过赛事累积的无形资产，并且将这些无形资产转化为旅游、房地产等产业价值。

（摘自扈明：《选美营销：共赢的商业契机》，《北京现代商报》2006年5月19日）

事实上，美女对经济发展的促进和需求作用已经被人们承认。如果一件法国时装大师阿马尼制作的时装价值2万美元，可能其面料和制作成本只有1000美元，而1.9万美元则是文化意味：大师设计、样式、风格、色彩、时尚、个性、地位等。但业内专家认为：品牌时装的文化意味往往要借助美女模特向更多爱美之心的女性展示散布。一场时装展示策划的优劣，直接关系到一个品牌在整个一个季节的服装销售活动中的成败。如在意大利米兰举行的'99春夏装通过美女名模表演发布，接到的订单高达1亿美元。所有这一切都印证了一种说法，叫做"利润女人给"。

（摘自黄勇：《美女牵着经济跑》，《经营管理者》2003年第9期）

有资料显示，世界上最有名的10位名模中，最高的每年6000万美元，最低的年收入是2000万美元。获得世界小姐选美大赛冠军的奖金是15万美元。

（摘自王玉：《美女经济——时尚与尴尬》，《决策与信息》2003年第12期）

中国的模特产业一年的产值至少50亿元，模特产业也从单一的时装模特发展到车模、手摸、脚模、IT模、珠宝模、纸质平面模和影视模等多个细分专业。

（摘自喻春来：《首届中国美女经济论坛开坛，专家指出美女经济商机无限》，《华夏时报》2004年5月31日）

为了选美，美容美发、百货公司、珠宝公司、服装公司、宾馆酒店、摄影冲印等行业加起来，为选美大赛服务的人员将超过上千人，此外不少人通过选美走上银幕、拍广告等等，可以带动GDP几个百分点。

（摘自郑继江：《对"美女经济"和美丽资源开发与管理的思考》，《聊城大学学报》（社会科学版）2006年第1期）

江苏电视台的一档节目《南京零距离》收视率更是高得惊人。2002年元旦，《南京零距离》在江苏电视台城市频道正式开播。开播第2周就进入AC尼尔森南京地区电视榜；开播第28周进入AC尼尔森南京地区排行榜前5名；从第36周开始，名列AC尼尔森南京地区电视节目排行榜第一名至今。2003年7月，《南京零距离》平均收视率为8.3%，最高收视率达到惊人的17.7%。他们制胜的法宝就是快速有效而非美女现场播报。

（摘自罗颂华：《美女经济影响下的电视传播效果分析》，《学术前沿》2006年第5期）

重要文章选登

“美女经济”面面观
——社会文化环境中的营销价值

李 莉

引言

1. 美女经济现状

在这个变化太快的时代，新兴词汇雨后春笋般呈现于人们面前，“美女经济”应该算一条吧。语言学家可能都尚未给它一个明确的定义。这里，本文作者认为，以“美女”为吸引眼球的焦点所引发的宣传和消费行为可以被称为“美女经济”。美女经济是基于满足消费者爱美欲望和精神愉悦需要的感觉导向消费、促进生产而形成的一种经济现象。

为什么美女经济可以如火如荼地展开，商家乐意投资而消费者又愿意买单呢？我们也许应该看到，作为一种社会文化资源，美女背后隐藏的商机已经被充分发掘。“美女经济”的出现是适应了市场的需求，也是适应了消费者的需求。

美女经济的面纱背后

1. 美女经济的产生

（1）引领消费（消费者心理）。企业愿意打“美女牌”，越来越多的产品广告中频频出现美女们的身影。从这些现象，我们应该看到美女在广告中不可忽视的引导激励消费的能力。

广告作为一种促销方式，是以盈利为目的的广告主，采用一定的媒体，以支付费用方式向目标市场传播产品信息的有说服力的信息传播活动。广告是一种说服的艺术，它在把信息传播给消费者的同时，希望消费者能够接受广告信息，并按照广告主的意愿去行动。所以，广告要利用特殊的表现艺术和技巧，吸引对方，潜移默化地影响对方，在不知不觉中使对方悦服，进而改变其心理，影响其行动。

（2）引起注意的表现与自愿（美女群体本身）。追根究底，美女经济的本质是以女性的美为介质，传播和放大美丽价值，同时，产生了相关资源利用和资源配置的过程。根据凯恩斯的经济理论，需求乃财富创造和经济发展之源。美女经济之所以能够引起这么大范围内的资源流动和配置，其关键就在于满足了各利益相关方的需求，从而在交换中获得美丽共享。

作为美女经济的主体本身——美女们，在这个经济活动过程中实现了其心理需求。美女不少，少的是被展现出来的美女。而人都有被要求被重视被注意的心理需求，自己的美丽能够引起注意，并带来可观的个人经济、精神收益，无疑是很有吸引力的。

2. 美女资源的开发

（1）美女资源。在美女经济活动中，美女是一种特殊的人力资源。在商品经济没有产生之前，它就作为一种潜在人力资源存在，只是缺乏创造经济价值的适合土壤，没有表现出来。及至后来，伴随着社会生产力的不断提高，美丽价值被迅速开发，并在社会财富的创造、分配过程中发挥着前所未有的作用。

美女资源还是一种重要的情感资源，审美情感深藏于人类的本性之中，“爱美之心，人皆有之”，这一情感一旦被挖掘、激发，将会产生巨大的历史推动力。单以“香车美女”为例，它表达出工业化、现代化的普世情感偏好，也导引着现代人的审美趣味和价值取向。

（2）美女资源开发。①营销商的投资。美女资源是一种经济效益，这是近年人们越来越认可的观点。良好的广告投资收益，更让营销商们尝到美女经济带来的惊喜。由于市场需要，精明的商家早已把目光放在了女性产品的市场上。曾经有专家计算过，一个女性从头到脚需要的产品将近有2000件。这样一个数字会让人觉得不可思议，但如果女性朋友仔细想一想就会发现其实自己的确需要这么多的附属品来装扮自己。女性在消费市场上也占有相当大的比重。②媒体的“喝彩”。美女经济的大力发展离不开传媒的介入。大众传播凭借其覆盖范围广、传播效果佳的优势，对美女经济的发展起到了推波助澜的效果。

关注美女经济能给媒体带来价值，这是毋庸置疑的，选美大赛过程结果总是能提高不少收视率和收听率。但媒体的热烈程度与产业里的真正拥挤不堪有一定差别。这要从三方面进行理解：

第一，事情从无到有，一定引人关注，而且是超乎以往的关注，这符合任何新事物的发展规律。

第二，经济发展到一定程度，除了GDP的数字和汽车、房地产的数量所反映的经济水平之外，还要有文化方面的发展才能相应体现人民群众的生活水平整体性的提高。我们的经济成就是有目共睹的事实，相比而言，文化发展却有些滞后，这也是事实，特别是参与国际竞争后，文化变得更加多元化，没有百花齐放，也就没有万紫千红。

第三，城市化和现代化是我们的必经之路，在这个过程中，文明程度的提高一定会体现在健康、时尚和审美情趣的增加上，地方经济发展离不开这样的元素，人民生活富足也少不了这些精神产品。

3. 美女经济背后的社会文化环境

文化是影响人们欲望和行为的基本因素。大部分人尊重他们的文化，接受他们文化中共同的价值观，遵循他们文化的道德规范和风俗习惯。文化心理是生长在某一文化区域中的人们在长期社会实践中形成的总体心理特征，具有鲜明的民族性和时代性。随着近年来中国经济实力的增强和民众生活水平的提高，人们开始把更多的注意力放在了精神需求上，于是，追求美、欣赏美被史无前例地推到了某种意识层面上。它既符合社会大众的需求，也符合商业市场的需要。

（1）大众文化产生的原因及其特点。文化的发展有着鲜明的时代性，不同的历史阶段其社会文化的热点有明显的不同之处。近代以来，社会发生了翻天覆地的变化，产业革命的发展使教育率先平民化、大众化，它迅速普及了广大工业劳动者的文化和知识；而社会“都市化”的结果，又迅速形成了一个数以亿计的市民阶层。这个庞大的社会群体需要有一种文化来表现他们的情感、愿望，反映他们的生活；同时，他们也要求以消费的观念进入文化生活。在这样的背景下就产生了大众文化，它应该说是消费社会自然而然的产物。

文化在营销传播活动中对传播体制、传播方式和传播内容有着不同程度的制约。

（2）企业营销环境。企业的营销过程像其他事物一样，会受到周围环境的各种影响和制约。只有与环境的变化相适应、相协调，企业才能顺利地开展营销活动，并实现其预期的各项目标。在当代，随着人口爆炸性的持续增长、科学技术的日新月异、环境污染的日益严重和政治经济关系的日趋复杂，企业受所面临的营销环境变化的影响更为深刻。在这些环境中，文化环境是一个重要的方面。在企业面临的诸方面环境中，社会文化环境是较为特殊的：它不像其他环境因素那样显而易见且易于理解，却无时不在地深刻影响着企业的市场营销活动。

文化是影响人的欲望（包括消费需求欲望）、行为（包括消费行为、购买行为）的基本因素之一。任何人都在一定的社会文化环境中生活，存在于特定社会文化环境中的个体，其认识事物的方式、行为准则和价值观念等都会异于生活在其他社会文化环境中的人们。因此，无论在国内还是在国际上开展营销活动，企业都必须全面了解、认真分析所处的社会文化环境，利于准确把握消费者的需要、欲望和购买行为，正确决策目标市场，制定确实可行的营销方案。

文化环境对营销的影响

1. 文化环境和营销活动的关系

经济学家对消费者的购买行为进行分析时，往往是把消费者看作是“经济人”，并把他们的购买看作是完全理性的行为：购买对自己最有价值的商品，并追求“最大效用”。随着商品经济的发展，居民收入也大幅度提高。而市场上供应的商品品种、规格、款式也日益繁多，此时，再仅仅用经济因素已经很难解释消费者需求选择的多样化了。

2. 影响消费者购买的文化环境

作为一种观点，“文化”看不见摸不着，但人们能感觉到它的存在，如东西方文化的巨大差异，又如同属东方文明的中日文化之间的差异。作为其有形的一面，文化又反映在一国的建筑、城市风貌、文学艺术、衣着，甚至饮食上。同样，它也会影响着消费者的购买。

当前，中国经济飞速发展，生活水平大幅度提高。在精神审美情趣下，人们的物质生活需求退而成其次。充分把握人们的爱美之心，美女经济便显得举足轻重。

结论

诺贝尔经济学奖获得者赫伯特·西蒙说：“随着信息的发展，有价值的不是信息，而是注意力。”

随着经济的发展和社会的进步，知识变成了财富，美丽变成了产业，美女经济是繁华盛世的必然产物。人类正在进入一个“美丽”时代，美丽飞速地转化为一种资本并创造出越来越多的经济效益。充分理解消费者所处的社会文化环境，巧妙迎合消费者的文化心态，合理利用美女资源取得经济效益，这将是美女经济的圆满体现。

爱美之心，人皆有之。但当美女被“经济”且日益泛滥的时候，我们需要对愈演愈烈的选美现象予以关注与思考，我们也应该对被“选美”所异化的价值观念表示深深的忧虑。美丽成为经济，须在经济规律中生存与发展。泛滥成灾，甚至走火入魔，决不是它应有的现状或寻求的出路。

“美女经济”与政府功能的再定位

唐德龙

江苏东台市安丰镇“东淘佳丽”评选活动的公告一经公布，便在社会上引起了轩然大波。从形式上看，“东淘佳丽”是一场选美活动。但从内容上看，这又不是一场单纯的选美比赛，因为经选拔的美女既可以得到荣誉证书和奖金，又有机会接受当地政府聘任，甚至成为该政府招商办的副主任。这种利用美女招商的行为，显然受到了“美女经济”的启发。

“美女经济”主要利用女性的生理特点，包括容貌、身体甚至性特征等，创造商业机会，获取商业利益。“美女经济”的盛行，可谓眼下最为显著的经济现象之一。但凡商业活动，必有美女助场。电视上、报刊上、互联网上更是美女如云，让人目不暇接。一个人可以因美貌而占尽先机，大赚特赚；也可以因貌丑而衣食难保，穷困潦倒。

而对于一些地方政府对“美女经济”推波助澜，我们首先应该反思的是，政府在中国现代政治、经济、社会生活中到底应该扮演什么角色。也就是说，政府的功能是什么，它能做什么和不能做什么以及如何做好这些事情。当然，探讨政府的功能是什么，涉及的是政府职能的问题；而探讨政府应怎样做事情，涉及的则是管理方式的问题。

世界银行1997年发展报告指出，政府的基础性任务主要包括：（1）建立法律基础；（2）保持非扭曲性的政策环境，包括宏观经济的稳定；（3）投资于基本的社会服务与基础设施；（4）保护承受力差的阶层；（5）保护环境。我国台湾学者张金鉴教授则认为，政府职能大体可以分为维持、保卫、扶助、管制、服务、发展等六个范畴。探讨“美女经济”中的政府功能问题，应该将焦点集中在政府提供公平的政策环境以及倡导和谐的公共精神上。

改革开放二十多年来，政府功能已经逐渐从社会消费产品的直接提供者，转变为市场竞争的监督者和裁判员，然而，在经济领域，政府主导招商引资的行为仍然占据显要位置，但这并不能说明政府在该领域过度干预的必要性。我国市场秩序混乱的原因是市场发育水平比较低，市场主体、市场行为、市场机制等不成熟，但透过层层表象，我们不难发现，市场秩序混乱的深层原因是政府功能的紊乱，这也是解决市场秩序问题的关键所在。

目前，我国政府在维护市场秩序方面的功能紊乱，表现为该管的事情没有管或者没有管好，不该管的事情却到处插手，“越位”、“错位”与“缺位”并存。政府热心推动“美女经济”，盲目紧随“时代潮流”，就是显著一例。其实，市场健康运行所需的一系列市场规则，例如各种法律法规、规章制度，只能由政府来提供；而政府是全社会公共利益的代表，其存在的意义正在于向社会提供一套公正、公平的制度环境与秩序体系。之所以有这样的功能，正是因为与其他组织相比，政府在提供公共秩序方面具有先天的优势，正如企业在组织生产提供产品方面更有优势一样。从这个意义上说，维护市场经济秩序，形成公平政策环境，是政府的最为首要的任务。

“美女经济”天然地以“姿本”为介质，是一种典型的形象经济、眼球经济或者说注意力经济。尽管政府部门利用美女去招商是一种创意，但这不仅不能使招商引资具有长久之功，也偏离了政府选拔任用干部制度的正常轨道。政府招商引资主要靠的是当地的公共建设和政策环境，而不是美女的“秀色可餐”。

更重要的还在于，如果过分偏重于“美貌股份”，那“美女经济”的分配原则显然有悖于市场公平原则。美貌作为自然资质，它为私人所拥有，但其外在条件并非如此。美貌本身并不能自动带来任何收益。要使美貌能取得回报，必须运用一定的社会条件，比如地理环境、人文环境、审美观念等，而这些社会条件在一定程度上是相对并不美貌的社会成员提供的。就如同教育一样，一个社会的教育资源并不能专为天赋较高的人设立，而应该为社会全体成员所有。为此，考虑“美女经济”，不能只盯着它对GDP贡献了多少个百分点，还在于它提醒我们重新考虑美貌对于财富分配、社会公正，甚至人类思维方式本身所产生的影响。

应该说，“美女经济”的“美”是根据男性眼球设定的，也即是在一个男性主导话语权的背景下产生的。著名的后现代主义学者斯蒂弗斯曾经指出：公共行政的语言“包含了性的两难困境。它们不仅具有男权的特点，而且有助于把政治和经济特权安排给或授予在文化上具有男性特性的人，而这要以牺牲在文化上表现出女性特性的人的利益为代价。公共行政的男性特性是系统的；它滋生并维持了社会权力关系。”由此，所谓“美女经济”的本质是将女性商品化、工具化，弱化女性的主体地位，贬低女性的独立人格。这不但是对美的亵渎，更是对女性的歧视。

总之，政府在发展中的作用是必不可少的。在当今世界各国，政府正成为人们日益关注的中心。政府是市场秩序的天然提供者和维护者，政府更是公共价值的天然倡导者和引领者。在社会上涌动“美女经济”热潮的时候，政府不应该积极参与其中，而应该树立全社会的正确审美观，划清美女经济和美丽经济的界限，引导并规范美丽产业，维护女性的发展权利，增强女性自身的主体意识。

2003年媒体“造美”热现象分析

林晓华

2003：中国“美事连连”——选美相关报道链接

新华网海南频道2003年9月15日消息　金秋时节，新丝路中国模特大赛在南海之滨的旅游胜地三亚拉开了序幕。

中新网9月16日电　随着第一位参加凤凰卫视“2003中华小姐环球大赛”的北京女孩走进北京赛区的面试考场，此次由全球二十多个国家和地区的华人女性参加的选美大赛拉开了帷幕，参选佳丽开始从幕后走向前台。

《南方都市报》　9月21日晚21时40分，海南省三亚大剧院，上届世界小姐大赛中国参赛者吴英娜将中国小姐桂冠戴到关琦小姐头上。中国内地第一场真正意义上的“选美”终于可以画上圆满的句号。

《北京青年报》　11月28日，湖南卫视“美丽村姑”评选总决赛在长沙摆下擂台。

新华网海南频道　12月6日，第53届世界小姐总决赛在海南省三亚市落下了帷幕。晚会主持人赛后激动不已地向人们宣布，下届“世界小姐”总决赛仍将在中国举行。据此前有关媒体披露的消息称，2004年“环球小姐”总决赛也将在中国的青岛市举行。

《成都晚报》　昨晚8时（12月28日），“2003首届成都小姐大赛”总决赛终于在家园国际酒店富丽堂皇的大厅掀起美丽的面纱。据悉，第二届成都小姐大赛将在2004年秋天举办。

另据相关报道青岛国际啤酒节落幕，一名15岁初中女学生被选为“啤酒皇后”。而在杭州市和睦小学，“选美”与“小学”这两个似乎是风马牛不相及的词语已紧密关联了起来：9月9日，学校让孩子思考什么是真正的美；9月10日班上讨论“到底什么是真正的美”；9月18日至19日从二年级到六年级的12个班级中评出了共24名“班花”及“班树”；9月28日还将通过孩子们自己的才艺表演，从中角逐出包括冠、亚、季军在内的10名“校花”及“校树”。

——在今天，除了名目繁多的、各种级别的“选美”活动外，无论你看电视，上网，走进电影院，还是翻开报纸杂志，你都会发现各种各样的美女形象正以铺人盖地之势向你扑面而来。不管是在电影电视、报刊杂志中，还是以“形象代言人”、“汽车模特”、“礼仪小姐”等名目出现的美女形象，一般来说都要经过“报名——选拔——包装——推出”这一程序。因此，大众传媒上密集出现的美女形象，事实上正是一场接一场的“造美”、“选美”运动的结果。从深层次而言，“造美”已成为今日大众传媒一种无时不忘的习惯性行为——女性主义视角下的媒体“造美”热。

“女人不是人生的，而是形成的。”在大众传媒接连不断且有愈演愈烈之势的选美、造美运动前，在诸如“做女人挺好”、“让你的秀发像丝般柔顺”等等广告词的劝说、诱导下，女性自然会得到这样的心理暗示：那些不漂亮、不苗条、不“挺”、不“顺滑”的女性，就不符合社会（主要是男性）的标准，就会令人生厌并被淘汰。虽然在上世纪之初，子君就已发出充满女性主体意识的呐喊：“我是我自己的！”但女性在经历漫长岁月，千辛万苦地争取到了身体的自主权后，今日的许多女人却仍心甘情愿地经历着各种各样的“自虐”仪式，装饰自己以成为待价而沽的后现代“白雪公主”。这种“自虐”的极致就是2003年在大量媒体的狂热炒作下，稍先在北京发动，随后在广州、上海、成都、苏州等城市蔓延开来的“人造美女”运动。“人造美女”即寻找一个相貌普通的女孩为“原料”，耗资数十万在其全身施行三十多次手术，新鲜出炉后便变成国色天香、风情万种的美女，而且第一个敢于以身试“刀”女孩费用全免。消息一出，咨询、报名者不少，而最后有幸被选中的还要经过一番激烈竞争。可见，女性一直是通过符合男性眼中的美而得到重视和呵护，正如玛丽·沃斯通克拉夫特所言：“除了少数而外，在她们应该怀有一种更高尚的抱负并用她们的才能和美德争得尊敬的时候，却一心一意想激起别人的爱怜。”在媒介中，男性和女性处于不平等的观看权利中，并由男性来确立有美女性形象美与不美的标准。媒介正是通过不平等的话语逻辑，诸如“男性通过征服世界获得成功，女性通过征服男性获得成功”来深化女性的这种集体无意识。

现代传媒在朔造女性形象与培育女性话语的过程中起着越来越重要的作用。然而，在传媒中各种各样的女性形象后，闪动的却是一双双男性之眼，充斥着男性话语霸权。这是因为沉积良久的男性中心论已深植于文化之树的根部，男权观念充斥着世界的每个角落，所以，它自然而然会在传媒中流露出来。美国特拉华大学传播学教授Nancy Signorielli的一份调查研究报告显示：媒体对性别身份的影响，在于媒体提供了压倒性的信息表明，女性更关注约会和罗曼史，而男性更关注职业。在电视剧中男性处于下作状态的比例为41%，而女性为28%；电影中男性达到60%，女性则为35%。在电视中讨论罗曼史的女性占

63%，男性为49%；而电影中女性占65%，男性38%。尤其在电影中，也包括电视和伴随的广告中，女性的外表被频繁地评论，在电影中有58%的女性角色被评论到她们的长相，在电视中有28%，广告中为26%。媒体在建构女性形象的过程中，明显带有社会性别陈规的鲜明印记。

劳拉·马尔维在《视觉快感与叙事电影》中有一段谈到，好莱坞影片这种统治地位的形成建立在三个基本的看之上的，这三个看都满足了男性潜意识的欲望。首先是在电影摄制环境中摄像机的看，虽然从技术上讲它是中性的，但从电影摄制者一般都是男性的意义上讲，这种“看”从根子上说应是男性的看。其次是电影叙事中男性形象的看，这些由一段段连续镜头所组成的形象便于使女性成为他们注意的对象。最后，是观众的看，它摹拟了前两种看，去看摄像机所观看到的东西。从女性主义角度来看，在男性话语权利占统治地位的媒介中，女性通常是处于被观看的位置，媒介中的女性形象是带有性别陈规的，女性经常被描绘成符合男性需要的形象。女性主义认为，女性与女性之间的差异，有时大于女性与男性之间的差异。当前媒介对女性形象的表现至少在三个方面应予以足够的重视：第一，媒介中的女性形象是在不平等的观看权利下被建构的，事实上媒介中的女性形象，反映的是男性眼中的女性形象；第二，媒介中的女性形象与女性真实的自身形象是有区别的；第三，媒介中被建构起来的女性形象极大地影响着现实中女性对自我形象的要求和评价。

因此，在今人市场化商业运作的传媒环境中，当我们惊讶于当今的媒体对人中之“女人”——尤其是“美女”格外热情关注的同时，也会发现女性刚“浮出历史地表”，却又更深刻地陷入了以非勒斯为中心的男性话语霸权的陷阱中。“女性作为文化符写，只是由男性命名创造，按男性经验去规范，且既能满足男性欲望，又有消其恐惧的‘空洞能指’。”这体现了男性话语对女性一厢情愿的想象和叙述以及男权话语对女性形象的强暴和侵犯。

美女：吸引注意力的消费符号

大众传媒在一方面以男性的标准在制造着美女形象，另一方面又暗示、诱导女性进行自觉不自觉的修饰装扮（从服装到肉体），以成为符合男性社会需要的美女。媒体“造美”的目的是以美女形象的传播为中心，吸引受众注意力，从而达到销售、推广某种产品、服务或理念的目的。在此意义上，充斥大众传媒的或巧笑嫣然或冷若冰霜的各种美女形象成为吸引注意力的最佳消费符号。

“消费”指的是使用商品和享受服务，以满足需要和渴望。在今天，消费逻辑已成为整个人类生话的逻辑，不仅支配着生产的物质产品，而且支配着整个文化、性欲、人际关系，以至个体的幻象和冲动。在博德里亚看来，“一切都由这一（消费）逻辑决定着，这不仅在于一切功能、一切需求都被具体化、被操纵为利益的话语，而且在于一个更为深刻的方面，即一切都被戏剧化了，也就是说，被展现、挑动，被编排为形象、符号和可消费的范型。”消费时代又是抢占注意力的时代，传播学者麦克卢汉在其代表作《人的延伸》中就指出：电视台实际上是在免费租用消费者的眼睛和耳朵做生意。电视台聪明地预先做了相当的投入，制作了供消费者“免费”收视的精彩节目。然而，世间没有免费的午餐，消费者收视节目实际上付出了昂贵的费用——即他们的注意力。通过消费者的收视，电视台获取了丰厚的产出。消费者的注意力是巨大的资源，剩下来的事情，只是如何将这一资源卖给资源需求者（主要是广告商）而已。非但电视如此，报纸、网络、广播等任何一种大众传媒都是如此。各式各样的“注意力杀手”们呕心沥血、惨淡经营，以美女为噱头，其目的都是为了抢占消费者的注意力。

据2003年12月10日《华西都市报》消息称，有“中国第一贵酒楼”之称的四川谭氏官府菜酒楼，正式向参加“四川小姐风采大赛”和“成都小姐选美”的佳丽们发出邀请：凡是获得前十名者，谭氏官府菜将以年薪10至50万元，并提供车、房等优厚的福利待遇请她们加盟，共创中国顶尖餐饮企业。谭氏官府菜疯抢获奖美女的行为就是一次典型的高价商业消费，“通吃”美女一旦实现，各地分店到处都有光环四射的“四川小姐”、“成都小姐”担任副总，那样的轰动效应，比单纯去媒体做广告要强出百倍。因为美女们可以给酒楼创造间接的财富——吸引顾客。对商家来说，高投入的目的是要得到更高的产出，疯抢正是为了实施自己的“商业消费”计划。

媒体中的美女形象为何具有消费价值？首先，它在某种程度上暗合了男性的欲望心理。从女性主义角度来看，欲望“它主要指广义和深层意义上的一种始终由文化内涵作为中介的对他者的欲望”。媒体传播美女形象的过程，事实上是完成男性观看者的欲望被对象化为具体美女形象的过程。其次，它具有可娱乐性。媒体中的美女形象更大程度上作为娱乐元素被利用，通常是在观众娱乐的心态中被观看、欣赏和评价。最后，由上述两个原因决定了美女形象的可盈利性。从注意力经济角度讲，美貌既是一种资源，也有其市场，因而符合商品的本质特性。在传媒的商业化操作中，美貌作为盈利手段被纳入市场运营。在此意义上，媒体上的美女不复再有“人”的意义和地位，而是被物化、商品化，成为了在促进消费的同时自己也被消费的符号。

左看右看“美女经济”

左看——存在即合理。如上所述，“美女经济”尽管有将女性物化、商品化的嫌疑，但“美女搭台，经济唱戏”在商战愈演愈烈的今人屡试不爽，屡建奇功，无数的精明的商家，甚至拥有专家级别“智囊团”的政府愿意为一场接一场的“选美”买单就是最好的事实证明。“漂亮的脸蛋能出大米!”这是20世纪70年代一部朝鲜电影中著名的台词，这句话在市场经济时代似乎得到了最好的诠释。

中山大学管理学院博士生导师李江帆教授对中国模特产业有过精辟的概括：选美活动其实造就的是四赢的局面。在这个过程中，观众看了俊男美女，心情愉快，这是一赢；选美是属于一种经济活动，就必然需要一些周边产业的配合来发展，这个属于上游带动，二赢；选美推动了厂商和赞助商的知名度，产品好销了，三赢；对参赛的选手，其实选美也是一个培养人才的过程，使这些选手变得更有修养，形象更好了，也许以后加入娱乐圈，带动文化发展，也许是带动企业发展，四赢。这就很有趣地形成一种良性循环，四方受益。

此外，笔者认为“美女经济”与大众传媒某种程度上还存在着互动、互惠的关系，可谓五赢。这第五赢可从两个方面来看：其一，传媒对“美女经济”巨大的推波助澜的作用。选美活动在搭乘上大众传媒这枚强力运载火箭后，成为一道亮丽的风景线而令世人瞩目。在2003年海南三亚市“世界小姐”总决赛举办期间，据统计共有来自世界各地的近200家新闻媒体对三亚进行了宣传，大赛晚会通过国际通讯卫星向168个国家和地区进行了直播，有近20亿观众看到了这个在三亚举办的盛事。其二，“美女经济”是一种以吸引注意力资源为主的眼球经济，而受众正是以关注媒体的方式来了解“美女经济”的，因此，媒体的兴盛很大程度上得益于选美活动的火爆。

右看——“美女经济”的负面作用又是极其明显的。

从投入与产出关系看，选美的回报远远小于投资，经济上造成了极大的浪费。为举办2003“世界小姐”总决赛，海南三亚市的投入大概是：480万美元的申办费，数亿元的配套设施的建设和赛务费。这些投入相对于一个财力还相当单薄的新兴城市来说，是相当大的。而且，据三亚市领导说，很难在这次赛事中把成本捞回来。市场营销专家王鹤阳更是一针见血，他说，“美女秀”在很多时候常常造成喧宾夺主、本末倒置，顾客看到了美女而忽视了商品，市场看似兴旺，却未必就有经济收益，甚至会赔上一些宣传投入。美女并非包治百病的灵丹妙药，有些“美女经济”活动，非但遗祸于社会，同样也无助于经济。

在选出了一小批人才的同时，更造就了一大批以美色换金钱换享乐的人。“美女文化”在选美大国美国影响强大。一位被称为红宝石的15岁小美女的心迹如此清晰：“乘坐高级轿车是我们的追求，身份、则富、名誉，这一切在我们幼小的心灵中已扎下根。我们谁都梦想当公主，盼望为所欲为，拥有一切。漂亮、爱情、殷实和名誉，美好的一切可以信手拈来。”美女受到人们的崇拜、追求、嫉妒和模仿。但是，一连串的数据显示，无数未成年少女正在盲目向明星看齐。她们对此趋之若鹜，让自己早早地标以青春美色的特征。

幸运者毕竟只是少数，而由此形成的对社会的负面影响不可低估。在国内许多选美活动中有一个圈内人士都备感担忧的现象，那就是选美选手的低龄化和素质低下现象。为了追求明星梦想而过早进入娱乐圈，许多女孩子最后不得不面临更加困难的境地，向不良现象低头。据国内某大学做的一项调查结果显示，从1999年以来，近50%的选美选手为了选美而放弃了学业，她们之中可能只有1%可能成为著名的模特或明星，而有30%的选手最后成为了“低档明星”、“小蜜”、“二奶”……等被人们轻视的社会群体。

此外，媒体乃是社会公器，负有社会责任。今日许多媒体对“美女经济”的狂热炒作，固然可以满足受众求新猎奇心理，最大限度地吸引受众，并获得市场的高额回报(主要是广告量的增长)。不过，在醉心于美色消费之后，出现在受众面前的媒体似乎不再是过去那个权威、客观、公正的形象。为在滚滚商潮中分得一杯羹汤，许多媒体自觉或不自觉地成为了商家和个体追逐名利的工具。在部分媒体操守沦丧的背后，诸如“男尊女卑”、“女为男用”、“美色等于丰厚的回报”、“长得美胜过一切，可以少奋斗二十年”等错误价值观念无形中得以宣扬，长此以往，将会形成不良的社会环境。

2003年末，第53届世界小姐总决赛在海南省三亚市落下了帷幕。不过，2004年“世界小姐”、“环球小姐”总决赛仍将在中国举行。除此之外，国内从国家级到省一级、甚至地县等所搞的各种名目的选美活动，正有方兴未艾之势。中国的“选美时代”似乎已经到来。在选美中包含的巨大商机，使得越来越多的商家把它当作绝佳的展示与推销机会，而大众传媒对选美操作的巨大优势，让今日的选美与过去相比已不可同日而语。因此，面对这种形势，媒体不应只兴奋地“造美”、“炒美”，更应意识到自己所负的社会责任，以冷静理性的姿态来为选美热潮作良性的引导。

美女经济热潮背后的冷思考

辛　溪

时下，美女经济的热潮席卷全国，"美丽"产业蔚为壮观。但在这股热潮的背后，却有很多值得深思的问题。

美女经济日趋升温

美女经济是以女性的身体和容貌为卖点刺激消费、进行市场交换、创造经济效益的一种产业。美女经济是一种眼球经济、娱乐注意力经济，其本质是以女性为商品，以男性为消费主体的经济。

把美女作为商品买卖和服务的工具，自古有之。但形成产业却是市场经济的产物。我国改革开放以来，从大众传媒、影视娱乐等文化产业开始，美女经济的雏形日益显现、逐渐升温，主要表现为：

各类杂志纷纷以美女作为封面来吸引读者，各类消费品的广告也大多选择美女做主角。部分女性也利用自身的原始资本作为炒作自己、实现经济利益的手段。从"美女作家"、"宝贝作家"到"木子美现象"，"身体写作"愈演愈烈。

作为美女经济的主体产业之一，美容业日益红火，已成为继住房、汽车、旅游之后的第四大消费热点。据国家工商联的统计数字显示，截至2002年底，全国共有美容院154万家，年产值1680亿元人民币，占全国GDP的1.8%，推动相关化妆品行业消费1600亿元人民币，并以每年20%的速度递增。

美女经济的另一支柱产业——模特产业年产值高达50亿元人民币。通过选美比赛，还可以将模特送入娱乐圈，赚取诱人利润。据统计，举办选美大赛的收入一般为800万至1000万元人民币，利润约为1%—15%。

时至2004年，美女经济的触角越伸越长，已到了无孔不入的地步，甚至渗透到出版业、饮食业、百货业和装饰材料业，出现了"书业宝贝礼仪大赛"、"女体盛"、"人乳宴"，用美女当街洗澡推销浴缸、美女裸体在商场走动吸引顾客等一系列惊世骇俗之举。

至此，美女经济从生产、销售、消费到利润分配，已基本形成了经济规模，成为集文化娱乐和服务为一体的独立产业，甚至被某些人誉为"朝阳产业"。于是，有越来越多的商家把目光投向了这一产业，美女经济蓬勃发展之势锐不可当。

美女经济热潮背后的冷思考

爱美之心，人皆有之。不容否认，美女经济的兴起和发展有它一定的市场需求，但只要用社会公平和社会性别的视角去分析，却不难看出它是一种以男性为中心的产物，是用女性的原始资本为男人服务的经济。它和美丽经济的最大不同，就是贴上了性别标签，将女人变成了商品和赚取利润的工具，变成了物化的客体，它属于第三产业服务业中的另类。而美丽经济则应该是中性的，是为人服务的，无论是男人还是女人都是被服务的主体。

因此，在很多人津津乐道于美女经济创造的显著经济效益的时候，我们也要冷静地看到，美女经济的负面影响也是不容忽视的。主要为：

1. 美女经济误导了美的内涵

美应该是心灵美和形象美的统一。而美女经济却片面地以满足男性的性心理和性生理需求为基本宗旨，把容貌和形体符号作为"美"的唯一指标，它通过对美女的异化和对"丑女"的歧视，宣传"只有漂亮才会有自信"、"美是女人获得幸福的资本"的价值导向，营造女性不惜一切代价追逐美貌、男性肆无忌惮地"消费美女"的社会氛围，以达到商家从中赚钱获利的目的。在商家的巧妙"教唆"和引导下，女性对自身身体的压迫已达到了一种疯狂的程度。为了得到一个美女的称号，女性花钱买罪受，拼命折磨自己，已不乏其例。广州一女子用"斩骨增高术"把腿骨锯开，在骨间置入髓内针和调节支架，以期增高8厘米。据说，手术后半年内她生活无法自理。一位女中学生为了穿上漂亮的凉鞋，竟然借钱动手术剔去一根脚骨……

经济效益摆在第一位，患者的健康被摆在第二位或置之不顾，这是目前全国大多数美容机构中存在的严重问题，使女性的身体健康和生命安全受到严重威胁。中国整容整形业的兴起，已有10年历史。据中国消费者协会披露，这10年已经因整容整形而毁了20万张脸，平均每年因美容毁容引发的投诉案近2万起。因美容手术而丧生的事故也不断发生，辽宁的崔某、黑龙江的曹某、湖南的刘某都是因此而死亡的牺牲品。"要想美，先变鬼!"在女性盲目减肥美容的背后，是商家追求利润最大化的手在起着推动作用。女性在"心甘情愿"地改造着自己身体的同时，填满了商家的口袋，拉动了经济的增长。

由此可见，美女经济所创造的利润是用女性的生命风险换来的，它对女性的身体压迫已经到了摧残健康、伤人害命的地步。

2. 美女经济造成女性的“阶级分化”

经济基础决定上层建筑，美女经济是以牺牲女性的人格尊严、制造等级分化为代价的。卢梭指出：“我认为在人类中有两种不平等：一种，我把它叫作自然的或生理上的不平等……另一种可以称为精神上的或政治上的不平等。”美女经济的要害正是把人们不能选择的天生容貌变成了衡量社会作为、社会地位的标尺，把第一种不平等变成了第二种不平等。美丽本没有一定的标准，但当美丽成为一项产业之后，美丽也就有了自己的工业标准。身体和容貌把女人划分出不同的“阶级”，美丽把女人分出了三六九等。男人和美丽的女人一起，形成了对所谓“丑女”的“阶级”压迫。形象就是生产力，美丽就有好“薪情”。美往往更容易得到高薪水和更好的发展机会，更容易获得成功。这种把美貌放在第一位，而无视智慧和能力来评价女性的极不公平的做法，正是追求利润、追求经济效益的美女经济带来的必然后果。

3. 美女经济不利于推进男女平等的社会进程

男女平等是我国的基本国策，男女两性平等和谐地共同发展是人类社会的前进目标。但是，美女经济却反其道而行之，千方百计强化男性中心的社会机制。美女经济极力挖掘女性的观赏价值，将女性物化成商品，似乎女性的价值只在于她们的容貌和身材。女性则被动地不断改造自己的身体去迎合男性的需要，这对广大女性是极不公平的。长此以往，女性必将彻底丧失其主体性，成为依附于男性的摆设、花瓶。美女经济大力渲染女性原始资本的重要性，进一步造成女性对于男性的附属地位，导致女性在社会生活中的地位下降，必然对推进男女平等的社会进程构成极大障碍。

4. 美女经济不符合科学发展观

必须指出，美女经济是以对女性的身体和精神的双重伤害，甚至是以女性的人格和尊严受辱获得高速增长的。在国外，曾有过牺牲一代女性换来国家经济腾飞的发展模式。这是女性的悲哀，也是国家和民族的悲哀。党的十六届三中全会提出了科学发展观，并把它的基本内涵概括为：“坚持以人为本，树立全面、协调、可持续的发展观，促进经济社会和人的全面发展。”其核心是人的全面发展，这其中自然包括占人口半数的女性。国家和社会应该为女性营造一个有利于妇女全面发展的环境，促进女性的健康发展。美女经济或许会在短期内快速拉动经济增长，但它对社会的安定、和谐并没有好处，对女性的伤害更大，从长远来看，这种急功近利的经济增长方式必将埋下隐患。

美女经济应叫停，美丽产业应规范

在全面建设小康社会的进程中，不断提高生活质量、满足人们对美的追求是毋庸置疑的。但是，我们不能容忍贬低女性人格、伤害女性身心的“美女经济”无限制地发展。对美容业等正当的“美丽产业”应加以规范和引导，使其走上科学、健康、文明的无性别歧视的轨道。

1. 全社会应树立正确的审美观

美丽不是单一的，美丽的标准也应该多元化。全社会应鼓励和引导人们树立正确的审美观。一方面，要改变以男性审美标准为主的大众审美标准，消除审美客体的女性化，使两性都能自由、平等地成为审美的主体。另一方面，要提倡形象美和心灵美相结合、心灵美重于形象美。应该把能力作为评价女性的第一标准，摒弃那种“以貌取女人”的做法，给所有的女人提供一个平等的发展机会和公平的竞争环境。对那些能力素质很高，但外貌上有欠缺的女性，更不应该有歧视的态度。

2. 政府应加大宏观调控力度

目前，我国的美丽产业尚缺乏国家统一的行业规范和行业标准。没有系统的管理办法，没有专门的管理机构和管理人员，也没有相应的法律法规及统一标准，由此出现了“规矩真空”。鉴于此，国家应制定相关的法律法规对美丽产业加以引导和规范，并制定国家统一的行业规范和行业标准，对身体和精神受到损害的消费者，要有相应的法规作保障给予赔偿；对不正当经营造成消费者身体和精神伤害的商家，要依据法规予以惩罚。以牺牲女性的人格尊严为代价的色情服务业应坚决取缔，以女性容貌为卖点的传媒内容应适度调整，各种选美大赛应控制。

3. 发挥妇联组织作用，倡导给予女性充分自由的发展权

美女经济在本质上是对女性的性别歧视、能力歧视。女性的原始资本在被高度重视的同时，意味着女性的素质和能力被极端地轻视。当今社会资源配置向男性倾斜，男性所获得的发展权利和机会远远超过女性，这是不争的事实。当女性同男性一样，得到全面而充分的发展时，女性才能摆脱被观赏的客体地位。妇联组织应特别重视维护女性的各项权利，在遏制美女经济中发挥中坚作用。要当好女性代言人，宣传、提倡、努力构建先进的性别文化，动员、呼吁、协调、监督全社会力量，为女性发展、创业提供一个健康的环境，使女性能够平等地参与到社会生活的各个领域。只有这样，女性才不会仅仅依靠原始资本作为换取成功的手段。

4. 女性必须增强主体意识，做自己命运的主人

广大女性要发扬“自尊、自信、自立、自强”的精神，不断提高自己的竞争意识和竞争能力。通过不断学习，提高自身科学文化素质，用创造性的劳动来证明自己的人生价值。要增强主体意识，培养高尚、健全的人格，抛弃“等、靠、要”的依赖心理，克服自卑、胆怯、软弱，积极主动地参与社会政治经济各项事务。要努力奋

斗，不能坐享其成，不能把成功的希望寄托在身体和容貌上，更不能把改变自己命运的希望寄托在男人和婚姻上。女性要做自己命运的主人，女性要做时代的强者。要记住，再美的女人也有年老色衰的那一天。吃青春饭、挣美貌钱绝不是长久之计，美女经济不能救女人，要解放，还要靠实力！

关于美女经济的思考

夏建尧

美女经济，主要是指利用美女资源来增加公众对其产品的注意力，刺激消费，获取经济利益的活动。近年来，“美女”与“经济”一起，已组合成一个热门词汇。美女经济的发展正如火如荼。走入城市，一幅幅美女代言产品的广告牌充斥大街两旁；进入书店，一本本美女作者的著作被陈列在显著位置；打开荧屏，跳出的净是新鲜靓丽的美女；摊开报纸，是连篇累牍的美女新闻；浏览网页，“香车美女”和“豪宅美女”的广告影像充斥在各个角落。更有甚者，林林总总的选美大赛轮番上演。国际级的比赛，如“世界小姐”、“环球小姐”。国内的选美活动更是层出不穷，花样翻新。如“美在花城”、“新丝路中国模特大赛”、“东方新娘”、“明日之星”、“封面女孩”、“都市少女”、“超级女声”、“上海小姐”，另外，还有各种各样的如“内衣模特大赛”、“电视模特大赛”、“汽车模特大赛”、“房产模特大赛”等等。和选美活动遥相呼应的是席卷全国的“人造美女”运动。北京某美容中心宣布30万元打造“中国第一人造美女”，南昌某美容中心宣布斥资15万打造“江西第一人造美女”等。

美女经济的旋风从南方吹向北方，从东部刮向西部。媒体参与进来了，企业参与进来了，甚至政府也来赶场了。四川广元市政府聘请2003环球中国小姐吴薇为2004年“广元形象大使”，江苏东台安丰镇政府也搞选美并拟将佳丽聘任为镇招商办副主任。

美女经济就像一个富矿。据估计，2004年，美女经济一共为我国创收2200亿元人民币。势头高涨的美女经济，已成为与房地产业并驾齐驱的最红火也最赚钱的“朝阳产业”！美女经济在我国经济发展中的重要作用已是不争的事实。但对美女经济，贬者有之，褒者有之。那么，怎么正确看待美女经济？面对美女经济，我们该怎么办？

美女经济的实质：注意力经济

早在1996年，英特尔公司的前总裁葛鲁夫就认为，整个世界将会展开眼球争夺战，谁能抓住更多的眼球，谁就能成为21世纪经济的主宰。可以说“眼球经济”是“注意力经济”的由来。而“注意力经济”这一概念则是由美国经济学家迈克尔·戈德海伯于1997年在美国著名的*Hot Wired*杂志发表的一篇题为《注意力购买者》（*Attention Shopper*）的文章中提出来的。他认为，在新经济时代，最重要的资源不再是传统意义上的货币资本，也不是信息本身，而是注意力。对每一个人来说，注意力是一种无形、有限、不可替代和不可分享的心理资源，也是人们从事任何活动都必须投入的要素。随着社会经济文化的发展，面对急剧膨胀的信息，越来越丰富的产品、越来越多样化的选择，人类的注意力越来越不够用了。经济是由资源的稀缺性决定的，因此，“注意力经济”的概念应运而生。随着我国市场经济的发展和经济的全球化，商家之间的竞争白热化，同类产品对客户的争夺更是你死我活。竞争的手段已从质量竞争、价格竞争、服务竞争发展到吸引消费者注意力的竞争。如何以最少的投入获得公众对他的产品最广泛、最有效、最持久的注意力，已成为各商家共同关注的问题。美女，给人美感，引人注目，具有亲和力强、感染力强的特点，可以催生巨大的“注意力经济”，因此，成为各界竞相争取的传播载体。

美女经济的动因：多方合力求共赢

其实，美女经济在我国也算不上是什么新事物。早在2000多年前，卓文君当垆卖酒应该说与今日的“酒促销”小姐没什么两样。仇十洲、唐伯虎等古代画家就是依靠“美人图”以增加收入的。历代除了为帝王选妃选秀外，民间也有不少评选“花魁”之类的选美活动。但美女经济搞得红红火火却是近几年的事。那么，美女经济的动因是什么？

美女经济是我国经济社会发展的产物，是观众、媒体、商家、美女等多方合力的结果，最后因满足了各自的利益实现共赢而皆大欢喜。

首先，观众对美的强烈追求，这是美女经济得以盛行的社会基础。人人皆有爱美之心，美是大众文化永远的亮色，而人体美更是大众乐于欣赏并孜孜以求的。黑格尔在他的《美学》中说过："自然美的顶峰是动物的生命美。而最高级的动物美正是人类形体的优美。它来自肤色、光泽、毛发、轮廓与匀称的结构——人体上处处都显示出人是一种敏感而生气灌注的整体。"人体美作为一种最普及、最动人的审美对象，既散发着自然美的魅力，又闪耀着社会美的光彩，而人类又把女性美看作是顶峰上的明珠。同男性相比，女性的曲线是最优美的曲线，女性的肤色是色彩中最美的色彩。黑格尔说"肉色是最美的颜色"，就是指女性的肉色。女性人体最符合黄金分割比例；女性的阴柔之美最具有亲和力，符合人们多年形成的审美习惯。正因为上述原因，不分老少男女，地不分南北东西，人们对女性美的欣赏总是乐此不疲的。

美少女对名与利的追逐，使得她们成了美女经济的传播载体。我们处于一个追求自由、张扬个性的时代。青春涌动的美少女，毫不掩饰地展示自己的美丽，并希望通过选美大赛得到大家的认可，赢得公众的赞许。但促使美女们投入美女经济大潮的，更有经济利益上的考虑。"漂亮的脸蛋出大米"，这是70年代一部朝鲜电影中的一句台词，台词批评当时朝鲜社会上存在的将粮食分配和人相貌联系起来的不公平现象。如今，"漂亮的脸蛋出大米"在当代中国成了一个不言自明的真理。美女意味着有较多的发展机会，较高的薪资待遇。一旦戴上了"XX小姐"的桂冠，参赛者的美丽就成为一笔巨大的无形资产，那实在是光芒四射、风光无限。从此可以给企业做广告，可以向娱乐业进军，可以做许多其他女人做不到的事情。

商家是美女经济的直接推动者。亚里士多德曾经说过，美是比任何介绍信都有力的推荐。产品经美女展示，销量迅速增加；报刊经美女做封面，引来大批读者；服务经美女一说"好"，弄得周围人也都来"享受"；公关由美女来坐镇，关系马上理顺。自然，商家接下来只要开心地数银子就是了。以蒙牛为例，蒙牛用2800万买断了2005年"超级女声"节目冠名权。并且利用"超女"在国内日益疯狂的影响力，投资近8000万元用于各类媒体广告，推出"2005蒙牛酸酸乳超级女声"的产品。"超女"成功地为蒙牛打开了市场大门：蒙牛乳业2005年上半年财务报告显示，公司上半年营业额由去年同期的34.73亿元上升至47.54亿元，纯利润高达2.47亿元，较去年同期的1.84亿增长25.5%。美女经济的力量暴露无遗。

媒体是美女经济推波助澜者。美女与经济的结合最终要通过媒体来发布，媒体可以从中赚取巨额的广告费。以湖南卫视为例，2005年"超级女声"的广告价格每15秒高达7.5万元，而年度总决选的广告报价则高达每15秒11.25万元，超过了央视1套黄金时段的电视剧贴片广告的11万元。据了解，"超女"总决选每场比赛的广告时间总和都不少于30分钟，粗略的计算每场比赛的广告收入大概在250万元左右。10期节目下来，湖南卫视的收益就达2500万元。这还不包括数百万元的短信提成。

美女经济也是推动地方经济发展的重要力量。据国际传媒评估，仅"世界小姐"赛事所造成的全球影响力及其对举办国的城市品牌、区域品牌所带来的提升价值，就相当于44亿美元的广告投入。有人评估说，三亚的世界小姐大赛对三亚经济的贡献可达40亿元。美女经济还可带动健美、美容、旅游等相关产业的发展。

总之，美女经济在当代中国的盛行，有其合理性。它促进了我国经济的发展，也使人们的生活更美。社会应该以理性的眼光去看待美女经济，没有必要去指责、去压制。

对美女经济的态度：扶正祛邪

但也应当看到，美女经济并不是完美经济，在其发展过程中也出现了一些的负面的消极的东西。如果不加注意就会妨碍美女经济的健康发展。

1. 误导了美的内涵

美是一个人综合素质的体现，美女的评判标准不仅要看形象指数，还应该从其他各个方面进行综合评判，譬如才艺指数、智慧指数、人气指数、生活态度、艺术修养、心理素质、综合气质等因素。美是内在美和形体美的统一。但由于商家刻意追求女性的美丽性感，如容貌长相、三围比例等，而对女性的内在美没有特别的要求。也可能受时空的限制，公众只能通过媒体看美女，无法同美女进行亲密接触直接交流，因而一时无法发现美女的内在美，所以客观上给人以女性美就是形体美的假象。于是，不少美少女片面追求形体美，而忽略了自身内在美的塑造。为了美的外形，盲目减肥，甚至冒着毁容的危险进行人工整容。不少女孩到整形医院"订购"起"金喜善的鼻子"、"赵薇的眼睛"、"舒淇的嘴唇"……据中国消费者协会的统计资料显示，1994年至2004年，因手术失败把美容变毁容的人多达20多万，有些人甚至造成终身的遗憾。

2. 误导了人生观、价值观

一朝登上美女榜，不绝财誉滚滚来。一个个选美"造星"活动的成功，一场场商业包装"辉煌"的诱惑，无孔不入的"美女经济"正扭曲着女性的价值观：歧视劳动和知识，转而凭借自己的外貌资源，千方百计去换取金钱和一步到位的所谓“幸福生活”，偏离了依靠勤奋学习和刻苦钻研取得成功的正常途径。有的女大学生甚至以个人的写真集代替自我推荐书去求职。更让人忧心忡忡的是，美女经济已经渗透到了中小学，有人问小学生、中学生长大做什么，一些学生竟脱口而出：“当美女！”在一些学校，学生自己会自动地评选“美女”，而“美女”可以不用打扫教室，因为有“护花使者”代劳。“学得好不如干得好，干得好不如长得好”的观点正侵蚀着青少年一代。把人们的文化观念、价值观念引向歧途，这将不利于孩子们的成长。

3. 超越了道德的底线

美女经济，是通过对美女的真善美的展示，来吸引公众对产品的注意力。所以，人们能对美女经济的泛滥持宽容甚至赞许的态度。因为至少说明社会有这方面的需求。但美女经济有走向低俗化的趋向。受利益驱动，个别商家不惜迎合一些人的低级趣味，来吸引公众的注意力。他们过分强调女性外在的美丽性感，比如丰满的乳房，细嫩的皮肤，甚至用“性暗示”来招徕消费者。近年来，这种让人咋舌的“美法”不时见诸报端。美女经济变味了，堕落成了“裸女经济”，触及了法律和道德的底线。

美女经济本身是很美好的事物，作为一种日益重要的经济活动，一定要注意公众影响。因为美女经济抓的就是人们的注意力，这就更应该掌握分寸。与其他的经济一样，美女经济的健康发展需要规则的约束。遏制美女经济的负面影响，让社会主义的先进文化主导公众的精神领域，需要社会各界齐抓共管。

首先，政府部门要履行监管职责。宣传、文化等部门要采取有效措施，严禁党政部门参与组织选美比赛，禁止某些媒体对有关“美色”活动大肆炒作；工商部门对触及法律和道德底线的商业活动、商业广告要依法查处；卫生部门应明确禁止非医学需要的、针对未成年人的美容手术；教育部门应明确禁止在校园内举办“选美”活动，督促有关部门规定参加选美比赛选手的最低年龄等。只有在强有力的监管下，才能最终避免“美女经济”的“走火入魔”。

其次，发挥大众传媒应有的作用，努力营造良好的舆论环境。某些媒体为追求“卖点”，吸引“眼球”，对有关“美色”的活动大肆炒作，客观上为各种低俗“美女经济”起到了推波助澜的作用。我国的新闻媒体是党的喉舌，应牢牢坚持政治家办报办台的原则，以正确的舆论引导人，并发挥好舆论监督作用。

再次，要加强对青少年的教育和引导，帮助他们树立正确审美观。德谟克利特说：“身体的美若不与聪明才智相结合，是某种动物的东西。”柏拉图也强调指出：“应该学会把心灵的美看得比形体的美更珍贵，如果遇见一个美的心灵，纵然他在形体上不甚美观，也应该对他起爱慕。”形体之美是美，气质之美、道德之美、智慧之美、劳动之美更是美。人们不应该片面追求形体之美，而应该追求整体美，实现真、善、美的统一。

附录

附录一："美女经济"搜索关键词

美女经济、美女经济学、美女生意、世界小姐、旅游小姐、环球小姐、城市形象大使、车展美女、选美大赛、高校美女经济、校园美女经济、奥运美女经济

附录二：A类文章目录

- 美女是消费第一推动力/猛小蛇//商业时代 2002－15
- 保健品市场与美女经济//医药经济报 2003－03－12
- 美女牵着经济跑/黄勇//经营管理者 2003－09
- 春光倩影逐商海——解读"美女经济"/万辉//企业导报 2003－10
- 传媒：美女经济的新主角/冯媛//中国妇女报 2003－10－25
- "美女节"爆响假日经济/孙珂//新西部 2003－11
- 中国与美丽有个约会/刘庆国//决策与信息 2003－12
- 瞅准美女瞄准美女经济/丁楠//投资与营销 2004－03
- 美女经济，大场面有大智慧/马望峰//中关村 2004－03
- 美女制造与美丽经济/张渊//今日中国（中文版）2004－03
- "世姐"大赛：一半是美女　一半是经济//深圳商报 2004－04－16
- 美女经济/本刊编辑部//企业改革与管理 2004－05
- 聚焦"美女经济"//中国老年报 2004－05－28
- 美女经济商机无限//华夏时报 2004－05－31
- "美女经济"之花样年华/仲志远//经济 2004－06
- 美女经济的文化意味//经理日报 2004－06－28
- "世界美女"掘金中国/秦利文//金融经济 2004－07
- 七仙混世——美女的经济效应/米芬//决策探索 2004－07
- 浅析电视台举办选美比赛的营销链/李燕萍//声屏世界 2004－07
- 一半是美女　一半是经济/张渊//百姓 2004－07
- 数字时代的"美女经济"//多媒体世界 2004－Z1
- "美女经济"应降温　"循环经济"要升值——请把眼球瞄准循环经济/杨永善//陕西统计与社会 2005－03
- 借力美丽经济铸就专业频道/杨宁//大市场（广告导报）2005－02
- 美女经济的黄金商业平台——记 CCTV 模特电视大赛//市场观察 2005－03
- 禁止党政部门参与组织选美//中国妇女报 2005－03－11
- "美女经济"愈演愈热　委员建议严控选美比赛//北京娱乐信报 2005－03－12
- "高校美女经济"是否冲击大学精神//中国改革报 2005－03－12
- 谁是"美女经济"的最大赢家//中国改革报 2005－03－26
- "美女经济"：法律如何对待？//人民法院报 2005－05－25
- 美丽相伴，一同走过从前——新丝路模特经纪公司"美女经济"之路/余风//经纪人 2005－06
- 国际选美机构为何钟情中国/沈颛楚//沪港经济 2005－08
- 走星光道　圆世姐梦/苏小刚//运输经理世界 2005－12
- 脚踩美女经济和赛车经济两只船——玲珑轮胎打造中国首支美女车队//汽车观察 2006－03
- 三亚不是夏威夷——三亚旅游产品品牌营销策略探讨/燕窝//广告大观（综合版）2006－03
- 青春的风采——专访 2005"中国小姐"/赵婷婷　尹志宏//艺境（山西艺术职业学院学报）2006－02
- "美女经济"面面观——社会文化环境中的营销价值/李莉//商场现代化 2006－02－07
- 旅姐中国：时尚作证实力/张晶//中国纺织报 2006－4－21
- 美女经济影响下的电视传播效果分析/罗颂华//山东视听 2006－05
- 提升旅游形象大使的人文素养/陈颂英//贵州日报 2006－06－23
- "美女胜地"来华打起经济牌/文婧　聂莹//经济参考报 2006－08－03
- 让"选美"回归美丽/何勇//中国妇女报 2006－08－24
- 新广告时代——山东卫视整合营销实例/张蕙//广告人 2006－09
- 倩丽"大使"/尹潇　李津虹　侯贺良//走向世界 2006－10
- 怀柔"美丽经济"渐成品牌/赵信一　温来生//北京商报 2006－10－30
- 香车旁侧的美女经济/吴悦//中国经营报 2006－11－27
- 美女经济热与女大学生就业难现象思考/黄颖//华东交通大学学报 2007－06
- 国际旅游小姐大赛中国造：选美经济撬动旅游产业/乐琰//第一财经日报 2007－07－23
- "美人计"撬动旅游产业撬动/张天韵//广西日报 2007－08－07
- 浅析美女标签的心理和社会资源/敖琪//天府新论 2007－S2
- 张梓琳，中国第一位世界小姐/周子涵　沐雨//商业文化 2008－02
- 需要更好地筹划未来/张颐武//中关村 2008－04
- 如何发掘美女经济金矿/李瀛//北京商报 2008－06－30
- 张梓琳：知性优势为我的成功加分/周子涵　沐雨//职业 2008－07
- 开发美女资源发展美女经济　打造魅力忻州/薛双平//山西新闻网忻州站 2008－08－03
- 像索玛花一样绽放/米赢//凉山日报（汉）2008－08－08

附录三：B类文章目录

- "美女经济"时代可以休矣/汤国庆//创新科技 2002－04
- "美女经济"真的可以休了吗？/赵清波//创新科技 2002－07
- 李小白：美女经济不好"玩"/刘战红//科技智囊 2003－07
- 当美女在广州成为商品新经济//《新经济》2003－10
- 反观"美女经济"/刘苏//企业导报 2003－10
- 广州姿本主义/樊荣强//新经济 2003－10
- 不过如此的美女经济/素面伊人//新西部 2003－12
- 选美泛滥：争"第一"还是争金钱？/祁建//中国商报 2004－11－16
- "美女经济"值得喝彩吗？//解放日报 2004－02－13
- 美女正被"经济"着//国际商报 2004－02－18
- 空中网联手中移动开发"美女经济"//通信信息报 2004－05－12
- 美女经济风气侵入校园//发展导报 2004－10－26
- "美女经济"愈演愈烈值得警觉//中国妇运 2004－11
- "美女经济"是耶？非耶//人民日报海外版 2004－11－06
- "美女经济"正误导中国女孩//新华每日电讯 2004－11－06
- 选美，一个雾里看花的美丽传说/娜娜//民族论坛 2005－03
- "高校美女经济"腐蚀大学精神/赖少芬//新华每日电讯 2005－03－11
- "美女经济"是该刹车了/陈西湖//宁波日报 2005－03－14
- 遏制"美女经济"期待女性觉醒//中国妇女报 2005－03－14
- 美女经济与女性空心化、商品化/骆晓戈//中国艺术报 2005－03－18
- 消费美丽：时代的文化症候/金元浦//粤海风 2005－04
- 美女经济：看上去并不美/王永钦//中国妇女报 2005－04－04
- "美女经济"该降温了/严歌//光明日报 2005－04－21
- "美女经济"是一种畸形经济/尹卫国//广州日报 2005－05－25
- 我们不要畸形"美女经济"//安徽日报 2005－05－30
- 遏制媚俗的"美女经济"/王晓英//吉林日报 2005－07－14
- 从"美在花城"走到"姿本经营"/陆青//广告人 2005－09
- 青楼莺声为谁啼？/乐云//书屋 2005－09
- 车模——美丽和奢侈的和谐/孙晓红//当代汽车报 2006－06－14
- 美女经济损害妇女尊严//中国妇女报 2006－01－07
- 专家杨永善"炮轰"美女经济/赵福生//三秦都市报 2006－01－09
- 如此"环球中国小姐"，是"令人惊讶"/吴晶//新华网 2006－04－03

⊙ 美女经济，请走好／胡爱林／／山西老年 2006－05
⊙ 借选美活动营销城市旅游，灵吗？／杨玲莹　丁宁　陆高峰／／中国旅游报 2007－09－17
⊙ 美女经济入侵大学校园　冲击大学生人生观／秦晖／／广州日报 2007－01－04
⊙ 选美请不要冠以“大学生”之名／张鸣／／新京报 2007－10－09
⊙“丽人经济”不可取／李金桀／／光明日报 2008－05－01

附录四：C类文章目录

⊙ 美女经济“经营”美女／马芳／／厂长经理日报 2002－02－21
⊙ 美女经济／李红梅／／经营者 2002－06
⊙ 方兴未艾的“美女经济”／董迎春／／中国科技信息 2002－21
⊙ 美丽经济掀起你的盖头来／巴渝子／／经营者 2003－02
⊙ 美女经济：漂亮的脸蛋出大米／丁楠／／公关世界 2003－03
⊙ 美女是一种经济／／经贸世界 2003－04
⊙ 美女经济／丁楠／／经营与管理 2003－05
⊙ 美女经济与美女不经济／洪涛／／英才 2003－08
⊙ 春光倩影逐商海——解读“美女经济”／万辉／／企业导报 2003－10
⊙ 美丽文化魅力三亚／／今日海南 2003－10
⊙ 我看美女经济／笑波／／新闻天地 2003－10
⊙ 传媒：美女经济的新主角／冯媛／／中国妇女报 2003－10－13
⊙ 中国“选美”再回首／刘晓林／／观察与思考 2003－11
⊙ 成都：“美女经济”进行时／／四川日报 2003－11－21
⊙“美女经济”：时尚与尴尬／王珏／／决策与信息 2003－12
⊙ 将“美丽”进行到底——本刊独家专访第53届世界小姐总决赛主策划人杨其元／珍子／／当代经理人 2003－12
⊙ 聋哑美女“环球小姐”大赛获奖／温闻／／中国残疾人 2003－12
⊙ 美丽国度里de“教皇”和“圣母”／远宜／／决策与信息 2003－12
⊙ 美女经济，像美元一样坚挺？／李林／／中国商报 2003－12－05
⊙ 美女经济扑面来／／江苏经济报 2003－12－17
⊙ 美丽经济：甜蜜＋遗憾／高虹／／海南日报 2004－11－30
⊙ 谁能玩转美丽经济？／高虹／／海南日报 2004－11－30
⊙ 选美，一场虎头蛇尾的年度娱乐／宋宾娜／／黑龙江日报 2004－12－16
⊙ 中国“选美时代”来了？／吴钟斌／／海南日报 2004－11－28
⊙ 2003年媒体“造美”热现象分析／林晓华／／新闻界 2004－03
⊙ 美丽：改变生活的一种方式／刘阳／／南风窗 2004－01
⊙ 四只眼睛看“世姐”大赛／杨明品／／今日海南 2004－01
⊙ 赞助“世界小姐”有用吗？／／经理人 2004－01
⊙ 美女经济成就了谁？／李莉／／商场现代化 2004－02
⊙ 谁诱惑了“美女经济”／高路　徐寿松／／记者观察 2004－02
⊙ 有感于主持人形象／李水仙／／现代传播 2004－02
⊙“美女经济”赢在媒体？／／中国妇女报 2004－02－09
⊙ 中国碰撞“世界美女”两大赛事／余风／／经纪人 2004－03
⊙ 选美过多谁之过？／张华念　张雅娟／／新闻爱好者 2004－04
⊙ 战斗的身体与文化政治／孟繁华／／求是学刊 2004－04
⊙“我不是美女经济的创始人”／／深圳商报 2004－04－23
⊙ 空中网联手中移动开发“美女经济”／／通信信息报 2004－05－12
⊙ 美女经济网上迈猫步／／经理日报 2004－06－12
⊙“美女经济”也要有度／／经济日报 2004－09－10
⊙ 美女经济，朝阳产业？／／社会科学报 2004－09－30
⊙ 沟通、创意与策略／徐蓉／／饭店现代化 2004－12
⊙ 美女经济究竟是一种什么样的经济／／中国矿业报 2004－12－08
⊙ 拷问美女经济／何道宽／／光明日报 2004－12－09
⊙“美女经济”将无聊进行到底／／华夏时报 2004－12－21
⊙ 谨防美女经济影响价值取向／／中国时尚品牌网 2004－12－28
⊙ 旅游小姐在天堂人间／刘钢强　晏然　王心如／／观察与思考 2004－13
⊙ 女人搭台，商业唱戏／／经营者 2004－Z1
⊙ 一场“美丽经济”之战／胡劲华／／财经时报 2005－12－03
⊙ 取才还是取貌：高校美女经济是否冲击大学精神／／中国青年报 2004－09－23
⊙ 成都的美女经济／王跃／／四川省情 2005－01
⊙ 美女经济的哲学观照／刘成付／／湖北经济学院学报 2005－01
⊙ 女学者热论“美女经济”／／中国妇女报 2005－01－05
⊙“美女经济”的含金量／余丰慧／／中国社会导刊 2005－02
⊙ 美女成“灾”——选美泛滥之痣／祁建／／经纪人 2005－02
⊙ 美女经济热潮背后的冷思考／辛漫／／学术交流 2005－03
⊙ 美女经济与女性就业／骆晓戈／／湖南科技学院学报 2005－03
⊙ 不要宣扬中小学生“选美”／文有仁／／新闻三昧 2005－04
⊙ 消费社会的女性符号化倾向——“美女经济”的社会学透视／杨雪云／／合肥工业大学学报（社会科学版）2005－04
⊙ 必须看到美女经济泛滥的社会成本／孙钱斌／／中国妇女报 2005－04－04
⊙ 美女经济：以“经济”的名义媚俗／／中国妇女报 2005－04－12
⊙ 莫让“美女经济”泛滥——访杨帆教授／张玉玲／／光明日报 2005－04－19
⊙ 三个问题　考问“美女经济”／／中国纺织报 2005－04－29
⊙“美女经济”的多米诺骨牌／耿银平／／检察风云 2005－05
⊙ 美女经济：外貌价值化的产物／任正英／／中国妇女报 2005－05－09
⊙ 遏制美女经济泛滥的重要一步／林木／／中国妇女报 2005－05－23
⊙ 下岗女工与百位名模／李志刚　宁海燕／／今日湖北 2005－06
⊙ 选美招商：政府跟着“美女经济”起哄／蔡玉高／／新华每日电讯 2005－06－21
⊙“册封”为美女之后／章翔鸥／／温州瞭望 2005－07
⊙ 美女经济滥觞与传媒炒作／文仕全／／廉政瞭望 2005－07
⊙ 从女大学生“参与选美”说开去／王勤　祁靖／／中国青年研究 2005－08
⊙ 美丽经济，无锡玩得转吗？／／无锡日报 2005－08－08
⊙“环球小姐”老师“爆料”：我曾是个卖菜工／李志刚　宁海燕／／经纪人 2005－09
⊙ 选美：文化还是经济现象？／／亚太经济时报 2005－12－16
⊙“美女经济”与政府功能的再定位／唐德龙／／中国社会导刊 2005－14
⊙ 对“美女经济”和美丽资源开发与管理的思考／郑继江／／聊城大学学报（社会科学版）2006－01
⊙ 关于美女经济的思考／夏建尧／无锡商业职业技术学院学报 2006－01
⊙ 美女经济对女大学生价值观念的不利影响及对策分析／朱静／／安徽电子信息职业技术学院学报 2006－01
⊙ 沸腾的“美女经济”／／健康必读 2006－03
⊙ 美女经济、超女经济 and 淑女经济／朽木／／中国市场 2006－03－07
⊙ 美女经济——对身体的消费／佟新／／书摘 2006－04
⊙ 阻止选美泛商业化／鹿明／／北京商报 2006－04－28
⊙ 选美营销：共赢的商业契机／鹿明／／北京现代商报 2006－05－22
⊙ 拍客网：网上的美女经济／赵明／／中国经济时报 2006－06－21
⊙ 北京车展难过“美人关”／翟旭鸣／／财经时报 2006－11－13
⊙ 文化盛宴　活色生香／吕翠莲　汤序民／／走向世界 2006－11
⊙ 影像、身体及消费／张萍／／湖南师范大学 2007
⊙“选美热”的女性主义思考／李静／／临沂师范学院学报 2007－05
⊙ 从多元到和谐的美丽轨迹／鹿明／／北京商报 2007－07－06
⊙ 选美（秀）活动对性别和谐的负面影响及其思考／黄颖　李东风／／科技广场 2007－08
⊙ 国际旅游小姐大赛：摆脱选美混战／周务本／／经理人 2007－09
⊙ 典型性选美中的非典型性侵权／尹训宁／／中国知识产权报 2007－09－27
⊙ 反思“美女”经济／吴秀娟／／北方经贸 2007－10
⊙ 选美经济与审美疲劳／陆高峰／／中国文化报 2007－11－06

分众传媒

一、2008年7月—9月，我们设计了15个关键词（见附录一），在网上对“分众传媒”进行检索，删除了其中大量的无效信息、重复信息和只言片语式的评论，得到的统计结果是：2002年－2008年9月20日，纸质媒体、公共网站发表的各类研究、评论、报道共计473篇。

二、我们根据上述统计资料，对相关内容进行了分类，得出以下结论：

A：在共计473篇评论、研究和报道中，对“分众传媒”予以充分肯定、基本肯定的共计419篇，占总数的88.6%。（见附录二）

B：在共计473篇的研究、评论、报道中，对“分众传媒”予以完全否定、基本否定的共计29篇，约占总数的6.1%。（见附录三）

C：在共计473篇的研究、评论、报道中，对“分众传媒”无明确评价指向或无法作出分类归属的共计25篇，约占总数的5.3%。（见附录四）

三、我们从上述473篇文章中辑录出有关“分众传媒”的重要研究观点64条。

四、我们从上述473篇文章中，辑录出有关“分众传媒”产业效益方面的报道48条。

五、我们集体讨论选编有关“分众传媒”的重要文章8篇。

1. 透视分众现象/丁俊杰//经济观察报 2004－09－13

2. 分众传媒：独创的商业模式/兰度//经理人 2005－03

3. 分众传媒：一个行业和一家公司的诞生之路/高永宏//新财经 2005－08

4. 分众传媒享受“水平”创新的快感/刘源远//中外管理 2005－10

5. 分众传媒再“分众”/曹朝霞//信息产业报道 2006－05

6. 江南春和他的分众传媒帝国/刘世英//企业研究 2006－08

7. 解读分众传媒行销密码/郭丽彬//中国集体经济（下半月）2007－06

8. 开创红海中的蓝海——以分众传媒为例/杨珊珊 余明阳 王方华//市场营销导刊 2007－05

六、附录

附录一：“分众传媒”搜索关键词

附录二：A类文章目录

附录三：B类文章目录

附录四：C类文章目录

重要观点辑录

关于“分众传媒”的经验和影响

有一天，江南春（分众传媒CEO——编者注）在徐家汇太平洋百货电梯门上看到广告海报，他突发奇想，要让海报变成电视。接下来的时间里他只做了一件事——让他的液晶电视广告机遍布各个城市的商务楼宇，就是在这些被广告人忽视的电梯旁，他找到了一个超过10亿元的新兴广告市场。现在他的广告机已经进入全国45个城市的20000多栋楼宇中，接下来，他将继续进驻购物中心和大卖场，强制性地去影响那些快速消费品的购买决策者。

可以说，分众媒体改变了广告投放的价值链，广告主目前不得不面对的一个现实是，这是一个市场深度细分的时代，“广而告知”的营销传播方式已经失灵，因为消费者在这个信息爆炸时代是按照自己的生活方式来接触媒介的。电视、报纸、广播、互联网一统天下的格局早已经被打破。企业必须认真分析和找准自己的目标消费群体的接触点，按照接触点的细分来组织广告传播，才不至于让广告费打水漂。

（摘自：《江南春：分众传媒一统江湖》，《经营者》2006年第17期）

“三高”（高收入、高学历、高消费）精英人士成为各种厂商追逐的对象，而这些人也被各种传媒和广告有针对性地进行形式各异的“视觉轰炸”。

今年下半年，分众传媒将开通更多联播网，如机场火车站联播网、高尔夫球场联播网、美容美发联播网、医院联播网、餐饮娱乐酒店联播网、电影院联播网和高级白领联播网等，这是分众对市场的再一次针对性的差异化分类。“三高”人员将承受更多的“视觉轰炸”。

其中美容美发联播网已经在北京、上海一些高档美容美发机构投入营运，期望这些人士在难熬的时光接受广告。高尔夫针对的是最高端的人群。而机场火车站联播网还覆盖了包括上海的磁悬浮列车。

（摘自唐新：《分众营销火爆分众传媒筹资扩张》，《21世纪经济报道》2004年7月29日）

一个现代人的一天，8个小时呆在家里，如果1小时用来看电视，那么这1小时有5分钟看广告，在这5分钟看广告过程中，实际上创造了四五百亿的中国电视广告市场，这5分钟创造的是一个非常巨大的价值。而在这8小时之外，16个小时呆在家庭以外的地方，所以我认为，如果能建设一个广告网络切入到他的工作生活之中，算一笔账，假设在这个网络上他每天也能收看5分钟，500亿的市场可能是看不到，但是50亿的市场肯定有的，所以从这一角度看，中国的户外电视广告网络充满非常巨大的想象空间。

我们想做的事情就是做中国的户外电视广告。包括不同的CHANEL，锁定不同的信息受众。今天大家已经看到我们所做的商业楼宇联播网，受众针对的是企业主、白领、职业经理人，未来，我们还会推出针对高级商务人士的中国高尔夫联播网，针对医院和病人的中国医院联播网，针对学校群体的大中学校园联播网等等。

（摘自江南春：《编织一个分众广告传媒的大网》，《商务周刊》2004年第22期）

此次募得的1.72亿美元，分众传媒将主要用于其第二大联播网——卖场联播网的扩张。专业人士分析认为，分众传媒并未走向多元化，仍是重复楼宇电视广告联播网的盈利模式，以此为基础，发展其他特殊场所联播网，如机场联播网和高尔夫联播网。

有业内人士质疑，分众目前的业务模式比较单一，技术含量不高，容易被复制。江南春目前仍在美国纽约，记者无法与其取得联系，一位分众传媒的高层接受了采访。他回应称：“以前我们用的是DVD播放，现在是CF卡，由我们公司研发，这是技术上的提升。”

他认为，目前移动电视还并未对其构成太大的威胁，“如果他们进楼宇，也只是一些一般性楼宇，因为优质的商业楼宇都大部分被我们收为己有了，而且我们与楼宇签订了5年的排他性协议，这也就意味着在短期内，其他的视频广告商不能进入其中。”

（摘自潘琼　贾肖明　郎朗：《江南春身家飙至2亿美元》，《南方日报》2005年7月15日）

江南春又是如何把它的故事卖给老外的呢？江南春的解释是，分众传媒的商业模式太容易理解，“分众概念”无非就是锁定高端人群，有针对性地播放广告。从广告代理到分众传媒，他始终偏向于财务模式，更关注客户和自己的投资回报率。

他称，经历过三次融资后，美国的风险投资家越来越了解“中国特色”，习惯于“中国特色”，他们对此很容易理解。就是对他们说，就是租了块地放广告，告诉他们我的合同是长期的、独家的，锁定这些资源，商业楼宇资源又是有限的，美国的投资者听5分钟就明白了。

（摘自何晓晴：《分众传媒，找个亮点“卖”自己》，《民营经济报》2005年7月25日）

据AC尼尔森统计，2004年中国户外广告市场达160亿元人民币，但80%的资源却分散在6万多家中小型广告公司手中，整合似是行业大势所趋。

此次分众传媒在汉能的财务咨询下，以上亿美元的价格收购框架媒介，不但创下了中国近年来媒体并购的最高纪录，也显示背靠海外资本市场，不断展开媒体整合的操作模式，正在塑造中国户外广告市场的全新格局。

广告学教授金定海（上海师范大学人文与传播学院副院长——编者注）认为，此次并购的意义在于创造性地重组了新媒体的功能和价值。分众的并购力图寻求生活集聚区最大程度的传播覆盖，挑战了传统媒体的空间限度，致力于打造在生活与非生活、工作与非工作的过程空间或非自主滞留环境中的传播强效性，尤其注重拓展对消费者不确定意识状态中的确定性传播，这种试图建构立体化、无缝化、精确化的强传播模式值得关注。

（摘自金敏华：《分众传媒整体收购框架媒介》，《深圳商报》2005年10月18日）

"2003年，分众确实没有太大技术壁垒。"对此，江南春坦言，"但到了2005年，作为市场先行者，我们与很多楼宇的合约是长期的，并享有独家的续约权。而且，各个楼宇到期的时间也不相同，所以被打掉的可能性比较小。"

"通过多业态的产业整合，分众正在打造一个'综合性的商业壁垒'。"钱学锋（汉理资本总经理——编者注）说。

与蒙牛酸酸乳在"超级女声"节目中进行的成功营销理念相似，江南春把分众传媒的壁垒时髦地称之为——"户外生活圈媒体群"，即将广告切入到消费者的生活形态和生活轨迹中。

"一个人早上上班，他进了电梯会看到电梯海报，在写字楼看到楼宇广告，而在超市、大卖场又能看到我们的大卖场联播，分众的综合影响力将得到很大的提升，市场的后进者也将更难效颦。"江南春说。

2005年6月，分众开始大举进军市场新崛起的蛋糕——大卖场的液晶电视广告市场。自6月初以来，分众分别与全国好又多、新世纪、新华超市、华联、易初莲花等上百家超市签定协议，在它们的货架旁、收银机等处挂起液晶显示屏滚动播出市场信息。

（摘自杨琳桦：《美国投资人1小时质询：分众1.8亿美金收购"电梯海报"》，《21世纪经济报道》2005年10月20日）

江南春称，这已经在分众的盘算之内，"今年分众的楼宇业务将更加细分化。比如，我们成立了中国高尔夫联播网作为一个独立频道，因为客户可能认为针对广大白领的楼宇广告投放还不够精确，当我们把业务和频道更细化的时候，客户会更愿意去投放广告，而在价格上也可以给我们创造更多收入。"

"比如在上海，一条30秒广告每周播放420次，价格是每个月288000元，而这个高尔夫联播网产品的价格是198000元一个月。"

（摘自杨琳桦：《美国投资人1小时质询：分众1.8亿美金收购"电梯海报"》，《21世纪经济报道》2005年10月20日）

"我们从来没有想过要做内容。首先，时间太短，片段的内容对用户是否有价值；第二，当你放短新闻时，广告就没了，你的商业模式就成了问题。"江南春笑言，"我认为能发布内容未必是一种优势。至少从目前看，去推动与消费者相关的资讯是更好的。"

（摘自杨琳桦：《美国投资人1小时质询：分众1.8亿美金收购"电梯海报"》，《21世纪经济报道》2005年10月20日）

生活圈媒体实质上强调的是媒体更精准的覆盖，通过与生活环境结合，成为更有影响力的媒体。但从某种意义上讲，生活圈媒体不过是把多种媒体进行了整合和组合，只是恰好具备了"生活圈"的特征而已。

业界专家似乎更看重这种整合的意义。他们认为选择整合的战略是正确的，因为只有整合才能使其价值增值，这个增值包括客户服务的增值、自身的增值以及垄断的增值等；此外，整合可以让成本降低，形成集中传播和垄断性传播。而生活圈媒体的出现，使广告持续了传播效力，避免了普通户外广告分隔长、点位固定的问题；生活圈媒体的形成正是"大媒介"垄断性传播时代到来的信号。

（摘自洪宇：《分众传媒购并框架媒介，构筑"生活圈媒体"》，《中国经营报》2005年10月31日）

江南春认为，楼宇广告在中国的成功和中国特殊的国情有很大的关系。

"我在美国最大的一个印象，就是从来没有一个等电梯的概念，人少电梯爆多，你一按按钮，五秒钟之内，这个电梯就open了，然后你就进去，这个等候的空隙是不存在的，可能人家的物业服务标准就是这样。但是中国是个不太相同的国家，它有特殊的国情，它就会有2.2分钟等候电梯的时间，这样一个人一天会有四五分钟等电梯的无聊时间产生。"

江南春认为，分众的成功就是帮助人们打发了等电梯的这几分钟无聊的时间。他笑言，实际上自己在从事的是一项帮助人们打发无聊的产业。在他的眼里，基本上中国在纳斯达克上市的公司，大部分是做"无聊产业"的，从新浪到盛大网络，概莫能外，因为上网、看新闻、发短信、玩游戏，都是帮助人们打发无聊的时间。

"基本上我们都是一个无聊产业的受益者，我们实际上是把人家无聊的时间拿来变现，把无聊的眼球转变成现金的一个产业。"

江南春说，他感觉投资者越来越懂得，中国是个不太相同的国家，它有特殊的国情，短信、网络游戏在中国的成功都是令海外投资者想不通的事情，但事实证明它确实成功了。“经过短信和网络游戏的教育之后，很多美国同行心态已经变得很 open，他们相信 China 就是可以存在很多独特的商业模式，他们现在已经很容易接受这种中国式的独特的商业模式。”

（摘自童可　王琛：《江南春解析分众传媒成功之道》，《证券时报》2005 年 11 月 26 日）

分众传媒的精确分众并不是盲目地划分人群，其目的是为了使广告商投放的广告能够最有效地作用于受众。这主要是利用了楼宇电视媒体的强制性：第一是视觉强制性，液晶电视是安放在电梯间或者等候厅位置的，在有限的空间里与受众进行面对面的沟通，这样就保证了信息传递的强制性；第二是心理强制性，电梯间及等候厅作为短暂滞留的空间，人们往往处于一种烦躁等待中，这个时候由精美的图像和声音构成的信息源可以很容易抓住受众的视线；最后是不可选择性，人们一般晚上在家里看电视，而通常每个地方电视频道有五六十个，人们会通过不断换台来寻找感兴趣的节目，而在楼宇电梯中，面对液晶电视只有一个频道，无从选择，更不可能彻底关掉，所以相对于电视来讲，楼宇电视更能达到强制收视的效果。

（摘自初晓：《来自分众传媒的启示》，《中华新闻报》2005 年 12 月 21 日）

分众在进行全国扩张的时候，并没有采取纯粹的直营战略，而是采取了以直营为主、加盟为辅的集中优势战略。分众首先利用充分的资金优势，在主力城市集中优势兵力，做强做透，而在其他商机尚不成熟的地区利用品牌优势，甄选当地有较强经济实力、有丰富的媒体经营经验以及本地人脉关系的广告公司对其进行标准化的商业模式、运营管理、媒体专业知识培训，经确认后邀请其加盟，加盟公司无须支付加盟费用，但须将自身 2/9 的广告时段归分众使用。在加盟公司发展成熟越过盈亏平衡点之后，分众又可以溢价方式收购加盟公司，从而建立全国性的楼宇电视媒体网络。目前，分众已形成了一个包括北京、上海、广州、深圳等 22 个城市的直营网络和 20 个加盟城市所构成的连锁网络，就目前客户选择投放的城市看，95% 以上都集中在直营网络中。在加盟城市中所取得的广告时间，仅用于为大中型广告主提供增值的价值，并不用于直接销售。

分众的集中优势战略将公司的资金集中投入到投资产出比较高的经济发达城市，做透做强一二线城市。同时，在三线城市借力打力，以加盟的方式与当地资源整合，将此类城市迅速占据，形成规模效应并为竞争者的进入带来壁垒。这样的竞争战略既可以加快分众传媒在全国的扩展速度，同时又能避免在三线城市直接经营可能造成的亏损所带来的负面影响。这种理性而且务实的战略受到了投资方的高度评价。

（摘自初晓：《来自分众传媒的启示》，《中华新闻报》2005 年 12 月 21 日）

苦苦思索的江南春在繁华的上海徐家汇逛街时找到了灵感。他看见商场门口张贴着很多广告，这让他想到了一个绝妙的创意：为什么不把这些广告变成“活”的？

经过一系列分析和考察，2002 年底，永怡公司开始做商务楼宇液晶屏广告网络的尝试。从 50 到 100 再到 150 幢商务楼，这些高档写字楼的电梯等候厅装上 400 多台广告液晶屏，构成了一个商务楼宇液晶屏广告联播网——业界戏称为“非典型性广告网”。

“这真的是一个巨大的空白广告市场。”江南春将目标锁定在月收入 3000 元以上的“三高”（高收入、高学历、高消费）人群，在他们每天至少 4 次等候电梯的短暂时间中，形成强制性广告，收视成本却只有传统电视广告的 1/10。

半年后永怡更名分众传媒，江南春也走上了属于他自己的财富之路。之后，分众传媒采取加盟的形式把楼宇电视撒向了全国 40 多个城市形成了一个庞大的广告网络，而分众的广告收入也在 2004 年达到了 2.4 亿元。根据央视市场研究公司今年 6 月发布的《国内楼宇液晶电视媒体市场份额调研报告》显示：分众传媒占据 70% 的国内楼宇液晶市场，位居第一，聚众传媒以 28% 的比例居第二位，其余 3% 的楼宇为两家公司共同进驻。

（摘自柯浪：《财富积累最快奖——分众传媒：江南春的财富密码》，《法人杂志》2005 年第 12 期）

江南春：……我觉得目前股价的上升，来自于两个方面：一方面，商务楼宇电视是一个很好的有前景的商业模式，业务的良好发展，超过了投资者的预期。另一方面，分众已经为打造中国的“生活圈媒体群”进行了积极的尝试，分众从 2004 年底开始就进军到了卖场，在全国的各个地方，我们已经拥有 4000 多个卖场的终端网络，这对快速消费品市场是一个非常有影响力的媒体，对当天的购买会产生影响。大家也看到 2005 年 10 月，分众和框架发生了购并，他们在电梯海报的市场中拥有 90% 的份额，而且电梯海报的效果也得到很多人的认同。最重要的是公众出门看到了海报，还会看到我们楼宇视频、还有卖场中的视频，使人们潜移默化地接受了我们，这可能也是使股价不断走高的原因。

对于未来的股价，我很有信心，因为，未来广告主的决策正在发生改变。以前广告主越来越多地会想，我要在什么样的媒体投放多少广告，现在考虑更多的是，我们产品目标受众是谁？在他们的生活形态当中，有哪些是我们的媒体接触点？谁是媒体接触点最有效的渠道？这种思考模式就使得我们变得日益重要，日益主流化，这也是我们营业额上升和利润提升的前提。大家可以看到市场正向我们预料的方向在走，这个在股价上也得到反映。在我们明年进入户外和手机业务时，也应该在股票市场有一些反应。

（摘自陈晓刚：《分众传媒忙并购投行基金喜数钱》，《中国证券报》2006 年 1 月 11 日）

正如东风悦达起亚市场部部长王敦民所讲述的：“汽车的消费群主要就是高收入人群，从这个人群的生活形态来看，他们由于工作繁忙，与报纸、电视等传统媒体的接触时间比普通人少很多，如果继续选用传统媒体去覆盖这些受众的话，将会有大量的预算浪费在错误的人群中。在起亚赛拉图上市前，我们利用分众传媒的商业楼宇电视进行预热宣传，之后我们在新浪网汽车人气指数投票中获得到了 50 多万张选票，成为本年度最具人气的新上市汽车品牌。对普通人群来说，分众的楼宇电视是分众化的媒体，但是对于中高收入人群而言，又是大众化的。现在我们也看到因为它最充分地覆盖了汽车的可能消费者，几乎所有的汽车品牌都把分众传媒作为最主要的媒体组合之一。”

（摘自张汎：《分众传媒重拳再出击》，《广告人》2006 年第 1 期）

因为中国市场发生的转变：从大众时代，到分众时代，再到“碎片化”现象的出现，导致人们的生活方式、阶层产生了更多样化的细分，因此对媒体的接触习惯以及品牌的认识都有了更复杂的需求。所以从 2004 年开始，传统媒体就遭遇了困境：四大媒体整体广告份额下滑，尤其是平面媒体双双呈现负增长；而作为“新媒体”代表的直邮、户外、移动、网络等媒体异军突起，广告份额大幅度增长。到了 2005 年这种现象进一步加剧。

我们都知道媒体的价值大小体现在三个方面：技术的创新、资本的投向，以及决定胜负的受众导向。而在这三方面，新媒体都显现出明显的优势和良好的前景。

然而“细分”同时也意味着规模的损失和成本的增高，如何解决这个问题“聚合”是答案。其实我们早已看到了一些“聚合”的优势，如以网络社区为代表的“虚拟聚合”、以超女现象为代表的“心理聚合”等，他们都达到了最佳的市场规模效果。而此次分众与聚众的“聚合”也将是一次成功的经验：这将是一个庞大的创造户外生活圈的媒体群，其媒体群的价值在于覆盖了都市主流消费群的不同的时间和空间，以前做市场是围绕着媒体进行选择，现在是围绕着目标受众寻找最佳通路，由媒体本位转向生活圈本位，在生活触点上发现和创造媒体空间，达到真正意义上的有效覆盖和传播。这正是未来广告发展的一个重要趋势。

（摘自张宁　王竹一：《另一种荣耀：分众聚众强势整合楼宇电视大一统——分众传媒、聚众传媒合并新闻发布会见证实录》，《大市场》广告导报 2006 年第 2 期）

商报：为什么分众传媒既不是电视、不是报纸，也不是户外广告，而是“生活圈媒体群”？这个发展战略会给分众带来什么？

江南春：因为我觉得广告的思维模式发生了很大变化，原来广告是以媒体为中心的，比如广告主有 1 亿元的广告预算，他会考虑分配多少到电视，多少到报纸，多少到户外广告。现在广告主研究的是：我的收视者是谁，他们的生活状态是怎样的，在他们的生活状态中，什么是他们的媒体接触点，在他们的接触点上什么是最有效的沟通渠道和沟通方式。当广告主更注重目标受众的生活形态时，能率先把广告植入到目标受众的生活轨迹中去，这样的媒体杀伤力才够大。

分众是从两个角度去发展思维：更高的覆盖率和更细分化的传播平台。从这两个角度出发，分众的市场空间将是非常广阔的，因为人总是有更多的时间，各种各样的空间，你抓住这些时空，并且把它们细化，为广告提供更加精确的平台，你的收入和利润都是非常有保证的。

（摘自张培娟：《分众传媒何以 1 年半飙升 5 倍?》，《北京商报》2007 年 2 月 9 日）

江南春经典语录

“我觉得人生不要太复杂，做好三件事就行了。第一就是做一件让自己自豪的事情；第二是做一件自己觉得有趣的事；第三是做一件对社会、对别人有帮助的事情。”

“任何的机会都存在于对人的一种思考及生活的很多细节中。”

“我觉得生活就像一辆公交车，我们冲上去之后找到了自己应有的位置。我不要在一辆已经挤满人的公交车上继续等下去，而是下车。我当时想法拉利也许找不到，找一辆奥迪 A4 还是有可能的。”

“成功与不成功最大的一个区别是什么？区别在于你是挖井还是挖坑。我 1992 年出来工作看中了广告业，然后就在这里不断地挖掘，有时候觉得好吃力，掘到树根就挖掉这个树根，掘到石头就挖掉那块石头，十年如一日挖下去，终有一日看到水漫出来，再往下挖，发现原来地下是个巨大的湖泊。”

（摘自张培娟：《分众传媒何以 1 年半飙升 5 倍?》，《北京商报》2007 年 2 月 9 日）

通过收购好耶，分众传媒运营的广告媒体包括：商业楼宇联播网、卖场终端联播网、海报框架网络、分众传媒无线、户外 LED 网络、电影院广告网络，以及互联网广告网络。

分众传媒 CEO 江南春在接受记者采访时，解释了分众收购的原则：一是使用高科技手段使媒体的表现力和打动力取得巨大提高；第二是新媒体一定使得大众向分众向一对一转变，创造广告主更精准到达的方向；第三是一定创造特殊的时间和空间，这个时间和空间没有广告，你植入成为惟一的广告；第四是构成强制性的情况，让你无法回避，又和消费者产生互动的平台，这样一定可以看到新媒体网络的未来。

（摘自傅凯：《分众野心袭击传统广告市场》，《北京商报》2007 年 3 月 2 日）

“除了收购和调整，分众也在开拓新的领域。”分众人士表示。

“我们通过收购进入了一系列先前未涉及的领域，比如互联网、手机无线媒体等。”嵇海荣（分众传媒副总裁——编者注）表示，“发展互联网和无线广告，也是为了避免未来被替代的风险。”

“目前，分众已收购几家无线营销公司，还有几家仍然在谈判中。”嵇海荣透露，“为了避免提高收购价格，还不方便公布，不过今年年报中会有集中统一的说明。”

分众传媒目前主要有三块主业：户外数字广告、互联网广告和手机广告。

嵇海荣告诉《华夏时报》记者，“在这三部分主业中，手机广告的增长速度最快，市场潜力最大，所以公司拟将其分拆上市”。

他表示，目前，国内手机媒体广告大概有 1 亿美金的市场份额，分众已经占据了其中的50%，并且仍保持高速的增长，由于手机媒体业务竞争者相对稀缺，所以市场垄断性更强，“分众手机媒体业务 IPO 相对容易一些，因此快于网络广告业务”。

在当前 SP 行业一片萧条的形势下，分众无线却异军突起。易观国际分析师高晓虎认为，3G 时代，无线广告会有非常好的前景，分众传媒业务涉及领域处于不同的产品生命周期，分拆上市有利于其无线业务获得更好的市场价值。

（摘自柳燕：《分众突围户外广告瓶颈》，《华夏时报》2007 年 12 月 17 日）

在深入细分自身网络并开辟新市场的同时，分众借力资本市场，推动新媒体行业内的整合。通过一系列整合，分众传媒在楼宇视频、卖场视频、框架电梯海报领域的市场占有率均超过 90%，在互联网广告和手机广告两个新领域，广告收入也遥遥领先。

中国传媒大学发布的《2006 年广告主新媒体投放趋势调查报告》显示：2006 年，企业投放在新媒体的广告费用占广告费总额的 21%；有 56.8% 的被访企业预计在 2007 年扩大对新媒体的投放，其中楼宇电视和互联网成为广告主最为倚重和认可的两大新媒体平台。

根据分众近期公布的财报，2007 年第三季度，分众传媒的总营收超过 12.3 亿元人民币。专家预测，分众传媒 2007 年全年的营业收入有望达到 40 亿元，按照广告收入计，成为中国第二大媒体集团。

（摘自徐晓巍：《分众入选纳斯达克 100 指数成份股》，《中国证券报》2007 年 12 月 17 日）

分众已经覆盖了一个消费者众多的生活时空和轨迹，但有两个重要的广告接触点尚未进入，一个是电视广告，一个是互联网广告。此次分众并购好耶是一个战略性的并购，是对分众的生活圈媒体群的一次重要的完善。人们在办公室及家中与互联网的接触时间在不断加大，所以互联网广告日益成为广告主与消费者沟通的重要平台。而好耶公司不仅是国内最大的互联网广告公司，而且是真正能够在网络上针对不同的受众定向投放不同广告的公司，这与分众的理念具有极高的吻合度。

因此从战略上讲，并购好耶不仅使分众生活圈延伸覆盖到受众与互联网接触的时空，而且好耶基于网民浏览习惯而展开的定向广告系统也会帮助分众传媒更好地满足广告主精准化的需求。

（摘自：《2.25 亿美元分众购并好耶全面进军网络广告市场》，《楼市》2007 年 Z2 期）

分众传媒互联网板块的核心成员好耶广告网络对超过 25 个行业、近 200 个广告主的广告投放活动进行了全面细致的调研，通过对超过 400 个投放网站，1.7 万多个广告投放设置、超过 20 亿次的互联网广告行为的技术化分析，初步建立了网络广告科学评估模型，对网络广告效果评测的科学性和标准性起到了不可忽视的作用。

“短信门”事件发生后，分众传媒手机广告业务重组产生的巨额减损支出，曾导致其第一季度亏损 5380 万美元。在解读第二季度财报时，吴明东（分众传媒 CFO——编者注）表示：“第二季度无线广告营收非常少，约为 35 万美元。基于这一业务营收很少，我们在财报中把它们计入了商业楼宇广告。我们还在评估什么是无线广告最佳的业务模式，目前，无线广告主要关注互动市场。”

吴明东表示：“分众仍有无线广告业务，主要专注于研发。我们还有一个团队在发展无线广告业务，因为我们跟谷歌持同样观点，即无线广告将成为重要的广告领域。”

（摘自徐晓巍：《分众传媒二季度营收超 2 亿美元》，《中国证券报》2008 年 8 月 19 日）

关于“分众传媒”成功的原因

2002年，从事广告行业十余年的江南春从分众营销的热潮中觅得先机，成立了分众传媒，并开始在上海的高级写字楼安装17寸的液晶电视，开播了商业楼宇联播网。各个楼宇播放着同样的内容，这些内容包括新闻、信息和各种广告。江南春认为这种模式有三个优势：目标客户的直接针对性；电梯通常无其他广告；等待和乘坐电梯无聊，好的广告和信息容易被关注。

为了发挥这几个优势，商业楼宇联播网发起了“圈地运动”。到2003年6月底已经覆盖了全国37个大中城市的7000个楼宇，安装了9000个液晶电视。而这种圈地也是为了强占先机，毕竟，高级写字楼的资源非常有限，而这种模式容易被竞争对手模仿。

现在，商业楼宇联播网每天从8：00到20：00播出，每天自动循环播出80次。覆盖了包括各种写字楼、著名商厦、高级餐饮娱乐场所、健身会所、高级影院和高尔夫球场。如在广州，就包括金利来大厦、高盛大厦、天河城广场、广州电信大厦等地方。

通过圈地和不断拓展，分众传媒获得了包括手机、电信、化妆品、金融、IT、汽车、物流、奢侈品、房产、生活用品、软件等十几类客户的广告投放。其中多数是跨国公司。

（摘自唐新：《分众营销火爆分众传媒筹资扩张》，《21世纪经济报道》2004年7月29日）

分众传媒Focus Media的盈利实质上来自于两个方面，一个方面是户外电视网络，另外，作为分众媒体，面向中高端人士，要用传统大众媒体打中中高端人士成本是非常高的，“而分众传媒相应的传播成本更低，所以对中高端商品有更大的吸引力”，江南春如是说。

江南春认为这种模式有三个优势：目标客户的直接针对性；电梯通常无其他广告；等待和乘坐电梯无聊，好的广告和信息容易被关注。他表示：分众传媒是协助实现对核心目标消费者的重度覆盖，在分众行销时代，令整个媒体投资更趋于科学化与经济化。从这个意义上讲，分众传媒业存在着十分巨大的市场空间，而商务楼宇液晶电视联播网也只是未来传媒业向适应于分众行销时代转型的小小一步。

（摘自杨虹　姜黎：《分众传媒：牵手资本图谋变局》，《证券日报》2004年8月29日）

除了看好分众传媒Focus Media独特而有效的媒体形态和盈利前景，风险投资商对分众传媒的经营团队也是青睐有加。正如江南春希望社会能记住的是：“分众传媒的领导团队是由国内众多媒体业资深人士所组成，有丰富的经验和专业的执行能力，这是分众发展的重要保障”。

（摘自杨虹　姜黎：《分众传媒：牵手资本图谋变局》，《证券日报》2004年8月29日）

江南春在此前接受媒体采访时曾指出，相比传统户外媒体而言，楼宇液晶广告是一种电视化的户外广告，是音频与视频结合，比常规户外广告更具表现力和打动力。它的价值在于不仅能提高品牌知名度，更可能以其影视的强大表现力改变受众的品牌认知，挑起人们对该商品的消费欲望。

而在另一方面，由于其分众化特征，这一媒体所打造的商业楼宇联播网能精确锁定企业主、经理人和白领等更具消费力的阶层，精确命中目标受众。另外，从传播的到达率和成本上看，其成本也具有明显优势，因而可以最大化地发挥户外广告的传播效力。

（摘自严丹虹　朱琳：《“分众传媒”纳市冲刺　“聚众传媒”另择良时》，《中华新闻报》2005年6月29日）

做广告代理出身的江南春，自2002年底将首块液晶电视屏装入上海高档写字楼内开始，发起了一场新的媒体广告革命。“在这个快速消费的年代，人们没有更多的时间阅读、购物，我们只有把电视广告从家中带到人们经常去往的家庭以外的各种地点，并且通过在不同地点设置视频广告，才能帮助广告到达所要针对的目标人群，从而大大提升传播有效性，避免大量的媒体预算浪费在错误的人群中。”凭着这样的理念，江南春首个想到的是高档写字楼此前毫无额外利用的电梯，“利用人们等电梯的无聊时间来播放广告。”

凭借这一概念，在短短两年多的时间里，江南春不仅在全国40多个城市中装下了2万多块液晶屏，而且先后四次获得包括软银、高盛在内的多家风险投资商注资，共约5000万美元。“最新的统计数据显示，分众在全国共拥有3.2万块液晶屏。”分众传媒公关总监嵇海荣告诉记者，“主要的原因在于今年以来，公司把发展的重点放在了卖场联播网上，我们在每一个卖场中至少得装40－50块液晶屏。”

（摘自彭朋：《分众传媒纳市挂牌概念仍然重要》，《经济观察报》2005年7月18日）

有分析师指出，分众传媒让风险投资家倾心的正是遍布全国的高档商业楼宇液晶电视联播网，目前已经形成一个大范围的广告发布平台，循环播放广告信息。

在这个平台上，每天覆盖上千万都市中高端受众。其稳定的收视频率、稳定的广告覆盖人群，使得液晶电视联播网具有更为精准的广告传播效果。

据经济专家预侧，未来五年，中国广告市场规模超过2000亿元，其中分众传媒市场为200—500亿元。而分众传媒是国内第一个运用分众行销概念崛起的数字化户外媒体，也是国内分众传媒业的领跑者。以日本软银为代表的风险投资家青睐的正是“分众传媒”独特的创意和投资回报前景。

事实证明，此次融资使分众控制的楼宇数量增长了3倍，此后的两轮私募使得分众广告的成本开始与电视广告的成本持平，到2004年底分众旗下控制楼宇数量达到上万栋的时候，分众的广告成本相当于当地电视台成本的1/2。而此时分众的广告客户已经不止是汽车、手机等高档消费品，还包括大众消费品，分众的月收入开始超过了4000万元。

（摘自何晓晴：《分众传媒，找个亮点“卖”自己》，《民营经济报》2005年7月25日）

江南春融资秘籍

1. 把握具创意性的生意机会，因此江南春的一句口头禅是“创意创造生意”。

2. 与风险投资谈判重“势”不重价。因此能够与国际风险投资家一拍即合。

3. 不怕稀释股份，以至于本人股份最后仅剩40%。

4. 解决资金瓶颈，最终还需股市。

5. 商业模式越简单，老外越容易理解，因此，也更能吸引国外投资者。

6. 企业上市后，套现一小部分。手握现金能抗风险。

（摘自何晓晴：《分众传媒，找个亮点“卖”自己》，《民营经济报》2005年7月25日）

第一点，它是把影视广告户外化，他把户外广告从海报、从灯箱发展成影视广告；第二点，它是一种分众型的媒体，客户可以选择写字楼对企业主、经营者、高级白领，可以选择高尔夫针对中国最尖端的精英人士、精英商务人士，也可以选择那些对美容美发、喜欢化妆品的女性，不同的地方锁定不同的物品；第三点，它创造了一个家庭以外的各种各样场所的全新的、白天户外电视的概念；最后它构成了一种强制收视行为。还有它塑造了一个心理极度位置，当你处在一个比广告更无聊的时间当中时，这广告就不能不看，并且它是强制性的一种不可选择性。

（摘自童可　王琛：《江南春解析分众传媒成功之道》，《证券时报》2005年11月26日）

这几年，中国社会的最大改变就是城市中产阶层（月收入3000—10000元）迅速形成和崛起，财富阶层（月收入10000元以上）正迅速扩大化和年轻化。阶层的划分由此带来这几年中国市场的最大改变是市场细分化，产品细分化，由此带来了媒体的细分化趋势。从全球行销发展来看，大众行销向分众行销的改变趋势不可阻挡。

分众创造的楼宇电视正是把目光瞄准了传统媒体所不能充分覆盖的中高收入人群，把自己定位于面向中高收入人群的新媒体。“分众就是区分受众，分众传媒就是要面对一个特定的受众族群，而这个族群能够被清晰地描述和定义，这个族群恰好是某些商品或品牌的领先消费群或重度消费群。”分众传媒的CEO江南春是这样阐述他的分众理念的。分众传媒2002年起一直坚持以中高端写字楼为主，到2004年则以写字楼为核心，沿着中高端人群的生活轨迹，将液晶电视植入到商场、宾馆、机场及娱乐休闲场所。其媒体几乎覆盖了高收入群体的工作生活的主要场所。分众传媒就是将自己的注意力紧紧停留在这个层次的人群上，从而达到精确的分众性。

（摘自初晓：《来自分众传媒的启示》，《中华新闻报》2005年12月21日）

现代商业巨子江南春在大学时代却是颇有名气的华东师大“夏雨诗社”社长，还出过一本诗集《抒情时代》。

江南春的人生转折点出现在华东师大学生会主席的竞选中，江南春的胜利主要得益于他的口才和事先准备工作充分。据说由于竞选过程需要和许多人沟通，拉选票，吃饭，江南春一下子欠下了160块钱的债，这在当时可是个大数目！

江南春上任主席不久，一家广告公司到学生会招聘兼职拉广告。为还外债，他便前往应聘。第一个客户是汇联商厦，给了1500块让他作影视广告策划。江南春连夜写了剧本，随后客户痛快地投入了十几万拍广告。第一单的成功，让江南春打消了回校过惬意生活的念头，把学生会的工作放下，全身心干广告。1993年，江南春所在的广告公司一年收入400万，其中150万来自江南春的贡献。

正是这150万勾动了江南春自己创业的念头。1994年，他和几个合作伙伴成立了“永怡广告公司”，自任总经理。1995年的户外广告商机使创业的江南春淘到了“第一桶金”。那年他和几个朋友以上海市的“灯光改造工程”游说无锡市政府在商业繁华地点建立灯箱广告，城市形象实实在在地改变了。事实上，这500个灯箱的工程他们没有投入一分钱。前期制作费用是无锡市财政局作为市政工程给贷的款。江南春回到上海，专心经营永怡。很快，永怡发展成为上海滩上IT界最大的广告代理商。1998年，永怡已经占据了95%以上的上海IT领域广告代理市场，营业额达到6000万至7000万元人民币，到了2001年，收入达到了1.5亿。

（摘自李罡　褚艳芬：《创意英雄江南春缔造分众传媒帝国》，《经理日报》2006年10月22日）

从一个新兴的楼宇电视广告公司，到成功登上美国纳斯达克，分众传媒仅走了两年时间，就凭借着17寸的液晶显示屏，圈起6.8亿美元的资产，成就了别人也许一辈子都不可能的梦想。分众传媒（Focus Media）的成功主要在于它找到了一条中国文化产业发展的新道路：创意+融资模式。

因为创意，分众得以融资8250万美金；因为创意，分众完成了1亿美元的垄断性收购；也因为创意，分众找到了一个50亿元的户外广告市场。而这个创意说出来又是那样简单：将人们等电梯所浪费的时间转变成现实的广告销售力。其实，人们在电梯上浪费的时间并不长——平均2.2分钟而已，但为了这个发现，分众传媒CEO江南春却花了整整10年时间。

（摘自柏定国　欧阳友权　刘雅祺：《分众传媒：一个立足"无聊"的品牌神话》，《中国文化报》2006年12月11日）

作为中国成长性最好的文化产业品牌，分众传媒创意的突破口在于渠道创新，在于它精心构建的商业楼宇联播网、卖场视频联播网和公寓电梯联播网3个主要产品品牌，尽管没有明显的数据显示后来的模仿者和跟进者对分众造成强大的竞争压力，但竞争者的崛起必然会稀释掉分众传媒渠道的创新力量和产品的品牌力量。品牌延伸到一定程度后，让产业链条更牢固的做法就是提高产品的内容含量和技术含量。

（摘自柏定国　欧阳友权　刘雅祺：《分众传媒：一个立足"无聊"的品牌神话》，《中国文化报》2006年12月11日）

分众传媒的户外生活圈媒体群，正是循着特定白领人群的生活轨迹构建的。生活在都市中的人们从早晨乘坐公寓电梯下楼开始即接触分众的电梯电视广告，到写字楼上班在等电梯时再次接触分众的楼宇电视广告，在高级酒店、咖啡吧、KTV的商务应酬中、休闲时间在高尔夫俱乐部、逛商场、光顾美容美发院、周末去卖场便利店消费、最后回到住所公寓的电梯内。据悉，手机电视、户外LED等媒体形式也会在未来加入到这一媒体平台中，人们将在不同地点、不同时间，不知不觉地接触到各类分众广告平台和信息，而这些信息也潜移默化地影响人们对品牌的态度，挑起人们的消费欲望。

（摘自张汛：《分众传媒重拳再出击》，《广告人》2006年第1期）

媒体价值很大程度上受到受众与媒体关系的影响。金定海教授认为，当人们在家中看电视时，面临的选择是"选节目还是选广告"，所以当人们遇到广告时常常会转台，而人们在电梯口面对楼宇电视时将遇到另一个选择题，是选择无聊还是广告，显然这是一个广告更易被接受的时空。第二，广告内容与受众存在着对应性。传统电视广告内容常常以药品、保健品和中低端日用消费品为主，往往与中高收入人群的购物意向缺乏关联性。而楼宇电视放映手机、汽车、化妆品、金融服务等时尚商品广告，与其生活紧密相关，已经成为了他们对这些领域产品的主要资讯来源。

（摘自张汛：《分众传媒重拳再出击》，《广告人》2006年第1期）

分众传媒之所以被社会各界推崇、引起传媒介的重视并被认为是较为成功的一个新兴媒体，是因为它有其不同于传统媒体的优势，表现在：

第一，分众传媒有明确的受众对象，这使得它能够准确地找准自己的定位，更能够找准广告产品的定位，避免盲目；第二，分众传媒有庞大的联播网和清晰的液晶电视，影音传播同时兼备的效果使得它比灯箱、墙面等户外形式的传播方法更为生动；第三，分众传媒覆盖面大，受众接触机会多，超市、商场、办公楼、医院、火车站等很多公共场所都可以看到；第四，排队等行为使得人们等候期间空闲，导致广告的关注程度提高，这是普通家庭电视收视无法比拟的。

（摘自司思：《分众传媒：想象力创造利润率》，《中国经贸》2006年第3期）

分众传媒则不然，他们可以说是广告界的"霸王龙"，他们的商业楼宇电视广告，具有"强制性"的特点：

第一，视觉强制性：液晶电视放置在电梯口或电梯内，在有限的空间内与受众零距离面对，构成强制性收视效果。第二，心理强制性：电梯厅是短暂滞留的空间，人们处于烦躁等待中，精彩的广告和底部信息播报，极易抓住受众视线。第三，不可选择性：电视有60多个不同频道，报刊杂志也有不同内容，但在商业楼宇中只有一个频道，受众无从选择。

（摘自司思：《分众传媒：想象力创造利润率》，《中国经贸》2006年第3期）

商报：分众传媒在今年1月26日公布了增发666万股美国存托股（ADS）的发行价，最终定价为79.5美元，并获得了3倍的超额认购。一般而言，公司增发新股，股价都会出现回调，但分众传媒增发的消息公布后，其股价单日最高涨幅达到10.55%，股价冲至83.71美元。这种现象背后，支撑分众股价走强的主要原因是什么？

江南春：这次增发的发行量很大，说明投资者看好公司的发展。增发后，分众股价依然在涨，原因有两个。一方面，投资者认为这是原来的老股东的正常的套利行为，风险投资者们卖出旧股，并不代表他们对分众前景的担忧。另一方面，从分众本身的业务发展来讲，比起刚刚上市时只做楼宇电视和卖场电视，分众现在已经形成了初具规模的"生活圈媒体"，增长空间刚刚被发动起来，投资者对分众的未来形成了良好的预期。事实上，过去分众的实际业绩也证明了其经营模式的有效性和盈利能力的增长性。尤其是中国面临着2008年奥运会和2010年世博会的机遇，这也给新媒体和广告市场的发展提供了巨大的想象空间。

（摘自张培娟：《分众传媒何以1年半飙升5倍?》，《北京商报》2007年2月9日）

好广告要满足几个要素，一则是要能细分市场让广告投放最有效率；一则是要互动性强，能加强顾客的记忆；再则还要低干扰性，比如现在的电视插播广告就要尽量不引起顾客的反感；还有就是要有强制性，要能把广告变为顾客除了接受没有其他选择的广告。分众在纵向上的发展，主要就着重在这几个方面的提高，比如在高尔夫联播网，有意在高尔夫场地引进一个双向GPS系统，能在人们打球的时候提供定位以及订餐等服务，而在这些服务中都可以插播广告，高尔夫终端媒体通路就刚好具备了这四个优点。

（摘自严劲松：《分众：沿着“生活圈”横向扩展》，《财经时报》2007年8月31日）

专家认为，分众旗下的楼宇电视继续呈现强劲增长，这主要有赖于该媒体针对都市主流消费人群的投放成本优势和高到达率得到广告主充分的认可。CMMS《中国消费者媒体接触习惯调查》表明，在2006年，楼宇液晶电视的媒体接触率已攀高至51%，超过了广播、杂志、因特网等媒体形态。

（摘自张韬：《分众第二季度广告收入激增126.3%》，《上海证券报》2007年9月29日）

分众传媒首席执行官江南春近期多次透露分众传媒对互联网广告的看好，并表示通过一系列并购，分众传媒已稳稳抓住了互联网广告的四个发展趋势：一是精准定位式的广告；二是广告向视频化方向发展；三是AdExchange和CPA相结合；四是网络游戏中的植入式广告。

分析人士认为，目前分众传媒在互联网广告领域已完成了初步布局，分众网络广告基于流量的监测与分析，及艾瑞市场咨询样本化定性跟踪和挖掘将帮助分众更敏感地触及互联网广告发展脉络，分众传媒的数字化转型已经在互联网广告领域占据先机，Adforword领先技术、分众的客户资源再加上艾瑞的科学分析将有力地护航分众线上营销航母。专家预计，分众传媒目前在中国网络广告上的市场份额有望超过25%。

（摘自徐晓巍　孙晶晶：《分众传媒三季度收入激增128.9%》，《中国证券报》2007年11月21日）

分众的战略有两个：一是追求更全面的覆盖，希望能够覆盖中国主流消费者的更多时间和空间，一个人有24小时，真正遇见广告的时间也就是1小时，一个广告媒体公司的收入份额在于你的广告能占据人们接触广告的一小时眼球的时间是多少；二是追求更精准的到达，一个媒体应该为广告主提供更精准的传播道路，帮助广告主有效打动他的目标受众，尽可能地避免预算浪费在错误的人群中。

（摘自：《2.25亿美元分众购并好耶全面进军网络广告市场》，《楼市》2007年Z2期）

对“分众传媒”的批评和否定

“从分众的发展轨迹来看，江南春一直试图在描绘一个‘生活圈媒体’的蓝图，但这个‘生活圈’一直是断裂的。除了在商务楼宇广告领域分众具有近垄断的地位，在其他的生活圈环节，分众更多只是蜻蜓点水，也不具备市场垄断地位。”上海杰信营销咨询有限公司项目总监崔涛表示。

而在已经研究分众模式多年的上海播客文化传播有限公司执行总裁朱俊岗看来，即使在每一个业务领域内，分众对受众的细分更多也只是粗线条式的，并没有挖掘到细分受众的价值所在。

以商务楼宇这个环境为例，朱俊岗认为，中高端消费人群只是一个“群像”，在商务楼宇中的人由于年龄、性别、收入上的差距，仍然存在着更加细分的消费特点，但分众却无法再将这群人进行细分。

“就细分层次来讲，分众的效果还比不上一些专业的平面媒体。进出高档写字楼的可能是形形色色的人，但翻看高端财经类媒体的人就只能是那部分以男性为主的中高端管理和决策者。”朱俊岗说。更为重要的是，液晶显示屏刚进写字楼，因其新鲜，仿佛增加了时尚气息，但随着楼宇乃至整个社会广告垃圾日益泛滥，分众的强制性传媒已引来越来越多的人反感，如今真正的高档写字楼已经开始驱逐过重的商业广告噪音。

（摘自李亚馨：《神话平息之后分众广告效果备受质疑》，《第一财经日报》2007年6月7日）

一位市场分析人士回忆道，当初分众从商务楼宇广告切入时的初衷主要有两方面原因，一是因为亚洲人比欧美人更敬业，在办公楼里呆的时间更长；二是中国的甲级写字楼少，电梯质量差，需要有很长的等待时间。

“但现在的情况是，随着中国经济的发展，越来越多的人们注重的是生活质量，而不是花更多的时间在办公楼里工作；此外，楼宇的智能化也在提升，越是高档的写字楼，越快让人们坐上电梯。”在该分析人士看来，这对分众来讲似乎是一个怪圈，一方面分众想要圈定的受众人群是高端的新富阶层，但越是高档的写字楼，其实电梯所需要的等待时间越短。

（摘自李亚馨：《神话平息之后分众广告效果备受质疑》，《第一财经日报》2007年6月7日）

分众借以打动广告主的“无聊时间”理论似乎也从根本上是站不住脚的。“你能想象工作在高档写字楼里的那部分社会精英每天上班时都会无聊到看广告吗？电话、短信，与同事的寒暄，对一天工作的计划安排……在等待电梯时，他们在做在想的更多可能是这些。”

（摘自李亚馨：《神话平息之后分众广告效果备受质疑》，《第一财经日报》2007年6月7日）

如今即使回家，目光也无处可逃，我住的小区，走进电梯，三面墙都被框架传媒的广告占满了，估计再发展下去脚底下都逃不掉。广告位本身不违法，问题是挂广告的人跟主人商量过么？他们赚了钱，主人得了好处没？分众传媒到处攻城略地、势如破竹，哪一个小区里或者办公楼里真正的业主们从这些铺天盖地的广告牌里得到了什么好处？……这就相当于你们家的小保姆，不跟你商量就把你们家客厅墙面卖给广告商了，挂满了广告还美其名曰美化环境。

（摘自陈予军：《江南春如何走出安静权质疑》，《上海证券报》2007年7月5日）

该感到江南春的可怕了，他的媒体、他的气息几乎穿透到我们日常生活的每一个角落。他虽然没有头戴女长统袜，手里晃着一根烧火棍，嘴里大叫“打劫”，但是他无形中强制地利用了你的时间，是否相当于抢走了你的时间？虽然那个时间，你也只是用来无聊，或者用来想想你那一肚子的花花坏水，但是，如果有人在那个属于你的时间里，执著地给你塞点小广告，你烦不烦？这种烦闷度，可能跟开车等红灯时，小屁孩硬是给你塞些小广告一样深吧。

（摘自艾爻：《严防江南春去我们家厕所》，《新世纪周刊》2007年第16期）

3月15日晚，中央电视台在“3·15晚会”上公开指责分众无线为全国垃圾短信源头，占有80%的市场，由此引发社会关注。报道称，作为群发短信业务之一的分众无线掌握了2亿多手机用户信息。

昨日分众传媒在其书面说明中，承认其收购的一些下属公司在2007年业务发展过程中未经用户授权而发送商业短信，造成了对消费者生活的打扰。但为了消除社会上的负面影响，分众传媒还表示，“对于未能尽到监管职责对消费者表示十分歉意，并责成分众无线相关直属部门和下属公司立即停止短信广告业务”。

不过，由于中国移动前日晚间已经将分众传媒等七家公司短信业务端口予以关闭，使得外界怀疑分众传媒是被迫无奈停止业务，而非主动，指责其书面道歉缺乏诚意。

（摘自罗添：《分众三个月短信进账1600万美元》，《北京商报》2008年3月20日）

分众的逻辑之一是，让广告无处不在。如果任由其发展，它会将所有人的衣服剥光。这样的企业成为了利润的奴隶，只顾着享受着财务报表带来的短暂快乐与满足，却对自己到底在做什么漠不关心，冷漠与麻木得丧失人性。

（摘自师晖：《扔掉分众令人愤怒的商业模式》，《财经时报》2008年3月21日）

想想分众无线的“想给谁看，就给谁看”的广告词，每个受众怎能不胆战心惊。受众的人身安全与尊重何在？原本高贵的商业道德与精神怎么能让这些利益之徒肆意践踏和蹂躏！仅仅曝光是不够的，我们认为必须让这些不法之徒受到法律的严惩。

（摘自师晖：《扔掉分众令人愤怒的商业模式》，《财经时报》2008年3月21日）

这家名声日隆，创造商业神话的公司，为了追究市场地位、规模利润，忘记了可持续的商业模式一定是建立在人类道德、社会责任的基础上的；忘记了成功的媒介传播形式不能以牺牲社会和谐和美好环境为代价；忘记了受众是需要尊重的，只有在特定的地点和时间才有接受广告的需求，强迫式的骚扰只能让人讨厌。而这一切，曾经是分众成功的基础。

（摘自师晖：《扔掉分众令人愤怒的商业模式》，《财经时报》2008年3月21日）

一位叫“一衣带水”的网友称：“分众传媒将通过骚扰手机用户获得盈利的行为推给了子公司孙公司，是一种逃避舆论谴责的行为。”网友“大话西游”则认为：“分众说他们没有占到80%，那难道8%、0.8%就应该吗？我的手机凭什么成为你的广告平台，你征得过我的同意没有？作为一家上市公司，这样的表现真的令人寒心。”

（摘自路修远：《分众“短信门”暴露新媒体灰色地带》，《中国审计报》2008年3月24日）

圈地，曾经是新媒体取得成功的法宝，但是一个人的眼球只能转360度，一天只有24小时，当人们曾经的闲置时间和空间被越来越多的广告所填塞，也有越来越多的人选择了反抗。在新媒体片面追求对受众时间和空间的覆盖中，却侵犯受众权益、忽视了受众感受体现。

（摘自蔡放：《分众短信门：精准营销的道德门槛》，《中国经营报》2008年3月24日）

相对于传统广告甚至其他新媒体广告，分众无线所开发的短信广告的相对优势十分明显。首先是可以实施庞大

而精准的数据库搜集，然后进一步进行挖掘，实施精准营销。每个手机号都对应了一个用户，这个用户的性别、地域、年龄、各种消费和浏览习惯等关键特征，都可以被搜集到数据库中并与通过其他途径搜集的信息配合在一起保持实时更新。其次，短信可以达到强制性接收，因为每个用户基本都会及时浏览短信，因此，对受众的影响力也很高。

但是滥发的垃圾短信以及虚假信息充斥着手机，造成了用户的普遍反感，侵犯了消费者权益，如果发送者对用户信息掌握非常详细的话，那更是一种“精准骚扰”。

（摘自武晓黎：《垃圾短信的分众无线样本》，《中国消费者报》2008 年 3 月 26 日）

首先是对于自身的过分自信，甚至有些自恋。近年来，分众传媒利用资本手段对国内同行进行了大规模的收购兼并，一度出现了分众传媒在新兴广告媒体上的垄断地位。如此一来，加速了分众传媒的狂妄自大，不将公众放在眼中，以为只要拥有这些新兴媒体的核心资源和信息就可以全面扩张，却忽视了企业的社会责任感和道德意识。企业的盈利却是建立在对公众个人信息和资源的侵犯基础上，显然，分众传媒将来面临的最大威胁将是“成也模式、败也模式”。

其次，分众传媒的反应速度慢、反应节奏拖拉。作为一家在短期内快速成长、发展起来的大企业，分众传媒的成功在模式，发展却在管理。只有建立健全内部科学而完善的管理体系和组织架构，才能推动企业的可持续发展。作为分众传媒的创始人江南春也曾在不同场合表示对公司内部管理水平和快速扩张速度等问题的担忧。危机事件一出，作为一般的企业应该快速反应，一边向公众说明造成危机的背后原因和情况，一边要采取相应的应急手段来平息和化解危机。但分众传媒在事发第二天，央视记者前往其北京公司采访时却是没有人接待和应对，显然公司人员都在放大假，估计一些高层都不知道此事的发生和后果。其公司公关部门的工作状态和表现实在很幼稚。

再者，分众传媒对媒体不重视、更缺乏应对的手段和方法。作为身陷危机的企业，首要任务是抓住舆论的导向，然后引导舆论的发展方向，最后通过手段和方法将坏事变好，化解危机或者是减少危机对企业造成的损失。事发至今，分众传媒既没有召开公开的新闻发布会说明和解释原因，也没有专门针对此事发布相应的公告或道歉函，而是任凭媒体无序报道和自发采访。由于缺乏统一的应对口径和说辞，从而造成了媒体的多种猜测和报道，对分众传媒的企业形象和今后的发展造成了极大的冲击和影响。

（摘自沈闻涧：《“短信门”中的分众传媒》，《现代企业文化》上旬 2008 年第 5 期）

江南春的危机公关违背了时间第一原则。分众被“3.15”曝光后，江南春一直在幕后迟迟未露面，三天后才发表了致歉声明。兵贵神速，当危机来临时，打得就是时间差。时间越滞后，负面信息蔓延的就越快，局面就越难控制，与媒介、公众沟通的难度也越大。而一旦关闭与公众沟通的大门，即使逃避是暂时性的，公众也会陷入猜疑、沮丧状态，企业的美誉度将大打折扣。

（摘自艾学蛟：《分众传媒遭遇 3.15》，《中国品牌》2008 年第 5 期）

江南春的致歉声明违背了真诚沟通原则。江南春声称，分众传媒并没有批准分公司在未获得用户同意的情况下发送广告信息。与此同时，江南春也作出解释，承认发送短信广告用的是企信通的通道，这一行为是错误的，但并不是分众传媒所为，是子公司的错；分众无线拥有的数据库都是通过 WAP 网站获取的，不侵犯隐私权，也未出售，如通过其他途径拥有数据，是其旗下子公司所为，要严肃处理。而对于央视曝光称分众无线是日发数亿条、占市场上 80% 比例的垃圾短信，江南春则表示，“分众无线未经许可发出的短信至多也不会超过市场的 2%”。

江南春认为发送的短信广告是子公司的错，这一做法是“舍小保大”或者断尾求生。但子作孽，母难逃其咎。分众传媒急于把责任推卸给分众无线的做法，既缺乏与媒体、公众沟通的诚意，又有欲盖弥彰或者推卸责任的嫌疑，反而给自己贴上不负责任的标签。

（摘自艾学蛟：《分众传媒遭遇 3.15》，《中国品牌》2008 年第 5 期）

处理与媒体的关系较为幼稚。媒体是放大镜，一朵鲜花能透视出一座花园，一粒沙子足以成就流沙千里。企业在危机面前，与媒体进行沟通是第一位的。只有在最短的时间内通过媒体与公众进行坦诚的沟通，让公众了解真相，才是化解危机的重中之重。

分众传媒被 3.15 晚会曝光后，当记者前去分众采访时，公司声称放假，只有分众传媒的一位副总裁出来挡驾，并表现得极为不耐烦，他对分众传媒掌握手机用户的信息矢口否认。这位副总裁的分量有多重，是否可以代表公司的态度？而作为公司第一把手，江南春在哪里？他应该在第一时间知道坏消息，并积极与媒体沟通，控制舆论导向。分众传媒的代言人态度傲慢，引起了媒体不满，给了媒体猜测与发挥的余地，这对分众传媒的企业形象与未来的发展也是一个很大的冲击。江南春的危机公关不需要“补钙”吗？

（摘自艾学蛟：《分众传媒遭遇 3.15》，《中国品牌》2008 年第 5 期）

关于“分众传媒”的其他方面

江南春：我认为中国传媒界面临两个趋势。第一，是媒体不断追求美体表现。例如：1997 年的报纸是黑白的，过了一段时间报纸是彩色的，随着中国画报的崛起，出现了铜版报纸，使得媒体对创意的表现能力和表达能力，第一种表现能力就有了不同的改变。再看互联网广告：打开网站，好不容易关掉一些窗口后，主网页的两旁出现“Flow”（广告中有广告），高技术的融入，使得媒体的表现能力、创作能力和创意得到成长，发生根本性的改变。

第二，是不断追求广告效率的提高。1998 年后中国广告面临着很大的挑战，1981—1989 年是中国广告第一个阶段，凡是投广告都能成功；1990 — 1998 年是中国广告第二个阶段，凡是有足够前途的广告都可以去投入也能成功；1998 年后是中国广告第三个阶段，有足够多钱的广告才能有足够多的曝光率，形成 CCTV 的时代。今天客户不投广告会觉得很危险，广告的定位也发生了改变：原来投广告是有一定的广告效应的。20 世纪 70 年代，农民可能死在卫生院，今天可能死在家里。因为什么？因为根本就没有钱看医生。

（摘自荆奇：《“中国广告风云榜”历史档案之十大广告风云人物分众化时代成就“分众传媒”——访分众传媒（中国）控股有限公司首席执行官江南春》，《大市场》广告导报 2005 年第 5 期）

业内人士认为，相比广电系的移动电视以及其他城市电视，分众最大的问题在于内容方面。

据悉，分众所从事的楼宇电视传统的方式是“光盘播出”，即直接在各大楼宇建立独立的终端，播放碟片，并由专人来进行维护，而且因为没有新闻发布权，播放内容几乎是广告轮播。

与之相比，移动电视可以利用无线数字电视传输则可以随时、远程的更换服务内容，所有终端上的内容更新也可同时完成。

东方明珠移动电视有关人士透露，移动电视丰富的节目源、新闻发布权以及成本优势对于广告客户都具有极大吸引力。

不过对于内容上的不足，分众公司相关人员称，“电梯的等候时间不适合长时间收视的模式”。

“由于已经上市，分众在资本方面占有一定优势，”张先生分析称，这使得其可以在楼宇资源上取得一部分垄断优势，但是随着广电系各地移动电视公司联合起来依靠内容优势在各地开展的围追堵截，分众未来是否还能如此风光，就不得而知了。

（摘自罗小卫：《广电系联手围剿分众传媒》，《财经时报》2006 年 8 月 14 日）

有分析人士认为，在此成绩单面前，分众传媒今后的运营风险也不可小觑。这些风险主要包括市场对竞争加剧的担忧，以及分众传媒能否继续保持目前的增长速度。

事实上，目前分众传媒的新增收入主要来自于被收购的业务。比如，总收入中约有 2400 万美元来自该公司的核心业务，其中不包括被收购的聚众传媒。第一季度此项业务的收入为 1960 万美元。这项数据显示，不包括公司进行的收购，第二季度分众传媒的核心业务收入比第一季度增长了 22%。

很显然，这种单纯依靠收购来维持公司营收和利润增长的情况，是一种粗放式的经营模式。而随着中国广告市场竞争的进一步加剧，对集约型增长的要求越来越迫切，也就是要更加注重效率的增长。这对分众传媒是一个挑战。

此外，还有分析认为，对于分众传媒而言，一个迫在眉睫的问题是更新商业广告的内容的手段十分有限。目前，分众传媒只能依靠技术人员手动更新存储在闪存卡中的广告内容，这样的方式既费时又费力。如果更新周期过长，消费者长时间观看同样的广告会感到厌倦，甚至对这种广告形式完全失去兴趣。这将直接影响分众传媒的业务前景。

（摘自严钰：《分众传媒暗藏风险》，《民营经济报》2006 年 11 月 30 日）

产业效益

高盛中国再出手2000万美元锁定分众传媒。

（摘自马莉：《高盛中国再出手 2000万美元锁定分众传媒》，《21世纪经济报道》2004年11月18日）

分众传媒昨日共发行1010万股ADS（美国存托凭证）股票，总共融资1.71亿美元。总裁江南春身价达约1.92亿美元。在2004年胡润百富榜上可排39位。

（摘自程悠悠：《纳斯达克中国新富豪：江南春身价16亿元人民币》，《第一财经日报》2005年7月14日）

分众传媒的CEO江南春将应邀按响纳斯达克开市的铃声，成为享受到这一荣誉的第一个中国企业家。

（摘自程悠悠：《纳斯达克中国新富豪：江南春身价16亿元人民币》，《第一财经日报》2005年7月14日）

分众传媒占据70%的国内楼宇液晶市场，位居第一。

（摘自程悠悠：《纳斯达克中国新富豪：江南春身价16亿元人民币》，《第一财经日报》2005年7月14日）

2003年7月，500万；2003年12月，1000万；2004年6月，2000万。分众传媒的每月营业收入曲线图，陡峭上升。

（摘自唐新：《分众营销火爆 分众传媒筹资扩张》，《21世纪经济报道》2004年7月29日）

2003年6月底已经覆盖了全国37个大中城市的7000个楼宇，安装了9000个液晶电视。

（摘自唐新：《分众营销火爆 分众传媒筹资扩张》，《21世纪经济报道》2004年7月29日）

未来五年内中国整个广告市场的规模为1000—1500亿，其中分众传媒市场为200—500亿。

（摘自唐新：《分众营销火爆 分众传媒筹资扩张》，《21世纪经济报道》2004年7月29日）

公司2004年的营业收入约为2921万美元，其中，毛利2045.3万美元，净利仅为37.3万美元

（摘自彭朋：《分众传媒纳市挂牌概念仍然重要》，《经济观察报》2005年7月18日）

江南春在上市前拥有1.26亿股份，占总股本的39.7%。上市时江南春将出售约1281万股股票，占总股本的4.03%。上市后江南春将持有1.13亿股股票，占总股本的29.23%。

（摘自何晓晴：《分众传媒，找个亮点“卖”自己》，《民营经济报》2005年7月25日）

分众2005年第二季度财报，分众的业务还在延续2004年的高速成长：净营收1460万美元，比去年同期的640万美元增长127.9%，比上一季度960万美元增长52.3%；而净利润为430万美元，比去年同期200万美元增长119.2%，比上一季度的260万美元增长了64.5%。

（摘自杨琳桦：《美国投资人1小时质询：分众1.8亿美金收购“电梯海报”》，《21世纪经济报道》2005年10月20日）

在上海，一条30秒广告每周播放420次，价格是每个月288000元，而这个高尔夫联播网产品的价格是198000元一个月。

（摘自杨琳桦：《美国投资人1小时质询：分众1.8亿美金收购“电梯海报”》，《21世纪经济报道》2005年10月20日）

美国高盛公司、英国3i公司、维众（中国）又共同投资3000万美元入股分众传媒。这3000万美元，分众传媒一部分用来将中国商业楼宇联播网的规模从1万栋扩展到2万栋，另一部分用于建立大卖场联播网，争取在半年内占据50%到70%的市场份额。

（摘自方玉书：《江南春：身家上亿覆盖人口上亿》，《第一财经日报》2005年6月15日）

2003年5月，日本软银与维众（中国）看好分众传媒的投资前景，对其注入了4000万美元风险投资；2004年4月又获得鼎辉国际投资、TDF基金以及DFJ、中经合、麦顿国际投资联手提供的1250万美元风险投资。

（摘自方玉书：《江南春：身家上亿覆盖人口上亿》，《第一财经日报》2005年6月15日）

分众传媒昨日首日上市股价涨势强劲，开盘价为18.75美元，并一路攀升至21.00美元，收盘为20.20美元，比发行价17美元高出3.2元，涨幅高达18.82%；

（摘自潘琼 贾肖明 郎朗：《江南春身家飙至2亿美元》，《南方日报》2005年7月15日）

分众传媒目前拥有中国商业楼宇联播网、中国卖场联播网两大网络，已覆盖全国52个城市，拥有4万多个液晶屏，其商业楼宇联播网日覆盖近4000万中高收入者，卖场联播网则每周覆盖5200万家庭日用消费者。

（摘自金敏华：《分众传媒整体收购框架媒介》，《深圳商报》2005年10月18日）

江南春以23.17亿元排名2005年福布斯中国富豪榜第58位，以19亿元排名2005年胡润中国富豪榜第82位。

（摘自童可 王琛：《江南春解析分众传媒成功之道》，《证券时报》2005年11月26日）

分众传媒目前已在国内1000家大卖场中占据了500家左右，还进入了1000家标准超市和1500家便利店，每周接触8000万快速消费品的购买者。

（摘自初晓：《来自分众传媒的启示》，《中华新闻报》2005年12月21日）

2004年5月，分众传媒被评为“年度创意传媒”；8月，分众传媒荣获“中国最具销售力广告媒体奖”；12月，分众传媒在2004年度中国创业投资大会被评为最佳投资案例，江南春被评为当年度十大创业企业家。

（摘自荆奇：《“中国广告风云榜”历史档案之十大广告风云人物分众化时代成就“分众传媒”——访分众传媒（中国）控股有限公司首席执行官江南春》，《大市场》广告导报2005年第5期）

分众传媒的商业楼宇联播网自2003年5月创立以来，目前已经覆盖全国54个城市，3万多栋楼宇。2005年7月分众传媒成功登陆美国NASDAQ，成为美国上市的中国纯广告传媒第一股，并以1.72亿美元的募资额创造了中国公司在纳斯达克的IPO纪录。截止上周末（2006年1月6日），其市值已超过14亿美元。而聚众传媒自2003年7月成立以来，到2005年9月底，也已经覆盖全国40多个城市，25000多个场所。分众与聚众的此次合并使其覆盖中国约有75个城市，3万多栋楼宇以及6万多个显示屏，每天可以接触到一亿多都市主流消费者。

（摘自张宁　王竹一：《另一种荣耀：分众聚众强势整合楼宇电视大一统——分众传媒、聚众传媒合并新闻发布会见证实录》，《大市场》（广告导报）2006年第2期）

2005年，分众传媒全面推出中国卖场电视联播网，目前，已经覆盖全国86个城市，2702个卖场和零售点，2万多个液晶屏。

（摘自司思：《分众传媒：想象力创造利润率》，《中国经贸》2006年第3期）

分众传媒2005年第三季度的财务报告显示，其总营收1950万美元，利润710万美元，比上一季度增长64%。分众广告服务营收为1910万美元，同比增长170.9%。

（摘自司思：《分众传媒：想象力创造利润率》，《中国经贸》2006年第3期）

江南春3.25亿美元垄断楼宇视频广告；收购后，分众传媒将拥有一个覆盖全国的视频联播网络，包括60000块液晶显示屏和超过30000座商业楼宇，遍布全国75个城市。

（摘自蔚霆：《江南春3.25亿美元垄断楼宇视频广告》，《第一财经日报》2006年1月9日）

2006年3月8日分众发布其2005年年报，税前总营收为7340万美元，同比增长152%，超出了之前专家所预测的人民币6亿元。

（摘自王蔚祺：《分众去年赚6亿跻身中国传媒前三》，《第一财经日报》2006年3月9日）

分众2006年的营业收入将达到20亿元，仅次于CCTV、SMG之后，跻身三大传媒集团之列。

（摘自王蔚祺：《分众去年赚6亿跻身中国传媒前三》，《第一财经日报》2006年3月9日）

2005年第四季度税前总营收为2620万美元，其中来自商业楼宇视频联播网的营业收入达到79%。第四季度净利润为940万美元，比上一季度增长了32.2%。

（摘自王蔚祺：《分众去年赚6亿跻身中国传媒前三》，《第一财经日报》2006年3月9日）

2005年10月以最高可达1.83亿美元的价格（其中包括3960万美元的现金，价值5540万美元的新股以及根据2006年业绩可能再发行价值8800万美元的新股）收购了框架传媒。两次收购，花掉了其IPO所募集1.72亿美元中的1.36亿美元，股本也扩张了30%左右。

（摘自：《分众要做老大》，《市场报》2006年4月21日）

分众传媒的商业楼宇联播网已经覆盖中国近75个城市，3万多栋楼宇以及6万多个液晶显示屏。在中国楼宇电视广告市场占到98%的份额，处于绝对垄断地位。

（摘自罗小卫：《广电系联手围剿分众传媒》，《财经时报》2006年8月14日）

分众传媒的总营收为5060万美元，较去年同期的1460万美元增长了246.8%，比上一季3310万美元增长了52.6%。而二季度净利从去年同期的430万美元增长了283.4%至1670万美元，超出分析师预期。

（摘自陆琼琼：《传播精细化分众二季报净利增283.4%》，《上海证券报》2006年8月19日）

分众商业楼宇联播网和卖场终端联播网的客户数已超过2000家，两者本季贡献的营收分别为3110万美元和650万美元，环比增长了44.7%和23.6%。

（摘自陆琼琼：《传播精细化分众二季报净利增283.4%》，《上海证券报》2006年8月19日）

分众传媒第三季度总营收为6110万美元，同比增长2.1倍，比上一季度增长20.8%。第三季度净利润为2700万美元，同比增长2.8倍，比上季度增长61.7%。

（摘自孙琎：《分众三季度营收6110万美元》，《第一财经日报》2006年11月22日）

在分众四大业务线中，商业楼宇联播网广告服务营收为3890万美元，同比增长1.25倍，比上一季度增长25.3%。而卖场终端联播网广告营收730万美元，同比增长3倍，比上一季度增长10.8%。

（摘自孙琎：《分众三季度营收6110万美元》，《第一财经日报》2006年11月22日）

分众传媒的第三季度税后总营收达6110万美元，超出华尔街分析师的预期，较去年同期增长213.7%；净利润达到2700万美元，比去年同期710万美元增长278.6%。

（摘自陈洁：《分众三季报同比剧增213.7%》，《北京商报》2006年11月22日）

中国主要城市中每100栋写字楼中有94栋装上了楼宇液晶电视。

（摘自陈洁：《分众三季报同比剧增213.7%》，《北京商报》2006年11月22日）

分众楼宇视频广告的总体千人成本为传统电视的1/4以下，对月收入3000元以上的中高端人群，分众楼宇视频广告的千人成本不足传统媒体的1/10。

（摘自陈洁：《分众三季报同比剧增213.7%》，《北京商报》2006年11月22日）

根据两天前分众传媒公布的第四季度财报，第四季度营业收入为5.88亿元，比2005年同期净增219%。业内人士指出，按纯广告收入分众传媒已成为继CCTV、上海文广之后国内第三大广告媒体。

（摘自傅凯：《分众野心袭击传统广告市场》，《北京商报》2007年3月2日）

2003年5月，Focus Media的商业楼宇联播网覆盖了上海150幢商业楼宇、50个知名商厦、40个四五星级酒店及高级公寓会所，日覆盖人次达200万以上。

（摘自柏定国　欧阳友权　刘雅祺：《分众传媒：一个立足“无聊”的品牌神话》，《中国文化报》2006年12月11日）

2007年第二季度，分众传媒来自无线业务的广告服务收入为1090万美元，比去年同期的310万美元增长了253.8%，比上一季度的600万美元增长了81.8%。

（摘自张韬：《分众第二季度广告收入激增126.3%》，《上海证券报》2007年9月29日）

分众无线第三季度营收达1.1亿元，占分众传媒集团整体收入的9%，同比增长265.2%，连续两个季度保持着同期超过250%的增长率。

（摘自徐晓巍　孙晶晶：《分众传媒三季度收入激增128.9%》，《中国证券报》2007年11月21日）

分众传媒以1.684亿美元现金收购玺诚传媒100%的股份。

（摘自柳燕：《分众突围户外广告瓶颈》，《华夏时报》2007年12月17日）

在纳斯达克上市以来的连续10个季度中，分众传媒总营收一直保持着100%以上的增长，是纳斯达克增长最快也是最为活跃的中国概念股之一。

（摘自徐晓巍：《分众入选纳斯达克100指数成份股》，《中国证券报》2007年12月17日）

2005年7月18日在纳斯达克上市时发行价为17美元，2月28日收市价为80.1美元，市值约为43.3亿美元。

（摘自：《2.25亿美元分众购并好耶全面进军网络广告市场》，《楼市》2007年Z2期）

分众无线占有“垃圾短信”80%的市场。

（摘自：《分众无线占垃圾短信80%市场》，《文汇报》2008年3月18日）

央视报道称分众无线传媒技术有限公司（分众传媒子公司）掌握了中国5亿多手机用户中一半的手机用户信息，其中仅郑州分众无线传媒技术有限公司的短信日发送量达2亿条。

（摘自：《分众无线占垃圾短信80%市场》，《文汇报》2008年3月18日）

从事短信广告业务的分众无线去年四季度营业收入高达1600万美元，同比增长355.8%。

（摘自罗添：《分众三个月短信进账1600万美元》，《北京商报》2008年3月20日）

分众传媒2007年第四季度财报显示其净利润为4380万美元，同比增长45.6%。全年净利润更是高达1.44亿美元。

（摘自罗添：《分众三个月短信进账1600万美元》，《北京商报》2008年3月20日）

分众传媒的网站上公布的财务报告显示：2007年第一季度手机广告营收为600万美元，2007年第二季度为1090万美元，2007年第三季度为1400万美元，同比增长298.9%。受央视曝光分众无线为垃圾短信源头以及投资者猜疑分众可能失去SP牌照的影响，分众传媒股价3月17日（美国当地时间）大幅下跌26.59%，报收32.19美元，并于盘中创下今年新低的29.25美元。

（摘自路修远：《分众“短信门”暴露新媒体灰色地带》，《中国审计报》2008年3月24日）

分众无线以60%的市场占有率位居国内无线广告商之首。而2007年，分众无线的移动业务发展迅速，同比增长265%，收入主体来自群发。

（摘自武晓黎：《垃圾短信的分众无线样本》，《中国消费者报》2008年3月26日）

截至2008年6月30日，分众传媒商务楼宇联播网安装的液晶屏超过12万块，卖场终端联播网安装的液晶屏（包括玺诚传媒）达到5.8万多个，公寓电梯平面媒体安装的非数字框架总数超过25万个。

（摘自徐晓巍：《分众传媒二季度营收超2亿美元》，《中国证券报》2008年8月19日）

重要文章选登

透视分众现象

丁俊杰

2002年12月当进出上海的许多高级商务楼宇和商厦的人们突然发现，平日单调无味的电梯等候厅和电梯间一夜之间增添了许多时尚液晶电视，这些电视滚动播放品牌广告，悦耳动听的音乐、电视预告和全新的国际体育赛事集锦，且每周内容更新。一时之间商业楼宇液晶电视联播网引来众多媒体的猜测和关注，有人惊讶于这个媒体的独特创意，也有人对如此大的投资是否能产生盈利持怀疑态度。2003年6月曾经投资了Yahoo、Etrade、Ebay等著名公司的软银SOFTBANK对外宣布注巨资，推动Focus Media中国商业楼宇联播网的建设与运营。

仅仅时隔一年，当Focus Media把中国商业楼宇联播网从上海扩展至北京、广州、深圳、南京、杭州、成都、重庆、西安、武汉、大连、青岛、长沙、厦门、昆明等30多座城市近2000多栋楼宇，日覆盖1200万都市中高端受众时，整个国内传媒业都为之震动。中国新闻出版署《传媒》杂志在当年度传媒人物评选中，对Focus Media作了如下的评价：2003年遍布写字楼、商厦等中高档场所的楼宇液晶电视（分众传媒）灼热了人们的眼球，分众传媒某种意义上颠覆了人们传统的媒体现，成为中国传媒业和广告业的一匹黑马。

2004年3月投资蒙牛、李宁等公司的鼎辉国际投资与投资阿里巴巴等公司的TDF基金，联手美国知名投资机构DFJ、WI-HARPER、中经合、麦顿国际投资等注入数千万美金，帮助Focus Media打造全新的覆盖全国的分众型户外电视联播网络。而与此同时，据投资业内消息灵通人士透露，预计Focus Media今年将实现五六千万美金的营收，实现至少1500万美金的利润。据公司执行董事SOFT-BANK软库中国首席代表余蔚表示：Focus Media有计划在2005年上半年登陆国际资本市场。短短两年，Focus Media正在创造中国传媒业的奇迹，而由中国商业楼宇联播网的诞生而带出的中国分众行销时代的传媒变革，正成为众多广告主、传媒公司、广告公司关注的话题。

专家眼中的分众传媒

北京广播学院院长助理、新闻传播学院院长丁俊杰教授：

媒介创新有时比广告内容的创新更为重要，因为广告主为广告活动所花的费用里，媒介费用占了近80%。进入21世纪以来，随着资源的逐步挖掘与开发，开发一个新的、行之有效的广告载体是越来越不容易，如果能成功，将是一个很大的发展机遇。

近年来国内开始出现了一些新型广告媒体。如日本软银投资的分众传媒——Focus Media商业楼宇液晶电视广告联播网，把电视形式的广告用高品质的液晶电视做到职业人士集中的写字楼去，既在受众的分割上对准了强力消费人群，又通过媒体形式的创新而彰显了媒体表现力，同时因为电梯等候间这样一个带有“强制性”的接受环境而提升了收视效果。这样一个媒体以及由它所引发产生的相关媒体将带来新一轮商业广告媒体的变革，可以预期中国广告业将会迎来一个全新的新媒体时代。

中国人民大学新闻学院副院长、舆论研究所所长喻国明：

事实上，传播渠道不仅仅是传输信息的通路，而且也是特定受众的重要生活环境。特定的渠道“约会”特定的社会人群，而长此以往，特定的渠道也就自然而然成为特定社会人群的群体“标志”——什么人生活在什么“生活通道”之中，渠道为人群打上特定的文化标签，并且深刻地影响着他们的生活方式、行为规范及社会的和消费的选择。

从这个意义上说，分众传媒公司所开发的Focus Media商业楼宇液晶电视广告联播网在看似“不经意”的市场操作中，正实际地成为引领中国传媒市场潮流的先锋媒体。它的实践对于我们的思考和实践意义可能要比他们自己已经感觉到的东西还要丰富和深刻。

中国对外经济贸易广告协会副会长、《国际广告》编委副主任、上海师范大学人文与传播学院副院长、广告与网络传播系主任金定海教授：

电梯，这是商务楼里最重要的公共环境。电梯环境是人们走进目的地之前短暂滞留的环境，也是一个催生无奈、无聊、无趣的环境。在这种环境里，人们心态烦躁、神情焦急、注意力涣散、缺乏耐心。电梯滞留，如此专制又如此自然，以至于滞留中的人无从反抗。于是，无奈寻求解脱、无聊寻求刺激、无趣寻求有趣，只要有一点信息，就能激活注意和兴趣，就能产生感动！由此发现，白领或更显高尚的消费人群在这滞留状态中的心态、视听具有相当的整一性和可控性。这一点显然有别于其他媒介形式或其他空间环境。同样的信息在同样的状态中作用于大致相同的白领人群，驱使该群体产生类似的认知压力和公共话题，进而促进流行或促退流行。这是商务楼宇液晶电视系统的价值所在。

据此断言：Focus Media 开发的液晶电视联播系统是最易主导白领话题、催生时尚流行的强势媒体。

新生代市场监测机构媒介研究副总监徐鹏：

从 2003 年 12 月起北京新生代市场监测机构对“Focus Media 北京、上海、广州、深圳四城市商务楼宇液晶电视联播网”进行了月度广告效果监测，从中可以对 Focus Media 商务楼宇液晶电视联播网这一新兴媒体的广告投放效果有个较全面的认识。

从 2003 年 12 月至 2004 年 3 月北京、上海、广州、深圳四城市监测数据看，Focus Media 商务楼宇液晶电视联播网直接面向的是一群年轻化、高学历、高收入人群，这与楼宇液晶电视设置在高档商用写字楼和其他中高端人士频繁出入的地点（如商厦、高级餐厅、KTV、酒吧、健身会所、高尔夫、影院等）有直接的关系。连续四个月数据监测发现，这种液晶电视媒体的受众是一群经常出入高档写字楼等场所的白领，平均年龄为 33 岁，84.7% 的人教育程度在大学或以上，平均个人月收入达到 6555.11 元，也就是我们通常所说的三高人群，即“高收入、高学历、高消费”的目标群组。从年龄分布来看，25—39 岁的群体占受众的比例为 76.6%。年轻的液晶电视的受众是活跃的消费群，在市场营销学中，25—39 岁群体多处于单身阶段、新婚阶段或满巢阶段——最年幼的子女不到 6 岁。这几个阶段是消费能力最旺盛的阶段，特别是新婚和满巢阶段——两个群体，是大件家庭耐用消费品，诸如房地产、汽车、家用电器等的强力消费族。高学历的群体特征决定了这类人群对格调不高、平庸甚至低俗的广告是十分排斥的，良好的教育背景使得液晶电视广告的受众有着挑剔的眼光，他们追求的是一种压力下幽雅的生活节奏，有着对高尚消费产品的天然渴望。当然，每月 3000—10000 元的月收入保证了他们对各类消费欲望的支付能力。

与一般媒体相比，Focus Media 商务楼宇液晶电视联播网相对是一个强制性较强的传播媒体，受众在每次等候电梯或乘坐电梯时都无法操纵和控制它的播放及播放的内容，在这段等候的时间里，液晶电视联播网的出现，正好填满了上班族等候或乘坐电梯的时间，在这种无法选择、无聊并且陌生的环境下形成一种心甘情愿被迫的边等边看，这正是一种等候中注意力的产生。液晶电视广告的这种强制性可以避免在电视广告时大家有的去洗手间，有的疯狂换台的状况，即便收视仪显示观众在收看此段节目，但事实上广告到达的不确定性，避免了报纸广告被读者跳过，根本不去理会的尴尬；这种强制性，又不会太招致受众的强烈反感，因而等候的时间本身就是无聊而枯燥的，液晶电视广告以精美的画面、音乐、优雅的格调排解了等候时的寂寞，同时达到了广告传播的效果。

数据显示，北京、上海、广州、深圳四城市写字楼上班人员每天乘坐电梯平均次数达到 4.78 次，80% 的人每次等候电梯的时间在 1—3 分钟之间，这就意味着一个在装置了液晶电视写字楼上班的人平均每天接触液晶电视广告时间超过 5 分钟。同时，由于液晶电视媒体收视环境与强制性收视特点，在它的受众人群中，74.2% 的人在每次等候电梯时都会经常关注这种液晶电视媒体所播放的内容，其中每天都会看的人达到 45.9%，与接触其他媒体频率相比，液晶电视受众每天接触到液晶电视的频率远远高出接触到其他媒体的频率。

连续四个月的数据表明，71% 的受众喜欢这种液晶电视媒体广告，其最大的原因是他们认为在接受这种广告信息的同时没有浪费自己的时间，还给枯燥的等候时间增添了一些活跃的气氛。

连续 4 个月的调查中还可以发现，商务楼宇液晶电视受众人群普遍对汽车、房地产、IT 数据产品、化妆/洗涤用品、手机、旅游信息、金融/保险/理财信息和电信广告信息的受众关注度更高，关注比例达到 40% 以上。

4A 公司眼中的分众传媒

奥美顾客关系行销董事总经理郑龙匡：

这几年中国社会的最大改变是城市中产阶层（月收入 3000 - 10000 元）迅速形成和崛起，财富阶层（月收入 10000 元以上）正迅速扩大化和年轻化。阶层的划分由此带来这几年中国市场的最大改变是市场细分化、产品细分化、受众细分化，连洗发水都可以看到阶层的存在。

而目前中国的传媒的发展却无法跟上这样快速的改变。分众性不足是媒体业存在的普遍性问题。

纵观市场，现在有许多产品是针对月收入 3000 元以上的中高收入白领受众或中产阶层的，还有一些商品如汽车、高档手机、高档化妆品、高级消费品等则是面向月收入 10000 元以上的财富阶层的。日报业在此类高端人群中发行较少，面对大众的电视台也是如此。一直以来，人们已经习惯于通过大众化的媒体推广品牌，其价值固然存在，但对中高端商品而言，却易于造成以上的预算被浪费在无效受众中，进而带来行销成本的上涨。

从全球行销发展来看，大众行销向分众行销，再向一对一行销的改变趋势是不可阻挡的，但并非完全替代的关系，而是在长期共存的体系下有比例地改变，中国市场亦然，同样也在上演这样的变革。

事实上，从 2003 年开始，在高级 Of fice、商厦、餐厅、KTV、酒吧、健身会所等地区，人们发现一种创新的广告形式正迅速蔓延——Focus Media 通过在这些地点设置液晶电视，循环播放广告以吸引特定高收入人群，实现了对这部分人士的广泛覆盖和反复覆盖，并让他们产生重复而深刻的印象。这种崭新的媒体具有针对性强、高人流量的特点，而且成本并不贵。作为一个创新媒体而言，分众传媒正是顺应中国当下传媒变革和市场行销的一种成功尝试。

上海优势麦肯总经理陈仲杰：

Focus Media 商业楼宇液晶电视联播网作为分众行销时代的创新传媒，相比众多常规大众传媒在媒体精准性上具有明显的优势，它能有效区分受众，它能清晰区隔与锁定受众在年龄25—50岁之间高学历、高收入的企业主、经理人与时尚白领人士，他们是社会财富的主要创造者，是社会最活跃的消费阶层，中高档、时尚商品的领先购买者和意见领袖。调查表明，出入高级 Office、商厦及高级娱乐休闲场所的受众中，超过95%拥有大专以上学历，86%月收入超过3000元，对于中高端商品与品牌而言能直接命中目标、减少无谓的广告浪费。

传统大众传媒注重品牌普及知名度的提升，而高级商业楼宇液晶电视联播网注重对城市白领及中高端收入消费阶层人士的重度覆盖，互相补充、相辅相成，为企业提升综合的媒体效益。特别是企业主、企业高级经理人阶层工作繁忙，往往对大众传媒（如电视、报纸）接触率很低，运用高级商业楼宇液晶电视联播网则能十分有效及高频次地到达上述受众，以弥补传统大众传媒的不足。都市高收入阶层生活习性往往决定其与传统媒体的接触率和关注较低，而 Focus Media 商业楼宇联播网则能有效覆盖上述目标受众，作为媒体组合不可或缺的组成部分，联播网与传统媒体的有机结合能最大限度地为品牌挖掘出其可能的消费者。在分众行销时代，令整个媒体投资更趋于科学化与经济化。

实力传播中国区户外媒介总监陈岩：

以 Focus Media 商业楼宇液晶电视联播网为其主要的营销载体的分众传媒公司，利用时尚的"数码户外"的概念，进行中国分众传媒的创新开发与整合经营，在短短十几个月时间，建立了一个覆盖北京、上海、广州三大中心城市及深圳、武汉、杭州、南京、成都、重庆、西安等大中城市高级商业楼宇联播网络。分众传媒的迅速起飞，说明中国户外广告市场是充满机会的。

传统户外媒体，例如大牌、霓虹灯、候车亭等，对于客户来说在他们的整个媒体投放策略来讲都是非常重要的，但是比重会逐渐降低，很多针对特定消费群的媒体会受到客户更多的关注，而这部分媒体的投放也会占到更多的比重。从事实上来讲，2003年电梯媒体的投放趋势印证了这个趋势，同时作为国内最大的媒介公司——实力传播，在2003年耗资600万元人民币完成了中国乃至全世界首次的户外广告调研并提供了理论依据。我们发现户外广告其实蕴藏着一个很大的市场，消费者每天的活动都是有规律的，而这些规律性的东西在整理后，针对这些规律制定相应的广告策略，就会起到比原来更好的效果。

广东省广旭、广博媒介联合体媒介策划总监范泉：

Focus Media 分众传媒，对于预算超大的客户和预算较小的客户兴趣最大。预算超大的客户一般在常规媒体的预算之外，预留一部分做创新媒体和媒体专案，他们不能容忍创新有效媒体不在视野之中，而被竞争对手抢占先机。预算较小的客户决策更谨慎，媒体的广告噪音太大了，倾向于集中优势兵力在有效媒体。在现在的媒体环境下做广告好比在一个嘈杂的广告上对人说话。方法之一：站到高台上拿着喇叭对着所有人做演讲，这样有用但成本很高，比如做中央电视台的招标时段。方法二：找到你的目标群体，贴到他的耳边，即使轻声慢语也声声入耳。这样有用而且成本低，但前提是能有分众的媒体达到你的重度目标群。而 Focus Media 就提供了这样的选择。

广告主眼中的分众传媒

诺基亚（中国）投资有限公司高级市场主管杨伟东：

我们最初试尝投放手机产品为中高端时尚系列的"诺基亚7250"，选择了同时在电视上播放的"诺基亚7250"30秒电视广告。在 Focus Media 商务楼宇媒体投放了3周。投放期中，我们与各地销售人员进行及时的沟通，听取了他们对这个新媒体的反馈，也让实力媒体对这个新媒体进行调查跟踪。反馈的结果表明对新媒体的投放效果还比较满意。但由于在楼宇 LCD 和电视上投放的是同一广告内容，因此，对于这一新媒体的信息回想率和目标人群到达率仍不能最后确定。

2003年7月，在随后的中端商务手机产品"诺基亚6108"上市营销计划当中，我们再次选择了 Focus Media 商务楼宇媒体，并有意采用了与电视不同的广告内容。电视采用了"机器人篇"而商务楼宇采用了"中国剑甲篇"，在让目标用户群更深入、更全面地了解"诺基亚6108"产品特性的同时，也可以进一步考虑商务写字楼 LCD 投放的效果，投放期也是3周，结果也验证了这一媒体的有效性。在目标人群，尤其是中高端商务人群当中，他们购买产品时对"中国剑甲篇"广告的提及率很高，地区的销售人员、经销商在谈及产品市场宣传时，"中国剑甲篇"广告的回想率也很高。

同时，在地区做市场调查的时候，有 LCD 投放的城市的销售经理都比较认同这个新媒体的投放形式，认可了其在帮助销售团队及经销商提高目标受众对产品认知方面的效果。以此确立了在中高端产品系列的媒体通道的选择上，商务楼宇媒体的准确和有效性。随后的"诺基亚6600"及"诺基亚6230"等系列也都采用了该媒体。

随着产品营销细分市场趋势的快速发展，分众沟通渠道会变得越来越重要。分众传媒推出的商务楼宇媒体无疑在众多媒体当中，是一个创新的先行者，具有开创性及前瞻性。对企业而言，投放像商务楼宇LCD这样的分众媒体在保证有效性的同时，也能避免投资的浪费，使产品细分所产生的品牌和产品优势更加变得深入人心和强大。分众传媒对于有分众营销理念的公司来讲，的确是一种很好的选择。

华硕电脑总监郑威：

华硕在2003年年底为了推广“行动艺术家”S5系列黑白2款经典笔记本电脑，投放了电视广告。这个产品非常适合商务领袖、时尚新锐的人士使用。我们当时选择了北京、上海、广州、成都、沈阳五个城市的地方台投入了电视广告，栏目和时间选择上兼顾了收视率和目标人群的观看习惯。但是我们还遇到了一个问题，“如何找到那些忙碌的顾不上看电视的商务人士”。我们想到了Focus Media。以北京为例，Focus Media的楼宇覆盖很多甲A级写字楼，这些写字楼里出入的几乎都是商务精英，在生活中大都是对时尚非常敏感的人。第一条满足了。再看看这种媒体的沟通方式是否有效。我们团队的同事们接触液晶楼宇广告是从我们原来办公的富华大厦开始的，那是有点难等的电梯，每天早上上班时间都得等二三分钟。大多数我们的同事们非常喜欢这种媒体形式，“不再寂寞难等”、“以前等电梯的时候不知道看哪儿，很尴尬，现在简单了，看‘电视’呗”、“平时没时间看电视广告，正好了解点新东西”、“是个性化的媒体”。其实有时候判断就是这么简单，身边大多数人喜欢很可以说明问题。

于是，我们在北京和广州两地尝试了Focus Media的液晶楼宇广告。我们的效果十分不错，两地都有很多朋友打电话来询问。最近，我们在新品上市的过程中又再次选择了Focus Media。

原北京灵狮广告有限公司媒体计划总监吴涵松：

我们从2003年开始关注Focus Media商业楼宇联播网这一新兴的特殊的户外媒体形式，并很快地进行了评估，推荐奥迪尝试使用该媒体。我认为它的价值主要集中在以下三点：

首先，从媒体形象上与奥迪的品牌形象较吻合。该媒体采用数字化户外Digital Outdoor技术，既有时尚的外观又有高科技的形式，其音频、视频相结合的模式能较好地在户外的环境中表现奥迪的电视广告创意。

其次，从媒体对象上与奥迪的目标受众相吻合。目前，在全国主要城市的高级写字楼、商厦、KTV、酒吧、高级餐饮，甚至还有机场安检口、机场贵宾厅和国内数十个高尔夫球场都遍布该类媒体，其目标受众与奥迪的潜在用户受众群有较高的重叠度。以Focus Media商业楼宇联播网这一媒体形式与传统大众媒体相结合，既可以对核心受众进行重度覆盖，还能命中诸多与传统媒介日渐疏离、接触率偏低的高端受众，从媒体战略组合中有很好的整合价值。

最后，Focus Media的传播效果还是相当突出的。以2003年12月奥迪A8广告在Focus Media商业楼宇联播网北京、上海、广州、深圳四大地区的投放效果上看，4周30种新A8的TVC广告投放后，广告未提示知名度达到37%，提示后知名度达到了70.3%，且该数据表现在5000元以上的中高收入阶层中比例更高，可见其投放与传播效果表现出色。

天津汽车工业销售有限公司宋明君总经理：

电通公司向我们推荐这种媒体，是因为它的针对性强，广告干扰度小。威姿的目标受众是白领阶层，液晶电视联播网在电梯等候厅内营造了一个低干扰度的媒体环境，受众只得面向在这个区间内的唯一讯息来源，有效起到了强制性收视的效果，这种新型媒体形式符合白领人士接受习惯，容易让他们接受。

目前汽车巨头们也纷纷缩减在传统媒体中的投放而寻求更能有效降低行销成本的创新媒体。

美国通用汽车公司取消了价值4000万美元的2004年第二季度的电视广告。今年2月份丰田汽车美国销售公司称将不会在这个季度里加大在电视广告费上的支出。一方面是因为电视广告费用过高，最重要的是电视观众数量的下降，越来越多的观众手持遥控器过滤掉广告，而付费电视的推出更加剧了这种选择性。

我们在全国六个省市投放了由孙燕姿作为代言人的威姿广告宣传片，在天津的写字楼里我们随时可以听见在年轻白领中间传唱着孙燕姿的“生活多姿，才多彩”。

因此，我觉得汽车广告投放应考虑走出传统媒体，积极利用媒体创新，创造更高的传播效益。

上海房屋销售有限公司副总裁丁祖昱：

自Focus Media楼宇液晶电视广告出来以后，我们一开始就做了一些尝试，效果是不错的。现在经历了一年多的时间，楼宇液晶电视的发展有目共睹，我们也非常看好。非常明确的，这个媒体吸引了中高档房产的大多数目标消费群，因为我们接手的房产项目多数都是中高档的，包括投资型的物业，这些产品的消费对象就是常年出入写字楼和高级休闲娱乐消费场所的白领、金领等企业高管，他们的生活和工作习惯决定了对传统媒体接触机会的下降，平时他们不会去看报纸，也没有什么时间看电视，更不用说翻杂志了，就算是户外，因为设定在特定的地点，这些人的生活习惯比较固定，也未必有机会看到。只有写字楼这个特定的场所，每天进进出出，决定了他们一定会有收视，广告的到达率可以保证；而且液晶电视设定在固定的地方，电梯或者电梯厅，每天接触，强迫收视，经过强势的轮番轰炸，肯定能够对播放广告的产品的知名度有很大提高，对楼盘品牌的传播来说，具有很强的针对性。

怡佳美容用品（上海）有限公司倩碧中国区公共关系经理 Frances Li：

作为全球知名的高档化妆品品牌，倩碧长期来一直以杂志和报纸的平面宣传为主，与 Focus Media 的合作对我们而言是一个全新的尝试。通过精制的电视画面，倩碧被更多的受众所关注，我们的活动讯息由这个全新渠道迅速并有效地传达给了倩碧众多的目标消费者。

我们运用 Focus Media 这一新兴媒体来推动倩碧晶莹嫩白系列的上市，这与这一全新系列的广告风格完全匹配。全新倩碧晶莹嫩白系列不仅蕴含了全新的美白配方和全新的产品包装外，还采用了全新的广告形象。伴随全新倩碧晶莹嫩白系列的推出，倩碧运用了全新的广告风格——加入了“人”的因素，产品通过画面中的“人”表现其主角地位。广告设计大胆前卫，极具震撼效果。在本次 Focus Media 投放的电视片中，三张超时尚感的“人脸”这一极具标志性的广告形象通过各大高档办公楼、娱乐场所的视频传播，吸引了大量目标消费者的关注。广告诉求非常明确，赋予受众极为深刻的记忆。在促销活动期间，出现在活动现场的除了当天的过路消费者外，更有很多是在 Focus Media 上看过活动宣传片，目的性非常明确的消费者。她们直奔倩碧专柜，向倩碧美容顾问了解新产品信息，咨询护肤美容知识，试用新产品，进而达成销售。在短短七天的活动期间，全新倩碧晶莹嫩白系列的销售占据倩碧总销售的 24%，销售额相比去年同期增长了 121%。

分众传媒：独创的商业模式

兰　度

凭借软银、鼎辉国际、高盛、英国 3i 等十多家国际著名投资基金近亿美元的注资，创下了国内十几年来新媒体业融资的新纪录，江南春的即席演讲显得很有感染力，作为分众传媒（中国）控股有限公司总裁，其身家两年之内就已超过 6000 万美元，不过江南春和分众传媒确实创造出了一个奇迹。

分众传媒创立于 2003 年 1 月，当月就实现了 100 万元的营业额，接着利用短短 20 个月时间建成日覆盖 1500 万中高收入人群的中国商业楼宇联播网，如今月广告收入近 4000 万元。

分众传媒以一套独创的商业模式，促使人们对传媒业的新发展有了新的视界。

分众行销＋新型载体

江南春在上大学期间就已投身广告业并赚得人生的第一桶金，多年的广告代理让江南春每天接触大量的媒体和广告主，在业务洽谈和操作中，他发现“现在我们身边到处是电视、平面纸质媒体、户外广告、互联网等这些在大众化生产消费时代出现的、面向广泛受众的传播工具。而市场正在从大众消费向分众行销转型，产品和市场被不断细分与定义，越来越多的企业要求对特定的人群传达自己的产品信息、品牌信息，却发现广告必须通过大众传媒来完成，无法有效区分锁定的目标受众，而且造成大量的广告预算流失在非目标人群中”。

江南春想到了众多写字楼以及在其中上班的各类精英，他以 2500 万元的自有资金开始了新的创业，在上海的商务楼宇的电梯间里或电梯门口里放液晶电视，从早 8 点到晚 8 点循环播放广告信息，目标对象是日常出入这些楼宇电梯的企业管理者和白领阶层。根据测算，等候和乘坐电梯的时间加起来是平均每次三分零一秒，这段无聊时光人们怎么打发呢？收看液晶电视的广告是一种有效的选择。

分众传媒成立后马上得到创业投资的青睐，2003 年 5 月日本软银与维众中国注入了 4000 万美元风险投资。风险投资的嗅觉确实很敏锐，因为这之前分众传媒用自有资金在上海 100 幢顶级商务楼里安装了 400 多台液晶电视，形成一张日覆盖近百万人次的联播网后，新媒体的效应立竿见影。商务楼宇液晶电视联播网更能实现对中高端目标消费者的重度覆盖，具有针对性强和反复刺激性等特点。于是广告接踵而至，平均每月收入 400 万元，网络开播 3 个月，便实现现金正流入。江南春预测中国商业楼宇视频的广告市场空间在 50 亿元以上。获得风险投资后，分众传媒开始了全国范围的扩张。

分众型户外电视联播网的野心

2004年4月，分众传媒又获得鼎辉国际投资、TDF基金以及DFJ、中经合、麦顿国际投资联手提供的1250万美元风险投资，至2004年底已建成覆盖包括北京、上海、广州、深圳、香港等在内的37个城市，上万栋楼宇的商务楼宇液晶电视联播网。

然而，江南春的野心不止于此，凭着在商务楼宇液晶电视联播网上的优势、经验及对户外电视的深刻理解，分众传媒开始推进其他户外电视联播网平台的开发，例如大卖场联播网、机场联播网、高尔夫联播网、医院联播网等业务，力求打造其他全新的业务增长点，其远期目标是开发与运营中国分众型的户外电视网络。

2004年11月美国高盛公司、英国3i公司、维众中国又共同投资3000万美金入股分众传媒。这3000万美金，分众传媒一部分用来将中国商业楼宇联播网的规模从1万栋扩展到2万栋，另一部分用于建立大卖场联播网，争取在半年内占据50%到70%的市场份额。

比拼速度

在行业里处于绝对领先地位的分众传媒并非高枕无忧，其在业务上存在着隐忧，上海、北京的广告销售遥遥领先于各地，而广东等地的广告投放商在短期内对这种新兴的广告形式并未完全接受，高投入高成长的势头遇到些阻力。同时，主要竞争对手聚众传媒对分众传媒也形成了不小的压力，聚众传媒也凭着风险资本的支持，加紧了追赶的步伐，在对一线城市大肆圈地后，开始抢占二线城市，并力争在短期内成功上市。

然而，最大的挑战在于资金。经过三轮的融资，江南春的股份已经稀释至40%。喜欢自己投资的江南春一开始并没想到户外电视是一个资金需求量极大的事业，分众传媒的目标是达到10万块液晶屏和覆盖1亿城市人口，估计仍需2亿美元的投入，但新开展的大卖场联播网、机场联播网、高尔夫联播网、医院联播网等业务不可能马上赚钱，到纳斯达克上市成为分众传媒当前紧锣密鼓的工作。

分众传媒：一个行业和一家公司的诞生之路

高永宏

2005年7月14日，美国东部时间9点30分，时代广场

江南春按响了纳斯达克开市的铃声，成为第一位获此殊荣的中国企业家。此前一天，由他创立的分众传媒（NASDAQ代码：FMCN）正式登陆纳斯达克，融资1.717亿美元，创下中国概念股在纳斯达克融资规模之最。虽然这一直是江南春的梦想：2004年2月分众为此甚至将全公司的高级管理人员齐聚北京，召开了进军纳斯达克的誓师大会。此时的江南春却没有一点激动，“感觉只是机械地去完成一项工作”。江南春告诉《新财经》。显然，当初对纳斯达克的激情和向往已经退去，剩下的只有成熟稳重的心态和向前看的目光。

陈天桥的巴士

分众的诞生，多多少少跟中国资本界的另一位传奇人物——陈天桥有点关系。

由于生意的关系，江南春跟陈天桥是多年的朋友。至今，江南春仍然清楚地记得2001年12月某日凌晨的那个电话：激动的陈天桥睡不着觉，打电话告诉江，盛大同时在线人数超过了11万人，兴奋地描绘着盛大的前景，江南春失眠了。后来，江南春用一个比喻形容了当时自己的心情：“这就好像我们大家都在一辆巴士上面拼命争抢，还为自己抢到了一个座位而沾沾自喜的时候，却发现天桥已经开着一辆巴士扬长而去。”当时，江南春的永怡传播虽然已经做到了上海滩第一大IT广告代理商，但10年的代理经验告诉他，广告代理商的利润空间和发展前景都有限。

江南春开始思索新的突破口。多年的广告代理经验告诉他，新的媒体，尤其是新的电视媒体一定有广阔的发展空间。思考结果被高度浓缩进了半年后的一次演讲。在那次演讲中，他高度概括了新媒体应该有的四个特点：一、必须是代表媒体表现能力的最新技术和发展趋势，具有高度的煽动性。例如，你看到一个宝马汽车的灯箱广告，你可能只会想到：“噢，宝马又出了一款新车。”但是，当你

在电视中看到宝马掠过海浪，水花四射，一位惊艳的美女深情注视着那个开车的CEO模样的男人时，你所想到的就不会是“宝马汽车上市了”，而是“好想拥有这辆车”。这也是电视广告成为全球广告主要形式的重要原因，比起别的方式，动画和声音结合的煽动性不可同日而语。二、必须是分众性的，打中的必须是特定的人群——只有这部分人群对广告商而言才是有意义的。而当今的传媒业从大众性向分众性转变的趋势是不可逆转的。三、要有比较高的抗干扰性。譬如在现在的外滩、徐家汇，你再怎么样打广告，面临的干扰都太多了，很难保证广告的有效性。因此，必须创造新的特定时间和空间，提高广告的有效性。四、必须带有一定的强制性。事实上，分众传媒的强制性就非常高，在电梯口狭小的空间内，很多人都“被迫”欣赏分众的广告。原因很简单，在看电视时，比起电视节目，广告是无聊的。但是在等电梯时，比起无所事事，看广告是好玩的。

在走下讲坛的时候，江南春问自己：“既然这么看好这个方向，为什么自己不去做呢?”答案是肯定的：永怡开始正式探索新媒体之道。很快他们就发现，商务楼宇是个很好的场所，符合所有新媒体应该具有的特点。于是，在2002年底，永怡正式进军商务楼宇液晶屏商务广告网络。12月13日深夜，江南春穿着工作服，开着自己的奔驰去安装了第一块液晶屏。这引来了大厦管理人员的侧目：“这个工程队好有钱，业务人员开奔驰!”

转型与融资

之后，永怡一头扎进了自己创造的这个新兴行业，并在半年后改名为分众传媒。从一件事情上可以看出江南春的决心：2002年是公司历史上发展最好的一年，代理业务挣了1000万元，但他们还是毅然决然地放弃了这项业务。这也许是转型的最好时机：比起陷入窘境时的被迫转型，在现有业务仍然比较健康、现金流依然充沛的时候主动进行转型，成功的几率要高得多。

分众的新媒体之路并非一帆风顺。商务楼宇液晶屏广告网的业务特点是先期投入比较大，迅速的扩张需要大量的资金，年轻的分众在2003年上半年就烧掉了2000万元。江南春现在仍清楚地记得当时的感觉“当时几乎很难睡着觉，因为感觉不是钱在烧，而是自己的青春岁月在烧。因为很有可能一夜之间就会回到起点。”江南春想到了引入外部资金，软银投资进入了分众的视野。

凑巧的是，分众当时租的写字楼原先是软银的孵化器大楼。在互联网泡沫破裂之后，互联网企业纷纷迁出，江南春和弟兄们一起驻进了这个很多商业计划诞生（死亡）的地方。因此，大家抬头不见低头见，很快就混熟了。于是，在软银表示了投资意向后，双方一拍即合。事后，江南春这样表示跟风险资本在一起办公的好处：“共用一座大楼，尤其是共用一个卫生间，宣传效果极佳：每天都可以来上几次强制性广告。”

软银给分众带来的不光是资金，还有先进的管理理念。软银有效地整合了分众原先相对混乱的后台管理，使之更符合国际资本的标准。有了资金保障，分众的发展速度出奇地快，两年的时间，就从上海迅速扩展到了全国的40多个城市，覆盖了近2万栋楼宇。期间又顺利地进行了几轮千万美元级的融资。分众的业务模式也被证明是极其有利可图的，以上海为例，30秒钟的滚动广告（每天滚动60次）的价格已经从最初的每月9.8万元涨到了24.8万元，上挂率高达100%，而且，根据CTR的调查，3000元以上收入人群的每千人接触费用，在分众投放广告的费用只有当地电视台的1/10。

今年第一季度，分众的销售额为960万美元，净利润高达290万美元，登陆纳斯达克水到渠成。此次纳斯达克上市，分众共出售1010万份信托凭证（ADS），募得1.717亿美元，扣除投资银行费用和部分股东出售股份所得，公司可得到约1.11亿美元。这为分众进一步扩张奠定了良好的资金基础。

机遇和挑战

但放眼未来，分众传媒并不急于四处出击。江南春认为，分众当前应该首先稳固好商务楼宇这块阵地，巩固在这片领域的势力。其次，做好卖场的液晶电视广告网。与商务楼宇不同的是，卖场的主要客户是快速消费品，而且，真正实现了广告和商品同时同地，深受广告商青睐。根据分众的招股说明书，未来两年分众的投资每年会达到2000万美元，其中有70%都会投向卖场。相信如果运作得当，这块业务一定会带给分众不菲的利润。

然而分众也并非高枕无忧。迅速的扩张带来的是人力资源的稍显不足。事实上，江南春极度重视人才，他认为市场占有率在很大程度上就是对人才的占有率。但是国内优秀的传媒人才本来就比较稀缺，而且许多人在自身单位的职位已经很不错，很难挖得动。现在凭借上市，分众的激励手段相对会比较丰富，可能会有所突破。另一方面，如何迅速地从内部着手，培养一批合格的传媒人才对分众也是一个巨大的挑战。

作为市场上的先行者，分众已经在人力资源、市场份额（根据国家工商总局的数据，分众的2.5亿元营业收入为行业第二名的聚众3850万元的6倍）、商业楼宇资源（根据CTR报告，分众的楼宇占有量和液晶屏拥有量约为聚众的3倍）、公众知名度等方面取得了明显的优势。但是，面对凯雷等国际巨头扶持下的竞争对手聚众传媒，面对瞬息万变的传媒市场环境，分众的路还很长。

分众传媒享受“水平”创新的快感

刘源远

无聊引发的奇迹

不可否认，分众传媒是一个奇迹。

而这个奇迹竟产生于无聊。

等电梯通常是无聊的。在无聊中，一个年不足而立却有丰富广告从业经验的江南春想到：何不在电梯旁边的墙上挂上液晶电视播放广告，——谁说等电梯注定是无聊的？

就凭借这一创意及互联网技术的创新应用，成立于2003年5月的分众传媒成为了中国户外电视广告网络的创建者。其“商业楼宇联播网”目前已经覆盖全国52个城市，近23000个液晶屏日覆盖数千万中高收入人群。

2005年7月，分众传媒以每股17美元的价格在美国纳斯达克上市，打破了此前登陆纳市的中国企业创造的多项纪录，包括他的好友陈天桥所在的盛大。

产生于无聊的奇迹，往往是最值得人们去品味去思索的奇迹。

新概念·新产品·新市场

一提起创新一提起新技术，人们就往往容易联想到英特尔、微软这类高科技企业。其实不仅高技术创新能够创造巨额利润，对现有技术的创新应用也可以产生新产品也可以创造巨额财富。

甚至，这种创新更实惠！

通常，市场营销的策略有四：第一，市场渗透，用现有的产品攻打现有市场，让客户更多地用现有的产品；第二，产品开发，用新产品攻打现有的市场；第三，市场开发，用现有的产品攻打新市场；第四，做多元化，用新产品攻打新市场。

分众的“商业楼宇联播网”乍看起来像是市场开发，但其实却是产品开发。

“商业楼宇联播网”是一种基于互联网技术的新生事物。分众利用互联网在写字楼、住宅楼的墙上连接了成千上万台液晶电视，而电视里放送的内容都是五彩斑斓的时尚广告。

分众是广告公司，但它和传统广告公司不同的是：它创造出来一个崭新的媒体形式。液晶电视和互联网早就有了，但将它们连接在一起的创新应用却是第一次。所以，这种媒体形式虽然是无形的，但它就是分众的新产品。

与传统媒体相比，分众传媒最大的优势是能实现对中高端目标消费者的准确覆盖。楼宇广告的受众，几乎都是经常出入高档写字楼场所的白领。在城市人群中，他们的购买力最强。一份发行量几十万的大报，其阅读者月收入超过5000元的不足15%，而商务楼宇的受众平均月收入超过了4000元。对广告客户而言，这是一个难以拒绝的诱惑。

江南春在一次演讲中介绍，要想在未来的广告业中抓住商机，必须具备四项原则：第一，必须采用代表媒体表现能力的最新技术和发展趋势；第二，必须是分众性的，必须打动特定的人群；三是要有比较高的抗干扰性；四是必须带有一定的强制性。

其中的分众，则是重中之重。

一次水平营销的“现场秀”

对于分众的模式，如果我们用现代营销之父菲利普·科特勒的新著《水平营销》中的观点分析，将会给企业更大的收获。

所谓水平营销，其实就是一个思维创新的工作过程。当它被应用于现有的产品或服务时，能够产生涵盖目前未涵盖的需求、用途、情境或目标市场的创新性产品或新服务。因此，它是一个为创造新的类别或市场提供了很大可能性的过程。水平营销理论的核心思想，就是将本来无关的概念同现有商品相结合，以探索这种结合能否创造出新的产品类别。

水平营销的主张是在传统纵向营销的层面中（比如产品层面、市场层面），通过替换、反转、组合、夸张、去除、换序等方法，产生空白，获得新的灵感从而开拓出新的产品和新的市场，创造企业更大的生存空间。

我们以“在传统渠道代理客户广告”为例来说明这6种技巧。

替代：在传统渠道代理其他业务。

反转：在非传统渠道代理客户广告。

组合：在传统渠道代理客户广告和其他业务。

夸张：在传统渠道代理大量客户广告或只代理一家客户广告。

去除：在传统渠道不代理客户广告。

换序：在传统渠道由客户为广告公司打广告。

诸如此类的很多操作都可以引出很多“不合理”的逻辑结果。它们乍看起来实在荒诞不经，因为它们都产生了一个按常见逻辑还从没有演绎过的空白。但是，其中只要有一个空白是有价值的，是当今市场上空缺的，并且可以继续完善和成为商品，那么这次水平营销就成功了！

如此看来分众传媒的创新是很成功地运用了“反转”的结果，在非传统渠道代理客户广告。

“地球人都知道”互联网技术首先被应用于电脑。于是人们的习惯逻辑就会将两者紧紧地捆绑在一起，乃至于混为一体：现在还有哪台电脑是不能上网的？又有多少人不是通过电脑来接触互联网的？同时，电脑又从来都是不能风吹日晒的，所以互联网似乎也就只能“出现”在房间里。然而，江南春偏偏想到了将互联网宽带从电脑这一传统渠道上“拔下来”，而接上了液晶电视！进而他又让互联网随着液晶电视走到了大堂走廊里！于是，“商业楼宇联播网”成为了一个地地道道的空白，而且是一个很有使用与经济价值的、当时市场上空缺的、并且可以进一步“空白”的亮点空白！是的，还可以进一步创造空白。于是，江南春又将分众传播网延伸进了超市。

那么，再下一步呢？笔者都不禁心里有些痒，既然超市是个谈“买卖”的场所，我们为什么不能将互联网很突出的“互动”功能加入到这里呢？将 B2C 开到超市里！分众传媒可谓是为我们做了一次成功而生动的水平营销演绎。也许深受启发的您此刻还会有更精妙的主意呢！别忙江南春可没向您付咨询费。那您何不由此用你的智慧好好创新一下您自己的产品呢？

这时，您一定同意，成功不应受人力、物力的限制，成功和思路有关。

分众传媒再“分众”

曹朝霞

高尔夫，严劲松的又一个兴奋点。在这位分众传媒执行副总裁的眼中，高尔夫早已超越了健身的功能，变成可以聚揽最高端资源、最强势消费力量的商业利器。

在中国，专业的高尔夫赛事很少，业余赛事却如火如荼。这说明，高尔夫越来越成为一种通用语言，成为商务交流的平台。

对于这个新的营销平台，严劲松兴致勃勃地在他的小黑板上描绘：从金字塔的底部到顶端，按市场消费层次分成三级，分别代表大卖场、商务楼宇、商旅和高尔夫联播网络，而高尔夫就处于塔尖，虽然覆盖数量少，但却是“最高端”的人群。

严劲松认为，这部分人的能量甚至已经超越了“二八定律”。它可能只占据“金字塔”10% 的客户，却拥有 90% 的财富和资源，具备最强的消费能力。“细分是广告的未来”，媒体出身的严劲松不止一次强调，“不管是从商业概念还是分众媒体这个方向上，高尔夫消费群体都不能丢。”

另辟蹊径

其实，如何圈占高端渠道，分众早就考虑过了。只是过去江山未稳，大部分精力投入在竞争激烈的楼宇广告市场，无法分身。

早期，分众开发高尔夫市场时，借用的是开发楼宇的团队。最初的想法比较简单，让这些人同时做高尔夫场地广告，先跑马圈地再说。但问题随之而来，开发楼宇的市场人员并不懂高尔夫行业，所做的球场广告与楼宇广告并无二致，甚至出现了酸奶广告，以至于球场抱怨，这对高尔夫顾客的价值不但没有提高，反而是降低。

“一定要把这块业务拆分出来。”2004 年 10 月，分众开始高尔夫事业部的组建，在全国分为三大区，招揽专业人才。“专业的人做专业的事，就很 Focus。”严劲松谈到。在这之后发展很快，不到一年里，分众发展了 100 多家高尔夫球场，做到这一细分市场的第一。定位在高端受众的媒体和企业，也在不约而同地盯住了高尔夫细分市场。然而，除了专业的高尔夫杂志，还没有媒体把高尔夫业务做到如此细化和规模化。在这方面，分众有着别人无法匹敌的优势：在大规模融资并购后，分众已成为覆盖 80 多座城市、上亿都市主流消费者的中国最大户外生活圈媒体群，以商务楼宇广告市场为起点向下延展，构筑起坚实的“金字塔底座”。而分众在 60 多个城市的分支机构，避免了单独建网的高额费用，在设备安装、维护方面也降低了成本。

量身定制

宝马七系，是分众高尔夫联播网最有代表性的客户。

宝马中国代理商盈之宝董事长李莹曾对记者说，宝马在中国推广是极少考虑在传统媒体投放广告的。高尔夫倒是不错的营销平台，这个消费群体与宝马客户相当吻合。然而，当时除了高尔夫路牌广告和球场上的“口碑”传播，几乎没有精准锁定高尔夫消费人群的媒体。

分众高尔夫联播网的出现，让针对高端消费人群的厂商眼前一亮，2005年下半年，分众毫不费力地签下宝马七系。分众高尔夫联播网的吸引力，不只是沾了“先入为主”的光，更高的传播性价比是其特有的优势。

最近，捷豹汽车欲通过一些相关活动，吸引高尔夫消费者。捷豹算了一笔账：在全国十几个城市的高尔夫球场做巡展，仅两周就需要110万元，还不包括运输和保养的费用。而同样的资金投入，可以在分众高尔夫联播网上播放半年的广告，同时，也可以在分众协办和参与组织的大型高尔夫赛事上加入捷豹汽车的元素。分众以这种“打包”的方式，解决客户的个性需求。

紧随客户需求，为其度身定制，既是客户选择的原因，也是分众高尔夫的盈利点。与传统媒体营销不同的是，分众高尔夫的营销模式从市场需求出发，先找到目标广告主的需求和市场，再量身定做产品。“今天，我们就像卖电子杂志一样卖广告，明年随着我们组织和支持的各大赛事增多，将为客户做更细致的面向高尔夫受众的整体解决方案。”严劲松说道。

广告的传播效果是客户最终关注的，分众特别考虑到如何吸引高尔夫消费者的目光。虽然分众的楼宇广告网络已经铺天盖地，但在内容上却无法为高尔夫联播网提供借鉴。因为，楼宇广告瞄准的是，人们在封闭环境中的“无聊时间”，不必考虑加入资讯来吸引眼球。但在相对开放的高尔夫球场，资讯的重要性就体现出来了。

分众高尔夫联播网特设了“生活方式”栏目，介绍富人圈的生活方式，还有大型赛事的花絮以及客户提供的资讯等等，一切聚焦高尔夫消费群所关注和感兴趣的内容。

高收入人群、中国新富特有的生活节奏，都在高尔夫球场上体现，分众挖掘的是高尔夫消费群体背后的价值。因此，分众高尔夫的受众目标定位清晰、需求明确，这使分众能更好地量身定做吸引眼球的资讯，进而提升广告的关注度。

通过广告和资讯双管齐下，分众高尔夫目前已经拥有汽车、奢侈品、私人银行服务等多领域的客户，并为其建立了直达目标消费群的“特快专列”。

醉翁之意

谈到目前的盈收情况，严劲松表示，作为上市公司不方便透露，但他对高尔夫联播网的前景非常乐观——“高尔夫联播网一年盈收在5000万元，这是可以做到的。”

相对楼宇、大卖场这两大盈收在上10亿的主干网，定位在窄众的高尔夫联播网盈收还不算很多，但其覆盖的高端人群，显然是传统媒体望尘莫及的。严劲松谈到，高尔夫联播网对分众有着非常重要的意义：分众已在中低端市场占据霸主地位，下一步要扩展在高端人群里的认知度和影响力。那么，高尔夫球场分布广，想象空间大，必然是扩展高端市场影响力的重要途径。

既得利（赢得客户）又扬名（扩大自身影响），何乐不为。下一步，高尔夫联播网将完善网络互动，从赛事推广、企业产品营销出发，建立网上虚拟社区，打造互动营销平台的同时衍生出系列产品，完善分众高尔夫的立体网络。通过线上线下互动，分众高尔夫将展示庞大的衍生资源和空间，提供了多元化盈利的可能。

据了解，高尔夫参与人数年增长率超过20%，沿海地区甚至超过30%，加上2008年奥运商机，高尔夫发展前景被看好。更重要的是，它的发展可以带动中国奢侈品市场的迅猛崛起。“重要的不只是高尔夫本身”，严劲松谈到，“到2010年，中国将成为仅次于日本的全球第二大奢侈品市场”。有消费需求就会有推广需求，分众高尔夫联播网把目光投向了未来。

尽管如此，还有缺憾。传统媒体、网络媒体可以分别用发行量、收视率、点击率等对广告价值进行评估，但对分众高尔夫联播网，目前还缺乏对其广告价值的精确分析、评估机构，分众高尔夫只能“自卖自吃喝”，抽出很多时间和精力进行一对一的客户推广，否则客户无法了解，更谈不上选择。

严劲松坦言，最初不太好做，新媒体的发展需要专业评估机构随之跟进，不仅仅提供感性预测，还应该让客户看到，投资回报及相关专业测评的数据。

江南春和他的分众传媒帝国

刘世英

学生时代的校园诗人

济慈说：“谁也达不到顶峰，除了那些把世界的苦难当作苦难并且日夜不安的人。”在江南春心中，大抵诗人的形象就如同济慈描述的一般。“他们携带着来自上天的密令，怀中藏着致命的武器，却用脆弱的花朵抵御现实的侵害。”

于是江南春活着，写着小诗，“仅仅出于怀念或者想象”去感受于李克尔“罗马怎么样，它在崩塌”……

提及“江南春”，家喻户晓的是唐朝诗人杜牧的一首七言绝句“千里莺啼绿映红，水村山郭酒旗风。南朝四百八十寺，多少楼台烟雨中。”这首千古流传的古诗承载着诗人对江南水乡的陶醉。而江南春恰恰也是一个诗人。

认识江南春的人，在向别人介绍他的时候总习惯于以这样的方式开始：以前，他是个青年诗人。的确，江南春是一个诗人。早在大学时代，中文系出身的江南春就充满着无限的浪漫主义情愫，并曾经出版过自己的诗集——《抒情时代》。1973 年 3 月出生于上海的江南春并没有上海男人特有的细腻，魁梧挺拔的体形使得他更像一个十足的北方汉子，充满功成名就男人的魅力。而“江南春”这个典含着江南水乡色彩的婉约名字并非许多媒体渲染的是其酷爱中国古典文学的父亲取自于宋词的词牌名，而完全来源于偶然中的巧合，“我的父亲是一位严谨的审计师，母亲是个小创业者，承包有自己的门店，完全不是传说中的书香门第。我姓江，我们家是朝南的，又是出生在春天，所以叫江南春。南说的是空间，春说的是时间，江南春本身只是一个时空观念的名字”。

虽然江南春不是坊间流传那般自幼饱读史书，深受礼仪书香熏陶，但也许正是由于“虎父无犬子”抑或这个诗一般的名字还是承载了父母双亲太多的冀望与期待。父母对江南春的未来是这样规划的：“争取考个好大学，毕业后找个好工作。”

似乎一切都在按部就班地朝父母的期望进行着。江南春自小便在文学上初露锋芒并一发不可收拾。不过，据江南春本人所说，他在诗歌文学中的所有成就全然是因为小学五年级的一篇东拼西凑的作文，正是这样一篇普通的作文标志着江南春“虚荣心”的第一次出现。

事情的经过其实非常简单，甚至简单得有些令人忍俊不禁：小学五年级时，江南春东抄西拼的作文出乎意料的得了一个全班最高分，老师当作范文当众宣读。从此以后，江南春一发而不可收，每次作文都要挖空心思，绞尽脑汁，不得第一誓不罢休。

江南春本人将自己的这条发展轨迹归结为“虚荣心作祟”的结果。而这小小的虚荣心成为一颗催人奋发的生命力极强的种子，不断地激励着年幼的江南春。从这以后，习惯被当作范文作者的江南春也因此开始了自己的“文学”之路。凭借着过人的文字禀赋和不懈的努力，大大小小的奖项伴随着江南春度过了他的青少年时代。但真正见证他青少年时期文学创作巅峰的，便是其在高中期间所获得的上海市中学生作文竞赛一等奖。而江南春本人也由于出色的文学才华于 1991 年被免试保送进入全国知名的重点高校——华东师范大学，在中文系就读汉语言文学专业。

上天的垂青，再加上文学上的天赋以及江南春本人对文学创作的敏锐，一个伟大的诗人或许应该呼之欲出，但命运并非按部就班地以一种平庸的轨迹左右着江南春并不平凡的人生。

在进入大学校园之后，江南春俨然成了一个幸福的学生诗人。“每当清晨，当我翻身下床看到昨天一首略带缺陷的诗还站在狂乱的句法中，我觉得那种感觉分明就叫作幸福。假如时光不使它流失，相信它必会更加纯粹。”

我们无从得知少年江南春的诗人梦色彩如何，但后来的事实却表明，命里注定的江南春不会成为一个诗人，而这一切其实源自于江南春一次参加的校学生会主席竞选，也就是这次竞选彻彻底底改变了江南春的人生轨迹。

精心策划的成功竞选

进入大学后的江南春矢志不改，仍然“虚荣”地巴望着成为众人注目的焦点。在校园诗坛的活跃与积极，使得江南春瞬间成了师大家喻户晓的校园名人，而就是直到今天他的那些小诗仍然在一定范围内被人朗诵。

其实，成为诗社社长这仅仅只是江南春在接下来的几年里闻名师大校园的一个契机与开始。忘情的江南春怎么会甘心于停留在大学一年级便出任的著名的“夏雨诗社”社长头衔？“夏雨诗社”社长不过仅仅是江南宣泄“虚荣”的一个重要途径。但绝不是最后一个途径。半年以后，也就是 1992 年，江南春便凭借“夏雨诗社”社长的身份，谋划参选华东师范大学的校学生会主席。

其实，竞选学生会主席的过程便已经真正的、完美的凸显了日后江南春立足商场的根本资本——聪明的头脑、冷静的理智以及审时度势抓住能令自己和别人亢奋的脉动。借用江南春爱说的一句话：“事实上，我的大学时代，基本上就决定了我的今天和今天的成绩。”

当时在校学生会主席首轮选举中，江南春瞄准了一个强劲的对手。这人即是哲学系的钱海——当年参加中国大学生大专辩论赛的最佳辩手。这个同学在参加本系竞选演讲时，江南春为了知己知彼，百战百胜，偷偷地去现场观察，了解敌情。正如他所担心的那样，这位同学的名气和能力完全在其他人之上，而且差距巨大。但令他没有想到的是，这位最大的“热门”同学却连本系的小组选举都没有出线。

自古冯唐易老李广难封的悲剧，怀才不遇、心比天高、命比纸薄的伤感，被人们一遍遍不假思索地叹咏。往往越高的才华，换回越多的失落。“因为大家都把他视为自己的竞争对手，所以谁也不愿意帮他，他被孤立了。这个出人意料的结果给了我很大的遗憾，我意识到一个人的成功不完全是你的才华，关键是你能统占整合多少资源，然后达成一个整合的目标。”江南春在说这番话的时候，毫不掩饰自己悟到这个道理时的欣喜若狂。

参加了院系校主席初选在校级竞选的第一轮过后，只剩下包括江南春在内的六个人参与竞争了。“我不想让钱海事件在我身上重演”。而那时的江南春已经为其神乎其神的演讲成为各方势力“绞杀”的下一个目标。

于是，被钱海事件刺醒的江南春做了一件事后令他非常得意的举动——“合纵连横”。那就是每天晚上分别跟各个系的学生会主席沟通、交流自己对于竞选校学生会主席的观点，同时也听听他们的想法。当然，这样的交流往往安排在学校的某个小饭馆，十块钱就能吃一顿饭，叫上两个小菜，再喝点小酒。而这十多位校友作为握有实实在在投票权力资本的各个院系的学生会成员，为江南春高票当选学生会主席铺开了康庄大道。

也许是觉得各个院系的学生会成员的撑腰还不足以使他令人信服地当选主席，江南春的策略及手段在接下来得到极至的发挥更加让人叹为观止。

江南春的师兄嵇海荣当时作为在任的校学生会主席，主持了整个竞选过程。据他回忆，经过了前期的初选，最后一轮的竞选按照惯例是候选人的演讲与即兴问答环节。当最后6个候选人集中在学代会上亮相演讲时，江南春是唯一一个脱稿演讲的候选人。由于他第一个上台，这给后面的竞争者造成了很大的压力，甚至乱了手脚。

了解当时情况的人透露，除了提前背诵好了发言之外，江南春实际上准备了更绝的一手，他提前安排了几个哥们，在提问阶段当“托儿”，准备一些刁钻、尖锐的问题质疑对手。这样，在别的选手被问得哑口无言的时候江却胸有成竹地侃侃而谈。而据江南春本人透露，为了能够脱稿演讲，他提前三个月准备演讲稿，而且还请中文系关系“铁”的老师修改多遍。临近竞选的一个月为了确保自己胜出，每天背20遍。

正如江南春所料，竞选的时候文采风流、书生意气的江南春第一个上台演讲，不仅演讲精彩，回答问题更是无懈可击，很多台下的对手已经决定放弃竞选。第二个上台的便是他最强的一个竞争对手。因为江南春的出色表现，这个同学临时决定改变策略。于是对台下的同学说：“江南春同学把我想要讲的都讲完了，但是我更懂得倾听……”话还没有说完，台下江南春的一个“托儿”马上站起来质疑：“你的这个特点最适合在江南春手下当一个部长。”台下哄堂大笑。出众的口才和成功的策略，江南春一举获得成功，几乎以全票当选，顺利成为华东师大校学生会主席。

耍了些小手腕的江南春就这样几乎以全票的绝对领先优势，终于毫无悬念地、如愿以偿地当上了校学生会主席，一时间风光无限满面春风。也因此，江南春欠下了别人160块钱的巨大外债，这也为后来他打工还债埋下了伏笔。但这次精心策划的“贿选”和竞选过程中的“钱海事件”却也印证了江南春所欣赏的捷克普名作家昆德拉的一句话“人生最大的缺憾，便在于不能重新来试过，不可逆转。既然无法逆转，也就应该十分坦然。选择另一条路会怎样呢？或许更好或许更糟”。

竞选给江南春的人生上了十足的重要一课：也正是这次竞选在某种程度上改变了江南春的未来轨迹，使他始终坚信人生没有遗憾，只有在不断选择中追求一种心灵的超脱与成功的释然。

背着160元债务初闯广告业

“由于竞选过程需要和许多人沟通，拉选票，吃饭喝酒什么的，不经意间一下子就欠下了别人160块钱的债务，这在当时可是大数目”，江南春回忆道，“在1992年一个一穷二白的大学生欠债160元，难以想象、不可想象。”事实上，这位众人注目的校学生会主席兼诗社社长的江南春并非出生在锦衣玉食人家中的富贵子弟。和绝大多数上海本地人一样，江南春的家长也是普通的工薪阶层，父亲做财务会计，母亲经营一家小型的便利店，所以，用江南春自己的一句原话说便是：他并不是天生有钱的主儿。

“祸兮，福之所倚”，这东方式的智慧哲言昭示着江南春的否极泰来。负债后，江南春整整花了一个星期来计算一道关乎人生转折的数学题。“花很长的时间写一首诗歌、一则评论文章报酬可能只有30元；编撰一个广告，区区5个字回报却高达1000元”。计算的结果就是，诗歌不能再写了，评论文章更不能写，而创作广告才是“正道”。

不管怎样，正是因为欠下人民币160元“巨款”，江南春拉开了第一次“下海”的序幕。

为了还债，江南春帮人做过家教，也干过每天挣七八块人民币的“累死人”的体力活，也帮助大四忙于寻找工作的师哥师姐们完成毕业论文，赚取少量的物质回报。各种兼职，虽然很辛苦，江南春还是得到一定的物质回报。

即便如此，江南春仍不满足。仅凭着这杯水车薪的收入，想要真正还清这160元的债务，成为一个理想中的有钱人，需要的更是一段十分艰难而又漫长的时间历程。“虚荣心”强烈的江南春这时也有些心有不甘了。因为，这时候的江南春的梦想已经变成了找一个既可以轻松挣钱，又能够发挥自己长处的打工之道。“上一代没有积累，我不得不很早就需要自己赚钱、创业。而且我又刚谈了女朋友，花费比较大，所以，少量的收入根本无法满足我平时的生活开销，可我也不愿意再回家向父母要钱。父母毕竟也不太容易。”

无论是机遇总是垂青于有准备的人，还是天无绝人之路，抑或是自助者天助，江南春终究还是得到了上帝的眷顾。就在江南春幻想着能够轻松挣钱、还钱和攒钱的时候，也就是1992年底，上海亚太电影电视公司下属的一家广告公司来到华东师范大学的学生会，委托江南春招聘大学生勤工俭学做兼职，一个月底薪300元，提成另计，主要的工作和任务就是接拍电视媒体广告。

俗话说“近水楼台先得月，向阳花木易逢春”。于是，江南春利用自己是校学生会主席的这个“政治经济资本”，捷足先登。得知消息的当下，江南春自己便欣然揣着招聘海报去了广告公司应聘兼职。正好这家广告公司的负责人当年是师大“夏雨诗社”的前任社长。没有别人竞争，再加上前任诗社社长的鼎力相助，江南春毫不费力地给自己找到了一份理想的兼职工作。而这份工作也是一个与江南春的希望与梦想最契合的舞台——广告传媒业。

上海亚太电影电视公司的成功应聘，意味着江南春真正意义上走上了从商之道。

毫无广告传媒业背景的江南春按说没有金刚钻，为啥敢揽瓷器活？每当面对各路记者的疑问，江南春有着他自己的看法和理念：“那个时候你完全不会理会你是否具有这样的能力，因为中文系写诗歌的人有一个特点，就是永远自我感觉良好，永远觉得自己是最优秀的，无论做什么都可以。我原来的写作能力很强，而广告方面的核心就是需要创意，当时所谓的广告就是写一个广告语，或者编一个小小说，而我的创意能力毫无疑问是天然的。所以，我自始至终认为最适合我的不是成为一个诗人，而是作为能够享受广告乐趣的‘富贵闲人’。而创作诗歌和涉足广告虽然是在创造一件表面上不一样的东西，但其中蕴涵的大道理其实相差并不太大。”

当然，仅有创意能力是不够的，学习能力极强，加上废寝忘食般的玩命，江南春很快地打开了这份广告兼职的工作局面。

借鸡生蛋：江南春独享永怡

生性好强的江南春并不想一辈子屈居篱下，一直为别人做嫁衣，一直看着老板的脸色打工挣钱。于是借助永怡传播公司这个事业发展平台，不满打工且已经踌躇满志的江南春把他21岁的梦想切换到创业的频道。

1994年2月，也就是尚在就读大学三年级的江南春开始了自主创业。同年7月，江南春自筹资金，注册创办永怡传播公司，并出任永怡传播公司总经理。后来，永怡传播公司也成为国内最知名的本土广告公司之一。2001年，永怡传播的全年销售额就已经创纪录地达到了1.5亿元。

可是几乎作为中国最早的一代大学生创业者，1994年时江南春何以获得百万余元的注册资金，至今少有人能说清道明。但可以肯定的是，江南春并不是天生有钱的主儿。那么江南春这笔数额如此巨大的注册资金究竟是从天而降还是另有隐情呢？其实这100万的注册资金江南春得来全然不费功夫。因为，机警而聪明的江南春使的正是“借鸡生蛋”的巧妙招数。

1994年凭借江南春的资金实力，他还不足以成立一家属于自己的广告传媒公司，于是只能“借鸡生蛋”，靠别人的钱帮助自己注册成立公司。而也就是1994年的同一时候，港资永怡集团老板为了整合旗下公司品牌，出资100万让江南春组建永怡传播公司。这是一家以创意为主的广告代理公司。

从此，华东师范大学中文系三年级的学生江南春，除了身份证上的数字证明他只有21岁之外，言行举止以及生意场上的谈判风格，已然是一个老练成熟的公司老板。只不过，江南春仅仅只是拥有公司管理权，永怡传播公司不得不依附于当时的永怡集团。严格意义上说，在法律制度上江南春没有“所有权”。从“管理权”到“所有权”转变的这个过程，江南春又巧妙地玩了两次“借鸡生蛋”。公司成立之后，自己不是法人代表，但是为了能尽快将公司收归己有，他必须拼命赚钱，通过“还款”或者“购买股份”的方式让永怡传播公司改姓“江”。

于是，成为“江总”的大三学生江南春马不停蹄地为了自己的企业四处打拼。“1995年的时候我们做过联想上海的业务，跟杨元庆谈过。”回忆起那些最初的客户，江南春流露出一丝掺杂着张狂的无以复加的巨大兴奋。就是这些客户今后成了江南春的良师益友，推动江南春在广告传媒领域的成功。因为做SHAMPOO广告，所以结识从台湾带广告书给他的朋友。“SHAMPOO的老板（台湾客户）带给我4本广告书，启发很大。”也许，正是当时大陆市场上还罕见的这些广告书籍，让江南春确立了自己的人生轨道和未来事业前景以及发展的方向。

当时无锡正在大张旗鼓地进行市政建设，受到上海南京路灯火通明的启发，他和朋友凭借“让无锡亮起来”的策划方案拿下了无锡的灯光工程。"以上海市的'灯光改造工程'游说无锡市政府在商业繁华地点建立灯箱广告，成本只有百万元，而收益却是六七百万。当然，城市形象也是实实在在地改变了。"江南春说，事实上，这500个灯箱的工程他们没有投入一分钱，因为前期的制作费用是无锡市财政局作为市政工程给贷的款。所以，江南春没有投入一分钱，就一鼓作气在无锡做了500个灯箱广告。借你的钱，然后做你需要的产品，产品做好之后你再用我要求的价格买回去。我来的时候带着创意和能力，走的时候口袋里装满了钱。"借鸡生蛋"，也凭借着这样的不懈努力与干劲所挣得的这一笔笔的业务，让江南春拥有了第一个50万，从而真正意义上拥有了永怡公司的管理权和所有权。

IT广告的霸主：永怡笑傲"上海滩"

伴随着江南春的个人努力和公司全体员工的精诚合作，永怡的营业额直线飙升。短短不到两年的时间，永怡公司年均收益已达到500万元左右。1995年，在当时能将广告收入做到500万的广告公司在上海滩并不多见。在江南春带领永怡传播在一统上海IT广告市场的征战中，不得不提到的便是其最为荡气回肠的一场IT广告战役——"LG未来窗"。1998年，韩国电子巨头LG刚刚进入中国大陆市场。永怡传播竞标LG的广告代理。竞标的时候，江南春将广告策划方案瞄准了"LG未来窗"这个产品。"当时大家都认为这个产品是平面显示器，根本不会有人来买。当时，LG也有很多普通级的产品，但我认为我们的备战一定要为'未来'而战。"

苍天不负有心人，LG最终相信了永怡传播的广告方案。江南春也开始将钱投放到"LG未来窗"这个产品上。第一年，永怡传播打了很多"LG未来窗"的广告，但是产品并没有见到有什么大的起色。到了第二年，江南春顶住压力为"LG未来窗"的广告又扔了很多钱。结果，产品销量一下子打开了缺口。"第一年，只卖了5万台，第二年就上升到66万台，第三年已经到了89万台，到了2000年，'LG未来窗'已经成了平面显示器的'代言人'。"

曾有记者问江南春："扔那么多钱砸广告，没起色，仍然砸，你是基于怎样的判断?"而江南春的回答是："我当时想了两点：第一我认为我们（LG）在传统产品的市场上根本没有优势，渠道也没有竞争力，跟三星、飞利浦根本没法打，就不如进入这个市场的最高端来打，树立最高端的形象，然后带动其他产品的销售；第二，只要我们积极地先抢到一个平面显示器的市场，我相信二到三年内，平面显示器一定会取代球面显示器。从产业趋势上来讲，这个是发展的必然，我们的战略非常清楚。所以，你后续的产品一定要采取非常反逻辑的方法，一定不能按照正常逻辑去做，最安全的是最危险的，最独特的方法是最有效的。"

由这场战役，我们可以清楚地看到，江南春的一个成功"密码"便是他一反逻辑的战略眼光。这么多年，每天晚上，江南春回到家都要看一个小时的专业图书和杂志。专注于一点，及时地补充"养分"，然后有分析和数据支持的"不按常理出牌"，加上拼命干，机会和成功自然不会放过像江南春这样的人。而永怡也在江南春"反逻辑的战略眼光"策略下在上海广告界声名鹊起。

然而真正铸就永怡成为十里洋场的上海滩IT广告的霸主地位的却是一次偶然的"姻缘"。江南春有一个华东师范大学的校友，负责IDG在华东地区风险投资的业务。IDG当时是世界著名的IT出版集团，在中国投资了大量的IT媒体，想在上海设个点推广它的业务，江南春私下里早就认识了这个IDG的朋友，在很多场合也经常碰到，一来二去变得相当熟悉。这个朋友就建议江南春和IDG进行合作，然后一起开拓中国IT领域的广告市场。

其实江南春也早就有了进军新广告市场的打算。虽然，1995年永怡传播公司的年营业额已达到500万元左右，这在当时已经是一个中型的广告公司，公司在上海也有了许多的广告客户，甚至包括联想等在内的国际知名企业。但因为公司没有太多和固定的核心大客户和业务，没有一个核心的产业可以依托，加之公司遭遇的股权变动，作为创始人的江南春清醒地认识到，此时的永怡，"这样发展下去，会产生许多的问题"。

在这之前，江南春对于IT产品其实一窍不通。几年的广告生涯，他已经习惯了做消费品的大众广告，并没有将业务划分得如此之细。虽然，当时的江南春已经有了IT方面的各种人脉资源，比如见过杨元庆，也代理过联想在上海的广告，但对于诸如英特尔等IT公司究竟在想什么、做些什么，江南春却一点也不了解，心中没谱。但是江南春没有放过这样的机缘巧合。江南春不仅精明地意识到IDG这棵"大树"的分量，而且凭借着诗人的敏感，江南春毫不费力地嗅出了IT广告市场在未来的发展状况，于是他开始调整永怡传播的业务方向，专心去攻IT广告市场。

"当时IDG传媒集团想并购一些广告公司，为他们的传媒业服务，而我做的就是广告公司，IDG传媒集团总裁对我个人也有很好的评价。于是，在1995年底IDG决定收购永怡。"但这样的机遇却因政策的限制未能成行。按照当时的政策规定，外资不允许进入中国广告业。不过在1995年底，永怡传播和IDG也还是通过协议进行了合作，不拿一分钱工资的江南春成了IDG上海办事处的主任。1996年1月1日，江南春进入IDG传媒集团，为他们筹办上海办事处，永怡自然地成为IDG传媒业务最主要的广告代理商。设想一下，IDG在中国投资了很多IT媒体，永怡传播在上海积累了大量的IT客户，江南春一方面在IT媒体上有话语权，另外一方面IT客户做广告又要找江南春，又当“裁判”，又当“运动员”，江南春的永怡传播想不赚钱都不行。很短的时间之内，永怡传播就成为上海滩IT领域最大的广告代理商。

可是，当一切好事都被江南春占有之时，永怡距离发展的“寒冬”也就不远了……

永怡多元化战略的残酷幻灭

历史总是经历着惊人的巧合，就如同广告文艺评论大师卢卡奇所说的：“最好的也即是最糟的。”

“2000年的冬天，在没有雪的上海，江南春和他的永怡传播尽情地享受着事业顶峰时的傲然与快感。但，同样在冬天后的上海，江南春和他的永怡传播并没有得到自己和企业发展的另一个春天。超级垄断也让永怡的发展遭遇瓶颈。在偌大一个上海IT广告市场，留给永怡的，最后仅仅剩下5%的余额。探索新模式成为摆在江南春面前的一个新难题。”

“天有不测风云”，商场风云的突变，上亿的营业收入并未让江南春的日子好过。相反，“上帝要毁灭他，首先使其疯狂”。江南春和他的永怡双双陷入到黎明前的黑暗。尤其是2000年后的2001年，这一年也成为永怡成长史中最为痛苦的一年。

正是“成也萧何，败也萧何”。互联网这一新生产业赋予了永怡质的飞跃。与此同时，2001年，伴随互联网经济泡沫的破灭，永怡也遭受了致命的打击。“因为互联网突然全消失了，7个客户几乎荡然无存。这和我们的服务没有关系，而是这个产业仿佛一夜间就突然崩溃掉了。这让我们无比痛苦。”

“当公司的营业额水平上亿元后，我们要再回到几千万元，是回不去的。因为公司所有的运营成本、人力的成本都不可能再回得去，包括公司当时从奥美、智威汤逊等一流4A广告公司请了大量的创意人员过来。”要维持公司正常的运转，公司就必须守住1.3亿到1.4亿元的年均营业额。“我们只能以劳碌命的方式疯狂地工作。”这一年江南春带领他的团队，参加了大量各种各样的比稿会，高达20多场。这对大多数不足40人的本土民营广告公司而言，绝对是难以想象的。

对于从不认输而又勤于总结、勤于思考的人而言，挫败可能会变成另外一种激励，江南春就是这样。永怡在2001年的煎熬让江南春明确地意识到一点：广告代理行业是一个吃力不讨好的行业，要继续求得更大的发展，永怡必须寻求新的成长路径——加紧朝着多元化方向发展。

江南春时常将自己比作一个保守的赌徒，一个用一百块钱赢得三百块钱就马上歇手的赌徒，一个不会接受大赌大赢而缺乏冒险精神的不合格的“投机者”，一个习惯安逸于“小资情调”的投资家。既不会孤注一掷，也不会完全放手一搏。“比如我拥有5000万，我投3000万。3000万之后就不投了，剩下的2000万还能保持中产阶级以上的生活，我觉得我多年的努力不能毁于一旦。”

但面对永怡传播的发展中的困境，江南春面临着类似的“赌徒困扰”：“我们的选择是两种：一是利用IT界的资源，拓展北京和广州市场；二是开始尝试进入其他的行业，如房地产、家电，希望成为一个多元化的广告公司。”永怡战略的多元化意味着资金、人力等的无限追加和投入扩大，但破釜沉舟的江南春似乎也已经剥离了自诩保守赌徒的本身，决心放手一搏。

“统占资源”比“个人优秀”更重要！江南春在大学期间竞选学生会主席的经历让他悟到了这条生意真经，在他最初雄心勃勃的下海创业时，这条真经起到了决定性的作用。而现在这条带有浓厚江氏色彩的“成功真理”又发挥了作用。

1999年，永怡多元化战略开始正式实施，积极策划进军房地产等市场反应火热的行业。

1999年至2002年，分两条腿走路的永怡已经将其多元化的全新的尝试运行到了一定的规模和程度。一方面，江南春全力引导永怡向媒介策略服务商的角色转变，让永怡发展成专业的媒体购买代理商；摒弃原有的向全案式广告代理服务商发展的计划，立足做媒介的策略、计划和购买服务商。“比如富士是我们原来揽下的全案客户。但从2002之后开发的一些客户如招商银行，就是一个纯媒介策略的客户。我们将不再涉足广告创意。如今的永怡仍然有创意部，但他们主要是为原有的一些老客户提供广告创意服务。”另一方面，倾力打造新兴传媒，这实际上就演变成现在的分众传媒。遗憾的是，这样的战略没有让永怡获得更大的发展。相反，永怡的多元化战略陷入前所未有的危机。

但，真正给永怡的多元化战略造成巨大重创，直接导致该战略幻灭的却是一段鲜为人知的故事。2002年春节后，江南春开始图谋构思永怡传播多元化的第二步战略发展。由于受到网络游戏的诱惑，江南春购买了一款韩国网络游戏的代理权，打算在壮大新媒体业务的同时和网络游戏代理牟利淘金两不相误。可是结局并非江南春设想中的那般美妙。没过半年，永怡传播在网络游戏上输得一干二净。“不熟不做，保持专注”，看似简单的八个字却给那时还未能体会其中朴素道理的江南春和他的永怡传播带来了巨大的损失！

永怡的多元化战略中的种种鲁莽冒险代价在江南春看来，是矫正自己过度保守谨慎的创业风格而付出的。

江南春认为：“资本家至少需要具备两大素质，一是对新兴产业的敏锐嗅觉，二是大胆冒险的性格。”在永怡的多元化战略之前，江南春一直觉得自己二者只得其一。可是如今具备这两种优秀资本家性格的江南春的工作重心将倾向何处？而未来永怡又在哪儿？于是有了江南春在书屋里的“卧薪尝胆”似的痛苦徘徊……

书屋中的痛苦徜徉

成功与失败的距离其实也就在这看似不甚起眼的毫厘之间。因而试图超越思维的局限也正如“强弩之末势不能穿鲁缟”一般。可能费尽心思，却终因后劲不足而无法超越和突破。

“天有不测风云，人有旦夕祸福。”用这句话来形容商场的变幻莫测恐怕是再合适不过了。上亿的营业收入并未让永怡的日子一劳永逸，“好景不常在”，不久即遭遇到了突如其来并且前所未有的暴风骤雨。在经历了一年的高潮之后，尤其是2001年，成为了永怡成长史中最为痛苦的一年。正当江南春因为钱赚得容易，钱不知道该往何处放的时候，2001年互联网泡沫破灭，几乎所有的互联网客户一下子销声匿迹。

互联网和IT业本是永怡传播的两根支柱，结果一根支柱瞬间倒塌。为了让IT能够继续支撑公司的发展，为了让公司业绩继续支持自己的“虚荣心”。江南春不得不重新杀回传统市场，一个阵地、一个阵地地去攻克，这种巨大的反差让江南春开始思索自己所走过的路。

“2001年苦苦地过了一年，我觉得身心俱疲。我们原来不是处在产业优势的位置，是处在产业最脆弱的位置。那个时候，我终于明白，原来我做的产业是错误的，我做的产业是价值链当中最脆弱的环节。公司虽然大了，但还是有很多的公司和我们竞争，他们有很好的职业团队，我感觉压力特别大所以我决定转型，我觉得生意不能这么做下去。”

“两条腿走路”的方针使得互联网的冬天并没有完全成为埋葬永怡传播的坟墓。2001年，互联网客户全线消失，IT市场大受影响，而永怡传播的总体营业额并没有大幅跌落，仍然成功地维持在了1.5亿元左右。但是这个时候，永怡的利润率急剧降低，到了只有3%的水平，江南春开始觉得“做全案代理是个很累的行业”，他不再坚持以往欲与国际4A公司一较短长的梦想，开始隐约觉得应该找一个属于自己的落脚点，这场并非完全噩梦的噩梦却令江南春顿时警醒。

那段时间，心情郁闷的江南春频频出现在老上海法租界的绍兴路27号悠然而清雅的“汉源书屋”里。翻书喝茶、闭门思“过”成了江南春情感宣泄的最重要的方式。在这里，他写下一系列关于公司发展的文字，并成为分发到各地员工手中的“CEO话题”。书屋中的痛苦徜徉也成为日后江南春事业更加飞黄腾达的分水岭。

经过书屋中的很长一段时间的思考，江南春凭借着自己在商场打拼多年的经验积累，十分清楚地意识到了自己失败的原因所在。正如起初他甘以股东的身份投资过一家小规模的网络游戏公司，很快投入的资金便如打了水漂的失败教训一样，“对产业理解不深刻，自己又不能亲自参与管理”是江南春从这段仍心有余悸的历史回忆中找到的致命要害。

同时，江南春也对广告产业的发展和获利作出了自己的理解和详细的阶段划分：1980年至1989年间是中国广告业的初级阶段，“这个阶段凡是投入广告都会获得成功，因为谁只要发出了声音也就成功了”；第二个阶段是1990年到1998年，“这个阶段凡是有足够的钱投入到广告中也都能成功，因为很多人做广告，这个时候你能花更多的钱就行”；1998年至今为第三个阶段，“这个阶段即使你有足够的钱也不一定能够成功，因为中国广告已经存在着非常大的问题，其中一个问题就是分众性很差”。

法国社会学家奥古斯特·孔德的“三阶段论”奠定了他在社会学领域的地位，江南春的“广告三阶段”的划分坚定了其日后创业模式的信心。

不因为暂时的成功而烧疯了头脑，不因为暂时的失败而失去冷静的思考，理性地对待“得与失”和“成与败”，让“虚荣心”成为自己的“原动力”而不是“绊脚石”。冷静地找出冰山下边的东西，这是江南春的过人之处。而江南春在“汉源书屋”里的彻夜徘徊和痛定思痛，则是一种另类的标志。从那以后，永怡开始了向专业媒体代理公司的转变策略，此时江南春的工作重心和热情也彻底向他所期望的“新传媒”倾斜。

但什么才算是“新传媒”呢？而江南春的“新传媒”又在哪儿呢？这时，一个江南春命中注定的人出现了……

陈天桥一语点醒梦中人

虽然煮酒论英雄，而不问英雄出身，但类似的人生经历使得自古英雄从来都是所见略同且惺惺相惜。

分众传媒上市，再演了中国20世纪70年代年轻人跻身亿万富翁的一幕。各大网站报章媒体纷纷评论：江南春是IT领域的第二个陈天桥。而江南春也从来不掩饰自己对陈天桥的景仰之情。盛大网络的陈天桥和分众传媒的江南春这两个生于70年代的上海年轻人，因广告代理而结交并成为好友并且彼此给对方的评语更是惊人的一致：“他对自己行业认识深度可能超乎寻常。”

陈天桥凭借一部韩国游戏开创了网络游戏最辉煌的案例。在2003年百富榜的前十位中，陈天桥即使不是崛起速度最快的富豪，也是当时最年轻的富豪。而2003年的江南春，却不得不面临着自己广告事业生涯中的重要转折点。

在经历了互联网的噩梦之后，为了维持公司的运转，习惯做大买卖的江南春也接起了餐厅的小广告，这一年对他来说是那么的难熬。尽管当年公司并没有亏损，但是江南春第一次对自己从事了十年的广告代理业产生了深刻的怀疑。当时，江南春最刻骨铭心的感触便是：“从来没有担心过这个行业有什么问题，突然出现这个问题以后，会觉得你的成长是虚幻的，你原来做着一个朝不保夕的工作。”

业务的困境，激励着江南春的突围。但今后公司和自己的发展是向左走还是向右走，又深深地困扰着他。虽然白天的工作还在努力地继续，但一到晚上，江南春就陷入了彷徨中。用他自己的话说就是白天和黑夜完全是两个人。而就在这个时候，他被一个朋友随意的话点醒了。这个点醒江南春的朋友，也决非等闲之辈，他就是前文提及的陈天桥。

陈天桥当时正做着一个国内还没有人涉足的行业——网络游戏。凭借《传奇》，陈天桥成为了创造“传奇”的财富黑马。江南春和盛大网络的陈天桥在早年曾有过一段深交，他们是多年的好友。当然，那时的他俩只是商海中默默无名的小人物。当时的江南春没有出现在纳斯达克的开市上，而陈天桥也还没有成为后来的“中国首富”。他俩的结识也是一件十分偶然的事情：在2000年时，陈天桥还在运营一家小网站，靠网友领养一只名叫史丹莫（stame）的虚拟宠物狗赚人气。而这家网站的推广广告代理商就是江南春的永怡广告公司。由于经常的业务往来，年龄相仿又有着相同志趣的两个年轻人，自然而然地便在私底下成为了朋友。

时间轮回到2002年2月的某一天晚上，江南春约见了老朋友陈天桥夫妇。依旧是在香樟花园的茶座里，三杯浓郁的香茶。

几个月不见的陈天桥告诉江南春，自己已经不做那个靠网友领养一只虚拟宠物小狗赚人气的小网站了，现在改做网络游戏。大约12点半时，陈天桥告诉江南春，他代理的这款游戏每天晚上同时在线可以达到11万人。而11万人同时在线，意味着拥有至少70万收费用户，每个用户每月35元一个月就是2450万元。

这个数字让江南春受到了不小的刺激，事后的江南春回忆到，“在一个工作日的下午，天桥的盛大网络同时拥有11万多人在线。有一个人告诉你，这个叫做网络游戏，每人交35块钱打一个月。我觉得好恐怖，这个公司才仅仅四个月，就至少是赚一个亿。几乎是无法想象的你把自己拷贝多少个，你可能完不成这个任务。”在江南春看来，陈天桥竟然在短短四个月就实现了一个亿的营业额，这是自己想都不敢想的事情。“当时就觉得要向陈天桥学习，发现别人没发现的产业模式，这样才能挣大钱！”陈天桥的网络游戏给江南春带来了极大的震撼。“天桥给我的经验是，你要找到一个全新的商业方式，你就会创造一个超额的利益。”

其实，在过去辛苦劳作的2001和2002年，江南春就已经时不时地开始“否定”自己几乎十年的选择了。江南春把结识陈天桥作为一种幸事，因为，在和陈天桥深聊过几次之后，江南春对陈天桥的商业头脑和战略眼光钦佩不已。所以，江南春从不讳言他对陈天桥的钦佩。“陈天桥有很好的产业判断力，他给我最大的启发是，总是去创造全新的产业，而不是和别人在一条道上挤。”江南春说，“所以，你应该自己创造一个产业，然后快速地在这个产业得到垄断地位，只有这样，你才能真正的把所有竞争对手丢在后边。”

当时江南春的一个概念就是，他其实用十年犯了一个他必然要犯的错误。到底是什么错误呢？2002年春节，江南春闭门思过整整7天，得出两个结论，应该用高科技手段提升传媒表现能力。应该细分市场，将广告信息精确地传送到特定族群。而陈天桥的赚钱之道，是寻找市场空白，剑走偏锋，另辟蹊径。悟到这一点，江南春在日记里写下了自己的感受。他在他的本子上写道：“我错了，我改还不行吗？”

此次喝茶最直接的体会就是，江南春决定另立门户，开始寻找像当年陈天桥《传奇》一样的契机，绕开竞争惨烈的传统媒体，走进“花花世界”寻找原本别有的“洞天”。后来他也的确找到了结合点，靠液晶电视广告找到了被忽视的巨大市场。从此，江南春义无反顾地走上“分众”之路，开始他“值得做一辈子的生意”……

千辛万苦，江南春只为分众推广

正当江南春苦苦思索如何寻找一种新的产业模式，如何打造一个新媒体时，乘电梯的一次经历让他茅塞顿开、豁然开朗。于是，这个偶然的机会让江南春又盯上了写字楼的电梯口这个新目标，也就是商业楼宇液晶电视联播网。

那天，江南春去徐家汇太平洋百货办事，结果就在等电梯的一刹那，他被电梯门上的粘贴广告吸引住了，他发现，就在人们等待电梯的那一刹那无事可做的人除了聚精会神地看粘贴广告外，并没有其他的事情可做。而就是这简单的十几秒时间，粘贴广告会给人留下深刻的印象，江南春十分敏锐地感觉到这里是一个绝佳的广告发布场所。也就在这时，江南春听见了很多人抱怨说电梯很慢。等电梯的人随意的一句话，让苦苦寻找广告空白点的江南春产生了灵感。如果有电视，好像人们在等坐电梯的时候就不会感到无聊和时间漫长。

江南春一时间觉得电梯广告这个创意非常好玩，进而他对电梯产生了浓厚的兴趣。当时的江南春再一次找到了国贸的老板和其物业管理人员。江南春对他们说：“我用液晶电视放一些比如时尚表演加广告怎么样?”此前江南春曾是LG的广告代理商，故而他对液晶电视非常熟悉。国贸的老板想了想，说可以考虑考虑。

好不容易得到了认可，江南春终于松了口气，然而当他拎着液晶电视走进上海的50栋写字楼时，他并不受欢迎。

在做分众传媒之前江南春仔细分析了中国整个广告传媒产业的现状，经过思考认为分众成功会来自四个主要的要素：运用高科技手段使媒体具有很强的表现力和打动力；面对特定的受众族群，而不是对所有人讲话；创造了特定的时间和空间，比如说白天的电视广告；在一定程度上构成一种强制性的收视环境。

有了这四个理念的江南春，坚信他所探索的商业模式是有竞争力的，是可以对包括广告客户、楼宇客户、股东、员工在内的各方面实现互惠互利的。所以，在注入资金去做这件事之后，江南春也有信心相信以他的理念能够说服和打动投资者投入大量资本来运营分众。

在这个基础上，加上江南春的真诚、耐心、勤奋、坚持，江南春这次真的是下定决心要把广告做进写字楼。他觉得，看这种广告的人都是白领，他们的月收入在3000元以上，购买能力强，传播效果应该不错。但是，毕竟这是个新东西，摆在他面前最大的问题是广告客户会不会买账？江南春说：“很多人打击我，说这个东西即使做到天边也就这么小一点范围。”

如何说服广告主来接受自己的新媒体，江南春有着自己的主意。为了尽快打开市场，当时江南春每天都拎着机器上门游说。而为了让自己的销售人员能够打消客户的顾虑，江南春专门组织了一次培训。在培训会上的他，俨然成了一个专门挑刺的客户。

为了让客户接受户外视频，江南春专门给销售人员写了一本百问百答，把客户可能提出的100个最挑剔的问题都列了出来，并一一准备了答案。他以为这样一来一切都在掌握之中，但是接下来发生的事情却让他措手不及。

江南春要把广告做进写字楼里，说起来容易，做起来却并不容易，物业管理的反对，不知情的白领给予“白眼”。而把几万块屏幕，一个个挂进写字楼里，没有韧性更是跑不下来的。不过，早在大学时候的江南春就擅长跑客户，靠做广告公司，他成了华东师范大学里第一个校园百万富翁。只是那个时候，他是骑着自行车去拜访客户，而现在江南春是开着奔驰去劝说每一个客户。用江南春自己的话说便是：“我绝不放过每一次机会，即使机会微乎其微。”

江南春凭借自己的三寸不烂之舌，从2002年6月到12月，说服了最早的一批40多家高档写字楼。到了2003年1月，江南春的300台液晶显示屏装进了上海50幢高档写字楼的电梯旁。同时，招商银行信用卡和轩尼诗洋酒等企业客户也成为第一批广告客户。

“激情燃烧的岁月”

在一段时间内炒得沸沸扬扬的《蒙牛内幕》中，该书作者将蒙牛集团“处世”哲学归纳为三点：“大胜靠德、大智靠学和大牌靠创”。这“三靠经”不但点到为止，凸显蒙牛文化的精髓，且让人回味无穷。但只靠“德”、“学”、“创”来决定企业成败又未免太过理想。所有的文化积淀也好，创新求变也罢，如果仅仅只是一种哲学价值观点的坚持，恐怕蒙牛也不会取得现在的丰功伟绩。那个靠着一点点投机便能一夜暴富的时代已经一去不复返，以“大鱼吃小鱼、小鱼吃虾米”为其形象描述的资本时代已经来临。资金不是企业生死起伏的惟一因素，但绝对是最重要的因素之一。

无独有偶，这样的资本观正在被商人们争相地使用并利用着。2005年，TCL常务副总裁袁信成在一场新闻发布会上底气十足地评论着资本在商业市场上的举足轻重时打了一个这样的比喻：“广州人的汤煲得好，味浓而纯。秘诀在水和调料。汤要用水来煲，但汤不是水。数据也不是信息，需要提炼，而资金不是万能的，但是没有资金则是万万不能的。”

2003年5月份之前，江南春先后投资了2000万元安装液晶显示屏，但是分众的广告主并没有忙着掏腰包，他们还在犹豫中观望。投了这么多的钱却没有收到预想的效果，这让江南春感到了巨大的心理落差与失落。

“到了2003年5月份的时候，分众控制的中高档写字楼已经扩大到100多栋，但还是在烧钱。当时我就觉得自己蛮尴尬，毕竟烧的是自己的钱，当时感觉心里很痛，昼夜不眠。后来烧得麻木了，感觉烧的不是钱，而是十年当中的青春岁月。十年当中花了这么多努力，短短几个月就哗哗地给花掉了。”这个时候的压力是从来没有遇到过的，回忆起当时的情景，早已经走出困境的江南春还是笑得有些苦涩和无奈，并补充道：“我觉得每天都要烧钱，觉得自己十几年的青春岁月一起被烧掉了，有一种失败的恐惧感。”

每天都在烧钱的日子让江南春像热锅上的蚂蚁，如坐针毡。

江南春感受到了从未有过的资金压力。那段日子，他每天晚上躺在床上都会汗流不止。江南春说：“经常在半夜醒来，不能再入睡。我想再烧三到五个月就烧到我的底线了。当我感觉再有三到五个月时间就会面临一无所有时，你所有十几年的努力都付之一炬，恐惧感还是非常强烈的。”

可是，现实摆在眼前，如果此时的江南春不继续追加投资，不仅前期投下的钱打了水漂，而且苦苦思索才得来的新媒体模式就会胎死腹中。但如果继续烧钱，烧到何时才是尽头？万一到最后是“赔了夫人又折兵”，十几年的成果有可能因为这一次决策失误而功败垂成。

无钱可烧，对江南春意味着，十几年的努力就白费了。当时才30岁的江南春也做了最坏的打算，心生放弃之意。江南春给自己留出了养老的钱并再一次作出这样的决定：“一旦失败，注定心灰意冷的我要下定决心退出广告领域。”

但似乎每当江南春遇到最无助、最需要帮助的时候，他宿命般注定的“贵人”便会出现。上一次是陈天桥，而这次是余蔚。如果江南春不是遇上软银中国的余蔚，分众传媒断不会有今天的辉煌。

分众传媒上海总部位于江苏路的兆丰世贸大厦，而这个楼曾是软银中国的总部，分众传媒正好和软银处在同一层楼。这样江南春和余蔚低头不见抬头见，所以，也就成了见面可以聊一聊的朋友。“2001年的时候，还是永怡总经理的江南春租到我们办公室来，使用了我们办公室孵化基地的一些硬件。”软银上海代表处首席代表余蔚说，“所以，我们就有机会经常见面，在电梯里、在公司上班时碰到，慢慢的彼此之间有了些了解。”

一流的投资商投人，二流的投资商投项目。一开始，余蔚对对面这家广告公司并不是太在意。当时永怡的业务虽然不错，但那是大家都在做的事情，并没有多特别。倒是这个29岁的年轻老总个人引起了他的一些兴趣。“我们有时候开会开得很晚，在星期天、星期六，我有时也来办公室，每次都看到江南春的车停在楼下。”余蔚说，“我感觉到他从早晨8点钟工作到晚上12点，没有星期六、星期天。我在电梯里遇到他时，他总是提着一个笔记本和策划书。”余蔚还清楚地记得江南春的车牌——3844。“是一辆不太新的老款奔驰。”

那时候的余蔚只知道江南春在做广告。而到2002年，偶然有一次，江南春和余蔚聊起来他在做怎样怎样的一个前无古人的媒体。说者无心听者有意，余蔚开始留意江南春“捣腾’的那些新玩意。那时候江南春到处去装他的液晶显示屏，余蔚也有撞上的时候。“我到实地去看过，他们LCD在一栋办公楼里播放，我看到很多人上下班或者去访问这栋楼的时候会在电梯里等几分钟时间，大家很关注这样一个广告平台，反正等电梯的时候也没什么事情。”余蔚开始预感到这种数字化的户外媒体的形式和广告牌、多媒体形成的动态的宣传手段如果形成了网络化，或者覆盖的人群达到一定的规模以后，前途恐怕不简单。

精明的余蔚还从其他途径详细了解了一下江南春独创的新媒体项目，还有他十年来的创业经历。到了2003年的4月份，也就是江南春的楼宇电视系统正式推出一个季度以后，余蔚在电梯里问这位江南春，他的项目开始赚钱了没有。江南春回答说还可以，每个月的开支和收入已经持平了，已经开始盈利。

于是，对面的资本开始有些春心萌动……

逆境中，软银伸出橄揽枝

余蔚经过一番认真详细地调查之后，决定找江南春好好聊一聊。

余蔚向江南春抛出了许多问题——你现在投了多少钱？收入怎么样？你做这个项目的目的是什么？你是单纯的希望每年赚点钱，还是有兴趣打造一个完全新型的媒体的大平台？如果资金允许的话，你怎么看这样一个新型媒体的前景？它可能存在多长时间？能不能在这个产业中起到一定作用？

余蔚说：“我希望了解他的眼光。如果只是停留在做几个广告，赚点钱的话，那么他就看得不远，我也不会投资。”江南春的回答显然让余蔚很满意。首先，他投这个项目的时候有很详尽的可行性规划，已经是分众传媒公司CEO的江南春利用其以前长期个人积累的客户资源，使他能够短期内实现盈利。然后，他的勃勃野心让余蔚频频点头。三个小时聊完之后，余蔚已经和江南春达成了初步融资协议。

对此，时任软银上海代表处首席代表的余蔚说：“很少的商业模式会在很短的时间内就开始盈利，这是我非常感兴趣的一点。江南春的这个项目最大的价值就在于它整个商业模型的独创性是其他人没有的。他有这样一个眼光和组织能力去发现这样一个平台，这是一个价值。所以，我很快就有一个决定，我想投资这个项目。”他还称，“1999年加入软银中国以来，这是我第一次主动拿钱去追逐一个项目”。余蔚更是如此评价江南春：“首先，江南春是一个非常敬业的CEO、创业者；其次，他对所从事的行业有很深的理解，对其创立的公司的商业模式有很深刻的认识，对其所从事的传媒业也有相当深刻的领悟。这也客观上加深了我对江南春的信心和投资分众的决心。”

处事雷厉风行的余蔚一做决定，很快又一次找到江南春问道：“如果你要打造这样一个全国性的媒体广告的话需要多少钱？”看到这个经常在走廊和洗手间里碰面的邻居，居然主动跑上门送钱，江南春有些难以置信。

江南春：“当时我对投资商是非常陌生的一个概念。”

正当江南春准备再详细给余蔚解释什么是分众传媒时，余蔚其实已经将这个经营模式了然于心。因为毕竟在上门之前，他已经花了两个星期的时间对江南春的项目进行了实地考察和投资分析，而上一次与江南春的对话其实已经坚定了他对分众模式的信心。

余蔚：“一个很创新的模式，会有几十倍的回报。”

既然一切都情投意合，最后的联姻自然是水到渠成。双方最后实质性的谈判只用了一个星期的时间。在那一个星期当中，余蔚真正想了解的是这位创业者的决心、激情和业务能力。2500万的自有投资对于江南春来说几乎是孤注一掷，足以体现他对这个项目的决心。“从激情来讲，他在向他的客户和我描述这个项目的时候那种眉飞色舞的投入让我信服。”余蔚说。

另外，江南春居然能够背出从徐家汇的中心为圆心，500米为半径范围内的所有广告牌。让投资人很欣赏他的专业素养，还有就是敬业精神。“他已经在运营一家国内的50强广告公司，有很多事不一定需要他亲历亲为，但他还是去一线面对他的客户，去捕捉一些感觉，这使他能够保持在行业中敏锐的嗅觉。”余蔚说。

“其实真正决定还没用一个星期”。余蔚说：“在我正式和他谈之前，我已经对整个项目进行很多的了解。我自己跑到这栋楼下面看有多少人在看他的广告，我已经在分析（不是他说盈利就能盈利），比如说他有十条广告，都是些什么样的客户。计算一下他的收入和运营成本，包括他的硬件成本、租金……他的整个商业模型我已经心中有数了。”

但是所有这些素质，在余蔚看来还不是最关键的：“这些东西结合在一起可以让他赚到钱，也可能造成轰动效应。但并不足以保证一个企业持续的成功。”余蔚要考察的后一项是创业者的胸襟抱负。而正是在这一点上，江南春给他很特别的感觉。“一般很小的项目或者很小希望筹资的人在意的是钱，而不在于我们能提供的专业知识、专业意见以及整个运营的经验等，但这些却是江南春最在意的。”余蔚说，“我们在谈到很多条款、权利、资金金额的数据时，江南春不去计较我们价格的高下，而是围绕在我们能提供的帮助和我们投资者能提供的价值上谈，他要的是我们能够真正对他提供帮助的价值。”

同样是在交谈了三个小时后，江南春获得了SOFT BANK的巨额投资，并将业务从上海扩展到了四个城市。软银的巨额投资，对江南春来说来的正是时候。

后来余蔚说：“出于本意，其实我们希望投入更多。可是江南春却认为，为避免要钱的同时股份也被吸取了，所以我的态度是依旧要保持控制权。”江南春是在为过多的接受风险投资会让自己成为别人的打工者而担心。事实上，这个决定让江南春颇为后悔，这让他失去了一统江湖的有利时机。江南春这样评价自己当时婉言拒绝余蔚的要求：“过度谨慎，其实我很少有孤注一掷的胆量。”这可能也是江南春最痛恨自己的一点。

苦尽甘来：寒冬过后是暖春

2003年，软银在上海宣布参股分众传媒。

2004年6月19日，分众传媒再次获得注资，与CDF鼎晖国际投资、TDF华盈投资、DFJ德丰杰投资、美商中经合、麦顿国际投资等国际知名风险投资机构签署第二轮1250万美元的融资协议。TDF项目负责人陈文靓评价与分众的合作时说：“分众传媒的液晶电视联播网是一个独特的媒体概念，受到投资人的关注是理所当然的事情。”

TDF创业投资管理公司董事总经理汝林琪则说：“江南春是个帅才。他创立了楼宇电视这个商业模式，并且在广告业界有很强的人脉和执行能力。分众能成功，不仅是提出了一个新概念，而是让这个模式迅速得到市场认同，能迅速把概念变成盈利的模式，他有这个能力。”

好运接踵而至。2004年11月，分众传媒完成第三轮融资。美国高盛公司、英国3i公司、维众中国共同投资3000万美元入股分众，搭上分众上市前的“末班车”。高盛直接投资部董事兼总经理科奈尔说：“高盛对分众传媒进行了详细深入的分析，对其取得的业绩感到惊讶和赞赏，看好其创造的商业楼宇新媒体的市场前景和商业模型，完全可以确保其在未来的发展过程中将继续保持极高的成长性。”“高盛一般只投资那些在其所在领域具有极强竞争优势和极高进入壁垒的公司，而分众传媒正是这种最理想的投资对象。因此，高盛敢于下此赌注。”得此资金的江南春把新闻发布会开在了人民大会堂。

江南春二次创业的模式被越来越多的人认可，分众也不再为资金而发愁。而每一次融资之后，江南春都闪电般地在全国各大城市启动了分众传媒的楼宇联播网。“因为突然发现全国各地都有一些人打电话来说他们也要做这个。”江南春回忆时说道。

通过私募融资使得分众广告的成本开始与电视广告的成本持平，到2004年年底分众旗下控制的楼宇数量达到上万栋的时候，分众的广告成本相当于当地电视台成本的1/2，月收入开始超过了4000万元。

分众得益于投资商资金支持的同时，也没有让众多的投资商们失望。都说“穷则思变”，其实不然，聪明的江南春并不沉湎和满足于分众的现状。不愁没钱的他现在又有了新的“苦恼”——那就是怎样把融到手的大笔银子花出去，而且钱要花得物有所值。

另一方面，江南春又将眼光放在了进入后WTO时代的中国势必开放的广告传媒产业可能遭遇到的外来国际广告巨头、大鳄的强烈冲击。“狼来了”不仅只是夸张的妄语，更是现实的警示。国际电子、金融厂商机构对中国市场的振荡之大、影响之深，在震撼江南春内心的同时，也促使他认识到：把市场局限于上海、北京等地，无疑只是一种“蜻蜓点水”似的保守求稳的战略部署，而这种部署很难抵抗外来势力的入侵，更不可能追赶国际广告巨人的前进脚步。

正所谓“凡事预则立，不预则废”。外来的危机和紧迫要求江南春和他的分众传媒要有所行动。

解读分众传媒行销密码

郭丽彬

分众传媒的横空出世，将中国市场由大众行销转向分众行销，产品与消费者被不断细分化传统媒体已无法有效地区分产品的目标受众。这就从客观上要求广告从满足大众需求转向满足小众人群或满足部分人群需求转变。在研究目标受众消费行为特点的基础上，采用差异化的、特殊的传播手段有效锁定目标公众的传播方式。这不仅是对传统传播媒体前所未有的挑战，亦是对当代媒体传播领域的一场革命。因此，探究其高速成长的轨迹，解读其超常规市场运作和行销江湖所向披靡的密码，借以把握和拥有未来传媒界走向的脉络和秘籍所在，成为大势所趋。

分众传媒的营销韬略

（一）韬略一：目标市场锁定

企业要想顺利地进入市场，除了考虑行业环境，首先就是要对产品所投入的目标市场进行细分，确定目标市场，最后进行市场定位。分众传媒对目标市场的细分采用STP战略。其核心在于“定位”，市场细分（Segment）考虑细分的因素，勾勒细分市场轮廓；确定目标市场（Targeting）实质上是分析评估细分市场的吸引力；而市场定位（Positioning）是为每个细分市场确定可能的定位，并选择进一步的发展和沟通。分众传媒有效锁定企业主、经理人和白领受众，充分覆盖25—50岁之间的都市高学历、高收入、高消费族群。他们是社会财富的主要创造者和社会最活跃的消费阶层，引领中高档时尚商品的购买者和意见领袖。这个群体总是试图将自己的生活打造成一种超凡脱俗的、脱离低级趣味的及崇尚文化品位和小资情调的生活环境和氛围，因工作的繁忙与传统大众媒体日趋疏离。所以就需要针对性的传播媒介来满足他们的特殊需要，分众传媒则正好填补了传统媒体无暇顾及或鞭长莫及的市场盲点，且又符合上述“三高”人群的特殊要求。

分众传媒选择这种目标市场的行销韬略，即用典型的集中性市场策略，运用定制化的广告传播方案满足特定群体的需要。其策略的优势就在于节省费用，可以集中精力创名牌和保名牌。

分众传媒在确定目标客户方面具有极大的优势，主要表现在以下几方面。首先，高级写字楼和高尔夫球场等是城市中的高消费人群聚集的地方，这正是中高档价位产品的目标锁定群体。其次，按国际通用的专业传媒界人士分析，传统电视广告实际的收视率应该是节目收视率的35%以下，而装载高级商务楼宇电梯口或电梯内的液晶电视是一个强制性的传播媒介，在2平方米的电梯里人们通常能做的就是看显示器里的广告。与众多的户外广告相比，电梯等候厅的液晶电视周围没有其他广告形式存在，让人们一个阶段内，在相同的地点、相同的时间看到相同的广告，以引发受众的注意力并留下深刻记忆。同时，高清液晶电视也给人们带来了视觉上的冲击力，不断的滚动播放给目标受众留下更深刻的印象。

（二）韬略二：竞争性市场延伸

竞争是市场经济的基本特性。市场竞争所形成的优胜劣汰，是推动市场经济运行的强制力量，它迫使企业不断研究市场，开发新产品，改进生产技术，更新设备，降低经营成本，提高经营效率和管理水平，获得最佳效益。企业要制定正确的竞争战略就要了解竞争者，明确谁是竞争者，其战略和目标是什么，优势和劣势是什么，反应模式是什么？分众最直接的竞争对手是处于同行业的其他传媒集团，其中以聚众传媒最为突出。于是江南春（分众传媒的董事局主席和首席执行官）、虞锋（聚众传媒创始人、CEO）代表各自企业运用一系列战略向对方发起攻击。

2002年年末两家企业相继诞生，为了各自的市场需求总量，江南春将他的楼宇液晶电视铺设在了上海的各大写字楼中，而虞锋则从北京的京广大厦入手开拓楼宇视频广告市场。即业界所称的“圈楼运动”。这种模式主要采取速度制胜的战略方针，即企业应当以比竞争对手更快的速度抢占市场。除了在上海、北京铺网设点以外，分众和聚众的足迹踏遍了全国的各大城市，如广州、深圳、杭州、沈阳、武汉等地。2005年10月根据AC尼尔森的调查数据，在国内12个主要城市的楼宇电视广告市场上，分众和聚众的占有率分别为49.8%和46.7%。所以，双方从具体业绩上来讲，真所谓是旗鼓相当。然而，高级写字楼的资源毕竟非常有限，并且需要庞大的资金支持，所以，资本瓶颈不可避免，这就需要实施资本运营战略，即看谁先融资成功并在保住市场份额的同时进一步扩大市场份额。分众早在2003年就赢得了软银的投资，随后又获得维众、鼎晖、高盛等多家基金公司的投资，而聚众则吸引了全球最大的私募投资基金凯雷的注资。因此，在融资方面两大集团的竞争仍没有结束，不过在楼宇市场上分众和聚众已经成为行业内绝对的市场领先者。2005年7月，分众在美国的上市，作为第一支在海外上市的中国广告传媒股进入国际资本市场。而聚众也准备在9月上市，但此时销售部的人事上出现了大的动荡，冲击了它的核心销售体系，使得上市的时间被延期。2006年分众与聚众在经过了3年竞争之后，彼此知根知底，虽然各自的想法不同，但是可以互补，于是一场并购案应运而生了，双方经过两次见面与磋商，决定合并。合并后楼宇行业的竞争将转向国际市场。

（三）韬略三：品牌运作及其扩张

一个品牌走向市场参与竞争，首先，要明确目标消费对象，将品牌名称与这一目标对象具象化，并将其形象内涵转化为一种形象价值，从而使品牌名称清晰地告诉市场；其次，该产品的目标消费者是谁；再次，因为品牌名称所转化出来的形象价值而具备一种特殊的营销力。以下让我们感受分众传媒的品牌崛起的三部曲。

第一部曲：分众的前身是永怡传播有限公司，2003 年初江南春决定向楼宇视频广告市场迈进时，在获得软银投资后，才将永怡改名为分众传媒。"分众就是区分受众，分众传媒就是要面对一个特定的受众族群，而这个族群能够被清晰地描述和定义，这个族群恰好是某些商品或品牌的领先消费群或重度消费群"，江南春就是以这种方式阐释了分众传媒的核心理念。

第二部曲：分众传媒自始至终坚持以中高端写字楼为主的方向，到2004 年则以写字楼为核心，沿着中高端人群的生活轨迹，将液晶电视植入到商场、宾馆、机场及娱乐休闲场所。通过分众传媒，广告主能让广告最精准和有效地击中目标受众，并由此来达成媒体预算浪费度最低的原则和支持实际的销售成长。

第三部曲：在2005 年 10 月分众传媒收购了框架媒介（Framedia）90%的份额，进入社区平面领域。而2006 年 1 月分众传媒收购了其最大的竞争对手聚众传媒。由此，分众传媒整合之后将拥有 Focus Media、Target Media 和 Framedia 三个品牌，从而能够为客户提供更好的广告投放模式。

至此，分众传媒在广大受众面前的品牌形象日趋清晰，基本完成了在中国传媒市场上的大手笔品牌运作，为其进一步向国际市场扩张奠定了坚实的基础。

密码解读的魔咒——蓝海战略

分众传媒致力于开发面向特定受众族群的传播媒体，帮助客户通过最有针对性的渠道传送到真正有价值的消费群中，充分降低无谓的广告浪费和行销成本，支持实际销量的成长。公司利用"三高"人群的特性，有效锁定企业主、经理人和白领受众，充分覆盖25－50 岁之间都市高学历、高收入、高消费族群，将液晶电视至于楼宇中，循环播放商业广告，利用受众在等待电梯或乘坐电梯的短暂时间里大脑的无意识状态及陌生人群随即组合的无聊和尴尬，来转移注意力填补"思想空白"。分众在楼宇广告的绝对优势，可以为其他广告领域的客户提供打包和协同服务；可以进行一系列的户外广告媒体的并购；可以站在更高的产业层面，去部署企业的长期战略，应对更多的国内外竞争，从而摆脱了竞争惨烈的"红海"。江南春和他的分众传媒的发展战略，无疑与蓝海战略所提出的价值创新、从市场需求出发、重建市场和产业边界的核心主张不谋而合。只有发掘别人没有发现的产业模式，才能将企业摆脱"红海"驶入"蓝海"。分众传媒正是在市场开拓的实践中，开创了一片充满生机的浩渺"蓝海"。

分众传媒在进一步巩固商业楼宇、高尔夫球场、机场贵宾厅安装液晶电视的基础上，推出针对最高端人群的"中国领袖联播网"和针对商旅人士的"中国商旅联播网"，扩大对已锁定的目标客户进行全方位的接触，并于2006 年又将业务拓展的目标放在卖场联播网和手机联播网上。

合并聚众后的分众在国内已经没有了能与之抗衡的竞争对手，加之其在进入国际资本市场后，应该具有国际化的视角和胸襟。接受公众舆论的监督，并且将国际标准、国际规则带进中国的广告传媒行业，从而促进中国的广告传媒行业同国际的接轨。

开创红海中的蓝海

——以分众传媒为例

杨珊珊　余明阳　王方华

十多年以前，大众传媒是广告的宠儿，唱主角的主要是报纸、电视、广播、期刊等传统媒体，大众传播的特征主要是：传播是针对较大数量的、异质的和匿名的受众；信息是公开传播的，传播是以同时到达大多数受众为目的；传播者一般是通过专门的传播机构，由职业传播者运作。然而，随着互联网等以数字技术为基础的新媒体的迅速崛起，传媒环境开始发生着前所未有的巨大变化。我们看到，传统媒体的迅速发展和新媒体的兴起，使拥挤的媒介市场处于明显的过剩状态，在这种媒体泛滥的年代，谁拥有创意，谁就赢得了市场；同时，受众很少再处于被动的接受状态，他们开始苛刻地选择自己愿意接受的媒体，“碎片化”成为受众市场的趋势，从而迫使媒体将信息灌输给更多大众的传播方式转变为针对特定人群的分众传播。

研究的内容和意义

过去几十年，绝大多数战略研究的关注点都落在基于竞争的红海战略上，而过于激烈的竞争已经使得红海中的竞争技巧，如低成本、差异化、目标集聚等多少有些乏力，蓝海战略为企业指出了一条通向未来增长的新路径。

本文首先用蓝海战略的思想和工具描绘了传统广告媒体产业的战略布局图，然后结合现有产业提供的价值元素和与之相关的社会现象，分析了分众传媒蓝海战略的构成方式，并指出其成功的关键所在。最后，以更加开阔的视野探讨了分众传媒所处的竞争格局和战略前景等问题。

本案例研究既具有相当的实践价值，也具有一定的理论意义。实践价值即为企业运用蓝海战略提供行为参考。在众多企业家眼中，蓝海战略还只是知识而非能力，传统研究中的哈佛案例无论在时间上还是在空间上和中国企业都存在一定距离，分众传媒的成功将给中国乃至更大范围内的企业开创蓝海的行为提供了良好的借鉴。

理论意义：分众传媒的蓝海战略体现了对原本蓝海战略理论的发展和补充，即在原本跳出红海找蓝海的思想基础上，开创出在红海中发现蓝海的思想和方法，既包括对单个原有价值元素的创新，也包括对多个原有价值元素的组合。

分众传媒案例背景简述

分众传媒（Focus Media），中国生活圈媒体群的创建者，自2002年底开始组建商业楼宇液晶电视媒体网络，在得到了国际知名战略投资商高盛、3i、DFJ、SOFT BANK等5000万美金巨资投入后，得以迅速发展，遍布全国。目前其媒体网络已经覆盖全国106个主力经济城市，数以十万计的终端场所，日覆盖约1.5亿都市主流消费者。2006年2月28日，分众传媒宣布完成收购聚众传媒（Target Media），至此，分众传媒以3.25亿美元的总价格全资合并聚众传媒，无可争议地成为国内户外视频广告媒体的领导者，市场分额达到约98%，是该市场当之无愧的主导者。分众是面向特定的受众族群的媒体，这部分受众群体能够被清晰的描述或定义，同时，这部分群体也恰恰是某些产品或品牌的领先消费群或重度消费群。分众传媒以独创的商业模式、媒体传播的分众性、生动性及强制性赢得了业界的高度认同。2005年7月，分众传媒成功登陆美国NASDAQ，成为海外上市的中国纯广告传媒第一股，并以1.72亿美元的募资额创造了当时中国概念股的IPO记录。截至2006年5月，市值已超过30亿美元，成为纳斯达克中国上市公司龙头股。有超过2000个著名的国际及本土企业/品牌选择分众传媒投放广告。

分众上市后又陆续开发了高尔夫联播网、美容院联播网、机场巴士联播网、卖场电视联播网，构建了一个清晰的、围绕着消费者生活形态的广告媒介金字塔。分众将依托所拥有的强覆盖平台走出在“生活圈媒体群”道路上重要的一步——媒体精细分众化。分众传媒所打造的生活圈媒体群正日益成为中国都市生活中最具商业影响力的主流传播平台。

案例分析

分众传媒成功改变了我们对竞争的看法，最好的竞争方式就是想办法不竞争，即所谓以蓝海战略，超越产业竞争，开创全新市场。

蓝海战略将“战略行为”而不是“企业”或者“产业”作为分析单位。一个战略行为，包含着推出一桩开辟市场的主要业务项目所涉及的一整套管理动作和决定。分析企业战略行为的第一步是描绘产业战略布局图，这能使企业明白产业竞争正集中在哪些元素上以及买方从现有的相互竞争的产品选择中得到了些什么。

经过相关资料分析和针对分众传媒中层管理人员的一个小样本的问卷调查，我们得出，我国广告媒体行业竞争和投资所注重的元素主要有以下六项：（1）媒体覆盖的范围，主要是地理区域是否广阔；（2）媒体影响的人群，主要关心人数是否众多；（3）媒体的信息表现力，即是否能准确、生动地传达广告信息；（4）受众对信息的接受度，即受众是否易于和乐于接受信息；（5）价格，包括绝对价格和相对价格；（6）媒体声誉，媒体声誉对广告信息的信度有着巨大影响。

传统主流广告媒体有很多，如电视、报纸、杂志、电影、路牌、因特网、POP、交通工具、DM等等，而地位最重要、影响最深远的广告媒体还属电视、报纸和路牌，网络广告近年来虽然随着互联网的发展有着日新月异的进步，但还存在着诸多尚未定性的因素，因此，不在此列析。下图以电视、报纸和路牌为例显示了目前中国主流广告媒体的战略布局，其横轴是上述的六大产业竞争元素，纵轴反映了在所有这些竞争元素上买方各得到了多少。

从图中可见，尽管广告媒体纷繁，但从买方角度看，这些媒体的价值曲线有很大的趋同性，它们的战略轮廓相似，只是在各竞争元素上所达到的相对高度不同，并且已经占据战略布局图中各个区域，加之其他重要的广告媒体的冲击，红海竞争已经成为囚徒困境，不开创蓝海则不如不要下海。

图1　目前中国主流广告媒体战略布局图

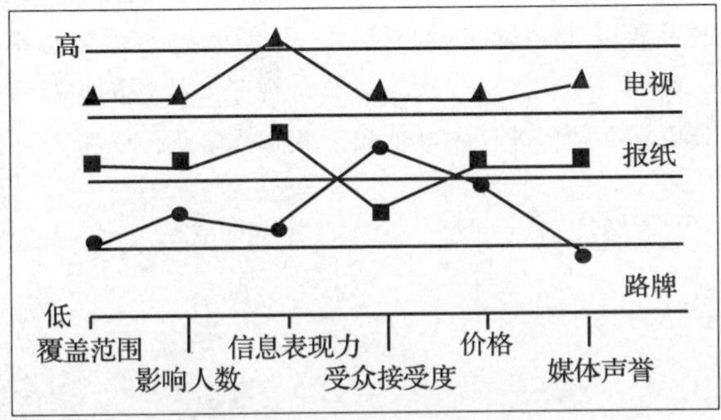

“价值创新”是蓝海战略的基石，在这种战略逻辑的指导下，企业不是把精力放在打败竞争对手上，而是放在全力为买方和企业自身创造价值飞跃上，并由此开创新的无人争抢的市场空间，从而甩脱竞争。

价值创新对“价值”和“创新”同样重视。只注重价值不注重创新，不足以使企业在市场中出类拔萃；而创新必须围绕价值展开，没有价值的创新永远不会有市场。

众所周知，广告界有句名言：广告费有一半是浪费的，但是不知道是哪一半。减少浪费是所有广告客户梦寐以求的心愿，因此，对于广告媒体而言，减少浪费就是增加价值，减少浪费的行为就是价值创新。

经典的蓝海战略认为，通过增加和创造产业未曾提供的价值元素提升买方价值，即为价值创新。其实，调整和重构现有价值元素，以达到提升买方价值的目的，同样是价值创新。说白了就是，蓝海可能存在于红海之外，也未尝不可能存在于红海之中。

针对分众传媒中层管理人员进行的问卷调查结果显示，广告客户最重视的价值元素主要是以下四点：媒体覆盖的范围、媒体影响的人群、媒体的信息表现力和受众对信息的接受度。虽然对于每种价值元素都有广告媒体能够提供相对高的价值，但是这些价值元素不乏令人有遗憾的缺陷：

首先，传统广告媒体覆盖范围“大而不当”。即能够实现广泛撒网，却难以做到重点捞鱼，且媒体覆盖范围难以根据企业市场范围伸缩和组合，这样，浪费显然是在所难免。

其次，传统广告媒体影响人群“多而不专”。追求人数绝对值的广告媒体在大众营销时代有过令人惊羡的辉煌，但是在精细化营销时代，针对日益细分的市场、日益分化的品牌、日益个性的人群，越来越显得格格不入。

再次，传统的广告媒体在表现信息的方式上是“用而不变”。即在利用现有媒体上可谓挖空心思，但依赖于技术进步的媒体表现力的改进总是不能给人惊喜感觉，对于更加大胆地创设，只是小打小闹或者止于创意。

最后，传统广告媒体的受众对广告信息“接而不受”。信息的泛滥和注意力的稀缺使得人们对广告采取了越来越强硬的回避态度，换台、翻页、关闭窗口、抽空如厕、大不了闭上眼睛，广告只好更大声音、更炫色彩、更多次数地化作一副无赖嘴脸以期在人们脑中偶尔流连。

世界上不缺少机会，缺少的是发现机会的眼睛。两个习以为常的现象，被一双睿智的眼睛发现，成就了分众传媒横空出世的机会。这两个现象，一个是人以群分，一个是聊胜于无。

俗话说：物以类聚，人以群分。有着相似特点的人有着类似的生活方式，有着相同的行为轨迹，只要找对地方就能找到某一群人。最有商业价值的人群就集中在都市的楼宇商厦中。在这里设置广告媒体，可谓一箭双雕，一方面广告媒体的覆盖范围，从遍地开花转变为指哪打哪，广告投放区域可根据广告客户要求灵活调整，有广告没渠道或者有渠道没广告的难题不再困扰；另一方面，广告媒体的影响人群，从广而告之到准而传之，这与品牌针对的细分市场的匹配度大大提高，而且楼宇商厦中的广告媒体所影响的人群本身就是块“肥肉”，即是同时具有消费意识和消费能力的人群，针对这群人投放广告当然会有更多回报。因此，改变媒体覆盖范围和影响人群这两个元素的价值内涵，达到减少广告浪费从一个可望的想法成为了一个可及的做法。

另一个大家感同身受的现象是无聊，人人都有无聊的时候，无聊的时候平时拼命争夺注意力的信息被注意力拼命争夺，因此，无聊可从一种状态变成一种产业。哪里有无聊哪里就是广告的天堂，无聊时如有广告信息呈现，受众接受从被动变为主动，广告效果不言而喻。楼宇商厦中等待电梯的分分秒秒被确定为分众传媒的切入点。对于这样的商业契机，有条件就上没有条件创作条件也要上。考虑到信息表现力，分众传媒引入液晶电视这一最生动的媒体载具，以最引人注意的方式将广告传播给电梯前无所事事的人们。根据环境创设媒体，超越原本媒体信息表现力的障碍，并抓住人们最易接受信息的时机，广告效果如何地球人都知道。

简言之，就是找出现有的产业所提供的且买方所重视的价值元素，从需求角度分析其改善的充分性和必要性，同时，结合一些相关的有商业价值的社会现象，探索价值创新的道路。

由此可见，分众传媒蓝海战略成功的经验有两点是重中之重：（1）坚持以价值为中心的创新。基于买方价值提升的价值创新必定是有商业空间的；结合社会现象进行战略思考也是出于价值导向；（2）蓝海战略必须是可转化为商业模式的。海市蜃楼式的战略构想是学术界探研的乐趣，具有操作可行性的蓝海战略才指向企业成功。

结语

分众传媒的成功是令其骄傲和令人羡慕的，但是历史和现实表明，产业在不断被开创和扩展，产业的条件和边界也不是一成不变的，企业个体可以重塑这些条件和边界。分众传媒在收购聚众传媒后，市场份额据称已经达到98%，在自己开创的蓝海中已经居于绝对垄断地位。但是，分众有没有想过，一方面是否会有企业在原有红海基础上开创其他的蓝海机会，从而形成与分众并列、对峙等局面呢？毕竟，不争夺楼宇不代表没有竞争。另一方面，蓝海与红海本身就是不断转化，辩证的对立统一体，是否会有企业将分众传媒的市场空间视为红海，由此开创新的蓝海，从而冲击分众传媒现有市场呢？

核心竞争力是企业赖以生存和发展的关键要素，一个连续成功的企业必有其核心竞争力。分众传媒发现和开创商业楼宇液晶电视广告媒体这片蓝海，是企业拥有今天成就的重要因素，但非核心能力。开创蓝海不是静态不动的，而是一个动态的过程，只有重视蓝海战略的可持续性及其更新问题，才能不断依赖于蓝海战略获得成功。

附　录

附录一："分众传媒"搜索关键词

分众传媒、江南春、分众营销、分众传媒并购之路、分众传媒企业文化、分众传媒经营理念、户外分众、第五媒体、分众传媒广告、信用卡分众营销、分众传媒成功融资、分众行销时代、传媒分众化、分众、分众上市

附录二：A 类文章目录

- 从高级商务楼宇电视广告联播网的崛起看分众行销时代的新传媒观//经济观察报 2003－03－31
- 第六道门：银行广告媒介计划的制订——访永怡传播媒介总监江南春//中国广告 2003－04
- 分众行销时代的新传媒观——从个案看高级商务楼的液晶电视广告联播/王楚伟//大市场（广告导报）2003－06
- 户外新兴媒介价值几何？审视分众行销时代的分众传媒/本刊编辑部//大市场（广告导报）2003－07
- 整合创造价值——访 Focus Media 总经理江南春/王楚伟//大市场（广告导报）2003－07
- 江南春的无人之境/崔鹏//商务周刊 2003－14
- 江南春分众传媒的浪漫之旅/董立春//传媒 2004－01
- 分众营销火爆　分众传媒筹资扩张//21 世纪经济报道 2004－07－29
- 分众传媒：牵手资本图谋变局//证券日报 2004－08－29
- 透视分众现象/丁俊杰//经济观察报 2004－09－13
- ［江南春］国际传媒资本的中国宠儿/孙晓霞//证券时报 2004－10－10
- 高盛中国再出手　2000 万美元锁定分众传媒//21 世纪经济报道 2004－11－18
- 3000 万美金助推分众传媒美国高盛联手英国 3i 公司//广告人 2004－12
- 分众传媒成功融资经典案例分析/钱学锋//科技创业 2004－12
- 美国高盛联手英国 3i 公司 3000 万美金助推分众传媒//新闻传播 2004－12
- 编织一个分众广告传媒的大网/江南春//商务周刊 2004－22
- 分众传媒的上市前景/董晓常//互联网周刊 2004－26
- "分众传媒"剑指社会主流消费群//招商周刊 2004－29
- 意义互联网与分众传媒/姜奇平//互联网周刊 2004－31
- 招商银行牵手分众传媒——轻松谈信用卡分众营销/徐美娟//招商周刊 2004－35
- 分众传媒：独创的商业模式/兰度//经理人 2005－03
- 分众传媒广告的特性与运用/谢导//商业时代 2005－03
- 分众超亿资金进入平面媒体//广告大观（媒介版）2005－05
- "中国广告风云榜"历史档案之十大广告风云人物分众化时代成就"分众传媒"——访分众传媒（中国）控股有限公司首席执行官江南春/荆奇//大市场（广告导报）2005－05
- "分众"广告带来 50 亿商机/辉哲//民营经济报 2005－05－21
- 江南春：身家上亿覆盖人口上亿/方玉书//第一财经日报 2005－06－15
- 分众传媒纳市路演　新主意做成大生意//经济观察报 2005－06－20
- 分众后天路演　江南春身价暴涨/严丹虹//东方早报 2005－06－21
- 楼宇电视融资忙/程悠悠//第一财经日报 2005－06－22
- 分众传媒纳市冲刺//东方早报 2005－06－23
- "分众传媒"纳市冲刺"聚众传媒"另择良时//中华新闻报 2005－06－29
- 分众掌门人的剑客生涯/冷夜无声//经济视点报 2005－06－30
- 江南春的"抒情时代"//东方企业文化 2005－07
- 纳斯达克中国新富豪：江南春身价 16 亿元人民币/程悠悠//第一财经日报 2005－07－14
- 分众掌门人日进 3 亿美元/孙黎明　黄伊　刘艺璇//重庆商报 2005－07－15
- 江南春身家飙至 2 亿美元//南方日报 2005－07－15
- 分众传媒纳市挂牌概念仍然重要//经济观察报 2005－07－18
- 分众、聚众沪上遇对手——东方明珠进军无线楼宇广告/李晶//第一财经日报 2005－07－19
- 分众传媒，找个亮点"卖"自己//民营经济报 2005－07－25
- 分众聚众赛跑"等候经济"不等人//中华新闻报 2005－07－27
- 江南春：广告狂人想做富贵闲人/张见悦//中华新闻报 2005－07－27
- 发现江南春——从"文学青年"到"纳斯达克新星"/俞崇武//科技创业 2005－08
- 分众传媒：一个行业和一家公司的诞生之路/高永宏//新财经 2005－08
- 分众传媒成功登陆纳斯达克//广告人 2005－08
- 分众传媒的成功对孵化器的求证/王荣//科技创业 2005－08
- 户外分众媒体新生力——健康传媒——访 CTR 个案研究总经理祁炜先生/古芬//市场观察 2005－08
- 江南春：敲开纳斯达克之门的中国广告人/孙毅//大市场（广告导报）2005－08
- 江南春：做一名节约型富豪/罗曙驰　陈琳燕//财富智慧 2005－08
- 江南春到——一个"创意创业"的财富奇迹//科技创业 2005－08
- 倾听江南春/俞崇武//科技创业 2005－08
- 一个创业者成就一个行业——访分众传媒有限公司公关总监稀海荣/俞崇武//科技创业 2005－08
- 分众传媒江南春：一个月只花 1 万的亿万富豪//新浪网 2005－08－08
- 分众 1400 万"押宝"大卖场/严丹虹//东方早报 2005－08－10
- 江南春：校园诗人的财富传奇/阿峰//中国审计报 2005－08－15
- 江南春：只投自己熟悉的领域/黄婕//中国高新技术产业导报 2005－08－31
- 分众传媒给中国孵化器建设的 5 点启示——对上海多媒体创业园创业有限公司的调查/俞崇武//科技创业 2005－09
- 江南春："我喜欢 75：25 的市场格局"/刘鹏//资本市场 2005－09
- 江南春：纯粹，并赚着钱/严悦//法人杂志 2005－09
- 江南春：上帝只会照顾有准备的人/京华//中国乡镇企业 2005－09
- 江南春——敲响纳斯达克开盘钟声的中国第一人/张见悦//产权导刊 2005－09
- 亦儒亦商江南春：按响纳斯达克"开市之铃"的中国第一人/陈云鹏//上海信息化 2005－09
- 江南春：深耕"无聊产业"/林珏//21 世纪经济报道 2005－09－29
- 分众传媒享受"水平"创新的快感/刘源远//中外管理 2005－10
- 分众联手 eBay 推分类广告新模式/沈娟//第一财经日报 2005－10－11
- 分众传媒整体收购框架媒介//深圳商报 2005－10－18
- 分众上亿美元吞最大电梯海报商/严丹虹//东方早报 2005－10－18
- 分众 10 亿收购框架　强强联手抗衡聚众/蒋隽　陈廉碧//民营经济报 2005－10－19
- 美国投资人 1 小时质询：分众 1.8 亿美金收购"电梯海报"/杨琳桦//21 世纪经济报道 2005－10－20
- 江南春再图进取/彭朋//经济观察报 2005－10－24
- 分众传媒购并框架媒介，构筑"生活圈媒体"//中国经营报 2005－10－31
- 分众传媒为纳市再造概念//财经时报 2005－10－31
- 分众传媒叱咤传媒市场//大市场（广告导报）2005－11
- 增值服务：保证双赢才能持久//医药经济报 2005－11－02
- 分类广告市场试水"民资＋外资"模式//中国企业报 2005－11－07
- 无线技术挑战分众传媒　享乐人群催生娱乐营销//中国经营报 2005－11

-07
⊙ 江南春解析分众传媒成功之道//证券时报 2005-11-26
⊙ 财富积累最快奖——分众传媒：江南春的财富密码/柯浪//法人杂志 2005-12
⊙ 财富新贵：身家2亿美元的诗人老板——分众传媒 CEO 江南春访谈录//沪港经济 2005-12
⊙ 江南春：从文学青年到财富新贵/成周//大学时代 2005-12
⊙ 江南春：文学青年从纳斯达克归来/魏宗凯//企业文化 2005-12
⊙ 竞争竞合分众分域——2005年中国传媒十大创新报告之报刊篇/吴锋//今传媒 2005-12
⊙ 网上“分众”欲两年内上市/严丹虹//东方早报 2005-12-09
⊙ 来自分众传媒的启示//中华新闻报 2005-12-21
⊙ 江南春：出头因为遇“贵人”/刘建强//中国企业家 2005-17
⊙ 分众收购框架楼宇广告市场鹿死谁手/陈鸣//IT 时代周刊 2005-21
⊙ 江南春：新锐富豪的创富之路/张彦//创业者 2005-23
⊙ 分众传媒荣获中国最具销售力的户外媒体大奖/张众//招商周刊 2005-25
⊙ 青岛分众传媒 CEO 张君焱访谈/张众//招商周刊 2005-27
⊙ 分众传媒成功登陆纳斯达克//招商周刊 2005-29
⊙ 火车上的“分众传媒”/陶俊杰//互联网周刊 2005-41
⊙ 江南春：虚荣心让我成功/陈斌　姜继玲//财富智慧 2005-Z3
⊙“诗人”江南春创意创意生意/方浩//当代经理人 2006-01
⊙ 分众传媒重拳再出击/张汛//广告人 2006-01
⊙ 江南春：三位“贵人”改变财富命运/刘建强//花生文摘 2006-01
⊙ 中国科技财富新贵/周季钢//创新科技 2006-01
⊙ 江南春：永远靠创意做生意/刘慧//经济视点报 2006-01-05
⊙ 江南春：32岁的亿万富豪//民营经济报 2006-01-06
⊙ 江南春：我是中国最努力的一百个人之一/高改芳//中国证券报 2006-01-07
⊙ 分众乘胜追击收购聚众/刘琪莉//华夏时报 2006-01-09
⊙ 分众聚众合并　谋求一致对外//上海证券报 2006-01-09
⊙ 江南春3.25亿美元垄断楼宇视频广告/第一财经日报 2006-01-09
⊙ 分众终成楼宇电视广告霸主/金敏华　段敏//深圳商报 2006-01-10
⊙ 冤家碰头分众聚众合并/何文//经理日报 2006-01-10
⊙ 分众传媒3.25亿美元合并聚众//北京日报 2006-01-10
⊙ 分众传媒忙并购投行基金喜数钱//中国证券报 2006-01-11
⊙ 江南春、虞锋三次谈判：分众3.25亿美元合并聚众/顾建兵//21世纪经济报道 2006-01-11
⊙ 分众聚众合并：楼宇电视开始“后竞争”/叶国标//新华每日电讯 2006-01-12
⊙ 分众收编聚众/胡天舒//南方周末 2006-01-12
⊙ 江南春新年　新版　新神话/侯捷宁//证券日报 2006-01-15
⊙ 江南春：人生只需做好三件事/王鹤//经济参考报 2006-01-16
⊙ 江南春虞锋明确分工　分众新媒体盯上手机/杨琳桦　顾建兵//21世纪经济报道 2006-01-16
⊙ 新分众欲进军手机广告市场/丁灿//民营经济报 2006-01-19
⊙ 并购后的状态与担心　江南春“现在根本看不到巅峰”//英才 2006-02
⊙ 分众传媒的“注意力”经营/禹良俊//理财杂志 2006-02
⊙ 江南春电梯旁的揽金人/陈静静//中国投资 2006-02
⊙ 江南春虞锋楼宇电视江山一统//中国广告 2006-02
⊙ 江南春：从诗人到富豪/徐霞//传奇文学选刊（名人传奇）2006-02
⊙ 江南春握手虞锋//大市场（广告导报）2006-02
⊙ 江南春知难而进/陈琼//互联网周刊 2006-02
⊙ 评点收购得失：资本的胜利/张九辉　戴璐//英才 2006-02
⊙ 另一种荣耀：分众聚众强势整合楼宇电视大一统——分众传媒、聚众传媒合并新闻发布会见证实录/张宁　王竹一//大市场（广告导报）2006-02
⊙ 新传媒寡头江南春/唐凯林//英才 2006-02
⊙ 分众“一统江湖”：明智之选/马红漫//安徽经济报 2006-02-16
⊙ 百泰网络传媒：构建分众传播新时空//国际融资 2006-03
⊙ 分众传媒：想象力创造利润率/司思//中国经贸 2006-03
⊙ 江南春：“对我来说最大的转变是融资”//21世纪商业评论 2006-03
⊙ 框架并购后的前世今生/侯明廷//大市场（广告导报）2006-03
⊙ 楼宇广告从此一家独大——分众传媒与聚众传媒合并内幕/青文//青年记者 2006-03
⊙ 直效传媒：下一个分众？/张衍阁//中国电子商务 2006-03
⊙ 分众3000万美元收购手机广告商整合聚众导致裁员15%/孙琎//第一财经日报 2006-03-09
⊙ 分众去年赚6亿跻身中国传媒前三/王蔚祺//第一财经日报 2006-03-09
⊙ 分众3000万美元赌进手机/杨琳桦//21世纪经济报道 2006-03-10
⊙ 分众、玺诚口水之争卖场电视广告试比高/孙琎　杨国强//第一财经日报 2006-03-28
⊙ 被分众收购凯威点告转至“地上”/孙琎//第一财经日报 2006-03-30
⊙《第五媒体：无线营销下的分众传媒与定向传播》//大市场（广告导报）2006-04
⊙ 航空传媒新贵翻版分众故事/李斌//新财经 2006-04
⊙ 江南春：从文学青年到亿万富翁/缪克构　傅国林//世界 2006-04
⊙ 江南春：一不小心玩儿大了/雨花//公关世界 2006-04
⊙ 虞锋：并购也是一条出路/雷涛//东方企业文化 2006-04
⊙ 分众要做老大//市场报 2006-04-21
⊙ 从波特竞争优势理论看分众传媒/徐慧//湖南财经高等专科学校学报 2006-05
⊙ 分众传媒再“分众”/曹朝霞//信息产业报道 2006-05
⊙ 人与媒介和谐共融——分众传媒的四个关键点/唐敏//市场观察 2006-05
⊙ 中国电视：从“戏园子”功能到分众化趋势——兼论电视传媒的发展现状与大众文化的提升/刘小梅//艺术广角 2006-05
⊙ 手机广告第五种模式规模商用/孙琎//第一财经日报 2006-05-09
⊙ 分众传媒首季盈利940万美元//上海证券报 2006-05-20
⊙ 中国最大直效传播平台浮出水面//解放日报 2006-05-30
⊙ 创意致富江南春/刘源//理财杂志 2006-06
⊙ 从对手到联手——江南春与虞峰演练战国思维/谈佳隆//中国经济周刊 2006-06
⊙ 江南春：在创意中演绎财富传奇/刘世英//新财经 2006-06
⊙ 江南春：在创意中演绎财富传奇（二）/刘世英//新财经 2006-07
⊙ 江南春：在创意中演绎财富传奇（三）/刘世英//新财经 2006-08
⊙ 分众市值拔头筹　百度增长最猛/陆琼琼//上海证券报 2006-06-02
⊙ 江南春：创新源自巅覆性思维/王汉　周建军//中国城乡金融报 2006-06-09
⊙“点告+直告”分众无线正式运营/杨国强//第一财经日报 2006-06-21
⊙ 分众传媒开卖手机广告//21世纪经济报道 2006-06-26
⊙ 分众传媒的“蓝海战略”/水天//中国电力企业管理 2006-07
⊙ 江南春：手机广告方向很正确/唐自华//中国新通信 2006-07
⊙ 玺诚与分众争锋专业卖场/陆琼琼//上海证券报 2006-07-12
⊙ 分众媒体雄起铁路客运电视欲分羹/马永柱//民营经济报 2006-07-17
⊙ 分众并购框架：1+1=？/陈岩//经理人 2006-08
⊙ 江南春：激情小子的发家史/彭朋//传奇文学选刊（人物金刊）2006-08
⊙ 江南春和他的分众传媒帝国/刘世英//企业研究 2006-08

⊙ 上市给中国公司带来了什么——网易、分众传媒、亚信、空中网高层访谈/刘立新//新财经 2006-08
⊙ 广电系联手围剿分众传媒//财经时报 2006-08-14
⊙ 传播精细化分众二季报净利增 283.4%/陆琼琼//上海证券报 2006-08-19
⊙ 分众无线收入 310 万美金/杨琳桦//21 世纪经济报道 2006-08-23
⊙ 江南春：分众传媒没有竞争对手//新华网 2006-08-28
⊙ 海南本地 IT 企业挑战分众传媒//海南日报 2006-08-31
⊙ "日加满"钟爱分众传媒"无缝化传播"/刘婷//大市场（广告导报）2006-09
⊙ 江南春：一半是火焰，一半是海水/黄树辉　姜小妹//大经贸 2006-09
⊙ 江南春：做有创意的生意/唐凯林//青年记者 2006-09
⊙ 三大竞争优势造就了分众传媒的传奇/马跃//财经界（下半月）2006-09
⊙ 江南春：寻觅手机广告盈利模式/彭友//第一财经日报 2006-09-12
⊙ 让管理结合理性人性//深圳特区报 2006-09-25
⊙ 分众无线精准出击——专访北京分众无线传媒技术有限公司首席执行官徐茂栋/伏海//中国广告 2006-10
⊙ 江南春江南春梦想照进现实/阚世华//中国新时代 2006-10
⊙ 江南春：半做商贾半做诗/西域·子帆//中国报道 2006-10
⊙ "西施"实验：欲创"网络版分众"传奇//第一财经日报 2006-10-11
⊙ 分众传媒：概念创造盈利//人民日报 2006-10-16
⊙ 泰思发力卖场新广告//21 世纪经济报道 2006-10-16
⊙ 创意英雄　江南春缔造分众传媒帝国//经理日报 2006-10-22
⊙ 户外媒体找蓝海：用信息化拉广告//21 世纪经济报道 2006-10-23
⊙ 江南春：恐惧是我的终极动力/李薇//经理人 2006-11
⊙ 江南春：5 年后，分众将真正做到"小众"化/付建利//证券时报 2006-11-11
⊙ 炎黄传媒：我们才是真正的分众传媒//证券时报 2006-11-11
⊙ 凯雷 5000 万美元注资分时传媒//第一财经日报 2006-11-21
⊙ 分众传媒三季度盈利增长近 3 倍//上海证券报 2006-11-22
⊙ 分众三季报同比剧增 213.7%/陈洁//北京商报 2006-11-22
⊙ 分众三季度营收 6110 万美元/孙琎//第一财经日报 2006-11-22
⊙ 电视频道太多成全分众传媒//深圳商报 2006-11-27
⊙ 分众传媒：一个立足"无聊"的品牌神话//中国文化报 2006-12-11
⊙ 江南春：我是怎样找到蓝海的/杨超//经济视点报 2006-12-14
⊙ 分众：受到争议的前景/孙琎//第一财经日报 2006-12-28
⊙ 江南春：中国最年轻的创意富豪/刘洪彬//国际商报 2006-12-28
⊙ 江南春往何处去/贾鹏云//南风窗 2006-14
⊙ 江南春性格魅力引领企业文化/西域·子帆//商业文化 2006-16
⊙ 江南春：分众传媒一统江湖//经营者 2006-17
⊙ No.18 江南春：从追赶者到被追赶者/刘建强//中国企业家 2006-23
⊙ 江南春快跑，跑到竞争者全都消失掉/李宗陶//南方人物周刊 2006-25
⊙ 江南春狂飙之魅//南方人物周刊 2006-32
⊙ 江南春：创意改变命运/李峪//新西部 2007-01
⊙ 听江南春侃创意/柯娟//世界发明 2007-01
⊙ 分众传媒或"吃下"好耶广告网络/张韬//上海证券报 2007-01-16
⊙ 出价逾 2 亿美元分众有意收购好耶/孙琎//第一财经日报 2007-01-17
⊙ 传分众传媒收购好耶 IPO 止步/冯大刚//经济观察报 2007-01-22
⊙ 分众拟售股融资虞锋可套现 1.44 亿美元/孙琎//第一财经日报 2007-01-23
⊙ 洽购好耶消息后分众高价增发仍被看好/孙琎//第一财经日报 2007-01-30
⊙ 分众传媒：触角伸向网络/李晶//中华新闻报 2007-01-31
⊙ 分众传媒的 2006/江南春//中国广告 2007-02
⊙ 江南春没人比我更了解这个行业/陈超//华人世界 2007-02
⊙ 江南春：在诱惑面前，我的梦想更大/西域//医学美学美容（财智）2007-02
⊙ 谭智来宁揭秘"框架"神话/王美诗//广告大观（综合版）2007-02
⊙ 框架 CEO 谭智出任分众新总裁/严丹虹//东方早报 2007-02-02
⊙ 分众传媒何以 1 年半飙升 5 倍？/张培娟//北京商报 2007-02-09
⊙ 分众传媒换将江南春稳坐钓鱼台/胡婧薇//中国联合商报 2007-02-12
⊙ 分众 2006 年盈利大增 253%/张韬//上海证券报 2007-02-28
⊙ 分众去年利润 7900 万美元无线业务表现平平/李亚馨　孙琎//第一财经日报 2007-02-28
⊙ 分众自称坐上传媒老三交椅/严丹虹//东方早报 2007-02-28
⊙ 东方财富网与分众传媒结成战略合作伙伴关系/美宝//航空港 2007-03
⊙ 分众传媒的未来危机/郎咸平//经理人 2007-03
⊙ 江南春：诗情与创意都需要激情//航空港 2007-03
⊙ 江南春海上幸运史/海文//企业文化 2007-03
⊙ 分众传媒并购好耶/王海林//新京报 2007-03-02
⊙ 分众全面进军网络广告市场/张韬//上海证券报 2007-03-02
⊙ 分众收购好耶 IDG 狂赚 40 倍/杨琳桦　雷中辉//21 世纪经济报道 2007-03-02
⊙ 分众野心袭击传统广告市场/傅凯//北京商报 2007-03-02
⊙ 好耶 2.25 亿美元"投身"分众/严丹虹//东方早报 2007-03-02
⊙ 好耶去年收入 5 亿元左右分众 2.25 亿美元购入/李亚馨//第一财经日报 2007-03-02
⊙ 江南春布局：合围 3 万广告主/杨琳桦//21 世纪经济报道 2007-03-05
⊙ 江南春收购路线图/李国训//财经时报 2007-03-05
⊙ 分众传媒 2.25 亿美元收购好耶/胡怡琳//经济观察报 2007-03-05
⊙ 分众资本魔方玩转"生活圈媒体群"/张韬//上海证券报 2007-03-09
⊙ 分众并购案：重新定位"战略性资源"/姚音//上海证券报 2007-03-16
⊙ 拆解分众/周涛//经济观察报 2007-03-19
⊙ 江南春收购目标锁定 4 家网络媒体/徐千翔//中国证券报 2007-03-19
⊙ 分众欲掀互联网广告并购潮/张韬//上海证券报 2007-03-26
⊙ 江南春：回归 A 股对分众很有吸引力/张韬//上海证券报 2007-03-26
⊙ 洗手间广告：下一个"分众"热点？/向军//财经时报 2007-03-26
⊙ 江南春：不会收购 SP/张韬//经理日报 2007-03-28
⊙ 从"分众传媒的未来危机"看户外电视的发展/齐莉莉//新闻界 2007-04
⊙ 分众传媒剑走偏锋/李学工　郭丽彬//中华商标 2007-04
⊙ 分众好耶"联姻"的背后/俞崇武//华东科技 2007-04
⊙ 分众进军网络广告市场/婷婷//中国广告 2007-04
⊙ 分众收购聚众//商界（中国商业评论）2007-04
⊙ 江南春并购好耶，完成了他的一个梦想——布局新媒体帝国/路子石磊//新闻人物 2007-04
⊙ 解析分众传媒的商业模式/应论盾//管理与财富 2007-04
⊙ 想像力创造出新媒体产业——访分众传媒董事局主席江南春/方仁//传媒观察 2007-04
⊙ 江南春互联网胃口/杨琳桦//21 世纪经济报道 2007-04-06
⊙ 分众：品牌创新来自怀疑/孙琎//第一财经日报 2007-04-18
⊙ 商场大屏幕"分众"开路三维视界"透视"百亿三维市场/康健//第一财经日报 2007-04-23
⊙ 盛大、分众觊觎网游内置广告/杨琳桦//21 世纪经济报道 2007-04-23
⊙ 办公楼里跳动的画面——分众传媒的商业模式分析//中国中小企业 2007-05
⊙ 创新与资本互动：分众传媒品牌的启示/周雄//企业研究 2007-05
⊙ 分众：LCD、互联网和手机三者互动——访分众传媒首席运营官陈从容/姜红//中国广告 2007-05
⊙ 分众传媒与电力广告/龚建民//湖北电业 2007-05

◎ 分众演绎网络广告“诺曼底”/李桂芬//上海信息化 2007-05
◎ 江南春：好耶！/李娜//IT 经理世界 2007-05
◎ 江南春触“网”/王璞//经理人 2007-05
◎ 江南春再演收购神话/陆鹏//新财经 2007-05
◎ 开创红海中的蓝海——以分众传媒为例/杨珊珊　余明阳　王方华//市场营销导刊 2007-05
◎ 谁把江南春变成收购狂人？/林涛//中国企业家 2007-05
◎ 四岁公司的野心江南春的投资嗅觉/潘虹秀//英才 2007-05
◎ 付新华：我不是分众传媒的盲从者/刘洋//财经时报 2007-05-21
◎ 江南春：只要符合标准，我们一定会坚决展开并购/张韬//上海证券报 2007-05-22
◎ 江南春：创意“无聊”/王丽平//河北日报 2007-05-28
◎ 分众购新浪股份？谭智否认/孙琎//第一财经日报 2007-05-29
◎ 解读分众传媒行销密码/郭丽彬//中国集体经济（下半月）2007-06
◎ 媒体品牌塑造与经营——以湖南卫视和分众传媒为例/袁静　邓若伊//当代传播 2007-06
◎ 品牌视窗——企业自己的“分众传媒”/吴兴波//广告人 2007-06
◎ 玺诚造上市舆论“较劲”分众/扈明//北京商报 2007-06-01
◎ 分众不代表全部户外视频广告投放要讲策略/李亚馨//第一财经日报 2007-06-07
◎“收购狂人”江南春/星岛//青年记者 2007-07
◎ 东方财富网与分众传媒结成战略合作伙伴——东方财富网即将进军纳斯达克/婷婷//中国广告 2007-07
◎ 江南春的“升级版”会是谁？/徐丽//中国广告 2007-07
◎ 江南春：我是剪刀加糨糊/民营经济报 2007-07-09
◎ 江南春先下手收购创世奇迹/罗添//北京商报 2007-07-20
◎ 从校园到机场　迪岸传媒寻找分众的“盲点”/李亚馨//第一财经日报 2007-07-23
◎ 艾瑞总裁证实与分众洽谈收购/李亚馨//第一财经日报 2007-07-27
◎ 玺诚诉分众不正当竞争一审败诉/李亚馨//第一财经日报 2007-07-27
◎ 互联网门派纷争/庄景杨//广告大观（综合版）2007-08
◎ 江南春：不做天使投资人/薛娟　郝威//中国经济时报 2007-08-01
◎ 新媒介融合：从零和走向共赢/匡文波　王丹黎//广告大观（综合版）2007-08
◎ 资本角逐下的移动商务市场竞争焦点//中国新通信 2007-08
◎ 分众框架收购观奇广告/宋家祥//经济视点报 2007-08-02
◎ 企业广告效果升级　分众传媒价格上调/宋家祥//经济视点报 2007-08-02
◎ 分众传媒收购创世奇迹几成定局/李亚馨//第一财经日报 2007-08-15
◎ 分众否认洽购两广告公司/周婷//中国证券报 2007-08-16
◎ 暗战：卖空基金狙击分众传媒/黄婕　刘铮//21 世纪经济报道 2007-08-17
◎ 分众关联交易调查/黄婕//21 世纪经济报道 2007-08-20
◎ 分众传媒洽购 39 健康网/郎朗//21 世纪经济报道 2007-08-24
◎ 分众：沿着“生活圈”横向扩展/严劲松//财经时报 2007-08-31
◎ 江南春：没人比我更了解这个行业/陈超//时代青年（月读）2007-09
◎ 摆脱关联交易调查阴影分众股价创新高/孙琎//第一财经日报 2007-09-27
◎ 分众第二季度广告收入激增 126.3%/张韬//上海证券报 2007-09-29
◎ 分众：遥远的超媒介之梦/朱光强//华夏时报 2007-10-08
◎ 分众三大广告业务“比翼齐飞”/周婷//中国证券报 2007-10-08
◎ 航美分众抢食航空“屏终端”/柳燕//华夏时报 2007-10-29
◎ 分众榜样力量无穷四大国际风投下注炎黄/毛晶慧//中国经济时报 2007-10-31
◎ 江南春代言名利自来/阚世华//中国新时代 2007-11
◎ 论分众传媒/李华//法制与社会 2007-11
◎ 分众股东乘“高”抛股套现/严丹虹//经理日报 2007-11-05
◎ 泰德时代：分众传媒淘金我卖水/李志军//经济观察报 2007-11-05
◎ 分众传媒抛售 1370 万股存托凭证/李亚馨//第一财经日报 2007-11-08
◎ 收购上瘾分众遥望分拆上市/杨琳桦//21 世纪经济报道 2007-11-14
◎ 分众：打造数字化媒体集团/孙琎//第一财经日报 2007-11-15
◎ 风投再造分众聚众“冤家”/刘洋//财经时报 2007-11-16
◎ 分众传媒三季度收入激增 128.9%/徐晓巍　孙晶晶//中国证券报 2007-11-21
◎ 分众传媒有望分拆无线业务上市/李亚馨//第一财经日报 2007-11-21
◎ 江南春谋分众无线分拆上市/钟雯//经理日报 2007-11-26
◎“传媒军团”抢滩纳市分众对手纷纷赴美 IPO/张韬//上海证券报 2007-11-27
◎ 分众传媒明确表示提高广告价格/魏宗凯//中华新闻报 2007-11-28
◎ 分众传媒未来或一分为三无线业务率先上市/杨国强//第一财经日报 2007-11-29
◎ 分众传媒再遇集体诉讼中国概念股近期大幅缩水/李亚馨//第一财经日报 2007-11-29
◎ 网吧广告欲挑分众媒体大梁/李国良　李楠//经济视点报 2007-11-29
◎ 巨人分众在美遭遇集体诉讼/徐晓巍//中国证券报 2007-11-30
◎ 分众传媒//楼市 2007-12
◎ 江南春：1 个创意换来 60 亿/西域//东北之窗 2007-12
◎ 从巨人网络、分众传媒案看美国集团诉讼/宋一欣//证券时报 2007-12-05
◎ 分众或成第二大传播集团/陈丽娟//商务时报 2007-12-05
◎ 玺诚 IPO 前夜分众传媒 1.684 亿美元将其购入囊中/杨国强//第一财经日报 2007-12-11
◎ 分众收购玺诚欲“以整合结束竞争”/叶勇//上海证券报 2007-12-12
◎ 3 亿美元拦截玺诚 IPO 分众再玩并购手腕/黄婕//21 世纪经济报道 2007-12-14
◎ 分众入选纳斯达克 100 指数成分股/徐晓巍//中国证券报 2007-12-17
◎ 分众突围户外广告瓶颈/柳燕//华夏时报 2007-12-17
◎ 进入分众传媒时代/李国良　李楠//中国文化报 2007-12-17
◎ 收购玺诚一统卖场终端分众传媒为转型赢得时间/孙斌　崔丹//经济观察报 2007-12-17
◎ 分众传媒成纳斯达克指数成分股/罗添//北京商报 2007-12-18
◎ 分众传媒将被纳入纳斯达克 100 指数/蒋蕾//工人日报 2007-12-19
◎“游戏内置广告”硝烟四起　分众、盛大激烈交锋/杨琳桦//21 世纪经济报道 2007-12-28
◎ 分众传媒第一季度广告收入激增 75.4%//楼市 2007-13
◎ 一个分众传媒员工的工作日记//青年记者 2007-15
◎ 江南春这个人/李娜//IT 经理世界 2007-16
◎ 2007 艾瑞新营销年会选萃江南春：数字化媒体浪潮的四个特征/楚桥//经营者 2007-18
◎ 两年后，江南春真的会退休吗/曹健//IT 时代周刊 2007-22
◎ 赵建华：独创“水媒体”做“江南春”第二//大众商务 2007-24
◎ 分众传媒：广告圈中的“野蛮人”/李娜//IT 经理世界 2007-22
◎ 分众：并购是一种姿态/晓辉//中国电子商务 2007-Z1
◎ IPO 前夜玺诚改投分众　江南春一举覆盖全国卖场/李默风//IT 时代周刊 2008-01
◎ 分众传媒在快速成长之后/焦晶　邓勇兵//中外管理 2008-01
◎ 分众的并购经/林涛//中国企业家 2008-01
◎ 闪电并购玺诚分众卖场网络实现完美统一/兰田//广告大观（综合版）2008-01
◎ 门户广告涨价分众、WPP 背上“新媒体的国美、苏宁”名声/侯继勇//21 世纪经济报道 2008-01-10
◎ 接受分众传媒入股炎黄整合医院液晶广告市场/叶勇//上海证券报 2008

-01-12
◎分众参股炎黄以退为进/孙斌　沈建缘//经济观察报 2008-01-14
◎分众认购炎黄健康传媒 20% 股份/陈静//中国证券报 2008-01-14
◎分众"曲线"整合市场炎黄不排除被控股/叶勇//上海证券报 2008-01-15
◎挑战分众德意志银行助 iMediaChina 秋季登纳市/叶国靖//第一财经日报 2008-01-15
◎江南春疯狂收购背后 VC 难寻下一个分众/李晓艳　侯继勇//21 世纪经济报道 2008-01-17
◎门户广告涨价分众背上"国美"名声/侯继勇//经济视点报 2008-01-17
◎分众传媒看好健康领域广告媒体/曾亮亮//经济参考报 2008-01-21
◎分众传媒跑马圈地并购风光难掩运作模式之短/苏慧//中国联合商报 2008-01-21
◎分众拟分拆无线和互联网今年上市/柳燕//华夏时报 2008-01-21
◎分众入伙炎黄拟年底美国上市/黄武锋　童颖//东方早报 2008-01-22
◎电通分众共享互联网广告大餐/杜鹃//中华工商时报 2008-01-23
◎分众、电通携手图谋互联网广告领域霸主/文莉莎//第一财经日报 2008-01-23
◎联手日企巨头分众大举进军网络广告/叶勇//上海证券报 2008-01-23
◎分众大举进军网络广告/叶勇//民营经济报 2008-01-24
◎立体停车库：下一个"分众传媒"？/洪会强//经济视点报 2008-01-24
◎抢食医疗广告分众不敢"肆无忌惮"/刘洋//财经时报 2008-01-25
◎分众参股炎黄健康传媒/项铮//科技日报 2008-01-28
◎分众转身媒体平台运营商/侯继勇//21 世纪经济报道 2008-01-31
◎商圈"分众"/黄婕//21 世纪经济报道 2008-01-31
◎从分众传媒的整合策略看新媒体的"后圈地时代"/杨锐//广告人 2008-02
◎江南春，电梯间掘金的诗人/王松涛//大经贸 2008-02
◎江南春：打造广告帝国/当代//经理人 2008-02
◎理性投资新媒体行业/张骏//广告人 2008-02
◎2007 年五大新闻人物之江南春：成功的商人模型/崔瑜//互联网周刊 2008-02
◎数字化生存——访分众传媒 CEO 江南春/杨猛//广告大观（综合版）2008-02
◎结盟分众高速扩张/张易//中国医药报 2008-02-18
◎分众无线抢手机广告第一上市/饶宇锋//财经时报 2008-02-29
◎分众传媒高成长的背后/李斌//新财经 2008-03
◎整合制胜，携手共赢　分众传媒将与日本电通携手深耕国内互联网广告领域//广告人 2008-03
◎分众 CEO 更替　江南春专注"新增长点"/张韬//上海证券报 2008-03-07
◎公交传媒一场分众的"模仿秀"/黄沙//财经时报 2008-03-07
◎江南春卸任 CEO 亲战"前线"/童颖//东方早报 2008-03-07
◎分众传播带来更多思考/姜蓉//中国经营报 2008-03-17
◎谭智接班分众　江南春"移情"互联网/孙斌　崔丹//经济观察报 2008-03-17
◎垃圾短信"分众造"：30 人大代表紧急动议立法监管/李薇羽　陆振华//21 世纪经济报道 2008-03-18
◎分众去年收入超 5 亿美元/童颖//东方早报 2008-03-20
◎分众三个月短信进账 1600 万美元/罗添//北京商报 2008-03-20
◎移动电视商业价值凸显分众化呈趋势/罗晓军//中国电子报 2008-03-20
◎分众无线让人如此陌生/文闻//中国工业报 2008-03-26
◎书业广告何时步入分众时代/李子木//中国新闻出版报 2008-03-27
◎分众传媒发售 ADR：频频出手越发越"勇"/刘壹青//第一财经日报 2008-03-28
◎江南春：把幸福建筑在 5 亿手机用户痛苦之上//第一财经日报 2008-03-28
◎江南春小陆家嘴置业往事：与最佳买卖点失之交臂/郝倩//第一财经日报 2008-03-28
◎鼻子比脚步更快——从侧面看江南春/吴婧//报林 2008-04
◎日本电通与分众传媒携手深耕国内互联网广告领域/张宁//经营者 2008-04
◎江南春巨资回购股票剑指互联网加速扩张/林剑//通信信息报 2008-04-02
◎江南春与"分众"："蓝海"之外的一声叹息/徐瑾//中国经营报 2008-04-07
◎分众无线广告业绩预期自降七成/张韬//上海证券报 2008-04-12
◎人人都是江南春/饶宇锋　卢延杰//财经时报 2008-04-18
◎分众传媒：新媒体品牌力量/尘韵//中华新闻报 2008-04-25
◎谁能成功复制分众传媒？/风痕//大众科技报 2008-04-27
◎分众传媒身陷短信门危机公关很幼稚/沈闻洌//中国乡镇企业 2008-05
◎江南春打造全时空数字化媒体平台/江南春//广告人 2008-05
◎人人都是江南春/饶宇锋　卢延杰//经营管理者 2008-05
◎讨论：多屏化数字整合传播/金定海　江南春　吴晓波　张惠辛//中国广告 2008-05
◎新媒体泡沫：类分众已成红海/李立　陆军//中国经营报 2008-05-12
◎电子杂志的"分众突围"/占林涛　戴蓉杨　晓君//湖北日报 2008-05-20
◎江南春的代价/徐琳玲//人民文摘 2008-06
◎深挖无线商机分众集团高调发布移动营销平台/周晴//广告大观（综合版）2008-06
◎谭智：分众传媒的另一个神话/张凯//名人传记（财富人物）2008-06
◎分众传媒频繁收购路径调查/彭梧//新京报 2008-06-18
◎游戏产业寻找新"分众"/黄沙//财经时报 2008-06-20
◎从分众传媒"引发"的城市信息化/张凯//信息系统工程 2008-07
◎分众无线巨变诱因探析/水沐//国际商报 2008-07-01
◎分众无线裁员方案落定 CEO 私办公司"挖角"/阿拉//经理日报 2008-07-07
◎COO 离任或启分众高管辞职潮/曹敏洁//东方早报 2008-08-19
◎分众传媒二季度营收超 2 亿美元/徐晓巍//中国证券报 2008-08-19
◎分众传媒的并购之路/新浪网//互联网周刊 2008-08-20
◎华语传媒：做分众传媒最赚钱的那部分业务/马晓芳//第一财经日报 2008-08-20
◎在创意中演绎创业神话——记分众传媒 CEO 江南春/李惠//企业科技与发展 2008-09
◎2.25 亿美元分众购并好耶全面进军网络广告市场//楼市 2007-Z2
◎整合营销下的新媒体价值实现——以分众并购玺诚为例/张莲//青年记者 2008-15
◎江南春的暴富编年史/刘名//中国市场 2008-24
◎复制分众？/崔瑜//互联网周刊 2008-Z1
◎且吟且行——广告业巨鳄江南春的创富史/屈腾龙//魅力中国 2008-Z1

附录三：B 类文章目录

◎1.5 亿索赔案江南春失语/郭健　四海//英才 2005-09
◎江南春失意家乐福：分众传媒被指没有技术含量/顾建兵//21 世纪经济报道 2005-11-14

⊙ 分众传媒被诉不正当抢客户//民营经济报 2006 - 06 - 03
⊙ 神话平息之后分众广告效果备受质疑/李亚馨//第一财经日报 2007 - 06 - 07
⊙ 江南春如何走出安静权质疑/陈予军//上海证券报 2007 - 07 - 05
⊙ 玺诚欲在美起诉分众传媒/李亚馨//第一财经日报 2007 - 07 - 31
⊙ 严防江南春去我们家厕所/艾爻//新世纪周刊 2007 - 16
⊙ 分众无线传媒被曝群发垃圾短信/窦红梅//北京日报 2008 - 03 - 17
⊙ 分众无线占垃圾短信 80% 市场//文汇报 2008 - 03 - 18
⊙ 分众承认"短信门"影响二季度手机广告业务/张韬//上海证券报 2008 - 03 - 20
⊙ 分众短信业务端口被封对手机广告上市不利/孙琎//第一财经日报 2008 - 03 - 20
⊙ 江南春的"垃圾之战"//21 世纪经济报道 2008 - 03 - 20
⊙ 扔掉分众令人愤怒的商业模式/师晖//财经时报 2008 - 03 - 21
⊙ 分众"短信门"暴露新媒体灰色地带/路修远//中国审计报 2008 - 03 - 24
⊙ 分众短信门：精准营销的道德门槛/蔡放//中国经营报 2008 - 03 - 24
⊙ 垃圾短信的分众无线样本/武晓黎//中国消费者报 2008 - 03 - 26
⊙ 垃圾短信急挫分众股价 "隐私经济"遭遇道德谴责/林剑//通信信息报 2008 - 03 - 26
⊙ 分众无线引爆垃圾短信"地雷"/孙琎//第一财经日报 2008 - 03 - 28
⊙ 分众无线的尴尬挣扎/朱光强//华夏时报 2008 - 03 - 29
⊙ 分众传媒：扩张之路现阴霾/吴永柱//西部论丛 2008 - 04
⊙"短信门"中的分众传媒/沈闻涧//现代企业文化（上旬）2008 - 05
⊙ 江南春：一毛钱引来的祸事/温达//企业文化 2008 - 06
⊙ 受累手机广告业务重组分众首季巨亏/张韬//上海证券报 2008 - 06 - 07
⊙"短信门"招致巨亏分众剥离手机短信/杨琳桦//21 世纪经济报道 2008 - 06 - 10
⊙ 手机广告重组导致分众首季亏损/孙琎//第一财经日报 2008 - 06 - 10
⊙ 分众无线陷入"解散门"/黄婕//经理日报 2008 - 07 - 08
⊙ 分众传媒遭遇 3. 15/艾学蛟//中国品牌 2008 - 05
⊙ 江南春遭遇"短信门"/徐琳玲//南方人物周刊 2008 - 10
⊙ 短信门苦果殃及分众财报 执著江南春期待无线广告谋新变/李尧//IT 时代周刊 2008 - 13

附录四：C 类文章目录

⊙ 海信——分众签下中国平板电视第一大单/陈凌馨//中国经济时报 2004 - 09 - 07
⊙ 海信平板电视成为分众传媒首选供应商//中国质量报 2004 - 10 - 09
⊙ 新媒体双雄上市赛跑：分众还是聚众/师琰//21 世纪经济报道 2005 - 06 - 30
⊙ 聚众传媒销售团队集体出走 分众传媒否认幕后挖角//经理日报 2005 - 09 - 09
⊙ 27 家移动电视重庆结盟蓄谋"圈楼"对抗分众聚众/程维//第一财经日报 2005 - 09 - 13
⊙ 楼宇电视明争暗斗 10 亿元市场//消费日报 2005 - 09 - 19
⊙ 从商务楼宇到地铁 德高贝登要复制下一个分众传媒？//第一财经日报 2005 - 09 - 22
⊙ 大众传媒如何以品牌抗衡分众传媒/王淑兰//传媒观察 2005 - 10
⊙ 分众合并聚众扩展还是垄断/孙琎//经济视点报 2006 - 01 - 12
⊙ 当曾经的"死对头"并肩战斗——由分众与聚众合并案看未来新形式传媒/马文刚//上海信息化 2006 - 02
⊙ 城市电视公司挑战分众传媒霸主地位//经济参考报 2006 - 02 - 20
⊙ 分众聚众合并是否存在垄断？/荆林波//中国经济时报 2006 - 03 - 22
⊙ 分众遭蚕食霸主地位渐失/陆琼琼//上海证券报 2006 - 03 - 25
⊙ 分众、聚众：雷同生物的生存法则/李莹//经济观察报 2006 - 04 - 10
⊙ 玺诚、分众对决卖场营销/胡怡琳//经济观察报 2006 - 04 - 24
⊙ 枪挑分众立体视频潜入上海/汪小意//第一财经日报 2006 - 04 - 25
⊙ 江南春抵押股票分众股价应声下跌/陆琼琼//上海证券报 2006 - 09 - 30
⊙ 分众传媒暗藏风险//民营经济报 2006 - 11 - 30
⊙ 分众股东抛售 5 亿美元股票/张韬//上海证券报 2007 - 01 - 23
⊙ 郁金香传媒称与分众商业模式不同/姚音//上海证券报 2007 - 04 - 24
⊙ 接股东疑问分众传媒延迟递交 2006 年年报/李亚馨//第一财经日报 2007 - 07 - 04
⊙ 分众推迟发 2006 年财报/张韬//上海证券报 2007 - 07 - 05
⊙ 诸葛亮式的江南春，是否值得学习/洪宏伟//IT 时代周刊 2008 - 02
⊙ 百度发难分众垄断引众怒/黄沙//财经时报 2008 - 05 - 02
⊙ 分众传媒江南春式垄断引质疑/黄沙//商务时报 2008 - 05 - 24

盛大网络

一、2008年7月—9月，我们设计了18个关键词（见附录一），在网上对“盛大网络”进行检索，剔除其中大量的无效信息、重复信息和只字片语式的评论，得到的统计结果是：2002—2008年9月5日，纸质媒体、公共网站发表的有关各类研究、评论、报道共计674篇。

二、我们根据上述统计材料，对相关内容进行了分类，得出以下结论：

A：在统计674篇的评论和研究、报道中，对“盛大网络”予以充分肯定、基本肯定的共计126篇，占总数的18.7%。（见附录二）

B：在共计674篇的评论、研究和报道中，对“盛大网络”予以完全否定、基本否定，或只做负面报道的文章共计24篇，占总数的3.6%。（见附录三）

C：在共计674篇的研究、评论、报道中，对“盛大网络”无明确评价指向或无法做出分类归属的共计524篇，约占总数的77.7%。（见附录四）

三、我们从上述674篇文章中辑录出有关“盛大网络”的重要研究观点69条。

四、我们从上述674篇文章中，辑录出有关“盛大网络”产业效益方面的报道16条。

五、我们集体讨论选编有关“盛大网络”的重要文章10篇。

1. 从盛大看网络游戏运营企业的主要商业模式/黄漫宇//中南财经政法大学学报 2005-04

2. 用五种竞争力量模型浅析盛大网络的竞争环境/林烨//科技资讯 2007-29

3. 盛大破解海外资本市场游戏规则/王维//科技创业 2004-08

4. 盛大网络　打造完整竞争力/王邵婷//新财经 2005-01

5. 从盛大收购新浪看中国企业并购市场新特点/采洪//产权导刊 2005-04

6. 民营互联网的积分原理——从盛大入股新浪看数码体验业的走势/姜奇平//互联网周刊 2005-03-28

7. 盛大网络的“游戏规则”/李小兵//上海证券报 2005-05-27

8. 从盛大模式看网络营销与传统营销的关系/蔡博望俊成//企业活力 2005-09

9. 盛大转型期的“痛苦”对中国企业发展的启示/君临//中国经营报 2005-11-28

10. 由盛大公司与ACTOZ的纠纷看网络游戏代理/赵清绪//山东省农业管理干部学院学报 2006-04

六、附录

附录一：“盛大网络”搜索关键词

附录二：A类文章目录

附录三：B类文章目录

附录四：C类文章目录

重要观点辑录

关于“盛大网络”的文化价值、启示、影响

盛大网络是目前中国最大的网络游戏运营商。它于1999年11月成立，并推出中国第一个图形化网络虚拟社区游戏“网络归谷”，2001年9月正式进军在线游戏运营市场。2004年2月，盛大运营的《泡泡堂》最高同时在线用户突破50万人，创造世界大型休闲网络游戏运营新记录。同时，公司赴纳斯达克上市获得融资，并先后完成多次战略资本运作。2005年2月，盛大宣布收购新浪19.5%的股权，成为其最大股东，业界震惊。

（摘自林烨：《用五种竞争力量模型浅析盛大网络的竞争环境》，《科技资讯》2007年第29期）

就中国网络游戏产业而言，盛大绝对是最具影响力的一个公司。五年来中国网络游戏产业所一贯运用的模式是这个公司所创立——背着一个包去韩国用美元买游戏，然后在国内搭个服务器，拉条电话线，每月发点卡，这就是盛大创造的盛大模式。

（摘自董晓常　明叔亮：《网游革命》，《互联网周刊》2006年第18期）

与传统行业、国有企业不同，这家民营企业没有什么坚强的金融后盾，也没有政府资金的支撑，但却用5年的时间走完了中国绝大多数顶尖企业20年的发展道路，甚至有过之而无不及，成为中国企业中少有的几个能与微软、英特尔等世界级企业平起平坐、游刃有余的企业。

这家企业走入国人的眼球，一是因为他的领导人陈天桥的年轻，成为当前中国人心目中普遍的财富偶像；二是因为最近两年他为盛大转型而提出的家庭战略，震动了整个工商业界。用《中国企业家》的一段话来说：中国最近20多年的历史，还从未出现过这样的景观——以一家中国公司发起并主导，整合英特尔、微软、ATI、阿尔卡特、菲利普、英业达等全球几十家顶级IT和电信企业的资源。这样的举措，是盛大正在缔造的又一个神话。

（摘自赵清绪：《由盛大公司与ACTOZ的纠纷看网络游戏代理》，《山东省农业管理干部学院学报》2006年第4期）

实际上，作为中国最大的网络游戏公司和互联网内容整合者，盛大网络几乎已经成为国内最为主动的版权保护者。

（摘自董晓常：《盛大：向盗版宣战》，《互联网周刊》2006年第18期）

对于盛大来说，知识产权的保护不只体现在网络游戏上。自2005年初展开其庞大的家庭娱乐战略之后，盛大通过收购和战略联盟等方式，已经聚集起中国互联网最为庞大的内容资源。包括新浪、百度、环球音乐、迪斯尼等近百家内容提供商已经成为盛大家庭娱乐产品的内容提供商。

（摘自董晓常：《盛大：向盗版宣战》，《互联网周刊》2006年第18期）

盛大的成功在于它的营销模式和市场的运作方式以及其所推行的销售模式，而且这些都已经成为各个网络游戏代理商所采用的；而它的失败则是在产品线上。其他的游戏代理商不能出现像盛大那样主要收入依靠《传奇》一款产品的情况，也正是产品线的单一，才使盛大在韩方单方面终止合同时，陷入被动。因此，未来的网络游戏代理商应该尽可能地代理多个国家、多个公司、多种类型的游戏产品，以便充实自己的产品服务系列，分散经营风险，覆盖整个游戏市场，满足用户的多方需求。

（摘自赵清绪：《由盛大公司与ACTOZ的纠纷看网络游戏代理》，《山东省农业管理干部学院学报》2006年第4期）

盛大的收购思路是：快鱼吃慢鱼，抢占制高点。这是市场领先者未雨绸缪的一个通常思路。为保持领先优势，必须对可能出现的竞争对手提前预防，最佳手段莫过于收购。通过收购，盛大从单纯的网络游戏运营商向一家互动娱乐内容提供商过渡。在纳斯达克市场，“网络迪斯尼”是一个好概念。上市后，盛大股价一路上扬，从11美元一度摸高至45美元。截至《新财经》记者发稿时，盛大股价高达30美元，总市值位居所有海外上市的中国网络公司之首。

（摘自王邵婷：《盛大的光荣与梦想》，《新财经》2005年第2期）

2004年12月7日，新闻出版总署办公厅公布了“中国民族网络游戏出版工程”首批入选名单，共有21款网络游戏“入围”。盛大旗下的《梦幻国度》、《英雄年代》、《三国豪侠传》“入围”，是最大赢家。

（摘自王邵婷：《盛大的光荣与梦想》，《新财经》2005年第2期）

要打造一个梦想中的互动娱乐媒体帝国，目前的盛大已经做了种种举措，盛大目前占据着中国在线游戏市场35%的份额，提供包括单机版到成千上万玩家同时在线的互动游戏等八个类型的游戏服务。除了游戏以外，盛大的发展还可结合多种流行元素，如商品促销、电影、动画、广播、网上购物、网络电视等以及拓展游戏之外的周边文

化和服务。如果再能入主新浪，那么盛大的“网上迪斯尼”的代表不是米老鼠和唐老鸭，而有可能成为“传奇”和“新浪”。

（摘自李栋：《盛大启示录》，《电子商务》2005 年第 2 期）

盛大总裁唐骏这样注解他们的转型战略：“盛大是一家互动娱乐公司。我们希望通过网络技术、资源给我们的用户提供影视、音乐、游戏、文学的服务，游戏是我们其中的一部分。我们会在未来给用户提供更多、更优秀的其他类型的娱乐内容。同时，除了以 PC 为终端外，未来我们还会以手机、家庭电视作为新的娱乐终端。我们的‘网上迪斯尼’计划正朝着这个方向努力。”

盛大的统帅陈天桥也说道：“盛大的下一步战略目标是进军家庭数字娱乐。2005 年盛大的突破口是网络电视，盛大要做的是为网络电视提供内容，包括棋牌游戏、网络游戏、小说、评书相声、MP3、电影等。我们要把原来只是在 PC 显示器上做的内容利用宽带技术复制到电视上。盛大力争做到未来是国内数字娱乐领域最大、最具竞争力的内容服务提供商。我们的长远目标是构建一个属于中国自己的网络迪斯尼，也就是我们所说的‘立足中国，依托亚洲，成为在世界居领先地位的互动娱乐传媒企业’这样一个目标。”

（摘自方伟：《玩出来的网络新经济——盛大游戏分析及启示》，《信息网络》2005 年第 7 期）

对于业务发展，盛大的高层认为，作为一家娱乐互动企业，“内容为王”是最重要的第一原则；第二个原则就是“用户是上帝”，只要企业抓住并满足用户的需求，用户就会给企业相应的回报；第三个原则是“要更加有效地发现和开发人才”。

（摘自陈斌：《盛大网络：“游戏”使“人”进步》，《人力资源》2008 年第 2 期）

到底什么是游戏式管理？盛大 HR 最后将其总结为：第一，就是要像管理游戏一样去管理员工；第二，要像服务用户一样去服务员工，这也是 HR 管理今后的核心价值。

（摘自陈斌：《盛大网络：“游戏”使“人”进步》，《人力资源》2008 年第 2 期）

盛大“游戏式管理”的核心规则是：所有员工都会像游戏中的人物一样拥有一个经验值。员工平时的表现和工作业绩，都将被经验值忠实地记录，而今后的盛大员工将像网络游戏角色一样，通过“练级”提升经验值获取晋升或加薪机会。

（摘自杨丽媪：《盛大游戏和管理的奇妙嫁接》，《中关村》2008 年第 3 期）

盛大游戏式管理的精彩之处在于：用一种员工很容易理解、甚至喜欢的方式来管理企业，而且让员工牢牢掌握自己发展的主动权。

（摘自杨丽媪：《盛大游戏和管理的奇妙嫁接》，《中关村》2008 年第 3 期）

盛大的探索对在知识经济中求生存、求发展的企业具有典型意义。对于盛大而言，游戏式管理使得一切的过程都可以被记录，一切的内容可被查询，一切的结果可被应用，这就是他们所希望形成的管理模式。

（摘自杨丽媪：《盛大游戏和管理的奇妙嫁接》，《中关村》2008 年第 3 期）

网络经济的发展已经突破了“网络”固有的垄断，悬浮于网络之上的增值应用会不断增加，信息化社会的热点和利润将逐渐向它们偏移。

（摘自张弛：《战略执行力打造盛大网络成功基石》，《中国高新技术产业导报》2006 年 3 月 27 日）

从盛大纠纷的背后，看到的是整个中国网络游戏业缺乏自主知识产权。一直以来，国内网络游戏市场走代理国外游戏产品之路。据说，在中国 10 亿的网络游戏市场上，韩国游戏占到 90%。这一令人震撼的数字足以暴露出中国网络游戏产业的弱势。网络游戏产业的核心，依旧是知识产权。作为游戏代理商自然不享有代理产品的知识产权，因此，只作代理就缺乏核心竞争力，那样就只能在竞争中处于被动的局面。

（摘自赵清绪：《由盛大公司与 ACTOZ 的纠纷看网络游戏代理》，《山东省农业管理干部学院学报》2006 年第 4 期）

即使盛大能够很好地完成产品的整合，那么寻找成功的盈利模式将成为另一个巨大的挑战。实际上，从盈利能力的角度看，盛大本身所从事的网络游戏行业在所有互联网盈利模式中已属上乘，甚至是目前最好的一种模式。从这个意义上说，即使盛大的并购和转型都是成功的，他们也要为寻找或者说创造出一种优于网络游戏的盈利模式而努力。

（摘自曲晓燕：《盛大：互动娱乐帝国的无限可能》，《中国文化报》2005 年 2 月 25 日）

就盛大而言，该负责人介绍，该公司建立了专门机构和制度，加强知识产权工作。目前知识产权管理工作是由法务中心知识产权部负责，由法务中心统一管理。针对行业特点，公司制定了详尽的《公司知识产权管理制度》，涵盖了商标设计与选择、商标注册的管理、商标国际注册、商标使用的管理、商标许可使用和无形资产投资、商标的保护等领域，并制定了《公司品牌管理制度》。据统计，盛大商标注册总量为 235 件，专利申请 177 件。

盛大不断壮大，“走出去”收购日韩网游公司，拓展海外市场，这些无疑都是盛大坚持创新理念的结果。但看到成绩的同时，盛大也从自主研发的产品与国外网游产品对比中找到了差距。该负责人说，在美术水准、文化底蕴等方面，国内开发产品已经具备了相当高的水准，可与国外媲美。但国内游戏策划人员缺乏且经费投入不足，这导致自主开发的产品在世界观的设定、耐玩度等方面还有待努力。他同时表示，从行业长远发展来讲，国家一方面要支持、保护自主创新的国产游戏，另一方面还要进一步优化人才的成长环境。

（摘自刘仁：《盛大：创意文化企业要念好创新经》，《中国知识产权报》2008 年 4 月 9 日）

着眼全球进行市场细分已成为网游公司新的趋势，而强化合作和资源利用成为众多公司下一步“搏出位”的关键。分析人士称，盛大和 NCsof 的联盟，无疑抢占了市场先机：一是双方品牌的聚合效应；二是结盟后的优势相互嫁接所带来的未来市场，其他竞争者进入这种“俱乐部”并不容易。

（摘自余德　曲春辉：《牵手最大网游商　盛大力推全球平台战略》，《经济观察报》2007 年 11 月 19 日）

2005 年底，盛大宣布旗下三款网游《传奇世界》、《热血传奇》和《梦幻国度》免费运营，开始了中国网游最大规模采用道具模式的尝试。尽管在当时，盛大无论是企业收入还是股价都走入低迷，但两年后，当道具模式成为市场主流收费模式的时候，盛大也重新成为中国第一网游商。

（摘自米晓彬：《中小网游商凭什么突围》，《传媒》2007 年第 12 期）

盛大的发展路线主要是利用运营平台和 CSP 模式的优势，推出多种游戏新版本和各种营销活动，有力促进了活跃付费用户数和收入增长。可以说，盛大的产品路线似乎比较灵活。在 30 多款游戏当中，目前有代理海外公司的游戏，也有直接收购国内团队的游戏，还有盛大自主研发的产品。可以说多种产品多种收入，是资本市场比较喜欢的平台化稳健运作。

（摘自周新宁：《盛大巨人两雄争市》，《互联网周刊》2008 年第 5 期）

在变革中，盛大一方面做好游戏储备，另一方面也将商业模式转换为不依赖于靠不断引进新游戏来实现发展，而是更多地依赖于现有的用户群体。商业模式的变革之初，盛大又再次遭到了质疑，出于各种原因离职的员工多达 500 人，股价也跌到最初上市时的发行价。但是 2006 年随后的几个季度里，盛大的收入都在稳步增长。到今年的第二季度，盛大的收入已经达到了历史最高水平，仅利润就达 4. 159 亿元，比去年同期增长了 211. 3%。

业绩证明了盛大在商业模式变革上的成功，同时，陈天桥也把盛大的战略调整为了 3C（content 内容，community 社区，commerce 交易），牢牢地围绕盛大的主营业务和核心竞争力展开。

（摘自杜晨：《盛大：要持续创新，不要激进革命》，《IT 经理世界》2007 年第 22 期）

中国网络游戏就这样第一次以真实的主题公园方式走向公众，正如它作为第一家中国交互娱乐概念股走向 Nasdaq，盛大的“好日子”真的是来了，伴随着盛大这个中国最大的网络游戏运营商的上市，中国游戏产业的概念和潜力也将在国际资本市场上接受检验。

（摘自：《盛大嘉年华》，《互联网周刊》2004 年第 15 期）

为给青少年提供更多健康的、寓教于乐的娱乐内容，盛大研发的《学雷峰》系列游戏，赠给了共青团上海市委，并投放在团中央旧址渔阳里纪念馆，供前来参观学习的青少年朋友免费体验和接受教育，收到良好的社会效果。

基于《学雷锋》的经验和成绩，盛大正在与有关部门联合开发一款大型教育类网络游戏《中华英雄谱》，让用户在游戏历程中，可以发现、了解、经历乃至亲自完成中华伟人们的伟大事迹，从而学习到伟人们的精神，促进自身的德育水平和各类优秀品质的提高，增长科学文史知识。

（摘自君临：《盛大力推绿色游戏　中国网游更趋健康》，《中国经营报》2005 年 8 月 8 日）

盛大下一步发展的重点是家庭互动娱乐，目的就是让 7 岁到 70 岁的用户都可以通过电视屏幕来享受到互动娱乐的快乐。通过电视为载体，再接驳宽带和有线网，家庭用户就可以与超过 30 万同时在线的边锋棋牌用户一起打牌，可以浏览新浪新闻，可以上起点中文网看小说，可以玩数百款精彩的网络游戏和单机游戏，可以上浩方对战平台比赛等，以很简单的方式享受家庭互动娱乐的乐趣。这将对促进建设和谐社会下的家庭文化起到积极的推动作用。

（摘自君临：《盛大力推绿色游戏中国网游更趋健康》，《中国经营报》2005 年 8 月 8 日）

盛大还有什么是需要小心谨慎的？那就是自主研发，这应该是盛大的命脉所在。盛大的下一个被媒体广泛报道的好消息，既不是收购了某家小游戏公司，也不是买下了某创业团队的新游戏，应该是自己研发的大型游戏。自己研究开发新游戏，是关系到一个网络公司定位的大事：你是一个研发创新型公司呢，还是一个游戏的经销通路公司？更何况，一方面中国网络游戏苛刻的市场要求高质量的新产品，另一方面纳斯达克的股东们也需要看见盛大真正的亮点。

（摘自赵民：《盛大亮丽的回归》，《中外管理》2008

年第 2 期）

陈天桥也通过本次转型开始把管理注意力集中到了中层危机。在他企业中提出“好人、明白人、能人”的标准，把价值观考察放在第一位，对思想不合格、素质不过关、业绩跟不上的员工实行“末位淘汰”，增强内部的危机感。而通过人事制度改革、培养管理培训生、创建盛大军校等渠道，让一些优秀的员工走“绿色通道”，不论资排辈、不按部就班，让思想和能力决定位子。也许出现如此严重的中层危机是陈天桥所没有预料到的，对于更多的类似成长历史较短的企业来说，借鉴作用更大。

（摘自莫邪：《转危为安的盛大》，《经理人》2007 年第 2 期）

关于“盛大网络”成功的原因

盛大成功的关键是有效地运用了资本市场的游戏规则。尽管海外资本市场是严格和完善的市场，而且海外投资人对于中国公司并不十分了解，但是只要掌握了其中的游戏规则，中国企业就可以成功地进入这些市场并且取得投资人的青睐。

（摘自王维：《盛大破解海外资本市场游戏规则》，《科技创业》2004 年第 8 期）

陈天桥说：“盛大之所以能成功，对机遇的把握很重要，但更多的是取决于我们在业务上的专注，这一点是非常重要的。我们的发展目标不是一蹴而就的事情，对目前的盛大来说，最重要的就是要致力于保证企业在行业内的核心竞争力。”

（摘自王邵婷：《盛大的光荣与梦想》，《新财经》2005 年第 2 期）

陈天桥的梦想不是成为首富，而是将盛大做成“网络迪士尼”。——陈天桥认为，网络游戏不仅是简单的产品，而是一个文化产品，其成功一方面需要产品本身质量过关，另一方面还需要经营水平过硬。它的梦想就是学习和借鉴迪士尼的发展模式，成为全球娱乐业的头牌。

（摘自智强：《盛大的危机》，《出版参考》2005 年第 10 期）

一家只有数百人的公司，在短短 3 年内，拥有近 40 万家的线上、线下销售终端，遍布全国所有省市，让盛大所有互动娱乐产品的销售平台出现在中国的每一个角落，这本身就是一个神话，而盛大凭什么能将这么一张庞大的销售网牢牢地把握在自己手里，并不为外部所破？秘诀就在于盛大采取的人性化的管理策略和荣辱与共的运营文化——“我吃饱了，就绝不会让你饿着！”这是盛大朴素的文化营销精神。从盛大的各地经销商这几年的快速成长势头，不难看出，这些渠道商的成长离不开盛大的发展。

（摘自大海：《“盛大”人性化的营销攻略》，《中国文化报》2006 年 1 月 18 日）

盛大第一个将网游带进中国，第一个尝试了免费网游的新模式，而即将公布的网游 2.0 也将再度创下第一。

（摘自丁菲菲：《盛大“盒子”谢幕改推网游 2.0　唐骏取悦华尔街募得 540 万美元》，《IT 时代周刊》2007 年第 2 期）

Dickwei 说，盛大的优势在于游戏运营、营销、“创新文化”以及紧跟新市场趋势的能力。这恰恰点出了盛大核心竞争力，也许这才是盛大再次受宠华尔街的原因。

（摘自丁菲菲：《盛大“盒子”谢幕改推网游 2.0　唐骏取悦华尔街募得 540 万美元》，《IT 时代周刊》2007 年第 2 期）

以盛大网络为例，当年通过整合游戏提供商、电信运营商和网吧的资源，获得了成功，这是因为通过这种整合为消费者创造了一种新的价值：电子游戏的“人与人互动性”。传统的电子游戏都是人跟机器玩，而盛大提供的网络游戏则是多人互动，这就大大提高了游戏的刺激性。

（摘自陈永东：《从“盛大盒子”看整合者的战略幼稚病》，《海峡财经导报》2006 年 5 月 25 日）

是什么使一个网络公司，只用了不到一年就赢得了国内在线游戏市场超过 50% 的市场份额，过上令人艳羡的盈利生活？

生逢其时是盛大网络得以盛大的时间背景。2001 年的中国网络游戏发展之迅猛，可以说创造了 IT 业的奇迹。2000 年国内网络游戏的销售额约为 0.38 亿元，仅占整个游戏产品销售额的 9.8%；2001 年这一比例却高达 50%，网络游戏销售额超过 3 亿元。连邦公司总裁李儒雄认为，2002 年，网络游戏的销售额将突破 5 亿元。中国网络游戏时代的大幕正在开启。

选准一个产品是盛大网络快速成为“老大”的一个直接原因。《传奇》是一款由韩国开发制作的世界顶级网络游戏。2001 年 11 月刚上市，在连邦软件的游戏娱乐软件销售排行榜中，《传奇》客户端和充值卡产品就排在了前两位，领尽风光。

以用户为核心是盛大的人气值蹿高的根本原因。为了让玩家真正感受网络游戏的魅力，盛大在全国14个城市投入了800台服务器和至少50名技术服务人员，并把前期的利润全部投入到Call Center的建设中。当然，上海盛大也因此得到了每月上千万元的营收回报。

（摘自朱肖莉：《盛大网络，来自上海滩的黑马》，《软件世界》2002年第5期）

社会学认为，沟通是人与人交流协作的基础；管理沟通学也指出，沟通是一个企业运行的基础，也是战略执行的基础。“沟通不仅是一个创业企业的基本精神，更需要积累。如果缺乏积累，沟通只会像无法聚沙成球的沙丘一样遇风则散，无法起到应有的作用。”陈天桥表示，在盛大起初创业的时候，整个公司的沟通是非常畅通的，但是到了公司迅速壮大、人员迅速增长之后，由于沟通的环节增加，导致沟通的效率不可避免地降低了。然而盛大对于公司内部的沟通是非常重视的，通过很多努力逐步积累沉淀了良好的沟通平台，包括开设总裁接待日和专用邮箱、加强后备干部的选拔和培养工作、成立专门的培训部、建立行政副总和170个中层干部的沟通体系等，最终较好地保持了公司沟通体系的顺畅。

陈天桥表示，由于盛大公司在纳斯达克上市的特殊性，也导致盛大公司的沟通体系有其独特性。例如，为了让投资者第一时间知道公司经营的相关信息，实行了严格的保密原则，哪怕是公司内部员工也无法获知和其本职工作不相关的信息。这就使得员工是从外部知道公司相关信息。这种沟通中存在的特殊问题也同样需要公司员工有所了解，并从初期开始积累经验建立沟通的平台以适应公司变化，从而保障日后沟通的顺畅。

（摘自张弛：《战略执行力打造盛大网络成功基石》，《中国高新技术产业导报》2006年3月27日）

另有分析师指出，刚刚经历次级债危机的美国股市，最需要的是稳定。华尔街重拾对盛大的信心需要一个过程。随着盛大业绩不断提升，华尔街会逐渐明白盛大的核心竞争力并非仅仅依靠CSP模式，而在于其商业模式背后强大的运营支撑实力以及创新思维。这种思维构筑了盛大应对模仿和超越的壁垒，这也将是华尔街认同盛大的关键所在。

（摘自张韬：《盛大向华尔街展示“可持续发展能力”》，《上海证券报》2007年11月29日）

作为一家游戏运营公司，很可能受制于游戏产品。游戏的产品线是否完善关系到公司的未来，资源化的较量越来越成为主导市场的关键。盛大的成功在于其游戏品种的多样化，保证了盛大盈利的基本增长。所以即便有几个游戏运营效果不太好，也不至于影响整个平台的综合收入。但随着巨人、网龙等更多网游公司上市，在资本的驱动下，国内网游市场的争夺战将更加激烈，使得游戏产品从多样化走向更深的同质化，收购优秀网游公司的代价也将越来越高。网游厂商只有在游戏产业链中建立更大的势力范围才能保持领先，仅有技术，仅有“巨作”都是不够的。

（摘自余赪：《盛大多元出击独霸市场并非不可能》，《通信信息报》2007年12月26日）

2001年是全球IT行业的低谷，但其实com已经培养了大批网络用户。此时，联网游戏的发展因为盗版面临亏损，而收费的网络游戏从1999年开始进入中国后，已逐渐被人们接受。更重要的是，2001年国内的宽带开始大规模发展，这一切都从客观上对盛大的成功起了推波助澜的作用。

就连陈天桥也不得不承认，“盛大的成功是因为能够抓住机遇。”“就算当时没有盛大，也会有别的‘×大’。中国的游戏产业一旦激活，就会像多米诺骨牌一样不断推动整个行业的发展。”

（摘自翟宇：《盛大：延续传奇》，《南风窗》2003年第19期）

盛大现在无疑是已经找到了一些网游市场的运营规律，才能取得现在的成功。据不完全统计，盛大现在所占市场份额大概在60%左右，但就连陈天桥本人也曾说过，网游产业要健康发展这块蛋糕就必须被继续作大，盛大一家独大的局面必须被打破。那么现在网游市场的缺失是什么呢？其他运营商要在网游市场分得一杯羹又该如何入手？很多人认为，游戏本身能否吸引玩家应该是关键所在。

但事实真的如此吗？《传奇》在韩国市场仅仅是排名90位左右的游戏。而无论是从媒体的分析、还是玩家的普遍反映以及盛大自身所强调的来看，服务和运营能力才是盛大出奇制胜的法宝。线上线下的互动活动、服务器管理、玩家投诉、账号管理等这些运营的细节才是盛大的核心竞争力所在。对网络游戏稍有了解的人都知道，人气不仅是衡量游戏是否成功的一项标准，同时也是能否吸引到更多玩家的关键所在。根据业界的说法，一款中上水平的网络游戏平均同时在线2万人即可保本，4万人即可活得比较滋润，而从盛大给出的数据来看，即使在工作日的下午盛大也能保证80万人次左右的在线率，最高可达140万人。

（摘自：《从盛大发家看如何打造网游市场“人气”》，《中国证券报》2004年2月20日）

对“盛大网络”的批评、否定意见和负面报道

无论区域化运营和免费运营取得多大的成就，盛大所能做到的只是延长目前所运营游戏的生命周期。对于盛大的将来，如何找到下一个《传奇》式的大型网游仍然是一个不可回避的话题。

（摘自董晓常：《帝国根基》，《互联网周刊》2006 年第 9 期）

2005 年是盛大的转型年。很难想象，当全部变革同时发生在这一年的时候，成效能有多大。收购新浪、进军家庭娱乐、与韩国游戏运营商的官司纠葛以及后来备受瞩目的免费计划，这种“大而全”的扩张战略是否经得起考验？两年之后，唐骏在接受《当代经理人》采访时，也不得不承认，有些变革“缺乏更好的时机”。那时的盛大是年少气盛的，它要做中国最优秀的互动娱乐公司，要做中国版的迪斯尼，甚至在不知不觉之中还做了只有今天默多克才做的事情。

（摘自方浩：《盛大新局》，《当代经理人》2008 年第 1 期）

如果说“最好”一直都是盛大追求的目标的话，那至少在 2005 年前后，为了实现这个目标，盛大在战略上步入了“最大”的误区，也就是无所不包的横向发展战略。而随着彭海涛、陈富明这些“小鲶鱼”不断挤进中国网游市场，终于让盛大发现，依靠“围追堵截”的排他式游戏规则几乎不可能达到“最大”的目标，而且对“最好”还会产生负面伤害。

（摘自方浩：《盛大新局》，《当代经理人》2008 年第 1 期）

电脑和电视有很多本质上的区别：电视打开就能看，但电脑需要时间来启动，这是一个很简单的道理。我在电视上可以做任何可以做的事情，在电脑上可以任意安装不同的操作系统和软件；但我可以把电脑的显示输出接到电视上，利用这个超大屏幕的“显示器”，而盛大“盒子”接上鼠标和键盘却只像“学习机”。再说，谁会给儿子买个“盒子”而不是买电脑做教育投资呢？

（摘自孙庚：《盛大的“潘多拉盒子”向谁打开》，《IT 时代周刊》2005 年第 15 期）

诚然，8—80 岁的人对信息都是有需求的，但是通过“盒子”的方式估计只能满足部分“边缘人”的需求。比起互联网的出现，盛大的“盒子”根本不算革命。作为一个预言要“改变客厅”的家电产品，在这一点上还很难引发各个家庭成员的共鸣和客厅的天伦之乐。

（摘自孙庚：《盛大的“潘多拉盒子”向谁打开》，《IT 时代周刊》2005 年 15 期）

“实际就是赌博，抢劫玩家的钱包！”一位网名 BSSD 的网友在参与了盛大的《传奇世界》的“劫天牢”活动后这样愤愤地评价。

（摘自胡喆：《盛大游戏涉嫌网络赌博》，《市场报》2005 年 3 月 18 日）

长期从事网友研究的评论家指出：“网游本身有一定的负面社会效益，这是不争的事实，也是政府提出‘绿色网游’概念的根源。但盛大的这种做法，直接把博彩引入了游戏，如果考虑到网游玩家里面大部分是青少年，甚至是没有收入的未成年人，这种需要大量金钱投入的博彩会带来意想不到的可怕后果”。

然而盛大笑得很甜，据接近盛大的人士透露，“劫天牢”第一次举行的头三天，盛大就狂进现金 2000 万人民币。

（摘自胡喆：《盛大游戏涉嫌网络赌博》，《市场报》2005 年 3 月 18 日）

网络游戏运营商通常是出售点卡按游戏时间计费，但有一些运营商向玩家出售游戏中的货币、装备等虚拟财物牟利。过去，官方销售虚拟财物的运营商只是少数。2005 年 12 月，网游巨鳄盛大宣布，包括长期作为旗舰网游的《传奇》在内的三款网游将“永久免费”，不再出售点卡，而销售虚拟财物将成为其收入的一大支柱。可以预见，未来会有更多的运营商将虚拟财物销售作为主要的盈利模式。这种盈利模式是否合理、合法，存在着很大的问题。

（摘自芬子：《盛大出售虚拟物品是不当敛财》，《华夏时报》2006 年 3 月 2 日）

“用遥控器上互联网这样的梦想，比尔·盖茨做过，但失败了；比尔·盖茨最好的合作伙伴保罗·艾伦也做过，他也失败了。今天，一个中国公司要继续这个梦想……”盛大在美国的纳斯达克创造了中国网络游戏的传奇，而今天，盛大要“集合所有的内容与服务来成就中国家庭的数字梦想”。

这是一个怎样的梦想？是哥伦布发现新大陆式的疯狂？是夸父追日般的执著？还是那个曾经有人梦寐以求曾经有人嗤之以鼻的乌托邦国度？

（摘自陆燎原：《盛大，乌托邦制造者》，《中国计算机报》2006 年 3 月 20 日）

退守游戏还是不计成本转型？盛大的尴尬就在于进退

两难。退，网络游戏市场烽烟四起，盛大面临产品、市场的多重考验；进，事实已经证明，尽管电视和网络的结合蕴含着巨大的财富，但陈天桥伸向那个阀门的手，被重重地打了一下，还是要缩回。

染指不成，盛大只能依靠发展PC用户来预热市场。这如同教摩托车手骑自行车。PC用户已经训练出来的操作能力和电视机观众的操作能力是两回事。尽管盛大的系统也能带来一些方便的特性，但只能淹没在PC众多强大的交互能力当中。

（摘自汪小意：《广电总局：黄牌给予盛大》，《第一财经日报》2006年4月24日）

商业规律总在适当的时候才显现力量。从一开始，舆论就不看好盛大转型，但在陈天桥的坚持之下，只能冷眼旁观。现在看来，盛大的转型一开始就缺少充分的企业资源分析和竞争分析，用网络游戏上成功的机会主义心态指导转型，才导致后来家庭战略概念的一变再变。

实际上，尴尬期越长，对盛大越不利。只有将正确的资源生产出正确的产品，投放到正确的市场上，才有资格称为现实主义者。陈天桥不愿做一个理想主义者，但愿他能尽快走出徒以理想主义自嘲的怪圈。

（摘自汪小意：《广电总局：黄牌给予盛大》，《第一财经日报》2006年4月24日）

盛大从不承认“家庭娱乐战略”就是做“盒子”。陈天桥表示，就像英特尔不会卖PC机一样，盛大除了测试期，从没有卖过一台盒子。互联网分析师吕伟刚对记者表示，“盛大的处境的确有些尴尬，有关政策制订者把电视机当成自己的地盘，不利于市场化发展，但话又说回来，盛大想把家庭娱乐向客厅延伸仍然是件很玄的事。”

（摘自陆琼琼：《盛大偷换“概念”也难免触线》，《上海证券报》2006年4月25日）

运用战略制定的理论和方法，对盛大盒子战略进行分析，我们发现：这一战略失败的几率非常高。因为它违背了产业发展的基本规律以及由此提炼出的战略制定规则。

（摘自陈永东：《从“盛大盒子”看整合者的战略幼稚病》，《海峡财经导报》2006年5月25日）

虚拟物品交易市场是一块没有阳光的地带，无人监管，不需纳税，所以到处都是陷阱，用户上当受骗十分平常。非法运营者为敛财采取大量复制高级装备、进行虚拟物品交易的运营方法，由于缺乏监管和虚拟财产在法律保护上的执行难度，已引发了一系列的社会问题和舆论责难。

“盛大用区域化运营的做法收编‘职业玩家’，为盛大所用，类似去年其宣布免费对于私服的‘收编’。”陈海滢认为。

（摘自杨琳桦：《招安“代练”盛大图谋虚拟交易》，《21世纪经济报道》2006年7月24日）

但是盛大以悬赏800万来奖励行政机关或者司法机关主动办案的行为却值得商榷。政府和企业在反盗版、打击私服和外挂的行动中是各司其职，企业对侵害自己知识产权的行为掌握证据后可以向行政机关举报，由行政机关来查处，也可以向司法机关提起诉讼来维护自己的合法权益。行政机关不能不打击私服、外挂，但也不能乱做事，当然更不能谁给钱就给谁做事。盛大悬赏在一定程度上会让行政机关的执法行为受到利益的诱使，替盛大办事。这是我们所不愿意看到的……盛大通过悬赏来鼓励行政机关和司法机关主动办案，表面上是在维护自己的利益，但这种利益是眼前的。要是让行政机关和司法机关习惯于在利益的驱使下去办案，就不利于长治久安的知识产权保护环境的建立，盛大网游的私服、外挂猖獗现象就不可能得到彻底改观。

（摘自时风：《盛大悬赏800万元打击盗版值得商榷》，《中国知识产权报》2006年9月20日）

在这个新平台中，人们不会因为用的是你的“盒子”，就会被你俘获住，因为决定这个“平台”上什么可以提供的，是运营商，而不是提供收视设备的盛大，所以即便盛大盒子进入了所有家庭，也不能自然而然地成为内容上的主宰（即使真能这样，运营商也不会同意）。除非盛大觊觎的就是“盒子”的市场本身，但如果是这样，它和惠普、长虹、海信这些传统的制造大亨们相比，有何优势呢？

（摘自尹生：《早该放弃的“盛大盒子”》，《中国企业家》2006年9期）

在既不掌握内容话语权，也无硬件设备制造能力，网络更在运营商手中的产业背景下，陈天桥宣布推出“盒子”时的一刻就表明他们在走向失败。还好，盛大收手较早，未到不可挽回之时。

（摘自叶开：《盛大“盒子”谢幕是一种必然》，《IT时代周刊》2007年第3期）

关于"盛大网络"的其他方面

目前，国内网络游戏市场中韩合作是普遍现象，而且并存着两大合作模式：一是盛大模式，即国内的运营商代理游戏，收取玩家的费用，同时，国外的游戏开发商负责游戏的后续开发，并且从游戏代理商那里收取分成费，也就是"从国外买来游戏的运营权，双方就运营收入分成"的"代理运营模式"；二是新浪与CSOFT合作的"新浪乐谷模式"，即以合资公司的形式解决双方的利益矛盾。

（摘自赵清绪：《由盛大公司与ACTOZ的纠纷看网络游戏代理》，《山东省农业管理干部学院学报》2006年第4期）

求伯君自称是用商人的眼光来玩网络游戏的："不要小瞧网络游戏这个东西，总有一天，它释放出来的商业价值会让那些曾经嗤之以鼻的人大跌眼镜！"

（摘自赵国习　张鹏：《网络游戏与暴利无关》，《IT经理世界》2003年第7期）

从我个人的理解来说，与其说陈天桥想做网上迪斯尼，倒不如说他想做中国的默多克。我一直认为，深怀中国政商头脑的陈天桥绝非只想做一个数字娱乐世界里的老大。我相信，陈喊着做一个"网上迪斯尼"而不是把自己塑造为一个"中国默多克"，更多是掩人耳目，低调作风而已。

（摘自李明顺：《盛大：一个中国私人传媒巨头的产生》，《电子商务》2005年第2期）

网络游戏不是电子游戏，要受设备的制约，网络游戏不是虚拟电信运营，受电信垄断的制约，因此网络游戏产业链的形状不应该是集团型的，也不应该是层次型的，而是呈现短、宽的特点。产业链短说明这个产业的利润空间大，产业链宽说明这个产业对各种要素的吸收消化比较多元，受的限制少。

（摘自赵清绪：《由盛大公司与ACTOZ的纠纷看网络游戏代理》，《山东省农业管理干部学院学报》2006年第4期）

笔者认为，盛大巧妙地利用了这场讨论，对于盛大是否是恶意收购，面对舆论的各种猜测，盛大没有大张旗鼓予以证实和反驳，只是在舆论方向有可能向不利于盛大的时候，站出来有选择地向媒体透露部分信息，引导媒体的注意力。在许多媒体上的报道，都报道了盛大相关负责人"盛大从二线市场收购新浪股票，属非恶性收购"的信息，最后各种猜测都归于冷静，盛大也避免了陷入被舆论定性为恶性收购的可能。

（摘自周忠：《收购战背后的公关较量》，《中国中小企业》2005年第4期）

他们是互联网圈里最醒目的一群，他们也是造富速度最快的一群。

他们是青少年最追捧的一群，他们也是公众争议最大的一群。

他们是投资者眼里的天使、宠儿，他们也是老师家长心里的魔鬼、猛兽。

他们身处国家政策限制多于扶持的产业，但同时也是最赚钱的娱乐。

（摘自唐凯林：《我娱乐我富有——网游巨头丁磊、陈天桥、朱骏、史玉柱2006新玩法》，《英才》2006年第8期）

陈天桥（33岁）、丁磊（35岁）、朱骏（40岁）、史玉柱（44岁），他们平均年龄38岁，身家总和超过270亿。无论他们以怎样的方式起家，如今却是中国网络游戏里最不容忽的竞争者。他们在努力创造自己的盈利模式，他们也在影响网络游戏的格局。

（摘自唐凯林：《我娱乐我富有——网游巨头丁磊、陈天桥、朱骏、史玉柱2006新玩法》，《英才》2006年第8期）

"30岁的年纪，40亿的身家。在他手里虚拟的《传奇》游戏，游戏了一部真实的'市场'传奇。他的故事证明：新兴的市场空白无处不在，发现的眼光并没有年龄大小之分！"这是在2003CCTV年度经济人物颁奖晚会上主持人介绍盛大总裁陈天桥时的一段话。

（摘自：《从盛大发家看如何打造网游市场"人气"》，《中国证券报》2004年2月20日）

不论互联网的多种增值业务何时能够启动，盛大的转型将至少面临两大考验。

首先，是盛大自身对业务的整合以及管理团队对整合的认同。据说，陈天桥也承认，这是目前遇到的最大问题。而有传闻称，由于转型，盛大网游的管理团队，已经开始失去前进的方向和动力，并已经有人员震动的迹象。

其次，盛大正在改变互联网增值服务的生态环境，由运营商、服务提供商、内容提供商、分销商构成的产业链中，已经形成了都可以接受的利益分成模式。但是，盛大正在改变这种模式，用行内人士的话来说，盛大想"独吞"，它可以通过"盒子"与用户直接建立起联系，这种渠道将是其他供应商的枷锁。这种比较"独"的吃法，已经招致合作者的不满。传闻中，上海文广集团从盛大董事会撤出就是反感盛大此种做法。如果盛大不能协调合作者的关系，无疑会给其带来恶劣的市场环境。

（摘自李少林：《盛大转型面临两大考验》，《中国证券报》2005年12月15日）

由于模式转型导致的用户消费习惯的改变，使盛大当季度的收入下跌了28%，甚至出现了历史上前所未有的亏损；投资者的信心也出现动摇，股票在半年内就跌到了历史最高价格的28%。盛大用了两个季度的时间，实现了收入和利润的大幅增长，逼近了历史最好水平。不管是在整体业务收入、大型游戏（MMORPG）收入还是在净利润方面，都在去年第四季度至今年第一季度经历了一个明显的低谷，而这个低谷期，实际上就是旧的商业模式（按时间收费）和新的商业模式（按需求收费）之间的分水岭。实行新商业模式之后的第一个季度，净利润创历史新低，出现了亏损；第二个季度，收入创历史新低。但是在短暂的修整之后，这个季度马上创造了净收入比上一季度增长18.8%、净利润比上一季度增长1013%的佳绩，迅速走出了低谷。由此，可以看出盛大新模式的四大特点：见效速度快、起点高、容易形成规模效应、可以实现可持续发展。

（摘自吴凯、李治国：《盛大新商业模式初步转型成功》，《经济日报》2006年8月22日）

就像游戏中的一个人物一样，陈先生想要走在咬他脚跟的饥饿的竞争者前面，也许甚至不惜杀死一两个竞争者。因此他聚集了数位内容合作人来提供广泛的娱乐产品，吸引多层次的人群。陈先生想象十几岁的人玩幻想游戏，家长们同孩子玩教育游戏，爷爷奶奶们玩网络下棋和麻将，全家在机顶盒前唱卡拉。“也许你无法解决某个内容的盗版问题”，陈说，“但你可以控制上网渠道，以此收费”。

（摘自史蒂芬·法利斯：《盛大网络游戏是如何成功发展的》，《国外社会科学文摘》2006年第3期）

产业效益

在中国网络游戏行业，盛大的王者地位无可争议，拥有最强的领军人物、资金实力最雄厚、用户群最大。而且，盛大的增长速度一点都没有放缓。按照2004年第三季度财报，盛大网络营业收入比去年同期增长133.0%，比第二季度增长23.0%。

（摘自王邵婷：《盛大的光荣与梦想》，《新财经》2005年第2期）

2004年5月13日盛大网络成功在纳斯达克上市，得到国际投资者的大力追捧，短短半小时，成交量超过150万股，股价由11.30美元高开后一路飙升至12.38美元/每股，最后以8.8%的涨幅稳收在11.97美元/股，通过本次IPO盛大共募集资金1.518亿美元。创造了04年中国概念股在国际资本市场上最优异的开局。

（摘自李栋：《盛大启示录》，《电子商务》2005年第2期）

2004年8月10日，在纳斯达克上市的盛大网络首次公布财报之后，盛大股价一路攀升，此时盛大市值已达14.8亿美元，成为纳斯达克市值最高的中国概念网络股。

（摘自智强：《盛大的危机》，《出版参考》2005年第10期）

2004年盛大的利润是7360万美元，2005年是2050万美元，2006年前两个财季加起来一共1820万美元，总计约1.12亿美元；如果未来四个季度内，盛大还能保持2004年的利润状况，再赚7000万美元，而且以前的获利分文不花，到2007年10月将有资金1.82亿美元。

（摘自丁菲菲：《盛大"盒子"谢幕改推网游2.0　唐骏取悦华尔街募得540万美元》，《IT时代周刊》2007年第2期）

有人推测盛大鼎盛时期每个月的现金流高达数千万元人民币，而各地的网吧就像印钞机一样，不断地向上海的盛大总部输送利润，以至于在2002年整个中国网络游戏市场9亿多元人民币的总规模中，盛大的收入竟然就占了60%。

（摘自赵国习　张鹏：《网络游戏与暴利无关》，《IT经理世界》2003年第7期）

财报显示，第二季度盛大的净营收达到5.4亿元人民币，较去年同期增长88%；净利润达到2.23亿元人民币，较去年同期增长58.2%。

其中，网络游戏的收入仍旧占据了盛大营收的主要部分，达到4.67亿元人民币。但是，网游之外的收入，包括网络广告以及其他增值产品与服务的收入较去年同期增长3倍以上，达到7270万元，占据盛大营收的13.5%。盛大财报表示，"由于网络游戏业务分成费提高所引起的业务成本增加，本季度毛利率有所下降。"

（摘自曹敏洁：《新战略担力　盛大Q2净赚2亿》，《东方早报》2005年8月11日）

盛大第二季度净营收为5070万美元，比上一季度增长18.8%；净利润为1670万美元，比上一季度增长1013%，这主要得益于大型多人在线角色扮演游戏（MMORPG）的增长。MMORPG业务的净营收环比增长35.3%至3810万美元，占总的营业收入净额的75.1%。

财报显示，游戏收入同比下降19.8%，但环比增长20.8%。其中大型游戏收入同比下降15.9%，但环比增长35.3%，这是去年12月大型游戏（MMORPG）全面采用免费模式以来，首次实现突破性的增长。在新模式下，大型游戏收入已相当于旧模式下历史最好水平的87%。

本季度每个大型游戏活跃付费用户平均每月贡献的收入（ARPU）达到45.5元人民币，上季度为30.4元人民币，增长50%，与此同时，大型游戏平均同时在线人数也增长2.5%。互联网分析师吕伯望分析盛大二季度财报时表示，免费模式下玩家人数得到提升，人均消费额也大幅上升，综合作用带动了收入的提高，证明了盛大免费策略的成功，另外从游戏在营收中占的比例可见，盛大又重回到网游本位。

（摘自陆琼琼：《盛大净利环比增长10倍》，《上海证券报》2006年8月17日）

8月15日，受盛大第二季度业绩远胜预期影响，其股票在纳市盘后交易中冲高至18.25美元，涨幅高达10.27%。此前，在15日正常交易中，盛大股价的涨幅就已达3.9%，收于16.55美元。市场研究公司Brean Murray将盛大的评级由"持有"上调为"增持"。

（摘自陆琼琼：《盛大净利环比增长10倍》，《上海证券报》2006年8月17日）

盛大互动娱乐有限公司（纳斯达克：SNDA）昨天公布了2006年第二季度财务报告，实现净营业收入4.06亿元，比上季度增长18.8%；净利润1.34亿元，环比激增1013%。分析人士认为，盛大业务转型的成功迹象已在财报中呈现。

游戏是盛大的主业，二季度其游戏收入环比增长20.8%，其中大型游戏（MMORPG）收入环比增长35.3%。这是盛大自去年12月推行大型游戏全面免费模式以来，首次实现突破性增长。在此新模式下，大型游戏收入现已逼近旧模式下去年同期的历史最高水平（2.23亿元），占到其87%。

盛大本季财报的另一个亮点是"财源看涨"，每个玩家单位时间内花在盛大游戏的钱（即ARPU值）环比增长了50%。

（摘自徐寿松　孙丽萍：《盛大二季度净利润达1.34

亿元》,《中国证券报》2006年8月17日)

盛大(SNDA. NASDAQ)10日发布三季度财报,数据表明,盛大已恢复元气,游戏收入和盈利状况稳步接近历史巅峰状态。

财报显示,盛大净营业收入较去年同期下降12.6%,较上季度上升7.7%,为4.37亿元人民币;游戏收入为4.09亿元,较上季度增长9.4%;运营利润较去年同期下降25.7%,较上季度增长23.4%,为1.13亿元;净利润1.44亿元,去年同期净利润为2.61亿元,上季度为1.34亿元。

(摘自汪小意:《盛大三季度净收入4.37亿元》,《第一财经日报》2006年11月13日)

财报显示,盛大第一季度净营收为5.323亿元,同比增长55.9%,环比增长13.1%;净利润为4.488亿元,环比增长86.8%,同比增长高达近40倍。分析人士指出,2005年底,盛大开始采用免费游戏模式,主要通过销售虚拟物品和增值服务获得营收。转型初期,盛大的业绩曾经受到较大冲击。但随着新模式逐步被中国游戏玩家所接受,盛大也恢复了高速增长。

(摘自张韬:《盛大首季盈利暴增40倍》,《上海证券报》2007年5月24日)

盛大、九城和网易近日都发布了一季度财报,中国网络游戏三强均向投资者交出2007年第一份答卷。盛大因为网络游戏收入达5.05亿元,成为跑得最快的人。其最有力的竞争者网易一季度游戏收入为4.82亿元。

盛大一季度净营业收入较上季度增长13.1%,为6880万美元,一季度网络游戏净营业收入创历史新高,为6530万美元,一季度运营利润较上季度增长44.7%,为2900万美元。另外,包括出售212万股新浪股票在内,盛大取得了3230万美元的投资利润,净利润为5800万美元,为去年同期的40倍。

(摘自汪小意:《盛大一季度游戏收入5.05亿元》,《第一财经日报》2007年5月24日)

昨(2007年11月28日)日,盛大(NASDAQ:SNDA)发布了截至9月30日的2007年第三季度未经审计财报。三季度盛大净营业收入创下历史新高,达到6.56亿元人民币(8740万美元),较去年同期增长50.3%,较上季度增长16.3%,大幅超出原先8%—11%季度增长的预期。

盛大第三季度的净利润为人民币2.389亿元(约合3180万美元),每股美国存托凭证收益为人民币3.26元(约合0.44美元),同比大幅增长。2006年第三季度,盛大的净利润为人民币1.435亿元,每股美国存托凭证收益为人民币1.98元。

当日,盛大股价在纳斯达克常规交易中上涨0.84美元,报收34.50美元,涨幅为2.50%。

(摘自徐晓巍:《盛大三季度净利增逾六成》,《中国证券报》2007年11月29日)

2007年,盛大网络游戏净营业收入(包括MMORPG收入和休闲游戏收入)达到23.71亿元人民币(3.25亿美元),较2006年增长53.6%;2007年度净利润为13.96亿元人民币(1.91亿美元),较2006年增长163.8%;每股摊薄净收益为19.08元人民币(2.62美元),2006年为7.32元人民币。

(摘自徐晓巍:《盛大2007年营收近24亿元》,《中国证券报》2008年2月27日)

昨(2008年2月26日)天,盛大公布了2007年第四季度财报及全年业绩。该公司2007年营收达24.67亿元,同比增长49.1%,净利润大增163.8%,达到13.96亿元,超过不久前公布年报的巨人网络和网易,有望继续成为最赚钱的中国网游公司。

2007年第四季度盛大净营业收入再次创下历史新高,达到7.14亿元,净利润达到2.93亿元,分别较2006年同期增长51.8%和21.8%。净营收7.14亿元是目前国内网游企业单季度收入的最高纪录,盛大董事长兼首席执行官陈天桥在财报会议中预测,2008年第一季度,盛大的收入有望突破1亿美元。

(摘自曹敏洁:《盛大去年净赚14亿增163%》,《东方早报》2008年2月27日)

根据财报,盛大首季营收为7.798亿元(约合1.111亿美元),同比增长46.5%;其中,网络游戏营收为7.574亿元(约合1.079亿美元),同比增长50.0%,环比也增长了10.0%。第一季度,盛大净利润为2.888亿元(约合4120万美元),每股美国存托凭证收益为3.94元(约合0.56美元),而2007年第一季度,盛大的净利润为4.488亿元。如不计入特殊项目,盛大调整后的每股美国存托凭证收益为4.14元(约合0.6美元),超过了分析师预期的0.51美元。

(摘自张韬:《盛大首季网游营收同比增50%》,《上海证券报》2008年5月29日)

重要文章选登

从盛大看网络游戏运营企业的主要商业模式

黄漫宇

随着互联网技术的逐步兴起和普及，作为新型休闲娱乐活动的网络游戏表现出了强大的生命力和发展潜力。2004年，我国网络游戏市场所实现的销售额已经由2001年的3.7亿元人民币上升为24.7亿元人民币，并同时带动了电信产业、出版和媒体等相关产业的极大发展。尽管如此，我国目前的网络游戏市场却有60%以上被韩国、日本、美国等国家的产品所占据，中国的网络游戏企业大多数为运营商，缺乏自身的核心技术。如中国网络游戏企业中的领头羊上海盛大，在成立之初主要代理韩国游戏，赚取了极为丰厚的利润。但是作为运营商，由于处于产业价值链的下方，最终受制于人，因此在代理游戏的过程中，可谓是好事多磨，在短短的3年时间内，几经反复，分分合合。这也反映了盛大作为一个网络游戏运营企业，在发展中的不断进步过程。笔者认为这个案例非常具有代表性，通过它可以总结网络游戏运营企业商业模式的演变过程，并且得到一些有利于发展我国网络游戏产业的启示。

盛大风波的始末

2001年11月，上海盛大在支付了30万美元的入门费后，从韩国游戏开发商Actoz中获得了网络游戏《传奇2》的代理权，自此，上海盛大就成为了中国网络游戏产业中的一个亮点，创始人陈天桥通过成功地运营该款游戏，从这个产业中挖掘了第一桶"金"。尽管据称《传奇2》在韩国只属于二流游戏，但是却由盛大这个一流的运营商通过出色地运作，将之推广成为了世界上最有影响力的网络游戏之一，也是目前聚积玩家最多的一款游戏。2001年上海盛大的运营收入为1.6亿元，2004年即暴涨到12亿元。从2002年开始，上海盛大占据了中国网络游戏市场的大半壁江山，注册用户突破6500万，最多同时在线玩家超过65万人次。就在上海盛大经营得红红火火之时，业界却传出了《传奇2》的服务器端程序被多次泄露的消息。从2002年9月份开始，该游戏服务器端程序连续被泄露（类似于游戏软件的盗版），众多网吧通过架设私人服务器就可以在营业场所免费提供该款游戏，一时之间《传奇2》的玩家大量流失，严重损害了网络游戏运营商的利益。按照合同约定，合作方应当给盛大以完全的技术支持，从而解决私人服务器的泄露问题，但是合作方Actoz公司却没有作出任何解释。由于盛大没有掌握游戏的知识产权，缺乏核心技术，盛大能制约开发商的东西只有一样：分成费。于是盛大提出因为韩国方面管理不善，在两个月内3次泄漏《传奇2》服务器端程序，导致国内《传奇2》的"私服"遍地，因此开始暂缓支付分成费。而2003年1月24日，《传奇2》的开发商——韩国Actoz公司以"盛大网络连续两个月拖延支付分成费"为由，单方面宣布终止与盛大网络就《传奇2》网络游戏的授权协议。盛大认为这是一种单方面毁约的恶性行为，于是将Actoz告上法庭，从此双方开始了长达数月的"口水战"。同时，盛大意识到如果没有自己的网络游戏产品，在产业链中将仍然受制于上游的开发企业，而要解决这个问题，最好的方式就是研发自己的游戏产品。2003年5月，盛大斥资4000万美元开始开发《传奇世界》，开始自主开发网络游戏。

2003年9月上海盛大网络公司与韩国Actoz公司和解，同时双方续签网络游戏《传奇2》的代理协议至2005年9月28日。历时半年有余的《传奇2》代理纠纷终于尘埃落定，欢喜收场。而为了确保盛大网络与Actoz这家领先的网络游戏内容供应商之间建立一种稳定的、有价值的联盟关系，盛大于2004年11月29日宣布，已正式签订协议，将以9170万美元的现金向Actoz部分股东收购约29%的控股权。盛大预计这项收购将使其与Actoz展开紧密合作，并产生整合效应，而稳定的合作关系也将为两家企业带来更为丰厚的利润。

网络游戏运营企业的主要商业模式

1. 代理运营型企业。初期的盛大走的是一条纯代理的"路子"，作为代理运营企业，它位于产业链的中下游，受制于游戏开发商，所代理的产品有限，游戏产品对运营商的影响比较大。但是因为盛大在运营《传奇2》时，是一家刚刚涉足网络游戏领域的小企业，受到经营实力的限制，因此在当时的情况下，这也不失为进军网络游戏产业的一条捷径。该种商业模式的最大优点是降低了进入网络游戏产业的门槛，周期短，回报高。如果网络游戏企业只集中精力做代理，则无疑会使其将商业运作集中在销售和会员制的运营服务上，因此这有利于它们培养较强的市场运作能力。盛大就是一个很典型的例子。盛大能够把一款二流的游戏在中国运营成为一流的游戏，这主要是源于它充分把握了国内市场，建立了国内最成熟的网络游戏直销体系，并且从游戏销售的终端——网吧入手，编织了最大的全国网吧联盟，形成了代理运营企业的第一品牌。而且，一旦代理企业成功运营了一款游戏以后，它就具备了相当的经验和优势，并且可以利用自身的优势和已经铺设的网络同时运营其他种类的游戏。同时，因为代理运营商非常熟悉顾客的需求，掌握了市场的热点，因此在选择适销对路的产品方面它更有经验，可以有效降低市场风险。

这种商业模式的劣势也很突出，最大的缺点就是受游戏开发商制约严重——在产品维护、升级以及利益关系中，受制于开发商，并很难达成充分协调。目前，开发商授权费和分成要求过高，加重了代理运营商的风险。同时存在如《传奇2》"私服"等来自开发商或不同区域代理商的风险。代理模式无自主产权，无法开拓由游戏衍生的周边市场，尤其是无法建立完善的社区服务，对客户群的凝聚力低。而且，单纯的会员月卡、点数卡收费模式，相对自主开发企业的多种盈利模式而言比较单调，并且销售渠道、市场宣传、代理费用造成数次截流，这种商业模式的实际利润率不高。在实际运行中，代理游戏品牌往往大于公司品牌（盛大是一个例外），无形资产价值低，不利于公司形象的树立，这类企业的游戏社区经营也较薄弱，无法形成核心竞争力，用户稳定性差。

2. 自有产权企业。自有产权企业可以有效解决上述代理运营型企业中所存在的问题。它的核心优势在于充分体现网络游戏运营商商业模式的完整性。除了需要电信企业和 IDC 的带宽和数据支持外，自主开发型企业商业模式包含了网络游戏价值链的各个环节。它们位于产业链的上游，经营方式灵活，既可以自身运营服务，也可以通过技术转让或合作运营、销售等方式，积极开展代理、合作。作为产业链上游的自主开发型企业，向产业链下游扩张的能力强，较为主动。

与代理运营型企业相比较，这种模式使网络游戏企业在产业链中享有充分的主动权，可以摆脱受制于人的局面（如上例中所提到的由于开发商泄露服务器端程序而导致玩家流失的情况）。并且由于不需要因为代理网络游戏而支付高额的入门费和提成费（入门费现在大约在数百万至数千万美元之间，提成费一般为网络游戏销售收入的 30%左右），从而有利于提高其运营利润。同时因为自主产权企业有能力对游戏进行调整和灵活的控制，这有助于网上经营的运作和服务，如网络游戏深度挖掘，创造增值服务，产生新的价值；网上经营也有利于互动服务，有助于游戏的推广和会员的巩固。而且，此类企业可以实现盈利模式的多元化，其收入来源不仅有简单的包月和计时方式的会员收费，而且还包括合作分成、网络广告、产品销售、比赛赞助、技术产品的租赁转让、会员费用、技术平台的代理、周边产品的电子商务开发、网络游戏"一卡通"等的收入。

3. 向上延伸的代理型企业。自有产权商业模式的运作是需要依赖于强大的实力作为坚强后盾的。因为一款优秀的网络游戏从设计、开发到公测，直至最后的市场运作，至少需要一年半的时间，在这个过程中需要投入大量的资金，并且风险也是非常大的。网络游戏产业关联性强，如果只善于设计和开发，却不精通运营，这也是很难成功的。而由于实力与规模的限制，既要擅长于游戏产品的生产，又要精通网络游戏的运作，目前除了 Sony 和微软这样的 IT 行业巨头以外，恐怕很难再找到第三家。

在产业链上进行分工与合作，实现各自的比较优势，是目前网络游戏企业的明智之举。但是诚如盛大与 Actoz 之间的合作那样，如果只是建立以契约为纽带的协议关系，双方很有可能产生利益上的冲突，从而很难稳定合作关系。如盛大"私服"事件发生以后，由于玩家的流失大约给该企业带来了近 4000 万美元的损失，而同时 Actoz 的股价在合同纠纷期间一度下跌了 40%，而在和解后的 3 天内，股价从原来的 13000 韩元迅速飙升到 18000 韩元。因此稳定双方合作关系这也是一种"双赢"的策略。既然以契约为纽带的合作不稳定，那么考虑注资则不失为一个巧妙的策略。如果双方的合作以资本为纽带，可以达到"一荣俱荣，一损俱损"的效果，双方的战略联盟关系将更加默契和稳定。这样的策略也可以真正实现网络游戏价值链上的上游企业和下游企业之间进行优势互补的分工合作。因此，在盛大与 Actoz 的合作关系几经波折后，盛大终于探索出了最适宜的合作模式，即向上延伸的代理模式。此模式的最大优势是可以使合作双方明确各自在产业链上的定位，扮演合适的角色，培养各自的核心竞争力，并且形成稳定、双赢的合作关系。

目前，我国网络游戏运营企业的商业模式除了上述几种以外，还有综合门户型企业和电信运营企业，因为这两种模式与本文所提到的盛大案例无关，限于文章篇幅，在此不一一赘述。

几点启示

盛大商业模式的逐渐转变，我们从中至少可以得到以下启示：

1. 网络经济中"赢者通吃（The Winner Takes All）"的规律在盛大网络中又一次得到了体现。收益递增现象在网络经济中普遍存在，网络经济中收益递增的法则是"赢者通吃"，"强者恒强，弱者恒弱"。网络竞争中具备"赢者通吃"和"有第一无第二"等特性，因此抢占市场先机就非常重要。比如盛大网络在 2001 年开始代理《传奇 2》时，当时的网络游戏产业在我国的发展尚属起步阶段，很多企业还没有意识到它所蕴含的巨大商业价值，在那个时候国内大约只有 10 余种网络游戏可供选择，玩家可以选择的范围是非常有限的。而盛大开始代理《传奇2》以后，非常注意市场的推广和提供在线服务等增值服务，因此受到了消费者的追捧。而一旦玩家开始增多，按照梅特卡夫法则（Metcalfe’Law，该法则认为网络的价值等于其节点数的平方）和达维多定律（Davidow's Law，达维多定律认为进入市场的第一代产品能够自动获得50%的市场份额），该款游戏的运营很快就进入了一个良性循环中，即聚积的人气可以提高该款游戏的吸引力，带来更多的玩家，而利用本身已经聚积的客户资源，盛大可以再继续代理其他网络游戏。通过这种方式，游戏的推广成本将大大降低，同时游戏的运营风险也可以得到减轻。比如，到2002年底，盛大所推出的《传奇2》在中国网络游戏市场占有68%的市场份额，被玩家评选为“2002年度最受玩家喜爱的游戏”。盛大凭借其庞大的用户规模，又成功代理了《新英雄门》、《疯狂坦克2》、《泡泡堂》等韩国游戏。尽管《传奇2》在韩国仅为二流游戏，但是由于该款游戏推出时间较早，再加之盛大的成功运作，盛大在推出该游戏以后，迅速跻身为中国互动游戏行业的领头羊，在中国演绎了“传奇”的神话。

2. 网络游戏企业的核心竞争力是多方面的，而不仅仅局限于技术开发能力。核心竞争力是企业在市场竞争中取得并扩大优势的决定性力量。它通常指企业在产品的制造、管理体系、服务或者销售网络等某一个方面或者几个方面所具有的其他企业难以模仿，并具有可抗衡和超越竞争对手的能力。在业内，有一种观点认为网络游戏企业主要的核心竞争力表现在设计和开发方面，技术应该占到主导地位，而如果网络游戏企业没有自己的产品，那么它就没有核心竞争力。其实这种观点有失偏颇。核心竞争力是企业与众不同的能力，也是企业在竞争中取胜的关键，只要企业具备某种其他企业很难模仿的能力，并且确实为企业带来了丰厚的利润，那么这种能力就可以说是核心竞争力。

盛大之所以成功代理了《传奇2》，主要得益于其在销售渠道建设方面的能力。一方面它通过联邦软件很好地实现了一卡通，在销售充值卡方面对便捷的销售方式进行了新的探索；另一方面通过全国数量众多的网吧卖代号名和密码，使得充值卡终端迅速向游戏玩家接近，打造共赢模式。而后来当盛大企图走自主开发之路，在推出《传奇世界》以后，却发现自己在开发方面没有优势，韩国的Actoz指责盛大的这款游戏有侵权之嫌，而玩家也纷纷表示该款游戏与《传奇2》相比，并无多少新意，因此市场对之反应平平。毕竟没有哪个企业可以成为“多面手”，核心竞争力应该是集中的。正如波特在《竞争优势》一书中所说过的那样：“‘事事领先，人人满意’的想法只会导致平庸战略和低于平均水平的经营业绩，因为它通常意味着企业根本没有任何竞争优势。”对于盛大这样的运营企业，其核心竞争力应该是其建设销售渠道方面的能力、打造网络游戏企业第一品牌的能力以及服务于数千万玩家的能力。因此，盛大应该更多地注重对这些核心能力的继续培养，并且寻找符合中国玩家口味的网络游戏，运用这些核心竞争力来进行成功运营。只有制定这样的战略，盛大才能在产业价值链的合作中发挥自身的优势，实现优势互补。因此，盛大在走自主研发这条道路时，需要小心慎重，不能因为企业规模的迅速扩张，现金流的增加，而匆忙上项目，毕竟这并非盛大自身的优势。但是盛大通过投入资本的方式，与像Actoz这样的游戏开发商建立战略联盟，却是在建立稳定的合作关系的同时实现优势互补的明智举措。

3. 网络游戏运营企业可以增强其在产业链中的议价能力。作为网络游戏运营企业，尽管经常受到游戏开发商的制约，但是对于向盛大这样级别的游戏运营商而言，凭借其核心竞争力，仍然可以与上游开发商讨价还价，因为一款游戏的市场运作能否成功，毕竟在更大程度上取决于网络游戏运营商的运营能力。盛大在后来之所以可以非常顺利地签到数款游戏的中国代理权，就是因为它本身的市场业绩是有目共睹的。游戏开发商主要的收入来源分为两个部分，一个是入门费，该费用的收取与游戏的市场运作效果没有关系，而另外一个部分提成费则完全取决于游戏的市场运作情况。因此开发商要想取得最大的利益，选择合适的游戏运营企业就十分关键。所以尽管现在很多新进入的游戏运营商为了争夺一些游戏的代理权，而纷纷开出高价，但是像盛大这样的企业却可以“幸免”，毕竟巨大的忠实客户群已经成为了它的资源，对游戏的市场运作能力也成为了它与上游企业较量的法宝。

4. 规范网络游戏企业行为的法律体系有待完善。盛大在代理《传奇2》的过程中，之所以与Actoz发生纠纷，主要是源于“私服”等不正当竞争行为的出现，而我国的法律体系中对于此类与网络游戏相关的犯罪行为并没有一个确定的规范体系，因此使Actoz钻了空子，而盛大也束手无策。类似的例子并不少见，当务之急是应该出台相应的法律以规范这些行为，才能够在问题出现后，有法可依，从而保证网络游戏企业的规范经营。

用五种竞争力量模型浅析盛大网络的竞争环境

林　烨

盛大网络公司概况

盛大网络是目前中国最大的网络游戏运营商，它于1999年11月成立，并推出中国第一个图形化网络虚拟社区游戏“网络归谷”，2001年9月正式进军在线游戏运营市场。2004年2月盛大运营的《泡泡堂》最高同时在线用户突破50万人，创造世界大型休闲网络游戏运营新纪录。同时，公司获得融资赴纳斯达克上市，并先后完成多次战略资本运作。2005年2月，盛大宣布收购新浪19.5%的股权，成为其最大股东，业界震惊。

盛大公司的五种竞争要素分析

1. 购买者：稳定且增长迅速

网络游戏用户一直在我国网络用户中占有十分重要的比重，且增长迅速。2003年中国收费网络游戏用户达到920万，根据业界最保守的估计，中国目前游戏年市场空间在10亿元人民币左右，仅相当于去年全球游戏市场份额的1‰。可以说，网络游戏是互联网中最为成熟的领域，用户愿意为此付费。同时它的整体成长速度很可观，未来5年的增长在100%以上。虽然2001年的IT业跌入低谷，2002年和2003年的网吧被封杀，但也没有阻挡电子游戏发展的浪潮。

2. 供应商：自主研发为主

与国内大多数的游戏运营商一样，盛大最初的供应商是韩国公司，但在综合历史的经验和环境的原因后，盛大认为：只有自己能掌握核心技术了，才能像迪斯尼一样，不断推出自己的产品而掌握市场。因而从2003年3月盛大就开始考虑网络游戏的研发工作，7月自主研发第一款网络游戏《传奇世界》公开测试，9月最高同时在线人数突破30万人，所有游戏的最高同时在线人数突破100万人，刷新了自己保持的世界记录。正是因为盛大具备较强的自主研发能力，因而可以较少受供应商的威胁。

3. 替代品：威胁较小

在很多产业，企业会与其他生产替代品的公司开展直接或间接的斗争。但由于网络游戏属比较新兴的行业，替代了传统的PC游戏，所以一般的替代品暂时还未出现。现在继2D网络游戏之后，开始流行3D网络游戏。盛大提前预测的能力很强，继首部2D网络游戏《传奇世界》推向市场后，又耗资2000万元自主研发首部大型神话武侠3D网络游戏《神迹》并进行公测。

4. 同行业的竞争：强度增加

企业间的竞争是五种力量中最主要的一种，只有那些比竞争对手的战略更有优势的战略才可能获得成功。韩国电脑游戏开发商10年前起就开始进军海外市场，但因当时规模不大，未能崭露头角。2002年10月，上海盛大公司和韩国的ACTOZSoft公司签订了《传奇Ⅱ》的服务协议，韩国网络游戏向中国内地游戏市场迈出了第一步。国内也有许多大型网游公司如网易、光通通信、搜狐、金山、东方互通、九城等，都是盛大强有力的竞争对手。

5. 潜在加入者：为数众多

企业必须随时对新的市场进入者保持足够的警惕，并作出相应的反映。网络游戏市场的利润是相当可观的，且市场潜力巨大。据统计，2003年我国的网络游戏产值约20亿元人民币，是中国电影产业的票房收入的2倍。全球游戏产业正在快速地向在线化、网络化方向发展，微软、SONY等世界级厂商正在不断加强对网络游戏产业的投注；一些有实力的国内企业，甚至一些原本和网络游戏毫不沾边的公司也纷纷驻足这一收益丰厚的产业，因而潜在的竞争者是为数众多的。

盛大的竞争环境分析

1. 盛大的竞争优势

市场潜力巨大，发展态势迅猛。电子游戏产业从1993年的单机版游戏到可联网单机游戏到现在的大型网络游戏，不仅具有多样化的发展特征，而且带动着许多与游戏相关的周边产品的不断推出。据IDC统计，2002年全球上网游戏机的产量达到2451万台，增长率高达58%。但在中国，由于起点低，相对于世界发展的潮流还是慢了不少。继网络广告和短信之后，网络游戏成为国内网站的盈利支撑点，今后几年，我国的网络游戏产业将以每年100%左右的速度持续增长。文化部将大力鼓励原创开发，争取在3年到5年的时间内使拥有自主知识产权的网络游戏产品，占据国内市场。因而网络游戏行业仍处在一个上升期的比较好的发展环境中。

自主研发，降低成本。盛大从2003年3月就开始考虑网络游戏的研发工作，通过自主研发解决供应商抬高产品价格或降低出售质量的风险。盛大认为：“100万美元可以研发出很好的游戏，但是假如你要继续代理韩国人的游戏，100万只够一个零头。”2004年初，盛大在研发领域全面开花，几乎每3个月就推出一部新游戏。现在盛大有4个工作室，一年可以出品6部网络游戏。掌握了自主研发，盛大就可以按照自己的规划来进行市场运作了。

开创新型的销售渠道的模式。资金回笼慢，拖欠严重，是当时软件销售市场的一个通病，盛大为解决这个问题，开发出新的销售汇款模式。它以网吧为中心建立销售渠道，以各地的网吧为纵线，以各省、各地的总代理商、分销商为横向建立自己的销售中心。盛大自己做了一个线上销售系统，开发出一个叫做“e-sales”的网络营销系统，这套系统把各地的网吧作为销售中端，网吧老板只要在盛大网络商登录注册，就可成为盛大在各地的经销商，而玩家也可以在网上直接获取账号，随时随地购玩到想要玩的游戏。自己解决了销售渠道的问题，就不受供应商的威胁，这也是盛大的竞争优势之一。

2. 盛大的竞争劣势

政府政策扶持和宣传导向。对于网络游戏，国家的政策基本上体现为“两手抓”：一面积极扶持，一面加大监管和整治。目前我国的“网络成瘾症”的患者正在快速增加，而网络游戏是“网瘾”患病的主要原因；同时，因为沉迷于网游而导致的恶性事件、社会问题日益严重。新闻出版总署作为网络游戏的行业主管部门，制定出了全国首个《网络游戏防沉迷系统》开发标准，这是专门针对网游运营的第一个监管举措。如果防沉迷系统效果极为显著，就说明很多玩家的“网瘾”得到了一定程度的抑制，网游运营商的业绩则会有下降的可能，加大网游产业进入低潮的风险。

竞争者众多竞争较为激烈。盛大现在在国内处于领先位置，但它一方面要应付以网易、九城为代表的国内公司的竞争，另一方面还要同以任天堂为代表的老牌游戏厂商展开全面交锋。到2004年我国的网络游戏市场已经基本完成了初创期的积累，开始步入高风险、高收益的快速成长期。目前韩国已经被公认为世界上网络游戏产业最发达的国家之一。根据中方统计，目前韩国网络游戏占中国网络游戏市场的60%以上，而根据韩国方面的统计，韩国游戏在中国内地和台湾网络游戏市场的占有率已达90%。

暂时看来，盛大在国内的网络游戏企业里处于绝对的统治地位，但这种状态能持续多久，对盛大也是一个考验。

盛大破解海外资本市场游戏规则

王　维

5月13日，上海盛大网络发展有限公司（盛大）终于出现在NASDAQ的舞台上。与此前很多分析人士的预计不同，折价上市的盛大表现出色，股价一路上扬，成为今年上市的中国概念股中表现最好的股票。然而，与一些公司上市过程的水道渠成相比，盛大面对海外资本市场游戏规则，可谓是“见招拆招”。一路行来，把一个原本不符合上市要求的公司打造成为一个极具投资价值、市场广泛认可的上市公司。这一过程恰恰证实了一些投资经理所讲的：海外资本市场规则并不可怕，关键是公司能够掌握其中的规律，按要求办事，就一定能够成功。

2003年以来，盛大通过引入风险资本，调整管理团队和大规模的收购，不仅增强了企业实力，构筑了竞争壁垒，而且为上市做好了准备。

2003年3月，盛大获得软银亚洲信息基础投资基金（软银亚洲）4000万美金的风险资本，软银亚洲因此持有盛大24.9%的股份。此次融资在不影响创始人对企业控制权的条件下，实现了股东构架重组。盛大原先的家族成员全资控股公司的方式显然难以被资本市场接受，而引入创业投资适时地解决了这一问题。而且，在国外投资人眼中，创业投资支持的公司质量要好于没有创业投资支持的企业。盛大拥有像软银亚洲这样知名的创业投资公司参与，无疑有利于增强投资人对该股票的信心。而软银亚洲的加盟为盛大带来的“附加利益”也是相当大的。除了资金的投入之外，软银亚洲还派专业人员进入盛大团队，指导并协助盛大完成从并购到上市的一系列工作。

调整管理团队也是盛大为成功上市而进行的一个精心铺垫。从2003年7月开始，公司通过外部引入和内部提升的方式，聘用外部管理者担任CEO、CFO和CTO。一系列人事任命进一步调整了公司组织结构，使公司管理团队更符合国际标准。长远来看，新管理团队的背景与经验有助于加强公司产品研发及市场拓展等方面的实力。而就短期效应来看，盛大此举对上市贡献不菲。引入和提升外部管理者向投资人展示了一个走向国际化管理规范的盛大，一个有发展前景和长期经营策略的盛大。

除了在上市前对公司构架进行了一系列精心调整之外，在上市过程中，盛大也不断调整其策略以赢得海外投资人更多的青睐。

首先，盛大在招股说明中以及路演中特别突出了其市场第一的地位以及建立“网络迪斯尼”的宏伟目标，这些无疑都是能打动投资人的题材。正如华尔街的一位分析师所言，中国网络游戏是一个非常热门的领域，盛大又是该市场中最大的。因此，只要是在新兴市场中占据领导地位的公司就一定会是有价值的公司，投资人就愿意买这支股票。

盛大在上市过程中最为关键的策略在于最后调低定价，减少原始股份的销售数量。事实上，版权纠纷以及原始股东大比例减持股份等等，都影响了投资人的信心，对公司产生了负面影响。再加上当时纳斯达克市场和中国概念股的走势低迷，公司路演结果并没有达到预先的设想，认购率只有2.5倍。面对这样不利的形势，最终，盛大将自己的定价下调至11美金，而发行量也下降到1385万股。尽管从短期来看，折价上市导致公司筹资减少。然而，从长远看，此举对于公司股票的市场表现是有正面影响的。首先，折价使其市盈率基本维持在行业平均水平上，而且，盛大的股票价格极具上涨空间，暂时的折价更能为投资人所接受；其次，如果企业初次上市股价能够维持一种良好走势，将会有利于未来在市场上的二次融资。

总之，盛大成功的关键是有效地运用了资本市场的游戏规则。尽管海外资本市场是严格和完善的市场，而且海外投资人对于中国公司并不十分了解，但是只要掌握了其中的游戏规则，中国企业就可以成功地进入这些市场并且取得投资人的青睐。

盛大网络　打造完整竞争力

王邵婷

2004年11月30日，盛大网络以9170万美元现金收购韩国Actoz Soft公司29%的股份。

此前，盛大参股日本Bothtec公司，收购美国ZONA公司，后者则是全球领先的网络游戏引擎核心技术开发企业。作为中国网络游戏的巨无霸，盛大网络把海外并购作为一项有效的战略手段，充分发挥丰沛的现金优势，建立面向未来的完整的核心竞争优势。

海外并购背景

大手笔海外收购的背后，是盛大网络一直有感于自身的种种不足，并购指向正是弥补之意。

盛大代理《传奇》获得了巨大成功。之后不久，因自身研发能力的不足，缺乏核心竞争力而受制于韩国人，版权制约和研发不足成为当时盛大的重要瓶颈。《传奇2》获得同样的成功后，盛大被迫面对韩国人越来越高的分成要求。

与韩国公司在谈判上的僵持，盛大面临着越来越清晰的危险。其最大盈利来源《传奇2》的代理权隐患令盛大寝食难安，面临着合约到期后不能续约的困境。从2003年开始，盛大官司缠身，其主推的自主研发的《传奇世界》不断被控侵权。游戏程序一次又一次的泄漏事件，造成市场上私服泛滥，盛大损失惨重。

火上浇油的是，其他国内游戏运营商借机兴起，与盛大争夺韩国游戏代理权，欲效仿盛大的成功模式。其结果是，《传奇3》的代理权被光通公司夺取，海虹则得到了《A3》。

此时，盛大的霸主地位岌岌可危。陈天桥意识到，要彻底解决这些难题，而不是暂时妥协，盛大必须尽快提高自身的研发能力，抬高竞争门槛，摆脱乱战局面。

一买定乾坤

2004年5月13日，盛大网络登陆美国纳斯达克市场，以每股11美元的价格在首次IPO中发行1300多万股，募集资金超过1.5亿美元。

半年后，盛大发布了漂亮的第三季财报，净营业收入比上年同期增长133.7%，较上季度增长23.1%，达到3.53亿元人民币（约4270万美元）。

2004年10月，盛大发行了2亿美元无利息可转换债券，该债券将于2014年到期。由于承销商全额执行了其超额认购权，最终发行总额增加至2.75亿美元。

盛大奠定了良好的资金基础，为其实施海外并购做好了准备。这成为盛大战胜困难的最大筹码。

2004年11月29日盛大网络宣布已正式签订协议，将以9170万美元的现金向Actoz Soft公司（Kosdaq：052790.KQ）部分股东收购约29%的控股权，成为该公司最大股东。

完成对Actoz的收购，盛大最直接的获益是彻底解决了《传奇2》的代理权隐患。按照《传奇》系列产品的拥有者Actoz与Wemade公司签订的海外销售合同，两家公司以同样比例共同拥有《传奇》系列产品的权利。因此，二者都有在海外签约代理《传奇》系列游戏的权利。这样，盛大收购了Actoz就意味着将《传奇2》（盛大目前最主要的盈利来源）的代理权牢牢掌握在了自己手里。

另外，由于Actoz是《传奇》系列产品的权利共有人和在华代理人，因此，对《传奇世界》侵权案的纠纷也一并解决了。

收购Actoz，盛大一举彻底解决了两大隐患：“知识产权”和“《传奇2》代理权”。

更值得强调的一项成果是，盛大的研发实力得到了极大充实，核心竞争力有了本质上的提升，抬高了行业竞争门槛，并且将有机会完成其产业链的整合，获得质的飞跃。Actoz是韩国排名第三的游戏开发商，有很强的自主研发能力，目前已有包括《传奇2》、《传奇3》、《A3》、《千年》等在内的几款优秀游戏产品的版权或代理权。

按照Actoz与Wemade的合同，《传奇》系列产品，若是Wemade促成的销售收入，则总收入的80%作为代理销售手续费以及开发费用提供给Wemade；如果是Actoz促成销售的，那么，总收入的30%归Actoz公司。

于是，盛大除了理所当然地拥有《传奇3》的部分运营分成之外，同时还有机会牵制其国内竞争对手光通。对于另一家网游运营商海虹控股来说，目前，网游《A3》是由海虹控股以及Actoz各出资50%成立名为东方互通的公司联合运营，控制Actoz的盛大也掌握是否继续联合运营的主动权。

整合效果未知

盛大付出了9170万美元，Actoz是否物有所值？而收购所带来的整合效应是否真的令人期待？

首先，一个《传奇2》肯定是不值那么多钱的。虽然《传奇2》仍然聚集着无数铁杆玩家，市场份额仍然相当高，作为一个技术上已经落后的网游产品，将面临越来越多的新游戏的挑战。与曾经火爆的《仙剑》系列一样，《传奇》系列产品也有一个生命周期的问题。《传奇》系列的生命力还有多少？

而对于《传奇3》以及新发布的《传奇3G》，盛大并未直接参与其中。光通与Wemade的合作超乎想像的好，盛大开创的运营模式正在被更为快捷地复制。

盛大一直担心自己的研发能力，它也一直致力于此。比如兴建成都研发基地，参股研发《银河英雄传》，收购引擎开发公司美国ZONA。但是，研发能力的整合还没有收到显著的成效。目前，盛大最主要的盈利来源还是《传奇2》。

收购Actoz，最令人期待的就是它的研发实力了。然而，毕竟还有许多整合工作要做，整合将花费多大人力、物力，需要多长时间的磨合期，整合后Actoz会不会产生高层震荡、人员流失的问题？研发力量会不会流失？盛大能否延续Actoz的全部优势和商业秘诀？能否实现其打造、控制完整的产业链的意图？

这一切的答案，都要视最终整合效果而定。

三角竞争关系

目前，除了以最快进度完成整合工作，盛大的任务还有如何对付竞争对手。

尤其是对光通和海虹，盛大的策略选择将是一个非常复杂的考量。

通过收购Actoz，盛大成了《A3》开发商，并拥有东方互通50%股份。对海虹，盛大的选择会比较多：选择合作，盛大不但坐享《A3》的高分成，同时还可以利用《A3》牵制海虹。

相比海虹，盛大与光通的竞争关系就显得更直接、更复杂。

光通的崛起，是巧妙地利用了盛大与韩国人争斗的时机。盛大与Wemade的纠葛持续了一年多，以至于Wemade决意不再与之合作，而把《传奇3》的中国代理权交与光通，并且单方面起诉盛大侵权。

选择了发誓不与盛大合作的Wemade，聪明的光通得到了更稳固的代理关系。由于Wemade对《传奇3》享有80%的权利，盛大收购Actoz对光通的牵制作用就比较有限。

目前，光通正与Wemade联手推出《传奇3》的一系列后续版本，一旦成功替代《传奇3》，将彻底摆脱盛大的制约，不必再向盛大支付分成费用。

光通也在秣马厉兵，着力打造研发力量，决意与盛大一争高下。

如果盛大一举拿下Wemade，很多问题就迎刃而解了。

在这个复杂的多角关系中，《传奇》系列开发商Wemade是一个至关重要的因素。Actoz和Wemade两家公司本身有着错综复杂的关系，二者的人事渊源也是盘根错节，盛大入主Actoz很可能使Actoz与Wemade内部的关系更加复杂。因此，盛大能否成功整合Actoz，在一定程度上有赖于其如何处理与Wemade的关系。

目前，盛大手握雄厚的资金，买下 Wemade 是一种更直接的解决办法。倘若如此，光通将遭遇毁灭性的打击。而 Wemade 的研发能力也是盛大急需的。

强者愈强，盛大会不会开启网游产业的马太效应？观察人士拭目以待。

从盛大收购新浪看中国企业并购市场新特点

采 洪

对于中国迅速成熟的企业并购市场而言，中国首屈一指的网络游戏运营商盛大互动娱乐有限公司大规模收购中国另一家网络公司新浪网的股份，这一非同寻常的举动可能是一个重要的里程碑。

盛大对新浪的敌意收购

迄今为止，中国规模较大的并购活动多数都是西方公司收购中国那些迅速成长的企业。即使是中国公司收购外国企业，其目的也是要获得某些专门技术或借此进入国际市场。中国计算机业巨头联想集团斥巨资收购国际商业机器公司（IBM）的个人计算机业务即是一例。

出于消化过量产能的需要，中国的电信和高科技等众多行业的国有企业也曾彼此合并，不过这往往都是在政府的授意下进行的。投资银行家和业内分析人士认为，上市企业盛大觊觎门户网站新浪网控股权的雄心却表明，一些中国公司已开始以更为老道的方式展开西方式的并购交易。许多分析师都认为，盛大将对新浪展开敌意收购。

新浪摊薄股权反收购

聘请投资银行摩根士丹利为顾问的新浪本周宣布，为了阻止盛大的收购举动，该公司董事会已决定采取股权摊薄反收购措施。中国企业通常不会也不必采取这一措施，中国许多大公司仍然是国家控股的，其所从事的也不是竞争性行业。

但新浪此次却有必要采取这一反收购措施，因为盛大趁新浪股价最近走低之机一直不事声张地在纳斯达克市场收购新浪的股票。在新浪决定采取股权摊薄反收购措施后，盛大要想成功收购新浪就必须与后者的董事会打交道。中国在国内上市的企业通常只有一位控股股东，这使得中国许多国内上市企业根本就不必担心被他人敌意收购。

导致更多的类似并购

中国大陆为数不多的企业并购通常发生在上市公司和一家规模非常小的非上市公司之间。而新浪和盛大都是中国主要的互联网公司。这一收购有可能导致更多类似并购交易出现，不过这些并购交易的主角将主要是那些在香港或美国上市的中国大陆企业，因为那里的监管环境更利于促成这类并购交易。

中国起伏跌宕的互联网行业还有可能发生更多这类交易，过去一年许多公司的股价都显著下挫。20 多家中国互联网公司因营销和收费方面的违规行为而受到了罚款和处罚。

新浪的股价已从去年 3 月 46.21 美元高点下跌了 40%。即使这样，与盛大宣布它打算收购新浪前一天的 2 月 17 日相比，新浪周三前的市股价还是上涨了近 20%。盛大对新浪感兴趣的原因可能是它希望自己的业务不仅局限于网络游戏，由于竞争激烈，这一业务的增长速度预计很快就会降下来。盛大寻求兼并新浪之举有可能推动其他实力强大的互联网公司来中国寻找兼并对象。

一份题为《各方有可能对新浪展开竞购》的报告中称，收购者行列中可能会有美国公司。鉴于新浪已经成为中国主要的新闻网站，因此不清楚中国政府是否欢迎外资控股该公司。

中国并购市场正在成熟

随着一系列跨境交易的出现，中国的并购市场在过去一年中已经起飞。去年出现了第一宗对中国资产的敌意收购战，竞购双方是西方啤酒酿造商 SABMiller PLC 和安海斯公司，它们竞购的对象是中国的哈尔滨啤酒集团有限公司。此外，中国的电视机生产商 TCL 集团与法国的汤姆逊公司（Thomson SA）合作组建了世界最大的电视机生产企业。去年 12 月，联想集团宣布将收购 IBM 的个人计算机业务。

荷兰银行的亚洲企业金融主管詹姆斯·皮尔森认为，中国不过是在成为一个正常的并购市场而已，在当今的中国，任何事情都有可能发生。

民营互联网的积分原理

——从盛大入股新浪看数码体验业的走势

姜奇平

盛大入股新浪，引起了太多的喧嚣，但其中资本分析明显多于产业分析。这方面我比较赞同张维迎的一个说法：“更重要的不是谁失去权力、谁去控制，而是这个产业是不是做得更好。”从这件事看产业基本面，我发现，民营互联网的发展在中国是解一道定积分题，而在美国和日本是解一道不定积分题。中国民营互联网这个定积分的上下限间的积分面积，就是其生存空间。一旦企业逾越上下限，就有一个“半渡而击”的潜规则来惩罚它，我称之为“半渡而击”定律。正是这一条，决定了中国民营互联网内容体验业的基本面。

“半渡而击”，典自《孙子兵法》“令半渡而击之利”。意思是等敌人走到河中间进不得、退不得时，再打击他；打早了，他缩回去了，打晚了，他就冲过来了。“半渡而击”定律就是指，中国民营互联网一旦越界，将在投资之后收益之前受到惩罚。这是分析中国民营互联网的投资风险屡试不爽的“规律”，或叫统计现象。

一个人爬梯子，刚开始爬或已经爬上去了，撤梯子都不会挨摔。对民营互联网企业来说，投资之前知道越界，它不会投资，赚完以后才知道越界，它不会损失，只有爬到半截就撤梯子，才会把它摔狠。举例来说，如果当初瀛海威那七八千万没投进去，后来北京电信改变价格就不会影响到它；等到它把钱全投进去并在八个城市铺好网了，电信却忽然改变上网收费价格，它就一下子从半空摔下去了。这就叫“半渡而击”。

民营互联网的生存空间（曲边梯形面积），存在一个积分上限和积分下限。积分下限涉及技术，由掌握垄断电信资源的运营商控制；上限涉及内容，由内容部门控制。信息增值服务，如门户和游戏等，一方面要顶着内容的天，一方面要踩着电信的地，做这个业务的难度在于，节目开始了，人已上场了，但却不清楚天花板和地板的边界在哪里，因此随时可能遇到“半渡而击”。

盛大虽然能收购韩国游戏商这个上家，却不能收购电信运营商这个下家，因此不能像宝钢那样，从铁矿到一汽（钢板），进行全价值链控制，所以必然要面对来自积分下限的“半渡而击”风险。如果盛大把宝押在网吧收费上，运营商既可以通过手机结算，也可以通过提高带宽价格，对它进行“半渡而击”，因此盛大不能吊在网游这一棵树上，不管游戏在理论上值多少钱。华尔街显然已经意识到了这种风险。据报道，2004 年下半年华尔街分析师已经开始向盛大提出意见，指出了其发展的软肋——收入过分依赖“大规模同时在线游戏”。盛大利润的 80% 都来源于游戏，但随着游戏市场竞争加剧，用户忠诚度开始难以维护，而且新产品开发并不容易。华尔街虽然并不十分了解中国的特殊国情，但结论却是正确的。

中国民营互联网的脆弱性可想而知。来自积分下限的“半渡而击”风险，其必然性在于：运营商是从计划经济过来的，它们不是有意要对民营互联网“半渡而击”，而是因为它们不懂得怎样在增值领域变花样，其权力来自于垄断的特点决定了这种行为的必然性。我对大势的看法是：运营商垄断不破，从增值商的叠加（如购并）中，永远出不了世界 500 强企业。由于存在垄断的运营商，无论增值商的数量有多少，仍改变不了它们都在“一根绳上”这个事实，所以，增值商遭到“半渡而击”也是不可避免的。ISP、ICP、短信、网吧、网游、彩信（将来时），先烈一路死过来，原因都在这里。

由于存在这种积分下限，中国民营互联网的发展与美国、日本、韩国的“不定积分”式发展，机会是不同的。中国将为这种积分下限的存在，付出上千亿元的机会成本以及若干像雅虎这样的大企业。

民营增值商对“半渡而击”的反击策略有许多，如短期行为、拒绝长大等，但都不适合盛大。对盛大来说，我认为关键在核心文化。这不是指去搞新闻，而是指像重视技术发明创造那样，重视文化发明创造，通过持续快速创新，不断获得超额利润，让运营商追不上。这就是我说的内功。

再说新浪。新浪倒不存在积分下限的问题，但却常常遇到积分上限的问题。这与它处于媒体内容业有关。中国发展互联网存在特殊的国情，热文化（意识形态）与冷文化（娱乐）的区分就是最重要的一条。中国正处在文化事业与文化产业交错发展的时期，加上互联网兴起，情况比较复杂。有时候，看似冷文化的问题实际上是热文化的问题。因此不从深层次反思，就无从把握。定位是最根本的，我一再强调注意研究体验，这是从更高层次（定位）上说的。如果只是形式化地将这个概念理解为短信、甚至短信中某种形式的内容或具体的游戏，冷热矛盾还是无法避免，深层隐患也无法得到解决。如果离了犯规就不能挣钱，那是不成熟的。在这方面，资本在说“是”的时候，虽然往往比较幼稚，但在说“不是”的时候，却是十分成熟的。

从产业发展角度讲，如何确定民营互联网的“定积分上限”，关系到我们文化产业的总盘子到底能做多大。这个上限不能不定，但也不是定得越低越好。定得过低，我们可能遭到文化贸易逆差的惩罚，不利于文化传承，最终损害国家软实力。我曾经建议明确出台文化事业与文化产业划分的指导意见甚至法规，因为这是文化产业做大的先决条件，如果不这样的话，企业往往无所适从。新浪与盛大走到一起，其机缘具有讽刺意味——民营互联网“不能做什么”这个积分上下限问题，把他们逼到一起，去思考“可以做什么”这个积分面积问题。最后剩下一个问题：中国民营互联网之路下一步怎么走？

我们可以看看基本面上的趋势。在“这个产业是不是做得更好”的层面上，我个人看法是：第一，数码体验业要以核心文化为根据地。民营互联网（更准确说是数码体验业，因为它同时包括门户与游戏、网上与网下）在中国是一个“定积分”问题这个大的前提假设，决定了中国的市场空间相对于美、日、韩等国家，是有限的。要处理资本战线拉长与核心能力不足之间的矛盾，就要以民营互联网的独特核心资源为根据地进行外线扩张。数码体验业要以核心文化为根据地，因为核心文化离垄断最远，离积分上下限最远，同时，它也最有价值、最赚钱。如果离开这个根据地四处出击，难保不为人所袭。

第二，大趋势将是“门户娱乐化，娱乐内容化”。中国的民营互联网业，不能贴着积分上下限飞行。典型的成功者，其成功区间将处在“比新浪飞得低一点，比盛大飞得高一点”这样一个中间地带，所以大趋势将是“门户娱乐化，娱乐内容化”。前者用来躲天花板，后者用来躲地板。我们可以用这个判断来具体分析新浪和盛大：

1. 当无法控制积分上下限时要躲着走

敌人占领高地，不要仰攻；横渡江河，应远离水流驻扎。新浪这回触了算命短信广告这个天花板，股价从 30 美元跌到 23 美元，其间被收购的 700 万股，差价近 1 亿元。这 1 亿元使四通失去了大股东的地位。表面看来这里的问题出在娱乐化，实际上出在对娱乐化的规律还没有真正深入的认识，所以解决问题的关键不是回避门户娱乐化，而是在更深层次上研究门户娱乐化的真正空间之所在。

从我的分析来看，盛大在战略上仍有触地板的想法。不知道盛大是否深入研究过维纳斯计划流产的深层背景，我认为如果与初步打破垄断的电信行业无法和平相处的话，要介入正走向垄断（频道开放不等于业务开放）的广电行业，显然更是困难重重。

2. 核心能力是基本面的关键

盛大是否可能“炒股炒成股东”？我们分成两说：一是不重核心，则可取分兵策略，鸡蛋放两篮。假设盛大只进行策略投资，只当大股东而不控制董事会，不并财报，这种路数相当于行为金融学两个心理账户（mental accounts）理论中，拿新浪当安全投资，即 JP 摩根分析的“完成对新浪的收购以后，盛大可以获得更为多样化的营收来源”。这在逻辑上是讲得通的，即不以新浪为游戏价值链的一环主要从业务分析和用户分析着眼，而把对其的投资视为一种投资组合。相对而言，新浪管理层比较容易接受这种安排。但问题是后台老板能不能满意呢？因为从基本面上说，这可能无法解决任何问题。

二是重核心，要避免重外轻内。如果盛大真的旨在合并新浪，我们略过技术分析来看基本面，除安全投资外，额外的好处是可以以新浪为价值链下游环节，替代运营商，从而为盛大找到一条不触地板的长期落地方法。比如，新浪的广告营销对增值服务就是一个独特资源。仔细看新浪的最新财报，早有一个拉回股价的伏笔：“新浪正在开发通过电台和电视台的广告进行推广且不在广电总局通知禁止范围内的根据使用量计费的新型短信产品。”入股问题彻底解决后，这个问题肯定也能解决。

不过最大的问题是，盛大的核心能力属外强内弱型，这是指它强于外部整合别人，弱于自己亲手去做。如果真的“炒股炒成股东”后，新浪方面不配合，盛大就不得不面临在自己不熟悉的领域冒险的问题。如果资本式外延发展可以代表中国民营互联网的话，我认为凭其内功是无法到国际上去竞争的。如果是为扩张而扩张，就等于在给自己穿红舞鞋，早晚会被资本所累，闹得泡沫一场空。归结到一点，我认为娱乐内容化是盛大的上选，也就是说尽量避开运营商，往增值高端走，因此下一步必须注重内功。盛大和新浪背后的机构投资者和后台老板为何会感到不安？从根本上说，是因为现有模式还不是有中国特色的民营互联网发展的稳定模式，发展形势和基本面不吻合。这是下一步成功者要解决的问题。

盛大网络的“游戏规则”

李小兵

2005年5月，盛大网络（SNDA，NASDAQ）迎来了其在纳斯达克上市后的第一个周年。如果说，上市给了盛大一个更大的资本运作平台的话，那么，2005年2月，盛大借助这个平台的一次“盛大亮相”，使一年前的上市有了更多的意义。

这个大夺眼球的“盛大亮相”，就是盛大网络宣布：已将三大门户网站之一的新浪19.5%的股份握在掌中。“其实这些年我们一直都在收购，这次只是其中的一次罢了。”这是盛大对这次动作的表态，但媒体不这么认为。因为，人们由此感受到的，是一种成长的生猛。

“游戏开始了。”

1999年11月，陈天桥创办了上海盛大网络发展有限公司，这是创业者梦开始的时候，而游戏则开始于两年后的2001年9月。在1999年到2001年的两年里，盛大似乎并不“盛名”，但接下去的两年，盛大则闯进了全球网络公司排行：在国际数据公司（IDC）发布的2003年游戏收入预测中，盛大一举成为目前中国最大的网络游戏运营商。而当2004年5月，盛大赴纳斯达克上市时，市值超过20亿美元，成为全球市值最高的网络游戏企业。这个时候，其名称已是“盛大互动娱乐有限公司”了。

从“网络公司”到“互动娱乐公司”，当盛大将“网络”两个字从名称中隐去的时候，却渐渐清晰了自己的生存坐标。2005年5月，当陈天桥可以品尝“互动娱乐”的果实时，他说：“中国互动娱乐产业之所以能够快速发展起来，是因为信息技术和互联网这样一种先进生产力给文化产业带来新的力量。基于互联网的互动娱乐，是网络时代的一个趋势，这是网络技术给这个产业带来的必然性。”但是在互动娱乐产业发展前期，并不是每个投身于网络的人士都能看到这个趋势。同时，陈天桥表示：“即使看到了这个方向，还需要采取一系列有效的运营策略来保证项目的成功。”

游戏也“长大”。

如果说，此前对游戏的专注，成就了今天的盛大网络的话，那么，盛大持股新浪，则是陈天桥“新策”中的一步。

对于外界的议论，陈天桥对此明确表示：“这是盛大家庭战略所要提供的内容服务的重要组成部分。”

中国家庭互动娱乐战略，被盛大确定为下一步发展目标，这个目标的消费对象，被盛大确定在7岁到70岁。按盛大的描绘，在这个战略中，盛大将推出一个集硬件、软件、应用、系统为一体的全新SDO家庭娱乐中心。在整个产业链合作伙伴的努力下，这个和DVD差不多大小的设备，拥有数字录像、影音播放、互动社区、网络游戏等功能，通过电视为平台，再接驳宽带和有线网，就可收看和录制数字电视节目。

而这个战略在陈天桥的脑子里更具体。他说：“实施了这个战略后，盛大的内涵在未来会不断丰富，在平台上，手机、电视和电脑都要利用；在内容上，盛大不会只做游戏，还会有娱乐，包括电影和音乐等，还会有信息资讯；在商业模式上，不仅有预付费模式，还会有广告、电子商务等。我们现在要做的，就是努力做成国内所有做数字娱乐的力量中，最大也是最具竞争力的内容服务提供商。”至此，明眼人已经能看出盛大的战略梦想。不过，陈天桥对此似乎也并不回避，他告诉记者，公司现在的目标是：成为在世界居领先地位的互动娱乐传媒企业。这比起之前的提法，又增加了“传媒”两个字。

从一个细分市场走出来，可以做大。从“网游”这条小路上走过来的盛大，开始了在大路上的跋涉。

从盛大模式看网络营销与传统营销的关系

蔡　博　望俊成

网络经济的发展，推动了网络营销的飞速发展。从事网络营销的企业百家争鸣、成千上万；网络营销的商品琳琅满目、应有尽有。但是对于网络营销的真正本质，网络营销应如何健康快速地发展等等这些问题，诸多从事网络营销的企业和商家至今仍了解不够，甚至是知之甚少。

网络营销是20世纪末出现的市场营销新领域，是企业营销实践与现代信息通讯技术、计算机网络技术相结合的产物，是企业以电子信息技术为基础，以计算机网络为媒介和手段而进行的各种营销的总称。网络营销正是借助于网络技术的宽带化、智能化、个性化发展而有效开展的市场营销活动，因此有着自身鲜明的特点。

基于无形化、标准化、个性化的特点，网络营销必然会对传统营销的4P策略产生一定的影响和冲击。许多观点均认为这种冲击是全方位的。那么是否意味着网络营销将要取代传统营销？答案是否定的。首先仅从直观角度，网络营销毕竟对经济、技术有一定的要求，这令许多人却步，从而使得网络营销和传统营销在一段时间内将并行存在，且有互补之势。

从本质上讲，网络营销是建立在传统营销理论基础之上，传统营销的许多思想和内容同样适合网络营销。网络营销是企业整体营销战略的一个组成部分，它不可能脱离一般营销环境而独立存在。网络营销要想成功，必须内化传统营销的精髓，必须回归到传统营销。下面笔者将从一个经典的营销案例入手来对所谓的“回归传统”予以分析。

案例：在网络泡沫时期，众多投资人对网络概念丧失信心的状况下，于1999年11月成立、2001年3月进军网络游戏市场的上海盛大网络有限公司却改变了这种局面，为网络经济的复苏带来了曙光。2001年7月盛大代理了一款韩国游戏《传奇》，2002年凭借《传奇》的出色的表现，上海盛大年营业收入达到4亿元，占据网络游戏市场份额高达40%以上。2003年同在上海的第九城市，通过复制盛大模式，利用《魔兽世界》只用了5个月就实现了2.7亿元营业收入。而盛大网络代理的《泡泡堂》、自主开发的《传奇世界》都获得极大的成功。

先撇开网络游戏未来的命运不谈，仅凭盛大、第九城市通过一款游戏实现了奇迹，就给网络的严冬带来了一丝暖意。而让盛大成功的绝不仅仅是游戏本身。在实现奇迹的过程中，盛大独创的营销模式——盛大模式功不可没。那盛大的这种新模式究竟是什么？

产品策略

借助互联网，网络营销对传统的标准化产品产生了冲击。传统的以降低平均成本的“批量生产”的产品取胜策略，逐渐向以满足个性化需求的“定制生产”策略转型。不仅策略上有不同，而且营销的产品种类也有所不同。就目前网络销售现状来看，网络销售产品和服务最成功的是书籍、电脑软件及零配件、音像制品、机票预订服务、旅馆客房预订服务及股票业务等。

虽然网络营销对产品的个性化及种类提出了较高的要求，但有一点是始终不变的——没有质量过硬、深受顾客喜爱的产品，一切都将无从谈起。我们所说产品营销过时的真正原因在于我们没有找到生产出消费者需求旺盛的好产品；而再究其深层原因，更多的是由于我们的产品在基本的品质方面都无法满足消费者的需求，才导致消费者对产品更新产生更多的期待。

在厨房用品市场大量缩水的市场行情下，各厨房用品大多仅有微薄利润甚至是亏本经营，而德国菲仕乐炊具等国际著名炊具却能尽享高端的丰厚利润，说到底还是一个品质问题。不仅传统营销如此，盛大模式也是这般。盛大通过代理开发商的软件以及后来自行研发的游戏，保证了产品质量的优良，同时网络游戏产品的引进或开发也瞄准了当前网络用户市场多为青少年组成的这一特点。既有质量，又深得人心，双份筹码保证了盛大产品策略的正确性。

从传统营销中产品的五个层次——核心利益、产品形式、产品期望、附加价值、潜在价值来分析，盛大模式也同样满足。《传奇》通过让玩家在游戏中扮演一定的角色，从而使网游顾客得到全新的网络体验。这满足了产品的最基本层次——核心利益，即顾客真正需要的基本服务或利益以及第二个层次——实现利益所必须的基础产品。产品期望则表现为玩家期望游戏产品的内容丰富、设计合理，从而可以从游戏中得到一种完好的成就感。同时《传奇》还经常通过抽奖、赠送、竞赛等形式提供超值服务，既打出了品牌，增加了产品的附加价值，又增强了玩家忠诚度，为盛大今后的发展培养了大批忠实的拥护者。

定价策略

网络的存在，大大削减了信息的不对称程度，从而破坏了歧视定价策略的生存环境。同时用户与厂商近乎于直销的面对面状态可以降低中间环节的费用和时间成本。虽然网络营销与传统营销在具体策略以及成本构成上有所不同，但是二者在定价的目标和整体策略上却是一致的。

企业自己定价本身是多方面考虑的结果，成本、顾客、竞争对手、营销环境等。无论如何定价，首先都要考虑定价的总体目标何在，是为了获得利润、或是挣得市场份额、抑或增强企业品牌竞争力等等，只有确定了这个整体目标，其后的具体定价策略才会真正起到效果。而且无论如何定价，最低的价格也就是成本是要保证的，惟一区别就在于成本的构成及计算方法有所区别。而顾客的支付意愿往往决定了价格的上限，区别就在于网络营销中能够更好地把握住顾客的支付意愿。竞争对手、营销环境等因素则对价格的具体波动产生影响，当前的网络市场由于门槛相对较高，暂时形成了高薪技术企业或资金雄厚的大商家的垄断氛围。不过随着网络门槛的降低，待到愈来愈多的中小企业纷纷加入以后，价格之间的竞争会日益剧烈，其间各价格的影响机理与传统的价格竞争也是异曲同工。

现在许多人认为企业定价的方式过时，其实质是企业定价时所采取的思考方法问题，加之中国市场一窝蜂而上导致的市场价格战现象，使得很多企业对价格策略产生了不安心理——是踏实地做好降低成本来增加实质上的优势，还是玩一些定价尾数中的数字游戏？盛大在这点上是明智的，直接面对游戏玩家，既为把握他们的支付意愿提供了便利，同时也大大减少了成本的构成要素，简化和保证了成本计算的准确性。

渠道策略

网络将消费与企业直接联系在一起，给企业提供了一种集销售、售前/售后服务、商品/顾客资料查询的功能为一体的全新的数字化销售渠道。尽管我们一直强调当今企业应该将营销渠道的重点由对中间商的选择和管理，转移到不断完善渠道自身以吸引更多的消费者上。但是渠道是产品从厂家走向消费者的市场过程的这一本质却始终没有改变。“终端为王”是否是网络营销中渠道取胜的惟一路径，现在还不得而知，有待时日进一步检验。

但是现在我们知道的是，盛大通过直接控制各地网吧来将渠道扁平化，提高了销售终端的覆盖率和控制力量，从而取得了不小的成功；而 Google 在中国针对于广告主采取的直销模式却远不及百度采取的渠道代理商带来的成功。由此可见终端为王并非万能，符合自身特点的渠道才是最好的。渠道与成本具有效益背反关系，不可一味强调某一方。无论在哪种营销模式下，都要准确把握两者的平衡点，找到适合自己产品和企业自身特点的渠道。

现在认为4P 中渠道过时，是因为现有渠道不能像以往一样带来更大的销售促进，其根源在于市场竞争阻力的加大和渠道的多样性等而产生的迷茫，使得暂时没有找到快捷有效的渠道关系以及管理掌控渠道的方法。

促销策略

互联网上丰富的网络信息资源丰富了信息营销的内容，有利于实现更有针对性和低成本的促销，也可以实现比较完整意义上的双向及多向信息沟通。当前前景看好的网络窄告正是网络营销的产物，必将成为未来营销的主流模式。在网上开展促销活动，可以借助网络广告、站点推广、销售促进、关系营销等方式来完成。

虽然互联网带来了更多的、更有效的促销方式，但是促销在于促进和消费者的沟通，扩大消费者的随机购买率和重复购买频率，缩短消费者的购买决策时间，以达到销售的提升。无论是网络营销抑或传统营销，都在尽量更准确地对市场进行细分，通过细分的过程找到各细分市场的特点；然后再有针对性地对各细分市场进行有效的促销，同时通过优质的服务建立起忠诚的客户关系。盛大正是这样向传统行业学习，通过对网民细分，将喜好体验新事物、热衷于网络的青少年作为其产品的主要玩家市场，然后针对青年人特有的习性喜好的方式，进行促销并提供优质的售后服务，从而让玩家建立起忠诚度。

说传统促销观过时，更多的是因为我们促销的设计及执行上的脱节，俗话说“三分策划，七分执行”就是如此，再好的促销方案最终要落实在执行上，执行力上的欠缺，使得促销的付出难和所渴求的销售提升成正比。

网络营销与传统营销其实并无本质差别，提供高质量的产品、直接面向终端消费者、渠道扁平化、提供优良的售后服务，这些传统营销的宝贵经验，在网络经济中一样适用。盛大的成功就是一个很好的佐证。

市场营销四重门——产品、价格、渠道、促销，网络营销若想取得成功，与其说要对其突破，还不如说回归传统营销当中去，真正领悟到传统营销的精髓，然后量身打造适合自身发展的营销模式。也有这样的说法，网络营销是“老树新枝”，也许网络营销的产生也正印证了“一次升华实际上是一个更高层次的开始”的说法。

盛大转型期的"痛苦"对中国企业发展的启示

君　临

中国经济的飞速增长，中国市场规模的快速扩大，逐渐让中国成为新的全球经济中心。随着国际化程度的不断加深，中国企业如何更快地摆脱本土企业的影子，蜕变为足以适应市场变化需要、足以参与国际舞台竞争的新型企业，已经成为支撑中国经济可以走多远的关键。

从改革开放以来，中国企业更多的在借鉴日韩经验，即所谓的"前 20 年做产品，后 20 年做品牌"。在中国速度还未引起世界关注的起步阶段，这样的耐心显得很重要。但到了中国企业与跨国集团直接交锋的新世纪，这样的经验就显得有些迂腐及过时了。

中国企业该如何走？日韩经验过期了，欧美经验是人家的长处，即使拿来主义也不一定能够消化。当务之急，惟有摆正自己的位置。既然中国已经成为新的经济中心，就应该找出新的中国经验。

在这一点上，仅仅有 5 年多历史的上海盛大公司值得我们去研究。

化蝶——整合就是创新

与传统行业、国有企业不同，这家民营企业没有什么坚强的金融后盾，也没有政府资金的支撑，但却用 5 年的时间走完了中国绝大多数顶尖企业 20 年的发展道路，甚至有过之而无不及，成为中国企业中少有的几个能与微软、英特尔等世界级企业平起平坐、游刃有余的企业。

这家企业走入国人的眼球，一是因为他的领导人陈天桥的年轻，成为当前中国人心目中普遍的财富偶像；二是因为最近两年他为盛大转型而提出的家庭战略，震动了整个工商业界。用《中国企业家》的一段话来说：中国最近 20 多年的历史，还从未出现过这样的景观——以一家中国公司发起并主导，整合英特尔、微软、ATI、阿尔卡特、菲利普、英业达等全球几十家顶级 IT 和电信企业的资源。这样的举措，是盛大正在缔造的又一个神话。

与绝大多数所谓的"主流"、"正统"企业不一样，盛大的发展从来就没有离开过"流言"、"谣言"乃至"诽谤"。尤其是这一次明显逆中国企业发展主流的决策，更是让它成为舆论风暴的中心。

几乎所有人都在质疑，微软、索尼这样的巨无霸都铩羽而归的领域，你盛大凭什么就能成功？

盛大的回答是反问：为什么国外企业能去尝试的国内企业不能去尝试？为什么外国企业做不成功的中国企业就一定做不成功？

陈天桥更是在各种场合反复宣讲"整合就是创新"、"内容为王"等概念。这样场面的出现，似乎是一家企业努力在改变整个市场，在努力带动一个产业的转型。但通过陈天桥的劳心劳力，我们不得不说这是中国企业家之痛，是中国企业之痛！

为什么产业的责任要让一个年轻人来承担？为什么转型的探索要靠一家仅有几年历史的民营企业来完成？为什么看到了的庞大市场却只有一个人敢于去冲锋陷阵？这些都值得我们思索。

其实，盛大 5 年多历程中已经经历了三次转型，可以印证中国企业改革开放以来 20 多年历史中三次由量变到质变的阶段。而盛大是为数不多的几个每次都顺利完成由"蛹"化"蝶"的幸运者。

逼上梁山——完成两次转型

盛大的第一次转型是在它成立的两年后。盛大成立当初，先是做图形化的虚拟社区，以动漫为主要介入点，并在 2000 年拿到了中华网 300 万美元的投资。但随后 IT 大环境就急剧转凉，到 2001 年 7 月，300 万美元中也只剩下 100 万美元。陈天桥开始反思，他想到了做游戏。

从动漫转型游戏，而且是以一款不被任何人看好的游戏，进入当时没有任何市场前景、被社会认为是"不务正业"的行业，这时候的陈天桥面临的是一场赌局——砍掉自己先前做了快 2 年的卡通，赎回中华网手中的股权，公司的员工从 50 人裁减到 20 人，所有非游戏部门的队伍被全部清除，再付给韩国人 30 万美金（当时盛大仅有的全部资金）的入门费和 27% 的分成以获得《传奇》游戏的运营权。

这时候的盛大，在任何一天都有可能倒闭。和绝大多数早期下海的弄潮者一样，当时的陈天桥是在为个人目标而努力，还不需要那么多的社会责任。企业倒闭了，大不了重头再来。所以盛大第一次的转型，更多是基于初生牛犊不怕虎的精神。但就是这一赌，却不小心带来了中国在国际舞台上有一席之地的新兴产业——网络游戏产业的崛起。

在这样一个阶段，从无到有，所有企业都经历过，基本是单一的企业痛苦阶段。

相比于第一次转型的赌，盛大的第二次转型来得很突然，也很直接，基本是没有准备的被逼上梁山。

因为游戏运营的大获成功，因利益问题导致盛大与韩国 ACTOZ 与 WEMADE 公司之间一系列的官司。尽管最后以 ACTOZ 公司被盛大控股告终，但在这一过程中，盛大每一天都处于危机当中。各种流言满天飞，竞争对手的乘火打劫，尤其是一旦《传奇》哪一天突然被停掉，对于盛大而言，就不仅仅是能否保持老大位置的问题，而是要被淘汰出局。陈天桥辛苦拼斗几年打下的江山，也将瞬间土崩瓦解。据说，陈天桥身体不好就是因为那时过于紧张与劳累积累下的。

这个时候的盛大，其实反映了中国企业在完成原始积累后，走上成熟轨道面临的普遍尴尬。与外国企业打交道，适应国际规则，甚至是如何在竞争中维护中国企业的基本利益，没有任何经验，都得边摸爬滚打边积累。

盛大与韩国企业的官司，就反映了中外企业在面对产业链上下游控制与反控制的一场较量。不过也让盛大明白了一个硬道理：没有自己的核心技术，就只能受制于人。盛大幸运的是在这次典型的国际竞争中挺了过来，成功摆脱了《传奇》的阴影。也就是在困难的阶段，盛大一直埋头苦干地自主研发有了成果，并且成功唤起了本土游戏企业的觉醒和民族游戏业的兴起。

盛大的第二次转型，由单一游戏运营商转型游戏内容提供与运营商，是从不成熟到成熟的蜕变，是无序到有序的阵痛。在这样一个阶段，企业家本身往往与企业一起承担着巨大的风险与痛苦。

成功完成两次转型，并且越挫越强，对盛大而言，完全可以坐吃金山。这符合中国人的一贯心理，一无所有的时候，敢打敢拼；一旦完成了一定的积累，就畏手畏脚。不少中国企业家在多种场合也都自我调侃自己有典型的小农意识。但说了之后，依然没几个勇于突破。

涅槃——踏上国际化征途

盛大没有给自己喘气的机会。第二次转型还没收尾，就开始了第三次转型的战略研究，即完成由单一游戏内容提供向多个娱乐内容提供的转型。这就意味着盛大的目标市场、消费场所、内容构成等整个框架都得跟着转变。

也许是因为盛大发展得实在太快，也许是盛大这样的企业提心吊胆、与倒闭危险游戏惯了，它选择了另类到底。而且是选择了一条中国企业不敢尝试、国际顶尖企业都碰了钉子的整合道路。

以 4.5 亿美元的资本运作，大刀阔斧地进行了风暴式的系列收购，完善了自身的内容提供链；“胆大包天”地整合进英特尔、微软、环球、长虹等近百家行业领先企业，打通家庭数字娱乐产业的产业链。

不少老企业家对陈天桥的评价是：后生可畏。因为他做了他们想都没敢想过的事情。一些政府高层领导的评价也是：后生可畏。因为他们看到了给中国企业长志气的一个典型。

这一次转型，风险不可谓不大，诱惑也不可谓不大。风险的体现在于，中国企业中比盛大财大气粗的比比皆是，但基本都选择了观望；诱惑体现在于，大多数都想分一杯羹，要么小范围效仿，要么选择加入。

虽然从概念提出到目前为止，盛大已经在舆论风暴中沉默了一年多。但从 10 月 27 日英特尔和盛大的一次签约中，可以大胆地预测，盛大已经取得了阶段性的胜利：对目前面临着重重阻力的盛大来讲，英特尔这样的跨国企业，这次愿意投入据说超过千万的市场经费、包销 50 万套的 EZ POD，来帮助盛大家庭电脑娱乐中心的推广，这无疑是最好的强心剂。

所谓“外行看热闹，内行看门道”，英特尔的这次“大动干戈”，已足以印证盛大家庭战略的成熟与市场前景的诱人。

而在当天签约发布会后，很长一段时间对媒体保持沉默的陈天桥，面对媒体的围追堵截，不得已回答了一个有些“刁难”意思的问题：盛大家庭战略进度及遇到的困难。面对这个热点问题，陈天桥说了一段意味深长的话。他说：盛大目前正处在转型期，遇到一些困难是正常的。任何一个企业在市场目标、经营目标和内容发生改变的过程中，都会是痛苦的。但一旦成功地走过转型期，再回过头来看这段过程，又会发现当时的付出是值得的。

可能大多数中国企业家没有经历过这样的破釜沉舟，也很难对陈天桥如此冷静与自信的回答作出点评。不过相信有一点抱负的企业家，都应该看的出盛大的第三次转型，在经历着涅槃的痛苦。这也许就是中国民营企业实现国际化发展所必须付出的代价。

对一心打造中国网络迪斯尼的陈天桥而言，这次把企业带向真正意义上的国际化征途，已经走了一大半。接下去，成功了，皆大欢喜，中国终于出了一家国际级的顶尖公司。失败了，盛大的游戏业务依然可以带来每月几个亿的收入，依然可以保持优势业务的领先。只不过，一旦失败了，陈天桥面对的将只是企业家的痛苦，一种因理想得不到实现所带来的遗憾。

不过，一个人的探索总是孤独的，尤其是为了群体的利益去努力却不被群体所理解。中国企业尤其是民营企业在走向国际化的道路上，这样的因保守文化、小农意识带来的阻碍和痛苦无处不在。

在国外企业纷纷抢滩中国、竞争日益激烈的环境下，我们有必要多提提“生于忧患，死于安乐”，也有必要多提倡“陈天桥式”的冒险。毕竟我们的大多数企业还没有形成微软、英特尔那样的规模，在不算高的基础上，在理性思考的前提下，对看得见的市场机会冒冒险，可能会有一部分牺牲者，但换来几家微软级的中国企业，难道不是得大于失吗？

有了盛大和陈天桥这样的知难而上者，我们就有了转型过后巨大成功的希望。但只有有了中国企业和中国企业家普遍的国际化思维的转型，我们才可能有尽快实现中国经济大国、强国的希望。

由盛大公司与ACTOZ的纠纷看网络游戏代理

赵清绪

2003年的除夕之夜，国内排名第一的网络游戏——《传奇》的开发商韩国的ACTOZ公司发布声明，以《传奇》中国运营商盛大公司拒付分成费和侵犯其知识产权为由，中断与盛大公司的《传奇》独家中国代理协议，而上海盛大公司则再声明以私服事件和技术支持为由与韩国公司针锋相对。这成了国内游戏代理商与国外开发商的第一起代理纠纷案。

盛大模式所显现的代理机制问题

目前，国内网络游戏市场中韩合作是普遍现象，而且并存着两大合作模式：一是盛大模式，即国内的运营商代理游戏，收取玩家的费用，同时，国外的游戏开发商负责游戏的后续开发，并且从游戏代理商那里收取分成费，也就是“从国外买来游戏的运营权，双方就运营收入分成”的“代理运营模式”；二是新浪与CSOFT合作的“新浪乐谷模式”，即以合资公司的形式解决双方的利益矛盾。然而，就目前而言，取得巨大成功的无疑是前一种模式，然而这种模式的弊端也随着盛大与ACTOZ的纠纷凸现出来。

在2001年前国内的游戏代理商一直以单机游戏代理为主，很少有代理商代理网络游戏，因此，也就很少有人注意单机游戏和网络游戏的区别：

单机游戏卖的是软件，单机游戏往往随着关卡的结束而伴随着玩家对这款游戏兴趣的失去，特别是在RPG游戏中这个问题显现得尤其突出。而网络游戏卖的往往是人情，玩家在玩的过程中，总是与其他的玩家建立虚拟或者现实的人际关系和感情，也正是这个原因网络游戏可以比单机游戏更容易吸引玩家投入金钱和感情，同时，也容易形成固定的客户群体，从而获得固定的收入。

另外一个就是单机游戏的代理商无法非常准确地获得玩家对游戏的满意程度或者对游戏有那些改进的要求，只能通过游戏软件的销售量来判断游戏的开发是否成功。而网络游戏的代理商则可以轻松的避免这些问题。比如说，首先进行测试，让玩家进行试玩。让玩家给游戏找缺点，从而，更好地改进游戏。

还有一个重要的区别在与玩家的资料和游戏的服务，存在于运营商服务器里的玩家资料是一笔重要的财富，因为按照现在的技术，将玩家资料平行转移到另外一款相近的游戏中是完全可能的。因此，掌握了玩家的资料也就等于掌握了一定的市场。所以，保护玩家的资料对于游戏的代理商也是一个重要的问题。而对于单机游戏来说，就没有这些问题了。他们卖的是产品，而且所出品的游戏软件往往没有什么相关性，玩家的资料相对来说就不算十分重要。

在服务上，单机游戏是卖的软件，软件一次销售完毕，就等于一次商业活动的完毕。网络游戏一定会牵扯到点卡/月卡（游戏中的充值卡）的销售以及在游戏中的服务问题，比如说账号的丢失或者玩家对于游戏的问题进行回答等服务项目，这些服务的好坏也是牵扯到玩家是否离开的一个因素。

还有就是在技术支持上，一款单机游戏可以不需要后续的游戏版本升级，但是，网络游戏如果想生存下去就必须不断地进行版本升级，以此来吸引现有的玩家和新的玩家。

盛大公司是国内的代理商中比较早的代理网络游戏的一家，因此在签订代理合同时，难免在某些问题上会犯错误。同时，盛大公司也因为一款《传奇》而成为游戏业界和IT业界的“传奇”，也成为国内一大的亮点。盛大公司于2001年初与韩国ACTOZ签约，以30万美元和27%的分成比例获得《传奇》网络游戏在中国的代理运营权。凭借这一部游戏盛大独步国内的网络游戏市场，掌握了网络游戏40%强的市场份额。目前盛大全国已经有3000多台服务器，注册用户达到8000多万人，成为中国网络游戏的龙头老大，也成就了现在网络游戏引进中赫赫有名的盛大模式。

从开始代理运营《传奇》，到现在形成一整套被很多同行学习和模仿的营运系统，盛大付出了相当多的心血：他们首创网络游戏电子商务系统（即 E－SALES 的线上点卡销售服务），首推 CALL CENTER，全新的客户服务中心以及覆盖全国的分布式管理，为网游系统提供稳定的服务等等。盛大的 CEO 陈天桥认为，这些创新和人性化服务是盛大得以迅速成功的关键，这些也是成就盛大模式的重要因素。

在盛大模式下作为一种特殊产品，正如前面所说网络游戏不同于单机游戏，其服务基于两个因素：游戏产品本身和存有游戏玩家资料的数据库。在游戏内容逐渐社会化，玩家越来越需要满足交流需求的情况下，两者同样重要，而游戏开发商和游戏运营商则分别掌握着两个因素。在中国，两者在大多数情况下是分开的；中国网络游戏产业链中有三个稳定环节：游戏开发商（上游），游戏运营商（中游），游戏销售商（下游）。也正是由于在国内这三者的割裂才会产生盛大公司和 ACTOZ 的纠纷。

首先，游戏代理商与开发商摩擦冲突是结构性的。网络游戏代理实际是代理的一种服务，需要不断的对服务进行更新和提高，然而代理模式的特点是代理方处于产业链的下游，除了经营中应承担的风险外，还要承受经营中来自产业链上游的压力。这一特点经常会演变成代理者的噩梦。在 2002 年 9 月 28 日，发现《传奇》服务器端程序泄漏（“私服”事件），继而在相差不到两个月的时间里，《传奇》的服务器端程序蹊跷地三次泄漏；既而 1 月 24 日，《传奇》的开发商——韩国 ACTOZ 公司单方面毁约，理由是“由于盛大网络连续两个月拖延支付分成费”，以这样的理由终止了和盛大的授权协议。众所周知，网络游戏的服务器程序是游戏虚拟世界的核心和防止盗版的关键，营运商每月向开发商支付分成费，就是基于其所获得的包括网络游戏服务器端程序在内的游戏软件的排他性权利所支付的费用。在这样的合作环境下，代理商的排他性经营权利很难有保障。所以，在代理模式下，所承担的风险要远比那些产业链上游的企业要大的多，《传奇》服务器端程序泄漏就是一个明显的事实。

其次，在代理模式下不能显示出资本的优势，这是在线网络游戏发展阶段所显示出来最大的弊端。现阶段大部分企业在单纯的模仿“盛大模式”，投资于游戏产业链的下游，资本就要承受产业链不成熟的苦难。在目前的网络游戏环境中，游戏运营商只是单纯的服务提供者，产品本身的性能决定了利润空间的大小。如果版权所有者在开发上不能及时跟上，游戏的趣味性得不到有效的更新，运营商只能面对着激烈的竞争哀叹时运不佳了。这时，众多资本拥挤在代理权的争夺上，只能是为他人作嫁衣，闹不好还要重演韩国开发商 ACTOZ 对盛大公司来的那一手。

即使新进资本能够通过盛大模式取得成功，再创网络游戏的辉煌，也要承受成本与收益同比增长的痛苦。网络游戏与其他行业的区别在于，网络游戏的业务扩大没有终止的临界点，当公司的规模扩大到一定的界限后，其业务扩大的成本将远大于其边际收益（也就是当玩家用户的数量到达一定数目后，其成本的增长将会是倍增的），资本很难抽身固守，这无疑降低了资本的灵活性，给以后的业务发展或风险的防范带来了一个巨大的难题。现在的盛大公司已经开始显现出网络游戏代理周期的特点。现在它的利润增长率在以一个较快的速度下滑，而它的成本却在很快增加。

再次，代理具有与生俱来的被动性。网络游戏代理也没有逃脱这样的命运，游戏开发商与游戏代理商依旧是主动与被动的关系，在供需平衡的市场，充分竞争的条件下，两者的地位是平等的；但是，在产品少而代理商多的国内网络游戏市场上，产品开发商就具有了天然的优势和主动权。因此游戏代理难免要受到开发商的欺负。

又有现在国内的网络游戏产业链还不成熟，游戏玩家所在的群体也是十分不成熟的，这些决定了企业在投资于网络游戏时要考虑机会成本的问题。盛大公司先期进入抓住了营运的机会成本，放弃了知识产权的成本抓住了市场。同时，由于盛大公司的成功，现在进入代理的机会成本已经被拔高到一个很难想象的高度。如现在代理游戏的分成费一般在 40%—50%，入门费在几百万到几千万美元不等，与盛大代理游戏时的差距可见一般。在盛大的阴影下，是选择代理还是自主研发已经成了新进资本不能回避的问题。

另外，由于运营商本身不具备游戏开发能力，成为了这一模式永远都治不好的毒瘤。个中道理很简单，游戏开发商做的工作是一劳永逸的，只需要负责一段时间内应该保持的更新就可以了，而运营商由于本身不能拿出产品来给消费者，永远都只能仰人鼻息，辛辛苦苦干活不过为别人打工。连盛大的 CEO 都不得不承认：只有掌握游戏开发的技术，集运营商和开发商双重角色于一体的游戏商，才是最后的赢家。

代理中的知识产权问题

在盛大公司取得《传奇》的代理权时，在合同中并没有明确规定知识产权的问题，这为以后出现的纠纷埋下了一个伏笔。上海盛大签约的游戏合作伙伴是韩国网络游戏开发三强之一的 ACTOZ。但是，实际上，《传奇》的主要程序代码却是由名叫唯美德小公司单独开发的。而 ACTOZ 掌握着唯美德公式 40% 的股权，是控股股东。还有就是令整个网络游戏业界都感到吃惊和伤心的私服事件。这两件事情也为现在埋下了知识产权之争的伏笔。

知识产权的先天不足导致了纠纷过早的爆发，从而严重影响了三方（盛大、ACTOZ、唯美德）的利益，加剧了纠纷的程度，加之由于各方的沟通和协调不够以及利益分配的问题，使各方相互指责，导致成了一场危机。

因为代理协议规定中知识产权条款的空白。由于ACTOZ隐瞒使盛大公司不知道唯美德公司的存在。“唯美德在我们合作前期并没有业务往来，直到2001年3月，唯美德找上门来谈判，才知道他们也掌握游戏的源代码”，盛大方面这样说。在代理机制下，这种隐瞒的行为可能直接导致纠纷的发生。双方签订的合同上写明韩国ACTOZ应对游戏程序中的缺陷和技术文档升级给予盛大技术支持，然而实际上这项服务却落在唯美德身上。自己出工出力最后却没有得到回报，唯美德当然不会全身心的投入，而ACTOZ则眼开眼闭，它只关心盛大的游戏分成欠款。

知识产权在残酷的商业利益面前，法律约束在市场诱惑面前显得脆弱。受到合同条款限制，本土游戏运营商自己不能掌握核心技术，任何对游戏程序的改写、修改均被视为“侵犯知识产权”。

面对游戏开发商，运营商不得“越雷池半步”，只得偷偷摸摸组织技术力量对游戏进行弥补；面对玩家的苛刻要求，运营商唯唯诺诺。“一方是玩家，是上帝；一方掌握源代码，核心技术，两方面我们都得罪不起。”盛大公司两边受气，却没有什么办法。

另一方面，盛大与ACTOZ的纠纷一切追本溯源即在合同中关于技术约定的模糊，技术支持本身的原因决定了合同固有的局限，也注定了法律风险的不可避免。因此即便双方能和解，这种和解也是暂时的。

在技术支持方面，即便盛大作出让步，也不可能完全免除ACTOZ的义务，反过来，ACTOZ也不可能让盛大自主负责，因为这等于要公开《传奇》的源代码，放弃其版权。所以最大的可能就是双方约定由ACTOZ提供技术支持的限度和相应的补救措施。尽管约定技术支持的限度很难，双方还是会委曲求全的，这是基于暂时维护合作关系的考虑。但韩方同样不可能认真地解决外挂和私服问题。盛大也不可能奢望ACTOZ能够完全解决这些问题，因此暂时的和解也就有很大的代价，况且这些问题已经给双方带来了巨大的冲击和严重影响了双方的关系。

在纠纷发生后的相当长时间内，韩方一直仿佛在通过法律途径向盛大公司索赔，但是，每次总是会不了了之，让人看不明白。如果单从商业利益来看，很清楚，因为随着中国网络游戏市场的急剧扩张，国内各大网络公司瞄准这个市场准备进入，韩国的网络游戏代理费自然也是水涨船高，先期进入的韩国厂商觉得自己在利润分配上吃亏了，想通过知识产权牌将盛大运营的《传奇》置于死地。所以从这次危机可以看出，在没有产权的情况下游戏运营商只能被上游厂商牵着鼻子走。

对我国代理游戏产业的建议

在纠纷爆发前，许多公司已经涉足到网络游戏这个行业，原因有很多方面的，但是主要原因还是盛大公司的一夜暴富，现在盛大公司的危机也给他们敲响了警钟。

代理弊端中提到的资本问题。现在大量的资本涌向了网络游戏市场，就应该寻找一条有别于单纯的代理路线，将决定网络游戏产业链的形成和走向。找准网络游戏产业链的特点，离不开网络+游戏的正确理解。网络游戏不是电子游戏，要受设备的制约，网络游戏不是虚拟电信运营，受电信垄断的制约，因此网络游戏产业链的形状不应该是集团型的，也不应该是层次型的，而是呈现短、宽的特点。产业链短说明这个产业的利润空间大，产业链宽说明这个产业对各种要素的吸收消化比较多元，受的限制少。网络游戏的产业链条主要由开发商和运营商组成，这也是利润集中的领域。开发和运营的分离会失去很多盈利的机会，比如说对游戏附属产品的开发，没有办法充分体现资本在这个产业的优势。

从知识产权看。从盛大纠纷的背后，看到的是整个中国网络游戏业缺乏自主知识产权。一直以来，国内网络游戏市场走代理国外游戏产品之路。据说，在中国10亿的网络游戏市场上韩国游戏占到90%。这一令人震撼的数字足以暴露出中国网络游戏产业的弱势。网络游戏产业的核心，依旧是知识产权。作为游戏代理商自然不享有代理产品的知识产权，因此，只作代理就缺乏核心竞争力，那样就只能在竞争中处于被动的局面。国内网络游戏厂商要想进一步发展，不可能永远停留在运营商的阶段。它必须掌握游戏开发的核心技术。真正拥有自主开发游戏的能力才有可能最后取得主动优势。

取得主动优势的另一个条件就是强大的市场推广能力，因此，以代理捆绑研发应该是最有利的商业模式，只有具备了强大的游戏开发能力和优秀的市场推销能力才能在网络游戏这个大的市场中分得一块蛋糕。代理国产游戏《天骄》的欢乐时代公司总经理陈林认为：随着市场的发展，以后的模式就可能是，运营商向研发商转变，渠道商会逐渐负责一些现在运营商所做的事情，比如市场宣传之类的，所以现在的三级，研发商、运营商、渠道商最后可能成两级，研发运营商和渠道销售商。

盛大的成功在于它的营销模式和市场的运作方式以及其所推行的销售模式，而且这些都已经成为各个网络游戏代理商所采用的，而它的失败则是在产品线上。其他的游戏代理商不能出现像盛大那样主要收入依靠《传奇》一款产品的情况，也正是产品线的单一，才使盛大在韩方单方面终止合同时，陷入被动。因此，未来的网络游戏代理商应该尽可能的代理多个国家、多个公司、多种类型的游戏产品，以便充实自己的产品服务系列，分散经营风险，覆盖整个游戏市场，满足用户的多方需求。

代理游戏的过程中应该注意相关的营销方式和渠道的选择，盛大公司是在与正规的营销渠道分道扬镳之后只好寻找新的销售渠道，而建立了短线销售的渠道通过网络和网吧进行销售，从而取得了巨大成功。《RO》的代理商智冠科技则是通过其原先做软件销售的渠道进行销售，也取得了很好的业绩。而其他代理商大部分是遵循这两种模式进行的。由于网络游戏不像其他产品卖的都是实物，这些游戏点数的交易可以通过网上以数字流的形式进行交易，也可以用实物点卡进行交易。这将会涉及到两种完全不同的销售方式。如何去协调去激励将会是一个大问题，解决这个问题，将是解决营销中的一个重要问题。

另外，未来重要的是增强环节的整合程度。有些专家说：对于手里握有4000万美元的盛大来说，与其投入搞游戏开发，不如将这些钱用来发展连锁网吧、连锁加盟。因为这样可以建立一个完全属于自己的营销网络，为自己抢占足够多的销售末端，与自己的销售模式相配套。这一切是在销售环节中非常重要的一个环节。其他的代理商在走这条路时是不是不妨参考一下这条建议。

现在网络游戏市场已经逐步成熟起来。对于进入的厂商有着更多的机会、好的机遇和前人所留下来的经验，但现在的游戏代理商不能仅停留在现有的阶段，去瓜分市场，而是应该走上一条营销之路，去开拓市场、挖掘市场、培养市场，做好一个市场，在竞争中取得胜利。

附　录

附录一："盛大网络"搜索关键词

盛大、盛大现象、陈天桥、盛大互动娱乐、盛大免费网游、盛大网络游戏、网游革命、网游盛宴、盛大危机、盛大企业文化、盛大营销策划、"盛大盒子"、上海盛大、盛大在线、盛大传奇、盛大通行证、盛大富翁、唐骏

附录二：A 类文章目录

- 6 年盛大：1 个目标 4 件事情 3 个观点/陈天桥//IT 时代周刊 2006－15
- 陈天桥：盛大的"回马枪"/本刊编辑部//中国企业家 2007－23
- 陈天桥：我要买进盛大的股票/董晓常//互联网周刊 2006－28
- 打造娱乐互动统一平台//软件世界 2007－24
- 免费模式先抑后扬　盛大转型企盼华尔街首肯/Geoffrey A. Fowler//IT 时代周刊 2006－21
- 盛大：向盗版宣战/董晓常//互联网周刊 2006－18
- 盛大：延续传奇/翟宇//南风窗 2003－19
- 盛大：要持续创新，不要激进革命/杜晨//IT 经理世界 2007－22
- 盛大的新故事/董晓常//互联网周刊 2006－42
- 盛大归来/孙冰//中国经济周刊 2007－42
- 盛大和阿里巴巴向农民学习/赵民//中国中小企业 2006－Z1
- 盛大回归/董晓常//互联网周刊 2006－41
- 盛大嘉年华//互联网周刊 2004－15
- 盛大坚守互动娱乐平台/张郁//每周电脑报 2006－13
- 盛大如何走过六年/陈天桥//互联网周刊 2006－25
- 盛大突围/明叔亮//互联网周刊 2006－28
- 唐骏：继续盛大的传奇故事/唐骏//商务周刊 2005－23
- 网游革命/董晓常　明叔亮//互联网周刊 2006－18
- 我的活动与众不同——盛大网络参展网博会侧记/沈丽//中国会展 2006－22
- 因为爱，所以盛大——盛大八周年之际陈天桥致公司同仁的信/陈天桥//中国企业家 2007－23
- 盛大网络，来自上海滩的黑马/朱肖莉//软件世界 2002－05
- 聪明不过盛大/刘韧//知识经济 2003－03
- 网络游戏与暴利无关/赵国习　张鹏//IT 经理世界 2003－07
- 陈天桥：盛大网络的纳斯达克梦想/施春华　周依亭//经济观察报 2003－11－24
- 唐骏打造概念盛大/侯继勇//21 世纪商业评论 2004－02
- 唐骏所能改变的盛大/史彦//经济观察报 2004－02－09
- 与唐骏长谈：微软、盛大、网游及其他/余波//计算机世界 2004－02－09
- 盛大与唐骏：传奇的新玩法/李春喜//中国计算机报 2004－02－16
- 从盛大发家看如何打造网游市场"人气"//中国证券报 2004－02－20
- 无奈的选择　明智的选择——再解唐骏投奔盛大/蔡恩泽//中国外资 2004－04
- 陈天桥：盛大是游戏更是媒体/施春华//中国企业报 2004－04－07
- 盛大上市解救中国概念股/张懿//文汇报 2004－05－17
- 盛大网络是如何"盛大"的？/辛迎潇//证券日报 2004－05－23
- 陈天桥的盛大国际化之路//中华儿女（海外版）2004－06
- 盛大：传奇神话演义/李鑫//互联网天地 2004－06
- 盛大启示录/简非//法人杂志 2004－07
- 从盛大多元化看网游企业发展/王婷婷//国际金融报 2004－07－06
- 盛大传奇//新财经 2004－08
- 盛大破解海外资本市场游戏规则/王维//科技创业 2004－08
- 盛大：将游戏"传奇"进行到底/余京丰//通信信息报 2004－08－18
- 陈天桥的盛大传奇/林蔚//西部人 2004－09
- 听陈天桥析说盛大//电脑知识与技术 2004－S1
- 走在通向财富的路上——盛大的 IPO 路演/田志刚//信息空间 2004－09
- 盛大离"网络迪斯尼"越来越近/林琳//通信信息报 2004－09－15
- 从盛大公司的发展看中小企业的成长战略/钟殿舟//中国冶金报 2004－12－07
- 盛大九千万美金保住《热血传奇》运营权//软件 2005－01
- 盛大网络　打造完整竞争力/王邵婷//新财经 2005－01
- 盛大：一个中国私人传媒巨头的诞生/李明顺//电子商务 2005－02
- 盛大打造国际化网络"迪斯尼"/吴林圣//中国新技术新产品精选 2005－02
- 盛大的光荣与梦想/王邵婷//新财经 2005－02
- 盛大启示录/李栋//电子商务 2005－02
- 盛大：互动娱乐帝国的无限可能/曲晓燕//中国文化报 2005－02－25
- 盛大生吞新浪：娱乐下的门户湮灭？/李永胜//中国计算机报 2005－02－28
- 盛大收购新浪阳谋/王邵婷//新财经 2005－03
- 盛大放弃急攻虚心促谈　新浪频放烟雾抬高要价/范俊//国际金融报 2005－03－02
- 盛大收购新浪：潜行扩张中成就梦想/锡士　隅篁//金融时报 2005－03－11
- 收购新浪后　陈天桥的盛大战略/丁飞洋//中国经营报 2005－03－14
- 盛大入股新浪演绎优势互补式并购经典案例/张玮//通信信息报 2005－03－16
- 盛大崛起带给人们的期待/刘建飞//中国高新区 2005－04
- 收购战背后的公关较量/周忠//中国中小企业 2005－04
- 盛大传奇/姚延敏//中国质量万里行 2005－06
- 盛大成为民企百强的"秘籍"/君临//中国经营报 2005－06－27
- 玩出来的网络新经济——盛大游戏分析及启示/方伟//信息网络 2005－07
- 缔造中国富豪——盛大成功之谜//创业者 2005－08
- 唐骏在盛大的幸福生活//当代经理人 2005－08
- 盛大力推绿色游戏　中国网游更趋健康/君临//中国经营报 2005－08－08
- 盛大力推休闲健康网游/君临//中国经营报 2005－09－19
- 唐骏：3 到 5 年我决不会离开盛大/范晓曼　刘琪莉//华夏时报 2005－09－21
- 盛大的危机/智强//出版参考 2005－10
- 盛大和阿里巴巴：向农民学习/赵民//经济观察报 2005－10－24
- 盛大的崛起/朱泉峰//计算机世界 2005－11－21
- 盛大唐骏：筹划人生下一步/李国训//财经时报 2005－11－28
- 盛大的新年看点/吴为//科学时报 2006－01－14
- "盛大"人性化的营销攻略/大海//中国文化报 2006－01－18
- "整合就是创新"——盛大网络董事长兼 CEO 陈天桥//中外企业文化 2006－02
- 盛大网络游戏是如何成功发展的/史蒂芬·法利斯//国外社会科学文摘 2006－03
- 当软银爱上盛大/马玉荣//证券日报 2006－03－05
- 战略执行力　打造盛大网络成功基石/张驰//中国高新技术产业导报 2006－03－27
- 盛大巨亏　玩的是弃子求活/秦合舫//人力资本 2006－04
- 陈天桥解剖盛大执行力/晓黎//中国信息报 2006－04－03
- 陈天桥：停止脚步不是盛大的风格/丁飞洋//中国经营报 2006－04－17
- 唐骏眼里的盛大、微软和自己/曹健//财富智慧 2006－05

⊙陈天桥：盛大奔目标而去/彭梧//新京报 2006-06-01
⊙盛大要做网络迪斯尼——访盛大网络发展有限公司董事长陈天桥/陈天桥//沪港经济 2006-06
⊙唐骏眼里的盛大、微软和自己——与本刊总编辑彻夜长谈/陈实//IT 时代周刊 2006-07
⊙我娱乐我富有 网游巨头丁磊、陈天桥、朱骏、史玉柱 2006 新玩法/唐凯林//英才 2006-08
⊙陈天桥：回首六年盛大目标始终如一/E 街工作室//中国经营报 2006-08-14
⊙盛大新商业模式初步转型成功/吴凯 李治国//经济日报 2006-08-22
⊙盛大网络转型成功获各方首肯/赵垒//中华工商时报 2006-08-23
⊙瞿海滨：盛大需要改进执行力/瞿海滨//互联网周刊 2006-09
⊙盛大的四次转身 历经风雨赢得尊重/张宁//中国经营报 2006-09-04
⊙盛大再次受宠华尔街/张韬//上海证券报 2006-12-05
⊙唐骏：带领盛大峰回路转/张顺顺//通信信息报 2007-01-17
⊙转危为机的盛大/莫邪//经理人 2007-02
⊙盛大终于挣脱《传奇》知识产权阴影/汪小意//第一财经日报 2007-02-06
⊙免费模式让盛大挽回颜面/王晓玥//北京商报 2007-02-14
⊙盛大免费游戏战略出成效/陈亮//南方日报 2007-02-14
⊙陈天桥：盛大的精神领袖/张路//企业研究 2007-03
⊙盛大：从网游创新到布局全球研发/杨琳桦//21 世纪经济报道 2007-06-27
⊙盛大回归网游主业/王璞//经理人 2007-07
⊙牵手最大网游商 盛大力推全球平台战略/余德 曲春辉//经济观察报 2007-11-19
⊙盛大：网游企业终将采取“平台”战略/赵明//中国经济时报 2007-11-28
⊙唐骏：盛大积极向海外输出国内网游产品/张智江//通信信息报 2007-11-28
⊙盛大向华尔街展示“可持续发展能力”/张韬//上海证券报 2007-11-29
⊙营收持续高增长 盛大巩固领跑地位/张韬//上海证券报 2007-11-29
⊙中小网游商凭什么突围/米晓彬//传媒 2007-12
⊙唐骏：盛大不会是我的终点/刘畅//华夏时报 2007-12-17
⊙迪士尼取道盛大进入网游市场/黄丽萍//中国证券报 2007-12-25
⊙盛大多元出击 独霸市场并非不可能/余赦//通信信息报 2007-12-26
⊙盛大新局/方浩//当代经理人 2008-01
⊙盛大 亮丽的回归/赵民//中外管理 2008-02
⊙盛大网络：“游戏”使“人”进步/陈斌//人力资源 2008-02
⊙盛大“风云”阳谋/余德//经济观察报 2008-02-18
⊙盛大：管理游戏化/杨丽媪//理财杂志 2008-03
⊙盛大：游戏和管理的奇妙嫁接/杨丽媪//企业研究 2008-03
⊙盛大游戏和管理的奇妙嫁接/杨丽媪//中关村 2008-03
⊙陈天桥：盛大希望回归 A 股/彭梧//经理日报 2008-03-18
⊙“盛大”嫁接游戏和管理/杨丽媪//中国中小企业 2008-04
⊙盛大 全球掠夺人才//经营管理者 2008-04
⊙盛大：游戏和管理的奇妙嫁接/杨丽媪//新远见 2008-04
⊙唐骏出走 资本未成盛大阴影/覃卓燕//中国联合商报 2008-04-07
⊙盛大：创意文化企业要念好创新经/刘仁//中国知识产权报 2008-04-09
⊙盛大重组巩固老大地位 创新 CSP 模式获认可/余赦//通信信息报 2008-04-16
⊙陈天桥：一朝“传奇”十年盛大/欧阳松树//名人传记（财富人物）2008-05
⊙盛大盒子，沉寂中又见希望/靳生玺//IT 时代周刊 2008-05
⊙盛大“盒子”谢幕改推网游 2.0 唐骏取悦华尔街募得 540 万美元/丁菲菲//IT 时代周刊 2007-02

附录三：B 类文章目录

⊙盛大的“潘多拉盒子”向谁打开/孙庚//IT 时代周刊 2005-15
⊙盛大盒子注定要失败？/张毅//商业文化 2005-Z1
⊙盛大 在玩自官游戏？//知识经济 2003-03
⊙谁说盛大赚到钱？/林军//知识经济 2003-03
⊙盛大收购新浪 是否恶意？/王丹丹 崔鲸涛//中国高新技术产业导报 2005-02-23
⊙盛大偷吃新浪 谁打错了算盘/清晨//市场报 2005-03-04
⊙盛大游戏涉嫌网络赌博/胡喆//市场报 2005-03-18
⊙盛大出售虚拟物品是不当敛财/芬子//华夏时报 2006-03-02
⊙盛大，乌托邦制造者/陆燎原//中国计算机报 2006-03-20
⊙盛大：乌托邦的制造者？/陆燎原//管理与财富 2006-04
⊙广电总局：黄牌给予盛大/汪小意//第一财经日报 2006-04-24
⊙广电总局叫停“准 IPTV” 盛大“盒子”折戟/冯大刚//经济观察报 2006-04-24
⊙盛大盒子遭遇广电“叫停”函件/刘琪莉//华夏时报 2006-04-24
⊙盛大偷换“概念”也难免触线/陆琼琼//上海证券报 2006-04-25
⊙广电总局封杀盛大“盒子”/曹增光//电脑报 2006-05-01
⊙盛大失宠/李彤//商界（中国商业评论）2006-05
⊙从“盛大盒子”看整合者的战略幼稚病/陈永东//海峡财经导报 2006-05-25
⊙招安“代练” 盛大图谋虚拟交易/杨琳桦//21 世纪经济报道 2006-07-24
⊙帝国根基/董晓常//互联网周刊 2006-09
⊙早该放弃的“盛大盒子”/尹生//中国企业家 2006-09
⊙盛大悬赏 800 万元打击盗版值得商榷/时风//中国知识产权报 2006-09-20
⊙重塑失败 盛大陨落//商界（中国商业评论）2007-01
⊙盛大“盒子”谢幕是一种必然/叶开//IT 时代周刊 2007-03
⊙盛大“风云计划” 破坏性的挖掘？/苏灿//人力资本 2007-08

附录四：C 类文章目录

⊙“打开”盛大//中国经济周刊 2007-42
⊙EZPod 能否载起转型的盛大？/董晓常//互联网周刊 2005-44
⊙陈天桥性格与盛大新浪走向/王吉鹏//中国高新技术企业 2005-Z1
⊙国产网游集体亢奋 史玉柱之后谁是新“巨人”/李默风//IT 时代周刊 2007-24
⊙海信盒子与盛大盒子将融合/张郁//每周电脑报 2005-48
⊙解析网络游戏价值链——研发与运营环节/姚群峰//当代通信 2005-22
⊙紧缩战线盛大回归网游 陈天桥 20 亿冲刺网络迪斯尼/弘生//IT 时代周刊 2007-15
⊙联梦娱乐做手机游戏里的“盛大”/齐飞//中国企业家 2005-18
⊙联通携手盛大“游戏之旅”开创网游新模式//互联网周刊 2004-34
⊙免费游戏遇蛀虫 盛大 800 万巨资难退私服/孙立彬//IT 时代周刊 2006-19
⊙神州奥美 VS 盛大浩方 天价诉讼的背后（一）//电子竞技 2006-13
⊙神州奥美 VS 盛大浩方 天价诉讼的背后（二）/Byron//电子竞技 2006-15
⊙神州奥美 VS 盛大浩方 天价诉讼的背后（三）/Byron//电子竞技 2006-17

- 盛大，下一个传奇在哪？//经营者 2006 - 20
- 盛大：不断革自己的命/冯禹丁//商务周刊 2007 - 23
- 盛大 + 新浪　冲刺全球网络前十/贾亦//中国高新技术企业 2005 - Z1
- 盛大的“联想”之路/程苓峰//中国企业家 2005 - 19
- 盛大的 U 型转弯/秦涛//中国民营科技与经济 2003 - Z2
- 盛大的盒子和野心/董晓常//互联网周刊 2005 - 22
- 盛大对新浪死心了吗/董晓常//互联网周刊 2006 - 39
- 盛大分羹中移动手机游戏胜算几何/罗媛//IT 时代周刊 2005 - 13
- 盛大分手互联星空　祸起渠道/冯大刚//电脑知识与技术 2004 - 33
- 盛大何以“流血”上市？/黄乐桢//中国经济周刊 2004 - 20
- 盛大盒子里能装什么/虞立琪//商务周刊 2005 - 22
- 盛大急进/明叔亮//互联网周刊 2005 - 20
- 盛大疾航//互联网周刊 2005 - 36
- 盛大领先中国在线游戏的策略和障碍/天虹//电脑知识与技术 2004 - 36
- 盛大能否续写传奇？/陈金国//互联网周刊 2004 - 15
- 盛大能否再造传奇？——陈天桥清楚网络游戏业所面临的四大风险/虞立琪//商务周刊 2003 - 23
- 盛大是最大的游戏代练公司/臧中堂//IT 时代周刊 2005 - 24
- 盛大突围/杜晨//IT 经理世界 2005 - 20
- 盛大突袭新浪/王吉鹏//招商周刊 2005 - 13
- 盛大向何处去？/谢鹏//商务周刊 2006 - 14
- 盛大携神达推网络娱乐终端/张郁//每周电脑报 2005 - 39
- 盛大新浪僵局背后/明叔亮//互联网周刊 2005 - 36
- 盛大新浪纠缠引发危机迷局如何终结人们拭目以待/尚昭//IT 时代周刊 2005 - 20
- 盛大新一轮路演想干什么/范俊贤//IT 时代周刊 2007 - Z1
- 盛大选择独立开发的前因后果/王吉鹏//财富智慧 2005 - Z1
- 盛大移动平台的蹊径/明叔亮//互联网周刊 2005 - 17
- 盛大用遥控器打市场/张郁//每周电脑报 2005 - 47
- 盛大在“毒丸”面前退却/廖中华//东方企业文化 2005 - Z1
- 盛大转身：2 年转投研发解谜/王吉鹏//IT 时代周刊 2004 - 24
- 网通结盟盛大出击家庭娱乐/董晓常//互联网周刊 2006 - 16
- 网易的盛大式困惑/董晓常//互联网周刊 2006 - 39
- 微软、诺基亚、AMD、盛大、分众　看看巨头们如何理解创新和软实力/《时代周刊》记者//IT 时代周刊 2008 - Z1
- 新浪盛大　未解之结/程苓峰//中国企业家 2005 - 20
- 用五种竞争力量模型浅析盛大网络的竞争环境/林烨//科技资讯 2007 - 29
- 原创作品装点网络迪斯尼　盛大娱乐内容恐遇版权难题/姚碧风//IT 时代周刊 2008 - 16
- 在网游股中寻找下一个“盛大网络”/陈健//证券导刊 2004 - 19
- 遭遇三大难题考验前景未卜 MOTO 联姻盛大觊觎手游市场/李萧然//IT 时代周刊 2006 - 16
- 中国网络游戏产业：成长的烦恼/田芳　周旭峰　罗翼//信息产业报道 2003 - Z1
- 周志雄：绝不会只是一个盛大/周志雄//商务周刊 2005 - 23
- 卷土重来　第九城市猛追盛大/顾建兵　孙冰//21 世纪经济报道 2003 - 01 - 16
- 新浪《天堂》挑战盛大《传奇》　网络游戏撬动 330 亿真金白银/张大峰　范君//21 世纪经济报道 2003 - 01 - 16
- 密融 4000 万美元　盛大高筑网络游戏门槛/寒烟//经济观察报 2003 - 01 - 20
- 律师眼中的盛大事件/朱杰//知识经济 2003 - 03
- 网络游戏成为新的创业商机——上海盛大网络公司的“传奇”故事/吉姆//科技创业 2003 - 04
- 网络游戏反击战/闫辉//程序员 2003 - 04
- “传奇”陈天桥　上海盛大网络发展有限公司执行董事兼总经理//媒体世界 2003 - 05
- 怎样玩出四千万美元？/凌曼文//软件世界 2003 - 06
- 盛大的“传奇”还能继续吗？//中国企业家 2003 - 08
- 九城战盛大毕一役于《魔兽世界》/张大峰//21 世纪经济报道 2003 - 11 - 13
- 互联星空与盛大携手构筑网络游戏全新运作模式/史剑//通信信息报 2003 - 12 - 24
- 盛大架构迪斯尼模式/丁飞洋//中国经营报 2003 - 12 - 29
- 试论中国的网络游戏产业/杨健　郭建中//上海大学学报（社会科学版）2004 - 01
- 盛大“传奇”之路新年闯三关/包冉　姚睿//计算机世界 2004 - 01 - 19
- 阎焱：盛大网络的幕后推手/刘思//中国经营报 2004 - 02 - 09
- 打破盛大垄断/未来//人民邮电 2004 - 02 - 18
- 盛大——成熟有多难？//中国高新技术企业 2004 - 03
- 唐骏离开微软空降盛大，你看好吗？//经理人 2004 - 03
- 微软收购盛大？/丁伟//中国企业家 2004 - 03
- 盛大网络打造中国网络游戏第一研发基地/陈建栋//光明日报 2004 - 03 - 07
- 网络游戏：传奇世界里的传奇人物——上海盛大网络有限责任公司总裁陈天桥访谈录//沪港经济//2004 - 05
- 盛大折价上市/焦艳玲//市场报 2004 - 05 - 18
- 盛大上市，为钱还是一种责任？/夏友平//软件世界 2004 - 06
- 四部委再次严查网吧　盛大主导网络游戏转轨/文照谋//中国经营报 2004 - 06 - 28
- 盛大如何缔造“新传奇”/曹致//电子商务 2004 - 07
- 联通网苑携手盛大展开“游戏之旅”/陈敏//中国数据通信 2004 - 08
- “盛大”收购“边锋”水落石出/苏靖　张涵//浙江日报 2004 - 08 - 06
- 盛大传奇难续/Perry Wu//知识经济 2004 - 09
- 游戏搏击大市场——上海盛大网络发展有限公司//中国税务 2004 - 09
- eBay 易趣携手盛大推广电子商务应用/林敏//通信信息报 2004 - 10 - 27
- 盛大是文化公司？/荣军//互联网周刊 2004 - 11
- 盛大的晚宴　迟到的杨致远//互联网周刊 2004 - 12
- 软银亚洲基金 CEO 阎焱：盛大之后看中数字媒体/李婧//第一财经日报 2004 - 12 - 06
- 盛大：资本扩张下的辉煌与忧患/罗会祥//通信信息报 2004 - 12 - 08
- 跳出游戏，盛大布局数字电视/张懿//文汇报 2004 - 12 - 20
- 上海盛大网络发展有限公司董事长陈天桥　机会在每一个时候都存在//经营者 2005 - 01
- 盛大进军数字电视领域/易观//中国电子商务 2005 - 01
- 盛大演绎网游跨国收购传奇/侯继勇//中国新技术新产品精选 2005 - 01
- 张燕梅：从索尼中国 1 号员工到盛大副总裁/汪小意//第一财经日报 2005 - 01 - 05
- 浩方使命：盛大电子竞技领地的“守望者”/汪小意//第一财经日报 2005 - 01 - 10
- 盛大王国“二人转”陈天桥琢磨 IPTV“下一顿”/汪小意　施贝遐//第一财经日报 2005 - 01 - 17
- 盛大与思科、软银的风花雪月/汪恭彬//21 世纪经济报道 2005 - 01 - 24
- 盛大卷起千层浪/易华//电子商务 2005 - 02
- 盛大事件回眸/易华//电子商务 2005 - 02
- 网易：最接近盛大的竞争者/阳虹霞//新财经 2005 - 02
- 资本玩家——上海盛大//电子商务 2005 - 02
- 盛大收购新浪 19. 5% 股权成最大股东/辛华//深圳特区报 2005 - 02 - 20
- 陈天桥“统一”新浪　盛大转型/贺朝晖　王昊//民营经济报 2005 - 02 - 21

⊙ 盛大收购新浪起波澜/李小宁　吴占宇//上海证券报 2005－02－21
⊙ 盛大似是恶意收购　新浪或将“毒丸”应对/赵明//中国经济时报 2005－02－21
⊙ 盛大＋新浪＝？/曹敏洁//东方早报 2005－02－22
⊙ 盛大认购新浪对产业影响何在/暮冬//光明日报 2005－02－22
⊙ 盛大收购新浪　互联网步入服务时代/吴限//中国高新技术产业导报 2005－02－22
⊙ 盛大收购新浪　门户走向式微/王鹤　郎婧婧//经济参考报 2005－02－22
⊙ 新浪“对付”盛大收购打响第一炮/杨卉　张莹　徐香梅　汪涓//深圳商报 2005－02－23
⊙ 盛大面不改色按兵不动/李治国//经济日报 2005－02－24
⊙ 新浪出手狙击盛大进退两难/徐香梅//深圳商报 2005－02－24
⊙ 新浪反击盛大能否奏效/李兴华//深圳特区报 2005－02－24
⊙ 新浪表态：盛大可以过来谈/程武//中华工商时报 2005－02－25
⊙ 新浪搓好“毒丸”，等着喂“大股东”盛大/周文林//新华每日电讯 2005－02－25
⊙ 盛大收购新浪背后的故事/李云龙//证券日报 2005－02－26
⊙ 盛大并购案的四个谜团/任雪松　杨阳　施春华//经济观察报 2005－02－28
⊙ 盛大的大浪即将盖过新浪的浪花？/王卫东//21 世纪经济报道 2005－02－28
⊙ 盛大买新浪//计算机世界 2005－02－28
⊙ 盛大收购新浪背后：大摩、高盛过招/段晓燕　王柏人//21 世纪经济报道 2005－02－28
⊙ 陈唐二人转搭建盛大娱乐帝国/郑重//互联网周刊 2005－03
⊙ 当新浪遇上盛大/尹蘅//资本市场 2005－03
⊙ 盛大的传奇并购/陈茜//董事会 2005－03
⊙ 盛大将清洗新浪董事会/杨云高//董事会 2005－03
⊙ 盛大收购新浪，1＋1＞2？/夏梦//中国电子商务 2005－03
⊙ 盛大收购新浪有感/程洲//国际融资 2005－03
⊙ 盛大新浪“世纪姻缘”三大猜想/曹敏洁//东方早报 2005－03－01
⊙ 盛大新浪攻防战与上市公司反收购策略/傅明//上海国资 2005－03
⊙ 为什么是盛大收购新浪？/李青岳//财富智慧 2005－03
⊙“盛大 VS 新浪”收购战背后的新闻公关较量/周忠//民营经济报 2005－03－02
⊙ 盛大 VS 新浪：虚拟世界的收购战//上海证券报 2005－03－02
⊙ 4 盛大控股新浪事件显示互联网三大发展趋势/李璐璐//通信信息报 2005－03－02
⊙ 盛大收购新浪玄机重重/经纬//中国高新技术产业导报 2005－03－02
⊙ 新浪两种武器对付盛大收购/恒鹏//北京科技报 2005－03－02
⊙ 一场盛大的新浪迷局/明四新//中华新闻报 2005－03－02
⊙“盛大 VS 新浪”收购战背后的公关较量/周忠//福建工商时报 2005－03－04
⊙ 盛大购新浪凸显网游发展瓶颈/黄蓉//东方早报 2005－03－05
⊙ 盛大收购攻略/汪小意　王佑　施贝遐//第一财经日报 2005－03－07
⊙ 盛大欲借新浪内容资源实现“网上迪斯尼”/张玮//通信信息报 2005－03－09
⊙ 盛大下一步/王卫东//南方周末 2005－03－10
⊙ 盛大舞剑，意在电信增值市场/伊佳//通信产业报 2005－03－14
⊙ 盛大拐弯/曾强　侯继勇//21 世纪经济报道 2005－03－21
⊙ 盛大贴牌“泡泡糖”/王云辉//21 世纪经济报道 2005－03－24
⊙ 从盛大的决心看 IPTV 市场发展前景/小刀马//通信信息报 2005－03－30
⊙“盛大 VS 新浪”收购战的新闻公关较量/周忠//大陆桥视野 2005－04
⊙ 超越盛大的“草根”哲学/凌平//经营者 2005－04
⊙ 从盛大看网络游戏运营企业的主要商业模式/黄漫宇//中南财经政法大学学报 2005－04
⊙ 从盛大收购新浪看中国企业并购市场新特点/采洪//产权导刊 2005－04
⊙ 丁磊很倔犟　后果会很严重　网易：盛大的头号竞争对手？/雨枫//经营者 2005－04
⊙ 惊天大并购——盛大收购新浪始末/张翼长//财富智慧 2005－04
⊙ 门户价值被低估　张朝阳无奈　搜狐：与盛大、新浪强硬对决//经营者 2005－04
⊙ 盛大 VS 新浪：静悄悄的收购/顾列铭//管理与财富 2005－04
⊙ 盛大蚕食新浪：陈天桥传媒巨头梦何时能圆？/马文刚//上海信息化 2005－04
⊙ 盛大完美之选？/明叔亮//互联网周刊 2005－04
⊙ 盛大—新浪：仅仅是个开始/董晓常//互联网周刊 2005－04
⊙ 书写互联网又一神话的盛大《传奇》网络游戏//新电脑 2005－04
⊙ 谁能超越盛大/凌平//经营者 2005－04
⊙ 透视盛大收购新浪/薛峰//中外管理 2005－04
⊙ 新掌门霍华德·斯丁格 VS 陈天桥＋比尔·盖茨 SONY：盛大联合微软的险境//经营者 2005－04
⊙ 战败的案例　光通：从盛大对手变成盛大“奶牛”//经营者 2005－04
⊙ 朱骏 VS 陈天桥　第 57 和第 1 的较量　九城能够挑战盛大吗？//经营者 2005－04
⊙ 问诊盛大、九城“互联网天后”中国 3 天/杨琳桦//21 世纪经济报道 2005－04－07
⊙ 盛大收购新浪为何“虎头蛇尾”/刘晓霞　程武//中华工商时报 2005－04－22
⊙ 民营互联网的积分原理——从盛大入股新浪看数码体验业的走势/姜奇平//互联网周刊 2005－05
⊙ 盛大的资本整合轨迹/杜晨//IT 经理世界 2005－05
⊙ 盛大帝国　开局之战/程苓峰//中国企业家 2005－05
⊙ 盛大牵手新浪　打造互联网巨头//计算机与网络 2005－05
⊙ 盛大突袭新浪：内幕与前景/王吉鹏//IT 时代周刊 2005－05
⊙ 盛大网络的“游戏规则”/李小兵//上海证券报 2005－05－27
⊙ 盛大的秘密//电脑报 2005－05－30
⊙ 共同体验盛大的寂寞　中国三大 MALL 各有难念的经/梁冰　夏炜　周益广//第一财经日报 2005－06－09
⊙ 盛大走出“传奇”？/曾强　侯继勇//21 世纪经济报道 2005－06－13
⊙ 盛大“结对”百事可乐/曹敏洁//东方早报 2005－06－21
⊙ 盛大与运营商掰手腕　欲夺手机游戏控制权/曹增光//中国经济时报 2005－06－22
⊙ 盛大遭遇虚拟财产保护困惑/范俊//国际金融报 2005－06－22
⊙ 盛大九城两巨头“捉对厮杀”/曹敏洁//东方早报 2005－06－28
⊙ 2005 游戏产业将迎来黄金时代——由新浪被盛大收购所想到的//数码世界 2005－07
⊙ 九城对决盛大资本转移游戏上演/石风//中国电子商务 2005－07
⊙ 盛大：胜利“逃亡”下的转型//电子商务 2005－07
⊙ 盛大收购新浪起疑云/梁钦//每周电脑报 2005－07
⊙ 新浪：盛大的游戏？/张杰//中国计算机用户 2005－07
⊙ 陈天桥昨拿出“盛大盒子”/曹敏洁//东方早报 2005－07－02
⊙ 盛大“家庭电脑娱乐中心”为电信运营商借来“东风”/君临//中国经营报 2005－07－04
⊙ 盛大＋Intel＋微软＝网上迪斯尼？/李楠//中国计算机报 2005－07－04
⊙ 盛大网易九城国内网游可持续竞争力前三名/赵文艳//中国国门时报 2005－07－04
⊙ 盛大无线攻略终于浮出水面/张海洋//中国经营报 2005－07－04
⊙ 逐鹿即时通讯市场　盛大延续扩张战略/史丽//经济参考报 2005－07－04
⊙ 上海分行联手盛大推网上支付/顾海萍　潘晓蓉//中国城乡金融报 2005

-07-08

⊙ 盛大盒子卖的啥药?/吴为//科学时报 2005-07-09

⊙ 盛大宝刀屠《魔兽》 九城攻防搅战局/文照谋//中国经营报 2005-07-18

⊙ Linksys 盛大无线畅游网游//中国计算机报 2005-07-25

⊙ 2000 元的“盛大魔盒”,我们用来干什么?/允成//互联网天地 2005-08

⊙ 盛大“突袭”新浪谁是最后赢家?/王红茹//中国经济周刊 2005-08

⊙ 盛大:两种速度的对抗/郑作时//南风窗 2005-08

⊙ 盛大的盒子/赵晓力//21 世纪商业评论 2005-08

⊙ 盛大的盒子/周季钢//经济 2005-08

⊙ 盛大网络将发布新游戏主机//中国乡镇企业技术市场 2005-08

⊙ 盛大公布第二季度财报 进入“转型期”/程悠悠 汪小意//第一财经日报 2005-08-11

⊙ 新战略担力 盛大 Q2 净赚 2 亿/曹敏洁//东方早报 2005-08-11

⊙ 九城盛大,游戏人间的争峰/王亮亮//中国计算机报 2005-08-22

⊙ 盛大首款自主研发 3D 休闲类游戏盛装登场/王勇//中国经营报 2005-08-29

⊙ 从盛大模式看网络营销与传统营销的关系/蔡博//企业活力 2005-09

⊙ 反收购的法律方案设计——以盛大收购新浪案为例/吴心竹//金融法苑 2005-09

⊙ 盛大收购新浪案的反收购分析//金融法苑 2005-09

⊙ 盛大端掉许昌“开心传奇”老窝 国内打击私服外挂风暴逐步形成/君临//中国经营报 2005-09-05

⊙ 重金投顺驰、欢乐传媒 软银亚洲寻找下一个盛大/雷中辉//21 世纪经济报道 2005-09-15

⊙ 运营服务本地化 盛大孵化“小盛大”/周志军//中国文化报 2005-09-16

⊙ 百度、盛大,他们不是榜样/姜汝祥//中国经营报 2005-09-26

⊙ 初解盛大董事会秘密抢滩 传媒盛大面临“遭遇战”/汪小意//中国工商 2005-10

⊙ 九城能否撼动盛大的世界/薛冰雷//IT 时代周刊 2005-10

⊙ 盛大的危机/智强//出版参考 2005-10

⊙ 盛大收购传闻是做给新浪看的吗/李俊慧//IT 时代周刊 2005-10

⊙ 盛大展示全线互动娱乐产品 新产品亮相国际通信展//中国传媒科技 2005-10

⊙ 盛大总裁为何害怕小企业/赵华英//中国经济导报 2005-10-15

⊙ 百度搭乘盛大快车 剑指虚拟货币市场/彭露//中国经营报 2005-10-17

⊙ 盛大 4.5 亿美元投入家庭娱乐/李峻岭//国际金融报 2005-10-18

⊙ 抢滩传媒盛大面临“遭遇战”/汪小意//第一财经日报 2005-10-21

⊙ 风劲雷动 盛大区域化运营再撼网游市场/君临//中国经营报 2005-10-24

⊙ 英特尔为媒 神达盛大携手掌上娱乐/罗强//中国计算机报 2005-10-24

⊙ 盛大股价何以连挫回购计划旨在“止血”/汪小意//第一财经日报 2005-10-26

⊙ 九城新址挨盛大朱骏“肉搏”陈天桥/汪小意//第一财经日报 2005-10-28

⊙《传奇》游戏免费 盛大割肉转型//信息产业 2005-11

⊙ EZMini 惊鸿初现 盛大网络、神达电脑集团和英特尔携手共推全球首款掌上网络娱乐互动终端//电子与电脑 2005-11

⊙ 软银亚洲:寻找下一个盛大/杨丽媚//中国外资 2005-11

⊙ 盛大整合新浪的商业逻辑/方浩//当代经理人 2005-11

⊙ 盛大与神达:索尼模式已经过时/熊川//财经时报 2005-11-07

⊙ 抢“头彩” 长虹海信阻击“盛大盒子”/范晓曼 张鑫//华夏时报 2005-11-08

⊙ 盛大“盒子”卖出电脑价/陈亮//南方日报 2005-11-08

⊙ 打开盒子看盛大/春风化雨//电脑报 2005-11-14

⊙ 盛大盒子不值 6850 元//电脑报 2005-11-14

⊙ 盛大转型期的“痛苦”对中国企业发展的启示/君临//中国经营报 2005-11-28

⊙ 手机网游:能否再现“盛大”神话?/金华日报//2005-11-29

⊙ 盛大被逼出来的“上策”/丁飞洋//中国经营报 2005-12-05

⊙ 盛大家庭战略渠道初成/曹敏洁//东方早报 2005-12-14

⊙ 盛大转型面临两大考验/李少林//中国证券报 2005-12-15

⊙ 盛大还要动脑子/闫辉//计算机世界 2005-12-19

⊙ 盛大与联合国世界粮食计划署共同推出新游戏《粮食力量》/张伟//电子资讯时报 2005-12-26

⊙ 携手盛大 七喜推第四代媒体中心 PC/史春鹏//电脑商报 2005-12-26

⊙ 2006 年:盛大、九城比邻而居/汪小意//第一财经日报 2006-12-28

⊙ 传奇世界免费运行盛大转型家庭战略//电脑技术-HELLO-IT 2006-01

⊙ 解读盛大“永久免费”/贺帅//中国新通信 2006-01

⊙ 免费:盛大转型信号?/于石//法人杂志 2006-01

⊙ 盛大的品牌美梦/王亚雪//互联网周刊 2006-01

⊙ 盛大免费背后/文让//中国电子商务 2006-01

⊙ 透过“防沉溺”看盛大之棋/郑成//互联网天地 2006-01

⊙ 网游电子商务百花齐放 盛大 E-sales 模式大势已去/严修//IT 时代周刊 2006-01

⊙ 盛大能否成就另一段传奇/冬枫泺//中华工商时报 2006-01-04

⊙ 长虹数霸联手盛大易宝进军家庭互动娱乐市场/军华//中国信息报 2006-01-09

⊙ 长虹数霸联手盛大易宝进军家庭互动娱乐市场/冉荷//中国贸易报 2006-01-10

⊙ 长虹数霸联手盛大易宝 进军家庭互动娱乐市场/虹雨//中华工商时报 2006-01-11

⊙ 盛大网络与长虹朝华携手 3C 融合/王勇//中国企业报 2006-01-12

⊙ 盛大能否续写品牌“传奇”?/刘爱英//中国知识产权报 2006-01-13

⊙ 盛大微调/雷中辉//21 世纪经济报道 2006-01-16

⊙ 盛大坚决转型/文宗//经理日报 2006-01-20

⊙ 盛大与百代战略携手推数字音乐/盲未//中国文化报 2006-01-20

⊙ 盛大牵手 EMI 百代共推正版数字音乐/中国经营报//2006-01-23

⊙ 盛大裁员背后/求一兵//科学时报 2006-01-28

⊙ 横着竖着都能玩 盛大 EZPOD 宽带娱乐中心/只放老歌//数字通信 2006-02

⊙ 透过“免费”看盛大资本运作之举/郑成//互联网天地 2006-02

⊙ 盛大下注易宝推广 2000 万猛砸电视广告/汪小意//第一财经日报 2006-02-06

⊙ 盛大转型:从网游到数字家庭/王鹤//经济参考报 2006-02-13

⊙ 思科增减持盛大股迷局//第一财经日报 2006-02-16

⊙ 思科悄悄购入盛大 9.7% 股权/孟飞鸿//成都日报 2006-02-16

⊙ 陈天桥回应“资金短缺”:盛大有 4 亿美元现金可以调动/曾强//21 世纪经济报道 2006-02-20

⊙“蜂王”陈天桥制造的盛大“紧张感”/汪小意//第一财经日报 2006-02-23

⊙ 盛大易宝入市 3 个月:100 万套大多压在渠道/沈娟//第一财经日报 2006-02-28

⊙ 丁磊学习盛大 网易离门户越来越远?/李寅//人力资本 2006-03

⊙ 简易数字家庭 盛大易宝 EZPOD/汪国华//个人电脑 2006-03

⊙ 金山网游步盛大后尘宣布免费/王晓玥//北京现代商报 2006-03-01

⊙ 扔掉“盒子” 盛大家庭战略轻装前进/赵明//中国经济时报 2006-03-01

◎ 盛大传奇难敌九城魔兽/张立君//证券日报 2006 - 03 - 01
◎ 盛大季报曝出 5 亿巨亏/黄炎　陈中//深圳商报 2006 - 03 - 01
◎ 盛大巨亏逾 5 亿　家庭娱乐转型生痛/陆琼琼//上海证券报 2006 - 03 - 01
◎ 盛大转型：非常之事与非常之痛/汪小意//第一财经日报 2006 - 03 - 01
◎ 盛大转型的财务困局/阿译//首席财务官 2006 - 03
◎ 常胜不再盛大季报报亏 5.39 亿/林纯洁//第一财经日报 2006 - 03 - 01
◎ ACTOZ 盛大恩怨史：留给中国东家的负累/汪小意//第一财经日报 2006 - 03 - 02
◎ 盛大经历转型期阵痛/高改芳//中国证券报 2006 - 03 - 02
◎ 陈天桥"壮士断腕"：从财务角度看盛大巨亏/李映红//第一财经日报 2006 - 03 - 03
◎ 金山网游步盛大后尘宣布免费/王晓//经理日报 2006 - 03 - 03
◎ 盛大巨亏之后期待传奇继续/夏志琼//证券时报 2006 - 03 - 03
◎ 中国数字家庭历程　"维纳斯"流产　"盛大易宝"播种/士心//证券日报 2006 - 03 - 05
◎ 盛大"盒子"初具规模/杨阳//经济观察报 2006 - 03 - 06
◎ 盛大巨亏逾 5 亿元//计算机世界 2006 - 03 - 06
◎ 盛大阵痛：一个理想主义者的烦恼/殷勇//中国计算机报 2006 - 03 - 06
◎ 宽带娱乐中心替代"维纳斯计划"　盛大激情描绘中国数字家庭蓝图/风痕//大众科技报 2006 - 03 - 09
◎ 盛大描绘中国数字家庭蓝图/张黎//国际商报 2006 - 03 - 09
◎ 盛大易宝娱乐中心描绘数字家庭蓝图/智平//中国商报 2006 - 03 - 10
◎"维纳斯计划"之败与盛大盒子百日/陈婷//科学时报 2006 - 03 - 11
◎ 盛大打造中国互动家庭宽带娱乐盛宴/张弛//中国高新技术产业导报 2006 - 03 - 20
◎ 盛大易宝牵手"巨鲸"　又添海量数字音乐/张伟//电子资讯时报 2006 - 03 - 20
◎ 寻找盛大巨亏的真实原因/黄海懿//中国计算机报 2006 - 03 - 20
◎ 盛大要给微软上一课//中国证券报 2006 - 03 - 25
◎ TOM 或与盛大结盟洽购新浪/陆琼琼//上海证券报 2006 - 03 - 28
◎ 盛大的抉择与 eBay 的台阶/陈志刚//第一财经日报 2006 - 03 - 28
◎ 盛大押宝易宝打算扔盒子/刘琪莉//华夏时报 2006 - 03 - 28
◎ 盛大公司：网游并非洪水猛兽　关键是要正确引导/谭茜琛//民营经济报 2006 - 03 - 29
◎"盛大盒子"欲借外力突破销售困局/胡雪柏//中华建筑报 2006 - 03 - 30
◎ 盛大的陈氏解决方案/张文//国际商报 2006 - 03 - 30
◎ 盛大易宝难销与网络娱乐消费格局/李华芳//第一财经日报 2006 - 03 - 30
◎ G 华业：盛大控股间接入主/陈静/中国证券报 2006 - 03 - 31
◎ 盛大控股将成 G 华业实际控制人/王柄根//证券时报 2006 - 03 - 31
◎ 盛大携手阶梯丰富"盒子"内容/木木//中国文化报 2006 - 03 - 31
◎ 亏损下的盛大之辩/刘淼//互联网天地 2006 - 04
◎ 盛大，费解的家庭数码路/无辨//数字世界 2006 - 04
◎ 盛大财报"示人以弱"　网游巨头分道扬镳/李杨//上海信息化 2006 - 04
◎ 售价为 458 元仍滞销百万？——盛大易宝（EZPod）揭秘/YSQ//电脑自做 2006 - 04
◎ 由盛大公司与 ACTOZ 的纠纷看网络游戏代理/赵清绪//山东省农业管理干部学院学报 2006 - 04
◎ 盛大谋局中国数字家庭帝国/张弛//中国高新技术产业导报 2006 - 04 - 03
◎ 盛大以退为进？/倪洪章　李云杰//计算机世界 2006 - 04 - 03
◎ 盛大易宝：宽带家庭打造娱乐盛宴/洪革//通信产业报 2006 - 04 - 03
◎ 盛大明确放弃"盛大盒子"/汪小意//第一财经日报 2006 - 04 - 19
◎ 盛大携手惠普拓展产业链/陆琼琼//上海证券报 2006 - 04 - 19
◎"我不怕盛大"/汪小意//第一财经日报 2006 - 04 - 20
◎ 盛大明确表示放弃"盒子"/王晓玥//北京现代商报 2006 - 04 - 20
◎ 傍上惠普　盛大盒子退守 PC/杨琳桦//21 世纪经济报道 2006 - 04 - 21
◎ 盛大网络"捆绑"惠普中国/孙丽萍//经理日报 2006 - 04 - 21
◎ HP 台式机将捆绑盛大易宝//计算机世界 2006 - 04 - 24
◎ 盛大仍在转"硬"/杨世界//通信产业报 2006 - 04 - 24
◎ 盛大网络与惠普结成战略合作伙伴　共同开拓基于数字家庭的互动娱乐市场/宁宁//中国经营报 2006 - 04 - 24
◎ 盛大欲借道上海文广挽救 IPTV/陆琼琼//上海证券报 2006 - 04 - 25
◎ 都是盒子惹的祸　盛大颓势真的开始了吗/姬东琪//多媒体世界 2006 - 05
◎ 盛大易宝见证中国数字家庭历程//计算机与网络 2006 - 05
◎ 数位红：背靠盛大图谋无线游戏/严悦//中国电子商务 2006 - 05
◎ 搜游凭什么对盛大说"NO"/邵中兵//湖南经济报 2006 - 05 - 09
◎ 盛大网络与 HP 结盟/宁宁//中华工商时报 2006 - 05 - 10
◎ 网游市场变天网易首超盛大/孙琎//第一财经日报 2006 - 05 - 18
◎ 盛大首季利润同比急跌 94%/汪小意//第一财经日报 2006 - 05 - 19
◎ 一季度财报出炉　盛大、网易业绩迥异/王鹤//经济参考报 2006 - 05 - 22
◎ 盛大牵手迪士尼重回网游/陆琼琼//上海证券报 2006 - 05 - 25
◎ 迪斯尼携手盛大开发网络游戏/孙丽萍//中国国门时报 2006 - 05 - 29
◎ 盛大：重蹈产业整合宿命？/李乐天//人力资本 2006 - 06
◎ 盛大被数字家庭卡住？/刘丽娟//商务周刊 2006 - 06
◎ 盛大在哪儿？/杜晨//IT 经理世界 2006 - 06
◎ 盛大遭遇转型阵痛/李由//经营者 2006 - 06
◎ 公交车刷卡和盛大转型/何风志//中国计算机报 2006 - 06 - 05
◎ 盛大：如今赚钱不容易/飞宇冰矢//电脑报 2006 - 06 - 05
◎ 网通瞄准 IPTV　盛大"盒子"转危为安？/李晶//经济观察报 2006 - 06 - 05
◎ 盛大：高管离职属正常淘汰/刘琪莉//华夏时报 2006 - 06 - 07
◎ 新浪推高管激励方案　盛大"黯然"/陆琼琼//上海证券报 2006 - 06 - 15
◎ 联合证券与盛大、证券之星合作推出遥控器炒股/吴清桦//证券时报 2006 - 06 - 26
◎ 盛大重启收费网游模式/彭梧//新京报 2006 - 06 - 29
◎ 盛大借力米奇加速打造"网上迪士尼"/张弛//国际市场 2006 - 07
◎ 盛大游戏甄选秘诀："三个漏斗"选产品/汪小意//第一财经日报 2006 - 07 - 26
◎"思科"、"盛大"联姻意在数字家庭/邹衍//经理日报 2006 - 07 - 30
◎ 盛大网易腾讯被看好/刘伟//深圳商报 2006 - 07 - 31
◎ 盛大巨亏再反思/孙庆章//经理人 2006 - 08
◎ 唐骏：盛大没有"回归"这个词/杨柳//英才 2006 - 08
◎ 网格计算娱动上海盛大/海岸//中国计算机用户 2006 - 08
◎ 摩托罗拉与盛大合作开发手机游戏//人民邮电 2006 - 08 - 02
◎ 陈天桥再造电子商店新盈利模式/汪小意//第一财经日报 2006 - 08 - 17
◎ 盛大净利环比增长 10 倍/陆琼琼//上海证券报 2006 - 08 - 17
◎ 盛大二季度净利润达 1.34 亿元/徐寿松　孙丽萍//中国证券报 2006 - 08 - 17
◎ 盛大"爬"出低谷　转型后首次利润大增/李晶//经济观察报 2006 - 08 - 21
◎ 盛大免费网游过关/丁飞洋//中国经营报 2006 - 08 - 21
◎ 盛大业绩跳水隐含家族企业管理漏洞/陶海青//中国现代企业报 2006 - 08 - 22
◎ 盛大与英特尔开创网游推广合作新模式/张宁//中国经营报 2006 - 08 - 28

⊙ 盛大怎么了/董晓常//互联网周刊 2006－09
⊙ 直击盛大/董晓常//互联网周刊 2006－09
⊙ 盛大"隐身副总裁"揭秘营运"黄金法则"/汪小意//第一财经日报 2006－09－11
⊙ 中科院自动化所联姻盛大互动"数字"/刘垠//大众科技报 2006－09－12
⊙ 盛大财报里的转型密码/方浩//当代经理人 2006－10
⊙ 盛大转型，转向何方？/林嘉澍//经济观察报 2006－10－16
⊙ 盛大初尝网游国际发行商新角色/汪小意//第一财经日报 2006－10－27
⊙ 盛大：我的名字不再叫"网游"/孙冰//中国经济周刊 2006－11
⊙ 受阻广告销售盛大传媒化面临机遇和挑战/汪小意//第一财经日报 2006－11－03
⊙ 盛大起点中文网日最高浏览量突破 1 亿/高仲宾//中国经营报 2006－11－06
⊙ 盛大：从"可进可退"到"有得有失"/汪小意//第一财经日报 2006－11－08
⊙ 盛大出售近半数新浪股票/周婷//中国证券报 2006－11－08
⊙ 盛大减持新浪：套现但没走人/汪小意//第一财经日报 2006－11－08
⊙ 盛大抛新浪股份再演陈氏迷雾/王晓玥//北京商报 2006－11－08
⊙ 盛大套现近亿美元新浪股份/陈中小路//上海证券报 2006－11－08
⊙ 盛大图谋"卡位"新浪/陈中小路//上海证券报 2006－11－08
⊙ 盛大网络引爆三大猜想/黄炎//深圳商报 2006－11－08
⊙ 盛大抽身前后：两神秘财务投资者增持新浪/侯继勇　杨琳桦//21 世纪经济报道 2006－11－10
⊙ 盛大打破僵局/赵平//中国经营报 2006－11－13
⊙ 盛大抛售新浪股票，"心动"变"心病"？/王泽蕴//中国计算机报 2006－11－13
⊙ 盛大详解减持新浪/余德//经济观察报 2006－11－13
⊙ 盛大三季度净收入 4.37 亿元/汪小意//第一财经日报 2006－11－13
⊙ 陈天桥退守盛大/庄莉莉//上海信息化 2006－12
⊙ 盛大与阶梯数码结缘数字家庭/张郁//每周电脑报 2006－12
⊙ 盛大数字家庭　一个华尔街不再头疼的故事/余德//经济观察报 2006－12－11
⊙ 盛大"削足适履"/侯继勇//21 世纪经济报道 2006－12－18
⊙ 阳光媒体与盛大秘密合资/王宏亮//财经时报 2006－12－25
⊙ 盛大构思网游新模式/张韬//上海证券报 2006－12－28
⊙ 盛大欲取道联想 PC 平台入家庭市场/杨国强//第一财经日报 2006－12－28
⊙ 二次路演　盛大公关"资本"/英侠//人力资本 2007－01
⊙ 否认出售　盛大转型进行式/赵信//中国民航报 2007－01－01
⊙ 拟借道联想盛大激活互动娱乐/胡婧薇//中国联合商报 2007－01－08
⊙ 盛大欲携手联想合作拓市/邱桂奇//通信信息报 2007－01－10
⊙ 长城电脑牵手盛大/李胜//湖南经济报 2007－01－30
⊙ 盛大向 xBox 致敬/董晓常//互联网周刊 2007－02
⊙ 盛大再次抛售新浪股票/张韬//上海证券报 2007－02－10
⊙ 盛大再沽新浪股票　套现 1.3 亿美元/曹敏洁//东方早报 2007－02－10
⊙ 卖掉新浪股票盛大四季度财报"好看"/汪小意//第一财经日报 2007－02－14
⊙ 转型收效　盛大四季度收入增 30%/张韬//上海证券报 2007－02－14
⊙ 盛大传奇之前的陈天桥//中华读书报 2007－02－28
⊙ 盛大欲借网游"苍天"续写传奇故事//中国电子商情（通信市场）2007－03
⊙ 盛大 1 亿增资起点中文网/曹敏洁//东方早报 2007－03－08
⊙ 盛大网络 1 亿元增资起点网/张韬//上海证券报 2007－03－08
⊙ 盛大今年计划回购 5000 万美元股票/张韬//上海证券报 2007－03－12
⊙ 盛大增资起点　欲建全球最大原创文学网/北辰//中国新闻出版报 2007－03－12
⊙ 增资 1 亿　盛大打造全球最大原创文学平台/中河//经理日报 2007－03－12
⊙ 盛大斥资 4 亿元回购股票　凸显盈利信心/王泽蕴//中国计算机报 2007－03－19
⊙ 盛大增资起点网 1 亿元　打造最大原创文学网站/周治宏//中华新闻报 2007－03－21
⊙ 携手深圳佳音达　盛大曲线重回客厅/汪小意　孙燕飚//第一财经日报 2007－03－22
⊙ 盛大退守网游代理/雷中辉//21 世纪经济报道 2007－03－26
⊙ 关上盒子，盛大转身/赵明//中国经济时报 2007－03－28
⊙ 盛大、分众觊觎网游内置广告/杨琳桦//21 世纪经济报道 2007－04－23
⊙ 从技术员到副总裁/任宇子//中国计算机用户 2007－05
⊙ 盛大家庭战略之路/沈伟民//经理人 2007－05
⊙ 盛大彻底退出新浪"收购战"/段郴群//广州日报 2007－05－24
⊙ 盛大抛空新浪股票/彭梧//新京报 2007－05－24
⊙ 盛大抛空新浪股权　两年赚 7650 万美元/张韬//上海证券报 2007－05－24
⊙ 盛大首季盈利暴增 40 倍/张韬//上海证券报 2007－05－24
⊙ 盛大一季度游戏收入 5.05 亿元/汪小意//第一财经日报 2007－05－24
⊙ 盛大创互联网最高利润/天亮//中国经营报 2007－05－28
⊙ 盛大第一财季丰收/余德//经济观察报 2007－05－28
⊙ 盛大清仓新浪股票："盒子计划"愈来愈远/雷中辉//21 世纪经济报道 2007－05－28
⊙ 从连续抛售新浪股份，看盛大的战略图谋/罗会祥//IT 时代周刊 2007－06
⊙ 清仓新浪股票　盛大回归网游/李伊兰//中国文化报 2007－06－01
⊙ 利润同比暴涨 40 倍　盛大业务转型成功/王泽蕴//中国计算机报 2007－06－04
⊙ 一年飙涨 100%　盛大"网络迪斯尼"见效/张韬//上海证券报 2007－06－06
⊙ 盛大自主研发游戏进军海外市场/张韬//上海证券报 2007－06－11
⊙ 盛大的家庭战略之路/伟民//民营经济报 2007－06－18
⊙ 盛大回归网游主业/王璞//经理人 2007－07
⊙ 盛大能否龙抬头/董晓常//互联网周刊 2007－07
⊙ 众网游公司海外蜂拥上市　谁将超越盛大/东君//互联网天地 2007－07
⊙ 百度盛大搜狐股价齐创新高/曹敏洁//东方早报 2007－07－04
⊙ 为日本游戏公司支招　盛大输出网游运营经验与技术/汪小意　梁振鹏//第一财经日报 2007－07－04
⊙ 盛大获得"生死格斗"网络版游戏在华运营权/马里//大众科技报 2007－07－05
⊙ 被盛大收购锦天科技 23 岁创始人成亿万富翁/汪小意//第一财经日报 2007－07－06
⊙ 盛大宣布收购网游公司锦天科技/张韬//上海证券报 2007－07－06
⊙ 亿元收购锦天科技　盛大暗谋网游霸主/唐媛媛//中国联合商报 2007－07－09
⊙ 盛大收购锦天科技增强创新能力/吴艳/中国知识产权报 2007－07－11
⊙ 盛大三大计划志在"收割"/汪小意//第一财经日报 2007－07－12
⊙ 盛大"二次创业"/赵信//中国民航报 2007－07－16
⊙ 盛大金山对战东南亚/黄沙//财经时报 2007－07－16
⊙ 盛大砸来 20 亿元馅饼/王泽蕴//中国计算机报 2007－07－16
⊙ 盛大收购锦天科技欲告别代理/余赪//通信信息报 2007－07－18
⊙ 盛大"风云"迷局：陈天桥押宝"网游沃尔玛"/杨琳桦//21 世纪经济报道 2007－07－20
⊙ 盛大网络邮件安全应用的解决之道//网络安全技术与应用 2007－08

⊙ 盛大首推游戏式企业管理／以柔//西部时报 2007－08－03
⊙ 盛大启动人才战　忧在现金流／吴为//科学时报 2007－08－11
⊙ 盛大 Q2 净利翻番至 5460 万美元／彭梧//新京报 2007－08－29
⊙ 盛大二季度净收 5460 万美元创新高／周婷//中国证券报 2007－08－29
⊙ 盛大二季度收入创新高　唐骏代理首席财务官／汪小意//第一财经日报 2007－08－29
⊙ 盛大净利同比增 2 倍　营收创历史新高／张韬//上海证券报 2007－08－29
⊙ 盛大再赚 4 亿　唐骏代理 CFO／曹敏洁//东方早报 2007－08－29
⊙ 盛大：不合群的头狼／汪小意//第一财经日报 2007－08－30
⊙ 创新让盛大打开潘多拉之盒//科技创业 2007－09
⊙ 盛大染指网游嵌入广告//数码世界 2007－09
⊙ 盛大诸葛辉：北京奥运是网络游戏运营商的重大机遇／廖庆升//通信信息报 2007－09－19
⊙“大富翁”商标侵权案盛大一审胜出／肖峰　胡嫚//中国知识产权报 2007－09－21
⊙ 揭开盛大游戏 18 个月恒长之谜／徐慧//北京商报 2007－09－21
⊙ 盛大做回老大　陈天桥再掀“风云”／余德　曲春辉//经济观察报 2007－09－24
⊙ 盛大染指“网游金融”　充当风投商孵化后来者／汪小意//第一财经日报 2007－11－01
⊙ 台湾大宇资讯向上海盛大网络索赔 54 万元未获法院支持／张光宇　李劼　严剑漪//人民法院报 2007－11－02
⊙ 解构盛大“网游母体”：N 个统一如何放大“彭海涛效应”／全秋梅//第一财经日报 2007－11－06
⊙ 盛大 300 万美元投资韩游戏商／王晓玥//北京商报 2007－11－08
⊙ 起点中文网乘“盛大”之势目标打通电子出版业供应链／孙琎//第一财经日报 2007－11－15
⊙ 牵手最大网游商　盛大力推全球平台战略／余德　曲春辉//经济观察报 2007－11－19
⊙ 盛大的游戏式管理／彭韧//福建工商时报 2007－11－23
⊙ 盛大：网游企业终将采取“平台”战略／赵明//中国经济时报 2007－11－28
⊙ 盛大三季度净利增逾六成／徐晓巍//中国证券报 2007－11－29
⊙ EZ 支撑　简单成功——微软 EZ－Center 平台上的盛大网络//信息系统工程 2007－12
⊙ 盛大携手唯美德再创传奇／乔楠//通信世界 2007－12
⊙ 盛大前首席财务官张勇入淘宝网//电子资讯时报 2007－12－17
⊙ 盛大推进数字家庭娱乐战略／徐晓巍//中国证券报 2007－12－25
⊙ 巨人欲超越盛大尚需时日／林剑//通信信息报 2007－12－26
⊙“游戏内置广告”硝烟四起　分众、盛大激烈交锋／杨琳桦//21 世纪经济报道 2007－12－28
⊙ 盛大、巨人王位争霸//中国计算机报 2007－12－31
⊙ 盛大新局／方浩//当代经理人 2008－01
⊙ 唐骏：终将离开盛大／唐骏//商界（评论）2008－01
⊙ 盛大启动内部创业计划　首轮投资最高可获 800 万／李炯//第一财经日报 2008－01－11
⊙ 盛大控股网游广告公司内置广告将成网游产业新掘金点／陈晓晨//通信信息报 2008－01－30
⊙“大富翁”争讼“盛大富翁”——沪首例引发“通用名称”争议的商标侵权案原告一审落败／严剑漪//中国审判 2008－02
⊙ IPO 伴生的管理难题／袁学伦//经理人 2008－02
⊙ 盛大“内部创业”留住人才——为实现“20 计划”全力打造“18 计划”／刘佳//科技创业 2008－02
⊙ TCL 电脑“星光使者”联手盛大／史春鹏//电脑商报 2008－02－25
⊙ 盛大全球挖角　出价“20% 游戏分成”／曹敏洁//东方早报 2008－02－25
⊙ 盛大 2007 年营收近 24 亿元／徐晓巍//中国证券报 2008－02－27
⊙ 盛大第四季度业绩远超预期／赵垒//中华工商时报 2008－02－27
⊙ 盛大巩固“老大”地位　巨人跌出前三／张韬//上海证券报 2008－02－27
⊙ 盛大去年净利增 163.8%／李玉亭//证券时报 2008－02－27
⊙ 盛大去年净赚 14 亿增 163%／曹敏洁//东方早报 2008－02－27
⊙ 中国网游“盛世”背后的隐忧／李琳//上海信息化 2008－03
⊙ 洪波：唱片公司应学盛大　顺应互联网潮流才能生存／廖庆升//通信信息报 2008－03－05
⊙ 盛大总裁唐骏本周宣布离职／曹敏洁//东方早报 2008－04－01
⊙ 唐骏即将告别盛大　仍将继续“打工”／孙琎//第一财经日报 2008－04－03
⊙ 唐骏盛大“解甲”／侯继勇//21 世纪经济报道 2008－04－03
⊙ 盛大昨宣布谭群钊接替唐骏／曹敏洁//东方早报 2008－04－04
⊙ 盛大唐骏再次“光荣退休”／董军//中国经营报 2008－04－07
⊙ 盛大总裁唐骏辞职　谭群钊接任／杨洁//中国计算机报 2008－04－07
⊙ 唐骏挥别盛大　去向未定//计算机世界 2008－04－07
⊙ 浩方脱离盛大独立运营　谋求单独上市／杨国强//第一财经日报 2008－04－10
⊙ 盛大“创新”推出首席制作人／曹敏洁//东方早报 2008－04－10
⊙ 盛大进入后唐骏时代　再次任命一批新高管／雷风//大众科技报 2008－04－10
⊙ 3 年搭出新架构　盛大打造百款游戏运营团队／孙琎//第一财经日报 2008－04－11
⊙ 盛大游戏《疯狂赛车》开进印度／徐晓巍//中国证券报 2008－04－17
⊙ 盛大的家族式内部治理／李炯//福建工商时报 2008－04－18
⊙ 唐骏让路　盛大变革／黄沙//财经时报 2008－04－18
⊙ 解读唐骏离职后盛大的两大谜团／湛艳//电脑报 2008－04－21
⊙ 盛大“二次革命”　谭群钊详解新局／余德　李晶//经济观察报 2008－04－21
⊙ 盛大成功解出“第一蛋”　浩方在线获得大额投资／杨国强//第一财经日报 2008－04－24
⊙ 百度捆绑盛大　网游市场步入胁迫消费时代／覃卓燕//中国联合商报 2008－04－28
⊙ 对“盛大职务侵占案”的再思考／蒋文皓//现代商业 2008－05
⊙ 巨人 VS 盛大：谁能笑到最后／邓熙//新财经 2008－05
⊙ 盛大 CEO 陈天桥语录／陈天桥//新作文（高中版）2008－05
⊙ 盛大巨人两雄争市／周新宁//互联网周刊 2008－05
⊙ 盛大总裁唐骏　华丽转身新华都／司思//中国经贸 2008－05
⊙ 唐骏：盛大的最后一课／孔洁珉//首席财务官 2008－05
⊙ 市值首超新浪、盛大　搜狐重置门户概念／杨阳//经济观察报 2008－05－12
⊙ 盛大巨人新浪腾讯纷纷解囊助灾区／王莹//中国新闻出版报 2008－05－15
⊙ 盛大首季网游营收同比增 50%／张韬//上海证券报 2008－05－29
⊙ 盛大一季度营收破 1 亿美元／孙琎//第一财经日报 2008－05－29
⊙ 品牌机与盛大易宝的秘密／菲菲//电脑知识与技术（经验技巧）2008－06
⊙ 盛大第一季度收入破 1 亿美元／杜秀平//北京商报 2008－06－03
⊙ 盛大开辟网络文学新“起点”／黄坚//解放日报 2008－06－09
⊙ 文学成网络新金矿盛大挖角新浪副总编／梁振鹏//第一财经日报 2008－07－06
⊙ 盛大“掘金”网络文学／郑猛//中国税务报 2008－07－09

⊙ 盛大文学浮出水面/毛江华//计算机世界 2008－07－14

⊙ 盛大文学："让作家有钱"？/任茜//中国图书商报 2008－07－22

⊙ 盛大网络董事长兼首席执行官陈天桥：开放和合作是可持续发展的基础//中国电子报 2008－07－25

⊙ 盛大文学：挖掘文学的 2.0 价值/田野/第一财经日报 2008－08－01

⊙ 盛大收购新浪 19.5% 股份　一场未达目的的收购//每周电脑报 2006－48

⊙ 唐骏在盛大的生存策略　独家披露唐骏转会内幕/徐琳玲//南方人物周刊 2008－12

教育培训业品牌集团选登

【关于教育培训产业的权威描述】

国家义务教育之外的教育培训业大都具有产业化的性质，伴随着市场经济的发展，教育培训产业化、集团化已经是一个不可抗拒的事实。在教育竞争日趋激烈的今天，任何行业和组织都无法将“品牌”二字置之度外。教育品牌的社会效应就是感召和吸引万千学子投奔于其怀抱。它的社会效益不但使广大学子获得真学问、好品格，更为其未来的发展打下坚实的基础，开拓广阔的发展前景。品牌是竞争市场中的武器，拥有强势教育品牌才能真正拥有教育市场。

【品牌集团的资料依据】

①腾讯网、搜狐教育频道等组织评审“改革开放30年中国十大品牌教育集团”时所公布的相关资料。

②山东大学历史文化学院文化产业管理系、山东省文化产业研究基地所积累的相关资料；

③《中国文化产业学术年鉴》按相关学术原则对上述资料进行了甄别、整合。

【选登宗旨与考量重心】

《中国文化产业学术年鉴》的宗旨：① 反映学术理论界的相关研究成果；② 关注文化产业发展中“具有引领意义”的企业/项目/区域，强化理论源于实践的学术张力。

根据上述宗旨，《中国文化产业学术年鉴》在选登相关品牌教育集团业绩的同时，更为关注集团领导人在教育事业与教育产业问题上的文化视野、理论洞察力和决策思路等，以凸显理论、政策、实践之间的综合互动。

昂立教育

昂立教育集团

上海交大昂立教育集团的前身为1984年成立的上海交通大学学生勤工助学中心，经过多年的发展，目前已经成为上海最大、全国知名的非学历教育培训机构。2008年，集团获得香港包玉刚家族投资，使得企业在管理和资本上都得到了进一步的提升。

集团董事长为原上海交通大学党委书记、现上海交通大学校务委员会名誉主任、国家教育部宝钢教育基金会监事会主席王宗光教授，副董事长为船王包玉刚先生的长女、世界知名企业家包陪庆女士。她们都对教育有着极大的热情，并身体力行地为中国教育事业的发展奉献着自己毕生的精力。

集团一直努力继承其母体上海交通大学的精神气质，充分利用自身优势，致力于建立完整的终生教育产业链，目前已经建成了世纪昂立幼儿园、面向全国青少年提供英语培训的“昂立国际教育”、昂立进修学院、昂立出国留学、昂立MINI-MBA管理培训等多元化的培训网络，其下属各教育板块已经成为上海领先、全国知名的教育产品。

2001年，昂立教育在全国外语培训学校中率先通过ISO9001的国际质量认证体系，开创培训界先河；2003年，昂立教育被“新浪网”评为全国十大知名外语培训机构；2004年，昂立教育以总分第一名被评为“上海十佳外语培训机构”；2005年，在由全国多家媒体单位参与的“2005年度中国教育总评榜”评选中，昂立教育集团更是一举荣获 “中国十大品牌教育集团”、“中国优秀青少儿培训机构”、“2005年度综合实力知名外语培训机构”、“中国优秀商务英语培训机构”等多项殊荣。2006年在由新浪等全国20多家知名媒体组织的“2006年度中国教育总评榜”评选中，昂立教育集团蝉联“中国十大品牌教育集团”、“中国优秀青少儿培训机构”、“中国优秀商务英语培训机构”等殊荣。2007年，昂立教育集团再获“中国十大品牌教育集团”和“中国十大综合实力知名外语培训机构”。2008年，昂立教育集团荣获“改革开放30年中国十大品牌教育集团”和“改革开放30年中国十大综合实力知名外语培训机构”。

集团领导人的
文化视野、学术见解、前瞻意识、发展思路

昂立教育集团董事长 王宗光

■ 教育是服务于人的成长，因此我们无时无刻必须抱着“以人为本”的态度经营。

■ 教育讲的是：传道、授业、解惑，我们不光要将知识传授给学生，我们更应利用我们的课堂将做人的道理传授给他们。

■ 教育的核心是教学质量，昂立需要不断地提升教研能力和教学水平，并将此作为我们着力打造的核心竞争优势。

昂立教育集团总经理 刘常科

■ 昂立教育的股东中既有百年名校上海交通大学，也有国际知名企业家香港包玉刚家族，这为我们提供了深厚的历史文化底蕴，也为我们带来了世界先进的管理经验。

■ 昂立教育的目标是打造卓越的教育培训品牌，建立覆盖全国的培训学校；昂立教育的使命是传承知识，启迪智慧，开创未来；昂立教育的价值观是执着：执着专注、毅力坚强，诚信：诚实待人、信义为先，感恩：背负使命、感恩奉献，自省：学习思考、宽容敏行。

小新星教育科技集团

“小新星”是全国连锁加盟的儿童英语培训品牌。第一个小新星英语培训学校——长沙小新星学校成立于1992年。目前，“小新星”已发展成为集儿童英语培训、市场加盟、教材研发销售、师资培养培训、英语动画及英语游戏软件、教学软件制作等教学科研于一体的自成体系的“小新星教育科技集团”。连锁加盟学校遍布全国28个省（市、自治区）的600多个城市，共有教学校区2000多个，教师逾万人，年培训学生百万人次，培训教师数千人次。

“小新星”儿童英语培训的理念认为，中国儿童英语学习的最佳开始时间是3岁左右，关键期是3—5岁，快速学习期是6—13岁。因此，“小新星”培训的对象是3—13岁的幼少儿童，目标是让每个孩子轻松快捷地获得与世界沟通的能力。十几年来，“小新星”潜心钻研，跟踪世界儿童英语教育的先进理念和方法，创造了一整套适合3—13岁不同年龄阶段，不同基础学习要求的中国儿童学习英语的方法——“小新星英语教学法”。

“小新星教材”包括了幼儿教材、少儿教材、特色教材、应试教材、快乐阅读教材等不同系列40多册课堂用教材和数百册阅读教材，满足了从启蒙开始到各种不同水平和与学历教育相补充的儿童学习英语的需求。

“小新星”正朝着教师培养院校化、教师资格认证化、教学方法系统化、教学手段科学化、教学管理现代化、教学检测标准化方向发展。

小新星获得的主要荣誉：

1997年，“小新星儿童英语教学法”通过省级鉴定，成为当时被政府认定的省级小学英语教学唯一的科研项目，并获科研成果一等奖。

2005年，小新星自主策划、出品的百集《咪咪羊英语系列动画》前30集被国家广电总局评为国产优秀动画片，成为当时中国唯一一部益智类国产优秀儿童英语系列动画片。

2005年、2008年，“小新星”商标连续两届被评为湖南省著名商标。

2006年，小新星英语学校被评为全国依法办学十佳诚信学校、湖南最有价值的培训机构、最佳连锁化经营培训机构、最佳教学模式机构。

2007年5月，小新星出品的《咪咪羊》动画片及遥控式光电英语读卡仪等一批高科技英语教学器具，通过了“湖南省高新技术产品”认证，小新星教育科技集团下属企业——长沙市小新星卡通数码科技有限公司通过了“湖南省高新技术企业”认证。

2007年，小新星学校荣膺中国十大外语教育机构。

2008年，小新星教育科技集团获授“第6届中国时代和谐创新单位”、“改革开放30年中国十大品牌教育集团”、“全国百家特许经营推荐品牌”荣誉称号，并跻身中国十大知名外语培训机构行列。

集团领导人的
文化视野、学术见解、前瞻意识、发展思路

小新星教育科技集团董事长　杜天明

■ 民办教育培训机构作为市场经济的产物，其发展必须以一定的经济实力作为基础，而“学生”则是这一“基础”的最实在的保证。

■ 实践证明“小新星英语教学法”是一个不错的英语教学方法。如何把这个方法贯彻于教学实践中，老师是关键。从这一层面上说，老师是民办教育培训机构最宝贵的财富。

■ 现在我们的实力还不够，还有很多想法没有实现，但我们时刻不会忘记自己的社会责任。

■ 民办教育培训机构不是工厂，更不是商场。它不应该以“追求利润最大化”为目的，而应把“培养国家建设和民族振兴所需要的合格人才”的责任放在首位。

■ “让每个孩子轻松快捷地获得与世界沟通的能力”，是“小新星英语教学法”的精髓及其所追求的理想境界。

新华教育集团

新华教育集团始建于1988年，是全国著名的教育机构，是直属国家信息产业部、教育部、劳动和社会保障部的中国IT教育十大影响力品牌。

21年来，新华教育集团始终遵照党的教育方针、政策，以服务经济发展、满足社会需求为导向，以振兴国家、振兴教育为己任，把"新华教育，兴教报国"作为办学的崇高理想，担负起中国职业教育的历史使命和时代重任。新华教育集团拥有高等教育、中等教育、网络教育、中外合作教育，在北京、广东、重庆、河南、河北、山东、四川、安徽、江苏、湖南、江西、贵州、云南等16个省市建立了20多所院校，形成覆盖全国的多层次、多学科、多专业、多边合作的新华教育连锁办学模式和办学格局。

随着中国加入WTO与新世纪带来机遇和挑战，新华教育集团出色的办学成就引起了众多职业教育机构和社会各界的高度关注。国际、国内著名IT企业与权威机构美国微软公司、美国ITOM公司、美国苹果公司、美国CIW公司、Turbolinux公司、美国Adobe公司、美国Macromedia公司、加拿大Corel公司、美国Discreet公司、印度国家信息技术学院（NIIT）、国家信息化中心CEAC、清华万博网络公司、上海交通大学等先后与新华教育集团建立了广泛合作并结成战略合作伙伴。

21年中，新华教育集团共为社会培养了30多万优秀人才，并全部成功就业。在全国各主要城市设有20多家就业办事处，形成了覆盖全国的毕业生就业网络，与联想集团、海尔集团、新浪集团、中国搜索、IBM、网易、中国网、中国国家图书馆、中国计算机用户协会、TCL集团等4万多家企业事业单位建立长期协议用人关系。

2004年，新华教育集团与美国微软联合设置了"新华·微软MLC千万元奖学金"，每位学子都有机会获得奖学金的资助，仅2005年一年，就有8800名新华学子从中受益。鉴于出众的就业成绩，2004年，在北京人民大会堂，国家教育部、信息产业部、劳动和社会保障部与计算机世界传媒共同向新华教育集团颁发了三项大奖：中国IT教育十大影响力品牌奖、中国IT教育就业服务杰出贡献奖和中国IT教育风云人物奖。

新华教育集团在发展过程中得到了各级领导及社会各界人士的关心和支持。全国人大常委会副委员长许嘉璐、国家教育部部长周济、前共青团中央第一书记周强等多次到集团视察、指导工作，对新华教育集团的发展给予了高度评价，寄予了殷切的希望。

2006年是社会对民办教育关注最高的一年，国家在政策上规范和支持了民办教育的发展。新华教育集团响应党和国家的号召，依据教育部、劳动和社会保障部、信息产业部等国家部委制订的政策，为了加快培养现代化建设需要的人才，2007年率先推出"365国家紧缺型人才培养计划"和"TC精英教育"。

2008年，新华教育集团被评为"改革开放30年中国十大品牌教育集团"。

集团领导人的
文化视野、学术见解、前瞻意识、发展思路

新华教育集团董事长、总裁 肖国庆

■ 对立志创业的人来说，能发现一些市场的空间当然重要，因为这是起步做事的基础，但最重要的是发展到一个阶段以后，也就是在水中游泳一段时间之后，当天然的惯性让你产生满足、疲倦、等待、观望、懈怠、退却，并最终让你有可能在新的风口浪尖中窒息时，你能不能作好新的准备，能不能通过努力发现可以呼吸更新鲜空气的地方。

■ 突破：从别人眼中的笑话开始；突破点是从在街头、在乡村散发市场问卷开始的。

■ 出气口：不断刷新的主打项目；新"出气口"的最佳地点在哪里，创业团队内部争论很大，特别是要把视野一下子拓展到农村。所谓的"寻找新出气口"，实际上就是不断变换"主打产品"，使之领先于市场潮流，或至少是与市场发展的最新、最高需求相吻合。

■ 100%就业率最大的保障是首先要产品过硬，而过硬的产品不能靠急功近利造就出来。

行知职业教育集团

行知职业教育集团创建于1989年，是一所以培养管理类、计算机类、外语类和艺术类为主要特色的民办全日制职业教育机构，由行知女子职业学校和行知自考学院组成。集团集教学、科研、就业于一体，开设文秘、计算机财会、旅游管理与服务、商务英语、幼儿教育、日语、计算机应用与维修等7个中等职业教育专业和秘书、新闻学、工商管理、电脑美术设计等4个高等职业教育专业（自考），在校生2700多人。

集团实行董事会领导下的校长负责制，党政工团组织机构健全，校园文化丰富多彩，形成了良好的校风和学风。2000年，集团学校被评为浙江省重点职业技术学校，文秘专业被评定为浙江省示范性专业；2001年，集团学校在浙江省教育行业首家通过ISO9000国际质量管理体系认证；2002年，集团率先导入CI，进入品牌发展阶段。集团现为教育部教育管理信息中心教育观测基地、中国职业教育学会教学委员会理事单位、中国西部教育顾问单位、中国陶行知研究会实验基地、浙江省民办学校协会会长单位、浙江省民办院校教育扶贫工程项目院校。

集团教学设施配套齐全，拥有文秘专业实训中心、形体舞蹈、电子琴、新闻传播、美术、电脑维修、多媒体计算机网络、语音教室等20多个专用实验室及多媒体电教室、校园广播电视台、图书馆、阅览室和电子阅览室。每个学生寝室楼配置免费上网的电脑机房。

集团教科研成果丰硕，每年都有省级课题立项，在浙江省人民政府第一、二、三届教学成果评比中，集团的三项成果获得了2个一等奖和1个二等奖。集团教师主编的20多种教材出版发行，其中3种被列为国家规划教材和教育部推荐教材。

办学20年来，集团积极实践陶行知先生的教育思想，始终坚持面向农村、面向平民、面向大众的办学定位，突出职业教育的特点，逐步形成了一条“行知”特色的办学路子。面向农村，低标准收费；面向社会，敞开门办学，使“行知”成了“四通八达的教育”，也使毕业生实现了“升学有希望，就业有出路，创业有本领”的目标，每年毕业生供不应求，深受用人单位的欢迎和好评。多家外资企业、国有大中型企业与集团建立了定向培养和长期聘用毕业生关系。

集团领导人的
文化视野、学术见解、前瞻意识、发展思路

行知职业教育集团董事长 王建华

■ 我国著名教育家陶行知一直主张实施平民教育，从不歧视社会最基层的农民。我非常推崇他的思想，这也是我们学校取名为“行知”的原因。

■ 我们办学的理想：让所有学生读得起书，让在校学生学到技能，让毕业学生找到工作，让贫困学生改变一家人的命运！

■ 在与众多大型企业的长期接触中，我们了解到企业招聘最看重的两点是应聘人员的为人和忠诚度、可持续发展能力。为此，我们秉承“以人为本办学，以德为本做人”的理念，把“做人”教育放在我们工作的第一位。

■ 我们不仅要教学生学习文化知识、专业技能，更要教育他们如何成为自尊、自爱、自信、自强，能够为社会作贡献的人。

■ 学校教书育人，学生就是学校的产品。我们必须把质量视作学校的生命线，以专业的教学为学生的成长奠定基础，同时也使用人单位满意。

■ 让更多的农村女孩接受更多的教育，是充满希望的事业。

■ 与学校创办时相比，现在高中段的教育资源已经非常丰富了，但是行知职校有自己的特色，就是关注困难群体，坚持平民教育，做大家可能忽略或者心有余而力不足的一些事。这个特色，我们要永远坚持下去。

行知职业教育集团执行董事长 徐飚

■ 行知职业教育的办学目标：办有品位的学校，建有活力的教师队伍，育有素质的学生，最终实现用人单位的招聘广告“只招行知毕业生”。

■ 加州理工大学虽然很小，但培养了30多个诺贝尔奖得主。所以“做优、做精、做特”，才是树立学校品牌的必由之路。

中旭教育集团

中旭教育集团创立于2004年1月，总部设在深圳，是一家专业的企业培训与咨询机构。中旭拥有一支庞大的讲师团队，10多位专家导师、20位金牌讲师、40多位高级讲师。中旭的每位金牌讲师都培训过上千家企业，均有非常丰富的实战管理经验。中旭还拥有强大的专家顾问团队，20多位资深管理顾问，80多位高级管理顾问，95%具有硕士以上学历水平和平均10年以上的国内外名企管理实战经验。

中旭教育集团以“专注于中国发展型企业正规化、持续化！使中国成为世界经济强国”为己任，以“完善企业管理、永葆基业长青”为宗旨，秉承“服务企业、服务社会”的企业理念，运用工业化的流程模式进行管理，形成规模化经营。中旭教育集团的核心价值观是“团队精神，敬畏客户，勇于负责，持续成长”。

中旭教育集团目前拥有培训与管理咨询两大核心业务，全方位满足企业不断发展的培训与管理需求。培训业务涵盖大型公开课、专题内训、咨询式内训及音像书籍教材，并拥有大型专业训练基地。课程包括《西点执行力》、《西点总裁执行模式》、《西点领导模式》等大型公开课，《西点战略突破》总裁班，5大系列咨询式内训，各种论坛、沙龙；音像书籍产品包括《西点执行力》、《负责任》、《执行的战略》、《西点领袖执行法则》、《西点训练8套教材》等一系列执行力训练教材。

管理咨询业务根据企业不同需要，通过管理咨询项目、长年管理顾问等方式提供服务。目前已推出《3S运营管理体系》、《3P人力资源管理》、《4A执行文化》、《精益生产管理》、《战略管理》、《营销管理》等管理咨询项目。

在社会各界的关心和支持下公司得以高速成长。截至2008年，成立了深圳分公司、上海分公司、青岛分公司、苏州分公司、杭州分公司、成都分公司、天津分公司、河南分公司、福建分公司、山西分公司等15家分公司及50余家办事处。目前，中旭服务过的企业客户已达2万多家。

集团领导人的
文化视野、学术见解、前瞻意识、发展思路

中旭教育集团创始人、中旭教育集团总裁　王笑菲

■ 不管领导懂不懂管理，不管同事配不配合你，这都不是你不提供结果的理由。提供结果只和一件事情有关，就是你想不想做一个对自己百分百负责任的人！

■ 企业竞争的实质是企业文化的竞争，为此必须解决几个最根本的问题：凭什么凝聚人心，如果人心没有办法凝聚，我们的团队就不能一起走得远；如何规划好业务，一家公司的业务线就是一家公司的财富线，选择财富不是基于机会而是基于能力；如何打败我们的竞争对手，必须比竞争对手更了解客户，发现客户的独特价值。

■ 中国中小企业的发展必需要解决好四个问题：每个人不单单有物质追求，还有精神追求；业务整合，财富分配；如何竞争；企业必须有核心竞争力。

■ 战略解决企业做大、做持续的问题，执行解决企业做强的问题，没有战略就不可能大，没有执行就不可能强。

■ 商业文化告诉我们，一个商业组织是要为客户创造价值、为员工搭建平台、对社会进行回馈。

■ 没有任何一种优势可以永恒，所以就需要我们不断地成长，需要企业家不断利用自己的洞察力去发现客户需求的变化，并组织自己的团队去实施新的战略。

游乐园产业与典范游乐园选登

【关于“游乐园产业”的核心概念与权威理论】

“游园”是一种文化体验。在传统游园活动中，往往伴随着浪漫、青春和“游园惊梦”。现代游乐园在“休闲文化”、“文化体验”的基础上凸显其公共文化消费的特征，并以高强度“快乐”刺激游客的消费体验，旨在为都市居民提供一种新型的娱乐消费，一种新型的旅游方式，从而带动一个文化产业的巨大分支：游乐园经济，或游园产业。

时代发展到今天，旅游已经迈向体验式消费时代。所谓体验式消费，就是让消费者在消费过程中得到产品所含有的身心体验，使其在体验中对其产品印象更深刻，从而尽可能地加大力度带动消费。

【典范游乐园的资料依据】

①《世界经理人数据》所公布的“中国著名游乐园”。世界经理人数据(data.icxo.com)是一个汇集世界国家、城市、商业、文化，以及行业类数据排名和分析报告的数据中心。凭借独立的采编团队和研究团队，秉持科学和中立的原则和立场，每年和世界顶尖级机构联合评价推出系列权威排行榜，是目前世界上资信度较高、也较有影响的数据中心之一。

②相关游乐园网站所公布的资料。

③山东大学历史文化学院文化产业管理学系、山东省文化产业研究基地所积累的相关资料。

④《中国文化产业学术年鉴》按相关学术原则对这些资料进行了甄别和整合。

【选登宗旨与考量重心】

《中国文化产业学术年鉴》的宗旨：反映学术理论界的相关研究成果。关注文化产业领域“具有引领意义”的企业/项目/区域，强化理论源于实践的学术张力。

根据上述宗旨，《中国文化产业学术年鉴》在关注中国十大游乐园的主要成就时，更为关注十大游乐园管理者在游乐产业与中国文化产业发展问题上的理论洞察力、学术观点、文化视野、前瞻意识及其决策思路，通过综合考量，以凸显理论、政策、实践之间的互动。

香港迪士尼乐园

香港迪士尼乐园计划于1999年11月公布，由美国华特·迪士尼公司与香港特区政府合作发展，并于2005年9月12日正式开业，一股迪士尼旋风迅即席卷中国。

香港迪士尼乐园是全球第五个以迪士尼乐园模式兴建、迪士尼全球的第十一个主题乐园，及首个根据加州迪士尼(包括睡公主城堡)为蓝本的主题乐园，也是世界各地人士所钟爱的米奇、米妮、唐老鸭、史迪仔、巴斯光年及众多迪士尼朋友的家。

全园分为四个主题区，即美国小镇大街、幻想世界、探险世界、明日世界。美国小镇大街是乐队表演及巡游汇演的集中地，布满了各式的店铺及餐厅，全园最大的商店 ——维多利亚式百货店就坐落在这里，为顾客提供纪念品 、工艺礼品、饰物、衣服、食物、糖果等，应有尽有；探险世界有曲折河道、隐密森林、太空飞碟……着重唤起每个人心中的勇敢精神和探索勇气；至于幻想世界里的童话艺坊、小熊维尼精品店、大魔术师默林法宝店，肯定能让顾客发现一款心爱的“梦幻之物”；太空指挥部精品店和太空驿站，则为顾客准备了各式各样的太空日用品及小玩意，陪伴顾客探索奥妙的明日世界。

经营者的理论观点、文化视野与发展思路

■ 华特•迪士尼幻想工程副主席及创作事务总执行主管史嘉那介绍迪士尼订定全球主题乐园及度假旅馆区标准的原因时说：“幻想工程是由华特·迪士尼先生构思，发展以家庭为对象的加州迪士尼乐园之概念而成立的。直到今天，这套由华特·迪士尼先生于五十年前订定的设计方针及重视细节的原则，已伸延至全球的迪士尼主题乐园。” 史氏说：“香港迪士尼乐园是全球唯一按照公司创办人华特先生对迪士尼乐园原有概念而建造的主题乐园。”

■ 华特•迪士尼幻想工程执行副总裁及创作事务高级执行主管菲智华，阐述迪士尼主题乐园如何以“讲故事”为基石，创造迪士尼家庭娱乐的奇幻世界。菲智华说：“‘讲故事’是我们所有工作的重心。因此迪士尼主题乐园为所有人带来童真。” 他说：“香港迪士尼乐园与我们全球的乐园一样，将会把迪士尼最受欢迎的故事及人物展现眼前，务求令游客亲身体验，置身于故事及奇幻世界当中。”

■ 另一位副总裁及执行创作总监莫瑞斯则说：“主题乐园的设计融合了神奇王国等经典特色，以及一些专为香港而设计的新特色景点。”

■ 迪士尼执行副总裁张志忠认为，迪士尼乐园是我们整个迪士尼故事从一个平面转化为现实的地方，也是将我们的形象从电视上面走到现实生活中的地方。乐园对我们来说是一个非常重要的一点。比如电视、电影中的形象我们都可以看到，并可以拥抱，实际有一点把梦想转成真实。

■ 张志忠谈到迪士尼的战略计划时说：“本土化是我们在中国取得成功的重要策略之一，因为中国历史很久，故事也很多，中国观众所崇尚的价值观和迪士尼一贯倡导的正面的、积极的价值观，非常接近。”因为他们在“本土的故事里面有一定的爱好，而且做得成功的话会使我们的品牌更加贴近中国的消费者，所以本土化绝对是重点”。

■ 当谈到迪士尼的品牌建设时，张志忠介绍说，从品牌的发展来说，我们的重点是“内容”，内容要转成一个故事，而且故事里面有吸引人的人物跟形象。比如《歌舞青春》，是最近在美国非常流行的一个故事。大家对里面的年轻人的故事很有共鸣。第二季出来的时候达到最高收视率，到现在第三季成为一个人人喜爱的大电影。“把单一的内容和故事讲好，然后把它循环成为一个潮流，一个独特的文化，从这里面再建立迪士尼的品牌”。

北京欢乐谷

北京欢乐谷位于朝阳区东四环四方桥东南角，占地 100 万平方米。其中，公园一期占地约 54 万平方米，分别由峡湾森林、亚特兰蒂斯、失落玛雅、爱琴港、香格里拉和蚂蚁王国等六个主题区组成，已于 2006 年暑期建成开放。公园二期、三期分别占地 5 万平方米 和 40 多万平方米，将于一期开园后陆续推出。

北京欢乐谷是华侨城集团以20年的专业积累，用四年时间倾心打造的主题生态乐园，它是北京文化产业的区域龙头，是中国现代旅游的经典之作。它以时尚、动感、欢乐、梦幻的人文魅力，成为北京体验旅游的重要标志!

北京欢乐谷精心设置了120余项体验项目，包括40多项娱乐设备、50多处人文生态景观、10多项艺术表演、20多项主题游戏和商业辅助性项目，可以满足不同人群的需要。

另外，欢乐谷自创在旅游景区中配合演艺的商业模式。华侨城集团投资两亿元为《金面王朝》专门打造的剧院，也开创了国内剧院为剧本量身定做的先河。

“繁华都市开心地”是北京欢乐谷产业发展的终极目的。

经营者的理论观点、文化视野与发展思路

■ 华侨城以“创想”为企业主流文化，中国几千家主题公园唯独华侨城旗下的旅游企业活得有滋有味，完全和“创想”分不开。华侨城的旅游企业擅于“造节”重于主题活动的营销，内行人一看就知道华侨城旅游企业其实不是在造一个节，而是在传播一种文化，他们是在通过主题文化的传播侵蚀市场和占有忠实游客群。北京欢乐谷总经理赵小兵就是华侨城中擅于推动“主题文化”的高手。

■ 华侨城历来对文化情有独钟。文化作为华侨城产业链延伸、优化产业结构的一部分，给其旅游地产业务带来了很好的效益。赵小兵解释欢乐谷深入人心的原因时说：“一座没有文化的公园，它的品牌价值迟早要打折。”在他的理解中，北京欢乐谷正是迎合了当下都市人的消费模式。每玩一个景区就是一个梦幻故事，还能随时随地看到大大小小的表演，这不仅是肢体的解放，更是精神的解放。

■ 欢乐谷总经理赵小兵致力于把北京欢乐谷作为文化创意产业集聚区的经营发展之路。他提出了塑造企业形象、提升内部管理、加强品牌建设的管理理念。他通过对北京及周边市场的理性分析，对旅游等相关政策的全面研究，以欢乐永恒的文化内核、趋向国际化的管理体系、独具特色的营销模式、多元营收的经营模式走出了一条参与体验型主题公园在京的辉煌之路，也为京城旅游市场注入一股新鲜活力。

■ 赵小兵认为：“三年才能磨一剑。一个好品牌至少要有三年的打磨，一年做策划，一年建设，一年市场打拼。我们不会盲目地去和迪士尼之类做比较，我们更关注中国的自主旅游品牌。”赵小兵说：“我们计划用三年打造形象工程，再用五年完成发展战略。欢乐谷对我们来说永远建不完，而对游客来说永远玩不完。”北京欢乐谷也将为欢乐谷品牌的全国连锁战略探出路子。

长隆欢乐世界

2006年4月7日，长隆集团第三次腾飞的标志性项目长隆欢乐世界正式营业。长隆欢乐世界占地面积1500余亩，拥有游园设施近70套，是长隆集团倾力打造的全新一代世界顶尖乐园。它由国际顶级的加拿大FORREC公司主持设计，集世界领先游乐和顶尖演艺于一体，绝大多数项目为欧美原装引进，拥有垂直过山车、国际特技剧场、四维影院、十环过山车、摩托过山车、超级大摆锤、超级水战、U型滑板等八大世界或亚洲之最，同时还拥有国内最大的室内儿童恒温游乐城——开心乐园，以及适合儿童和全家游玩的游乐设施近40套！垂直过山车被誉为“全球最顶尖过山车之王”，是长隆欢乐世界2008年春节最新引进的王牌项目，由世界上最知名的过山车制造商Bolliger Mabillard公司研发制造，是全球最顶尖的过山车和游乐设施。

长隆欢乐世界全园分为以儿童游乐项目为主的以及适合全家游玩的哈比王国、以大型惊险刺激设备为主的尖叫地带、以中古欧洲风格为主的旋风岛、以过山车王为主题的彩虹湾、以水为主题的欢乐水世界、以表演为主的中心演艺广场、以观赏类项目为主的历险天地、以购物休闲为主的白虎大街等八大主题园区。此外，为满足小朋友全天候游乐的需求，长隆欢乐世界还专门建造了一个5000多平方米的目前全国最大的室内恒温儿童游乐城——开心乐园。

长隆欢乐世界让粤港地区主题公园格局趋于清晰，形成以香港迪士尼乐园为代表的辐射中国内地以及港澳台和东南亚的主题乐园板块；辐射内地市场的深圳华侨城主题公园板块；以及辐射珠三角地区的广州长隆集团板块，三足格局初步成型。长隆集团主题公园+酒店的经营模式至此已见成效。

经过 18 年的发展，长隆集团一站式旅游休闲度假区已然成形。作为广州旅游业领头羊、广东乃至国内领先的大型旅游企业集团，长隆集团正朝着世界级旅游王国的愿景迈进。

经营者的理论观点、文化视野与发展思路

■ “长隆集团之所以斥巨资建造这个具有世界水平的游乐园，就是为了满足市场和全社会对于高品质游乐的需求”，长隆集团总裁苏志刚说。“没有改革开放,就没有自己的今天”。苏志刚有着对于改革开放深刻的感恩,也许因为这样,长隆对于市场经济的理解也更加到位和透彻。市场主导长隆,这是长隆坚持的理念。

■ “长隆欢乐世界的出世，在某种程度上是契合了目前广州市场的空缺，市民期待拥有一个在家门口游玩世界顶级游乐项目”。长隆欢乐世界总经理王念寒告诉记者：“作为一个中心枢纽城市，广州缺乏一个现代化的、与国际消费潮流接轨的游乐园，这与广州市的华南中心城市和现代化大都市地位是不相称的，也与广州入境旅游人口全国排名第一的地位不相称”。

■ 长隆欢乐世界总经理王念寒认为，游乐园经营是“生”还是“死”，四个方面的因素至关重要。首先是良好的地理位置，其次是顶级的游乐设施及完备的管理体系。

大 连 发 现 王 国

大连发现王国是大连海昌集团投资兴建的主题公园旅游综合体，特聘曾参与迪士尼公园设计的美国RPVA公司规划设计、世界十大主题公园之一的韩国三星爱宝乐园参与管理，规模为全国最大——占地47万平方米，比香港迪士尼还要大出近三分之一。2006年7月1日盛装启幕。

大连发现王国是以主题公园为核心，以一流的自然、人文、服务环境为前提，以品质高、功能全的服务内容为根本，集观光、休闲、会展、美食、演艺、运动等于一体，规模大、功能全、品质高、环境优、服务好的复合型旅游地产项目。

发现王国分为6大主题景观区和婚礼殿堂：发现广场、传奇城堡、魔法森林、金属工厂、沙漠王国和疯狂小镇。六大体现人类不同文明进阶的主题分区，共同组成了鲜明的“发现”主题。支撑这些快乐元素的，有德国产秃鹰、意大利产太空梭、美国产过山车等世界顶级游乐设施50余种，其中弹射式的“疯狂眼镜蛇”过山车目前全球3台、亚洲仅此1台。

大连发现王国经过市场充分调研确定了“唱响四季旅游歌”的经营发展思路。春天的主题是“花季盛典”， 夏天的主题是“激情戏水”狂欢节，秋天的主题是“魔法农庄”， 冬天的主题是“欢乐冰雪节”。与四季主题相伴的是金石发现王国6大主题公园景观区和婚礼殿堂，它们一起构成了神秘的大连王国。

经营者的理论观点、文化视野与发展思路

■ 大连发现王国有限公司总经理王志方认为：“一个新生的主题公园，除了成功的管理模式，对国内外市场的准确把握是主题公园获得成功的首要因素。”开园前，发现王国的管理团队中的外籍专家对是否实行优惠预售票持不同意见，而王志方作出了回馈市民、提前优惠售票的决定。当时，全市出现了排队抢购预售票的火爆情景，5天内销售门票突破１０万张。事实证明，这一举措是符合市场需求的，为发现王国树立了良好的社会口碑，到发现王国游玩甚至成为市民的时尚消费。

■ 对于主题公园这一世界最先进的游乐业态，王志方深刻地看到：“持续性的投资是保持它生命力长盛不衰的要素之一，真正的主题公园绝对不是为游客只玩一次而建设的，而这一切都是建立在产品差异最大化，特别是主题文化差异最大化的基础上。”为此，王志方决心带领这支历经考验的团队，把发现王国主题公园打造成“四季庆典的王国”：春天，这里是花的海洋；夏天，这里是水的世界；秋天，这里是魔法农庄；冬天，这里则是冰雪王国……而他的更高目标是，把发现王国打造成中国人自己的迪士尼。因为王志方喜欢这样一句话：“If we can dream ,we can realize it.”

“让大家不上剧院就能看到表演甚至参与表演”，这是目前最新的国际时尚消费理念。王志方说：“时代发展到今天，旅游已经迈向体验式消费时代。所谓体验式消费，就是让消费者在消费过程中得到产品所含有的身心体验，使其在体验中对其产品印象更深刻，从而尽可能地加大力度带动消费。大连发现王国就是要让游客在这种体验中，获得消费的满足。各种表演秀，就是体验的一种方式”。

■ 王志方说：“我们的主题公园在游乐设施与服务上定位在高端，在内容上尽量参照日本、韩国和中国香港地区公园的一些高端项目，比如世界仅有3台、亚洲只有1台的最快最复杂的过山车、亚洲最高的60米极限高架及歪房建成的冲浪台等，这些项目在目前的中国乃至亚洲都是最先进的。”在价格上，我们是参照国内主题公园的价格进行设计。我们的目的是，让游客感受到最先进的内容和最优惠的价格。

■ 对于发现王国的经营模式，王志方说：游客“在故事中消费，在消费中感受故事”，各国各地有代表的美食和纪念品，就这样在情节的发展中被消费了，品牌产品也渐渐形成了，这就是现代人的消费理念。我们认为，大连发现王国将完全可以成就金石滩新一轮的旅游经济，但我们更在乎它能够使大连旅游经济出现新一轮变化，无论对旅行社还是游客，都是如此。

■ 王志方坚持产品的差异化，努力把发现王国建设成高附加值、高品质的主题公园。他提出“全园服务、全员演艺”的概念，不断提高娱乐服务水平。

历史文化资源与文化产业·影像记录选登

【权威观点与影像记录选登的原则】

■ 原中共中央政治局委员、中国社会科学院院长李铁映指出：

中华民族有着五千年悠久的历史和灿烂的文化，有着多民族创造、兼容和共构一个伟大的文化共同体的辉煌。其文化积累之丰富、文化形态之多样和文化哲学之深刻，是世界上其他国家少有的。这是一笔怎么估价也不过分的宝贵的文化资源，是我们得天独厚的优势。对于中国新兴的文化产业来说，启动并整合、包装这些文化资源，就有可能形成具有中国特色的文化产业，并在全球市场的激烈竞争中占有可观的优势。

■ 《历史文化资源与文化产业 影像记录选登》，是根据上述学术理念和权威观点设置的，主要选登影像工作者用镜头所记录的历史文化遗迹，以凸显历史文化资源与中国文化产业的关系。选登“影像记录”的原则是：

第一，影像作品的首创性。即影像中的历史文化资源系首次拍摄和发表。

第二，影像工作者对所记录的对象有真挚情感，对中国历史文化资源与文化产业有深刻理解。

■ 齐长城沿线的历史文化资源

黄崖寨

佛教圣地来佛山

齐国是我国历史上最早修筑长城的国家，比秦长城早400余年，济南市长清区是齐长城的起点，境内长城经双泉、马山、万德与泰山相连，它建筑在起伏连绵的泰山山脉的山岭之中。在齐长城脚下有灵岩寺、五峰山、孝堂山郭氏墓石祠、双乳山汉墓、大峰山等风景名胜和文化古迹，这些都是齐鲁大地的文化象征，具有很高的艺术性和历史价值。

经过几千年的风雨和战乱，流传至今的古迹相对来说已经不多了，而且随着时间的推移，能够留传于世的会越来越少，它是不可再生的宝贵资源。没有众多的文物史迹，文明古国也就名存实亡，失去其传统的风采和内涵。保护历史古迹就是对历史负责,对民族负责,对悠久文化负责,更是对齐鲁大地的未来发展负责。保护历史文化,能给后人留下宝贵的文化财富,还能促进精神文明建设,更能发展旅游业，直接促进经济发展。然而，令人惋惜的是一些地方对保护文化古迹的重要性认识不够，甚至很多遭到了不同程度的破坏。因此，必须要系统地发现与整理，并且这也不是一朝一夕的事，须坚持不懈地去做。

2004年山东艺术学院在长清建设新校区，工作之余我走访了长清的大部分乡镇，齐长城在长清境内蜿蜒起伏，这些乡镇便零星散落在齐长城周围，其间，我拍摄了双泉乡上水庵、孝里镇大峰山、方峪古村、马山圣母庙等三十余处景点古迹。拍摄中我看到齐鲁大地体韵双佳、形品皆优的生灵环境，看到齐长城内涵丰富，凝聚着齐鲁人民心血的智慧结晶，它既是文化艺术的宝库，也是旅游观光的胜地。作为齐长城脚下的子民，各地政府应当进一步保护好长城，研究好长城，调查、宣传、保护、开发、利用好长城，继承好长城文化，借以弘扬民族文化，发挥齐长城的教育作用，以增强民族自信心和凝聚力。

（图/文作者胡德定，系山东艺术学院副院长）

道教名山马山

衔草寺

龙居寺

德王陵

艺术品市场与典范画廊选登

【关于艺术品市场/画廊产业的权威描述】

艺术品市场本身是一个巨大的文化产业，关系到艺术家生产力量和公众的文化事业两个方面，也是一个现代文明社会必须的社会结构部分。基于此，无论这个社会的各个方面，包括政府，都应该小心翼翼地扶植和保护。尤其在当下由于金融危机造成的市场低迷的情况下，守住和扶植这个新兴的产业是一件必须重视的事情。（摘自《鲍昆：对当前艺术品市场的看法》）

成功的画廊既是绘画作品的买卖场所，更是推广包装画家、引导不同艺术消费群体、提供艺术咨询服务的中介代理机构。画廊业在未来的书画艺术品市场上将起到越来越重要的作用。而且，对一个城市来讲，画廊的意义绝不仅是卖画那么简单，它有关城市的个性和品位。（摘自谢小勇《成都画廊 走上多元化产业道路》）

【典范画廊的资料依据】

①依据《画廊》杂志社编辑部公布的“中国画廊风云榜”部分资料。“中国画廊风云榜”旨在通过评选，为国内经营当代艺术的画廊提供了可资借鉴的行业参考，进而引导人们关注当下热门的艺术现象和艺术创作，共同分享艺术与金钱的联姻为中国社会的政治、经济、文化生活所带来的影响和变化。其评选活动通过网络媒体在全国各地的读者中进行抽样问卷调查，从数百家具有一定经营资历和场地规模的当代艺术画廊中筛选出读者心目中较有影响的30家画廊，再以相关市场数据为标准，分别从画廊规模、展览规格和效果、签约或代理艺术家的公众影响、以及推介艺术家的力度等方面设置评卷，票选出入榜十大画廊。

②各有关画廊网站公布的资料。

③山东大学历史文化学院文化产业管理系、山东省文化产业研究基地所积累的相关资料。

④《中国文化产业学术年鉴》按相关学术原则对上述资料进行了甄别和整合。

【选登宗旨与考量重心】

《中国文化产业学术年鉴》的宗旨：①反映学术理论界的相关研究成果；②关注文化产业发展中“具有引领意义”的企业/项目/区域，强化理论源于实践的学术张力。

根据上述宗旨，《中国文化产业学术年鉴》在介绍典范画廊成就的同时，更为关注典范画廊的领导人在艺术、文化与文化产业问题上的学术观点、文化视野、理论洞察力和决策思路等，通过综合考量，以凸显理论、政策、实践之间的互动。

北京公社

北京公社位于798大山子艺术区内，由评论家与策划人冷林先生创建于2004年。2006年初北京公社从原来的所在地——草场地艺术东区迁入现在的地址。

自2005年4月起第一个展览以来，北京公社一直努力尝试建立起一种推动当代艺术的新模式，一种介于博物馆和画廊之间的新空间。

北京公社是展示正在成长的有突出才能的艺术家作品的空间，又致力于发现并推动新的有创造活力的艺术家。作为推动中国当代艺术的发动机，北京公社通过独特的展览策划、组织学术讨论和专业的图书出版推动中国当代艺术的发展，在当代艺术的领域展现其特殊的价值。

自北京公社创立以来，它即已受到国内外艺术专业人士和机构的广泛关注。曾经在2005年举办的展览《只有一面墙》，又于2006年2月在澳大利亚悉尼的Art Space展出。《“升华”——张大力新作展》（2005年10月至11月在北京公社首次展出）被选参加即将举办的韩国第六届光州双年展。

画廊领导人的
文化视野、学术观点、前瞻意识、发展思路

北京公社创始人　冷　林

■ 画廊是艺术家的画廊，一切都要为艺术家服务。如果这个画廊能让艺术家成为更伟大的艺术家，那它的存在就有意义。

Pace北京进入中国后有两方面的意义：首先这样一个大型的国际画廊进入中国是对中国最近30年来当代艺术发展的肯定，同时也是对中国艺术市场的肯定，这种肯定代表了一个国际的看法，这很重要；其次，它作为一个有多年经营历史的画廊会给中国的画廊的专业化树立典范。

■ Pace画廊是一个国际平台，除欧美艺术家外，Pace北京还将与更多的中国、韩国、日本等亚洲艺术家合作，促进艺术家之间的交流与共同发展，并在国际艺术市场中享有更加重要的地位。

■ Pace北京也希望通过此次（指北京公社于2008年8月2日的开幕展 “Encounter”）首展，与多方艺术相关人士增进交流与合作，促进北京逐步成为亚洲艺术中心，带动亚洲艺术的发展，并与国际艺术以及艺术市场相接轨。之后pace北京也要参与和融入到中国本地的艺术创造中来，要举办一些有精神内涵的展览。

■ 在当代中国，它特有的社会主义经历使政治维度成为当代中国文化中不可或缺的成分。体现在新闻当中，是“历史责任”、“国家意识”、“集体主义”这些观念。这些观念支撑着“新闻”的功能/目的。意识形态性成为新闻图像的重要因素。新闻图像成为政治的视觉表达手段。而由此形成的一套美学观，我们可以称之为“政治视觉美学”。

■ 在中国当代艺术里，个人风格和集体风格一直很难区分开来。个人的作用往往是通过集体的力量表现出来，而个性所产生的美学空间是在个性之间的缝隙里呈现的。这种个性美学空间需要用一种个性累加的方式来体会和经验。在这一点上，这带有强烈的社会主义特征。共同目标成为个性能量得以释放的基础。

■ 记录行为往往成为比行为更为重要的表现手段。对于当代艺术家来说，意识到这一点是至关重要的。

发展思路和基本策略

■ 北京公社一方面既展示正在成长的有突出才能的艺术家，又致力于发现并推动新的有创造活力的艺术家；另一方面，通过独特的展览策划与专业的图书出版推动中国当代艺术的发展，在国际当代艺术的领域展现其特殊的价值。

■ 北京公社一直努力尝试建立起一种推动当代艺术的新模式，一种介于博物馆和画廊之间的新空间。

■ 北京公社是展示正在成长的有突出才能的艺术家作品的空间，又致力于发现并推动新的有创造活力的艺术家。

北 京 现 代 画 廊

北京现在画廊是一家经营中国现在前卫艺术的国际化专业机构。北京现在画廊是由黄燎原先生于2004年9月15日在北京成立的。画廊坐落在北京CBD中心的北京工人体育场内，临湖而建，展示空间自行设计自行建造，面积230平方米，展线61米，采光充沛柔和。北京现在画廊以“只做能够进入艺术史的艺术家”为原则，以“把中国现在艺术留在中国”为己任。北京现在画廊通过画廊主持人、批评家和代理艺术家所建立的庞大的国际交流体系，让中国现在艺术走进中国的寻常百姓家，并走出国门迎接世界的目光。

2007年初北京现在画廊拓展第二空间，地点在上海莫干山路50号，展厅两层，占地500平方米，展线170米，设有独立的影像厅和资料库，为进一步实施实验性、国际性的展览计划、积极推介新锐艺术家及优秀作品创造了更加完美的空间。目前北京现在画廊已与杨少斌、何森、宋永红、杨劲松、高惠君、孔巍蒙、任小林、蒋丛忆、崔岫闻等艺术家签订了代理协议，拓展中国和海外市场的工作正如火如荼地展开。

北京现在画廊参加了众多国际博览会和艺术节，如西班牙ARCO博览会、意大利博洛尼亚博览会，佛罗伦萨博览会，北京CIGE博览会，上海SH Contemporary博览会等。此外，作为数年来首次以独立画廊资格入选“画廊项目”（ART GALLERIES）的中国本土画廊，北京现在画廊成功入选2008年第39届巴塞尔博览会。美国大都会美术馆从2008年开始悉数收藏北京现在画廊的所有出版物。

在2006“艺术中国•年度影响力”评选活动中北京现在画廊被评为十家年度最具影响力的画廊之一。

画廊领导人的
文化视野、学术观点、前瞻意识、发展思路

艺术总监　黄燎原

■ 艺术是社会的一面镜子吗？不是。艺术是镜子里的一面社会。艺术是用来净化灵魂的吗？不是。艺术是用来消费的。

■ 我们不会下调任何一个我们已有艺术家的价格，即使在经济危机的时候，如果我们卖不掉，就要自己放着。你已经到了这个价格，之前有收藏家这样买了你的作品，如果你降价去卖，对之前的收藏家是不公平的。

■ 重要的不是艺术，而是艺术家。次重要的也不是艺术，而是艺术家的爱人。有点儿重要的还不是艺术，而是买艺术的人。

■ 一个国家的艺术真正要发展，最终只能依靠本民族自己的力量。

■ 我希望北京现在画廊在未来可以成为一面旗帜，它除了日常性的经营外，还能培养出时代的先锋艺术家，为推动中国艺术的发展做出贡献。当然，如果我们在学术上不成功，我们在商业上也不可能有多大发展，未来一定是属于这把双刃剑的。

■ 我们都知道，中国现在正在花大钱陆续买回过去几百年间流到国外的中国古董。如果我们现在还不把眼光放到中国现在艺术收藏上来的话，过不了多久，这种悲哀的事情还要重演。

■ 我觉得中国的文化产业要有大发展，必须得有一些有知识有文化有理想的人进入到这个文化行业里来。

发展思路和基本策略

■ 北京现在画廊是一家经营中国现在前卫艺术的专业机构，它以“只做能够进入艺术史的艺术家”为原则，以“把中国现在艺术留在中国”为己任，通过画廊主持人、批评家和代理艺术家所建立的庞大的国际交流体系，让中国现在艺术走进中国的寻常百姓家，并走出国门迎接世界的目光。

■ 北京现在画廊创立的宗旨是“把中国现在艺术留在中国”、“把中国现在艺术留给世界”。

当代唐人艺术中心

当代唐人艺术中心（原唐人画廊）是由国人郑林首先在泰国首都曼谷创立的。作为泰国乃至整个东南亚顶尖的专业介绍和推荐中国当代艺术的机构，曼谷当代唐人艺术中心曾举办和策划过多次大型中国当代艺术展，在艺术界和收藏界有着较为广泛的影响力。当代唐人艺术中心通过一系列成功的展览和操作，向东南亚地区整体推出了中国当代有代表性的艺术家的作品，并通过当地主流媒体来介绍和推广中国当代艺术。

2006年6月，致力于推广和发展中国现当代艺术的“北京当代唐人艺术中心”在北京的一个新的艺术朝圣地——大山子798工厂成立。其宗旨是为中国当代艺术的发展，为推介本土和国际艺术家，为促进中外艺术的交流以及建立健康有序的艺术市场而作出努力。中心由一座占地面积达600平方米的厂房改建而成，内部空间极为开阔宽敞，层高达12米的展览区域为举办各类艺术活动提供了良好的环境。

当代唐人艺术中心的功能与角色并非只是一间普通的艺术中心，它实际上是一间专门从事艺术活动展示与策划，对有潜力艺术家发掘和培养，对艺术发展进行研究与开发，积极构建中国当代国际艺术体系的多功能艺术机构。当代唐人艺术中心定期举办各类艺术展览和表演，发行艺术出版物，举办学术交流，为机构和企业及个人艺术品收藏者提供艺术前导性的咨询。

画廊领导人的
文化视野、学术观点、前瞻意识、发展思路

总经理　郑　林

■ 唐人这个名字标志着我们对本土文化的一种抱负，我们想做能代表中国身份认同的最好的艺术中心。

■ 要做一个特别强的展览最重要的是要强调学术性和专业性，我们做的展览是要使策展人的想法和意图重现。

■ “当代唐人艺术中心”要立足北京，辐射东南亚，利用已有的艺术资源和网络，向国际艺术体系推广中国艺术家的优秀展览和作品，同时也会积极向国内介绍国外艺术家的成就，以促进双方的交流合作。

■ 当代艺术没有地域性的概念，应该更上一个台阶了，应该把最好的艺术家的最好的计划和方案，在国际品牌上面来运作。

■ 当您在创造，在发挥您的想象力时，一个有悟性的艺术家，他是有很多种想法的，最后通过画面或者是其他多种形式实现自己的想法，这是一个很享受的过程。

■ 唐人艺术中心在北京的成立，改变了一个画廊传统的经营模式，这应该是巨大的转变。我们想建立我们中国人自己的国际当代艺术机构，推动中国当代艺术在国际平台上的发展。

发展思路和基本策略

■ 当代唐人艺术中心在推动中国当代艺术之余也开始向其它方向发展，积极扩展我们在方兴未艾的亚洲当代艺术的兴趣，因为我们相信艺术的潜力发展和活跃是没有国界之分的，也没有界限。

■ 当代唐人艺术中心鼓励一种充满想象的生命力的创作方向。在当代唐人艺术中心精心策展的带领下，推动一系列文化和艺术活动，鼓励想象力的发展，找出艺术创作的新天地，给当代艺术创造适当的自由发展空间。在艺术家、题材、表现方法方面的选择也能体现我们勇于尝试、不甘于平凡的特质。

■ 当代唐人艺术中心的功能与角色并非只是一间普通的艺术中心，它实际上是一间专门从事艺术活动展示与策划，对有潜力艺术家发掘和培养，对艺术发展进行研究与开发，积极构建中国当代国际艺术体系的多功能艺术机构。

站台·中国

站台·中国当代艺术机构是一个主要致力于中国当代艺术的发展与推广的综合艺术中心。站台·中国当代艺术机构是由孙宁于2005年初创立的，是一个主要致力于中国当代艺术的发展与推广以及当代艺术的国内和国际间的对话与交流的综合艺术中心，下设艺术展览空间、多媒体展示厅、国际艺术家驻留工作室、798项目空间等。

站台·中国支持包括视觉艺术、行为艺术、实验音乐以及跨媒介的新媒体艺术等多种艺术形式。同时，还致力于以出版、发行和国内国际间的艺术项目的组织策划等方式推广当代艺术。站台·中国旨在创建及营造一个开放活跃的当代艺术平台，发现、支持并推介中国年轻的优秀艺术家参与国内及国际间的交流与对话，扩大中国当代艺术在国内与国际间的影响力和认知度，同时推介国际艺术家在中国的了解与认知。

站台·中国并不是一个纯粹的画廊，而更多的是一个艺术空间，主要致力于组织专业学术的艺术展览和活动。站台·中国探索并试图创造新的途径去研究及策划艺术展览或不同方式的活动。不同文化背景的东西方艺术家通过多种方式去沟通合作，激励更多艺术家之间的协同创作与交流，空间与艺术家之间相互影响并对话的。

站台·中国还是一个开放和动态的空间，或者可以说是一个创作场所。在这里，所有中国及世界成功或年轻新锐艺术家们都可以自由的展示或创作他们新的具有创新试验性的艺术作品或过程。

画廊领导人的
文化视野、学术观点、前瞻意识、发展思路

站台·中国艺术总监　孙 宁

■ 我们不是一个画廊的运作方式，我们是当代艺术空间。我们不排除画廊的销售模式，我们和画廊进行松散的合作，不是代理机制。我们培养正在成长的年轻艺术家。我们的口号是“和艺术家一同成长”。

■ 当代艺术的探索，既可以是某种媒介的利用，也可以是多种媒介的交融，而且后者已越来越成为当代艺术发展的一种趋势。所以对我们来说，不管是哪种媒介，也无所谓是动态的、静态的或综合的，只要他们具有探索性和创造意义，就是我们关注的对象。艺术本身就是一个感性的东西，我们不可能完全理性地去分析每件作品。我们不是终点站。我们的宗旨是要支持实验和创新，我们的目标并不在于塑造几个大师，而是支持当代艺术中的一种现象、一种趋势或是一群具有创新理念的人。

■ 我们一直强调互动，希望能一直处在与不同的艺术家、不同的艺术思想交流的过程中，因为艺术本身就是在不断涌现的各种艺术思潮、艺术流派更新交替中发展向前的。在这个交替过程中，我们愿意为具有艺术天赋和潜质的年轻艺术家提供机会和发展的空间。

■ 我们不是不营利，我们还是要做好的展览，推学术的活动。所以当时我们选择年轻艺术家，其目的也是扶持年轻艺术家，给他们一个平台去展示自己，所以说我们当然关注年轻艺术家，尤其是当代中国的年轻艺术家。

■ 当代艺术的形式多种多样，但艺术家想表达什么，用什么方式表达，这些都很重要，都会直接影响到我们对艺术家和作品的选择。

■ 站台·中国是一个开放和动态的空间，或者可以说是一个创作场所。在这里，所有中国及世界成功或年轻新锐艺术家们都可以自由的展示或创作他们新的具有创新试验性的艺术作品或过程。

演艺产业典范选登

【演艺产业的核心概念与权威描述】

《国家“十一五”时期文化发展规划纲要》和《文化部文化建设“十一五”规划》将演艺业作为重点发展的文化产业之一，要求推进营业性演出单位资产重组，发展演艺经纪商，加强演出协作网络建设，形成一批大型演艺产业集团。其产业政策的主要框架是：以发展为第一要务，全面推进演出行业市场化进程。通过改革发展，强化政府服务，增加政府投入，扩大供给总量，提高演出质量，优化市场环境；通过开拓创新，完善市场机制，做大做强市场主体，实现演出市场的全面协调可持续发展。（作者：文化部文化市场司综合处处长孙秋霞）

演出行业三个最重要的要素，一是艺术生产，二是剧院，三是中介机构。它带来大众的消费，才形成一个产业，形成一个利润空间。（陈纪新：北京东方百老汇国际剧院管理有限公司董事长）

【典范的资料依据】

①中南大学中国文化产业品牌研究中心、《中国文化报》、中国文化产业国际协会等单位联合公布的评选“中国演艺文艺品牌”的资料。

②相关演艺典范在网站上公布的资料。

③山东大学文化产业管理学系、山东省文化产业研究基地所积累的相关资料。

④《中国文化产业学术年鉴》按相关学术原则对上述资料进行了甄别和整合。

【选登宗旨与考量重心】

《中国文化产业学术年鉴》的宗旨：反映学术理论界的相关研究成果。关注文化产业领域中“具有引领意义”的企业/项目/区域，强化理论源于实践的学术张力。

根据上述宗旨，《中国文化产业学术年鉴》在考量相关演艺团体的业绩时，更为关注其经营者在演艺产业发展问题上的学术观点、文化视野、前瞻意识及其决策思路，以凸显理论与实践之间的综合互动。

北京儿艺股份有限公司

北京儿童艺术剧院股份有限公司成立于2004年1月16日。其前身是成立于1986年的北京市儿童艺术剧团。由北京青年报社、北京市文化设施运营管理中心、北京电视事业开发集团、北京高校房地产开发总公司和北京市文化发展中心等五家股东共同出资设立。2004年1月，王颖被任命为北京儿童艺术剧院股份有限公司的总经理。

根据党的十六大和十六届三中、四中全会精神以及李长春同志提出的“一业为主，多业态经营”的发展思路，结合国内外同行业成功的运作经验，北京儿艺改制后研究确定了“以儿童舞台剧为龙头，搭建儿童文化产业链”的五年发展战略和“全国一流、亚洲领先、世界前列”的未来发展方向，特别是抓住2004年“品牌年”的规划定位，有计划、有步骤地大力推进品牌建设，为“多业态”经营和搭建儿童文化产业链奠定了良好基础。

北京儿艺是文化部命名的“全国文化产业示范基地”。

在2008年4月10日至11日召开的全国文化体制改革工作会议上，中宣部、文化部、广电总局和新闻出版总署联合表彰了包括北京儿艺在内的33家“全国文化体制改革优秀企业”。

经营者的理论观点、学术视野与发展思路

■ 北京儿童艺术剧院股份有限公司总经理王颖接手北京儿艺不久，提出了“两条主线、三个命脉、四个根本”的总方针，以精品儿童剧和多业态经营为主线，把握好“原创、创新、观众”三个命脉，抓住“人、资本、市场运作、政策与股东的支持”四个根本。

■ 王颖谈自己的管理经验：“第一个是整合资源。第二是挖掘潜力。第三要尊重人才。第四是科学的管理。”短短几年时间，北京儿艺变依靠“输血”为“造血”，成为实现资金自给的文化企业。改制后的北京儿艺走向了市场，将触角延伸到剧本征集和后产品的拓展，使戏剧的市场化元素被有机地联系起来。

■ 王颖告诉记者：“北京儿艺的改革实践证明，儿童剧院只要改革措施得当，就能获得社会效益和经济效益双丰收。”她说“北京儿艺尝试具有自身特色的经营思路，不仅实现了主营业务市场上的多元化发展，同时在其他细分市场上也进行了一定的探索，使儿艺在市场上的生存能力逐渐强大起来。”

■ 北京儿童艺术剧院股份有限公司高级企业顾问李晓云告诉记者，结合现实题材剧目《Hi，可爱》的排演，儿艺在研发后产品、推出少儿朗诵和表演培训的同时，还同专业机构合作开发了儿童心理咨询等高端培训项目，启动“角色互换训练营”等衍生项目，开发制作音像制品。青少年艺术培训在不久的将来也会成为他们的一项重要业务。

长沙红太阳娱乐有限公司田汉大剧场

田汉大剧场是湖南红太阳娱乐管理有限公司，为了纪念著名作家田汉先生投资建造的、以专业演出为主的多功能现代化剧院。位于长沙市劳动西路与芙蓉路交汇处，建筑总面积2.8万平方米。于1999年建成开业，是当时中南地区最豪华、设施最完善的标准剧院之一。它由大剧场、音乐厅、田汉文化广场及其他附属设施组成。

作为一流的专业演出剧院，田汉大剧场把一种湖湘本土文化与剧院文化结合、歌厅文化与高雅艺术结合起来，在中国演艺娱乐业形成了独特的田汉模式。

田汉大剧场通过积极引进投资，营造出内容丰富多彩、形式休闲娱乐的综艺晚会，绚丽多彩的舞美设计、国际一流的灯光音响、雅俗共赏的演出节目、健康与快乐的互动氛围，在长沙不断引起轰动。这种综艺晚会模式填补了剧场、剧团未能有机结合的空白。

田汉大剧场作为一流的专业演出剧院，长沙市精神文明建设的标志性建筑，坚持奉行“弘扬民族文化、提升中华民族的文化品位”的经营战略，以“创造精品文化、弘扬高雅艺术”为己任，在“坚持一切为了顾客，一切源于创新”的经营理念下，以一流的服务欢迎四方宾客。

经营者的理论观点、学术视野与发展思路

■ 田汉大剧场总经理蒋云认为：“文化在经济增长中有着极大的影响，透过湖南的歌厅文化产业，我们能看到，经济欠发达的地区并不等于文化产业欠发达，文化产业的发展可以领先于经济的发展。目前，长沙的歌厅已经进入一个稳步发展的阶段，歌厅不仅成为湖南文化的一张名片，更成了湖南文化产业的一张名片。”

■ 蒋云对歌厅艺术有着独特的眼光和见解。在蒋云的大力倡导和督导下，田汉大剧场继承了歌厅文化的本土化、市场化的一面，同时摒弃了歌厅部分节目过分庸俗的一面，在节目的高雅化、专业化、艺术化上狠下功夫。目前，田汉大剧场大多数节目都是直接从国外引进，大气的舞美设计和主持人幽默灵活的串词，使整台晚会高潮迭起，目不暇接。蒋云自信地说：“拿节目的档次和水平来说，我们一些节目的演艺水准已经达到或者超过欧美国家。”

■ 蒋云认为，节目平民化、营销市场化是田汉大剧场成功的关键。田汉大剧场把节目的评判标准交给市场，节目多元化，不定格形式，只注重健康快乐。

■ 加强经营团队的建设和规模化经营是“田汉”成功的重要因素。蒋云说：“只有专业的，才会是最出色的。”作为剧场的领导层，蒋云经常组织团队骨干到国内外交流学习培训，并有计划地选派经营骨干到高等学府进行深造，大大提高了队伍的专业水平。

■ 对于田汉的发展，蒋云传达的是一种引领潮流的张力与信心：“作为中国文化演艺的航母，田汉大剧院将坚持以‘弘扬民族文化、提升中华民族的文化品位’为己任”，他表示“在政府和社会各界的大力支持下，我有信心在3年之后，使田汉大剧场达到国际标准，5年之后，超越国际标准，成为国内第一家大型专业演艺中心!”

大唐芙蓉园

2002年，西安曲江管委会决定启动“长安芙蓉园”文化项目建设，经过八个多月的调研论证，定位为中国第一个全方位展示盛唐风貌的大型皇家园林式文化主题公园，更名为“大唐芙蓉园”。

大唐芙蓉园由中国工程院院士张锦秋担纲规划与建筑设计。她依据曲江的历史文脉、山形地貌确定了“因借曲江山水演义盛世名园”的规划理念，绘就盛唐皇家园林的山水格局。在南山北池、环状水系的大格局之中按照功能需求布设了15个重要建筑，围合成主从有序、灿若星河的建筑体系。

陕西省委副书记、西安市委书记袁纯清，西安市市长孙清云两次主持专题会议对“大唐芙蓉园”项目建设给予极大关怀。相关部门全力支持，各界专家更是献智献力热切关注。袁纯清强调：“曲江的开发要为西安如何把单纯的观光式旅游与体验式旅游相结合，如何把文物资源和历史文化由点到面的展开提供一个新的概念、新的方向、新的范式、新的路径。”他提出的“国人震撼、世界惊奇”的八字方针，成为大唐芙蓉园的规划标准和发展目标。

大唐芙蓉园建于原唐代芙蓉园遗址上，以“走进历史、感受人文、体验生活”为背景，展示了大唐盛世的灿烂文明。全园景观分为十二个文化主题区域，从帝王、诗歌、民间、饮食、女性、茶文化、宗教、科技、外交、科举、歌舞、大门特色等方面全方位再现了大唐盛世的灿烂文明。园中亭台楼阁、雕梁画栋，包括有紫云楼、仕女馆、御宴宫、芳林苑、凤鸣九天剧院等众多景点。

经营者的理论观点、学术视野与发展思路

■ 大唐芙蓉园董事长总经理刘兵提出的“体验城市”概念，曾让全国的旅游业耳目一新。刘兵意识到，西安这座千年古都是需要体验的，正是中华民族所独有的历史文化遗产和丰富的旅游资源。于是，刘兵不断在“异化发展”上下功夫，以城市的历史文化作为切入点，整合文化历史资源，发展文化产业，从而使西安具有竞争力和生命力。

■ 刘兵认为：“迪士尼是按照西方的价值观所建的乐园，而大唐芙蓉园是根据我们民族的传统文化建造的，是传承中华民族优秀文化的乐园，是文化、建筑与景观元素的完美表现。”刘兵说：“西安是一个个性化城市，而且是一个文化底蕴深厚的个性化城市。盛唐文化曾经是当时世界的主流文化，但利用盛唐文化将西安的城市旅游变成旅游城市并不是一朝一夕的事情。我们要大力整合旅游市场，树立一面好旗帜，让西安旅游从观光式逐步转向体验式。”

南宁国际歌舞节

1999年，由“广西国际民歌节”更名而来的南宁国际民歌艺术节以其浓郁的民族性、强劲的现代性、广泛的国际性和高雅的艺术性赢得世界越来越多的关注，影响力日益扩大，曾获2005年度全球节庆协会“ＩＦＥＡ全球行业奖”综合类铜奖，这是首次有中国节庆入围全球大奖。2007年，南宁国际民歌艺术节连获最具影响力文化产业单位、中国节庆产业十大魅力节庆奖、中国节庆产业十大文化艺术类节庆奖等奖项。

南宁大地飞歌文化传播有限公司是南宁市人民政府为市场化运作南宁国际民歌艺术节而创立的文化传播机构，成立于2002年，于2007年改制为南宁大地飞歌文化传播有限责任公司。公司以“创城市文化品牌，建产业互动平台”为经营理念，在几年时间内，发展成为一家专门从事策划、组织和承办各种大型节庆、新闻发布会及论坛的专业机构。

南宁大地飞歌文化传播有限责任公司旗下拥有一支专业的大型活动策划队伍，专业的创作团体和先进的管理理念，使“团队精神”、“创新精神”、“服务精神”在南宁大地飞歌文化传播有限责任公司得到了最好的体现。公司与政府部门、各专业协会、贸易促进机构及各国使领馆均保持着紧密联系。通过举办市场经济发展所需要的各种大型活动、论坛来整合市场资源，力求至臻。

经营者的理论观点、学术视野与发展思路

■ 广西壮族自治区政协副主席、原南宁市市长林国强指出：“文化搭台，经济唱戏”，文化一直在为经济发展做铺垫。在这方面，迈出创新第一步的还是民歌艺术节。“南宁国际民歌艺术节已成为一个平台：一方面，文艺界人士通过民歌艺术节来展示文化艺术发展的水平；另一方面，它也是经济活动的平台。”林市长还说：“打造一个企业可能要花费上亿元去宣传推广，为什么不借助民歌节来宣传南宁，打造一张亮丽的城市名片？！”

■ 南宁国际民歌艺术节艺术总监、南宁市文化局局长陈晓玲指出：

通过比较发展，广西少数民族文化的影响力更容易快速地打造成城市的影响力，提高城市的知名度。民歌节是全国独一无二的民歌盛会，而民歌又是世界性的概念，全世界的人都可以唱民歌。

充分挖掘本地民族的历史文化积淀是一个晚会品牌走向辉煌的基本，要认识到挖掘、弘扬民族文化的紧迫性和必要性；文化传播的重要意义在于传承民族文化，打造地区文化艺术品牌以及发展文化产业；一个优秀的文化艺术品牌必将为本地区的发展带来文化效应、投资效应、旅游效应、城市发展效应、对外开放效应、文明建设效应。

■ 原南宁大地飞歌传播有限公司董事长、总经理刘莉玲指出：

我希望南宁国际民歌艺术节借势走得更高，走得更远，唱得更响。而这个势就是，好的基本和好的机遇。“基础”就是它8年来形成了固定的模式，形成了品牌，得到了老百姓的喜爱和认可，得到政府的支持。“势”就是每年它和中国东盟博览会同期举行，今年还和三会一起举行，取得了更广泛的影响和更好的效果。我们今后将借助这个“大船”走得更远。

没有发展中的民歌观念就没有民歌艺术节的不断成长，没有民歌艺术节在结构与气质上的成长就没有南宁的今天。民歌节的旗帜就是我们反复强调的：民族性、现代性、国际化、时尚化以及大众化。更关键的还在于民歌节产业化步履的不断加快。

云 南 映 象

《云南映象》项目组成立于2001年11月，由云南山林文化发展有限公司经营管理运作，并于2004年11月将《云南映象》的经营管理交由新成立的云南映象文化产业发展有限公司。

《云南映象》是由著名舞蹈家杨丽萍担任艺术总监的大型音乐原生态歌舞集，是一部没有用故事作为结构却包容了所有故事内涵的大型原生态歌舞作品。全剧囊括了天地自然、人文情怀，以及对生命起源的追溯、生命过程的礼赞和生命永恒的期盼。自2003年起，在国内各大中城市巡回演出100余场，取得了轰动的社会反响。杨丽萍将最原生的原创乡土歌舞精髓和民族舞经典全新整合重构，再创云南浓郁的民族风情。

在打造国内歌舞演艺品牌的同时，《云南映象》还以《寻找香格里拉》的名字进军国际文化市场。《云南映象》的全球推广商——派格太合环球传媒公司派格公司完全按照国际演出行业惯例对《云南映象》进行包装及商业运作。澳大利亚灯光师、舞美师等专家对《云南映象》进行了再加工、再提炼，以使它成为真正属于世界的艺术产品。

经营者的理论观点、学术视野与发展思路

■ 舞蹈家杨丽萍说，在我看来,有价值的艺术也有商业价值,如果说保护了艺术却让别人掏钱养活,是一种耻辱。“因为是艺术所以不卖钱”是一种借口,真正的民族民间歌舞具备与市场契合的潜质。她认为：“民族民间文化保护、推广要借重市场,但表现形式不能偏商业化也不能偏所谓的纯艺术,其间最难的是对艺术主张的坚持,我认为这种坚持就是对民族文化的尊重、继承和维护。”

■ 云南映象文化发展有限公司总经理荆林，对云南文化艺术产品有其独特的爱好和营销观念。在打造民族特色文化方面，他在坚持创新原则的前提下，坚持“内容为王”的基本原则。他认为：“形式可以随时改变，但是只有内容才是真正的一种文化内涵的展现，它代表了一种潮流、一种思想，故内容的深度才是品牌发展潜质的重要影响因素。”

■ 荆林认为，市场化模式的另一追求是利润最大化，所以连油盐酱醋，都要精心算计，比如，去上海参加舞蹈界最高奖荷花奖的评选时，剧组就一度犹豫是否放弃参赛，因为路费是一个庞大的开支，最后，因为可以在上海附近的城市进行演出，《云南映象》才踏上了通往上海的道路。

■ 荆林认为完成了四个条件，才能标志《云南映象》的成功。第一，是要有自己的基地，像百老汇、红磨坊那样，《云南映象》要有自己的固定演出场所；第二，当杨丽萍不在舞台上，荆林也不在市场的前沿奔忙，《云南映象》还能在市场上持续火热；第三，当企业资本贮备具有了抗风险的能力；第四，形成产业链，《云南映象》形成品牌和资源，能够提供更大的平台。

印象·丽江

《印象·丽江》是由印象旅游文化产业有限公司投资排演的大型实景演出节目，投资总额近2.5亿元。由著名导演张艺谋、王潮歌和樊跃共同指导。全剧分为上、中、下三篇，上篇为《印象·丽江》雪山篇；中篇为人与自然的对话，这是目前世界上最长的一次幕间休息，也是对悠久纳西文化的一次观摩和洗涤；下篇为《印象·丽江》古城篇，将在丽江古城的夜间演出。

其中《印象·丽江》雪山篇将剧场设在海拔3100米玉龙雪山的怀抱里，四周高山草甸、白云缭绕，将观众带到了雪域高原天人合一的纯美背景中。在可容纳1200余人的360度全视角剧场中，用象征着云贵高原红土的红色沙石砌成了12米高、迂回艰险的“茶马古道”。实景演出以玉龙雪山的自然风光为天然背景，以纳西民族为主的当地民俗民风构成了演出场景。动用演员达五百余人，皆为当地人，力图表现散居丽江的十个少数民族的基本生活形态。

全长1个小时的演出中，来自纳西族、彝族、普米族、藏族、苗族等10个少数民族的500多名普通农民共同演绎《古道马帮》、《对酒雪山》、《天上人间》、《打跳组歌》、《鼓舞祭天》、《祈福仪式》6个章节。

张艺谋说：“提到一场演出，我们往往会联想到华丽的背景、绚烂的灯光效果、典型的人物塑造、曲折的剧情设计或者是伟大的主题表现，常常会以一种‘欣赏’艺术作品或者是艺术鉴赏的眼光来看待一场演出，可是，《印象·丽江》决不是一场这样的演出，也决不能用‘欣赏’的眼光来看待。这是一场看不见任何艺术修饰的演出，决不谄媚。如同从未长过花的土地，曝露在烈日下的岩石，被流水冲刷过的河床一般裸露而直白”。

前云南省委副书记丹增认为，《印象·丽江》在创意和运作方面实现了三个结合：一是文化与旅游的结合。二是文化与经济的结合。文化经济化，经济文化化，经济文化一体化是文化产业的发展趋势。三是文化与自然的结合。《印象·丽江》以大自然为舞台，所有的演出都暴露在阳光下，让演员与观众浑然一体，尽情享受大自然的原生态魅力，这是文化与自然有机结合的新尝试。

经营者的理论观点、学术视野与发展思路

■ 印象丽江旅游文化产业有限公司董事长陈晖认为：“现在的很多商业演出项目，不是文化产业，我是想通过《印象·丽江》这样的项目，带动丽江的旅游。我认为云南不是一个旅游大省，而是一个接待大省，让游客在文化中旅游，文化与旅游相结合，是丽江乃至云南旅游‘二次创业’的核心。”

■ “《印象·丽江》将是丽江旅游由观光型旅游向休闲型、体验型旅游过渡的一个突破口。”陈晖告诉记者，“《印象·丽江》不是一个单一的演出产品，也不是一个地属性的东西，我们要把《印象·丽江》做成一个品牌，并开发延伸产品，开创云南文化旅游真正的品牌时代。”

藏谜

《藏谜》是由容中尔甲九寨沟发展有限公司投资创作的一台反映藏族历史、文化、艺术、宗教的大型歌舞乐。容中尔甲曾获得2000年第九届全国青年歌手电视大奖赛通俗唱法银奖和最受欢迎歌手奖，被誉为藏族“情歌王子”。2006年，容中尔甲随阿坝州党政考察团，对云南文化旅游业发展进行了为期8天的考察。这次云南之行，容中尔甲萌发了打造一台全面展示藏民族歌舞文化大型舞台节目的想法。“借船出海”是《藏谜》最初的思路，为了把《藏谜》打造成精品，容中尔甲亲自拜访了正在广州演出的杨丽萍，请她出任总编导。恳谈中，杨丽萍对这台歌舞乐产生了浓厚的兴趣，欣然应允。同时，容中尔甲决心走出一条四川文化产业的市场化路子，那就是不要政府一分钱，自筹资金，让《藏谜》完全进行市场化运作。尽管有阿坝州委、州政府大力支持，但容中尔甲自筹资金1500万，对《藏谜》进行了完全市场化运作。《藏谜》剧组还投资近亿元在九寨沟专门修建了藏谜歌舞大剧院，《藏谜》将在该剧院长期驻场演出。

《藏谜》的情节以一位藏族老阿妈朝圣路上的所见所闻构成并展开；以不同地区藏族风格的歌、舞、器乐，大型情景式的藏族生活、民间民俗以及宗教仪式情景为艺术表现主体，完整地再现了藏族地区独有的藏族文化精髓。

《藏谜》覆盖了几乎所有中国藏族地区最典型的民间歌曲、乐器及民间舞蹈。特别值得一提的是那些来自乡间地头的藏族男人，手上弹奏着六弦琴嘴里又要唱着歌而脚上又要跳踢踏舞。这种独特的表演方式堪称藏族人的绝技。

杨丽萍调动了她多年对藏文化及藏族舞蹈的体验和积累，编排的节目内容丰富绚丽、震撼人心。它通过歌、舞、乐描绘了一幅神秘而博大、远久而灿烂的藏族风情画……节奏时而高亢强烈、时而缠绵悱恻，场面宏大而壮观。演出中，观众看到的是杨丽萍的全新扮相和舞蹈语汇，听到容中尔甲这位藏族抒情王子浪漫的歌声……

《藏谜》是什么？是一部鲜活的藏族文化辞海，是一朵精美绝伦的藏族艺术奇葩，是一次净化心灵、升华情感的西藏之旅，是一支歌唱民族团结的美丽颂歌……

《藏谜》取得了较大的成功，其品牌资产的管理和开发，经营方已经有了一些策划。如体现藏文化的唐卡、演出画册、音乐原声大碟以及“藏谜”品牌服饰、旅游工艺品等相关文化产品，都在研制和推广当中。

2004年4月27日晚上8点，由山西省话剧院排演的大型历史话剧《立秋》在太原首演。

《立秋》演绎的是晋商题材，被誉为舞台版的《龙票》和《白银谷》，金融版的《大宅门》。它讲述了丰德票号马氏家族，在民国初年，时局动荡之时，面临着生死存亡的考验。总经理马洪翰面对客户挤兑、天津票号被烧、大批国内外借款不能收回的困境，恪守祖训，循规蹈矩，誓死为丰德护碑守门；副经理许凌翔则主张革新，顺应潮流，抓住机遇，将丰德票号融入现代银行业的轨道。仁者见仁，智者见智，一场“银行派”与“票号派”的纷争在两个情同手足的挚友间展开了。故事在一对对矛盾中展开，而一对对矛盾又将故事情节推上一个个高潮。

《立秋》是山西省话剧院建院以来投资规模最大、人员投入最多、制景最为复杂的话剧，也是山西省第一次以话剧形式表现晋商文化史，反映山西深厚文化底蕴的话剧。自2004年4月27日首演至2009年4月26日已经公演整500场，所到之处，无不引起轰动。本剧还受到了党和国家领导人及有关专家的关注。《立秋》获得了中宣部第十届“五个一工程”特等戏剧奖，并获“文华大奖”，还入选为2005—2006年度国家舞台艺术精品工程十大精品剧，被誉为近年来中国话剧演出的“一个奇迹”。

《立秋》被认为是“新世纪话剧的里程碑”，“一个地域较为偏僻的省份，一个经济和文化并不强势的区域，排演的一个历史题材的话剧，却能十二次进北京、七下珠江三角洲、七下长江三角洲，平均每年演出100场”，这的确是演艺产业的一个奇迹。

经营者的理论观点、学术视野与发展思路

■ 《立秋》的成功得益于市场开发，山西省话剧院院长贾茂盛提出一个等边三角形原理，即“政府支持+社会机构参与+观众的热情”。他强调：“要把精品意识、市场意识和观众意识有机结合起来,既注重文化价值、艺术价值,还注重商业价值。这也是《立秋》所获得成功的基本经验,也是山西话剧院今后发展的立院之本。”

■ 贾茂盛说：艺术表演院团必须长期坚持树立文化产品意识和市场意识。以《立秋》为品牌,我们通过和文化传媒公司合作，首次推向市场，成了“第一个吃螃蟹”的本地产话剧。长期以来，文化行业不注重或忽略了“品牌意识”，只把演出当做“事情”或“任务”来完成，没有把它当做“产品”去推销。所以面对改革浪潮和社会发展，就显得“力不从心”、“无从下手”，这点我们体会太深了。“怨天尤人”没用，只能硬着头皮去“试”、去“创”。

上海东方艺术中心

上海东方艺术中心由上海市政府和浦东新区政府投资11亿元兴建，总建筑面积近4万平方米，由法国著名建筑师保罗·安德鲁设计。2002年3月26日正式开工建造。

2003年9月，上海东方艺术中心业主方首次在全国范围内采用市场招投标方式寻找管理者，保利文化艺术有限公司以其强大的实力和丰富的资源一举中标，随后联合极具实力、蓬勃发展的著名文化传媒集团——文汇新民联合报业集团，共同组建了上海东方艺术中心管理有限公司，全面负责上海东方艺术中心剧场及相关附属设施的管理和运营。

2004年12月31日举行盛大的落成庆典新年音乐会，开始试运营。2005年7月1日盛装启幕。东方艺术中心管理有限公司管理的理念和愿景是：形成“五大特色”、架构“四大平台”、铺筑“三个阶段”、确立“两大理念”、实现“一个目标”。

经营者的理论观点、学术视野与发展思路

■ 上海东方艺术中心管理有限公司总经理林宏鸣，原上海市文化局党委办公室主任、上海京剧院总经理兼党委书记、上海歌剧院党委书记兼常务副院长，他有一个梦想：他希望未来的东艺在世界名团的心目中，能具备维也纳金色大厅一样的荣光；他希望能让上海1800万市民，平均每年每人能看一场演出。他说，“上海每年演出场次超过1万场，观众人数六七百万，有人说这是了不起的成就，但以上海的人口来说，平均每年每人半场演出都看不到。”林宏鸣认为“音乐和舞蹈是一个国家最高的文化形象与文化品位的象征。”

■ 林宏鸣上任后第一场决定成败的硬仗，是策划柏林爱乐来沪演出，当时遇到很大的阻力。在林宏鸣坚持下，柏林爱乐如期演出并获得极大成功。“上海这样的国际性大都市，必须引进国际顶级演出。另外，东艺刚刚运营，有谁知道？我要把全世界最好的团队引进来，让它给我做广告。”自此之后，其他世界级的乐团纷至沓来，东艺打开了艺术通往世界的大门。

■ 林宏鸣说：“我们跟别人最大的区别是：胆大，看得准。中国很多剧团谈大项目的时候，都是一边谈项目一边谈赞助，有赞助就做，没赞助就不做。我们是看项目本身的价值，值得做就定了，最快的一次，跟维也纳国家歌剧院，4个小时就拍板了。一旦定下，绝对履约，亏本也做。”

■ 谈到如何经营东艺，林宏鸣说：“向自己挑战，跟世界接轨，是东方艺术中心的性格。我们推出演出季，做全年套票，发展会员制，国内没有一家剧场这么做。”为此东艺花大价钱购置了利用率不高但绝对世界水准的管风琴和冰台，他强调：“你一定要有一套最考究的服装，重要场合才穿，但是一年穿几次呢？只穿5次难道就不应该买吗？不对！虽然穿的次数少，但那是你的品位和规格所在！”

■ 林宏鸣对艺术、演艺产业、演艺市场的营销有着系统的研究和独到的见解。

——作为艺术殿堂的剧院一直见证、体现着人类审美意识的变化和文明的进步。林肯表演艺术中心、维也纳国家歌剧院、斯卡拉歌剧院、科隆大剧院、巴黎歌剧院、莫斯科大剧院、悉尼歌剧院，无不成为世人眼中代表各自国家的文化形象。日本新国立剧场、新加坡滨海艺术中心、伦敦巴比肯艺术中心，以及中国香港和台北的文化中心等，都极大地推动着区域文化艺术令人瞩目的发展。很难想象,如果没有这些剧院，那里的文化生态会是一种怎样的状况。剧院在文化生态中核心作用的形成，以及在演艺产业发展中引擎作用的体现，已经成为文化发展的一大特征。

——社会经济发展到一定阶段之后，会自然地将重心转移到服务、信息、知识等第三产业方面。当社会经历了经济开发、社会开发和人才开发之后，文化开发的时代必将到来。与此相适应，国民生活的需求中心也将转移，其消费愿望也会从温饱型、享受型转变为发展型。从十余年前开始，尤其是近五六年以来，国内的部分城市开始了高标准剧院的建设，上海东方艺术中心就是其中之一。尽管中国剧院的建设热潮比世界上最近一轮剧院建设高潮晚了二三十

年，却是中国经济发展到一定阶段后在文化上再次起飞的重要信号,也是在经济大潮中对民族未来的文化追求和精神生活所表现出的宝贵历史意识。

——社会有三个层面，即技术、制度和文化。文化的内容是知识，文化的本质是精神，文化的手段是艺术。对文化艺术而言，演出可以起到“三传”的作用，亦即推而广之的“传播”作用，乐而化之的“传输”作用，世代延之的“传承”作用。

——世界一流剧院多设有演出季，一流乐团都有自己的音乐季。我们把推出跨年度演出季作为与世界接轨、向自我挑战的重要举措。在困难重重的情况下，我们立足国内、放眼全球选择高品质演出项目，并于2006年7月公布并启动了中国剧场的第一个演出季。如果说东艺高水平音乐会的组织在国际上已有一定声誉的话，那么，被欧洲赞为“在亚洲都很少见到的”东艺演出季，则进一步扩大了东艺“市场化的经营理念、国际化的运作模式、专业化的管理标准”的影响。

——艺术是情感的载体，音乐是心灵的桥梁。上海需要国际一流演出，让市民尽情享受世界优秀文化成果。但我们也不难发现，在我国欣赏艺术还远未能成为大多数民众的经常性选择。拥有1800万人口的上海，每年的观众人次也只是六七百万，人均每年看演出三分之一场。对比百老汇一年的观众人次超过一千两百万人次，伦敦西区一年高达一千三百万人次，华盛顿地区年人均看演出达七场之多，差距十分明显。

——胡适先生曾言：“要看一个国家的文明，只消考察三件事：看他们怎样看待小孩子，看他们怎样看待女人，看他们怎样利用闲暇时间。”不管是为提高国民的精神素质出发，还是培育演出市场的现实考虑，吸引更多的市民走进剧场需作长期的不懈努力。贯穿东艺全年的“高贵不贵、文化亲民”低票价四大系列公益演出相继推出，如和浦东新区文广局、新民晚报社等联合主办的东方市民音乐会，以固定、知识、普及、互动、亲民为特点，不仅国内指挥名家曹鹏、郑小瑛、马革顺、陈燮阳、张国勇、陈佐湟、卞祖善、林友声等携手本市各主要乐团倾力献演，世界指挥大师、英国BBC交响乐团音乐总监贝洛拉维克也亲临市民音乐会现场，指挥上海爱乐乐团演奏，给观众带来了极大的惊喜。庞信、佩德罗·哈尔夫特、查伟革等国外指挥也热情加盟。

——管理是基础，人才是关键，内容是核心，运营是重点。在引进世界一流交响音乐会的同时，意大利费利切歌剧院200多人的阵容来东艺演出《塞维利亚理发师》，成为上海有史以来第一次完全由意大利人演绎的歌剧；把上海作为亚洲巡演首站的法国音乐剧《小王子》，被媒体赞为“如诗如梦，美轮美奂”；塔菲尔巴洛克古乐团《四季的色彩》给申城乐迷带来了难得的奇妙享受；被誉为奥地利两大国宝之一的维也纳童声合唱团的天籁之音也几度在东艺音乐厅回响；在伦敦、爱丁堡等地广受好评的斯拉法多媒体奇幻剧《下雪了》，给观众带来了欢乐和尖叫；20世纪80年代末伦敦首演至今连演不衰的澳大利亚喜剧《莎士比亚全集》竟让帕格尼尼小提琴比赛金奖获得者到东艺连看了三场。闻名世界的小提琴大师基顿·克莱默与波罗的海乐团，享誉全球30年的小提琴大家安妮·索菲·穆特，当代最杰出的中提琴演奏家巴什梅特与莫斯科独奏家乐团，在地球任何一个地方都拥有自己粉丝的法国拉贝克钢琴姐妹，曾创造全美平均每分钟售出5张唱片记录的世界小号天王克里斯·伯堤，他们第一次来上海都登上了东艺的舞台。

——我们应当引进世界优秀文化成果，但同样有责任为弘扬民族艺术努力做好薪火相传的工作。假如我们从整个人类的表演艺术格局来考察过去百年的亚洲表演艺术,我们会发现,在20世纪的大半时间里,亚洲表演艺术处于一种相对被动的局面，中国戏曲从主流文化滑向边缘的过程，只是这种被动局面的组成部分。在东方艺术中心落成前和相隔四年后再次举行的两次大规模的观众调查显示，

Volume 2003—2007

2003 — 2007年卷 下册

中国文化产业学术年鉴

ACADEMIC ANNUAL OF CHINA`S CULTURAL INDUSTRY

文化艺术出版社
Culture and Art Publishing House

图书在版编目（CIP）数据

中国文化产业学术年鉴（2003～2007年卷）/王育济　齐勇锋　侯样祥　韩　英　主编. —北京：文化艺术出版社，2009. 8
ISBN　978-7-5039-3747-7

Ⅰ. 中…　Ⅱ. 王…　Ⅲ.文化－产业－中国－2003～2007－年鉴 Ⅳ.G124-54

中国版本图书馆CIP数据核字（2009）第130157号

中国文化产业学术年鉴　2003～2007年卷

主　　编　王育济　齐勇锋　侯样祥　韩　英
责任编辑　方玉菊　王　红　王及源　田守强　齐大任　刘　爽
　　　　　李　鹏　张勍倩　胡　晋　陶　玮　斯　日　程晓红
封面设计　李　鹏
出版发行　文化艺术出版社
地　　址　北京市朝阳区惠新北里甲1号（100029）
网　　址　www.whyscbs.com
电子邮箱　whysbooks@263.net
电　　话　（010）64813345　63813346　（总编室）
　　　　　（010）64813384　63813385　（发行部）
经　　销　新华书店
印　　刷　山东鸿杰印务集团有限公司
版　　次　2009年10月第1版
印　　次　2009年10月第1次印刷
开　　本　889×1194毫米　1 / 16
印　　张　169
字　　数　正文5500千字+索引2091千字
书　　号　ISBN　978-7-5039-3747-7
定　　价　软精装（上、中、下）598.00 元

版权所有，侵权必究。印装错误，随时调换。

学理研究与理论综合研究论文资料索引

2002 年

⊙ TRIPS 协议与知识产权——1985－2001 年中国消费文化讨论综述/斯人//学术研究 2002－08
⊙ 20 世纪 90 年代以来俄罗斯的知识产权法律保护研究/肖秋惠//图书情报知识 2002－06
⊙ 21 世纪大学城：教育地产与新经济的黄金载体/孟晓苏//中国建设报 2002－03－27
⊙ TRIPS 协定与我国区域知识产权保护——以南京市为例的分析/乔生//国际贸易问题 2002－08
⊙ TRIPS 协议和中国的知识产权保护/钟思//中国饲料 2002－05
⊙ TRIPS 协议与南京知识产权保护之因应与对策/沈木珠//南京社会科学 2002－07
⊙ WTO 与知识产权保护/张慧芳//山西科技 2002－04
⊙ WTO 背景下的文化产业发展/王文章//中国文化报 2002－04－13
⊙ WTO 对知识产权保护提出新要求/吴学安//中国乡镇企业报 2002－05－22
⊙ WTO 规则与知识产权保护/党志全//党政干部学刊 2002－04
⊙ WTO 条件下我国的优势产业将是文化产业//中共石家庄市委党校学报 2002－03
⊙ WTO 下的国家文化安全/史文光//中国文化报 2002－02－26
⊙ WTO 下的知识产权保护观念/玲玲//山西经济日报 2002－03－15
⊙ WTO 与当代国际知识产权贸易/乔海//国际商报 2002－09－19
⊙ WTO 与我国知识产权保护/景莉　佟波//2002 年度全省法院应对入世工作研讨会 2002
⊙ WTO 与我国知识产权保护/刘浪//价格月刊 2002－01
⊙ WTO 与我国知识产权保护对策/马连元//家电科技 2002－12
⊙ WTO 与西藏文化产业的发展/韩书力//西藏日报 2002－08－17
⊙ WTO 与知识产权保护/郭琰//当代经济研究 2002－07
⊙ WTO 与知识产权保护/李文采　冯韶慧　李荣元　李国昌　焦新旗　张东风//经济论坛 2002－02
⊙ WTO 与知识产权保护/张翼//光明日报 2002－01－14
⊙ WTO 与知识产权保护/郑颖辉//2002 年度全省法院应对入世工作研讨会 2002
⊙ WTO 与中国文化产业的发展/黎明//山西政报 2002－06
⊙ WTO 与中国文化产业发展——在中国戏曲学院学术报告会上的讲演摘要/杜长胜//戏曲艺术 2002－02
⊙ WTO 与中国知识产权保护/赵文慧//甘肃科技 2002－08
⊙ WTO 知识产权协定的基本原则与专利保护/王学雷//安徽科技 2002－01
⊙ WTO 中的知识产权/李顺德//科技与出版 2002－01
⊙ 阿多诺的音乐美学思想及其对文化产业的批判/陈楠//吉林艺术学院学报 2002－04
⊙ 澳大利亚文化产业的发展概况及其商业赞助/张英保//《2001－2002 年中国文化产业发展报告》
⊙ 八大风险笼罩教育投资/杜爽//中国经营报 2002－03－21
⊙ 把创意根植于心中/唐浩//株洲工学院学报 2002－S1
⊙ 把历史文化资源转化为先进的社会生产力/赵文鹤//求是 2002－23
⊙ 把民营机制引入文化产业//今日浙江 2002－09
⊙ 把握文化产业的特性与功能/李建中//浙江日报 2002－04－29
⊙ 把知识产权管理和保护纳入国家创新体系/林其屏//开放潮 2002－05
⊙ 保护我国历史文化名城/陈少牧//宏观经济管理 2002－02
⊙ 保护与发展——以云南省为例谈历史文化名城的动态保护/陈文敏//中国大陆、香港、澳门、台湾两岸四地城市发展论坛 2002
⊙ 保护知识产权　促进技术创新/顾栽延//辽宁日报 2002－04－27
⊙ 保护知识产权　推进专利产业化/王笑梅//辽宁日报 2002－03－01
⊙ 保护知识产权促进科技创新/徐宗俦//农村经济与技术 2002－11
⊙ 保护知识产权推进创新发展/本刊编辑部//河南科技 2002－11
⊙ 保护知识产权——问题与对策——乌克兰如何保护知识产权/弗拉基米尔·西坚科//中国集成电路 2002－04
⊙ 北京：历史文化名城的保护与可持续发展——论全国文化中心的建设/张敬淦//北京联合大学学报 2002－01
⊙ 北京加大知识产权司法保护力度/陆路//国际商报 2002－04－11
⊙ 北京历史文化名城保护规划//北京市人民政府公报 2002－21
⊙ 北京文化产业发展的路该怎么走？——北京市社会科学院院长高起祥访谈/王桂玲//北京观察 2002－01
⊙ 北京文化产业发展态势分析/钱光培//《2001－2002 年中国文化产业发展报告》
⊙ 北京文化产业要实施"走出去"战略/沈望舒//北京联合大学学报 2002－01
⊙ 比较优势与知识产权保护的经济学分析/刘君　卞继伟//江苏社会科学 2002－02
⊙ 必须重视国家文化安全/曾庆瑞//文艺报 2002－09－07
⊙ 不能让中国文化产业任凭国际市场的摆布/李怀亮//文艺报 2002－08－17
⊙ 布迪厄：一个清醒的文化角斗士/朱国华//社会科学报 2002－02－28
⊙ 布迪厄的文化消费理论/李全生//社会 2002－05
⊙ 长江三角洲文化产业共同市场呼之欲出/段钢//上海经济 2002－05
⊙ 长沙市文化产业现状分析与 2002 年形势预测/课题组　谢建辉　胡惠林//《2001－2002 年中国文化产业发展报告》
⊙ 成都注重发展特色文化产业/干德明//中国文化报 2002－06－01
⊙ 城市化和历史文化名城/周干峙//城市规划 2002－04
⊙ 城市文化与文化产业/朱铁臻//江南论坛 2002－06
⊙ 城市文化资源——第六届粤台港澳文化交流研讨会综述/李燕//开放时代 2002－01
⊙ 城市兴衰与文化产业的发展/高起祥//北京观察 2002－01
⊙ 城市形象与"城市文化资本"论——从经营城市、行销城市到"城市文化资本"运作/张鸿雁//南京社会科学 2002－12
⊙ 城镇化进程中的文化经济探析/赵秀玲//南都学坛 2002－06
⊙ 充分重视文化产业在经济建设中的重要地位/叶朗//协商论坛 2002－01
⊙ 仇保兴在全国文物工作会议上提出强化保护历史文化名城八项措施/钟键//城市规划通讯 2002－24
⊙ 处在现代化进程中的杭州文化产业/李建国//中共杭州市委党校学报 2002－06
⊙ 传播品牌的十大创意模式/秦川//国际市场 2002－06
⊙ 创建有中国特色文化产业之路——《2001－2002 年中国文化产业蓝皮书》序言/李铁映//上海交通大学学报（哲学社会科学版）2002－01
⊙ 创建中国的一流国际文化品牌/张子扬//经济日报 2002－12－29
⊙ 创新给北京文化事业带来勃勃生机/贾薇//北京日报 2002－11－14
⊙ 创新是一种深层次的文化开发/崔建国//北方经济时报 2002－11－01
⊙ 创新文化产业政策/叶南客//新华日报 2002－08－18
⊙ 创新文化的突破口/许强//经理日报 2002－06－21
⊙ 创意//数字世界 2002－10
⊙ 创意 > 制作/杨正清//青年 2002－01
⊙ 创意产业：新经济腾飞的翅膀，都市型产业的灵魂/祝碧衡　杨荣斌

讲/刘玉珠//中外文化交流 2002-04

◎ 加入 WTO 后　我国知识产权法律保护制度如何创新和完善/郭雁文//华北工学院学报（社科版）2002-03

◎ 加入 WTO 后长春市文化产业发展的对策研究/徐高峰//长春市委党校学报 2002-02

◎ 加入 WTO 后高校知识产权及其保护之探讨/徐平原//科技管理研究 2002-04

◎ 加入 WTO 后文化产业发展的机遇和挑战/张作兴//中国党政干部论坛 2002-10

◎ 加入 WTO 后我国知识产权刍议/成悦//南通工学院学报（社会科学版）2002-01

◎ 加入 WTO 后中国文化产业面临的机遇与挑战/戴维新//中共福建省委党校学报 2002-08

◎ 加入 WTO 后珠海文化产业面临的形势及对策/吴智勇//特区经济 2002-09

◎ 加入 WTO 以后的中国文化市场/陈子喜//中国职工教育 2002-10

◎ 加入 WTO 与我国知识产权保护/徐琳娜//重庆大学学报（社会科学版）2002-03

◎ 加入 WTO 与延边文化产业的发展/马淑清//延边党校学报 2002-03

◎ 加入 WTO 与知识产权保护/王先林//安徽日报 2002-05-13

◎ 加入 WTO 与知识产权的保护/刘瑞旗//中华商标 2002-03

◎ 加入 WTO 与知识产权法律保护/程宗璋//科学决策 2002-02

◎ 加入 WTO 助文化产业腾飞/李新月//河南日报 2002-06-07

◎ 加入世贸组织对中国知识产权的影响/刘东进//电器工业 2002-12

◎ 加入世贸组织与我国知识产权保护/王先林//安徽科技 2002-08

◎ 假日经济与民俗文化产业的发展/蓝爱国//中南工业大学学报（社会科学版）2002-03

◎ 坚守“三个代表”发展文化产业/梁祖晨//决策探索 2002-01

◎ 建设西部文化强省迎接文化经济高潮/章玉钧//四川党的建设城市版 2002-08

◎ 建设现代化的历史文化名城/刘晓华//辽宁师专学报（社会科学版）2002-01

◎ 江苏：依法保护历史文化名城名镇/郑晋鸣//光明日报 2002-02-28

◎ 江苏省委副书记任彦申纵论文化产业发展战略/仲燕　秋萍//中国文化报 2002-06-22

◎ 将禅宗资源作为文化产业经营的思考/袁志成//江西社会科学 2002-01

◎ 将创意做成钥匙/侯朝晖//企业文化 2002-06

◎ 将文化资源变成亮点/马建勋//中国艺术报 2002-01-11

◎ 教育产业必须坚持非营利模式/王秀　乔国栋//社会科学报 2002-09-26

◎ 教育产业化的困境/成庆//国际金融报 2002-06-21

◎ 教育产业化是加入 WTO 后中国教育的必然选择/刘志毅//市场报 2002-03-18

◎ 教育产业化之路值得尝试/如雪//国际商报 2002-09-09

◎ 教育产业在总体上必须坚持非营利模式//中国经济时报 2002-09-06

◎ 教育服务：全球化视野中的教育产业/邬大光　林莉//光明日报 2002-07-11

◎ 教育集团欲往何方/邓经伦//湖南经济报 2002-06-03

◎ 教育培训　价值几何？/朱宇　李宏光//中国质量万里行 2002-11

◎ 教育培训市场　也该“洗牌”了/朱万里//中国经济时报 2002-07-26

◎ 教育培训也要“打假”/张嘉林//北京日报 2002-03-20

◎ 教育培训业：新圈钱运动/子军//大经贸 2002-11

◎ 教育如何产业运作/潘懋元//光明日报 2002-12-05

◎ 教育投资亦喜亦忧//工人日报 2002-12-16

◎ 解读 WTO 之后的中国文化产业（上）/雷奔//中外文化交流 2002-08

◎ 解读 WTO 之后的中国文化产业（下）/雷奔//中外文化交流 2002-09

◎ 解读创意震撼力公式/易绍华//企业活力 2002-07

◎ 介入文化产业拓展邮政领域/孔卫红//邮政研究 2002-01

◎ 金点子妙创意/李忠东//职业 2002-07

◎ 金融业——文化产业拓市场/尔豪　周钦//金融时报 2002-06-28

◎ 金手指转动文化产业魔方/林雨　吴凡//光明日报 2002-08-22

◎ 尽快完善知识产权保护政策法规体系/乌云斯琴//人民政协报 2002-09-28

◎ 进一步加大知识产权的保护力度/赵培训　刘涟//中国国门时报（中国出入境检验疫报）2002-01-14

◎ 进一步整顿和规范文化市场秩序/刘玉琴//人民日报 2002-08-06

◎ 晋宁古滇文化产业开发探析/蔡尚华//云南经济日报 2002-05-10

◎ 经济的文化目的与文化的经济基础——“新经济条件下的生存环境与中华文化”国际学术研讨会综述/余立智//浙江大学学报（人文社会科学版）2002-05

◎ 经济全球化、文化全球化和中国文化产业发展的战略选择/康有金//河北理工学院学报（社会科学版）2002-01

◎ 经济全球化与中国文化产业发展研究/赵振宇//学术研究 2002-11

◎ 精神文化消费统计指标体系的探讨/曹俊文//上海统计 2002-04

◎ 精心打造品牌文化型企业/贾兴沛　张基平　刘光训//中国企业报 2002-09-26

◎ 警惕——教育培训市场中的贩假者/刘万永//中国审计报 2002-09-16

◎ 开发地域文化资源塑造西安人文精神/任莉娟徐艺源//西安日报 2002-06-12

◎ 开发和利用民族文化资源发展民族乡村经济——关于“民族传统文化与现代化”的对话/黄苹//广西民族研究 2002-04

◎ 开发利用历史文化资源，实现可持续发展/李可亭//河南社会科学 2002-04

◎ 开发四川的文化产业/钱来忠//经营管理者 2002-08

◎ 开发文化资源推进经济发展——关于建始县发展文化经济的思考/李超//湖北社会科学 2002-07

◎ 开发西部文化资源推动文化产业发展/仲高//新疆社会科学 2002-01

◎ 考古、古迹与文化产业/黎学勇//知识就是力量 2002-06

◎ 靠创意登堂入室/肖云龙//公关世界 2002-02

◎ 阆中历史文化名城保护与发展纪略/刑学大//城市发展研究 2002-05

◎ 李渔——我国现代文化产业的先驱者/俞木雄//金华职业技术学院学报 2002-04

◎ 历史名城谱写新篇——记泉州历史文化名城的保护和现代化建设/刘发良//城市发展研究 2002-06

◎ 历史文化名城保护的法律保障/郑孝燮//中国文物报 2002-11-06

◎ 历史文化名城保护管理制度评议/刘敏//小城镇建设 2002-11

◎ 历史文化名城的保护与发展——临海市充分发挥优势打造名城现代化/陈广建//瞭望 2002-40

◎ 历史文化名城的城市更新及其文化资源经营/徐琴//南京社会科学 2002-10

◎ 历史文化名城的价值：保护和经营/张继焦//中国都市人类学会第三次会员代表大会、庆祝阮西湖教授从事学术研究 50 年暨都市人类学研讨会 2002

◎ 历史文化名城的经济作用/白仲尧//现代经济探讨 2002-01

◎ 历史文化名城泉州保护的主要内容和意义/陈少牧//泉州师范学院学报 2002-03

◎ 丽江做强民族文化产业/江世震　李秀春//云南日报 2002-10-24

◎ 利用优势促进边境地区文化市场的兴旺繁荣——广西边境地区文化市场管理研究/广西区委党校文史教研部课题组//桂海论丛 2002-06

◎ 联手打造文化品牌/张晓明　章建刚//人民日报 2002-03-26

◎ 亮出城市文化品牌/晓柏//中国文化报 2002-04-11

◎ 辽宁文化产业的现状及发展趋势/辽宁社会科学院文化产业研究课题组

- 永顺县土家族文化资源保护与利用现状调查/符太浩//湖北民族学院学报（哲学社会科学版）2002－05
- 用创意擦亮品牌//中国化妆品（行业版）2002－03
- 用童心创意/绎春秋//大市场·广告导报 2002－11
- 用新颖创意再造市场/东子//中国乡镇企业 2002－08
- 有创意就有市场/杨建华//乡镇企业科技 2002－05
- 与时俱进　开拓创新　努力营造知识产权保护的良好氛围/张晓伟//黑龙江政报 2002－20
- 与时俱进构筑文化新优势/缪智//人民日报海外版 2002－09－11
- 岳阳文化产业发展环境调查/陈国柱//中国文化报 2002－04－06
- 云南省文化产业的定位与发展/熊黎明//学术探索 2002－06
- 云南文化产业的改革与发展/范道桂//民族艺术研究 2002－05
- 云南文化产业现状及前景分析/王亚南//《2001－2002 年中国文化产业发展报告》
- 在创意与经营之间——访广州旭日执行董事兼执行创意总监李明/刘湘萍//广告大观（综合版）2002－06
- 在积极的发展中保障中国的国家文化安全/胡惠林//文艺报 2002－10－10
- 在解读中创造——谈贵州文化资源的保护与开发/朱元琮//理论与当代 2002－05
- 在全国文化市场管理工作会议上的讲话（摘要）/孟晓驷//经纪人 2002－09
- 在全球化背景下发展我国文化产业的战略选择//亚太经济时报 2002－07－03
- 张德江提出要深入研究“文化经济”与“文化生产力”//宁波大学学报（人文科学版）2002－02
- 浙江省文化产业统计研究/《文化产业统计研究》课题组//浙江统计 2002－10
- 浙江文化产业应对加入 WTO 挑战的研究/姚休//中共杭州市委党校学报 2002－01
- 振奋精神开拓进取努力管好文化市场/刘玉珠//经纪人 2002－09
- 整合文化资源发展文化产业建设文化强省/申维辰//今日山西 2002－06
- 正确认识文化生产、文化产品的社会属性与商品属性/丁尔纲//理论学刊 2002－01
- 正在崛起的陕西文化产业/王淑玲//陕西日报 2002－06－17
- 政协委员、专家学者谈北京文化产业/叶惠群//北京观察 2002－01
- 知识、知识经济与文化力的作用/祖杰峰//2002 中国未来与发展研究报告
- 知识产权：对外贸易成功的关键/薛韬//中国工商报 2002－08－30
- 知识产权保护的经济学分析/邹薇//世界经济 2002－02
- 知识产权保护的两难境地/马慧//图书馆学研究 2002－09
- 知识产权保护的现实和本质/马秀山//中国经济时报 2002－12－28
- 知识产权保护对策/黄威//福建科技报 2002－03－12
- 知识产权保护和中国经济的未来/胡祖六//国际经济评论 2002－04
- 知识产权保护网越织越密/汪敏华//解放日报 2002－07－25
- 知识产权保护与世贸规则/欧阳胜//科技广场 2002－12
- 知识产权才是核心竞争力/郭民生//河南科技 2002－17
- 知识产权的本质/田志康//科技进步与对策 2002－01
- 知识产权国际保护刍议/崔勇//南京经济学院学报 2002－04
- 知识产权国际化与我省知识产权保护——我国加入 WTO 后云南知识产权工作面临的问题及对策/许惠然//云南科技管理 2002－03
- 知识产权在迎接知识经济中的重大作用/李京文//现代经济探讨 2002－01
- 知识产权在知识经济与国际贸易中的影响/黄坤益//国际商报 2002－10－08
- 知识产权制度的形成与技术创新/周鸿德//社会科学研究 2002－03
- 知识经济时代对知识产权的保护/伍静//辽宁警专学报 2002－03
- 知识经济时代需要知识产权法律保护/林立//广西政法报 2002－02－07
- 知识经济时代知识产权制度面临的问题及应对措施/姚臻//黑龙江省政法管理干部学院学报 2002－02
- 知识经济下的日本知识产权保护及对我国的借鉴意义/麻剑辉　柯冬英//现代日本经济 2002－02
- 知识经济需要保护知识产权/梁捷//光明日报 2002－10－14
- 知识经济与现代教育培训/杜娟//河南教育学院学报（哲学社会科学版）2002－04
- 直面挑战推进文化产业发展/陈克强//北京观察 2002－01
- 直面知识产权保护/王繁泓//中国化工报 2002－03－05
- 制定积极的文化产业政策/谭雪梅//经济日报 2002－03－24
- 中共湖南省委湖南省人民政府关于加快文化产业发展若干政策措施的意见//湖南政报 2002－08
- 中国“入世”与知识产权保护/郑成思//出版发行研究 2002－01
- 中国大城市文化产业综合评价指标体系研究/王琳//《2001－2002 年中国文化产业发展报告》
- 中国加入 WTO 与知识产权保护/吴道霞//技术经济 2002－03
- 中国历史文化名城的特点及保护的若干问题/赵中枢//城市规划 2002－07
- 中国文化产业：出路何在？/黎明//草原税务 2002－09
- 中国文化产业：市场中的一块“奶酪”/邓华宁//发展 2002－07
- 中国文化产业出路何在/黎明//管理科学文摘 2002－03
- 中国文化产业的发展及对策/张晓明//中国经贸导刊 2002－04
- 中国文化产业的觉醒——记首届中国文化产业论坛/黎舟//中国文化报 2002－06－25
- 中国文化产业发展趋势分析/胡惠林//中国文化报 2002－02－02
- 中国文化产业发展战略——谈文化产业的十大关系/朱相远//经济界 2002－05
- 中国文化产业和美术市场初探/尼玛泽仁//文史杂志 2002－05
- 中国文化产业呼唤世界品牌/赵亮//中国文化报 2002－06－10
- 中国文化产业路在何方？/郑暹发//广东艺术 2002－04
- 中国文化产业如何成大腕/汤淼//中国商报 2002－01－29
- 中国文化产业投资战略的思考/花建//学术季刊 2002－02
- 中国文化产业形势/日立//光明日报 2002－01－22
- 中国文化发展研究的可喜成果/世涛　红樱//光明日报 2002－07－13
- 中国西部名城“拆”“留”之间的积极保护——以天水历史文化名城规划为例/董鉴泓//城市规划汇刊 2002－04
- 中国需要强大的文化教育产业迎接 WTO/赵立萍//中华儿女（海外版）2002－01
- 中国沿海的徐福文化资源及其当代开发/曲金良//中国海洋大学学报（社会科学版）2002－04
- 中国知识产权保护不是过度而是不够//团结报 2002－01－05
- 中国知识产权保护攀高的成因与特点/沈木珠//江西财经大学学报 2002－04
- 中美数字化信息资源知识产权保护的比较分析/邱均平　陈敬全//图书与情报 2002－02
- 中美文化贸易的新特点及中国入世后的对策/李怀亮//燕山大学学报（哲学社会科学版）2002－04
- 中西文化产业概念分析/白银亮//燕山大学学报（哲学社会科学版）2002－S1
- 中小城市文化资源的开发与管理——中山市个案调查/龙先东//湖北社会科学 2002－08
- 重庆南岸抗战陪都文化资源的保护与开发/曹选玉//重庆石油高等专科学校学报 2002－03
- 重视保护历史文化名城名镇/陆镇余//群众 2002－04

2003 年

◎ 大力发展文化事业和文化产业积极深化文化体制改革//中国文化报 2003-08-08
◎ 大力发展文化事业文化产业/莫自才　张博如//青海日报 2003-03-02
◎ 大力发展我国文化产业/林步琪//福建日报 2003-02-02
◎ 大力加强铁路文化市场的管理/王新友//思想政治工作研究 2003-09
◎ 大力建设符合社会需求的文化产业/李鹏程//中国社会科学院院报 2003-04-17
◎ 大力开拓安徽文化产业/钱念孙//安徽日报 2003-04-14
◎ 大力培育创意人才　发展 CG 文化产业/金光//首都经济 2003-02
◎ 大力培育信息文化产业/孟晓驷//文汇报 2003-10-28
◎ 大力抢救保护民间文化资源　推动社会主义文化事业繁荣发展/文成国//湖北社会科学 2003-04
◎ 大力推动我省文化产业加快发展/王金山//安徽日报 2003-10-28
◎ 大力推进文化产业理论研究和学科建设/胡惠林//探索与争鸣 2003-09
◎ 大型文化企业如何一路走好/徐晋//经济日报 2003-07-15
◎ 当代全球文化产业扫描/徐世丕//中国文化报 2003-09-06
◎ 当代社会炫耀性消费之文化解读/毛燕武//柳州师专学报 2003-04
◎ 当代文学与"大众文化市场"学术研讨会侧记/董之林//文学评论 2003-01
◎ 当代中国文化产业发展历程审视/陈立旭//中共宁波市委党校学报 2003-03
◎ 当代中国消费文化的经典文本书写/刘岭//成都师范高等专科学校学报 2003-03
◎ 当文化变成资本/朱国华//社会科学报 2003-08-14
◎ 当阳勃兴文化产业/梁均贵　曹丰华　苏志文　张勇//湖北日报 2003-07-21
◎ 盯市场抓机遇　搞活群众文化/刘虎成//文化时空 2003-08
◎ 动员方方面面力量　推进文化产业发展/杨霖//云南政协报 2003-08-06
◎ 对当代大学生消费文化生活的调查分析/张永新//辽宁工程技术大学学报（社会科学版）2003-02
◎ 对二十一世纪知识产权制度的深入探索/水草//中国社会科学院院报 2003-06-19
◎ 对发展兵团文化产业的若干思考/刘玉莲//兵团党校学报 2003-03
◎ 对发展我省文化产业的思考/郝圣亮//新长征 2003-07
◎ 对甘肃民族地区文化产业开发问题的思考/张利洁//西北师大学报（社会科学版）2003-03
◎ 对湖南文化产业发展的调查与思考/周建华//湖湘论坛 2003-06
◎ 对宁夏文化产业现状、问题与前景的分析/张同基//宁夏社会科学 2003-04
◎ 对陕西发展文化产业的思考/张松叶//西安石油学院学报（社会科学版）2003-04
◎ 对文化体制改革的若干思考/陈道华　李政//中国群众文化学会全国群众论文评奖论文集 2003
◎ 对文化与经济共生互动原理的再认识/本刊编辑部//广东经济 2003-04
◎ 对我省文化体制改革的思考/蒋昌忠//湖北日报 2003-11-18
◎ 多哈会议与新一轮多边贸易谈判的前景/李向阳//《2002-2003 年：世界经济形势分析与预测》
◎ 多元并存的文化格局与一体多元的文化发展战略——经济全球化条件下中国文化发展战略问题研究之一/丰坤武//南通工学院学报（社会科学版）2003-04
◎ 多元投资发展经营性文化产业/张裕//文汇报 2003-07-16
◎ 俄罗斯经济：增幅减缓，但运行平稳/田春生//《2002-2003 年：世界经济形势分析与预测》
◎ 二十一世纪中国文化产业论坛第二届年会综述/李康化//社会科学 2003-02
◎ 发挥江苏区域文化对区域经济发展的促进作用/李宗植//现代经济探讨 2003-04
◎ 发挥民族文化优势　促进文化产业发展/李文健//西藏日报 2003-11-25
◎ 发挥曲阜文化品牌优势　全面建设小康社会/张术平//发展论坛 2003-09
◎ 发挥文化经济功能　促进文化产业开发/何兴宝//四川省情 2003-01
◎ 发挥优势　乘势而上——浅谈西藏文化产业的发展/阿旺旦增//西藏艺术研究 2003-03
◎ 发挥资源优势　壮大文化产业/岳跃强　张谨　彭铎//团结报 2003-11-28
◎ 发展"内外兼修"的文化产业/白玮　童健//山东群众文化学会获奖论文集 2003
◎ 发展安全文化产业　为安全生产服务/陈光//煤炭企业管理 2003-01
◎ 发展城市文化产业的几点思考/焦娅敏//理论月刊 2003-12
◎ 发展档案文化产业的对策/郑辉//中国档案 2003-10
◎ 发展广东文化产业的新思路/黎友焕//广东商学院学报 2003-06
◎ 发展河北文化产业要做好四项工作/张小峰//中国文化报 2003-06-04
◎ 发展南宁文化产业　构筑建设先进文化的坚实平台/黄燕//中共南宁市委党校学报 2003-03
◎ 发展首都文化产业要解决好的问题/张妙弟//前线 2003-06
◎ 发展文化产业　创双年展品牌/贺绚//美术报 2003-10-18
◎ 发展文化产业　打造城市品牌/尹颖坤//今日信息报 2003-04-01
◎ 发展文化产业　打造文化品牌/王永昌//青海日报 2003-07-05
◎ 发展文化产业　繁荣民族文化　建设文化大省/本报评论员//云南日报 2003-07-25
◎ 发展文化产业　妇联大有作为/孙耕耘//云南日报 2003-12-03
◎ 发展文化产业　建设文化强省——我省文化产业调研报告/朱三平//学习导报 2003-10
◎ 发展文化产业　全面建设小康社会/申维辰//求是 2003-05
◎ 发展文化产业　提高文化竞争力/傅守祥//资料通讯 2003-01
◎ 发展文化产业　推进文化体制改革/曹燕燕//山西政报 2003-03
◎ 发展文化产业　推进先进文化建设/肖茂盛//湖南行政学院学报 2003-04
◎ 发展文化产业　壮大城市经济——关于成都市发展文化产业情况的调查报告/赵志//中共成都市委党校学报 2003-06
◎ 发展文化产业，实现产业互动——甘孜州文化产业发展刍议/汪晓萍//康定民族师范高等专科学校学报 2003-02
◎ 发展文化产业，提高文化竞争力/傅守祥//资料通讯 2003-01
◎ 发展文化产业，迎接"入世"挑战/李庆红//洛阳师范学院学报 2003-02
◎ 发展文化产业/陈少峰//前线 2003-11
◎ 发展文化产业必须加快文化体制改革/胡德池//湖南日报 2003-03-06
◎ 发展文化产业大有可为//广州日报 2003-03-04
◎ 发展文化产业广西大有可为/尹华平//广西日报 2003-11-23
◎ 发展文化产业还需观念的启蒙//中国文化报 2003-11-01
◎ 发展文化产业亟须政策扶持/郭晓虹　王玉梅//中国新闻出版报 2003-03-10
◎ 发展文化产业建设文化大省/沈宇翔//浙江日报 2003-10-16
◎ 发展文化产业是个战略问题——从《文化产业的时代审视》一书出版说起/李成勋//经济管理 2003-15
◎ 发展文化产业是全面建设小康社会的必由之路/曾宪初//湖北经济学院学报 2003-06
◎ 发展文化产业要突破些什么/李函//四川政协报 2003-02-18
◎ 发展文化产业应解决哪些问题/任忆　陈芳//人民日报 2003-04-30
◎ 发展文化产业应求变求实求快/彭云//辽宁日报 2003-05-27

⊙ 贸易模式与中国文化产业的取向//中国文化报 2003－08－02
⊙ 媒体文化引导消费/蒋原伦//乌鲁木齐职业大学学报 2003－03
⊙ 美"思想库"建议加强政府文化管理职能/张志宏//中国文化报 2003－04－04
⊙ 美国文化机构青睐中国市场//人民日报海外版 2003－09－11
⊙ 美国知识产权保护/黄永维//人民法院报 2003－06－19
⊙ 面对广东文化产业的思考/李燕//广东艺术 2003－03
⊙ 民革安徽省委建言大力发展文化产业/胡海燕//人民政协报 2003－09－13
⊙ 民间收藏——文化产业新亮点/申小石//商业文化 2003－02
⊙ 民间文化产业信息化浅论/吉宇宽//信阳师范学院学报（哲学社会科学版）2003－06
⊙ 民营经济品牌文化探析/王克修//中国民营科技与经济 2003－Z2
⊙ 民营企业怎样参与发展文化产业/张晖//云南日报 2003－10－15
⊙ 民营文化企业助推文化市场变革/任忆/瞭望 2003－22
⊙ 民族传统文化保护与知识产权/卓仲阳//科技与法律 2003－04
⊙ 民族传统文化与新疆文化产业的发展/李晓霞//新疆社会科学 2003－03
⊙ 民族地区社区文化定位与思考/张正旭//内蒙古艺术 2003－01
⊙ 民族地区文化产业开发大有可为/谢建军//学习导报 2003－10
⊙ 民族地区文化企业怎么走？/马占山//青海日报 2003－04－08
⊙ 民族风情塑造丽江文化产业/刘佳//市场报 2003－01－09
⊙ 民族文化保存的政府责任和市场分工/蒙丽珍//广西财政高等专科学校学报 2003－06
⊙ 民族文化产业　西部投资热点/李舒//金融时报 2003－03－04
⊙ 民族文化产业成为投资热点//云南政协报 2003－02－11
⊙ 民族文化产业的开发/傅宏//云龙学术会议 2003
⊙ 民族文化产业将掀投资热/李舒//经济参考报 2003－02－21
⊙ 民族文化的保护开发与经济互动——来自京岛的报告/袁少芬//民族文化与全球化学术研讨会 2003
⊙ 民族文化的资本化运营：西部大开发中弘扬民族文化的重要途径/李富强//桂海论丛 2003－02
⊙ 民族文化发展与楚雄州主要产业结合的对策措施/杨甫旺//楚雄师范学院学报 2003－06
⊙ 民族文化品牌/施惟达//2003 年：中国文化产业评论（第一卷）
⊙ 民族文化生态意识及其经济模式的建构/曹毅//云南民族大学学报（哲学社会科学版）2003－06
⊙ 民族文化资源保护与开发/施维达//民族文化与全球化学术研讨会 2003
⊙ 民族文化资源和文化生态保护问题刍见/张立//湖湘论坛 2003－05
⊙ 沫若文化资源与城市文化资本/谭继和//郭沫若学刊 2003－04
⊙ 目前我国文化消费的若干问题探析/王雪虹//宁夏党校学报 2003－05
⊙ 内蒙古农牧交错带考古学文化经济形态转变及其原因/索秀芬//内蒙古文物考古 2003－01
⊙ 内蒙古政协委员建言文化产业/蒙讯//中国文化报 2003－07－05
⊙ 内蒙古自治区人民政府关于支持文化事业和文化产业发展若干政策的通知//内蒙古宣传 2003－12
⊙ 内容产业//时事报告 2003－02
⊙ 内容产业的产生及其影响/李晓玲//现代国际关系 2003－05
⊙ 内容产业的历史性登场/金元浦//中国文化报 2003－01－01
⊙ 内容产业也要品牌化/陈昕//中国文化报 2003－01－08
⊙ 南京城市历史文化资源的保护与利用——兼与上海城市之比较/郑忠//南京社会科学 2003－03
⊙ 南京历史文化名城保护思考/陈平//城乡建设 2003－09
⊙ 南京市文化产业发展现状调研报告/葛继红//江苏统计 2003－04
⊙ 南岳自然保护区宗教文化资源的调查研究/屈中正//湖南环境生物职业技术学院学报 2003－03
⊙ 农村文化市场存在的问题及对策/苏洪志//山东农业（农村经济版）2003－04
⊙ 农村文化市场问题及对策/董西明//商业研究 2003－14
⊙ 努力打造湖南品牌文化产业/朱永华//湖南日报 2003－11－24
⊙ 努力加强文化建设　深化文化体制改革/纳麒//云南教育 2003－06
⊙ 努力铸造湘西文化支柱产业　发展繁荣社会主义先进文化/龙颂江//团结报 2003－02－25
⊙ 努力壮大文化产业　满足人民文化需求/雷祖兵　黄忠//湖北日报 2003－07－17
⊙ 女性消费文化的社会意义分析/郭景萍//湖南师范大学社会科学学报 2003－06
⊙ 盘锦文化产业新风拂面/刘丽娜　刘立杉　刘永安//辽宁日报 2003－08－13
⊙ 盘锦兴起文化产业园/苗家生//光明日报 2003－09－08
⊙ 培育和开发民族文化产业　加快民族地区小康社会建设步伐/龙正江//铜仁地委党校铜仁行政学院学报 2003－04
⊙ 培育文化产业促进地方经济/郑红伟//甘肃日报 2003－10－08
⊙ 培育先进文化　壮大文化产业/袁健//发展 2003－10
⊙ 彭吉象访谈：文化引领新经济/余玮//声屏世界 2003－06
⊙ 批转省文化厅关于深化文化体制改革、加快文化产业发展、全面推进文化建设意见的通知//辽宁省人民政府公报 2003－14
⊙ 品牌传播　创建品牌/斯夫//国际商报 2003－03－07
⊙ 品牌传播　创建品牌/王言//中国信息报 2003－01－27
⊙ 品牌的竞争力/刘石兰//中国物流与采购 2003－10
⊙ 品牌的软性传播/曾朝晖//中国牧业通讯 2003－16
⊙ 品牌管理的文化观思考及策略选择/杨鼎新//甘肃教育学院学报（社会科学版）2003－03
⊙ 品牌广东文化产业的阿基米德支点/黄树森//广东艺术 2003－03
⊙ 品牌是一种文化/肖苇//化工质量 2003－02
⊙ 品牌文化是品牌力的重要依托/陶晓红//管理现代化 2003－02
⊙ 品牌文化塑造在市场经营中的意义/宋军//包装工程 2003－02
⊙ 品牌文化营销背后的地产价值/龚惊涛//经济观察报 2003－01－20
⊙ 品牌文化影响消费者对产品与服务的选择//连锁与特许 2003－06
⊙ 品牌无形资产营运的经典之作及其意义/容小宁//中国文化报 2003－11－19
⊙ 品牌效应与文化产业/乔卫东//前进 2003－02
⊙ 破解文化产业发展的五重疑障/李问民//中国文化报 2003－05－21
⊙ 破译国际品牌的文化差异/胡慧平//中外管理 2003－06
⊙ 浅论我国文化产业的发展及对策/刘援朝//社会科学论坛 2003－06
⊙ 浅论乡镇经济园区文化建设/宋建斌//乡镇企业研究 2003－04
⊙ 浅谈发展双江文化产业/俸俊涛//临沧教育学院学报 2003－04
⊙ 浅谈海南岛黎族妇女民俗文化/姚丽娟//中央民族大学学报（哲学社会科学版）2003－06
⊙ 浅谈品牌文化/白永琦//大同职业技术学院学报 2003－03
⊙ 浅谈文化产业与文化市场/张钧善//山东群众文化学会获奖论文集 2003
⊙ 浅析品牌文化对产品竞争力的影响/陈国强//商业研究 200321
⊙ 浅析我国的海岛文化产业/王海壮//海洋开发与管理 2003－05
⊙ 浅议文化产业与经济运行的协调发展/王立斌//中国文化报 2003－07－23
⊙ 浅议新世纪中国文化产业的发展走势/刘健珍//学习论坛 2003－02
⊙ 欠发达地区文化资源开发的几个问题/李宪奇//光明日报 2003－11－04
⊙ 强化"四种意识"发展文化产业/庞玉珍//河北经济日报 2003－04－13
⊙ 且看西部文化产业新格局/干德明　容易//四川日报 2003－09－26
⊙ 青海省海西地区文化资源的利用保护/赵晓//青海社会科学 2003－02
⊙ 清代广州对外开放过程中的消费文化探析/蒋建国//探求 2003－05
⊙ 清代中期扬州书画市场繁荣的社会基础/顾大风//中国书画 2003－02
⊙ 区域合作促文化产业发展/苏晓明//中国文化报 2003－12－17

2004 年

- 21 世纪中国文化产业第三届年会·山西论坛综述/杜学文//今日山西 2004-08
- 60 个指标测评文化产业/卫兴华//北京日报 2004-12-13
- CEPA 对深圳文化的影响分析与对策研究报告/深圳市特区文化研究中心//2004 年：中国文化产业评论（第二卷）
- DDC：内容产业案例分析/徐久龄//情报资料工作 2004-S1
- HDV 成数字内容产业新宠/罗鼎//中国高新技术产业导报 2004-05-18
- PIP：文化产业发展的试金石/朱慧//今日山西 2004-10
- PIP：与国际接轨的文化产业/向天//今日山西 2004-10
- WTO“后过渡期”：文化产业面临“隐性冲击”/曲晓燕//中国文化报 2004-12-17
- WTO 与中国文化产业/赵立萍//中国经贸 2004-01
- 安徽省人民政府关于印发安徽省文化产业发展规划纲要的通知//安徽省人民政府公报 2004-07
- 安泽打造荀子文化品牌/峻石　晓峰　书亮　国强//山西经济日报 2004-05-31
- 澳门创意产业区的规划研究与实践/崔世平//城市规划 2004-08
- 把脉网络“文化经济”/王强//互联网周刊 2004-04
- 把文化投融资体制改革提上日程//经济日报 2004-09-09
- 版权保护对民族文化发展的影响/金基泰//第十一届国际出版学研讨会 2004
- 版权产业在美国经济中比重日益加重/叶鸣秋　王英斌//中国新闻出版报 2004-10-25
- 保护城市文化命脉　打造泉城文化品牌/王良//中国文化报 2004-04-17
- 保护多元文化生态　谋求城市持续发展//新华日报 2004-05-02
- 保护好历史文化遗产是政府的重要责任/李兆汝//中国建设报 2004-05-10
- 保护好长三角城市地下及地表的文化资源/朱光亚//首届长三角科技论坛 2004
- 保护历史文化名城/文华//中国文化报 2004-04-22
- 保护历史文化名城——市长应成为第一责任人 50 位国家级名城市长在京共商保护对策，签署《历史文化名城保护倡议书》//城市规划汇刊 2004-03
- 保护人类文明的新乐章　“建筑艺术论坛——保护人类遗产关注历史文化名城　名镇　名村”/潘晓棠//小城镇建设 2004-06
- 保护四合院住宅街区是保护北京历史文化名城的当务之急/刘小石//北京规划建设 2004-02
- 保护与复制——对萨满文化产业的一些认识/吴辉//萨满文化辩证——国际萨满学会第七次学术讨论会 2004
- 保护与开发：民间文化产业永远的难题/孔德安//中国文化报 2004-04-01
- 保护知识产权是提高产业竞争力的需要/吕薇//中华商标 2004-05
- 保利文化公司的“走出去”战略/李南//中国文化报 2004-11-01
- 保利重组待定　文化产业剥离悬疑/章哲//证券时报 2004-07-25
- 北京：加快建设文化产业链/邱红杰//中华合作时报 2004-02-20
- 北京儿艺——倾力构筑儿童文化产业链/刘江//人民日报 2004-12-24
- 北京将做大文化产业/葛洪才//中国改革报 2004-05-31
- 北京历史文化名城保护的实践及其争鸣/王军//北京规划建设 2004-05
- 北京历史文化名城保护的实践及其争鸣（续）/王军//北京规划建设 2004-06
- 北京历史文化名城保护法规呼之欲出/冉茂金//中国艺术报 2004-03-19
- 北京历史文化名城保护规划//城市规划通讯 2004-19
- 北京历史文化名城保护规划实施办法//北京规划建设 2004-02
- 北京庙会：穿过文化的经济的“手”/温秀//中国旅游报 2004-02-09
- 北京市文化产业发展规划研究成果听取专家学者意见/贾薇//北京日报 2004-06-02
- 北京推动文化体制改革/杜弋鹏//光明日报 2004-04-02
- 北京文化产业发展的区域性优势/邹红//北京师范大学学报（社会科学版）2004-01
- 北京文化的市场价值/陈泽伟//瞭望 2004-01
- 北京文化体制改革试点工作取得突破//人民日报 2004-01-20
- 北京西站文化市场开业/谢元宏//集邮博览 2004-03
- 博恩凯打造文化产业品牌/黄世永　潘茳蔡　炜健//中国邮政报 2004-12-07
- 不能忽视娱乐数字内容产业/吴建华//中国信息界 2004-18
- 不确定目标的多解规划研究——以北京大环文化产业园的预景规划为例/俞孔坚//城市规划 2004-03
- 差异性竞争：西部地区文化产业发展的模式研究/李炎//民族艺术研究 2004-05
- 产业化时代的文化多样性/单世联//2004 年：中国文化产业评论（第二卷）
- 产业集聚：增强区域经济竞争力的不竭源泉/王吉华//河北经济日报 2004-10-19
- 产业集聚——提升区域经济竞争力的必由之路/韩焯燊//中国西部科技 2004-09
- 产业遗产保护推动都市文化产业发展——上海文化产业区面临的困境与机遇/阮仪三//城市规划汇刊 2004-04
- 产业整合：文化产业的“拐点”//中国文化报 2004-01-02
- 昌吉州文化产业敲响开场锣鼓/沈雅屏//新疆日报（汉）2004-08-16
- 尝试推动文化产业的发展——在“中国文化产业（书画市场）论坛”上的发言摘要/刘大为//美术 2004-07
- 超越文化产业：创意产业的本质与特征/荣跃明//毛泽东邓小平理论研究 2004-05
- 朝鲜族文化——山东半岛城市群建设中的文化资源/马银平//第七次全国民族理论研讨会 2004
- 朝阳产业在这里兴起——记辽河文化产业园/赵春晖//今日辽宁 2004-03
- 陈明：双手托起文化和高科技产业的巨轮/李鸿笙//中国民营科技与经济 2004-10
- 陈至立：文化体制改革要面向市场/刘佳//中国妇女报 2004-03-13
- 承德历史文化名城保护概述/刘广哲//承德民族师专学报 2004-03
- 成都市发展文化产业的潜力和发展思路/赵志//西南民族大学学报（人文社科版）2004-12
- 成都文化事业单位加大改革力度/梁小琴//人民日报 2004-06-11
- 城市文化产业发展的三大支点/王克林//中国统计 2004-10
- 城市文化资源与文化产业发展/谢元鲁//决策咨询通讯 2004-01
- 崇左、来宾两市民族文化资源开发利用和保护情况考察报告/广西区政协民族和宗教委员会考察团//广西社会主义学院学报 2004-01
- 仇保兴副部长谈：历史文化名城保护的目标和策略/钟健//城市规划通讯 2004-09
- 刍论西部文化产业的开发/白清//理论导刊 2004-09
- 楚天台推出《文化产业启示录》/王飞//中华新闻报 2004-06-16
- 传承草原文化　发展内蒙古文化产业/齐秀华//理论研究 2004-Z2
- 传媒在我国文化产业中的积极作用/王君平//中国社会科学院院报 2004-11-09
- 传奇　从绝对创意开始/彭强//中国包装报 2004-01-06
- 传统街区更新中历史文化资源的保护与利用——以淮安市文庙—慈云寺地区为例/巢耀明//城市规划 2004-11
- 传统伦理道德在制度演进中的制约作用——寻找文化产业发展中的伦理道德缺失/赵玲//闽西职业大学学报 2004-03

- 传统文化　文化产业　传媒互动/梨园//企业文化 2004－11
- 传统文化遗产的现代产业运作/吴英杰//经营与管理 2004－01
- 创新不等于创意//科技智囊 2004－03
- 创新体制　转换机制　面向市场　增强活力　把文化产业培育为新的经济增长点和支柱产业/谭晶纯//云南日报 2004－02－20
- 创新体制　转换机制　做大做强丽江文化产业/欧阳坚//云南社会科学 2004－01
- 创意/李启咏//龙门阵 2004－02
- 创意：更符合城市特色的产业阶梯/王泠一//国际金融报 2004－03－01
- 创意"解冻"/潘友林//大市场·广告导报 2004－07
- 创意背后的行销/陆葵菲//房地产导刊 2004－07
- 创意背后也要长只眼/高峻//大市场·广告导报 2004－05
- 创意不绝，创富不止/倪文贵//广告人 2004－04
- 创意产业"钱途"无量/张立行//文汇报 2004－08－02
- 创意产业：城市发展的又一引擎/徐清泉//社会观察 2004－09
- 创意产业勃兴/金元浦//中国文化报 2004－11－18
- 创意产业的机遇//中国计算机报 2004－12－20
- 创意产业的中国萌动/冯亦斐//新闻周刊 2004－19
- 创意产业点亮现代服务业/张晓鸣//文汇报 2004－10－13
- 创意产业与国际艺术授权/汪明强//文艺研究 2004－06
- 创意产业与上海未来发展/王如忠　缪勇//文汇报 2004－09－06
- 创意产业与印刷业的遐想/车茂丰//出版与印刷 2004－03
- 创意产业造就"长寿路板块"/朱斌　吕欢//文汇报 2004－07－09
- 创意从哪里来/卡·斯威尼//发明与创新 2004－06
- 创意的界限/罗旭//市场观察 2004－06
- 创意的开始　多一些人文关怀/王瀚//中国包装报 2004－08－25
- 创意的力量/顾意//中国海关 2004－05
- 创意构筑未来/晓天//电脑技术 2004－01
- 创意即是财富/杨洋//农村天地 2004－07
- 创意阶层的崛起与城市的复兴/杜然//经济观察报 2004－03－22
- 创意阶层浮出水面/吴扬莉//经济日报 2004－04－23
- 创意决定效果/谢宁宇//乳品与人类 2004－02
- 创意可以创出什么来/丁邦清//广告大观（综合版）2004－02
- 创意快递//大市场·广告导报 2004－07
- 创意离市场需求不再远/易蓉蓉//科学时报 2004－09－29
- 创意文化在市场经济中的作用/高海清//武汉科技学院学报 2004－08
- 创意制造商机//中国自行车 2004－10
- 创意中国//中国文化报 2004－03－19
- 创意做好三个坚持/黄庆铨//广告大观（综合版）2004－02
- 创造健康向上的文化市场环境/姚闻//西藏日报 2004－07－29
- 创造自由创意空间/张艳龙//中国会展 2004－07
- 春节消费呼唤文化与市场对接/单士兵//中国信息报 2004－01－21
- 从"博物馆热"看辽宁文化产业发展//辽宁日报 2004－12－01
- 从"两城一都"看深圳品牌文化/胡滨//中国文化报 2004－11－01
- 从"制造工厂"到"创意工厂"/金波　徐红岗　黄群　周茜//浙江日报 2004－12－21
- 从办文化转向管文化/周翠玲//南方日报 2004－11－25
- 从观音信仰说起——兼及遂宁市对观音民俗文化资源的开发/刘长久//中华文化论坛 2004－02
- 从加入世贸组织看我国文化产业面临的挑战与机遇/伦淑君//市场研究 2004－01
- 从经营城市的角度看历史文化名城的保护和开发/刘世能//北京规划建设 2004－04
- 从旅游文化资源的开发，谈对文化产业经济政策的思考/齐松林//呼伦贝尔学院学报 2004－01
- 从民族文化资源之争引发的思考/黄柏权//湖北民族学院学报（哲学社会科学版）2004－03
- 从纽约看国际大都市的文化运营/李珍玉//中国文化报 2004－11－23
- 从三国文化中淘金　锦里模式试水文化体制改革/张二虎//经理日报 2004－11－22
- 从市场机制看档案文化服务/徐向玲//兰台世界 2004－09
- 从文化到文化产业：涵义与功能的演变/朱以青//山东大学学报（哲学社会科学版）2004－05
- 从文化消费看贵州文化走向/汤文川//当代贵州 2004－10
- 从英语的国际化看全球性文化经济/常林//边疆经济与文化 2004－03
- 从战略高度重视文化产业的区域发展/晋轩文//山西日报 2004－08－31
- 从政治经济学的视角看文化产业的特性/冯士新//中国出版 2004－01
- 促进文化事业文化产业协调发展/曹萍//中国文化报 2004－04－24
- 促进知识产权资产的开发与管理/裴宏//中国知识产权报 2004－03－13
- 促进中国文化产业发展若干问题的思考/王齐国//2004 年：中国文化产业评论（第二卷）
- 促文化产业成深圳第四大支柱产业/周森//深圳商报 2004－12－03
- 促销的创意/王国华//沿海企业与科技 2004－02
- 搭建文化产业市场化运作平台/李南玲　王攀//中国信息报 2004－11－25
- 打造比较优势　发展文化产业/冯子标//前进 2004－10
- 打造对外文化产品和服务交易平台/崔成泉//中国文化报 2004－11－18
- 打造花山文化品牌论/潘琦//学术论坛 2004－01
- 打造柳州文化品牌新思路/覃萍//改革与战略 2004－06
- 打造民族文化精品/熊玲　黄华//云南日报 2004－02－25
- 打造强势文化产业　培育强势文化品牌/武献民//今日山西 2004－11
- 打造深圳文化产业"绿洲"/王俊//中国艺术报 2004－11－26
- 打造文化产业巨轮/李向民//中国文化报 2004－11－26
- 打造文化品牌　构建学习型泉州/陈水德//黎明职业大学学报 2004－02
- 大胆引进、积极培养文化管理人才/王次炤//人民政协报 2004－10－27
- 大理地区文化资源开发利用之我见/和爱东//大理学院学报 2004－S1
- 大理好风光　世界共分享——大理文化产业兴起/王佳//今日民族 2004－06
- 大力发掘与利用我省的民俗文化资源/施立学//新长征 2004－15
- 大力发展文化产业满足文化消费需求/胡攀//重庆邮电学院学报（社会科学版）2004－03
- 大力发展文化产业是落实科学发展观的必然要求/郭建磊//山东经济战略研究 2004－07
- 大力发展文化产业思考/丹增//西部论丛 2004－03
- 大力发展西藏文化产业的几点思考/马如龙//西藏大学学报（汉文版）2004－04
- 大力净化文化市场　还青少年一片"绿色空间"/霍志勇//法制日报 2004－09－16
- 大力培养高层次文化管理人才//中国文化报 2004－03－11
- 大力培植九大文化产业//云南经济日报 2004－12－16
- 大力推进湖北文化产业发展/田野//政策 2004－05
- 大同市文化产业蓬勃发展/平萱//今日山西 2004－05
- 大学生的时尚文化消费引导/戴文红//江苏高教 2004－06
- 大学生精神文化消费中的问题与对策/李升阳//教育与职业 2004－17
- 大学生暑期文化消费悄然升温/马军//今日信息报 2004－07－29
- 大有作为的宁夏文化产业（之一）/史扬//共产党人 2004－04
- 大众文化：城市的灯光再度亮了起来/张炼红　刘铁　朱生坚//社会科学报 2004－01－08
- 大众文化与文化产业——批判理论的批判与中国语境的规范/傅守祥//贵州师范大学学报（社会科学版）2004－02
- 大众文化与文化产业——批判理论的批判与中国语境的规范/傅守祥//求实 2004－02

⊙ 内资外资同等待遇准入文化产业/王立侠//21 世纪经济报道 2004-11-08

⊙ 能源有限　创意无限/陈支农//中国冶金报 2004-10-14

⊙ 宁波：文化产业是奢谈吗？/陈宁雄//中国文化报 2004-07-02

⊙ 宁波江北文化大区建设初探/宁波江北区委办公室//学习时报 2004-02-16

⊙ 农村文化市场管理处于空白/沈路涛　周玮//中国改革报 2004-06-10

⊙ 农垦文化产业的发展与壮大/吕长青//中国农垦 2004-08

⊙ 农民文化消费增加经济收入提高/解德志//吉林日报 2004-05-13

⊙ 努力打造徐汇特色文化品牌　创建全国先进文化城区/张良仁　陈昊南　王有仁　张惠珍　张蕾　丁永坤　孙厚朴//中国文化报 2004-09-04

⊙ 努力培育一批国有和国有控股文化企业促进文化产业持续健康快速发展/黄小驹//中国文化报 2004-11-06

⊙ 努力培育与"中国第一山"相协调的文化产业/李岷//中共乐山市委党校学报 2004-04

⊙ 努力实施具有中国特色的文化产业发展战略/张淑君//边疆经济与文化 2004-07

⊙ 努力实施具有中国特色的文化产业发展战略/赵明媚//当代世界与社会主义 2004-04

⊙ 努力推进成都市文化产业建设//四川统一战线 2004-Z2

⊙ 培养高级人才做强文化产业/本报评论员//重庆日报 2004-08-20

⊙ 培育湖南县域文化产业的战略思考/刘昭云//经济师 2004-03

⊙ 培育与发展上海的创意产业/厉无畏//上海经济 2004-S1

⊙ 培育壮大文化产业　加快发展文化事业——对公益文化项目推介会的认识与思考/徐明//理论学习 2004-09

⊙ 蓬勃发展的中国文化产业/张晓明　胡惠林　章建刚//中国社会科学院院报 2004-01-20

⊙ 品牌传播十大创意模式/刘勇强//市场周刊·商务 2004-01

⊙ 品牌打造　科学发展文化产业/辛英//文艺报 2004-10-26

⊙ 品牌当道　创意横行/沈毅//广告人 2004-Z1

⊙ 品牌需要好创意/胡纲//经理日报 2004-03-27

⊙ 破除民营资本进入文化产业的门墙/柯可//经济参考报 2004-06-28

⊙ 破解文化体制改革的难题/汪秋萍//新华日报 2004-11-20

⊙ 齐鲁创意//大市场·广告导报 2004-09

⊙ 奇特的创意/蒋万载//领导文萃 2004-09

⊙ 浅谈广州的文物保护与历史文化名城建设/马楠//中国文物报 2004-10-29

⊙ 浅谈积极发展文化产业/张玮//辽宁行政学院学报 2004-01

⊙ 浅谈历史文化名城的保护与发展/冯建农//科技情报开发与经济 2004-10

⊙ 浅谈历史文化遗产保护管理的社会意识/穆强//中国文物报 2004-09-17

⊙ 浅谈文化产业发展过程中亟待解决的几个重要问题/刘建霞//中共山西省委党校学报 2004-01

⊙ 浅谈文化市场的演变过程和管理形式/庞再辉//戏剧文学 2004-12

⊙ 浅议 WTO 对中国文化产业的冲击与对策/周韧//辽宁广播电视大学学报 2004-01

⊙ 强势挺进文化产业　项目孵化现在进行/白炜//中国文化报 2004-06-07

⊙ 强势推进文化产业/杜文峰//瞭望 2004-26

⊙ 抢救民俗文化遗产/张召鹏　尚杰　谭永江//科学时报 2004-07-19

⊙ 抢占文化产业竞争制高点/方正//南方日报 2004-11-23

⊙ 区域经济发展的差异性与文化创新的思考/李银//南京农业大学学报（社会科学版）2004-03

⊙ 全国文化体制改革稳步推进/曲志红　周玮//光明日报 2004-12-18

⊙ 全力推进中国文化的传播/王欣//深圳特区报 2004-11-23

⊙ 全面打造数字文化产业投资与孵化平台/刘众　龚琳//深圳特区报 2004-11-20

⊙ 全面论述中国东南文化经济的学术力作——《透视中国东南：文化经济的整合研究》评介/郭金彬//江西社会科学 2004-01

⊙ 全面推进文化体制改革试点工作/檀梅//浙江日报 2004-08-13

⊙ 全球化背景下我国的文化安全问题解析/韩磊//时事报告 2004-07

⊙ 全球化背景下我国文化产业的竞争优势分析/张洁//对外经济贸易大学学报 2004-04

⊙ 全球化进程中的世界文化产业走势——评《世界文化产业发展前沿报告》/朱河因//马克思主义与现实 2004-05

⊙ 全球化语境下的民族民间文化产业/彭益//团结报 2004-09-16

⊙ 全球文化产业大扫描（之四）/徐世丕//中外文化交流 2004-01

⊙ 全球文化产业大扫描（之五）/徐世丕//中外文化交流 2004-02

⊙ 全社会都来支持文化产业发展/苏晓春//浙江日报 2004-02-11

⊙ 全心全意为人民服务　做大做强文化产业/柴占礼//从《为人民服务》到"三个代表"重要思想学术研讨会 2004

⊙ 让文化插上产业的翅膀/晓云//广东艺术 2004-01

⊙ 让文化和经济比翼齐飞/李绍仁//浙江日报 2004-09-06

⊙ 让西安文化品牌更鲜亮/张静//西安日报 2004-12-19

⊙ 让云南民族文化阔步走向世界/本报评论员//云南日报 2004-04-20

⊙ 让云南文化产业在沃土中生根/陈泽　王学能//云南政协报 2004-09-08

⊙ 认清定位寻找突破口——改革当前文化市场管理的新思维/钱崇涛//浙江教育学院学报 2004-04

⊙ 如何创意比创意本身更重要/Samir Hasni//中国图书商报 2004-02-27

⊙ 如何定义文化产业？//出版经济 2004-01

⊙ 如何扭转文化产业外贸逆差？/余丰慧//市场报 2004-10-22

⊙ 如何深化文化体制改革，进一步革除制约文化发展的体制性障碍？//中国党政干部论坛 2004-10

⊙ 如何投资文化产业/杨春宝//科技创业 2004-12

⊙ 如何挖掘西部民族文化资源/曲青山//中国改革报 2004-11-18

⊙ 如何做好付费内容产业/龙小洵//中国广播电视学刊 2004-09

⊙ 入世给我国文化产业带来的影响/路景菊//经济论坛 2004-03

⊙ 软实力的后现代意义：认同的力量/姜奇平//信息空间 2004-08

⊙ 三大态势和七种形式——中国文化企业"走出去"分析之一/花建//中外文化交流 2004-08

⊙ 三大障碍制约文化国货"走出去"//中国文化报 2004-02-16

⊙ 三星堆文化产业园区面向全球招商/冯昌勇//今日信息报 2004-05-28

⊙ 山东诸城文化产业发展状况的调查/郑海刚　万军//人民政协报 2004-11-01

⊙ 杉杉集团投石问路文化产业/邵一乙//国际金融报 2004-11-19

⊙ 山西历史文化资源优势分析/乔卫东//沧桑 2004-Z1

⊙ 山西如何发展文化产业/孟安邦//今日山西 2004-04

⊙ 山西文化产业发展态势良好/孟苗//今日山西 2004-02

⊙ 陕西领跑文化产业"三匹马"/李勇　刘喜梅//经理日报 2004-12-13

⊙ 陕西民营资本盯紧文化产业"大蛋糕"/刘喜梅//中国改革报 2004-09-09

⊙ 陕西文化产业的发展与对策/曾昭宁//现代企业 2004-08

⊙ 陕西文化产业发展问题分析/李大敏//华夏文化 2004-01

⊙ 陕西文化产业发展战略研究/翟红霞//西北大学学报（哲学社会科学版）2004-02

⊙ 陕西文化资源保护与利用研讨会召开/薛鲍//西北大学学报（哲学社会科学版）2004-05

⊙ 上海的遗产型文化及其产业前景探析/郁龙余//经济前沿 2004-Z1

⊙ 上海都市创意产业园呼之欲出/孙元欣//上海国资 2004-07

⊙ 上海绘百万平米创意产业集聚区/陈江//解放日报 2004-11-03

2005 年

◎ 八大功能模块构筑广东教育产业平台/王素慧　廖娅//民营经济报 2005－10－14
◎ 把创意经济进行到底/钱林霞/新经济杂志 2005－z1
◎ 把脉上饶文化消费市场/胡剑//上饶日报 2005－04－13
◎ 把文化产业打造成深圳第四大支柱产业/刘文英//深圳商报 2005－01－18
◎ 把文化资源优势转化为外宣优势/刘伟//对外大传播 2005－11
◎ 把握“文化经济”发展的新契机//人民日报 2005－04－23
◎ 把握“文化经济”发展新契机，实现广东经济社会建设大跨越/谢名家//新经济杂志 2005－z1
◎ 把握“文化经济”新契机，推动总部经济大发展/谢名家//首届中国总部经济与广州发展论坛 2005
◎ 柏林与上海文化创意产业发展比较/于雪梅//上海经济 2005－06
◎ 百年中国：文化传统的流失与重建//文汇报 2005－12－04
◎ 版权与美国文化产业/凌金铸//皖西学院学报 2005－203
◎ 保护和发展历史文化名城凸现现代都市个性与品位/王文超//中国文物报 2005－08－10
◎ 保护弘扬民族文化　加快文化体制改革/任晶晶//文艺报 2005－03－17
◎ 保护历史文化名城整体血脉/薛庆元　李玮//中国消费者报 2005－12－21
◎ 保护文化，但不能垄断市场/罗雪挥//中国新闻周刊 2005－46
◎ 保护文化不能靠涨价/刘琼//人民日报 2005－04－22
◎ 保护文化多样性需要合作/莫尼尔·布切纳吉//人民日报 2005－11－09
◎ 北大与邯郸开展文化产业合作/蔺玉堂//光明日报 2005－11－27
◎ 北京：以法制促文化产业发展//中国文化报 2005－07－15
◎ 北京 2008 年文化产业将占 GDP9%/阎晓明//中华新闻报 2005－02－23
◎ 北京的文化力与投资促进的关系/张吉福//中国外资 2005－09
◎ 北京发展创意产业的战略意义、比较优势及其应对策略/盛垒//北京社会科学 2005－03
◎ 北京发展文化产业面临的问题及其对策/邹红//2005 年：中国文化产业评论（第三卷）
◎ 北京将大力发展文化创意产业/徐文营//经济日报 2005－12－28
◎ 北京力促版权产业快速成长/姚文平　刘超//中国知识产权报 2005－08－03
◎ 北京历史文化名城保护经历的几个阶段/李艳//中国文物报 2005－04－29
◎ 北京历史文化名城保护条例//北京日报 2005－04－14
◎ 北京历史文化名城保护走向规范化、法制化/李艳//中国文物报 2005－04－29
◎ 北京文化产业发展的地域性特色/邹红//文艺报 2005－06－09
◎ 北京文化产业发展现状及其对策思考/徐学才　邵志清　郑拴虎//环渤海经济瞭望 2005－10
◎ 北京文化体制改革呈现勃勃生机/刘江　刘洋//人民日报 2005－05－25
◎ 北京引进六类人才打“文化牌”/韩婧//北京人才市场报 2005－06－18
◎ 北京英语培训市场分析/张凤林　寇智新//中国市场 2005－43
◎ 北京政协委员建言首都文化发展/乌云斯琴//人民政协报 2005－11－25
◎ 北京中关村创意产业先导基地建立/崔成泉//中国文化报 2005－06－03
◎ 北京专家把脉武陟文化产业/李新和//焦作日报 2005－12－17
◎ 被扭曲的教育产业化/彭兴庭//湘声报 2005－12－29
◎ 贝塔斯曼：把合适的人放在合适的位置/范晓靖//职业技术教育 2005－26
◎ 本市制定文化产业发展三年行动计划/洪梅芬　陈春艳　王海江//解放日报 2005－07－13
◎ 比符号更重要的是文化/桑燕　司超慧//经济视点报 2005－08－18
◎ 必须从文化管理高度来推广/邹广文//企业文化 2005－06
◎ 变文化资源大市为文化产业强市/张小川　左中甫//南京日报 2005－12－02
◎ 标准化的世界——关于霍克海默、阿多诺对“文化工业”批判的一点思考/赵潇//郑州铁路职业技术学院学报 2005－04
◎ 别让组织成为创意的刽子手/盛成//中国乡镇企业技术市场 2005－06
◎ 并购企业如何应对文化冲击/王晓龙//市场报 2005－06－07
◎ 博鳌亚洲论坛国际文化产业会议在中山市召开//2005 年：北大文化产业（第一辑）
◎ 博鳌亚洲论坛启动首次文化产业会议/谭晶晶//人民日报 2005－11－16
◎ 博客：休闲文化还是经济模式？/吴俊　谢珂　陈亮　石秋菊/中国税务报 2005－09－14
◎ 不断增强我省文化软实力/陈立旭//浙江日报 2005－07－25
◎ 不断增值的景观金三角——青岛浮山新区建成区景观关键点创意解析/梁武健　王履冰//中国勘察设计 2005－11
◎ 部分文化企业将免征所得税 3 年//新华每日电讯 2005－08－06
◎ 不要小看文化产业/火苗//眉山日报 2005－06－28
◎ 财富的文学：一种文化经济学的见解/刘瑞华//南方周末 2005－06－23
◎ 财务管理如何适应文化体制改革/卓宏勇//中国新闻出版报 2005－09－12
◎ 财政部　海关总署　国家税务总局关于文化体制改革试点中支持文化产业发展若干税收政策问题的通知/贾学颖//中国财经报 2005－04－28
◎ 藏族文化产业的定位与发展/罗莉//西南民族大学学报（人文社科版）2005－06
◎ 策划，创造产业新动力/黄翊华//苏州日报 2005－11－1
◎ 茶叶与杭州文化产业的发展——浅谈杭州“茶都”文化产业的发展两维/张彦//中国茶叶 2005－03
◎ 产学研结合助推创意产业发展/孙玲//上海科技报 2005－09－28
◎ 产业创新成深圳经济活力源/刘洪恩//深圳商报 2005－10－23
◎ 产业集群与文化产业竞争力的提升/康小明　向勇//北京大学学报（哲学社会科学版）2005－02
◎ 产业文化化：上海经济结构调整趋势所在/民革//上海科技报 2005－01－26
◎ 产业园区和孵化器：创意产业发展新模式/金元浦//中国文化报 2005－05－13
◎ 畅谈我市文化产业发展/司鹤欣//商丘日报 2005－11－05
◎ 超级女声：创意经济的胜利/刘利军//经理日报 2005－08－30
◎ 超女：一个草根阶层嬗变的品牌化解读/任健//连锁与特许 2005－11
◎ 超越粗放的文化消费方式/刘士林//解放日报 2005－04－05
◎ 朝阳区文化产业规划国际研讨会举办/曲晓燕//中国文化报 2005－09－16
◎ 朝阳文化产业拥抱朝阳/刘畅　山旭//华夏时报 2005－09－13
◎ 潮阳致力打造特色文化品牌/温骅菊　陈隍鹏//汕头日报 2005－12－28
◎ 潮州文化景观资源的发掘整合构想/王锡鑫//南方建筑 2005－04
◎ 陈海燕：打造粤商文化品牌/何晓晴//民营经济报 2005－12－05
◎ 陈少峰：文化产业仍“放而不开”/吕巍//人民政协报 2005－08－19
◎ 成都：文化市场筑起“警戒线”/梁小琴//人民日报 2005－08－18
◎ 成都将打造三大全球性文化品牌/卫昕//成都日报 2005－11－27
◎ 成都市文化产业体制存在的主要问题及其对策/中共成都市委党校课题组/四川行政学院学报 2005－03
◎ 成都文化产业的必然抉择/张立伟//四川党的建设城市版 2005－10
◎ 成都文化产业魅力征服海内外嘉宾/赵斌//成都日报 2005－11－27
◎ 成都武侯祠大打文化产业牌/黄小驹//中国文化报 2005－01－06
◎ 城隍庙和城市经济文化问题初探——以舟山市定海城隍庙商业区的保护改造研究为例/朱宇恒//商场现代化 2005－03
◎ 城市广场与当代大众审美文化/王汝成//中国文化报 2005－03－17
◎ 城市建设要彰显文化个性/方言//中国文化报 2005－05－24
◎ 城市青少年消费西方文化产品状况的调查/李晓娟//中国青年研究 2005

-09
⊙城市文化产业发展的对策/童雅平 童元伟//经济视角 2005-10
⊙城市文化发展的驱动力/贺善侃//文汇报 2005-08-01
⊙城市文化离不开生态建设/皇甫晓涛//经济日报 2005-07-22
⊙城市文化战略与“名人文化”/竹潜民//文艺报 2005-09-22
⊙城市转型要有文化思维/薛涌//南方周末 2005-01-27
⊙城阳：文化品牌熠熠生辉//青岛日报 2005-7-15
⊙城镇居民消费倾向住房文化娱乐和教育/薛秀芊 王立华//莱芜日报 2005-07-15
⊙城镇老年文化消费市场探析/刘飞燕//消费经济 2005-02
⊙持久发展要求文化与经济同步提升/徐晓慧//中国经济导报 2005-09-20
⊙充分发挥品牌在文化强省建设中的作用/卢渝//前进 2005-02
⊙充分开发社区文化资源/尹立家//思想政治工作研究 2005-09
⊙出名靠创意/亦桑//中国新闻周刊 2005-25
⊙传承国粹文化精神/冯远//中国文化报 2005-12-07
⊙传承优秀文化打造特色品牌/刘文启//中国新闻出版报 2005-05-10
⊙传统文化与经济发展关系的文献综述/曹立村//湖南科技学院学报 2005-06
⊙传统文化与文化创新/王杰//中国教育报 2005-10-11
⊙传统文化与现代经济的结合——兼论荆楚文化的现代价值/俞思念//江汉论坛 2005-03
⊙传统文化资源的形态与开发/钱光培//人民论坛 2005-05
⊙传统文化资源与高雅艺术对接/潘欣信//美术报 2005-10-22
⊙传统知识的知识产权保护战略思考/滕飞//国际技术经济研究 2005-02
⊙创建西部文化产业中心城市/张静//西安日报 2005-01-21
⊙创新：破解文化发展难题的关键/徐光春//中国文化报 2005-12-08
⊙创新离不开文化和积累/林群//文汇报 2005-12-18
⊙创新宁夏文化产业发展/姚巨才//宁夏日报 2005-01-06
⊙创新是文化体制改革的动力之源/崔成泉 曲晓燕//中国文化报 2005-01-14
⊙创新视野发展文化产业/黄华 王永刚 段培灿//云南日报 2005-04-22
⊙创新思路实现文化产业快速发展/刘键//深圳特区报 2005-11-04
⊙创新体制 转换机制——努力做大做强安阳市文化产业/林宪斋//安阳师范学院学报 2005-06
⊙创新体制，力促广东文化产业成为新经济增长点/吴少瑜//2005年：中国文化产业发展报告
⊙创新文化体制发展文化产业//深圳特区报 2005-06-18
⊙创新文化研究体制机制提高决策咨询研究能力//文汇报 2005-06-02
⊙创新与知识产权保护——以小传统知识为视角/郑璇玉//电子知识产权 2005-12
⊙创意，让城市更美好/高颖 曹立意//无锡日报 2005-11-10
⊙创意：从产业链到产业丛/花建//中国文化报 2005-08-05
⊙创意：现代经济核心竞争力/李蕾//解放日报 2005-01-25
⊙创意+产业≠创意产业/冯春鸣//解放日报 2005-09-08
⊙创意产业 北京论道/霍鑫//中国高新技术产业导报 2005-07-15
⊙创意产业：发展中的后发新兴产业/金元浦//中国企业报 2005-08-11
⊙创意产业：观察上海的新视角/贺寿昌//解放日报 2005-12-15
⊙创意产业：行走在创富路上/张乐 梁波//经济参考报 2005-11-04
⊙创意产业：老工业园区新定位/张宪//工人日报 2005-03-22
⊙创意产业：启蒙与行动/卢山林//中国文化报 2005-07-15
⊙创意产业：现代服务业新的增长点/杜德斌 盛垒//经济导刊 2005-08
⊙创意产业：现代化国际大都市崛起的新型产业/吴明智//上海市经济学会 2005年年会
⊙创意产业：新的发展引擎/罗乐//人民日报海外版 2005-07-19
⊙创意产业：新的经济增长点/刘月辉//中国妇女报 2005-12-09
⊙创意产业：引领上海新一轮发展/王如忠//社会观察 2005-02
⊙创意产业不仅是一个经济问题/蒋多 崔成泉//中国文化报 2005-07-22
⊙创意产业的全球勃兴/金元浦//社会观察 2005-02
⊙创意产业发展知识经济//科技潮 2005-12
⊙创意产业和多媒体发展/李平//中关村 2005-09
⊙创意产业和群众文化/王旭琨//剧作家 2005-02
⊙创意产业集聚区欲成沪经济新增长点/黄婧//国际金融报 2005-05-13
⊙创意产业将成上海经济发展新亮点/严伟明//中国工业报 2005-12-15
⊙创意产业能发展成赚钱产业吗/张乐 梁波//中国改革报 2005-11-07
⊙创意产业如何形神合一？/道良德 吴明智 马海邻//解放日报 2005-12-03
⊙创意产业提升海淀园区综合竞争力/于军//科技日报 2005-05-27
⊙创意产业——未来城市经济的动力/任珺//深圳特区科技 2005-z3
⊙创意产业显现机遇/石丰//科技日报 2005-09-09
⊙创意产业需要创新氛围“孵化”/苏勇//解放日报 2005-08-27
⊙创意产业需要创意人才阶层/金元浦//中国企业报 2005-08-18
⊙创意产业与财富新贵：谁成就了谁？/魏和平//中国税务报 2005-09-21
⊙创意产业与制造工业的依存与互动/庄英杰 刘思敏//上海包装 2005-02
⊙创意产业在上海的尝试与探索//领导决策信息 2005-07
⊙创意产业在中国的前景/张晓明//投资北京 2005-08
⊙创意的个性化与产品的标准化——论创意产品的营销策略/赵丽颖//现代传播 2005-01
⊙创意改变城市——充满活力的上海新天地/杨宝祥 成志军//重庆建筑 2005-12
⊙创意工业/嘉澍//上海集邮 2005-10
⊙创意行销面面观/冒建国//中国保险报 2005-03-16
⊙创意经济挑战商业霸权/吴阿仑 谷重庆 严远靖 申音//商业文化 2005-09
⊙创意经济引领城市活力/花建//南京日报 2005-01-26
⊙创意决胜 走出“汗水工业”/凌平//经营者 2005-08
⊙创意人才，职场“缺货”？/陈丹凤//组织人事报 2005-08-02
⊙创意人才日益抢手/常宝国//今日信息报 2005-02-27
⊙创意人才市场需求旺盛/任才//威海日报 2005-05-23
⊙创意如何成为产业？/李亚夫//21世纪商业评论 2005-09
⊙创意商机的七个步骤/刘玉峰//投资与营销 2005-08
⊙创意设计，提升品牌竞争力/刘新国//上海包装 2005-04
⊙创意深圳，成为亚洲创意经济的新高地/李亚夫 孙萍//2005年：中国文化产业评论（第三卷）
⊙创意时代：创意产业发展的黄金时期/金元浦//财会信报 2005-08-24
⊙创意时代已经来临/刘雁//浦东开发 2005-05
⊙创意是棵摇钱的树/印荣生//江苏农村经济 2005-09
⊙创意是文化产业的本质/黄华 王永刚 李秀春//云南日报 2005-03-23
⊙创意投资/刘凯//投资北京 2005-z1
⊙创意文化产业 浦东打造/骆慧敏//浦东开发 2005-01
⊙创意文化产业：文化人的“热恋”/尹文 程洁 清泉 花建//社会科学报 2005-04-21
⊙创意文化产业日出东方/卜伟海//常州日报 2005-10-01
⊙创意中国——记2005首届中国创意产业国际论坛/杨柳//中关村 2005-08
⊙创意资源在中关村/盖玉云//中关村 2005-08
⊙春节：传统文化现象的经济解读/强兴华 王晓欣//金融时报 2005-02

◎ 教育与经济对教育产业化的影响/黄桂凤//科技情报开发与经济 2005-05
◎ 解读多元性文化与消费文化/王长江//温州职业技术学院学报 2005-04
◎ 解读文化、文化资本与休闲//解放日报 2005-10-16
◎ 解读文化产业概念的新视角——论文化产业的两个基本特征/蒙一丁//长白学刊 2005-03
◎ 解放和发展文化生产力促进东北老工业基地的全面振兴/吕韫风//黑龙江社会科学 2005-04
◎ 解放思想，更新观念，以文化体制改革促文化产业发展/章建刚//人文杂志 2005-04
◎ 解构东北区域文化　振兴东北区域经济/刘丽萍//商业研究 2005-14
◎ 解构纳西古乐神话——对一项民族文化资源转化为文化商品的人类学分析/宗晓莲//广西民族学院学报（哲学社会科学版）2005-04
◎ 解开品牌策划中的文化密码/夏跃//广告大观（综合版）2005-6
◎ 解码成功的文化产业投资/宜远//财会信报 2005-08-03
◎ 尽快为农村文化事业"输血"/吴秀萍//重庆日报 2005-01-13
◎ 近年来我国民族文化资源保护问题研究综述/赵杨//中南民族大学学报（人文社会科学版）2005-02
◎ 进一步完善知识产权创新体系的制度和机制/王华明　刘增兵//贵州日报 2005-04-01
◎ 京沪穗三地消费文化透视/范文//数据 2005-06
◎ 经济　文化一个不能少/陈西艳//北方经济时报 2005-03-21
◎ 经济、生态人类学与消费文化研究/理查德·韦尔克//广西民族学院学报（哲学社会科学版）2005-06
◎ 经济变动所包含文化因素的同质性和异质性问题——以东北亚中国、韩国、日本经济高速增长现象为例/陈勇勤//南都学坛 2005-02
◎ 经济大省为何开启"文化引擎"/鲍洪俊　江南//人民日报 2005-11-05
◎ 经济发达地区城市历史文化资源的保护与利用——以佛山历史文化名城保护规划为例/周霞//城市规划 2005-08
◎ 经济技术开发区的文化产业链/魏中俊//技术经济 2005-09
◎ 经济建设不能忽视文化建设/高玉蓉//东莞理工学院学报 2005-04
◎ 经济论发展县域文化生产力的若干对策/刘宗发//江汉论坛 2005-10
◎ 经济欠发达地区文化不能欠发展/刘永瑞//红旗文稿 2005-23
◎ 经济强省着力提高"软实力"/游晓玮//经济日报 2005-06-24
◎ 经济全球化背景下的品牌战略/姚莉//企业改革与管理 2005-01
◎ 经济全球化背景下的文化发展问题/王加丰//中共浙江省委党校学报 2005-02
◎ 经济全球化背景下的文化趋同和文化多元性/李秋洪//学术论坛 2005-03
◎ 经济全球化背景下的我国文化建设/胡治宇//内蒙古农业大学学报（社会科学版）2005-04
◎ 经济全球化背景下知识产权的新作用/约瑟夫·斯特劳//中国知识产权报 2005-02-18
◎ 经济全球化背景下中国传统文化的价值/程颖//吉林省教育学院学报 2005-04
◎ 经济全球化的文化解读/韩军//长春师范学院学报 2005-01
◎ 经济全球化的文化思考/孙元君//行政论坛 2005-04
◎ 经济全球化对我国文化的影响及对策/尹利平//理论学习 2005-08
◎ 经济全球化对我国文化发展的影响/张晓//信阳农业高等专科学校学报 2005-04
◎ 经济全球化对中国文化产业发展的影响及思考/周朔//特区经济 2005-04
◎ 经济全球化进程中的深圳文化产业/张军//特区经济 2005-10
◎ 经济全球化进程中的文化发展//人民日报 2005-04-01
◎ 经济全球化进程中我国知识产权秩序缺失及应对政策/葛秋萍//中国科技论坛 2005-01
◎ 经济全球化时代文化民族性的思考/覃慧芳//桂海论丛 2005-05
◎ 经济全球化态势下的民族文化/姜思学//学术交流 2005-06
◎ 经济全球化条件下企业品牌营销的问题与对策/孙丽英//山东财政学院 2005-04
◎ 经济全球化与文化多样性/王钰//边疆经济与文化 2005-12
◎ 经济全球化与中国传统文化的走向/揭晓//求实 2005-s1
◎ 经济全球化与中国文化发展/罗锋//中共郑州市委党校学报 2005-05
◎ 经济全球化中的文化发展对策/周蕾//贵州日报 2005-10-20
◎ 经济一体化与文化多元化/孙松滨//边疆经济与文化 2005-01
◎ 经济与文化互动——云南文化产业可持续发展的载体分析/李炎//云南大学学报（社会科学版）2005-05
◎ 经济做大了，文化能否做大？/信力建//中国文化报 2005-06-28
◎ 精心打造企业文化品牌/张华东//中国交通报 2005-08-08
◎ 精心打造先进文化的品牌/张晓林//前线 2005-07
◎ 经营文化：大竞争时代的城市博弈/金元浦//人文杂志 2005-04
◎ 经营性文化事业单位转制后的税收问题//财会月刊 2005-13
◎ 净化文化市场　保护知识产权——副州长冯文戈答记者问/徐英梅//甘南日报（汉文版）2005-05-10
◎ 竞争环境与茶文化产业的发展/舒曼　项春霞　王玲　陈一珉//农业考古 2005-04
◎ 九项税收政策支持文化产业/陈二厚//人民日报 2005-04-22
◎ 旧厂房里的惊艳艺术，其实是创意新经济/张乐　华灵芾　王力//新华每日电讯 2005-08-30
◎ 就文化产业试点方案征求意见/涂序波//大理日报（汉）2005-06-15
◎ 旧住区历史文化资源保护中人为因素的影响研究/陈铭//国外建材科技 2005-06
◎ 举鹤城文化品牌　促鹤城经济腾飞/杜吉明//光明日报 2005-06-27
◎ 举全市之力促进文化产业跨越式发展/刘键//深圳特区报 2005-11-11
◎ 聚焦大理文化产业发展模式　加快推进全省文化产业发展/辛向东//大理日报（汉）2005-04-20
◎ 崛起的文化休闲产业经济/朱慧萍//国际商务研究 2005-01
◎ 开动通信文化产业快车/王诚//中国电信业 2005-03
◎ 开发文物景点　发展文化产业/罗帮义//大理日报（汉）2005-01-22
◎ 开放政策激活内容产业的升级/尹鸿//中国广播电视学刊 2005-01
◎ 开启文化产业"大娱乐"时代/于天宏//科教文汇 2005-05
◎ 开拓边疆少数民族地区文化产业发展之路——大理白族自治州文化体制改革和文化产业发展报告/黄永华//2005 年：中国文化产业发展报告
◎ 看外省如何发展文化产业/洪彬//今日浙江 2005-09
◎ 科技融合创新拓展文化产业空间/熊澄宇//瞭望 2005-Z1
◎ 科技与文化并重　增强国际市场竞争力/刘洪泉//中国医药指南 2005-08
◎ 科技助力新兴文化产业/利向昱//中华新闻报 2005-01-26
◎ 科学统筹区域文化产业发展/李庚香//河南日报 2005-11-09
◎ 可持续地用活民族文化资源//贵州日报 2005-03-18
◎ 客家文化经济的开发与创新——兼论海峡西岸经济区发展中的闽粤赣边区域合作/徐维群//龙岩学院学报 2005-04
◎ 空间、文化与都市研究//文汇报 2005-11-06
◎ 孔孟之乡大力发展民营文化产业/陈岫明　白红波　樊云松//中国文化报 2005-06-16
◎ 跨国并购拒绝"文化强势"/东方愚//中国工商报 2005-04-01
◎ 跨国并购应注重文化整合/东方愚//中华工商时报 2005-04-01
◎ 快餐文化有点腻　赔赚甘苦有谁知/罗珺　晨光//中国文化报 2005-01-17
◎ 快乐的腾飞：文化产业湘军/赵雨杉　李文君//2005 年：北大文化产业（第一辑）

⊙ 论历史文化名城南昌的城市特色及其延续/刘刚//泰州职业技术学院学报 2005-04

⊙ 论历史文化名城中住宅特色的承传/万娟//合肥工业大学学报（自然科学版）2005-07

⊙ 论历史文化与城市品牌经营——以西安市为例的分析/程默//西安石油大学学报（社会科学版）2005-02

⊙ 论民族文化资源的保护/戴宗品//创造 2005-01

⊙ 论品牌与文化/汪清囡//企业经济 2005-09

⊙ 论市场经济条件下传统文化的现代转化/周建华//湖南科技学院学报 2005-01

⊙ 论市场经济与市场经济文化/田为民//商场现代化 2005-18

⊙ 论数字艺术教育与北京市现代化产业的十大关系/李一凡//北京印刷学院学报 2005-04

⊙ 论文化产业的时代特征和发展优势/易筱青//湘南学院学报 2005-06

⊙ 论文化创新/顾伯平//2005 年：中国文化产业评论（第三卷）

⊙ 论文化创意产业的城市基础/阮仪三//同济大学学报（社会科学版）2005-01

⊙ 论文化和知识产权文化/马维野//中国知识产权报 2005-9-30

⊙ 论文化经营的企业之道——关于 20 世纪 90 年代文化市场的反思/李俊华//山东电大学报 2005-02

⊙ 论文化体制改革/胡惠林//开发研究 2005-04

⊙ 论文化资源的开发和利用/唐月民//齐鲁艺苑 2005-04

⊙ 论我国高等教育产业化的可能途径/张伟//经济经纬 2005-04

⊙ 论我国文化产业的发展——WTO 与文化产业市场前景分析/杜振威//市场周刊·管理探索 2005-01

⊙ 论我国文化产业的战略地位、发展现状及其发展战略/董树生//世纪桥 2005-03

⊙ 论我国文化产业发展中存在的主要问题及政府对策/李丹//辽宁行政学院学报 2005-05

⊙ 论我国文化市场与文化产业的互动发展/孙春波//齐鲁艺苑 2005-01

⊙ 论我国文化资源的产业化开发/张彩凤//中共济南市委党校学报 2005-03

⊙ 论西部大开发中文化产业的发展/邓谨//西北农林科技大学学报（社会科学版）2005-02

⊙ 论西方社会的中产阶级——文化资本理论框架内的一种解读/姚俭建//上海大学学报（社会科学版）2005-03

⊙ 论现代文化生产（上）/刘诗白//经济学家 2005-01

⊙ 论现代文化生产（下）/刘诗白//经济学家 2005-02

⊙ 论重庆文化产业发展的现状与对策/彭寿清//经济地理 2005-03

⊙ 落实科学发展观与增进公共文化服务/李康化//2005 年：中国文化产业评论（第三卷）

⊙ 落实文化立市战略加快发展文化产业/张惠屏　崔霞/深圳商报 2005-03-31

⊙ 略论地方文献与地方文化产业的发展/周传清//四川图书馆学报 2005-01

⊙ 略论青海文化资源的价值品位及其开发问题/张得祖//青海师范大学学报（哲学社会科学版）2005-06

⊙ 略论树立科学的文化产业观/张凤琦//探索 2005-02

⊙ 略论武汉市文化体制改革与文化资产整合/盛从锋//湖北社会科学 2005-01

⊙ 略论新经济形势下企业文化的再造/吕绿绮//辽宁教育行政学院学报 2005-03

⊙ 略论中国文化产业与文化事业的辩证关系/方宝璋//江西科技师范学院学报 2005-01

⊙ 媒介话语、市场话语与文化符号的生产和传播——“中国福娃”的几个关键词/袁光锋//文史博览 2005-z2

⊙ 美国文化产业经营管理掠影/詹有根//艺术科技 2005-01

⊙ 美国文化研究中的消费主义问题/潘小松//粤海风 2005-01

⊙ 美国信息产业知识产权战略及给我们的启示/卢宏博//信息技术与标准 2005-05

⊙ 美国知识产权保护和反倾销借鉴/徐土松//杭州科技 2005-06

⊙ 美国知识产权战略及对中国的启示/杨起全//世界标准信息 2005-03

⊙ 美国自然文化遗产管理经验及对我国的启示/苏杨//世界环境 2005-02

⊙ 蒙牛以超女演绎符号经济/马国香//消费日报 2005-11-14

⊙ 面向信息社会　发展文化产业/申岩　李文生//深圳特区报 2005-10-30

⊙ 民间文化资源论/白庚胜//中国文化报 2005-09-17

⊙ 民间资本争相入深办文化/刘洪恩//深圳商报 2005-08-24

⊙ 民间资本准入文化产业/水台//商业文化 2005-z1

⊙ 民企为文化产业注入新鲜活力——关于浙江文化产业发展情况的调查/陈建萍//中国工商 2005-08

⊙ 民营企业需要积累文化资本/张德//经济界 2005-04

⊙ 民营企业要不失时机地介入文化产业/贾常先//郑州日报 2005-12-09

⊙ 民营投资是文化产业发展主力军/文华//云南日报 2005-03-24

⊙ 民营文化产业：繁荣两岸三地共同文化市场的生力军/林青//中华工商时报 2005-11-18

⊙ 民营文化企业为何能做大做强/徐涟//今日信息报 2005-09-22

⊙ 民资将掀新一轮文化产业投资热/严丹虹//东方早报 2005-08-09

⊙ 民资与江苏文化产业的发展/胡发贵//学海 2005-04

⊙ 民族民间文化保护：知识产权大有可为/卓仲阳//中华商标 2005-09

⊙ 民族民间文化资源保护与开发研究——对湖南凤凰民族民间文化资源保护与开发的调查分析/马明霞//湖北社会科学 2005-01

⊙ 民族文化产业前景无限——访文化产业战略专家陈忱/苏珂//中国民族 2005-10

⊙ 民族文化传承在社区文化服务建设中的现实意义/张小东//兰州学刊 2005-01

⊙ 民族文化搭建的世界经济平台/陈湘//中国民族报 2005-11-29

⊙ 民族文化是民族地区经济发展的重要因素/梁亦凡//内蒙古农业大学学报（社会科学版）2005-04

⊙ 民族文化资源开发浅析/李振华//楚雄日报（汉）2005-03-16

⊙ 木府——文化产业的典型案例/高烈明//创造 2005-12

⊙ 木兰文化与文化产业/蓝文君　潘新军//商丘日报 2005-12-09

⊙ 南方论道：文化产业的“珠三角”视野/王亚川//中国文化报 2005-11-04

⊙ 南京打造大型综合性文化产业园/马春茂//中国文化报 2005-06-27

⊙ 南京经济发展的文化动因及其成长战略的抉择——兼论南京地域文化与民营经济的协调发展/顾学宁//南京社会科学 2005-s1

⊙ 南通文化产业发展刍议/陈斌//南通职业大学学报 2005-01

⊙ 内蒙古草原文化产业发展前景广阔//内蒙古日报（汉）2005-12-14

⊙ 内蒙古民俗文化资源的产业化开发/王光文//内蒙古大学艺术学院学报 2005-04

⊙ 内蒙古文化产业发展方向/明锐//实践 2005-08

⊙ 内蒙古自治区人民政府转发国务院关于非公有资本进入文化产业若干决定的通知//内蒙古政报 2005-08

⊙ 内容产业的市场分析及其思考/彭为鹤//山东视听 2005-02

⊙ 内容产业模式在企业信息化建设中的应用/侯雅楠//现代情报 2005-01

⊙ 内容产业在新通信产业链中的位置和价值/常延廷//中国新通信 2005-12

⊙ 内在关联性：文化与经济涵义演变的考察/陈依元//宁波大学学报（人文科学版）2005-03

⊙ 宁波城市核心竞争力问题研究/沈文天//集团经济研究 2005-17

⊙ 宁波市文化产业发展研究/鲁慧君//中共宁波市委党校学报 2005-03

⊙ 且说文化伦理和商业伦理/莱茵//中国图书商报 2005－03－18
⊙ 青岛发展传统文化产业略论/李积庆//青岛日报 2005－01－15
⊙ 青岛文化产业增加值突破百亿元/青文//中国文化报 2005－11－17
⊙ 青岛五项措施监管文化市场/公强//中国文化报 2005－09－01
⊙ 青海省人民政府办公厅转发省文化厅关于贯彻国务院关于非公有资本进入文化产业的若干决定的意见的通知//青海政报 2005－16
⊙ 青少年文化消费需要引导/郎秋红//中国改革报 2005－12－10
⊙ 青少年消费西方文化制品的调查/李晓娟//当代青年研究 2005－09
⊙ 区域经济争装“创意引擎”/吴卫群//解放日报 2005－08－31
⊙ 区域文化产业战略与空间布局原则/胡惠林//云南大学学报（社会科学版）2005－05
⊙ 区域文化发展战略规划的前提、目的与要素/沈望舒//2005 年：中国文化产业发展报告
⊙ 区域文化战略规划当突出核心竞争力/沈望舒//中国文化报 2005－03－22
⊙ 区域优性文化与区域经济发展/张昭华//经济问题探索 2005－07
⊙ 渠道不畅阻碍农村文化消费/黎宏河//中国文化报 2005－07－11
⊙ 去年文化产业实现增加值 163．39 亿元//深圳商报 2005－08－02
⊙ 泉城经验：文化资源整合八大法/邹卫平//艺术评论 2005－09
⊙ 全力加强文化市场指导产权保护工作/白炜　曹蕾//中国文化报 2005－09－01
⊙ 全面落实科学发展观　大力促进文化产业发展/辛勤　杜伟//青海日报 2005－01－28
⊙ 全面推动文化产业发展和文化体制改革/司鹤欣//商丘日报 2005－08－05
⊙ 全面小康与福建文化产业/朱毅蓉//发展研究 2005－01
⊙ 全球化背景下的文化产业/邓永汉//贵州民族报 2005－11－28
⊙ 全球化背景下的中国文化产业发展/傅女//党史文苑 2005－12
⊙ 全球化背景下发展民族传统文化产业的思考——民族传统文化的现代化之一/覃萍//改革与战略 2005－03
⊙ 全球化背景下民族文化产业发展的路径锁定/金毅//广东技术师范学院学报 2005－05
⊙ 全球化下的中国文化产业发展战略/常卫//群众 2005－10
⊙ 全球化语境中诸子文化资源的整合/张立新//上饶师范学院学报 2005－02
⊙ 全球化中的消费文化动力及商业模式更新/王麓怡//湖南工程学院学报（社会科学版）2005－01
⊙ 全球数字内容产业正步入大发展时期/杨荣斌//上海信息化 2005－01
⊙ 权威解读文化体制改革/贾立政 //人民论坛 2005－05
⊙ 缺少文化的产业难成气候/周坚//中国经济导报 2005－11－15
⊙ 确立发展文化产业的国策地位/王齐国//今日中国论坛 2005－04
⊙ 确立文化产业营销理念//周口日报 2005－11－19
⊙ 确立文化强市战略　谋划文化产业发展/海鹰　赵梦琦//新乡日报 2005－07－25
⊙ 群策群力　探索深圳文化产业发展之路//人民政协报 2005－05－30
⊙ 群众文化活动的时代价值及其管理创新/李锦坤//湖北社会科学 2005－09
⊙ 让创意产业舒展飞翔的翅膀/张立行//解放日报 2005－12－07
⊙ 让创意充溢在城市的角角落落/陆成钢//嘉兴日报 2005－07－22
⊙ 让地域文化资源助力企业文化建设/培军//政工研究动态 2005－Z1
⊙ 让更多“创意资源”涌现出来/任琦　毛传来　应建民//浙江日报 2005－12－09
⊙ 让健康文化消费占据主流/胡剑//上饶日报 2005－04－19
⊙ 让经济与文化互为因果/张立新//温州日报 2005－12－31
⊙ 让历史文化资源发挥应有作用/张琦//西安日报 2005－02－19
⊙ 让名人文化走进百姓生活/赵畅//光明日报 2005－12－21
⊙ 让企业文化转化为生产力竞争力/刘凤琴//中国民航报 2005－07－05
⊙ 让山西文化走向全国走向世界//今日山西 2005－z1
⊙ 让文化产业成为经济发展新亮点/赵文斌　李维靖//山西政协报 2005－06－10
⊙ 让文化产业成为首都经济的支柱产业/崔永年//北京观察 2005－07
⊙ 让文化产业发展驶入快车道/郑向鹏//深圳特区报 2005－11－11
⊙ 让文化产业接轨上海/陆嘉玉//南通日报 2005－02－28
⊙ 让文化产业切实承担起社会责任/明慧//中国改革报 2005－03－26
⊙ 让文化成为经济崛起的强大动力——保护和建设历史文化名城述评之一/王枫//安庆日报 2005－06－13
⊙ 让文化担当市场的“主角”——丽江发展文化产业的实践与探索/和自兴//人民论坛 2005－10
⊙ 让文化活动火起来/方求//苏州日报 2005－06－18
⊙ 让文化经济比翼双飞/晓桢//南通日报 2005－12－01
⊙ 让文化引领产业前行//南方日报 2005－10－10
⊙ 让文化与经济良性互动/王光//石家庄日报 2005－12－11
⊙ 让长江文化更加璀璨/温相勇//中国文化报 2005－02－01
⊙ 让中国文化走向世界/刘志巍//中山日报 2005－11－21
⊙ 让资源成为产品——关注《保护文化多样性国际公约》制定中的问题/章建刚//文艺研究 2005－02
⊙ 热土崛起“朝阳产业”/王永刚　李文静//云南日报 2005－12－07
⊙ 热土育文化　巨笔著华章——淮北市繁荣文化事业、发展文化产业巡礼/王运慧//江淮 2005－02
⊙ 人才短缺绊住文化产业/侯东合//经营与管理 2005－02
⊙ 人文奥运与创意内容文化产业/金元浦//北京观察 2005－01
⊙ 认识文化产业发展不平衡规律　科学制定文化产业发展战略/张晓明//2005 年：中国文化产业评论（第三卷）
⊙ 日本内容产业市场现状及其发展预测/于素秋//现代日本经济 2005－06
⊙ 日本文化产业发展的几个特征/史丽华//理论与现代化 2005－05
⊙ 融和互动：文化产业发展的重要途径/王永刚　黄华　李秀春//云南日报 2005－03－22
⊙ 融合文化力与经济力/蔡健//今日浙江 2005－22
⊙ 如何打造品牌核心竞争力/姜志德//中国商报 2005－10－21
⊙ 如何克服文化产品贸易的巨大逆差/赵健雄//南方周末 2005－09－22
⊙ 如何理解解放和发展文化生产力/严书翰//人民日报 2005－01－10
⊙ 如何理解企业文化建设中的“以人为本”/郭素娥//中国文化报 2005－06－15
⊙ 如何让文化资源转化为文化产业/王增范//学习时报 2005－11－28
⊙ 如何投资文化产业/杨春宝//郑州日报 2005－09－02
⊙ 如何推动我国文化产业发展/杨竞//记者摇篮 2005－05
⊙ 沙湾：经济与文化比翼齐飞/杨长喜　叶启云　杨开鸣//乐山日报 2005－07－07
⊙ 沙尾旧厂房变身文化产业基地/滕礼　吴孟菲//深圳特区报 2005－12－16
⊙ 山城居民“精神消费”直线上升/李娟　苏峰//宁夏日报 2005－04－27
⊙ 山东省农村文化产业发展研究/孙金荣//山东社会科学 2005－11
⊙ 山沟里驶出文化“航母”/杨忠阳　黄平　金珠　成昆　朱音//经济日报 2005－09－05
⊙ 山海龙岗的文化奇迹/丘森林//中国文化报 2005－10－21
⊙ 山水文化资源成为宜兴“创园”的特色之路/周晓东//宜兴日报 2005－08－05
⊙ 山阳区高起点规划文化产业/逯三星　姬艳红　晓闻//焦作日报 2005－12－13
⊙ 陕西：依托资源优势　做大做强文化产业/庄长兴//中国文化报 2005－12－23
⊙ 陕西出台《陕西省文化产业发展纲要》/庞博//中国文物报 2005－07

-11
◎"苦旅文化"浅论/胡孟祥//中国文化报 2005-02-26
◎"乐器之王"打造文化新品牌/张轶　丁雷//大连日报 2005-10-08
◎"另类创意"怎能不顾国情民意?/陆高峰//新闻三昧 2005-05
◎"贸易逆差"与"文化洼地"/周士君//联合日报 2005-04-20
◎"品牌"是这样炼就的/农夫//中国图书商报 2005-06-17
◎"品牌+策划"——打造文化产品双赢的两手/罗珺//中国文化报 2005-08-15
◎"破冰之旅"——解读四川文化体制改革/党坚//四川党的建设城市版 2005-02
◎"让中国文化遍地开花"/刘仲华//人民日报 2005-11-11
◎"上帝"的创意最值钱/房晓莉//中国工商管理研究 2005-07
◎"十一五",创意产业发展的春天/刘远//南京日报 2005-12-27
◎"松"民资"紧"外资中国文化产业布局意图初现/滕晓萌//21世纪经济报道 2005-08-11
◎"文化产业"与"产业文化"/方大丰　龙巨澜//工人日报 2005-07-08
◎"文化产业对民营资本开放力度还不够"/陈汉辞//第一财经日报 2005-09-21
◎"文化多样性是解决问题之道"/杨少波　丁子//人民日报 2005-11-08
◎"文化行销"助品牌闯天下/魏玉祺//青岛日报 2005-8-26
◎"文化经济"成上海新增长点/居兴华//文汇报 2005-07-18
◎"文化经济"驱动城区复兴/张建刚//招商周刊 2005-38
◎"文化经济"为浙江注入发展活力/江南　鲍洪俊//人民日报 2005-07-03
◎"文化强旅"战略构想/刘少和//华夏文化 2005-01
◎"文化入超"与文化输出/傅晓微//文艺报 2005-09-08
◎"文化生产力":一个经济与文化互动发展的当代范畴——文化生产力研究之二/李春华//生产力研究 2005-04
◎"文化盛市"铸造城市竞争力//南方日报 2005-10-31
◎"文化下乡"与"乡下文化"/傅谨//文艺报 2005-07-14
◎"文化中国"借船出海/姜泓冰//人民日报 2005-11-03
◎"校巴问题"凸显民营教育产业不平等待遇/铭刻//民营经济报 2005-12-05
◎"映象"品牌转动文化产业"魔方"/黄华//云南日报 2005-11-18
◎"原创"助推深圳文化产业/李胜//深圳商报 2005-11-10
◎"中国创造"从"创意"开始/唐韵　金元浦　熊澄宇　波尼·阿斯科鲁德　安德鲁斯尼尔　安东尼　冯应谦//中国经济周刊 2005-28
◎"注意力经济"的尴尬/荆波//兰州日报 2005-05-20
◎"注意力经济"下的营销策略/黄求胜//东方企业文化 2005-08
◎"资本"的一种非经济学解读——布迪厄"文化资本"概念/朱伟珏//社会科学 2005-06
◎"走出去":中国文化产业的必由之路/花建//社会观察 2005-04
◎《文化多样性保护国际公约》可能保护什么?/章建刚//2005年:中国文化产业发展报告

2006年

◎10个亿撬动文化创意产业/刘亚力//北京商报 2006-08-14
◎12个省区市将推291个文化产业项目/古隆媛//中国新闻出版报 2006-11-23
◎2004年中国文化发展概述/李建军//2006年:中国文化产业发展报告
◎2005文化管理的反思/张小兰//中国文化报 2006-01-04
◎2005:"多彩贵州风"舞动贵州文化产业/谌贵璇//当代贵州 2006-01
◎2005年北京市文化产业持续稳定发展//前线 2006-10
◎2005年中国城市居民文化消费状况分析/黄京华　郭瑾　房思思//2006年:中国文化产业发展报告
◎2005全球创意报告/韩纪扬//中国广告 2006-01
◎2006文化市场管理任重道远/黎宏河//中国文化报 2006-01-02
◎2006,青岛创意激情"破茧"/张华//青岛日报 2006-08-03
◎2006:文化体制改革全面破冰/韩东升//领导之友 2006-03
◎2006"北京文化创意产业国际论坛"综述/刘江红//现代传播——中国传媒大学学报 2006-06
◎2006两岸文化创意产业发展研讨会在陕举行/冯晓荣　王倩//陕西日报 2006-04-21
◎2006文化产业三大看点//青年记者 2006-05
◎2006文化创意产业国际发展论坛举行/大秦//科技日报 2006-12-15
◎2006中国文化创意产业展望/高颖//科技智囊 2006-03
◎2010年:谁来切分960亿文化产业蛋糕/刘金松　殷泽//经济视点报 2006-12-28
◎21世纪中国文化产业论坛第四届年会——郑州论坛观点摘编//中国文化报 2006-08-04
◎5亿元开路北京布局创意产业/陈袆淼//中国工业报 2006-02-22
◎600万元专项资金加大文化产业扶持力度　新办文化企业免征3年所得税/潘晓华//绍兴日报 2006-08-16
◎Bilbao效应:文化更新/Ruth Adams　李婧//2006年:北大文化产业(第二辑)
◎CBD打出新牌首推创意经济新模式/符振彦//北京房地产 2006-04
◎G歌华欲对接文化创意产业/陈静//中国证券报 2006-06-03
◎KTV市场收费风波挑战文化产业管理思维/陈汉辞//第一财经日报 2006-09-12
◎阿多诺大众文化产业论/艾虹//四川戏剧 2006-06
◎阿多诺的文化产业观及其对我国发展文化产业的启示/童丰生//九江职业技术学院学报 2006-04
◎阿图什市加大文化市场监管力度/李杰锋//克孜勒苏报 2006-09-09
◎艾青春来周视察文化产业/李莉//周口日报 2006-11-10
◎爱涛:中国文化产业的领跑者/李舜佶//江苏经济报 2006-06-29
◎安徽九条措施促文化产业发展//领导决策信息 2006-40
◎安徽省文化市场管理条例//安徽省人民政府公报 2006-17
◎安徽文化产业发展促进会成立/丁光清//安徽日报 2006-08-03
◎安徽文化产业门类齐全初具规模//安徽经济报 2006-12-14
◎安庆文化产业事业比翼齐飞/胡劲松//安徽日报 2006-06-16
◎安阳县全力做强文化产业/张更明//安阳日报 2006-10-20
◎昂首挺进文化产业/何旭//重庆日报 2006-09-13
◎澳大利亚文化产业发展的启示与借鉴/黄雄//亚太经济 2006-05
◎澳大利亚文化产业发展理念——以维多利亚州为例/索晓霞//贵州社会科学 2006-05
◎八大文化创意产业聚集区环京城//证券日报 2006-06-11
◎八大新文化创意产业聚集区将形成/周暹　柴玥//北京日报 2006-06-08
◎巴里坤做大做强文化产业/胡晓梅//哈密报(汉) 2006-12-21
◎把创意变成产业/张舵//大众商务 2006-06

⊙ 构建文化产业链　武侯诗圣破“门”而出/王嘉//成都日报 2006 - 11 - 28
⊙ 构建我州文化市场新体系//伊犁日报（汉）2006 - 03 - 01
⊙ 鼓励非公有资本进入文化产业/潘咏//深圳商报 2006 - 09 - 13
⊙ 鼓励非公资本进入文化产业/黄还春　程斯纳//温州日报 2006 - 07 - 13
⊙ 鼓励民资进入文化产业/黄还春//温州日报 2006 - 06 - 09
⊙ 鼓起广西文化产业的风帆/黄蔚//今日南国 2006 - 02
⊙ 固原重拳整治文化市场/任建中//宁夏日报 2006 - 08 - 16
⊙ 关于“宝丰文化现象”的思考/王玉印//中国文化产业评论（第5卷）
⊙ 关于“文化创意产业”的理解与发展要务/沈望舒//北京观察 2006 - 03
⊙ 关于创意产业的理论思考/贺寿昌//戏剧艺术 2006 - 03
⊙ 关于打造佤族文化品牌的断想/李明富//临沧教育学院学报 2006 - 04
⊙ 关于发展农村文化产业的思考/李新市//中共青岛市委党校学报 2006 - 01
⊙ 关于发展农村文化产业的探索/沈成宏//唯实 2006 - 10
⊙ 关于发展文化产业提升地区综合实力的建议//大陆桥视野 2006 - 04
⊙ 关于环渤海城市群发展文化产业的思考/郭懿//未来与发展 2006 - 08
⊙ 关于济宁市文化产业发展现状与对策的思考/王钦鸿//济宁师范专科学校学报 2006 - 04
⊙ 关于加快甘肃省文化产业发展的十点建议//发展 2006 - 04
⊙ 关于加快宁夏文化产业发展的思考/李秀霞//宁夏党校学报 2006 - 04
⊙ 关于加快文化产业发展若干政策的意见//绍兴日报 2006 - 08 - 15
⊙ 关于加强我国文化立法工作的思考/王永浩//社会科学家 2006 - 06
⊙ 关于建立海峡两岸共同文化市场的构想/祁述裕//新视野 2006 - 05
⊙ 关于建立中原文化产业体系的思考/高珊珊//领导科学 200622
⊙ 关于锦州文化产业战略抉择的思考/胡国杰//商场现代化 2006 - 15
⊙ 关于锦州信息文化产业的发展研究/冯静//辽宁工学院学报（社会科学版）2006 - 03
⊙ 关于进一步明确我省文化体制改革试点中经营性文化事业单位转制为企业有关问题的通知//广东省人民政府公报 2006 - 11
⊙ 关于进一步支持文化事业发展若干经济政策的通知//吉林政报 2006 - 14
⊙ 关于开发和保护民间文化资源的建议/郑心灵//成才之路 2006 - 33
⊙ 关于昆明大文化产业发展的战略思考/王新红//内蒙古科技与经济 2006 - 21
⊙ 关于品牌文化构建的几点思考/曹垣//江苏商论 2006 - 03
⊙ 关于欠发达地区文化产业发展的思考/伍育琦//商场现代化 2006 - 15
⊙ 关于区域文化产业战略与空间布局/胡惠林//山东社会科学 2006 - 02
⊙ 关于深化文化体制改革　加快文化产业发展的意见//贵阳日报 2006 - 10 - 24
⊙ 关于天津经济发展中的创意产业的思考/郭俊华//环渤海经济瞭望 2006 - 09
⊙ 关于文化产业发展市场化的几点思考/杨海达//连云港职业技术学院学报 2006 - 01
⊙ 关于文化产业发展中需要正确把握好几个关系的思考/林辉//福建理论学习 2006 - 12
⊙ 关于文化创意产业的几点认识/唐建军//东岳论丛 2006 - 03
⊙ 关于文化创意产业的两点建议/刘秀晨//大众科技报 2006 - 11 - 02
⊙ 关于文化经济的几个理论问题/李新家//思想战线 2006 - 01
⊙ 关于文化事业和文化产业协调发展的若干思考/林起//厦门特区党校学报 2006 - 06
⊙ 关于文化体制改革的几个问题——访中共中央宣传部常务副部长吉炳轩/刘俊杰//科学社会主义 2006 - 04
⊙ 关于文化体制改革的理性分析/董霞//山东省青年管理干部学院学报 2006 - 01
⊙ 关于文化消费的理论探讨/杨晓光//山东社会科学 2006 - 03
⊙ 关于我国发展创意产业的思考/陈平//科技进步与对策 2006 - 07
⊙ 关于我国文化产业人才培养的忧思/张友臣//东岳论丛 2006 - 02
⊙ 关于我国现代文化产业创新建设的思考/王俊//特区经济 2006 - 11
⊙ 关于新农村建设区域文化品牌开发的考察/刘彦武//成都行政学院学报 2006 - 06
⊙ 关于艺术管理与文化创意产业的若干探讨/薛志良　马琳//艺术教育 2006 - 06
⊙ 关于中国民族文化产业走出去战略的探讨/王慧炯//科学时报 2006 - 09 - 15
⊙ 关注：创意产业//苏南科技开发 2006 - 05
⊙ 关注“创意产业”//经营者 2006 - 19
⊙ 关注创意产业发展　提高城市综合竞争力/王令芬//企业技术开发 2006 - 09
⊙ 关注创意经济潮/吕瑞东//吉林日报 2006 - 02 - 08
⊙ 关注文化创意产业（续）/王缉慈//前线 2006 - 04
⊙ 关注文化创意产业/刘江涛　张波//经济问题探索 2006 - 10
⊙ 贯彻“四化”理念　大力发展文化产业　实现曲江跨越式发展//西安市人民政府公报 2006 - 07
⊙ 贯彻落实科学发展观与文化产业的改革发展/王飞//理论学刊 2006 - 09
⊙ 光大儒家思想　打造孔子文化产业品牌/刘永鹏　丁加军　张爱//中国文化报 2006 - 08 - 28
⊙ 广东文化产业发展态势分析及对策建议//岭南学刊 2006 - 01
⊙ 广东文化产业异军突起/韩建清　杨文雯//人民日报 2006 - 07 - 24
⊙ 广佛创意岛将成首个“创意部落”/亓欣欣　王峥　彭淑芳//南方日报 2006 - 03 - 21
⊙ 广西民族民间文化资源开发初探/刘南一//美术大观 2006 - 04
⊙ 广西全面建设文化强区/郑盛丰//人民日报 2006 - 06 - 26
⊙ 广西文化产业发展初探（上）/石有健//市场论坛 2006 - 08
⊙ 广西文化产业发展初探（下）/石有健//市场论坛 2006 - 09
⊙ 广西文化产业发展的理念疏理与品牌打造/陈学璞//沿海企业与科技 2006 - 12
⊙ 广西文化产业重点项目起点高/覃咏梅//广西日报 2006 - 10 - 02
⊙ 广州创意产业园横空出世/朱汉斌//中国高新技术产业导报 2006 - 10 - 09
⊙ 广州创意经济领跑全国/黄春兰//中国企业报 2006 - 12 - 01
⊙ 广州市城市居民文化消费状态与行为分析/梁礼宏//珠江经济 2006 - 10
⊙ 广州文化产业就业特征/钱紫华　闫小培//中国地理学会 2006 年学术年会 2006
⊙ 广州越秀：千年商都欲做“创意之都”/朱汉斌　汤云慧　苏广超//中国高新技术产业导报 2006 - 09 - 04
⊙ 规范经营秩序　净化文化市场/黄文生　黄小广//韶关日报 2006 - 05 - 11
⊙ 规范文化市场　发展文化产业/云丹龙珠//甘南日报（汉文版）2006 - 06 - 22
⊙ 规范文化市场　确保健康发展/贯术中　李慈忠//张家界日报 2006 - 05 - 25
⊙ 规范文化市场执法行为　确保文化市场繁荣发展/云丹龙珠//甘南日报（汉文版）2006 - 12 - 29
⊙ 贵州省县级文化体制改革应着重解决的几个问题/杨涛声//理论与当代 2006 - 11
⊙ 贵州文化产业发展问题浅议/黄浩//贵州社会科学 2006 - 05
⊙ 贵州文化资源含金量十足/万群//贵州日报 2006 - 05 - 21
⊙ 国际产业分工与中国文化产业/吕方//世界经济与政治论坛 2006 - 05
⊙ 国际教育服务贸易的演变/胡焰初//武汉大学学报（人文科学版）006 - 04
⊙ 国际强势文化单向流动的哲学思考——述评阿多尔诺的文化工业论/杨耕//北方论丛 2006 - 06

⊙ 日本的文化产业政策及运作//青年记者 2006-05
⊙ 日本内容产业发展分析/孙国庆//日本研究 2006-01
⊙ 日本文化产业的发展与启示/泷泽意伲//国际贸易 2006-10
⊙ 日本文化立国战略推动下的文化产业发展/骆莉//东南亚研究 2006-02
⊙ 日本现代文化产业发展中的政府行为/薛芹//甘肃农业 2006-05
⊙ 日月同天　共谋发展——关于文化产业的民营资本准入与商机/刘玉珠//中外文化交流 2006-01
⊙ 融合文化资源　做大文化产业/杜颖梅　陈璟//江苏经济报 2006-09-21
⊙ 如何打造文化产业园/李向民//中国文化报 2006-04-07
⊙ 如何发展创意产业/祝碧衡　杨荣斌　陈超//江苏经济报 2006-02-25
⊙ 如何加快我省文化全面发展——基层干部谈文化体制改革/谭仕伦//当代贵州 2006-18
⊙ 如何看待中国城乡文化产业 GDP/李新市//北京社会科学 2006-06
⊙ 如何深度开发成都文化消费市场/张立伟//四川省情 2006-08
⊙ 如何实现九江文化产业的突破/欧阳文戚//九江日报 2006-11-12
⊙ 如何优化文化创意产业发展环境/徐虹//证券日报 2006-11-05
⊙ 三辰"北京文化创意园"：企业谋产业/崔成泉//中国文化报 2006-09-08
⊙ 三分之二省将建文化大省　文化产业发展举足轻重//2006 年：北大文化产业（第二辑）
⊙ 三驾马车拉动创意北京/于彤　窦媛媛　孙燕燕//北京科技报 2006-11-29
⊙ 三亚加大文化产业发展步伐/徐珊珊//海南日报 2006-09-21
⊙ 山东大学历史文化学院　文化产业研究基地与文化产业管理学系//文史哲 2006-03
⊙ 山东加快文化产业发展的对策研究/张凤莲//东岳论丛 2006-05
⊙ 山东胶南文化产业让经济提速/凌翔　祁晓//光明日报 2006-11-05
⊙ 山东孔子文化产业的发展现状与举措/丁加军//理论学习 2006-09
⊙ 山东临沂文化产业新探索/李小千　国凌//中国经济时报 2006-10-16
⊙ 山东省公共历史文化资源综合研究论纲/王育济//理论学刊 2006-09
⊙ 山东省民俗文化产业可持续发展的思考/王钦鸿//山东社会科学 2006-07
⊙ 山东梯级推进文化产业发展/宋光茂//人民日报 2006-06-13
⊙ 山东文化产业：一座有待深挖的富矿/马宏伟//走向世界 2006-11
⊙ 山东文化产业大观/逄金一//济南日报 2006-06-16
⊙ 山东文化产业发展现状、问题及对策/王丽梅//企业经济 2006-12
⊙ 山东文化产业发展现状及对策/韩英//青年记者 2006-05
⊙ 山东文化产业长廊：一道亮丽的风景线/豆子//走向世界 2006-11
⊙ 山东文化体制改革进入快车道/Susan　侯贺良　钱捍//走向世界 2006-11
⊙ 山西历史文化品牌建设与创新探讨/霍淑华　白翔//山西高等学校社会科学学报 2006-08
⊙ 山西省文化产业发展的战略环境分析/张富春//生产力研究 2006-09
⊙ 山西首次开展文化资源大调查/成鹏登//中国信息报 2006-08-02
⊙ 山西文化产业统计核算工作取得成效/刘洪敏//中国信息报 2006-06-20
⊙ 山西文化资源的特点与整合/张建英//山西高等学校社会科学学报 2006-10
⊙ 山西引领私企进军文化产业/赵晋阳　李皎仿//中国工商报 2006-11-10
⊙ 山西欲造三大文化产业基地/原碧霞//华东旅游报 2006-12-07
⊙ 陕西省文化体制机制创新渐入佳境/王科//人民日报 2006-06-10
⊙ 陕西文化产业的研究与实践/方光华//西安财经学院学报 2006-04
⊙ 陕西文化产业竞争力评价与分析/徐萍//统计与信息论坛 2006-03
⊙ 陕西文化产业可持续发展的战略思考/刘吉发//唐都学刊 2006-04
⊙ 陕西文化产业魅力尽显/王晋//经济日报 2006-01-03
⊙ 陕西文化产业引资近亿元/李晓岗　徐敏//中国文化报 2006-04-21
⊙ 陕西文化产业与文化消费的实证分析/徐萍//西安文理学院学报（社会科学版）2006-01
⊙ 陕西文化产业重组迈出新步伐/张玉玲　王韧//光明日报 2006-01-09
⊙ 商丘祭祖文化产业大有可为/戴庆元//商丘日报 2006-12-31
⊙ 商业"热"钱涌入　艺术望"门"止步——京沪创意产业园生存堪忧/唐韵//中国经济周刊 2006-25
⊙ 上海，走向国际创意产业中心/盛垒//上海经济 2006-11
⊙ 上海、北京、深圳创意产业总动员//领导决策信息 2006-02
⊙ 上海：创意产业"创"出无限生机/沈则瑾//经济日报 2006-08-09
⊙ 上海：工业遗产与文化创意产业/黄昌勇//上海市社会科学界第四届学术年会 2006
⊙ 上海城市创意指数增 9.1%/陈江//解放日报 2006-07-12
⊙ 上海创意产业空间集聚研究/褚劲风　周灵雁//中国地理学会 2006 年学术年会
⊙ 上海创意产业空间集聚研究/周灵雁//现代城市研究 2006-12
⊙ 上海创意产业全面启动/俞嘉骏//组织人事报 2006-12-26
⊙ 上海创意产业又添新地标/戴焱淼//文汇报 2006-10-23
⊙ 上海创意产业知识产权保护问题及对策研究/潘瑾//上海企业 2006-05
⊙ 上海打造公共服务平台推动文化创意产业发展/王蔚//中国高新技术产业导报 2006-10-30
⊙ 上海都市型产业发展的新亮点——上海创意产业集聚区现状调研之一/周福铭//上海企业 2006-07
⊙ 上海发展创意产业的优势及路径/黄德锡//商业时代 2006-29
⊙ 上海历史文化名城保护的战略思考/阮仪三//上海房地 2006-06
⊙ 上海涉足文化体制改革深水区/孙丽萍//上海国资 2006-05
⊙ 上海文化产业保持快速增长势头/张仲超//中国商报 2006-09-26
⊙ 上海文化产业对经济贡献率达 6.5%/陈春艳　洪梅芬//解放日报 2006-09-21
⊙ 上海文化产业发展的 SWOT 分析与战略选择/宋红艳//出版与印刷 2006-04
⊙ 上海文化产业平稳健康快速增长/洪梅芬　陈春艳//解放日报 2006-09-21
⊙ 上海文化产业去年突破 2000 亿元/郁佳荃//中国经济时报 2006-09-28
⊙ 韶关文化产业发展大有可为/魏生革　孙斌//韶关日报 2006-11-11
⊙ 绍兴文化产业的发展之路/龚天力//绍兴日报 2006-07-16
⊙ 社会主义文化产业的规律性/孙晓棠//新乡师范高等专科学校学报 2006-06
⊙ 社会资本投资文化产业有章可循/吉颐//济南日报 2006-07-05
⊙ 深厚的传统文化资源是最强的软实力/董娉　杨凌//河南日报 2006-12-15
⊙ 深化改革优化环境落实政策推进文化创意产业快速发展/徐飞鹏//北京日报 2006-07-07
⊙ 深化体制改革　发展文化生产力/陈力丹　陈俊妮//当代传播 2006-02
⊙ 深化体制改革做强文化产业/周暹//北京日报 2006-10-26
⊙ 深化文化体制改革　加快发展和谐文化/余万芳//绍兴日报 2006-12-15
⊙ 深化文化体制改革　加快建设文化强省/刘纯友//安徽日报 2006-06-13
⊙ 深化文化体制改革　加快文化产业发展/隋国龙//新闻传播 2006-09
⊙ 深化文化体制改革　加快文化大省建设——省委常委、宣传部长赵勇，副省长孙士彬在宣传文化系统调研//河北画报 2006-04
⊙ 深化文化体制改革　加快我省文化事业文化产业发展步伐/杜建国//政策 2006-08
⊙ 深化文化体制改革　建设民族文化大州/赵济舟//大理文化 2006-02

◎ 着力构建新型文化市场/真雍　光斌　康旭//汉中日报 2006－09－02
◎ 真抓实干发展文化产业/王习怀//理论与当代 2006－05
◎ 真抓实干净化文化市场/刘维阳//九江日报 2006－08－26
◎ 镇平打造“精神高地”　提升文化经济聚合力/张卡申//中国特产报 2006－08－08
◎ 振兴文化产业　实现山西崛起/齐峰//前进 2006－08
◎ 争宠创意产业人才缺乏是瓶颈/朱秀亮//中国文化报 2006－04－04
◎ 整合历史文化资源　打造“南江文化”品牌/向梅芳//南方论刊 2006－03
◎ 整合文化资源　探索产业发展之路——成都市发展文化产业探索浅析/赵志//成都行政学院学报 2006－06
◎ 整合文化资源，促进文化产业发展/卢伶俐//甘肃科技纵横 2006－02
◎ 整合资源　发展民族地区文化产业/黄秀福　梁凤珠//贵州政协报 2006－09－01
◎ 整合资源加快文化产业开发步伐/禄永峰//陇东报 2006－10－14
◎ 政府扶持创意产业　中关村创意得先机/舟划　川波//今日信息报 2006－03－08
◎ 政府规制对文化资源产业开发的作用研究/冯霞//生产力研究 2006－05
◎ 政府驱动：江苏文化产业迅速崛起/刘怀玉//扬州大学学报（人文社会科学版）2006－01
◎ 政府文化管理创新体系的重构/李康化//东南学术 2006－04
◎ 政府作用与文化产业政策设计/陈家泽//西南交通大学学报（社会科学版）2006－05
◎ 正确认识　突出重点　积极稳妥推进文化体制改革/王安丽//驻马店日报 2006－08－10
◎ 正确认识我省文化产业发展现状/楚子//政策 2006－02
◎ 政协委员荐策首都文化创意产业发展/郑洞天//北京观察 2006－03
◎ 政协委员张贤亮谈文化产业的建设/申宏磊//对外大传播 2006－04
◎ 政协要为文化产业发展作新贡献/覃文宇//广西政协报 2006－12－30
◎ 郑州文化产业大有可为/左丽慧//郑州日报 2006－07－28
◎ 支持文化体制改革　加强财务与资产管理/周顺明//学习月刊 2006－22
◎ 支持文化体制改革促进文化产业发展//安徽日报 2006－09－28
◎ 职业教育要关注文化创意产业/毛焕玉//中国教育报 2006－07－19
◎ 中部崛起：文化产业跨越式发展的战略思考/周正刚//中国文化产业评论（第5卷）
◎ 中共中央国务院发出《关于深化文化体制改革的若干意见》//2006年：北大文化产业（第二辑）
◎ 中关村：科技助推文化创意产业/周奇//北京日报 2006－04－15
◎ 中关村创意产业先导基地占得先机/纪剑//中国高新技术产业导报 2006－03－13
◎ 中关村打造文化创意产业高地/周东//中国高新技术产业导报 2006－03－27
◎ 中关村将大力发展文化创意产业/冯永锋　高薇//光明日报 2006－01－08
◎ 中关村力挺文化创意产业/王丽萍//中国知识产权报 2006－03－17
◎ 中关村为何牵手文化创意产业？/徐立京//经济日报 2006－12－19
◎ 中国：文化产业走出尴尬/江涌//世界知识 2006－06
◎ 中国传统文化的传播机制研究/李军林//南京社会科学 2006－04
◎ 中国创意产业的困境与瓶颈/金元浦//社会科学报 2006－02－09
◎ 中国创意产业的投资环境/周建莉//中国投资 2006－06
◎ 中国创意等待完整产业链/范松璐//第一财经日报 2006－08－30
◎ 中国创意经济发展的问题研究/李卓华　纪艳彬//集团经济研究 2006－07
◎ 中国发展创意产业的战略思考/荣跃明//电影艺术 2006－03
◎ 中国跨文化传播研究　十年回顾与反思/关世杰//对外大传播 2006－12
◎ 中国历史文化名城的保护与发展/张祖刚//建筑学报 2006－12
◎ 中国六大区域创意产业集群初步形成//领导决策信息 2006－36
◎ 中国迈向文化产业强国/刘现同//河南日报 2006－12－25
◎ 中国民俗文化产业知识产权保护问题研究/赵文广//社科纵横 2006－02
◎ 中国农村文化产业发展悖论之求解/李新市//大连干部学刊 2006－10
◎ 中国农村文化产业发展的若干问题/李新市//科学社会主义 2006－03
◎ 中国农村文化产业发展研究/李新市//四川行政学院学报 2006－02
◎ 中国市场正在掀起品牌之战/江继兰//中国文化报 2006－04－24
◎ 中国数字内容产业呈现诱人前景/石王//公共商务信息导报 2006－10－27
◎ 中国台湾省数字内容产业政策简评/曾红颖//经济研究参考 2006－38
◎ 中国文化产品“走出去”又添平台/马璇//深圳特区报 2006－12－17
◎ 中国文化产业的市场和营销/方宝璋//江西科技师范学院学报 2006－01
◎ 中国文化产业发展大事记/闫宇震　韩谨//2006年：中国文化产业发展报告
◎ 中国文化产业发展的法律保护/李玫　孙丰明//科学时报 2006－09－15
◎ 中国文化产业发展的瓶颈/徐庆文//杭州师范学院学报（社会科学版）2006－03
◎ 中国文化产业发展的现状、走势及政策选择/李京文//沿海企业与科技 2006－10
◎ 中国文化产业发展的新阶段/胡惠林//文汇报 2006－01－23
◎ 中国文化产业发展的障碍及对策/王庚年//中国广播电视学刊 2006－03
◎ 中国文化产业发展论坛在三亚举行/鲁承//今日中国论坛 2006－01
◎ 中国文化产业发展五大趋势/张晓明//新选择 2006－03
◎ 中国文化产业建设的症候式分析/彭富春//社会观察 2006－02
◎ 中国文化产业竞争力评价和分析/赵彦云//中国人民大学学报 2006－04
◎ 中国文化产业启动新一轮高增长/张晓明　胡惠林//中国文化报 2006－01－27
◎ 中国文化产业市场发展初探/严婷//星海音乐学院学报 2006－02
◎ 中国文化产业五年：难题、困惑与创新/皇甫晓涛//中国文化报 2006－03－16
◎ 中国文化产业仰望世界市场/王攀　李南玲　彭勇//济南日报 2006－06－16
◎ 中国文化产业应对全球化挑战的深度理论探求/李成旺//中国文化报 2006－11－08
◎ 中国文化产业与风险投资问题研究/周笑//视听界 2006－05
◎ 中国文化创意产业要警惕贴牌生产/任思强//北京商报 2006－12－13
◎ 中国文化经济的新时代/丁言//世界 2006－08
◎ 中国文化精神与民族文化产业走出去战略/张凤琦//科学时报 2006－09－15
◎ 中国文化市场，谁是真正赢家/李云帆//东北之窗 2006－23
◎ 中国文化市场外资急切叩门/王攀　李南玲　彭勇//新华每日电讯 2006－05－22
◎ 中韩文化产业：相视而“效”/徐可//中国文化报 2006－03－11
◎ 中山投资10亿打造文化产业园/王文杰　冯志军//中国文化报 2006－06－27
◎ 中央力推文化体制改革/张冉燃//瞭望 2006－17
◎ 中央统战部副部长陈喜庆赴鹿邑项城考察文化产业开发工作/王河长//周口日报 2006－11－01
◎ 中英创意产业圆桌会议在北大召开/魏铭//北京大学学报（哲学社会科学版）2006－03
◎ 重点支持五大创意产业/张平阳//西安日报 2006－12－30
◎ 重庆市人民政府关于加快创意产业发展的意见//重庆市人民政府公报 2006－21
◎ 重庆市文化市场综合执法改革的探索及启示/刘康//探索 2006－04
◎ 重庆未来5年重点扶持十大文化产业//青年记者 2006－05
◎ 重庆文化体制改革将突出三个重点/温相勇//中国文化报 2006－07－29

中国文化产业年度研究资料索引

行业研究论文资料索引

图书、报刊产业

2002 年

- 13 届全国书市：山东省新华书店　尝试统进分销/黎敏//出版参考 2002-16
- 1990-2000 年：十年间的中国图书版权贸易/辛广伟//《2001-2002 年中国文化产业发展报告》
- 1990-2001 年全国科普图书出版情况调研报告/新闻出版总署图书管理司课题组//中华读书报 2002-08-28
- 2000 年日本多媒体出版概况/甄西//出版经济 2002-01
- 2001 报纸印刷再创新高——访中国报业协会顾问夏天俊/徐敏//印刷技术 2002-25
- 2001 年财经类报纸经营额增长率中国经营报排名首位/一鸣//中国经营报 2002-02-25
- 2001 年度引进、输出版优秀图书评竣国际合作出版品质期待提升/伍旭升//出版参考 2002-07
- 2001 年海外出版大看台/尤建忠//中国出版 2002-03
- 2001 年美国图书销售业绩平淡/叶新//出版参考 2002-09
- 2001 年全国新闻出版业基本情况//中国新闻出版报 2002-06-05
- 2001 年全国新闻出版业统计公报//出版经济 2002-06
- 2001 年日本出版　读书界十大事件/白晓煌//中国图书商报 2002-01-22
- 2001 年日本图书、杂志销售情况/海英//出版参考 2002-08
- 2001 年日本图书出版回顾/冯洲//出版广角 2002-11
- 2001 年上半年湖北美术出版社美术图书市场走势/刘峻峰//美术之友 2002-01
- 2001 年台湾报业扫描/王雯//中国新闻出版报 2002-10-18
- 2001 年台湾出版扫描/彭蕙仙//出版参考 2002-02
- 2001 年香港课本出版再成焦点//出版经济 2002-01
- 2001 年新闻出版十件大事//中国新闻出版报 2002-01-01
- 2001 年新闻传播理论研究热点综述//浙江传媒学院学报 2002-01
- 2001 年中美版权产业比较分析/宋慧献//出版发行研究 2002-07
- 2002：入世之后的出版制度创新/红娟　萧钰//中华读书报 2002-05-22
- 2002：中国新闻业回望（上）——加入 WTO 后中国新闻业改革“备忘录”/孙正一　柳婷婷//新闻记者 2002-12
- 2002BIBF 版权贸易成就报告/王雯//中国新闻出版报 2002-07-09
- 2002BIBF 版权贸易细盘点/薛旭//出版参考 2002-13
- 2002 版权工作年终盘点/姚远//中国知识产权报 2002-12-27
- 2002 韩寒，还能火吗？//中国新闻出版报 2002-02-25
- 2002 教育出版十大商机/刘昶　王东//中国图书商报 2002-01-08
- 2002 伦敦国际书展　探讨书业热门话题/王兴栋//中国图书商报 2002-04-11
- 2002 年图书市场热点走势分析/王建平//出版广角 2002-06
- 2002 盘点杂志大盘点/马雪芬//中国图书商报 2002-12-27
- 2002 全球出版大热点/尤建忠//出版参考 2002-24
- 2003 北京图书订货会将扩招相关产业/建林//光明日报 2002-12-04
- 20 年来图书价格涨得不合理/周丽英//科学时报 2002-07-26
- 20 世纪日本出版流通体系的变迁/甄西//出版经济 2002-03
- 21 世纪出版产业型态——再论大出版概念/刘拥军//出版广角 2002-01
- 21 世纪出版业的发展道路/李钟国//出版发行研究 2002-12
- 21 世纪公共图书馆的用户需求与报刊信息利用刍议/蓝青//图书馆论坛 2002-01
- 21 世纪经济新闻走势初探/邓涛//记者摇篮 2002-04
- 21 世纪媒体发展趋势及对策/姜岩//中国教育报 2002-11-29
- 8000 种古籍出版辉耀当世/杨牧之//光明日报 2002-11-21
- 90 年前的一场中外版权纠纷/叶新//出版史料 2002-02
- AAP2002 会呼吁：电子出版需要版权保护/王兴栋//中国图书商报 2002-03-12
- CopyleftVs. Copyright 颠覆与扬弃/傅钢//中国知识产权报 2002-05-29
- DM 杂志偷切传统媒体奶酪/赵明//中国经济时报 2002-07-19
- E-Book 图书的未来/李俊萌//现代图书情报技术 2002-S1
- E-Book 阅读遭遇变革/屈胜文　王利//经济参考报 2002-06-04
- eBook 再掀波澜/沈山//中国图书商报 2002-01-15
- e 时代图书装帧设计 VS 设计师/黄河//出版参考 2002-13
- FNAC 图书连锁店经营方针的 6 大特点/陈丰//中国图书商报 2002-01-03
- IT 对出版印刷模式的冲击/刘浩学//中国计算机报 2002-05-20
- IT 女英雄——记当当网上书店 CEO 俞渝/晓语//电脑校园 2002-03
- IT 时代数字图书馆的版权保护/周燕燕//哈尔滨市委党校学报 2002-06
- IT 图书没文化？/佐岸//中华读书报 2002-12-04
- MBA 解决不了中国出版业的问题/朱杰人//出版广角 2002-11
- MIS 让书店赢得商机/计亚男//光明日报 2002-07-11
- Napster 诉讼案及其对美国版权法的影响/翁鸣江//法制与社会发展 2002-02
- SPPC 出版培训的高峰体验//中国图书商报 2002-04-02
- TRIPS 争端解决机制下版权法之发展/梁志文//金陵法律评论 2002-01
- W·H·史密斯图书连锁店/尤建忠//出版参考 2002-01
- WTO、图书馆与知识产权保护/彭一中//图书馆 2002-02
- WTO 对中国图书馆事业的影响及对策/金英姬//现代情报 2002-11
- WTO 给中国科技出版带来什么/王志刚//出版参考 2002-01
- WTO 规则与我国新法律法规出版/陆一//法制日报 2002-12-04
- WTO 后中国报业的应对策略/李孟昱//中国报业 2002-01
- WTO 后中国出版产业拓展新视野/龚新贵//出版参考 2002-14
- WTO 环境下图书馆事业发展探析/高珍　辛华//山东省农业管理干部学院学报 2002-03
- WTO 环境下音像业品牌建设刍议/陈昕//湖南大众传媒职业技术学院学报 2002-03
- WTO 环境与中国新闻业的发展对策/胡正强//徐州教育学院学报 2002-12-30
- WTO 图书，我们该怎么读/何乐辉//浙江日报 2002-03-29
- WTO 图书由浅及深的变化//中华读书报 2002-01-30
- WTO 与报业财务管理的创新/谭平//中国报业 2002-01
- WTO 与出版：狼来了，还是浪来了/炎炎//华夏时报 2002-03-11
- WTO 与我国图书馆事业/闫凤娟//图书馆学研究 2002-12
- WTO 与我国知识产权保护对策/马连元//家电科技 2002-12
- WTO 与新闻传媒业发展/俞永均//宁波通讯 2002-08
- WTO 与中国图书情报事业/陈颖//现代情报 2002/11
- WTO 与中国音像市场的行销发展趋势/张宝成//中国文化报 2002-03-18
- WTO 语境中的中国出版（上）——与杨德炎对话/卢云//出版广角 2002-01

⊙ WTO语境中的中国出版（下）——与杨德炎对话／卢云//出版广角 2002-02

⊙ 按需出版：我们走向市场的重要一步／章红雨//中国新闻出版报 2002-12-20

⊙ 按需印刷：专业出版的未来／保罗·理查森//中国图书商报 2002-06-11

⊙ 奥运图书　时机未到？／郑建鹏//中华读书报 2002-07-10

⊙ 八桂出版竞风流／周三胜　卢佑祥　利来友//广西日报 2002-04-17

⊙ 八箭齐发与世共舞——上海世纪出版集团强势出击扫描／陈昕//出版广角 2002-06

⊙ 把e-book装进口袋／程晓龙//中国新闻出版报 2002-05-14

⊙ 把报纸办到现场去——武汉晚报新闻摄影市场定位浅议／何建新　贾连成//第九届全国新闻摄影理论年会暨新闻摄影高层论坛 2002

⊙ 把连锁店开到外埠／陈乐 周金丹//中国图书商报 2002-07-09

⊙ 把握报纸媒体特征　坚定党报发行信心／金福善//中华新闻报 2002-03-05

⊙ 把握先进生产力发展趋势　推动广播电视集团化进程／刘树勋//电视研究 2002-12

⊙ 把准导向强势扩张——努力推进我省新闻出版事业发展／舒澈//四川党的建设城市版 2002-08

⊙ 把自己的事情办好，是保护市场的最好办法——日本文化、音像、出版考察报告／朱晨光//中国出版 2002-01

⊙ 百年报业价格战：亏本，还是赚钱？／胡百精//中华新闻报 2002-09-10

⊙ 版本项著录与现代图书版本问题／严美丽//现代情报 2002/04

⊙ 版权"冲撞"／赵杨//中国新闻出版报 2002-07-17

⊙ 版权保护：版权工作的重中之重／赵杨//中国新闻出版报 2002-11-07

⊙ 版权保护——E-book产业基石／叶建国//出版广角 2002-02

⊙ 版权策划显魅力／阳淼//中国图书商报 2002-05-21

⊙ 版权产业：世界与中国／宋慧献//出版参考 2002-10

⊙ 版权产业的品牌资源／胡知武//中国知识产权报 2002-12-20

⊙ 版权产业在美国的分量／宋献慧//中国知识产权报 2002-07-31

⊙ 版权产业增长最快美国呼吁加强保护／宋慧献//出版参考 2002-13

⊙ 版权超市／鲍红//出版参考 2002-09

⊙ 版权代理公司出路何在／王玉梅//中国新闻出版报 2002-08-15

⊙ 版权的教育豁免应明确立法／戚本盛//世界教育信息 2002-03

⊙ 版权法，为创作尊严开拓权利的疆土／阿计//政府法制 2002-07

⊙ 版权纷争加剧法律条文有待改进／姜晓娟//出版参考 2002-11

⊙ 版权管理刻不容缓／蓝怀廷//广西日报 2002-04-23

⊙ 版权技术措施保护中的利益平衡／黄贤福//新疆社会科学 2002-04

⊙ 版权交易打响三"大"战役／翁昌寿//中华读书报 2002-05-22

⊙ 版权贸易　重塑中国出版格局／杨雪梅//人民日报 2002-01-29

⊙ 版权贸易，出版业的"魔法石"／李业顺//中国投资 2002-08

⊙ 版权贸易／王继晟//市场报 2002-05-30

⊙ 版权贸易：中外版权人一席谈／宋迎秋//中国图书商报 2002-05-28

⊙ 版权贸易"实战经验"／裘寅//中华读书报 2002-05-22

⊙ 版权贸易的"大处"与"小处"／李东生//中国新闻出版报 2002-06-26

⊙ 版权贸易的战略与策略／刘欣//出版发行研究 2002-01

⊙ 版权贸易发展的六个问题／赵晓伟//出版参考 2002-09

⊙ 版权贸易喜人　译著质量堪忧／何娅//中华读书报 2002-11-20

⊙ 版权贸易与中国图书／许刚//人民日报海外版 2002-01-15

⊙ 版权贸易——中国书业与世界同步／谢光军//中国新闻出版报 2002-10-21

⊙ 版权贸易重塑中国出版格局／杨雪梅//人民日报 2002-01-29

⊙ 版权拿来五大隐痛／张汉文//新闻出版交流 2002-05

⊙ 版权引进：从文化交流到经济增长点／冯志杰//中国新闻出版报 2002-10-25

⊙ 版权引进的价值取向／徐豫生//中国新闻出版报 2002-11-22

⊙ 版权引进偏重四大门类／穆宏志//中国图书商报 2002-05-28

⊙ 版权用尽的经济学分析／陈宗波//广西师范大学学报（哲学社会科学版）2002-03

⊙ 版权与出版权——从出版商到作者／林新生//甘肃行政学院学报 2002-02

⊙ 版权组织能否代表作者起诉？一份未被授权的作品//新电脑 2002-04

⊙ 办出专业电台新闻节目的特色／蒋宁//视听界 2002-02

⊙ 办好少儿报刊培养创新精神／徐惟诚//湖北教育 2002-16

⊙ 帮出版人提升理念／杜莹//中国图书商报 2002-01-15

⊙ 报刊"不作为"现象的成因及强化舆论监督的途径／梅金华//编辑之友 2002-06

⊙ 报刊版面设计意识中的外延和内涵／孟苗//新闻采编 2002-05

⊙ 报刊出版管理应着力在"六坚持、六强化"上下功夫／周乃成//成都行政学院学报 2002-03

⊙ 报刊发行"狼来了"／黄小东//瞭望 2002-06

⊙ 报刊发行代理选择中的四个陷阱防范／王嘉萌//出版发行研究 2002-08

⊙ 报刊发行的成本控制／谭军波//科学投资 2002-12

⊙ 报刊发行计算机网络系统／陈新安//中国邮政 2002-09

⊙ 报刊发行联合经营的四种模式／王飞//中国邮政 2002-09

⊙ 报刊发行专业结构调整初探／芮建安//邮政研究 2002-06

⊙ 报刊广告与中秋传播习俗——以2001年中秋节前部分报刊广告为例／杨立川//报刊之友 2002-011

⊙ 报刊经营管理中的版权问题／王培舒//行政与法 2002-12

⊙ 报刊经营与经营报刊／丁海东//新闻采编 2002-01

⊙ 报刊面对网络的思考／徐战//记者摇篮 2002-01

⊙ 报刊网络营运的若干问题／孙琳娜//新闻知识 2002-08

⊙ 报刊也是生产力／冬青//江南论坛 2002-02

⊙ 报刊业：焕发活力　与"狼"共舞／高思正//新闻知识 2002-03

⊙ 报刊业发展中几个问题的思考／刘波//传媒 2002-03

⊙ 报刊缘何提前出版／金旺//广东印刷 2002-05

⊙ 报刊杂文与游戏思辨／刘福智//新闻爱好者 2002-09

⊙ 报业，插上信息化"翅膀"／刘栗//江西日报 2002-12-19

⊙ 报业：WTO逼迫下的制度转型／曾文经//当代传播 2002-03

⊙ 报业"大比拼"谁能"执牛耳"／王永亮//记者摇篮 2002-11

⊙ 报业"四大金刚"与"四小金刚"／胡根喜//传媒 2002-03

⊙ 报业策划构架双赢桥梁／胡帅//社科纵横 2002-05

⊙ 报业的品牌竞争／段薇//中国质量报 2002-03-12

⊙ 报业电子商务系统应用／林秋生//中国传媒科技 2002-07

⊙ 报业发行资源整合与效益原则／牛牧//中国报业 2002-08

⊙ 报业发展趋势展望／王君//记者摇篮 2002-11

⊙ 报业分类广告的核心产品策略／陈雨//当代传播 2002-06

⊙ 报业改革重在创新／刘长明//当代传播 2002-06

⊙ 报业广州模式告诉我们什么？／陈翔//传媒观察 2002-05

⊙ 报业还能活多久？／靳国君//新闻传播 2002-01

⊙ 报业集团：优质子报的孵化器／范以锦//中国记者 2002-03

⊙ 报业集团财务风险管理／王艳//出版经济 2002-11

⊙ 报业集团的结构优化／张瑞云　高燕//中国记者 2002-03

⊙ 报业集团的结构优化与市场拓展／陈钢//传媒观察 2002-08

⊙ 报业集团固定资产管理探讨／夏桂泉//中国报业 2002-12

⊙ 报业集团经营管理主要问题及对策探讨／罗以澄　张海明　潘咏//新闻前哨 2002-12

⊙ 报业集团内系列报刊的布局和发展／裘新//中国报业 2002-03

⊙ 报业集团内系列报刊的结构优化——从南方日报报业集团谈起／王铮//

⊙ 出版物品牌？形象？市场/江鸣//出版经济 2002 - 09
⊙ 出版新概念——流媒体/老墨//中国电子与网络出版 2002 - Z1
⊙ 出版信息化误区探析/卢长奇//中国新闻出版报 2002 - 10 - 21
⊙ 出版信息化与编辑的责任/徐瑞华//出版经济 2002 - 09
⊙ 出版信息化与高校图书馆的创新/徐金华//出版经济 2002 - 11
⊙ 出版行业中的产品生命周期/何世全//出版经济 2002 - 10
⊙ 出版学理论研究述评/罗紫初//出版科学 2002 - S1
⊙ 出版研究在欧美/杨贵山//出版科学 2002 - 02
⊙ 出版业"国家队"任重道远集团化前景且"谨慎乐观"/周明//经济月刊 2002 - 06
⊙ 出版业的数字化趋势与应对策略/赵玉山//科技与出版 2002 - 06
⊙ 出版业的四大基本要素/李东明　王伯华//中国出版 2002 - 01
⊙ 出版业进入版权保护新时代/李明德//中国图书商报 2002 - 03 - 05
⊙ 出版业人力资源开发中的问题浅析/江志君//出版经济 2002 - 05
⊙ 出版业实行从业资格制//辽宁日报 2002 - 09 - 22
⊙ 出版业凸显品牌价值/曲志红//中华新闻报 2002 - 05 - 23
⊙ 出版业网上知融化发展新模式的思考/同悟//出版经济 2002 - 02
⊙ 出版业信息化问题刍议/卢伟//佳木斯大学社会科学学报 2002 - 04
⊙ 出版业资本眼中"最后一块牛排"/綦书环//金融时报 2002 - 04 - 16
⊙ 出版业资本营运应注意的几个误区/徐曙初//出版经济 2002 - 05
⊙ 出版业资本营运中的若干问题/罗紫初//出版发行研究 2002 - 12
⊙ 出版引入"好莱坞模式"/杨贵山//中国图书商报 2002 - 12 - 20
⊙ 出版印刷行业与企业管理信息化/尔冬//电子出版 2002 - 12
⊙ 出版营销六 C 定律完全阐释/保罗·理查森//中国图书商报 2002 - 12 - 20
⊙ 出版与 WTO 三题/吴智勇//出版参考 2002 - 07
⊙ 出版杂志泰斗——《出版商周刊》/叶新//出版参考 2002 - 24
⊙ 出版整合与品牌保护/朱亚//出版广角 2002 - 09
⊙ 出版资源六大整合/向洪//编辑学刊 2002 - 04
⊙ 出版最迷人部分是无中生有/唐明霞//中国图书商报 2002 - 06 - 27
⊙ 出得快卖得慢——"调查刘晓庆"系列图书遭遇"寒流"/老万//出版参考 2002 - 18
⊙ 出口管制制度日趋完善/于丽//中国企业报 2002 - 08 - 27
⊙ 刍议入世对我国图书情报界的影响及对策/但旺//四川图书馆学报 2002 - 05
⊙ 刍议组建出版集团财务公司/楼山//出版参考 2002 - 21
⊙ 触礁数字版权/刘立新//互联网周刊 2002 - 31
⊙ 矗立起新闻业承前启后的里程碑——中共十六大前后新闻传播事业发展态势思考/许志文//新闻三昧 2002 - 10 - 15
⊙ 传播文化的革命与报刊业的发展/辛俊武//社科纵横 2002 - 031
⊙ 传播与出版的区别/姚海根//出版与印刷 2002 - 01
⊙ 传媒产业遭遇寒冬/李新//中华工商时报 2002 - 10 - 07
⊙ 传媒的维权与自律——如何规范新闻传播业的理性思考/阚敬侠//新闻三昧 2002 - 07
⊙ 传媒要成为文化的传播者——关于我省小报小刊情况的调研/朱强娣　康福升//江淮论坛 2002 - 02
⊙ 传统出版业进军网络出版　成功大有希望/刘奇惕//中国电子与网络出版 2002 - 10
⊙ 传统出版业面对数字化挑战/王汝林//计算机周刊 2002 - 24
⊙ 传统出版业面临五大挑战/王汝林//科技智囊 2002 - 05
⊙ 传统新闻价值观的自我颠覆（上）/刘建明//中华新闻报 2002 - 08 - 24
⊙ 传统新闻价值观的自我颠覆（下）/刘建明//中华新闻报 2002 - 08 - 29
⊙ 传者本位与受众本位——解读中西新闻传播运行机制/吴廷俊//新闻传播 2002 - 08
⊙ 创办网上教辅类报刊的构想/靳保太//出版发行研究 2002 - 06
⊙ 创建规范的电子出版物市场/聂振强　卢慧彬//北京工商管理 2002 - 02
⊙ 创新，报业发展的立足之本/陈华荣//新闻实践 2002 - 02
⊙ 创新，就赢得精采——关于新闻模拟剧创意的思考/邵青//记者摇篮 2002 - 09
⊙ 创新：入世后报刊竞争的必由之路/苏应奎//传媒 2002 - 03
⊙ 创新办报理念　明确市场定位/刘范畴//福建日报 2002 - 08 - 25
⊙ 创新集团运作机制　强化集团主体地位——解放日报报业集团的实践与思考/陈炳炎//中国报业 2002 - 07
⊙ 创新经济新闻的思路/谢文君//记者摇篮 2002 - 04
⊙ 创造出版业的基因多样化优势/刘杨//编辑学刊 2002 - 03
⊙ 创造个性化的媒体品牌/刘锦钢//中华新闻报 2002 - 10 - 22
⊙ 创造性的广告策划——兼谈对出版宣传工作的认识/余海燕//大学出版 2002 - 03
⊙ 纯文学期刊路在何方/吕宝林//甘肃日报 2002 - 06 - 25
⊙ 从《哈里·波特》看科幻图书出版/王伟//编辑学刊 2002 - 04
⊙ 从《龙阳日报》的停刊看印尼华文报业的沧桑/黄昆章//国际新闻界 2002 - 02
⊙ 从《冒险小虎队》的热销看少儿图书市场的变化/王志明//出版发行研究 2002 - 10
⊙ 从《纽约时报》看美国报业经营的新特点/姜涛//传媒观察 2002 - 06
⊙ 从《我为歌狂》谈图书营销策划/邵敏//编辑学刊 2002 - 02
⊙ 从《足球周刊》看权威媒体运作/潘燕辉//中华新闻报 2002 - 07 - 23
⊙ 从 NBA 诉 Motorola 案看美国的版权优先制度/李俊伟//知识产权 2002 - 04
⊙ 从版权看图书馆角色定位的分化/吴炫蓉//广西政法管理干部学院学报 2002 - 01
⊙ 从报刊看我国公众对近现代物理知识的需求/梁志国//学科教育 2002 - 11
⊙ 从报业发展趋势看地市党报竞争力/汤才顺//中国记者 2002 - 12
⊙ 从财富的另一面攻打报业//中国报业 2002 - 05
⊙ 从财经报纸的崛起看当代报业的分众化趋向/曾茜//新闻爱好者 2002 - 04
⊙ 从产业竞争结构看中国出版产业发展的方向/李明杰//出版发行研究 2002 - 03
⊙ 从陈忠实题词看西安报业风景/曹军华//中国新闻出版报 2002 - 12 - 23
⊙ 从成都报业看报业争夺点的新转移/陈晓彦//新闻实践 2002 - 04
⊙ 从出版大国向出版强国迈进——中国出版集团成立大会侧记/于瑾//中国图书评论 2002 - 05
⊙ 从出版信息中把握出版走势/朱锐//出版参考 2002 - 16
⊙ 从第九届 BIBF 看中国版权输出的八大瓶颈/李玲香//出版经济 2002 - 09
⊙ 从电视广告学图书营销/远宁//出版参考 2002 - 18
⊙ 从电子到数字出版/赖茂生//电子出版 2002 - 06
⊙ 从读者需求看中国报业市场变化/华文//中国新闻出版报 2002 - 08 - 12
⊙ 从经典名案看新《著作权法实施条例》的进步/杨亮庆//法制日报 2002 - 09 - 09
⊙ 从经营管理历程看创新：提高我国出版业竞争力的关键/冯志杰//出版经济 2002 - 01
⊙ 从经营管理历程看我国报业发挥产业功能的必要性/张辉锋//商丘师范学院学报 2002 - 01
⊙ 从竞争看市级电视台的新闻创新/张国伟//记者摇篮 2002 - 09
⊙ 从立足主业到凸现特色——解读新华报业的核心竞争力/唐根希//传媒观察 2002 - 01
⊙ 从美国国际书展到北京国际书展看版权贸易/申作宏//中国出版 2002 - 07
⊙ 从美国书展看图书出版的新趋势/江山//中国包装报 2002 - 09 - 23
⊙ 从强势购权到国际组稿——版权贸易与"世图"的发展理念/李峰//出版发行研究 2002 - 05

- 国际教育出版现状与趋势/保罗·理查森//中国图书商报 2002-06-04
- 国际理解：以童书来沟通——从第九届北京国际图书博览会看引进版儿童图书的出版/王林//中国图书评论 2002-06
- 国际网络版权贸易的司法管辖问题/马治国//甘肃政法学院学报 2002-02
- 国际新闻市场上的一场“战争”——《环球时报》对《参考消息》的挑战/陈辉//采·写·编 2002-06
- 国际印刷业青睐中国报业市场//今日印刷 2002-06
- 国际组稿：出版走向世界的先声/缪立平//出版参考 2002-19
- 国家古籍整理出版成果展在国家图书馆展出/祝晓风//图书馆 2002-06
- 国家关于新闻出版业人力资源管理的部分相关政策//中国报业 2002-11
- 国家现行报纸出版法规概述/王国庆//传媒 2002-06
- 国家新闻出版总署署长谈应对加入世界贸易组织举措/薛锦原//团结报 2002-04-16
- 国内大学出版社出版结构大对阵/姜丽娟//出版参考 2002-23
- 国内科幻图书需要市场喝彩/章红雨//中国新闻出版报 2002-09-06
- 国内设计领先的报刊//青年记者 2002-03
- 国内图书版权代理状况调查/鲍红//出版参考 2002-10
- 国内图书直销的特点、规模及运营方式/黄平//中国新闻出版报 2002-12-30
- 国内外出版社的版权机构设置/尤建忠//出版参考 2002-10
- 国内外现行数字图书馆运行模式比较/陈耀盛//情报资料工作 2002-05
- 国内网上书店发展与展望/林秋芸//现代情报 2002-09
- 国内网上书店未来发展之路/王玲艳//现代情报 2002-02
- 国内网上书店与图书馆采访工作/邱普路//图书馆学刊 2002-S1
- 国外出版企业融资手段与案例/朱诠//出版参考 2002-16
- 国外出版业的融资模式/陈磊//出版参考 2002-07
- 国外的出版经纪人/杜恩龙//出版广角 2002-08
- 国外图书连锁店经营综述/尤建忠//中国出版 2002-10
- 国外图书连锁经营六大特点/张汉文//新闻出版交流 2002-05
- 国外行业协会如何参与报业管理/赵明//当代传播 2002-06
- 国外原版音像资料的著录/郑琳//图书馆学研究 2002-08
- 过剩经济条件下的图书出版/张金柱//出版广角 2002-10
- 哈佛书店荣获《出版商周刊》年度书店奖/建//出版参考 2002-09
- 哈利·波特的想象力/苗春//人民日报海外版 2002-02-06
- 哈利·波特何以魔力四射/陈冀//新华每日电讯 2002-02-24
- 哈利·波特究竟有什么魔法/李瑾//工人日报 2002-02-13
- 海外出版公司基本营销策划框架/姜晓娟//出版参考 2002-09
- 海外华文报刊对滥觞期海外华文文学建设的贡献/李志//学术研究 2002-10
- 海外华文报刊发展中的几个问题/沈殿成//侨园 2002-03
- 海外华文电子报刊的现状与前瞻/李兴//八桂侨刊 2002-24
- 海外音像电子出版见闻/陈生明//中国出版 2002-12
- 韩国出版业的动荡与变化/甄西//中国文化报 2002-07-26
- 韩流来袭　出版升温/胡婧//中国图书商报 2002-08-29
- 好书畅销靠策划//中国新闻出版报 2002-03-14
- 核心竞争力：中国出版业的战略选择/封延阳//中国出版 2002-04
- 核心竞争力与出版管理战略/李远涛//新闻出版交流 2002-06
- 荷兰世界出版园圃中的一支郁金香/林成林//中国图书商报 2002-07-04
- 宏观环境对我国图书出版业的影响/孙晔//大学出版 2002-02
- 后 TRIPS 时期国际版权保护全球化趋势/万鄂湘//武汉大学学报（社会科学版）2002-02
- 厚报时代　报纸运作与经营策略（中）/曹鹏//中国新闻出版报 2002-12-24
- 厚报时代报纸运作与经营策略（上）/曹鹏//中国新闻出版报 2002-11-26
- 厚报时代的新闻策划/耿聆//记者摇篮 2002-12
- 厚刊时代？/沈山//中国图书商报 2002-04-16
- 湖北出版文化城预应力结构设计/李霆　刘炳清//新世纪预应力技术创新学术交流会 2002
- 湖南报业资源配置现状与问题分析/梁媛//湖南大学学报（社会科学版）2002-03
- 湖南出版集团跻身全国企业五百强/曾衡林//湖南日报 2002-10-08
- 蝴蝶效应和青蛙效应——中国出版重整格局/陈纪宁//编辑学刊 2002-03
- 互联网对版权法的影响与对策/刘德良//学术论坛 2002-03
- 互联网上图书期刊资源的利用/彭楚荣//兵团党校学报 2002-05
- 互联网升级新闻工作方式/武玉钊//青年记者 2002-10
- 互联网时代的音乐作品版权问题浅析/张津波//报刊之友 2002-03
- 沪港出版合作的六点设想/李伟国//编辑学刊 2002-06
- 沪港出版合作的潜力与资本融合/顾林凡//编辑学刊 2002-06
- 沪港共享出版资源/张天蔚//编辑学刊 2002-06
- 沪港联手做好国际版权营销/周舜培//编辑学刊 2002-06
- 华文出版资源整合：从务虚到务实/肖武//出版参考 2002-21
- 化重点为亮点——城市类报纸如何弘扬主旋律刍议/祝诚//新闻实践 2002-11
- 话说创设图书出版“恩格尔系数”/张金柱//出版经济 2002-10
- 黄金周出游热引发旅游图书大战/刘国辉//中国旅游报 2002-09-16
- 机遇与挑战：加入 WTO 后我国图书馆事业的发展/席涛//四川图书馆学报 2002-05
- 积极产业化：“入世”后中国出版业的发展方向/姬沈育//经济经纬 2002-05
- 吉港联手打造华文出版平台/魏晓薇//中国新闻出版报 2002-12-16
- 集体授权机制和数字图书馆版权问题/张怀涛//图书与情报 2002-03
- 集团化：报业做大做强的必由之路/曹岗松//青年记者 2002-03
- 集中投放　拓展市场——论报业集团的资本经营优势/程顺立　董林//新闻爱好者 2002-04
- 几米漫画火了　几米音乐来了/陈香//中华读书报 2002-11-13
- 幾米：我不知道为什么受欢迎/刘昶//中国图书商报 2002-06-25
- 计划经济出版体制与“小农情结”——出版体制改革初探/沈建英//当代经济 2002-07
- 计算机管理下影响图书流通的因素分析/徐小珍//现代情报 2002-05
- 计算机类图书市场的现状和发展前景/魏连//出版发行研究 2002-12
- 计算机音像网络在新型客车上的应用/韩秋沙//华东交通大学学报 2002-03
- 纪实作品著作权如何保护/宋安明//检察日报 2002-06-28
- 技术措施的版权保护/梁志文//人民法院报 2002-06-23
- 技术进步：报业实力的引擎/于都//中华新闻报 2002-11-12
- 技术进步与新时代出版/徐丽芳//出版科学 2002-02
- 既要反垄断又要反倾销——对人世后报业市场建设的一点思考/黄自堂//城市党报研究 2002-01
- 既要符合国情又要与国际接轨/赵彦华//中华新闻报 2002-11-19
- 继往开来　推进新闻出版业的改革与发展/石宗源//传媒 2002-01
- 加大软件版权保护力度/杨健//人民日报 2002-02-02
- 加快畅销报刊传递速度//中国邮政 2002-06
- 加快出版职业道德建设至关重要//新闻出版交流 2002-04
- 加快大学出版发行联合的新举措——“中国高校教材图书网”正式开通/曹巍//大学出版 2002-03
- 加快提升我国版权贸易品质/赵卜慧//出版参考 2002-17
- 加快信息化建设促进新闻出版业发展/马国仓//中国新闻出版报 2002-09-20

- 论出版业的市场规则和市场准入——从新修订的《出版管理条例》等法规谈起／吴旭君／／出版与印刷 2002－02
- 论出版业发展与人才资源开发／邓光东／／出版发行研究 2002－03
- 论出版者与读者的“契约”关系／刘兰生／／中国出版 2002－12
- 论发展与管理之矛盾——为健全新闻出版管理机构进言／廖小勉／／出版发行研究 2002－06
- 论古籍社图书的选题策划／落馥香／／编辑之友 2002－S1
- 论互联网上的版权限制／刘德良／／知识产权 2002－02
- 论加入 WTO 后科技图书的采购工作／王扬／／科技情报开发与经济 2002－03
- 论经济信息与图书营销／胡发智／／华中师范大学 2002－04－19
- 论伦理道德在出版业发展中的作用／杨伦增／／编辑学报 2002－05
- 论期刊出版新趋势——期刊多版化／许梅／／编辑之友 2002－06
- 论上海网络出版发展战略／阮光页／／编辑学刊 2002－02
- 论少数民族论出版业的难点与对策／乌力吉／／中国出版 2002－03
- 论市场经济条件下公共图书馆的发展方向与原则／夏惠珍／／潍坊教育学院学报 2002－02
- 论市场经济条件下新华书店的服务创新／张菊明／／出版与印刷 2002－01
- 论试行报刊发行代理制／施建／／现代传播 2002－01
- 论数据库的版权保护／许春明／／法学杂志 2002－04
- 论数字化资源建设规避版权的途径与方法／秦广宏／／图书馆杂志 2002－01
- 论数字技术对版权法的影响／龙燕燕／／湖南商学院学报 2002－04
- 论数字图书馆的特点、知识组织方式及其数据库开发中的版权问题／赵友／／现代图书情报技术 2002－S1
- 论数字图书馆建设与版权保护／陈琳／／河南图书馆学刊 2002－06
- 论图书、情报、档案一体化／李莉／／河南图书馆学刊 2002－04
- 论图书出版发行中的整合营销／周秀霞／／图书情报知识 2002－06
- 论图书出版与营销中的新闻视角运用／倪轶／／出版发行研究 2002－10
- 论图书发行市场发展态势／梁胜／／成都教育学院学报 2002－09
- 论图书馆事业与知识经济的互动发展／丁炳丽　江小云／／南华大学学报（社会科学版）2002－03
- 论图书品牌的法律保护／麦绣文／／中国出版 2002－05
- 论图书品牌的特性和培育／韩惠言／／出版发行研究 2002－09
- 论图书情报工作与知识创新／闫真／／山西大学师范学院学报 2002－02
- 论图书营销中“宣传”环节策划技巧／林阳／／出版发行研究 2002－01
- 论图书营销组合策略／蔡文田／／编辑之友 2002－S1
- 论网络版权保护中的几个问题／王阳／／黑龙江省政法管理干部学院学报 2002－04
- 论网络出版与传统出版的结合／郝捷／／出版发行研究 2002－01
- 论网络环境下的信息版权保护／肖冬梅／／情报杂志 2002－07
- 论网络时代版权管理信息的国际法律保护／祁建平／／甘肃政法学院学报 2002－01
- 论网络时代报刊编辑职能的调整／樊学兵／／新闻爱好者 2002－11
- 论网络时代与图书情报事业新概念／周礼智／／图书馆建设 2002－03
- 论文化出版与出版文化的发展／杨小岩／／武汉大学学报（人文科学版）2002－02
- 论我国报业的资本市场运营及其边缘突破／陈素璧／／科技经济市场 2002－07
- 论现代编辑的国际版权贸易意识／李阳／／科技与出版 2002－01
- 论现代出版组织创新与编辑智能重构／李雷鹏／／编辑之友 2002－03
- 论现代图书营销创新／朱胜龙／／中华读书报 2002－08－14
- 论新著作权法环境下数字图书馆版权问题的解决／张泽吾／／上海高校图书情报学刊 2002－02
- 论信息传播网络化信息组织智能化与编辑出版学研究／钟海平／／编辑学报 2002－01
- 论知识经济时代图书馆事业可持续发展／张忠凤／／图书馆学研究 2002－01
- 论中国报业现状与发展趋势／邱沛篁／／西南民族学院学报（哲学社会科学版）2002－11
- 论中国出版工作者的双重使命：创造传播先进文化与开拓先进生产力／冯志杰／／出版发行研究 2002－06
- 论中国古代报刊法制的发展轨迹及特点／倪延年／／南京政治学院学报 2002－05
- 论中国图书情报学期刊在加入 WTO 后的发展对策／曹捷／／情报杂志 2002－12
- 论专业化出版集团的组建模式／龚蕾／／编辑之友 2002－04
- 麦格劳－希尔、培生的版权输出策略／姜峰／／出版参考 2002－10
- 卖场促销　延伸出版价值链／／中国图书商报 2002－04－04
- 媒介与受众：谁也不是上帝——新闻传播理念分析／李凌凌／／新闻传播 2002－12
- 媒体经营产品论（中）／董剑鸣／／深圳商报 2002－09－09
- 媒体业，泡沫凸现？／刘威／／发展导报 2002－01－22
- 媒体与网络出版印刷业的影响／易尧华／／今日印刷 2002－09
- 媒体资源互通有无　行业公会作用巨大／中国新闻代表团／／中华新闻报 2002－12－14
- 美部分版权代理佣金提价　引发各方争议／王兴栋／／中国图书商报 2002－03－26
- 美国报业大战的新变化／／中国报业 2002－11
- 美国报业协会的一项新调查显示：报纸必须关注年轻消费者的视线／陈玲／／中国报业 2002－06
- 美国出版合同及相关法律问题——兼谈出版社怎样与作者打交道（上）／安华／／出版经济 2002－12
- 美国出版商如何包装图书、营造品牌／王蕾／／出版发行研究 2002－04
- 美国出版市场格局面临改革（外一篇）／刘林森／／出版广角 2002－03
- 美国出版业特点及发展趋向／王蕾／／编辑之友 2002－01
- 美国大学出版社如何面对图书销售沉浮／尤建忠／／出版参考 2002－16
- 美国的版权产业和版权贸易／尚永／／知识产权 2002－06
- 美国的图书编辑工作／郑国和／／科技与出版 2002－03
- 美国各种图书销售渠道的统计分析／安华／／出版经济 2002－05
- 美国华文报刊的历史发展与特征／赵晓兰／／编辑之友 2002－01
- 美国连锁书店与独立书店的比较／艾梅霞／／出版参考 2002－Z1
- 美国图书编目信息的价值评估／冯梅／／情报杂志 2002－08
- 美国图书出版：文化与商业的矛盾与统一／魏龙泉／／出版参考 2002－12
- 美国图书促销的常用手段／韦泊／／出版参考 2002－16
- 美国图书宣传策划基本框架／姜晓娟／／出版参考 2002－14
- 美国学术图书出版市场有限影响无限／杨贵山／／中国图书商报 2002－11－15
- 美国一般图书的营销／魏龙泉／／出版参考 2002－13
- 美国杂志出版经营的黄金三律／甄西／／中国图书商报 2002－07－23
- 美加大学出版社出版流程范例／香江波／／出版参考 2002－23
- 美日漫画出版商业模式不同市场特色各异／史建华　卢煜／／中国图书商报 2002－06－25
- 美术出版业发展机遇在哪里？／晓辛／／中国新闻出版报 2002－04－17
- 美术图书的选题及其走势／李丹／／美术之友 2002－01
- 美提出新数字版权管理法案／／计算机世界 2002－10－14
- 门槛难以跨越——互联网出版的法律问题初探／胡莲萍／／中国电子与网络出版 2002－Z1
- 免费报纸的兴起及其运营模式／潘玉鹏／／新闻记者 2002－09
- 面对 WTO，新闻出版与知识经济的优化整合／朱晓晖／／企业经济 2002－01
- 面对入世挑战　发展出版产业／朱建纲／／出版参考 2002－11

- 市场化 世俗化 商业化——评价新闻策划的经济学视角/时统宇//城市党报研究 2002-02
- 市场化的出版产业/向洪//西南民族学院学报（哲学社会科学版）2002-01
- 市场化教辅：在坚守与变革中舞蹈/张金柱 张小平//中国新闻出版报 2002-12-06
- 市场经济、信息化和科技出版/刘果//中国图书商报 2002-12-20
- 市场经济与报刊策划/周海英//湖南经济 2002-04
- 市场竞争与报纸副刊"深""细""实"——90年代中国报纸副刊变革动因之一/丁汗青//青年记者 2002-02
- 市场是检验图书成败的重要标准/王菁//编辑之友 2002-S1
- 市场细分：21世纪出版发展的突破口/张金柱//编辑之友 2002-02
- 市场在洗牌中步步走高/杨贵山//中国图书商报 2002-03-05
- 市场整合：产业提升的驱动器——中国出版业的市场整合策略/张文飞//中国出版 2002-09
- 市民图书消费知多少/郑蔚 齐蔚//文汇报 2002-08-08
- 试论"音像"媒体的优化/颜佳树//吉林广播电视大学学报 2002-02
- 试论报业的核心竞争力/禹建强//新闻与写作 2002-08
- 试论报业资本的保值增值/赵广示//新闻窗 2002-06
- 试论出版服务的形式和内容（下）/吴旭君//出版与印刷 2002-01
- 试论出版品牌/范军//出版经济 2002-01
- 试论出版品牌策划/盖署光//新闻出版交流 2002-Z1
- 试论当前报刊业的散滥状况及治理对策/蔡健//科技与经济 2002-04
- 试论电子报刊的现状及发展对策/赵一丹//津图学刊 2002-02
- 试论电子图书的现状、存在问题及发展趋势/闫海新//图书馆工作与研究 2002-03
- 试论高校的图书发行策略/王永久//辽宁教育学院学报 2002-03
- 试论公共图书馆建设"文化品牌"网站/吕立忠//河南图书馆学刊 2002-02
- 试论构建支持我国出版集团良性运行的市场整合机制/尹飞舟//中国出版 2002-07
- 试论加入WTO后企业图书工作的管理办法/王扬//科技情报开发与经济 2002-05
- 试论品牌图书的滚动开发/郭玉洁//出版发行研究 2002-08
- 试论区域性图书文献采编中心的建设/方晓春//河西学院学报 2002-03
- 试论如何做好图书的分编工作/冯晓红//濮阳教育学院学报 2002-01
- 试论数字图书馆建设中的版权保护问题/孔慧//江西图书馆学刊 2002-04
- 试论孙中山的出版实践和思想/穆纬铭//新闻出版交流 2002-Z1
- 试论图书出版的品牌战略/马赛//编辑学刊 2002-02
- 试论图书出版选题策划创新/徐守铭//西南民族学院学报（哲学社会科学版）2002-S2
- 试论图书俱乐部的专业化发展/张雪峰//出版发行研究 2002-04
- 试论图书信息后备人才培养/牛红亮//现代情报 2002-10
- 试论湘报报业集团的竞争发展战略/黄常德//新闻天地 2002-10
- 试论新时期图书信息资料人员的情绪调适/何咏瑞//宜宾学院学报 2002-03
- 试论中国报业集团的产生及发展趋势/王薇//求实 2002-S1
- 试说入世后图书发行业面临的形势与对策/金玉书//出版经济 2002-08
- 试谈报业的无形资产经营/屈凌云//新闻实践 2002-04
- 试谈图书连锁经营问题/李柯华//中国农业银行武汉培训学院学报 2002-05
- 试谈网络采访与网上书店/赵炜霞//山东图书馆季刊 2002-03
- 试析报业集团的规模经济与范围经济/周陵琳//中国报业 2002-05
- 试析报纸的经济属性/胡金芳//中华新闻报 2002-05-28
- 试析都市类报纸的广告经营/姚林//中国新闻出版报 2002-09-05
- 试析法定许可与数据库版权保护/李秀云//河南公安高等专科学校学报 2002-04
- 授权许可与数字图书馆版权问题/管文革 秦珂//情报杂志 2002-03
- 书店仍是主力军/王兴栋//中国图书商报 2002-04-16
- 书业电子商务与图书营销/周蔚华//科技与出版 2002-06
- 书业调查盘点近年我国出版市场/彭彦//中华读书报 2002-05-22
- 书业连锁，一个"锁"字不简单——关于图书发行业开展连锁经营的断想/张文飞//中国出版 2002-12
- 树人为本——关于出版业可持续发展的人才管理/李阳//出版经济 2002-03
- 数据库的版权保护及其独创性问题/王惠中//零陵师范高等专科学校学报 2002-01
- 数字版权保护的相关技术/汤帜//中国电子与网络出版 2002-Z1
- 数字版权管理系统的功能和信息结构分析/张福学//情报杂志 2002-06
- 数字出版：我国出版产业发展的新机遇/王东临//电子出版 2002-10
- 数字出版产业面临新机遇/刘敏//浙江日报 2002-08-27
- 数字出版的重点"推进"/王东临//中国新闻出版报 2002-05-14
- 数字化、因特网和档案利用中的版权保护/戴定丽//平原大学学报 2002-02
- 数字化资产与出版业发展/龚莉//出版发行研究 2002-09
- 数字化作品版权问题的法律探讨/李贵凡//情报杂志 2002-04
- 数字技术对出版业的影响/鲁卫泉//出版经济 2002-12
- 数字媒体版权保护和信息保密的新途径——数字水印技术/李燕//桂林航天工业高等专科学校学报 2002-02
- 数字媒体与网络出版对印刷业的影响/易尧华//今日印刷 2002-01
- 数字时代电子出版物的版权技术保护探讨/吴洁//船艇 2002-09
- 数字时代图书馆面临的版权制度变革/李景//图书馆工作与研究 2002-06
- 数字图书的安全性与管理/陈学华//华北水利水电学院学报（社科版）2002-04
- 数字图书的版权及相关问题/姜鑫//图书馆建设 2002-02
- 数字图书馆版权保护问题/唐诚//江苏警官学院学报 2002-06
- 数字图书馆版权问题协调模式探讨/管文革//图书馆论坛 2002-02
- 数字图书馆信息资源建设与版权保护/崔增辉//图书馆学研究 2002-08
- 数字图书馆与版权保护/陈琳//当代图书馆 2002-04
- 数字图书馆在网络文化竞争中的作用/罗莉如 陈亚玲//兰州商学院学报 2002-03
- 数字图书馆遭遇版权"瓶颈"/吴娟//文汇报 2002-07-21
- 数字图书阅读也精彩/LaLa//中国电脑教育报 2002-03-04
- 数字信息环境下的图书情报服务：挑战、应变与再造/张晓林//四川图书馆学报 2002-04
- 数字资产管理与报业信息化/赵东岩//中国传媒科技 2002-12
- 数字作品的版权保护研究/杨志军//厦门大学法律评论 2002-01
- 谁持彩练当空舞——中国图书发行市场发展态势探析/吴培华//出版发行研究 2002-06
- 思维方式与独家新闻/姜燕//视听界 2002-01
- 苏联解体后俄国报刊业的发展态势/吴泽霖//新闻与传播研究 2002-02
- 随心所欲点播蕴含巨大商机——VOD在报业媒体应用中的探究/袁然//中国传媒科技 2002-12
- 他山之石可以攻玉——欧洲出版业现代经营理念的启示与思考/周殿富//出版广角 2002-03
- 台湾SOGO网路书店/陈东//出版参考 2002-13
- 台湾出版社（发行商）与连锁书店往来探讨/王承惠//出版参考 2002-01
- 台湾地区历史博物馆出版介绍历史景点的口袋书/苏名//出版参考 2002-12

⊙ 台湾进口大陆出版品的模式及症结/刘文忠//出版参考 2002 - 21
⊙ 台湾图书出版交流现状和引进策略/钟建法//图书馆学研究 2002 - 01
⊙ 台湾图书出版业考察综述/魏玉山//出版发行研究 2002 - 05
⊙ 台湾图书交易市场/赵珣//出版广角 2002 - 04
⊙ 台湾图书文具连锁加盟店状况表//出版参考 2002 - 19
⊙ 太原报业冬天里的几把火/赵加积//山西日报 2002 - 02 - 27
⊙ 太原报业风起云涌　寒冬上演一场火拼/赵加积//中华工商时报 2002 - 01 - 09
⊙ 太原报业竞争战硝烟弥漫/赵加积//中华新闻报 2002 - 01 - 19
⊙ 谈版权引进的价值取向/徐豫生//决策探索 2002 - 10
⊙ 谈报业发展趋势/胡刚//记者摇篮 2002 - 05
⊙ 谈报业集团化趋势下的经营管理/孙聚成//河南社会科学 2002 - 01
⊙ 谈大陆出版业入世的"认识"与"调适"/林训民//出版参考 2002 - 03
⊙ 谈加入 WTO 后农业图书出版结构的调适/胡海涛//中国出版 2002 - 10
⊙ 谈加入 WTO 后县市报业的发展/宋宏伟//新闻前哨 2002 - 02
⊙ 谈两岸出版合作未来发展的模式/陈贞如//出版参考 2002 - 12
⊙ 谈侵犯版权的法律责任/王亚莉//兰州商学院学报 2002 - 03
⊙ 谈涉外版权许可贸易合同的订立/叶建国//出版经济 2002 - 08
⊙ 谈数字图书馆的版权保护问题/王晓静//图书馆学刊 2002 - S1
⊙ 谈谈电子图书对图书出版发行及图书馆的影响/罗滔//图书情报知识 2002 - 05
⊙ 谈谈国外原版音像资料的著录/郑琳//江苏图书馆学报 2002 - 03
⊙ 谈谈图书馆带盘图书的管理利用/王磊//农业图书情报学刊 2002 - 03
⊙ 谈谈网络出版/齐成//印刷世界 2002 - 06
⊙ 谈谈网上书店/王蕴洁//质量天地 2002 - 02
⊙ 谈图书馆对出版业的影响/刘晓虹//中共山西省委党校省直分校学报 2002 - 04
⊙ 谈我国出版业的社会服务职能/孙滨丽//北京大学学报（哲学社会科学版）2002 - 01
⊙ 谈新闻媒体的无形资产/姜野//记者摇篮 2002 - 05
⊙ 谈新闻侵权纠纷的预防/马丽杰//记者摇篮 2002 - 10
⊙ 谈音像资料的开发与利用/杨卫红//图书馆工作与研究 2002 - S1
⊙ 谈音像资料收集的精品化/相生全//档案 2002 - 05
⊙ 探路网络出版/张新智//中国电子与网络出版 2002 - Z1
⊙ 探书店连锁的趋势/翟晶梅//中国市场 2002 - 09
⊙ 探索报业信息化应用集成的解决之道/万良君//传媒 2002 - 03
⊙ 探讨版权保护 E - Book/张启瑞//图书馆学研究 2002 - 09
⊙ 探讨如何合理使用数字图书馆的版权/徐树栋//情报杂志 2002 - 04
⊙ 探析报业物资管理/王显甫//中国报业 2002 - 12
⊙ 特色专业书店的营销策略——借力宣传借势销售/左志群//北京市民营书店营销策略会议 2002
⊙ 特许经营：图书销售的不老丹/姜晓娟//出版参考 2002 - 06
⊙ 提高图书"美容"的整体意识——谈图书装帧艺术设计/张萍//出版发行研究 2002 - 12
⊙ 提高图书编校质量：问题和措施/林穗芳//中国出版 2002 - 11
⊙ 提升版权保护意识加强执法措施/孙爱民//中国电子报 2002 - 12 - 10
⊙ 提升人才：入世后出版发展之首务/徐春生//出版参考 2002 - 15
⊙ 挑战德国图书定价制/林成林//中国图书商报 2002 - 03 - 05
⊙ 条形码技术在图书管理中的应用/许静//华北煤炭医学院学报 2002 - 05
⊙ 跳出图文外　却在图文中——图文结合图书的出版新理念/刘育文//出版广角 2002 - 03
⊙ 听杂志大王念广告经/施养德　彭澎//中国图书商报 2002 - 07 - 23
⊙ 挺立潮头看儒商/杨金文//河北经济日报 2002 - 11 - 19
⊙ 同时实现版权保护与内容认证的半易损水印方案/刘彤//北方交通大学学报 2002 - 01
⊙ 统一思想　深化改革　全力推动陕西新闻出版业做大做强/冀东山//报刊之友 2002 - 02
⊙ 投资书业：你我都可以参与/林成林//中国图书商报 2002 - 04 - 18
⊙ 透视澳大利亚图书出版业/陈明//出版参考 2002 - 03
⊙ 突出个性特征是办好期刊的根本/李琳//编辑之友 2002 - 06
⊙ 突破瓶颈　一网到底——四川新华书店集团发展连锁经营纪实/锦理文//中国出版 2002 - 09
⊙ 突显独立书店存在价值的"女书店"/陈奕//出版参考 2002 - 01
⊙ 图片数码化引发报业新改革/黄春华//第九届全国新闻摄影理论年会暨新闻摄影高层论坛 2002
⊙ 图书：世界和中国/袁晞//人民日报 2002 - 06 - 21
⊙ 图书版权贸易的平衡/刘延章//焦作大学学报 2002 - 03
⊙ 图书编辑职务行为与著作权侵权/贾平静//大学出版 2002 - 04
⊙ 图书成本管理与控制初探/陈建华//编辑之友 2002 - 06
⊙ 图书出版：遭遇品牌时代/马晓东//中国新闻出版报 2002 - 09 - 09
⊙ 图书出版博弈说——用"博弈论"阐释图书出版的一种尝试/张金柱//出版发行研究 2002 - 02
⊙ 图书出版的舆论引导/夏兴通//出版科学 2002 - 02
⊙ 图书出版合同的若干法律问题/徐德欢//出版科学 2002 - 01
⊙ 图书出版呼唤"以人为本"/李东生//中国新闻出版报 2002 - 04 - 26
⊙ 图书出版如何激活休克鱼——从海尔得到的启迪/唐琪//编辑之友 2002 - 05
⊙ 图书出版特性新探/朱胜龙//出版科学 2002 - 03
⊙ 图书出版意识刍议/赵志坚//文史杂志 2002 - 03
⊙ 图书出版中的 MIO 总体规划/胡亦武//科技与出版 2002 - 02
⊙ 图书定价策略与市场营销/刘进社//出版经济 2002 - 07
⊙ 图书发行：大西洋彼岸的比较/水镜//出版参考 2002 - 24
⊙ 图书发行 = 图书营销？/李新社//中华读书报 2002 - 11 - 20
⊙ 图书发行业的三大现象探秘/莫铭//北京市民营书店营销策略会议 2002
⊙ 图书广告如何牵住读者眼球/王玮//出版发行研究 2002 - 08
⊙ 图书交易会展场设计漫谈/栾良才//中国出版 2002 - 06
⊙ 图书角资源调配的策略/马建宁//早期教育 2002 - 09
⊙ 图书经营呈现新格局/李双泰//市场报 2002 - 10 - 25
⊙ 图书连锁经营：实践问题解析/于殿利//中国出版 2002 - 04
⊙ 图书联展联得怎样？/李萍//出版参考 2002 - 18
⊙ 图书零售市场：进入畅销书时代/孙庆国//浙江日报 2002 - 03 - 15
⊙ 图书流通服务新理念/韩春景//河北建筑科技学院学报（社科版）2002 - 02
⊙ 图书流通潜在价值研究与探讨/刘香珍//中国电力教育 2002/01
⊙ 图书品牌的锻造策略/李人凡//中国新闻出版报 2002 - 02 - 21
⊙ 图书品牌与出版发展/李凤奎//编辑之友 2002 - 06
⊙ 图书评奖：催生精品　引导市场/马国仓//中国新闻出版报 2002 - 12 - 20
⊙ 图书轻量化：值得关注的出版新趋势/张秀兰//出版发行研究 2002 - 02
⊙ 图书市场　品牌至上/于小花//中国出版 2002 - 10
⊙ 图书市场步入商标竞争时代/于浩//出版参考 2002 - 19
⊙ 图书市场拒绝"搭车"/赵平//中国图书评论 2002 - 09
⊙ 图书市场目前的状况与我们的对策/杜宏刚//内蒙古师范大学学报（哲学社会科学版）2002 - 05
⊙ 图书市场信息不对称与图书馆权益保护/吴金华//情报杂志 2002 - 03
⊙ 图书市场营销的个性化/彭瑛//出版科学 2002 - 01
⊙ 图书市场营销观念的建立与运作/张卫//科技与出版 2002 - 04
⊙ 图书市场与精品战略/程孟辉//出版广角 2002 - 03
⊙ 图书王国的向导——俄罗斯两大书评报/高珉//俄语学习 2002 - 05
⊙ 图书系列选题的策划与培育/张日新//编辑之友 2002 - 01
⊙ 图书细分市场：一个富饶美丽的地方/杜燕//科技与出版 2002 - 05
⊙ 图书销售企业目标市场营销策划的步骤和方法/王若军//中国出版 2002

-12
◎ 图书新闻发布的5大误区/Joe Vitale//出版参考 2002-17
◎ 图书信息化的发展策略/林立鹤//辽宁行政学院学报 2002-03
◎ 图书行业的CRM销售模式/金颖云//网际商务 2002-04
◎ 图书选题策划与创新思维/姜涛//西南民族学院学报（哲学社会科学版）2002-05
◎ 图书选题根植何处//新闻出版交流 2002-04
◎ 图书业电子商务观察/蔡颖//情报杂志 2002-02
◎ 图书银行——图书馆一种新的服务模式/李梅军//河南图书馆学刊 2002-06
◎ 图书印数决策风险与对策浅析/潘正安//中国出版 2002-04
◎ 图书营销的风车怎么转/韩晓东//中国邮政报 2002-12-03
◎ 图书营销的观察与思考/刘湘豫//西南民族学院学报（哲学社会科学版）2002-11
◎ 图书营销工作中的市场预测/关铭//出版科学 2002-01
◎ 图书营销要体现人文关怀/梁华//中国新闻出版报 2002-04-24
◎ 图书营销有章可循/任子//中国图书商报 2002-08-13
◎ 图书争食"海尔"奶酪/水云//中国新闻出版报 2002-11-22
◎ 图书滞销纵横谈/王少浪　郑骏//中国图书商报 2002-12-20
◎ 图书中的NIKE/李立//科学时报 2002-05-31
◎ 推进新闻出版业信息化/庄建//光明日报 2002-09-19
◎ 推行图书在版书标的设想——由书标工作引发的思考/赵凯威//图书馆建设 2002-06
◎ 拓展经济出版新领域/刘兴//中国图书商报 2002-01-24
◎ 拓展资料服务功能　适应报业发展要求/李连英//记者摇篮 2002-09
◎ 外版童书魅力何在/虹飞//中国新闻出版报 2002-05-31
◎ 外埠图书亮点多/赵亦冬//工人日报 2002-10-25
◎ 外国期刊尝试进入中国市场//中华读书报 2002-03-13
◎ 外语教学与研究出版社品牌图书选题策划的机制与策略/李朋义//编辑之友 2002-06
◎ 外语类图书采购策略/周宜萍//郑州经济管理干部学院学报 2002-01
◎ 外资：中国音像市场的催化剂和敲门砖/白炜//中国文化报 2002-06-24
◎ 完整的出版文化史观/王振铎//中国出版 2002-12
◎ 网路书店未来的方向/叶济//出版参考 2002-17
◎ 网路书店虚实结合抢市场/余琪//出版参考 2002-09
◎ 网络：超越华丽/沈山　何虹//中国图书商报 2002-03-19
◎ 网络：为报纸拓展更大的发展空间/何桥君//攀枝花大学学报 2002-03
◎ 网络版电子图书的开发与利用/高晓军//图书馆学刊 2002-03
◎ 网络版权呼唤法律保护/张小明//中国知识产权报 2002-01-09
◎ 网络编辑与出版资源/袁杰　吴雪涛//惠州学院学报 2002-04
◎ 网络出版　地图抢先/陈书香//中华读书报 2002-07-10
◎ 网络出版：需要头脑风暴的洗礼/钟锦智//出版广角 2002-07
◎ 网络出版"收成"如何？/程晓龙//中国新闻出版报 2002-10-20
◎ 网络出版初探/王蕾//现代传播 2002-06
◎ 网络出版刍议/张国华//上海交通大学学报（哲学社会科学版）2002-01
◎ 网络出版的界定/张明//科技与出版 2002-03
◎ 网络出版的前程//电子出版 2002-06
◎ 网络出版的细分市场/徐琦//出版参考 2002-Z1
◎ 网络出版的兴起与出版的范式转换/周蔚华//中国人民大学学报 2002-05
◎ 网络出版的著作权保护应兼顾传播效应/肖恩忠　李敏//潍坊学院学报 2002-05
◎ 网络出版地图抢先/陈书香//中华读书报 2002-07-10
◎ 网络出版对传统出版业的冲击与挑战/姚多岚//淮南工业学院学报（社会科学版）2002-03
◎ 网络出版核心技术解析/陈磊//出版参考 2002-19
◎ 网络出版竞争策略研究/徐丽芳//出版发行研究 2002-05
◎ 网络出版绿色书业/陈建栋//电子出版 2002-05
◎ 网络出版析义/曾建华//图书情报知识 2002-03
◎ 网络出版与传统出版/李冬梅//学术交流 2002-04
◎ 网络出版与数字版权保护/潘勤//出版广角 2002-04
◎ 网络出版与图书馆采访工作应采取的对策/李莉//图书馆论坛 2002-02
◎ 网络出版与信息资源建设新理念/彭冬莲//现代情报 2002-03
◎ 网络传播权和图书馆数字信息服务中的版权问题/秦珂//平原大学学报 2002-01
◎ 网络传播与报业生存探微/尹剑飞//理论观察 2002-04
◎ 网络环境下的出版者权/任海涛//华北电力大学学报（社会科学版）2002-03
◎ 网络环境下的电子图书/张建//西南民族学院学报（哲学社会科学版）2002-05
◎ 网络环境下的图书情报用户研究/焦树英//生产力研究 2002-04
◎ 网络环境下数字图书馆的数字版权保护/汤树俭//图书馆界 2002-03
◎ 网络环境下图书馆信息资源数字化建设中的版权问题/肖琼//图书馆工作与研究 2002-04
◎ 网络环境下中文报刊的合理采购/张文岫//长春大学学报 2002-02
◎ 网络环境中的版权保护与数字文献浏览权/陈琳//贵图学刊 2002-04
◎ 网络技术对报业发展的影响/张秦川//西安联合大学学报 2002-03
◎ 网络技术对开发利用出版信息资源的挑战/顾石生//出版发行研究 2002-02
◎ 网络教育：出版业的机遇与挑战/吴勇//科技与出版 2002-05
◎ 网络空间：版权如何保护？/张小明//中国知识产权报 2002-12-25
◎ 网络媒介对报业的挑战与应对策略/汪玉春//城市党报研究 2002-05
◎ 网络媒介崛起：新闻传播的划时代革命/湖北社科规划办公室//社会科学报 2002-08-15
◎ 网络上版权的法理浅析与立法保护/石育斌//杭州商学院学报 2002-02
◎ 网络时代报业数字化生产技术的发展/卢岚//今日印刷 2002-04
◎ 网络时代的报业数字化生产流程应用//今日印刷 2002-07
◎ 网络时代的图书情报研究/高和平//图书馆学刊 2002-05
◎ 网络文献版权保护若干问题探讨/曹作华//情报杂志 2002-02
◎ 网络新闻传播的新趋势/王杨//记者摇篮 2002-10
◎ 网络新闻传播研究//光明日报 2002-10-15
◎ 网络新闻的立体化传播效果/王爱宏//新闻三昧 2002-09
◎ 网络新闻与传统新闻的比较思考/徐迎春//视听界 2002-02
◎ 网络信息资源版权的管理与对策/邱均平//中国软科学 2002-01
◎ 网络型报刊全文数据库的比较与应用研究/李爽//图书馆学研究 2002-06
◎ 网络虚拟出版究竟带来了什么？/龚玉钦//编辑学刊 2002-04
◎ 网络与报纸互动互补之探索/陈伟成//新闻实践 2002-07
◎ 网络与出版/周建新//电子出版 2002-Z1
◎ 网络中介服务商版权侵权的法律责任/陈永//对外经济贸易大学学报 2002-02
◎ 网络作品的版权保护/刘淼//黑龙江省政法管理干部学院学报 2002-04
◎ 网上书店：雾里看花/真柏//河北日报 2002-06-28
◎ 网上书店：沼泽地里的一片宝藏/真柏//浙江日报 2002-06-21
◎ 网上书店的物流模式选择/王海云//中国出版 2002-06
◎ 网上书店的现状及其发展前景/闫海新//情报资料工作 2002-S1
◎ 网上书店及其对图书馆文献采访的影响/王玲艳//农业图书情报学刊 2002-02
◎ 网上书店及网上采购浅谈/王建新//高校图书馆工作 2002-05
◎ 网上书店研究综述/张晓雁//图书馆学刊 2002-05

//传媒观察 2002-01
⊙ 新一轮报业竞争的抢眼点在哪里？/柳堤//中国新闻出版报 2002-09-19
⊙ 信息“超市”的实践——图书、档案、情报三位一体 40 年/尹建　霍振礼//中国档案学会第六次全国档案学术讨论会 2002
⊙ 信息化时代出版业的出路/梁玉玲//编辑学刊 2002-04
⊙ 信息竞争：中国出版业未来发展的必经之路/张曼玲//嘉应大学学报 2002-05
⊙ 信息类报刊媒体的运作思路/倪玮//中华新闻报 2002-08-10
⊙ 信息时代报刊编辑外部环境变迁及内在成功特质/秦志希//孝感学院学报 2002-02
⊙ 信息时代的报刊信息服务/张丽英//内蒙古气象 2002-01
⊙ 信息时代的图书情报档案一体化建设/董霞//东岳论丛 2002-04
⊙ 信息时代中国图书馆事业的探讨/曾庆霞　张渝平　李曦峰//济南大学学报（社会科学版）2002-S1
⊙ 兴利除弊，在竞争中占据主导地位——谈谈加入世贸组织与我国的新闻出版业/曹峰//中外企业文化 2002-04
⊙ 虚拟出版浅析/任继红//经济与管理 2002-04
⊙ 虚拟馆藏建设中的版权问题/肖冬梅//现代情报 2002-12
⊙ 虚拟图书馆建设中的版权问题/王玉林//情报杂志 2002-08
⊙ 虚拟专用网——未来报业电脑网络新模式/陈辛林//新闻实践 2002-10
⊙ 续出版业“走出去”的话题/江鸣//出版经济 2002-04
⊙ 选准“坐标”拓思路　报业发展步步高/李振芳//新闻战线 2002-01
⊙ 学术出版的先锋姿态/祝晓风//中华读书报 2002-05-15
⊙ 循序渐进梯度开发——出版业资本经营的几种方式和步骤/朱亚//出版广角 2002-05
⊙ 亚马逊秘诀：选择、选择、选择/殷新宇//电子商务 2002-11
⊙ 亚洲出版研讨会在港召开——聚焦出版业三大难题/陈磊//出版参考 2002-15
⊙ 亚洲国家要建立自己的强大新闻媒体/赵启正//领导决策信息 2002-19
⊙ 研发、出版、营销为一体的图书成本核算/柳瑛//出版经济 2002-08
⊙ 阳光文化电视图书——跨媒体合作的成功尝试/于瑾//中国图书评论 2002-11
⊙ 一本杂志活力与竞争力的来源/陆小华//军事记者 2002-10
⊙ 一部超级畅销书的“生命工程”/聂震宁//中国图书商报 2002-09-12
⊙ 一部探讨音像出版业改革发展的力作/周慧琳//中国新闻出版报 2002-12-06
⊙ 一个平台助力出版集团信息化//中国计算机报 2002-12-16
⊙ 一位英国教授眼中的中国出版业——专访牛津国际出版研究中心主任保罗·里查森/郑晓红//中国出版 2002-06
⊙ 一种赔偿图书快速上架流通的方法/丁亚玲//图书馆建设 2002-01
⊙ 一种新的加密方法及在数字数据版权保护中应用（英文）/马建峰//软件学报 2002-03
⊙ 医学图书编写出版中的著作权保护/李占永//知识产权 2002-05
⊙ 医学图书选题策划与市场分析/黄相兵//出版参考 2002-16
⊙ 以“三个代表”重要思想为指导　加快推进报业集团化建设/李从军//新闻战线 2002-06
⊙ 以“三个代表”重要思想为指导　推进西藏图书馆事业的繁荣发展/德吉措姆//中国文化报 2002-06-18
⊙ 以“三个代表”重要思想为指针　大力繁荣我国新闻出版事业/石宗源//中国新闻出版报 2002-10-19
⊙ 以“异质竞争”取代价格战——评 2002 年初武汉地区报纸价格大战的夭折/张潇潇//新闻记者 2002-03
⊙ 以大海的胸怀和气魄与全球书商互惠共赢——世界图书出版公司版权贸易回顾与展望/李峰//出版广角 2002-07
⊙ 以繁荣出版为目标弘扬先进文化//吉林日报 2002-10-16
⊙ 以高尚的价值观推动报业发展——怎样认识和处理报业集团建设中的新问题/徐熙玉//中国记者 2002-09
⊙ 以实体性与虚拟性并存　组建中国出版物流联盟/郁椿德//编辑之友 2002-05
⊙ 以特色应对挑战——军事图书出版应对市场方略/殷建忠//出版参考 2002-15
⊙ 以信息化推动出版业发展/朱伟//中国图书商报 2002-09-24
⊙ 以信息化推动新闻出版业发展/杨雪梅//人民日报 2002-09-20
⊙ 以整体优势面对市场　借网络手段谋求发展——对新时期高校图书代办站发展的思考和展望/岳凤翔//大学出版 2002-03
⊙ 意大利书业：本地市场狭小　进出口繁荣/王兴栋//中国图书商报 2002-11-22
⊙ 因特网时代与图书馆的剪报业/黄素云//现代图书情报技术 2002-05
⊙ 音乐图书市场谋求整合/刘昶//中国图书商报 2002-06-11
⊙ 音像盗版市场治理的博弈研究/梁刚//经济师 2002-12
⊙ 音像电影：有待做大的“蛋糕”/汪燕//浙江经济 2002-06
⊙ 音像电子出版物的形象设计与美学价值/马俊玲//美与时代 2002-10
⊙ 音像连锁难在何处/白炜//中国新闻出版报 2002-03-05
⊙ 音像违法经营将代价惨重/晋轩//支部建设 2002-02
⊙ 音像业：500 亿美元市场潜力待挖/王立彬//厂长经理日报 2002-04-18
⊙ 音像制品市场调查刍议/陈冬新//中国出版 2002-06
⊙ 音像制品要搭网络快车/楚益祥//市场报 2002-06-04
⊙ 引入主题概念　适时重拳出击——辽宁科技出版社跻身汽车图书出版五强/张斌//出版参考 2002-17
⊙ 印度版权保护对经济的影响/唐鹏琪//南亚研究季刊 2002-02
⊙ 印刷商眼中的图书营销/Linda Monds//出版参考 2002-12
⊙ 应当重视出版集团管理信息化建设/博雅//出版经济 2002-11
⊙ 英国出版及我国出版业面对 WTO 的对策研究/陶明远//中国图书评论 2002-09
⊙ 英国图书的编辑工作与选题策划/陶明远//出版发行研究 2002-11
⊙ 英国学术期刊的集约化出版/宋志明//中国新闻出版报 2002-07-26
⊙ 英国远程教育　推动电子书发展/杨贵山//中国图书商报 2002-08-20
⊙ 英美学术期刊出版模式/史建华//中国图书商报 2002-12-06
⊙ 英语教育图书市场“过火”/雨成秋//出版参考 2002-19
⊙ 英语图书如何扩大市场份额/张歌燕//出版发行研究 2002-10
⊙ 迎接出版的读图时代/孔则吾//中国图书商报 2002-12-20
⊙ 迎接挑战，提高传媒核心竞争力（上）/郑保卫　唐远清//中华新闻报 2002-12-10
⊙ 迎接图书馆事业的新阶段——数字图书馆/郑月荣//邯郸职业技术学院学报 2002-03
⊙ 营建主流媒体的权威品牌/赵彦华//中华新闻报 2002-02-07
⊙ 营销成为会议核心功能/陈旷//中国图书商报 2002-07-09
⊙ 营造“大报”新闻版视觉中心/俞帆//新闻实践 2002-01
⊙ 营造城市报纸发展新空间/杨静//中国经营报 2002-02-04
⊙ 影视“唱戏”图书搭车文化多元还是商业快餐？/罗静雯//重庆日报 2002-11-12
⊙ 影视图书何以双赢/王波//中国新闻出版报 2002-01-29
⊙ 影响我国图书出版产业市场集中度的主要因素/封延阳//中国出版 2002-09
⊙ 用“求异思维”打造个性化新闻/侯明//新闻传播 2002-07
⊙ 用 4C 理论打造网上书店品牌/王琰//出版发行研究 2002-01
⊙ 用中国故事吸引中国少年/耿少波//中华读书报 2002-01-23
⊙ 邮政报刊发行专业向现代企业制度渐近的策略研究/张利敏//邮政研究 2002-01
⊙ 邮政报刊零售走向连锁经营/何莉//中国邮政 2002-07

⊙ 邮政涉足图书音像发行业务/赵艾荣//出版参考 2002 - Z1

⊙ 邮政图书发行业务的市场营销策略/宋建军//中国邮政 2002 - 02

⊙ 有关出版集团的断想/袁玉琦//出版科学 2002 - 02

⊙ 于挑战中赢机遇——我看加入 WTO 对国内出版业的影响/章祖德//出版广角 2002 - 01

⊙ 娱乐报道切忌大肆炒作/张晓东//中华新闻报 2002 - 12 - 31

⊙ 与"贝塔斯曼在线"共舞/檀梅//浙江日报 2002 - 03 - 10

⊙ 与时俱进　改革创新　大力推进报业跨越式发展/赵曙光//中国报业 2002 - 07

⊙ 与时俱进　开拓创新　打造报刊"航母"/李满龙　唐斌//中国乡镇企业报 2002 - 02 - 12

⊙ 与时俱进　开拓创新　发展报业//甘肃日报 2002 - 10 - 27

⊙ 与时俱进，创新求实　开创出版科研新局面/余敏//出版参考 2002 - 22

⊙ 与时俱进，再谱广西新闻出版业新篇章/阳建国//中国新闻出版报 2002 - 10 - 18

⊙ 与时俱进打造新闻品牌/郭滨//中华新闻报 2002 - 07 - 02

⊙ 与时俱进的图书选题策划理念/吉彤//出版参考 2002 - 11

⊙ 与时俱进的中国计算机图书业/俞彬//光明日报 2002 - 07 - 17

⊙ 与时俱进开拓创新打造报刊"航母"/李满龙　唐斌//中国乡镇企业报 2002 - 02 - 12

⊙ 与时俱进做好版权保护工作/赵森民//青海日报 2002 - 06 - 03

⊙ 与席殊对话：民营图书产业期待辉煌/庄志霞//江西日报 2002 - 01 - 17

⊙ 欲与天公试比高？——从中国报业的"大楼现象"说开去/孙宝传//中国传媒科技 2002 - 10

⊙ 原创少儿文学出版绽放生机/刘永顺//中国图书商报 2002 - 11 - 29

⊙ 原住民儿童文学《VuVu 的故事》跨媒体合作出版/于善禄//出版参考 2002 - 17

⊙ 杂志推广走进商场//中国图书商报 2002 - 04 - 30

⊙ 再说图书俱乐部/王仿子//中国出版 2002 - 11

⊙ 再谈引进版权的外文原版书的著录问题/孔为民//图书馆杂志 2002 - 03

⊙ 再续出版业"走出去"的话题/江鸣//出版经济 2002 - 05

⊙ 在"两极分化"中重新洗牌——现代报刊竞争新走势/朱胜龙//新闻出版交流 2002 - 05

⊙ 在国际大市场中做大做强——2002BIBF 北京国际版权贸易研讨会综述/刘娟//中国出版 2002 - 02

⊙ 在国际竞争中壮大自己——加入 WTO 后中国音像业发展思路谈/刘国雄//中国出版 2002 - 06

⊙ 在海外大国销售图书版权：一个巨大的市场正在出现/彬统//出版参考 2002 - 24

⊙ 在新体制下发展少年儿童图书馆事业/刘洪辉//图书馆工作与研究 2002 - 05

⊙ 在医院中建制患者图书设施的方法及管理/梁化歧//护理管理杂志 2002 - 04

⊙ 怎样把报业集团做大做强——访大众报业集团党委书记、董事长徐熙玉/李晓晔//传媒 2002 - 05

⊙ 怎样有效地打击盗版图书？——关于搞好"扫黄、打非"工作的一点感想/齐妙//北京市民营书店营销策略会议 2002

⊙ 怎样在版权贸易中获取竞争优势？/宋迎秋//中国图书商报 2002 - 12 - 06

⊙ 怎样在中国培育一个巨大的图书市场/张圣华//中国教育报 2002 - 05 - 23

⊙ 怎样做好战略机遇期的新闻报道/孟娇//记者摇篮 2002 - 11

⊙ 增强信心　迎接挑战——浅析图书发行业兴业之路/熊基和//江西审计与财务 2002 - 05

⊙ 扎实工作，沉着应对，趋利避害，推动我国新闻出版业健康发展——新闻出版总署署长石宗源谈加入 WTO 与展现华文出版风采促进中俄文化交流/华文//中国新闻出版报 2002 - 11 - 04

⊙ 站位・定位・品位——从《半岛晨报》的崛起看异地办报的策划与操作/郑保章　刘乃仲　武文颖//传媒 2002 - 04

⊙ 赵凯：追求报业集团综合竞争力//中华新闻报 2002 - 03 - 23

⊙ 浙江出版联合集团全面启动人事改革/谭显//出版参考 2002 - 14

⊙ 整合营销：图书营销大趋势/刘进社//编辑之友 2002 - 03

⊙ 整合营销传播理论在图书营销中的运用/李继东//大学出版 2002 - 03

⊙ 整合优势做大报业经济——关于《盐阜大众报》第三次创业的思考/周爱群//城市党报研究 2002 - 04

⊙ 整体营销与出版经营目的的实现——谈《中考大王丛书》的成功运作/袁家剑//出版与印刷 2002 - 04

⊙ 正版音像连锁企业绝地突围/张晓晖//中华工商时报 2002 - 07 - 23

⊙ 正确认识网络出版对传统出版的冲击/翟霞//新闻出版交流 2002 - Z1

⊙ 正确认识与实践出版策划之我见/阎现章//西南民族学院学报（哲学社会科学版）2002 - S4

⊙ 郑州：哪些报纸在热卖/鞠永畅　王恪昌//中华新闻报 2002 - 10 - 15

⊙ 知识产权协议下的中国图书馆知识产权保护/孟朝晖　荀昌荣//河南图书馆学刊 2002 - 03

⊙ 知识产权与图书情报工作/刘可静//图书情报工作 2002 - 12

⊙ 知识经济时代出版业人力资源管理及发展战略/洪文香//中国出版 2002 - 02

⊙ 知识经济时代的图书馆事业/席会芬//黄河科技大学学报 2002 - 02

⊙ 知识经济时代科技期刊出版业的创新与发展/郭辉//青海师范大学学报（哲学社会科学版）2002 - 04

⊙ 知识经济时代台湾出版发展之路/王禄旺//出版参考 2002 - 19

⊙ 知识经济时代图书馆事业的发展方向/李瑾//内蒙古科技与经济 2002 - 09

⊙ 知识经济与出版创新体系/刘学明//出版科学 2002 - 04

⊙ 知识经济与我国图书馆事业发展/周继珍　杨光//情报科学 2002 - 11

⊙ 值得关注的网络版权问题/黄卫堂//出版发行研究 2002 - 07

⊙ 中部地区出版业现状及发展分析/王雅红//出版发行研究 2002 - 06

⊙ 中俄版权贸易：回顾与展望/焦广田//出版参考 2002 - 11

⊙ 中国版权产业与世界水平有较大差距/宋慧献//国际商报 2002 - 06 - 27

⊙ 中国版权代理德国创业记/柯乐迪//中国图书商报 2002 - 05 - 23

⊙ 中国版权代理让人欢喜让人忧/阮慧勤//中国图书商报 2002 - 05 - 23

⊙ 中国版权贸易亟须市场化/孙昕　刘河//国际商报 2002 - 03 - 07

⊙ 中国版权贸易日趋走向成熟/陆路//国际商报 2002 - 05 - 16

⊙ 中国报刊，孰先？孰后？/廖银燕//湖北大学学报（哲学社会科学版）2002 - 04

⊙ 中国报刊产业报告/李伟奇//中华工商时报 2002 - 02 - 08

⊙ 中国报业：在结构调整中前进/常虹//中国出版 2002 - 03

⊙ 中国报业的发展、市场、竞争与安全/连福寅//中国报业 2002 - 08

⊙ 中国报业的现状与发展趋势/许中田//中国报业 2002 - 05

⊙ 中国报业如何向海外拓展/林爱珺//中国科技新闻学会第七次学术年会暨第五届全国科技传播研讨会 2002

⊙ 中国出版产业与资本运作/卢仁龙//中国图书商报 2002 - 07 - 02

⊙ 中国出版代表团参加莫斯科国际书展//出版发行研究 2002 - 10

⊙ 中国出版的近代化/王建辉//华中师范大学学报（人文社会科学版）2002 - 05

⊙ 中国出版航母下海/綦书环//中华工商时报 2002 - 04 - 08

⊙ 中国出版集团"出航"了/刘大中//出版参考 2002 - 08

⊙ 中国出版集团合力图强/卢新宁　丁伟//人民日报 2002 - 04 - 11

⊙ 中国出版集团启动"集约经营""集团形象"亮相国际发展/肖武//出版参考 2002 - 11

⊙ 中国出版科研所将面向社会实行课题招标/郭琪//出版参考 2002 - 12

⊙ 中国出版如何走向世界/许力以//中国图书评论 2002 - 05

-11

⊙“中外出版集团的对话”精彩片段实录（下）/魏东//出版参考 2002-12

⊙“中文在线”诠释数字出版/焦峰//中国电子与网络出版 2002-10

⊙“字谜”书店：印度书业的明星/海英//出版参考 2002-Z1

⊙《传媒天地》关注新闻改革/徐明新　卢美中　吴鹏飞　曾武华//福建日报 2002-08-25

⊙《辞海》维权连破四案/李东生　金鑫//中国新闻出版报 2002-09-03

⊙《达达瑟》走出“天涯海角”/马仲川//中国文化报 2002-09-03

⊙《大公报》一百年/刘自立//国际金融报 2002-06-28

⊙《电影理论笔记》借助感性元素阐述理性观念/章红雨//中国新闻出版报 2002-07-26

⊙《读者》的变与不变/彭澎//中国图书商报 2002-08-27

⊙《傅山书法》以读者为本拓展创新空间/赵嗣成//中国新闻出版报 2002-12-06

⊙《怪物史瑞克》电影版图书落户苏少社/石小楠//中国图书商报 2002-03-26

⊙《怪物史瑞克》填补电影版图书空白/吴小红//中华读书报 2002-05-22

⊙《科幻世界》的拓荒之路/柳堤//中国新闻出版报 2002-09-20

⊙《美丽心灵》获奥斯卡提名　纳什传记图书顷刻走红//中华读书报 2002-02-27

⊙《日本经济新闻》的产品策略和发行策略——兼谈我国经济、商务类报纸/宋建武//中国报业 2002-05

⊙《商务周刊》插翅高飞/海燕//中国图书商报 2002-04-16

⊙《时尚》：在国际版权合作中演绎个性/刘蕾//出版参考 2002-18

⊙《天天饮食》：杂志与电视互动/柴炼//中国邮政报 2002-09-07

⊙《图书营销 1001 法》的不同视角/姜晓娟//出版参考 2002-13

⊙《香格里拉》再现藏文化魅力/马智//中国民族报 2002-10-18

⊙《再造传媒——传媒融资前后整合方略》出版/天晓//金融时报 2002-12-13

⊙《中国近代报业发展史》引起关注/邢宇皓//光明日报 2002-09-23

2003 年

⊙1+1+1=按需出版——富士施乐印刷出版业解决方案//数码印刷 2003-06

⊙1+1>2——报业营销策略的优化组合/张建//中国报业 2003-04

⊙1997 年至 2002 年四川报刊产业发展回顾/徐登明//新闻界 2003-01

⊙2000-2001 年加拿大图书销售上升了 9.4%/郝振省//出版发行研究 2003-09

⊙2002：中国新闻业回望（下）——中国新闻业发展“备忘录”/孙正一//新闻记者 2003-01

⊙2002-2003 年部分发达国家出版业状况及预测//出版发行研究 2003-12

⊙2002-2003 中国出版业状况及预测//出版发行研究 2003-03

⊙2002 年北京人眼中的报业市场/喻国明//中国新闻出版报/2003-01-14

⊙2002 年法国杂志遭遇重创/张书卿//出版参考 2003-33

⊙2002 年美国出版业薪金调查/叶新//出版经济 2003-10

⊙2002 年全国新闻出版业统计公报//出版经济 2003-06

⊙2002 年全国新闻出版业稳定增长，质量效益提高//科技与出版 2003-03

⊙2002 年日本出版业阴霾密布/伊静波//出版广角 2003-07

⊙2002 年日本公共图书馆经费紧张累及出版业/白晓煌//出版参考 2003-03

⊙2002 年软件开发类图书市场热点回顾/流云//程序员 2003-01

⊙2002 年网路书店在逆势中成长/李令仪//出版参考 2003-06

⊙2002 年英国出版业薪金调查/叶新//出版广角 2003-06

⊙2002 年中国报业经营十大事件//中国报业 2003-01

⊙2003：中国出版产业利好年/金霞//中国图书商报 2003-01-10

⊙2003“图书的未来”国际会议论文摘要/刘文杰　渠竞帆//中国图书商报 2003-09-19

⊙2003 教育图书市场三大风向标/陈香//中华读书报 2003-12-24

⊙2003 年 3 月　英美图书零售价格季度性比较/卢芳　杨贵山//中国图书商报 2003-08-22

⊙2003 年北京图书订货会成交额 23.60 亿元//博览群书 2003-02

⊙2003 年北京图书订货会前 50 名排行榜//出版参考 2003-03

⊙2003 年北京图书订货会印象/王东　丁丁　君君　蓝有林//中国图书商报 2003-01-17

⊙2003 年北京图书风暴/洪蔚//科学时报 2003-01-10

⊙2003 年德国“图书市场奖”传真/阿七//中国图书商报 2003-06-13

⊙2003 年的路，我们怎么走/彭兆平//出版广角 2003-05

⊙2003 年儿童文学图书出版扫描/丁杨//今日信息报 2003-09-17

⊙2003 年汉城国际图书博览会有冷有热/甄西//出版参考 2003-36

⊙2003 年书业预测十题——一个读者眼中的图书市场/云飞扬//新闻出版交流 2003-03

⊙2003 年图书订货会：几家欢乐几家愁/杨傲多//法制日报 2003-01-24

⊙2003 年图书市场热点走势观察/建平//出版经济 2003-05

⊙2003 年亚太杂志广告业态势喜人//出版参考 2003-06

⊙2003 年中国新闻业回望（上）/孙正一　柳婷婷//中华新闻报 2003-12-08

⊙2003 图书零售市场展望//中国图书商报 2003-02-14

⊙2003 中国报刊业——意义非凡的变革/孙序卫//科学决策 2003-10

⊙2003 中国音像业风向标/李丽//中国图书商报 2003-01-10

⊙21 世纪锦绣图书连锁//中国企业家 2003-08

⊙21 世纪美国报业现状/辜晓进//招商周刊 2003-03

⊙21 世纪数字图书馆联盟：香港 JULAC 实例/陈宇青//图书情报工作 2003-09

⊙22 万元捐赠图书充实省图书馆/李晓芳//山西日报 2003-04-17

⊙2 月广告市场分析：时尚类杂志一枝独秀/李冰　刘旭//中国图书商报 2003-04-11

⊙4 月杂志广告市场分析/姚林　赵伟//中国图书商报 2003-05-30

⊙6000 平方米的音像资料库/刘艳//互联网周刊 2003-45

⊙70% 市场占有率从何来？/黄晨　谢辉//中国新闻出版报 2003-02-19

⊙eBook 版权保护走了多远？/魏琴//电子出版 2003-08

⊙E-book 的影响及图书馆的对策思考/张银侠//福建省社会科学信息工作年会 2003

⊙E 出版　欲火重生/杜若岩//中华读书报 2003-01-08

⊙e 时代——与图书校对工作/贾伟//新闻出版交流 2003-02

⊙Flash 作品版权及其相关问题的思考/张敏//电子知识产权 2003-07

⊙GSP 认证图书浅议/徐荣周//医药经济报 2003-05-21

⊙Internet 在版权贸易及图书出版中的应用/赵敏超//图书情报知识 2003-05

⊙IT 媒体又添新成员/朱侠//中国新闻出版报 2003-10-15

⊙JJ 日本女性杂志的诞生和成长/并河良//中国图书商报 2003-03-14

⊙MP3 法律争议对数字化音乐版权的冲击——从法经济学的视角审视/陈承堂//江南大学学报（人文社会科学版）2003-04

⊙MP3 有声图书——图书馆载体的新成员？/黄群庆//图书馆建设 2003-02

⊙Photoshop7.0 图书“半路看”/陆杰//中华读书报 2003-02-19

⊙TEENS BOOK　就是青少图书/刘文杰　渠竞帆//中国图书商报 2003-08-01

- WTO 促使国内计算机图书升级/韩素华//出版参考 2003-06
- WTO 对我国图书情报咨询服务的影响/杨薇炯//山东图书馆季刊 2003-02
- WTO 框架下出版业发展的若干思考/黄良伟//福州大学学报（哲学社会科学版）2003-04
- WTO 数据库版权保护规则及图书馆的应对措施/刘志刚//国家图书馆学刊 2003-03
- WTO 图书的解读与收藏分析/闫海新//大连民族学院学报 2003-02
- WTO 与图书情报业及国际图联的立场/刘可静//中国图书馆学报 2003-01
- WTO 与我国版权贸易体制改革/商晓帆//中国图书馆学报 2003-04
- 爱国守法尊重知识版权/晶//天风 2003-02
- 安徽省新华书店发行集团实行六项改革，实现六个转变/马燕//出版参考 2003-36
- 安徽新华书店发行集团实行多角化扩张式发展战略/韦薇//出版参考 2003-12
- 安徽新闻出版业发展面临的形势及对策/王德明//出版与印刷 2003-03
- 按集团模式运作　促报业经济发展/彭春兰//中国报业 2003-04
- 按市场经济的要求整顿报刊/陈力丹//新闻实践 2003-09
- 澳大利亚版权修订与图书馆/章鹏远//图书馆理论与实践 2003-04
- 澳大利亚的图书市场/李实//出版参考 2003-12
- 巴金图书销售火热//四川日报 2003-11-19
- 巴黎拉丁区的旧书店/王芳//中国图书商报 2003-09-05
- 巴诺撤兵电子图书销售/陆杰//中华读书报 2003-10-08
- 巴诺书店——图书连锁经营的典范/张艳//编辑学刊 2003-06
- 巴诺书店终于步入图书出版业/尤建忠//出版参考 2003-03
- 把盗版分子送上法庭/赖名芳//中国新闻出版报 2003-04-15
- 把挑战变为动力——由民营书店快速发展引发的思考/张延扬//出版参考 2003-25
- 把握城市精魂　繁荣报业市场//中国报业 2003-12
- 把握脉搏——关于青少年图书选题创新的思考/祝柯杨//浙江青年专修学院学报 2003-01
- 把握入世后农村读者购书心理出版符合农村实际的“对路”图书/李辉//出版科学探索论文集第 6 辑 2003-10-01
- 把握市场定位打造强势品牌（上）/赵泓//中华新闻报 2003-01-15
- 把握先进文化前进方向是创精品期刊的关键/金伟//辽宁师范大学学报（社会科学版）2003-06
- 把握正确出版方向为繁荣方志事业服务/李富强//中国社会科学院院报 2003-10-09
- 把阅读进行到底/吴雨初//中国图书商报 2003-04-18
- 白话报刊的历史演进及其特征/吕凤棠//出版发行研究 2003-09
- 百十年前的广州报业/黄端//南方周末 2003-01-09
- 百万书店网上销售盈利节节高/文风//出版参考 2003-03
- 版贸活动欣欣向荣　版贸水平亟待提升——“北京版权贸易现状与发展对策研究”之调查问卷分析/包韫慧//出版参考 2003-34
- 版权保护大事记（1991.6-2003.3）//出版参考 2003-18
- 版权保护的经济学意义/余波//中国出版 2003-04
- 版权保护与数字图书馆的合理使用/阮延生//福建师范大学学报（哲学社会科学版）2003-02
- 版权保护中的技术措施和法律对策/杨延青//今日科技 2003-01
- 版权冲突规则的发展——从 Itar-Tass 俄罗斯新闻案谈起/孙皓//科技与法律 2003-01
- 版权代理忧思录/罗家如//出版广角 2003-05
- 版权法意义下中国数字图书馆面临的思考/杜希林//理论界 2003-04
- 版权技术锁定唱片业未来/刘艳//互联网周刊 2003-07
- 版权经济权利侵权的抗辩/张志//企业经济 2003-01
- 版权竞争谁将胜出？——访上海译文出版社总编辑叶路/路燕//出版广角 2003-05
- 版权开放：Copyleft 的法学释义/徐剑//上海交通大学学报（哲学社会科学版）2003-03
- 版权扩张与限制在数字图书馆中的体现/陈英群//图书与情报 2003-02
- 版权贸易　路程犹长——从山西版权贸易现状说开去//新闻出版交流 2003-01
- 版权贸易，出版业的“魔法石”/杨国辉//中国对外贸易 2003-04
- 版权贸易：为出版业发展注入活力——2003BIBF 国际版权贸易研讨会圆满闭幕/洪邑//出版发行研究 2003-03
- 版权贸易：新的经济增长点//新闻出版交流 2003-05
- 版权贸易带来联动效应/柴淑萍//出版广角 2003-05
- 版权贸易的“冷”思考/余波//中国出版 2003-10
- 版权贸易的八大话题——新世纪我国版权贸易研究综述/叶新//出版广角 2003-05
- 版权贸易的策略与要领/陶明远//出版发行研究 2003-09
- 版权贸易的品牌运营/袁楠//中国图书评论 2003-11
- 版权贸易的实践问题——就外国专家的一次演讲，寻求我国版权贸易之差距/郝捷//出版发行研究 2003-05
- 版权贸易与出版竞争力/王姗姗//中国图书评论 2003-05
- 版权贸易与互联网出版研究出新成果/武凡//出版参考 2003-24
- 版权平行进口问题及其经济学角度的思考/严捷//华东政法学院学报 2003-02
- 版权问题实际上是执法力度的问题/华平澜//中国信息界 2003-13
- 版权引进的“冷”思考/崔红伟//出版经济 2003-05
- 版权争霸/刘国林//国外科技动态 2003-06
- 版权制度对科学传播的意义及局限/唐丽//沈阳师范大学学报（社会科学版）2003-03
- 办报刊、出音像——陕西人民社打造新型产业链/肖武//出版参考 2003-34
- 保护音像制品网络传播权的案例点评/孙建红//中国文化报 2003-03-24
- 报刊本不分家/汤耀国//中华新闻报 2003-12-26
- 报刊必须有“个性”//中国文化报 2003-11-27
- 报刊发行连锁店方兴未艾/王学文//中华新闻报 2003-06-23
- 报刊发行市场的拓展机遇——报刊分发自动化//印刷技术 2003-10
- 报刊发行市场是未来投资热点/王学文//中华新闻报 2003-06-16
- 报刊分销：外资挤进来/顾列铭　萧良//金融时报 2003-08-01
- 报刊分销开放第一波/李若愚//财经时报 2003-05-24
- 报刊管理应当立足于为报刊发展服务/吴永亮//中国出版 2003-01
- 报刊广告：向高端市场转移/朱胜龙//中国新闻出版报 2003-06-25
- 报刊将推出淘汰机制//城市党报研究 2003-03
- 报刊经营的三大观念/刘杰//出版参考 2003-27
- 报刊市场化悄然起步/黄宇//国际金融报 2003-09-04
- 报刊业界的一次大“洗牌”/泽富//政策 2003-12
- 报刊业跨越式发展论要/屠关雄//出版参考 2003-21
- 报刊业与文化强省建设/李正培//新闻界 2003-01
- 报刊业走向竞争/梁小民//深圳商报 2003-08-08
- 报刊整顿第一炮/朱宗文//亚太经济时报 2003-10-25
- 报刊整顿让权力退出报刊经营//传媒 2003-12
- 报刊整顿与市场淘汰的冲突/刘建明//中国传媒发展高层论坛 2003
- 报刊治理：直指散滥、摊派痼疾//中国记者 2003-09
- 报刊治理冲击波震荡传媒产业链//新闻天地 2003-10
- 报刊治理后的地市党报走势探析/王雪春//中国报业 2003-09
- 报业“三国”风云再战——透视广州媒体改版热潮/朱文丰//中国报业 2003-03

⊙ 报业产业化运作分析/李卫东　李慧丽//中华新闻报 2003-06-23
⊙ 报业从英雄时代步入专业时代——北京泛华东方传媒公司总裁赵小兵问答/施爱春//传媒观察 2003-12
⊙ 报业的资本运营——新形势下我国报业发展的路径选择/丁楠//经济界 2003-03
⊙ 报业发展突破点的理性整合/姜凤羽//新闻战线 2003-05
⊙ 报业改革：党报改革的必由之路/黄芝晓//复旦学报（社会科学版）2003-04
⊙ 报业改革触发并购冲动/李琴//中华工商时报 2003-08-19
⊙ 报业革新与产业化进程引发的思考/邹晓峰//安徽警官职业学院学报 2003-03
⊙ 报业管理新趋势/席小平//中国人口报 2003-01-15
⊙ 报业集团，面临更广阔领域/晓渔//中华新闻报 2003-08-25
⊙ 报业集团：报业产业运作的发展方向——西方报业集团的演进历史、规律及启示/李谢莉//当代传播 2003-01
⊙ 报业集团财务的组织与控制/时飞//中国报业 2003-03
⊙ 报业集团产品决策中的"成长-份额矩阵"/丁林//中国报业 2003-11
⊙ 报业集团创新需要解决的十个问题/陆炳炎//中国记者 2003-01
⊙ 报业集团的公司治理结构建设/沈志华//中国报业 2003-08
⊙ 报业集团的三个普遍性问题/赵小兵//传媒 2003-09
⊙ 报业集团的重组、定位与拓展/陈钢//中国记者 2003-02
⊙ 报业集团发展的制约因素/李小娟//当代传播 2003-05
⊙ 报业集团广告管理经营模式及选择/严亚国//中国报业 2003-08
⊙ 报业集团化：一场迅速的整合//中华新闻报 2003-10-08
⊙ 报业集团化运作创新：打造价值链、品牌链、产业链/罗建华//新闻战线 2003-04
⊙ 报业集团扩张的原则、策略和风险分析/龙奔//中国记者 2003-10
⊙ 报业集团如何开展多元化经营/吴珺//传媒 2003-05
⊙ 报业技术革新的第三次浪潮/李文平//中国报业 2003-09
⊙ 报业结构调整酝酿投资热潮/马健//广告大观（综合版）2003-09
⊙ 报业经营的"一二三四"/雅卓//中国新闻出版报 2003-10-22
⊙ 报业经营对接资本市场媒体并购行情悄然催生/熊毅//经济观察报 2003-08-25
⊙ 报业经营改革中的四次边缘突破（上）/张志安//中华新闻报 2003-09-01
⊙ 报业经营四次边缘突破的特点（中）/张志安//中华新闻报 2003-09-15
⊙ 报业竞争　决胜在新闻——由大连地区报纸发行之激烈竞争引发的思考/黄玲//记者摇篮 2003-11
⊙ 报业竞争中如何端出自已的"招牌菜"——办好《深圳商报》"健康新闻"版的做法和体会/赵川//新闻知识 2003-07
⊙ 报业跨区域经营将成趋势/徐春华//中华新闻报 2003-08-11
⊙ 报业联盟//中国图书商报 2003-09-12
⊙ 报业媒体的技术发展趋势/沈爱国//中国新闻出版报 2003-05-15
⊙ 报业企业文化的六大功能/邹汝强//中国报业 2003-08
⊙ 报业人才战略探析/张列　亢平　郑瑜　陆卫春//当代传播 2003-05
⊙ 报业市场变化及川报崛起/阮志孝//当代传播 2003-04
⊙ 报业数字化进程的自主创新——关于创办自贡日报社数字化媒体研究所的探索与实践/傅仕彬//新闻界 2003-04
⊙ 报业体制改革要求专业化//中国报业 2003-03
⊙ 报业投融资要从实际出发/程颖刚//中国报业 2003-04
⊙ 报业网络安全防范措施/姜连友//中国传媒科技 2003-05
⊙ 报业无形资产浅见/辛艳//新闻知识 2003-06
⊙ 报业信息化规划与技术整合/吉书龙//中国报业 2003-07
⊙ 报业行政考核评价机制初探/郑越华//中华新闻报 2003-12-15
⊙ 报业赢利模式调整浅析/赵勋//新闻知识 2003-07
⊙ 报业组织核心竞争力理论分析：定义、特征与模型/刘年辉//中国传媒发展高层论坛 2003-12-01
⊙ 报纸广告招标及标的制定的探讨——解放日报报业集团广告招标工作思考/张耀伟//中国报业 2003-01
⊙ 报纸核心竞争力在办好报纸本身/孙德宏//新闻战线 2003-10
⊙ 北方图书城：礼品书更时尚/周金丹//中国新闻出版报 2003-02-20
⊙ 北京报业市场容量和可能性空间分析/喻国明//中国记者 2003-12
⊙ 北京创新能力超过上海/蔡如鹏//科学时报 2003-02-27
⊙ 北京独占鳌头　大社齐力扛鼎——北京图书版权贸易特点分析/北京版权贸易现状与发展对策研究课题组//出版参考 2003-25
⊙ 北京国际图书博览会版权贸易量稳中有升//出版经济 2003-10
⊙ 北京市局北京图书大厦开展社区家庭预定送书活动/王坤宁//中国新闻出版报 2003-05-08
⊙ 北京市新华书店斥资上亿——中关村将建新概念书店/鲍红//出版参考 2003-Z2
⊙ 北京书店印象/莱因哈德·诺依曼//中国图书商报 2003-09-12
⊙ 北京图书大厦开创营销新模式/王坤宁//中国新闻出版报 2003-10-22
⊙ 北京图书大厦企业文化创新透视/尹北伊　郭凯燕//人民日报海外版 2003-09-26
⊙ 北京图书大厦全力创造康安全的读书环境//北京日报 2003-05-07
⊙ 北京图书大厦如何策划营销推广活动/梁胜春//出版发行研究 2003-04
⊙ 北京图书大厦推出积分卡/王佳欣//中国新闻出版报 2003-07-30
⊙ 北京图书大厦销售创"三高"/路艳霞//北京日报 2003-07-01
⊙ 北京图书订货会，你将走向哪里/吴培华//中国出版 2003-02
⊙ 北京图书订货会：揭秘文学"主打书"/咸江南//中华读书报 2003-12-31
⊙ 北京移动推出图书防伪新举措/刘河//中国知识产权报 2003-09-25
⊙ 北平的图书盗版活动及防禁措施/李明山//出版史料 2003-04
⊙ 贝塔斯曼成立首家中外合资连锁书店/李丽佳//商业时代 2003-23
⊙ 贝塔斯曼传媒集团中的图书俱乐部//电子出版 2003-05
⊙ 贝塔斯曼掂量接收美国在线-时代华纳图书公司/李石//出版参考 2003-12
⊙ 贝塔斯曼和中国图书市场/艾柯//中国图书商报 2003-02-14
⊙ 贝塔斯曼会搅乱中国图书零售格局吗/徐英//中国商报 2003-12-16
⊙ 贝塔斯曼敲开中国书报刊分销市场大门/敏子//国际商报 2003-12-12
⊙ 贝塔斯曼曲线触摸出版管理底牌/周一舟//21世纪经济报道 2003-01-16
⊙ 贝塔斯曼试水图书零售业务/漏丹//经济观察报 2003-12-08
⊙ 本报年度大众科学图书推荐//中华读书报 2003-12-24
⊙ 本市9种图书获国家图书奖/景褒//北京日报 2003-12-19
⊙ 本土企业欣喜大于担忧/路艳霞//北京日报 2003-05-19
⊙ 比马大的瘦骆驼——外资面前的中国图书报刊发行业/魏崴//中国外资 2003-06
⊙ 编辑出版业是推动知识经济发展的强大动力/杨玲//兰州学刊 2003-04
⊙ 编辑出版专业面临就业市场考验/任羽中//中华读书报 2003-04-23
⊙ 变化中的美国图书俱乐部/魏龙泉//出版参考 2003-33
⊙ 宾馆里开书店　开一家火一家/光明//现代营销 2003-04
⊙ 财经小说为什么火不起来？/胡兆燕//中国财经报 2003-04-12
⊙ 蔡元培对新图书出版业的贡献/王开宁//出版科学 2003-04
⊙ 参与图书盗版牟利的不仅仅包括民营书业　重视打击盗版死角//瞭望 2003-20
⊙ 参展商维护设计版权有利自身/马兰花//中国会展 2003-23
⊙ 藏书研究应注意图书聚散中的文化展示/张廷银//光明日报 2003-05-03
⊙ 差异化手段在报业竞争中的运用/朱文丰//新闻实践 2003-09
⊙ 产权清晰与新华书店股份制改造/杨红卫//中国新闻出版报 2003-07

⊙ 关于图书情报与信息市场的思考/白凤玉//科技情报开发与经济 2003-01

⊙ 关于图书营销理念的思考/朱晓云//山东省青年管理干部学院学报 2003-05

⊙ 关于推进报业经济良性发展的思考/旷召贤//中国报业 2003-09

⊙ 关于未来图书的探讨/周有芬//现代情报 2003-07

⊙ 关于我国民营书店的现状考察与前景、对策研究/刘楠清//中国出版 2003-06

⊙ 关于消费性杂志/章汝爽//中国广告 2003-03

⊙ 关注"小超市图书"/丁冬//中国新闻出版报 2003-12-02

⊙ 关注健康　关注品牌——从四川、重庆两地科技图书销售排行榜说开去/章华荣//出版参考 2003-33

⊙ 关注科技图书的内在畅销特性/张瑞喜//科技与出版 2003-04

⊙ 关注图书"性能价格比"/杜燕//出版科学 2003-03

⊙ 观察报业广告经营机制创新/徐明君//传媒观察 2003-03

⊙ 观察报业人才竞争新态势/黄建远//传媒观察 2003-06

⊙ 管理人员年轻化　培训考核专业化/王萍//中国图书商报 2003-02-28

⊙ 管理提升业绩/许静//中国新闻出版报 2003-09-24

⊙ 光明南方两报业集团首都创办京报//21 世纪经济报道 2003-10-20

⊙ 广播电视集团组建应重视音像资料集约化管理/邹友利//新闻窗 2003-05

⊙ 广播电台：电视台对其播放的广播电视的版权权利简介/张旭霞//电视研究 2003-02

⊙ 广东、湖南报刊改革取得成效//中国乡镇企业 2003-11

⊙ 广东出版业整合在即/冯榕　孙婷婷//信息时报 2003-07-29

⊙ 广东省停办报刊 47 种合并 4 种/洪威　许蓓//中华新闻报 2003-10-22

⊙ 广东音像城创造音像产业的奇迹//中国文化报 2003-11-10

⊙ 广东音像城去年批发额近 16 亿元/赖名芳//中国新闻出版报 2003-02-12

⊙ 广东音像业中民营资本的崛起及现状分析/廖小勉//出版发行研究 2003-09

⊙ 广告代理制在国内报业的采用/刘永华//中国报业 2003-05

⊙ 广西出版行业效绩评价与展望（下）/林慧南//出版经济 2003-09

⊙ 广州报业市场"占位"态势分析/侯东阳//新闻实践 2003-08

⊙ 规范图书价格　改善市场环境//中国新闻出版报 2003-11-12

⊙ 规则的改变：入世后的我国出版业/傅保珠//甘肃省经济管理干部学院学报 2003-02

⊙ 国产漫画杂志期待"鬼神传说"/夏侯辉//中国图书商报 2003-04-11

⊙ 国际版权公约 ABC//成都大学学报（自然科学版）2003-01

⊙ 国际并购业务与直购图书使美国 AMS 公司销售额上扬/艾茂//出版参考 2003-22

⊙ 国际软件版权法新动向/马民虎//情报杂志 2003-06

⊙ 国际性大都市的出版业需要哪些外部条件？/叶路//编辑学刊 2003-06

⊙ 国家科技图书文献中心实践网络环境下资源共建共享的启示/袁海波//"数字鸿沟"与信息扶贫学术研讨会 2003

⊙ 国内数字图书馆版权问题研究综述/葛杭//现代图书情报技术 2003-S2

⊙ 国内网上书店的现状、问题与对策/罗康//电子出版 2003-06

⊙ 国内有了原创销售学图书/王佳欣//中国新闻出版报 2003-04-23

⊙ 国外"电子图书"的前景//中国电子与网络出版 2003-12

⊙ 国外报业收入的类型与结构分析/朱春阳//中华新闻报 2003-09-12

⊙ 国外书店开拓市场花样多/桑苇//出版参考 2003-27

⊙ 国外网上书店的发展趋势和经营特色/秦珂//电子出版 2003-07

⊙ 国有书店与民营书业的比较与借鉴/陈志宏//出版发行研究 2003-06

⊙ 国有与民营两种出版发行力量的分析比较/王志明　王天宝//出版发行研究 2003-03

⊙ 国有资产授权经营：中国出版业集团化建设的一个核心问题/冯英//中国出版 2003-09

⊙ 过去五年我国图书出版的回顾分析/贺剑锋//新闻出版交流 2003-06

⊙ 海燕社与书店联合出版寻求第四种发行渠道/李萍//出版参考 2003-Z1

⊙ 韩国经济、经营类图书出版的现状与前景/夫吉万//出版发行研究 2003-04

⊙ 毫不动摇地扶持民营书店/刘波//全国新书目 2003-12

⊙ 合同与版权之争——电子学术资源数据库许可协议的分歧及解决/韦景竹//科技与出版 2003-01

⊙ 河北报业集团信息化建设的实践与思考/吴永华//中国传媒科技 2003-09

⊙ 荷兰的图书市场概览/康黎光//出版参考 2003-19

⊙ 黑龙江报业集团发行连锁店逾 500 家/王力//中华新闻报 2003-01-22

⊙ 弘扬民族优秀文化　新闻出版责无旁贷/石宗源//课程·教材·教法 2003-03

⊙ 洪晃：做本大发行量杂志/彭澎//中国图书商报 2003-05-30

⊙ 后"非典"时期，出版业亟待建立突发事件反应机制/魏东//出版参考 2003-16

⊙ 后非典时代"S-A-R-S"图书之畅想/徐尚清//出版参考 2003-18

⊙ 湖北　由出版大省向出版强省迈进/夏斐//光明日报 2003-04-18

⊙ 湖北出版产业前景广阔/许威//今日信息报 2003-11-19

⊙ 湖北出版文化城五项"之最"领先国内/金霞//中国图书商报 2003-04-25

⊙ 湖北日报报业集团探索广告整合经营模式/张勤耘//中国报业 2003-03

⊙ 湖南出版产业经济发展轨迹分析兼论跨越式发展/任欣若//出版经济 2003-09

⊙ 湖南出版业产品结构调整的思考/朱建纲//出版经济 2003-08

⊙ 湖南华瑞物流公司破茧而出/张验//中国图书商报 2003-10-10

⊙ 湖南科技社：医卫图书品牌越擦越亮/陈奇亮//中国新闻出版报 2003-08-27

⊙ 湖南省店集团实施"八大工程"/陈奇亮//中国新闻出版报 2003-07-11

⊙ 湖南图书城：把现代商业营销手段引入图书零售业/湘//出版参考 2003-16

⊙ 湖南文化音像出版社重拳反盗版/曾衡林　黄爱//湖南日报 2003-02-22

⊙ 湖南文艺社：打造"三线"音乐图书精品链/湘文//出版参考 2003-18

⊙ 湖南新华书店集团：实施八大工程　提高竞争实力/陈奇亮//出版参考 2003-34

⊙ 湖南新华书店集团再创销售新高/曾衡林//湖南日报 2003-02-03

⊙ 互需：两岸图书贸易趋势/章红雨//中国新闻出版报 2003-09-24

⊙ 华文出版定将走向世界/李大庆　张丕万//科技日报 2003-09-22

⊙ 华文出版蕴涵无限商机/默迪//今日信息报 2003-09-24

⊙ 华夏出版社宣传图书使新招："重金征寻'大结局'"/李萍//出版参考 2003-Z2

⊙ 华夏社网络文学出版渐成规模/王坤宁//中国新闻出版报 2003-12-10

⊙ 华中科大社"文言文"系列图书品牌突显/王东//中国图书商报 2003-07-11

⊙ 荒诞天下流行/王梦马//中国图书商报 2003-08-15

⊙ 回眸 2002 年图书市场/李师江//海峡时报 2003-02-28

⊙ 惠州市新华书店今年实行股份制/张炽先//出版参考 2003-06

⊙ 火热的大众传媒良好的新闻教育/陈涛//中华新闻报 2003-06-06

⊙ 获奖图书：缘何叫好不叫座/孙江南//中国新闻出版报 2003-12-10

⊙ 嚯，好一个出版交易大平台/柯兆银//浦东开发 2003-04

⊙ 基于 Internet 的网上图书销售系统/巫满秀//沧州师范专科学校学报 2003-04

⊙ 基于 PC 的网络型西文电子图书的现状和采选对策探讨/关志英//大学图

书馆学报 2003 - 06
⊙ 基于主从许可证的多级信任版权分布式安全认证协议/马兆丰//西安交通大学学报 2003 - 12
⊙ 激发报业集团的机制活力/张秉礼//中国记者 2003 - 09
⊙ 激烈的市场营造报业新格局/孙毅//大市场·广告导报 2003 - 11
⊙ 激战前夜——书报刊分销市场享受片刻宁静/王雯//数码印刷 2003 - 11
⊙ 集团化与创新报业经营/匡导球//中国报业 2003 - 12
⊙ 计算机畅销图书的概念与运作/程飞//编辑学刊 2003 - 06
⊙ 计算机图书必须走出版精品图书之路/范素珍//科技与出版 2003 - 02
⊙ 计算机图书市场畅销书运作探析/程飞//中华读书报 2003 - 10 - 22
⊙ 计算机网络在图书采访中的应用/林英//江西图书馆学刊 2003 - 03
⊙ 加快出版创新步伐　促进出版产业发展/王姗姗//中国图书评论 2003 - 04
⊙ 加快发展我省出版产业/樊希安//吉林日报 2003 - 06 - 06
⊙ 加快股份改革　加强行业自律　共促民营书店发展再上新台阶/武凡//出版参考 2003 - 25
⊙ 加快上海出版业发展的五点建议/庄智象//编辑学刊 2003 - 02
⊙ 加快少数民族地区出版业发展的思考/范聪卓//出版经济 2003 - 02
⊙ 加快推动地方新闻出版管理机构建设/王冰//中国新闻出版报 2003 - 01 - 21
⊙ 加勒比海地区的出版业/肖展//出版经济 2003 - 08
⊙ 加拿大政府对图书出版业的扶持措施/李祥洲//出版参考 2003 - 30
⊙ 加强版权保护　发展版权产业/邓光东//江西政报 2003 - 12
⊙ 加强学科建设　提高图书情报工作水平/刘振喜//中国社会科学院院报 2003 - 12 - 11
⊙ 加入 WTO 对湖北新闻出版业的影响及对策/雷惠萍//科技进步与对策 2003 - 12
⊙ 加入 WTO 对我国图书情报工作的影响及对策分析/韩海涛//现代图书情报技术 2003 - S1
⊙ 加入 WTO 对中国期刊业的影响/那桂秋//沈阳农业大学学报（社会科学版）2003 - 02
⊙ 加入 WTO 后的图书馆电子图书/万勇//深圳大学学报（人文社会科学版）2003 - 01
⊙ 加入 WTO 后黑龙江新闻出版业面临的抉择/刘博琅//学术交流 2003 - 06
⊙ 家装图书在法国崛起/于平安//出版参考 2003 - 30
⊙ 坚持先进文化前进方向办好文艺报刊努力推新人出精品/易舟//文艺报 2003 - 09 - 25
⊙ 肩负历史重任　做好版权工作——关于当前我省版权工作的几点思考/邓光东//江西政报 2003 - 03
⊙ 建立国有图书发行业的“防火墙”——对新华书店危机管理的思考/陈惠民//出版发行研究 2003 - 11
⊙ 建立和发展中国特色社会主义出版产业/于友先//人民日报 2003 - 03 - 17
⊙ 建立新闻出版法人制度/王佳航//中华工商时报 2003 - 02 - 25
⊙ 建设安徽省教育图书文献保障系统浅见/张寒生//铜陵学院学报 2003 - 03
⊙ 建设报业图片资产管理系统/张光//中国报业 2003 - 10
⊙ 建筑功能与结构型式——浅谈中国广播电视音像资料馆工程的结构型式/聂九龙//现代电视技术 2003 - 04
⊙ 建筑作品版权保护及其对我国建筑设计的影响/石亚西//工程建设与设计 2003 - 10
⊙ 健康图书还能火多久？/刘晨许　晓华　苗小//健康时报 2003 - 11 - 13
⊙ 江苏教育报刊社喜庆建社五十周年/陈兆兰　骆明智//人民日报海外版 2003 - 10 - 31
⊙ 江苏新闻出版业：争做文化产业的龙头——江苏省新闻出版局局长黄文虎访谈/凌云//华人时刊 2003 - 12
⊙ 江西图书质量管理出新招/晓朱//出版参考 2003 - 22
⊙ 江西优秀图书荐评/迟文江　石仲泉　孙振华//中国新闻出版报 2003 - 05 - 28
⊙ 将共享阅读乐趣进行到底/陈红峰//出版参考 2003 - Z3
⊙ 将销售的潜能挖到尽头——关于中美出版业之异同的几点思考/刘国辉//出版广角 2003 - 07
⊙ 讲座类图书热潮的背后/杨虎//出版参考 2003 - 33
⊙ 角逐图书分销市场/田野　范国清//经济参考报 2003 - 05 - 30
⊙ 教材出版利润有多大/王波　姚一宪//中国新闻出版报 2003 - 08 - 18
⊙ 教材改革艰难破冰/沈锐//市场报 2003 - 03 - 21
⊙ 教材类图书的直销方案/王海云//出版发行研究 2003 - 05
⊙ 教材选用多样化出版市场重洗牌/李珂//福建日报 2003 - 04 - 21
⊙ 教辅图书市场怪状扫描/郭扶庚//光明日报 2003 - 09 - 11
⊙ 教育报刊现状及趋势评点/徐勇//中华新闻报 2003 - 03 - 17
⊙ 教育期刊业如何应对挑战/谢菁//传媒 2003 - 05
⊙ 教育音像出版物的选题及其策划/孟庆和//中国出版 2003 - 11
⊙ 解禁书报刊分销——《外商投资图书、报纸、期刊分销企业管理办法》开始实施/布尔古德//中国投资 2003 - 06
⊙ 解析“新华字典”现象/卢新宁//人民日报 2003 - 12 - 30
⊙ 解析财经报刊核心竞争力的塑造策略/吴逸//传媒观察 2003 - 12
⊙ 借鉴《日本十进分类法》做好日语图书分类工作/张秀华//津图学刊 2003 - 02
⊙ 借鉴国有企业改革经验，推动出版行业改革发展/刘兵//周口师范学院学报 2003 - 04
⊙ 今年全国报业广告收入有望突破 200 亿元/汤涧//新华每日电讯 2003 - 10 - 23
⊙ 今年我们读什么？/李舫//人民日报 2003 - 01 - 08
⊙ 今年香港图书市场整体走势/潘诗韵//出版参考 2003 - Z1
⊙ 今年新闻出版业在改革中发展/计亚男//光明日报 2003 - 12 - 25
⊙ 今日报业的品牌之路/仲纪//中华新闻报 2003 - 03 - 10
⊙ 尽快解决制约出版业发展的突出问题/郭晓虹　王玉梅//中国新闻出版报 2003 - 03 - 11
⊙ 近观美国报业管理（九）美国报纸发行体制与机制/辜晓进//新闻记者 2003 - 01
⊙ 近看美国报业/辜晓进//传媒观察 2003 - 03
⊙ 近年畅销图书的模式探寻/张树//中国出版 2003 - 06
⊙ 近年法国图书市场概况/郝京清//现代情报 2003 - 06
⊙ 近期法国图书市场综述/于平安//出版参考 2003 - 09
⊙ 近期公共英语等级考试图书零售市场简析//中国新闻出版报 2003 - 10 - 22
⊙ 近期美国图书市场速描/游翔//出版参考 2003 - Z2
⊙ 近期自助旅游图书零售市场简析/刘国生//中国新闻出版报 2003 - 08 - 13
⊙ 近十年来我国出版业无形资产研究述评/孙强//图书情报知识 2003 - 03
⊙ 京城 1 月书香四溢　2003 北京图书订货会火热京城//中国电子与网络出版 2003 - 02
⊙ 京城图书市场格局生变？/郭虹//中国图书商报 2003 - 09 - 05
⊙ 京沪书店：不同的布置不一样的经营理念/黄利萍//出版参考 2003 - 31
⊙ 经典阅读呼唤“深度出版”/贺圣遂//中国新闻出版报 2003 - 11 - 19
⊙ 经济萧条波及美国图书业/尤建忠//出版参考 2003 - 03
⊙ 经营小书店要费大心思/刘璐璐//新华每日电讯 2003 - 09 - 04
⊙ 精美的图书伴着咖啡浓香　京城有家“看吧”书屋//文明 2003 - 02
⊙ 精品与创新推动发展——生活·读书·新知三联书店的版权贸易/夏丽英//出版广角 2003 - 05
⊙ 竞争尚未有穷期——希腊新闻业一瞥/赵晴//新闻实践 2003 - 12
⊙ 抉择：两岸出版业浴火重生/日月谭//两岸关系 2003 - 10

◎ 图书品牌与连锁经营/吕平//中国出版 2003 -07

◎ 图书评奖是发现精品、推介精品、引导精品生产的有效途径/李从军//中国图书评论 2003 -01

◎ 图书期刊出版种数的灰色预测模型/陈泉//图书情报工作 2003 -08

◎ 图书情报业参与社会信息服务的思考/王云生//濮阳教育学院学报 2003 -01

◎ 图书群体化出版现象分析/刘拥军//出版广角 2003 -04

◎ 图书商标法律特性及其保护/柏冬秀//法制日报 2003 -11 -20

◎ 图书社会效益管见/仇小燕//新闻出版交流 2003 -06

◎ 图书市场　经营之道——对季风书园董事长、总经理严搏非的访谈/梁廉//上海商业 2003 -11

◎ 图书市场　竞争的三个阶段/张可献//出版广角 2003 -04

◎ 图书市场：还有多大的增量空间/朱胜龙//出版参考 2003 -30

◎ 图书市场：热打"宝宝"牌/王燕枫//中国新闻出版报 2003 -08 -06

◎ 图书市场"宣传决定论"质疑/夏德元//中国出版 2003 -04

◎ 图书市场的消费者行为分析/王天宝//中共郑州市委党校学报 2003 -05

◎ 图书市场竞争的起点——谈书籍装帧设计与出版社的关系/金晖//中国出版 2003 -03

◎ 图书市场物流模式构建研究/詹正茂//中国出版 2003 -06

◎ 图书市场引导励志书走向成熟/肖学利//北京科技报 2003 -08 -20

◎ 图书市场营销策划高级研修班深受业内欢迎/梁华//中国新闻出版报 2003 -11 -05

◎ 图书市场营销及营销策略/刘磊//编辑之友 2003 -02

◎ 图书市场营销中的品牌战略/刘锦东//科技与出版 2003 -02

◎ 图书市场营销中的四种非理性决策/张桂枝//出版发行研究 2003 -02

◎ 图书数字印刷市场的战略分析//电子出版 2003 -07

◎ 图书特性与生产规律初探/河东浏//中国新闻出版报 2003 -10 -14

◎ 图书推广出现新攻略/孙海悦//出版参考 2003 -21

◎ 图书推广攻略之网络、手机版/翁昌寿　刘晓东//中华读书报 2003 -06 -04

◎ 图书推广新酷攻略/孙海悦//中国新闻出版报 2003 -07 -16

◎ 图书推销六要素/张希//出版广角 2003 -03

◎ 图书文献信息资源布局及网络管理/安晓光//黑龙江科技信息 2003 -02

◎ 图书文献资源共享的理论探微/胡树丽//湖州师范学院学报 2003 -04

◎ 图书销售与读者需求的错位及应对/郝诗仙//出版发行研究 2003 -03

◎ 图书新卖点：因素杂糅/遇黄石//出版参考 2003 -01

◎ 图书宣传，读者口口相传比炒作重要　面对盗版，正当维权打真凶也打帮凶/章红雨//中国新闻出版报 2003 -08 -13

◎ 图书宣传——眼球争夺战犹酣/朱胜龙//今日信息报 2003 -09 -10

◎ 图书业，盗版这种经济现象/李秀平//法律与生活 2003 -22

◎ 图书一价定终身何时打破/路艳霞//北京日报 2003 -09 -05

◎ 图书营销渠道的管理与整合/郭友安//出版科学 2003 -01

◎ 图书营销渠道在供应链管理中的战略价值/田方斌//中国出版 2003 -11

◎ 图书营销时代的社店关系/雷少波//大学出版 2003 -01

◎ 图书营销实务六环节/赵柯//中国新闻出版报 2003 -08 -19

◎ 图书营销学的确立/朱诠//新闻出版交流 2003 -02

◎ 图书营销中的媒体策划/臧永清//中国新闻出版报 2003 -08 -06

◎ 图书营销最重要的是定位/路殿维//出版广角 2003 -09

◎ 图书影视网络互动　打造正版还珠格格/姚文平//中国知识产权报 2003 -07 -05

◎ 图书用户期望与信息服务的互动效应/蔡宝珠//世纪桥 2003 -03

◎ 图书邮购：春天有多远/谢光军//中国新闻出版报 2003 -04 -16

◎ 图书有瑕疵书店该负责/刘维善//质量指南 2003 -16

◎ 图书与名人"攀亲"/丁丁//中国图书商报 2003 -05 -16

◎ 图书与新"媒体"的亲密接触/周周　丁丁//中国图书商报 2003 -11 -28

◎ 图书杂志化　追赶新闻热点的深度阅读/王坤宁//中国新闻出版报 2003 -12 -17

◎ 图书直销模式初探/王若军//中国出版 2003 -04

◎ 图书质量管理营销项的评价问题初探/张峰//科技与出版 2003 -06

◎ 图书周期的定量分析及优化探讨/李跃丽//科技与出版 2003 -01

◎ 图书主打非常时期文化市场消费/王亚军//市场报 2003 -05 -08

◎ 图书咨询公司：分享阳光产业的阳光/李萍//出版参考 2003 -34

◎ 图书自我营销功能探析/周斌//编辑之友 2003 -02

◎ 图文书：眉毛勿在脸上乱跑/张裕//文汇报 2003 -12 -24

◎ 图文书卖场专区：设，还是不设？/杨晓芳//中国新闻出版报 2003 -07 -02

◎ 吐故纳新　激活报业——记烟台日报人探索集团化运营模式/苏婧//中国报业 2003 -09

◎ 兔栏大小应相宜——关于"彼得兔"商标纠纷案兼谈图书商标/仁言//中华商标 2003 -09

◎ 推出一批数字化产品/马克　邢晓芳//文汇报 2003 -05 -26

◎ 推动中国音像业走向世界/何为//中国图书商报 2003 -11 -21

◎ 推进中国音像业市场化集团化国际化品牌化/赵大新//中国新闻出版报 2003 -01 -17

◎ 拓开农村图书市场五招/杨实//出版发行研究 2003 -06

◎ 外国出版社进入法国图书市场的机会分析/郝京清//现代情报 2003 -07

◎ 外国文学图书市场领跑/张扬//中国图书商报 2003 -11 -07

◎ 外商投资图书、报纸、期刊分销企业管理办法//中华人民共和国国务院公报 2003 -25

◎ 外资5月挺进图书零售业/李小刚　袁晖//国际金融报 2003 -04 -04

◎ 外资传媒切入报刊分销市场/李琴//中华工商时报 2003 -05 -21

◎ 外资进入雷声大雨点/刘文杰//中国图书商报 2003 -05 -30

◎ 外资进入中国出版业的现状及应注意的问题/朱诠//编辑之友 2003 -02

◎ 外资可以进入书、报、刊批发零售渠道/伏男//北方经济时报 2003 -04 -23

◎ 外资杀入威胁民营书店/纪海珠//信息时报 2003 -12 -15

◎ 外资渗透国内出版市场调查/李文//亚太经济时报 2003 -05 -10

◎ 万维网时代的网络电子图书/刘晓武//青岛大学学报（自然科学版）2003 -02

◎ 网络版权保护若干问题浅析/苗郑青//太原大学学报 2003 -04

◎ 网络报刊及其发展模式/王东艳//情报资料工作 2003 -02

◎ 网络出版：共创共赢/贺晓军//中华读书报 2003 -08 -06

◎ 网络出版：开启多赢时代/贺晓军//中国新闻出版报 2003 -09 -30

◎ 网络出版：找准角度/李丽//中国图书商报 2003 -08 -15

◎ 网络出版的特点与数字版权保护/胡德池//求索 2003 -02

◎ 网络出版及其前景小探/权万良//出版经济 2003 -01

◎ 网络出版现在正当时/林博//今日信息报 2003 -11 -12

◎ 网络出版研究报告/郭毅//中国电子与网络出版 2003 -12

◎ 网络出版业：迟来的春天//信息产业报道 2003 -05

◎ 网络出版引领传统出版跨越数字鸿沟/钱艳　程晓龙//中国新闻出版报 2003 -04 -17

◎ 网络出版中版权作品的数字化/宋兴平//电子出版 2003 -08

◎ 网络出版中亟待解决的问题/陈燕//中国新闻出版报 2003 -10 -17

◎ 网络传播时代：构筑"自由"而"负责"的新闻业/商娜红//广西大学学报（哲学社会科学版）2003 -03

◎ 网络传播与网络报刊/党春直//新闻爱好者 2003 -09

◎ 网络传媒与报业优势互比及报业生存发展论/黄建远//学海 2003 -03

◎ 网络传媒与图书营销的新策略/苏辉//大学出版 2003 -01

◎ 网络化的系统：小书店策略/马尔库斯·格赖那//中国图书商报 2003 -09 -12

◎ 网络化工作环境下提高图书馆员职业素养的探讨/陈玉青//福建省图书

◎ 音像刻录发展空间难限量/上官国强//成才与就业 2003-02
◎ 音像市场"三忧"/白炜//中国新闻出版报 2003-09-25
◎ 音像市场环境好转国产节目出口逾亿元/李丽//中国图书商报 2003-10-24
◎ 音像市场遇上扎堆演唱会/张翠侠//中国图书商报 2003-09-19
◎ 音像书店生意火/陈丽//现代营销（创富信息版）2003-09
◎ 音像探访在伦敦//中国文化报 2003-11-03
◎ 音像业竞争焦点：高科技与品牌/孙昕//中国知识产权报 2003-08-07
◎ 音像业期待"活水入渠"/王亚军//市场报 2003-08-07
◎ 音像业有了明星品牌/高秀珍　王亚军//市场报 2003-04-17
◎ 音像制品：文化消费显露头角/王亚军//市场报 2003-05-22
◎ 音像制品进口管理办法//中华人民共和国国务院公报 2003-02
◎ 音像制品依然是偷你的作品没商量/焦艳玲//市场报 2003-04-22
◎ 音像著作权使用收益测算的方法研究/杨桂桦//四川工业学院学报 2003-03
◎ 音像资料快速查寻系统的实现与实践/吴海霞//图书馆建设 2003-05
◎ 音像资料数字化数据加工/高峰//电视研究 2003-12
◎ 引导民营书店健康有序发展/章红雨//中国新闻出版报 2003-10-21
◎ 引进版：中国图书市场的"新宠"/章晓//出版参考 2003-09
◎ 引进版图书带动国内书业发展/王亚军//市场报 2003-09-25
◎ 引进版图书等于畅销书吗/陈熙涵//文汇报 2003-09-19
◎ 引进版图书零售市场走势与成长性分析/史静//中国图书商报 2003-09-12
◎ 引进版图书市场分析与引进战略思考/孙庆国　郭亚军//中国图书商报 2003-09-12
◎ 引进国外版权的西文图书编目探讨/徐良//图书馆学研究 2003-10
◎ 引进原创"两手抓"/金鑫//中国新闻出版报 2003-03-31
◎ 引领文化出版的急先锋/大可//中国图书商报 2003-09-12
◎ 印度超前发达的新闻业/陈昌凤//中国记者 2003-02
◎ 印度出版业关注针对国外直接投资的保护措施/文昕//出版参考 2003-09
◎ 印度的图书盗版状况/王名//出版参考 2003-Z3
◎ 印度软件业超高速发展对我国出版业的启示/马奇凡//科技与出版 2003-04
◎ 印刷时代如何建设网络出版品牌/陈梅//中国新闻出版报 2003-07-17
◎ 应对 WTO，新华书店怎么办？/肖玉霞//出版科学探索论文集第 6 辑 2003
◎ 应对激烈竞争　坚持深化改革——柳斌杰副署长谈新闻出版业改革与发展/伟文//传媒 2003-01
◎ 应实行图书、档案、情报一体化管理/贾进丽//黑龙江档案 2003-02
◎ 应重视图书中的 CIP/张保国//科技与出版 2003-01
◎ 英国少儿图书的出版营销策略/李春成//出版经济 2003-07
◎ 英国书店经营的是文化/钱海//中国消费者报 2003-10-20
◎ 英国图书的编辑工作与选题策划//陶明远 2003-06-30
◎ 英国未来出版公司新添数码相机杂志业务/艾茂//出版参考 2003-22
◎ 英国杂志市场的特点/石应江//报刊之友 2003-04
◎ 英美六月书情/渠竞帆//中国图书商报 2003-06-27
◎ 迎接出版业的伟大变革/郭庆//理论与改革 2003-04
◎ 迎接经济时代实现图书管理工作创新/温丽荣//辽宁广播电视大学学报 2003-03
◎ 迎接入世挑战：报刊市场加速延伸/卢颖//中国新闻出版报 2003-07-08
◎ 迎接数字图书馆产业发展新高潮/刘锦山//现代图书情报技术 2003-06
◎ 营销活动=公益+品牌/梁胜春//中国图书商报 2003-02-21
◎ 营销实录：执行出来的畅销书/刘颖//中国图书商报 2003-08-29
◎ 营销是书店经营的难点/张红玫//中国图书商报 2003-11-21
◎ 赢在起跑线上——电子工业出版社计算机图书品牌的锻造实践/郭晶//出版发行研究 2003-06
◎ 影视音像版费居高不下的反思/白炜//中国新闻出版报 2003-06-25
◎ 影视音像产品高版费的成因及其后果/白炜//经济日报 2003-06-27
◎ 影视与图书：同开姊妹花/渠竞帆//中国图书商报 2003-02-28
◎ 影响出版业发展的体制性障碍亟待破除/姜明//编辑之友 2003-04
◎ 影响和制约畅销书　扩张市场规模的重要因素/孙庆国//中国图书商报 2003-09-05
◎ 用"三个代表"重要思想引领图书出版业发展/刘万忠//大学出版 2003-03
◎ 用创新精神促进期刊业发展/王虹//中州学刊 2003-05
◎ 用创新精神推动地市报业的发展/吕道宁//新闻实践 2003-06
◎ 用好科技图书　掌握致富本领/严虹雷　沈建华　王玉琪　邓洁//四川日报 2003-11-19
◎ 优势与弱势　机会与威胁/徐升国　赵侠//中国邮政报 2003-07-26
◎ 由 MP3 版权纠纷看网络著作权利益之平衡/曾虎//安徽农业大学学报（社会科学版）2003-02
◎ 邮政报刊发行的创新与发展/史志成//红旗文稿 2003-22
◎ 有版权的电子地图产品保护研究/张春泉//现代测绘 2003-06
◎ 有多少经典可供颠覆　有多少颠覆堪称经典/吴妍//中国图书商报 2003-06-13
◎ 有害"口袋本"图书卷土重来/阿旦增//市场报 2003-06-02
◎ 有效经营报业集团信息资源/肖建夫//中国报业 2003-10
◎ 有序竞争　共同繁荣——关于贵州报业主流经济发展之思考/彭明端//新闻窗 2003-01
◎ 于友先谈出版业"五化"问题/徐蕾//出版参考 2003-34
◎ 余敏纵谈中国出版业大趋势/徐蕾//新闻出版交流 2003-05
◎ 与时俱进　做大做强——论报业集团的发展优势/程顺立//新闻战线 2003-02
◎ 与时俱进开拓创新　繁荣陕西版权事业/冀东山//报刊之友 2003-01
◎ 与世界儿童同步阅读/陈若葵//中国妇女报 2003-07-16
◎ 原创，出版产业的原动力/今釆//中国图书评论 2003-02
◎ 远离出版业行为短期化的"怪圈"/朱耀华//编辑学刊 2003-06
◎ 越南出版业发展近况/马金案//印刷世界 2003-02
◎ 云南新华书店集团：连锁经营　扩大资本/夏莉//出版参考 2003-33
◎ 杂文与报刊言论的区别/郑敏//中国文化报 2003-06-11
◎ 杂志：影响消费的最佳媒体/如川//中国图书商报 2003-11-28
◎ 杂志产业发展的硬道理/金惟纯//报刊之友 2003-01
◎ 杂志出版业国际增长三大模式/罗伯特·班奇//中国新闻出版报 2003-02-12
◎ 杂志电子版：你愿意付费浏览吗？/郑志毅//中华新闻报 2003-08-06
◎ 杂志发行"报大数"广告商掉进迷魂阵/邹德浩//市场报 2003-09-08
◎ 杂志广告经营要规范市场操作/章昱//中国图书商报 2003-11-28
◎ 杂志广告品牌营销的关键启动力/郑新安//中国图书商报 2003-11-28
◎ 杂志经营双面观/黄升民//中华新闻报 2003-03-10
◎ 杂志媒体赢家之台湾《商业周刊》/宗广//中国广告 2003-01
◎ 杂志上的图书叫卖声/吴永贵//中国图书商报 2003-07-18
◎ 杂志与商品——二合一的品牌构筑/申胜花//中华新闻报 2003-01-13
◎ 杂志针对核心目标建立品牌形象/章昱//中国图书商报 2003-11-28
◎ 在调整中求进——辽宁教育出版社版权贸易发展之路/许苏葵//出版广角 2003-05
◎ 在复苏中求生存的印尼华文报刊/黄昆章//人民日报海外版 2003-08-06
◎ 在改革创新中谋求报业发展/李琦//新疆新闻出版 2003-01
◎ 在美国经营中国图书之困惑/刘冰//中国编辑 2003-05
◎ 在山顶啼叫的书商/瞿磊//中国图书商报 2003-11-07

2004 年

- 北京地区图书版权贸易问题的主要对策及理论透析//出版发行研究 2004-09
- 北京古旧书业日见萎缩 中国书店自救图新/王大庆//中华读书报 2004-03-31
- 北京蓝色畅想图书发行有限公司：引领教材流通、凝聚产业资源创新服务模式、满足客户期望//中国出版 2004-10
- 北京青年报社体制改革赢得市场/杜弋鹏//光明日报 2004-11-19
- 北京图书大厦：文化企业的新地标/隗瑞艳//中国文化报 2004-12-06
- 北京图书大厦显现黄金周文化新景观/路艳霞//北京日报 2004-05-10
- 北京图书订货会唱主角的文学图书/舒晋瑜//中华读书报 2004-12-29
- 北京图书订货会的台前幕后//中国文化报 2004-01-16
- 北青传媒：中国报业 IPO 第一股/余良军//经济日报 2004-12-25
- 本土动漫杂志路在何方？/谭海燕//中国图书商报 2004-11-12
- 本土书店应对外资书店的策略/雷永立//图书情报知识 2004-01
- 本土杂志如何吸引国际品牌广告/彭澎//中国图书商报 2004-09-10
- 必须加强我国出版业信息标准化建设/黄凯卿//出版发行研究 2004-02
- 编辑——现代出版业中的项目管理者/周红//编辑之友 2004-05
- 扁平化组织结构——出版社变革的紧要话题/张洁//中国新闻出版报 2004-07-28
- 变革中的出版业/叶滢//经济观察报 2004-03-08
- 变则通通则久——郑州报业市场之攻略分析//中国记者 2004-07
- 标准化规范化推动出版业信息化/方圆//中国新闻出版报 2004-06-25
- 并不轻松的出版专业化/于平安//出版广角 2004-11
- 不能小看书店环境/高姗//出版经济 2004-06
- 不如改良中小书店/张金福//出版广角 2004-10
- 部分民营书店盈亏分析/谢振伟//出版发行研究 2004-06
- 财经报纸的另一种选择：办白领报纸——试析《深圳商报》的办报特色/戴刚勇//新闻知识 2004-10
- 财经类报纸发展中的几个关系/王勇//新闻采编 2004-05
- 蚕食音像店的数码音乐/吴德强//多媒体世界 2004-11
- 藏书票与版权票/贾俊学//书摘 2004-12
- 策划编辑在图书营销中的五个阶段作用/孙伟//出版发行研究 2004-10
- 差异化叙事：新锐新闻周刊的阅读魅力/齐爱军//编辑之友 2004-05
- 产学研结合是出版产业发展的需要/孙宝寅//出版参考 2004-Z1
- 产学研结合引发业界关注/武凡//出版参考 2004-Z1
- 产业组织合理化与我国报业的适度垄断/王守国//企业活力 2004-06
- 长风破浪会有时，直挂云帆济沧海——高教社打造国际教育出版传媒集团之国际化攻略/香江波//出版参考 2004-15
- 常香玉精品演唱集出版/海清//中国戏剧 2004-09
- 畅销书：审美性的通俗化追求/李波//理论与创作 2004-04
- 畅销书策划与营销基本特点/李义发//出版科学 2004-03
- 畅销书带来了什么/朱胜龙//中国编辑 2004-04
- 畅销书的策划与营销/祝静怡//出版与印刷 2004-02
- 畅销书该怎样炒作/高欣//中国编辑 2004-04
- 畅销书时代来了吗?! /荣毅//出版参考 2004-25
- 畅销书网络运营三大优势/杨虎　周婧//中国新闻出版报 2004-04-23
- 畅销书为什么没赚钱？/段海风//出版参考 2004-34
- 畅销书与长销书/万丽慧//出版参考 2004-10
- 畅销书运作中的品牌延伸策略/杨虎//编辑学刊 2004-03
- 唱片业版权应如何保护/明月//中国知识产权报 2004-12-23
- 超级大卖场，新华书店最后的筹码？/杨红卫//出版广角 2004-10
- 超越与回归：中国大学出版的根本所在/贺圣遂//中国新闻出版报 2004-11-03
- 陈万雄：用出版推动文化传播/陶社兰//中华新闻报 2004-02-06
- 成都报业竞争态势评析/陈国权//中华新闻报 2004-07-12
- 成都图书市场盗版状况调查报告/李红涛　张丹　乔同舟//出版业调查报告——第四届“未来编辑杯”获奖文集 2004
- 成都周末类报纸的现状及发展前景分析/李宇西//新闻界 2004-02
- 成亦规律　败亦规律——对 2003 年江苏报纸优秀作品评选的思考/东流//城市党报研究 2004-03
- 诚品网络书店提升服务质量/林羽//出版参考 2004-13
- 诚信：出版社与民营书店合作的纽带/王永刚//编辑学刊 2004-03
- 城市报纸社区报道方法/赵国庆//中国记者 2004-03
- 城市生活类报纸版面的亲和力/罗文全//新闻前哨 2004-01
- 城市书店的发展带给图书馆工作的启示/柯春梅//大理学院学报 2004-S1
- 乘转制东风——中小出版社须过四道关/樊国宾//中国新闻出版报 2004-07-28
- 惩处音像盗版不能无视侵权造成的损害/许斌//检察日报 2004-12-29
- 斥资 5 亿元建店 5 千家国美欲打造音像业“航母”//出版发行研究 2004-05
- 充分发挥互联网出版特有优势/文东//中国图书商报 2004-01-16
- 出版：文化是目的，经济是手段——两位出版人的一次对话/刘杲//中国编辑 2004-06-30
- 出版“走出去”中的几个问题/王化鹏　郭晓虹　王玉梅//中国新闻出版报 2004-09-28
- 出版产业的核心竞争力及西部出版社核心竞争力的培育/陶明远//中国图书评论 2004-01
- 出版产业发展需要大师级的出版家、编辑家/孙宝寅//出版参考 2004-01
- 出版产业化是必由之路/骆丹//出版广角 2004-02
- 出版产业链：拉动地方经济发展的强力引擎/朱胜龙//当代财经 2004-05
- 出版产业是一种版权产业/王建辉//出版科学 2004-03
- 出版产业与出版人才——在苏州大学学术报告会上的演讲/于友先//苏州大学学报（哲学社会科学版）2004-01
- 出版产业制度创新的意义与原则/王晓宁//编辑之友 2004-01
- 出版的“小儿科”有大文章可做/一舟//中国出版 2004-07
- 出版的传播学解读——论中国出版人的文化使命/田建平//第十一届国际出版学研讨会 2004
- 出版的童话——中国成人绘本图书出版及其对大众文化影响的调查报告/李楠//出版业调查报告——第四届“未来编辑杯”获奖文集 2004
- 出版发行业近年改革发展情况/刘波//出版经济 2004-01
- 出版繁荣首先是大众读物市场繁荣/姚贞//中国新闻出版报 2004-04-21
- 出版分销开放 年底面向外资/史晓芳//中华工商时报 2004-09-07
- 出版服务“三农”图书繁荣农村图书市场/傅玉祥//中国出版 2004-03
- 出版工作创新的三块基石/郭运庆//编辑之友 2004-02
- 出版工作要实现关口前移、科学管理/柳斌杰//中国出版 2004-12
- 出版管理创新的辩证法/何皓//编辑学刊 2004-03
- 出版国际化的核心是打造具有世界影响和作用的中国出版力量/谢清风//编辑之友 2004-06
- 出版集团：先天不足后天补/金平//出版广角 2004-03
- 出版集团的“先天不足”和社会资源的整合补救/金平//中国图书商报 2004-03-05
- 出版集团的管理和运作/格莱·布郎//中国新闻出版报 2004-09-13
- 出版集团的图书经营和资本营运探析/易维//湖南商学院学报 2004-02
- 出版集团的组织文化建设/吴龙泉//出版科学 2004-02
- 出版集团规模论/赵宏//出版发行研究 2004-08
- 出版集团科学发展之路/黄尚立//出版参考 2004-09
- 出版集团人力资源的整合/肃宁//出版广角 2004-03
- 出版集团在发展过程中的问题及解决思路/周霞//大学出版 2004-03

⊙ 出版教育与产业发展：中外出版人理念碰撞/李强 王雯//中国新闻出版报 2004－09－22
⊙ 出版界法律界研讨摄影作品版权保护/王坤宁//中国新闻出版报 2004－10－14
⊙ 出版竞争，先行为王/陈鸣华//编辑学刊 2004－02
⊙ 出版农业科技图书，竭诚服务"三农"/黄达全 崔坚志 冯常虎//首届科技出版发展论坛 2004
⊙ 出版泡沫与政府规制/吴士余//中国新闻出版报 2004－06－03
⊙ 出版品牌创建与图书广告先行/江翠平//出版经济 2004－07
⊙ 出版品牌经营与管理断想/禾青//中国新闻出版报 2004－06－10
⊙ 出版期待引入资本和理念/张弘//新京报 2004－11－19
⊙ 出版企业成本管理浅议/周维莉//出版广角 2004－07
⊙ 出版企业的品牌融资/王谷香//出版与印刷 2004－04
⊙ 出版企业竞争力形成机制初探/姚永春//图书情报知识 2004－04
⊙ 出版企业文化的层次及特征/郭爱民//编辑之友 2004－06
⊙ 出版强社发行扩张的模式及控制/胡苗//大学出版 2004－03
⊙ 出版人才的培养、引进与使用/周百义//湖北省文化体制改革与文化产业发展研讨会 2004
⊙ 出版人才观杂谈/李人凡//中国新闻出版报 2004－12－08
⊙ 出版人才职业化及其培养机制探析/严全胜//求实 2004－10
⊙ 出版商、读者和广告客户如何在杂志平台上聚餐/李延贺//中华读书报 2004－09－29
⊙ 出版社的库存图书之痛/王思睿//第一财经日报 2004－11－25
⊙ 出版社对图书经销商的分类分级管理和发行折扣管理/沈东山//科技与出版 2004－04
⊙ 出版社企业化转制——发展我国出版产业的历史性机遇/冯志杰//中国编辑学会第九届年会 2004
⊙ 出版社如何经营网上书店/汪荣萍//出版发行研究 2004－07
⊙ 出版社网络图书宣传现状调查/许查礼//出版业调查报告——第四届"未来编辑杯"获奖文集 2004
⊙ 出版社要警惕原创力的衰退/郑晓红//中国出版 2004－12
⊙ 出版社引进项目管理刍议/李明坤//贵州日报 2004－12－28
⊙ 出版社知识产权保护/陈东林//出版广角 2004－09
⊙ 出版神话是这样创造出来的——白冰的活法与做法/朱胜龙//编辑之友 2004－05
⊙ 出版市场机会探求思考/贾仁亨//中国出版 2004－10
⊙ 出版是一项系统工程——出版纪念邓小平同志百年诞辰重点图书有感/张琦//中国出版 2004－09
⊙ 出版特色的操作内涵——兼谈出版产业化下的现代出版经营模式/徐建国//编辑之友 2004－01
⊙ 出版体制改革应带来新陈代谢功能：试析出版企业破产退出机制的建立/韩梅//中国出版 2004－12
⊙ 出版体制改革应与时俱进/田志凌 胡传吉//中国改革报 2004－05－20
⊙ 出版体制转轨与新时期文学的转型/谢刚//江海学刊 2004－06
⊙ 出版外包：成本管理新思路/王洁//编辑学刊 2004－04
⊙ 出版物的多种形态必将长期共存互动发展/何绍仁 张其友//大学出版 2004－04
⊙ 出版物的需求交叉弹性分析/张其友//大学出版 2004－01
⊙ 出版物发行的形势与改革/刘波//出版发行研究 2004－05
⊙ 出版物物流标准化与出版发行业发展研究/林自葵//中国流通经济 2004－07
⊙ 出版物营销的新发展/朱诠//传媒 2004－12
⊙ 出版行业的网上商机/欧阳捍卫//中国新闻出版报 2004－10－21
⊙ 出版业：管理不可预知的风险/曹培红//出版经济 2004－12
⊙ 出版业：经济发展的助力器/朱胜龙//人民日报海外版 2004－10－29
⊙ 出版业：延伸相关产业，拉动经济发展/朱胜龙//出版参考 2004－19
⊙ 出版业"准兼并"管窥/黄卫堂//编辑学刊 2004－02
⊙ 出版业产权改革进入新阶段/林涛//出版参考 2004－09
⊙ 出版业的发展呼唤健全的审读机制/颜志森//中山大学学报论丛 2004－03
⊙ 出版业的规模经济与集团化建设/孙海晏//出版发行研究 2004－07
⊙ 出版业的内忧外患/李小龙//出版广角 2004－05
⊙ 出版业改革：驶入改制快车道/王佳欣//中国新闻出版报 2004－06－09
⊙ 出版业改革大幕拉开/徐亚岚//互联网周刊 2004－16
⊙ 出版业改革的逻辑递进/郝振省//大学出版 2004－01
⊙ 出版业告别幸福时代——《出版大崩溃》读后/程三国//中国编辑 2004－04
⊙ 出版业国有资本的控制力/杨红卫//出版广角 2004－02
⊙ 出版业核心竞争力及其培育/周玉波//系统工程 2004－05
⊙ 出版业亟须强化出版科研/涂明//编辑之友 2004－06
⊙ 出版业集团化后信息管理面临的挑战与对策/陈伟平//科技与出版 2004－02
⊙ 出版业价值链的管理与整合/姚德海//出版科学 2004－04
⊙ 出版业界"会诊"网络版权保护/姚文 陈嘉平//中国知识产权报 2004－04－03
⊙ 出版业竞争日渐形成新格局/袁晞//人民日报 2004－01－14
⊙ 出版业人才资源的管理与开发/骆万春//桂海论丛 2004－S2
⊙ 出版业人力资源：从管理到经营/孟叶//中国图书商报 2004－06－18
⊙ 出版业融资：好风凭力上青云/朱诠//出版参考 2004－10
⊙ 出版业如何背上"暴利"黑锅？/周务本//中国图书商报 2004－11－05
⊙ 出版业如何避免"囚徒困境"/查国伟//出版参考 2004－18
⊙ 出版业税收筹划操作方法刍议/王磊//出版经济 2004－02
⊙ 出版业无形资产运营与品牌战略的实现/楼山//大学出版 2004－03
⊙ 出版业无形资产运营与品牌战略的现状与发展/吴体刚//中国出版 2004－03
⊙ 出版业要"土改"——贾植芳先生访谈录//今传媒 2004－05
⊙ 出版业要打造中国"贝塔斯曼"/陈熙涵//中华新闻报 2004－09－06
⊙ 出版业要加强对并购问题的研究/黄卫堂//出版发行研究 2004－05
⊙ 出版业应该如何看待电子图书/任如花//编辑之友 2004－S1
⊙ 出版业转型/黄乐桢//中国经济周刊 2004－16
⊙ 出版业转制的春天/陈晓//新闻周刊 2004－14
⊙ 出版业转制的逻辑推演/郝振省//出版发行研究 2004－06
⊙ 出版业转制的一种"民间阅读"/封延阳//出版发行研究 2004－08
⊙ 出版业转制后更应坚持文化出版的核心理念/张建中//编辑之友 2004－05
⊙ 出版营销应从市场导向营销走向社会导向营销/蓝燕玲//编辑之友 2004－06
⊙ 出版永远是一种事业/雷群明//编辑之友 2004－06
⊙ 出版与大众阅读关系研究/许欢//图书情报知识 2004－05
⊙ 出版与社会的互动：战后日本出版业的生长点/诸葛蔚东//编辑之友 2004－05
⊙ 出版在法国/郭晓虹//中国新闻出版报 2004－02－25
⊙ 传播学：出版助力学科繁荣/段京肃//中华新闻报 2004－01－05
⊙ 传承出版文化确保做成精品——访《中国出版通史》编委办公室主任魏玉山/李桥//出版发行研究 2004－07
⊙ 传承文化 繁荣书业//文艺报 2004－10－26
⊙ 传媒须倍加重视经济新闻——兼谈西安报业竞争与经济报道的缺失/张燕梅//新闻知识 2004－01
⊙ 传媒引导大众的时代图书出版做何选择——美国图书出版业 2003 年的自我分析/杨小红//出版经济 2004－04
⊙ 传统出版的发展方向研究——包括泛在出版对策/李起盛//第十一届国际出版学研讨会 2004

生//中国新闻出版报 2004 - 04 - 22

⊙ 打破界限回归版权美国大众市场纸皮书出版发生变化/安华//出版经济 2004 - 07

⊙ 打造报纸的数字化生产流程/刘五珍//印刷杂志 2004 - 09

⊙ 打造当代“文化脊梁”——上海世纪出版集团发展纪实/姜泓冰//人民日报 2004 - 12 - 23

⊙ 打造多元化出版集团/丁杨//中华读书报 2004 - 10 - 20

⊙ 打造富有文化创造力的专业出版集团/金鑫//中国新闻出版报 2004 - 05 - 21

⊙ 打造精品力作传承出版文化——在《中国出版通史》编委会上的讲话/石宗源//出版发行研究 2004 - 10

⊙ 打造精品需要强化执行力——新疆电台五获中国新闻奖一等奖的思考/史林杰//中国广播电视学刊 2004 - 05

⊙ 打造品牌，把握好出版教辅读物的新契机/赵新民//中国出版 2004 - 09

⊙ 打造数字化出版航母//中华工商时报 2004 - 06 - 14

⊙ 打造图书营销网络——江苏新华发行集团 VPN 网络建设/魏斌//微电脑世界 2004 - 08

⊙ 打造新闻节目永久品牌/王丹彦//中国广播电视学刊 2004 - 11

⊙ 打造新闻品牌提升节目魅力——广播电视新闻节目创新研讨会综述/李寒青//中国广播电视学刊 2004 - 11

⊙ 打造自身特色出版大众图书/王佳欣//中国新闻出版报 2004 - 09 - 06

⊙ 大城市报业竞争激烈地市传媒角逐序幕拉开/卓宏勇//中国新闻出版报 2004 - 09 - 21

⊙ 大红书店：以品质吸引加盟/肖武//出版参考 2004 - Z1

⊙ 大力加强报刊审读工作，更好地为监管工作服务/石峰//中国出版 2004 - 11

⊙ 大力推进出版事业全面繁荣和出版产业跨越式发展/李从军//中国出版 2004 - 02

⊙ 大力推进河北省新闻出版业的繁荣与发展/杜金卿//经济论坛 2004 - 10

⊙ 大势已成，大器何时成？——我国图书版权的引进、输出与代理/王艳//出版参考 2004 - 16

⊙ 大书城与中小书店有什么不同/开儒//出版经济 2004 - 12

⊙ 大树底下过风云——济南报业竞争之格局观察/徐胜//中国记者 2004 - 08

⊙ 大学出版社开展电子商务初探/周进海//出版发行研究 2004 - 06

⊙ 大众化报刊的定价策略分析/江萌//新闻界 2004 - 06

⊙ 大众化报纸双考报道的理性思考/毛光勇//新闻前哨 2004 - 07

⊙ 当“书店”遇上“直销”/徐智明//中国图书商报 2004 - 08 - 20

⊙ 当代报纸副刊的生存困境及其思考/鲍海波//新闻大学 2004 - 04

⊙ 当代报纸竞争新态势刍议/肖江华//江西社会科学 2004 - 09

⊙ 当代中国伊斯兰文化刊物的兴起和发展/王建平//世界宗教文化 2004 - 01

⊙ 当红网上书店促销细节/黄天梁//出版参考 2004 - 01

⊙ 当前版权贸易要坚持以引进为主/张明旺//编辑之友 2004 - 01

⊙ 当前报业跨地区发展要素分析/张传伟//中国报业 2004 - 11

⊙ 当前报纸发行量的不确定性/易容//当代传播 2004 - 06

⊙ 当前图书发行的分销与促销策略初探/何皓//湖北社会科学 2004 - 11

⊙ 当前我国报业发展的经济学分析——兼论《都市报》的发展战略/王守国//首届中国媒体管理与资本市场论坛 2004

⊙ 当前新闻出版业人事制度改革需要关注的问题/李敉力//出版发行研究 2004 - 08

⊙ 当前新闻业务改革的新亮点/夏林//中国记者 2004 - 05

⊙ 当前治理党政部门报刊对我国报刊体制改革的启示/陈力丹//新闻记者 2004 - 02

⊙ 当前中国的版权贸易应侧重版权出口/姬沈育//经济经纬 2004 - 01

⊙ 当天新闻打造晚报核心竞争力——从《羊城晚报》三次改版策略看晚报的核心竞争力/林如鹏//新闻知识 2004 - 07

⊙ 当网络搭上出版的快车/舒晋瑜//中华读书报 2004 - 09 - 22

⊙ 党报都市报角逐主流报纸/徐于妮//传媒观察 2004 - 09

⊙ 盗版和反盗版的新问题——从国家版权局的盗版收缴统计报告看当前的反盗版问题/张志强//出版广角 2004 - 12

⊙ 盗版图书何以如此猖獗——图书市场盗版状况调查报告/王棋//出版业调查报告——第四届“未来编辑杯”获奖文集 2004

⊙ 盗版压缩碟 音像产业的“SARS”/陈冀　赖少芬//经济参考报 2004 - 12 - 13

⊙ 德国出版业培训状况透视/远宁//出版参考 2004 - 07

⊙ 德国的新闻与传媒发展/郭镇之//国际新闻界 2004 - 06

⊙ 德国图书出版业的高等教育概况/牛亚和//河南大学学报（社会科学版）2004 - 04

⊙ 德国小书店上网招揽顾客/任悦//中国图书商报 2004 - 02 - 20

⊙ 地方报业集团现存问题之管见/高新鸿//新闻传播 2004 - 01

⊙ 地方报业如何实现规模效益/张东//甘肃日报 2004 - 03 - 24

⊙ 地方报纸加盟省报集团的运作与思考/马启成//中国记者 2004 - 02

⊙ 地方报纸怎样成为网络时代的赢家/韩姜//记者摇篮 2004 - 08

⊙ 地方性报纸的发展之路/杨红霞//运城学院学报 2004 - 06

⊙ 地方综合性报纸奥运报道策略分析/彭剑//新闻战线 2004 - 10

⊙ 地市级晚报的本土新闻浅析/孙发友//中国出版 2004 - 08

⊙ 地图制图出版系统的体系结构/吴明光//测绘通报 2004 - 07

⊙ 第二次国内革命战争时期天津报刊概况/王彤//图书馆工作与研究 2004 - 02

⊙ 第二子报如何生存——武汉报业之案例分析/周燕群//中国记者 2004 - 05

⊙ 点击上海报业关键词/吴长伟//中国记者 2004 - 12

⊙ 点亮新闻报道自身的“风景线”——策划报道“宁波杭州湾跨海大桥”的实践与思考/何伟//新闻战线 2004 - 04

⊙ 电子出版产业的困境与出路/姚湘君//中国新闻出版报 2004 - 12 - 16

⊙ 电子出版产业发展的纵深视野版权引进能否盘活电子出版物市场/吕丁//中国电子与网络出版 2004 - 02

⊙ 电子图书版权问题的博弈分析/陈淼//图书馆学刊 2004 - 05

⊙ 电子图书版权问题研究/杨海平//图书馆论坛 2004 - 06

⊙ 电子图书的网络出版模式探讨——以方正 Apabi 为例/张炯//图书情报知识 2004 - 03

⊙ 电子图书及其相关问题评价/徐永丽//内蒙古科技与经济 2004 - 24

⊙ 动漫有风险 出版需谨慎？/陈香//中华读书报 2004 - 10 - 27

⊙ 都市报新闻版竞争力提升研究——《兰州晨报》和《南方都市报》新闻版比较分析/辛文娟//新闻界 2004 - 06

⊙ 都市类报刊：生动活泼弘扬主旋律/高善罡　赵强　张文祥　李治平//中华新闻报 2004 - 01 - 16

⊙ 读者对大书店的爱与怨/张姝//出版经济 2004 - 12

⊙ 读者满意度与书店业绩/高娜//出版经济 2004 - 06

⊙ 独家新闻与新闻策划/王琛//山西科技报 2004 - 12 - 30

⊙ 独立书店的生存空间/杨永龙//中国新闻出版报 2004 - 03 - 22

⊙ 对“电视民生新闻”现象的理论阐释——以安徽电视台《第一时间》栏目为例/孟建//中国广播电视学刊 2004 - 07

⊙ 对报业集团资料信息部门重新定位的思考/王淑虹//河北科技图苑 2004 - 04

⊙ 对北京地区图书版权贸易现状的量化分析/张志林//出版发行研究 2004 - 01

⊙ 对超级书店的爱与无奈/如歌//出版广角 2004 - 10

⊙ 对出版集团供应链功能的分析/高诚毅//出版广角 2004 - 10

⊙ 对出版业科学发展观的几点思考/刘锦华//民主 2004 - 11

⊙ 对当前我国图书版权贸易的分析与对策/陈红进//中国出版 2004 - 08

◎ 开往春天的电子报纸/路鹃//新闻爱好者 2004－12
◎ 开展国际交流　提高刊物品位　为全面促进高原医学事业发展做贡献/吴建伟//青海医学院学报 2004－04
◎ 刊物的成名/罗海丰//广州大学学报（社会科学版）2004－05
◎ 刊物需要"实在"/郭志英//中国工会财会 2004－07
◎ 看600亿报刊广告额如何分配/慧聪媒体研究中心//经济日报 2004－04－09
◎ 靠特色求生存发展的出版机构——良友图书印刷公司/吴永贵//出版史料 2004－04
◎ 科技期刊出版业改革与发展问题的研究/王长风　刘玉成//首届科技出版发展论坛 2004
◎ 科技期刊经营管理策略/任延刚　高森//2004 中国科技期刊发展论坛
◎ 科技图书的封底：小处见精神/任笑杰//科学时报 2004－11－18
◎ 科技音像资源建设共享问题初探/王震　崔薇//首届科技出版发展论坛 2004
◎ 科普图书，疲软之后是希望/涂志刚//新京报 2004－08－20
◎ 科普图书的文体创新/赵萌//首届科技出版发展论坛 2004－06－30
◎ 科普图书引进出版须把好"五关"/赵建伟//首届科技出版发展论坛 2004
◎ 科普杂志的美丽与哀愁/茬荻//中国图书商报 2004－11－12
◎ 科学定位：做好图书出版"加减法"/马国仓//中国新闻出版报 2004－12－22
◎ 科学发展观和出版业的发展/王建辉//中国编辑 2004－05
◎ 科学文化出版：无尽的探索/王洪波//中华读书报 2004－02－25
◎ 科学与人文的出版理念/江凌//出版发行研究 2004－12
◎ 可供书目是图书出版发行链条中极其重要的一环//全国新书目 2004－12
◎ 肯尼亚图书出版业/李实//出版经济 2004－11
◎ 控制与自由之间："五四"后新文学与出版业的互动效应/陈黎明//学术探索 2004－10
◎ 跨地区发展：报业做大做强的必然选择/王忠俊//青年记者 2004－08
◎ 跨国出版公司产品开发与市场营销/萨立文　凯文//中国新闻出版报 2004－09－13
◎ 跨国出版集团的成长思考/王秀丽//出版经济 2004－03
◎ 跨媒体合作掀开新篇章北京出版社出版集团与新浪网签署全面合作协议/肖武//出版参考 2004－19
◎ 跨媒体环境中的出版新思路/郝静//中华新闻报 2004－04－05
◎ 跨媒体经营：出版企业的突破口/王洁//编辑学刊 2004－03
◎ 跨越语言的障碍——对我国版权输出的五点建议/王国燕//出版发行研究 2004－10
◎ 来之不易的繁荣有待发展的市场——对我国少儿图书出版情况的调查和思考/刘旻//出版业调查报告——第四届"未来编辑杯"获奖文集 2004
◎ 黎波：做版权引进现在还不到时候/张隽//中华读书报 2004－09－08
◎ 理顺　整合　创新/庄居湘//中国新闻出版报 2004－02－04
◎ 力争办出"天天有好点子"的报纸/陈建明//新闻战线 2004－10
◎ 利益协调软系统方法论在广东省邮政报刊零售战略中的应用/庄东　杨建梅　孙一//科技进步与对策 2004－11
◎ 利用互联网拓展报纸新闻业务/阮元彬//引进与咨询 2004－11
◎ 利用时间差，打造晚报特色"中国新闻版"/孙焰//新闻战线 2004－06
◎ 励志类图书还能走多远？/郑薇//人民日报海外版 2004－04－09
◎ 励志类图书热销，书中能寻"屠龙术"？/徐飞　陈光明//新华每日电讯 2004－10－16
◎ 励志类图书如何进行市场化运作/李玲//出版发行研究 2004－10
◎ 励志类图书受中青年人青睐/马晓芳//宁夏日报 2004－11－23
◎ 连锁经营对于新华书店势在必行/张平//编辑之友 2004－S1
◎ 连锁为音像分销挂上"高速档"/赵庆林//中国文化报 2004－06－21
◎ 联通中外出版业的人/吴妍//中国图书商报 2004－08－27
◎ 两岸出版：多元走向一体/吴兴文//新京报 2004－09－03
◎ 两岸图书出版交流合作潜力巨大/王连伟//人民日报海外版 2004－03－19
◎ 辽教社：版权引进大打"经典牌"/兰岚//中华读书报 2004－09－08
◎ 辽宁出版集团品牌书和畅销书再显优势/蒲若梅　高欣//辽宁日报 2004－05－18
◎ 辽宁发行集团公司辽宁印刷集团公司独立经营/蒲若梅　高欣//辽宁日报 2004－04－30
◎ 柳斌杰副署长：2004 年出版业要抓好三个"三"/李萍//出版参考 2004－07
◎ 龙凤战略打造特色媒体军团——访南方日报报业集团总编辑杨兴锋/施爱春//传媒观察 2004－01
◎ 旅游升温煲热旅游图书/刘新航//河北日报 2004－04－08
◎ 旅游图书：风景独好/刘艳//人民日报海外版 2004－04－02
◎ 旅游图书彰显"行走文化"/吴江//中国文化报 2004－09－27
◎ 履行出版使命，加快发展科技出版业/于国华//首届科技出版发展论坛 2004
◎ 略论版权的技术保护措施/张耕//现代法学 2004－02
◎ 略论当前出版业的人才建设/刘胜枝//中国出版 2004－11
◎ 略论气象信息与报纸的服务性/龙黎飞//湖南大众传媒职业技术学院学报 2004－01
◎ 论版权国际保护的发展趋势/陈积//广西政法管理干部学院学报 2004－05
◎ 论报刊转载法定许可付酬机制的制度选择/武志怡//中国出版 2004－08
◎ 论报业产业的优势经营战略/陈强//学术界 2004－04
◎ 论报业国有出资人制度/刘西平//当代传播 2004－03
◎ 论报纸的"双重消费"属性/罗兵//新闻界 2004－04
◎ 论报纸的"有效发行"与"无效发行"/王爽//记者摇篮 2004－01
◎ 论报纸对受众的分类/杨硕林//嘉兴学院学报 2004－02
◎ 论报纸广告编辑环境的建设/崔书颖//中国出版 2004－10
◎ 论报纸娱乐报道的文化追求/程肇琳//学术探索 2004－03
◎ 论编辑与图书营销/钟永宁//中国编辑学会第九届年会 2004－07－01
◎ 论产业集群形成的文化模式/陈朝宗//福建行政学院福建经济管理干部学院学报 2004－03
◎ 论城市广播电视报的发展之路/张东生//记者摇篮 2004－09
◎ 论出版管理法制化/尹凤桐//山东大学学报（哲学社会科学版）2004－05
◎ 论出版集团核心竞争力与多元化经营的关系/刘永红//出版与印刷 2004－04
◎ 论出版集团能力的整合/贺剑锋//中国编辑研究（2004）2004－06－30
◎ 论出版企业破产退出机制的建立/韩梅//出版与印刷 2004－03
◎ 论出版社实行现代企业管理的紧迫性/王卫//出版发行研究 2004－08
◎ 论出版业集约化经营/李小龙//出版科学 2004－06
◎ 论打造北京新闻出版人才高地的战略选择/马新明//出版发行研究 2004－05
◎ 论当前图书营销/王为珍//中国新闻出版报 2004－06－23
◎ 论建立报刊发行量认证体系的必要性与可行性/王欣//中国传媒大学学报 2004－06
◎ 论近代英国版权制度的形成/张乃和//世界历史 2004－04
◎ 论科技期刊的网络出版纸质出版/倪集裘//第二届全国核心期刊与期刊国际化、网络化研讨会 2004
◎ 论科学发展观视野中的现代出版产业/陈夷苗//西南师范大学学报（人文社会科学版）2004－06
◎ 论民国初年文化市场与上海出版业的互动/周武//史林 2004－06
◎ 论民间文学艺术的版权保护/刘华//佛山科学技术学院学报（社会科学版）2004－02

-11-10

- 山东出版集团赴悉尼举办书展/闫梦辉　别立平//中国新闻出版报 2004-04-13
- 山东出版集团与学术文化界专家实施战略合作/虞静//中国图书商报 2004-08-27
- 山东省出版集团：以重点工作为突破，壮大出版规模//出版参考 2004-07
- 山东省新华书店借鉴浙江模式力推连锁经营//出版参考 2004-19
- 山东省新华书店物流中心的规划与管理/齐亚成//物流技术 2004-01
- 山西日报报业集团印务中心认证咨询手记//印刷质量与标准化 2004-08
- 山西日报报业集团子报子刊一览//山西日报 2004-04-26
- 山西新华书店集团是怎样推进改革的？/张凤山//出版发行研究 2004-01
- 陕西出版产业化初探/张炜//西部大开发 2004-12
- 商务国际：为中国出版业改革领航——访商务印书馆国际有限公司总编辑程孟辉/张庆辉//瞭望 2004-24
- 上海：民营书店遍地开花/陈熙涵//文汇报 2004-05-07
- 上海出版的三种格局思考/孙晶//中国出版 2004-01
- 上海少儿书店与超市"联姻"/穆宏志//中国图书商报 2004-04-09
- 上海市大学生报纸媒介接触调查与分析/廖秉宜//中国广告 2004-10
- 上海图书出版创新高/姜小玲　周思琴//解放日报 2004-05-18
- 上海信息产业类报纸现状与发展前景/王昊青//新闻记者 2004-01
- 上海英特颂图书有限公司：以中盘服务出版与传统渠道互补共赢//中国出版 2004-10
- 少儿报刊编辑应具备四个基本素质/田仙君//中国新闻出版报 2004-11-15
- 少儿报刊广告的运作原则与策略选择/李雪枫//山西师大学报（社会科学版）2004-01
- 少儿报刊核心竞争力的形成/邓卫//当代传播 2004-04
- 少儿报刊战略调整刍议/张梅霞//中国新闻出版报 2004-01-12
- 少儿畅销书：系列化盘点/文泉杰//出版参考 2004-24
- 少儿畅销书是如何打造的/舒晋瑜//人民日报海外版 2004-09-03
- 少儿教育报刊如何实施品牌经营/王亿钦//中国教育报 2004-12-25
- 少儿图书市场"六大怪圈"/张周来　王勉//中国妇女报 2004-05-22
- 少儿图书市场进口原版书行情看涨　本土原创书尚待突破/路艳霞//北京日报 2004-06-02
- 少儿图书选题新空间凸现打造"第三渠道"遭遇尴尬/陈香//中华读书报 2004-09-08
- 少数民族出版业发展：机遇与挑战/杨凌//中国新闻出版报 2004-04-23
- 设计与文化产业及图书出版/韩选红//出版经济 2004-08
- 社会新闻，你给受众展示怎样的社会？/王豪//新闻爱好者 2004-07
- 社会职责文化情怀创新意识——从王夫之著作的出版看出版职业精神/曾主陶//中国出版 2004-12
- 涉农新闻传播的分众化/赵芳//新闻爱好者 2004-03
- 涉外版权贸易中的纠纷与对策/牛亚和//河南师范大学学报（哲学社会科学版）2004-01
- 深层挖掘报纸的表"情"功能/吕岚//新闻前哨 2004-08
- 深度出版：以文化理想驱动持续发展/孙京平//中国新闻出版报 2004-04-07
- 深化出版业改革需正确把握的几个关系/王兆成//理论前沿 2004-09
- 深化体制改革加快事业发展——浙江日报报业集团考察报告/王吉祥//新闻前哨 2004-04
- 深挖高校教育资源　树立教材出版品牌/王东//中国图书商报 2004-12-03
- 深圳报业集团出版社年内组建/洪宾//深圳商报 2004-06-13
- 深圳报业集团的成功探索/邹武元//当代传播 2004-06
- 深圳报业集团跨地区发展迈出第一步/王小虎//深圳商报 2004-11-17
- 深圳报业集团杀入东北//招商周刊 2004-37
- 深圳报业集团主报子报齐奏主旋律/魏晓薇//中国新闻出版报 2004-07-02
- 深圳出版业亟待变革/杨青//深圳商报 2004-08-07
- 深圳梦工厂尝试图书营销新模式/张春梅//中国文化报 2004-07-12
- 深圳新闻出版业年产值过 208 亿/会文//中华新闻报 2004-04-14
- 深圳整顿音像市场用足法律/王雷//中国文化报 2004-05-17
- 深圳正版音像业上演龙争虎斗/季杰　生张萍//深圳商报 2004-04-20
- 审视河北省出版业/田建平//出版经济 2004-05
- 生机抑或泡沫——资本寻找报刊媒体的风险/杨慧//新闻知识 2004-08
- 省出版集团转制为企业/丁冠景　郭爽　雷鹤　黄海晖//南方日报 2004-09-03
- 什么在阻碍成长？——中小城市国有音像书店现存问题分析/老万//出版参考 2004-16
- 时代呼唤"互动报纸"/李兴//新闻战线 2004-01
- 时评：广州报业的亮丽风景/董天策//西南民族大学学报（人文社科版）2004-03
- 时尚电影杂志的文化迷失/李骏//青年记者 2004-12
- 时尚化未能拯救纯文学刊物/任晶晶//文艺报 2004-09-07
- 时尚杂志成印刷业"新宠"/吴凡//深圳特区报 2004-11-20
- 实施精品战略 抓好重点规划/陈香//中华读书报 2004-10-20
- 实施名牌商标战略提升企业竞争力/杨凌//河南日报 2004-12-10
- 实施人才战略加快报业发展/徐熙玉//新闻战线 2004-03
- 实施三大战略发展出版产业/邓光东//求实 2004-03
- 实施战略联盟是当前中小型出版社发展的一种现实选择/周小方//编辑之友 2004-03
- 实现"单位人"向"社会人"的转变——报业集团内部改革思考/王萍//新闻前哨 2004-03
- 实现网络论坛和报纸评论的共生/陈奕奕//军事记者 2004-05
- 实行项目管理对优化编辑出版系统具有重要作用/莫晓东//编辑之友 2004-06
- 始终把抓导向作为出版管理的首要任务/杨小玲　权利敏//陕西日报 2004-09-02
- 世纪之交美国出版业并购大趋势/安华//出版经济 2004-10
- 世界版权集体管理组织在数字环境下的新发展/刘可静//知识产权 2004-06
- 世界出版业关注中国民营书业/章红雨//中国新闻出版报 2004-10-25
- 世界级媒体巨人是这样迅速成长的——解读新闻集团的保障体系/刘琛//出版发行研究 2004-08
- 世界六大城市的传奇书店/左佐//旅游时代 2004-03
- 世界上的新闻是什么样/帕梅拉·J·休梅克//国际新闻界 2004-02
- 世界知名财经类杂志的成功经验解读/谢明//编辑之友 2004-04
- 市场"三四律"与报业竞争/朱文硕//新闻知识 2004-03
- 市场版权产业链——数字出版的三大关键问题/陈芳//中国出版 2004-02
- 市场畅销的心理学图书/华天//市场报 2004-09-03
- 市场化报纸的新闻与营销定位——兼谈《燕赵都市报》的发展理念和盈利模式/李炳庠//传媒 2004-09
- 市场经济下的报纸博弈/张嘉曦//经济论坛 2004-19
- 市场经济下的出版责任感/丁杨//中华读书报 2004-10-20
- 市场经济下的新闻商业运作/闻言//经济论坛 2004-01
- 市场经济与中国现代报业发展/徐稳//山东经济 2004-02
- 市场在竞争中开始——上海报业之历史回顾/文璐//中国记者 2004-12
- 试论按需出版/范红延//中国印刷物资商情 2004-12

陶明远//中国图书评论 2004－02
⊙ 图书出版业书中自有"黄金屋"//中国投资 2004－12
⊙ 图书出版业体制创新探析/姜明//山东大学学报（哲学社会科学版）2004－05
⊙ 图书出版营销之我见/刘国辉//中国编辑 2004－06
⊙ 图书出版有捷径/张振胜//中华读书报 2004－09－22
⊙ 图书出版与营销中的互动策略及其运用/马洁如//西南民族大学学报（人文社科版）2004－05
⊙ 图书的异业发行新探/邓香莲//图书情报知识 2004－04
⊙ 图书发行企业的营销信息系统设计与实现/栗智//计算机系统应用 2004－12
⊙ 图书发行市场的现状与文献采访工作模式的变革/张美萍//津图学刊 2004－06
⊙ 图书发行市场——重新洗牌/焦清超//中国新闻出版报 2004－01－12
⊙ 图书工作室能否为出版业注入活力/王敬//黑龙江日报 2004－06－28
⊙ 图书馆如何应对书店的挑战/李向东//辽宁经济 2004－10
⊙ 图书馆上游出版发行渠道建设探析/康世云//农业图书情报学刊 2004－09
⊙ 图书馆特色数据库建设中的版权困境及其出路/赖辉荣//河南图书馆学刊 2004－02
⊙ 图书馆与版权合理使用/张江华//图书馆理论与实践 2004－03
⊙ 图书市场"韩流"涌动/李利平　罗文东//人民日报海外版 2004－12－24
⊙ 图书市场出现信息交流新纽带/张永恒//人民日报海外版 2004－12－03
⊙ 图书市场瞄准奥运商机/王志永//人民日报海外版 2004－08－20
⊙ 图书市场营销的误区/李新社//中华读书报 2004－08－25
⊙ 图书市场增量前景可观/张振胜//中华读书报 2004－05－12
⊙ 图书音像出版亟待净化/吴温　刘萍//河北日报 2004－08－06
⊙ 土耳其新闻出版业概况/谢新洲//中国记者 2004－11
⊙ 推广杂志有技巧/JeanFaulkner//中国新闻出版报 2004－04－06
⊙ 推进版权事业的快速发展加强民间团体的重要作用——在中国知识产权研究会第四届全国代表大会暨 2004 年学术年会上的讲话/沈仁干//知识产权 2004－04
⊙ 推进出版转制，做强做大出版业——在中国编辑学会第九届年会上的发言/田胜立//中国编辑学会第九届年会 2004
⊙ 推进新闻出版业的跨越发展/戴仲燕　张辉冠//新华日报 2004－01－17
⊙ 拓展出版业对外合作新途径/王华//中国新闻出版报 2004－07－23
⊙ 拓展大学报纸新闻传播渠道琐谈/李顺其//新闻传播 2004－11
⊙ 外资加紧进入中国出版业/田素雷//中国企业报 2004－09－06
⊙ 外资看好中国出版业市场发展前景//中国信息报 2004－09－03
⊙ 外资首进图书市场贝塔斯曼涉足零售/焦艳玲//市场报 2004－01－30
⊙ 完善监管　扩大开放　促进发展　开拓民族游戏出版产业的繁荣之路/于永湛//中国电子与网络出版 2004－02
⊙ 完善配送网络迎接全国书市/武志成//天津日报 2004－12－22
⊙ 完善图片运营机制加强培养复合人才推进我国新闻摄影事业的新发展——在第六届全国报纸总编辑新闻摄影研讨会上的发言/于宁//新闻战线 2004－01
⊙ 王府井书店的营销策划/李敏跃//中国图书商报 2004－11－26
⊙ 王府井书店市场调研报告/开儒//出版经济 2004－12
⊙ 网络版权合理使用制度研究/陈雪萍//政治与法律 2004－06
⊙ 网络报纸建设现状及发展思路探析/曾媚//河南图书馆学刊 2004－02
⊙ 网络产品应成为新华书店主打项目之一/艾劲松//出版发行研究 2004－02
⊙ 网络出版：出版社信息化进程的助推器/陈济众//中国出版 2004－06
⊙ 网络出版：彰显出版核心价值/林全//中国出版 2004－04
⊙ 网络出版的定价模式研究/徐丽芳//出版发行研究 2004－03
⊙ 网络出版的技术特性及影响/李瑾//中国新闻出版报 2004－09－24
⊙ 网络出版的区域性研究——成都市 17 家省、市级出版社网站的调查/李苓//中国出版 2004－08
⊙ 网络出版品牌建设中的关键问题/陈梅//中国出版 2004－05
⊙ 网络出版启发"奇思妙想"/程晓龙//中国新闻出版报 2004－09－07
⊙ 网络出版市场需求旺盛/楚禾//中国文化报 2004－09－06
⊙ 网络出版是否度过了"学步期"？/杨楼//中国新闻出版报 2004－09－15
⊙ 网络出版业的发展需要高素质的网络出版队伍/王锦贵//中国出版 2004－11
⊙ 网络出版与数字版权保护的互动机制要求/王文佳//现代情报 2004－11
⊙ 网络出版中版权保护技术——文本数字水印的研究/李庆诚//计算机工程与应用 2004－18
⊙ 网络传播版权作品的"法定许可"探讨/谭英//情报科学 2004－09
⊙ 网络传播与未来的新闻业者/梁帆//大众科技 2004－09
⊙ 网络电子杂志发展路在何方？/张健挺//中华新闻报 2004－09－01
⊙ 网络辅助出版：作者弱势地位的突破？/金兼斌//中国出版 2004－12
⊙ 网络环境下版权保护的国际立法比较研究/李卉//大连大学学报 2004－05
⊙ 网络环境下版权保护体系的构筑/申柳华//广西政法管理干部学院学报 2004－01
⊙ 网络环境下版权的管理与保护制度/冯卫红//决策探索 2004－10
⊙ 网络环境下版权的侵权与保护/牛学理//情报杂志 2004－04
⊙ 网络环境下版权人的精神权利/温晓红//现代传播 2004－02
⊙ 网络环境下版权人精神权利保护基本原则探析/刘华//韶关学院学报 2004－02
⊙ 网络环境下出版社版权保护引起重视/刘河//中国知识产权报 2004－12－30
⊙ 网络环境下图书营销初探/翁翠玲//引进与咨询 2004－06
⊙ 网络环境中报刊资源共享的著作权保护/张怀涛　秦珂//图书馆理论与实践 2004－01
⊙ 网络环境中的著作权保护与图书馆版权例外/赵铁军//图书馆学刊 2004－05
⊙ 网络记者——新闻行业中的新新人类/晚霞//中国出版 2004－03
⊙ 网络技术发展对报纸冲击有多大？——《组织人事报》电子版创刊后对纸质报纸影响的调查/蒋捷舟//新闻知识 2004－05
⊙ 网络零售商抢食畅销书/赵钢//中国商报 2004－01－16
⊙ 网络媒体与报纸的互动/杨锦波//记者摇篮 2004－11
⊙ 网络时代，科学出版向何处去/康慨//中华读书报 2004－10－27
⊙ 网络时代的新闻更正制度——从搜狐"有奖网络纠错"活动谈起/刘佩//当代传播 2004－01
⊙ 网络时代教育理论刊物编辑的素养/金锡萍//教育探索 2004－08
⊙ 网络时代数字图书馆的著作权保护问题初探/许勇//图书馆的区域合作与共享国际研讨会 2004
⊙ 网络时代我国版权合理使用制度的构建/王利//安徽警官职业学院学报 2004－03
⊙ 网络世界也要讲版权/孙昕//中国知识产权报 2004－12－28
⊙ 网络书店的"第三个利润源"——物流/吴信//办公自动化 2004－06
⊙ 网络书店借力节日营销/姚雪//中华读书报 2004－02－18
⊙ 网络书店以低价吸引眼球/赵钒宇//出版参考 2004－25
⊙ 网络书店正与传统书店试比高/左勤程//中国新闻出版报 2004－12－17
⊙ 网络数字化信息版权问题探讨/张云秋//情报杂志 2004－02
⊙ 网络文学构建报纸副刊新动力/侯力明//传媒观察 2004－12
⊙ 网络文学走向规模化出版/舒晋瑜//中华读书报 2004－11－24
⊙ 网络新闻报道亟须加强信息引导人角色/林林//新闻战线 2004－01
⊙ 网络新闻编辑流程中的几个问题/胡栓//新闻与写作 2004－03

⊙ 现代报纸发展必须坚持的若干原则/朱定波//新闻记者 2004-10
⊙ 现代报纸发展的“四化”趋向/王建胜//新闻爱好者 2004-03
⊙ 现代出版文化：凸显书装整体设计新概念/顾杰珍//中国新闻出版报 2004-07-28
⊙ 现代出版业的结构与商业模式/程三国//《2004 年：中国文化产业发展报告》
⊙ 现代市场营销理念下的报刊发行——兼谈《中国证券报》发行战略/门耀超//中国记者 2004-10
⊙ 现代西部文学的萌芽与西部报刊业发展的关系/贺昌//福建论坛（人文社会科学版）2004-01
⊙ 现代新闻产业的确立/江山//新闻前哨 2004-08
⊙ 现当代少数民族新闻出版业发展情况/白润生//当代传播 2004-04
⊙ 现实与前瞻——论出版业三项制度改革/伍先华//出版广角 2004-05
⊙ 现行出版体制弊端的经济学分析/卓勇良//第一财经日报 2004-11-26
⊙ 香港出版业参与内地市场背景、方式与前景/汪恒//出版经济 2004-02
⊙ 香港出版营销断想/李庆生//编辑学刊 2004-01
⊙ 香港图书出版业的历史发展与现代启示/陈才俊//学术研究 2004-09
⊙ 向产业化与职业化转轨的中国出版业/沈望舒//中国出版 2004-12
⊙ 像卖饮料那样卖杂志/李宁//中国图书商报 2004-08-13
⊙ 消除隐痛，大有作为——新时期对农业图书出版的若干思考/李玉莲//中国编辑研究 2004-06-30
⊙ 小刊物如何做出大容量/刘汝兰//编辑学刊 2004-02
⊙ 小议外资进入中国报刊发行市场/杨洁华//新闻大学 2004-03
⊙ 小众化报刊发展的契合点、切入点、立足点/徐慧萍　罗丁湘//出版科学 2004-01
⊙ 小资刊物：繁华背后的价值缺失/蔡骐//传媒观察 2004-02
⊙ 写实，报纸副刊的新出路——从名牌专栏《一地鸡毛》/柳再义//新闻三昧 2004-05
⊙ 谢楚余的版权困惑——著名油画《陶》著作权被侵犯引发的思考/张苑//艺术市场 2004-07
⊙ 新办报纸的市场竞争策略/吴长伟//中国记者 2004-04
⊙ 新财经报刊的忧患与出路/吴逸//新闻战线 2004-07
⊙ 新华出版社时政新闻图书出新/晓翟//人民日报 2004-01-18
⊙ 新华发行集团图书连锁经营网络启动/陆路//国际商报 2004-08-10
⊙ 新华发行集团总公司启动国内图书连锁经营网络/延琳//出版参考 2004-24
⊙ 新华日报报业集团整合报刊资源/辛华//新华日报 2004-05-20
⊙ 新华日报报业集团纵向整合战略分析/丁和根//新闻界 2004-01
⊙ 新华书店抢占图书馆购书市场策略/朱昊//出版发行研究 2004-04
⊙ 新华书店如何推进连锁经营/刘强//中国新闻出版报 2004-02-05
⊙ 新技术影响报业发展趋势/朱定波//中华新闻报 2004-05-31
⊙ 新加坡报业控股的经营理念/袁舟//当代传播 2004-01
⊙ 新加坡新闻媒介所有权特征分析——法律角度的观察/刘洁//新闻大学 2004-01
⊙ 新疆版权保护：任重而道远/巴哈古力//新疆新闻出版 2004-03
⊙ 新疆新华书店连锁经营的模式及选择/张郑重//新疆新闻出版 2004-03
⊙ 新竞争、新赢利、新品牌——浅析广州报业整合营销的“活动经济”/朱文丰//中国报业 2004-06
⊙ 新浪：网络新闻的工业化实验/王方剑//经济观察报 2004-05-10
⊙ 新时期的出版业呼唤编辑的主动创新/李东//中国出版 2004-08
⊙ 新时期的我国印刷业/慕明宜//中国印刷物资商情 2004-07
⊙ 新时期海外中文报刊信息开发的困境与出路/符国冰//图书馆论坛 2004-23
⊙ 新时期科技图书版权贸易的挑战与机遇/汤斌浩　卢先和//首届科技出版发展论坛 2004
⊙ 新世纪新阶段四川报业再上新台阶/姚志能//新闻界 2004-03
⊙ 新索总裁破解音像产业瓶颈问题/白炜//中国文化报 2004-05-10
⊙ 新闻产业：在市场经济中实现先进文化的前进方向/汤卫//天府新论 2004-03
⊙ 新闻出版：倾力打造新闻出版信息化之路/李琛//中国计算机用户 2004-01
⊙ 新闻出版单位转制中的六个重要问题/柳斌杰//新疆新闻出版 2004-03
⊙ 新闻出版市场准入放松：前提、原则与思路/姚德权//财经理论与实践 2004-06
⊙ 新闻出版掀开人才兴业新篇章/肖武//出版参考 2004-31
⊙ 新闻出版业的分类与分类发展/姚德权//编辑之友 2004-04
⊙ 新闻出版业法制意识要跨越式发展/王建辉//出版科学 2004-01
⊙ 新闻出版业融资情况与对策/焦述伦//中华新闻报 2004-07-26
⊙ 新闻出版业如何树立科学发展观/余波//中国出版 2004-05
⊙ 新闻出版总署：2005 年印刷业新格局形成/老砭//广东印刷 2004-06
⊙ 新闻链接：网络时代报纸编辑的新形式/李宁//传媒观察 2004-02
⊙ 新闻热线与报纸公信力/钱飞鸣//新闻知识 2004-08
⊙ 新闻事业跨步走入“黄金时代”/郑保卫//中国新闻出版报 2004-09-30
⊙ 新闻事业已进入读图时代——在第十届全国新闻摄影理论年会上的讲话/黄健//第十届全国新闻摄影理论年会 2004
⊙ 新闻网站商业模式再探讨/袁舟//新闻界 2004-05
⊙ 新闻维护公众利益才有生命力/王珂　李东红//河南日报 2004-10-20
⊙ 新闻业管理体制改革的基本走向/田萱　王慰//新闻知识 2004-02
⊙ 新闻专业期刊发展现状与趋势分析/新时期新闻专业期刊研究课题组//新闻与传播研究 2004-04
⊙ 新型党报别开洞天——访广州日报报业集团总编辑薛晓峰/方仁//传媒观察 2004-07
⊙ 新型电子书令数字版权保护蒙羞//个人电脑 2004-08
⊙ 新中国科技刊出版业的两次挫折——中国科技刊史纲之九/朱联营//延安大学学报（自然科学版）2004-01
⊙ 信息安全与数字版权保护（上）/杨成//计算机安全 2004-01
⊙ 信息安全与数字版权保护（下）/杨成//计算机安全 2004-02
⊙ 信息产品版权管理的策略初探/范陈泽//情报理论与实践 2004-01
⊙ 信息平台：打造企业的“中央情报局”——关于出版集团建设统一信息平台的思考/张文飞//出版广角 2004-02
⊙ 信息数字化环境对《全国报刊索引数据库》的挑战及策略/徐天秀//西南民族大学学报（人文社科版）2004-11
⊙ 信息网络传播权对图书馆服务的影响/严真//图书馆学刊 2004-05
⊙ 信息网络传播权与数字图书馆版权保护/朱丹君//情报杂志 2004-02
⊙ 信息隐藏技术及其在数字图书馆版权保护中的应用/张绍武//情报理论与实践 2004-06
⊙ 行业报道要以新闻为突破口/杨艳珊//新闻战线 2004-12
⊙ 行业报直面改革困惑/卓宏勇//中国新闻出版报 2004-04-13
⊙ 行政捏合的出版集团违背改革的方向——柳斌杰谈新闻出版业改革//全国新书目 2004-06
⊙ 形成出版集团竞争优势的路径分析/朱静雯//出版发行研究 2004-11
⊙ 性教育图书热销的背后/张振胜//福建日报 2004-12-06
⊙ 需要组建跨地区跨行业的出版集团/刘树林//经济日报 2004-08-22
⊙ 蓄势待发的网络出版业/周荣庭　陈刚//中国印刷物资商情 2004-12
⊙ 玄幻文学出版试图本土化/王玉梅//中国新闻出版报 2004-11-17
⊙ 学生心目中的出版业/邹浩//出版参考 2004-30
⊙ 学习力与中国出版业的跨越式发展/梁春芳//编辑学刊 2004-06
⊙ 寻觅最佳方式引进最佳图书/李朝晖//中国新闻出版报 2004-11-03
⊙ 寻找音像业的盈利模式/何为　郭虹　王东//中国图书商报 2004-09-24
⊙ 迅速发展的网络书店/萧苏//出版参考 2004-36

量/孟文涛//中央音乐学院学报 2004 - 01
⊙“能本管理”——现代出版业的新理念/孙宪勇//企业活力 2004 - 11
⊙“强主编”是办好报纸的关键一环/刘天河//新闻战线 2004 - 10
⊙“入世”后对外新闻传播障碍分析/丁柏铨//新闻知识 2004 - 04
⊙“三大战略”指引中国出版业走向未来/张隽//中华读书报 2004 - 09 - 01
⊙“三分法”与新闻出版业的“三性论”/孙宝瑞//中国出版 2004 - 11
⊙“事件营销”和时政新闻类图书的出版策略——兼谈“神五”图书的出版/徐尚青　周斌//出版广角 2004 - 01
⊙“事件营销”和新闻类图书的出版发行策略/徐尚青//编辑之友 2004 - 01
⊙“授权要约”打破成本限制？数字版权交易曙光再现/李健//中国经营报 2004 - 09 - 27
⊙“通路为王”——建设文化强省之图书发行路向说/赵达仕//中州今古 2004 - 06
⊙“团”的核心与本质在于“才”——报业集团人力资源开发纵横谈/周思明//中国报业 2004 - 04
⊙“细嚼”出版资源“慢咽”网络利润——2004 年 eBook 产业年会主题“感官”/文晨//中国电子与网络出版 2004 - 07
⊙“新潮”杂志：你让读者看什么？/齐殿斌//中华新闻报 2004 - 06 - 28
⊙“新闻报料人”的利弊及其规范/徐兆荣//中国记者 2004 - 09
⊙“新闻书”及其编辑出版策略/方舒阳//编辑之友 2004 - 03
⊙“压缩碟风波”凸显音像业困局/师哲//中国文化报 2004 - 11 - 15
⊙“洋”“土”之争：管理图书市场面临决战/张永恒//中国图书商报 2004 - 07 - 16
⊙“异地办报”开启报业集团产业化之门/夏晓晖//广告大观（综合版）2004 - 02
⊙“音像 SARS”引发产业危机/朱文　顾奇志//中国知识产权报 2004 - 11 - 18
⊙“重要旧闻”：报纸亟待摆脱的尴尬/张玉斌//新闻知识 2004 - 07
⊙《2003 - 2004 中国出版业状况及预测》出版发行/延琳/出版参考 2004 - 25
⊙《安徽广播电视报》：安徽上升速度最快的报纸/孙力//大市场·广告导报 2004 - 11
⊙《大科技》杂志的定位及相关问题刍议/王亦军//2004 中国科技期刊发展论坛 2004 - 10 - 01
⊙《惠州晚报》：国内第一家破产的报纸/张志安//今传媒 2004 - 06
⊙《萌芽》杂志进军图书策划和发行业/李婧//中国图书商报 2004 - 06 - 11
⊙《青年报》的“蚂蚁式”发行模式——兼谈上海报刊发行市场的竞争格局与趋势/黄俊杰//新闻记者 2004 - 07
⊙《新京报》：能否成为中国报业的领跑者？/王眉//新闻爱好者 2004 - 01
⊙《行政许可法》：给新闻出版业带来什么？/樊国安　韩为卿　王立强//中国新闻出版报 2004 - 06 - 29
⊙《印刷的书》发布 2003 年度美国出版业报告/晋原//出版经济 2004 - 06
⊙《勇敢面对》：广东出版集团跨媒体经营迈步/雷鹤//出版参考 2004 - 16

2005 年

⊙ 1:10，图书版权贸易逆差何时扭转/续随子//中国文化报 2005 - 09 - 09
⊙ 1995 - 2005 大众出版市场十年风云回眸（上）/刘昶//中国图书商报 2005 - 01 - 07
⊙ 1995 - 2005 大众出版市场十年风云回眸（下）/刘昶//中国图书商报 2005 - 01 - 07
⊙ 1995 - 2005 专业出版十年扩容群雄起书市争霸风云兴/刘颖//中国图书商报 2005 - 01 - 07
⊙ 1995 - 2005 世界出版革命性的十年/保罗·理查森//中国图书商报 2005 - 01 - 07
⊙ 2004，图书分销市场大变局/焦清超//中国新闻出版报 2005 - 01 - 06
⊙ 2004：报业集团在转制中释放新闻生产力/罗建华//传媒观察 2005 - 03
⊙ 2004：报业市场风云滚滚/王燕枫//中国新闻出版报 2005 - 01 - 05
⊙ 2004 年度韩国图书发行种数（按题材分类）/姜汉忠//出版参考 2005 - 30
⊙ 2004 年法国出版集团排名稳中微调/张书卿//出版参考 2005 - 27
⊙ 2004 年法国图书市场表现不俗/张书卿//出版参考 2005 - 19
⊙ 2004 年美国杂志零售市场报告/叶新　孙瑞博//中国新闻出版报 2005 - 06 - 29
⊙ 2004 年外语类期刊出版质量监测结果/曹亚宁//中国新闻出版报 2005 - 07 - 08
⊙ 2004 年我国图书出版业基本数据解读/宗诚//出版科学 2005 - 06
⊙ 2004 年中国财经类报纸广告市场回顾/姚林//中国报业 2005 - 05
⊙ 2004 英国少儿图书谁主沉浮/史建华//中国图书商报 2005 - 06 - 24
⊙ 2004 中国出版产业大透视/陈斌//中国图书商报 2005 - 10 - 21
⊙ 2005，“整合力”折射报业集团“软肋”/冯文礼//中国新闻出版报 2005 - 12 - 29
⊙ 2005，报刊界的“命运交响曲”/晋雅芬//中国新闻出版报 2005 - 12 - 20
⊙ 2005，寒风中的中国报业/肖景辉//招商周刊 2005 - 52
⊙ 2005，旅游图书市场行情看涨/刘昶　周周//中国图书商报 2005 - 04 - 22
⊙ 2005，中国报业寒风中的徘徊与期待/肖景辉//传媒 2005 - 12
⊙ 2005，中国报业直面微利时代——国际比较视野下的报业市场回顾与展望/支庭荣//新闻实践 2005 - 12
⊙ 2005：图书出版风云录/赵亦冬//工人日报 2005 - 12 - 24
⊙ 2005：图书团购服务趋向仓储式?!/马国仓//中国新闻出版报 2005 - 01 - 05
⊙ 2005：中国报业的调整之年/林江//中国报业 2005 - 09
⊙ 2005“华文出版的机遇与挑战”研讨会综述/杨琳//大学出版 2005 - 03
⊙ 2005 版权贸易发展四方论剑/姚一宪//中国新闻出版报 2005 - 09 - 01
⊙ 2005 年，天津报业发展的关键年/翟树卿//大市场·广告导报 2005 - 08
⊙ 2005 年北京图书订货会扫描/李果//美术之友 2005 - 02
⊙ 2005 年教辅图书市场五大趋势/张金柱//中国新闻出版报 2005 - 08 - 17
⊙ 2005 上半年时尚杂志零售市场分析/王侠　蔡正鹏//中华新闻报 2005 - 06 - 29
⊙ 2005 书店连锁扩张新路线/蓝有林　刘颖　刘观涛　田原　潘利斌//中国图书商报 2005 - 12 - 16
⊙ 2006 北京图书订货会新看点/洪峰//出版参考 2005 - 34
⊙ 20 世纪 90 年代中期以来中国出版业改革回顾/刁其武//第五届国史学术年会 2005
⊙ 21 世纪期刊业面临的挑战和机遇——找准位置、苦练内功、力求发展/司徒琳莉　刘欣//牡丹江师范学院学报（哲学社会科学版）2005 - 02
⊙ 5000 余部少数民族古籍出版/刘德伟//中国民族报 2005 - 11 - 15
⊙ 50 家地市书店助学读物市场报告/刘志英　蓝有林　刘观涛//中国图书商报 2005 - 04 - 15
⊙ 7 年扫描 7 百万图书 Google 统治世界的野心受困版权法//IT 时代周刊 2005 - 23
⊙ BT 下载的版权侵权问题探析/王利//广东科技 2005 - 05
⊙ Cross Medium Publishing for the STM Scientific Community/HubertusRiedesel//第二届国际科学编辑研讨会 2005
⊙ DM 杂志：都是免费惹的祸？/赵正//中国经营报 2005 - 03 - 07
⊙ DRM 技术：斩断伸向数字版权的黑手！/JoanVanTassel　杨司晨//中国电影报 2005 - 09 - 01

◎ 发展前景广阔的版权产业/唐喜文//桂林日报 2005 - 12 - 28
◎ 发展现代图书物流应对 WTO 后过渡期挑战/吕桂秋//现代企业教育 2005 - 04
◎ 发展中的新疆图书批发市场/史亚康//新疆新闻出版 2005 - 05
◎ 法国出版界流行“中国热”/刘芳//市场报 2005 - 07 - 06
◎ 法国大学图书出版概况/弗郎索瓦·盖兹//中国图书商报 2005 - 08 - 19
◎ 法国的法律类图书出版/樊尚·马尔蒂//中国图书商报 2005 - 08 - 19
◎ 法国的连环画出版/诺埃尔·隆多//中国图书商报 2005 - 08 - 19
◎ 法国健康图书出版充满活力/于平安//出版参考 2005 - 01
◎ 法国是否遭遇“出版泡沫”?/钰添//中国图书商报 2005 - 02 - 25
◎ 法国图书发行掠影/塞尔日·爱热尔//出版参考 2005 - 28
◎ 法国图书是否“出版过剩”?——书店、出版社对此各持己见/甄西//出版参考 2005 - 19
◎ 法兰克福的小步舞曲——第三只眼看版权输出/解玺璋//出版广角 2005 - 12
◎ 法律之剑与出版创新——兼评 2004 年新闻出版业/一舟//中国出版 2005 - 01
◎ 法新社告 Google 侵犯版权/张妍妍//重庆与世界 2005 - 06
◎ 翻译出版业浮华有隐忧/张妍妍　周润健//市场报 2005 - 05 - 27
◎ 繁荣出版：向“丑陋”靠拢?/吴小曼//财经时报 2005 - 04 - 04
◎ 方向明确敢冒风险瞄准前沿精心维护——湖南科学技术出版社成功引进国外科普图书探秘/罗大庆//中国出版 2005 - 02
◎ 防止盗版可以考虑使用版权票/刘法绥//博览群书 2005 - 04
◎ 非常规报纸：报业营销的新利器/孟茹//新闻与写作 2005 - 08
◎ 非法出版物及盗版音像制品首当其冲/梅华峰　孔文君//湖北日报 2005 - 03 - 04
◎ 非微妙不能得间之实——出版社的信息数据库/梁京//出版参考 2005 - 10
◎ 非物质文化遗产保护——出版社行动进行时/王佳欣//中国新闻出版报 2005 - 10 - 19
◎ 非物质文化遗产整理出版明显提速/韩晓飞//中华读书报 2005 - 08 - 03
◎ 分销市场开放与报刊发行经营/张晋升//当代传播 2005 - 04
◎ 奋进中的四川出版集团/沈文//四川统一战线 2005 - 09
◎ 否弃集体作者观——民间文艺版权难题的终结/崔国斌//法制与社会发展 2005 - 05
◎ 服务“三农”强化涉农图书策划、出版、发行工作/陈兴芜//重庆行政 2005 - 06
◎ 福建：版权保护助推工艺美术产业/方承　林世勋//中国文化报 2005 - 03 - 08
◎ 福建民营书店：在残缺的市场中生存/郭睿　林翊//福建工商时报 2005 - 09 - 14
◎ 附盘图书的规范化出版势在必行/段惠东//科技情报开发与经济 2005 - 19
◎ 改革机制突显优势——中文图书采访模式新探索/袁明华//图书馆建设 2005 - 01
◎ 改革与整合并举中国文联拟建出版集团/晓芳//出版参考 2005 - 28
◎ 改制出版社角色转换所面临的困境/高诚毅//出版广角 2005 - 06
◎ 概念激活少儿出版资源/周周//中国图书商报 2005 - 11 - 18
◎ 感叹深圳报业发展快/吴炎//深圳特区报 2005 - 10 - 31
◎ 高品位做书大市场经营/魏伟　苏同敏//陕西日报 2005 - 04 - 04
◎ 各有千秋：两岸三地的动漫出版//出版广角 2005 - 08
◎ 给旅游图书市场把脉/黄金山//中国图书商报 2005 - 06 - 17
◎ 跟风出版，为何屡禁不止?/马瑞洁//出版广角 2005 - 06
◎ 公共图书馆“书店概念服务”的设想/计俊//图书馆杂志 2005 - 02
◎ 公司化运作下的美国新闻业/李欣//新闻记者 2005 - 03
◎ 公益图书馆对电子图书著作权的合理使用应予保护//中国信息导报 2005 - 05
◎ 公有制的实现形式 - 国有书店的股份制/王保杰//2005 - 06 - 30
◎ 共同出版激活日本书业/戴铮//中华读书报 2005 - 08 - 17
◎ 共拓两岸出版交流合作新局面/王玉梅//中国新闻出版报 2005 - 05 - 19
◎ 构建报业集团信息网络安全/刘景辉//中国报业 2005 - 05
◎ 构建我国医学图书网络出版体系的基本思路/王楠　李春德　单晓巍　石进英　高敬泉//出版与印刷 2005 - 04
◎ 构建现代图书发行大中盘/隗瑞艳//中国文化报 2005 - 05 - 02
◎ 构筑报业集团媒体群经营群企业群/罗建华//传媒观察 2005 - 11
◎ 构筑立交式发行网络/窦颖梅//中国图书商报 2005 - 05 - 27
◎ 构筑全国图书发行最大的中盘商/桑榆//国际商报 2005 - 08 - 22
◎ 构筑数字时代作品传播新格局——解决数字图书馆有关版权问题的必由之路/朱丹君//图书馆 2005 - 03
◎ 姑苏书市：三种资本展开较量/姜涛//人民日报 2005 - 05 - 30
◎ 古建图书出版：短线与长线的反差/白玉美//建筑时报 2005 - 06 - 13
◎ 古纳亚尔缘何退出美国杂志市场/许艳丽//中国出版 2005 - 10
◎ 关于 Google 图书扫描方案的思考/晏磊//新世纪图书馆 2005 - 02
◎ 关于报业集团信息化建设的几点思考/黄平//中国传媒科技 2005 - 08
◎ 关于报业集团制度建设的思考/张晓群//当代传播 2005 - 04
◎ 关于出版改革的几点思考/郭荣敏//社会科学论坛（学术研究卷）2005 - 07
◎ 关于付费电视经营战略选择的思考——一份无广告杂志成功经营的启示/凌军辉//电视研究 2005 - 08
◎ 关于教育报刊营销模式的探讨/乔身吉//上海企业 2005 - 05
◎ 关于教育报刊走向的思考/高治军//河南大学学报（社会科学版）2005 - 05
◎ 关于科技期刊开展多元化出版发行的技术可行性报告//现代图书情报技术 2005 - 03
◎ 关于科学出版观的初步思考/贺圣遂//中国新闻出版报 2005 - 10 - 31
◎ 关于流通领域书业信息标准的探讨/黄栋　郭素英//图书情报工作 2005 - 06
◎ 关于全国图书订货会的理性思考/袁丽娜//出版发行研究 2005 - 01
◎ 关于我国图书发行市场的若干思考/张晓玲//经济师 2005 - 01
◎ 关于新技术和传统出版命运的悖论/辰目//出版发行研究 2005 - 12
◎ 关于重庆报业经济发展的一些思考/蔡敏//新闻界 2005 - 04
◎ 关于准确把握报业市场的细化问题/曹筱凡//东岳论丛 2005 - 03
◎ 关注版权工作的“第三级台阶”/张杰//中国新闻出版报 2005 - 04 - 27
◎ 关注报业集团扩张中的资源共享/辜晓进//传媒观察 2005 - 08
◎ 观点竞争：广州报业新一轮竞争的制高点/徐晖明//传媒观察 2005 - 08
◎ 馆藏数字化版权的合理使用/谢新根//图书馆理论与实践 2005 - 03
◎ 管理创新：实现报业集团效益裂变——对当前报业集团管理现状的思考/汪秋萍//传媒 2005 - 10
◎ 管理思想科学机制转型优化用人之道创新——发展中的民营图书企业的定位思考/林小宁//2005 - 03 - 01
◎ 广播影视的数字版权管理及其需求/黄铁军//广播与电视技术 2005 - 08
◎ 广东报业：与时代一起成长/蒲荔子//南方日报 2005 - 07 - 25
◎ 广东报业稳步发展的一年——2004 年广东报业回眸/董天策//新闻界 2005 - 01
◎ 广东出版：从茶馆中“走出去”/林铨//出版参考 2005 - 30
◎ 广东省出版系统期刊业人力资源状态统计分析/李启欣//湖南大众传媒职业技术学院学报 2005 - 06
◎ 广东音像，寻找新的“奶酪”//南方日报 2005 - 07 - 18
◎ 广东音像超市抢占内地市场/郭珊//南方日报 2005 - 03 - 27
◎ 广东音像市场风生水起/陈金//中国文化报 2005 - 07 - 11
◎ 广西新闻出版产业现状分析与发展思路/黄健//经济与社会发展 2005 - 12

⊙ 归核化：新加坡报业控股发展战略分析/刘年辉//中国报业 2005－09
⊙ 规范报业市场竞争秩序//秦皇岛日报 2005－11－06
⊙ 规模经济与出版社经营策略/温新豪//出版广角 2005－08
⊙ 国产"蓝猫"成功"走出去"/赖名芳//中国新闻出版报 2005－05－11
⊙ 国产音像制品出口发展势头良好//中国文化报 2005－09－12
⊙ 国产音像制品出口战略亟待调整/马春茂//中国文化报 2005－07－18
⊙ 国产音像制品出口专项资金管理办法//中国文化报 2005－04－08
⊙ 国风集团全力建造书店航母——新生代书店"第三极书局"即将亮相中关村/李桥//出版发行研究 2005－10
⊙ 国际版权的法律适用/邱霜//社会科学家 2005－S1
⊙ 国际版权贸易信息平台的构建/邹建华//出版发行研究 2005－09
⊙ 国际合作出版的意义、形式及原则/衣彩天//编辑之友 2005－02
⊙ 国际化出版促进世界和平与发展/刘果//出版科学 2005－01
⊙ 国际化出版中的编辑工作/孙学刚//编辑学刊 2005－01
⊙ 国际化杂志如何赢得海外读者/ClareDowdy//中国图书商报 2005－11－25
⊙ 国际时尚杂志中文版的经营策略——以"时尚"和"桦谢"集团为例/范萱怡//新闻记者 2005－08
⊙ 国际书展留给中国出版人的思考/陈晓阳//编辑学刊 2005－01
⊙ 国家出台政策鼓励民营书业做大做强/孙萍//陕西日报 2005－05－18
⊙ 国家间图书版权贸易的经济和文化因素分析/金兼斌　吴科特//中国编辑学会第十届年会 2005
⊙ 国家今后将大力支持科技期刊的出版/徐嘉鹏//功能材料信息 2005－01
⊙ 国家新闻出版版权管理机构的变革（上）/宋木文//中国出版 2005－10
⊙ 国家新闻出版版权管理机构的变革（下）/宋木文//中国出版 2005－11
⊙ 国内"非主流报刊"可持续发展应注意的几个问题/李中华//新闻爱好者 2005－12
⊙ 国内首家与日本合资的儿童绘本书店开业//北京印刷学院学报 2005－04
⊙ 国内外网上书店比较/严卫青//情报探索 2005－04
⊙ 国内网络出版的发展现状与趋势/熊燕舞//办公自动化 2005－05
⊙ 国内新闻出版集团组建现状分析/徐进//中国出版 2005－08
⊙ 国图无版权数字资源可免费使用/舒晋瑜//中华读书报 2005－12－21
⊙ 国外标准版权保护措施及对我国的启示/郭德华//世界标准化与质量管理 2005－02
⊙ 国外图书馆图书订购方式比较/王洪军//图书馆建设 2005－03
⊙ 国有书店股份制改造的难点/李哲//出版参考 2005－01
⊙ 国有书店股份制改造遇到的问题和解决对策/杨新媚//2005－06－30
⊙ 国有书店如何将改制进行到底/张钵//2005－06－30
⊙ 国有书店体制性障碍的调查研究或个案调查/滕景林//2005－06－30
⊙ 哈尔滨：报刊亭"地盘"之争/宋雪莲//青年记者 2005－08
⊙ 海量图书，光纤存储/郝鹏//中国计算机用户 2005－14
⊙ 海陆空战打造图书品牌/孟叶//中国图书商报 2005－05－20
⊙ 海纳百川——文新报业集团的人文环境/唐文英//人才开发 2005－05
⊙ 海南新华书店系统实现全省连锁经营//中国新闻出版报 2005－07－20
⊙ 海外版权引进的策略选择——清华大学出版社的实践与探索/黄娟娟//科技与出版 2005－04
⊙ 海外报业//中国报业 2005－03
⊙ 海外图书采选系统：引领外文图书采选新模式/邹昱琴//中国图书商报 2005－10－28
⊙ 海峡两岸大学出版研究所首次合作探讨华文出版机遇与挑战/惠东坡//中国新闻出版报 2005－09－06
⊙ 含盘图书的管理新理念/葛秋菊//科技情报开发与经济 2005－07
⊙ 韩国网络出版现状与趋势/金贞淑//中国图书商报 2005－08－19
⊙ 韩国音像产业的发展与管理给我国的启示/徐凡非//东方艺术 2005－14
⊙ 韩剧图书引进要有选择/张戈//中华读书报 2005－11－30
⊙ 汉语热带动教材热和图书版权输出热/闻欣//中国新闻出版报 2005－10－31
⊙ 好的模式＝传统＋网络＋优质服务——网上书店与出版发行/陈砾//出版发行研究 2005－09
⊙ 合与分：出版、发行集团化重组的迷思/昊文//出版参考 2005－Z1
⊙ 合作出版权——国际化出版的高端经营/冯洁//出版发行研究 2005－05
⊙ 河北报业：京津辐射下寻求突破/卓宏勇//中国新闻出版报 2005－07－12
⊙ 河北出版集团全力推进个性化出版品牌化经营/张力勇//中国新闻出版报 2005－06－15
⊙ 河南报业主流市场竞争现状分析/王继发//台声・新视角 2005－07
⊙ 呼唤有序的教材出版市场/方士华//编辑学刊 2005－02
⊙ 呼唤重诚信的出版经纪人/李景端//中华读书报 2005－09－14
⊙ 湖北报刊订阅发生结构性转变/沙新　陈明//中国邮政报 2005－01－07
⊙ 湖南、湖北图书市场管窥/袁复生//出版参考 2005－10
⊙ 湖南书店集团快捷有序精细发展/傅剑华//中国新闻出版报 2005－07－25
⊙ 湖南新华书店集团：坚持"强主拓翼"思路不变/章红雨　柴岚绮//中国新闻出版报 2005－09－09
⊙ 湖南新华书店集团：全力推进连锁经营加快实现二次创业/章红雨//中国新闻出版报 2005－06－08
⊙ 湖南重视未成年人优秀读物出版/贺广华　周立耘//人民日报 2005－08－07
⊙ 互联网出版的北京"速度"/庞薇　喻萍　满向伟//中国新闻出版报 2005－11－21
⊙ 互联网环境下高校图书馆图书采访与搜集/刘丕顺//赣南师范学院学报 2005－06
⊙ 互联网新闻的"整风运动"/殷美玲　曹光//电脑报 2005－10－10
⊙ 华商报业经营战略研究/张迈曾//新闻知识 2005－09
⊙ 华文出版 10 年风雨历程/陈万雄//中国图书商报 2005－01－07
⊙ 华文出版的激荡与整合/方守仁//出版参考 2005－25
⊙ 华文出版流通整合，何时能实现？/梁荣鲸//出版参考 2005－31
⊙ 华谊向盗版网站开火/邵一乙//国际金融报 2005－06－17
⊙ 话说 IT 出版九大挑战/郭亚军//中国图书商报 2005－01－14
⊙ 桦榭和贝塔斯曼在中国杂志合作的经验与教训/洪伟//新闻界 2005－01
⊙ 欢呼多元出版时代/刘拥军//中国图书商报 2005－10－21
⊙ 黄金书：传播文化还是畸形消费/叶伟民　郑天虹　金晶//中华新闻报 2005－07－20
⊙ 回眸 2004：报业广告经营进入新的盘整期/梁勤俭//中国报业 2005－03
⊙ 会出现"报业湘军"吗——长沙报业之竞争环境/万智炯//中国记者 2005－03
⊙ 绘本图书成为儿童的香饽饽/安琪//出版参考 2005－34
⊙ 伙伴营销消费类杂志的营销革命/马雪芬//中国图书商报 2005－08－05
⊙ 积极发展本土出版文化/尹华平//广西日报 2005－02－28
⊙ 积极推进规范报刊发行秩序工作促进社会主义和谐社会建设/王立英//中国报业 2005－10
⊙ 积极应对变化中的图书市场/埃里克・哈丁　瞿磊//中国图书商报 2005－06－03
⊙ 基层新华书店的不良环境及突出问题的克服/唐容桢//出版发行研究 2005－10
⊙ 基础教育新课程改革中英语教材出版的机遇、使命和挑战/王勇//中国教育报 2005－06－09
⊙ 基于 BP 网络对图书销售的预测/林钢//无锡职业技术学院学报 2005－04
⊙ 基于 J2EE 的网上书店的构建/余艳　周顺平　林伟华//全国 ISNBM 学术交流会暨电脑开发与应用创刊 20 周年庆祝大会 2005
⊙ 基于 OPAC 的图书资源整合/张红芹　曹星晶　赵乃瑄//图书馆理论与

实践 2005－01
⊙ 基于共赢的图书营销策略探析／黄健／／企业家天地（下半月）2005－08
⊙ 基于可持续发展观的协同模型——论图书情报事业发展／胡昌平／／图书馆杂志 2005－07
⊙ 基于小波域数字水印技术的图像版权保护方法／王向阳／／大连铁道学院学报 2005－03
⊙ 基于知识信息组织与服务的信息管理技术推进战略——国家可持续发展中的图书情报事业战略分析（3）／胡昌平／／中国图书馆学报 2005－04
⊙ 吉神转型：版权中介→版权捆绑企划／白炜／／中国文化报 2005－10－24
⊙ 即将来临的完美风暴——中国数字出版产业掠影／何嘉锐／／数码世界 2005－15
⊙ 集团化背景下武汉报业市场格局分析／刘兰珍／／中南财经政法大学学报 2005－01
⊙ 集团化增强出版发行实力／陈杰　赵婀娜／／人民日报 2005－05－27
⊙ 几大举措力推日本出版产业走出困境／赵乾海／／出版广角 2005－11
⊙ 纪念百年电影图书风起云涌／张晋锋／／中国电影报 2005－12－29
⊙ 技术先锋为“数字版权”护航／龚锐／／中国经济导报 2005－07－21
⊙ 技术战略是提升报业核心竞争力的法宝——广州日报报业集团在市场竞争下技术创新的汇报／梁泉／／中国传媒科技 2005－01
⊙ 加大改革力度　加快发展步伐——全国新闻出版局长会议综述／嘉敖／／中国出版 2005－02
⊙ 加快报刊走出国门的步伐／鲁泽／／新闻战线 2005－03
⊙ 加快报业企业文化建设——兼论金华日报社的企业文化构想／陈东／／新闻战线 2005－03
⊙ 加快出版事业发展推动中华文化走出国门／李桐／／中国国门时报 2005－09－08
⊙ 加快江西期刊出版业发展的思路和对策／池红　严全胜／／江西政报 2005－03
⊙ 加快邮政投递网改革提高报刊投递服务水平／白宏利／／北方经济 2005－07
⊙ 加拿大书业开始渡过寒流／尤建忠／／出版参考 2005－01
⊙ 加拿大政府对期刊业的扶持措施／尹淇／／出版广角 2005－09
⊙ 加强版权保护　促进文化繁荣／王平权／／衡水日报 2005－04－26
⊙ 加强报协工作服务报业发展／高新／／中国报业 2005－08
⊙ 加强报业集团财务集中控制／尤大海／／发展研究 2005－11
⊙ 加强报业集团应收账款管理的思考／杨宏辉／／中国报业 2005－08
⊙ 加强报纸出版管理推进报业改革发展——就《报纸出版管理规定》专访新闻出版总署报刊司副司长王国庆／／中国报业 2005－11
⊙ 加强诚信建设共兴民营书业——自治区“维护版权，共建诚信书店”民营书业发展座谈会纪要／柴辽／／新疆新闻出版 2005－05
⊙ 加强管理　深化改革　加快发展　壮大报业经济实力　提高竞争力／格日勒图　宋阿男／／内蒙古日报（汉）2005－05－27
⊙ 加强和改进地方新闻媒体的宏观管理／赵鸣／／理论前沿 2005－22
⊙ 加强基础建设实施科学管理促进全区中小学图书事业健康发展／王忠海／／中小学图书情报世界 2005－01
⊙ 加强监管规范出版——访江西省新闻出版局局长黄鹤／杨春兰／／传媒 2005－09
⊙ 加强监管铸造精品少儿图书／／中国新闻出版报 2005－10－21
⊙ 加强游戏出版监管引导产业健康发展——中国游戏出版产业发展现状及政策／寇晓伟／／出版发行研究 2005－08
⊙ 加入 WTO 给出版业带来机遇和挑战／李桐／／中国国门时报 2005－01－27
⊙ 加入 WTO 与中国的版权保护／曹明睿／／石家庄经济学院学报 2005－01
⊙ 家庭音像网络行销策略／ThomasK.　Arnold　李兮／／中国电影报 2005－09－15
⊙ 嘉鱼新华书店冲出困境／西流／／咸宁日报 2005－07－14
⊙ 坚持以“三个代表”重要思想为统领，解放思想、转变职能、依法行政、提高能力，大力推进新闻出版业全面繁荣和健康发展／石宗源／／中国出版 2005－02
⊙ 坚持专业化和本土化建设中国特色出版物发行认证制度／石峰／／传媒 2005－05
⊙ 减少版权逆差，防止“文化殖民”的根本途径／刘芳／／编辑之友 2005－01
⊙ 简论出版时尚化／吴艳玲／／编辑学刊 2005－03
⊙ 简析营销理论对中国出版业的适用性／刘锦泉／／天津商学院学报 2005－02
⊙ 建立报刊发行量认证制度势在必行／张骏德　倪祖敏／／中国记者 2005－07
⊙ 建立出版集团应注意“文化力”的培养／蒋鸣涛／／中国出版 2005－02
⊙ 建立健全版权管理规范积极推动版权相关产业发展——访国家版权局副局长阎晓宏／李桥／／出版发行研究 2005－09
⊙ 建立农业广播电视教育音像教材供应链初探／张晓华／／高等农业教育 2005－07
⊙ 建立区域图书发行公司——大中型出版社扩大图书发行的捷径／张辉／／出版发行研究 2005－12
⊙ 健康类报刊 2004 年全年广告投放监测／／传媒 2005－03
⊙ 健康图书能否“柳暗花明”？／赵怀庆／／出版参考 2005－30
⊙ 江苏形成版权贸易优势团队／刘超／／中国知识产权报
⊙ 江西畅销报刊与邮政合作更“铁”／刘颖煜　杨诚／／中国邮政报 2005－07－15
⊙ 江西省新华书店图书配送系统具有示范作用／桑榆／／国际商报 2005－08－22
⊙ 江阴新华书店创出两项全国奇迹／夏新炯／／江阴日报 2005－04－24
⊙ 教材出版：是牛排还是鸡肋？／杜恩龙／／出版参考 2005－10
⊙ 教材出版的文化性、商业性与公共性／张文勇／／中国图书商报 2005－08－05
⊙ 教材出版合同如何滴水不漏／陈建军／／中国图书商报 2005－09－30
⊙ 教材出版要走良性循环之路——访国家教育部基础教育司教材管理处处长臧爱珍／相美／／中国编辑 2005－01
⊙ 教辅出版教人应先正己／姜小玲／／解放日报 2005－01－07
⊙ 教辅类报刊如何提升核心竞争力／朱凌燕／／传媒观察 2005－09
⊙ 教师用书正成为市场热点／卜之／／中国教育报 2005－09－29
⊙ 教育、出版、科研互动探寻现代出版发展之路／方颖芝／／中华读书报 2005－02－02
⊙ 教育报刊如何实现跨越式发展／欧阳勋／／传媒 2005－11
⊙ 教育报刊营销环境分析／史道祥／／河南社会科学 2005－04
⊙ 教育出版的创新与发展／吴天祝／／中国图书商报 2005－09－02
⊙ 教育社和大学社的教辅保卫战／刘小华／／出版参考 2005－Z1
⊙ 教育学术类教师用书畅销分析及最具销售潜力的图书预测／张威／／中国教育报 2005－09－08
⊙ 节目版权：实现价值最大化／崔娜／／中国电影报 2005－12－15
⊙ 结成联盟向盗版开战／罗纯／／中山日报 2005－04－30
⊙ 解读 2003－2004 年美国图书出版统计／曲阳／／出版参考 2005－01
⊙ 解读出版品牌／张辉冠／／出版广角 2005－10
⊙ 解读中国现代商业杂志／宋革新／／出版发行研究 2005－03
⊙ 解放日报报业集团启动“全面战略结盟”／陈江／／解放日报 2005－10－30
⊙ 解构出版核心竞争力／张志强／／出版广角 2005－07
⊙ 解决图书价格混乱状况的对策构想——西方图书业实价书协议对我国出版业的启示／徐进　廖建军／／中国出版 2005－02
⊙ 解析区域报业市场的几种方法／／中国记者 2005－05
⊙ 借“十五”规划，强力打造老龄图书出版／刘正刚／／出版参考 2005－33
⊙ 借好东风展中华文化，望版贸进出双向突破——2005 年北京国际图书博

-17
- 童书原创：畅销时代的尴尬/吴华贵 徐涛//财经时报 2005-05-30
- 透视出版编辑从众现象/王振铎//出版发行研究 2005-07
- 透视京沪穗三大城市报业竞争格局/赵小兵 高继红 邢越嘉//传媒 2005-08
- 透视省域出版资源配置的优化/孙桂平 张力勇//中国编辑 2005-04
- 透视时尚杂志的文化策略/梅琼林//社会科学 2005-08
- 凸现思想，构建栏目核心竞争力——关于《经视新闻》节目定位策略的思考/许东良//新闻实践 2005-10
- 突破出版领域“三八线”——朝鲜版《黄真伊》在韩公开发行前后/苏平//出版参考 2005-16
- 突破区域界限实现连锁经营//中国新闻出版报 2005-11-30
- 图书，在春天“漂流”/黄小驹//中国文化报 2005-04-26
- 图书、档案、情报一体化浅析/陈革//吉林广播电视大学学报 2005-04
- 图书：2005 的脉搏/徐启建//中国教育报 2005-01-27
- 图书：不标印数为哪般？/武汉大华//中国新闻出版报 2005-08-18
- 图书版权贸易进来的多出去的少/王墨盈 张妍妍//科技日报 2005-05-29
- 图书版权贸易应避免的四大陷阱/小于//中国图书商报 2005-12-16
- 图书包装商英美市场功用大/叶新//出版参考 2005-22
- 图书编辑在版权贸易中应具备的意识/张东黎//山西科技报 2005-07-05
- 图书采购“黑洞”及其对策分析/黄金凤//边疆经济与文化 2005-12
- 图书策划的关键点/关力//新闻传播 2005-04
- 图书差错成因探析/刘燕君//社会科学论坛（学术研究卷）2005-09
- 图书出版成为传媒市场最强份额/张隽//中华读书报 2005-06-01
- 图书出版的人性化服务问题/朱建伟//出版发行研究 2005-12
- 图书出版发行谋求产业破题/李魏//青岛日报 2005-11-17
- 图书出版发行业产业链的利润分配和效率分析/王睿新 丁永健//重庆社会科学 2005-12
- 图书出版发行中的问题与高校图书馆的采访对策/廖金辉//科技情报开发与经济 2005-10
- 图书出版架起沟通的桥/周瑾//对外大传播 2005-12
- 图书出版离不开市场调研/王军//江西青年职业学院学报 2005-04
- 图书出版社电子出版的生存与发展/谢雯萍//大学出版 2005-04
- 图书出版文化前程似锦/王坤宁//中国新闻出版报 2005-09-02
- 图书出版物的直复营销/冯文华//出版参考 2005-22
- 图书出版项目管理的必要准备/徐建军//出版参考 2005-21
- 图书出版新闻化现象的负面影响及其规避/王希//社会科学论坛（学术研究卷）2005-02
- 图书出版形态：从文化到市场价值/徐敏//当代图书馆 2005-02
- 图书出版业的扁平化营销/贺剑锋//出版科学 2005-02
- 图书出版业贸易监管体制的中外比较分析/李莉 于睿//生产力研究 2005-11
- 图书出版业内的展会营销策略/兰瑛//理论界 2005-11
- 图书出版业如何应用整合营销突破经营困境/王禄旺//出版参考 2005-12
- 图书出版者权新探/曾艳//重庆社会科学 2005-05
- 图书出版中传播链缺失的思考/黄元森//中国科技新闻学会第八次学术年会 2005
- 图书发行市场的变化对图书馆的影响/吴蜀红//图书馆学研究 2005-01
- 图书分类出错的原因及纠正措施/杜刚//沈阳干部学刊 2005-03
- 图书分销渠道的管理与整合/李胜利//出版发行研究 2005-01
- 图书供应商的选择与合作/孙常丽//牡丹江医学院学报 2005-06
- 图书馆产业化之我见/范尊娟//图书馆理论与实践 2005-03
- 图书馆的生存困惑与产业化发展路向/李益群 周进秋//湖南城市学院学报 2005-03
- 图书馆对文献数字化的版权风险分析/秦珂//图书馆学刊 2005-01
- 图书馆和书店：冷热不均/金璐//金华日报 2005-05-08
- 图书馆界呼吁维护版权应坚持合理使用原则/杨力//中国贸易报 2005-02-24
- 图书馆能产业化吗/魏洛军//图书馆学研究 2005-04
- 图书馆数字化如何应对 WTO 电子版权规则/刘志刚//国家图书馆学刊 2005-01
- 图书馆外语音像资料的开发与利用/冯遵华//兰台世界 2005-09
- 图书馆信息资源建设新举措——“书商主动配送图书”采购法剖析/谢小梅//科技情报开发与经济 2005-12
- 图书馆也要走向市场/宋客//闽西日报 2005-12-02
- 图书广告宣传空间之我见/李锋 秋阳//记者摇篮 2005-08
- 图书价格虚高的冷思考/安向前//中小学图书情报世界 2005-01
- 图书价值判断与采访质量控制/雷成全//甘肃高师学报 2005-03
- 图书俱乐部已到穷途末路？/续鸿明//中国文化报 2005-08-01
- 图书类出版物属于公开出版物/金泽俭//中国知识产权报 2005-10-12
- 图书礼品、图书年货火了图书市场/文洋 妍妍//中国信息报 2005-02-17
- 图书流动站：具有中国特色的分馆制/庄玉香//图书馆建设 2005-04
- 图书流行的选题对策/孙晶//出版广角 2005-02
- 图书买卖合同订立过程中的承诺/徐继升//科技与出版 2005-03
- 图书目录：导读与营销并重/别立平//中国新闻出版报 2005-08-03
- 图书漂流：分享知识的时尚阅读/周凯//中华新闻报 2005-11-09
- 图书漂流流多回少/栾吟之//解放日报 2005-12-17
- 图书品牌的个体特色和整体优势/谢蔚//出版参考 2005-22
- 图书设计的文化性、时尚性和个性/林小平//中国编辑 2005-05
- 图书设计——一种有纪律约束的狂想/林小平//中国新闻出版报 2005-08-02
- 图书市场的细分初探/原琳//中国新闻出版报 2005-08-02
- 图书市场供求分析/尹杰//武汉理工大学学报（信息与管理工程版）2005-04
- 图书市场期待“天下无贼”/蒋冶平//中国新闻出版报 2005-03-23
- 图书市场笑迎黄金时刻/红梅 陈晔//黄石日报 2005-09-06
- 图书市场需求分析/尹杰//图书情报知识 2005-03
- 图书数字化，可能“化”掉作者版权//新华每日电讯 2005-12-16
- 图书所附光盘的科学管理与利用/刘若瑾//中小学图书情报世界 2005-Z2
- 图书退货的原因及对策/王关义//中国出版 2005-07
- 图书网上采购电子商务浅议/孔春苗//科技情报开发与经济 2005-04
- 图书五大怪越是“伪书”越畅销？/陶澜//长白山日报 2005-02-25
- 图书向“时尚生活杂志 4 个学习”/邹昱琴//中国图书商报 2005-12-30
- 图书消费的时尚化特征/周莉华//编辑之友 2005-01
- 图书消费行为的特殊性研究/何明星//中国出版 2005-04
- 图书销售方法与技巧/蒋德琼//中国图书商报 2005-08-12
- 图书行业的逻辑是什么/续鸿明//中国文化报 2005-08-15
- 图书宣传成败可影响市场份额/姜佰君//市场报 2005-06-24
- 图书宣传的辩证法/马镇兴//编辑学刊 2005-03
- 图书营销的关键是服务读者/柏子康//科技与出版 2005-06
- 图书营销的三种策略/欧阳雪芹//出版发行研究 2005-12
- 图书营销适度为好/孙志峰//出版参考 2005-10
- 图书营销探论/乔雨//中国出版 2005-12
- 图书营销向时尚杂志学什么？//中国图书商报 2005-12-30
- 图书营销中的客户关系/毛家瑛//编辑之友 2005-02
- 图书赢利能力与出版社赢利模式分析/阎列 邓宁丰//科技与出版 2005

⊙ 网上书店及图书馆网络采访的实现/吴锦荣//图书馆 2005－03
⊙ 网上书店建设探析/崔红娟//农业图书情报学刊 2005－11
⊙ 网上书店商务信息的重组与整合/王巧玲//现代情报 2005－11
⊙ 网上书店与图书馆的采购工作/易斌//情报探索 2005－02
⊙ 网上图书采购模式的特点及应注意事项/赵亚兰//湘潭师范学院学报（社会科学版）2005－04
⊙ 网上图书交易的决策行为预测/徐维军　卢致杰　卢致烽//科技进步与对策 2005－02
⊙ 网易再次引发对网络版权关注/蒋隽//民营经济报 2005－08－23
⊙ 为“科学出版观”的提出鼓掌/金鑫//中国新闻出版报 2005－12－30
⊙ 为反盗版日产音像产品贴防伪标签/浙新//中国新闻出版报 2005－02－24
⊙ 为数字出版产业撑起一片蓝天/焦清超//中国新闻出版报 2005－07－11
⊙ 为数字出版提供重要战略性机遇/焦清超//中国新闻出版报 2005－07－11
⊙ 违法违规发行图书透视/黄盛全//瞭望 2005－52
⊙ 违法音像制品莫经营/李岱娜//汕头日报 2005－07－21
⊙ 维护网络版权不能单靠“自律”/陆高峰//新闻三昧 2005－10
⊙ 维护音乐新技术版权：《办法》还需技术支持/王立嘉//市场报 2005－06－21
⊙ 维权“蹊径”：图书自主版权/吴寅泰//中国新闻出版报 2005－04－27
⊙ 伪书：图书业的逆流/张妍妍//记者观察 2005－07
⊙ 伪书的土壤：诚信缺乏/何为//中国图书商报 2005－04－01
⊙ 伪书何以猖獗市场/王佳欣//中国新闻出版报 2005－03－22
⊙ 伪书为何能登上图书销量排行榜/赵倩//中国劳动保障报 2005－04－06
⊙ 伪书缘何频频出笼/姚贞//中国新闻出版报 2005－03－15
⊙ 未成年人图书出版现状的思考/唐海燕//玉林师范学院学报 2005－02
⊙ 未成曲调先有情——图书市场概念营销刍议/吴榈//出版发行研究 2005－11
⊙ 文本文献信息的版权保护/李可立//图书情报工作 2005－S1
⊙ 文本与活动并举：现代报刊竞争新走势/朱胜龙//传媒 2005－07
⊙ 文化部与音像企业座谈知识产权保护/刘河//中国文化报 2005－05－30
⊙ 文化出版的取之有道——复旦大学出版社社长贺圣遂访谈/何杏华　陈明//出版广角 2005－05
⊙ 文化大省首先应是出版大省——也谈广东图书出版业的发展思路/赵泓//出版发行研究 2005－04
⊙ 文化大省缘何与“报业集团”无缘——陕西报业集团缺失现象剖析/白利君//青年记者 2005－07
⊙ 文化的盛宴——第十五届全国书市/程从云//贵州省人民政府公报 2005－06
⊙ 文化名片：上海书展的追求/陈熙涵//文汇报 2005－12－05
⊙ 文教图书市场将“变脸”/贾国祥//中国图书商报 2005－04－15
⊙ 文献出版形式变化中的西文图书采访/章红//图书馆学刊 2005－02
⊙ 文学出版：在理想和现实的夹缝中求生存/邹亮//中国编辑 2005－01
⊙ 稳定引进版发展原创书争取一般图书新突破/刘海栖　周周//中国图书商报 2005－09－02
⊙ 我的作业你别抄——版权证书让 Word 文档更安全/李昊//电脑爱好者 2005－06
⊙ 我国奥运题材图书出版现状调查//北京印刷学院学报 2005－04
⊙ 我国版权产业发展的机遇与挑战/沈仁干//中国出版 2005－09
⊙ 我国版权贸易合作出版活跃/潘衍习//人民日报海外版 2005－04－22
⊙ 我国报业核心竞争力总体水平评论/刘年辉//新闻界 2005－02
⊙ 我国报业集团的协同治理结构/卢恩光//当代传播 2005－01
⊙ 我国报业集团三维绩效均衡治理模式/卢恩光//中国报业 2005－09
⊙ 我国报业集团网站内容和功能设计的现状与问题/詹正茂//新闻与写作 2005－10
⊙ 我国报业结构的变迁/鞠宏磊//当代传播 2005－02
⊙ 我国报业收入普遍下降/申屠　青南//中国证券报 2005－09－09
⊙ 我国出版产业融资问题研究/曾巧珍//江西金融职工大学学报 2005－02
⊙ 我国出版产业中“两个效益”问题之辨析/田建平//出版发行研究 2005－05
⊙ 我国出版集团的组建模式分析/孙宝寅//河北大学学报（哲学社会科学版）2005－05
⊙ 我国出版社信息化之路的思考/刘灿姣//现代情报 2005－11
⊙ 我国电视体育新闻运作模式的探析/罗晓帆//北京体育大学学报 2005－12
⊙ 我国电子图书总量已居世界第一/张达猛//大学图书馆学报 2005－04
⊙ 我国公共图书馆事业建设与文化产业发展/杨玉娟//新世纪图书馆 2005－06
⊙ 我国计算机软件版权现状及存在形式/任军//河北自学考试 2005－03
⊙ 我国建立报刊发行量稽核机构的迫切性研究/李峰//中国报业 2005－04
⊙ 我国科技期刊国际影响力的现状和对策/贾贤　黄冬华　曹兵　李忠富//冶金信息导刊 2005－06
⊙ 我国媒介规制变迁的制度困境及其意识形态根源/胡正荣　李继东//新闻大学 2005－01
⊙ 我国民营书业将享受政府更多好政策/张隽//中华读书报 2005－04－13
⊙ 我国目前成立哪些报业集团//新疆新闻出版 2005－05
⊙ 我国扭转版权贸易逆差路径分析/董锦瑞//经济问题 2005－02
⊙ 我国期刊集团化的现状及发展方向/姚婧//新视野 2005－03
⊙ 我国设立国产音像制品出口专项资金/欣文//中国文化报 2005－04－09
⊙ 我国时尚类杂志网站的现状及发展建议/詹正茂//中国出版 2005－08
⊙ 我国数字图书馆可持续发展中的版权保护/王知津//新世纪图书馆 2005－02
⊙ 我国体育科技新闻现状刍议/任广耀　朱征洪//中国科技新闻学会第八次学术年会 2005
⊙ 我国图书版权贸易存在的主要问题及对策/武迎新//中国出版 2005－02
⊙ 我国图书版权引进的主要种类及渠道/杨盈园//科技与出版 2005－02
⊙ 我国图书出版呈现三大热点/邢宇皓　计亚男　王大庆//光明日报 2005－05－20
⊙ 我国图书出版市场现状浅析/何晓林//中国编辑学会第十届年会 2005
⊙ 我国图书情报网络信息服务的组织与管理/刘红泉//情报科学 2005－05
⊙ 我国图书销售渠道面临的问题分析/孟凡波//经济师 2005－04
⊙ 我国网络科技期刊出版现状及其改进对策/马爱芳//编辑学报 2005－02
⊙ 我国现行出版产业的税收政策调查/王静波//经营与管理 2005－12
⊙ 我国新闻生产的影响机制之研究：以妇女新闻为个案/陈阳//中国新闻传播国际论坛 2005
⊙ 我国音像制品出口呈现六大发展趋势/沈卫星//中国文化报 2005－07－18
⊙ 我国在未成年人出版发行方面实施六大政策倾斜//学习导报 2005－10
⊙ 我国中文电子图书市场竞争分析/陈浩义　冷晓彦//情报科学 2005－02
⊙ 我们的注意力流向地球的何方？——我国网络国际新闻地域分布实证研究/张雷//新闻界 2005－05
⊙ 我们该如何加强农村幼儿园图书建设/张瑞芹//山东教育 2005－Z3
⊙ 我们怎样来研究出版、发行竞争力/辰目//出版发行研究 2005－06
⊙ 我拿什么奉献给你——探讨幼儿科普图书的特征/王亚琴//中国编辑 2005－01
⊙ 我省版权保护事业快速发展/黄锦军//江西日报 2005－04－20
⊙ 我省版权贸易实现新突破/吴安宁//安徽日报 2005－09－21
⊙ 我省民营书店走出僵局难/韩丽平　吴利红//黑龙江日报 2005－04－25
⊙ 我省启动专项行动打击盗版音像制品/刘慧//浙江日报 2005－06－21
⊙ 我省音像市场知识产权保护工作成效显著//新华日报 2005－04－22

⊙ 邮政直销搅动图书市场/史志成//中国邮政报 2005 - 09 - 27
⊙ 游走在杂志和电视之间——初探美国《电视指南》成功之道/刘飞//出版广角 2005 - 12
⊙ 有备而来，湖南版权输出成果多/颜华//出版参考 2005 - 28
⊙ 有关博客出版（一）/方希//中国图书商报 2005 - 05 - 13
⊙ 有关出版产业的几个事件及其启示/辰目//出版发行研究 2005 - 01
⊙ 有声书：开拓出版新疆域/延琳//出版参考 2005 - 07
⊙ 有声图书俏美国/李忠东//中外文化交流 2005 - 09
⊙ 有思想重策划贵创新——浅谈新闻组照的拍摄/刘洪军//新闻爱好者 2005 - 08
⊙ 有文化高地才有出版高地/贺圣遂//编辑学刊 2005 - 04
⊙ 有效供给：书业发展的推进器/杨永龙//出版广角 2005 - 03
⊙ 有效开掘传统媒体网络的新闻特色——浅谈福建日报报业集团电子报改版创新/吴鹏飞//福建省社会科学信息中心 2005 年年会
⊙ 有效实现报业人力资源最大化/顾建胜//新闻实践 2005 - 07
⊙ 幼儿特制图书及其制作/李利//教育导刊·幼儿教育 2005 - 01
⊙ 娱乐化新闻为何泛滥/魏陈静//北京科技报 2005 - 05 - 18
⊙ 娱乐新闻与新闻娱乐化/田海涛//传媒观察 2005 - 09
⊙ 娱乐元素该如何融入体育新闻——从姚明刘翔的苦恼说开去/阎小娴//新闻记者 2005 - 10
⊙ 瑜伽图书市场：乱花背后有隐忧/卢静//出版参考 2005 - 18
⊙ 与“亚马逊”共舞——中国网络书店及出版物发行行业的应对之策/甄西//中国编辑 2005 - 03
⊙ 与国际化的距离有多远？/陈刚//中国图书商报 2005 - 04 - 08
⊙ 与新华书店系统探讨战略合作模式/杨晓芳//中国新闻出版报 2005 - 04 - 20
⊙ 与中国报业发展的脉搏一起律动——本刊改版致读者//中国报业 2005 - 03
⊙ 语文阅读出版路在何方//中国图书商报 2005 - 07 - 22
⊙ 豫陕县新华书店全部实现网上订货/赵锁刚//中国新闻出版报 2005 - 07 - 18
⊙ 原创：撬动音像产业的支点/周珍//中国文化报 2005 - 08 - 22
⊙ 云南出版集团：以“爱”立德/于鸿//出版参考 2005 - 34
⊙ 云南积极开展教材出版发行招投标/云子//中国新闻出版报 2005 - 08 - 17
⊙ 运用市场营销手段促进少数民族古籍出版发行/龙小金//民族论坛 2005 - 08
⊙ 运用网络媒介增强企业报新闻宣传效果/李显栋//新疆新闻出版 2005 - 05
⊙ 杂志的品牌延伸/马雪芬//中国图书商报 2005 - 04 - 08
⊙ 杂志封面改革的报摊销售试验/杨晓白//中华新闻报 2005 - 05 - 25
⊙ 杂志媒体如何发挥广告优势/施隆镔//中国图书商报 2005 - 08 - 05
⊙ 再论出版企业的双重责任/姜明//中国出版 2005 - 06 - 30
⊙ 再论互联网中的版权保护/冯晓苑//情报杂志 2005 - 05
⊙ 再论品牌图书的组合营销与价值链管理/王一方//编辑之友 2005 - 04
⊙ 再论图书馆出租服务中的版权问题/秦珂//科技情报开发与经济 2005 - 20
⊙ 在哈利·波特事件背后/香江波//出版参考 2005 - 12
⊙ 在伦敦书展感受出版链条的互动/张洪//编辑学刊 2005 - 04
⊙ 在贸易中不断寻找商机/杨贵山//中国图书商报 2005 - 08 - 12
⊙ 在平稳中寻求突破——2004 年中国报业竞争回眸/董天策//新闻实践 2005 - 01
⊙ 在杂志出版中运用市场调查/马雪芬//中国图书商报 2005 - 04 - 08
⊙ 在中国进行报刊发行量审核的必要性和可能模式/张友元//传媒 2005 - 05
⊙ 在祖国大陆开更多台湾书店/海鹰//厦门日报 2005 - 07 - 29
⊙ 暂行规定完成使命报刊管理出台新规/冯文礼//中国新闻出版报 2005 - 10 - 17
⊙ 早报晚出：成都报业再起波澜/但敏//青年记者 2005 - 09
⊙ 造就复合型图书营销人才/李平//中国编辑 2005 - 06
⊙ 怎样制定图书招标采购评分标准/贾晋渝//图书情报论坛 2005 - 04
⊙ 展示涉台图书成果推动两岸出版合作/马国仓//中国新闻出版报 2005 - 07 - 25
⊙ 展望 2005：中国报业面临诸多新变局/曹鹏//中国报业 2005 - 03
⊙ 展现出版报业产业龙头新形象/杨燕//云南日报 2005 - 11 - 03
⊙ 战略成本管理：推进出版企业成本管理的新思路/于春迟//出版发行研究 2005 - 06
⊙ 张德安：子报刊如何有所作为？/张翼　洪宇//中国经营报 2005 - 08 - 15
⊙ 找寻出版改革的推动力/蔡晓宇//中国编辑 2005 - 01
⊙ 找准改进新闻报道的着力点——《鄞州日报》改扩版剖析/袁志坚//新闻实践 2005 - 08
⊙ 针对移动增值业务的 OMA 数字版权管理/华国栋//当代通信 2005 - 17
⊙ 争食图书发行，资本角力长三角/姜涛//新华每日电讯 2005 - 05 - 26
⊙ 整合资源　优势互补　多元发展——报业集团化运作的优势及其发展态势/王秀权//中国报业 2005 - 11
⊙ 整合资源，打造文化产业新品牌——新华日报报业集团三份新刊物与读者见面/薛颖旦　任志强//新华日报 2005 - 06 - 08
⊙ 整合资源优势互补多元发展——报业集团化运作的优势及其发展态势/王秀权//中国报业 2005 - 11
⊙ 整体营销报业集团证券新闻/霍鹏远//新闻前哨 2005 - 08
⊙ 整治虚假违法广告促进报业健康发展——中国报协广告座谈会纪要/卓宏勇//中国报业 2005 - 09
⊙ 正版音像打响突围战/张云宽//湖北日报 2005 - 06 - 10
⊙ 正在衰败的美国新闻业/Latwp　希声//第一财经日报 2005 - 05 - 26
⊙ 郑州报业市场的“三国演义”/王海燕//中国报业 2005 - 08
⊙ 政府出资翻译帮助中国图书走向世界/张隽//中华读书报 2005 - 08 - 31
⊙ 政府服务是促进版权产业健康发展的保证/楼荣敏//文汇报 2005 - 09 - 20
⊙ 知识工程推荐图书措力数字电视/曹敏燕//中国文化报 2005 - 09 - 19
⊙ 知识管理：推动出版企业向智慧型企业转变/杨琳//出版发行研究 2005 - 05
⊙ 直复营销：高等教育教材类图书分销的首选模式/雷培莉//重庆工商大学学报（西部经济论坛）2005 - S1
⊙ 值得关注的两种网络出版模式/张健挺//出版发行研究 2005 - 07
⊙ 志鸿集团的图书营销渠道策略/鲍红　邹浩//中国邮政 2005 - 11
⊙ 制度建设是报业成功改革的关键/金碚//青年记者 2005 - 02
⊙ 质量滑坡——出版繁荣背后的隐忧/赵襄玲//出版科学 2005 - 05
⊙ 质疑“策划出版”/张静波//中国编辑 2005 - 04
⊙ 中等城市：新燃报业同城战火/徐向明//传媒 2005 - 09
⊙ 中国：世界上最大的图书市场/MIKEMEYER　王小莉//新京报 2005 - 03 - 25
⊙ 中国报刊出版业分布格局与力量对比//领导决策信息 2005 - 35
⊙ 中国报刊广告市场的最新趋势/姚林//广告大观（综合版）2005 - 11
⊙ 中国报刊广告市场峰回路转/姚林　苏玉平//传媒 2005 - 01
⊙ 中国报刊业：变化推动惊人增长/格兰·汉森//中国新闻出版报 2005 - 05 - 13
⊙ 中国报刊业发展趋势/张伯海//中国编辑 2005 - 04
⊙ 中国报刊业翻开新篇章/李宁//中国图书商报 2005 - 05 - 13
⊙ 中国报刊业繁荣发展的护卫舰/韩国昌　樊国安　王立强　韩为卿　李汝辉//中国新闻出版报 2005 - 12 - 22
⊙ 中国报刊业改革与走势/石峰//出版广角 2005 - 04

⊙ 中欧出版如何从翻译出版中“突围”/付明举//中国图书商报 2005－12－09

⊙ 中外网上书店比较研究——以当当网上书店与亚马逊网上书店为个案/谢新洲　郑幼智//情报理论与实践 2005－02

⊙ 中文报刊市场进入全球化时代/曹鹏//新闻记者 2005－11

⊙ 中文报业　喜逢其盛——论世界中文报业协会第 38 届年会在上海举行的意义/宋超//新闻记者 2005－11

⊙ 中文图书走向世界的战略/常振国//编辑之友 2005－01

⊙ 中西部出版产业发展的战略选择/齐峰//山西大学学报（哲学社会科学版）2005－04

⊙ 中西对外图书贸易不均衡发展的原因及对策分析/吴赟//出版与印刷 2005－04

⊙ 中西期刊业的产业集中度分析/吴赟//出版参考 2005－25

⊙ 中小书店：大卖场压力下的生存之道/徐智明//中国图书商报 2005－01－28

⊙ 中医文化热：名贵们的下一个时尚？/文武//中国图书商报 2005－02－25

⊙ 中医药古籍图书的管理与利用/林琦//甘肃中医 2005－07

⊙ 重建信息化背景下的图书采访构架/滕亚军//图书馆 2005－02

⊙ 重庆报业波澜初现/周燕群//招商周刊 2005－09

⊙ 重庆出版集团启航/石林//出版参考 2005－15

⊙ 重庆民营书店寻求破局之道/邹密//重庆日报 2005－11－25

⊙ 重庆新华书店集团几项重要发展战略/刘松林//出版发行研究 2005－07

⊙ 重视与规划大众读物出版/曹维劲//中国编辑研究 2005－06－30

⊙ 重塑市场竞争主体——对新华书店改革的思考/张蓉蓉//出版广角 2005－04

⊙ 重塑市场主体提高报业竞争力//传媒 2005－08

⊙ 重塑新型市场主体　推进报业改革创新//蚌埠日报 2005－08－11

⊙ 重新认识专业报刊的市场化/王立纲//青年记者 2005－10

⊙ 主页的版权和版权保护/秦珂//情报科学 2005－02

⊙ 助推中国网络知识产权保护/童海华//中国经济导报 2005－09－08

⊙ 注意力经济中的注意力稽查——论报刊发行量认证/李雯//当代经理人 2005－16

⊙ 著作权和版权保护——概念的区别与适应数字时代/阿兰·沙塔尼奥尔//中国出版 2005－02

⊙ 铸造精品质量立社奖优罚劣规范出版/丁生礼//中国图书商报 2005－10－21

⊙ 抓干线专线流程实现报刊提速/陈晶晶//中国邮政 2005－10

⊙ 抓住时机有力打击盗版音像/宗文//中国文化报 2005－07－18

⊙ 专业出版核心竞争力再认识/蔡翔//中国新闻出版报 2005－07－14

⊙ 专业出版网络化开端式/唐小燕//中国图书商报 2005－07－08

⊙ 专业化发展：网络书店的新出路/马瑞洁//出版广角 2005－09

⊙ 专业期刊：探求市场化运作的策略/刘良初　龙四清//佳木斯大学社会科学学报 2005－03

⊙ 专业抑或多元：中国出版集团扩张模式和法则探究/王小伟//编辑之友 2005－03

⊙ 转变出版产业增长与发展模式/谢寿光//出版参考 2005－03

⊙ 转变出版教育培养模式与出版产业发展良性共生/梁春芳//黑龙江高教研究 2005－11

⊙ 转变职能　加强管理　繁荣发展——全国报刊管理工作会议纪要/立春//出版参考 2005－31

⊙ 转型期报刊业的出路在于创新/徐韬滔　万迪昉//新闻记者 2005－07

⊙ 转型期报业经营的探索/张宁//新闻采编 2005－05

⊙ 转制下的规制逻辑（下）：基于出版产业的考察/王联合//出版发行研究 2005－04

⊙ 资本运作：天津日报报业集团的发展主题/吴悦//中国经营报 2005－08－15

⊙ 自费出版——亟待完善的出版方式/张海潮//中国编辑学会第十届年会 2005

⊙ 自觉抵制盗版音像制品/陈丽//重庆日报 2005－06－21

⊙ 自主创新研发选题　精心打造特色品牌——南京师范大学出版社自主开发图书选题侧记/林荣芹//大学出版 2005－04

⊙ 自助游图书在路上/胡凌竹//四川日报 2005－06－24

⊙ 综合实力考量报业技术/金建//中国传媒科技 2005－11

⊙ 走出“小众化”　迈向“大书业”——从网上书店看学术期刊的经营发展/谢亚平//长江大学学报（社会科学版）2005－05

⊙ 走出去，中国图书的国际化跨越 Chinese Books on the Way of Internationalization/何为//中国图书商报 2005－08－26

⊙ 走好出版转制的路/宗诚//出版科学 2005－05

⊙ 最终用户盗版：软件产业的毒瘤/阿正//中国知识产权报 2005－09－09

⊙ 昨天今天明天——25 年来美国报业的变革和面临的挑战/杨晓白//青年记者 2005－02

⊙ 作家马识途认为低俗文化充斥文化市场/李子//国际商报 2005－12－16

⊙ 作为文化产业的广东报业/未名//同舟共进 2005－07

⊙ 做大做强图书产业/周霜//台州日报 2005－05－30

⊙ 做大做强印刷业　促进我市文化产业发展——对我市印刷业发展的思考/吴纪曾　陈朝晖//南方论刊 2005－02

⊙ 做好图书版权贸易工作的经验和技巧/秦茂盛//中国编辑 2005－02

⊙“奥特曼”权属之争没完没了/刘河//中国知识产权报 2005－09－02

⊙“博客文学”成出版新热点/罗四鸰//文学报 2005－09－01

⊙“超女”图书出版扎堆/王晨　付洁//中华读书报 2005－09－14

⊙“超女”图书一场无法回避的 PK/孙小美//中国邮政报 2005－09－24

⊙“大众书局”未辨真假民资书业难以发力/陈小莹//第一财经日报 2005－09－21

⊙“点击率小说”：出版方式的变革？/杨文雯//人民日报 2005－11－17

⊙“都市报”发展尚在路上/朱媛媛//新闻知识 2005－01

⊙“独家垄断”不再，邮发报刊“被迫”提速/刘菊花//新华每日电讯 2005－08－04

⊙“俄罗斯年”与“作家年谱”相映成辉——从统计数字看 2004 年度的俄罗斯出版/苏平//出版参考 2005－10

⊙“分开”，分而不断“联动”，联而不乱——南方报业创建采编与经营两分开机制初探/范以锦//新闻战线 2005－10

⊙“复制”版权之反思与重构/彭学龙//知识产权 2005－02

⊙“夯”实产业三大基石修复数字出版产业链/余敏//中国新闻出版报 2005－04－21

⊙“就业出版”展露锋芒/徐启建//中国教育报 2005－03－24

⊙“口袋本”图书的调查与思考/李欣人//中国出版 2005－06

⊙“驴客”类旅游图书的出版模式与发展/王希华//中国出版 2005－07

⊙“名著变脸”的出版启录/王小伟//编辑学刊 2005－04

⊙“全球化”与中国出版业/张国际//出版参考 2005－30

⊙“人·书·情”丛书关注出版文化/刘隽//中国新闻出版报 2005－02－23

⊙“人造美女”打赢新闻侵权官司/李志金　邓新建//法制日报 2005－12－22

⊙“入世”三年：中国报业集团发展观察/罗建华//中国报业 2005－06

⊙“三轮”驱动，推进报业经济的快速发展/李义//采·写·编 2005－04

⊙“三农”图书的策划与出版/陈兴芜//出版参考 2005－36

⊙“杀富济贫”的出版管理当休矣/叶宁//出版发行研究 2005－12

⊙“世界上最大的图书市场”/王胡//中华读书报 2005－03－16

⊙“手机报纸”出版发行/程鹏//南方日报 2005－08－09

⊙“手机报纸”前景怎样/王俊//人民日报 2005－08－03

⊙“手机报纸”前景怎样/王俊//人民日报 2005－08－03

2006 年

◎ 对民族出版的三点建议/阿不都热合曼·艾白//中国图书商报 2006－06－20
◎ 对农民工法律实用图书出版边缘化的考量/沈定成//出版发行研究 2006－02
◎ 对实用艺术作品进行版权保护的几点看法/杨建新//新疆新闻出版 2006－04
◎ 对数字图书馆的版权保护技术的比较研究/周军//图书馆论坛 2006－03
◎ 对数字图书馆建设引发的网络版权保护的思考/詹陆武//韩山师范学院学报 2006－01
◎ 对私营出版业的社会主义改造/方厚枢//出版史料 2006－02
◎ 对网络环境下中国农村地区图书出版发行的思考/戈迎春//安徽农业科学 2006－18
◎ 对我国出版社体制改革的若干思考/吴一新//出版发行研究 2006－10
◎ 对新时期"三农"图书出版的思考/周兴安//科技与出版 2006－05
◎ 对英国报业史上废除知识税的重新解读——从激进主义报业的兴衰看知识税的废除/张妤玟//新闻大学 2006－01
◎ 敦煌三绝的版权法律地位/赵蓉//知识产权 2006－02
◎ 多媒体时代的报业营销/刘向晖//传媒 2006－07
◎ 多元利益角逐下的出版社改革/王关义//中国出版 2006－05
◎ 多元文化语境下的海外华文教育图书出版/陈鸿瑶//中国图书评论 2006－06
◎ 俄罗斯报业现状一瞥/杨运芳//军事记者 2006－11
◎ 俄罗斯出版制度沿革/张洪波//出版参考 2006－24
◎ 俄罗斯图书过剩　网上找商机/徐永平//中国图书商报 2006－03－31
◎ 恶性竞争是出版行业的"毒瘤"/邹健//中国图书商报 2006－08－15
◎ 遏制网络文化侵权面临诸多难题/张宪//工人日报 2006－09－15
◎ 儿童音乐图书出版三要素/王雨//湖南科技学院学报 2006－09
◎ 二十年风雨兼程终与国际出版市场接轨——国图公司展览部经理季清斌谈中国图书走出国门/曹晓娟//对外大传播 2006－05
◎ 发达国家"小康"阶段出版业基本指标研究/魏玉山//研究 2006－03
◎ 发达国家印刷出版业增加值在国民经济中的地位研究/贾靓琨//研究 2006－09
◎ 发行策划的六种思路/吴锋//中国记者 2006－05
◎ 发行大战　质量为上——浅议如何搞好报纸发行工作/忻志伟//中国报业 2006－12
◎ 发行量认证是报业诚信经营的重要制度——专访国新出版物发行数据调查中心主任张友元/侯明廷//大市场·广告导报）2006－09
◎ 发展出版产业关键在于深化改革调整结构/杜金卿//中国新闻出版报 2006－06－26
◎ 发展出版业必须关注"共同美"/黄荔//编辑之友 2006－05
◎ 发展民文出版：探索中的思考/辛文//新疆新闻出版 2006－05
◎ 发展内容产业与提升出版产业竞争力/孙玉玲//编辑之友 2006－04
◎ 发展数字报业战略的关键及需注意的问题/曾凡斌//新闻传播 2006－10
◎ 发展文化创意产业版权交易为先/刘亚力//北京商报 2006－12－14
◎ 发展我国现代图书物流之管见/永青//经济 2006－08
◎ 法国新版权法案引争议/讯源//计算机世界 2006－07－10
◎ 法国政府对出版产业及文化产业发展的作用与作为/张书卿//出版发行研究 2006－01
◎ 法荷意韩四国出版业现状一瞥//中国图书商报 2006－01－06
◎ 法兰克福飘曳汉风唐韵/渠竞帆//中国图书商报 2006－10－10
◎ 法兰克福书展：中国出版"走出去"掠影/霍广丰//新疆新闻出版 2006－06
◎ 法制晚报闯关京城报业市场/邢瑞//青年记者 2006－19
◎ 范以锦：报业先锋中的温和改革者/邢少文//广告大观（媒介版）2006－04
◎ 方正报易直接制版解决方案　开启报业直接制版应用新篇章/肖娟//中国报业 2006－10
◎ 方正畅流报业版　开启国内报业出版技术新篇章/肖娟//中国报业 2006－09
◎ 方正翔宇　数字报刊典型案例介绍/刘万福//中国传媒科技 2006－12
◎ 分享心声　共享文化　哈珀·林斯出版集团与人民文学出版社合作协议签约//出版参考 2006－25
◎ 风过叶满庭——由图书库存看图书出版的跟风现象/黎洪波//出版广角 2006－10
◎ 风雨飘摇的中国音像业酝酿大变局（之一）/穆梓蠡//中国文化报 2006－01－16
◎ 风雨飘摇的中国音像业酝酿大变局（之二）/穆梓蠡//中国文化报 2006－02－13
◎ 风云飘四海——《联想风云》英文版全球上市经验谈/李英洪//出版参考 2006－25
◎ 风正浪涌帆高悬/范占英//中国新闻出版报 2006－12－15
◎ 凤凰出版集团：六大战略打造百亿集团/韩潮//出版参考 2006－07
◎ 凤凰出版集团借国际书展"走出去"/杜颖梅//江苏经济报 2006－10－01
◎ 福建出版产业何时起飞/陈剑鸿//福建工商时报 2006－04－26
◎ 福州出版物批发市场现状透析/林圳勇//福建质量管理 2006－02
◎ 附属版权经营：一座被忽视的金矿/苏振华//编辑之友 2006－05
◎ 副刊专版：报业经济新战略/汪幼海//社会科学 2006－07
◎ 改革创新才能赢来报业春天/范以锦//传媒观察 2006－07
◎ 改革让中国出版业大步"走出去"/王玮//光明日报 2006－11－23
◎ 尴尬的 KTV 版权收费/刘亚力　金冰//北京商报 2006－11－23
◎ 感受台湾出版产业和阅读市景/谢迪南//中国图书商报 2006－08－22
◎ 高处却胜寒——英文原版书影印畅销原因及其他/杜恩龙//科技与出版 2006－03
◎ 高速增长的社科类图书折射出某种出版变局——对 2002～2005 年社科类图书出版的考察与分析/李红强//出版发行研究 2006－07
◎ 高扬品牌帆起锚去远航/王立强//中国新闻出版报 2006－01－25
◎ 歌曲版权费将征 KTV 暴利不减/杨汛　沈衍琪//北京日报 2006－08－01
◎ 格局和视野不同　但版权保护不能变/周建潮//中国文化报 2006－10－09
◎ 跟风出版的特点、成因及对策/杨中启//华东地区高校学报研究会年会 2006
◎ 更加自觉地为建设创新型国家、构建和谐社会提供出版支持/桂晓风//中国编辑 2006－06
◎ 公共产品与版权保护/彭学龙//中南财经政法大学学报 2006－05
◎ 公共利益和数字版权立法的价值取向——以图书馆为视角/秦珂//图书情报工作 2006－07
◎ 公共新闻业与传统新闻业的差异比较/陆晓明//湖南大众传媒职业技术学院学报 2006－05
◎ 公益性新闻出版业财政性投融资：动因与改造/姚德权　赵文英//中国出版 2006－11
◎ 公众版权意识助推"版权保护"/曹滢　陈茜//经济参考报 2006－09－07
◎ 共商报业发展与新媒体建设/夏似飞　杨磊//湖南日报 2006－11－30
◎ 构建出版社的核心竞争力/余丽珍//中国出版 2006－01
◎ 构建和谐文化繁荣图书市场/王燕//临汾日报 2006－11－25
◎ 构建节约型报业发行模式/王秀权//中国记者 2006－10
◎ 构建人才的全面激励体系——湖北日报报业集团人才建设笔谈/王尊益//新闻前哨 2006－05
◎ 构建社会主义和谐社会与新闻出版业的责任/杜辛//中国出版 2006－02
◎ 构建网络出版业基于 P2P 技术的应用模型/蔡少英//顺德职业技术学院学报 2006－02

-18
⊙ 湖南文艺社：开辟原创文学的出版码头/陈炜//出版参考 2006-18
⊙ 互联网出版推动图书产业转型/刘超//中国文化报 2006-07-21
⊙ 互联网等新媒体从根本上动摇报业//中国信息界 2006-07
⊙ 互联网时代的图书营销联盟/倪爱军//中国出版 2006-07
⊙ 互联网页版权保护范围的法经济学分析——谈“思想/表达”划分与网络效应的关系/刘家瑞//知识产权 2006-06
⊙ 沪版社科图书的现状与发展对策/陈达凯//编辑学刊 2006-02
⊙ 沪上报业巨头的“E”战略——解放日报报业集团社长尹明华畅谈新媒体思路/肖景辉//传媒 2006-11
⊙ 滑稽模仿与版权保护——由《无极》与《一个馒头的血案》谈起/周艳敏//研究 2006-06
⊙ 活动营销提升报业品牌竞争力/乔焱林//广告人 2006-11
⊙ 机会总是留给有准备的人——在“中国报业广告高峰会暨报业广告20年颁奖典礼”上的讲话/戴玉庆//广告人 2006-04
⊙ 积极鼓励出版发行单位实行跨地区经营//中国新闻出版报 2006-04-12
⊙ 积极推动中国报刊“走出去”——访新闻出版总署副署长石峰/周志懿//传媒 2006-11
⊙ 积极稳妥　做大做强——广西日报社筹建报业集团之路/邓晓梅//新闻与写作 2006-08
⊙ 积极稳妥地推进报业改革/邓晓艳//今传媒 2006-11
⊙ 积极稳妥推进改革做大做强新闻出版业/李洪峰　高志顺//河北日报 2006-10-16
⊙ 积极主动：不改革就没出路/孙京平　马国仓　金鑫//中国新闻出版报 2006-03-24
⊙ 基于 ASP 和 ACCESS 的网上书店设计与实现/盘宏华//重庆科技学院学报（自然科学版）2006-03
⊙ 基于 DRM 的数字文物版权保护机制研究/杜煜//北京联合大学学报（自然科学版）2006-01
⊙ 基于 Java SIM 卡的流媒体数字版权管理研究/王明华//计算机系统应用 2006-03
⊙ 基于 JSP/Servlet 的三层式网上书店的实现/郭小雪//微计算机信息 2006-12
⊙ 基于 P2P 的数字版权保护系统的设计与实现/陈磊//计算机工程与应用 2006-S1
⊙ 基于 p2p 文件共享的数字版权管理模型/何妍//内蒙古科技与经济 2006-14
⊙ 基于 STP 的报业品牌营销策略/张冬玲//记者摇篮 2006-06
⊙ 基于 Struts 和 Hibernate 技术的网上书店系统的设计和实现/陶琳//福建电脑 2006-07
⊙ 基于 Web 的网上书店系统的设计与实现/唐伟//电脑学习 2006-06
⊙ 基于版权保护的电子地图系统/陈小平//信息安全与通信保密 2006-10
⊙ 基于本量利原理的报业利润分析研究/周向红//合肥工业大学学报（社会科学版）2006-04
⊙ 基于彩信技术的手机报业务分析——对《中国妇女报·彩信版》的个案研究/匡文波//传媒 2006-05
⊙ 基于多种许可证的数字版权管理技术/吴海华//计算机工程与设计 2006-19
⊙ 基于法文化视角的清末版权法律文本产生背景考察/刘华//甘肃政法学院学报 2006-05
⊙ 基于角色的可信数字版权安全许可授权模型/马兆丰//清华大学学报（自然科学版）2006-04
⊙ 基于经济社会发展的版权保护/胡鸣鸣//兰台世界 2006-03
⊙ 基于精益思想的图书出版流程再造/杨雪松//商业经济 2006-04
⊙ 吉尔吉斯斯坦的 IT 新闻出版业/史媛//中亚信息 2006-09
⊙ 吉林出版集团品牌图书拉动整体出版/李宁//中国图书商报 2006-06-09
⊙ 吉林出版集团体制改革步履坚实可圈可点/谢迪南//中国图书商报 2006-03-24
⊙ 吉林出版集团携“捷进朗文”进军英语教育读物市场/王坤宁//中国新闻出版报 2006-01-11
⊙ 集团体制改革与微观运行机制研究综述/朱静雯//出版科学 2006-06
⊙ 技术为王，还是内容为王——报业亟待建立数字化发展战略刍议/李晓林//新闻记者 2006-11
⊙ 既求畅销，亦求长销——云南图书重印和再版的现状及办法/苏应奎//创造 2006-08
⊙ 济南正版占有率全国领先/咸春玲//济南日报 2006-01-13
⊙ 继续规范报刊发行　防止恶性竞争反弹/张晓燕//中国报业 2006-07
⊙ 冀版图书优劣势分析及其个性化定位（上）/王亚民//出版广角 2006-09
⊙ 冀版图书优劣势分析及其个性化定位（下）/王亚民//出版广角 2006-10
⊙ 加大创意使重印率超 60%/王坤宁//中国新闻出版报 2006-12-12
⊙ 加大对音像制品重大选题备案监管力度/赖名芳//中国新闻出版报 2006-07-04
⊙ 加大力度　根除阻碍音像业健康发展的痼疾/赖名芳//中国新闻出版报 2006-07-05
⊙ 加快出版转型做大资源出版/屈炳耀//陕西日报 2006-12-06
⊙ 加快建立版权执法体系/赖名芳//中国新闻出版报 2006-10-26
⊙ 加快建立出版社自主知识产权体系/温洁茹//科技与出版 2006-02
⊙ 加快科技出版业发展的 16 条建议/晓晨//科技与出版 2006-03
⊙ 加快培育新闻出版产业/高伟　种道洋//烟台日报 2006-02-17
⊙ 加快欠发达地区音像业产业化的对策/才让扎西//青海日报 2006-08-07
⊙ 加快数字出版功能建设/金鑫//中国新闻出版报 2006-10-31
⊙ 加快推进“数字报业”发展战略/崔保国//中国报业 2006-10
⊙ 加强版权保护　促进文化发展/艾芳//人民日报 2006-06-29
⊙ 加强策划　推进军队出版事业又快又好发展/胡耀武//军队政工理论研究 2006-05
⊙ 加强出版审读　服务报刊监管/尹昌龙//今传媒 2006-05
⊙ 加强管理　深化改革　大力促进新闻出版业繁荣发展/龙新民//中国出版 2006-01
⊙ 加强监管促进报业健康发展/徐莱萍//新闻实践 2006-04
⊙ 加强书刊互动　促进集约发展/李建臣//编辑学刊 2006-02
⊙ 加强图书出版成本管理的几点思考/李春玲//企业经济 2006-12
⊙ 加强网络版权保护　促进产业健康发展——在 2006 国际音像电子产业高峰论坛上的演讲/阎晓宏//编辑学刊 2006-04
⊙ 加强行业自律彰显行业优势/胡闻//中国文化报 2006-03-06
⊙ 加强舆论引导力　协调管理与发展——大众报业集团文化体制改革试点工作介绍//中国出版 2006-05
⊙ 加入世贸组织五年看中国期刊业发展的新态势/李统兴//中国出版 2006-12
⊙ 价值链成本控制：报业脱困策略/赵丽华//青年记者 2006-21
⊙ 假如书号放开出版社该采取什么对策/欧阳向英//编辑之友 2006-01
⊙ 坚持出版特色，打造出版品牌/宋丽华//中国出版 2006-05
⊙ 坚持创新：闯过难关是坦途/马国仓　孙京平　金鑫//中国新闻出版报 2006-03-29
⊙ 坚持改革服务大局　不断拓展报业发展空间/朱轩堂//新闻知识 2006-05
⊙ 坚持科技出版方向走专业化发展之路/俸培宗//中国新闻出版报 2006-02-16
⊙ 坚持科学发展观　拓展党报集团空间和市场——从报业集团到传媒集团

⊙ 数字报纸——传统报业应对网络媒体冲击的利器/李显栋//新疆新闻出版 2006－05
⊙ 数字产品版权认证中心的设计与实现/文扬//信息技术 2006－02
⊙ 数字出版：滞胀中的亮点/张蓉//出版参考 2006－07
⊙ 数字出版产业发展呼唤著作权集体管理现代化/曹世华//中国出版 2006－09
⊙ 数字出版面临三大考验/屈辰晨//出版参考 2006－18
⊙ 数字出版是出版业发展的方向/裴珍珍//中国文化报 2006－11－10
⊙ 数字出版业蓬勃发展//北京印刷学院学报 2006－01
⊙ 数字出版业需越过重重难关/郑猛//中国税务报 2006－10－18
⊙ 数字出版引领出版产业未来/周婷//中国证券报 2006－11－06
⊙ 数字档案馆版权保护若干问题探讨/傅长青//浙江档案 2006－04
⊙ 数字馆藏长期保存中的版权问题研究/王少辉//档案管理 2006－05
⊙ 数字化，传统出版业的希望快车——2006 中国数字出版年会侧记/张姝//传媒 2006－11
⊙ 数字化报业转型期带来的感受/姜凤羽//中国传媒科技 2006－11
⊙ 数字化给音像产业带来更多机遇/余华泳//中国文化报 2006－10－09
⊙ 数字化没有什么不同？——评国际图联（IFLA）关于数字环境下版权的“千年立场”/张力//情报资料工作 2006－03
⊙ 数字化生存对中国音像产业的冲击/赵军//中国电影报 2006－04－06
⊙ 数字化时代的出版印刷技术发展及出版人才培养/李治堂//北京印刷学院学报 2006－02
⊙ 数字化时代的中国国际出版集团发展战略的一些思考/郑铁男//对外大传播 2006－09
⊙ 数字化助推报业战略转型——中国数字报业战略与实践高层研讨会暨数字报业实验室第一届理事会纪要/张晓燕//中国报业 2006－12
⊙ 数字技术改造传统出版业/薛士兵//科技日报 2006－08－03
⊙ 数字时代：出版业的危机？契机？/欧佩佩//出版参考 2006－04
⊙ 数字时代版权保护与信息资源共享的冲突与协调/吴化碧//云南师范大学学报（哲学社会科学版）2006－06
⊙ 数字时代版权授权方式比较研究与图书馆适用/刘志刚//图书情报工作 2006－08
⊙ 数字时代的报业变革与创新/范以锦//广告大观（媒介版）2006－03
⊙ 数字图书版权问题初探/赵运英//重庆职业技术学院学报 2006－03
⊙ 数字图书的侵权纷争/海风//软件工程师 2006－08
⊙ 数字图书馆版权保护技术及其规避行为的法律对策/邱均平//情报科学 2006－01
⊙ 数字图书馆版权私权性及社会性的冲突和平衡/张宇润//华中科技大学学报（社会科学版）2006－06
⊙ 数字图书馆版权问题初探/欧阳彩新//科技情报开发与经济 2006－11
⊙ 数字图书馆建设中版权保护问题/兰英//情报探索 2006－02
⊙ 数字图书馆建设中的版权问题初探/姚荔//现代情报 2006－10
⊙ 数字图书馆建设中的版权问题及对策研究/王斌//高校图书馆工作 2006－06
⊙ 数字图书馆建设中的版权许可问题探讨/田胜//内蒙古电大学刊 2006－12
⊙ 数字图书馆信息服务的版权问题探析/林宁//中共青岛市委党校学报 2006－01
⊙ 数字音乐版权到底爱谁？/徐龙建//互联网周刊 2006－12
⊙ 数字音乐下载侵权分析——消费者行为与版权市场机制互动观点/林俊毅//当代经理人（中旬刊）2006－04
⊙ 数字作品版权利益冲突问题研究/郭瑞华//图书馆建设 2006－02
⊙ 数字作品版权领域利益冲突的解决对策/郭瑞华//情报科学 2006－04
⊙ 谁设障阻挠了数字音乐版权的保护/李永胜//中国计算机报 2006－10－16
⊙ 四川出版集团“红色经典”抢眼球/古隆媛//中国新闻出版报 2006－06－09
⊙ 四川出版集团进入快速发展期/杨稀贵//四川日报 2006－12－27
⊙ 四川发布版权保护状况白皮书/古隆媛//中国新闻出版报 2006－05－12
⊙ 四川新闻出版产业持续快速健康发展/古隆媛//中国新闻出版报 2006－03－20
⊙ 四川新闻出版业现状、特点及发展前景/彭剑//西南民族大学学报（人文社科版）2006－08
⊙ 宋代版权保护成因初探/陈宁//新世纪图书馆 2006－06
⊙ 搜索引擎遭遇版权官司/综文//计算机世界 2006－12－04
⊙ 速读时代的报业竞争方略——广州日报报业集团 2006 年三大运营举措解读/谷虹//中国记者 2006－12
⊙ 塑造晚报个性特征　积极应对报业竞争/苏世扬//新闻战线 2006－10
⊙ 他山之石　可以攻玉——法国、德国出版业考察观感/黄占宝//共产党人 2006－13
⊙ 他抓住了中国报人关注的热点——读苏荣才新著《对话美国报业总裁》/赵泓//新闻与写作 2006－04
⊙ 它山之石　可以攻玉——访中国版协科技出版工作委员会主任于国华/孙继芬//出版参考 2006－13
⊙ 台湾出版产业调查报告/张件元//中国图书商报 2006－08－01
⊙ 台湾出版产业总值/王承惠//出版参考 2006－04
⊙ 台湾出版集团产业对华文市场的影响/刘文忠//出版参考 2006－03
⊙ 台湾企鹅图书海外拓展经验/郑美玉//出版参考 2006－24
⊙ 台湾书价升高的外在因素/林家成//出版参考 2006－19
⊙ 泰国出版业一瞥/傅西平//出版参考 2006－06
⊙ 谈出版界跟风出版现象/王俊//滁州职业技术学院学报 2006－04
⊙ 谈出版业的创新/林众//研究 2006－05
⊙ 谈大学出版社的特色出版/罗东明//出版发行研究 2006－12
⊙ 谈科技图书出版中的导向意识/陈桃珍//中国出版 2006－05
⊙ 谈老年人图书情感营销策略/苏辉//出版发行研究 2006－07
⊙ 谈判前后期工作同等重要/渠竞帆//中国图书商报 2006－09－22
⊙ 谈数字图书馆的版权问题/陈秀琴//图书馆论坛 2006－03
⊙ 谈谈报业的项目建设/徐胜斌//新闻前哨 2006－08
⊙ 谈谈出版的归位与转型——从新书品种说起/周蓓//出版发行研究 2006－10
⊙ 谈谈出版业的内容管理系统/吴向　张泽//中国编辑 2006－04
⊙ 探索报业发展新模式/田苗苗//房地产时报 2006－01－02
⊙ 探险无极限——新疆人民出版社探险考察类图书及期刊出版综述/石晓奇//新疆新闻出版 2006－02
⊙ 提高出版业的核心竞争力加强编辑人才管理/黄建炜//今传媒 2006－04
⊙ 提升大众报业影响力的有效实践/崔永刚//青年记者 2006－07
⊙ 提升竞争力报业转型中的共同期待/卓宏勇//中国新闻出版报 2006－08－03
⊙ 提升中国报业整体竞争力开创中国报业发展新局面/石峰//中国新闻出版报 2006－08－07
⊙ 体制改革——报业集团新亮点/周长风//中华新闻报 2006－04－26
⊙ 体制改革必须坚持体制创新和机制创新//资料通讯 2006－10
⊙ 体制改革步入新阶段　总署举办全国体制改革培训班//出版参考 2006－16
⊙ 添彩“夕阳红”——全国老年类报刊改革和发展研讨会侧记/庞春燕//传媒 2006－06
⊙ 通过任期制和公开竞争使干部队伍形成“一池活水”四川出版集团再次开展竞聘上岗/辛闻//出版参考 2006－27
⊙ 通过整顿促进我省图书音像市场健康发展/林泽//协商新报 2006－05－12
⊙ 同城报业集团：构建和谐竞争模式/顾涧清//传媒观察 2006－06
⊙ 同城报业如何避免同质化/星燎//新闻界 2006－04

⊙ 新闻作品版权的国际保护/董斌//新闻知识 2006－09
⊙ 新薪酬制度，报业发展的新型助推器/崔宇宙//传媒观察 2006－05
⊙ 新兴文化消费飞速成势/晚晴//北京观察 2006－01
⊙ 新音像制品管理办法出台/周玮//民营经济报 2006－11－30
⊙ 信息开放存取中的版权问题及图书馆的对策/翟建雄//法律文献信息与研究 2006－04
⊙ 信息免费浪潮中的报业盈利模式/杨晓白//青年记者 2006－09
⊙ 信息社会图书出版业面临的挑战及其对策/薛飞飞//中共山西省委党校省直分校学报 2006－05
⊙ 信息网络传播权：版权保护与限制/彭建军//武汉科技学院学报 2006－12
⊙ 刑事打击盗版音像制品经营者实务操作障碍探讨/李晓勇//中国文化报 2006－02－27
⊙ 形象权与版权、商标权辨析/鲍家志//广西警官高等专科学校学报 2006－04
⊙ 选择最能解放生产力的改革模式　新闻出版总署举办体制改革培训班//传媒 2006－06
⊙ 学术出版的春天还有多远——人文学术出版的定位与思考/李瑞华//编辑学刊 2006－05
⊙ 学习资源创作中的版权问题/张南//边疆经济与文化 2006－01
⊙ 寻求现代报纸的最佳版数——关于现代报业经营的数理分析和经济学思考/王荣//新闻知识 2006－04
⊙ 要加强版权战略研究/刘河//中国知识产权报 2006－03－03
⊙ 要用新技术推动版权保护/刘超//中国知识产权报 2006－05－26
⊙ 也谈出版业对底层的关注/朱磊//出版科学 2006－01
⊙ 一半是光明，一半是阴影——日本出版业一瞥/万红光//编辑学刊 2006－04
⊙ 一本历史书缘何畅销/燕浔//出版参考 2006－13
⊙ 医学科普报刊创新探讨/黄民杰//海峡预防医学杂志 2006－04
⊙ 依法加强报刊市场监管//解放日报 2006－05－30
⊙ 依托大文化放眼全世界/朱侠　葛永波//中国新闻出版报 2006－07－11
⊙ 以报为主　多元发展——浙江日报报业集团的探索与实践/王一义//中国记者 2006－03
⊙ 以改革、创新、和谐的精神推动科技出版业健康快速发展——2006 年全国科技出版社社长总编辑年会总结（摘要）/于国华//科技与出版 2006－03
⊙ 以国际的眼光策划图书——《针刺手法图解》策划台前幕后/彭江杰//出版参考 2006－25
⊙ 以科学发展观促新华发行集团发展/陈小铃//福建理论学习 2006－12
⊙ 以科学发展观指导中国报业健康发展/石峰//新闻实践 2006－07
⊙ 以市场化运作拓展党报发行市场——天津日报报业集团党报发行体制改革的调查/胡怀福//中国报业 2006－08
⊙ 以数字化带动产业发展/樊国安//中国新闻出版报 2006－06－02
⊙ 以占领高端市场提升党报影响力——河南日报报业集团党报市场化发行改革探索/王俊本//中国报业 2006－11
⊙ 以真实发行量走进报业市场/卓越//中国新闻出版报 2006－08－07
⊙ 因书而异，确立适宜发行渠道——简谈“甘肃农村小康建设丛书”的出版发行/黄培武//出版发行研究 2006－11
⊙ 音乐作品版权证券化现状及原因探讨/汤珊芬//电子知识产权 2006－08
⊙ 音像出版的困境和出路/蒋顺//编辑学刊 2006－01
⊙ 音像市场开辟销售新天地/升海//经济日报 2006－07－26
⊙ 音像市场热卖历史　科普碟/马晓雪//哈尔滨日报 2006－02－24
⊙ 音像业发出响应反盗版百日行动倡议书/隋笑飞//经济日报 2006－07－21
⊙ 音像制品出口的内容之变/曲晓燕//中国文化报 2006－10－20
⊙ 音像制品出口的渠道之惑/林楠//中国文化报 2006－10－27
⊙ 音像制品侵权减少专利纠纷数量增多/陈知　余义勇//四川日报 2006－04－26
⊙ 音像制品市场几时“天下无贼”？/刘美桢//福建日报 2006－01－19
⊙ 尹明华：从互动入手　依托传统报业发展新媒体/尹明华//中国传媒科技 2006－08
⊙ 引导更多企业积极参与版权保护/方圆//中国新闻出版报 2006－12－12
⊙ 引进图书也要有策划——《国外景观设计丛书》策划、出版经过/董苏华//出版参考 2006－25
⊙ 英国报业变革图强之路/Juliette Garside//传媒 2006－03
⊙ 英国报业发展趋势：集中日益加剧/王小乔//新闻爱好者 2006－04
⊙ 英国报业投诉委员会的运作机制/肖伟//新闻记者 2006－02
⊙ 英国报业转守为攻/JulietteGarside　刘再兴//中华新闻报 2006－03－29
⊙ 英国超市售书增势强劲/渠竞帆//中国图书商报 2006－03－28
⊙ 英国连锁书业再起兼并风潮/徐丽//中国新闻出版报 2006－01－19
⊙ 英国中小型专业出版社如何开拓图书微观市场/刘先中//编辑之友 2006－01
⊙ 英美大学出版社的经营之道/姜华//编辑学刊 2006－04
⊙ 迎接后都市报时代的报业变局/谢湖伟//传媒观察 2006－06
⊙ 营销“期待”——讲述图书背后的“故事”/刘文祥//编辑学刊 2006－06
⊙ 影响出版业制度创新的文化心理结构分析/谭珠//编辑之友 2006－03
⊙ 用户满意度与出版社服务/孙秀翠//科技与出版 2006－03
⊙ 用科学发展观创新报业发展模式/熊伟//中国新闻出版报 2006－02－21
⊙ 用手机收看世界杯！上海文广、微软牵手无线版权//中国科技信息 2006－09
⊙ 用数字化带动我国出版业的现代化/柳斌杰//出版发行研究 2006－11
⊙ 用体制创新优势释放能量/冯威//中国新闻出版报 2006－04－04
⊙ 用信息化打造报业航母——报业信息化建设浅议/宋岩//中国报业 2006－09
⊙ 用于 MP3 作品版权保护的数字水印新算法/王向阳//小型微型计算机系统 2006－12
⊙ 优势发行　强势品牌——记“珠三角报业文化体验之旅”/钟敏//广告人 2006－07
⊙ 有感澳大利亚新闻出版业/陈凤兰　迟乃坤//出版广角 2006－08
⊙ 有关版权转让声明/本刊编辑部//山西医科大学学报 2006－08
⊙ 又快又好地发展报业经营/王一义//新闻实践 2006－01
⊙ 于无声处听惊雷——2005 香港与海外图书出版业回顾/陈万雄//出版参考 2006－09
⊙ 与英国《金融时报》前总编辑谈数字化时代的报业转型/崔保国//中国报业 2006－12
⊙ 运用策略成本管理促进报业经济发展/林学荣//开放潮 2006－Z4
⊙ 杂志如何在市场营销中制胜/徐聪//中国图书商报 2006－04－11
⊙ 再生与跨越：报刊经营新思路/朱胜龙//中国图书商报 2006－06－09
⊙ 在编读互动中提高出版质量——浅谈博客对出版的影响/宋素红//中国出版 2006－06
⊙ 在创新中发展　在发展中创新——浙江日报报业集团建设的实践与思考/王一义//中国报业 2006－04
⊙ 在创新中发展壮大报业经济/司旌霞//中国报业 2006－11
⊙ 在创新中谋求报业的良性互动——抚州日报社办报与广告双促进实践浅析/夏俊//中国报业 2006－12
⊙ 在创新中涅槃/夏帆//重庆日报 2006－05－13
⊙ 在经济欠发达地区做大报业集团/袁升德//传媒 2006－05
⊙ 在探索中前进的出版社 KPI 考核管理/曹建//编辑学刊 2006－06
⊙ 在体验中完成营销——谈奥运主题图书的推广/吴晶晶//出版发行研究 2006－12
⊙ 在童书领域里做强做大/谭旭东//文艺报 2006－01－05

建设新探索/张秉礼//中国记者 2006－12

⊙ 子报子刊促进报业集团和谐发展的有效途径探讨/罗娜//新闻界 2006－02

⊙ 自费出版——亟待完善的有效出版形式/张海潮//编辑之友 2006－04

⊙ 自由版权——创意时代的知识规则/姜奇平//互联网周刊 2006－32

⊙ 自主创新：报业制胜之宝/陈夷茁//传媒 2006－03

⊙ 总结经验　乘势而上　多出好书　多出精品/库热西·买合苏提//新疆新闻出版 2006－05

⊙ 纵论报刊改革与创新/卓宏勇　晋雅芬//中国新闻出版报 2006－03－07

⊙ 租界、"洋旗报"与近代报业——中国近代新闻事业生存环境变迁的一个独特视角/陈志强//南昌大学学报（人文社会科学版）2006－04

⊙ 最后的"前沿"——农村图书市场解读/陈惠民//中国出版 2006－10

⊙ 尊重知识产权倡导社会文明/陈建中//兵团日报（汉）2006－04－23

⊙ 遵循科学发展观推进出版产业发展/朱建纲//湖南日报 2006－08－01

⊙ 作品优秀是前提——《藏獒》版权输出回顾/张健//出版参考 2006－25

⊙ 座谈版权贸易发展之路//中国图书商报 2006－04－28

⊙ 做大做强深圳的文化产业/马璇//深圳特区报 2006－01－26

⊙ 做好"三农"图书出版　服务农村文化建设/侯彦君//新疆新闻出版 2006－05

⊙ 做好图书市场预测的六要素/张凤珍//出版发行研究 2006－12

⊙ 做强五大板块　创新经营模式——探索社刊集团化改革发展的新路/阚宁辉//编辑学刊 2006－02

⊙ 做强主导产业　发展相关产业　介入多元产业//中国新闻出版报 2006－02－15

⊙ 做强主业出精品/汪永安//安徽日报 2006－06－14

⊙ 做强做大青岛新闻出版产业/李魏//青岛日报 2006－07－22

⊙ 做中国民族书业的中坚/向军　高云君//四川日报 2006－11－16

⊙"大"书出版热"小"书市场火/王佳欣//中国新闻出版报 2006－01－18

⊙"大片化"的出版业/李延贺//出版广角 2006－10

⊙"大人力资源观"应引入报业管理体制/周思明//中国报业 2006－04

⊙"第三极"书局亮相北京中关村/杨晓芳//中国新闻出版报 2006－07－20

⊙"调整"是出版"十一五"的当务之急/巢峰//中国图书商报 2006－03－03

⊙"跟风出版"之种种/黄志斌//出版参考 2006－04

⊙"湖湘文化"走出去/范占英//中国新闻出版报 2006－07－26

⊙"黄金一代"报业创新人才的培养策略/李程骅//传媒观察 2006－10

⊙"江苏音像盗版第一案"直指法律难题/赵红仕//中国新闻出版报 2006－06－01

⊙"两问三视四比"解决突出问题/李仕达//中国新闻出版报 2006－08－23

⊙"名利"双收背后的思考——《网管员必读》输出之路/郭晶//出版参考 2006－25

⊙"全球 500 强"排行榜是这样编出来的——对话美国报业（六）/苏荣才//新闻与写作 2006－11

⊙"三轮"驱动推进报业经济快速发展/李义//中国记者 2006－01

⊙"商务"之魂：文化追求与商业利益的统一——论"商务"出版理念之真谛，兼论出版发行体制改革之目标/辰目//出版发行研究 2006/06

⊙"十二问出版环境"（之二）——基层缘何买书难/马也//出版广角 2006－01

⊙"十二问出版环境"（之三）——盗版缘何屡禁不绝/马也//出版广角 2006－02

⊙"十二问出版环境"（之四）——盗版缘何屡禁不绝/马也//出版广角 2006－03

⊙"十二问出版环境"（之五）——盗版缘何屡禁不绝/马也//出版广角 2006－04

⊙"十二问出版环境"（之六）——书价为何总嫌高？/马也//出版广角 2006－05

⊙"十五"出版业六大关键词/文东//中国图书商报 2006－09－19

⊙"十五"期间版权引进与输出研究述评/王清//出版科学 2006－06

⊙"十五"重点图书出版创我国出版业最高水平/赵亦冬//工人日报 2006－02－24

⊙"十一五"书业走向预测/刘拥军//出版参考 2006－03

⊙"他律"的一种有益探索——大众报业集团实行《诉讼责任处罚办法》/蒋洪//青年记者 2006－08

⊙"图书召回"：怎样落实/何晓林//出版发行研究 2006－06

⊙"伪书"的启示：出版业应在守法中求发展/何晓丽//中国出版 2006－02

⊙"文化摩尔"下的零售书业/吴俊乐//中国图书商报 2006－06－27

⊙"我们是这样做到输出第一的"——访北京语言大学出版社社长戚德祥/林晓芳//出版参考 2006－25

⊙"系统思考"对解决版权利益问题的启示/石刚//图书馆工作与研究 2006－02

⊙"销售正版碟联盟"这样炼成/钟平春　吴娇//中山日报 2006－05－31

⊙"小气"铸就的"出版大鳄"/甄西//出版广角 2006－03

⊙"阳光"让盗版无处遁形/杜玲//焦作日报 2006－05－17

⊙"影视同期书"出版热的文化反思/秦艳华//中国出版 2006－12

⊙"拥抱"互联网　开创报业"蓝海洋"——中国晚报工作者协会第 21 届年会侧记/杨春兰//传媒 2006－11

⊙"攒书"让出版业竞争力下降/陈前进//出版参考 2006－19

⊙"中国经典"是我们的首选/王玉梅//中国新闻出版报 2006－10－09

⊙"中国图书走出去"三大盲点分析/肖寒//中国图书评论 2006－10

⊙"走出去"硕果颇丰/文冀　孙牧//中国图书商报 2006－09－12

⊙"做中国出版传媒业龙头"/陈熙涵　施晨露//文汇报 2006－08－11

⊙《北京出版产业与文化研究报告》出炉为北京出版业建言献策/王琳//出版参考 2006－25

⊙《财富》创办人竟在中国出生长大——对话美国报业（五）/苏荣才//新闻与写作 2006－10

⊙《东西洋考每月统记传》的宣传策略/郭秀文//华南师范大学学报（社会科学版）2006－04

⊙《发现之旅》版权引进的共赢模式/李京//出版参考 2006－07

⊙《国家"十一五"时期文化发展规划纲要》出台//新疆新闻出版 2006－05

⊙《京华时报》是这样快速占领市场的/禹建强//媒观察 2006－03

⊙《狼图腾》编辑策划的经验和体会/安波舜//出版科学 2006－01

⊙《南方报业战略》揭秘"南方"/黎娟玲//广告大观（媒介版）2006－02

⊙《努力》周报的新闻实践与"同人期刊"的运作特征/马少华//国际新闻界 2006－08

⊙《品三国》热销对出版界的启示/俞金树//政协天地 2006－09

⊙《苹果日报》登台后，台湾报业策略之初探/宋端仪//新闻知识 2006－05

⊙《泰晤士报》：中国报业发展的镜鉴/王家乾//出版广角 2006－11

⊙《体坛周报》品牌建设的专业化精神/李莎//新闻前哨 2006－08

⊙《乡镇论坛》：演绎期刊界的"蛇吞象"/杨春兰//传媒 2006－03

⊙《新青年》与少数民族报业发展/白润生//当代传播 2006－03

⊙《自然》杂志在亚太市场的扩张之路/王丹红//科学时报 2006－07－10

影视、网络传媒产业

2002年

- 2001-2002：中国电影集团影视策划走向/赵海城//电影 2002-01
- 2001年的中国网络媒体/闵大洪//新闻实践 2002-01
- 2001年度中国电影艺术走向与问题透视/周星//北京电影学院学报 2002-02
- 2002：广电的金矿在哪里？/罗赛军//计算机世界 2002-1-07
- 2002：透视中国电影产业投资/黄升民　赵子忠//第二届中国影视高层论坛 2002
- 2002：中国电视传媒整合年？/王正伦//中国经营报 2002-01-28
- 2002-2010年中国电视媒体投资前景预测/李倩玲//大市场·广告导报 2002-12
- 2002电影现象/李晓林//中国文化报 2002-12-25
- 2002境外大片激烈挑战　国产影片联手抗衡/刘军//西安日报 2002-01-12
- 2002年的中国网络媒体/闵大洪//新闻实践 2002-12
- 2002年广播影视科技创新大思路与大动作/张海涛//中国传媒科技 2002-01
- 2002年境外大片激烈挑战国产影片联手抗衡/刘军//西安日报 2002-01-12
- 2002年中国传媒走势前瞻/郭乐天//传媒 2002-02
- 2002中国网络媒体论坛新政策、新理论、新观点（精要）/邵华泽//中国传媒科技 2002-09
- 21世纪：中国影视业的文化定位及其历史使命/左芳//第二届中国影视高层论坛 2002
- 21世纪电视传媒发展探析——近年来英国报刊有关报道一瞥/洪沫//电视研究 2002-12
- 21世纪我国媒介产业的发展趋势/马工　王宝珍　刘明//新闻前哨 2002-07
- 21世纪中国广播电视技术的走势/何栋材//中华新闻报 2002-08-06
- 500部影片在哪里？/杨德林//中国教育报 2002-10-29
- 90年代国产艺术电影向商业电影的转型/宋维才//电影艺术 2002-05
- 90年代韩国电影和导演/李银姬//电影新作 2002-04
- 90年代美国电影（上）——媒体全球化背景下的好莱坞制片策略/何建平//当代电影 2002-06
- 90年代美国广播电视新闻报道的变迁及原因/朱杰//中国广播电视学刊 2002-01
- 90年代香港电影概述/列孚//当代电影 2002-02
- 90年代香港电影工业状况/祁志勇//当代电影 2002-02
- CNN与"电视战争"/刘雪梅//中国国情国力 2002-02
- QQ创造出来的奇迹/曾凡华　颜燕//中国商报 2002-03-19
- VOD演义/张龙　张震//中国计算机报 2002-04-22
- WTO背景下中国广播电视业的市场重组：特征与矛盾——以省级广电集团为例/陆晔//现代传播 2002-02
- WTO背景下中国广电产业化的另类思考/曾励//新闻大学 2002-04
- WTO背景下中国媒介产业的机遇与挑战/喻国明//中国人民大学学报 2002-01
- WTO带来中国传媒黄金时代/刘传//新财经 2002-03
- WTO电视传媒无法不面对/阎忠军//电视研究 2002-01
- WTO对我国电视业有怎样的催化作用/郑亚楠//新闻传播 2002-01
- WTO对中国电视业的影响及对策/宋建国//郑州大学学报（哲学社会科学版）2002-04
- WTO环境下音像业品牌建设刍议/陈昕//湖南大众传媒职业技术学院学报 2002-03
- WTO架构下传媒入世的杜撰/刘建明//当代传播 2002-02
- WTO与"后中国电影"/郑向虹//电影新作 2002-06
- WTO与电视传媒发展对策/项仲平//浙江传媒学院学报 2002-03
- WTO与广播影视业改革/徐光春//新闻战线 2002-07
- WTO与我国传媒业/尹韵公//采·写·编 2002-02
- WTO与中国传媒/蔡玉萍//山西科技 2002-06
- WTO与中国传媒发展的几个问题/唐远清　李洋//当代传播 2002-03
- WTO与中国媒体集团化改革/潘青山//声屏世界 2002-06
- WTO整合中国传媒产业/孙全胜//改革与理论 2002-08
- WTO之后的中国传媒/王冉//科技经济市场 2002-01
- WTO重整中国传媒产业//领导决策信息 2002-02
- 按照"三个代表"的要求　加快我国广播影视业的改革与发展/梁平//中国有线电视 2002-19
- 奥美地亚：打造传媒业的沃尔玛/赵曙光//深圳特区科技 2002-06
- 奥斯卡是一杯鸡尾酒/戴方//北京日报 2002-03-31
- 澳大利亚的电影业（上）/王宗文//英语知识 2002-03
- 澳大利亚的电影业（下）/王宗文//英语知识 2002-04
- 澳影视制作业拓展中国市场/陈超//国际金融报 2002-11-22
- 澳洲华文纸质媒体与网络媒体崛起的成因和前瞻/王永志//国际新闻界 2002-02
- 巴西遏制美国电影冲击振兴民族影业/王振茂//中国文化报 2002-01-18
- 把影业视线对准观众/浦学坤//江南论坛 2002-07
- 柏林电影节追求年轻化/娜捷//文汇报 2002-02-08
- 包装电视竞争的最直接手段/郭文杰//新闻传播 2002-04
- 宝莱坞：印度电影期待拓疆展土/马津//中国工商报 2002-11-27
- 保持"民族自我"与增强"经济实力"双管齐下/王志敏//文艺报 2002-04-25
- 保护软件版权有捷径//网络世界 2002-5-06
- 报纸传媒应对互联网挑战的方法初探/苏春平//运城高等专科学校学报 2002-04
- 报纸媒体的市场"大策划"/蔡强//政策与管理 2002-12
- 报纸与电视台的媒体融合与联动初探/赵大力//新闻与写作 2002-08
- 北京歌华　中国文化产业的一块实验田/徐晋//中国文化报 2002-12-28
- 贝塔斯曼传媒帝国的神话是如何铸就的/茹希佳//传媒观察 2002-09
- 悖论与选择——"全球化"语境中华语电影现代化-民族化问题之省思/陈旭光//电影艺术 2002-02
- 必然选择：以传媒产业化经营应对WTO/甘乐平//声屏世界 2002-02
- 必须处理大众传媒与大众文化的关系/周毅//湖南大众传媒职业技术学院学报 2002-03
- 边缘化：广播电视节目创新的重要手段/张智刚//传媒观察 2002-08
- 变化中的美国电影/戴行钺//电影创作 2002-06
- 博客：互联网第四块里程碑/方兴东//电脑报 2002-10-07
- 不断重临的起点——论"五代后新生代导演"的现实境况、精神历程与"电影策"/陈旭光//第二届中国影视高层论坛 2002
- 不同媒体间融合与联动运作试步/赵大力//新闻三昧 2002-08

⊙ 广播“实用报道”的难点与对策/刘英//新闻传播 2002－10
⊙ 广播变窄播的启示/陈钟//新闻前哨 2002－04
⊙ 广播传媒的热运作与冷思考/吕进//新闻爱好者 2002－09
⊙ 广播创新的动力来自哪里/程康//新闻窗 2002－04
⊙ 广播创优与理念变革/王春莉//中国广播电视学刊 2002－11
⊙ 广播创优之忧/李兴革//中国广播电视学刊 2002－05
⊙ 广播搭上公交车/陈乘//中国记者 2002－04
⊙ 广播电视报的发展在于突出个性/杨咏朝//中国广播电视学刊 2002－09
⊙ 广播电视报的现状和生存前景——四川省广电报总编辑业务研讨会综述/黄晓钟//新闻界 2002－05
⊙ 广播电视报的现状与出路/陈克学//中国报业 2002－09
⊙ 广播电视报要突出周报特色/章月萍//报刊之友 2002－02
⊙ 广播电视报一版定位之思考/崔荣波//中国出版 2002－08
⊙ 广播电视报之借势发展/崔荣波//声屏世界 2002－05
⊙ 广播电视产业化经营探究/朱惠鹏　吴光辉//当代传播 2002－05
⊙ 广播电视传媒在互联网中的发展/马晓燕//内蒙古广播与电视技术 2002－04
⊙ 广播电视发展的新课题/梁红梅//呼伦贝尔学院学报 2002－Z1
⊙ 广播电视发展潜力在农村——来自新余市农村广播电视发展现状的调查/廖兰芳//声屏世界 2002－09
⊙ 广播电视法制节目之法律规范/陈振国//中国广播电视学刊 2002－11
⊙ 广播电视管理工作中的辩证谋划/李文华//广播电视信息 2002－06
⊙ 广播电视管理模式的选择/翁蔓蕾//当代电视 2002－07
⊙ 广播电视集团化改革的思考/李立功//中国广播电视学刊 2002－02
⊙ 广播电视节目制作发行实行准入制度/凌冬　薛颖旦//新华日报 2002－01－16
⊙ 广播电视媒体的集团化/梁章林//管理与财富 2002－04
⊙ 广播电视如何应对互联网冲击/王得顺//中国传媒科技 2002－06
⊙ 广播电视谈话类节目的社会沟通功能/寇志凤//现代传播 2002－02
⊙ 广播电视信息的优化之策/刘一琴//传媒观察 2002－05
⊙ 广播电视信息资料集约化管理构想/王亚平//情报资料工作 2002－03
⊙ 广播电视信息资源的再利用/张国红//新闻实践 2002－03
⊙ 广播电视行业财务管理现状及其发展探讨/吕伟//徐州教育学院学报 2002－04
⊙ 广播电视业经营模式探析/李熊熊//新闻实践 2002－Z1
⊙ 广播电视业投融资问题探究/梁山//中国广播电视学刊 2002－06
⊙ 广播电视业新的挑战和机遇——网络播出/李晓梅//现代电视技术 2002－02
⊙ 广播电视业要与时俱进/杨大明//中国广播电视学刊 2002－09
⊙ 广播电台的宣传管理/亢亚志//中国广播电视学刊 2002－09
⊙ 广播断想三则：听众　样式　品牌/陈小平//视听界 2002－S1
⊙ 广播会议报道要做活“三字文章”/白云丽//青年记者 2002－07
⊙ 广播教育节目要服务百姓/钟桂华//中国广播电视学刊 2002－06
⊙ 广播节目及其经营/周鸿铎//中华新闻报 2002－04－16
⊙ 广播节目市场化探微/张宗堂//声屏世界 2002－07
⊙ 广播节目要体现“人文关怀”/田雅静//新闻传播 2002－05
⊙ 广播节目制作成本管理分析/陈川予//声屏世界 2002－06
⊙ 广播节目主持人的角色意识和角色定位/杨翠松//采·写·编 2002－02
⊙ 广播节目主持人的状态初探/李茜宇//新闻爱好者 2002－04
⊙ 广播媒介的经营与管理/郭华省//中国广播电视学刊 2002－08
⊙ 广播媒体开展社会公益活动思考/范成斌//视听界 2002－04
⊙ 广播媒体如何体现平民意识/王健辉//浙江传媒学院学报 2002－02
⊙ 广播媒体资产积累和价值实现/吴晓飞//声屏世界 2002－04
⊙ 广播跑着拉广告？/介坛//中华新闻报 2002－09－24
⊙ 广播频道的品牌营销/提文静//中国记者 2002－11
⊙ 广播频率的专业化建设/刘兰//中国广播电视学刊 2002－01
⊙ 广播评论创新的尝试/刘秀田//中国广播电视学刊 2002－05
⊙ 广播曲艺节目存在的问题浅析/郭卓新//新闻传播 2002－08
⊙ 广播热线的优势与弊病/王福才//新闻传播 2002－11
⊙ 广播热线点歌节目创新谈/张晓伟//声屏世界 2002－05
⊙ 广播人要解放思想，再创辉煌/陈少兰//中国广播电视学刊 2002－06
⊙ 广播如何面对 21 世纪的挑战/郑群贤//新闻前哨 2002－03
⊙ 广播如何营造强势/陈青//中国广播电视学刊 2002－09
⊙ 广播弱势吗？/黄升民//中华新闻报 2002－10－29
⊙ 广播谈话节目中主持人应把握的几个原则/康振帅//新闻传播 2002－10
⊙ 广播体育笑春风——谈广播体育的优势与“经营”/礼桂华//记者摇篮 2002－06
⊙ 广播文艺的市场定位与目标开发/陈肇然//中国广播电视学刊 2002－02
⊙ 广播文艺节目的边缘化/张智刚//视听界 2002－04
⊙ 广播新闻必须寻求受众的最大化/李想//新闻传播 2002－08
⊙ 广播新闻编辑功能的转变/史茜//视听界 2002－S1
⊙ 广播新闻的困境与对策/秦哲钦//青年记者 2002－05
⊙ 广播新闻的三个创新/曾小原//中国广播电视学刊 2002－06
⊙ 广播新闻靠什么锁定受众/凌晨//传媒观察 2002－12
⊙ 广播新闻频率专业化刍议/徐帅华//声屏世界 2002－05
⊙ 广播信息资源的开发和利用/徐蓉//新闻前哨 2002－09
⊙ 广播业经营管理者应具备的素质/吉保邦//中华新闻报 2002－06－25
⊙ 广播音乐节目的样式和创新/陆群//视听界 2002－01
⊙ 广播音乐节目对策初探/杨洋//现代传播 2002－01
⊙ 广播应打好自己的优势牌/孙茜云//声屏世界 2002－10
⊙ 广播影视集团化发展研究与思考/覃晓光//新闻天地 2002－05
⊙ 广播影视面临的机遇和挑战——广播影视科技发展“十五”计划要点介绍/周毅//中国传媒科技 2002－10
⊙ 广播影视业：坚持先进文化方向　打造“联合舰队”//时事报告 2002－03
⊙ 广播影视业加入 WTO 的应对措施/朱虹//声屏世界 2002－12
⊙ 广播娱乐性直播节目探析/何锋//中国广播电视学刊 2002－10
⊙ 广播舆论监督节目主持人角色定位/张忠刚//新闻前哨 2002－09
⊙ 广播与窄播——对专业化办台的思考/华志广//视听界 2002－05
⊙ 广播在舆论监督中的独特作用/申红//传媒观察 2002－02
⊙ 广播综艺节目要注入与时俱进的理念/戴云//声屏世界 2002－04
⊙ 广电产业的认识、开发和经营策略/杨志毅//中国广播电视学刊 2002－04
⊙ 广电集团经营的几个问题/何天华//电视研究 2002－04
⊙ 广电媒介经营的改革与创新/黄升民//中国人民大学学报 2002－01
⊙ 广电企业财务管理存在的主要问题及其对策/王世勇//经济问题探索 2002－08
⊙ 广东电视台欲做第 108 个“百万富翁”/宁平//中国经营报 2002－04－29
⊙ 广州户外媒体的发展现状与趋势//人民政协报 2002－07－11
⊙ 国产电视剧怎么办/徐涟//中国文化报 2002－06－29
⊙ 国产电影“新”为上/李光一//解放日报 2002－01－23
⊙ 国产电影的大旗谁来扛？/李艳英//电影评介 2002－12
⊙ 国产电影渐入佳境/陈晓黎//文汇报 2002－10－21
⊙ 国产电影应加大资金投入力度/帅锦平//中南民族大学学报（人文社会科学版）2002－S1
⊙ 国产科幻：检测民族想像力/李万刚//大众科技报 2002－10－29
⊙ 国产片如何打入国际市场/李光一　吴海云//解放日报 2002－07－15
⊙ 国产片市场份额越来越小/丁冠景//中国文化报 2002－08－21
⊙ 国粹、特色与品牌——中国广播民族乐团日内瓦之行及引发的思考/于庆新//人民音乐 2002－06
⊙ 国际财会丑闻波及传媒业/仲剑//出版参考 2002－15

- 国际传媒踏勘中国/王屏//国际商报 2002-05-23
- 国际电影贸易格局与中国电影产业对策/李怀亮//文艺研究 2002-05
- 国际竞争中的中国电视企业/范欣//青岛大学师范学院学报 2002-03
- 国内活着太累　民营影视转道韩国求生/徐昙//中国经营报 2002-10-17
- 国内跨媒体发展前景分析——由新浪网并购阳光卫视引起的思考/陶然//电视研究 2002-01
- 国外广电产业保护的法律措施/鲍金虎//电视研究 2002-10
- 国外有线电视网络整合的三种模式/顾芳//广播电视信息 2002-10
- 哈贝马斯的“公共领域”理论与传媒/展江//中国青年政治学院学报 2002-02
- 海外传媒“内迁”忙//中国广播电视学刊 2002-10
- 海外华语广播电视的现状与未来/赵玉明//中国广播电视学刊 2002-03
- 邯郸人民广播电台培育名牌栏目“清晨热线”的体会/冯洪波//中国广播电视学刊 2002-01
- 韩国电视连续剧考略/李宗禧//电影艺术 2002-06
- 韩国电影百年/郑兴勋//电影新作 2002-04
- 韩国电影电视在——放慢你的脚，轻松你的心//中国电影文学 2002-02
- 韩国电影给我们上一课/赵爽//北京日报 2002-06-23
- 韩国电影崛起的秘密/雷雯//文汇报 2002-06-21
- 韩国电影振兴对中国的启示/陆地　郭淼//第二届中国影视高层论坛 2002
- 韩国蝶变/周年洋//中国经济时报 2002-08-14
- 韩国为何能创造出如此奇迹/燕石三//中国商报 2002-08-27
- 韩国影业：从事业向产业的嬗变/王泠一//中国文化报 2002-04-22
- 韩国有线电视业的发展经验/顾芳//广播电视信息 2002-12
- 韩国再创奇迹/郎楷淳//中国经济时报 2002-06-20
- 韩剧风靡的五大灵丹/吴小曼//华夏时报 2002-06-13
- 韩流：被文化包装的商业/要英//上海经济研究 2002-07
- 韩流的启示/于雁宾//吉林日报 2002-09-08
- 韩流来袭/宁宁//网络与信息 2002-10
- 韩流侵袭：国产剧脸红/程绮瑾//新闻周刊 2002-16
- 韩中广播电视业将“共享各种信息”/韩方//当代韩国 2002-03
- 杭州电影“超市”又热闹又赚钱/郭月珍//中国文化报 2002-03-14
- 好莱坞、全球化与亚洲电影市场：给中国的启示/骆思典//第二届中国影视高层论坛 2002
- 好莱坞的全球化中国电影的发展（上）/尹鸿//电影评介 2002-02
- 好莱坞的全球化中国电影的发展（下）/尹鸿//电影评介 2002-03
- 好莱坞动作电影新趋势//文艺报 2002-09-26
- 好莱坞后电影产业的财富魅力/戴维·斯泰里特//中国文化报 2002-08-19
- 好莱坞媒体公司的“电视商务”/王英霞//中国经济时报 2002-11-20
- 好莱坞如何面对明日经济的挑战——数字电影所带来的喜与忧/谢江萍//影视技术 2002-07
- 好莱坞五公司推出上网付费电影//世界电影 2002-06
- 好莱坞阴影笼罩下的英国电影/石同云//北京电影学院学报 2002-02
- 黑龙江省：大力发展广播电视事业/刘晓晶//统计与咨询 2002-02
- 黑人电影、对抗性话语与斯派克？李的独立商业片/王珅//电影艺术 2002-03
- 轰响新机制的黄钟——论广播的产业化与机制创新/曾庆洪//现代传播 2002-06
- 红尘之逆旅——儿童电影火热现象透析/何荷//解放军艺术学院学报 2002-04
- 后电影产品在我国萌芽//经济参考报 2002-10-29
- 湖南电广传媒推出 2002 年广告经营方略/吕斌//中国广告 2002-01
- 湖南电视产业发展模式研究/罗霆//现代传播 2002-03
- 湖南电视频道节目编排研究/肖尤//湖南大众传媒职业技术学院学报 2002-04
- 湖南广电集团与星空传媒战略合作//中国证券报 2002-12-20
- 互动，电视观赏的革命（下）/chiponline//科学大观园 2002-07
- 互动电视如何冲击电视广告市场？/刘国基//大市场·广告导报 2002-08
- 互联网的发展与广播的机遇/翟国选//新闻爱好者 2002-08
- 互联网的今天和网络媒体的历史责任/何加正//新闻界 2002-06
- 互联网上知识产权的保护/王艳//淮阴师范学院学报（哲学社会科学版）2002-05
- 互联网时代地市媒体舆论导向初探/苏小玲//新闻天地 2002-05
- 互联网与知识产权的保护/陈福初//湖北大学成人教育学院学报 2002-05
- 沪报三读——兼议上海传媒文化的海派特色/童兵//新闻记者 2002-11
- 华侨城国际传媒投资影视业/何凌枫//中国证券报 2002-03-01
- 华文媒体的全球化生存/刘翎//南京政治学院学报 2002-02
- 华语电影市场期待雄风/余姝//中国文化报 2002-11-25
- 回顾与展望：当下中国电影文化/张铭勇//戏剧之家 2002-02
- 活动是交通广播的造势手段/花军辉//新闻实践 2002-10
- 机遇与挑战——浅析电视业入世后的对策/孙苹//有线电视技术 2002-07
- 积极发展我省媒介经济/芮必峰//安徽日报 2002-04-08
- 积极探索发展电影产业/梁长伦//文化时空 2002-08
- 积极推进电影院线制/蒋科禄//中国文化报 2002-09-19
- 积极主动　深入创新　加大力度　稳步推进——有关部门负责人谈进一步深化新闻出版广播影视业改革//新闻实践 2002-02
- 集团化、专业化背景下城市台电视新闻节目该如何办/高震//电视研究 2002-09
- 集团化成为新媒体发展趋势/郭丽君//光明日报 2002-03-23
- 集团化与跨媒体整合之道——看加入 WTO 后的中国传媒/徐浩然//视听界 2002-05
- 集团化与中国广播影视业的未来发展/朱虹//中国记者 2002-07
- 集约与整合：WTO 背景下的中国传媒前景/徐浩然//粤海风 2002-02
- 集中的检阅　全方位的透视——2000 年中国广播主持扫描/陆锡初//声屏世界 2002-01
- 纪录片市场还很大/周潇//光明日报 2002-08-14
- 纪念，为了忘却——2002 电影特效回眸/汪铭//数字世界 2002-12
- 纪实性娱乐节目《探索》传播理念初探/黎永强//声屏世界 2002-09
- 技术改变网络　网络改变人类——数字跨媒体传播的前景//电子出版 2002-Z1
- 技术与节目——中国广播应对全球化的两个主战场/栾轶玫//中国传媒科技 2002-11
- 继承光荣传统　续写对外广播新篇章/李丹//新闻战线 2002-01
- 加快电视产业发展的步伐/王鄂生//学习与实践 2002-08
- 加快广播电视产业发展的探索/陶志来//中国广播电视学刊 2002-12
- 加强设备管理——降低电视经营成本的重要手段/刘学文//声屏世界 2002-04
- 加强县级广播电视网络产业化经营管理是当务之急/邓黄生//中国有线电视 2002-05
- 加强新时期广播影视的宣传和社会管理工作/胡占凡//中国广播电视学刊 2002-03
- 加强行业自律　关注媒体改革——全国新闻专业期刊、新闻媒体研究所业务交流会综述/农秋蓓//中国广播电视学刊 2002-08
- 加入 WTO 和中国电影生产力的再定位/倪震//北京电影学院学报 2002-04
- 加入 WTO：中国广播电视业的对策/梁平//有线电视技术 2002-03

- 加入 WTO 对中国影视业影响研究/金冠军　郑涵//第二届中国影视高层论坛 2002
- 加入 WTO 给中国传媒业带来的机遇和挑战/严燕子//湖南社会科学 2002-03
- 加入 WTO 和中国电影生产力的再定位/倪震//当代电影 2002-01
- 加入 WTO 后的中国传媒/萧三郎//中国改革 2002-10
- 加入 WTO 后电影市场的营销对策/郑玉刚//教育艺术 2002-12
- 加入 WTO 后我国信息产业和广播电视业面临的挑战和机遇/冯锡增//广播电视信息 2002-07
- 加入 WTO 与传媒产业介入资本市场探讨/张光焰//西南民族学院学报（哲学社会科学版）2002-11
- 加入 WTO 之后，中国大陆地区传媒产业整合与新媒体发展环境/邓炘炘//第二届中国传播学论坛 2002
- 加入 WTO 中国传媒面对的冲击/张传　江王伟//中华新闻报 2002-02-02
- 加入世贸后中国广播电视的发展趋势/王俊杰//新闻爱好者 2002-06
- 加入世贸组织对新闻出版广播影视业的影响及主要对策//党建 2002-03
- 加入世贸组织对中国传媒的影响/熊澄宇//中华新闻报 2002-04-11
- 加速发展的营口广播电视事业//中国广播电视学刊 2002-11
- 加速发展中国电影经济/汪志民//吉林日报 2002-08-26
- 贾樟柯：戛纳归来谈独立——电影不应该只是一种传闻/LOST//电影评介 2002-09
- 坚持创新　锐意改革　推进广播事业可持续发展/张敬民//中国广播电视学刊 2002-06
- 坚持导向　强化管理　推进广播影视事业发展迈上新台阶/徐光春//中国广播电视学刊 2002-09
- 坚持广播电视报的特性/郑宏//中国广播电视学刊 2002-09
- 坚持广播电视宣传“热点”导向的一个重要原则/张飞雪//理论观察 2002-02
- 坚持先进文化方向　打造“联合舰队”——我国广播影视业入世承诺及应对措施/石贡文//中外企业文化 2002-11
- 坚持优质服务是县级有线电视事业发展的根本途径——南丰有线电视台网络建设与收费管理见闻/谢敬东//声屏世界 2002-02
- 坚持正确的舆论导向　促进广播影视事业发展//审计月刊 2002-06
- 坚持中国先进文化前进方向　开创广播影视事业的新局面/徐光春//中国企业报 2002-02-20
- 坚守电影媒体的操守——兼谈部分电影媒介的虚火与堕落/玉兰//电影 2002-07
- 检视西方媒介权力研究——兼论布尔迪厄权力论/贺建平//西南政法大学学报 2002-03
- 检阅中国传媒/东方晓//中国经营报 2002-04-22
- 简论电影与当代电视传播/邵奇//新闻大学 2002-02
- 建立“学习型”管理机制——WTO 向媒体提出什么？/吴公剑//采·写·编 2002-03
- 建立健全广播电视监听监视标准的探讨/陈网平//传媒观察 2002-12
- 建立具有中国特色的传媒公有股份集团/王宇//现代传播 2002-05
- 建立新的有线电视网络经营模型/陈晓宁//广播电视信息 2002-05
- 建设数据平台　打造全新媒体/王峰//中国传媒科技 2002-04
- 建设县域广播电视分配网络的重要性/叶茂芝//中国有线电视 2002-08
- 建设小康社会与发展传媒产业/王桂科//学术研究 2002-12
- 江苏省级广播电视体制改革回顾与展望/章剑华//中国广播电视学刊 2002-09
- 教育电视节目定位之浅见/陶世容//新闻传播 2002-08
- 节目质量决定广播的两个效益/柳新年//内蒙古广播与电视技术 2002-02
- 解读电视纪录片的戏剧化策略/黄步东//传媒观察 2002-07
- 解读中国传媒第一股/赵曙光//传媒观察 2002-06
- 解读珠江三角洲电视媒体市场/伍毅然//中国经营报 2002-01-28
- 解放思想　改革创新　推动中央人民广播电台事业快速发展/杨波//中国广播电视学刊 2002-04
- 解放思想　更新观念　与时俱进　切实做好广播影视科技创新工作/张海涛//广播与电视技术 2002-01
- 解放思想、实事求是、与时俱进、开拓创新　加快广播影视事业的改革和发展/徐光春//中国广播电视学刊 2002-02
- 解说：广播现场报道中的灵魂/王悦//新闻传播 2002-09
- 解析大众媒介的广告化/张庆梅//阜阳师范学院学报（社科版）2002-06
- 解析广播电视节目策划（之二）/胡妙德//中国广播电视学刊 2002-01
- 解析广播电视节目策划（之三）/胡妙德//中国广播电视学刊 2002-02
- 解析互联网“流媒体”/赵彦//科学时报 2002-03-22
- 解析新兴传媒的“烧钱现象”/黄星//传媒观察 2002-08
- 解析中国的有线电视业/赵宏栋//山西财经大学学报 2002-S1
- 借助网络优势打造报纸品牌/李红//记者摇篮 2002-09
- 今年电影流行“院线制”/范丽珍//中华儿女（海外版）2002-13
- 金杯银杯不如观众的口碑——谢晋纵论电影与时代/翟素娣//瞭望 2002-49
- 近代媒介与文化转型/祝兴平//湖北师范学院学报（哲学社会科学版）2002-02
- 近看韩国新电影//家庭与科学 2002-03
- 近五成广播电视报广告涉嫌违法//国际新闻界 2002-03
- 进军网络——传媒的新革命/杜兆君//新闻传播 2002-02
- 进入 Internet 的广播世界/黄晶//微电脑世界 2002-18
- 进入电影的电视/杨燕//福建艺术 2002-01
- 进一步加强网络文化市场管理/刘玉琴//人民日报 2002-05-18
- 经济乎，文化乎？　民族乎，全球乎？/陶东风//中华读书报 2002-06-12
- 经济类媒体的基本类型及报道特色//传媒 2002-04
- 经济新闻的生活化报道　经济广播电台的现代追求/贺业英//新闻三昧 2002-05
- 经济与传媒/蒋子龙//经营与管理 2002-07
- 经营交通广播的几个观念问题/汪良//中国广播电视学刊 2002-08
- 经营媒体　整合资源——台湾东森媒体科技集团考察报告/周勇闻//新闻记者 2002-09
- 精心打造天气预报——电视天气预报节目定位与创意/徐扬　黄英伟//黑龙江气象 2002-02
- 精英文化借传媒走向大众/刘玉清//传媒 2002-10
- 警惕“没有硝烟的战争”——西方传媒妖魔化中国的手段及原因剖析/盛沛林//当代传播 2002-01
- 竞合时代：发展模式与关键词——关于我国传媒产业现实发展的若干思考/喻国明//新闻传播 2002-02
- 竞技+传媒+观众+商业运作——体育电视文化产业漫谈/卢元镇//体育文化导刊 2002-02
- 竞争、对策与信心——中国电影面对入世的选择/周星//电影 2002-03
- 境外传媒对中国媒业的冲击与促进/师静//北京青年政治学院学报 2002-02
- 举世瞩目轰动效应——对中国电视剧发展历程的思考/张凤铸//第二届中国影视高层论坛 2002
- 聚焦美国传媒的资本市场运营/赵曙光　狄春//传媒观察 2002-11
- 开发人才资源　打造品牌传媒/程顺立//新闻战线 2002-09
- 开拓创新　走广播改革之路/叶小帆//中国广播电视学刊 2002-01
- 开拓海外市场扩展生存空间——入世后中国电影开拓海外市场问题研究/徐文明//上海大学学报（社会科学版）2002-03

⊙ 开拓网络新闻媒体个性化服务市场/薛筱刚//甘肃日报 2002－09－04
⊙ 看西方媒体怎样"搞宣传"/许学芳//青年记者 2002－04
⊙ 靠"三个代表"繁荣新闻出版事业/黄文虎//群众 2002－09
⊙ 科技创新为电影事业发展插上了腾飞的翅膀——谈 2002 年度我国电影科技工作的进展/郑景泉//影视技术 2002－12
⊙ 科技发展中的影视艺术保护/高红樱//中国科技新闻学会第七次学术年会暨第五届全国科技传播研讨会 2002
⊙ 科技进步促进广播电视事业迅速发展/江澄//中国传媒科技 2002－01
⊙ 科普广播宣传的现状与对策/侯法洁//中国广播电视学刊 2002－01
⊙ 科普影视创作面临新机遇/唐书林//中国科技新闻学会第七次学术年会暨第五届全国科技传播研讨会 2002
⊙ 跨国传播集团——在华语地区影视市场的经略脉络/李天铎//电影新作 2002－01
⊙ 跨国传媒集团入粤的思索/邵培仁//新闻记者 2002－08
⊙ 跨国制作、商业电影与消费文化/尹鸿//当代电影 2002－02
⊙ 跨媒体、跨地区、跨行业——中国媒介集团做大做强的必由之路/林如鹏//新闻大学 2002－04
⊙ 跨媒体经营的商业机制/彭蕙仙//出版参考 2002－Z1
⊙ 跨媒体经营时代来临/吕永朝//企业家天地 2002－01
⊙ 跨世纪中国电影艺术与商业观念辨析/周星//杭州师范学院学报（人文社会科学版）2002－01
⊙ 困惑之路上的艰难前行——当前电视频道专业化现状透视/张健//电视研究 2002－01
⊙ 来势汹汹的"韩流"/常林枫//现代家电 2002－03
⊙ 来自大地的深情咏叹——山东影视剧制作中心近年来现实主义创作简述/张宏森//中国电视 2002－11
⊙ 来自韩流背后的思考//大众科学・科学研究与实践 2002－05
⊙ 牢记"三个代表"扎扎实实做好广播电视工作/叶胜萍//声屏世界 2002－04
⊙ 老＋电影＋咖啡＝老电影咖啡馆/马超//财经界 2002－04
⊙ 老电影长盛不衰：真实，怀旧，或者……/王力//新华每日电讯 2002－10－24
⊙ 老年受众接触传媒行为研究/陈崇山//第二届中国传播学论坛 2002
⊙ 李亦非演讲——世界传媒集团 VIACOM 的传媒并购纵横谈//新财经 2002－03
⊙ 李幼平院士纵论数据广播与"第五传媒"//西部广播电视 2002－05
⊙ 理念・激情・务实——湖南交通广播的昨天、今天与明天/罗毅//中国广播电视学刊 2002－02
⊙ 理顺管理体制　促进有线广播电视发展/亓刚//青年记者 2002－02
⊙ 历史电视剧的走红及其艺术定位/徐俊西//文学报 2002－05－09
⊙ 立足高远　跳跃发展——香港电视媒体考察报告与湖南都市频道对策分析/罗芳红//新闻天地 2002－06
⊙ 立足声屏做好"广电"大文章——广播电视报特色论/李品慧//中国电视 2002－02
⊙ 立足于本土的创新——湖南电视和凤凰卫视的比较分析/贺玉荣//新闻传播 2002－10
⊙ 利益表达中的大众媒体/聂静虹//中共四川省委党校学报 2002－04
⊙ 利用互联网拓展广播外宣/邓一//视听界 2002－06
⊙ 利用优秀电影增强幼儿环保意识/汤清媛//第七届中国国际儿童电影节中小学生影视教育国际研讨会 2002
⊙ 刘向群——电视业发展前沿的探索者/杨凯//瞭望 2002－23
⊙ 流媒体：现状前景与障碍/李子臣　王文静//情报科学 2002－09
⊙ 流媒体：因特网时代的信息广播/张臣雄//现代通信 2002－09
⊙ 流媒体服务器与广电发展/夏建洲//网络世界 2002－03－18
⊙ 流媒体让网络"声色"并起/计育青//中国电子报 2002－04－09
⊙ 流媒体市场群雄并起/霞文//通信产业报 2002－03－27
⊙ 流媒体市场有多大？/宋广平//计算机世界 2002－09－23
⊙ 流媒体市场与应用分析/黄慧　邹松柏//世界电信 2002－11
⊙ 流行时尚热销　影视同期走俏/蒋晞亮//中国图书商报 2002－09－19
⊙ 龙岩市广播电视网台分营和网络整合的基本经验/张荣辉//广播电视信息 2002－06
⊙ 略论电视节目产业化运作/覃彀//新闻前哨 2002－10
⊙ 略论网络环境下的知识产权保护/强亚娟//图书情报知识 2002－04
⊙ 略论武汉新闻传媒的精品打造之路/罗以澄//新闻前哨 2002－01
⊙ 略谈"四大传媒"的互动与双赢/徐泉//合肥联合大学学报 2002－01
⊙ 伦敦电影——从秘密花园到乌托邦时刻/夏洛特・布朗斯顿//世界电影 2002－04
⊙ 论"入世"后中国影视经营观念的转换/徐文明//当代电视 2002－03
⊙ 论巴西新电影运动/克・汤普森//世界电影 2002－01
⊙ 论传媒及其文化前提/车美萍//东岳论丛 2002－03
⊙ 论传媒批评的存在空间及局限性/张邦卫//长沙电力学院学报（社会科学版）2002－01
⊙ 论传媒市场/丁柏铨//新闻记者 2002－04
⊙ 论传媒与文化/邱沛篁//西南民族学院学报（哲学社会科学版）2002－01
⊙ 论大众传媒与政策议程构建/聂静虹//学术论坛 2002－06
⊙ 论大众传媒在现代奥林匹克运动中的地位与作用/赵晓玲//成都体育学院学报 2002－03
⊙ 论当代中国戏剧的电影化倾向/周安华//文艺研究 2002－05
⊙ 论当今我国传媒业的两重属性/吕文凯//郑州经济管理干部学院学报 2002－03
⊙ 论地方广播电视报的定位/龙泽巨//新闻天地 2002－07
⊙ 论电视传播观念的转型/徐勍//新闻天地 2002－06
⊙ 论电视的品牌经营/徐秀萍//中国广播电视学刊 2002－09
⊙ 论电视电影的艺术流变/张阿利//西北大学学报（哲学社会科学版）2002－04
⊙ 论电视媒体频道包装品牌化/赵淑芳//采・写・编 2002－05
⊙ 论电视媒体网站的个性化/蔡心轶//南京医科大学学报（社会科学版）2002－02
⊙ 论电视频道的组合竞争策略/王永连//中国广播电视学刊 2002－03
⊙ 论电视文化的产业属性/史原//大连大学学报 2002－01
⊙ 论电视宣传功能与产业发展/张宏伟//美与时代 2002－12
⊙ 论广播电视系统的全面数字化/孔向刚//中国有线电视 2002－06
⊙ 论广播节目"改版"/周志哲//新闻天地 2002－09
⊙ 论国内传媒现状及入世对策/陈秋刚//湖北广播电视大学学报 2002－01
⊙ 论媒介定位的构成/高世屹　颜彦//当代传播 2002－03
⊙ 论媒介市场细分化过程中若干关系的处理/秦志希　葛丰//当代传播 2002－02
⊙ 论媒介文化与大众文化的视点差异/祁苑红　祁苑玲//云南师范大学学报（哲学社会科学版）2002－04
⊙ 论媒体产业的"内容寻租"和价格构成的特殊性/向东//经济体制改革 2002－04
⊙ 论媒体的品牌延伸战略/禹建强//新闻爱好者 2002－11
⊙ 论媒体在传播过程中意义的嬗变/赵华//江苏社会科学 2002－06
⊙ 论上海电视传媒竞争战略选择/许锋//财经研究 2002－02
⊙ 论市场化运作机制下电视的文化品位/陈枫//传媒观察 2002－01
⊙ 论网络传媒的优势/张玲玲//华北科技学院学报 2002－04
⊙ 论网络时代传媒的发展/吕新佳//市场研究 2002－02
⊙ 论网络与报纸传媒/周齐//云南师范大学学报（教育科学版）2002－06
⊙ 论我国电视专业体育频道的生存现状和发展模式——以世界杯转播为例/董奕//现代传播 2002－05
⊙ 论我国广播电视集团的宗旨/梁平//中国有线电视 2002－15

- 谈话节目：历史的现场直播／于丽爽／／北京师范大学学报（人文社会科学版）2002－06
- 谈加入WTO后我国电视业的应对之策／黄自昌／／佳木斯大学社会科学学报2002－06
- 谈媒体广告的艺术价值／何兰坐／／记者摇篮2002－03
- 谈谈策划在广播节目创优中的运用／徐文军／／新闻实践2002－06
- 谈谈电视频道的规划和设置／孔德明／／电视研究2002－04
- 谈谈电视专业频道的兴起／周陆军／／新闻天地2002－07
- 谈谈广播的改革与创新／赵德全／／中国广播电视学刊2002－05
- 谈谈湖南电视天气预报节目制作的几点体会／董文蔚／／第五届全国优秀青年气象科技工作者学术研讨会2002
- 谈谈网上广播的流媒体技术／孙美宗／／西部广播电视2002－03
- 谈谈我国影视作品著作权保护的两个问题／孙建红／／入世后知识产权法律服务实务研讨会暨全国律协知识产权专业委员会2002年年会
- 谈提高广播经济报道的可听性／李冰虎／／中国广播电视学刊2002－06
- 谈网络电影的人性化互动／陆琼琼／／上海大学学报（社会科学版）2002－01
- 谈网络时代电视新闻记者的素质／萧淑琴／／当代电视2002－03
- 谈我国电视媒体与因特网的竞争与合作／谢志春　张兴隆／／甘肃高师学报2002－02
- 谈新闻传媒的产业化之路／吴骞／／传媒2002－12
- 谈新闻媒介的受众定位与功能定位／蔡雯／／中国报业2002－03
- 探求中国入世后的影视业商机／张聚／／经济日报2002－10－23
- 探索规律打造精品——2002年全国话剧新剧目交流演出述评／刘彦君／／中国戏剧2002－11
- 探索与国际接轨的媒体管理新模式／王强／／中新闻报2002－03－23
- 探析中国电影在德国成功的因素——中国明星在国外形象的个案研究／马丁·吉泽尔曼／／第二届中国影视高层论坛2002
- 唐龙在电视业整合中的角色——专访唐龙国际传媒总裁陆兴东／王正伦／／南风窗2002－09
- 趟过西班牙电影的长河／傅郁辰／／中外文化交流2002－04
- 特竞天择适者生存——加入WTO中国传统电视产业的市场应对／关文舸／／当代电视2002－01
- 特色　精品　名牌——提高广播电视节目质量浅说／夏伟明／／牡丹江师范学院学报（哲学社会科学版）2002－04
- 特色定位——浅谈开发广播的“非黄金时段”／韩福根／／中国广播电视学刊2002－04
- 特种电影　由观看到体验的飞跃／／消费日报2002－11－29
- 提高电视媒体核心竞争力的有效途径／南晓明／／中国广播电视学刊2002－11
- 提高广播电视播出质量需要注意的几个问题／孙秀荷／／广播与电视技术2002－01
- 提高广播新闻竞争力／勾志霞／／中国广播电视学刊2002－02
- 提高收视率与电视节目的调整／石晶／／新闻传播2002－04
- 提高自身素质　办好民族地区广播／孔连跃／／声屏世界2002－01
- 体制创新：传媒发展的加速器——《绵阳晚报》发展模式的启示／夏虹／／新闻界2002－06
- 通过内部整合提升媒介质量——新闻媒介产品问题分析及对策／蔡雯／／新闻战线2002－10
- 投资传媒意料中与意料外的“死法”／薄继东／／IT经理人的商业周刊2002－02
- 投资媒体：准入政策不是一刀切——新华在线《中国媒体投资报告》评析／徐锦泉／／中国工商2002－01
- 投资媒体九成赚钱难／薄继东／／职业2002－01
- 投资拍摄电视剧为何不赚钱／曹杰／／经济日报2002－01－06
- 投资影视民企新行当／续浩／／中国工商2002－04
- 投资中国传媒市场：陷阱还是馅饼？／唐龙／／大市场·广告导报2002－05
- 透明度与大众传媒规制／刘海年／／人权2002－04
- 透视澳大利亚电影业／邓天颖／／北京电影学院学报2002－05
- 透视中西方大众传媒的伦理道德问题／张殿元／／新闻爱好者2002－10
- 透析保险业电视广告投放／伍毅然／／中国广告2002－11
- 透析韩剧流行八大定律／刘江华／／西安日报2002－06－08
- 凸显电视对外宣传的新特色——中央电视台国际频道和英语频道的“两会”报道／张利中／／电视研究2002－04
- 突出特色是办好企业新闻媒体的关键／张晓哲／／内蒙古科技与经济2002－02
- 突发事件中的传播技巧——911事件后美国电视新闻报道／白进勇／／中国记者2002－01
- 突破：行走于传统的边缘——浅谈主流媒体与社会新闻／陈斌／／新闻前哨2002－09
- 突破电视广告经营中的价格“瓶颈”（上）／张晓建／／声屏世界2002－11
- 突破电视广告经营中的价格“瓶颈”（下）／张晓建／／声屏世界2002－12
- 图像化：广播电视报发展新途径／李品慧／／中国广播电视学刊2002－08
- 推进广电集团化　产业化／／中华新闻报2002－09－03
- 推进体制创新之路——陕西广播影视业的改革实践与思考／任贤良／／中国广播电视学刊2002－08
- 托普为何陷入媒体危机／／英才2002－11
- 外国媒体的可资借鉴之处／王永亮　石书新／／记者摇篮2002－04
- 外国媒体的受众意识／王永亮　王永前／／当代传播2002－02
- 外资传媒巨头中国攻略／王宏建／／中国企业报2002－01－25
- 外资进入，中国传媒业风正帆悬／王木／／人民法院报2002－11－20
- 外资媒体电视本土化战略／沈赟昀／／新闻界2002－03
- 外资强攻内地传媒业　李嘉诚打造两岸三地旗舰／张晓晖／／中华工商时报2002－03－18
- 网络＋传媒：又一个美丽的泡沫／文斋／／北京科技报2002－07－29
- 网络版权有错必纠／／北京科技报2002－02－01
- 网络出版浅述／林莉／／情报探索2002－01
- 网络出版研究／杨祖彬　曾莉红／／重庆工商大学学报2002－06
- 网络出版研究综述／张志强　唐舸／／出版科学2002－S1
- 网络传播背景下的广播新闻改革思路初探／邹煜／／自贡师范高等专科学校学报2002－03
- 网络传播与广播业的发展趋势初探／贺霞／／声屏世界2002－02
- 网络传媒对大学生信息获取以及思维方式的影响分析／陶然／／新闻与传播研究2002－01
- 网络传媒——新闻业界新阵地／胡红岩　曾觉吾　王晓英／／记者摇篮2002－10
- 网络的发展趋势／朱华峰／／中国计算机报2002－04－08
- 网络电视发展的机遇与挑战／浦晓江／／中国记者2002－01
- 网络电视浮出水面／杨涛／／IT经理人商业周刊2002－03
- 网络电影：为电影插上翅膀／子荫／／大众电影2002－01
- 网络电影如何看？／烈云／／计算机与网络2002－14
- 网络对传统媒体的冲击与挑战／詹冬龙／／军事记者2002－04
- 网络对传统媒体的影响／林国荣／／记者摇篮2002－08
- 网络广播　今天你听了吗？／栗杨／／电脑应用文萃2002－10
- 网络广播电视的今天和明天／杨大伟／／中国传媒科技2002－07
- 网络广告存在的问题及对策研究／李世宗／／湖北财经高等专科学校学报2002－01
- 网络广告的法律问题及对策／袁翔珠／／五邑大学学报（社会科学版）2002－01

- 网络广告和网络广播/欧阳康//深圳大学学报（人文社会科学版）2002-04
- 网络广告价值的体现/程士安//复旦学报（社会科学版）2002-01
- 网络广告营销策略初探/孙丽威//北方经济 2002-01
- 网络化的出版业务/张玉珍　黄东　任开银//工业控制计算机 2002-09
- 网络环境下公共图书馆报刊信息资源的开发与利用/蓝青//情报科学 2002-02
- 网络环境下知识产权保护的经济学分析/何玉梅//商业研究 2002-02
- 网络技术与著作权保护之自洽性研究/熊瑛　常立农//湖南大学学（社会科学版）2002-S2
- 网络技术在电视制作播出中的应用/施京//南通职业大学学报 2002-01
- 网络经济改善企业组织/方传新//中国纺织报 2002-09-02
- 网络经济与互联互通/黄浩//人民邮电 2002-12-06
- 网络经济与企业资本运营/方传新//中国纺织报 2002-12-04
- 网络媒介的特点及其影响/张英健//盐城工学院学报（社会科学版）2002-04
- 网络媒体："十六大"报道的重要力量/李勇华//新闻与写作 2002-12
- 网络媒体"长"与"短"/尚晋生//发展导报 2002-09-10
- 网络媒体的差异化营销策略/温瑾//中国传媒科技 2002-12
- 网络媒体的发展/吴恒权//信息系统工程 2002-04
- 网络媒体的发展对期刊媒体的影响与对策/王良军//山西青年管理干部学院学报 2002-03
- 网络媒体的交互性分析/单伟中//湖南大众传媒职业技术学院学报 2002-01
- 网络媒体的历史责任/何加正//人民日报 2002-09-07
- 网络媒体的模式创新/梁春晓//中国传媒科技 2002-11
- 网络媒体的新闻报道定位/蔡燕琼//新闻与写作 2002-03
- 网络媒体的优势与不足/王列//河北青年管理干部学院学报 2002-04
- 网络媒体对传统传播方式的转变/常庆//当代传播 2002-03
- 网络媒体对传统媒体的继承发展和创新//计算机与农业 2002-09
- 网络媒体对传统媒体的影响/叶校正//滁州职业技术学院学报 2002-03
- 网络媒体发展的关键是什么/程晓龙//中国新闻出版报 2002-08-06
- 网络媒体发展及其对"数字城市"的贡献/宣宏量　李晓莉//中国传媒科技 2002-02
- 网络媒体发展面临"三重门"　受众、行业现状是最大瓶颈/风戈//互联网周刊 2002-32
- 网络媒体给广播带来的挑战与机遇/林卉//学会 2002-04
- 网络媒体广告的十大优势/张品良//江西财经大学学报 2002-01
- 网络媒体面临的三种冲击/郭乐天//中华新闻报 2002-07-23
- 网络媒体抢占信息时代的制高点//中国传媒科技 2002-04
- 网络媒体趋势及对策研究/贺华光//广播电视信息 2002-10
- 网络媒体如何产业化/叶克林　李扬//新华日报 2002-04-07
- 网络媒体如何正确引导舆论——从突发性事件的报道说起/王蓉//声屏世界 2002-01
- 网络媒体时代广播电视的体制改革/罗昕//浙江传媒学院学报 2002-03
- 网络媒体时代理论新闻学的变革与思考/郑瑜//南京政治学院学报 2002-04
- 网络媒体挑战下的校报改革/李宝国//北京教育（高教版）2002-12
- 网络媒体投资战略/陶赞//中国报业 2002-02
- 网络媒体新闻频道的立体化设置/董碧霞//新闻实践 2002-Z1
- 网络媒体研究的现状与对策/向淑君//三峡大学学报（人文社会科学版）2002-05
- 网络媒体与传统媒体的竞争走势/张卓敏//新闻天地 2002-06
- 网络媒体与文化价值观——兼析网络影响和当代大学生亚文化的形成/程士安//新闻大学 2002-03
- 网络时代传媒的生存逻辑与方式/佘文斌//电视研究 2002-07
- 网络时代传统媒体的优势/孙呈学//邵阳师范高等专科学校学报 2002-04
- 网络时代传统媒体发展的理性思考/张秦川//新闻知识 2002-04
- 网络时代的电视传媒/叶东芝//丽水师范专科学校学报 2002-03
- 网络时代的新视野——广播电视史学研究三论/艾红红//现代传播 2002-02
- 网络时代电视的发展趋势/陈吉利//咸宁师专学报 2002-05
- 网络时代电视新闻的发展态势——兼论电视新闻与网络新闻的比较优势/江敏//电视研究 2002-02
- 网络时代科技期刊的现状与发展/汤知慧//编辑之友 2002-01
- 网络时代媒体应变大趋势/孙慧//中国传媒科技 2002-01
- 网络时代媒体整合刍议/董自刚//现代传播 2002-03
- 网络思维方式及其对电视传播的影响/祁林//广播电视大学学报（哲学社会科学版）2002-03
- 网络图书版权保护的实践意义/张廷广　黄美香//大学图书馆学报 2002-02
- 网络文化产业创造的价值过百亿元/陈建栋　蔺玉红//光明日报 2002-09-30
- 网络文艺媒体特征论/巫汉祥//厦门大学学报（哲学社会科学版）2002-04
- 网络系统中知识产权的法律保护/冯心明//华南师范大学学报（社会科学版）2002-01
- 网络消费/吴学安//北京日报 2002-02-28
- 网络消费你试过吗？/吴学安//中国信息报 2002-02-27
- 网络新闻媒体如何应对 WTO/赵慧君//中国记者 2002-02
- 网络信息的侵权构成及其防范/刘建明//中国广播电视学刊 2002-03
- 网络信息业的兴起和发展/范新宇//《2001~2002 年中国文化产业发展报告》
- 网络要赚娱乐钱/李冬梅//北京日报 2002-11-23
- 网络业的 Wintel 神话/荣钰//网络世界 2002-11-18
- 网络与电视的互动前瞻/吴信训//新闻界 2002-01
- 网络与电视关系谈/姚阳//记者摇篮 2002-06
- 网络与知识产权保护/管育鹰//法律适用 2002-03
- 网络作品的著作权及其法律保护/张燕强//中国对外贸易商务月刊 2002-04
- 网络作品著作权的保护/隋臻玮　曲明杰　于正河//科学与管理 2002-03
- 网络作品著作权的侵权问题与法律保护/晁晓筠//电子出版 2002-Z1
- 网上广播：开辟广播事业新时空/白木//广播电视信息 2002-09
- 网上广播带给我们的思索/范明//中国广播电视学刊 2002-01
- 网站赢利模式日趋多元化/毕湘楠　陈新明//中国税务报 2002-08-02
- 为大众文化"祛媚"/俞小石//文学报 2002-09-05
- 为搞好电视安全播出的几点思考/蒋济生//电视工程 2002-04
- 为国产电影业"支招"/石东//中国文化报 2002-10-30
- 为了成熟的明天——对地方台电视专业频道现状的思考/史兴庆//声屏世界 2002-07
- 为听众服务是县级广播生存之关键/张庆常//新闻爱好者 2002-01
- 唯美"韩"流——从《时越爱》析韩国电影/马雪//中外文化交流 2002-06
- 维文迪传媒收入占近半江山，体育、教育类将重头发展/叶新//出版参考 2002-09
- 卫星电视：在无形的藩篱间行走/陈彤旭//新闻天地 2002-Z1
- 未来传媒技术路向何方？/诸元//传媒观察 2002-10
- 未来电视"播放"香臭冷热//青年科学 2002-02
- 未来电视什么样//科技经济市场 2002-07
- 魏文彬：让传媒巨舰扬帆远航/任理德//传媒 2002-04

⊙ 新疆网络媒体的现状及前景/陆斌//当代传播 2002－06
⊙ 新媒介、新技术对大众传播的影响及发展趋势/冯桦//中国经贸导刊 2002－07
⊙ 新媒体·老媒体：谁主沉浮？/崔保国　李希光//中华新闻报 2002－11－02
⊙ 新媒体时代的机遇与挑战/武凤仪//新闻战线 2002－02
⊙ 新设专业频率如何后来居上——谈广播窄播化急待解决的主要问题/高铁军//现代传播 2002－06
⊙ 新生代导演和民族电影的未来/颜纯钧//艺术广角 2002－04
⊙ 新时期传媒工作者面对挑战应采取的对策/王德//前沿 2002－08
⊙ 新时期广播电视报面临的挑战与对策/张纯//中国广播电视学刊 2002－04
⊙ 新世纪数字传媒的新宠——等离子电视和网络电视/刘杨//电视研究 2002－03
⊙ 新世纪亚洲电影如何“走”/陈晓黎　符佳//文汇报 2002－06－13
⊙ 新世纪中国广播电视新闻教育的反思与前瞻/雷跃捷//中国广播电视学刊 2002－04
⊙ 新闻报道的宣传与管理——“911”事件后的美国政府与传媒/李斯颐//中国记者 2002－01
⊙ 新闻报道的与“评”“述”——从 FOX 电视新闻收视率超过 CNN 说起/王晓琨//电视研究 2002－05
⊙ 新闻不等于传媒/李欧梵//新闻大学 2002－03
⊙ 新闻策划的价值取向/郑保章//河北建筑科技学院学报（社科版）2002－01
⊙ 新闻策划中几个敏感问题的探讨/夏龙江//浙江传媒学院学报 2002－04
⊙ 新闻出版业创新求变/欣初//浙江经济 2002－06
⊙ 新闻出版业酝酿深化改革/文鑫//山东消防 2002－12
⊙ 新闻出版总署有关负责人答记者问——严格规范互联网出版行为　促进互联网出版事业发展//中国电子与网络出版 2002－Z1
⊙ 新闻传媒八大转变//当代传播 2002－06
⊙ 新闻传媒的消费主义倾向/秦志希//现代传播 2002－01
⊙ 新闻传媒经营管理制度的创新/肖燕雄//湖南师范大学社会科学学报 2002－02
⊙ 新闻传媒目标市场选择策略发凡/田鹏飞//行政论坛 2002－03
⊙ 新闻传媒业集团化改革的几个问题/陈彦夫//新闻界 2002－01
⊙ 新闻集团的收费电视图谋/王英霞//中国经济时报 2002－10－23
⊙ 新闻类周刊的卖点/马飞孝　苏冬//编辑学刊 2002－01
⊙ 新闻媒介新一轮竞争的趋势/陈红梅//传媒观察 2002－08
⊙ 新闻媒体改革初探/雷咏棠//晋阳学刊 2002－04
⊙ 新闻媒体呼唤诚信/张志新//新闻三昧 2002－10
⊙ 新闻媒体投融资路径浅探/张跃云//城市党报研究 2002－03
⊙ 新闻媒体要讲诚信/马志燕//攀登 2002－05
⊙ 新闻网站经营方式猜想/唐绪军//中华新闻报 2002－08－13
⊙ 新闻在美国广播业中的地位/魏小题//中国新闻出版报 2002－08－29
⊙ 新闻真实性与媒体公信力/刘万胜//青年记者 2002－12
⊙ 新形势下独立电视制片业的应对策略/袁晓波//当代电视 2002－04
⊙ 新形势下广播电视报如何走出困境再塑自我/刘奋//中国广播电视学刊 2002－07
⊙ 新中国私营电影业研究（上）/钱春莲//北京电影学院学报 2002－01
⊙ 新中国私营电影业研究（下）/钱春莲//北京电影学院学报 2002－02
⊙ 信息技术产业与媒介经济的发展/金碚//经济理论与经济管理 2002－12
⊙ 信息媒体的主流地位/崔倩//图书馆学研究 2002－12
⊙ 星传媒：整合资源经营内容/卢思宇　李豫川//中国经营报 2002－03－04
⊙ 虚假发行量：引发传媒信用危机/黄星//中国记者 2002－05
⊙ 虚拟经营　电视节目运作新趋势/李豫川//中国经营报 2002－01－21
⊙ 亚洲电影近期印象/朱雨//东方航空报 2002－08－12
⊙ 亚洲国家要建立自己的强大新闻媒体/赵启正//领导决策信息 2002－19
⊙ 亚洲市场数字广播新机遇/素天乐//现代电视技术 2002－02
⊙ 延伸广播文艺市场　让广播更精彩/白玲//中国广播电视学刊 2002－05
⊙ 研究受众选择行为　提高媒体竞争力/李磊明　李晓艾//电视研究 2002－10
⊙ 要积极占有文化份额——加拿大班夫电视节随想/张子扬//新闻传播 2002－09
⊙ 也谈传媒不应媚俗/张浩//新闻实践 2002－05
⊙ 业外资本进入媒介产业的不同模式比较及相关建议/殷莉//中国科技新闻学会第七次学术年会暨第五届全国科技传播研讨会 2002
⊙ 一个本土品牌的国际神话——解读光明学生奶电视广告系列/邓启良//中国广告 2002－08
⊙ 一个飞跃性、浓缩性的历程——中国电视产业发展简述/肖晓琳//电视研究 2002－08
⊙ 一个新电视频道的夹缝生存/王星//IT 经理世界 2002－01
⊙ 一种定位　多点支撑——解析《太原广播电视报》运作模式/李晋生//新闻采编 2002－05
⊙ 依托品牌节目，发挥资源优势　拓展广播空间/张晓非//中国广播电视学刊 2002－10
⊙ 依托五千年悠久文化　铸造今日“世纪英雄”/向兵//人民日报 2002－05－10
⊙ 以“出世”精神办好“入世”的事业——兼谈儿童电影的出路/黄军//当代电影 2002－01
⊙ 以“人”为本，以情驭理——播出者在广播评论说理中情感表达技巧的运用/焦国章//声屏世界 2002－12
⊙ 以 BBC 短波停播析广播发展趋势/彭树文//新闻前哨 2002－05
⊙ 以案释法　以情感人——对提高广播电视法制栏目宣传效果的几点思考/冯树玲//声屏世界 2002－07
⊙ 以频道专业化推动电视业发展/刘纯燕//中国记者 2002－12
⊙ 以人为本：传媒的灵魂/黄德超//新闻前哨 2002－12
⊙ 以十六大精神为指导　全面推进广播影视业的改革发展/徐光春//中国广播电视学刊 2002－12
⊙ 以实力创意媒体——访实力媒体大中华区首席执行官李志恒/刘宗尧//广告大观（综合版）2002－03
⊙ 以实力打拼影视市场/丁洁//中国艺术报 2002－08－16
⊙ 以市场为导向，开展综合信息业务——走访山西广播电视网络有限公司市场运营总监张欣/王琰秋//有线电视技术 2002－02
⊙ 以太局域网中广播风暴的分析与预防/米利波//渝西学院学报（自然科学版）2002－03
⊙ 以体制创新　促广播发展——对实行频率负责制一点思考/汪寅生//视听界 2002－04
⊙ 以网络技术为主导　全面提升电视媒体核心竞争力/何宗就//电视研究 2002－06
⊙ 以新理念经营电影院/李湛军//光明日报 2002－05－20
⊙ 以新思路促进江苏广播新发展/张苏明//视听界 2002－01
⊙ 以资本运营为纽带加速我省广播电视体制创新——关于上海、北京、广东、湖南、浙江等地广播电视集团运营的调查研究/王承哲//河南社会科学2002－04
⊙ 艺术流浪：反叛·回归·整合——张艺谋电影创作走向探析/周霞//西北大学学报（哲学社会科学版）2002－01
⊙ 艺术事业、文化产业与大众文化的混沌和迷失（上）——略论中国电视剧的社会角色和文化策略并与尹鸿先生商榷/曾庆瑞//现代传播 2002－02
⊙ 艺术事业、文化产业与大众文化的混沌和迷失（下）——略论中国电视剧的社会角色和文化策略并与尹鸿先生商榷/曾庆瑞//现代传播 2002

上的讲话/徐光春//中国广播电视学刊 2002-01
⊙ 在竞争中做强做大少儿传媒集团/海飞//出版参考 2002-12
⊙ 在市场经济大潮中壮大电视报业/郭蕾//今日山西 2002-01
⊙ 在整合中增强广播传媒竞争实力/徐蓉//新闻前哨 2002-10
⊙ 在专业化与特色化上做文章——江苏交通广播网定位思路的启示/周强//视听界 2002-02
⊙ 造就媒体帝国要稳扎稳打/王英霞//中国经济时报 2002-10-09
⊙ 怎样经营媒介——从媒介市场的定位谈起/程士安//新闻实践 2002-03
⊙ 增加经济内容　延伸报道深度——新形势下国际广播报道走向/孙立宏//采·写·编 2002-03
⊙ 增强电视金融报道的表现力/戚欣//新闻传播 2002-07
⊙ 增强广播电话直播节目传播效果/王朝霞//采·写·编 2002-06
⊙ 增强广播情感类节目的服务功能/王瑛琪//新闻传播 2002-09
⊙ 增强前瞻意识　打造竞争"硬翼"——试析广播电视应对 WTO 的创新对策/杨杰//中国广播电视学刊 2002-04
⊙ 增强西部电视业资本实力的两大支柱/甘时勤//电视研究 2002-07
⊙ 展现电视电影化的艺术魅力——从电视剧《天下粮仓》谈起/张翼//晋阳学刊 2002-06
⊙ 整合传媒之关键/亢平//当代传播 2002-05
⊙ 整合传媒资源　谋求竞争优势/胡爱军//中国传媒科技 2002-07
⊙ 整体推进提升平面媒体平台/肖泉//视听界 2002-01
⊙ 正视亚洲流行文化的集体狂欢/孟繁华//文艺报 2002-07-11
⊙ 知识分子与大众传媒/胡原//啄木鸟 2002-02
⊙ 知识经济中的电视产业/白小玲//电视研究 2002-09
⊙ 知识娱乐化：电视传媒对于历史与知识的改造/魏鹏举//文艺理论与批评 2002-05
⊙ 直接上市？　买壳上市？——传媒进军资本市场途径探析/高燕//青年记者 2002-01
⊙ 纸媒体应正确引导读者认识互联网/任怡平//记者摇篮 2002-02
⊙ 制播分离下中国民营电视与中国电视业互动的利弊/姚远//新闻大学 2002-04
⊙ 制度创新是中国电视实现跨越式发展的关键/时统宇//中国电视 2002-02
⊙ 制约网络媒体发展的主要管理问题分析/欧阳农跃//科技管理研究 2002-06
⊙ 中国传媒板块的运营剖析/赵曙光//传媒观察 2002-05
⊙ 中国传媒的民族性与全球性/李金铨//国际新闻界 2002-06
⊙ 中国传媒的未来之路/王彦邻//市场周刊·财经论坛 2002-11
⊙ 中国传媒发展新亮点——国内财经媒体的兴起及其发展/张海波//当代传播 2002-01
⊙ 中国传媒广告网开通//声屏世界 2002-10
⊙ 中国传媒国际竞争力刍议/支庭荣//中国广播电视学刊 2002-11
⊙ 中国传媒积极应对 WTO/王永亮//新闻三昧 2002-01
⊙ 中国传媒市场运作规律/朱文蔚//当代传播 2002-05
⊙ 中国传媒投资中的委托—代理关系/万迪昉//探索与争鸣 2002-11
⊙ 中国传媒业：波翻浪滚涌新潮/杨峰//华商 2002-01
⊙ 中国传媒业"合竞时代"的到来/喻国明//中国广告 2002-07
⊙ 中国传媒业的现状//国际商报 2002-01-02
⊙ 中国传媒业进入规模化发展"快车道"——传播学著名学者喻国明访谈录/赵云泽//新闻实践 2002-06
⊙ 中国传媒业如何应对资本市场/焦红燕//新闻传播 2002-10
⊙ 中国传媒业应对入世挑战/田士其//新闻与写作 2002-03
⊙ 中国传媒业应积极应对入世挑战/刘立忠//理论界 2002-05
⊙ 中国传媒业迎来发展机遇/王丹英//经济论坛 2002-12
⊙ 中国传媒业遭遇"资本制造"/刘朝//出版广角 2002-01
⊙ 中国传媒遭遇资本介入/陈鹏//现代传播 2002-04
⊙ 中国大众传播媒介与"知沟"现象初探——以上海和兰州为例/张国良　丁未//新闻记者 2002-11
⊙ 中国大众传播人格化发展趋势——对当前大众传媒改革的思考/王琪//新闻三昧 2002-08
⊙ 中国电视产业的市场评价因素——访中国人民大学新闻学院副院长喻国明教授/李岚//中国广播电视学刊 2002-11
⊙ 中国电视产业化运作的综合评估构想/李岚//中国青年政治学院学报 2002-06
⊙ 中国电视产业集团化的禁区、盲区与误区/陆地//声屏世界 2002-07
⊙ 中国电视产业集团化的未来之路/尧凤//中国记者 2002-06
⊙ 中国电视传媒的产业化道路/冷冶夫//当代传播 2002-03
⊙ 中国电视纪录片如何走向市场/姚敏//新闻天地 2002-11
⊙ 中国电视媒体的多元化经营/王宇　覃朝霞//新闻记者 2002-08
⊙ 中国电视品牌与民族文化特质/黄会林//中国电视 2002-07
⊙ 中国电视市场转型时期电视策划的现状及其发展趋势/苗苗//中国电视 2002-09
⊙ 中国电视文艺 20 年之我见（上篇）/张子扬//新闻传播 2002-03
⊙ 中国电视文艺 20 年之我见（下篇）/张子扬//新闻传播 2002-04
⊙ 中国电视业出现"频道化供片"新模式//新闻实践 2002-01
⊙ 中国电视业面临的挑战与应对策略/李刚//新闻战线 2002-04
⊙ 中国电视业在电视周里升温/赵峥蔚//市场观察 2002-06
⊙ 中国电视与世界传媒携手明天——第六届四川电视节"国际电视发展研讨会"纪要/殷俊//现代传播 2002-01
⊙ 中国电影　制作发行销售实现重大突破/陈振国　刘成群//河北日报 2002-06-07
⊙ 中国电影 2002：有意味的历史/贾磊磊//北京日报 2002-12-22
⊙ 中国电影产业化任重道远/陆璐//中国文化报 2002-07-01
⊙ 中国电影产业面对枪林弹雨/李怀亮//文艺报 2002-03-09
⊙ 中国电影充满希望/张玉芬//吉林日报 2002-08-26
⊙ 中国电影的产业化问题/唐榕//南开管理评论 2002-02
⊙ 中国电影的空间会越来越开阔/檀梅//浙江日报 2002-02-26
⊙ 中国电影的美学和政治经济学——一个关于中国电影的资本结构、市场结构和产品结构关系的历史研究/陈犀禾　郑洁//第二届中国影视高层论坛 2002
⊙ 中国电影的数字化生存/贾磊磊//电影创作 2002-05
⊙ 中国电影划出最后生命线/范丽珍//中国文化报 2002-01-21
⊙ 中国电影可能存在的困惑/马宁//电影艺术 2002-01
⊙ 中国电影理论如何面对新世纪/罗艺军//文艺报 2002-08-08
⊙ 中国电影市场走势怎样？/杨竞//辽宁日报 2002-02-01
⊙ 中国电影体制待理顺　市场欠规范/刘兴元//人民政协报 2002-12-09
⊙ 中国电影体制改革面向市场寻求突破/秦杰//法制日报 2002-01-25
⊙ 中国电影需借资本之翼腾飞/吕婧//管理与财富 2002-09
⊙ 中国电影需要凤凰涅槃/翟晓林//经济日报 2002-05-12
⊙ 中国电影业　"洗澡"还是"刮痧"？/陈可红//中国商报 2002-01-29
⊙ 中国电影业的体制改革与发展趋势/毛羽//《2001～2002 年中国文化产业发展报告》
⊙ 中国电影业需加快重组/卢劲杉　杜宇//新华每日电讯 2002-08-27
⊙ 中国电影艺术走向世界的文化策略/沈国芳//湖南社会科学 2002-01
⊙ 中国电影遭遇四大尴尬/庚晋//艺术广角 2002-03
⊙ 中国电影制作发行销售实现重大突破/陈振国　刘成群//河北日报 2002-06-07
⊙ 中国电影走出"沉重"/周国洪　杜斌//新华每日电讯 2002-10-24
⊙ 中国儿童电影到哪儿去了？/季达明//深圳商报 2002-06-02
⊙ 中国光盘产业发展呈四大特点/赖名芳//中国新闻出版报 2002-09-05
⊙ 中国广播电视历史研究的思考/陆军//新闻前哨 2002-07

2003 年

- 传媒：美女经济的新主角/冯媛//中国妇女报 2003 - 10 - 13
- 传媒：面对娱乐经济时代/张国虎　吕亦舒//中华新闻报 2003 - 07 - 11
- 传媒并购整合投资价值凸显/尹萃//中国企业报 2003 - 02 - 14
- 传媒产业当顺应经济规律发展/曹鹏//新闻记者 2003 - 01
- 传媒产业区域发展战略构想/汪幼海//城市党报研究 2003 - 06
- 传媒产业无形资产经营蓄势待发//证券时报 2003 - 06 - 17
- 传媒产业组织优化途径/彭永斌//经理日报 2003 - 02 - 17
- 传媒出版社面临的问题与发展模式选择/杨忠阳//中华新闻报 2003 - 11 - 24
- 传媒大王的经营秘诀//深圳商报 2003 - 05 - 24
- 传媒的全球化视角/小一//中国图书商报 2003 - 03 - 14
- 传媒调研：推动新闻改革/何源　李华//光明日报 2003 - 03 - 27
- 传媒发展中的几对关系辨析/朱颖//中国传媒发展高层论坛 2003
- 传媒改革背景下我国广播电视新闻教育的走向/刘永宁//江西社会科学 2003 - 09
- 传媒公司借电视节目进军玩具产业//玩具世界 2003 - 12
- 传媒集团的风险分析/王积龙//证券日报 2003 - 06 - 22
- 传媒集团化的背景//中华新闻报 2003 - 10 - 08
- 传媒介入之功效——兼述美国传媒如何介入/季学文//大庆社会科学 2003 - 06
- 传媒经济：一江春水向东流/肖泌//社会科学报 2003 - 11 - 27
- 传媒经营管理人才拉响警报/万辉//中国改革报 2003 - 09 - 13
- 传媒区域聚集规律分析——基于区域发展与传媒产业发展的对策探讨/陆小华//新闻实践 2003 - 12
- 传媒人的媒介接触和使用行为——2002 上海新闻从业者调查报告之六/陆晔//新闻记者 2003 - 06
- 传媒人你怎么啦//社会科学报 2003 - 11 - 13
- 传媒生态规律与电视生存逻辑/王炎龙//声屏世界 2003 - 01
- 传媒市场从单边开放到双赢开放/刘建明//新闻界 2003 - 06
- 传媒投资，你准备好了吗？/虞宝竹//中华新闻报 2003 - 06 - 23
- 传媒业的企业化运行与信用再造——现代企业制度结构的视野/孔祥军//新闻界 2003 - 02
- 传媒业发展与时俱进/曹鹏//新闻记者 2003 - 04
- 传媒业改革全面提速/叶昕//开放潮 2003 - 09
- 传媒业开放力度加大/殷逸健//新闻记者 2003 - 02
- 传媒业跨国对接：未雨绸缪/马海邻//解放日报 2003 - 04 - 15
- 传媒业面对的机遇与问题/曹鹏//新闻记者 2003 - 11
- 传媒业日益与国际接轨/曹鹏//新闻记者 2003 - 05
- 传媒业如何实施薪酬策略/谭江涛//传媒 2003 - 09
- 传媒业如何应对危机考验/曹鹏//新闻记者 2003 - 06
- 传媒业透视/尹萃//招商周刊 2003 - 12
- 传媒业迎来前所未有的开放机遇/曹鹏//新闻记者 2003 - 02
- 传媒业再涌并购暗流/所尹萃//证券日报 2003 - 01 - 23
- 传媒业正在成为中国新支柱产业/李星//中国工商 2003 - 07
- 传媒业资本经营应警惕五大误区/颜伟//传媒 2003 - 03
- 传媒业资本运营的方式与思路/顾建明//中国传媒科技 2003 - 05
- 传媒在资本运作中洗牌/金名//金融时报 2003 - 08 - 15
- 传媒战的地位日益提高/郑瑜　王传宝//解放军报 2003 - 12 - 16
- 传媒整合的"药方"/天晓//中国新闻出版报 2003 - 01 - 24
- 传媒自由的道德解读/郑根成//中国传媒发展高层论坛 2003
- 传统文化电视再传播的制约因素及策略/杨华//北华大学学报（社会科学版）2003 - 03
- 传统戏曲与现代传媒——电视戏曲导演感言/马元素//戏曲艺术 2003 - 02
- 创立品牌　打造平台　荟萃科技　关注未来——记首届中国国际广播影视博览会影视节目展与设备展/唐海//当代电视 2003 - 10
- 创新的时代呼唤创新的理论——一论广播电视理论创新/廖望劭//声屏世界 2003 - 01
- 创新经营机制　增强媒体活力/孙发友//中国传媒科技 2003 - 05
- 创新求发展　改革促效益——广西柳州市广播电视系统改革侧记/吴丹//人民论坛 2003 - 06
- 创新是广播发展的永恒主题——"2003 广播发展年"市级电台面临的难题及应对措施/刘照龙//声屏世界 2003 - 08
- 创新与变革是传媒业的生命/冰启//上海教育 2003 - 17
- 创新重塑品牌　特色打造市场——台州广播电视报社改革与发展探索/金义鑫//中国报业 2003 - 06
- 创新重在发现——三论广播电视理论创新/廖望劭//声屏世界 2003 - 03
- 创优：提升电视核心竞争力的武器——2001 年度全国电视新闻及社教节目佳作概览/张君昌//电视研究 2003 - 02
- 创造 1 + 1——电视作品创新漫谈/王保寅//新闻爱好者 2003 - 11
- 创造性地改革电视时政报道/卫小林//中国广播电视学刊 2003 - 11
- 创作电视精品　弘扬先进文化/董育中//中国电视 2003 - 01
- 春江水暖雨将来——关于非公有资本进入电影产业的思考/李稚田//电影艺术 2003 - 03
- 从"东方时空"看电视节目的改版/刘燕玲//中国记者 2003 - 12
- 从"富矿"中挖掘"宝石"——关于电视会议新闻报道的思考/高桂英//新闻传播 2003 - 05
- 从"广"播到"窄"播——论交通广播定位的转变/叶莉红//新闻知识 2003 - 05
- 从"抗非防非"宣传看电视健康节目的发展走向/阎安//视听界 2003 - 03
- 从"两会"报道看电视新闻改进的务实性操作/韩彪//电视研究 2003 - 05
- 从"艺术人生"看电视文化的人文精神/张艳//新闻与写作 2003 - 11
- 从"易路通"网站分析专业化广播媒体网络传播系统的建构/潘力//中国广播电视学刊 2003 - 09
- 从《东方时空》看主流媒介的性别平等意识/寿沅君//妇女研究论丛 2003 - 05
- 从《东周刊》停刊试看媒介控制/徐沛//新闻记者 2003 - 04
- 从《对话》看电视栏目发展方向/熊鹰//当代电视 2003 - 03
- 从《激情创业》看公益类电视栏目制作策略/熊英//中国广播电视学刊 2003 - 08
- 从《江苏新时空》看省级台电视新闻改革/戴听祥//电视研究 2003 - 05
- 从《焦点透视》看电视深度报道的策划/周洋文//中国电视 2003 - 09
- 从《抗击非典直播特别报道》看大型电视新闻现场直播的成功运作/韩彪//电视研究 2003 - 07
- 从《面对面》看电视人物访谈栏目/张涛甫//电视研究 2003 - 07
- 从《南京零距离》看城市电视新闻节目的运作理念创新/孙海英//传媒观察 2003 - 12
- 从《生死抉择》到《英雄》/蒋科禄//中国文化报 2003 - 02 - 26
- 从《英雄》看电影产业化营销/范丽珍//中国文化报 2003 - 08 - 30
- 从《足球时间》看日播型电视足球节目的发展/张洪//新闻战线 2003 - 10
- 从 NHK 的组织结构看电视国际新闻的发展/张森//电视研究 2003 - 02
- 从背后看中国电视栏目的短命现象/孙晓彦//山东省青年管理干部学院学报 2003 - 06
- 从电视广告看中西文化及思维方式的差异/陈彦//中南民族大学学报（人文社会科学版）2003 - S1
- 从电视开放看媒体改革/孙文//中国经济时报 2003 - 02 - 12
- 从电视媒体的"创收"说起/鲍秋河//大市场·广告导报 2003 - 05
- 从观众出发：中国电影业的生存之道/杨席珍//安庆师范学院学报（社会科学版）2003 - 01

- 第四媒体与音乐广播/李强//视听界 2003－06
- 电广传媒：优势传媒潜力较大/吴春华//证券时报 2003－01－14
- 电广传媒购荣涵整合产业/李健君//证券日报 2003－10－30
- 电广传媒收购效应有待观察/张士伟//中国证券报 2003－10－31
- 电脑特技：构筑电影视觉神话/高原//大众科技报 2003－11－09
- 电视、全球化和文化的同一性/弗朗索瓦·若斯特//东南学术 2003－03
- 电视：眼睛媒体/姜公映//现代传播 2003－05
- 电视：知识经济时代的“弄潮儿”/王春荣//当代电视 2003－07
- 电视“包装”理念探讨/李媛//新闻前哨 2003－07
- 电视“快餐”，别“噎”观众/戎洪兴//中华新闻报 2003－11－21
- 电视“拿来主义”的隐忧/卢晓云//当代电视 2003－09
- 电视“脱口秀”：主持特点和成功之道——外国学者谈成功主持谈话节目/洪沐//电视研究 2003－08
- 电视·电影·互联网——谈传媒产业的发展/徐钢//电视字幕·特技与动画 2003－04
- 电视包装：五年完成蜕变/梅洁//中华新闻报 2003－09－10
- 电视包装浅谈/项立新//新闻前哨 2003－09
- 电视报不该向读者收费/伍一军//传媒 2003－03
- 电视博彩不能只向“钱”看/刘广//当代电视 2003－11
- 电视财经新闻节目初探/薛小华//视听界 2003－04
- 电视策划是一个动态的过程/余春友//新闻传播 2003－02
- 电视产业化要求电视台以客户为导向/吴涛//大市场·广告导报 2003－05
- 电视产业能否打造传媒航母/陈泽伟//瞭望 2003－30
- 电视触网该如何“发言”/蔡心轶//中国广播电视学刊 2003－06
- 电视传播艺术的功能：“效率”提高与“品格”提升——中国电视传播艺术研究之三（上）/胡智锋//现代传播 2003－03
- 电视传播与主流文化的互动/赵雅文//锦州师范学院学报（哲学社会科学版）2003－04
- 电视传播中的平民意识与平民视角/张卓鄰//理论观察 2003－01
- 电视传媒的可持续发展：科技与文化/陆军//新闻前哨 2003－04
- 电视传媒业如何树品牌/王志刚//经济论坛 2003－20
- 电视大众化与观众的分层/吴文昊//中国电视 2003－05
- 电视大众文化释义/隋岩//清华大学学报（哲学社会科学版）2003－06
- 电视导视也应争夺“眼球”/曲洁//声屏世界 2003－05
- 电视的“文化苦旅”——析大型文化专题片《江南》的思想开掘和艺术创新/胡慧翼//电视研究 2003－07
- 电视的崇拜、电视文化和全球化/弗朗索瓦·若斯特//东南学术 2003－03
- 电视的分众依然是大众——兼论电视与广播、电影的关系/李幸//新闻大学 2003－02
- 电视的品牌节目与主持人/丁志松//声屏世界 2003－05
- 电视的数字化发展与网络化生存/郑颖//新闻传播 2003－05
- 电视的真实感与世界的本相/吴冰沁//理论学刊 2003－02
- 电视电影的反类型策略　以警匪类型电视电影为例/史博公//电影艺术 2003－04
- 电视电影——电影中一道“好吃不贵的菜”？//工人日报 2003－10－24
- 电视电影需要一个开放的市场环境——访电影频道电视电影部主任岳扬/赵娟//电影 2003－09
- 电视法制节目三论/胡智锋//中国广播电视学刊 2003－11
- 电视访谈不能如此增加看点/童钟鸣//中华新闻报 2003－07－30
- 电视访谈节目中情感话题的伦理尴尬/郭小平//视听界 2003－06
- 电视分级——从错位经营到对位经营/龚雪辉//电视研究 2003－04
- 电视改版：从视觉的愉悦开始/李岚//新闻前哨 2003－10
- 电视改变了300年欣赏喜剧的方式//浙江日报 2003－03－21
- 电视歌手大奖赛的走红从文本的多义性解析/陈磊//新闻爱好者 2003－01
- 电视给我们带来了什么？/王荷英//班主任之友 2003－08
- 电视公益广告的特性/李韬放//齐齐哈尔大学学报（哲学社会科学版）2003－04
- 电视购物还能“火”起来吗？/肖健　艾兰//深圳商报 2003－08－11
- 电视观众接收行为特征再探——兼谈有关节目制播的若干思考/刘燕南//湖南大众传媒职业技术学院学报 2003－04
- 电视观众喜欢看什么/宗边石//经济日报 2003－01－03
- 电视广告板块碰撞刍论南方　电视广告现象的理论与实践初探/万荣//大市场·广告导报 2003－01
- 电视广告的重新定位/李应欣//广西民族学院学报（哲学社会科学版）2003－S2
- 电视广告价格的行销学分析/陈俊良//大市场·广告导报 2003－04
- 电视广告借势跳出高折扣怪圈//广告大观（综合版）2003－12
- 电视广告经营的几点做法/张玉柱//青年记者 2003－04
- 电视广告经营机制如何转型/刘洪涛//电视研究 2003－11
- 电视广告经营与策略——21世纪的电视经营之道（三）/冷冶夫//中国广播电视学刊 2003－04
- 电视广告六忌/张庆海//中华新闻报 2003－04－16
- 电视广告如何适应二十一世纪的竞争/于修海//广告人 2003－06
- 电视广告视觉创意的画面表现/胡忠青//郧阳师范高等专科学校学报 2003－05
- 电视广告形态特征和品牌化策略分析　从CCTV国际电视广告大赛说起/蔡盈洲//电影艺术 2003－01
- 电视广告制作的基本操作思路/蒋培//记者摇篮 2003－04
- 电视记者应强化受众意识/史日楠//理论观察 2003－03
- 电视纪录片可以向DISCOVERY学什么/吴瑛//视听界 2003－02
- 电视纪实作品生存空间之探/陈海祥//新闻爱好者 2003－01
- 电视节目版权保护引起纷争/刘林森//法制日报 2003－01－11
- 电视节目包装的前期创意/姚迪//电视字幕·特技与动画 2003－10
- 电视节目策划人的成功智力分析/李冬梅//齐鲁艺苑 2003－04
- 电视节目传播价值刍议/马来顺//当代电视 2003－03
- 电视节目的包装/李岚//新闻前哨 2003－11
- 电视节目的传播价值初识/马来顺//中国广播电视学刊 2003－01
- 电视节目的感染力从何而来/陈少峰//中国广播电视学刊 2003－09
- 电视节目的国际视野和平民视角/刘行芳//社会观察 2003－03
- 电视节目的季节性编排构想/李世强//新闻爱好者 2003－06
- 电视节目的品牌化经营/马东兵//大市场·广告导报 2003－01
- 电视节目的数字化生存——江苏卫视《天天90分》运作机制简析/陈辉//中国电视 2003－03
- 电视节目分级？挺难！/肖玮//检察日报 2003－11－07
- 电视节目更应分级/余家傲//中国劳动保障报 2003－03－27
- 电视节目经营的突破口——从台湾经验观察中国营销策略/林威廷//新闻大学 2003－01
- 电视节目栏目化对主持人的要求/刘湘江//新闻前哨 2003－05
- 电视节目评价的二元指标体系：收视率与欣赏指数/邹妍艳//现代传播 2003－06
- 电视节目评价体系的建立：山东电视台的实践与思考/高立民//电视研究 2003－01
- 电视节目市场的博弈分析/任玲玲//广播电视信息 2003－01
- 电视节目市场的运营策略——21世纪的电视经营之道（四）/冷冶夫//中国广播电视学刊 2003－05
- 电视节目收视率调查模式研究/王宁//科技情报开发与经济 2003－01
- 电视节目网上看/严成旺//中国计算机报 2003－04－07
- 电视节目宣传的计划性和艺术性/史静萍//声屏世界 2003－12
- 电视节目整合传播的精准和有效——《生活》六·五特别节目《警钟

代传播 2003－02
⊙电视新闻的有效直播/曾娅妮//声屏世界 2003－04
⊙电视新闻调查性报道的叙事分析——《新闻调查》个案研究/刘宏宇//电视研究 2003－09
⊙电视新闻改革的又一突破：央视伊拉克战争直播报道/王甫//中国广播电视学刊 2003－04
⊙电视新闻价值理念探讨——《江苏新时空》的借鉴意义/赵虎//新闻前哨 2003－09
⊙电视新闻节目的"兴奋点"设计/朱默屿　薛巧珍//中华新闻报 2003－07－23
⊙电视新闻节目的市场特殊性/卢鸽威//新闻前哨 2003－12
⊙电视新闻节目的数字化制作/孟群//现代传播 2003－04
⊙电视新闻节目规范化运作需要"专才"/赵林旺//吕梁高等专科学校学报 2003－03
⊙电视新闻评论的社会价值取向/向培风//新闻前哨 2003－04
⊙电视新闻深度报道的把握/管佳莹//新闻前哨 2003－10
⊙电视新闻现场直播：衡量中国电视新闻改革进程的标尺/韩彪//现代传播 2003－06
⊙电视新闻现场直播常规化的突破——评湖北电视台九连墩古墓发掘现场直播/石长顺//当代电视 2003－04
⊙电视新闻现场直播的传播优势与特点/苏晓春//中国广播电视学刊 2003－09
⊙电视新闻要讲究传播效果/应为众//声屏世界 2003－10
⊙电视新闻与观众心理效应的关系/王俊年//新闻前哨 2003－10
⊙电视新闻直播的探索与拓展——聚焦湖北电视台大型直播报道"2002 穿越神农架"/石长顺//当代电视 2003－01
⊙电视新闻走向何方——从两大集团的新闻竞争看电视新闻的发展趋势/仇蓓蓓//视听界 2003－04
⊙电视新闻组合中的专题化布局/刘波//齐齐哈尔大学学报（哲学社会科学版）2003－04
⊙电视宣传中文化的品位与导向/杜守仁//电视研究 2003－12
⊙电视要树立"主流媒体"意识/张小军//声屏世界 2003－06
⊙电视益智节目的现状分析/曾鸿//新闻前哨 2003－04
⊙电视音乐节目定位与专业化/贺军//声屏世界 2003－12
⊙电视引发社会生活的变革/陈力丹//电视研究 2003－05
⊙电视游戏节目的文化属性/姜红//安庆师范学院学报（社会科学版）2003－01
⊙电视有奖收视节目的观众心理分析——从央视《幸运 52》谈起/祁瑜//传媒观察 2003－11
⊙电视娱乐节目并非一个"玩"字了得/刘萌萌//吉林日报 2003－08－01
⊙电视娱乐节目的受众意识/张晓峰//新闻知识 2003－02
⊙电视娱乐节目亟待提高文化品位/孙宜君//现代传播 2003－03
⊙电视娱乐节目与消费文化/陈建平//当代电视 2003－09
⊙电视娱乐新闻节目是否难逃"昙花命运"？——透视《娱乐现场》等娱乐新闻节目/易蓉蓉//声屏世界 2003－11
⊙电视与互联网的联姻/莫怡辉//电视字幕·特技与动画 2003－07
⊙电视与农村发展问题探讨/胡黎虹//湖南大众传媒职业技术学院学报 2003－01
⊙电视与网络的合流/婉鑫//中国新闻出版报 2003－05－26
⊙电视证券类节目之现状/郑轩//新闻前哨 2003－11
⊙电视直播：伊拉克战争的信息景观/黄熙灯//新闻知识 2003－05
⊙电视直播的得与失/魏超//中华新闻报 2003－08－01
⊙电视直播节目的传播学意义/鞠斐//电视研究 2003－07
⊙电视直播使战争变得透明/沈乔生//太湖 2003－04
⊙电视直播新闻节目现状浅谈/袁江名//新闻实践 2003－11
⊙电视制播分离：在进退两难间游移/张莉//新闻大学 2003－02
⊙电视制片人的管理与考核/孙宝忠//中国广播电视学刊 2003－10
⊙电视制作：民营资本见曙光/吴伟洪//经理日报 2003－11－22
⊙电视中"电影热"的冷思考/韩文明//电影评介 2003－03
⊙电视中娱乐明星形象传播的文化批判//新闻传播 2003－01
⊙电视专业化频道的营销策略/中央电视台研究处课题组供稿//中华新闻报 2003－05－21
⊙电视专业化频道与品牌栏目（上）/彭吉象//中国电视 2003－02
⊙电视专业化频道与品牌栏目（下）/彭吉象//中国电视 2003－03
⊙电视专业频道的问题与出路/李玉彦//当代电视 2003－12
⊙电视专业频道经营运作若干问题之我见/陈方柱//新闻实践 2003－06
⊙电视资本运营的客观必然性/鞠侃彬//当代电视 2003－08
⊙电视资本运营中的政府行为定位/鞠侃彬//中国广播电视学刊 2003－02
⊙电视资源应该怎样经营——21 世纪的电视经营之道（一）/冷冶夫//中国广播电视学刊 2003－02
⊙电视综艺节目亟需提升文化品位/刘金祥//文艺报 2003－10－23
⊙电视综艺节目与大众传播/潘平//声屏世界 2003－12
⊙电视作为艺术：创造的悖论/施旭升//现代传播 2003－01
⊙电影、音像、演出三大《管理条例》出台　民营企业闯荡文化市场/任忆//瞭望 2003－01
⊙电影：培育观众消费力/王小东//人民论坛 2003－02
⊙电影《英雄》现象分析/张建勇//当代电影 2003－02
⊙电影产品：抢滩市场空白点/刘扬//当代经理人 2003－06
⊙电影产品分级制应尽快出台/李明霞//法制日报 2003－03－04
⊙电影产业　敢问路在何方/刘扬//当代经理人 2003－06
⊙电影产业化改革提速//中国文化报 2003－12－29
⊙电影产业化观念要变化/吴月玲//中国艺术报 2003－11－07
⊙电影的困境与出路的思考/曹小晶//西安石油学院学报（社会科学版）2003－03
⊙电影的数字化一场不流血的革命/贾磊磊//文艺报 2003－04－24
⊙电影发行添新军引起强烈反响/秦杰　邱红杰//中国改革报 2003－07－01
⊙电影分级给我们带来什么/陈信奕//当代经理人 2003－08
⊙电影分级迫在眉睫/王向龙//中国质量报 2003－03－28
⊙电影分级让蛇回归伊甸园/杨正辉//电影评介 2003－06
⊙电影分级为何而分？//中国妇女报 2003－07－08
⊙电影分级有多紧迫/万平//光明日报 2003－03－26
⊙电影分级制：一石激起千层浪/杨竞//辽宁日报 2003－07－14
⊙电影分级制有望激发中国电影活力/孟菁苇//中国消费者报 2003－07－11
⊙电影海报存世量与价值/彭浦//中国商报 2003－09－11
⊙电影后产品：财富续集也疯狂/杜爽//中国经营报 2003－08－25
⊙电影经济起飞当此时/刘惜时//吉林日报 2003－03－02
⊙电影频道展播红色经典荧屏高扬"心灵的旗帜"//人民日报 2003－11－30
⊙电影人≈庄稼人/周铁东//大众电影 2003－07
⊙电影审查权下放与市场开放/三畏//北京日报 2003－11－16
⊙电影审查制度放下"达摩克里斯之剑"/方正//今日信息报 2003－09－10
⊙电影审查制度作重大改革/陈美寿//新华日报 2003－11－07
⊙电影市场　国产片占多大份额/陈泽伟//瞭望 2003－30
⊙电影市场出现竞争新因素/秦杰　邱红杰//人民法院报 2003－07－08
⊙电影市场管理有点乱/全英姬//市场报 2003－12－09
⊙电影市场亟待完善//河北日报 2003－02－21
⊙电影市场如何应对外资挑战/李春利//光明日报 2003－08－20
⊙电影市场需要规范化/王霙//第九届电影表演艺术学会奖颁奖大会 2003－06－30

◎ 加入 WTO：传媒业面对挑战/张海明//新闻前哨 2003-08
◎ 加入 WTO 对新闻传媒业的影响及对策/张潮涌//齐齐哈尔大学学报（哲学社会科学版）2003-02
◎ 加入 WTO 对中国电视传媒业的影响及对策/张静敏//经济师 2003-07
◎ 加入 WTO 给我国电影带来的冲击波/刘金玉//安徽日报 2003-02-21
◎ 家庭身份危机与法国电视/露西·马兹唐//东南学术 2003-03
◎ 价格歧视理论对我国电影消费市场的适用性/赵博//价格月刊 2003-04
◎ 坚持时代理念　改进新闻报道/张振华//中国传媒发展高层论坛 2003
◎ 监督媒体：对新闻媒介“舆论监督”的另一极/陈龙//淮海工学院学报（人文社会科学版）2003-01
◎ 简论文学的精神生产与现代媒介出版之关系/周利荣//陕西师范大学继续教育学报 2003-01
◎ 建立电视节目评价体系的思考/曹湘屏//电视研究 2003-01
◎ 建立规范的电影市场机制/万挺童//电影艺术 2003-06
◎ 建立完善的电视节目评价体系/王小嘉//中国广播电视学刊 2003-11
◎ 建立小说阅读评估机制/徐生民//解放日报 2003-03-12
◎ 建立与报业集团经营相适应的财务管理模式/傅爱玲//新闻实践 2003-07
◎ 剑走偏锋办双语——新形势下应对传媒竞争树立品牌报纸的几个思考/李泉佃　吴亚宇//中国传媒发展高层论坛 2003
◎ 江苏广播电视总台“指上论键”创建电视媒体产业运营成功模式/浦澄//中国广告 2003-05
◎ 交通广播如何安全“行驶”/黄云鹤//中华新闻报 2003-11-05
◎ 搅动电视媒介曲线投资四种奶酪/程继明//集团经济研究 2003-Z1
◎ 教育电视的整合营销与经营策略探讨/金世斌//第四届中国教育电视研讨会 2003
◎ 教育电视频道的营销策略初探/陈浩//第四届中国教育电视研讨会 2003
◎ 揭开好莱坞神秘面纱/刘爱成//人民日报 2003-03-10
◎ 揭示新闻背后的新闻　展示民主与文明进程——安徽卫视《记者档案》对电视谈话类节目的探索/郭小平//声屏世界 2003-11
◎ 节目策略：美国商业电视的核心/郑亚楠//新闻传播 2003-04
◎ 节目情报——当今电视节目生产的新宠/李笑//声屏世界 2003-02
◎ 节目主持人：电视栏目的主宰/明鸣　姜维//中华新闻报 2003-04-30
◎ 解析传媒业竞争的形式/禹建强//新闻与写作 2003-02
◎ 近年来中国电视发展的状况分析/刘杰//河南教育学院学报（哲学社会科学版）2003-03
◎ 进口电影发行形成竞争格局/李春利//光明日报 2003-08-09
◎ 进口影片发行不再一枝独秀/吕珍//中国消费者报 2003-08-13
◎ 进入市场，引入竞争——制播分离，中国电视产业化的必然选择/韩羽//改革与战略 2003-S1
◎ 京沪电视台变招　民营电视商愤怒/李若愚//财经时报 2003-01-11
◎ 经济欠发达地区市、县广播电视产业经营战略论/廖兰芳//声屏世界 2003-08
◎ 经营电视浅议/陈晓光//视听界 2003-01
◎ 经营观众　赢取未来　浅谈电视媒体的观众营销/曹琴//大市场·广告导报 2003-04
◎ 警惕外来电视节目“版式化”对亚洲地区的新文化垄断/张子扬//新闻传播 2003-01
◎ 警惕影视作品负效应/贾莉莉//检察日报 2003-03-24
◎ 竞争力——广播电视改革的终极目标/李文超//新闻爱好者 2003-03
◎ 境外传媒与本土传媒的市场态势（上）/陈力丹//中国新闻出版报 2003-09-19
◎ 境外传媒与本土传媒的市场态势（下）/陈力丹//中国新闻出版报 2003-10-31
◎ 境外电视的中国思维//广告大观（综合版）2003-07
◎ 境外电视争夺内地市场/卢嵘//南方周末 2003-02-13
◎ 聚焦数字电影——电影业的又一次革命/解放//家庭影院技术 2003-04
◎ 卡通电影总排名：好莱坞独占 9-10//影视技术 2003-04
◎ 开发电视产业的价值链/李金宝//电视研究 2003-06
◎ 开放办台　频道营销/吉保邦//中华新闻报 2003-06-04
◎ 开好中国少儿电视“专卖店”/张志君//中华新闻报 2003-12-24
◎ 开启情商之门——中国儿童电视任重道远/哈澍//中国电视 2003-09
◎ 靠什么打造地方广电“航空母舰”？——淄博广播电视产业发展启示录/肖金波//青年记者 2003-07
◎ 靠武侠片闯世界很悲哀/尤优//华夏时报 2003-03-20
◎ 科学地认识中国广播电视的做大做强/时统宇//中国社会科学院院报 2003-09-30
◎ 可读·必读·易读——探索广播电视报的复兴之路/彭小安//声屏世界 2003-02
◎ 跨国电视传播新格局及其“新式新闻”特征/仰和//国际新闻界 2003-02
◎ 跨媒体数字直播带来新模式/刘小如//中国计算机报 2003-12-08
◎ 困境中的挑战与思考——一次关于中国电影数字影像技术的对话/郭刚//当代电影 2003-03
◎ 来自传媒航母的严峻挑战/赵泓//中华新闻报 2003-09-22
◎ 立足本地　抢占市场——面对电视媒体激烈竞争的几点看法/刘宏宇//当代电视 2003-09
◎ 立足中国　面向世界　把中国电视业做大做强/杨伟光//当代电视 2003-09
◎ 立足资源优势　发展影视产业/普硕//云南政协报 2003-09-20
◎ 利用档案资源创作重大革命历史题材影视精品//中国档案报 2003-02-27
◎ 两种传播模式的整合效应——论电视谈话节目的栏目优势/程春玲//新闻前哨 2003-08
◎ 临危不惧　内外兼修——湖南电视成功剖析/田涛//市场观察 2003-12
◎ 另一条战线上的较量——交战双方利用广播电视开展心理战的分析/张志君//中国广播电视学刊 2003-05
◎ 留住历史的瞬间——小议 2002 年度全省广播电视奖电视参评作品/陈海宇//新闻窗 2003-04
◎ 陆小华：媒介生存解谜（上）/王永亮//声屏世界 2003-10
◎ 陆小华：媒介生存解谜（下）/王永亮//声屏世界 2003-11
◎ 乱云飞渡　适者生存——民营电影发行公司现状与展望/于冬//电影艺术 2003-03
◎ 略论城市广播电视报的“借势”策略/俞挺//视听界 2003-03
◎ 略论传媒企业文化——从齐鲁电视台谈起/温立斌//当代电视 2003-09
◎ 略论电视传媒的政治属性与经济属性/刘争鸣//江南论坛 2003-04
◎ 略论西部电视媒体的电视剧传播/谭俐莎//当代电视 2003-01
◎ 略谈九十年代俄罗斯电影/胡治//电影评介 2003-01
◎ 伦敦西区：比肩百老汇/王书羽//中外文化交流 2003-10
◎ 论“新世纪文化”的电视文化表征/张颐武//文艺研究 2003-03
◎ 论“转型期”电视节目创作理念的更替/白小易//中国电视 2003-10
◎ 论大众传播时代的媒介权力/谢莹//湖南大众传媒职业技术学院学报 2003-01
◎ 论大众媒介权力的滥用及其社会控制/赵继伦//东北师大学报（哲学社会科学版）2003-04
◎ 论当前媒介“受众本位观”的确立/崔应会//郑州经济管理干部学院学报 2003-04
◎ 论电视报道对体育运动发展的影响/雷航//重庆师范学院学报（自然科学版）2003-02
◎ 论电视产业结构调整——盘活中国电视产业论系列之一/胡正荣//现代传播 2003-02
◎ 论电视节目主持风格的差异性和共同性/李奇夫//电视研究 2003-11

⊙ 媒体经营策略谋变/陈超//国际金融报 2003-10-09
⊙ 媒体竞争时代中国期刊业的发展与前景/戴维民//中国图书馆学报 2003-06
⊙ 媒体竞争中的电视选择/彭红霞//新闻爱好者 2003-09
⊙ 美国传媒集团考察——兼论中国出版业长期发展的若干问题/陈昕//2003 年：中国文化产业评论（第一卷）
⊙ 美国传媒业新时代的来临/刘宇鸥//经济观察报 2003-06-23
⊙ 美国的付费电视/甄石//视听界 2003-04
⊙ 美国的外国电影//中国妇女报 2003-04-30
⊙ 美国电视产业的现状及其特点/张亮//中国广播电视学刊 2003-05
⊙ 美国电视媒体的广告经营/李海容//大市场·广告导报 2003-Z1
⊙ 美国电视系列剧：从神到人/丁尘馨//新闻周刊 2003-24
⊙ 美国电视辛迪加节目运行管理机制及启示/杨凯//中国广播电视学刊 2003-03
⊙ 美国电视直播把新闻竞争带入困境/彭伟步//电视研究 2003-04
⊙ 美国电影的整合营销传播体系/张勇//电影艺术 2003-04
⊙ 美国电影分级制度的发展变化/徐红//电影新作 2003-05
⊙ 美国电影借力整合营销打造第四产业/严敏//21 世纪经济报道 2003-09-04
⊙ 美国调查结果表明：消费者冷落汽车电视广告/邝蕾//中国汽车报 2003-12-30
⊙ 美国广播产业的发展现状及我们的应对策略/陈洁//新闻记者 2003-09
⊙ 美国广播电视业发展中的新问题/张谦//当代传播 2003-02
⊙ 美国广播电台及其网上广播发展的启示/伍刚//新闻三昧 2003-09
⊙ 美国广播业老大只想赚钱/杨海伦//中国传媒科技 2003-05
⊙ 美国好莱坞电影中的对外战争/陶爱民//电影评介 2003-09
⊙ 美国数字电视市场化状况及我国的机遇/张德明//全球科技经济瞭望 2003-02
⊙ 美国有线电视节目网的收入来源和节目来源分析/熊杰//广播电视信息 2003-11
⊙ 美国有线电视节目源对我们的启示/李澎//广播电视信息 2003-01
⊙ 美国杂志在新媒介冲击下的历史演进过程/林洲英//国际新闻界 2003-06
⊙ 美国在线时代华纳拟投巨资在华建影视基地//声屏世界 2003-06
⊙ 梦幻产业的摇篮——美国电影产业考察记/陶月彪//艺术科技 2003-01
⊙ 面对"内容产业"：电视资料管理的创新意识/刘卫东//中国传媒发展高层论坛 2003
⊙ 面对 WTO，2002 年的中国电视　兼论 WTO 之后中国电视发展的策略/张同道//电影艺术 2003-01
⊙ 面向数字时代的电视产业战略/梁昊光//中国广播电视学刊 2003-06
⊙ 民间窜出的电视黑马——光线传播现象初探/左永霞//视听界 2003-02
⊙ 民间影像时代的电视传播策略/阎安//视听界 2003-05
⊙ 民间资本苦等十年　电影发行体制坚冰渐破/罗昌平//经理日报 2003-07-23
⊙ 民营电视，何时走在大路上/林华//金融经济 2003-06
⊙ 民营电视，在钢丝上舞蹈/林华//信息产业报道 2003-08
⊙ 民营电视力量悄然壮大/朱艳燕//中华工商时报 2003-10-22
⊙ 民营电视之困/张萍//青年记者 2003-10
⊙ 民营电视制作公司困境求生/李琴//北方经济时报 2003-03-05
⊙ 民营电影企业杀出"江湖"/孙丽萍//今日信息报 2003-08-17
⊙ 民营电影生产比例日渐增大/李彦//中国新闻出版报 2003-08-05
⊙ 民营企业撑起影视制作半边天/李春利//中国文化报 2003-05-13
⊙ 民营企业成为投资影视业生力军/鲁泉　曹杰//经济日报 2003-07-04
⊙ 民营投资对影视圈"惯例"说不/任忆//福建日报 2003-01-20
⊙ 民营影视机构首获甲种许可证/海尼//今日信息报 2003-08-17
⊙ 民族地区电视报道也应坚持正确舆论导向/罗应奎//新闻天地 2003-06
⊙ 民族题材电影的浅究/力小鲲//赣南师范学院学报 2003-01
⊙ 民族性·世界性——由陈英雄和张艺谋审视"第三世界"电影的"混杂性"/崔军//中外文化交流 2003-10
⊙ 明星制与电影产业/刘浩东//北京电影学院学报 2003-04
⊙ 命悬生死的抉择——中国电影制度改革/李堕//新闻周刊 2003-46
⊙ 模仿与创新——对电视军事访谈节目创办理念的探索性思考/颜鹏飞//电视研究 2003-08
⊙ 模拟　创新　常新——电视栏目策划的三步曲/魏金成//中国广播电视学刊 2003-10
⊙ 莫利的媒介理论及在中国的传播/曾耀农//中国广告 2003-12
⊙ 谋划数字电影千亿市场/刘晖//计算机世界 2003-10-06
⊙ 目标管理跨越发展/吉保邦//中华新闻报 2003-06-11
⊙ 内地广播影视业发展状况与政策/朱虹//电视研究 2003-11
⊙ 内容超市：提升电视业的全新平台/方德运//声屏世界 2003-05
⊙ 内容与形式的背离——从《美丽任务》看香港喜剧电影的硬伤/覃晓玲//电影新作 2003-05
⊙ 南京有线数字电视概况——数字电视产业思维与实践之一/曹伟炯//现代电视技术 2003-12
⊙ 你需要什么资源？央视广告经营传达媒介经营新思路/李新光//大市场·广告导报 2003-05
⊙ 拟态生存中的真人秀——对"真实电视"的一种文化解读/阎安//现代传播 2003-04
⊙ 宁夏传媒业发展面临的挑战与对策/李世举//宁夏大学学报（人文社会科学版）2003-02
⊙ 女性视角下的大众传媒——西方女性主义媒介批判综述/贺建平//西南政法大学学报 2003-02
⊙ 欧美主要电视新闻频道的结构及运行特点/胡正荣//中国记者 2003-05
⊙ 欧盟的影视保护政策/张生祥//中国记者 2003-11
⊙ 欧洲"无国界电视"/刘建明//中国广播电视学刊 2003-07
⊙ 欧洲音乐界携手要求欧盟降低 CD 唱片增值税/杨海涛//涉外税务 2003-12
⊙ 培养复合型的现代广播人/杨永刚//声屏世界 2003-09
⊙ 培育媒体的核心竞争力/沙澧//中华新闻报 2003-09-05
⊙ 频道品牌经营与电视产业发展/刘岩//记者摇篮 2003-08
⊙ 频道时代的电视形象塑造/赵瑞//青年记者 2003-04
⊙ 频道专业化：城市电视发展无返顾——与全国首家电视女性频道总监助理宋清涛谈话实录/范明献//声屏世界 2003-08
⊙ 频道专业化后电视业存在的问题与对策/周潇//西安财经学院学报 2003-03
⊙ 频率专业化　管理频率化——中央人民广播电台运行模式的改革/杨波//中国记者 2003-01
⊙ 品牌是保障　创新是动力——从西安经济台股市节目看财经证券广播的创新与发展/孟建政//中国广播电视学刊 2003-03
⊙ 品牌为旗——《中国镇江电视周》的实践与思考/江鸣//视听界 2003-05
⊙ 品牌秀后电视时代的时尚风标/李金艳//中华新闻报 2003-01-20
⊙ 品牌延伸——电视传媒新的经济增长点/秦沈//新闻知识 2003-04
⊙ 平民化开放的谈话模式——《当代工人》栏目对电视谈话节目的启示/吴郁//电视研究 2003-07
⊙ 剖析电视娱乐/史俊英//电视字幕·特技与动画 2003-11
⊙ 企业传媒功不可没/梁勤俭//中华新闻报 2003-10-24
⊙ 企业电视的生存与发展/史国强//当代电视 2003-07
⊙ 企业看中国的广告和制作/菜田//大市场·广告导报 2003-07
⊙ 浅论电视新闻的经营资源/拜合江//第四届中国教育电视研讨会 2003-06-30
⊙ 浅论对农广播存在的问题及发展/傅红//山东农业（农村经济版）2003

◎ 中国电影挺进市场/任忆　杜斌//人民法院报 2003－01－21
◎ 中国电影要与时俱进——胡雪桦、唐季礼、陈忱三人谈/马智//大众电影 2003－10
◎ 中国电影业需要更专业化/王中军//电影艺术 2003－03
◎ 中国付费电视启动//21 世纪经济报道 2003－03－27
◎ 中国付费数字电视经营的难题及对策探讨/吴信训//电视研究 2003－11
◎ 中国广播"钱"景无限/陈明//新闻传播 2003－11
◎ 中国广播电视集团化与体制创新/马雨农//社会观察 2003－S1
◎ 中国广播业酝酿二次复兴//中国信息报 2003－06－20
◎ 中国广电产业改革的奋进与迷思——对"广电集团化现象"的理论思考/孟建//2003 年：中国文化产业评论（第一卷）
◎ 中国广电业改革的奋进与迷思——对中国广电集团化进程中"大整合"问题的理论思考/孟建//上海市社会科学界 2003 年度学术年会
◎ 中国纪录片：逡巡于市场之门/蒋宁平//电视研究 2003－12
◎ 中国加入世贸组织与广播电视版权保护/朱虹//电视研究 2003－04
◎ 中国开办付费电视的若干设想/田进//广播电视信息 2003－04
◎ 中国昆曲倾倒世界影人/吴晓红　朱金龙//文汇报 2003－09－04
◎ 中国类型电影：理论与实践/饶曙光//电影艺术 2003－05
◎ 中国媒介投融资体制的演变与发展/赵曙光//传媒观察 2003－05
◎ 中国媒体的国际观/周树春//中华新闻报 2003－07－28
◎ 中国民营电视浮出水面/徐冠英//传媒观察 2003－11
◎ 中国内地媒介批评理论研究的嬗变轨迹/雷跃捷//中国传媒发展高层论坛 2003
◎ 中国入世后电影业法律改革的对策/曾娴玲//甘肃政法成人教育学院学报 2003－04
◎ 中国收费电视传播方式和盈利模式探析/赵彦华//国际新闻界 2003－04
◎ 中国首届电视品牌营销与整体包装国际研讨会四月举行//电视研究 2003－02
◎ 中国数字电视"破冰"：痛并快乐着——感悟《中国数字电视报告》/于鹏//声屏世界 2003－12
◎ 中国数字电视求索之路/董言//国际金融报 2003－09－12
◎ 中国网络文化产业风生水起/张锐//中国电子与网络出版 2003－11
◎ 中国网上广播的现状与前瞻/杨秀荣//黑龙江交通科技 2003－07
◎ 中国西部影视城建设项目启动/杨永林//光明日报 2003－06－10
◎ 中国已经成为世界传媒大国/陈学慧//经济日报 2003－11－03
◎ 中国影视亟待扫"皇"/周其俊//文汇报 2003－07－03
◎ 中国有线电视产业改革：竞争与规制/陈艳利//辽宁大学学报（哲学社会科学版）2003－02
◎ 中国足球电视转播十年恩仇/王世让//人民日报海外版 2003－12－08
◎ 中美广播电视宏观管理体制比较（上）/梁山//中国广播电视学刊 2003－09
◎ 中美广播电视宏观管理体制比较（下）/梁山//中国广播电视学刊 2003－10
◎ 中美广播电视宏观管理体制比较研究/梁平//有线电视技术 2003－21
◎ 中美院线制比较/詹膑//北京电影学院学报 2003－01
◎ 中外电视传媒的"双向"赢利模式/张艳艳//青年记者 2003－04
◎ 中外电视传媒对体育赛事报道形式的比较分析/唐建倦//怀化学院学报 2003－02
◎ 中外电视旅游节目的比较/郑萌萌//电视研究 2003－07
◎ 中外广播电视集团化比较研究（续）/梁山//中国广播电视学刊 2003－01
◎ 中外巨头"分羹"数字电视/朱继东　杨华//北方经济时报 2003－09－01
◎ 中西比较中对中国电视经营的审视/卢鸽威//中国广播电视学刊 2003－12
◎ 中西电视纪录片审美观念的价值取向/吴晓平//新闻前哨 2003－08
◎ 中西文化的冲突与融合——透过《刮痧》看中国电影/钟小安//绍兴文理学院学报 2003－02
◎ 中西文化的历史对话——论"电影民族化"讨论的本质及意义/王丽娟//电影艺术 2003－06
◎ 中小型新闻媒体运营战略思考——兼谈集团化选择的或然性与媒介生态/金长江//中国三峡建设 2003－09
◎ 中央、省、市、县四级广播电视发展定位的思考/玉彬//广播电视信息 2003－06
◎ 众口评说收费电视/赵文侠//中国文化报 2003－08－09
◎ 众维旺迪的兴衰看跨媒体集团的发展战略/李文绚　唐润华//2003 年：中国文化产业评论（第一卷）
◎ 重视传播媒介的舆论引导作用/王冬梅//当代电视 2003－01
◎ 重视传媒上市改道国内借壳？/师琰//21 世纪经济报道 2003－07－03
◎ 重视电视新闻的情节表现/梁云//新闻前哨 2003－10
◎ 重新审视　扬长避短——关于电视娱乐节目的思考/刘广//当代电视 2003－10
◎ 主持人：电视节目的文化身份——略谈西部电视业发展的主持人策略/王彬//西华师范学院学报（社会科学版）2003－06
◎ 主旋律电影更应该拍得好看/郭文君//新华日报 2003－03－09
◎ 主旋律一样具有观赏性/彭宽//中国艺术报 2003－08－08
◎ 著作权法与电视收费/陶国峰//经济日报 2003－08－13
◎ 抓住机遇　整体构建　狠抓落实　我国广电数字化势在必行//电视技术 2003－09
◎ 专题报道：媒介影响力的一张名片/慕明春//新闻战线 2003－11
◎ 专业化电视频道的构建要素/张冠文//中国广播电视学刊 2003－01
◎ 专业频道使客户的媒介选择更具针对性/刘岩//大市场·广告导报 2003－05
◎ 专业影视古装摄影火暴市场/林军梅//中国邮政报 2003－03－07
◎ 转型期的新闻媒介与决策监督/田大宪//陕西师范大学学报（哲学社会科学版）2003－04
◎ 转型与突围——西部省级电视现状与发展策略/王炎龙//声屏世界 2003－10
◎ 追求广告商、受众和节目新互动——美国广播业探析/郑保国//中国记者 2003－02
◎ 资本管理与广电传媒经营/黄玉波//声屏世界 2003－05
◎ 资本经营：广电传媒的陷阱与对策/阮志孝//电视研究 2003－01
◎ 资本运营对传媒企业发展作用的实证研究/郭超贤//湖南大众传媒职业技术学院学报 2003－03
◎ 资本运作：加速传媒产业扩张——试谈中国传媒产业的资本运用积累/卜玉华//记者摇篮 2003－11
◎ 资本在中国传媒市场的运作空间有多大？/张小争//传媒观察 2003－02
◎ 自制电视节目存在问题初探——以原西安有线频道为例/何一锋//新闻知识 2003－11
◎ 综艺类电视节目的创新思维/战捷//新闻传播 2003－07
◎ 走出中国媒介产业发展的三个误区/赵丽颖//当代传播 2003－02
◎ 走近南非传媒业/陈小钢//中华新闻报 2003－02－21
◎ 走向立体化和常规化的电视直播报道/邱昊//玉溪师范学院学报 2003－12
◎ 走在信息化道路上的中国广播/邓斌//声屏世界 2003－06
◎ 足球电视转播迎来平等合作/王世让//今日信息报 2003－12－10
◎ 阻击广播风暴/张亚鹏//计算机世界 2003－08－04
◎ 作家纷纷触电影视　创作心态各不相仿/鲍晓倩//中华读书报 2003－11－26
◎ 作为商品的俄罗斯，或俄国商业电影的新样板——重提《西伯利亚理发师》/西拉第·阿科什//世界电影 2003－03
◎ 作为文化产业的"韩流"/邹广文//中学语文 2003－02

◎ 做出区域性独家专业特色——关于经济广播频率专业化的几点思考/马羡雯//声屏世界 2003 - 12
◎ 做好"五个同步"争取快速发展——对地市级广播电台走出困境的思考/陈建明//新闻传播 2003 - 08
◎ 做好教育电视新闻深度报道的思考/夏万丽//第四届中国教育电视研讨会 2003
◎"包装电视":一个全新的话题/周晓晓//传媒观察 2003 - 01
◎"闭眼"做电视已成过去时/赵文侠　李红艳//北京日报 2003 - 08 - 28
◎"传媒市场观潮"丛书透视媒体风云//人民日报 2003 - 01 - 05
◎"单层次"到"多层次"的嬗变/李红叶//华东旅游报 2003 - 08 - 21
◎"第六代"电影导演的研究综述/王运卿//石家庄经济学院学报 2003 - 06
◎"第三种电影"在中国/尹鸿//政策 2003 - 11
◎"电视的孩子"与身份建构/颜纯钧//东南学术 2003 - 03
◎"电影分级"会带来什么?/李瑾//工人日报 2003 - 03 - 16
◎"付费电视"说来就来/梧桐//湖北日报 2003 - 07 - 05
◎"国产电影运动"与文艺片传统/虞吉//电影艺术 2003 - 05
◎"过滤"信息——从伊战报道看电视新闻评论的新功能/杨彬//声屏世界 2003 - 09
◎"横店模式"比拼"环球影城"/官广军//国际金融报 2003 - 01 - 13
◎"家文化"的电视叙事——评吉林卫视文化纪实栏目《回家》/陈爱华//当代电视 2003 - 02
◎"两种经济"理论与西部电视文化产业建设/严功军//社会科学研究 2003 - 02
◎"零距离"的电视新闻理念/章剑华//现代传播 2003 - 02
◎"聋子式"传播削弱网络媒介竞争力/连新元//传媒观察 2003 - 09
◎"媒介帝国主义"与传播霸权/贺建平//贵州民族学院学报(哲学社会科学版)2003 - 04
◎"媒介经营管理"学科建设中的问题与对策/金萍//合肥工业大学学报(社会科学版)2003 - 06
◎"媒介议题"与"公众议题"——三峡工程报道引发的思考/池薇//新闻前哨 2003 - 04
◎"全球媒体新秩序"和中国传媒产业的发展——一种历史的比较和理论的分析/殷晓蓉//新闻大学 2003 - 01
◎"入世"后的电视媒体资源配置创新/程小萍//中国记者 2003 - 03
◎"三贴近"与电视节目创新/吴钟龙//新闻前哨 2003 - 08
◎"世界就在您的家里"——法国国际广播电台华语节目吸引听众的招数/李绪元//视听界 2003 - 05
◎"四两拨千斤"——电视新闻细节的魅力/尹抒//新闻窗 2003 - 03
◎"文革"电影海报价值评估/一俊//中国商报 2003 - 06 - 12
◎"西部趣味"与文化姿态——解读中国西部电影/何春耕//湘潭大学社会科学学报 2003 - 05
◎"戏曲三元"与电视"突围"/陈云发//文汇报 2003 - 11 - 12
◎"信用"是媒介制胜的法宝/孙斌华//新闻爱好者 2003 - 05
◎"意"在"言"外——"形式至上"的电视新闻/张怡昱//视听界 2003 - 01
◎"与狼共舞"期待双赢/陈晓　黎顾敏//今日信息报 2003 - 11 - 05
◎"真实再现"——电视新闻生动化的有效手段/贾临清//新闻传播 2003 - 05
◎"中国传媒发展高层论坛"开幕式致辞/郭庆光//中国传媒发展高层论坛 2003
◎"主旋律"编导投身商业电影/龚洁芸　李光一//解放日报 2003 - 04 - 07
◎《电视时报》:用娱乐打造品牌/甄婕//中华新闻报 2003 - 07 - 09
◎《激情》官司暴露影视投资运作真相/明江//中国商报 2003 - 03 - 25
◎《开心辞典》从电视到图书:重在内容资源再组合/谢将//中国新闻出版报 2003 - 08 - 27
◎《刘老根》热播暴露电视产业"有效供给不足"/杨明炜//中国经济时报 2003 - 03 - 03
◎《美国 2002 - 2007 年对外广播战略计划》说明了什么?/胡耀亭//中国广播电视学刊 2003 - 10
◎《茉莉花开》:开启国产电影市场化大门/任忆//人民法院报 2003 - 04 - 01
◎《数字电视产业经营与商业模式》//广告人 2003 - 04
◎《同一首歌》:中国电视歌会的探索之路/亚宁//当代电视 2003 - 11
◎《英雄》:中国商业电影的成功突围/郭建勋//康定民族师范高等专科学校学报 2003 - 03
◎《英雄》的营销解析/张永//电影艺术 2003 - 02
◎《英雄》谋略:谁与争锋——关于中国商业电影整合营销的思考/于鹏//声屏世界 2003 - 07
◎《英雄》营销批判:仅有票房的英雄是单腿跪地的英雄/文硕//工厂管理 2003 - Z1
◎《中国电视剧市场报告》/雪航//中华新闻报 2003 - 03 - 24

2004 年

◎ 2003:中国电视剧创作述评/周星　智华//文艺争鸣 2004 - 01
◎ 2003:中国电影中的潜意识与潜文本/贾磊磊//文艺争鸣 2004 - 01
◎ 2003 - 2003 中国电影产业备忘/尹鸿//2004 年:中国文化产业评论(第二卷)
◎ 2003 年电影中的"大众文化现象"——从《周渔的火车》的世俗读解说起/桂青山//当代电影 2004 - 01
◎ 2003 年度中国电视媒体热点简析/何文晔//大市场·广告导报 2004 - 03
◎ 2003 年美国有线电视业宏观分析/李澎//广播电视信息 2004 - 01 - 24
◎ 2003 年米兰电影市场见闻/张浩//当代电影 2004 - 01
◎ 2003 年内地、香港电影市场概况/张燕//当代电影 2004 - 01
◎ 2003 年中国电影刊扫描/张智华//当代电影 2004 - 01
◎ 2003 年中国电影要况述评/周星//当代电影 2004 - 01
◎ 2003 年中国影视行业盘点/陈彤//广播电视信息 2004 - 01
◎ 2003 中国电影产业备忘(上)//中国文化报 2004 - 02 - 13
◎ 2003 中国电影产业备忘(中)//中国文化报 2004 - 02 - 27
◎ 2003 中国电影产业备忘(下)//中国文化报 2004 - 02 - 20
◎ 2004,探班好莱坞/小渔//观察与思考 2004 - 01
◎ 2004 中国电影在探索中冲出谷底/陈新洲//今日信息报 2004 - 09 - 23
◎ 20 世纪 20 年代北京电影市场的发展/张明明//首都师范大学学报(社会科学版)2004 - S3
◎ 20 世纪 80 年代以来外国电影影响中国的三次浪潮/陈晓云//第三届中国影视高层论坛 2004
◎ 20 世纪 90 年代四川少数民族广播电视事业发展调查与思考/李谢莉//西南民族大学学报(人文社科版)2004 - 10
◎ 20 世纪初叶电影在东北边陲之兴——哈尔滨早期电影市场研究/汪朝光//南京大学学报(哲学·人文科学·社会科学版)2004 - 03
◎ 3C 融合背景下的数字电视产业机遇/宁坤//电器 2004 - 12
◎ 6 + 1:中国著作权保护加大力度/邱振刚//中国艺术报 2004 - 02 - 20
◎ 90 分钟狂欢——周星驰喜剧电影搞笑解码/戚锰//北京电影学院学报 2004 - 08 - 25
◎ 90 年代中国电影理论的关键词/彭耀春//首都师范大学学报(社会科学版)2004 - 08 - 20
◎ CCTV 产业经营发展探索/赵化勇//广播电视信息 2004 - 12
◎ DV 纪录片和电视纪录片的比较分析/郑广声//中国广播电视学刊 2004 - 02
◎ DV 资源与电视新闻竞争策略/王辉//记者摇篮 2004 - 04

⊙ 构建电视营销系统/张玉杰//记者摇篮 2004 - 09

⊙ 构建广播电视网络安全体系/本刊编辑部//广播电视信息 2004 - 03

⊙ 构筑平移盈利模式，创新数字电视生活/彭志强//2004 国际有线电视技术研讨会 2004

⊙ 关于“买”广播节目的思考/王晨//新闻前哨 2004 - 10

⊙ 关于传媒体制改革与传媒产业发展的几点思考/张金海　黄玉波//湖北省文化体制改革与文化产业发展研讨会 2004

⊙ 关于当前广播电视宣传中应注意的几个问题/胡占凡//中国广播电视学刊 2004 - 12

⊙ 关于对广播电视传媒行业成本核算的探析/武剑梅//山西经济日报 2004 - 07 - 24

⊙ 关于广电产业与信息服务产业之间关系的探讨（下）——从美国在线和时代华纳合并失败获得的启示/吴贤纶//广播电视信息 2004 - 08 - 24

⊙ 关于广电网络数字化及其整体平移对广播电视网络带来机遇的感想（一）/林毅//广播电视信息 2004 - 01

⊙ 关于广电网络数字化及其整体平移对广播电视网络带来机遇的感想（二）/林毅//广播电视信息 2004 - 02

⊙ 关于加快我国电视产业化的几点思考/杨维祥//市场论坛 2004 - 11

⊙ 关于交通广播专业共性和传媒个性的思考/王丽明//声屏世界 2004 - 12

⊙ 关于少儿广播节目的几点思考/孙怡//新闻与写作 2004 - 10

⊙ 关于我国数字电视产业链的初步分析/钱阳//有线电视技术 2004 - 02

⊙ 关于我国体育比赛电视转播权有偿转让的初步研究/栾峰　王建军//鞍山师范学院学报 2004 - 04 - 20

⊙ 关于我国制定广播电视法的几点思考/邹星//中国社会科学院院报 2004 - 03

⊙ 关于信息化发展中广电网络生存环境的思考/沈向军//视听界 · 广播电视技术 2004 - 06

⊙ 关于影视产业的再开发/李晓强//当代电视 2004 - 03

⊙ 关于影院电影消费的调查分析/方亚琴//电影艺术 2004 - 03

⊙ 关注民营影视产业的发展/曾玉立//电影艺术 2004 - 06

⊙ 关注手机频道——广电媒体的机遇与挑战/阮之昀　张晓频//中国记者 2004 - 10

⊙ 观 2003 年中国电影/楚卫华//电影文学 2004 - 02

⊙ 观察英国电视产业现状/冷凇//传媒观察 2004 - 10

⊙ 观念变革：广播发展的助推器/于都//军事记者 2004 - 04

⊙ 观众的选择是最终的选择——对电视剧收视率的初步认识/景国真//视听界 2004 - 04

⊙ 观众走进电影院的前提/复习//电影艺术 2004 - 04

⊙ 惯于构建电视营销系统的思考/张玉杰//记者摇篮 2004 - 08

⊙ 光影间，梦回知青年代——解读知青电影/徐蔚//视听界 2004 - 04

⊙ 广播，走出“弱势”媒体的阴影——访中央人民广播电台总工程师钱岳林/王雪//中国传媒科技 2004 - 07

⊙ 广播：三足鼎立谋发展/万小初//声屏世界 2004 - 03

⊙ 广播产业化发展的逆向思考/丁玲华//声屏世界 2004 - 06

⊙ 广播的“钱途”与“前途”/叶昌前//中华新闻报 2004 - 04 - 07

⊙ 广播的创新与发展/吕新佳//市场研究 2004 - 04

⊙ 广播的陪伴性功能/王玉生//中国广播电视学刊 2004 - 09

⊙ 广播电视报：如何走出困境/陈克学//中国记者 2004 - 11

⊙ 广播电视报“联办”得失说/刘福强//记者摇篮 2004 - 04

⊙ 广播电视报出路何在/谭昕　陈奇亮//中国新闻出版报 2004 - 06 - 24

⊙ 广播电视报的“宜”与“忌”/翁玉莲//新闻知识 2004 - 03

⊙ 广播电视报的节目报道和深度开发/傅浩//视听纵横 2004 - 01

⊙ 广播电视报的经营管理与发展方向（上）/曹鹏　刘建涛//中国新闻出版报 2004 - 11 - 30

⊙ 广播电视报经营管理与发展方向（下）/曹鹏　刘建涛//中国新闻出版报 2004 - 12 - 21

⊙ 广播电视报的时代功能/李效文//贵阳金筑大学学报 2004 - 01

⊙ 广播电视报的现实问题与市场定位/王一雷//记者摇篮 2004 - 09

⊙ 广播电视报的现状及走出困境的对策/区茵//玉林师范学院学报 2004 - 04

⊙ 广播电视报功能浅析/孙柏楠//记者摇篮 2004 - 06

⊙ 广播电视报亟待深度开发/邓勇兵//中华新闻报 2004 - 05 - 12

⊙ 广播电视报经营开发研究初探/邓勇兵//武汉交通职业学院学报 2004 - 01

⊙ 广播电视报内容的创新/齐运涛//当代传播 2004 - 01

⊙ 广播电视报求存图变/洪建平//中华新闻报 2004 - 09 - 13

⊙ 广播电视报向何处去/纵华//新疆新闻出版 2004 - 06

⊙ 广播电视报也应发挥舆论引导作用/梁苏国//新闻传播 2004 - 03

⊙ 广播电视产业的属性特点浅析/王更新//新闻传播 2004 - 09

⊙ 广播电视产业经营的发展走向/赵德全//电视研究 2004 - 08

⊙ 广播电视传媒产业化透析/朱荣平//视听纵横 2004 - 06

⊙ 广播电视传媒集团化改制中的财务管理方案探析/武剑梅//会计之友 2004 - 08

⊙ 广播电视的频率管理/赵平//西部广播电视 2004 - 01

⊙ 广播电视的数字化和产业化发展年/俞德育//有线电视技术 2004 - 06

⊙ 广播电视发展新领域——移动电视/林定祥//中国传媒科技 2004 - 07

⊙ 广播电视节目生产的特殊性——论广播电视节目成本管理之一/杨大明//视听纵横 2004 - 04

⊙ 广播电视节目成本管理的复杂性——论广播电视节目成本管理之二/杨大明//视听纵横 2004 - 05

⊙ 广播电视节目成本管理的实践性——论广播电视节目成本管理之三/杨大明//视听纵横 2004 - 06

⊙ 广播电视科技发展大事记［上］/何晶莹//广播电视信息 2004 - 02

⊙ 广播电视科技发展大事记［下］/何晶莹//广播电视信息 2004 - 03

⊙ 广播电视频率频道产业化运营构想/李国君//中国广播电视学刊 2004 - 04

⊙ 广播电视人力资源开发刍议/杨晓阳//电视研究 2004 - 04

⊙ 广播电视如何做好平安宣传/许金峰//青年记者 2004 - 09

⊙ 广播电视数字化将带来一场革命/宋学春//当代电视 2004 - 01

⊙ 广播电视数字化与宽带电视/何振宇//科学时代 2004 - 09

⊙ 广播电视戏曲 drama 传播之我见/孙平华//视听纵横 2004 - 03

⊙ 广播电视业美国的运作模式研究/王国平//求索 2004 - 08 - 30

⊙ 广播电视资源整合六论/尧风//现代传播 2004 - 04

⊙ 广播电台迎来“第二春”/阳虹霞//新京报 2004 - 06 - 08

⊙ 广播电台与广播技术与时俱进——纪念《广播与电视技术》创刊 30 周年/孙迎年//广播与电视技术 2004 - 08

⊙ 广播短信节目“热”的“冷”思考/侯英杰　洪晓庆//中华新闻报 2004 - 08 - 25

⊙ 广播发展的分合之道/范干良//中国记者 2004 - 04

⊙ 广播发展年：广播强弱之变析/徐洲赤//新闻实践 2004 - 03

⊙ 广播发展趋势四题/常振良//新闻爱好者 2004 - 12

⊙ 广播广告经营的“忧患”与“思考”/李玉军//大市场 · 广告导报 2004 - 09

⊙ 广播广告经营的改进/张斌//新闻前哨 2004 - 09

⊙ 广播广告市场蓄势待发/汝青//中华新闻报 2004 - 07 - 05

⊙ 广播黄金时段开发与节目设置/王泽华　王全领//中华新闻报 2004 - 03 - 17

⊙ 广播节目形态的创新——获奖节目《爱心筑起回家路》的启示/郭千里//新闻窗 2004 - 03

⊙ 广播节目亦可“流动”/陆凌涛//中华新闻报 2004 - 06 - 09

⊙ 广播节目制作公司的经营与发展/闻风//中华新闻报 2004 - 06 - 09

⊙ 广播媒体市场的现状与展望/刘会召//中国广告 2004 - 12

⊙ 汽车电影引领全新产业/贝少军//经济参考报 2004-08-03
⊙ 汽车经济：广播业回暖新契机/刘伟//中华新闻报 2004-03-24
⊙ 汽车经济繁荣推动中国广播业的复兴/刘伟//声屏世界 2004-07
⊙ 汽车时代：广播《与你同行》/焦福伟//中国广播电视学刊 2004-07
⊙ 浅论传统电影精神与现代电影意识的整合——解读香港影片《花样年华》/钟小安//牡丹江大学学报 2004-03
⊙ 浅谈产业化冲击下的广播营销/刘瀛//新闻传播 2004-03
⊙ 浅谈当下新疆电视纪录片的特色/刘贝贝//新疆艺术学院学报 2004-03
⊙ 浅谈电视栏目的品牌经营/史晓强//首届科技出版发展论坛 2004-06-30
⊙ 浅谈电视旅游节目的风格/张光辉//太原城市职业技术学院学报 2004-S3
⊙ 浅谈电视频道包装/钟波//记者摇篮 2004-08
⊙ 浅谈电视资源整合/周贤芳//视听界 2004-03
⊙ 浅谈都市广播的社区服务功能/刘元//当代传播 2004-01
⊙ 浅谈多媒体技术与广播电视/萨如拉//内蒙古科技与经济 2004-19
⊙ 浅谈多媒体网络电视直播/陈晓葵　周小军//中国传媒科技 2004-06-30
⊙ 浅谈广播的平民意识/翟万寿//新闻爱好者 2004-05
⊙ 浅谈广播的远距离现场直播/张东辉//记者摇篮 2004-08
⊙ 浅谈媒介中的大众文化与精英文化/吴玮//新闻传播 2004-01
⊙ 浅谈如何提高广播新闻的吸引力/杨德才//新闻界 2004-02
⊙ 浅谈市级广播电视的生存与发展/王安平//理论界 2004-06
⊙ 浅谈手机短信在广播节目中的应用优势/刘晓涛//记者摇篮 2004-05
⊙ 浅谈影视广告中音乐的运用/徐峰//长沙民政职业技术学院学报 2004-11-03
⊙ 浅析当前中国电视业策划观念的误区/张忠仁//浙江传媒学院学报 2004-04
⊙ 浅析地区广播的境遇及发展对策/王瑞//思想工作 2004-S1
⊙ 浅析电视娱乐节目之走向/郭雪莹//记者摇篮 2004-07
⊙ 浅析交互电视的产业结构/黄洋//视听界·广播电视技术 2004-06
⊙ 浅析市县电视媒体的改革与发展/王蕾//全国中外近现代文化学术研讨会 2004
⊙ 浅析影响数字电影发展的因素/冯广超　刘端裕//影视技术 2004-09
⊙ 浅析中国类型电影的历史与境遇/王宜文//当代电影 2004-11
⊙ 浅议短信和广播的互动/李建华//采·写·编 2004-06
⊙ 浅议广播“益智娱乐型节目”主持/南红雯//新闻前哨 2004-01
⊙ 浅议广电传媒业企业化经营模式的选择/高晓晨//科技情报开发与经济 2004-08
⊙ 浅议国内情景喜剧的发展走向——从《外来媳妇本地郎》的热播说起/肖枞//中国广播电视学刊 2004-06
⊙ 强化品牌意识，加快广电媒体向产业化迈进的步伐/张淑格//新闻采编 2004-08
⊙ 强化山西电影的品牌意识/王江江//山西日报 2004-08-11
⊙ 强化现代广播优势刍议/周慰蔚//江苏教育学院学报（社会科学版）2004-01
⊙ 敲开对外广播之门/吴福钊//大市场·广告导报 2004-07
⊙ 倾听于耳　先声夺人——浅论广播频道的听觉包装/沈肖菲//视听纵横 2004-01
⊙ 清华同方　淘金数字电视业/杨义灿//证券导刊 2004-12
⊙ 曲径通幽　渐入佳境——由山西交通广播《体验》节目引发的思考/傅魁英//新闻采编 2004-03
⊙ 曲径通幽——电影空间造型三论/宫林//北京电影学院学报 2004-04-25
⊙ 全国身价最高的电视栏目/高伟//中国广告 2004-03
⊙ 全聚德为何“冒险”投资《天下第一楼》/邱啸//中国商报 2004-04-20
⊙ 全力推进广播影视向现代媒体转变//中国广播电视学刊 2004-04
⊙ 全面构建城乡一体化的广播电视数字化网络/张晓帆//广播电视信息 2004-07
⊙ 全球化背景下对新闻媒体产业运作规律的再认识/方政军//管理世界 2004-04
⊙ 全球化背景下我国电影业的体制创新及对外政策法规研究/喻秋霞//上海大学学报（社会科学版）2004-01
⊙ 全球化背景中的中国电影产业：以美国市场为例透视中国电影的海外市场前景（英文）/骆思典//第三届中国影视高层论坛 2004
⊙ 全球化的融合与本土化坚守——以卡通影片的文化解读为视角进行的比较分析/邢丹//河北大学学报（哲学社会科学版）2004-03
⊙ 全球化和民族电影的文化资本/颜纯钧//福建艺术 2004-05
⊙ 全球化与本土化——论中国电影理论话语的新世纪突围/潘秀通　潘源//北京电影学院学报 2004-02
⊙ 全球化与我国电视频道专业化的整合/郑保章//当代传播 2004-04
⊙ 全球化与中国音像业的未来之路/陈昕//云梦学刊 2004-05
⊙ 全球化语境下亚洲新电影的国际沟通与传播策略分析/徐文明//浙江万里学院学报 2004-06
⊙ 全球化语境下中国电影文化传播策略检讨/戴元光　邱宝林//现代传播 2004-04
⊙ 全球化语境下中国西部电视纪录片之发展前瞻/张阿利　高字民//第三届中国影视高层论坛 2004
⊙ 全球化语境与亚洲新电影的国际传播——制作、传播、观念、策略与问题分析/徐文明//“全球化语境中电影美学与理论新趋势”国际学术研讨会 2004
⊙ 全球化语境与中国电影的文化反弹/魏巧俐//伊犁师范学院学报 2004-01
⊙ 全球媒介竞争环境下中国电视的未来走向/黎斌//现代传播 2004-06
⊙ 全球手机电视业务发展透视/庚志成//人民邮电 2004-08-27
⊙ 全新的互动电影正式启动/周雁鸣//大众电影 2004-22
⊙ 确立传媒核心竞争优势　构筑媒体人才战略体系/赵霞//湖南经济报 2004-09-23
⊙ 让耳朵享受“新闻早餐”——温州人民广播电台《早安温州》改版后的特色分析/陈薇薇//新闻界 2004-03
⊙ 让广播成为新闻的电子贴身秘书/才让卓玛//声屏世界 2004-11
⊙ 让受众成为广播宣传主角——漫议大型文艺活动的组织/王丽//新闻前哨 2004-06
⊙ 让我们随着市场脉搏再次起跳/高玉慧//中国新闻出版报 2004-07-13
⊙ 热线参与：广播的强势所在/黄爱红//新闻记者 2004-08
⊙ 认识卢卡斯　走进数字电影/隋文红//北京电影学院学报 2004-02
⊙ 日本的电影审查制度能够做到“客观公正”吗？——从《生死之战》的争论看日本的电影审查制度/洪旗//世界电影 2004-06
⊙ 日本的数字广播发展战略/浅见洋//2004 国际有线电视技术研讨会 2004
⊙ 日本开通卫星移动广播电视服务——“MOBAHO!”/易天//卫星电视与宽带多媒体 2004-23
⊙ 日本数字广播将进入数字家电时代/陈林//有线电视技术 2004-16
⊙ 日新月异的广西广播电影电视事业//当代广西 2004-22
⊙ 融合时代的数字电视产业机遇/杜昊//计算机世界 2004-11
⊙ 如何打造媒体职业经理人/万辉//新闻传播 2004-02
⊙ 如何经营中国电影的未来/陆邵阳//新闻周刊 2004-02
⊙ 如何让儿童电影繁荣起来/严红枫　赵如芳　夏桂廉　徐可//光明日报 2004-07-21
⊙ 如何提高电视广告回报率/张俊民//记者摇篮 2004-04
⊙ 如何通过宣传片提高收视率/李·亨特//现代电视技术 2004-03
⊙ 如何有效经营广播产业——2003 年“广播产业发展高层论坛”综述/丁

- 台湾有线电视业的现状（上）/顾芳//广播电视信息 2004－03
- 台湾有线电视业的现状（下）/顾芳//广播电视信息 2004－04
- 泰国电影 浴火重生/王亚琪//观察与思考 2004－24
- 谈当代传媒的娱乐化倾向/李春华//黑龙江教育学院学报 2004－02
- 谈电视“包装”/穆军//记者摇篮 2004－07
- 谈电视频道专业化的必然性/胡爱嘉//记者摇篮 2004－12
- 谈广播电视报的再发展/陈平//中国广播电视学刊 2004－12
- 谈广播电视报定位/范春宏//新闻采编 2004－05
- 谈广播电视的体制创新/邱跃平//广播电视信息 2004－08
- 谈广播与因特网的结合/王兴余//记者摇篮 2004－09
- 探求二人转的生命力/马扬//瞭望 2004－16
- 探求广播节目市场的通达之路/刘杰//中华新闻报 2004－06－09
- 探索广播电视资本运营途径 加快广播电视事业的发展/万茴//湖北社会科学 2004－07
- 探索中国电影产业化之路/赵子忠//中国艺术报 2004－08－20
- 探讨数字电影发展之路——记第二届“数字电影论坛”//影视技术 2004－09
- 探寻城市广播的发展方向/潘永汉//中华新闻报 2004－09－01
- 探寻电视商业资讯节目的出路/刘旭东//视听界 2004－03
- 探寻新闻传播规律关注媒介生存发展/郎劲松 刘睿//中华新闻报 2004－02－06
- 套在 BBC 脖子上的绳索，正在慢慢收紧/张卫华 秋声//第一财经日报 2004－12－14
- 提高城市广播生存和发展的竞争力/叶小帆//中国广播电视学刊 2004－11
- 提升广播影视产业竞争力/沈平//中华新闻报 2004－09－01
- 提升县级台广播新闻节目关键在有特色/江成军//声屏世界 2004－04
- 题头・宣传带・串花——广播节目包装的重要手段/徐涛//视听界 2004－05
- 体育比赛电视转播权及其市场的开发/王明立 魏承中 张亚辉//体育学刊 2004－07－25
- 体育竞赛电视转播权跨国转让纠纷的救济途经/蒋新苗 熊任翔//北京体育大学学报 2004－11
- 体育赛事电视转播权的经济学分析/程维峰 于永慧 葛超//浙江体育科学 2004－12－25
- 体育赛事电视转播权的实质及其所有权归属问题的研究/李明 耿石艳//第七届全国体育科学大会 2004
- 体育赛事电视转播权有偿转让新透视/李勤友 王亚兵//经济师 2004－02
- 体育赛事推广中的电视营销传播研究/张佳璧//第七届全国体育科学大会 2004
- 体制变革广电产业春潮涌动/司涛//证券日报 2004－03－24
- 体制破壁四川电影公司改革图谋/崔成泉//中国文化报 2004－07－02
- 贴近本土 户外广播 联姻电视——县级电台办好广播节目促进广告创收的几点做法/刘倩//视听界 2004－06
- 贴近群众才能赢得听众——浅谈广播记者的群众观念/熊芳//新余高专学报 2004－01
- 贴片广告：实现电影与产品的双赢/潘攀//中华新闻报 2004－04－19
- 听众研究助力广播运营/张援春//中华新闻报 2004－10－27
- 通用“垄断”美国奥运电视广告/方笑菊//中国汽车报 2004－08－17
- 投资 17．6 亿元我国 11．7 万个行政村通广播电视/童宁//中国新闻出版报 2004－09－14
- 透过厂商的目光看广电市场//广播电视信息 2004－11－24
- 透视 2005 年电视媒体格局/袁方//中国广告 2004－11
- 突出自身优势提高电视节目收视率/刘景义//记者摇篮 2004－12
- 突破内容瓶颈促进广播电视数字化、产业化发展/赵兴玉//广播与电视技术 2004－09
- 突破与创新——浅谈老年广播节目的定位和超越/张云杰//今日科苑 2004－02
- 图书电视广告“秀中秀”/冯琬惠//中国图书商报 2004－11－05
- 土耳其旅游搭乘《特洛伊》电影列车/蔡文琪//中国旅游报 2004－05－14
- 推动互联网内容产业健康发展//人民邮电 2004－11－09
- 推进广播电视中心的数字化建设——关于制定省级台数字化标准的访谈/肖亮//视听界・广播电视技术 2004－02
- 推进广播影视改革发展/李光一//解放日报 2004－07－09
- 推进国家信息化的思路与有关政策——在中国广播电视设备工业协会应用电视分会座谈会上的讲话/季金奎//电视技术 2004－10
- 推进我国数字立体声电影制作技术的普及和应用（上）/陈飞 邱淳 贾迎春//影视技术 2004－01
- 拓展电视产业的新渠道——国内首家手机电视业务初探/陈子健//广播电视信息 2004－07
- 拓展广播电视报生存空间的对策/周毅//声屏世界 2004－01
- 拓展媒体的融资渠道/曲红//传媒观察 2004－03
- 外星文明与时空旅行：在科学与幻想之间——兼及一系列科幻电影/江晓原//上海交通大学学报（哲学社会科学版）2004－06
- 外资对中国传媒有何影响/刘宏//大市场・广告导报 2004－11
- 外资进入我国广电业的政策解读/胡正荣 李继东//中国记者 2004－12
- 外资进入中国电视制作业的积极和消极影响/张小争//中国广播电视学刊 2004－03
- 外资媒体在华大举“圈地”/赵文刚//华夏时报 2004－11－29
- 玩转媒体：张艺谋电影事件直击/魏华//新闻知识 2004－09
- 网络表达及其对社会的影响——近十年来国外网络传播研究述略/陈红梅//新闻记者 2004－09
- 网络传播对传统传播方式的影响/陈汉忠//内蒙古师范大学学报（哲学社会科学版）2004－S3
- 网络传媒与三大传统媒介之比较及发展趋势/魏李力//湖北社会科学 2004－11
- 网络电视：表面繁荣难掩收益匮乏/文婧//经济参考报 2004－12－27
- 网络电视：推动宽带向纵深发展的新动力/陆富琪//中国数据通信 2004－12－20
- 网络电视的技术基础、发展概况与对策建议/赵兴玉 沈永言//广播与电视技术 2004－07
- 网络电视是肥皂泡还是大蛋糕/漆萍//互联网天地 2004－10
- 网络电视中的流媒体技术/张庆海//中国有线电视 2004－03
- 网络改变财富方向/吴具佳//电子商务世界 2004－05
- 网络广播：电台的强劲对手？/郑天辉//声屏世界 2004－10
- 网络广播：喜忧参半中前行/李冬梅//中华新闻报 2004－05－26
- 网络广播的传播特点及发展趋势/神伟//中国传媒科技 2004－12
- 网络广播的潜力与优势/廖虹晖 谢春梅//中华新闻报 2004－04－14
- 网络广播赢利曙光初现美国/湛敏//知识经济 2004－05
- 网络化广播刍议/卓立红//视听纵横 2004－04
- 网络经济文化中的“金环蚀”/邓小男 王国明 刘永//中国工商报 2004－04－06
- 网络媒体的社会塑造——从传播科技到大众媒介的转型分析/路宪民//科学・经济・社会 2004－03
- 网络时代：媒介及传播类型的统合与嬗变/郭斌斌//东方论坛 2004－03
- 网络时代的电视理念——浅谈网络电视的发展/李增力//东方艺术 2004－12
- 网络时代的电视生存/徐芳洁//中国广播电视学刊 2004－02
- 网络时代地方广播发展初探/江丽娟//记者摇篮 2004－03
- 网络时代广播新闻业发展面临的挑战及对策/赵永会//中共成都市委党

- 向中国电影的好莱坞时代致敬/杨彬彬//新京报 2004-06-10
- 小成本国产片"直销"院线赚了/姜薇//深圳商报 2004-03-19
- 小空间亮出大视野　浅谈商务楼宇电视联播网的分众优势/范泉//大市场·广告导报 2004-06
- 小且专业化　广播电视报的生存之路/刘亚群//传媒 2004-05
- 校园电影院线正在快速形成/张贺//人民日报 2004-09-10
- 校园院线解一时之渴　儿童电影产业路尚长/黄新萍//中国文化报 2004-09-10
- 新概念电影/严晶晶//同学 2004-01
- 新广电时代的运营支撑系统/戴继慧//2004 国际有线电视技术研讨会 2004
- 新画面公司：探索中国电影的市场营销/黄会清//中国文化报 2004-12-13
- 新环境考验中国传媒业/马宁秀//WTO 经济导刊 2004-04
- 新技术条件下中国电影产业发展态势/王志敏//文艺争鸣 2004-01
- 新疆广播影视节目将"落户"中亚三国/李华//新疆日报（汉）2004-03-16
- 新世纪电视频道包装的新走向/钟桂松//中国广播电视学刊 2004-02
- 新世纪中国传媒业的分化与融合/周婷婷//江汉大学学报（人文科学版）2004-01
- 新世纪中国广播电视产业发展趋势/王泽华　王全领//新闻知识 2004-03-15
- 新闻诚信与媒介产业发展/侯蔚//浙江教育学院学报 2004-02
- 新闻传媒农村信息市场和注意力市场的挖掘/王莺珍//新闻界 2004-05
- 新闻集团进入中国媒介市场行为研究/曹书乐//2003 中国传播学论坛暨 CAC/CCA 中华传播学术研讨会 2004
- 新闻媒介必须加强自我约束和自身监督/王巧梅//鸡西大学学报 2004-04
- 新闻媒体在企业形象识别中的作用/王晓予//新闻爱好者 2004-12
- 新闻特性　地域特征　广播特色——省级广播电台新闻频率的生存之道/刘晓雪//中国广播电视学刊 2004-07
- 新西部电影的产业化前瞻/张阿利//光明日报 2004-03-10
- 新兴的传播媒介——分众媒体/周峰//统计与决策 2004-08
- 新形势下的广播电视品牌构建——从浙江广电集团频道化改革说起/应莺//视听纵横 2004-06
- 新中国电影事业开拓者/袁牧之　今哲//今日浙江 2004-04
- 信息化社会对广播电视监测工作的新要求/龚发兰//中国传媒科技 2004-10
- 信息时代的网上广播/姜智勇//视听纵横 2004-02
- 信用：提升媒介竞争力的关键/黄鸣刚//浙江传媒学院学报 2004-02
- 徐光春部长要求建立科学规范高效的广播影视管理体系//中国有线电视 2004-07
- 许鞍华：华语电影不缺钱，渴的是创意/杨青//深圳商报 2004-06-28
- 许如钢：徜徉在广播电视网络世界/熊忠辉//视听界·广播电视技术 2004-01
- 寻找广播文学生存的支点/田雅静//新闻传播 2004-01
- 迅速建立反倾销诉讼预警机制——从我国彩电业遭遇反倾销诉讼看我国的反倾销诉讼预警机制/刘德安　吕桂芬//安徽广播电视大学学报 2004-03
- 亚洲卫星与 Satlink 宣布在亚洲 2 号卫星上合作推出数字广播电视平台/亚星//卫星电视与宽带多媒体 2004-21
- 亚洲影视进军好莱坞，《英雄》推波助澜/支林飞//新华每日电讯 2004-09-11
- 言有物　行有格　节目有个性——电视戏曲发展创新之我见/孙以森//中国广播电视学刊 2004-07
- 研发：电视产业链重要的一环/王晓明//视听界 2004-02
- 研究市场才能占有市场——浅析浙江交通之声的广播运作思路/董传亮//新闻实践 2004-03
- 演出商瞄上门厅生意/赵爽//北京日报 2004-07-16
- 央视、卫视、城市台——电视媒体经营的三边/吴秀娥//广告大观（综合版）2004-08
- 央视电视剧制作中心欲扬帆下海/刘江华//今日信息报 2004-05-14
- 央视果实：转播权垄断下的"雅典特卖"/赵正//中国经营报 2004-06-28
- 央视开播网络电视进军网络媒体业务/袁媛//中华新闻报 2004-06-09
- 央视-索福瑞 20 城市广播收听调查分析/黄妙送//中华新闻报 2004-06-07
- 央视网络电视开始收费//中华新闻报 2004-10-13
- 央视网络电视开通//电视技术 2004-06
- 央视真能撬动网络电视市场吗？/韦巍//IT 时代周刊 2004-11-08
- 扬长避短，发挥广播媒体优势/司剑虹　解红娟　何燕//发展导报 2004-11-02
- 扬长避短寻优势　谋求广播新发展/邹虹//新闻窗 2004-03
- 要提高媒介专业化水平/郑亚楠//新闻传播 2004-11
- 一个广播，一座城市/智勇//大市场·广告导报 2004-09
- 一个好汉三个帮——论网络对广播节目的帮扶作用/王颖//视听纵横 2004-05
- 一个亟待开发的报纸媒体/邓勇兵　潘青山//中华新闻报 2004-03-22
- 一个立体的构成——浅谈电视导演的素质修养/郯建业//戏剧文学 2004-12
- 一种新媒体经济现象的全球化意义/朱丽丽//新闻知识 2004-01
- 伊朗电影巡礼/黄献文//电影艺术 2004-07-05
- 依靠优势办好广播/崔宁波//记者摇篮 2004-09
- 依托广播电视大学创建社区大学的构想/李新中//南京广播电视大学学报 2004-02
- 依托监督优势　互动引发实效——运城人民广播电台创办《监督热线》的几点启示/李小芬//声屏世界 2004-04
- 移动的梦想——数字电视地面广播的实践/罗志斌//广播电视信息 2004-09
- 移动电视，下一站天后？/小智//中国广告 2004-12
- 移动电视广告填补注意力/胡纲//经理日报 2004-09-11
- 移动多媒体服务迈新步/程武//中华工商时报 2004-01-07
- 移动数字电视技术获新突破//深圳商报 2004-10-15
- 以"三贴近"为价值取向　提升广播媒介核心竞争力/周俊杰//声屏世界 2004-01
- 以 IC 芯片技术和产品为核心培育数字电视产业链/肖华//中国电子报 2004-03-19
- 以标准与开放为核心迎接中国传媒业信息化第三次浪潮/缪//今日印刷 2004-03
- 以改革促发展　壮大中国广播影视业——国家广电总局新闻发言人朱虹答美国《华尔街日报》记者问//有线电视技术 2004-13
- 以合拍创制华语新电影/王海洲//电影艺术 2004-06
- 以节目广告共同体实现客户利益——访南京广电集团总经理助理、南京电广传媒总经理谢莉//广告大观（综合版）2004-04
- 以科学发展观促进广播产业发展/覃继红//中华新闻报 2004-07-14
- 以科学发展观指导电视事业的创新和发展/杨国钧//采·写·编 2004-06
- 以科学发展观指导广播电视产业发展/顾顺坤//视听纵横 2004-06
- 以农为本　关注"三农"——试谈新时期对农村广播的传播服务/俞席文//声屏世界 2004-05
- 以摄影大展为龙头拉动文化产业的发展/雷新平//今日山西 2004-08
- 以受众为本强化广播电视传播效果/虢亚冰//中国广播电视学刊 2004

◎《第一时间》成功的快捷键/陆地//中国广播电视学刊 2004-07
◎《第一时间》的突破、挑战与启示/王学锋//中国广播电视学刊 2004-07
◎《电视指南》：美国商业电视的产业环链/郑亚楠//新闻传播 2004-03
◎《华氏 911》一部纪录片电影的奇迹/程晓鸿//新闻周刊 2004-26
◎《猫女》：大片之外的电影/赵珂//新闻周刊 2004-30
◎《南京零距离》与中国电视的三次革命/李幸//中国广告 2004-03
◎《千机变 2》渐行渐远的香港电影/赵珂//新闻周刊 2004-32
◎《生活向导》导得动人——浅论广播生活类节目的选材和包装/邹艳//声屏世界 2004-03
◎《十面埋伏》对市场营销的启示/李景富//大众电影 2004-19
◎《唐人街》缘何叫好又叫座/徐华//中国广播电视学刊 2004-05
◎《天使在美国》比电影更好看的电视剧/赵珂//中国新闻周刊 2004-43
◎《仙剑奇侠传》御剑荧屏/亚琪//观察与思考 2004-14

2005 年

◎ 15 亿票房从何而来？/李白璐　李建强//社会科学报 2005-02-24
◎ 15 亿票房已入账华语片　潜力可达百亿/陈榕//第一财经日报 2005-01-05
◎ 2.9 万亿美元创意产业遇网络挑战　知识产权亟须刑事保护/田享华　赵何娟//第一财经日报 2005-12-05
◎ 2003-2004 北京广电产业发展描述兼论面向北京奥运会的广电业发展策略/周星//电影艺术 2005-03
◎ 2004：电影产业收获五大亮点/吴佳佳//经济日报 2005-01-10
◎ 2004：体制改革为广播影视产业赢得双赢/邱红杰//中国文化报 2005-01-03
◎ 2004：中国电视产业大编码/陆地　高菲//中国电影报 2005-01-20
◎ 2004：中国电视产业大解码（上篇）/陆地//中国电影报 2005-02-10
◎ 2004：中国电视产业大解码（中篇）/陆地//中国电影报 2005-02-24
◎ 2004：中国电视产业大解码（下篇）/陆地//中国电影报 2005-03-03
◎ 2004：中国电影备忘录/饶曙光//文艺报 2005-01-22
◎ 2004：中国广播电视创新点评/刘宏//青年记者 2005-01
◎ 2004-2005 年度中国电影的艺术发展——第 12 届北京大学生电影节参赛影片状貌分析/周星//当代电影 2005-07
◎ 2004 美国电影年度报告/杨一晨//中国电影报 2005-04-15
◎ 2004 美国电影营销费用降低的背后/李曼曼//中国电影报 2005-05-26
◎ 2004 美国观众观影状况及电影衍生市场分析/尹鸿　王熠婷//中国电影报 2005-04-21
◎ 2004 年-2005 年：中国传媒产业的现实与发展趋势/崔保国　卢金珠//新闻记者 2005-09
◎ 2004 年澳大利亚电影市场报告/丁一岚//中国电影报 2005-03-31
◎ 2004 年度中国广播听众收听广播情况调查//市场研究 2005-05
◎ 2004 年度中国广播听众与电台到达率调查报告//中国广告 2005-04
◎ 2004 年广播电视研究的十个关键词/王辰瑶//声屏世界 2005-02
◎ 2004 年国产影片票房排行榜//电影艺术 2005-03
◎ 2004 年我国广电业十大新闻//广播电视信息 2005-01-24
◎ 2004 年中国电影产业备忘/尹鸿　王晓丰//2005 年：中国文化产业发展报告
◎ 2004 日本电影升级换代/钱有珏//中国电影报 2005-01-13
◎ 2004 数字院线市场份额看涨/李妍//中国电影报 2005-01-13
◎ 2004 我国广播电影电视年度发展报告/孙向辉　黄炜　胡正荣//2005 年：中国文化产业发展报告
◎ 2004 中国电影产业状况辨析/李稚田//电影艺术 2005-02
◎ 2004 中国电影业文化分析/桂青山//电影艺术 2005-02
◎ 2005，传媒产业起飞/原正军//中国财经报 2005-06-02
◎ 2005，电影票降价年？/姜泓冰//人民日报 2005-06-23
◎ 2005，中国广电业在传统和颠覆中行走/庞春燕//传媒 2005-12
◎ 2005：电影业投融资空间看涨/杨海涛//中国电影报 2005-01-20
◎ 2005：外资投资中国电视业是喜是忧？/李志坚　马扬　白瀛//中华新闻报 2005-03-02
◎ 2005：中国电影持续复苏/黄会清　王英诚//瞭望 2005-50
◎ 2005：中国电影发展年/潘潮//电影新作 2005-02
◎ 2005：中国动画动起来/向兵//深圳特区报 2005-03-23
◎ 2005 陈天桥豪赌网络电视/曹敏洁//东方早报 2005-01-12
◎ 2005 电视广告“大盘”走势//广告大观（综合版）2005-03
◎ 2005 年，台资投资大陆电视业展望/李志坚//台声 2005-03
◎ 2005 年电视媒体呈现新格局/袁方//中国工商报 2005-01-25
◎ 2005 年电视媒体呈现新格局——品牌战和淘汰赛打响　高收视率节目成为稀缺资源　全国性中国电影产业化提速/李春利　宫苏艺　徐可//光明日报 2005-01-25
◎ 2005 年电影投资流行风/张晋锋//中国电影报 2005-02-03
◎ 2005 年广电展：网络电视热潮背后面临挑战/高新//中国贸易报 2005-04-05
◎ 2005 年上半年欧洲主要电影市场出现衰退/嘉彦//影视技术 2005-10
◎ 2005 年一季度电影市场票房分析/张虹远//中国电影报 2005-05-12
◎ 2005 上半年回望：亚洲票房之隐痛/BlakeMurdoch　李兮//中国电影报 2005-08-18
◎ 2005 中国电影产业迎来丰收年/颜慧//文艺报 2005-12-24
◎ 2006：数字电影业最值得期待的一年/杨海涛//中国电影报 2005-12-22
◎ 3D 数字电影蕴藏多少商机？/杨海涛//中国电影报 2005-09-01
◎ 6500 万票房引出的思考/娄靖//深圳特区报 2005-03-22
◎ CCBN2005 将全面推动我国广播影视的数字化、网络化、信息化//中国数据通信 2005-04
◎ CSM 在香港 2006 年收视率调查竞标中获胜/钱言//市场观察 2005-08
◎ DVD 电影碟片制作技术与市场/狄小宝//影像技术 2005-02
◎ IPTV 热炒，2005 中国网络电视年？/单若水//新经济杂志 2005-05-01
◎ P2P 让网络电视烧起来/贺宇//电脑报 2005-04-04
◎ P2P 网络电视的未来/郑重//互联网周刊 2005-01-03
◎ VOA 广播英语新闻的结构和语言特点/李燕敏//装甲兵工程学院学报 2005-01
◎ WTO 框架下中国传媒产业生存与发展的法律环境/杨丽娅//齐鲁学刊 2005-06
◎ 艾秋兴：中国电影市场潜力无穷/朱玉卿//中国电影报 2005-12-15
◎ 安抚沧桑唱响“夕阳红”——试谈新时期对老年广播节目的定位和运营/彭红平//声屏世界 2005-03
◎ 安徽卫视“2005 频道整体包装”创意纪实/余丁//电视字幕·特技与动画 2005-10
◎ 按照大众传媒规律办好对台广播/柳林岚//军事记者 2005-10
◎ 奥运会电视转播权的成长轨迹/骆正林//视听界 2005-09-25
◎ 奥运会电视转播权的营销之策/王明立//体育科技文献通报 2005-03-01
◎ 奥运助推体育电视产业/卢山林//中国文化报 2005-09-09
◎ 奥运转播权——神奇点金棒/利向昱　骆正林//中华新闻报 2005-02-16
◎ 澳大利亚广播公司运作模式的思考/徐艳秋//电视研究 2005-12
◎ 把“村村通”作为广播电视为“三农”服务的重中之重/王太华//中国广播电视学刊 2005-05
◎ 把导向　凝智慧　造优势　求发展——泉州市广播电视中心（集团）改革三年喜获创效翻番/陈铭勋//发展研究 2005-04
◎ 把文化消费选择权交给百姓——宁波“万场电影千场戏”进农村的启示

/李建新　罗颖杰//浙江日报 2005－04－25
◎ 把握科学发展观　推进广播电视节目创优/李宝萍//电视研究 2005－12
◎ 百年电影海报凸显投资价值/秦杰//中国档案报 2005－12－02
◎ 百年中国电影的民族化之路/周斌//中国艺术报 2005－12－23
◎ 百年中国电影期盼第四个辉煌时期/彭吉象//电影艺术 2005－05
◎ 百年中国电影与中外文化//文汇报 2005－11－13
◎ 柏林国际电影节：品牌的力量/李曼曼//中国电影报 2005－02－24
◎ 办好广播民歌节目初探/张堃//中国广播 2005－07
◎ 办好交通广播节目要实现“四化”/陈福利//中国广播电视学刊 2005－08
◎ 办好农村广播　我们任重道远/赵宝玲//中国广播 2005－11
◎ 办好农村广播要找准切入点/蔡玲//新闻前哨 2005－10
◎ 办好戏曲广播节目的三点思考/李文芳//新闻传播 2005－01
◎ 扮靓广播电视报这张“脸”/陈长建//声屏世界 2005－10
◎ 报纸赠阅能否实现价值提升？——《北京广播电视报》“以免费换发行”营销策略分析/鞠宏磊//新闻记者 2005－02
◎ 北京地区互联网出版产业研究初探/庞微//出版发行研究 2005－07
◎ 北京电影市场存在巨大发展空间——访北京市文化局副局长王珠/商盾//北京观察 2005－05
◎ 北京广电管理体制调整的政策分析/杨明品//中国广播电视学刊 2005－06－25
◎ 北京人民广播电台在改革中持续跃升//党建 2005－10
◎ 北京影视文化产业的现状/张智华//文艺报 2005－06－16
◎ 北青传媒欲收购创办报刊杂志并考虑进军电视业//中国传媒科技 2005－01－30
◎ 本地化、人本化、个性化的广播发展之路/王宇//中国广播电视学刊 2005－01
◎ 必须重视广播电视文艺的综合性/佟霏//声屏世界 2005－11
◎ 编剧产业链/黄振伟　宋平//财经时报 2005－07－11
◎ 变动中蕴育新希望——2005 年中国电影市场情况概述/康健//现代电视技术 2005－12
◎ 变中求生：广播发展之道/谢东//新闻前哨 2005－05
◎ 播客——网络时代的广播新力量/李建刚//传媒 2005－10
◎ 博客：让传媒生产方式转型/冯莉　陈维维//传媒观察 2005－11
◎ 不要战争要票房/李兮//中国电影报 2005－10－27
◎ 布兰斯：中国电影剧本可以有更大创造性/李兮//中国电影报 2005－08－18
◎ 采撷多姿多彩　打造听觉盛宴——浙江广播电视集团近年广播剧创作成果回眸/杨顺安//视听纵横 2005－02
◎ 彩电峰会关键词：核心技术/梁晓亮//经济日报 2005－05－30
◎ 参股网通默多克意在网络电视/徐会玲//经济观察报 2005－02－21
◎ 策划：做活广播新闻报道的第一要务/林岳忠//中国广播 2005－05
◎ 产业化是电视业发展的必由之路/张慧林//当代电视 2005－09
◎ 产业融合：中国电影业的机遇与挑战/高红岩　邬文兵//新视野 2005－03
◎ 长影：打造大电影产业链/木木//中国电影报 2005－01－13
◎ 长影人如何实现后电影产品之梦/许凌//经济日报 2005－07－18
◎ 超级女声：收视狂潮的背后/小西//文艺报 2005－07－16
◎ 超级女声娱乐文化革命/本刊编辑部//南方人物周刊 2005－17
◎ 炒收视率也要降降温/曾庆瑞//文艺报 2005－01－15
◎ 车载移动广播——拓展广播新领域/刘凯//中国广播 2005－06
◎ 闯出华语电影新天地/苗春//人民日报海外版 2005－11－16
◎ 城市管理广播：给老百姓多个“盼头”/利向昱//中华新闻报 2005－03－16
◎ 城市广播的发展空间/江琴宁//中国广播 2005－07
◎ 城市广播电视报的应对策略/沈文彬//中国广播电视学刊 2005－10
◎ 城市广播发展的态势和前景/孙宏利//中国广播 2005－01
◎ 充分利用资本市场，促进我国广播电视产业化发展/谭晓雨//2005 年：中国文化产业发展报告
◎ 传媒“圈地”健康产业——媒体细分拓展无限商机/姜虹//中华工商时报 2005－10－26
◎ 传媒产业的经济特征浅析/张世昕//宏观经济管理 2005－07
◎ 传媒产业化当志存高远而推进谨慎/木乔//东方早报 2005－11－22
◎ 传媒产业集团的发展原则/刘涛//经济论坛 2005－20
◎ 传媒产业进入融资市场的方式选择与比较/阮志孝//采·写·编 2005－02
◎ 传媒产业迎来起飞期/郝静//中华新闻报 2005－06－01
◎ 传媒集团的定位转型与资源整合/黎瑞刚//采·写·编 2005－02
◎ 传媒集团化的风险分析/陈桂兰　罗亚//第一财经日报 2005－08－08
◎ 传媒经济学研究：方法论的探索和未来的发展领域/艾伦·B. 艾尔柏伦　吴卉//第二届中国传媒经济年会 2005
◎ 传媒巨头纵论“全球电视产业新愿景”/戴丽昕//上海科技报 2005－06－15
◎ 传媒文化：广播媒体的缺失与建构/周围//声屏世界 2005－04
◎ 传媒文化产业日渐开放/明四新//中华新闻报 2005－04－27
◎ 传媒文化企业涌动上市潮/申屠青南//中国证券报 2005－12－29
◎ 传媒行业市场准入壁垒松动　数字化改造将提速/叶琳菲//中国证券报 2005－08－10
◎ 传媒业：从“启蒙”到“起飞”/张伟//经济日报 2005－05－16
◎ 传媒业：三千多亿意味着什么？/饶文靖//人民日报 2005－06－02
◎ 传媒业：迎接发展的春天/吴涛//商丘日报 2005－08－21
◎ 传媒业呼唤真人才/陆小娅//威海日报 2005－01－31
◎ 传媒业裂变/师琰//21 世纪经济报道 2005－03－03
◎ 传媒业市场需要复合型人才/卓峰//中国文化报 2005－04－11
◎ 传媒业与电影业互动是必由之路/赵军//中国电影报 2005－05－05
◎ 传媒业整体盈利水平趋弱/吕丽华//上海证券报 2005－11－25
◎ 创建现代广播体系　拓展国际广播阵地——中国国际广播电台夏吉宣副台长访谈录//中国传媒科技 2005－09
◎ 创新、共赢——数字电视产业健康发展之路/尹仕标//2005 国际有线电视技术研讨会 2005
◎ 创新发展思路　推进广播事业/姜丽彬//中国广播电视学刊 2005－04
◎ 创新广播法制专题节目/李春//视听纵横 2005－04
◎ 创新广播理念　塑造广播品牌/姜丽彬//中国广播 2005－11
◎ 创新广播专业频率运营方式/白玲//中国广播电视学刊 2005－03
◎ 创意经济是开启电影产业之门的钥匙/赵军//中国电影报 2005－05－12
◎ 创意营销：票房神话的助推力/黎宏河//中国文化报 2005－04－11
◎ 从“巴斯特门”事件看美国公共广播困境/孙镜//中国记者 2005－04
◎ 从“超级女声”看省级卫视品牌的全国推广/高杰//中华新闻报 2005－06－15
◎ 从“传统广播”到“播客广播”——广播进化的理论路径/栾轶玫//今传媒 2005－10
◎ 从“量”到“质”的追求转变——关于“收视率”过渡到“满意度”的分析/史跃奎//中华新闻报 2005－09－07
◎ 从“收视率不等值现象”看央视一套的广告价值/刘国基//广告大观（综合版）2005－09－01
◎ 从“小平百年”纪念节目看新时期广播合作之路/何灵//声屏世界 2005－02
◎ 从《读书时间》看受众多元化时代的收视率/武超群//山东视听 2005－05－25
◎ 从《天下无贼》看中国电影的海外营销/李兮//中国电影报 2005－07－21
◎ 从《震撼一条龙》看电视产业的科学发展观/袁力力　张新民//视听界

2005－05

◎ 从CATV所见的日本广播变革波澜/韩伟//有线电视技术 2005－15

◎ 从播出平台到打造产业链——解读东方卫视的“影视支撑”/胡智锋　张国涛//新闻记者 2005－12

◎ 从传统广播到“播客”广播——广播传播理念的变化路径/栾轶玫//中国广播电视学刊 2005－09

◎ 从电影《七剑》的市场营销体验现代传媒的力量/张敏//中国青年科技 2005－02

◎ 从电影市场的终端解析影响票房的五大因素/吴鹤沪//中国电影报 2005－12－08

◎ 从广告制作入手提高气象广告收视率/高雅黎//陕西气象 2005－03

◎ 从国际传媒业发展趋势看我国文化企业的资本运营/陈杭//第二届中国传媒经济年会 2005

◎ 从国际视野看中国广播业的发展空间——西方等发达国家广播业对我们的启示/戴益民//声屏世界 2005－09

◎ 从交通广播看广播经营品牌战略/汤晓芳//声屏世界 2005－09

◎ 从市场细分理论看区县级广播发展/江崇顺//山东视听 2005－07

◎ 从收视率传播到影响力传播/郑维东//中国广告 2005－06－15

◎ 从受众心理看媒介营销中的认识误区/张晓家//第五届全国新闻与传播心理研讨会暨中国心理学会新闻与传播心理专业委员会第二届年会 2005

◎ 从投资角度研究中国电影产业的困境与机遇/秦喜杰//北京电影学院学报 2005－12－25

◎ 从新加坡电影的发展谈当地电影的困境/郑燿霆//当代电影 2005－07－15

◎ 从行业分类看广播影视产业发展的新支点/姚宁洲//有线电视技术 2005－19

◎ 从营销学角度浅谈广播媒体的经营/吴凡//扬州职业大学学报 2005－01

◎ 从中心到周边电视娱乐产业圈为谁沸腾?/利向昱　孙楠楠//中华新闻报 2005－03－09

◎ 从资本市场的角度看整体转换——数字电视产业研究报告/王鹏//广播电视信息 2005－11

◎ 从资本运作的角度看待中国电影产业的发展/张江艺//电影艺术 2005－01

◎ 打造“看得见广播”的几点思考/宋成卫//新闻前哨 2005－09

◎ 打造电视产业链完善电视产品市场/李良荣　周亭//现代传播 2005－06

◎ 打造广播电视报社会新闻的亮点/陈联生//声屏世界 2005－09

◎ 打造广播媒介优势，再造广播辉煌/杨华//新闻天地（论文版）2005－01

◎ 打造广播品牌栏目的思考/申启武//新闻爱好者 2005－07

◎ 打造品牌节目　提升广播核心竞争力/张晓玲//新闻采编 2005－04

◎ 大屏幕电视向何处去?/汪云//中国数字电视 2005－11

◎ 大区域经济发展是电影市场拓展的前导/赵军//中国电影报 2005－09－29

◎ 大型电视活动打造内容产业新亮点/张宇//传媒观察 2005－04

◎ 大众媒介公信力理论初探（下）——兼论我国大众媒介公信力的现状与问题/喻国明//新闻与写作 2005－02

◎ 当代中国电影产业的格局/尹鸿//中华新闻报 2005－07－13

◎ 当电影成为一种阅读/钟华//科学时报 2005－06－09

◎ 当前音像出版界的一些倾向性问题/张亮//中国出版 2005－09

◎ 当下中国电影发展战略研究/徐群晖//浙江艺术职业学院学报 2005－02

◎ 当艺术电影遭遇市场考验/李江江//中国电影报 2005－04－21

◎ 档期对票房至关重要/刘守敏　陈宝光//电影艺术 2005－04

◎ 盗版盗播方式日益多样化电影版权保护难度加大/胡文杰//文艺报 2005－11－15

◎ 德国广播电视管理的理论与实践/李道刚//电化教育研究 2005－05

◎ 地市级广播电视网络数字电视系统建设思路初探/林毅//东南传播 2005－02

◎ 电视“走出去”战略越走越清晰/刘江华//中国电影报 2005－04－21

◎ 电视产业：迅速起步/周勇//中国广播电视学刊 2005－02

◎ 电视产业的游戏之“痒”/谢远东//现代电视技术 2005－07

◎ 电视产业运营中应树立的几个意识/徐娜//中国广播电视学刊 2005－04

◎ 电视传媒产业价值链和核心竞争力战略分析/李岚//电视研究 2005－06

◎ 电视的核心价值在于影响力/李岚//大市场·广告导报 2005－03

◎ 电视电影稳定中求发展/高卉佳//中国电影报 2005－01－07

◎ 电视电影向何处发展?/向兵//人民日报 2005－01－27

◎ 电视广告营销的有效途径/韩英//河南商业高等专科学校学报 2005－04

◎ 电视节目形式创意的版权保护/沈芊//中国广播电视学刊 2005－03

◎ 电视节目作品版权应当作为无形资产核算/贾立权//会计之友 2005－03

◎ 电视剧采购将“一统天下”/丁冠景　张璇//南方日报 2005－03－29

◎ 电视剧产业的文化意识/王丹彦//人民日报 2005－09－29

◎ 电视剧产业如何破解6%的瓶颈/刘江华　满羿//中国电影报 2005－08－04

◎ 电视内容产业及其价值链与利润区/林娟娟//广东财经职业学院学报 2005－04

◎ 电视内容创意产业价值链重构/胡正荣　郑亮//中国文化报 2005－08－12

◎ 电视频道专业化的现状和出路/乐祖望//新闻实践 2005－07

◎ 电视市场化时代的产业对策/李爱云//周口日报 2005－08－23

◎ 电视收视率与节目编排/陶卫红//当代传播 2005－11

◎ 电视数字化影响国家信息化/徐庄　杨鸿江//中国信息界 2005－15

◎ 电视台靠“独播剧”争夺收视率/吴利红//黑龙江日报 2005－10－24

◎ 电视文化价值取向与主流意识形态的建构/俞虹//光明日报 2005－05－17

◎ 电视文艺：从时尚走向时代/仲呈祥//人民日报 2005－08－05

◎ 电视新闻的自主创新与市场竞争/于钦彦　李立新//山东视听 2005－12

◎ 电视行业演化创新分布模式：A—U模型的新解释/程源　高建　杨湘玉//科研管理 2005－01

◎ 电视业实施制播分离制应处理好的几个问题/陈伟//新闻传播 2005－09

◎ 电视娱乐节目与中国传统文化/朱晓彧//中国广播电视学刊 2005－08

◎ 电视——娱乐数字化的最后堡垒?/刘炫//2005年：北大文化产业（第一辑）

◎ 电视专业频道的品牌化之路/赵赴起//电视研究 2005－12

◎ 电台经济广播必须寻求新突破/王燕云//新闻知识 2005－09

◎ 电信广电双虎相争手机电视模式主导变局/郑重　张瑜//中国高新技术产业导报 2005－08－26

◎ 电信与广电：合作?和谐!/刘琦//通信产业报 2005－03－21

◎ 电信运营商两手准备网络电视/刘明俊//商务周刊 2005－02－20

◎ 电影、电视剧本要强调视觉艺术/唐松青//剧作家 2005－03

◎ 电影：何时多打“民俗牌”/若珲//乐山日报 2005－05－01

◎ 电影：技术还是艺术/吴锡平//济南日报 2005－07－01

◎ 电影：上海文化发展支柱产业//文汇报 2005－12－23

◎ 电影百年　海报涨价/好运//中国商报 2005－03－31

◎ 电影百年：靓丽的文化景观/仲言//人民日报 2005－12－22

◎ 电影百年与时代风云/仲呈祥//人民日报 2005－12－01

◎ 电影版权保护：多管齐下采纳新技术/张晋锋　王丽//中国电影报 2005－10－27

◎ 电影半价日　助推票房显威力　是否良药尚存疑/陈辉　董婧//市场报 2005－07－11

◎ 电影保存和维护不该被遗忘的角落/亦晨//中国电影报 2005－06－23

◎ 电影不应是高消费文化/王辛莉//中国妇女报 2005－11－15

◎ 电影产业、电影质量与综合标准化/罗燕翎//影视技术 2005－01

◎ 电影产业链贯通打盗版/王素慧　蓝书平　王宇//民营经济报 2005－11－15

⊙ 广播广告继续飙升：一个古老媒体的重生/郑香霖//中国经营报 2005-10-31
⊙ 广播广告价值浅谈/丁俊杰//大市场·广告导报 2005-01
⊙ 广播广告经营5大心得——暨广播广告经营理念及其实践/许颖//市场观察 2005-02
⊙ 广播广告应锁定"移动人群"/岳晓溪//中国广播电视学刊 2005-07
⊙ 广播广告在商业促销中的优势/张爱萍　刘晓燕//中华新闻报 2005-08-31
⊙ 广播节目创新需要新"视角"/郭兆来//理论学习 2005-02
⊙ 广播节目的市场化运作//新闻前哨 2005-06
⊙ 广播节目的听众定位和市场定位/张彦斌//中国广播电视学刊 2005-04
⊙ 广播节目及频率的受众满意度测评系统初探/蔡宇//新闻知识 2005-03
⊙ 广播节目类型与类型化广播/孔建民//视听界 2005-05
⊙ 广播节目如何找准位置占领市场/赵丹//记者摇篮 2005-08
⊙ 广播经营潜力之我见/阚平//中国广播 2005-08
⊙ 广播跨地域运作如火如荼/商建辉//传媒观察 2005-11
⊙ 广播媒体将突破收听方式局限——手机和汽车让广播更随身/王海涛//中国广告 2005-05
⊙ 广播媒体品牌的塑造/熊丽//新闻实践 2005-06
⊙ 广播媒体实现网络广播的不利条件与可行性/吴迪//佳木斯大学社会科学学报 2005-04
⊙ 广播媒体要注重发掘和维系听众的注意力资源/王健//视听纵横 2005-03
⊙ 广播品牌经营的困惑与出路/黄鸣刚//杭州师范学院学报（医学版）2005-04
⊙ 广播如何实现品牌延展——江苏交通广播网品牌建设案例剖析/宋琼林//新闻传播 2005-02
⊙ 广播事业与产业剥离及产业发展实现途径初探/王行禄//中国广播 2005-02
⊙ 广播数字化现在进行时/李建刚//中国广播电视学刊 2005-01
⊙ 广播特长要与本土听众相匹配——广播细分市场的思考/陈燕玲//声屏世界 2005-07
⊙ 广播听众的信息消费心理/王少星//视听纵横 2005-03
⊙ 广播网站新闻如何吸引"眼球"/金震茅//传媒观察 2005-10
⊙ 广播新闻的成本投入与市场推销/赵飞//中国广播 2005-02
⊙ 广播新闻节目差异化生存的点滴思考/李玲//新闻传播 2005-01
⊙ 广播新闻节目的编排与创新/王利民//青海师范大学学报（哲学社会科学版）2005-01
⊙ 广播新闻时政类热线节目如何提高听众参与积极性/丁忠//声屏世界 2005-03
⊙ 广播新闻制作要努力增强"可视性"/陆振娟//声屏世界 2005-12
⊙ 广播要扬独家之优势/董光//记者摇篮 2005-12
⊙ 广播也应落实"三贴近"　提高创新能力/杨国伟//新闻传播 2005-07
⊙ 广播业："窄播"涌出无限商机/毛冬梅//东南传播 2005-12
⊙ 广播影视的数字版权管理及其需求/黄铁军//广播与电视技术 2005-08
⊙ 广播影视人才工作在产业化发展中的作用及对策/魏东未//中国广播 2005-04
⊙ 广播影视数字媒体节目资源应用的若干思路/王联//电视字幕·特技与动画 2005-09
⊙ 广播影视体制改革的主要经验/朱虹//电视研究 2005-07
⊙ 广播影视业：盘点 2004　展望 2005/朱虹//广播电视信息 2005-01
⊙ 广播影视业"生态环境"有变/史晓芳//中华工商时报 2005-01-13
⊙ 广播娱乐节目的前景及发展/洪岩//东南传播 2005-09
⊙ 广播与构建和谐社会/白地//中国广播 2005-06
⊙ 广播与网络论坛在互动中并进——来自"城市之声"的个案分析/孙莺//视听纵横 2005-01
⊙ 广播在竞争中变化和发展——把直播间搬进55个家庭后的思考/冯放//中国广播 2005-05
⊙ 广播在媒体竞争中制胜之我见/王海军//新闻采编 2005-05
⊙ 广播在商业促销宣传中的优势/张志军//中国广播 2005-01
⊙ 广播终端服务意识亟待强化/许志文//声屏世界 2005-02
⊙ 广播专题广告的超越/石海平//视听纵横 2005-06
⊙ 广播专业化的"多点支撑"浅议/傅岚虹//声屏世界 2005-05
⊙ 广播专业频率节目的策划探讨/卢文梅//东南传播 2005-04
⊙ 广播综艺专题节目审美意象的深度开掘/郭英杰//视听纵横 2005-04
⊙ 广电"越轨"：东方明珠首推 DMB 手机电视/顾建兵//21 世纪经济报道 2005-12-01
⊙ 广电集团的人力资本管理/陈铮//视听纵横 2005-08-10
⊙ 广电集团核心竞争力打造/顿德化//新闻前哨 2005-03-25
⊙ 广电集团信息决策系统的构建/周清//新闻前哨 2005-03-25
⊙ 广电企业应创建独具特质的企业文化/王成俊//经济信息时报 2005-08-19
⊙ 广电全新产业——WiMax 无线广域网 + 移动 IP 电视/黄奇近//东南传播 2005-09
⊙ 广电实施产业化的几点看法/李琦//东南传播 2005-12
⊙ 广电数字化一篇大文章/陈新华//经济日报 2005-08-14
⊙ 广电业发展的重要机遇期/杨波//中国广播电视学刊 2005-02
⊙ 广电业自我重组应对三网融合/刘颖悟　熊川//财经时报 2005-09-12
⊙ 广电注资政策再度收紧卫视投资风险骤增/李峰//财经时报 2005-03-28
⊙ 广电总局44号令"完整"出台资本"热捧"难掩民营传媒困局/张翼//中国经营报 2005-03-21
⊙ 广电总局发力多个环节推进数字电视/王波//中国电影报 2005-04-15
⊙ 广电总局加快推进城市有线电视数字化进程/周华//中国新闻出版报 2005-05-24
⊙ 广电总局科技司有线电视数字化分四阶段/亚宁//中国新闻出版报 2005-09-20
⊙ 广电总局力推"免费"数字电视能否大跃进？/袁茵//21 世纪经济报道 2005-07-07
⊙ 广电总局实行优秀国产动画片推荐播出办法//中国电影报 2005-01-20
⊙ 广电总局选定"青岛模式"推数字电视/郎朗//南方日报 2005-03-22
⊙ 广电总局欲提高网络电视审查门槛/郎朗//南方日报 2005-05-24
⊙ 广东网络文化产业的发展现状、问题与对策/周轶昆//经济问题探索 2005-08
⊙ 广告对于电影票房收入的影响力/杨一晨//中国电影报 2005-04-28
⊙ 广告是经济发展的先声——访中央电视台广告部主任郭振玺/李雅静//中国广告 2005-01
⊙ 广告主传播价值高峰论坛之广播媒体如何融入事件营销/吴明峰//市场观察 2005-11
⊙ 广阔天地大有作为——陕西农村广播的启示/曾永强//中国广播 2005-06
⊙ 广西电影产业形势喜人/李萍//广西日报 2005-12-14
⊙ 规范广播电视广告发布　严把医疗广告审查关/毕黎琦//吉林人大工作 2005-11
⊙ 规制视角中的广播电视传媒/李放//辽宁经济 2005-11
⊙ 滚滚车轮拯救广播/方政　张伟群//中华新闻报 2005-07-06
⊙ 国产电影创作呈现"三新"/李妍　关雯　何煜昕　黄捷芬//中国电影报 2005-09-01
⊙ 国产电影的"春天"来了/老祁//中国商报 2005-03-15
⊙ 国产电影的道路为何越走越窄/段大明　汪苏娥//湖南文理学院学报（社会科学版）2005-04
⊙ 国产电影的生存与文化立场/姜静楠//文艺研究 2005-01

- 民营资本角力深圳影视剧市场/李纬娜//深圳商报 2005－12－23
- 民营资本介入广播电视传媒——浙江影视（集团）有限公司成立侧记/曾祥敏//现代传播 2005－01
- 民营资本涉足电影市场/周昕//上海经济 2005－02
- 民营资本突入网络电视/沈衍琪//北京日报 2005－03－15
- 民营资本为长春电影市场“解冻”/张吉//长春日报 2005－11－24
- 民营资本欲承接本土影视产业链/李魏//青岛日报 2005－11－11
- 明星能否号召票房/刘琼//2005 年：北大文化产业（第一辑）
- 模拟科普广播的终结与数字科普广播的探索/谢凤阳//中国科技新闻学会第八次学术年会 2005
- 莫斯科电影节见证俄罗斯电影新崛起/李芝芳//中华新闻报 2005－07－13
- 目前我国广电业的品牌运营现状及策略初探/储婷婷//中国广播 2005－06
- 内地明星：票房保证还是票房毒药？/张晋锋//中国电影报 2005－03－10
- 内地与香港：电影产业互动问题的症结/赵卫防//当代电影 2005－06
- 内容搭桥推广技术“软硬兼施”入主市场——透视索尼影视收购米高梅电影公司/刘君　刘琼//声屏世界 2005－08
- 南京电影衍生产品叫好难叫座/薛庆元//中国消费者报 2005－03－02
- 南京广播：如何与诸强共舞/吴长伟//中国记者 2005－09
- 南京广播市场关键词/吴长伟//中国记者 2005－09
- 南京广电发力抢滩宽带市场/韦铭　侯文//南京日报 2005－04－19
- 南京广电集团打造内容产业之对策探寻/郭秀君//中国电视 2005－06
- 南京广电集团战略人力资源管理研究/肖剑科//中国人力资源开发 2005－12
- 年终，电影票房“热”起来/赵晶//江苏经济报 2005－12－15
- 涅槃上海民营电影业腾飞为何如此艰难/王稼钧　钟瑾//社会观察 2005－09
- 宁夏广播电视产业化发展思考之我见/李媛//声屏世界 2005－08
- 农村电影市场面临四大难题/原碧霞//人民日报 2005－11－22
- 农村电影市场再显潜力/李宝江//中国电影报 2005－05－19
- 农村广播公共服务体系：内涵、价值与路径/杨明品//中国广播 2005－06
- 农村有线广播网络建设现状及对策/陆永明//视听纵横 2005－01
- 农民还是喜欢有线广播——萧山有线广播的调查/李广泽//视听纵横 2005－02
- 农业广播电视教育在农村劳动力转移培训中的定位思考/崔高清//农业经济 2005－04
- 努力打造电视产业中的强势媒体/夏陈安//视听纵横 2005－04－10
- 努力发展中国广播影视卫星产业——CCBN2005 卫星产业发展研讨会侧记/谢丰奕//卫星电视与宽带多媒体 2005－07
- 努力实现广播产业化增强广播传媒竞争力/黄英//山西政协报 2005－08－31
- 努力实现广播传播影响效果最大化/王明华//中国广播 2005－10
- 努力探索　构建新运营模式——专访广州市广播电视网络有限公司杨宇华总经理/蔡国良//电视技术 2005－S1
- 欧美数字卫星广播用户数将迅速增长，价格仍是障碍//现代电子技术 2005－04
- 欧盟电影市场最新报告/李兮//中国电影报 2005－06－16
- 欧盟呼吁各成员国 2012 年前全面转向数字广播/晓雅//人民邮电 2005－06
- 欧洲电影市场：“美片”泛滥“土产”凋零//新华每日电讯 2005－05－17
- 欧洲电影市场地皮紧俏/CharlesMasters　李兮//中国电影报 2005－09－08
- 欧洲电影资助项目基金披露 10 亿欧元新计划/春晓//影视技术 2005－07
- 欧洲公共广播电视的困局与出路/刘晓鹏//新闻大学 2005－02
- 欧洲广播电视走入互动时代/Mark Holmes//卫星电视与宽带多媒体 2005－20
- 欧洲广播公司开始着手进行数字制作//卫星电视与宽带多媒体 2005－09
- 欧洲卫星广播机构向其它传输平台扩展/宋文玉//卫星电视与宽带多媒体 2005－20
- 盘点 2004 年中国电影业/尹鸿//中国文化报 2005－01－07
- 盘点 2005 年国产电影/苗春//人民日报海外版 2005－12－28
- 判断广播市场的四个标准//中国记者 2005－08
- 批评报道与受众面、收视率的关系/罗强//声屏世界 2005－12
- 票房刺激不了我的神经——王小帅专访/金燕//艺术评论 2005－07
- 票房增值的有力砝码/于雁宾//吉林日报 2005－03－04
- 票房总体攀新高局部失利付代价/刘嘉　顾敏//中国电影报 2005－02－24
- 频道品牌化：探索电视改革新路/向兵　徐馨//人民日报 2005－11－25
- 频道细分　主攻娱乐——美国日本广播“解困”对中国广播的启示/戴益民//视听界 2005－02
- 频道专业化下广播栏目品牌化的新趋势/衷菱//声屏世界 2005－04
- 频率定位后，广播节目须处理好的四个关系/杨盛海//声屏世界 2005－10
- 频率资源与广播发展/李宣龙//中国广播电视学刊 2005－12
- 品牌成就票房——从贺岁片谈起/詹金灿//管理与财富 2005－02
- 品牌是广电栏目发展的必须——2004 中国广播电视品牌栏目年度报告/张君昌//视听界 2005－02
- 品牌战略与电视产业发展/马英男　刘颖//当代电视 2005－01
- 品牌植入案例/GailSchiller　李兮//中国电影报 2005－07－21
- 破冰前行的电视产业变革——制播分离与节目公司化运作趋势分析/陈鹏//视听界 2005－04
- 谱写水城新诗篇　绘就广电新蓝图/张朝锋//当代电视 2005－12
- 七部电影贺岁票房大战一触即发/姚志峰//中华新闻报 2005－11－30
- 齐心协力，打造南京地区第一电视媒体//南京日报 2005－11－05
- 起舞在商业社会——浅析 20 世纪 90 年代以来中国主旋律电影和艺术电影的商业化倾向/宣宁//江汉大学学报（人文科学版）2005－10
- 黔西南州广播电视产业发展的思考/王成俊//黔西南民族师范高等专科学校学报 2005－03
- 浅论电影中的隐性广告/刘宏　宋晓添//商场现代化 2005－19
- 浅论广播电视报的改革创新/程鹏//山东视听 2005－10
- 浅论广播娱乐节目的创新空间/胡浩志//采·写·编 2005－03
- 浅论如何提高青海省广播电视传媒从业人员素质/牛玉芳//攀登 2005－03
- 浅谈当下广播的可持续发展/朱晨晓//理论界 2005－S1
- 浅谈电视收视率指标分析/王红卫//科技资讯 2005－09
- 浅谈都市广播的节目编排理念/纳文彬//中国广播 2005－05
- 浅谈广播电视大学的定位和发展思路/商江//中国科技信息 2005－17
- 浅谈广播消息中细节的挖掘和运用/江旭波//中国广播 2005－03
- 浅谈韩剧在我国热播的原因/靳攀//电视研究 2005－11
- 浅谈收视率与建设频道特色/范怡春//新闻爱好者 2005－02
- 浅谈数码技术在电视广告中的正确定位/师悦//南京艺术学院学报（美术与设计版）2005－03
- 浅谈数字电视与网络电视的关系及其应用与发展/李发德//西部广播电视 2005－09－28
- 浅谈现代项目管理组织形式在广播电视技术项目中的应用/蔡贺//现代电视技术 2005－08
- 浅析传媒的低俗之风/李国俊//中国新闻出版报 2005－06－30

◎ 一季度电影市场现象回探/刘嘉//中国电影报 2005-05-12
◎ 一枝独秀的广播媒体——访云南人民广播电台交通频率总监李诗阳、广告部主任牛家云//大市场·广告导报 2005-10
◎ 移动电视产业将现"井喷"行情/祁建//中国商报 2005-01-11
◎ 移动电视协作体紧锣密鼓利益纠葛难解产业之忧/郝婧妤//IT 时代周刊 2005-20
◎ 移动电视引致电视产业变局的博弈研究/苏勇　周笑//中国工业经济 2005-06-17
◎ 以爱农、近农、为农的精神办好对农节目——江西台对对农广播的一点思索/胡贵铭//中国广播 2005-06
◎ 以创新精神引领广播电视产业发展/王学宗//山东视听 2005-12
◎ 以创新推动广播电视新闻改革发展/张莉//鄂尔多斯日报 2005-08-01
◎ 以服务求生存　用服务谋发展——浅谈全国首家健康老年广播的节目定位与运作/曾学优//声屏世界 2005-12
◎ 以广播、电视缩小数字鸿沟/金江军//中国信息界 2005-14
◎ 以世界的目光考察中国电影/欧阳亮//中国艺术报 2005-11-25
◎ 以市场营销理念改进广播广告经营/张斌//中国广播 2005-07
◎ 以数字化为引领　推动广播影视全面协调可持续发展/张海涛//视听界·广播电视技术 2005-02
◎ 以先进性加强县级广播电视建设/秦桂生//当代广西 2005-07
◎ 以县带乡实现乡镇广电事业发展/钟起明//声屏世界 2005-09
◎ 艺术电影创作也要"营销先导"/尚光月//中国电影报 2005-06-09
◎ 艺术电影的路该怎样走?/孙庆//中国电影报 2005-02-24
◎ 意大利作者出版者协会对电影业的作用及其启示/林祥//电影艺术 2005-01
◎ 音乐广播的下一场革命/李世嘉　徐冰//中华新闻报 2005-02-02
◎ 音乐广播节目怎样创优——北京音乐广播"四连冠"的思考/冯健//中国广播电视学刊 2005-05
◎ 音像市场的几个问题/谭晓丽//剧作家 2005-01
◎ 引进国外娱乐模式"超女"为电视传媒业唱起新旋律/李桐//中国国门时报 2005-08-25
◎ 引进新理念　寻求高质量—关于电视传媒导入现代管理的思考/李建国//当代电视 2005-11
◎ 引狼入室抑或与狼共舞——关于外资进入中国电影业的思考/李琳//中外文化交流 2005-03
◎ 引入竞争　打破垄断——中国电影发行放映业的复兴之路/汪文杰//经济与社会发展 2005-06
◎ 应用收视率杠杆　改进节目制作与产业经营——"收视率与创收研讨会"综述/张磊//中国广播电视学刊 2005-02
◎ 英国预算:电影制作人赢得减税政策的延长/何仕名//中国电影报 2005-03-31
◎ 营销视野中的中国电影/詹庆生//中国电影报 2005-02-24
◎ 营销助威今年电影票房/严丹虹//东方早报 2005-11-23
◎ 影视的趋同与存异/赵文靖//西南民族大学学报(人文社科版) 2005-08
◎ 影视动画业的困惑和突破/郑玉明//电视字幕·特技与动画 2005-05
◎ 影视管理人才:能否承受产业发展之重?/虢清洞//中国电影报 2005-08-04
◎ 影视广告创意实践教学探索/钱淑芳//内蒙古师范大学学报(教育科学版) 2005-11
◎ 影视广告创意新革命——CF 脚本 DIY/王辉//广告人 2005-04
◎ 影视剧的核心竞争力/刘建明//视听界 2005-06
◎ 影视戏互动说戏曲/陈胜利//中国戏剧 2005-12
◎ 影视艺术创作面临新课题/沈鲁//中国电影报 2005-12-15
◎ 影响电视剧收视率的几个因素/刘波　陈玉建　李晓明//山东视听 2005-08
◎ 影响中国数字传媒发展的主要因素/唐润华//2005 年:中国文化产业评论(第三卷)
◎ 影院营销彰显电影魅力/孟凌云//吉林日报 2005-01-14
◎ 拥挤的世界　变化的中国　思考的贾樟柯　贾樟柯谈电影《世界》的创作与发行/张会军　马玉峰//北京电影学院学报 2005-06
◎ 用创新的理念统领交通广播/贾增福//中国广播电视学刊 2005-11
◎ 用主流文化占领网络阵地/黄楚新//中国经济导报 2005-10-11
◎ 优势整合网络广播与传统广播一体化发展/杨宁//东南传播 2005-12
◎ 由上市看传媒业的市场化运作/汤爱丽//中国工商报 2005-01-11
◎ 有声财富　无限传播——陕西广播广告的经营与发展思路/高峰//今传媒 2005-09
◎ 有线电视产业及其运营环境浅析/何拥军//广播电视信息 2005-10
◎ 有线电视网发展现状与趋势分析/刘朋　刘海环//牡丹江师范学院学报(自然科学版) 2005-02
◎ 有线数字电视推广应用缓慢的原因与出路/曾凡斌//视听界·广播电视技术 2005-03
◎ 娱乐模式:从明星表演到百姓游戏——浅析中国电视娱乐节目的四个阶段/陈序//新闻记者 2005-02
◎ 娱乐文化的到来与文化娱乐的危机——市场经济时代的传媒文化走向/周星//中国艺术报 2005-11-18
◎ 娱乐性问题:作为中国电影产业化的前提/刘汉文//电影艺术 2005-06
◎ 与好莱坞"博弈":中国电影产业结构重组的新格局——兼论 2004 年新主流电影"三强"的品牌效应/黄式宪//当代电影 2005-02
◎ 与狼共舞?——评析中国电影业引进外资/李琳//上海经济 2005-02
◎ 预计中国电视业 2005 年广告收入达三百五十亿//2005 年:北大文化产业(第一辑)
◎ 院线　一场脱胎换骨的革命——我省文化产业面面观(二)/张翯海//湖北日报 2005-03-31
◎ 院线竞争向终端渗透/丁一岚　谢世明//中国电影报 2005-11-10
◎ 院线拟"扩军"　各影院"按兵不动"/严丹虹//东方早报 2005-05-20
◎ 院线制,济南影市的"鲶鱼"?——我市电影市场走马记(上)/吉颐//济南日报 2005-08-29
◎ 院线制:中国电影改革突破模式/海阔//北京电影学院学报 2005-06
◎ 院线制改革再思考/魏鹏//中国文化报 2005-04-29
◎ 云南电影产业发展中的现代企业制度建设/陈真　李常林//云南社会科学 2005-03
◎ 云南广播业发展中的理念更新/单晓红//云南社会科学 2005-03
◎ 再谈我国纪录片栏目的市场化道路/温蓓　魏艺　侯洪//西南民族大学学报(人文社科版) 2005-08
◎ 在杭州开车,听自己的交通广播——析杭州交通经济广播/郑敏书//新闻实践 2005-11
◎ 在合纵连横中创建品牌——试论市级广电媒体品牌经营之道/陆曼玲//中国广播电视学刊 2005-11
◎ 在激烈竞争中实现重大突破——区域性广电有线网络公司的发展战略构想/刘明//广播与电视技术 2005-03
◎ 怎样看待广电数字化、网络化、产业化面临的主要问题/黄勇//广播与电视技术 2005-10
◎ 增强产业经营能力　打造强势电视媒体/曾绍武//记者摇篮 2005-05
◎ 增强新闻媒体影响力　提高广电产业竞争力——无锡广电集团改革发展情况调查/朱虹//今日中国论坛 2005-08
◎ 展现气象魅力　炫出广告活力——太原电视台《天气资讯》电视栏目策划/范永玲　秦春英　李强　杨陪峰　刘新格//山西气象 2005-02
◎ 崭新的历史起点　蓬勃的中国电影/赵实//人民日报 2005-12-29
◎ 张宝全速建 EVD 院线暗扣"产业命门"/武文斌//电子商务 2005-11
◎ 张艺谋、冯小刚电影神话中的精神病象/李保平//文艺报 2005-04-21

- 中国农村电影市场产业化呼唤先行者/赵军//中国电影报 2005-06-09
- 中国七、八十年代电影海报设计的民族性/吕婷婷//饰 2005-01
- 中国赛事转播权的商业化发展//中国高新技术企业 2005-03
- 中国商业电影：成功突围海外/李妍//中国电影报 2005-01-07
- 中国商业电影的可贵探索——冯小刚与贺岁片/莫付欢　谢萍//柳州师专学报 2005-04
- 中国社会转型与电视文化的变化/张建珍//采·写·编 2005-03
- 中国数字电视产业谁说了算？/冷文生//科技日报 2005-06-24
- 中国数字电视发展道路探析——2004 中国广播影视数字发展年研究/哈艳秋　张宁//现代传播 2005-04
- 中国网络出版业年产值达 25 亿元//新闻前哨 2005-05
- 中国网络电视发展现状分析/张建军//中国传媒科技 2005-04
- 中国院线整合　“三足鼎立”/严丹虹//东方早报 2005-07-07
- 中韩共同打造“亚洲电影”模式/夏炜　张馨月//第一财经日报 2005-05-16
- 中美体育赛事电视转播权营销现状比较研究/徐启刚//吉林体育学院学报 2005-04
- 中小城市广播电视报广告营销战略设计/孙富江//广告人 2005-10
- 中央人民广播电台数字电视付费频道发展设想/张纪//广播电视信息 2005-07
- 中影：改革试点促进“上市”/木木//中国电影报 2005-01-27
- 重生：中国电影产业化报告/李冬昱//视听界 2005-03
- 重温中国电影的光荣传统/邹建文　祝晓风//中华读书报 2005-11-02
- 重新认识农村广播　大力发展调频广播/杨大明//视听纵横 2005-01
- 主持人与栏目的品牌化运作——从《大刚说新闻》说起/夏青//新闻实践 2005-12
- 注意力经济与电视传媒发展战略/徐群晖//浙江树人大学学报 2005-03
- 抓住机遇　再创辉煌——在第三届 BIRTV 数字电影论坛的讲话/童刚//影视技术 2005-09
- 抓住历史发展机遇　用先进的科学技术　促进电影产业发展——2005 年度电影科技工作总结/张丕民//影视技术 2005-12
- 专业频道市场化之惑求解/卢山林//中国文化报 2005-07-29
- 转型时期政府主导下的中国电影产业纵向变革的原因和绩效分析/周勤　万兴//管理世界 2005-12
- 资本发力，撬动中国电影产业/陆云红//深圳特区报 2005-09-27
- 资本进入对中国电视业的影响探析/邱一江//当代电视 2005-02
- 资本与文化的百年运作——解读功夫电影的民族特性与市场前景/李道新//电影新作 2005-02
- 综合策划与特色创意：老年电视节目的灵魂/瑞来//理论界 2005-07
- 走出品位与收视率的困局/郭庆//中国电视 2005-12
- 走出去的中国电影把什么带进来/赵军//中国电影报 2005-05-19
- 走过百年的中国电影迷失了方向/陈季冰//东方早报 2005-11-14
- 走节目本土化之路　振兴市级广播事业/费玉升//中国广播 2005-06
- 走向辉煌的明天——2004 年数字电视产业回顾/岩松//有线电视技术 2005-02
- 做大影视文化　打造知名品牌/李新和//焦作日报 2005-12-15
- 做大做强中国广播要处理好六种关系/王建词//中国广播 2005-11
- “艾美奖”与电视产业发展/李强//中国新闻出版报 2005-07-05
- “奥斯卡”背后的大战/李曼曼//中国电影报 2005-03-03
- “把脉”票房、动漫、电视剧/黎岩//电影新作 2005-05
- “百年电影百年收藏”放大电影衍生产品想象空间/卢山林//中国文化报 2005-12-23
- “播客”：下一个互联网奇迹？/张琨//深圳商报 2005-12-27
- “播客”到底会不会改变传统广播/韩小琴//科技日报 2005-07-27
- “丑陋”的收视率/周云龙//中华新闻报 2005-07-06
- “点睛”之笔的魅力——论广播通讯的标题制作/杨越//记者摇篮 2005-12
- “电影半价日”能走多远？/陈辉　董婧//人民日报 2005-07-14
- “断药”后的广播电台如何广告经营/吕少峰//视听界 2005-04
- “分”“合”：数字电视之道——从受众，区域，规模浅析数字电视运营模式/侯杰　张彦翔//中国传媒科技 2005-10
- “高清”、“数字”、“网络”将引领未来广电行业/李桐//中国国门时报 2005-09-07
- “构建社会主义和谐社会”主题电影放映拉开帷幕/王慧芳//中国电影报 2005-04-28
- “华谊模式”大起底/张梦//经纪人 2005-10
- “空中门诊”对广播公信力的影响/高坤//新闻前哨 2005-Z1
- “流动影院”为大众免费放电影/高丽敏　张雪南　张雷//浙江日报 2005-04-15
- “免费”网络电视挑战电信商/周健森//北京日报 2005-09-20
- “免费电影”放出大产业/吴玲//经营与管理 2005-09
- “票房神话”是如何创造的/黎宏河//经济日报 2005-06-06
- “全球化语境中的中国电影与亚洲电影：中国电影百年纪念国际学术研讨会”会议综述/叶宇//北京大学学报（哲学社会科学版）2005-07
- “融合”业务的破冰之旅——网络电视（IPTV）发展思考/朱莹莹//信息网络 2005-06
- “弱势”广播在北京如何崛起/吴长伟//中国记者 2005-08
- “三贴近”+市场运作成就广播品牌/翟国选//中国广播电视学刊 2005-04
- “三贴近”与广播新闻节目的创优意识/彭金明//南昌高专学报 2005-03
- “陕军品牌”：文学创作与影视产业/王卓慈//唐都学刊 2005-04
- “十一五”福建省广播电视数字化发展思路/黄学华//东南传播 2005-07
- “暑期档”电影：片子不少　其味难知/周之江//经济参考报 2005-07-25
- “数字化生存”带来发行革命对电影生产的意义/赵军//中国电影报 2005-10-20
- “四力”齐奏和谐之音——宜丰县发挥广播电视主导媒体作用的实践与探索/孙子凤//声屏世界 2005-09
- “网络电视风暴”背后——兼论数字新媒体开发制度安排的重要性与紧迫性/高子华//中国广播电视学刊 2005-07
- “真人秀”：收视率驱动下的诡异景观/冉儒学//视听界 2005-02
- “纸上电影”：电影新的传播方式/周兰//现代传播 2005-12
- “中国电影一定要竞争国际市场”/颜慧//文艺报 2005-07-30
- 《2004-2005 中国数字电视产业报告》总体情况概述/R&TIResearch//广播电视信息 2005-06
- 《百姓 30 分》：广播媒体与民生新闻的有效结合/李亚虹//中国广播电视学刊 2005-01
- 《超人总动员》：立体营销撬动中国票房/丁一岚//中国电影报 2005-01-27
- 《车舞艳阳》将实用的快乐广播进行到底/智鹏//中国广播 2005-10
- 《帝企鹅日记》：商业化运作纪录片/杨海涛//中国电影报 2005-08-11
- 《剧院魅影》：6500 万票房引出的思考/娄靖//人民日报 2005-03-21
- 《卡萨布兰卡》：从电影到音乐舞台剧/廖奔//文艺报 2005-04-21
- 《立足前沿　引领发展　迈向产业化　国际化》——2005 中国国际广播影视博览会综述/唐世鼎　陈礼东//电视研究 2005-11
- 《无极》走出中国电影营销新路/韩璟//解放日报 2005-12-08
- 《新闻直播间——媒体论坛》构建广播与平面媒体的合作平台/高岩//中国广播 2005-07
- 《星球大战》打造商业神话/杨育谋//中外文化交流 2005-09
- 《转制重组——中国广播影视产业改革发展的核心》//电视研究 2005-08

2006 年

⊙ 澳大利亚电影金融公司减小项目影片受基金资助的比例/小杨//中国电影报 2006-03-23
⊙ 把数学电视作重点产业来抓/邓红辉　符信//南方日报 2006-09-02
⊙ 把握导向打造品牌多出精品/方兴业　李兴华//深圳特区报 2006-06-24
⊙ 把握方向　服务大局　加快发展/宜秀萍//甘肃日报 2006-02-24
⊙ 把握广播在事业和产业之间的平衡/张斌//中国广播 2006-06
⊙ 把握技术变革脉搏　迎接电影文化企业新发展/王爽//现代企业教育 2006-19
⊙ 把资源优势转化为产业优势——中国广播影视的产业政策走向/朱虹//人民论坛 2006-24
⊙ 白金时刻：莎剧影视改编一百年/徐红//电影文学 2006-03
⊙ 百集连续剧《少林寺传奇》开机新模式锻造广阔传播空间/钱言//市场观察 2006-07
⊙ 百年坎坷成大道——中国民营电影公司之路/张智华//电影 2006-02
⊙ 百年影像　世纪华章——记纽约“中国电影百年纪念学术研讨会”/贾磊磊//世界电影 2006-01
⊙ 百年中国电影与艺术创新/周斌//上海市社会科学界第四届学术年会 2006
⊙ 百年中国电影中的邵氏“武侠新世纪”/王海洲//电影艺术 2006-04
⊙ 百姓收视呈现三大趋势/赵文侠//中国文化报 2006-01-02
⊙ 柏林政府即将整顿电影金融业/Scott Roxborough　王术//中国电影报 2006-04-06
⊙ 半月票房千万，这块“石头”真“疯狂”/邬焕庆 车晓蕙//新华每日电讯 2006-07-19
⊙ 保护发展好吉林电影品牌/李鑫//人民政协报 2006-10-17
⊙ 保利博纳：影院投资是当务之急/朱玉卿//中国电影报 2006-07-06
⊙ 报业发展媒体出版社如何变强？/高路　黄升民　明安香　丘克军　喻国明//中国新闻出版报 2006-01-27
⊙ 报纸媒体融入网络媒体探析/杨杰//中国报业 2006-04
⊙ 北京奥运会转播权问题受关注/范蓉//中国电子报 2006-08-31
⊙ 北京八角鼓票房惨淡支撑/逸尘//北京纪事 2006-02
⊙ 北京电影学院为网络游戏建专业教室/杨文杰//光明日报 2006-07-06
⊙ 北京儿艺新旧大戏联手再创“六一”票房新高/杨光//光明日报 2006-05-08
⊙ 北京金逸国际影城现身中关村　多向度打造　力图成为票房新军/若语//中国电影报 2006-12-07
⊙ 北京市加快数字电影电影放映步伐　世纪东方成为新的合作伙伴/朱玉卿//中国电影报 2006-08-17
⊙ 北京新影联迎来十年辉煌/关雯//中国电影报 2006-03-30
⊙ 北京新影联院线上半年票房再创新高/郑磊　辛颖莲//中国电影报 2006-08-10
⊙ 本体变化·目标确认·思维创新：透视中国影视艺术教育——访中央戏剧学院博士生导师路海波教授/路海波//中国传媒大学学报2006-04
⊙ 本土数字广播手机电视产业链尚未成型/赵艳秋//中国电子报 2006-01-17
⊙ 本周总票房产出超 5000 万元/刘嘉//中国电影报 2006-07-27
⊙ 边缘的崛起——论广西文学与影视热现象/温存超//电影评介 2006-19
⊙ 辩证看待收视率/聂欣//宿州学院学报 2006-04
⊙ 别了，电视业的黄金时代/宋远//信息产业报道 2006-04
⊙ 播出资源缺失下民营电视制作业发展路径思考/黄建远//南京社会科学 2006-10
⊙ 不断提高广播影视影响力和竞争力//云南日报 2006-03-06
⊙ 不断重临的产业起点——银幕配额削减前后韩国电影产业观察/聂伟//电影评介 2006-14
⊙ 不可复制的经典——谈《长恨歌》从小说到影视的改编/魏萍//电影评介 2006-09
⊙ 布尔迪厄影视理论及在中国的传播/曾耀农//电影文学 2006-06
⊙ 部影视文化产业的科学发展观/黄怀璞　彭岚嘉　彭江嘉//社科纵横 2006-02
⊙ 草根电影搅动电影江湖/卫昕//成都日报 2006-04-13
⊙ 产业化浪潮中广播影视作品的几个特性分析/杨伊文//声屏世界 2006-04
⊙ 产业架构与中低成本电影/焦雄屏//电影艺术 2006-06
⊙ 产业经营视域下的电视节目品牌个性/饶军//安阳工学院学报 2006-01
⊙ 产业链重构——新闻网站与传统媒体整合的思考/高国营　陈旭东//新闻记者 2006-12
⊙ 产业融合：广播电视产业发展的新动力/孟添//江西行政学院学报 2006-S2
⊙ 产业战略联盟与电视湘军的发展/蔡骐//声屏世界 2006-10
⊙ 长虹 PDP 项目加速电视产业结构升级/古笑//中国电子报 2006-12-29
⊙ 长影打造东北最大电影产业园/郎秋红//中国改革报 2006-09-04
⊙ 长影联手郑渊洁打造中国影视童话王国/宇玄//电影艺术 2006-03
⊙ 常熟广电走近基层服务群众//视听界 2006-06
⊙ 倡导“绿色收视率”增强品牌竞争力/胡嵘//中国电影报 2006-07-27
⊙ 倡导电影多元化打破大片资源垄断地位/杨宁舒//黑龙江日报 2006-09-22
⊙ 超越经验　学习创新——2005 中国传媒产业成长述评//新闻大学 2006-01
⊙ 沉重的屏幕体验——中国当下影视艺术的审美文化指向/段吉方//艺术广角 2006-05
⊙ 陈国星：要拍就拍最好的/如今//中国电影报 2006-06-08
⊙ 成本管理：撬动电视市场的支点/李建国//当代电视 2006-05
⊙ 城市台影视频道的包装推广/王建军//中国广播电视学刊 2006-02
⊙ 城市台影视频道的发展之路/周海文//中国广播电视学刊 2006-01
⊙ 城镇数字电影市场潜力巨大/泊舟//中国电影报 2006-12-28
⊙ 乘档期东风　得营销之力　深圳嘉禾影城暑期票房实现大丰收/朱玉卿//中国电影报 2006-08-24
⊙ 踟蹰于技术与民俗区间的童真世界——新世纪韩国动画电影印象/邵成武//电影 2006-11
⊙ 出得了电影局　进不了电影院/张英 李宏宇//南方周末 2006-01-12
⊙ 出色的节目编排是提高收视率的关键/邱小玲//南方论刊 2006-12
⊙ 初步形成电影产供销一体制/沈芸//中国电影报 2006-01-26
⊙ 刍议传媒业的发展观/李建臣//传媒 2006-11
⊙ 刍议影视动画短片的剧本创意/米高峰//电影评介 2006-17
⊙ 传播中国　视听全球——CCTV. com 网络电视的理念与实践初探/刘连喜//中国传媒大学学报 2006-01
⊙ 传媒变革的昆明模式　中国首家民营电影企业昆明影业公司的转制历程/刘建华//传媒 2006-06
⊙ 传媒并购与集中趋势研究//第七届世界传媒经济学术会议 2006
⊙ 传媒产业：全球化和多样性//第七届世界传媒经济学术会议 2006
⊙ 传媒产业发展速度减缓/周婷//中国证券报 2006-04-13
⊙ 传媒产业发展重心应向形式产品和延伸产品转移/王宇新//中国经济时报 2006-11-21
⊙ 传媒产业化催生时事新闻著作权/朱与墨//经济与社会发展 2006-09
⊙ 传媒产业融合与我国广播电视业的战略选择/金雪涛//中国广播电视学刊 2006-08
⊙ 传媒产业资本运营的利弊浅析/胡忠青//特区经济 2006-08
⊙ 传媒创意产业呼唤领军人才/杨城//中国电影报 2006-08-03
⊙ 传媒规制权的横向整合与纵向配置——文化体制改革“管办分离”之后的思考/黄玉波//2006 中国传播学论坛
⊙ 传媒经济与传媒经济学/王娜//青年记者 2006-08

⊙ 广东主题放映推动城乡电影/赵军//中国电影报 2006－05－25
⊙ 广西电影何去何从？/覃咏梅//广西日报 2006－02－28
⊙ 广西影市：三条院线挑热市场/崔娜//中国电影报 2006－03－30
⊙ 广州廉政电影展映活动票房有望过百万/段天长//中国电影报 2006－08－31
⊙ 广州青宫电影城靠"青"促票房/石延//中国电影报 2006－06－29
⊙ 广州有线将与微软合作开发网络电视/周方　欧阳永晟　姚斌华　陈伟秋　于彦华//广州日报 2006－11－08
⊙ 归去来兮——对中国电影产业化发展现状的思考/张彩虹//当代电影 2006－04
⊙ 桂林电影市场如何摆脱运营尴尬？/韦鸣飞//桂林日报 2006－08－29
⊙ 滚滚袭来的下一次电视浪潮/王心见//科技日报 2006－04－17
⊙ 国产大片何时叫座又叫好/苗苗　刘阳//人民日报 2006－09－18
⊙ 国产大片陷怪圈：低口碑高票房/韩璟//解放日报 2006－12－20
⊙ 国产电视动画片将变审批制为备案公示制/方铭//中国新闻出版报 2006－07－25
⊙ 国产电视剧：普通百姓的最爱文化产业的亮点/徐馨//人民日报 2006－05－22
⊙ 国产电影靠什么走向世界/杨波//解放日报 2006－07－15
⊙ 国产电影应从奢华回归平民/孙丽萍//新华日报 2006－07－23
⊙ 国产动画电影差在哪里？/刘文英//深圳商报 2006－08－23
⊙ 国产动画电影到底差在哪里/杨景丽//中国改革报 2006－11－11
⊙ 国产贺岁渐入佳境/刘嘉//中国电影报 2006－12－14
⊙ 国产片电影票房金秋再创佳绩/范丽珍//经济日报 2006－11－08
⊙ 国产片秋季率先起跑/刘嘉//中国电影报 2006－09－07
⊙ 国产新片借电影节大展宣传攻势/关雯//中国电影报 2006－06－29
⊙ 国产影片票房持续增长　《超人归来》助热暑期档/刘嘉//中国电影报 2006－07－20
⊙ 国产影片如何国际化//光明日报 2006－01－06
⊙ 国产影视剧中神秘的 85 条定律/佚名//中学生读写（高中）2006－12
⊙ 国际传媒产业的资本运营观察与研究/王国平　刘黎//江西社会科学 2006－01
⊙ 国际大都市视野下上海影视产业竞争力辨析/吴信训　李琦//第七届世界传媒经济学术会议 2006
⊙ 国际票房：新片跟进/Frank Segers//中国电影报 2006－05－11
⊙ 国家广电总局：力推手机电视标准打造"天地一体"网络/商谦//世界标准信息 2006－11
⊙ 国家广电总局电影剧本中心负责人接受采访表示：电影剧本中心热诚服务全国电影业//电影 2006－02
⊙ 国家级自然保护区核心区和缓冲区禁拍影视//城市规划通讯 2006－23
⊙ 国家信息安全与广电的社会文化责任/刘卫东//中国广播电视学刊 2006－04
⊙ 国家须明确电信与广电交叉进入政策才能促进 IPTV 发展//卫星电视与宽带多媒体 2006－11
⊙ 国内电视业九种新理念/郑西帆//新闻实践 2006－05
⊙ 国内电视业吸引力上升/李少林//中国证券报 2006－06－30
⊙ 国内独播 2006 高清世界杯——《高清影视》频道领跑中国高清市场/崔娜莉//卫星电视与宽带多媒体 2006－06
⊙ 国内首家民营全资数字电影院线获得批复　蒙太奇数字电影播放机发挥重要作用/付燕//现代电影技术 2006－01
⊙ 国内首家数字电视产业园开园/杨文利//中国高新技术产业导报 2006－12－25
⊙ 国内数字电视产业迎来用人高峰/梁杰//就业时报 2006－11－09
⊙ 国内影视动画场景设计分析/郭宇//郑州轻工业学院学报（社会科学版）2006－03
⊙ 国外电视机构的动漫模式/殷俊//声屏世界 2006－07
⊙ 国有体制的深入和电影"一五"计划/沈芸//中国电影报 2006－02－09
⊙ 海纳百川发展上海电影事业/郭光辉//解放日报 2006－07－21
⊙ 海南建热带影视基地或许可行/廖述毅//海南日报 2006－03－13
⊙ 海外票房惨败，《无极》为何祸事连连/万一　邬焕庆　姜辰蓉//新华每日电讯 2006－07－05
⊙ 海峡西岸"村村通"示范县领导的广电情缘/林薇//东南传播 2006－09
⊙ 韩国电影　文化之寻/兴华//中国经贸 2006－06
⊙ 韩国电影二〇〇六：十字路口起点隐现/聂伟//文汇报 2006－11－26
⊙ 韩国电影配额削减一半/Mark Russell//中国电影报 2006－02－09
⊙ 韩国电影启示录/倪骏//电影 2006－12
⊙ 韩国电影业的风险投资/周正兵//银行家 2006－03
⊙ 韩国江源道：影视与旅游结缘/伊夫//八小时以外 2006－09
⊙ 韩国现代爱情电影的类型化研究/吴文杰//电影文学 2006－13
⊙ 韩国影视产业振兴的经验分析/王水平//电影评介 2006－13
⊙ 韩国影视剧的跨国传播对我国文化建设的启示/温朝霞//广东行政学院学报 2006－05
⊙ 韩国影视剧对中国文化传播的影响/刘艳红//新闻爱好者 2006－04
⊙ 韩国影视剧在中国的成功传播/马鸿雁//视听纵横 2006－05
⊙ 韩国影视业冲出国门//思想工作 2006－09
⊙ 韩国影视业的发展及启示/唐黎标//大众电影 2006－01
⊙ 韩国影视与中国大众文化消费/李静//时代文学（双月版）2006－06
⊙ 韩片出口锐减中国票房成救命稻草/陈榕//第一财经日报 2006－08－08
⊙ 韩三平：与电影外商合作要"拦腰"砍价/张晋锋//中国电影报 2006－11－02
⊙ 汉沽旅游主打海滨牌/李俊朝　卞建国//天津日报 2006－02－28
⊙ 好风凭借力　联手铸品牌——浙江广电集团"四大主持闹元宵"系列活动特色初探/李刚//中国广播电视学刊 2006－04
⊙ 好莱坞电影出口管窥/周铁东//大众电影 2006－21
⊙ 好莱坞电影工业的全球化策略与中国的选择/印章红//学术月刊 2006－06
⊙ 好莱坞独立电影公司渐受青睐/Anne Thompson//中国电影报 2006－05－25
⊙ 好莱坞阴影下的欧洲电影/麦克·怀纳//当代电影 2006－02
⊙ 合理安排　人尽其才——广播电视产业人力资源调整初探/易光群//当代电视 2006－08
⊙ 和谐舆论建设中广电媒体的职责和作用/吴宝宏//视听纵横 2006－06
⊙ 横店：东方好莱坞之梦渐行渐近/杨城　吴子全　曾毓琳//中国电影报 2006－04－27
⊙ 横店：漫漫和谐路/潘国尧//财富智慧 2006－11
⊙ 横店的共有共享/贾鹏云//中国老区建设 2006－02
⊙ 横店影视城——东方好莱坞/李磊//中外文化交流 2006－04
⊙ 横店影视城愤然反击张伟平/胡国洪//金华日报 2006－05－23
⊙ 横店影视城人气集聚/曾毓琳//华东旅游报 2006－04－20
⊙ 横店影视城元宵"欢乐颂"/胡国洪//金华日报 2006－02－13
⊙ 红军长征题材影视创作历史状况与现实思考/周星//当代电视 2006－11
⊙ 后经济转型时期的传媒经营与管理//第七届世界传媒经济学术会议 2006
⊙ 后媒体时代中国传媒市场描述与大众新闻价值变迁/靳智伟//第七届世界传媒经济学术会议 2006
⊙ 后平移时代的高清发展战略/吕品//2006 国际有线电视技术研讨会 2006
⊙ 后现代影视：信息时代的精神狂欢/曾耀农//楚雄师范学院学报 2006－01
⊙ 呼唤网络时代电影著作权保护——试析网络电影盗版现象/王梓伊//理论界 2006－12
⊙ 胡玫：戏厚重阳刚人柔情/赵文侠//北京日报 2006－03－06
⊙ 湖南电视产业的文化竞争力/何泽仪//长沙铁道学院学报（社会科学版）2006－01

2006－06

◎ 面对各种质疑和非议 方兴东驳斥博客“票房毒药”说/孙立彬//IT时代周刊 2006－12

◎ 面对世界大势的中国电影发展认识/路海波//当代电影 2006－02

◎ 民间文学与影视开发/罗未玮//电影评介 2006－18

◎ 民间影视批评期待研究/赵彤//当代电影 2006－06

◎ 民营传媒走向品牌建设/秦涛 梁奇峰//中华新闻报 2006－09－13

◎ 民营媒介公司发展问题探析/张君浩//北方经济 2006－11

◎ 民营资本与传媒业的融合发展/詹成大//新闻实践 2006－12

◎ 民众呼唤健康的影视批评——试谈影视批评的方式与途径/乔丽娜//电影文学 2006－07

◎ 民资电影搅皱一池春水/王云昀//中国经济导报 2006－01－03

◎ 民资可参股电视节目制作/江南//人民日报 2006－08－08

◎ 民资抢滩江西电影市场/涂远//中华工商时报 2006－01－06

◎ 名实不符的新闻形态何以高收视率——“民生新闻”两问——以广东南方电视台《今日一线》为个案/郭光华//新闻界 2006－06

◎ 明确目标 加快创新 狠抓落实/赵实//中国电影报 2006－05－04

◎ 默多克：传媒产业的老枪/张锐//中外企业文化 2006－05

◎ 默多克：传媒帝国的缔造者/宋晓璞//经营者 2006－17

◎ 默多克：媒体帝国中的资本教父/张锐//观察与思考 2006－06

◎ 拿什么拯救电影票房？/郑铁峰//中国消费者报 2006－05－15

◎ 内地香港电影：期待深度合作跨越发展/韩云卉 张晋锋//中国电影报 2006－12－07

◎ 内容朝向专业纵深发展 覆盖朝向国际广阔发展/关雯//中国电影报 2006－08－31

◎ 内容业：电视产业发展的根本/冯智敏//西南民族大学学报（人文社科版）2006－05

◎ 南京广播电视集团广电专业设备采购实践和思考/顾卫东//现代电视技术 2006－02

◎ 南京广播事业生存状况及应对策略/高新春//河海大学学报（哲学社会科学版）2006－04

◎ 年产值近百亿元 深圳领跑全国数字电视产业/洪宾//中国高新技术产业导报 2006－07－03

◎ 宁波电影业改革发展纪实/李心仪//中国文化报 2006－07－05

◎ 宁浩 几千万票房都有可能！//中国新时代 2006－09

◎ 宁浩：电影就是要服务观众/徐馨//人民日报 2006－07－18

◎ 宁夏：谁的影视城能火到底？/尚陵彬//宁夏日报 2006－09－18

◎ 宁瀛：艺术电影凭个性走市场/徐宁//新华日报 2006－03－16

◎ 牛市行情继续延伸/刘嘉//中国电影报 2006－10－19

◎ 纽约上市的广电类公司业务结构分析/詹正茂//传媒 2006－03

◎ 农村电影的地位不可替代/王庭栋//山西农经 2006－03

◎ 农村电影改革发展和数字化放映试点正式启动/中国电影报 2006－05－04

◎ 农村公益数字电影放映体系：三位一体 多管齐下/张晋锋//中国电影报 2006－08－10

◎ 农村将试映数字电影/周婷玉 邵嘉瑜//民日报 2006－08－24

◎ 努力创建品牌为繁荣发展上海影视产业作贡献/杨玉冰//电影新作 2006－01

◎ 努力创造和谐的电影文化/曹石//人民日报 2006－10－12

◎ 努力构建和谐文化 全面繁荣电影创作/赵实//中国电影报 2006－08－24

◎ 欧美传媒产业规制及模式/董静//当代传播 2006－05

◎ 欧美联盟难挡中国数字电影突围/彭瑞财//财经时报 2006－09－04

◎ 拍电视剧不得“跑马圈地”/徐馨//人民日报 2006－05－31

◎ 培养创意人才突破新媒体发展瓶颈/甘文瑾//中国电影报 2006－12－21

◎ 票房、品质、精神力量：缺一不可/李春利 范文清//光明日报 2006－10－31

◎ 票房才是硬道理 北京三家影院的年终盘点/侯亮//大众电影 2006－02

◎ 票房的“达·芬奇密码”/吴悦//中国经营报 2006－05－29

◎ 票房拿出5%扶持国产片/邬焕庆//人民日报 2006－06－27

◎ 票房人气冷热不均 部分影片遭遇“偏头痛”/薛丹 朱玉卿//中国电影报 2006－08－31

◎ 票房透明化成为宣传高招/Martin A. Grove//中国电影报 2006－06－22

◎ 票价：票房因素的一环而已/徐家驷//中国文化报 2006－06－16

◎ 票价降了 票房火了！/姜泓冰//人民日报 2006－02－14

◎ 拼实力、拼耐力——厦门广电鏖战移动电视市场/燕文慧//广告大观（媒介版）2006－06

◎ 频道群战略与媒体竞争力——四川广电的故事化思维/王炎龙//广告人 2006－06

◎ 品牌传播：“湖南电视现象”的勃兴与启示/刘优良//湖南大众传媒职业技术学院学报 2006－06

◎ 品牌之路 王者之道——对浙江广电集团打造电视品牌活动的战略思考/谢丽君//视听纵横 2006－05

◎ 平凡中凸显党员本色——走在前面的霞浦广电人/林薇//东南传播 2006－12

◎ 平衡计分卡，优化广电企业绩效管理/邵正刚//视听界 2006－04

◎ 平衡与整合——《太极旗飘扬》对电影产业化的启示/房伟//枣庄学院学报 2006－01

◎ 平民啥时能和贵族电影票价有“缘分”/王灵书//社区 2006－14

◎ 剖析现代传媒中易被忽视的四个问题/李国英//黄石教育学院学报 2006－03

◎ 七剑 全新电影产业“矩阵式”营销//中国广告 2006－01

◎ 期待电影院的春天/段峰强//创新科技 2006－03

◎ 棋至中盘问题依旧/钟文倩//上海金融报 2006－01－27

◎ 企业权力的延伸与传媒业的困境/翁宝//第一财经日报 2006－08－29

◎ 启动高清产业必须广播先行/王晓铭//中国数字电视 2006－04

◎ 气象影视发展中的问题与思考/刘爱萍//安徽农学通报 2006－05

◎ 千万不要小看了农村电影市场/甘文瑾//中国电影报 2006－03－16

◎ 前景广阔的数字电视市场/包东智//上海信息化 2006－03

◎ 潜在商机拉动数字电视产业链/余珂 谢平//经济日报 2006－09－02

◎ 浅论电视气象节目的服务性和竞争力/练江帆//中国气象学会 2007 年年会

◎ 浅论网络电视产业的发展/白桦//中共福建省委党校学报 2006－12

◎ 浅论影视研究教育对创作的促进/赵斌//北京电影学院学报 2006－01

◎ 浅论影视作品中的人物二元化——由《鸳鸯蝴蝶》看人物心理展现/黄桂云//宿州学院学报 2006－03

◎ 浅论娱乐对电视栏目发展的作用/谭玲//湖南大众传媒职业技术学院学报 2006－06

◎ 浅谈电视节目收视率与建设频道特色/葛启鹏//徐州教育学院学报 2006－03

◎ 浅谈电视栏目核心竞争力的塑造/楚茂滨 潘雪//山东视听 2006－03

◎ 浅谈电视天气预报栏目的广告创意/储鸿//新疆气象 2006－03

◎ 浅谈广播电视传播与网络传播的融合发展/孙红蕾//前沿 2006－03

◎ 浅谈广播节目的开发经营/刘园丁//中国广播 2006－09

◎ 浅谈广电 IPTV 平台的建设及运营思路/王城伟//广播电视信息 2006－10

◎ 浅谈幻想影视中的概念设计/郭宇//美与时代 2006－08

◎ 浅谈美国电影保险制度/朱琰//剧影月报 2006－05

◎ 浅谈内地影视经济/刘春潇//时代经贸（理论版）2006－S2

◎ 浅谈数字影视制作与编辑/冯鹏//科技资讯 2006－29

◎ 浅谈提高新闻收视率的路径/李光//采·写·编 2006－02

◎ 浅谈网络电视/朱哲//卫星电视与宽带多媒体 2006－05

◎ 浅谈网络媒体对传统新闻媒体的影响/张正武//消费导刊 2006－12

-07-26

⊙ 数字电视地面标准助产业提速/计世//中国税务报 2006-09-20

⊙ 数字电视地面传输标准本周出台庞大产业链启动在即/孙琎//第一财经日报 2006-08-28

⊙ 数字电视地面传输标准昨出台/蓝岸　王轲真　刘亚敏 刘伟 康慨//深圳特区报 2006-08-31

⊙ 数字电视地面广播将出　自主知识产权标准破冰//稀土信息 2006-11

⊙ 数字电视独缺链主/郑重//互联网周刊 2006-17

⊙ 数字电视发展特征（上）/时尚//家电检修技术 2006-09

⊙ 数字电视发展特征（下）/时尚//家电检修技术 2006-11

⊙ 数字电视发展整体转换模式的规模经济性/段昌钰//河北理工大学学报（社会科学版）2006-04

⊙ 数字电视国标：千呼万唤始出来/陈鹏//上海信息化 2006-10

⊙ 数字电视国标难煞彩电商/郑重//互联网周刊 2006-33

⊙ 数字电视国标悬疑？/郑重//互联网周刊 2006-31

⊙ 数字电视和网络电视的发展前景分析/周拥军//广播电视信息 2006-04

⊙ 数字电视和网络电视的竞合解读/孟涛//采·写·编 2006-03

⊙ 数字电视即将汹涌而至/李艳红//现代家电 2006-10

⊙ 数字电视——拉力 or 推力/廖晓葵//广播电视信息 2006-03

⊙ 数字电视联合与创新推动产业链发展/汪云//中国数字电视 2006-10

⊙ 数字电视论坛助推产业升级/胡嵘//中国电影报 2006-07-06

⊙ 数字电视平移不再提数量广电总局出新招/郎朗//中国有线电视 2006-07

⊙ 数字电视起东风　同方扬帆破浪行——专访同方股份有限公司副总裁、数字电视本部总经理刘天民//广播电视信息 2006-09

⊙ 数字电视前景看好/胡红军//经济日报 2006-09-06

⊙ 数字电视强加速/苗振华//中国新通信 2006-05

⊙ 数字电视时代新型网台关系前瞻/周娟//广播电视信息 2006-02

⊙ 数字电视网络运营商的产业投资分析/陈士俊//内蒙古农业大学学报（社会科学版）2006-02

⊙ 数字电视新浪潮/宋广平//中国数字电视 2006-09

⊙ 数字电视一体化产业链指日可待/王传真//经济参考报 2006-11-29

⊙ 数字电视一体机市场萌动/何文//消费日报 2006-08-21

⊙ 数字电视在振兴东北老工业基地中的作用/孙伟//新闻传播 2006-10

⊙ 数字电视转换后的收视率调查研究/黄伟　肖皖龙//2007 国际有线电视技术研讨会

⊙ 数字电影：低端应用大有市场/陈静　黄鑫//经济日报 2006-08-24

⊙ 数字电影：高票价的颠覆者/何勇海//民营经济报 2006-02-21

⊙ 数字电影：好一片新风景/任殷//人民日报 2006-06-22

⊙ 数字电影：平民化的春风/东方金戟//大众电影 2006-05

⊙ 数字电影：迎接辉煌的跃升/连子强//中国电影报 2006-05-18

⊙ 数字电影到基层/齐柳明//光明日报 2006-02-18

⊙ 数字电影的盛宴/状态//大众电影 2006-11

⊙ 数字电影将出现爆炸式增长/张晋锋//中国文化报 2006-06-19

⊙ 数字电影流动放映系统　低成本高标准运作电影市场/李妍//中国电影报 2006-08-10

⊙ 数字电影推广：城市农村道不同//中国电子报 2006-06-22

⊙ 数字电影一路高歌猛进/张晋锋//中国电影报 2006-05-18

⊙ 数字电影注定取代胶片市场/张筱梅//中华工商时报 2006-07-26

⊙ 数字电影走农村/张贺//人民日报 2006-03-24

⊙ 数字放映技术重构农村电影市场/李魏//青岛日报 2006-04-10

⊙ 数字分销势如破竹将引发传统电视业大革命//现代营销（学苑版）2006-05

⊙ 数字广播路在何方/赵吉武//中国广播 2006-06

⊙ 数字广播探析/杨叶青//中国广播 2006-11

⊙ 数字化时代的影视艺术/宋荣欣//电影评介 2006-13

⊙ 数字化艺术在影视作品中的神奇表现/黄亮//艺术研究 2006-01

⊙ 数字技术将拓展中国电影产业新市场/无暇//中国经济导报 2006-07-25

⊙ 数字技术与影视哲学/秦翼//南通大学学报（社会科学版）2006-05

⊙ 数字领跑未来农村电影市场/关雯//中国电影报 2006-04-20

⊙ 数字水印技术及其在影视领域中的应用/林浩//电影评介 2006-22

⊙ 数字图书馆技术在 VOD 在线影视系统中应用/江永和//电影评介 2006-21

⊙ 数字新媒体产业加快发展步伐/姚春鸽//人民邮电 2006-08-24

⊙ 数字中间片：不掌握就意味着倒退/张晋锋//中国电影报 2006-06-01

⊙ 双刃剑、双重视阈与审美价值——论知识经济时代数字技术对影视艺术的影响/彭文祥//洛阳师范学院学报 2006-01

⊙ 双向融合激活电子商务简单不是美/李传涛//通信产业报 2006-08-14

⊙ 谁来棒杀网络电视欺诈/李国训　唐文淑//财经时报 2006-08-28

⊙ 谁能扼住收视率的命门/伯武//新电视 2006-02

⊙ 谁是"最后的武士"？——描写武士道的美国电影现状/越智道雄//世界电影 2006-06

⊙ 谁与网络电视密切相关？//软件世界 2006-05

⊙ 四川新闻出版界求解实际问题/古隆媛//中国新闻出版报 2006-10-26

⊙ 四大发行人点评院线制四年优劣势/沈芸//中国电影报 2006-11-02

⊙ 苏州广电：创造传播服务新价值//广告大观（媒介版）2006-01

⊙ 苏州广电：携手新苏州　共赢大未来//广告人 2006-12

⊙ 锁定高端受众　打造新媒体矩阵/胡嵘//中国电影报 2006-07-13

⊙ 台湾：尼尔森"数字神话"谋杀电视产业/丁嘉琳//青年 2006-15

⊙ 台湾电视购物频道产业之市场进入障碍与竞争策略分析/陈炳宏//视听界 2006-03

⊙ 台湾电影还埋藏着一个理想/蔡正晖//中国图书商报 2006-02-21

⊙ 谈当代影视音乐的特点与发展趋势——从谭盾电影音乐谈起/程辉//电影评介 2006-15

⊙ 谈当前影视剧中的"方言热"现象/张恒君//湖州师范学院学报 2006-03

⊙ 谈谈地市级广电集团的定位转型和资源整合/陈炜//新闻传播 2006-12

⊙ 谈谈电视民生新闻现象——以深圳广电集团《第一现场》为例/王萍//新闻传播 2006-09

⊙ 谈未来五年我国数字电视的增长空间（下）/张春铭//现代电视技术 2006-02

⊙ 探索　求实　创新——读黄勇先生《广播影视发展改革宏观思考》/薛巧珍//中国广播电视学刊 2006-01

⊙ 探索农村广播影视服务的长效机制——2005 中国广播影视农村服务年研究/哈艳秋//中国传媒大学学报 2006-02

⊙ 探索新农村电影风格/胡嵘//中国电影报 2006-01-05

⊙ 探索新形势下广播节目与市场效益的共同发展/王健//中国广播电视学刊 2006-05

⊙ 探索影视资讯类节目的新方向——以《世界电影之旅——资讯快车》为例/王一凡//电影评介 2006-14

⊙ 探讨广电行业如何应对 IPTV 的挑战/刘炯铭//有线电视技术 2006-09

⊙ 探寻江西广播文化产业发展的思路/邬文华//声屏世界 2006-08

⊙ 探寻中国影视节目制作的风向——2006 中国影视节目制作系列研讨会之三·亚包装及策划//电视字幕·特技与动画）2006-12

⊙ 汤姆逊：广电、电信融合服务的全面提供商/宿建光//通信世界 2006-13

⊙ 提高电视剧收视率的两点思考/高红音//今传媒 2006-01

⊙ 提高县级电视台收视率的几点建议/林日东//声屏世界 2006-09

⊙ 提高影视文化新闻品位的几点思考/肖伟//新闻传播 2006-07

⊙ 提高中国电影业投资回报率的途径探讨/蒋寒迪//电影评介 2006-13

⊙ 提升媒介自身品质优化行业发展方向——绿色收视率的推广与发展/郭

◎ 张贤亮经营荒凉/晓朋//经济导刊 2006－06
◎ 张艺谋 PK 陈凯歌——艺术·荣誉·票房之二十年较量/任庭义//电影 2006－03
◎ 张艺谋新片大探营/曾毓琳//文化交流 2006－02
◎ 彰显广播魅力　开拓发展空间/刘天绪　苗蓉//新闻知识 2006－11
◎ 掌控终端　有效传播——芜湖广电广告中心实现媒体产品深度营销/徐卫文//广告人 2006－01
◎ 浙江广电媒体核心竞争力的构建和培育/金彪//视听纵横 2006－05
◎ 浙江互联星空推出全天候 P2P 网络电视/顾瑾　郑鹤//人民邮电 2006－11－24
◎ 镇北堡影视城悄然转型打造"中国北方古代小城镇"/张莹//宁夏日报 2006－02－05
◎ 镇江广电　新目标、新思维、新发展//视听界 2006－06
◎ 争创绿色收视率、品牌影响力双丰收/余培侠//广告大观（综合版）2006－05
◎ 整合地域文化资源　推进文化产业发展——电视媒体对地域文化资源开发利用的思考/王英//山东视听 2006－12
◎ 整合电影市场资源　促进电影产业发展/周健　王拥//安康日报 2006－10－10
◎ 整合乡站资源　做强广电产业/邱光德//声屏世界 2006－01
◎ 整合营销传播　地市广电的数字突围（上）/谢超//中国数字电视 2006－10
◎ 整合营销传播　地市广电的数字突围（下）/谢超//中国数字电视 2006－11
◎ 整合与扩张：中国传媒集团发展的路径选择/张金海　黄玉波//第七届世界传媒经济学术会议 2006
◎ 正面直播卫星挑战，加快市县广电事业发展/马清水//广播电视信息 2006－12
◎ 正确对待收视率/叶蔚//视听纵横 2006－04
◎ 正确理解影视资料开发与研究/陈华春//视听纵横 2006－04
◎ 职业经理人：能给电影带来什么？//中国电影报 2006－03－30
◎ 只拍大片不是国产电影出路/路艳霞//北京日报 2006－11－10
◎ 制片人就是把精神变成物质　访海润影视助理总裁赵浚凯/梁月芳//北京电影学院学报 2006－03
◎ 制作影视精品　成就国际品牌　曲江影视集团拟筹拍规划//电影画刊 2006－06
◎ 炙手可热——六款 P2P 网络电视横向评测/博文//电脑知识与技术（学术交流）2006－28
◎ 质疑影视数字化制作的"虚拟"热潮/胡晓军//青年 2006－16
◎ 中俄电影产业开启合作大门/吴利红//黑龙江日报 2006－08－22
◎ 中关村数字电视产业园开园/刘垠//大众科技报 2006－12－21
◎ 中国城市居民电视文化消费探析——以南京市为例/赵芳//企业家天地（理论版）2006－04
◎ 中国传媒产业化：问题及对策初探/尹蓓//新闻知识 2006－04
◎ 中国传媒大学举办"中国广电节目创优、新潮论坛"/方秀//新闻战线 2006－05
◎ 中国传媒的国际分工与产业转移/童清艳//第七届世界传媒经济学术会议 2006
◎ 中国传媒经济的发展/周鸿铎//第七届世界传媒经济学术会议 2006
◎ 中国传媒经济已具有举足轻重的世界地位——给第七届世界传媒经济学术会议的贺信/许嘉璐//第七届世界传媒经济学术会议 2006
◎ 中国传媒市场竞争与广播产业发展/谭天//声屏世界 2006－05
◎ 中国传媒体制改革发展现状与趋势/吴俐萍//湖北经济学院学报 2006－06
◎ 中国传媒业政府管制改革的探索性研究/常永新//第七届世界传媒经济学术会议 2006
◎ 中国大媒体产业的演进趋势/陈力丹　付玉辉//新闻传播 2006－05
◎ 中国大片向何处去？——兼论电影理论应承担的责任之一/彭吉象//艺术评论 2006－11
◎ 中国当代电影的困境与求索//解放日报 2006－01－08
◎ 中国电视产业的本土化出路——《超级女声》实证研究/周笑//视听界 2006－01
◎ 中国电视产业区域发展战略刍论/陆地//声屏世界 2006－07
◎ 中国电视产业中的媒介活动战略分析/刘婧一//第七届世界传媒经济学术会议 2006
◎ 中国电视体育产业的奥运契机//中国广告 2006－04
◎ 中国电视体制改革发展路径/沈国芳//中国传媒大学学报 2006－05
◎ 中国电视业：风劲角弓鸣/李韵//光明日报 2006－03－27
◎ 中国电视业的希望之路在哪？/刘晓林//观察与思考 2006－05
◎ 中国电视业制播体制改革之我见/鄢小琴//甘肃农业 2006－05
◎ 中国电影，走向整合营销/杨璐//中国广告 2006－01
◎ 中国电影：大片时代到来了吗？/吴月玲//中国艺术报 2006－09－15
◎ 中国电影：东方不亮西方亮/戴廉//瞭望 2006－03
◎ 中国电影：凭什么走出低谷/刘藩//中国财经报 2006－01－14
◎ 中国电影：向着新目标起航/向兵//人民日报 2006－08－25
◎ 中国电影：在探索中稳步发展/杨光//光明日报 2006－03－28
◎ 中国电影百年功绩与新百年发展展望/周星//电影艺术 2006－03
◎ 中国电影保量更要保质/彭宽//中国艺术报 2006－05－12
◎ 中国电影产业：曙光在前　期待崛起/刘藩//中国文化报 2006－01－13
◎ 中国电影产业背景中的发展思考/黄式宪//当代电影 2006－02
◎ 中国电影产业的发展与政策建议/高铖//中国科技投资 2006－12
◎ 中国电影产业的三足鼎立/王陈//大众电影 2006－17
◎ 中国电影产业化发展的思考/张孝锋//电影评介 2006－19
◎ 中国电影产业化之路——品牌效应/杨天东//电影 2006－12
◎ 中国电影产业前景诱人/任伟//经济日报 2006－02－24
◎ 中国电影产业投资风险防范的基本策略/彭祝斌//电影艺术 2006－05
◎ 中国电影成功展销 AFM/杨城//中国电影报 2006－12－07
◎ 中国电影从谁那里崛起？/龚丹韵//解放日报 2006－09－23
◎ 中国电影的身体转向/陈晓云//当代电影 2006－06
◎ 中国电影好戏刚开场/向兵//人民日报 2006－03－31
◎ 中国电影你离我是近还是远/徐馨//人民日报 2006－05－23
◎ 中国电影期待新生代的成长/李春利　赵珣//光明日报 2006－09－29
◎ 中国电影全天候向北美播出/陈晓黎//文汇报 2006－09－10
◎ 中国电影缺失了什么？/文继红//辽宁日报 2006－07－10
◎ 中国电影市场的整合营销/刘海强//科学之友（B 版）2006－12
◎ 中国电影事业步入快速成长期/马海燕//中国文化报 2006－04－03
◎ 中国电影——现实主义精神不该退位/高小立　郭秀君//文艺报 2006－04－27
◎ 中国电影新百年展望/周星//学习时报 2006－01－23
◎ 中国电影缘何缺乏好编剧/韩璟//解放日报 2006－06－29
◎ 中国电影在风雨中前行/谷昊//电影 2006－08
◎ 中国电影整合营销策略研究/李艳//郑州航空工业管理学院学报（社会科学版）2006－03
◎ 中国电影正在持续"回春"/王宜文//北京日报 2006－04－25
◎ 中国电影制作融资渠道的策略分析/邵奇//当代电影 2006－06
◎ 中国儿童题材影片的非儿童本位取向分析/凌燕//当代电影 2006－06
◎ 中国高等影视教育的现状及未来/峻冰//电影文学 2006－12
◎ 中国广播电视　为大众打造视听盛宴/徐馨//人民日报 2006－04－21
◎ 中国广播电视产业 2005 年大事记（上）/黄金良//声屏世界 2006－03
◎ 中国广播电视产业 2005 年大事记（下）/黄金良//声屏世界 2006－04
◎ 中国广播电视事业发展和体制改革/黄勇//中国广播 2006－05
◎ 中国广播电视体制改革的几个关键问题/沈国芳//艺术百家 2006－06

动漫、游戏产业

2002年

⊙ 网吧与网络游戏不能妖魔化/傅旭明//中国经济时报 2002-09-02
⊙ 网络时代的生活乐趣——网络游戏大讲评/然然//电脑校园 2002-12
⊙ 网络游戏　暴利如何来/马海邻　彭金凤//解放日报 2002-11-26
⊙ 网络游戏　成功的关键在服务/陈建栋//光明日报 2002-10-30
⊙ 网络游戏　文化娱乐业的一匹黑马/周健//市场报 2002-07-26
⊙ 网络游戏，不一定是唐僧肉/元明清//中国科技信息 2002-09
⊙ 网络游戏，玩出财富/七夕//中国电子商务 2002-09
⊙ 网络游戏："玩"出一个产业来/周黎娜//科学咨询（科技信息）2002-04
⊙ 网络游戏：光认钱哪行/邹本堃//中国消费者报 2002-08-14
⊙ 网络游戏：天堂与地狱的彼端/游侠//少年电世界 2002-08
⊙ 网络游戏"网"住了谁/吴小蓝//工人日报 2002-10-20
⊙ 网络游戏暴利如何来/马海邻　彭金凤//解放日报 2002-11-26
⊙ 网络游戏不能只顾眼前利益/暮冬//光明日报 2002-06-05
⊙ 网络游戏产业熬过断链之劫/裴必玉//经济参考报 2002-09-05
⊙ 网络游戏产业走红全球/王继晨//市场报 2002-10-17
⊙ 网络游戏的商业模式//电子商务 2002-05
⊙ 网络游戏等待你去开发/王子忱//中国经济时报 2002-03-08
⊙ 网络游戏管理要"五管齐下"/陈建栋　蔺玉红//光明日报 2002-08-09
⊙ 网络游戏培训：产业链的荒唐与理性/金凡//软件工程师 2002-12
⊙ 网络游戏前景看好　中国市场只有10亿？/余世琳//通信信息报 2002-08-14
⊙ 网络游戏使堕落变成快乐/乱山狼//信息产业报道 2002-12
⊙ 网络游戏四季谈/李帆//中国科技财富 2002-06
⊙ 网络游戏玩出财富/刘溟//IT经理人的商业周刊 2002-02
⊙ 网络游戏为何一夜崛起/门清//中国经济时报 2002-12-06
⊙ 网络游戏文化娱乐业的一匹黑马/周健//市场报 2002-07-26
⊙ 网络游戏业长大成人/褚宁//解放日报 2002-12-30
⊙ 网络游戏娱乐业黑马/周健//中华工商时报 2002-08-16
⊙ 网络游戏欲借数据梦网成大器/封洪//人民邮电 2002-07-19
⊙ 网络游戏蕴藏无限商机/徐虹//四川日报 2002-12-17
⊙ 网络游戏之我见/UM//电脑爱好者 2002-20
⊙ 网络游戏赚钱门路剖析/村雨//电脑爱好者 2002-04
⊙ 网络游戏走向多元文化//计算机教与学 2002-03
⊙ 网络在线游戏/倚天//电脑采购周刊 2002-03
⊙ 为国产动漫画把把脉/孙丽萍//新华每日电讯 2002-08-29
⊙ 为国产游戏把脉//中国电子与网络出版 2002-Z1
⊙ 文化语境与漫画读解/叶玉英//龙岩师专学报 2002-02
⊙ 我看动漫/黄沙//网络与信息 2002-09
⊙ 我们的动画时代何时到来/谢明//编辑之友 2002-04
⊙ 我们的卡通时代/茜苹果//大学时代 2002-02
⊙ 我们是否还需要漫画/李韵　潘嘉//光明日报 2002-09-04
⊙ 武术产业在电脑游戏业中的渗透与发展/吴必强//成都体育学院学报 2002-05
⊙ 向动画大国迈进的理想与追求——书北京国际动画教育研讨会后/冯伯阳//吉林艺术学院学报 2002-02
⊙ 小游戏　大产业/张小军//人民日报海外版 2002-10-17
⊙ 严厉打击"私服"　规范游戏市场/周应//经济日报 2002-11-07
⊙ 游戏不是洪水猛兽//中国电子与网络出版 2002-Z1
⊙ 游戏会成为一种生活的方式//电脑爱好者 2002-21
⊙ 游戏软件市场盗版猖獗/孙文博//电子资讯时报 2002-08-02
⊙ 游戏业：除去尘土始见金/于小松//财经界 2002-09
⊙ 游戏业：玩出财富//电子商务 2002-05
⊙ 游戏业界的过去、现在和未来——三大硬件厂商的高级制作人畅所欲言//科学时代 2002-12
⊙ 游戏硬件市场现状综述//中国计算机报 2002-04-17
⊙ 游戏与创造力/袁吉龙//江苏科技报 2002-03-31
⊙ 游戏与法律/薛小都//西南民族学院学报（哲学社会科学版）2002-04
⊙ 游戏拯救网络/廖丹//知识经济 2002-03
⊙ 游业漫谈——漫画、电影与游戏文化说/梁怿炜//电脑爱好者 2002-02
⊙ 游业漫谈——做好玩的游戏/卫易//电脑爱好者 2002-01
⊙ 娱乐游戏/松敏//电子报 2002-12-08
⊙ 在韩国感受游戏产业/李凯江//计算机周刊 2002-Z6
⊙ 在线游戏：看得见的奶酪/尹剑//信息产业报道 2002-10
⊙ 中国动画产业门户洞开/张松//经济参考报 2002-08-26
⊙ 中国动画产业评析/黄旻洁//上海经济 2002-04
⊙ 中国动画教育的热启动与冷思考/吴继新//浙江工艺美术 2002-03
⊙ 中国动画路漫漫/孙丽萍//中华工商时报 2002-08-30
⊙ 中国动画片缺了点什么/思薇//文汇报 2002-11-01
⊙ 中国动画片如何走向世界/陈舒平//电视研究 2002-09
⊙ 中国动画缺什么/金勇//中国妇女报 2002-04-03
⊙ 中国动画业发展方向浅见/李航//艺术研究 2002-02
⊙ 中国动画业直面产业化谁先"动"起来？/张根生//解放日报 2002-09-23
⊙ 中国动画造型之我见/孙立军//光明日报 2002-01-23
⊙ 中国动漫在行动//中华读书报 2002-10-09
⊙ 中国卡通加把劲！/康杰//大学时代 2002-02
⊙ 中国漫画：现状与发展/杜莉//美术报 2002-09-28
⊙ 中国漫画的复兴必须确立中国的风格/陈履生//文艺报 2002-09-28
⊙ 中国漫画能漫不能慢/冉茂金//中国艺术报 2002-09-27
⊙ 中国网络游戏的发展趋势//电子商务 2002-05
⊙ 中国网络游戏的重要机会//电脑报 2002-06-10
⊙ 中国网络游戏期待政府扶持/丁飞洋//中国经营报 2002-07-29
⊙ 中国需要新锐漫画人才/郭红松//光明日报 2002-06-26
⊙ 中国游戏产业大事年谱//电子商务 2002-05
⊙ 中国游戏业，你还要睡多久？//科学时代 2002-18
⊙ 朱必红：要做中国米老鼠/王君让//大众商务 2002-11
⊙"丑女"与"怪物"的结合——简评美国动画大片《怪物史莱克》/李琨//吉林艺术学院学报 2002-03
⊙"第九艺术"：谁主沉浮？——浅议中国游戏产业现状/刘瑾//中外文化交流 2002-09
⊙"动"在现在　"画"在未来——记BBI-CILECT国际动画教育研讨会//电视字幕·特技与动画 2002-04
⊙"动漫"都市人的新爱/可佳//生活与健康 2002-12
⊙"机器猫"卷土重来　国产动画片艰难突围//西藏日报 2002-04-12
⊙"网络游戏年"联众走向盈利/宋锡红//电子资讯时报 2002-02-08
⊙"网游"总动员//中国市场 2002-12
⊙"娱乐现场"的生存游戏/黄新河//中国市场 2002-12
⊙《霸王别姬》游戏初体验/MyST//电脑采购周刊 2002-12
⊙《大话西游》漫画版横空出世/阳继波//中华读书报 2002-05-15
⊙《灌篮高手》动画形象的魅力——兼对国产动画的思考/郝月梅//电视研究 2002-01
⊙《魔兽争霸Ⅲ》之八大成功要素/skyfish//电脑知识与技术 2002-10
⊙《新锐之光》照耀未来——BBI-CILECT国际动画教育研讨会侧记/高薇华//现代传播 2002-03

2003年

⊙ 2002年全国网络游戏收入超电影票房/杨玉峰//中国电子与网络出版 2003-11
⊙ 2002日本动漫精华料理大宴/高艺//音乐世界 2003-01

◎ 2003 十大网络应用网络游戏//中国电脑教育报 2003 - 12 - 29
◎ 2003 网络文化之变/李真//财经时报 2003 - 10 - 25
◎ 4000 万电子游戏玩家网络游戏尚待规范/刘畅//中国旅游报 2003 - 02 - 19
◎ 6 大动漫新品争宠 Y 世代/高艺//音乐世界 2003 - 10
◎ E3：游戏产业的奥斯卡/何为//中国图书商报 2003 - 06 - 13
◎ E3 展落下帷幕，游戏市场格局充满变数/南宫昭仪//科学时代 2003 - 14
◎ Flash 动画与传统动画之比较/梅克冰//出版与印刷 2003 - 01
◎ Flash 动画怎样形成产业？/梁睿//中国电子与网络出版 2003 - 12 - 25
◎ GameSpot 与中国游戏产业共成长//每周电脑报 2003 - 14
◎ RPG 游戏之十大不可思议/AQUA//中国电子与网络出版 2003 - 02
◎ 阿童木为玩具商指引新"钱途"/张莹//深圳商报 2003 - 04 - 11
◎ 鏖战江湖"游戏凶猛"——国内游戏商家玩家调查/杨晓红　胡志华//文明与宣传 2003 - 02
◎ 把网络游戏市场"玩"大/烟成群//河北经济日报 2003 - 09 - 25
◎ 版权专家关注侵权"蓝猫"案//人民日报 2003 - 12 - 09
◎ 暴利掩盖网游投资风险/周方//中国电子与网络出版 2003 - 11
◎ 暴雪吹动中国游戏市场/刘丽娟//商务周刊 2003 - 09
◎ 暴雪会把《魔兽世界》交给谁？/新浪慕容//电脑报 2003 - 03 - 24
◎ 北京动漫展叫好不叫座/一风//中国会展 2003 - 20
◎ 比尔：掀起游戏界的暴雪//电子科技 2003 - 05
◎ 必然失败的防守反击战略——微软进军电子娱乐业战略失误研究/王希乐//对外经济贸易大学 2003 - 01
◎ 不玩单边游戏中国还要扩大进口/张然//市场报 2003 - 07 - 26
◎ 长沙出台保护"蓝猫"版权措施为民族卡通产业保驾护航/周永康//中国新闻出版报 2003 - 10 - 21
◎ 闯荡江湖数载，剑侠风范终不改——金山公司游戏发展计划解密/天乐园//软件导刊 2003 - 09
◎ 成人漫画的是与非/李海鹏//南方周末 2003 - 03 - 13
◎ 传奇之变与网络游戏之痛/张懿//文汇报 2003 - 02 - 18
◎ 从 QQ 网友见面到网络游戏之争/帆天//电脑知识与技术 2003 - 02
◎ 从传统动画到计算机动画（上）——传统手绘动画的发展里程/梅克冰//出版与印刷 2003 - 02
◎ 从传统动画到计算机动画（下）——计算机动画的发展里程/梅克冰//出版与印刷 2003 - 03
◎ 从漫画的"定义"想到的/吴祖望//论漫画——中国漫画交流文集 2003 - 09 - 01
◎ 从网络游戏的产业模式看信息业的新趋势/陈柳//产业经济研究 2003 - 05
◎ 从网络游戏设备供应商到运营商——看宝德多元化发展策略/许振新//中国计算机用户 2003 - 49
◎ 从无声挽歌到视觉动画——兼谈大众文化对高雅文化的置换/王一川//当代电影 2003 - 01
◎ 从现代卡通看中国连环画的出路/高原//南京工业职业技术学院学报 2003 - 02
◎ 从游戏里感悟出的经济生活/李文龙//电脑技术 2003 - 10
◎ 促进游戏出版产业健康有序发展//中国电子与网络出版 2003 - 08
◎ 村上世界和几米世界的交融/谭冰//西南民族大学学报（人文社科版）2003 - 03
◎ 打造本土动漫的旖旎世界/郭晓虹//中国新闻出版报 2003 - 11 - 03
◎ 打造真正的国产游戏——游戏制作人刘坤访谈//软件导刊 2003 - 09
◎ 大话日本动漫/何文睿//中文自修 2003 - Z1
◎ 大学生沉溺于电脑游戏的原因及其对策/侯志军//教育与现代化 2003 - 01
◎ 大众文化视野下的日本漫画/陈俊//日本研究 2003 - 02
◎ 当代审美文化中的网络游戏/施进华//海南广播电视大学学报 2003 - 02
◎ 迪斯尼：赢的秘密——从品牌特许经营上赚足了钱/马寿成//连锁与特许 2003 - 05
◎ 迪斯尼打造娱乐经济王国/舒驰//中国经营报 2003 - 07 - 21
◎ 迪斯尼重塑经典品牌/盛中超//今日信息报 2003 - 04 - 06
◎ 第三只眼看国产游戏出口/夏友平//软件世界 2003 - 12
◎ 点燃有自主知识产权网络游戏的一把火/李立平//大众科技报 2003 - 07 - 31
◎ 电脑游戏的产业意义及国家文化安全问题/索亚斌//文艺报 2003 - 02 - 22
◎ 电脑游戏对青少年负面影响的相关研究述评/罗增让//青少年研究 2003 - 01
◎ 电子游戏，艺术的终结者？/汪代明//理论与创作 2003 - 05
◎ 电子游戏：最新的品牌"熨斗"/顾洁//网际商务 2003 - 09
◎ 电子游戏产业进入网络时代//电子世界 2003 - 11
◎ 电子游戏产业需要积极引导/于友先//中国新闻出版报 2003 - 07 - 29
◎ 电子游戏成为美国经济救命稻草？/季铸//英才 2003 - 04
◎ 电子游戏的分类与发展/王蔚//北京观察 2003 - 04
◎ 电子游戏也不可轻视/曹瑞天//人民日报 2003 - 07 - 14
◎ 东京迪斯尼乐园的情感营销/张玉龙//成功营销 2003 - 08
◎ 动画、艺术和技术/维克特·克娄//北京电影学院学报 2003 - 04
◎ 动画产业坚持就是胜利/徐英//经理日报 2003 - 03 - 29
◎ 动画产业结构大变革/梁燕蕙//电子资讯时报 2003 - 09 - 22
◎ 动画创作的艺术构思与制作技术的互动发展/姜伟//电视字幕·特技与动画 2003 - 10
◎ 动画名家看中国卡通产业发展/张楠//玩具世界 2003 - 12
◎ 动画培训：中国动画业发展的"软肋"/程亮//市场报 2003 - 03 - 28
◎ 动画片：要动画也要现实/陈熙//市场报 2003 - 03 - 27
◎ 动画人要有一颗烂漫童心/赵珂//新闻周刊 2003 - 34
◎ 动画文化探察/段运冬//南京艺术学院学报（美术及设计版）2003 - 04
◎ 动画艺术要发展创新/路盛章//电视研究 2003 - 06
◎ 动画艺术在乌克兰/李芳//吉林艺术学院学报 2003 - 01
◎ 动画与玩具联手打造品牌/熊伟//中国工业报 2003 - 07 - 09
◎ 动漫，牵动少年的心/唐永明　糜利萍　钱莉　肖敏//美术报 2003 - 08 - 16
◎ 动漫产业：待掘的金矿/陆绮雯　马海邻//解放日报 2003 - 04 - 08
◎ 动漫产业：读图时代的商机/明远//艺术·生活 2003 - 03
◎ 动漫产业在徘徊/杨海涛//中国商界 2003 - 01
◎ 动漫画何以吸引青少年眼球/顾泳　沈亦文　庄玉兴//解放日报 2003 - 08 - 20
◎ 动漫盛世邀你同游同乐//音乐世界 2003 - 08
◎ 动漫市场：不可小觑的潜力/凌芳//国际市场 2003 - 12
◎ 动漫新视觉古典也流行//中国图书商报 2003 - 07 - 11
◎ 动漫以时尚改变生活/吴筠　王磊//文汇报 2003 - 08 - 18
◎ 动漫艺术与本土文化完美结合/郭晓虹//中国新闻出版报 2003 - 08 - 01
◎ 动员起来　为振兴动画产业创建新功/张松林//中国动画学会 2003 年会
◎ 读图时代的"漫画读本"/董凤鼎//中国保险报 2003 - 06 - 06
◎ 短信 + 游戏网络盈利新模式/张莹//深圳商报 2003 - 03 - 11
◎ 对百名网络游戏爱好者访谈的思考/孙涛//广西青年干部学院学报 2003 - 04
◎ 对大师的敬意——俄罗斯 60 ~ 90 年代动画创作/涂中方//吉林艺术学院学报 2003 - 02
◎ 对当代中国电视动画的思考/孙立军//电视字幕·特技与动画 2003 - 08
◎ 对漫画研究工作的思考/郑化改//论漫画——中国漫画交流文集 2003
◎ 对网络游戏不必因噎废食/马美菱//文汇报 2003 - 04 - 18
◎ 儿子的"动漫"与我的"小人书"/王敏芳//上海青年管理干部学院学报 2003 - 01

2004 年

◎成人漫画：并非一派轻松//中国妇女报 2004-03-30
◎成人漫画：意味着什么？/赵晨钰//新京报 2004-02-24
◎冲出小岛的人们——走向世界的日本漫画家//少年人生 2004-06
◎传统或现代：中国动画片的选择/邓波//成都大学学报（社科版）2004-03
◎创造动漫电影另一套积木的宫崎峻//电影评介 2004-03
◎创造卡通形象品牌/林阳//中国出版 2004-02
◎吹面不寒"卡通风"/李爽//教育文汇 2004-03
◎春天来了，让我们一同耕种——从"晶合游戏e都"的开通说起//中国电子与网络出版 2004-Z1
◎此处无声胜有声——国内网游市场变革在即/元清//电脑采购周刊 2004-45
◎从"卡通常州"到"常州卡通"//中国国际卡通产业（艺术）论坛 2004
◎从"蓝猫现象"看科技与教育相结合/陈隽//国际人才交流 2004-07
◎从国产西装说到国产卡通/彭甸//出版广角 2004-10
◎从韩国游戏业的发展吸取经验//中国经济周刊 2004-11
◎从漫画到创意产业/文欣//中国文化报 2004-07-16
◎从日美风格看中国动画的出路/唐小茹//中国电视 2004-10
◎从盛大多元化看网游企业发展/王婷婷//国际金融报 2004-07-06
◎从盛大发家看如何打造网游市场"人气"//中国证券报 2004-02-20
◎从网游 Online 到企业 Online/罗峻//中国计算机报 2004-12-13
◎从文化生态看中国现代动画的发展契机/王宁宇//美术观察 2004-06
◎打破盛大垄断/未来//人民邮电 2004-02-18
◎打造绿色网游/许振新//中国计算机用户 2004-20
◎打造原创动漫产业链/陈熙涵//文汇报 2004-04-28
◎大型网络游戏《Xiah》前瞻//电脑校园 2004-02
◎单机游戏的前程与"钱程"/萧道曦//中国文化报 2004-06-18
◎当漫画遇到水墨/陈樱樱//美术报 2004-06-19
◎当游戏成为一种文化/game 猴子//中国电子与网络出版 2004-10
◎当游戏遭遇广告/凯欣//市场观察 2004-08
◎盗版：手机游戏不得不正视的一道难题/邱英元//通信信息报 2004-10-20
◎颠覆动画王国的梦工厂/赵珂//新闻周刊 2004-17
◎电脑动画制作技术在我国的发展/刘丽媛//山西高等学校社会科学学报 2004-04
◎电脑动画制作拯救迪斯尼？/张亮//科技日报 2004-04-23
◎电子游戏产业：新经济增长点/谷清勇//中国经济周刊 2004-11
◎电子游戏分级标准存在三大瓶颈/李宽宽//新京报 2004-09-29
◎电子游戏分级为何叫好不叫座？/王金元//中国信息界 2004-20
◎电子游戏异化及其社会对策/杨海燕//内蒙古农业大学学报（社会科学版）2004-03
◎电子游戏蕴藏金矿//人民邮电 2004-07-07
◎定位明确是蓝猫实现赢利的关键/吴珊红//国际商报 2004-04-26
◎动画产业　可爱的投资空间/侯明廷//中国投资 2004-08
◎动画创作中应注意的几个问题刍议/李星丽//内江师范学院学报 2004-05
◎动画的数字时代/孙立军//电视字幕·特技与动画 2004-08
◎动画帝国迪斯尼走向没落//新京报 2004-02-13
◎动画片"趣"探/郝梅//电影艺术 2004-01
◎动画王国之谜——迪士尼动画产业考察札记/傅宏章//视听纵横 2004-04
◎动画文化的品格探讨/段运冬//装饰 2004-02
◎动画衍生产品授权及版权保护/童桦//中国版权 2004-06
◎动漫，我该如何对待你？——对"漫迷"现象的透析/鑫鑫//辅导员 2004-10
◎动漫百亿"蛋糕"与你分享/顾阳//经济日报 2004-07-16
◎动漫产业出路何在/祁建//中国文化报 2004-04-16
◎动漫产业化，我们还缺什么/张粉琴//新华日报 2004-12-26
◎动漫产业期待什么/郝洪//人民日报 2004-05-12
◎动漫产业千亿元空间藏金待掘/张洪//中国企业报 2004-11-01
◎动漫画颠覆传统成时尚/姜小玲//解放日报 2004-02-05
◎动漫画家西进　另觅事业第二春//出版参考 2004-19
◎动漫画展呼唤文化批评/王磊//文汇报 2004-08-25
◎动漫让 IT 更精彩/来永明//信息空间 2004-03
◎动漫热中的"软"话题/童颖骏　傅伟侠//浙江日报 2004-08-13
◎动漫升温/叶休//中华工商时报 2004-05-12
◎动漫时代，传统漫画何为？/张谷良//美术报 2004-05-29
◎动漫市场呼唤产业化/徐徐//国际市场 2004-10
◎动漫市场遭遇瓶颈/王洁　郑益　杨联民//中华工商时报 2004-07-07
◎动漫下游产业深圳商机无限/肖意//深圳特区报 2004-11-23
◎动漫业崛起有赖产业链的支撑/师哲//中国文化报 2004-11-15
◎动漫游戏产业发展获国家政策支持//玩具世界 2004-10
◎动漫游戏著作权寻求"监护人"//出版参考 2004-24
◎动漫与谁同在——动漫现状透视//中文自修 2004-11
◎动漫展：疯狂过后的隐忧/寸羽//中国贸易报 2004-07-20
◎动漫展告别展览馆走进网络/周卫民//中国文化报 2004-03-10
◎动漫展能支撑动漫产业多久/范俊//国际金融报 2004-07-19
◎动漫展上原创难寻　产业联动方有出路/张海萍//市场报 2004-08-17
◎动漫制作系统平台和运作流程/黄敏//视听界·广播电视技术 2004-06
◎对发展我国网络游戏产业的思考/何保建//北方经济 2004-07
◎对话中国数码动画业/江风//中关村 2004-07
◎对抗迪斯尼的宫崎骏/郑寿康//出版参考 2004-14
◎发掘动漫产业市场作用/范俊//国际金融报 2004-08-30
◎发展动漫产业：文化资源怎么用？/赵红川//中国文化报 2004-11-18
◎法国漫画与文学争雄/钰添//中国图书商报 2004-12-31
◎翻开手机游戏产业的三张底牌/白书欣//网络世界 2004-03-29
◎分服运营——网游盗版的疏导之策/许振新//中国计算机用户 2004-48
◎分级真能纯净游戏世界吗？/严良珍//IT 时代周刊 2004-20
◎风光无限的网络游戏/郝军志//中国高校科技与产业化 2004-01
◎风雨 26 年消逝中的 PC 单机游戏/LYA//中国电子与网络出版 2004-08
◎改变历史机不可失——《三国志 X PK 版》//电脑采购周刊 2004-46
◎敢问中国动漫：复兴之路在何方？/方林建//当代学生 2004-12
◎给网络游戏一些掌声/禾木//信息网络安全 2004-09
◎跟着"动漫"热流走/青参//今日信息报 2004-08-15
◎宫崎骏：思索与回归——日本的动画片和我的出发点/宫崎骏//北京电影学院学报 2004-03
◎宫崎骏的动画世界/石青//科学之友 2004-12
◎宫崎骏动画电影中的"绿色"世界/田瑞平//文教资料（初中版）2004-Z1
◎宫崎骏和他的动画艺术/白杉//日本学刊 2004-04
◎关于原创漫画的思考/李建国//2004 中国科技期刊发展论坛 2004
◎关于中国动画产业的现状及发展路径的探讨/陈昕//2004 年：中国文化产业评论（第二卷）
◎光通杨京：今年网游将遭遇泡沫/陈亮//互联网周刊 2004-11
◎广电"禁播令"后遗症：电脑网络游戏定义争辩/汪小意//21 世纪经济报道 2004-05-03
◎国产大片再主网络游戏江湖/王亮亮//经济参考报 2004-10-21
◎国产动画：期待创意勃发/邱红杰//中国文化报 2004-06-04
◎国产动画应该重整旗鼓/林华//西部大开发 2004-11
◎国产动画真要咽气吗？/孟黎伟//大众电影 2004-03
◎国产动漫：境况尴尬却不言放弃/梁建刚//解放日报 2004-09-23

◎ 网络游戏：朝阳产业日落西山？/李锋//IT 时代周刊 2004－19
◎ 网络游戏：传奇世界里的传奇人物——上海盛大网络有限责任公司总裁陈天桥访谈录//沪港经济 2004－05
◎ 网络游戏：第二个互联网泡沫？//光明日报 2004－02－03
◎ 网络游戏：繁荣背后有隐忧/胡红军//经济日报 2004－11－03
◎ 网络游戏：国内网站盈利支撑点/姚亚平//市场报 2004－04－23
◎ 网络游戏：华义带领国内企业突围/陈庆春//中国电子报 2004－03－25
◎ 网络游戏：健康并快乐着/丹娜//中国信息报 2004－08－23
◎ 网络游戏：宽带带来了什么？/汪丽//计算机世界 2004－11－29
◎ 网络游戏：泡沫？新宠？洪水猛兽？/陈文//中国创业投资与高科技 2004－06
◎ 网络游戏：骑着瘸腿战马的英雄/占琪//经营与管理 2004－11
◎ 网络游戏：潜力巨大的新兴电子商务应用/李琪//电子商务 2004－10
◎ 网络游戏：渠道融合是否必然？/丁飞洋　张翼//中国经营报 2004－05－17
◎ 网络游戏：盛况背后的隐忧//经济观察报 2004－11－08
◎ 网络游戏：盛宴，还是残羹？/蔡恩泽//管理与财富 2004－04
◎ 网络游戏：题材还是利润？/秦洪//新京报 2004－02－19
◎ 网络游戏：虚拟并现实着//中国劳动保障报 2004－08－11
◎ 网络游戏：一场游戏一场梦/程胜　吴育平//中国证券报 2004－03－06
◎ 网络游戏：一只没有研发的跛脚鸭/赵明//中国经济时报 2004－04－06
◎ 网络游戏：运营商的下一个金矿/徐超//通信产业报 2004－06－28
◎ 网络游戏：在矛盾中求生存？/包晓凤//科学时报 2004－09－22
◎ 网络游戏“3D”演义——2004：网络游戏服务年/张天雷//电脑采购周刊 2004－17
◎ 网络游戏“游”向何方/晨风//中国工商报 2004－11－27
◎ 网络游戏“游向何方”　阳光网游应势而生//计算机与网络 2004－21
◎ 网络游戏爆炸增長的背后/胡春贺//西部大开发 2004－12
◎ 网络游戏不是“闹”着玩/冯宗智//科技智囊 2004－04
◎ 网络游戏产业：进行规范管理步入良性循环/丘斐远　王世枚//中华新闻报 2004－10－20
◎ 网络游戏产业：实现经济与文化双赢——网络游戏成为中国朝阳产业的障碍因素及可行性分析/王再承//中国经贸 2004－05
◎ 网络游戏产业：孕育新贵的沃土/马超//中国税务报 2004－11－01
◎ 网络游戏产业发展现状概述/黎力//中国传媒科技 2004－09
◎ 网络游戏产业渴望健康发展　新技术解决管理瓶颈/王锡松//中华新闻报 2004－09－22
◎ 网络游戏产业链结构分析//经济观察报 2004－11－08
◎ 网络游戏产业研究/卓武扬//江西财经大学学报 2004－01
◎ 网络游戏产业运行的基本解析/费江舸//2004 年：中国文化产业评论（第二卷）
◎ 网络游戏厂商割肉剿外挂/吴芷为//经济参考报 2004－11－04
◎ 网络游戏出版：顺水行舟风向如何？/陈振宇//中国新闻出版报 2004－02－23
◎ 网络游戏催生“灰色银商”/国惠//中国经济周刊 2004－46
◎ 网络游戏存在的价值/王小东//瞭望 2004－26
◎ 网络游戏大产业/申榕//上海轻工业 2004－04
◎ 网络游戏带来的思考/徐明洁//聪明泉（中学版）2004－09
◎ 网络游戏蛋糕中有“陷阱”/赵钢//中国商报 2004－02－27
◎ 网络游戏的价值与青少年保护/纪秋发//当代青年研究 2004－04
◎ 网络游戏的交易模型研究/李海军//福建电脑 2004－11
◎ 网络游戏的紧箍咒该怎么念/温越岭//中国艺术报 2004－09－03
◎ 网络游戏的乱象/洪亮//互联网天地 2004－11
◎ 网络游戏的未来：在矛盾中求生存//电脑知识与技术 2004－30
◎ 网络游戏的问题与对策/邵德海//互联网天地 2004－01
◎ 网络游戏的转型革命/陈琼//互联网周刊 2004－22
◎ 网络游戏的资本玩法/曹腾　吕小萍　董志强//中国证券报 2004－04－14
◎ 网络游戏地下交易全程解密/王云辉//21 世纪经济报道 2004－05－31
◎ 网络游戏对传统电子竞技新诠释/张艳蕊//中国企业报 2004－02－20
◎ 网络游戏对国民经济的拉动作用/邓光娅//商业时代 2004－03
◎ 网络游戏对现实社会道德规范的冲击/沈洁//当代青年研究 2004－04
◎ 网络游戏发展　自主研发是关键/叶武滨//人民邮电 2004－03－03
◎ 网络游戏分级：争议多多　利弊难料/刘菁//互联网天地 2004－10
◎ 网络游戏服务为先/小知//计算机世界 2004－12－06
◎ 网络游戏富了谁？/杨霞清//计算机世界 2004－10－11
◎ 网络游戏管理员：谁来担当？/李翌//人民政协报 2004－10－25
◎ 网络游戏国产化：产业成熟的关键支点/易盛明//中国新闻出版报 2004－11－18
◎ 网络游戏何以异军突起？/黄晖//社会观察 2004－08
◎ 网络游戏呼唤分级管理/寇哲鸣//中国税务报 2004－07－14
◎ 网络游戏还是变相赌博？/黄维政//中国消费者报 2004－11－03
◎ 网络游戏还要盲目到几时？/姚亚平//IT 时代周刊 2004－21
◎ 网络游戏火爆/陈凡//北京科技报 2004－01－28
◎ 网络游戏火爆非常　国产厂商风云又起/关莹//科学时报 2004－01－31
◎ 网络游戏将实行实名制/张莹　花木嵯//深圳商报 2004－10－07
◎ 网络游戏节目禁播令下达后的思考和启示/新宇//中国科技信息 2004－09
◎ 网络游戏经营重在管理/朱冰//中国高新技术产业导报 2004－12－10
◎ 网络游戏里的另一个江湖/张阳光//现代交际 2004－07
◎ 网络游戏利弊大家谈/陈显素//网络科技时代 2004－07
◎ 网络游戏路在何方/廖文根//人民日报 2004－05－20
◎ 网络游戏强势出击　数字娱乐产业格局在京初步形成/陈榕//投资北京 2004－12
◎ 网络游戏如日中天　玩家权益谁来保护/余翔　宋明恢//中国消费者报 2004－04－19
◎ 网络游戏若干法律问题研究/马民虎//信息网络安全 2004－08
◎ 网络游戏社会化大分工的前夜/宋钊//计算机世界 2004－07－19
◎ 网络游戏市场：危险的奶酪/熊莺//电子商务世界 2004－09
◎ 网络游戏市场寡头经济初见端倪/舒晴//中国改革报 2004－11－10
◎ 网络游戏市场还缺什么？/宁焘//市场报 2004－02－20
◎ 网络游戏市场路在何方/胡红军　秦海波//经济日报 2004－07－17
◎ 网络游戏市场消费现状分析/韦艳//山西经济管理干部学院学报 2004－04
◎ 网络游戏数据资料性质分析/李宗勇//人民法院报 2004－08－13
◎ 网络游戏死亡谁来料理后事？/王云辉　林亚婷//21 世纪经济报道 2004－02－12
◎ 网络游戏外部环境趋向成熟//人民邮电 2004－10－20
◎ 网络游戏虚拟财产的现实问题/何昕//经理日报 2004－10－09
◎ 网络游戏虚拟财产属性探讨/欧阳梓华//江苏警官学院学报 2004－04
◎ 网络游戏虚拟物的财产权保护/寿步　徐彦冰//中国知识产权报 2004－12－09
◎ 网络游戏需要理性思考/李锋//IT 时代周刊 2004－15
◎ 网络游戏要分 3 级　两协会傚法引争议/赵明//中国经济时报 2004－07－14
◎ 网络游戏业加速掘金/王向龙//中国质量报 2004－11－17
◎ 网络游戏业掘金加速/曾业辉//中国经济时报 2004－11－02
◎ 网络游戏缘何放慢发展脚步？/侯涛//通信信息报 2004－11－24
◎ 网络游戏运营商遭遇需求瓶颈　信息产业部积极支持网游发展/闻丹岩　李永胜//中国计算机报 2004－07－19
◎ 网络游戏怎样超过韩国？/包冉//计算机世界 2004－02－16
◎ 网络游戏粘上你了吗/刘林森//市场报 2004－01－30

2004 - 10
⊙ 以网络游戏带动宽带产业链的发展//电视技术 2004 - 07
⊙ 应用概念整合理论阐释漫画与隐喻背后的意识形态/范朝秋//黔东南民族师范高等专科学校学报 2004 - 05
⊙ 迎接中国动画产业的春天/王永利//中国电视 2004 - 09
⊙ 营造健康的网络游戏发展环境——与新闻出版总署寇晓伟副司长谈网游产业的发展环境与发展方向/倪楠//互联网天地 2004 - 09
⊙ 影视动画漫画游戏"四位一体"/夏全//中国新闻出版报 2004 - 04 - 21
⊙ 优惠政策助网游业突围/卢菲//中国税务报 2004 - 12 - 28
⊙ 游戏：居然玩出一个大产业/申榕//国际市场 2004 - 08
⊙ 游戏产业成为沃土/植万禄//中国旅游报 2004 - 02 - 04
⊙ 游戏产业的春天/魏啸//人民日报海外版 2004 - 02 - 12
⊙ 游戏产业的今天与明天/文东　郭虹//中国图书商报 2004 - 02 - 06
⊙ 游戏产业的神话——暴雪（Bllizard）//电脑采购周刊 2004 - 24
⊙ 游戏的明天——E3//中国电子与网络出版 2004 - Z2
⊙ 游戏分等级制度/庄晓峰//电脑技术 2004 - 04
⊙ 游戏分级：迟来的好消息/董晓常//互联网周刊 2004 - 34
⊙ 游戏分级：出台不易落地难/匀晓峰//经济参考报 2004 - 11 - 15
⊙ 游戏分级艰难启动/胡红军//经济日报 2004 - 12 - 01
⊙ 游戏分级有利卖点转移/张丽娜//消费日报 2004 - 09 - 09
⊙ 游戏和电影：谁爱上了谁？//中国文化报 2004 - 03 - 12
⊙ 游戏黑马异军突起//每周电脑报 2004 - 47
⊙ 游戏机市场的博弈谁将胜出/张冰//互联网天地 2004 - 11
⊙ 游戏基地打造游戏调研品牌/徐马陵//每周电脑报 2004 - 43
⊙ 游戏里的商机/尔豪//投资与营销 2004 - 01
⊙ 游戏里的天堂/张玉安//山东教育 2004 - Z5
⊙ 游戏软件产业：2004 年投资新亮点/尧秋根//时代经贸 2004 - 04
⊙ 游戏手机市场风起云涌/周红玉//电脑知识与技术 2004 - 21
⊙ 游戏外设　竞争发展——论中国游戏外设市场之现状//计算机与网络 2004 - 08
⊙ 游戏业：文化内容产业的龙头老大//北京观察 2004 - 07
⊙ 游戏业呼唤懂艺术的技术人才/皇甫征声//电脑报 2004 - 11 - 29
⊙ 游戏业界的新星——游戏之星公司专访/于翔//电脑校园 2004 - 08
⊙ 游戏引擎在中国/马琳娜//计算机世界 2004 - 04 - 05
⊙ 游戏营销：出招，接招/程宏红//广告大观（综合版）2004 - 08
⊙ 游戏与文化/罗峻//中国计算机报 2004 - 10 - 11
⊙ 游戏与硬件孰轻孰重/李俊//电脑报 2004 - 04 - 12
⊙ 游戏制作需要哪些基本人才？//中国文化报 2004 - 02 - 06
⊙ 游戏中的"心理按摩"/卓兰花//海南日报 2004 - 06 - 04
⊙ 有关中韩手机游戏领域的一些事情/蝴蝶//网络与信息 2004 - 07
⊙ 欲速不达　卡通品牌"蓝猫"遭遇发展风险/齐馨//财经时报 2004 - 04 - 17
⊙ 原创大片决定国产网游命运/高剑巍//国际金融报 2004 - 10 - 12
⊙ 原创动漫画输了人气/王磊//文汇报 2004 - 07 - 05
⊙ 杂谈——本年度最受关注的游戏/abc//电脑自做 2004 - 11
⊙ 再造网络游戏传奇——宝德网络游戏解决方案全攻略/江南//中国计算机用户 2004 - 09
⊙ 在全国影视动画工作暨动画片题材规划会上的讲话/徐光春//中国电视 2004 - 05
⊙ 在线游戏的蛋糕有多大/陈捷//管理与财富 2004 - 03
⊙ 躁动于 3G 母腹中的手机游戏/王宏亮//财经时报 2004 - 06 - 26
⊙ 正确理解互联网游戏产业——与国家新闻出版总署寇晓伟副司长谈网络游戏十年发展历程/倪楠//互联网天地 2004 - 04
⊙ 正视网游中的私有财产/郑航//互联网天地 2004 - 05
⊙ 政策松绑　动漫做强/李田生//西部时报 2004 - 09 - 29
⊙ 政府为电子游戏保驾护航/李传涛//通信信息报 2004 - 08 - 18
⊙ 直面网络游戏/徐海洋//网络科技时代 2004 - 07
⊙ 直面网络游戏："妖魔化"·r"产业化"/李将辉//人民政协报 2004 - 06 - 22
⊙ 质变！——手机游戏也 3D/EveryBreath//电脑采购周刊 2004 - 44
⊙ 中国"前漫画时代"的讽刺画/蔡罕//美术 2004 - 02
⊙ 中国的游戏与奥运/朱建红//软件世界 2004 - 10
⊙ 中国电子竞技产业化经营的可行性分析/戴云鹏//体育文化导刊 2004 - 05
⊙ 中国电子竞技大器晚成终成正果//中国文化报 2004 - 02 - 20
⊙ 中国电子竞技发展对策研究/颜亮　刘利鸥//第七届全国体育科学大会 2004
⊙ 中国电子竞技何时花开/刘晓明//IT 时代周刊 2004 - 05
⊙ 中国电子竞技业为何不敌韩国？/弓猛//中国高新技术产业导报 2004 - 02 - 11
⊙ 中国动画产业文化内涵扫描/贺克//美术观察 2004 - 06
⊙ 中国动画的辉煌年代/焕焕//电脑校园 2004 - 03
⊙ 中国动画的民族化与现代化/刘娴//中国电视 2004 - 06
⊙ 中国动画发展现状及其文化品位/路盛章//美术观察 2004 - 06
⊙ 中国动画卡通形象何时"雄起"/赵凤兰//深圳商报 2004 - 05 - 21
⊙ 中国动画片复兴之路如何走好——一部法国动画影片带来的思考/武珉//中国广播电视学刊 2004 - 10
⊙ 中国动画是靠"吹"出来的吗？/驰骋//少年人生 2004 - 05
⊙ 中国动漫：等待就是死亡/行行//中华读书报 2004 - 09 - 29
⊙ 中国动漫：期待突破的市场/毛蓝//出版参考 2004 - 28
⊙ 中国动漫：缘何缺少本土大师/谢迪南//中国图书商报 2004 - 09 - 24
⊙ 中国动漫"病树"前头万木春/李磊//中外文化交流 2004 - 11
⊙ 中国动漫待崛起/葛志玉//中国经济周刊 2004 - 36
⊙ 中国动漫的光荣与梦想/葛志玉//经理日报 2004 - 08 - 20
⊙ 中国动漫何时"动"？//中国国际卡通产业（艺术）论坛 2004
⊙ 中国动漫困局求解/张春兵//上海金融报 2004 - 09 - 28
⊙ 中国动漫拿什么与"洋货"过招/李文华//今日信息报 2004 - 04 - 09
⊙ 中国动漫期待崛起/葛志玉//中国经济周刊 2004 - 36
⊙ 中国动漫如何分到自己的奶酪//时代教育 2004 - 32
⊙ 中国动漫业尝到了苦果/高璎璎//经济参考报 2004 - 08 - 23
⊙ 中国动漫业的起步之痒/高璎璎//记者观察 2004 - 10
⊙ 中国动漫艺术的历史责任/姜维朴//美术观察 2004 - 06
⊙ 中国动漫怎么了？//时代教育 2004 - 32
⊙ 中国国际卡通产业（艺术）论坛总结词/戴星元//中国国际卡通产业（艺术）论坛 2004
⊙ 中国将成为最大的网络游戏市场/文东　郭虹//中国图书商报 2004 - 10 - 15
⊙ 中国卡通：卡在哪里？/徐晋//经济日报 2004 - 01 - 06
⊙ 中国卡通本土化初探/谢向东//安徽电子信息职业技术学院学报 2004 - Z1
⊙ 中国卡通产业 22：1 的落差/曲晓燕//中国文化报 2004 - 07 - 23
⊙ 中国卡通文化发展展望/朱燕//林区教学 2004 - 03
⊙ 中国卡通业："丑小鸭"要变"白天鹅"//中国国际卡通产业（艺术）论坛 2004
⊙ 中国网络游戏产业持续发展的制约因素及其对应策略/郑淑荣//高科技与产业化 2004 - 05
⊙ 中国网络游戏产业如何走得更远？/郑淑荣//中国电信业 2004 - 06
⊙ 中国网络游戏产业现存的三大问题及解决对策/全玮//编辑之友 2004 - 03
⊙ 中国网络游戏的命门/彭梧//新京报 2004 - 02 - 18
⊙ 中国网络游戏前辈华彩公司挫败史/成琪//财经时报 2004 - 01 - 31
⊙ 中国网络游戏全面步入"原创"时代/辛华//中国质量报 2004 - 01 - 21

- 中国网络游戏市场：面对外商压境，民族网游出路何在？/Every Breath//电脑采购周刊 2004－41
- 中国网络游戏掀起“淘金潮”/修荣腾//通信信息报 2004－09－22
- 中国网游的灰色产业链/唐磊//IT 时代周刊 2004－01
- 中国网游路还长//每周电脑报 2004－26
- 中国网游路在何方/李琪//管理与财富 2004－05
- 中国网游展开“本土化”攻势/金凡//中国知识产权报 2004－11－25
- 中国游戏产业：从未来看现在/朱骏//中国文化报 2004－11－18
- 中国游戏产业人才缺口 60 万/潘清　孙丽萍//人民政协报 2004－10－12
- 中国游戏市场充满商机/竟帆//中国图书商报 2004－02－06
- 中国游戏娱乐业国际竞争力亟待提高/宋奇慧//中国文化报 2004－04－02
- 中国曾经的动画经典之特别回忆/蔡伯达//家长 2004－06
- 中韩携手对抗卡通巨头/云蔚//中国文化报 2004－03－29
- 中信社“挟”朱德庸冲击图文市场/王佳欣//中国新闻出版报 2004－04－14
- 中原动漫运动/畅晓娜//中州今古 2004－05
- 重视网络游戏产业宏观营销研究/陈水芬//浙江大学学报（人文社会科学版）2004－05
- 抓住关键：动漫产业加速成长/史晓芳//中华工商时报 2004－05－17
- 专访中国动漫，何处是归程？/林康裁//中文自修 2004－11
- 专家呼吁建立游戏软件等级准入制//中国文化报 2004－02－27
- 专家解析网络游戏魔力/张星海//北京科技报 2004－06－16
- 总署九大举措启动游戏产业“引擎”/程晓龙//中国新闻出版报 2004－10－11
- 走出“游戏”怪圈　完善制度建设/冯俊//中国建设报 2004－04－26
- 走向世界的中国“蓝猫”/杨丹//湖南日报 2004－02－10
- 最多变善变的业务——移动游戏，日韩欧美争霸战/赵庆//通信世界 2004－39
- 作为文化产业的中国动画生产与发展/田少煦//美术观察 2004－06
- 作为艺术的技术——三维动画发展概览/赵云来//电视字幕・特技与动画 2004－07
- “2003 年度中国游戏产业发展报告”要点研读//中国新闻出版报 2004－02－11
- “传奇之父”眼中的中国网游/孙泠//软件世界 2004－07
- “动漫”亦要人才/黄贵//国际市场 2004－03
- “动漫基地”缘何选上海/王磊//文汇报 2004－07－15
- “动漫千家店”延伸动漫产业链/荣毅//出版参考 2004－25
- “韩流”漫画教你看西方/徐文欣//中国邮政报 2004－02－28
- “花木兰”能否承载新辎重/彭宽//中国艺术报 2004－02－13
- “骏网加油站”牵手网吧　网游渠道再掀波澜/石薇//中国文化报 2004－04－02
- “蓝猫”裂变　预演国产动画大震荡？/罗武战　龙昊//中国经济时报 2004－07－14
- “蓝猫”品牌能值多少个亿/罗霄//经济日报 2004－04－28
- “蓝猫”现象：制造品牌升级的快乐/肖峰//中国知识产权报 2004－04－06
- “蓝猫之父”为何弃蓝猫而去/陈张书//湖南经济报 2004－06－23
- “潜规则”考验手机游戏产业链/熊川//财经时报 2004－06－26
- “网络游戏”让你身价暴涨？/唐凯林//英才 2004－06
- “网游”呼唤产业化/张栋//新闻天地 2004－09
- “网游分级”遭受集体拷问/王永贵//互联网天地 2004－08
- “先行者”们的浓度与困顿　国内还没有一款真正意义上的教育网络游戏//中国远程教育 2004－22
- “新游戏文化”突围　打造中国绿色网游产业链/毛晶慧//中国经济时报 2004－08－18
- “虚拟财产”是否应保护？/张旭东//中国计算机报 2004－11－24
- “游戏分级”能否净化网络游戏环境？/贾晶晶//中国消费者报 2004－11－03
- “游戏分级”陷入电影分级误区/刘晶晶//中国商报 2004－09－07
- “游戏人”谈网游——访新浪在线游戏副总裁杨震/李敏//互联网天地 2004－01
- “寓教于乐”是动画创作的“枷锁”？/黄远林//美术观察 2004－06
- “中国第一游戏基地”悬疑/甄荣军//互联网周刊 2004－11
- “中国电子游戏史上的 2003 与 2004”/傅世华//中国电子与网络出版 2004－Z1
- “中国动漫热是虚热”/黄端　张英　肖骐　王炜　陈中小路//南方周末 2004－07－29
- 《蔡田》妈妈老琼：内地一些动漫创作者很焦虑/王东//中国图书商报 2004－10－22
- 《哈尔的移动城》：宫崎骏重返江湖/费纳//大众电影 2004－02
- 《漫动作》试刊在即上海重整动漫产业链/冯源//中华新闻报 2004－05－10
- 《天堂》模式：合力铸造网游商业方阵/吴纯勇//成功营销 2004－03
- 《铁血三国志》——开发团队专访//中国电子与网络出版 2004－Z2
- 《信长之野望：天下创世》中文版——战略游戏的新起点/行云//电脑采购周刊 2004－16
- 《祖先游戏》中的“他者”表现/赵红梅//苏州教育学院学报 2004－03

2005 年

- 2004 年单机游戏小盘点/孙国禹//软件工程师 2005－Z1
- 2004 年度中国电脑游戏产业分析报告//信息产业报道 2005－Z2
- 2004 年国内动画消费市场分析（上）/曹家俊//广告大观（综合版）2005－04
- 2004 年国内动画消费市场分析（下）/曹家俊//广告大观（综合版）2005－05
- 2004 年最佳手机游戏盘点//数字通信 2005－02
- 2004 中国网络游戏市场脉络//中国国门时报 2005－01－26
- 2004 中国网游的本土化情结/毛晶慧//中国经济时报 2005－01－26
- 2005，中国游戏服务年？//信息产业报道 2005－Z2
- 2005：国家大力扶持网游产业/李林//中国税务报 2005－01－26
- 2005 年的第一次动漫盛宴——2005 年成都春季漫展侧记/尾巴//时代教育 2005－05
- 2005 年十大单机游戏盘点/yago//电脑校园 2005－12
- 2005 年十大网络游戏盘点/yago//电脑校园 2005－12
- 2005 年网络游戏大盘点/郑成//互联网天地 2005－12
- 2005 年最火爆的网络游戏盘点/王政平//互联网天地 2005－12
- 2005 网络游戏产业规模可达 70 亿/网新//今日科技 2005－01
- 2005 游戏产业将迎来黄金时代——由新浪被盛大收购所想到的//数码世界 2005－07
- 2006 年动画前瞻//电影评介 2005－12
- 2006 网游新趋势//民营经济报 2005－12－31
- 3DCG 应用技术的发展和日本动画表现的多样性/滨田功//首届中国国际动漫产业高峰论坛 2005
- 3D 原创：中国网游业的下一座金矿/郭羽//首届中国国际动漫产业高峰论坛 2005
- 3G 了游戏与娱乐怎么玩？/欧阳红霞//互联网天地 2005－06
- 3G 是一场新游戏/王育民//世界电信 2005－10
- 60 万市场缺口　网游专业人才走俏/张孟君//软件工程师 2005－Z1
- Cluster 与网络游戏共舞/冯磊//信息系统工程 2005－09
- Cosplay 催升动漫道具渐热//玩具世界 2005－03

⊙ Cosplay 动漫篇　拉近与虚拟世界的距离//高中生之友 2005 - 06
⊙ Cosplay 游戏篇　拉近与虚拟世界的距离/方方//高中生之友 2005 - 08
⊙ EZ Pod 能否载起转型的盛大？/董晓常//互联网周刊 2005 - 44
⊙ IDC：手机游戏将成为市场新宠//通讯世界 2005 - 03
⊙ INDEPENDENCE：追逐东方动画梦想/于保平//21 世纪商业评论 2005 - 08
⊙ PC 和 PS 谁才是网游老大/李东光//电脑技术 2005 - 10
⊙ QQ 游戏中心对决"中国游戏中心"——游戏运营商的差异化竞争战略分析/陈炜//通信企业管理 2005 - 12
⊙ 阿拉伯的弯刀传奇——《波斯王子》系列游戏漫谈/王新禧//今古传奇（奇幻版）（下半月版）2005 - 01
⊙ 爱与不爱之间的利弊取舍——网络游戏大家谈/韩祖德//计算机教育 2005 - 10
⊙ 奥特曼带给中国孩子什么/王怿文　方益波//新华每日电讯 2005 - 06 - 12
⊙ 把卡通一代玩足 20 年/响叮当//天津美术学院学报 2005 - 04
⊙ 把网络游戏的客户服务当成第二次营销/谈毅//信息产业报道 2005 - Z2
⊙ 版权保护助力游戏产业发展/文晨//中国新闻出版报 2005 - 08 - 11
⊙ 北京地区网络游戏外挂、私服现状调查/赵宏志//信息网络安全 2005 - 12
⊙ 北京动漫新起点/汤平//投资北京 2005 - 11
⊙ 北京拟加快动漫产业建设/苏平//出版参考 2005 - 12
⊙ 本土动漫的昨日、今日、明日——中国动漫出版产业分析/杨鹏//出版广角 2005 - 08
⊙ 本土网游企业必须有自主的核心技术/王思睿//第一财经日报 2005 - 08 - 05
⊙ 本土游戏产业要从人才上寻求突破/洪金//中国企业报 2005 - 08 - 11
⊙ 别让孙悟空成为中国动漫"品牌"的独苗//工人日报 2005 - 07 - 30
⊙ 别认为网游就是打打杀杀/唐潇霖//互联网周刊 2005 - 16
⊙ 勃发前的酝酿——苏锡常电视动画产业调研报告/杨锡华//视听界 2005 - 03
⊙ 不断拓展新业务　卡通人偶玩出国/张虎林//现代营销（经营版）2005 - 05
⊙ 产业化，让动漫真正动起来/任琦//浙江日报 2005 - 05 - 30
⊙ 产业融合的基础与动力——以杭州动漫产业为例/周旭霞//中共杭州市委党校学报 2005 - 05
⊙ 产业协作激活韩国游戏资金链//信息产业报道 2005 - 05
⊙ 产业转型时期游戏杂志的危机与未来/黄梦阮//出版发行研究 2005 - 09
⊙ 常州动漫：好大一个"产业红包"//领导决策信息 2005 - 44
⊙ 朝阳产业：开发国产网络游戏/蔡韬//黑龙江日报 2005 - 03 - 22
⊙ 陈天桥点评网络游戏四大现象/孙丽萍//中国改革报 2005 - 08 - 12
⊙ 陈天桥会是网络迪斯尼教父吗？/王琦玲//IT 时代周刊 2005 - 06
⊙ 称手利器，谁主你手——游戏及商务键鼠探讨/枫林//大众硬件 2005 - 06
⊙ 城市流行病：卡通化/谭元亨//中华建设 2005 - 05
⊙ 冲突与和谐：手机游戏盘整/金凡//互联网天地 2005 - 08
⊙ 初探计算机技术对现代动画的影响/何嵘//影视技术 2005 - 05
⊙ 刍议当前我国动画业面临的竞争新态势/薛梅//上海大学学报（社会科学版）2005 - 02
⊙ 创新是新世纪中国动画发展的必然选择/刘翠翠//艺术研究 2005 - 01
⊙ 从"米老鼠"的成长看迪斯尼的文化产品营销/王明星//2005 年：中国文化产业发展报告
⊙ 从"西山居"到中国游戏十年/张素娟//中国电子商务 2005 - 07
⊙ 从《传奇世界》案件谈游戏软件的知识产权保护/陈际红//电子法与电子商务时代的传统知识保护研讨会 2005
⊙ 从《漫画生活》新选本说起/谢其章//光明日报 2005 - 03 - 31
⊙ 从产业政策看韩国网游的发展/刘瑾//中国文化报 2005 - 06 - 03
⊙ 从丹麦漫画风波谈起/赵雪波//时事 2005 - 06
⊙ 从迪斯尼的成功看中国动漫产业/成诚//中国知识产权报 2005 - 09 - 16
⊙ 从迪斯尼乐园的路径说起/吴恒祥//教育科学论坛 2005 - 09
⊙ 从电子海洛因到网络迪斯尼/颜兆祥//上海经济 2005 - 03
⊙ 从动漫产业的发展看现代动画教育/张骞//决策探索 2005 - 09
⊙ 从动漫游戏业透视中国科技创意产业//科技创业 2005 - 07
⊙ 从官网排名看网游/毕军生//互联网天地 2005 - 10
⊙ 从民族文化中探寻中国动画的艺术风格/陶雯//首届中国国际动漫产业高峰论坛 2005
⊙ 从日本卡通艺术流行看当下文化传播的重要性/陈磊//美与时代 2005 - 08
⊙ 从日美风格看中国动画的出路/唐小茹//视听界 2005 - 01
⊙ 从商业炒作到游戏文化的构建/郑可//中国文化报 2005 - 04 - 29
⊙ 从盛大看网络游戏运营企业的主要商业模式/黄漫宇//中南财经政法大学学报 2005 - 04
⊙ 从盛大模式看网络营销与传统营销的关系/蔡博//企业活力 2005 - 09
⊙ 从市场角度谈教育教学与网络游戏的结合/黄小玉//中小学信息技术教育 2005 - 04
⊙ 从网络游戏立法看网游之路/赵翔//上海信息化 2005 - 11
⊙ 从网游公关危机看网络游戏玩家客服增值服务/陈国华//信息产业报道 2005 - 05
⊙ 从文化角度看香港迪斯尼/周杏英//广东外语外贸大学学报 2005 - 02
⊙ 从艺术与商业双重角度探索动画角色的性格塑造/时晓霞//电视字幕·特技与动画 2005 - 05
⊙ 从中日动画片对比看国产动画片的发展误区和方向/黄梦阮//现代传播 2005 - 05
⊙ 打通市场链条铸就动漫玩具大产业/甄绮霞　杨鑫//国际商报 2005 - 10 - 24
⊙ 打通中国动漫产业发展壁垒/赵乾海//中国文化报 2005 - 07 - 01
⊙ 打造"动漫之都"　须破人才瓶颈/邹建锋//中国经济时报 2005 - 03 - 02
⊙ 打造绿色网络游戏产业/路卓璋//粤港澳价格 2005 - 10
⊙ 打造平台实现动漫游戏业跨越式发展/胡锦华//科教文汇 2005 - 05
⊙ 打造世界一流的数字动漫技术中心和产业基地/胡宇芬　杨柳//湖南日报 2005 - 11 - 25
⊙ 打造网络游戏的民族"向心力"/文晨//中国新闻出版报 2005 - 09 - 29
⊙ 打造中国"动漫之都"/朱啸波//中国财经报 2005 - 08 - 25
⊙ 大胆利用外资推进动漫产业/杨楠//第一财经日报 2005 - 09 - 29
⊙ 大力净化网络游戏市场　构建和谐网络文化环境/庹祖海//北京邮电大学学报（社会科学版）2005 - 04
⊙ 大连计划两年建成国内最大动漫产业集群//玩具世界/2005 - 05
⊙ 大连软件动漫产业需要八个平台/曲世民//宏观经济管理 2005 - 10
⊙ 大学生漫画认知的比较研究/高雪梅　陈贻承　李红//第十届全国心理学学术大会 2005
⊙ 当"动漫"傍上富省之后/方益波//瞭望 2005 - 20
⊙ 当代电子游戏的艺术性/安静　路由　杨正//2005 年工业设计国际会议 2005
⊙ 当今的游戏都缺"吃"/三丁汤包//电脑技术 2005 - 05
⊙ 当前影视动画制作缺什么/郑向阳//社科纵横 2005 - 06
⊙ 低和浅的游戏：漫画一代的崛起/朱其//画刊 2005 - 08
⊙ 迪斯尼"体验营销"的城市经济启蒙/东方愚//经理日报 2005 - 09 - 15
⊙ 迪斯尼编织的另一个童话/陆绮雯//解放日报 2005 - 09 - 17
⊙ 迪斯尼打造"纳尼亚"营销传奇/Gail Schiller//中国电影报 2005 - 12 - 15
⊙ 迪斯尼的财富魔方？　经济解析/王辉//上海金融报 2005 - 09 - 16

◎ 迪斯尼的成功营销/秀目//中国信息报 2005-09-16
◎ 迪斯尼的三段式创意方法/安美芝//思维与智慧 2005-08
◎ 迪斯尼动画片中的生态叙事——从《小鹿斑比》到《海底总动员》再到《熊的传说》/李玫//电影文学 2005-04
◎ 迪斯尼公司是如何创业成功的?/海鹰//中等职业教育 2005-23
◎ 迪斯尼乐园的"秘方"//上海金融报 2005-11-08
◎ 迪斯尼里的人造文明审判/舒圣祥　絮芋　张华//中国经济导报 2005-09-17
◎ 迪斯尼与符号消费/梁伟怡//中国经营报 2005-10-10
◎ 迪斯尼主题公园成功经营策略/陈雪钧//中国旅游报 2005-08-19
◎ 缔造中国富豪——盛大成功之谜//创业者 2005-08
◎ 电脑动漫画设计专业的人才培养方案研究/刘永福//高教论坛 2005-06
◎ 电脑游戏:儿童文化的一部分——由德国儿童电脑游戏调查报告引发的思考/Johannes Fromme//信息技术教育 2005-03
◎ 电脑游戏的产业化之殇/冰河//2005年:北大文化产业(第一辑)
◎ 电脑游戏的实际影响/朱美荣//国外社会科学文摘 2005-12
◎ 电脑游戏发展史//电子商务 2005-07
◎ 电视产业的游戏之"痒"/谢远东//现代电视技术 2005-07
◎ 电视卡通片:产业+文化的发展之路/蔡骐//今传媒 2005-07
◎ 电视试验田里的"闪客猜想"　网络动画节目《金闪客猜想》的创新模式探析/毛晖圆//传媒 2005-12
◎ 电视游戏给世界带来了什么/郎嘉//中国商报 2005-08-16
◎ 电影的不纯性——电影和电子游戏/让-米歇尔·弗罗东//世界电影 2005-06
◎ 电影世界的动画奇观/王清丽//武汉科技学院学报 2005-10
◎ 电影游戏:让我喜让我悲/王裕//软件工程师 2005-09
◎ 电子游戏:21世纪的大行业//英语辅导 2005-04
◎ 电子游戏:世纪毒草还是朝阳产业/钱峰//经济参考报 2005-08-15
◎ 电子游戏:为什么让女性走开?/费江枫//生命世界 2005-07
◎ 电子游戏产业发展失衡　大型游戏机市场期待开发/张松//经济参考报 2005-07-04
◎ 电子游戏产业进入淘金期/谢旻//中国投资 2005-04
◎ 电子游戏成为传媒业顶梁柱/肖莹莹//经济参考报 2005-03-06
◎ 电子游戏设计谈/王漪//装饰 2005-04
◎ 电子游戏是什么?/姚健//国防 2005-11
◎ 电子游戏说长短/秋辰//父母必读 2005-14
◎ 电子游戏拓展的群体分化与边缘地带/雷霞//现代传播 2005-04
◎ 电子游戏业:一个新兴的朝阳产业/施建松//科技日报 2005-06-20
◎ 电子游戏中的战略思想——包括战术和武器的运用/葛伟民//网络与信息 2005-12
◎ 电子游戏作品与历史观/刘瑾//北京观察 2005-11
◎ 定格动画《笨虫死党》项目开发——一个结果基本让人满意的正面案例/钱丰//中国青年科技 2005-05
◎ 定格在岁月里的辉煌——中国经典动画《大闹天宫》重温/张宇//电影 2005-06
◎ 东南亚网络游戏市场是中国与东盟电子商务合作的最快切入点/刘丽君　吴肖云//集团经济研究 2006-25
◎ 动画比电影更早熟/Daisy//电影评介 2005-05
◎ 动画产业:提升地方文化与经济实力/刘遂海//成都大学学报(社会科学版) 2005-03
◎ 动画产业挑战重重/汪淼//中国文化报 2005-03-04
◎ 动画产业与市场/陈三伟//首届中国国际动漫产业高峰论坛 2005
◎ 动画的首要一步——论中国动画的造型艺术/何清//电视字幕·特技与动画 2005-05
◎ 动画短片《平衡》的现实指导意义/黎青//文艺研究 2005-08
◎ 动画绘制员:动画王国的奠基人/考办//中国教育报 2005-01-19
◎ 动画教育结构的产业化探索——高峰论坛演讲稿/常光希//首届中国国际动漫产业高峰论坛 2005
◎ 动画教育是产业发展的"引擎"/杨伊林//中国文化报 2005-04-11
◎ 动画美女的超级"魔力"//民营经济报 2005-01-07
◎ 动画片:走在产业链的N条路上/甘文瑾//中国电影报 2005-06-02
◎ 动画人才:培养模式"对对碰"/彭戈//创业者 2005-08
◎ 动画世界——动画的发展/吕诚//中国科技信息 2005-10
◎ 动画艺术——生命的律动/佟婷//中华新闻报 2005-03-30
◎ 动画艺术与儿童美术/肖弋//湖南第一师范学报 2005-04
◎ 动漫,我该如何对待你?/彗星//少年人生 2005-11
◎ 动漫:CARTOON　一个正在流行的创意产业//上海金融报 2005-06-03
◎ 动漫:专家观点和数字/祁建//商业文化 2005-12
◎ 动漫"奶酪"谁来动?/李凤发//财富智慧 2005-Z1
◎ 动漫VS广告:门当户对的情结/孙雷//广告大观(综合版) 2005-08
◎ 动漫产业　有喜有忧/李舒瑜//深圳特区报 2005-11-04
◎ 动漫产业,深圳不相信眼泪/吴丽娟//深圳特区科技 2005-Z3
◎ 动漫产业:21世纪最具发展潜力的产业/隋杨洋//中共青岛市委党校学报 2005-05
◎ 动漫产业:精雕细刻的仿真世界/吴幼祥//杭州日报 2005-03-29
◎ 动漫产业:离我们有多远//中山日报 2005-12-02
◎ 动漫产业:谁掘第一桶金/江锡民//新华日报 2005-06-13
◎ 动漫产业的"蜕变"/方益波//瞭望 2005-27
◎ 动漫产业的发展,在于人才培养/郭峰//首届中国国际动漫产业高峰论坛 2005
◎ 动漫产业的衍生生意/周涛//经济观察报 2005-09-26
◎ 动漫产业发展的瓶颈/胡野秋//中华新闻报 2005-07-13
◎ 动漫产业任重道远/祁建//经济日报 2005-06-27
◎ 动漫春天里的冷思考/郭伟龙//东方早报 2005-07-05
◎ 动漫的篮子里盛满了金蛋/魏雅华//出版参考 2005-16
◎ 动漫的艺术特征及其审美悖论/曾胜//声屏世界 2005-12
◎ 动漫的知识产权保护/孔夏雨//民主与法制时报 2005-08-02
◎ 动漫读物与"肯德基"/唐韧//出版广角 2005-08
◎ 动漫分级:让孩子远离"视觉污染"/杨鹏//中国图书商报 2005-05-27
◎ 动漫教学之我见/朱方胜//剧影月报 2005-06
◎ 动漫教育——"钱"景灿烂的新兴产业/王霖//财经时报 2005-03-14
◎ 动漫节,为动漫产业加速/吴幼祥　金杭婷//杭州日报 2005-06-06
◎ 动漫节给我们带来了什么/王婷//浙江日报 2005-06-08
◎ 动漫节让杭城变成"动漫天堂"/吴幼祥　叶春冬　吴建忠　刘燕//杭州日报 2005-06-04
◎ 动漫经济多元化/周星星//浦东开发 2005-01
◎ 动漫栏目"轻松十分"创新的启示/宜雯//人民日报 2005-07-15
◎ 动漫联姻网络/熊娟//中外文化交流 2005-06
◎ 动漫缺钱?/莫小勇//资本市场 2005-09
◎ 动漫热中的冷思考/严家澍//视听纵横 2005-03
◎ 动漫人才供需严重失衡/夏英　陈璐　陈晓春//新华日报 2005-12-13
◎ 动漫人才需求出现深度饥渴/蒋中意//金华日报 2005-06-23
◎ 动漫人才职涯发展之路/刘华//软件工程师 2005-12
◎ 动漫审美特征浅析/陈昌辉//美与时代 2005-06
◎ 动漫市场,这块蛋糕有多大/蒋中意//金华日报 2005-06-07
◎ 动漫是对生活的完美表达/钟莉//深圳特区报 2005-12-15
◎ 动漫书吧:时尚与商机共舞/阿里//今日信息报 2005-08-26
◎ 动漫文化的时代解读/黄生亚//思想·理论·教育 2005-Z1
◎ 动漫屋里的守望者/何烨//成才与就业 2005-10
◎ 动漫雄风起天堂/康红辉//中国高新区 2005-07

◎中国游戏产业市场分析/孔均仁//中国创业投资与高科技 2005-04
◎中国游戏的十年尴尬/计红梅//科学时报 2005-06-23
◎中国游戏教育国际化/无疆//中国电脑教育报 2005-03-21
◎中国游戏人才行业调查/李乐天//软件 2005-07
◎中国游戏人才培养与世界接轨/陈晓东//经济参考报 2005-04-15
◎中国游戏社会问题调查报告/张书乐//信息产业报道 2005-05
◎中国游戏史混沌开篇/龙翔//知识经济 2005-03
◎中国与毗邻国动画产业现状浅析/刘卓//甘肃广播电视大学学报 2005-03
◎中国原创动漫暗流涌动/周周　金国平　李捷　高永　梁钢　黄玉郎　敖幼祥　顾华//中国图书商报 2005-11-25
◎中国原创动漫闻“机”起舞/杨为民//中国新闻出版报 2005-12-07
◎中韩网络游戏产业比较/刘瑾//中国电子商务 2005-08
◎中韩网络游戏产业比较/姚远//编辑之友 2005-02
◎中华英雄走进网络游戏　民族题材能否洗刷网游原罪/阿娜//中国新通信 2005-10
◎中日美动画的人文风格/刘博//网络科技时代 2005-09
◎中英动画高等教育比较/薛燕平//电视字幕·特技与动画 2005-05
◎众里寻它千百度——漫谈中国动漫创作理念/陈雅忱//发明与创新 2005-11
◎重振动漫产业/赵乾海//出版广角 2005-01
◎抓住网络游戏推广的“手”/未孩儿//电脑应用文萃 2005-09
◎专业人才匮乏　我国游戏产业求才若渴/伟文//中国职业技术教育 2005-11
◎自我创新　长期发展　创造绿色网络游戏/姚军//北京邮电大学学报（社会科学版）2005-04
◎走进迪斯尼动画王国/仓鼠球//电脑爱好者 2005-15
◎走近游戏代练员/林智岚//福建日报 2005-03-22
◎做大做强深圳动漫产业/洪智明//深圳特区报 2005-04-18
◎坐看迪斯尼的跨文化婚姻/李静//中国文化报 2005-09-21
◎作品改编漫画再起波澜/夏琪//中华读书报 2005-08-10
◎做游戏培训行业的“领头羊”/余侃//中国电脑教育报 2005-01-10
◎“飞跃”之后我们落在哪里？——国内动画产业现状一窥/沁白//少年人生 2005-07
◎“神秘王国”迪斯尼的人力资源管理/赵晓飞//国际人才交流 2005-07
◎“e 世代”：在网络游戏中寻找可借鉴的沟通基因/尤红梅//2005 年：北大文化产业（第一辑）
◎“QQ 游戏中心”对决“中国游戏中心”——游戏运营商的差异化竞争战略分析/陈炜//通信企业管理 2005-12
◎“把脉”票房、动漫、电视剧/黎岩//电影新作 2005-05
◎“暴晒”网游/李珊//电子商务 2005-07
◎“成人动漫”市场潜能闺中待识/张彦　曹健//经济参考报 2005-01-31
◎“创富大省”为何青睐动漫业/方益波　屈凌燕　新华　赵乾海//中国改革报 2005-05-16
◎“迪斯尼”的成功之路/刘北辰//价格与市场 2005-06
◎“动画大师”万籁鸣和他的《大闹天宫》/石春娣//钟山风雨 2005-03
◎“动画模特”的财富之旅/柳婷//金融经济 2005-03
◎“动漫”中的社会诉求与审美特质/刘建荣//天津美术学院学报 2005-04
◎“动漫帝国”杂记/Freedom//时代教育 2005-35
◎“动漫热”中的冷思考/张贺//人民日报 2005-07-19
◎“防沉迷”背后的网游产业悖论/王婧//法人杂志 2005-11
◎“花木兰”电影的叙事逻辑和文化阐释/吴青青//福建艺术 2005-04
◎“加乐”玩具闯进国际动画界//玩具世界 2005-02
◎“卡通风”渐渐变弱了/陈文丽//上海教育 2005-19
◎“老”游戏新开发/李炳霞//山东教育 2005-Z1
◎“免费”——网游产业的“另类”运营模式/周志军//中国文化报 2005-11-11
◎“魔兽”的 N 个软肋/王伟力//新财经 2005-08
◎“拇指经济”的下一次新浪潮　手机游戏，何时脱颖而出？//新电脑 2005-05
◎“轻舞飞扬”与“带着镣铐跳舞”——外国动画与中国动画之比较/师群//河南社会科学 2005-06
◎“神话”游戏打破网游神话/赵福军//信息产业报道 2005-05
◎“孙悟空”打得过“米老鼠”吗/吴学安//中国经济导报 2005-11-22
◎“网瘾”、社会责任与网络游戏未来/王乐//经济观察报 2005-06-13
◎“网游代练”遭遇生死关/李国训//信息化建设 2005-10
◎“危险”的卡通/张垒//中国经济导报 2005-10-08
◎“想象世界”共驰骋上海炫动卡通卫视整合包装案例/高峡//大市场·广告导报 2005-01
◎“小樱桃”升温动漫热/单纯刚//瞭望 2005-40
◎“要做中国自己的动画”/张新雄//经济日报 2005-03-28
◎《宝莲灯》照亮中国动画前景/刘磊//新远见 2005-07
◎《超人总动员》：世界动画界的经典之作/梁诗旭//电影文学 2005-09
◎《传奇》游戏免费　盛大割肉转型//信息产业报道 2005-11
◎《传说 OL》　打造国产网游传说/冷月无声//电脑 2005-01
◎《马达加斯加》：讨好儿童的老派迪斯尼动画/张小北//中国新闻周刊 2005-27
◎《魔兽争霸Ⅲ》——说爱你不容易/谭人瑜//信息产业报道 2005-06
◎《树世界》意欲改写网游格局//互联网天地 2005-11
◎《星球大战》影响下的日本动漫作品/驰骋//少年人生 2005-13

2006 年

◎10 部门联手做强我国动漫产业/黄玉波//中国经济导报 2006-08-08
◎2004～2005 年中国动画产业发展报告/黄升民//2006 年：中国文化产业发展报告
◎2005～2006 年中国网游市场分析/易露玉//现代营销（学苑版）2006-01
◎2005 年中国网络游戏产业发展报告/宋奇慧//2006 年：中国文化产业发展报告
◎2006，游戏人才告急/李仁//职业技术 2006-07
◎2006 年网络游戏产业前瞻/郑可//中国文化报 2006-01-20
◎2006 年网络游戏风云回顾/郑成//互联网天地 2006-11
◎2006 游戏产业的龙之崛起/张书乐//中国文化报 2006-12-22
◎800 亿元的动漫市场为何“闲置”/杨亮//光明日报 2006-09-28
◎Verizon 借网络游戏挖掘商机//人民邮电 2006-09-01
◎WEG 过去、现状和未来 WEG 模式的深度思考/Byron//电子竞技 2006-09
◎安徽动漫产业“起航”/李跃波　袁玲//安徽日报 2006-07-18
◎安徽动漫业何时能够火起来/牛海//安徽经济报 2006-08-08
◎安明智：求解迪斯尼香港之困/钟晨//第一财经日报 2006-05-15
◎八成网民情钟动漫　国产动漫艰难前行/吴小雁//中国改革报 2006-04-22
◎把长沙建成国家级动漫基地/曾衡林　璩毅//湖南日报 2006-08-03
◎把脉中国动画业——探寻动画产业滞后于游戏产业的原因及发展对策/赵东川//戏剧文学 2006-11
◎北京动漫业未来 5 年内将保持 50% 增速/金冰//北京商报 2006-12-14
◎北京距动漫网游制作交易中心有多远//北京日报 2006-04-04
◎北京确定发展动漫网游“36 计”/冯秀英//北京商报 2006-08-21
◎北京网络游戏产值去年达 2.6 亿/王坤宁//中国新闻出版报 2006-12

⊙ 动漫产业：梦想的泥沼/陈淑娟//计算机世界 2006-05-22
⊙ 动漫产业：名著商标遭日企抢注的尴尬背后/李柯勇　万一　张乐//中国妇女报 2006-05-19
⊙ 动漫产业：千亿元“蛋糕”如何瓜分/叶伟民//公关世界 2006-04
⊙ 动漫产业：依然是黎明前的黑暗/钱林霞//新经济杂志 2006-01
⊙ 动漫产业：中国企业如何虎口夺食？/魏才//中国外资 2006-07
⊙ 动漫产业步入黄金发展期/胡嵘//中国电影报 2006-09-21
⊙ 动漫产业创意无限/徐晋峰//苏州日报 2006-10-11
⊙ 动漫产业的博弈/蔡八弟//经营管理者 2006-08
⊙ 动漫产业的土洋博弈/蔡八弟//高科技与产业化 2006-06
⊙ 动漫产业的政府推手/毕博//投资北京 2006-08
⊙ 动漫产业的知识产权保护/张费微//经济论坛 2006-21
⊙ 动漫产业发展机理浅析/庹祖海//中国文化报 2006-12-29
⊙ 动漫产业风起云涌/覃咏梅//广西日报 2006-01-12
⊙ 动漫产业何日告别“温饱”/童海华　冯洁//中国经济导报 2006-11-07
⊙ 动漫产业跑马圈地各地争做“动漫之都”/刘文杰//经济参考报 2006-10-17
⊙ 动漫产业前景看好创意环境仍需完善/彭东//科技日报 2006-08-25
⊙ 动漫产业强势突围/崔立秋//河北日报 2006-03-20
⊙ 动漫产业全球年产值 2000 亿美元引发的思考/骆仲遥//玩具世界 2006-09
⊙ 动漫产业人才培养问题初探/吴红//广东商学院学报 2006-05
⊙ 动漫产业任重道远/林良敏//中国文化报 2006-01-27
⊙ 动漫产业是创意文化产业的核心——新闻出版总署副署长柳斌杰论动漫产业/柳斌杰//艺术与设计（理论）2006-12
⊙ 动漫产业望“风投”止渴/张新维//中华新闻报 2006-07-05
⊙ 动漫产业为何动得如此慢/郭真宏//经理日报 2006-12-15
⊙ 动漫产业现状与职业院校动漫专业教育/张刚//辽宁教育行政学院学报 2006-10
⊙ 动漫产业要政策更要市场活力/马红漫//新京报 2006-07-18
⊙ 动漫产业应大力发展/黄河//湘声报 2006-01-13
⊙ 动漫产业运作慢动起来/石毅//经理日报 2006-07-14
⊙ 动漫产业展现魅力商机/范玉蕾　王巍//石家庄日报 2006-08-10
⊙ 动漫产业知识产权保护响警钟/黄标　洪辉//中山日报 2006-02-17
⊙ 动漫出版：等待凤凰涅槃/马桂林//中国图书商报 2006-09-08
⊙ 动漫创造力，这是一个问题/王晓明//视听界 2006-05
⊙ 动漫大国：离我们还有多远/周兴旺　周道//工人日报 2006-07-23
⊙ 动漫的兴起和问题/方成//中国发展观察 2006-06
⊙ 动漫繁荣：出版社商机凸现/张秋林//中国新闻出版报 2006-03-16
⊙ 动漫画教育如何支撑动漫画产业的发展/王玉红//艺术研究 2006-03
⊙ 动漫节高烧背后的痛/魏振豪//国际商报 2006-01-25
⊙ 动漫界起步阶段不可忽视知识产权/聂国春//中国消费者报 2006-07-31
⊙ 动漫名猫的品牌与产业化运作/李涛//新闻界 2006-03
⊙ 动漫企业发展原动力/田平易//中国企业报 2006-08-29
⊙ 动漫缺钱！风险投资壁上观？/张新雄//中国文化报 2006-06-30
⊙ 动漫热　冷眼看/彭敏//软件世界 2006-15
⊙ 动漫热潮带旺人才培训/姚正华//深圳商报 2006-07-14
⊙ 动漫热后的冷思索/吴清//中国文化报 2006-12-18
⊙ 动漫人才匮乏制约产业发展/赵达//光明日报 2006-11-13
⊙ 动漫人才培养模式刍论/吴红//佛山科学技术学院学报（社会科学版）2006-06
⊙ 动漫人才时代到来/梁杰//人才市场报 2006-10-14
⊙ 动漫市场虚火旺盛/刘远//中国现代企业报 2006-06-16
⊙ 动漫投资，关键是项目要好/吴加录//中国计算机报 2006-08-21
⊙ 动漫投资：各打自家“拳”/莫小勇//资本市场 2006-03
⊙ 动漫投资关键是项目要好/吴加录//中国计算机报 2006-08-21
⊙ 动漫网店前景广阔//商业文化 2006-23
⊙ 动漫为何动不起来/孙继东//出版参考 2006-10
⊙ 动漫为媒超常发展/丁秀玉//科技日报 2006-10-14
⊙ 动漫文化：不可小觑的青少年亚文化/石勇//中国青年研究 2006-11
⊙ 动漫文化与国家形象建构/李海燕//电影评介 2006-22
⊙ 动漫旋风登陆广州撬动 1000 亿商机/蒋杰升　何孟思//民营经济报 2006-08-18
⊙ 动漫业：苏锡常领先南京/陈王景//江苏经济报 2006-07-31
⊙ 动漫业：烫手山芋急不得/周珍//中国文化报 2006-03-06
⊙ 动漫业产品开发与保护要克服短视行为/聂国春//中国消费者报 2006-09-04
⊙ 动漫业的日本经验和中国国情/王海涛//中外玩具制造 2006-07
⊙ 动漫业亟待形成完整产业链/田新元//中国改革报 2006-04-04
⊙ 动漫业江苏转向“集团军作战”/吴剑飞//新华日报 2006-09-15
⊙ 动漫业为何“集体失声”/小温//中国改革报 2006-04-22
⊙ 动漫业迎来了春天？/雷蕾//亚太经济时报 2006-08-10
⊙ 动漫艺术　振兴产业——轨迹“中国常州国际动漫艺术周”/风林//中外文化交流 2006-09
⊙ 动漫游戏产业，何时“快”起来？/李珂//福建日报 2006-03-24
⊙ 动漫游戏产业首次以整体形象亮相国展/重明//国际商报 2006-12-14
⊙ 动漫游戏产业需增强原创力/陈静　李晶//经济日报 2006-08-02
⊙ 动漫游戏专业教育结构现状的产业化探索/陈义冰//浙江传媒学院学报 2006-03
⊙ 动漫之“灾”/黎权//招商周刊 2006-12
⊙ 动漫资本“舞动”春天/毛晶慧//中国经济时报 2006-03-22
⊙ 对话韩国动画产业/赵晖//电影 2006-10
⊙ 对我国动漫产业发展的冷思考/熊阳春//科技创业月刊 2006-03
⊙ 对中国动画发展的思考/金昱//戏剧艺术 2006-06
⊙ 对中国动画教育发展的思考/张立//理论月刊 2006-02
⊙ 对中国动画人才培养现状的思考/王玉敏//艺术探索 2006-02
⊙ 对中国动漫产业的几点思考/王芳//浙江青年专修学院学报 2006-03
⊙ 对中国影视动画发展的思考/凌士义//电影评介 2006-10
⊙ 多给动漫一点阳光——动画与媒体的关系及国产动画前景刍议/魏来//广告大观（媒介版）2006-05
⊙ 发展动漫，最缺什么/清晨//市场报 2006-11-20
⊙ 发展动漫产业，政府如何作为/蔡炜//新华日报 2006-10-19
⊙ 发展动漫产业是福建拓展生产性服务业的必然选择/林俐达//闽江学院学报 2006-04
⊙ 发展动漫产业先要“打好群众基础”/周之江　黄歆//中国税务报 2006-11-22
⊙ 发展动漫产业须突出民族文化内涵/段明良　周少诚//人民政协报 2006-12-07
⊙ 发展动漫业必须走教育为先的道路/项仲平//中国广播电视学刊 2006-06
⊙ 发展动漫游戏产业须多管齐下/周珍//中国文化报 2006-08-14
⊙ 发展动漫最缺什么/清晨//市场报 2006-11-20
⊙ 发展我国网络游戏产业的战略选择/熊文红//新疆师范大学学报（哲学社会科学版）2006-04
⊙ 繁盛与沉寂：中国动画呼唤动漫理论/博艺网//艺术·生活 2006-06
⊙ 福建动漫企业急欲破除“单打独斗”的尴尬/刘琛//福建工商时报 2006-05-12
⊙ 福建动漫游戏产业蓄势待发/张志明//海峡财经导报 2006-05-18
⊙ 福州“掷亿金”助推“动漫热”/吴鹤年//福建科技报 2006-06-13
⊙ 改进游戏规则　共建文明网络/蔺玉红//光明日报 2006-04-13

◎ 高职动画设计专业人才培养的实践探索/王其全//中国职业技术教育 2006－25
◎ 高职动漫设计与制作专业人才培养目标与培养模式探讨/吴少军//电脑知识与技术（学术交流）2006－11
◎ 各方专家纵论动漫产业化/胡越//常州日报 2006－09－30
◎ 各国专家纵论动画原创与产业链开发/邓国芳//杭州日报 2006－04－29
◎ 构建高效产业链　拓展动漫大市场/王建//杭州通讯 2006－11
◎ 构建五大支持平台促进动漫网游发展/王春生//北京日报 2006－08－15
◎ 鼓励发展动漫产业/曾衡林//湖南日报 2006－04－15
◎ 关于成人网络游戏玩家与未成年网络游戏玩家的比较研究/M. D. Griffiths//中国青年研究 2006－06
◎ 关于创办动画专业的探讨/刘红春//成都纺织高等专科学校学报 2006－04
◎ 关于国产动画片的几点思考/程世波//当代文坛 2006－03
◎ 关于加快软件和动漫产业发展的意见/广州市人民政府//广州政报 2006－21
◎ 关于建设杭州动漫馆推进动漫产业发展的建议/动漫产业发展课题组//杭州科技 2006－02
◎ 关于日本动漫的一种文化考察/徐渭//日本学刊 2006－05
◎ 关于实施动漫产业政策的几点设想/庹祖海//中国文化报 2006－10－13
◎ 关于推动我国动漫产业发展若干意见/国务院办公厅//吉林政报 2006－11
◎ 关于网络游戏的几点思考/陈岸瑛//书摘 2006－04
◎ 关于网络游戏业发展的思考/李政//济宁师范专科学校学报 2006－05
◎ 关于我国网络游戏产业的 SWOT 分析/佟贺丰//科技管理研究 2006－08
◎ 关于我国网络游戏产业发展对策的思考/赵素华//未来与发展 2006－08
◎ 关注文化创意产业・动漫/庞微//前线 2006－05
◎ 广州　折射中国动漫产业之路/汪晓萍//中外玩具制造 2006－01
◎ 广州大力扶持软件和动漫产业/刘成刚　左朝胜//科技日报 2006－11－24
◎ 广州动漫产业发展的现状与对策初探/黄坚//商讯商业经济文荟 2006－03
◎ 广州加大力度扶持软件动漫产业/孙长哲//中国高新技术产业导报 2006－12－11
◎ 广州重点保护动漫版权//中外玩具制造 2006－09
◎ 贵阳动漫产业何去何从/卢飒　陈颖//贵阳日报 2006－11－05
◎ 国产动画：方兴未艾/段弘//中国广播电视学刊 2006－02
◎ 国产动画：何以填补荧屏缺位/沈锡禄　扈嘉怡//济南日报 2006－09－08
◎ 国产动画：拿作品说话/罗云川//中国文化报 2006－09－08
◎ 国产动画不能坐井观天/抒点晴//中国改革报 2006－12－23
◎ 国产动画产业的春天来了吗？/毛建国　张贵峰　邹云翔//中国商报 2006－08－22
◎ 国产动画产业举步维艰/尹鹿鸣//江苏经济报 2006－05－09
◎ 国产动画亟须摆脱粗放型发展/李洋//北京日报 2006－12－27
◎ 国产动画片能否乘势而上/刘仁//中国知识产权报 2006－09－15
◎ 国产动画片在跨文化传播中的失衡/肖珉//今传媒 2006－03
◎ 国产动画企业如何吸引风险资本眼球/蔡炜//新华日报 2006－10－17
◎ 国产动画如何突出重围——从"真人动画"被罚出局说起/陈勇//声屏世界 2006－09
◎ 国产动画要保护更要竞争/王琳//新京报 2006－08－14
◎ 国产动画要为自己争口气/张亚萌//中国艺术报 2006－09－08
◎ 国产动画原创的源泉在哪里？/徐洲赤//中国广播电视学刊 2006－06
◎ 国产动漫前景 ＝钱景？/谭佳//民营经济报 2006－04－05
◎ 国产动漫：朝阳艰难升起/栀子//中国报道 2006－09
◎ 国产动漫公司面临成本难题/张晨//财会信报 2006－09－11
◎ 国产动漫如何突出重围/李先爽//江苏科技报 2006－09－11
◎ 国产动漫为何弱势？/陈旭//中国文化报 2006－12－04
◎ 国产动漫形象产品为何没人买单？/张新雄//中国文化报 2006－07－07
◎ 国产网络游戏的成长环境与发展趋势/生小刚//上海信息化 2006－10
◎ 国产网游如何走出去——分析金山网游《剑网》热销越南/张彬//出版参考 2006－34
◎ 国产网游已占六成国内市场/姜泓冰//人民日报 2006－07－31
◎ 国产游戏受困社会偏见与人才匮乏/李远方//中国商报 2006－12－15
◎ 国家级动漫基地落户长沙/朱永华　徐蓉　王方晖//湖南日报 2006－12－23
◎ 国家将制定游戏产业发展规划/张志宇//法制日报 2006－12－13
◎ 国内动漫业下起了黄金细雨/魏雅华//职业圈・好财路 2006－12
◎ 国内外动漫产业界精英"论剑"青岛/霍峰　孟繁//青岛日报 2006－11－05
◎ 国内网游产业机遇与挑战并存//中国知识产权报 2006－01－25
◎ 国外游戏商垂涎中国古典名著遗产/廖俊铭//中华商标 2006－02
◎ 国字号落户　成都动漫进军全球/缪琴　赵斌//成都日报 2006－12－30
◎ 哈哈镜中的重重魅影——对部分日本动漫的一种文化考察/徐渭//书屋 2006－02
◎ 海淀：动漫游戏大本营/张彬//北京商报 2006－12－11
◎ 海外风投落地动漫产业揭开资本冰山一角/李壮//中国高新技术产业导报 2006－09－11
◎ 韩国动画电影的振兴之路/邹杰//电影艺术 2006－01
◎ 韩国青少年网络游戏问题研究/王冬//中国青年政治学院学报 2006－05
◎ 韩国网络游戏产业发展模式/彭虎锋//合作经济与科技 2006－04
◎ 韩国网络游戏大有学问/高宁//中国国门时报 2006－06－30
◎ 韩国网游的下一步/贾萌//互联网周刊 2006－01
◎ 韩国网游企业改变中国市场策略/王泽蕴//中国计算机报 2006－11－06
◎ 韩国游戏扶持政策对我国的启示/陈文//出版发行研究 2006－02
◎ 杭州：将动漫进行到底/孟晓云//人民日报海外版 2006－07－04
◎ 杭州动漫"商业化"班车悄然启动/吴幼祥　沈璐　余小平//杭州日报 2006－08－20
◎ 杭州动漫产业发展的比较优势/周旭霞//杭州通讯 2006－07
◎ 杭州动漫产业融合的基础与动力/周旭霞//华东经济管理 2006－01
◎ 杭州加速推进动漫游戏产业/黄全斌//经济日报 2006－01－19
◎ 好莱坞动画长片的发展和走向/王雷//电视字幕（特技与动画）2006－06
◎ 何种商业模式更适合中国手机游戏产业/钟靖//中国税务报 2006－11－15
◎ 和谐社会语境下网络游戏与社会文化建设的思考/吴玉兰//东南传播 2006－05
◎ 河南拯救动漫"剪刀差"困局/李传金//经济视点报 2006－06－22
◎ 红色网游的崛起之道/申睿//出版发行研究 2006－02
◎ 湖南动漫产业迅猛发展/吴刚//湘声报 2006－08－17
◎ 花木兰　中国电影 VS 美国动漫/李樱//人民日报海外版 2006－03－24
◎ 机遇与挑战——创意时代的动漫教育/曹田泉//艺术评论 2006－12
◎ 积极推进动漫产业的规划建设/郝振华//石家庄日报 2006－09－09
◎ 基于文化营销的网络游戏再造/周丽//技术经济与管理研究 2006－02
◎ 加大传统文化开发国产动漫迎来大发展/邱桂奇//通信信息报 2006－11－22
◎ 加强国际合作，共同推动中国动漫产业发展/李熙//出版参考 2006－36
◎ 建立 5000 万元专项资金　支持动漫产业发展/财言　钱静华//常州日报 2006－07－22
◎ 健康的动漫市场需要培育/张合欢//视听界 2006－05
◎ 江苏动漫业高速成长/周洁　樊华//江苏经济报 2006－03－22
◎ 交互式网络电视　为中国动漫产业带来的机遇与挑战/蒋立//上海艺术

家 2006－02

⊙ 教育游戏的国际研究动向及其启示／赵海兰／／中国电化教育 2006－07

⊙ 教育游戏发展的思考——从当今网络游戏的火爆谈起／张琪／／教育信息化 2006－17

⊙ 教育游戏软件的开发原则和方法／刘巍／／中小学电教 2006－08

⊙ 教育游戏——网络游戏与教育的结合／陈德祥／／琼州大学学报 2006－02

⊙ 教育与游戏的发展和存在问题探析／吴心源／／第五届教育技术国际论坛 2006

⊙ 解析中国"动漫产业"现象／肖永亮／／中国文化报 2006－12－09

⊙ 借鉴国外经验　发展动漫产业／王华宇／／特区实践与理论 2006－05

⊙ 借力传统文化催热民族网游／颖萍／／中华工商时报 2006－11－22

⊙ 今年国产动画片产量翻番／徐馨／／人民日报 2006－12－29

⊙ 今年我国网游市场规模将达 80.3 亿元／李江泓／／中国文化报 2006－01－13

⊙ 今天你"动漫"了吗——来自第二届中国？杭州"国际动漫节"的调查／费月／／数据 2006－10

⊙ 金国平：国际化是中国动漫产业的一大出路／朱玉卿／／中国电影报 2006－06－29

⊙ 金山网游主攻海外市场／陆琼琼／／上海证券报 2006－07－31

⊙ 京沪深动漫产业调查／贾鹏云／／投资北京 2006－08

⊙ 经典的断代与缺失——中国经典动画形象的消失／李秋波／／设计视界 2006－04

⊙ 境外动画片播出比例被压缩至三成／陈榕／／第一财经日报 2006－08－14

⊙ 拒绝迪斯尼《水果部落》觅中国动漫风投模式／田爱丽／／第一财经日报 2006－10－10

⊙ 崛起中的中国动漫产业／鲁泉　王杰／／经济日报 2006－08－16

⊙ 掘金动漫"梦工厂"／刘丽娟／／商务周刊 2006－09

⊙ 掘金动漫产业／董凯虹／／计算机世界 2006－07－17

⊙ 掘金动漫市场／张文绩／／上海金融报 2006－01－24

⊙ 卡通品牌的赢利模式／／互联网周刊 2006－01

⊙ 看好网络音乐："钱"途无限的网络艺术产业／熊晓萍　林安斯／／创业者 2006－13

⊙ 靠什么振兴国产动漫／陈家兴／／人民日报 2006－09－01

⊙ 克服动画产业发展中的"幼稚病"／李三强／／声屏世界 2006－09

⊙ 拉长国产动漫产业链／夏佳欣／／经济日报 2006－08－27

⊙ 蓝猫"失足"品牌授权／宗和／／中国现代企业报 2006－10－17

⊙ 黎明前的中国动漫产业／刘少华／／华人世界 2006－11

⊙ 力挺国产动漫　媒体责无旁贷／王思明／／广告大观（媒介版）006－05

⊙ 力推国产动画走出去／杨城／／中国电影报 2006－07－27

⊙ 联手做大动漫产业／郑丽虹　汪芳芳／／深圳特区报 2006－03－01

⊙ 六问深圳动漫？／／深圳商报 2006－07－24

⊙ 龙城再绽动漫花——侧写 2006 中国（常州）国际动漫艺术周／王建中／／中外文化交流 2006－11

⊙ 龙江动漫产业踏上新平台／李宏志　秦岭／／哈尔滨日报 2006－10－19

⊙ 龙马世纪引领中国动画进入"大制作"时代／吕莹／／中国经营报 2006－05－22

⊙ 绿色动漫引领青少年成长／陈彦／／中国图书商报 2006－11－10

⊙ 论电脑游戏的发展趋势／朱文哲／／装饰 2006－08

⊙ 论动画对青少年社会化的影响／阳柳青／／青年探索 2006－01

⊙ 论动画之三分天下／汪翠芳／／科技经济市场 2006－11

⊙ 论图书馆与动漫产业／周倩芬／／图书馆论坛 2006－03

⊙ 论我国国产动画产业链始端的启动／陈大佑／／视听纵横 2006－01

⊙ 论我国国产动画产业链始端启动策略／张荣／／经济纵横 2006－04

⊙ 论我国网络游戏专业人才培养／彭虎锋／／合作经济与科技 2006－06

⊙ 漫画是动漫产业发展的母体／陆云红／／深圳特区报 2006－07－21

⊙ 漫画与动漫／方成／／当代传播 2006－05

⊙ 漫谈发展动画产业／申泽／／新闻爱好者 2006－08

⊙ 美、日、韩动漫产业发展经验及对我国的启示／李子蓉／／世界地理研究 2006－04

⊙ 美国：游戏业的开山师祖／Taniame／／数码先锋 2006－01

⊙ 美国"动画文化"现象的成因及演变机制／苏锋／／国外社会科学 2006－06

⊙ 美国动画片的文化内涵／田兆耀／／剧影月报 2006－06

⊙ 美国风险投资加入我动画产业链／黄兴华／／经济参考报 2006－05－23

⊙ 免费　网络游戏的可持续发展之路／顾知／／IT 时代周刊 2006－19

⊙ 免费改变网游盈利模式／郭文文／／电脑商报 2006－04－10

⊙ 免费内容＋收费模式＝中国网游？／郑重／／互联网周刊 2006－11

⊙ 免费网游的盈利模式之忧／张书乐／／中国文化报 2006－09－22

⊙ 免费网游牵引渠道变革／杜昊／／计算机世界 2006－04－10

⊙ 免费网游取得品牌市场双突破／晓北／／中国企业报 2006－05－26

⊙ 民间故事：不竭的动漫之源／陈淑娟／／计算机世界 2006－09－11

⊙ 民营动漫企业如何"借梯上楼"／陈璟／／江苏经济报 2006－10－01

⊙ 民营动漫蓄势待发／吴秀萍／／重庆日报 2006－08－07

⊙ 民族动画内容创新迫在眉睫／郭虹／／文汇报 2006－08－25

⊙ 民族动漫崛起创意型人才培养是关键／胡嵘／／中国电影报 2006－11－02

⊙ 民族手机网游破冰起航／刘仁／／中国知识产权报 2006－12－01

⊙ 民族网络游戏与中国优秀民族文化的传承／白爱萍／／东南传播 2006－09

⊙ 民族网游产业风光独好／刘超／／中国知识产权报 2006－09－22

⊙ 民族原创网络游戏成为市场主导力量／程晓龙／／中国新闻出版报 2006－08－01

⊙ 明星机制与迪斯尼模式——论美国动画片运作模式及对中国动画产业的启示／宋晓莉／／吉林艺术学院学报 2006－03

⊙ 南昌动漫产业驶向发展快车道／顾芸　黄利华　吴坤　李鹏　徐蕾／／南昌日报 2006－08－23

⊙ 南京动漫产业奋起直追／俞巧云／／新华日报 2006－07－06

⊙ 欧美动画研究述评／段运冬　屈立丰／／世界电影 2006－06－05

⊙ 培育营销市场　推动国产动画产业链形成／丁爱平／／视听界 2006－05

⊙ 品牌，动漫王国的灵魂／吴幼祥　余小平／／杭州日报 2006－04－26

⊙ 千万元资金扶持动画业发展／李林／／中国税务报 2006－12－29

⊙ 浅论网络零售业与网络游戏的结合／方辉／／市场论坛 2006－02

⊙ 浅谈动画定位的调整与成人市场开发／荣文婷／／中国电视 2006－11

⊙ 浅谈动漫对日本社会文化的影响／周珏荣／／科技资讯 2006－22

⊙ 浅谈动漫艺术与本土文化／雷珺麟／／湖南大众传媒职业技术学院学报 2006－04

⊙ 浅谈中国的动画艺术／杨炉兵／／浙江工商职业技术学院学报 2006－03

⊙ 浅谈中国手机游戏的发展／饶威／／科教文汇（上半月）2006－02

⊙ 浅析制约中国动画片发展的不利因素／王东／／现代电影技术 2006－01

⊙ 浅议网络游戏的知识产权保护／孙菁雯／／科技经济市场 2006－07

⊙ 抢滩动画市场　打造龙江品牌／杨宁舒／／黑龙江日报 2006－04－20

⊙ 抢占先机迅速做大动漫产业　促进大连产业结构优化升级／王政安／／辽宁省交通高等专科学校学报 2006－04

⊙ 抢注四大名著游戏商标事件的法律思考／杨建斌／／中华商标 2006－05

⊙ 巧借时机"绿色网游"抢占百亿市场／尤闻／／消费日报 2006－04－19

⊙ 青岛打造国家级动漫产业基地／赵殿松／／科学时报 2006－04－06

⊙ 青岛动漫动起来了！／曹博／／中国文化报 2006－11－16

⊙ 青少年在网络游戏世界中互动可持续性的原因分析——以《反恐精英》为例／刘晋飞／／中国青年研究 2006－06

⊙ 去年国内网游业规模超 60 亿／朱宇／／中国证券报 2006－03－10

⊙ 全球化背景下中国成人动画竞争战略／刘斌／／中国传媒大学学报 2006－04

⊙ 全球化语境下的中国动画造型／殷俊／／装饰 2006－12

⊙ 让"动画"插翅飞翔／艾斐／／人民日报 2006－11－02

- 为动漫经典注入中国气质/何文琦//深圳商报 2006－03－29
- 为国产动漫产业发展助威/桂焱炜//经济日报 2006－06－14
- 为何要扶持国产动画产业/董羽//青年记者 2006－08
- 为深圳动漫原创撑出一片天/龚平//深圳商报 2006－01－25
- 为网络游戏放弃未成年人市场叫好/子非鱼//消费日报 2006－11－09
- 为我国动漫产业注入发展动力//人民日报 2006－07－15
- 文化的传承与文化的颠覆——析动漫文化的从何而来与向何处去/严励//装饰 2006－08
- 文化心理学研究对动画文化发展的深刻影响/彭玲//社会科学 2006－09
- 我国动画产业链初现雏形/张乐　姜瑞//中国税务报 2006－05－10
- 我国动画产业如何走出"有产无业"的困境/陈岳虹//经济师 2006－08
- 我国动画产业走出"有产无业"困境的思考/陈岳虹//山西经济日报 2006－06－15
- 我国动漫产业呈现蓬勃生机//北京印刷学院学报 2006－06
- 我国动漫产业的发展现状与政策走向/庹祖海//光明日报 2006－11－10
- 我国动漫产业发展的瓶颈及对策/雷珺麟//艺海 2006－04
- 我国动漫产业该怎样赚钱/张乐　余靖静　姜瑞//经济参考报 2006－05－09
- 我国动漫产业进入新一轮发展期/胡红军//经济日报 2006－11－01
- 我国动漫产业链初步成型/周珍//中国文化报 2006－04－15
- 我国动漫行业走向产业化势在必行/魏秀玲//中国科技信息 2006－09
- 我国数字动画产业中存在的问题与对策/赵枫//现代情报 2006－02
- 我国网络游戏产业的 SWOT 分析/高旭琳//华中师范大学研究生学报 2006－02
- 我国网络游戏产业的法律调整/王素娟//北方工业大学学报 2006－02
- 我国网络游戏产业发展现状及对策分析/杨斌//当代经理人（中旬刊）2006－15
- 我国网游产业化进程阶段特点及其存在的问题分析/孙高洁//社会科学家 2006－02
- 我国游戏软件产业可持续发展探析/罗小平//河北软件职业技术学院学报 2006－01
- 我国主题公园借网络游戏寻求新发展的思考/王采平//江苏工业学院学报（社会科学版）2006－04
- 无锡扶持动漫产业发展/锡财//江苏经济报 2006－06－27
- 无线游戏面临的挑战与机遇/徐浩华//电信工程技术与标准化 2006－09
- 武汉：迈向"动漫之都"/江卉　雷宇//湖北日报 2006－10－10
- 希际数码：打造独具魅力的动漫品牌/王磊//品牌 2006－08
- 细数国产网游的开发硬伤//数码先锋 2006－04
- 厦门市动漫产业的发展思路/黄小芳　郑龙//辽宁教育行政学院学报 2006－11
- 现代动画艺术与中国传统民族文化的结合/刘杨//美术大观 2006－06
- 香港动漫节"丁财两旺"对深圳的三大启示/金敏华//深圳商报 2006－08－04
- 香港漫画低迷　动漫升温/力清//出版参考 2006－30
- 消费者青睐有深刻文化积淀和传统的进口网游/王松涛//中国国门时报 2006－04－24
- 小"蓝猫"跳进国际大舞台/李雪昆//中国新闻出版报 2006－12－26
- 小动画的大思路/苏锋//企业管理 2006－08
- 小卡通，大产业——研修日本动漫/吕珊//中华商标 2006－09
- 心中的动画世界——初探青少年对动画片喜好的情况/李敏瑜//电影评介 2006－18
- 新媒体动漫原创基地助推文化创意产业/郭威//大众科技报 2006－03－16
- 新兴动漫企业如何突破产业链缺失的困境？/李一峰//中国广播电视学刊 2006－03
- 新政出台"点金"国产动漫/孟群舒　马海邻//解放日报 2006－08－26
- 信息化繁荣动漫产业/竞辉//中国电信业 2006－09
- 雄关"漫道"真如铁——中国动漫为何动得太慢/方敏//出版发行研究 2006－03
- 休闲类型游戏主要用户群分析//微电脑世界 2006－11
- 休闲类游戏将成新增长点/周婷//中国证券报 2006－08－22
- 休闲游戏是国产网游的突破口/张书乐//中国计算机报 2006－09－18
- 休闲游戏——网游产业的新亮点//数码世界 2006－05
- 虚拟的世界：网络游戏的商业与文化/诺央山//书城 2006－03
- 需要重新设计动漫定位/田丽君//中国广播电视学刊 2006－06
- 寻求动漫合作共同做强做大/饶洁//深圳特区报 2006－03－05
- 寻找属于中国的动漫形象/吴学安//中国文化报 2006－10－11
- 亚洲动画业面临新挑战和新机遇/杨一晨//中国电影报 2006－03－30
- 洋动画"限播令"并非治本之策/郭之纯//华夏时报 2006－08－14
- 洋动漫喧宾夺主国产动漫何时收复失地/周东//中国高新技术产业导报 2006－04－24
- 引导网络游戏市场健康发展/陈振//决策与信息 2006－07
- 英国动画：来自个案的研究/杰恩·皮林//世界电影 2006－06
- 影视动画的运动初探/姚振华//兰州教育学院学报 2006－02
- 影视动画浅析/王清亮//电影评介 2006－17
- 影响我国网络游戏产业健康发展的主要问题剖析/赵礼寿//出版发行研究 2006－03
- 永久免费网游崛起/张磊//中国消费者报 2006－06－07
- 用两亿元撬动动画产业/王付友//吉林日报 2006－03－07
- 用原创振兴民族卡通/詹玮玮//中国新闻出版报 2006－10－11
- 由"魔兽丑闻"事件引发的网络道德思考/李俊良//东南传播 2006－10
- 由动漫化包装"八荣八耻"想到的/襄尔//中国文化报 2006－04－20
- 由盛大公司与 ACTOZ 的纠纷看网络游戏代理/赵清绪//山东省农业管理干部学院学报 2006－04
- 游戏产业：走到十字路口/张书乐//中国图书商报 2006－09－08
- 游戏产业对美国经济贡献巨大/单广为//中国贸易报 2006－05－23
- 游戏产业呼唤本土化人才/王蓉//中国高新技术产业导报 2006－07－10
- 游戏产业揭开决战序幕/陈彦廷//电子资讯时报 2006－12－25
- 游戏广告：网络游戏的又一根稻草/张伟//计算机世界 2006－06－19
- 游戏内部机制——网络游戏产业"井喷"的发动机/孙高洁//科技经济市场 2006－08
- 游戏时尚　创意中国//风采 2006－01
- 游戏行业紧缺人才与培训/威迅//成才与就业 2006－19
- 游戏业正面临一场"大灾难"/胡亮//中国经济时报 2006－03－17
- 游戏周边蕴含商机无限/王伟光//中国电脑教育报 2006－07－24
- 有"动"无"漫"：动漫产业的基础难题/黎宏河//中国文化报 2006－09－11
- 娱乐网游：版权收费成焦点/余振忠//中国文化报 2006－12－25
- 与邮政携手共创民族卡通美好明天/孙继东//中国邮政报 2006－02－25
- 原创，国产动漫的最后一拼/钱林霞//新经济杂志 2006－01
- 原创动漫　艰难突破轮回/姜雷//财经时报 2006－08－28
- 原创动漫尝试多语种跨媒介同步出版新模式/周百平//中国图书商报 2006－03－14
- 原创动漫艰难突破轮回/姜雷//财经时报 2006－08－28
- 原创力：中国动漫产业最稀缺的资源/蒋莉莉//中国文化报 2006－09－08
- 原创民族网络游戏渐成主导/姜小玲//解放日报 2006－07－28
- 原创展搅动"动漫热"　漫迷大呼"真过瘾"/施平//民营经济报 2006－02－09
- 原创助推深圳动漫起飞/贺白丹//深圳特区报 2006－03－14
- 灾难正悄然逼近动漫游戏业/姚芃//法制日报 2006－03－09
- 在路上：动漫开启产业进程/陈彦//中国图书商报 2006－11－10

⊙ 在线动漫研究/陈晶//电影评介 2006-20
⊙ 在线动漫研究/孙迎春//科技成果纵横 2006-04
⊙ 找准定位　铸造美好明天——浅谈香港的游戏业/Dennis//数码先锋 2006-05
⊙ 浙江动漫业“保卫”四大名著/胡雪良//市场报 2006-04-14
⊙ 振兴动漫：当从哪里下手？/赵乾海//中国新闻出版报 2006-03-16
⊙ 政府支持动画产业做大做强/康磊//长春日报 2006-07-28
⊙ 直面网游市场的免费模式/筱琳//中国信息报 2006-04-03
⊙ 中国“卡通一代”与“新卡通一代”艺术现象浅析/李萌//艺术探索 2006-04
⊙ 中国传统儿童游戏现探析/黄绍文//教育导刊（幼儿教育）2006-09
⊙ 中国的动漫市场有多大//中国图书商报 2006-10-10
⊙ 中国电竞产业链迎来春天//计算机与网络 2006-22
⊙ 中国电竞业之漫漫长路/叶举聪//数码先锋 2006-02
⊙ 中国动画，一场 80 年的梦/张健//南方周末 2006-10-12
⊙ 中国动画：走过八十年后　雄起之路在哪里？/韩璟　李君娜　谢晶晶//中华新闻报 2006-10-11
⊙ 中国动画“民族化”之思考/娄淑芬//浙江理工大学学报 2006-01
⊙ 中国动画八十年/韩璟　李君娜　谢晶晶//解放日报 2006-10-09
⊙ 中国动画产业的现状及发展前景分析/施政//当代经理人（下旬刊）2006-08
⊙ 中国动画产业与高校动画教育/钟远波//美术大观 2006-05
⊙ 中国动画产业越来越诱人/高秀珍//就业时报 2006-05-25
⊙ 中国动画大片难产之谜/刘铮//今日信息报 2006-07-26
⊙ 中国动画动起来了/高秀珍//中华新闻报 2006-05-10
⊙ 中国动画对世界说：我们来了/木马//兰州日报 2006-06-08
⊙ 中国动画二十年没长大！/水木//艺术评论 2006-09
⊙ 中国动画发展困境原因初探/赖守亮//美与时代 2006-05
⊙ 中国动画急需培养原创性人才/张春铭//中国教育报 2006-12-29
⊙ 中国动画教育现状和出路探析/杨梅//新疆艺术学院学报 2006-02
⊙ 中国动画如何与国外接轨/胡俊杰//中国电影报 2006-06-01
⊙ 中国动画市场目前有点“大跃进”的味道　动画：一个属于未来的黄金产业/黎平//经理人 2006-06
⊙ 中国动画现状的思考/郝巍东//太原师范学院学报（社会科学版）2006-03
⊙ 中国动画艺术的现状分析/王其全//文艺研究 2006-10
⊙ 中国动画艺术现状分析/莫钧//美术大观 2006-09
⊙ 中国动画应注重创新和拓展/彭玲//中国艺术报 2006-09-01
⊙ 中国动画有点尴尬/李佳怿//文学报 2006-06-01
⊙ 中国动漫　步入中兴//电视字幕（特技与动画）2006-06
⊙ 中国动漫，别急！/凡晓芝　吴萍　王臻　傅浩　姜瑜　沈敏　鲁修稳//计算机世界 2006-07-17
⊙ 中国动漫，何时长大？/蔡八弟//中外企业文化 2006-10
⊙ 中国动漫：“钱”景广阔——记“2005 中国金融界与电影界高层人士年会”/莫小勇//资本市场 2006-Z1
⊙ 中国动漫：本土之路怎么走？/方圆//中国新闻出版报 2006-12-07
⊙ 中国动漫：光荣与梦想的交错/王丹//中国美术馆 2006-01
⊙ 中国动漫：势不可当的新生力量/刘文//人民日报海外版 2006-04-03
⊙ 中国动漫不能照搬迪斯尼模式/李洋//北京日报 2006-07-04
⊙ 中国动漫产业：在艰难中前行//民营经济报 2006-04-05
⊙ 中国动漫产业从“荒”到“慌”/刘亚力//北京现代商报 2006-07-14
⊙ 中国动漫产业发展的对策分析/韩英//东岳论丛 2006-05
⊙ 中国动漫产业发展前景研究/覃莉//科技创业月刊 2006-04
⊙ 中国动漫产业发展问题与对策/章莉//生产力研究 2006-11
⊙ 中国动漫产业负重起飞/李文//今日财富 2006-06
⊙ 中国动漫产业开始踏上“长征”路/韵晓//中国改革报 2006-11-11
⊙ 中国动漫产业渴求快速发展/姚志峰//中华新闻报 2006-03-08
⊙ 中国动漫产业历史和现状/刘鹏//资本市场 2006-03
⊙ 中国动漫产业链的构建/姚中杰//财经界（下半月）2006-01
⊙ 中国动漫产业人力资源开发探析/吴利明//商场现代化 2006-25
⊙ 中国动漫产业踏上“长征”路/金朝力//北京商报 2006-11-08
⊙ 中国动漫产业迎来春天/陈彦//中国图书商报 2006-11-10
⊙ 中国动漫产业由“荒”到“慌”/刘亚力//今日信息报 2006-07-19
⊙ 中国动漫产业原创能力缺失的解决之道/王萍//电影评介 2006-21
⊙ 中国动漫产业遭遇拐点？/唐福勇//中国经济时报 2006-05-26
⊙ 中国动漫产业征程漫漫/刘仁　高迎迎//中国知识产权报 2006-09-08
⊙ 中国动漫产业自主创新实现路径与政策机制/庞井君//视听界 2006-06
⊙ 中国动漫的羽化之痛/李阳和//中国财经报 2006-05-24
⊙ 中国动漫发展壮大的瓶颈及突破对策的探析/何雪苗//电影评介 2006-13
⊙ 中国动漫分级势在必行/朱侠//中国新闻出版报 2006-11-03
⊙ 中国动漫该从哪里赚钱？/钱飞鸣//深圳商报 2006-05-11
⊙ 中国动漫何时不再做他人嫁衣/寿川//市场报 2006-04-17
⊙ 中国动漫呼唤原创与引进联动/董伟//中国知识产权报 2006-06-23
⊙ 中国动漫呼吁分级/金城//中国文化报 2006-11-08
⊙ 中国动漫路漫漫/宋冰洁//中国经济时报 2006-05-31
⊙ 中国动漫前途漫漫/刘行芳//传媒观察 2006-12
⊙ 中国动漫如何才能脱胎换骨/龚丹韵//解放日报 2006-07-18
⊙ 中国动漫——势不可当的新生力量/成静//中国经济导报 2006-04-08
⊙ 中国动漫象蓝猫一样颠覆传统/郭莉//投资北京 2006-06
⊙ 中国动漫寻找发展新起点/孔夏雨　高为民//中国知识产权报 2006-06-16
⊙ 中国动漫要发出自己的声音/邓含能//深圳特区报 2006-05-20
⊙ 中国动漫要赢在绿色起跑线上/蓝天　童铭//中国计算机报 2006-11-13
⊙ 中国动漫业的困境/项仲平//中国广播电视学刊 2006-08
⊙ 中国动漫业何时也能红火？/潘瑜　言民//亚太经济时报 2006-07-27
⊙ 中国动漫业渐入佳境/李林//中国税务报 2006-07-31
⊙ 中国动漫业面临机遇和挑战/王振//工人日报 2006-08-25
⊙ 中国动漫业为何集体失声/姚芃//法制日报 2006-03-28
⊙ 中国动漫业需要扶持更需要创新/方家平//科学时报 2006-08-14
⊙ 中国动漫欲“突围”/宋镜//中国财经报 2006-01-21
⊙ 中国动漫再现风光难在哪？/朱海淼//市场报 2006-11-20
⊙ 中国动漫怎样“动”起来/高飞//吉林日报 2006-11-08
⊙ 中国动漫正走向世界/隋笑飞//中国税务报 2006-12-13
⊙ 中国漫画的国际化机会/孙冉//中国新闻周刊 2006-41
⊙ 中国网络游戏产业的发展策略研究/刘振聚//经济纵横 2006-14
⊙ 中国网络游戏产业发展探析/郝文静//浙江统计 2006-05
⊙ 中国网络游戏产业发展现状及其经济分析/张园浩//农业网络信息 2006-04
⊙ 中国网络游戏产业现状与发展趋势分析/洪焕坪//商场现代化 2006-13
⊙ 中国网络游戏产业走向成熟/金鑫//中国新闻出版报 2006-07-27
⊙ 中国网络游戏高烧不退/戴正宗//中国财经报 2006-08-02
⊙ 中国网络游戏市场的发展与问题研究/尹茂宝//经济师 2006-09
⊙ 中国网络游戏新秀尝试广告盈利新模式/赵晓辉//大众科技报 2006-03-16
⊙ 中国网络游戏正在多角度转型/方圆//科学时报 2006-02-11
⊙ 中国网游产业的嬗变/阿飚//福建工商时报 2006-02-08
⊙ 中国网游对决纳斯达克/张景宇//北京现代商报 2006-03-02
⊙ 中国网游市场前景无限//首席财务官 2006-05
⊙ 中国移动发力手机动画　产业链闻风而动/李壮//中国高新技术产业导报 2006-07-03

广告、会展、节庆产业

2002 年

◎ 2000 至 2001 年中国广告业资料展示//中华新闻报 2002-11-19
◎ 2001 年广告监督管理基本情况//工商行政管理 2002-10
◎ 2001 年中国广告业的五大特点/宋建武//中国报业 2002-07
◎ 2001 年中国广告业发展统计分析/广宣//中华新闻报 2002-03-19
◎ 2001 中国广告业十大新闻//企业文化 2002-03
◎ 2002 电视广告形势分析//中国经营报 2002-01-14
◎ 2002 年上半年电视广告市场综述/伍毅然//企业文化 2002-12
◎ 2002 年上海国际展览大全（下半年）//国际市场 2002-02
◎ 2010 年中国展览业规模超过欧美国家/张炯强//解放日报 2002-11-17
◎ 300 亿会展"蛋糕"从何而来？/宋杰//辽宁日报 2002-09-28
◎ 4A 意识广告的希望/江绍雄//中国工商报 2002-01-26
◎ 5 份中国期刊广告市场评述/姚林　田大明//中国图书商报 2002-07-23
◎ CDMA 的品牌经营与广告策略/计红梅//通信产业报 2002-10-16
◎ Comdex 开在"深秋"IT 展会进退维谷//信息产业报道 2002-12
◎ ElectronicChina2002 新展会新感觉//中国电子报 2002-03-08
◎ E 时代中国网络广告的发展现状分析/宋旭琴//企业经济 2002-01
◎ IDEA 与 CREATION——广告创意概念研究评述/魏超//河北经贸大学学报 2002-03
◎ IPEX 展会与中国印刷市场/杨晓刚//印刷世界 2002-04
◎ IT 会展新模式——"中国国际企业网络论坛"五月召开//有线电视技术 2002-08
◎ TCL 广告侵犯著作权一案被执行终结/尤岗//中国工商报 2002-08-31
◎ WPP 再传广告业噩耗/李梅影//国际金融报 2002-06-27
◎ WTO 关于广告服务法律规范及开放情况/倪建林//世界贸易组织动态与研究 2002-04
◎ WTO 与广告监管（上）/丁俊杰//大市场·广告导报 2002-12
◎ WTO 与广告行政管理改革//现代传播 2002-01
◎ WTO 与中国广告业/彭景荣//改革与理论 2002-03
◎ 安徽会展，如何打造区域亮点/乔爱书//安徽经济报 2002-10-14
◎ 安徽会展正崛起　规范管理待发展/金陵　杨峤//市场报 2002-10-21
◎ 澳门会展业振翅飞翔/骆瀚//中华儿女（海外版）2002-13
◎ 百事可乐的广告竞争术//北方经济时报 2002-08-21
◎ 保险公司展开广告大战/蔡金魁//华夏时报 2002-12-30
◎ 保险广告风生水起/裘寅//解放日报 2002-12-27
◎ 报业广告服务形式的创新和多元化/潘燕辉//中华新闻报 2002-04-30
◎ 报业广告服务形式的创新和多元化/颜伟//新闻实践 2002-02
◎ 报纸广告额居媒介之首/辛//中国新闻出版报 2002-09-05
◎ 报纸形象广告：媒介新的风景线/孙晓红//新闻知识　2002-02
◎ 本土广告业的"入世"对策/黄艳蓉//北京理工大学学报（社会科学版）2002-01
◎ 本土化？一体化？/赵正//中国工商报 2002-06-15
◎ 本土中小广告公司，欲突出重围/潘继海//广告大观（综合版）2002-09
◎ 比较广告的合法性标准/郭芳//发展导报 2002-09-06
◎ 波拉克：精明而又走运的广告业巨子/郎楷淳//经济世界 2002-02
◎ 参观展会的两点体会/薛林//工程机械与维修 2002-05
◎ 长春市会展经济的现状与发展对策/范亚军//长春市委党校学报 2002-01
◎ 超市营销的广告策略/云竹//经理日报 2002-09-07
◎ 成都：西部会展的"领头羊"/李涌//市场报 2002-09-23
◎ 成都户外广告为何黯淡无光/韩军//中国工商报 2002-11-23
◎ 成都要做"会展之都"/姜蓉//中国经营报 2002-08-15
◎ 成功的展会　殷切的展望/雅唯//管理与财富 2002-08
◎ 成熟的新加坡会展业/张曙光//国际商报 2002-07-17
◎ 诚信　交流　合作　超越——参加第九届中国广告节有感/周冰//福建金融 2002-12
◎ 城市会展经济问题的调查与思考/王书贞//江苏商论 2002-12
◎ 城市节庆要讲实效/彭嘉陵//人民日报 2002-12-24
◎ 出国展览：把产品摆上国际货架/张江帆//西部大开发 2002-03
◎ 传播先进文化提高会展质量/李大庆//科技日报 2002-11-22
◎ 传承会展信息创造网络商机//中国高新技术产业导报 2002-06-11
◎ 创新打造会展新经济//中国建设报 2002-10-14
◎ 创新会展　促进发展——访甘肃省副省长崔正华/午雨//质量指南 2002-16
◎ 创新媒体——多而滚广告发布机//广告大观（标识版）2002-10
◎ 创新思维：广告创意的灵魂/刘友林　熊一坚//企业经济 2002-12
◎ 创意的本质是颠覆，是造反——访（香港）陈曾黄梅广告行合伙人曾锦程/王喜生//中国广告 2002-03
◎ 创意卖点　卖点创意/达美高//广告大观（综合版）2002-09
◎ 创造在广告中的角色/潘洁//常州技术师范学院学报 2002-03
◎ 春秋国旅探索企业办展/孟小煜　王洋//中国旅游报 2002-07-24
◎ 从本案谈悬赏广告的法律性质和效力/高明生//人民法院报 2002-08-18
◎ 从房地产广告看广告策略——2001 年 9 月重庆房地产报纸广告分析/罗有立//重庆商学院学报 2002-01
◎ 从广告看世界经济的全球化发展/八卷俊雄//浙江大学学报（人文社会科学版）2002-02
◎ 从广告投放量看车巨头的市场战略//中国汽车报 2002-07-01
◎ 从广告透视空调市场/贾书哲//中国质量报 2002-05-22
◎ 从接受美学看广告受众中心论/周文杰//新闻爱好者 2002-11
◎ 从两则广告谈品牌性格传播/赵加积//中国机电日报 2002-07-31
◎ 从全国糖酒会看长沙会展经济/吴振华//湖南经济 2002-11
◎ 从三个方面强化会展业服务/神商//国际商报 2002-12-11
◎ 从数字窥视我国去年平面媒体广告市场/姚林//中国新闻出版报 2002-03-13
◎ 从消费者心理谈广告创意/宋丹//郑州轻工业学院学报（社会科学版）2002-03
◎ 促进我国会展业发展的对策研究/陈晓阳　许维祥//华东经济管理 2002-01
◎ 打广告？打品牌？/欧阳梦云//中国工商报 2002-08-31
◎ 打造长江三角洲"世博圈"/吴士新//国际金融报 2002-11-29
◎ 打造高素质的广告人才——中国广告业应对 WTO 挑战的关键/唐晓玲//中国人才 2002-07
◎ 打造会展品牌　营造整体优势/袁旭　陈聪　唐崇敏　吴军//经理日报 2002-10-21
◎ 打造明白新概念/周山//中国工商报 2002-09-14
◎ 打造品牌展会五大招/钟慧//国际商报 2002-07-24

⊙ 广告战略：清醒还是迷惘/何学林//中国工商 2002－04
⊙ 广告支出的学问/田茂永//IT 经理世界 2002－Z1
⊙ 广告直投杂志发展的现状、问题与对策/孙宏//湖南大众传媒职业技术学院学报 2002－03
⊙ 广告中的经济学/黄佶//国际金融报 2002－11－08
⊙ 广告主需要专业化服务——"'高度'思考：广告的 2002—2003"专访黄升民教授/刘亮//市场观察 2002－12
⊙ 广告主在"维权"中的自我作为/祁聿民//北京工商大学学报（社会科学版）2002－03
⊙ 广西：南宁国际民歌艺术节的启示/冯成善//中国民族 2002－05
⊙ 广州报纸的新变化及其对广告活动的影响/赵小宁　马长安//商业研究 2002－04
⊙ 广州打造会展商务/芷斌//亚太经济时报 2002－10－23
⊙ 广州房地产展会有待老枝发新芽//房地产导刊 2002－19
⊙ 广州会展主打广交会王牌/王薇薇//经济日报 2002－04－04
⊙ 规则型广告公司　中国广告业的一方沃土/谢宇//经理人 2002－09
⊙ 贵州会展业大有潜力/杨军　秦占奎　栾家珍//国际商报 2002－09－18
⊙ 国际会展业发展带来的启示//中国旅游报 2002－08－30
⊙ 国际级会展为何青睐浦东/岑毅//浦东开发 2002－12
⊙ 国内会展业外资大红大紫//财经时报 2002－04－26
⊙ 国内展会与世界展会差距待改善/曹青//市场报 2002－05－27
⊙ 过节日　办会展　烘热大连旅游市场/鞠金华　周歌//中国经营报 2002－02－11
⊙ 韩国广告业的启示：虚假广告就是企业自杀/忠言//中外企业家 2002－07
⊙ 杭城房地产广告策划初探——对广告卖点的思考/赵莹//浙江传媒学院学报 2002－03
⊙ 杭州发展会展业的战略构想/开尔君//浙江经济 2002－20
⊙ 杭州广告监管有特点/广言//中国工商报 2002－03－09
⊙ 豪门宴客风声疾招标：豪门宴客到几时——广告主研究课题组专项报告之二//市场观察 2002－10
⊙ 好的资源也要有好的"操盘手"——评央视世界杯的广告运作/姚眉//新闻实践 2002－Z1
⊙ 合肥会展经济何日唱大戏/张福伟//安徽税务 2002－07
⊙ 合理的悖论：后殖民语境与广告的全球化－本土化策略/鞠惠冰//中国广告 2002－10
⊙ 何必"广告之后马上回来"——评电视广告的插播方式及其创意/李宗诚//中国广告 2002－11
⊙ 横亘世纪的瑞士国家展会/端木美//中华儿女（海外版）2002－14
⊙ 烘焙厦门会展面包/邱燕娜//软件世界 2002－09
⊙ 互联网广告的兴起与发展前景分析/刘丽双//华北工学院学报（社科版）2002－02
⊙ 互联网络与电视台广告营销/刘国基//大市场·广告导报 2002－05
⊙ 户外广告：究竟应该如何管/庞仙//中国工商报 2002－11－30
⊙ 户外广告与城市形象建设/张金花//山西财经大学学报 2002－06
⊙ 户外媒体　眼球经济中崛起的新贵//中华新闻报 2002－12－03
⊙ 沪港上市公司死拼内地公交移动电视广告/李若愚//财经时报 2002－12－13
⊙ 化妆品展会招商攻略/吴海明//中国化妆品（行业版）2002－01
⊙ 化妆品展览回归服务原点/周安清//医学美学美容 2002－09
⊙ 淮安节庆促旅游/吕中//中国旅游报 2002－11－29
⊙ 淮安以节庆放大旅游经济/吕中//华东旅游报 2002－10－24
⊙ 环保公益广告震撼人心/杨安丽//中国环境报 2002－10－31
⊙ 皇帝女儿也愁嫁——珠海鑫光集团股份有限公司总裁夏令生谈广告与企业/方丽达//市场观察 2002－09
⊙ 黄金周旅游广告探究——以 2001 年南京市旅行社报纸广告为例/徐菲菲//东南大学学报（哲学社会科学版）2002－05
⊙ 回归自然　愉悦生命——廊坊市会展中心广场创作札记/于正伦//建筑学报 2002－12
⊙ 会展"经济化"/张佳佳//华商 2002－05
⊙ 会展"天堂"——聚焦 2002 中国杭州西湖博览会//浙江经济 2002－20
⊙ 会展包装战略三步曲//经营者 2002－08
⊙ 会展不是一种经济/董文//科学时报 2002－06－15
⊙ 会展当"去行政化"/周士君//南风窗 2002－15
⊙ 会展的误区/伊人//国际商报 2002－11－27
⊙ 会展的营销战略地位及参展策略/蔡兴仁//商业研究 2002－12
⊙ 会展激活一座城/车海刚　郭红强　周虹　李银雁//中国经济时报 2002－06－11
⊙ 会展经济，城市形象的一抹靓彩/刘英茹//城乡建设 2002－04
⊙ 会展经济：城市的面包/张友仁//浙江经济 2002－20
⊙ 会展经济：经济发展的新增长点/李克芳//云南财贸学院学报（经济管理版）2002－03
⊙ 会展经济：义乌全方位发展的助推器/张建成//浙江经济 2002－20
⊙ 会展经济"畅想"/张友仁//浙江经济 2002－10
⊙ 会展经济带给新疆什么？/李晓玲//中华工商时报 2002－01－07
⊙ 会展经济的魅力和潜力//浙江经济 2002－20
⊙ 会展经济贵在创新//中国旅游报 2002－03－13
⊙ 会展经济火起来/张晓松//当代经济 2002－03
⊙ 会展经济令人瞩目/李伟//经济世界 2002－03
⊙ 会展经济美丽诱人/陆斌//侨园 2002－06
⊙ 会展经济三人谈（之二）：中国需要会展业　会展业需要中国——中国贸促会轻工分会王本和副会长一席谈/刘怡//中国食品工业 2002－07
⊙ 会展经济商机无限/蒙志军//湖南日报 2002－01－25
⊙ 会展经济特性与都市功能的提升/张水清//地域研究与开发 2002－03
⊙ 会展经济透析/谭伟　徐建军//中国社会报 2002－05－15
⊙ 会展经济与城市发展/胡晓//经济问题探索 2002－06
⊙ 会展经济在城市经济发展中的作用/张宝东//港口科技动态 2002－05
⊙ 会展经济在义乌/姚意克　王东堂//国际商报 2002－10－16
⊙ 会展难"经济""官办"色彩浓/唐福勇//国际商报 2002－09－11
⊙ 会展品牌是如何打造的？/姜业庆　赵明　张诗雨　王有军//中国经济时报 2002－02－26
⊙ 会展市场自身配置资源方有戏/楚益祥//市场报 2002－01－28
⊙ 会展业：申城经济新亮点/晓琳//华东科技 2002－11
⊙ 会展业对城市经济发展的拉动效应/黄金春//中国城市经济 2002－03
⊙ 会展业发展的辨证思考/高宜新//重庆工学院学报 2002－01
⊙ 会展业各方角色如何定位？/任兴洲　廖英敏//经济日报 2002－08－07
⊙ 会展业将会是杭州的朝阳产业？/符文伟//杭州科技 2002－04
⊙ 会展业空前火爆　大城市场馆饱和//中新//云南经济日报 2002－10－31
⊙ 会展业路在何方/金镝//企业研究 2002－05
⊙ 会展业如何做响品牌？/吴红梅//新华日报 2002－07－31
⊙ 会展业是城市经济的发动机/邢以群//浙江经济 2002－20
⊙ 会展业凸显杭州区位优势/双溪//浙江经济 2002－19
⊙ 会展业推动北京迈向国际化大都市/王佐//科学决策 2002－11
⊙ 会展业要有自己的品牌/李剑//中国文化报 2002－12－09
⊙ 会展业应在规范管理上下功夫/李正人//工商行政管理 2002－12
⊙ 会展业与经济发展/周建华//社会科学战线 2002－03
⊙ 会展业愈益展现魅力/李健//经济论坛 2002－04
⊙ 会展业怎样展示自己的未来/程妍//光明日报 2002－04－29
⊙ 会展业助力城市发展/林泓//中国企业报 2002－10－18
⊙ 会展以什么为中心？/张西振　应丽君//国际商报 2002－07－17
⊙ 会展营销的功能分析/梁东//经济师 2002－09
⊙ 会展营销的战略性思考/彭品志//山东商业职业技术学院学报 2002－04

⊙ 媒介符号环境与广告传播/陈红艳//新闻前哨 2002-04
⊙ 媒介经营需要“三个顾问”广告经营需要“三个伙伴”/吴涛　王永连　徐更生//大市场广告导报 2002-05
⊙ 媒体广告看个性/刘斌//中国工商报 2002-09-14
⊙ 媒体广告是否走出衰退/姚林//中国新闻出版报 2002-05-16
⊙ 媒体广告业进入转型期/红雯//中国新闻出版报 2002-07-18
⊙ 媒体过剩时代的广告策略/陈俊良//中国广告 2002-12
⊙ 媒体与创意，谁主广告浮沉？/刘国基//中国机电日报 2002-06-26
⊙ 面对 WTO，广告人准备好了吗？——新世纪广告人的专业素质/贺雪飞//广告大观（综合版）2002-02
⊙ 面对变化的中国广告/何洁//装饰 2002-11
⊙ 面对中国市场的广告策略/星河//中国广告 2002-11
⊙ 民歌节：要把路走稳/李青山//中国消费者报 2002-12-03
⊙ 民歌节的文化品牌效应和创新意义/张利群//广西日报 2002-12-13
⊙ 名家论会展/程娟//浙江经济 2002-20
⊙ 名牌展会成为会展经济主流/刘侃//科技日报 2002-12-09
⊙ 墨尔本国际艺术节观剧感/汪遵熹//戏剧 2002-02
⊙ 那曲赛马艺术节/滕静//西藏旅游 2002-05
⊙ 南京会展业实行“一站式”服务/杨成义　吴红梅//新华日报 2002-08-31
⊙ 南京灵谷桂花节探索创新之路/伟文//华东旅游报 2002-10-01
⊙ 南京旅游节庆“炒热”区县经济/汤洁　江伟//华东旅游报 2002-08-08
⊙ 南宁市会展业现状与发展思路/兰铁民//沿海企业与科技 2002-05
⊙ 宁波广告监管下好三步棋/翟莉//中国工商报 2002-03-30
⊙ 欧洲相关会展资料一览//国际市场 2002-12
⊙ 欧洲展会纪行/Kathy Chen//缤纷 2002-07
⊙ 培育会展产业　加速郑州经济发展/王明华//市场研究 2002-06
⊙ 培育节庆活动　营销西部旅游目的地/邓明艳//旅游学刊 2002-06
⊙ 批判独特——关于创意的若干思考/潘友林//广告大观（综合版）2002-06
⊙ 批阅城市广告/张玉庭//公关世界 2002-11
⊙ 品牌的支撑点：战略管理广告营销/张冰//经理日报 2002-11-18
⊙ 品牌广告策略的延展性/林升栋//中国广告 2002-02
⊙ 品牌节会打造“黄金名片”/许小昌//中国旅游报 2002-09-30
⊙ 品牌媒体广告三极大碰撞/李瑾//深圳商报 2002-04-22
⊙ 品牌与品牌创意新论/李海峰//广告大观（综合版）2002-02
⊙ 品牌展会与知识产权/薛婷婷//国际商报 2002-01-16
⊙ 平面媒体广告投放分析/姚林//中国企业报 2002-01-17
⊙ 评选奏效的广告——专访首届中国艾菲实效广告奖评委会主席肖开宁先生//广告大观（综合版）2002-12
⊙ 破解名人广告风险/李喜岷　陈双全//中国经济时报 2002-10-18
⊙ 浦东距离亚洲会展中心不会遥远/岑毅//浦东开发 2002-08
⊙ 期刊广告经营的“盛会”/武志莲//中国新闻出版报 2002-02-08
⊙ 企业间生产与广告投资分配的竞争分析/张玉林//管理科学学报 2002-04
⊙ 企业网络营销中的在线广告/张雪江//温州大学学报 2002-02
⊙ 企业形象·广告个性与设计/潘欣信　靳埭强　林家阳//美术报 2002-07-13
⊙ 企业演舞台——会展经济概述/张良才//经营者 2002-08
⊙ 气象影视广告创意浅析/朱宝峰//吉林气象 2002-04
⊙ 牵住你的视线——户外广告/郑凌//心理世界 2002-09
⊙ 浅谈产品广告的媒体选择/张凌浩//江南大学学报（人文社会科学版）2002-03
⊙ 浅谈广告“定位设计”/李一//美与时代 2002-14
⊙ 浅谈贵州广告业“入世”后的对策/杨云//贵州财经学院学报 2002-02
⊙ 浅谈网络广告/白东蕊//山西经济管理干部学院学报 2002-02
⊙ 浅谈我国会展经济的发展/黄晓勤//商业研究 2002-01
⊙ 浅谈行业展会展位价格的定位/李卫//中国禽业导刊 2002-18
⊙ 浅谈中国品牌广告的经营发展/李颖//艺术研究 2002-01
⊙ 浅析传统营销广告与现代网络广告/周文龙//西部皮革 2002-04
⊙ 浅析广告市场四乱/宋哲先//中国工商报 2002-04-27
⊙ 浅析塑造媒体形象的三种广告/张弢//视听界 2002-06
⊙ 浅析我国会展经济/庞莹//经济师 2002-06
⊙ 浅议广告在现代营销活动中的运用/王希爱//山西财经大学学报 2002-02
⊙ 浅议会展功能及会展经济/李燕//芜湖职业技术学院学报 2002-04
⊙ 浅议网络广告/陈静//重庆商学院学报 2002-01
⊙ 浅议展览的社会效益与经济效益/马立萍//市场经济研究 2002-04
⊙ 巧用垃圾做环保广告/曹夫//中国工商报 2002-11-30
⊙ 青岛依托大海打造金牌展会/新华//国际商报 2002-07-31
⊙ 青岛依托区域优势拓展会展市场/文清//经济日报 2002-11-20
⊙ 趣味广告的创意效应/陈科//大众标准化 2002-03
⊙ 全面建设小康社会将带动会展业的发展/张海萍//市场报 2002-12-09
⊙ 全球广告业复苏：大约在冬季/张伟//文汇报 2002-05-05
⊙ 全球化进程中的澳大利亚广告业/张威//国际新闻界 2002-01
⊙ 全球化时代的都市“民歌”盛典——审视南宁国际民歌艺术节现象/莫其逊//民族艺术研究 2002-05
⊙ 全球媒体广告谈判巨头登陆中国/万里江//国际金融报 2002-11-14
⊙ 全球著名 EDA&T 厂商会聚申城——EDA&T-China2002 会展掠影/宋代斌//集成电路应用 2002-06
⊙ 全新观念打造人民的艺术节/曹淳亮//广东艺术 2002-06
⊙ 缺乏游戏规则展会纠纷不断/屠建路　赵春丽//市场报 2002-01-07
⊙ 让电视广告比节目更有趣/饶德江//中国广播电视学刊 2002-05
⊙ 让品牌创造“价值”/朱桂峰//中国邮政报 2002-12-24
⊙ 让新闻更纯粹　让广告更有效——新闻与广告关系之辨析/徐凤兰//新闻实践 2002-06
⊙ 人本观广告的崛起/吕尚彬//兰州大学学报（社会科学版）2002-06
⊙ 日本广告设计的现代化与民族化/罗真如//艺术·生活 2002-03
⊙ 如何“网住”网络广告/吴学安//中国工商报 2002-08-31
⊙ 如何利用展会寻找商机？/李强//经理人 2002-06
⊙ 如何设计大型展会//中展//国际商报 2002-08-07
⊙ 如何实现广告的有效传播——由一则麦当劳广告谈起/李红超//河北大学成人教育学院学报 2002-02
⊙ 如何在会展中寻找商机？/李强//经营者 2002-08
⊙ 赛欧广告：融情节于定位/赵正//中国工商报 2002-01-26
⊙ 三地优势互补打造展会品牌/李少林//中国电子报 2002-10-11
⊙ 善化人性刚柔并济——名人广告公司的营销哲学/郑伟建//中国工商 2002-06
⊙ 嬗变：由传统向准现代——从 20 世纪 30 年代《申报》广告看近代上海社会生活变迁/胡俊修//周口师范学院学报 2002-06
⊙ 商贸会展：带动消费系数是 1：9//成才与就业 2002-09
⊙ 商品展会的经济分析——如何保持广交会中国第一展的地位/李重芬//物流科技 2002-06
⊙ 商业广告与市场调研/陈奕//南京广播电视大学学报 2002-02
⊙ 上半年京城房地产广告市场大盘点/姚林　尹玉昆//财经时报 2002-08-30
⊙ 上海会展经济称雄全国//中华工商时报 2002-11-19
⊙ 上海会展业考察/吴菊亚//上海经济 2002-05
⊙ 上海市 2002 年展览大全（上半年）//国际市场 2002-01
⊙ 上海体博会呈国际展会大模样/平萍//中国体育报 2002-10-21
⊙ 上海体博会开幕/陈文波　高雯//市场报 2002-09-28

⊙ 上海体博会亮点多/刘莉莉//市场报 2002 - 09 - 21
⊙ 上海与世界博览会/黄志伟//市场报 2002 - 12 - 05
⊙ 上海展览业发展的优势与劣势分析/高汝熹//上海综合经济 2002 - 11
⊙ 上海展览业趋向细分化/蒋心和//解放日报 2002 - 06 - 11
⊙ 上海展业　繁荣似锦/陆斌　章萝兰//国际商报 2002 - 10 - 23
⊙ 蛇年广告监管呈现六大特点/广言//中国工商报 2002 - 03 - 16
⊙ 社会注意力资源与广告投放/邓德祥//涪陵师范学院学报 2002 - 06
⊙ 社会转型期广告的文化定位与文化资源利用/倪洪兰//经济师 2002 - 04
⊙ 申博成功话商机//解放日报 2002 - 12 - 16
⊙ 深圳高交会展览中心推出"一站式"服务/丁义明　文略//国际商报 2002 - 09 - 18
⊙ 深圳会展业牛气冲天/李胜//深圳商报 2002 - 08 - 10
⊙ 深圳品牌的故事（下）/乔远生//中国机电日报 2002 - 12 - 11
⊙ 深圳着力打造品牌展会/易全//国际商报 2002 - 05 - 22
⊙ 神奇的广告策略/李海龙//经理日报 2002 - 11 - 08
⊙ 沈阳户外广告整治见成效/韩玉芹//中国工商报 2002 - 12 - 14
⊙ 生存与发展——电视广告业的现实与未来/张海潮//电视研究 2002 - 06
⊙ 石家庄会展业前景展望/祁红梅//经济论坛 2002 - 17
⊙ 世博会，让我们了解你/戴克祥//人民日报 2002 - 02 - 25
⊙ 世博会：凝聚新上海的精神与风范/要英//文汇报 2002 - 12 - 05
⊙ 世博商机上海凸现//中国旅游报 2002 - 12 - 06
⊙ 世界博览会会带来什么/戎霄//人民论坛 2002 - 04
⊙ 世界广告主联合会 2001 年年度工作报告（节选）/赵瑞华//市场观察 2002 - 07
⊙ 世界展览中心建设的趋势/梁文//国际商报 2002 - 07 - 10
⊙ 市场营销学与广告主题的挖掘能力/王果//湘潭大学社会科学学报 2002 - 04
⊙ 视觉文化时代与广告创意/心怡//山西经济日报 2002 - 11 - 19
⊙ 试论网络广告的工商行政管理/刘锁民//中国工商管理研究 2002 - 06
⊙ 试述网络广告的法律规范/何晓行//重庆邮电学院学报（社会科学版）2002 - 04
⊙ 试析北京广告业的发展/陈季修//经济与管理研究 2002 - 03
⊙ 收藏者谈展览/陈文波//市场报 2002 - 06 - 22
⊙ 收视率、受众与广告营销——媒介集团化时代的新思维/郑维东//广告大观（综合版）2002 - 06
⊙ 受众的媒体接触习惯与广告信任——一个关于四川城乡受众的实证研究/李奇云//新闻界 2002 - 05
⊙ 衰退来临了吗？——报刊广告市场透视/晓古//税收科技 2002 - 04
⊙ 双星让民族品牌响遍全球//市场报 2002 - 11 - 08
⊙ 泰山国际登山节隆重热烈重实效/史延廷//中国旅游报 2002 - 09 - 16
⊙ 谈报纸广告的创意/杨红霞//美与时代 2002 - 18
⊙ 谈广告创意的攻心策略/白雪岩//黑龙江农垦师专学报 2002 - 03
⊙ 谈广告创意思维/张颖//郑州工业高等专科学校学报 2002 - 03
⊙ 谈广告中的品牌双关/刘祖斌//鄂州大学学报 2002 - 03
⊙ 谈毛泽东式广告——中国原创整合营销传播之道/张家祎//中国广告 2002 - 08
⊙ 谈商业广告的创意与写作/张旭红//哈尔滨学院学报 2002 - 10
⊙ 谈谈如河发挥钱币博物馆陈列展览的作用/黄锡全//中国钱币 2002 - 01
⊙ 探索户外广告监管新路子/李银　张珍//中国工商报 2002 - 06 - 08
⊙ 探索网络广告监管/罗礼春//中国工商报 2002 - 03 - 02
⊙ 探索因地制宜之路——《巴蜀寻根》展览的尝试/谢志成//四川文物 2002 - 04
⊙ 探讨会展业发展战略与对策/蔡逸//江苏经济报 2002 - 03 - 11
⊙ 探析网络广告真面目/宋旭琴//商业研究 2002 - 11
⊙ 探寻国际会展业规律/马晓中//科学时报 2002 - 08 - 10
⊙ 唐人神品牌广告传播战略研究/王志//株洲工学院学报 2002 - 03
⊙ 体育广告正在升温/王蕾//市场报 2002 - 08 - 03
⊙ 体育收藏品展览能走多远/苏利川//中华工商时报 2002 - 06 - 28
⊙ 体育收藏品展览无人喝彩/陈文波//市场报 2002 - 06 - 15
⊙ 天津会展经济有后发之势/伊凯//国际商报 2002 - 12 - 18
⊙ 天津会展能否分到一杯羹？/余晓勇//经济日报 2002 - 05 - 10
⊙ 天津人感受会展经济/欢文//市场报 2002 - 08 - 05
⊙ 透视俄罗斯报纸广告/杨春虹//俄语学习 2002 - 06
⊙ 土广告怎么打下了大市场/段焱//山西经济日报 2002 - 10 - 27
⊙ 推动会展经济发展　打造首都城市品牌/张嘉兴//北京观察 2002 - 12
⊙ 拓展广告业务　增强经济实力/宁保功//第二届中国科技期刊青年编辑学术研讨会 2002
⊙ 网络广告　今春花开/刘溟//IT 经理人商业周刊 2002 - 03
⊙ 网络广告：为所欲为惹是非/新文//广西政法报 2002 - 05 - 20
⊙ 网络广告不只限于网站/彭芳//中国计算机报 2002 - 04 - 29
⊙ 网络广告的发展态势分析/宋旭琴　向鑫//经济师 2002 - 04
⊙ 网络广告的媒体形式及运用策略/施晴//贵州商业高等专科学校学报 2002 - 04
⊙ 网络广告的品牌传播理论初探/熊澄宇//科技进步与对策 2002 - 07
⊙ 网络广告的投放策略/霍静波//经营管理者 2002 - 07
⊙ 网络广告的效果测量/耿强//中华新闻报 2002 - 10 - 29
⊙ 网络广告复苏　传统广告商开始大规模介入//中国旅游报 2002 - 02 - 22
⊙ 网络广告立法问题案例分析/潘继海//广告大观（综合版）2002 - 03
⊙ 网络广告媒体选择与运用/黄辉//重庆工商大学学报（西部经济论坛）2002 - 05
⊙ 网络广告能否咸鱼翻身/金非//经济日报 2002 - 02 - 08
⊙ 网络广告谁来监管/匡文波//中华新闻报 2002 - 07 - 23
⊙ 网络广告与报纸广告之比较/张华//新闻前哨 2002 - 10
⊙ 为包装企业的发展办好展览/刘无畏//中国包装 2002 - 04
⊙ 为策略搁浅创意/吴昊//广告大观（综合版）2002 - 08
⊙ 为创意插上翅膀——几幅国内外优秀平面广告作品赏析/廖秉宜//广告大观（综合版）2002 - 09
⊙ 为华文广告开创一片新天地谈近十年台湾广告文案的发展/王彩云//中国广告 2002 - 10
⊙ 为物流展会而忧/余平//中国物流与采购 2002 - 15
⊙ 未来《广告法》修改需要解决的十大问题/张红冰//工商行政管理 2002 - 24
⊙ 未来城市广告发展趋势综合思考/武星宽//武汉理工大学学报 2002 - 04
⊙ 文物出国展览有新规定/粟丹//中国文化报 2002 - 06 - 13
⊙ 问诊电视广告/王建柱//人民日报海外版 2002 - 06 - 21
⊙ 我参展，谁参观？——德国贸易博览会参观者结构分析//国际市场 2002 - 09
⊙ 我国报刊广告市场的现实态势与未来走向/喻国明//新闻界 2002 - 05
⊙ 我国广告行业急需五类人才/李旭红//市场报 2002 - 07 - 18
⊙ 我国广告业步入困惑期/唐福勇//中国经济时报 2002 - 12 - 09
⊙ 我国广告与整合营销传播/王芳//哈尔滨商业大学学报（社会科学版）2002 - 06
⊙ 我国会展经济透视/陈勇//河南商业高等专科学校学报 2002 - 01
⊙ 我国会展业现状分析及发展前景初探/金镝//中国软科学 2002 - 09
⊙ 我国期刊媒介的广告经营分析/黄梦真//中国广播电视学刊 2002 - 11
⊙ 我国商业广告中的诚信问题探析/杨春红//广西青年干部学院学报 2002 - 06
⊙ 我国网络广告的现状、问题和趋势分析/陈可//中国科技新闻学会第七次学术年会暨第五届全国科技传播研讨会 2002
⊙ 我国五类广告人才告缺/晓义//中国劳动保障报 2002 - 09 - 07
⊙ 我国畜牧业展会的现状与思考/李卫//中国禽业导刊 2002 - 05
⊙ 我们怎么利用国际图书博览会——五位老总谈版权贸易的投入与产出/

洪邑//出版发行研究 2002-05

⊙ 乌鲁木齐地区广告业现状调查分析/孙景兵//新疆社科论坛 2002-03

⊙ 芜湖大打会展经济牌/李家友//安徽税务 2002-04

⊙ 五月行业盘点：会展经济效益之门为谁开？/宽博//化工管理 2002-06

⊙ 武汉国际会展中心设计思考/李春舫//新建筑 2002-05

⊙ 西部插上节庆"翅膀"/木佳 李运涛 张文德//中华工商时报 2002-12-09

⊙ 现代广告导向研究/谭先锋//湖南大众传媒职业技术学院学报 2002-03

⊙ 现代广告多维形态刍议/余义虎//社科纵横 2002-06

⊙ 现代化国际展览中心建设的现状与特征/梁文//国际商报 2002-07-03

⊙ 现代节日展示城市经济发展的舞台/朱效增 殷杰//国际商报 2002-07-24

⊙ 现代营销组合：电视媒体广告经营的核心/夏洪波//电视研究 2002-07

⊙ 现行广告管理模式问题及对策/孙昆//中国工商报 2002-11-02

⊙ 向着品牌展会目标迈进——2002 中国国际花卉园艺展览会启示/朱留华//中国花卉园艺 2002-09

⊙ 小城市会展经济发展正当时/钟廷刚//经济前沿 2002-04

⊙ 小众期刊广告看好/吴乐平//光明日报 2002-04-25

⊙ 校园广告透视/王泉//中国教育报 2002-12-03

⊙ 新昌以节庆做大旅游/徐水根//中国旅游报 2002-10-30

⊙ 新加坡会展经济的启示//中国经营报 2002-04-08

⊙ 新疆会展经济潜在市场分析及发展思路/阿布都伟力·买合普拉//新疆财经 2002-02

⊙ 新世纪 新景观 第三届中国京剧艺术节印象/闻言//中国戏剧 2002-01

⊙ 新闻媒体广告导向研究/谭先锋//云梦学刊 2002-05

⊙ 信息的传播和交流离不开广告/詹存钰 白和盛//农民日报 2002-04-11

⊙ 信用危机催促理性、公平的广告业市场环境/潘继海//广告大观（综合版）2002-08

⊙ 行业协会热衷会展经济/广晶文//市场报 2002-08-26

⊙ 形形色色的网络广告/王培章//中国工商报 2002-04-06

⊙ 虚假广告及其应承担的法律责任/张雅光 赵艳芹//河北日报 2002-04-16

⊙ 虚伪的网络广告/吴信一//电脑报 2002-12-02

⊙ 悬赏广告一经发布即生效力/黄敏//广西政法报 2002-03-13

⊙ 悬赏广告有法律效力吗？/樊长春//湖南科技报 2002-04-11

⊙ 寻找"会展经济"在首都的位置/万翔//经济前沿 2002-04

⊙ 研究报业广告经营的新策略/罗映纯//传媒观察 2002-08

⊙ 央视广告实话实说/相晓东//财经时报 2002-09-20

⊙ 央视将垄断电视广告？/易强//财经时报 2002-07-12

⊙ 洋快餐缺席美食节的透视/张学勤//浙江日报 2002-10-16

⊙ 也谈广告行为中的"整合"之道/李樵//四川商业高等专科学校学报 2002-01

⊙ 业已"接轨"更需自省——中国天津国际手风琴艺术节有感/王域平//天津音乐学院学报 2002-04

⊙ 一个广告人的智慧之光/德隆//中华新闻报 2002-10-08

⊙ 一季度报刊广告量攀升/姚林 尹玉昆//中国新闻出版报 2002-06-05

⊙ 依法治理名人广告/曾亚波//人民公安报 2002-06-26

⊙ 依托品牌节目提升广告效益（上）/仇绍强//中华新闻报 2002-09-17

⊙ 依托品牌节目提升广告效益（下）/仇绍强//中华新闻报 2002-10-08

⊙ 移师上海 延伸品牌：中国体博会示强国际展览巨鳄/李宁//中国经营报 2002-04-29

⊙ 以市场化打造"会展经济"/赵广飞//中国乡镇企业报 2002-03-29

⊙ 艺术节的新境界/吴惟庆//广东艺术 2002-06

⊙ 艺术节——现代生活的一道文化景观/杜晓青//舞蹈 2002-04

⊙ 应重视发展贵州的会展经济/张一景//贵州政协报 2002-03-14

⊙ 英国电视广告业行为标准准则（续）/安青虎//工商行政管理 2002-16

⊙ 英国电视广告业行为标准准则/安青虎//工商行政管理 2002-14

⊙ 用企业文化塑造广告公司自身形象/陈希//湖南商学院学报 2002-01

⊙ 与你相约：2002 年中国民间艺术游推出 100 个大型民间艺术节庆//中国民族 2002-02

⊙ 云南与东南亚掸傣系族群佛教节庆仪式声乐的比较研究/杨民康//中央音乐学院学报 2002-02

⊙ 运动鞋广告何必总找明星/王卓//市场报 2002-08-17

⊙ 杂志广告销售秘诀/安妮·米勒//中国图书商报 2002-11-29

⊙ 在线广告业重整旗鼓//数字财富 2002-07

⊙ 怎样避免国际展会知识产权纠纷/任恩杰//国际商报 2002-02-20

⊙ 怎样操作出国展会/欧阳东方//经贸世界 2002-01

⊙ 怎样提升网络广告效应/罗仲//中国电力报 2002-05-23

⊙ 增强杂志广告效果之我见/宋涛//中华新闻报 2002-04-30

⊙ 展馆物业管理如何适应会展经济的发展/钟伟明//江苏政协 2002-04

⊙ 展会大腕何时沉没/张亦驰//医学美学美容 2002-12

⊙ 展会品牌化如何实现/马开立//经济日报 2002-10-09

⊙ 展会生命力在于品牌/吴凯 陆继农//经济日报 2002-05-10

⊙ 展会——新兴的经济模式/王翔//江苏纺织 2002-09

⊙ 展会须加强服务意识/杨华 裴必玉//经济参考报 2002-07-25

⊙ 展会营销的技巧/王玫//企业改革与管理 2002-08

⊙ 展会缘何"火"？/王伟//金融电子化 2002-07

⊙ 展会在市场营销中的功能和作用/杨大蔚//市场报 2002-03-25

⊙ 展会中的展位设计/梅//国际商报 2002-06-19

⊙ 展览策划的嬗变与意义/蔡琴//中国文物报 2002-11-29

⊙ 展览服务如何国际化/文略 王小娟//国际商报 2002-11-13

⊙ 展览会的国际营销策略//中国信息报 2002-03-10

⊙ 展览经济全球化应对措施/张海萍//市场报 2002-08-12

⊙ 展览企业的目标市场选择策略/王微//经济日报 2002-10-09

⊙ 展览项目管理中的评估和监管机制/杨玲//中国博物馆 2002-01

⊙ 展览要成功招商须到位//中国体育报 2002-03-19

⊙ 展览业：亟待提高"含金量"/张一鸣//深圳商报 2002-01-14

⊙ 展览业步入 e 时代/刘付竞//电子商务 2002-Z1

⊙ 展览业累了/林娜//中国商界 2002-08

⊙ 展览业要育"名花"出"精品"/张海萍 王少南//市场报 2002-05-20

⊙ 展览业在欧洲展开竞争/严蓓//纺织信息周刊 2002-18

⊙ 展览营销如何实现"双赢"/叶志军//经济日报 2002-12-17

⊙ 展览营销要转变观念/薛景照//中国信息报 2002-03-27

⊙ 张謇与中国近代博览会事业/谢辉//安徽史学 2002-04

⊙ 招标是最市场化的广告定价方式/山村正一//中国广告 2002-11

⊙ 浙江县报广告增长的启示/洪佳士//传媒 2002-09

⊙ 针对中国儿童的电视广告策略及效果/陈家华//中国广播电视学刊 2002-11

⊙ 蒸蒸日上的珠三角会展业/张海萍//国际商报 2002-11-27

⊙ 整合广告资源 不做"翻牌"集团//中华新闻报 2002-10-29

⊙ 整合行销中的媒价创意/刘志彦//广告大观（综合版）2002-04

⊙ 政府部门是否可以做形象广告//法制日报 2002-12-26

⊙ 直邮广告的媒体策略/彭澎//中国图书商报 2002-09-24

⊙ 直邮广告探析/王肖生 施国琴//中国广告 2002-04

⊙ 置身户外 胜于其中——三面翻广告市场浅析//广告大观（标识版）2002-12

⊙ 中国：亚洲第一广告大国/叶国标//人民日报海外版 2002-05-27

⊙ 中国本土广告公司新出路/刘清华//企业文化 2002-04

⊙ 中国电视广告的忧与思/朱莉//云梦学刊 2002-06

⊙ 中国广告传播管理一百年/张殿元//社会科学战线 2002-03
⊙ 中国广告呼唤规则/竹邻//企业管理 2002-07
⊙ 中国广告经营额10年增长31倍//经济日报 2002-11-06
⊙ 中国广告离世界有多远/闾平　李铮//中国审计报 2002-11-11
⊙ 中国广告人才的现状·机遇·挑战/贾玉斌//中华新闻报 2002-10-15
⊙ 中国广告市场发展空间广阔/胡爱军//有线电视技术 2002-07
⊙ 中国广告投放增长快/郑红//解放日报 2002-02-27
⊙ 中国广告业可以高枕无忧吗//人民政协报 2002-08-29
⊙ 中国广告业人才匮乏//组织人事报 2002-09-09
⊙ 中国广告业之七大病态/小撒//中国广告 2002-02
⊙ 中国会展　在规范中求发展/李燕//中国信息报 2002-03-27
⊙ 中国会展经济发展解读/马勇//经济地理 2002-03
⊙ 中国会展企业　老外和你分蛋糕/马勇　李玺//国际商报 2002-06-26
⊙ 中国会展业：需重新整合打造品牌/马勇　李玺//国际商报 2002-07-10
⊙ 中国会展业的发展趋势（下）/马勇//中国建设报 2002-08-22
⊙ 中国会展业的思考/谭洛明//广州市财贸管理干部学院学报 2002-02
⊙ 中国会展业需要提高层次/晓宏//开放潮 2002-01
⊙ 中国会展业要避"误入歧途"/苑迎杰//国际商报 2002-09-15
⊙ 中国会展在规范中求发展/李燕//中国信息报 2002-03-27
⊙ 中国近代广告的最初形态——早期《申报》广告的变化发展/王儒年//常德师范学院学报（社会科学版）2002-05
⊙ 中国离会展大国有多远/马文东//浦东开发 2002-03
⊙ 中国企业的楹联广告文化/闻文//国际金融报 2002-04-08
⊙ 中国企业如何打造真正名牌/韩建清　罗艾桦　麦绍强//市场报 2002-09-16
⊙ 中国西部会展业发展及对策思考/杨梅//重庆工学院学报 2002-04
⊙ 中国艺博会的勃兴/钱建群//文汇报 2002-10-30
⊙ 中国展会与世界的六大差距/志强//国际商报 2002-11-27
⊙ 中国展览业方兴未艾/白晓刚//广东建设报 2002-02-04
⊙ 中国展览业面临的挑战及应对/徐敏//中国经贸导刊 2002-12
⊙ 中国展览业权力之争/林娜//中国商界 2002-08
⊙ 中国展览业应对国际竞争/雷东军//科学时报 2002-10-26
⊙ 中国展览业与电子商务有约/刘付竞//国际市场 2002-02
⊙ 中华传统节庆禁忌论/赵东玉//大连教育学院学报 2002-02
⊙ 中美名人广告比较漫谈/董文//中国工商报 2002-12-07
⊙ 中小城市的会展经济之路/袁霞//江苏商论 2002-10
⊙ 中小企业广告设计的一大误区/乔智//现代家电 2002-08
⊙ 重压之下无所畏惧——谈谈2002年的电视广告市场经营/黄升民//广告大观（综合版）2002-06
⊙ 珠三角会展业蓬勃发展/张海萍//市场报 2002-11-18
⊙ 主题会展，要研究人和商品的文化属性/张西振　应丽君//国际商报 2002-09-04
⊙ 主题会展的特征/张西振　应丽君//国际商报 2002-08-14
⊙ 主题会展是一种整合/张西振　应丽君//国际商报 2002-08-21
⊙ 主题会展要创造信仰营销理念/张西振　应丽君//国际商报 2002-09-11
⊙ 注意力管理：对广告业使命的重新审视——广告传播研究的新视角/郑丽勇//江苏社会科学 2002-05
⊙ 咨询业：怎能让广告业越俎代庖/张会亭//市场报 2002-08-19
⊙ 自省、自律、自强——日本广告业的良性发展之路/周勇//国际新闻界 2002-06
⊙ 自由的瓶子寻找创意的源泉　挑战思维的临界/田原//广告大观（综合版）2002-01
⊙ 自由自在品牌定位及展会实践案例/冯国辉//中国化妆品（行业版）2002-09
⊙ 总结节会经验　推动经济发展/丁国书　田传柱　陈朝根//农村经济与科技 2002-02
⊙ 走进房地产网络广告/欧阳梦云//中国工商报 2002-07-06
⊙ 走进会展经济/刘亭//浙江经济 2002-20
⊙ 足球与广告——评足球运动在创意品牌策略中的运用/杭玉萍//中国广告 2002-06
⊙ 最好的体育博览会　应该什么样//中国劳动保障报 2002-12-18
⊙ "安徽高速"广告成为香饽饽/金海礁//安徽日报 2002-09-03
⊙ "触类旁通"广告与餐饮/王凤英//成才与就业 2002-09
⊙ "第五季"会是"春"吗？——由"健力宝"世界杯期间的广告策略看开去/宋丽//中国广告 2002-11
⊙ "干！干！干！肝可怎么办？"——从"海王金樽"的广告创意谈广告传播的价值误导/轩明飞//广告大观（综合版）2002-02
⊙ "高度"思考　广告的2002-2003//市场观察 2002-12
⊙ "后名人广告"的表征/舒咏平//公关世界 2002-02
⊙ "会展场馆热"值得大中城市细掂量/宗蕾　王薇薇　李遥//经济日报 2002-04-04
⊙ "节会经济"兴旅游/魏劲松　蒋志华//经济日报 2002-12-30
⊙ "她世纪"的中国广告回音壁——从数据中发现新走向/胡晓芸//广告大观（综合版）2002-04
⊙ "滥"广告卖出"火"产品/冷振兴//经理日报 2002-09-14
⊙ "旗帜"广告失去往日魅力网络广告谁将唱主角？//北京科技报 2002-03-01
⊙ "入世"后中国广告的发展思路/郭晓云//兰州商学院学报 2002-06
⊙ "上海"两字变出无穷题材/陈熙涵//文汇报 2002-06-27
⊙ "审美泡沫"：文化消费意识与广告/陈定家//北京化工大学学报（社会科学版）2002-03
⊙ "实效广告"行销中国"第九届中国广告节"高峰论坛侧记/陈德荣//大市场·广告导报 2002-12
⊙ "世博会"向我们走来/陈惟//文汇报 2002-03-10
⊙ "雪碧"明星广告创意剖析/田振宇//广告大观（综合版）2002-07
⊙ "展览年"带来了什么？/张波//青少年书法 2002-22
⊙《AD盛典》，中国广告的未来不是梦/梅大传//工人日报 2002-10-25
⊙《国际展览公约》的产生//沪港经济 2002-12
⊙《哈利·波特》创票房奇迹——一个成功的跨媒体营销范例/袁晓懋//广告大观（综合版）2002-05
⊙《南方都市报》广告经营谈/张曙光//中国经营报 2002-02-04

2003 年

⊙ 03广州会展业九大点评/邓志斌//信息时报 2003-12-23
⊙ 1981-2002年中国广告业统计资料//中华新闻报 2003-05-14
⊙ 1998里斯本世界海洋博览会规划设计述评/周玉明//时代建筑 2003-04
⊙ 2002年：网络广告的滑梯/毛瑞//市场观察 2003-04
⊙ 2002年度美国会展数据//中国会展 2003-10
⊙ 2002年广告研究观点综述/张健康//中国广告 2003-07
⊙ 2002年美国会展行业调查报告/路凡//中国会展 2003-15
⊙ 2002年全国广告统计揭晓/叶//中国新闻出版报 2003-06-12
⊙ 2002年全国新增加展览面积一览表//中国会展 2003-05
⊙ 2002年网络广告业十大事件盘点/杨伟庆//大市场·广告导报 2003-Z1
⊙ 2002年中国传媒广告业十大现象//广告大观（综合版）2003-02
⊙ 2002年中国广告市场生态调查报告摘要//中华新闻报 2003-11-10
⊙ 2002年中国广告业十大新闻//广告大观（综合版）2003-02
⊙ 2002年中国广告业十大新闻候选事件//广告大观（综合版）2003-02
⊙ 2002年中国广告业统计/贾玉斌//中国报业 2003-05
⊙ 2002年中国企业广告投放基本情况/宋永俊//中国报业 2003-02

-28
◎ 京、沪、穗会展业，谁领风骚？/李静//企业家天地 2003-02
◎ 京城会展特别行动/张笑//中国会展 2003-11
◎ 经济眼看跨国广告公司在中国的发展——兼论缓行组建本土广告集团/万木春//广告大观（综合版）2003-10
◎ 精信10年：与中国广告同行/陈德荣//大市场·广告导报 2003-Z1
◎ 警惕会展经济陷入泡沫之虞/路凡//中国会展 2003-03
◎ 九头"鸟"为广告业衔来利好//广告大观（综合版）2003-04
◎ 聚焦广告界目光/华艺//中华新闻报 2003-03-17
◎ 看媒体如何进行广告策略调整/赵永平//市场报 2003-10-15
◎ 抗非典公益广告强势而出/白鹏//北方经济时报 2003-05-16
◎ 科教频道受众心理特征及广告销售对策/王玲玲//第四届中国教育电视研讨会 2003
◎ 跨文化广告传播中的文化扩张/尹洁//声屏世界 2003-10
◎ 跨越时空的相聚——中国会展行业振兴计划视频大会侧记/林云//中国会展 2003-13
◎ 昆明：打响会展业五大品牌/王敏//今日信息报 2003-02-25
◎ 昆明会展业：出路何在？/王云艳//中国西部 2003-04
◎ 昆明会展业打响五大品牌/王敏//国际商报 2003-02-12
◎ 昆明着力培育会展经济/宗蕾//经济日报 2003-08-29
◎ 来自广告教父的一生忠告/丁华章//财经时报 2003-08-23
◎ 乐从镇会展经济彰显品牌效应/李鸣//中国改革报 2003-12-05
◎ 理想与现实——做广告与看广告/钱广贵//广告人 2003-06
◎ 利用博览会开展对外宣传/张忠国//对外大传播 2003-Z1
◎ 利用节日商机展示城市品牌/李敏　史商宣//亚太经济时报 2003-09-27
◎ 利用民族特色节庆活动　推进民族旅游业发展/杨雅玲//湖南商学院学报 2003-06
◎ 量化广告效应的有益尝试/雅卓//中国新闻出版报 2003-12-23
◎ 列车广告权值多少钱//广州日报 2003-06-05
◎ 零售业平面广告大比拼/王跃林//商业时代 2003-22
◎ 另一种声音：文化批判语境下的广告传播解读/张殿元//新闻与传播研究 2003-04
◎ 浏阳市人民政府李家喜副市长投书本刊——会展业必须与时俱进//中国会展 2003-05
◎ 旅游将成为会展业细分市场/欣华//国际商报 2003-04-23
◎ 旅游节会要走市场化道路/林明//云南经济日报 2003-02-22
◎ 略论广告批评的文化标准/仝帆//西南民族大学学报（人文社科版）2003-11
◎ 略论我国会展业的发展与对策/黄芝芳//经济工作导刊 2003-09
◎ 略论虚假广告之治理/李雅洁//中国工商管理研究 2003-07
◎ 论"数码地图、三维景观"在广告领域拓展的可行性/李聚方　王琴//全国测绘与地理信息技术研讨交流会 2003
◎ 论档案展览服务/薛匡勇//北京档案 2003-08
◎ 论广告企业之难以"文""化"之/杭云龙//广告人 2003-06
◎ 论广告人的文化涵养之构建/徐君康//企业经济 2003-09
◎ 论会展经济的空间集聚和扩散——以上海、北京、广州三地为例/王云龙//学术论坛 2003-06
◎ 论会展业对区域经济的影响、存在的问题及其对策/薛伟业//经济师 2003-08
◎ 论流行文化对广告的意识形态影响/羊小于//新闻界 2003-04
◎ 论我国会展经济与城市聚集经济的耦合性与互动性/何文举//湖南商学院学报 2003-06
◎ 论中国西部会展业的发展/杨梅//重庆大学学报（社会科学版）2003-02
◎ 媒体为何纷纷给自己做起了广告/李予阳　邓克娟//经济日报 2003-10-22
◎ 媒体形象广告：增加影响力的筹码/李海宏　徐建华//中华新闻报 2003-03-24
◎ 美国广告业"受众细分战略"的理论与机制/滑明达//外语教学 2003-03
◎ 美国会展管理教育及其对我国的启示/刘大可//旅游科学 2003-01
◎ 美国网络广告又成香饽饽/王龙云//经济参考报 2003-06-20
◎ 美国无线运营商成为报纸广告大户/晓雅//人民邮电 2003-07-23
◎ 美术展览策划人的定位与发展/丁宗江//美术观察 2003-11
◎ 美术展览与国家文化战略//美术观察 2003-11
◎ 门头沟区户外广告现状及规划设想/李元辉　贾立红//2003-06-30
◎ 面对会展"蛋糕"是切一块还是共同做大/桑世泽//钓鱼 2003-03
◎ 面对向可持续发展挑战的广告业/Bernhard Adriaensens//产业与环境 2003-Z1
◎ 民歌节身份的错位——评"2002南宁国际民歌艺术节"开幕式晚会的不足/冯光钰//歌海 2003-02
◎ 民建常熟市委提案搞活会展经济/韩新//江苏政协 2003-05
◎ 民营企业抢滩会展经济/周霞//今日信息报 2003-08-26
◎ 明星广告能为企业带来什么/刘黄//中华工商时报 2003-09-04
◎ 明星广告扑朔迷离真真假假让人喜忧参半/蛛丝蚂//中国审计报 2003-07-04
◎ 明星做虚假广告是否构成侵权/乔新生//法制日报 2003-01-12
◎ 墨西哥城的广告污染/许宏治//人民日报 2003-07-14
◎ 拿什么拯救你，网络广告/程昊//湖北日报 2003-07-09
◎ 内地与香港会展业共创双赢/沈丹阳//人民政协报 2003-12-12
◎ 内涵与追求：广告创意中的传统文化/吕琛//广西民族学院学报（哲学社会科学版）2003-03
◎ 南昌冲刺会展经济/南方//国际商报 2003-04-23
◎ 南昌雅式"失踪"凸显展会经济漏洞/胡斌//中国商报 2003-04-15
◎ 南非国家展览中心五大特色/彭远//国际市场 2003-11
◎ 南京国际梅花节成功实施品牌战略/继梅　江伟//人民日报海外版 2003-04-15
◎ 南京会展经济的发展定位及策略选择/刘小川//南京社会科学 2003-03
◎ 南京会展经济发展的战略思考/杨益民//南京社会科学 2003-S2
◎ 南宁：一个打造城市品牌的成功范例/王芳//中国工业报 2003-01-15
◎ 南宁民歌节唱进400亿/李运涛　张文德　黄祖华//中华工商时报 2003-11-24
◎ 南宁年货市场引进会展模式/黎焱　郑旬//国际商报 2003-12-24
◎ 尼尔森媒介调查：中国是亚洲第一广告大国//新闻大学 2003-01
◎ 年营业额900亿广告业修订立法急切/田予冬//财经时报 2003-09-13
◎ 宁波：兴起会展"集团军"/刘芳//今日信息报 2003-02-18
◎ 宁波打造"长三角"南翼会展之都/李建新　蒋一娜//浙江日报 2003-03-20
◎ 宁波会展业机遇为何在上海？/朱飞跃//经济日报 2003-04-16
◎ 宁波梁祝文化公园与节庆风俗/虞善来//中国邮政报 2003-09-19
◎ 宁波拼杀会展"甲A"赛场/鲁诚//国际商报 2003-04-09
◎ 宁波为会展业规划蓝图/陈国强//国际商报 2003-01-15
◎ 宁波依托会展业打造国际大都市/张海萍//市场报 2003-01-15
◎ 宁波展会的秘密/李天旭//招商周刊 2003-02
◎ 牛仔裤广告的符号意义与社会功能/王竞//证券日报 2003-02-23
◎ 农村广告市场开发四要素论/罗书俊　王妤彬//江苏商论 2003-11
◎ 努力把会展业做大做强——关于福建会展业发展的调查//发展研究 2003-02
◎ 欧美国家对电视广告的限制/刘爱成　欧览//中华新闻报 2003-12-15
◎ 蹒跚起步的湖南会展经济/程宁娟//湖南经济报 2003-11-28
◎ 培育我国广告业的"参天大树"/杨英梅//投资北京 2003-10

◎中小企业网络广告策略初探/杨焱林//中国机电工业 2003－02
◎中远物流开拓会展物流/房国霞//国际商报 2003－08－23
◎中远物流探索会展物流提升节庆档次/杨东升　柳承惠　房国霞//经理日报 2003－08－21
◎瞩目会展经济/李雪桂//企业家天地 2003－02
◎注重本土化　广告更精彩/刘勇//现代营销（经营版）2003－12
◎铸造世界级品牌展会——访上海博华国际展览公司执行董事王明亮/卢一平//上海商业 2003－12
◎抓住机遇加快我国展览业发展步伐/李兵//市场经济研究 2003－05
◎准确定位是办好会展的关键/杨彩霞//今日信息报 2003－09－23
◎自然科学学报要充分挖掘广告经营的优势/陈燕//第三届中国科技期刊青年编辑学术研讨会 2003
◎纵览会展经济/金蓓//海淀走读大学学报 2003－01
◎走进德国会展经济/翟雯//中国会展 2003－02
◎走进广告世界案例/邹开煌//福建教育学院学报 2003－09
◎走进展会的日子——中国会展业全面复苏/一风//中国会展 2003－13
◎奏响广告策划四部曲//中国黄金报 2003－06－10
◎最有文化的广告楹联广告/戴世富//商业文化 2003－01
◎做大会展经济　促进省城发展/宋丽华　孙宏波//吉林日报 2003－12－05
◎做大做强浙江广告业/沈雁　翁东劲//浙江日报 2003－09－01
◎做好参展准备工作——企业实现展览目标的重要一环/李原//经济师 2003－06
◎做好档案展览大文章/张新//中国档案 2003－08
◎做新经济的引领者/康韧//中国环境报 2003－10－21
◎“霸道事件”：争议广告的品牌杀伤力/齐馨//财经时报 2003－12－20
◎“城市广告业态”之一　深圳广告业：在穗港冲击中游弋/孙毅//大市场·广告导报 2003－09
◎“城市广告业态”之二　“十广节”前夕看南京广告业/凌平//大市场·广告导报 2003－10
◎“城市广告业态”之三　安逸中的成都广告/凌平//大市场·广告导报 2003－11
◎“城市广告业态”之四　杭州广告面面观/凌平//大市场·广告导报 2003－12
◎“传统与现代”的个性表述——2000年汉诺威世博会展馆特色评述/朱祥明//时代建筑 2003－04
◎“大红鹰”广告创意与营销策略/杨柳//今日信息报 2003－03－17
◎“非典”冲击会展业黄金档期/何燕//中国经营报 2003－05－12
◎“国际展览”开国际玩笑/闫志强//市场报 2003－09－03
◎“互联星空”视频业务成为展会亮点之一//电信技术 2003－12
◎“会展”带动旅游经济/李锦兰//云南经济日报 2003－04－17
◎“会展经济”：我们还缺少什么？/程宏志//今日海南 2003－09
◎“会展经济”让香港活力四射/刘诗平//今日信息报 2003－11－04
◎“口碑营销”胜过“广告炒作”/时文//山西科技报 2003－10－22
◎“失语”、“失范”：媒体广告的现实困境/史济豪//上海大学学报（社会科学版）2003－05
◎“世博会”催热会展人才/周悦//财经时报 2003－09－13
◎“天交会”扮亮天津会展经济/李永强//国际商报 2003－05－14
◎“悬赏广告”不履行怎么办？/汪来超　娄红阳//经济参考报 2003－12－31
◎“洋打工”借助展会培育自有品牌/艾芳//经济日报 2003－04－16
◎“影像艺术节”——混沌的试验田/晏礼中//经济观察报 2003－11－24
◎“展览超市”新探索/李庆奎//科协论坛 2003－11
◎“展览年”带来了什么？/张波//青少年书法 2003－22
◎“蒸发”的展会/晨曦//中国会展 2003－07
◎“整合营销传播”挑战中国广告业/余明阳//中国广告 2003－07
◎《英雄》的广告情结/赵毅//广告大观（综合版）2003－02

2004年

◎2002－2004上海四新展综合对比//广告人 2004－07－15
◎2003，中国广告业又创新高/贾玉斌//中华新闻报 2004－04－26
◎2003－2004广告主会展活动研究全报告//市场观察 2004－07－30
◎2003到2004，中国广告业的七个命题/赵正//中国经营报 2004－01－19
◎2003回眸：变革中的中国广告业/范鲁斌//中国广告 2004－05
◎2003年全国报纸广告盘点/梁勤俭//传媒 2004－01
◎2003年中国报业广告经营趋势/宋永俊//中国报业 2004－01
◎2003年中国广告业统计数据分析/广文//中华新闻报 2004－07－05
◎2003中国广告业十大亮点/幸娜//中华新闻报 2004－02－02
◎大有希望　仍需努力——江西会展业现状与前景/苏建安//中国会展 2004－01
◎2004年德国杜塞尔多夫K展展会回顾/钟晓萍//塑料工业 2004－11－30
◎2004年会展业之关键词/陈亮//中国经营报 2004－12－27
◎2004年中国传媒广告业的三个悬念/胡柏精//中华新闻报 2004－02－16
◎2010年世博会与上海水上旅游发展的互动关系/张璟　程爵浩　符全胜//上海海事大学学报 2004－12－30
◎Arnold——广告创意新作/Clinique//中国广告 2004－11
◎CEPA背景下广告业改革的再思考/张殿元//中国广告 2004－08
◎FIC缔造专业品牌展会的强势帝国/齐丽//食品工业科技 2004－01－25
◎IT企业的会展攻略/李惠然//市场观察 2004－07
◎WTO环境下中国广告业现状及对策思考/郭晶//山西财经大学学报（高等教育版）2004－02
◎昂贵的广告与经济的营销组合——兼论企业促销手段的选择/唐仁承//中国广告 2004－01
◎奥兰多：旅游会展写繁荣/刘海昕//经济日报 2004－10－13
◎奥运广告考验企业战略眼光　访央视广经中心副主任兼广告部主任郭振玺/毛晶慧//大市场·广告导报 2004－09
◎奥运广告考验企业战略眼光——访央视广经中心副主任兼广告部主任郭振玺//广告大观（综合版）2004－09
◎澳大利亚的商业会展统计/邹春仙　牛小慧//北京统计 2004－04－25
◎澳门＆广告业//科技资讯 2004－20
◎澳门会展业利用“前展后厂”打会议牌/吴明//国际商报 2004－01－14
◎把公益广告融入企业中——公益广告是企业与社会公众沟通的渠道/陈彦卿//零陵学院学报 2004－08
◎把握市场走势是成功办展的基础/修铁钢//国际商报 2004－06－30
◎办好南博会需要“心灵沟通”/古膺//广西日报 2004－02－23
◎保险公司品牌提升与广告创意、设计刍议/葛深渭//商业研究 2004－15
◎北京：发展文化会展业的核心优势/沈望舒//北京观察 2004－08
◎北京会展业国际化程度提高/杜娟//中国信息报 2004－07－07
◎北京局服务会展经济呈现四大特点/董敬民//中国国门时报 2004－06－18
◎北京能够成为亚太重要会展中心的六点理由/陆昊//中国企业报 2004－04－23
◎北京三星广告创意欣赏/叶宇轩//广告大观（综合版）2004－08
◎北京市2003年广告业企业按主营业务收入前50名//北京统计 2004－08
◎北京市的会展产业发展/侯汉坡　邱菀华//北京社会科学 2004－05－15
◎北京市会展经济发展的瓶颈问题及对策研究/张卫星//北京市财贸管理干部学院学报 2004－03
◎北京双年展终结了双年展泡沫热吗？/朱其//艺术评论 2004－01－05
◎北京文化会展业的核心优势/沈望舒//城市问题 2004－04
◎备战世博会如何储备抢手会展人才？/翟新华//国际商报 2004－07－21
◎本土广告业“主场”怎么打/佑言//中国质量报 2004－09－14

⊙ 广州广告业空前大洗牌/张小平//大市场·广告导报 2004-03

⊙ 广州会展经济发展的思考/王明景//桂林旅游高等专科学校学报 2004-05

⊙ 广州会展业发展中的问题/李晓莉//中国会展 2004-17

⊙ 广州会展业进入“三足鼎立”时代/欣文//市场报 2004-07-20

⊙ 贵阳广告业“明天”依然美好//大市场·广告导报 2004-05

⊙ 贵州广播广告业极具发展空间/孙毅//大市场·广告导报 2004-05

⊙ 桂林会展业发展的城市合作战略/黄燕玲//改革与战略 2004-12

⊙ 国际会展业的发展现状、特点及其对中国的借鉴/吴易明//江西财经大学学报 2004-02

⊙ 国际性展会与高等展示设计教育/周维娜//装饰 2004-04-01

⊙ 国际展会应该这样办/梁曦//中国化工报 2004-08-25

⊙ 国内产业投资网络广告行为分析/袁媛//经济师 2004-08

⊙ 国内会展业面对外资打压艰难求生/李远方//中国商报 2004-08-13

⊙ 国内经济发达地区发展会展经济对天津市的启示/王学斌//城市 2004-01

⊙ 国内企业如何参加展会/陈明//今日信息报 2004-05-18

⊙ 国外档案展览实践及启示/高勇//中国档案 2004-05-06

⊙ 国外匠心独运的广告创意/吴雨//中国工商报 2004-08-14

⊙ 国有会展企业改制的利弊得失/陈峰//中国会展 2004-06

⊙ 哈尔滨发展会展经济的 SWOT 分析与对策/王朝晖//边疆经济与文化 2004-07

⊙ 海南会展经济须找准定位/彭敏//海南日报 2004-03-31

⊙ 海南会展市场为何展多会少/赖志凯 杨春虹//国际商报 2004-10-27

⊙ 海外广告的经典创意/石恩利//决策探索 2004-09

⊙ 海外会展业空间布局的研究及启示——以德国、香港为例/朱海森//人文地理 2004-05

⊙ 好创意与破广告/王枫//中国质量与品牌 2004-11

⊙ 合作始于沟通 效益源自真诚——三年中央电视台广告部与国际品牌全接触纪录//广告大观（综合版）2004-10

⊙ 宏观调控给电视广告经营带来严峻挑战/张钦恒//大市场·广告导报 2004-08

⊙ 后现代广告传播解读/张品良//江西财经大学学报 2004-01

⊙ 户外平面广告创意要诀/魏砚雨//广告大观（综合版）2004-08

⊙ 怀柔会展经济创佳绩/陈静//中国旅游报 2004-02-16

⊙ 回顾广州广告业//大市场·广告导报 2004-03

⊙ 会展，留给参展商的一道选择题/任芳达//市场观察 2004-07-30

⊙ 会展，企业展示自己的重要通道/栗相军//市场观察 2004-07

⊙ 会展：“数据”将是关键词/吴静淼//中国对外贸易 2004-01-01

⊙ 会展“秀”出活力宁波/陈晓明//今日信息报 2004-03-16

⊙ 会展案例：华润蓝剑 1000 万启动多米诺/周际 陈文章//市场观察 2004-07-30

⊙ 会展参加者购买决策过程研究/周显植 朴松爱//财经问题研究 2004-12-05

⊙ 会展策划师炙手可热/伊雯//中国商报 2004-12-31

⊙ 会展产业：经济的晴雨表/李应章//河北经济日报 2004-05-18

⊙ 会展产业的六大特征/丁萍萍//国际商报 2004-01-21

⊙ 会展城市经营策略/范哲//中国广告 2004-06-15

⊙ 会展城市营销的几个基本问题/王春雷//旅游科学 2004-06-25

⊙ 会展疯狂背后——城市会展经济发展战略/刘宏伟//深圳特区科技 2004-Z5

⊙ 会展经济 西部第一/商会//四川党的建设城市版 2004-04

⊙ 会展经济：城市经济增长的“助推器”/仁者//中国高新区 2004-11

⊙ 会展经济：谨防三个误区/本刊编辑部//中国检验检疫 2004-11

⊙ 会展经济：一边飞跑一边漏气/闫荣伟//科学咨询（决策管理）2004-02

⊙ 会展经济的多米诺效应/林畅茂//中国印刷物资商情 2004-06

⊙ 会展经济的价值反思与路径抉择/马晓燕//苏州大学学报（工科版）2004-06

⊙ 会展经济热遍全国/京西//西部时报 2004-12-08

⊙ 会展经济如何把蛋糕做大//发展 2004-02

⊙ 会展经济探析/蒋振声//浙江树人大学学报 2004-06

⊙ 会展经济与城市经营/李亚//天津日报 2004-06-25

⊙ 会展能让城市充满竞争力/欣欣//国际商报 2004-07-28

⊙ 会展企业的创新管理模式/赵宁//安庆师范学院学报（社会科学版）2004-06

⊙ 会展企业集团化之路——动因与模式/胡斌//中国广告 2004-10

⊙ 会展企业开拓市场的有效捷径/胡玉忠//农药市场信息 2004-11-01

⊙ 会展侵权成为会展经济的绊脚石/李远方//中国商报 2004-04-23

⊙ 会展让城市充满竞争力/倪鹏飞//国际商报 2004-01-07

⊙ 会展人才成会展业热点/刘元//今日信息报 2004-09-28

⊙ 会展人才存在架构缺陷/万辉//市场报 2004-12-14

⊙ 会展如何把自己“营销”出去/王春雷//中国经营报 2004-06-07

⊙ 会展审批改革将再次“松绑”/朱立文//国际商报 2004-03-24

⊙ 会展市场化运作才能生存发展/吕刚//国际商报 2004-03-24

⊙ 会展推动中山市特色经济发展/陈志坚//国际商报 2004-02-25

⊙ 会展危机的形成影响及其预防/孙虹飞//吉林工程技术师范学院学报 2004-07-25

⊙ 会展心经谈/陈大立//市场观察 2004-07-30

⊙ 会展行业呼唤专业化服务/呼涛//经济参考报 2004-10-21

⊙ 会展业：“一拖九”效应与泡沫/陈冀//记者观察 2004-03

⊙ 会展业搭建深港高新技术产业的合作平台/李飒//海峡科技与产业 2004-02

⊙ 会展业的“温州模式”/杨波//发展 2004-02

⊙ 会展业的发展与特点——对山东会展业的调查与分析/韩晓玲//文物春秋 2004-04

⊙ 会展业的市场需求/胡斌//中国广告 2004-06

⊙ 会展业的整合在所难免/杨玲香//中国经营报 2004-08-30

⊙ 会展业发展迅猛但仍处于初级阶段/姚意克//国际商报 2004-06-22

⊙ 会展业将成为广西经济发展的“助推器”/黄兴忠//广西日报 2004-07-23

⊙ 会展业六年后将遭遇“人才泡沫”？/张丽娜//消费日报 2004-09-15

⊙ 会展业面临三大隐忧/周智琛//南方日报 2004-03-03

⊙ 会展业如何进军国际舞台/陈浩//今日信息报 2004-06-22

⊙ 会展业如何进军国际舞台/刘大可//中国纺织报 2004-06-02

⊙ 会展业四大“台柱”人才/吴昌富//中国会展 2004-03

⊙ 会展业危机管理的 RCRR 模式/华谦生//中国会展 2004-09

⊙ 会展业为香港创造巨大经济效益/林天福//沪港经济 2004-01

⊙ 会展业无序竞争凸显政府管理尴尬/郭茹 文照谋//中国经营报 2004-08-09

⊙ 会展业——新经济的管理模式与创新/李振国 纪淑平//经济论坛 2004-08-25

⊙ 会展业与城市的互动发展/贺文杰//中国旅游报 2004-05-26

⊙ 会展业与旅游业的对接现状及发展对策/张文敏 李晓莉//中国会展 2004-06

⊙ 会展业遭遇“四大怪”//消费日报 2004-10-21

⊙ 会展业中的政府职责/曹墨//中国广告 2004-08

⊙ 会展业逐渐告别“政府主办”/田建军 熊金超//经济参考报 2004-04-17

⊙ 会展营销“千机变”/傅乐乐//中国经营报 2004-08-02

⊙ 会展营销的技巧/傅乐乐//今日信息报 2004-08-10

⊙ 会展营销鸣锣开道/沈青//市场观察 2004-07-30

⊙ 会展营销学问大/丛笙//国际商报 2004-08-11
⊙ 会展营销学问大/王春雷//市场报 2004-07-27
⊙ 会展营销怎么赢？/沈青　金必德　广人//北京日报 2004-04-01
⊙ 会展与城市经济社会发展关系研究——以中国出口商品交易会（广交会）为例/罗秋菊　陶伟//北京第二外国语学院学报 2004-03
⊙ 会展与城市——现代会展的诞生与城市的转型/黄厚石//南京艺术学院学报（美术与设计版）2004-05-25
⊙ 会展与酒店业互动发展研究/马勇　陈静//桂林旅游高等专科学校学报 2004-04-15
⊙ 会展与旅游越靠越紧/卞文志 范建荣//市场报 2004-09-28
⊙ 会展与知识产权保护/宋琳//经贸世界 2004-07
⊙ 会展招商五路出击/张旭//中国医药报 2004-02-12
⊙ 会展中心倾力打造文化热土/杨宁舒//黑龙江日报 2004-11-26
⊙ 会展助推天津经济发展/马静//天津科技 2004-03
⊙ 机电展会看过来——中小企业出展策略/路凡//世界机电经贸信息 2004-01
⊙ 基于广告营销行为的国有企业管理机制研究/徐丽娟//兰州交通大学学报 2004-05
⊙ 基于两种广告战略的企业选择/司子强//商业研究 2004-09
⊙ 基于收益管理的广告业时段最优分配模型/王国才//预测 2004-03
⊙ 跻身展览业大国　法国赢在模式/综编//中国经营报 2004-09-13
⊙ 济南广告业//给我一个根植的理由/黄刚//大市场·广告导报 2004-09
⊙ 济南市会展经济发展问题思考/王祯祥//中共济南市委党校学报 2004-01
⊙ 加快发展湖南省会展业、物流业、水务业、都市农业的思考/魏晓//湖南经济报 2004-03-16
⊙ 加快上海会展产业的规范发展/徐祥生//上海商业 2004-10
⊙ 加强电子商务应用切实服务现场展会/王新培//国际商报 2004-04-15
⊙ 戛纳广告节创意作品印象/张惠辛//中国广告 2004-08
⊙ 假如我是广告主　以有效的品牌联想快速创建品牌/赵一鹤//大市场·广告导报 2004-01
⊙ 建立会展业统计制度势在必行——北京市会展业统计指标体系研究/邬春仙//中国统计 2004-01
⊙ 建立与完善会展市场制度/杨贺龙//中国广告 2004-10-15
⊙ 江苏会展业发展现状与对策研究/梁曙霞//世界经济与政治论坛 2004-06
⊙ 将全球会展管理经验介绍给中国企业/鲁诚//国际商报 2004-12-29
⊙ 节庆活动的综合评价/刘亚禄　徐铁夫//中国统计 2004-08-17
⊙ 节庆活动对乡村旅游发展影响的研究/林铭昌//第二届海峡两岸休闲农业与观光旅游学术研讨会 2004
⊙ 节庆活动市场化的必由之路/刘效仁//光明日报 2004-09-13
⊙ 节庆活动引发对城市形象塑造的几点思考/孙楠楠　汪媛媛　何春晖//公关世界 2004-06-01
⊙ 节庆文化促发展绿城建设创新风/李布　文晴//大众科技 2004-02-29
⊙ 节日：从文化伸向经济的无形之手/陈圣来//西藏日报 2004-02-08
⊙ 节日广告创意的终极考验/黄庆铨//中国广告 2004-04
⊙ 解读广告创意的低俗化趋势/刘树红//浙江工商职业技术学院学报 2004-04
⊙ 解析电影中的广告元素/廖长城//市场观察 2004-08
⊙ 借力会展巧做服装经济/刘战红//中华工商时报 2004-04-15
⊙ 今天的福建广告业/黄应寿//大市场·广告导报 2004-06
⊙ 近代中外卷烟业商家广告竞争述论/王海虹//株洲师范高等专科学校学报 2004-01
⊙ 经典公益广告摄影赏析//美与时代 2004-12
⊙ 经济全球化背景下我国商业性展会的分销研究/张玉明//市场营销导刊 2004-04
⊙ 经营会展人才缺口大/康淼//市场报 2004-06-08
⊙ 精心打造品牌展会/朱京昌　魏建玲//中国贸易报 2004-12-28
⊙ 警惕广告公司的“伪品牌”现象/张惠辛//中国广告 2004-05
⊙ 警惕会展经济患病/鹿永建//中国改革报 2004-11-29
⊙ 开拓电视媒体广告增长空间/姚景源//广告大观（综合版）2004-05
⊙ 考量受众心理　创新电视广告/周磊//当代电视 2004-03
⊙ 科博会凸显会展业软肋/戴廉//瞭望 2004-22
⊙ 科技期刊广告的经营策略/胡如进　顾志玲//编辑学报 2004-03
⊙ 科技期刊广告客户来源的拓展与稳定/陈妙贞//第 4 届中国科技期刊青年编辑学术研讨会 2004
⊙ 科技型中小企业“东博会”展风采/黄文娟//中小企业科技 2004-12
⊙ 客观评价会展经济地位作用实事求是推进会展经济发展/储祥银//中国贸易报 2004-09-21
⊙ 跨国展览公司中国变脸/朱立文//国际商报 2004-04-07
⊙ 昆明会展业“转型”拓商机/云南//中国贸易报 2004-08-10
⊙ 昆明会展业转向市场树品牌/赵文慧//国际商报 2004-11-10
⊙ 困惑中的广告业/李俊峰//大市场·广告导报 2004-01
⊙ 老鼠（MICE）的奶酪（MARKET）——谈会展产业的发展趋势/何树人//中国广告 2004-09
⊙ 乐从会展业文化味渐浓/邹水华//中国贸易报 2004-11-11
⊙ 理性展会，方能亮出安全真风采——侧记“2004 中国国际信息安全展览暨论坛”/向永杨//信息安全与通信保密 2004-07-10
⊙ 历届国际邮票钱币博览会回眸//中国邮政报 2004-09-14
⊙ 两宋时期的书业广告/范军//出版科学 2004-01
⊙ 六博会、会展经济及其他/高立鹏//中国花卉园艺 2004-01
⊙ 六博会为温江旅游业带来新契机/张洪武//中国花卉园艺 2004-15
⊙ 旅行社成为会展业经营主体的必然性和策略/丁宗胜//宜宾学院学报 2004-05-25
⊙ 旅游节庆：目的地营销的重要手段/马聪玲//中国旅游报 2004-09-17
⊙ 旅游节庆及其文化性因素论析/秦美玉//四川师范大学学报（社会科学版）2004-09-30
⊙ 绿色会展名牌是这样打造的/韩迎祥　李建忠//农民日报 2004-02-20
⊙ 略谈中国-东盟博览会对广西旅游业的影响//东南亚纵横 2004-09-30
⊙ 论北京市的会展产业发展/侯汉坡　邱菀华//北京社会科学 2004-02
⊙ 论北京市会展业发展与第 29 届奥运会的相互促进作用/赵立军//中国体育科技 2004-06-15
⊙ 论城市会展业的发展/付建国//太原城市职业技术学院学报 2004-12-30
⊙ 论电视广告的创意与制作/牛烟生//齐鲁艺苑 2004-01
⊙ 论广告策划与企业营销策划的关系/段娜//记者摇篮 2004-05
⊙ 论会展保险市场的拓展策略/唐金成//保险职业学院学报 2004-10-30
⊙ 论会展企业发展战略/李庆杨//沈阳大学学报 2004-03
⊙ 论加入世贸组织后我国展会品牌的建立/许传宏//对外经济贸易大学学报 2004-04-15
⊙ 论媒介广告营销的渠道/何海明//广告大观（综合版）2004-07
⊙ 论企业广告战略策划/肖智润//现代管理科学 2004-09
⊙ 论区域经济发展中的会展经济/许炳旋//探求 2004-05
⊙ 论儒家诚信文化与广告业诚信规约/徐红//山东行政学院学报 2004-01
⊙ 论入世后我国会展业的法制现状与对策/詹朋朋//国际商务研究 2004-01
⊙ 论市场营销中的品牌广告/张庆胜//企业经济 2004-10
⊙ 论政府在会展经济中的作用/袁竹//吉林商业高等专科学校学报 2004-02
⊙ 论中国独立策展人的民族艺术价值与营销战略/蒋宁宁//江苏经贸职业技术学院学报 2004-03
⊙ 论中小会展企业经营的利基战略/贺文洁//经济师 2004-12

⊙ 选择展会有讲究//国际商报 2004-03-31
⊙ 雅典奥运：舞动广告创意风采/墨兰//中国工商报 2004-08-21
⊙ 烟台畅想 APEC 电子商务博览会未来/宋玲玲//中国商报 2004-06-25
⊙ 烟台会展业应先定位再发展/何酷//国际商报 2004-06-09
⊙ 央视广告——国际企业本土化的必经之途/陈天成//广告大观（综合版）2004-12
⊙ 一个广告人生活里的名词——创意/阿三//广告大观（综合版）2004-07
⊙ 一年生意　四季营销——2004 眼镜零售企业广告宣传及促销活动年度计划/郑欣//中国眼镜科技杂志 2004-01
⊙ 依法促进会展经济发展/顾功耘　井涛//联合时报 2004-07-30
⊙ 以“服务集成”达成顾客满意——会展中心物业管理经验谈/洪冀宁//中国会展 2004-21
⊙ 以“无形的手”抓“无形的资产”——试论以国家宏观调控手段整合会展业/杨孟雪//湘潭师范学院学报（社会科学版）2004-04
⊙ 以会展经济打造城市形象　拉动经济的跨越式发展/田贵明//港口经济 2004-04
⊙ 以会展培育文化品牌/王亚杰//深圳商报 2004-11-19
⊙ 以南博会为契机推动广西文化产业发展/何颖//当代广西 2004-07
⊙ 以品牌经营催生会展经济/李卫//中国禽业导刊 2004-05
⊙ 以情动人——试论艺术广告创意的致胜秘笈/唐朝晖//艺术百家 2004-01
⊙ 以自身建设推动中国会展业的发展/万季飞//中国会展 2004-13
⊙ 艺术展览与国家文化战略——由北京双年展所想到/吕品田//美术 2004-01-05
⊙ 隐忧与出路：论深圳市会展业的集约式发展/李舟//特区经济 2004-12
⊙ 用产业化模式办好中国-东盟博览会/姜木兰　贺斌//广西日报 2004-07-21
⊙ 用数字看重庆广告业//大市场·广告导报 2004-08
⊙ 由世博会看我国的会展旅游发展与完善/朱双魁//北方经贸 2004-02
⊙ 有关我国会展产业性质的基本分析/王云龙//社会科学家 2004-01
⊙ 有形的事物秩序的整合——略谈城市户外广告的现状及对策/林毅红　程伟//南京艺术学院学报 2004-04
⊙ 与电视广告有关的法律——英国电视广告业行为标准准则附则/安青虎//工商行政管理 2004-04
⊙ 云南发展“会展经济”的战略构想/吴明远//云南地理环境研究 2004-01
⊙ 云南会展经济发展摭谈/胡渝//经济问题探索 2004-03
⊙ 运用理论目光审视会展实践（上）/陈泽炎//中国贸易报 2004-07-20
⊙ 运用理论目光审视会展实践（下）/陈泽炎//中国贸易报 2004-07-27
⊙ 运用网络广告　塑造品牌形象/江涛//滁州师专学报 2004-02
⊙ 运用心理知觉做好展会市场营销/应丽君//世界机电经贸信息 2004-09-15
⊙ 杂志广告变脸——从《数字商业时代》看杂志广告创新/王果//广告大观（综合版）2004-02
⊙ 在城市上空撒钱的会展经济/邓朴安//上海经济 2004-01
⊙ 在探索革新中寻求媒介广告经营发展之路/程士安//传媒管理论坛 2004-04
⊙ 在阵痛中蜕变的济南广告业/潘韵斌//大市场·广告导报 2004-09
⊙ 怎么说很重要——表现形式对电视和网络广告效果的影响/陈正辉//广告大观（综合版）2004-07
⊙ 展馆市场化改革只有拍卖一条路？/王晶//中国经营报 2004-12-13
⊙ 展会，与就业结缘——第三只眼看上海工博会//成才与就业 2004-12-01
⊙ 展会不可忽视人气/津瑞//国际商报 2004-08-18
⊙ 展会不能只求热闹/王衡//人民日报 2004-09-15
⊙ 展会服务“缺失”“配套市场”须跟进/杨玲香//中国经营报 2004-09-27
⊙ 展会告别政府主办时代/胡慧平//中国工业报 2004-11-23
⊙ 展会过后冷思考/李超　张玉泉//中国黄金报 2004-03-23
⊙ 展会航母效应凸显/孟雅丽//中国纺织 2004-05-05
⊙ 展会联办：要良性整合而不要硬性拼盘/杨玲香//中国经营报 2004-08-23
⊙ 展会评估：会展行业的“洗牌机”/张丽娜//消费日报 2004-12-01
⊙ 展会启示录/贺庆//中国眼镜科技杂志 2004-10-01
⊙ 展会市场化与国际接轨/廖顺遂//经贸世界 2004-03-30
⊙ 展会市场也要打假/伏岸//建筑时报 2004-04-19
⊙ 展会是产业发展的“加速器”/杜玉龙//中国花卉园艺 2004-13
⊙ 展会应突出品牌意识/任可//中国贸易报 2004-08-10
⊙ 展览服务如何与国际接轨/山石//国际商报 2004-07-28
⊙ 展览经济引领图书市场/江雪//中国企业报 2004-09-08
⊙ 展览牵手分会联袂演绎 drupa 魅力//印刷技术 2004-08-21
⊙ 展览市场升温催发展馆经济/王舒//房地产时报 2004-05-03
⊙ 展览业：招商比招展更重要/冯丹琪//今日信息报 2004-09-07
⊙ 招贴广告的创意发展之我见/许雯//美与时代 2004-05
⊙ 找准位置　与时俱进——浅谈中国民营会展企业发展的几个问题/陈泽炎//中国会展 2004-07
⊙ 浙江广告业发展二十年回顾/吕俊杰//广告人 2004-10
⊙ 浙江会展经济应该奋起直追/郭牧//今日浙江 2004-11
⊙ 振兴贵阳广告业/吴翔//大市场·广告导报 2004-05
⊙ 争议广告是把双刃剑/齐馨//市场报 2004-01-06
⊙ 整合资源　规范管理　整体营销——地方城市台电视广告经营模式初探/于国壮//视听界 2004-02
⊙ 正确认识品牌是有效实施广告的关键/沈周锋//温州大学学报 2004-03
⊙ 正视中国广告业的生存瓶颈/陈正辉//传媒观察 2004-11
⊙ 政府主导型会展也是形象工程/王衡//政工研究动态 2004-10-05
⊙ 政府主导型展会转型中的“三效四化”/沈丹阳//国际商报 2004-03-31
⊙ 知识产权保护为展会撑起一片绿荫/任征//中国贸易报 2004-12-28
⊙ 直面电视广告：企业如何提高回报率/孙春凤//西南民族大学学报（人文社科版）2004-01
⊙ 制定会展产业政策应重点解决四个关系/刘大可//国际商报 2004-06-22
⊙ 制定会展产业政策中的辩证法/郑明//国际商报 2004-07-28
⊙ 制约我国网络广告业发展的障碍及对策研究/张萌//环渤海经济瞭望 2004-03
⊙ 中、美两国体育广告市场比较研究/何强//解放军体育学院学报 2004-04
⊙ 中法文化年：中国会展业看得到却吃不到的大餐？/刘炳辉//中国经营报 2004-11-01
⊙ 中国电视广告投放量和价格同步迅猛增长/石庆伟　孟唤//中华新闻报 2004-10-18
⊙ 中国电视媒介广告市场格局解析/田涛//市场观察 2004-08
⊙ 中国电视媒体广告营销高峰论坛举行/本刊特约记者//广告大观（综合版）2004-08
⊙ 中国电视体育广告的传播效果/于慈山//中国广告 2004-08
⊙ 中国-东盟博览会的效应分析/范小俊//东南亚纵横 2004-08-30
⊙ 中国-东盟博览会对广西进出口的影响及对策分析/刘波东//南亚纵横 2004-08-30
⊙ 中国-东盟博览会对广西人才资源的影响及对策/伍梅　欧水木//第三届广西青年学术年会 2004
⊙ 中国-东盟博览会给广西外贸发展带来的机遇与挑战/张璇//广西农村

2005 年

⊙ 广告创意应注意的几个问题/亲江燕　李少兵　范琛//中国市场 2005－50

⊙ 广告创意与行销目标/田原//山东理工大学学报（社会科学版）2005－01

⊙ 广告创意中的本土文化/谭石维//企业研究 2005－04

⊙ 广告创意中理性诉求的有效运用/孟繁荣　孟玲//集团经济研究 2005－18

⊙ 广告的文化属性与文化传播意义/宋玉书//辽宁大学学报 2005－01

⊙ 广告对企业文化传播的再讨论/澹台宏亚//山西经济管理干部学院学报 2005－03

⊙ 广告符号在传播中的价值/熊伟//包装工程 2005－06

⊙ 广告公信力：企业和媒体共同面临的问题/沈旻//现代营销（学苑版）2005－12

⊙ 广告和公关是必须在企业里共同作用的两个元素/赵文权//中国广告 2005－01

⊙ 广告会更文化/江绍雄//中国广告 2005－05

⊙ 广告会展经济是文化产业的一个重要方阵/刘纪兴//湖北日报 2005－11－10

⊙ 广告跨国传播中的文化对话与冲突/霍志坚　夏盼//当代传播 2005－04

⊙ 广告人“业进民退”下的生存思考/韩金随//广告大观（综合版）2005－10

⊙ 广告设计从标题开始/金国勇//浙江工艺美术 2005－04

⊙ 广告设计审美的多元化发展/李克//文艺研究 2005－09

⊙ 广告设计与艺术内涵/商品//美术大观 2005－10

⊙ 广告设计中的图形语言/秦春晓//包装工程 2005－01

⊙ 广告设计中的幽默之门——探析幽默设计的本质规律/谷博//装饰 2005－08

⊙ 广告视觉传达与创意表现/丰明高//包装工程 2005－02

⊙ 广告——树立企业良好形象的窗口/史锦梅//天津市职工现代企业管理学院学报 2005－03

⊙ 广告图形创意设计中的“抖包袱”/叶蕻//装饰 2005－08

⊙ 广告文案中的“意”与“象”/范林芳//集团经济研究 2005－08

⊙ 广告文化与社会责任/陈秋萍//广西财经学院学报 2005－02

⊙ 广告信息的传播与弱势群体利益的表达/徐红//武汉科技学院学报 2005－06

⊙ 广告业，大蛋糕/何衍良　王莹//中山日报 2005－03－15

⊙ 广告业必须面对衰退的现实/姚林//广告大观（综合版）2005－09

⊙ 广告业的妖魔化/陈刚//广告大观（综合版）2005－08

⊙ 广告业怎样运用“切·格瓦拉”营销模式/郭松克//创新科技 2005－09

⊙ 广告应该也娱乐/刘月辉//广告人 2005－11

⊙ 广告与消费心理学研究及后现代趋势/李贞芳　李燕　程芸娟//广西社会科学 2005－01

⊙ 广告真实性原则与大众媒介的广告法律责任/潘巍松//河南广播电视大学学报 2005－04

⊙ 广西发展会展经济面临的障碍及对策分析/邹忠全//广西财经学院学报 2005－03－30

⊙ 广西首届“中国－东盟博览会”调查评估综述/应丽君//世界机电经贸信息 2005－07－15

⊙ 广州会展发展的问题与对策研究/刘松萍//特区经济 2005－06－25

⊙ 广州会展业存在的问题及对策分析/李晓莉//商业研究 2005－10－25

⊙ 广州会展有喜有忧滋味不同/信时//国际商报 2005－01－26

⊙ 国际化是会展业做强的必经之路（一）/中国贸促会大连市分会秘书长葛玉广//中国贸易报 2005－08－30

⊙ 国际化是会展业做强的必经之路（二）/中国贸促会大连市分会秘书长葛玉广//中国贸易报 2005－09－06

⊙ 国际化是会展业做强的必经之路（四）/中国贸促会大连市分会秘书长葛玉广//中国贸易报 2005－09－20

⊙ 国际化是展览业发展必然趋势/葛玉广//市场报 2005－11－16

⊙ 国际会展新品牌/罗昌爱//人民日报 2005－10－19

⊙ 国际会展业正在转型/李文//中国纺织报 2005－03－04

⊙ 国际展会与国际贸易/储祥银//国际商报 2005－03－24

⊙ 国家将出台会展业新政策//青岛日报 2005－07－28

⊙ 国内展商被“忽悠”/张汝男//中国贸易报 2005－10－11

⊙ 国有企业和国际品牌将是今年的招标大户——招标前夕访中央电视台广告部主任夏洪波//广告人 2005－11

⊙ 韩国国家节庆假日与传统岁时风俗之变化/张长植//民间文化论坛 2005－04－20

⊙ 汉诺威办展的成功之道/李倩倩//市场报 2005－08－03

⊙ 汉诺威依靠会展创造财富/黄英//中国贸易报 2005－08－02

⊙ 好事要办好——关于广告业专业资格评定问题的探讨/陈徐彬//广告大观（综合版）2005－08

⊙ 合作将成会展业发展的新主题/姜蓉//中国经营报 2005－02－28

⊙ 户外电视：让企业广告更精彩/刘锋//河北企业 2005－09

⊙ 户外广告成房地产业新宠/谢丽佳//中国经济时报 2005－10－26

⊙ 户外广告的设计/张云霞//广西民族学院学报（哲学社会科学版）2005－S2

⊙ 户外广告地理/李建强//广告人 2005－05

⊙ 户外广告规划设计问题初探/苏强//城乡建设 2005－08

⊙ 户外广告领跑“四新”——由北京“四新”展看四新行业发展趋势/殷国华//广告人 2005－09

⊙ 户外广告设计定位刍议/王进华//西北美术 2005－01

⊙ 户外广告设计中的辩证法/韩叙//东方艺术 2005－14

⊙ 户外广告业的两极化趋势/杨志勇//广告人 2005－11

⊙ 还展会一片净土——我国《展会知识产权保护管理办法》拟出台//中国发明与专利 2005－09－16

⊙ 会展，重庆还缺什么？/张红梅//重庆日报 2005－07－01

⊙ 会展财富以一当十/海君//管理与财富 2005－04－30

⊙ 会展策划人才稀缺已成行业之痛/张海萍//国际商报 2005－03－30

⊙ 会展策划师这行需要你//中国劳动保障报 2005－01－01

⊙ 会展产业化的经济学思考/曾亚强//集团经济研究 2005－17

⊙ 会展产业综合效益评价指标体系初探/刘文君　邹树梁　王铁骊　陈甲华//南华大学学报（社会科学版）2005－04－15

⊙ 会展场馆的选址与城市交通/翟路//国际商报 2005－02－16

⊙ 会展的标准化与特色化/俞华//国际商报 2005－06－22

⊙ 会展的传统性与时尚性/俞华//国际商报 2005－06－29

⊙ 会展的经济功能/俞华//公共商务信息导报 2005－09－02

⊙ 会展的竞争性与人文性/俞华//国际商报 2005－06－15

⊙ 会展的一半是营销/邢美娜//市场报 2005－05－24

⊙ 会展的直观性与虚拟性/俞华//国际商报 2005－07－08

⊙ 会展活动必须关注生命安全/栾淑彬//国际商报 2005－07－08

⊙ 会展活动要防止节约冷漠症/陈泽炎//中国贸易报 2005－10－25

⊙ 会展教育打开就业新路径/薛秀泓//中国改革报 2005－07－29

⊙ 会展经济　发展无限/王建又//广告人 2005－12

⊙ 会展经济，亟待激活/徐怀明//蚌埠日报 2005－09－16

⊙ 会展经济，让市场说了算//解放日报 2005－09－13

⊙ 会展经济：蓬勃发展的朝阳产业/曹基伟//中国经贸 2005－04－10

⊙ 会展经济：上海经济发展的新动力/蔡永彤//浦东开发 2005－07－05

⊙ 会展经济“热恋”首府/韩沁言//新疆日报（汉）2005－12－01

⊙ 会展经济“虚热”待退/陈雪芹//中国改革报 2005－12－01

⊙ 会展经济别样红/纪东//中国国门时报 2005－04－14

⊙ 会展经济成为热点/吴铭//中国证券报 2005－10－17

⊙ 会展经济出现过热势头/陈雪芹//中国改革报 2005－11－04

2006 年

-01
⊙ SPH 试水中国户外广告市场/孙燕飚//第一财经日报 2006-03-29
⊙ u 会展经济，能否使西安走向国际化/宿育海//中国广告 2006-02
⊙ VC 首次下单网络广告营销联盟/崔晓黎//证券日报 2006-07-09
⊙ VIACOM 进军中国户外广告市场/郭珊珊//大市场（广告导报）2006-02
⊙ VNU 研究广告对票房的影响/Gail Schiller 杨一晨//中国电影报 2006-03-30
⊙ WAP 造就手机广告重生/李传涛 闫俊平//通信产业报 2006-04-03
⊙ Web2.0 分流雅虎广告//软件世界 2006-21
⊙ WTO 背景下的中国广告业/钱正//经营管理者 2006-11
⊙ WTO 背景下中国广告业的生存与发展/钱正//市场研究 2006-10
⊙ WTO 后过渡期我国会展企业营销策略研究/孙伟 陈涛//中国市场学会 2006 年年会暨第四次全国会员代表大会
⊙ 艾美娟：广告公司的经营，就是人的经营/楚桥//大市场（广告导报）2006-09
⊙ 爱立信与 NRK 携手推出全球首个定制移动电视广告业务//电信网技术 2006-12
⊙ 安防怪现状之会展悖论/龚威//中国公共安全（综合版）2006-08
⊙ 安徽省大中型企业广告投放状态及效果分析/徐豪//中国广告 2006-04
⊙ 安顺开发区“会展经济”促进招商引资/陈俊//贵州日报 2006-02-08
⊙ 安义：小节庆带动大旅游/李少豪//中国旅游报 2006-07-07
⊙ 鞍山创新成果辽宁展会扬名/高开升//鞍山日报 2006-05-25
⊙ 奥地利：精心打造艺术节/宋国城//中国改革报 2006-07-29
⊙ 奥克斯一掷 8000 万让广告改变低端/石磊 张衍阁//经济观察报 2006-11-27
⊙ 奥美发力中国广告市场/陆琼琼//上海证券报 2006-09-12
⊙ 奥妙洗衣粉广告之魅力/陈弈//日用化学品科学 2006-05
⊙ 奥运广告营销策略/江明非//统计与决策 2006-12
⊙ 奥运会经营对电视广告的启示/袁袤翔//青年 2006-19
⊙ 奥运会提升北京会展业/金汕//投资北京 2006-10
⊙ 奥运品牌营销的广告契机/敖蓉//首都建设报 2006-11-08
⊙ 奥运品牌营销为广告业带来发展新契机/敖蓉//经济日报 2006-10-24
⊙ 奥运商机为体育展会带来勃勃生机/何东宪//国际商报 2006-04-05
⊙ 奥运营销不仅仅是“贴片广告”/魏建玲//国际商报 2006-11-02
⊙ 澳旅游广告惹风波/戴军//光明日报 2006-03-25
⊙ 澳门会展业起飞在即/向东//消费日报 2006-02-09
⊙ 澳门会展业迎来发展机遇/兰馨//中国贸易报 2006-10-19
⊙ 澳门致力发展会展业/韩文光//中国旅游报 2006-02-27
⊙ 澳洲电讯 10 年逡巡：20 亿元下注分类广告/刘涓涓//21 世纪经济报道 2006-09-11
⊙ 八卦新闻：大片的免费广告/韩璟//解放日报 2006-05-18
⊙ 巴黎博览会创新是主题/陈志萱//经济日报 2006-05-15
⊙ 巴黎旅游博览会　中国很抢眼/廖先旺//人民日报 2006-03-24
⊙ 巴士广告客户定位/康福林//广告人 2006-02
⊙ 把“会展经济”这块蛋糕做得更大/任可//经济日报 2006-01-27
⊙ 把广告还给品牌和消费者——访星传媒体亚太区 CEOD. SRIRAM 先生/连伯宁//大市场（广告导报）2006-06
⊙ 把广告价值放大 N 倍/吴鸣//上海金融报 2006-05-09
⊙ 把广告价值放大 N 倍/紫虹//金融经济 2006-05
⊙ 把广告监管工作推向新水平/刘维善//中国消费者报 2006-12-15
⊙ 把广告植入消费者的生活轨迹/黄升民//中国广告 2006-06
⊙ 把广交会办成世界第一流的展会/王胜颜 张建军//经济日报 2006-10-18
⊙ 把节会真正办成“市民节会”/马海林//天水日报 2006-06-09
⊙ 把农展会办成农民增收的桥梁和平台/姚富昌//运城日报 2006-10-24
⊙ 把文博会办得更好/叶晓滨//深圳商报 2006-05-29
⊙ 把文博会打造成文化会展重点品牌/潘咏 李纪泽//深圳商报 2006-02-26
⊙ 把握传统节日契机 为农村文化生活增添活力/黄凤兰//前进论坛 2006-07
⊙ 把握大势，共谋发展——2006 中国广告趋势论坛特辑/陈徐彬//广告大观（综合版）2006-09
⊙ 把握会展经济的脉搏——浅谈京郊酒店业现状及发展趋势/封晔//北京宣武红旗业余大学学报 2006-02
⊙ 把握三个基点，实现我国广告教育的创新与提升/张巨才//中国广告 2006-10
⊙ 把握珠江三角洲家具会展脉动/祁忠//消费日报 2006-04-05
⊙ 把先进技术和服务带给中国会展业/董鸿乐//中国贸易报 2006-01-24
⊙ 把休博会办成世界水平中国一流的博览会/翁若川//杭州日报 2006-06-21
⊙ 把艺术节办成展示乐山形象的盛会/闫佳//乐山日报 2006-10-21
⊙ 把艺术节打造成高水平盛会/王枫//安庆日报 2006-09-23
⊙ 白酒类电视广告的美感解读/孙红岩//吉林广播电视大学学报 2006-04
⊙ 白酒品牌的广告诉求核心/罗明金//装饰 2006-10
⊙ 白银工商分局开展虚假违法广告专项整治/张红　张云梅//白银日报 2006-04-19
⊙ 白云会展聚众效应渐显/朱超//贵州日报 2006-04-24
⊙ 百度广告新思路/温琼娟//广告大观（综合版）2006-02
⊙ 百度下载用广告换版权四大唱片公司不接招/黄业菘　卢勇刚//中国文化报 2006-04-10
⊙ 百度转攻精准广告模式/孙琎//第一财经日报 2006-07-14
⊙ 百届广交会想说的话太多——采访中国出口商品交易会副主任兼秘书长、中国对外贸易中心主任胡楚生/司思//中国经贸 2006-10
⊙ 百色在博览会签约 95 个项目/许丹婷 申毅//广西日报 2006-11-03
⊙ 百色早备“粮草”参加博览会/许丹婷 申毅//广西日报 2006-10-03
⊙ 百亿宽频广告诱惑广电电信网上结盟/郑迪//21 世纪经济报道 2006-07-26
⊙ 柏林国际旅游交易会吸引力日趋增强//空运商务 2006-08
⊙ 柏林现代展览的城市典范/张吉政//中国会展 2006-20
⊙ 办好茶博会促云茶健康发展/曹永庆 米泓//云南经济日报 2006-08-30
⊙ 办好商交展会做足海西文章/陈晓燕//福建日报 2006-05-18
⊙ 办好世界休闲博览会构建东方休闲之都/张凌鸿//杭州通讯 2006-04
⊙ 办好越剧艺术节展示绍兴新风采/余万芳//绍兴日报 2006-10-11
⊙ 半路出家难得道，会展之都粥多僧少/曹敏捷//中国贸易报 2006-12-12
⊙ 邦尼威：双雄出击扮靓夏日展会/吴雪娟//中华建筑报 2006-06-29
⊙ 包子肉多不在褶上——广告乱弹/周皓岩//中国广告 2006-07
⊙ 宝洁公司（P&G）恪守的电视广告原则/史磊//市场研究 2006-07
⊙ 保护注册商标惩治虚假广告/赵阳 赵一默//辽宁日报 2006-03-15
⊙ 保障会展业繁荣发展/袁俊杰//青岛日报 2006-03-02
⊙ 报刊分类广告的末日？/刘再兴//中国报业 2006-06
⊙ 报刊公益广告策略与价值刍议/班允凤//中国出版 2006-07
⊙ 报刊广告增幅下降原因初探/武晓慧//传媒 2006-01
⊙ 报业广告代理应防范五大经营误区/朱定波//中国报业 2006-08
⊙ 报业广告服务形式要不断创新/王晋华//广告人 2006-08
⊙ 报业广告经营者要研究市场数据/朱长元//新闻 2006-09
⊙ 报业广告经营走出困境的三种途径/朱长元//新闻 2006-05
⊙ 报业广告如何寻找新的增量/顾锦芳//传媒观察 2006-12
⊙ 报业广告市场衰退主要原因解析/姚林//采．写．编 2006-01
⊙ 报业集团抢滩地市，我们怎么办？——从湛江日报社广告经营看应对策略/许冰//广告人 2006-09

⊙ 博客广告问题的法律分析/张城源//传媒 2006 - 06

⊙ 博客广告中层博客用户是关键/谭斌//中国计算机报 2006 - 10 - 16

⊙ 博客网 3000 万元广告解密/侯继勇//21 世纪经济报道 2006 - 08 - 30

⊙ 博客网派发广告红利数千博客分享广告收益/张婷//大众科技报 2006 - 11 - 02

⊙ 博客准备收广告款//民营经济报 2006 - 04 - 24

⊙ 博览会创投资良机——中国与东盟企业瞄准四大“蛋糕”/熊红明//中国高新技术产业导报 2006 - 11 - 13

⊙ 博览会的环境意象与人群行为特征/赵诣//机械设计与制造 2006 - 07

⊙ 博览会对广西经济结构调整的导向作用/何颖//广西日报 2006 - 01 - 13

⊙ 博览会发展史上的里程碑/杜蔚涛//广西日报 2006 - 07 - 24

⊙ 博览会给洛阳带来了什么/胡越//洛阳日报 2006 - 10 - 26

⊙ 博览会——广西经济的推动力/杜蔚涛//广西日报 2006 - 10 - 13

⊙ 博览会将成为亚太地区会展业的典范/王彩霞//国际商报 2006 - 04 - 18

⊙ 博览会为广西搭建中国 - 东盟文化发展平台/何颖//广西日报 2006 - 02 - 23

⊙ 博览会延伸服务项目大有可为/梁军//国际商报 2006 - 08 - 29

⊙ 博览会与国内七大商会签署合作备忘录/蔡华//国际商报 2006 - 08 - 29

⊙ 博览会与旅游究竟有多远/魏晓霞//中国旅游报 2006 - 05 - 22

⊙ 博陆集团 中国会展市场上的“洋秀才”/沈丽//中国会展 2006 - 17

⊙ 捕获“芳心”的 8 大广告策略//民营经济报 2006 - 03 - 06

⊙ 不仅仅是一个展会/张家洲//中国纺织报 2006 - 09 - 27

⊙ 不落幕的艺术博览会——五角场 800 号艺术空间//大美术 2006 - 12

⊙ 不同的广告代理执行不同的功能——访 Swarovski 施华洛世奇大中华区水晶精品部营运副总裁潘爱丽 Allison Pyrah/婷婷//中国广告 2006 - 09

⊙ 不要把名人“拍广告”变成“演广告”/相晓冬//中国企业报 2006 - 09 - 08

⊙ 不要让“假冒”毁了展会名誉/彭继汉//中国贸易报 2006 - 06 - 13

⊙ 采编、广告、发行三位一体策略/邓国超//中国 2006 - 10

⊙ 采取多种措施整治违法广告/袁征 郭兆锋 尚琴萍 冯铁飞//中国消费者报 2006 - 07 - 17

⊙ 采取四项措施综合治理虚假违法广告/应钧//工商行政管理 2006 - 09

⊙ 参展商踊跃，博览会理念移植亚洲市场/刘敏//国际市场 2006 - 11

⊙ 曹国伟：网络广告将是新浪长期焦点/雷中辉//21 世纪经济报道 2006 - 03 - 01

⊙ 策划成就报纸广告/石大冬//中国工商报 2006 - 10 - 31

⊙ 策划创新——党报广告经营的永恒主题——试论省级党报广告营销策划的“结合点”/韩嘉俊//新闻爱好者 2006 - 01

⊙ 策划各种创意活动拓展党报地产广告/丁辉宇//新闻战线 2006 - 02

⊙ 策划新颖广告有诀窍/阿超//投资与营销 2006 - 01

⊙ 差异化扮靓中邮广告品牌/张元民//中国邮政 2006 - 11

⊙ 差异化是服装展会竞争的出路/关鸿江//国际商报 2006 - 11 - 29

⊙ 差异与融合：房地产广告中的视觉设计/宋群//装饰 2006 - 11

⊙ 拆除以后……——大连户外广告拆除后的思考/小智//中国广告 2006 - 12

⊙ 产品不同生命周期的广告策略选择/张瑞//商业时代 2006 - 10

⊙ 产品的信息不对称特征对企业广告策略的影响/李红强//邢台职业技术学院学报 2006 - 01

⊙ 产品放入式广告的应用/胡瑜宁//经营管理者 2006 - 03

⊙ 产品广告创意的概念测试方法/刘德寰//广告大观（理论版）2006 - 03

⊙ 产品同质下广告的横向外部性与供给机制/吴昌南//江苏商论 2006 - 02

⊙ 产品推介会让展会更有效率/环博//国际商报 2006 - 05 - 17

⊙ 产品销售网络的广告媒介角色/张文洁//新闻前哨 2006 - 11

⊙ 产业集群成为广东会展业源动力/庞彩霞 宗河//国际商报 2006 - 06 - 21

⊙ 产业集群为深圳会展业启动引擎/谭建伟 陈红霞//国际商报 2006 - 12 - 20

⊙ 产业集群助推大连会展经济腾飞/侯玉//国际商报 2006 - 08 - 02

⊙ 产业进步快产品发展好——石家庄展会印象/犁铧//中国自行车 2006 - 10

⊙ 产业趋势，催生茶业新业态品牌打造，资源整合更重要——中国国际茶业博览会执行主任王彤先生访谈//茶博览 2006 - 04

⊙ 铲除商家节庆促销陷阱/林琦//瞭望 2006 - 03

⊙ 长安街封杀广告值得商榷/成峰//经理日报 2006 - 03 - 30

⊙ 长春：倾力打造东北亚博览会大舞台/贾瑛//长春日报 2006 - 08 - 14

⊙ 长春会展业：“黄金时期”寻求新突破/贾瑛//长春日报 2006 - 06 - 01

⊙ 长春会展业渐入佳境/贾海涛//中国会展 2006 - 03

⊙ 长春会展业增强精品意识/贾瑛//国际商报 2006 - 10 - 25

⊙ 长春名优特展会亮点不少/贾瑛//长春日报 2006 - 05 - 10

⊙ 长春汽博会规模将再创新高/贾瑛//长春日报 2006 - 11 - 20

⊙ 长春市展览业管理办法//长春日报 2006 - 12 - 18

⊙ 长春文化产业“亮相”文博会/康磊//长春日报 2006 - 05 - 19

⊙ 长春向“会展名城”目标迈进/贾瑛//长春日报 2006 - 11 - 30

⊙ 长虹广告操作的三大问题/欧阳长寿//广告大观（综合版）2006 - 01

⊙ 长三角 19 城市结成会展联盟/戴维//中国贸易报 2006 - 12 - 26

⊙ 长三角城市会展业结盟/郑蔚//文汇报 2006 - 12 - 26

⊙ 长沙对品牌展会实行排期保护/唐爱平 余毅//湖南日报 2006 - 11 - 06

⊙ 长沙会展经济红火/曹蜜 左丹//湖南日报 2006 - 02 - 20

⊙ 长沙会展经济谁是真正赢家/李凤发//国际商报 2006 - 12 - 04

⊙ 长沙将举行首届中国演出娱乐博览会/朱永华//湖南日报 2006 - 12 - 25

⊙ 长沙市会展经济的发展定位及策略选择/徐丹妮//湖南商学院学报 2006 - 06

⊙ 长沙市医疗药品广告市场监督管理现状与对策研究/吴静//企业家天地 2006 - 11

⊙ 长相厮守，还是片刻邂逅——新传播时代，品牌需要怎样的媒体广告代理/郑香霖//中国广告 2006 - 09

⊙ 常规广告与事件活动营销在品牌传播中的作用/张海鹰//广告人 2006 - 04

⊙ 场馆之困是北京会展业硬伤/刘宏伟//北京日报 2006 - 07 - 18

⊙ 畅谈旅游业借奥运“水涨船高”/王莹//廊坊日报 2006 - 0605

⊙ 超过杂志接近广播 中国网络广告已达到 31.3 亿元//2006 年：北大文化产业（第二辑）

⊙ 超前规划新的深圳会展中心/彭森//中国矿业报 2006 - 04 - 01

⊙ 超市：“广告大战”淹没温情细节/翟楠楠 解利娟//河北日报 2006 - 08 - 31

⊙ 超越广告创建品牌—网络/袁静//中国科技信息 2006 - 13

⊙ 超越广告——品牌营销新革命/冯禹丁//商务周刊 2006 - 11

⊙ 超越现实与梦幻——论超现实主义艺术与广告设计/胡大虎//美术大观 2006 - 03

⊙ 朝阳产业的操手——会展商务师/高珊//21 世纪 2006 - 08

⊙ 车载广告，流动的都市风景线/古兹//检察风云 2006 - 18

⊙ 彻底清除违法广告生存空间/清栋//中国工商报 2006 - 03 - 14

⊙ 陈金铵：会展并非能带动区域发展/魏振豪//国际商报 2006 - 02 - 22

⊙ 陈先进：创新是展览核心竞争力之源/佚名//市场报 2006 - 09 - 27

⊙ 陈一枏：驱动广告业第三股力量/丁晓磊//中国电子商务 2006 - 12

⊙ 成都电视台广告中心积极营销主动出击开拓广州市场/钱言//市场观察 2006 - 01

⊙ 成都公交广告大“瘦身”/李伟铭//运输经理世界 2006 - 12

⊙ 成都节日演出无市场/姜玲//市场报 2006 - 05 - 10

⊙ 成都商报的品相之利——访成都商报广告部主任黄成军/韩静//广告人 2006 - 01

⊙ 成都市城市户外广告和招牌设置管理条例//成都日报 2006 - 04 - 13

⊙ 户外的广告，媒体的天空/张小飞//广告大观（综合版）2006-02
⊙ 户外灯箱广告与网版印刷技术/汪宝荣//网印工业 2006-05
⊙ 户外广告：法规空白亟待填补/李闻 秦荣 原仁开//福建日报 2006-03-16
⊙ 户外广告：管理环节犯罪凸显/秦培丰 娄海峰//检察日报 2006-02-08
⊙ 户外广告：开始要求数据说话//中国广告 2006-05
⊙ 户外广告：如何应对碎片化的到来//广告人 2006-08
⊙ 户外广告标准：白天美化夜间亮化/吕卫国//鞍山日报 2006-03-03
⊙ 户外广告创意阶段品质管理/金毛//广告大观（标识版）2006-09
⊙ 户外广告大"洗牌"/裴其娟//郑州日报 2006-07-05
⊙ 户外广告的创新之路/赵璐//广告人 2006-12
⊙ 户外广告的发展态势/袁枫//广告人 2006-01
⊙ 户外广告的品牌时代/饶文瀚//中国广告 2006-06
⊙ 户外广告的形式与创新/郑泳华//艺术·生活 2006-02
⊙ 户外广告对城市形象的影响及对策/谢春林//重庆工学院学报 2006-04
⊙ 户外广告发展，还缺少什么？/董颖//广告人 2006-08
⊙ 户外广告繁华背后有隐忧/李萍//中国西部科技 2006-14
⊙ 户外广告告别"个体"模式/张玉玲//光明日报 2006-12-14
⊙ 户外广告监管的五点建议/许文舟//中国工商报 2006-08-08
⊙ 户外广告离视觉文化有多远/刘瑜//深圳商报 2006-12-07
⊙ 户外广告没有违法所得就不能处罚吗/庄奎太//中国工商报 2006-10-10
⊙ 户外广告如何打造"银川特色"/蒲利宏//宁夏日报 2006-07-10
⊙ 户外广告商机无限/张颖菲//广告人 2006-05
⊙ 户外广告设置不得影响居民生活/张燕//宁波日报 2006-09-25
⊙ 户外广告设置要规范/张俊峰 王虹//宝鸡日报 2006-03-18
⊙ 户外广告生存拷问政府管理/范思立//中国经济时报 2006-01-27
⊙ 户外广告视觉形态的关联性思考/夏磊//装饰 2006-02
⊙ 户外广告是"违法大户"/胡燕妮//中国工商报 2006-08-03
⊙ 户外广告收益究竟归谁/商昌斌//贵阳日报 2006-08-11
⊙ 户外广告也该"整容"了/孙晓霞 刘岩//丹东日报 2006-08-01
⊙ 户外广告怎样做才好/徐虹　项锡丹//四川日报 2006-05-10
⊙ 户外广告整治的焦点问题及对策——2005 中国户外广告专项调查//今日中国论坛 2006-Z1
⊙ 户外广告整治谨防资源浪费/姚芃//法制日报 2006-01-25
⊙ 户外广告整治趋于规范/何平//光明日报 2006-02-13
⊙ 户外媒体成为汽车广告发展新趋势/乔婷//国际商报 2006-01-09
⊙ 户外设计让展会生辉//广告人 2006-02
⊙ 沪上会展人才培养提速/钮怿//文汇报 2006-11-23
⊙ 华为 3G 业务创新成 3GSM 展会焦点//电信网技术 2006-03
⊙ 华为现网商用平台 IPTV 业务亮相深圳文博会//移动通信 2006-06
⊙ 华扬、群邑强强携手，引领中国互联网广告发展新趋势/鸣延//大市场（广告导报）2006-06
⊙ 化妆品广告的网络媒体选择/梅凌//广告大观（综合版）2006-01
⊙ 化妆品广告在平面媒体的投放监测/谢迪森//传媒 2006-02
⊙ 化妆品广告中的问题/王迅//中国广告 2006-12
⊙ 化妆品行业广告主营销传播策略全报告/杜国清//市场观察 2006-07
⊙ 怀柔打造国际商务会展产业/史芳//中国经济导报 2006-04-01
⊙ 淮北虚假违法广告整治"全国撒网重点捕鱼"/李鑫 姜鸿//中国工商报 2006-06-27
⊙ 环图：365 天永不落幕的图书展示交易会/王彬彬//全国新书目 2006-Z1
⊙ 黄金时间电视剧可望解禁中插广告——广电总局欲放宽黄金时间电视剧不准插播广告限制/侯明廷//大市场（广告导报）2006-10
⊙ 黄金周商家促销热用商函广告/孙晓滢 陆丽云 石太峰 陈才奇//中国邮政报 2006-10-13
⊙ 黄山脚下的突围——皖南黄山周边地区旅游开发中的广告策略/沈幼平//旅游时代 2006-12
⊙ 黄升民：消费者是广告投放的核心——广告主如何应对媒体环境与消费习惯的变化/蔡放//市场观察 2006-05
⊙ 黄升民：阴阳互济鸳鸯剑——有的放矢地协调广告与公关/蔡放//市场观察 2006-03
⊙ 黄小川：公关和广告是手心与手背/侯明廷//大市场（广告导报）2006-01
⊙ 回顾与解读：CCTV 广告招标十三年/黄升民//广告大观（理论版）2006-06
⊙ 会展、旅游与会展旅游/何喆//四川烹饪高等专科学校学报 2006-03
⊙ 会展：打通产业链保持生命力/王及//中国贸易报 2006-06-13
⊙ 会展：河南握手世界的舞台/陈学桦 刘璐//河南日报 2006-04-08
⊙ 会展：南岸腾飞的引擎/吴键//今日重庆 2006-07
⊙ 会展：沈阳"振兴之旅"宣言书/何北剑//沈阳日报 2006-10-27
⊙ 会展：选择决定成功/张锐//中国市场 2006-33
⊙ 会展≠作秀：高效的才是豪华的/侯大伟 丛峰//经济参考报 2006-11-13
⊙ 会展保险市场有宝可挖/仝春建//中国保险报 2006-05-19
⊙ 会展不是暴利行业/荣阳//中国会展 2006-15
⊙ 会展不赢利但间接收入庞大/张开宏//湖南经济报 2006-11-21
⊙ 会展策划人才亟待培养/仁立//国际商报 2006-11-29
⊙ 会展策划师紧缺/吴佶娜//致富时代 2006-09
⊙ 会展策划是可有可无的吗？——我的会展"博客"/叶福龙//中国广告 2006-06
⊙ 会展策划与管理专业人才培养模式研究/石兆//湖南工业职业技术学院学报 2006-04
⊙ 会展产业将成生产性服务业的重要产业/陈张书　陈佩//湖南经济报 2006-09-14
⊙ 会展产业链、配套半径和产业竞争力/王起静//中国会展 2006-19
⊙ 会展产业有着巨大的发展潜力/郭先登//青岛日报 2006-07-06
⊙ 会展产业与我国城市互动发展研究/张小月//北方经济 2006-18
⊙ 会展打通产业链/王及//经济日报 2006-06-02
⊙ 会展带动效应有利三产发展/木兰//国际商报 2006-11-29
⊙ 会展的可行性分析及其标准/汝百乐//中国旅游报 2006-05-26
⊙ 会展的时间管理和动态控制/陈心德//商场现代化 2006-29
⊙ 会展发展理论先行/刘大可//中国会展 2006-15
⊙ 会展风险管理机制亟待加强/仝春建//国际商报 2006-06-07
⊙ 会展攻略：争夺主流城市圈话语权//沈阳日报 2006-10-27
⊙ 会展管理体制改革初探/叶洪涛//统计与决策 2006-11
⊙ 会展管理宜企业自主先行/储祥银//国际商报 2006-03-15
⊙ 会展宏观管理如何"短板"变"长板"/李末//国际商报 2006-02-08
⊙ 会展活动对饭店业的影响/刘大可//饭店现代化 2006-11
⊙ 会展活动服务质量控制性解决方案/应丽君//进出口经理人 2006-07
⊙ 会展机构服务质量跟踪调查结果（第一榜）//中国会展 2006-02
⊙ 会展机构服务质量跟踪调查结果（第二榜）//中国会展 2006-03
⊙ 会展机构服务质量跟踪调查结果（第三榜）//中国会展 2006-04
⊙ 会展机构服务质量跟踪调查结果（第五榜）//中国会展 2006-06
⊙ 会展机构服务质量跟踪调查结果（第九榜）//中国会展 2006-10
⊙ 会展机构服务质量跟踪调查结果（第八榜）//中国会展 2006-09
⊙ 会展及其相关概念的辨析/邱洁威//经济师 2006-11
⊙ 会展教育两眼要紧盯市场/季春红//中国贸易报 2006-11-28
⊙ 会展教育市场化，补牢产业链关键一环/沈丽//中国会展 2006-13
⊙ 会展经济：鹤城腾飞的翅膀/张惠萍 林伟东//中国工商报 2006-09-19
⊙ 会展经济：品牌化经营得天下/孔华//民营经济报 2006-05-15
⊙ 会展经济：青海对外开放的窗口/刘建民//国际商报 2006-07-12

⊙ 论意见领袖及其在广告传播中的作用/焦树民//企业经济 2006-02
⊙ 论展览业的国际化/葛玉广//2006-首届中国会展经济研究会学术年会
⊙ 论展览业中的政府定位/严晓　李荣//生产力研究 2006-02
⊙ 论政府主导型广告监管体制/陈拥军//社会科学论坛（学术研究卷）2006-12
⊙ 论中国传统美学观对现代广告设计的具体影响/朱雷//当代经理人（下旬刊）2006-12
⊙ 论中国古代的店堂装饰广告/杨海军//广告大观（理论版）2006-03
⊙ 论中国古代的广告传播媒介/杨海军//史学月刊 2006-12
⊙ 论中国广告中女性形象问题/马莉//中华女子学院山东分院学报 2006-03
⊙ 论中国近代企业广告宣传的原则/秦其文//社会科学论坛（学术研究卷）2006-02
⊙ 论中西图书广告的差异/张蓉//消费导刊 2006-12
⊙ 罗湖文博会分会场永不落幕/袁粮钢　翁惠娟//深圳特区报 2006-06-06
⊙ 罗田大别山旅游展台扮靓华中旅游博览会/刘世明　林永迪//黄冈日报 2006-03-27
⊙ 马来西亚会展业的发展现状（上）/郭恩玲//国际商报 2006-12-12
⊙ 马来西亚会展业的发展现状（下）/郭恩玲//国际商报 2006-12-19
⊙ 马来西亚展：中国企业通往东盟市场的桥梁/李守志　伍婷婷//国际商报 2006-11-06
⊙ 买断广告代理权之后/姜惜梅//招商周刊 2006-18
⊙ 买卖双方需求是办展成功的关键/董鸿乐//国际商报 2006-11-23
⊙ 满洲里节庆活动推进口岸贸易/季春红//中国贸易报 2006-05-09
⊙ 漫谈国际化时代的中国会展产业链打造/应丽君//2006 首届中国会展经济研究会学术年会
⊙ 媒介的广告营销升级/黄升民//大市场（广告导报）2006-11
⊙ 媒介购买垄断，中国广告业如何过坎？/陈徐彬//广告大观（综合版）2006-08
⊙ 媒介接触行为与民俗文化变迁的相关性研究——以利川市土家族节庆民俗文化为个案/彭婵//中南民族大学学报（人文社会科学版）2006-01
⊙ 媒介全球化中的文化传播：中国广告的理解与偏见/刘鸿英//2006-中国传播学论坛
⊙ 媒企联动的外衣：创新广告形式/查道存//市场观察 2006-04
⊙ 媒企联动撬动广告价值最大化的杠杆/戴鑫//市场观察 2006-04
⊙ 媒体成为广告市场主导力量/宗河//中国工商报 2006-02-07
⊙ 媒体的社会责任与广告营销/徐启忠//广告大观（综合版）2006-10
⊙ 媒体购买公司 VS 广告业：台湾的经验与思考/张金石//广告大观（理论版）2006-03
⊙ 媒体广告的规范性与广告法规的实施意义/郭艳梅//佳木斯大学社会科学学报 2006-02
⊙ 媒体广告渐变求量更求质/马杰//中国新闻出版报 2006-04-25
⊙ 媒体广告进入“品牌营销”时代——2006-年中央电视台广告经营思路/夏洪波//大市场（广告导报）2006-05
⊙ 媒体广告营销进入品牌时代/夏洪波//中国广告 2006-05
⊙ 媒体接触情境与空间——从楼宇电视谈广告媒体的创新视角/刘婷婷//中国广告 2006-08
⊙ 媒体虚假广告问题的法律思考/许步国//新闻界 2006-06
⊙ 媒体选择新理念：顾问式传播平台成就广告价值最大化/卢晓毅//市场观察 2006-09
⊙ 媒体选择与广告投放：六大动作避免广告浪费/义文辉//市场观察 2006-09
⊙ 媒体与广告公司合作的四大态势/现广//中国工商报 2006-02-21
⊙ 媒体资讯在广告利益下的扭曲和变异/刘俭云//今传媒 2006-05
⊙ 美报业集团拟推出新型网络广告业务//青年 2006-03
⊙ 美国报刊的广告特刊/刘青//传媒观察 2006-12
⊙ 美国报纸广告印象/胡斌//新闻战线 2006-01
⊙ 美国广播早期商业化与广播广告的兴起/李敬一//湖南大众传媒职业技术学院学报 2006-06
⊙ 美国广告教育的发展研究/John C. Schweitzer//广告大观（理论版）2006-03
⊙ 美国广告新趋势/Lee W. Gluckman//中国广告 2006-05
⊙ 美国零售商改变广告战略//中国市场 2006-30
⊙ 美国文化漂浮在广告的海洋之中/许清//科学时报 2006-12-07
⊙ 美国新兴广告：一闪而过//21 世纪经济报道 2006-11-06
⊙ 美国杂志广告经营对我们的启示/叶新//出版发行研究 2006-04
⊙ 美女的广告物化/陈立萍//中国广告 2006-02
⊙ 美容广告存在五大陷阱/刘圆圆//华夏时报 2006-02-27
⊙ 美学的“沉沦”与“回归”——对广告审美文化后现代表现的思考/王纯菲//中国图书评论 2006-08
⊙ 美在影视广告创意中的应用/汪永奇//电影评介 2006-12
⊙ 魅力无限——黑力士啤酒电视广告解读/沈云佳//内蒙古电大学刊 2006-08
⊙ 门户再领网络广告风骚/黄沙//财经时报 2006-11-13
⊙ 面向品牌簇群的媒介广告拓展技术/王新//市场观察 2006-08
⊙ 民国时期的广告研究及其当代意义/郭瑾//广告大观（理论版）2006-06
⊙ 民国时期龙井茶包装、广告及其它/郭丹英//茶叶 2006-04
⊙ 民国时期内地及藏区节庆刍议/杨智友//寻根 2006-04
⊙ 民国时期天津报刊中服装广告的创意和表现形式/孙扬骅//武汉科技学院学报 2006-03
⊙ 民俗背景下的广告传播/汪永奇//河北理工大学学报（社会科学版）2006-03
⊙ 民族的风格文化的迥异——论东西方广告文化的差异/刘璐//科教文汇（上半月）2006-05
⊙ 民族品牌展会还须努力/伊宇//中国贸易报 2006-05-23
⊙ 民族文化是广告创意的源泉/陈秋萍//白城师范学院学报 2006-01
⊙ 名牌展会争雄未来五年//中国纺织报 2006-08-07
⊙ 名人代言广告缘何屡触“雷区”/吴学安//中国文化报 2006-06-28
⊙ 名人广告的恰当使用及其管理途径与方策/丁晓晶//通化师范学院学报 2006-03
⊙ 名人广告风险管理/李习平//商场现代化 2006-33
⊙ 名人广告有效性探讨/谢诗敏//科技经济市场 2006-11
⊙ 名人广告与名人细分/王佩玮//商场现代化 2006-04
⊙ 名人舆论领袖对广告传播效果的作用/曹雍//消费导刊 2006-11
⊙ 名人做广告问题多/祖平//时事（时事报告）（高中版）2006-06
⊙ 明星代言广告：赔本赚吆喝还是打造金招牌/洪建平//新体育 2006-09
⊙ 明星代言广告遭遇“三门”/刘杰//沈阳日报 2006-09-27
⊙ 明星广告的信号价值分析/黄志平//重庆职业技术学院学报 2006-02
⊙ 明星广告失范表现及治理对策研究/刘慧磊//广告大观（理论版）2006-06
⊙ 明星广告羊群效应的博弈分析/刘永辉//商场现代化 2006-21
⊙ 木兰节会与商丘开放/李艾凌　吴亚珉//商丘日报 2006-04-28
⊙ 木兰节会与文化产业/陈丽芳　董娜//商丘日报 2006-04-28
⊙ 木兰节会与招商引资/李艾凌　吴亚珉//商丘日报 2006-04-28
⊙ 目标精准一矢中的框架媒介——广告投放“最有效到达”//大市场（广告导报）2006-05
⊙ 慕尼黑展览全攻全守策略/肖凌//中国经营报 2006-11-13
⊙ 拿什么拯救你，广告市场/秦佩华//人民日报 2006-08-04
⊙ 内地会展行业做大做强战略研究/文新跃//经济论坛 2006-05
⊙ 内陆地区会展经济奋起直追/江志君//国际商报 2006-07-12

⊙ 让世界刮目相看——打造本土广告公司的核心竞争力/姚欣//当代经理人（中旬刊）2006－09
⊙ 让文博会成为沟通世界的平台/刘青//深圳特区报 2006－04－10
⊙ 人才是广告业发展的推动力/霍建波//职业时空 2006－18
⊙ 仁义礼智信与现代广告/章淑君//广告大观（综合版）2006－04
⊙ 日报广告五强联盟的探索与思考/朱学文//新闻战线 2006－05
⊙ 日本：广告监管严密保护公众利益/唐述林//中国社会报 2006－04－27
⊙ 日本：广告开支连续两年增加网络广告增幅惊人//中华新闻报 2006－03－01
⊙ 日本促进入境旅游业发展的广告宣传初步研究/柴亚林//甘肃科技 2006－04
⊙ 日本大阪内国劝业会与清末中国博览会的兴起/许峰源//"近代中国、东亚与世界"国际学术讨论会 2006
⊙ 日本广告市场发展新格局/王积龙//传媒 2006－05
⊙ 日本广告业界的自建形态对中国广告业发展的启示/王菲//广告大观（理论版）2006－01
⊙ 日本广告业中的关联团体研究/何鹤志//广告人 2006－01
⊙ 日本商家看好博客广告/倪红梅//经济参考报 2006－06－20
⊙ 日本网络广告发展迅速/严圣禾//光明日报 2006－02－25
⊙ 日商拟分食中国手机广告市场/李薇//北京商报 2006－12－27
⊙ 融入，让广告变得不再"讨厌"/莫梅锋//财富智慧 2006－10
⊙ 冗余信息与广告传播/马连湘//广告大观（理论版）2006－06
⊙ 如何把电视广告铺到消费者心里//广告人 2006－08
⊙ 如何策划有销售力的广告？/帝·十三//广告人 2006－07
⊙ 如何超越广告塑造品牌？——以"谭木匠"为例谈品牌塑造/徐艳//管理与财富 2006－02
⊙ 如何处理专刊服务性与广告的关系/季若予//城市党报研究 2006－06
⊙ 如何创作优秀的广告文案/唐北明//湖南包装 2006－01
⊙ 如何打造"让人记住"的广告/杨文京//现代营销（经营版）2006－09
⊙ 如何打造适应会展经济发展的会展教育/胡林//2006－首届中国会展经济研究会学术年会
⊙ 如何抵御"广告寒流"/杨先顺//新闻爱好者 2006－05
⊙ 如何锻造徐州节庆文化品牌/王正喜//徐州日报 2006－09－14
⊙ 如何发挥广告在促进先进文化建设中的作用/刘凡//人民论坛 2006－06
⊙ 如何发挥网络广告的优势/苏刚//辽宁经济 2006－06
⊙ 如何防范会展风险/姚望//中国会展 2006－03
⊙ 如何激发广告创意的感性诉求//陈登科//湖南冶金职业技术学院学报 2006－02
⊙ 如何开展会展营销/高世宁//商场现代化 2006－14
⊙ 如何确立合理有效的广告目标/赵立勤//企业改革与管理 2006－04
⊙ 如何让电视广告更有效？/张晓梅//商业文化 2006－07
⊙ 如何让媒体报道你——慕尼黑展览（上海）有限公司新闻发布会解析/沈丽//中国会展 2006－18
⊙ 如何识别展会"李鬼"//国际商报 2006－04－05
⊙ 如何使广告在建立品牌和市场营销中发挥最佳效果/王超//商业研究 2006－08
⊙ 如何提高电视公益广告的关注度——浅谈电视公益广告策略/刘爱国//广告大观（综合版）2006－09
⊙ 如何通过广告来加强保险企业的品牌形象塑造/李兆章//上海保险 2006－01
⊙ 如何拓展会展市场/陈雪钧//中国旅游报 2006－06－14
⊙ 如何寻找最有价值的媒介广告客户/查道存//声屏世界 2006－02
⊙ 如何依托节庆做好地方宣传报道/吴亚晓//声屏世界 2006－06
⊙ 如何引导广告消费/刘北辰//中国企业报 2006－03－02
⊙ 如何应对德国展会"知识产权"风暴（一）/杨斌//中国会展 2006－12
⊙ 如何应对德国展会知识产权风暴（二）/杨斌//中国会展 2006－14
⊙ 如何应对德国展会知识产权风暴（三）/杨斌//中国会展 2006－16
⊙ 如何用品牌战略降低企业的营销广告成本/翁向东//大市场（广告导报）2006－05
⊙ 如何有效选择境外展会/精英//中国贸易报 2006－05－30
⊙ 如何运用市场调研评估广告投放效果/胡静敏//市场观察 2006－03
⊙ 如何增强报纸广告的实战能力——试论社会转型期发展和巩固广告客户的奥秘/塔双江//广告人 2006－04
⊙ 如何制作 POP 广告/彭一清//美术大观 2006－08
⊙ 如何做好年终节庆的买卖/王蓁//中国医药报 2006－02－13
⊙ 入籍中国 36 计一点就透——"七喜 FIDO"广告案/丁邦清//广告人 2006－04
⊙ 入世后中国会展业的发展趋势与对策/吴幼华//2006 首届中国会展经济研究会学术年会
⊙ 软广告带来硬通货——全息介质营销理论解读"软文"如何以柔克刚/哲宇//中国质量与品牌 2006－04
⊙ 锐意创新展现关注另类广告凸显魅力/阿清//中国工商报 2006－10－10
⊙ 瑞士的广告艺术/西瓜//世界博览 2006－03
⊙ 瑞士会展经济对我国会展业的借鉴意义/驻瑞士使馆商务处//公共商务信息导报 2006－09－22
⊙ 三大"瓶颈"制约中国户外广告发展/周山//中国工商报 2006－02－07
⊙ 三大亮色问鼎顶级展会/王远华//中国矿业报 2006－05－13
⊙ 三大门户网站广告增长强劲/周婷//中国证券报 2006－11－13
⊙ 三大特色凸现东北亚博览会的高度/贾瑛//长春日报 2006－09－02
⊙ 三大问题制约会展业发展/姜敏//中国改革报 2006－07－26
⊙ 三大行动成就本土广告公司本土竞争力/苏国锋//市场观察 2006－07
⊙ 三方合力围剿展会侵权/刘微//消费日报 2006－06－08
⊙ 三年中小企业博览会：伴广东民企同成长/秦盖//民营经济报 2006－08－14
⊙ 三亚依托节庆促经济发展/孟小林//中国经济时报 2006－03－17
⊙ 三种模式争夺美国公有展览中心/李佳盛//国际商报 2006－02－08
⊙ 山东滨州：四大亮点打造国际航空展/季春红//中国贸易报 2006－03－07
⊙ 山东产业优势凸显展会价值/张永法//中国纺织报 2006－04－11
⊙ 山东会展经济发展的经济地理定位研究/马永强//山东经济 2006－05
⊙ 山东提出打造"五大功能"提升文博会品质/王学文　王一焱//联合日报 2006－02－09
⊙ 山东挖掘潜力发展会展经济/初磊//国际商报 2006－07－05
⊙ 山东文博会：齐风鲁韵激活文化产业经济/金霞//中国图书商报 2006－06－20
⊙ 山东文博会成功的启示/赵秋丽//光明日报 2006－08－15
⊙ 山东文博会促进文化市场大发展/赵秋丽//光明日报 2006－06－20
⊙ 山东文博会着力打造"十大文化产业"/王学文//青年 2006－05
⊙ 山东文化产业博览会签约金额 176 亿元/王传友　徐彬彬//中国贸易报 2006－06－27
⊙ 山东信息产业打响专业会展品牌/赛文//国际商报 2006－08－16
⊙ 山东住博会汇展十年成就//建设科技 2006－10
⊙ 山西会展业：展翅欲高飞/张荣妹//西部时报 2006－09－15
⊙ 山西会展业找差距挖潜力/侯晓远　徐永库//国际商报 2006－12－13
⊙ 山西要以资源优势创办特色展会/冯日成　常力强//国际商报 2006－05－24
⊙ 商品销售利润最大化模型及最优广告策略的确定/聂荣//运筹与管理 2006－04
⊙ 商务印书馆反盗版展览展示维权之路/刘蓓蓓//中国新闻出版报 2006－01－12
⊙ 商业广告的社会功能/周骏宇//企业研究 2006－07
⊙ 商业广告的社会责任在哪里/秦佩华　邢田雨//人民日报 2006－08－03

⊙ 探索国际大型展会运作规律/马璇//深圳特区报 2006-06-22
⊙ 探寻报业广告的问题所在/熊资佐//广告人 2006-07
⊙ 唐山会展经济的发展现状及对策/周顺奎//经济论坛 2006-22
⊙ 糖酒会落幕西安成为陕西会展经济发展风向标/吴秋红　汪俊启//中国经济时报 2006-10-23
⊙ 糖酒会掀起你的盖头来——成都会展经济蓄势待发/王爵//商品与质量 2006-14
⊙ 讨论几则广告评价的法制标准/倪嵎//中国广告 2006-12
⊙ 特色文化"热"　展览门庭"冷"/吉颐//中国文化报 2006-02-13
⊙ 特色文化节庆品牌为青城添活力增魅力/海珍　高翠清　崔小红　李慧萍//呼和浩特日报（汉）2006-07-28
⊙ 特殊广告的独特优势/陈亮　刘团结//中国工商报 2006-04-04
⊙ 特养广告陷阱多/钱虹//农家顾问 2006-03
⊙ 腾讯：从互联网"隐形冠军"到广告节"新盟主"/刘忠//市场观察 2006-12
⊙ 腾讯网广告收入创高流量带动用户价值提升/大民//科学时报 2006-11-04
⊙ 提高广告对品牌的贡献度/朱相宇//企业研究 2006-01
⊙ 提高广告语言表达的有效性/谭永康//重庆广播电视大学学报 2006-01
⊙ 提高我国网络广告效果的方法探讨/马红梅//企业活力 2006-06
⊙ 提高中国会展业的核心竞争力/袁俊杰//青岛日报 2006-03-23
⊙ 提升广告信息的传播力/黄志华//天津市工会管理干部学院学报 2006-04
⊙ 提升会展企业品牌价值的策略/梁圣蓉//中国旅游报 2006-06-23
⊙ 提升节会品位打响文化品牌/穆兰//天水日报 2006-06-16
⊙ 提升品牌广告创意刍议/马龙生//中国消费者报 2006-02-20
⊙ 提升商业广告竞争力之拙见/付强//美术界 2006-08
⊙ 体博会加大展会造势力度/马继龙//国际商报 2006-12-13
⊙ 体察人性，新旧交互，把握节奏——暑期市场的广告投放策略/郑泽国//市场观察 2006-06
⊙ 体验经济时代的会展业发展对策研究/刘立//理论界 2006-02
⊙ 体验式广告，就在你我身边——中华皓清牙膏带来的启示/丁永娟//消费导刊 2006-11
⊙ 体验营销理论与广告创新/初广志//中国广播电视学刊 2006-01
⊙ 体育广告的特点与基本形式探讨/顾春先//体育科技文献通报 2006-01
⊙ 体育广告发展探析：现状、特征与策略/谢翊//福建体育科技 2006-06
⊙ 体育广告浅析/刘亚萍//商场现代化 2006-35
⊙ 体育广告业：广告产业的活力组成/吴小坤//体育科研 2006-02
⊙ 体育明星广告的传播原理及传播策略/卢玉//黄山学院学报 2006-03
⊙ 体育明星广告的大众文化研究/肖永伟//文教资料 2006-15
⊙ 体育明星广告的功能及发展对策/丁中林//湖南农机 2006-07
⊙ 体育明星广告及未来发展的新特点/张亚辉//山西师大体育学院学报 2006-02
⊙ 体育赛事与节庆效应/何东宪//经济日报 2006-04-04
⊙ 体育营销与广告（前言）//中国广告 2006-04
⊙ 体育营销中的广告：铸就体育营销的辉煌/沈华//大市场（广告导报）2006-07
⊙ 天津文化产业品牌全方位展示//天津日报 2006-05-19
⊙ 天津——一个极具潜力的会展城市/李雯//中国包装报 2006-03-15
⊙ 通力合作，打造湘潭城市名片——关于第二届齐白石国际文化艺术节活动策划的几点意见/周平//企业家天地下半月刊（理论版）2006-05
⊙ 同盟广告创意新作//中国广告 2006-07
⊙ 桶身广告催生下一个分众？/王卓//信息产业报道 2006-07
⊙ 桶装水桶身广告媒体案例发布思考/叶青//广告大观（综合版）2006-02
⊙ 投洽会成就厦门会展之路/洪钧//厦门日报 2006-09-07
⊙ 透过数字看会展/王及//经济日报 2006-01-27
⊙ 透视国际化转型中的会展商机/朱宇　王岚//宁波日报 2006-10-25
⊙ 透析会展业的"骗展"事件（上）/张晓娟//青岛日报 2006-04-20
⊙ 透析会展业"骗展"事件（下）/张晓娟//青岛日报 2006-04-27
⊙ 突出节庆主题打造文化品牌/张帆//吐鲁番报（汉）2006-05-12
⊙ 突破报业广告经营的瓶颈/宋全林//山西日报 2006-07-26
⊙ 突破——再谈4A传统广告模式的衰落与中国广告的出路//中国广告 2006-12
⊙ 图片让创意飞扬——访后期制作公司元素广告/吕斌//中国广告 2006-02
⊙ 图书广告如何做活市场？/刘艺琴//出版发行研究 2006-01
⊙ 图书装帧设计及图书的广告艺术宣传设计/吴俊卿//中山大学学报论丛 2006-02
⊙ 涂鸦与广告/陈奕俊//中国广告 2006-03
⊙ 推行市场化运做加速昆明会展业的发展/季永青//当代经理人（下旬刊）2006-04
⊙ 拓展展会名牌效应强化对外舆论氛围——浅谈利用国外新闻媒体做好展会的对外宣传/李景发//对外大传播 2006-05
⊙ 挖掘文博会内在价值保持可持续发展/马璇//深圳特区报 2006-06-26
⊙ 外交官眼中的中国—东盟博览会/林鹂//人民日报 2006-10-27
⊙ 外面的世界很精彩——细说海外中国展/林云//中国会展 2006-04
⊙ 外向型企业的广告策略分析/郭威//时代经贸（理论版）2006-S4
⊙ 外资广告公司独资与中国广告业/宋号盛//大市场（广告导报）2006-02
⊙ 外资进入中国广告：狼来了还是鲶鱼效应？/胡亮//中国经济时报 2006-08-21
⊙ 外资进驻威胁产业面临升级　中国广告业将进入十年震荡期/杨天波//中国经济周刊 2006-35
⊙ 外资抢"食"公交广告/陆娅楠//人民日报 2006-09-26
⊙ 完善上海展览业发展的环境研究/上海国际经济贸易研究所课题组//2006首届中国会展经济研究会学术年会
⊙ 完善我国对国际展览活动的支持措施//国际商报 2006-01-06
⊙ 玩转新广告媒体/李琳//经营管理者 2006-01
⊙ 网络+口碑胜过密集电视广告/赵晨//中国高新技术企业 2006-03
⊙ 网络电子杂志广告的优势分析/方真//商场现代化 2006-32
⊙ 网络分类广告发展初探/吴盛亮//河北企业 2006-06
⊙ 网络公司争食1.5亿世界杯广告/陆琼琼//上海证券报 2006-07-11
⊙ 网络广告：长尾摆动//李紫微//互联网周刊 2006-32
⊙ 网络广告：将跃升为未来市场主流/陆志明//安徽经济报 2006-08-31
⊙ 网络广告：拯救大兵"共享软件"/林龙//中国计算机报 2006-06-05
⊙ 网络广告VS.传统媒体——传统媒体如何应对网络广告/吴婧//广告人 2006-02
⊙ 网络广告表现形式之研究/陈利群//剧影月报 2006-06
⊙ 网络广告成闪耀之星/钟雯　马丁//经理日报 2006-02-17
⊙ 网络广告传播模式研究/陈跃刚//科技管理研究 2006-08
⊙ 网络广告大大提升广告效果/王慧灵//现代营销（经营版）2006-12
⊙ 网络广告的出路/杨阳//经济观察报 2006-07-03
⊙ 网络广告的发展变迁/陈跃刚//企业活力 2006-01
⊙ 网络广告的发展与困境/魏炜//决策探索 2006-09
⊙ 网络广告的规范化运营及其对策研究/王娟娟//经济论坛 2006-04
⊙ 网络广告的互动性、个性化与契合度/李莲华//商业时代 2006-31
⊙ 网络广告的建立与实施/韩永林//甘肃科技 2006-03
⊙ 网络广告的现状及发展趋势/刘丽玲//辽宁经济 2006-11
⊙ 网络广告的现状及监管改革/汪发元//中国市场 2006-Z2
⊙ 网络广告的现状及救赎之路/孙君//江苏商论 2006-03
⊙ 网络广告定价研究/周伟忠//商场现代化 2006-34

- 文博会助推福建文化产业/翁惠娟//深圳特区报 2006-05-18
- 文化+品牌点睛国际会展经济/刘小青//中国邮政 2006-04
- 文化部给“文博会”瘦身/赵鸿涛//国际商报 2006-02-22
- 文化差异对广告的影响及对策/鲁虹//中国市场 2006-09
- 文化产业的盛会——第二届中国“深圳”国际文化产业博览交易会/李聪智//河北画报 2006-06
- 文化大省山西再结丰硕成果/李晓芳//山西日报 2006-12-12
- 文化会展业大有可为/严钰//民营经济报 2006-05-25
- 文化节会的“产业身份”/李菲//绍兴日报 2006-10-20
- 文化节写就传统产业升级版——界上传媒集团总裁、本刊执行社长倪玮谈会展文化与创新/梁立英//中国会展 2006-10
- 文化敏感与广告跨文化传播/马中红//2006-中国传播学论坛
- 文化盛会催熟展会生态/李纬娜//深圳商报 2006-05-22
- 文化势能与跨文化广告传播/王银芹//孝感学院学报 2006-04
- 文化异葩——“和而不同”的中西文化与广告/李元菁//美与时代 2006-01
- 文化因素与商业广告定位及创意的关系研究/陈骋//企业经济 2006-11
- 文化语境影响下的广告语言选择/陈晓燕//怀化学院学报 2006-06
- 文化造镇孕育宋庄艺术节/姚意克//国际商报 2006-10-11
- 文化中国从“文博会”起航/为明//中国文化报 2006-10-13
- 文莱利用博览会提高两国合作水平/周杰//国际商报 2006-12-26
- 稳扎稳打从品牌到合作——德国展会从国际化到本土化（下）/杨斌//中国会展 2006-07
- 问渠哪得清如许为有源头活水来——央视广告部推出“绿色广告标识”//大市场（广告导报）2006-08
- 问题广告产生与泛滥原因分析/樊传果//新闻知识 2006-12
- 问题广告的表现形式与特征分析/樊传果//新闻知识 2006-11
- 问题蕴含着时代的脉动——访中国传媒大学广告学院院长黄升民教授/连伯宁//大市场（广告导报）2006-09
- 我国奥运体育名人广告的演进及发展对策/张栋//科技信息 2006-08
- 我国本土广告公司存在的问题及应对策略/谢春林//中国市场 2006-Z4
- 我国城市经营型户外广告管理法规研究/夏亚灵//广告大观（理论版）2006-05
- 我国城市旅游节庆的发展现状及对策分析/孙淑荣//全国商情（经济理论研究）2006-10
- 我国大型展会尝试引入风险管理机制/梅勇//中国贸易报 2006-06-06
- 我国地方公共电视广告问题的分析与对策/张剑//产业与科技论坛 2006-10
- 我国电视体育广告及其传播效果分析/李淑芬//青年 2006-14
- 我国二级会展城市经济继续前行/文雅//中国贸易报 2006-01-03
- 我国公益广告事业长足发展/周玮//人民日报 2006-10-22
- 我国公益广告事业取得较快发展/石新荣//今日信息报 2006-07-10
- 我国广告代理制存在的问题及对策分析/王军华//理论观察 2006-02
- 我国广告公司在变迁中成长/耶钢//中国工商报 2006-06-20
- 我国广告领域伦理失范现象探析/肖继军//改革与战略 2006-01
- 我国广告业呈现稳定发展态势/孙玉波//中华新闻报 2006-05-10
- 我国广告业的产业组织分析/孙海刚//商业时代 2006-25
- 我国广告业的发展与国民经济发展关系研究/吴永新//中国广告 2006-08
- 我国广告业评估体系的合理化建构/张金海//中国广告 2006-04
- 我国互联网广告趋于定向投放/冯晓芳//经济参考报 2006-06-28
- 我国会展产业经济研究/苏汝佳//改革与战略 2006-06
- 我国会展经济的战略选择初探/罗勤//商场现代化 2006-30
- 我国会展经济发展中的政府定位/敖汉华//广州市经济管理干部学院学报 2006-04
- 我国会展业的产业组织分析/金明吉//北方经贸 2006-03
- 我国会展业发展的若干思考/张平//湖南环境生物职业技术学院学报 2006-01
- 我国会展业进一步发展需解决的问题探析/何鹏//经济论坛 2006-13
- 我国会展业年均增长 20% 已成为亚洲会展大国/陈玉明//今日中国论坛 2006-01
- 我国会展业现状与人才资源开发/刘毅//人才开发 2006-01
- 我国会展知识产权保护的立法完善/李春芳//特区经济 2006-12
- 我国节庆旅游研究综述/张洁　黄远水//平原大学学报 2006-03
- 我国旅行社开展会展旅游业务的思考/段凤华//天津市经理学院学报 2006-01
- 我国内地会展行业做大做强之战略/文新跃//现代企业 2006-03
- 我国期刊业的发行广告策略漫议/储南玉//中国出版 2006-01
- 我国商业广告公信力堪忧/文婧//经济参考报 2006-09-05
- 我国商业银行广告策略浅析/谭梅//成都大学学报（社会科学版）2006-05
- 我国少数民族传统节日体育现状与趋势的研究（英文）/李建国　吕东旭　杨建设//大连大学学报 2006-06
- 我国手机短信广告运营方法的战略研究/吕冰//理论前沿 2006-14
- 我国体育广告业的发展策略研究/汪英//体育科技文献通报 2006-10
- 我国体育广告业发展现状及对策分析/蹇晓彬//山西师大体育学院学报 2006-S2
- 我国体育会展经济发展战略研究/梁强//首都体育学院学报 2006-04
- 我国体育明星形象代言广告市场的现状与发展对策研究/李宝凤//北京体育大学学报 2006-09
- 我国体育用品企业电视广告投放现状及其策略研究/杨铁　黎肖鹏//中国市场学会 2006 年年会暨第四次全国会员代表大会
- 我国田径明星广告发展对策研究/肖佩琮//西安体育学院学报 2006-02
- 我国网络公益广告发展趋势探讨/汤劲//新闻界 2006-03
- 我国网络广告存在的问题及对策/陈其端//郑州轻工业学院学报（社会科学版）2006-06
- 我国网络广告的发展对策/韩英//企业活力 2006-06
- 我国网络广告发展难点及对策/张华//商场现代化 2006-04
- 我国网络广告业进入全面发展期/李治国//经济日报 2006-07-05
- 我国乡村度假的发展趋势与开发模式选择/黄远林//商场现代化 2006-28
- 我国已成为世界第五大广告市场/富子梅//人民日报 2006-12-17
- 我国展览业管理现状喜忧参半//中国经营报 2006-05-22
- 我国展览业管制对竞争力的影响/张金科　崔世春//商场现代化 2006-32
- 我国治理虚假广告的立法困境浅析/罗殿宏//商场现代化 2006-14
- 我们买广告越来越注重媒体平台的权威性/Jack　Klues//广告人 2006-11
- 我们需要什么样的行业展会？//电脑知识与技术（学术交流）2006-24
- 我们缘何纷纷解囊——广告中的心理攻势/赵科家//视野 2006-06
- 我省广告经营额达到 17 亿元/黄春英//黑龙江日报 2006-01-17
- 我省上半年广告总量超 23 亿元/王永珍　陈孔霖//福建日报 2006-07-14
- 我省首个规范会展业指导性文件出台/吴新光//河北经济日报 2006-05-11
- 沃尔玛的广告思路/鹏程//广告大观（综合版）2006-01
- 乌治会将成中亚区域会展品牌/蒋彩云//阿克苏日报 2006-08-29
- 乌治会领跑新疆会展经济/李华//新疆日报（汉）2006-09-01
- 无良广告泛滥，拷问广告社会责任//广告大观（综合版）2006-10
- 无锡会展节庆好戏连台/江山//国际商报 2006-12-20
- 无线广告的金矿有多大/刘晓雯//投资北京 2006-11
- 无线广告走近梦想/董晓常//互联网周刊 2006-33

广告 2006－05

⊙“弹止”神功——在视频中嵌入广告／孙娟／／少年电脑世界 2006－09

⊙“第五媒体”遭遇“广告门”／顾莹／／通信产业报 2006－06－05

⊙“点告”挑战广告营销模式／吴蔚／／中国工商报 2006－04－11

⊙“电视读报”的广告传播价值／佟溥震／／广告大观（媒介版）2006－02

⊙“电子工商”智能监控网络广告／王毕文／／中国工商报 2006－04－19

⊙“东方的，看我的”——李宁新品广告的视觉要素／／美术之友 2006－06

⊙“段棋手”段先念——西安曲江新区管理委员会主任段先念谈西部会展业／陈宏兵／／中国会展 2006－17

⊙“二元条形码”技术推动下的手机媒体——兼谈日本手机广告对中国市场的借鉴意义／木村淳哉／／新闻 2006－07

⊙“泛珠三角”区域会展业的合作发展／陈玲　杨倩／／2006 首届中国会展经济研究会学术年会

⊙“仿拟”（Parody）在英文广告中的功能和特点／欧阳旭／／邵阳学院学报（社会科学版）2006－04

⊙“福建模式”光环下的服装电视广告忧思／林升梁／／中国制衣 2006－12

⊙“付费电视不能做商业广告”辨析／金定国／／采．写．编 2006－03

⊙“富”了，如何更“富”——关于富媒体广告的思考／杜红／／广告大观（综合版）2006－05

⊙“干涉－适应”原则的广告语用分析／宫海彤／／江汉大学学报（人文科学版）2006－02

⊙“公益广告”与“企业形象”之间的互动——从一则成功广告谈起／胡湘颖／／理论学习 2006－05

⊙“广告”式微“窄告”勃兴／张飞雪／／中国财经报 2006－08－12

⊙“广告捆绑资费”需慎行／闫俊平／／通信产业报 2006－07－31

⊙“广告文化”存在误区／周拉弟／／工人日报 2006－04－07

⊙“广告影响力”突围／丁俊杰／／中国广告 2006－06

⊙“和而不同”的中西文化与广告／李元菁／／新闻爱好者 2006－10

⊙“和谐广告”创造和谐商机／来建强／／经济参考报 2006－07－27

⊙“红星”闪耀北京文博会／周志军／／中国文化报 2006－12－01

⊙“后 2005”时代户外广告的发展趋势／饶文瀚／／中国广告 2006－02

⊙“狐假虎威”话广告／刘甜甜／／广告大观（综合版）2006－01

⊙“幻想”艺术表现手法在影视广告中的运用研究／李伟／／电影评介 2006－16

⊙“会展经济”驶入快车道／宋翩　徐旭珊／／中国经济导报 2006－10－17

⊙“会展经济”威力初展／徐东坡／／河南日报 2006－05－16

⊙“会展快车”将福州产品推向全国／陈煜／／经济日报 2006－07－11

⊙“会展文化节”将带来什么／贾瑛／／长春日报 2006－07－13

⊙“寄生广告”谁担责？／张永琪／／新闻 2006－01

⊙“节会”要在招商引资上取得突破性进展／苏天瑞／／商丘日报 2006－03－25

⊙“劲霸男装”广告幕后调查——谁让其入选卢浮宫？／／中国广告 2006－09

⊙“科技以人为本”的广告品牌理念／张家平／／上海师范大学学报（哲学社会科学版）2006－06

⊙“空中成像”改变卖场广告格局／新商／／中国市场 2006－12

⊙“快乐”传播力成就广告主——湖南卫视全面创新打造特色强势传播平台／时声／／市场观 2006－11

⊙“垃圾食品”广告影响儿童饮食嗜好／丁山／／中国质量报 2006－07－20

⊙“蓝天会展行动”还展览业一片蓝天／李远方／／中国商报 2006－06－02

⊙“联合经营”壮大中国会展业／肖凌／／中国贸易报 2006－09－19

⊙“领袖”秀中国国际时尚品牌博览会设计师访谈／孙琰／／国际服装动态 2006－10

⊙“名片墙”与“活广告”／陈明杰／／思维与智慧 2006－03

⊙“名人广告”姓“公”不是谋私工具／唐钧／／广州日报 2006－08－08

⊙“摸着石头过河”的列车广播广告／曹娜／／广告大观（综合版）2006－10

⊙“农博会已成为长春标志性展会”／刘茵／／长春日报 2006－08－20

⊙“农夫”牵手“大长今”——评“农夫茶”电视广告营销策划／刘雯／／当代经理人（中旬刊）2006－05

⊙“诺基亚”户外广告创新记／／广告人 2006－11

⊙“排油”神话：虚假广告编造的“美丽谎言”／嫣然／／福建质量信息 2006－07

⊙“浅谈招贴广告设计”／许明飞／／广告人 2006－07

⊙“青岛军团”声赫山东文博会／张华／／中国文化报 2006－06－15

⊙“全球化背景下的广告理论与实务”国际学术研讨会综述／何小璇／／中国广告 2006－08

⊙“全天候”广告销售／杨小白／／中华新闻报 2006－04－26

⊙“全天候”广告销售——美国报纸用网站提升广告销售的探索／杨晓白／／青年 2006－07

⊙“缺德”广告当禁／赵学勤／／光明日报 2006－01－17

⊙“软件”：会展业成功关键／袁原／／民营经济报 2006－03－09

⊙“软硬兼施”成都会展征服全球／／成都日报 2006－09－07

⊙“色情”广告为何屡禁不止？／／新闻天地 2006－04

⊙“蛇王”隆力奇：本土不是真“土”——记隆力奇的 2006－年广告传播及品牌战略／／广告大观（综合版）2006－05

⊙“十一”黄金周大幕开启节庆旅游满台生辉／殷元元　谢维贤　汪少飞　祁俊／／黄山日报 2006－10－02

⊙“世界给沈阳一个机会，沈阳还世界一个奇迹”——2006 中国沈阳世界园艺博览会掇英／金荷仙／／中国园林 2006－05

⊙“市场＋展会”渐成会展经济新模式／宗逊／／国际商报 2006－12－20

⊙“势能理论”与广告传播中的社会问题探析／杨海军／／新闻与传播研究 2006－02

⊙“谁在动摇欧美文化的主导地位”——巴塞尔艺术博览会总监萨缪尔·凯勒专访／王寅／／中国拍卖 2006－08

⊙“四两拨千斤”“比附”制胜——弱势品牌广告策略探讨／陈俊红／／商场现代化 2006－28

⊙“送礼”广告的文化意义解读／邓先进／／成都教育学院学报 2006－11

⊙“随喜”未若“随缘”——对节日广告热点的冷眼分析／温秀华／／东南传播 2006－10

⊙“碎片化”时代广告主的媒体投放异动／杜国清／／市场观察 2006－06

⊙“泰山魂”首演刘文金助兴山东“文博会”／刁艳／／音乐周报 2006－06－23

⊙“网络广告迎来新的爆发点”／陈中　小路／／上海证券报 2006－11－06

⊙“威客”模式会冲击广告业吗？／郑新刚／／广告大观（综合版）2006－11

⊙“微利时代”的报业广告经营策略／王好彬／／江西财经大学学报 2006－06

⊙“文博会”百日之后茶文化再现亮点／曾文铨／／云南政协报 2006－03－22

⊙“文博会”帮您看清文化发展方向／喻宁／／经理日报 2006－12－04

⊙“文博会”成了新兴产品展示台／李冰峰／／金华日报 2006－04－09

⊙“文博会”日本招商反响热烈／刘青／／深圳商报 2006－04－10

⊙“无耻广告”拷问电视台良知／张国举／／人民公安 2006－17

⊙“五步”一流程规范城市户外广告设置／朱云波／／嘉兴日报 2006－04－21

⊙“五一”黄金周广东节庆精彩纷呈／王芳　朱丽华／／中国旅游报 2006－05－05

⊙“西钓鱼台”广告侵犯了“钓鱼台”商标专用权／郭京霞／／人民法院报 2006－05－24

⊙“显业”新宠——会展师／／职业技术 2006－15

⊙“新展会”提升香港国际工业贸易平台地位／周春雨／／中国贸易报 2006

-11-28

◎“性感广告”的商业价值和文化禁忌/张红辉//郑州轻工业学院学报(社会科学版)2006-06

◎“需求层次论”与广告诉求点的准确把握/杨弦//文艺研究2006-03

◎“炫富”房产广告用语值得商榷/岳平//新闻与写作2006-02

◎“炫富”广告大行其道是构建和谐社会的“噪音”/周润健//淮南日报2006-02-16

◎“炫富”广告引发理论大反思/莫梅锋//市场研究2006-03

◎“要爽由自己”——可口可乐公关与广告的协同/章昭//市场观察2006-03

◎“一国两制”岂能成商业广告?/耕耘//商业文化2006-11

◎“一天之内,周游世界”上海世界旅游资源博览会火爆申城/张稳柱//旅游时代2006-05

◎“移动互动平台”试水会展业初露锋芒//现代电信科技2006-07

◎“以文谋钱”的翻译目的论——广告文体翻译的理论思辨与实践/杨琪//上海翻译2006-03

◎“隐广告”是手机广告的出路/胡蔚//通信产业报2006-09-18

◎“永不落幕”的义乌会展业/初志英//经济日报2006-04-14

◎“游戏中广告”或成网游赢利新模式/郭艾琳//第一财经日报2006-02-28

◎“有色”广告的成因探析/黄立平//阅读与写作2006-10

◎“玉宇澄清万里埃”(一)——预估我国展览业法规要回应的出展及国内展问题/茅国雄//中国会展2006-16

◎“玉宇澄清万里埃”(二)——预估我国展览业法规要回应的出展及国内展问题/茅国雄//中国会展2006-18

◎“展会+市场”模式威力巨大/小雨//消费日报2006-08-17

◎“展会名城”非一日之寒/刘坷//湖南经济报2006-10-19

◎“展会南迁”搅热珠三角会展业/王海荣//深圳商报2006-07-24

◎“展览的展览”——一场失焦的视觉盛宴/瀚如//中国美术馆2006-06

◎“整合”在广告设计中的运用/罗星//苏州工艺美术职业技术学院学报2006-03

◎“政府型展会”的创新发展之路/陈泽炎//中国会展2006-21

◎“中国广告与品牌大会”紧张筹备形成诸多突破性看点//中国广告2006-03

◎“中国设计”将成文化创意博览会亮点/王娅莉//中国质量报2006-12-05

◎“中国式”的广告代理制如何允许广告服务明码标价/张芬//广告大观(综合版)2006-04

◎“准告”登场手机广告步正轨尚待时日/曹增光//中国经济时报2006-10-11

◎“准告”概念登场手机广告标准有望出台/曹增光//中国工商报2006-10-17

◎“自由呼”:打造第二代广告付费模式/萧曼平//民营经济报2006-06-08

◎《广告法》亟待修改完善/荀一潮//观察与思考2006-05

◎《广告法》十大问题及对策/陈培爱//广告大观(综合版)2006-06

◎《广告法》为何管不住乱象丛生的广告/王海明//学习月刊2006-09

◎《黄金》广告的经营原则与策略/张继武//冶金信息导刊2006-06

◎《美国的广告》从文化角度诠释广告蕴涵/涂桂林//中国新闻出版报2006-11-02

◎《南方都市报》广告经营之4C策略分析/刘琴//当代经理人(中旬刊)2006-05

◎《三晋都市报》的广告经营谋略/李振海//广告人2006-02

◎《申报》商业广告(1927-1937)创意核心概念研究/李强//首都师范大学学报(社会科学版)2006-S2

◎《天下无贼》藏着四千万的广告——对电影隐性广告的运作思考/肖玉琴//公关世界2006-09

◎《武汉晚报》广告经营与管理/毛家明//广告人2006-02

◎《羊城晚报》的广告客户关系管理/肖鹏//中国报业2006-01

◎《展会知识产权保护办法》//亚太经济时报2006-03-02

◎《展会知识产权保护办法》的立法背景及主要内容/商务部条法司知识产权处//国际商报2006-02-22

◎《展会知识产权保护办法》解读/俞华//公共商务信息导报2006-02-28

◎《展会知识产权保护办法》条文释义/商务部条法司知识产权处//国际商报2006-03-01

◎《中美会展业保护知识产权的共同声明》发布/黄晓芳//经济日报2006-01-13

◎《中图法》第四版广告类类目设置问题研究//王珺//新世纪图书馆2006-05

◎《珠海特区报》广告经营策略/王界明//广告人2006-02-05

旅游、生态观光、休闲产业

2002年

◎1414古村落——社区旅游综合体规划研究/吴承照//中国地理学会2002年学术年会

◎2001年全球国际旅游发展回顾及2002年前景预测/罗明义//桂林旅游高等专科学校学报2002-02

◎2001年中国国内旅游抽样调查综合报告/李德才//中国旅游报2002-07-03

◎2002年旅游教育培训工作意见/卜小平//中国旅游报2002-03-01

◎2002年入境旅游者花费抽样调查结果及据此重新测算的2002年1—10月份旅游外汇收入/张梅//中国旅游报2002-12-16

◎2002年中国旅游主题/刘蓓//老友2002-03

◎21世纪的生态农业模式农业观光园/李保印//河南职业技术师范学院学报2002-03

◎50亿打造桂林旅游业/李运涛 张文德//中华工商时报2002-06-24

◎5S管理在旅行社营业部的运用/伍鄱轲//中国旅游报2002-09-16

◎60年前的成都旅游/刘永禄//四川档案2002-02

◎CRM加速旅游产业发展/陈阳//互联网周刊2002-05

◎GIS技术在旅游规划中的应用初探/黄非亚//国土与自然资源研究2002-04

◎GIS在生态旅游中的应用及展望/杨桂芳//自然杂志2002-04

◎GPS现代旅游新概念/潘志强//旅游2002-04

◎ISO14000国际标准与旅游企业的环境管理——以神农架为例/陈筱//中国地理学会2002年学术年会

◎PATA专家为杭州旅游把脉/任洁瑛//华东旅游报2002-07-23

◎TPC及DLC理论在旅游产品再开发中的应用——昆明市案例研究/戴光

全//地理科学 2002-01
⊙ WTO 给我国旅行社业带来的挑战和机遇/牟萍//地理教育 2002-05
⊙ WTO 与湖南森林生态旅游/李玉平//湖南林业科技 2002-03
⊙ WTO 与旅行社业/曹华盛//地理教育 2002-02
⊙ WTO 与旅游何干?/丁震//民间文化旅游杂志 2002-01
⊙ WTO 与中国民营旅游企业的发展/黄其新//商业研究 2002-02
⊙ 阿勒泰地区旅游资源及旅游开发研究/杨国安//干旱区资源与环境 2002-02
⊙ 爱国主义是东莞旅游的精髓和生命/张俊 姚德荣//中国旅游报 2002-11-25
⊙ 安徽旅游发展的三大"瓶颈"/陶海//决策咨询 2002-05
⊙ 安徽旅游市场分析/李经龙//安徽师范大学学报(自然科学版) 2002-04
⊙ 安徽省池州市观光休闲农业开发研究/陈晓华//海峡两岸观光休闲农业与乡村旅游发展学术研讨会 2002
⊙ 安徽省六安市旅游开发布局研究/黄润//皖西学院学报 2002-04
⊙ 安徽省旅游涉外饭店市场竞争初步研究/汪德根//安徽师范大学学报(人文社会科学版) 2002-02
⊙ 安徽黟县再推"五大景区"/孙俊 子力//华东旅游报 2002-01-19
⊙ 按国际标准打造五台山旅游精品/崔联会//山西财税 2002-03
⊙ 鳌山湾畔崛起滨海旅游度假小城镇/王刚//中国建设信息 2002-18
⊙ 奥运旅游不能苦等 2008/仲杨//市场报 2002-04-20
⊙ 奥运旅游瞄准海外促销/陈文波//市场报 2002-03-02
⊙ 奥运旅游牌怎么出?/山河//中国市场 2002-01
⊙ 澳大利亚:旅游环保和谐发展/廖仲毛//中国绿色时报 2002-04-24
⊙ 澳大利亚的旅游信息服务/吕和发//桂林旅游高等专科学校学报 2002-02
⊙ 澳大利亚的旅游咨询服务店、台、亭/吕和发//桂林旅游高等专科学校学报 2002-01
⊙ 澳门经济增长:博彩旅游业凸显龙头角色/赵美兰//团结报 2002-01-01
⊙ 澳门文化资源的旅游价值及开发/孙九霞//思想战线 2002-05
⊙ 八项措施树立云南诚实守信旅游形象/成淇平//云南日报 2002-04-08
⊙ 巴厘岛等国际度假旅游地给海南旅游业的启示/曹绘嶷//海南大学学报(人文社会科学版) 2002-02
⊙ 巴蜀文化是四川旅游的生命力所在/谭继和//厂长经理日报 2002-04-18
⊙ 巴渝古镇旅游开发与保护探讨/田喜洲//重庆建筑大学学报 2002-06
⊙ 把"中国死海"打造成旅游品牌/苏民//经济日报 2002-12-16
⊙ 把北海建成最漂亮的滨海旅游城市/温卡华//中国旅游报 2002-10-25
⊙ 把崇明岛建成旅游之岛/吴伟余//中国旅游报 2002-12-20
⊙ 把发展旅游作为各项工作的重中之重/肖正东//中国旅游报 2002-09-13
⊙ 把丰富的民族文化资源转化成为旅游产业优势——以张家界市土家族文化的开发利用为例/向延振//湖南社会科学 2002-02
⊙ 把海南建设成国际著名的休闲度假旅游胜地/王守初//今日海南 2002-09
⊙ 把贺州建成生态型旅游商贸城/刘桂阳//中国旅游报 2002-11-27
⊙ 把黑龙江建成冰雪旅游强省/张洵涛//中国旅游报 2002-11-29
⊙ 把旅游业发展成为全市经济支柱产业/于文江//吉林日报 2002-08-30
⊙ 把握趋势做好假日旅游文章/张榕//海峡两岸观光休闲农业与乡村民俗旅游研讨会 2002
⊙ 把握商机应战假日经济/孙素华//辽宁经济 2002-10
⊙ 把握上海消费需求升级新趋势打造滨海休闲度假旅游圈的新亮点/熊世伟//上海城市规划 2002-01
⊙ 把香格里拉建成世界级旅游精品/罗杰//云南日报 2002-06-10
⊙ 把英雄城市建成旅游强市/王林//党建 2002-07
⊙ 百山祖自然保护区生态旅游开发初论/姚丰平//华东森林经理 2002-01
⊙ 百姓出游有方向 旅游瓶颈待解决/苏琳//经济日报 2002-02-28
⊙ 办好旅游节发展旅游业/郑旗 卿永锋//中国旅游报 2002-09-13
⊙ 宝钢:做大工业旅游/胡昌龙//中国旅游报 2002-11-08
⊙ 宝鸡成为西部旅游新亮点/张红中 王晓民//中国旅游报 2002-09-06
⊙ 保持布依族文化特色,推动布依族地区旅游发展(序二)/王思明//贵州省布依学会布依文化与旅游专题研讨会 2002
⊙ 保护环境持续发展森林旅游/孙建国//河北林业科技 2002-06
⊙ 保护旅游资源发展旅游产业/王亚奇//湖南日报 2002-10-17
⊙ 保护湿地生态环境大力开发旅游产业/刘振波//吉林水利 2002-01
⊙ 保资源护遗产促旅游/滕晔//湖南林业 2002-03
⊙ 北部湾:大旅游带动大发展/陈泽群//城市问题 2002-02
⊙ 北大"超旅游"规划济南//中国旅游报 2002-06-21
⊙ 北海旅游自救运动/张晓晖//中华工商时报 2002-12-26
⊙ 北极生态旅游过热/伊纹//中国环境报 2002-06-19
⊙ 北极生态旅游兴旺环境保护堪忧/贾鹤鹏//中国旅游报 2002-05-31
⊙ 北疆旅游业发展各显特色/兴科 黄艳生 冯丽//新疆日报(汉) 2002-10-17
⊙ 北京:奥运旅游怎么搞?/张广瑞//中国旅游报 2002-02-01
⊙ 北京观光农业的发展实践/刘军萍//海峡两岸观光休闲农业与乡村旅游发展学术研讨会 2002
⊙ 北京国际旅游文化节有多少惊喜可以期待/李玲//中国旅游报 2002-09-25
⊙ 北京国智元达沃斯巅峰规划青海旅游营销/史延廷//中国旅游报 2002-11-27
⊙ 北京会展旅游前景广阔/温子吉//市场报 2002-12-16
⊙ 北京积极推进会展旅游/伊凯//国际商报 2002-09-04
⊙ 北京旅行社业入世策略选择/王维佳//中国旅游报 2002-02-25
⊙ 北京旅游冲刺会展业/李毅//中国信息报 2002-01-09
⊙ 北京旅游业竞争力增强/张悦 孙洪磊//国际商报 2002-01-23
⊙ 北京旅游咨询中心发展浅探/王冬娃//中国旅游报 2002-12-06
⊙ 北京市观光农业发展的现状与未来趋势/白有光 范子文//海峡两岸观光休闲农业与乡村民俗旅游研讨会 2002
⊙ 北京延庆县生态旅游的战略发展/郭焕成 周聿贞//海峡两岸观光休闲农业与乡村旅游发展学术研讨会 2002
⊙ 北京延庆县乡村观光度假旅游发展/李海霞//海峡两岸观光休闲农业与乡村旅游发展学术研讨会 2002
⊙ 北京延庆县乡村民俗旅游发展/吴守容//海峡两岸观光休闲农业与乡村旅游发展学术研讨会 2002
⊙ 北山国家森林公园应在保护好生态前提下开展旅游/龚富玲//青海农林科技 2002-03
⊙ 毕节地区旅游可持续发展初探/陈群利//毕节师范高等专科学校学报 2002-01
⊙ 变"靠山吃山"为"旅游兴山"/张兴旺 陈鹏飞//湖北日报 2002-09-12
⊙ 标本兼治整顿规范旅游市场秩序/周岩森//河南日报 2002-08-15
⊙ 滨海旅游发展现状及对策思索/柴寿升//海岸工程 2002-01
⊙ 滨海旅游开发与保护的研究/张润秋//海岸工程 2002-04
⊙ 滨海旅游特色初探——以湛江东海岛龙海天旅游区为例/吴松青//小城镇建设 2002-04
⊙ 博白着力打造旅游品牌/梁志勇//市场报 2002-03-01
⊙ 博斯腾湖旅游开发的初步研究/金海龙//人文地理 2002-04
⊙ 不经意的文化旅游/赵强//中华读书报 2002-11-06
⊙ 不要走进现代休闲的误区/林青山//科学大观园 2002-11
⊙ 布迪厄文化再生产理论对文化变迁研究的意义——以旅游开发背景下的

⊙ 出卖武当能否拯救十堰经济/张宇//市场报 2002－06－21
⊙ 刍论不完全信息条件下旅游消费行为/朱国兴//亚太经济 2002－01
⊙ 刍议挫折心理在旅游管理中的运用/娄世娣//商业研究 2002－14
⊙ 刍议旅游院校在经济型酒店发展中的科研开发功能/张久明//华东旅游报 2002－12－31
⊙ 刍议南京园林旅游资源的开发/陆文祥//华东旅游报 2002－01－29
⊙ 刍议我国乡村旅游的界定、发展特征及原则/吕连琴//海峡两岸观光休闲农业与乡村旅游发展学术研讨会 2002
⊙ 川黔渝金三角生态旅游区的构建——兼论同一区域同质旅游资源的开发/朱竑//中国地理学会 2002 年学术年会
⊙ 川西旅游生态环境保护与建设/邓清南//山地学报 2002－S1
⊙ 传承保护女书文化旅游资源刻不容缓/马晓京//中国旅游报 2002－06－10
⊙ 传统城镇的保护与旅游开发/车震宇//小城镇建设 2002－08
⊙ 传统古村镇的保护与旅游开发问题的浅探/巫纪光//中国勘察设计 2002－10
⊙ 传统旅游企业电子商务化的可行之路/战璐//天津商学院学报 2002－05
⊙ 传统旅游市场细分的缺陷及对策/杜宗斌//旅游科学 2002－03
⊙ 传统民居旅游的开发模式/黄芳//经济论坛 2002－01
⊙ 传统民居旅游开发中居民参与问题思考/黄芳//旅游学刊 2002－05
⊙ 创办假日农业基地/曾建斌//现代营销 2002－02
⊙ 创建国际旅游名城实现城市整体增值/马元祝//资源开发与市场 2002－04
⊙ 创建国家旅游品牌：茶马古道、三江并流、香格里拉、格萨尔王——川滇藏区域旅游经济圈创建山水园林生态旅游城优化县域对外开放大环境/张生起//小城镇建设 2002－01
⊙ 创建上海都市交通旅游的品牌/徐康武//交通与运输 2002－02
⊙ 创建生态旅游城市，树张家界国际旅游新城形象/田发臣//湖湘论坛 2002－01
⊙ 创建香格里拉自然文化公园//中国旅游报 2002－08－16
⊙ 创建中国优秀旅游城市活动与福建旅游业的发展/唐俊雅//福州大学学报（哲学社会科学版）2002－02
⊙ 创建中国优秀旅游城市加快兰州经济建设步伐/张志银//甘肃省经济管理干部学院学报 2002－04
⊙ 创世界旅游精品树最佳服务品牌/余长安//光明日报 2002－09－20
⊙ 创新——旅游大区建设发展的思路及对策/漆国江//理论与当代 2002－03
⊙ 创新是振兴旅游的关键所在——访四川省人民政府副省长王怀臣/罗实//资源开发与市场 2002－01
⊙ 创新休假制度促进假日旅游可持续发展/刘戈衡//商业研究 2002－10
⊙ 创中国优秀旅游城市向旅游强市目标奋进/徐光//决策探索 2002－06
⊙ 春节"黄金周"旅游投诉变"冷"的思考//中国旅游报 2002－03－27
⊙ 春节出境游收费　涨焉？降焉？/虞宝竹　魏轶群//中华新闻报 2002－01－24
⊙ 春秋国旅：会展旅游初现端倪/王洋//中国旅游报 2002－11－13
⊙ 从"五一"看假日旅游/张昕丽//人民日报海外版 2002－06－05
⊙ 从博鳌亚洲论坛看海南会议旅游/黄骥//北京第二外国语学院学报 2002－06
⊙ 从博弈论角度看旅游规划/戴学锋//中国旅游报 2002－08－16
⊙ 从导游回扣问题谈整顿规范旅游市场秩序/陈小春//湖南商学院学报 2002－04
⊙ 从地税收入看郴州旅游产业/李金铁　何峙嵘//湖南经济报 2002－10－15
⊙ 从钢铁"忧"到钢铁"游"——首钢发展工业旅游纪实/付超英//北京工商管理 2002－05
⊙ 从国际竞争力角度看旅游产业中政府干预的作用/缪婧晶//旅游科学 2002－02
⊙ 从环境承载量看旅游景区的生态保护/潘碧秀//中国旅游报 2002－06－05
⊙ 从莱茵河看长江旅游开发/熊友达//陕西水利 2002－06
⊙ 从谅山的实践看中越商贸旅游及其发展趋势/梁登宁//东南亚纵横 2002－01
⊙ 从龙胜旅游发展看加入 WTO 后政府的主导作用/阳国亮//桂海论丛 2002－05
⊙ 从旅游城市到城市旅游/青光//人民日报海外版 2002－4－19
⊙ 从旅游文化到文化旅游/王松涛//光明日报 2002－04－11
⊙ 从旅游职业道德的角度推进建设旅游伦理学/郭赤婴//北京第二外国语学院学报 2002－04
⊙ 从四川花卉业现状论旅游市场的再开发/李晓琴//国土与自然资源研究 2002－04
⊙ 从西欧五国感观谈贵州旅游/莫章海//中共贵州省委党校学报 2002－02
⊙ 从哲学人类学背景管窥旅游审美/章海荣//思想战线 2002－01
⊙ 从中甸县更名为香格里拉县说起——四川旅游和云南旅游差距的再认识//资源开发与市场 2002－02
⊙ 促进城市旅游发展的商业行为/彭品志//山东商业职业技术学院学报 2002－01
⊙ 促进都江堰旅游发展的若干思考/黄强//软科学 2002－02
⊙ 促进假日旅游可持续发展/邹再进//商业时代 2002－18
⊙ 促进旅游目的地的新发展（上）/魏小安//中国旅游报 2002－06－07
⊙ 促进旅游目的地的新发展（下）/魏小安//中国旅游报 2002－06－21
⊙ 促进泉州海丝专项旅游持续发展的探讨/杨文棋//北京第二外国语学院学报 2002－06
⊙ 打好历史文化名城这张牌/陈新文　吴凯丽//山西经济日报 2002－08－06
⊙ 打好旅游产业牌培育经济新亮点/王雅安//山西政报 2002－06
⊙ 打破界限，优势互补，合力营造大湘西旅游产业/彭对喜//民族论坛 2002－12
⊙ 打破市场壁垒发展区域旅游/谭徽在//湖北日报 2002－06－26
⊙ 打响"龙"的品牌　做足"游"的文章/刘慧//浙江日报 2002－07－09
⊙ 打造"乌江画廊"旅游品牌/肖昌荣//中国水运 2002－11
⊙ 打造长寿旅游规划形象战略/牟红//桂林旅游高等专科学校学报 2002－03
⊙ 打造滇东南喀斯特景观旅游"航母"/成淇平　孙蕾　龚泽平//云南日报 2002－10－16
⊙ 打造观音品牌做活旅游文章/程贞义//政策 2002－04
⊙ 打造河南旅游新军/张明灿//中国旅游报 2002－06－05
⊙ 打造九嶷山文化旅游产业/蒋善生//湖南经济报 2002－08－21
⊙ 打造具有地域特色的旅游精品/孟凌声//人民政协报 2002－05－20
⊙ 打造旅游长廊舞活县域经济/彭良棠//民族论坛 2002－12
⊙ 打造旅游精品发展湖北旅游/王斌//政策 2002－08
⊙ 打造旅游精品实现质的飞跃/阿贵　杨立中//华东旅游报 2002－09－12
⊙ 打造旅游名牌做活民族特色文章/杨长国//中国经济周刊 2002－07
⊙ 打造旅游市场诚信体系/陈惟//文汇报 2002－10－16
⊙ 打造旅游业的联合舰队/吴玉起　王玉亮//河北日报 2002－05－10
⊙ 打造三星堆文化旅游产业/何兴梧//中国旅游报 2002－10－11
⊙ 打造世界旅游精品——峨眉山风景区的创新发展纪实/郎天全//资源开发与市场 2002－03
⊙ 打造特色旅游品牌/许阳//西藏日报 2002－06－21
⊙ 打造网络时代的杭州旅游休闲房产/张静//商业经济与管理 2002－11
⊙ 打造湘西北旅游"金三角"/范保宁//民族论坛 2002－06
⊙ 打造休闲式旅游市场促进旅游方式目元化——试论朱家尖（舟山）休闲式旅游市场的开发建设/李军//中国集体经济 2002－04

⊙ 独具魅力的乾陵旅游地学资源/屈茂稳//长安大学学报（社会科学版）2002－04
⊙ 独秀峰南宋“桂林山水甲天下”石刻的发现及其旅游价值/廖国一//广西地方志 2002－05
⊙ 度假区人居环境景观的可持续性规划——以浙江会稽山旅游度假区为例/祁黄雄//城市规划 2002－06
⊙ 短线旅游开始升温　安全检查落实到位/侯辛//中国旅游报 2002－05－06
⊙ 对“假日经济”热效应的思考/汪选玲//辽宁农业职业技术学院学报 2002－01
⊙ 对 FIT 旅游市场的动态分析/陈锋仪//现代企业 2002－06
⊙ 对安徽“两山一湖”旅游经济发展的思考/葛丽芳//财贸研究 2002－05
⊙ 对百色市旅游开发模式的思考/谢雨萍//广西右江民族师专学报 2002－01
⊙ 对城市旅游开发问题的思考/张岩//辽宁教育学院学报 2002－07
⊙ 对大连旅游形象定位的思考/陈才//社会科学家 2002－05
⊙ 对当前体育旅游研究中若干问题的探讨/汪薇萍//经济问题探索 2002－11
⊙ 对调整重庆旅游发展总体布局的探讨/韩渝辉//探索 2002－05
⊙ 对发展旅游经济是几点认识/常东风//合作经济与科技 2002－12
⊙ 对发展森林旅游的几点建议/崔岩//河北林业 2002－06
⊙ 对发展山西文化旅游产业的思考/张遂//生产力研究 2002－05
⊙ 对发展我省旅游观光农业的思考/曹桂清//湖南行政学院学报 2002－01
⊙ 对赣州创建“中国优秀旅游城市”及发展旅游业的若干建议/龚文瑞//企业经济 2002－08
⊙ 对构建西南旅游产业大协作区的探讨/刘连银//旅游科学 2002－04
⊙ 对桂林漓江旅游可持续发展的思考/谢雨萍//中共桂林市委党校学报 2002－04
⊙ 对国内旅行社业成为“微利”行业的思考/陈朔//运城学院学报 2002－06
⊙ 对海南发展会展旅游的思考/黄骥//琼州大学学报 2002－01
⊙ 对宏村旅游工艺品市场秩序及摊位税收管理的调查/王志远//安徽税务 2002－S1
⊙ 对湖南旅游产品建设格局的思考/游碧竹//湖南社会科学 2002－06
⊙ 对济南旅游形象定位的思考/石兆宏//中共济南市委党校学报 2002－03
⊙ 对假日经济的再认识/刘菲//北京工商大学学报（社会科学版）2002－01
⊙ 对建设西宁北山观光旅游区的设想与构思/宋长发//青海农林科技 2002－S1
⊙ 对江西旅游可持续发展的战略思考/邹晓明//企业经济 2002－11
⊙ 对开发晋商大院文化旅游带的思考/佘可文//山西财经大学学报 2002－01
⊙ 对开发宁夏回族旅游文化资源的一些思考/陶雨芳//回族研究 2002－01
⊙ 对兰州市民旅游情况的调查——旅游与收入及性别的关系/杨盛菁//甘肃科技 2002－12
⊙ 对流坑古村旅游开发的几点思考/冯淑华//江西社会科学 2002－03
⊙ 对旅游产品创新的几点思考/刘燕霞//天津市工会管理干部学院学报 2002－01
⊙ 对旅游产业生态过程的研究/徐辉//旅游学刊 2002－02
⊙ 对旅游经济规律的几点思考/陈百强//经济问题 2002－06
⊙ 对旅游社会学理论体系研究的认识——兼评国外旅游社会学研究动态（下）/肖洪根//旅游学刊 2002－01
⊙ 对旅游市场监管服务的探讨/杜振民//内蒙古质量技术监督 2002－06
⊙ 对旅游文化热的反思/张振楣//华东旅游报 2002－04－06
⊙ 对旅游中心城市主导作用的认识——兼析万州如何建设为三峡库区旅游服务中心/程晓明//中国三峡建设 2002－05
⊙ 对旅游资源的再认识/依绍华//中国旅游报 2002－11－08
⊙ 对入世后西安旅游业发展的几点思考/杜跃平　胡敏//西安日报 2002－03－27
⊙ 对山西发展旅游业的“担心”/王国定//山西经济日报 2002－04－03
⊙ 对生态旅游概念内涵的系统认识/王志稳//安徽商贸职业技术学院学报 2002－04
⊙ 对生态旅游开发的法律保障/钱澄//中国环保产业 2002－11
⊙ 对生态旅游有关问题的再思考/周笑源//桂林旅游高等专科学校学报 2002－02
⊙ 对潍坊市发展休闲渔业的思考/王广成//齐鲁渔业 2002－10
⊙ 对我国“旅游扶贫”的几点思考/刘向明//经济地理 2002－02
⊙ 对我国会展旅游发展若干问题的初步探讨/林越英//北京第二外国语学院学报 2002－06
⊙ 对我国旅游度假区建设与发展的再思考——以浙江省旅游度假区为例/王莹//地域研究与开发 2002－04
⊙ 对我国主题公园实行“一票制”的探讨/邓锡彬//中国旅游报 2002－12－06
⊙ 对于县域旅游规划重点问题的探讨——以饶平县旅游规划为例/肖玲//热带地理 2002－02
⊙ 对浙江传统民居进行旅游开发的思考/黄芳//湖南商学院学报 2002－05
⊙ 对重庆市旅游系统优化问题的思考/孙钰霞//桂林旅游高等专科学校学报 2002－03
⊙ 多渠道投资：为南京旅游注入活力/燕南　宁旅//华东旅游报 2002－07－09
⊙ 俄罗斯：教育旅游日渐红火/李雷//经济日报 2002－08－06
⊙ 俄罗斯教育旅游增长迅速/李雷//国际商报 2002－08－14
⊙ 鄂温克旗生态旅游初探/李文杰//内蒙古师范大学学报（哲学社会科学版）2002－02
⊙ 发达国家假日旅游有方/朴少//国际商报 2002－10－06
⊙ 发挥“鲁布革”效应打造水电旅游品牌/杨荣春//云南电业 2002－04
⊙ 发挥比较优势建设旅游大省/张世俊//兰州商学院学报 2002－05
⊙ 发挥旅游资源优势　加快培育支柱产业/姚闻//西藏日报 2002－08－05
⊙ 发挥蒙山优势建设旅游强县/祖卫东//党员干部之友 2002－07
⊙ 发挥桥梁纽带作用　为旅游业发展服务/张越//中国旅游报 2002－12－30
⊙ 发挥扰势弥补差距稳步迈向旅游强省/张旭建//决策探索 2002－07
⊙ 发挥生物资源优势开发旅游产品/刘守杰//承德民族师专学报 2002－02
⊙ 发挥世界性独特资源优势构筑黄河口生态旅游格局/苏保乾//中国林业 2002－14
⊙ 发挥水利产业的优势开展水利旅游的分析/刘家麟//安徽水利水电职业技术学院学报 2002－03
⊙ 发挥文化优势促进旅游发展——关于旅游与文化的几点思考/杨琦//陕西政报 2002－12
⊙ 发挥仙境特色优势创建海滨旅游城市/刘树琪//山东经济战略研究 2002－03
⊙ 发挥优势，做好水利旅游大文章/李娟//陕西水利 2002－06
⊙ 发挥豫鲁旅游资源优势联手共创旅游强省/张瑛//小城镇建设 2002－09
⊙ 发挥竹林优势铸造旅游精品/王琴//浙江林业 2002－08
⊙ 发挥资源优势，争创旅游强县——龙州县旅游开发的现实思考/李先//广西民族学院学报（哲学社会科学版）2002－01
⊙ 发掘西部独特资源翠华山尽领旅游风骚/劳志建//瞭望 2002－10
⊙ 发扬“名景”优势振兴湖北旅游/夏日新//湖北社会科学 2002－10
⊙ 发展“假日经济”的思路探析/李金辉//华东经济管理 2002－01
⊙ 发展蚌埠水利旅游的可行性分析/刘家麟//安徽水利水电职业技术学院学报 2002－01
⊙ 发展本溪县农村经济的新思路——生态旅游/董运来//农业经济 2002

-07
⊙ 发展边境的特色旅游品牌/黎奕福//广西商业高等专科学校学报 2002-02
⊙ 发展城市旅游的思考/王民//学术交流 2002-03
⊙ 发展大旅游 促进大就业/北京市旅游局//中国旅游报 2002-10-25
⊙ 发展大兴安岭生态旅游的探讨/唐树金//内蒙古林业调查设计 2002-02
⊙ 发展电力旅游经济的思考/赵峰//电力技术经济 2002-06
⊙ 发展观光林业大有可为——由观光果业的兴起引发的思考/顾斌//河北林业科技 2002-01
⊙ 发展观光农业的条件及对策研究/梁留科//西北农林科技大学学报（社会科学版）2002-04
⊙ 发展观光农业实现可持续发展/郑国喜//山东农业（农村经济版）2002-05
⊙ 发展桂林生态旅游的问题和对策/林忠华//广西经贸 2002-10
⊙ 发展海洋休闲游钓渔业大有可为/林岳夫//海洋信息 2002-01
⊙ 发展河南省旅游商品生产的思路与对策/刘荣//经济经纬 2002-03
⊙ 发展红色旅游的思考/高舜礼//中国旅游报 2002-08-21
⊙ 发展假日经济的几个问题/方秀霞//光明日报 2002-06-01
⊙ 发展庐山文化旅游的思考/周诚亮//华东旅游报 2002-11-26
⊙ 发展旅游 兴县富民/栗波 冯学海//陕西日报 2002-06-27
⊙ 发展旅游，为江西省再就业拓展广阔空间/赵波//价格月刊 2002-12
⊙ 发展旅游不要停留在口号上/杨实//资源开发与市场 2002-02
⊙ 发展旅游大有可为/王江//山西统计 2002-08
⊙ 发展旅游风光农业提高旅游经济效益/孙志军//开发研究 2002-01
⊙ 发展旅游更须加强景区管理/吴建华//中国建设报 2002-03-12
⊙ 发展旅游购物品生产与销售的思考/黄敏行//湖南商学院学报 2002-06
⊙ 发展旅游购物应注重营销创新/李炳武//湖南商学院学报 2002-04
⊙ 发展旅游和遗产保护能否“双赢”？/魏小安 窦群 彭德成//中国旅游报 2002-12-18
⊙ 发展旅游商品/方觉曙//安徽日报 2002-07-31
⊙ 发展旅游消除贫困——秭归县旅游扶贫见成效//理论月刊 2002-07
⊙ 发展民俗文化旅游加快脱贫进程/董清云//民族论坛 2002-05
⊙ 发展农村旅游经济大有可为/高峰//经济日报 2002-07-23
⊙ 发展农业观光旅游刍议/朱法飞//中国特产报 2002-11-28
⊙ 发展农业生态旅游振兴苏北农村经济/马晓冬//农村经济 2002-12
⊙ 发展三明现代旅游的思考/蔡宗和//三明高等专科学校学报 2002-01
⊙ 发展山西旅游经济的思考/杨云龙//生产力研究 2002-01
⊙ 发展山西文化旅游问题初探/杜玉琴//经济问题 2002-03
⊙ 发展生态旅游促进长江三峡线旅游产品的升级换代/孙逸民//重庆行政 2002-02
⊙ 发展生态旅游的思考/龚新//河南科学 2002-04
⊙ 发展生态旅游实现旅游业的可持续发展/孙琦//哈尔滨商业大学学报（社会科学版）2002-03
⊙ 发展生态旅游推动南宁市的旅游业可持续发展/陈竑//广西师范学院学报（自然科学版）2002-04
⊙ 发展生态旅游走旅游脱贫之路——紫云县旅游资源的开发利用/冯开禹//安顺师范高等专科学校学报 2002-04
⊙ 发展太空旅游的设想和建议/吴国兴//中国航天 2002-04
⊙ 发展特色旅游打造国际品牌/孙宝良//中国特产报 2002-09-19
⊙ 发展特色休闲渔业让渔民不渔捞也有活干/李剑平//中国水产 2002-04
⊙ 发展我国天文科普旅游初探/郭丽妮//泉州师范学院学报 2002-06
⊙ 发展西部旅游应采取的措施/张广瑞//中国旅游报 2002-06-19
⊙ 发展乡村旅游，促进城市带动农村发展/郭跃 陈绍友//海峡两岸观光休闲农业与乡村民俗旅游研讨会 2002
⊙ 发展休闲产业填补消费断层/苏同//中国信息报 2002-12-12
⊙ 发展休闲经济，开拓新兴产业/栾贵勤 张磊//首都经济贸易大学学报 2002-05
⊙ 发展休闲经济与解决当前经济难题的契合关系/荀自钧//经济经纬 2002-03
⊙ 发展休闲渔业摆脱渔业困境/王文彬//渔业致富指南 2002-04
⊙ 发展休闲渔业促进渔场发展/龙乐仙//内陆水产 2002-07
⊙ 发展休闲渔业壮大县域经济/王文彬//中国水产 2002-05
⊙ 发展永州旅游文化产业刍议/杜方智//零陵学院学报 2002-05
⊙ 发展云南电力旅游思考/张国红//云南电业 2002-01
⊙ 发展云南旅游业的几点看法/黄禾生//云南政协报 2002-01-30
⊙ 发展云南农业观光旅游的思考/龙燕春//创造 2002-07
⊙ 发展云南生态旅游的对策/蔡毅//生态经济 2002-07
⊙ 发展重庆的森林旅游/李晴//生态经济 2002-06
⊙ 泛谈旅游新概念/魏小安//人民日报海外版 2002-04-26
⊙ 泛谈培育四川旅游产业/李星成//四川省情 2002-05
⊙ 方兴未艾的观光渔业/王雅丽//农村百事通 2002-24
⊙ 方兴未艾的海上旅游/曹怀昌//航海 2002-01
⊙ 防城港市旅游资源优势及旅游开发策略/潘顺安//经济地理 2002-S1
⊙ 放飞西部旅游金三角/杨元禄//亚太经济时报 2002-08-10
⊙ 飞天山地质公园与观光农园相结合构建旅游新模型/童潜明//飞天山丹霞地貌与生态旅游学术研讨会 2002
⊙ 沸腾的节日 流金的假期/鄢玫//江西日报 2002-10-09
⊙ 分“假日经济”一杯羹枣庄农民长假热掘金/宋新忠//中国旅游报 2002-07-03
⊙ 分时度假：在旅游胜地拥有一个“家”/王超//沪港经济 2002-08
⊙ 分时度假了：全球增速最快的旅游细分行业/高广新//中国旅游报 2002-07-24
⊙ 分时度假———旅游开发新亮点/王伟//安徽日报 2002-09-09
⊙ 分食旅游商品大蛋糕/洪清华//知识经济 2002-09
⊙ 丰都旅游借“鬼”发财/令伟家 刘刚 陈敏//中华工商时报 2002-09-13
⊙ 丰富都江堰市旅游文化内涵的思考/付炳昌//成都行政学院学报 2002-06
⊙ 丰富多彩的云南国际旅游节/崔质涛//西部论丛 2002-04
⊙ 丰富文化内涵加快旅游发展——对罗平旅游产业开发与利用的思考/朱德光//创造 2002-09
⊙ 风光未现的黄金周休闲假日保险/童元菊//中国质量万里行 2002-06
⊙ 风花雪月的经济学视角——云南建设旅游支柱产业的透视/罗明义//创造 2002-03
⊙ 风景名胜与旅游开发不能混为一谈/周进步//经济地理 2002-01
⊙ 凤凰旅游：如何冲出文化品位的制约“瓶颈”/洪银亮//民族论坛 2002-10
⊙ 佛教文化博大精深旅游收入难副其实/夏金彪 张智祥//中国经济时报 2002-05-10
⊙ 佛山市旅游市场结构的初步分析/李凡//佛山科学技术学院学报（社会科学版）2002-01
⊙ 福建发展生态旅游的SWOT分析及其思考/郑耀星//福建地理 2002-04
⊙ 福建建设海洋旅游经济带/袁书琪//海洋开发与管理 2002-04
⊙ 福建侨乡旅游消费行为研究/李祝舜//消费经济 2002-03
⊙ 福建森林旅游市场现状与发展对策/王梅松//福建林业科技 2002-01
⊙ 福建省旅游产业存在的问题与对策/管宁//亚太经济 2002-05
⊙ 福建省森林公园旅游生态环境问题与对策/骆培聪//福建地理 2002-04
⊙ 福建省西部旅游开发形势与对策/袁书琪//福建师范大学学报（哲学社会科学版）2002-01
⊙ 福建省自然保护区开展生态旅游与多种经营的探讨/黄传忠//林业资源管理 2002-01
⊙ 福州国家森林公园游客旅游偏好调查与分析/黄秀娟//林业经济问题

2002 - 05
⊙ 福州市旅游黄金周的特点与发展对策/黄昭权//福建地理 2002 - 02
⊙ 富阳旅游民营资本"唱大戏"/叶胜荣　钱东升　施晓文//华东旅游报 2002 - 08 - 02
⊙ 富阳旅游为何能后来居上？/应舍法　来敏敏//浙江日报 2002 - 08 - 27
⊙ 富裕的农民追求高品位旅游文化/张继芳　王兆来//华东旅游报 2002 - 08 - 22
⊙ 改变教育模式培养现代旅游人才/张德成//中国旅游报 2002 - 01 - 04
⊙ 改革中的越南旅游中的热点/子君//广西市场与价格 2002 - 12
⊙ 改善环境开拓山西旅游市场/孙焕琴//生产力研究 2002 - 05
⊙ 改善旅游环境提高景点知名度/尚克忍//山西政报 2002 - 12
⊙ 改善新安江旅游运力结构/胡要武//中国水运 2002 - 11
⊙ 改写了旅行方式的"假日酒店"/希亚//中国新时代 2002 - 06
⊙ 改制、调整促旅游——阳朔县工业改革的调查/刘建强//广西经贸 2002 - 12
⊙ 甘南旅游开发现状、前景及开发对策初探/吕启祥//西北民族学院学报（哲学社会科学版）2002 - 02
⊙ 甘肃旅游"卖"什么/顾炳枢//人民日报海外版 2002 - 07 - 23
⊙ 甘肃旅游开发：找到你的"最"/顾炳枢//丝绸之路 2002 - 11
⊙ 甘肃如何做大文化旅游产业"蛋糕"/高亚芳//发展 2002 - 12
⊙ 甘肃省酒泉市观光农业发展研究/杨彦明　董锁成//海峡两岸观光休闲农业与乡村旅游发展学术研讨会 2002
⊙ 甘肃省入境旅游市场竞争态分析/李景宜//西北师范大学学报（自然科学版）2002 - 04
⊙ 感受"黄金周"在上海赶"旅游大集"/周文水//时代潮 2002 - 10
⊙ 感受欧洲旅游文化/张学君//文史杂志 2002 - 02
⊙ 赣州欲打造红色旅游精品/钟声宏//中国旅游报 2002 - 05 - 24
⊙ 高等师范教育与民族贫困地区旅游开发/银建军//河池师专学报 2002 - 01
⊙ 高回报激起新疆旅游投资热/宋铭宝//中国商报 2002 - 05 - 21
⊙ 高黎贡山花卉资源与赏花旅游初探/施晓春//中国野生植物资源 2002 - 05
⊙ 高起点、高科技、高品位构筑常州旅游新格局/冯俊//华人时刊 2002 - 09
⊙ 高起点的旅游规划与基础设施/陈重庆//中国旅游报 2002 - 11 - 01
⊙ 高校旅游：待开掘的富矿?!/李武武//中国旅游报 2002 - 07 - 17
⊙ 高校旅游在矛盾中前行/钱惠丽//华夏时报 2002 - 07 - 25
⊙ 搞好"三区"规划建设发挥旅游产业功能/安忻//经济日报 2002 - 01 - 27
⊙ 搞好文化资源开发发展生态文化旅游产业/胡宪林//贵州政协报 2002 - 02 - 28
⊙ 给都江堰市旅游提个醒//资源开发与市场 2002 - 03
⊙ 给海南旅游加点"颜色"/符晓亮//特区展望 2002 - 06
⊙ 给红火的"假日经济"添把柴/刘菲菲//中华儿女（海外版）2002 - 11
⊙ 给假日经济支点招/步迎德//特区展望 2002 - 07
⊙ 更加科学合理地开发利用旅游资源/史延廷//中国旅游报 2002 - 11 - 20
⊙ 更新定位，一种新的旅游形象定位方法——以贵州为例/金颖若//北京第二外国语学院学报 2002 - 04
⊙ 工业 + 旅游 = 鱼翅，还是 = 鸡肋——对海澜集团发展工业旅游的相关思考/崔时庆//江苏商论 2002 - 12
⊙ 工业观光：一盘有待做大的"蛋糕"/蔡湛//南方论刊 2002 - 03
⊙ 工业旅游　云南旅游产业后劲之一/张志军//创造 2002 - 01
⊙ 工业旅游：武汉经济技术开发区功能创新构想/熊元斌//经济管理 2002 - 11
⊙ 工业旅游：增强企业活力的一种有益尝试/戴道平//改革与战略 2002 - 10
⊙ 工业旅游产品个性特征的认知/吴相利//旅游科学 2002 - 04
⊙ 工作与休闲——现代生活方式的重要变迁/王小波//自然辩证法研究 2002 - 08
⊙ 共话旅游消费/杨树//北京工商管理 2002 - 05
⊙ 共同开发"世界屋脊"旅游产业/梅泠//青海日报 2002 - 12 - 07
⊙ 共同开拓亚洲旅游业合作与发展的新境界/孙钢//中国旅游报 2002 - 11 - 22
⊙ 构建旅游城市体系推动西部旅游发展/袁亚忠//新疆社科论坛 2002 - 06
⊙ 构建区域旅游网做大旅游蛋糕/苏讯//中国海洋报 2002 - 06 - 21
⊙ 构建乌蒙山水文化旅游大区的战略思考/张玉海//理论与当代 2002 - 10
⊙ 构筑"金三角"旅游圈/周其俊//文汇报 2002 - 04 - 16
⊙ 构筑山水城林浑然一体大格局/万剑敏//华东旅游报 2002 - 01 - 10
⊙ 购物旅游——广东省旅游购物发展的新亮点/肖玲//华南师范大学学报（自然科学版）2002 - 03
⊙ 古城商都今越秀——广州市越秀区旅游环境整体美的规划/杨宏烈//城市发展研究 2002 - 05
⊙ 古城神韵展现魅力——宣化欲掀旅游潮/胡爱荣//经济论坛 2002 - 19
⊙ 古村旅游模式初探/冯淑华//北京第二外国语学院学报 2002 - 04
⊙ 古村落旅游开发的初步研究——以安徽黟县古村落为例/胡道生//人文地理 2002 - 04
⊙ 古村落——社区旅游综合体规划研究/吴承照//中国地理学会 2002 年学术年会
⊙ 古高句丽文化旅游资源亟待开发/曲直//人民政协报 2002 - 02 - 04
⊙ 古运河镇江段旅游功能开发设计/李臻//镇江高专学报 2002 - 02
⊙ 关于"生态旅游"概念的探讨/王家骏//地理学与国土研究 2002 - 01
⊙ 关于"乡村旅游"概念的探讨/何景明//西南师范大学学报（人文社会科学版）2002 - 05
⊙ 关于东西湖区建设"旅游新区"的几点思考/张传明//长江论坛 2002 - 04
⊙ 关于发展徽州文化旅游的优势分析/朱国兴//北京第二外国语学院学报 2002 - 06
⊙ 关于发展江苏森林旅游产业的思考/钟育谦//江苏林业科技 2002 - 06
⊙ 关于发展生态旅游观光农业的实践与思考/黄建平//今日农村 2002 - 12
⊙ 关于发展四川旅游电子商务的思考/覃建雄//四川商业高等专科学校学报 2002 - 02
⊙ 关于发展西部民族区域生态旅游的探讨/李雪涛//沿海企业与科技 2002 - 06
⊙ 关于分时度假旅游的话题/张脉贤　秦湄//安徽日报 2002 - 07 - 05
⊙ 关于搞活韩中旅游交流的研究——以济州道为中心/金炯吉//南京经济学院学报 2002 - S1
⊙ 关于观光农业发展的若干问题之探讨/吴雁华//首都师范大学学报（自然科学版）2002 - 02
⊙ 关于广西发展特色旅游及其资源开发问题的思考/谢晓莺//桂林旅游高等专科学校学报 2002 - 04
⊙ 关于海南省发展生态旅游的思考/吴春华//农业环境与发展 2002 - 03
⊙ 关于杭州各旅游景点门票的若干建议/方碟//思想政治课教学 2002 - 01
⊙ 关于湖南乡村旅游突出分片发展的思考/卢璐//零陵学院学报 2002 - S2
⊙ 关于开发河东华夏祖基文化旅游带的思考/张慧霞//生产力研究 2002 - 03
⊙ 关于开发我国国内青少年学生旅游市场的思考/曹新向//南阳师范学院学报 2002 - 02
⊙ 关于开发学生旅游市场的思考/焦士兴//安阳师范学院学报 2002 - 05
⊙ 关于开拓日本旅游市场的思考/潘士强//山东经济战略研究 2002 - 08
⊙ 关于可持续旅游消费的思考/包泉万//中国旅游报 2002 - 01 - 30
⊙ 关于旅游扶贫的思考/肖化虎//中国旅游报 2002 - 11 - 20
⊙ 关于旅游扶贫战略的理论分析/卢润德//经济师 2002 - 11

⊙ 关于旅游管理专业学科建设的几点思考/乌兰//经济师 2002-10

⊙ 关于旅游规划中商业行为的思考/李肇荣//桂林旅游高等专科学校学报 2002-02

⊙ 关于旅游纪念品的开发/杨伯珠//中国旅游报 2002-08-14

⊙ 关于旅游开发体系构建的思考/邓辉//中南民族大学学报（人文社会科学版）2002-06

⊙ 关于旅游目的地形象包装战略浅析/金丽//北方经贸 2002-11

⊙ 关于旅游推广的几种方法/章海波//华东旅游报 2002-02-19

⊙ 关于内蒙古旅游发展研究的初步思考/贾铁飞//内蒙古师范大学学报（哲学社会科学版）2002-02

⊙ 关于南京假日经济可持续发展问题的探讨/鄢咏红//南京金融高等专科学校学报 2002-01

⊙ 关于千年寺街的保护、建设和利用——张謇旅游文化系列谈之四/陈炅//南通工学院学报（社会科学版）2002-01

⊙ 关于三星堆文化旅游的构想/高大伦//中华文化论坛 2002-01

⊙ 关于生态旅游可持续发展的策略之思考/廖佰翠//泰安教育学院学报岱宗学刊 2002-03

⊙ 关于省级历史文化古镇保护与旅游开发的意见/魏芳勋//浙江经济 2002-08

⊙ 关于世界遗产地与旅游之间关系的几点辨析/杨锐//旅游学刊 2002-06

⊙ 关于完善旅行社行业管理制度若干问题的研究/蔡家成//旅游学刊 2002-04

⊙ 关于完善我国旅游生产力体系的思考/郭鲁芳//科技进步与对策 2002-01

⊙ 关于万州建成三峡库区旅游服务中心的战略思考/田世政//重庆商学院学报 2002-01

⊙ 关于文化视野中的旅游问题的对话/于光远//清华大学学报（哲学社会科学版）2002-05

⊙ 关于文物与旅游关系的再思考/张礼刚//洛阳工学院学报（社会科学版）2002-03

⊙ 关于我国城市居民休闲消费的调查分析——以江苏无锡市居民为例/张莉//经济纵横 2002-11

⊙ 关于我国发展体育旅游的思考/吕晓昌//聊城师院学报（自然科学版）2002-04

⊙ 关于我国旅游企业集团化问题的探析/张晨//开封大学学报 2002-02

⊙ 关于我国旅游企业集团化运作问题的思考/陆伟//财贸研究 2002-06

⊙ 关于我国休闲产业的发展现状与展望/苏徐//市场营销导刊 2002-06

⊙ 关于西部旅游与民族文化生态的几点思考/刘春济//桂林旅游高等专科学校学报 2002-03

⊙ 关于西部旅游资源及旅游现状的分析/陈婷//高等教育研究 2002-01

⊙ 关于西藏旅游业前景的分析和思考/王霞//中国乡镇企业报 2002-09-30

⊙ 关于西湖区"旅游西进"问题的思考/曾东元//杭州科技 2002-03

⊙ 关于云南高黎贡山旅游开发的思考/杨文虎//经济问题探索 2002-06

⊙ 关于灾害旅游发展问题的几点思考/吴相利//绥化师专学报 2002-04

⊙ 关于在西部大开发条件下发展南阳旅游经济的思考/姚河//经济师 2002-01

⊙ 关于中国旅游企业集团化发展的思考/冷志明//山西财经大学学报 2002-S2

⊙ 关于中国商务旅游问题的若干思考/高爱民//北京第二外国语学院学报 2002-06

⊙ 关注山西旅游的泛文化倾向/孟庆伟//山西经济日报 2002-04-06

⊙ 观光农业，为何引来众多农民/陆剑　唐悦　李宗长　陈曦大伟//新华日报 2002-08-08

⊙ 观光农业：桂林旅游添新景/范文//农民日报 2002-08-12

⊙ 观光农业的市场营销策略/鲁怀坤//企业活力 2002-06

⊙ 观光农业的喜与忧/李骥//侨园 2002-06

⊙ 观光农业前途光明/蓝招衍//农家科技 2002-12

⊙ 观光农业三大隐忧/林东升//农民日报 2002-09-21

⊙ 观光休闲农业规划与旅游园区建设探讨——以西安"皇家上林苑观光农园"为例/李同升　马庆斌　沈锐//海峡两岸观光休闲农业与乡村旅游发展学术研讨会 2002

⊙ 观光休闲农业与乡村旅游之定位策略/郑健雄//海峡两岸观光休闲农业与乡村旅游发展学术研讨会 2002

⊙ 广东城市海外旅游发展动力因子量化分析/保继刚//旅游学刊 2002-01

⊙ 广东旅游观光农业的发展思路和项目规划原则探讨/郑业鲁//软科学 2002-05

⊙ 广东农业生态旅游的发展研究/徐颂军//海峡两岸观光休闲农业与乡村旅游发展学术研讨会 2002

⊙ 广东韶关市发展森林生态旅游的探讨/徐颂军//中国地理学会 2002 年学术年会 2002

⊙ 广东省旅游可持续发展机制与对策的初步研究/张生//淮北煤师院学报（自然科学版）2002-02

⊙ 广东省梅州市农业生态旅游的发展研究/孙利秋//海峡两岸观光休闲农业与乡村旅游发展学术研讨会 2002

⊙ 广东省入境旅游市场竞争态分析/李景宜//华南师范大学学报（自然科学版）2002-03

⊙ 广东省始兴县旅游发展规划研究/郑芷青//广州大学学报（社会科学版）2002-07

⊙ 广东省自然保护区开展生态旅游的探讨/张林英//生态科学 2002-04

⊙ 广西灌阳县旅游发展的规划思考/汪宇明//桂林旅游高等专科学校学报 2002-02

⊙ 广西龙脊梯田景区生态旅游开发的生态环境保护/成官文//桂林工学院学报 2002-01

⊙ 广西民族文化旅游的文化理念与开发前景/海力波//广西民族研究 2002-02

⊙ 广西南丹县生物多样性和文化多样性与生态旅游的关系/王献溥//植物资源与环境学报 2002-01

⊙ 广西资源县旅游开发战略研究/陈秀洁//国土与自然资源研究 2002-04

⊙ 广州都市农业旅游发展探讨/周晓芳//农业现代化研究 2002-02

⊙ 广州古城区旅游商品开发的思考/杨宏烈//广州大学学报（社会科学版）2002-02

⊙ 广州旅游文化资源开发总体构想框架/梁明珠//经济地理 2002-05

⊙ 广州名城旅游景观的形象塑造/杨宏烈　潘广庆//中国古都学会 2002 年年会暨长江上游城市文明起源学术研讨会

⊙ 广州市特色旅游购物研究/胡莹//资源开发与市场 2002-02

⊙ 广州中心城区旅游空间发展规划/杨宏烈//广州大学学报（自然科学版）2002-05

⊙ 规范假期旅游活动　打造教育旅游品牌/安忻//经济日报 2002-06-26

⊙ 规范旅行社出境游/刘元星//云南日报 2002-12-18

⊙ 规范旅游市场价格秩序促进旅游业健康、持速发展/倪世道//2002 年全省价格理论研讨会

⊙ 贵阳市长坡岭林场森林旅游开发雏议/罗明忠//贵州林业科技 2002-03

⊙ 贵州洞穴旅游大有文章可做/傅伟//西部大开发 2002-01

⊙ 贵州高原喀斯特景观及其旅游形象/李兴中//贵州地质 2002-02

⊙ 贵州喀斯特地区传统民居风格的旅游开发/杜芳娟//贵州师范大学学报（自然科学版）2002-02

⊙ 贵州喀斯特地区都市农业旅游发展研究——以贵阳市为例/周晓芳//海峡两岸观光休闲农业与乡村旅游发展学术研讨会 2002

⊙ 贵州喀斯特库区的景观特征与旅游开发体制研究/殷红梅//中国岩溶 2002-02

⊙ 贵州喀斯特库区可持续旅游发展中存在的主要问题与对策/殷红梅//中

⊙ 会展旅游的概念内涵与市场开发/许峰//旅游学刊 2002-04

⊙ 会展旅游让九寨沟更具魅力/徐力耘//国际商报 2002-10-09

⊙ 会展与旅游/朱承蓉//旅游科学 2002-03

⊙ 惠州旅游开发的主题与文脉/叶岱夫//中国旅游报 2002-07-19

⊙ 惠州旅游开发热浪滚滚/小游//广东科技报 2002-11-30

⊙ 霍州旅游——冲破迷雾的调产路/王月喜//山西政报 2002-20

⊙ 鸡西市国际生态旅游城市建设问题研究/孙胜堂//哈尔滨学院学报 2002-09

⊙ 鸡足山旅游发展策略研究/苏文苹//临沧教育学院学报 2002-01

⊙ 积极创造和发展休闲产业/任晓蕙//渭南师范学院学报 2002-S2

⊙ 积极发展度假旅游，实现旅游创汇的新飞跃/李倩//中国旅游报 2002-02-06

⊙ 积极发展旅游经济让湘西凤凰走向世界/叶文智//中国旅游报 2002-06-26

⊙ 积极发展旅游业　进一步扩大就业/李亚彪　孟唤//人民日报 2002-10-08

⊙ 积极发展农业特色，推动观光休闲农业的发展/林干//海峡两岸观光休闲农业与乡村民俗旅游研讨会 2002

⊙ 吉林旅游规划锁定生态建设/王浒//中国旅游报 2002-02-27

⊙ 吉林省发展生态旅游农业的资源优势及对策分析/王斌//长春大学学报 2002-03

⊙ 吉林省发展与俄罗斯跨国旅游合作的对策分析/胡仁霞//东欧中亚市场研究 2002-11

⊙ 吉林市旅游软环境建设构想/邓秋香//北华大学学报（社会科学版）2002-02

⊙ 集安旅游产业成气候/闫大柱　杜文忠　董志坚　于志强//吉林日报 2002-08-11

⊙ 加大“香格里拉”旅游资源开发/杨勇　唐邦兴//西藏日报 2002-07-28

⊙ 加大宣传力度推出特色旅游/白俊章//山西政报 2002-23

⊙ 加快“两山一湖”建设，培育世界级旅游胜地/章尚正//十六大后安徽发展研讨会 2002

⊙ 加快城镇建设促进西部旅游开发/袁亚忠//商业研究 2002-20

⊙ 加快发展生态旅游　从容应对入世挑战/梁洁//中国旅游报 2002-06-05

⊙ 加快发展生态旅游从容应对入世挑战/陈达云//资源开发与市场 2002-04

⊙ 加快合川双龙湖旅游风景区开发的思考/张太奎//探索 2002-03

⊙ 加快千岛湖旅游胜地营造步伐/汪成设//华东旅游报 2002-08-20

⊙ 加快双江旅游风景区开发促进娄星旅游产业发展/周世辉//中国乡镇企业报 2002-04-30

⊙ 加快推进贵州喀斯特生态旅游开发/颜廷武//国土与自然资源研究 2002-03

⊙ 加快推进由旅游大县向旅游强县的跨越/李长拴//前线 2002-08

⊙ 加快雁门关旅游区建设实现旅游强县战略/张翼//山西政报 2002-19

⊙ 加快营造云南旅游业的社会环境/李军//云南日报 2002-06-19

⊙ 加勒比地区力　促旅游业复苏/陈富钢//中国旅游报 2002-11-29

⊙ 加勒比海地区　加大旅游促销攻势/王清//中国旅游报 2002-08-09

⊙ 加强导游队伍建设　推进滁州旅游发展/沈维骥//滁州师专学报 2002-02

⊙ 加强旅游生态环境保护　促进旅游业的可持续发展/祝光耀//环境保护 2002-09

⊙ 加强旅游生态环境保护　促进旅游业可持续发展/刘万富//中国环境报 2002-06-26

⊙ 加入 WTO，做大西部旅游/孙科//资源开发与市场 2002-01

⊙ 加入 WTO 对我国旅行社行业发展的影响与对策/黄大勇//商业研究 2002-22

⊙ 加入 WTO 对我国旅行社业的影响及对策/卢润德//企业经济 2002-09

⊙ 加入 WTO 对我国旅游饭店业的影响与对策/张玉改//经济师 2002-08

⊙ 加入 WTO 后风景名胜区如何管理和发展/厉以猷//中国建设报 2002-09-17

⊙ 加入 WTO 后我国国有大中型旅行社发展的对策——以江苏海外南京中国国际旅行社为例/陶卓民//南京师大学报（自然科学版）2002-02

⊙ 加入 WTO 后我国旅游发展中政府的主导作用/阳国亮//云南师范大学学报（哲学社会科学版）2002-05

⊙ 加入 WTO 后我国旅游企业跨国经营战略研究/翁钢民//技术经济 2002-05

⊙ 加入 WTO 后西部旅游企业的应对策略研究/谢元鲁//成都行政学院学报 2002-03

⊙ 加入 WTO 后政府主导型旅游发展战略的必然消歇/章尚正//黄山学院学报 2002-03

⊙ 加入 WTO 后中国旅行社业发展对策研究/董红梅//生产力研究 2002-05

⊙ 加入 WTO 以后中国西部旅游企业应对策略/谢元鲁//四川师范大学学报（社会科学版）2002-04

⊙ 加入 WTO 与我国旅行社的生存发展/黄怡//科学·经济·社会 2002-03

⊙ 加入 WTO 中国旅行社业面临的形势及对策/陈宏明//北方经贸 2002-05

⊙ 加深对发展观光旅游农业的认识/刘同理//山东农业（农村经济版）2002-08

⊙ 加速发展我国服务贸易业/陈宪//经济日报 2002-04-29

⊙ 加速建设神农架生态旅游示范区/何晨先//政策 2002-01

⊙ 加速旅游产业化进程促进额尔古纳市经济发展/斯琴//呼伦贝尔学院学报 2002-06

⊙ 甲天下旅游联合体闯新路/葛正忠//中国旅游报 2002-01-28

⊙ 价值工程在旅游产品开发中的应用初探——以重庆东温泉开发为例/齐晓波//乐山师范学院学报 2002-06

⊙ 假日到哪儿去旅游/海舟//企业文化 2002-11

⊙ 假日经济旅游担纲/王亚奇//湖南日报 2002-03-04

⊙ 假日经济与海南旅游的发展/杨哲昆//今日海南 2002-01

⊙ 假日经济与河南旅游资源开发/申思//开封大学学报 2002-02

⊙ 假日旅游：让我喜欢让我忧/陈科//广西质量监督导报 2002-01

⊙ 假日旅游潮是我国经济繁荣的推动力/王景龙//经济师 2002-11

⊙ 假日旅游经济发展助推器/孙玉波//安徽日报 2002-02-25

⊙ 假日旅游如何突破发展障碍/王德静//决策探索 2002-09

⊙ 假日旅游现状及对策分析/李俊梅//河南机电高等专科学校学报 2002-02

⊙ 假日旅游消费心理及对策分析/林增学//桂林旅游高等专科学校学报 2002-03

⊙ 假日旅游消费行为探析/乌兰//商业研究 2002-10

⊙ 假日旅游消费走向理性/林娟//福建日报 2002-10-15

⊙ 假日旅游效应分析/程俐骢//长春市委党校学报 2002-02

⊙ 坚持“保护第一”的科学指导方针——关于旅游开发与自然文化遗产保护的关系/常玉生//经济社会体制比较 2002-02

⊙ 坚持旅游兴市战略加快旅游经济发展——对都江堰市培育世界旅游精品的思考/毋涛//理论与改革 2002-06

⊙ 坚持走风景名胜事业可持续发展的道路/赵宝江//中国建设报 2002-12-17

⊙ 简评生态旅游泛化现象/张建雄//青海师范大学学报（哲学社会科学版）2002-04

⊙ 建立多元化的闽台区域旅游协作体系/唐俊雅//世界地理研究 2002-01

⊙ 建立旅游目的地竞争优势的营销模式/马艺芳//职大学报 2002-04

⊙ 建立旅游投融资体系促进四川旅游业发展/李涛//决策咨询通讯 2002-04

◎ 丽江旅游业怎样实现可持续发展/孙昱//云南日报 2002－12－11

◎ 利用自然资源优势，创建高品位生态旅游“后花园”/李梓辉//经济林研究 2002－04

◎ 连南瑶族自治县旅游开发整体策划/姜永兴//中央民族大学学报（哲学社会科学版）2002－02

◎ 连云港：念好旅游山海经/连云港市人民政府//市场报 2002－08－05

◎ 联合体：旅行社业突围之路/戴立平//中国旅游报 2002－09－16

◎ 联手打造“中国香格里拉生态旅游区”/梅松武//四川日报 2002－05－30

◎ 凉山：创旅游名牌　促经济发展/李晓良//中国旅游报 2002－08－14

◎ 凉山彝族民间文艺与凉山彝区的旅游/罗曲//文史杂志 2002－05

◎ 两岸交流旅游政策必须“见微知著”、“防微杜渐”/石齐平//两岸关系 2002－09

◎ 两岸直航旅游走向与对策探析/林长榕//经济前沿 2002－10

◎ 辽宁本溪公布旅游发展总体规划/蒋峥　陈杰修//经济日报 2002－12－16

◎ 辽宁观光农业资源开发模式研究/于天福　郑辽吉//海峡两岸观光休闲农业与乡村民俗旅游研讨会 2002

◎ 辽宁力促旅游就业上台阶/陈铁新//中国旅游报 2002－09－27

◎ 辽宁历史文化资源与旅游开发/韩福文//沈阳师范学院学报（社会科学版）2002－06

◎ 辽宁欲做大旅游商品文章/门家禄　周凤文//中国旅游报 2002－09－04

◎ 辽西旅游地域系统与旅游业发展研究/陈才//锦州师范学院学报（哲学社会科学版）2002－03

◎ 聊城市发展生态旅游的条件与对策/张秀省//聊城师院学报（自然科学版）2002－01

◎ 林业旅游事业发展步伐加快/李辉业//中国土族 2002－04

◎ 临沧开发旅游产业经济突出“特色”的思考/段世琳//临沧教育学院学报 2002－02

◎ 临沂市旅游形象定位问题探讨/朱孔山//山东经济 2002－02

◎ 六成以上居民希望出境游/单羽青//中国经济时报 2002－08－28

◎ 龙城：打造旅游品牌之路/吴剑//华东旅游报 2002－01－17

◎ 龙门山国家地质公园旅游产品设计初探/李晓琴//四川地质学报 2002－03

◎ 龙胜各族自治县旅游商品开发的思考/赵玉玲//广西商业高等专科学校学报 2002－04

◎ 庐山发展国际旅游的条件分析与目标选择/丁绍民//求实 2002－06

◎ 庐山加快旅游经济发展步伐/戴健　许峰//中国旅游报 2002－12－25

◎ 庐山旅游的新挑战/魏改生//江西日报 2002－03－31

◎ 庐山旅游经济开发的几点思考/郭代习//南昌航空工业学院学报（社会科学版）2002－04

◎ 庐山塑造世界名山新形象/练炼//江西日报 2002－10－25

◎ 庐山重塑世界级名山形象/匡建二　虞慧群　袁勇//江西日报 2002－06－13

◎ 陆良争创旅游文化大县的策略/陈瑛//生态经济 2002－07

◎ 旅交会带来新机遇/苏文//华东旅游报 2002－04－06

◎ 旅行社步入微利时代/李凤发//经理日报 2002－09－17

◎ 旅行社持续竞争优势研究/黄永红//商业研究 2002－16

◎ 旅行社的核心竞争力是什么？/郑策//中国旅游报 2002－11－18

◎ 旅行社对旅游者行为影响的初步研究/张朝枝//旅游学刊 2002－03

◎ 旅行社发展应强化品牌意识/许刚//经济师 2002－01

◎ 旅行社瞄准自助游/张洵涛//中国旅游报 2002－02－04

◎ 旅行社如何面对旅游电子商务的挑战/张越//华东旅游报 2002－01－29

◎ 旅行社如何做好顾客的吸引与维系/孟宪军//辽宁师范大学学报（社会科学版）2002－03

◎ 旅行社是中介企业还是生产企业/胡邵平//中国旅游报 2002－10－28

◎ 旅行社怎么做品牌营销？/包奇宗//中国旅游报 2002－10－21

◎ 旅游　环保紧相连/魏晓霞//中国旅游报 2002－07－17

◎ 旅游：航空业新的增长点/张启华　刘莉娜//重庆日报 2002－07－21

◎ 旅游：红透半边天/于雪芳//电子商务 2002－11

◎ 旅游：渐成生活时尚/午雨//质量指南 2002－18

◎ 旅游：经济增长的新引擎/刘亭//浙江经济 2002－14

◎ 旅游：需要大家的参与/本刊编辑部//资源开发与市场 2002－02

◎ 旅游：与世界杯同行/龚雯//人民日报 2002－05－24

◎ 旅游：运城构筑朝阳产业/竹建华　娄宝山//山西经济日报 2002－08－30

◎ 旅游：主要市场全面红火/龚雯//人民日报 2002－02－15

◎ 旅游＋会展：桂林新靓点/庞革平　罗侠　郑志宏//国际商报 2002－09－25

◎ 旅游板块“十一”发迹/张征宇//解放日报 2002－09－17

◎ 旅游不再一枝独秀/苏琳//经济日报 2002－10－08

◎ 旅游产品创新的基本问题探析/王学峰//山东师范大学学报（自然科学版）2002－04

◎ 旅游产品价格背后的经济学思考/张超//价格理论与实践 2002－01

◎ 旅游产品品牌决策初探——以宁夏回族自治区为例/马瑛//市场经济研究 2002－01

◎ 旅游产品双重关系试析/王珏//海南广播电视大学学报 2002－03

◎ 旅游产品特点的新视角——论旅游产品的本质特征/喻小航//西南师范大学学报（人文社会科学版）2002－02

◎ 旅游产品新论/曲玉镜//辽宁师范大学学报（社会科学版）2002－02

◎ 旅游产品续论——关于旅游（者）产品类型与属性的思考/邹本涛//锦州师范学院学报（哲学社会科学版）2002－04

◎ 旅游产业的发展为杭州旅游景观房产的开发带来机遇/倪沪平//杭州科技 2002－04

◎ 旅游产业的品牌战略/窦群//北京工商管理 2002－05

◎ 旅游产业开发弘扬了武当文化/卢家亮　郭占柱//中国旅游报 2002－05－27

◎ 旅游产业与经济发展的相关分析/王国中//华东旅游报 2002－08－22

◎ 旅游产业与区域经济发展研究/钟勉//西南民族学院学报（哲学社会科学版）2002－10

◎ 旅游产业中的信息机制/黄传峰//现代经济探讨 2002－05

◎ 旅游成为山东省支柱产业/王科//人民日报 2002－01－31

◎ 旅游城市公共游憩地研究/唐子颖　吴必虎//中国地理学会 2002 年学术年会

◎ 旅游带动调产促进霍州腾飞/梁若皓//山西政报 2002－16

◎ 旅游的经济学分析/赵玲//经济地理 2002－S1

◎ 旅游的可持续发展探索/胡冬梅//资源开发与市场 2002－02

◎ 旅游的民俗/周星//西北民族研究 2002－01

◎ 旅游的优势在承德/程红光//承德民族职业技术学院学报 2002－04

◎ 旅游的哲学/宋翠芬//现代家教 2002－12

◎ 旅游地的保护和开发研究——安徽古村落（宏村、西递）实证分析/吴文智//旅游学刊 2002－06

◎ 旅游地的衰落与产品更新/金颖若//旅游科学 2002－04

◎ 旅游地竞争优势探讨/易成栋//湖北成人教育学院学报 2002－03

◎ 旅游地市行政地名命名的思考——以徽州—黄山市为例/许宗元//旅游科学 2002－02

◎ 旅游地形象的认知与构建/李巍//资源开发与市场 2002－06

◎ 旅游地形象设计中的文化包装/张河清//公关世界 2002－12

◎ 旅游地形象资源的理论认知与开发对策/李想//人文地理 2002－02

◎ 旅游地原著聚居模式在旅游接待点规划设计上的应用/刘滨谊//规划师 2002－04

◎ 旅游电子商务冲击下旅行社的发展策略/谢雨萍//社会科学家 2002－01

/胡林//企业经济 2002－09

◎ 旅游人类学再认识——兼论旅游人类学理论研究现状/光映炯//思想战线 2002－06

◎ 旅游人力资源开发孕育高潮/李远峰//中国旅游报 2002－11－22

◎ 旅游商品的市场细分与营销调控——以广东省为例/王明星//经济地理 2002－03

◎ 旅游商品发展对策思考/陈绍友//资源开发与市场 2002－05

◎ 旅游商品开发探析/李昌军//合作经济与科技 2002－12

◎ 旅游商品设计中的文化内涵/易忠//装饰 2002－09

◎ 旅游商品要"新""鲜"/王小林//中国信息报 2002－02－04

◎ 旅游商品应"脱胎换骨"/民风//经贸导刊 2002－04

◎ 旅游社区发展模式及其经济效益探讨/庄军//高等函授学报（自然科学版）2002－04

◎ 旅游审美差异对区域旅游开发的影响——以福州市为例/戴文远//福建师范大学学报（自然科学版）2002－03

◎ 旅游时尚：成为度假权益人/吴晓梅//中国旅游报 2002－05－29

◎ 旅游使仙女湖更加美丽/龚筱//中国旅游报 2002－06－12

◎ 旅游市场的细分与做大旅游经济蛋糕/傅允生//中国旅游报 2002－01－30

◎ 旅游市场的寻租行为分析/马鹤丹//商业研究 2002－01

◎ 旅游市场调查及实践/王燕生//中国旅游报 2002－09－18

◎ 旅游市场分类研究及其意义——以佛山市为例/彭华//旅游学刊 2002－03

◎ 旅游市场价格竞争机制的现状与规制/郑亚平//2002 年全省价格理论研讨会

◎ 旅游市场竞争态模型及其应用研究/李景宜//资源科学 2002－06

◎ 旅游市场开发中的旅游地评估研究/张娟//武汉科技大学学报（社会科学版）2002－02

◎ 旅游市场突飞猛进/赵梅//中国证券报 2002－08－09

◎ 旅游市场之怪现象：戏说历史/王国明//中国工商报 2002－08－24

◎ 旅游市场秩序刍论/刘阳//财经问题研究 2002－01

◎ 旅游是个大产业，还要大发展/曾雪近　程春红//中国旅游报 2002－07－08

◎ 旅游是个大产业——发展旅游经济的几点认识/黄兴国//资源开发与市场 2002－03

◎ 旅游文化的类型与特征分析/吴莉淳//宿州师专学报 2002－02

◎ 旅游文化宣传初探/袁颖//新闻窗 2002－03

◎ 旅游文化与爱国主义/陈维新//长春师范学院学报 2002－06

◎ 旅游文化与文化旅游/俞杏楠//群众 2002－05

◎ 旅游文章与游客心理/王多明//六盘水师范高等专科学校学报 2002－01

◎ 旅游——巫山的龙头产业/陈键//重庆行政 2002－02

◎ 旅游休闲产业热点项目预测/杨育谋//环渤海经济瞭望 2002－02

◎ 旅游休闲是经济的也是文化的/孙伟华//中国国门时报 2002－05－17

◎ 旅游宣传促销应重视效果评估/周玲强　王敏娴//中国旅游报 2002－07－19

◎ 旅游要为中日两国世代友好做贡献/龚立仁//中国旅游报 2002－05－24

◎ 旅游要在富民兴桂中多做贡献/黄桂辛//中国旅游报 2002－02－06

◎ 旅游业：世界了解西藏的窗口/邝伟楠//中国旅游报 2002－12－13

◎ 旅游业成为非贸易创收大户/张悦//国际商报 2002－09－23

◎ 旅游业大放光彩的 13 年/王小润//光明日报 2002－12－30

◎ 旅游业发展需要加大金融支持力度/李健生//上海金融报 2002－12－19

◎ 旅游业竞争力关键培育旅游文化/谢春山//亚太经济时报 2002－03－06

◎ 旅游业在民族地区的经济社会效应——从镇宁旅游文化资源谈起/王天辉//贵州省布依学会布依文化与旅游专题研讨会 2002

◎ 旅游旖旎风光难掩经营暗淡/许祥//中国证券报 2002－09－09

◎ 旅游艺术品的发展方向及其文化复兴功能/陈昕//民族艺术研究 2002－06

◎ 旅游应重在了解另一国的文化/牛锦霞//中国旅游报 2002－12－27

◎ 旅游又添新景观——谈谈休闲农业/葛深渭//经济论坛 2002－18

◎ 旅游娱乐成湛江经济发展新亮点/全生　程卫敏//亚太经济时报 2002－05－22

◎ 旅游与环保的现实冲突/苏杨//西部大开发 2002－01

◎ 旅游与交通齐头并进/张洵涛//中国旅游报 2002－11－04

◎ 旅游院校教育进入买方市场时代/杨亮//中国旅游报 2002－12－20

◎ 旅游者对发展中国家的旅游地社会文化影响研究/李星明//华中师范大学学报（自然科学版）2002－02

◎ 旅游中心城市在旅游业中的地位和功能研究/董志文//海岸工程 2002－01

◎ 旅游中专应注重人文素质教育/王勇强//中国旅游报 2002－01－04

◎ 旅游主题公园系统开发剖析——以深圳华侨城为案例透视/余敏//西南民族学院学报（哲学社会科学版）2002－10

◎ 旅游资源：资本渗透的新目标/吴一萍//中国旅游报 2002－07－10

◎ 旅游资源的保护与可持续旅游探讨/曾海//国土资源科技管理 2002－01

◎ 旅游资源经营权探析/杨广虎//中国旅游报 2002－10－30

◎ 旅游资源普查：摸清深圳旅游家底/池雄标//深圳商报 2002－05－18

◎ 旅游资源与旅游经济的结合/舒刚//计划与市场 2002－10

◎ 旅游自组织系统：区域旅游规划的根本目标/周志红//热带地理 2002－03

◎ 绿色旅游审核落户中国/屈遐//中国环境报 2002－10－26

◎ 绿色通道人文荟萃旅游胜地惠及万民/张文芳//山西政报 2002－03

◎ 略论流坑古村旅游发展战略的定位/赵明//江西社会科学 2002－03

◎ 略论三峡民俗文化与三峡旅游开发/崔进//理论月刊 2002－11

◎ 略论生态旅游农业及其发展/罗贞礼//飞天山丹霞地貌与生态旅游学术研讨会 2002

◎ 略论我国农业旅游的开发模式/王德静//河南商业高等专科学校学报 2002－05

◎ 略论新疆旅游开发战略/牟炳友//兵团教育学院学报 2002－04

◎ 略论永兴旅游特色的塑造/陈舒藻//湖南经济 2002－11

◎ 略论中国观光农业的性质与发展/吴传钧　郭换成　王云才//海峡两岸观光休闲农业与乡村民俗旅游研讨会 2002

◎ 略论自然保护区生态旅游发展问题/张炜//国土经济 2002－11

◎ 略谈板仓自然保护区旅游开发/汪全兵//安徽林业 2002－06

◎ 论"大众化旅游"对旅游地社会文化的负面影响/王晞//社会科学家 2002－06

◎ 论"红色旅游"功能的多样性——兼谈蒙阴县野店镇旅游业的综合开发/李宗尧//山东省农业管理干部学院学报 2002－04

◎ 论"假日经济"的成因与发展前景/毕海水//中州大学学报 2002－04

◎ 论"农家乐"旅游经济/田喜洲//农村经济 2002－11

◎ 论边境生态文化旅游——东兴旅游发展战略选择/阳国亮//桂海论丛 2002－01

◎ 论城市旅游/邹再进//兰州铁道学院学报 2002－02

◎ 论城市旅游规划研究的对象与任务/邹再进//甘肃行政学院学报 2002－01

◎ 论城市形象的旅游导向性/夏学英//经济地理 2002－05

◎ 论邓小平、江泽民的旅游经济思想/周彬//财贸研究 2002－04

◎ 论东山岛宗教与生态旅游/方百寿//北京第二外国语学院学报 2002－06

◎ 论发展非观光旅游与旅游产业的升级——以杭州市为例/王平//中共杭州市委党校学报 2002－01

◎ 论发展观光农业旅游/王玉荣//继续教育研究 2002－06

◎ 论发展徽州文化旅游/朱国兴//黄山学院学报 2002－01

◎ 论甘南藏族自治州旅游开发的文化扶贫机制/李文兵//西北师范大学学报（自然科学版）2002－04

2002-06
⊙ 马来西亚政府促销旅游产品/邱孝益//瞭望 2002-Z1
⊙ 马岭河峡谷漂流探险生态旅游开发研究/文传浩//经济地理 2002-01
⊙ 漫谈土乡旅游与土族文化村建设/华荣//中国土族 2002-02
⊙ 蒙古族民俗与内蒙古民俗旅游开发研究/贾培蕊//财贸研究 2002-05
⊙ 蒙山生态旅游开发对策研究/赵兴云//临沂师范学院学报 2002-03
⊙ 密切关注城郊旅游的态势/苏洪宇//中国旅游报 2002-01-16
⊙ 缅甸旅游业现状与中缅旅游合作前景/石瑛//东南亚 2002-03
⊙ 面对 WTO：中国旅游业与世界共舞/魏小安//经济日报 2002-01-17
⊙ 面对 WTO 的中国旅游业——论旅游服务质量的提高/杜兰英 张赞//第八届亚太质量组织（APQO）会议 2002
⊙ 面向旅游市场优化农业内部结构/何文海//湖南经济 2002-02
⊙ 面向新世纪建设山水园林旅游城市/施大茂//福建建筑高等专科学校学报 2002-02
⊙ 民国时期文化名人旅游特点浅析/贾鸿雁//桂林旅游高等专科学校学报 2002-02
⊙ 民间艺术游花开雪域高原/邓敏敏//中国旅游报 2002-08-09
⊙ 民间资金抢滩遵义旅游产业/陈富强//西部大开发 2002-01
⊙ 民间资金为西部旅游“插翅”/武勇逯 寒青 张燕//甘肃日报 2002-01-09
⊙ 民企投资景区经营行为分析/苏勇军//华东旅游报 2002-12-10
⊙ 民俗风情 旅游文化中的亮点/潘宝明//中国旅游报 2002-12-23
⊙ 民俗旅游的人类学探析/周霄//湖北民族学院学报（哲学社会科学版）2002-05
⊙ 民俗旅游的意识形态/刘晓春//旅游学刊 2002-01
⊙ 民俗旅游开发亟待升温/李倩//河南日报 2002-09-30
⊙ 民俗旅游资源开发之我见/毛佑全//中国民族报 2002-08-20
⊙ 民营企业与旅游发展/周成俊//工业技术经济 2002-02
⊙ 民族传统体育文化产业与旅游产业的互动发展研究/田祖国//南京体育学院学报（社会科学版）2002-03
⊙ 民族村镇保护与贵州旅游业的发展——黔东南观光人类学研究/黄才贵//贵州民族研究 2002-01
⊙ 民族地区：认准开发旅游商品/钟志平//民族论坛 2002-08
⊙ 民族地区旅游扶贫开发的战略/王兆峰//老区建设 2002-04
⊙ 民族经济进程中的民族旅游价值分析/范小青//怀化师专学报 2002-03
⊙ 民族旅游保护性开发的新思路/马晓京//贵州民族研究 2002-02
⊙ 民族旅游保护性开发的新思路/欧周//中国民族报 2002-10-29
⊙ 民族旅游开发的影响因素分析/丁健//经济地理 2002-01
⊙ 民族旅游开发的影响因素及开发模式/丁健//中南民族大学学报（人文社会科学版）2002-02
⊙ 民族旅游开发与民族传统文化保护的再认识/马晓京//广西民族研究 2002-04
⊙ 民族旅游文化商品化与民族传统文化的发展/马晓京//中南民族大学学报（人文社会科学版）2002-06
⊙ 民族旅游文化与经济效益及其内在联系/崔永哲//东疆学刊 2002-03
⊙ 民族文化旅游产品开发探析/陶犁//思想战线 2002-04
⊙ 闽东畲族旅游“文化圈”的重建构想/林岚//福建地理 2002-03
⊙ 闽南文化游呼唤区域合作/史蔓蓉 尺木//中国旅游报 2002-07-05
⊙ 闽台旅游地理差异与福建对台旅游产品开发/袁书琪//世界地理研究 2002-04
⊙ 名城旅游发展创新理念的辩证思维/严国泰//城市规划汇刊 2002-05
⊙ 内蒙古旅游景区的营销现状及发展对策研究/王莉华//内蒙古财经学院学报 2002-04
⊙ 内蒙古生态旅游初探/董笑梅//广播电视大学学报（哲学社会科学版）2002-04
⊙ 内向型旅游产业的必然发展空间及障碍/高云//学术探索 2002-05
⊙ 南昌发展商务旅游之我见/罗秋菊//桂林旅游高等专科学校学报 2002-03
⊙ 南昌旅游文化资源的魅力及对旅游现状的几点思考/王湘华//企业经济 2002-08
⊙ 南非注重开发旅游资源/周美芬//中国文化报 2002-12-06
⊙ 南京郊县旅游经济发展快速/邢晋//中国旅游报 2002-10-16
⊙ 南康旅游农业魅力初现/刘华斌//江西日报 2002-12-06
⊙ 南宁市旅游商品开发研究/谭丽燕//热带地理 2002-01
⊙ 南水北调中线工程水源地旅游营销策略/靖增群//十堰职业技术学院学报 2002-03
⊙ 南四湖生态旅游开发模式初探/刘红//生态经济 2002-10
⊙ 南通特色旅游板块优势凸现/李智勇//华东旅游报 2002-11-14
⊙ 南湾水库风景区旅游开发的实践与思考/刘世华//水利经济 2002-05
⊙ 南岳大庙植物景观旅游价值分析/付美云//中南林业调查规划 2002-02
⊙ 南岳衡山气候与旅游研究/吴桂生//湖南林业科技 2002-01
⊙ 南岳衡山生态旅游开发与可持续发展/谢莉//衡阳师范学院学报 2002-06
⊙ 南岳衡山生态文化旅游发展初探/谢莉//热带地理 2002-03
⊙ 南岳旅游产业结构调整及其对策研究/王迪云//经济地理 2002-06
⊙ 南漳：旅游步入快车道/冯举富//决策与信息 2002-12
⊙ 楠溪江古村落历史文化旅游发展策略研究/周国忠//黑龙江农垦师专学报 2002-03
⊙ 逆工业化与工业遗产旅游开发：德国鲁尔区的实践过程与开发模式/李蕾蕾//世界地理研究 2002-03
⊙ 鸟语花香到锦江——对中心城区发展旅游产业的思路及建议/张文//四川党的建设城市版 2002-03
⊙ 宁波城市旅游形象的定位与塑造/董鸿安//宁波经济（财经视点）2002-12
⊙ 宁波的特色旅游/于荀//中国地名 2002-03
⊙ 宁夏观光农业发展的初步研究/杜小华 汪建敏//海峡两岸观光休闲农业与乡村旅游发展学术研讨会 2002
⊙ 宁夏旅游需求量的预测/张启敏//信阳师范学院学报（自然科学版）2002-02
⊙ 宁夏旅游业亮出文化牌/西子//中国消费者报 2002-04-16
⊙ 宁夏沙湖风景区的旅游市场分析/鲁小珍//南京林业大学学报（人文社会科学版）2002-04
⊙ 宁夏特色旅游发展研究/陈忠祥//干旱区地理 2002-04
⊙ 宁夏特色旅游与扶贫扬黄灌溉工程/李彤//海峡两岸观光休闲农业与乡村旅游发展学术研讨会 2002
⊙ 宁夏小吃如何与旅游嫁接？/姚巨才//中国旅游报 2002-02-01
⊙ 牛姆林自然保护区科普旅游开发探讨/李裕红//泉州师范学院学报 2002-02
⊙ 牛首山森林公园生态旅游发展取向/吴云波//环境导报 2002-04
⊙ 纽约的城市观光政策/绳雄//上海城市规划 2002-02
⊙ 纽约旅游机构称经济形势左右旅游业走势/泛影//中国旅游报 2002-09-13
⊙ 农村：从旅游目的地到客源输出市场/裴泽生//中国旅游报 2002-09-13
⊙ 农村业缘文化的转型与文化旅游产业的发展——昆明市官渡区福保文化旅游业发展的启示/喻云涛//学术探索 2002-03
⊙ 农家乐旅游要追求纯朴与自然/姚宝良//北京科技报 2002-10-02
⊙ 农舍旅游与西部农村发展/高谋洲//涪陵师范学院学报 2002-06
⊙ 农业的多功能性与休闲旅游农业/朱丕荣//海峡两岸观光休闲农业与乡村民俗旅游研讨会 2002
⊙ 农业旅游———在新希望的田野上/林震华 温浩杰//中国旅游报 2002-12-25

◎ 入世对我国旅游企业的影响及营销对策/薛强//大连海事大学学报（社会科学版）2002－03
◎ 入世后旅行社人才竞争对策分析/韦夏婵//桂林旅游高等专科学校学报 2002－02
◎ 入世后西部旅游扶贫面临的机遇和挑战/吴声怡//科技和产业 2002－08
◎ 入世后中国旅行社业联合经营发展的问题与对策研究/陈钦兰//华侨大学学报（哲学社会科学版）2002－04
◎ 入世头一年旅游投资形势分析/张栋//光明日报 2002－01－28
◎ 入世影响我国三大旅游市场/高舜礼//西部论丛 2002－04
◎ 瑞金多渠道投资发展旅游业/胡海军//人民日报海外版 2002－12－13
◎ 瑞士：反思旅游业滑坡/任振强//经济日报 2002－01－15
◎ 三山岛旅游地域系统分析与旅游业发展的探讨/张燕妮//铁道师院学报（自然科学版）2002－03
◎ 三水市云东海湖区旅游总体规划设想/李凡//佛山科学技术学院学报（自然科学版）2002－01
◎ 三位一体旅游资本整合/尹同君//中国旅游报 2002－10－16
◎ 三峡库区生态旅游发展战略初探/张述林//乐山师范学院学报 2002－02
◎ 三峡旅游商品少人问津/刘刚//农民日报 2002－02－01
◎ 三峡旅游缘何再度火爆/闻起//中国交通报 2002－03－01
◎ 三峡民族民俗文物与旅游开发/赵冬菊//中国三峡建设 2002－05
◎ 三星堆文化旅游产业转化初探/何兴梧//资源开发与市场 2002－04
◎ 三星堆遗址旅游价值定位及相关问题/邱登成　张耀辉//中国古都学会 2002 年年会暨长江上游城市文明起源学术研讨会
◎ 三亚：借鉴韩国经验　推动旅游发展/宋爱军　刘平久//中国旅游报 2002－07－12
◎ 三亚旅游“四创”出彩/邢洪飚//今日海南 2002－05
◎ 三亚塑造诚信旅游新形象/任生心//光明日报 2002－05－13
◎ 散客旅游市场发展研究/程露悬//广州大学学报（社会科学版）2002－12
◎ 森林公园旅游设施建设中舒适度问题的探讨/周蕾芝//林业资源管理 2002－02
◎ 森林旅游对旅游区生态环境的影响及对策/张祖荣//四川林勘设计 2002－01
◎ 森林旅游方兴未艾/孙胜利//中国花卉园艺 2002－15
◎ 森林旅游规划若干问题的探讨/陈秋华//中国林业企业 2002－01
◎ 森林旅游急需加强管理/孙忠玉//新疆林业 2002－06
◎ 森林旅游热遍八桂/李长江//广西政法报 2002－04－08
◎ 森林旅游与环境教育/张希军//河北林业 2002－04
◎ 森林旅游与生态文化/王洪亮//河北林业 2002－06
◎ 森林旅游中非生态旅游行为及行为守则研究/但新球//中南林业调查规划 2002－01
◎ 森林旅游中几个重要概念的溯源/张华海//贵州林业科技 2002－01
◎ 森林沙漠旅游方兴未艾/田葆华//中国绿色时报 2002－11－26
◎ 森林生态旅游的开发与可持继发展策略的研究/张逸//林业经济问题 2002－01
◎ 森林生态旅游专业的现状与发展前景/向民//教育与职业 2002－12
◎ 沙漠旅游何日显辉煌/方洲//草原税务 2002－08
◎ 砂河镇旅游城镇建设条件分析/赵丽华//山西财经大学学报 2002－S2
◎ 山东青州旅游开发战略探讨/葛平新//中国人口·资源与环境 2002－05
◎ 山东省长岛县渔家风俗成为旅游品牌/王金虎　顾延亮　范延学//经济日报 2002－08－28
◎ 山东省国内旅游业发展现状与对策研究——2001 年国内旅游抽样调查综合分析报告/张向春//山东经济战略研究 2002－04
◎ 山海关旅游向海上延伸向山野拓展/彭若倩//河北日报 2002－12－12
◎ 山西大院文化旅游开发热中的冷思考/黄芳//山西大学师范学院学报 2002－01
◎ 山西的文化旅游和旅游文化/李彬　乔辽军//山西日报 2002－06－20
◎ 山西的文化旅游和旅游文化/李彬//中国旅游报 2002－12－16
◎ 山西规划首个旅游扶贫试验区/孟晖//中国旅游报 2002－04－10
◎ 山西旅游：从“文化”发展到“生态”/李彬　孟晖//中国税务报 2002－07－10
◎ 山西旅游必须走出“金鸡下小蛋”的怪圈/李冠瑶//生产力研究 2002－05
◎ 山西旅游经济五年实现跨越式发展/安瑞生//山西政报 2002－22
◎ 山西旅游整合塑形/王晓华　张原//山西经济日报 2002－09－28
◎ 山西旅游之我见/武立贵//山西经济日报 2002－05－22
◎ 山西旅游支柱产业需要协调发展/樊盛武//发展导报 2002－02－08
◎ 山西省入境旅游市场竞争态分析/李景宜//土地覆被变化及其环境效应学术会议 2002
◎ 山西忻州搞活公路旅游经济/刘存瑞　戎爱云//经济日报 2002－07－05
◎ 山西与陕西区域旅游合作研究/张慧霞//山西财经大学学报 2002－03
◎ 山岳型旅游地旅游环境质量综合评价研究——安徽省黄山与天柱山实例分析/万绪才//南京农业大学学报 2002－01
◎ 陕西：旅游市场打假打非/郑少忠//人民日报 2002－09－02
◎ 陕西：主题旅游何日得宠/彭朔//中国旅游报 2002－01－04
◎ 陕西构筑文化生态旅游大省/郑少忠//人民日报 2002－02－19
◎ 陕西开发生态旅游项目的初期构想/赵新民//陕西省行政学院学报 2002－03
◎ 陕西旅游教育培训独辟蹊径/卜小平//中国旅游报 2002－08－30
◎ 陕西省生态旅游开发初探/王谊//西北林学院学报 2002－02
◎ 汕头市旅游市场研究/王华//地理学与国土研究 2002－02
◎ 善待海南假日旅游/王健生//今日海南 2002－01
◎ 商务旅游　方兴未艾/王永胜　吴小凤//金融时报 2002－12－03
◎ 商务旅游　紧拉会议的手/何湘//国际商报 2002－03－03
◎ 商务旅游：诱人的“奶酪”/龚雯//人民日报 2002－11－02
◎ 商务旅游负荷巨大/刘德谦//国际商报 2002－07－07
◎ 商务旅游跟着会展走/苑迎杰//国际商报 2002－04－21
◎ 商务旅游为澳大利亚经济注入活力/龚立仁//中国旅游报 2002－03－29
◎ 商务旅游消费市场崛起/冯亦珍//经济参考报 2002－11－25
◎ 上海：旅游季节性逐步淡化/刘小军//中国旅游报 2002－11－04
◎ 上海创新假日营销方式/沈则瑾//经济日报 2002－05－01
◎ 上海都市观光农业的实践与思考/方志权//海峡两岸观光休闲农业与乡村旅游发展学术研讨会 2002
◎ 上海都市民俗旅游开发初探/邱扶东//社会科学 2002－06
◎ 上海都市型旅游 21 世纪发展对策研究/王怡然//上海大学学报（社会科学版）2002－02
◎ 上海旅游产业经济迅猛发展/李志石//国际商报 2002－12－01
◎ 上海旅游产业提升品级/陶健//解放日报 2002－06－23
◎ 上海旅游搭“平台”/陶健//解放日报 2002－07－02
◎ 上海旅游集散中心自加压力优化服务/刘征//华东旅游报 2002－11－28
◎ 上海旅游建“中心”搭“平台”/少波//华东旅游报 2002－07－04
◎ 上海旅游节成为申城走向国际市场的品牌/吴伟余//中国旅游报 2002－10－09
◎ 上海旅游商业服务再上新台阶/李佩倩//上海商业 2002－04
◎ 上海旅游市场全面开放/李志石//国际商报 2002－01－30
◎ 上海旅游业敞开大门/陶健//解放日报 2002－09－17
◎ 上海旅游业迎新展宏图/刘征//华东旅游报 2002－01－05
◎ 上海确立建设国际化旅游都市目标/沪讯//华东旅游报 2002－01－31
◎ 上海与江苏浙江周边地区旅游发展联动研究/姚昆遗//扬州大学学报（人文社会科学版）2002－03
◎ 上犹加快发展旅游业/万武龙//江西日报 2002－04－21
◎ 韶关体育旅游的现状及发展对策/王桂忠//韶关学院学报 2002－01

⊙ 少数民族欠发达地区旅游发展之我见/黄芳//黔东南民族师范高等专科学校学报 2002-04
⊙ 绍兴旅游寻求“跨越”/徐水根//中国旅游报 2002-08-05
⊙ 蛇岛：拒绝“生态旅游”/雷鸣//海洋世界 2002-04
⊙ 社会资本成为旅游投资主体/王亚奇　肖自裕//湖南日报 2002-08-17
⊙ 社区参与和旅游社区一体化研究/潘秋玲//人文地理 2002-04
⊙ 社区参与旅游发展研究应有的理论视野——兼与黎洁老师商榷/刘纬华//海南大学学报（人文社会科学版）2002-02
⊙ 社区旅游：城市旅游发展的新动力/池雄标//中国旅游报 2002-11-27
⊙ 社区旅游：有待开拓的旅游市场/程平//中国旅游报 2002-10-23
⊙ 社区旅游发展研究述评/保继刚//桂林旅游高等专科学校学报 2002-04
⊙ 申遗热与旅游业发展/苏洪宇//中国旅游报 2002-11-13
⊙ 深层次开发旅游资源/陈一鸣//人民日报 2002-03-09
⊙ 深港两地旅游合作推出新举措/季时//经济日报 2002-11-20
⊙ 深入发展体育旅游经济/陆辉//中国旅游报 2002-01-30
⊙ 深挖文化内涵做大旅游蛋糕——浅议乐山旅游业发展/杨靖远//中共乐山市委党校学报 2002-01
⊙ 深圳华侨城打造旅游业品牌/江雪//中国企业报 2002-07-18
⊙ 深圳旅游娱乐市场探营/李舟//中国旅游报 2002-12-20
⊙ 神缘文化与莆田旅游市场的开拓/黄剑岚//福建省五缘文化研究会学术研讨会 2002
⊙ 生命因休闲而精彩——如何正确认识休闲及构建休闲道德体系/王红//中州学刊 2002-02
⊙ 生态科学家呼吁规范“生态旅游”/李强//华东旅游报 2002-05-21
⊙ 生态旅游：古老的实践，新兴的研究领域/包维楷//世界科技研究与发展 2002-01
⊙ 生态旅游：江西旅游可持续发展的必然选择/花明//江西社会科学 2002-12
⊙ 生态旅游：老区开发的新亮点/缪祖辛//中国老区建设 2002-07
⊙ 生态旅游：生态与环保的和谐对话/金磊//中国民族博览 2002-04
⊙ 生态旅游：事实与数据/戴居峰//产业与环境 2002-Z2
⊙ 生态旅游：需求偏好与市场培育——以“珠江三角洲地区”为例/郑方辉//南方经济 2002-02
⊙ 生态旅游别忘环境保护/何云//绿化与生活 2002-03
⊙ 生态旅游潮涌大山/王志伟//经济参考报 2002-08-31
⊙ 生态旅游刍议/孙云海//滨州师专学报 2002-01
⊙ 生态旅游存在的主要问题与防治对策/孟庆坤//中国环境管理 2002-S1
⊙ 生态旅游的产生与发展/肖进源//初中生辅导 2002-19
⊙ 生态旅游的大气及水环境效应——以滇西北碧塔海自然保护区为例/杨桂华//山地学报 2002-06
⊙ 生态旅游的多样性/原野//初中生辅导 2002-17
⊙ 生态旅游的基础性研究/赵新民//旅游学刊 2002-03
⊙ 生态旅游的利与弊/张培玉//曲阜师范大学学报（自然科学版）2002-01
⊙ 生态旅游的绿色设计：以杭州西湖西进为例的研究/陈久和//浙江学刊 2002-01
⊙ 生态旅游地的保健功能及其在生态保健园中的应用/石强//浙江林学院学报 2002-04
⊙ 生态旅游发展中的障碍及其对策分析/尹少华//中南林学院学报 2002-02
⊙ 生态旅游泛化现象略论/张建雄//桂林旅游高等专科学校学报 2002-02
⊙ 生态旅游概念泛化思考/郭舒//旅游学刊 2002-01
⊙ 生态旅游管理初步研究/郭舒//北京第二外国语学院学报 2002-06
⊙ 生态旅游管理的基本要素/董红梅//资源开发与市场 2002-06
⊙ 生态旅游环境承载力研究——以净月潭国家森林公园为例/孙道玮//东北师大学报（自然科学版）2002-01
⊙ 生态旅游环境伦理应规范/李洪波//生态经济 2002-02
⊙ 生态旅游环境问题与环境承载力刍议/王佳//河北师范大学学报（自然科学版）2002-02
⊙ 生态旅游及其发展对策/李梅//四川林业科技 2002-02
⊙ 生态旅游家园的呼唤/张玫//中国旅游报 2002-12-04
⊙ 生态旅游开发的外部性问题研究/刘肖梅//泰安师专学报 2002-04
⊙ 生态旅游开发的问题研究/袁晓红//绥化师专学报 2002-04
⊙ 生态旅游开发规划研究/吴晓玉//鸡西大学学报 2002-01
⊙ 生态旅游开发原则/程占红//资源开发与市场 2002-04
⊙ 生态旅游可持续发展的对策分析/涂湘波//环境保护科学 2002-05
⊙ 生态旅游可持续发展——亚太地区部长级会议述评/罗明义//旅游学刊 2002-03
⊙ 生态旅游——旅游业可持续发展的基础/丁兆运//水土保持研究 2002-03
⊙ 生态旅游年再谈生态旅游/王献溥//植物杂志 2002-02
⊙ 生态旅游农业的发展及其创新意义/宋晓虹//贵州农业科学 2002-01
⊙ 生态旅游农业及其在我国的发展/郑昭佩//中国生态农业学报 2002-01
⊙ 生态旅游区环境变化与可持续旅游发展——以张家界为例/全华//中国人口·资源与环境 2002-03
⊙ 生态旅游若干问题探讨/钟国平//地理与地理信息科学 2002-04
⊙ 生态旅游审美本质探析/许振晓//社会科学家 2002-01
⊙ 生态旅游特征研究/张清安//蒙自师范高等专科学校学报 2002-04
⊙ 生态旅游——我国旅游业可持续发展的必由之路/赵海燕//学术交流 2002-04
⊙ 生态旅游系统的多维临界/林智理//台州学院学报 2002-02
⊙ 生态旅游县建设初探/粟维斌//广西科学院学报 2002-02
⊙ 生态旅游效益构成及特性分析/顾蕾//浙江林学院学报 2002-03
⊙ 生态旅游型生态示范区实证研究/尚天成//地质技术经济管理 2002-03
⊙ 生态旅游与“三化”建设/孙剑霖//民族论坛 2002-05
⊙ 生态旅游与贵州旅游开发/宋晓虹//贵州师范大学学报（自然科学版）2002-03
⊙ 生态旅游与可持续发展/宋建军　王亚勋　杨仁斌//飞天山丹霞地貌与生态旅游学术研讨会 2002
⊙ 生态旅游与旅游生态学的研究进展/毛振宾//环境保护 2002-02
⊙ 生态旅游与农村城镇化/吴献成//城乡建设 2002-12
⊙ 生态旅游与生态保护/梁若冰//学术交流 2002-02
⊙ 生态旅游与生态旅游区研发探讨——以昌吉州为例/丁建丽//新疆大学学报（自然科学版）2002-04
⊙ 生态旅游与我国导游队伍建设/刘兰芳//衡阳师范学院学报 2002-03
⊙ 生态旅游在岩溶地区旅游业发展中的必然性/戴亚南//贵州师范大学学报（自然科学版）2002-02
⊙ 生态旅游助延庆经济腾飞/史延廷　李海霞//中国旅游报 2002-10-16
⊙ 生态旅游资源管理中社区参与激励机制探讨——以厦门岛东海岸区生态旅游开发为例/刘岩//农村生态环境 2002-04
⊙ 生态是旅游“入世”的“签证”和品牌/韩也良//中国科协 2002 年学术年会
⊙ 生态是旅游开发的资源、财富和生命——访成都万贯集团董事长陈清华/徐斌//观察与思考 2002-07
⊙ 生态游将成长岛旅游新“亮点”/丛海波　林雪梅//华东旅游报 2002-11-29
⊙ 生态与羌族文化旅游资源及开发前景/万朴//四川师范大学学报（自然科学版）2002-02
⊙ 生物多样性保护规划与旅游一体化/HéctorCeballos - Lascuráin//产业与环境 2002-Z2
⊙ 省会历史文化名城旅游开发初探/章牧//集美大学学报（哲学社会科学版）2002-02

⊙ 省级旅游市场供给环境及其评价方法研究——以山东省为例/余洁//山东师范大学学报（自然科学版）2002-04
⊙ 湿地旅游可持续发展研究/鲁铭//世界地理研究 2002-02
⊙ 十六大后安徽省旅游业加快发展的机遇、问题与对策/张洪//十六大后安徽发展研讨会 2002
⊙ 十万大山旅游环境现状及资源开发建议/傅中平//广西地质 2002-01
⊙ 十堰市生态旅游发展思路/苏志雄//长江建设 2002-01
⊙ 什川镇老梨园旅游开发性保护的调研/贾劲林//甘肃农业科技 2002-03
⊙ 什刹海旅游持续升温/陈红梅//北京日报 2002-09-19
⊙ 实施持续超前发展战略加快发展山西旅游产业/张秉权//山西政报 2002-05
⊙ 实施旅游产品创新战略的研究/武邦涛//技术经济与管理研究 2002-04
⊙ 实施旅游带动战略发展秀山边贸经济/张泽州//重庆行政 2002-04
⊙ 实施旅游扶贫开发战略促进我省贫困地区经济发展/李并成//社科纵横 2002-04
⊙ 实施旅游精品战略促进县域经济发展/叶洪伦//国土经济 2002-07
⊙ 实施旅游人才战略发展旅游教育/周大庆//湖南第一师范学报 2002-04
⊙ 实施旅游兴县战略实现经济跨越式发展/志勇//亚太经济时报 2002-07-27
⊙ 实施品牌战略做大文物旅游——从乔家大院看山西文物旅游/游克义//文物世界 2002-06
⊙ 实施生态旅游认证的紧迫性/于法稳//生态经济 2002-05
⊙ 实施退耕还林工程发展旅游地区经济——关于永定区实施退耕还林工程的调查与思考/柏方敏//湖南林业 2002-02
⊙ 实施资源保护促进生态旅游/丁之慧//中国绿色时报 2002-07-11
⊙ 实现千岛湖旅游跨跃式发展/汪成设//华东旅游报 2002-08-15
⊙ 世界杯未给韩国带来旅游热/高浩荣//经济参考报 2002-06-19
⊙ 世界旅游组织成立专门委员会采取多种措施振兴各国旅游业/周晓平//华东旅游报 2002-01-19
⊙ 世界旅游组织对国际生态旅游年的展望/Francesco Frangiall//产业与环境 2002-Z2
⊙ 世界文化遗产　强势登场旅游业/刘谨//经济参考报 2002-12-03
⊙ 世界休闲之都——21 世纪杭州城市形象定位/郑胜华//旅游学刊 2002-01
⊙ 市场失灵、政府干预与旅游产业国际竞争力/缪婧晶//社会科学家 2002-03
⊙ 市场演进　主体博弈与出境旅游产业走向/戴斌//中国旅游报 2002-08-05
⊙ 市场引导旅游“黄金周”/周天游//中华儿女（海外版）2002-06
⊙ 市民看淡旅游价格波动/陈惟　严丹虹//文汇报 2002-04-13
⊙ 事件旅游研究初探/罗秋菊//江西社会科学 2002-09
⊙ 试论“藏区旅游经济圈”的建立与协作/罗莉//西北民族学院学报（哲学社会科学版）2002-06
⊙ 试论 WTO 对中国现代化旅游法治之要求/侯正良//北京第二外国语学院学报 2002-04
⊙ 试论创新在旅游景点中的运用/杨铭铎//哈尔滨商业大学学报（社会科学版）2002-02
⊙ 试论导游员在旅游审美中的作用/刘启亮//承德民族职业技术学院学报 2002-04
⊙ 试论邓小平旅游经济思想的形成及其特点/李久昌//洛阳大学学报 2002-01
⊙ 试论邓小平旅游经济思想与我国旅游业的发展/李久昌//黄河水利职业技术学院学报 2002-02
⊙ 试论滇西北旅游开发中的几个问题/骆华松//云南师范大学学报（哲学社会科学版）2002-03
⊙ 试论东洞庭湖湿地生态旅游开发/赵煌庚//湖南商学院学报 2002-05
⊙ 试论福州北峰生态旅游发展战略/王梅松//林业勘察设计 2002-01
⊙ 试论鬼城文化的旅游开发/甘联君//地理教育 2002-01
⊙ 试论贵州民族文化村寨旅游/金颖若//贵州民族研究 2002-01
⊙ 试论国际旅游在发展对外经济关系中的地位和作用/田舒//江苏广播电视大学学报 2002-06
⊙ 试论黑龙江省滑雪旅游的可持续发展/夏洪海//冰雪运动 2002-02
⊙ 试论假日旅游经济及其健康发展/汪德根//黄山学院学报 2002-01
⊙ 试论龙岩与梅州、赣州旅游经济协作/廖宣祥//龙岩师专学报 2002-05
⊙ 试论旅游发展与城市化进程的互动关系/周少雄//商业经济与管理 2002-02
⊙ 试论旅游商品的开发/胡善风//财贸研究 2002-01
⊙ 试论旅游商品的开发与促销/王取银//吉林省经济管理干部学院学报 2002-04
⊙ 试论旅游文化与旅游经济/杜金沛//高等教育研究 2002-03
⊙ 试论旅游文学与旅游市场营销——以杭州为例/赵晓惠//云南社会主义学院学报 2002-02
⊙ 试论旅游项目选址的影响因素——以重庆市黔江区神龟峡旅游项目选址为例/冉群超//重庆师范学院学报（自然科学版）2002-01
⊙ 试论旅游新产品开发的意义及方法/曾成//内蒙古科技与经济 2002-07
⊙ 试论民族旅游的行业特征及其社会价值/符太浩//旅游科学 2002-03
⊙ 试论青岛滨海休闲体育旅游的开发/李平//海岸工程 2002-01
⊙ 试论森林旅游环境资源的保护/王春芳//甘肃科技 2002-07
⊙ 试论森林生态旅游的可持续发展/刘紫青//林业经济问题 2002-02
⊙ 试论生态旅游的“五个走向”/唐贤巩//飞天山丹霞地貌与生态旅游学术研讨会 2002
⊙ 试论松江旅游经济与文化/左红丽//财贸研究 2002-02
⊙ 试论我国都市旅游的可持续发展/黄玲//湘潭大学社会科学学报 2002-S1
⊙ 试论我国森林旅游的文化内涵/胡坚强//北京林业大学学报（社会科学版）2002-01
⊙ 试论我国体育旅游的发展/王振//北京第二外国语学院学报 2002-06
⊙ 试论五台山风景名胜区旅游形象设计/孔德安//山西大学学报（哲学社会科学版）2002-01
⊙ 试论乡村旅游的目标、特色及产品/乌恩//北京林业大学学报 2002-03
⊙ 试论浙东海滨黄金旅游线的构建/李跃军//人文地理 2002-02
⊙ 试论中国西部旅游资源保护与可持续旅游发展/李世广//北方经贸 2002-11
⊙ 试论中西文化差异对旅游消费行为的影响/文岚//湘潭大学社会科学学报 2002-S
⊙ 试论忠县旅游与长江三峡旅游的共生发展/曹华盛//人文地理 2002-03
⊙ 试论宗教旅游资源分类方案与评价体系的构建/袁书琪//中国地理学会 2002 年学术年会
⊙ 试析莆田旅游资源的灵魂与旅游形象设计/蒋长春//莆田学院学报 2002-02
⊙ 试析我国入境旅游市场/娄世娣//华北水利水电学院学报（社科版）2002-03
⊙ 试析我国森林旅游产业发展对策/陈秋华//生态经济 2002-04
⊙ 试析西部旅游开发与民族地区社会经济发展之间的内在联系/肖星//未来与发展 2002-01
⊙ 适应旅游业快速发展的需要大力加强旅游教育培训工作/王锚深//山西政报 2002-01
⊙ 收拾山乡好风景唱响旅游新乐章/文娟　晓华　竹风　木子//中国旅游报 2002-09-11
⊙ 首钢工业旅游欲向全国开放/卜小平//中国旅游报 2002-10-09
⊙ 首家旅游超市跃入视线/王小平//甘肃日报 2002-09-11
⊙ 书写会议旅游的王牌传奇/陈斌　杨国强//中国旅游报 2002-08-05

◎ 文化兴旅：为“金陵游”注入新动力/汤洁　江伟//华东旅游报 2002-07-26
◎ 文化休闲产业有巨大发展空间/闻作祥//中外企业文化 2002-19
◎ 文化休闲内涵丰富　瓯海旅游渐入佳境/陈成虎//浙江日报 2002-02-27
◎ 文化与旅游互动及增值效应的探讨/庞学臣//哈尔滨市委党校学报 2002-02
◎ 文物保护与旅游经济：是敌人还是情侣？/许莉//中国财经报 2002-08-17
◎ 文物古迹保护与旅游事业的发展//中国旅游报 2002-05-17
◎ 文艺复兴时期的文化旅游及其意义/王素色//北京第二外国语学院学报 2002-06
◎ 我国的自然保护区与生态旅游/石竹//山东教育学院学报 2002-04
◎ 我国发展奖励旅游初探/胡斌//桂林旅游高等专科学校学报 2002-03
◎ 我国发展旅游消费信贷的困难及对策分析/黄海珠//沿海企业与科技 2002-05
◎ 我国丰富多彩的民俗旅游资源/朱丕荣//海峡两岸观光休闲农业与乡村旅游发展学术研讨会 2002
◎ 我国工业旅游开发的现状及对策研究/孙爱丽//上海师范大学学报（自然科学版）2002-03
◎ 我国观光农业的地域模式、功能分区与规划初探/李瑾//中国农业资源与区划 2002-02
◎ 我国观光农业的发展研究/殷平//中国农业资源与区划 2002-04
◎ 我国观光农业发展存在的问题与对策/宋金平　牟春辉//海峡两岸观光休闲农业与乡村旅游发展学术研讨会 2002
◎ 我国观光农业发展中存在的问题及对策/吴天琪//山东农业（农村经济版）2002-09
◎ 我国国际旅游收入 2001 年跃居世界第五位//中国旅游报 2002-06-28
◎ 我国国内旅游的需求现状与前景/刘德谦//社会科学家 2002-01
◎ 我国滑雪旅游资源优劣浅议/韩丁　韩杰//人民日报海外版 2002-2-08
◎ 我国假日旅游市场外部不经济的表现及对策/贺小荣//湖南师范大学社会科学学报 2002-06
◎ 我国假日旅游与休闲观光农业互动发展研究/周昌军//海峡两岸观光休闲农业与乡村旅游发展学术研讨会 2002
◎ 我国进入“休闲”时代了吗/于祖尧//北京日报 2002-09-28
◎ 我国旅游产业发展的障碍分析/陈实//西安交通大学学报（社会科学版）2002-02
◎ 我国旅游产业市场化进程中的政府职能探析/李伟清//旅游科学 2002-01
◎ 我国旅游度假区开发模式研究/毕斗斗//计划与市场 2002-03
◎ 我国旅游法制建设取得明显推进/高舜礼　吴军//中国旅游报 2002-11-25
◎ 我国旅游饭店实施绿色营销策略探讨/王素珍//经济工作导刊 2002-13
◎ 我国旅游饭店业向成熟转化时期的竞争特征和战略对策/饶勇//旅游学刊 2002-04
◎ 我国旅游规划内容综述/李艳娜//重庆商学院学报 2002-03
◎ 我国旅游经济与电子商务相结合问题探讨/王兆良//中南民族大学学报（人文社会科学版）2002-02
◎ 我国旅游景点资源推进资本经营与资产重组势在必行/刘巨钦//旅游科学 2002-01
◎ 我国旅游景区产权改革初步构想/武传表//旅游科学 2002-02
◎ 我国旅游企业集团化发展战略选择/孙睦优//旅游学刊 2002-06
◎ 我国旅游企业网络化经营的探讨/陆诤岚//商业经济与管理 2002-03
◎ 我国旅游商品发展现状与开发研究/唐建宁//财贸研究 2002-04
◎ 我国旅游市场总体供需态势分析/郑志刚//中国软科学 2002-08
◎ 我国旅游投资中存在的问题及对策/郭荣朝//齐齐哈尔大学学报（哲学社会科学版）2002-01
◎ 我国民俗旅游经济及其特征分析/喻湘存//湖南商学院学报 2002-04
◎ 我国青少年旅游市场开发初探/王仁庆//消费经济 2002-01
◎ 我国区域宗教文化景观及其旅游开发/李悦铮//中国地理学会 2002 年学术年会 2002
◎ 我国入境旅游市场竞争态及其转移分析/李景宜//宝鸡文理学院学报（自然科学版）2002-03
◎ 我国森林公园建设与生态旅游管理/王兴国//森林与人类 2002-11
◎ 我国森林旅游现状分析及对策建议/刘毅//北京第二外国语学院学报 2002-06
◎ 我国生态旅游的几个误区/张斌//环境保护 2002-07
◎ 我国体育旅游研究进展与分析/李香华//湖南社会科学 2002-04
◎ 我国网络旅游建设存在问题与对策研究/李永丽//中国地理学会 2002 年学术年会
◎ 我国西部旅游经济创新发展路径/李诗白//亚太经济 2002-05
◎ 我国西部生态旅游的现状和开发建议/傅岳瑛//地理学与国土研究 2002-02
◎ 我国掀起旅游热潮/程瑛　郭莹玉//江苏经济报 2002-02-12
◎ 我国现行体育旅游发展的契机及开发体育旅游市场的思考/谭燕秋//上海体育学院学报 2002-S1
◎ 我国乡村旅游发展存在的问题与对策分析/吴建华　郑向敏//海峡两岸观光休闲农业与乡村旅游发展学术研讨会 2002
◎ 我国乡村旅游发展研究/石强　钟林生//海峡两岸观光休闲农业与乡村旅游发展学术研讨会 2002
◎ 我国乡村旅游高级化的产品设计导向/吕连琴//地域研究与开发 2002-04
◎ 我国乡村旅游类型与发展方向/林刚　梁向锋//海峡两岸观光休闲农业与乡村旅游发展学术研讨会 2002
◎ 我国休闲产业发展中的对策/刘海鸿//经济研究参考 2002-71
◎ 我国休闲产业发展中的问题与对策/刘海鸿//山西财经大学学报 2002-03
◎ 我国已成为旅游大国/孙玉波//经济参考报 2002-09-21
◎ 我国中医药专项旅游开发初探/张群//北京第二外国语学院学报 2002-06
◎ 我国自然保护区生态旅游初探/梁留科　曹新向//中国地理学会 2002 年学术年会
◎ 我看厦门旅游发展中存在的几个问题/俞晓艳//中国旅游报 2002-11-11
◎ 我区将实施政府主导型旅游发展战略/高玉洁//西藏日报 2002-01-29
◎ 我省体育休闲、体育旅游可持续发展对策的研究/陈玉霞//甘肃高师学报 2002-02
◎ 我省休闲渔业蓬勃兴起/章建民　纪志康//浙江日报 2002-02-26
◎ 乌苏里江国家森林公园生态旅游适宜度评价/钟林生//自然资源学报 2002-01
◎ 乌苏市南部旅游区资源及乌拉斯台休闲度假产品开发规划/韩春鲜//新疆大学学报（自然科学版）2002-03
◎ 芜湖会展旅游发展初探/刘昌雪//社会科学家 2002-03
◎ 芜湖市旅游市场研究/王咏//安徽师范大学学报（自然科学版）2002-03
◎ 五大连池风景区旅游发展问题与对策研究/张桂兰//北方论丛 2002-03
◎ 五台山佛教文化旅游的战略思考/吴攀升//忻州师范学院学报 2002-05
◎ 五台山旅游绿化与持续发展/陈庚锁//五台山研究 2002-03
◎ 五指山市发展生态旅游的思路/唐少霞//海南师范学院学报（自然科学版）2002-Z1
◎ 武当山旅游发展对策研究/冀群风//郧阳师范高等专科学校学报 2002-02

-06
⊙ 休闲时尚新生活推动新产业/张冉燃//瞭望 2002-52
⊙ 休闲业及其发展研究/郑胜华//商业研究 2002-01
⊙ 休闲渔业大有可为/王坚毅//渔业致富指南 2002-10
⊙ 休闲渔业进军"一山二湖"/吴宗文//科学养鱼 2002-06
⊙ 休闲渔业前景宽/王森//江苏农村经济 2002-12
⊙ 虚拟空间体味山水风光浙江旅游信息化建设全面启动/曾雪近//中国旅游报 2002-08-09
⊙ 需求个性化呼唤旅游定制营销/江林　刘蓓//中国旅游报 2002-09-02
⊙ 需要净化旅游环境和社会环境——一位出租车司机的遭遇/方小//资源开发与市场 2002-02
⊙ 徐州：合力开发军事文化旅游精品/薛爱义//中国旅游报 2002-11-25
⊙ 徐州地区开发体育旅游的可行性研究/李鹏程//河北体育学院学报 2002-01
⊙ 徐州旅游地学资源概况、分区及开发利用建议/齐运铎//江苏地质 2002-02
⊙ 徐州旅游资源开发利用的方向/闫书杰//中国旅游报 2002-09-18
⊙ 徐州做活两汉文化"引爆"旅游业/陆剑　庄传伟　陈钢//新华日报 2002-08-18
⊙ 许昌三国旅游文化开发刍议/谢淑芳//许昌师专学报 2002-04
⊙ 宣传促销，推动地方旅游经济快速发展/赖良杰//资源开发与市场 2002-04
⊙ 宣传促销与河南旅游发展/李锋//经济经纬 2002-06
⊙ 学术文献中的中国旅游研究/吴必虎//中国地理学会 2002 年学术年会
⊙ 雪山玉龙好风光——对丽江地区旅游涉外企业党建工作的调查与思考/闫文敏//支部生活 2002-05
⊙ 寻求旅游企业管理理念的新突破/曹芙蓉//旅游学刊 2002-03
⊙ 寻求中资旅行社可持续发展之路/刘良//中国旅游报 2002-10-28
⊙ 寻找乐山文化旅游的两大亮点/唐长寿//中共乐山市委党校学报 2002-03
⊙ 循化县旅游资源现状及思考/马文林//青海日报 2002-08-12
⊙ 雅鲁藏布大峡谷地区旅游资源功能分区/左爱萍//中国科协 2002 年学术年会
⊙ 亚洲旅游发展的参照坐标/刘桂阳//中国旅游报 2002-11-22
⊙ 烟台发展休闲渔业/李剑平//海洋开发与管理 2002-04
⊙ 延安：革命圣地品牌亮旅游产业潜力大/刘晓辰//经济日报 2002-08-23
⊙ 延庆的生态旅游/郭东亮//科技潮 2002-04
⊙ 延庆旅游辉煌"五重奏"/郭东亮//中华儿女（海外版）2002-02
⊙ 延庆县农村观光度假旅游情况介绍//海峡两岸观光休闲农业与乡村民俗旅游研讨会 2002
⊙ 延庆县生态旅游有效管理与可持续发展研究/郭焕成//北京联合大学学报 2002-01
⊙ 严把旅游规划第一关/郭康//中国旅游报 2002-10-23
⊙ 沿海地区城市居民体育旅游消费人群状况调查与分析/孙兵//南京体育学院学报（社会科学版）2002-06
⊙ 沿海地区城市居民体育旅游消费状况调查与分析（一）/吴肖恩//南京体育学院学报（社会科学版）2002-05
⊙ 沿海休闲渔业前景无限/吴雯//新华日报 2002-12-07
⊙ 沿太湖生态旅游带建设的初步研究——以苏州市吴中区为例/王健//湖泊科学 2002-02
⊙ 炎陵县野生植物资源的旅游开发与利用/王庆//中国野生植物资源 2002-02
⊙ 研讨亚洲旅游业的发展前景与对策/张洵涛//中国旅游报 2002-08-14
⊙ 盐田旅游开发区生物多样性的多层次保护与利用研究/陈筠婷//国土与自然资源研究 2002-04
⊙ 盐业旅游，亟待开发的处女地/张曙东//中国海洋报 2002-11-19
⊙ 燕赵自助旅游方兴未艾/王玉亮//河北日报 2002-11-25
⊙ 扬州发展观光旅游农业的对策思考/苏爱根//唯实 2002-11
⊙ 扬州盐商宅邸文化旅游开发初探/徐川暴//江苏商论 2002-11
⊙ 阳关度假村旅游规划研究/肖星//西北师范大学学报（自然科学版）2002-03
⊙ 要把旅游作为大产业来抓/辛文//资源开发与市场 2002-02
⊙ 要不断提升旅游产品的档次/张原//山西经济日报 2002-08-28
⊙ 要大力发展生态旅游业/刘蜀鄂//湖北日报 2002-05-05
⊙ 要大力关注和培育休闲产业/孙薇//人民政协报 2002-06-03
⊙ 要尽快建立起全国旅游信息网络/侯辛//中国旅游报 2002-10-02
⊙ 要像抓工业农业一样抓旅游业/姜木兰　邝伟楠//中国旅游报 2002-07-15
⊙ 要一手抓旅游一手抓扶贫/龚铁军//中国旅游报 2002-12-13
⊙ 也谈改善旅游市场信息不对称——兼与陈丕积同学商榷/王娟//旅游学刊 2002-01
⊙ 夜间旅游照亮夏日星空/温秀//中国旅游报 2002-08-16
⊙ 夜郎文化是贵州旅游文凭化的品牌/高艳//贵阳市委党校学报 2002-04
⊙ 一方乐土　八方游客/刘爱成//人民日报 2002-08-13
⊙ 一个基于 Browser-Server 体系结构的旅游服务系统/赵洁//计算机系统应用 2002-04
⊙ 一个值得关注的新趋势——戏剧与旅游的结合/天马//戏文 2002-03
⊙ 一则广告激活的旅游开发/刘桂阳　葛正忠　盘科学//中国旅游报 2002-06-19
⊙ 一座美术馆：变工业旧城为旅游新址/熊风台//中外房地产导报 2002-02
⊙ 依托龙滩水电站的建设打造世界奇观旅游带/罗仕高//计划与市场探索 2002-03
⊙ 依托铁路运输优化资源配置创建铁路旅游经营新格局/徐爽英//中国铁路 2002-07
⊙ 依托优势发展水利旅游/史和平//中国水利报 2002-09-19
⊙ 依托优势建设中国优秀旅游名城/加帕尔·依布拉音//城乡建设 2002-01
⊙ 依托资本市场平台发展广西旅游产业/吴传钰//广西经贸 2002-08
⊙ 依托资源优势发展水利旅游/林兴潮//中国水利报 2002-12-07
⊙ 宜宾旅游发展的思考/王红月//四川政报 2002-36
⊙ 宜昌：打造世界级旅游城/秦宏斌//中国经济周刊 2002-09
⊙ 宜昌及三峡地区旅行社"入世"应变对策探析/崔进//三峡大学学报（人文社会科学版）2002-03
⊙ 宜昌森林生态旅游的发展现状与对策/黄成名//湖北林业科技 2002-02
⊙ 宜昌市旅游形象探析/曹诗图//三峡大学学报（人文社会科学版）2002-03
⊙ 宜昌着力建设旅游名城/龚达发//人民日报 2002-12-21
⊙ 宜君县大力发展生态休闲旅游/冯学海//人民日报 2002-09-14
⊙ 宜兴观光农业科技示范园生态农业建设现状及发展对策/王建荣//江苏林业科技 2002-01
⊙ 宜兴全力推进重点旅游项目建设/范双喜//华东旅游报 2002-09-26
⊙ 遗产旅游市场能够市场化运作吗？/文博//中国文物报 2002-11-22
⊙ 遗产资源的经济学特征/徐嵩龄//经济参考报 2002-06-19
⊙ 以创新为动力加速培植旅游大产业/吴方军//山区开发 2002-06
⊙ 以点带面，重点突破——泰山老年旅游市场开发研究/王雷亭//泰安教育学院学报岱宗学刊 2002-01
⊙ 以广深为起点的海外旅游流的流动分析/王洁//统计与信息论坛 2002-05
⊙ 以旅游电子商务促进闽台旅游业的发展/林璧属//福建论坛（经济社会版）2002-01

业发展报告》
◎ 中国旅游城市景区景点建设的新突破/邓祝仁　谢雨萍//中国旅游报 2002-05-24
◎ 中国旅游城市深发展原则问题初探/谢雨萍//北京第二外国语学院学报 2002-04
◎ 中国旅游地貌学研究进展与学科体系形成/杨小兰　吴必虎//中国地理学会 2002 年学术年会
◎ 中国旅游电子商务市场分析/杨振之//四川师范大学学报（社会科学版）2002-02
◎ 中国旅游发展笔谈/罗明义//旅游学刊 2002-01
◎ 中国旅游发展笔谈/唐洪广//旅游学刊 2002-03
◎ 中国旅游发展要略/孙飞//科学决策 2002-01
◎ 中国旅游规划的制度环境及其创新探讨/李永文//旅游学刊 2002-03
◎ 中国旅游经济的发展现状/慎丽华//海岸工程 2002-02
◎ 中国旅游开发投融资实践及走向/李富红//重庆工商大学学报（社会科学版）2002-06
◎ 中国旅游另类危机/沈城//北京观察 2002-06
◎ 中国旅游垄断提前打破/霍中彦　高改芳//国际金融报 2002-07-16
◎ 中国旅游品牌十大批判/高容//华商 2002-09
◎ 中国旅游品牌十大批判/刘汉清//中国企业报 2002-10-24
◎ 中国旅游企业信息化发展分析/郑向敏//桂林旅游高等专科学校学报 2002-01
◎ 中国旅游企业应多层面开展跨国经营/高舜礼//国际商报 2002-11-13
◎ 中国旅游企业应增强国际竞争能力/王婉飞　俞莹　高尚全//国际商报 2002-12-27
◎ 中国旅游入境市场一枝独秀/潘真//联合时报 2002-11-29
◎ 中国旅游商品研究/方百寿//商业研究 2002-12
◎ 中国旅游研究回顾与新时期旅游研究方法展望——中国旅游学术论坛（CTA）2002 泉州会议综述/郑向敏//旅游学刊 2002-06
◎ 中国旅游业前途无量/郑家度//中国旅游报 2002-06-05
◎ 中国旅游业实现大跨越/孙玉波//人民日报海外版 2002-12-20
◎ 中国旅游迎来品牌经营时代/刘汉洪　方世敏　张河清//中国企业报 2002-12-05
◎ 中国南部长城——苗疆长城的旅游开发与保护/杨洪//热带地理 2002-01
◎ 中国南海发展滨海生态旅游的思考/张莉//生态经济 2002-11
◎ 中国农业旅游的开发与发展初探/朱玲　王捷二//海峡两岸观光休闲农业与乡村民俗旅游研讨会 2002
◎ 中国入境游客旅游选择模式研究/马耀峰//中国地理学会 2002 年学术年会
◎ 中国生态旅游浅析/仇立慧//西安联合大学学报 2002-04
◎ 中国湿地旅游初探/丁季华//旅游科学 2002-02
◎ 中国世界遗产地保护与旅游需求关系/吴必虎//地理研究 2002-05
◎ 中国世界遗产地的旅游研究进展/陶伟//城市规划汇刊 2002-03
◎ 中国首例文化旅游反不正当竞争案/田浩//政府法制 2002-07
◎ 中国温泉资源旅游利用形式的变迁及其开发现状/王艳平//地理科学 2002-01
◎ 中国西部旅游投资规划正式启动/孙玉波//中国建设信息 2002-16
◎ 中国休闲度假旅游的必由之路：从“黄金周”到带薪休假/王兴斌//旅游学刊 2002-04
◎ 中国休闲及假日产品如何与国际市场接轨/史蒂文·杨//杭州科技 2002-02
◎ 中国休闲经济的定位及发展对策/张磊//工业技术经济 2002-03
◎ 中国优秀旅游城市会展旅游之定位/谢雨萍//地域研究与开发 2002-04
◎ 中国竹文化及竹文化旅游研究的现状和展望/胡冀贞//竹子研究汇刊 2002-03
◎ 中国宗教旅游项目开发经营现状研究/曹绘嶷//社会科学家 2002-04
◎ 中国走向世界旅游强国之路/范业正//桂林旅游高等专科学校学报 2002-03
◎ 中韩旅游合作现状与前景/温艳玲//当代韩国 2002-01
◎ 中韩旅游市场的发展态势/刘住//桂林旅游高等专科学校学报 2002-04
◎ 中条山国家森林公园发展生态旅游的前景与对策/贾振虎//山西林业科技 2002-01
◎ 中外专家为新疆旅游“把脉”/张昕宇　崔星毅//新疆日报（汉）2002-10-23
◎ 中西合璧为澳门旅游业带来繁荣/赵永琦　郑固固//人民日报海外版 2002-5-22
◎ 中小城市旅游资源开发与休闲旅游发展研究——以江西吉安市为例/蒋梅鑫　钟业喜　黄强//江西社会科学 2002-11
◎ 中小旅行社路在何方？/胡邵平//中国旅游报 2002-11-25
◎ 中越旅游合作的现状及前景/赵和曼//东南亚 2002-02
◎ 钟祥旅游资源开发的设想/王廷治//中国旅游报 2002-01-16
◎ 重庆北碚旅游开发研究/范乔希//小城镇建设 2002-04
◎ 重庆都市旅游的文化价值和文化包装/秦学颀//经济地理 2002-01
◎ 重庆旅游：新年新打算/张启华//重庆日报 2002-02-21
◎ 重庆旅游产业化发展战略研究/董观志//地域研究与开发 2002-02
◎ 重庆旅游形象暨主题口号/王毅//涪陵师范学院学报 2002-04
◎ 重庆市“黄金周”旅游的供求矛盾分析及宏观调控对策/韩百娟//资源开发与市场 2002-04
◎ 重庆市城乡结合部旅游消费需求与趋势研究/应丽君//重庆工学院学报 2002-05
◎ 重庆市发展乡村旅游，促进城市带动农村发展/郭跃　陈绍友//海峡两岸观光休闲农业与乡村旅游发展学术研讨会 2002
◎ 重庆市海外旅游市场研究/杨梅//渝州大学学报（社会科学版）2002-01
◎ 重庆市假日旅游市场分析与开发对策/田喜洲//重庆商学院学报 2002-03
◎ 重庆市南岸区旅游发展研究/陈维//重庆教育学院学报 2002-03
◎ 重庆市森林旅游开发对策研究/李晴//重庆师范学院学报（自然科学版）2002-04
◎ 重庆乡村旅游发展的可行性研究/杨雁//渝州大学学报（社会科学版）2002-05
◎ 重视“假日消费”的发展趋势/盛毅//资源开发与市场 2002-02
◎ 重视旅游风险教育/李萌//中国旅游报 2002-12-23
◎ 重视与改进假日报道/宋新桂//新闻战线 2002-12
◎ 重整古徽村落打造旅游热线/李修松//安徽日报 2002-08-23
◎ 舟山旅游经济与佛教文化/薛剑平//华东旅游报 2002-01-19
◎ 舟山旅游整体形象策划探讨/楼筱环//浙江海洋学院学报（人文科学版）2002-03
◎ 舟山休闲渔业发展探讨/虞聪达//浙江海洋学院学报（自然科学版）2002-01
◎ 朱家角古镇旅游功能定位与开发问题探讨/仓平//上海商业职业技术学院学报 2002-03
◎ 株洲旅游文化资源的开发/范进军//船山学刊 2002-02
◎ 株洲市工业旅游开发研究/胡卫华//中南林学院学报 2002-03
◎ 珠江三角洲旅游城市一体化研究/郑坚强//资源开发与市场 2002-06
◎ 主题旅游给你一片新天地/井水明//中国电力报 2002-09-15
◎ 主题旅游——旅游业的新天地/井水明//公关世界 2002-10
◎ 主要热点城市海外旅游流客源分析/王洁//纺织高校基础科学学报 2002-01
◎ 注重新疆旅游资源的可持续发展/张宏//新疆日报（汉）2002-05-07
◎ 筑造中国特色旅游强省/朱伟光　王琦//光明日报 2002-08-12

⊙ 抓“入世”契机促旅游发展/宁士敏//经济日报 2002-01-17
⊙ 抓“入世”商机建旅游强省/杨伯亚//领导之友 2002-06
⊙ 抓农机安全监理促旅游事业发展//农机安全监理 2002-05
⊙ 抓住机遇乘势而上加快建设旅游主导产业/李德明//山东经济战略研究 2002-02
⊙ 抓住机遇充分发挥水库的旅游作用/翁长溥//红水河 2002-02
⊙ 抓住机遇发展新疆旅游经济/姜勇//中国民族报 2002-03-12
⊙ 抓住机遇加快烟台旅游发展/宋作文//山东经济战略研究 2002-11
⊙ 抓住龙头做大旅行社业/高峰//中国旅游报 2002-10-09
⊙ 抓住西部大开发机遇　加大旅游扶贫力度/刘惠余//贵州民族学院学报（哲学社会科学版）2002-01
⊙ 抓住西部大开发机遇　做大做强陕西旅游业/李家胜　李卫//陕西日报 2002-06-17
⊙ 专项旅游实例谈/曲雄伟//中国旅游报 2002-08-12
⊙ 转变观念拓展市场/肖谨诚//华东旅游报 2002-02-05
⊙ 壮大产业主体发展旅游经济/王来福//吉林政报 2002-22
⊙ 壮大旅游产业加快江西经济发展/傅云//江西日报 2002-03-21
⊙ 资本：四川旅游最大的“瓶颈”/卢生海//中国经济时报 2002-02-05
⊙ 资本介入旅游景区经营/杨育谋//企业活力 2002-04
⊙ 资源+资本：四川旅游产业化运作模式初探/汤梓军//西南民族学院学报（哲学社会科学版）
⊙ 自然、人文景观的保护与旅游经济/易宗元//上海金融学院学报 2002-04
⊙ 自然·历史·文化——英德市旅游发展总体规划构想/余永华//小城镇建设 2002-08
⊙ 自然保护区旅游可持续发展的景观生态学途径/曹新向//北京第二外国语学院学报 2002-06
⊙ 自然保护区生态旅游环境承载力综合评价指标体系初步研究/文传浩//农业环境保护 2002-04
⊙ 自然保护区生态旅游景观规划研究——以目平湖湿地自然保护区为例/李敏//旅游学刊 2002-05
⊙ 自然保护区生态旅游开发研究/牛亚菲//海峡两岸观光休闲农业与乡村旅游发展学术研讨会 2002
⊙ 自然保护区生态旅游开发与保护浅析/陈孝青//世界林业研究 2002-02
⊙ 自然旅游环境价值探析/赵春学//经济体制改革 2002-01
⊙ 自然面对亲密接触欢乐交往——一种新的旅游方式/赵鹏//中国园林 2002-01
⊙ 自然生态环境非优区旅游发展规划存在的问题——兼析陕北地区旅游发展规划/王谊//西北农林科技大学学报（社会科学版）2002-01
⊙ 自助公寓村：亟待开发的海南旅游新模式/崔裕蒙//新东方 2002-Z1
⊙ 走出出境旅游的三大误区/小艾//国际商报 2002-08-25
⊙ 柞水生态旅游开发建强县/段彬　金江//陕西日报 2002-08-13
⊙ 做大　做强　有序竞争——乐山旅行社联合体情况的调查/李芳//资源开发与市场 2002-02
⊙ 做大花果山旅游文章/孙锡华//中国城市经济 2002-07
⊙ 做大旅游产业　创造就业机会/乃依木·亚森//新疆日报（汉）2002-11-21
⊙ 做大旅游这块蛋糕——蓬勃向上的中国旅游业/鄂平玲//人民论坛 2002-10
⊙ 做大做强旅游产业　直接扩大就业容量/张辉//中国旅游报 2002-10-23
⊙ 做大做强旅游产业——昆明旅游业“九五”回顾与“十五”展望/杨邵灵//资源开发与市场 2002-02
⊙ 做大做强旅游企业培育一批旅游集团/滕晓萌//经济日报 2002-04-28
⊙ 做大做强南京旅游产业/江伟//华东旅游报 2002-10-15
⊙ 做大做强西安旅游产业/李德省//西安日报 2002-04-24
⊙ 做好假日旅游文章/张榕//观察与思考 2002-04
⊙ 做好节前旅游市场检查/胡国强　魏晓霞//中国旅游报 2002-02-04
⊙ 做旅游文章促县城发展/范明//小城镇建设 2002-04
⊙ 做新经济时代旅行社的领跑者/李晓良//中国旅游报 2002-01-09
⊙“长假”拉动消费的作用到底有多大——对假日经济的冷思考/傅晓霞//现代经济探讨 2002-02
⊙“城市旅游信息系统”对树立城市旅游形象的作用/郑辽吉//丹东纺专学报 2002-04
⊙“东道主”与“游客”：一种现代性悖论的危险——旅游人类学的一种诠释/彭兆荣//思想战线 2002-06
⊙“东方的女儿国”可在彩云之南？——从泸沽湖的旅游开发现状看四川旅游与云南的差距/杨方琳//资源开发与市场 2002-02
⊙“多维文化”构筑宁波旅游/董鸿安//宁波经济（财经视点）2002-04
⊙“海豚”拉动旅游新经济/吴述朝//中华新闻报 2002-02-09
⊙“海峡两岸观光休闲农业与乡村旅游发展”学术研讨会会议纪要/郭焕成　王云才　刘盛和//海峡两岸观光休闲农业与乡村旅游发展学术研讨会 2002
⊙“黄金周”海南旅游大回眸/杨卫平//今日海南 2002-01
⊙“黄金周”利弊参半　带薪假效果更好/王兴斌//经济日报 2002-03-08
⊙“黄金周”旅游产品价位刍议/王晶//经济师 2002-12
⊙“黄金周”山地旅游市场竞争态及其转移研究/李景宜//山地学报 2002-05
⊙“黄金周”——收获金色的硕果/吕文//辽宁日报 2002-10-05
⊙“黄金周”已过九轮“假日游”仍有遗憾“假日经济”也需社会预警体系支撑/王健君//瞭望 2002-20
⊙“假日经济”，谁牵牛鼻子？/单士兵//商业经理人 2002-06
⊙“假日经济”：异化和信用文化/陈道馥//经济月刊 2002-03
⊙“假日经济”的理性思考/许进//江苏商论 2002-10
⊙“假日经济”发展初探/李应军//商业研究 2002-04
⊙“假日经济”批判/孟静//新闻周刊 2002-11
⊙“假日经济”热后的冷思考/胡延华//浙江经济 2002-14
⊙“假日经济”透析/杨继瑞//四川日报 2002-03-01
⊙“假日经济”问题透视/马玮//呼伦贝尔学院学报 2002-05
⊙“假日经济”现象透视/刘爱萍//陕西经贸学院学报 2002-03
⊙“假日经济”现象透视/肖湘//理论与当代 2002-11
⊙“假日经济”与河南省旅游业发展问题研究/陈燕语//经济经纬 2002-03
⊙“假日消费”出现五大变化/盛毅//四川日报 2002-03-01
⊙“假日消费”的理性思考/杨晖//武汉科技学院学报 2002-04
⊙“假日新闻”之出路/曲昌荣//新闻三昧 2002-12
⊙“教”——应当明晰和追加的旅游要素/廖晓静//经济经纬 2002-06
⊙“解决就业最好的产业是旅游”/张洵涛//中国旅游报 2002-10-23
⊙“九寨沟旅游环线”上一个有待开发的景区——汶川县雁门沟小流域生态与羌族文化旅游资源及开发前景/万朴//四川师范大学学报（自然科学版）2002-02
⊙“亮丽风景”从品牌开始/梁梓//中国旅游报 2002-05-29
⊙“六山六水”民族调查与贵州民族风情旅游开发/陈天俊//贵州民族研究 2002-03
⊙“旅游经济发展暨企业资本运作高层论坛”综述/顾赞良//河北日报 2002-09-09
⊙“旅游农业”及其相关概念辨析/应瑞瑶//社会科学家 2002-05
⊙“旅游品牌服务”与商业气象/苏芳//经理日报 2002-09-02
⊙“木头财政”向“生态旅游财政”的跨越——神农架林区财政支持生态、旅游经济发展//财政与发展 2002-21
⊙“农家乐”旅游的现状与开发方向/胡卫华//桂林旅游高等专科学校学报

2003 年

⊙ 城市旅游发展模式选择的三维依据框架/郭舒//商业研究 2003－05
⊙ 城市旅游发展之方略/宣传中//浙江经济 2003－01
⊙ 城市旅游公共组织与企业绩效的因果研究/李武武//江苏商论 2003－12
⊙ 城市旅游规划的切入要点/齐莉娜//中国旅游报 2003－06－27
⊙ 城市旅游景观塑造刍议——以桂林市为例/王晞//桂林旅游高等专科学校学报 2003－03
⊙ 城市旅游竞争力评价初探/苏伟忠//旅游学刊 2003－03
⊙ 城市旅游竞争力研究初步/甘萌雨//现代城市研究 2003－04
⊙ 城市旅游竞争力综合指标体系初探/王家骏//华东旅游报 2003－09－16
⊙ 城市旅游空间规划布局的影响因素分析/卞显红//地域研究与开发 2003－03
⊙ 城市旅游空间规划布局及其生态环境的优化与调控研究/卞显红//人文地理 2003－05
⊙ 城市旅游空间结构研究/卞显红//地理与地理信息科学 2003－01
⊙ 城市旅游驱动力的转化研究及其实践意义/保继刚　龙江智//中国地理学会 2003 年学术年会
⊙ 城市旅游市场分类研究及其意义——以汕头市为例/吴志才//资源开发与市场 2003－03
⊙ 城市旅游文化的美学意义/诸丹//西南民族大学学报（人文社科版）2003－09
⊙ 城市旅游形象策划/田洪//重庆师范学院学报（自然科学版）2003－04
⊙ 城市旅游形象分析方法在节事活动主题定位中的应用——以广州市为例/蔡晓梅//社会科学家 2003－03
⊙ 城市旅游与城市公园——以兰州市为例/肖星//甘肃社会科学 2003－01
⊙ 城市旅游中步行街的地位和作用/毕燕//广西师范学院学报（自然科学版）2003－S1
⊙ 城市社区旅游刍议/陈秀琼//广西大学学报（哲学社会科学版）2003－01
⊙ 城市事件旅游活动的地域差异/张彬彬//旅游科学 2003－04
⊙ 城市形象建设与旅游业发展关系研究——以威海市城市形象研究为例/闫涛蔚//人文地理 2003－05
⊙ 城市意象空间分析在旅游地研究中的应用——以江南水乡古镇为例/蒋志杰//中山大学学报（自然科学版）2003－S2
⊙ 城乡交错带观光农业的开发/张建国　马克义//中国花卉报 2003－01－16
⊙ 赤峰市旅游市场定位与营销策略研究/王文丽//人文地理 2003－03
⊙ 充分发挥旅游对就业和富民的作用/厉新建　张辉　秦宇//经济日报 2003－08－21
⊙ 充分利用林区资源　加快森林旅游业发展/王喜江//内蒙古统计 2003－06
⊙ 崇明打造“旅游岛”/刘颖　陶健//解放日报 2003－09－12
⊙ 崇左军事旅游成为广西旅游后起之秀/邝伟楠//中国旅游报 2003－12－19
⊙ 崇左县旅游可持续发展研究/谢雨萍//钦州师范高等专科学校学报 2003－02
⊙ 筹办世博会为上海旅游业带来的新机遇/陈永平//上海综合经济 2003－05
⊙ 出境旅游市场管理系统的设计及应用/张莉//辽宁工学院学报（社会科学版）2003－02
⊙ 出境游：游客和旅行社都趋理性/唐福勇//中国经济时报 2003－02－17
⊙ 出境游出现反季节高峰/孟为//北京日报 2003－07－12
⊙ 出境游大门越敞越开/马莉//中国商报 2003－11－04
⊙ 出入境旅游注意事项/吕月//科学大观园 2003－12
⊙ 出游如何选择旅行社/徐猛//今日信息报 2003－08－08
⊙ 刍议旅游的和谐之美/胡爱娟//商业经济与管理 2003－08
⊙ 刍议西部地区城市旅游功能的提升/李兵//宁夏大学学报（人文社会科学版）2003－06
⊙ 刍议寻根旅游的深度开发——以珠玑古巷为例/吴良生//韶关学院学报 2003－05
⊙ 滁州市生态旅游开发初探/金泉//滁州师专学报 2003－03
⊙ 楚南竹海风景区生态旅游开发的初步研究/罗文//湖南经济管理干部学院学报 2003－04
⊙ 楚天福地——粤港澳后花园——湖南省郴州市旅游形象发展战略实证研究/蔡红//今日国土 2003－07
⊙ 楚文化与湖北旅游业发展/谭白英//江汉论坛 2003－02
⊙ 楚雄州旅游业发展的思考/韩隽//楚雄师范学院学报 2003－01
⊙ 处在十字路口的金刚山旅游/全克林//世界知识 2003－17
⊙ 传统旅行社行业步入发展新格局/王新军//WTO 经济导刊 2003－07
⊙ 传统文化与现代旅游景观的契合——重庆龙水湖规划与设计/罗光华//资源开发与市场 2003－01
⊙ 传统文化与中国人休闲游观浅谈/李锋//商丘师范学院学报 2003－06
⊙ 传统营销理论在旅游业中的创新应用/廖世超//重庆社会科学 2003－01
⊙ 船形古镇呼唤旅游发展/王荣军//中国旅游报 2003－11－28
⊙ 创建“旅游超市”构想/张融//上海商业 2003－12
⊙ 创建“南丝路王国”文化旅游项目的构想/李麟　张楠//云南经济日报 2003－09－19
⊙ 创建旅游城　观念要更新——对创建优秀旅游城主观制约因素的思考/潘淑珍//理论研究 2003－04
⊙ 创建中国旅游人类学学科刍议/高路加//旅游学刊 2003－S1
⊙ 创建专业强社　服务旅游产业/潘媛//中国旅游报 2003－10－17
⊙ 创新产品才能吸引客人/王东亮//华东旅游报 2003－06－17
⊙ 创新发展中国邮政网上旅游业务/范鹏飞//重庆邮电学院学报（社会科学版）2003－01
⊙ 创新旅游业发展模式——贵州旅游业发展的战略选择/杨胜明//当代贵州 2003－05
⊙ 创造安全的旅游目的地/胡敏//四川日报 2003－04－19
⊙ 创造度假旅游的品牌和辉煌/张千智//中国旅游报 2003－04－18
⊙ 春节旅游：注意维权　谨防陷阱/周麟纳//经济日报 2003－01－30
⊙ 春节旅游大盘点/夏星//旅游 2003－03
⊙ 从“非典”看我国旅行社存在的若干问题及其引发的思考/邹凤莲//新余高专学报 2003－04
⊙ 从“乡土情结”角度谈乡村旅游开发/黄洁//思想战线 2003－05
⊙ 从《诗经》到《生活的艺术》：中国古、近代休闲思想探析/卢昌崇//自然辩证法研究 2003－05
⊙ 从《十日谈》管窥中世纪西欧旅游/胡幸福//湖南师范大学社会科学学报 2003－05
⊙ 从比较优势到竞争优势的战略转变——关于我国旅游业国际竞争力的思考/黎宏宝//北方经贸 2003－11
⊙ 从调查问卷看安徽旅游业前景/吴浩//决策咨询 2003－Z1
⊙ 从仿唐乐舞说到旅游文化/于立新//西部大开发 2003－04
⊙ 从非典危机看旅游企业的定位/吴国英//中国旅游报 2003－07－07
⊙ 从复垦区到国家级旅游景区——神华集团神东煤炭公司复垦绿化纪实/王文明//当代矿工 2003－06
⊙ 从顾客期望角度谈旅行社服务/马爱萍//中国旅游报 2003－01－13
⊙ 从国际经验看重庆市观光休闲农业发展/王渝陵//重庆社会科学 2003－03
⊙ 从湖南小溪国家级自然保护区看旅游开发与自然环境保护——自然保护区旅游业发展中的困惑与思考/王富德//北京第二外国语学院学报 2003－01
⊙ 从假日经济看扩大内需/孙玉波//人民日报海外版 2003－02－12
⊙ 从开发角度认识旅游产品和旅游资源/张洪//河海大学学报（哲学社会科学版）2003－02

⊙ 发展水利旅游应注意的伦理问题/李锋//中国农村水利水电 2003-11

⊙ 发展宿迁旅游优势 推动宿迁生态旅游//全国首届产业生态与循环经济学术讨论会 2003

⊙ 发展特色旅游 造福盐城人民——访中共盐城市委书记张九汉/陈爱红//经济世界 2003-02

⊙ 发展特色旅游业 推动西部地区的可持续发展/佟文英//中南民族大学学报（人文社会科学版）2003-S1

⊙ 发展体育旅游的现实作用/张金桥//安徽体育科技 2003-03

⊙ 发展我国森林生态旅游的对策思考/王广文//资源开发与市场 2003-03

⊙ 发展我省生态旅游重在保护生态环境/巨克娜//青海农林科技 2003-04

⊙ 发展五台山佛教文化旅游/麻天祥//忻州师范学院学报 2003-03

⊙ 发展西部旅游业的冷思考/杜继丰//资源开发与市场 2003-06

⊙ 发展乡村旅游 增加农民收入/杨胜明//贵州政报 2003-13

⊙ 发展乡村旅游的经济学思考/李慧欣//华中农业大学学报（社会科学版）2003-02

⊙ 发展乡村旅游业的几点思考——以浮梁县瑶里镇为例/谢茹//江西社会科学 2003-09

⊙ 发展乡村旅游与重庆大城市带大农村战略/陈绍友//重庆师范学院学报（自然科学版）2003-01

⊙ 发展休闲产业 带动中国城市化进程/张磊//商业研究 2003-01

⊙ 发展休闲渔业 优化渔业结构——青岛市海洋渔业可持续发展的战略思考/刘康//海洋开发与管理 2003-04

⊙ 发展休闲渔业符合渔农民的根本利益/姚立民//渔业现代化 2003-01

⊙ 发展宜昌旅游业之对策/曹诗图//中国三峡建设 2003-12

⊙ 发展湛江生态旅游农业/钟来元//资源开发与市场 2003-04

⊙ 发展中的黑龙江省森工森林旅游/王淑华//国土绿化 2003-07

⊙ 发展中的黄浦区旅游纪念品产业/季敏华//上海工业 2003-05

⊙ 法国的文化旅游/杨帆//海淀走读大学学报 2003-02

⊙ 法国归来话中国旅游产业/苗健//国际商报 2003-06-15

⊙ 繁荣假日经济，推动四川民族地区经济快速发展/刘毅//西南民族大学学报（人文社科版）2003-08

⊙ 梵净山生态旅游发展初探/禹真//铜仁师范高等专科学校学报 2003-02

⊙ 方山森林公园生态旅游开发与保护探讨/马桂莲//浙江林业科技 2003-05

⊙ 方兴未艾的中国旅游电子商务/刘建国//经济师 2003-05

⊙ 方志与旅游/张武虹//晋阳学刊 2003-05

⊙ 防止区域旅游过度开发/许春晓//人民日报海外版 2003-03-26

⊙ 非典对我省旅游经济的影响及对策/彭祖德//四川党的建设城市版 2003-09

⊙ 非旅游书目与旅游地形象的树立/刘德艳//旅游科学 2003-03

⊙ 分时度假 叫好不叫座/王伟民//中国房地产报 2003-03-17

⊙ 分时度假：旅游房地产业的新利润增长点？/白扬//中国旅游报 2003-03-26

⊙ 分时度假前景诱人现实尴尬/贺飞 秦宜德//中国房地产报 2003-12-17

⊙ 分时度假型产权酒店走俏/李淳//房地产时报 2003-02-24

⊙ 分享乡村令人骄傲的文化与传统——乡村旅游的新模式/张晓松//当代贵州 2003-05

⊙ 奋力推进四川旅游发展新跨越/崔志伟//四川省情 2003-08

⊙ 丰富多彩 雄奇古绝——充分认识山西旅游景观资源的独特优势和魅力/闻震//沧桑 2003-02

⊙ 风景旅游承载力评价研究与应用——以鼓浪屿发展概念规划为例/刘滨谊//规划师 2003-10

⊙ 风景旅游城市开放空间和景观保护与再生——论苏州旅游城市滨水区域景观的保护与再生/怀志刚//2003 年第六届日中韩风景园林研讨会议

⊙ 风景旅游型都市的空间开发途径——以杭州市为例/崔大树//城市问题 2003-03

⊙ 风景名胜区旅游价格的经济学分析/胡敏//北京第二外国语学院学报 2003-03

⊙ 风景区旅游景点的综合评判及最优旅游路线的选择/王宁//宁德师专学报（自然科学版）2003-02

⊙ 风景区生态园的规划设计理念探索——兼论欠发达地区的旅游经济扶贫/单德启//清华大学学报（哲学社会科学版）2003-03

⊙ 风景区周边地区发展旅游业与脱贫致富——以南川市三泉镇大河坝村为例/黄大勇//重庆工商大学学报（西部经济论坛）2003-01

⊙ 峰值指标：旅游空间容量估算的一种新方法/宋子千//北京第二外国语学院学报 2003-05

⊙ 奉节诗文化旅游开发的总体构想/郭跃//重庆大学学报（社会科学版）2003-02

⊙ 佛教文化开发与杭州文化旅游/张玲蓉//商业经济与管理 2003-06

⊙ 佛山旅游三增一减/汝百乐//中国旅游报 2003-10-15

⊙ 服务贸易总协定对山西旅游业的影响/白红平//经济师 2003-09

⊙ 福建旅游业发展初探/王立华//福建教育学院学报 2003-07

⊙ 福建旅游业发展的现状、存在问题与对策/郑承庆//福建农林大学学报（哲学社会科学版）2003-03

⊙ 福建三明民营资本追捧旅游/林挺//华东旅游报 2003-07-11

⊙ 福建省发展会展旅游的 SWOT 分析与对策/袁书琪//旅游科学 2003-01

⊙ 福建省森林旅游可持续发展战略研究/刘友多//林业勘察设计 2003-01

⊙ 福建水库休闲渔业发展探讨/钟焕荣//水利渔业 2003-05

⊙ 福州会展旅游发展条件及战略决策研究/郑耀星//旅游科学 2003-02

⊙ 福州旅游业可持续发展的条件与对策/林岚//第九次中国青年地理工作者学术研讨会 2003

⊙ 福州休闲旅游发展初探/王立华//福建地理 2003-03

⊙ 抚仙湖区域旅游开发与湖泊可持续发展研究/金文刚//玉溪师范学院学报 2003-S1

⊙ 阜康市生态旅游发展方略/丁建丽//新疆大学学报（自然科学版）2003-02

⊙ 阜康市生态旅游规划研究/李永东//新疆环境保护 2003-01

⊙ 赴欧出境游市场开放在即/何翠云//中华工商时报 2003-11-17

⊙ 富川瑶族自治县秀水村乡村旅游开发研究/文军//广西民族学院学报（哲学社会科学版）2003-S2

⊙ 富阳旅游全攻略/小舟//大视野 2003-08

⊙ 改革国际合作办学模式 提升旅游高等教育水平/彭青//旅游学刊 2003-S1

⊙ 改善小环境 打造大旅游/蒋进章//群众 2003-05

⊙ 概念裂变使旅游规划亮起来/牟红//企业经济 2003-10

⊙ 甘肃春节旅游缘何外热内冷/阿旦增//市场报 2003-01-31

⊙ 甘肃河西少数民族地区生态旅游发展研究/张永凯//甘肃省经济管理干部学院学报 2003-04

⊙ 甘肃旅游发展模式探析/闫瑜//成都教育学院学报 2003-10

⊙ 甘肃旅游业路在何方/杨振环//发展 2003-07

⊙ 甘肃民族地区体育旅游进程探索/冯平//甘肃科技 2003-02

⊙ 甘肃森林公园和森林生态旅游业发展前景分析/张英//甘肃林业科技 2003-03

⊙ 甘肃森林生态旅游现状及其发展对策/郭莹//甘肃林业科技 2003-02

⊙ 甘肃省丹霞地貌空间分析及旅游开发布局研究/齐德利//地理与地理信息科学 2003-03

⊙ 甘肃省海外旅游者旅游行为分析及旅游开发对策/王景波//开发研究 2003-02

⊙ 甘肃省莲花山风景林区生态旅游前景探析/杨宇翔//甘肃林业科技 2003-04

⊙ 甘肃省旅游开发总体布局研究/邹再进//兰州交通大学学报 2003-02

-04
⊙ 国内外体育旅游业发展概况/张强//四川体育科学 2003-02
⊙ 国外大都市市郊区旅游空间模型研究/吴承忠//城市问题 2003-06
⊙ 国外的“情趣旅游”/正亚//广西质量监督导报 2003-03
⊙ 国外旅行社产品运作研究现状与研究趋势分析/吴忠才//内蒙古师范大学学报（哲学社会科学版）2003-03
⊙ 国外旅行社企业环境研究现状与研究趋势分析/吴忠才//湖南商学院学报 2003-02
⊙ 国外旅游景区门票价格特征及其启迪/田勇//价格月刊 2003-05
⊙ 国外社区参与旅游发展对我国的启示——以英国南彭布鲁克为例/张朋//福建地理 2003-04
⊙ 国外生态旅游认证制度评述/宋瑞//全国首届产业生态与循环经济学术讨论会 2003
⊙ 国外实践可持续发展生态旅游的做法/金磊//经理日报 2003-05-12
⊙ 国外乡村旅游研究述评/何景明//旅游学刊 2003-01
⊙ 哈尔滨步行街休闲区环境的问题与对策/宋聚生//低温建筑技术 2003-02
⊙ 哈旅游协会讨论旅游业发展问题/伊里旦·伊斯哈科夫//中亚信息 2003-01
⊙ 哈萨克斯坦发展生态旅游的前景可观/周晓玲//中亚信息 2003-08
⊙ 海南岛与崇明岛生态旅游开发对比分析/何红丽//中南民族大学学报（人文社会科学版）2003-S1
⊙ 海南发展旅游产业的启示//党的生活 2003-04
⊙ 海南旅行社竞争中求发展/王健生//中国旅游报 2003-04-14
⊙ 海南旅游，曾因信用缺失而蒙羞/卜云彤//新华每日电讯 2003-03-05
⊙ 海南旅游：直面非典冲击波　修炼内功大热身/刘宁//今日海南 2003-06
⊙ 海南旅游诚信机制的构建/王凤//经济管理 2003-15
⊙ 海南旅游的发展与民族文化资源的开发/王明坤//海南广播电视大学学报 2003-04
⊙ 海南旅游为何被贱卖/土人//中国老区建设 2003-09
⊙ 海南旅游业可持续发展中存在的主要矛盾和问题/吕红//扬州大学税务学院学报 2003-01
⊙ 海南省旅游业对经济影响效果的实证分析/韩勇//海南大学学报（人文社会科学版）2003-01
⊙ 海外旅滇旅华市场之比较与地方旅游业发展/左冰//学术探索 2003-02
⊙ 海外旅游者对旅游目的地和旅游路线的选择研究/李旭//陕西师范大学学报（自然科学版）2003-02
⊙ 海外如何支持旅游业发展/梁燕君//价格月刊 2003-09
⊙ 海西旅游业发展问题研究（节选）/马桂芳//柴达木开发研究 2003-04
⊙ 海峡两岸民间信仰文化旅游开发战略研究//亚太经济 2003-03
⊙ 海州湾旅游度假区现状与发展前景之分析/邵红菊//淮海工学院学报（人文社会科学版）2003-02
⊙ 邯郸历史文化与旅游/吴建民//河北师范大学学报（自然科学版）2003-01
⊙ 韩城发展旅游经济/张勇　李祖坤//中国特产报 2003-04-28
⊙ 韩国：以良好形象促旅游发展/张锦芳//中国旅游报 2003-10-17
⊙ 韩国旅游产业：挟文化之威狂飚突进/玲子//云南日报 2003-08-19
⊙ 韩国怎样做旅游文章/张锦芳//中国国门时报 2003-10-10
⊙ 汉城旅游商务区的空间特征：以梨泰院专项旅游区为例/Kyong-Il-Moon//国外城市规划 2003-01
⊙ 汉台区城郊型观光休闲农业方兴未艾/卓九成//陕西日报 2003-10-28
⊙ 杭州离“世界休闲之都”有多远/张玲蓉//浙江经济 2003-15
⊙ 杭州入境旅游期待新突破/周玲强//浙江经济 2003-19
⊙ 杭州市体育健身休闲产业的发展策略/申丽琼//浙江体育科学 2003-02
⊙ 杭州市休闲渔业的发展现状及对策/赵爱凤//内陆水产 2003-10
⊙ 杭州市休闲渔业的发展现状及对策研究/赵爱凤//渔业致富指南 2003-21
⊙ 杭州水上旅游开发思路/许岚//中国水运 2003-09
⊙ 杭州推进旅游项目建设/曾雪近　曹宝顺//中国旅游报 2003-10-17
⊙ 杭州湾跨海大桥建设与宁波旅游经济/孙睦优//宁波高等专科学校学报 2003-03
⊙ 合肥加大在长三角旅游促销/何朝本//安徽日报 2003-09-21
⊙ 合肥加快休闲度假产品建设/范平//中国旅游报 2003-08-15
⊙ 合肥旅游“扩张牌”怎么打？/张太铸//安徽日报 2003-05-19
⊙ 合肥旅游要“挺进中原”/范良文//中国旅游报 2003-03-14
⊙ 合肥市城市游憩者旅游行为特征研究/刘昌雪//华东经济管理 2003-06
⊙ 合理布局发展生态保护旅游特色型畜牧业/贾明　斯琴格日勒//2003 年内蒙古自治区自然科学学术年会
⊙ 合理开发利用贵州少数民族传统体育推动贵州旅游业的发展/谢芳//贵州民族研究 2003-01
⊙ 合资旅行社竞食商旅市场/单羽青//中国经济时报 2003-02-21
⊙ 河北长城文化资源特色与旅游开发/丁疆辉//河北师范大学学报（自然科学版）2003-04
⊙ 河北旅游亟需做好产业化课题/阮晓明//经济论坛 2003-14
⊙ 河北旅游市场开发潜力大/杜建芳//经济论坛 2003-11
⊙ 河北旅游文化及其形象塑造/尹振华//社会科学论坛 2003-06
⊙ 河北省观光农业发展问题探究/申彩虹//河北农业大学学报（农林教育版）2003-03
⊙ 河北省旅游景区弘扬科学精神的对策研究//河北学刊 2003-03
⊙ 河北省旅游业发展的现状与对策分析/杨国荣//经济与管理 2003-12
⊙ 河流风景区生态旅游环境承载力指标体系研究——以漓江为例/李丰生//桂林旅游高等专科学校学报 2003-05
⊙ 河南：成熟的地质旅游之路还有多远？/袁可林//河南国土资源 2003-10
⊙ 河南董寨国家级自然保护区生态旅游开发初探/卜付军//河南林业科技 2003-02
⊙ 河南旅游业产业关联效应分析/余斌//信阳师范学院学报（自然科学版）2003-04
⊙ 河南旅游业经济效应分析及对策研究/袁绍斌//经济经纬 2003-06
⊙ 河南旅游业可持续发展问题的思考/魏新生//开封大学学报 2003-04
⊙ 河南内乡旅游开发瓜熟蒂落/雷洪发//经济日报 2003-08-21
⊙ 河南森林旅游业发展中的问题探讨/张向阳//中南林业调查规划 2003-02
⊙ 河南省地质遗迹及其旅游开发/王卓理//平顶山师专学报 2003-05
⊙ 河南省旅游营销问题研究/姚仁杰//洛阳师范学院学报 2003-04
⊙ 河南省森林旅游业开发与建设/姚国明//河南林业科技 2003-02
⊙ 河南省西部地区旅游交通发展规划研究/田国华//交通标准化 2003-05
⊙ 核心竞争力理论及其对我国旅游企业的启示/杜宗斌//北方经贸 2003-04
⊙ 荷花荡观光农业富农家/黄海军//中国特产报 2003-08-25
⊙ 菏泽旅游形象定位刍议/陈尔民//中国旅游报 2003-09-10
⊙ 贺州积极塑造两大旅游品牌/肖道南　白梅　刘秋梅　童谦平//广西日报 2003-10-27
⊙ 贺州市旅游文化标志性品牌的树立及运营研究/黄喜林//广西梧州师范高等专科学校学报 2003-03
⊙ 黑龙江滑雪体育旅游品牌策略探析/李松梅//冰雪运动 2003-01
⊙ 黑龙江省发展观光农业的优势及战略/张桂兰//北方论丛 2003-04
⊙ 黑龙江省滑雪旅游产业的发展与对策/杨关　玲子//冰雪运动 2003-03
⊙ 黑龙江省旅游产品营销策略研究/王宏//哈尔滨商业大学学报（社会科学版）2003-04
⊙ 黑龙江省旅游业的发展潜力/刘春梅//北方经贸 2003-01

◎ 会议旅游直通车/陈蓉//中国会展 2003－07
◎ 会泽：云南旅游的新亮点/许建平//瞭望 2003－10
◎ 会泽投巨资培育旅游支柱产业/施星芳　沈立载//云南日报 2003－08－08
◎ 会展活动与旅游活动的比较——兼论会展旅游概念的界定/王云龙//旅游学刊 2003－05
◎ 会展经济与会展旅游思索/吴明远//昆明冶金高等专科学校学报 2003－03
◎ 会展经济与旅游业的结合——以重庆为例/代琦//重庆三峡学院学报 2003－03
◎ 会展旅游：宁波城市经济发展的新增点/董鸿安//宁波经济（财经视点）2003－12
◎ 会展旅游：商机诱人/张小明//经理日报 2003－07－22
◎ 会展旅游——城市经济发展的新亮点/路红艳//北方经贸 2003－01
◎ 会展旅游发展模式之探讨/王保伦//旅游学刊 2003－01
◎ 会展旅游发展中的条件问题/张健雄//中国旅游报 2003－01－03
◎ 会展旅游机遇正眷顾郑州/李永文//河南日报 2003－12－15
◎ 会展旅游商机可待/张海萍//市场报 2003－06－04
◎ 会展旅游业前景广阔/郭淳凡//中国国情国力 2003－08
◎ 会展旅游业中的政府职责/王晶//商业研究 2003－07
◎ 会展为海口冬季旅游添把火/杨卫平//中国旅游报 2003－12－24
◎ 会展业与会展旅游——你离西北有多远？/何彤慧//市场经济研究 2003－03
◎ 会展业与会展旅游市场开发/李云霞//学术探索 2003－05
◎ 会展与旅游互动发展研究/马勇　李玺//国际商报 2003－01－29
◎ 婚庆蛋糕旅游能切多大/李玲//中国旅游报 2003－03－26
◎ 机票涨价，京城旅行社反响如何/杨小涟//中国旅游报 2003－08－25
◎ 积极打造特色旅游品牌/石俊文//山西经济日报 2003－12－15
◎ 积极发展旅游业　满足旅游消费需求/宁士敏//人民日报 2003－10－27
◎ 积极发展生态旅游的若干对策探讨/陈克平//现代管理科学 2003－09
◎ 积极争取旅游国债　打造森林旅游精品/蒋迎红//广西林业 2003－04
◎ 积极整合旅游资源　打造青岛旅游新品牌/史延廷　张补宏//中国旅游报 2003－04－02
◎ 基于旅游产业化的一种动态教育模式安排/梁学成//旅游学刊 2003－S1
◎ 基于旅游者的城市旅游环境质量综合评价研究——南京与苏州两市实例分析/万绪才//经济地理 2003－01
◎ 基于旅游者认知的旅游目的地印象管理/林美珍//桂林旅游高等专科学校学报 2003－05
◎ 基于模糊线性规划测度模型的旅游环境承载力实证分析/杨林泉//云南地理环境研究 2003－03
◎ 基于区域城市体系的旅游地域系统空间组织研究——以江苏为例/黄泰//人文地理 2003－02
◎ 基于消费者行为分析的区域旅游市场规划方法研究/舒伯阳//人文地理 2003－04
◎ 基于需求的我国旅游信息源的开发研究/高夕果//农业图书情报学刊 2003－02
◎ 基于作业制的生态旅游产品绿色制造过程研究/刘焰//经济师 2003－06
◎ 激活蕴含丰富意象的都市旅游吸引力/庄志民//文汇报 2003－06－18
◎ 吉林省开展对俄跨国旅游的新思路/胡仁霞//资源开发与市场 2003－01
◎ 吉林省旅游电子商务的应用与发展/赵凌冰//东北亚论坛 2003－01
◎ 吉林乡村旅游与农村经济发展/张清//吉林师范大学学报（自然科学版）2003－04
◎ 亟待开发的连城民俗旅游/史蔓蓉　尺木//中国旅游报 2003－03－31
◎ 集美：突破修学旅游瓶颈/樊亮轩　王德胜　官文捷//福建日报 2003－12－29
◎ 集市旅游——民族文化旅游开发的新途径/金颖若//经济地理 2003－05
◎ 加快发展旅游业　推动山水园林城市建设/许长仁//焦作大学学报 2003－01
◎ 加快发展旅游业　推进垦区经济发展/杨健//农场经济管理 2003－03
◎ 加快构建旅游联合营销机制/刘萌//中国旅游报 2003－07－09
◎ 加快贵州省旅游业发展的战略选择/魏后凯//经济研究参考 2003－38
◎ 加快桂林旅游非公经济发展的思考/王清荣//中共桂林市委党校学报 2003－04
◎ 加快湖北省水体旅游开发的思路与对策/李海娥//湖北社会科学 2003－06
◎ 加快江西旅游产业化进程/王琪佶//老区建设 2003－11
◎ 加快开发莽山森林生态旅游/蒋志臻　邓汝珍//人民政协报 2003－12－13
◎ 加快旅游合同立法　保障旅游交易安全——浅析旅游合同立法的必要性/何平//温州大学学报 2003－01
◎ 加快旅游经济发展　为辽宁老工业基地振兴服务/陈铁新//中国旅游报 2003－12－24
◎ 加快旅游配套开发　促进旅游跨越发展/商震//中国特产报 2003－09－30
◎ 加快旅游人才资源的开发/许小念//四川日报 2003－08－27
◎ 加快旅游体制改革　做强咸阳旅游产业/贺国华//中国旅游报 2003－03－19
◎ 加快民族地区旅游业发展的思考/颜勇//贵州民族研究 2003－03
◎ 加快宁夏旅游业发展　开拓就业新途径/白云//市场经济研究 2003－02
◎ 加快青海省旅游业发展的思考/马春梅//青海大学学报（自然科学版）2003－06
◎ 加快乌江航运开发　建设乌江旅游大通道/肖昌荣//交通科技 2003－01
◎ 加快西部旅游产业跨越式发展的对策建议/罗佳明//中国旅游报 2003－07－14
◎ 加快县域旅游经济发展/宜实//安徽日报 2003－06－09
◎ 加快渝西旅游业发展的新思路/杨尚秋//西南师范大学学报（人文社会科学版）2003－03
◎ 加快镇江市旅游业发展的若干思考/谢守红//镇江高专学报 2003－01
◎ 加拿大会奖旅游的启示/李伟//中国旅游报 2003－01－10
◎ 加拿大旅游景区的考察报告/加拿大旅游景区考察组//北京物价 2003－06
◎ 加强城市行业管理　促进旅游经济发展/李武武//现代管理科学 2003－06
◎ 加强假日旅游税收管理的措施/万斌勇//江西财税与会计 2003－01
◎ 加强联合共同打造三峡品牌/郑发//中国旅游报 2003－10－13
◎ 加强旅游安全管理　确保游客安全/张昕宇　徐晶晶//新疆日报（汉）2003－08－19
◎ 加强旅游创意策划　推动旅游经济发展/王荣国　蒋卫东//中国旅游报 2003－02－19
◎ 加强旅游管理专业实践教学的几条途径/杨建翠//西南民族大学学报（人文社科版）2003－10
◎ 加强旅游基础设施和配套设施建设/张洵涛//中国旅游报 2003－07－28
◎ 加强旅游生态环境保护/姚闻//西藏日报 2003－11－29
◎ 加强旅游胜地治安管理/谢亚鹏//人民武警 2003－03－25
◎ 加强旅游项目建设　加快旅游经济发展/景学镇//人民政协报 2003－12－31
◎ 加强旅游业的消防安全管理/高富强//消防科学与技术 2003－S1
◎ 加强区域交通能源旅游合作/李垂发　李雷//经济日报 2003－11－15
◎ 加强陕鄂渝湘边地区协作，构筑中国国际生态旅游核心圈/骆永菊//西南民族大学学报（人文社科版）2003－11
◎ 加强厦金旅游合作　促进“两门”经济发展/谢松//鹭江职业大学学报 2003－04

- 建设“生态江西 休闲花园”/明经结//中国旅游报2003-01-22
- 建设东湖休闲度假区的可行性分析/张军//学习与实践2003-02
- 建设国际化旅游都市/陶健//解放日报2003-02-14
- 建设花溪旅游大区的构想/罗青松//理论与实践2003-02
- 建设现代化国际旅游城市/张柏萍//广西日报2003-01-18
- 建设现代化国际旅游城市标准体系初探——以桂林市为例/李志刚//社会科学家2003-06
- 建设现代旅游与饭店管理专业的考察报告/张树坤//湖北职业技术学院学报2003-02
- 建设兴凯湖国际生态旅游基地的构想/蔡雪岚//牡丹江师范学院学报(哲学社会科学版)2003-03
- 建设优秀生态旅游城市必须坚持水土保持工作/林助金//中国科协2003年学术年会
- 建设中国最佳 绿色休闲胜地——海南绿色休闲产业发展前景展望/夏鲁平//特区展望2003-01
- 建水县文物旅游开发初步研究/黄应东//云南师范大学学报(自然科学版)2003-05
- 江都水利枢纽风景区旅游发展定位分析/王葆青//江苏水利2003-08
- 江口乌洲省级自然保护区生态旅游发展思路/罗文//衡阳师范学院学报2003-03
- 江南水乡古镇旅游传统遗韵的开发与保护/江五七//商业研究2003-08
- 江南水乡古镇旅游开发战略初探——浙江乌镇实证分析/王莉//长江流域资源与环境2003-06
- 江苏发展旅游电子商务对策研究/朱应皋//江苏商论2003-01
- 江苏国际旅游业现状分析与拓展/郭剑英//河海大学学报(哲学社会科学版)2003-04
- 江苏九龙口湿地生态旅游的开发/凌申//资源调查与环境2003-04
- 江苏旅游业发展迅速/王涛//江苏统计2003-05
- 江苏旅游业实现五个新突破/苏吕//人民日报海外版2003-01-23
- 江苏旅游业显露新风采/周晓平//华人时刊2003-09
- 江苏省国内旅游结构特征研究/吴泓//地理科学2003-06
- 江苏徐州市政协文史工作为旅游产业发展做出贡献/黄小葵//人民政协报2003-11-08
- 江苏沿海生态旅游产品的开发/仇昊//资源开发与市场2003-02
- 江西部署“三为主”旅游活动/万绍袭//人民日报海外版2003-07-28
- 江西观光农业发展研究/蒋梅鑫//江西师范大学学报(哲学社会科学版)2003-06
- 江西国际旅游产业结构分析/钟茂林//江西农业大学学报(社会科学版)2003-04
- 江西加速发展旅游产业的探讨/徐斌//价格月刊2003-05
- 江西旅游:蓄势待发/姚文滨//江西日报2003-05-26
- 江西旅游“三为主”/明经结//中国旅游报2003-06-13
- 江西旅游发展战略模式选择/陈晶//企业经济2003-11
- 江西旅游文化开发刍议/徐春林//赣南师范学院学报2003-05
- 江西旅游业发展的瓶颈及对策/黄安//江西社会科学2003-09
- 江西旅游业发展现状及对策/李志强//江西农业大学学报(社会科学版)2003-03
- 江西旅游业可持续发展的对策建议/蒋梅鑫//江西社会科学2003-05
- 江西旅游业在中部崛起的思考/黄细嘉//江西社会科学2003-03
- 江西欠发达地区旅游可持续发展研究/邹晓明//江西社会科学2003-11
- 江西全力打造东南沿海“后花园”旅游圈/李志华//中国旅游报2003-07-16
- 江西全力提升旅游服务质量/明经结//中国旅游报2003-04-16
- 江西省旅行社业发展之我见/李志强//南昌教育学院学报2003-04
- 江油旅游经济主打“李白牌”/陈爱民 冯正涛//中国旅游报2003-10-10
- 江浙沪旅游年打响区域旅游品牌/吕中 江伟//华东旅游报2003-02-20
- 将旅游业作为天水支柱产业的构想/胥建林//发展2003-05
- 奖励旅游,能否让家属同行/魏风//人民日报海外版2003-04-15
- 奖励旅游:不要大而要专/张云中//国际商报2003-04-20
- 奖励旅游:市场诱人路难行/高秀珍 苏南//市场报2003-04-14
- 奖励旅游基本理论与国内市场发育现状分析/孙中伟//石家庄师范专科学校学报2003-06
- 奖励旅游悄然兴起/李钢//中国旅游报2003-01-24
- 奖励旅游——现代企业管理的新策略/武魏巍//计划与市场探索2003-07
- 奖励旅游向你走来/梁晓莹//企业导报2003-09
- 奖励旅游怎么搞?/侯辛//中国旅游报2003-12-08
- 交通成本、消费者选择与旅游目的地发展/缪婧晶//思想战线2003-02
- 交通系统在旅游目的地发展中的作用探析/卞显红//安徽大学学报(哲学社会科学版)2003-06
- 郊区发展休闲经济应注意的几个问题/陶开宇//商业研究2003-24
- 郊区休闲经济大有作为/陶开宇//粤港澳价格2003-07
- 椒江旅游散记/胡明刚//小城镇建设2003-05
- 焦作历史文化资源与旅游产业发展研究/王新利//焦作大学学报2003-02
- 教育旅游:一块待打磨的璞玉/方雅贤//中国旅游报2003-10-27
- 教育旅游市场营销创新刍议/彭建仿//重庆工商大学学报(社会科学版)2003-02
- 教育旅游凸现家庭教育隐忧/蔡志明 武亚莉//新华日报2003-10-16
- 阶段优化反馈网络规划法及其在旅游业发展规划中的运用初探/马艳霞//西南民族大学学报(自然科学版)2003-04
- 节庆活动:淮安旅游发展的“绿色引擎”/王全大 费洲//华东旅游报2003-11-21
- 节庆旅游对目的地经济影响的测算与管理/李玉新//桂林旅游高等专科学校学报2003-01
- 节庆旅游热中的冷思考/史铁华 何玲//经济日报2003-09-24
- 节日符号在民族旅游开发中的运用及问题/孙九霞//中南民族大学学报(人文社会科学版)2003-06
- 解除赴中国四省区市的旅游警告/丁喜刚//人民日报2003-06-14
- 解读旅游业“焦作现象”/刘洁//经济日报2003-11-28
- 解读马克思休闲思想的几个问题/刘晨晔//自然辩证法研究2003-06
- 解读十一旅游四大悬念/沙文茹//中国消费者报2003-09-15
- 解析非典带给旅游的三大悬念/张启华//重庆日报2003-05-27
- 解析国有旅游饭店所有权安排问题/吕阳//计划与市场探索2003-11
- 解析假日旅游/严卫东//资源开发与市场2003-01
- 解析旅游上市公司多元化经营现象/王东静//北京第二外国语学院学报2003-03
- 解析旅游外企的文化“入侵”/潘宝明//北京第二外国语学院学报2003-03
- 解析秦岭生态旅游/王山稳//陕西日报2003-08-29
- 借鉴广东经验 加快山东旅游发展/孙光远//山东政报2003-12
- 借鉴国际经验促进中国奖励旅游发展/王晶//南宁职业技术学院学报2003-04
- 借鉴与创新:形成中国特色的旅游发展之路/周建明//国外城市规划2003-01
- 借助资本市场 开发旅游产业/熊东红//中国证券报2003-03-13
- 今春旅游休闲成主题/沈衍琪//今日信息报2003-03-21
- 今年花胜去年红——成都市龙泉驿区观光农业旅游发展的思考/杜通平//国土经济2003-03
- 金佛山西坡景区休闲旅游开发研究/杨本俊//襄樊学院学报2003-02

◎ 立足优势　大力发展西部地区特色旅游业/张丽君//中央民族大学学报（哲学社会科学版）2003－04
◎ 立足浙江接轨上海打造生态旅游品牌/应舍法　文乐//浙江日报 2003－04－10
◎ 丽江建设国际精品旅游胜地的依据和营销方略/吴健安//云南财贸学院学报（社会科学版）2003－01
◎ 丽江旅游　如何再攀新高/何贵林//中国旅游报 2003－03－28
◎ 丽水旅游开发主题与文脉研究/汤光舜//丽水师范专科学校学报 2003－06
◎ 丽水确立“绿色”旅游发展目标/徐水根//中国旅游报 2003－03－12
◎ 利益相关者理论及旅行社利益相关者基本图谱/夏赞才//湖南师范大学社会科学学报 2003－03
◎ 利用价格杠杆作用　促进旅游经济发展/宣作明//价格月刊 2003－02
◎ 利用民族特色节庆活动　推进民族旅游业发展/杨雅玲//湖南商学院学报 2003－06
◎ 利用区位优势发展广西旅游业的构想/梁涛//广西社会科学 2003－11
◎ 利用辖区“经济户口”　监管服务旅游经济/王吉//工商行政管理 2003－13
◎ 利用信息技术　建立战略联盟——略论我国中小型旅游企业在新经济时代的发展/潘陈勇//技术经济与管理研究 2003－02
◎ 利用资源优势　发展旅游经济/吴桂生//湖南林业科技 2003－03
◎ 利用自然资源优势　创建高品位生态旅游“后花园”/刘良源//江西林业科技 2003－04
◎ 连盟与求异：未来中国饭店业发展的两大选择——访中国旅游饭店业协会会长侣海岩先生/徐菊凤//旅游学刊 2003－02
◎ 连云港旅游开发的一体化战略探讨——与日照旅游业发展的比较/马晓冬//地域研究与开发 2003－02
◎ 连云港市旅行社存在问题及对策分析/张俊英//连云港职业技术学院学报 2003－04
◎ 连云港市旅游形象定位研究/侯爱敏//地域研究与开发 2003－03
◎ 联合发展旅游产业带动环渤海区域经济腾飞/韩纯义//环渤海经济瞭望 2003－10
◎ 联合体：拯救旅行社业？/陶健//解放日报 2003－09－03
◎ 联手打造长三角旅游集散品牌/徐卓如　李智勇//华东旅游报 2003－11－28
◎ 联手打造大旅游圈/辽沈//今日信息报 2003－11－16
◎ 凉山彝族民间文艺与凉山旅游/曲比阿果//西南民族学院学报（哲学社会科学版）2003－01
◎ 凉山州生态旅游建设方向初探/和红//西昌农业高等专科学校学报 2003－02
◎ 凉州旅游业如何书写大手笔/孙永涛//发展 2003－06
◎ 梁山旅游文化味渐浓/李伦//中国改革报 2003－01－17
◎ 两岸旅游业者亟盼开展正常观光/连锦添　袁建达//人民日报海外版 2003－04－09
◎ 两节旅游价格攀升　百姓出游热情不减/刘宜//华夏时报 2003－12－16
◎ 两权分离，能否让旅游景区有序发展？/林怡然//经济日报 2003－01－09
◎ 两种经济体制下区域旅游发展规划的对比研究/郑建瑜//上海师范大学学报（哲学社会科学版）2003－04
◎ 辽宁冬季旅游不再静悄悄/门家禄//中国旅游报 2003－11－14
◎ 辽宁旅游：走出淡季的冬天/亦云//中国旅游报 2003－12－31
◎ 辽宁旅游形象的策划与宣传推广/王伟伟//辽宁经济 2003－10
◎ 辽西旅游带：加速我省发展的新引擎/李小青//辽宁日报 2003－06－10
◎ 林区旅游：期待成长的产业/傅刚//中国绿色时报 2003－08－29
◎ 临安打造城市休闲景观水廊/寿芳//浙江日报 2003－04－23
◎ 临安构筑面向长三角的休闲度假胜地/张黎泽//今日浙江 2003－11
◎ 临安锦城镇生态旅游形象设计刍议/肖胜和//浙江林学院学报 2003－01
◎ 临沧佤族文化旅游节随想/尹绍亭//民族艺术研究 2003－S1
◎ 临沧县的旅游问题/须藤护//民族艺术研究 2003－S1
◎ 临汾市旅游形象的定位及开发对策/胡炜霞//山西师范大学学报（自然科学版）2003－03
◎ 临沂市旅游业可持续发展的条件及对策/赵兴云//商业研究 2003－16
◎ 临沂市农业生态旅游的现状和可持续发展对策/梁仁君//临沂师范学院学报 2003－06
◎ 灵山大佛与自由女神对话引出的话题/黄振林　李智勇//华东旅游报 2003－01－10
◎ 令人恼火的自助旅游/胡建辉//法制日报 2003－02－24
◎ 刘三姐文化在旅游开发中的作用思考/黄彬//2003 年“求实、创新、发展——面向新世纪的广西精神文明建设”理论研讨会
◎ 刘氏庄园　被历史尘封的展览旅游景点/王治安//国际商报 2003－01－29
◎ 流行东瀛的放松休闲/李刚//科学养生 2003－01
◎ 六月起有限制恢复国内旅游/苏琳//经济日报 2003－05－31
◎ 龙宫风景区科普旅游功能初探/王剑//中国岩溶 2003－03
◎ 龙海生态旅游农业观光园建设/蔡国瑞//农村实用工程技术 2003－06
◎ 龙脊壮族旅游景区建设与可持续发展的考察研究/杨树喆//广西右江民族师专学报 2003－05
◎ 龙胜着力提升民俗旅游品位/赵丽明//中国旅游报 2003－09－10
◎ 隆中旅游地学资源及开发研究/袁成//皖西学院学报 2003－02
◎ 陇南山区生态旅游开发设计/杨国靖//山地学报 2003－03
◎ 楼市旅游 VS 短线景区/杨广虎//中国旅游报 2003－10－29
◎ 庐山旅游可持续发展研究/刘庆友//北京第二外国语学院学报 2003－03
◎ 庐山旅游气候资源评价及深度开发/冯立梅//江西师范大学学报（自然科学版）2003－02
◎ 庐山旅游气候资源优势评价及深度开发/蒋晓伟//长江流域资源与环境 2003－03
◎ 庐山区旅游市场淡季不淡/费从军　张家峰//江西日报 2003－12－18
◎ 庐山实行门票优惠助旅游复苏/黄韬//中国旅游报 2003－06－20
◎ 芦芽山旅游开发对社区的影响/程占红//山西大学学报（自然科学版）2003－03
◎ 芦芽山自然保护区旅游开发与植被环境关系——旅游影响系数及指标分析/程占红//生态学报 2003－04
◎ 泸沽湖旅游开发现状及发展潜力/李灿金//中南民族大学学报（人文社会科学版）2003－S1
◎ 鲁尔区的工业遗产旅游/朱利青//中学地理教学参考 2003－12
◎ 陆川县旅游业发展的现状及其可持续发展的对策/杨新丽//广西师范学院学报（自然科学版）2003－S1
◎ 陆良彩色沙林旅游地学与保护/沈权//云南地质 2003－04
◎ 路径依赖与县域旅游经济发展/郭鲁芳//农业经济问题 2003－12
◎ 旅游　请给老年人更多关爱/郝迎利//西安日报 2003－09－23
◎ 旅游，如何依法维权/朱泽军//浙江日报 2003－03－13
◎ 旅游，迎来美丽彩虹/富东燕//中国妇女报 2003－07－04
◎ 旅游、现代性与怀旧/纳尔逊・格雷本//民族艺术研究 2003－05
◎ 旅游：“金旅工程”见成效/信宏业//中国计算机用户 2003－01
◎ 旅游：镀了锈的“黄金周”/谢漪珊//中国经济快讯 2003－16
◎ 旅游：感受生态/姚宏伟　康运东　王国才//河南日报 2003－09－17
◎ 旅游：四川打张什么牌？/黄福金//四川党的建设城市版 2003－02
◎ 旅游：一种奖励方式/张周来//中国改革报 2003－01－19
◎ 旅游“回扣”有法可依/赖志凯//工人日报 2003－02－20
◎ 旅游“运动病”的预防/王廷芬//中国体育报 2003－09－17
◎ 旅游《理论与实务》丛书重在解惑/建华//中国旅游报 2003－09－22
◎ 旅游＋互联　人羡好姻缘/秦海波//经济日报 2003－05－08

⊙ 旅游经济决策刍论/张佩雯//泰安教育学院学报岱宗学刊 2003 - 03

⊙ 旅游经济可持续发展的道德支持/王引兰//山西师大学报（社会科学版）2003 - 02

⊙ 旅游经济立市　民营经济活市/黄望平//中国乡镇企业报 2003 - 11 - 12

⊙ 旅游经济学批判与框架构建/厉新建//北京第二外国语学院学报 2003 - 03

⊙ 旅游经济预测初探/张佩雯//咸宁学院学报 2003 - 04

⊙ 旅游景点门票价格初探/殷亮//价格理论与实践 2003 - 12

⊙ 旅游景点门票价格需要听证决定吗/陈爱和//法制日报 2003 - 07 - 09

⊙ 旅游景观大量重复建设的经济学分析/衣传华//经济师 2003 - 07

⊙ 旅游景观房产/周玲强//数量经济技术经济研究 2003 - 12

⊙ 旅游景观形象设计审美性原则探讨/黄艺农//湖南师范大学社会科学学报 2003 - 03

⊙ 旅游景区（点）产品营销组合与经营方略/荀自钧//经济经纬 2003 - 05

⊙ 旅游景区规划与管理人才需求及培养前景分析/杨纪枫//辽宁高职学报 2003 - 06

⊙ 旅游景区价格形成基础和定价原则的探讨/欧阳泉//价格月刊 2003 - 03

⊙ 旅游景区经营权出让的战略思考/林长榕//福建论坛（经济社会版）2003 - 12

⊙ 旅游景区经营权出让年限的深层思考/车亮//中国旅游报 2003 - 01 - 01

⊙ 旅游景区可持续发展新论/梅燕//中南民族大学学报（人文社会科学版）2003 - S2

⊙ 旅游景区可视为经济开发区/冀文海//中国经济时报 2003 - 08 - 21

⊙ 旅游景区品牌形象设计研究/李艳//湖北省社会主义学院学报 2003 - 05

⊙ 旅游景区体制突破是地区竞争的必然结果/厉新建//中国旅游报 2003 - 01 - 29

⊙ 旅游景区需强化品牌创新/刘汉清//中国企业报 2003 - 02 - 20

⊙ 旅游开发，“中国遗产”的劫数/李万刚//大众科技报 2003 - 01 - 21

⊙ 旅游开发不能太城市化/苏杨//中国经济时报 2003 - 02 - 12

⊙ 旅游开发不忘人文关怀/郗峡//中国旅游报 2003 - 02 - 12

⊙ 旅游开发的外部性及其内化研究/敖荣军//地域研究与开发 2003 - 02

⊙ 旅游开发对区域生态环境的影响/赵亚楠//中国旅游报 2003 - 10 - 29

⊙ 旅游开发对生态环境的影响研究/王月容//湖南林业科技 2003 - 02

⊙ 旅游开发服务应多体现“平民意识”/黄哲雯//工人日报 2003 - 10 - 20

⊙ 旅游开发热与遗产保护的碰撞/龙文彬　何云江//中华工商时报 2003 - 05 - 19

⊙ 旅游开发十点思考/厉新建//中国旅游报 2003 - 08 - 15

⊙ 旅游开发项目的盈利模式/龙藏//中国旅游报 2003 - 10 - 29

⊙ 旅游开发须做环境影响评价/高舜礼//中国改革报 2003 - 01 - 19

⊙ 旅游开发与传统聚落保护的现状与思考/刘源//新建筑 2003 - 02

⊙ 旅游开发与民俗文化保护研究/陈红玲//广西民族学院学报（哲学社会科学版）2003 - S2

⊙ 旅游开发与民族传统文化保护的主体/马晓京//青海民族研究 2003 - 01

⊙ 旅游开发与县域经济/薛正昌//中共银川市委党校学报 2003 - 06

⊙ 旅游开发与乡村社会发展——南丹甘河白裤瑶新村旅游开发启示录//广西民族研究 2003 - 01

⊙ 旅游可持续发展的生态学思考/章平//江苏林业科技 2003 - 01

⊙ 旅游可以成为农民经营的主导产业/张璐//经济参考报 2003 - 12 - 29

⊙ 旅游控制论——以“黄金周”旅游系统为例/李文兵//西北师范大学学报（自然科学版）2003 - 03

⊙ 旅游——库区经济的新增长点/汪建华//重庆行政 2003 - 04

⊙ 旅游立市与旅游利市——以桂林市为例/林刚//城市问题 2003 - 03

⊙ 旅游伦理概念及理论架构引论/夏赞才//旅游学刊 2003 - 02

⊙ 旅游门票涨价挡住了谁/张晓健//河北日报 2003 - 11 - 19

⊙ 旅游名城遭遇“水”困扰/张仁杰　周文凤　刘文光//中国水利报 2003 - 12 - 16

⊙ 旅游名牌产品开发与城市建设一体化问题研究/张丽华//湖南商学院学报 2003 - 06

⊙ 旅游名牌景区建设问题研究/张丽华//湖南商学院学报 2003 - 02

⊙ 旅游目的地的促销战略研究/蔡红//首都经济贸易大学学报 2003 - 01

⊙ 旅游目的地电子商务网络的构建与营销创新/马勇//旅游学刊 2003 - 05

⊙ 旅游目的地竞争力问题研究提纲/曹宁//社会科学家 2003 - 06

⊙ 旅游目的地品牌化及其品牌杠杆力探析/张颖//重庆师范学院学报（自然科学版）2003 - 04

⊙ 旅游目的地社区发展研究——漓江流域旅游资源深度开发研究之二/李肇荣//经济与社会发展 2003 - 08

⊙ 旅游目的地形象口号的公众征集：误区与思考/李蕾蕾//桂林旅游高等专科学校学报 2003 - 04

⊙ 旅游目的地形象形成机理初探/苏进//连云港师范高等专科学校学报 2003 - 01

⊙ 旅游目的地映象的对应分析——以江西庐山、龙虎山、三清山、井冈山为例/毛端谦//长江流域资源与环境 2003 - 01

⊙ 旅游培训呼唤大市场/黄松山//中国旅游报 2003 - 09 - 26

⊙ 旅游企业，你网络化了吗？/李广博//中国旅游报 2003 - 07 - 07

⊙ 旅游企业：跨国经营做大做强/高舜礼//WTO 经济导刊 2003 - 07

⊙ 旅游企业的风险控制/秦雪青//证券时报 2003 - 06 - 20

⊙ 旅游企业的信用问题及其治理对策/张爱萍//旅游科学 2003 - 02

⊙ 旅游企业雇员流失的对策分析/高容//广州市经济管理干部学院学报 2003 - 03

⊙ 旅游企业集群：提升目的地竞争力新的战略模式/尹贻梅　刘志高//中国地理学会 2003 年学术年会

⊙ 旅游企业价格竞争失效理论探析/陈志永//学术探索 2003 - 10

⊙ 旅游企业竞争的新优势——服务营销/胡涛//北方经贸 2003 - 12

⊙ 旅游企业联合营销模式研究/武传表//环渤海经济瞭望 2003 - 11

⊙ 旅游企业培训战略培训体系建立/关超//中国旅游报 2003 - 08 - 01

⊙ 旅游企业人力资源开发困惑多/余昌国//中国旅游报 2003 - 01 - 17

⊙ 旅游企业人力资源开发有章可循/余昌国//中国旅游报 2003 - 07 - 11

⊙ 旅游企业市场开拓思考/赵云君//学习“十六大精神”哲学思考研讨会 2003

⊙ 旅游企业文化建设/闫文斌//中国旅游报 2003 - 11 - 03

⊙ 旅游企业需要好的发展环境/魏小安//人民日报海外版 2003 - 11 - 05

⊙ 旅游企业需要好的培训/包奇宗//中国旅游报 2003 - 05 - 16

⊙ 旅游企业需要树立网络品牌意识/朱镇//科技情报开发与经济 2003 - 10

⊙ 旅游企业需整体开发人才资源/余昌国//中国旅游报 2003 - 05 - 28

⊙ 旅游企业要关注明礼诚信/高峰　林挺//中国旅游报 2003 - 03 - 19

⊙ 旅游企业要建立抵御风险机制/方泽华　鲍红//经济日报 2003 - 06 - 26

⊙ 旅游企业走向“竞合”/芸生//国际商报 2003 - 01 - 12

⊙ 旅游企业组织结构重构/郑超//山东行政学院学报 2003 - 02

⊙ 旅游企业组织形式探讨/丁晨//企业经济 2003 - 01

⊙ 旅游牵上庙会手　假日经济有赚头/苏琳//经济日报 2003 - 02 - 13

⊙ 旅游敲定市场开发重点/王亚奇　龚铁军//湖南日报 2003 - 02 - 24

⊙ 旅游热遍神州　重在确保安全/何伟//经济日报 2003 - 10 - 01

⊙ 旅游——三峡库区经济的新增长点/汪建华//中国国情国力 2003 - 11

⊙ 旅游商品包装设计的文化内涵/张莉莉//中国包装工业 2003 - 12

⊙ 旅游商品何时长成参天大树/孙爽//中国会展 2003 - 04

⊙ 旅游商品开发要依据消费者心理/戴晓丹//中国旅游报 2003 - 12 - 24

⊙ 旅游商品生态性开发研究/杨桂红//云南财贸学院学报（社会科学版）2003 - 04

⊙ 旅游商品市场存在的问题及发展对策/甄翌//商业研究 2003 - 24

⊙ 旅游商品与中国传统文化/刘惠余//云南民族大学学报（哲学社会科学版）2003 - 04

⊙ 旅游市场持续升温浅析/魏小安//人民日报海外版 2003 - 10 - 29

⊙ 旅游市场打假打非取得阶段性成果/龚雯//人民日报 2003 -01 -09
⊙ 旅游市场将有新变化/代剑//市场报 2003 -05 -26
⊙ 旅游市场将有新的变化/王文//海峡时报 2003 -05 -28
⊙ 旅游市场开发刍议/张云霞//资源开发与市场 2003 -01
⊙ 旅游市场全线飘红/王玉亮//河北日报 2003 -09 -15
⊙ 旅游市场日益细化　自选游伴参团出行/张周来//人民日报海外版 2003 -01 -15
⊙ 旅游市场扫描/张为民//浦东开发 2003 -10
⊙ 旅游市场失灵与政府行为/蒋礼荣//广西经贸 2003 -12
⊙ 旅游市场效率及其博弈分析——以旅行社产品为例/田喜洲//旅游学刊 2003 -06
⊙ 旅游市场新热点——自驾车旅游/胡敬民//贵州民族学院学报（哲学社会科学版）2003 -02
⊙ 旅游市场信息不对称的状况及对策/查军//兰州学刊 2003 -02
⊙ 旅游市场也要细分/廖仲毛//中国信息报 2003 -01 -14
⊙ 旅游市场有“暗流”/张为民//上海轻工业 2003 -05
⊙ 旅游是一种高尚的娱乐/朱效文//少年文艺（上海）2003 -12
⊙ 旅游踏进理性消费时代/李慧芳　阳政　裴泽生//湖南经济报 2003 -10 -09
⊙ 旅游体验的本质、类型与塑造原则/邹统钎//旅游科学 2003 -04
⊙ 旅游投诉热点集中/杨晓丽　吴映华//山西经济日报 2003 -10 -11
⊙ 旅游网络再造阳光财富/陌上桑//中国旅游报 2003 -12 -17
⊙ 旅游网站对旅游业价值链的再造/周玲强//商业研究 2003 -19
⊙ 旅游网站方兴未艾　自助游成为支撑力量/陈静//中国旅游报 2003 -08 -27
⊙ 旅游网站商机在握/郁古台//国际商报 2003 -08 -17
⊙ 旅游网站视危机为商机与契机/陶健//中国旅游报 2003 -06 -23
⊙ 旅游网站为旅游企业插上腾飞的翅膀/郑治伟//商业研究 2003 -11
⊙ 旅游旺季对西藏林芝地区生态状况的影响及对策/卫敏//林业调查规划 2003 -03
⊙ 旅游危机事件与旅游业危机管理/李九全//人文地理 2003 -06
⊙ 旅游维权有新招　游客严考旅行社/钱潮//城市质量监督 2003 -04
⊙ 旅游文化不能成为“伪”文化的保护伞/于庆新//人民音乐 2003 -10
⊙ 旅游文化的一道伤痕/王维佳//人民日报 2003 -06 -11
⊙ 旅游文化及其在秀山旅游规划中的运用/范春//重庆工商大学学报（社会科学版）2003 -06
⊙ 旅游文化开发对地方经济发展的推动作用——以左权旅游文化主题开发策划为例/李晋宏//生产力研究 2003 -06
⊙ 旅游文化要创新/魏小安//人民日报海外版 2003 -04 -09
⊙ 旅游文化资源的开发与利用/韩菁//资源开发与市场 2003 -02
⊙ 旅游吸引力分析及理论模型/王海鸿//科学・经济・社会 2003 -04
⊙ 旅游线路设计刍议/陈启跃//中国地理学会人文地理专业委员会暨全国高校人文地理学研究会 2003 年年会
⊙ 旅游项目交通影响分析方法研究/戴继锋//公路交通科技 2003 -04
⊙ 旅游项目融资方式的新运用/张欣旻//经济师 2003 -02
⊙ 旅游消费及其对我国第三产业影响力的定量分析/陈锡鹏//经济师 2003 -05
⊙ 旅游消费全天候服务/高阳//中国城乡金融报 2003 -06 -20
⊙ 旅游消费如何把准市场的脉/宁士敏//经济日报 2003 -07 -30
⊙ 旅游心理承载力：决定因素及计量模型/刘炤//上海经济研究 2003 -02
⊙ 旅游心理容量的测定——以武陵源黄石寨景区为例/周年兴//地理与地理信息科学 2003 -02
⊙ 旅游心理与旅游”文化殖民/杜芳娟//贵州师范大学学报（自然科学版）2003 -02
⊙ 旅游新概念/周辑//人民日报 2003 -09 -25
⊙ 旅游新概念：房车旅游/魏翔//中国旅游报 2003 -12 -05
⊙ 旅游新亮点/娄世娣//决策探索 2003 -10
⊙ 旅游新时尚：网络自助旅游/汪力//北京科技报 2003 -10 -24
⊙ 旅游信息服务是有序价格的基础/辛岩//人民日报海外版 2003 -09 -26
⊙ 旅游信息管理现状及其发展趋势/卫伟//资源开发与市场 2003 -05
⊙ 旅游信息数据库的需求分析/张美英//云南地理环境研究 2003 -02
⊙ 旅游信息系统多媒体地图数据库的建立/赵军//济南大学学报（自然科学版）2003 -01
⊙ 旅游兴县大有可为——景宁县发展旅游经济的调查与思考/李岩益//浙江经济 2003 -23
⊙ 旅游行业与小城镇联合打造瑶里国际旅游品牌/胡新胜//小城镇建设 2003 -08
⊙ 旅游形象设计与传播手段/吴昊//中国旅游报 2003 -12 -03
⊙ 旅游形象设计与传播手段研究/乌铁红//内蒙古师范大学学报（哲学社会科学版）2003 -03
⊙ 旅游休闲创精品　文景交融奔小康/屈纯久//建设科技 2003 -Z1
⊙ 旅游休闲业投资新热点（一）/王致诚//科学时报 2003 -04 -28
⊙ 旅游休闲业投资新热点（二）/王致诚//科学时报 2003 -05 -19
⊙ 旅游需求发展趋势与西部旅游市场定位导向/吴铀生//西南民族大学学报（人文社科版）2003 -04
⊙ 旅游需求具有广阔的空间/张圣//中国旅游报 2003 -02 -26
⊙ 旅游需要整体宣传借势造势/高方//新疆日报（汉）2003 -09 -25
⊙ 旅游要优化　推进企业改革和对外开放/林明//云南经济日报 2003 -02 -18
⊙ 旅游要重细节服务/廖昆//中国旅游报 2003 -04 -30
⊙ 旅游要走可持续发展之路/赵关良//中国环境报 2003 -07 -11
⊙ 旅游业　黄金暂失其色/李东平//证券时报 2003 -04 -23
⊙ 旅游业：孤军作战难有作为/李武武//经济论坛 2003 -08
⊙ 旅游业：消除贫困　创造就业及社会和谐的生力军/经圣贤//华东旅游报 2003 -09 -11
⊙ 旅游业：有序才有发展/衣传华//经济论坛 2003 -21
⊙ 旅游业：在“冰河期”凤凰涅槃/戴学锋//中国国情国力 2003 -08
⊙ 旅游业：重整河山正当时/龚雯//人民日报 2003 -07 -18
⊙ 旅游业的春天来到了/王磊//河南日报 2003 -04 -12
⊙ 旅游业的服务创新与品牌建设/董华//青岛科技大学学报（社会科学版）2003 -01
⊙ 旅游业的脊梁/邵春　邓道理　刘云//中国旅游报 2003 -09 -12
⊙ 旅游业的可持续发展及其指标体系的构建/汪薇//黄山学院学报 2003 -01
⊙ 旅游业的危机管理/刘伟//广州市财贸管理干部学院学报 2003 -03
⊙ 旅游业的文化商品化与文化真实性/赵红梅//云南师范大学学报（哲学社会科学版）2003 -03
⊙ 旅游业的信息化翅膀/耿祖//软件世界 2003 -07
⊙ 旅游业的整合营销/金晔//北方经贸 2003 -11
⊙ 旅游业对北京山区经济增长作用之探析/朱京燕//北京农业职业学院学报 2003 -03
⊙ 旅游业发展的区位理论探讨/刘丽梅//内蒙古财经学院学报 2003 -01
⊙ 旅游业发展对目的地社会影响评价研究——以安徽省黄山市为例/李东和//黄山学院学报 2003 -01
⊙ 旅游业发展与环境保护——实现与环境相适应的可持续发展/谢雨萍//社会科学家 2003 -05
⊙ 旅游业发展与旅游专业外语人才的培养/纪俊超//河南科技大学学报（社会科学版）2003 -04
⊙ 旅游业发展中的文化价值论——以云南丽江旅游业为例/张波//思想战线 2003 -03
⊙ 旅游业服务质量柔性化探微/姜晶花//广州大学学报（社会科学版）2003 -01

术学院学报 2003 - 04

◎ 我国旅行社集团化动因及模式探讨/程巧莲//商业研究 2003 - 06

◎ 我国旅行社集团化发展中的问题与对策/付美蓉//企业经济 2003 - 11

◎ 我国旅行社人力资源管理探析/张荔//闽西职业大学学报 2003 - 03

◎ 我国旅行社如何面对未来/王惠//消费经济 2003 - 05

◎ 我国旅游产业发展的国际竞争策略/周霄　毛冬焰//统计与决策 2003 - 10

◎ 我国旅游产业过度竞争状况的成因解析与对策思考/赵红//北京第二外国语学院学报 2003 - 05

◎ 我国旅游产业过度竞争状况实证分析/赵红//山东财政学院学报 2003 - 04

◎ 我国旅游的环境影响研究及其方向/刘瑶//重庆环境科学 2003 - 11

◎ 我国旅游饭店的经营误区与解决方法（下）/何建民//中国旅游报 2003 - 01 - 22

◎ 我国旅游饭店实施绿色营销策略探讨/王素珍//商业研究 2003 - 04

◎ 我国旅游饭店业的竞争现状及对策分析/赵立军//河北青年管理干部学院学报 2003 - 04

◎ 我国旅游房地产发展的可行性和制约因素分析/余艳琴//旅游学刊 2003 - 05

◎ 我国旅游管理体制改革的历程/张俐俐//社会科学家 2003 - 02

◎ 我国旅游教育成绩斐然/李玲//中国旅游报 2003 - 10 - 24

◎ 我国旅游界应该有自己的产品设计师/史晓明//中国旅游报 2003 - 02 - 19

◎ 我国旅游景区（点）面临的竞争压力分析及经营对策/张凌云//中国旅游报 2003 - 01 - 08

◎ 我国旅游目的地国随开放猛增/黄海珊　王燕//云南政协报 2003 - 03 - 06

◎ 我国旅游企业大的不强　强的不大/毛小美//中国信息报 2003 - 02 - 14

◎ 我国旅游企业集团化进程中的问题及策略/王竞梅//吉林省经济管理干部学院学报 2003 - 06

◎ 我国旅游企业跨国经营障碍分析/陈建勤//江苏商论 2003 - 11

◎ 我国旅游企业人力资源开发与管理模式创新/马勇//经济管理 2003 - 15

◎ 我国旅游企业信用文化建设初探/林千多//温州大学学报 2003 - 01

◎ 我国旅游企业战略联盟初探/许秋红//学术研究 2003 - 08

◎ 我国旅游商品开发存在的问题及对策研究/马治鸾//成都理工大学学报（社会科学版）2003 - 01

◎ 我国旅游商品市场诊断及旅游商品开发创新能力分析/钟志平//湖南社会科学 2003 - 03

◎ 我国旅游商品业发展的动态趋势及波动周期/李景宜//经济地理 2003 - 02

◎ 我国旅游投资存在的误区及建议/李平//宏观经济研究 2003 - 10

◎ 我国旅游投资宏观环境的优化/李平//中共青岛市委党校学报 2003 - 05

◎ 我国旅游网站信息库构建中的一些问题探讨/郑宗清//热带地理 2003 - 02

◎ 我国旅游文化亟待解决的四个问题/佟华龄//人民政协报 2003 - 09 - 23

◎ 我国旅游消费的发展趋势/尹世杰//南方经济 2003 - 04

◎ 我国旅游业的产业经济分析/杨钢//重庆教育学院学报 2003 - 03

◎ 我国旅游业的发展与旅游安全研究/林香民//安全与环境工程 2003 - 01

◎ 我国旅游业发展中的一些伦理价值观问题/欧阳润平//高校理论战线 2003 - 12

◎ 我国旅游业经营管理的反思/王健//华侨大学学报（哲学社会科学版）2003 - 04

◎ 我国农民旅游市场的开发探讨/杨学燕　金海龙//第九次中国青年地理工作者学术研讨会 2003

◎ 我国青少年学生旅游市场开发初探/王秀兰//干旱区资源与环境 2003 - 02

◎ 我国青少年学生旅游市场营销策略/黄国庆//资源开发与市场 2003 - 06

◎ 我国区域宗教文化景观及其旅游开发/李悦铮//人文地理 2003 - 03

◎ 我国入境旅游的特点和发展趋势分析/徐正林//世界地理研究 2003 - 03

◎ 我国入境旅游业发展对策研究/陈雪伶//财贸研究 2003 - 03

◎ 我国散客旅游市场的现状与对策研究/罗辉杰//商业研究 2003 - 24

◎ 我国森林旅游发展障碍分析及思考/刘毅//林业经济问题 2003 - 01

◎ 我国森林生态旅游的发展现状及对策/韩松岭//林业科技 2003 - 03

◎ 我国商务旅游及其市场开发策略探讨/刘春济//旅游科学 2003 - 03

◎ 我国生态旅游发展的主要问题及对策探析/魏俊益//四川林勘设计 2003 - 04

◎ 我国生态旅游发展中应处理好的几对基本矛盾/刘又堂//桂林旅游高等专科学校学报 2003 - 06

◎ 我国生态旅游开发应量力而行/王毅//当代建设 2003 - 06

◎ 我国生态旅游面临的主要环境问题及对策研究/佟敏//中国林业企业 2003 - 02

◎ 我国生态旅游消费发展障碍及对策探讨/高维忠//南方经济 2003 - 11

◎ 我国世界遗产地旅游开发与保护探讨/张琼霓//湖南社会科学 2003 - 05

◎ 我国体育旅游现状及前景浅探/常华军//体育文化导刊 2003 - 01

◎ 我国网络旅游建设中存在的问题与对策研究/李永丽//科技进步与对策 2003 - 17

◎ 我国西部地区体育旅游发展研究/田祖国//南京体育学院学报（社会科学版）2003 - 03

◎ 我国西部旅游的深度开发与创新思考/马勇//桂林旅游高等专科学校学报 2003 - 04

◎ 我国现代乡村旅游深层次开发探讨/陈文君//广州大学学报（社会科学版）2003 - 02

◎ 我国专家携手确立旅游前沿课题/王小润//光明日报 2003 - 05 - 19

◎ 我国自然保护区旅游产业生态模式/王文瑞//干旱区资源与环境 2003 - 05

◎ 我国自然保护区旅游开发的生态风险及对策/文军//中南林业调查规划 2003 - 04

◎ 我们离生态旅游还有多远？/董迎春//出版参考 2003 - 29

◎ 我们需要怎样的生态旅游/金磊//人民日报海外版 2003 - 09 - 10

◎ 我区加快冬季旅游发展/李冀平//新疆日报（汉）2003 - 01 - 21

◎ 我区旅游部门提出旅游发展新思路/涂显锋　韩连启//西藏日报 2003 - 03 - 08

◎ 我区旅游市场全面放开/杨虹//广西政法报 2003 - 06 - 06

◎ 我省旅游产业硕果摇枝/何朝本　余德福//安徽日报 2003 - 01 - 08

◎ 我省旅游项目建设如火如荼/王玉亮　吴艳荣//河北日报 2003 - 08 - 12

◎ 我省民营旅游产业存在的主要问题及发展对策建议//云南日报 2003 - 01 - 22

◎ 我省特种旅游初具规模/晓阳//陕西日报 2003 - 04 - 25

◎ 我市旅行社发展转向多元化/张启华//重庆日报 2003 - 05 - 19

◎ 乌江旅游"区域联动，整体开发"的可行性探讨/刘聪//探索 2003 - 06

◎ 乌鲁木齐城市经济圈打造冬季旅游/杨帆//新疆日报（汉）2003 - 10 - 29

◎ 乌镇旅游复苏了/邵云//浙江日报 2003 - 07 - 02

◎ 乌镇旅游率先迈向国际化/施晓文//华东旅游报 2003 - 09 - 11

◎ 乌镇旅游——在承袭中沉淀　在沉淀中升华/临风//华东旅游报 2003 - 05 - 22

◎ 乌镇旅游在承袭中沉淀升华/胡伟彬//今日信息报 2003 - 05 - 21

◎ 巫溪区域旅游形象定位及其整合研究/张颖//重庆工学院学报 2003 - 01

◎ 无锡"吴文化"旅游品牌建设的系统思考/邹丽敏//企业研究 2003 - 19

◎ 无锡滨湖邀专家研讨旅游概念规划/周铭扬　徐超//华东旅游报 2003 - 08 - 12

◎ 无锡创新假日旅游工作机制/周铭扬　韩解林//华东旅游报 2003 - 09

- 杏花村建设中国第一个酒文化旅游基地/帅政//瞭望 2003-09
- 匈牙利开创温泉旅游新品牌/龚立仁//中国旅游报 2003-11-07
- 休闲、旅游与社会进步/韩克华//自然辩证法研究 2003-02
- 休闲：现代生活质量的意义阐释/崔伟奇//马克思主义与现实 2003-03
- 休闲：一种文化价值观的转变/刘耳//自然辩证法研究 2003-05
- 休闲：昨天、今天与明天/孔德涌//自然辩证法研究 2003-02
- 休闲保鲜自我之道/李力研//中国体育（中英文版）2003-01
- 休闲产业初探/楼嘉军//旅游科学 2003-02
- 休闲产业的培育与发展/徐涌先//重庆工商大学学报（社会科学版）2003-04
- 休闲产业对经济拉动作用凸现/于海芳//中国信息报 2003-09-10
- 休闲产业为农村小康加油助力/弓志刚//中国合作经济 2003-12
- 休闲产业政策建立的必要性及其保障机制/王晶//绍兴文理学院学报 2003-10
- 休闲场所服务项目应对未成年人加以限制/马德祥//法制日报 2003-03-19
- 休闲的价值/王黎静//现代商业银行 2003-09
- 休闲的经济学思考/黄铁苗//消费经济 2003-01
- 休闲服务与经营的创新问题/于光远//自然辩证法研究 2003-02
- 休闲服务与经营的具体化问题/于光远//学习时报 2003-01-27
- 休闲经济将成时代新宠/应千飘//浙江经济 2003-04
- 休闲经济问题初探/苏徐//生产力研究 2003-06
- 休闲旅游开始升温/刘慧//浙江日报 2003-01-31
- 休闲绿地——城市环境建设的新形式/王家骅//上海建设科技 2003-05
- 休闲农业　促进经济发展/王龙锋//老区建设 2003-07
- 休闲农业：农业发展新模式/崔卫东//中国经贸 2003-07
- 休闲农业：商机无限/青伟//农家参谋 2003-10
- 休闲社区——现代居住环境景观设计手法探讨/陈跃中//中国园林 2003-01
- 休闲生活方式：社区体育的立足点——社区体育“以人为本”的讨论/卢元镇//体育文化导刊 2003-01
- 休闲生活新观念刺激北京旅游地产/王维波　肖建舫//证券日报 2003-09-21
- 休闲生活与社会主义理论研究/刘晨晔//辽宁师范大学学报（社会科学版）2003-03
- 休闲时代信步而来/孙天厌//经济论坛 2003-20
- 休闲体验塑造“现代新感性/张玉勤//自然辩证法研究 2003-05
- 休闲文化的道德意蕴/徐锦中//道德与文明 2003-05
- 休闲文化的中西方差异/刘子众//体育文化导刊 2003-05
- 休闲文化研究探析/李春生　陈淑兰　王郑华//河南教育学院学报（哲学社会科学版）2003-02
- 休闲文化研究探析/李春生//河南教育学院学报（哲学社会科学版）2003-02
- 休闲消费与休闲产业/张燕//探索与求是 2003-Z3
- 休闲——小康旅游的灵魂/黄巧灵//旅游学刊 2003-02
- 休闲游戏成为新热点/朱逢普//科学时代 2003-17
- 休闲娱乐功能的强化与博物馆的可持续发展——以苏南地区为例/陈来生//江南社会学院学报 2003-03
- 休闲娱乐业：曾经乐不起来/杨生恒//光彩 2003-Z1
- 休闲渔业：精神与财富的集聚地/蒋筱江//钓鱼 2003-14
- 休闲渔业大有可为/白杉//养殖与饲料 2003-08
- 休闲渔业非等闲　其实可做大文章/王玉堂//科学养鱼 2003-06
- 休闲渔业风光无限/刘珊//农业知识 2003-11
- 休闲渔业风光无限/袁炎长//湖南农业 2003-09
- 休闲渔业——海湾型城市的渔业发展方向/苏国成//福建水产 2003-03
- 休闲渔业前景广阔/李中建//水产养殖 2003-03
- 休闲与科技创新/马俊如//自然辩证法研究 2003-02
- 休闲与有为/尤福贵//山西老年 2003-02
- 休闲运动对城市经济发展的文化意义/沈定珠//绍兴文理学院学报 2003-10
- 需求价格弹性原理在旅游价格决策中的应用/丁宗胜//无锡商业职业技术学院学报 2003-02
- 徐霞客故乡旅游基地建设的思考/陈复观//徐霞客与中国旅游文化学术讨论会 2003
- 徐霞客旅游对当代旅游者的启示和影响/杨文衡//徐霞客与中国旅游文化学术讨论会 2003
- 徐霞客与陈鼎的滇黔之旅——《滇黔日记》和《滇黔纪游》比较/田柳//徐霞客与中国旅游文化学术讨论会 2003
- 徐学研究与旅游发展良性互动的管见/石在//徐霞客与中国旅游文化学术讨论会 2003
- 徐州发展交通旅游的潜力/尹剑虹//江苏交通 2003-07
- 徐州市城市旅游形象设计/滕春惠//徐州师范大学学报（自然科学版）2003-03
- 选择旅游业为区域主导产业的合理性问题探讨/赵浩兴//旅游学刊 2003-01
- 选择性旅游研究概览/查爱苹//商业研究 2003-17
- 学习霞客精神，提高旅游品位/竺国强　徐建春//徐霞客与越文化暨中国绍兴旅游文化研讨会 2003
- 学习型组织让旅行社管理突围/包奇宗//中国旅游报 2003-03-10
- 寻求遗产保护和旅游发展的“双赢”之路/阮仪三//城市规划 2003-06
- 亚太旅游市场分析与营销战略创新/马勇//世界地理研究 2003-04
- 亚行将打开旅游扶贫大门/柏晶伟//中国经济时报 2003-04-17
- 亚洲旅游业复苏/高秀珍　苏南//市场报 2003-08-11
- 烟台构建休闲型城市的优势及对策/孙天厌//城市问题 2003-06
- 烟台旅游发展换思路/王京韬//中华工商时报 2003-04-01
- 烟台旅游业现状与发展对策研究/孙天厌//特区经济 2003-05
- 烟台市旅游产业发展的问题与建议/李世泰　张安定//中国地理学会人文地理专业委员会暨全国高校人文地理学研究会 2003 年年会
- 延庆民俗旅游做出雅文章/张翠萍　梁尚升//中国旅游报 2003-09-12
- 延续与发展——一条旅游发展轴的诞生/段德罡//规划师 2003-05
- 严防非典通过旅游活动扩散/龚雯//人民日报 2003-04-23
- 沿海城市旅游高职教育的困境及对策/容莉//深圳职业技术学院学报 2003-01
- 炎帝陵生态旅游开发与可持续发展/何燕子//株洲工学院学报 2003-03
- 盐湖打造中国死海旅游品牌/方云静//新疆日报（汉）2003-05-05
- 盐田做强港口服务和旅游/黄青山　陈雨欣//深圳商报 2003-01-13
- 扬长避短　打造“生态永春”/小托//中国旅游报 2003-11-12
- 扬古城魂　配文化餐　放射凤凰旅游魅力/刘昌刚//团结报 2003-07-10
- 扬起泰山旅游龙头/贾学英//华东旅游报 2003-04-03
- 扬州传统活动成为旅游产品/姜师立//中国旅游报 2003-12-24
- 扬州黄金周主打“文化牌”/姜师立//新华日报 2003-09-17
- 羊年旅游实现开门红/龚雯//人民日报 2003-02-08
- 阳江市旅游资源及生态旅游开发对策的探讨/王发国//福建林业科技 2003-04
- 阳泉市森林旅游的现状与发展建议/高计青//山西林业 2003-03
- 阳朔民居旅游红似火/唐德富　罗秀梅//中国旅游报 2003-12-24
- 杨凌发展生态观光农业的对策与建议/龙明秀//西北农林科技大学学报（社会科学版）2003-06
- 杨凌示范区农业旅游特色定位及发展策略/苟小东//西北农林科技大学学报（社会科学版）2003-06
- 杨嗣昌旅游理论述论/梁颂成//湖南文理学院学报（社会科学版）2003

◎ 云南旅游产业开发有限公司成立/焦云霞//中国旅游报 2003-01-06
◎ 云南旅游产业再兴3大工程/成淇平　李启昌　张文戈//云南日报 2003-02-14
◎ 云南旅游的新机遇/刘栗//中国旅游报 2003-11-12
◎ 云南旅游饭店集团化发展策略研究/李洁//学术探索 2003-12
◎ 云南旅游扶贫的三种模式/胡锡茹//经济问题探索 2003-05
◎ 云南旅游各项指标增势强劲/成淇平//云南日报 2003-02-10
◎ 云南旅游如何打好文化牌/喻波　李利军//云南经济日报 2003-04-23
◎ 云南旅游商品开发现状和开发思路刍议/李刚//大理学院学报 2003-06
◎ 云南旅游市场全面开禁/李恂//国际商报 2003-07-05
◎ 云南旅游业发展的若干思路/和军//云南师范大学学报（哲学社会科学版）2003-01
◎ 云南旅游造就黄金品牌/李自良//瞭望 2003-20
◎ 云南旅游支柱产业再发展与人才资源开发/段尔煜//中共云南省委党校学报 2003-03
◎ 云南民族的传统人地观与生态旅游/王维艳//云南师范大学学报（哲学社会科学版）2003-04
◎ 云南民族旅游餐饮文化产业发展研究/仇学琴//经济问题探索 2003-04
◎ 云南民族文化在少数民族地区旅游经济发展中的作用/刘惠余//云南政协报 2003-07-24
◎ 云南启动旅游业"盖被子"工程/刘栗//中国旅游报 2003-09-03
◎ 云南全面开放旅游市场/宣宇才//人民日报 2003-07-02
◎ 云南少数民族地区民族文化旅游的可持续发展思考/刘惠余//云南政协报 2003-07-31
◎ 云南少数民族妇女与旅游业的互动发展/金少萍//中央民族大学学报（哲学社会科学版）2003-05
◎ 云南生态旅游建设的BOT项目运用研究/王松江//经济问题探索 2003-03
◎ 云南省旅游厕所建设与管理研究/王丽萍//桂林旅游高等专科学校学报 2003-05
◎ 云南省旅游业开发的扶贫优势分析/李辉霞//生态经济 2003-10
◎ 云南省实施PPT旅游战略的发展思路/王波//云南财贸学院学报（社会科学版）2003-05
◎ 云南省自然保护区森林生态旅游发展的探讨/杨云//林业调查规划 2003-01
◎ 云南应开发文化生态村旅游/尹坚//西部大开发 2003-04
◎ 云南游客的旅游心理行为分析/肖俊辉//创造 2003-02
◎ 云南自然保护区周边环境与生态旅游/赵璟//林业经济问题 2003-01
◎ 云南宗教文化旅游开发热点问题透视/薛群慧//学术探索 2003-03
◎ 云台山风景名胜区旅游环境的保护/王丽萍//连云港职业技术学院学报 2003-01
◎ 云霄旅游业发展刍议/汤育智//漳州职业大学学报 2003-02
◎ 运城：旅游经济结构调整见成效/张春红　孙红斌//中国旅游报 2003-09-17
◎ 运城多家旅行社联合促销/胡凯民　孙红斌//山西经济日报 2003-11-20
◎ 运城着力建设文化旅游大市/冯英伟//人民日报 2003-04-23
◎ 运用价格杠杆全力促进旅游升温/张金初//中国物价 2003-08
◎ 再创佛山旅游新辉煌/姚德荣　汝百乐//中国旅游报 2003-09-03
◎ 再论旅游业和环境的协调发展/吴高飞//大连干部学刊 2003-01
◎ 再谈旅游业的"四大支柱"说——兼与张涛先生商榷/刘伟//广州市财贸管理干部学院学报 2003-04
◎ 在木鼓声中走向太阳——参加第二届中国临沧佤族文化旅游节有感/刘金吾//民族艺术研究 2003-S1
◎ 在上海新一轮发展中做大做强旅游业——访锦江集团总裁助理于建敏/翁献钱//上海企业 2003-01
◎ 在文化地图的导引下繁荣发展——简论旅游与文化的关系/张静//山东省青年管理干部学院学报 2003-06
◎ 在西部大开发条件下湖北旅游经济发展对策研究/袁本华//经济师 2003-09
◎ 在西部大开发中大力发展广西中越边境旅游/余小军//桂林旅游高等专科学校学报 2003-01
◎ 在西部大开发中发展湘西州旅游/赵玉林//民族论坛 2003-09
◎ 在西部开发中广西应该注重挖掘旅游文化内涵，提升旅游景点品位/李肇荣//桂林旅游高等专科学校学报 2003-02
◎ 在新的起点上推动我省旅游业加快发展/石秀诗//当代贵州 2003-05
◎ 在徐霞客与越文化暨中国绍兴旅游文化研讨会上的讲话（代序）/王家扬//徐霞客与越文化暨中国绍兴旅游文化研讨会 2003
◎ 在亚太地区危机管理旅游部长峰会上的发言/孙钢//中国旅游报 2003-06-20
◎ 在自驾车旅游中寻找商机/彭援军//中国旅游报 2003-10-10
◎ 赞游圣精神　促旅游革新/曾俊伟　石在//徐霞客与越文化暨中国绍兴旅游文化研讨会 2003
◎ 早园竹生态观光园区建设探讨/俞益武//江苏林业科技 2003-04
◎ 怎样策划一个成功的国际会议旅游/燕云　秋霞//国际商报 2003-01-29
◎ 怎样唱红旅游保险这台戏/朱俊生//中国保险报 2003-08-20
◎ 怎样看待周庄的旅游开发/吴焕加//中国旅游报 2003-11-19
◎ 怎样认识文物旅游的文化建设作用/梁子//中国旅游报 2003-01-29
◎ 怎样突破旅行社管理的瓶颈？/郑策//中国旅游报 2003-01-27
◎ 曾国藩故居富厚堂文物保护与旅游开发初探/席伏应　尹晓卉//中国旅游报 2003-01-01
◎ 增长点与金融资源配置：张家界旅游业与金融效率案例研究/秦华新//金融研究 2003-01
◎ 增创成都旅游经济新优势/陈潮升//成都行政学院学报 2003-06
◎ 增强湖南旅游文化竞争力/梁兰//企业家天地 2003-12
◎ 增强企业复苏信心　推动第三产业振兴/新兵//中国旅游报 2003-07-21
◎ 增强苏州园林世界旅游品牌的吸引力//华东旅游报 2003-04-11
◎ 增强文化内涵　提高旅游质量/牟晓红//理论与当代 2003-04
◎ 沾化生态旅游生机盎然/一鸣//中国海洋报 2003-10-10
◎ 战胜非典　重振旅游/刘洁//经济日报 2003-05-28
◎ 战争影响国际旅游业/宋春晨//开放潮 2003-04
◎ 湛江市滨海旅游业现状与发展措施/张莉//资源开发与市场 2003-03
◎ 张家界：旅游商品大展翼/田金松//国旅游报 2003-10-15
◎ 张家界打造全国旅游商品集散地/许煜　王福明　万海红//中国商报 2003-11-04
◎ 张家界盯住旅游商品/许煜　王福民　万海红//中国商报 2003-08-26
◎ 张家界国际旅游网站旧貌换新颜/周志强//中国旅游报 2003-11-12
◎ 张家界国家森林公园步入旅游经济快车道/流云　张功发//中国旅游报 2003-09-03
◎ 张家界—吉首—沅陵旅游"金三角"发展思路/陈福义//湖南商学院学报 2003-06
◎ 张家界旅游业的成功因素与隐忧/刘亚萍//林业经济 2003-05
◎ 张家界市森林公园、自然保护区生态旅游建设的思考/董明辉//常德师范学院学报（社会科学版）2003-03
◎ 张家界终现旅游特色/南云//证券时报 2003-03-29
◎ 张裕酿造工业旅游"新酒"/周英杰　张广传//中国企业报 2003-12-03
◎ 漳浦县旅游业的SWOT分析与开发构想/范高明//福建师范大学学报（自然科学版）2003-04
◎ 漳州滨海火山国家地质公园的旅游开发/谢健//福建地理 2003-04

学报 2003－03

- “金”光灿烂的“旅”途——中国旅游业及信息化发展扫描/孙泠//软件世界 2003－03
- “开放引进”打造旅游强市/宋建平//山西经济日报 2003－09－20
- “科普游”价值尚待挖掘/郭劲桐//信息时报 2003－11－20
- “冷”眼看假日经济/罗进军//价格与市场 2003－04
- “梁祝”旅游牌：单打不如联打/万润龙　李刚殷//工人日报 2003－01－02
- “两会”代表委员热切关注旅游与环境保护/史延廷//中国旅游报 2003－03－17
- “两山一湖”格局下宣城旅游品牌塑造研究/赖坤//安徽师范大学学报（自然科学版）2003－04
- “旅游”等于“旅行游览”吗？/巩颖//中学语文 2003－14
- “旅游＋地产”良性互动/沈阳//中国证券报 2003－03－13
- “旅游产品”和“旅游商品”的互用问题/韩海英//中国社会科学院院报 2003－11－27
- “旅游地产”冲击深圳豪宅市场/季杰//深圳商报 2003－03－06
- “旅游是一种现代朝圣”刍议/张晓萍//云南民族大学学报（哲学社会科学版）2003－04
- “旅游现象”的背后——访河南省焦作市副市长贾武堂/于勤//人民论坛 2003－10
- “农家乐”休闲热的社会学分析——对团结乡生态休闲旅游业的调查/赵煜//昆明理工大学学报（社会科学版）2003－04
- “深绿色”发展理念与可持续旅游/范星宏//中国旅游报 2003－12－10
- “十一”黄金周旅游市场前瞻/林娟//福建日报 2003－09－22
- “死海三绝”成运城冬日休闲旅游亮点/张春红　孙红斌//中国旅游报 2003－12－17
- “体验经济”方兴未艾/王战华//上海金融报 2003－04－03
- “体验经济”新论与旅游服务的创新——《体验经济》读书札记/王兴斌//桂林旅游高等专科学校学报 2003－01
- “温州高教园区旅游带”及其旅游产品开发/苏北春//温州职业技术学院学报 2003－04
- “巫山－奉节－巫溪”金三角旅游主题形象研究/李庆//重庆教育学院学报 2003－04
- “五缘文化说”与福建旅游业的开发/吕庆华//北方经贸 2003－09
- “西部开发，旅游先行”的再思考/张英红//石家庄经济学院学报 2003－05
- “小三峡”是如何跨入旅游门槛的？/陈池春//中国三峡建设 2003－01
- “小西藏”应积极筹备旅游农业的开发/王文浩//衡水师专学报 2003－01
- “行政区经济”现象在我国旅游业中的表现及其负面影响/秦学//学术研究 2003－12
- “重头戏”如何重开锣？——海峡两岸旅游合作的新机遇及相关法律问题/日月谭//两岸关系 2003－09
- 《赤雅》：明末“奇士”眼中的桂林与广西——桂林古代旅游文献述评之五/苏洪济//社会科学家 2003－06
- 《服务贸易总协定》与中国国际旅游业发展/许雄奇//重庆工学院学报 2003－02
- 《河北省旅游发展总体规划》在京通过评审/冯新生//中国旅游报 2003－03－12
- 《旅游业危机管理指南》（一）/蔡维菁//饭店现代化 2003－03
- 《旅游业危机管理指南》（二）危机之中：临危不乱、转危为安！/蔡维菁//饭店现代化 2003－04
- 《旅游业危机管理指南》（三）危机之后：重塑形象、变危为机！/蔡维菁//饭店现代化 2003－05
- 《山东省旅游发展总体规划》评析/吴必虎//人文地理 2003－04
- 《徐霞客游记》与大理旅游/邱宣充//徐霞客与中国旅游文化学术讨论会 2003

2004 年

- 1927－1937 年苏州建设旅游休闲城市的设想与实践/王国平//社会科学 2004－12
- 1997 年－2003 年国内乡村旅游研究文献分析/殷平//桂林旅游高等专科学校学报 2004－06
- 2003：山东旅游十大新闻/李平//走向世界 2004－01
- 2003 年埃及旅游业一瞥/良言//阿拉伯世界 2004－04
- 2003 年河南旅游大事记//河南日报 2004－01－08
- 2003 年全国旅游投诉情况汇总//中国旅游报 2004－03－19
- 2003 年世界旅游业发展回顾和 2004 年发展前景预测/罗明义//思想战线 2004－04
- 2004：旅游人才市场六大走势/余昌国//中国旅游报 2004－01－30
- 2004 北京会展旅游蕴商机/新京//中华合作时报 2004－02－19
- 2004 旅游人才市场受到前所未有关注/余昌国//中国旅游报 2004－12－17
- 2004 年春节旅游动向 5 大预测/芸生//国际商报 2004－01－18
- 2004 年国际旅游十大趋势/至雷//中国旅游报 2004－01－09
- 2004 中国旅游活力热点大事记/陆斌//旅游时代 2004－12
- 2008，会给北京旅游经济带来什么？/黄景民//旅游时代 2004－09
- 2008 年奥运会对中国旅游业的影响及对策/马岳良//南京体育学院学报（社会科学版）2004－02
- 2008 年奥运会与青岛旅游宣传策略/陈娟//求实 2004－S3
- 2008 年奥运旅游效应与中国奥运旅游圈构想/隆学文//人文地理 2004－02
- 2008 年北京奥运会对我国旅游业的影响及对策/梁仁君//聊城师院学报（自然科学版）2004－01
- 2010 年世博会与上海水上旅游发展的互动关系/张璟//上海海事大学学报 2004－04
- 20 年来中国入境旅游业的波动周期及影响因素/王彩红//宁夏大学学报（自然科学版）2004－02
- 21 世纪初中国体育旅游开发研究/杨培玉//海淀走读大学学报 2004－02
- 21 世纪的桂越旅游合作：现状与展望/黄伟生//东南亚纵横 2004－04
- 21 世纪旅游业发展初探/黄元春//商业研究 2004－06
- 21 世纪与休闲经济、休闲产业、休闲文化/马惠娣//信息空间 2004－07
- 25 条“黄金旅游线”产生的前前后后/秦志军//旅游 2004－04
- CBD 与商务旅游的发展/王京传　刘玉芝//中国旅游报 2004－09－17
- CEPA 背景下粤港澳旅游合作创新战略研究/董观志//特区经济 2004－08
- CEPA 对广东旅游业的影响及其对策/龚唯平//特区经济 2004－07
- CEPA 框架下皖港澳旅游业的多层面对接/张洪//决策咨询 2004－05
- CEPA 启动后的粤港澳旅游市场一体化发展/左连村//南方经济 2004－03
- CRM 挑战旅游业/汪焰//商业经济 2004－07
- CRM 为中国旅游业带来新起色/穆琳//电子商务世界 2004－05
- GIS 技术在旅游业中的应用/马欧//河南科技 2004－12
- GIS 与 MIS 集成技术在旅游资源单体信息管理中的应用/王翠　贺传阅　刘松林　黄群　牛德力//中国地理信息系统协会第八届年会 2004
- MapXtreme　NT 技术在开发旅游信息系统中的应用/郝选文　王莹　卫海燕//中国地理学会 2004 年学术年会暨海峡两岸地理学术研讨会
- PIP：旅游业的助推器/水泽月//今日山西 2004－10
- SARS 对我国旅游业影响的预测与分析/肖海军//武汉职业技术学院学报 2004－02

⊙ 成-渝-筑-邕旅游板块的构建/田喜洲//改革与战略 2004-06
⊙ 承德：发展旅游要走国际化路线/刘娜//经济论坛 2004-10
⊙ 承德市生态旅游的保护与利用/姚雪峰//承德民族职业技术学院学报 2004-02
⊙ 诚信：中国旅游业持续发展的保证/景秀艳//闽江学院学报 2004-01
⊙ 城郊旅游的潜在市场特征及产品开发——以合肥市为例/刘昌雪//资源开发与市场 2004-03
⊙ 城郊旅游可持续发展及其模式初探/胡勇//小城镇建设 2004-05
⊙ 城市滨水区旅游游憩功能的开发研究——以开封市为例/陈太政//河南大学学报（自然科学版）2004-04
⊙ 城市滨水区休闲旅游产品开发研究——以苏州市沿江地区为例/梁王月琳//中国地质大学学报（社会科学版）2004-05
⊙ 城市古城墙旅游开发的设想//中国旅游报 2004-06-11
⊙ 城市化与城市近郊乡村旅游发展的初步研究/税伟//山东农业大学学报（社会科学版）2004-03
⊙ 城市建设项目的旅游功能开发探析/陈建勤//中国旅游报 2004-02-06
⊙ 城市旅游的空间竞争与合作——关于杭州旅游接轨上海的对策研究/崔凤军//商业经济与管理 2004-03
⊙ 城市旅游发展的竞争力分析与政策建议/郭舒//商业研究 2004-09
⊙ 城市旅游公共管理体制的现状剖析及创新探讨/李武武//中州学刊 2004-03
⊙ 城市旅游功能的拓展原则与策略/袁金明//湖南经济管理干部学院学报 2004-02
⊙ 城市旅游核心竞争力与旅游创新/杨志祥//辽宁财专学报 2004-01
⊙ 城市旅游开发融资渠道解析/翟峰//中国旅游报 2004-06-09
⊙ 城市旅游空间一体化研究模式的构建及其分析/卞显红//桂林旅游高等专科学校学报 2004-06
⊙ 城市旅游识别系统与城市旅游形象建设研究/陈顺//浙江工商职业技术学院学报 2004-02
⊙ 城市旅游文化的传递研究/陈尔东//南通师范学院学报（哲学社会科学版）2004-03
⊙ 城市旅游形象设计三元论——以成都市为例/李小波//四川师范大学学报（社会科学版）2004-02
⊙ 城市旅游研究的核心问题——一个理论评述/薛莹//旅游学刊 2004-02
⊙ 城市旅游研究的区域视野——以粤港澳地区为例/陶伟　钟文辉//中国地理学会 2004 年学术年会暨海峡两岸地理学术研讨会
⊙ 城市旅游业的核心竞争力在哪里？/崔凤军//旅游学刊 2004-03
⊙ 城市旅游意象及其构成要素分析/李瑞//西北大学学报（自然科学版）2004-04
⊙ 城市旅游营销主题形象设计/辜红//中国地理学会 2004 年学术年会暨海峡两岸地理学术研讨会
⊙ 城市旅游与城市设计学科发展/吴松涛//城市问题 2004-03
⊙ 城市旅游与生态旅游一体化研究——以桂林市为例/李丰生//桂林旅游高等专科学校学报 2004-02
⊙ 城市旅游与体育营销：2004 雅典奥运会案例分析/乔治·卡里斯//体育科研 2004-05
⊙ 城市绿化建设与城市旅游/曾清//林业建设 2004-04
⊙ 城市生态旅游初探——以上海为例的个案分析/杨俐//社会科学家 2004-02
⊙ 城市休闲产业的市场格局和发展趋向/陈元平　张国洪//中国文化报 2004-07-26
⊙ 城镇旅游景观规划探索——湖北省随州厉山镇炎帝故里景观设计/陈圣浩//小城镇建设 2004-12
⊙ 池州生态经济示范区的生态旅游开发/胡文海//资源开发与市场 2004-02
⊙ 池州生态旅游发展规划的理论探讨/朱同林//池州师专学报 2004-05
⊙ 持续超前与全面创新——试论乐业旅游发展战略/阳国亮//桂海论丛 2004-04
⊙ 赤水河中下游旅游“金三角”景区景点评价/黄咏梅//贵州民族学院学报（哲学社会科学版）2004-05
⊙ 充分发挥郭沫若等名人的文化资源在旅游中的作用/魏奕雄//郭沫若学刊 2004-01
⊙ 充分发挥喀斯特文化在贵州旅游上的优势/杨明//西南民族大学学报（人文社科版）2004-07
⊙ 充分发挥旅游资源优势，建设生态悠闲度假基地——对惠州旅游业发展的思考/黄晓霞//经济师 2004-11
⊙ 充满希望的红色旅游/钟杨//中国旅游报 2004-10-11
⊙ 充实与完善旅游黄金周决策之浅见/向英//商业经济 2004-02
⊙ 崇明旅游业跨越式发展若干思考/陆鸣//上海综合经济 2004-03
⊙ 崇义：打造绿色生态旅游大市场/何相歆//中国老区建设 2004-01
⊙ 出国旅游意味着外汇流失？/葛藤蔓//经济日报 2004-06-09
⊙ 出境旅游热的冷思考/李嫄//华东经济管理 2004-03
⊙ 刍议发展黑龙江乡村旅游/陈飞//商业经济 2004-12
⊙ 刍议广东公众旅游信息服务中心的建立/陈平平//中山大学学报论丛 2004-06
⊙ 刍议森林生态旅游中生态环境的管理/刘欣//哈尔滨商业大学学报（社会科学版）2004-03
⊙ 楚雄州特色旅游业前景探索/李胜海//经济问题探索 2004-04
⊙ 川西山地旅游资源的优势与生态旅游产品的形象设计/王瑛//生态经济 2004-11
⊙ 川西天然林保护区森林生态旅游可持续发展初探/罗国容　李梅　胡庭兴　刘维华//2004·中国·武汉生态旅游论坛
⊙ 川渝滇黔联手发展旅游业初探/王大明//重庆交通学院学报（社会科学版）2004-02
⊙ 传承文化　塑造特色　全力打造中国文化旅游名城/韩玉林//今日山西 2004-08
⊙ 传说与仙都景区旅游/黄兰英//缙云国际黄帝文化学术研讨会 2004-10-01
⊙ 传统商业街区旅游景观整治研究——以安徽屯溪老街为例/吴必虎//规划师 2004-11
⊙ 传统型山岳旅游地旅游产品创新研究——以黄山风景区为例/刘家明　刘爱利　陈田//第二届海峡两岸休闲农业与观光旅游学术研讨会 2004
⊙ 传统与创新：乐业县把吉村高山汉古法造纸与旅游开发研究/廖国一//广西右江民族师专学报 2004-04
⊙ 创“特”出“新”打造旅游品牌新形象——以扬州瘦西湖风景区为例/杨本明//城乡建设 2004-05
⊙ 创建深圳旅游的城市品牌/李家龙//特区经济 2004-08
⊙ 创新促进旅游业发展/李继烈//旅游学刊 2004-03
⊙ 创新—丹东旅游业发展的必由之路/姜信君//辽宁财专学报 2004-03
⊙ 创新机制　突出特色　发展西部旅游业——对西部地区旅游业发展的思考/周青//成都行政学院学报 2004-06
⊙ 创新旅游业发展空间/侯继玲//群众 2004-02
⊙ 创新驱动旅游经济腾飞/赵方忠//人民论坛 2004-12
⊙ 创新特色　发展生态旅游　拉动经济跨越式发展——达州市旅游发展对策研究/向胤道//决策咨询通讯 2004-04
⊙ 创新沿桥城市旅游合作机制/刘长春//大陆桥视野 2004-10
⊙ 从“零旅游”到长三角旅游品牌的飞跃//中国旅游报 2004-10-29
⊙ 从“密云事件”谈建立区域旅游综合信息系统/詹兆宗//桂林旅游高等专科学校学报 2004-03
⊙ 从“温州学”角度审视温州旅游文化/苏北春//温州职业技术学院学报 2004-02
⊙ 从《旅游学刊》和《Annals of Tourism Research》的比较看中外旅游研

究的异同和趋向/朱竑//旅游学刊 2004-04

⊙ 从2004年中国旅游主题说开去//旅游 2004-02

⊙ 从大九寨国际旅游区的建设谈旅游城镇环境地质调查/赖绍民//沉积与特提斯地质 2004-04

⊙ 从大区域观看广东旅游业/李丽//企业研究 2004-08

⊙ 从地区比较优势看江西旅游产业的发展/盛宝柱//华东经济管理 2004-03

⊙ 从国外农业旅游发展现状正视国内农业旅游的升级换代/韦汉群//西昌学院学报（人文社会科学版）2004-04

⊙ 从海南岛到新加坡——略论旅游的文化氛围及其取向/传子//中外文化交流 2004-05

⊙ 从黄金周到科技馆旅游说起/金振蓉//光明日报 2004-10-15

⊙ 从会展业与旅游业的关系看我国会展旅游的发展/李爽//亚太经济 2004-03

⊙ 从竞争优势理论看云南旅游业的发展/张科静//云南科技管理 2004-01

⊙ 从九寨沟看高黎贡山生态旅游/郑云峰//保山师专学报 2004-03

⊙ 从历史发展轨迹中寻找城市地域文化特色——西宁市区的历史文化特色与旅游亮点/王昱//青海社会科学 2004-05

⊙ 从六大名楼联盟说旅游品牌的联合营销/郑言//旅游时代 2004-12

⊙ 从旅游产品形态变革看景区文化赋予价值/牟红//企业经济 2004-12

⊙ 从旅游产业到产业旅游//浙江日报 2004-09-07

⊙ 从旅游贷款休眠5年想到的/谢风华　张正华//金融时报 2004-05-17

⊙ 从旅游黄金周看中国商旅城市发展/郁古台//国际商报 2004-10-24

⊙ 从旅游黄金周看中国商务城市发展/李颖//中国旅游报 2004-10-27

⊙ 从旅游客源地到旅游目的地/王全大//华东旅游报 2004-10-12

⊙ 从旅游生态　生态旅游到旅游生态工程/韩也良//第二届中国西部生态旅游发展论坛会 2004

⊙ 从旅游形象广告看景区营销的定位/曲薇薇//商业研究 2004-04

⊙ 从旅游需求看中国国内旅游市场发展/胡建华//江西财经大学学报 2004-06

⊙ 从旅游业的本质属性透视环境与旅游发展的关系/喻小航//乐山师范学院学报 2004-02

⊙ 从栾川开放滑雪场看如何激活冬季旅游市场/陈苗　郭津//河南日报 2004-02-04

⊙ 从罗定市旅游交通规划看区域旅游交通网络的规划原则/谭颖青//社会科学家 2004-01

⊙ 从南海神庙营建谈广州海外交流与旅游开发/邓其生//南方建筑 2004-04

⊙ 从社会历史语境看中国旅游的发展流变及其特点/陈来生//学术月刊 2004-11

⊙ 从社会学角度谈旅游的概念和本质特征/陈方英//泰山学院学报 2004-04

⊙ 从社会再生产的观点看休闲旅游郊区化与城市空间/徐建//艺术评论 2004-01

⊙ 从深圳到北京、上海……华侨城集团剑指全国——中国旅游地产第一品牌的实践和全国战略//房地产导刊 2004-24

⊙ 从生态旅游的三大效益再论生态旅游活动的形式——兼与刘德谦先生商榷/贺春艳//旅游学刊 2004-01

⊙ 从生态旅游中看可持续发展/李慧//中国林业 2004-08

⊙ 从生物多样性保护谈生态旅游的可持续发展/张帆//乐山师范学院学报 2004-02

⊙ 从汪伦说到旅游吆喝/方佛平//安徽日报 2004-12-27

⊙ 从文化的角度关注“休闲”/周南焱//文汇报 2004-12-04

⊙ 从文化的视点看长沙城市旅游开发/徐华锋//湖南省社会主义学院学报 2004-06

⊙ 从下枧河景区谈宜州市旅游管理体制和经营机制的改革构想/廖惠兰//广西财经学院学报 2004-04

⊙ 从香格里拉品牌之争看区域旅游的竞争与合作/文绍琼//桂林旅游高等专科学校学报 2004-05

⊙ 从香格里拉实施旅游兴县战略看旅游经济撑起半边天/李毅铭//云南日报 2004-11-04

⊙ 从行壮志深的羁旅征戌到旷达的玄游——曹魏、西晋旅游风格初探/陈金鑫//怀化学院学报 2004-04

⊙ 从延安的“红色旅游”说起/严歌//光明日报 2004-10-27

⊙ 从自助游看散客旅游发展趋势/牛锦霞//中国旅游报 2004-10-18

⊙ 促进旅游就业增长需要消除几个瓶颈/王一鸣//人民政协报 2004-12-28

⊙ 促进泰州旅游业发展的财政扶持政策初探/谢晋荣//泰州职业技术学院学报 2004-06

⊙ 促进我国城市旅游可持续发展的新思考/颜丽丽//社会科学家 2004-02

⊙ 促销分级　细分市场宁夏旅游实现高增长/杨登保　徐倩琳//中国旅游报 2004-05-26

⊙ 促销旅游的五招陷阱/周慧虹//广西质量监督导报 2004-02

⊙ 脆弱生态区域旅游开发的景观生态学思考——以德钦梅里雪山生态旅游区为例/郭山//云南师范大学学报（自然科学版）2004-05

⊙ 搭建旅游资源整合平台/万重山//中国旅游报 2004-12-29

⊙ 达坂城旅游开发浅析/张岩//乌鲁木齐职业大学学报 2004-04

⊙ 打文化品牌　兴旅游经济/徐嘉泽//云南社会主义学院学报 2004-01

⊙ 打响“舟山群岛”整体品牌发展海洋休闲度假旅游/石兆文//人民政协报 2004-09-03

⊙ 打响妈祖品牌　做大旅游产业//福建日报 2004-04-25

⊙ 打造国际精品线路　建设敦煌旅游名城/包东红//发展 2004-06

⊙ 打造汉阳“乐都”旅游品牌可行性论证/周治南//武汉船舶职业技术学院学报 2004-01

⊙ 打造红色旅游品牌　推动红色旅游大潮/王忠武　李捷　戴木才//人民日报 2004-05-21

⊙ 打造科工贸旅游文化现代名城/王亚君//发展研究 2004-04

⊙ 打造丽江旅游强市/欧阳坚//创造 2004-09

⊙ 打造旅游名牌将西双版纳推向世界/征鹏//中国质量与品牌 2004-03

⊙ 打造旅游品牌的十把金钥匙/刘汉洪//中国旅游报 2004-11-12

⊙ 打造旅游品牌的十条法则/许刚//统计与决策 2004-05

⊙ 打造旅游休闲的品牌产业/曹凯龙//中国文化报 2004-11-08

⊙ 打造闽东北旅游经济强区的思考/林挺//中国旅游报 2004-09-22

⊙ 打造宁夏旅游王牌/傅江涛//共产党人 2004-06

⊙ 打造品牌：创建温泉旅游文化都市/徐皎//闽江学院学报 2004-04

⊙ 打造清前文化旅游品牌发展特色文化旅游产业//人民政协报 2004-01-14

⊙ 打造区域旅游发展的新机制——珠江流域西部文化旅游发展研讨会综述/周运源//南方经济 2004-04

⊙ 打造山西民俗旅游精品/申太明//今日山西 2004-02

⊙ 打造韶山红色旅游产品的战略思考/方世敏//湘潭大学学报（哲学社会科学版）2004-05

⊙ 打造网络时代的重庆旅游营销系统/龙雨萍//资源开发与市场 2004-01

⊙ 打造文物保护与旅游开发的双赢局面/池艳丽//中国文物报 2004-09-08

⊙ 打造中国第一生态桃园——成都市龙泉驿区生态农业旅游开发构想/鄢和琳//资源开发与市场 2004-05

⊙ 打造中国旅游黄金品牌：环游渤海//旅游纵览 2004-08

⊙ 打造中国武陵山区旅游经济圈及其金融对策研究/龙晓华//中国农业银行武汉培训学院学报 2004-01

⊙ 大别山生态旅游何时从纷争走向联合？/赵辉　陈永生　毛剑//中国绿色时报 2004-05-25

- 东北工业旅游发展的现状及对策/杨絮飞//经济纵横 2004-06
- 东北振兴与大连旅游业发展/柳振万//大连干部学刊 2004-06
- 东北中小城市旅游业发展的瓶颈/王秋令//辽宁财专学报 2004-03
- 东盟国际旅游贸易发展及其政策措施/李冬//九江职业技术学院学报 2004-04
- 东南亚旅游业拓展中国客源市场之分析/宋一兵//中南民族大学学报（人文社会科学版）2004-06
- 冬季旅游，潜力几何/袁勇　李新科//江西日报 2004-12-31
- 侗族建筑文化与乡村旅游/石学昌//贵州日报 2004-07-13
- 洞穴探险旅游开发的探讨/张珺//桂林工学院学报 2004-04
- 都江堰市观光旅游产品的优化探讨/魏俊益//社会科学家 2004-04
- 都市地区的“红色旅游”开发——以上海为例/张彬彬//桂林旅游高等专科学校学报 2004-02
- 都市郊区休闲旅游发展研究/汪升华　刘洋//第二届海峡两岸休闲农业与观光旅游学术研讨会 2004
- 都市居民的近郊休闲旅游意向特征研究——以长沙市为例/许春晓//北京第二外国语学院学报 2004-01
- 都市旅游规划：对成都发展规划及其旅游政策的评价/李旭东//四川教育学院学报 2004-05
- 都匀国际摄影文化节给旅游带来了什么/裴建军//中国旅游报 2004-11-29
- 读书识草原——《内蒙古旅游文化丛书》评介　文化是旅游业发展之魂/马永胜//实践 2004-10
- 度假旅游及其产品的区域适应性调整——以广东省肇庆市为例/肖光明//人文地理 2004-06
- 对“黄金周”假日旅游的回顾/张海燕//中国统计 2004-01
- 对 GATS 国民待遇原则在旅游业中实施问题的思考/徐坚//唯实 2004-03
- 对把阿坝州建成最大的国际旅游精品区的思考/杨开德//西南金融 2004-09
- 对北京国际旅游文化节的思考/刘旭霞　杜波　马爱萍//中国旅游报 2004-11-12
- 对长春市发展工业旅游的思考——以“一汽”为例/唐顺英//曲阜师范大学学报（自然科学版）2004-01
- 对成都市创建最佳旅游城市的几点思考/叶红//中共成都市委党校学报 2004-01
- 对创立百色大石围天坑群旅游品牌的探讨/马艺芳//广西师范大学学报（哲学社会科学版）2004-03
- 对当前浙江旅游市场营销的探讨/江梅芳//华东经济管理 2004-04
- 对鄂西地区体育旅游开发的调查研究/王光炎//吉林体育学院学报 2004-02
- 对发展贵州旅游业的思考/程世红//贵州工业大学学报（社会科学版）2004-04
- 对发展山西省旅游产业的再思考/赵丽生//山西财政税务专科学校学报 2004-02
- 对发展温泉旅游的建议/高鹏//旅游科学 2004-02
- 对发展西部旅游业的思路与建议/孔建新//新疆金融 2004-05
- 对发展新疆民俗风情旅游业的思考/陈峰//新疆财经 2004-03
- 对赴泰旅游市场现状及发展对策的思考/陈雪钧　吴敏//中国旅游报 2004-07-02
- 对构建“大湘西”旅游圈的初步设想/张河清//经济地理 2004-04
- 对广西滨海旅游开发的思考/李崇蓉//南方国土资源 2004-09
- 对贵州旅游业发展的建议/刘祥//当代贵州 2004-06
- 对贵州乡村旅游发展的探讨/杨萍//贵州商业高等专科学校学报 2004-02
- 对桂林旅游商品市场开发的若干思考/黄进//桂林旅游高等专科学校学报 2004-06
- 对国民休闲文化价值的认识及其权益属性的探讨——兼论日本社会休闲的运作机制/王艳平//自然辩证法研究 2004-02
- 对湖北民族地区体育旅游产业开发的探索/田恒桥//体育成人教育学刊 2004-06
- 对会展旅游的概念界定问题的再认识/林茂//乐山师范学院学报 2004-09
- 对加快发展西藏旅游业的几点思考/贾莉萍//西藏民族学院学报（哲学社会科学版）2004-04
- 对建设歌乐山——中梁山生态旅游产业带的思考/袁江//科学咨询（决策管理）2004-10
- 对开发教育旅游的思考/万红莲//宝鸡文理学院学报（自然科学版）2004-01
- 对开发连云港地区体育旅游的几点思考/王志成//淮海工学院学报（人文社会科学版）2004-04
- 对旅游策划和旅游规划的思考/林振华//中南林业调查规划 2004-03
- 对旅游产业若干理论问题的探讨/孔建新//新疆金融 2004-02
- 对旅游复合资源系统建立的价值分析/梁学成//旅游学刊 2004-01
- 对旅游格式合同规制问题的探讨/张琰//旅游学刊 2004-03
- 对旅游供给理论的几点探讨/左冰//中国地理学会 2004 年学术年会暨海峡两岸地理学术研讨会
- 对旅游活动中文化传播机制的探讨/李笑一//北京第二外国语学院学报 2004-03
- 对旅游价格管理体制改革的若干思考/袁凌//湖南财经高等专科学校学报 2004-06
- 对旅游景区无序开发的思考/刘红萍//北京第二外国语学院学报 2004-01
- 对旅游文化和旅游环境关系的初步认识/芦宝英//宜宾学院学报 2004-02
- 对旅游业发展的思考/尹霞//合肥学院学报（自然科学版）2004-01
- 对旅游业个性定制化营销的探析/邹敏//中国西部科技 2004-09
- 对齐齐哈尔市开发冬季冰雪旅游产业的研究/王诚民//冰雪运动 2004-04
- 对欠发达地区社区参与旅游发展的思考/蒋艳//安徽农业大学学报（社会科学版）2004-03
- 对入境旅游消费结构状况的分析与思考/李一玮//国际经济合作 2004-07
- 对森林公园开展生态旅游的思考/谢新华//四川林勘设计 2004-03
- 对山东旅游业超常规发展的思考/卢希悦//山东社会科学 2004-03
- 对太行山旅游主题的整合性研究——以“山西太行山”旅游分析为例/李晋宏//山西大学学报（哲学社会科学版）2004-01
- 对提升我国历史文化名城旅游功能的思考/李兵//韶关学院学报 2004-05
- 对推进环渤海旅游经济圈发展的几点思考/李玉满//河北日报 2004-11-23
- 对我国开发特色旅游商品的思考/周士平//改革与战略 2004-03
- 对我国旅游城市发展会展旅游的初步探讨/闫瑜//黑龙江科技信息 2004-09
- 对我国旅游景区建立法人治理结构的探讨/苏甦//江汉大学学报（人文科学版）2004-04
- 对我国文化旅游开发的几点思考/李顺//天津市职工现代企业管理学院学报 2004-04
- 对我省旅游业发展的点滴思考/崔春明//青海民族学院学报 2004-03
- 对西部地区发展宗教旅游的思考/杨继瑞//宗教学研究 2004-03
- 对西部旅游业发展热的冷思考/曾雪玫//西南民族大学学报（人文社科版）2004-01

⊙ 对西部少数民族地区发展生态旅游业的思考/毕卫东//云南行政学院学报 2004-01
⊙ 对西藏旅游业发展战略的思考/卫敏//林业建设 2004-02
⊙ 对厦门　漳州　龙岩三市旅游合作发展的若干思考/李爽//中国地理学会 2004 年学术年会暨海峡两岸地理学术研讨会
⊙ 对仙居森林旅游业开发利用的思考/崔相富//林业科技管理 2004-04
⊙ 对乡村旅游起源及概念的探讨/查芳//安康师专学报 2004-06
⊙ 对湘、鄂、渝少数民族地区体育旅游开发的调查研究/王光炎//山东体育学院学报 2004-03
⊙ 对湘鄂渝黔边多民族聚居区旅游业发展的思考/冷志明//企业经济 2004-01
⊙ 对延安旅游产业发展情况的调查与思考/古建强//西安金融 2004-01
⊙ 对宜川旅游业发展的调查与思考/李玉玲//西安金融 2004-01
⊙ 对于加强城市旅游环境管理的探讨——以成都市创建中国最佳旅游城市为案例进行分析/刘劼莉//宜宾学院学报 2004-06
⊙ 对云南森林生态旅游发展的思考/周弘//林业调查规划 2004-02
⊙ 对增强我国旅游服务业核心竞争力的思考/邹宏霞//湖湘论坛 2004-06
⊙ 对中国旅游业可持续发展的经济分析/薛菲//经济与管理 2004-01
⊙ 敦煌旅游业可持续发展研究初探/徐昔保//兵团教育学院学报 2004-01
⊙ 多层结构区域旅游综合信息系统的设计与实现/詹兆宗//中国西部科技 2004-06
⊙ 多维视角旅游文化研究简论/阳国亮//桂林旅游高等专科学校学报 2004-02
⊙ 多种产业参与竞合　旅游市场战略转型/王宁//中国经济时报 2004-12-24
⊙ 俄罗斯人旅游面面观/朱胜军//北方经济 2004-11
⊙ 峨眉山旅游可持续发展研究/俞晓萍//乐山师范学院学报 2004-02
⊙ 峨眉山旅游商品市场开发的思考/宋秋//乐山师范学院学报 2004-02
⊙ 峨眉山旅游形象定位的探讨/邓明艳//西南民族大学学报（人文社科版）2004-04
⊙ 峨眉山旅游业发展战略初探/王娴//乐山师范学院学报 2004-02
⊙ 恩施州旅游业发展的市场营销战略研究/向宏桥//生态经济 2004-S1
⊙ 恩施州旅游业可持续发展的几个主要问题探讨/王涛//理论界 2004-03
⊙ 二十世纪八十年代以来国内旅游影响研究进展及述评/刘迎华//中山大学研究生学刊（自然科学、医学版）2004-03
⊙ 发达国家和发展中国家旅游发展形态的比较研究/谢朝武//桂林旅游高等专科学校学报 2004-04
⊙ 发挥个性优势　推动西藏特色旅游业跨越式发展/洛桑江村//西藏研究 2004-02
⊙ 发挥旅游资源优势　创造边疆旅游特色——新疆怪石沟风景区规划构思/李新//小城镇建设 2004-05
⊙ 发挥民族文化优势　促进侗区旅游开发/黄胜红//民族论坛 2004-07
⊙ 发挥宣南文化旅游产业的品牌效应//北京观察 2004-09
⊙ 发挥沿江优势　做强旅游农业/姜雪忠//江苏农村经济 2004-07
⊙ 发挥优势　突出特色　加快发展隆安旅游业/苏翠霞//中共南宁市委党校学报 2004-05
⊙ 发挥运河文化功能　发展镇江旅游业/蔡晓伟//镇江高专学报 2004-02
⊙ 发挥政府主导作用　推动信息技术在旅游业中的应用和发展/闫向军//信息技术与信息化 2004-03
⊙ 发挥资源优势　发展农垦旅游/吴裕丰//中国农垦经济 2004-03
⊙ 发掘浙江经验旅游资源拓展浙江特色旅游产业/张跃西//第二届中国西部生态旅游发展论坛会 2004
⊙ 发扬木雕工艺传统　做大做强旅游产业——剑川县狮河村剪影/陈寿康//支部生活 2004-02
⊙ 发展"红色旅游"提高综合效益/王忠武　梅毅　戴木才//光明日报 2004-07-28
⊙ 发展保山旅游业的方略初探/彭杰武//保山师专学报 2004-06
⊙ 发展东莞文化特色旅游/蔡文学//广东科技报 2004-02-23
⊙ 发展福建省 Internet 旅游电子商务初探/颜黎明//宁德师专学报（哲学社会科学版）2004-02
⊙ 发展福建竹文化旅游业的思考/周小华//福建林业科技 2004-04
⊙ 发展高州市旅游经济的思考/赵元笃//南方论刊 2004-02
⊙ 发展观光旅游农业　促进滨州经济发展/郑柏林//中国农垦经济 2004-03
⊙ 发展广东六祖旅游文化之浅见/黄夏年//佛学研究 2004-00
⊙ 发展桂西经济区旅游的对策与建议/冯华春//市场论坛 2004-05
⊙ 发展河南省旅游业的对策研究/杨爱荣//焦作师范高等专科学校学报 2004-02
⊙ 发展黑龙江会展旅游研究/王宏//哈尔滨商业大学学报（社会科学版）2004-03
⊙ 发展黄河滩森林生态旅游/金春香//陕西林业 2004-06
⊙ 发展吉林省旅游业初探/刘兴亚//长春工业大学学报（社会科学版）2004-02
⊙ 发展假日经济　推动休闲旅游/刘金山//协商论坛 2004-05
⊙ 发展建瓯市旅游业的思考/李熙波//福建地理 2004-02
⊙ 发展荆门休闲旅游的构想/黄大学//沙洋师范高等专科学校学报 2004-06
⊙ 发展旅游产业优化服务业内部结构/曹执令//湖南社会科学 2004-03
⊙ 发展旅游当以文化资源保护为重/刘茜//中国文化报 2004-11-22
⊙ 发展旅游电子商务——游船业强身新思路/袁俊//中国水运 2004-06
⊙ 发展旅游经济　促进农村就业/张洪春//平顶山师专学报 2004-05
⊙ 发展旅游联合体：转型期的一种战略选择/张跃西//中国旅游报 2004-04-26
⊙ 发展旅游商品陕西天地广阔/扬波//西部大开发 2004-09
⊙ 发展旅游业　推动甘肃文化大省建设/欧阳正宇//开发研究 2004-04
⊙ 发展旅游业必须处理好的几个关系/黄成林//江淮 2004-09
⊙ 发展旅游业——新疆社会经济发展的必然选择/许玥//兰州商学院学报 2004-06
⊙ 发展旅游业要走特色路/赵小夏//老区建设 2004-04
⊙ 发展旅游一定要狠抓资源整合/成伟光//广西日报 2004-05-10
⊙ 发展民俗旅游业的实践与思考/李万佰//前线 2004-10
⊙ 发展内蒙古大兴安岭林区生态旅游的探讨/张国凤//内蒙古林业调查设计 2004-04
⊙ 发展森林旅游　打造阳光产业——马鞍山林场发展旅游业纪实/刘恩//内蒙古林业 2004-11
⊙ 发展山西旅游业的几点思考/蒋楠//山西财税 2004-02
⊙ 发展生态旅游　促进生态环境改善/段立杰//云南环境科学 2004-02
⊙ 发展生态旅游　推动经济发展——以安徽省六安地区为例/万青//安徽农业科学 2004-05
⊙ 发展生态旅游，实现社会经济可持续发展——浙江安吉县生态旅游发展经验探析/陈剑峰//华东经济管理 2004-04
⊙ 发展生态旅游/叶建东//上海经济 2004-06
⊙ 发展生态旅游是西部旅游业开发的战略选择——以宁夏生态旅游科技园试验示范推广模式研究为例/孙世文//青海环境 2004-02
⊙ 发展生态旅游首先要有"生态"行为/应建勇//浙江日报 2004-10-13
⊙ 发展生态旅游要注意保护生态/阳政//湖南经济报 2004-01-08
⊙ 发展生态旅游浙江的必然选择//今日浙江 2004-14
⊙ 发展特色旅游的对策与建议——对发展成都西郊古镇特色旅游线路的探讨/曹丹//桂林旅游高等专科学校学报 2004-01
⊙ 发展文化旅游　打造旅游强县/罗明//团结报 2004-01-03
⊙ 发展文化旅游，打造"文化大连"/郑岩//大连大学学报 2004-01
⊙ 发展西部旅游业的对策探索/刘军//经济论坛 2004-20

- 发展乡村旅游　促进小康建设/张晓松//当代贵州 2004－08
- 发展乡村旅游应遵循的几个原则/王旭//贵州日报 2004－12－02
- 发展乡镇旅游重在凸显优势——以重庆市金凤镇为例/李远//江苏农村经济 2004－05
- 发展新疆旅游业的几点思路/段勤建//新疆社科论坛 2004－03
- 发展新疆旅游业的认识误区及模型基础上的政策建议/买买提·牙生//新疆社科论坛 2004－02
- 发展休闲渔业促进海钓运动/黄盛国//钓鱼 2004－03
- 发展休闲与全面建设小康社会/黄铁苗　曹峥//自然辩证法研究 2004－04
- 发展伊春旅游产业的探讨/张继才//中国林业企业 2004－06
- 发展中的青岛工业旅游/刘翠梅//商业文化 2004－03
- 法国的农会与观光旅游农场/史菁//农村实用工程技术·温室园艺 2004－11
- 法制和管理建设与生态旅游的可持续发展/李长荣//湖南农业大学学报（社会科学版）2004－01
- 反规划在森林旅游规划中的应用/安永刚//河北林业科技 2004－03
- 泛珠三角九省旅游经济综合实力分析和类型划分/王洁娟　甘巧林//中国地理学会 2004 年学术年会暨海峡两岸地理学术研讨会
- 方法－目的链理论在喀斯特旅游产品开发中的运用——以兴文石海洞乡地质公园为例/徐胜兰//中国岩溶 2004－02
- 方兴未艾的法国商务旅游——访法国旅游局中国大区总经理毕韬先生/何异君//出国与就业 2004－14
- 防城港市滨海旅游开发研究/吴郭泉//经济地理 2004－03
- 房车旅游特点及其旅游开发对策/陈建斌//经济师 2004－09
- 房县桥上乡蛤蟆洞特色旅游（地质遗迹）资源的开发与保护/高杨//湖北地矿 2004－02
- 非优区旅游开发的一般规律初探/唐文跃//江西财经大学学报 2004－06
- 非优区旅游开发新思路/孙根年//旅游时代 2004－06
- 非自然景观在旅游规划实作中的运用——以“老重庆”为例/代琦//人文地理 2004－05
- 分时度假——我国旅游产品的创新/张秋惠//经济视角 2004－03
- 分时度假业内人士指点迷津/张云中//国际商报 2004－06－27
- 分时度假中心建设及其在城市旅游发展中的作用/罗守贵//地域研究与开发 2004－06
- 风景旅游地聚居比与建设强度规划研究——以鼓浪屿发展概念规划国际咨询为例/刘滨谊//城市规划汇刊 2004－01
- 风景旅游生命力研究与应用——以菊花岛风景旅游区规划生命力分析评价为例/刘滨谊//华中建筑 2004－05
- 风景名胜区旅游环境适宜性分析——以中山陵园风景名胜区为例/时亚楼//城市环境与城市生态 2004－05
- 风景区旅游环境容量的经济学分析——兼论黄金周规模经济现象/樊信友//资源开发与市场 2004－02
- 风景区旅游线路的创新设计/贾玉成//改革与战略 2004－10
- 风景这边独好　精心打造“红色旅游”——来自邓小平故乡的最新报道/明红//先锋队 2004－13
- 风景资源旅游经济价值评估研究——以南京市珍珠泉风景区为例/万绪才//皖西学院学报 2004－03
- 风景资源－旅游资源－旅游产品——小议市场经济条件下风景资源开发模式/刘骏//重庆建筑大学学报 2004－01
- 枫桥镇发展旅游业的探讨/陈飞平//小城镇建设 2004－06
- 封开：岭南文化发祥地　风景旅游胜地　投资发展宝地//广东经济 2004－08
- 凤凰古城旅游开发思路/范保宁//湖南商学院学报 2004－01
- 佛山市家庭体育旅游消费现状与对策/张洪顺//广州体育学院学报 2004－03
- 涪陵榨菜旅游品牌培育/付启敏//西南农业大学学报（社会科学版）2004－03
- 福建滨海地区生态旅游与可持续发展刍议/黄义雄//中国地理学会 2004 年学术年会暨海峡两岸地理学术研讨会
- 福建龙岩森林旅游发展现状与对策/张荣健//绿色中国 2004－24
- 福建旅游业发展的对策思路/李烈//发展研究 2004－02
- 福建山区旅游精品开发方略/王作鼎//闽江学院学报 2004－04
- 福建上杭开发红色旅游的几点思考/林英健//中国旅游报 2004－12－01
- 福建省滨海旅游发展的 SWOT 分析与对策/韩卢敏//中国地理学会 2004 年学术年会暨海峡两岸地理学术研讨会
- 福建省生态旅游开发若干问题的启示/袁书琪//第二届中国西部生态旅游发展论坛会 2004
- 福建省沿海地区生态旅游产品开发/林水富//林业经济问题 2004－01
- 福州发展生态旅游的战略探讨/黄义雄//土地变化科学与生态建设学术研讨会 2004
- 福州会展旅游存在的问题、条件及发展对策/杨杏月//闽江学院学报 2004－03
- 福州会展旅游发展初探/陈涓//福建教育学院学报 2004－07
- 福州森林公园旅游产品的开发与经营探讨/林杨华//中南林业调查规划 2004－03
- 福州市发展休闲渔业的 SWOT 分析与对策/林岭//闽江学院学报 2004－04
- 福州市旅游环境分析与评价/胡荔香//中国地理学会 2004 年学术年会暨海峡两岸地理学术研讨会
- 复苏中的尼泊尔旅游业/朱庆珍//南亚研究 2004－01
- 赴澳大利亚生态旅游日记五则/封雨岑//生态文化 2004－01
- 赴哈萨克斯坦旅游须知/聂书岭//中亚信息 2004－10
- 改革开放以来中国城市旅游目的地地位变化及因素分析/保继刚//地理科学 2004－03
- 甘南州旅游开发的空间竞争分析/苗红//干旱区资源与环境 2004－06
- 甘肃丹霞地貌旅游形象建设研究/齐德利//地域研究与开发 2004－01
- 甘肃工业旅游发展的研究/王宁//甘肃科技 2004－01
- 甘肃河西地区旅游业整体开发的基本条件及对策/贾芳//开发研究 2004－05
- 甘肃黄河老龙湾“砂砾岩峰丛”地貌旅游资源及其开发研究/温晋林　张建明　陈远生　张春慧　徐昔保//2004 年全国地貌与第四纪学术会议暨丹霞地貌研讨会
- 甘肃旅游产业如何获得更快发展/魏琦//经济论坛 2004－06
- 甘肃旅游产业主导发展战略优势研究/谢民//开发研究 2004－06
- 甘肃旅游如何实现可持续发展/唐志强//西部论丛 2004－10
- 甘肃旅游业举步维艰/赵民望//西部大开发 2004－09
- 甘肃旅游资源优势及旅游可持续发展刍议/周均发//甘肃高师学报 2004－05
- 甘肃民族地区旅游产业培育浅析/王生鹏//西北民族大学学报（哲学社会科学版）2004－04
- 甘肃生态旅游发展探析/毛笑文//开发研究 2004－05
- 甘肃省旅游地质资源及其分类/孟易辰//兰州交通大学学报 2004－04
- 甘肃省旅游市场消费者认知评价调查与研究/把多勋//开发研究 2004－06
- 甘肃省旅游业发展战略模式研究/南宇//发展 2004－07
- 甘肃天祝生态旅游对景区草原生态环境的影响与对策/党国锋//甘肃农业 2004－04
- 甘孜州旅游产业竞争优势的构建/刘旺//四川师范大学学报（自然科学版）2004－01
- 甘孜州文化旅游产业发展思考研究/夏朝静//康定民族师范高等专科学校学报 2004－01

⊙ 关于旅游产业地位的思考——兼论黑龙江省的旅游产业定位/董雪旺//旅游学刊 2004－06
⊙ 关于旅游产业化发展的思考/徐佩华//企业经济 2004－07
⊙ 关于旅游地形象重新定位和形象传播的探讨——以桂林为例/韦瑾//西南民族大学学报（人文社科版）2004－01
⊙ 关于旅游规划中卫星资源开发适宜度的思考——以张家界为例/杨美霞//桂林旅游高等专科学校学报 2004－03
⊙ 关于旅游景区（点）经营权出让问题的思考/姜红莹//湖南省社会主义学院学报 2004－05
⊙ 关于旅游开发与若干欠发达地区经济发展/杨国安//干旱区资源与环境 2004－04
⊙ 关于旅游起源的研究/曹国新//广西社会科学 2004－09
⊙ 关于旅游文化的思考/易俊//民族艺术研究 2004－03
⊙ 关于旅游循环经济的思考/邹统钎//中国旅游报 2004－12－13
⊙ 关于旅游业作为西藏经济主导产业的探讨/赵国庆//中国藏学 2004－03
⊙ 关于煤矿利用矿山遗迹开发旅游项目的思考/苑立清//中国矿业 2004－10
⊙ 关于民营企业介入风景区旅游开发的思考——以“碧峰峡模式”为例/黄河//宜宾学院学报 2004－02
⊙ 关于民族旅游开发与民族文化保护的几点思考/刘红梅//开发研究 2004－03
⊙ 关于名校校园旅游资源——以武汉大学为例/但强//中国地理学会 2004 年学术年会暨海峡两岸地理学术研讨会
⊙ 关于培育和提升广西旅游竞争力的若干思考/胡霞露//广西师范学院学报（哲学社会科学版）2004－S1
⊙ 关于培育具有四川历史文化特色旅游品牌的思考/张珍华//西华大学学报（哲学社会科学版）2004－02
⊙ 关于欠发达地区社区参与旅游收益分配的探讨/蒋艳//重庆交通学院学报（社会科学版）2004－03
⊙ 关于区域旅游规划几个基本问题的思考/王春雷//地域研究与开发 2004－04
⊙ 关于泉州旅游业发展的思考/黄一菁//广西民族学院学报（哲学社会科学版）2004－S2
⊙ 关于塞罕坝国家森林公园生态旅游与生态保护协调发展的思考/赵云国//河北林业 2004－02
⊙ 关于神仙门景点旅游开发的基本设想/邢继德//潍坊教育学院学报 2004－01
⊙ 关于生态旅游的几点思考/林睿//铜仁师范高等专科学校学报 2004－04
⊙ 关于生态旅游若干问题的探讨/章家恩//第二届中国西部生态旅游发展论坛会 2004
⊙ 关于生态旅游实践的反思/葛安新//陕西林业 2004－06
⊙ 关于实现真正意义的生态旅游的思考/李晓趁//河北林业科技 2004－01
⊙ 关于四川省泸沽湖旅游景区开发模式的探讨/喇明英//西南民族大学学报（人文社科版）2004－01
⊙ 关于四川省旅游产业跨越式发展的考察报告//山西政报 2004－07
⊙ 关于体育旅游的若干思考/张金桥//辽宁体育科技 2004－05
⊙ 关于天津市旅游服务体系建设的构想/李季//商业研究 2004－04
⊙ 关于拓展我国商务旅游市场的思考/厉新权//北京第二外国语学院学报 2004－03
⊙ 关于我国开放出境旅游市场的思考/刘菲//北京工商大学学报（社会科学版）2004－02
⊙ 关于我国旅游产业组织结构的思考/郝索//西北大学学报（哲学社会科学版）2004－06
⊙ 关于我国旅游农业发展的思考/张遵东//农村经济 2004－06
⊙ 关于我国农业旅游开发的若干思考/毛勇//农业经济 2004－04
⊙ 关于厦漳龙三市区域旅游合作的几点思考/李爽//亚太经济 2004－S1
⊙ 关于襄樊旅游开发的若干思考/杜汉华//襄樊职业技术学院学报 2004－02
⊙ 关于云南省旅游发展的几点思考/王亮//西华大学学报（哲学社会科学版）2004－04
⊙ 关于装饰性旅游产品个性的思考/杨玲//装饰 2004－10
⊙ 关于做大做强休闲垂钓业的探讨/柳富荣//渔业致富指南 2004－03
⊙ 关中经济区旅游业创新与联合问题研究/蔡平//西安联合大学学报 2004－01
⊙ 关注旅游规划中的城市化趋势/王衍用　王旭科//中国旅游报 2004－05－26
⊙ 观光采摘：一种新型的外出旅游休闲方式/吕明伟//中国供销商情 2004－10
⊙ 观光农业成为黑龙江旅游业的新支点/张昕//商业研究 2004－03
⊙ 观光农业旅游开发模式及开发对策初探/余美珠//福建师范大学学报（哲学社会科学版）2004－06
⊙ 观光农业特产园旅游开发问题探讨/杨林//金华职业技术学院学报 2004－03
⊙ 观光休闲农业与农业生态旅游/郭焕成//第二届海峡两岸休闲农业与观光旅游学术研讨会 2004
⊙ 观光休闲农业园区景观规划设计的理论与实践/吕明伟　郭焕成//第二届海峡两岸休闲农业与观光旅游学术研讨会 2004
⊙ 贯彻科学发展观，实现生态旅游产业化/张跃西//首届长三角科技论坛——生态环境与可持续发展分论坛 2004
⊙ 广东冰雪旅游市场的开发研究/张永安//江苏商论 2004－12
⊙ 广东的“专业镇”与“另类”科技旅游/谢涤湘//广东科技 2004－04
⊙ 广东科技旅游与文化旅游的互动发展/刘少和//广东科技 2004－04
⊙ 广东旅游现代化高技术发展战略思考/刘锋//广东科技 2004－04
⊙ 广东南岭国家森林公园旅游形象定位/练丽//广东园林 2004－04
⊙ 广东省海滨旅游现状与发展初探/李志强//海洋开发与管理 2004－04
⊙ 广东省科技旅游发展初探/金利霞　江璐明//中国地理学会 2004 年学术年会暨海峡两岸地理学术研讨会
⊙ 广东西樵山国家森林公园生态旅游现状及其发展对策/黄金国//中南林业调查规划 2004－04
⊙ 广泛兴起的特色旅游/蔡家成//江淮 2004－09
⊙ 广深珠旅游合作面临的问题及相关策略/宋丁//特区经济 2004－05
⊙ 广深珠区域旅游品牌与旅游形象辨析/梁明珠//江苏商论 2004－06
⊙ 广西“红色路线”旅游资源的系统整合/祖玲　胡宝清　周游游//第三届广西青年学术年会 2004
⊙ 广西百色市生态旅游之探讨/马艺芳//广西社会科学 2004－03
⊙ 广西边境旅游的发展和实践研究/陈桂秋//广西教育学院学报 2004－02
⊙ 广西边境旅游发展及客源市场开拓/刘小蓓//四川大学学报（哲学社会科学版）2004－S1
⊙ 广西边境五县市旅游业问题思考/农淑英//南宁师范高等专科学校学报 2004－02
⊙ 广西滨海生态旅游资源及其产业发展机遇/何国民//2004・中国・武汉生态旅游论坛
⊙ 广西桂林旅游信息化建设研究/刘小航//中国地理学会 2004 年学术年会暨海峡两岸地理学术研讨会
⊙ 广西会展旅游的发展形势与战略选择/阳芳//广西师范大学学报（哲学社会科学版）2004－04
⊙ 广西建设生态旅游城市的可行性研究/杨颖瑜//第二届中国西部生态旅游发展论坛会 2004
⊙ 广西旅游商品发展思路探索——以桂林为个案研究/刘春燕//第三届广西青年学术年会 2004
⊙ 广西旅游先行战略研究/李月兰//广西社会科学 2004－09
⊙ 广西民族体育旅游的 SWOT 分析与战略选择/陆元兆//体育学刊 2004

学报 2004－04
⊙ 横店影视旅游营销先人一步/徐力平　施晓文　李智勇//华东旅游报 2004－12－24
⊙ 衡山“中华寿岳”旅游品牌建设初探/王迪云//湖南商学院学报 2004－06
⊙ 衡水湖自然保护区开展生态旅游的思考/王郑敏//林业科技管理 2004－03
⊙ 衡阳市旅游发展的总体定位、目标及战略探讨/申秀英//湖南社会科学 2004－06
⊙ 弘扬名士文化　发展文物旅游/高军//东方博物 2004－01
⊙ 红色旅游：前进中的审视/温秀//中国旅游报 2004－03－29
⊙ 红色旅游产业乘势而上//江西日报 2004－01－12
⊙ 红色旅游的人文精神回归/李小波//中国旅游报 2004－12－15
⊙ 红色旅游的双赢作用/严澍//中国旅游报 2004－12－06
⊙ 红色旅游具有文化传播功能/伍先福　刘建平//中国旅游报 2004－12－29
⊙ 红色旅游另一种意义的革命/王京传　刘玉芝//中国旅游报 2004－12－01
⊙ 红色旅游升温的背后/曹晖//中国老区建设 2004－11
⊙ 红色旅游与绿色经济对接　中国绿色韶山建设工程日显端倪/郭娅妮//公关世界 2004－10
⊙ 红色旅游资源特点分析/冷新宇//中国旅游报 2004－10－25
⊙ 红色区域旅游合作的构想/闫兴亚　张英明//中国旅游报 2004－11－03
⊙ 红树林生态旅游初探/张乔民　施祺　梁康成　林东年//2004 年全国地貌与第四纪学术会议暨丹霞地貌研讨会
⊙ 宏观调控下的旅游经济/文海英//决策咨询 2004－08
⊙ 猴年春节旅游呈现四大特色//国际商报 2004－02－08
⊙ 后“非典”时期我国旅游业如何实现“软着陆”/赖启航//宜宾学院学报 2004－02
⊙ 呼和浩特市旅游管理条例//呼和浩特日报（汉）2004－12－29
⊙ 呼伦贝尔旅游文化资源及开发初探/敖爱玲//内蒙古师范大学学报（哲学社会科学版）2004－S3
⊙ 湖北楚文化旅游进一步开发的几点构想/徐涛//理论月刊 2004－12
⊙ 湖北旅游节庆与品牌建设研究/黄翔　郎丽　吴娟//中国地理学会 2004 年学术年会暨海峡两岸地理学术研讨会
⊙ 湖北民族地区的主导产业——文化旅游业/段敏芳//统计与决策 2004－11
⊙ 湖北省八峰森林公园的旅游形象策划与促销/胡铭//湖北林业科技 2004－01
⊙ 湖北省海外旅游市场营销策略/袁俊//高等函授学报（自然科学版）2004－04
⊙ 湖北省旅游企业集团化发展障碍与模式分析/刘名俭//湖北社会科学 2004－11
⊙ 湖北省旅游文化产业发展战略研究/李星明//中国地理学会 2004 年学术年会暨海峡两岸地理学术研讨会
⊙ 湖北省贫困地区旅游可持续发展研究/郭清霞//湖北大学成人教育学院学报 2004－05
⊙ 湖南：森林旅游，引游客驻步/宁铭铨//中国林业产业 2004－12
⊙ 湖南“十一五”期间旅游业开发建设重点初探/彭新沙//湖南商学院学报 2004－06
⊙ 湖南旅游价格现状评价与改革思考——改革成效、存在问题与原因探析/郭志球//价格理论与实践 2004－12
⊙ 湖南旅游业可持续发展的几个问题/李慧云//民族论坛 2004－03
⊙ 湖南省旅游商品发展现状与对策的研究/于德珍//南华大学学报（社会科学版）2004－01
⊙ 湖南省森林公园旅游性质的定位分析/张西林//西部林业科学 2004－03
⊙ 互联网对传统旅游经营和旅游行政管理方式的影响/刘劲柳//中国旅游报 2004－03－01
⊙ 华北平原地区中等城市农业与乡村旅游发展模式的探讨——以山东聊城市为例/唐永顺//第二届海峡两岸休闲农业与观光旅游学术研讨会 2004
⊙ 华山旅游市场特点及其开发研究/钱紫华//桂林旅游高等专科学校学报 2004－04
⊙ 怀化旅游形象定位研究/张河清//怀化学院学报 2004－04
⊙ 怀化特色旅游业的发展思路与对策/唐德彪//怀化学院学报 2004－03
⊙ 环城市旅游度假带开发研究——以广州市为例/张玲//社会科学家 2004－06
⊙ 黄河大峡生态旅游开发建设的思考/李连惠//绿色中国 2004－14
⊙ 黄河三角洲湿地资源生态旅游开发利用研究/李平//海洋科学 2004－11
⊙ 黄河三峡旅游开发热的反思/白育庆//甘肃日报 2004－08－26
⊙ 黄河小浪底库区生态旅游保护性开发研究/张志涛//河南林业科技 2004－03
⊙ 黄金周“假日旅游”利弊谈/潘璠//经济日报 2004－10－10
⊙ 黄金周后的思考/储东华　蔡侯友　杨猛//云南日报 2004－10－14
⊙ 黄金周旅游消费心理透析/万幼清//医学与社会 2004－04
⊙ 黄龙洞沉积的环境意义及旅游开发评价/杨东林//太原师范学院学报（自然科学版）2004－01
⊙ 黄龙洞旅游开发对洞内生态环境和人的影响的研究/李悦丰　严斧　晏海清//2004·中国·武汉生态旅游论坛
⊙ 黄龙洞旅游开发对洞内生态环境和人的影响的研究/李悦丰//生态经济 2004－12
⊙ 黄山旅游：再造经营价值链/黄蕾//财经界 2004－03
⊙ 黄山市旅游发展阻力的问题构造/周永广//浙江大学学报（理学版）2004－03
⊙ 灰色理论在黄金周旅游人数及旅游收入预测中的应用/王道林//泰山学院学报 2004－06
⊙ 徽州文化在旅游业中的价值/张脉贤//江淮 2004－09
⊙ 会议旅游：聚焦德国//中国新时代 2004－09
⊙ 会展旅游产业发展浅析/吴静//黑河学刊 2004－03
⊙ 会展旅游的理论及其案例研究/梁留科//经济地理 2004－01
⊙ 会展旅游的市场分析与发展瓶颈问题——以广州的会展旅游市场为例/胡林//商讯商业经济文荟 2004－05
⊙ 会展旅游对加快城市游憩空间外延的实证分析/冯淑华//求实 2004－03
⊙ 会展旅游发展问题分析——以郑州市为例/娄世娣//经济经纬 2004－05
⊙ 会展旅游发展研究/曹新向//人文地理 2004－05
⊙ 会展旅游靓廊坊/孙中伟//经济论坛 2004－05
⊙ 会展旅游实现联动指日可待/何方//中国商报 2004－06－18
⊙ 会展旅游——武汉旅游的新亮点/陈春梅//内蒙古科技与经济 2004－22
⊙ 会展旅游业渐入佳境/吕岩　芳茵//安徽日报 2004－07－20
⊙ 活动型旅游策划的文化战略思考——以上海为例/潘文焰//桂林旅游高等专科学校学报 2004－03
⊙ 积极开发桑干湖风景区　为发展大同生态旅游开拓新路/范树宏//山西水利 2004－04
⊙ 积极融入陆桥旅游经济大体系/李福全//大陆桥视野 2004－10
⊙ 积极拓展亚洲客源市场/旭东　江伟　全大//华东旅游报 2004－06－29
⊙ 基于 ActiveX 技术开发数字化旅游信息系统/向华//地理空间信息 2004－01
⊙ 基于 GIS 的什刹海地区旅游资源的分析——针对旅游配套设施的调查研究/陈甲//首都师范大学学报（自然科学版）2004－04
⊙ 基于 GIS 的四川省生态旅游分区评价/陈学华//山地学报 2004－05
⊙ 基于 GIS 的新疆主要旅游景区可接近性分析研究/张玉虎//云南地理环境研究 2004－04
⊙ 基于 Java 的旅游地图符号库的设计与实现/闻紫金//计算机工程 2004

07 - 23
- 旅游规划与城市规划的协同发展/薛莹//中国旅游报 2004 - 10 - 15
- 旅游规划与管理中利益相关者研究进展/周玲//旅游学刊 2004 - 06
- 旅游规划与旅游营销关系辨析/陈烈//经济地理 2004 - 02
- 旅游规划与人文关怀浅析/杨春宇//人文地理 2004 - 03
- 旅游规划中不可忽视的因素/汝百乐//中国旅游报 2004 - 02 - 13
- 旅游规划中的 SWOT 分析/林振华//林业调查规划 2004 - 01
- 旅游合同初论/孙冬梅//商丘职业技术学院学报 2004 - 05
- 旅游合同及其违约责任的认定/王莉莉//商业经济 2004 - 11
- 旅游合同哪些条款在侵权/贾君//中国消费者报 2004 - 09 - 13
- 旅游合同若干法律问题探讨/刘敢生//法律适用 2004 - 10
- 旅游合同实际违约责任与补救措施/原野//燕山大学学报（哲学社会科学版）2004 - 01
- 旅游合作发展的对策思考/刘住　杨荣斌　王勇//中国旅游报 2004 - 07 - 07
- 旅游环境保护与政府干预/陈国生//旅游科学 2004 - 03
- 旅游环境承载力实证分析/王叶峰//浙江万里学院学报 2004 - 03
- 旅游环境承载力与旅游业可持续发展/孙睦优//桂林旅游高等专科学校学报 2004 - 03
- 旅游环境明显改善　六大问题亟待解决/郗望　樊蕾　张雷//陕西日报 2004 - 02 - 23
- 旅游环境容量测算方法初探/陈宇锋//莆田学院学报 2004 - 03
- 旅游环境容量的动态分析——生命周期理论与木桶原理的应用/刘少湃//社会科学家 2004 - 02
- 旅游环境容量对旅游业可持续发展的影响/张启珍//安阳师范学院学报 2004 - 04
- 旅游环境容量确定方法的探讨/万幼清//江西财经大学学报 2004 - 04
- 旅游环境容量研究：从理论框架到管理工具/张骁鸣//资源科学 2004 - 04
- 旅游黄金周将“功成身退”？/相飞//江苏经济报 2004 - 10 - 26
- 旅游黄金周退出历史舞台时机成熟/洛涛//经济参考报 2004 - 10 - 18
- 旅游活动的社会影响/吴章文//中南林学院学报 2004 - 03
- 旅游活动对环境的不良影响及预防/任曼丽//安阳师范学院学报 2004 - 02
- 旅游活动对云蒙山国家森林公园景观及视觉的影响评价/王忠君//河北林业科技 2004 - 01
- 旅游集散中心谁来保驾护航？/张颖//国际金融报 2004 - 05 - 10
- 旅游集团化运作：亟需打造“发展环境”/王宁//中国经济时报 2004 - 07 - 06
- 旅游纪念品的营销策略/郑丽娟//边疆经济与文化 2004 - 01
- 旅游纪念品定价策略浅谈/彭先坤//价格月刊 2004 - 08
- 旅游纪念品开发思路探析/杨从锋//江南大学学报（人文社会科学版）2004 - 02
- 旅游纪念品市场存在的问题及其对策/冯万荣//太原大学学报 2004 - 01
- 旅游价格的管理与监督/赵恒伯//价格月刊 2004 - 11
- 旅游价格信用问题的表现及对策研究/王俊红//邢台职业技术学院学报 2004 - 06
- 旅游价格应当如何完善/曹志新//中国旅游报 2004 - 02 - 02
- 旅游价值链调查及其对旅行社管理的启示/陈建斌//企业经济 2004 - 08
- 旅游教育机遇与挑战并存//中国旅游报 2004 - 06 - 18
- 旅游教育培训 2003 可圈可点 2004 将呈新貌/李玲//中国旅游报 2004 - 01 - 02
- 旅游接待设施及旅游服务行业//华商 2004 - Z3
- 旅游解说系统的设计探讨——以重庆缙云山为例/王辉//地域研究与开发 2004 - 01
- 旅游仅有资源还不够/李晔//内蒙古日报 2004 - 12 - 02
- 旅游经济亟待特色金融/吴跃云//中国旅游报 2004 - 02 - 25
- 旅游经济就是知名度经济/陈静//中国旅游报 2004 - 03 - 17
- 旅游经济可持续发展对策/刘建浩//统计与决策 2004 - 12
- 旅游经济凝聚长三角/刘耿大//上海经济 2004 - 02
- 旅游经济系统发展与发展系统/陈绍友//重庆师范大学学报（哲学社会科学版）2004 - 05
- 旅游经济现低潮　体验经济呈商机/高萱　韩小红　李雪婷//中国妇女报 2004 - 10 - 15
- 旅游经济增长极/宋忠升//招商周刊 2004 - Z2
- 旅游景点成了唐僧肉/马和亮//宁夏日报 2004 - 09 - 30
- 旅游景点的文化表演之研究/杰茜卡·安德森·特纳//民族艺术 2004 - 01
- 旅游景点开发的人性观念/余开远//北方经贸 2004 - 02
- 旅游景点——作为公共空间的一点思考/刘高勇//韩山师范学院学报 2004 - 02
- 旅游景区（点）两权分离问题探析/唐湘辉//郑州航空工业管理学院学报（社会科学版）2004 - 02
- 旅游景区的事件营销/刘名俭　赵蕾//中国旅游报 2004 - 12 - 27
- 旅游景区规划多维视角的纵向转换/牟红//经济论坛 2004 - 05
- 旅游景区活动的市场化运作模式探析/周玲强//商业经济与管理 2004 - 06
- 旅游景区经营权的有偿转让问题研究/董莉莉//开发研究 2004 - 04
- 旅游景区经营权的转让/阎友兵//湘潭大学学报（哲学社会科学版）2004 - 05
- 旅游景区经营权转让存在问题分析与对策研究/高爱仙//襄樊学院学报 2004 - 05
- 旅游景区经营权转让亟待法律规范/刘似航//开放潮 2004 - 08
- 旅游景区景观设计的地域文脉内核探解/牟红//重庆工学院学报 2004 - 05
- 旅游景区开发建设与文化品位提升/黄健//中国旅游报 2004 - 08 - 30
- 旅游景区开发与产权酒店经营模式——以四川省理县为例/傅广海//资源开发与市场 2004 - 04
- 旅游景区门票收入流失对策研究/田勇//价格月刊 2004 - 01
- 旅游景区品牌管理模型研究/朱强华//桂林旅游高等专科学校学报 2004 - 06
- 旅游景区市场营销策略探微/朱龙//湛江海洋大学学报 2004 - 02
- 旅游景区数字化及生态适宜性的实证研究/孙玉军　张志涛　刘宁宁　柏樱岚//第二届中国西部生态旅游发展论坛会 2004
- 旅游景区宣传营销之我见/郭琰//理论月刊 2004 - 09
- 旅游景区智能化管理系统的开发模式/支向阳//科技情报开发与经济 2004 - 03
- 旅游竞争力研究范式的反思与批判/龙江智//中国地理学会 2004 年学术年会暨海峡两岸地理学术研讨会
- 旅游就是快乐　营销重在创意/王屹立//河南日报 2004 - 08 - 27
- 旅游就业存在十大增长点/孙玉波//经济参考报 2004 - 07 - 03
- 旅游就业增长需消除 5 个瓶颈/孙玉波//中国改革报 2004 - 07 - 05
- 旅游决策影响因素研究/邱扶东//心理科学 2004 - 05
- 旅游开发背景下东巴文化的新际遇/宗晓莲//中央民族大学学报（哲学社会科学版）2004 - 06
- 旅游开发不能漠视当地居民的利益/国华//新京报 2004 - 11 - 30
- 旅游开发的软与硬/师振亚//中国旅游报 2004 - 02 - 18
- 旅游开发对民俗文化影响的预测与调控/唐凡茗//桂林旅游高等专科学校学报 2004 - 03
- 旅游开发改善依兰投资环境/黄珊　马少忠　陈猛//中国旅游报 2004 - 06 - 23
- 旅游开发过程中存在的环境问题及解决对策/杨志祥//辽东学院学报

旅游论坛
- 旅游生态学的理论与实践/那守海//东北林业大学学报 2004-03
- 旅游生态足迹：测度旅游可持续发展的新标准/李鹏　杨桂华//2004·中国·武汉生态旅游论坛
- 旅游生态足迹模型及黄山市实证分析/章锦河//地理学报 2004-05
- 旅游市场　魅力无限/周晋安//粤港澳价格 2004-02
- 旅游市场步入散客时代/叶征征//华东旅游报 2004-12-09
- 旅游市场的价格过度竞争分析/时健康//经济视角 2004-03
- 旅游市场过度价格竞争问题及对策/王秀芝//沈阳大学学报 2004-01
- 旅游市场亟待呵护/吴家跃　王忠民//广西日报 2004-05-19
- 旅游市场监督博弈分析/田喜洲//经济经纬 2004-03
- 旅游市场如何走出“自相残杀”迷局？/张建设　张毅兵//中国经济时报 2004-07-20
- 旅游市场推行“导游承诺制”/王刚//黑龙江日报 2004-03-11
- 旅游市场削价竞争分析及对策研究/任朝旺//经济论坛 2004-24
- 旅游市场信息不对称的分析与对策/刘丽娟//陶瓷研究与职业教育 2004-04
- 旅游市场要打好“女性牌”//人民政协报 2004-08-25
- 旅游市场营销探讨/仇立华//企业经济 2004-07
- 旅游市场整体走低　三大措施紧急救市/高和平//华夏时报 2004-11-17
- 旅游市场秩序治理整顿全面铺开//中国旅游报 2004-06-16
- 旅游市场中的航空“鸡肋”/赵垒//中国旅游报 2004-11-22
- 旅游收入分配漏损的比较分析：以西递—宏村为例/张骁鸣//中国地理学会 2004 年学术年会暨海峡两岸地理学术研讨会
- 旅游体验与景区开发模式/黄鹂//兰州大学学报（社会科学版）2004-06
- 旅游体验真实性规律与景区经营管理问题/钟国庆//桂林旅游高等专科学校学报 2004-04
- 旅游天数与旅游经济的思考/李晓军//中国旅游报 2004-03-01
- 旅游投入：在政府行为与民间资本之间徘徊/李成侠//甘肃日报 2004-11-24
- 旅游投资轨迹与建议/王成志//中国旅游报 2004-07-07
- 旅游投资项目的产品化及营销策略/黄鹂//四川大学学报（哲学社会科学版）2004-05
- 旅游投资项目的风险分析与防范对策/翁钢民//技术经济与管理研究 2004-06
- 旅游投资在西部旅游扶贫中的效用分析/赵小芸//旅游学刊 2004-01
- 旅游外部环境发展趋势与西部旅游市场可持续发展/刘晓鹰//乐山师范学院学报 2004-02
- 旅游网络营销战略/龚绍方//企业活力 2004-06
- 旅游网站的两种盈利模式/陈硕　冯学钢//光明日报 2004-11-17
- 旅游网站的两种赢利模式/刘叶//中国旅游报 2004-11-24
- 旅游网站调查显示国庆出游三大趋势/李俊//中国旅游报 2004-09-29
- 旅游危机的诱因及对策初步研究/张建//淮阴工学院学报 2004-04
- 旅游危机管理初步研究/杨兴柱//资源开发与市场 2004-06
- 旅游为农业生产“添枝加叶”/耿闻//中国旅游报 2004-05-26
- 旅游卫视：另类思维探正路//市场观察 2004-09
- 旅游卫视：重塑品牌　再创辉煌//广告大观（综合版）2004-09
- 旅游卫视的频道策略与广告营销/张玉洪//广告大观（综合版）2004-10
- 旅游温点地区旅游产业发展研究——以四川广元为例/何文俊//西南民族大学学报（人文社科版）2004-10
- 旅游文化：文化整合的过程与结果——文化整合的视角看旅游文化/陈岗//桂林旅游高等专科学校学报 2004-06
- 旅游文化的类型与特征及其在旅游业中的地位分析/王方//安徽师范大学学报（自然科学版）2004-01
- 旅游文化论/李学江//东岳论丛 2004-06
- 旅游文化新趋势——个性化旅游/小雯//中华合作时报 2004-01-29
- 旅游文化与扬州旅游业可持续发展/李芸//扬州教育学院学报 2004-04
- 旅游吸引力与乡村旅游/郑健雄//第二届海峡两岸休闲农业与观光旅游学术研讨会 2004
- 旅游险亟待解决四大难题/刘志敏　杨瑞寒//证券日报 2004-04-26
- 旅游现象矛盾论/袁国宏//桂林旅游高等专科学校学报 2004-04
- 旅游线路创新七法/李晓军//中国旅游报 2004-04-05
- 旅游线路设计的问题及实证研究/谭彩荷//重庆工学院学报 2004-04
- 旅游线路设计与优化中的运筹学问题/吴凯//旅游科学 2004-01
- 旅游项目发展趋势探讨/苏敏//哈尔滨学院学报 2004-01
- 旅游项目融资途径简析/林峰//中国旅游报 2004-10-25
- 旅游消费生态占用初探——以北京市海外入境旅游者为例/席建超//自然资源学报 2004-02
- 旅游消费市场中信誉机制建立的困境及政府职能的定位/李增福//旅游学刊 2004-03
- 旅游消费与电子商务的相互作用/杨路明//思想战线 2004-03
- 旅游消费者合法权益保护问题论要/罗冬娥//求索 2004-07
- 旅游消费者满意－不满意（CS－D）因源的理性思考/卞显红//商业研究 2004-07
- 旅游新宠：半自助/林琼//人民日报海外版 2004-08-14
- 旅游信息化与 TGIS 应用研究/邓文胜//干旱区资源与环境 2004-03
- 旅游信息资源的开发整合与利用/刘柏云//图书馆论坛 2004-03
- 旅游信用初探/杨晓霞//西南民族大学学报（人文社科版）2004-10
- 旅游信用缺失的经济学分析/郭鲁芳//科技进步与对策 2004-02
- 旅游兴镇　扶贫富民——湖北省京山县绿林镇旅游开发的得与失/卢世菊//当代经济 2004-12
- 旅游形态演变扫描/张玉钧//中国旅游报 2004-11-15
- 旅游形象定位及其形象识别系统研究/申秀英//经济师 2004-07
- 旅游形象口号的作用机理与创意模式初探/李燕琴//旅游学刊 2004-01
- 旅游形象研究理论进展与前瞻/程金龙//地理与地理信息科学 2004-02
- 旅游休闲度假民俗村食品卫生现况调查与控制/李继忠//中国公共卫生管理 2004-06
- 旅游休闲苗圃兴起//中国供销商情 2004-11
- 旅游需求影响因素分析/刘富刚//德州学院学报 2004-04
- 旅游需要策划/盛学峰//华东旅游报 2004-08-13
- 旅游需要理论的创新与发展/王敬武//北京工商大学学报（社会科学版）2004-02
- 旅游宣传与建德旅游/卢新安//华东旅游报 2004-11-25
- 旅游学分支学科相关性及其进展态势分析——《旅游研究纪事》30 年/邢珏珏　李业锦　吴必虎　齐莉娜//中国地理学会 2004 年学术年会暨海峡两岸地理学术研讨会
- 旅游要担起发展经济与宣传河南的责任/张明灿//中国旅游报 2004-12-10
- 旅游也应可持续/晓晨//中国环境报 2004-10-22
- 旅游业　塑造云南“大家风范”/唐瑗霜//中华儿女（海外版）2004-S1
- 旅游业：何时迎来《旅游法》？/明新//中国绿色时报 2004-12-28
- 旅游业：湖北经济新的增长点/田野//政策 2004-01
- 旅游业产业集聚的创新研究/麻学锋//市场论 2004-11
- 旅游业——朝鲜未来开放的窗口/余夫//世界知识 2004-04
- 旅游业存在 7 大问题/邹积瑛//兰州日报 2004-12-09
- 旅游业带动敦煌市经济发展//中国信息报 2004-07-14
- 旅游业的负面经济效应分析/依绍华//桂林旅游高等专科学校学报 2004-05

⊙ 旅游业的区域影响/邵云芳//太原城市职业技术学院学报 2004-06
⊙ 旅游业的社会关怀/巫宁//中国旅游报 2004-12-31
⊙ 旅游业的现状及我国体育旅游的对策/李勇//云梦学刊 2004-03
⊙ 旅游业的新增长点——浙江工农业旅游发展问题研究/葛立成//商业经济与管理 2004-05
⊙ 旅游业电子商务战略营销模型/唐超//科技创业月刊 2004-17
⊙ 旅游业对第三产业的直接带动效应分析/依绍华//价格理论与实践 2004-09
⊙ 旅游业对环境的影响及对策建议——以广东省阳江市为例/许奕富//山西能源与节能 2004-02
⊙ 旅游业对纳西族传统观念及生活方式的影响分析/和占琮//昆明理工大学学报（社会科学版）2004-03
⊙ 旅游业对武汉经济的影响、目标及对策/薛领//经济师 2004-07
⊙ 旅游业发展模式的转变——体验经济下旅游业发展模式的调整/陈旭//市场周刊·财经论坛 2004-08
⊙ 旅游业管理制度力量博弈分析/朱四海//龙岩师专学报 2004-01
⊙ 旅游业经济影响的方法论研究/依绍华//时代经贸 2004-05
⊙ 旅游业经济与农业经济优势互补研究——以张家界市为例/麻学锋//农村·农业·农民（A 版）2004-11
⊙ 旅游业可持续发展的动力系统研究/袁国宏//旅游科学 2004-01
⊙ 旅游业可持续发展的经济学分析/陈向红//乐山师范学院学报 2004-02
⊙ 旅游业可持续发展途径探索/樊春梅//武汉市经济管理干部学院学报 2004-03
⊙ 旅游业可持续发展中的主要障碍及相关对策探讨/刘仁庆//河南科学 2004-06
⊙ 旅游业可持续性发展理论与西部旅游发展对策/王洁//求实 2004-S4
⊙ 旅游业区域合作机制创新研究——以成长中的“泛珠三角”为例/秦学//中国地理学会 2004 年学术年会暨海峡两岸地理学术研讨会
⊙ 旅游业人力资本供求机制问题研究/王伟伟//社会科学辑刊 2004-01
⊙ 旅游业——上海新一轮发展中的主导产业/王慧敏//上海综合经济 2004-10
⊙ 旅游业是阜新服务业的朝阳产业/王力凡//辽宁经济 2004-12
⊙ 旅游业是国民经济发展新的增长点/陈鸣//广东技术师范学院学报 2004-02
⊙ 旅游业网络营销三角模型/黄红莉//科技创业月刊 2004-12
⊙ 旅游业危机管理的研究/董亚娟//长安大学学报（社会科学版）2004-01
⊙ 旅游业与公共关系/周世忠//河南商业高等专科学校学报 2004-01
⊙ 旅游业与民族文化的可持续发展/张金兰　连春生　王明新//齐鲁渔业 2004-01
⊙ 旅游业在西部民族地区经济发展中的作用/李再勇//中共贵州省委党校学报 2004-02
⊙ 旅游业中的二元结构及公共政策研究/徐红罡//思想战线 2004-01
⊙ 旅游业中的历史文化名人效应/赖伟臣//重庆三峡学院学报 2004-06
⊙ 旅游业中模糊综合评判的数学模型/杨晓平//科技创业月刊 2004-10
⊙ 旅游一卡通：盘活大理旅游市场/杨丽华//国际商报 2004-09-19
⊙ 旅游一体化还需多久？/门国锋//招商周刊 2004-Z3
⊙ 旅游意象规划/查君//中国园林 2004-06
⊙ 旅游营销：化危为机/欧阳俊//中国商贸 2004-Z1
⊙ 旅游营销要打“文化牌”/姚航//大连海事大学学报（社会科学版）2004-01
⊙ 旅游营销要像下围棋一样/付康松//湖南经济报 2004-09-30
⊙ 旅游营销中的知觉策略/王岩//市场周刊·商务 2004-11
⊙ 旅游与边疆经济文化发展/王绍顺//边疆经济与文化 2004-01
⊙ 旅游与人的精神世界/孙天胜//科学对社会的影响 2004-03
⊙ 旅游与体育比翼双飞/陈富钢　龚立仁//中国旅游报 2004-10-08
⊙ 旅游与自然美的欣赏——兼谈云台山景观/顾珏//焦作大学学报 2004-02
⊙ 旅游预测　政策与规划关系研究及应用/许新平//华东旅游报 2004-08-20
⊙ 旅游灾害事件成灾模型的建立及解析/秦志英//灾害学 2004-04
⊙ 旅游怎样带动地方经济/育文//光明日报 2004-05-24
⊙ 旅游者、摄影节（比赛）与目的地营销——某旅游地案例定性分析/刘丹萍//旅游学刊 2004-04
⊙ 旅游者的环境心理“烙印”对旅游的影响及其应用/张春丽//桂林旅游高等专科学校学报 2004-02
⊙ 旅游者践踏对生态旅游景区土壤影响定量研究——以香格里拉碧塔海生态旅游景区为例/陈飙//地理科学 2004-03
⊙ 旅游知名网站面临的网络攻击与防御——以桂林旅游网为例/蒋方敏//社会科学家 2004-02
⊙ 旅游职业经理人的培养模式研究/单成宗//企业活力 2004-06
⊙ 旅游中的七项易发侵权行为/革继胜//社区 2004-19
⊙ 旅游筑平台　文化唱主角——“腾冲现象”的启示/雨人//今日民族 2004-06
⊙ 旅游专列市场开发浅析/贾跃千//中国旅游报 2004-12-01
⊙ 旅游专线牌：何时才能发放？/梅吉雨//时代潮 2004-12
⊙ 旅游专项规划环境影响评价探讨/沈万斌//四川环境 2004-01
⊙ 旅游咨询中心的定位及服务策略研究/童金华//商业经济与管理 2004-08
⊙ 旅游资源的旅游价值评估——以敦煌为例/郭剑英//自然资源学报 2004-06
⊙ 旅游资源的整合与开发规划/李明德//中国旅游报 2004-02-16
⊙ 旅游资源非优区的旅游可持续发展——以安徽省芜湖市为例/朱桃杏//安徽师范大学学报（人文社会科学版）2004-05
⊙ 旅游资源国家标准分类系统解析/尹泽生//第二届中国西部生态旅游发展论坛会 2004
⊙ 旅游资源开发与融资运作/林峰//中国旅游报 2004-11-01
⊙ 旅游自然生态环境伦理思考/丁晓楠//合作经济与科技 2004-19
⊙ 绿色广元打造森林旅游/肖洪江//国土绿化 2004-07
⊙ 绿色环球 21———塑造全球可持续旅游新形象/赵书军//中国旅游报 2004-07-09
⊙ 绿色消费与我国旅游业营销战略探析/皮平凡//学术交流 2004-03
⊙ 略论发展农业科技生态观光旅游业/曹晨//金华职业技术学院学报 2004-01
⊙ 略论江南水乡古镇旅游市场中的整合营销/陆建伟//市场周刊·商务 2004-07
⊙ 略论旅游规划的实施/刘小英//桂林旅游高等专科学校学报 2004-06
⊙ 略论旅游合同纠纷中责任竞合的认定/张炎//行政与法 2004-02
⊙ 略论旅游企业品牌的开发/张华友//河南商业高等专科学校学报 2004-01
⊙ 略论旅游文化和史实考证之关系——以缙云旅游开发和黄帝文化探讨为例/卢英振//缙云国际黄帝文化学术研讨会 2004
⊙ 略论旅游业的危机管理——SARS 对旅游业影响的思考/王宁//西华师范大学学报（哲学社会
⊙ 略论民国时期旅游的近代化/贾鸿雁//社会科学家 2004-02
⊙ 略论商业特色街与旅游的关系/唐跃//浙江树人大学学报 2004-03
⊙ 略论韶关市在“红三角”经济圈旅游发展中的地位与作用/余志勇//经济前沿 2004-Z1
⊙ 略论我国发展草原生态旅游的优势、问题与对策/陈佐忠//四川草原 2004-02
⊙ 略论我国农业资源的旅游开发与管理/秦远好//学术论坛 2004-02
⊙ 略谈黄山旅游资源的开发和利用/方岩源//华东旅游报 2004-12-31

- 浅谈连云港城市旅游的 CIS/周晓茵//连云港师范高等专科学校学报 2004－04
- 浅谈庐山旅游经济的深度开发/漆晗东//经济论坛 2004－10
- 浅谈旅游环境保护/孟永琴//山西广播电视大学学报 2004－04
- 浅谈旅游生态学理论体系构架及其研究难点/王国新//第二届中国西部生态旅游发展论坛会 2004
- 浅谈旅游线路的设计/蔡海燕//克山师专学报 2004－04
- 浅谈旅游业的特点与软硬件建设/曾昭平//贵阳市委党校学报 2004－04
- 浅谈旅游业可持续发展/张睢//前沿 2004－12
- 浅谈民族旅游的利与弊/李旭东//泰山乡镇企业职工大学学报 2004－04
- 浅谈目前我国旅游开发中存在的问题/傅爱平//长沙铁道学院学报（社会科学版）2004－02
- 浅谈南昌西山万寿宫的文化和旅游开发/李星//江西科技师范学院学报 2004－02
- 浅谈森林旅游业的发展/吴葵//湖南经济管理干部学院学报 2004－04
- 浅谈生态旅游与海南海洋旅游业的可持续发展/黎春红//中国科协 2004 年学术年会
- 浅谈生态旅游在旅游业中的应用/杨鹏//企业技术开发 2004－11
- 浅谈我国都市旅游可持续发展对策/隋春花//韶关学院学报 2004－08
- 浅谈我国发展生态旅游的必然性及策略/张莉//无锡商业职业技术学院学报 2004－04
- 浅谈我国奖励旅游的发展现状及发展对策/卢丽宁//中共南宁市委党校学报 2004－05
- 浅谈我国旅游市场营销/王玉钟//企业活力 2004－07
- 浅谈我国世界遗产地旅游的立法问题/万克夫//广西社会科学 2004－09
- 浅谈休闲渔业/程显荣//河南水产 2004－03
- 浅谈宜兴的生态旅游开发/蒋丽芹//江南论坛 2004－08
- 浅谈影响未来几年世界旅游发展趋势的因素/朱美//北方经贸 2004－02
- 浅谈政府在旅游开发中的角色定位/张建勇//农村·农业·农民 2004－03
- 浅谈中外休闲渔业管理/周先标//中国渔业经济 2004－05
- 浅析 GATS 对中国旅游服务贸易发展的影响/李宝杨//黑龙江对外经贸 2004－04
- 浅析阿坝州小金县旅游业营销实施战略系统/马艳霞//西南民族大学学报（人文社科版）2004－03
- 浅析长株潭旅游一体化战略的必要性和可行性/伏六明//湖南行政学院学报 2004－02
- 浅析城郊型森林旅游业的发展/高洪莉//甘肃科技 2004－10
- 浅析传统旅游目的地再发展——以桂林市为例/梅虎//桂林工学院学报 2004－01
- 浅析湖北楚文化生态旅游/李娜//湖北社会科学 2004－08
- 浅析集美生态型文教旅游环境的态势和发展/黄江玲//厦门科技 2004－05
- 浅析庐山生态旅游开发与生态环境保护/周晓燕//节能与环保 2004－07
- 浅析旅游开发与环境保护/钱澄//中国环保产业 2004－04
- 浅析旅游业对县域经济发展的带动作用/王青//市场研究 2004－04
- 浅析旅游娱乐中突出文化因素的重要性及途径/汪克会//辽宁经济职业技术学院学报 2004－02
- 浅析全面提升新疆民俗旅游发展水平/许一//新疆社科论坛 2004－02
- 浅析三峡·神农架·武当山区域旅游发展一体化建设/廖兆光//理论月刊 2004－10
- 浅析陕西旅游业在西部大开发中的机遇与挑战/程杰//水土保持研究 2004－04
- 浅析少数民族节庆旅游开发/陈素平//开发研究 2004－02
- 浅析生态旅游的可持续发展/李红//学术交流 2004－04
- 浅析腾冲旅游发展对文物保护工作的促进/段生柳//保山师专学报 2004－06
- 浅析挖掘少数民族文化资源对旅游业发展的重要意义——以云南大理白族自治州为例/李水凤//云南财贸学院学报（社会科学版）2004－03
- 浅析我国旅行社在散客旅游市场开发中的角色转变/覃江浩//桂林旅游高等专科学校学报 2004－02
- 浅析我国旅游休闲产业的发展/朱玲//商业研究 2004－05
- 浅析我国生态旅游的开发现状与对策/薛明亮//渤海大学学报（哲学社会科学版）2004－03
- 浅析我国生态旅游研究开发中的问题/林锦富//南方国土资源 2004－11
- 浅析新疆博斯腾湖的生态旅游/郑奕//新疆环境保护 2004－04
- 浅析新疆生态旅游/邱兰香//新疆财经学院学报 2004－01
- 浅析政府在旅游业发展中的作用/郭英//黑龙江对外经贸 2004－06
- 浅议安徽生态旅游/王鸿玲//安徽林业 2004－04
- 浅议地质成就了山水旅游业/赵学峰//河南国土资源 2004－04
- 浅议东南亚国家旅游业跨国合作/范丽萍//东南亚纵横 2004－07
- 浅议黑龙江省冰雪旅游产业现状及发展/李志宏//冰雪运动 2004－03
- 浅议加格达奇林业局森林旅游/周宏//内蒙古林业调查设计 2004－02
- 浅议旅游目的地营销系统的区域整合功能——以大连旅游网为例/刘绍华//旅游学刊 2004－02
- 浅议旅游社区的发展战略/俞美珠//亚太经济 2004－S1
- 浅议旅游业发展的几个问题/李慧云//经济问题 2004－05
- 浅议民族生态旅游/郭茜//华夏文化 2004－02
- 浅议我国旅游景点网站的建设/孔旭红//商业研究 2004－20
- 浅议武夷山自然保护区发展生态旅游的优势与对策/周世宝//林业勘察设计 2004－02
- 浅议休宁县六股尖山区植物区系及森林生态旅游/李爱国//安徽林业科技 2004－02
- 欠发达地区城镇旅游规划探析——以湖南资兴市黄草镇为例/胡卫华//小城镇建设 2004－09
- 欠发达地区旅游发展研究/盛正发//成都教育学院学报 2004－12
- 欠发达地区旅游发展中的社区参与意识分析/蒋艳//浙江教育学院学报 2004－02
- 欠发达地区旅游开发问题探讨/冯小叶//枣庄学院学报 2004－06
- 欠发达地区旅游业跨越式发展所面临的障碍及引导对策/刘洪伟//新疆金融 2004－01
- 羌族特色旅游纪念品开发对策探析/王雪梅//阿坝师范高等专科学校学报 2004－02
- 强化旅行社行业管理营造良好的旅游市场环境/梁燕君//人民政协报 2004－04－19
- 强化旅游科技，发展科技旅游——浅析科技与旅游的两种关系/陈南江//广东科技 2004－04
- 悄然兴起的工业旅游/傅宏波//观察与思考 2004－Z1
- 悄然兴起的南极旅游业/薛美云//中学地理教学参考 2004－06
- 乔家大院展示民俗旅游新魅力/李彬//中国旅游报 2004－09－13
- 巧借东风好行舟——毕节地区实施“红色旅游”浅见/李东升//2004 乌蒙论坛
- 巧借势　以电影推动旅游促销/赵仁//中国旅游报 2004－04－02
- 秦皇岛　乡村旅游铺开增收路/朱润胜　赵连忠//河北经济日报 2004－03－22
- 秦皇岛　做枢纽还是核心/王国平　韩春真　许晓媛//中国房地产报 2004－02－11
- 秦皇岛打造秋季旅游线路/孙莹玮//中国旅游报 2004－09－13
- 秦皇岛地区体育旅游发展现状调查与分析/吴畏//燕山大学学报 2004－04
- 秦皇岛地区体育旅游发展研究——2008 年北京奥运会对秦皇岛体育旅游经济与文化的整合/吴畏//燕山大学学报（哲学社会科学版）2004－03

⊙ 秦皇岛旅游呈现良好态势/王京力//中国旅游报 2004 - 07 - 14
⊙ 秦皇岛旅游业可持续发展对策研究/翁钢民//燕山大学学报（哲学社会科学版）2004 - 03
⊙ 秦皇岛市旅游业关联效应分析/于维洋//经济师 2004 - 10
⊙ 秦岭国家级生态功能区生态旅游开发与保护/杨新军//水土保持通报 2004 - 03
⊙ 青藏高原科考探险旅游开发浅析/范钟庆//甘肃农业 2004 - 08
⊙ 青藏高原与东南沿海区域联合发展旅游的构想/杨树青//资源开发与市场 2004 - 01
⊙ 青岛旅游经济发展的着力点与配套措施/张传翔//青岛大学师范学院学报 2004 - 01
⊙ 青岛市海洋休闲渔业发展初探/张广海//吉林农业大学学报 2004 - 03
⊙ 青岛市崂山区海洋休闲渔业发展研究/刘兰//海洋开发与管理 2004 - 06
⊙ 青岛市体育旅游发展现状分析及对策研究/白静//山东体育科技 2004 - 03
⊙ 青海发展旅游业的几点思考/冯俊学//甘肃农业 2004 - 08
⊙ 青海湖三星级旅游船项目策划/张福民　潘芝萍//第九届全国内河船舶及航运技术学术交流会 2004
⊙ 青海湖生态旅游规划研究/张登山//干旱区资源与环境 2004 - 03
⊙ 青海旅游，"强源"还需"固本"/刘跃骅//华东旅游报 2004 - 09 - 21
⊙ 青海省发展体育旅游刍议/郭延权//青海师范大学学报（哲学社会科学版）2004 - 06
⊙ 青河县旅游资源与旅游开发研究/武胜利//新疆师范大学学报（哲学社会科学版）2004 - 01
⊙ 青秀山风景旅游名胜总体规划/辛甘//世界建筑导报 2004 - 05
⊙ 倾力打造东北冰雪旅游第一站/门家禄　周凤文//中国旅游报 2004 - 02 - 20
⊙ 倾力打造世界级旅游目的地——长三角旅游市场一体化的目标与差距/刘耿大//社会观察 2004 - 03
⊙ 清海森林旅游当高瞻远瞩/赵世杰//中国林业产业 2004 - 08
⊙ 清华博导针砭旅游开发误区/谢慧敏　陆涛　程芙蓉//湖北日报 2004 - 09 - 03
⊙ 求解甘肃旅游业——甘肃省旅游局局长邓志涛谈甘肃旅游业发展/刘小艳//发展 2004 - 11
⊙ 区域合作对澳门旅游的影响/戴斌文//科技创业月刊 2004 - 17
⊙ 区域联合共谋东北亚旅游发展/王昀//黑龙江日报 2004 - 08 - 26
⊙ 区域旅游：空间结构及其研究进展/杨新军//人文地理 2004 - 01
⊙ 区域旅游地空间自组织网络模型及其应用/陈睿//地理与地理信息科学 2004 - 06
⊙ 区域旅游发展的基本问题探讨/潘丽丽//中国地理学会 2004 年学术年会暨海峡两岸地理学术研讨会
⊙ 区域旅游发展若干问题的思考/章牧//广西教育学院学报 2004 - 06
⊙ 区域旅游发展中的区位条件分析——以黑龙江省三江地区为例/张守艳//佳木斯大学社会科学学报 2004 - 06
⊙ 区域旅游规划技术方法探讨——以《宁夏中卫县旅游发展总体规划》为例/王旭科//规划师 2004 - 06
⊙ 区域旅游规划空间布局的理论基础/廖建华//云南师范大学学报（哲学社会科学版）2004 - 05
⊙ 区域旅游合作：再一次审视与反思/薛莹//中国旅游报 2004 - 05 - 28
⊙ 区域旅游合作的系统分析/袁宇杰//中国旅游报 2004 - 09 - 22
⊙ 区域旅游合作谫论/邹晓明//江西社会科学 2004 - 11
⊙ 区域旅游合作演化与动因的系统学分析——兼论"西安咸阳旅游合作"/梁艺桦//地理与地理信息科学 2004 - 03
⊙ 区域旅游合作应注重五大原则/徐钰//中国旅游报 2004 - 09 - 15
⊙ 区域旅游可持续力分析的修正方案——以安徽龙岗古镇为例/金准//旅游学刊 2004 - 05
⊙ 区域旅游联动开发探讨——以川、黔、渝三角地区为例/邱继勤//西南师范大学学报（自然科学版）2004 - 04
⊙ 区域旅游联合再绘新图//中国旅游报 2004 - 10 - 29
⊙ 区域旅游名牌产品特点与测评的初步研究/牟神洲//西安联合大学学报 2004 - 05
⊙ 区域旅游网络化发展——以桂林旅游圈为例/黄月玲//桂林工学院学报 2004 - 04
⊙ 区域旅游系统吸引力模型研究/车裕斌//资源开发与市场 2004 - 03
⊙ 区域旅游协作的理论研究/钱益春//佛山科学技术学院学报（自然科学版）2004 - 01
⊙ 区域旅游协作体系的构建分析/柴寿升//烟台教育学院学报 2004 - 04
⊙ 区域旅游形象策划的 RIS 框架构建/殷柏慧//玉溪师范学院学报 2004 - 03
⊙ 区域旅游形象的设计与定位/许萍//教育与职业 2004 - 18
⊙ 区域旅游形象的设计与构建/陈玲//经济论坛 2004 - 20
⊙ 区域旅游形象设计的理论与实证研究——以内蒙古自治区为例/汪德根//地域研究与开发 2004 - 05
⊙ 区域旅游形象塑造如何避开形象遮蔽现象/张英//经济师 2004 - 07
⊙ 区域旅游形象主导因子的提取程序之探讨——以乌鲁木齐市为例/张海霞//干旱区地理 2004 - 01
⊙ 区域旅游业发展中目的地居民参与问题研究/李东和//人文地理 2004 - 03
⊙ 区域旅游业时空演变形式与机制探析/秦学//学术交流 2004 - 11
⊙ 区域民族旅游经济发展模式初探/朱江//丽水师范专科学校学报 2004 - 03
⊙ 区域内旅游景区市场竞争力测评/卫旭东//资源科学 2004 - 04
⊙ 区域农业生态旅游发展模式研究/郭彩玲//生态学杂志 2004 - 04
⊙ 区域生态旅游产品开发模式初探/袁书琪//中国地理学会 2004 年学术年会暨海峡两岸地理学术研讨会
⊙ 区域一体化：长三角旅游发展的必然趋势/苏勇军//中国旅游报 2004 - 12 - 13
⊙ 曲阜：孔子家乡文化修学旅游开发研究/唐顺英//社会科学家 2004 - 05
⊙ 屈原故里积极打造端午文化旅游品牌//人民日报海外版 2004 - 07 - 10
⊙ 趋利避害谋发展——国际旅游专家对贵州旅游业的意见和建议综述//当代贵州 2004 - 08
⊙ 衢州舞起旅游龙头/骆晓明//中国旅游报 2004 - 05 - 28
⊙ 全力打造海南岛度假旅游目的地优质品牌/胡建华　赵钢　张玉林　张翔　柳波　王程彬　李友谊//中国旅游报 2004 - 04 - 12
⊙ 全力构筑南中国旅游休闲之都/肖潜辉　李志庄　李晓良　史蔓蓉//中国旅游报 2004 - 03 - 24
⊙ 全面打造在国内外有影响的旅游精品/方云静//新疆日报（汉）2004 - 02 - 18
⊙ 全面恢复发展我省旅游经济//安徽日报 2004 - 04 - 19
⊙ 全面建设小康社会下旅游消费与教育支出之间的动力学关系/谢正磊//江苏商论 2004 - 08
⊙ 全面建设小康社会与河南旅游产业发展/李永文//焦作大学学报 2004 - 04
⊙ 全面建设小康社会与湘鄂渝黔边旅游业发展战略研究/张英//中南民族大学学报（人文社会科学版）2004 - 06
⊙ 全面提升宁夏旅游业产业素质的建议/毛凤玲//当代经济 2004 - 12
⊙ 全面推广旅游资源/筱筱　蒋云峰//华东旅游报 2004 - 11 - 25
⊙ 全面推进"三世"工程，开创桂林国际旅游名城新局面/吴应科//中国岩溶 2004 - 01
⊙ 全球化旅游的发展态势/魏小安//江淮 2004 - 09
⊙ 全球化时代南京城市旅游的发展对策研究/徐菲菲//现代城市研究 2004 - 05

理干部学院学报 2004－03
⊙ 试论旅游目的地空间关系马太效应的成因及影响/徐东文//中国地理学会 2004 年学术年会暨海峡两岸地理学术研讨会 2004
⊙ 试论旅游品牌开发/蔡善柱//安徽师范大学学报（自然科学版）2004－03
⊙ 试论旅游三元复合评价理论/安士伟//河南教育学院学报（自然科学版）2004－02
⊙ 试论旅游文化对区域经济发展的推动作用/姜长宝//贵州社会科学 2004－03
⊙ 试论旅游业的危机管理/成志湘//贵州商业高等专科学校学报 2004－04
⊙ 试论旅游业在西部大开发中的地位和作用/舒泽桃//广西社会科学 2004－01
⊙ 试论民族地区旅游业的发展——以长阳为例/聂武莲//科技创业月刊 2004－09
⊙ 试论如何开展泛珠三角区域旅游运输一体化/李耕//第三届广西青年学术年会 2004
⊙ 试论三峡宗教文化资源的旅游开发/沈中印//三峡大学学报（人文社会科学版）2004－05
⊙ 试论少数民族地区的生态化旅游开发/简王华//第二届中国西部生态旅游发展论坛会 2004
⊙ 试论生态旅游的生态化道路———以自然生态旅游区为例/梁留科//云南地理环境研究 2004－03
⊙ 试论网络时代旅游信息的开发与应用/巴明廷//成都教育学院学报 2004－06
⊙ 试论文物与旅游结合的必要性和可行性/黄学谦//乐山师范学院学报 2004－02
⊙ 试论我国的红树林生态旅游/李玫//防护林科技 2004－04
⊙ 试论我国区县旅游规划的目的性核心理念/冯健//九江学院学报（社会科学版）2004－04
⊙ 试论我国休闲产业可持续发展对策/刘宁宁//经济与管理 2004－01
⊙ 试论西昌地区旅游形象的塑造与定位/郎玉屏//西南民族大学学报（人文社科版）2004－12
⊙ 试论休闲发展的趋势及其对策/楼嘉军//旅游科学 2004－03
⊙ 试论休闲与休闲体育/席玉宝//中国体育科技 2004－01
⊙ 试论云南民俗旅游产品的开发/杨韫//昆明大学学报 2004－01
⊙ 试论浙江临海国家地质公园的旅游功能/李跃军//国土与自然资源研究 2004－03
⊙ 试论政府在发展会展旅游中的定位/谷玉芬//商业研究 2004－15
⊙ 试论重庆都市文化旅游/熊伟//重庆工业高等专科学校学报 2004－01
⊙ 试论重庆体育旅游的开发/张志//重庆师范大学学报（自然科学版）2004－04
⊙ 试论自然保护区出让旅游经营特许权的现实意义/杨桂红//生态经济 2004－S1
⊙ 试论宗教与旅游/张挺平//亚太经济 2004－01
⊙ 试探文物保护与旅游发展/李准//中国紫禁城学会第四次学术讨论会 2004
⊙ 试析旅游产业与主导产业/王守初//北京第二外国语学院学报 2004－01
⊙ 试析旅游市场恢复期的旅行社降价销售策略/李晓阳//商业研究 2004－11
⊙ 是“业内行规”还是“强制消费”/刘新航//河北日报 2004－03－25
⊙ 适应滨海旅游业发展的体育产业开发/林永革//体育学刊 2004－02
⊙ 首旅串起旅游产业链/张迪//北京日报 2004－09－08
⊙ 首旅集团尝试构筑旅游全产业链/陈高宏//中国商报 2004－04－23
⊙ 书法景观与城市景观——南京书法景观及书法旅游产品概念规划案例/张捷//城乡建设 2004－03
⊙ 蜀南竹海设市与塑造蜀南竹海——旅游品牌之构想/张设华//宜宾学院学报 2004－04
⊙ 树立和落实科学发展观　加快建设旅游经济强省/习近平//中国旅游报 2004－10－13
⊙ 树立精品意识，打造成都特色文化旅游产品/罗雪莉//西南民族大学学报（人文社科版）2004－09
⊙ 树形象　创品牌　对发展我省旅游业的一点思考/祁金兰//中国土族 2004－02
⊙ 数字旅游建设体系结构研究/官兆宁　官辉力　赵文吉//全国地图学与 GIS 学术会议 2004
⊙ 双赢：旅游发展与世遗保护/杨小涟//中国旅游报 2004－06－28
⊙ 谁来为农民旅游量体裁衣？/信华//农民日报 2004－01－12
⊙ 谁是旅游业的未来主力？——2004 年中国旅游业竞争态势分析/戴斌//中国企业家 2004－03
⊙ 谁在砸海南旅游的牌子/单憬岗//海南日报 2004－12－30
⊙ 水电旅游名城宜昌的实践与思考/郭有明//城乡建设 2004－05
⊙ 水工开发与生态旅游/周兴维//西南民族大学学报（人文社科版）2004－11
⊙ 水库旅游产品设计初步研究/张西林//广东水利水电 2004－05
⊙ 水体类风景区旅游环境容量计算——以薄山湖风景区为例/韩学伟//河池学院学报 2004－04
⊙ 水体旅游功能及开发初探/袁林//江西社会科学 2004－04
⊙ 水乡城市景观规划与旅游形象建设——以浙江绍兴市为例/骆高远//地理学报 2004－S1
⊙ 丝路文化打造特色旅游/杨阿莉//西部论丛 2004－12
⊙ 四川参与性体育旅游产品的创新开发/邓明艳//资源开发与市场 2004－01
⊙ 四川地区温泉旅游度假地开发的问题与对策/罗谦//软科学 2004－02
⊙ 四川古盐业遗址与旅游开发/吴其付//盐业史研究 2004－04
⊙ 四川古镇：旅游开发中的思索/张春梅//中国绿色时报 2004－11－16
⊙ 四川古镇旅游开发中存在的问题及对策/况红玲//宜宾学院学报 2004－03
⊙ 四川旅游业在西部地区的地位分析/邓清南//经济师 2004－07
⊙ 四川民族地区旅游业发展与生态建设和城镇化推进/刘晓鹰//西南民族大学学报（人文社科版）2004－03
⊙ 四川民族地区文化资源保护与旅游开发对策研究/李左人//中共四川省委党校学报 2004－03
⊙ 四川生态旅游农业发展刍议/段文霞　陈放//第九届中国青年土壤科学工作者学术讨论会暨第四届中国青年植物营养与肥料科学工作者学术讨论会 2004
⊙ 四川省光雾山生态旅游开发初探/张斌//绿色中国 2004－Z1
⊙ 四川省广安市旅游环境承载力评价研究/郭滨//四川环境 2004－04
⊙ 四川省九环线北端生态旅游整合开发的构思/鄢和琳//国土资源科技管理 2004－05
⊙ 四川省旅游经济及景区开发模式研究/刘沙//国土与自然资源研究 2004－04
⊙ 四川省旅游协会加强行业自律　维护旅游市场秩序/罗百益//中国社会报 2004－12－11
⊙ 四川省生态旅游发展的展望/王献溥　李文埕　文学菊//2004·中国·武汉生态旅游论坛
⊙ 四川省生态旅游跨越式发展初探/唐炎林//南方国土资源 2004－05
⊙ 四川省生态旅游良性发展的理性思考/刘彦群//第二届中国西部生态旅游发展论坛会 2004
⊙ 四川省实现生态旅游强省的问题与对策/唐召英//中南林业调查规划 2004－02
⊙ 四川实现生态旅游强省的历史机遇及可行性分析/唐召英//资源开发与市场 2004－06

- 体育旅游对地区经济的带动作用/张晨//经济论坛 2004-11
- 体育旅游及其国外研究的最新进展/杨丽娟　戴光全//中国地理学会 2004 年学术年会暨海峡两岸地理学术研讨会
- 体育旅游健身运动功效的生理学分析/李香华//中国临床康复 2004-06
- 体育旅游开发与可持续发展/刘凯//首都体育学院学报 2004-04
- 体育旅游与 2008 年奥运会/莫再美//四川体育科学 2004-02
- 天津滨海新区旅游业创新发展/李诗白//港口经济 2004-06
- 天籁孟连　文化客厅——孟连民族文化旅游概念和品牌定位的实践与探索/马贤龙//中国民族 2004-12
- 天门山旅游开发初探/崔广彬//大连大学学报 2004-05
- 天水市旅游发展之我见/金贵峻　王海//中国地理学会 2004 年学术年会暨海峡两岸地理学术研讨会
- 天水市旅游商品开发与营销策略研究/刘艳//甘肃科学学报 2004-02
- 天柱山国内旅游市场空间结构分析与优化/琚胜利//资源开发与市场 2004-06
- 通过生态旅游实现旅游可持续发展——武夷山生态旅游案例/方碧姗//林业经济问题 2004-05
- 同仁：文化与旅游联姻/张志忠//大陆桥视野 2004-03
- 同是冰雪旅游　为何东热西冷/汪波　王慧敏//人民日报 2004-12-28
- 投资体制改革为旅游投资创造宽松环境/吕实志//中国旅游报 2004-10-20
- 透视"西三角"旅游业/黎智洪//西部论丛 2004-04
- 透视无锡旅游的"滨湖现象"/周伟明//中国旅游报 2004-10-25
- 凸现中心城市形象是区域旅游研究的战略重点——兼论成都市旅游形象定位/翟辅东//中国地理学会 2004 年学术年会暨海峡两岸地理学术研讨会
- 突出"水城"特色　发展休闲渔业/满玉梅//齐鲁渔业 2004-11
- 突出海洋特色　开发生态旅游/杨威//中国海洋报 2004-10-12
- 突出旅游特色　加快城镇化进程/张丕达//小城镇建设 2004-06
- 突出蒙元文化　加快旅游发展/张德华　王景和//中国旅游报 2004-02-16
- 突出特色——发展贵州旅游业的关键/黄懋//贵州文史丛刊 2004-04
- 突出文化内涵　开发特色旅游商品/杨洪梅//内蒙古日报（汉）2004-07-22
- 徒步旅游的国际趋势与国内现状/黄向//中国地理学会 2004 年学术年会暨海峡两岸地理学术研讨会
- 土地利用规划和旅游规划的冲突与协调/贾志宏//中国旅游报 2004-09-03
- 吐鲁番构筑"葡萄节"旅游大市场/石承烈　朱纪臻//中国旅游报 2004-12-15
- 吐鲁番旅游城市环境质量问题及其环境保护对策/张永录//干旱环境监测 2004-03
- 推动旅游业发展的十大策略/张安忠//经济问题探索 2004-02
- 推动休闲产业化进程/李淼焱//商业时代 2004-03
- 推进东北旅游品牌市场化进程/张宏胜//中国旅游报 2004-10-15
- 推进贵州民族文化旅游产业可持续发展/龙燕//贵州政协报 2004-11-16
- 推进河北省旅游产品与生态环境持续发展的对策/李红//经济论坛 2004-15
- 推进区域合作，打造环渤海国际旅游品牌/武虹剑//旅游纵览 2004-08
- 推进我国旅游消费信贷发展的理性思考/史灵歌//经济师 2004-10
- 推销城市促旅游/叶兴法//中国旅游报 2004-10-22
- 屯堡旅游开发的基本原则与思路/袁葵//理论与当代 2004-09
- 鸵鸟产业与旅游业/李新//中国家禽 2004-11
- 拓宽融资渠道　推动旅游产业快速发展/郭胜利　张志乾//中国改革报 2004-03-13
- 拓展湖北省入境旅游市场的策略分析/冯玮//经济地理 2004-04
- 拓展旅游产品特色　重塑农工商旅游品牌/沈水涓//中国农垦 2004-05
- 挖掘地方文化　推动旅游持续发展/秦远清//乐山师范学院学报 2004-02
- 挖掘齐文化资源　发展文化旅游产业/百灵//山东经济战略研究 2004-09
- 挖掘少数民族文化资源与旅游业的发展/李水凤//江苏经贸职业技术学院学报 2004-03
- 挖掘优势资源　打造旅游大县/任剑炜//中国党政干部论坛 2004-12
- 外资旅行社：构建中国旅游市场新格局/耀宗//中国外资 2004-08
- 玩转千岛湖——千岛湖旅游 N 种玩法/何亦星//风景名胜 2004-04
- 皖西南旅游深度开发战略研究/冯学钢//安徽大学学报（哲学社会科学版）2004-06
- 万源市旅游扶贫初探/李铁松//国土与自然资源研究 2004-03
- 王韬与中国近代出境旅游/李吉莲//商丘职业技术学院学报 2004-04
- 王屋山国家地质公园的科学和旅游价值/张忠慧　王凤云//2004 年全国地貌与第四纪学术会议暨丹霞地貌研讨会
- 网博会让旅游促销"动"起来/张俊　王芳　林博//中国旅游报 2004-05-19
- 网络多元化业务——福州旅游中等专科学校校园网案例//信息技术教育 2004-10
- 网络旅游：一种全新的旅游方式/淑文//广西质量监督导报 2004-02
- 网络旅游的非网络内核//新财经 2004-08
- 网络旅游挑战传统旅游/言文//中国贸易报 2004-11-11
- 网络时代旅游消费者行为探析/石奎//企业技术开发 2004-09
- 网络为旅游开辟新天地/陶怡//人民日报海外版 2004-05-26
- 网上旅游云南行/吴县植//电脑技术 2004-11
- 为"宗教文化旅游"正名/杜达山//中南民族大学学报（人文社会科学版）2004-06
- 为改善旅游软环境尽力/王和平　李刚　郑邦潮　宋洪涛//人民公安报 2004-07-27
- 涠洲岛生态旅游资源的开发和环境保护措施/姚海波　符荣//第三届广西青年学术年会 2004
- 维坊：让民间工艺成为旅游产业劲旅/韩立新//经理日报 2004-04-09
- 维也纳电影节以文化促旅游/宋//中国旅游报 2004-07-09
- 潍坊市水利休闲渔业现状及发展对策/朱振凯//水利渔业 2004-04
- 伟大工程建设事件旅游开发研究——以三峡工程建设为例/李娟文//云南地理环境研究 2004-04
- 卫星湖旅游度假村环境规划中的植物造景应用/罗志军//渝西学院学报（自然科学版）2004-04
- 魏晋南北朝时期的浙江森林旅游研究/胡坚强//浙江林学院学报 2004-03
- 魏小安为蒙牛工业旅游把脉/燕建平//内蒙古日报（汉）2004-06-03
- 温岭长屿硐天旅游小气候考察/郦敏//浙江气象 2004-02
- 温泉　为重庆旅游添彩/杨青//重庆日报 2004-11-19
- 温泉旅游的发展与研究述评/王华//桂林旅游高等专科学校学报 2004-04
- 温泉旅游地特性及空间竞争分析——以从化新旧温泉为例/王冠贤//地域研究与开发 2004-06
- 温泉旅游开发的主要影响因素综合分析/王华//旅游学刊 2004-05
- 温泉旅游形成跨地域发展新格局//中国旅游报 2004-03-31
- 温泉休闲度假游使张家界旅游更休闲更精彩/黄韬　邱奕翔//中国旅游报 2004-05-19
- 温泉资源优势与河北旅游可持续性发展/邱奕翔　黄韬//中国旅游报 2004-04-28
- 温州旅游路线设计刍议/骆高远//宿州学院学报 2004-04

- 我国民俗文化旅游可持续发展的对策/罗艳蓓//重庆工程图学学会第十四届图学研讨会交流暨第二届 CAD 应用 CAI 软件演示交流大会 2004
- 我国南方草原旅游开发及其可持续发展研究/李远//生态经济 2004 - S1
- 我国农村旅游市场营销策略探析/王瑛//井冈山师范学院学报 2004 - 05
- 我国农民旅游市场开发初探/周翀燕//旅游学刊 2004 - 04
- 我国农民旅游市场现状分析与开发策略研究/张萍萍//桂林旅游高等专科学校学报 2004 - 05
- 我国农业生态旅游可持续发展探讨/杨晓华//资源调查与环境 2004 - 02
- 我国区域旅游环境研究综述/黄震方//地理与地理信息科学 2004 - 03
- 我国区域旅游卫星账户理论与实践的若干问题研究/李明耀//旅游学刊 2004 - 02
- 我国入境旅游开始恢复增长/龚雯//人民日报 2004 - 03 - 20
- 我国森林公园建设与生态旅游管理/王兴国//中国林业产业 2004 - 01
- 我国森林生态旅游业的发展现状及对策/康晓明//科技情报开发与经济 2004 - 03
- 我国上半年旅游市场恢复总体良好/张洵涛//中国旅游报 2004 - 07 - 21
- 我国生态旅游的现状问题及对策初探/权佳　李洪远//第二届中国西部生态旅游发展论坛会 2004
- 我国生态旅游发展：利益相关者视角分析/宋瑞//杭州师范学院学报（社会科学版）2004 - 05
- 我国生态旅游发展的现状、趋势及对策/钟先丽//求索 2004 - 12
- 我国生态旅游开发中的若干环境问题及对策/庞少静//环境保护 2004 - 09
- 我国生态旅游实践存在的问题与对策/李银兰//经济论坛 2004 - 17
- 我国省际边界地区旅游经济发展的空间结构优化方略/王凯//桂林旅游高等专科学校学报 2004 - 02
- 我国省际毗邻地区旅游经济的空间矛盾及其调控/王凯//软科学 2004 - 02
- 我国体育旅游发展的现状及对策/杨尅尅//湖南人文科技学院学报 2004 - 04
- 我国温泉旅游存在的问题及对策/王艳平//地域研究与开发 2004 - 03
- 我国西部地区生态旅游开发与利用/赵兴华//中国林业产业 2004 - 07
- 我国西部地区体育旅游产业的经济理论体系探析/张小林//上海体育学院学报 2004 - 03
- 我国西部地区体育旅游产业发展的潜力分析/严永军//南京体育学院学报（社会科学版）2004 - 05
- 我国西部旅游经济创新发展的新思路/夏宇尘//北方经济 2004 - 07
- 我国西部欠发达地区旅游业存在的问题分析/李永丽//商业研究 2004 - 07
- 我国西部体育旅游产业开发存在的误区与发展对策研究/彭劲松//广州体育学院学报 2004 - 06
- 我国西部体育休闲旅游产业开发的优势及对策/张小林//体育文化导刊 2004 - 05
- 我国峡谷生态旅游开发模式与战略初探/赖坤//人文地理 2004 - 02
- 我国县域旅游的规划与发展分析/杨瑞霞//商业经济 2004 - 12
- 我国乡村旅游发展存在的问题与对策分析/吴建华//桂林旅游高等专科学校学报 2004 - 03
- 我国乡村旅游发展现状　问题与途径/郭焕成//第二届海峡两岸休闲农业与观光旅游学术研讨会 2004
- 我国乡村旅游发展研究/王卫文//特区经济 2004 - 10
- 我国乡村旅游经济发展的问题与对策/曹艳英//学术交流 2004 - 04
- 我国乡村旅游可持续发展问题与对策研究/周玲强//经济地理 2004 - 04
- 我国休闲旅游发展趋势及制度创新思考/冉斌//经济纵横 2004 - 02
- 我国休闲体育发展状况及发展对策研究/梅峰//宁夏大学学报（人文社会科学版）2004 - 06
- 我国游船旅游的发展前景/吴鸣岐//世界海运 2004 - 05
- 我国政务旅游（旅行）研究/王群//资源开发与市场 2004 - 06
- 我国中小型湖泊旅游度假区开发现状分析/车震宇//旅游学刊 2004 - 02
- 我国自驾车旅游市场的特征/曹新向//中国旅游报 2004 - 10 - 27
- 我看旅游纪念品/叶春晓//经济日报 2004 - 03 - 25
- 我们在行动——舟山市政府大力发展休闲渔业的举措/李寒停//钓鱼 2004 - 12
- 我区大手笔建设“火山地质公园”/师晓鹏　邝伟楠//广西日报 2004 - 10 - 13
- 我区悉心营造良好旅游环境/杨洪梅//内蒙古日报 2004 - 11 - 30
- 我省 16 家旅行社获准赴俄边境旅游/洪勋影//吉林日报 2004 - 06 - 03
- 我省边境旅游开创新局面/姜一海　王昀//黑龙江日报 2004 - 10 - 28
- 我省积极发展“红色旅游”/黎硕　徐蓉//湖南日报 2004 - 08 - 08
- 我省加入长三角旅游经济圈/丁光清//安徽日报 2004 - 02 - 15
- 我省旅游诚信机制建设启动/赵红　朱悦旷//海南日报 2004 - 10 - 01
- 我省旅游诚信建设出新招/刘纯友　陈婉婉//安徽日报 2004 - 08 - 15
- 我省旅游竞争力何在/王宗太//甘肃日报 2004 - 12 - 22
- 我省旅游市场建设硕果喜人/刘新航　张晓健//河北日报 2004 - 01 - 15
- 我省旅游市场全面上扬/王小萍//河南日报 2004 - 08 - 07
- 我省旅游业发展现状/杨力国//江淮 2004 - 09
- 我省旅游资源呈现四大特征/周岩森//河南日报 2004 - 03 - 11
- 我省全力打造旅游精品工程/周岩森//河南日报 2004 - 03 - 09
- 我省全力整顿出境旅游市场/黄颖//江西日报 2004 - 04 - 22
- 我省全面整治旅游市场秩序/晓佳//安徽经济报 2004 - 04 - 30
- 我省确立大旅游发展模式/张学军//辽宁日报 2004 - 02 - 29
- 我省深入开展旅游市场整顿/刘增兵//贵州日报 2004 - 05 - 30
- 我省重拳整治旅游市场/黄颖//江西日报 2004 - 04 - 05
- 我市旅游加快接轨长江金三角的设想/刘大培//杭州科技 2004 - 01
- 卧龙自然保护区旅游开发对生态环境的影响及其保护/黄顺红//西南民族大学学报（人文社科版）2004 - 07
- 乌江人文旅游呼之欲出/王小梅　胡卡妮//贵州日报 2004 - 02 - 27
- 乌江下游地区旅游业开发可行性评判方法/崔蕾//资源开发与市场 2004 - 02
- 乌鲁木齐城市旅游发展中存在的问题和对策/赵毅玲//新疆师范大学学报（自然科学版）2004 - 02
- 乌鲁木齐绿洲城市旅游形象设计研究/李艳红//地理与地理信息科学 2004 - 04
- 乌鲁木齐市旅游客源市场分析/程红//中国第六届海峡两岸菌物学学术研讨会 2004
- 乌镇创建“旅游消费无虑市场”/顾伟建　曹伟庆//华东旅游报 2004 - 08 - 27
- 无差异曲线在旅游消费行为中的运用/王亚娟//浙江工商职业技术学院学报 2004 - 04
- 无居民海岛生态旅游发展战略研究——以广东省茂名市放鸡岛为例/陈烈//经济地理 2004 - 03
- 无锡的城市旅游/梅玲玲//华东旅游报 2004 - 12 - 21
- 无锡各方联手打造太湖旅游品牌/耿闻//中国旅游报 2004 - 08 - 16
- 无锡会展旅游现状与发展/孙丰念//华东旅游报 2004 - 06 - 04
- 无锡建立旅游集散中心//中国旅游报 2004 - 08 - 30
- 无锡将建成旅游休闲大景区/水夫//文汇报 2004 - 11 - 13
- 无锡局：打太湖牌唱旅游戏/陈海洲//中国邮政报 2004 - 01 - 16
- 无锡立志重振水上旅游/沙云//华东旅游报 2004 - 03 - 05
- 无锡旅游产业转轨战略取得新突破/韩解林//中国旅游报 2004 - 01 - 07
- 无锡旅游海外市场促销又掀高潮/吉庭亮//华东旅游报 2004 - 11 - 25
- 无锡旅游开发得失论/郭胜//华东旅游报 2004 - 08 - 13
- 无锡旅游文化建设引入吴地茶文化的设想/胡付照//江南大学学报（人文社会科学版）2004 - 06

⊙ 浙江旅游业现状及融入长三角旅游圈的策略/马丽卿//商业经济与管理 2004－09
⊙ 浙江森林旅游的文化内涵及开发/胡坚强//浙江林业科技 2004－04
⊙ 浙江森林旅游资源及旅游线路的特色分析/陈天霞//浙江林业科技 2004－01
⊙ 浙江生态省建设与发展生态旅游的关系/俞益武//浙江林学院学报 2004－04
⊙ 浙江生态省建设与生态旅游发展的关系研究/俞益武　于由//首届长三角科技论坛——生态环境与可持续发展分论坛 2004
⊙ 浙江省生物景观类旅游资源现状与开发思路/李健　肖胜和　周宣森　陈占丰//首届长三角科技论坛——生态环境与可持续发展分论坛 2004
⊙ 浙江省现代旅游业科技发展对策/王婉飞//科技和产业 2004－11
⊙ 浙江永嘉楠溪江——名胜景区兴建休闲渔业乐园/奕生//渔业致富指南 2004－17
⊙ 浙江玉环旅游发展策略初探/郭鲁芳//江苏商论 2004－07
⊙ 浙江舟山岛屿生态旅游发展模式及其特点/张浩　王根轩　王海平　李健娜//首届长三角科技论坛——生态环境与可持续发展分论坛 2004
⊙ 浙中名城金华打造旅游品牌　促进经济发展//中国城市经济 2004－12
⊙ 真抓实干，提升昆山旅游整体形象/张晓平//华东旅游报 2004－06－04
⊙ 振兴东北老工业基地与发展产业旅游/钟贤巍//社会科学战线 2004－02
⊙ 振兴东北老工业基地与发展大连旅游业/郑岩//财经问题研究 2004－06
⊙ 振兴吉林老工业基地与吉林旅游经济战略研究/王晓南//通化师范学院学报 2004－07
⊙ 振兴老工业基地，发展"大大连"旅游/李昕//大连大学学报 2004－01
⊙ 振兴老工业基地，开发沈阳工业旅游/王伟伟//沈阳师范大学学报（社会科学版）2004－02
⊙ 振兴旅游　打造精品旅游区/吕由//四川党的建设城市版 2004－01
⊙ 镇江旅游构筑全新发展平台/梁耀娟　许华昀//华东旅游报 2004－01－30
⊙ 镇江旅游业的 SWOT 分析及其战略思考/陈海波//江苏商论 2004－02
⊙ 镇江旅游业跨入"提速时代"/梁耀娟　云峰　黄佳云//华东旅游报 2004－05－18
⊙ 镇江确定三年旅游发展计划/梁耀娟//华东旅游报 2004－05－28
⊙ 镇江世业洲旅游度假区规划国际征集方案评介/史健洁//城市规划 2004－05
⊙ 整顿和规范石家庄市旅游市场经济秩序战略研究/刘春玲//石家庄师范专科学校学报 2004－03
⊙ 整合存量旅游资源促进教育旅游产品开发/张建//桂林旅游高等专科学校学报 2004－03
⊙ 整合客户资源　营销主题旅游/李小峰//中国旅游报 2004－04－12
⊙ 整合旅游产业　促进区域一体化发展/丁宗胜//哈尔滨商业大学学报（社会科学版）2004－06
⊙ 整合旅游资源　提升旅游品牌/郑宪春//中国旅游报 2004－05－28
⊙ 整合旅游资源　形成聚集优势——对做大做强福州旅游业的思考/林善炜//发展研究 2004－07
⊙ 整合旅游资源　形成聚集优势——对做大做强福州旅游业的思考//福州党校学报 2004－03
⊙ 整合区域资源　塑造黄金品牌/张学军//辽宁日报 2004－03－05
⊙ 整合特色资源　发展城市旅游/钟瑞林　莫扬传//西部时报 2004－12－15
⊙ 整合资源扩张旅游业/郝婕//人民论坛 2004－10
⊙ 整理整合旅游资源做大做强旅游产业/肖军//湖南日报 2004－09－03
⊙ 正是扬帆启航时——做大做强龙海旅游业的几点思考/吴志明//发展研究 2004－10
⊙ 郑州市会展旅游发展研究/郭琳//西北农林科技大学学报（社会科学版）2004－03
⊙ 郑州市会展旅游经济可持续发展研究/丁浩然//郑州航空工业管理学院学报（社会科学版）2004－02
⊙ 政府在发展会展旅游中的定位及作用/谷玉芬//商业研究 2004－19
⊙ 政府在红原旅游经济发展中的作用思考/冯瑛//西南民族大学学报（人文社科版）2004－03
⊙ 政府指导价：能否结束海南旅游战国时代/罗霞//海南日报 2004－03－29
⊙ 政府主导型旅游发展战略的实施内容/赵新峰//经济论坛 2004－03
⊙ 知识营销——生态旅游营销的新策略/张静抒//市场营销导刊 2004－03
⊙ 值得关注的东盟旅游业一体化/孔晓宁//人民日报海外版 2004－02－28
⊙ 制定旅游基本法之法理求证/汤静//时代法学 2004－06
⊙ 制约我区旅游发展的缰绳：过分注重观光型旅游/何明　苏长高//广西日报 2004－09－11
⊙ 制约西部旅游业发展的因素分析与对策研究/张琼霓//湖南商学院学报 2004－03
⊙ 中部地区旅游大开发战略构想/刘名俭//经济地理 2004－05
⊙ 中部旅游圈的合纵连横——安徽省旅游局副局长吴浩访谈录/吴明华//决策咨询 2004－11
⊙ 中国"红色旅游"向外延伸/钱春弦//华东旅游报 2004－12－03
⊙ 中国城市居民旅游需求差异分析/滕丽//旅游学刊 2004－04
⊙ 中国城市周边乡村旅游地空间结构/吴必虎//地理科学 2004－06
⊙ 中国出境旅游进入新的发展阶段/陈富钢//中国旅游报 2004－09－01
⊙ 中国出境旅游目的地的市场定位研究/郭英之//旅游学刊 2004－04
⊙ 中国传统社区的旅游开发/王衍用//中国旅游报 2004－11－29
⊙ 中国传统休闲文化与西方休闲价值观/杨秀丽//沈阳大学学报 2004－03
⊙ 中国大学生旅游开发的目标、途径及切入点/李亚卿//开封大学学报 2004－01
⊙ 中国丹霞地貌区的旅游开发——以浙江省新昌县为例/李刚//枣庄师范专科学校学报 2004－02
⊙ 中国的"黄金周"假日旅游可持续发展研究/谢莉//生产力研究 2004－04
⊙ 中国——东盟博览会与发展贺州市旅游业/陈光辉//桂海论丛 2004－05
⊙ 中国—东盟自由贸易区的建立与广西国际旅游业的发展/阳芳//广西社会科学 2004－05
⊙ 中国—东盟自由贸易区机遇下广西旅游业的发展目标/郭峦//东南亚纵横 2004－09
⊙ 中国－东盟自由贸易区框架下，全面提升广西旅游形象与地位的对策研究/陈华//广西发展生产力和东盟经济合作的前景分析与对策研究研讨会 2004
⊙ 中国—东盟自由贸易区与海南旅游业/孙家杰//东南亚纵横 2004－08
⊙ 中国东西部热点旅游城市事件旅游比较研究/张彬彬//预测 2004－03
⊙ 中国度假旅游发展对策研究/张言庆//社会科学家 2004－01
⊙ 中国发展生态旅游的可行性分析及发展定位/叶小平//浙江林学院学报 2004－01
⊙ 中国发展生态旅游的研究与思考/金磊//现代城市研究 2004－03
⊙ 中国非消费型野生动物旅游若干问题研究/徐红罡//地理与地理信息科学 2004－02
⊙ 中国分时度假旅游创新产品设计模式研究/李恩　胡志勇//2004 年工业设计国际会议
⊙ 中国高句丽世界文化遗产地旅游的可持续发展研究/刘贵富//学术交流 2004－10
⊙ 中国公民出境旅游的消费行为分析及行业政策研究/舒伯阳//财贸经济 2004－08
⊙ 中国古城镇旅游南浔论剑/金戈//中国旅游报 2004－10－13
⊙ 中国古城镇旅游南浔论剑/张纪红　唐燕青//华东旅游报 2004－10－01
⊙ 中国古城镇旅游资源的市场化/徐德宽//中国旅游报 2004－11－15

- 中国古代游戏活动对现代休闲业的启示/孔旭红//河北大学学报（哲学社会科学版）2004-04
- 中国国内旅游成最具潜力的旅游市场/潘海平　钱春弦//中国城乡金融报 2004-06-10
- 中国滑雪旅游市场需求研究/吴必虎//地域研究与开发 2004-06
- 中国节事旅游营销管理现状分析与对策研究/刘太萍//北京第二外国语学院学报 2004-05
- 中国近代旅游业兴起的背景透视——兼析中国第一家旅行社诞生的条件/易伟新//求索 2004-03
- 中国旅游：八大热点与八大趋势/龙昊//中国经济时报 2004-01-19
- 中国旅游产业发展的空间变动与省际差异/杨新军　何燕//中国地理学会 2004 年学术年会暨海峡两岸地理学术研讨会
- 中国旅游产业发展的再认识/张辉//中国旅游报 2004-08-20
- 中国旅游产业结构的演变（上）/林峰//中国旅游报 2004-12-20
- 中国旅游产业结构的演变（下）/林峰//中国旅游报 2004-12-27
- 中国旅游呈现八大热点八大趋势/杨丽华//国际商报 2004-02-01
- 中国旅游电子商务的现状与发展趋势/武涛//黑龙江科技信息 2004-10
- 中国旅游电子商务开发探讨/黄宇//企业技术开发 2004-01
- 中国旅游发展笔谈——科教兴国与旅游业（一）/王健//旅游学刊 2004-01
- 中国旅游发展笔谈——科教兴国与旅游业（二）/刘志江//旅游学刊 2004-02
- 中国旅游发展之误区/原群//决策探索 2004-08
- 中国旅游服务贸易的现状及法律对策/林贤瑛//江西财经大学学报 2004-04
- 中国旅游服务业的现状与发展/裴蓓//地理教育 2004-03
- 中国旅游互联网的现状与未来/吴子钟//内蒙古科技与经济 2004-S2
- 中国旅游黄金周政策的价值分析/朱光喜//云南地理环境研究 2004-03
- 中国旅游将全面对外开放业界绸缪“御敌”方略/秦一兵//中华合作时报 2004-12-21
- 中国旅游教育展：旅交会上新亮点/刘莉莉//中国旅游报 2004-06-14
- 中国旅游经济强劲恢复/陶健//解放日报 2004-06-05
- 中国旅游就业效应分析与制度创新/厉新建//北京第二外国语学院学报 2004-05
- 中国旅游品牌经营刚刚起步/陈戈//南方日报 2004-05-28
- 中国旅游企业集团战略联盟的博弈分析/徐洋//云南地理环境研究 2004-03
- 中国旅游商品产业现状分析/邹燕琼//消费日报 2004-01-06
- 中国旅游商品的发展问题研究/黄继元//云南社会科学 2004-02
- 中国旅游商品市场变动分析/钟志平//湖南商学院学报 2004-06
- 中国旅游新亮点/徐明正//中国旅游报 2004-05-12
- 中国旅游业　金山初露/李晓明//中国投资 2004-08
- 中国旅游业发展的基本特征、空间差异与前景分析/任旺兵//经济地理 2004-01
- 中国旅游业发展现状及未来需求预测/王永生//海洋开发与管理 2004-04
- 中国旅游业发展中的矛盾及调整思路/丁任重//财经科学 2004-02
- 中国旅游业面临的机遇及生存发展战略/徐亿军//哈尔滨学院学报 2004-08
- 中国旅游业综合影响研究综述/刘迎华//思想战线 2004-06
- 中国农村发展休闲旅游应注意的问题/李继峰//河南师范大学学报（哲学社会科学版）2004-04
- 中国农村旅游特色区域经济初探——武汉木兰生态旅游区建设实践思考/王世益//2004·中国·武汉生态旅游论坛
- 中国农业旅游发展研究/王兆礼//云南地理环境研究 2004-03
- 中国山区旅游产业建设/郭来喜//决策与信息 2004-12
- 中国生态旅游的类型/卢宏升//桂林旅游高等专科学校学报 2004-02
- 中国石油映红“红色旅游线”/张平//中国石油企业 2004-09
- 中国世界遗产地旅游可持续发展的经济学探析/陈向红//资源与人居环境 2004-05
- 中国嵩山世界地质公园旅游与发展研讨会召开/孔玉峰//河南国土资源 2004-04
- 中国陶瓷城旅游消费逐日递增/文勇//中国陶瓷 2004-04
- 中国体育旅游国际化发展的必要性与可行性分析/于素梅//浙江体育科学 2004-05
- 中国体育旅游迅速发展的社会学思考/杨斌//解放军体育学院学报 2004-02
- 中国西部地区旅游开发对策研究/郑利//资源开发与市场 2004-06
- 中国西部地区县域旅游开发实证分析——新疆库车县旅游开发的若干思考/曾华//干旱区资源与环境 2004-04
- 中国西部旅游业发展的比较优势分析/刘慧贞//辽宁税务高等专科学校学报 2004-03
- 中国休闲产业发展的趋势及对策/关丽萍//新疆师范大学学报（自然科学版）2004-02
- 中国影视旅游发展的现状及趋势/刘滨谊//旅游学刊 2004-06
- 中国作为旅游大国在崛起/拉塔娜·普彼塔伽卡//国际商报 2004-05-30
- 中日韩滑雪旅游的合作与发展/张德成//冰雪运动 2004-05
- 中山陵园风景名胜区发展生态旅游之 SWOT 分析/康辉平//上海城市管理职业技术学院学报 2004-S1
- 中外旅游服务研究综述及评价/胡小纯//思想战线 2004-05
- 中外旅游集团的实力对比分析及启示/尹幸福//旅游学刊 2004-02
- 中外旅游专家在“中国（广西）—东盟国际旅游论坛”上的发言摘要//中国旅游报 2004-10-29
- 中卫旅游文化味浓/贺玉莲　王严严//宁夏日报 2004-10-31
- 中文旅游网站的空间类型及发展战略研究/张捷//地理科学 2004-04
- 中西古代旅游文化类型比较/赵炜//新疆财经学院学报 2004-04
- 中西专家会诊中国海滨旅游/鲁讯//华东旅游报 2004-06-11
- 中西专家会诊中国海滨旅游/杨彬//中国旅游报 2004-06-09
- 中小型旅游网站发展现状及其对策浅析——以乐游户外运动俱乐部网站为例/樊莉莉//河北师范大学学报（自然科学版）2004-02
- 中亚国家将开展旅游合作/聂书岭//中亚信息 2004-09
- 中雁荡山旅游业发展刍议/张卓鹏//小城镇建设 2004-05
- 中原首个旅游营销策划方案新鲜出炉/靳林峰//中国旅游报 2004-01-21
- 中越旅游合作协作机制发挥功效/邝伟楠//中国旅游报 2004-02-20
- 中质旅游景区开发初探/何方永//资源开发与市场 2004-06
- 钟山风景名胜区旅游环境容量初探/董杰//西南师范大学学报（自然科学版）2004-06
- 钟山风景名胜区旅游开发整合研究/董杰//山东师范大学学报（自然科学版）2004-04
- 钟山风景名胜区旅游资源整合与旅游可持续发展研究/董杰//江西师范大学学报（自然科学版）2004-02
- 钟祥引资开发旅游资源/李定建　程诚　周培章//湖北日报 2004-10-06
- 重渡沟“景区公司+农户”的旅游产业组织模式研究/翁瑾//经济经纬 2004-01
- 重庆北部新区经开园旅游主题与形象/王长生//经济师 2004-12
- 重庆都市旅游集团化经营及旅游市场规范化运作的思考/陈新业//重庆工业高等专科学校学报 2004-01
- 重庆都市旅游市场规范运作探索/陈新业//重庆工业高等专科学校学报 2004-01

⊙ 重庆都市旅游形象定位研究/李飞//重庆大学学报（社会科学版）2004－01
⊙ 重庆都市农业旅游的发展与思考/熊伟//重庆工业高等专科学校学报 2004－01
⊙ 重庆工业旅游开发初探/李雪花//经济师 2004－11
⊙ 重庆和成都区域旅游合作研究/吕飞//重庆师范大学学报（自然科学版）2004－04
⊙ 重庆湖北共推三峡生态旅游品牌/于双成//中国绿色时报 2004－06－09
⊙ 重庆旅游地形象定位/杨卫东//经济师 2004－10
⊙ 重庆旅游文化发展初探/彭寿//经济地理 2004－06
⊙ 重庆市的旅游形象及建设对策/陈扬//西南师范大学学报（人文社会科学版）2004－04
⊙ 重庆市江北区旅游业的战略思考/印向宁//经济师 2004－03
⊙ 重庆市旅游经济发展策略分析/胡妍//重庆大学学报（社会科学版）2004－01
⊙ 重庆体育旅游业的现状及发展对策/崔秋萍//重庆工商大学学报（自然科学版）2004－02
⊙ 重视把文脉注入旅游/湘江月//华东旅游报 2004－04－29
⊙ 重视保护和申报世界遗产并积极发展我国西部生态旅游/周世颐　蔺柏静//2004·中国·武汉生态旅游论坛
⊙ 重视开拓 20—29 岁日本女性旅游市场/江锡民　唐传虎//新华日报 2004－11－25
⊙ 重现华林书院原貌做大做强旅游产业/甘登东//人民政协报 2004－09－02
⊙ 舟山海钓打响旅游新品牌/姚碧波//中国海洋报 2004－07－27
⊙ 舟山开发海洋文化旅游的思考/骆高远//金华职业技术学院学报 2004－03
⊙ 舟山沈家门渔港向旅游产业靠拢/红叶　陈伟国　雷晗　何孟辑//华东旅游报 2004－08－05
⊙ 周庄富贵园演绎旅游亮点/庄荣鑫//华东旅游报 2004－10－21
⊙ 周庄旅游品牌是怎样得来的？/费幸林//华东旅游报 2004－03－23
⊙ 周庄女性创业巧打旅游牌/陆剑峰　朱安平//中国妇女报 2004－09－22
⊙ 朱启钤开发北戴河海滨旅游景区的原因及启示/刘少虎//湖南商学院学报 2004－04
⊙ 朱亭森林公园旅游开发初探/周笑源//湖南环境生物职业技术学院学报 2004－02
⊙ 朱熹的旅游实践与旅游思想/刘佩芝//江西社会科学 2004－10
⊙ 珠江流域旅游合作探讨/任国才//中国旅游报 2004－09－29
⊙ 珠江上游少数民族贫困地区民族生态旅游开发研究——以贵州三都水族自治县为个案分析/杨忠实　文传浩//2004·中国·武汉生态旅游论坛
⊙ 珠三角旅游业发展实力分析与发展策略/吴志才//特区经济 2004－01
⊙ 竹林生态旅游环境解译系统的构建研究/董文渊　赵敏燕//中国林学会首届竹业学术大会 2004
⊙ 主题公园：城市旅游形象的新名片/杨程波//中国旅游报 2004－12－24
⊙ 主题旅游城镇装点桂林/唐林洪　邝伟楠//中国旅游报 2004－07－14
⊙ 主题式旅游，主题式娱乐//旅游时代 2004－06
⊙ 主题营销在旅游企业中的运用/王红//企业活力 2004－08
⊙ 助推旅游经济从事业型向产业型转换/周志平//中国金融 2004－17
⊙ 注重利用丰富资源发展红色旅游/路英香//河南日报 2004－11－25
⊙ 注重旅游与文化结合　促进旅游产业发展/师宏睿//市场经济研究 2004－03
⊙ 驻马店旅游业发展探讨/安士伟//地域研究与开发 2004－03
⊙ 铸就房山精品旅游/冀显江//中国经济周刊 2004－10
⊙ 铸造旅游品牌——贵州旅游品牌发展报告/陈长//贵州大学学报（社会科学版）2004－03
⊙ 铸造普陀山旅游品牌之我见/蒋宝华//华东旅游报 2004－04－30
⊙ 抓好基础设施建设是发展大连旅游的根本/李文菲//中国旅游报 2004－10－08
⊙ 抓机遇　突特色　重宣传　以新的理念做强做活文化旅游产业/杨建新//新闻天地 2004－03
⊙ 抓住宏观调控契机　促进旅游经济发展/文海英//中国党政干部论坛 2004－11
⊙ 抓住机遇，科学推进，大力发展“红色旅游”/才利民//中国旅游报 2004－09－24
⊙ 专家把脉西部旅游//四川省情 2004－11
⊙ 专家呼吁：从国家战略高度统筹休闲产业发展/赵垒//中国旅游报 2004－07－07
⊙ 专家呼吁完善游艇消费环境/桂雪琴//中国船舶报 2004－12－24
⊙ 专家谈 2004’旅游　踏着九个热点节拍/魏小安//经济日报 2004－02－05
⊙ 专家学者为浙江旅游节庆把脉/谢峻　寿利宏//中国旅游报 2004－11－26
⊙ 专业镇“邂逅”科技旅游——广东专业镇科技旅游示范路线展示/何静//广东科技 2004－04
⊙ 专业镇科技旅游初探/刘宏滨//广东科技 2004－04
⊙ 转塘生态型旅游休闲中心镇/刘秋敏//今日浙江 2004－10
⊙ 转型期三峡旅游核心竞争力分析与发展对策/阙如良//三峡大学学报（人文社会科学版）2004－05
⊙ 转型时期市民旅游消费分析/胡幸福//湖南师范大学社会科学学报 2004－04
⊙ 转型增效：我们需要什么样的旅游产品？/王健生//今日海南 2004－06
⊙ 追溯“红岩文化”/张琴//华东旅游报 2004－08－20
⊙ 着力发展红色旅游　精心培育支柱产业/陈岩　刘晗　程芙蓉//湖北日报 2004－10－23
⊙ 资本运营：创新古镇旅游开发模式/龙藏//中国旅游报 2004－01－19
⊙ 资源环境与旅游业的核心竞争力/喻小航//经济地理 2004－04
⊙ 秭归成立“秭之旅”旅游联合体/李宏武//中国旅游报 2004－06－11
⊙ 自驾车旅游的现状分析与发展初探——以广东省为例/谢涛　李锐圻//中国地理学会 2004 年学术年会暨海峡两岸地理学术研讨会
⊙ 自驾车旅游发展分析/诺木汗//中国旅游报 2004－10－20
⊙ 自驾车旅游市场开发研究/陈乾康//旅游学刊 2004－03
⊙ 自驾车旅游市场战鼓待擂/赵垒　文潇//中国旅游报 2004－09－15
⊙ 自驾车旅游释放血液中的原动力/孙研//中国健康月刊 2004－11
⊙ 自驾游　海南旅游新“引擎”/张杰　赵红　李少荣//海南日报 2004－10－11
⊙ 自然保护区开展生态旅游的思考/范忠勇　陈苍松//浙江省第二届生物多样性保护与可持续发展研讨会 2004
⊙ 自然保护区旅游开发的环境分析与规划设计/牛亚菲//第二届海峡两岸休闲农业与观光旅游学术研讨会 2004
⊙ 自然保护区旅游可持续发展研究/仇立华//运城学院学报 2004－05
⊙ 自然保护区旅游资源开发的反思/兰卓　郑清贤//2004 年中国环境资源法学研讨会
⊙ 自然保护区生态旅游产生的问题及对策/蔡振宇//河北建筑科技学院学报（社科版）2004－02
⊙ 自然保护区生态旅游开发问题初探/张晓玲//山西林业科技 2004－03
⊙ 自然保护区生态旅游开发与规划研究/万绪才//2004·中国·武汉生态旅游论坛
⊙ 自然保护区生态旅游可持续发展探讨/王君//河南林业科技 2004－01
⊙ 自然保护区与森林旅游/倪同良//山东林业科技 2004－05
⊙ 自然保护区与生态旅游关系探讨/李志勇//热带地理 2004－02
⊙ 宗教旅游可持续发展研究/郑嬗婷//安徽师范大学学报（人文社会科学版）2004－05

2005 年

2005－03

◎ 郴州生态旅游可持续发展的对策探讨/胡建英//湘南学院学报 2005－06

◎ 郴州温泉旅游文化比较/薛小林//郴州日报 2005－09－18

◎ 沉重的50万——对经济欠发达地区旅游招商的几点思考/宋瑞//今日国土 2005－Z1

◎ 陈剑："走"出去的旅游地产/徐广蓉//21世纪经济报道 2005－01－06

◎ 闯出旅游品牌的徽州小乡村/史延廷//中国旅游报 2005－06－20

◎ 成都：欲建西部中心旅游城市/彭明国//中国旅游报 2005－11－23

◎ 成都——打造中国西部中心旅游城市和国际知名旅游城市//四川日报 2005－08－30

◎ 成都环城市旅游带建设探索/邓清南//成都大学学报（社会科学版） 2005－03

◎ 成都市"农家乐"演变的案例研究——兼论我国城市郊区乡村旅游发展/何景明//旅游学刊 2005－06

◎ 成都市府河南河（锦江）滨河区的旅游开发/练红宇//成都大学学报（社会科学版） 2005－03

◎ 成都市郊区农业观光策略选择——三圣乡社会调查实证分析/罗晓彬//西南民族大学学报（人文社科版） 2005－09

◎ 成都市文化旅游综合开发研究/曹启富//社会科学研究 2005/01

◎ 成熟型旅游地的RMIP拓展研究——西安市旅游业发展"十五"计划思路/杨新军//干旱区资源与环境 2005－02

◎ 成熟型旅游目的地形象的差异化定位研究/张祖群//小城镇建设 2005－10

◎ 承德光大"避暑山庄文化"/景春华//中国老区建设 2005－03

◎ 承载旅游业腾飞的梦想/童政 杨柳 黄福强 程大兴//经济日报 2005－04－03

◎ 诚信：浙江旅游的立身之本/文潇//中国旅游报 2005－12－30

◎ 诚信旅游看焦作/李建阳//中国旅游报 2005－08－19

◎ 诚信旅游市场体系的构建/范江华 冯小红//中国旅游报 2005－11－16

◎ 诚信是旅游经济的基石/王群//中国旅游报 2005－10－12

◎ 城步南山旅游可持续开发战略研究/冯灿飞//邵阳学院学报（自然科学版） 2005－03

◎ 城建 环保 旅游——大连城市发展三个亮点/赵蕴颖 李枝宏//大连日报 2005－04－27

◎ 城郊观光农业生态旅游发展研究——以新疆独山子观光农业园区为例/李炯华//水土保持研究 2005－04

◎ 城郊旅游及其可持续发展研究/刘俊清//前沿 2005－08

◎ 城郊旅游开发研究/赵玉宗//内蒙古师范大学学报（哲学社会科学版） 2005－02

◎ 城郊旅游主体划分及其旅游活动动机/李岩松//内蒙古科技与经济 2005－21

◎ 城口县生态旅游可持续发展对策研究/陈孝胜//生态经济 2005－05

◎ 城区经济活跃四大板块/梅蕾//苏州日报 2005－01－19

◎ 城市边缘旅游新区的开发模式——以西安曲江新区为例/李勋来//资源开发与市场 2005－05

◎ 城市发展对生态旅游环境影响的主成份回归分析/杜远林//西南民族大学学报（自然科学版） 2005－05

◎ 城市发展与旅游产品开发——以广州市珠江游为例/谢涤湘//现代城市研究 2005－11

◎ 城市发展与市民休闲方式的关系/陈允文//九江学院学报（社会科学版） 2005－01

◎ 城市公共休闲空间的要素/曾怡园//成都纺织高等专科学校学报 2005－01

◎ 城市化对城市近郊乡村旅游地生命周期的影响分析/税伟//地域研究与开发 2005－06

◎ 城市化进程中被征地人员的休闲方式研究/陈传锋 严建雯 杨晶晶//第十届全国心理学学术大会 2005

◎ 城市化与城市近郊乡村旅游开发研究——以成都邛崃市鹤鸣村为例/税伟//地理与地理信息科学 2005－03

◎ 城市化与环城市旅游度假带互动研究/杨培玉//北京城市学院学报 2005－03

◎ 城市居民双休日休闲旅游行为特征分析——以合肥市为例/刘昌雪//黄山学院学报 2005－05

◎ 城市旅游 下一个经济增长点/张晶晶 宣军//市场报 2005－11－14

◎ 城市旅游刍议/唐恩富//市场论坛 2005－07

◎ 城市旅游的定位/袁忠//经理日报 2005－07－13

◎ 城市旅游的空间单元与空间结构/吴承照//城市规划学刊 2005－03

◎ 城市旅游的特殊性分析/陈朝隆//热带地理 2005－02

◎ 城市旅游的拓展研究——以西安为例/刘佳慧//内蒙古科技与经济 2005－05

◎ 城市旅游地居民感知差异及其影响因素系统分析——以中山市为例/杨兴柱//城市问题 2005－02

◎ 城市旅游地生命周期的模式研究/徐红罡//城市规划学刊 2005－02

◎ 城市旅游地生命周期的系统动态模型/徐红罡//人文地理 2005－05

◎ 城市旅游发展的动力：理论分析与案例研究/龙江智//中国人口·资源与环境 2005－01

◎ 城市旅游发展中的文化开发/王京传//中国旅游报 2005－06－10

◎ 城市旅游竞争力的实证研究——以广东省为例/张争胜//资源开发与市场 2005－01

◎ 城市旅游竞争力分析框架初探/莫帮洪//社会科学家 2005－S2

◎ 城市旅游竞争力提升的理论依据与现实途径——以辽宁省为例/曹宁//渤海大学学报（哲学社会科学版） 2005－05

◎ 城市旅游驱动力的转化及其实践意义/保继刚//地理研究 2005－02

◎ 城市旅游信息化建设初探——以杭州市旅游信息化建设为例/陈硕//华东经济管理 2005－03

◎ 城市旅游形象塑造——以徐州市为例/唐飞//市场周刊·管理探索 2005－03

◎ 城市旅游形象塑造与传播策略/梁海燕//福建地理 2005－04

◎ 城市旅游形象问题及系统修正研究/韩顺法//现代城市研究 2005－07

◎ 城市旅游与城市发展的动态模式探讨/徐红罡//人文地理 2005－01

◎ 城市旅游与城市形象的结合——打造桂林和谐魅力城市之方略/王化//中国科技信息 2005－17

◎ 城市旅游与民俗文化对接的最佳选择/文有贤//楚雄日报（汉） 2005－04－07

◎ 城市旅游中的意境塑造/骆智冕//三峡大学学报（人文社会科学版） 2005－S1

◎ 城市旅游中心区研究及其规划应用——以泉州市"造月工程"规划为例/程华宁//规划师 2005－08

◎ 城市品牌增强竞争力/高富华//雅安日报 2005－10－09

◎ 城市森林旅游开发策略研究/李忠博//安徽农业科学 2005－12

◎ 城市商旅联动发展的基础研究/何佳梅 宋为 贾跃千 张晓燕//中国法学会经济法学研究会 2005 年年会

◎ 城市社会资源：旅游开发的富矿/李晓良//中国旅游报 2005－12－23

◎ 城市生态旅游的生态化建设研究——以绍兴城市旅游为例/徐丹//怀化学院学报 2005－06

◎ 城市水域生态旅游开发研究——以开封市为例/李斌//安阳师范学院学报 2005－02

◎ 城市水源地旅游市场特征及开发战略研究——以首都水源地密云县为例/余凤龙//经济问题探索 2005－10

◎ 城市体育旅游产品及其产品策略研究/杨丽娟//桂林旅游高等专科学校学报 2005－05

◎ 城市文化建设与城市旅游发展互动关系研究/冯俊强//中国科技信息

2005－24

⊙城市文化牵手上海都市旅游的发展/唐秀丽//北京第二外国语学院学报 2005－03

⊙城市文化娱乐设施区位——以上海市为例/柳英华　白光润//中国法学会经济法学研究会2005年年会

⊙城市新区建设中的城市旅游发展刍议——以南京市河西地区开发为例/祁毅//山东师范大学学报（自然科学版）2005－01

⊙城市休闲产业组成体系与休闲经济特征研究/张顺//聊城大学学报（社会科学版）2005－06

⊙城市休闲经济的规模与产业结构构建研究/王寿春//财经论丛2005－03

⊙城市休闲经济特征研究/张顺//吉林师范大学学报（自然科学版）2005－02

⊙城市休闲人群户外滞留空间的景观特征研究/王紫雯//浙江大学学报（工学版）2005－01

⊙城市休闲研究的空间概念体系辨析/张建//桂林旅游高等专科学校学报 2005－06

⊙城乡结合部社区旅游研究/李忠博　黄娟//湖北省地理学会2005年学术年会

⊙城镇居民旅游消费需求的调查——以洛阳市为例/孙艳红//江苏商论 2005－12

⊙城镇与旅游发展背景下的溪流景观影响因子研究/张天新//水土保持研究2005－04

⊙乘西部开发东风寻"丝路"旅游优势促沿线经济发展/王转梅//甘肃科技2005－06

⊙池州市创建"中国优秀旅游城市"初探/胡文海//黄山学院学报2005－05

⊙池州市发展生态旅游的思考/宋国明//池州师专学报2005－03

⊙赤壁市旅游市场发展的SWOT分析/唐楠//黄冈职业技术学院学报2005－01

⊙赤水四洞沟竹林生态旅游开发现状及发展对策/张琴//竹子研究汇刊 2005－01

⊙赤松山地理多级夷平面与多层旅游文化/洪庆群//成才之路2005－20

⊙充分发挥抗战文物在重庆旅游经济中的作用/钟汝贤//重庆教育学院学报2005－06

⊙充分发挥资源优势　打造湖湘旅游品牌/湘旅办//中国旅游报2005－09－21

⊙充分发挥资源优势实现旅游跨越发展/李卫//陕西日报2005－05－12

⊙充实文化底蕴　加快旅游发展/邵启富//铜仁师范高等专科学校学报 2005－03

⊙充实文化营养　打造新畲族旅游品牌/尹隽// 科学发展观与浙江旅游业研讨会2005

⊙出境旅游：从总量控制向结构转化调整/马聪玲//中国旅游报2005－06－24

⊙出境旅游目的地选择分析与预测/依绍华//中国旅游报2005－10－28

⊙出境游业务规模扩大　旅游板块利好显而易见/吴琪//国际金融报2005－07－05

⊙出让景区经营权激活我市旅游投资/宁波//孝感日报2005－04－21

⊙出游规模、经济收入、群众满意率均创历年同期最高水平/陈静//中国旅游报2005－02－18

⊙初探八美变质岩石林资源价值及其旅游开发/李娴//国土资源科技管理 2005－03

⊙初探旅游服务供应链管理/张英姿//雁北师范学院学报2005－01

⊙刍议《辽宁省旅游管理条例》修改/魏震铭//理论界2005－05

⊙刍议文化旅游地建设——以湖南凤凰为例/刘艳华//南华大学学报（社会科学版）2005－04

⊙刍议中国自然保护区生态旅游开发策略/张宏亮//焦作师范高等专科学校学报2005－02

⊙楚皇城遗址旅游开发技术与环境可行性分析/谭白英//武汉冶金管理干部学院学报2005－04

⊙楚雄市：规范"农家乐"旅游项目管理/李福臣//楚雄日报（汉）2005－07－05

⊙处理好保护世界遗产与发展旅游之间的矛盾/卢彩萍//苏南科技开发 2005－12

⊙川滇黔古盐道与旅游开发研究/刘彦群//盐业史研究2005－04

⊙川西旅游公路景观规划设计探析/黄瑞//四川农业大学学报2005－01

⊙川西民族地区草原生态旅游发展实证研究——红原县月亮湾旅游区生态旅游发展前景分析/高阳//西南民族大学学报（人文社科版）2005－04

⊙川渝滇黔旅游发展连线成片/徐旭忠　朱小龙//西部时报2005－12－27

⊙川渝黔滇旅游联合开发可行性及对策研究/毋泽亮//重庆工商大学学报（西部经济论坛）2005－06

⊙川渝黔共推红色旅游线路/曾立//重庆日报2005－08－16

⊙传播休闲理念普及休闲文化带动休闲旅游发展休闲产业/杨泽伟//杭州日报2005－04－23

⊙传承历史文化　谋求新的发展——中国洪泽湖水上运动会暨旅游文化节的思考/曹新军//群众2005－12

⊙传统古民居旅游地旅游影响居民感知的比较研究——以西递、周庄为例/刘葆//皖西学院学报2005－02

⊙传统和创新相结合　民族和西洋相融会　文化和旅游相统一/平萍　万川明//河南日报2005－11－24

⊙传统聚落旅游开发中的迪斯尼逻辑/李淼//建筑师2005－04

⊙传统历史文化街区的更新与利用——谈大理红龙井旅游文化中心规划/赵慧勇//小城镇建设2005－05

⊙传统民居的旅游开发/李萌　徐慧霞//中国旅游报2005－11－25

⊙传统商贸老街旅游开发研究——以台州市路桥老街为例/徐露农//台州学院学报2005－01

⊙传统水上客运转攻旅游/陈洁娜　张巧玲//南方日报2005－04－27

⊙传统文化在旅游开发中的变迁——以安顺屯堡文化为例/金英//"社会学与贵州'十一五'社会发展"学术研讨会暨贵州省社会学学会第四届会员代表大会2005

⊙传统型旅游渐行渐远　个性化休闲备受青睐/丁海军//山西政协报2005－05－11

⊙创办五大"旅游文化节"，支撑广东旅游半边天——再谈广东旅游业的市场营销战略/刘伟//广州市财贸管理干部学院学报2005－04

⊙创建满族文化特色的旅游型小城镇/哈静　陈伯超//地域建筑文化论坛 2005－06－01

⊙创建四川民族文化生态旅游可持续发展模式研究/黄萍//西南民族大学学报（人文社科版）2005－08

⊙创建四季生态观光果园的浅见/刘劲//湖南农业科学2005－03

⊙创建中国优秀旅游城　提升商丘核心竞争力//商丘日报2005－09－26

⊙创建中国优秀旅游城市　把旅游产业做大做强/张希钦//人民政协报 2005－01－25

⊙创建最具生态和民族风情的特色旅游小区/惠富强　许连贵//天水日报 2005－09－09

⊙创新：山西数字化旅游在全国领跑/胡向泽//山西日报2005－12－31

⊙创新发展旅游产业，奋力实现"三大跨越"/王洁平//江苏经济报2005－03－24

⊙创新观念　加快发展泰宁旅游产业/黄天福//安徽农业大学学报（社会科学版）2005－02

⊙创新机制　加快发展森林旅游/叶明生//巴中日报2005－11－15

⊙创新旅游发展的理念与思路/杨峻发//吐鲁番报（汉）2005－04－04

⊙创新旅游经济思维　促进旅游产业发展——论信宜市"旅游旺市"方略/杨常斌//南方论刊2005－06

⊙ 对搞好当前红色旅游规划的几点思考/焦新旗//经济论坛 2005-24

⊙ 对广西旅游网络营销发展策略的思考/冯琼兰//改革与战略 2005-05

⊙ 对广西水利旅游业发展思路的探讨/黄启灿　黄子宇//中国科协 2005 学术年会

⊙ 对国内旅游抽样调查的几点思考/王玉芸//浙江统计 2005-06

⊙ 对国内旅游者的旅游商品需求差异性研究——以西安市旅游商品市场为例/梁学成//旅游学刊 2005-04

⊙ 对国内生态旅游健康发展的几点思考/肖建珍//肇庆学院学报 2005-01

⊙ 对杭州市休闲体育市场发展现状的研究/凌平　童杰//首届中国体育产业学术会议 2005

⊙ 对河南旅游教育发展的几点思考/司艳宇//河南教育（高校版）2005-Z1

⊙ 对黑龙江省发展休闲经济的研究/李颖//经济师 2005-08

⊙ 对黑龙江省滑雪旅游经济可持续发展的探讨/张亮//冰雪运动 2005-01

⊙ 对黑龙江省旅游商品开发的建议/张兴洋//中国旅游报 2005-02-04

⊙ 对红色旅游的分析及营销方式的建议/贾昆嵛//商场现代化 2005-30

⊙ 对湖南发展“红色旅游”的几点思考/杨平//企业家天地（下半月）2005-04

⊙ 对江西旅游可持续发展战略的思考/方卫武//企业经济 2005-11

⊙ 对经济欠发达地区旅游招商的思考/宋瑞//内蒙古日报（汉）2005-02-22

⊙ 对开发齐齐哈尔市观光农业的探讨/唐守祥//理论观察 2005-06

⊙ 对开发修学旅游市场的思考/文红//怀化学院学报 2005-01

⊙ 对昆明花卉旅游产品开发的思考/蒋素梅//昆明师范高等专科学校学报 2005-02

⊙ 对乐山旅游提点建议/王维亿//乐山日报 2005-12-18

⊙ 对辽宁满族文化旅游开发问题的探讨/马鹤丹//辽宁师范大学学报（社会科学版）2005-01

⊙ 对娄底市发展生态旅游模式的思考/盛正发//湖南人文科技学院学报 2005-06

⊙ 对旅游产品开发的探讨/李振新//河南理工大学学报（社会科学版）2005-01

⊙ 对旅游供给的深层认识——从服务学角度看旅游供给/刘书安//市场周刊·管理探索 2005-01

⊙ 对旅游规划热的冷思考/刘晓明//特区经济 2005-06

⊙ 对旅游纪念品凸显文化品位的探微/张萍//天府新论 2005-S2

⊙ 对旅游景区产品性质的重新界定/唐凌//统计与决策 2005-19

⊙ 对旅游目的地短期经济波动进行量化测定的计量方法/魏翔//统计与决策 2005-18

⊙ 对旅游商品开发战略模式的探讨/龚奕//西安财经学院学报 2005-04

⊙ 对旅游业发展进行新的思考/董志伟//秦皇岛日报 2005-11-01

⊙ 对旅游资源优势转化为旅游经济优势问题的探讨/石德旺//商场现代化 2005-29

⊙ 对满族民俗旅游中社区参与问题的思考/冯丹//辽宁教育行政学院学报 2005-11

⊙ 对民俗旅游文化本真性的多维度思考/张军//旅游学刊 2005-05

⊙ 对南京建设小康型养老休闲中心的刍议/金福元//2005-05-01

⊙ 对宁波融入长三角区域旅游一体化的战略思考/陈艳//宁波职业技术学院学报 2005-06

⊙ 对农业旅游几个问题的探讨/李学江//山东经济 2005-04

⊙ 对钦州市发展观光农业的思考/陈仪//广西农学报 2005-03

⊙ 对区域性旅游集团公司组建的质疑——兼论旅游企业集团化道路的选择/吴三忙//石家庄经济学院学报 2005-02

⊙ 对认定旅游不可抗力事件的思考/区琳//经济师 2005-07

⊙ 对森林旅游与森林生态旅游的再认识/韩微//森林工程 2005-06

⊙ 对山东旅游电子商务的平面解读/王京传　魏忠强//中国旅游报 2005-03-02

⊙ 对山西发展科技旅游的思考/王素萍//经济问题 2005-04

⊙ 对少数民族地区开发旅游商品的思考/车婷婷//商业研究 2005-08

⊙ 对少数民族文化的旅游商品化的再认识/黄琅//乐山师范学院学报 2005-07

⊙ 对社会旅游资源的再认识/李萌//中国旅游报 2005-09-16

⊙ 对生态旅游的本质探讨/李淑艳//北京林业大学学报（社会科学版）2005-03

⊙ 对生态旅游发展的理性思考/丁登花//铜陵学院学报 2005-04

⊙ 对生态旅游发展规划的探讨/李勤//武汉交通职业学院学报 2005-04

⊙ 对生态旅游可持续发展的思考/翟星//团结报 2005-06-23

⊙ 对市场经济条件下政府支持旅游发展模式的思考/高舜礼//中国旅游报 2005-07-13

⊙ 对苏州工业园区发展工业旅游的构想/王赵云//苏南科技开发 2005-06

⊙ 对县华彝族文化旅游资源开发的思考/李荣祥//楚雄日报（汉）2005-10-06

⊙ 对提升河南省体育旅游竞争力的思考/文平//河南科技学院学报（自科版）2005-03

⊙ 对完善中国旅游立法的思考/董红梅//经济师 2005-08

⊙ 对网络时代旅游营销的思考/冯琼兰//特区经济 2005-07

⊙ 对我国“红色旅游”开发的初步探讨/王伟红//国土与自然资源研究 2005-03

⊙ 对我国发展“红色旅游”的一点思考/范方志//宁波职业技术学院学报 2005-06

⊙ 对我国滑雪旅游产业的分析及对策研究/臧荣海//北方经贸 2005-05

⊙ 对我国奖励旅游的初步研究/范英杰//理论界 2005-12

⊙ 对我国旅游价格信用缺失的反思/杨佩群//北方经贸 2005-06

⊙ 对我国旅游景区门票定价策略的思考/迟文君//价格月刊 2005-10

⊙ 对我国体育旅游产业的研究/张培刚//首届中国体育产业学术会议 2005

⊙ 对我国体育旅游发展的理性思考/李青山//辽宁体育科技 2005-02

⊙ 对我国学生旅游消费市场的研究/王烨//商业经济 2005-08

⊙ 对我省旅游网站建设的思考/黄懋衡//光华时报 2005-04-01

⊙ 对我市红色旅游开发的思考/姜健//牡丹江日报 2005-03-29

⊙ 对我州红色旅游的思考/严昌琼//阿坝日报 2005-02-22

⊙ 对无障碍旅游的思考/冯琼兰//北京工商大学学报（社会科学版）2005-04

⊙ 对西部 5+2（省区）旅游合作战略的思考/秦斌明//中国旅游报 2005-12-21

⊙ 对新疆巴州博斯腾湖生态旅游发展的分析/周建勤//石河子大学学报（哲学社会科学版）2005-01

⊙ 对休闲的社会学研究/李庆英//中华读书报 2005-03-09

⊙ 对沅陵打造国际旅游品牌的调查与思考/覃正爱//湖南社会科学 2005-01

⊙ 对张掖市旅游农业发展规划的初步探讨/鲁雪峰//甘肃农业 2005-02

⊙ 对中国旅游发展道路的再认识/余伟兵//鄂州大学学报 2005-02

⊙ 对中国旅游文化资源开发的探讨/马锐//兰州学刊 2005-06

⊙ 对珠江流域各区域间旅游经济合作的探讨/张光位//曲靖师范学院学报 2005-02

⊙ 对自驾车旅游产品的分析及思考/杨冬梅//阿坝师范高等专科学校学报 2005-01

⊙ 敦煌发展旅游产业　拉动全民创业//今日信息报 2005-11-23

⊙ 敦煌市大力推进旅游市场化进程/张维贤　陈锦业　连德忠//中国旅游报 2005-11-02

⊙ 敦煌市居民旅游感知及态度研究/谌永生//人文地理 2005-02

⊙ 多方着手　让工业旅游升温/谢红彬//福建日报 2005-08-15

⊙ 多管齐下整治旅游市场乱象/邱大军//海南日报 2005-11-24

◎ 关于做好旅游事业的几点思考/吴道科//贵阳市委党校学报 2005－05
◎ 关注“乡村旅游”/众鸣//乐山日报 2005－12－06
◎ 关注城市发展　呼唤文化建设——“2005－中国：休闲与社会进步学术年会”综述/王建军//自然辩证法研究 2005－12
◎ 关注南昌变化　聚焦红色旅游/赖继红//南昌日报 2005－09－18
◎ 关注细节——提高旅游服务满意度/依绍华//价格理论与实践 2005－08
◎ 关注现代旅游的新形式以及相应的服务体系建设/朱红刚//江南游报 2005－08－04
◎ 关注休闲，懂点休闲学/沈宝祥//中国党政干部论坛 2005－02
◎ 观光果园规划技术要点/李锦//中国果树 2005－06
◎ 观光果园要向果汁加工和营销纵深发展/吴卫华//农产品加工 2005－05
◎ 观光林业特产科技园旅游开发问题探讨——以金华为例/杨林//江西林业科技 2005－05
◎ 观光旅游向度假旅游过渡阶段的旅游消费结构分析/孟玮//山东行政学院学报 2005－S2
◎ 观光旅游逐渐淡出　主题旅游渐成主流/刘亚辉//保定日报 2005－03－08
◎ 观光农业，天水旅游新亮点/丁晓刚//甘肃经济日报 2005－05－02
◎ 观光农业，天水旅游新亮点/年葆东　马海林//天水日报 2005－04－21
◎ 观光农业：掠夺式农业的终结？/郑金武//科学时报 2005－07－01
◎ 观光农业：容量几何——访北京观光休闲农业协会秘书长刘军萍/黄果//农产品市场周刊 2005－06
◎ 观光农业的发展与园区规划初探/潘宏//中国农学通报 2005－08
◎ 观光农业的看点与卖点/史纪新//江苏农村经济 2005－11
◎ 观光农业发展初探/关宇　韩通飞//2005－07－01
◎ 观光农业潜力大　农业旅游方兴未艾//中国供销商情 2005－07
◎ 观光农业生态园的规划设计/王国莉//生态环境 2005－03
◎ 观光农业特产园旅游开发问题探讨/杨林//第二届浙江中西部科技论坛 2005
◎ 观光农业园的景观规划初探/张锡娟//西南农业大学学报（社会科学版）2005－04
◎ 观光生态农业在留民营旅游景点中的应用/崔娜娜//安徽农学通报 2005－06
◎ 观光生态农业在生态农业旅游中的应用研究——以北京留民营的发展为例/崔娜娜//四川地质学报 2005－04
◎ 观赏蔬菜及其在观光休闲农业中的作用/邵贵荣　陈文辉　方淑桂//福建省科协第五届学术年会提高海峡西岸经济区农业综合生产能力分会场 2005
◎ 观音文化与普陀山旅游可持续发展研究/干松长// 科学发展观与浙江旅游业研讨会 2005
◎ 官方公共服务与南宋西湖旅游/成荫//宜宾学院学报 2005－08
◎ 广安旅游发展战略探讨（一）//广安日报 2005－12－21
◎ 广安旅游发展战略探讨（二）//广安日报 2005－12－28
◎ 广安市倾力打造伟人故里红色旅游品牌/中共广安市委　广安市人民政府//中国旅游报 2005－11－11
◎ 广东车八岭国家自然保护区生态旅游开发初探/李永利//商场现代化 2005－07
◎ 广东大亚湾（东岸地区）旅游开发战略探讨/蓝力民//特区经济 2005－01
◎ 广东观光农业旅游开发探讨/陈素谊//云南地理环境研究 2005－01
◎ 广东惠州城市旅游形象塑造驱动策略及 CIS 战略研究/王鹏//江苏商论 2005－12
◎ 广东居民旅游休闲需求的实证研究/朱明芳//特区经济 2005－07
◎ 广东客家文化及其旅游开发/郭盛晖//企业家天地（下半月）2005－06
◎ 广东旅游度假地空间分布特征及其发展趋势/潘丽丽//地域研究与开发 2005－02
◎ 广东旅游经济全国第一/陈戈　符信　李月红//南方日报 2005－04－13
◎ 广东旅游主打文化牌/侯丽宜//西部时报 2005－12－02
◎ 广东南雄盆地地质遗迹旅游开发的设想与建议/凌秋贤　林建南//全国第 19 届旅游地学年会暨韶关市旅游发展战略研讨会 2005
◎ 广东拟引外资民资参与旅游扶贫开发/谢若闲　陈劲虹　东田//民营经济报 2005－09－21
◎ 广东农村旅游市场差异化营销初探/高维忠//商场现代化 2005－30
◎ 广东省经济欠发达地区发展农业和自然生态旅游探讨——以英德市为例/徐颂//特区经济 2005－08
◎ 广东省科技旅游开发探讨/金利霞//热带地理 2005－04
◎ 广东省连山壮族瑶族自治县旅游发展规划初探/张美英//社会科学家 2005－03
◎ 广东省率先在国内倡导“生态体育健康运动”——“广东省休闲体育基地”落户广州后花园/李建思//中国市场 2005－39
◎ 广东省湿地资源保护与开发旅游的关系和展望/肖泽鑫//粤东林业科技 2005－01
◎ 广东省体育旅游发展前景及对策/陈立　曾小武//首届中国体育产业学术会议 2005
◎ 广东省温泉旅游地空间竞争及演化态势/张玲//商讯商业经济文荟 2005－06
◎ 广东省温泉旅游开发模式分析/王华//地理与地理信息科学 2005－02
◎ 广东省自然保护区森林生态旅游的发展/廖广社//广东技术师范学院学报 2005－06
◎ 广东石门台自然保护区生态旅游开发探讨/陈建群//中南林业调查规划 2005－01
◎ 广东万绿湖环保旅游两不误/姚德荣　许静//中国环境报 2005－06－14
◎ 广东温泉旅游显现“人才洼地”效应/若水//中国旅游报 2005－05－25
◎ 广深珠旅游极化对广东旅游的影响研究——区域经济研究系列·旅游篇/钟声宏//广东经济管理学院学报 2005－03
◎ 广西百色市旅游形象定位研究/张伟强//广西社会科学 2005－09
◎ 广西崇左市文化旅游发展的战略思考/农淑英//改革与战略 2005－08
◎ 广西发展红色旅游亟须解决三大问题/邝伟楠//中国旅游报 2005－07－15
◎ 广西规范无障碍旅游经营/邝伟楠//中国旅游报 2005－01－05
◎ 广西贺州旅游的 IMC 研究/肖冬平//广西梧州师范高等专科学校学报 2005－04
◎ 广西横县茉莉花旅游开发探析/伍进//改革与战略 2005－12
◎ 广西红色旅游发展战略研究/廖国一//改革与战略 2005－09
◎ 广西会展旅游的品牌战略研究/黄庆//改革与战略 2005－10
◎ 广西力促森林旅游产业发展/伍荔霞//中国绿色时报 2005－05－18
◎ 广西龙脊地区旅游开发中民俗文化的价值化/徐赣丽//广西民族研究 2005－02
◎ 广西旅游保持健康快速发展态势/邝伟楠//广西日报 2005－08－04
◎ 广西旅游科技发展现状分析及对策研究/王华//改革与战略 2005－08
◎ 广西旅游企业国际化探析/李世泽//中共南宁市委党校学报 2005－03
◎ 广西旅游企业市场营销存在的问题与对策/奉钦亮//企业技术开发 2005－09
◎ 广西民族村寨旅游开发与民族文化旅游品牌构建/简王华//广西民族研究 2005－04
◎ 广西民族体育旅游的 SWOT 分析与战略选择/陆元兆//体育科技文献通报 2005－04
◎ 广西全面融入大湄公河次区域旅游合作/刘桂丹//桂林日报 2005－06－10
◎ 广西向旅游从业人员敲响警钟/邝伟楠//中国旅游报 2005－11－11
◎ 广西玉林市福绵区发展城郊生态旅游的探讨/周慧杰//南方国土资源 2005－12

⊙ 宏琳厝出让旅游经营权/黄笃文//福建日报 2005－07－06
⊙ 后发展地区旅游产业发展战略研究——以贵州省为例/张跃西//第二届浙江中西部科技论坛 2005
⊙ 后旅游扶贫时代的乡村旅游探析/陈晓燕//中国农学通报 2005－07
⊙ 呼唤开发大理红色旅游/朱册//大理日报（汉）2005－05－27
⊙ 呼伦贝尔市区域旅游开发整合研究/王楠//边疆经济与文化 2005－07
⊙ 呼伦贝尔文化旅游开发构想/王楠//边疆经济与文化 2005－04
⊙ 壶口瀑布国家地质公园旅游产品设计与营销策略/孙建平　孟彩萍//全国第 19 届旅游地学年会暨韶关市旅游发展战略研讨会 2005
⊙ 壶瓶山生态旅游开发研究/杨洪//资源开发与市场 2005－02
⊙ 湖北区域旅游空间发展模式与战略布局/张立明//资源开发与市场 2005－05
⊙ 湖北省利川市发展农村生态旅游的探讨/杜莎//科技和产业 2005－05
⊙ 湖北省旅游条例//湖北日报 2005－04－06
⊙ 湖北省旅游中心地空间结构系统优化研究/李玲//经济地理 2005－05
⊙ 湖北省水体旅游开发的战略思考/何彪//湖北大学学报（自然科学版）2005－02
⊙ 湖北省休闲渔业成为发展新亮点//渔业致富指南 2005－02
⊙ 湖库旅游深开发研究——以湖南省为例/胡卫华//水利经济 2005－02
⊙ 湖南：弘扬革命传统发展红色旅游/湘书//证券日报 2005－10－30
⊙ 湖南观光休闲农业开发模式探析/谢莉//衡阳师范学院学报 2005－01
⊙ 湖南红色旅游热浪涌/喻文杰　王亚奇　周卫国//湖南日报 2005－10－12
⊙ 湖南崀山国家级风景区旅游市场及需求研究/李坚//湖南社会科学 2005－05
⊙ 湖南旅游：资源大省谋求向产业大省跨越/王晓红//中国经济时报 2005－09－20
⊙ 湖南旅游产品的创新对策研究/王发兴//改革与战略 2005－02
⊙ 湖南旅游价格现状评价与改革思考——改革的主要思路、基本步骤和配套措施/郭志球//价格理论与实践 2005－01
⊙ 湖南旅游整合大营销/陈张书//湖南经济报 2005－09－15
⊙ 湖南民俗文化旅游资源及其开发利用/张劲松//中国民间文化艺术产业建设研讨会 2005
⊙ 湖南省益阳“农家乐”旅游可持续发展研究/杨载田//衡阳师范学院学报 2005－02
⊙ 湖南水利旅游发展前景及思考/杨淑琼//湖南水利水电 2005－01
⊙ 湖南西部四大名镇旅游发展战略研究/张海燕//吉首大学学报（社会科学版）2005－04
⊙ 湖南乡村旅游突出分片发展的研究/刘幼平//湖南社会科学 2005－04
⊙ 湖南自驾车旅游市场开发研究/张西林//江苏商论 2005－07
⊙ 沪苏皖区域旅游合作初探/尹长丰//合肥工业大学学报（社会科学版）2005－06
⊙ 花卉旅游开发及经营/王旭科//中国旅游报 2005－05－23
⊙ 花坪自然保护区生态旅游开发分析及思考/叶晔//资源·产业 2005－04
⊙ 华顶国家森林公园的旅游发展对策/徐太方//浙江林业科技 2005－02
⊙ 滑雪旅游开发布局影响因素与对策研究——以内蒙古自治区滑雪旅游开发为例/刘家明//地理科学进展 2005－05
⊙ 话剧《立秋》用演出促销旅游/罗珺//中国文化报 2005－04－11
⊙ 话说度假旅游/林兢//青岛日报 2005－06－23
⊙ 话说旅游拍卖/陈莉//国际市场 2005－02
⊙ 怀远生态观光农业科技园效益初显/常俊记　宫中利//蚌埠日报 2005－03－23
⊙ 淮海经济区旅游市场发展策略研究/王启万//市场研究 2005－01
⊙ 欢乐嘉年华　休闲乡村游——南京旅游农业发展侧记/沈建华//江苏农村经济 2005－10
⊙ 环北部湾滨海跨国旅游圈的构想——环北部湾地区边境旅游研究系列论文之四/王雪芳//西南民族大学学报（人文社科版）2005－12
⊙ 环洞庭湖旅游区旅游开发研究/杨洪//热带地理 2005－04
⊙ 环境保护是民族村寨旅游持续发展的关键/陈明媚//贵州日报 2005－05－03
⊙ 环境法制与中国旅游产业可持续发展/顾海波//东北大学学报（社会科学版）2005－02
⊙ 环境旅游与文化旅游紧密结合——贵州省乡村旅游发展的前景和方向/马彦琳//旅游学刊 2005－01
⊙ 环青海湖旅游走向“绿色”/琪皓　唐仲蔚//青海日报 2005－11－11
⊙ 环太湖农业打生态牌/王莉//苏州日报 2005－09－29
⊙ 环太湖休闲旅游如何旺起来？/王莉//苏州日报 2005－03－05
⊙ 换个角度做旅游/本版撰文　张月鹏　周志起　刘领//锦州日报 2005－11－18
⊙ 黄金工业旅游品牌创建初探——以遂昌金矿为例/谢芝兰//黄金 2005－08
⊙ 黄金周：湖南旅游呈现五大特点/陈张书//湖南经济报 2005－10－11
⊙ 黄金周：一个休闲经济新课题//青岛日报 2005－10－10
⊙ 黄金周“休闲”唱大戏/董颖//市场报 2005－10－10
⊙ 黄金周旅游呈理性消费/张玉玲//光明日报 2005－05－16
⊙ 黄金周旅游呈五大特点/张璐　赵霞　张燕萍//天津日报 2005－10－10
⊙ 黄金周旅游持续升温/王亚奇//湖南日报 2005－10－03
⊙ 黄金周旅游的理性回归/杨军//旅游科学 2005－01
⊙ 黄金周旅游回温的冷思考/马龙生//黑龙江日报 2005－05－10
⊙ 黄金周旅游市场“慢热”/薛中卿//无锡日报 2005－04－14
⊙ 黄金周旅游首现“三下降”/张迪//北京日报 2005－05－08
⊙ 黄金周旅游要改革/徐怜恤　章国斌//江南游报 2005－05－12
⊙ 黄金周旅游遭遇七年之痒/熊润频//市场报 2005－10－17
⊙ 黄金周旅游正步入理性化发展轨道/杨军//中国旅游报 2005－09－21
⊙ 黄金周新现象“旅游消费”型休假正在“走向边缘”/宋常青　邓华宁　梁思奇　张目//新华每日电讯 2005－05－08
⊙ 黄金周引发老人旅游热/刘长源　于艳新//大连日报 2005－10－01
⊙ 黄龙溪古镇的旅游开发与可持续发展对策研究/钱永红//中国西部科技 2005－15
⊙ 黄平苗族旅游文化开发研究/潘启洪//科技情报开发与经济 2005－07
⊙ 黄山：“乡村旅游”撑起半边天/耿延军//中国经济时报 2005－11－22
⊙ 黄山：以旅游经济支撑和谐社会/张童童　马凯//经济参考报 2005－03－10
⊙ 黄山旅游　收入与效益同步增长/洪亮//中国证券报 2005－09－01
⊙ 黄山旅游发展之对策/张联辉//黄山日报 2005－12－16
⊙ 黄山区推动旅游产业快速升级/胡晓发//黄山日报 2005－03－01
⊙ 黄山市大力拓展境外旅游市场/黄欣//安徽经济报 2005－12－14
⊙ 黄山市发展会议旅游的思考/赛静//黄山学院学报 2005－05
⊙ 黄山市交通网络优化及区域旅游效应分析/魏鸿雁//资源开发与市场 2005－04
⊙ 黄山市旅游产业发展探析//中国商品学会第八届学术研讨会暨学会成立 10 周年庆祝大会 2005
⊙ 黄山市旅游产业发展探析/金海水//内蒙古统计 2005－06
⊙ 黄山温泉景区休闲休养旅游火爆上海/汪怡民//黄山日报 2005－03－24
⊙ 黄土高原退耕还林（草）区旅游开发探讨/黄金火//生态学杂志 2005－08
⊙ 徽商旅游文化对传统旅游文化的突破及其局限/王恩重//学术界 2005－06
⊙ 徽州文化旅游发展的思考/赵翠侠//合肥学院学报（社会科学版）2005－04
⊙ 徽州饮食风味旅游前景广阔/盛学峰//黄山日报 2005－08－25
⊙ 会议旅游目的地的选择与评估——以上海市为例/陈晓静//旅游学刊

◎ 京津冀港澳台联手促旅游/张璐//天津日报 2005 - 08 - 24
◎ 京剧旅游：凸显特色文化/冯新生//人民日报海外版 2005 - 01 - 13
◎ 泾川县发展水保旅游产业的实践/梁春荣//中国水土保持 2005 - 01
◎ 泾源环境创新为旅游创富添薪/黄永锐//宁夏日报 2005 - 12 - 14
◎ 经济郴州生态郴州旅游郴州的魅力彰显/曾昭武　阮涛　刘叶健　邓旭//郴州日报 2005 - 08 - 08
◎ 经济发达地区地方性博物馆旅游发展研究——以广州南越王墓博物馆为例/刘俊//旅游科学 2005 - 05
◎ 经济欠发达的旅游资源非优区旅游开发探讨——以广东省和平县为例/戴美琪//西南农业大学学报（社会科学版）2005 - 02
◎ 经济欠发达地区旅游环境的特点研究/雷汝林//黄冈师范学院学报 2005 - 01
◎ 经济欠发达地区生态旅游开发研究——以湖南省邵阳市为例/莫晓红//邵阳学院学报（自然科学版）2005 - 02
◎ 经济欠发达地区县级城镇居民休闲活动空间结构分析/唐雪琼//热带地理 2005 - 04
◎ 经济欠发达地区县级城镇居民休闲时间利用特征分析——以云南蒙自县为例/唐雪琼//云南地理环境研究 2005 - 04
◎ 经济欠发达旅游区体育旅游开发研究/胡达道//武汉体育学院学报 2005 - 01
◎ 经济驱动型城市的旅游发展模式研究——以广东省东莞市为例/朱竑//旅游学刊 2005 - 02
◎ 经济全球化冲击下地方文化的传承发展——以徽文化的旅游利用与文物保护为例/章尚正//安徽大学学报（哲学社会科学版）2005 - 06
◎ 经济特区旅游立法思考/沈忆勇//社科纵横 2005 - 04
◎ 经济学视角下的旅游可持续发展/陈雪钧　吴敏//中国旅游报 2005 - 01 - 26
◎ 经济学视角下的旅游市场分析/张娟//成都大学学报（社会科学版）2005 - 03
◎ 经济学视角下的政府旅游管理职能研究/许峰//旅游科学 2005 - 03
◎ 经济中心城市的商务旅游主导型发展模式——以温州市为例/汪升华//财贸经济 2005 - 11
◎ 经营效益管理视角下的景区景点民族体育旅游开发战略选择/蒋团标//商场现代化 2005 - 28
◎ 精彩深圳打造旅游文化品牌/蔡良焕//深圳特区报 2005 - 11 - 21
◎ 精心打造红色旅游品牌/刘捷//人民论坛 2005 - 04
◎ 精心打造我省红色旅游品牌/宋振华//河北经济日报 2005 - 07 - 09
◎ 精心规划提升品位强力推动我市旅游业的大发展/市人大常委会旅游调研课题组//沈阳日报 2005 - 12 - 07
◎ 精心绘制规划蓝图　促进红色旅游和全国旅游产业健康发展/邵琪伟//中国旅游报 2005 - 04 - 13
◎ 井冈山锻造红色文化促旅游/刘之沛　刘福明　宁良福//江西日报 2005 - 09 - 22
◎ 井冈山发展红色旅游的有益启示/刘文兰　刘福明　陈宏华//证券日报 2005 - 10 - 23
◎ 井冈山体育旅游现状及开发策略/胡达道//山西师大体育学院学报 2005 - 03
◎ 景观规划创意与生态旅游的结合——转山湖水库风景区概念性规划简介/吕静//四川环境 2005 - 04
◎ 景观设计发展纵横谈/陈强//美术报 2005 - 05 - 14
◎ 景观生态学在旅游规划中的应用——以长白山二道白河生态旅游城为例/李铭//水土保持研究 2005 - 04
◎ 景宁民族文化助旅游腾飞/何向平//丽水日报 2005 - 01 - 18
◎ 景宁畲族社区参与旅游发展的实证研究/邱云美//社会科学家 2005 - 06
◎ 景区发展与旅游品牌的塑造/周伟丽//科学发展观与浙江旅游业研讨会 2005
◎ 景区建设要创造未来文化遗产/江锡民　唐传虎//新华日报 2005 - 09 - 05
◎ 景区经营权转让对边远旅游地影响的实证研究——湖南凤凰八大景区（点）的案例分析/王凯//旅游科学 2005 - 04
◎ 景区门票定价要有大智慧/刘现同//河南日报 2005 - 12 - 01
◎ 景区型旅游目的地整体形象塑造/刘思敏　张丽芬//中国旅游报 2005 - 08 - 19
◎ 景泰旅游文化产业快速发展/闫立鹏//白银日报 2005 - 09 - 16
◎ 警惕红色旅游搞“运动式”开发/林春霞　唐沙砂//中国经济时报 2005 - 06 - 03
◎ 警惕会展旅游的“泡沫经济”/秦芳芳//国际商报 2005 - 09 - 14
◎ 警惕旅游规划“隐形”功利性的放大//安徽经济报 2005 - 06 - 03
◎ 警惕民族文化旅游开发误区/周芙蓉//中国改革报 2005 - 10 - 01
◎ 净月潭国家森林公园旅游产品开发规划的研究/李晓东//浙江林业科技 2005 - 02
◎ 净月潭国家森林公园旅游气候资源分析及评价/刘实//东北林业大学学报 2005 - 06
◎ 竞争与整合：中国区域旅游发展与合作态势分析/王晞//桂林旅游高等专科学校学报 2005 - 01
◎ 九江着力构建大旅游格局/欧阳文成　袁东来　练炼//江西日报 2005 - 11 - 06
◎ 九寨沟旅游开发管理创新的探讨/岳云华//绵阳师范学院学报 2005 - 05
◎ 九寨沟旅游生态足迹与生态补偿分析/章锦河//自然资源学报 2005 - 05
◎ 酒文化与旅游的姻缘及其展望/史宝华//辽宁经济 2005 - 01
◎ 旧村改造与乡村民俗旅游的契合——北京市怀柔区官地村改造述略/谭伟//小城镇建设 2005 - 08
◎ 居民对生态旅游认知与态度之研究——以澎湖列岛为例/吴忠宏//旅游学刊 2005 - 01
◎ 居民体育旅游消费需求结构定量分析——兼与张贵敏先生商榷/何国民//体育科学 2005 - 01
◎ 居民消费行为与城市休闲　娱乐场所的空间关系/杨晓俊//西北大学学报（哲学社会科学版）2005 - 06
◎ 居住小区中体育休闲空间的发展趋势及其设计/徐曙光//重庆建筑 2005 - 07
◎ 桔子洲农业生态旅游景点现状及发展规划/朱书取//安徽农学通报 2005 - 05
◎ 莒县借旅游带动区域经济发展/马国香//消费日报 2005 - 10 - 19
◎ 句容红色旅游建设模式受到各方关注/张庆　文滕　庆海　陈晓春//新华日报 2005 - 06 - 05
◎ 句容黄梅后塘　生态休闲观光农庄//农家致富 2005 - 22
◎ 崛起的文化休闲产业经济/朱慧萍//国际商务研究 2005 - 01
◎ 喀喇沁旗形成四大旅游品牌/李桂芝　付连学//赤峰日报 2005 - 11 - 24
◎ 喀纳斯湖景区生态旅游营销战略探讨/张旭亮//生态经济 2005 - 07
◎ 喀纳斯自然保护区旅游开发的生态风险及对策/尤海涛//新疆师范大学学报（自然科学版）2005 - 03
◎ 喀旗倾力打造诚信旅游品牌/张金声　韩波//赤峰日报 2005 - 11 - 02
◎ 喀什旅游开发避免生态透支/刘枫//新疆日报 2005 - 05 - 23
◎ 喀斯特地区旅游开发的自然景观保护——以贵州省绥阳县为例/孙强//地理与地理信息科学 2005 - 04
◎ 喀斯特洞穴的旅游开发研究/杨颖瑜//全国第十一届洞穴大会 2005
◎ 开辟旅游专线势在必行/魏广军//平顶山日报 2005 - 01 - 06
◎ 开创农业旅游发展的新天地/王京传//中国旅游报 2005 - 07 - 06
◎ 开发大连市旅游商品的策略探讨/彭丹//黑龙江对外经贸 2005 - 07
◎ 开发大兴安岭地区森林旅游产业探析/李更新//中国林业企业 2005 - 02
◎ 开发独特生态旅游资源/胥思明　何举云//南充日报 2005 - 10 - 18
◎ 开发格尔木文化旅游景点有四个结合//柴达木开发研究 2005 - 04

◎ 老人休闲形式为何单一/徐卓//南通日报 2005－07－29
◎ 乐山旅游经济发展与世界自然文化双遗产保护研究/郑元同//经济体制改革 2005－05
◎ 雷州半岛区域文化旅游资源开发研究/李巧玲//中山大学学报论丛 2005－06
◎ 黎平倾力打造国际性旅游专业城市/向永东　张齐//贵州日报 2005－12－19
◎ 黎平县民族村寨旅游开发的几个基本问题/罗永常//2005 中国原生态稻作民俗文化抢救与保护黎平国际学术研讨会
◎ 李大钊与旅游文化简论/刘焕峰//邯郸职业技术学院学报 2005－02
◎ 理顺体制　创新机制　大力发展旅游产业/曹元场//开封日报 2005－10－26
◎ 理县着力打造藏羌民族文化特色旅游/董勇//阿坝日报 2005－11－11
◎ 历史滨水区更新中的旅游开发与城市设计/陈曦//新建筑 2005－02
◎ 历史名人与旅游开发//中国旅游报 2005－10－17
◎ 历史唯物观下看红色旅游发展走向/王艳平//东北财经大学学报 2005－05
◎ 历史文化的旅游价值/周桂英//湖南科技学院学报 2005－10
◎ 历史文化名城长沙文化旅游发展战略探讨/卢小琴//长沙大学学报 2005－01
◎ 历史文化名城旅游发展比较研究——以保定、泉州、乐山为例/孔旭红//地域研究与开发 2005－04
◎ 历史文化名城旅游开发分析/文斌//桂林师范高等专科学校学报 2005－04
◎ 历史文化名镇如何向红色旅游城镇转变——以湖北省监利县周老嘴镇为例/王婷//小城镇建设 2005－08
◎ 立足特色文化打造旅游名县/麻益兵//丽水日报 2005－05－15
◎ 立足文化旅游资源　建设文化旅游名市/苏龙海//铜川日报 2005－08－12
◎ 丽江地区金属旅游纪念品的品牌现状及分析/张小开//郑州轻工业学院学报（社会科学版）2005－06
◎ 丽水茶文化旅游资源开发研究/蔡敏华// 科学发展观与浙江旅游业研讨会 2005
◎ 丽水地质遗迹概况与旅游资源开发刍议/陈良富//徐霞客与丽水旅游文化研讨会 2005
◎ 丽水市发展生态旅游的条件评价与措施/邱云美//生态经济 2005－04
◎ 利用茶业资源　开展茶文化旅游/王丽萍//茶业通报 2005－04
◎ 利用地方文献　开发旅游产业/陈敬鸾//中国科技信息 2005－23
◎ 利用地方娱乐发展旅游产业/胡秋菊//常德日报 2005－10－06
◎ 利用广西旅游资源发展与东南亚的旅游合作/杨然//南方国土资源 2005－01
◎ 利用旅游产业优势带动县域经济发展——以凤凰旅游为例/麻学锋//零陵学院学报 2005－01
◎ 利用旅游价格法规振兴旅游地旅游事业之思路/李重芬//经济与社会发展 2005－12
◎ 利用网络优势　为我市旅游可持续发展服务/卢晓东　王俊平//山西省科技情报学会 2004 年学术年会
◎ 连城事整合红色旅游资源融入湘赣闽旅游区/项华宗　江道庆　陈路招//闽西日报 2005－07－05
◎ 连云港武汉结成旅游合作联盟/张青红　陶莎//连云港日报 2005－01－14
◎ 莲缘大峡谷休闲游//体育博览 2005－09
◎ 联合打造区域旅游的经典品牌/余涛　杨珠香　关玉文//江南游报 2005－01－13
◎ 联合打造世界级的都市旅游圈/周铭扬　梁耀娟//华东旅游报 2005－09－29
◎ 联合国复兴丝绸之路　发展可持续旅游/吕游//中国旅游报 2005－02－25
◎ 联合营销在北京森林旅游市场中的应用/谭振军//绿色中国 2005－14
◎ 联手推动生态旅游/周游//人民日报 2005－11－04
◎ 濂溪书院与濂溪文化广场/范国强　刘小林　杨锦芳　曹雄清　安新志//郴州日报 2005－07－11
◎ 两岸专家共商海峡旅游合作与发展/李晓良　史蔓蓉　尺木//中国旅游报 2005－09－09
◎ 两张“特色牌”激活中心旅游区/刘平　马春霖//天津日报 2005－11－22
◎ 两种理论模式在我国生态旅游开发中的应用/段刚//云南民族大学学报（哲学社会科学版）2005－04
◎ 亮出工业旅游牌　打造新型工业景观（上）/程家武//中国食品质量报 2005－02－03
◎ 亮出工业旅游牌　打造新型工业景观（中）/程家武//中国食品质量报 2005－02－08
◎ 亮出工业旅游牌　打造新型工业景观（下）/程家武//中国食品质量报 2005－02－24
◎ 辽东山区观光农业开发研究/郑辽吉//社会科学家 2005－S2
◎ 辽宁：提高产业地位　加速建设旅游强省/周凤文　门家禄//中国旅游报 2005－03－14
◎ 辽宁发展生态旅游的条件和开发建议/林艳珍//辽宁经济职业技术学院学报 2005－02
◎ 辽宁工业旅游的现状与发展对策/林艳珍//辽宁经济职业技术学院学报 2005－04
◎ 辽宁海滨体育旅游消费群体特征分析/田英//首届中国体育产业学术会议 2005
◎ 辽宁老秃顶子自然保护区森林生态旅游开发前景/谷晓萍//沈阳农业大学学报（社会科学版）2005－03
◎ 辽宁旅游服务贸易的现状与思考/张岩//理论界 2005－07
◎ 辽宁省红色旅游开发的构想/任长琴//理论界 2005－04
◎ 辽宁省开拓工业旅游项目的策略分析/徐立娣//辽宁经济职业技术学院学报 2005－01
◎ 辽宁省旅游经济结构及优化调整思路研究/可娜//沈阳航空工业学院学报 2005－06
◎ 辽宁省资源型城市开发工业旅游的探究/姜乃力//辽宁经济 2005－03
◎ 辽宁体育旅游开发比较优势研究/毛润泽//辽宁教育行政学院学报 2005－09
◎ 辽宁西部古生物化石资源开发利用的旅游评价/尹德涛//国土资源科技管理 2005－01
◎ 辽宁中部城市群旅游形象定位与传播策略探讨/刘静//辽宁教育行政学院学报 2005－03
◎ 辽西地区旅游产品构成及结构优化/周风杰//渤海大学学报（哲学社会科学版）2005－01
◎ 辽西走廊在东北亚旅游圈中的区位优势/赵恒德//渤海大学学报（哲学社会科学版）2005－05
◎ 林场居民对生态旅游开发的认知状态研究/许春晓//农业系统科学与综合研究 2005－03
◎ 林海观光　沐浴自然/刘新航//河北日报 2005－01－27
◎ 林区乡村旅游开发探讨——以桂林资源县牛栏江为例/文军//中南林业调查规划 2005－03
◎ 林州市旅游形象策划/史本林//信阳师范学院学报（自然科学版）2005－01
◎ 临沧澜沧江自然保护区双江片区生态旅游开发探索/王钰//林业建设 2005－03
◎ 临汾：构建经济新框架/靳淑琴//山西经济日报 2005－02－27

⊙ 旅游供应链“委托－代理”关系及风险规避研究／李万立／／旅游科学 2005－04

⊙ 旅游购买知觉风险成因及其规避初探／周建军／／社会科学家 2005－02

⊙ 旅游购物存在的问题及其处理／浙江旅游质监所／／江南游报 2005－07－21

⊙ 旅游购物的发展是旅游业成熟的标志／李明德／／北京观察 2005－10

⊙ 旅游购物市场的产业组织学分析（上）／石美玉／／商业时代 2005－35

⊙ 旅游购物市场的产业组织学分析（下）／石美玉／／商业时代 2005－36

⊙ 旅游购物业地位的确立及发展对策／李东／／宁夏大学学报（自然科学版）2005－03

⊙ 旅游关注“温饱型群体”／退思／／无锡日报 2005－02－27

⊙ 旅游观光农业：农业现代服务业的闪光点／刘立仁／／江苏农村经济 2005－10

⊙ 旅游观光农业发展实例研究／王海勤／／商业时代 2005－21

⊙ 旅游管理中挫折心理的运用／钱正英／／商场现代化 2005－03

⊙ 旅游规划的 SWOT 战略分析法探讨／叶勇宏／／湖南财经高等专科学校学报 2005－05

⊙ 旅游规划的误区／陈兴鹏／／小城镇建设 2005－02

⊙ 旅游规划的哲学思考／罗文／／南华大学学报（社会科学版）2005－04

⊙ 旅游规划核心内容动态分析／李经龙／／地理与地理信息科学 2005－01

⊙ 旅游规划环境影响评价的初探／权佳　李洪远／／第二届全国复合生态与循环经济学术讨论会 2005

⊙ 旅游规划生产力开发研究／易兵／／文史博览 2005－18

⊙ 旅游规划虚拟团队初探／管婧婧／／桂林旅游高等专科学校学报 2005－02

⊙ 旅游规划研究发展趋势／裴沛／／合作经济与科技 2005－19

⊙ 旅游规划与生产力／黎霞／／文史博览 2005－Z1

⊙ 旅游规划整合——对“大旅游”内涵的再认识／侯晓丽／／旅游学刊 2005－04

⊙ 旅游规划中空间竞争与区域合作研究——以江南六大古镇为例／刘佳／／人文地理 2005－03

⊙ 旅游国有企业制度创新探究／陈伟／／商业研究 2005－17

⊙ 旅游合同变更存在的问题及其处理／／江南游报 2005－07－28

⊙ 旅游合同的法律问题（上）／汪茂／／中国旅游报 2005－12－05

⊙ 旅游合同的法律问题（下）／汪茂／／中国旅游报 2005－12－12

⊙ 旅游合同解除初探／陈悦／／旅游学刊 2005－02

⊙ 旅游合同若干法律问题探讨／郑亚民／／商业时代 2005－02

⊙ 旅游合同若干法律问题探析／赵玉意／／湖北经济学院学报（人文社会科学版）2005－02

⊙ 旅游合同损害赔偿责任法律思考／幸红／／云南大学学报（法学版）2005－06

⊙ 旅游合同违约与精神损害赔偿／韩焕玲／／孝感学院学报 2005－05

⊙ 旅游合同违约责任及其损害赔偿／张谊／／湖南科技学院学报 2005－08

⊙ 旅游合同违约责任如何承担／陈定良／／法制生活报 2005－11－24

⊙ 旅游合同违约中的精神损害赔偿／郑敏慧／／三峡大学学报（人文社会科学版）2005－S1

⊙ 旅游合同违约中精神损害赔偿的理论分析／韩焕玲／／中国市场 2005－32

⊙ 旅游合同性质初探／易琳／／天津市政法管理干部学院学报 2005－01

⊙ 旅游合同有名化及其规制／袁金宏／／井冈山学院学报（社会科学版）2005－04

⊙ 旅游合同转让存在的问题及其处理／／江南游报 2005－08－11

⊙ 旅游环境保护立法初探／王枢／／云南地理环境研究 2005－04

⊙ 旅游环境承载力的界定与拓展／杨军／／咸阳师范学院学报 2005－02

⊙ 旅游环境承载力调控策略／袁宇杰／／中国旅游报 2005－03－30

⊙ 旅游环境承载力发展潜力研究／杨秀平／／江西行政学院学报 2005－S1

⊙ 旅游环境承载力解析／张蓝青　李明／／中国旅游报 2005－02－21

⊙ 旅游环境承载力与旅游业可持续发展——以秦皇岛市为例／孙睦优／／地域研究与开发 2005－02

⊙ 旅游环境管理的几点认识／王金枝／／山西经济管理干部学院学报 2005－03

⊙ 旅游环境建设／阿生／／阿坝日报 2005－09－20

⊙ 旅游环境可持续承载动态模型的构建／杨秀平／／云南地理环境研究 2005－04

⊙ 旅游环境问题的经济学分析／罗文斌／／中国旅游报 2005－04－06

⊙ 旅游环境问题研究与旅游环境容量测度／林明水／／山西师范大学学报（自然科学版）2005－03

⊙ 旅游环境优化的对策研究／许梅／／理论界 2005－08

⊙ 旅游环境与民族文化／泽旺／／阿坝日报 2005－04－18

⊙ 旅游黄金周的未来之路／胡晓立／／台声·新视角 2005－05

⊙ 旅游黄金周问题与对策研究／李佳／／商场现代化 2005－27

⊙ 旅游活动对青藏高原环境的影响／黄忠敏　俞国权　黄丽丽／／2005 青藏高原环境与变化研讨会

⊙ 旅游活动对溶洞环境、景观的影响和保护对策／胡希军／／浙江师范大学学报（自然科学版）2005－01

⊙ 旅游活动对生态旅游地民俗文化影响研究／郑群明／／第二届全国复合生态与循环经济学术讨论会 2005

⊙ 旅游活动对自然景区的非污染生态影响／刘巧玲／／生态学杂志 2005－04

⊙ 旅游活动与城市文明／郑本法／／兰州日报 2005－11－23

⊙ 旅游集散地的形象建设／沈治乾／／株洲工学院学报 2005－02

⊙ 旅游纪念品的“特色”与“人文”／蔚丽／／上海工艺美术 2005－04

⊙ 旅游纪念品市场亟待开发／刘薇／／韶关日报 2005－09－14

⊙ 旅游纪念品要挖掘传统文化／陈四光／／市场报 2005－08－03

⊙ 旅游纪念品主打“殷商牌”／贺瑛／／安阳日报 2005－09－26

⊙ 旅游交流把妈祖文化提高到新层次／徐向阳／／中国旅游报 2005－12－23

⊙ 旅游节会：经济社会发展的助推器／何坚毅／／江南游报 2005－10－13

⊙ 旅游节庆的策划和市场化运作／郭胜／／北京第二外国语学院学报 2005－03

⊙ 旅游节庆发展对策／付岩／／合作经济与科技 2005－24

⊙ 旅游节庆活动的策划规划方法初探／徐舟／／平原大学学报 2005－01

⊙ 旅游节庆赞助商开发的难点和出路／马聪玲／／中国旅游报 2005－08－19

⊙ 旅游节事项目管理模式初探／邹积艺／／旅游科学 2005－06

⊙ 旅游经济：开放开发促发展／刘文杰／／吐鲁番报（汉）2005－09－26

⊙ 旅游经济：需求流动型的群簇经济／张辉／／商业研究 2005－18

⊙ 旅游经济地域分区方法研究／李文杰／／内蒙古师范大学学报（哲学社会科学版）2005－02

⊙ 旅游经济离我们有多远？／潘黎明／／喀什日报（汉）2005－02－21

⊙ 旅游经济区域合作与推动力分析／韩文涛／／商业时代 2005－36

⊙ 旅游经济是富民经济／湘江月　徐灿龙／／华东旅游报 2005－10－11

⊙ 旅游经济凸现周末效应／王志彦／／解放日报 2005－11－04

⊙ 旅游经济要成为发展助推器／张之代　汪怡民／／黄山日报 2005－05－20

⊙ 旅游经济要算综合账——杭州市西湖风景区公园免费开放的做法与启示／吕明晓／／宏观经济研究 2005－06

⊙ 旅游经济中，我们如何对待古村落／陈瑾／／旅游时代 2005－11

⊙ 旅游经济综合实力评价与类型划分——以珠江三角洲为例／徐颂／／统计与决策 2005－17

⊙ 旅游景观规划设计的原则及其应用——以安丘青云山民俗游乐园为例／罗媛／／资源开发与市场 2005－05

⊙ 旅游景观内涵探析／但强／／重庆科技学院学报（社会科学版）2005－04

⊙ 旅游景区（点）经营权转让亟须科学合理的制度安排／郑向敏／／旅游学刊 2005－03

⊙ 旅游景区（点）系统空间结构随机聚集分形研究——以南京市旅游景区（点）系统为例／戴学军／／自然资源学报 2005－05

⊙ 旅游景区标识系统设计浅析／王丽梅／／石家庄学院学报 2005－06

2005－03

⊙ 旅游目的地游客满意理论研究综述／符全胜／／地理与地理信息科学 2005－05

⊙ 旅游目的地游客忠诚机制模式构建／邵炜钦／／旅游科学 2005－03

⊙ 旅游农业：现代服务业闪光点／凌发亮／／亚太经济时报 2005－12－02

⊙ 旅游偏爱及其形成分析／邓辉／／理论月刊 2005－01

⊙ 旅游品牌　文化定位与特色／何幸／／甘孜日报（汉文）2005－11－28

⊙ 旅游品牌效应在凸现／徐军／／营口日报 2005－12－14

⊙ 旅游企业诚信他律机制初探／范中启／／中国矿业大学学报（社会科学版）2005－01

⊙ 旅游企业的管理创新／周怡／／河南商业高等专科学校学报 2005－01

⊙ 旅游企业的营销策略：4P＋4C＋4R／周静／／特区经济 2005－06

⊙ 旅游企业服务文化的塑造／李成文／／中国市场 2005－40

⊙ 旅游企业服务质量标准化问题探析／薄湘平／／企业经济 2005－05

⊙ 旅游企业关系营销网络的构建／尹正江／／华南热带农业大学学报 2005－02

⊙ 旅游企业国际化进程及其对中国的启示／江群／／当代经济（下半月）2005－12

⊙ 旅游企业合作研究综述／张烨／／社会科学家 2005－S2

⊙ 旅游企业核心竞争力培育初探／严宽荣／／经济师 2005－01

⊙ 旅游企业利用资本市场的对策分析／周丽萍／／现代经济探讨 2005－12

⊙ 旅游企业内部营销理论及其策略研究／盖玉妍／／科技与管理 2005－04

⊙ 旅游企业如何实施体验营销／张燕燕／／中国旅游报 2005－11－21

⊙ 旅游企业文化建设之我见／刘娜／／河北师范大学学报（哲学社会科学版）2005－03

⊙ 旅游企业信息管理系统的选择／徐桥猛／／中国科技信息 2005－13

⊙ 旅游企业信息化发展的模式／孙静／／中国旅游报 2005－02－07

⊙ 旅游企业延伸业务　触角直指会展活动／任征／／中国贸易报 2005－08－02

⊙ 旅游企业要牢固树立大局意识／邢良德／／吐鲁番报（汉）2005－05－09

⊙ 旅游企业要增强核心竞争力／李晓良／／中国旅游报 2005－03－11

⊙ 旅游企业营销中的科学发展观——以饭店企业营销为例／周晓歌／／商场现代化 2005－28

⊙ 旅游企业战略联盟的构建机理与结盟模式探析／卢润德／／社会科学家 2005－S2

⊙ 旅游企业资源的信息化／张志强／／中州大学学报 2005－04

⊙ 旅游强国与旅游国际竞争力／杨军／／中国旅游报 2005－08－17

⊙ 旅游侵权责任与旅游违约责任／／华东旅游报 2005－11－17

⊙ 旅游区域合作方兴未艾／丁光清／／安徽日报 2005－05－08

⊙ 旅游全球化趋势下提升湖湘文化品位的思考／刘海运／／湖南商学院学报 2005－04

⊙ 旅游人类学近 1－4 世纪研究的新成果——《主客关系新探：21 世纪旅游问题》述评／夏赞才／／旅游学刊 2005－03

⊙ 旅游人类学视角下的剑川石宝山歌会／王萍／／生态经济 2005－02

⊙ 旅游人类学视野下的“乡村旅游”／彭兆荣／／广西民族学院学报（哲学社会科学版）2005－04

⊙ 旅游三维营销概念模式的构建与实践价值评估／马勇／／湖北大学学报（哲学社会科学版）2005－04

⊙ 旅游商品：“中国制造”缘何国内遭冷遇／盖东海／／消费日报 2005－10－25

⊙ 旅游商品粗陋匮乏　制约旅游消费／王华／／市场报 2005－12－12

⊙ 旅游商品的特点和分类研究／蒋冰华／／安阳师范学院学报 2005－03

⊙ 旅游商品该如何打动游客心／邓曦涛／／中国消费者报 2005－11－18

⊙ 旅游商品广告定位分析及对策／张德姣／／艺术探索 2005－04

⊙ 旅游商品开发大有可为——绍兴市旅游商品开发的调研报告／潘玉蕾／／政策瞭望 2005－09

⊙ 旅游商品开发模式探讨——以桂林兴安县为例／叶晔／／改革与战略 2005－03

⊙ 旅游商品开发任重道远／陈飞／／天水日报 2005－06－10

⊙ 旅游商品消费的文化人类学解读／马晓京／／中南民族大学学报（人文社会科学版）2005－04

⊙ 旅游商品应特色第一／周进／／大理日报（汉）2005－01－07

⊙ 旅游商品营销渠道模式比较研究／黄娟／／商场现代化 2005－22

⊙ 旅游商品与旅游发展的几个问题／德村·志成　TOKUMURA　SHISEI／／全国第 19 届旅游地学年会暨韶关市旅游发展战略研讨会 2005

⊙ 旅游商品缘何乏人捧场／史晓菲／／消费日报 2005－10－13

⊙ 旅游社会承载力的量测及管理研究／卢小丽／／南开管理评论 2005－01

⊙ 旅游社会影响控制问题研究／李玉新／／桂林旅游高等专科学校学报 2005－04

⊙ 旅游社区及其形成因素／王治／／山西建筑 2005－24

⊙ 旅游社营销中心的成长档案／韩阳／／出版参考 2005－12

⊙ 旅游生态化十策／萧歌／／江南游报 2005－12－29

⊙ 旅游生态化与生态旅游建设／吕逸新／／南昌大学学报（人文社会科学版）2005－02

⊙ 旅游生态环境问题的经济学分析和对策初探／吴志才／／经济地理 2005－03

⊙ 旅游生态学定义及定位的探讨／高润宏　周梅　刘殿国　张慧东／／第二届全国复合生态与循环经济学术讨论会 2005

⊙ 旅游生态足迹：测度旅游可持续发展的新方法／杨桂华／／生态学报 2005－06

⊙ 旅游市场　民资左右为难／高鹏／／中国民族报 2005－09－27

⊙ 旅游市场：正处战略转型期／王宁／／国际商报 2005－01－02

⊙ 旅游市场存在的主要问题及应对措施／于法昌／／工商行政管理 2005－17

⊙ 旅游市场的分析与定位／林振华／／中南林业调查规划 2005－01

⊙ 旅游市场价格竞争的产业特征与市场结构优化／陈志永／／贵州教育学院学报 2005－03

⊙ 旅游市场价格战的博弈分析／林鸿熙／／莆田学院学报 2005－01

⊙ 旅游市场开发与传统建筑保护新思考／沈瑜／／特区经济 2005－04

⊙ 旅游市场开发重点圈定／王亚奇　徐蓉／／湖南日报 2005－01－27

⊙ 旅游市场面面观／慧芳／／中国科技财富 2005－05

⊙ 旅游市场南北两头热／王时勤／／沈阳日报 2005－12－08

⊙ 旅游市场细分带来商机／王筠／／市场报 2005－01－21

⊙ 旅游市场信息不对称引发诚信危机／郭红芳／／中国旅游报 2005－12－21

⊙ 旅游市场信息不对称与图书馆信息服务／王瑞亮／／图书馆学研究 2005－03

⊙ 旅游市场需要良好的诚信环境／商维刚／／中国旅游报 2005－11－14

⊙ 旅游市场需要信用规范／王娅莉／／中国质量报 2005－09－13

⊙ 旅游市场营销趋势分析／马莹／／山东行政学院学报 2005－02

⊙ 旅游市场营销现状及分析／澹台伟亚／／山西经济管理干部学院学报 2005－03

⊙ 旅游市场有七大收获两大不足／刘芳滨　冯琰／／青岛日报 2005－02－16

⊙ 旅游市场中体育展示的真实性问题研究——少数民族传统体育研究之二／颜绍泸／／成都体育学院学报 2005－03

⊙ 旅游视野与文化底蕴／霍山客／／闽东日报 2005－06－28

⊙ 旅游是厦门发展会展业的优势／李绍平／／国际商报 2005－02－02

⊙ 旅游特色纪念品弱在流通领域／胡凌凌／／科技日报 2005－07－17

⊙ 旅游体验的情境模型：旅游场／谢彦君／／财经问题研究 2005－12

⊙ 旅游体验——旅游规划的新视角／李经龙／／地理与地理信息科学 2005－06

⊙ 旅游体验——旅游世界的硬核／谢彦君／／桂林旅游高等专科学校学报 2005－06

⊙ 旅游体验营销模型的构建／白翠玲／／经济论坛 2005－03

-S1
⊙ 民俗风情旅游与民族民间文化的自我拯救/黄爱莲//广西社会科学 2005-05
⊙ 民俗客栈：平遥旅游新支点/崔晓农　郝春婷//山西经济日报 2005-08-12
⊙ 民俗旅游产品体验式开发初探/易正兰//新疆财经 2005-01
⊙ 民俗旅游的现状及发展策略/李莉//边疆经济与文化 2005-07
⊙ 民俗旅游对民间文化的伤害/孙天胜//民间文化论坛 2005-03
⊙ 民俗旅游发展中的消极因素及解决对策/王晓斐//潍坊学院学报 2005-05
⊙ 民俗旅游——甘南旅游的活力源/安刚强//经济观察 2005-12
⊙ 民俗旅游开发刍议/谢科//经济师 2005-01
⊙ 民俗旅游开发中的外部性实证研究/张旭亮//沿海企业与科技 2005-04
⊙ 民俗旅游内容是否该变了/赵英明//济南日报 2005-02-16
⊙ 民俗旅游与民族地区经济发展/郭玉坤//西南民族大学学报（人文社科版）2005-04
⊙ 民俗旅游重在文化/李高凯//中国旅游报 2005-04-06
⊙ 民俗生态旅游富了崔西沟农民/王海涛　裔丰//陕西日报 2005-11-04
⊙ 民俗文化闹热古镇/丁力　孔德胜//兰州日报 2005-09-18
⊙ 民俗文化与旅游相融合魅力无穷/赵洪亮//延边日报 2005-06-20
⊙ 民俗游的软肋/英涛//保定日报 2005-11-22
⊙ 民营企业资本逐鹿旅游投资//华东旅游报 2005-11-17
⊙ 民营资本旅游投资行为引导与规范对策研究/董艳琳//商业研究 2005-19
⊙ 民营资本走进湖北红色旅游/徐钰//中国旅游报 2005-08-19
⊙ 民族传统节日旅游开发存在的问题及其对策研究/杨香花//经济师 2005-08
⊙ 民族传统节日旅游资源特征、旅游开发价值与原则的探索/杨香花//长春师范学院学报 2005-05
⊙ 民族传统节日与民俗旅游的开发——广西民族文化与旅游开发研究之二/王晖//广西右江民族师专学报 2005-02
⊙ 民族地区旅游经济可持续发展分析/丁赛//西南民族大学学报（人文社科版）2005-04
⊙ 民族地区生态旅游现状及其发展策略/袁瑛//农村经济 2005-02
⊙ 民族风情旅游中的文化传递/张荣美//贵州省翻译工作者协会 2005 年会暨学术交流会
⊙ 民族风情旅游中的文化困惑/徐圻//当代贵州 2005-06
⊙ 民族历史文化资源与旅游开发/陈道山//中国旅游报 2005-12-26
⊙ 民族旅游村寨遭遇人才流失寒流/王大师//贵州日报 2005-04-06
⊙ 民族旅游的文化透视/陈朝隆　陈敬堂//全国第 19 届旅游地学年会暨韶关市旅游发展战略研讨会 2005
⊙ 民族旅游节庆策划研究——以桂林龙胜各族自治县为例/吴忠军//桂林师范高等专科学校学报 2005-03
⊙ 民族旅游消费不可持续性问题成因的社会学探析——来自贵州民族旅游开发地区的调查与思考/田维绪//贵州民族学院学报（哲学社会科学版）2005-06
⊙ 民族旅游与文化传统的选择性重构——西藏拉萨市娘热乡民间艺术团个案分析/刘志扬//开放时代 2005-02
⊙ 民族社区旅游利益分配与居民参与有效性探讨——以桂林龙胜龙脊梯田景区平安寨为例/吴忠军　叶晔//广西经济管理干部学院学报 2005-03
⊙ 民族体育旅游发展研究综述/杨莎莎//旅游科学 2005-06
⊙ 民族玩偶的伦理：在中国西南进行旅游研究/斯苇//广西民族学院学报（哲学社会科学版）2005-04
⊙ 民族文化旅游项目的真实性探析/任媛媛//桂林旅游高等专科学校学报 2005-03
⊙ 民族文化旅游与贵州民族地区经济发展/李霞林//贵州民族研究 2005-06
⊙ 民族文化旅游资源和环境承载力/向竑//中国旅游报 2005-03-16
⊙ 民族文化生态旅游资源开发刍议——兼议“攀西大裂谷”格萨拉旅游区旅游开发/赵丽丽//生态经济 2005-06
⊙ 民族文化——乡村民俗旅游经济发展的灵魂/王振金//贵州省人民政府公报 2005-05
⊙ 民族文化与旅游结合/阿生//阿坝日报 2005-09-15
⊙ 民族文化与旅游商品开发/车婷婷//甘肃农业 2005-01
⊙ 闽宁携手发展大旅游/马登学//华兴时报 2005-08-08
⊙ 闽台旅游合作背景下的福建旅游发展战略研究/孟铁鑫//厦门理工学院学报 2005-04
⊙ 闽台旅游区海峡西岸旅游发展的 SWOT 分析/袁书琪//亚太经济 2005-05
⊙ 闽西三明市生态旅游发展状况研究/林静//三明学院学报 2005-04
⊙ 闽粤赣边客家地区旅游产品开发研究/陈义彬//经济地理 2005-06
⊙ 名人故居的旅游品牌营销——以乐山“郭沫若故居”为例/邓经武//郭沫若学刊 2005-03
⊙ 名人故居也是文化旅游资源/杨中兴//大理日报（汉）2005-04-22
⊙ 明代人文旅游资源的保护与开发/杨正泰//第十一届明史国际学术讨论会 2005
⊙ 明清时期桂林历史文化资源在当代旅游中的重要地位/陈炜//八桂侨刊 2005-03
⊙ 明确开发目的　研究旅游市场　做大旅游产业//阿坝日报 2005-05-19
⊙ 模糊聚类分析法在我国国际旅游市场中的应用/刘丽华//莆田学院学报 2005-05
⊙ 模糊数学在旅游吸引力评价中的应用研究/张文彬//云南师范大学学报（自然科学版）2005-06
⊙ 莫高窟保护和旅游的矛盾以及对策/樊锦诗//敦煌研究 2005-04
⊙ 谋划开封旅游纪念品开发/李俊鹏//中国旅游报 2005-02-04
⊙ 谋划马坝人遗址公园建设蓝图/王玲//韶关日报 2005-11-23
⊙ 牡丹江打造全新旅游产品/刘加勇　张树永//黑龙江日报 2005-03-31
⊙ 牡丹江林区旅游经济发展策略的研究/庞冬//中国林业企业 2005-01
⊙ 牡丹江市：国内旅游抽样调查分析/秦凯//统计与咨询 2005-02
⊙ 目的地广州的老年旅游市场开发探讨/李敏//华南师范大学学报（自然科学版）2005-03
⊙ 目的地居民对旅游影响的感知研究综述/郭伟//燕山大学学报（哲学社会科学版）2005-04
⊙ 内城旅游项目开发初探——英国伯明翰国际会议中心区的建设经验及其对我国启示/张宏//经济地理 2005-02
⊙ 内地与港澳旅游竞争力简析/封小云//人民政协报 2005-09-15
⊙ 内河水域旅游治安管理现状及对策/程繁//浙江公安高等专科学校学报 2005-06
⊙ 内练“内功”，外塑“形象”——打造九嶷山舜文化旅游精品的构想/彭顺生//湖南科技学院学报 2005-10
⊙ 内蒙古红花尔基森林生态旅游研究/赵秋洁//东北林业大学学报 2005-01
⊙ 内蒙古旅游八大看点/杨洪梅//内蒙古日报（汉）2005-08-08
⊙ 内蒙古评出 2004 年旅游十大盛事/张德华//中国旅游报 2005-01-12
⊙ 内蒙古体育旅游优势及发展对策/郭龙//沈阳体育学院学报 2005-06
⊙ 内蒙古兴起沙漠旅游热/包国忠//中国旅游报 2005-10-05
⊙ 内蒙古应开发冬季旅游/尚志新　张学光//中国经济时报 2005-09-15
⊙ 内蒙古与蒙古国加强边境旅游合作/张德华　王世俊//中国旅游报 2005-05-18
⊙ 内蒙古自治区海外旅游市场研究/吕君//北京第二外国语学院学报 2005-03
⊙ 纳西东巴民族文化传统传承与乡村旅游发展研究——以云南丽江三元村

乡村旅游开发为例/林锦屏//人文地理 2005-05
⊙ 南岸着力发展五大经济业态/李柄蔚//重庆日报 2005-12-15
⊙ 南昌市发展体育旅游之我见/刘沁//南昌教育学院学报 2005-02
⊙ 南昌市森林生态旅游发展对策/万承永//林业调查规划 2005-04
⊙ 南昌市特色工业旅游刍议/朱其恒//华东交通大学学报 2005-03
⊙ 南昌营造红色旅游环境/甘春瑞//中国旅游报 2005-04-01
⊙ 南昌做靓红色旅游/甘春瑞 宋茜//江西日报 2005-03-28
⊙ 南丰文化旅游产业潜力日现/李履才 曾立国 平卫东//抚州日报 2005-10-25
⊙ 南京"红色旅游"孕育巨大商机/秦宵曦 谢臻//南京日报 2005-04-12
⊙ 南京城市旅游形象探讨/徐菲菲//地理与地理信息科学 2005-03
⊙ 南京都市圈国内旅游流与旅游发展战略调整/丁正山//东南大学学报(哲学社会科学版) 2005-S1
⊙ 南京会展旅游发展前景及策略初探/温芳//江苏商论 2005-07
⊙ 南京旅游 支柱产业地位确立/郑燕南 郁蓉莲 陈阁//江苏经济报 2005-01-28
⊙ 南京旅游业商会在市场中打造"诚信旅游"/耿闻//中国旅游报 2005-12-21
⊙ 南京旅游主打"休闲度假"牌/毛庆//南京日报 2005-12-10
⊙ 南京能否推出"大学游"/顾德宁//新华日报 2005-07-10
⊙ 南京入境旅游市场空间结构分析及发展对策/何佳梅//社会科学家 2005-01
⊙ 南京市观光农业发展现状及潜力调查/胡浩//贵州农业科学 2005-06
⊙ 南京市农业旅游发展探讨/曾华//南京晓庄学院学报 2005-05
⊙ 南京市珍珠泉旅游度假区视觉生态环境评价/陈铭//山东师范大学学报(自然科学版) 2005-03
⊙ 南京悉心谋划红色旅游/王颖//新华日报 2005-03-03
⊙ 南京新街口叫响文化旅游牌/张先才 顾巍钟//新华日报 2005-10-28
⊙ 南京休闲街区三足鼎立 三年高风险期考验商铺地产/田园//中国房地产报 2005-10-24
⊙ 南京玄武湖景区拟主打六朝文化牌/顾新东//新华日报 2005-02-16
⊙ 南京引进国外援助资金编制旅游规划的回顾/李尚勤 姜峰//中国旅游报 2005-09-16
⊙ 南宁旅游目的地多媒体介绍系统(TDMIS)的建立/杨建朝//广西财经学院学报 2005-02
⊙ 南宁市发展都市农业旅游研究/蔡庆丽//国土与自然资源研究 2005-02
⊙ 南宁市加快环大明山旅游圈建设/曾永联//广西日报 2005-04-11
⊙ 南通旅游好戏连台/施晔 赵家飞//南通日报 2005-03-20
⊙ 南通农业旅游前景广阔/严绍恭//华东旅游报 2005-07-21
⊙ 南溪南旅游资源保护与开发前景广阔/叶秋桂//黄山日报 2005-12-21
⊙ 南阳市社区居民休闲生活方式的现状和发展/卢福玲//南阳师范学院学报 2005-06
⊙ 南岳衡山自然保护区管理与旅游经济发展关系问题的探讨/杨芳//云南地理环境研究 2005-04
⊙ 南岳旅游经济发展调查与思考//衡阳通讯 2005-08
⊙ 南岳旅游景观系统分析与调整优化/王迪云//经济地理 2005-01
⊙ 南岳休闲游打造观光新亮点/朱章安 朱正光 徐德荣//湖南日报 2005-08-17
⊙ 楠溪江风景区生态旅游的开发与管理/周春发//资源开发与市场 2005-01
⊙ 嫩江县休闲渔业迈出新步伐/魏立波//黑龙江水产 2005-01
⊙ 年底在望:会奖旅游全面启动/毛颖颖//北京现代商报 2005-10-21
⊙ 年末旅游推崇经济实惠/谢军 刘敏//市场报 2005-12-19
⊙ 宁波会展旅游发展初探/苏勇军//宁波经济(三江论坛) 2005-08
⊙ 宁波旅洽会铺就旅游投资通途/周春雨//中国贸易报 2005-11-08
⊙ 宁波南苑集团做强做大旅游产业/黄黎霞 陈伟国//中国旅游报 2005-11-02
⊙ 宁德市旅游消费需要再"激活"//闽东日报 2005-11-22
⊙ 宁德市生态旅游发展战略/黄敬嵩//亚热带水土保持 2005-02
⊙ 宁陕打秦岭森林休闲文化牌发展旅游业/齐致祥 周安平 璩勇//安康日报 2005-06-29
⊙ 宁夏的文化休闲产业之梦/曹凯龙//中国文化报 2005-01-17
⊙ 宁夏沙漠旅游的初步研究/米文宝//经济地理 2005-03
⊙ 宁夏与我区寻求区域旅游合作/任献为 常继东 朱雅蓉//喀什日报(汉) 2005-08-09
⊙ 农场与休闲旅游/航航//上海农村经济 2005-08
⊙ 农村居民旅游认知特征分析——以湖南省四县市为例/郑群明//地理研究 2005-04
⊙ 农村旅游度假区的开发、问题及其对策——以苏南地区为例/张岚//农业经济 2005-03
⊙ 农户参与旅游决策行为结构模型及应用/杨兴柱//地理学报 2005-06
⊙ 农家乐也要做出品位/云游//成都日报 2005-03-20
⊙ 农民旅游有商机/邝建生//贵阳日报 2005-04-19
⊙ 农民也需要旅游/白冰//农村工作通讯 2005-07
⊙ 农业对外开放的新亮点——观光农业/张力越//河南农业 2005-07
⊙ 农业高新技术观光旅游产业开发初探/王瑞库 刘连儒//2005 年全国学术年会农业分会场
⊙ 农业公园景观规划的理论与方法探析——以重庆市黔江生态农业观光园规划为例/秦华//中国农学通报 2005-08
⊙ 农业观光旅游蓄势待发/杨秀娟 王筱//嘉兴日报 2005-10-31
⊙ 农业观光园 城里人来种田/刘沛//农村实用技术与信息 2005-10
⊙ 农业借旅游业壮骨旅游业借农业跳跃/刘一山 张明哲 王金平//济宁日报 2005-09-10
⊙ 农业旅游,何时从"一季游"变"多季游"/吕宁丰 谢臻 王凌珏//南京日报 2005-07-21
⊙ 农业旅游:繁荣背后是隐忧/罗连浩//宁波日报 2005-04-26
⊙ 农业旅游:旅游产业新亮点/梁文生//青岛日报 2005-07-19
⊙ 农业旅游:卖的就是参与和体验/程天赐//农民日报 2005-08-16
⊙ 农业旅游"一石多鸟"/赵俊华 刘飞//人民政协报 2005-09-24
⊙ 农业旅游产品开发应注意的几个问题/由亚男//新疆财经 2005-01
⊙ 农业旅游空间布局研究/卢亮//商业研究 2005-19
⊙ 农业旅游乐农家/宋冰//人民日报海外版 2005-12-16
⊙ 农业旅游类项目异军突起/吕宁丰//南京日报 2005-09-11
⊙ 农业旅游谋高效经营须走六联环——关于农业观光采摘园提升经济效益的探讨/张林成//农产品市场周刊 2005-45
⊙ 农业旅游与农业之间关系的经济学透视——以云南罗平为例/李鹏//曲靖师范学院学报 2005-01
⊙ 农业旅游值得关注/赖栋才//农民日报 2005-10-11
⊙ 农业盛会:交流的不仅仅是农产品/刘园//重庆与世界 2005-12
⊙ 农业文化旅游及其景观开发/崔山//北京农学院学报 2005-04
⊙ 浓缩历史 精炼品牌——青岩古镇品牌形象策划实况/林子靖//财经界 2005-03
⊙ 努力把旅游业培育成第三大优势特色产业/王涛//中国旅游报 2005-03-11
⊙ 努力把衢州打造成四省边际的旅游集散中心/张兵// 科学发展观与浙江旅游业研讨会 2005
⊙ 努力打造东部黄金旅游线/陈政 陈歆//贵州日报 2005-07-14
⊙ 努力打造健康旅游的知名品牌/秦光荣//人民日报 2005-07-10
⊙ 努力打造健康旅游品牌/刘栗//中国旅游报 2005-03-09
⊙ 努力打造生态旅游品牌/李惠斌//商洛日报 2005-08-15
⊙ 努力构建和谐旅游/叶桢平//孝感日报 2005-11-18

◎ 让红色旅游带动老区发展/张建林　刘丹江//商洛日报 2005-03-24
◎ 让黄山无愧于世界"双遗产"/汪得天//中国特产报 2005-01-19
◎ 让徽州园林民居旅游走向辉煌/盛学峰//黄山日报 2005-09-22
◎ 让旅游　经济　文化和谐共舞/刘锋//中国旅游报 2005-10-14
◎ 让旅游商品成为推动人文奥运理念桥梁/王健生//中国改革报 2005-06-08
◎ 让生态文化牵手生态旅游/刘宁//中国绿色时报 2005-12-13
◎ 让世界走进三峡——访重庆市旅游局局长王爱祖/蔡春丽//今日重庆 2005-05
◎ 让文化与旅游相得益彰/董亚洲//焦作日报 2005-09-21
◎ 让文娱为黄山旅游增色/盛学峰//黄山日报 2005-08-04
◎ 让协会成为海峡西岸旅游发展的助推器/史蔓蓉　习玲//中国旅游报 2005-12-05
◎ 让信息孤岛相连——谈旅游业的信息化服务现状与信息系统整合/陆均良//信息与电脑 2005-05
◎ 让湮没在街巷的"红色遗址"走上前台/张鸣霄//哈尔滨日报 2005-10-12
◎ 让延安旅游的魅力永存/王晓民//中国旅游报 2005-03-02
◎ 饶城休闲经济"崭露头角"/桂颖辉//上饶日报 2005-04-14
◎ 人才支撑体系是旅游产业发展的根本/李文菲//中国旅游报 2005-06-01
◎ 人民币升值对我国旅游市场的影响/荆艳峰//价格月刊 2005-12
◎ 人文奥运与文化旅游/吴敏　陈雪钧//江南游报 2005-01-20
◎ 人文关怀：旅游研究的重要视角/戴学锋//旅游学刊 2005-05
◎ 人文关怀在中西旅游规划中的对比性研究/杨春宇//桂林旅游高等专科学校学报 2005-06
◎ 人文关照下的旅游地学/冯昭//中国国土资源报 2005-05-23
◎ 人文景观型风景名胜区旅游可持续发展探讨/刘敦培//湖南农业大学学报（社会科学版）2005-02
◎ 人文旅游资源开发与民族文化（上）/泽旺//阿坝日报 2005-04-04
◎ 人文旅游资源开发与民族文化（下）/泽旺//阿坝日报 2005-04-05
◎ 仁化倾力打造旅游文化城/祝向恩//韶关日报 2005-11-01
◎ 日本　韩国农村新能源利用和环境技术考察报告/楼洪志　黄武　寿亦丰//长三角清洁能源论坛 2005-11-01
◎ 日本：强化旅游职业自豪感/张西龙//中国旅游报 2005-02-04
◎ 日本"观光立国"战略及黑龙江拓展日本客源市场对策/笪志刚//黑龙江社会科学 2005-02
◎ 日本观光立国战略及中国应对策略/凌强//经济与管理 2005-09
◎ 日本海外旅游的发展趋势与来京旅游的构成特征研究/侯越//北京第二外国语学院学报 2005-05
◎ 日本海外旅游市场动向的分析研究/张丹宇//云南师范大学学报（哲学社会科学版）2005-02
◎ 日本旅琼市场喜忧参半/单憬岗//海南日报 2005-06-29
◎ 日本旅行社重视开发女性旅游产品/张西龙//中国旅游报 2005-12-16
◎ 日本旅游的财政投入情况//中国旅游报 2005-03-18
◎ 日本旅游教育经验对我国的启示/叶秀云//中国西部科技 2005-03
◎ 日本努力改善旅游环境/张西龙//中国旅游报 2005-02-18
◎ 日本生态旅游研究综述/郑国全//浙江林学院学报 2005-04
◎ 日本实施观光立国战略对我国旅游业的启示/凌强//哈尔滨商业大学学报（社会科学版）2005-01
◎ 日韩出境旅游客源市场分析及对策/梁文生//中国旅游报 2005-05-27
◎ 日月谷：引领厦门休闲时尚的名片/史蔓蓉　吴越//中国旅游报 2005-12-26
◎ 日照海滨国家森林公园实现跨越式发展/许崇芹　刘旭//中国经济导报 2005-06-28
◎ 荣成打造最佳滨海旅游目的地/洪超//中国海洋报 2005-03-11
◎ 如何打造和拓展衡水湖区旅游产业链/刘来堂//衡水日报 2005-05-26
◎ 如何计算休闲的经济价值/宋瑞//数据 2005-09
◎ 如何建立完善的旅游预警机制/樊志勇//商业时代 2005-08
◎ 如何进行旅游目的地广告宣传/董芳//合作经济与科技 2005-15
◎ 如何进行旅游文化资本运作值得深入研究/庄志民//旅游学刊 2005-05
◎ 如何经营"红色旅游"？/闻一言//长白山日报 2005-02-28
◎ 如何面对中国老年休闲问题/马惠娣//书摘 2005-05
◎ 如何让旅游带动战略在西部见成效/国鑫　常品//西部时报 2005-10-28
◎ 如何实现河北红色旅游可持续发展/刘书越//经济论坛 2005-17
◎ 如何实现旅游强国之梦/严澍//中国旅游报 2005-08-03
◎ 如何推进文明旅游？//河南日报 2005-10-21
◎ 如何选定旅游宣传口号/马永胜//内蒙古日报（汉）2005-10-20
◎ 如何应对三峡旅游危机/何跃//西部论丛 2005-11
◎ 如何与俄发展跨国旅游/毕玮琳//吉林日报 2005-04-20
◎ 如何做大做强大学生旅游市场/朱蔚琦//齐齐哈尔师范高等专科学校学报 2005-02
◎ 儒家的"乐"教与现代休闲/李丽//兰州学刊 2005-03
◎ 乳山打造特色旅游带/王猛　吉江//威海日报 2005-06-10
◎ 入境游客对黄山旅游的体验效果分析/邱根宝//安徽农业科学 2005-06
◎ 瑞金红色旅游带动区域经济发展/舒明//中国贸易报 2005-06-14
◎ 瑞士会展旅游名城/蒋鹏　王光宪　雅健红//广西日报 2005-09-17
◎ 瑞士旅游区域开发模式对钱塘江流域旅游开发的启示/孙优萍//科学发展观与浙江旅游业研讨会 2005
◎ 若尔盖生态旅游方兴未艾/邹志飞//阿坝日报 2005-11-24
◎ 弱势旅游地的旅游开发与空间优化——以渭南市为例/张宏//西北大学学报（自然科学版）2005-02
◎ 塞班岛旅游应该如何包装/王健民//中国旅游报 2005-04-01
◎ 三大变化考验海南旅游/陈亮//中国经济时报 2005-02-21
◎ 三大举措全力打造旅游休闲之都/鲍一飞　吴璐缤//杭州日报 2005-07-25
◎ 三大难点问题亟待解决/刘维善　靳丽娟//中国消费者报 2005-08-19
◎ 三大瓶颈制约海口旅游发展/罗霞　陈欢欢//海南日报 2005-04-05
◎ 三大优势催热合肥文化旅游/华文//中国文化报 2005-07-11
◎ 三个问题　考问"美女经济"/张晶//中国纺织报 2005-04-29
◎ 三江并流世界自然遗产地旅游地质景观成景地质作用初步分析/王嘉学//云南地理环境研究 2005-03
◎ 三江源地区旅游开发与生态保护关系研究/安黎哲　王建辉　王若愚　杨大群　徐世健//三江源区生态保护与可持续发展高级学术研讨会 2005
◎ 三江源地区生态旅游规划初探/赵霞//国土与自然资源研究 2005-04
◎ 三江源旅游开发浅析/祁如雄//青海农林科技 2005-02
◎ 三门峡市旅游形象定位研究/袁维春//地域研究与开发 2005-06
◎ 三农旅游促进城乡统筹发展/魏小安//中国工商 2005-06
◎ 三峡地区体育旅游经济圈的构建与发展/雷选沛//湖北社会科学 2005-09
◎ 三峡地区体育旅游经济圈发展战略研究/周霄//理论月刊 2005-10
◎ 三峡国际旅游节如何展现宜昌魅力/李宏武　刘洪进//中国旅游报 2005-12-12
◎ 三峡库区"新三峡"旅游发展创新思路探讨/李庆//重庆教育学院学报 2005-03
◎ 三峡库区旅游危机及危机管理分析/何跃//社会科学家 2005-S2
◎ 三峡库区小城镇建设与旅游产业协同发展分析/叶晓甦//基建优化 2005-02
◎ 三峡旅游经济发展问题及对策/王爱祖//中国旅游报 2005-09-05
◎ 三峡旅游空间拓展影响下湖北恩施旅游业发展研究/朱竑//中山大学学报（自然科学版）2005-01

技园　企业的声音//华东科技 2005－11
⊙ 商业旅游文化精妙组合　放大上海经济叠加效应/陈惟//文汇报 2005－10－10
⊙ 上海布局未来5年会展旅游市场/施贝遐//第一财经日报 2005－02－02
⊙ 上海布局五大旅游板块/施蔷生//消费日报 2005－05－23
⊙ 上海城市入境旅游及竞争力探析/吴国清//上海师范大学学报（自然科学版）2005－02
⊙ 上海出台崇明三岛总体规划/李刚//中华工商时报 2005－11－21
⊙ 上海大观园旅游形象的重塑与再生/刘颂//上海城市规划 2005－02
⊙ 上海都市旅游产品发展趋势研究/汤雅芬//市场论坛 2005－02
⊙ 上海短途出游呈休闲度假趋势/丁宁　张静//中国旅游报 2005－10－14
⊙ 上海积极筹建水上旅游集散中心/丁宁　张静//中国旅游报 2005－01－07
⊙ 上海将大力开发农业旅游/黄玲　蔡波//上海科技报 2005－04－08
⊙ 上海郊区旅游拿什么揽客？/刘颖//解放日报 2005－07－15
⊙ 上海临港新城旅游产业发展的战略思考/孙玉琴//企业经济 2005－11
⊙ 上海旅游节成为“大众的节日”/陶健//解放日报 2005－09－15
⊙ 上海旅游农业的开发建设与发展对策/曹林奎//中国农学通报 2005－08
⊙ 上海旅游市场变数横生/乐琰//东方早报 2005－01－06
⊙ 上海旅游凸现“后黄金周”效应/贺敏康//华东旅游报 2005－10－25
⊙ 上海农业旅游发展对策刍议/陈国权//上海农村经济 2005－08
⊙ 上海农业旅游现状与发展对策刍议/陈国权//上海党史与党建 2005－09
⊙ 上海市居民休闲体育参与行为研究——论上海市居民休闲体育参与阻碍因素　动机因素及其关系/俞琳//首届中国体育产业学术会议 2005
⊙ 上海市旅游服务标准化体系研究/张懿玮//中国标准化 2005－08
⊙ 上海市浦江镇农业生态旅游开发/晏祥宏//社会科学家 2005－S1
⊙ 上海市入境外国游客旅游消费行为偏好研究/梁旺兵//消费经济 2005－05
⊙ 上海市体育旅游业发展现状与发展对策研究/于莉莉//首届中国体育产业学术会议 2005
⊙ 上海松江旅游资源文化分析及定位/邱艳庭//市场周刊·研究版 2005－11
⊙ 上海与东京旅游产业链比较研究/邹蓉蓉//经济师 2005－05
⊙ 上杭多措并举建设红色旅游精品工程/赖容　华荣　燕玲//闽西日报 2005－08－09
⊙ 上虞曹娥江旅游开发研究/胡源//中国可持续发展论坛——中国可持续发展研究会 2005 年学术年会
⊙ 韶关　赣州　郴州推介“红三角”旅游/侯荣丰//中国旅游报 2005－07－27
⊙ 韶关、郴州、赣州三市联合打造红色旅游品牌的战略研究/王发兴//南方经济 2005－08
⊙ 韶关丹霞地貌生态旅游特色浅议/杨士弘//全国第 19 届旅游地学年会暨韶关市旅游发展战略研讨会 2005
⊙ 韶关旅游开发前景广阔//韶关日报 2005－12－09
⊙ 韶关市的区域优势与旅游业/左盘石//全国第 19 届旅游地学年会暨韶关市旅游发展战略研讨会 2005
⊙ 韶关市旅游产品的优化创新与深度开发探讨/刘战慧//商场现代化 2005－04
⊙ 韶关市旅游产品设计思路创新/刘战慧//商场现代化 2005－08
⊙ 韶关市翁源县铁龙镇旅游开发初步研究/余志勇//韶关学院学报 2005－08
⊙ 少数民族村寨旅游开发中的经济激励研究/陈建设//广西民族学院学报（哲学社会科学版）2005－S2
⊙ 少数民族地区发展乡村旅游的思考/卢世菊//理论月刊 2005－08
⊙ 少数民族地区发展乡村旅游之路/卢世菊//中国旅游报 2005－05－09
⊙ 少数民族地区旅游开发规划新思路/郭颖//中华文化论坛 2005－02
⊙ 少数民族地区社区参与旅游的影响因素与措施/邱云美//黑龙江民族丛刊 2005－06
⊙ 少数民族地区特色旅游规划及设施建设研究——以江华瑶族自治县旅游发展规划研究为例/杨涛//中外建筑 2005－03
⊙ 少数民族区域旅游城镇化研究/邱云志//西南民族大学学报（人文社科版）2005－10
⊙ 少数民族小区域原生态旅游研究——敖鲁古雅乡旅游资源评价与规划初探/王楠//干旱区资源与环境 2005－S1
⊙ 少数民族竹文化旅游开发/卢世菊//中国旅游报 2005－07－04
⊙ 邵琪伟“支招”四川旅游/谭江琦　熊燕//四川日报 2005－08－30
⊙ 邵阳竹文化生态旅游开发/马文银//热带地理 2005－03
⊙ 绍兴的黄酒文化与旅游/骆高远//经济地理 2005－05
⊙ 绍兴旅游市场凸现“后黄金周”现象/许程丽//绍兴日报 2005－10－25
⊙ 畲族传统体育旅游价值评价及开发/邱云美//丽水学院学报 2005－04
⊙ 畲族体育旅游特色及发展对策/郭永红//首都体育学院学报 2005－05
⊙ 社会科学的传统与旅游研究的未来/肖洪根//旅游学刊 2005－05
⊙ 社区参与的旅游人类学研究：阳朔遇龙河案例/孙九霞//广西民族学院学报（哲学社会科学版）2005－01
⊙ 社区参与对古民居旅游开发及旅游容量的影响——以福建省福州市闽清县宏琳厝旅游开发为例/缪芳//辽宁师范大学学报（自然科学版）2005－03
⊙ 社区参与旅游对民族传统文化保护的正效应/孙九霞//广西民族学院学报（哲学社会科学版）2005－04
⊙ 社区参与旅游发展研究的理论透视/孙九霞//广东技术师范学院学报 2005－05
⊙ 社区参与旅游业可持续发展的重要选择/邱云美//第二届浙江中西部科技论坛 2005
⊙ 社区居民参与旅游积极性的影响因素调查研究/张洁//生态经济 2005－10
⊙ 社区居民休闲健身科学化标准初探/李春芳//辽宁体育科技 2005－04
⊙ 申城力推中央旅游商务区/兰奕涵//东方早报 2005－08－18
⊙ 申城民俗旅游正火/张静　丁宁//中国旅游报 2005－10－07
⊙ 深层次发展黑龙江省金源文化旅游的思路/朱彩云//北方经贸 2005－05
⊙ 深度开发旅游资源　重振鲁山旅游雄风/刘全新　贺国莹　王向阳//平顶山日报 2005－04－25
⊙ 深化川西山地旅游开发：基于空间竞争的分化与整合——以四川省九顶山自然风景区为例/刘学华//四川师范大学学报（社会科学版）2005－S1
⊙ 深入推进旅游系统党风廉政建设和行风建设/毛东红//中国纪检监察报 2005－11－17
⊙ 深入挖掘文化内涵，进一步发展石家庄旅游/段学红//石家庄职业技术学院学报 2005－05
⊙ 深挖旅游内涵　释放节日张力/刘文杰//吐鲁番报（汉）2005－09－09
⊙ 深圳城市生态旅游的开发与保护研究/郝美田//特区经济 2005－06
⊙ 深圳出游大军带旺假日经济/肖健　汪远志　金红蕾//深圳商报 2005－05－01
⊙ 深圳国际旅游文化节辐射效应强/蔡良焕//深圳特区报 2005－12－15
⊙ 深圳旅游的“重炮手”何在/蔡良焕//深圳特区报 2005－07－24
⊙ 深圳旅游增值效应国际领先/张荣刚　敖敏辉//深圳商报 2005－08－23
⊙ 深圳人冷了自驾游热了自助游/蔡良焕//深圳特区报 2005－09－28
⊙ 深圳市盐田区大梅沙湖心岛休闲中心//世界建筑导报 2005－Z2
⊙ 深圳要建成重要国际旅游城市/蔡良焕　林要君//深圳特区报 2005－08－23
⊙ 深圳要建一流国际旅游城/胡嘉莉//中华工商时报 2005－08－26
⊙ 深圳组团国内旅游冷热分明/蔡良焕//深圳特区报 2005－11－07
⊙ 神农架打造生态旅游精品线/张培铁　尹绪东　罗永斌//湖北日报 2005

-15
◎ 谈上海都市旅游形象设计/卢晓//商业时代 2005-23
◎ 谈韶关市旅游资源品位的提升/曾新//全国第19届旅游地学年会暨韶关市旅游发展战略研讨会 2005
◎ 谈生态旅游的文化建设/邱海蓉//承德民族师专学报 2005-03
◎ 谈谈旅游景区相关利益协调/王文韬//安徽日报 2005-11-04
◎ 谈休闲体育与高校体育教学/赵东岩//辽宁中医学院学报 2005-04
◎ 谈休闲与休闲体育/刘凯//教育与职业 2005-03
◎ 探究旅游景点"涨"声的深层原因/马龙生//中国文化报 2005-04-25
◎ 探索旅游保险模式的创新（上）/李裕权　秦如梅　杜建春　汪军//中国旅游报 2005-06-06
◎ 探索旅游保险模式的创新（中）/李裕权　秦如梅　杜建春　汪军//中国旅游报 2005-06-13
◎ 探索旅游保险模式的创新（下）/李裕权　秦如梅　杜建春　汪军//中国旅游报 2005-06-20
◎ 探讨北京段长城保护与旅游发展模式/安金明//中国旅游报 2005-10-28
◎ 探析休闲绿地生态设计原则——以中南林学院原老干活动中心绿地改造为例/熊奇志//小城镇建设 2005-03
◎ 探寻海南红色旅游之路/罗霞　陈欢欢//海南日报 2005-04-06
◎ 汤山　全力打造旅游休闲新城/韦斌//江苏经济报 2005-11-03
◎ 唐代渤海国旅游遗址规划与环境保护——兼论如何更合理地开发利用唐旅游文化，加强环保意识/吕丽辉//黑龙江环境通报 2005-02
◎ 唐代旅游研究/刘菊湘//宁夏社会科学 2005-06
◎ 唐山旅游业定位：京津冀城市旅游休闲度假基地/齐福臣//唐山劳动日报 2005-04-09
◎ 塘沽旅游捧出六亮点/李全胜　张璐//天津日报 2005-08-04
◎ 塘沽旅游围绕龙字做文章/张璐//天津日报 2005-03-03
◎ 桃花旅游走俏恭城/杨牧龙//广西日报 2005-04-25
◎ 陶瓷之路与江南旅游都市/詹嘉//中国陶瓷 2005-03
◎ 特色经济撑起县域经济发展门户/武振国//市场报 2005-09-07
◎ 特色旅游：旅游业的广阔新天地/张建宏//商场现代化 2005-19
◎ 特色旅游打造风情新疆/杨傲多//法制日报 2005-09-24
◎ 特色旅游激活迭部旅游市场/薛恭//甘肃日报 2005-10-12
◎ 特色旅游强省的思考与建议/董鸿扬//黑龙江日报 2005-07-27
◎ 特色旅游走俏市场/李春发　肖晓莉//阿坝日报 2005-03-24
◎ 特色农业旅游与民族民间文化生态景观/黄爱莲//广西社会科学 2005-01
◎ 特色文化+乡村风味=吸引力/邵晓明//鞍山日报 2005-03-23
◎ 特色文化旅游成为新的经济增长点/王科友　高国民//重庆日报 2005-11-02
◎ 特色文化是旅游服务的灵魂/尕藏桑吉//中国民间文化艺术产业建设研讨会 2005
◎ 特色植被景观与旅游城市形象（上）/刘思敏//中国旅游报 2005-04-15
◎ 特色植被景观与旅游城市形象（下）/刘思敏//中国旅游报 2005-04-29
◎ 特殊活动事件对珠三角旅游开发的作用及对策/张伟强//热带地理 2005-02
◎ 腾冲旅游开发对农村发展的影响初探/赵秋红//云南地理环境研究 2005-04
◎ 藤县农民办旅游/林伟宁//广西日报 2005-07-09
◎ 提倡节约利用红色旅游资源/何朝本//安徽日报 2005-08-16
◎ 提高黄金周旅游应急处置能力/陈恒康//闽东日报 2005-10-11
◎ 提高林业科技水平　加快生态旅游发展/邱锐//广元日报 2005-12-26
◎ 提高旅游产业附加值　促进江西经济发展/陈艳//江西科技师范学院学报 2005-01
◎ 提高旅游服务质量需要成熟的旅游者/刘少和//旅游学刊 2005-02
◎ 提高区域旅游经济乘数的对策研究/李华//哈尔滨师范大学自然科学学报 2005-05
◎ 提高市场化程度是促进旅游业加快发展的发展//鸡西日报 2005-01-24
◎ 提高我市森林公园生态旅游功能的探讨/倪柏春　李洪杰　张志环//伊春市生态经济发展战略研究——伊春市生态经济发展战略研讨会 2005
◎ 提高宜昌旅游产品整体竞争力/淡燕子//宜昌日报 2005-06-16
◎ 提升长三角区域旅游产业竞争优势/唐晓宏//浙江经济 2005-20
◎ 提升规模档次　注重品牌特色　促进休闲观光农业更好发展/秦德胜//绍兴日报 2005-12-10
◎ 提升河南旅游竞争力的营销战略研究/周振宇//焦作大学学报 2005-04
◎ 提升居民休闲生活质量/吴文新　张乐　曹红//威海日报 2005-06-11
◎ 提升连云港旅游文化内涵的途径/张明亮//中国旅游报 2005-04-15
◎ 提升旅游国际化水平　培育经济增长新亮点/鲍一飞//杭州日报 2005-07-22
◎ 提升乌龙文化旅游初探/郭明兴//中共乐山市委党校学报 2005-01
◎ 体验购物：旅游购物发展的新方向/杨劲松//中国旅游报 2005-02-21
◎ 体验经济背景下红色旅游发展模式探讨/付美蓉//江西社会科学 2005-09
◎ 体验经济时代的"农家乐"旅游的发展对策/李琳桂//文史博览 2005-14
◎ 体验经济时代的旅游产品开发探索/皮平凡//学术交流 2005-02
◎ 体验经济时代的乡村旅游发展策略/吕珊珊//吉林工程技术师范学院学报 2005-07
◎ 体验经济时代旅游景区营销思路初探/张永安//江苏商论 2005-04
◎ 体验经济时代我国自驾车旅游发展的原因/何玉婷//天府新论 2005-S2
◎ 体验经济时代下的旅游体验营销策略/张芳//中共南宁市委党校学报 2005-06
◎ 体验经济时代下的上海旅游形象定位更新/刘德艳//桂林旅游高等专科学校学报 2005-01
◎ 体验经济视角下的海洋科技旅游与产品创新设计/马丽卿//商业经济与管理 2005-06
◎ 体验经济视野中的旅游产品开发研究/王立岩//技术经济与管理研究 2005-05
◎ 体验经济下对旅游产品内涵的再认识/王娜//市场论坛 2005-12
◎ 体验经济中的旅游产品创新与营销/陈鸣//商讯商业经济文荟 2005-03
◎ 体验式旅游的革新战略/伍晓奕//商讯商业经济文荟 2005-03
◎ 体验式旅游——体验经济催生的现代旅游新模式/陈君// 科学发展观与浙江旅游业研讨会 2005
◎ 体验式旅游——体验经济催生的现代旅游新模式/陈君//中国旅游报 2005-09-30
◎ 体验型休闲——"农家乐"经营的新模式/孙俊秀//商业研究 2005-18
◎ 体验营销与旅游企业的发展/段鹏程//山地农业生物学报 2005-02
◎ 体育节事的旅游价值与营销策划/熊元斌//武汉体育学院学报 2005-08
◎ 体育旅游产品的结构与特征研究/程斌//首届中国体育产业学术会议 2005
◎ 体育旅游促销策略的研究/韩忠培//西安体育学院学报 2005-03
◎ 体育旅游的界定综述/周珂//中国体育科技 2005-06
◎ 体育旅游的开发与对策/刘凯//辽宁体育科技 2005-03
◎ 体育旅游的内涵及可持续发展研究/于素梅//解放军体育学院学报 2005-01
◎ 体育旅游的现状、问题及其对策/何乔锁//山西师大体育学院学报 2005-01
◎ 体育旅游对促进河南省部分贫困乡镇体育经济发展的研究/马志强//山东体育学院学报 2005-02

⊙ 体育旅游发展论略/杨海红//太原大学学报 2005 - 03
⊙ 体育旅游概念的哲学思辨/姜付高//首都体育学院学报 2005 - 04
⊙ 体育旅游及其国外研究的最新进展/戴光全//桂林旅游高等专科学校学报 2005 - 01
⊙ 体育旅游开发的联动效应及市场开发对策/周道平//体育文化导刊 2005 - 05
⊙ 体育旅游开发与对策研究/杨耀华//体育文化导刊 2005 - 10
⊙ 体育旅游微观发展策略/万怀玉//中国旅游报 2005 - 01 - 17
⊙ 体育旅游现状与体育专业人才从业优势/范存生//辽宁体育科技 2005 - 03
⊙ 体育旅游营销存在的问题及对策研究/罗孝军//吉林体育学院学报 2005 - S1
⊙ 体育旅游与体育保健结合之浅析/闫中波//中国西部科技 2005 - 11
⊙ 体育旅游与学生“情商”的培养/于力　王均//中国科协 2005 年学术年会体育科学分会场
⊙ 体育旅游在陕西发展的初步研究/严春辉//体育文化导刊 2005 - 05
⊙ 体育旅游在我国国民经济和社会发展中的作用/许敏雄//吉林体育学院学报 2005 - S1
⊙ 体育旅游中的休闲教育/牛森//哈尔滨体育学院学报 2005 - 06
⊙ 体育赛事旅游的开发及前景分析/林少琴//河北体育学院学报 2005 - 04
⊙ 体育休闲在近代美国的发展进程/李国玲//成都体育学院学报 2005 - 02
⊙ 体育与旅游结合的发展前景/任冀军//哈尔滨体育学院学报 2005 - 02
⊙ 天池旅游发展走向/刘吉春//新疆日报（汉）2005 - 05 - 31
⊙ 天津发挥海洋优势积极创建滨海旅游中心/杨威//中国海洋报 2005 - 09 - 02
⊙ 天津和平区近代文化旅游资源开发/王业明　刘玫//中国旅游报 2005 - 03 - 04
⊙ 天津九大政策助推旅游发展/张璐//民营经济报 2005 - 03 - 09
⊙ 天津旅游产业对国民经济的影响力和贡献度研究//2005 年：中国文化产业发展报告
⊙ 天津市发展休闲体育产业的 SWOT 分析/金宗强//武汉体育学院学报 2005 - 07
⊙ 天津现存西洋近代建筑的旅游开发价值研究/王佳欣//天津城市建设学院学报 2005 - 04
⊙ 天龙屯堡打造旅游精品实现多方互赢/刘秀窝//贵州日报 2005 - 01 - 10
⊙ 天目湖：融入长三角的旅游精品/李大伟　曹亚丽　周殷殷//中国改革报 2005 - 03 - 12
⊙ 天山林区发展森林旅游的探讨/明连起//农村科技 2005 - 06
⊙ 天山西部森林公园与森林旅游的可持续发展/郭汉纯//新疆林业 2005 - 06
⊙ 天上瑶池　人间河池——广西河池市喀斯特地貌的形成机制及其旅游开发研究/杨颖瑜//全国第 19 届旅游地学年会暨韶关市旅游发展战略研讨会 2005
⊙ 天水旅游景点分布及发展规划的基础研究/杨仲杰//甘肃科技纵横 2005 - 03
⊙ 天水市旅游交通开发构想/林双成//天水师范学院学报 2005 - 03
⊙ 天柱山旅游产品组合与客流时空分布分析/琚胜利//地理与地理信息科学 2005 - 02
⊙ 天柱山旅游环境构成分析及综合开发对策/葛向东//国土资源科技管理 2005 - 05
⊙ 天柱山倾心构筑旅游经济圈/余迅//安庆日报 2005 - 07 - 27
⊙ 田阳敢壮山布洛陀信仰的宗教旅游价值/王春峰//广西师范学院学报（哲学社会科学版）2005 - 02
⊙ 条件价值法在森林生态旅游产品价值评估中的运用/陈红//绿色中国 2005 - 20
⊙ 铁岭旅游主打地域文化特色牌/刘涌泉//辽宁日报 2005 - 06 - 19
⊙ 铁路民航争抢红色旅游客源/涂露芳　杨猛//北京日报 2005 - 05 - 30
⊙ 通过信息技术提升西部森林旅游的途径探讨/吴延熊//北京林业大学学报 2005 - 01
⊙ 同里旅游“一分为八”走市场/陈其珏//东方早报 2005 - 02 - 12
⊙ 桐柏县：围绕观光农业做文章/李武//农村·农业·农民（A 版）2005 - 08
⊙ 桐柏以文化旅游推动县域经济/张玉兰　宁启文　丁严冰　杜福建//农民日报 2005 - 10 - 29
⊙ 铜川旅游产业发展的历史性突破//铜川日报 2005 - 12 - 02
⊙ 铜仁旅游客运市场遭割据/陈玉祥//贵州日报 2005 - 11 - 14
⊙ 统筹文化旅游资源　发展绍兴城市旅游// 科学发展观与浙江旅游业研讨会 2005
⊙ 统一思想　扎实工作　推进红色旅游全面发展——在全国发展红色旅游工作会议上的讲话（摘要）/李盛霖//中国经贸导刊 2005 - 05
⊙ 投资·旅游·人居/何瑞林//扬州日报 2005 - 01 - 15
⊙ 透析假日旅游市场的定制营销/王艳//新疆财经 2005 - 01
⊙ 突出“海峡旅游”打造十大品牌/帅斌彬//闽北日报 2005 - 02 - 25
⊙ 突出地方历史文化建设“中华龙文化旅游城”/金明德//常州日报 2005 - 10 - 28
⊙ 突出地方特色　打造生态旅游新亮点/王永祥//商洛日报 2005 - 08 - 30
⊙ 突出地区旅游特色综合开发人文资源//人民政协报 2005 - 03 - 28
⊙ 突出强调“五一”旅游黄金周四大特点/史延廷//中国旅游报 2005 - 05 - 09
⊙ 突出区域特色　做大九江旅游/史文斌//九江日报 2005 - 08 - 12
⊙ 突出生态特色　作强汉中旅游/曹亚安//陕西师范大学继续教育学报 2005 - S1
⊙ 突出特色，融入半岛旅游经济圈/车亭　张建涛//威海日报 2005 - 06 - 23
⊙ 突出特色综合开发红色旅游/刘捷//光明日报 2005 - 02 - 24
⊙ 图变文化游格局　沈河整合旅游资源/王时勤//沈阳日报 2005 - 07 - 07
⊙ 图式记忆和人文关注——宿迁市休闲文化公园规划和建筑方案简评/王西波//华中建筑 2005 - 06
⊙ 徒步旅游国内外发展特点比较研究/黄向//世界地理研究 2005 - 03
⊙ 土地利用变化的旅游驱动力研究/左冰//云南财贸学院学报 2005 - 05
⊙ 土地利用规划与旅游规划协调研究/李晓刚//资源开发与市场 2005 - 04
⊙ 土家族民间舞蹈的地域性特征及旅游开发价值/李菁//民族论坛 2005 - 12
⊙ 土家族文化资源开发的战略构想——构建中国武陵地区文化生态旅游经济走廊/彭振坤//湖北民族学院学报（哲学社会科学版）2005 - 03
⊙ 吐鲁番沙漠植物园探索旅游开发新途径/刘大为//新疆日报 2005 - 05 - 04
⊙ 吐鲁番市整合旅游文物资源/程象//吐鲁番报（汉）2005 - 05 - 12
⊙ 团城文皇庙的文化旅游价值/李虹蔚//文物世界 2005 - 01
⊙ 推动“特色旅游城镇”建设/刘栗//中国旅游报 2005 - 07 - 11
⊙ 推动安徽旅游中心城市奋力崛起//安徽日报 2005 - 07 - 07
⊙ 推动长江三角洲城市旅游产品一体化/卞显红//商业时代 2005 - 32
⊙ 推动红色旅游可持续健康发展/张建宏//特区经济 2005 - 12
⊙ 推动跨国旅游大发展/周文涛//广西日报 2005 - 10 - 22
⊙ 推动旅游合作/符信　徐海星//广州日报 2005 - 07 - 13
⊙ 推动旅游精品化进程　提高哈密旅游知名度/俊峰//哈密报（汉）2005 - 01 - 15
⊙ 推动旅游学科发展与中国旅游产业共同成长——著名旅游学者杜江教授评介/文武//生产力研究 2005 - 03
⊙ 推动职业女性休闲运动之探讨/许丽//山西师大体育学院学报 2005 - S1
⊙ 推进诚信旅游建设做大做强旅游产业/李飚//济宁日报 2005 - 12 - 17
⊙ 推进甘孜州旅游发展新跨越的思考/马敏//康定民族师范高等专科学校

院学报 2005-03
⊙ 我国未来旅游发展趋势及战略对策/陈晶//企业经济 2005-06
⊙ 我国西部地区开发旅游度假区的 RMP 分析——以西安曲江旅游度假区为例/赵现红//干旱区资源与环境 2005-02
⊙ 我国西部地区旅游开发的成本分析/廖春花//桂林旅游高等专科学校学报 2005-03
⊙ 我国西部地区民族传统体育旅游开发的现状与对策/王兴臣//韶关学院学报 2005-12
⊙ 我国西部地区体育旅游产业发展的制约因素/彭劲松//体育学刊 2005-02
⊙ 我国西部生态旅游开发构想-以陕西省太白山国家森林公园为例/訾永成//干旱区资源与环境 2005-01
⊙ 我国乡村旅游产品体系及其影响研究/王宏星//西藏大学学报（汉文版）2005-01
⊙ 我国乡村社区与乡村旅游开发关系之探讨/何婉//市场周刊·研究版 2005-05
⊙ 我国消费者旅游消费行为的实证分析/杨丽萍//中北大学学报（社会科学版）2005-03
⊙ 我国小康社会大众休闲价值及其发展趋势研究/周玲强//浙江大学学报（人文社会科学版）2005-06
⊙ 我国休闲产业的发展现状/张桂华//生产力研究 2005-05
⊙ 我国休闲产业的发展现状及趋势/杨健//郑州经济管理干部学院学报 2005-04
⊙ 我国休闲产业发展的对策分析/吴松荣//商场现代化 2005-02
⊙ 我国休闲产业发展的现状及对策/张翠梅//生产力研究 2005-10
⊙ 我国休闲经济发展的制约因素及对策/王慧//价值工程 2005-01
⊙ 我国休闲体育发展问题研究/刘娜//太原师范学院学报（自然科学版）2005-01
⊙ 我国休闲渔业的发展/潘彦//渔业致富指南 2005-14
⊙ 我国休闲渔业的开发模式/李恩元//现代渔业信息 2005-06
⊙ 我国休闲渔业的现状及发展对策/张桂华//长江大学学报（自科版）2005-03
⊙ 我国休闲渔业的现状与前景/蔡学廉//渔业现代化 2005-01
⊙ 我国遗产旅游开发的问题、误区及对策研究——关于“世遗门票上涨”的思考/吴人韦//旅游科学 2005-02
⊙ 我国影视旅游发展与规划探析/付冰//北京第二外国语学院学报 2005-03
⊙ 我国周末度假旅游开发研究——以承德周末度假旅游市场为例/李春颖//北京第二外国语学院学报 2005-01
⊙ 我国主题旅游集群的成长及其空间特征研究/聂献忠//人文地理 2005-04
⊙ 我国自驾车旅游发展现状及对策/王婉飞　董长云　翟涛//中国旅游报 2005-02-02
⊙ 我国自驾车旅游市场的开发/曹新向//西北农林科技大学学报（社会科学版）2005-02
⊙ 我国自驾车旅游市场的开发研究/江学淮//黄山学院学报 2005-05
⊙ 我国自驾车旅游市场发展动力、特征及其效应/洪娟//资源开发与市场 2005-05
⊙ 我国自然保护区的旅游研究进展/魏遐//水土保持研究 2005-02
⊙ 我国自然保护区旅游开发存在的问题与对策建议/兰卓//青海环境 2005-02
⊙ 我国自然保护区生态旅游开发模式探讨/周春光//经济师 2005-11
⊙ 我国自然保护区生态旅游研究进展/于爱水//国土与自然资源研究 2005-04
⊙ 我省构建“无障碍旅游”蓝图/龚小妹//福建工商时报 2005-02-23
⊙ 我省红色旅游亟待进一步完善/王竣//各界导报 2005-05-27
⊙ 我省红色旅游期待精品/张秀娟//河北经济日报 2005-11-23
⊙ 我省黄金周旅游创“金色”效益/马桂生　王玉亮//河北日报 2005-10-09
⊙ 我省积极打造“诚信旅游”体系/吕信　王芳//江苏经济报 2005-09-29
⊙ 我省加快旅游资源整合/冯爱华　程芙蓉//长江日报 2005-03-05
⊙ 我省假日旅游黄金周呈现新特点/王颖//黑龙江经济报 2005-05-13
⊙ 我省旅游产品又添“海外拼盘”/冯艳//经济信息时报 2005-06-09
⊙ 我省旅游规划水平上台阶/刘秀鸾//贵州日报 2005-06-13
⊙ 我省旅游景区全面提档升级/吴绍冰　王洪刚//河北经济日报 2005-06-16
⊙ 我省旅游新产品受青睐/林震华　陈钢//浙江日报 2005-03-03
⊙ 我省旅游业进入电子货币时代/王昀//黑龙江日报 2005-01-20
⊙ 我省旅游着力开发日本客源市场/彭溢//黑龙江日报 2005-09-13
⊙ 我省民族地区旅游产业蓬勃发展/张学军//辽宁日报 2005-10-05
⊙ 我省农家乐休闲旅游业方兴未艾/李欣//今日浙江 2005-22
⊙ 我省强力推进红色旅游/何朝本//安徽日报 2005-07-20
⊙ 我省确定红色旅游发展总体布局/潘绣文//福建日报 2005-09-27
⊙ 我市春节假日体育活动筹备紧锣密鼓/王京川　邹明//乐山日报 2005-01-22
⊙ 我市打造三峡主题旅游/方科//重庆日报 2005-10-26
⊙ 我市大手笔规划旅游业发展蓝图/刘剑辉//菏泽日报 2005-01-14
⊙ 我市各地旅游环境整治工作机制逐步建成/汪忠业//黄山日报 2005-01-25
⊙ 我市规划哈尔滨关道周边“旅游链”/崔淑梅　秦岭//哈尔滨日报 2005-11-16
⊙ 我市红色旅游亟待做大做强/刘峰　杨娴　赵娟//泰州日报 2005-07-28
⊙ 我市红色旅游资源丰富/李学军　汪海燕//黄山日报 2005-04-06
⊙ 我市积极打造“东方休闲之都”/董媚　王琦//杭州日报 2005-04-27
⊙ 我市加快国内外知名旅游目的地建设/孙志賨　马梁木//鸡西日报 2005-04-19
⊙ 我市旅游工作存在的问题及建议//通辽日报 2005-10-31
⊙ 我市旅游经济强势增长/田利民　闫佳//乐山日报 2005-08-26
⊙ 我市旅游目的地特征尚不明显/李中宇　王琳//唐山劳动日报 2005-03-21
⊙ 我市旅游农业“一圈三带四区”成形/张永青　李涛//南京日报 2005-09-29
⊙ 我市旅游业发展势头强劲/魏明艳//安阳日报 2005-07-05
⊙ 我市旅游业发展迅速/魏明艳//安阳日报 2005-01-06
⊙ 我市旅游业进军拉美/张正平//台州日报 2005-03-11
⊙ 我市农业旅游现状及发展方向/赵星//常德日报 2005-08-12
⊙ 我市确定旅游目标市场/李凯　许晓霞//汕头日报 2005-08-29
⊙ 我市专题研究做大做强桂林旅游/刘桂丹//桂林日报 2005-01-17
⊙ 我市着力打造旅游文化品牌/邹秉融//安康日报 2005-06-30
⊙ 我市自驾车旅游升温/李富//赤峰日报 2005-10-13
⊙ 我州自驾车旅游配套设施亟待完善/施剑羽//大理日报（汉）2005-05-20
⊙ 乌昌推行无障碍旅游/阎静　李春霞//新疆日报 2005-01-26
⊙ 乌鲁木齐城市旅游特色项目研究/唐晓兵//新疆社科论坛 2005-02
⊙ 乌鲁木齐旅游目的地形象设计研究/姚娟//乌鲁木齐职业大学学报 2005-01
⊙ 乌鲁木齐民俗文化旅游开发现状及对策研究——新疆国际大巴扎/吴焱//新疆师范大学学报（自然科学版）2005-03
⊙ 乌鲁木齐市冬季旅游开发及对策研究/张海霞//干旱区资源与环境 2005-02

- 西部旅游开发中对民族文化保护的忧思/耿学昌//市场论坛 2005－02
- 西部旅游资源保护与可持续旅游发展初探/陈红//重庆社会科学 2005－06
- 西部民族传统体育旅游的吸引力及市场运作研究/刘少英//西安体育学院学报 2005－02
- 西部民族地区本土文化的保护与旅游开发/宋波//乐山师范学院学报 2005－07
- 西部民族地区旅游开发的迟发展效应与后发优势及创新对策/张河清//开发研究 2005－01
- 西部民族地区旅游开发战略选择/吴铀生//西南民族大学学报（人文社科版）2005－04
- 西部民族地区体育休闲旅游产业的开发/肖红青//吉首大学学报（自然科学版）2005－04
- 西部民族地区体育休闲旅游产业开发的环境条件分析/周道平//天津体育学院学报 2005－03
- 西部民族地区体育休闲旅游产业开发的社会经济价值分析/周道平//四川体育科学 2005－04
- 西部民族地区体育休闲旅游产业开发研究/周道平//北京体育大学学报 2005－09
- 西部民族地区体育休闲旅游业深度开发的探讨/周运瑜//武汉体育学院学报 2005－02
- 西部民族地区体育休闲旅游业现状分析/周运瑜//湖北体育科技 2005－01
- 西部七省区旅游合作思考/秦斌明//甘肃日报 2005－08－24
- 西部区域旅游合作的基础与途径/李树民//人民日报 2005－07－27
- 西部生态旅游发展的思考/吴晓东//四川理工学院学报（社会科学版）2005－03
- 西部生态旅游发展中农村社区就业与旅游收入分配的实证研究——以陕西太白山国家森林公园周边农村社区为例/黎洁//旅游学刊 2005－03
- 西部丝绸之路旅游需要深度开发/林红　李树民　高煜//华东旅游报 2005－11－22
- 西部体育旅游产业开发的生态战略选择与可持续发展研究/刘少英//中国体育科技 2005－06
- 西藏阿里地区生态旅游开发研究/王丽婧//干旱区资源与环境 2005－02
- 西藏才曲塘草地畜牧业的生态旅游景观规划/李凡//资源开发与市场 2005－03
- 西藏浪卡子－洛扎地区地质及人文旅游资源/钟华明//“地质古生物遗迹保护　现代生物　人与自然和谐”学术研讨会 2005
- 西藏旅游：从接待型到产业型/向晓林　王义//经济参考报 2005－10－21
- 西藏旅游充满神奇魅力/耿闻//中国旅游报 2005－02－04
- 西藏尼洋河流域旅游资源及生态旅游开发对策的探讨/段代祥//福建林业科技 2005－01
- 西藏区域经济凸显旅游板块/尕玛多吉//经理日报 2005－03－12
- 西昌：扮靓旅游厕所/郝晓明　程宗萍//凉山日报（汉）2005－11－13
- 西昌：御寒避暑的胜地　休闲度假的天堂/唐静　胡小平//中国西部 2005－11
- 西递旅游地居民的环境感知研究/卢松//安徽师范大学学报（自然科学版）2005－02
- 西方旅游文化建设及其对我国旅游业的启示/夏建国//广州大学学报（社会科学版）2005－06
- 西方旅游研究中的“真实性”理论/李旭东//北京第二外国语学院学报 2005－01
- 西方休闲研究的一般性考察/卿前龙//自然辩证法研究 2005－01
- 西湖“免票制”到底亏不亏？/艾芳//经济日报 2005－04－27
- 西南地区生态文化旅游科技发展战略初探/汪昉//资源开发与市场 2005－06
- 西南多民族杂居地区发展观光农业的条件及前景分析/雷亨顺//重庆大学学报（社会科学版）2005－02
- 西南民族地区民俗文化资源的旅游开发——以广西为释例/赵健//广西右江民族师专学报 2005－01
- 西南三省旅游资源及品牌旅游地的建设/谭颖//绵阳师范学院学报 2005－05
- 西宁城市旅游发展模式再探/鄂崇毅//青海师专学报 2005－S1
- 西沙群岛生态旅游开发设想/黎春红//海洋开发与管理 2005－04
- 西施故里商业项目备受青睐/边炬光　杨贤波//江南游报 2005－10－27
- 西双版纳与澜－湄次区域旅游合作战略初步研究/廖春花//桂林旅游高等专科学校学报 2005－05
- 西双版纳与丽江旅游发展政策的比较分析/张伟//经济师 2005－08
- 西双版纳州旅游景观开发战略研究/李秀芹　张松涛　赵坤华//2005－07－01
- 西溪湿地要建旅游集散中心/俞佩　许静凯//杭州日报 2005－12－01
- 西乡塘区兴建石埠乡村生态旅游区/曾永联　曾永峰//广西日报 2005－12－12
- 吸引中外资金　搭建艺术平台——观音堂文化大道筑京南文化风景线/于越洋//中国外资 2005－01
- 席国际：重整旅游购物“山河”/苏理立　刘桂丹//桂林日报 2005－12－05
- 系统基模分析方法在旅游管理和规划中的运用/徐红罡//桂林旅游高等专科学校学报 2005－01
- 系统思考现代旅游企业文化创新之应用/岳培宇//市场论坛 2005－12
- 夏威夷：会奖旅游全球领先/张云中　芸生//国际商报 2005－09－19
- 厦金旅游：海峡旅游新亮点/史蔓蓉　吴越//中国旅游报 2005－02－04
- 厦门 VS 旧金山：海湾旅游城市/刘红//旅游时代 2005－10
- 厦门旅游集散中心明春建成/卢天娇//厦门日报 2005－11－29
- 厦门市发展体育健身旅游的对策研究/兰润生//北京体育大学学报 2005－01
- 厦门市集美区旅游环境承载力研究/黄江玲//苏州科技学院学报（自然科学版）2005－02
- 仙游县旅游资源开发研究/黄金火//莆田学院学报 2005－01
- 闲暇　自由和休闲——从马克思“工作日”理论看休闲的内容和必然性/吴文新//毛泽东邓小平理论研究 2005－09
- 县域旅游发展模式的比较与剖析——对杭州三县（市）的实证研究/许振晓//人文地理 2005－06
- 县域旅游发展应避免的问题/张培//中国旅游报 2005－10－14
- 县域旅游发展制度创新研究/许振晓//农业经济问题 2005－11
- 县域旅游经济发展博弈与出路——以滇西北为例/张建雄//大理学院学报 2005－06
- 县域旅游开发中的政府行为研究/张朋//南阳师范学院学报 2005－09
- 县域旅游市场发展的营销导向——成都市双流县域旅游市场发展调查分析报告//西南民族大学学报（人文社科版）2005－01
- 县域旅游项目策划原则/吕建华//商业经济 2005－12
- 现代滨水区休闲的天堂//北方经济时报 2005－07－27
- 现代服务业理论与会展旅游开发案例研究——以杭州市为例/蒋婷婷//中共杭州市委党校学报 2005－05
- 现代旅游产业发展中的政府角色定位研究/梁留科//西北农林科技大学学报（社会科学版）2005－04
- 现代旅游的文化内涵/南山//中国旅游报 2005－04－01
- 现代旅游中的符号经济/彭兆荣//江西社会科学 2005－10
- 现代商城观光农业成新亮点/刘红格　边丽娟//石家庄日报 2005－07－14
- 现代首都与东方古都双重身份下的北京旅游/虎符//对外大传播 2005

- 小议“和谐旅游”/夏林根//旅游学刊 2005－05
- 小议休闲/王景全//人民日报 2005－08－24
- 小渔竿钓出哈市火爆休闲渔业/东北//中国渔业报 2005－07－18
- 效率的追求与休闲的异化/唐任伍　周觉//改革 2005－06
- 校园旅游开发浅析/吴修和//山西科技 2005－03
- 协调发展　和谐共荣——用区域旅游联动带动环“京津贫困带”发展/牛雅慧//人民论坛 2005－10
- 协同理论与旅游产业发展/杨军//中国旅游报 2005－05－27
- 协同性旅游管理/叶涌//改革与战略 2005－11
- 携手打造红色旅游品牌/唐彩萍　吴霞//江西日报 2005－09－03
- 携手合作推动休闲事业健康发展/丁雄英//杭州日报 2005－11－10
- 心理休闲对构建和谐社会的意义/黄训美//科学社会主义 2005－03
- 心理营销——旅游营销发展的趋势/王利琴//郑州经济管理干部学院学报 2005－04
- 新昌旅游要从“量”的增长进入“质”的提升/王怡怡//江南游报 2005－04－14
- 新昌描绘休闲旅游蓝图/文潇　陈伟国　陆旭东　吕鑫锋//中国旅游报 2005－10－19
- 新昌新年着力打造旅游休闲基地/王樟华//江南游报 2005－02－24
- 新丰旅游业带旺第三产业/王建喜　张文聪//韶关日报 2005－06－04
- 新格局两大支柱　三大主导　五大重点/丁宁　朱大明//长春日报 2005－08－02
- 新加坡 2004 年度旅游市场分析//中国旅游报 2005－06－10
- 新加坡不断挖掘旅游特色/张嘉玲//中国旅游报 2005－02－18
- 新加坡航空巨资投向澳大利亚旅游产业/王丽杰//中国民航报 2005－10－18
- 新加坡垃圾岛成旅游胜地//北京科技报 2005－08－03
- 新加坡旅游的海啸之累/陈娜　曹阳//新京报 2005－01－18
- 新加坡旅游另类拓展/郭继光//第一财经日报 2005－04－19
- 新加坡政府如何唱好“旅游戏”/陈雪钧//中国旅游报 2005－10－28
- 新建打造“都市后花园”/周春林　肖苏萍//江西日报 2005－09－14
- 新疆“数字旅游”的设计/毋兆鹏//新疆师范大学学报（自然科学版）2005－04
- 新疆“营销”伊犁欲借“旅游牌”/王海坤//中国经济时报 2005－04－29
- 新疆兵团旅游实现五大突破/石承烈//中国旅游报 2005－01－17
- 新疆成为我国最具潜力旅游大区/李晓玲//中国民族报 2005－09－30
- 新疆国际旅游产业结构效益现状及成因分析/楚新正//干旱区资源与环境 2005－04
- 新疆红色旅游的特色探讨/郑晓英//新疆职业大学学报 2005－04
- 新疆假日旅游、假日经济与旅游环境浅析/曾嵘//新疆师范大学学报（自然科学版）2005－03
- 新疆喀什地区发展民俗旅游的思考/阿不都外力·阿吉买买提//新疆财经 2005－02
- 新疆旅游：资源优势与产业困惑/涂裕春//西南民族大学学报（人文社科版）2005－04
- 新疆旅游产品创新及其对策选择/李翠林//新疆财经 2005－01
- 新疆旅游发展独辟“西”径/汪金生//西部时报 2005－02－25
- 新疆旅游感受大的魅力/姚艳霞//地理信息世界 2005－05
- 新疆旅游客源市场分析及旅游营销战略/刘玲//新疆财经 2005－01
- 新疆旅游商品深度开发研究/毛东雷//新疆师范大学学报（自然科学版）2005－03
- 新疆旅游要突出特色树立招牌/石承烈//中国旅游报 2005－03－07
- 新疆民俗旅游探析/吴继华//新疆教育学院学报 2005－03
- 新疆入境旅游市场分析及发展对策/周立学//新疆师范大学学报（自然科学版）2005－03
- 新疆少数民族体育旅游产业化发展对策研究/王天军//首届中国体育产业学术会议 2005
- 新疆生态旅游发展现状及其对策研究/于晓兰//新疆师范大学学报（自然科学版）2005－03
- 新疆乌鲁木齐市城市旅游发展研究/唐晓兵//新疆财经 2005－05
- 新疆盐湖旅游开发探讨/李炯华//资源开发与市场 2005－02
- 新疆伊斯兰文化旅游/冉红//新疆师范大学学报（自然科学版）2005－03
- 新经济形势下的生态旅游/徐琳瑞//辽宁工学院学报（社会科学版）2005－04
- 新经济形势下我国旅游教育的思考/李琳桂//湖南师范大学教育科学学报 2005－06
- 新时期旅游需求研究/周旗//河南大学学报（社会科学版）2005－04
- 新时期省区旅游信息化规划的集成化趋势/路紫//旅游科学 2005－04
- 新世纪秦皇岛人文商务旅游新模式研究/王英杰//燕山大学学报（哲学社会科学版）2005－S1
- 新世纪中国入境旅游市场竞争态分析/孙根年//经济地理 2005－01
- 新世界涉足休闲娱乐业/刘欲晓//证券时报 2005－11－15
- 新型工业化道路下缩小区域差距的产业选择——以休闲产业为例/丰广//特区经济 2005－05
- 新型文化之旅/叶俊之　卓娜//中国文化报 2005－10－17
- 信息化技术对旅游营销的影响/陈莉//喀什师范学院学报 2005－S1
- 信息化技术与云南森林旅游的发展/欧朝蓉　蒙睿　叶文//首届中国林业学术大会 2005
- 信息化与休闲产业/陈喜乐//未来与发展 2005－03
- 信息化助推常州旅游快速发展/王粉龙　戴丽娟//中国旅游报 2005－01－12
- 信息技术发展对中小旅游企业组织结构的影响/苏健//沿海企业与科技 2005－12
- 信阳南湾风景区旅游经济效益分析/卜付军//信阳师范学院学报（自然科学版）2005－04
- 信阳市红色旅游精品线全面飘红/王昕昱//中国老区建设 2005－05
- 信阳市区域旅游一体化构想/吴国琴//信阳师范学院学报（自然科学版）2005－02
- 信阳为红色旅游绘制蓝图/达文//中国旅游报 2005－11－16
- 信州区：休闲农业春光好/姜慧//上饶日报 2005－04－04
- 星子力创休闲旅游特色品牌/夏茂臣//九江日报 2005－05－27
- 星子应在九江大旅游战略中有大作为/熊起栋//九江日报 2005－08－12
- 行业结构分析法在旅游开发中的应用——以湖南城步苗族自治县为例/谢江红//资源开发与市场 2005－01
- 形成自己的城市特色和旅游品牌/李道君//商丘日报 2005－10－11
- 性爱观光业调查//书城 2005－09
- 雄鸡引唱春展会　瑞雪兆丰钓具商——2005 年春季钓具展销会迎来开门红/林海娟//钓鱼 2005－05
- 休宁县多管齐下促进生态　旅游　特色农业发展/汪怡民　吴智勇//黄山日报 2005－04－07
- 休闲　改变人类生活　提升城市核心竞争力/丁晓红//杭州日报 2005－05－25
- 休闲：生命本体意义上的解读/刘海春//浙江社会科学 2005－05
- 休闲：是解放还是异化/侯玲//社会科学论坛（学术研究卷）2005－08
- 休闲：一个备受关注的研究领域/罗春潮//经济与社会发展 2005－09
- 休闲“四绝”引领时尚/陈伟国　黄黎霞　沈坚//中国旅游报 2005－06－01
- 休闲产业：让“白相”返璞归真/方世南//苏州日报 2005－06－07
- 休闲产业的发展是科学发展观社会化的实践要求/邢媛//中共山西省委党校学报 2005－02

2006 年

会科学版）2006－S2
⊙ 百色市红色旅游资源开发价值评价研究／王雯雯／／桂林师范高等专科学校学报 2006－01
⊙ 百色市旅游开发 SWOT 分析与发展战略初探／高阳／／广西师范学院学报（自然科学版）2006－S1
⊙ 百色市旅游业发展中存在的问题与对策／黄筱梅／／广西右江民族师专学报 2006－S1
⊙ 包价旅游产品服务属性的实证研究／刘静艳／／中山大学学报（社会科学版）2006－04
⊙ 包头市旅游资源的评价与开发／黄美丽／／内蒙古林业调查设计 2006－06
⊙ 宝鸡市旅游业发展问题与对策初探／童力冲／／陕西教育学院学报 2006－02
⊙ 保持原生态聚居方式的活力——黔东南石桥造纸村景观考察／余压芳／／新建筑 2006－04
⊙ 保定"帝王故里"专题旅游开发初探／段艳丽／／商场现代化 2006－30
⊙ 保定古城旅游开发与保护／许书景／／企业家天地 2006－12
⊙ 保定市特色休闲观光农业的发展战略及模式选择／赵宪军　杨海芬／／2006 年中国农学会学术年会
⊙ 保护洱海生态做强旅游产业／敖蓉　余惠敏　钟劲／／经济日报 2006－12－19
⊙ 保护生态促进龙门县旅游业发展／李定方／／中国科技信息 2006－20
⊙ 保护资源永续利用——阴那山风景区规划浅谈／卜志诚／／今日科苑 2006－07
⊙ 北戴河海滩现状及管理策略／冯国明／／科技资讯 2006－12
⊙ 北京奥运会对甘肃旅游业的影响及对策／雷志义／／社科纵横 2006－04
⊙ 北京观光休闲果业 SWOT 分析及发展战略选择／王亚芝／／经济地理 2006－S2
⊙ 北京栗花节带动九渡河旅游经济／梁沂滨　苏大鹏／／经济日报 2006－06－14
⊙ 北京山区森林资源的旅游开发与保护／宋晓华／／北京农业职业学院学报 2006－03
⊙ 北京商务中心区发展商务旅游产业的优势、问题及对策／解永秋／／首都经济贸易大学学报 2006－05
⊙ 北京什刹海地区中外游客抽样调查及分析／张凌云／／北京社会科学 2006－04
⊙ 北京市海淀区旅游资源开发与保护／唐海萍／／经济地理 2006－S2
⊙ 北京市平谷区李家峪生态农业旅游开发建议／凌生金／／四川林勘设计 2006－01
⊙ 北京市休闲果业发展研究／钟国庆／／林业经济问题 2006－03
⊙ 北京市休闲果园旅游市场发展浅析／陈萌／／河北林果研究 2006－03
⊙ 北京西部山区传统村落保护与旅游开发利用——以门头沟区为例／王云才／／山地学报 2006－04
⊙ 北美旅游景观对扬州瘦西湖新区规划建设的启示／周武忠／／东南大学学报（哲学社会科学版）2006－02
⊙ 本溪地质遗迹与地质公园的开发建设／曲景慧／／世界地理研究 2006－01
⊙ 比较优势、竞争优势与区域旅游规划／刘旺／／四川师范大学学报（社会科学版）2006－04
⊙ 毕摩文化与彝族旅游开发／杨丽琼／／楚雄师范学院学报 2006－05
⊙ 边疆地区旅游资源开发比较研究——以新疆、云南为例／吴烨／／新疆师范大学学报（自然科学版）2006－03
⊙ 变旅游资源大省为旅游经济强省／辛琰／／山西政协报 2006－02－24
⊙ 变旅游资源优势为旅游经济优势／贾芳／／宜春日报 2006－11－10
⊙ 辩证地认识和发展旅游经济／谢倩／／中国旅游报 2006－05－08
⊙ 标准化建设推进现代旅游产业成长／金启宁／／中国旅游报 2006－10－13
⊙ 宾川多元促销做强旅游产业／王达权／／大理日报（汉）2006－01－03
⊙ 滨湖镇着力构筑旅游经济新优势／满勇　马钦胜／秦兰婷／／大众科技报 2006－06－22
⊙ 冰雪旅游：长春新的经济增长点——长春市市长祝业精谈冰雪旅游／白帆／／财经界 2006－01
⊙ 冰雪铺就"黄金路"旅游经济迈大步／王凌杉　朱征宇／／长春日报 2006－02－15
⊙ 冰雪体育旅游探析／王诚民／／冰雪运动 2006－03
⊙ 亳州市旅游业的 SWOT 分析及对策／薛华菊／／淮北煤炭师范学院学报（自然科学版）2006－03
⊙ 博物馆旅游的开发和发展问题研究／倪晓波／／武汉职业技术学院学报 2006－03
⊙ 藏东南生态旅游资源及其开发利用／杨文凤／／林业调查规划 2006－06
⊙ 藏区城市景观变迁与旅游开发——以茶马古道沿线的藏区城市为例／刘小方／／西藏民族学院学报（哲学社会科学版）2006－05
⊙ 草地旅游业与草地可持续发展／高生珠／／农业科学研究 2006－03
⊙ 草原旅游文化内涵的挖掘与提升——以内蒙古自治区为例／刘敏／／干旱区地理 2006－01
⊙ 草原文化与旅游开发研究／白音查干／／内蒙古师范大学学报（哲学社会科学版）2006－S2
⊙ 侧度旅游经济影响的难度与重要性／依绍华／／价格理论与实践 2006－07
⊙ 层次分析法在生态旅游资源评价中的应用研究／彭立圣／／环境科学与管理 2006－03
⊙ 茶媒休闲经济勃兴的学理初探／孙明泉／／人文奥运与中华茶文化高峰论坛 2006
⊙ 柴达木盐湖文化旅游开发展望／张源培　侯德强／／西部时报 2006－02－28
⊙ 产业观光为日本旅游增光／晓波／／中国商报 2006－11－10
⊙ 产业结构调整下地方旅游产业整合问题研究——以广西百色市为例／陆华／／桂海论丛 2006－06
⊙ 昌都地区"茶马古道"旅游开发的思考／凌生金／／四川林勘设计 2006－03
⊙ 昌吉市工农业生产催生新型旅游经济／刘怀胜／／昌吉日报 2006－10－31
⊙ 昌黎旅游开发进入新阶段／张文斌／／秦皇岛日报 2006－08－02
⊙ 长白山旅游经营不正当竞争根源剖析／张来法／／经济视角 2006－01
⊙ 长白山生态旅游资源的组合开发与可持续发展／鲍超／／延边大学农学学报 2006－02
⊙ 长城旅游开发存在的问题及对策／董耀会／／中国旅游报 2006－07－24
⊙ 长江经济带旅游经济灰关联分析／魏卫／／华南理工大学学报（社会科学版）2006－02
⊙ 长江三角洲城市旅游经济联系通道分析／卞显红／／江苏商论 2006－11
⊙ 长江三角洲城市旅游联合发展的驱动机制／王苏洁／／江苏商论 2006－05
⊙ 长江三角洲城市旅游资源联合开发研究／王苏洁／／商业研究 2006－09
⊙ 长江三角洲地区旅游产业空间布局／王忠诚／／经济地理 2006－S2
⊙ 长江三角洲旅游经济一体化浅析／张殿发／／地理科学进展 2006－02
⊙ 长江三角洲体育旅游产业发展研究／高林洲／／北京体育大学学报 2006－08
⊙ 长江三峡·清江水利旅游开发研究／阙如良／／特区经济 2006－01
⊙ 长江三峡民俗文化旅游资源开发／刘文星／／重庆教育学院学报 2006－06
⊙ 长江三峡游船旅游及其发展的阶段性特征／王宁／／旅游学刊 2006－10
⊙ 长乐闽江河口湿地生态旅游开发研究／施明乐／／湿地科学与管理 2006－03
⊙ 长乐市旅游资源及生态旅游开发的现状、问题与对策／郭祥／／华东森林经理 2006－04
⊙ 长三角地区体育旅游产业深度开发的战略选择／魏丽艳／／浙江体育科学 2006－02
⊙ 长三角地区体育旅游资源开发的战略研究／卢佩霞／／体育成人教育学刊 2006－03

-10
⊙ 充分发挥旅游经济的比较优势/程昱//贵州日报 2006-10-31
⊙ 充分发挥文化对旅游资源开发的作用/邢红平 孙继 周袁 秦翠萍//开封日报 2006-01-25
⊙ 充分发挥资源优势加快旅游产业发展/陈守君 赵利//中国旅游报 2006-07-26
⊙ 充分利用非公有制经济推进湘鄂西民族地区旅游业发展/张英//西南民族大学学报（人文社科版）2006-01
⊙ 充分认识发展农村家庭旅游经济在我市新农村建设中的作用/董濮//中国流通业与新农村建设理论研讨会 2006
⊙ 充实文化营养打造畲族旅游新品牌/尹隽//中国市场 2006-Z2
⊙ 崇明岛生态旅游开发/朱宏达//天津城市建设学院学报 2006-04
⊙ 出境旅游与旅游业跨国经营的经济学思考/杨军//桂林旅游高等专科学校学报 2006-03
⊙ 初探赣湘鄂皖四省旅游合作开发与战略布局/姚宁萍//萍乡高等专科学校学报 2006-02
⊙ 初探利川市旅游的开发与保护/牟伦超//山西建筑 2006-21
⊙ 初探休闲渔业发展前景/孙奇//黑龙江水产 2006-01
⊙ 刍议高黎贡山自然保护区观鸟生态旅游/朱英//林业调查规划 2006-S2
⊙ 刍议旅游人力资本与旅游业发展/杨秀丽//沈阳师范大学学报（社会科学版）2006-03
⊙ 刍议赛事旅游的可持续发展/张建宏//特区经济 2006-01
⊙ 刍议我国乡村旅游开发之路/伍卓 彭小月//2006 年中国农学会学术年会
⊙ 刍议我国休闲产业的发展/陶萍 黄清//商业研究 2006-09
⊙ 川滇藏旅游经济统筹发展探析/许虹//成都大学学报（自然科学版）2006-02
⊙ 川滇藏三省交界地区冰川旅游资源的特征及其开发/刘巧//国土与自然资源研究 2006-01
⊙ 川西平原乡村旅游发展研究/俞晓萍//乐山师范学院学报 2006-06
⊙ 传承与变异——传统文化对旅游开发的应答/王德刚//旅游科学 2006-04
⊙ 传统城镇在旅游开发背景下的保护与更新/马晓堂//山西建筑 2006-13
⊙ 传统村落旅游开发与形态变化研究/车震宇//规划师 2006-06
⊙ 传统观光游遭遇时尚游挑战/吕建华//法治快报 2006-10-13
⊙ 传统居住形态中的“聚落生态文化”/刘福智//工业建筑 2006-11
⊙ 创新，旅游资源开发的灵魂/蔡善康//巢湖日报 2006-03-09
⊙ 创新：旅游产业集群发展的内核/吴南//中国旅游报 2006-07-28
⊙ 创新：民俗文化旅游整合开发的原动力——以桂林阳朔“印象·刘三姐”为例/陆军//桂林师范高等专科学校学报 2006-04
⊙ 创新：转型时期旅游产业发展的灵魂/吴南//中国旅游报 2006-08-16
⊙ 创新发展理念振兴彝州文化旅游产业/杨正权//楚雄日报（汉）2006-07-05
⊙ 创新发展思路弘扬民族文化/白惠能/郑文梅//楚雄日报（汉）2006-10-09
⊙ 创新管理体制 打造休闲杭州——杭州市游览参观景点门票价格研究/韩长发//中国物价 2006-01
⊙ 创新监管机制服务旅游经济/许秀姝 王力理//中国工商报 2006-10-26
⊙ 创新旅游思路发展旅游经济/易能全//特区经济 2006-07
⊙ 创新使雪资源成雪产业/刘惠//中国经济导报 2006-02-09
⊙ 创新思路做强做精红色旅游/魏静//消费日报 2006-04-19
⊙ 创新思维与西夏文化旅游开发/杨猛//宁夏社会科学 2006-05
⊙ 创新体制做强瀛湖旅游产业/吴安//安康日报 2006-10-09
⊙ 创造良好生态环境促进旅游产业发展/赵陈//巴中日报 2006-12-31
⊙ 从“共时化”现象透析假日经济/黄颖//承德民族师专学报 2006-02
⊙ 从“丽江模式”看民族文化旅游资源的开发与保护——以通道侗族为例/文红//怀化学院学报 2006-10
⊙ 从“旅游经济”到“休闲经济”/林兢//青岛日报 2006-01-12
⊙ 从“时空缩减”视角看环城游憩带发展/李连璞//地理与地理信息科学 2006-02
⊙ 从《旅游学刊》看近八年我国旅游经济的研究/颜泳红//株洲工学院学报 2006-05
⊙ 从博弈论角度看三峡文化旅游/郑媛//商场现代化 2006-03
⊙ 从城市功能定位看西部资源型城市发展旅游产业的必要性——对攀枝花发展旅游产业的思考/邬明辉//攀枝花学院学报 2006-01
⊙ 从概念和功能看我国旅游度假区的发展/赵平//太原大学学报 2006-01
⊙ 从甘肃旅游看西北开发中的旅游产业与文化摩擦/王汝发//梧州学院学报 2006-02
⊙ 从观光走向休闲度假：奉化旅游业定位和发展方向探析/陈少春//宁波经济（三江论坛）2006-01
⊙ 从规划实践看旅游资源开发评价/刘家明//旅游学刊 2006-01
⊙ 从桂林旅游业的发展看其对财政的贡献率/温玉卓//社会科学家 2006-05
⊙ 从黄金周看我国旅游业的可持续发展/周觉//消费经济 2006-06
⊙ 从混同到渗透、结合：现代社会的休闲与旅游/宋瑞//旅游学刊 2006-09
⊙ 从丽江、大理看旅游开发与传统文化保护的互动关系/王曦//经济师 2006-12
⊙ 从旅游城市走向休闲城市/楼嘉军//商务周刊 2006-20
⊙ 从旅游消费特性看旅游发展战略/王树祥//社会科学家 2006-05
⊙ 从旅游资源大市到旅游产业大市/田金松//中国旅游报 2006-02-17
⊙ 从旅游资源大县向旅游经济强县跨越/曹莉 李霞 柴玉银//酒泉日报 2006-02-06
⊙ 从煤经济到旅游经济：斋堂镇的蜕变之路/方帅//中国房地产报 2006-08-07
⊙ 从民族特性入手谈民族地区的旅游开发/王凤辉//科技信息（学术版）2006-05
⊙ 从民族文化与旅游资源的关系看西部旅游开发/李光宇//内蒙古师范大学学报（哲学社会科学版）2006-S2
⊙ 从青岛市旅游业的 SCP 分析看城市旅游业发展/刘广珠//青岛职业技术学院学报 2006-04
⊙ 从箐口村旅游开发谈传统村落的发展与保护/朱良文//新建筑 2006-04
⊙ 从日本“里山”现象看京郊民俗旅游/周春光//河北林业科技 2006-01
⊙ 从瑞典鳕鱼节看中国的树莓旅游开发/程社荣//中国旅游报 2006-03-15
⊙ 从审美看九寨沟与峨眉山-乐山大佛的旅游经营模式/税海模//乐山师范学院学报 2006-04
⊙ 从石林旅游业看旅游经济与环境保护的协调发展/黄荣平//时代金融 2006-10
⊙ 从市场角度看古镇保护与开发/陈序//山西建筑 2006-13
⊙ 从市场结构到行业创新：对旅行社业的启示/张超//改革与战略 2006-03
⊙ 从数字之外看黄金周的去与留/刘志捷//中国经济周刊 2006-40
⊙ 从体育的视角看城市生活中的休闲/汤晓波//文教资料 2006-08
⊙ 从天涯海角到旅游热点三亚变形记/吉喆//华夏地理 2006-12
⊙ 从休闲的视角看旅游/李春生//商业研究 2006-09
⊙ 从休闲文化视角透视我国生态旅游的特色/苏振//九江学院学报（社会科学版）2006-01
⊙ 从休闲学的角度看乡村旅游发展的深层次原因/张炬//财经界（下半月）2006-01
⊙ 从游客体验看世界遗产地西递-宏村的旅游发展/章尚正//华东经济管

⊙ 发展文化旅游产业推进活力楚雄建设／符文华　李光辉／／楚雄日报（汉）2006－07－07

⊙ 发展我国的生态旅游／黄光跃／／经营管理者 2006－11

⊙ 发展乡村旅游经济／康福升　常松／／人民日报 2006－07－16

⊙ 发展乡村旅游做强县域经济／何舜平／／理论导报 2006－12

⊙ 发展乡村游建设新农村／陈军／／农村经济与科技 2006－07

⊙ 发展休闲产业的可行性分析——基于我国老龄化社会研究／田丽红／／湖北经济学院学报（人文社会科学版）2006－07

⊙ 发展休闲产业论纲／魏小安／／浙江大学学报（人文社会科学版）2006－05

⊙ 发展休闲观光农业／茅国良／／中国报道 2006－03

⊙ 发展休闲农业，增加农民收入／王金龙／／中国农村小康科技 2006－01

⊙ 发展休闲娱乐业，创造旅游吸引物／刘少和／／旅游学刊 2006－12

⊙ 发展休闲与社会主义和谐社会的构建／赵睿／／长江论坛 2006－03

⊙ 发展延边地区旅游业的思考／苗存波／／北方经贸 2006－05

⊙ 发展延边旅游业的理性思考／崔阳／／延边党校学报 2006－04

⊙ 发展园林生态经济促进三峡库区可持续发展／吴群英／／技术与市场（园林工程）2006－02

⊙ 发展壮大四川省体育旅游产业的研究／朱玲／／体育科学 2006－02

⊙ 发展自贡工业旅游的思考／许海燕／／四川理工学院学报（社会科学版）2006－01

⊙ 法国旅游业景气重现／陈志萱／／经济日报 2006－08－28

⊙ 法美两国乡村旅游的发展及对我国的启示／何婉／／中共杭州市委党校学报 2006－02

⊙ 反思民俗旅游资源的开发／王书会／／探索与争鸣 2006－11

⊙ 泛黄河金三角华夏文化区旅游开发构想／张淑萍／／宿州学院学报 2006－02

⊙ 泛珠三角框架下红色旅游开发的区域合作分析／孙海燕／／生态经济（学术版）2006－02

⊙ 防城港滨海旅游资源开发探析／林增学／／新疆师范大学学报（自然科学版）2006－02

⊙ 防城港市的旅游资源及开发意见／陈铭斌／／广西师范学院学报（自然科学版）2006－S1

⊙ 非均衡发展模式在呼伦贝尔旅游产业中的运用／张凌／／边疆经济与文化 2006－08

⊙ 非中心城市的旅游资源推广探讨／谢春林／／商场现代化 2006－07

⊙ 汾城镇古城保护与旅游开发修建性详细规划／郑安生／／山西建筑 2006－15

⊙ 丰富旅游文化内涵提升旅游文化品位加快推进大理文化旅游产业持续发展／陈耀／／大理日报（汉）2006－05－19

⊙ 风景旅游规划和旅游产品开发应以旅游者为中心——谈大奇山国家森林公园的旅游开发／孙峰民　赵小玲　毕愚溪／／浙江旅游业发展促进社会和谐研讨会 2006

⊙ 风景名胜区的保护及其可持续发展研究／王海平／／湖北社会科学 2006－06

⊙ 风景名胜区行业与旅游行业的区别及其关系（2）／厉色／／中国园林 2006－07

⊙ 凤凰发展名城旅游经济／张顺心／／中国旅游报 2006－02－22

⊙ 凤凰乡村游体验新农村／刘小萃　王淼／／中华合作时报 2006－08－11

⊙ 奉化：做深做活休闲度假旅游文章／陈少春／／政策瞭望 2006－02

⊙ 奉贤农业旅游开发露头角／奉贤农委供稿／／东方城乡报 2006－09－07

⊙ 佛教旅游资源及开发原则初探／周立君／／长春师范学院学报 2006－10

⊙ 佛教文化旅游资源的开发与重塑／张群／／商业时代 2006－35

⊙ 拂去封尘现珠玑——兰溪樟林的历史人文特色及旅游开发价值／徐道芳／／上海商业 2006－Z1

⊙ 符号吸引理论与旅游资源发展模式的实证分析——以雍和宫为例／席建超／／资源科学 2006－03

⊙ 福建戴云山森林生态旅游开发构想／梁美霞／／福建林业科技 2006－01

⊙ 福建莆田凤腾龙滨海生态旅游度假区总体规划／刘志能／／广东园林 2006－01

⊙ 福建省绿色生态与红色旅游资源优化配置研究／陈秋华／／林业经济问题 2006－06

⊙ 福建省茫荡山自然保护区森林景观评价／胡欣欣／／林业经济问题 2006－01

⊙ 福建省诏安乌山旅游区总体规划景观生态方法浅析／沈员萍／／福建建筑 2006－06

⊙ 福建土楼旅游资源特征与开发策略／黄宁／／亚热带资源与环境学报 2006－02

⊙ 福州地区发展温泉旅游的 SWOT 分析／姜倩／／长春理工大学学报（社会科学版）2006－03

⊙ 福州市旅游客流量现状及其驱动因素／钟全林／／经济地理 2006－S2

⊙ 福州温泉旅游开发的 SWOT 分析及对策／朱玉华／／闽江学院学报 2006－03

⊙ 抚州市旅游业可持续发展研究／周美玲／／科技信息（学术版）2006－06

⊙ 抚州市生态旅游资源现状及评价／吴瑞娟／／东华理工学院学报（社会科学版）2006－01

⊙ 赴西安旅游的韩国游客的旅游偏好研究／马耀峰／／内蒙古师范大学学报（自然科学汉文版）2006－03

⊙ 富县依托资源优势大力发展旅游产业／魏莉　／陈涛／／延安日报 2006－04－12

⊙ 概念性旅游规划探讨／李永文／／河南大学学报（自然科学版）2006－04

⊙ 甘南藏族自治州旅游扶贫开发研究／何喜刚／／西北师范大学学报（自然科学版）2006－04

⊙ 甘肃段丝绸之路旅游产品生命周期成长研究／何喜刚／／开发研究 2006－05

⊙ 甘肃旅游业的先导产业优势分析／高亚芳／／发展 2006－01

⊙ 甘肃旅游业战略开发研究／南宇／／西北成人教育学报 2006－04

⊙ 甘肃民族地区旅游资源开发战略构想／王生鹏／／干旱区资源与环境 2006－01

⊙ 甘肃少数民族文化旅游开发研究／高小岩／／嘉兴学院学报 2006－04

⊙ 甘肃省宕昌县藏族社区旅游扶贫开发初探／魏梓秋／／发展 2006－05

⊙ 甘肃省国家地质公园旅游开发与保护／杨阿莉／／社科纵横 2006－06

⊙ 甘肃省红色旅游资源开发规划研究／高亚芳／／西北师范大学学报（自然科学版）2006－05

⊙ 甘肃省旅行社业人力资源现状及开发对策／耿宝江／／发展 2006－01

⊙ 甘肃省旅游产业中的市场成长问题研究／彭睿娟／／甘肃联合大学学报（社会科学版）2006－03

⊙ 甘肃省旅游业可持续发展研究／李巧玲／／兰州商学院学报 2006－01

⊙ 甘肃省民族旅游开发策略研究／杨晓峰／／兰州学刊 2006－04

⊙ 甘肃省森林生态旅游的 SWOT 分析及可持续发展研究／杨阿莉／／林业经济问题 2006－03

⊙ 甘肃省生态旅游发展问题研究／王旳其／／甘肃农业 2006－11

⊙ 甘肃省生态旅游可持续发展战略构想／杨阿莉／／广西师范学院学报（自然科学版）2006－03

⊙ 甘肃省体育旅游产业的发展现状及对策／李欣／／现代企业教育 2006－17

⊙ 甘肃省自然保护区生态旅游开发对策／毛笑文／／甘肃省经济管理干部学院学报 2006－01

⊙ 甘西地区旅游资源开发的若干问题／黄晓凌／／边疆经济与文化 2006－09

⊙ 甘孜藏区生态旅游经济开发研究／赵晓鸿／／生态经济（学术版）2006－01

⊙ 赣南旅游开发进程中客家文化保护／罗小燕／／文山师范高等专科学校学报 2006－04

（自然科学版）2006 – S1
⊙ 广西花山旅游资源开发利用研究/黄建清//衡阳师范学院学报 2006 – 06
⊙ 广西乐业天坑特色旅游资源开发与保护/崔俊涛//襄樊学院学报 2006 – 06
⊙ 广西乐业县旅游业发展探略/管宁生//广西社会科学 2006 – 10
⊙ 广西旅游产业有章可循/邝伟楠//中国旅游报 2006 – 08 – 11
⊙ 广西旅游商品开发的“根”——广西民族文化与旅游开发研究之三/王晖//广西右江民族师专学报 2006 – 02
⊙ 广西民族旅游开发与贫困缓解/韦复生//广西民族学院学报（哲学社会科学版）2006 – 06
⊙ 广西民族体育旅游资源开发的综合研究/陆元兆//中国体育科技 2006 – 03
⊙ 广西少数民族村寨旅游可持续发展对策研究/王雯雯//科技资讯 2006 – 18
⊙ 广西少数民族音乐保护与旅游资源开发/王晓宁//艺术探索 2006 – S1
⊙ 广西西津库区湿地旅游资源开发与保护/周慧杰//云南地理环境研究 2006 – 05
⊙ 广西乡村旅游资源定量评价——以阳朔为例/王晓丽//广西师范学院学报（自然科学版）2006 – 03
⊙ 广西相对滞后地区与生态旅游资源关系辨析/张鹏//北方经贸 2006 – 07
⊙ 广西周边地区旅游资源优化整合开发研究/曾令锋//桂林旅游高等专科学校学报 2006 – 03
⊙ 广州红色旅游资源开发探讨/蔡秀娟//中山大学学报论丛 2006 – 06
⊙ 广州增城旅游可持续发展分析/李佳莎//特区经济 2006 – 03
⊙ 规划引导政策扶持大力推进休闲观光农业/杨联丰//新农村 2006 – 06
⊙ 贵州东线旅游产业发展的思考/陈政　陈晓//贵州民族报 2006 – 11 – 20
⊙ 贵州国际旅游业发展的 SWOT 分析及对策研究/彭衡//发展 2006 – 12
⊙ 贵州花江大峡谷地区自然人文旅游资源综合评价及规划开发研究/杨明//贵州大学学报（社会科学版）2006 – 06
⊙ 贵州旅游发展的省际差异及对策研究/邵技新//贵州社会主义学院学报 2006 – 04
⊙ 贵州旅游业网络营销的发展探索/王军//商场现代化 2006 – 23
⊙ 贵州民族文化旅游开发应避免八大误区/吴秋林//当代贵州 2006 – 04
⊙ 贵州省六枝特区旅游业发展浅析/唐黔春//贵州民族研究 2006 – 04
⊙ 贵州省体育旅游资源开发对策研究/笪艺//贵州民族学院学报（哲学社会科学版）2006 – 03
⊙ 贵州体育旅游资源开发的可行性研究/张龙//商场现代化 2006 – 34
⊙ 贵州天龙屯堡文化旅游可持续发展研究——兼论文化生态脆弱区旅游业的可持续发展/梁玉华//生态经济 2006 – 07
⊙ 贵州铜仁开创旅游产业新格局/朱成林//中国旅游报 2006 – 10 – 20
⊙ 贵州乡村民俗文化生态旅游资源类型特征及其开发模式/刘瑞//生态经济（学术版）2006 – 02
⊙ 贵州岩画艺术及其旅游开发/何建华//贵州大学学报（艺术版）2006 – 03
⊙ 桂林城市生态旅游及开发/程道品//城市问题 2006 – 01
⊙ 桂林发展红色旅游的战略设想/廖国一//桂林师范高等专科学校学报 2006 – 02
⊙ 桂林喀斯特景观分类与评价研究/刘宏盈//广西师范学院学报（自然科学版）2006 – S1
⊙ 桂林喀斯特景观开发建议与对策研究/程道品//东南亚纵横 2006 – 02
⊙ 桂林旅游产品结构调整的研究/严启坤//桂林旅游高等专科学校学报 2006 – 05
⊙ 桂林旅游规划评析/秦彬//边疆经济与文化 2006 – 10
⊙ 桂林旅游经济竞争力与区域发展/张秀隆//商务周刊 2006 – 20
⊙ 桂林旅游资源保护典型案例比较分析/廖柏明//社会科学家 2006 – S2
⊙ 桂林民族体育旅游类主题公园开发定位及策略分析/钟学思//商场现代化 2006 – 07
⊙ 桂林彭祖坪自然保护区生态旅游资源开发与保护探讨/杨主泉//福建林业科技 2006 – 02
⊙ 桂林市旅游产品的转型与休闲旅游的创新探析/杨永德//广西社会科学 2006 – 05
⊙ 桂林特色旅游产品开发的探讨/李广宏//特区经济 2006 – 11
⊙ 桂林西山宗教旅游开发可行性分析/范晓梅//中共桂林市委党校学报 2006 – 04
⊙ 国际著名旅游展会的启示/常红//中国旅游报 2006 – 12 – 29
⊙ 国家地质公园生态旅游开发实例分析/张旭亮//商业时代 2006 – 15
⊙ 国家地质公园研究综述/董静//石家庄学院学报 2006 – 06
⊙ 国家海滨公园开发与保护的平衡——以威海国家海滨公园规划为例/刘康//海洋开发与管理 2006 – 04
⊙ 国家旅游局：民营资本加速进入中国旅游产业/柴骥程//华东旅游报 2006 – 12 – 05
⊙ 国内冲突无损旅游业/陈富钢//中国旅游报 2006 – 04 – 28
⊙ 国内对上海都市旅游的研究综述/胡晓莺//商场现代化 2006 – 09
⊙ 国内近十年休闲研究进展/梁玥琳　张捷　章锦河　李娜//中国地质大学学报（社会科学版）2006 – 05
⊙ 国内旅游对目的地社会文化影响研究的理论综述/王璐璐//黔东南民族师范高等专科学校学报 2006 – 04
⊙ 国内旅游市场分析及战略规划研究——以大连市为例/俞金国//地域研究与开发 2006 – 02
⊙ 国内农业旅游管理探微/刘婧//农村经济与科技 2006 – 12
⊙ 国内农业旅游研究述评/管兵中//安徽农学通报 2006 – 13
⊙ 国内体育旅游可持续发展研究/张红坚//山西师大体育学院学报 2006 – 02
⊙ 国内体育旅游研究综述/孟铁鑫//体育科学研究 2006 – 03
⊙ 国内外观鸟旅游研究综述/赵金凌//旅游学刊 2006 – 12
⊙ 国内外老工业基地旅游研究现状、问题与发展思路/宋章海//特区经济 2006 – 04
⊙ 国内外农业旅游研究之比较/孟秋莉//山东省农业管理干部学院学报 2006 – 03
⊙ 国内外区域旅游合作文献研究进展/王飞亚//九江职业技术学院学报 2006 – 03
⊙ 国内外专家纵论现代节庆活动与旅游经济发展//青岛日报 2006 – 06 – 13
⊙ 国内休闲农业旅游发展研究/戴美琪//湘潭大学学报（哲学社会科学版）2006 – 04
⊙ 国外观光农业研究综述/王兴水//云南地理环境研究 2006 – 06
⊙ 国外老工业基地的振兴对东三省旅游业发展的启示/李娌//吉林省经济管理干部学院学报 2006 – 03
⊙ 国外旅游就业研究综述/厉新建//北京第二外国语学院学报 2006 – 01
⊙ 国外乡村旅游管理者与经营者角色定位之启示/刘军萍//旅游学刊 2006 – 04
⊙ 国外休闲服务产业的发展历程及经验借鉴/韩振华　王崧//商场现代化 2006 – 34
⊙ 国有农场旅游开发思路与产品设计/杨瑞霞//商业时代 2006 – 14
⊙ 果树观赏的多样性与开发应用/张建国//西南林学院学报 2006 – 04
⊙ 哈大齐工业走廊背景下的黑龙江西部旅游经济带发展研究/谭士元//学术交流 2006 – 04
⊙ 哈尔滨大冬会旅游效应分析/李东//商业经济 2006 – 07
⊙ 哈尔滨市工业旅游的开发研究/孙浩亮//黑龙江对外经贸 2006 – 11
⊙ 海滨旅游产品深度开发思路探讨——以大连市为例/杨斌//桂林旅游高等专科学校学报 2006 – 03
⊙ 海岛型旅游目的地吸引力影响因素探析/宋国琴//企业经济 2006 – 05
⊙ 海丰县红色旅游开发策略/郑良文//经济地理 2006 – S2

⊙ 海南旅游产业的困境/吴刚//运输经理世界 2006 - 09
⊙ 海南森林旅游景观特色与开发利用/周祖光//中国水土保持 2006 - 06
⊙ 海南西岛旅游可持续发展道路探析/黎春红//海洋开发与管理 2006 - 03
⊙ 海宁市旅游资源特征及大桥后时代旅游业再定位/方幼君//浙江大学学报（理学版）2006 - 01
⊙ 海泉湾拉动旅游经济增长/程敏//珠海特区报 2006 - 08 - 08
⊙ 海外休闲观光农业产业发展经验对浙江的启示/张建国//中国农学通报 2006 - 11
⊙ 海洋旅游产品调整优化研究——以浙江省为例/周国忠//经济地理 2006 - 05
⊙ 海洋旅游产业结构模式及其空间拓展/马丽卿//中国海洋学会海岸带开发与管理分会学术研讨会 2006
⊙ 邯郸历史文化与旅游开发刍议/郗增福//河北建筑科技学院学报（社科版）2006 - 02
⊙ 邯郸响堂山风景区规划设计的初步探讨/王雨//河北建筑科技学院学报（社科版）2006 - 04
⊙ 韩国怎样建观光农业/大珂//新农业 2006 - 10
⊙ 韩日"观光立国"策略对东北旅游开发的启示——以辽宁省沈阳市为例/刘晖//商场现代化 2006 - 07
⊙ 汉中旅游资源开发研究/危锋//西北农林科技大学学报（社会科学版）2006 - 02
⊙ 杭嘉湖地区生态旅游资源的开发对策研究/王昆欣//人文地理 2006 - 04
⊙ 杭州城市旅游休闲与国际接轨的问题及对策研究/宋国琴//商业经济与管理 2006 - 07
⊙ 杭州国内休闲度假旅游市场调查及启示/王莹//旅游学刊 2006 - 06
⊙ 杭州瞄准"休闲"做文章/文潇　叶云//中国旅游报 2006 - 08 - 11
⊙ 杭州市"农家乐"旅游项目开发现状与改进思考/郑虹//东南大学学报（哲学社会科学版）2006 - S2
⊙ 杭州湾跨海大桥与宁波旅游业的发展/张红贤//资源开发与市场 2006 - 03
⊙ 杭州休闲产业的现状及发展对策/周志平//商业时代 2006 - 27
⊙ 杭州休闲旅游产品的深度开发研究/康保苓//商业研究 2006 - 12
⊙ 豪富沈万三和周庄文化旅游开发/陈建勤//江南论坛 2006 - 02
⊙ 合肥经济技术开发区旅游文化产业战略分析/徐海峰//商场现代化 2006 - 24
⊙ 合理的旅游开发是对历史文化资源的最好保护/张嘉兴//浙江旅游业发展促进社会和谐研讨会 2006
⊙ 和谐开发湾头打造 24 小时活力区——湾头休闲商务区的建设构想/葛黎明//宁波通讯 2006 - 09
⊙ 和谐旅游城市：上海都市旅游可持续发展研究/吴国清//中国地理学会 2006 年学术年会
⊙ 和谐社会背景下和谐旅游的构建及其实现/谢清溪//人文地理 2006 - 04
⊙ 和谐社会中的旅游价值观及其实现/曹新向//生态经济 2006 - 04
⊙ 河北观光旅游农业实施品牌战略的作用和优势/张志鹏//商场现代化 2006 - 27
⊙ 河北观光农业的发展思路与营销策略/杨蕾//商业时代 2006 - 23
⊙ 河北旅游经济区域差异分析/阎同生//合作经济与科技 2006 - 10
⊙ 河北旅游资源开发研究/阎同生//合作经济与科技 2006 - 12
⊙ 河北省"十一五"旅游业发展战略分析/谷冠鹏//商业研究 2006 - 20
⊙ 河北省城市体系结构与旅游空间发展模式探讨/白翠玲//商场现代化 2006 - 07
⊙ 河北省红色旅游开发研究/邓卓鹏//山西师范大学学报（自然科学版）2006 - 01
⊙ 河北省旅游观光农业的区域规划研究/吕海萍//商场现代化 2006 - 03
⊙ 河北省旅游观光农业实施品牌战略的思考/马永青//经济论坛 2006 - 18
⊙ 河北省旅游业发展的 SWOT 分析及可持续发展策略/张秋娈//邢台职业技术学院学报 2006 - 04
⊙ 河北省平山县湿地观光农业资源评价与开发/孙静怡//山西师范大学学报（自然科学版）2006 - 03
⊙ 河北省生态旅游资源开发研究/赵亚红//国土与自然资源研究 2006 - 02
⊙ 河北省太行山南段旅游资源开发的 SWOT 分析/王亚军//科技信息（学术版）2006 - 11
⊙ 河北省体育旅游功能区的定位/王佳//商场现代化 2006 - 33
⊙ 河北省体育旅游资源的开发策略研究/王玉扩//河北科技师范学院学报（社会科学版）2006 - 03
⊙ 河北省体育旅游资源市场的开发与研究/鲍志宏//中国市场 2006 - 32
⊙ 河谷旅游经济效益凸显/孟霞　张玮瑛//伊犁日报（汉）2006 - 08 - 21
⊙ 河横打造全国农业旅游样板/王庭君//泰州日报 2006 - 02 - 13
⊙ 河湟旅游核心区资源综合开发/解家安//青海师范大学学报（自然科学版）2006 - 02
⊙ 河津市旅游开发战略及产品策划/程占红//忻州师范学院学报 2006 - 01
⊙ 河南关山地质公园古崩塌地貌旅游资源开发/张忠慧//化工矿产地质 2006 - 01
⊙ 河南花卉旅游开发优势与策略分析/孟莉娟//河南商业高等专科学校学报 2006 - 05
⊙ 河南旅游纪念品的设计策略/王少宇//企业活力 2006 - 08
⊙ 河南山地旅游开发问题与对策/吕连琴//地域研究与开发 2006 - 03
⊙ 河南省红色旅游资源开发现状与发展战略研究/吴翔//开封教育学院学报 2006 - 01
⊙ 河南省旅游产业竞争力的培育与提升/罗丽丽//河南大学学报（社会科学版）2006 - 06
⊙ 河南省旅游产业纵深发展与旅游商品开发/林梅英//河南师范大学学报（哲学社会科学版）2006 - 06
⊙ 河南省旅游发展对策浅析/袁平//商场现代化 2006 - 11
⊙ 河南省旅游业发展战略模式研究/单成宗//河南教育学院学报（哲学社会科学版）2006 - 03
⊙ 河南省旅游资源持续利用问题探讨/赵丽萍//资源与产业 2006 - 06
⊙ 河南省旅游资源地域组织研究/史本林//经济地理 2006 - 01
⊙ 河南省水景旅游资源开发初步研究/付景保//甘肃联合大学学报（自然科学版）2006 - 05
⊙ 河南省体育旅游发展优势分析与开发策略/马宏斌//中州大学学报 2006 - 04
⊙ 河南省体育休闲旅游发展条件分析/胡勇刚//体育世界（学术版）2006 - 02
⊙ 河南省文化旅游资源识别与竞争优势分析/张春香//河南社会科学 2006 - 06
⊙ 河南体育旅游开发问题初探/马尚奎//科技经济市场 2006 - 07
⊙ 河南文化旅游产业发展的战略思考/张春香//信阳师范学院学报（哲学社会科学版）2006 - 06
⊙ 河南文化旅游资源优势及其开发战略/冯俊强//河南科技 2006 - 07
⊙ 河南信阳茶叶节发展中的茶文化旅游开发研究/毕剑//郑州经济管理干部学院学报 2006 - 02
⊙ 河西地区旅游资源特征及开发对策/柳红波//河西学院学报 2006 - 06
⊙ 黑龙江冰雪经济的近忧远虑/张智颖//小康 2006 - 03
⊙ 黑龙江滑雪旅游产业的现状分析及对策/李尚滨　赵培禹　庞博韬//第 18 届中国国际体育用品博览会体育产业与体育用品业发展论坛 2006
⊙ 黑龙江省冰雪体育旅游产业发展的制约因素及开发对策/王广贵//冰雪运动 2006 - 01
⊙ 黑龙江省冰雪体育旅游产业化发展对策研究/季景盛//商场现代化 2006 - 34
⊙ 黑龙江省冰雪体育旅游实现可持续性发展面临的问题和对策/罗胜天//冰雪运动 2006 - 01

- 黑龙江省冰雪体育旅游资源可持续开发利用研究/季景盛//冰雪运动 2006-03
- 黑龙江省对俄旅游合作的新思路探析/孙晓谦//西伯利亚研究 2006-06
- 黑龙江省发展观光农业的若干思考/杨述//北方经贸 2006-05
- 黑龙江省工业旅游的开发研究/孙静//商业研究 2006-12
- 黑龙江省观光农业的开发优势与发展对策/刘爽//中国林副特产 2006-03
- 黑龙江省滑雪休闲旅游市场消费阶层分析与对策研究/朱红//冰雪运动 2006-02
- 黑龙江省旅游观光农业的现状及发展趋势/毕洪文//中国农学通报 2006-06
- 黑龙江省旅游经济发展的现状及资源开发/赵大伟//中外企业家 2006-06
- 黑龙江省旅游竞争力提升浅析/吕建华//商业研究 2006-11
- 黑龙江省旅游业发展现状及其思考/王朗玲//黑龙江社会科学 2006-02
- 黑龙江省旅游业发展新趋势与对策研究/陈建梅//哈尔滨商业大学学报（社会科学版）2006-03
- 黑龙江省旅游业可持续发展对策研究/石长波//商业研究 2006-23
- 黑龙江省满族文化旅游开发探析/张丽梅//满语研究 2006-02
- 黑龙江省森林旅游产品市场定位的思考/杨长峰//中国林业经济 2006-02
- 黑龙江省生态旅游产业发展的问题分析/李朝洪//统计与咨询 2006-06
- 黑龙江省特色旅游资源的开发研究/魏延军//国土与自然资源研究 2006-01
- 黑龙江省县域旅游地管理模式比较研究/孙乃娟//北方经贸 2006-10
- 黑龙江省乡村旅游发展现状问题及对策/汪晓梅//商业研究 2006-20
- 黑龙江省自然旅游资源的基本特征及开发对策/徐文燕//商业经济 2006-10
- 黑龙江夏日休闲避暑度假全攻略/王颖//黑龙江经济报 2006-07-21
- 衡山抗战军事文化旅游资源开发探索/谢莉//热带地理 2006-04
- 衡水湖国家级自然保护区的生态旅游价值研究/邓晓梅//北京林业大学学报（社会科学版）2006-01
- 衡水湖湿地生态旅游开发研究/冯蕾//河北林果研究 2006-02
- 衡阳发展体育旅游产业问题初探/禹超//甘肃农业 2006-12
- 衡阳市居民休闲行为研究/李万兵//科技信息（学术版）2006-11
- 衡阳市旅游资源保护利用对策研究/李玲//商场现代化 2006-15
- 衡阳市农家乐发展中存在的问题及对策建议/陈国生//甘肃农业 2006-12
- 弘扬古镇文化打造嘉陵江特色旅游/冯琳//广安日报 2006-05-31
- 弘扬杭州“丝绸之府”的思路和对策研究//杭州科技 2006-06
- 弘扬历史文化发展旅游经济——浮烟山考略/宿成山//山东纺织经济 2006-03
- 弘扬沫若文化推进文化强市/罗建安//郭沫若学刊 2006-02
- 红安依托红色文化发展旅游产业/张发喜　吴剑//湖北日报 2006-03-22
- 红花也需绿叶衬——乡村旅游开发与社会主义新农村建设关系之探讨/郭刚志//农村经济与科技 2006-06
- 红绿相映联袂互动——关于赤水红色旅游资源开发的思考/宋霖//当代贵州 2006-04
- 红三角区域红色旅游资源开发研究/谢庐明//赣南师范学院学报 2006-02
- 红三角自驾车旅游产品开发对策研究/黄静波//地域研究与开发 2006-03
- 红色旅游的隐忧与对策——以新县“大别山红色旅游区”为例/张宏丽//信阳农业高等专科学校学报 2006-03
- 红色旅游动机分析/林传红//合作经济与科技 2006-08
- 红色旅游发展存在的问题及对策/杨晓华//特区经济 2006-12
- 红色旅游扶贫实现的途径/唐治元//老区建设 2006-03
- 红色旅游开发的几点建议——以大别山红色旅游区为例/杨安宁//市场论坛 2006-10
- 红色旅游开发模式研究/毕剑//特区经济 2006-08
- 红色旅游开发原则及着眼点/罗文斌//中国旅游报 2006-05-29
- 红色旅游开发中“井冈山模式”的提出/朱多生//职业技术 2006-16
- 红色旅游区域产业集群化发展策略探讨/白洁　杨靓　李俊//山东商业职业技术学院学报 2006-06
- 红色旅游区域产业集群化发展策略探讨/白洁//山东商业职业技术学院学报 2006-06
- 红色旅游热的“冷”思考/刘红芳//温州职业技术学院学报 2006-01
- 红色旅游市场定位与营销策略研究——以云南省为例/周刚//江苏商论 2006-07
- 红色旅游下的革命纪念馆/侯晋雄//井冈山医专学报 2006-03
- 红色旅游与体育旅游资源融合开发可行性分析/姚洁//体育文化导刊 2006-06
- 红色旅游资源开发模式选择研究/付修勇//聊城大学学报（自然科学版）2006-02
- 红色旅游资源开发与营销策划研究——以山东省枣庄地区为例/徐春堂//世纪桥 2006-11
- 红叶点燃蛟河旅游经济/赵利//中国旅游报 2006-11-08
- 洪江古商城旅游开发研究/杨洪//热带地理 2006-04
- 后发展地区的旅游开发与可持续发展——以广西乐业县为例/张艺兵//桂林旅游高等专科学校学报 2006-03
- 后沟：全球化狂潮中的原生态守望/陈瑾//旅游时代 2006-Z2
- 呼和浩特市城郊观光农业开发初探/李文杰//内蒙古师范大学学报（哲学社会科学版）2006-S2
- 呼伦贝尔—阿尔山旅游区空间组织/汪德根//地理研究 2006-01
- 呼伦贝尔旅游业发展的制约条件及对策/亚吉//边疆经济与文化 2006-04
- 呼伦贝尔市生态旅游的开发与保护/于海志//呼伦贝尔学院学报 2006-01
- 滹沱河岗黄段湿地发展观光农业的 AHP 评价/孙静怡//石家庄职业技术学院学报
- 湖北恩施地区旅游开发探讨/张环宙　周永广//中国旅游报 2006-05-17
- 湖北旅游文化资源的开发策略/余意峰//学习月刊 2006-06
- 湖北省红色旅游发展对策探讨/熊继红//商场现代化 2006-08
- 湖北省旅游产业结构分析与优化/庄小丽//中国地质大学学报（社会科学版）2006-06
- 湖北省体育旅游开发的思路与对策研究/夏贵霞//河北体育学院学报 2006-02
- 湖北十堰：绘就旅游产业发展新蓝图/顾阳　魏劲松　王志林//经济日报 2006-12-19
- 湖南“红三角”红色旅游开发研究/刘加凤//资源与产业 2006-06
- 湖南崀山丹霞地貌旅游形象建设研究/冯灿飞//邵阳学院学报（自然科学版）2006-03
- 湖南风景区生态安全建设中的生态伦理问题研究/罗文//南华大学学报（社会科学版）2006-06
- 湖南高望界自然保护区生态旅游资源适度开发探讨/黄琰//中南林业调查规划 2006-04
- 湖南红色旅游发展的助推器/伍先福//中国旅游报 2006-01-09
- 湖南红色旅游开发创新研究/杨洪//湖南科技大学学报（社会科学版）2006-04
- 湖南崀山风景区乡村旅游的开发/刘春莲//湖南工程学院学报（社会科

学版）2006－01
⊙ 湖南旅游产业发展存在的问题与对策研究/张琼霓//湖南社会科学 2006－02
⊙ 湖南旅游产业集群化发展模式初探/王树雄//沿海企业与科技 2006－02
⊙ 湖南旅游电子商务发展的理性分析/龙小军//湖南环境生物职业技术学院学报 2006－03
⊙ 湖南旅游业 SWOT 分析研究/刘翠微//湘潭师范学院学报（社会科学版）2006－03
⊙ 湖南旅游业与休闲经济的关系研究/周松秀//商场现代化 2006－18
⊙ 湖南名人故里旅游市场稳定与开发策略研究——基于刘少奇同志纪念馆的实证研究/喻建良//经济地理 2006－05
⊙ 湖南区域旅游形象定位与设计/欧绍华//中国流通经济 2006－05
⊙ 湖南邵阳休闲旅游开发研究/谢江红//科技和产业 2006－12
⊙ 湖南省国际旅游业结构合理化分析/刘洪清//资源与产业 2006－05
⊙ 湖南省民营资本开发风景区初步研究/张西林//商业研究 2006－24
⊙ 湖南省区域旅游经济发展问题研究/冷俊峰//内蒙古科技与经济 2006－23
⊙ 湖南省新宁县文化旅游资源开发探讨/李琼//江西科技师范学院学报 2006－04
⊙ 湖南省新宁县文化旅游资源开发探讨/石惠春　李琼//中国地理学会 2006 年学术年会 2006－08－01
⊙ 湖南西部地区旅游业人力资源开发问题探析/麻三山//湖南工业职业技术学院学报 2006－04
⊙ 湖南西部地区漂流旅游开发探讨/杨洪//资源开发与市场 2006－05
⊙ 湖南西部民俗旅游经济战略思考/毛新//天津市经理学院学报 2006－06
⊙ 湖南乡村旅游资源开发的现状及对策选择/黄飞//甘肃农业 2006－10
⊙ 湖南休闲农业旅游现状及对策的实证分析/卢璐//湖南科技学院学报 2006－10
⊙ 湖南宜章旅游业发展的资源基础与战略构想/黄静波//湖南行政学院学报 2006－03
⊙ 湖州茶文化旅游开发的策略与研究/包毓敏//茶叶科学技术 2006－02
⊙ 互动休闲娱乐与动漫网游产业——特许连锁业的新大陆/吕志墉//连锁与特许 2006－12
⊙ 户外旅游与生态环境//体育博览 2006－02
⊙ 户外休闲产业渐入佳境/安易//海内与海外 2006－05
⊙ 户外自助旅游的探析与思考——以南昌户外自助旅游为例/王健//江西科技师范学院学报 2006－04
⊙ 花卉业与云南省旅游经济增长/杨萍//经济问题探索 2006－09
⊙ 花腰傣民族文化旅游精品开发——以新平县大沐浴民族文化生态村为例/杨丽萍//玉溪师范学院学报 2006－02
⊙ 华侨城做强文化旅游产业/许志峰//人民日报 2006－02－27
⊙ 华夏西部影视城旅游开发实证研究及其意义/王树春　李陇堂//中国地理学会 2006 年学术年会
⊙ 华阴攀上西岳之颠打造世界旅游品牌/雨生//中国报道 2006－02
⊙ 滑雪旅游产业五大优势促发展/李秀梅　张爽//中国旅游报 2006－11－13
⊙ 淮安构建江苏“休闲城市”的可行性分析/徐海英//生产力研究 2006－11
⊙ 淮河入海水道旅游经济潜力分析/李璟//中国农村水利水电 2006－07
⊙ 欢乐谷激活北京主题游乐休闲业/刘洪彬//国际商报 2006－07－20
⊙ 环北部湾经济圈广西少数民族文化旅游资源开发研究/王雪芳//桂林旅游高等专科学校学报 2006－05
⊙ 环渤海旅游区域一体化条件分析/王辉//北京第二外国语学院学报 2006－01
⊙ 环巢湖旅游区旅游业联合开发战略研究/齐先文//巢湖学院学报 2006－03
⊙ 环巢湖水资源特色旅游开发研究/柳百萍//资源开发与市场 2006－06
⊙ 环城游憩——新的休闲产业发展形式/李志飞//湖北大学学报（哲学社会科学版）2006－03
⊙ 环江古道及其周边旅游资源开发/谢铭//河池学院学报 2006－01
⊙ 环境库兹涅茨曲线下桂林旅游业的可持续发展/李丰生//桂林旅游高等专科学校学报 2006－01
⊙ 环太湖地区经济变迁与体育旅游发展的思考/陈新亚//体育学刊 2006－01
⊙ 环西宁地区旅游开发的空间布局研究/冯维波//重庆工商大学学报（自然科学版）2006－04
⊙ 黄河滩地旅游景观规划设计探讨——以黄河郑州段为例/乔丽芳//水土保持研究 2006－03
⊙ 黄金周制度对旅游需求影响的实证研究——以中山陵园风景名胜区为例/刘泽华//经济问题探索 2006－08
⊙ 黄龙溪古镇生态旅游开发初步构想/李铁松//四川环境 2006－01
⊙ 黄梅“一线串珠”发展旅游经济/陈健雄　王政//黄冈日报 2006－08－17
⊙ 黄梅联手周边做大旅游经济/黄俊华　陈健雄　王政//湖北日报 2006－09－03
⊙ 黄山旅游经济的开发和对策/张洪//特区经济 2006－10
⊙ 黄山市体育旅游开发的支持系统与影响因素/张俊//黄山学院学报 2006－05
⊙ 黄石红色旅游资源的调查与思考/祝红梅//黄石教育学院学报 2006－03
⊙ 黄土高原地区红色旅游资源及其开发战略/傅志军//宝鸡文理学院学报（社会科学版）2006－06
⊙ 徽州古村落群旅游差异性开发的竞合分析/朱桃杏//人文地理 2006－06
⊙ 徽州古村落生态旅游资源开发的初步探讨/朱生东//衡阳师范学院学报 2006－01
⊙ 徽州古民居旅游发展路径及其保护研究/朱国兴//皖西学院学报 2006－03
⊙ 会展旅游产业链的本质分析/王保伦//北京第二外国语学院学报 2006－05
⊙ 惠州工业旅游开发的价值分析及其对策/张海燕//惠州学院学报 2006－05
⊙ 火山旅游资源及其开发利用研究/王薇华//资源与产业 2006－06
⊙ 鸡足山旅游开发与环境保护探讨/姜琼仙//云南环境科学 2006－S1
⊙ 积极发展农家乐等乡村旅游经济/缪琴　李凌翌//成都日报 2006－01－16
⊙ 积极发展休闲服务不断提高生活质量/江南//人民日报 2006－04－24
⊙ 积极开拓市场推进我国体育旅游业发展/贺小荣//湖南经济管理干部学院学报 2006－01
⊙ 基于“3N”理念的德化县旅游资源开发思路/游上//亚热带资源与环境学报 2006－02
⊙ 基于“点－轴系统”理论的京津冀地区旅游地系统空间结构演变研究/董静//石家庄学院学报 2006－03
⊙ 基于“人工神经网络”的旅游资源综合评价/何佳梅//山东师范大学学报（自然科学版）2006－04
⊙ 基于 GIS 和人工神经网络模型的区域生态旅游适宜度评价——以浙江省为例/郑晓兴//生态学杂志 2006－11
⊙ 基于 Panel－Data 模型的江苏省区域旅游接待人数与旅游经济增长研究/陈海波//工业技术经济 2006－07
⊙ 基于 SSM 的安徽省国际旅游产业结构分析/王良举//华东经济管理 2006－10
⊙ 基于 SWOT 分析的禄劝轿子山旅游资源开发对策探讨/鲁昆洪//昆明大学学报 2006－02
⊙ 基于 SWOT 分析的山东省旅游发展战略构想/陆相林//国土资源科技管

◎ 技术变迁：民族地区旅游产业升级优化的途径/赵书虹//桂林旅游高等专科学校学报 2006-01

◎ 济南芙蓉街历史街区保护性旅游开发研究/梅青//全国商情（经济理论研究）2006-07

◎ 济南老城区的保护与旅游开发/郭玉晓//山东省农业管理干部学院学报 2006-05

◎ 济南旅游业不再"半年闲"/管斌//经济日报 2006-01-02

◎ 济南市休闲农业发展现状分析及前景展望/董伟//山东林业科技 2006-03

◎ 济宁生态市规划与建设途径/李锋//城市环境与城市生态 2006-06

◎ 济源景区旅游产品开发规划初探/周俐萍//济源职业技术学院学报 2006-04

◎ 继续做好历史文化名镇（村）评选工作保护我国传统文化资源——访建设部城乡规划司孙安军副司长//小城镇建设 2006-11

◎ 加大旅游开发力度推动永州经济发展/吕芳村//永州日报 2006-06-20

◎ 加快把旅游经济建成三产支柱产业/叶毓洲　陆杰怡//孝感日报 2006-07-03

◎ 加快把旅游业培育成支柱产业/李跃波//安徽日报 2006-03-23

◎ 加快包头文化旅游业发展的研究/张晓萍//北方经济 2006-06

◎ 加快都市休闲产业的培育与发展/阎金明//天津经济 2006-04

◎ 加快都市休闲农业发展　政府引导扶持作用至关重要/柯明哲//开放潮 2006-04

◎ 加快敦煌旅游立市步伐做大做强敦煌旅游产业/任聚生　王斌银//甘肃经济日报 2006-04-25

◎ 加快发展旅游产业促进社会协调进步/李浩文//长治日报 2006-04-30

◎ 加快发展旅游产业建设旅游经济强市/徐中华//烟台日报 2006-07-22

◎ 加快发展平塘国家地质公园旅游产业//贵州日报 2006-05-25

◎ 加快恐龙园建设步伐做大做强旅游产业/韩晖//常州日报 2006-08-21

◎ 加快龙州特色旅游开发的思考/赵丽//广西日报 2006-07-22

◎ 加快旅游城镇建设拉动经济快速发展/郑维荣//小城镇建设 2006-07

◎ 加快旅游发展实现旅游强市/刘桂丹//桂林日报 2006-05-17

◎ 加快旅游设施建设促进旅游产业发展/燕永清//东营日报 2006-12-26

◎ 加快旅游资源开发打造雷山苗族特色文化//中国经济导报 2006-07-29

◎ 加快旅游资源开发建设/梁卫国//黄山日报 2006-03-13

◎ 加快民航发展做大旅游产业/向永东//贵州日报 2006-01-20

◎ 加快民俗旅游开发促进甘肃旅游产业多元化发展/黄文轩//中国旅游报 2006-07-12

◎ 加快蒲江旅游经济发展/吴立民//四川政协报 2006-02-25

◎ 加快山东省旅游产业发展的若干问题研究/林耸//中国科技信息 2006-13

◎ 加快四川入境旅游发展的几点建议//经济体制改革 2006-06

◎ 加快文化旅游资源的开发和建设/郭奇志//湘潭日报 2006-11-21

◎ 加快武威旅游产业发展的几点思考/党红//发展 2006-10

◎ 加快湘西地区开发加速发展旅游产业/徐蓉//湖南日报 2006-11-06

◎ 加快休闲产业发展的建议/李贻衡//北京观察 2006-08

◎ 加快英山旅游经济发展的对策/余晓林//黄冈日报 2006-07-22

◎ 加拿大印第安人图腾柱文化遗产保护与旅游/马晓京//中南民族大学学报（人文社会科学版）2006-04

◎ 加强海峡两岸山地农业协作促进闽西山区农业旅游开发——以三明市为例/林静//科技经济市场 2006-08

◎ 加强基础设施和软环境建设大力发展凭祥市旅游产业/甘宜沅//东南亚纵横 2006-04

◎ 加强旅游宣传促销促进龙岩旅游经济发展/李顺芳//闽西职业技术学院学报 2006-04

◎ 加强闽台旅游合作打造海峡旅游品牌/李丹//发展研究 2006-06

◎ 加强区域合作做大旅游产业/徐德勤//江南游报 2006-10-26

◎ 加强生态旅游区游客管理的对策研究/董红梅//生态经济 2006-01

◎ 加强我国居民旅游消费教育的对策/李兵//韶关学院学报 2006-10

◎ 加强我区林业生态旅游的开发与保护/于鸣//新疆林业 2006-05

◎ 加强中部区域旅游协作促进山西旅游产业发展/籍振芳//前进 2006-06

◎ 加入 WTO 后对我国旅行社的影响及发展对策/温丽娟//河南商业高等专科学校学报 2006-05

◎ 嘉陵江源头旅游开发与生态环境保护研究/康艳梅//高师理科学刊 2006-02

◎ 嘉峪关积极发展体育旅游产业/伊文//经济日报 2006-05-31

◎ 假日经济带动下的直销商机/刘红兵//经贸世界 2006-05

◎ 假日经济的现状及发展趋势/李宏建//洛阳师范学院学报 2006-04

◎ 假日经济的现状及发展趋势/王凤科//特区经济 2006-07

◎ 假日经济的营销创新策略/陆红梅//生产力研究 2006-02

◎ 假日经济趋于理性新兴热点有待考验/韩笑//工人日报 2006-10-11

◎ 假日旅游消费存在的问题及对策/胡号寰//长江大学学报（社会科学版）2006-06

◎ 假日旅游与可持续发展/韩军//济南职业学院学报 2006-02

◎ 简论大别山"红"、"绿"旅游资源组合开发策略——以河南新县为例/田至美//资源与产业 2006-01

◎ 简析红色旅游资源的特征及其开发策略/马进甫//北京第二外国语学院学报 2006-01

◎ 简析旅游产业可持续发展的金融支持/罗富民//内江师范学院学报 2006-06

◎ 建构云南文化产业的核心竞争力——关于文化产业与旅游业一体化发展的几点思考/郑海//云南社会科学 2006-01

◎ 建立三大支柱产业扩大丰都群众就业/沈文彪//重庆行政 2006-04

◎ 建立云南自然保护区生态旅游簇群的可行性研究/龙勤//中国林业经济 2006-06

◎ 建设红色旅游强省和旅游经济大省/梅毅　李瑞峰　赵垒//中国旅游报 2006-05-24

◎ 建设湖滨观光农业推进地区新的跨越/华松林//江苏科技报 2006-04-17

◎ 建设精品项目壮大旅游产业培植经济亮点/宋延涛　赵月生//德州日报 2006-07-18

◎ 建设旅游型村庄的规划探索——以北京地区两个村庄为例/黄华静//小城镇建设 2006-07

◎ 建设绿色生态构建和谐旅游城镇/马玉忠//新疆林业 2006-05

◎ 建设生态观光农业园区推进高效生态农业发展/单新艳//新农村 2006-01

◎ 建设新农村发展乡村旅游/郑敏//辽宁行政学院学报 2006-08

◎ 建生态旅游经济示范区/苑海志//吉林日报 2006-05-31

◎ 剑门关景区的提升策划/林峰　杨光　李莹//中国旅游报 2006-01-16

◎ 江南六镇旅游发展模式的比较及持续利用对策/王云才//华中师范大学学报（自然科学版）2006-01

◎ 江南水乡区域景观体系特征与整体保护机制/王云才//长江流域资源与环境 2006-06

◎ 江苏旅游成为服务业支柱产业/龚永泉//人民日报 2006-02-05

◎ 江苏射阳河闸旅游经济发展对策/朱建伟//水利经济 2006-03

◎ 江苏省海安县生态旅游开发研究/汤澍//四川环境 2006-05

◎ 江苏省洪泽湖区发展湿地观光农业的可行性分析/庄秀琴//安徽农业科学 2006-24

◎ 江苏省旅游经济空间差异研究/高超//安徽农业科学 2006-24

◎ 江苏省旅游资源的文化构成及其开发/滕春惠//人文地理 2006-06

◎ 江苏省旅游资源竞争力区际比较研究/李蓓//资源开发与市场 2006-06

◎ 江苏水文化旅游资源开发初探/吴芙蓉//江苏商论 2006-12

◎ 江苏县域旅游经济发展初探/陈士宏//华东旅游报 2006-02-21

- 旅游目的地吸引力及其影响因素研究——以南澳岛为例/刘静艳//生态环境 2006－02
- 旅游农业初探/张莹//山西高等学校社会科学学报 2006－03
- 旅游品牌形象标志设计探讨/黄军//桂林电子工业学院学报 2006－03
- 旅游企业产业集群的形成发展机制与管理对策/颜醒华//北京第二外国语学院学报 2006－01
- 旅游企业发展与"两C"战略研究/孙建华//山东省青年管理干部学院学报 2006－03
- 旅游企业集团化发展的思路和设想——从河北旅游集团公司重组改制谈起/赵志元//经济论坛 2006－24
- 旅游企业跨国经营条件与策略研究/陈建勤//特区经济 2006－04
- 旅游企业难觅专业人才的原因及对策/颜丽//商场现代化 2006－22
- 旅游企业如何培育其顾客忠诚/杨文红//商场现代化 2006－13
- 旅游企业危机管理探讨/张秋惠//中国青年科技 2006－06
- 旅游企业信用危机与道德治理/齐善鸿//理论探讨 2006－05
- 旅游企业在旅游产业价值链中的竞争与合作/黄继元//经济问题探索 2006－09
- 旅游区（点）核心竞争力的实质及营建实证/李远//经济地理 2006－S2
- 旅游圈理论在湖南西部地区旅游开发中的应用/刘红梅//贵州师范大学学报（社会科学版）2006－06
- 旅游人类学家谈中国旅游的可持续发展/纳尔逊·格拉本//旅游学刊 2006－01
- 旅游三大市场态势均好/何平//光明日报 2006－07－23
- 旅游商品和旅游服务的文化创意/李明德//中国旅游报 2006－09－13
- 旅游社区旅游业可持续发展障碍/许树辉//特区经济 2006－02
- 旅游绅士化：概念、类型与机制/赵玉宗//旅游学刊 2006－11
- 旅游生态影响与生态管理研究/李宏彬//林业经济问题 2006－06
- 旅游市场倡导"明白消费"/郭艺珺　陶健//解放日报 2006－05－13
- 旅游市场的开发与营销/王红芳//中国合作经济 2006－06
- 旅游市场的现状及选择/叶庭芬//市场营销导刊 2006－03
- 旅游视野下的壮族族群认同/白杨//百色学院学报 2006－05
- 旅游体验管理在旅游业经营实践中的影响/魏峰群//长安大学学报（社会科学版）2006－03
- 旅游体验营销的模式研究/刘德光//财贸经济 2006－07
- 旅游投资，晋商资本新流向/刘婧//旅游时代 2006－04
- 旅游外交：我国旅游产业发展新取向/梅毅//南昌大学学报（人文社会科学版）2006－05
- 旅游文化产业持续发展的可拓模型/魏中俊//哈尔滨工业大学学报 2006－07
- 旅游文化传播与旅游经济发展/曾文雄//商场现代化 2006－07
- 旅游文化的特点及在旅游中的地位和作用/于海志//边疆经济与文化 2006－05
- 旅游文化在现代旅游中的核心地位/赵小鲁　王毅//光明日报 2006－09－16
- 旅游线路的外部性问题及对策初探/吕晞梅//乐山师范学院学报 2006－06
- 旅游性破坏/冯骥才//建筑与文化 2006－04
- 旅游休闲的成本分析/杨财根//江苏经贸职业技术学院学报 2006－01
- 旅游休闲经济新趋势/周瑞金//华人世界 2006－10
- 旅游休闲经济在兴起/芮晶//世界 2006－06
- 旅游需要与生态伦理——旅游资源开发原则再思考/曲玉镜//渤海大学学报（哲学社会科学版）2006－06
- 旅游业：驶入创意产业快车道/魏晓霞//中国旅游报 2006－12－18
- 旅游业的产业关联度探索/田定湘//企业家天地 2006－01
- 旅游业的环境影响研究/秦远好//经济地理 2006－03
- 旅游业的社会作用/田定湘//民族论坛 2006－04
- 旅游业的社会作用探索/肖菊凤//企业家天地 2006－01
- 旅游业对经济增长的溢出效应/曹宇//合作经济与科技 2006－19
- 旅游业对景观设计的特殊要求/林峰//中国旅游报 2006－03－06
- 旅游业对旅游目的地社会文化影响研究/邢慧斌//商业研究 2006－14
- 旅游业发展带动旅游板块走强/张衍　丁玲娜　吴涓//经济日报 2006－10－26
- 旅游业发展须环境保护先行/王玉萍//今日科苑 2006－08
- 旅游业——和谐社会构建的动力产业/刘辛田//长春大学学报 2006－02
- 旅游业可持续发展的方略分析——以烟台为例/李红//特区经济 2006－05
- 旅游业可持续发展能力探讨/徐艳芳//理论前沿 2006－02
- 旅游业可持续发展指标及综合评价体系研究/刘益//经济前沿 2006－06
- 旅游业实施政府主导型战略的必要性分析/李飞//科技经济市场 2006－12
- 旅游业危机管理的内涵、模式与动因分析/沈和江//河北师范大学学报（哲学社会科学版）2006－06
- 旅游业要为振兴老工业基地助力东/教培//中国旅游报 2006－09－25
- 旅游业与制造业产业集群的比较分析/毛剑梅//经济问题探索 2006－06
- 旅游业在新农村建设中大有作为/陈静//中国旅游报 2006－03－10
- 旅游业转型政府继续发挥主导作用/丁宗胜//哈尔滨商业大学学报（社会科学版）2006－02
- 旅游业走向纵深/郭莉//投资北京 2006－10
- 旅游用品加工有利可图/黄海飞//生意通 2006－05
- 旅游与民族传统文化保护——以互助土族自治县为例/鄂崇荣//中国土族 2006－03
- 旅游与文化缘何牵手难/赵宇清//黑龙江日报 2006－05－18
- 旅游与休闲——多一些人文关怀　少一些经济求索/申葆嘉//旅游学刊 2006－09
- 旅游展示设计中的问题与思考—世界休闲博览会设计实践/陈凯//中国科技信息 2006－14
- 旅游者阅历产品供给系统的初步研究/袁国宏//社会科学家 2006－04
- 旅游资源的经济学分析/张瑞梅//改革与战略 2006－02
- 旅游资源的开发利用与生态环境保护探讨——兼论玉林旅游资源的开发与利用/徐秋明//玉林师范学院学报 2006－04
- 旅游资源的开发与保护/王枫//内蒙古电大学刊 2006－06
- 旅游资源调查需要注意的若干问题/尹泽生//旅游学刊 2006－01
- 旅游资源互补性研究/赵利虎//中国水运（学术版）2006－12
- 旅游资源开发导向研究——以四川为例/毋涛//软科学 2006－03
- 旅游资源开发的利益协调机制研究/李若凝//生态经济 2006－02
- 旅游资源开发的伦理思考/郭媛媛//贵州工业大学学报（社会科学版）2006－05
- 旅游资源开发的社会文化影响初探——以泰宁县为例/王宏兰//南平师专学报 2006－04
- 旅游资源开发的文化导向策略/梁璐//华夏文化 2006－01
- 旅游资源开发对区域城镇体系的影响与对策/魏峰群//西北大学学报（自然科学版）2006－01
- 旅游资源开发与环境保护/闫蓓//社会科学论坛（学术研究卷）2006－04
- 旅游资源评估中专家因素影响的实证研究——以龙胜旅游资源评估为例/钟泓//广西师范学院学报（自然科学版）2006－04
- 旅游资源市场化经营中的政府角色重构/吴成安//商业时代 2006－29
- 旅游资源市场价值提升的对策研究/颜玢岩//云南地理环境研究 2006－01
- 旅游资源优势理论与旅游市场营销/吴琴南//市场周刊·理论研究 2006－04
- 旅游资源遭遇资本的经济分析/高方萍//科技资讯 2006－36

-02
◎ 论民族文化旅游开发的可持续发展/杨曲强//黔东南民族职业技术学院学报（综合版）2006-01
◎ 论民族文化旅游资源的开发与保护/任冠文//广西民族研究 2006-01
◎ 论农业景观资源的旅游开发/何丽芳//经济与社会发展 2006-03
◎ 论农业旅游的开发模式与对策/杨涛//商业研究 2006-24
◎ 论区域旅游产业空间布局的动力机制及发展趋势/谢春山//辽宁师范大学学报（社会科学版）2006-01
◎ 论如何将澧水流域水资源优势转化为经济优势/孙新文//水利科技与经济 2006-05
◎ 论森林公园的深层生态旅游开发/于立新/孙根年/孙建平//中国地理学会 2006 年学术年会
◎ 论森林公园生态旅游的开发管理/陈冬红//湖南环境生物职业技术学院学报 2006-02
◎ 论山东饮食文化资源的旅游开发/姜财辉//辽宁教育行政学院学报 2006-03
◎ 论山西红色旅游发展策略/郭娟//山西煤炭管理干部学院学报 2006-01
◎ 论山西文物旅游资源开发的法律保护/马青红//第六届中国律师论坛 2006-09-01
◎ 论商务旅游市场价值与开发/郭胜//社会科学家 2006-05
◎ 论少数民族地区文化旅游资源开发与保护——以桂西密洛陀文化的旅游价值开发为个案/蓝巧燕//湖北教育学院学报 2006-10
◎ 论生态旅游的科学规划/彭明勇//特区经济 2006-05
◎ 论生态旅游开发循环系统/周凤翠//商场现代化 2006-18
◎ 论生态旅游区开发——以四川省黑竹沟为例/傅广海//经济师 2006-09
◎ 论生态旅游意识的现状与培养/胡建英//湖南林业科技 2006-01
◎ 论湿地旅游资源的保护与利用——以杭州西溪湿地公园为例/童道琴//商业经济与管理 2006-04
◎ 论体验经济与红色旅游开发/师守祥//甘肃农业 2006-04
◎ 论体育休闲在城市生活中的角色/汤晓波//怀化学院学报 2006-02
◎ 论文学的旅游价值与文学旅游资源的开发/丁晨//湖南社会科学 2006-02
◎ 论我国多功能农业产业化的发展战略/夏庆利//新疆农垦经济 2006-09
◎ 论我国旅游法制建设的难点与对策/林长榕//福建论坛（人文社会科学版）2006-03
◎ 论我国农业旅游开发中存在的问题及对策/王文婷//甘肃农业 2006-08
◎ 论我国生态旅游的可持续发展/梁歆梧//农场经济管理 2006-04
◎ 论我国生态旅游经济及其发展/王秀明//经济师 2006-01
◎ 论我国体育旅游产业的发展现状/俞慧燕//浙江省第十三届运动会体育科学论文报告会 2006
◎ 论武术文化旅游开发的天时地利人和/胡幸福//湖南师范大学社会科学学报 2006-01
◎ 论西部民族文化资源的旅游开发——一个文化经济学的视角/唐晓云//广西经济管理干部学院学报 2006-01
◎ 论西部宗教旅游资源的开发/张玉红//当代经理人（中旬刊）2006-21
◎ 论现代旅游经济的宏观管理/罗明义//昆明大学学报 2006-02
◎ 论现阶段政府在旅游产业发展中的主导地位/张新//特区经济 2006-11
◎ 论乡村旅游的可持续发展/张建宏//农业经济 2006-12
◎ 论乡村旅游开发的民俗资源凭借——以甘肃陇南为例/董平//安徽农业科学 2006-23
◎ 论乡村旅游开发与社会主义新农村建设/陈顺明//湖南商学院学报 2006-04
◎ 论乡村旅游资源的开发/曾天雄//邵阳学院学报（社会科学版）2006-05
◎ 论乡村旅游自然环境的可持续发展/顾筱和//北京理工大学学报（社会科学版）2006-05
◎ 论乡村休闲旅游的文化视野/梁滨//武汉科技学院学报 2006-08
◎ 论湘中伟人故里"金三角"旅游区的开发/林龙飞//经济师 2006-10
◎ 论襄樊市区域旅游经济发展战略对策/万哨凯//江西农业学报 2006-05
◎ 论新疆旅游资源的深层次开发与自主创新/徐丽霞//乌鲁木齐职业大学学报（人文社会科学版）2006-03
◎ 论新形势下长三角体育旅游产业发展的对策/陈新亚//浙江体育科学 2006-04
◎ 论休闲/王志威//华南农业大学学报（社会科学版）2006-01
◎ 论休闲产业的社会功能/陶萍　黄清//哈尔滨工业大学学报（社会科学版）2006-03
◎ 论休闲产业对和谐社会构建的贡献/李文明//中国旅游报 2006-11-22
◎ 论休闲产业发展与和谐社会建设的互动性/张国富　孙金华//自然辩证法研究 2006-03
◎ 论休闲产业发展与社会的全面进步/张国富　孙金华//华中农业大学学报（社会科学版）2006-01
◎ 论休闲的价值功用/刘海春//广东社会科学 2006-04
◎ 论休闲业在城市发展中的作用/夏雨生//贵阳日报 2006-06-21
◎ 论彝族毕摩文化的旅游价值及其开发方式/卢天玲//贵州民族研究 2006-05
◎ 论永州市县域旅游经济合作/徐飞雄//热带地理 2006-01
◎ 论云南民俗旅游资源开发/施仲军//云南财贸学院学报（社会科学版）2006-01
◎ 论云南省旅游经济增长与旅游"二次创业"/杨萍//经济问题探索 2006-12
◎ 论政府在乡村旅游发展中的主要职能/黄蓉//商场现代化 2006-25
◎ 论芷江和平文化主题式旅游开发/刘长英//怀化学院学报 2006-12
◎ 论中国旅游资源开发的发展阶段/邓敏//北京第二外国语学院学报 2006-07
◎ 论舟山海洋文化旅游与开发策略/胡卫伟//浙江海洋学院学报（人文科学版）2006-03
◎ 论转变旅游资源开发方式——以四川省为例/母涛//旅游学刊 2006-04
◎ 论自然保护区生态旅游的开发与保护/杨阿莉//和田师范专科学校学报 2006-01
◎ 螺髻山风景区旅游资源开发定位探讨/刘宇翔//西昌学院学报（自然科学版）2006-02
◎ 洛带古镇的开发及客家文化的保护/刘蓬春//四川省情 2006-08
◎ 洛带古镇旅游开发中的问题与对策/朱松节//成都大学学报（社会科学版）2006-02
◎ 洛阳旅游度假区开发构想/孙艳红//江苏商论 2006-01
◎ 洛阳栾川重渡沟风景区发展现状及对策分析/牛文//地域研究与开发 2006-06
◎ 洛阳休闲农业发展对城郊旅游的启示/罗明亮//安徽农业科学 2006-06
◎ 麻江县旅游资源初探/罗晓刚//大学时代（B 版）2006-09
◎ 马尔代夫群岛和舟山群岛旅游开发比较研究/伍鹏//渔业经济研究 2006-03
◎ 马国超：关注红色旅游/郑光魁//人民日报 2006-06-02
◎ 满族文化旅游开发的模式/张丽梅//光明日报 2006-12-07
◎ 茫荡山自然保护区生态旅游开发的 SWOT 分析及对策/陈浩//中国林业经济 2006-05
◎ 梅州市旅游产业化发展研究/俞万源//嘉应学院学报 2006-02
◎ 湄洲岛旅游发展调整思路/郑耀星//东南传播 2006-06
◎ 湄洲岛妈祖文化旅游产品生命周期演变分析与对策研究/蔡加珍//北京第二外国语学院学报 2006-05
◎ 煤矿区工业旅游资源开发探讨——以陕西神木县大柳塔煤矿为例/梁旺兵//榆林学院学报 2006-01
◎ 美国假日制度对中国假日制度改革的启示/杨利美//思想战线 2006-02

⊙ 美国旅游业的特点及启示/安士伟//河南教育学院学报（自然科学版）2006－01
⊙ 蒙古族民俗文化旅游开发研究/王珊//内蒙古师范大学学报（哲学社会科学版）2006－S2
⊙ 孟定边关风情旅游区旅游规划研究/田里//山西师范大学学报（自然科学版）2006－04
⊙ 绵阳发展休闲旅游的SWOT分析与发展对策/邹勇//绵阳师范学院学报 2006－06
⊙ 绵阳旅游资源分类及开发研究/罗隆诚//绵阳师范学院学报 2006－02
⊙ 勉县加大旅游开发力度/赵勇//汉中日报 2006－09－01
⊙ 妙峰山镇旅游观光业的发展建议/曹授俊//北京农业职业学院学报 2006－03
⊙ 民歌作为旅游资源的开发与保护研究/覃许学//广西广播电视大学学报 2006－01
⊙ 民间信仰资源旅游开发问题研究/孙天胜//民间文化论坛 2006－03
⊙ 民间资本融入旅游景区经营行为分析/苏勇军//商场现代化 2006－29
⊙ 民俗风情：民族村寨旅游可持续发展的着力点/徐永志//旅游学刊 2006－03
⊙ 民俗旅游的表演化倾向及其影响/徐赣丽//民俗研究 2006－03
⊙ 民俗旅游开发的误区与对策/胡新添//商场现代化 2006－18
⊙ 民俗旅游开发中的文化商品化与文化真实性问题探讨/李应军//文史博览 2006－20
⊙ 民俗旅游开发中经济激励研究/陈建设//桂林旅游高等专科学校学报 2006－01
⊙ 民俗旅游与旅游民俗的辨析/黄德烈//黑龙江社会科学 2006－03
⊙ 民俗文化拉动前进村旅游观光业/黄诚克//贵州日报 2006－04－14
⊙ 民营企业参与生态旅游开发刍议/史本林//企业经济 2006－03
⊙ 民营企业对云南旅游景区开发的研究/李万东//吉林广播电视大学学报 2006－04
⊙ 民营企业投资景区旅游资源开发的利益诉求分析/缪芳//重庆师范大学学报（自然科学版）2006－04
⊙ 民营企业与云南旅游景区开发/李万东//学术探索 2006－05
⊙ 民营企业在提升区域旅游业竞争力中的作用及其发挥/董鸿安//宁波经济（三江论坛）2006－10
⊙ 民营资本：为湖北旅游经济注入活力/程芙蓉//中国旅游报 2006－08－02
⊙ 民营资本介入风景区后的经营管理研究——以湘西凤凰古城为例/张西林//商讯商业经济文荟 2006－04
⊙ 民营资本投资旅游景区行为中的政府形象分析/张晓明//桂林旅游高等专科学校学报 2006－03
⊙ 民营资本投资旅游业的SWOT分析及对策——以浙江湖州为例/张冰//特区经济 2006－08
⊙ 民资流向杭州旅游休闲业/张乐//经济参考报 2006－07－11
⊙ 民族传统体育旅游资源的开发/杨敏　武卫//山西师大体育学院学报 2006－02
⊙ 民族传统体育与西部旅游经济的互动发展研究/李德祥//湖南农机 2006－05
⊙ 民族村寨旅游开发的CCTV模式——以西双版纳“中缅第一寨”勐景来为例/张华明//贵州民族研究 2006－03
⊙ 民族村寨旅游开发的政策选择/罗永常//贵州民族研究 2006－04
⊙ 民族村寨社区参与旅游开发的利益保障机制/罗永常//旅游学刊 2006－10
⊙ 民族地区旅游产业人才开发新思路/张华//经济论坛 2006－12
⊙ 民族地区旅游开发的对策和措施/王清//贵阳日报 2006－06－06
⊙ 民族地区乡村游与新农村建设——以湖南凤凰县老洞村为例/金利平//吉首大学学报（社会科学版）2006－06
⊙ 民族经济学视野中的旅游产业——以云南省大理白族自治州为例/杨莉//经济问题探索 2006－12
⊙ 民族旅游的工具理性和价值理性与管理的作用——以云南少数民族旅游开发为典型案例/张瑛//广西民族研究 2006－01
⊙ 民族旅游对民族地区的消极影响及对策/周俊满//西昌学院学报（自然科学版）2006－02
⊙ 民族旅游歌舞策划研究——以龙胜各族自治县民族歌舞开发为例/文斌//商场现代化 2006－18
⊙ 民族旅游开发对建设和谐广西的影响——广西民族文化与旅游开发研究之四/王晖//百色学院学报 2006－05
⊙ 民族旅游开发与民族文化保护理念/史本林//资源开发与市场 2006－05
⊙ 民族旅游开发中应注意的几个问题/陈兴贵//贵州民族研究 2006－03
⊙ 民族民俗文化与民俗旅游/牟维珍//黑龙江社会科学 2006－06
⊙ 民族体育产业化政策支撑与社会环境分析——广西与东盟各国民族体育产业互动发展研究/杨放//广州体育学院学报 2006－04
⊙ 民族文化旅游开发的主题研究/陆军//桂林旅游高等专科学校学报 2006－04
⊙ 民族文化旅游主题式开发的理论诠释/陆军　陆强//哈尔滨学院学报 2006－12
⊙ 民族县域旅游经济发展存在的问题及对策——以国家重点风景名胜区、4A景区为视角/陈建设//株洲师范高等专科学校学报 2006－06
⊙ 岷县开发红色旅游产业/王富海　牛树基//甘肃日报 2006－09－16
⊙ 闽江河口湿地生态旅游资源评价与开发策略/欧世芬//台湾海峡 2006－04
⊙ 闽南文化历史资源的旅游业开发初探/黄哲日//山西财经大学学报（高等教育版）2006－03
⊙ 闽西南旅游经济发展的实证研究/沈文馥//经济与社会发展 2006－02
⊙ 名城文化旅游开发的文化生态思考——以梅州市为例/俞万源//热带地理 2006－01
⊙ 名人文化旅游开发的品牌化与网络化/杨艳　黄震方//经营与管理 2006－06
⊙ 明确定位强化措施加快步伐推动文化旅游产业的大发展/钟益　师炜//西安日报 2006－03－15
⊙ 牟平区经济发展的SWOT分析/曲晨//当代经理人（下旬刊）2006－06
⊙ 牡丹江市旅游业可持续发展对策/任丹婷//中国林业经济 2006－04
⊙ 木瓜催生椰坪旅游经济/赵辉　刘洪进//中国绿色时报 2006－04－04
⊙ 目前我国旅游市场营销存在的问题及对策/张涤//吉林商业高等专科学校学报 2006－03
⊙ 内蒙古大兴安岭林区呼唤旅游业/刘雅芳//内蒙古科技与经济 2006－14
⊙ 内蒙古克什克腾旅游区开发模式研究/李铭//内蒙古科技与经济 2006－17
⊙ 内蒙古旅游业发展的实践分析及总体评价/刘丽梅//干旱区资源与环境 2006－01
⊙ 内蒙古新巴尔虎左旗旅游资源开发/陈焱//国土与自然资源研究 2006－02
⊙ 内蒙古与周边省市区域旅游合作模式研究/郝晓兰//内蒙古社会科学（汉文版）2006－06
⊙ 内蒙古自治区“十一五”旅游业发展模式研究/郝志成//内蒙古师范大学学报（哲学社会科学版）2006－S2
⊙ 内蒙古自治区民族体育旅游资源开发初探/王宏//阴山学刊（自然科学版）2006－04
⊙ 南昌会展旅游经济初探/涂媛鸿//江西科技师范学院学报 2006－05
⊙ 南昌生态旅游发展浅谈/OuyangHui DengFei//江西科技师范学院学报 2006－05
⊙ 南昌湿地旅游开发五策/庄东泉//中国旅游报 2006－08－21
⊙ 南昌市滨水区休闲旅游业发展研究/夏焕堂//辽宁师范大学学报（自然

科学版）2006－03

⊙ 南京的世界文化遗产与文化旅游——以明孝陵与明文化旅游为中心/周钰雯　何毅群//文化遗产保护与旅游发展国际研讨会 2006

⊙ 南京梅园历史街区旅游发展研究/顾小荣　王玉兰//文化遗产保护与旅游发展国际研讨会 2006

⊙ 南京民国建筑保护与旅游开发研究/闫妮　万全友//文化遗产保护与旅游发展国际研讨会 2006

⊙ 南京民俗文化旅游资源开发模式研究/杨艳//商场现代化 2006－05

⊙ 南京文化旅游深度开发策略研究/庄大昌//商业研究 2006－16

⊙ 南京愚园保护与城南复兴/李岚//建筑与文化 2006－06

⊙ 南京钟山风景名胜区的保护与旅游开发/董杰//聊城大学学报（自然科学版）2006－01

⊙ 南京钟山风景区旅游深度开发/费勤男//文化遗产保护与旅游发展国际研讨会 2006

⊙ 南昆山：体验式温泉旅游/邹锡兰//中国经济周刊 2006－26

⊙ 南宁旅游产业可持续发展研究/梁昆//广西民族大学学报（哲学社会科学版）2006－S2

⊙ 南宁市发展旅游业的优势及对策/甘永萍//广西师范学院学报（自然科学版）2006－04

⊙ 南宁市旅游资源开发的建议/周建强//广西师范学院学报（自然科学版）2006－S1

⊙ 南宁休闲产业发展研究/程琳//市场论坛 2006－11

⊙ 南宋古都民俗的开发与杭州休闲之都的打造/黄绍筠//浙江树人大学学报 2006－06

⊙ 南通旅游开发研究/顾永红//内蒙古电大学刊 2006－03

⊙ 南湾风景区旅游资源开发与利用/李保敬//信阳农业高等专科学校学报 2006－03

⊙ 南湾猴岛模式垂范生态旅游开发/苏群//中华工商时报 2006－11－06

⊙ 南阳历史文化旅游资源开发探讨/戴庞海//地域研究与开发 2006－02

⊙ 南阳市旅游资源开发与整合对策/宋松岩//地域研究与开发 2006－04

⊙ 南岳树木园生态旅游基地规划构思/陈盛彬//西北林学院学报 2006－01

⊙ 南岳围绕“五度”提升旅游产业素质/朱正光　綦新桂　李检生//衡阳日报 2006－12－18

⊙ 南漳县乡村旅游发展模式思考/唐克敏//商业研究 2006－14

⊙ 南郑休闲观光游形成气候/吴晓燕//汉中日报 2006－10－11

⊙ 聂拉木县大力培育旅游经济支柱/杨杰//日喀则报 2006－07－26

⊙ 宁波开发文化旅游产品路径探析/舒卫英//西南农业大学学报（社会科学版）2006－02

⊙ 宁波旅游业融入长三角区域旅游一体化浅探/苏勇军//宁波经济（三江论坛）2006－02

⊙ 宁波市体育旅游开发和体育旅游促销策略的研究/韩忠培//浙江旅游业发展促进社会和谐研讨会 2006

⊙ 宁波市体育旅游开发和体育旅游促销策略的研究/韩忠培//宁波工程学院学报 2006－03

⊙ 宁德市塔山公园总体规划构思/张平弟//福建林业科技 2006－02

⊙ 宁强大力实施青木川旅游开发/杨兴平//汉中日报 2006－09－24

⊙ 宁陕扩展文化内涵提升旅游开发水平/吕宣强　杨宁//安康日报 2006－08－28

⊙ 宁陕县旅游开发的思考/骆荣君//陕西林业 2006－03

⊙ 宁夏“两沙一河”带区域旅游开发研究/李陇堂//中国地理学会 2006 年学术年会

⊙ 宁夏红色旅游资源研究/薛正昌//宁夏社会科学 2006－05

⊙ 宁夏回族风情旅游资源的开发构想/陈忠祥//宁夏大学学报（自然科学版）2006－04

⊙ 宁夏开发红色旅游的几点思考/段文彬//社会科学家 2006－S1

⊙ 宁夏沙漠旅游开发研究/米文宝　陈丽　杨蓉　曹心静　王联兵//中国地理学会 2006 年学术年会

⊙ 牛背梁自然保护区生态旅游资源的开发利用/强晓鸣//陕西林业科技 2006－03

⊙ 农安县旅游资源开发对策/李绍刚//商场现代化 2006－19

⊙ 农村茶乡茶叶文化生态旅游开发研究/李锦顺//生态经济 2006－07

⊙ 农村社区旅游业发展中主要利益主体的分析研究/文平//襄樊职业技术学院学报 2006－01

⊙ 农村社区生态旅游开发的居民满意度及其影响——以广西桂林龙脊平安寨为例/唐晓云//经济地理 2006－05

⊙ 农家乐带动休闲旅游产业链——四川成都农家乐休闲旅游业的调研与思考/今日中国论坛 2006－01

⊙ 农家乐旅游在新农村建设中的功能分析/何韵敏　徐邓耀//中国地理学会 2006 年学术年会

⊙ 农民旅游市场特征及其拓展研究/刘笑明//西安石油大学学报（社会科学版）2006－03

⊙ 农业观光园发展模式研究/李文荣//农机化研究 2006－08

⊙ 农业科技观光园示范项目的设立研究/欧阳欢//农业与技术 2006－02

⊙ 农业旅游：乘数效应巨大的“嫁接产业”/陶健　刘颖//解放日报 2006－02－23

⊙ 农业旅游产业生态环境效应及发展策略/翟付顺//中国生态农业学报 2006－04

⊙ 农业旅游初级阶段管理模式初探——以浙江各地的“农家乐”服务中心为例/陈丽君//商场现代化 2006－32

⊙ 农业旅游国内研究综述/汤晓莉//全国商情（经济理论研究）2006－12

⊙ 农业旅游问题初探/刘敬禹//生态经济（学术版）2006－01

⊙ 农业旅游问题对策研究/刘敬禹//内蒙古科技与经济 2006－08

⊙ 农业民俗的旅游开发问题研究/吴声怡//古今农业 2006－01

⊙ 农业休闲度假游的模式与开发/刘孝兴//福建农业 2006－06

⊙ 农业主题公园吸引力研究/王璐艳//安徽农业科学 2006－02

⊙ 努力把旅游业培育成国民经济的重要产业/艾芳//经济日报 2006－01－11

⊙ 努力促进甘肃旅游产业大发展/邓志涛//甘肃经济日报 2006－01－18

⊙ 努力扩大教育旅游产业链条/邹衍//中国民族报 2006－01－03

⊙ 努力实现旅游增长方式转变推动旅游产业又好又快发展/张齐//贵州日报 2006－02－11

⊙ 努力推进文化体育事业发展全面实现旅游经济跨越式发展/交考//甘南日报（汉文版）2006－12－14

⊙ 女书与瑶族文化的旅游品牌塑造/吴小勇//湖南科技学院学报 2006－02

⊙ 培育成为富民强省的支柱产业/周泽猛　龚铁军//中国旅游报 2006－11－15

⊙ 培育大产业实现大发展/吴蓉//吉林日报 2006－07－22

⊙ 培育旅游产业集群促进迪庆香格里拉特色经济发展/李佩燊//经济问题探索 2006－11

⊙ 培育旅游产业壮大安阳经济/王雪平//安阳日报 2006－10－27

⊙ 培育旅游支柱产业建设旅游经济强市/郭军　陈思俣//酒泉日报 2006－04－28

⊙ 培育我省旅游产业集群品牌/采蓉//湖南日报 2006－09－06

⊙ 培植旅游市场主体推动行业创新变革/蒋建宁//北京第二外国语学院学报 2006－07

⊙ 彭家寨乡土旅游资源保护和开发研究/盛建荣//华中建筑 2006－11

⊙ 贫困地区发展生态旅游刍议/张红英//商场现代化 2006－12

⊙ 贫困地区旅游开发扶贫战略探讨——以青海省为例/赵霞//开发研究 2006－03

⊙ 贫困山区旅游开发 SWOT 分析及可持续战略/冯灿飞//改革与战略 2006－05

⊙ 贫困型山地旅游区可持续旅游开发模式研究/冯灿飞//生态经济 2006

⊙ 试论乡村旅游的经济影响/顾筱和//广西社会科学 2006 - 02
⊙ 试论乡村旅游的特点及本质属性/赛江涛//河北林果研究 2006 - 01
⊙ 试论乡村旅游开发中的农民权益保障/李娟莉//甘肃农业 2006 - 07
⊙ 试论乡土旅游/雷金瑞//社科纵横 2006 - 06
⊙ 试论行政区边界共生旅游资源的整合/吴国清//上海师范大学学报（自然科学版）2006 - 02
⊙ 试论休闲需求和媒介的休闲功能/童兵//北京大学学报（哲学社会科学版）2006 - 06
⊙ 试论休闲业在城市发展中的作用/夏雨生//北京城市学院学报 2006 - 01
⊙ 试论音乐文化资源的旅游开发/刘晗//云南地理环境研究 2006 - 03
⊙ 试论中国旅游业的奥运契机/王敏//体育文化导刊 2006 - 09
⊙ 试论中国休闲产业的发展/游碧竹//中国旅游报 2006 - 06 - 23
⊙ 试说草原民族文化旅游与旅游产品的开发/孙芊芊//内蒙古艺术 2006 - 01
⊙ 试探潍坊市旅游形象设计/肖洪磊//商场现代化 2006 - 25
⊙ 试析阿坝州体育旅游资源的开发/冯召伟//内江科技 2006 - 03
⊙ 试析安阳餐饮文化旅游资源的开发/邓小兰//安阳师范学院学报 2006 - 05
⊙ 试析旅游观光行为的动机——从旅游服务营销的角度出发/姚永敬//社会科学家 2006 - S2
⊙ 试析文化建构性与乡村旅游开发需求指向的关系——以黔中屯堡为例/孙兆霞//贵州民族学院学报（哲学社会科学版）2006 - 04
⊙ 试析中国旅行社业的连锁经营/陈李静//闽西职业技术学院学报 2006 - 02
⊙ 守土与乡村社区旅游参与——农民在社区旅游中的参与状态及成因/孙九霞//思想战线 2006 - 05
⊙ 蜀南竹海生态旅游开发现状及发展思路初探/扶志宏//四川林勘设计 2006 - 04
⊙ 蜀文化与四川国际旅游市场开发/任文举//商场现代化 2006 - 25
⊙ 树立科学发展观走南昌特色的旅游业发展之路/殷国华//江西政报 2006 - 18
⊙ 树立科学旅游发展观做大做强普陀旅游产业/何孟辑//浙江旅游业发展促进社会和谐研讨会 2006
⊙ 数学统计模型在旅游业发展中的应用/沈忠环//商场现代化 2006 - 35
⊙ 数字化技术促进文化遗产保护与旅游开发和谐共生/鲁东明　刁常宇//文化遗产保护与旅游发展国际研讨会 2006
⊙ 双台河口自然保护区开展生态旅游应注意的问题/赵慧珠//辽宁师专学报（自然科学版）2006 - 03
⊙ 谁能玩转中国主题公园/孙艳兰//2006 年：北大文化产业（第二辑）
⊙ 水稻乡的生态观光农业/任青山//开封日报 2006 - 05 - 13
⊙ 水利风景区的旅游开发和规划若干问题/吴殿廷//水利经济 2006 - 05
⊙ 水土保持与生态旅游的关系研究——以陕西省山镇柞地区为例/刘峰//水土保持学报 2006 - 02
⊙ 顺德逢简水乡游客体验的 ASEB 分析/贺春艳//顺德职业技术学院学报 2006 - 01
⊙ 丝绸之路旅游开发像“驼峰”/刘林//经济参考报 2006 - 06 - 13
⊙ 丝路文化旅游观光会好戏连台/邢燎　周艳萍//哈密报（汉）2006 - 07 - 18
⊙ 思茅市佛莲山亚热带植物园构想与森林文化旅游/刘扬//四川林业科技 2006 - 03
⊙ 四堡雕版印刷文化旅游开发探析/傅生生//闽西职业大学学报 2006 - 01
⊙ 四川广元森林生态旅游现状与可持续发展对策/罗丽华//江西林业科技 2006 - 03
⊙ 四川国际旅游客源研究/帅刚//商场现代化 2006 - 04
⊙ 四川历史文化名城保护与旅游产业发展/许虹//成都大学学报（社会科学版）2006 - 02
⊙ 四川凉山民族体育旅游资源的开发研究/韩勇//西昌学院学报（自然科学版）2006 - 01
⊙ 四川旅游业发展现状、问题及对策思考/范怀超//经济体制改革 2006 - 05
⊙ 四川旅游业发展状况及对我省发展旅游经济的启示/张荣辉//党史文苑（学术版）2006 - 06
⊙ 四川旅游资源开发与三次产业的关联/母涛//经济管理 2006 - 03
⊙ 四川民族地区旅游经济发展研究/母涛//理论与改革 2006 - 02
⊙ 四川民族地区文化旅游发展的调查与思考/李左人//中共四川省委党校学报 2006 - 03
⊙ 四川南部山地区域加速经济发展的契机及对策/刘彦群//四川师范大学学报（自然科学版）2006 - 02
⊙ 四川盆周山区旅游业可持续发展探析——以四川省达州市旅游业的发展为例/高梅生//成都理工大学学报（社会科学版）2006 - 04
⊙ 四川倾力打造旅游经济强省/孙华山　何小飞　何佩东//中国商报 2006 - 08 - 18
⊙ 四川三国文化旅游开发的战略思考/吕一飞//成都大学学报（社会科学版）2006 - 06
⊙ 四川深度拓展日本旅游客源市场研究/邓明艳//商业研究 2006 - 14
⊙ 四川省甘孜县旅游资源开发的经济分析——兼评民族地区政府对旅游资源的开发/刘玉春//西南民族大学学报（人文社科版）2006 - 02
⊙ 四川省甘孜州道孚县温泉资源调查及旅游开发探讨/李娴//水土保持研究 2006 - 05
⊙ 四川省夹江县地质地貌资源现状及旅游可持续开发研究/单莉莉//四川地质学报 2006 - 03
⊙ 四川省旅游网络营销的现状和对策/唐建兵//成都大学学报（社会科学版）2006 - 02
⊙ 四川省南充市旅游资源的开发初探/彭敏//首都师范大学学报（自然科学版）2006 - 05
⊙ 四川省邛崃市文化旅游资源及其整合开发/杨泸//乐山师范学院学报 2006 - 04
⊙ 四川省生态旅游发展的层次与阶段/陈国阶//地理科学 2006 - 02
⊙ 四川唐家河国家级自然保护区生态旅游发展战略研究/杨旭煜//四川动物 2006 - 01
⊙ 四川温泉旅游开发存在的问题及对策——以安县罗浮山温泉开发为例/赵敏//当代经理人（下旬刊）2006 - 11
⊙ 四川休闲旅游产品的创新思考/方海川//乐山师范学院学报 2006 - 06
⊙ 四川休闲旅游客源市场分析/王瑛//乐山师范学院学报 2006 - 06
⊙ 四国领事“把脉”杭州休闲产业/戴睿云//浙江日报 2006 - 03 - 20
⊙ 四新村“钓”出旅游经济/汪开成//眉山日报 2006 - 04 - 25
⊙ 松潘壮大旅游产业链/秦远波　常跃平//阿坝日报 2006 - 11 - 16
⊙ 苏家屯旅游资源开发与水土保持生态建设互相促进/邹士义//中国水土保持 2006 - 03
⊙ 苏州市环太湖地区休闲度假旅游发展探讨/宋金平//生态经济 2006 - 08
⊙ 宿松县发展生态旅游初探/周正火//安徽林业 2006 - 04
⊙ 塑造旅游产业集群品牌的思考/张金霞//商业时代 2006 - 24
⊙ 遂昌金矿国家级矿山公园旅游可持续发展探析/蔡敏华//矿业研究与开发 2006 - 05
⊙ 遂昌金矿旅游开发 SWOT 分析与可持续发展策略/蔡敏华//浙江旅游业发展促进社会和谐研讨会 2006
⊙ 遂川县红色与绿色生态旅游的构想与启示/陈艳//农业考古 2006 - 03
⊙ 塔里木胡杨自然保护区生态旅游开发初探/迪丽拜尔·艾拜都拉//新疆林业 2006 - 03
⊙ 台北旅展为两岸旅游业齐头并进、和谐共赢注入新动力/陈静//中国旅游报 2006 - 11 - 06
⊙ 台湾的观光农业/江中舟//两岸关系 2006 - 08

- 台湾的新型产业——观光农业/江中舟//中外企业文化 2006-08
- 台湾发展休闲观光农业的经验与问题/严力蛟//新农村 2006-12
- 台湾发展休闲农业的经验/黄聪敏//海峡科技与产业 2006-01
- 台湾观光农业/黄挺//福建科技报 2006-11-17
- 台湾农业旅游与休闲产业的发展经验/吕明伟//海峡科技与产业 2006-06
- 台湾休闲农业的成功经验及对大陆的启示/陈美云//科技情报开发与经济 2006-02
- 台州路桥旅游开发构想/泮雪莉//合作经济与科技 2006-04
- 太白顶自然保护区生态旅游开发探讨/刘俊磊//林业建设 2006-02
- 太白山森林公园生态旅游资源初步调查/万红莲//宝鸡文理学院学报（自然科学版）2006-02
- 太空旅游产业法律规制的比较研究/任秋娟//商场现代化 2006-34
- 泰国可持续旅游发展战略及借鉴/王育谦//东南亚纵横 2006-10
- 泰山风景区地质旅游资源的开发与保护/赵敬民//泰山学院学报 2006-01
- 泰山文化资源的挖掘、保护与泰山旅游文化产业发展/徐建春//科学时代 2006-23
- 谈发展工业旅游/邱小燕//合作经济与科技 2006-10
- 谈谈发展农村休闲产业/廖灵芝　欧阳力胜//甘肃农业 2006-03
- 谈新疆影视旅游的开发/冉红//新疆师范大学学报（自然科学版）2006-03
- 谈邢台太行山区旅游资源开发的对策/李国印//邢台学院学报 2006-03
- 探索石林旅游经济与金融的组合创新——对石林旅游业发展的方略研究/黄荣平//时代金融 2006-08
- 探讨欠发达地区旅游产业的可持续发展/张海燕//天津市经理学院学报 2006-04
- 唐山长城沿线旅游开发探析/王淑娟//内蒙古电大学刊 2006-09
- 唐山市发展休闲产业的 SWOT 分析/王宏剑//科技和产业 2006-11
- 特色产业营造旅游新村/傅红斌//老区建设 2006-11
- 腾冲县旅游资源调查及开发建议/周雁洁//林业调查规划 2006-06
- 提高我区旅游产业竞争力/王崔荣//广西日报 2006-12-03
- 提高中国的旅游供给/刘丽娟//商务周刊 2006-17
- 提升杭州休闲产业发展水平的对策/周志平//杭州通讯 2006-02
- 提升九寨国际品牌推动旅游经济发展/王洪林　杨雅心//阿坝日报 2006-09-06
- 提升旅游产业素质的思考/陈晓霞//山东省农业管理干部学院学报 2006-02
- 提升农业休闲观光园区功能推动社会主义新农村建设/柴志良　沈连华　吴旭东//人民政协报 2006-08-21
- 提升休闲产业建设新农村/王琦//杭州日报 2006-05-18
- 体闲旅游——体验经济时代旅游发展的新趋势/樊英//特区经济 2006-05
- 体验化是休闲时代旅游发展的基本取向/林璧属//旅游学刊 2006-11
- 体验经济、协同经济、循环经济——21 世纪旅游业目标定位/卢璐//企业经济 2006-09
- 体验经济给我国旅游商品开发的启示/李学江//商业研究 2006-01
- 体验经济时代背景下观光旅游景点服务创新策略——以岳阳楼景点为例/高踞//岳阳职业技术学院学报 2006-01
- 体验经济时代的冰雪旅游开发构想/迟静圆//冰雪运动 2006-04
- 体验经济时代体育旅游的开发/孙丰念//商场现代化 2006-11
- 体验经济时代下的体育旅游与体验营销/陈绍艳//山东体育学院学报 2006-03
- 体验经济视角下的文学旅游发展策略——以文学作品的旅游开发为例/陶少华//桂林旅游高等专科学校学报 2006-03
- 体验经济为导向的陕西旅游产业创新研究/陈实//西北大学学报（哲学社会科学版）2006-05
- 体验经济下的农村旅游开发/孙艳红//商业研究 2006-11
- 体验经济下对保定市发展观光农业的新思考/贾会棉//安徽农业科学 2006-18
- 体验经济下顺德民俗文化的旅游开发价值/钟伟华//顺德职业技术学院学报 2006-02
- 体验文化与体验经济——旅游业发展的新思路/朱相远//北京观察 2006-08
- 体验营销在休闲产业中的创新应用与实施/李莲华//江苏商论 2006-01
- 体育比赛中的旅游价值初探/林琳//枣庄学院学报 2006-05
- 体育旅游产品开发规律探讨/单庆新//辽宁师专学报（自然科学版）2006-02
- 体育旅游开发与对策研究/杨耀华//体育科技文献通报 2006-01
- 体育旅游资源“多类多元”开发模式构建/周立华//体育科技文献通报 2006-01
- 体育旅游资源的开发策略研究/马宏丽//山东商业职业技术学院学报 2006-04
- 体育旅游资源开发初探/姚洁//河南商业高等专科学校学报 2006-01
- 体育旅游资源开发及营销/李天元//旅游科学 2006-06
- 体育旅游资源开发与保护的均衡选择和制度创新/邱爱英//体育与科学 2006-05
- 体育旅游资源特征探析/王志明//广州体育学院学报 2006-01
- 体育资源的旅游价值及其开发研究/张红英//哈尔滨商业大学学报（社会科学版）2006-02
- 天津旅游产业发展战略格局构想/韩士元//天津经济 2006-03
- 天津民俗旅游资源开发探讨/张翠娟//乐山师范学院学报 2006-07
- 天津市东丽区以旅游开发促城市建设/卢盘卿　牛瑾//经济日报 2006-02-05
- 天津中心城区旅游资源空间分布的特点及开发思路/白艳//天津商学院学报 2006-04
- 天门山植物景观特点及生态旅游开发的思考/覃遵铁//湖南林业科技 2006-05
- 天目山下农家乐/智峰//人与生物圈 2006-05
- 天水伏羲文化资源及旅游开发论析/刘雁翔//天水师范学院学报 2006-04
- 天水旅游开发的 SWOT 分析/林双成//特区经济 2006-05
- 天水市清水县旅游业的 SWOT 分析/马晟坤//发展 2006-12
- 天祝旅游产业发展喜人/张鹤//甘肃日报 2006-06-18
- 铁岭市旅游现状分析及建议/陈秋雨//企业家天地 2006-12
- 铁炉坝生态观光园规划构思/段渊古//西北林学院学报 2006-01
- 通过发展带动性强的产业促进全面发展/张中伟//人民日报 2006-10-09
- 同里古镇旅游发展的 SWOT 分析以及对策/蒋丽芹//时代经贸（理论版）2006-02
- 铜梁县旅游形象策划与传播/杜海忠//商场现代化 2006-04
- 铜陵着力扶持旅游产业/陈震//安徽日报 2006-09-26
- 潼南县新农村建设与旅游产业发展/佘艳清//重庆行政 2006-05
- 投资回收期法在旅游规划中的应用/温晋林//宁夏大学学报（人文社会科学版）2006-03
- 突出洪湖特色发展旅游产业/朱兴斌//政策 2006-04
- 突出特色创新机制强化措施开创旅游小城镇建设新局面//小城镇建设 2006-07
- 突出特色——甘肃旅游业发展的关键/赵宏亮//甘肃科技纵横 2006-01
- 突出特色培育品牌推动旅游产业加快发展/江平//赤峰日报 2006-03-23
- 土家族非物质文化遗产现状及保护对策/黄柏权//湖北民族学院学报

（哲学社会科学版）2006－02
⊙ 吐鲁番地区旅游业持续发展研究/韩春鲜//新疆大学学报（自然科学版）2006－04
⊙ 吐鲁番沙漠旅游资源开发利用研究/克里木//边疆经济与文化 2006－05
⊙ 推动贵州文化旅游产业跨越式发展/刘艳//经济信息时报 2006－11－01
⊙ 推动旅游产业升级势在必需势在必行/许顺兰//保定日报 2006－04－13
⊙ 推动彝州文化旅游产业快速发展的思考/张续华//楚雄日报（汉）2006－05－09
⊙ 推进东北亚区域旅游合作的若干思考/李英武//东北亚论坛 2006－05
⊙ 推进基础设施建设切实保护生态环境/周秋英//上饶日报 2006－07－03
⊙ 推进旅游业跨越式发展/程岳峰//甘南日报（汉文版）2006－03－30
⊙ 推进旅游业由观光型向度假型转变/林兢//青岛日报 2006－04－05
⊙ 推进农业产业化信息化建设加快旅游产业发展/张朝辉//保定日报 2006－05－22
⊙ 屯溪老街的地脉、文脉、商脉优势及其旅游开发/章尚正//安徽职业技术学院学报 2006－03
⊙ 托口水电站库区旅游开发构想/杨志光//中国旅游报 2006－11－27
⊙ 挖掘民族体育文化资源推动区域旅游经济的发展/王立民//体育世界（学术版）2006－04
⊙ 挖掘炎帝文化资源打造湖南旅游品牌/赖建明//湖南行政学院学报 2006－04
⊙ 挖掘资源优势开发古镇旅游/肖乐平//江苏农村经济 2006－04
⊙ 佤族节日文化保护与开发的思考/段世林//云南师范大学学报（哲学社会科学版）2006－02
⊙ 外商独资旅行社的进入对我国旅行社业的影响及对策研究/诸葛艺婷//法制与社会 2006－22
⊙ 外商投资与旅行社集群根植性关系研究/张小华//广州市经济管理干部学院学报 2006－03
⊙ 玩出"钱"景——会议旅游产业的机遇与挑战/张欣建//中国会展 2006－17
⊙ 晚清名臣故居旅游开发理念的构建——以曾国藩故居旅游开发为例/王业良//湖南人文科技学院学报 2006－04
⊙ 皖北历史文化旅游资源开发利用刍议/余敏辉//阜阳师范学院学报（社科版）2006－01
⊙ 皖北旅游区旅游合作初步研究/丁晓娜//黄山学院学报 2006－02
⊙ 皖南古村落旅游发展对策研究/罗艳//时代经贸（理论版）2006－S2
⊙ 皖南黟县红色旅游开发的 SWOT 分析/陈丽荣/黄山学院学报 2006－06
⊙ 皖南黟县乡村旅游发展战略/姚治国//国土与自然资源研究 2006－03
⊙ 皖西地区经济发展综合优势探析/林森//华东经济管理 2006－01
⊙ 皖西红色旅游发展战略研究/张树萍//皖西学院学报 2006－02
⊙ 皖西南古村落民俗体育旅游资源特点及发展现状/王俊奇//体育科技文献通报 2006－07
⊙ 王荣轩调研我市文化旅游产业发展/徐菡研//广元日报 2006－03－24
⊙ 网络信息时代西部民族旅游开发与可持续发展/王兆良//武汉科技学院学报 2006－09
⊙ 网络游戏情景旅游开发/王浪　张河清//中国旅游报 2006－10－16
⊙ 威海市旅游形象定位研究/张晓霞//经济师 2006－01
⊙ 微山休闲渔业成旅游经济新亮点/李兴霆　陆德鑫　周玲//济宁日报 2006－12－12
⊙ 为旅游产业注入动力/陈雨点　王健　魏茂义//吉林日报 2006－08－25
⊙ 为旅游业插上"电子翅膀"/艾芳//经济日报 2006－07－26
⊙ 为旅游业插上腾飞的翅膀/崔晓利//安阳日报 2006－07－10
⊙ 潍坊市旅游产业发展对策研究/郑淑峰//商场现代化 2006－09
⊙ 魏晋南北朝时期旅游休闲活动分析/张群//湖南省社会主义学院学报 2006－03
⊙ 温泉旅游产品开发模式研究——以郴州市为例/黄静波//湖南社会科学 2006－03
⊙ 温泉旅游的开发与建设/丁向华//达县师范高等专科学校学报 2006－01
⊙ 温泉旅游基本构件研究/王艳平//旅游学刊 2006－10
⊙ 温泉旅游真实性研究/王艳平//旅游学刊 2006－01
⊙ 温州旅游经济受重创/徐伶恤　王林敏　胡念望//江南游报 2006－08－17
⊙ 温州市大力发展旅游经济/陈欢欢//中国经济导报 2006－09－02
⊙ 文化，旅游之帆——章安古文化旅游开发的思考/范光琴/《浙江旅游业发展促进社会和谐研讨会 2006
⊙ 文化符号的建构与解读——关于哈尼族民俗旅游开发的人类学考察/马翀炜//民族研究 2006－05
⊙ 文化古镇旅游资源的发掘——以庐陵文化的缩影永和镇为例/习罡华//江西科技师范学院学报 2006－02
⊙ 文化经济背景下的民族村寨旅游开发/罗永常//思想战线 2006－04
⊙ 文化经济与旅游经济发展关系分析/梁峰　冯学钢//特区经济 2006－02
⊙ 文化旅游产业与自主创新/刘平春//中国旅游报 2006－02－06
⊙ 文化旅游黄金之路/柏定国　欧阳友权//中国文化报 2006－08－14
⊙ 文化旅游资源开发的理论与实践——以绍兴为例/金康伟//浙江师范大学学报（社会科学版）2006－01
⊙ 文化旅游资源与成都旅游的可持续发展/颜军//电子科技大学学报（社科版）2006－04
⊙ 文化人类学视角下的红色旅游/王继红//当代经理人（中旬刊）2006－11
⊙ 文化生态脆弱区的生态旅游开发探析——图瓦人村寨旅游开发的启示/张海霞//生态经济 2006－02
⊙ 文化生态旅游资源的可持续开发研究——以绍兴市为例/孟铁鑫//国土资源科技管理 2006－02
⊙ 文化项目：推助青岛旅游业深层变革/其日格夫//青岛职业技术学院学报 2006－02
⊙ 文化休闲旅游符号的思考——以丽江大研古城和徽州古村落为例/丁雨莲//旅游学刊 2006－07
⊙ 文化遗产：内涵、保护、优化利用及"申遗"思考/张祖群//西北民族研究 2006－01
⊙ 文化遗产保护和旅游发展共赢——文化遗产保护与旅游发展国际研讨会综述/周武忠//艺术百家 2006－07
⊙ 文化遗产保护与旅游开发和谐共生机制研究/纳赛尔·阿伯戴－阿尔//文化遗产保护与旅游发展国际研讨会 2006
⊙ 文化遗产保护与旅游开发利用的和谐机制研究/王敬武//文化遗产保护与旅游发展国际研讨会 2006
⊙ 文化遗产保护与旅游开发利用和谐共生机制研究/周帼　凡海军//文化遗产保护与旅游发展国际研讨会 2006
⊙ 文化遗产的多角度旅游开发——以黄鹤楼为例/张军　蒋昕//文化遗产保护与旅游发展国际研讨会 2006
⊙ 文化遗产地的区域旅游合作研究——以江南六大水乡联合申遗为例/郭菁//文化遗产保护与旅游发展国际研讨会 2006
⊙ 文化遗产景观保护的原真性开发——以湖北龙湾遗址为例/张立明//开发研究 2006－03
⊙ 文化遗产旅游开发模式研究——以浡泥国王墓为例/邢定康　陆乃高　李致磊//文化遗产保护与旅游发展国际研讨会 2006
⊙ 文化营销与旅游品牌塑造/唐勇//商场现代化 2006－17
⊙ 文化与甘肃省旅游竞争力提升/吴奇//甘肃科技纵横 2006－06
⊙ 文化在旅游产业中的引领作用/张建国//中国文化报 2006－04－17
⊙ 文化专题旅游开发设计初探——以保定"荆轲刺秦"专题游为例/邢慧斌//商场现代化 2006－24
⊙ 文家老街旅游开发的文化策划/毛向红//中国旅游报 2006－10－09
⊙ 文物建筑保护与旅游开发协调发展的实践与思考/张伟强/刘少和　李秀

⊙ 我国湿地生态旅游资源的利用及保护/张昌亚//商丘职业技术学院学报 2006-03
⊙ 我国时尚休闲方式的现状及前景——以自驾车旅游为例/徐喆//当代经理人（中旬刊）2006-07
⊙ 我国世界遗产开发中存在的问题与对策/刘霞//萍乡高等专科学校学报 2006-05
⊙ 我国世界遗产旅游开发的原则和模式初探/颜丽丽//商场现代化 2006-36
⊙ 我国世界自然遗产地的保护和利用研究初探/贾平//湖北民族学院学报（哲学社会科学版）2006-03
⊙ 我国体验式旅游开发初探/徐林强//经济地理 2006-S2
⊙ 我国体育旅游业中保险问题的初探/徐广海//首都体育学院学报 2006-04
⊙ 我国体育旅游资源开发的支持系统与影响因素/邓凤莲//上海体育学院学报 2006-02
⊙ 我国西部旅游业可持续发展的必由之路——生态旅游/李育冬//生产力研究 2006-03
⊙ 我国西部旅游资源开发中，农村少数民族参与权之分析/付健//2006 年全国环境资源法学研讨会
⊙ 我国西南古盐镇旅游开发刍议/刘彦群//四川理工学院学报（社会科学版）2006-02
⊙ 我国乡村度假旅游开发研究/姜财辉//山东师范大学学报（自然科学版）2006-04
⊙ 我国乡村旅游发展中存在的问题及对策研究/周俊满//社会科学家 2006-S1
⊙ 我国乡村旅游研究述评/王秀红//重庆工学院学报 2006-03
⊙ 我国休闲产业的现状及发展趋势/张茹艳//科技成果纵横 2006-06
⊙ 我国休闲产业发展的制约因素及对策/刘红玉//泉州师范学院学报 2006-05
⊙ 我国休闲产业结构特征及其影响因素分析/唐湘辉//求索 2006-12
⊙ 我国休闲经济产业化探析/郝影利　吴旭云//改革与战略 2006-S1
⊙ 我国休闲旅游产品开发现状及对策分析/张静//生产力研究 2006-11
⊙ 我国休闲农业现状及发展对策分析/袁定明//农村经济 2006-09
⊙ 我国休闲业存在的几个问题/刘刚//边疆经济与文化 2006-10
⊙ 我国休闲业发展分析/秦绪霞//北京城市学院学报 2006-01
⊙ 我国休闲渔业的未来不是梦/王有基//北京水产 2006-01
⊙ 我国休闲渔业发展浅析/闵宽洪//中国渔业经济 2006-04
⊙ 我国沿海城市旅游产业发展制约分析（上）/林洪岱//中国旅游报 2006-08-18
⊙ 我国沿海城市旅游产业发展制约分析（下）/林洪岱//中国旅游报 2006-08-23
⊙ 我国沿海地区休闲旅游型渔村建设模式探究/毕德志//农村经济与科技 2006-11
⊙ 我国影视城的旅游开发研究/孟铁鑫//资源开发与市场 2006-03
⊙ 我国中部地区区域旅游互动发展初探/薛宝琪//河南大学学报（自然科学版）2006-01
⊙ 我国自然保护区生态旅游初探/梁留科//生态经济 2006-03
⊙ 我国自然保护区生态旅游开发/文红//四川林业科技 2006-03
⊙ 我国自然保护区生态旅游现状及开发与管理对策/崔向慧//世界林业研究 2006-04
⊙ 我州红色旅游资源开发中存在的问题与对策/张天虎　钟德富　魏佳　范王力//阿坝日报 2006-10-13
⊙ 我州旅游产业发展寻求新突破/涂序波//大理日报（汉）2006-02-27
⊙ 卧龙自然保护区社区参与生态旅游的对策研究/李树信//农村经济 2006-02
⊙ 乌鲁木齐市旅游产业关联和产业波及分析/张滢//新疆大学学报（哲学人文社会科学版）2006-01
⊙ 无居民海岛旅游开发的核心问题探讨——以厦门市翔安区鳄鱼屿为例/叶新才//生态经济 2006-05
⊙ 无居民海岛旅游开发可行性评价/周琳//资源与产业 2006-03
⊙ 无量山自然保护区及景东周边区生态旅游开发价值及条件/张启良//林业调查规划 2006-06
⊙ 无锡发展城市旅游的必要性与可行性分析/匡健//商场现代化 2006-17
⊙ 无锡市体育旅游开发构想/吴晓强//科技情报开发与经济 2006-17
⊙ 无锡引导农民发展休闲产业/韩解林　王维平//华东旅游报 2006-04-27
⊙ 无形文化遗产的异地保护与开发——以湖南大崇山文化生态园规划为例/周谦//中外建筑 2006-04
⊙ 五大连池保健旅游开发战略/马英华//时代经贸（理论版）2006-S2
⊙ 五台山旅游开发问题探析/向志华//五台山研究 2006-04
⊙ 武当武术产业化发展的思考/胡容娇//博击（武术科学）2006-01
⊙ 武定县大力发展文化旅游产业/贺明辉//楚雄日报（汉）2006-10-10
⊙ 武冈市旅游开发策略探讨/周斅源//林业经济问题 2006-03
⊙ 武汉黄陂刘家山地区乡村旅游开发初探/徐燕//农业与技术 2006-01
⊙ 武汉旅游节庆品牌设计研究/黄翔　成曦//华中师范大学学报（自然科学版）2006-01
⊙ 武汉乡村休闲旅游发展研究/张新//商讯商业经济文荟 2006-06
⊙ 武汉知音文化及其旅游开发研究/刘名俭//湖北社会科学 2006-03
⊙ 武陵山区空间组织的优化研究/冷志明//重庆工商大学学报（社会科学版）2006-04
⊙ 武陵山区民族村寨旅游营销模式研究/向延平//邵阳学院学报（自然科学版）2006-04
⊙ 武陵源风景区生态安全评价与对策/杨美霞//国土资源科技管理 2006-06
⊙ 武陵源生态区的建设/陈洁//企业技术开发 2006-01
⊙ 武隆县旅游业发展对策研究/李青松//乐山师范学院学报 2006-12
⊙ 武夷山城市旅游文化产业发展战略/支军//特区经济 2006-10
⊙ 武夷山在旅游开发中的环境保护理论思考——基于供应链管理思想的运用/路科//闽学与武夷山文化遗产学术研讨会 2006
⊙ 婺源茶文化旅游开发研究/虞文霞//农业考古 2006-02
⊙ 雾灵山自然保护区以生态旅游积极推进社会主义新农村建设/张希军//河北林业 2006-06
⊙ 西安城市旅游形象再定位研究/马晓龙//干旱区资源与环境 2006-01
⊙ 西安历史古迹旅游资源保护与可持续开发利用浅析/杜忠潮//西安文理学院学报（社会科学版）2006-06
⊙ 西安旅游经济发展的时空分析/张孝存//商洛学院学报 2006-03
⊙ 西安市 13 区（县）旅游资源整合与重点项目开发的思考/张红//干旱区资源与环境 2006-03
⊙ 西安市旅游资源的开发研究/吴晋峰//干旱区资源与环境 2006-01
⊙ 西安周边地区观光农业企业的经营与发展/袁晓军//现代企业 2006-06
⊙ 西安宗教文化旅游资源的开发与利用/党音　孟繁之//中华建筑报 2006-10-31
⊙ 西北地区城市旅游的开发对策研究——以甘肃省为例/董珍慧//社科纵横 2006-09
⊙ 西北地区体育旅游产业的 SWOT 分析及对策建议/曾华//辽宁体育科技 2006-01
⊙ 西北五省区旅游产业联动开发战略研究/南宇//开发研究 2006-02
⊙ 西北五省区旅游区域联动创新研究/南宇//西北师范大学学报（自然科学版）2006-05
⊙ 西部产业结构调整的环境分析和对策研究/张雅//长沙铁道学院学报（社会科学版）2006-01
⊙ 西部地区旅游资源开发市场化的几点思考/高峰//陕西社会主义学院学

⊙ 休闲：一个城市旅游发展的新视角/郭程轩　刘运通//中国地理学会 2006 年学术年会

⊙ 休闲产业：国内研究述评/卿前龙　胡跃红//经济学家 2006－04

⊙ 休闲产业：新的经济增长点/徐根龙//浙江经济 2006－10

⊙ 休闲产业：中国是否已到爆发式增长临界点/周文龙　孙琦峰　曹占忠//新华每日电讯 2006－05－27

⊙ 休闲产业的发展走势及时代特征/王亭亭//贵阳日报 2006－06－21

⊙ 休闲产业化的初步探讨/高飞//当代经理人（下旬刊）2006－04

⊙ 休闲产业链建设之我见/何静//贵阳日报 2006－06－21

⊙ 休闲产业特色与优势的实证分析——以长沙休闲产业的发展为例/唐湘辉//企业家天地下半月刊（理论版）2006－12

⊙ 休闲产业在市场机遇中迎接挑战/王敏//中国文化报 2006－10－16

⊙ 休闲垂钓旅游行为分析——以湖南长沙、株洲两地休闲垂钓爱好者为例/贺春艳//顺德职业技术学院学报 2006－02

⊙ 休闲度假：宏观调控政策下旅游经济发展的必然途径/李克夫//北京城市学院学报 2006－01

⊙ 休闲发展趋势及其管理对策/刘少和//商业研究 2006－18

⊙ 休闲观光农业协会成立/农林　韩晖//常州日报 2006－03－05

⊙ 休闲观光农业园区规划探讨/王真//农机化研究 2006－03

⊙ 休闲化是旅游业提升的必由之路——基于旅游主体、客体和媒体的视觉/李文明//旅游学刊 2006－09

⊙ 休闲经济不“休闲”/陆杰//小康 2006－01

⊙ 休闲经济时代的旅游资源分类与评价/李红玉//旅游学刊 2006－01

⊙ 休闲经济与海峡西岸经济区建设/何敦春//福建农林大学学报（哲学社会科学版）2006－01

⊙ 休闲旅游：桂林旅游发展的新模式/陆军//市场论坛 2006－02

⊙ 休闲旅游：围堵还是推波助澜/王艳平//旅游学刊 2006－12

⊙ 休闲旅游的特征及女性休闲旅游吸引策略研究/蒋素梅//昆明大学学报 2006－02

⊙ 休闲旅游要以特取胜/曹芬娜　陈伟国//中国旅游报 2006－07－19

⊙ 休闲年里话休闲黄金周中挖黄金/韩振国//山西教育（高考版）2006－12

⊙ 休闲农业的规划设计与经营/王小华//北方园艺 2006－03

⊙ 休闲农业旅游开发的社会意义探讨/严晓兰//农业考古 2006－06

⊙ 休闲农业——旅游新看点/牛传军//水土保持研究 2006－02

⊙ 休闲农业新理论及其在闽北的应用研究/刘荣章//中国生态农业学报 2006－04

⊙ 休闲时代的城市旅游发展/马波//旅游学刊 2006－10

⊙ 休闲时代的温泉度假区发展研究——以福州贵安温泉度假区概念性规划为例/魏道淦//建设科技 2006－18

⊙ 休闲时代旅游消费的十大趋势/王琪延//旅游学刊 2006－10

⊙ 休闲文化产业：未来城市的黄金产业？/黎宏河//中国文化报 2006－09－04

⊙ 休闲消费简论/田晖//太原大学学报 2006－03

⊙ 休闲业对城市经济的推动/郭玉晓　闫娟　何佳梅//北京城市学院学报 2006－01

⊙ 休闲渔业：社会主义新农村建设中的产业亮点/陈炼涛//渔业致富指南 2006－21

⊙ 休闲渔业旅游内涵初探/楼筱环//商业经济与管理 2006－08

⊙ 休闲与旅游的辩证关系及其社会功能试析/曹芙蓉//旅游学刊 2006－09

⊙ 休闲运动与云南经济文化发展研究/胡文秀//商场现代化 2006－22

⊙ 秀山土家族苗族自治县旅游资源开发基本思路/赵小鲁//重庆行政 2006－05

⊙ 秀洲区确定休闲观光农业总体布局/朱聪//嘉兴日报 2006－07－12

⊙ 虚拟现实技术在古滇文化遗址旅游开发中的应用初探/朱韬//云南地理环境研究 2006－03

⊙ 徐州都市圈旅游经济发展战略研究/唐飞//经济论坛 2006－02

⊙ 徐州旅游经济步入大商业时代/吴海涛//徐州日报 2006－11－23

⊙ 蓄势待发的民族文化旅游产业/李睿劼//中国民族报 2006－10－13

⊙ 寻找旅游业新的增长空间/王胜颜　孟宪江　张毅//经济日报 2006－07－27

⊙ 循环经济模式在旅游景区管理中的应用/张兆胤//安徽农业科学 2006－17

⊙ 循环型旅游经济发展的新思路/高丽敏//地域研究与开发 2006－04

⊙ 鸭绿江风景区地域文化开发建设研究/邱牧//辽宁经济 2006－12

⊙ 雅安地区生态旅游资源现状与发展对策/王自勇//四川林业科技 2006－06

⊙ 雅典奥运会对 2008 年北京奥运旅游开发的启示/于素梅//体育学刊 2006－02

⊙ 亚热带农业观光旅游发展策略研究——以湛江市南亚热带农业观光带为例/陈南江//农业现代化研究 2006－01

⊙ 亚热带沿海景观的旅游保护性开发及建设探讨——以福建沿海为例/翁毅//台湾海峡 2006－02

⊙ 亚洲休闲业发展模式比较研究/王婉飞　翟涛铃　木达宜//中国旅游报 2006－06－16

⊙ 烟台市海岛旅游资源开发对策/魏兴华//特区经济 2006－05

⊙ 烟威地区旅游产业空间布局现状及发展对策研究/邢伟//现代企业教育 2006－07

⊙ 延边冰雪旅游资源现状及其开发研究/葛敬炳//安徽师范大学学报（自然科学版）2006－02

⊙ 延长桂林旅游地生命周期的对策/覃江华//桂林旅游高等专科学校学报 2006－04

⊙ 延续古道历史文脉推进特色旅游开发/隗瑞艳　沈建明//中国文化报 2006－09－04

⊙ 沿海城市生态环境与旅游经济协调发展定量研究/王辉//干旱区资源与环境 2006－05

⊙ 沿海滩涂生态旅游刍议——以江苏省盐城市为例/王立安//襄樊职业技术学院学报 2006－02

⊙ 盐城湿地保护与生态旅游开发/王娟//资源开发与市场 2006－02

⊙ 雁荡山旅游资源开发与保护/赵士德//资源开发与市场 2006－04

⊙ 扬州盐商文化旅游开发构想/任倩//临沂师范学院学报 2006－03

⊙ 阳朔西街人文旅游产品的文化透视/文斌//改革与战略 2006－01

⊙ 阳朔乡村旅游国内外游客需求分析的启示/张文祥//旅游学刊 2006－04

⊙ 杨凌崔西沟村生态旅游开发与产业结构调整/李松柏//西北农林科技大学学报（社会科学版）2006－06

⊙ 洋县竭力打造旅游经济品牌/董涛//汉中日报 2006－09－24

⊙ 养老旅游及其开发的可行性研究/周刚//商讯商业经济文荟 2006－03

⊙ 养老旅游开发初步研究/周刚//桂林旅游高等专科学校学报 2006－05

⊙ 也论休闲与旅游/刘德谦//旅游学刊 2006－10

⊙ 一般的和严格的：国内生态旅游选择倾向的调查分析——以黄河三角洲湿地生态旅游调查为例/李明月//呼伦贝尔学院学报 2006－01

⊙ 伊犁河谷生态旅游资源环境分析及评价/耿宝江//资源开发与市场 2006－02

⊙ 依托民族文化资源，发展凤凰旅游产业/杨胜国//民族论坛 2006－02

⊙ 依托牛蒡发展永川观光蔬菜业的研究/吴永夏//安徽农业科学 2006－08

⊙ 依托人文资源叫响土林品牌打造冬旅之都/王春波//楚雄日报（汉）2006－11－27

⊙ 依托资源区位优势丰富观光农业内涵——优秀园区经验谈/塔娜//蔬菜 2006－05

⊙ 依托资源做大农业旅游经济/李建全　钱入波//连云港日报 2006－09－05

⊙ 黟县旅游经济实现新跨越/钱卫民　胡国权//黄山日报 2006－01－11

-05

⊙ 整合理念在旅游开发中的应用/江五七//北方经贸 2006-03

⊙ 整合历史文化资源推进樟树文化旅游产业发展/傅顺秀//光华时报 2006-10-10

⊙ 整合旅游资源，打造旅游特色，做大旅游文章/冯琳//广安日报 2006-02-23

⊙ 整合旅游资源打造新亚欧大陆桥旅游品牌//大陆桥视野 2006-Z1

⊙ 整合旅游资源推进武汉城市圈旅游产业一体化发展/王梓林//黄冈日报 2006-02-25

⊙ 整合双色资源打造经济强县——对崇义县做大做强林矿和旅游产业的思考/曾凡//理论导报 2006-03

⊙ 整合资源凸显优势打造特色太湖山水城旅游度假区加快发展观光农业/华松林//江苏农村经济 2006-03

⊙ 整和旅游资源打造旅游经济——鲁西京九沿线旅游经济发展前景探析/付景远//商场现代化 2006-23

⊙ 整体开发三峡黄金旅游带的路径探讨/王孝德//中国社会科学院研究生院学报 2006-06

⊙ 正确处理旅游小城镇发展中的六个关系/邵琪伟//城乡建设 2006-07

⊙ 正确认识和处理我国旅游业发展的几种关系/周清清//科技经济市场 2006-12

⊙ 郑汴一体化背景下开封旅游业发展研究/程遂营//人文地理 2006-02

⊙ 郑州市旅游农业开发模式及发展探析/宋彦峰//内蒙古农业科技 2006-04

⊙ 郑州市农业旅游开发 SWOT 分析/汤晓莉　谢丽//中国可持续发展论坛——中国可持续发展研究会 2006 学术年会

⊙ 郑州市农业旅游开发 SWOT 分析/汤晓莉//农村经济与科技 2006-12

⊙ 政府如何发挥在旅游发展战略中的主导作用/郑燕萍//中国市场 2006-23

⊙ 政府行为与遗产地保护/汪明林//西南民族大学学报（人文社科版）2006-03

⊙ 政府主导培育市场挖掘内涵——从“九寨沟”看欠发达地区风景名胜区的开发/邹再进//农村经济与科技 2006-05

⊙ 政府主导型旅游产业发展机制基本形成/郭建祥　孟柯//广元日报 2006-10-17

⊙ 政府主导整合营销做大市场/冯华国//中国旅游报 2006-01-18

⊙ 知识观光：中国研究的知识伦理框架/石之瑜//社会科学 2006-02

⊙ 芷江县发展文化旅游的 SWOT 分析及对策探讨/田官平//怀化学院学报 2006-10

⊙ 制度、技术、管理：中国旅游产业化成长的制度安排/沈和江//石家庄学院学报 2006-03

⊙ 中部地区旅游产业培育研究/宋德勇//资源与产业 2006-04

⊙ 中部地区区域旅游合作/张慧霞//经济地理 2006-04

⊙ 中部崛起资源水利与生态水利并举/李绍虎//人民长江 2006-11

⊙ 中部五省区域旅游合作基础与前景分析/张新//时代经贸（理论版）2006-04

⊙ 中等休闲网游将成为热点/于致//中国文化报 2006-01-16

⊙ 中国奥运旅游可持续发展对策研究/郭瑞华//河北体育学院学报 2006-02

⊙ 中国产业结构变迁中的休闲产业/王晓杰//中国市场 2006-44

⊙ 中国出境旅游发展及其影响的初步研究/马波//旅游学刊 2006-07

⊙ 中国出境旅游人口规模的增长、原因及趋势/王晓峰//人口学刊 2006-06

⊙ 中国出入境旅游发展思路/陈福义//湖南商学院学报 2006-05

⊙ 中国传统服饰文化的旅游价值及其开发初探/杨玉蓉//衡阳师范学院学报 2006-03

⊙ 中国大学城的旅游开发初探——以南京仙林大学城为例/殷红卫//安徽农业科学 2006-21

⊙ 中国的龙凤：保护文化与自然的精华/叶文智//风景名胜 2006-07

⊙ 中国-东盟自由贸易与广西民族体育旅游资源开发/范纯//体育学刊 2006-03

⊙ 中国各地区旅游收入分析与对策初探/卢鹏//商场现代化 2006-12

⊙ 中国工业遗产旅游开发的市场机制分析/季玉群//文化遗产保护与旅游发展国际研讨会 2006

⊙ 中国古代旅游伦理思想述略/李渌//贵州大学学报（社会科学版）2006-05

⊙ 中国古典园林文化内涵在旅游活动中的价值挖掘/黄传岭//安徽农业科学 2006-12

⊙ 中国古都文化的特点及旅游开发/尹钧科//上海城市管理职业技术学院学报 2006-02

⊙ 中国观光农业发展态势/王婉飞//经济地理 2006-05

⊙ 中国观光农业现状分析及对策研究/李翔宇//九江学院学报（自然科学版）2006-01

⊙ 中国观鸟旅游发展现状及对策/廖明旗//湖南农业大学学报（社会科学版）2006-04

⊙ 中国红色旅游资源空间结构分析/魏鸿雁//资源开发与市场 2006-06

⊙ 中国节庆民俗中的狂欢文化及其旅游开发原则/张金岭//西南民族大学学报（人文社科版）2006-08

⊙ 中国进入“旅游产业系统升级”新阶段（上）/林峰　杨光//中国旅游报 2006-12-11

⊙ 中国进入“旅游产业系统升级”新阶段（下）/林峰　杨光//中国旅游报 2006-12-18

⊙ 中国旅游：以促销迎战营销？/面包//广告大观（综合版）2006-03

⊙ 中国旅游产业发展中的政府职能定位分析/蒋莎//云南地理环境研究 2006-05

⊙ 中国旅游产业转型与旅游产业政策选择/唐留雄//财贸经济 2006-12

⊙ 中国旅游地产异军突起/谢红玲//中国经营报 2006-12-04

⊙ 中国旅游电子商务发展现状及对策/陈丹红//经济研究导刊 2006-01

⊙ 中国旅游发展及在亚太旅游经济中的地位和作用分析/缪芳//商业经济 2006-08

⊙ 中国旅游扶贫研究综述/曾本祥//旅游学刊 2006-02

⊙ 中国旅游经济综合实力的变动分析/邓琼芬//衡阳师范学院学报 2006-03

⊙ 中国旅游就业增长方式研究——引入环境压力因素的生产函数分析/魏翔//财经研究 2006-09

⊙ 中国旅游业发展质量的定量评价研究/陈秀琼//旅游学刊 2006-09

⊙ 中国民俗博物馆旅游开发的遗产经济学研究/周玮//特区经济 2006-10

⊙ 中国农业生态旅游发展的现状及对策/吕鹤剑//陕西农业科学 2006-01

⊙ 中国入境旅游经济的区域差异分析/曾军//经济问题探索 2006-12

⊙ 中国生态旅游的研究现状与前瞻/史冬防//河北理工学院学报（社会科学版）2006-01

⊙ 中国省区旅游竞争力的测度与评价/王凯//湖南师范大学自然科学学报 2006-02

⊙ 中国湿地生态旅游开发研究——以东洞庭湖湿地为例/盛正发//云南地理环境研究 2006-04

⊙ 中国世界地质公园的资源类型、特点、现状及开发保护建议/余菡//经济地理 2006-S2

⊙ 中国世界文化遗产的保护与旅游开发——以敦煌莫高窟为例/张瑛//思想战线 2006-02

⊙ 中国世界遗产地高端旅游经营理念的选择与设计/王子新//科技咨询导报 2006-08

⊙ 中国是最具生机的旅游目的地/彭志凯//商务周刊 2006-20

⊙ 中国太空旅游发展条件分析/秦志英//重庆教育学院学报 2006-06

- 中国温泉旅游产业需要规范与提升/向风 温文//中国旅游报 2006 -03 -22
- 中国武术旅游资源的开发前景/贾海如//体育成人教育学刊 2006 -04
- 中国西部地区旅游开发与旅游扶贫/张小利//湖南农业大学学报（社会科学版）2006 -06
- 中国乡村旅游：现状、热点与薄弱环节/程遂营//旅游学刊 2006 -04
- 中国乡村旅游研究述评/唐代剑//杭州师范学院学报（社会科学版）2006 -02
- 中国行政区经济对旅游资源开发的影响分析/贾志宏//云南地理环境研究 2006 -01
- 中国休闲消费结构：实证分析与优化对策/郭鲁芳//浙江大学学报（人文社会科学版）2006 -05
- 中国沿海岛屿旅游发展分析/郑向敏//桂林旅游高等专科学校学报 2006 -03
- 中国沿海经济驱动型岛屿旅游发展模式分析/饶品样//桂林旅游高等专科学校学报 2006 -06
- 中国优秀旅游城市空间分布及其动力机制研究/黎筱筱//干旱区资源与环境 2006 -05
- 中国竹文化旅游资源解析/王富德//北京第二外国语学院学报 2006 -03
- 中国主题景区发展态势分析——基于国家 A 级旅游区（点）的统计/吴必虎//地理与地理信息科学 2006 -01
- 中日韩三国“绿色旅游”的理念与现状/慎丽华//中国海洋大学学报（社会科学版）2006 -04
- 中山陵风景区（紫金山）森林景观建设的研究/万志洲//中国城市林业 2006 -03
- 中山陵园风景区国内客源市场空间结构演变及因素分析/张瑜//苏州科技学院学报（自然科学版）2006 -01
- 中式建筑赏析与旅游资源开发/王尧//职业技术 2006 -24
- 中外分时度假发展的比较研究/郭雅婷//哈尔滨商业大学学报（社会科学版）2006 -05
- 中外乡村旅游地开发研究比较分析——兼论中国乡村旅游地开发的问题与对策/刘承良//湖北大学学报（自然科学版）2006 -01
- 中西生态旅游开发之比较研究/赵晶//科技资讯 2006 -08
- 中小景区竞争力提升研究/林传红//特区经济 2006 -08
- 中小旅游城市发展会展旅游的思考——以武夷山为例/祁少华//南平师专学报 2006 -02
- 中印旅游业发展比较及合作前景展望/郭卫娜//中国地理学会 2006 年学术年会
- 中岳嵩山宗教旅游开发研究/宋云飞//河南机电高等专科学校学报 2006 -01
- 重庆红色旅游资源分析及开发研究/王嘉//涪陵师范学院学报 2006 -05
- 重庆旅游产业集聚发展研究/陈绍友//经济地理 2006 -05
- 重庆旅游商品营销策略/王志芬//商场现代化 2006 -30
- 重庆民族旅游资源开发研究/李旭东//重庆工学院学报 2006 -12
- 重庆农业资源与农村生态旅游开发初探/郭庆//重庆科技学院学报（社会科学版）2006 -05
- 重庆市北碚区旅游业可持续发展的战略思考/江燕玲//重庆文理学院学报（自然科学版）2006 -03
- 重庆市旅游产业价值链分析及其整合思路/李伟//经济前沿 2006 -07
- 重庆市旅游商品市场发展研究/毛长义//江苏商论 2006 -02
- 重庆市农业旅游发展论略/余剑晖//安徽农业科学 2006 -19
- 重庆市生态旅游的初步研究/王丽丽//牡丹江师范学院学报（自然科学版）2006 -04
- 重庆市万盛区旅游业与城镇化协调发展初探/刘艳//重庆师范大学学报（自然科学版）2006 -02
- 重庆市温泉旅游产业发展的基本构想/赵小鲁//集团经济研究 2006 -13
- 重庆市中山古镇旅游开发探讨/罗能//重庆职业技术学院学报 2006 -06
- 重庆市宗教旅游开发模式及发展战略措施/叶昌建//涪陵师范学院学报 2006 -03
- 重庆四面山风景区森林生态现状、演替趋势及可持续发展对策/张祖荣//重庆文理学院学报（自然科学版）2006 -01
- 重庆温泉旅游资源开发研究/刘焱//重庆邮电学院学报（社会科学版）2006 -02
- 重视文物保护和旅游开发/郭敏//安阳日报 2006 -09 -27
- 州政协建言文化旅游产业发展/熊秀兰//楚雄日报（汉）2006 -05 -19
- 周庄：发展旅游产业建设水乡名镇//小城镇建设 2006 -08
- 周庄古镇生命周期研究/庄秀琴//商场现代化 2006 -03
- 株洲市仙庾岭农业生态旅游开发 SWOT 分析/傅丽华//株洲师范高等专科学校学报 2006 -02
- 珠海从“观光”向“休闲”转型已成气候/尹鸿//中国旅游报 2006 -04 -21
- 珠海海岛旅游的特点及政策探讨/白桂//海洋开发与管理 2006 -04
- 珠江流域民族文化与生态旅游开发研究——以贵州段为分析个案/杨春宇//学术探索 2006 -01
- 珠江南田温泉：全力打造温泉度假第一品牌/杨仁忠//中国质量与品牌 2006 -05
- 珠江南田温泉：全力打造温泉度假第一品牌/张永康//中国质量与品牌 2006 -Z1
- 珠江三角洲城市旅游竞争力空间结构体系初探/黄耀丽//地理研究 2006 -04
- 诸葛村文物保护与旅游管理体制/诸葛坤亨//今日国土 2006 -Z4
- 诸暨休闲旅游产业发展呈现多元化/边炬光 周仕荣//江南游报 2006 -07 -13
- 诸暨休闲旅游产业强势推进/边炬光 周仕荣//华东旅游报 2006 -08 -24
- 竹富岛村落中的景观保护和旅游开发/西山德明//今日国土 2006 -Z4
- 竹乡旅游初探——以江西省崇义县为例/鲁澎//北京第二外国语学院学报 2006 -05
- 主题公园的策划/徐晓芬//中华建设 2006 -Z1
- 主题公园与历史文化名城互动发展研究——以开封市清明上河园为例/侯新冬//桂林旅游高等专科学校学报 2006 -03
- 注重五个坚持促进旅游产业跨越式发展/张开朗//山东政报 2006 -18
- 抓好重点景区建设加快旅游经济发展/李菲//绍兴日报 2006 -03 -14
- 抓住奥运机遇，加快青岛海洋旅游发展/柏鹤//长春师范学院学报 2006 -10
- 抓住机遇坚定信心突出重点全力推进楚雄文化旅游产业的发展/楚雄州旅游局//楚雄日报（汉）2006 -06 -30
- 抓住机遇锁定目标加快发展文化旅游产业/李光辉 符文华//楚雄日报（汉）2006 -07 -05
- 抓住巨大机遇加快旅游业发展/尼玛潘多//西藏日报 2006 -04 -06
- 转变经济增长方式的新起点——普定县发展乡村旅游对策分析/程松涛//理论与当代 2006 -09
- 转型时期中国国际旅游经济波动：原因、特征及对策/韩东林//统计教育 2006 -04
- 转型时期中国海滨度假地衰退研究——以烟台牟平养马岛为例/刘俊//旅游科学 2006 -06
- 着眼于科学发展观发展海洋旅游经济/胡念望//温州日报 2006 -06 -03
- 资源开发中的生态环境问题/徐龙君//环境科学与技术 2006 -01
- 紫蓬山国家森林公园生态旅游业的 SWOT 分析/任平//中国农学通报 2006 -09
- 紫鹊界梯田景观资源与旅游开发/何丽芳//国土与自然资源研究 2006 -04

⊙ 自驾车旅游市场的特征及其产品开发——以“泛珠三角”区域为例/张文敏//商讯商业经济文荟 2006－03
⊙ 自然保护区的生态旅游市场开拓研究——以纳板河流域国家级自然保护区为例/严峻//市场论坛 2006－08
⊙ 自然保护区开展生态旅游的现状与保障措施/董海山//西北林学院学报 2006－05
⊙ 自然保护区开展生态旅游之保护法规缺陷及对策研究/李晟之//社会科学家 2006－03
⊙ 自然保护区生态旅游的开发与管理/彭若木//科技资讯 2006－04
⊙ 自然保护区生态旅游规划研究现状与展望/孔凡斌//世界林业研究 2006－05
⊙ 自然保护区生态旅游开发初探——以喀纳斯自然保护区为例/张春香//新疆师范大学学报（自然科学版）2006－03
⊙ 自然保护区生态旅游开发潜力评价研究——以江西鄱阳湖国家级自然保护区为例/黄晓凤//江西农业大学学报 2006－03
⊙ 自然保护区生态旅游状况分析及对策研究——以长白山自然保护区为例/王金伟//长春大学学报 2006－10
⊙ 宗教和生态相结合的旅游资源开发模式的实践研究——新都宝光寺个案研究/王喜莲//商场现代化 2006－30
⊙ 总结旅游开发经验推进旅游产业稳步发展/韦毓璋//贵州政协报 2006－11－07
⊙ 走出乡村旅游开发的误区/石新荣//瞭望 2006－43
⊙ 走近观光农业/刘文波//农产品市场周刊 2006－14
⊙ 走进农业生态观光园/吴世灯//福建科技报 2006－12－22
⊙ 走进武夷文化的大观园/黄大维//闽北日报 2006－03－17
⊙ 走向世界文化遗产的南京明城墙——南京明城墙保护利用及旅游开发研究/徐茜　尚凤标//文化遗产保护与旅游发展国际研讨会 2006
⊙ 组织生态学视角下的岩溶天坑旅游整合开发研究——以乐业大石围天坑群为例/彭惠军//生态经济 2006－04
⊙ 最具活力的休闲渔业/张金宗//农家科技 2006－08
⊙ 遵义海龙囤军事城堡保护与开发的研究/吕虹//贵州工业大学学报（社会科学版）2006－05
⊙ 遵义县整合资源打造旅游产业/陈富强//贵州日报 2006－02－13
⊙ 做大红色旅游产业形成新的经济增长点——赣南红色资源考察/郭起浪//商场现代化 2006－09
⊙ 做大柳文化品牌提升永州旅游产业品味/何晶//湖南省社会主义学院学报 2006－02
⊙ 做大品牌加快发展——吉林市发展旅游经济纵横谈/王艳春//新长征（党建版）2006－06
⊙ 做大做强旅游产业/邓伟//老区建设 2006－10
⊙ 做大做强旅游产业/栾哲//吉林日报 2006－03－02
⊙ 做大做强旅游产业/王兴//汉中日报 2006－03－02
⊙ 做强大瀛湖生态旅游是突破发展旅游产业的切入点/田丕//安康日报 2006－09－07
⊙ 做强做活广东休闲渔业的对策建议/李福顺//中国水产 2006－10
⊙ 做强做优上海铁路国际旅行社的几点思考/陈以昭//上海铁道科技 2006－01
⊙ “2006 中国乡村游”思考/刘晓芬//内蒙古财经学院学报 2006－06
⊙ “2010”引擎上海都市旅游/宋长海//中国会展 2006－23
⊙ “5 天工作制”带动韩国旅游产业新发展/李保荣//中国旅游报 2006－12－15
⊙ “吃”与“购”赤峰旅游经济发展的“软肋”/瑞明//赤峰日报 2006－11－17
⊙ “大桂林”体育旅游资源开发情况调查——“富裕广西”建设视角下的“大桂林”体育旅游资源开发研究/钟学思//沿海企业与科技 2006－11
⊙ “大湘西”旅游客源结构特征的调查研究分析/刘长生//桂林旅游高等专科学校学报 2006－02
⊙ “大湘西”民俗旅游资源的开发与保护/林龙飞//民族论坛 2006－08
⊙ “定远”舰旅游项目 SWOT 分析及营销战略选择/朱峰//商场现代化 2006－03
⊙ “敦煌飞天”“酒泉航天”凸显酒泉旅游产业魅力/郭军　陈思侠//酒泉日报 2006－04－28
⊙ “泛珠”背景下的江西旅游资源开发研究/邓燕萍//井冈山学院学报 2006－05
⊙ “泛珠—东盟”旅游合作的发展对策研究/何颖//广西社会科学 2006－12
⊙ “泛珠三角”区域旅游合作与江西旅游产业发展/邓燕萍//江西行政学院学报 2006－04
⊙ “泛珠三角”生态旅游资源开发与后发优势整合/张亚芬//中国生态学会 2006 学术年会
⊙ “负责任旅游”概念的起源与发展/张帆//旅游科学 2006－06
⊙ “红色旅游”对相对成熟旅游地客流量的拉升作用——以武夷山为例/董霞//北京第二外国语学院学报 2006－03
⊙ “红色旅游”应摒弃“权力审美”/耿银平//思想政治工作研究 2006－07
⊙ “假日经济”文章如何做/张艳//安徽经济报 2006－03－07
⊙ “两廊一圈”建设与中越旅游合作/廖国一//广西师范大学学报（哲学社会科学版）2006－01
⊙ “旅游体验”视角下的特色旅游开发与管理问题探讨——以我国北方沙漠旅游为例/黄耀丽//人文地理 2006－04
⊙ “绿眉毛”与“哥德堡”的对话——我们需要什么样的旅游经济？/陈道馥//经济 2006－09
⊙ “门票经济”向“产业经济”转换——首届河南文化遗产日“免费游”引发的思考/郭立珍//价格理论与实践 2006－05
⊙ “农家乐”都市休闲流行风/王勇//中国供销商情·村官 2006－03
⊙ “农家乐”发展中政府的“缺位”与“越位”/何景明//旅游学刊 2006－03
⊙ “农家乐”旅游中的环境问题及对策/袁定明//农业与技术 2006－03
⊙ “农家乐”已成新的经济增长点/赵丹　李国华//嘉兴日报 2006－03－16
⊙ “农业公园”带来休闲新乐趣//文汇报 2006－02－25
⊙ “三色旅游”战略发展研究——基于海峡西岸经济区建设背景/郑向敏//福建行政学院福建经济管理干部学院学报 2006－06
⊙ “十一”黄金周：透视赤峰“假日经济”/江平//赤峰日报 2006－10－13
⊙ “十一五”期间促进内蒙古旅游业发展的财政思路与对策/温俊祥//内蒙古财经学院学报 2006－04
⊙ “十一五”时期重庆旅游业发展的几点思考/谢媛媛//特区经济 2006－12
⊙ “书圣”王羲之与临沂旅游开发/高秀英//兰台世界 2006－19
⊙ “丝绸之路”甘肃段体育旅游资源开发策略研究/孟峰年//甘肃农业 2006－11
⊙ “四主”开发：旅游带动新农村建设的成功模式——对武汉市黄陂区开发乡村旅游产业情况的调查与思考/王世益//长江论坛 2006－04
⊙ “天人合一”的道家思想与生态旅游——以山东省道教名山的生态旅游开发为例/陈海鹏//社科纵横（新理论版）2006－01
⊙ “文化的旅游化”与“旅游的文化化”/李萌//中国旅游报 2006－03－10
⊙ “文化再造”促进江苏旅游经济升级/周伟明//中国旅游报 2006－07－31
⊙ “五·一”黄金周回顾与思考/封丹//科技智囊 2006－06
⊙ “新三峡”旅游业提档升级研究/杨钢//重庆教育学院学报 2006－03

◎“新五区”全面升级四川旅游/刘鲁　张婷婷//成都日报 2006-05-10
◎“休闲元年”：“休闲小康指数”标记中国变迁/宋振远　张景勇　李丽静　何德功　杨骏//新华每日电讯 2006-05-03
◎“中国古都文化与现代旅游发展研讨会”综述/李令福//上海城市管理职业技术学院学报 2006-01
◎“中途岛”型旅游目的地开发研究——以湖南省永顺县王村古镇为例/胡晓苒//经济地理 2006-S2

体育产业

2002 年

◎2000 万，新浪豪赌体育产业/赵明//中国经济时报 2002-07-05
◎2002：奥运经济初露端倪/刘莉莉//市场报 2002-12-28
◎2002 年北京国际体育与休闲设施及用品博览会即将在京举行//体育学刊 2002-02
◎2002 年韩国足球世界杯意味着什么/张广瑞//首都经济 2002-11
◎2002 年世界杯体育彩票游戏规则/闻集//体育博览 2002-06
◎2002 年世界杯足球赛中国观众收视意愿调查报告//大市场·广告导报 2002-05
◎2002 世界杯中国收视空前的成功/Pierre Justo//中国广告 2002-08
◎2008 年奥运会北京的机遇与挑战/徐江善//记者观察 2002-09
◎2008 年奥运会带给广告教育的机遇/耿凯燕//北京联合大学学报 2002-S1
◎2008 年奥运会对北京经济发展的影响/张玉超//体育学刊 2002-04
◎2008 年奥运会对北京通信行业发展的影响研究/马玉娟//电信建设 2002-06
◎2008 年奥运会对山东旅游业的影响及对策/王志东//财贸经济 2002-11
◎2008 年奥运会对我国社会经济及大众体育文化的影响/宋光春//体育文化导刊 2002-06
◎2008 年奥运会对中国政治的影响/程传银//体育文化导刊 2002-02
◎2008 年奥运会我国体育人力资源储备情况分析/李颖川//首都体育学院学报 2002-04
◎2008 年奥运奖牌战略探讨/骆功建//山东体育科技 2002-12-15
◎2008 年北京奥运会对当代中国政治、经济、文化的综合效应/喻坚//山东体育学院学报 2002-03
◎2010 年中国体育发展社会环境的研究/李益群//体育学刊 2002-05
◎21 世纪初我国康体产业的发展趋向/罗思宁//体育学刊 2002-04
◎21 世纪初我国体育场馆设施及其经营管理的探索/陈鑫//西安体育学院学报 2002-01
◎21 世纪高校体育市场化所面临的问题/常伟//山东师范大学学报（自然科学版）2002-04
◎21 世纪我国体育产业发展趋势与策略/王桂忠//安徽体育科技 2002-02
◎21 世纪我国体育产业发展战略/韩晶//玉林师范学院学报 2002-02
◎21 世纪我国体育产业发展之管见/张加军//湖北体育科技 2002-01
◎CBA 与 NBA 文化差异的比较研究/吴建逊//韶关学院学报（自然科学版）2002-09
◎F1 向中国人招手/葛帮宁//中国商报 2002-12-20
◎NBA 篮球市场与 CBA 篮球市场对比分析/孔柏//辽宁体育科技 2002-03
◎NIKE 踏遍五洲，舍我其谁？——耐克：给体育用品一个“500 强”的位置/仲英//中外企业文化 2002-08
◎TOM，体育产业漂亮的“三级跳”/胡军庆//财经时报 2002-08-23
◎WTO 基本规则与我国体育用品业发展策略探讨/高亮//四川体育科学 2002-03
◎WTO 与我国体育产业/孙启建//池州师专学报 2002-03
◎WTO 与我国体育产业发展/雷选沛//湖北日报 2002-12-17
◎WTO 与中国体育产业/陈慧敏//中国经贸 2002-01
◎安徽省青少年体育俱乐部发展现状与运行模式研究/汪伟信//安徽体育科技 2002-03
◎奥运，在我们心中/吴东//北京日报 2002-07-20
◎奥运：一个需要法律支撑的产业//经济日报 2002-06-07
◎奥运催生中国体育经济新概念/何文//经理日报 2002-06-22
◎奥运会：申办标志能成为举办标志吗？/张旭光//中国体育（中英文版）2002-06
◎奥运会的“人力资本”战略//市场报 2002-03-09
◎奥运会的规模控制与可持续发展/张红坚//成都体育学院学报 2002-02
◎奥运会对主办地的经济影响/付磊//改革与理论 2002-10
◎奥运会经济与北京空间结构调整/赵燕菁//城市规划 2002-08
◎奥运会举办国场地建设规划及场（馆）后期的利用/王跃新//中国体育科技 2002-03
◎奥运会明年将为市场提供三大机会//中国建筑金属结构 2002-12
◎奥运会投融资方式可以多种多样/魏幻中//市场报 2002-08-10
◎奥运会营销产生的经济影响分析/周建梅//武汉体育学院学报 2002-03
◎奥运会预算风险管理//市场报 2002-06-22
◎奥运会桌椅板凳都是金/姚意克//科技日报 2002-07-14
◎奥运经济下的体育产业/魏纪中//市场报 2002-11-09
◎奥运经济与我国体育产业化/龚坚//西南民族学院学报（哲学社会科学版）2002-05
◎奥运商机对我国经济的推动作用/高爱民　李梦义　王贵民　沈丽云//河北体育学院学报 2002-02
◎奥运与北京——北京城市发展的机遇与挑战/王兵　陈晓民　刘康宏//时代建筑 2002-05-18
◎奥运这块“蛋糕”怎么吃？/卢静//中国体育（中英文版）2002-01
◎把体育健身的蛋糕做大/石英杰//湖南经济报 2002-05-29
◎北京 2008 年奥运会对中国旅游业影响的分析与预测/卫海燕//中国地理学会 2002 年学术年会
◎北京奥运会对我国经济的影响/卓武扬//经济论坛 2002-12
◎北京奥运会对中国经济发展的影响/杨军//经济界 2002-01
◎北京奥运会对中国相关产业促进作用/喻坚//解放军体育学院学报 2002-03
◎北京奥运会对中国意味着什么？/徐美红//中学政治教学参考 2002-02
◎北京奥运会市场开发前景乐观/汪大昭//人民日报 2002-10-24
◎北京奥运会是国内企业创品牌的良机/刘广//中国体育（中英文版）2002-06
◎北京奥运会与中国体育发展/熊斗寅//体育与科学 2002-06
◎北京奥运会组委会保护奥林匹克标志/左常睿//科技日报 2002-03-09
◎北京奥运会组委会法律事务部李雁军谈组委会如何对付侵权行为/杨爱军//工商行政管理 2002-09
◎北京奥运会组委会未授权任何企业使用奥林匹克标志/李家杰　罗京生//光明日报 2002-03-09

- 竞技武术进入奥运会的展望/桑全喜//菏泽师范专科学校学报 2002－02
- 竞技武术套路进入北京奥运会的可行性研究/陈根福//苏州大学学报（自然科学版）2002－03
- 竞技武术与奥运会项目改革/李杰//体育文化导刊 2002－04
- 竞赛表演产业及其市场构成/陈云开//天津体育学院学报 2002－03－30
- 竞赛表演服务生产与消费过程的整合/陈云开//上海体育学院学报 2002－04
- 俱乐部—德国体育组织的基本形式/之文//中国财经报 2002－09－21
- 军人体育消费现状调查研究/李之文//解放军体育学院学报 2002－01
- 开发体育产业市场　加快青海经济发展/郜建海//青海民族学院学报（社会科学版）2002－01
- 开高校体育产业走向市场之先河——论南京工程学院与“VICTOR”公司的合作/马勇//南京体育学院学报（社会科学版）2002－06
- 开掘体育产业的“金山”/章新民//浙江日报 2002－04－19
- 科技为 2008 年奥运会“助跑”/张洪//大众科技报 2002－05－28
- 科健以体育打响品牌推销战//通信世界 2002－21
- 肯德基麦当劳拼抢世界杯/溢文//中国质量报 2002－05－21
- 李小双谈体育产业/刘荻//深圳商报 2002－01－27
- 良性互动　相得益彰——论体育产业与新闻媒介的融合/高山//新闻爱好者 2002－10
- 亮出足球文化的品牌/汪大昭//人民日报 2002－05－18
- 辽宁将打造体育产业“航母”/张渺//辽宁日报 2002－01－30
- 辽宁体育：为了市场宁舍主场/刘志向　范春生//新华每日电讯 2002－2－19
- 辽宁体育产业发展的现状及设想/宋凯//辽宁体育科技 2002－06
- 领会人文奥运内涵　谋划文化跨越发展/孙世纪//中国文化报 2002－01－19
- 六大因素制约中国彩票兴旺/欧阳煌//中国财经报 2002－02－06
- 略论 WTO 与我国体育产业的发展对策/余近能//广州体育学院学报 2002－03
- 略论体育消费的社会功能及其发展趋势/孙颖//成都中医药大学学报（教育科学版）2002－02
- 论北京奥运和我国体育用品业的发展/罗建英//浙江体育科学 2002－04
- 论高校体育产业化前景展望/罗耀华//聊城师院学报（自然科学版）2002－04
- 论高校体育健身娱乐市场与体育产业化发展/韦丽春//河池师专学报 2002－04
- 论黑龙江冰雪体育产业人才的培养/阚军常//冰雪运动 2002－01
- 论滑雪场及周边城镇建设与房地产开发的互动关系/郑欢　刘春杰//商业研究 2002－06－25
- 论基层群众体育俱乐部对发展群众体育的影响/蒋诗泉//南京体育学院学报（社会科学版）2002－01
- 论健康意识对我国体育产业发展的影响/詹桂庆//重庆职业技术学院学报 2002－01
- 论扩大我国体育消费需求的文化障碍/喻坚//哈尔滨体育学院学报 2002－01
- 论民族传统体育的综合创新及其产业化发展/龙佩林//西安体育学院学报 2002－04
- 论全民健身与民族传统体育的综合创新/龙佩林//首都体育学院学报 2002－02
- 论申奥对推进我国体育产业化的作用/金晓阳//辽宁体育科技 2002－01
- 论市场经济中体育产业与事业的协调发展/彭艳//体育科技 2002－03
- 论体育产业的经营思想及战略选择/钟成//武汉体育学院学报 2002－01
- 论体育产业在西部大开发中的发展/吴长稳//呼兰师专学报 2002－04
- 论体育产业之界定/杨年松//解放军体育学院学报 2002－01
- 论体育产业中开展市场调查的现状与认知/张怀君//体育与科学 2002－01
- 论体育对经济发展的作用/郜建海//青海大学学报（自然科学版）2002－02
- 论体育广告策划与经营/吴伟　沈仑　张才成//北方经贸 2002－03
- 论体育经济运行机制的结构和功能/黄晓春//成都体育学院学报 2002－03
- 论体育事业与体育产业的内涵及二者的关系/张岩//成都体育学院学报 2002－02
- 论体育消费水平/傅砚农//体育学刊 2002－02
- 论体育消费与经济增长的相互促进作用/许斌//解放军体育学院学报 2002－03
- 论体育用品的品牌战略/孙克成//体育文化导刊 2002－06
- 论我国的新兴娱乐文化———娱乐体育的发展/姚鑫//贵州师范大学学报（社会科学版）2002－01
- 论我国体育产业的现状及发展趋势/徐金兰//青海师范大学学报（自然科学版）2002－03
- 论我国体育产业现状与可持续发展对策/宋光春//福建体育科技 2002－03
- 论武术产业化趋势与武术发展研究/初学玲　孙刚　刘篷翔　李成银//西安体育学院学报 2002－02
- 论武术的文化推广/程志理//南京体育学院学报（社会科学版）2002－05
- 论学校体育产业的特点与运作/何敬东//临沂师范学院学报 2002－06
- 论知识经济条件下我国体育产业的发展/胡光才//成都体育学院学报 2002－02
- 论中国加入 WTO 后体育产业的发展前景与应对策略/苏训诚//哈尔滨体育学院学报 2002－02
- 论中国群众体育消费的法制环境建设/李晨峰//山西师大体育学院学报 2002－04
- 论中国足球市场化趋势/曲哲　郭兰翠　王润复//广州体育学院学报 2002－01
- 罗湖区体育产业化发展在现代服务业中的地位和作用的研究报告/黄瑞儒//经济前沿 2002－12
- 美国体育产业发展与现状/刘斌//市场报 2002－03－02
- 美国银行竞相投资体育产业/冯薪薪编译//市场报 2002－03－23
- 瞄准姚明离去的空白点体育品牌“绝地反击”/吴晓燕//中国经营报 2002－12－02
- 民间体育俱乐部在社区发芽/李磊//中国体育报 2002－09－17
- 民间资本参与：悉尼奥运会的经验/何小锋//市场报 2002－07－27
- 民族传统体育产业发展与西部民族地区文明进程互动研究论纲/胡建文//哈尔滨体育学院学报 2002－04
- 民族传统体育文化产业与旅游产业的互动发展研究/田祖国//南京体育学院学报（社会科学版）2002－03
- 民族传统体育文化的传承方式和途径/陈婕//体育文化导刊 2002－05
- 民族传统体育消费导论/白晋湘//西安体育学院学报 2002－01
- 名牌工程：入世后我国体育用品业的必然选择/陈立农//体育文化导刊 2002－01
- 名牌战略与体育用品标准化的探讨/曾洪林//成都体育学院学报 2002－03
- 内陆城镇居民体育消费现状的研究/武胜奇//南阳师范学院学报 2002－02
- 内蒙古大学生与浙江省大学生体育消费比较研究/李凤新//内蒙古师范大学学报（自然科学汉文版）2002－02
- 耐克绝活：体育营销　品牌经营　虚拟生产/袁春生//中外企业家 2002－06
- 宁、青提出体育产业奋斗目标/覃永年//中国体育报 2002－04－01

◎ 体育产业化的经济学探讨/章丽萍//浙江工程学院学报 2002 - 03
◎ 体育产业化对高校体育教育的影响/刘京燕//首都体育学院学报 2002 - 01
◎ 体育产业化进程中的税收问题探析/穆瑞玲//广州体育学院学报 2002 - 02
◎ 体育产业化进程中的制度创新理论研究/梁进//天津体育学院学报 2002 - 02
◎ 体育产业价值链管理初探/肖淑红//价值工程 2002 - 06
◎ 体育产业将成为新的经济增长点/陈锡辉//中国经贸 2002 - 02
◎ 体育产业将占 GDP0.3%/刘凡//市场报 2002 - 03 - 16
◎ 体育产业经营人才培养模式探析/平杰//上海体育学院学报 2002 - 03
◎ 体育产业开发政策研究/崔东//体育科研 2002 - 03
◎ 体育产业可成为我国新的经济增长点/梁源//广西经济管理干部学院学报 2002 - 01
◎ 体育产业面对"入世"的思考/沈钧毅//山西师大体育学院学报 2002 - 03
◎ 体育产业融资渠道/朱雪尘//英才 2002 - 11
◎ 体育产业是精神产品/魏纪中//市场报 2002 - 12 - 21
◎ 体育产业挑战"极限"/卢小平//大经贸 2002 - 03
◎ 体育产业——我国新兴产业/王豫//洛阳工业高等专科学校学报 2002 - 03
◎ 体育产业吸引 IT 业目光/屈晓燕//人民日报 2002 - 08 - 27
◎ 体育产业新书多/刘沂//中国体育报 2002 - 03 - 22
◎ 体育产业要善打品牌战略/薛士学//经济论坛 2002 - 19
◎ 体育产业要实现"六化"//市场报 2002 - 09 - 28
◎ 体育产业迎来朝阳/丁艳艳//科技日报 2002 - 04 - 28
◎ 体育产业——用资本充气/裘寅//解放日报 2002 - 11 - 30
◎ 体育产业与体育产业化概念之辨析/高晓发//广州体育学院学报 2002 - 03
◎ 体育产业与体育事业关系论析/林祖明//北京体育大学学报 2002 - 06
◎ 体育产业在农村的发展前景及农村市场开发方向的探索/冯艳//安徽体育科技 2002 - 03
◎ 体育产业在西部大开发中的发展/吴长稳//呼兰师专学报 2002 - 04
◎ 体育产业在中国经济中升腾/鲍明晓//市场报 2002 - 01 - 12
◎ 体育产业直面 WTO/杨军//体育学刊 2002 - 04
◎ 体育场馆多是包袱还是财富//经济日报 2002 - 07 - 19
◎ 体育场馆面向市场才有生命力/邢长发//市场报 2002 - 11 - 16
◎ 体育场馆能否一卖了之/张旭光//中国体育报 2002 - 02 - 27
◎ 体育搭乘假日经济巨轮/高雯//市场报 2002 - 10 - 19
◎ 体育登上经济舞台/沈锐//市场报 2002 - 08 - 03
◎ 体育健身市场及其营销策略研究/顾雪兰//经济经纬 2002 - 04
◎ 体育健身娱乐市场与全民健身需求的研究/郭天荣//沈阳体育学院学报 2002 - 02
◎ 体育节目如何适应体育产业的发展/岑传理//现代传播 2002 - 04
◎ 体育经纪人怎么玩转商业体育/林寒星//中国劳动保障报 2002 - 08 - 28
◎ 体育经济强劲成长/宗宗//经理日报 2002 - 06 - 22
◎ 体育明星争当 IT 产品形象代言人/高赛//光明日报 2002 - 04 - 17
◎ 体育牌该怎么打——关于现代汽车世界杯计划的思考/刘德全//政策与管理 2002 - 06
◎ 体育品牌营销：从"普通"到"专业"/李媛//中国经营报 2002 - 10 - 21
◎ 体育赛事经纪公司务实篇之三　体育赛事的市场营销/李诚志//经纪人 2002 - 03
◎ 体育赛事提供广泛赚钱机会/钟体信//市场报 2002 - 01 - 05
◎ 体育赛事推广大有可为/李诚志//中国经贸 2002 - 07
◎ 体育商海有多深/谢延民//中国体育报 2002 - 04 - 29
◎ 体育市场"钱途"无量/周新//江苏经济报 2002 - 05 - 14
◎ 体育市场有"钱途"/周新//市场报 2002 - 04 - 27
◎ 体育事业的发展是推动大众传媒及体育产业前进的动力/关静//中国体育（中英文版）2002 - 06
◎ 体育事业改革要重视市场/魏纪中//市场报 2002 - 11 - 23
◎ 体育事业在改革中突飞猛进/陈文波　高雯//市场报 2002 - 11 - 23
◎ 体育收藏玩意儿小市场大（金眼观潮）/陈文波//市场报 2002 - 04 - 20
◎ 体育信息消费市场的现状调查与分析/韩凤月//广州体育学院学报 2002 - 02
◎ 体育休闲产业的"观澜湖模式"//深圳商报 2002 - 06 - 27
◎ 体育营销　为品牌助跑/曾朝晖//北京工商管理 2002 - 09
◎ 体育营销别搭错车/程武//中华工商时报 2002 - 05 - 15
◎ 体育营销很经济/张艾丽//中国质量报 2002 - 09 - 10
◎ 体育营销品牌先行/曙光//中国国门时报 2002 - 10 - 21
◎ 体育营销为品牌助跑/曾朝晖//北京工商管理 2002 - 09 - 30
◎ 体育营销要讲究策略/郑武//市场报 2002 - 08 - 10
◎ 体育营销与合理性对策/吴智林//体育与科学 2002 - 03
◎ 体育营销在中国//中国广告 2002 - 05
◎ 体育营销正当红/裘寅//解放日报 2002 - 12 - 07
◎ 体育用品消费抢夺奥运头彩/李冰//市场报 2002 - 01 - 05
◎ 体育与旅游结合的机理分析/柳伯力//成都体育学院学报 2002 - 03
◎ 体育与文化同在韩国亮相/何东宪//经济日报 2002 - 06 - 09
◎ 体育院校创办群众体育俱乐部探索/唐正萍//南京体育学院学报（社会科学版）2002 - 03
◎ 体育在我国北方城镇开展状况的调查研究/宋文利//哈尔滨体育学院学报 2002 - 02
◎ 体育赞助：企业营销新战略/孙晓强//中国企业报 2002 - 11 - 22
◎ 体育助推经济快快跑/陈文波//市场报 2002 - 11 - 09
◎ 体育资源配置方式的改革与体育资源的开发——论社会经济条件变革下的中国体育改革（三）/任海//天津体育学院学报 2002 - 01
◎ 天降馅饼入谁口——2002 年韩日世界杯足球赛广告促销点评/李芜//市场观察 2002 - 07
◎ 天津实现体育产业跨越式发展/张志明//中国体育报 2002 - 08 - 22
◎ 通过 2002 韩日世界杯看"体育营销"概念/陈楠//装饰 2002 - 08
◎ 外国体育经纪公司的生存之道/黄文卉//经纪人 2002 - 04
◎ 网络环境下发展体育信息服务业的思考/居向阳//山西高等学校社会科学学报 2002 - 06
◎ 网上奥运标志也不能擅用/姚芃　于春芳//法制日报 2002 - 11 - 20
◎ 为发展中国体育产业服务/高雯//市场报 2002 - 09 - 28
◎ 为体育产业营造良好的政策环境/石培华//浙江经济 2002 - 12
◎ 未来社会体育产业发展分析/冯俊辉//经济师 2002 - 04
◎ 文化足球与足球文化/刘萍//河北日报 2002 - 06 - 14
◎ 我国"观赏型"体育消费市场的供求特征分析/刘卫//中国体育科技 2002 - 08
◎ 我国城市居民不同职业人群体育消费水平的比较研究/王颖//武汉体育学院学报 2002 - 04
◎ 我国城市居民体育消费水平的调查研究/孔文清//北京体育大学学报 2002 - 06
◎ 我国城市居民体育消费需求的发展趋势/张贵敏//沈阳体育学院学报 2002 - 03
◎ 我国城市体育产业和体育消费的现状及发展趋势/王淑莉//体育成人教育学刊 2002 - S1
◎ 我国大型体育场馆的经营困境分析/庹权//体育学刊 2002 - 03
◎ 我国东部地区体育产业发展的社会经济"外环境"区位比较优势及发展方式的选择/童莹娟//中国体育科技 2002 - 11
◎ 我国东西部体育健身娱乐业发展的比较/王志强//宝鸡文理学院学报

（自然科学版）2002－02

⊙ 我国加入 WTO 后新疆体育产业面临的机遇与挑战/翟伟//乌鲁木齐职业大学学报 2002－02

⊙ 我国竞技体育职业化若干问题的研究——兼论深化我国运动项目管理体制改革/钟秉枢//北京体育大学学报 2002－02

⊙ 我国居民体育消费水平的现状调查与分析/马渝//武汉体育学院学报 2002－03

⊙ 我国居民体育消费水平概念体系/马果毅//武汉体育学院学报 2002－02

⊙ 我国居民体育消费水平研究述评/马渝//成都体育学院学报 2002－05

⊙ 我国居民体育消费水平影响因素分析/马渝//体育成人教育学刊 2002－03

⊙ 我国居民体育消费行为的经济学分析/胡学莲//体育学刊 2002－05

⊙ 我国篮球职业化改革研究状况分析综述/靳磊　齐波　陈志伟//焦作师范高等专科学校学报 2002－02

⊙ 我国民族体育挤进奥运会的可行性研究/王志勤//河南职业技术师范学院学报 2002－02

⊙ 我国排球联赛市场现状探析/韩振勇　王玉清//山东体育学院学报 2002－04

⊙ 我国沙滩排球市场化运作初探/许广超　葛春林//中国体育科技 2002－12

⊙ 我国少数民族传统体育在实施全民健身计划中的战略地位/张晓丹//解放军体育学院学报 2002－02

⊙ 我国体育彩票市场的现状与未来趋势/兰茹//统计与信息论坛 2002－03

⊙ 我国体育产权管理机制初探/黄春华//解放军体育学院学报 2002－02

⊙ 我国体育产业的发展现状与政策取向/李宁//南京体育学院学报（社会科学版）2002－06

⊙ 我国体育产业的黄金板块——体育保险的研究/李建军//贵州体育科技 2002－04

⊙ 我国体育产业的现状和“入世”后的挑战/赵继斌//武汉体育学院学报 2002－03

⊙ 我国体育产业的现状与发展对策/罗佐县//河北体育学院学报 2002－03

⊙ 我国体育产业的总体现状及其发展策略/张祝平//辽宁体育科技 2002－05

⊙ 我国体育产业发展面临问题的思考/侯晋龙//皖西学院学报 2002－05

⊙ 我国体育产业发展潜力巨大/常飞//江苏商论 2002－09

⊙ 我国体育产业发展战略研究/俞继英//中国体育科技 2002－03

⊙ 我国体育产业改革的对策探讨/吴晓阳//山西师大体育学院学报 2002－03

⊙ 我国体育产业化过程中存在的问题及对策/张同怀//濮阳教育学院学报 2002－03

⊙ 我国体育产业化问题初探/张同怀//河南教育学院学报（自然科学版）2002－03

⊙ 我国体育产业向国际化迈进/魏丹//中国信息报 2002－05－22

⊙ 我国体育产业向国际化迈进/张悦//国际商报 2002－04－24

⊙ 我国体育服务消费质量的测定与评价/韩凤月//天津体育学院学报 2002－02

⊙ 我国体育健身娱乐业经营管理研究现状分析/李永智//西安体育学院学报 2002－01

⊙ 我国体育市场发展的走向分析/潘同斌//福建体育科技 2002－03

⊙ 我国体育市场管理体系初探/肖嵘//湖北体育科技 2002－04

⊙ 我国体育市场可持续发展的理论探讨/章岚//西安体育学院学报 2002－02

⊙ 我国体育消费发展的研究/张燕杰//上海电机技术高等专科学校学报 2002－04

⊙ 我国体育消费现状及发展趋势的分析和研究/朱林//体育科学研究 2002－02

⊙ 我国体育消费需求不足的原因及对策分析/吴维铭//山东体育科技 2002－01

⊙ 我国体育信息产业发展道路/周德书//图书馆学研究 2002－01

⊙ 我国体育用品标准化工作正式启动/郑泽云//中国体育报 2002－07－05

⊙ 我国体育用品产业结构和布局的研究/赵岳峰//体育与科学 2002－05

⊙ 我国体育用品业的现状及发展对策研究/徐娜//山东体育科技 2002－04

⊙ 我国体育用品业如何应对入世后的机遇与挑战/刘明辉//北京体育大学学报 2002－02

⊙ 我国体育职业俱乐部发展现状及对策/谭建湘//浙江经济 2002－12

⊙ 我国体育主导产业的选择基准与选择取向/闵健//成都体育学院学报 2002－06

⊙ 我国武术期刊中太极拳学术论文的研究现状与分析/李秀　徐剑波//海南大学学报（自然科学版）2002－04

⊙ 我国西部体育产业区域发展的策略选择——以云南体育产业区域发展研究为例/丛湖平//中国体育科技 2002－03

⊙ 我国现阶段发展体育产业的有利条件分析/王谆//武汉体育学院学报 2002－02

⊙ 我国羽毛球市场发展现状与建议/庄志勇//上海体育学院学报 2002－12－30

⊙ 我国职业体育俱乐部若干法律问题研究/赵芳//成都体育学院学报 2002－02

⊙ 我国职业足球俱乐部上市前景的初步研究/刘文董//天津体育学院学报 2002－03

⊙ 我国职业足球俱乐部现状和发展对策/张孝平　周毅　阮怀云//广州体育学院学报 2002－03

⊙ 我国足球项目迎战 2004 和 2008 年奥运会若干问题的探讨/洪毅//广州体育学院学报 2002－04

⊙ 我省高校开展沙滩排球的可行性研究/陈群　江兆文//福建师大福清分校学报 2002－02

⊙ 我校大学生课外体育健身俱乐部现状分析/杨新生//江苏大学学报（高教研究版）2002－03

⊙ 我校试办体育俱乐部的现状及未来发展对策研究/张荃//山东体育科技 2002－03

⊙ 我校体育产业发展现状及对策/张保华//体育学刊 2002－01

⊙ 五城市人均体育消费——640 元/李磊　凌月//中国体育报 2002－06－17

⊙ 伍兹访华，体育营销的成功尝试/朱晓明//中国广告 2002－05

⊙ 武术产业的开发及发展趋势探析/郭庆平//山东体育科技 2002－03

⊙ 武术产业在电脑游戏业中的渗透与发展/吴必强//成都体育学院学报 2002－05

⊙ 武术加快走向奥运会步伐/童德芸//工人日报 2002－05－17

⊙ 武术进北京奥运会有戏吗/李贺普//瞭望 2002－29

⊙ 武术进入奥运会面对的机遇与挑战——析套路进入 2008 年奥运会的困难/吕继光//体育与科学 2002－06

⊙ 武术经济“出笼”/胡祥奎　张树雄　乔国栋//中国经济时报 2002－05－17

⊙ 武术散打进入奥运会的策略研究/刘冬//周口师范学院学报 2002－05

⊙ 武术世界杯　武术奥运会/程大力//搏击 2002－08

⊙ 武术套路的产业开发之思路与对策/刘磊//江西师范大学学报（自然科学版）2002－04

⊙ 武术套路动作进一步规范化是走向奥运的必然途径/曹琼瑜//武汉体育学院学报 2002－10－20

⊙ 武术套路进入 2008 年奥运会的可能性分析/林小美//浙江体育科学 2002－05

⊙ 武术为什么要进入奥运会？/易剑东//搏击 2002－01

⊙ 西北地区普通高校大学生体育消费现状研究/赵江红//西安体育学院学

学报 2002-06
- 中国普通高校大学生运动休闲的现状分析/李波 徐本力//上海体育学院学报 2002-01
- 中国体育“钱”景光明/任可//经济日报 2002-01-06
- 中国体育彩票全民健身工程管理暂行规定//体育博览 2002-12
- 中国体育产品如何创品牌/张冰//中国信息报 2002-04-01
- 中国体育产业投资发展研究/周莉//北京工商大学学报（社会科学版）2002-02
- 中国体育产业与展会经济/十三郎//福建日报 2002-05-24
- 中国体育产业运行机制研究/辛利//中国体育科技 2002-06
- 中国体育的产业化经营研究/张二震//上海经济研究 2002-01
- 中国体育健身俱乐部发展概况之研究/刁在箴 马更娣 张莹 张继晶//北京体育大学学报 2002-06
- 中国体育经纪人的世纪之梦：国际商业体育竞赛皇冠上的钻石——美国职业拳击拳王争霸赛移师中国的内幕揭秘和经验教训（之三）2000年广州职业拳击拳王争霸赛得失谈/梁晓龙//经纪人 2002-02
- 中国体育经纪人的世纪之梦：国际商业体育竞赛皇冠上的钻石——美国职业拳击拳王争霸赛移师中国的内幕揭秘和经验教训（之四）2001年北京重量级职业拳击拳王争霸赛的前前后后/梁晓龙//经纪人 2002-03
- 中国体育经纪人的世纪之梦：国际商业体育竞赛皇冠上的钻石——美国职业拳击拳王争霸赛移师中国的内幕揭秘和经验教训（之五）在中国举办职业拳击拳王争霸赛应遵循的程序/梁晓龙//经纪人 2002-04
- 中国体育用品商能分奥运几杯羹/欧曼//经济日报 2002-04-29
- 中国武术产业应对 WTO/刘易源//市场报 2002-12-28
- 中国武术打“市场套路”/曾凡华//中国商报 2002-10-29
- 中国西部地区的体育资源开发——云南省体育资源开发的启示/岳贤平//思想战线 2002-04
- 中国现代滑雪运动的发展历程/罗永生 李阿强//冰雪运动 2002-12-30
- 中国现代社会结构变迁与体育发展走向/肖焕禹//中国体育科技 2002-08
- 中国现代体育与体育现代化/李香华//体育学刊 2002-05
- 中国游泳产业化现状与发展对策研究/谭明义 周学荣 魏云贵 李立群//安徽体育科技 2002-02
- 中国职业足球俱乐部经营现状及对策研究/李吉慧//体育文化导刊 2002-01
- 中国足球产业的8年之痛/妙红//知识经济 2002-07
- 中国足球协会性质的界定刍议/郭成岗 吕卫东//山东体育学院学报 2002-03
- 中日韩的经济世界杯/古尤尤//协商论坛 2002-06
- 中日竞技体育的兴衰与两国运动训练体制的比较/刘志敏//体育与科学 2002-03
- 中外女子体育健康及休闲研究的综合考察/王斌//广州体育学院学报 2002-05
- 终身体育理论视角中的休闲体育/邹师//体育文化导刊 2002-05
- 重大体育赛事的思想政治教育学透视——由日韩世界杯引发的思考/周鑫//教育艺术 2002-12
- 重大体育赛事节目的引进与推广/赵丽娜//记者摇篮 2002-01
- 专业经营人才培养——我国体育产业专业化发展的关键/刘威//西安体育学院学报 2002-04
- 资产证券化与北京奥运会/林卓英//上海金融学院学报 2002-01
- 走进体育产业——关于体育赛事推广与体育经纪公司/李诚志//经纪人 2002-05
- 足球“踢”出巨大商机/王杨二//中国质量报 2002-06-28
- 足球彩票发行的社会学分析/王维//武汉体育学院学报 2002-01
- 足球产业/本刊编辑部//企业改革与管理 2002-05
- 足球产业：经济大宴上的鸡肋/王俐//中国商报 2002-07-16
- 足球产业的新探索——建立股份制产业集团下的子公司制足球俱乐部/吴晓阳//贵州体育科技 2002-01
- 足球文化产品，市场在哪儿/梁虹//文汇报 2002-09-06
- “环太湖体育圈”崛起/张根生//解放日报 2002-09-30
- “经济世界杯”———我们欠缺什么？/行思//安徽日报 2002-07-01
- “九运”后广东奥林匹克中心经营环境分析/梁利民//广州体育学院学报 2002-05
- “鲁能乒乓现象”评析/张立中 于伦//中国体育报 2002-07-29
- “七匹狼”利用“世界杯”突出市场重围（上）/邓超明//经理日报 2002-10-21
- “七匹狼”利用“世界杯”突出市场重围（下）/邓超明//经理日报 2002-10-28
- “世界杯”：拉开金融保险进军体育产业的帷幕/尔豪//企业文化 2002-10
- “世界杯”名号不是“唐僧肉”/谢先凯//市场报 2002-04-20
- “双星”淘金“世界杯”/王开良//西部皮革 2002-05
- “体验经济”的来临与体育产业的发展/赵炳璞//体育文化导刊 2002-06
- “亚洲”的世界杯 一场奢华的游戏/黄晓健//企业技术开发 2002-Z1
- “足球股票上市热”的剖析与思考/邹小芃//商业研究 2002-17

2003年

- 1964年东京奥运会视觉形象产生的原因和意义/王军//体育文化导刊 2003-11
- 1964年东京第18届奥运会对东京城市景观的影响/蓑茂//中国园林 2003-02
- 2002世界杯——奇迹带来的思考/潘师兰//体育科技 2003-04
- 2004年雅典奥运会会标的审美特征/王军//体育文化导刊 2003-09
- 2008奥运会对北京市产业结构调整和布局影响/李伟伟//资源·产业 2003-04
- 2008奥运会将打造北京公共安全五百亿大商机//时代消防 2003-10
- 2008奥运中国体育用品品牌能分多少羹/唐仙芹//西部皮革 2003-03
- 2008年奥运会的社会与经济影响/李林//荆州师范学院学报 2003-02
- 2008年奥运会雕塑景观价值取向/韩小蕙//光明日报 2003-06-11
- 2008年奥运会对北京率先基本实现现代化的影响/陈剑//北京社会科学 2003-02
- 2008年奥运会对北京市体育产业的影响/刘洪新//体育文化导刊 2003-05
- 2008年奥运会对青岛经济社会发展的影响与对策研究/刘文俭//理论学刊 2003-05
- 2008年奥运会后中国体育产业的发展方向/石云龙//武汉体育学院学报 2003-03
- 2008年奥运会会徽——中国印·舞动的北京//时事 2003-01
- 2008年奥运会应与2010年世博会合作/李明伟 徐琳玲//21世纪经济报道 2003-11-03
- 2008年北京奥运会场馆建设规划及后期的利用/赵光//南京体育学院学报（社会科学版）2003-01
- 2008年北京奥运会会徽设计中传统装饰文化的运用/薛野//无锡商业职业技术学院学报 2003-04
- 21世纪的体育“资本论”——《体育资本》/陈春田//体育博览 2003-09
- 21世纪我国体育彩票市场发展对策研究/穆洪新//安徽体育科技 2003-02
- 21世纪我国体育产业开发的前景展望/姚树基//体育科学研究 2003-01

体育学院学报 2003－05

⊙ 传统武术：我们最大宗最珍贵的濒危非物质文化遗产/程大力//体育文化导刊 2003－04

⊙ 从“4·20 体彩案”看体育彩票的刑法保护/孙义良//武汉体育学院学报 2003－03

⊙ 从“姚明经济”展望中国的体育营销/黄奇玮//中国广告 2003－06

⊙ 从奥运会的文化传播功能看中华武术争进奥运/汝安//山东体育学院学报 2003－03

⊙ 从日本区域社会的健康体育组织谈我国全民健身计划的普及推广/陈新键//解放军体育学院学报 2003－04

⊙ 从舍宾的成长探究我国体育健身产业的政策选择/朱菊芳//南京晓庄学院学报 2003－03

⊙ 从悉尼奥运会看奥运会对举办城市的影响/游松辉//上海体育学院学报 2003－05

⊙ 从姚明看体育产业化与国际化/韩冰//今日信息报 2003－07－05

⊙ 促进群众体育健身消费　推动体育市场经济发展/武军//生产力研究 2003－06

⊙ 打开我省体育产业发展的“?”/王云峰//辽宁日报 2003－04－18

⊙ 打造体育品牌的四种工具/米家乾　谭浩//经济观察报 2003－03－03

⊙ 大学生体育消费结构分析/周庆瑛//南京体育学院学报（社会科学版）2003－06

⊙ 大学生体育消费现状调查研究/郑红波//辽宁工程技术大学学报（社会科学版）2003－04

⊙ 大学生体育消费研究/夏强//体育文化导刊 2003－02

⊙ 大众文化时代的体育明星——以姚明为中心/刘少华//体育文化导刊 2003－06

⊙ 地方体育产业的现状分析与政策措施/刘春忠//体育与科学 2003－05

⊙ 第 27 届奥运会前 8 名国家竞技体育成功经验及失利教训分析/肖林鹏//中国体育科技 2003－07

⊙ 第五媒体——“手机短信”与体育产业/胡世君//辽宁体育科技 2003－06

⊙ 电视传媒的发展对体育产业的影响/阮东//体育科学研究 2003－04

⊙ 电子竞技：中国数字体育产业新天地/闵鹿蓓//中国经济时报 2003－12－03

⊙ 东北地区的体育消费/孟庆辉//经济视角 2003－12

⊙ 东京奥运会后日本体育发展带来的启示/郑贺//体育文化导刊 2003－09

⊙ 对安徽省城市居民体育消费现状的调查及对策研究/许俊柱　牛芳　尹军//四川体育科学 2003－01

⊙ 对北京 2008 年举办奥运会的文化思考/高光//中国农业教育 2003－02

⊙ 对部分普通高校开设体育俱乐部的可行性研究/冯火红//沈阳师范学院学报（自然科学版）2003－01

⊙ 对创建高校课余体育俱乐部的一点思考/陈学华//南京体育学院学报（自然科学版）2003－03

⊙ 对大学生体育消费的调查研究/易军//山东体育科技 2003－03

⊙ 对当今国际性重大体育赛事的价值认识及其发展趋势的研究/陈锡尧//体育科研 2003－04

⊙ 对发展城市体育产业的经济学思考/孙文丽//辽宁体育科技 2003－04

⊙ 对发展我国青少年体育俱乐部的若干思考/白志红//体育成人教育学刊 2003－01

⊙ 对高校课外体育活动俱乐部模式的研究/冯秋明//广州体育学院学报 2003－05

⊙ 对国外体育俱乐部体制的研究/胡春兰//体育文化导刊 2003－10

⊙ 对哈尔滨体育学院以冰雪特色的体育产业为我省社会经济发展服务的实践与构想/徐文东//哈尔滨体育学院学报 2003－03

⊙ 对河南省体育彩票经营现状与发展对策的研究/戴永恺//辽宁体育科技 2003－04

⊙ 对湖南省大学生体育消费需要心理重塑的探讨/曾一兵　杨定产//长沙大学学报 2003－04

⊙ 对江西省高校大学生体育健身需求的调查/项建民//中国体育科技 2003－06

⊙ 对农村中学生体育消费现状的调查与分析/李英　罗国军//上海体育学院学报 2003－06

⊙ 对普通高校成立体育俱乐部的论证/黄海//广西工学院学报 2003－04

⊙ 对普通高校学生参加体育俱乐部活动的兴趣与动机的调查研究/陈浩//连云港师范高等专科学校学报 2003－01

⊙ 对山西省知识分子体育消费频率、项目与动机调查/张凤霞　王满福　王岗//中国体育科技 2003－06

⊙ 对少数民族地区城乡中小学体育用品消费的比较分析/段辉涛//湛江师范学院学报 2003－06

⊙ 对世界杯制度建设的思考及对策研究/段辉涛//辽宁体育科技 2003－02

⊙ 对世界杯足球赛经济效应的思考——兼谈中国足球出线后对国内足球产业发展的拉动作用/蔡向阳//体育科学研究 2003－01

⊙ 对体育产业发展的五点思考/杨玉成//唯实 2003－Z1

⊙ 对体育运动健身走向的现状研究与建议/胡金平//山东教育学院学报 2003－05

⊙ 对我国“体育产业”与“产业化”10 年的反思和评价/韩丹//体育与科学 2003－01

⊙ 对我国滑雪产业的现状分析及对策研究/刘志书//冰雪运动 2003－02

⊙ 对我国企业体育目前的现状、不足和发展趋势的研究/郝小刚//南京体育学院学报（社会科学版）2003－02

⊙ 对我国体育产业发展的经济学思考/刘青//湖南商学院学报 2003－06

⊙ 对我国体育产业发展的探讨/王卫//经济与管理 2003－03

⊙ 对我国体育赛事经纪市场的分析/杨继蓉//北京体育大学学报 2003－03

⊙ 对我国体育赛事转播市场的分析/伍小红//体育文化导刊 2003－02

⊙ 对我国体育用品企业产品策略的探讨/王伟//哈尔滨体育学院学报 2003－03

⊙ 对我校教职工参与体育健身的状况分析/刘安兵//河海大学学报（哲学社会科学版）2003－02

⊙ 对新世纪中国篮球产业的几点构想和建议——首届国际篮球产业论坛启示/易小坚//福建体育科技 2003－06

⊙ 对于建设长江三角洲体育圈的战略构想/金国祥//体育科研 2003－06

⊙ 对浙江省大学生体育消费情况的调查与研究/林强//安徽体育科技 2003－03

⊙ 对中国体育产业化的认识与思考/孙绍华//辽宁财专学报 2003－04

⊙ 发展“参与型”体育产业市场的对策研究/吴文生//安徽工业大学学报（社会科学版）2003－03

⊙ 发展少数民族体育产业的政策与社会环境分析/饶远//北京体育大学学报 2003－04

⊙ 发展体育产业　促进经济增长/蔡国忠//扬州大学税务学院学报 2003－02

⊙ 发展体育产业促小康/马宇峰//河南日报 2003－07－06

⊙ 发展体育产业莫忘大众/杨敬//中国信息报 2003－10－10

⊙ 发展我国体育产业的思考/伍少利//体育与科学 2003－03

⊙ 发展中国体育产业组织的理性思考/惠康//延安大学学报（社会科学版）2003－04

⊙ 非典给体育产业带来阳光/代刚//中国妇女报 2003－07－12

⊙ 风险投资在我国职业体育俱乐部中的应用研究/周祖宝//安徽体育科技 2003－03

⊙ 浮现中的“姚明经济”——看美国企业对“姚明品牌”的打造和挖掘/卢昌宁//市场周刊·商务 2003－04

⊙ 福建高校体育产业发展对策的研究/官钟威//福建体育科技 2003－04

⊙ 福州市体育产业发展的政策及其选择问题/郭公帅//体育科学研究 2003

◎ 论体育赛事赞助的商业权利及其保护/应华//浙江体育科学 2003－04
◎ 论体育消费需求/张贵敏//成都体育学院学报 2003－01
◎ 论体育与现代企业的相互作用/马驰//黑龙江科技信息 2003－12
◎ 论我国北方冬季群众体育的冰雪效应/胡佳哲//哈尔滨体育学院学报 2003－03
◎ 论我国举办第 29 届奥运会的形象价值/郭立亚//北京体育大学学报 2003－05
◎ 论我国媒体与体育的合作态势及前景/王蔚岚//天津体育学院学报 2003－04
◎ 论我国体育彩票市场的形成与发展/邬燕红//上海体育学院学报 2003－06
◎ 论我国体育产业发展的社会环境/冯晶//山西大学学报（哲学社会科学版）2003－06
◎ 论我国体育产业经营开发工作的管理原则/谢英//聊城师院学报（自然科学版）2003－04
◎ 论我国体育媒介市场的产业化培育与开发/徐佶//西安体育学院学报 2003－01
◎ 论我国职业体育俱乐部现状与发展对策/陈海辉//邵阳学院学报 2003－05
◎ 论职业体育俱乐部产权结构与制度安排/杨年松//成都体育学院学报 2003－01
◎ 论中国加入 WTO 后体育产业的发展前景与挑战/黄瑞苑//武汉体育学院学报 2003－02
◎ 论中国体育彩票经营管理中的问题及对策/黄向平//山西师大体育学院学报 2003－02
◎ 论中国体育用品行业发展的两个关键问题/周超群//体育文化导刊 2003－11
◎ 落实全民健身　发展体育产业/汪大昭//人民日报 2003－07－10
◎ 每年数亿美元，三星猛攻体育营销/金非//经济日报 2003－08－21
◎ 美国的奥运产业及 2002 年冬奥会体育赞助开发管理/顿·斯特灵//中国体育报 2003－02－21
◎ 美国高校体育产业发展的启示/鞠成军//体育学刊 2003－02
◎ 美国体育博彩的发展对我国体育彩票发展的启示/吴贻刚//体育文化导刊 2003－11
◎ 美国休闲业与体育用品业联合培育体育市场//体育科研 2003－04
◎ 美国职业体育的商业化对我国体育改革的启示/马志和//湖州师范学院学报 2003－06
◎ 美国职业体育管理体制初探/凌平//体育与科学 2003－01
◎ 面向 2008 年奥运会北京群众体育文化建设发展战略研究/周红萍//广州体育学院学报 2003－04
◎ 瞄准姚明离去的空白点体育鞋品牌“绝地反击”/甄平//西部皮革 2003－01
◎ 民间资本参与——悉尼奥运会的经验/何小锋//首都经济 2003－07
◎ 目前我国体育消费存在的问题及发展对策/栗元辉//南阳师范学院学报 2003－06
◎ 内蒙古城市居民家庭体育消费结构调研/李凤新//中国体育科技 2003－05
◎ 内蒙古城市居民体育消费行为研究/李凤新　路生　杨玉根//内蒙古师范大学学报（自然科学汉文版）2003－02
◎ 内蒙古农民用生态意识打造体育产业/贺文斌//证券日报 2003－11－02
◎ 南京打造“体育舞蹈”品牌/刘敏//中国体育报 2003－11－10
◎ 帕拉丁体育营销助力 SUV 市场//中国工商报 2003－12－13
◎ 普通高校开设大学生体育俱乐部的实践与研究/王志刚//河南教育学院学报（自然科学版）2003－01
◎ 普通高校体育院系建立篮球俱乐部的可行性研究/姜勇//辽宁体育科技 2003－05
◎ 七种武器塑造企业体育赞助品牌/孙晓强//中国企业报 2003－01－09
◎ 企业进行体育赞助的七种武器/孙晓强//中外企业家 2003－02
◎ 浅论体育产业与经济增长/李玉玲//市场研究 2003－10
◎ 浅谈高校体育产业/陈惜娜//广州大学学报（社会科学版）2003－08
◎ 浅谈体育产业化中的“体育经纪人”/魏顺兴//哈尔滨体育学院学报 2003－02
◎ 浅谈中国体育产业发展现状及其重要性/李忠玺//大庆高等专科学校学报 2003－04
◎ 浅析大学生体育消费行为/何畅//苏州市职业大学学报 2003－03
◎ 浅析地方高校体育俱乐部的建设/张伟//荆门职业技术学院学报 2003－06
◎ 浅析青少年体育俱乐部对我国体育的影响/崔景辉//少年体育训练 2003－01
◎ 浅析我国体育产业发展现状与对策建议/陈立新//体育科学研究 2003－02
◎ 浅析我国体育产业发展状况/靳明//河北体育学院学报 2003－02
◎ 浅析现代奥运会所蕴藏的无限商机/金红//体育科技 2003－01
◎ 全民健身带动体育消费市场回暖/宋明恢//中国消费者报 2003－06－10
◎ 全民健身与体育经济/李振超//中国城市经济 2003－10
◎ 全民健身之视角：广州体育公园建设及运行保障机制的研究/梁利民//浙江体育科学 2003－05
◎ 全球化潮流下国际大型运动会之发展——以奥运会、世界杯赛为例证/杨茂功//体育与科学 2003－04
◎ 全运会信息研究与服务——以福建省备战九运会信息研究与服务为例/陈如桦//中国体育科技 2003－12
◎ 让比赛开始吧　面对新兴体育运动产业中的问题与挑战//上海综合经济 2003－03
◎ 让体育经纪人活跃起来/李春//浙江日报 2003－06－04
◎ 人民群众的需求是体育事业发展的目标/李云林//人民论坛 2003－11
◎ 认真贯彻落实“三个代表”重要思想　加快体育产业和全民健身事业全面发展/王相伟//人民政协报 2003－07－17
◎ 如何搞好体育经济报道/杜永利//新闻传播 2003－12
◎ 入世后我国体育产业发展的策略探析/孙彦//体育文化导刊 2003－01
◎ 入世后我国体育产业面临的机遇、挑战及应对策略/尹兆友//河北体育学院学报 2003－02
◎ 入世后我国体育经纪人发展对策研究/沈国琴//山东体育学院学报 2003－04
◎ 入世后中国体育产业发展对策研究/陈玉清//武汉体育学院学报 2003－04
◎ 入世与高校体育产业化发展谋略/林光跃//杭州师范学院学报（自然科学版）2003－01
◎ 三星：体育营销的成熟运用/肖强//证券日报 2003－07－20
◎ 三星：赞助奥运提升员工认同感/薛建新//财经时报 2003－09－20
◎ 三星电子为何热衷于“体育营销”？/钱星桑//证券日报 2003－08－17
◎ 山东省高等师范院校大学生体育健身活动现状调查/丛明滋//中国体育科技 2003－09
◎ 山东体育场馆开放瓶颈在哪？/张立中//中国体育报 2003－03－25
◎ 山西介休体育产业探索之路/郭思//中国体育报 2003－02－18
◎ 陕西省体育彩票市场现状调查与对策研究/王飞雄//西安体育学院学报 2003－06
◎ 陕西省体育健身娱乐市场考察/雷敏//体育学刊 2003－04
◎ 陕西省体育消费现状调查与问题分析/雷敏//福建体育科技 2003－04
◎ 陕西省西安市不同年龄妇女体育健身现状研究/王景亮//福建体育科技 2003－03
◎ 陕西体育产业发展体制与观念研究/史兵//体育文化导刊 2003－02
◎ 上海 APEC 会议对我国体育产业的启示/邱晓德//上海体育科研 2003

-03
- 上海市电脑型体育彩票销售员队伍的现状调查与分析/刘炜//上海体育学院学报 2003-04
- 上海市高校"大学生体育俱乐部"基本状况探究/江栋//体育科研 2003-05
- 上海市青少年体育竞赛市场的投资环境分析/郭蓓//体育科研 2003-05
- 上海市体育彩票市场的现状、影响因素及发展对策/钟天朗//上海体育学院学报 2003-04
- 上海市体育彩票市场环境与营销策略研究/刘文董//体育科研 2003-06
- 上海市体育产业比较优势与布局模式研究/曹可强//上海体育学院学报 2003-04
- 上海市体育产业应对 WTO 规则之策略研究/曹可强//沈阳体育学院学报 2003-03
- 绍兴也搞景观体育/陈宏//浙江日报 2003-12-23
- 社会体育发展的经济学视角/伍天慧//嘉应学院学报 2003-06
- 深圳将诞生首批体育经纪人/杨艳珊//深圳商报 2003-12-19
- 深圳体育产业精英话发展/刘荻//深圳商报 2003-12-23
- 时尚+体育=?/袁钟祥//中国体育报 2003-12-25
- 实事求是看待我国体育产业/魏纪中//市场报 2003-09-10
- 实现大众传媒与体育产业的双赢/万晓红//当代经济 2003-04
- 实现我省体育产业跨越式发展//甘肃日报 2003-12-21
- 世界杯球场：短期的投入——长远的收益/Vivian//足球世界 2003-07
- 世界大型事件活动对旅游业的影响及对中国的启示——以历届奥运会和韩国世界杯为例/罗秋菊//商业研究 2003-11
- 世界级体育用品走进国门/平萍　刘琦//中国体育报 2003-03-24
- 世界经济前景不定　雅典奥运会赞助下滑/佟洎浠//体育文化导刊 2003-09
- 世界体育用品品牌十项指标分析与我国实施名牌战略的对策研究/邱晓德//成都体育学院学报 2003-01
- 市场化推进湖南体育产业/唐明波　王森//湖南经济报 2003-10-17
- 市场经济与我国体育产业的发展/周明华//体育学刊 2003-04
- 市场需要体育高级人才/陈冲//市场报 2003-09-10
- 试论奥运会等大型体育赛事中的公共关系问题/崔凤海//体育与科学 2003-06
- 试论电脑体育彩票的市场化运作/朱南俊//体育科研 2003-06
- 试论全面建设小康社会中的体育/黄晓华//广州体育学院学报 2003-06
- 试论社会主义市场经济下的大众体育消费/白宏伟//商丘师范学院学报 2003-05
- 试论体育产业的市场定位与品牌确立措施/韩盛祥//体育与科学 2003-04
- 试论体育产业与信息化/李志刚//科技情报开发与经济 2003-12
- 试论我国体育产业的品牌战略/李守国//开封大学学报 2003-03
- 试论我国夏季奥运项目市场开发的意义/彭贻海//体育文化导刊 2003-09
- 试论中国体育产业市场化通道的构建/邓小勇//嘉应学院学报 2003-03
- 试析当前我国体育产业的发展态势及主要发展方向/刘庆山//湖北体育科技 2003-03
- 试析我国体育产业的发展前景/侯晋龙//四川体育科学 2003-01
- 试析现代奥运会商业化运作的负面效应/刘俊洁//浙江体育科学 2003-02
- 试析业务外包对我国体育企业发展的启示/韩开成//山西师大体育学院学报 2003-03
- 试析影响我国体育产业发展的因素/沈梅//南京体育学院学报（社会科学版）2003-06
- 首届中国体育创业论坛开讲/陈文波//市场报 2003-12-03
- 首套"体育产业 MBA 经典译丛"亮相京城/陶丽娜//中国图书商报 2003-07-25
- 谁来赞助北京的奥运会?/李清宇//经济观察报 2003-02-17
- 斯伦贝谢：没有比奥运会更好的展示平台/王英//财经时报 2003-09-20
- 四川省青少年体育消费行为与动因的研究/李朝晖　李军//乐山师范学院学报 2003-02
- 四川体育产业的现状及发展建议/马可冰//四川省情 2003-04
- 苏州将建最大体育休闲公园//新华日报 2003-12-19
- 他如何激活唐山体育赛事/叶凡//经纪人 2003-08
- 谈谈少林武术产业的发展/王平//河南商业高等专科学校学报 2003-06
- 谈组建高校体育俱乐部的可行性/周斌//广西商业高等专科学校学报 2003-03
- 提高体育意识　发展体育产业/马志琼//甘肃日报 2003-03-08
- 提高武术产业科技含量的研究/洪浩//沈阳体育学院学报 2003-03
- 体博会：体育用品业的"饕餮盛宴"/刘伟//体育博览 2003-12
- 体育，企业发展的最佳平台/郭思　周克臣//中国体育报 2003-10-11
- 体育，为经济助力//河北日报 2003-08-22
- 体育：走向市场形成产业/李云林//人民论坛 2003-11
- 体育·城市·发展/骆先鸣//中国体育报 2003-09-25
- 体育彩民群像解析——南京市电脑体育彩票消费人群的结构与特点/王爱丰//体育与科学 2003-05
- 体育彩票　为体育献力　为生活添彩/王文忠//湖北财税 2003-01
- 体育彩票的发展及其对策/付振香//辽宁体育科技 2003-01
- 体育彩票绩效的经济学分析/贾明学//山东体育科技 2003-04
- 体育彩票消费者行为研究/李英//西安体育学院学报 2003-02
- 体育彩票与数学模型/王小忱//辽宁体育科技 2003-04
- 体育彩票——中国体育事业发展的重要渠道/郜建海//青海师范大学学报（自然科学版）2003-04
- 体育产品品牌管理及可持续性发展/里克·波顿//中国体育报 2003-02-26
- 体育产业　融资不易//广州日报 2003-09-20
- 体育产业　诱人 de 金矿/李诚志　王虎//江苏经济报 2003-08-12
- 体育产业：北京市未来经济增长的亮点/马晓河//中国创业投资与高科技 2003-06
- 体育产业：经济增长新亮点/杨年松　孙学富//广州日报 2003-02-02
- 体育产业：明天会更好/李卫玲　杜金　王英　侯艳　刘培　李鹏翔//经理日报 2003-09-02
- 体育产业：新经济增长点/陈华//湖南经济报 2003-10-17
- 体育产业 MBA 能否借势而起?/王英//财经时报 2003-08-16
- 体育产业对经济社会发展的意义与价值/宋冬梅//安顺师范高等专科学校学报 2003-04
- 体育产业发展的经济学思考/何琼//华南理工大学学报（社会科学版）2003-03
- 体育产业发展进程中对传统道德资源利用的研究/王斌//武汉体育学院学报 2003-03
- 体育产业发展若干问题的思考/赵全//东莞理工学院学报 2003-01
- 体育产业呼唤春天/龚坚//市场报 2003-03-12
- 体育产业呼唤经纪人/宗河//经纪人 2003-04
- 体育产业呼唤立法/陈文波//市场报 2003-12-17
- 体育产业化与体育消费构成/滕宁//广西医科大学学报 2003-S1
- 体育产业亟须法制化/乐欣//检察日报 2003-01-27
- 体育产业将会出现井喷//中国妇女报 2003-12-26
- 体育产业经济学的理论体系构架研究/张鸿声//西安体育学院学报 2003-02
- 体育产业面对的机遇与挑战/黄燕飞//体育文化导刊 2003-11
- 体育产业融资结构与方式的研究/倪刚//广州体育学院学报 2003-01

◎ 体育产业生产要素构成研究/张西平//天津体育学院学报 2003－01
◎ 体育产业市场经营环境分析的方法论/闵健//成都体育学院学报 2003－02
◎ 体育产业市场前景展望/孟俊庆//经济论坛 2003－22
◎ 体育产业要迎头赶上/张旭光//中国体育报 2003－03－19
◎ 体育产业要与市场经济"合拍"/张志艳//经济论坛 2003－20
◎ 体育产业与国民经济/李连辉//环渤海经济瞭望 2003－06
◎ 体育产业与经济的发展/顾福颖//辽宁体育科技 2003－03
◎ 体育产业与市场管理/付振香//辽宁体育科技 2003－03
◎ 体育产业与体育时代市场——兼析举办奥运会对体育产业的带动作用与消极影响/龙超//经济管理 2003－07
◎ 体育产业在国民经济行业分类中被重新定位/林显鹏//体育科研 2003－04
◎ 体育产业在国民经济行业分类中被重新定位/玉滋//轻工标准与质量 2003－06
◎ 体育产业在全面建设小康社会中的作用/韩开成//山西师大体育学院学报 2003－02
◎ 体育产业在现代城市发展中的地位与作用/周燕//天津体育学院学报 2003－04
◎ 体育产业直面 WTO/王琪//河南广播电视大学学报 2003－03
◎ 体育产业中的经营理念/朱卫东//南京体育学院学报（社会科学版）2003－05
◎ 体育产业中开展市场调查的现状与认知/石玉龙//体育文化导刊 2003－03
◎ 体育产业资本运营的内涵及其发展的战略选择/罗荣桂//武汉大学学报（社会科学版）2003－03
◎ 体育产业作用不可小视/姚建平//中国信息报 2003－02－26
◎ 体育的双赢——谈谈体育产业化/王晓亮//世界知识 2003－05
◎ 体育对社会经济发展的影响的研究——兼谈品牌对体育产业发展的作用/程一辉//体育科学研究 2003－04
◎ 体育和体育行销/沈建//体育博览 2003－12
◎ 体育健身市场商机无限/孙琳//四川日报 2003－06－09
◎ 体育健身休闲与体育健身休闲设施的发展方向/胡振宇//江苏建筑 2003－01
◎ 体育健身游走在公益与市场之间//人民政协报 2003－10－20
◎ 体育健身娱乐的消费和发展的对策性研究/崔立新//安徽体育科技 2003－03
◎ 体育经纪：想说爱你不容易/孙晓强//中国企业报 2003－11－03
◎ 体育经纪人悄然兴起/李红光//经济日报 2003－06－21
◎ 体育经纪人是体育产业前行的车轮/牛辉//辽宁体育科技 2003－03
◎ 体育经纪人在体育产业发展中的作用/任书阁//安徽体育科技 2003－02
◎ 体育经纪业在我省蹒跚起步/陈宏//浙江日报 2003－06－23
◎ 体育经济的瓶颈/刘加宁//体育博览 2003－10
◎ 体育经济业之王——记国际管理集团（IMG）的创始人马克·麦考麦克/玉忠//银行家 2003－08
◎ 体育经营管理者必须注意研究思考的几个重点问题/童银平　聂晋阳//山西科技报 2003－03－27
◎ 体育俱乐部　我运动　我时尚//体育博览 2003－07
◎ 体育俱乐部的经营之道/张连民//中国体育报 2003－11－17
◎ 体育俱乐部管理系统研究/周志英//浙江万里学院学报 2003－02
◎ 体育卖点在旅游营销中的运用//中国旅游报 2003－02－24
◎ 体育明星代言与广告无关/何佳讯//广告大观（综合版）2003－06
◎ 体育明星等于印钞机/阿占//青岛画报 2003－11
◎ 体育明星广告的现状及建议/杨宇明　欧阳明胜//上海体育学院学报 2003－05
◎ 体育明星效应对中学生认识体育和锻炼行为的影响/翟方//安阳大学学报 2003－03
◎ 体育品牌效应与促进学校持续发展/蔡瑞金//上海电机技术高等专科学校学报 2003－01
◎ 体育强市的大动脉/陈强　吴吉　刘获//深圳商报 2003－09－17
◎ 体育赛事呼唤体育保险/吴睿娜//北京日报 2003－09－27
◎ 体育赛事是金矿/马永平//经营与管理 2003－07
◎ 体育赛事停办　经纪人损失几何/尧文铭//经纪人 2003－07
◎ 体育商业的始作俑者/红光//经济日报 2003－11－14
◎ 体育市场化改革中的产权问题分析/唐俊//体育成人教育学刊 2003－04
◎ 体育文化品位亟需提高/李春耕//山西日报 2003－10－09
◎ 体育文化消费初探/梁思军//体育与科学 2003－01
◎ 体育无形资产概念管窥/周武//徐州师范大学学报（自然科学版）2003－04
◎ 体育消费方兴未艾/富子梅//中国审计报 2003－06－16
◎ 体育消费需巩固/富子梅//人民日报 2003－06－09
◎ 体育消费引领生活新时尚/石军//国际商报 2003－08－20
◎ 体育小年如何鼓捣营销大事/文进//中华工商时报 2003－11－10
◎ 体育休闲是不是产业　要不要发展　怎么样发展/崔林娜//中国体育报 2003－04－07
◎ 体育营销，企业品牌拓展的有效选择/周凤珠//经济前沿 2003－05
◎ 体育营销："金六福"行销体育/万兴贵//经理日报 2003－12－21
◎ 体育营销："燕京"乘上"休斯敦火箭"/胡勇军//工厂管理 2003－05
◎ 体育营销：打造一条黄金产业链条/虞宝竹//中华新闻报 2003－11－03
◎ 体育营销：企业营销新领域/刘卉//西南民族大学学报（人文社科版）2003－04
◎ 体育营销策略之体育消费者行为分析/林·卡尔//中国体育报 2003－02－27
◎ 体育营销成就李宁/曾朝晖//经营者 2003－10
◎ 体育营销及其在我国的发展之研究/赵金岭//四川体育科学 2003－04
◎ 体育营销能给 IT 企业带来什么？/刘华//成功营销 2003－11
◎ 体育营销前进中的困惑/侯明廷//市场观察 2003－07
◎ 体育营销四大认识误区/吴军磊//成功营销 2003－09
◎ 体育营销与广告公司的活动领域——鬼头粹、宫田正悟谈体育营销/韩语//中国广告 2003－06
◎ 体育营销助推新浪/沈莉//中华工商时报 2003－10－21
◎ 体育用品："非典"带动产业/刘扬//当代经理人 2003－07
◎ 体育用品"国家队"何日组建/火言//中国质量报 2003－06－03
◎ 体育用品"国家队"何日组建？/质量//中国体育（中英文版）2003－10
◎ 体育用品产业靠什么参与国际竞争/何东宪//经济日报 2003－11－09
◎ 体育用品催生高科技材料/皖迅//市场报 2003－11－05
◎ 体育用品的品牌战略构想/杨康民//上海体育学院学报 2003－06
◎ 体育用品凭啥夺人眼球/宋明恢//中国消费者报 2003－10－09
◎ 体育用品业发展的重中之重/郑泽云//中国体育报 2003－04－21
◎ 体育用品业国际竞争力评价方法探讨/吴晓阳//嘉兴学院学报 2003－05
◎ 体育与健身俱乐部的运作特色/曹岩//体育文化导刊 2003－01
◎ 体育院校设置体育产业管理专业的构想/王津秋//山东体育学院学报 2003－01
◎ 体育赞助　我们还该学些什么/李红光//经济日报 2003－08－19
◎ 体育赞助　中国企业差在哪儿/周悦//财经时报 2003－09－20
◎ 体育赞助：营销新利器/孙晓强//企业导报 2003－06
◎ 体育赞助营销：整合的观点/孙晓强//云南财贸学院学报 2003－03
◎ 体育赞助营销风险管理问题初探/孙晓强//云南财贸学院学报（经济管理版）2003－06
◎ 体育赞助与体育市场化运作/王红//广州体育学院学报 2003－06
◎ 网络时代体育产业对经纪人的要求/蔡菁//体育文化导刊 2003－03

- 未来高校体育俱乐部组织和运作的研究/卢兆振//首都体育学院学报 2003-02
- 我国城市社区实施全民健身与体育产业的联动发展探析/陈宏//解放军体育学院学报 2003-03
- 我国大众体育产业的现状及发展趋向/赵忠伟//体育文化导刊 2003-02
- 我国大众体育未来的发展趋势/丛燕//山东体育科技 2003-02
- 我国的体育彩票与全民健身/岳广兰//辽宁体育科技 2003-03
- 我国的体育产业：借势奥运腾飞？/狄瑞鹏//21世纪经济报道 2003-07-31
- 我国高校体育教育产业的现状及发展对策研究/寇健忠//三明高等专科学校学报 2003-02
- 我国高校体育俱乐部发展现状的分析/王勇//广州体育学院学报 2003-03
- 我国高校体育俱乐部制的构建与实施/胡茵//浙江体育科学 2003-06
- 我国竞技篮球运动发展现状及对策的研究/贾志强//北京体育大学学报 2003-01
- 我国老年健身体育的现状与发展趋势的研究/徐凤萍//上海体育科研 2003-03
- 我国普通高校体育俱乐部的类型与特色研究/邹师//北京体育大学学报 2003-01
- 我国体育彩票法律制度探析/赵豫//体育学刊 2003-02
- 我国体育彩票经营管理中存在的问题及对策/李远伟//体育成人教育学刊 2003-02
- 我国体育彩票市场的消费者行为研究/杨吉春//武汉体育学院学报 2003-04
- 我国体育产业的"比较优势"/卿平//中共四川省委省级机关党校学报 2003-02
- 我国体育产业的可持续发展与风险管理/黄银华//武汉体育学院学报 2003-04
- 我国体育产业的现状及对其加入WTO后发展的几点建议/常静//湖北体育科技 2003-01
- 我国体育产业的现状及发展呼伦贝尔市体育产业的对策建议/灵敏//呼伦贝尔学院学报 2003-05
- 我国体育产业发展的现状及对策研究/孙辉//沈阳体育学院学报 2003-03
- 我国体育产业发展的现状及对策研究/王江卫//贵州体育科技 2003-04
- 我国体育产业发展过程中大众体育消费水平及消费观念变化/冷显智//通化师范学院学报 2003-02
- 我国体育产业发展问题与对策研究/周映春//上海体育学院学报 2003-06
- 我国体育产业发展中若干问题探讨/刘买如//江汉大学学报（自然科学版）2003-04
- 我国体育产业开发的回顾与展望/张艳霞//黄河水利职业技术学院学报 2003-04
- 我国体育产业立法的完善/杨洪云//体育学刊 2003-04
- 我国体育产业面临的挑战与对策/陈冀杭//浙江体育科学 2003-03
- 我国体育产业市场化发展战略研究/何蕊//山东经济 2003-04
- 我国体育产业市场开发的对策/闻扬//西南交通大学学报（社会科学版）2003-03
- 我国体育产业统计指标体系及其统计方法的研究/沈国琴//湖北体育科技 2003-01
- 我国体育产业现状及存在的主要问题/赵芳//体育科技 2003-02
- 我国体育产业现状及发展的对策研究/许东升//华东经济管理 2003-02
- 我国体育产业与奥运经济的互动关系/赵燕鹰//体育学刊 2003-06
- 我国体育传播产业面临的机遇与挑战/邓星华//体育学刊 2003-04
- 我国体育企业人力资本的投资风险/刘运祥//体育学刊 2003-05
- 我国体育市场刚起步/魏纪中//市场报 2003-03-26
- 我国体育消费现状分析/翁永良//当代财经 2003-04
- 我国体育消费现状与分析/詹兴永//辽宁体育科技 2003-02
- 我国体育用品产业的组织结构战略创新/张青//西安体育学院学报 2003-05
- 我国体育用品急待品牌塑造/小西//湖南经济报 2003-10-17
- 我国体育用品企业市场营销环境的研究/李建军//南京体育学院学报（社会科学版）2003-01
- 我国体育用品生产企业的费税问题及对策研究/翁飚//福建体育科技 2003-06
- 我国体育用品市场的竞争格局分析及对策/王伟//哈尔滨体育学院学报 2003-01
- 我国体育用品市场需求激增/华云//经济日报 2003-06-16
- 我国体育用品行业实施文化名牌战略的思考/芦金峰//西安体育学院学报 2003-04
- 我国体育院校开发体育产业的现状与对策研究/程文广//沈阳体育学院学报 2003-01
- 我国西部地区居民体育健身情况研究综述/王景亮//山东体育科技 2003-03
- 我国野外体育产业开发的现状与对策/伍冬桂//河北体育学院学报 2003-04
- 我国与发达国家体育产业现状的比较研究/侯德红//武汉体育学院学报 2003-02
- 我国职业体育俱乐部的融资方式研究/陈元欣//南京体育学院学报（社会科学版）2003-04
- 我国职业体育俱乐部的融资现状分析/吴晗晗//福建体育科技 2003-04
- 我国职业体育俱乐部融资结构研究/吴晓虎//上海经济研究 2003-01
- 我国职业体育俱乐部市场竞争力的构建/刘涛//辽宁体育科技 2003-06
- 我国职业体育俱乐部运作条件研究/赵鲁南//安徽体育科技 2003-04
- 我国足球产业发展现状与对策研究/曲进//辽宁体育科技 2003-05
- 我如何经营奥运会/胡安·安尼尼奥·萨马兰奇//书摘 2003-11
- 我省体育健身娱乐市场的现状分析/顾雪兰//河南教育学院学报（自然科学版）2003-03
- 我市部分高校学生体育消费情况的研究/王兵　李毅军　刘姝//哈尔滨体育学院学报 2003-01
- 武汉市群众体育产业市场研究/陈绍艳//江汉大学学报（自然科学版）2003-04
- 武术产业发展的条件与方向/赵燕//成都体育学院学报 2003-05
- 武术产业开发的理论探析/唐文兵//山西师大体育学院学报 2003-02
- 武术进入奥运会的思考/岳庆利//中华武术 2003-03
- 武术能进入奥运会吗？/水一方//体育博览 2003-11
- 武术套路进入2008年奥运会的构想/王安治//固原师专学报 2003-06
- 舞动的北京——2008年北京奥运会会徽理念阐释//中国体育（中英文版）2003-09
- 西安市不同年龄妇女体育认知、体育动机和体育消费的现状调查/王景亮//天津体育学院学报 2003-01
- 西安市不同职业妇女体育健身现状调查/王景亮//中国体育科技 2003-05
- 西安市不同职业妇女体育认知、动机和体育消费研究/王景亮//湖北体育科技 2003-03
- 西安市中老年妇女体育健身活动现状调查/王景亮//四川体育科学 2003-01
- 西北地区普通高校大学生参与体育俱乐部活动现状研究/赵江红//成都体育学院学报 2003-06
- 西北地区少数民族体育消费现状调查/王飞雄　张鲲//体育文化导刊 2003-07

2004 年

研//2004-01

⊙城市和体育市场策略：2004年雅典奥运会个案研究/乔治·查理斯//体育文化导刊 2004-06

⊙城市居民体育消费的现状及存在的问题/武刚//山西广播电视大学学报 2004-01

⊙城市举办大型体育赛会能力的评估研究/程晓多　赵艳丽　田金信　周爱民//数理统计与管理 2004-06

⊙城市旅游与体育营销：2004雅典奥运会案例分析/乔治·卡里斯　惠子//体育科研 2004-05

⊙乘借奥运之势　振兴体育产业/金汕//前线 2004-08

⊙刍议体育传播产业的发展进程/刘小青//吉林体育学院学报 2004-03

⊙传播媒体对于大众体育消费心理作用的研究/庹权　杨晓生　杨忠伟//体育科学研究 2004-03

⊙传统体育非竞技倾向探微——从中国古代球类运动兴衰谈起/张远蓉//体育文化导刊 2004-01

⊙传统体育与竞技运动的比较与发展研究/陈永存　许晶//辽宁师范大学学报（自然科学版）2004-03

⊙创建体育投资基金组合引导中国体育产业进入资本市场/唐越//西南民族大学学报（人文社科版）2004-10

⊙创造外部机制环境　推动体育产业发展/韩京//生产力研究 2004-08

⊙刺激体育消费需求问题初探/许毓成//体育科技 2004-09-30

⊙从多学科视角研究亚运的深刻内涵多层面探讨推动体育产业发展对策/肖沛雄//广州体育学院学报 2004-05

⊙从跨国品牌看我国体育用品品牌现状及发展策略研究/赵剑//体育科研 2004-01

⊙从美国纳斯卡（NASCAR）看体育赛事品牌的运营/雷选沛　李沙丽//湖北社会科学 2004-06

⊙从诺基亚看体育营销/刘跃//中华工商时报 2004-07-14

⊙从全运会到亚运会/姚伟新//南方日报 2004-07-02

⊙从群众体育视角探讨高校体育教学俱乐部改革/张浩　郭宇杰//吉林体育学院学报 2004-01

⊙从体育消费的勃兴看体育产业对吉林省经济的促进作用/宋丽华　魏军//吉林师范大学学报（自然科学版）2004-02

⊙从现代体育产业的发展反视中国体育立法/梁志军　甄秦峰//第七届全国体育科学大会 2004

⊙从消费行为的视角看体育用品消费者购买行为模式/唐衍平　万翠琳//山东体育学院学报 2004-05

⊙从休闲的定义和兴起的时代背景论体育的休闲参与价值/罗林　刘春来//体育与科学 2004-03

⊙从专利看体育用品行业/史波//中国发明与专利 2004-03

⊙促进我国民众体育消费增长的对策研究/刘宏//第七届全国体育科学大会 2004

⊙打造高校体育品牌赛事的思考/刘建刚//体育文化导刊 2004-01

⊙打造我区特色鲜明的体育产业/阿荣//内蒙古日报 2004-11-15

⊙大力培育体育市场　加快我国体育产业发展/张志云//兰州商学院学报 2004-03

⊙大连西岗大力发展文化体育产业/辽宁省大连市西岗区政协//人民政协报 2004-02-02

⊙大型体育赛事对城市形象的塑造/沈建华　肖锋//沈阳体育学院学报 2004-06

⊙大型体育赛事志愿者的动机分析与2008北京奥运会志愿者的管理对策/殷小川　田惠芬//第七届全国体育科学大会 2004

⊙大学生的体育消费力/张立光//经济论坛 2004-11

⊙大学生体育消费的价值取向及行为的调查研究/王莉华　郭敏　彭宗平//湖北体育科技 2004-01

⊙大学生体育消费现状及其影响因素/何敏学　都晓娟//体育学刊 2004-03

⊙大学生体育消费现状及影响因素的调查/李洪选//厦门教育学院学报 2004-04

⊙大众媒体与体育产业的互动关系研究/张利明//河北体育学院学报 2004-04

⊙大众体育消费项目纵览/李涛//今日信息报 2004-02-07

⊙大众体育在促进人类健康和经济发展中的地位与作用/王元水//肇庆学院学报 2004-05

⊙当代中国体育若干基本理论问题探讨之九　体育与现代生活方式以及现代体育的成因/梁晓龙//体育文化导刊 2004-01

⊙当代中国体育若干基本理论问题探讨之十一　体育工作效益的评价/梁晓龙//体育文化导刊 2004-03

⊙当代中国体育用品企业的成长模式与成长状态/易剑东//西安体育学院学报 2004-01

⊙当代中华民族传统体育发展的思考——论中国龙舟运动的现代化/倪依克//体育科学 2004-04

⊙当前国外职业体育俱乐部主要融资方式初探/吴俊生　徐鸿鹏　陈元欣//福建体育科技 2004-03

⊙当前社会环境下我国体育产业的发展对策/王爱华//山东经济战略研究 2004-07

⊙电子商务在体育产业中的应用构想/朱锡合//福建体育科技 2004-04

⊙东欧体育用品市场商机多/华文//国际商报 2004-07-08

⊙对21世纪我国高校体育竞赛推广营销化的思考/王鲲　盛绍增　孔艳华　吴展//体育科研 2004-06

⊙对安徽省城镇老年体育消费的调查研究/汪流　陈海燕//体育成人教育学刊 2004-01

⊙对北京市商业体育俱乐部实施划卡消费的探讨/高天//首都体育学院学报 2004-02

⊙对传统武术持续发展的思考/徐武//内江师范学院学报 2004-S1

⊙对地方政府扶持发展体育产业的建议与思考/刘宏//淮南师范学院学报 2004-03

⊙对发展我国地方高校体育产业政策问题的理论思考/许立珍　刘伟　任保国//体育与科学 2004-05

⊙对高山滑雪旅游人才培养的研究/李野//哈尔滨体育学院学报 2004-04

⊙对高校建立体育俱乐部制的探讨/史俊//太原理工大学学报（社会科学版）2004-02

⊙对高校体育产业发展的可行性探讨/毛永革//青海师范大学学报（哲学社会科学版）2004-05

⊙对高校体育产业化的思考/韩大勇//哈尔滨体育学院学报 2004-02

⊙对高校体育与社会体育接轨途径的初探——高校体育俱乐部步入社区体育/唐祖燕//沈阳体育学院学报 2004-02

⊙对构建高校健美操队体育营销体系的研究/佘梦兴//体育成人教育学刊 2004-06

⊙对河南武术市场的认识与思考/雷鹏//许昌学院学报 2004-05

⊙对湖北省大学生体育消费现状的调查研究/吴斌//黄石教育学院学报 2004-02

⊙对假日体育消费的若干思考/龙国强//武汉体育学院学报 2004-02

⊙对进一步改革和完善我国全运会体制的几点思考/徐本力　刘伟//第七届全国体育科学大会 2004

⊙对目前我国体育产业开发前景的探讨/陈阿旗//辽宁体育科技 2004-01

⊙对欠发达地区体育产业发展的制约因素及其对策的研究/杨升平//太原城市职业技术学院学报 2004-06

⊙对体育产业化的经济学思考/李亚英//体育文化导刊 2004-05

⊙对体育产业将成为我国未来新的经济增长点的研究/曲庆梅//山东商业职业技术学院学报 2004-01

⊙对体育竞赛与体育产业开发的研究/臧德喜　杨吉春//吉林体育学院学

⊙ 简论体育产业与推动全民健身发展/葛书林//中国成人教育 2004－02
⊙ 简论中国体育文化建设/欧阳明胜//赣南师范学院学报 2004－03
⊙ 建立和完善大学生体育俱乐部的几点意见/杨涛//辽宁行政学院学报 2004－03
⊙ 建立中国体育仲裁制度的设想/郭树理//法治论丛 2004－01
⊙ 健康意识对我国体育产业的影响/刘菁　李小冰//体育科技 2004－04
⊙ 健身健美产业的现状与趋势/程路明　方贞燕　陶贤彪//浙江体育科学 2004－06
⊙ 江苏省普通高校大学生体育消费行为特征分析/孙雷//体育与科学 2004－04
⊙ 江西省城市居民体育消费现状调查研究/汪明旗　吴务南　饶爱蓉//第七届全国体育科学大会 2004
⊙ 江西体育产业发展问题及加快发展对策/徐乐平　戴海//南昌高专学报 2004－03
⊙ 焦作太极拳开展现状及对策研究/杨黎明//西安体育学院学报 2004－03
⊙ 解读王建忠体育产业发展之路/李春耕//记者观察 2004－11
⊙ 借鉴奥运会经验　提高十运会经济效益的研究/田雨普//体育与科学 2004－06
⊙ 借鉴与创新——耐克品牌发展对我国体育用品品牌的启示/赵剑//四川体育科学 2004－01
⊙ 借力体育营销　门户网站推动品牌再造运动/丽禾　北方//大市场·广告导报 2004－05－08
⊙ 借助奥运发展北京文化产业/金汕//体育博览 2004－05
⊙ 今天你买彩票了吗？——四川省体育彩票从狂热走向理智/王浩//四川省情 2004－04
⊙ 金融投资体系在中国体育产业化中的作用/庞俊娣//云南师范大学学报（哲学社会科学版）2004－03
⊙ 进一步发展我国体育产业/王勇//南方冶金学院学报 2004－03
⊙ 晋江打造城市体育名片/王建新//福建日报 2004－11－30
⊙ 晋江服装企业　整体品牌提升——七匹狼、柒牌、劲霸等晋江民营企业的体育营销之旅//广告大观（综合版）2004－05
⊙ 晋江民营企业的体育营销之旅//中国广告 2004－05－15
⊙ 经济欠发达地区体育产业发展对策的研究/詹新寰　吴纪饶　邱月婷//湖北体育科技 2004－04
⊙ 经济欠发达地区体育产业发展问题的思考/高荣贵//思茅师范高等专科学校学报 2004－03
⊙ 经济全球化对我国体育产业的影响及相应对策/卓建南//体育学刊 2004－02
⊙ 经济转型期的中国体育产业市场化发展状况研究/何禹霆　张洋　任春刚//辽宁体育科技 2004－06
⊙ 经营性体育健身场所消费者调查研究/邹玉玲　解祥梅//江苏商论 2004－12
⊙ 景观体育的营销组合策略研究/卢凯　施芳芳//浙江体育科学 2004－06
⊙ 竞技体育俱乐部公开发行股票（A股）的对策分析/李南筑//第七届全国体育科学大会 2004
⊙ 举办 2008 年奥运会对我国体育产业发展的影响/叶加宝//第七届全国体育科学大会 2004
⊙ 举办奥运与中国体育产业发展/苏萍　刘建军　孙玉金//第七届全国体育科学大会 2004
⊙ 举办大型体育赛事对城市旅游的影响/肖锋　沈建华　刘静//沈阳体育学院学报 2004－06
⊙ 举办大型体育赛事对大都市的要求和产生的经济影响/肖锋　黎冬梅　李鸿煌//山西师大体育学院学报 2004－04
⊙ 举办大型体育赛事对大都市经济、文化的综合效应研究/肖锋　沈建华//第七届全国体育科学大会 2004
⊙ 巨额保单力挺精彩赛事　保险经纪游刃体育产业/张颖//国际金融报 2004－06－16
⊙ 掘金新兴体育赛事/侯明廷//市场观察 2004－02
⊙ 开发武术产业之管见/胡玉玺　曹文华//福建体育科技 2004－01
⊙ 开挖体育产业这个金矿/南京　刘根生//南京日报 2004－10－12
⊙ 可口可乐领跑奥运营销/许小青　赵燕平//新京报 2004－06－18
⊙ 克隆 NBA，CBA 体育营销的新举/周务本//经理人 2004－11
⊙ 历届奥运会对主办城市的主要经济影响分析/杨越//第七届全国体育科学大会 2004
⊙ 联想奥运“007 计划”/汪若菡//21 世纪经济报道 2004－04－01
⊙ 辽宁省高校大学生体育消费现状的调查研究/张劲松//沈阳体育学院学报 2004－06
⊙ 辽宁体育产业发展之管见/侯吉林//辽宁体育科技 2004－01
⊙ 六盘水市体育产业发展现状的思考及建议/吴玲//贵州省第六届体育科学大会 2004
⊙ 龙江滑雪旅游进军远东国际市场/王颖//黑龙江经济报 2004－11－05
⊙ 龙口市乡镇体育产业的发展对策分析/田丽//山东经济战略研究 2004－08
⊙ 略论城市体育竞争力的结构和内涵/张家喜//山西师大体育学院学报 2004－04
⊙ 略论大学生体育消费问题/王芳//高等教育研究 2004－03
⊙ 略论大学生运动休闲及其拓展/程毅//哈尔滨体育学院学报 2004－01
⊙ 论 2008 年奥运会对我国奥运经济的促进作用/管勇生//武汉体育学院学报 2004－02
⊙ 论 NBA 对我国体育经济产业化开发的借鉴/何金//吉林体育学院学报 2004－02
⊙ 论奥运会的体育产业化/袁春泰//生产力研究 2004－05
⊙ 论奥运会的文化——经济一体化特征/董杰//体育与科学 2004－04
⊙ 论北京 2008 年奥运会对未来中国体育发展的影响及其思考/郑家鲲//体育科研 2004－03
⊙ 论长江三角洲地区体育产业的一体化发展/曹可强//第七届全国体育科学大会 2004
⊙ 论城市社区体育资源及其开发与利用/袁广锋　陈融　陈如桦　林远　邓璧娟//北京体育大学学报 2004－05
⊙ 论发展中的中国体育产业/朱松梅//平原大学学报 2004－05
⊙ 论高等院校学生的体育消费特点及发展趋势/张镭//社科纵横 2004－06
⊙ 论高校体育产业开发的有利条件及实施途径/武斌//吉林体育学院学报 2004－03
⊙ 论高校体育与高校体育产业的关系/刘宗伟//洛阳师范学院学报 2004－02
⊙ 论国有资产与中国足球产业化/余霞民//经济师 2004－12
⊙ 论海洋体育的分类与开发/滕海颖　龚聿金//浙江海洋学院学报（人文科学版）2004－03
⊙ 论居民体育消费的特征/曹可强//沈阳体育学院学报 2004－01
⊙ 论开发吉林省体育产业市场的可行性和必要性/李宗香　宋厚龙　林勇//通化师范学院学报 2004－10
⊙ 论培育和壮大冰雪产业/邢西蒙//黑龙江日报 2004－03－15
⊙ 论区域体育产业发展的基本要素/单勇　徐晓燕//浙江体育科学 2004－06
⊙ 论如何推动我国体育产业的发展/杨建海　董姝//山西财经大学学报（高等教育版）2004－04
⊙ 论市场和政府在我国体育产业中的作用/李萍　吴秋芬　李骅//沈阳体育学院学报 2004－02
⊙ 论体育产业管理组织人力资源的开发和利用/穆健鹰//内蒙古民族大学学报（自然科学版）2004－06
⊙ 论体育产业在我国的发展/陈振良//企业经济 2004－02
⊙ 论体育事业的产业化/宋修妮//东岳论丛 2004－05

- 我国高校体育产业化进程中若干问题的研究/陶战波//黑龙江高教研究 2004－04
- 我国高校体育俱乐部改革的模式与分析/刘家彤//浙江万里学院学报 2004－05
- 我国竞技体育俱乐部发展现状与对策/苏益华//体育学刊 2004－03
- 我国居民体育消费需求理念与前景预测/唐宏贵　黄靖　孙计金//上海体育学院学报 2004－05
- 我国排球运动可持续发展各子系统间的互动关系及主要影响因素分析/潘迎旭//北京体育大学学报 2004－08
- 我国普通高校和体育院校体育产业理论与发展战略研究/任保国//体育科学 2004－07
- 我国社会体育俱乐部分析/胡宁　钟天朗//第七届全国体育科学大会 2004－10－01
- 我国体育彩票发行回顾与发展对策研究/张玉超　刘家裕　王明立//天津体育学院学报 2004－01
- 我国体育彩票近十年发行现状与对策研究/张玉超//北京体育大学学报 2004－05
- 我国体育彩票立法若干问题的认识/戴狄夫//天津体育学院学报 2004－04
- 我国体育产业的发展机遇与增长潜力研究/袁音　任莲香//甘肃理论学刊 2004－02
- 我国体育产业的发展及对策研究/郝士清//石家庄经济学院学报 2004－05
- 我国体育产业的发展现状及对策/朱文　让永钢//巢湖学院学报 2004－03
- 我国体育产业的投融资战略选择——建立我国体育产业投资基金/肖文　高崇//中国体育科技 2004－01
- 我国体育产业的现状及发展趋势研究/邓永明//经济师 2004－11
- 我国体育产业的现状及拓展/刘国同//焦作工学院学报（社会科学版） 2004－03
- 我国体育产业发展初探/谢玲//重庆工业高等专科学校学报 2004－03
- 我国体育产业发展的双重阻力/张宏伟　李雪冬//山东体育学院学报 2004－04
- 我国体育产业发展的问题及对策/张宏伟//兰州商学院学报 2004－06
- 我国体育产业发展过程中的问题与对策/刘亚云　黄晓卫//体育文化导刊 2004－10
- 我国体育产业发展现状及其对策/李林//山西经济管理干部学院学报 2004－04
- 我国体育产业发展现状与对策/李钢//集团经济研究 2004－09
- 我国体育产业发展战略的理论思考/吴亚初//四川体育科学 2004－02
- 我国体育产业发展战略研究/冯蕴中　宋琰　张志刚//体育与科学 2004－01
- 我国体育产业发展中存在的问题及发展策略选择/李春田　田海霞//佳木斯大学社会科学学报 2004－02
- 我国体育产业化的回顾与发展/郑军//商业研究 2004－11
- 我国体育产业化的若干设想/张崇林//井冈山师范学院学报 2004－06
- 我国体育产业化的条件与素质分析/李朝晖//北京体育大学学报 2004－10
- 我国体育产业化发展的对策/欧亚敏//体育成人教育学刊 2004－01
- 我国体育产业化发展与金融支持/席建平//河南金融管理干部学院学报 2004－03
- 我国体育产业化发展障碍初探/徐磊//哈尔滨学院学报 2004－06
- 我国体育产业结构政策研究/周可//管理科学文摘 2004－04
- 我国体育产业与体育产业化若干理论问题研究/史兵//天津体育学院学报 2004－02
- 我国体育产业资产证券化的应用研究/雷选沛　曹考//江汉论坛 2004－09
- 我国体育健身市场营销组合开发的新思路/金宗强　张铁玲//体育文化导刊 2004－04
- 我国体育健身娱乐市场的现状与存在的问题/王岳洲//北京体育大学学报 2004－08
- 我国体育竞赛表演产业市场宏观环境研究/任春香//体育与科学 2004－03
- 我国体育明星广告市场的特征及发展趋势/李龙　叶涛//西安体育学院学报 2004－03
- 我国体育消费的影响因素分析/肖飒//武汉体育学院学报 2004－05
- 我国体育消费市场细分化的探讨/杜国如//西安体育学院学报 2004－05
- 我国体育用品创建强势品牌的文化因素/赵剑//体育学刊 2004－01
- 我国体育用品的现状与发展对策研究/宋伟//安徽体育科技 2004－02
- 我国体育用品亟需打造世界级品牌/万新//今日信息报 2004－06－05
- 我国体育用品企业的网络营销策略探讨——耐克、李宁、回力三企业网站对比研究/龙怡//经济论坛 2004－24
- 我国体育用品企业电视广告投放现状及其策略研究/杨铁黎　萧鹏//第七届全国体育科学大会 2004
- 我国体育用品企业电视广告投放现状研究/肖鹏　杨铁黎　刘润芝//首都体育学院学报 2004－01
- 我国体育用品企业国际营销模式的探索/万翠琳//福建体育科技 2004－06
- 我国体育用品企业如何开展网络营销活动/张昆　龙怡　张利//山东体育科技 2004－04
- 我国体育用品企业营销解读及国际化探索/李建军//山东科技大学学报（社会科学版） 2004－03
- 我国体育用品市场的现状与发展策略/刘艳萍//郑州航空工业管理学院学报（社会科学版） 2004－04
- 我国体育用品市场发展现状及应对策略/钟全宏//西北师范大学学报（自然科学版） 2004－03
- 我国体育用品业的产业政策选择/唐衍平　郑志强//体育与科学 2004－06
- 我国体育用品业国际竞争力的研究/周良君　何冰//体育文化导刊 2004－12
- 我国体育用品业国际竞争力探讨/刘英//第七届全国体育科学大会 2004
- 我国体育用品制造业发展的现状及对策研究/连桂红　孟凤芹//西安体育学院学报 2004－02
- 我国体育用品制造业发展的现状及未来走势/连桂红　刘建刚//曲阜师范大学学报（自然科学版） 2004－03
- 我国体育咨询产业现状及对策分析/刘富生　蔺志勇//解放军体育学院学报 2004－02
- 我国西北地区体育产业发展规划的理论与模式研究/钟全宏//北京体育大学学报 2004－01
- 我国野外体育产业开发的影响因素研究/曲进　谷崎　王德炜　陆前安　张万勇　赵宸君//第七届全国体育科学大会 2004
- 我国野外体育产业开发的影响因素研究/魏文　曲进//天津体育学院学报 2004－02
- 我国游泳业中的保险问题之研究/李建军//南京体育学院学报（社会科学版） 2004－02
- 我国与发达国家体育产业发展的比较研究/马春兰//解放军体育学院学报 2004－03
- 我国职业体育俱乐部产权关系的现状及对策/王进//南京体育学院学报（社会科学版） 2004－01
- 我国职业体育俱乐部公司化研究/赵豫//体育文化导刊 2004－05
- 我国职业体育俱乐部公司治理结构问题研究/丁林梅//第七届全国体育科学大会 2004

- 我国职业体育俱乐部评价系统模式分析/韩冬 骆玉峰 王必琪 张继忠 闫立亮 潘永生//中国体育科技 2004－05
- 我国职业体育俱乐部融资现状、制约因素及策略选择/卢文云 彭福栋//第七届全国体育科学大会 2004
- 我国职业体育俱乐部未来上市融资研究/陈元欣 王健//天津体育学院学报 2004－04
- 我省体育产业发展迅速/夏晓//江西日报 2004－03－17
- 我省体育产业体系逐步健全/夏晓//江西日报 2004－07－21
- 我校创建课外体育俱乐部的设想/唐春花//连云港师范高等专科学校学报 2004－01
- 武术产业发展对策研究/史安全//山东经济战略研究 2004－08
- 西安宝马彩票案与我国体育彩票法制建设的思考/伍晓军//第七届全国体育科学大会 2004
- 西安市体育健身娱乐场馆资源配置与开发的初步研究/王军棉 罗普磷 蔡军 苏明理 杨涛//第七届全国体育科学大会 2004
- 西方古代竞技运动伦理演变研究/王健 贾萍 周宁//沈阳体育学院学报 2004－05
- 西方体育产业的运行机制"嫁接"我国武术的可行性研究/马清学//河南职业技术师范学院学报 2004－02
- 西方体育产业的运行机制和我国武术"嫁接"的可能性研究/雷鹏//武汉体育学院学报 2004－03
- 希望的田野——雅典奥运会后看中国体育产业发展/郭华萍//时代经贸 2004－09
- 夏季奥运项目市场开发的发展概况/彭贻海//上海体育学院学报 2004－04－30
- 先锋体育打造体育产业新模式/刘尧//今日信息报 2004－01－31
- 现代奥运与中国体育文化现代化之理性思考/毛立力//北京体育大学学报 2004－12
- 现代科学技术与中国竞技体育的可持续发展/程勇民//山东体育学院学报 2004－03
- 现阶段我国体育产业发展之研究/王守钧//浙江体育科学 2004－04
- 香烟体育营销怎样做/曾朝晖//经理日报 2004－10－16
- 湘鄂渝黔边区城市居民体育消费现状调查与分析/阎孝英 向政 邹炜//体育科学 2004－06
- 消费者选择滑雪场不可太盲目/刘传江//中国消费者报 2004－01－14
- 小康社会初期体育消费特征的研究——鲁、陕、晋、冀、蒙城市体育消费调查报告/蔡军 王海飞 杨涛 张宝钰 党冬梅 李欣 徐西薇 李旭芝//第七届全国体育科学大会 2004
- 小康社会体育休闲娱乐理论的研究/胡小明//体育科学 2004－10
- 新时期《奥运争光计划》中的奥运战略与全运会协调关系研究/赵鲁南 孙晋海 曹莉//第七届全国体育科学大会 2004
- 新时期我国体育产业发展的回顾与思考/赵燕//成都体育学院学报 2004－03
- 新时期信息产业对体育产业发展的影响研究/梁利民//第七届全国体育科学大会 2004
- 新世纪我国体育消费面临的机遇和挑战/王步//南京体育学院学报（社会科学版）2004－04
- 新型社区体育健身俱乐部建设研究/王玲 黄金铭//韶关学院学报 2004－12
- 信托产品追捧体育产业/柴宴宾//天津日报 2004－04－21
- 休闲体育消费研究：一种文化与社会学的解读/李文波//江西社会科学 2004－09
- 休闲文化传播对大学生闲暇体育行为的发展研究/吉建秋 陈颖川 周强 侯桂明//南京体育学院学报（社会科学版）2004－01
- 学分制课外体育俱乐部的运作模式/陈家起 罗建萍 徐武//体育学刊 2004－01
- 雅典奥运会后对中国竞技体育的思考/胡奇志//哈尔滨体育学院学报 2004－04
- 亚竞技运动与高校体育改革的理性思考/孟凡强//汉中师范学院学报 2004－02
- 亚竞技运动与社区体育可持续发展的理性思考/孟凡强//首都体育学院学报 2004－02
- 延边大学学生体育消费的现状与分析/金青云 李正花//延边大学学报（自然科学版）2004－01
- 养生堂：把体育营销抬到战略高度/赵正//中国经营报 2004－08－23
- 一个顶级体育赛事的中国商业故事/徐锋 吴琼//21 世纪经济报道 2004－09－23
- 以 2008 年奥运会为契机，加快我国体育产业化的进程/洪少峰//广州体育学院学报 2004－01
- 银行业介入体育产业的思考/郑娄杰 叶新理//浙江金融 2004－07
- 饮料业"体育营销"持续升温/新文//消费日报 2004－03－09
- 隐蔽营销：一种非道德的体育营销/俞琳//市场营销导刊 2004－Z1
- 应加强对体育彩票公益金的监管/王艳玲 任成莲//中国审计报 2004－05－07
- 影响南京体育彩民彩票消费行为若干因素的研究/王爱丰 王正伦 陈勇军 石文虎 蒋丰//山东体育学院学报 2004－02
- 影响体育产业发展的若干理论问题的探讨/贡咏梅//武汉体育学院学报 2004－06
- 影响我国体育产业发展的若干因素及对策/付刚//湖南税务高等专科学校学报 2004－06
- 影响我国体育消费的经济和社会文化因素/李朝晖//四川体育科学 2004－02
- 影响我国体育消费因素的研究/朱维娜 夏思永//吉林体育学院学报 2004－02
- 影响西安市居民体育消费需求的社会群体分类研究/杨勇前 赵宸君 何立//福建体育科技 2004－04
- 优化营销理念 发展体育产业——《体育营销指南》述评/姚为俊//西南民族大学学报（人文社科版）2004－04
- 有关体育产业若干问题的思考/翁林//广西社会科学 2004－04
- 有效需求不足与我国体育产业发展的相关性分析/刘远祥 李文辉//成都体育学院学报 2004－03
- 玉林市居民现阶段体育活动、消费特征研究/滕建宇//玉林师范学院学报 2004－03
- 云南体育产业突出高原特色/许珂//中国体育报 2004－04－03
- 运用"SWOT"观点对我国排球发展现状的分析与思考/张晓红//辽宁体育科技 2004－02
- 再议体育产业与体育事业/陈少宇 邓伟雄 宋迎东//广州体育学院学报 2004－03
- 早锻炼人群及其体育消费的分析研究/赵波//山西师大体育学院学报 2004－02
- 站上大平台 放眼大市场/袁钟祥//中国体育报 2004－06－09
- 漳州市芗城区民众体育消费与锻炼方式现状的调查研究/洪静静 骆明煌//闽西职业大学学报 2004－04
- 涨价了 你还去滑雪吗？/宋辉//中国消费者报 2004－12－01
- 浙、粤、闽三省体育用品业区域竞争力比较研究/吴晓阳 宁自军 汪静华//浙江体育科学 2004－04
- 浙江省体育用品品牌发展对策构想/裘琴儿 李建设 周奕君//北京体育大学学报 2004－11
- 浙江省体育用品业现状与外向型发展模式研究/裘琴儿 李建设//宁波大学学报（理工版）2004－02
- 浙江省体育用品制造业调查报告/李建设 童莹娟 裘琴儿 林建君 王志刚 徐海标 储小华 孙燕娟//体育科学 2004－09

⊙ 专家支招龙潭湖体育产业园规划设计/鲍玉慧//北京日报 2004－04－02

⊙ 转型期中国社会体育的基本特征与发展走向/余学好//体育与科学 2004－03

⊙ 紫光瞄准体育营销/嵩文//计算机世界 2004－12－27

⊙ 遵义 整合社会力量发展体育产业/杨静 甘甜//贵州日报 2004－02－19

⊙“白沙”：完美的体育营销/晓熠//中国乡镇企业 2004－11

⊙“柏青”致力打造全国最大滑雪场/张晓艳//新疆日报（汉）2004－03－16

⊙“长三角”地区体育产业一体化发展研究/丛湖平 唐小波//中国体育科技 2004－03

⊙“环湖赛”领跑青海体育产业/子宜 琪皓 昝慧方//青海日报 2004－08－04

⊙“体育营销”好在哪儿/庄林//中国质量报 2004－02－17

⊙“中超风暴”点了体育产业穴道/马邦杰//经济参考报 2004－10－21

2005 年

⊙ 1996－2004 年我国高校体育产业科研状况的分析与研究/万茹//吉林体育学院学报 2005－04

⊙ 2008“体育营销”该如何把握/陈放 尹正鸿//中国质量报 2005－08－23

⊙ 2008 奥运会对北京经济的影响/李梦义 高爱民//河北科技师范学院学报（社会科学版）2005－03

⊙ 2008 年奥运会对北京经济的影响——基于投入产出的分析/杨越//体育科学 2005－08

⊙ 2008 年奥运会对我国体育产品及相关产品制造业的影响效应/贾冠军//体育与科学 2005－02

⊙ 2008 年奥运会帆船帆板比赛经济价值的研究/王永盛//体育科学 2005－02

⊙ 2008 年奥运会与我国体育赞助的历史契机/刘长江//体育文化导刊 2005－03

⊙ 2008 年北京奥运会投入关系问题的理性思考/陶于//上海体育学院学报 2005－04

⊙ 2008 年北京奥运会与中国经济发展的关系/马晓云//延安大学学报（社会科学版）2005－03

⊙ 2010 年亚运会对促进广州体育产业发展的作用分析/曾小武 陈立//首届中国体育产业学术会议 2005

⊙ 361°新体育营销全面铺开/小娟//民营经济报 2005－12－28

⊙ A Research on the Character of Sport Events in Taking Market Operation during the Transitional Period of China/WANG Qing－wei YANG Tie－li //第 4 届全国青年体育科学学术会议 2005

⊙ a survey on present sports consumption of university students in beijing/li ke //第 4 届全国青年体育科学学术会议 2005

⊙ an analysis on flow of human resources in sports clubs on the basis of ecology and international circumstances——research on collocation of athletes resource and acquirement of brokers resource/lin yu//第 4 届全国青年体育科学学术会议 2005

⊙ beuing olympic and sports industry in china/wei jizhong//第 4 届全国青年体育科学学术会议 2005

⊙ definition of the government's role in developing sport industry in the new era / liu qing qing ping//第 4 届全国青年体育科学学术会议 2005

⊙ IMG 的体育产业经营理念//体育科研 2005－04

⊙ NBA 的成功模式对我国体育产业的启示/王东升//郑州航空工业管理学院学报（社会科学版）2005－04

⊙ NBA 管理体制及其对我国体育产业的启示/黄雨春//河南工业大学学报（社会科学版）2005－04

⊙ NBA 篮球运动市场化运作成功因素分析/李国岩//烟台师范学院学报（自然科学版）2005－03

⊙ NBA 职业篮球转播感悟——兼论篮球文化建设与大众媒介的使命的关系/白岚//采·写·编 2005－04

⊙ NEC 借力 F1 体育营销抢占市场/岑丽莹//投资北京 2005－08

⊙ research on how to raise international competition of sports industry in hubei province/wang lei yang lifang//第 4 届全国青年体育科学学术会议 2005

⊙ sport industry internationalizing management with strategic human resource administration/lan guobin //第 4 届全国青年体育科学学术会议 2005

⊙ study on environment and development of chinese sports industry/ xiao shuhong //第 4 届全国青年体育科学学术会议 2005

⊙ study on sport industry in cfflna and the worldwide movement of sport resources/ zheng yan－yan//第 4 届全国青年体育科学学术会议 2005

⊙ the current situation of sport industry in china and its future development/lin xianpeng //第 4 届全国青年体育科学学术会议 2005

⊙ the theory thoughts on international competitiveness of sports industry in china /duan hong－yan xu fa //第 4 届全国青年体育科学学术会议 2005

⊙ 安徽省体育产业发展情况的调查研究/许广全//安徽体育科技 2005－06

⊙ 安利“体育营销”拉拢民心/周帆//第一财经日报 2005－08－30

⊙ 安踏：在夹缝中拓展体育品牌之路/晋讯//西部皮革 2005－01

⊙ 安阳市城市社区体育文化用品消费特征研究/马宇峰//安阳师范学院学报 2005－05

⊙ 奥运催生体育休闲产业/金汕//中外文化交流 2005－06

⊙ 奥运会对主办城市的主要经济影响研究/杨越//中国社会科学院研究生院学报 2005－05

⊙ 奥运会将给亚奥商圈带来四大利好？/宋晓//安家 2005－08

⊙ 奥运会商业化运作模式探讨/金颖//中国体育教练员 2005－03

⊙ 奥运会是房地产业的盛宴//亚太经济时报 2005－12－02

⊙ 奥运经济：巨大商机对中国的影响/杨黎//河南社会科学 2005－03

⊙ 奥运经济对长三角地区体育产业发展影响的研究/程一军 王跃华 杨新生 卞康荣//首届中国体育产业学术会议 2005

⊙ 奥运经济与我国体育经济的发展/李宁 武军//生产力研究 2005－06

⊙ 奥运商机显现 市场风起云涌/钟体//市场报 2005－01－14

⊙ 奥运为体育产业带来机遇/罗俊//人民日报海外版 2005－12－30

⊙ 把脉体育产业 展望乒乓经济/邓里文//首届中国体育产业学术会议 2005

⊙ 把脉文化体育用品市场/管雅冬//中国市场 2005－31

⊙ 办好体育赛事促进绵阳经济社会发展/闻扬//体育文化导刊 2005－07

⊙ 包头体育产业发展迅速/赵曦//内蒙古日报（汉）2005－12－12

⊙ 保险品牌营销紧盯体育赛事/江帆//经济日报 2005－08－30

⊙ 保险与奥运经济/丁小燕//北京观察 2005－08

⊙ 北京奥运会对我国体育信息化的影响/于红霞//体育学刊 2005－04

⊙ 北京奥运会旅游的理性思考——一个从经济学视角研究的反思/肖桃芳 赵金岭//首届中国体育产业学术会议 2005

⊙ 北京奥运中国文化产业商机与策划研究/王秉彝 李志方//惠州学院学报 2005－05

⊙ 北京国际体育休闲用品及场馆设计展览会举办/刘瑞芳//中华建筑报 2005－07－16

⊙ 北京申奥成功给我国体育产业带来的机遇/黄龙倩//九江学院学报（自然科学版）2005－02

⊙ 北京市高校学生体育消费现状的调查研究/李可//第 4 届全国青年体育科学学术会议 2005

⊙ 北京市体育消费市场现状调查/张毅//统计与决策 2005－17

⊙ 北京体育休闲文化节拉开帷幕//体育博览 2005－05

⊙ 北京要力争体育产业产值 2008 年达全市 GDP 的 3%/倪红梅//体育科技

文献通报 2005 – 04
- 北京与新疆体育产业发展的比较分析/刘洋//首届中国体育产业学术会议 2005
- 不断增强竞技体育和体育产业竞争力/杜丽玲//汕头日报 2005 – 09 – 10
- 不改革，体育产业难见“朝阳”/王佳元　贾媛//中国经济导报 2005 – 11 – 08
- 不要让体育营销只成为烧钱游戏/钱卫//市场报 2005 – 11 – 02
- 不争做中国耐克，而是要做世界的鸿星尔克/邓文龙　张跃良//中国工业报 2005 – 07 – 27
- 步入转型期，中国体育用品业探路前行/郭俐君//中国工业报 2005 – 08 – 10
- 财富全球论坛聚焦中国体育产业/杨兆敏//工人日报 2005 – 05 – 18
- 财富体育/鲍明晓//首届中国体育产业学术会议 2005
- 藏族传统体育文化的地域特征与开发/江红//青海师范大学学报（哲学社会科学版）2005 – 05
- 产业集群：发展我国体育用品产业的战略选择——以福建晋江运动鞋产业集群为例/张沛中//福建体育科技 2005 – 01
- 产业政策与体育产业发展相关性分析/刘洪超//中国科技信息 2005 – 22
- 长江三角洲体育产业圈的功能及示范性发展领域/王爱丰//体育科技文献通报 2005 – 06
- 长三角地区女大学生体育消费的现状分析/杨月红//嘉兴学院学报 2005 – 03
- 长三角地区体育产业发展的要素比较研究/罗建英　丛湖平//体育与科学 2005 – 03
- 抄“体育营销”捷径，闽企为何迈不开步？/巫望群//海峡财经导报 2005 – 06 – 23
- 成都市城市居民家庭体育消费现状调查/周挺//成都体育学院学报 2005 – 02
- 成立高校业余体育俱乐部的设想/何振强//体育科技文献通报 2005 – 10
- 承办奥运会与发展体育市场的探讨/杜立群//企业经济 2005 – 09
- 城市社区创新体育服务体系的构建/佘静芳//湖南人文科技学院学报 2005 – 02
- 城市体育场地结构亟需规划/张周来//人民日报 2005 – 05 – 23
- 城镇居民不同职业群体的体育消费现状研究/陈宏//北京体育大学学报 2005 – 07
- 吃完奥运“蛋糕”北京将自拓体育商机/刁萃//中国经济导报 2005 – 03 – 15
- 初探体育产业产值计算的若干理论问题/方旭东//首届中国体育产业学术会议 2005
- 刍论把体育产业发展成为陕西新兴支柱产业/陈彦//理论导刊 2005 – 12
- 传统体育尝试新出路/王静//中国体育报 2005 – 01 – 05
- 创办青少年体育俱乐部的实践与思考/李长志//中国学校体育 2005 – 03
- 从 F1 上海大奖赛审视中国体育产业的可持续发展/胡斌//广东财经职业学院学报 2005 – 02
- 从科学发展观看武术进一步国际化的可行性/庄昔聪//南京体育学院学报（社会科学版）2005 – 10 – 30
- 从联想赞助奥运会谈兴起的中国体育营销/高志勇　李可//首届中国体育产业学术会议 2005
- 从品牌打造角度解析泉州体育用品业/郭惠杰//辽宁体育科技 2005 – 02
- 从世界优秀网球运动员的特点看我国竞技网球运动的发展对策/吴云//广州体育学院学报 2005 – 05
- 从体育彩票看全运会/黄桂华//集邮博览 2005 – 09
- 从体育产业的形成机理谈我国体育产业的发展/闻杨//西南交通大学学报（社会科学版）2005 – 03
- 从体育经济学的学科属性问题探析体育产业研究/王子朴//首届中国体育产业学术会议 2005
- 从休闲生活方式谈城市社区体育的发展/沈晓明//沈阳体育学院学报 2005 – 01
- 从一个棒球巨人的崛起看近代体育产业的兴盛/巴卡//体育文化导刊 2005 – 01
- 从与国债的比较中看我国体育彩票的筹资功能/屈洁//体育文化导刊 2005 – 04
- 从政府到市场——全运会品牌之历史读本/田默//广告大观（综合版）2005 – 10
- 促进我国体育用品业集群化发展的必要性分析/张建锋//首届中国体育产业学术会议 2005
- 促进中国体育产业集群发展的思考/杨少雄//嘉应学院学报 2005 – 03
- 搭建体育营销新平台/陈昌成//中国企业报 2005 – 05 – 20
- 打破新疆体育发展的瓶颈/石锋//新疆日报（汉）2005 – 11 – 15
- 打造体育产业盛会/陈凡//中国贸易报 2005 – 10 – 11
- 打造体育科技领军人/曹彧//中国体育报 2005 – 01 – 26
- 大力发展文化体育产业　促进旅游业的全面发展/宋远方//山东经济战略研究 2005 – Z1
- 大盘点文化体育用品市场/洪涛//中国市场 2005 – 31
- 大型赛事催动“长三角”体育旅游/姚玉洁　肖春飞//浙江日报 2005 – 11 – 18
- 大型体育赛事的风险构成初探/魏得建//山东体育科技 2005 – 03
- 大型体育赛事的风险及风险管理/卢文云//成都体育学院学报 2005 – 05
- 大型体育赛事的域名保护/丁世勇//成都体育学院学报 2005 – 04
- 大型体育赛事现代物流应用/马丽君//广西右江民族师专学报 2005 – 06
- 大型体育赛事组织管理的基本模式——2002 年悉尼同性恋运动会组织管理分析/崔玉鹏//首都体育学院学报 2005 – 03
- 大学生体育消费动机、水平及对策研究/刘高福//吉林体育学院学报 2005 – 04
- 大学生体育消费浅析/郭娟//吉林体育学院学报 2005 – 02
- 大学体育开展体育休闲娱乐管窥/徐奕宏//中山大学学报论丛 2005 – 01
- 大中专学生体育价值及消费观调查研究/王波//杭州师范学院学报（自然科学版）2005 – 01
- 大众体育消费行为的流行与选择/杨乃彤//中国市场 2005 – 32
- 当代武术的责任与价值审视/张凤霞//武术科学（学术版）2005 – 02
- 当代中国休闲体育发展的探析/秦华奇//周口师范学院学报 2005 – 02
- 当代中国休闲体育及其兴起背景/徐佶//广州体育学院学报 2005 – 05
- 当前体育产业研究中的若干焦点问题及研究思路/王子朴//首都体育学院学报 2005 – 06
- 当前我国城市景观体育赛事开展现状的初步探讨/刘芳//首届中国体育产业学术会议 2005
- 当前我国体育产业发展过程中存在的突出问题及对策/李广宁//湖北体育科技 2005 – 04
- 当前我国体育经济发展的制约因素与实现路径选择/陈晓春//经济问题探索 2005 – 02
- 当前武术发展过程中存在的问题及对策/刘劲松//洛阳师范学院学报 2005 – 05
- 颠覆传统体育营销　昆仑彰显人文关爱/闫籽文//中国高新技术产业导报 2005 – 09 – 21
- 点将中国文化体育用品龙头市场/刘世磊//中国市场 2005 – 31
- 电子竞技　数字时代的产业盛宴/毛晶慧//中国经济时报 2005 – 01 – 05
- 电子竞技——数字体育产业发展的灵魂/闵鹿蓓//科技潮 2005 – 02
- 电子竞技运动的发展特征及其类型分析/徐锋//南京体育学院学报（社会科学版）2005 – 05
- 调整体育彩票收入分配的可行性研究/李海//体育学刊 2005 – 05
- 东西部体育健身娱乐产业现状及发展诊析/李勤友//经济师 2005 – 01
- 动感地带大打体育营销牌/王建国//中华工商时报 2005 – 07 – 27

◎ 福建省体育产业竞争优势研究及发展构想/王德平 任保莲//体育科学 2005-10
◎ 福建省体育产业可持续发展运行机制的研究/陈如桦 潘前 陈小林/福建体育科技 2005-03
◎ 福州市民家庭体育消费的现状及对策/刘贤辉//闽江学院学报 2005-02
◎ 改进层次分析法在体育产业可持续发展评价中的应用/雷选佩//体育科技文献通报 2005-02
◎ 改善基础设施 发展体育产业/程小燕//商洛日报 2005-03-21
◎ 甘肃城镇居民体育消费结构分析与研究/康帆//社科纵横 2005-04
◎ 甘肃民族体育旅游产业化研究/高小岩//兰州商学院学报 2005-05
◎ 甘肃省城镇居民体育消费变化分析与预测/钟全宏//西北师范大学学报（自然科学版）2005-06
◎ 甘肃体育彩票将实现“电子投注”/魏东//人民邮电 2005-12-21
◎ 甘肃体育产业的出路在哪里/牛亚莉//发展 2005-11
◎ 高等院校开设体育产业经营管理专业的构想/张毅//湖州师范学院学报 2005-01
◎ 高等院校实施体育俱乐部的应用研究/黄晨曦//体育科研 2005-04
◎ 高等院校体育院（系）开设体育营销专业的可行性分析/潘勤//南京体育学院学报（社会科学版）2005-06
◎ 高校竞技舞龙运动初探/洪熊//吉林体育学院学报 2005-03
◎ 高校课外体育俱乐部开展的现状及对策研究——苏州大学课外体育俱乐部实施四年来的回顾/陆文龙//体育成人教育学刊 2005-01
◎ 高校青少年体育俱乐部分析及展望/王今越//太原教育学院学报 2005-04
◎ 高校体育产业的现状及发展对策/张斌//贵州体育科技 2005-03
◎ 高校体育产业的现状与思考/郑忠波 李明伟//广西财经学院学报 2005-01
◎ 高校体育产业发展现状及未来展望/翟均 王维//经济论坛 2005-06
◎ 高校体育产业发展现状与社会价值的思考/茆宝荣//南京体育学院学报（社会科学版）2005-06
◎ 高校体育产业化的现状分析及对策研究/杨晓红 李高祥 张成武//吉林体育学院学报 2005-02
◎ 高校体育产业化理论内涵及发展趋势研究/孙铁民//山东体育学院学报 2005-03
◎ 高校体育产业开发研究/王建波//社会科学论坛（学术研究卷）2005-02
◎ 高校体育产业市场化经营策略探讨/黄传兵//河北体育学院学报 2005-04
◎ 高校体育产业市场投资前景分析/胡妤//四川体育科学 2005-03
◎ 高校体育场馆有偿运营的思考/潘国祥 叶亚云//湖北体育科技 2005-04
◎ 高校体育俱乐部的发展研究/滕栋梁//沈阳体育学院学报 2005-02
◎ 高校体育如何应对21世纪的体育休闲时代/车毅//边疆经济与文化 2005-08
◎ 公共体育场馆产业化发展的对策研究/喻小红 朱翔 朱佩娟//北京体育大学学报 2005-08
◎ 攻占体育产业的高地/子轩//人民日报海外版 2005-07-22
◎ 共同分享奥运商机/朱又德//大众科技报 2005-04-19
◎ 共议全面建设小康社会中的中国群众体育/曹彧//中国体育报 2005-06-22
◎ 构建多姿多彩的社会体育平台/毛毛//陕西日报 2005-10-31
◎ 构建社区体育文化的思考/丁世勇 陈更昌//东华理工学院学报（社会科学版）2005-02
◎ 构建我国体育产业发展的多元化支持体系研究/任保国 王秀丽 郭卫民//体育与科学 2005-05
◎ 构建我国体育产业发展的多元化支持体系研究/任保国//体育与科学 2005-05
◎ 鼓励民营企业参与体育产业发展/崔素娟//太原日报 2005-09-16
◎ 关于城市社区体育可持续发展的若干思考/陈宏//体育科技文献通报 2005-10
◎ 关于电子竞技运动在我国发展趋势的研究/徐欣//贵州体育科技 2005-04
◎ 关于发展我国体育经济的思考/程啸斌 潘伊荷 欧亚敏//商场现代化 2005-17
◎ 关于高等体育院校体育产业人才培养的战略构想/王笑梅//山东体育学院学报 2005-06
◎ 关于构建我国体育产业发展支持体系的探讨/沈洪钧//中国科技信息 2005-24
◎ 关于建立我国体育产业统计指标体系的研究/林显鹏//2005年：中国文化产业发展报告
◎ 关于建立我国重大体育赛事服务保障体系的初探/王珊珊//首届中国体育产业学术会议 2005
◎ 关于江苏省体育健身娱乐场所的调查研究/葛毅//南京体育学院学报（社会科学版）2005-02
◎ 关于培育和提升我国体育用品企业核心竞争力的研究/肖明光 陈小平//首届中国体育产业学术会议 2005
◎ 关于培育与开发高校体育市场的思考/尹忠斌//商场现代化 2005-17
◎ 关于普通高等学校体育产业发展的探讨/胡勇//当代经理人（下半月）2005-01
◎ 关于普通高校体育俱乐部制的探讨/叶亚金//浙江体育科学 2005-03
◎ 关于全国体育大会的赛事研究/李颖川//成都体育学院学报 2005-02
◎ 关于体育产业法律若干问题的思考/赵双印//商场现代化 2005-26
◎ 关于体育赛事风险管理要素的研究/李国胜//广州体育学院学报 2005-02
◎ 关于拓展休闲体育市场的思考/商光成//安徽工业大学学报（社会科学版）2005-03
◎ 关于我国高校体育产业现状和发展的探讨/刘次琴 黄顺久//林区教学 2005-05
◎ 关于我国开展休闲体育问题的探讨/朱涛//浙江纺织服装职业技术学院学报 2005-01
◎ 关于我国体育产业发展的若干问题思考/齐小平//广州体育学院学报 2005-05
◎ 关于我国体育产业化的理性思考/饶爱蓉 胡惠//沧桑 2005-05
◎ 关于我国体育产业课税改革的思考/庹权//中国体育科技 2005-06
◎ 关于我国体育产业统计指标体系完善问题的思考/罗华敏//沈阳体育学院学报 2005-04
◎ 关于我国体育产业投资的思考/孙慧君//浙江体育科学 2005-02
◎ 关于厦门市成立中学生体育俱乐部可行性的研究/鞠志伟//厦门科技 2005-03
◎ 关于休闲娱乐体育研究/杨芳//南京体育学院学报（社会科学版）2005-01
◎ 关于严格执行体育彩票、福利彩票有关营业税政策的通知//中国税务报 2005-10-31
◎ 管理是经营性体育场所有序运作的关键/邓其锋//丽水日报 2005-04-04
◎ 广东部分高尔夫俱乐部现状与发展对策/梁健 卢元镇 刘罡//体育学刊 2005-04
◎ 广东高校体育赛事赞助的可行性理论分析/吴学勇//广东技术师范学院学报 2005-06
◎ 广东省竞技体育后备人才运动项目布局现状与发展研究/陈明//体育科技文献通报 2005-05
◎ 广东省青少年体育俱乐部现状调查与对策研究/裴立新//广州体育学院

学报 2005 - 03
⊙ 广东省体育产业发展结构分析与优化对策/邵国良//广州大学学报（社会科学版）2005 - 12
⊙ 广东省体育产业发展现状及发展战略研究/陈显友//首届中国体育产业学术会议 2005
⊙ 广东省体育健身娱乐消费市场开发与经营对策的研究/韩凤月//广州体育学院学报 2005 - 02
⊙ 广东体育产业发展现状分析/陈明//体育学刊 2005 - 06
⊙ 广东体育产业现状与发展对策/杨年松//广州体育学院学报 2005 - 04
⊙ 广阔空间任遨游——我国文化体育用品市场之现状/王桂根//中国市场 2005 - 31
⊙ 广西大开发中体育产业化发展的要求和措施/黄河//体育科技 2005 - 04
⊙ 广西工学院体育俱乐部现状与发展对策/黄海//广西工学院学报 2005 - S1
⊙ 广西体育产业可持续发展战略研究/黄超//体育科技 2005 - 02
⊙ 广州市城乡居民体育人口体育消费阶层化研究——兼谈体育消费阶层化对体育消费者市场细分的启示/商执娜//首届中国体育产业学术会议 2005
⊙ 广州体育产业发展的现状研究/陈明//广东经济 2005 - 12
⊙ 广州体育用品生产企业品牌培育的研究/张三梅//体育科技文献通报 2005 - 02
⊙ 规划是体育的重要生命线/曹彧　王燕//中国体育报 2005 - 08 - 30
⊙ 国际环境下基于生态学视角的体育俱乐部人力资源流动研究——论体育俱乐部运动员资源的配置与经纪人资源的获取/俞琳//第 4 届全国青年体育科学学术会议 2005
⊙ 国际体育用品巨头　抢食 500 亿美元中国蛋糕/许珂//市场报 2005 - 03 - 25
⊙ 国际体育用品需求趋旺/红云//体育科技文献通报 2005 - 02
⊙ 国家青少年体育俱乐部营销战略研究/石立江//山西师大体育学院学报 2005 - 04
⊙ 国内外体育产业发展状况比较研究/李鸿亮//延安大学学报（自然科学版）2005 - 04
⊙ 国外竞技体育产业化对我国的启示/胡永红//浙江体育科学 2005 - 04
⊙ 国外体育产业风险投资发展现状与法律制度研究/李平//体育科技文献通报 2005 - 11
⊙ 国外体育产业形成与发展/鲍明晓//体育科研 2005 - 05
⊙ 哈尔滨向世界发出体育“邀请函”/史延志//哈尔滨日报 2005 - 09 - 18
⊙ 海南大学生休闲体育动机的调查与分析/苏家文//琼州大学学报 2005 - 05
⊙ 海南体育产业发展战略与对策研究/王公法//海南大学学报（人文社会科学版）2005 - 04
⊙ 海南体育产业现状分析与发展战略/邵显明　吴义　朱修锦　孟东明　张丰豪　邢永壮　吉训芳//中国科技信息 2005 - 03
⊙ 何闻山：奥迪会有更多体育营销/海兰//21 世纪经济报道 2005 - 09 - 01
⊙ 河北省高校体育产业资源开发现状与对策研究/刘希佳//沈阳体育学院学报 2005 - 02
⊙ 河北省体育产业现状与发展策略研究/王玉扩　苏树友　郑道远　潘中立　曹武//首届中国体育产业学术会议 2005
⊙ 河南大学生体育消费的现状研究/任忠利//文教资料 2005 - 23
⊙ 河南省大学生的体育消费现状/李龙江//体育成人教育学刊 2005 - 06
⊙ 河南省大学生体育消费现状、影响因素及发展对策/胡学明//安徽体育科技 2005 - 03
⊙ 河南省大学生体育消费现状及发展的对策/李龙江//辽宁体育科技 2005 - 04
⊙ 河南省高校竞技体育运动现状分析/储娜//湖北体育科技 2005 - 02
⊙ 河南省居民体育消费状况调查/孟淼//许昌学院学报 2005 - 05
⊙ 河南省体育产业的现状评估与开发研究/管勇生//武汉体育学院学报 2005 - 02
⊙ 河南省体育消费特点的研究/潘喜梅//辽宁体育科技 2005 - 01
⊙ 河南体育的差距在哪里/孟向东　李悦//河南日报 2005 - 10 - 26
⊙ 黑龙江中国滑雪度假的金字招牌/姜一海　李云涛//黑龙江日报 2005 - 03 - 17
⊙ 黑龙江省雪上体育消费市场分析/马月平//冰雪运动 2005 - 03
⊙ 恒源祥集团：老字号也能掘金体育营销/肖玛//大众科技报 2005 - 08 - 14
⊙ 衡量 2008 年北京奥运会成功的主要标准探析/赵丙军//上海体育学院学报 2005 - 01
⊙ 衡阳师范学院大学体育俱乐部可行性调查研究/胡建忠//衡阳师范学院学报 2005 - 03
⊙ 弘扬邓小平理论，发展体育产业/李靖文　应守伟//商场现代化 2005 - 07
⊙ 后工业社会的休闲形态与休闲体育的趋势/孙季成//体育文化导刊 2005 - 07
⊙ 呼唤人文体育的新时代/苏清明//文汇报 2005 - 10 - 24
⊙ 湖南高校体育产业化可行性分析与发展对策研究/韩湘平　陈玉清//财经理论与实践 2005 - 04
⊙ 湖南省城市居民体育健身娱乐消费水平的调查研究/周建社//辽宁体育科技 2005 - 06
⊙ 湖南省大学生体育消费水平的调查与分析/谢陶钧//湖南广播电视大学学报 2005 - 03
⊙ 湖南省大中学生体育消费需求的比较研究/谢小龙//邵阳学院学报（自然科学版）2005 - 03
⊙ 湖南省地方高校体育消费的现状与发展研究/谭红//首都体育学院学报 2005 - 06
⊙ 湖南省体育消费的人口学因素研究/郭献中//北京体育大学学报 2005 - 06
⊙ 湖南体育产业发展研究/袁鹏//企业家天地（下半月）2005 - 11
⊙ 基于“赛事租”理论的我国体育赞助动因分析/蔡志坚//山东体育学院学报 2005 - 04
⊙ 基于集对分析的体育彩票认知与购买心理研究/张林凤//浙江师范大学学报（自然科学版）2005 - 03
⊙ 基于价值链的体育产业结构解析/肖淑红//首届中国体育产业学术会议 2005
⊙ 基于体育营销的品牌成长机制/张锦年　梁强　王晔//广州体育学院学报 2005 - 03
⊙ 基于小康社会小康体育可持续发展问题研究/主冠军　李斌//吉林体育学院学报/2005 - S1
⊙ 激活民间资本壮大体育产业/梁金可//广西政协报 2005 - 01 - 06
⊙ 吉林省体育产业现状及发展对策/冷显智//通化师范学院学报 2005 - 06
⊙ 加强农村基层体育文化研究的历史契机与现实需要/虞重干　李志清//体育科学 2005 - 02
⊙ 加强我国健身娱乐业服务的理性思考/刘兵　杨倩　黄伟　陈书睿　马林//上海体育学院学报 2005 - 03
⊙ 加入 WTO 对我国体育用品产业的机遇与挑战/韩忠培//体育与科学 2005 - 01
⊙ 加入 WTO 对中国体育用品产业的影响/张军//武汉体育学院学报 2005 - 07
⊙ 加入 WTO 后提高我国体育产业国际竞争力的对策分析/程一辉//体育科技文献通报 2005 - 07
⊙ 加入 WTO 后我国高校体育产业面临的机遇与挑战/吴美丽　孔垂辉　任保国//北京体育大学学报 2005 - 04
⊙ 佳木斯市民体育健身消费现状及发展趋势/赵猛//辽宁体育科技 2005

-05
⊙论我国居民体育消费需求不足的成因与对策/杨再惠//未来与发展 2005-02
⊙论我国企业品牌国际化体育营销战略/张华鑫//体育科技文献通报 2005-07
⊙论我国体育彩票立法的基本原则/戴狄夫//辽宁体育科技 2005-03
⊙论我国体育产业发展的积淀与拓新/王亚飞//解放军体育学院学报 2005-01
⊙论我国体育产业发展中的政府规制/徐亚清//山东体育学院学报 2005-04
⊙论我国体育产业发展中的制度约束与制度创新/成会君 刘淦清 徐亚青//武汉体育学院学报 2005-01
⊙论我国体育产业应及早重视品牌策略/张青//西安体育学院学报 2005-S1
⊙论我国体育产业资本运营及其发展/任保国//武汉体育学院学报 2005-05
⊙论我国职业体育俱乐部的企业集团风险投资融资方式/陈元欣//上海体育学院学报 2005-01
⊙论析我国体育产业中无形资产及其发展动力/张清江//商场现代化 2005-01
⊙论现代体育的魅力/林勇虎 刘恩振//沈阳体育学院学报 2005-03
⊙论休闲经济时代中休闲体育的价值/王进//解放军体育学院学报 2005-02
⊙论休闲体育文化的可持续发展/张亚平//商场现代化 2005-07
⊙论影响我国群众体育消费行为的价值观因素/白晓旭//商场现代化 2005-24
⊙论余暇、休闲、体育三者之交融/曹卫//体育与科学 2005-03
⊙论政府职能转变与体育产业管理/汪元榜//首届中国体育产业学术会议 2005
⊙论中国特色的体育赛事运作管理模式建立的根本/黄璐 吴新宇//首届中国体育产业学术会议 2005
⊙论中国体育产业政策调整的基本原则/靳英华 原玉杰 石春建//首届中国体育产业学术会议 2005
⊙论中国休闲体育发展演变的时代特点/张扬//邵阳学院学报（自然科学版）2005-04
⊙论中国休闲体育市场的开发/林恬//广州体育学院学报 2005-04
⊙落实科学发展观，促进全面建设小康社会与体育的协调发展/陈秋斌//体育科学研究 2005 -02
⊙迈向国际体育用品市场/李卓//科技日报 2005-07-03
⊙没有竞争，体育何来魅力/李丽 马向菲//新华每日电讯 2005-05-17
⊙梅林将形成文化体育产业一条街/管亚东 黄青山 史小权//深圳商报 2005-08-27
⊙美国没有专业体育报 市场已无多余空间/杨慧//中华新闻报 2005-09-14
⊙美国体育彩票合法化初期遭遇的瓶颈及启示/马廉祯//体育文化导刊 2005-10
⊙美国体育产业的几个焦点话题/仙女//体育科研 2005-04
⊙美国体育产业进入整合期/高和//国际商报 2005-11-09
⊙美国体育产业中的公共-私有合作伙伴关系/黄文卉//武汉体育学院学报 2005-10
⊙民间资本 为何不愿投资体育场地/史明//中国体育报 2005-02-16
⊙民营企业将成为体育大户/郭思//中国体育报 2005-11-22
⊙民营资本投资广东体育健身服务业的发展趋势及政策研究/辛利 周毅//首届中国体育产业学术会议 2005
⊙民族产业参与北京 2008 奥运会营销的策略/董杰//武汉体育学院学报 2005-04
⊙民族传统体育“观赏型”消费市场发展研究/姚丽华//武术科学（学术版）2005-03
⊙民族品牌从涉足中国体育开始/王静//中国服饰报 2005-09-09
⊙内蒙古：体育产业蕴藏巨大商机/张丽芹 娜仁//中国信息报 2005-12-08
⊙内蒙古大学生体育行为与体育消费的调查研究/李凤新//内蒙古师范大学学报（自然科学汉文版）2005-02
⊙南昌市居民家庭体育消费现状调查与研究/许爱民//商场现代化 2005-25
⊙南京市普通高校大学生体育消费社会学调查分析/张健//南京体育学院学报（社会科学版）2005-03
⊙南宁市羽毛球场馆体育消费的调查与分析/许建//山东体育学院学报 2005-04
⊙农村体育：弱势中的弱势/乌云斯琴//人民政协报 2005-09-09
⊙女性体育消费心理的影响因素及市场营销策略/谢小龙//天津体育学院学报 2005-05
⊙盘点 2004 之中国体育产业//体育科技文献通报 2005-04
⊙品牌代言人——体育明星/明辉//体育科技文献通报 2005-06
⊙品牌企业如何做好体育营销/肖景匀//中国企业报 2005-12-28
⊙品牌战略——我国体育用品业的发展之路/郑泽云//中国体育报 2005-11-22
⊙品质为王 联想重夯“体育营销”基石//中国电子报 2005-03-11
⊙破解竞技体育两大命题//科技日报 2005-06-10
⊙浦东新区市民体育文化消费与生活质量研究/陈天仁//华东理工大学学报（社会科学版）2005-01
⊙普通高校试办青少年竞技体育俱乐部的实证研究/郭开强//安徽体育科技 2005-01
⊙普通高校体育俱乐部发展思路研究/杨勤//北京体育大学学报 2005-03
⊙齐齐哈尔体育产业如何面对入世后的机遇与挑战/张良祥//齐齐哈尔大学学报 2005-01
⊙企业参与体育赛事赞助经济动因的初步研究/吴爱君 赵宸君 刘漾//首届中国体育产业学术会议 2005
⊙企业赞助体育赛事需把握的几个问题//中国文化报 2005-08-10
⊙汽车巨头角力体育营销/广言//国际商报 2005-09-02
⊙汽车体育产业将要占到北京市 GDP 的 3%/陈军君//体育科技文献通报 2005-10
⊙黔南州民族传统节日相伴的体育赛事/陈治宽//贵州日报 2005-05-23
⊙浅谈大学生体育消费/关正春//东北财经大学学报 2005-06
⊙浅谈高校体育产业的发展途径/赖云生//商场现代化 2005-23
⊙浅谈高校体育俱乐部/闫丽//长春师范学院学报 2005-05
⊙浅谈企业赞助中的体育营销战略/黄燕//长春理工大学学报（综合版）2005-02
⊙浅谈体育产业发展对经济增长的影响/饶永辉//企业经济 2005-10
⊙浅谈体育赛事风险及其预防与规避/徐成立//哈尔滨体育学院学报 2005-05
⊙浅谈体育消费能力的培养/杨升平//山西高等学校社会科学学报 2005-02
⊙浅谈我国高校体育产业的发展/王菲//哈尔滨体育学院学报 2005-02
⊙浅谈我国体育产业化现状及其发展对策的研究/熊三平//科技广场 2005-07
⊙浅谈我国体育用品的知识产权保护/赵小林//商场现代化 2005-27
⊙浅析举办重大体育赛事对城市体育事业竞争力的提升作用/黎冬梅//浙江体育科学 2005-02
⊙浅析市场经济下体育俱乐部的法制建设/岳宝铎//商场现代化 2005-11
⊙浅析体育产业的经济作用/李威//体育科技文献通报 2005-02
⊙浅析体育经纪人在体育明星广告中的作用/何远梅//体育师友 2005-04

- ⊙ 市体育产业现状及发展对策/张洪顺　孔祥胜//体育学刊 2005－03
- ⊙ 试“火”体育营销：华帝促进品牌国际化/郑少鲁//民营经济报 2005－10－12
- ⊙ 试对休闲体育社会价值的诠释/陈洪　汪军锋//乐山师范学院学报 2005－12
- ⊙ 试论电子竞技运动发展及策略/何小猛//邵阳学院学报（自然科学版）2005－03
- ⊙ 试论高校体育俱乐部的运作形式/姚军//社科纵横 2005－06
- ⊙ 试论社会体育教育专业建设中的经营理念——如何办好专业　创建体育产业品牌/彭兴好//辽宁高职学报 2005－01
- ⊙ 试论市场经济条件下我国体育产业发展概况/张振华//商场现代化 2005－29
- ⊙ 试论体育产业的经济特征/李朝晖//吉林体育学院学报 2005－02
- ⊙ 试论体育产业发展的契机——商业性与专业性的完美结合/何秀珍//山东体育科技 2005－01
- ⊙ 试论体育明星品牌代言人策略/张华鑫　田坤//首届中国体育产业学术会议 2005
- ⊙ 试论我国电视传媒与体育产业合作现状及发展/孙铁民//德州学院学报 2005－06
- ⊙ 试论我国体育产业的发展因素与改革举措/孙会山//齐鲁艺苑 2005－01
- ⊙ 试论我国体育产业法律环境/吴香芝//首届中国体育产业学术会议 2005
- ⊙ 试论我国体育用品企业发展模式/王潇　杨明//首届中国体育产业学术会议 2005
- ⊙ 试论消费者态度对企业赞助体育赛事的影响/徐燕军　陈晓//首届中国体育产业学术会议 2005
- ⊙ 试论域外文化产业中的体育及现代商业体育的发展/张永军//山东体育学院学报 2005－06
- ⊙ 试论整体体育赛事营销/傅君芳//体育科学研究 2005－04
- ⊙ 试析广东农村体育的现状及发展对策/胡斌//南方农村 2005－01
- ⊙ 试析我国社会环境系统对体育事业发展的影响/魏国力　马桂新//辽宁体育科技 2005－01
- ⊙ 试析我国体育产业的市场化/吴林军//武汉体育学院学报 2005－04
- ⊙ 试析新疆体育产业发展对民族文化的影响/刘韬　彭立群//首届中国体育产业学术会议 2005
- ⊙ 试析新疆体育产业发展对民族文化的影响/刘韬　田小从//体育科技文献通报 2005－12
- ⊙ 谁是中国体育营销明星？/罗俊//人民日报海外版 2005－12－30
- ⊙ 宋远方在文化体育产业与旅游业相互促进发展座谈会的讲话要点//威海日报 2005－02－28
- ⊙ 苏北地区高职院校学生体育意识与体育消费结构分析/庄伟//南京体育学院学报（社会科学版）2005－01
- ⊙ 苏州市发展体育健身旅游的对策研究/林岚　崔云霞//吉林体育学院学报 2005－S1
- ⊙ 孙善武：繁荣文化体育产业/常文征//河南日报 2005－07－20
- ⊙ 跆拳道运动在我国的发展现状及对策/陈健//杭州师范学院学报（医学版）2005－02－25
- ⊙ 太湖南岸休闲体育产业开发研究/张毅　庞国庆//首届中国体育产业学术会议 2005
- ⊙ 太极拳产业化发展的对策研究/邢树强//北京体育大学学报 2005－02
- ⊙ 太原市与发达地区城市居民家庭体育消费的比较研究/郭瑞//山西农业大学学报（社会科学版）2005－04
- ⊙ 泰山体育产业集团有限公司成立/宋辉　李玉胜　侯月霞//德州日报 2005－11－22
- ⊙ 谈本世纪前期我国体育大变革的趋向/韩丹//体育与科学 2005－01
- ⊙ 谈如何提高我国体育产业的国际竞争力/逯明智//辽宁体育科技 2005－03
- ⊙ 谈我国大众体育产业的发展趋向/徐长川//辽宁体育科技 2005－03
- ⊙ 谈我国体育健身产业市场的发展/朱霓//统计与决策 2005－15
- ⊙ 探索我国农村体育消费的新思路/康建敏//商场现代化 2005－25
- ⊙ 探索现代农村体育消费的新思路/张晓春//安徽体育科技 2005－01
- ⊙ 桃子熟了怎么摘？——对体育明星无形资产开发的思考/张冬梅//新体育 2005－04
- ⊙ 提高边际消费倾向与扩大体育消费需求/刘卫//体育科技文献通报 2005－06
- ⊙ 提高湖北省体育产业国际竞争力的研究/王雷　杨丽芳//第 4 届全国青年体育科学学术会议 2005
- ⊙ 提高体育场馆管理水平/朱小龙//苏州日报 2005－01－13
- ⊙ 提高体育消费与全面建设小康社会/许昌//辽宁体育科技 2005－01
- ⊙ 提高我国体育用品业国际竞争力的对策研究/杨再惠//体育科学 2005－08
- ⊙ 体验经济：体育产业经营新理念/杨芳　王晓霞//山西师大体育学院学报 2005－03
- ⊙ 体验经济对体育营销的创新研究/朱建峰//商场现代化 2005－11
- ⊙ 体验经济时代的体育消费需求及营销策略/石立江//山东体育科技 2005－03
- ⊙ 体验经济新理论对体育营销的启示/邓文才//北京体育大学学报 2005－07
- ⊙ 体验营销在体育营销中的应用研究/邵晓明//华北电力大学学报（社会科学版）2005－02
- ⊙ 体育：跨国企业市场营销新看点/清霞//国际商报 2005－08－11
- ⊙ 体育保险经纪人紧缺/高春颀//中华工商时报 2005－08－04
- ⊙ 体育保险走出“三缺”现象/马璐瑶//中华工商时报 2005－06－28
- ⊙ 体育不单是蹦蹦跳跳/孙秋峰//中国体育报 2005－06－02
- ⊙ 体育彩票“产品化”趋势的理论研究/郭科伟//商场现代化 2005－27
- ⊙ 体育彩票发行成本高企背后：5．58 亿元利益链条初现/韩朝//第一财经日报 2005－10－17
- ⊙ 体育彩票机制创新研究——以宁波为例/严振华//宁波经济（三江论坛）2005－06
- ⊙ 体育彩票市场开发及营销策略的研究/贾天奇//吉林体育学院学报 2005－S1
- ⊙ 体育彩票业务管理信息化建设研究/蔡泳//南京体育学院学报（自然科学版）2005－03
- ⊙ 体育产品属性及体育产业若干理论问题的思考/王晓东//体育科学 2005－05
- ⊙ 体育产业：经济和社会的助推器/王纯敏//中国审计报 2005－02－25
- ⊙ 体育产业：徘徊于传统与市场之间/王晓欣//金融时报 2005－03－19
- ⊙ 体育产业“钱”景好/根生//南京日报 2005－09－08
- ⊙ 体育产业成为晋江烫金名片/俞凤琼　郭文治//市场报 2005－01－14
- ⊙ 体育产业成为经济增长亮点/徐翼//中华工商时报 2005－05－17
- ⊙ 体育产业成为陕西省新的经济增长点的可行性分析及其发展对策研究/雷敏//福建体育科技 2005－05
- ⊙ 体育产业承担推动经济发展重任/王燕琦　王葆纯　张传亚//光明日报 2005－09－20
- ⊙ 体育产业的发展与辽宁奥运冠军产生的互动效应/郭艳娇//辽宁经济 2005－07
- ⊙ 体育产业的结构效应/石磊//首届中国体育产业学术会议 2005
- ⊙ 体育产业的社会属性不容忽视/李威　王大超//人民日报 2005－03－20
- ⊙ 体育产业的现状及发展对策/杨敏//武汉职业技术学院学报 2005－05
- ⊙ 体育产业发展的法律规制/王晓怡//技术经济与管理研究 2005－05
- ⊙ 体育产业发展机遇分析/马兰//沈阳体育学院学报 2005－01
- ⊙ 体育产业发展研究/鲁德明//武汉船舶职业技术学院学报 2005－05
- ⊙ 体育产业国际化经营与战略性人力资源管理/蓝国彬//第 4 届全国青年

体育科学学术会议 2005
⊙ 体育产业国际竞争力综合评价指标体系和评价方法研究/张家喜//河北体育学院学报 2005 - 01
⊙ 体育产业化的对策思考/吴正林//商场现代化 2005 - 08
⊙ 体育产业基本理论问题研究/鲍明晓//体育科技文献通报 2005 - 10
⊙ 体育产业经营人才多元化培养模式理论探析/苗向荣//西安体育学院学报 2005 - 03
⊙ 体育产业人才培育的帕累托改进——重庆市体育产业从业人员文化结构及分布的调查分析/阳芸//商场现代化 2005 - 27
⊙ 体育产业市场导入实证分析/陈明//改革与战略 2005 - 08
⊙ 体育产业统计指标体系设计及实施方法/魏赤天//学习与实践 2005 - 01
⊙ 体育产业投融资不足与应对/景俊杰//体育文化导刊 2005 - 01
⊙ 体育产业投资基金的投资与管理研究/倪刚//体育科技文献通报 2005 - 04
⊙ 体育产业已经起跑/麦倩芳　何衍良//中山日报 2005 - 11 - 21
⊙ 体育产业盈利前景仍是空中楼阁/王汝金　刘勇燕//中国证券报 2005 - 06 - 30
⊙ 体育产业与城市化关联性分析/王静//沈阳体育学院学报 2005 - 03
⊙ 体育产业与人文体育促进和谐社会发展/王建新//生产力研究 2005 - 06
⊙ 体育产业与体育经济发展问题探析/夏清平//商场现代化 2005 - 27
⊙ 体育产业与体育事业、体育产业化、体育市场化及其相互关系/杨年松//成都体育学院学报 2005 - 01
⊙ 体育产业与政府垄断问题研究——2010 年广州第 16 届亚运会运作模式的探讨/许永刚　王恒同//首届中国体育产业学术会议 2005
⊙ 体育产业在国民经济发展中的作用的演变/陈慧敏//首届中国体育产业学术会议 2005
⊙ 体育产业在经济发展中的地位和作用/魏增　代勇//西藏日报 2005 - 04 - 22
⊙ 体育产业属于全社会/曹彧//中国体育报 2005 - 06 - 18
⊙ 体育场馆设施推介再热奥运经济/王逍君//中华建筑报 2005 - 04 - 26
⊙ 体育场馆在上海市体育产业发展中若干问题的研究/邱伟昌//体育科研 2005 - 05
⊙ 体育代表团学会营销自己/江雪//中国企业报 2005 - 06 - 02
⊙ 体育带动旅游　展现无限商机/杨忠阳　何东宪//经济日报 2005 - 10 - 21
⊙ 体育的产业融合现象探析/程林林//成都体育学院学报 2005 - 03
⊙ 体育的力量/石贵明//中国企业报 2005 - 08 - 25
⊙ 体育发展与现代生活方式的提升/黄晓华　邓志红//广州体育学院学报 2005 - 06
⊙ 体育工作的根本大法/车竞//营口日报 2005 - 09 - 28
⊙ 体育公关使青海名扬海外——青海借助体育赛事传播品牌公关案例/侯明廷//国际公关 2005 - 05
⊙ 体育健身娱乐产业项目投资开发研究/黄卓//北京体育大学学报 2005 - 11
⊙ 体育经纪人的作用及其素养/彭春梅　吕玉萍//山东体育科技 2005 - 02
⊙ 体育经纪人艰难面对市场/李晓东//四川日报 2005 - 04 - 28
⊙ 体育经纪人年薪起步 10 万/傅洋//市场报 2005 - 04 - 29
⊙ 体育经纪人塑造体育产业链的思考/梁香青//体育科技文献通报 2005 - 06
⊙ 体育经纪人在我国体育赛事中的作用分析/康帅//四川体育科学 2005 - 03
⊙ 体育经济发展的现状与分析/高阿平//商场现代化 2005 - 24
⊙ 体育竞赛与体育产业开发现状及发展对策研究/郑兆云　龚德性　杨吉春　赵丽光//北京体育大学学报 2005 - 10
⊙ 体育竞赛与体育产业开发现状及发展对策研究/郑兆云//北京体育大学学报 2005 - 10
⊙ 体育劳务服务质量对提高健身业社会潜在需求量的影响/李德义//佳木斯大学社会科学学报 2005 - 05
⊙ 体育旅游与体育文化浅析/李昕//山西师大体育学院学报 2005 - S1
⊙ 体育明星：何时等到“天亮”/文雪梅//中华工商时报 2005 - 02 - 23
⊙ 体育品牌：抛弃“休闲”装束换上“专业”装备/于斌//中国经营报 2005 - 01 - 17
⊙ 体育品牌的内涵及外延探析/高希生//体育文化导刊 2005 - 12
⊙ 体育品牌行销走星路/刘丹//消费日报 2005 - 02 - 23
⊙ 体育如何“忽悠”？/崔伟//人民日报海外版 2005 - 07 - 15
⊙ 体育赛事产品期待突破瓶颈/宋辉//中国消费者报 2005 - 10 - 12
⊙ 体育赛事的界定及分类/王守恒//首都体育学院学报 2005 - 02
⊙ 体育赛事定价相关问题与策略方法探讨/刘希佳　刘建国//首届中国体育产业学术会议 2005
⊙ 体育赛事法律问题初探/王美//体育文化导刊 2005 - 04
⊙ 体育赛事类型的分类及特征/王子朴//上海体育学院学报 2005 - 06
⊙ 体育赛事门票经营开发策略研究/王晓东//第 4 届全国青年体育科学学术会议 2005
⊙ 体育赛事也要杜绝“假冒伪劣”/薛庆元　李玮//中国消费者报 2005 - 10 - 24
⊙ 体育赛事运作管理理念探析/王守恒//首都体育学院学报 2005 - 01
⊙ 体育生活化　生活体育化/秦东颖//解放日报 2005 - 06 - 11
⊙ 体育盛事考验政府经济运筹能力/张锋　吴奕新　张兴衍//深圳商报 2005 - 10 - 31
⊙ 体育事业产业化的商机分析/辜斌//经济视点报 2005 - 10 - 13
⊙ 体育事业蓬勃发展/邹明//乐山日报 2005 - 05 - 12
⊙ 体育文化产业中存在的问题及其对策/陈飞飞　孙桂云//首届中国体育产业学术会议 2005
⊙ 体育文化企业的另一种推力/魏长安//中国企业报 2005 - 11 - 01
⊙ 体育下乡搭上文化直通车/慕泉//西部时报 2005 - 05 - 24
⊙ 体育消费、体育产业化发展与经济增长/王文峰//生产力研究 2005 - 01
⊙ 体育消费：市场蛋糕越做越大/丁梦妮//南充日报 2005 - 06 - 18
⊙ 体育消费将带来什么/江船山//中老年保健 2005 - 06
⊙ 体育消费行为之流行与选择的探讨/冯振旗//华北水利水电学院学报（社科版）2005 - 01
⊙ 体育消费需要理性/黄小梅//中国信息报 2005 - 08 - 05
⊙ 体育消费者消费决策制定过程分析及营销策略/冯兵//山东体育科技 2005 - 02
⊙ 体育携手经济给世界带来什么/李凤祥//中国信息报 2005 - 02 - 17
⊙ 体育需求突出矛盾何人能解/欧阳敏//自贡日报 2005 - 03 - 28
⊙ 体育也要为国争利/曹彧//中国体育报 2005 - 06 - 30
⊙ 体育营销　并非所有人能玩的游戏/曾朝晖//中国工业报 2005 - 11 - 02
⊙ 体育营销　挡不住的热潮/刘军　刘慧　张楠//经济视点报 2005 - 07 - 21
⊙ 体育营销　看上去很美/曾朝晖//机电产品市场 2005 - 09
⊙ 体育营销　上场前的必答题/曾朝晖//中国经营报 2005 - 11 - 07
⊙ 体育营销　想要玩好不容易/居新宇//中国纺织 2005 - 09
⊙ 体育营销　这块奶酪可以尝一尝/申香英//纺织信息周刊 2005 - 28
⊙ 体育营销　中小品牌也精彩//信息产业报道 2005 - 11
⊙ 体育营销，不是富企的专利（之一）/胡纲//民营经济报 2005 - 01 - 13
⊙ 体育营销，不走寻常路/胡纲//经济视点报 2005 - 01 - 20
⊙ 体育营销，企业怎样才划算？/张潇芮//中国企业报 2005 - 03 - 07
⊙ 体育营销，咋玩？/曾朝晖//经理日报 2005 - 08 - 16
⊙ 体育营销：比赛背后的比赛/竞秀//经济参考报 2005 - 09 - 16
⊙ 体育营销：五个带刺的花瓣/曾朝晖//当代经理人 2005 - 10
⊙ 体育营销：眼睛看着姑娘的倾诉/金敏华//深圳商报 2005 - 08 - 11
⊙ 体育营销：只有保存大量“动物本性”的人才能成功/叶茂中//大市场

-11

⊙我国竞技田径运动可持续发展的十大对策/张军波//首都体育学院学报 2005-02

⊙我国竞技游泳运动可持续发展的战略研究/刘明辉//上海体育学院学报 2005-04

⊙我国居民体育消费行为决策过程的理论研究/王琳//广州体育学院学报 2005-04

⊙我国老年体育产业的现状及发展前景分析/石大玲　徐传智　杨黎明//首届中国体育产业学术会议 2005

⊙我国老年体育健身活动的社会价值探析/钟晨　孟凡强//湖北体育科技 2005-03

⊙我国农民体育消费与体育健身的研究/陈健//杭州师范学院学报（医学版）2005-05

⊙我国青少年体育俱乐部发展现状与对策研究/洪家云//河北体育学院学报 2005-03

⊙我国青少年体育俱乐部资金筹集的分析研究/陆作生//体育科学 2005-07

⊙我国群众体育走进大众生活/许立群//人民日报 2005-06-20

⊙我国体育彩票公益金的使用模式/贾明学//体育学刊 2005-05

⊙我国体育彩票目前存在的主要问题和发展对策/刘炜//首届中国体育产业学术会议 2005

⊙我国体育彩票业的发展/张亮//体育成人教育学刊 2005-04

⊙我国体育产业布局政策的研究/陈林祥//首届中国体育产业学术会议 2005

⊙我国体育产业的市场化/张玲玲//商场现代化 2005-24

⊙我国体育产业的现状//中国高新技术企业 2005-03

⊙我国体育产业的形成和发展/鲍明晓//体育科研 2005-06

⊙我国体育产业发展的战略机遇探析/高景龙//河北体育学院学报 2005-03

⊙我国体育产业发展面临的困境及对策/李霞//四川师范大学学报（社会科学版）2005-S1

⊙我国体育产业发展现状浅析/余启政//成都大学学报（自然科学版）2005-03

⊙我国体育产业发展中的问题与对策研究/葛振营//中共青岛市委党校学报 2005-03

⊙我国体育产业风险投资和风险控制初探/任保国//体育学刊 2005-03

⊙我国体育产业风险投资基金的投资与管理研究/吴美丽//体育科技文献通报 2005-07

⊙我国体育产业风险投资支撑环境研究/彭小澍//体育科技文献通报 2005-06

⊙我国体育产业国际竞争力的理论思考/段红艳　徐法//第4届全国青年体育科学学术会议 2005

⊙我国体育产业化发展的研究/朱泳//商场现代化 2005-20

⊙我国体育产业化进程中的社会成本分析/孙天明　许彩明　孙文树　陈丽//武汉体育学院学报 2005-12

⊙我国体育产业及体育市场发展/张玲//河北理工学院学报（社会科学版）2005-02

⊙我国体育产业结构现状及调整对策/徐亚清//山东师范大学学报（自然科学版）2005-02

⊙我国体育产业结构演进中的市场机制与政府调控的博弈/刘远祥//首届中国体育产业学术会议 2005

⊙我国体育产业经济的非均衡状态与发展对策/吴忠义//肇庆学院学报 2005-05

⊙我国体育产业可持续发展因素分析/刘明海//体育与科学 2005-05

⊙我国体育产业可持续发展因素分析/朱旭红//西安体育学院学报 2005-02

⊙我国体育产业立法的研究与探讨/范成文//湖北体育科技 2005-01

⊙我国体育产业区域化发展模式探析/王学平//淮南职业技术学院学报 2005-02

⊙我国体育产业人才培养模式/陈铁平//湘潭师范学院学报（自然科学版）2005-03

⊙我国体育产业人才培养模式初探/孙琦　张枝梅//首届中国体育产业学术会议 2005

⊙我国体育产业市场的现状及其发展策略/熊和平//武汉体育学院学报 2005-01

⊙我国体育产业市场的现状及其发展策略/袁为民//武汉科技学院学报 2005-12

⊙我国体育产业市场化融资渠道分析/任永星//科技创业月刊 2005-06

⊙我国体育产业市场化探析/吴林军//南京体育学院学报（社会科学版）2005-02

⊙我国体育产业市场直接融资分析/任永星//商场现代化 2005-30

⊙我国体育产业投资基金的运行机制研究/倪刚//体育科学 2005-08

⊙我国体育产业现状及对策研究/江伟//中国科技信息 2005-23

⊙我国体育产业现状与发展前景/廖培//体育学刊 2005-04

⊙我国体育产业相关税收优惠政策及其效应/高松龄//福建体育科技 2005-05

⊙我国体育产业中的投融资现状研究/张秋霞//首都体育学院学报 2005-04

⊙我国体育产业专门人才培养体制与机制研究/王永吉//首届中国体育产业学术会议 2005

⊙我国体育产业资本运营体系的探析/刘远祥//中国体育科技 2005-06

⊙我国体育产业资产证券化融资问题/刘明海//体育与科学 2005-01

⊙我国体育健身消费市场的形成与发展/朱伟//体育文化导刊 2005-06

⊙我国体育经纪人现状及其发展对策/崔海明　王晓芳　薛存波//职业时空 2005-18

⊙我国体育明星广告市场的特征及发展趋势/李龙//体育科技文献通报 2005-02

⊙我国体育明星品牌代言人的热点问题探讨/邱雪//中国体育科技 2005-04

⊙我国体育赛事赞助的前景分析/由会贞　王玄//首届中国体育产业学术会议 2005

⊙我国体育商业化的形成与发展分析/黄建伟//长春师范学院学报 2005-11

⊙我国体育市场开发实施体验营销的对策研究/卢亮球　刘克军　黄小华//山东体育学院学报 2005-06

⊙我国体育文化产业发展现状与前景/许正林//体育科研 2005-06

⊙我国体育消费热点的成因及引导对策/曹亚东//首届中国体育产业学术会议 2005

⊙我国体育消费市场发展的制约因素及对策/潘伊荷//商场现代化 2005-29

⊙我国体育消费市场发展环境与培育方略研究/李国岳//吉林体育学院学报 2005-04

⊙我国体育用品产业的国际化发展对策/黄春林//企业经济 2005-08

⊙我国体育用品产业的宣传策略研究/李淑芳//南京体育学院学报（社会科学版）2005-04

⊙我国体育用品产业集群的现状与发展研究/席玉宝//体育科技文献通报 2005-08

⊙我国体育用品出口状况分析/席玉宝//体育科学 2005-12

⊙我国体育用品结构趋同现象的博弈分析及战略选择/陆元兆//首届中国体育产业学术会议 2005

⊙我国体育用品企业“虚拟经营”模式探讨/方春妮//沈阳体育学院学报 2005-01

- 我国体育用品企业电视广告投放现状及其策略研究/杨铁黎//成都体育学院学报 2005－04
- 我国体育用品企业国际营销模式的探索/万翠琳//体育科技文献通报 2005－02
- 我国体育用品企业如何开展网络营销活动/张昆//体育科技文献通报 2005－04
- 我国体育用品市场研究/席玉宝//首届中国体育产业学术会议 2005
- 我国体育用品行业存在的问题及对策/云欣//经济论坛 2005－10
- 我国体育用品选择网络营销的可行性分析/戚一峰//浙江工业大学学报（社科版）2005－01
- 我国体育用品业的产业政策选择/唐衍平//体育科技文献通报 2005－02
- 我国体育用品业的发展对策研究/王迪//首届中国体育产业学术会议 2005
- 我国体育用品业发展现状及对策研究/杨再惠//宏观经济研究 2005－01
- 我国体育用品业行业管理研究/柴红年//首届中国体育产业学术会议 2005
- 我国体育用品制造业现状与发展对策研究/孙继龙//解放军体育学院学报 2005－02
- 我国武术产业发展的现状分析及发展对策的探讨/肖凤娟　高洁伦//武术科学（学术版）2005－07
- 我国武术产业化进程缓慢的原因分析与发展对策研究/林大参//首届中国体育产业学术会议 2005
- 我国武术运动产业化研究/赵静//武术科学（学术版）2005－08
- 我国西部体育产业状况与发展模式探索——以云南体育产业发展研究为例/饶远　张云钢　田世昌//首届中国体育产业学术会议 2005
- 我国乡镇居民体育消费兴起的原因分析/蒋桂凤//体育文化导刊 2005－03
- 我国休闲体育发展问题研究/刘娜//太原师范学院学报（自然科学版）2005－01
- 我国与发达国家体育产业的比较研究/熊旭航//企业经济 2005－05
- 我国职业排球俱乐部发展现状及存在问题的调查分析/刘炜浩//西安体育学院学报 2005－04
- 我国职业体育俱乐部经营管理中相关法律问题研究/关锋//山西师大体育学院学报 2005－03
- 我国职业体育俱乐部经营机制的探讨/何伟//首届中国体育产业学术会议 2005
- 我国职业体育俱乐部利用商业信用融资研究/吴俊生//西安体育学院学报 2005－04
- 我国职业体育俱乐部人力资源绩效评估弊端分析——浅议对我国职业体育俱乐部实行绩效管理的构想/张洪振//天津体育学院学报 2005－05
- 我国职业体育俱乐部融资结构、方式及其制约因素研究/陈元欣　王健//首届中国体育产业学术会议 2005
- 我国职业体育俱乐部融资现状、制约因素及策略/卢文云//体育科技文献通报 2005－04
- 我国职业体育俱乐部融资现状、制约因素及其发展策略研究/陈元欣//成都体育学院学报 2005－03
- 我国职业体育俱乐部上市融资的前景分析/王玉琴//山东财政学院学报 2005－06
- 我国职业体育俱乐部实施绩效评估的动态分析研究/宋修妮//北京体育大学学报 2005－11
- 我国职业体育俱乐部未来上市融资研究/陈元欣//体育科技文献通报 2005－02
- 我国职业体育俱乐部现状与发展对策/胡永红//韶关学院学报 2005－12
- 我国职业体育俱乐部资产评估内容的初步研究/李野//福建体育科技 2005－03
- 我国足球产业可持续发展探析/蔡其飞//河北体育学院学报 2005－02
- 我省体育文化产业发展对体育经纪人的需求/庞晓洁//河北体育学院学报 2005－02
- 我市民企进军体育产业/邓棉生　梁伟//韶关日报 2005－01－17
- 我市体育产业发展的重点/武威市体育局//武威日报 2005－08－03
- 我市体育产业方兴未艾/刘宗明//乐山日报 2005－01－13
- 五大问题困扰体育产业发展/梁晓龙//人民日报 2005－02－23
- 武汉市居民家庭体育消费需求结构的实证分析/何国民//首届中国体育产业学术会议 2005
- 武汉市居民体育旅游消费现状与发展对策/何国民//武汉体育学院学报 2005－11
- 武陵地区少数民族居民体育消费现状研究/向政//北京体育大学学报 2005－07
- 武术国际化和进入奥运的对策研究/庄昔聪//军事体育进修学院学报 2005－04
- 武术竞赛市场开发的现状与对策研究/韩志强　张山//体育成人教育学刊 2005－02
- 武术市场开发须迈五道坎儿/史晓芳//中华工商时报 2005－12－15
- 武术文化产业化发展研究/李鸿禄　刘同为　周刚//西安体育学院学报/2005－S1
- 武术运动的发展：远离现代西方竞技体育的程式/王岗//武术科学（学术版）2005－09
- 西安“宝马体育彩票案”相关法律问题分析与思考/郁俊//天津体育学院学报 2005－04
- 西安市高校在职教师体育消费现状调查/张云//首届中国体育产业学术会议 2005
- 西安市体育健身娱乐消费现状及特征的研究/王海飞　蔡军　杨学明　杨涛　张宝钰　谢成超//首届中国体育产业学术会议 2005
- 西安市体育健身娱乐业供给机制研究/于长菊//成都体育学院学报 2005－05
- 西安市体育健身娱乐业经营现状与发展对策研究/杨敏//武汉体育学院学报 2005－08
- 西部地区体育产业发展的现状、机遇和对策/朱进//西北大学学报（哲学社会科学版）2005－01
- 西部地区要素禀赋现状及其对体育产业的影响/常保荣//体育文化导刊 2005－06
- 西部少数民族传统体育产业选择初探/李加才让//青海民族研究 2005－03
- 西部体育人才遭东部“乱采滥伐”/刘卫宏　李铮　肖春飞//新华每日电讯 2005－10－24
- 西部体育资源和体育文化的开发与创新/马兴胜//体育成人教育学刊 2005－05
- 西藏登山学校以高山探险服务开辟西藏新兴体育产业/尼玛次仁//西藏体育 2005－04
- 西宁市城镇居民体育消费现状调查及对策研究/李登光//吉林体育学院学报 2005－03
- 析举办重大体育赛事对城市体育事业竞争力的提升作用/肖锋//南京体育学院学报（社会科学版）2005－01
- 现代科学技术与我国体育产业开发现状的研究/吴春霞　黎臣//首届中国体育产业学术会议 2005
- 现代体育赛事的价值取向与反思/李平//首届中国体育产业学术会议 2005
- 现阶段我国民营经济与体育产业发展问题与对策/吕时珍//吉林体育学院学报 2005－01
- 现阶段我国体育产业面临的挑战、机遇与对策/何蕊//山东经济 2005－01
- 湘鄂渝黔边区少数民族居民体育消费现状调查分析/向政//山西师大体

◎ 知识女性体育消费心理的影响因素及市场营销策略/谢小龙//商场现代化 2005－25
◎ 职业体育俱乐部的经营收益/黄晓灵//体育科技文献通报 2005－04
◎ 职业体育俱乐部服务产品属性探析/刘嘉丽//体育文化导刊 2005－09
◎ 职业体育俱乐部公司化存在的问题与对策研究/赵豫//北京体育大学学报 2005－03
◎ 职业体育俱乐部名称与品牌塑造关系研究/刘凤婷//体育与科学 2005－06
◎ 职业体育俱乐部融资渠道拓展研究/向武军//中国市场 2005－32
◎ 职业体育俱乐部投资环境分析/赵静//体育科技文献通报 2005－12
◎ 职业体育俱乐部运动员人力资源价值计量研究/虞力宏//中国体育科技 2005－04
◎ 职业体育人要注意公众形象/萧鸣//人民日报 2005－01－06
◎ 制约大众体育消费的社会因素及对策/张元阳//重庆交通学院学报（社会科学版）2005－03
◎ 制约我国竞技篮球运动发展因素的分析/刘刚//首都体育学院学报 2005－02
◎ 中、外体育产业竞争态势与战略研究/杨兆春//体育科技文献通报 2005－10
◎ 中国－东盟自由贸易区建设与体育产业结合的思考/吴声光//体育学刊 2005－03
◎ 中国广西和越南在区域体育产业中投资与合作的研究/何卫东//首届中国体育产业学术会议 2005
◎ 中国滑雪产业的现状及前景分析/王国成//体育成人教育学刊 2005－03
◎ 中国激流回旋竞技运动的奥运发展战略/徐刚//北京体育大学学报 2005－10
◎ 中国加入“WTO”对体育用品制造业发展影响及对策研究/连桂红//首届中国体育产业学术会议 2005
◎ 中国将以更开放的视野看待体育事业的发展/曹彧　张旭光//中国体育报 2005－05－17
◎ 中国竞技网球运动现状及其发展对策的研究/陶志翔//北京体育大学学报 2005－06
◎ 中国竞技运动现状的文化解读和思考/谢惠蓉//山东体育学院学报 2005－04
◎ 中国老龄体育旅游业：意义与设想/杨树　李英　杨爱华//中山大学学报论丛 2005－06
◎ 中国民族体育在新时期的发展观/姜玉泽　高丽//体育科学研究 2005－02
◎ 中国企业体育营销的误区与对策/孟德莹//现代企业 2005－08
◎ 中国企业与体育营销/蒋波//经济与管理 2005－08
◎ 中国拳击要走自己的路/杜文杰//中国体育报 2005－05－06
◎ 中国申办冬奥会可行性及对社会发展的意义和影响/杨树人　田晓玉//哈尔滨体育学院学报 2005－05
◎ 中国体育“海外兵团”开发的战略意义/黄璐　兰健//沈阳体育学院学报 2005－05
◎ 中国体育 MBA 浮出水面/王晶//市场报 2005－05－13
◎ 中国体育彩票的问题与对策/胡斌//决策与信息（财经观察）2005－04
◎ 中国体育产业的价值如同露天金矿/袁振喜//体育科技文献通报 2005－04
◎ 中国体育产业发展现状及未来走向/林显鹏//第 4 届全国青年体育科学学术会议 2005
◎ 中国体育产业环境分析/肖淑红//第 4 届全国青年体育科学学术会议 2005
◎ 中国体育产业面临的挑战与对策——以奥运经济为视角/顾江//广告大观（综合版）2005－10
◎ 中国体育产业投资的发展方向/魏汉琴//统计与决策 2005－07
◎ 中国体育产业投资风险控制技术的研究/徐浩//商场现代化 2005－30
◎ 中国体育产业需要多少国际元素/朱小明//中国经营报 2005－05－23
◎ 中国体育产业蓄势待发/袁振喜//人民日报 2005－02－21
◎ 中国体育产业增速超越经济增速/李卫玲//国际金融报 2005－05－17
◎ 中国体育服饰市场的竞争态势分析/仓国春//沿海企业与科技 2005－05
◎ 中国体育健身俱乐部价值链管理状况及其实施对策/肖淑红//北京体育大学学报 2005－04
◎ 中国体育品牌离“冠军”有多远/端文//中国质量报 2005－06－28
◎ 中国体育品牌离“世界”多远？/肖峰//中国知识产权报 2005－07－29
◎ 中国体育设施“三少三偏”/郝涛//市场报 2005－11－16
◎ 中国体育市场开发要学奥运/郝涛//市场报 2005－03－11
◎ 中国体育体制下明星运动员的商业开发/葛振斌//雁北师范学院学报 2005－05
◎ 中国体育文化忧思录/卢元镇//体育科学研究 2005－04
◎ 中国体育现代化探析/杨晓生　陈长礼//体育学刊 2005－06
◎ 中国体育营销现状、问题及对策/翟红华//市场周刊·研究版 2005－S1
◎ 中国体育用品国际竞争力实证分析及发展对策的研究/吴晓阳//体育科技文献通报 2005－04
◎ 中国体育用品借赛事张扬品牌/刘微//消费日报 2005－11－09
◎ 中国体育用品业国际竞争力实证分析及发展对策的研究/吴晓阳//北京体育大学学报 2005－01
◎ 中国武术产业发展中存在的问题及其对策/刘劲松　陈盼//武汉体育学院学报 2005－01－30
◎ 中国武术的资源结构及开发策略研究/郑春先　惠振宇//西安体育学院学报 2005－05
◎ 中国小康社会休闲体育发展的构想/许宗祥//广州体育学院学报 2005－01
◎ 中国与发达国家体育产业资本投资现状研究/刘运祥//山东体育学院学报 2005－06
◎ 中国职业体育俱乐部投资分析/李占海//职业时空 2005－24
◎ 中国足球市场运作模式的现状研究/杨次榆　李献青//天府新论 2005－S2
◎ 中华牌体育用品走向全世界/张鸣岐　贾津生//天津日报 2005－03－29
◎ 中美休闲体育的比较研究/于文谦//中国体育科技 2005－04
◎ 中石化、联想、海尔成就中国体育营销年//数码世界 2005－03
◎ 中体产业　体育产业难成支柱/北京首证//证券时报 2005－11－15
◎ 中外职业体育俱乐部融资情况比较分析/张宏伟//山东体育科技 2005－01
◎ 中小城市承办高水平体育赛事的市场化运作研究/钱文军//体育科技文献通报 2005－08
◎ 众多的卫星体育频道及色彩斑斓的体育赛事/小李第四//卫星电视与宽带多媒体 2005－13
◎ 重大体育赛事场馆布局规划思考/张萍//中外建筑 2005－03
◎ 重大体育赛事风险管理模式探析/孙星//生产力研究 2005－11
◎ 重庆市老龄体育产业现状分析与相关策略研究/徐林江//中山大学学报论丛 2005－02
◎ 重庆市少数民族体育文化走廊基础建设构想/易学//北京体育大学学报 2005－04
◎ 重庆市体育产业现状调查统计分析/代玉梅//中国市场 2005－50
◎ 珠江三角洲休闲体育的发展/许宗祥//成都体育学院学报 2005－05
◎ 珠三角体育健身娱乐业发展现状的调查研究/李永青//企业家天地（下半月）2005－02
◎ 抓住机遇　开创群众体育新局面/曹彧//中国体育报 2005－06－23
◎ 转型期我国体育赛事运作市场化的特征研究/杨铁黎　王庆伟//首届中国体育产业学术会议 2005
◎ 资本市场下我国职业体育俱乐部融资路径分析/贺光伟//山东体育学院

2006 年

⊙ 从小镇举办世界体育赛事谈起//中国文化报 2006－07－27
⊙ 从娱乐性谈民族传统体育的开发与利用/黄银华 龚群//武汉体育学院学报 2006－11
⊙ 从运动品牌陈列看超市型集约化走向——品牌集约化经营模式下的运动品牌陈列方式探讨（上）//中国制衣 2006－11
⊙ 促进我国体育用品业集群化发展的必要性分析/张建锋//第18届中国国际体育用品博览会体育产业与体育用品业发展论坛 2006
⊙ 大城市大众体育赛事企业营销研究/赵丽萍 赵建安 罗普磷//第18届中国国际体育用品博览会体育产业与体育用品业发展论坛 2006
⊙ 大武汉体育旅游圈发展战略若干问题研究/杨明//湖北体育科技 2006－03
⊙ 大型体育赛事的产业关联和波及效应的理论研究/唐晓彤 丛湖平//成都体育学院学报 2006－04
⊙ 大型体育赛事的负面旅游效应/陶卫宁//体育学刊 2006－06
⊙ 大型体育赛事的媒介服务/杨炯 陈国强//中国记者 2006－11
⊙ 大型体育赛事的相关经济效应问题研究/杨炯 唐晓彤//中国体育科技 2006－03
⊙ 大型体育赛事的运作范式与营销策略/顾亮//体育文化导刊 2006－06
⊙ 大型体育赛事对城市旅游业的影响/吴元文 王志成//体育成人教育学刊 2006－01
⊙ 大型体育赛事风险的险种研究/丁世勇//体育世界（学术版）2006－08
⊙ 大型体育赛事运作风险分析及其防范/肖嵘 刘美霞 刘大伟//特区经济 2006－04
⊙ 大学生体育赛事市场化发展的分析与研究/赵青 邢钰//西安体育学院学报 2006－06
⊙ 大学生体育消费的发展现状/夏洪涛 屈静力 杨乐//商场现代化 2006－01
⊙ 大学生体育消费动机的研究与分析/杨剑 王玉兰 姜涛//军事体育进修学院学报 2006－04
⊙ 大学生体育消费特征及现状的调查与分析/邓小林 涂绍生 海宛平//怀化学院学报 2006－05
⊙ 大学生体育消费问题概观及建议/夏一川//商场现代化 2006－32
⊙ 大学生体育消费现状的研究/王奕全//山东体育科技 2006－02
⊙ 大学生体育消费意识的发展变化研究/李长沙 林晞 曹梦春//龙岩学院学报 2006－03
⊙ 大运会将为深圳带来什么？/舒桂林 吴吉//深圳商报 2006－08－30
⊙ 大众体育俱乐部经营规范化的标准研究/王颖//体育科学研究 2006－04
⊙ 大众体育赛事界定的历史渊源及赛事营销特点分析/任大全 首洁//西安体育学院学报 2006－02
⊙ 当代大学生经济能力、体育意识与体育消费行为的研究——我国经济发达地区大学生体育消费探蹊/李燕强//广东经济管理学院学报 2006－04
⊙ 当代大学生体育意识与体育消费现状的调查研究/朱建宇//湖南第一师范学报 2006－01
⊙ 当代我国体育产业发展中存在的不足及对策研究/陈建红//陕西教育（理论版）2006－Z2
⊙ 德尔惠：体育品牌代言娱乐化/黄民赞//经济视点报 2006－02－23
⊙ 登封打造“功夫之都”/张如铁 孔玉峰 韩心泽//河南日报 2006－08－08
⊙ 地级市体育产业发展的对策研究/曹晓东 侯峥嵘 蒋荣//商场现代化 2006－04
⊙ 第29届奥运会对促进北京地区经济增长的分析/周毅 辛利 熊焰//体育科学 2006－03
⊙ 第十五届世界青年田径锦标赛带来的发展机遇/马立玄//安家 2006－09
⊙ 电视传媒对体育产业发展的促进作用/胡靓//当代经理人（下旬刊）2006－04
⊙ 电子竞技：体育赛事营销新明星//计算机与网络 2006－16
⊙ 电子竞技运动法律问题之探讨/孔德成//内蒙古农业大学学报（社会科学版）2006－04
⊙ 电子竞技运动探析/隋晓航//百色学院学报 2006－03
⊙ 电子竞技运动——我国体育产业的新亮点/张文鹏//体育世界（学术版）2006－12
⊙ 电子竞技运动项目管理有新规/李长云//人民日报 2006－09－30
⊙ 电子竞技运动行业前景看好/文萃//中国经济导报 2006－08－08
⊙ 调低体育彩票公益金上缴中央比例 支持西部地区加快发展体育事业/张放 朱姣//云南政协报 2006－03－11
⊙ 东莞市体育产业的现状及对策/邹联 曹永强 罗琼燕//东莞理工学院学报 2006－02
⊙ 都灵奥运会的环境政策及其对北京的借鉴/黄世席 陈华栋//成都体育学院学报 2006－04
⊙ 独生子女大学生的健康状况和体育消费研究/谭宏彦//辽宁体育科技 2006－05
⊙ 对2008年奥运会太极拳文化交流战略的研究/王涛//济宁师范专科学校学报 2006－03
⊙ 对比分析中国与西方发达国家的体育产业/唐渊//重庆三峡学院学报 2006－03
⊙ 对打造我国优势体育品牌的思考/康建敏 崔智勇//商场现代化 2006－13
⊙ 对当前我国体育产业市场开发的探析/高雪梅 郝小刚//体育世界（学术版）2006－12
⊙ 对当前中国体育用品品牌国际化的探讨/王兴宇//第18届中国国际体育用品博览会体育产业与体育用品业发展论坛 2006
⊙ 对电子竞技运动发展的初步探讨/许巍 杨彩云//周口师范学院学报 2006－02
⊙ 对电子竞技运动若干理论问题的商榷——兼论电子竞技运动与网络游戏的区别（续）/黄璐//2006年全国体育仪器器材与体育系统仿真学术报告会
⊙ 对发展高校体育产业的必要性和可行性的研究/李宁 杨升平//生产力研究 2006－05
⊙ 对发展西部地区体育产业的再思考/律海涛//山西师大体育学院学报 2006－03
⊙ 对高校贫困生课外体育活动与体育消费的调查分析/尚成 邓小林//武汉体育学院学报 2006－02
⊙ 对高校体育教育引导体育消费意识的研究/陆丽娟 吴菊华//体育成人教育学刊 2006－05
⊙ 对高校体育俱乐部的思考/陈淑英 郑华伟 林雪峰//长春师范学院学报 2006－02
⊙ 对广东、陕西两省大学生体育消费情况的对比研究/盖洋 吕梅//首都体育学院学报 2006－02
⊙ 对广州高职高专学生体育消费的现状研究/张玉凤//科技信息（学术版）2006－03
⊙ 对贵州省企业职工体育健身活动现状的研究/徐宏//贵州师范大学学报（自然科学版）2006－04
⊙ 对国内、外著名体育品牌的比较分析与探讨/相利 魏磊//安徽体育科技 2006－06
⊙ 对河北省普通高校大学生体育健身状况的调查研究/王麟 曹荣芳//河北理工大学学报（社会科学版）2006－04
⊙ 对河南省大学生体育消费内容、动机和水平的调查研究/王康康 尹长发 李龙江//体育科学研究 2006－02
⊙ 对湖北省群众体育俱乐部运作模式的探究/薛文敏 彭中东//武汉体育学院学报 2006－07
⊙ 对扶奥运 国内啤酒巨子胜算几筹——从燕啤、青啤联手2008奥运看啤酒业体育营销/孙照广//中国食品工业 2006－03

- 高校体育发展趋势研究——兼谈高校体育俱乐部的建立/孙爱景//河北体育学院学报 2006－03
- 高校体育俱乐部的重要作用/贝良//辽宁教育研究 2006－10
- 高校体育俱乐部发展方向研究/赵栩博　黄丹//广州体育学院学报 2006－04
- 高校体育俱乐部现状/李元英//辽宁体育科技 2006－06
- 高校体育俱乐部现状的实证调查与分析/徐元洪　孙有平　张少云　陈宏//杭州师范学院学报（自然科学版）2006－06
- 高校体育俱乐部制度的可行性/马子理　许杉杉//科技资讯 2006－12
- 高校体育赛事的市场开发探析/霍炎//体育科技文献通报 2006－10
- 高校体育院系创建体育产业经营管理专业的构想/邓国良//教育与职业 2006－30
- 高校学生体育消费动机的调查与分析/陈玉//中国市场 2006－Z2
- 高校学生体育消费心理与行为探析/古强//山西师大体育学院学报 2006－S1
- 高职院校建立课外体育俱乐部刍议/罗纲//滁州职业技术学院学报 2006－01
- 搞好体育产业发展规划/高爱华//牡丹江日报 2006－01－16
- 共同治理做大做强体育产业——以宁波游泳健身中心管理体制改革为例//浙江省第十三届运动会体育科学论文报告会 2006
- 构建我国体育用品产业名牌工程的理性思考/陈立农//第 18 届中国国际体育用品博览会体育产业与体育用品业发展论坛 2006
- 构建学生体育健身俱乐部的可行性与策略/周旭//常州工学院学报 2006－03
- 关于奥运会背景下体育营销发展思路和经验的探讨/张林//云南电大学报 2006－02
- 关于打造大众传媒环境下体育产业链的思考/张宁宜//山西师大体育学院学报 2006－04
- 关于构建高校体育俱乐部的探讨/陈金宗//长春师范学院学报 2006－08
- 关于构建我国体育产业资本市场秩序的思考/张平//体育科技文献通报 2006－04
- 关于建立我国体育保险市场监督管理体系的探讨/柳刚　付凯//体育与科学 2006－02
- 关于老年体育产业兴起与发展的探讨/刘秀萍//第 18 届中国国际体育用品博览会体育产业与体育用品业发展论坛 2006
- 关于体育产业界定的探析/高亮　赵安慰　赵亚科//榆林学院学报 2006－02
- 关于体育赛事投资风险的研究/张立新//商场现代化 2006－26
- 关于体育用品营销策略的探讨——以成都体育商城破产为案例/李万来//第 18 届中国国际体育用品博览会体育产业与体育用品业发展论坛 2006
- 关于我国发行篮球彩票的起步与可持续发展的探讨/庄志彬　王东升//哈尔滨体育学院学报 2006－02
- 关于我国全运会体制的科学反思/黄文敏//体育科学研究 2006－04
- 关于我国体育彩票中政府的角色定位研究/戴狄夫//安徽体育科技 2006－04
- 关于在高校开展体育俱乐部的探讨/李鑫//辽宁教育行政学院学报 2006－02
- 广东省高校体育产业现状和发展的研究/李少兰　王嫦敏//科技信息 2006－S2
- 广东省居民参与体育健身娱乐消费的现状调查与对策研究/许华琼//湖北体育科技 2006－02
- 广东省居民体育健身娱乐消费现状调查研究/谈群林//体育世界（学术版）2006－06
- 广东省体育产业发展现状与对策研究/吴家琳　田新德//广州体育学院学报 2006－11
- 广东体育产业发展的思路/宋允清　张红凌//韶关学院学报 2006－12
- 广东体育产业寻求突破/陈逵//国际商报 2006－05－15
- 广东体育健身娱乐市场的企业投资与经营状况及发展趋势研究/刘夫力　袁运平//第 18 届中国国际体育用品博览会体育产业与体育用品业发展论坛 2006
- 广东吸引和承接第三次国际体育产业转移的研究/吴雄//体育学刊 2006－05
- 广东与国内外体育产业发展现状的比较研究/田新德　吴家琳//广东经济 2006－11
- 广西城镇居民体育消费结构现状研究/刘维哲//职业时空 2006－15
- 广西民族体育产业化政策研究/杨放　何江川//体育学刊 2006－04
- 广州市大学生体育消费行为的调查研究/宋亨国　王亮//中国体育科技 2006－02
- 广州市天河区体育产业发展现状和发展战略研究/杨远平//文教资料 2006－28
- 国际体育产业的概况及对我国体育产业发展的启示/李怀标//体育科技文献通报 2006－07
- 国际体育广告四大发展趋势/冯涛//新体育 2006－09
- 国际体育赛事商业化运作对我国的启示/赵先卿　杨继星　马翠娥//北京体育大学学报 2006－08
- 国家级体育产业基地落户深圳/林若飞//深圳商报 2006－04－20
- 国家青少年体育俱乐部运行机制的研究/韩会君//中国体育科技 2006－06
- 国家税务总局关于严格执行体育彩票、福利彩票有关营业税政策的通知//涉外税务 2006－01
- 国内外体育产业比较研究/武军//生产力研究 2006－05
- 国外对体育产业风险投资的支持政策及其启示/任保国　宋秀丽　李建臣//北京体育大学学报 2006－05
- 国外体育产业形成与发展/鲍明晓//体育科技文献通报 2006－01
- 海口体育用品市场风生水起/程娇//海南日报 2006－11－17
- 海宁：体育产业越做越大/何东宪//经济日报 2006－12－13
- 杭州城市居民体育休闲旅游行为及倾向特征研究/顾兴全//中国体育科技 2006－06
- 杭州市普通高校大学生体育消费现状调查分析/周晓燕//哈尔滨体育学院学报 2006－0
- 河北省高校大学生体育消费行为与特征的调查分析/刘建　李敬　李林勇//商场现代化 2006－24
- 河北省高校潜在体育用品市场现状调查与分析/李敏　左健　曹焕//商场现代化 2006－20
- 河北省体育产业发展前景分析/王玉扩　郭化林　张炳森　郑道远　潘中立　石娟娟　陈庆合　曹武//河北科技师范学院学报 2006－01
- 河北省体育产业竞争力分析与评价/宋之杰　谷力勇//燕山大学学报 2006－03
- 河北省体育产业现状与发展策略研究/王玉扩　邹航　张富强　陈庆合　刘念禹　李会增　李曙刚//山东体育学院学报 2006－06
- 河北省乡镇居民体育消费现状调查与分析/赵小林　郑学会//商场现代化 2006－25
- 河北体育产业的现状分析与立法对策/谢俊英//商场现代化 2006－05
- 河北体育营销：何时不再望"翔"兴叹/徐国栋　耿辉//河北日报 2006－08－08
- 河南省大学生体育消费及健身活动现状研究/孙文琦//吉林体育学院学报 2006－03
- 河南省大学生体育消费行为特征研究/王海燕　李尚华　李龙江//辽宁体育科技 2006－04
- 河南省高校大学生体育俱乐部发展现状的分析/赵玉娟//三门峡职业技术学院学报 2006－04

⊙ 河南省高校学生体育消费动机的调查与分析/杨素梅//商场现代化 2006-30
⊙ 河南省青少年体育俱乐部发展研究/张清生//洛阳师范学院学报 2006-01
⊙ 河南省体育彩票发行回顾/张亚辉//开封大学学报 2006-01
⊙ 河南省体育彩票可持续发展的对策/王明立　惠振宇//山西师大体育学院学报 2006-02
⊙ 河南省体育产业发展对策研究/高杰//企业活力 2006-09
⊙ 河南省体育产业发展战略研究/金洪亮//中州大学学报 2006-02
⊙ 河南省体育产业发展战略研究/张晓红//体育世界（学术版）2006-01
⊙ 河南省体育健身娱乐市场与全民健身需求的研究/王衍榛//体育科技文献通报 2006-10
⊙ 河南省中小学生体育消费现状与对策研究/翟小巧　吴绪东//许昌学院学报 2006-02
⊙ 黑龙江将提高滑雪产业准入门槛/邹大鹏//中国改革报 2006-03-29
⊙ 黑龙江省冰雪体育产业发展策略研究/董少伟　王伟理//科技与管理 2006-05
⊙ 黑龙江省普通高校学生冰雪体育消费现状的分析/牛荣利　王力//冰雪运动 2006-05
⊙ 红河州——文化体育产业实现快速发展/汪继武//云南日报 2006-09-21
⊙ 后配额时期我国体育用品的发展/白震//体育学刊 2006-02
⊙ 湖北省体育产业现状分析及对策研究/戴红霞//山东体育学院学报 2006-02
⊙ 湖南省城市中年职业女性体育消费心理行为特征分析/谢小龙　季浏//邵阳学院学报（自然科学版）2006-01
⊙ 湖南省城镇居民体育健身娱乐现状与对策/赵激扬　雷志灶　周克臣　蒋毅//体育文化导刊 2006-06
⊙ 湖南省城镇居民文娱体育消费的实证分析/陈文胜　谭晔茗//统计与决策 2006-18
⊙ 湖南省大学生体育消费结构及价值取向调查研究/陈英军//北京体育大学学报 2006-04
⊙ 湖南省普通高校大学生体育消费现状研究/刘乐安　罗艳春//沿海企业与科技 2006-04
⊙ 湖南省体育消费现状与对策研究/谭晔茗//消费经济 2006-06
⊙ 湖南体育产业发展的问题及对策/陈文胜　谭晔茗//湖南商学院学报 2006-01
⊙ 互联网的体育营销//广告大观（综合版）2006-11
⊙ 华帝体育营销助推高端战略/周建华//经理人 2006-07
⊙ 华东地区高校学生体育消费水平与消费结构研究/陈宏//北京体育大学学报 2006-04
⊙ 华东交通大学学生体育消费状况的调查与分析/辛娟娟//华东交通大学学报 2006-06
⊙ 滑雪产业关联性及其作用的分析/何海鹰　李勇//冰雪运动 2006-05
⊙ 滑雪产业为龙江旅游起飞助跑/李秀梅　张爽//中国旅游报 2006-11-15
⊙ 滑雪产业遭遇环保质疑/文婧//经济参考报 2006-01-26
⊙ 黄飞鸿与醒狮及其21世纪的动态展望——兼论武术与舞狮的完美结合/谢明川　苏若可//广州体育学院学报 2006-02
⊙ 黄河三角洲城市居民体育消费现状分析及发展对策/庞兰霞//特区经济 2006-08
⊙ 黄河三角洲普通高校大学生体育消费现状调查分析/庞兰霞//商场现代化 2006-23
⊙ 会员制体育健身俱乐部的营销管理及发展趋势/刘毅　何炼成//安徽商贸职业技术学院学报（社会科学版）2006-01
⊙ 基于2008年青岛奥帆赛的山东省体育产业发展对策研究/于天艳　袁洪杰//山东体育科技 2006-03
⊙ 基于比较优势理论的新疆体育用品业发展前景研究/王欢　武杰　安民//中国体育科技 2006-03
⊙ 基于顾客满意的体育健身娱乐服务概念解析/刘兵//武汉体育学院学报 2006-09
⊙ 基于价值导向的我国青少年体育俱乐部运营可持续发展研究/蔡端伟　杨再淮//天津体育学院学报 2006-06
⊙ 基于体验经济的体育旅游消费与营销战略/曹亚东//沈阳体育学院学报 2006-05
⊙ 基于体育用品品牌原产地效应对珠江三角洲体育消费者的影响研究/何远梅　陈卓儒　林伟良//第18届中国国际体育用品博览会体育产业与体育用品业发展论坛 2006
⊙ 基于消费时间对体育消费品效用的研究/余涛　席玉宝//北京体育大学学报 2006-02
⊙ 吉林省高校开展课外体育俱乐部的现状及对策研究/李宇明//吉林师范大学学报（自然科学版）2006-05
⊙ 吉林省滑雪产业市场现状及发展对策/宋丽媛　宋莉娟//冰雪运动 2006-05
⊙ 加大对我国体育产业风险投资的发展力度/赵旭芳//科技资讯 2006-28
⊙ 加快内蒙古地区体育产业发展的政策建议/李海燕　刘冲宇//第18届中国国际体育用品博览会体育产业与体育用品业发展论坛 2006
⊙ 加快我国体育产业多元化投融资体制发展的思考/陈同先//体育与科学 2006-02
⊙ 加强实践，促进体育产业管理专业人才培养——建立以体育管理俱乐部为核心的校园实践体系/李洛//体育师友 2006-04
⊙ 加强自身“造血”　适度发展高校体育产业/欧平//经济与社会发展 2006-02
⊙ 加入WTO后我国高校体育产业发展研究/季敦山//河北体育学院学报 2006-01
⊙ 价值链理论在足球俱乐部发展中的具体应用/邱晓德　栾开建//体育学刊 2006-01
⊙ 假日体育拉动体育消费/何东宪//经济日报 2006-02
⊙ 健康需求对高校体育产业的影响/尚保春//商场现代化 2006-15
⊙ 江苏省不同区域城镇居民体育消费行为特点分析/葛志刚//南京体育学院学报（社会科学版）2006-05
⊙ 江苏省城乡居民收入水平与体育消费行为特征研究/刘威//南京体育学院学报（社会科学版）2006-04
⊙ 江苏省高职院校大学生体育消费现状的调查与分析/杨剑　姜涛//吉林体育学院学报 2006-04
⊙ 江苏省普通高校体育俱乐部运作的社会学分析/于建兰//南京体育学院学报（社会科学版）2006-06
⊙ 江西省城市居民体育消费现状的调查分析/熊东萍//商场现代化 2006-12
⊙ 江西省城市居民体育消费现状调查研究/汪明旗　饶爱蓉//首都体育学院学报 2006-10
⊙ 江西省城市社区居民体育消费结构的研究/吴秋林//北京体育大学学报 2006-02
⊙ 江西省普通高校试办体育俱乐部可行性研究/傅秋仁　王跃凤　尹群辉//井冈山学院学报 2006-11
⊙ 江西省上饶市城市居民体育消费心理探析/喻慧荣　张林宝//中国市场 2006-52
⊙ 江西省体育彩票消费行为的调查研究/刘显毓　夏侯宏//商场现代化 2006-11
⊙ 江西省体育健身娱乐市场的现状与展望/卢志勇　兰青//商场现代化 2006-29
⊙ 江西省乡镇居民体育消费需求的理性思考/卢志勇　刘宇//商场现代化

图书、报刊产业
影视、网络传媒产业
动漫、游戏产业
广告、会展、节庆产业
旅游、生态观光、休闲产业
体育产业
艺术品、演艺、文博收藏产业

勤英//山西师大体育学院学报 2006 - 03

⊙ 上海市不同社会阶层居民体育消费趋向探析/肖焕禹　申亮//上海体育学院学报 2006 - 02

⊙ 上海市城市景观体育赛事运作的初步探析/陈锡尧　刘芳//体育科研 2006 - 05

⊙ 上海市青少年体育俱乐部市场运营发展趋势研究/蔡端伟　杨再淮//体育文化导刊 2006 - 09

⊙ 上海市学生群体体育消费特征和未来取向的研究/齐宏博　陆遵义//第18届中国国际体育用品博览会体育产业与体育用品业发展论坛 2006

⊙ 上海市杨浦区建立社区体育俱乐部可行性研究/胡小莲　朱佐想//山西师大体育学院学报 2006 - S2

⊙ 少数民族传统体育文化在民族区域经济中的作用/龚群　黄银华//湖北民族学院学报（哲学社会科学版）2006 - 04

⊙ 少数民族传统体育在西部旅游经济中的开发潜力研究/李德祥//湖南财经高等专科学校学报 2006 - 04

⊙ 邵阳市城镇居民体育消费的调查与分析/章华雄//邵阳学院学报（自然科学版）2006 - 04

⊙ 社会体育专业“滨海体育休闲管理”方向的发展前景/刘子众//体育学刊 2006 - 02

⊙ 社会转型期发展我国体育产业所必须解决的问题/杨明珍　成福群//重庆电力高等专科学校学报 2006 - 03

⊙ 社区体育健身俱乐部运行机制研究——以上海市新华社区体育健身俱乐部为例/吴云凤　侯东//体育世界（学术版）2006 - 11

⊙ 社区文化中青少年体育非营利组织的功能与发展分析——以“青少年体育俱乐部”为例/龚晓洁//湖州师范学院学报 2006 - 02

⊙ 深度思考奥运契机下我国体育产业发展之路/张峰//中国市场 2006 - Z3

⊙ 深圳筹建国家体育产业基地/林若飞　陈飞燕//深圳商报 2006 - 03 - 02

⊙ 深圳申建国家体育产业基地/刘伟//深圳特区报 2006 - 03 - 02

⊙ 深圳市商业体育俱乐部经营现状研究/谭沃杰//体育科技文献通报 2006 - 01

⊙ 沈阳市大学生体育消费现状的研究/王维东//辽宁体育科技 2006 - 02

⊙ 沈阳市浑南地区群众体育消费现状调查报告/朱维国//理论界 2006 - 03

⊙ 沈阳市假日体育消费需求和结构的研究/沈恩福　刘宇//中国市场 2006 - 52

⊙ 沈阳市体育彩票消费者市场研究/曲辉　陈铁英//辽宁体育科技 2006 - 03

⊙ 沈阳市体育产业发展现状及对策/林秀华//第18届中国国际体育用品博览会体育产业与体育用品业发展论坛 2006

⊙ 沈阳市休闲体育经济的发展现状及对策/李志明//集团经济研究 2006 - 26

⊙ 沈阳市游泳场馆经营管理情况调查研究/符谦　戚克娜　张丽荣　刘留//沈阳体育学院学报 2006 - 01

⊙ 十一届全运会体育场馆建设及赛后管理模式研究/张俊丽　赵启明//安徽体育科技 2006 - 06

⊙ 十运周期体育彩票公益金铺就绥化市体育发展路/张凯//黑龙江日报 2006 - 09 - 03

⊙ 什么钱都敢挣　什么台都敢搭　德国人借世界杯拉动不良产业//体育博览 2006 - 03

⊙ 石河子大学体育俱乐部基本现状与对策/鲁勇　李险峰　舒永华//石河子大学学报（哲学社会科学版）2006 - S1

⊙ 世界杯：体育营销的角斗场/阮夏//民营经济报 2006 - 06 - 01

⊙ 世界杯·商战/常仁//足球俱乐部 2006 - 13

⊙ 世界杯的另一面：啤酒业体育营销战鼓急/洪金//中国企业报 2006 - 07 - 13

⊙ 世界杯的商业链与中国的差距/邓聿文//中国社会导刊 2006 - 13

⊙ 世界杯考验中国企业体育营销/相晓冬//中国企业报 2006 - 06 - 13

⊙ 世界杯赛事，已成一大“垄断”产业/杜逾舸//新华每日电讯 2006 - 07 - 04

⊙ 世界杯商战提前打响/路文//市场报 2006 - 05 - 19

⊙ 世界杯足球赛主办国区位条件分析——以德国为例/王李云　谢世友　邓晓军//体育与科学 2006 - 06

⊙ 市场经济条件下我国体育产业存在的问题及发展对策/张久利　郑海波　马志勇//商场现代化 2006 - 20

⊙ 试论“第五媒体”——手机短信与体育产业的发展/饶旭华　付树坚//东华理工学院学报（社会科学版）2006 - 04

⊙ 试论“休闲体育”与“体育休闲”/司磊　沈久城　刘元强//体育文化导刊 2006 - 04

⊙ 试论符号消费视角中的体育消费/张永军//成都体育学院学报 2006 - 01

⊙ 试论高校体育产业的发展/徐国根　吴乐文//商场现代化 2006 - 36

⊙ 试论高校体育产业发展的途径/赵双印//商场现代化 2006 - 03

⊙ 试论高校武术的产业化/李智斌//武术科学 2006 - 09

⊙ 试论贵州土家族傩堂舞戏的体育渊源及其开发保护/杨秀芳//体育文化导刊 2006 - 10

⊙ 试论市场经济体制下我国的体育产业/陈颖//吉林体育学院学报 2006 - 03

⊙ 试论市场经济条件下武术产业的发展/周蕾//中国水运（学术版）2006 - 10

⊙ 试论市场经济与武术运动/陈芳芳　蒋瑞光//宿州学院学报 2006 - 01

⊙ 试论体育产业对促进城市经济发展的影响/赵双印　杨国荣//商场现代化 2006 - 09

⊙ 试论体育产业在国民经济发展中的作用演变/陈慧敏//吉林体育学院学报 2006 - 02

⊙ 试论体育产业在我国国民经济中的地位及其影响/徐玮　阮陆宁//企业经济 2006 - 12

⊙ 试论体育健身产业的风险管理/李瑛//科技情报开发与经济 2006 - 05

⊙ 试论体育赛事与经济社会发展/石丽//经济师 2006 - 06

⊙ 试论体育消费的文化心理功能/张永军　张树军//天津体育学院学报 2006 - 06

⊙ 试论体育用品业竞争中的市场细分与营销组合/汪洋　周彩华　徐广海　王延平//四川体育科学 2006 - 04

⊙ 试论我国明星运动员的商业开发/曹永林　葛振斌//山西师大体育学院学报 2006 - 02

⊙ 试论我国体育用品品牌的创新营销/杨兵//商场现代化 2006 - 32

⊙ 试论我国职业体育俱乐部中运动员、教练员的产权问题/李海燕//前沿 2006 - 05

⊙ 试论武术散打的产业化/蔡翔飞　王谦//湖北财经高等专科学校学报 2006 - 01

⊙ 试论中国体育产业投资的发展方向/颜斌　高希彬//商场现代化 2006 - 27

⊙ 试论中国体育用品的品牌战略/吴诚　朱晓东//辽宁体育科技 2006 - 02

⊙ 试述武术市场对武术发展的影响/王建民//科技信息（学术版）2006 - 10

⊙ 试析李宁的品牌战略/王佳宾　张林//第18届中国国际体育用品博览会体育产业与体育用品业发展论坛 2006

⊙ 试析我国高校体育赛事无形资产的开发/徐纪珂　唐大鹏　李秋良//第18届中国国际体育用品博览会体育产业与体育用品业发展论坛 2006

⊙ 试析我国体育媒介产业化进程的新思路/唐烨芳　李玉玺　张华//哈尔滨体育学院学报　2006 - 03

⊙ 试析我国体育赛事的市场化/许莉//辽宁体育科技 2006 - 02

⊙ 试析我国体育用品知名品牌的保护/张三梅//体育科研 2006 - 04

⊙ 适应海岛旅游的体育产业开发研究/张同宽　吴满彩//浙江省第十三届运动会体育科学论文报告会 2006

◎ 体育搭台文化唱戏/武玉珍//甘肃法制报 2006－08－16
◎ 体育的蛋糕　传媒的盛宴/杨钶//社会科学家 2006－S2
◎ 体育健身娱乐产业经营管理的调查与分析/李梁华　徐启刚//企业经济 2006－12
◎ 体育健身娱乐产业项目投资开发评估理论体系的研究——以风险分析为例/黄卓　刘文春//第18届中国国际体育用品博览会体育产业与体育用品业发展论坛 2006
◎ 体育健身娱乐市场系统演进的自组织分析/陈美丽//山东体育科技 2006－04
◎ 体育经纪人：在运动中掘金/曹婧逸//中华工商时报 2006－12－22
◎ 体育经纪人在构建体育产业链中的应用研究/师灿斌//河北体育学院学报 2006－02
◎ 体育竞赛及其电视转播权的知识产权保护/刘强　胡峰//南京体育学院学报（社会科学版）2006－02
◎ 体育明星广告发展之路探讨/黄永飞//集团经济研究 2006－26
◎ 体育明星广告及其发展趋势/王明立//军事体育进修学院学报 2006－01
◎ 体育明星价值的社会学审视/王加新//体育文化导刊 2006－07
◎ 体育明星营销影响力因子结构分析/李国岳　沈黄胜//武汉体育学院学报 2006－02
◎ 体育品牌产品广告之创意——论李宁公司获"最具创意机构"大奖/赵钊//体育科技文献通报 2006－07
◎ 体育品牌的新竞争点科技竞争/王丽辉//中国服饰报 2006－06－16
◎ 体育品牌之路探析/陈军//商场现代化 2006－12
◎ 体育期货、体育彩票与2008年北京奥运会/邹小芃　张远航//浙江体育科学 2006－02
◎ 体育企业：研究我国体育产业的新视角/姚新明//山西师大体育学院学报 2006－03
◎ 体育赛事，品牌的盛宴/管晶晶//中国经贸 2006－03
◎ 体育赛事传播中的危机公关/付晓静//武汉体育学院学报 2006－08
◎ 体育赛事的网络营销初探/罗伟　唐成//科技经济市场 2006－12
◎ 体育赛事定价应考虑的问题及实施措施探讨/刘希佳　崔冬雪　李继东　李建霞　刘建国//山东体育学院学报 2006－02
◎ 体育赛事风险管理/王峰//中国行政管理 2006－11
◎ 体育赛事互补合同的经济分析/李南筑　曲怡　黄海燕//上海体育学院学报 2006－01
◎ 体育赛事经纪多赢论略/徐伟//安徽体育科技 2006－04
◎ 体育赛事举办者、电视转播方、赞助商合作与共赢发展现状的多维审视——基于第二届体育电视国际论坛的综述/王子朴　王晓虹//首都体育学院学报 2006－06
◎ 体育赛事危机管理及其早期预警机制之研究/赵金岭//首都体育学院学报 2006－03
◎ 体育赛事营销的本质及营销观念创新研究/侯晋龙//北京体育大学学报 2006－05
◎ 体育赛事营销探讨/郑乾锋//商场现代化 2006－12
◎ 体育赛事与社会软环境改善的双赢策略/石冰　董胜利//体育学刊 2006－06
◎ 体育赛事运作的基础理论研究/王守恒　刘海元　叶庆晖//首都体育学院学报 2006－06
◎ 体育赛事赞助目标评估模型/刘克//商业时代 2006－08
◎ 体育文化的市场竞争力/李岚　张继峰　常凤荣//新闻前哨　2006－12
◎ 体育消费认知决策模型的研究/陈善平　李树茁　闫振龙//体育科学 2006－10
◎ 体育消费行为探究/潘杰//商场现代化 2006－32
◎ 体育消费异化初步研究/李广文　张美君　田穗//体育科技文献通报 2006－10
◎ 体育消费与全民健身/丁明叶//文教资料 2006－36
◎ 体育消费与体育产业发展互动的内在机理分析/王燕军　王冬梅//武汉理工大学学报（信息与管理工程版）2006－08
◎ 体育新闻娱乐化审视/胡黎明//新闻前哨 2006－06
◎ 体育信息产业的现状与对策研究/朴哲松//西安体育学院学报 2006－01
◎ 体育休闲化与我国群众体育管理体制的重构/罗林//广州体育学院学报 2006－05
◎ 体育休闲市场托住青岛/汪涌　李婧　赵仁伟//中国现代企业报 2006－05
◎ 体育营销，不是谁都适合/曾朝晖//中国广告 2006－04
◎ 体育营销，不走寻常路/吴勇毅//连锁与特许 2006－07
◎ 体育营销，长线是金/顾莹//通信产业报 2006－07－03
◎ 体育营销，你有快感你就喊！/张默闻//大市场（广告导报）2006－12
◎ 体育营销，是蛋糕也是试题/何东宪//经济日报 2006－04－12
◎ 体育营销，这块奶酪可以尝一尝/李欣//牡丹江日报 2006－05－11
◎ 体育营销，中国企业探索之路/于文//中国质量报 2006－03－30
◎ 体育营销，中小品牌也精彩/徐娜//民营经济报 2006－02－23
◎ 体育营销：不仅要"圈地"还要会"耕地"/孙东辉//中国经济时报 2006－08－28
◎ 体育营销：品牌提升的捷径/王冀//通信产业报 2006－07－03
◎ 体育营销：企业应量身订制/周文娟//企业活力 2006－12
◎ 体育营销：胜负全靠实力加谋划/吴蔚//经济参考报 2006－04－04
◎ 体育营销：想清楚了再动手/李军霞//东方企业文化 2006－08
◎ 体育营销：中国刚刚起步/徐绍峰//金融时报 2006－12－12
◎ 体育营销：中国品牌刚上路/王炜//人民日报 2006－12－18
◎ 体育营销不是"烧钱"买热闹/张伟//中国高新技术产业导报 2006－06－12
◎ 体育营销策略探析/高小玲//企业活力 2006－11
◎ 体育营销尝到甜头"联想指数"加盟NBA/王沛霖//中国计算机报 2006－10－30
◎ 体育营销成败定律——世界杯？奥运会？//经理人 2006－07
◎ 体育营销成就青啤品牌攻略/行云//中华工商时报 2006－04－05
◎ 体育营销成为家电市场新亮点/汪晓霞//新华日报 2006－06－09
◎ 体育营销初探/高珊　郭鹏//鸡西大学学报 2006－06
◎ 体育营销打造差异化优势/陈继翔//机电商报 2006－06－19
◎ 体育营销的定向性/沙伊峰//21世纪商业评论 2006－07
◎ 体育营销的夺冠方略/高军//企业改革与管理 2006－09
◎ 体育营销的内涵、特征及其影响因素的探讨/惠民　孔国强　褚跃德//武汉体育学院学报 2006－11
◎ 体育营销的品牌战略/何东宪//经济日报 2006－07－26
◎ 体育营销的前提和利益点——麦当劳（中国）有限公司副总裁罗凯睿先生访谈/李雅静　罗凯睿//中国广告 2006－04
◎ 体育营销的十大命门（上）/孙叶芳//中国计算机报 2006－06－12
◎ 体育营销的十大命门（下）/孙叶芳//中国计算机报 2006－06－19
◎ 体育营销的视觉传播/侯明廷　何兴煌　张宁　朱磊　王竹一//大市场（广告导报）2006－07
◎ 体育营销的效果评估/熊泽林　王阳//中国广告 2006－04
◎ 体育营销的战略化经营/贾海红　刘先永//中国体育报 2006－08－28
◎ 体育营销的作用机制与应用模式选择/张锦年　梁强//体育学刊 2006－01
◎ 体育营销非常之路/吴勇毅//计算机世界 2006－07－03
◎ 体育营销关键是找准契合点/文洋//市场报 2006－05－22
◎ 体育营销红遍中国//信息产业报道 2006－07
◎ 体育营销华山论剑/罗俊//人民日报海外版 2006－04－14
◎ 体育营销回报仍是老大难/郑小玲//消费日报 2006－06－20
◎ 体育营销品牌国际化跳板/张晓丹//中国企业报 2006－02－23
◎ 体育营销浅析/刘高福　聂磊//经济师 2006－12

◎ 我省将实施体育产业“振兴计划”/颜争鸣 陈璟//江苏经济报 2006-06-29
◎ 我省体育彩票销售突破三十亿/木子//吉林日报 2006-12-13
◎ 我省体育产业确定发展目标/陈璟//江苏经济报 2006-08-18
◎ 我省体育用品产业亟待“跟进”市场/朱小详 周洁//江苏经济报 2006-08-31
◎ 我市体育彩票发行火爆/王垠山//延安日报 2006-03-03
◎ 我院创办体育俱乐部的可行性研究/肖奇 殷志栋 姜芳 张晓秋 霍鹏峰//中国环境管理干部学院学报 2006-01
◎ 我院大学生体育消费的现状调查与分析/沈俊//安庆师范学院学报（自然科学版）2006-02
◎ 乌鲁木齐市汉族与维吾尔族家庭体育消费结构的比较研究/李铁 王国元 曹庆华 高纪权 顾晓勇//山西师大体育学院学报 2006-02
◎ 乌鲁木齐市经营性体育健身场馆消费群体现状的调查研究/韩春英//新疆教育学院学报 2006-02
◎ 乌鲁木齐市居民体育消费现状调查与分析/张曙//武术科学 2006-09
◎ 武汉市城镇居民体育消费需求现状的调查研究/夏贵霞 闵金伟 舒宗礼 夏志 石岩//湖北体育科技 2006-03
◎ 武汉市电脑体育彩票消费者心理细分研究/李俊 石岩 凌洁 夏志 柴伟丽//首都体育学院学报 2006-03
◎ 武汉市居民家庭体育消费需求结构定量分析/何国民//武汉体育学院学报 2006-06
◎ 武汉市体育产业统计调查与对策研究/陈林祥 冯佳 张菊萍//武汉体育学院学报 2006-12
◎ 武术表演市场经营现状与发展对策研究/栗胜夫//北京体育大学学报 2006-03
◎ 武术产业集群发展的可行性及对策思考/杨少雄//体育科学研究 2006-03
◎ 武术产业内涵及其发展模式的初步研究/马敏卿 韩红雨//商场现代化 2006-26
◎ 武术经济价值系统分析//商场现代化 2006-11
◎ 武术有望成为登封支柱产业/李晓光 孔玉峰 韩心泽//郑州日报 2006-08-10
◎ 武术之乡——武术产业发展的增长极/王晓晨 吴纪饶 乔媛媛//武术科学 2006-02
◎ 武术中介——武术产业化发展的桥梁/阎彬 郭文革//武术科学 2006-08
◎ 物化的意象——现代体育消费的符号学释义/田卫征 谭明义//体育文化导刊 2006-03
◎ 西安市不同阶层居民体育文化消费现状分析/王怡//武术科学 2006-07
◎ 西安市城市居民体育健身消费的调查研究/刘耀荣//湖北体育科技 2006-06
◎ 西安市体育产业区位要素分析与布局模式研究/沈涛//辽宁体育科技 2006-02
◎ 西北少数民族地区体育资源的分类——体育产业与经济、文化、社会的群态结构/钟华 祁鸿雁//甘肃科技 2006-09
◎ 西部地区体育产业的发展策略/陆青//改革与战略 2006-03
◎ 厦门体育用品业在体育产业中的地位与作用/徐卫华 何琦//福建体育科技 2006-05
◎ 现代奥运会对主办城市经济发展的影响及其规律研究/林显鹏 虞重干//上海体育学院学报 2006-02
◎ 现代奥运经济收益行销策略比较研究/罗鸣凤 邱梅珍//商场现代化 2006-25
◎ 现代广告对体育产业发展的影响/种莉莉//榆林学院学报 2006-06
◎ 现代企业融资结构理论与我国职业体育俱乐部融资结构的选择/陈元欣//北京体育大学学报 2006-03
◎ 现代视野下的我国体育产业可持续发展评估/李国岳//首都体育学院学报 2006-04
◎ 现阶段我国体育产业相关理论创新问题研究/王子朴//上海体育学院学报 2006-06
◎ 小康社会下江苏金坛后阳镇农民体育消费与体育健身的研究/于文忠//江苏省教育学会 2006 年年会
◎ 肖景勺：体育营销第一人/冀文海//法人杂志 2006-12
◎ 新疆喀什市城市居民体育消费现状的调查与分析/孙成林 买买提力//辽宁体育科技 2006-04
◎ 新经济背景下体育产业的竞争战略/殷苏华//湖北体育科技 2006-03
◎ 新时期我国高校体育产业发展探析/曹建平//重庆工商大学学报（自然科学版）2006-05
◎ 新时期我国体育产业管理模式的选择/陈明//体育科技文献通报 2006-04
◎ 新世纪我国体育产业发展战略研究/任保国//滨州学院学报 2006-04
◎ 新世纪我国体育用品业发展现状及未来走向/王雷//第 18 届中国国际体育用品博览会体育产业与体育用品业发展论坛 2006
◎ 新鲜卫岗，精彩十运——卫岗牛奶十运整合体育营销剖析/刘东 卜卫兵//广告大观（综合版）2006-01
◎ 新形势下我国体育产业发展对策探讨/黄龙倩//九江学院学报（自然科学版）2006-01
◎ 信息不对称与流动性约束对我国居民体育消费行为的影响/戴超平//体育科技文献通报 2006-01
◎ 信息化对体育产业发展的作用分析/班玉生 孙常义//情报科学 2006-08
◎ 休闲、休闲体育及其在中国的发展趋势/田慧 周虹//体育科学 2006-04
◎ 休闲体育产业的产业特性分析/金宗强//体育科技文献通报 2006-07
◎ 休闲体育产业与假日体育消费探析/薛涛//体育与科学 2006-06
◎ 徐州市大学生体育消费现状的调查分析/江健康//徐州工程学院学报 2006-09
◎ 蓄势借力发展体育产业/李欣//牡丹江日报 2006-05-13
◎ 杨逍军：合力推进广东体育产业上新台阶//民营经济报 2006-09-01
◎ 要在黄石培养更多的体育明星/徐丽婵 熊伟//黄石日报 2006-10-24
◎ 一次市场化运作国际体育赛事的有益尝试——记徐州电视台举办“亚洲杯”铁人三项赛/刘玥辰//徐州工程学院学报 2006-02
◎ 一二四五 打奥运的算盘 从三星和联想的实例看体育营销/王科//中国新通信 2006-06
◎ 伊利大打体育营销牌/钟食//经理日报 2006-04-29
◎ 伊利再度发力体育营销/武文//消费日报 2006-06-15
◎ 怡宝：体育营销的戏法/乐天//21 世纪经济报道 2006-10-30
◎ 以 2008 年奥运会为契机促进首都文化和谐发展/袁懋栓//北京社会科学 2006-01
◎ 以北京奥运会为契机 加速天津市信息产业发展/肖毅//科教文汇（上半月）2006-02
◎ 以冰雪体育产业带动东北老工业基地经济增长的战略研究/闫育东 赵晶//武汉体育学院学报 2006-09
◎ 以单项运动协会促进课外体育俱乐部发展的研究/陈忠宇 杜小伟 何旭 戴福祥//哈尔滨体育学院学报 2006-05
◎ 以开放、创新的思路发展体育产业/张旭光 曹彧//中国体育报 2006-01-20
◎ 以全民健身为特色的体育产业发展探索/戴超平 许可//湖北体育科技 2006-01
◎ 以质量认证推动体育用品业发展/陈文波//市场报 2006-03-22
◎ 意在行先思而后动——运动品牌集约化经营模式下的陈列方式探讨（下）//中国制衣 2006-12

⊙“体育营销”的十大策略/郑新安//中国广告 2006－04
⊙“营销”体育明星新赛季开赛哨响/王永强//中国经营报 2006－09－18
⊙“营销体育”之道——体育营销策略解析//广告人 2006－07
⊙“种子项目”成体育营销新宠//市场观察 2006－06

艺术品、演艺、文博收藏产业

2002 年

⊙2001 年：书画市场的喜与忧/李勉任//国画家 2002－01
⊙2002 年我国图书馆数字化建设中的著作权管理现状调查/邵英//图书馆杂志 2002－12
⊙2002 年中国民间收藏艺术品市场展望/王泊乔//收藏界 2002－04
⊙21 世纪高校图书馆的发展趋势/高原//图书馆学研究 2002－11
⊙21 世纪高校图书馆发展战略/李凤英//科技情报开发与经济 2002－04
⊙21 世纪图书馆的发展趋势与对策/王彩兰//内蒙古科技与经济 2002－12
⊙21 世纪图书馆发展新模式/赵素牌//农业图书情报学刊 2002－05
⊙21 世纪图书馆发展走向/曹学林//长沙铁道学院学报（社会科学版）2002－04
⊙21 世纪图书馆管理与改革问题初探/黄善勇//福建省图书馆学会 2002 年学术年会
⊙21 世纪图书馆形象变异与重塑/沙振江//2002 江浙沪晋图书馆中青年论坛
⊙21 世纪中国档案馆建设亟待解决的瓶颈问题与对策/鹿建平//中国档案学会第六次全国档案学术讨论会 2002
⊙21 世纪综合档案馆走向的战略选择/李学广　姚俊峰//兰台内外 2002－04
⊙WTO：图书馆事业发展的契机/汤玮//现代情报 2002－12
⊙WTO 的精神与读者服务/陈宝珍//贵图学刊 2002－03
⊙WTO 环境下图书馆面临的挑战和对策/余侠//大学图书情报学刊 2002－03
⊙WTO 环境下中国高校图书馆事业发展述略/夏旭　李健康　葛驰//图书馆论坛 2002－04
⊙WTO 框架下图书馆的改革和发展/梁云桂//现代情报 2002－03
⊙WTO 门槛上的中国唱片业/许晓峰//音乐周报 2002－01－11
⊙WTO 与发展博物馆文化/宋雁//中国文物报 2002－05－17
⊙澳大利亚图书馆发展分析/李瑞勤//大学图书馆学报 2002－04
⊙澳门博物馆业及文化遗产的保护/陈丽莲//中国博物馆 2002－04
⊙把收藏当一种文化/樊国安//中国新闻出版报 2002－11－28
⊙版画　镌刻生活的品位/前赢//经济参考报 2002－01－07
⊙办馆要体现地方特色——筹建普陀博物馆的几点体会/陈金生//浙江省博物馆学会 2002 年学术研讨会
⊙办好特色陈列弘扬地方文化——浅谈缙云博物馆发展思路/张慧琴//浙江省博物馆学会 2002 年学术研讨会
⊙保护非物质文化遗产迫在眉睫/高伟强　李辉　赵迎晨//中国民族报 2002－11－26
⊙保护文化遗产就是保护生产力/李建　蔡琴//浙江日报 2002－12－22
⊙保护文化遗产培养文化品位/柴野//光明日报 2002－01－04
⊙北京歌华新世纪文化产业的一缕金色朝阳/徐晋//中国文化报 2002－02－05
⊙表演艺术剧团如何经营与管理//光明日报 2002－03－20
⊙别让艺术奇葩在冷漠中凋谢/冯小贤　王永飞//人民政协报 2002－04－12
⊙博物馆陈列的个性化探析/赵一新　厉仲云　张小茹//浙江省博物馆学会 2002 年学术研讨会
⊙博物馆陈列趋向探索/孟兴//浙江省博物馆学会 2002 年学术研讨会
⊙博物馆陈列展示个性化带来的思考/梁奕建//浙江省博物馆学会 2002 年学术研讨会
⊙博物馆对城市建设的作用/谢剑荣//城乡建设 2002－04
⊙博物馆观众娱乐性需求的认识与博物馆娱乐功能的确立/项隆元　陈建江//北方文物 2002－04
⊙博物馆管理思想变革的深化和实践/解小敏//中国文物报 2002－06－28
⊙博物馆热引发的思考/陈建江//浙江省博物馆学会 2002 年学术研讨会
⊙博物馆文化产品的价值论/骆土泉//浙江省博物馆学会 2002 年学术研讨会
⊙博物馆文化的理念更新/李春华　王建华//中国文物报　2002－04－05
⊙博物馆与无形文化遗产保护/陈燮君//中国博物馆 2002－04
⊙博物馆与无形文化遗产的可持续发展/加拉//中国博物馆 2002－04
⊙博物馆造价比较及效益分析/汤烨//中国工程咨询 2002－06
⊙博物馆怎样才能“火”起来/何芬兰//经济日报 2002－12－08
⊙博物馆展览的发展趋势与创新/方晨光//中国文化报 2002－12－07
⊙博物馆主题陈列展示个性化的实践与思考/陈解生　李林//浙江省博物馆学会 2002 年学术研讨会
⊙不能让非物质文化遗产成为“文化化石”/陈晓池//市场报 2002－11－15
⊙不要把文化遗产赶到角落里——走访严复故居随感/黄建平//中国国情国力 2002－10
⊙不应忽视的活态文化传统/李让//中国文物报 2002－11－08
⊙产品艺术功能的创新——工业设计/曹阳　张平之//创新科技 2002－08
⊙产品造型设计的结构方法研究/陈剑荣//浙江工艺美术 2002－03
⊙超越艺术与商业的两难/梁明　张颖//当代电影 2002－03
⊙超越中西的对立——初看香港的艺术设计/陈瑞林//装饰 2002－04
⊙陈氏艺术茶馆卖画走红的启示/朱浩云//国际金融报 2002－04－10
⊙城建档案馆的社会功能现状分析与发展趋势研究/郭蕊//城建档案 2002－03
⊙城市化与区域图书馆投资战略/黄光明//情报科学 2002－11
⊙城市景观的建筑学思考/张一敢//安徽建筑 2002－05
⊙城市景观的生命线——景观的市民性/白友涛//科技与经济 2002－01
⊙城市景观的生态化设计/邓毅//城市问题 2002－06
⊙城市景观设计对游憩需求的发掘/刘谯//南京艺术学院学报（美术及设计版）2002－04
⊙城市历史文化遗产的保护与弘扬/王景慧//城乡建设 2002－08
⊙城市文化建设与图书馆的发展/冯玲//东莞理工学院学报 2002－02
⊙充分发挥历史文化遗产的作用/胡智勇//南方文物 2002－02
⊙充分发挥主体功能　加强综合档案馆建设/张新//四川档案 2002－06
⊙初探图书馆与知识产权保护/陈秀丽//福建省图书馆学会 2002 年学术年会
⊙刍议“参考咨询”服务/李源江//现代情报 2002－07
⊙刍议城建档案馆的发展趋势/牛笛//城建档案 2002－02
⊙刍议数字城建档案馆的建设/常坚//缩微技术 2002－04
⊙刍议图书馆与信息市场的接口——信息咨询/王传杰//现代情报 2002

2002－04
⊙ 论网络环境下图书馆信息服务的新模式/陈跃//福建省图书馆学会2002年学术年会
⊙ 论网络环境下图书馆信息服务手段的变革/吴月芳//冶金信息导刊2002－06
⊙ 论网络时代图书馆的发展变化/王欣　杨月珍//情报资料工作2002－S1
⊙ 论网络信息资源对传统读者服务的冲击/屠航//前沿2002－08
⊙ 论我国数字图书馆的建设/彭桃英　吴立志//情报资料工作2002－S1
⊙ 论我国数字图书馆发展策略/金英姬//辽宁商务职业学院学报2002－04
⊙ 论我国文化艺术市场的建设和培育/田川流//齐鲁艺苑2002－02
⊙ 论现代图书馆运行中的信息效应/张朝阳　朱苏//科技情报开发与经济2002－05
⊙ 论新形势下图书馆的信息职能/范芝燕//太原科技2002－03
⊙ 论信息时代高校图书馆的发展策略/许素文//华北水利水电学院学报（社科版）2002－04
⊙ 论艺术设计的创造性思维/陆宇澄　张胜春//济南大学学报（社会科学版）2001－06
⊙ 论有形展示在图书馆服务推广中的应用/张惠梅　刘培俊//贵图学刊2002－03
⊙ 论杂技主题晚会的决策与创新意义/孙英昆//文化时空2002－08
⊙ 论知识经济时代对图书馆的挑战及其对策/薛东波//吉林商业高等专科学校学报2002－04
⊙ 论综合档案馆如何应对中国入世/王文妍//档案工作应对入世挑战学术研讨会2002
⊙ 马克思主义"艺术生产论"的当代意义论略/陈定家//全国马列文艺论著研究会第十八届学术研讨会2002
⊙ 卖艺术品的艺术/林沫//中国商贸2002－06
⊙ 每一分钟都有一种民间艺术在消失/颜慧//文艺报2002－09－14
⊙ 美国、中国体育经纪人之比较研究/牛辉　穆瑞玲//南京体育学院学报（社会科学版）2002－06
⊙ 美国的特藏图书馆/邱葵//上海高校图书情报学刊2002－04
⊙ 美国公共图书馆和互联网可能"和平共处"吗/张翠玲//科技情报开发与经济2002－04
⊙ 美术馆与日俱增之后的学术定位反映出发展的水平/陈履生//文艺报2002－06－15
⊙ 美术馆之路/蔡琴//美术报2002－10－26
⊙ 魅力无穷的文物收藏/马贵希//中国文物报2002－05－01
⊙ 面的拓宽与点的深入——21世纪图书馆读者服务工作新思路/马光华　薛治平//陕西省图书馆学会第四次科学研讨会2002
⊙ 面对市场经济的三种设计——设计艺术思考之十三/张道一//设计艺术2002－03
⊙ 面对数字图书馆浪潮的思考/谭祥金//中国图书馆学报2002－01
⊙ 面对网络环境公共图书馆的困惑与对策——论公共图书馆在转型期的工作任务/游海杰//福建省图书馆学会2002年学术年会
⊙ 面向公众的档案利用工作——论档案馆信息服务的"营销"战略/宋李娜//档案学通讯2002－05
⊙ 面向国内外市场打造中国艺术铸造品牌/卫恩科//特种铸造及有色合金2002－02
⊙ 民间剪纸艺术与民族民间工艺/程旭光//内蒙古师范大学学报（哲学社会科学版）2002－02
⊙ 民间陶瓷：重在保护与发展/李舫//人民日报2002－01－29
⊙ 民间文物收藏势不可挡/张德勤//东南文化2002－12
⊙ 民间文学艺术的版权保护制度/王鹤云//中国知识产权报2002－07－05
⊙ 民间戏班的"草根"现象/许德华//中国文化报2002－05－28
⊙ 民间艺术养"深闺"市场意识待增强/卢劲杉//市场报2002－09－09
⊙ 民俗博物馆的管理/陈桂芬　龚维玲//中国博物馆2002－02
⊙ 民族地区的民族博物馆建设新思考/梁玉珍//中国博物馆2002－03
⊙ 民族地区图书馆可持续发展的战略选择/胡天华　陈凤岚//图书馆理论与实践2002－05
⊙ 民族文化遗产开发保护需平衡/蔡家成//中国旅游报2002－01－21
⊙ 民族文物鉴定诸问题/宋兆麟//中国博物馆2002－03
⊙ 民族戏曲进一步走向繁荣/安葵//中国艺术报2002－10－18
⊙ 民族演出产品向国际市场迈开步伐/曹杰　朱蕾//经济日报2002－05－05
⊙ 民族艺术与文化生态——经济全球化背景下发展民族艺术的美学思考/宋生贵//内蒙古社会科学（汉文版）2002－01
⊙ 名家书画收藏的"可为"和"不可为"——谈我的名家书画收藏原则/丁建华//收藏界2002－01
⊙ 模块化思维方法在工业设计中的应用/陈黎　江建民//郑州轻工业学院学报（自然科学版）2002－01
⊙ 募集图书：图书馆走出尴尬/王进先//青海日报2002－11－15
⊙ 南方某些城市景观设计面面观/胡一峰//山西建筑2002－09
⊙ 南斯拉夫博物馆经营新手段/刘永宏//中国文化报2002－12－06
⊙ 能本管理在图书馆中的运用/邱哨燕//图书馆学研究2002－01
⊙ 宁波银台第官宅博物馆的陈列创意/王宏星//东南文化2002－06
⊙ 纽约现代艺术博物馆/乔炜//世界美术2002－02
⊙ 努力建设具有时代特征和城市个性的档案馆//浙江档案2002－11
⊙ 欧洲图书馆远程信息处理计划的研究/梅海燕//情报杂志2002－04
⊙ 培扶精品壮大产业——加快我省文学艺术发展的思考/剑子//四川党的建设城市版2002－08
⊙ 培养中国唱片业"操盘手"/陆璐//中国文化报2002－01－07
⊙ 培育和发展图书经纪人，沉着应对WTO/张曙光//新闻出版交流2002－Z1
⊙ 拼装式中国江南古典庭园建筑艺术走向国际市场的思考/张伟群//建筑经济2002－06
⊙ 期刊资源收藏理念的革命/陈永英//河北科技图苑2002－05
⊙ 奇妙的苗家民间工艺/曾平　曾伟//西南民兵杂志2002－04
⊙ 奇石收藏牵动柳州经济/黄位平//中国商报2002－09－26
⊙ 企业档案馆的新选择/佟丽娟//内蒙古煤炭经济2002－S1
⊙ 企业图书馆信息资源的开发和利用/张红//武钢技术2002－06
⊙ 浅论"新都市戏曲"/颜全毅//中国戏剧2002－10
⊙ 浅论21世纪图书馆面临的机遇与挑战/李湘莉//安阳师范学院学报2002－06
⊙ 浅论21世纪网络环境下图书馆信息资源的深层开发/刘建丽//菏泽师范专科学校学报2002－01
⊙ 浅论博物馆藏品的管理与利用/简小娅//贵州文史丛刊2002－03
⊙ 浅论高校图书馆的特色收藏/赵恩正//图书馆工作与研究2002－04
⊙ 浅论信息化社会图书馆的服务功能/顾静//枣庄师范专科学校学报2002－03
⊙ 浅论知识经济时代档案馆的自我创新/王克　方红//山东档案2001－06
⊙ 浅论知识经济时代图书馆管理的改革与创新/林莉　王俊岭//伊犁师范学院学报2002－03
⊙ 浅谈"中国艺术品收藏与投资"/郭浩满//美术2002－05
⊙ 浅谈博物馆环境的营造/张明华　周启娟//浙江省博物馆学会2002年学术研讨会
⊙ 浅谈档案馆信息化建设/李洪涛　赵连英　印建华//中国档案学会第六次全国档案学术讨论会2002
⊙ 浅谈地方钱币博物馆的特色与作用/刘政//广西金融研究2002－S2
⊙ 浅谈湖南少数民族传统体育表演项目/向东//民族论坛2002－05
⊙ 浅谈入世后我国图书馆事业的发展对策/涂正清//高校图书馆工作2002－05
⊙ 浅谈社区和农村图书馆建设/陈钦安//科技情报开发与经济2002－01

玖//装饰 2002－04
⊙ 设立中国民航博物馆的构想/欧阳杰//中国民用航空 2002－04
⊙ 社区图书馆的现状及发展/艾霞　卫江波//内蒙古科技与经济 2002－12
⊙ 社区图书馆与国际大都市建设的关系/段玲玲//晋图学刊 2002－04
⊙ 申奥标志与包装设计——浅析传统造型在现代艺术设计中的运用/汪田明//中国包装工业 2002－12
⊙ 深入开展用户研究，促进图书馆可持续发展/钱佳平　竺海康//大学图书馆学报 2002－04
⊙ 生态博物馆在中国/欧阳昌佩//中国旅游报 2002－06－17
⊙ 实施知识工程推动图书馆建设/杜秀玲//2002 江浙沪晋图书馆中青年论坛
⊙ 实用艺术品及其相关概念的界定和法律保护/谢艳华//河北建筑科技学院学报（社科版）2002－03
⊙ 世纪之交的博物馆与博物馆学/甄朔南//学会 2002－03
⊙ 世界文化遗产：陕北民间剪纸/王淑玲//陕西日报 2002－06－17
⊙ 世界文化遗产：中国明显陵/陈力丹//人民日报海外版 2002－12－02
⊙ 世界文化遗产保护应充分考虑都江堰工程的独特性/李映发//四川水利 2002－01
⊙ 世界文化遗产的卫兵——临潼区城建档案馆/王涛//城建档案 2002－06
⊙ 世界文化遗产该不该成为"摇钱树"//中国地名 2002－05
⊙ 世界文化遗产——丽江古城/木建华//人民论坛 2002－12
⊙ 世界文化遗产强势登场旅游业/刘谨//经济参考报 2002－12－03
⊙ 世界文化遗产清东陵实现文物保护与文物旅游双赢/崔长征//人民政协报 2002－08－14
⊙ 世界文化遗产——清西陵的保护与发展/尚改珍//城市 2002－03
⊙ 世界文化遗产——黟县宏村、西递/王治平//上海城市规划 2002－01
⊙ 世界音乐市场面临困境/晓杨//人民日报海外版 2002－08－22
⊙ 世界自然文化遗产保护管理的思考/童登金//社会科学研究 2002－03
⊙ 市场化年代的艺术生产与艺术异化/徐肖楠//全国马列文艺论著研究会十九届、二十届、二十一届、二十二届年会 2002
⊙ 市场经济环境下的图书馆工作/杜炳龙//中国信息导报 2002－10
⊙ 市场经济体制下体育经纪人的基本素质/李慕白//平原大学学报 2002－02
⊙ 市县两级文件中心与档案馆职能的优化/翟枫　常玉民　吴雁平//档案管理 2002－01
⊙ 试论 21 世纪公共图书馆发展的新思路/石小青//陕西省图书馆学会第四次科学研讨会 2002
⊙ 试论博物馆的现代意识/张怀记//美与时代 2002－16
⊙ 试论博物馆社会化改革/陈继东//中国博物馆 2002－01
⊙ 试论博物馆营销策略/徐玲　张礼刚//北方经济 2002－06
⊙ 试论博物馆资源的流动性/盛建明//浙江省博物馆学会 2002 年学术研讨会
⊙ 试论档案馆的数字化建设/邹富联//惠州学院学报 2002－02
⊙ 试论档案馆的文化休闲功能/王欢喜//档案天地 2002－05
⊙ 试论泉州"海上丝绸之路"文化遗产的保护与利用/何振良//泉州港与海上丝绸之路国际学术研讨会 2002
⊙ 试论如何增强图书馆的吸引力/李艳玲//河北科技图苑 2002－02
⊙ 试论生态博物馆的社会功能及其在中国梭嘎的实践/周真刚//贵州民族研究 2002－04
⊙ 试论数字化博物馆/赵昆//北方文物 2002－01
⊙ 试论图书馆的服务创新/王玉莲//山东图书馆季刊 2002－04
⊙ 试论图书馆的管理改革/陈尧禧//图书馆论坛 2002－06
⊙ 试论图书馆的国际合作/许淳熙//东南大学学报（哲学社会科学版）2002－S1
⊙ 试论图书馆的核心竞争力/陈蜀园//图书情报知识 2002－05
⊙ 试论图书馆的特色馆藏及特色服务/李艳玲//图书馆工作与研究 2002－01
⊙ 试论图书馆的信息优势/岳道平//大庆高等专科学校学报 2002－01
⊙ 试论图书馆文献信息资源开发现状及对策/李淑华//情报资料工作 2002－S1
⊙ 试论图书馆智力开发职能与知识经济的关系/章国超//华东经济管理 2002－06
⊙ 试论戏曲改革的现代化进程/许艳文//艺术百家 2002－01
⊙ 试论乡镇图书馆的四个基本建设/耿建华　侯莉//科技情报开发与经济 2002－02
⊙ 试论新世纪博物馆的改革与管理/焦入川//四川文物 2002－04
⊙ 试论新形势下的图书馆产业/马丹//内蒙古科技与经济 2002－11
⊙ 试论知识产权法对图书馆文献信息服务的影响/邱小桃　周春华//长沙航空职业技术学院学报 2002－04
⊙ 试谈书画价格今贵于古的怪现象（一）/李烈初//收藏界 2002－11
⊙ 试谈书画价格今贵于古的怪现象（二）/李烈初//收藏界 2002－12
⊙ 试谈西部图书馆过渡时期的发展格局/鲍心清//陕西省图书馆学会第四次科学研讨会 2002
⊙ 试析数字档案馆在我国的发展/蔡群伟//北京档案 2002－02
⊙ 试析我国加入 WTO 对图书馆期刊工作的影响及对策/赵劝群//大学图书情报学刊 2002－04
⊙ 适度开展乡村档案馆室建设/杨世友//湖北档案 2002－06
⊙ 收藏从"鬼市"走向市场/甘铁宁//经济参考报 2002－01－07
⊙ 收藏的机制与"机智"/吴荣先//金属世界 2002－01
⊙ 收藏的投资回报率最高/钟加勇　王金湘//经济参考报 2002－08－26
⊙ 收藏品市场亟待规范/俞佳//建筑时报 2002－03－01
⊙ 收藏世界杯火花/黄桂华//广西政法报 2002－06－06
⊙ 书画打假，一个不轻松的话题/宏光　陆雨//中国质量万里行 2002－12
⊙ 书画作品如何在西部大开发中发挥见证历史的作用/万惠民//天水师范学院学报 2002－03
⊙ 数字博物馆刍议/邢进原//西南民族学院学报（哲学社会科学版）2002－06
⊙ 数字城建档案馆的构建/郭欣萍//佳木斯大学社会科学学报 2002－03
⊙ 数字档案馆档案利用咨询服务初探/唐艳芳//档案 2002－06
⊙ 数字档案馆环境下档案服务方式特点分析/张永洁//档案天地 2002－05
⊙ 数字档案馆建设刍议/方莹芬//浙江档案 2002－07
⊙ 数字档案馆建设的几点思考/蔡学美//中国档案 2002－06
⊙ 数字档案馆建设面临的问题及其对策/谭琤培//中国档案学会第六次全国档案学术讨论会 2002
⊙ 数字档案馆建设模式初探/张二峰　王晓鹏//档案管理 2002－02
⊙ 数字档案馆建设与对策的研究/高树森　朱秋玲//中国档案学会第六次全国档案学术讨论会 2002
⊙ 数字档案馆模式构建分析/谢凌奕　丁媚//北京档案 2002－03
⊙ 数字档案馆与传统档案馆的比较/刘荣//湖北档案 2002－07
⊙ 数字化博物馆建设的保证与完善/罗葆森//中国文物报 2002－08－02
⊙ 数字化城建档案馆的构想与实践/乔荣莉//城建档案 2002－03
⊙ 数字化城建档案馆发展前瞻/许嫚//城建档案 2002－05
⊙ 数字化图书馆/顾春芙//科技情报开发与经济 2002－01
⊙ 数字化图书馆及其建设初探/孙福强　刘长虹//吉林广播电视大学学报 2002－04
⊙ 数字化信息时代高校图书馆服务方式探讨/张静　张曼玲//海峡两岸资讯服务与教育新方向研讨会 2002
⊙ 数字环境下合理使用与图书馆工作浅析/梁新华//图书馆学研究 2002－08
⊙ 数字时代图书馆信用与承诺制建设论析/孙方礼　付国英//图书情报知识 2002－06
⊙ 数字时代我国图书馆发展值得思考的问题/彭斐章//图书馆论坛 2002

与研究 2002-06

⊙ 图书馆文献资源服务发展的百年历史沿革/钟伟珍//现代情报 2002-01

⊙ 图书馆文献资源共享存在的问题和对策/李锡峰 李建中//晋图学刊 2002-04

⊙ 图书馆信息资源开发初探/王宁//河南图书馆学刊 2002-03

⊙ 图书馆信息资源可持续发展理念的思考/周文荣//高校图书馆工作 2002-05

⊙ 图书馆应如何面对围绕数字文献的行业竞争/梁建生//图书馆杂志 2002-11

⊙ 图书馆与民族地区经济的发展/吴英姿//图书馆论坛 2002-06

⊙ 图书馆员——知识经纪人/陈丽萍//图书馆建设 2002-04

⊙ 图书馆在市场经济条件下如何开展情报信息服务/刘延云 苏茂丛//大同医学专科学校学报 2002-03

⊙ 图书馆在知识经济时代的改革与创新/蒋琼//贵图学刊 2002-02

⊙ 图书馆在知识经济时代的信息工作/陈晓黎 王护宁//安徽科技 2002-09

⊙ 图书馆怎样迎接知识经济的挑战/房光宏//理论界 2002-05

⊙ 图书馆知识管理初探/罗娟华//图书馆理论与实践 2002-04

⊙ 图书馆知识管理特征、内容和实施策略刍议/刘红//情报资料工作 2002-S1

⊙ 图书馆知识管理战略模式的选择/高晓慧//图书馆学研究 2002-11

⊙ 土家族民间工艺的文化内涵/田少煦 胡万卿//深圳大学学报（人文社会科学版）2002-06

⊙ 土壤·阳光·种子——关于扬州曲艺生存与发展的思考/胡杨//艺术百家 2002-03

⊙ 推出好作品 服务新时代——谈中国民族打击乐的创作和表演/安志顺//人民音乐 2002-08

⊙ 拓宽档案馆服务功能的有益尝试/燕开良 王巾帼 李红//工程建设与档案 2002-03

⊙ 挖掘潜能 迎接挑战——关于地质类博物馆市场开发的探索/耿萍//国土资源 2002-11

⊙ 网络环境对图书馆信息服务的影响与对策/曾蓝芳//图书馆论坛 2002-03

⊙ 网络环境下档案馆运作理念及模式的变革/王艳明//档案学研究 2002-05

⊙ 网络环境下的档案馆之变革/巩宝荣//兰台世界 2002-04

⊙ 网络环境下的数字化博物馆/朱学芳 马仁配//情报科学 2002-11

⊙ 网络环境下的图书馆文献资源共享/李华婷//南阳师范学院学报 2002-05

⊙ 网络环境下的图书馆信息服务初探/沈扬 董慕生//图书馆学研究 2002-03

⊙ 网络环境下高校图书馆对信息资源的开发与利用/李旭红//福建省图书馆学会 2002 年学术年会

⊙ 网络环境下高校图书馆发展信息服务业的思考/陈萍//晋图学刊 2002-01

⊙ 网络环境下高校图书馆建设探析/潘桂莲//淮南师范学院学报 2002-01

⊙ 网络环境下高校图书馆面临的挑战与服务新理念/邓瑛//河南图书馆学刊 2002-06

⊙ 网络环境下馆藏信息资源的开发与利用/陈南玉//情报资料工作 2002-S1

⊙ 网络环境下图书馆必由之路——个性化/柳宏坤//大学图书情报学刊 2002-03

⊙ 网络环境下图书馆的变革及其发展策略/刘秀华 冯丹丽//中国矿业大学学报（社会科学版）2002-03

⊙ 网络环境下图书馆的信息服务平台/侯荣理 马燕//情报杂志 2002-11

⊙ 网络环境下图书馆的信息管理与开发/谭冬梅//铜仁师范高等专科学校学报 2002-01

⊙ 网络环境下图书馆的有偿信息服务/赵立红//福建省图书馆学会 2002 年学术年会

⊙ 网络环境下图书馆面临的挑战和机遇/朱天慧//现代情报 2002-01

⊙ 网络环境下图书馆信息服务的发展思路/冯瑶//佳木斯大学社会科学学报 2001-06

⊙ 网络环境下图书馆信息服务的走向/杨艳//海峡两岸资讯服务与教育新方向研讨会 2002

⊙ 网络环境下图书馆信息服务地位之评价/孙烈涛//2002 江浙沪晋图书馆中青年论坛

⊙ 网络环境下信息服务工作的思考/黎艳//现代情报 2002-01

⊙ 网络环境下著作权合理使用若干问题的思考/张修祥 宗伟//江西教育学院学报 2002-05

⊙ 网络环境与读者服务工作/田平//南阳师范学院学报 2002-03

⊙ 网络时代：图书馆服务职能的变革取向/单小青//河北学刊 2002-01

⊙ 网络时代高校图书馆的信息服务/张岳伦//衡阳师范学院学报 2002-05

⊙ 网络时代高校图书馆的应对策略探讨/张志宝//曲靖师范学院学报 2002-02

⊙ 网络时代高校图书馆期刊信息资源的深层次开发与利用/雷淑霞//图书馆论坛 2002-04

⊙ 网络时代图书馆的定位及发展模式/宋育贤//国外油田工程 2002-08

⊙ 网络时代图书馆改革/张蕾 孙振国//中国新闻出版报 2002-10-18

⊙ 网络时代图书馆走向探析/李霞//情报资料工作 2002-S1

⊙ 网络时代现代艺术的崛起/齐鹏//文艺报 2002-05-09

⊙ 网络时代与图书馆的现代化/田英//吕梁高等专科学校学报 2002-02

⊙ 网络图书馆与传统图书馆之比较/唐爱平//安阳师范学院学报 2002-04

⊙ 网络文化现状和发展趋势/杨向明//情报资料工作 2002-05

⊙ 网上档案馆的实践与探索/陈金冠//浙江档案 2002-04

⊙ 危机管理：当代博物馆管理的新课题/董平//中国文物报 2002-08-09

⊙ 为历史存照 与时代同行——中国历史博物馆九十年/李季//中国历史文物 2002-03

⊙ 为群众艺术馆“支招”/杨振望//中国文化报 2002-07-04

⊙ 为世界文化遗产添彩——谈古树名木的作用与保护/陈菁 左建明//园林科技信息 2002-01

⊙ 未来数字化档案馆带给我们的新变化/李英//兰台世界 2002-03

⊙ 魏立群教授呼唤保护皮影艺术/蔺玉堂//光明日报 2002-04-13

⊙ 文安县档案馆加强馆建工作/王树良//档案天地 2002-04

⊙ 文化经纪人的素质要求/唐立军//中国文化报 2002-05-20

⊙ 文化经纪人应进行资格认定/于建刚//中国文化报 2002-01-08

⊙ 文化遗产保护与我国的实践/朱兵//湖北行政学院学报 2002-03

⊙ 文化遗产的保护与合理利用/任红迅//中国乡镇企业报 2002-06-18

⊙ 文化遗产概念的进化与博物馆的变革/朱诚如//中国文物报 2002-11-01

⊙ 文化遗产是藏区开发中的优势资源/尕藏才旦//西北民族学院学报（哲学社会科学版）2002-04

⊙ 文化遗产数字化：机遇与挑战/张晓明//中国文化报 2002-05-11

⊙ 文化遗产与文化元素/赵强//中华读书报 2002-08-21

⊙ 文物保护：依然沉重的话题/王玉信//工人日报 2002-10-26

⊙ 文物鉴定到底还有没有个准头？——文物鉴定应提高科技含量/吴晓丛//收藏界 2002-02

⊙ 文物流通：保护与利用并举/俞莹//文汇报 2002-11-06

⊙ 文竹器物的收藏及市场潜力/周京南//收藏界 2002-01

⊙ 我国保护非物质文化遗产的成果/王鹤云//中国文化报 2002-06-18

⊙ 我国电子出版物现状及对图书馆的影响/王玉梅//科技情报开发与经济 2002-04

⊙ 我国对出版者、表演者权利的保护/张琳//上海戏剧 2002-11

◎ 信息时代图书馆发展之我见/邓军//江西图书馆学刊 2002 - S1
◎ 信息时代图书馆事业的变革/杨惠琴//天津成人高等学校联合学报 2002 - 03
◎ 休闲文化的产生与都市图书馆服务策略的调整/陈仰珊　张惠梅//图书馆杂志 2002 - 12
◎ 秀华山馆 - 湘西土家族民俗博物馆//家具与室内装饰 2002 - 03
◎ 虚拟档案馆缘何不能代替传统档案馆/赵秀姣//湘潭大学社会科学学报 2002 - S1
◎ 虚拟档案馆之我见/潘连根//浙江档案 2002 - 01
◎ 栩栩如生惟妙惟肖皮革雕刻艺术品市场前景看好/周富春//中国皮革 2002 - 24
◎ 寻找电脑技术与艺术创意结合点/阚洪欣//青年记者 2002 - 09
◎ 延伸档案馆的服务功能/李孟宏　李晓新//兰台世界 2002 - 10
◎ 演出策划抢先机/于平//人民日报 2002 - 02 - 01
◎ 演出经纪人不能随便当/李明霞//法制日报 2002 - 11 - 27
◎ 演出市场：夏日消费新亮点/段朝华//市场报 2002 - 07 - 24
◎ 演出市场需求高层次经纪人/王静//成才与就业 2002 - 03
◎ 演出销售"洋模式"与本土化/俞松林//中国文化报 2002 - 04 - 01
◎ 演艺业要与世界接轨/徐小东//华夏时报 2002 - 02 - 28
◎ 扬州曲艺的现状和发展的思考/惠耘//艺术百家 2002 - 03
◎ 扬州曲艺资源的开发和整合/韦明铧//艺术百家 2002 - 03
◎ 杨家埠民间工艺文化旅游开发研究/王素洁//民俗研究 2002 - 04
◎ 要改变中国工艺美术经济学的现状/彭景荣//经济经纬 2002 - 03
◎ 要重视社区图书馆建设/陈利民//中国文化报 2002 - 07 - 04
◎ 也谈"馆藏资源数字化"与"社会资源馆藏化"/朱宁//咸宁师专学报 2002 - 04
◎ 也谈博物馆与社区建设/随杰//中国文化报 2002 - 03 - 07
◎ 也谈请市场经济离京剧远些吧/杨建明//中国京剧 2002 - 03
◎ 也谈数字化博物馆/李文昌//中国文物报 2002 - 01 - 11
◎ 一个不可忽略的研究领域——论商业建筑橱窗展示艺术的生存与发展/钟虹滨　孙湘明//中外建筑 2002 - 03
◎ 一个精巧的"音乐盒子"——柏林乐器博物馆访谈/王鹏//建筑创作 2002 - 10
◎ 一个名词兴衰的背后——百年中国工艺美术和设计进程的选择/杭间//美术观察 2002 - 07
◎ 依法保护历史文化遗产/施芳//人民日报 2002 - 11 - 09
◎ 依法规范艺术品市场/雪提恒　姬准//南都学坛 2002 - 05
◎ 依附于外部环境的公共艺术设计/过伟敏　郑志权//江南大学学报（人文社会科学版）2002 - 03
◎ 依托名山优势　打造精品展览——峨眉山博物馆陈列特色评介/陈黎清//四川文物 2002 - 01
◎ 依托文物资源兴产业/姜春鹏　刘元//陕西日报 2002 - 01 - 29
◎ 彝族香堂人的民间曲艺/李顺昌//中州今古 2002 - 01
◎ 以"大档案"观念指导档案馆建设/王洪良//上海档案 2002 - 06
◎ 以党的十六大精神为指针，认真贯彻《文物保护法》促进文物、博物馆事业的繁荣发展/董保华//中国文物报 2002 - 11 - 15
◎ 以开放的姿态迎接新世纪的挑战——漫谈二十一世纪城建档案馆/孙威宁//城建档案 2002 - 06
◎ 以新观念指导新时期的图书馆管理工作/黄建萍//楚雄师范学院学报 2002 - 06
◎ 以引导求发展　以规范促繁荣——对南通市文化娱乐业的调查研究/储长林　张星凌//江苏政协 2002 - 10
◎ 艺术产业的"宽带作用"/章建刚　张晓明//北京日报 2002 - 10 - 13
◎ 艺术产业的成长空间/潘真//联合时报 2002 - 03 - 08
◎ 艺术创新与消费文化（座谈）/金元浦　章建刚　殷双喜　张晓明　王昱东　杨斌//美术观察 2002 - 09
◎ 艺术家长廊——博物馆走向市场的探索与思考/段晓静//文物世界 2002 - 03
◎ 艺术品　投资价值凸现/叶子//山西日报 2002 - 06 - 01
◎ 艺术品价值的回归——对当前艺术品市场的思考/孙长初//装饰 2002 - 06
◎ 艺术品市场与经济形势漫谈//收藏界 2002 - 07
◎ 艺术品收藏的状态与对策/胡果存//美术报 2002 - 01 - 12
◎ 艺术品投资的几个误区/祝君波//解放日报 2002 - 09 - 06
◎ 艺术品投资的价格决策（一）/祝君波//收藏界 2002 - 07
◎ 艺术品投资的价格决策（二）/祝君波//收藏界 2002 - 08
◎ 艺术品投资的价格决策（三）/祝君波//收藏界 2002 - 09
◎ 艺术品投资的价格决策（四）/祝君波//收藏界 2002 - 10
◎ 艺术品投资的美丽新世界——聚焦中国油画市场/董凡//收藏界 2002 - 11
◎ 艺术设计与工艺美术的源脉及其发展研究/肖红//河南大学学报（社会科学版）2002 - 02
◎ 艺术生产开新花艺术市场结硕果/孙英昆//文化时空 2002 - 08
◎ 艺术生产中的媒介/孙冰//杭州师范学院学报（社会科学版）2002 - 04
◎ 艺术市场投资鉴赏工具收藏家名家翰墨//收藏家 2002 - 08
◎ 艺术市场中的新定位/李力//艺境 2002 - 01
◎ 艺术市场逐渐成熟　精品意识越来越强/弘一//国际金融报 2002 - 01 - 23
◎ 艺术事业、文化产业与大众文化的混沌和迷失（上）——略论中国电视剧的社会角色和文化策略并与尹鸿先生商榷/曾庆瑞//现代传播 2002 - 02
◎ 艺术要进入市场，艺术家要远离市场/俞德生//艺术百家 2002 - 04
◎ 艺术与商业不矛盾/记者任忆//新华每日电讯 2002 - 04 - 11
◎ 艺术中介存在必要性的经济分析/赵莉//东南大学学报（哲学社会科学版）2002 - 05
◎ 意大利文化遗产被迫私有化/凯旋//中国商报 2002 - 12 - 31
◎ 音乐产业新商机/陈深　林亭//金融时报 2002 - 04 - 19
◎ 音乐剧为何难产/居其宏　蒋力　傅显舟//人民日报 2002 - 01 - 22
◎ 音乐文化经纪人必须具备音乐素质/冯季清//经纪人 2002 - 04
◎ 音像业呼唤理论/王炬//中国新闻出版报 2002 - 02 - 06
◎ 音像业渴求变/邹建华//中国新闻出版报 2002 - 03 - 05
◎ 印谱的收藏/宜春廖迁农//中国文物报 2002 - 05 - 08
◎ 应对与变革——入世对"艺术设计"的影响及选择/曾明//西南民族学院学报（哲学社会科学版）2002 - 05
◎ 应该如待知识产权那样对待艺术的创意、风格/王晓强//科技信息 2002 - 05
◎ 应用人类学视野中的文化遗产保护/色音//庆贺黄淑娉教授从教 50 周年暨人类学理论与方法学术研讨会 2002
◎ 英国历史文化遗产保护中的民间团体/焦怡雪//规划师 2002 - 05
◎ 迎接知识经济挑战图谋公共图书馆发展/何小娥//陕西省图书馆学会第四次科学研讨会 2002
◎ 迎接中国音像业的春天/杨雪梅//人民日报 2002 - 04 - 01
◎ 荥阳市档案馆档案利用情况透视/楚玉伟//档案管理 2002 - 05
◎ 影响档案馆利用工作的原因分析及解决办法/李翠云　可伟//档案学研究 2002 - 05
◎ 由今年博物馆日广州观众火爆引起的思考/邢照华//中国文物报 2002 - 05 - 31
◎ 由体验经济看外观设计保护范围的扩展/吴冬//中国知识产权报 2002 - 11 - 13
◎ 又一大投资热点——现代艺术品收藏（二）/郑金梅//东方艺术 2002 - 02
◎ 俞孔坚：城市景观设计在中国大有可为/张炳升//光明日报 2002 - 04

2003 年

⊙ 构建绿色博物馆/任青田//文物世界 2003－06
⊙ 构建图书馆流通管理现代化的新模式/侯三军//科技情报开发与经济 2003－12
⊙ 构建知识经济时代图书馆的创新体系/张玉冰　张玲//机械管理开发 2003－02
⊙ 构思“乡下演出版”/张裕//文汇报 2003－05－26
⊙ 古城西安演出场所兴衰漫笔/吴安平//华夏文化 2003－03
⊙ 古城镇历史文化遗产保护的思考——以浙江为例/周乾松//中共杭州市委党校学报 2003－01
⊙ 古旧地图收藏方兴未艾/郝殊仁//中国测绘 2003－06
⊙ 古旧书市场会渐趋火爆吗？/清雄//国际市场 2003－07
⊙ 古老而现代的欧洲档案馆/王建君//北京档案 2003－05
⊙ 古琴艺术列入“遗产”专家学者在京座谈/徐涟//中国文化报 2003－11－14
⊙ 古琴艺术入选世界非物质文化遗产/刘雁//世界知识 2003－23
⊙ 古铜镜收藏正当时/孙克明//人民政协报 2003－06－05
⊙ 关于博物馆和美术馆的功能及艺术评论的几点看法/邢晓舟//上海艺术家 2003－02
⊙ 关于博物馆经营战略的几点思考/贾延平//黑河学刊 2003－04
⊙ 关于档案服务创新的思考/吴兰　陈立新//中国档案报 2003－05－19
⊙ 关于档案馆建立现行文件阅览中心的思考/孔跃宏//中国档案 2003－05
⊙ 关于复合图书馆及其建设的思考/郑顺伊//现代情报 2003－10
⊙ 关于高校图书馆创新建设的几点思考/蒋京平　刘旦渝//大学图书情报学刊 2003－03
⊙ 关于杭州城市形象定位的思考——艺术都市计划的构想与实施/严军//杭州师范学院学报（社会科学版）2003－06
⊙ 关于加强九江历史文化遗产保护的思考/吴圣林　曹俊华//南方文物 2003－02
⊙ 关于贫困地区图书馆发展的思考/章赛君//图书馆学研究 2003－02
⊙ 关于企业数字档案馆的研究/高航　张其忠//山东档案 2003－02
⊙ 关于区级档案馆馆藏价值的再认识/计志浩//上海档案 2003－06
⊙ 关于入世后发展大连表演艺术事业的思考/张军//大连理工大学学报（社会科学版）2003－01
⊙ 关于社区图书馆建设若干问题的探讨/王流芳//图书馆建设 2003－03
⊙ 关于数字档案馆建设的几个问题/方苏菱//图书情报知识 2003－04
⊙ 关于数字档案馆建设的思考/李淑亮//山西档案 2003－S1
⊙ 关于数字档案馆知识产权若干问题的研究/李曙光//档案学研究 2003－03
⊙ 关于数字化档案馆发展的思考/张凤云　霍淑美　徐文//山东档案 2003－01
⊙ 关于数字图书馆建设的思考/刘亚红//河南金融管理干部学院学报 2003－04
⊙ 关于数字图书馆建设研究/蔡文松　田宗乾//河北科技图苑 2003－04
⊙ 关于图书馆创新服务的思考/吴晓明//图书馆 2003－03
⊙ 关于图书馆服务创新的思考/李素珍//山东理工大学学报（社会科学版）2003－03
⊙ 关于图书馆服务工作评估的探讨/冯梅//图书情报知识 2003－04
⊙ 关于图书馆核心竞争力的思考/杨志敏//图书馆理论与实践 2003－06
⊙ 关于图书馆开展诚信服务的思考/张玉珍//福建省社会科学信息工作年会网络时代文献信息的传统与现代学术研讨会 2003
⊙ 关于图书馆开展网络在线阅览服务的思考/张惠//图书馆学研究 2003－03
⊙ 关于图书馆情报信息服务的思考/殷立新//辽宁商务职业学院学报 2003－02
⊙ 关于图书馆业网上知融化发展新模式的思考/魏同悟//河南图书馆学刊 2003－04
⊙ 关于网络环境下的数字档案馆功能的两点思考——美国明尼苏达大学数字图书馆经验借鉴与启示/陈立新　吴兰//档案学研究 2003－04
⊙ 关于网络时代图书馆信息服务工作的思考/刘新廉//新乡教育学院学报 2003－03
⊙ 关于我省“口头和非物质文化遗产”的保护工作/盛志伟　李顺乾　吕春华//江苏地方志 2003－06
⊙ 关于我省文物和文化遗产保护工作的建议//政协天地 2003－08
⊙ 关于音乐产业与音乐权益保障问题的若干思考/王少明　黄钟//武汉音乐学院学报 2003－04
⊙ 关注市场环境下的艺术创造与艺术批评/文研//光明日报 2003－12－10
⊙ 关注戏曲表演团体的生存规律/宛溪//中国戏剧 2003－07
⊙ 管理艺术画廊/徐华峰//人才瞭望 2003－11
⊙ 广告拍卖：中国味儿的表演秀/于娜//中国商报 2003－12－11
⊙ 广西美术的产业化发展趋势/何颖　王耿//中国文化报 2003－09－17
⊙ 郭浩满：中青代国画的投资智者/王萍//中国科技财富 2003－12
⊙ 国际互联网对传统档案馆工作的挑战及其应对/周小曼//怀化学院学报 2003－01
⊙ 国际英特网艺术交易一瞥/翁眠//湖北美术学院学报 2003－02
⊙ 国家图书馆年鉴阅览室中文年鉴收藏与利用情况分析/李凤英//年鉴信息与研究 2003－01
⊙ 国内明永乐青花瓷器市场价位有待突破/马继东//艺术市场 2003－10
⊙ 国外画廊管窥/顾颖//上海艺术家 2003－Z1
⊙ 国外演出话安全/刘兴河//国家安全通讯 2003－06
⊙ 过度开发下的自然文化遗产/黄茂军//经济观察报 2003－02－17
⊙ 海内外市场有差距　内地藏家需提高鉴赏水平——从第六届古玩艺博会看文物回流现象/魏希琳//艺术市场 2003－11
⊙ 海外经纪人为中国演出市场“把脉”/水天//经纪人 2003－11
⊙ 海洋文化艺术遗产的抢救与保护/曲金良//中国海洋大学学报（社会科学版）2003－03
⊙ 含情脉脉走近知识产权中国工业设计情窦已开/刘河//中国知识产权报 2003－12－13
⊙ 韩国经纪人如何塑造歌星/尹登龙//经纪人 2003－02
⊙ 韩国境内世界文化遗产初探/王继庆//黑龙江社会科学 2003－05
⊙ 合理开发利用文化遗产促进武夷山旅游经济可持续发展//中国文化报 2003－12－08
⊙ 河北加快磁州窑文化遗产开发利用/彦彬//人民日报 2003－10－10
⊙ 横向联合促进自然博物馆发展/李树恒//中国科协 2003 年学术年会
⊙ 红色经典演出如何吸引观众/孟菁苇//中国消费者报 2003－09－19
⊙ 后现代消费文化中的时装表演/傅其林//文艺研究 2003－05
⊙ 呼唤演出经纪人/陆璐//中国文化报 2003－04－21
⊙ 壶痴的文化休闲——访紫砂壶收藏家郑家荣/王靖//文化时空 2003－06
⊙ 湖南旧八景文化遗产刍议/刘国强//中国地方志 2003－04
⊙ 葫芦器收藏漫议/张丽红//美术报 2003－09－13
⊙ 画廊的文化身份与生存空间/徐龙森//艺术市场 2003－04
⊙ 画廊为何不愿“做”国画/顾咪咪//解放日报 2003－11－11
⊙ 画廊业的发展与抽象艺术/许德民//上海艺术家 2003－Z1
⊙ 画廊业迎来“老字号”——上海老画廊/叶觉林//艺术市场 2003－Z1
⊙ 画廊业运作现状与经营模式——世纪翰墨画廊负责人林松访谈/刘心亮//艺术市场 2003－08
⊙ 话说“演出市场”/柏木//黄梅戏艺术 2003－03
⊙ 唤醒中国艺术市场/陈建明//中国国门时报 2003－10－24
⊙ 徽章渐成收藏新宠/张健初//中国消费者报 2003－01－10
⊙ 回眸文化遗产——从法国俱乐部到上海花园饭店/李兴龙//家具与室内装饰 2003－07
⊙ 火花收藏：形式出新　价格走高/张健初//中国消费者报 2003－10－10
⊙ 机遇与挑战——记江西省第一期演出经纪从业人员培训班/陈庆鸿　吴

建英//经纪人 2003－03
⊙ 积极参与国际艺术市场竞争/王超慧//光明日报 2003－04－09
⊙ 基层档案馆要面向社会/徐春祺//兰台世界 2003－12
⊙ 基于知识管理的图书馆创新服务/饶蕴//上海交通大学学报 2003－S1
⊙ 激活馆藏资源深化特色服务——试论公共图书馆的信息导航功能/沈玲//中国科协 2003 年学术年会
⊙ 激活农村演出市场/记者汪建根//中国文化报 2003－03－10
⊙ 激励理论与自然文化遗产资源管理体制改革/庞爱卿　覃锦云//云南财贸学院学报（社会科学版）2003－05
⊙ 技术本体化与当代戏剧艺术生产/何志钧//四川戏剧 2003－03
⊙ 济宁——古代石刻书画的博物馆/王永明　王哲//济宁师范专科学校学报 2003－04
⊙ 济源市档案馆服务机制创新的探索/吕红文　杨耀武//档案管理 2002－06
⊙ 继承民族文化遗产　重视中华传统佳节/庄威　游秀凤//政协天地 2003－05
⊙ 继承珠算文化遗产　促进珠心算事业发展//珠算与珠心算 2003－06
⊙ 加快对图书馆信息服务方式与对策的研究/潘海涛//图书馆工作与研究 2003－01
⊙ 加强保护浙江自然、文化遗产的对策/吴孝林//浙江经济 2003－24
⊙ 加强档案馆建设　为振兴辽宁老工业基地服务/刘金树//兰台世界 2003－11
⊙ 加强公共图书馆信息服务工作的思考/章幼蓉//福建省图书馆学会 2003 年学术年会
⊙ 加强文化遗产的保护/陈汉波//资料通讯 2003－01
⊙ 加强我国的世界遗产保护与防止"濒危"的问题/郑孝燮//城市发展研究2003－02
⊙ 加强西部区图书馆网络化管理　适应西部大开发进程/冀瑞生//内蒙古科技与经济 2003－06
⊙ 加强乡镇图书馆管理的几点思考/贾俊梅　张春彩//山东图书馆季刊 2003－02
⊙ 加入 WTO 对我国图书馆的影响与对策/谢淑端//图书馆学刊 2002－06
⊙ 加入 WTO 后对图书馆的影响——信息服务的分析与思考/邓瑛//经济师 2003－07
⊙ 加入 WTO 后我国工业设计体系的建构/过山　胡俊红//包装工程 2003－05
⊙ 加入 WTO 新形势下的图书馆工作/李洪梅　孙绍俊//图书馆界 2003－01
⊙ 嘉德华辰掀起艺拍风暴/方翔//国际金融报 2003－07－25
⊙ 嘉绒藏寨碉群及其世界文化遗产价值/张先进//四川建筑 2003－05
⊙ 简论艺术的商品属性/廉海渊//戏剧文学 2003－01
⊙ 建立健全我国文化遗产资金保障机制/陈凌云//江南论坛 2003－12
⊙ 建立科学的艺术品　鉴定评估体系初探/沈西峰//艺术市场 2003－09
⊙ 建立文化艺术档案馆的断想/彭梅玉//广西地方志 2003－02
⊙ 建立以读者价值为导向的信息服务体系——网络时代老少边党校图书馆信息服务之我见/张坚//福建省社会科学信息工作年会网络时代文献信息的传统与现代学术研讨会 2003
⊙ 建立中医药数字图书馆的实践与思考/孟凡红//中国中医药信息研究会第二届理事大会暨学术交流会议 2003
⊙ 建设数字化档案馆的意义/薄小林//山西档案 2003－S1
⊙ 建设数字化档案馆势在必行/苏本英//人民政协报 2003－11－11
⊙ 建设信息时代图书馆的思考/王晶//黑龙江省图书馆学会学术会议 2003
⊙ 江苏省演艺集团走出自己产业格局//中国文化报 2003－10－20
⊙ 江苏演艺集团反攻市场/王军//音乐周报 2003－06－27
⊙ 降低准入带来演出市场繁荣/杨光//光明日报 2003－03－30
⊙ 教皇侏古力二世的 BRIEF 谈创意经纪人/许庭英//广告人 2003－04
⊙ 街道空间的城市景观设计/朱慧文//新材料新装饰 2003－02
⊙ 杰克·韦尔奇经理法则与我国图书馆管理模式的创新/刘华//情报资料工作 2003－05
⊙ 解读我国城市雕塑的现状与发展/陈少明//装饰 2003－07
⊙ 近代城市文化遗产保护的理论与实践问题/李传义//华中建筑 2003－05
⊙ 近期美英艺术市场瞭望/祁慧泉//云南艺术学院学报 2003－04
⊙ 近十年来上海市档案馆档案利用趋势分析/徐非//上海档案 2003－06
⊙ 京沪画廊初探/何美婧//中国书画 2003－07
⊙ 京沪深画廊观察/杭海宁//美术观察 2003－05
⊙ 京剧脸谱收藏看好/赵金凤//市场报 2003－07－26
⊙ 经济全球化≠艺术全球化/聂世中//美与时代 2003－02
⊙ 经营博物馆刍议——兼谈中小型博物馆的发展思路/张健平//南方文物 2003－04
⊙ 景德镇老城区陶瓷历史文化遗产的保护和利用/江华　刘昌兵　徐桃生//南方文物 2003－01
⊙ 警惕海外回流书画赝品/张立行//文汇报 2003－05－21
⊙ 警惕拍卖中的"惨赢"现象/张艺//经纪人 2003－07
⊙ 酒的收藏管理/刘文//中国改革报 2003－12－06
⊙ 酒与收藏/云山//检察日报 2003－07－18
⊙ 旧城开发：历史文化遗产怎堪"改造"/冀文海//中国经济时报 2003－12－12
⊙ 距离世界文化遗产有多远/王彬//中国文化报 2003－03－11
⊙ 聚焦手表收藏投资/李楠//山西日报 2003－09－20
⊙ 开创钱币博物馆事业的新局面/史纪良//中国钱币 2003－02
⊙ 开发西部公共图书馆缩微文献信息资源的思考/何先进　马建平//2003 年海峡两岸档案暨缩微学术交流会
⊙ 开发燕赵民间艺术资源　促进河北经济可持续发展/李玉侠//衡水师专学报 2003－01
⊙ 开平碉楼文化成为华侨文化遗产/邱镇尧//人民日报海外版 2003－09－24
⊙ 开拓图书馆建设的创新运行机制/刘爱秀//华东政法学院学报 2003－04
⊙ 可忧的"表演盛世"/毛志成//北京观察 2003－03
⊙ 李维刚与体育扑克收藏/今迅//光明日报 2003－02－08
⊙ 历史文化遗产保护重在真实的历史文物——关于保护桃花坞木版年画的一段公案/凌虚//前进论坛 2003－06
⊙ 历史演变　再遇良机——世博会与上海工艺美术发展的思考/王琪森//上海工艺美术 2003－02
⊙ 历史与现代的共生——世界文化遗产宏村保护与利用综合分析/汪森强//小城镇建设 2003－04
⊙ 历史与艺术的交融——中国印学博物馆/吴莹//收藏界 2003－03
⊙ 立足收藏话传媒/宋平//收藏界 2003－11
⊙ 连环画收藏投资价值研判/马建国//科学投资 2003－04
⊙ 联合国教科文组织 2001 年《保护水下文化遗产公约》评析/傅崐成//厦门大学法律评论 2003－02
⊙ 岭南四大名园与世界文化遗产/朱竑　李丽梅　保继刚//热带地理 2003－02
⊙ 刘墉作品的市场走势分析/丁韶麟//中国书画 2003－09
⊙ 流动的画廊——明中期苏州书画鉴藏圈交流方式/黄朋//收藏家 2003－09
⊙ 流失国宝何时回家/王向龙//中国质量报 2003－01－17
⊙ 留住民族的根——对抢救保护青海民族民间文化遗产的思考/魏丽萍//中国土族 2003－04
⊙ 楼书　免费藏品/梁任高//中国商报 2003－10－09
⊙ 旅游门券的分类与收藏/台明辉//中国绿色时报 2003－08－07
⊙ 旅游与图书馆/宋玉真　陈福季　徐砚亮//图书馆建设 2003－03
⊙ 略论媒体的选择和策划艺术——从扬子晚报的"经济视野"专版谈起/周茂川//新闻知识 2003－05

-28

⊙ 我省演出市场何以不“火”/石雨浩//党的生活 2003-02

⊙ 我收藏的海外版《毛泽东诗词》/梁京钢//市场报 2003-11-08

⊙ 无法回避的现实——收藏协会正步入困境//收藏界 2003-10

⊙ 无形文化遗产 新的保护措施/爱川纪子//民族文化与全球化研讨会 2003

⊙ 吴冠中中国画受宠香港/纪平//中华工商时报 2003-01-17

⊙ 吴荣芳和他的古玉收藏/叶蕾//海内与海外 2003-08

⊙ 武汉城市建设中历史文化遗产保护问题刍议/邵学海 舒爱珍//学习与实践 2003-04

⊙ 舞台表演艺术的产业运作与市场培育//中国文化报 2003-10-25

⊙ 西北“口头和非物质文化遗产”/裴小旗//中国信息报 2003-11-10

⊙ 西部大开发高速公路建设中的文化遗产保护问题/张杰 胡伟 张重禄//公路与汽运 2003-02

⊙ 西部大开发与西部高校图书馆建设/黄映国//图书情报知识 2003-03

⊙ 西部开发环境下的地方图书馆网络化建设/刘婕//甘肃科技 2002-12

⊙ 西方社区信息服务对我国图书馆信息化的影响/侯海涛//国家图书馆学刊 2003-02

⊙ 西双版纳傣族古村寨应申报世界文化遗产/牛建宏//中国建设报 2003-03-10

⊙ 戏曲与电视文化资源的互为/王志军//中国戏剧 2003-12

⊙ 戏说经纪人/尧文铭//经纪人 2003-08

⊙ 县级档案馆利用服务工作析/张希功//中国档案 2003-01

⊙ 县级档案馆应把工作重点由“守资源”转到“用资源”上来/刘振忠 刘娟//黑龙江档案 2003-04

⊙ 县级国家综合档案馆档案利用工作的几点思考/孙海琴 陆进宝//档案与建设 2003-10

⊙ 县级图书馆科技信息下乡服务工作探索与实践/张丽华 姚启华//中国科协 2003 年学术年会

⊙ 县级图书馆提高信息服务质量之我见/方立波 杨乃环 张巍茹//黑龙江省图书馆学会学术会议 2003

⊙ 县级图书馆信息服务的现状与对策/杜巧云//陕西省图书馆学会第五次会员代表大会 2003

⊙ 县级图书馆知识信息服务的模式及内容/刘美茹//陕西省图书馆学会第五次会员代表大会 2003

⊙ 县区图书馆发展良性循环的求索/程学华//图书馆理论与实践 2003-04

⊙ 县图书馆应把服务重心放在农村/胡桂杰//中国科协 2003 年学术年会

⊙ 县图书馆在农村科普工作中的作用/张兴民//中国科协 2003 年学术年会

⊙ 现代金银纪念币收藏/江会青//科学投资 2003-Z2

⊙ 现代京剧进入市场的探索//中国文化报 2003-12-29

⊙ 现代科技博物馆的数学展示/吴凡//中国科协 2003 年学术年会

⊙ 现代图书馆参考咨询服务工作的发展趋势/欧裕南//福建省图书馆学会 2003 年学术年会

⊙ 现代图书馆的参考咨询服务/孙滨丽 孙雪晶//图书馆建设 2003-03

⊙ 现代图书馆发展建设刍议/许诘 张颖//理论月刊 2003-12

⊙ 现代图书馆服务中 CS 战略的导入及实施/赵明臻 张红//南阳师范学院学报 2003-04

⊙ 现代文明背景下的博物馆发展趋势——澳大利亚、新西兰、香港博物馆印象/李琴//中原文物 2003-02

⊙ 现代信息技术与图书馆服务/李鸿雁 殷黎//农业图书情报学刊 2003-02

⊙ 现代音乐：寻找演出 寻找观众/王西麟//音乐周报 2003-04-25

⊙ 消费价值取向与书画市场价格/刘远修//江苏商论 2003-02

⊙ 消费文化中的建筑艺术/黄杏玲 王宇 颜萍//建筑学报 2003-04

⊙ 小议县档案馆建立现行文件阅览中心值得注意的几个问题/杨秀萍//贵州省档案学会第五次会员代表大会暨档案学术研讨会 2003

⊙ 小议杂技走市场/杜海凤//文化时空 2003-09

⊙ 肖珑：前行在数字图书馆事业的潮头/崔凤雷//高校图书馆工作 2003-03

⊙ 新时期打造图书馆服务品牌探析/付虹//江西图书馆学刊 2003-04

⊙ 新时期党校图书馆建设的几点思考/杨智荣//福建省社会科学信息工作年会网络时代文献信息的传统与现代学术研讨会 2003

⊙ 新时期公共图书馆服务工作浅议/李小红//陕西省图书馆学会第五次会员代表大会 2003

⊙ 新时期图书馆信息产业的新发展/闫绒//陕西省图书馆学会第五次会员代表大会 2003

⊙ 新时期图书馆走出困境的思考/王小芹//贵图学刊 2003-02

⊙ 新世纪成人高校图书馆发展机遇和对策研究/李玉英//中华女子学院山东分院学报 2003-02

⊙ 新世纪的大学图书馆：变革创新，应对挑战/朱强//第四次图书馆学基础理论学术研讨会 2003

⊙ 新世纪的中国书画装潢/徐建华 刘舜强//艺术市场 2003-Z2

⊙ 新世纪图书馆的创新发展/刘芳//图书馆学刊 2003-S1

⊙ 新世纪图书馆定位浅议/盖虹//图书馆学刊 2003-04

⊙ 新世纪图书馆社会角色的演化走势/李素兰//晋图学刊 2003-05

⊙ 新世纪我国图书馆的信息服务工作/乔燕鸿//情报杂志 2003-06

⊙ 新形势下博物馆营销和管理的探索/陈薇莉//中国科协 2003 年学术年会

⊙ 新形势下强化图书馆管理信息的管理与利用之探讨/马辉 史敏//河北经贸大学学报（综合版）2003-02

⊙ 新形势下图书馆的信息服务/段丽萍 黄平//陕西省社会科学信息学会第六次学术讨论会 2003

⊙ 信息导航——论新时期图书馆的信息服务工作/王丽芹//中国科协 2003 年学术年会

⊙ 信息导航员——信息时代图书馆的角色定位/许迎霞//中国科协 2003 年学术年会

⊙ 信息服务工作网络环境下的图书馆/郭盈//中国科协 2003 年学术年会

⊙ 信息化社会的档案管理及档案信息应用/徐海燕//江苏工业学院学报（社会科学版）2003-03

⊙ 信息经纪人，新经济的“向导”/张小明//成才与就业 2003-05

⊙ 信息社会新形势下图书馆的改革和发展/王若冰//陕西省社会科学信息学会第六次学术讨论会 2003

⊙ 信息社会中县级图书馆读者服务工作的新思考/曾晓宁//陕西省图书馆学会第五次会员代表大会 2003

⊙ 信息时代的图书馆——挑战和机遇/付晓燕//陕西省图书馆学会第五次会员代表大会 2003

⊙ 信息时代公共图书馆创新与服务职能浅探/雷晓丽//陕西省图书馆学会第五次会员代表大会 2003

⊙ 信息时代图书馆的机遇与挑战/白秀萍//黑龙江省图书馆学会学术会议 2003

⊙ 信息时代图书馆开展信息服务的几点思考/王雅文//黑龙江省图书馆学会学术会议 2003

⊙ 信息时代图书馆期刊管理与服务工作创新诌议/高景//黑龙江省图书馆学会学术会议 2003

⊙ 信息时代我国图书馆社会化之特点/刘传良//图书与情报 2003-02

⊙ 信息时代我校图书馆的建设/程晋萍//晋中师范高等专科学校学报 2003-01

⊙ 虚拟世界的经纪人/张玉峰//经纪人 2003-09

⊙ 寻根觅源证豆彩 博采众长探疑难——推出收藏的成化五彩器/易默//陶瓷科学与艺术 2003-04

⊙ 寻求演出市场 走与文化经纪人合作的路/马美霞//黄梅戏艺术 2003-03

⊙ 寻绎中国书画“抽象新造型”/傅京生//中国书画 2003-08

⊙ 寻找收藏“黑马”/吴伟忠//国际金融报 2003 - 09 - 12
⊙ 寻找艺术与商业的契合点/王丽辉//中华建筑报 2003 - 09 - 19
⊙ 寻租行为与国家自然文化遗产管理/黄秀娟//林业经济问题 2003 - 04
⊙ 亚欧会议：文化遗产共享的展示/呈吉//社会科学报 2003 - 10 - 16
⊙ 亚洲藏家偏爱明清瓷器　中国书画价位最终将同西画处于同一水平//艺术市场 2003 - 12
⊙ 炎黄故土上淘金——零距离接触西安古玩市场/马继东//艺术市场 2003 - 08
⊙ 研究保护文化遗产我们责无旁贷/果文川//中国社会科学院院报 2003 - 07 - 01
⊙ 演唱会步入低价时代/王向龙//中国质量报 2003 - 08 - 29
⊙ 演出场馆求索新生机//中国文化报 2003 - 09 - 22
⊙ 演出多是私人办　国人看戏爱白看//中国文化报 2003 - 08 - 11
⊙ 演出经纪的风险及风险规避/胡月明//经纪人 2003 - 04
⊙ 演出经纪公司对演艺明星的商业运作/王静//经纪人 2003 - 02
⊙ 演出票价能降下来吗？/晁小卉　伍斌//解放日报 2003 - 08 - 26
⊙ 演出市场　文化是第几生产力/刘扬//当代经理人 2003 - 05
⊙ 演出市场的“未来组合”/张建刚//四川戏剧 2003 - 05
⊙ 演出市场风光难掩不成熟/张晶晶//市场报 2003 - 11 - 05
⊙ 演出市场进入电子商务时代/吕天路//今日信息报 2003 - 12 - 17
⊙ 演出市场屡次上演“狼来了”/徐雪梅//北京日报 2003 - 03 - 11
⊙ 演出市场悄然变脸/李湘萍//广西日报 2003 - 01 - 31
⊙ 演出市场说长道短//中国质量报 2003 - 02 - 14
⊙ 演出市场知识产权如何保护/宋奇慧//人民日报 2003 - 05 - 14
⊙ 演出为中心，开拓新市场——文广影视集团 2002 年演出成果喜人/晓因//上海戏剧 2003 - 02
⊙ 演出业：破除壁垒走向成熟/王苏伊//市场报 2003 - 08 - 18
⊙ 演出营销　少数人的话题？/王洪波//成功营销 2003 - 10
⊙ 演出扎堆“金九银十”是喜是忧？/王亚军//市场报 2003 - 09 - 18
⊙ 演艺舞台原创“国货”吃香/建根//经济日报 2003 - 02 - 21
⊙ 要把档案馆作为产业来经营/王琳　凤勇　旭东//山东档案 2003 - 04
⊙ 要重视保护无形文化遗产//中国旅游报 2003 - 04 - 28
⊙ 也谈公共图书馆文化娱乐职能/周钦　李晓光　邹容//贵图学刊 2003 - 02
⊙ 也谈古籍保护与书画收藏/夏国军//河南图书馆学刊 2003 - 02
⊙ 也谈图书馆服务的品牌问题/张丽萍//图书馆学刊 2003 - 01
⊙ 业务外包——高等学校图书馆发展的新模式/沙淑欣//情报资料工作 2003 - 06
⊙ 一个吃着麦当劳、看着美国大片的民族如何使传统戏曲复兴？/王慧峰//人民政协报 2003 - 11 - 28
⊙ 伊斯坦布尔文化艺术基金会的产业经营之道//中国文化报 2003 - 08 - 15
⊙ 医院图书馆电子阅览室的管理与服务/刘映　姚成//中国现代医学杂志 2003 - 14
⊙ 医院图书馆读者需求心理分析及服务策略/谢玲华　吴丹//福建省图书馆学会 2003 年学术年会
⊙ 医院图书馆服务的新领域——“信息疗法”/陈娜//河南图书馆学刊 2003 - 04
⊙ 医院图书馆职能的探索与实践/张圭玉　周珺//中华医学图书情报杂志 2003 - 02
⊙ 依靠服务打拼图书馆市场/杨贵山//中国图书商报 2003 - 10 - 17
⊙ 怡和广场　包容万家——访将于 10 月开业的北京怡和文化艺术广场创办者梁镒城先生/风力//艺术市场 2003 - 07
⊙ 移民小区图书馆建设/周学南//图书馆建设 2003 - 03
⊙ 以创新精神推动艺术表演团体体制改革//中国文化报 2003 - 07 - 29
⊙ 以读者为本——谈高校图书馆的服务创新理念/卢涛//陕西省图书馆学会第五次会员代表大会 2003
⊙ 以开发利用和信息化建设　推进档案馆的改革与发展/张娅雯//档案与建设 2003 - 02
⊙ 以十六大精神为指导，更快更好更健康地发展黄梅戏/龙念//黄梅戏艺术 2003 - 01
⊙ 以文化生命体的观点审视文化遗产地的可持续发展——以云南丽江古城为例/杨宏浩　杨桂华//思想战线 2003 - 03
⊙ 以信息化建设促进城建档案馆对外服务水平的提高/李明月//城建档案 2003 - 01
⊙ 以真诚开拓市场　以信誉赢得观众——西安儿童艺术剧院演出市场的开拓、培养和发展/张绍军//当代戏剧 2003 - 05
⊙ 艺术·意识形态·生产——艺术生产论与意识形态论的当代思考/张冬梅//沈阳师范大学学报（社会科学版）2003 - 04
⊙ 艺术产业的“宽带作用”/章建刚　张晓明//中国文化报 2003 - 12 - 20
⊙ 艺术和商业的混血儿/陈立群//北京工商 2003 - 09
⊙ 艺术品价值的确定/祝愿//文汇报 2003 - 06 - 04
⊙ 艺术品市场“钱”景诱人/俞汝捷//企业导报 2003 - 04
⊙ 艺术品市场急需立法规范/木心//荣宝斋 2003 - 04
⊙ 艺术品市场与收藏/秦少静//经济论坛 2003 - 13
⊙ 艺术设计与西部本土文化资源的现代开发/黄斌　黄莓子//西南交通大学学报（社会科学版）2003 - 01
⊙ 艺术市场“拍”起千层浪//收藏界 2003 - 09
⊙ 艺术市场火爆引发艺术品回归潮/一俊//荣宝斋 2003 - 06
⊙ 艺术市场经济学启动/陈艳娟//中国改革报 2003 - 11 - 11
⊙ 艺术市场投资鉴赏工具——收藏家//收藏家 2003 - 03
⊙ 艺术市场正在走红/朱浩云//艺术市场 2003 - 04
⊙ 艺术市场中的“史国良现象”——史国良作品市场运作透析/张晓凌//荣宝斋 2003 - 04
⊙ 艺术市场中的古旧书画/纪平//中华工商时报 2003 - 04 - 11
⊙ 艺术市场中的史国良——史国良市场运作透析/张晓凌//艺术市场 2003 - Z1
⊙ 艺术想象与中国画创作/李果艾//晋东南师范专科学校学报 2003 - 01
⊙ 艺术消费的误区与引导/宋建林//理论与创作 2003 - 01
⊙ 艺术消费谁埋单//河北日报 2003 - 09 - 05
⊙ 艺术消费心理及消费形态分析/蒋耀辉//美术观察 2003 - 12
⊙ 艺术与经济/温琴佐·桑福//美术 2003 - 11
⊙ 艺术与商业的互动——聚光堂侧记/轩子//大市场·广告导报 2003 - 09
⊙ 艺术与市场研讨会在盘锦召开/许厚//美术观察 2003 - 09
⊙ 艺术展览模式与美术馆机制——王璜生访谈录/王璜生//美术学报 2003 - 01
⊙ 异彩纷呈的宋代钱币收藏/张金彬//中国远洋报 2003 - 05 - 16
⊙ 因地制宜，开拓黄梅戏演出市场/柏龙驹//黄梅戏艺术 2003 - 01
⊙ 音像产业　最市场化也最无奈/陈泽伟//瞭望 2003 - 30
⊙ 引进 CRM 开创图书馆服务新局面/郑大庆　张立厚　高京广//图书馆论坛 2003 - 02
⊙ 应将图书馆定位为知识信息中心/姜冬云//理论探讨 2003 - 05
⊙ 迎接知识经济，搞好图书馆建设/卢颖娟　李云凯//哈尔滨市经济管理干部学院学报 2003 - 03
⊙ 营销理念驱动下的图书馆工作整合/张玉珍//高校图书馆工作 2003 - 04
⊙ 影响档案馆数字化建设的几个环境因素/方毓宁//档案 2003 - 01
⊙ 用创新的理念开展博物馆工作/叶翔//博物馆现状与发展前瞻学术研讨会 2003
⊙ 用户价值战略与图书馆竞争优势/武春福//现代情报 2003 - 02
⊙ 用什么保护历史文化遗产/刘序盾//中国经济时报 2003 - 08 - 20
⊙ 由《出师颂》引发出的关于中国书画鉴定的思考/杨新//故宫博物院院刊 2003 - 06
⊙ 油画市场　异军突起/林松//艺术市场 2003 - Z1

2004 年

- 保护民族服饰文化遗产刻不容缓/王冰　肖莹//中国纺织报 2004 - 12 - 02
- 保护少数民族传统文化艺术遗产断想/乌兰杰//内蒙古大学艺术学院学报 2004 - 01
- 保护文化遗产，博物馆的特殊价值在哪里？/苏东海//中国文化遗产 2004 - 01
- 保护文化遗产不能只靠"申遗"——文化遗产保护二人谈/冯俊锋//四川党的建设城市版 2004 - 11
- 保护文化遗产惠及子孙后代/邱振刚//中国艺术报 2004 - 11 - 19
- 保利：何以成为最具活力的企业博物馆？/杨春//人民政协报 2004 - 07 - 15
- 保利艺术品秋拍　上海初试啼声/严颖//大美术 2004 - 11
- 报刊收藏　下一支"潜力股"/高玉涛//收藏界 2004 - 03
- 报纸号外成为收藏热点品种/李润//集邮博览 2004 - 12
- 报纸专题收藏商机无限/吴耀军//艺术市场 2004 - 08
- 北京奥运文化遗产的内涵及实施方式/孔繁敏　李岩//2004 学术前沿论坛
- 北京传统工艺美术行业发展前景浅析/刘荣华//首都师范大学学报（社会科学版）2004 - S1
- 北京画廊：在互动中前行/朱小钧//中国文化报 2004 - 03 - 23
- 匾额收藏有潜力/千里//收藏界 2004 - 11
- 变味的民间收藏/赵野//山西日报 2004 - 05 - 27
- 别把文化遗产当商品/张天蔚//上海科技报 2004 - 12 - 03
- 别让蒙古族曲艺渐行渐远/王雅静//内蒙古日报 2004 - 12 - 02
- 濒危文化遗产的保护与利用问题——世界文化遗产基金会与中国/约翰·霍威尔·斯塔布斯//中国紫禁城学会第四次学术讨论会 2004
- 博物馆参与社会的思考/葛金根//浙江省博物馆学会 2004 年学术研讨会
- 博物馆成为旅游新增长点/叶征征//华东旅游报 2004 - 12 - 23
- 博物馆的市场化与旅游发展/魏小安　王春利//中国旅游报 2004 - 04 - 26
- 博物馆的文化产业经营理念/李砾华　李宝柱//河北经济日报 2004 - 02 - 27
- 博物馆定义的时代发展特征/宋向光//国际商报 2004 - 02 - 18
- 博物馆界如何应对免费开放风潮？/刘鉴//中国文化报 2004 - 03 - 10
- 博物馆经营：古根海姆的例子/赫俊红　曹兵武//中国文物报 2004 - 11 - 12
- 博物馆让无形遗产"活"起来/杨海涛//中国艺术报 2004 - 06 - 04
- 博物馆体制改革的一点想法/申渝晴//中国文物报 2004 - 10 - 22
- 博物馆业在市场与公益间寻平衡/姜晖//中国商报 2004 - 05 - 27
- 博物馆与旅游/张敏//中国博物馆 2004 - 01
- 博物馆在无形文化遗产保护中的对策/卢本珊//中国文物报 2004 - 08 - 20
- 不断改革发展　做演出市场的主人/赵力志//杂技与魔术 2004 - 03
- 步入民间文化遗产的迷人世界/冯骥才//中国新闻出版报 2004 - 09 - 03
- 产权流转做大做强演出市场/胡玫生//中国文化报 2004 - 08 - 16
- 倡导诚信树立中国画廊品牌//中国文化报 2004 - 06 - 28
- 成都古玩艺术品市场草堂商业圈现状调查/孔路原//中共成都市委党校学报 2004 - 06
- 诚信：艺术产业的希望所在//中国文化报 2004 - 08 - 10
- 城市滨江景观设计中的人文内涵表达——以重庆南滨路（三期）景观设计为例/黄天其//重庆建筑 2004 - 04
- 城市滨水景观设计中地区风格与景观的融合——以遵义市中心城区湘江景观规划设计为例/赵守谅//泰州职业技术学院学报 2004 - 03
- 城市景观设计的影响因素分析/陆路//建筑科学与工程学报 2004 - 04
- 城市景观中人文设计对人类行为道德的影响/赵永军//美术大观 2004 - 06
- 城市历史文化遗产：三个层次的保护和弘扬/牛建宏//中国建设报 2004 - 04 - 27
- 城市历史文化遗产保护的政策与规划/王景慧//城市规划 2004 - 10
- 城市文化遗产保护的原真性/阮仪三//城乡建设 2004 - 04
- 城垣遗址公园与城垣博物馆/许彬　李骏//北京博物馆学会第四届学术会议 2004
- 充分发挥档案馆社会公共服务的作用/田锡如　林涛//中国档案报 2004 - 10 - 28
- 充分发挥档案馆文化休闲功能/赵琳//兰台世界 2004 - 01
- 传媒助力　艺术市场一路狂奔/谢海//艺术市场 2004 - 07
- 传统表演艺术的市场化/梁礼宏//南方日报 2004 - 06 - 10
- 传统工艺美术绽放时尚新花/泓月//中国艺术报 2004 - 08 - 06
- 传统民间工艺不应成为"唐僧肉"/臧小丽//中国艺术报 2004 - 11 - 05
- 传统民间艺术在包装设计中的运用/韩荣//上海包装 2004 - 02
- 传统民间艺术在现代包装设计中的初探/韩荣//上海包装 2004 - 06
- 传统书法艺术与现代装潢设计/沈文中//装饰 2004 - 08
- 传统戏曲面临生存挑战/赵华　晓晰　王力　苏宗仁　邱红杰　欣华//中国改革报 2004 - 07 - 30
- 传统艺术：提升中国"软实力"的有力"武器"/王建华　张奇志　张乐//新华每日电讯 2004 - 09 - 17
- 传统印章投资收藏两相宜/梅楚英//大众商务 2004 - 10
- 从"鉴赏"到"消费"——消费文化与文艺学研究范式变革/马大康//文艺争鸣 2004 - 05
- 从"神五"成功看"号外"报收藏的魅力/李贞刚//中国档案报 2004 - 03 - 05
- 从《机械复制时代的艺术作品》看本雅明的艺术生产思想/温恕//重庆师范大学学报（哲学社会科学版）2004 - 03
- 从澳门博物馆看博物馆发展的多元化/李穗梅//中国文物报 2004 - 08 - 13
- 从笔单上感悟书画市场沧桑/齐建秋//艺术市场 2004 - 10
- 从毕加索到黄宾虹书画拍卖带来启示/方翔//国际金融报 2004 - 09 - 24
- 从春班演出看粤剧改革的紧迫性/余勇//南国红豆 2004 - 03
- 从当前观众的审美情趣谈曲艺表演形式的创新/吴治中//艺术百家 2004 - 03
- 从档案馆文化休闲功能看我国档案鉴定转向/曹宇//贵州档案 2004 - 04
- 从花鼓灯的保护探讨非物质文化遗产保护机制体系的构建/谢克林//北京舞蹈学院学报 2004 - 04
- 从汇报演出到商业演出《香格里拉》接受市场检验/李莎//云南日报 2004 - 10 - 26
- 从旅游的角度透视城市景观设计/钟国庆//探求 2004 - 03
- 从拍卖市场看中国古典家具收藏/魏希琳//艺术市场 2004 - 01
- 从票贩子猖獗看演出票价改革的必要性/单三娅//光明日报 2004 - 04 - 23
- 从生产的角度看艺术/张培英//河北日报 2004 - 05 - 21
- 从书斋走向市场的书法艺术/宗切//中国教育报 2004 - 11 - 21
- 从宣传教育到社会服务——略论博物馆功能的转变/黄舟松//浙江省博物馆学会 2004 年学术研讨会
- 打造博物馆航母时代已经到来/张承光//北京博物馆学会第四届学术会议 2004
- 大芬村：打造油画产业基地/隗瑞艳//艺术市场 2004 - 07
- 大鼓凉伞与芗剧表演艺术/蓝海滨//漳州职业大学学报 2004 - 02
- 大力保护民族民间文化遗产/郝苏民//今日信息报 2004 - 04 - 30
- 大有可为的古书收藏/韦力//艺术市场 2004 - 07
- 当代科技博物馆的创新与深化发展/李象益//北京国际博物馆馆长论坛 2004
- 当代民间收藏发展现状（上）/尕丁//集邮博览 2004 - 01

◎ 当代民间收藏发展现状（下）/尕丁//集邮博览2004－02
◎ 当代民间收藏漫谈（五）门券收藏的发展与特征/尕丁//集邮博览2004－07
◎ 当代民间收藏漫谈（六）——股票收藏的发展前景/尕丁//集邮博览2004－08
◎ 当代民间收藏漫谈（七）当代藏书的发展/尕丁//集邮博览2004－09
◎ 当代民间收藏漫谈（八）传统与现代的观赏石收藏/尕丁//集邮博览2004－10
◎ 当代艺术品投资/郭晓川//华商2004－03
◎ 当代艺术与市场如何良性互动/余宁//中国艺术报2004－12－17
◎ 当代中国工业设计的文化定位/伍斌//中国知识产权报2004－03－27
◎ 当古老京剧“遭遇”当代生活/尚长荣　徐芳//解放日报2004－12－10
◎ 当前书画市场之我见/刘新惠//中国书画2004－03
◎ 当前图书馆改革的难点问题和对策/魏亚玲//福建省图书馆学会2004年学术年会
◎ 档案馆工作应走向文化市场/张士琴//山东档案2004－03
◎ 档案馆开发利用工作的创新与思考/陶关土//浙江档案2004－01
◎ 档案馆开放的理性思考/李颖//北京档案2004－08
◎ 档案馆文化产品的开发——以上海市档案馆为例/冯绍霆//中国档案2004－12
◎ 档案馆现行文件服务的发展趋向/杜昆//北京档案2004－10
◎ 档案馆信息需求市场开发流程设计/杨兴成//北京档案2004－09
◎ 档案馆信息资源开发利用的三种模式与措施/王冬生//档案2004－04
◎ 档案馆要主动适应网络时代要求/刘宝林//兰台世界2004－04
◎ 档案馆业务外包策略研究/黄力//档案学通讯2004－04
◎ 档案馆业务外包应注意的问题/吴雁平//中国档案2004－02
◎ 档案馆与图书馆的协作共建研究/汪琳//湖北档案2004－10
◎ 档案局（馆）不是开展档案文化产业的主体/吴国辉//中国档案2004－05
◎ 档案事业与文化产业/郭红解//中国档案2004－02
◎ 档案文化产业的定位与发展/薛四新//北京档案2004－11
◎ 档案文化产业建设的必要性和途径/赵希华//黑龙江档案2004－04
◎ 档案与文化产业/郑晓静//山西档案2004－06
◎ 德格印经院：活态的宗教文化遗产/冯敏//中国民族报2004－10－19
◎ 地方戏曲的保护及振兴之道/李艳//中国文化报2004－12－04
◎ 地方戏曲为什么离我们越来越远/孟宪玲//中国民族报2004－06－18
◎ 地市级公共图书馆管理体制改革刍议/刘虹//中华医学会第十次全国医学信息学术会议2004
◎ 第五代正在探索市场的艺术——吴子牛访谈/马智//大众电影2004－11
◎ 电视戏曲晚会的创意与策划/江则理//中国电视2004－04
◎ 电影海报说收藏/瑞文//中国包装报2004－08－31
◎ 电影史料收藏　后市看高/秦杰//收藏界2004－06
◎ 电影资料收藏正逢时/秦杰//中国旅游报2004－06－14
◎ 电子期刊的收藏与利用/杨翠兰//北京交通大学图书馆第四届研讨会2004
◎ 雕塑艺术走向市场才有活力/冯华//城乡建设2004－10
◎ 独立特质——论壁画的艺术特质与设计/陈绿寿//湖北美术学院学报2004－02
◎ 独树一帜的虚拟博物馆/辛华//中国矿业报2004－11－04
◎ 独特的表演艺术——“能”/王瑞林//日语知识2004－10
◎ 对“让民族戏曲靓起来”的若干思考/张巧英//戏曲艺术2004－02
◎ 对博物馆展览营销理念的一些思考/罗晓群//浙江省博物馆学会2004年学术研讨会
◎ 对档案馆保管利用职能的再认识/吴国辉//办公室业务2004－03
◎ 对内蒙古民族民间文化遗产保护的立法思考/张术麟//内蒙古财经学院学报（综合版）2004－03
◎ 对文化遗产保护中长期规划研究报告的建议//中国文物报2004－07－09
◎ 对艺术表演院团体制改革的思考/史及伟//江南论坛2004－06
◎ 对于昆曲的价值判断——为庆贺昆曲成为“人类口述和非物质文化遗产代表作”而作/詹慕陶//浙江传媒学院学报2004－01
◎ 敦煌回鹘文化遗产及其重要价值/杨富学//新疆大学学报（社会科学版）2004－01
◎ 敦煌与博物馆/殷双喜//荣宝斋2004－02
◎ 多元化的二十世纪中国画及其收藏/徐建融//收藏家2004－03
◎ 二看印象派画展的产业随想/檀梅//浙江日报2004－12－17
◎ 发展文化产业：博物馆做什么/李文儒//北京国际博物馆馆长论坛2004
◎ 凡高与艺术市场/利斯贝特·赫思克//世界美术2004－02
◎ 繁荣“凤秧歌”民间艺术　探索文化产业发展新路/牛凤荣//今日山西2004－02
◎ 繁荣戏曲的治本之道/刘厚生//瞭望2004－40
◎ 仿冒“打碎了”景德镇制造　经典工艺美术走向何方？/胡锦武//美术报2004－10－30
◎ 非物质文化遗产保护法的价值理念/朱祥贵//湖北民族学院学报（哲学社会科学版）2004－03
◎ 非物质文化遗产保护与民族文化现代化//何星亮//中国民族学学会2004年年会
◎ 非物质文化遗产及其保护的整体性原则/刘魁立//广西师范学院学报（哲学社会科学版）2004－04
◎ 非物质文化遗产如何走出“死胡同”/陈明//中国建设报2004－10－28
◎ 非物质遗产保护与博物馆职能转换刍议/潘守永　郭婷//中国民族学学会2004年年会
◎ 复苏的昆曲粘住年轻人/贾薇//北京日报2004－12－13
◎ 概论奥林匹克收藏（上）/乐祖光//收藏界2004－09
◎ 概论奥林匹克收藏（下）/乐祖光//收藏界2004－10
◎ 甘肃　民族民间表演艺术呼唤保护/王艳明//人民日报2004－05－25
◎ 甘肃清代戏曲剧本的保护和整理/易雪梅//图书馆理论与实践2004－06
◎ 钢笔销售渐淡收藏趋热/周宏宇//市场报2004－11－19
◎ 高昂演出票价有多少人能消费得起/张焕//今日信息报2004－07－29
◎ 高价演出票能否反映市场需求/王文//市场报2004－05－14
◎ 高句丽古墓壁画：神秘的地下古代画廊/张德泰//吉林日报2004－08－07
◎ 高票价困扰上海演出市场/袁征//中国消费者报2004－09－17
◎ 高校图书馆产业发展的经济学思考/杨广敏//大连大学学报2004－03
◎ 高校图书馆联盟的实践与探索——浅谈北京高校网络图书馆/王丽华//图书馆的区域合作与共享国际研讨会2004
◎ 高校图书馆期刊信息资源开发与利用的策略/刘巧玲//山西省科学技术情报学会学术年会2004
◎ 给民间文化遗产一个重生的空间/赵世瑜//美术观察2004－03
◎ 工美经纪人的春天不遥远/高和平//经纪人2004－04
◎ 工薪族投资新概念：金银币收藏/吴星//安徽经济报2004－03－09
◎ 工业设计创新价值观/李翔//中国发明与专利2004－12
◎ 工业设计的文化因素分析/孙远波//北京理工大学学报（社会科学版）2004－02
◎ 工业设计与审美创新的思考/赵得成//机电产品开发与创新2004－05
◎ 工艺美术产业的多元化发展/陆晔//美术观察2004－01
◎ 工艺美术品的实用性及其艺术感染力初探/闫晓燕//济源职业技术学院学报2004－02
◎ 公共图书馆文化产业现状及发展对策/蒋文虹//图书馆学刊2004－04
◎ 公共图书馆兴办产业初探/熊焰//邵阳学院学报（社会科学版）2004－01
◎ 构建服务主导型公共档案馆模式/姚志强//山西档案2004－03
◎ 购买艺术品的N条军规/黄奕//大美术2004－02

国//IB 智能建筑与城市信息 2004-09
◎ 建世界一流自然历史博物馆/梅志清//南方日报 2004-06-06
◎ 江苏省演艺集团——新观念出新效益/王军//光明日报 2004-12-01
◎ 江苏省演艺集团全面改企/汪秋萍//中国文化报 2004-09-06
◎ 江苏推广南京演出市场管理经验/曹蕾//中国文化报 2004-06-17
◎ 将艺术作为一种投资载体——云南演艺业水平提升的途径探析/赵玲//创造 2004-07
◎ 教学医院图书馆如何在新形势下做好传统图书馆服务//延清//中华医学会第十次全国医学信息学术会议 2004
◎ 揭开明星经纪人的神秘面纱/郭茜//经济参考报 2004-10-25
◎ 解剖中国演出市场/宋奇慧//中外文化交流 2004-04
◎ 借旅游之势发展博物馆事业/范德伟　张环//河北经济日报 2004-08-07
◎ 金银货币的鉴赏与收藏/阿文//收藏界 2004-02
◎ 近年美英艺术市场瞭望/祁慧泉//中国书画 2004/02
◎ 近现代书画大放异彩/王志军//收藏家 2004-11
◎ 近现代书画收藏中的价值取向/张忠义//艺术市场 2004-03
◎ 近现代字画收藏前景广阔/李瑟瑟//安徽经济报 2004-12-28
◎ 近现代字画收藏有市场优势/郭庆祥//市场报 2004-10-15
◎ 进军小剧场：传统戏曲在台湾的新策略/蔡欣欣//福建艺术 2004-05
◎ 京城百工坊："活"的博物馆/孟宪玲//中国民族报 2004-02-06
◎ 京城百工坊孤独挽救传统工艺/姜晖//中国商报 2004-03-04
◎ 京城企业家投资艺术品探秘/尧小锋//艺术市场 2004-10
◎ 京津收藏市场大扫描/高玉涛//收藏界 2004-04
◎ 京剧艺术如何在创新中走向市场/初志英//经济日报 2004-03-23
◎ 剧团改革刍议/杜池祯//戏剧文学 2004-10
◎ 剧院产业化：从沉睡到苏醒/蒋多//中国文化报 2004-11-18
◎ 开发大学生遗产旅游市场　传承世界遗产文化——以峨眉山景区为例/邓明艳//乐山师范学院学报 2004-02
◎ 开发利用图书馆信息资源的思考/张丽娟//科技日报 2004-05-18
◎ 开放　亲民　文化　服务——未来城市档案馆的发展方向/郭红解//中国档案 2004-08
◎ 开放：公共档案馆的发展之路/冯惠玲//档案学通讯 2004-04
◎ 开展横向合作开发档案资源/薄晋//中国档案报 2004-07-08
◎ 科学地发展湘西民族文化旅游业/阳英　彭园园//团结报 2004-08-02
◎ 客家山歌：博物馆如何收藏/黄国平//中国文物报 2004-10-01
◎ 叩问中国演出市场/刘琼//人民日报 2004-06-23
◎ 跨越艺术与市场的鸿沟　——湖南省交响乐团十年历练/戴舞云//艺海 2004-04
◎ 理性对待"文革"收藏品/李毅民//集邮博览 2004-06
◎ 历史烙印深沉鲜明徽章收藏渐成气候/名山//天津日报 2004-02-15
◎ 历史题材舞剧创作怎样面对文化市场的选择/冯双白//文艺报 2004-05-15
◎ 丽江模式：文化遗产保护、管理与旅游产业发展/年继伟//经贸世界 2004-11
◎ 辽宁举办演出经纪人培训班/刘思彤//经纪人 2004-06
◎ 流动的"徽章博物馆"/周继厚//中国艺术报 2004-09-03
◎ 流行音乐市场的"广东之痛"/杨春南//商业文化 2004-04
◎ 旅游开发与乐山世界文化和自然遗产的保护/邓明艳//国土经济 2004-02
◎ 略论地质遗迹资源与自然文化遗产保护/邢乐澄//合肥工业大学学报（社会科学版）2004-03
◎ 略论世界文化遗产的保护管理体制/邹建良//中国文物报 2004-11-24
◎ 略论文化产业与博物馆营销/俞敏敏//浙江经济 2004-13
◎ 略谈民俗艺术的保护和建设/陈勤建//美术观察 2004-03
◎ 论 21 世纪城建档案馆的社会功能/郑巧露//城建档案 2004-03
◎ 论博物馆旅游资源开发/栗中斌//华夏星火 2004-06
◎ 论博物馆资源利用社会化//骆土泉//浙江省博物馆学会 2004 年学术研讨会
◎ 论档案馆的未来发展/薛匡勇//档案学通讯 2004-03
◎ 论档案馆公共服务的拓展与深入/钱俊铭//浙江档案 2004-06
◎ 论档案馆功能及扩展/周笑芳//内蒙古科技与经济 2004-03
◎ 论美国的艺术产业/哈利·希尔曼·沙特朗//马克思主义与现实 2004-01
◎ 论人类口头和非物质文化遗产保护的法律规定/宋才发//湖北民族学院学报（哲学社会科学版）2004-06
◎ 论网络环境下档案馆信息服务工作的优势/樊国强//河南大学学报（社会科学版）2004-05
◎ 论我国博物馆与社区的发展前景/苏艳//北京博物馆学会第四届学术会议 2004
◎ 论戏曲的多样性及对少数民族戏曲的保护/刘文峰//西藏艺术研究 2004-03
◎ 论艺术生产时代的艺术家/李艳丰//安康师专学报 2004-04
◎ 论中国艺术表演团体改革的实现途径——兼论中国文化体制改革的特殊性/傅才武//江汉大学学报（人文科学版）2004-01
◎ 论中国艺术品拍卖强势市场的形成/周思中//收藏家 2004-08
◎ 马未都的公式：艺术品=金钱/马继东//艺术市场 2004-10
◎ 买"官窑"交学费——浅谈投资收藏的心态/石玉亮//艺术市场 2004-09
◎ 满园春色关不住——掠影中国大陆艺术品拍卖市场/黄鲁//中外文化交流 2004-06
◎ 满族医药文化遗产的抢救与开发/刘彦臣//满语研究 2004-02
◎ 漫话艺术品 交易的方式和价格/一俊//中华工商时报 2004-02-27
◎ 茅威涛：突破重围拓展越剧/徐花　汪秋萍//新华日报 2004-10-13
◎ 没有墙和门的博物馆/杨福泉//云南日报 2004-11-17
◎ 美国画廊的经营与发展——访前波画廊总经理茅为清/张苑//艺术市场 2004-07
◎ 美术博物馆应该引入市场化管理/余丁//中国文化报 2004-08-17
◎ 美术产业发展的两种思路//深圳特区报 2004-11-20
◎ 免费开放风起云涌博物馆业如何应对/刘鉴//中国旅游报 2004-06-07
◎ 免费文化场馆迎来未成年人/饶文靖　张铁　姜泓冰　何勇//人民日报 2004-05-10
◎ 面对各种现实利益诱惑人类文化遗产如何保护/季平//中国旅游报 2004-05-28
◎ 民歌也是文化遗产/宋美娅//中国妇女报 2004-06-30
◎ 民间嫁妆工艺的消亡与新生/王兴满//浙江工艺美术 2004-03
◎ 民间戏剧充满活力/刘彦君//中国艺术报 2004-09-10
◎ 民间叙事的传承与表演/杨利慧//中国社会科学院院报 2004-10-19
◎ 民间艺术产业可以致富吗？/刘书云　胡丹丹//中国文化报 2004-10-29
◎ 民间艺术需要更多对话/孟祥宁　邱振刚//中国艺术报 2004-10-08
◎ 民间艺术要在创新中生存/顾咪咪//解放日报 2004-03-21
◎ 民间资金建设博物馆推动我市文化产业发展/王嘉//成都日报 2004-12-21
◎ 民族博物馆的现状和发展/于学斌//中国文物报 2004-12-17
◎ 民族产业与城市文化——关于"惠山泥人"的保护与拓展的思考/寻胜兰//江南大学学报（人文社会科学版）2004-03
◎ 民族民间文化艺术遗产保护与基层社区/周星//民族艺术 2004-02
◎ 民族文化遗产的总汇——中国少数民族古籍抢救、整理简述//中国民族 2004-01
◎ 民族无形文化遗产与民族博物馆//北京国际博物馆馆长论坛 2004
◎ 民族音乐文化走向繁荣/李开义　黄华　熊玲　禹江宁//云南日报 2004

◎ 汪光焘指出：保护好历史文化遗产是政府的重要责任//城市规划通讯 2004－10
◎ 网络艺术品交易为何热呼冷应/黄蔚//艺术市场 2004－10
◎ 为传统民间工艺寻求保护和发展空间/崔惠华//中国博物馆 2004－01
◎ 为民间博物馆营造良好的发展环境/张红梅//呼和浩特日报（汉）2004－12－02
◎ 为你创造收藏价值——本刊社长高玉涛、主编刘亚军答读者问//收藏界 2004－01
◎ 为书画投资者创立“市场指数”——访中艺指数网络监测调查中心首席执行官赵燮/风力//艺术市场 2004－04
◎ 为戏剧艺术表演团体改革进言/余直//艺术百家 2004－02
◎ 潍坊：让民间工艺成为旅游产业劲旅/韩立新//经理日报 2004－04－09
◎ 未来中国艺术品行情/朱浩云//大美术 2004－01
◎ 温州马氏书画与家族文化传承的启示/张如元//温州师范学院学报 2004－04
◎ 文化产业与新时期博物馆的走向/邹霞//襄樊学院学报 2004－03
◎ 文化名人故居何时能走出险境//中国文化报 2004－03－15
◎ 文化延续之命脉——略论非物质文化遗产及其保护/邹启山//中外文化交流 2004－07
◎ 文化遗产、怀旧意识与城市文化形象——遗产元素在博物馆平面设计应用的思考/吴卫鸣　陈炳辉//北京国际博物馆馆长论坛 2004
◎ 文化遗产：资源博弈还是保护/郑玉歆　夏咸淳　陆建松//社会科学报 2004－07－22
◎ 文化遗产保护：谁来“搭台”，由谁“唱戏”//西北民族研究 2004－04
◎ 文化遗产的价值/张兴艳//四川党的建设城市版 2004－11
◎ 文化遗产和文化产权/颜纯钧//第三届中国影视高层论坛 2004
◎ 文化遗产在数字博物馆闪光/游雪晴//科技日报 2004－03－16
◎ 文艺演出：高票价为何还“亏损”/张凤祥 刘志强 顾洪东 庄小东//经济日报 2004－08－09
◎ 文艺演出业对新疆发展的影响/唐红卫//新疆石油教育学院学报 2004－01
◎ 我国博物馆旅游产品的开发现状及发展对策分析/李瑛//人文地理 2004－04
◎ 我国博物馆面临的问题及应对策略/孔海燕//山东社会科学 2004－05
◎ 我国民族民间无形文化遗产的法律保护/张术麟//广播电视大学学报（哲学社会科学版）2004－04
◎ 我国文化遗产管理法规体系研究/寇怀云//中国文物报 2004－12－03
◎ 无形文化遗产保护与语言问题的讨论——从甘青“小民族”语言说起/郝苏民//甘肃社会科学 2004－05
◎ 无形文化遗产的保护和传承/杜晓帆//中国文物报 2004－07－16
◎ 无形文化遗产的载体化保护和博物馆的社会分工/王莉//中国博物馆 2004－02
◎ 无形文化遗产概念初探/吴馨萍//中国博物馆 2004－01
◎ 无形文化遗产与贵州生态博物馆/王红光//中国博物馆 2004－02
◎ 无形遗产保护：博物馆的特殊价值及其局限/苏东海//北京国际博物馆馆长论坛 2004
◎ 武术直面西方主流演出市场——访中国国家武术表演艺术团团长庞立国/王友唐//中华武术 2004－05
◎ 勿让文化遗产成为“文物孤岛”/张乐//文学报 2004－02－12
◎ 西安文化遗产可持续发展战略研究/张虎勤//文博 2004－03
◎ 西藏民族民间传统文化遗产保护的重要性、急迫性和艰巨性及其对策思考/刘志群//西藏艺术研究 2004－02
◎ 戏曲，如何迎接全球化？——2004 文化高峰论坛上的书面发言/刘厚生//中国戏剧 2004－11
◎ 戏曲的出路在于回归民间/朱恒夫//大连大学学报 2004－05
◎ 戏曲的生存“危机”和应对措施——全国戏曲剧种剧团现状调查综述/刘文峰//南阳师范学院学报 2004－04
◎ 戏曲频道的资源整合——关于电视戏曲资源整合与发展的思考/王志军//中国电视 2004－10
◎ 戏曲危机与地方文化、剧种个性的关系/王评章//福建艺术 2004－02
◎ 戏曲现代化：一个永恒命题/尚长荣//光明日报 2004－12－01
◎ 戏曲现代化不是戏曲中性化/王长安//中国戏剧 2004－09
◎ 戏曲也需经纪人/马萱//戏曲艺术 2004－03
◎ 戏曲艺术的产业属性/交流//中国戏曲学院学报 2004－01
◎ 县级艺术表演团体发展探新/王清奇//戏剧之家 2004－05
◎ 现代工艺美术发展之初探/国庆//内蒙古科技与经济 2004－19
◎ 现代科学技术与文化遗产保护/闰泉//中国高校科技与产业化 2004－07
◎ 现代社会对博物馆的影响/杨海峰//北京博物馆学会第四届学术会议 2004
◎ 现代陶艺如何走入文化创意产业/张小兰//陶瓷科学与艺术 2004－06
◎ 香港历史档案馆考察报告/邓开荣//四川档案 2004－05
◎ 消费时代的中国大陆画廊——模式与演化/胡建强//美术观察 2004－07
◎ 些微的收获与喜悦——盘点 2003 下半年上海戏剧市场/开延//社会观察 2004－01
◎ 新“丝路花雨现象”：文化与产业的互动//戏剧之家 2004－05
◎ 新富们可疑的艺术品收藏热/周季钢//经济 2004－04
◎ 新理念下的博物馆文化遗产保护/朱凤瀚　安来顺//北京国际博物馆馆长论坛 2004
◎ 行业博物馆建设中存在的问题及对策——以上海为例/王玮//中国文物报 2004－12－03
◎ 胥口从中国书画之乡走向全国文化（美术）产业基地/戈声//美术观察 2004－07
◎ 宣传画：收藏市场新热点//光明日报 2004－08－02
◎ 学界观点：科学合理地利用文化遗产/张薇//今日湖北 2004－12
◎ 学术与市场：从黄宾虹与张虹的交往看广东人的艺术实验（上）/洪再新//荣宝斋 2004－03
◎ 学术与市场：从黄宾虹与张虹的交往看广东人的艺术实验（中）/洪再新//荣宝斋 2004－04
◎ 学术与市场：从黄宾虹与张虹的交往看广东人的艺术实验（下）/洪再新//荣宝斋 2004－05
◎ 寻找观众：当艺术家遇上营销人员/苇杭//中国文化报 2004－09－17
◎ 亚洲画廊潮涌中国艺术市场//中国文化报 2004－03－15
◎ 演唱市场与先进文化/楼宇然//音乐周报 2004－08－13
◎ 演出，让市场来说话/沈路涛　周玮//安徽日报 2004－09－08
◎ 演出场所的定位/蔡体良//广东艺术 2004－06
◎ 演出票价关键是物有所值/隗瑞艳//中国文化报 2004－10－25
◎ 演出票价何以居高不下/月明//中国文化报 2004－06－28
◎ 演出票务市场面面观（下）/胡月明　王佳颖//中国文化报 2004－10－11
◎ 演出票务市场面面观/胡月明//中国文化报 2004－09－27
◎ 演出市场：民营企业挑起大旗/李天然//大连日报 2004－12－20
◎ 演出市场壁垒破除走向繁荣亟待监管掌控/黎宏河//中国文化报 2004－09－20
◎ 演出市场为何“高价逼人”/祁建//华人时刊 2004－12
◎ 演出市场需要精诚合作/黎宏河//中国文化报 2004－10－21
◎ 演出市场与演出票价“游戏”/布明//中外企业文化 2004－09
◎ 演艺经纪人赚钱也难/宋坤//经纪人 2004－03
◎ 演艺市场结构与产业链建设//中国文化报 2004－02－27
◎ 赝品收藏投资的最大风险/张小明//人民政协报 2004－12－16
◎ 扬专业之长　走竞争之路——戏曲专业表演团体前景之刍议/段瑞//当代戏剧 2004－S1
◎ 羊年艺术品拍卖市场回顾/朱雪莱//上海工艺美术 2004－01

学院学报（社会科学版）2004－04
⊙ 中国文化背景下少数民族无形遗产的保护与发展／王平／／北京博物馆学会第四届学术会议 2004
⊙ 中国文化遗产保护利用研究综述／杨丽霞／／旅游学刊 2004－04
⊙ 中国文化遗产的特色／罗哲文／／中国文化遗产 2004－01
⊙ 中国文化自然遗产管理评价的指标体系初探／符全胜／／人文地理 2004－05
⊙ 中国文物艺术品拍卖市场二〇〇三年回顾／赵榆／／荣宝斋 2004－02
⊙ 中国无形文化遗产立法：还有多远的路要走／乔鲁京／／中国文物报 2004－07－02
⊙ 中国西部地区民族无形文化遗产的保护／木桢／／中国民族 2004－11
⊙ 中国现代社会转型期本土文化认知价值——高校对非物质文化遗产传承与创造的作用／尹国有／／通化师范学院学报 2004－07
⊙ 中国艺术产业的现状及其发展／沈卫星／／中国图书评论 2004－01
⊙ 中国艺术品开始向世界艺术市场冲击／顾韵／／艺术市场 2004－02
⊙ 中国艺术品市场经营任重道远／郑志海／／艺术市场 2004－07
⊙ 中国艺术市场亟待建立学术性收藏／郭庆祥／／艺术市场 2004－08
⊙ 中国音乐剧市场现状分析／林强／／戏剧文学 2004－05
⊙ 中国音乐剧要勤练内功／／中国文化报 2004－08－09
⊙ 中国原创音乐剧道路坎坷没市场／伦兵／／市场报 2004－10－15
⊙ 中国自然文化遗产的价值体系及其特性／陈耀华／／奥运环境建设城市绿化行动对策学术研讨会 2004
⊙ 中艺指数"成分艺术品"的选择及其行情统计／宋文／／艺术市场 2004－05
⊙ 钟敬文与中国民间文化遗产抢救／／漆凌云／／西北民族大学学报（哲学社会科学版）2004－02
⊙ 竹雕艺术品的收藏和投资／成春到／／收藏界 2004－1
⊙ 专家呼吁：保护民族服饰文化／徐红梅／／人民日报 2004－12－01
⊙ 转变观念　发展演艺产业／刘民华／／戏剧之家 2004－05
⊙ 转型期艺术表演团体体制改革的分期问题／傅才武／／湖北社会科学 2004－03
⊙ 转移中的投资热点——柴木家具的收藏价值／汤虎／／经贸世界 2004－09
⊙ 准确定位／引入竞争／品牌经营——戏曲栏目《梨园春》的启示／王佳兰／／新闻前哨 2004－12
⊙ 自然水域与城市空间的双向渗透——丽水市滨江景观带设计启示／罗卿平／／新建筑 2004－02
⊙ 自然文化遗产开发的政府规制问题研究／林木西／／求是学刊 2004－06
⊙ 自然文化遗产资源开发的政府规制／万红先／／光明日报 2004－07－06
⊙ 走出古钱币收藏误区／吴鸣／／金融经济 2004－04
⊙ 走创效益之路打造新时代博物馆／马先军／／北京博物馆学会第四届学术会议 2004
⊙ 族谱收藏台湾居前／／当代图书馆 2004－01
⊙ 钻石的收藏投资／吴伟忠／／中国文物报 2004－12－29
⊙ 作为创意文化产业的艺术／金元浦／／美术观察 2004－04
⊙ 做现代文化企业　闯广阔艺术市场／石永红／／人民日报 2004－11－24
⊙"参与"的魅力：从戏曲艺术到网络艺术／伍建华／／湘潭师范学院学报（社会科学版）2004－05
⊙"产业化"不可行，产业精神不能少——对"图书馆产业化"问题的知识经济学思考／宋书星／／图书情报知识 2004－04
⊙"潮绣"收藏品价值在翻番／孙晶／／深圳商报 2004－11－29
⊙"二人转"低俗表演令人忧／崔峰　郭威／／人民日报 2004－01－17
⊙"反规划"与"白话城市"——访景观设计专家俞孔坚教授／欧阳东／／城乡建设 2004－06
⊙"非物质文化遗产"保护中失传手工艺技能的恢复／张雪晨／／中国文物报 2004－10－01
⊙"非物质遗产"与文化生态保护／于平／／中国文化报 2004－07－10
⊙"红色经典"是重要的文化遗产／张德祥／／当代电视 2004－07
⊙"红色经典"艺术生产的内在机理分析——以作品《林海雪原》的生成、改编为例／熊文泉／／当代电影 2004－06
⊙"人文奥运"与博物馆／王军／／北京博物馆学会第四届学术会议 2004
⊙"润物细无声"——从新闻媒体关注档案馆谈起／彦生／／档案 2004－03
⊙"私""企"联手　博物馆业发展趋势／／西部时报 2004－02－18
⊙"文革"收藏品漫谈／尕丁／／集邮博览 2004－05
⊙"新春市戏曲"及"消费戏曲"——当前戏曲现象的两个话题／颜全毅／／中国戏剧 2004－05
⊙"中国艺术品天价为中国人创造"已不是口号　您的收藏现值多少钱？／／艺术市场 2004－05
⊙《杜甫诗意百开册》创拍价新高与书画投资收藏的正确理念／丁建华／／艺术市场 2004－08
⊙《少林雄风》：长销和畅销的国际演出品牌／王洪波／／中国文化报 2004－06－25
⊙《少林雄风》让世界见证"非物质文化遗产"真实内涵／永言／／中国文化报 2004－06－15

2005 年

⊙ 2004 年艺术品拍卖市场回望／陈克涛／／上海工艺美术 2005－01
⊙ 2004 年中国第一历史档案馆档案利用工作概述／葛会英／／历史档案 2005－02
⊙ 2004 年中国文物艺术品拍卖／赵榆／／收藏家 2005－02
⊙ 2004 年中国艺术品拍卖十大天价排行榜出炉／／收藏界 2005－04
⊙ 2004 中国艺术品拍卖印象　欲说还休　欲休还说／林明杰／／大美术 2005－01
⊙ 2005 年上半年湖北美术学院美术馆展况／／湖北美术学院学报 2005－01
⊙ 2005 年厦门国拍迎春拍刷新厦门艺术品拍卖纪录／厦宣／／艺术市场 2005－03
⊙ 2005 荣宝秋季大型艺术品拍卖会精品纷呈／／艺术市场 2005－11
⊙ 2005 艺术品投资攻略／卢山林／／中国文化报 2005－06－10
⊙ 2005 中国国际时装周彩妆造型设计大赛展示"动感街头"／申香英／／纺织信息周刊 2005－46
⊙ 21 世纪中国艺术设计的历史性选择——浅论经济全球化的挑战和设计理论建设的文化立场／周鼎／／陶瓷科学与艺术 2005－02
⊙ 300 位非物质文化遗产保护专家达成《苏州共识》／金诺／／中国民族报 2005－07－15
⊙ 安徽工业战略竞争的着力点：工业设计／董少林／／安徽科技 2005－10
⊙ 澳大利亚工业设计发展及现状／范劲松　安军／／2005 年工业设计国际会议
⊙ 澳门开埠的文化遗产／罗苏文／／史林 2005－02
⊙ 把"根"留住／周晓东／／江淮时报 2005－10－26
⊙ 把握中国博物馆事业的时代脉搏／／中国文物报 2005－05－20
⊙ 包装造型设计的文化亲和力／王家民／／包装工程 2005－06
⊙ 保护城市湿地　创造生态景观——稻香湖－翠湖湿地景区规划设计／庞丽／／小城镇建设 2005－12
⊙ 保护非物质文化遗产　彰显"文化武汉"魅力／吴胜家／／长江日报 2005－05－12
⊙ 保护非物质文化遗产任重道远／刘茜／／广东艺术 2005－05
⊙ 保护好非物质文化遗产／赵巍巍／／烟台日报 2005－10－01
⊙ 保护历史文化遗产　现有法律亟待完善／王新友　林中明　王丽丽／／检察日报 2005－04－18
⊙ 保护利用"红色遗产"　促进文化大州建设——浅谈鹤峰五里坪革命旧址群保护与利用／罗建峰／／恩施州党校学报 2005－03
⊙ 保护民族民间文化政府应起主导作用／肖飞／／人民政协报 2005－02－

28
◎ 流行音乐演出——掩蔽效应与对策/李斌//音响技术 2005-03
◎ 六枝原则与民族文化保护/胡朝相//中国文物报 2005-01-21
◎ 芦苇工艺——民间工艺奇葩//中小企业管理与科技 2005-02
◎ 鲁迅的文化遗产与当代中国/陈漱渝//文艺理论与批评 2005-02
◎ 路德维希艺术收藏之启示/李世隆//中外文化交流 2005-01
◎ 绿色浪潮下的工业设计与制造研究/高行庆//甘肃科技纵横 2005-01
◎ 略论“十一·五”期间我国博物馆发展的一些问题/甄朔南//中国文物报 2005-12-23
◎ 略论抗日战争的精神文化遗产/王桂兰//河南师范大学学报（哲学社会科学版）2005-06
◎ 略论艺术设计与表现/郭惠尧//河南大学学报（社会科学版）2005-04
◎ 略谈美术馆的公众性/宋玉麟//艺术百家 2005-06
◎ 论“非物质文化遗产”保护的根本性原则/吴文科//浙江艺术职业学院学报 2005-02
◎ 论“数字美术馆”建设与管理中的法律保护/彭建波//图书馆论坛 2005-02
◎ 论博物馆陈列艺术的中国特色/康宁//装饰 2005-05
◎ 论博物馆的市场化运作/王莉//中共青岛市委党校学报 2005-01
◎ 论博物馆的营销策略/骆土泉//东方博物 2005-02
◎ 论博物馆流动展览的有序发展/张瑛//2005 年中国博物馆学会学术研讨会
◎ 论博物馆展览总体设计/夏明明　浮克清//中国文物报 2005-06-03
◎ 论博物馆资料室如何在新形势下发挥服务功能/孙春阳//青年文学家 2005-03
◎ 论藏族说唱艺术的表演特色/索次//西藏艺术研究 2005-04
◎ 论城市景观的公共家具设计原则/林海//苏州科技学院学报（工程技术版）2005-04
◎ 论船舶造型中的色彩设计/俞嘉虎//重庆交通学院学报 2005-01
◎ 论档案馆的“亲民”战略/冯惠玲//档案学研究 2005-01
◎ 论档案馆公共关系工作的开展/苏洁//兰台世界 2005-08
◎ 论档案馆竞争力的脆弱及其提升的对策/周林兴//兰台内外 2005-05
◎ 论档案馆开放档案的原则/马素萍//档案学通讯 2005-02
◎ 论档案馆社会功能和实际效益的实现/陈红//山西档案 2005-S1
◎ 论档案馆学术研究功能的实现/金华//兰台世界 2005-08
◎ 论档案馆与城市文化建设的互动关系/姚志强//档案时空 2005-10
◎ 论非物质文化遗产的保护原则/李淑敏//船山学刊 2005-03
◎ 论工业产品的装饰设计/吴真//闽江学院学报 2005-03
◎ 论工业建筑设计中的情感补偿——人文背景下的工业建筑美学思考/李辰琦//建筑学报 2005-12
◎ 论工业设计与市场营销/徐江华//包装工程 2005-04
◎ 论工业设计中的创新/王大军　杨正//2005 年工业设计国际会议 2005-09-01
◎ 论工业设计中的伦理化设计/崔晓敏　万昌平　姜葳//2005 年工业设计国际会议 2005
◎ 论工业设计中的统一性/张志华//包装工程 2005-04
◎ 论古书画装裱的技术美/郭可夫　张永雪//传统装裱技术研讨会 2005
◎ 论广东陶瓷专业镇中小企业工业设计创新发展现状与竞争策略/汤重熹//中国陶瓷工业 2005-06
◎ 论景观设计学与文化遗产保护/李伟//文博 2005-04
◎ 论马克思主义“艺术生产”理论及其现实意义/代琳娜//楚雄师范学院学报 2005-06
◎ 论美术馆展览权保护/谭天//中国美术馆 2005-12
◎ 论民间戏曲艺术中“绝技”的法律保护——以川剧“变脸”绝技外传事件为线索/张力//西南师范大学学报（人文社会科学版）2005-01
◎ 论南戏与北杂剧演出市场之争/郭妍琳//艺术百家 2005-05
◎ 论人类无形文化遗产/龙红//广西社会科学 2005-01
◎ 论商品包装装潢的知识产权保护/华鹰//重庆工商大学学报（社会科学版）2005-05
◎ 论商业演出市场保险供求与风险防范/过婧//保险研究 2005-07
◎ 论世界文化遗产的保护与旅游经济发展——对沈阳“一宫两陵”申遗成功后的思索/董革冰//沈阳大学学报 2005-01
◎ 论市县级博物馆收藏和展览的误区/陆建松//中国文物报 2005-09-16
◎ 论图书馆保护非物质文化遗产的职能/康延兴//图书馆建设 2005-06
◎ 论土家族文化遗产法律保护对象/朱祥贵//湖北民族学院学报（哲学社会科学版）2005-05
◎ 论无形文化遗产的保护与开发——以墨子和墨学为例/杜丹阳//山东社会科学 2005-09
◎ 论县级公共图书馆办馆模式之转变/傅文奇//福建省图书馆学会 2005 年学术年会
◎ 论演出的市场走向与政府行政管理调适/陈顺//重庆行政 2005-05
◎ 论演出经纪人行为的法律规制/郑智武//经纪人学报 2005-01
◎ 论艺术表演团体的可持续发展/陈钟祯//文艺报 2005-11-24
◎ 论艺术品投资收藏的精品意识/徐黎倩//美术报 2005-07-23
◎ 马克思究竟是怎样看待艺术生产的/罗宏//文艺理论与批评 2005-04
◎ 没有博物馆，城市将变得贫穷//文汇报 2005-10-04
◎ 没有博物馆的城市，是一座“穷城市”/孙巡　燕志华　陈明//新华日报 2005-09-26
◎ 美国画廊业生态环境与中国画家关系析/陈林//国画家 2005-03
◎ 美术馆春节淡季变旺季　四大展中外雅俗共赏/贺绚//美术 2005-03
◎ 美术馆春节观众为往年 10 倍/李洋//北京日报 2005-02-17
◎ 美术馆呼唤民间资助/李国良//经济视点报 2005-08-25
◎ 美术馆与策展人的华尔兹/田达治//中国美术馆 2005-12
◎ 魅力四射的国家艺术殿堂——中国美术馆改革创新发展纪实/韶华//瞭望 2005-22
◎ 门槛低　演出市场竞争更无序/王素慧　廖娅//民营经济报 2005-08-05
◎ 门票问题与博物馆的公共性/周飞强//东方博物 2005-01
◎ 面向 21 世纪的美术馆——解读古根海姆美术馆的发展/姚逸飞//新建筑 2005-02
◎ 面向大规模定制生产模式的工业设计/连永华//东华大学学报（自然科学版）2005-04
◎ 面向世界的中国博物馆——展览交流开辟的新天地//中国文化遗产 2005-04
◎ 民办博物馆调查/李唐//中国文物报 2005-09-09
◎ 民博会——长春文化产业发展的新品牌/张守智//中国民间文化艺术产业建设研讨会 2005
◎ 民歌节带来了文化消费新观念/覃咏梅//广西日报 2005-10-21
◎ 民国文献面临灾难性毁灭/甘丹//新京报 2005-03-23
◎ 民间博物馆：寻求新的支撑点/郭睿　龚小妹//福建工商时报 2005-09-28
◎ 民间工艺市场化　布烙画蜚声海内外/宁海燕//现代营销（经营版）2005-07
◎ 民间工艺——寻找接班人，寻找市场/王健　李俏红//金华日报 2005-07-14
◎ 民间工艺有特色　现场编织闯出新财路/新心//现代营销（创富信息版）2005-10
◎ 民间工艺有特色　棕编走出新财路/文俊//中小企业科技 2005-10
◎ 民间美术馆升温迅速　靠激情能够撑多久/徐颖//中国美术馆 2005-04
◎ 民间收藏一二三/曹庆健//开放潮 2005-Z1
◎ 民间文化产业发展思路之我见/邓光泉//中国民间文化艺术产业建设研

⊙沈阳非物质文化遗产宝物多/陈凤军//沈阳日报 2005-04-08
⊙沈阳京剧院注重市场培育/陈原//人民日报 2005-12-13
⊙生存还是消亡：基层图书馆面临艰难抉择//工人日报 2005-08-28
⊙生态博物馆：遗产保护的新思维/崔波//中国文物报 2005-07-08
⊙生态博物馆艰难前行/曲冠杰//中国美术馆 2005-08
⊙生态博物馆理念及其在少数民族社区景观保护中的作用——以贵州梭嘎生态博物馆为例/刘沛林//长江流域资源与环境 2005-02
⊙生态博物馆理念在民族文化旅游地开发中的应用——以喀纳斯禾木图瓦村为例/刘旭玲//干旱区地理 2005-03
⊙生态博物馆原则：专业博物馆学者和当地居民的共同参与/陶维·达儿 张晋平//2005 年贵州生态博物馆国际论坛
⊙盛世好古——评《中国艺术品拍卖精华》/刘媛//美术之友 2005-03
⊙盛世华章——2005 中国文物艺术品拍卖国际论坛速写/吴畏//中国拍卖 2005-07
⊙盛世话收藏——著名收藏家、鉴赏家吴应骑教授谈收藏/曼丽//今日重庆 2005-01
⊙聖雅軒零六迎春艺术品拍卖会//艺术市场 2005-12
⊙失落的京剧如何重振？/孙丽萍//观察 2005-02
⊙什么是文化遗产？——对一个当代观念的知识考古/李军//文艺研究 2005-04
⊙什么阻碍博物馆成为国人“宠儿”/魏运亨//新华每日电讯 2005-05-17
⊙时下国内收藏品市场预测/刘贺//中国特产报 2005-05-16
⊙实现档案馆向社会化的转变/李秀芝//中国档案 2005-11
⊙实用与艺术：太阳能产业新难题/郑金武//科学时报 2005-07-18
⊙世界博物馆日开放老建筑的意义/葛剑雄//东方早报 2005-06-02
⊙世界地质文化遗产为何惨遭破坏？/李丁 周定美//西部时报 2005-11-08
⊙世界文化遗产：在劫难逃？/高志顺//领导之友 2005-06
⊙世界文化遗产——“长城”能否成为商标权人的专用权？/马霞//中国文化报 2005-08-29
⊙世界文化遗产保护不容忽视/耿联//新华日报 2005-06-30
⊙世界文化遗产保护的新动向——文化线路/李伟//城市问题 2005-04
⊙世界文化遗产的保护与凤州岛的开发/毛卉//中共乐山市委党校学报 2005-03
⊙世界文化遗产宏村——解析宏村空间形态发展结构因素/姚珏//东南文化 2005-05
⊙世界文化遗产——集安高句丽古迹/张丹 吴蓉 赵立//吉林日报 2005-09-02
⊙世界文化遗产——明清皇家陵寝风水文化探源/褚良才//楼市 2005-18
⊙世界文化遗产天坛有了“中文网络门牌”/保婷婷//科学时报 2005-09-22
⊙世界遗产、亚太地区文化遗产与一般民居保护——以广东省从化市广裕祠保护修复为例/赵红红//规划师 2005-01
⊙世界最大的珠算博物馆 为什么会落座中国南通/施建中//珠算与珠心算 2005-03
⊙市场经济条件下博物馆商店经营模式的构建/陈炜//石家庄经济学院学报 2005-06
⊙市场经济条件下的演艺生存/于平//光明日报 2005-12-30
⊙市场经济条件下革命历史博物馆的发展之路——从《红岩魂》看革命纪念馆的管理与创新/厉华//2005 年：中国文化产业发展报告
⊙市场经济中高校图书馆的特色化改革/张霞//山西省科技情报学会 2005 年学术年会
⊙市歌舞剧团打造一流艺术表演团体/李学军//黄山日报 2005-08-15
⊙市县图书馆：我们还有话要说/林伟 潘正悦//海南日报 2005-07-19
⊙市政建设也会成为文化遗产的最大“杀手”/丹淳//中国文物报 2005-01-05
⊙视觉艺术作为中国文化遗产表达的重要元素/姬勇//北京理工大学学报（社会科学版）2005-03
⊙试论博物馆与现代城市形象职能——金上京历史博物馆建设的几点启示/韩锋//黑龙江史志 2005-10
⊙试论对无形文化遗产——粤剧南派武功的抢救和保护/黄虹//中国博物馆 2005-01
⊙试论关陇地区民间文化艺术产业建设问题/王知三 王莲喜//中国民间文化艺术产业建设研讨会 2005
⊙试论基层社区非物质文化遗产的保护/冯敏//小城镇建设 2005-12
⊙试论无形文化遗产的保护/王娟//东方博物 2005-01
⊙是该建个“文革”博物馆/徐学江//苏州日报 2005-10-27
⊙是过渡，还是定位？——对复合档案馆发展之考量/姚志强//山西档案 2005-03
⊙收藏“毛泽东”，收藏一个时代/朱浩云//民营经济报 2005-07-25
⊙收藏爱好者警惕假古董陷阱/王文波//中国工商报 2005-11-11
⊙收藏机械表刚刚开始/王筠//市场报 2005-06-24
⊙收藏家具，还收藏原木/马骋//解放日报 2005-03-03
⊙收藏年画 前景可观/邓海平//中国旅游报 2005-07-06
⊙收藏热催火拍卖市场——郑州半月连“拍”三场拍品总数 3000 多件/柯杨//河南日报 2005-11-02
⊙收藏人对其收藏的古籍不享有著作权/吴林丹//人民法院报 2005-08-23
⊙收藏市场亟待规范发展/李文玲//金融时报 2005-05-20
⊙收藏市场几大亮点/张怡//中国旅游报 2005-10-12
⊙收藏是福 增值是乐/祁连//中国集邮报 2005-03-04
⊙收藏体彩的乐趣/徐宝成//中国集邮报 2005-04-12
⊙收藏投资话钻石/吴伟忠//金融经济 2005-01
⊙收藏投资实例：三百万半年增值逾千万——鉴赏家崔如琢教您在艺拍“牛市”中捡漏/高玉涛//收藏界 2005-05
⊙收藏投资与艺术品价值/黄金兰//经济日报 2005-11-04
⊙收藏艺术品 别只藏不展/游婕//中国消费者报 2005-11-25
⊙收藏在于引导/马未都//中国企业报 2005-01-18
⊙守望民间，发展特色文化产业——纳西族东巴文化保护与发展个案研究/杨海涛//中国民间文化艺术产业建设研讨会 2005
⊙书画慈善拍卖支持“安康计划”/赵林英//中国文化报 2005-11-22
⊙书画家莫让市场淹没了才华/张粉琴//新华日报 2005-01-25
⊙书画见长 和谐发展/莫雪凤//广东教育 2005-11
⊙书画鉴定，究竟谁做主？/马继东//中国文化报 2005-06-14
⊙书画经济：值得开发的“富矿”/曹海峰 陈帆//南充日报 2005-10-25
⊙书画类文物保存环境的研究/杨小琢//传统装裱技术研讨会 2005
⊙书画拍卖波澜壮阔艺术市场前景乐观——浙江皓翰国际拍卖有限公司总经理蒋频访谈/长河//美术报 2005-01-22
⊙书画市场呼唤经纪人/唐小清//黑龙江日报 2005-12-09
⊙书画市场其实是把双刃剑——当代画家如何适应新环境/孙晓蕊//艺术市场 2005-08
⊙书画市场投机过度值得警惕/陈志龙//新华日报 2005-08-17
⊙书画市场投资火爆风险大/桂冕//江苏经济报 2005-11-14
⊙书画市场需要良知/陈志龙//新华日报 2005-12-06
⊙书画收藏市场前沿报告（上）/张秀泽//中山日报 2005-08-11
⊙书画收藏市场前沿报告（下）/张季泽//中山日报 2005-08-18
⊙书画收藏投资应选择具备哪些条件的画家？/贾绍俭//中国集邮报 2005-09-20

2006 年

⊙ 打造曲艺精品心向基层百姓/刘兰芳//中国艺术报 2006 - 11 - 10
⊙ 打造知名节会品牌：湖南旅游向产业大省跨越/周春雨//中国贸易报 2006 - 03 - 07
⊙ 打造中国的京剧剧场：梅兰芳大剧院创作随笔之一/蔡鹤年//建筑创作 2006 - 09
⊙ 大芬油画（文化）产业发展研究/田立立//中国文化产业评论（第 5 卷）
⊙ 大剧院：一曲红楼满城梦/何文琦//深圳商报 2006 - 03 - 22
⊙ 大理花车表演靓丽展现昆明国际文化旅游节开幕式/涂序波//大理日报（汉）2006 - 05 - 03
⊙ 大力保护、传承人类非物质文化遗产——中国民间玩具文化艺术资源/孙莉//玩具世界 2006 - 09
⊙ 大力保护非物质文化遗产/龙颂江//湖南日报 2006 - 05 - 09
⊙ 大连杂技笑傲国际舞台/张轶//大连日报 2006 - 10 - 19
⊙ 大审美经济与中国传统戏曲发展/马晓霓//艺术百家 2006 - 03
⊙ 大师名团依然是观众首选/徐雪梅//北京日报 2006 - 10 - 25
⊙ 大师秀出绝活　游客大饱眼福/海鹰//厦门日报 2006 - 05 - 02
⊙ 大使夫人身上的中国原创/王海珍//财经时报 2006 - 07 - 03
⊙ 大型雕塑作品展在市博物馆开幕/陈艳华//长治日报 2006 - 08 - 27
⊙ 大型交响合唱音乐会《东方红》在宁举行/宋晓华//新华日报 2006 - 07 - 15
⊙ 大型民歌剧《魂系纸坊沟》举行首场演出/孙霞　孙晨籍//延安日报 2006 - 04 - 10
⊙ 大型实景演出《印象丽江》初露芳容/谭雅竹//云南日报 2006 - 05 - 11
⊙ 大型线性文化遗产保护初论：突破与压力/单霁翔//南方文物 2006 - 03
⊙ 大型杂技剧《西游记》/陈志凌//杂技与魔术 2006 - 06
⊙ 大冶一农民办地质博物馆/黄宣传　万金光　原子//湖北日报 2006 - 01 - 08
⊙ 大英博物馆 272 件珍品月中来京/刘冕//北京日报 2006 - 03 - 02
⊙ 大英博物馆给了我们什么启示/李红海//新京报 2006 - 04 - 08
⊙ 大英博物馆中国珍品不会来京/华子//中国文化报 2006 - 03 - 14
⊙ 大运河：保护与申遗任重而道远/孙漪娜//中国文物报 2006 - 06 - 14
⊙ 大运河部分文化遗产消亡申遗边缘化之痛/王兆锋　庄小蕾//中国改革报 2006 - 10 - 27
⊙ 大众文化　网络文化：图书馆应理性审视的新的文化境遇/耿有三//河南图书馆学刊 2006 - 03
⊙ 代理制：中国画廊的必由之路/雨木//中国文化报 2006 - 09 - 29
⊙ 待到山花烂漫时——中国非物质文化遗产保护工程散记/冯乃华//神州 2006 - 03
⊙ 单霁翔局长与普罗迪总理共话文化遗产保护//中国文物报 2006 - 09 - 22
⊙ 单向街图书馆：一家个性化书店的生存之道/李壬戌//中国文化报 2006 - 07 - 28
⊙ 当代绘画收藏喜忧参半/何循真//收藏界 2006 - 07
⊙ 当代名家书法收藏要点/曹隽平//郴州日报 2006 - 01 - 01
⊙ 当代魔笛大师雷恩·寇伯访华演出　吹响东方之恋天籁神音/晓青//北方音乐 2006 - 01
⊙ 当代我国历史文化遗产价值体系的构成/陈蔚//重庆建筑大学学报 2006 - 02
⊙ 当代艺术：全球私人收藏的共识/鲁迪迪//中国美术馆 2006 - 09
⊙ 当代艺术品市场谁最火？/苏珊·摩尔//艺术与投资 2006 - 09
⊙ 当代艺术品需重新定“价”/顾咪咪　沈轶伦//解放日报 2006 - 06 - 20
⊙ 当代艺术陶瓷收藏及投资建议/古宜//上海工艺美术 2006 - 02
⊙ 当代油画雕塑搅热艺术品市场/史翔//中国艺术报 2006 - 07 - 07
⊙ 当代杂技观众现状调研/夏冬//杂技与魔术 2006 - 06
⊙ 当代中国文化遗产保护与利用的时代性/章剑华//艺术百家 2006 - 07
⊙ 当代篆刻名家谈篆刻艺术市场/韩天衡//中国书画 2006 - 11
⊙ 当今乌克兰的文学身份——“布巴布一代”的文化遗产/迈克尔·M·耐丹//当代外国文学 2006 - 04
⊙ 当凉茶成为文化遗产/翁淑贤//人民日报 2006 - 05 - 29
⊙ 当前我国健身娱乐业市场结构与成长性分析——天津市民营类健身服务业调查/邵淑月　李鹏　王春香　张翠萍//第 18 届中国国际体育用品博览会体育产业与体育用品业发展论坛 2006
⊙ 当演出经纪人比种地赚钱/郎秋红//经济参考报 2006 - 10 - 23
⊙ 当艺术品拍卖成为商业文化现象/晓白//中国改革报 2006 - 12 - 02
⊙ 档案：让非物质文化遗产物质化/朱江//中国档案 2006 - 09
⊙ 档案部门应加强对非物质文化遗产档案的收集/侯采坪//山西档案 2006 - 04
⊙ 档案的旅游资源效用及开发路径探析/唐跃工//档案时空 2006 - 04
⊙ 档案工作要为经济社会发展作出更大贡献/伊部//中国档案报 2006 - 06 - 26
⊙ 档案馆从事网络信息服务合理使用著作权的法律界限——对《信息网络传播权保护条例》第七条的分析/秦珂//山西档案 2006 - 06
⊙ 档案馆的人性化服务/方立霏//中国档案 2006 - 05
⊙ 档案馆等文化事业机构保护非物质文化遗产的途径/赵亚敏//浙江档案 2006 - 08
⊙ 档案馆对非物质文化遗产的保护/王云庆//北京档案 2006 - 09
⊙ 档案馆服务机制创新谈/马绪超//机电兵船档案 2006 - 01
⊙ 档案馆服务社会的新实践——社会各界人士参观《崇内社区今昔图片展》并考察崇内文化/雨飞//北京档案 2006 - 02
⊙ 档案馆个性化档案信息服务初探/黄小斯//档案与建设 2006 - S1
⊙ 档案馆工作面临的问题及对策/张雁//山东省档案学会第六次会员代表大会暨山东省档案学会第六次档案学术讨论会 2006
⊙ 档案馆公共服务功能之我见/于霞//山西档案 2006 - S1
⊙ 档案馆馆藏信息载体角色与地位的演变/盛立德//湖北档案 2006 - Z1
⊙ 档案馆即时信息服务的障碍与对策/管先海//湖北档案 2006 - 12
⊙ 档案馆开发利用之探索/刘文英//城建档案 2006 - 03
⊙ 档案馆如何办展才能吸引观众眼球？/吴双//兰台世界 2006 - 02
⊙ 档案馆如何做好创新服务/刘艳//陕西档案 2006 - 02
⊙ 档案馆社会化/胡鹏飞//档案学通讯 2006 - 02
⊙ 档案馆社会化的体系构筑/黄项飞//档案与建设 2006 - 04
⊙ 档案馆社会化动力机制研究/姚志强//档案与建设 2006 - 05
⊙ 档案馆社会化服务的若干问题研究/王萍//档案学研究 2006 - 06
⊙ 档案馆提升对社会公共文化服务功能初探/李金海//浙江档案 2006 - 12
⊙ 档案馆文化功能再认识/蔡莹//湖北档案 2006 - Z1
⊙ 档案馆文化危机论/郭东升//中国档案 2006 - 05
⊙ 档案馆要走出深宅大院/李海秀　吴春燕//光明日报 2006 - 03 - 05
⊙ 档案馆在网络档案信息服务链中的双重角色/管先海//湖北档案 2006 - Z1
⊙ 档案馆在先进文化建设和文化产业发展中的作用/马学强//理论学习 2006 - 03
⊙ 档案馆走向社会的路有多长/何力迈//浙江档案 2006 - 03
⊙ 档案信息数据库广州市房地产业的心脏/施玉萍　胡媛萍　周福洪//中国档案报 2006 - 05 - 04
⊙ 档案信息资源开发与档案馆公共服务能力建设/关继南//中国档案 2006 - 04
⊙ 档案信息资源整合与档案馆服务机制创新/赵爱国//山东省档案学会第六次会员代表大会 2006
⊙ 稻鱼共生：一号农业文化遗产/曾玉亮//今日科技 2006 - 11
⊙ 德博物馆收藏中国重卡欧曼 ETX/崔鹏//中国交通报 2006 - 09 - 13
⊙ 德国科技博物馆：中国汽车来了！/刘宇鑫//北京日报 2006 - 09 - 11
⊙ 德国马戏业现状（上）/区听涛//杂技与魔术 2006 - 02
⊙ 德国马戏业现状（下）/区听涛//杂技与魔术 2006 - 03

- 德国人怎样保护文化遗产/徐晋//中华建筑报 2006-09-12
- 德意志观众听中国音乐度良宵/刘连枢//北京日报 2006-03-28
- 德州葆力公司苦追巨额欠款吴桥杂技大世界陷债务漩涡/袁启华　刘凌林//中国企业报 2006-03-27
- 低价位高水准普及演出抓住小观众/丁琳//北京日报 2006-09-12
- 低收入群众共享"文化大礼包"/王路//宁波日报 2006-12-19
- 地方博物馆在非物质文化遗产保护中的尝试与思考/徐忠文//中国文物报 2006-12-22
- 地方戏曲　呼唤人才　市、县级剧团人才严重匮乏/柯仲齐//中国戏剧 2006-04
- 地方戏曲出路在哪里?/张凤云//戏文 2006-04
- 地方戏曲剧种兴衰规律一隅谈/戴云//中国文化报 2006-02-18
- 地方戏曲文化保护任重道远/刘春勇//中国文化报 2006-06-12
- 地方戏曲音乐的普及与传播/刘泽梅//戏剧文学 2006-11
- 地方性高等院校与边区非物质文化遗产——以渝黔川边区为例/谭宏//重庆文理学院学报(社会科学版) 2006-02
- 地方政府艺术表演团体管理体制改革探索——以山东省德州市为例/石巍//中国文化产业评论(第5卷)
- 地契收藏,重在鉴别/高虹//大众商务 2006-09
- 地毯收藏:"脚下软黄金"　价格节节攀/俞敏//中国艺术报 2006-12-01
- 地图收藏　锦绣"钱图"/盛秀华//中国拍卖 2006-01
- 地域文化:旅游演艺产品的核心竞争力/苏斌　周荃//中国旅游报 2006-10-30
- 第2届文化遗产保护与可持续发展国际会议在绍兴召开/张双敏//中国文物报 2006-06-07
- 第八届亚洲艺术节"为东盟喝彩"/黄小驹　刘修兵//中国文化报 2006-09-02
- 第八届中国上海国际演出交易会成果丰硕/刘修兵　张良仁//中国文化报 2006-10-24
- 第二届农村小戏小曲调演开演/李玉梅//金昌日报 2006-09-04
- 第二届中国收藏界年度金榜寻找民间"国宝"活动第一阶段工作情况//收藏界 2006-01
- 第二套纸分币"退役"　人民币收藏价看涨/陈晓东//海峡财经导报 2006-10-19
- 第六届全国民间收藏文化研讨会隆重举行/辛友//收藏界 2006-07
- 第六届中国(深圳)国际品牌服装服饰交易会日程安排表(专场表演)//北京服装纺织(时尚北京) 2006-07
- 第三届中国收藏文化博览会在京举行/伟光//文艺报 2006-11-23
- 第十八届摩纳哥"初登舞台"国际杂技节侧记/陈丹//杂技与魔术 2006-02
- 第十六届全国书市:记忆与收藏/舒轩//新疆新闻出版 2006-04
- 第四届北京国际戏剧演出季色彩缤纷/孟祥宁//中国艺术报 2006-04-07
- 第四届青年文化遗产日在京举行/云菲//中国艺术报 2006-01-06
- 第一个中国"文化遗产日"精彩纷呈//中国文化遗产 2006-03
- 第一批非物质文化遗产保护名录的美中不足/乔德文//艺海 2006-04
- 第一批国家级非物质文化遗产名录民间美术·传统手工技艺//上海工艺美术 2006-03
- 第一批国家级非物质文化遗产四川省项目选登　川剧　蜀戏冠天下/郭桂玲//四川党的建设城市版 2006-08
- 第一套人民币收藏回顾/董仲达//江苏钱币 2006-03
- 巅峰,还是泡沫?——艺术品市场的变化与问题/赵力//文艺研究 2006-07
- 典雅的光芒——侣明室收藏展/桑颖新//紫禁城 2006-06
- 典雅的西藏家具——玩家的收藏珍品//西藏旅游 2006-05
- 点面结合积极推进国家级非物质文化遗产保护试点工作/高福民//中国文化报 2006-07-20
- 点燃旧时的记忆——民间油灯与烛台的收藏/耿默//荣宝斋 2006-04
- 电视戏曲栏目的擂台赛策略/沈静//新闻爱好者 2006-12
- 电视戏曲联姻给戏曲带来了发展的空间/张静//剧影月报 2006-02
- 电影海报收藏升温　老题材更受青睐/史丽//经济参考报 2006-04-24
- 电子政务新趋势对档案馆造成的影响与对策/赵豪迈//档案学研究 2006-02
- 雕塑市场　翘首等待中国的黄金时代/张瑾//艺术与投资 2006-12
- 雕塑市场三杰的艺术符号与市场面包/许冠群//艺术与投资 2006-12
- 东北出现农民演出经纪人/郎秋红//今日信息报 2006-12-18
- 东北二人转做好文化经济大文章/宋莉//长春日报 2006-06-13
- 东方飞扬出击数字档案馆/郑杏果//中国计算机报 2006-12-11
- 东方国际拍卖有限责任公司　"金融与收藏"李可染五幅保真精品专场拍卖会//收藏家 2006-03
- 东京交响乐团举办访华音乐会/刘修兵//中国文化报 2006-05-13
- 东明县村村组织文艺演出队/范建民　孙克勤//菏泽日报 2006-04-07
- 东莞文化发展研究中心的城市与非物质文化遗产研究/阎江//民间文化论坛 2006-06
- 侗族地区文化遗产保护的现状及对策/储学文　梁斌//中国文物报 2006-12-29
- 斗狗表演/郜南//城市党报研究 2006-01
- 椟比珠贵:可口可乐瓶罐的收藏与投资/马健//金融博览 2006-07
- 独具艺术魅力的剪纸收藏/刘子和　傅希瑭//中国文化报 2006-02-20
- 堵疏并重净化文化市场/李天然//大连日报 2006-07-25
- 对《保护非物质文化遗产公约》的一个误读/李军//中国文化遗产 2006-01
- 对《宣传画的收藏前景》的几点异议/孙砚雄//收藏界 2006-04
- 对保护非物质文化遗产若干问题的思考/樊祖荫//音乐研究 2006-01
- 对博物馆发展文化产业的反思/李玉//中国文化报 2006-10-27
- 对城市交通性街道景观设计的探讨/许金泉//交通标准化 2006-07
- 对城市人工湿地景观的生态性及其设计的探讨/刘媛//江西农业大学学报(社会科学版) 2006-04
- 对当代民间艺术继承与发展的再认识/彭韬　刘金城//美与时代 2006-04
- 对非物质文化遗产保护的理论探讨/徐海燕//文化学刊 2006-02
- 对规范艺术品市场管理的四点建议/李延声//中国拍卖 2006-05
- 对解决数字图书馆版权保护问题的几点认识/黎晓晖//科技经济市场 2006-06
- 对临时演出、比赛活动中税收征管的探讨/杨森平//涉外税务 2006-11
- 对母体文化的尊崇展示——"中国非物质文化遗产保护成果展"意义深远/吕品田//艺术评论 2006-03
- 对培养戏曲青少年观众的可行性及其对策的思考/韩树廷//今日科苑 2006-08
- 对申报国家级非物质文化遗产代表作的思考/刘满佳//中国民族 2006-01
- 对首届"河南文化遗产日"的调查和思考/曹新向//旅游学刊 2006-05
- 对四川曲艺现状及发展的思考/徐丽桥//四川戏剧 2006-02
- 对苏州艺术品市场的思考/雨木//美术报 2006-11-25
- 对遂昌县县域文化遗产保护实践的思考/胡宏//浙江省博物馆学会 2006 年学术研讨会
- 对新形势下博物馆经营的几点认识/崔大伟//文物春秋 2006-03
- 对于加强甘肃非物质文化遗产保护的思考/李并成//社科纵横 2006-08
- 对中国当前宗教类世界遗产保护与旅游的思考/庞骏//文化遗产保护与旅游发展国际研讨会 2006
- 敦煌·武当世界文化遗产保护学术研讨会侧记/魏迎春//敦煌学辑刊

2006－02
⊙ 敦煌·武当世界文化遗产保护学术研讨会成功举行//郧阳师范高等专科学校学报 2006－04
⊙ 敦煌文化遗产对旅游业的重要意义/姬勇//艺术教育 2006－06
⊙ 多留遗产少留遗憾/邓晓霞//人民日报 2006－04－28
⊙ 多种途径保护文化遗产/裴建素　王庆芳//石家庄日报 2006－06－13
⊙ 俄罗斯油画收藏在中国（二）//大美术 2006－08
⊙ 鄂西土家族南剧的际遇与保护琐谈/何流//戏剧之家 2006－04
⊙ 恩施对文化遗产实行“生态保护”/朱林飞//中国文化报 2006－08－17
⊙ 儿时课本好收藏/江南//江淮时报 2006－04－26
⊙ 儿童剧：昔日星星火，今成燎原势？/王珊珊//人民日报海外版 2006－09－08
⊙ 儿童剧《宝贝儿》进京演出：一次完美亮相//中国文化报 2006－06－15
⊙ 二〇〇五年中国艺术品拍卖市场/朱雪//上海工艺美术 2006－01
⊙ 二〇〇五中国博物馆事业回首/崔波//中国文物报 2006－01－20
⊙ 二〇〇六年艺术品拍卖市场的回顾与展望/赵榆　唐小萍//中国文物报 2006－12－13
⊙ 二人转：非物质文化遗产/杨朴//吉林日报 2006－06－15
⊙ 二人转小剧场：因为草根所以火爆/贾大雷　薛明//哈尔滨日报 2006－02－19
⊙ 发挥档案馆在先进文化建设和文化产业发展中的作用/马学强//档案学研究 2006－02
⊙ 发挥电视优势　保护“非物质文化”遗产/薛荣伟//视听纵横 2006－01
⊙ 发挥资源优势服务和谐社会/马春英　李丽娟//中国档案报 2006－12－07
⊙ 发掘地方文化资源　打造旅游演艺中心/于伟慧　陈兴章　陈循静//海南日报 2006－09－26
⊙ 发展博物馆文化产业之管见/原三军//文博 2006－03
⊙ 发展传统艺术需要不断创新/陈海珍//广东艺术 2006－05
⊙ 发展农村经纪人的建议/章继刚//科学决策 2006－05
⊙ 发展农村演艺市场需改变思路/沈寒秋//今日信息报 2006－02－16
⊙ 发展要吃文化饭文化要吃市场饭/高机敏//凉山日报（汉）2006－03－27
⊙ 法国当代档案馆的社会功能/刘艳莉//档案天地 2006－02
⊙ 法国的“文化遗产日”/温永林//中国改革报 2006－06－10
⊙ 法属坐像珍稀银元的收藏情况/李增明//收藏界 2006－02
⊙ 繁荣收藏事业　丰富旅游文化/韩东金//巢湖日报 2006－04－11
⊙ 繁荣收藏文化　弘扬赤峰名气/周立民//赤峰日报 2006－04－12
⊙ 繁荣收藏文化/张华钢//金华日报 2006－05－15
⊙ 繁荣舞台创作演出　丰富群众文化生活/胡继先//四川戏剧 2006－02
⊙ 反思苏州艺术品市场/雨木//中国文化报 2006－08－18
⊙ 方便惬意的博物馆服务/李凯//中国文物报 2006－03－03
⊙ 方寸小卡的收藏/王钰//吉林日报 2006－05－16
⊙ 方寸之间藏着赚钱“富矿”/沈勇//深圳特区报 2006－05－18
⊙ 方兴未艾的“红色收藏”/王永王明峰//人民日报海外版 2006－11－08
⊙ 房地产权属档案管理现代化之有益探索——由苏州市房地产档案馆看影像技术和信息网络在档案管理中的应用/昌文淦//档案与建设 2006－11
⊙ 仿古家具——收藏与消费的精彩对接/郭晓//艺术市场 2006－02
⊙ 仿制品：收藏价值来自何方？/周菁　胡巧娟//广州日报 2006－01－28
⊙ 仿制品有收藏价值吗？/罗瑜//海峡财经导报 2006－08－10
⊙ 非物质设计理念对文化遗产保护的启示/汪安康//装饰 2006－06
⊙ 非物质文化对于博物馆教育功能的发挥/朱佩丽//浙江省博物馆学会 2006 年学术研讨会
⊙ 非物质文化遗产　民族的才是世界的/潘强//中国改革报 2006－06－10
⊙ 非物质文化遗产　谁的“奶酪”/岳纲举//中国消费者报 2006－03－06
⊙ 非物质文化遗产：保护之外还应做什么/张乐　周晓静//中国改革报 2006－09－02
⊙ 非物质文化遗产：守护精神家园/陈飞龙//中国美术馆 2006－03
⊙ 非物质文化遗产：守望与传承/胡印斌//领导之友 2006－04
⊙ 非物质文化遗产：怎样保护？/牟延林//重庆文理学院学报（社会科学版）2006－03
⊙ 非物质文化遗产“保护”建言/贺学君//中国社会科学院院报 2006－06－01
⊙ 非物质文化遗产“物质化”之忧/肖复兴//文汇报 2006－06－12
⊙ 非物质文化遗产保护，重在投入和立法/叶娟娟　孟瑞君//河北日报 2006－02－21
⊙ 非物质文化遗产保护、传承与发展的成功探索/毛继增//音乐研究 2006－01
⊙ 非物质文化遗产保护//瞭望 2006－52
⊙ 非物质文化遗产保护：策略与困境/王天祥//重庆文理学院学报（社会科学版）2006－04
⊙ 非物质文化遗产保护：贵州在行动/覃敏笑　李厚安//贵州政协报 2006－08－17
⊙ 非物质文化遗产保护：严峻的课题/杨碧蓉//桂林日报 2006－03－13
⊙ 非物质文化遗产保护：与时间“赛跑”/辛飞　徐莹//光明日报 2006－02－09
⊙ 非物质文化遗产保护成果展打造“聚宝盆”/季春红//中国贸易报 2006－02－21
⊙ 非物质文化遗产保护成果展引人关注/黄琛//中国旅游报 2006－02－20
⊙ 非物质文化遗产保护的春天/自庶//中国文物报 2006－03－03
⊙ 非物质文化遗产保护的十项基本原则/苑利//学习与实践 2006－11
⊙ 非物质文化遗产保护的原则/谭宏//重庆文理学院学报（社会科学版）2006－03
⊙ 非物质文化遗产保护法律问题研究/陈庆云//中央民族大学学报（哲学社会科学版）2006－01
⊙ 非物质文化遗产保护工作亮点多多/徐涟//中国文化报 2006－08－24
⊙ 非物质文化遗产保护工作突出重点全面推进/徐涟//中国文化报 2006－12－16
⊙ 非物质文化遗产保护工作迎春座谈会举行/徐涟//中国文化报 2006－01－26
⊙ 非物质文化遗产保护立法的基本原则——生态法范式的视角/朱祥贵//中南民族大学学报（人文社会科学版）2006－02
⊙ 非物质文化遗产保护期待知识产权制度创新/岳纲举//中国消费者报 2006－02－20
⊙ 非物质文化遗产保护三议/田青//文艺研究 2006－05
⊙ 非物质文化遗产保护思考——以传统音乐文化类型为题/伍国栋//人民音乐 2006－01
⊙ 非物质文化遗产保护添了民间力量/王是//河南日报 2006－06－08
⊙ 非物质文化遗产保护要“活水养鱼”/周玮//经济参考报 2006－06－14
⊙ 非物质文化遗产保护应该坚守什么/李云丽//中国文化报 2006－09－07
⊙ 非物质文化遗产保护与传承的思考——以湖北省恩施自治州为例/彭振坤//湖北民族学院学报（哲学社会科学版）2006－06
⊙ 非物质文化遗产保护与旅游业的发展/伍鹏//文艺报 2006－03－30
⊙ 非物质文化遗产保护与民族博物馆/刘卫国//中国博物馆 2006－02
⊙ 非物质文化遗产保护与时间“赛跑”//中国老年报 2006－02－24
⊙ 非物质文化遗产保护与文化体认/蒋登科//重庆文理学院学报（社会科学版）2006－03
⊙ 非物质文化遗产保护指标系初识/袁伊玲//中国民族报 2006－09－01
⊙ 非物质文化遗产保护中的“有效”原则/王大为//理论观察 2006－06
⊙ 非物质文化遗产保护中的物质性问题/杨豪中//文博 2006－02
⊙ 非物质文化遗产——茶文化的初探//“大禹岭杯”全国少儿茶艺研讨会

-05

⊙ 关注新型文化遗产——工业遗产的保护/单霁翔//中国文化遗产 2006-04

⊙ 观创意杂技有感/鑫垚//杂技与魔术 2006-02

⊙ 观众至上：博物馆现代化管理的法宝/涂辛//中国文化报 2006-11-07

⊙ 贯彻《关于加强文化遗产保护的通知》/黄小驹//中国文化报 2006-02-07

⊙ 贯彻落实《国务院关于加强文化遗产保护的通知》座谈会在京举行/李让//中国文物报 2006-02-24

⊙ 贯彻落实国务院《通知》进一步加强文化遗产保护//中国文物报 2006-03-01

⊙ 贯彻落实国务院关于加强文化遗产保护工作的通知//广东省人民政府公报 2006-20

⊙ 贯彻落实国务院通知精神切实加强文化遗产保护/李艳//中国文物报 2006-02-10

⊙ 广东18凉茶品牌上榜受保护/欧志葵　刘荔琛/南方日报 2006-05-28

⊙ 广东非物质文化遗产的传承与保护/杨湘粤//广东艺术 2006-04

⊙ 广东凉茶补报非物质文化遗产/卜松竹　罗爱萍　邹炜//广州日报 2006-02-15

⊙ 广开博物传承文明服务社会/姚贞//中国新闻出版报 2006-12-21

⊙ 广西岑溪动态保护文化遗产/林汝德//中国文化报 2006-11-02

⊙ 广州市历史文化名城保护规划研究/李光旭王朝晖　孙翔　姚燕华//2006中国城市规划年会

⊙ 广州珠江啤酒股份有限公司沿江段景观规划及城市设计/刘浩//广东建材 2006-08

⊙ 规范画廊市场应普及"代理制"/韵晓//中国改革报 2006-11-25

⊙ 规范艺术品市场管理之我见/李延声//人民政协报 2006-03-05

⊙ 规划中的文化景观保育方法研究——以武当山世界文化遗产地为例/卞欣毅//四川建筑 2006-01

⊙ 贵南农民吃起"文化饭"/姜海军//青海日报 2006-07-15

⊙ 贵州藏协力促地方特色收藏/戴亚雄　晓青//中国商报 2006-02-23

⊙ 贵州第一批国家级非物质文化遗产名录//当代贵州 2006-14

⊙ 贵州艺术表演团体：期待走出困境/赵凤兰//中国文化报 2006-12-14

⊙ 桂林市历史文化名城旅游发展研究/杨永德　陆军//文化遗产保护与旅游发展国际研讨会 2006

⊙ 桂林艺术团赴澳门演出赢得赞誉/罗广英//桂林日报 2006-04-13

⊙ 国画收藏的"玉女心经"/晓露//证券时报 2006-12-23

⊙ 国际保护历史文化遗产浪潮映照下的颐和园遗产保护状况——颐和园遗产保护与中关村规划建设关系问题系列研究之一/高大伟//中国园林 2006-01

⊙ 国际档案理事会城市档案馆处在沪举行会议/邹伟农//中国档案报 2006-06-12

⊙ 国际顶级博物馆启示/刘巍//财经时报 2006-07-24

⊙ 国际化背景下农业文化遗产的认识和保护问题/王衍亮//中国博物馆 2006-03

⊙ 国际化——世界文化遗产皖南古村落的旅游发展方向/章尚正//合肥学院学报（社会科学版）2006-01

⊙ 国际图片收藏市场报告/卡罗尔·斯柯尔斯/东方艺术 2006-21

⊙ 国际文化遗产保护制度的比较分析/安群//辽宁信息职业技术教育 2006-02

⊙ 国际演艺馆火爆的背后/卢山林//中国文化报 2006-05-26

⊙ 国际演艺馆流淌浓浓国际味/何文琦　于雪//深圳商报 2006-05-19

⊙ 国际演艺馆让民族精粹走向世界/马璇//深圳特区报 2006-05-15

⊙ 国际演艺界香港集会勾勒"新丝路"/金敏华//深圳商报 2006-06-06

⊙ 国家非物质文化遗产保护工作专家委员会成立/徐涟//中国文化报 2006-07-15

⊙ 国家非物质文化遗产——秦淮灯会/彭毅//档案与建设 2006-08

⊙ 国家收藏20世纪中国美术作品的一次成功实践——关于深圳市人民政府对关山月先生系列作品收藏的思考/陈湘波//中国美术馆 2006-02

⊙ 国家文化安全与非物质文化遗产保护//中国文化报 2006-06-29

⊙ 国家文化遗产日诞生记/王军//瞭望 2006-23

⊙ 国内外各大图书馆热订《收藏界》//收藏界 2006-07

⊙ 国内外演艺机构关注《龟兹1》/黄河//阿克苏日报 2006-10-18

⊙ 国内外余个艺术团相约北京/徐雪梅//北京日报 2006-03-24

⊙ 国内外专家研讨非物质文化遗产保护/夏静　刘洪进　刘中兴//光明日报 2006-07-30

⊙ 国内外自然文化遗产保护与开发比较分析/于忠珍//东方论坛 2006-04

⊙ 国内油画收藏指数一年涨三倍//亚太经济时报 2006-08-17

⊙ 国内知名企业的艺术收藏/刘障//中国拍卖 2006-05

⊙ 国庆黄金周　粤剧添新彩——广西南宁粤剧文化交流演出周剪影/罗文//南国红豆 2006-06

⊙ 国外摄影收藏现状//艺术与投资 2006-09

⊙ 国务院发力文化遗产保护内情/王军//瞭望 2006-15

⊙ 国务院公布国家首批非物质文化遗产名录，"绍兴黄酒酿制技艺"榜上有名/杨国军//中国酒 2006-07

⊙ 国新办就中国文化遗产保护状况举行新闻发布会/李文昌//中国文物报 2006-05-26

⊙ 过分依赖赞助不利演出市场发展/张粉琴//新华日报 2006-05-29

⊙ 过好文化遗产日/冯骥才//中外文化交流 2006-06

⊙ 哈尔滨流动图书馆的喜与忧/喻非卿//中国文化报 2006-08-26

⊙ 哈尔滨人为啥看不到自己的"马戏"？/薛明　周雪莉//哈尔滨日报 2006-11-12

⊙ 哈尔滨商业大学货币金融博物馆/王学文//中国社会科学院院报 2006-12-26

⊙ 哈尔滨市民为何不愿逛"馆"/戴刚//哈尔滨日报 2006-05-28

⊙ 哈萨克非物质文化遗产及其保护/毕桪//伊犁师范学院学报 2006-02

⊙ 海口旅交会将呈现4个特点/罗霞　邱秋//海南日报 2006-10-13

⊙ 海南：兴隆旅游区全面提升演艺业/王赵洵//中国旅游报 2006-12-25

⊙ 海派收藏大旗扬起来//中国集邮报 2006-12-08

⊙ 海师图书馆：古籍收藏与可贵的捐赠/蔡葩//海南日报 2006-05-27

⊙ 海峡书画情——我的收藏乐趣/杨小洋//福建乡土 2006-01

⊙ 海洋文化的重要非物质文化遗产——京族哈节的调查报告/蓝武芳//民间文化论坛 2006-03

⊙ 韩国非物质文化遗产保护的启示——以江陵端午祭为例/贺学君//民间文化论坛 2006-01

⊙ 韩国友好周文艺演出在肥举行/陈利//安徽日报 2006-11-23

⊙ 汉画鉴赏收藏不分家/廖静好//中国文物报 2006-04-19

⊙ 汉唐陶俑的审美与收藏/王洪涛//商场现代化 2006-29

⊙ 杭州：八成观众喜欢周末演出　一半观众没有进过剧院/陈久志　张玫//中国文化报 2006-08-14

⊙ 杭州红星剧院：市场运作另辟蹊径/马进//中国文化报 2006-12-18

⊙ 杭州三家博物馆最受游客欢迎/盛洁桦　史洁//杭州日报 2006-11-02

⊙ 杭州市余杭区举办首个"非物质文化遗产保护月"活动//杭州通讯 2006-08

⊙ 杭州着手完善文化遗产保护体系/陈炜　周春燕//杭州日报 2006-03-10

⊙ 呵护我们的精神家园——记"中国非物质文化遗产保护成果展"/徐沛君//美术观察 2006-03

⊙ 合理的景观设计抵制城市死角达到犯罪预防——以上海市徐家汇某高架公园环境分析为例/周军//华中建筑 2006-11

⊙ 何谓"非物质文化遗产"/何楠//四川统一战线 2006-02

⊙ 和哈利·波特玩收藏游戏/嘉山//中国商报 2006-01-19

- 鉴定赛宝　民间收藏该往哪里走？/泓月//中国艺术报 2006－03－03
- 鉴赏水平决定收藏成败/惠新//江淮时报 2006－05－24
- 江淮情艺术团来我市慰问演出/徐侃//安庆日报 2006－10－10
- 江苏的非物质文化遗产/陈宁欣//江苏地方志 2006－03
- 江苏举办全省文化遗产保护与城市规划建设培训班/韩显红//中国文物报 2006－12－15
- 江苏省演艺集团接轨国际市场/赵京利　王军//中国文化报 2006－11－13
- 江苏省演艺集团盛演苏南农村庙会/王军　王群//中国文化报 2006－02－27
- 江苏省艺术表演场馆探寻行业管理新模式/艾涛//今日信息报 2006－09－06
- 江苏省运河文化遗产保护与展望/束有春//东南文化 2006－06
- 江苏为非物质文化遗产保护立法/郑晋鸣//光明日报 2006－06－05
- 江苏为非物质文化遗产保护立法/周广宇//中国旅游报 2006－06－09
- 江苏演艺产业向创意产业延伸/汪秋萍//新华日报 2006－09－29
- 江苏演艺文化产业股份有限公司成立/汪秋萍//新华日报 2006－03－08
- 江苏运河文化遗产保护与展望/束有春//中国文物报 2006－09－29
- 江西：新农村建设不忘加强文化遗产保护/王琴红　柯中华//中国文化报 2006－12－19
- 江西高跷艺术首次出国表演/彭劲松//江西画报 2006－03
- 江西民间音乐面临的困境与对策/姜昊//江西民间音乐面临的困境与对策 2006－06
- 江西上高县政协为发掘禅宗文化遗产建言出力/潘向东//人民政协报 2006－06－09
- 江西省人民政府关于公布江西省第一批省级非物质文化遗产名录的通知//江西政报 2006－13
- 江西省艺术档案在非物质文化遗产保护工作中发挥积极作用/杨镇莲//中国档案报 2006－08－03
- 姜昆：把曲艺大腕全拉来！/邢虹//南京日报 2006－04－10
- 姜堰“双节”会船表演阵容空前/黄跃华　黄立群　贲腾//泰州日报 2006－04－02
- 将档案资源用足用活/张鸣岐　于学蕴//天津日报 2006－09－06
- 将两种文化遗产保护放到同等高度/俞灵//中国民族报 2006－06－13
- 将市场理念融入京剧本体——访北京长安大戏院总经理赵洪涛先生/封杰//中国京剧 2006－12
- 将文化遗产保护工作落到实处：专访国家文物局局长单霁翔//建筑创作 2006－04
- 桨声灯影　龙吟虎啸——融入民俗活动中的戏曲票社和票友/徐兆佩//档案与建设 2006－06
- 蒋频：我对艺术品市场持乐观态度　访浙江皓翰国际拍卖有限公司董事长、总经理蒋频/许山//艺术与投资 2006－03
- 绛州鼓乐艺术团锣鼓越打越欢/欣闻//中国文化报 2006－02－09
- 胶东地区非物质文化遗产的保护与利用/于静静//桂林旅游高等专科学校学报 2006－04
- 胶州秧歌“扭”进档案馆/王世俊//中国档案报 2006－04－13
- 阶段性成果实质性飞跃——2006 年浙江省综合档案馆信息化评估揭晓//浙江档案 2006－05
- 接轨国际理念，融入城市变革/李文昌　徐的//中国文物报 2006－01－20
- 解决工艺美术产业化三大矛盾/王宇//深圳商报 2006－05－21
- 借非物质文化遗产巧打旅游牌/胡文佳　金星根　陈伟国//中国旅游报 2006－07－24
- 借助擂台，提供平台，延伸舞台——《梨园春》专业戏曲演员擂台展演的活动理念/李媛媛//中国广播电视学刊 2006－07
- 今年画廊业将呈现三大特点/卢山林//中国文化报 2006－01－27
- 金陵刻经处申报国家级“非物质文化遗产”获得成功/肖永明//法音 2006－07
- 金融卡的收藏价值//西部论丛 2006－01
- 谨慎投资碑帖收藏市场/陈品高//光明日报 2006－06－08
- 锦州市杂技家协会成立/王玉//杂技与魔术 2006－03
- 劲舞砺斗志　战歌抒豪情——总后战斗精神文艺节目巡回演出侧记/连新戚//军营文化天地 2006－01
- 近 50 年来评剧音乐发展概述——兼论戏曲音乐民间性及其发展机制/陈钧//沈阳音乐学院学报 2006－02
- 近代银币的收藏与投资价值/彭蒲//西部论丛 2006－03
- 近代银币收藏投资正当时/吴伟忠//大众理财顾问 2006－03
- 近代早期英国贵族的藏书与艺术品收藏/姜德福//首届古代社会与思想文化国际学术研讨会 2006
- 近年来数字图书馆热点问题研究综述/刘丽萍//科技情报开发与经济 2006－16
- 近期内太原市的历史文化遗产保护/王爱明//山西建筑 2006－22
- 进京剧目《钟馗》《大都名伶》向省会观众作汇报演出/高志顺　李圣哲　李华//河北日报 2006－05－23
- 进与退：档案馆在文化产业大潮中的抉择/胡鹏飞//档案天地 2006－02
- 晋剧《边城罢剑》在京首场演出圆满成功/杨红英//大同日报 2006－09－24
- 晋商文化舞上海——舞剧《一把酸枣》上海表演艺术研讨会纪要/尹志宏//山西艺术职业学院学报 2006－01
- 京城“卡虫”初探公交卡收藏/周健森//北京日报 2006－10－13
- 京城卡友相中公交卡收藏/宗禾//中国商报 2006－10－19
- 京城收藏市场风景老照片价值几何？/刘鹏//中国档案报 2006－07－21
- 京城酝酿新的收藏博览会/张娟//中国商报 2006－03－02
- 京杭大运河流动着的文化遗产/木杉//城乡建设 2006－07
- 京剧，商业围城中的迷失/刘亚力//北京现代商报 2006－05－09
- 京剧、藏戏《文成公主》“三下乡”/周瑞//中国戏剧 2006－03
- 京剧：培养非戏迷观众以自救/张裕//文汇报 2006－12－22
- 京剧：商业突围的尴尬/林定忠//财经时报 2006－05－15
- 京剧《梅兰芳》赴柏林演出圆满成功/周铁林//中国戏剧 2006－07
- 京剧彩银套币价格上扬/如意//金融时报 2006－05－26
- 京剧唱响“奥运节拍”/邹翔//人民日报海外版 2006－06－30
- 京剧当务之急是保护/李秉勋//中国京剧 2006－05
- 京剧脸谱收藏火起来/葛山//中国商报 2006－08－10
- 京剧名家大型演唱会在省会举行/高志顺//河北日报 2006－11－26
- 京剧目前的处境和新的机遇/安葵//福建艺术 2006－02
- 京剧琼剧辉映海南戏剧周/戎海　卓兰花//海南日报 2006－11－23
- 京剧生产成本分析与要求/施经//中国京剧 2006－05
- 京剧演唱会：名家荟萃唱响红色经典/郭青剑//中国艺术报 2006－06－23
- 京剧艺术现状及发展的几点思考/吴钢//青年文学家 2006－05
- 京剧艺术要继承，更要发展/王兰芳//剧作家 2006－03
- 京剧应为时代留下传世佳作/戎海//海南日报 2006－03－27
- 京剧应先自重而后人重之——对京剧现状的两点思考/靳文泰//艺术评论 2006－10
- 京族经济社会的转型与非物质文化遗产的保护——以广西东兴市市沥尾村为例/李务起//南宁师范高等专科学校学报 2006－04
- 泾川县人民剧团年演出 3 场/康复元　谢麦年//中国文化报 2006－01－19
- 经济风向标：火热的艺术品市场——写在首届中国国际艺术品投资与收藏博览会暨第六届中国艺术产业论坛之前/张新建//中外文化交流 2006－07
- 经济学视角下的高校档案馆服务特性分析/吴李国//兰台世界 2006－08

⊙ 经济学者谈中国艺术市场/李向民//中国书画 2006－10

⊙ 经营博物馆理念初探/赵继敏//中国博物馆 2006－02

⊙ 经营收藏品：把爱好变成财富/唐元清//生意通 2006－08

⊙ 荆楚民间收藏者逾 10 万/龙华　刘娜　陈香//湖北日报 2006－06－15

⊙ 荆州花鼓戏　醉倒西洋人/佘鸿传//中国文化报 2006－12－19

⊙ 荆州花鼓醉倒西洋人——湖北省实验花鼓剧院赴德演出纪实/佘鸿传//戏剧之家 2006－Z1

⊙ 惊艳唐卡收藏新宠/崔吕萍//北京现代商报 2006－05－22

⊙ 精彩而无奈的演出市场/孙丽萍　万一　赖少芬//新华日报 2006－12－29

⊙ 精英文化的介入对传统戏曲是推动还是破坏?/毛时安　罗怀臻　傅谨//文汇报 2006－12－24

⊙ 景德镇当代陶瓷收藏/张学文//中国陶瓷 2006－11

⊙ 景德镇艺术陶瓷的鉴赏与收藏指南/上官义华//中国陶瓷 2006－12

⊙ 景德镇制瓷盘被美国白宫收藏/齐闻//景德镇陶瓷 2006－01

⊙ 景点门票涨价的经济学分析——以北京市六大世界文化遗产参观游览门票为例/郭婧//黔东南民族师范高等专科学校学报 2006－04

⊙ 景观与城市的生态设计/张涛//科技情报开发与经济 2006－17

⊙ 警惕“民俗”变成“官俗”/苑利//中国文化报 2006－03－16

⊙ 警惕娱乐文化的畸形发展/蒋晓丽//文艺报 2006－07－11

⊙ 靖江一市民收藏粮油票证三千张/蒋文洁　刘林//泰州日报 2006－01－06

⊙ 靖西魁圩、渠洋非物质文化遗产资源普查笔记摘录/彭梅玉//歌海 2006－06

⊙ 九成网民认为演出票价“非常高”/黎宏河//中国文化报 2006－05－15

⊙ 旧金山设立“垮掉的一代”文学博物馆/徐剑梅//中国改革报 2006－01－21

⊙ 旧貌换新颜，突破求发展评小剧场京剧《红拂》/美成//上海戏剧 2006－09

⊙ 就地淹没：坝库工程所涉文化遗产地保护新思路/徐嵩岭//中国文物报 2006－06－30

⊙ 剧场院线：演出产业终端行进/崔成泉//中国文化报 2006－06－23

⊙ 剧场自主经营演出面临现实难题/黎宏河//中国文化报 2006－02－27

⊙ 剧院院线：以演出产业的名义前行/叶渡//中国文化报 2006－06－30

⊙ 聚焦“器乐文化遗产”传承与发展（四）　“万方乐奏有于阗”（下）——迷人的木卡姆乐器/贺志凌//乐器 2006－11

⊙ 聚焦“器乐文化遗产”传承与发展（五）周总理喜爱的硬弦演奏——碗碗腔的主奏乐器/毕永森//乐器 2006－12

⊙ 绝版“珍品”缘何泛滥成灾/魏运亨//中国改革报 2006－02－20

⊙ 开创非物质文化遗产保护工作新局面/杨建新//今日浙江 2006－17

⊙ 开创中国杂技事业新局面/夏菊花//中国艺术报 2006－11－10

⊙ 开发中传承文化遗产的精髓/史雪//中国旅游报 2006－03－06

⊙ 开家老照片收藏店收藏四类照片//生意通 2006－04

⊙ 开启认识西方博物馆的一扇明窗/乐俏俏//中国文物报 2006－06－21

⊙ 开拓民族艺术发展新路——湖北省歌剧舞剧院着力打造艺术精品/严曙光//戏剧之家 2006－Z1

⊙ 开一个收藏者名单比价格表更重要/朱虹子//中国文化报 2006－01－17

⊙ 坎儿井进入“世遗”预备名单/狄玫//吐鲁番报（汉）2006－12－20

⊙ 看金沙文物保护美国专家惊喜不断/王嘉//成都日报 2006－07－04

⊙ 看他们如何走活市场——访青岛京剧院院长吴平/封杰//中国京剧 2006－06

⊙ 看台湾，从美术博物馆探人文踪迹/吴琼//中国文化报 2006－12－09

⊙ 看遗产秀“身段”眼睛忙得打转转/王嘉　赵斌/成都日报 2006－06－07

⊙ 靠收藏也能成富翁/温带小鱼//东北之窗 2006－08

⊙ 科技开辟收藏新篇章/王钰//吉林日报 2006－03－28

⊙ 科技收藏——收藏新领域/王钰//吉林日报 2006－03－28

⊙ 科学利用历史文化遗产创造性地发展历史文化旅游——关于皖江历史文化游项目的策划/王平//城市 2006－04

⊙ 可乐罐收藏热初见端倪/马健//中国拍卖 2006－07

⊙ 可喜的一步——西湖博物馆和高氏相机收藏馆联合举办古董相机展/高继生//浙江省博物馆学会 2006 年学术研讨会

⊙ 刻铜墨盒收藏峰回路转/杜蕙//光明日报 2006－01－18

⊙ 刻铜墨盒收藏增值潜力大/邓海欧//金融经济 2006－05

⊙ 空穴来风，还是山雨欲来？从国外“热卖”透视中国当代“前卫”艺术的市场价值/刘晓丹//艺术与投资 2006－12

⊙ 口承传统与非物质文化遗产/周惠泉//社会科学报 2006－10－26

⊙ 口传非物质文化遗产抢救保护的新探索/普学旺//今日民族 2006－06

⊙ 口头非物质文化遗产的物质层面——兼谈口头和非物质文化遗产的保护/邢莉//中央民族大学学报（哲学社会科学版）2006－06

⊙ 叩开收藏之门——上海嘉泰 2006 春季大型艺术品拍卖会拍品综述/顾小颖//艺术市场 2006－05

⊙ 跨境拍卖的两种风险/马健//艺术与投资 2006－09

⊙ 狂热的书画市场该降温了/张粉琴//新华日报 2006－03－30

⊙ 矿物晶体的收藏空间巨大/周灿阳//中国矿业报 2006－12－30

⊙ 矿物晶体观赏石的收藏/朱裕民//花木盆景（盆景赏石版）2006－05

⊙ 昆曲《桃花扇》在京首演/汪秋萍　顾雷鸣//新华日报 2006－03－19

⊙ 拉近博物馆与观众的距离/戴睿云//浙江日报 2006－03－10

⊙ 来自田野的报告——民族田野调查与非物质文化遗产保护/杨源//中国博物馆 2006－04

⊙ 来自殷墟“申遗”的启示/刘琼//人民日报 2006－08－04

⊙ 兰州军区战斗文工团“重走长征路”到吴起慰问演出/张春鸽//延安日报 2006－09－20

⊙ 老版连环画成为收藏大热门/李洋　刘磊//北京日报 2006－08－07

⊙ 老地名是古都的历史文化遗产与现代旅游资源——以“南京十佳老地名”为例的分析/胡阿祥//上海城市管理职业技术学院学报 2006－02

⊙ 老电影海报收藏星级指南/朱浩云//大众电影 2006－22

⊙ 老挂历收藏潜力无穷/刘文昌//西部论丛 2006－12

⊙ 老贾和他的小人书收藏儿时的记忆/哈浩然//八小时以外 2006－08

⊙ 老款打火机，“点燃”收藏新领域/徐征//金融经济 2006－07

⊙ 老深圳收藏深圳"邮政史"/姚正华//深圳商报 2006－07－20

⊙ 老天桥绝活重现舞台/王可//人民日报海外版 2006－10－17

⊙ 老相机的收藏与投资/梅楚英//西部论丛 2006－11

⊙ 老一辈藏家淡出藏界　民营企业家成收藏主力/曹滢　杨敏敏//经济参考报 2006－10－11

⊙ 老照片成收藏新宠　四类品种卖价看涨/黄磊//西部时报 2006－10－17

⊙ 老照片的收藏及价格初探/仝冰雪//东方艺术 2006－21

⊙ 老照片收藏宜早不宜迟/秦杰//中国证券报 2006－12－30

⊙ 老照片引起国际收藏界的关注/秦杰//中国文物报 2006－03－29

⊙ 乐魂与琴童——由北京少年室内乐团演出莫扎特诞辰周年音乐会谈起/海英//小演奏家 2006－11

⊙ 乐清非物质文化遗产保护成绩斐然/菡苕//中国文化报 2006－07－13

⊙ 乐人老鲍的收藏轶事/孟建军//乐器 2006－12

⊙ 乐在戏中——记卢湾区长青艺术协会京剧团票友活动/余晞圣//上海戏剧 2006－10

⊙ 雷从云：收藏不是“钱场”/梅柏青//成都日报 2006－03－28

⊙ 擂响中国——第三届《梨园春》杯全国戏迷擂台赛暨 2006 年河南电视台春节戏曲晚会访谈——《梨园春》制片人总导演蒋愈红、河南卫视广告部主任王扎根答问//市场观察 2006－12

⊙ 冷冰热舞溶化两岸距离/王向娜//中国体育报 2006－08－02

⊙ 冷门插图成为收藏界新宠/元元//中国文化报 2006－07－04

⊙ 冷中逐热，地图收藏也赚钱/尚渺//大众商务 2006－19

◎ 论非物质文化遗产的情境保护/向柏松//中国人民大学学报 2006 - 05
◎ 论非物质文化遗产与体育文化的传承/路志峻//体育文化导刊 2006 - 12
◎ 论过年习俗与放鞭炮民俗文化遗产的法律保护/宋才发//中央民族大学学报（哲学社会科学版）2006 - 01
◎ 论科举文化遗产/张亚群//厦门大学学报（哲学社会科学版）2006 - 02
◎ 论可移动文化遗产及其在信息资源整合中的意义/周耀林//忻州师范学院学报 2006 - 02
◎ 论历史文化名城的现代化之路/张廷兴//理论学刊 2006 - 05
◎ 论民族传统体育文化遗产保护/倪依克//体育科学 2006 - 08
◎ 论闽学文化遗产的挖掘与保护/丘山石//闽学与武夷山文化遗产学术研讨会 2006 - 06 - 01
◎ 论评剧音乐的传承与发展/陈钧//大舞台 2006 - 06
◎ 论齐齐哈尔地区的非物质文化遗产保护/许铭//齐齐哈尔师范高等专科学校学报 2006 - 03
◎ 论山地型城市的景观设计改造/宋来福//西安建筑科技大学学报（社会科学版）2006 - 04
◎ 论陕西商业文化遗产的传承价值/张建昌//全国商情（经济理论研究）2006 - 08
◎ 论商业插画产品的产业化特点/王萱//电影评介 2006 - 12
◎ 论生产管理的计划职能与演出市场/崔华功//戏曲艺术 2006 - 03
◎ 论声乐表演的艺术再创作/刘敏//艺术教育 2006 - 11
◎ 论数字博物馆建设中的知识产权保护与限制/罗宁//中国博物馆 2006 - 01
◎ 论数字图书馆与传统图书馆共存情况下建立复合型图书馆/王琳//林区教学 2006 - 04
◎ 论文化生态与非物质文化遗产保护/刘守华//华中师范大学学报（人文社会科学版）2006 - 05
◎ 论我国非物质文化遗产的保护性旅游开发/贾鸿雁//文化遗产保护与旅游发展国际研讨会 2006 - 09 - 01
◎ 论舞台表演艺术的产业化/俞维维//浙江纺织服装职业技术学院学报 2006 - 03
◎ 论宜兴紫砂艺壶的收藏/李昌鸿//中国改革报 2006 - 08 - 05
◎ 论以构建旅游形象为导向的城市景观规划设计——以广东肇庆市为例/钟国庆//城市问题 2006 - 07
◎ 论中国城市滨河区景观规划设计的生态方法/付军//北京农学院学报 2006 - 04
◎ 论中国非物质文化遗产的国际法保护/张磊//黔东南民族师范高等专科学校学报 2006 - 01
◎ 落实科学发展观加强文化遗产保护工作/史晋云//大理日报（汉）2006 - 12 - 09
◎ 马街书会　草根曲艺的天堂/王立力//文明 2006 - 03
◎ 马未都　美国一流富翁没有不喜欢收藏的/何雨潞//中国新时代 2006 - 05
◎ 马戏大棚促进了杂技艺术的发展/卜树权//剧影月报 2006 - 03
◎ 漫论族谱的收藏和研究/吴定安//中国文物科学研究 2006 - 04
◎ 漫谈“大字报”的收藏/张亚杰//档案天地 2006 - 04
◎ 漫谈“洋”门女将——观夏威夷大学英语京剧有感/张申兰//中国京剧 2006 - 06
◎ 漫谈 2006 年艺术品投资市场/余含章//科技智囊 2006 - 06
◎ 毛笔收藏学问多/王钰//吉林日报 2006 - 04 - 11
◎ 茅台将申报国家非物质文化遗产/小砂//酿酒科技 2006 - 02
◎ 茂名特色文化活动月让市民尽享文化大餐/苏棣芳//中国文化报 2006 - 11 - 14
◎ 茂腔演出吸引大批戏迷捧场/高建刚//中国文化报 2006 - 04 - 20
◎ 媒介素养教育与网络艺术产业/熊晓萍//新闻知识网络艺术 2006 - 12
◎ 媒介制造可能：戏曲从剧场到市场/刘春梅//中华新闻报 2006 - 01 - 18
◎ 美国非营利性表演艺术机构的考察/谢锐//2006 年：中国文化产业发展报告
◎ 美国文化遗产保护领域中的地役权制度/沈海虹//中外建筑 2006 - 02
◎ 美国文化遗产保护领域中的税费激励政策/沈海虹//建筑学报 2006 - 06
◎ 美国新税务条款对美术馆收藏的影响//中国美术馆 2006 - 11
◎ 美国音乐产业图景之演化/巫景飞　孙继伟//商界 2006 - 02
◎ 美国自然文化遗产管理经验及对中国有关改革的启示/苏杨//中国发展 2006 - 01
◎ 美华人收藏家淘宝侨史珍品/王昭//中国妇女报 2006 - 08 - 18
◎ 美丽的文化遗产/付杰//人民日报 2006 - 04 - 22
◎ 美术产业：活跃不等于健康/余宁//中国美术馆 2006 - 03
◎ 门票收藏有讲究/周理//北京社会报 2006 - 03 - 08
◎ 梦断成化杯——文物收藏经眼录之二/曲博//龙门阵 2006 - 02
◎ 米其林：演出还得继续/范松璐//第一财经日报 2006 - 06 - 01
◎ 绵阳市艺术剧院在农村找到大舞台/陶瑞艳//中国文化报 2006 - 05 - 08
◎ 缅怀昆曲艺人张娴努力弘扬昆曲艺术/刘慧　潘为民//中国文化报 2006 - 03 - 09
◎ 面对中国杂技市场的新思考/蔡欣//青年文学家 2006 - 08
◎ 民歌木偶表演精彩　深圳市民大呼过瘾/孟苗//山西日报 2006 - 05 - 20
◎ 民国瓷茶壶收藏正当时/明慧//中国改革报 2006 - 07 - 22
◎ 民国时期太湖地区图书收藏和藏书家的活动/张剑光//江南论坛 2006 - 05
◎ 民国雨花石收藏的巨擘王猩酋及其《雨花石子记》/周德麟//收藏家 2006 - 11
◎ 民间鉴宝，一个永远新鲜的话题——直击“五一”艺术收藏品大型义务鉴定活动//艺术市场 2006 - 06
◎ 民间绝活儿刺激收藏热/于娜//中国商报 2006 - 02 - 23
◎ 民间美术传承人的口述史在文化遗产保护中的作用/王海霞//中国美术馆 2006 - 05
◎ 民间收藏“登堂”、“入市”谋发展/臧锦丽//中国集邮报 2006 - 06 - 16
◎ 民间收藏高峰论坛催化内地古玩市场/易章//艺术市场 2006 - 11
◎ 民间收藏刮起“博客风”/于娜//中国商报 2006 - 09 - 21
◎ 民间收藏还需要文物商店吗/卢佳音//中国商报 2006 - 07 - 20
◎ 民间收藏鉴定谁来规范/史晶楠//中国文化报 2006 - 01 - 16
◎ 民间收藏面临“藏”与“展”的尴尬/潘咏//深圳商报 2006 - 07 - 11
◎ 民间收藏热升温/崔晶//中国经济导报 2006 - 05 - 30
◎ 民间收藏是一种时尚/贾树//北京日报 2006 - 11 - 06
◎ 民间收藏文物实行登记制度的探索/李培军//中国文物报 2006 - 08 - 30
◎ 民间收藏掀起红色风暴/于娜//中国商报 2006 - 06 - 22
◎ 民间收藏须谨慎/汪滢//新华日报 2006 - 05 - 19
◎ 民间收藏—种高层次的寻根问祖/涓涓//青年作家 2006 - 02
◎ 民间收藏再掀元青花热/于娜//中国商报 2006 - 12 - 07
◎ 民间收藏展览馆“十一”开放/义富　邹平//扬州日报 2006 - 09 - 18
◎ 民间收藏中的建馆与建档/张茂路//山东档案 2006 - 03
◎ 民间文化是发展先进文化的民族根基——抢救广西民间文化遗产三丛书总序/农冠品//广西右江民族师专学报 2006 - 01
◎ 民间文化也应注重保护和发展/令楠//中国改革报 2006 - 03 - 04
◎ 民间信仰与非物质文化遗产保护/向柏松//中南民族大学学报（人文社会科学版）2006 - 05
◎ 民间艺术应以民众自身生活需要为发展动力/王宁宇//美术观察 2006 - 06
◎ 民间杂技产生、发展的文化机制/黄亚琪//濮阳职业技术学院学报 2006 - 02
◎ 民间资金须尽快进入艺术产业/梁瑛//深圳商报 2006 - 10 - 26
◎ 民乐加强非物质文化遗产保护/陈建宏　任志玲　朱秀琴//甘肃日报 2006 - 12 - 05

- 体育收藏渐入佳境/郭丽君//光明日报 2006－02－08
- 体育邮协办好奥运收藏集邮展 总结二十载辉煌历程/陈争//中国集邮报 2006－09－26
- 天府大剧院成都博物馆今年启动/王嘉//成都日报 2006－02－24
- 天赋华章 稽古盛景——回忆稽古社及其子弟班的演出/王永运//中国京剧 2006－05
- 天价元青花 拍出亿元价/光日//威海日报 2006－02－15
- 天价真品令人望而却步 复制品收藏逐渐升温/杨烨 王莉//经济参考报 2006－12－06
- 天津近代戏剧艺术产业化初探——以茶园戏曲经济为个案/陈曼娜//华中师范大学学报（人文社会科学版）2006－02
- 天津京剧院演出活动繁忙/张浩 宋玉芬//天津日报 2006－04－15
- 天津庆祝中华剧院落成纪念京剧“百日集训”20 周年/杨胜生 张建新//中国文化报 2006－09－19
- 天津曲艺市场：在观众互动中兴旺/隗瑞艳//中国文化报 2006－06－05
- 天津曲艺市场缘何火爆/邱振刚//中国艺术报 2006－06－09
- 天津曲艺演出市场：繁荣引出的冷思考/郭秀君//文艺报 2006－08－17
- 天门皮影戏受邀进京演出/张进 金霞//湖北日报 2006－11－21
- 田村卡收藏走势看好/王钰//吉林日报 2006－05－16
- 田黄迷踪——文物收藏经眼录之六/曲博//龙门阵 2006－06
- 铁路进高原遗产应无恙//中国文化报 2006－07－06
- 铁皮玩具在收藏市场渐热//致富时代 2006－04
- 挺进高仿——高仿品收藏市场探析/孔祥祥//收藏界 2006－10
- 通辽藏协 草原上的收藏军/晓凡//中国商报 2006－07－06
- 同一首歌：最疯狂的演出/朱文铁//北京纪事（纪实文摘）2006－11
- 铜仁地区文工团被誉为山区“文艺轻骑兵”/文叶飞//贵州日报 2006－12－29
- 童心在北大校园放飞吴桥杂技学校进京展演/文川//杂技与魔术 2006－04
- 投资机遇稳定 调整态势显现——2005 年度中国古代书画市场/董岳//中国拍卖 2006－02
- 投资试水，资本转向艺术市场/朱虹子//艺术市场 2006－02
- 投资收藏当代书画作品的四项基本原则/闻一少//商业文化 2006－19
- 投资收藏级翡翠/万珺//大众理财顾问 2006－09
- 投资收藏无限好 家具市场别样“红”——浅谈红木家具的投资与消费/赵正阳//艺术市场 2006－03
- 投资书画收藏 不要指望一夜暴富/沙戈//经理日报 2006－12－16
- 透视海南演出市场火爆的背后/戎海//海南日报 2006－01－15
- 透析杭州艺术品收藏热/张凌鸿//杭州通讯 2006－05
- 凸显保护历史文化遗产的思想库价值——读马自树先生《文博丛谈》/葛承雍//中国博物馆 2006－01
- 突破实景演出 政府隐身 迈出盆地/严斌//成都日报 2006－03－30
- 突破演艺项目融资瓶颈，引导银行资金进入市场//解放日报 2006－02－24
- 图画书与演出——兼谈《你很特别》搬上舞台演出的过程/赵靖夏//昆明师范高等专科学校学报 2006－02
- 图片收藏闸门打开 照片涨幅超股票/卡罗尔·斯柯尔斯 吴飞虎//经济参考报 2006－11－15
- 图书馆、博物馆与档案馆资源整合初探/李萍//剧影月报 2006－06
- 图书馆：前方遭遇红灯/刘磊//互联网周刊 2006－06
- 图书馆别光想着出租馆舍/王红//中国文化报 2006－03－30
- 图书馆不再是“藏”书楼/齐小乎//中国财经报 2006－09－05
- 图书馆产业化是信息社会发展的必然趋势/彭敏//科技情报开发与经济 2006－05
- 图书馆产业化研究与对策/李沂秋//现代情报 2006－05
- 图书馆的未来——浅析数字图书馆的建设与发展/孔伟//山东省图书馆第十四次科学讨论会 2006
- 图书馆何以成“空壳”？/贺广华 王伟//人民日报 2006－06－07
- 图书馆品牌构建及服务——从青岛经济技术开发区图书馆创建“知识家园”服务品牌谈起/魏宗燕 张靖//山东省图书馆学会第十三次科学讨论会 2006
- 图书馆学情报学期刊广告媒体的优势与经营研究/罗金增//图书情报工作 2006－07
- 土家山歌“哕儿调”重庆国家首批非物质文化遗产名录/李星婷//今日重庆 2006－08
- 土家族非物质文化遗产现状及保护对策/黄柏权//湖北民族学院学报（哲学社会科学版）2006－02
- 退休干部为城市保存“老建筑零件”/汤文学//哈尔滨日报 2006－04－12
- 沲沲：以集藏旧书为乐/胡明刚//财经时报 2006－02－27
- 拓“艺术”路画家村雕刻村打组合拳/严斌//成都日报 2006－08－14
- 拓延服务：公共档案馆文化建设的突破口/杨晓文//理论界 2006－12
- 拓展档案馆社会服务的广阔空间——“全国档案馆拓展社会服务功能座谈会”综述/刘守华//中国档案 2006－05
- 拓展档案馆社会服务功能是档案事业发展的必由之路/徐静//黑龙江档案 2006－03
- 挖掘非物质文化遗产的旅游价值（上）/王健民//中国旅游报 2006－03－08
- 挖掘非物质文化遗产的旅游价值（下）/王健民//中国旅游报 2006－03－10
- 挖掘晋商文化遗产服务经济社会发展/刘泽民//山西政协报 2006－08－02
- 挖掘文化价值促进社会发展/朱万曙//安徽日报 2006－06－12
- 挖掘戏曲优势资源，建设绍兴文化强市/严晓兵//戏文 2006－06
- 外币收藏乐趣多/王钰 金硕//吉林日报 2006－07－18
- 外国收藏力量何以兴起投资中国艺术品热/魏道培//艺术市场 2006－10
- 外销瓷收藏正当时/杨小涟//北京日报 2006－10－23
- 完善档案馆功能为社会提供更优质服务/于全太//中国档案报 2006－11－30
- 玩广告和玩收藏一样天昏地暗/张默闻//广告人 2006－06
- 玩收藏，总有个理由/戎海//江淮时报 2006－07－12
- 挽救传统戏曲艺术政府应有所作为/贾伟 石磊//河北日报 2006－03－08
- 皖南古村落发展和谐旅游的思考——以世界文化遗产地宏村为例/章尚正//安徽职业技术学院学报 2006－02
- 皖南目连戏的文化内涵和演出功能/陈星//安庆师范学院学报（社会科学版）2006－03
- 万件民间艺术品落户深圳/管亚东//深圳商报 2006－07－20
- 万科蓝山收藏梦想的家园/梁学斌//房地产导刊 2006－Z4
- 万顷碧波拾珠玑——从拍卖看当代中国书画的收藏/郭淑林//艺术市场 2006－09
- 万善有支农村文艺演出队/文伟//广安日报 2006－05－18
- 万载城乡互动热了群众文化/高叙景//宜春日报 2006－03－14
- 王奕：演艺世界“奕”常精彩/庄晓蓉//走向世界 2006－02
- 王中军：从容收藏/董文胜//中国证券报 2006－02－14
- 王中军：票房与收藏的双重生活/李雁春//紫禁城 2006－Z1
- 网络化环境下档案馆服务应该重视在线用户/钦娟//档案时空 2006－06
- 网络环境下档案馆服务的新特征/张文元//兰台世界 2006－15
- 网络时代的表演艺术营销模式/杨静//中国市场 2006－Z4
- 网络时代音乐产业的困境与出路/曹航 秦莉 金永成//商业时代 2006－23
- 网络音乐逼音乐产业变局？/刘海 苑坚//中国税务报 2006－08－30

10－18
⊙ 我省文物安全令人忧/阙爱民//河南日报 2006－03－12
⊙ 我省演出市场持“冷”不退/吴利红//黑龙江日报 2006－05－23
⊙ 我省艺术家进京慰问演出活动在京启动/陈茁//河南日报 2006－12－17
⊙ 我省召开非物质文化遗产保护工作会议/周静//贵州日报 2006－09－24
⊙ 我市“国保”单位增至 13 个/郭艳秋//天水日报 2006－06－15
⊙ 我市“文化遗产日”宣传活动规模大效果好/李延军//铜川日报 2006－06－13
⊙ 我市 12 项文化遗产入选新增 7 个“国保”单位/吴秀萍//重庆日报 2006－06－03
⊙ 我市 6 项文化遗产榜上有名/郭英昆//保定日报 2006－06－10
⊙ 我市参加全省非物质文化遗产保护成果展好评如潮/史俊长//长治日报 2006－06－22
⊙ 我市成功申报黄梅戏为国家“非遗”/李玖久//黄冈日报 2006－06－06
⊙ 我市出台意见扶持地方传统艺术发展/吕路阳//福州日报 2006－11－04
⊙ 我市非物质文化遗产省城亮相/刘岩生//闽东日报 2006－06－10
⊙ 我市纪念中国首个文化遗产日/汤玲//蚌埠日报 2006－06－12
⊙ 我市京剧《酒魂》荣膺大奖载誉归来/刘龙滨　郭庆权//锦州日报 2006－09－27
⊙ 我市京剧演员在京举行专场演出/吴秀萍//重庆日报 2006－12－05
⊙ 我市举行世界旅游日大型宣传活动/晓晶　淑芳　张宜　翠昕//承德日报 2006－09－28
⊙ 我市举行系列活动纪念首个文化遗产日/吴秀萍//重庆日报 2006－06－11
⊙ 我市全面展开非物质文化遗产保护工作/杨桂丽//鄂尔多斯日报 2006－04－28
⊙ 我市送文化下乡活动昨日启幕/卢晓兵//平顶山日报 2006－01－13
⊙ 我市文化三下乡活动启动/潘春燕//台州日报 2006－05－30
⊙ 我市文化下乡慰问团在阳高演出/陈杰//大同日报 2006－03－05
⊙ 我市文化遗产保护工作成效显著/宋莉　张正忠//长春日报 2006－12－18
⊙ 我市文物保护进行时/李冬梅　樊丽//济宁日报 2006－06－09
⊙ 我市文物部门广泛开展“文化遗产日”系列活动/郭金鑫　徐林　贺占强//延安日报 2006－06－14
⊙ 我市又有十一处古迹晋升国家重点文物保护单位/李国臣//赤峰日报 2006－06－11
⊙ 我市召开“文化遗产日”座谈会/宋馨//周口日报 2006－06－10
⊙ 我市召开文化遗产保护座谈会/刘小飞　李熙杰//郴州日报 2006－06－12
⊙ 我市中小学生倡议：共同保护好文化遗产/琚雯//黄山日报 2006－06－11
⊙ 我市注重加强文化遗产保护工作/李国臣//赤峰日报 2006－06－18
⊙ 我市专项保护“文化遗产”肯下大力气/陈凤军//沈阳日报 2006－06－10
⊙ 我收藏的“贵州银元汇票”/黄敦//上海集邮 2006－03
⊙ 我收藏的“咸丰重宝”当百大钱币/刘长君//收藏界 2006－04
⊙ 我收藏荣誉证书/许志勇//长寿 2006－12
⊙ 我所收藏的“狮子”/飞鸿//艺术与投资 2006－03
⊙ 我所收藏的近现代瓷壶/萧罡//艺术与投资 2006－01
⊙ 我校承办文化遗产保护与旅游发展国际研讨会/嵇宏//东南大学学报（哲学社会科学版）2006－06
⊙ 我州加强非物质文化遗产保护工作/王悦//昌吉日报 2006－11－18
⊙ 我州举办“文化遗产日”宣传活动/龙莹//团结报 2006－06－15
⊙ 我州庆祝首个“中国文化遗产日”/李灿梅/大理日报（汉）2006－06－13
⊙ 我州文化遗产璀璨夺目/杨俊//阿坝日报 2006－06－09
⊙ 我州新增两个国家级文物保护单位/王丽//甘南日报（汉文版）2006－06－13
⊙ 乌江流域的非物质文化遗产及其保护原则/李伟//重庆社会科学 2006－09
⊙ 乌江流域民族地区非物质文化遗产的类型、保护与传承/李良品//民间文化论坛 2006－06
⊙ 无声雕塑的市场呐喊//艺术与投资 2006－12
⊙ 无形文化遗产保护与维护少数人权利问题的若干思考/郭婷//民间文化论坛 2006－03
⊙ 无形文化遗产的保护与进展——联合国的作用及我国的努力/卓仲阳//西南民族大学学报（人文社科版）2006－06
⊙ 无形文化遗产的异地保护与开发——以湖南大崇山文化生态园规划为例/周谦//中外建筑 2006－04
⊙ 吴桥：世界杂技的故乡/高志顺//河北日报 2006－09－21
⊙ 吴桥杂技大世界精心打造特色旅游胜地/马路　杨军　任华锋//河北日报 2006－05－01
⊙ 吴正丹　千年杂技遇到百岁芭蕾/张立洁//三月风 2006－05
⊙ 吴中培作品暨收藏展在海宁举行//中国花鸟画 2006－06
⊙ 五彩奥运　缤纷收藏/卢佳音//中国商报 2006－07－20
⊙ 五大板块构成江苏省交响乐团全年演出/王军//音乐周报 2006－05－12
⊙ 五环旗下的博物馆/文冰//中国文物报 2006－09－22
⊙ 五年内构建五大体系/王淼//中国文化报 2006－02－23
⊙ 五十年后识真画　兼谈书画艺术品市场的支撑点/黄建安//艺术与投资 2006－01
⊙ 五一长假文化休闲多元化/袁锋//海南日报 2006－05－09
⊙ 五一黄金周：上海市档案馆外滩新馆迎客逾六千/邹伟农//中国档案报 2006－05－29
⊙ 五音戏　展奇葩——上海越剧院、山东省淄博市五音戏剧院友好交流演出//上海戏剧 2006－01
⊙ 五洲宾朋聚黄鹤之乡杂技英豪竞长江之滨/杨家鸣　杨天平//中国文化报 2006－11－18
⊙ 武当武术被国家列为非物质文化遗产名录/武宣//武当 2006－02
⊙ 武汉文化遗产资源的旅游价值研究/王麓怡//江汉大学学报（社会科学版）2006－04
⊙ 武汉新区城市景观设计的基本理念/张笃勤//江汉大学学报（社会科学版）2006－03
⊙ 武术对传统戏曲、舞蹈艺术的影响/林家铭//体育文化导刊 2006－05
⊙ 武术套路表演商业价值开发模式的研究/刘占鲁//广州体育学院学报 2006－05
⊙ 舞红晋商情——舞剧《一把酸枣》在人民大会堂演出纪实/刘文沛//山西艺术职业学院学报 2006－01
⊙ 舞剧《画魂·舞》试水演出市场/马进//中国文化报 2006－12－11
⊙ 舞剧《一把酸枣》成功的启迪——在舞剧《一把酸枣》入选国家舞台艺术精品工程初选剧目暨演出超百场庆祝会上的讲话/田惠爱//山西艺术职业学院学报 2006－01
⊙ 舞台新花迎着春风开——北京春季话剧演出一瞥/刘平//剧作家 2006－03
⊙ 舞台与荧屏的嫁接——漫谈戏曲电视/刘振东//大舞台 2006－04
⊙ 物质文化遗产与非物质文化遗产的关系/彭岚嘉//西北师大学报（社会科学版）2006－06
⊙ 物质与非物质：传统工艺美术的保护与发展/李砚祖//文艺研究 2006－12
⊙ 西安：成立非物质文化遗产保护中心/李茗//杭州通讯 2006－11
⊙ 西安政协委员建议设立“文化遗产日”/佟庆利//人民政协报 2006－03－30
⊙ 西部大开发与文化遗产保护/刘瑞//边疆经济与文化 2006－12

◎ 雨花石收藏恰逢其时/文可鑫//金融经济 2006－23
◎ 雨花石收藏市场渐入佳境/郑晋鸣 褚雯//光明日报 2006－09－21
◎ 玉器的鉴赏与收藏/程旭//收藏界 2006－09
◎ 玉器卖不过原料 和田仔玉走俏收藏市场/曹滢 陈茜//经济参考报 2006－09－20
◎ 玉器收藏：升值快 回报高/马佳//安徽经济报 2006－06－29
◎ 玉器收藏6要/周理//晚晴 2006－01
◎ 玉器收藏风头正劲 真假难辨还须当心/任震宇//中国消费者报 2006－06－05
◎ 玉器收藏市场之"四怪"/张小明//中国矿业报 2006－02－25
◎ 玉器收藏水涨船高/姜杰//中国矿业报 2006－06－03
◎ 玉器收藏正逢盛世/韩润明//中国矿业报 2006－11－25
◎ 玉石收藏渐成 百姓投资风向/高虹 邓东芳//海南日报 2006－02－20
◎ 玉溪市加强档案馆馆库及档案信息化建设/禹增焕//中国档案报 2006－08－31
◎ 元旦春节文艺下乡演出30场/李洋 杨志俊//北京日报 2006－02－22
◎ 园林植物在城市景观设计中的作用——以广州兰圃为例/邓小飞//湘潭师范学院学报（社会科学版）2006－05
◎ 原创节目下乡演出/东平//源流 2006－12
◎ 原生态唱法，传统文化遗产的守护者——由第十二届青年歌手电视大奖赛"原生态"唱法引发的思考/殷瑛//人民音乐 2006－07
◎ 院图书馆开通CASHL外文文献传递服务/陈涛//中国社会科学院院报 2006－03－16
◎ 跃出历史走向未来——甘肃杂技艺术发展之我见/荀西岩//杂技与魔术 2006－06
◎ 粤剧的现状与憧憬/梅晓//广东艺术 2006－06
◎ 粤剧是发展的艺术/曲润海//广东艺术 2006－01
◎ 云南、广西发展文艺演出业的启示/李红梅//团结报 2006－06－05
◎ 云南建成首座民族生态博物馆/文云//中国文物报 2006－02－08
◎ 云南京剧：突围与发展/王红彬//云南日报 2006－12－15
◎ 云南民间收藏"显山露水"/周渝凡 黄华//云南日报 2006－10－27
◎ 云南省召开文化遗产保护工作会议/杨圣云//中国文物报 2006－06－23
◎ 杂技《天鹅湖》在俄罗斯演出获得巨大成功/姚志清//杂技与魔术 2006－02
◎ 杂技芭蕾《天鹅湖》越演越精彩/陈原//人民日报 2006－04－07
◎ 杂技成为我省乡村舞台"轻骑兵"/刘慧 吴婧//浙江日报 2006－01－12
◎ 杂技故乡走一遭民间绝活学两招——河北吴桥杂技大世界探游/陈燕黎//度假旅游 2006－02
◎ 杂技花开香四海大篷车载百姓情——德阳市杂技团的发展之路/罗漫//杂技与魔术 2006－03
◎ 杂技节目参加博鳌亚洲论坛2006年年会演出引起轰动/雨非//杂技与魔术 2006－03
◎ 杂技走进工厂博得满堂喝彩/孟祥宁//中国艺术报 2006－01－20
◎ 再见"台北"——赴台演出日记/郑岩//中国京剧 2006－03
◎ 再谈砚台的收藏与鉴赏/徐志//咸宁日报 2006－01－09
◎ 在"观察记录反思"中体验和收藏幸福/蔡筱荔//时代教育 2006－24
◎ 在"烂木头"里淘金——记唐昌科和他的匾额收藏/吴丹//公关世界 2006－06
◎ 在"美国梦"中航行——用双桅帆船中的靓丽色彩来丰富你的模型收藏/菲利浦·戈尔//模型世界 2006－02
◎ 在"中国非物质文化遗产保护论坛"开幕式上的致辞/王文章//文艺理论与批评 2006－04
◎ 在"中国年俗文化保护与旅游发展论坛"开幕式上的讲话/张庆善//文化遗产保护与旅游发展国际研讨会 2006
◎ 在保护与开发中新生/冉仲景//重庆日报 2006－06－05
◎ 在成都豆瓣白酒都和文化遗产有关/赵斌//成都日报 2006－04－23
◎ 在传承中保护/王淼//中国文化报 2006－02－16
◎ 在档案馆里办展览的收藏家/王恩汉//中国档案 2006－02
◎ 在非物质文化遗产的物质世界里——漳州市木偶剧团随访录/白墨//福建艺术 2006－03
◎ 在贯彻落实《国务院关于加强文化遗产保护的通知》座谈会上的讲话/孙家正//中国文物报 2006－03－01
◎ 在景观规划与城市设计之间京杭大运河无锡段景观规划设计方法与实践思考/陈圣泓//风景园林 2006－03
◎ 在全球化背景下发展福建艺术产业/李仲才//福建工商时报 2006－11－24
◎ 在社会主义新农村建设中试建乡（镇）档案馆之管见/马灵 郝永华//全省新农村建设与档案工作学术研讨会 2006
◎ 在声像记录中传承、光大非物质文化遗产/黄斌//声屏世界 2006－08
◎ 在市场竞争中执著前行/蓝恩发//沈阳日报 2006－08－03
◎ 在收藏市场"淘"什么？/王臻青//辽宁日报 2006－05－24
◎ 在台湾看博物馆/陈晓星//人民日报海外版 2006－09－19
◎ 在线交易：开辟收藏市场的新天地/侯英杰//中国艺术报 2006－04－07
◎ 在新的变革中壮大实力 繁荣发展/杨家鸣//中国文化报 2006－06－22
◎ 在中国非物质文化遗产保护中心成立暨揭牌仪式上的讲话/周和平//中国文化报 2006－09－21
◎ 在专业中求得"出彩"/于娜//中华新闻报 2006－07－05
◎ 早期收藏中国钞币的知名外籍人士——在华外籍人士小传（六）/孙浩//中国钱币 2006－04
◎ 增强科学意识运用科学技术积极促进和提升文化遗产保护科技水平/赵荣//中国文物报 2006－12－08
◎ 增强责任感和使命感做好文化遗产保护工作/吴玉锋//驻马店日报 2006－06－12
◎ 扎实做好文化遗产保护/李跃波//安徽日报 2006－06－06
◎ 展示非物质文化遗产多样之美/徐涟//中国文化报 2006－02－14
◎ 展示我国55个少数民族文化遗产的全貌——简评《中国少数民族文化遗产集粹》/李菁//云南教育（视界版A）2006－09
◎ 张家界举行俄罗斯空军特技飞行表演/张雷//环球军事 2006－07
◎ 张氏帅府博物馆：做足服务文章/罗信 周凤文//中国旅游报 2006－05－29
◎ 张永霖：只收藏大师作品/杨时旸//财经时报 2006－05－15
◎ 张宗宪，投资，艺术市场及其他/夏季风//艺术与投资 2006－04
◎ 彰显城市档案馆的文化魅力/欣欣//中国档案 2006－01
◎ 这边毁真古董，那边生造"媚香楼"/钟玉明//新华每日电讯 2006－10－15
◎ 这个秋季：艺术拍卖市场晴空还是雨雪？/夏季风//艺术与投资 2006－11
◎ 这里也能看"大戏"/霍峰 张华//中国文化报 2006－04－20
◎ 浙大文琴艺术团访 联合国和美国高校归来/张冬素 周炜//浙江日报 2006－11－02
◎ 浙江（中国）古玩艺术品收藏博览会将办/木木//中国文化报 2006－04－14
◎ 浙江：民营剧团为何火爆？/余靖静 张乐//人民日报 2006－01－06
◎ 浙江出台加强文化遗产保护的意见/郑建华//中国文物报 2006－06－16
◎ 浙江第一槌——小记中国硬笔书法领军人物收藏天地现场书画创作特卖/吴身元//中国钢笔书法 2006－01
◎ 浙江非物质文化遗产惊艳北京/胡剑平//今日浙江 2006－06
◎ 浙江省民间文物收藏的现状和对策/陈官忠//中国文物报 2006－01－04
◎ 浙江省文化遗产保护工作成果数字解读/正月//中国文化报 2006－06－08
◎ 浙江省舞台艺术新年演出季即将拉开帷幕/沈挺//戏文 2006－06

⊙ 浙江省演出业共创演出繁荣发展新局面／伊廖　成大庸//中国文化报 2006－01－12
⊙ 浙江省音乐产业发展的对策研究／朱琴//浙江传媒学院学报 2006－06
⊙ 浙江图书馆开展非物质文化遗产保护系列宣传活动／苏丹//图书馆研究与工作 2006－03
⊙ 浙江小戏创作的一大丰收——简评“浙江省第二届现代小戏曲会演”／奚文平//戏文 2006－01
⊙ 浙江召开省历史文化遗产保护管理委员会年会／郑建华//中国文物报 2006－04－26
⊙ 浙艺职院越剧人才培养驶入“绿色通道”／马向东//光明日报 2006－08－27
⊙ 珍爱文化遗产／徐沙溪//吉林日报 2006－05－18
⊙ 珍爱文化遗产传承人类文明／张庆捷　于振龙　芝效林　柴泽俊//太原日报 2006－06－09
⊙ 珍妮小姐：中国油画市场的新纪元　兼谈艺术品投资热点的市场变换／黄建安//艺术与投资 2006－02
⊙ 珍视文化遗产认真研究堪舆学／亢亮//中华建筑报 2006－06－15
⊙ 珍惜和保护人类文化遗产——档案／艾信//中国档案 2006－09
⊙ 真正的遗产是无法普及的／葛剑雄//新京报 2006－06－17
⊙ 振兴湖北地方戏曲//世纪行 2006－11
⊙ 镇原秦剧团被命名为“庆阳市优秀艺术团体”受表彰／葛彦洲　李宏岳//陇东报 2006－08－22
⊙ 峥嵘岁月再回首——《一把酸枣》创作演出大事记／尹志宏//山西艺术职业学院学报 2006－01
⊙ 拯救湖北非物质文化遗产／陈三三//世纪行 2006－11
⊙ 拯救活着的遗产//建筑时报 2006－01－16
⊙ 整合民间收藏品资源　发展国家博物馆事业／文先国//中国文物科学研究 2006－02
⊙ 正在发展中的我国艺术品市场／王娟娟//中国市场 2006－18
⊙ 正直做人　诚信为本//收藏家 2006－09
⊙ 郑州博物馆奏响“高山流水”／汪培梓//中国文化报 2006－03－30
⊙ 郑州歌舞剧院体制创新实现多赢／刘先琴　袁瑞清//光明日报 2006－01－19
⊙ 郑州拍卖出“花样”收藏者 3 万元打水漂／张娟//中国商报 2006－04－06
⊙ 郑州涉外演出税收征管走上正轨／乔磊　李楠　胡清水//中国税务报 2006－10－13
⊙ 郑州市档案馆实现多元化服务／廖洁//中国档案报 2006－04－20
⊙ 郑作良：收藏版画需要远见卓识//艺术与投资 2006－06
⊙ 政府埋单激活农村演艺市场／李源//新华日报 2006－10－26
⊙ 政府投入是改善图书馆现状的关键／王维香//人民日报 2006－01－13
⊙ 政府应大力保护传统戏曲艺术／刘修兵//中国文化报 2006－03－14
⊙ 政府支持个人开博物馆／肖洁//兰州日报 2006－01－11
⊙ 政府指导　定位引导　市场运营　品牌经营／黄月//中国文化报 2006－10－16
⊙ 政协提案建议发展社区图书馆／张隽//中华读书报 2006－03－08
⊙ 知识产权视角下的河南非物质文化遗产保护／白慧颖//河南商业高等专科学校学报 2006－04
⊙ 知识工程荐书活动社区巡展在杭热演十场／每文//中国文化报 2006－07－31
⊙ 知识经济下档案馆人力资源管理的目标定位／祁玉萍//兰台世界 2006－17
⊙ 织绣收藏还需赶早／明慧//中国改革报 2006－08－12
⊙ 织绣艺术品渐入收藏视野／马文会//艺术市场 2006－02
⊙ 执法重点：网吧和音像市场／张云宽　许扶亚//湖北日报 2006－07－02
⊙ 植物造景在现代城市景观设计中的应用／王艳梅//科技情报开发与经济 2006－17
⊙ 纸分币“退役”引发收藏热／晓凡//中国商报 2006－10－12
⊙ 纸制月票收藏正当其时／王志//中国艺术报 2006－05－05
⊙ 质疑“珍品”收藏／马志春//中国艺术报 2006－04－07
⊙ 中国“青田田鱼”——全球重要农业文化遗产／青田//环境教育 2006－01
⊙ 中国“天鹅”飞回俄罗斯／马明德//光明日报 2006－04－28
⊙ 中国白酒文化遗产景观及法律保护／宋才发//湖北民族学院学报（哲学社会科学版）2006－01
⊙ 中国版画的鉴藏要点／鲁利锋//艺术与投资 2006－06
⊙ 中国版画收藏再度升温／汪涓//深圳商报 2006－12－19
⊙ 中国保护非物质文化遗产大事记//中国发明与专利 2006－08
⊙ 中国博物馆的喜与忧／钟贺//中国老年报 2006－06－09
⊙ 中国藏医药文化博物馆在青开馆／罗藏//青海日报 2006－09－10
⊙ 中国城市化进程中文化遗产保护对策研究——文化遗产的动态保护观／梁航琳//建筑师 2006－02
⊙ 中国传统木版年画成为国内外收藏界新宠／孙洪磊//中华建筑报 2006－02－09
⊙ 中国传统戏曲不能盲目“变脸”／段煜第　王丽萍　李琳　何仁军//深圳商报 2006－03－28
⊙ 中国传统医药获得申报世界文化遗产国家级“通行证”5 项举措再推申请世界文化遗产步伐//中医药导报 2006－06
⊙ 中国当代城市景观艺术设计理念的研究／刘文忠//南京艺术学院学报（美术与设计版）2006－01
⊙ 中国当代艺术品“钱”景无限//艺术与投资 2006－03
⊙ 中国当代艺术之收藏——兼及 2006 春中国油画拍卖回顾／李峰//东方艺术 2006－13
⊙ 中国的艺术老外玩中国当代艺术品收藏的本土缺失//艺术与投资 2006－03
⊙ 中国电影博物馆领航亚洲／刘亚力　蓝朝晖//北京现代商报 2006－01－06
⊙ 中国非物质文化遗产保护成果展／马肇奇//投资北京 2006－04
⊙ 中国非物质文化遗产保护成果展在京举办／水草//中国社会科学院院报 2006－02－21
⊙ 中国非物质文化遗产保护论坛举行／徐涟//中国文化报 2006－06－13
⊙ 中国非物质文化遗产保护中心成立／徐涟//中国文化报 2006－09－16
⊙ 中国非物质文化遗产保护中心揭牌／水草//中国社会科学院院报 2006－09－26
⊙ 中国非物质文化遗产的文化特征及其当代价值／蔡丰明//上海交通大学学报（哲学社会科学版）2006－04
⊙ 中国非物质文化遗产面临的挑战及对策／魏姝俊//中国发明与专利 2006－08
⊙ 中国歌剧海外“秀”风采／伍斌//中国文化报 2006－11－06
⊙ 中国歌剧舞剧院赴贵州慰问演出／刘修兵//中国文化报 2006－02－14
⊙ 中国各省市非物质文化遗产巡礼//神州 2006－03
⊙ 中国工业遗产保护论坛将举办／陆琼//中国文物报 2006－04－14
⊙ 中国工业遗产保护论坛在无锡举行／张双敏　孙漪娜//中国文物报 2006－04－21
⊙ 中国古代遗产保护传统的七大特征／喻学才//文化遗产保护与旅游发展国际研讨会 2006
⊙ 中国国际艺术品投资与收藏博览会品牌／陆璐//中国文化报 2006－08－28
⊙ 中国国际艺术品投资与收藏博览会整体规划／李珍萍　高游//中国文物报 2006－05－03
⊙ 中国画的鉴赏和保存中国画收藏与投资系列之十一／郭浩满//上海艺术家 2006－05

⊙ 中国画廊进入盈利时代//2006年：北大文化产业（第二辑）
⊙ 中国画收藏与投资系列之八　西方艺术市场对中国画市场的启示/郭浩满//上海艺术家 2006－02
⊙ 中国画收藏与投资系列之七收藏画作应注意的事项/郭浩满//上海艺术家 2006－01
⊙ 中国民间文化遗产的抢救与保护——白庚胜先生到河南大学作学术报告//民间文化论坛 2006
⊙ 中国民间文化遗产抢救工程经验交流会在豫举行/冯莉//民间文化论坛 2006－06
⊙ 中国民间文化遗产抢救工程经验交流会在郑州召开/刘松媛//中国文化报 2006－12－05
⊙ 中国企业应战略性进入网络文化市场/李国华　朱力//中国经营报 2006－08－07
⊙ 中国汽车开进欧洲博物馆/海霞//中国经济导报 2006－09－19
⊙ 中国人类口头和非物质文化遗产代表作//神州 2006－03
⊙ 中国收藏市场超级富豪缺位/刘洪仁//威海日报 2006－03－15
⊙ 中国收藏首届璞玉展人气爆棚/韩涧明//中国商报 2006－12－21
⊙ 中国首次非物质文化遗产保护成果展在京开幕/子月儿//中外文化交流 2006－03
⊙ 中国首批国家非物质文化遗产的旅游资源价值评价/孙青　张捷//文化遗产保护与旅游发展国际研讨会 2006
⊙ 中国书法市场：困境与出路/马健//艺术与投资 2006－10
⊙ 中国书画市场价格倒挂原因分析//荣宝斋 2006－02
⊙ 中国书画市场四大趋势/朱浩云//中国文物报 2006－02－15
⊙ 中国书画引领投资风向标/潘黎萍//北京现代商报 2006－08－07
⊙ 中国数字音像产业的现状与发展趋势/刘国雄//中国文化产业评论（第5卷）
⊙ 中国铁路凸显文物价值与文物保护意识国家设立“文化遗产日”铁路遗存进入文保名录//中国铁路 2006－06
⊙ 中国文化遗产保护及其外宣意义/陈锋//对外大传播 2006－12
⊙ 中国文化遗产保护科学技术的形势与任务/张廷皓//中国文物科学研究 2006－01
⊙ 中国文化遗产日我们该做什么//中国民族 2006－07
⊙ 中国文联与民族文化宫联手打造“百花剧场”/康伟//中国艺术报 2006－04－28
⊙ 中国文物鉴定市场现状调查/一言//艺术市场 2006－11
⊙ 中国吴桥国际杂技艺术节发展对策研究/郭伟//商业研究 2006－20
⊙ 中国舞蹈探路国际营销/陈原//人民日报 2006－05－29
⊙ 中国西部演出联盟揭牌/卢山林//中国文化报 2006－12－01
⊙ 中国戏曲到底能走多远/何玉人//艺术评论 2006－10
⊙ 中国戏曲到了最危险的时候/李婧//北方音乐 2006－07
⊙ 中国戏曲的现代化生存方式与研究方向初探——兼与中国传媒大学周华斌教授商榷/许蓉//东莞理工学院学报 2006－06
⊙ 中国戏曲剧种保护发展座谈会在京举行/晓耕//中国戏剧 2006－07
⊙ 中国戏曲剧种保护展精彩不容错过/徐涟//中国文化报 2006－06－13
⊙ 中国戏曲与新农村建设/岳永进//中国戏剧 2006－10
⊙ 中国戏曲在当代的思考//光明日报 2006－12－01
⊙ 中国戏曲走向未来之路/梅春//戏文 2006－04
⊙ 中国需要一个健康规范的摄影作品收藏市场/石志民//东方艺术 2006－21
⊙ 中国演出在海外：还未走出“贱卖”圈/曹滢　孙丽萍//经济参考报 2006－10－09
⊙ 中国演艺产品走向澳新/文产//中国文化报 2006－08－18
⊙ 中国艺术品市场亟须挤“泡沫”/汪娟　姜媛//深圳商报 2006－09－29
⊙ 中国艺术品市场尚需冷静环境　投资收藏人群应注重提升知识修养——西方陶瓷专家眼中的中国文物艺术品市场/奋鹰//艺术市场 2006－02
⊙ 中国艺术品市场态势与政策走向/张新建//中外文化交流 2006－10
⊙ 中国艺术市场还刚刚起步/何鸿//艺术与投资 2006－01
⊙ 中国艺术市场亚洲经验的全新功课　香港苏富比2006年春拍回顾/张瑾//艺术与投资 2006－05
⊙ 中国艺术研究院收藏浙江乐清龙档/子微//中华文化画报 2006－04
⊙ 中国音像产业现状与发展分析/周星//现代传播 2006－01
⊙ 中国音著协华南“首开杀戒”起诉KTV歌厅/蒋飞//第一财经日报 2006－01－24
⊙ 中国印刷博物馆重新开放/贾晓燕//北京日报 2006－12－23
⊙ 中国油画：收藏投资正相宜/刘琼//今日中国（中文版）2006－01
⊙ 中国杂技国际走“江湖”/曹红蓓//西部时报 2006－01－20
⊙ 中国杂技踏上“品牌之旅”/刘琼//人民日报 2006－12－19
⊙ 中华剧院落成暨纪念天津市青年京剧团“百日集训”20周年座谈会在津召开/白俊峰　张浩//天津日报 2006－09－17
⊙ 中华文明的瑰宝：海洋文化遗产/刘家沂//今日中国论坛 2006－09
⊙ 中间商，你的表演没有落幕/张容瑄//财富智慧 2006－08
⊙ 中青年画家作品将成为收藏投资的”潜力股“/赖少芬//经济参考报 2006－12－13
⊙ 中外档案馆休闲利用比较研究/李珍//机电兵船档案 2006－05
⊙ 中外联手打造“东方百老汇”/陈原//人民日报 2006－03－29
⊙ 中外艺术家盛装表演迈向2008/周奇//北京日报 2006－09－25
⊙ 中西结合的艺术结晶《培尔·金特》的京剧化改编和排演/卢秋燕//上海戏剧 2006－09
⊙ 中央歌剧院前来杭州高校演出/陈坚//戏文 2006－06
⊙ 钟鸣：民间博物馆是一种补充/胡劲华//财经时报 2006－03－20
⊙ 重访“活”在民间的木卡姆/王瑟//光明日报 2006－03－16
⊙ 重建磨坊河：景观知识普及、环境公正及城市规划与设计/Anne Whiston Spirn//国外城市规划 2006－06
⊙ 重庆成立首个非物质文化遗产研究基地/谢倩//中国旅游报 2006－11－20
⊙ 重庆土家族非物质文化遗产的分类、现状与保护/周兴茂//重庆邮电学院学报（社会科学版）2006－05
⊙ 重庆文理学院开展多项活动庆祝我国第一个文化遗产日//重庆文理学院学报（社会科学版）2006－04
⊙ 重庆艺术品拍卖市场回眸与前瞻——访重庆收藏协会常务副会长唐肇新/刘曼//今日重庆 2006－03
⊙ 重识玉佩纹饰的收藏意义/徐文宁//艺术市场 2006－10
⊙ 重视“非物质文化遗产保护工程”的档案工作/于宏敏//档案管理 2006－06
⊙ 重视每一场演出/范晓萍//剧影月报 2006－01
⊙ 重要传统节日将列入保护名单/钟鞍钢//法制日报 2006－05－26
⊙ 州藏族歌舞剧院举行《江孜烽火》专场演出/平措　马云//甘南日报（汉文版）2006－12－23
⊙ 舟山群岛五大举措加强非物质文化遗产保护/杜美燕//中国文化报 2006－08－10
⊙ 周口：小杂技赚大钱/张靖　王霞//河南日报 2006－07－22
⊙ 周敏亮和他的业余京剧团/蔡理//老人天地 2006－07
⊙ 周易将被申报世界非物质文化遗产/刘书民//今日中国论坛 2006－07
⊙ 朱成　收藏时空的人/罗三薇//青年作家 2006－02
⊙ 珠宝收藏要把好“四道关”//安徽经济报 2006－04－06
⊙ 珠海群众戏曲活动新开拓/潘邦榛//南国红豆 2006－05
⊙ 珠三角历史文化遗产与旅游发展/刘小海//南方论刊 2006－01
⊙ 珠山八友的瓷绘艺术及其市场行情/何如珍//艺术与投资 2006－03
⊙ 珠算：不该丢弃的文化遗产/张奠宙//小学青年教师（数学版）2006－12
⊙ 诸城国税局网上开办图书馆/王永华　孟繁波　贠相忠//中国税务报

中 国 文 化 产 业 年 度 研 究 资 料 索 引

文化产业年度研究著作索引

2002年

◎《今天：二十一世纪中国电影电视发展高级论坛》，杨君、谢晋主编，北京：光明日报出版社
◎《经济文化学》，李大农、李福钟编著，北京：北京师范大学出版社
◎《经济文化循环圈》，王乐忠著，北京：经济管理出版社
◎《经营广播》，徐东、周长青、黄波平著，济南：齐鲁书社
◎《经营中国电视》，鞠侃彬主编，北京：工商出版社
◎《聚焦收视率：〈收视中国〉新视点精粹》，王兰柱主编，北京：北京广播学院出版社
◎《崛起的新兴产业：湖南文化产业发展战略研究》，游碧竹主编，长沙：湖南出版社
◎《卡通一代与消费文化》，马钦忠著，长沙：湖南美术出版社
◎《卡通造型设计》，吕江著，南京：江苏美术出版社
◎《历史文化名城的保护与建设》，冯钧平、杨学义主编，西安：三秦出版社
◎《刘三姐文化品牌研究》，潘琦主编，南宁：广西人民出版社
◎《流氓兔：动漫时尚的文化解读》，顾晓鸣、李叙编著，南昌：二十一世纪出版社
◎《旅游、旅游业、旅游政策》，王威、朱先发编著，北京：当代中国出版社
◎《旅游促销概论》，吕和发、任林静编著，北京：旅游教育出版社
◎《旅游规划》，任黎秀主编，北京：中国林业出版社
◎《旅游规划新论：市场导向型旅游规划的理论、方法与实践》，许春晓著，长沙：湖南师范大学出版社
◎《旅游规划新论》，王大悟、毕吕贵著，合肥：黄山书社
◎《旅游规划与开发》，马勇主编，北京：高等教育出版社
◎《旅游规划与开发》，王宗魁编著，沈阳：辽宁大学出版社
◎《旅游经济学：理论与发展》，厉新建、张辉著，大连：东北财经大学出版社
◎《旅游经济学》，李伟清著，上海：上海交通大学出版社
◎《旅游经济学》，沈桂林著，北京：中国商业出版社
◎《旅游经济学》，慎丽华著，北京：中国经济出版社
◎《旅游经济学》，田里主编，北京：高等教育出版社
◎《旅游经济学》，田孝蓉、李峰主编，郑州：郑州大学出版社
◎《旅游经济学》，叶全良著，北京：旅游教育出版社
◎《旅游经济学》，周洁如著，上海：上海交通大学出版社
◎《旅游经济学》，周振东主编，大连：东北财经大学出版社
◎《旅游景区管理学》，赵黎明等著，天津：南开大学出版社
◎《旅游目的地发展实证研究》，魏小安著，北京：中国旅游出版社
◎《旅游市场发展探索：旅行社业市场、人才与创新》，洪文比著，福州：福建人民出版社
◎《旅游市场营销管理》，马勇、刘名俭编著，大连：东北财经大学出版社
◎《旅游市场营销学》，俞锋主编，北京：中国商业出版社
◎《旅游文化》，喻学柱编，北京：中国林业出版社
◎《旅游业市场营销》，（美）维拉斯、（美）贝克勒主编，傅磊等译，北京：中国三峡出版社
◎《旅游与经济》，李国社著，贵阳：贵州民族出版社
◎《旅游政策与法规》，姚晓玲、张琥主编，北京：高等教育出版社
◎《旅游资本》，何洪主编，北京：中国审计出版社
◎《旅游资源规划与开发》，李瑞、王义民编，郑州：河南医科大学出版社
◎《旅游资源开发与规划》，杨振之著，成都：四川大学出版社
◎《旅游资源开发与商品设计》，邵秀英编著，北京：中国商业出版社
◎《旅游纵横：产业发展新论》，魏小安著，北京：中国旅游出版社
◎《旅游纵横》，魏小安著，北京：中国旅游出版社
◎《律师事业与文化管理》，王玉亮著，济南：山东大学出版社
◎《漫画研究：传播观点的检视》，萧湘文著，台北：五南图书出版公司
◎《媒介、传播与文化：全球化的途径》，（美）James Lull 著，陈芸芸译，台北：韦伯文化事业出版社
◎《媒介春秋：中国电视观察》，张同道著，北京：中国电影出版社
◎《媒介管理学》，邵培仁主编，北京：高等教育出版社
◎《媒介经营管理》，凌昊莹著，北京：广播电视出版社
◎《媒介竞争论》，蔡骐、蔡雯著，长沙：岳麓书社
◎《媒体的力量》，李希光、赵心树著，广州：南方日报出版社
◎《媒体管理与市场调查 Q&A》，赵宁主编，台北：风云论坛出版社有限公司
◎《媒体经营与管理》，安晓阳编著，大连：辽宁师范大学出版社
◎《媒体前沿报告：一个行业的变革全景和未来走向》，周伟主编、赵曙光等著，北京：光明日报出版社
◎《媒体中心：创新与经营》，赵宁主编，台北：五南图书出版公司
◎《民族文化生态村云南试点报告》，尹绍亭主编，昆明：云南民族出版社
◎《闽西旅游文化创新与发展》，陈雄主编，福州：海峡文艺出版社
◎《名牌之路：天津广播电视节目创优纵横》，王大方主编，北京：中国国际广播出版社
◎《宁夏旅游业发展战略研究》，梁向明主编，银川：宁夏人民出版社
◎《品牌创意广告》，冯斌等编，沈阳：辽宁科学技术出版社
◎《品牌魅力》，岳文厚著，北京：中国财政经济出版社
◎《品牌秘籍：广告策划基本原理》，李光斗著，北京：作家出版社
◎《品牌文化：商品文化意蕴、哲学理念与表现》，周朝琦等编著，北京：经济管理出版社
◎《区域旅游的理论与实践：肇庆旅游发展个案研究》，王明星主编，北京：中国旅游出版社
◎《全球化与大众传媒：冲突·融合·互动》，尹鸿、李彬主编，北京：清华大学出版社
◎《全球化与中国影视的命运》，张凤铸等主编，北京：北京广播学院出版社
◎《山西旅游资源与开发研究》，张慧霞，佘可文编著，北京：中国财政经济出版社
◎《闪客的奶酪：Flash MX 动画创意与制作》，梁子等著，北京：电子工业出版社
◎《陕西佛道教文化旅游资源的开发》，张燕著，西安：陕西人民出版社
◎《商品摄像的创意设计》，陈姝香、高新发著，北京：机械工业出版社
◎《商业广告创意》，吴成槐主编，沈阳：辽宁美术出版社
◎《世界出版观潮》，杨贵山等著，沈阳：辽宁人民出版社
◎《世界排球市场化：兼论中国排球的出路》，朱舰等编著，北京：北京体育大学出版社
◎《市场经济与广播电视管理》，赵凯、赵腓罗主编，上海：复旦大学出版社
◎《市场经济与体育改革发展》，张万增主编，北京：北京体育大学出版社
◎《数字电视产业经营与商业模式》，黄升民等著，北京：中国物价出版社
◎《台湾影视高科技结合展演艺术产业应用模式之研究计划》，陈琪、王菊樱、谢颖如计划主持，台北：台湾行政院经济建设委员会
◎《特区旅游文化》，深圳市旅游文化研究会编，呼和浩特：内蒙古人民出版社
◎《体验经济：来自变革前沿的报告》，姜奇平著，北京：社会科学文献出版社
◎《体验经济》，（美）B. 约瑟夫·派恩、（美）詹姆斯·H. 吉尔摩著，夏业良、鲁炜等译，北京：机械工业出版社
◎《体育经纪人》，马铁主编，北京：中国经济出版社
◎《体育市场：策略与管理》，耿力中著，北京：人民体育出版社
◎《体育与娱乐营销》，（美）肯·卡瑟、（美）多蒂·博·奥尔克斯著，高远洋译，北京：电子工业出版社
◎《体育资本》，张智翔等编著，北京：中国时代经济出版社
◎《透视中国影视市场：中国首届制片人研究生班论文集》，陈晓春主编，

北京：中国广播电视出版社

⊙《网络环境下的著作权与数字图书馆》，肖燕著，北京：北京图书馆出版社

⊙《网络媒体策划与设计》，陶然著，北京：新华出版社

⊙《网络媒体经营战略》，赵曙光、耿强著，北京：新华出版社

⊙《网络文化论纲》，孟建、祁林著，北京：新华出版社

⊙《网络消费：理论模型与行为分析》，何明升著，哈尔滨：黑龙江人民出版社

⊙《网络信息资源开发与利用》，毕强、杨文祥主编，北京：科学出版社

⊙《文化产业创新与发展专家谈：山西省文化产业创新与发展研讨会论文选粹》，申维辰主编，太原：山西人民出版社

⊙《文化产业的时代审视》，谢名家等著，北京：人民出版社

⊙《文化产业营销与管理》，（加）弗朗索瓦·科尔伯特著，高福进等译，上海：上海人民出版社

⊙《文化创新与城市发展：2002年上海文化发展蓝皮书》，尹继佐著，上海：上海社会科学院出版社

⊙《文化发展与国际大都市建设：2003年上海文化发展蓝皮书》，尹继佐著，上海：上海社会科学院出版社

⊙《文化国力引论》，周正刚著，长沙：湖南人民出版社

⊙《文化经济浅论》，文选德著，长沙：湖南人民出版社

⊙《文化市场学：中国当代文化市场的理论与实践》，刘玉珠、刘士法著，上海：上海文艺出版社

⊙《文化市场营销学》，王立科编著，上海：上海电子出版有限公司

⊙《文化市场与管理》，王仲尧著，哈尔滨：黑龙江人民出版社

⊙《文化消费与日常生活》，（英）约翰·史都瑞著，张君玫译，台北：巨流图书公司

⊙《文明的脚步》，宋伟主编，北京：中国社会出版社

⊙《我为会展狂：如何经营成功的会展》，魏中龙、段炳德编著，北京：机械工业出版社

⊙《县市报的生存与发展：湖北县市报观察与思考》，吴高福、晏书成主编，北京：新华出版社

⊙《现代动漫艺术造型宝典》，重点深蓝好望编著，北京：北京希望电子出版社

⊙《现代广告与传统文化》，肖建春等著，成都：四川人民出版社

⊙《现代旅游开发学》，孙文昌主编，青岛：青岛出版社

⊙《现代展览会设计：世博会与博览会》，张明编著，南京：东南大学出版社

⊙《香港内地传媒比较》，钟大年主编，北京：北京广播学院出版社

⊙《消费、象征和权力：广告文化批判》，刘泓著，福州：海峡文艺出版社

⊙《新传播科技与媒体市场之经营管理》，李秀珠著，台北：财团法人广播电视事业发展基金会

⊙《新概念旅游开发》，黄郁成主编，北京：对外经济贸易大学出版社

⊙《新华书店连锁经营管理》，王庆主编，成都：四川人民出版社

⊙《新媒体革命：技术、资本与人重构传媒业》，陆群、张佳昺著，北京：社会科学文献出版社

⊙《新媒体与广告》，陈刚等著，北京：中国轻工业出版社

⊙《新媒体征战：中美合资〈计算机世界〉媒体公司的传奇》，蒋青著，北京：中信出版社

⊙《新世纪的博物馆营运》，黄光男等著，台北：国立历史博物馆

⊙《新世纪文化产业发展》，周直主编，南京：东南大学出版社

⊙《新闻出版版权法制理论与实务》，彭国华主编，长沙：湖南人民出版社

⊙《信息产业与我国经济社会发展》，曲维枝主编，北京：人民出版社

⊙《休闲娱乐新概念》，陈文峰等编著，北京：中国林业出版社

⊙《旋转创意魔方：现代广告创意的魅力》，李巍著，重庆：重庆大学出版社

⊙《选题与市场：湖南出版集团2001年度选题调研成果选编》，湖南出版集团编辑出版，长沙：湖南教育出版社

⊙《雅虎的商业之路》，（美）安东尼·威兰密斯、（美）鲍勃·史密斯著，邓怀颖、冯华译，北京：机械工业出版社

⊙《演出经纪人》，胡月明著，北京：中国经济出版社

⊙《艺术市场创新》，（英）希尔等著，杜丽霞、李三虎译，北京：中国时代经济出版社

⊙《赢家的3种激情：全球娱乐媒体业最有铁腕的老板，他的求生，求胜，求强大》，（美）桑姆纳·雷史东著，陈宜君译，台北：大块文化出版公司

⊙《再造传媒：传统媒体系统整合方略》，陆小华著，北京：中信出版社

⊙《肇庆生态与旅游文化》，庄伟光、黄栢权主编，广州：广东高等教育出版社

⊙《这就是娱乐经济》，文硕编著，北京：中国广播电视出版社

⊙《浙江旅游产业地理》，张跃西主编，杭州：浙江大学出版社

⊙《整合传媒：传媒竞争趋势与对策》，陆小华著，北京：中信出版社

⊙《政治、市场与电视制度：中国电视制度变迁研究》，钱蔚著，郑州：河南人民出版社

⊙《知识经济下之全球顾问服务业发展策略》，叶永泰等著，台北：财团法人资讯工业策进会资讯市场情报中心

⊙《知识经济与文化产业》，刘茜著，北京：文化艺术出版社

⊙《制度变迁与大众传播媒介》，包礼祥等著，南昌：江西人民出版社

⊙《中国报业创新之路》，中国报业协会编，北京：京华出版社

⊙《中国报业的产业化运作》，董天策等著，成都：四川人民出版社

⊙《中国传统旅游目的地创新与发展》，崔凤军著，北京：中国旅游出版社

⊙《中国电视产业的危机与转机》，陆地著，北京：中国人民大学出版社

⊙《中国电视红皮书．2001》，周可执行主编，桂林：漓江出版社

⊙《中国电视前沿：关于理念与运作的对话》，李岚、张群力著，北京：新华出版社

⊙《中国电视前沿调查》，欧阳国忠著，北京：经济日报出版社

⊙《中国电视与市场经济对话》，任金州主编，北京：北京广播学院出版社

⊙《中国电影：创作与市场：第十一届中国金鸡百花电影节学术研讨会论文集》，佳明主编，北京：中国电影出版社

⊙《中国广告媒体，报纸杂志卷．2001》，韩海涛主编，北京：中国建材工业出版社

⊙《中国会展服务指南》，张玉敏编著，北京：经济日报出版社

⊙《中国教育产业化的理论与实践》，王丽娅著，北京：高等教育出版社

⊙《中国旅游景区精品建设探索与实践》，唐洪广、孙逸民主编，北京：商务印书馆

⊙《中国旅游文化》，甄尽忠编著，郑州：郑州大学出版社

⊙《中国旅游文化概论》，王长江主编，北京：中国旅游出版社

⊙《中国律师产业化发展理论研究》，山东省法学主编，北京：中国档案出版社

⊙《中国民间文化遗产抢救工程》，冯骥才主编，北京：西苑出版社

⊙《中国民营电视公司现状报告》，李幸、汪继芳著，北京：中国社会科学出版社

⊙《中国书画投资指南》，朱浩云、孙扬编著，沈阳：辽宁美术出版社

⊙《中国书业调查》，蒋晞亮等著，沈阳：辽宁人民出版社

⊙《中国书业透视》，欧宏著，沈阳：辽宁人民出版社

⊙《中国图书音像市场访谈录》，李静、王光东主编，济南：山东友谊出版社

⊙《中国文化产业发展报告（2001—2002）》，江蓝生、谢绳武主编，北京：社会科学文献出版社

⊙《中国文化发展前沿问题研究》，姜义华等著，上海：上海人民出版社

⊙《中国文化年鉴·2001》，孙家正主编，北京：新华出版社

⊙《中国文化如何应对WTO：中央文化管理干部学院论文集》，中央文化管理干部学院编，北京：文化艺术出版社

- 《中国西部地区信息服务业发展研究》，梁春阳主编，银川：宁夏人民出版社
- 《中国西部文化发展战略研究》，彭岚嘉、陈占彪著，北京：中国社会科学出版社
- 《中华传统节庆文化研究》，赵东玉著，北京：人民出版社
- 《逐鹿键盘：网络传播与商业》，陈洁、骆华著，上海：复旦大学出版社
- 《注意力管理》，（美）托马斯·达文波特、（美）约翰·贝克著，谢波峰等译，北京：中信出版社
- 《注意力经济：抓准企业新焦距》，（美）汤玛士·戴文波特、（美）约翰·贝克著，陈琇玲译，台北：天下远见出版公司
- 《注意力经济学》，张雷著，杭州：浙江大学出版社
- 《作为商品的艺术》，张来民著，北京：中国社会科学出版社

2003年

- 《2002~2003国际出版业状况及预测》，余敏主编，北京：中国书籍出版社
- 《2002-2004年中国旅游发展：分析与预测》，张广瑞等主编，北京：社会科学文献出版社
- 《2003年：中国文化产业发展报告》，江蓝生、谢绳武主编，北京：社会科学文献出版社
- 《21世纪中国会展经济与会展产业》，应丽君主编，重庆：重庆大学出版社
- 《M-MBA媒介经济学：一个急速变革行业的原理和实践》，赵曙光、史宇鹏著，长沙：湖南人民出版社
- 《TRIPS视野下的中国知识产权制度研究》，刘剑文主编，北京：人民出版社
- 《WTO与山西文化产业发展论》，申维辰主编，太原：山西人民出版社
- 《WTO与中国旅游产业发展新论》，马勇、周霄著，北京：科学出版社
- 《安徽文化产业发展研究报告》，汪石满主编，合肥：安徽人民出版社
- 《把照片卖个好价钱：摄影作品的版权、报价、转让及谈判技巧》，（美）卢·雅各布斯著，白鸥译，杭州：浙江摄影出版社
- 《版权贸易与华文出版》，辛广伟著，济南：山东人民出版社
- 《报刊广告设计》，朱天明主编，上海：百家出版社
- 《报刊行业经营运作实用全书》，陈嘉荣著，北京：长征出版社
- 《报业风云：南方都市报经营实录》，东方源著，北京：中国财政经济出版社
- 《报业经济》，周鸿铎等著，北京：经济管理出版社
- 《报业经济与报业经营》，唐绪军著，北京：新华出版社
- 《北京文化产业研究（二编）》，北京社会科学院首都文化发展研究中心编，北京：中国书店
- 《成功的广告营销》（美）萨拉·怀特、（美）约翰·伍兹著，张金成等译，北京：电子工业出版社
- 《城市规划与历史文化保护》，李其荣编著，南京：东南大学出版社
- 《传媒产业机构模式》，周鸿铎等著，北京：经济管理出版社
- 《传媒产业经营与管理》，周鸿铎著，北京：经济管理出版社
- 《传媒产业市场策划》，周鸿铎等著，北京：经济管理出版社
- 《传媒产业资本运营》，周鸿铎等著，北京：经济管理出版社
- 《传媒经济学：数字信息经济学与知识产权》，（美）布赖恩·卡欣、哈尔·瓦里安编著，常玉田等译，北京：中信出版社
- 《传媒影响力：传媒产业本质与竞争优势》，喻国明著，广州：南方日报出版社
- 《传媒与生活：生活服务类报刊经营之道》，宋建武、葛镇庆主编，北京：新华出版社
- 《传媒与文化领导权：当代中国的文化生产与文化认同》，孟繁华著，济南：山东教育出版社
- 《创意经济：好点子变成好生意》，约翰·郝金斯著，李璞良译，台北：典藏艺术家庭股份有限公司
- 《大众媒体研究导论》，Roger D. Wimmer、Joseph R. Dominick著，黄振家等译，新加坡：新加坡商亚洲汤姆生国际出版有限公司
- 《大众文化研究：一个文化与经济互动发展的视角》，朱效梅著，北京：清华大学出版社
- 《当代广告：概念与操作》，刘美琪等著，台北：学富文化事业有限公司
- 《当艺术遇上经济：个案分析与文化政策》，（瑞士）布鲁诺·费莱著，蔡宜真、林秀玲译，台北：典藏艺术家庭股份有限公司
- 《迪斯尼营销：销售欢乐的成功法则》，彭程、武齐主编，北京：中国经济出版社
- 《地方文化产业知性学习之旅》，台湾行政院文化建设委员会编，台北：台湾行政院文化建设委员会
- 《第五届休闲、游憩、观光学术研讨会，休闲游憩行销篇》，国立中兴大学园艺学系主编，台中县：中华民国户外游憩学会
- 《电视广告学》，刘平著，成都：四川大学出版社
- 《电视节目企划理论与实务：动脑·灵感·企划·创作》，谢章富著，台北县：国立台湾艺术大学应用媒体艺术研究所
- 《电视媒介的市场对策：中国电视经济节目运营》，罗明主编，北京：人民出版社
- 《电视媒体广告经营》，夏洪波、洪艳著，北京：北京大学出版社
- 《电视受众探析：2002年电视受众研究获奖作品集》，中国广播电视学会电视受众研究委员会编，北京：中国广播电视出版社
- 《电视外宣策略与案例分析》，任金州主编，北京：中国广播电视出版社
- 《电视文化传播导论》，郑征予著，上海：复旦大学出版社
- 《动漫设计先锋.2：第二届中国视协动画短片学术奖参评作品集锦》，飞思中视动漫产品研发中心编，北京：电子工业出版社
- 《度假村经营管理》，Robert Christie Mill著，吴明哲译，台北：品度股份有限公司
- 《发展中国家旅游规划与管理》，保继刚等主编，北京：中国旅游出版社
- 《饭店会展产品开发与经营》，李菊霞、林翔编著，沈阳：辽宁科学技术出版社
- 《房地产广告设计》，高文治编著，广州：岭南美术出版社
- 《分割美国：广告与新媒介世界》，（美）约瑟夫·塔洛著，洪兵译，北京：华夏出版社
- 《富裕中的贫乏：香港文化经济评论》，许宝强著，香港：进一步多媒体有限公司
- 《改革体制　发展产业　壮大事业——广东建设文化大省理论探索》，胡中梅、梁桂全主编，广州：广东人民出版社
- 《观光休闲暨餐旅产业永续经营学术研讨会论文集·第三届》，高雄：国立高雄餐旅学院
- 《广播电视经济》，周鸿铎著，北京：经济管理出版社
- 《广告策划创意学》，余明阳、陈先红主编，上海：复旦大学出版社
- 《广告策划与创意》，饶德江编著，武汉：武汉大学出版社
- 《广告创新经营实战点击》，罗振林、罗霆著，北京：中国工商出版社
- 《广告创意：从抽象到具象的形象思维》，丁邦清、程宇宁著，长沙：中南大学出版社

⊙《水体景观旅游开发规划实务》，吴殿廷等编著，北京：中国旅游出版社
⊙《台北市的愿景研究：以会议及展览产业为例》，冷则刚计划主持，台北：台北市政府研究发展考核委员会
⊙《台湾地区运动产业典范集锦》，高俊雄等著，桃园县：台湾体育运动管理学会
⊙《特别节庆活动企划与管理》，（美）Steven Wood Schmader、（美）Robert Jackson 著，陈惠美译，台北：品度股份有限公司
⊙《体验经济：全新的财富理念》，边四光著，上海：学林出版社
⊙《体育产业 MBA 经典译丛》，史康成主编，北京：清华大学出版社
⊙《体育产业经营管理》，李松梅等主编，哈尔滨：东北林业大学出版社
⊙《体育经济学》，（美）迈克尔·利兹、（美）彼得·冯·阿尔门著，杨玉明等译，北京：清华大学出版社
⊙《体育经济学教程》，苏义民主编，武汉：湖北人民出版社
⊙《体育俱乐部市场化运作与现代化管理实务手册》，纪康宝主编，长春：吉林电子出版社
⊙《体育营销学：战略性观点》，（美）马修·D·尚克著，董进霞等译，北京：清华大学出版社
⊙《体育营销指南》，（美）斯特德曼·格雷厄姆等著，钟秉枢等译，北京：中信出版社
⊙《透视中国东南：文化经济的整合研究》，陈支平、詹石窗主编，厦门：厦门大学出版社
⊙《图书出版产业调查研究报告·中华民国 91 年》，台湾行政院新闻局编，台北：台湾行政院新闻局
⊙《外国媒介集团研究》，胡正荣主编，北京：北京广播学院出版社
⊙《网络动画设计先锋　首届“中国视协动画短片学术奖”参评作品精选》，飞思中视动漫产品研发中心编，北京：电子工业出版社
⊙《网络广告实务》，刘友林主编，北京：中国广播电视出版社
⊙《网络经济》，周鸿铎等著，北京：经济管理出版社
⊙《网络经济通论》，盛晓白著，南京：东南大学出版社
⊙《网络经济学》，周朝民主编，上海：上海人民出版社
⊙《网络品牌：如何在网络上打造持久品牌展开正确的市场战略?》，（美）马克·布朗斯坦、（美）爱德华·莱文著，潘卫民等译，北京：新华出版社
⊙《网络时代的知识产权信息管理》，马海群著，北京：科学出版社
⊙《网络营销学》，李友根编著，北京：中国财政经济出版社
⊙《文化 + 创意 = 财富：全世界最快速致富产业的经营 KNOW - HOW》，花建著，台北：帝国文化出版社
⊙《文化产业 ABC》，白尊贤编著，长沙：湖南人民出版社
⊙《文化产业发展与文化市场管理》，朱希祥著，上海：华东师范大学出版社
⊙《文化创意产业：我们曾经这样走过》，夏学理、萧炳钦总编辑，台北：国立台湾艺术教育馆
⊙《文化创意产业：以契约达成艺术与商业的媒合·上》，（美）理查·考夫著，仲晓玲、徐子超译，台北：典藏艺术家庭股份有限公司
⊙《文化金矿：全球文化产业投资成功之谜》，花建等著，深圳：海天出版社
⊙《文化经济学》，大卫·索罗斯比（David Throsby）著，张维伦等译，台北：典藏艺术家庭股份有限公司
⊙《文化经济学》，胡惠林、李康化著，上海：上海文艺出版社
⊙《文化市场与艺术票房》，夏学理等编著，台北：五南图书出版股份有限公司
⊙《文化市场与营销》，方明光主编，上海：上海人民出版社
⊙《文化体制改革与文化产业发展：2003 年深圳文化发展蓝皮书》，彭立勋主编，北京：中国社会科学出版社
⊙《文化政策学》，胡惠林著，上海：上海文艺出版社
⊙《文明的进程：世博会的发展与思考》，阿尔弗雷德·海勒著，吴惠族等译，上海：上海科学技术文献出版社
⊙《“文化鼓楼”的战略建构：文化经济一体化时代的鼓楼区文化发展战略》，姚坚主编，南京：南京出版社
⊙《我国电脑网路产业产销与市场发展趋势分析》，王蕙君著，台北：财团法人资讯工业策进会资讯市场情报中心（MIC）
⊙《现代城市旅游业经营》，聂献忠著，北京：社会科学文献出版社
⊙《现代出版产业发展论》，于友先著，苏州：苏州大学出版社
⊙《现代广告设计创意与表现　广告新观点》，杭海著，西安：西安交通大学出版社
⊙《现代旅游经济》，徐飞雄著，湖南：湖南人民出版社
⊙《现代图书营销学》，刘拥军编著，苏州：苏州大学出版社
⊙《现代乡村景观旅游规则设计》，全华、王丽华编著，大连：东北财经大学出版社
⊙《现代知识产权管理》，商晓帆、毕红秋著，哈尔滨：黑龙江人民出版社
⊙《线上游戏产业 Happy 书：带领你深入了解 On - Line Game 产业》，傅镜晖著，台北：远流出版事业股份有限公司
⊙《香港参与国内出版业前景：创意·商机》，香港贸易发展局研究部著，香港：香港贸易发展局
⊙《消费文化：从现代到后现代》，杨魁、董雅丽著，北京：中国社会科学出版社
⊙《消费文化》，（英）西莉亚·卢瑞原著，张萍译，南京：南京大学出版社
⊙《消费文化读本》，罗钢、王中忱主编，北京：中国社会科学出版社
⊙《消费文化与现代性》，（英）Don Slater 著，林祐圣、叶欣怡译，台北：弘智文化事业有限公司
⊙《新动漫 10 年经典》，李叙、顾文瑾主编，南昌：二十一世纪出版社
⊙《新广告观：产业立场/市场观点/竞争意识》，黄升民著，北京：中国物价出版社
⊙《新经济时代的网络传播与媒介产业：复旦大学新闻学院第一、二届研究生学术年会论文集》，周葆华、李晓静主编，南昌：江西人民出版社
⊙《新世纪的中国旅游业》，韩克华著，北京：中国旅游出版社
⊙《新世纪广播影视散论》，徐光春著，合肥：安徽教育出版社
⊙《形象创造价值　论报纸广告的形象塑造力》，徐永新著，北京：金城出版社
⊙《休闲产业经营管理》，吴松龄著，台北：扬智文化事业股份有限公司
⊙《休闲娱乐体育》，李艳翎、周兵主编，桂林：广西师范大学出版社
⊙《休闲与游憩概论》，（英）Sarah McQuade 等著，王昭正、林宜君译，台北：弘智文化事业有限公司
⊙《演出营销》，胡月明著，北京：中国经济出版社
⊙《艺术品投资》，夏叶子著，北京：北京出版社
⊙《艺术市场学》，章利国著，杭州：中国美术学院出版社
⊙《英法美日报业发展研究》，胡连利、田红虹著，保定：河北大学出版社
⊙《营销与广告策划教程》，乔均主编，成都：西南财经大学出版社
⊙《影视传播篇—内容为王》，李亦中著，香港：经济导报社
⊙《影视动画影片分析》，孙立军主编，北京：中国宇航出版社
⊙《杂志创意设计经典》，（美）Stacey King 编著，任素珍等译，北京：中国青年出版社
⊙《整合营销传播篇——面向企业与文化娱乐业》，竺培芬著，香港：经济导报社
⊙《知识产权》，刘怡、成丹撰稿，成都：四川大学出版社
⊙《知识产权案例精选（2001 - 2002）》，金长荣主编，上海：上海人民出版社
⊙《知识产权保护制度》，杜文娟主编，北京：北京工业大学出版社
⊙《知识产权的合理性、危机及其未来模式》，李扬主编，北京：法律出版社
⊙《知识产权经典判例》，北京市高级人民法院民三庭编，北京：知识产权

出版社
◎《知识产权经济学》，陈昌柏著，北京：北京大学出版社
◎《知识产权理论与实务》，孙君主编，济南：山东大学出版社
◎《知识产权前沿问题初探》，张冬梅著，北京：中国财政经济出版社
◎《知识产权强国之路：国际知识产权战略研究》，徐明华、包海波等著，北京：知识产权出版社
◎《知识产权学术前沿问题研究》，南振兴、刘春霖著，北京：中国书籍出版社
◎《知识产权在中国（图集）》，朱宏主编，北京：知识产权出版社
◎《知识经济与新闻出版》，王晓岚等编著，保定：河北大学出版社
◎《直面符号经济》，张平、张晓晶等著，北京：社会科学文献出版社
◎《中国报业.（上）发行之路》，李忠、廖光明编著，北京：经济日报出版社
◎《中国唱片（音像）业发展战略国际高峰论坛文集》，赵大新、刘国雄主编，北京：中国广播电视出版社
◎《中国出版业状况及预测》，余敏主编，北京：中国书籍出版社
◎《中国电视品牌节目建设与发展战略研究》，李晓枫主编，北京：中国广播电视出版社
◎《中国电视收视年鉴》，王兰柱主编，北京：北京广播学院出版社
◎《中国广播电视发展战略》，胡正荣主编，北京：北京广播学院出版社
◎《中国广告业生态环境：2002年全国广告学术研讨会论文集萃》，丁俊杰、乔均主编，北京：工商出版社
◎《中国会展经济报告·2002》，刘宏伟主编，上海：东方出版中心
◎《中国及海外会展概览.2004－2005》，张玉敏主编，北京：经济日报出版社
◎《中国酒都民族文化经济大开发》，何冀等主编，贵阳：贵州人民出版社
◎《中国老广告：招贴广告的源与流》，白云著，北京：台海出版社
◎《中国旅游景区治理模式》，彭德成著，北京：中国旅游出版社
◎《中国旅游文化》，华国梁主编，北京：中国商业出版社
◎《中国旅游文化》，赵荣光主编，大连：东北财经大学出版社
◎《中国旅游业："非典"影响与全面振兴》，张广瑞、魏小安著，北京：社会科学文献出版社
◎《中国旅游业：世纪之交的登攀与思考》，孙钢著，北京：中国旅游出版社
◎《中国旅游业要览：旅游信息版》，黄树德著，广州：广东旅游出版社
◎《中国媒介前沿：来自市场的观察报告》，曹鹏著，北京：新华出版社
◎《中国媒体大转折》，欧阳国忠著，北京：团结出版社
◎《中国民营书业发展研究报告》，余敏主编，北京：中国书籍出版社
◎《中国书画市场》，张展欣著，广州：南方日报出版社
◎《中国文化产业典型案例选编》，王永章主编，北京：北京出版社
◎《中国文化产业年度发展报告·2003》，叶朗主编，长沙：湖南人民出版社
◎《中国文化产业评论·第一卷》，叶取源等主编，上海：上海人民出版社
◎《中国文化市场发展报告》，刘玉珠主编，北京：新华出版社
◎《中国西部广播电视发展战略》，胡正荣主编，北京：北京广播学院出版社
◎《中国艺术品市场报告》，白志良著，北京：世界知识出版社
◎《著作权保护了谁?》，（美）希瓦·维迪亚那桑著，陈宜君译，台北：商周出版
◎《自然文化遗产管理—中外理论与实践》，郑玉歆、郑易生主编，北京：社会科学文献出版社
◎《走进美国广电传媒》，钟海帆著，广州：南方日报出版社

2004年

◎《2002年视觉艺术产业年报》，杨宣勤、刘维公总编辑，台北：台湾行政院文化建设委员会
◎《2003－2004云南文化发展蓝皮书》，张德文主编，昆明：云南大学出版社
◎《2003－2004中国出版业状况及预测：中国出版蓝皮书》，余敏主编，北京：中国书籍出版社
◎《2003年河北文化产业发展报告》，张群生主编，石家庄：河北人民出版社
◎《2003年文建会文化创意产业地方巡回论坛》，台湾行政院文化建设委员会编，台北：行政院文化建设委员会
◎《2004国际动漫、游戏教育与产业发展论坛论文集》，孙立军编，沈阳：辽宁美术出版社
◎《2004年：中国文化产业发展报告》，张晓明主编，长沙：岳麓书社
◎《2004年南京文化发展蓝皮书》，缪合林主编，南京：南京出版社
◎《2004年中国文化产业发展报告》，张晓明、胡惠林、章建刚主编，北京：社会科学文献出版社
◎《CEI中国行业发展报告　图书出版发行业》，北京：中国经济出版社
◎《e时代旅游产业价值链重构战略设计》，马梅著，上海：上海三联书店
◎《宝鸡旅游资源及其开发》，傅志军等著，西安：西安地图出版社
◎《报业集团经营管理概论》，温治铭著，贵阳：贵州人民出版社
◎《北大文化产业关键报告：电影电视广告唱片出版动画艺术品》，向勇主编，台北：台湾行政院新闻局
◎《北大文化产业前沿报告》，向勇主编，北京：中国书籍出版社
◎《本土化：中国电视产业研究》，张力伟、孔峥著，北京：北京广播学院出版社
◎《变革者—从卡耐基到盖茨》，克来因著、祝平译，北京：中信出版社
◎《表演艺术：启动创意新商业》，邹侑如编辑，台北：典藏艺术家庭股份有限公司
◎《滨海旅游理论与实践》，池雄标主编，广州：中山大学出版社
◎《参考联合国资讯社会高峰会来架构数位台湾趋势（e－Taiwan）推动计画.Ⅲ》，资讯工业策进会编，台北：台湾行政院国家科学委员会
◎《城市产品理论与旅游市场营销》，许峰著，北京：社会科学文献出版社
◎《城市旅游管理》，（英）Duncan Tyler等主编，陶犁译，天津：南开大学出版社
◎《出版和出版学丛谈》，袁亮著，北京：人民教育出版社
◎《传媒产业发展的系统理论分析》，彭永斌著，成都：西南财经大学出版社
◎《传媒产业化经营研究》，喻名乐著，长沙：岳麓书社
◎《创新性智力成果与知识产权》，朱谢群著，北京：法律出版社
◎《创意产业经济学》，（美）凯夫斯著，孙绯等译，北京：新华出版社
◎《打造一流书店》，李军编著，深圳：海天出版社
◎《大型国际会展中的项目管理》，刘伟、符文洋著，南宁：广西人民出版社
◎《大众体育旅游与健身》，马兆林、梁春升、董少伟主编，哈尔滨：哈尔滨地图出版社
◎《大众文化与审美：电视艺术论》，苗棣、王昕主编，北京：北京广播学院出版社
◎《当代世界电影文化：1990－2000》，江晓雯著，北京：中国电影出版社

⊙《当代中国影视文化研究》，陈旭光著，北京：北京大学出版社
⊙《第二届中国文化产业（国际）论坛论文集》，中国文化产业国际论坛组委会编，北京：人民日报出版社
⊙《第三次电视革命：数位电视产业趋势大解析》，拓墣产业研究所著，台北：拓墣科技股份有限公司
⊙《电视广告传播效果研究》，陈勇著，北京：中国文联出版社
⊙《电视广告营销》，余贤君著，北京：中国广播电视出版社
⊙《电视剧的投资与营销》，张华著，北京：中国广播电视出版社
⊙《电视媒介经济学》，吴克宇著，台北：拓墣科技股份有限公司
⊙《电视受众研究：文化理论与方法》，（英）塔洛克著，严忠志译，北京：商务印书馆
⊙《电视新闻摄影》，任金州、马莉著，北京：北京师范大学出版社
⊙《电影连环画收藏与投资》，方昭海著，杭州：浙江大学出版社
⊙《电影业运行机制与经营模式创新全书》，陈远清主编，长春：吉林电子出版社
⊙《电子媒介经营与管理：第四版》，普林格尔、彼得·K.、Pringle、PeterK、斯塔尔、迈克尔·F、Starr、MichaelF、麦克加维特、威廉·E、McCavitt、WilliamE、潘紫径、王雪、冯晓娜、张艳著，北京：北京广播学院出版社
⊙《动漫行销》，林资敏著，沈阳：辽宁教育出版社
⊙《观光休闲产业概论》，杨上辉著，北京：北京图书馆出版社
⊙《广播的创新与发展》，胡正荣等主编，北京：北京广播学院出版社
⊙《广播电视产业经营理论与实务》，李立功著，南昌：江西人民出版社
⊙《广播电视的生存与发展》，刘付德主编，北京：中国广播电视出版社
⊙《广播媒介管理学》，江琴宁著，杭州：浙江大学出版社
⊙《广播影视业：改革与发展》，朱虹著，开封：河南大学出版社
⊙《广告、促销与推销策略》，傅浙铭编著，广州：南方日报出版社
⊙《广告策划与创意》，杨凯红著，广州：南方日报出版社
⊙《广告策划与设计》，陈瑛等编著，北京：化学工业出版社
⊙《广告创意：概念与操作》，许安琪著，长沙：中南大学出版社
⊙《广告创意教程》，王健著，北京：北京大学出版社
⊙《广告创意思维》，舒咏平著，合肥：安徽人民出版社
⊙《广告即战略：品牌竞合时代的战略广告观》，杜国清著，北京：中国传媒大学出版社
⊙《广告媒介策略》，邓相超编著，济南：山东大学出版社
⊙《广告媒体策略》，江帆编著，杭州：浙江大学出版社
⊙《广告设计》，王建伟、刘三健主编，广州：岭南美术出版社
⊙《广告业前沿问题法律策略与案例》，李德成著，北京：中国方正出版社
⊙《广西文化发展新探索. 2003》，容小宁主编，南宁：广西人民出版社
⊙《国外出版业宏观管理体系研究》，余敏主编，北京：中国书籍出版社
⊙《杭州市旅游资源分析与评价，拱墅卷》，范今朝编著，杭州：杭州出版社
⊙《杭州市旅游资源分析与评价，建德卷》，胡敏编著，杭州：杭州出版社
⊙《杭州市旅游资源分析与评价，上城卷》，金平斌、马佳骏编著，杭州：杭州出版社
⊙《杭州市旅游资源分析与评价，余杭卷》，李睿编著，杭州：杭州出版社
⊙《杭州市旅游资源研究》，程玉申、金平斌编著，杭州：杭州出版社
⊙《河南文化产业发展与对策研究》，杨小明著，北京：气象出版社
⊙《湖湘旅游文化》，胡幸福主编，长沙：湖南大学出版社
⊙《汇流时代的电视产业及观众》，彭芸著，台北：五南图书出版股份有限公司
⊙《会展策划与营销》，华谦生著，广州：广东经济出版社
⊙《会展概论》，马勇编著，北京：中国商务出版社
⊙《会展概论》，张健康编著，北京：高等教育出版社
⊙《会展概论》，周彬主编，上海：立信会计出版社
⊙《会展管理》，胡平主编，北京：高等教育出版社
⊙《会展活动概论》，刘大可主编，北京：清华大学出版社
⊙《会展经济学》，刘大可著，北京：中国商务出版社
⊙《会展旅游》，王保伦主编，北京：中国商务出版社
⊙《会展设计与布局》，马青编著，北京：高等教育出版社
⊙《会展胜地形象策划》，刘德艳著，北京：中国时代经济出版社
⊙《会展市场营销》，刘松萍编著，北京：中国商务出版社
⊙《会展市场营销》，王春雷编著，上海：上海人民出版社
⊙《会展业概览》，王书翠编著，上海：立信会计出版社
⊙《会展营销》，贺学良主编，北京：高等教育出版社
⊙《会展政策与法规》，韩福文、夏学英主编，北京：中国商务出版社
⊙《会展组织与管理》，任国岩、骆小欢编著，北京：高等教育出版社
⊙《江阴旅游文化》，铧耕执行主编，上海：上海三联书店
⊙《揭开英国创意产业的秘密：从十五种不同角度观看英国的戏剧、电影、媒体、行销以及设计》，陈斌全著，台北：行政院文化建设委员会
⊙《解构文化产业：岛屿文化创意产业生态行旅研究》，苏明如著，台北：台北市工业局
⊙《经济全球化与国际展览业》，梁文主编，南宁：广西人民出版社
⊙《经济转化与传统再造：竹苗台三线客家乡镇文化产业》，张维安计画主持，台北：行政院客家委员会
⊙《旅游产品的营销与推销》，（美）伯克、（美）雷斯尼克著，叶敏等译，北京：电子工业出版社
⊙《旅游产品设计与经营》，史晓明著，北京：中国建筑工业出版社
⊙《旅游产品营销》，（英）西顿、（英）班尼特编著，张俐俐、马晓秋译，北京：高等教育出版社
⊙《旅游产业：21 世纪的支柱产业》，文力著，贵阳：贵州人民出版社
⊙《旅游法规教程》，韩玉灵主编，大连：东北财经大学出版社
⊙《旅游服务营销》，（美）莫里森著，朱虹、党宁、吴冬青译，北京：电子工业出版社
⊙《旅游规划的理论与实践》，张广瑞主编，北京：社会科学文献出版社
⊙《旅游规划概论》，何雨等编著，北京：旅游教育出版社
⊙《旅游规划与开发》，马勇等著，北京：科学出版社
⊙《旅游经济学：第 2 版》，（英）布尔著，龙江智译，大连：东北财经大学出版社
⊙《旅游经济学》，（英）辛克莱、（英）斯特布勒编著，宋海岩、沈淑杰译，北京：高等教育出版社
⊙《旅游经济学》，王晨光主编，北京：经济科学出版社
⊙《旅游经济学》，赵恒伯主编，北京：高等教育出版社
⊙《旅游经济学原理》，张辉、厉新建编著，北京：旅游教育出版社
⊙《旅游经济知识与实务》，全国经济专业技术资格考试用书编写委员会编写，北京：团结出版社
⊙《旅游景区开发与管理》，邹统钎主编，北京：清华大学出版社
⊙《旅游同业销售理论与实务》，曹戈编著，北京：中国旅游出版社
⊙《旅游文化学》，章海荣著，上海：复旦大学出版社
⊙《旅游文化学》，钟贤魏主编，北京：北京师范大学出版社
⊙《旅游消费行为》，张树夫主编，北京：中国林业出版社
⊙《旅游销售技巧》，张新生编著，北京：企业管理出版社
⊙《旅游业：信息与物资使用》，苏格兰学历管理委员会著，北京：中国时代经济出版社
⊙《旅游业服务管理》，张文建、王晖编著，福州：福建人民出版社
⊙《旅游业市场营销》，（美）约翰逊著，张凌云、马晓秋译，北京：电子工业出版社
⊙《旅游业信息系统管理》，肖江南、马惠萍编著，福州：福建人民出版社
⊙《旅游营销》，林增学主编，北京：高等教育出版社
⊙《旅游营销管理》，王晨光主编，北京：经济科学出版社
⊙《旅游与文化》，冉隆德、王利平主编，北京：中国海关出版社
⊙《旅游与休闲业服务质量管理》，（英）威廉斯、（英）巴斯韦尔著，戴

⊙《文化营销》，潦寒编著，南昌：江西人民出版社
⊙《文物鉴定人访谈录》，于彬著，北京：蓝天出版社
⊙《西部旅游开发理论与实务：黔东南旅游开发与发展实证研究》，蔡家成著，北京：中国旅游出版社
⊙《西部旅游业实现跨越式发展的背景与对策》，李树民主编，北京：经济科学出版社
⊙《西方媒介产业化的历史研究》，支庭荣著，广州：广东人民出版社
⊙《戏曲电视剧个案论析》，杨燕主编，北京：北京广播学院出版社
⊙《现代出版：理论与实务》，武汉：华中师范大学出版社，
⊙《现代出版产业论集》，于友先著，北京：中国书籍出版社
⊙《现代旅游规划设计案例》，王云才著，青岛：青岛出版社
⊙《现代文化产业项目管理：如何成功运作大型活动》，邱苑华编著，北京：机械工业出版社
⊙《线上游戏产业之道：数位内容、营运经验》，傅镜晖著，台北：上奇科技股份有限公司
⊙《乡村景观旅游规划设计的理论与实践》，王云才著，北京：科学出版社
⊙《香港报业50载印记：香港报业公会金禧纪念特刊》，香港报业公会金禧纪念特刊编辑委员会编辑，香港：明报报业有限公司
⊙《香港的文化产业》，王拓主编，广东：海天出版社
⊙《消费文化的蜕变与解读：消费文化与现代生活方式变迁》，赵子祥等著，沈阳：辽宁人民出版社
⊙《新疆旅游业发展研究：原理·方法·实践》，殷少明等著，乌鲁木齐：新疆人民出版社
⊙《新时期广播文艺的发展》，王雪梅等主编，北京：中国广播电视出版社
⊙《新闻报道策划与新闻资源开发》，蔡雯著，北京：中国人民大学出版社
⊙《新闻创新与报业改革》，合肥：安徽人民出版社
⊙《信息产业：21世纪的主导产业》，刘岩、赵国宏著，贵阳：贵州人民出版社
⊙《信息化与文化产业》，王国荣著，上海：上海文化出版社
⊙《信息文化教育娱乐行业投资创业300例》，创意工作室编，北京：中国工人出版社
⊙《休闲农业与城乡建设：第二届海峡两岸休闲农业发展学术研究讨会文集》，杨德、王晓春主编，昆明：云南科技出版社
⊙《演出经营与管理》，张朝霞著，上海：上海音乐出版社
⊙《宜春市旅游业旅游发展总体规划》，宜春市旅游局编，北京：中国旅游出版社
⊙《艺术产业管理》，成乔明著，昆明：云南大学出版社
⊙《艺术品拍卖》，秦春荣主编，上海：上海大学出版社
⊙《艺术品投资市场指南》，沈阳：辽宁人民出版社
⊙《艺术设计》，李向伟主编，合肥：安徽美术出版社
⊙《营销广告策划》，范云峰著，北京：中国经济出版社
⊙《影视产业与中国文化发展战略：第十二届中国金鸡百花电影节学术研讨会》，佳明主编，北京：中国电影出版社
⊙《影视文化传播》，张智华著，北京：文化艺术出版社
⊙《影视文化论》，郝朴宁、张旭、陈路编著，昆明：云南美术出版社
⊙《影视艺术鉴赏》，李亦中主编，北京：北京大学出版社
⊙《游戏产业白皮书》，王子铭主编，台北：拓墣科技股份有限公司
⊙《游戏产业现况与发展趋势分析》，林于胜著，台北：财团法人资讯工业策进会资讯市场情报中心（MIC）
⊙《原住民地方文化产业总体检》，黄煌雄调查，台北：远流出版事业股份有限公司
⊙《云南生态旅游建设的BOT项目管理》，王松江著，昆明：云南大学出版社
⊙《战略机遇期的文化建设》，解永会主编，石家庄：河北人民出版社
⊙《浙江报业改革60例》，浙江省报业协会编著，杭州：浙江人民出版社
⊙《知识产权经济新引擎正在轰鸣》，唐善新主编，广州：中山大学出版社
⊙《知识产权制度挑战与对策》，吕薇等著，北京：知识产权出版社
⊙《中部六省文化产业比较研究：2003－2004年》，郑茂林著，南昌：红星电子音像出版社
⊙《中国报业大战风云录：平面媒体大洗牌纪实》，徐祥著，香港：中国科技
⊙《中国城市电视媒介传播策略》，郭孝庭主编，呼和浩特：内蒙古人民出版社
⊙《中国出版产业论》，曾庆宾著，长沙：中南大学出版社
⊙《中国传媒集团发展报告》，长沙：湖南教育出版社
⊙《中国当代报业发展研究》，王秋和著，北京：人民日报出版社
⊙《中国的基本文化政策》，潘福晶编，北京：新星出版社
⊙《中国的信息技术和产业》，袁静编，北京：新星出版社
⊙《中国电视传播管理概论》，李晓枫主编，北京：中国广播电视出版社
⊙《中国电视传媒资本运营》，李晓枫主编，北京：中国广播电视出版社
⊙《中国电视剧市场报告：2003－2004》，央视—索福瑞著，北京：华夏出版社
⊙《中国电视媒介增值力通论：电视娱乐内容产品多元价值体系的增值管理》，周笑著，长沙：湖南大学出版社
⊙《中国广告业生存及发展模式研究：2003年全国广告学术研讨会论文集萃》，丁俊杰、董立津主编，北京：中国工商出版社
⊙《中国会展业：理论、现状与政策》，刘大可著，北京：新华出版社
⊙《中国旅游可持续发展研究》，李天元著，天津：南开大学出版社
⊙《中国旅游业对外开放战略研究》，高舜礼著，北京：中国旅游出版社
⊙《中国媒介经济与媒介运作》，宋建武著，北京：新华出版社
⊙《中国区域性广电媒介产业的生存与发展：透视淄博广电现象》，黄升民主编，北京：北京广播学院出版社
⊙《中国文化产业国际竞争力报告》，祁述裕主编，北京：社会科学文献出版社
⊙《中国文化产业年度发展报告．2004》，叶朗主编，长沙：湖南人民出版社
⊙《中国文化产业评论．第二卷》，叶取源主编，上海：上海人民出版社
⊙《中国文化市场发展报告》，刘玉珠主编，北京：新华出版社
⊙《中国西部生态旅游产品绿色创新》，刘焰著，北京：经济管理出版社
⊙《中国西部体育旅游开发：理论探讨与对策研究》，柳佰力主编，成都：电子科技大学出版社
⊙《中国信息内容服务业发展报告》，国家信息中心，中国信息协会编，胡小明主编，北京：中国市场出版社
⊙《中外版权贸易比较研究》，张美娟著，北京：北京图书馆出版社
⊙《终极竞争力——文化战略实施原理与案例》，曹世潮著，上海：文汇出版社

2005年

⊙《2003－2004年北京文化发展报告》，陈文博、郑师渠主编，北京：北京出版社
⊙《2003－2005年中国旅游发展：分析与预测》，张广瑞等主编，北京：社会科学文献出版社

⊙《甘肃外事旅游文化资源》，张炳玉主编，兰州：敦煌文艺出版社
⊙《高雄市原住民文化产业现况及未来》，黄坤祥计划主持，高雄：高雄市政府
⊙《古城、古镇与古村旅游开发经典案例》，邹统钎主编，北京：旅游教育出版社
⊙《观光立国宣言：畅谈蓬勃发展的旅游业：对谈集》，（日）二阶俊博著，方爱乡译，大连：东北财经大学出版社
⊙《广播电视产业发展论　聚焦地方媒体》，杨宏主编，成都：四川大学出版社
⊙《广播电视经营与管理》，周鸿铎等著，北京：经济管理出版社
⊙《广播电视经营与管理模式》，周鸿铎等著，北京：经济管理出版社
⊙《广播媒介生态与产业》，陈清河著，台北：亚太图书
⊙《广电媒介产业经营新论》，黄升民、周艳、马丽婕著，上海：复旦大学出版社
⊙《广东文化产业发展与对策研究》，蒋述卓主编，广州：广东人民出版社
⊙《广告策划与创意》，杨凯红著，哈尔滨：黑龙江教育出版社
⊙《广告创意》，叶凤琴、陈观诚主编，北京：高等教育出版社
⊙《广告创意思维》，合肥：合肥工业大学出版社
⊙《广告创意与案例分析》，臧丽娜著，济南：山东美术出版社
⊙《广告文化透视》，阮卫著，武汉：武汉出版社
⊙《广告业前沿问题法律策略与案例》，李德成著，北京：中国方正出版社
⊙《广西文化发展新探索．2004》，容小宁主编，南宁：广西人民出版社
⊙《贵州省旅游发展总体规划》，世界旅游组织等编，贵阳：贵州人民出版社
⊙《桂西北旅游发展论》，覃绍明、马忠豪主编，贵阳：贵州民族出版社
⊙《国际旅游管理案例分析》，（英）豪娜、（英）斯沃布鲁克著，张勤等译，沈阳：辽宁科学技术出版社
⊙《国际文化发展报告》，欧阳坚、丁伟主编，北京：商务印书馆
⊙《国家利益与文化政策》，张玉国著，广州：广东人民出版社
⊙《国外出版行业协会研究》，余敏主编，北京：中国书籍出版社
⊙《哈尔滨日报报业集团管理模式》，程颖刚主编，哈尔滨：哈尔滨出版社
⊙《哈尔滨市旅游业发展总体规划：旅游规划实务案例》，王富德主编，北京：旅游教育出版社
⊙《海南体育旅游开发研究》，夏敏慧著，北京：北京体育大学出版社
⊙《海外版权贸易指南》，杨贵山等编著，北京：中国水利水电出版社
⊙《海外书业经营案例》，杨贵山编著，北京：中国水利水电出版社
⊙《海洋旅游学导论》，李隆华、俞树彪编著，杭州：浙江大学出版社
⊙《和谐社会的区域文化战略：江苏建设文化大省与发展文化产业研究》，安宇、沈山主编，北京：中国社会科学出版社
⊙《河南红色旅游指南》，周建光、李宗军主编，郑州：河南人民出版社
⊙《河南省旅游系统结构优化研究》，李永文主编，北京：科学出版社
⊙《河南文化产业发展与对策研究》，杨小明、靳丽君著，呼和浩特：内蒙古人民出版社
⊙《核心竞争力：中国广电传媒产业的实践与思考》，刘明、王统标、王大明著，北京：中国广播电视出版社
⊙《湖南旅游业发展研究》，尹华光、陈福义、袁正新著，北京：中国旅游出版社
⊙《会展策划》，阎蓓、贺学良主编，北京：高等教育出版社
⊙《会展概论》，龚平、赵蔚平主编，上海：复旦大学出版社
⊙《会展概论》，马洁、刘松萍编著，广州：华南理工大学出版社
⊙《会展概论》，吴信菊著，上海：上海交通大学
⊙《会展经济》，陈来生著，上海：复旦大学出版社
⊙《会展经济学》，陈志平、刘松萍、余国扬编著，北京：经济科学出版社
⊙《会展旅游管理与案例分析》，（美）韦伯、（韩）田桂成主编，杨洋、杨颖、张浩新等译，沈阳：辽宁科学技术出版社
⊙《会展业的法律规制》，王玉松著，上海：上海人民出版社
⊙《会展艺术：展会管理实务》，（美）桑德拉·L·莫罗著，武邦涛等译，上海：上海远东出版社
⊙《会展营销》，胡平主编，上海：复旦大学出版社
⊙《激活传媒：传媒竞争力发掘与执行策略》，陆小华著，北京：中信出版社
⊙《加拿大旅游业：问题与选择》，（加）Peter E. Murphy 主编，王少华、裘书服、周敏译，昆明：云南美术出版社
⊙《加入 WTO 与中国新闻传播业》，丁柏铨等著，北京：社会科学文献出版社
⊙《教育报刊营销战略》，史道祥著，北京：中国传媒大学出版社
⊙《教育产业与经济发展》，问青松著，武汉：武汉大学出版社
⊙《节庆、节事及事件旅游：理论·案例·策划》，戴光全等著，北京：科学出版社
⊙《节庆活动的组织管理与营销》，（英）伊恩·约曼等著，吴恒、孙小珂、金鑫等译，沈阳：辽宁科学技术出版社
⊙《解读中国游乐业》，冯锦凯著，北京：旅游教育出版社
⊙《解放文化生产力：文化管理体制的价值分析》，黄凯锋著，上海：上海人民出版社
⊙《解构旅游》，苏洪宇著，天津：南开大学出版社
⊙《景区（点）管理与经营》，李维冰主编，北京：中国商业出版社
⊙《俱乐部运营：客户忠诚计划的成功实践》，（英）斯蒂芬·A. 巴斯彻著，孙路弘、陈叙译，北京：电子工业出版社
⊙《俱乐部运营》，（英）里斯·豪威著，赵竞玲、阳效译，北京：北京体育大学出版社
⊙《开创中国数位电视产业发展新格局》，拓墣产业研究所著，张瑞华主编，台北：拓墣科技股份有限公司
⊙《可口可乐营销攻略》，李铁君、李铁钢著，广州：南方日报出版社
⊙《跨文化管理》，陈晓萍著，北京：清华大学出版社
⊙《浪漫选择：民族地区文化经济发展研究》，甘霖著，南宁：广西人民出版社
⊙《老鼠咬大米：创意文化产业前景与挑战》，郑建生著，香港：经要文化出版有限公司
⊙《理想空间．2005. 9（总第十三辑），景观与旅游规划设计》，吴承照主编，上海：同济大学出版社
⊙《历史城镇旅游规划理论与实务》，严国泰编著，北京：中国旅游出版社
⊙《联合型社区图书馆功能及发展模式研究》，梁丽著，北京：知识产权出版社
⊙《辽宁旅游文化研究》，佟玉权、韩福文著，沈阳：辽宁民族出版社
⊙《旅游策划教程》，肖星主编，广州：华南理工大学出版社
⊙《旅游产品设计基础》，王鹏飞著，北京：首都师范大学出版社
⊙《旅游产业整合　提高竞争力研究：以浙江为例》，周玲强著，北京：航空工业出版社
⊙《旅游调查研究的方法与实践》，李亨主编，北京：中国旅游出版社
⊙《旅游规划教程》，赵黎明、黄安民编著，北京：科学出版社
⊙《旅游规划理论与案例》，（美）克莱尔·A. 冈恩、（土）特格特·瓦尔著，吴必虎、吴冬青、党宁译，大连：东北财经大学出版社
⊙《旅游规划原理》，张伟强、陈文君主编，广州：华南理工大学出版社
⊙《旅游规划原理》，陈国生著，长沙：中南大学出版社
⊙《旅游规划原理》，陆林编著，北京：高等教育出版社
⊙《旅游规划原理》，唐代剑编著，杭州：浙江大学出版社
⊙《旅游经济、产业与政策》，宁泽群主编，北京：中国旅游出版社
⊙《旅游经济文化研究》，庄志民著，上海：立信会计出版社
⊙《旅游经济学》，贝凤岩、郝晓兰主编，大连：大连理工大学出版社
⊙《旅游经济学》，郭鲁芳等编著，杭州：浙江大学出版社
⊙《旅游经济学》，和军主编，北京：科学出版社
⊙《旅游经济学》，石变珍主编，郑州：郑州大学出版社

⊙《清江流域生态旅游资源与开发》，王柏泉、艾训儒主编，北京：中国农业科学技术出版社
⊙《区域旅游市场发展演化机理及开发》，李悦铮、俞金国著，北京：旅游教育出版社
⊙《区域旅游业竞争力理论与实证研究》，张梦著，成都：西南财经大学出版社
⊙《区域民族旅游开发导论》，张河清编著，北京：中国旅游出版社
⊙《区域知识产权战略》，刘仁豪、张学全、姜启安主编，北京：知识产权出版社
⊙《全球化风潮下的展览策划与城市行销》，汉姆第·艾·阿塔等著，郑义恺等译，台北：典藏艺术家庭股份有限公司
⊙《全球化下的北京旅游发展战略》，张辉、魏翔著，北京：旅游教育出版社
⊙《全球化与文化资本》，薛晓源、曹荣湘主编，北京：社会科学文献出版社
⊙《人类口头和非物质遗产》，向云驹著，银川：宁夏人民教育出版社
⊙《人类口头与非物质文化遗产丛书》，王文章主编，杭州：浙江人民出版社
⊙《日本报业集团研究》，尹良富著，广州：南方日报出版社
⊙《日本电视产业与电视广告》，欧阳康编著，北京：中国工商出版社
⊙《日本旅游文化》，曹志伟、陈晏著，银川：宁夏人民出版社
⊙《山东旅游文化》，陈向群主编，济南：济南出版社
⊙《山岳型生态旅游目的地规划的理论创新与实践》，汪宇明等著，北京：中国旅游出版社
⊙《陕西佛道教文化旅游资源开发》，张燕著，西安：陕西人民出版社
⊙《上海旅游年鉴．2003》，上海：上海辞书出版社
⊙《胜在创意：创造商机的 X+1 种思维》，宁笔编著，北京：中国水利水电出版社
⊙《世界文化遗产：丽江古城旅游环境研究》，杨桂芳、丁文婕、葛绍德著，北京：民族出版社
⊙《世界文化与自然遗产：彩色图文版》，纪江红主编，北京：北京出版社
⊙《世界文化与自然遗产：彩图版》，李军主编，郑州：大象出版社
⊙《世界五大媒介集团经营之道》，周鸿铎主编，北京：经济管理出版社
⊙《视听中国的世纪跨越》，白贵著，保定：河北大学出版社
⊙《首都传媒经济研究报告．2005》，丁俊杰、黄升民主编，北京：同心出版社
⊙《数位内容市场趋势与产业发展策略分析》，黄怡音、林于胜、周树林著，台北：财团法人资讯工业策进会资讯市场情报中心（MIC）
⊙《数位新视界：新兴电视市场与产业发展趋势分析》，詹文男总编辑，台北：财团法人资讯工业策进会资讯市场情报中心（MIC）
⊙《数字时代知识产权保护的理论与判解研究》，谭筱清主编，苏州：苏州大学出版社
⊙《数字图书馆版权保护导论》，秦珂著，北京：气象出版社
⊙《谁偷走了时代华纳》，（美）亚历克·克莱因著，上海：上海远东出版社
⊙《水库类旅游区旅游规划的理论与实践研究》，梁留科、宋德志主编，西安：西安地图出版社
⊙《台湾布袋戏与传统文化创意产业研讨会论文集》，宜兰县：国立传统艺术中心
⊙《台湾数位内容产业白皮书 2004》，经济部数位内容产业推动办公室编撰，工业局
⊙《台湾文化创意产业发展年报．2004 年》，陈昭义著，台北：经济部文创办公室出版
⊙《体育产业概论》，李荣日编著，北京：北京体育大学出版社
⊙《体育产业概论》，柳伯力、李万来主编，北京：人民体育出版社
⊙《体育产业经营与管理知识》，刘大力主编，北京：中国劳动社会保障出版社
⊙《体育产业组织管理：对绩效负责》，（美）丹尼尔·科维尔等著，钟秉枢等译，北京：清华大学出版社
⊙《体育经济学》，（美）李明、（美）霍华斯、（美）马岩尼著，叶公鼎译，沈阳：辽宁科学技术出版社
⊙《体育经济学》，黄晓灵主编，重庆：西南师范大学出版社
⊙《体育经济学教程》，苏义民主编，武汉：湖北人民出版社
⊙《体育赛事项目管理》，肖林鹏、叶庆辉编著，北京：北京体育大学出版社
⊙《体育市场营销——决策与运作》，耿力中著，北京：人民体育出版社
⊙《体育市场营销与策划》，周兵、蔡理编著，南京：南京师范大学出版社
⊙《体育项目管理》，秦椿林主编，北京：高等教育出版社
⊙《体育营销》，胡立君著，北京：清华大学出版社
⊙《体育营销案例分析》，（美）匹兹主编，秦椿林、石春健编译，沈阳：辽宁科学技术出版社
⊙《体育营销原理与实务》，（美）布伦达·G. 匹兹、（美）戴维·K. 斯托特勒编著，裘理瑾主译，沈阳：辽宁科学技术出版社
⊙《天水市体育旅游开发研究》，王斌编著，兰州：甘肃人民出版社
⊙《挑战 2008 国家文化竞争优势：透析与建构台湾文化创意产业之生态系统》，曹文瑞著，台北市：橘园国际艺术策展
⊙《透视 BBC 与 CNN：媒介组织管理：全球最重要的两个新闻媒体全透视》，（英）Luck Küng - Shankleman 原著，彭泰权译，台北：亚太图书出版
⊙《图书营销案例点评》，刘拥军主编，苏州：苏州大学出版社
⊙《网络产业经营与管理》，周鸿铎等著，北京：经济管理出版社
⊙《网络广告学》，高力、王晓清、黎明编著，成都：电子科技大学出版社
⊙《网络经济概论》，张小蒂、倪云虎主编，重庆：重庆大学出版社
⊙《网络文化》，李钢、王旭辉著，北京：人民邮电出版社
⊙《为赢利而出版：图书出版商底线管理成功指南》，（美）托马斯·沃尔著，杨贵山译，北京：中国人民大学出版社
⊙《文化策划》，陈放、陈晓云、唐建编著，北京：蓝天出版社
⊙《文化产业：变革中的文化》，李向民、王晨等著，北京：科学经济出版社
⊙《文化产业的发展与预测》，王琳著，天津：天津社会科学院出版社
⊙《文化产业发展论》，丹增著，北京：人民出版社
⊙《文化产业发展与国家文化安全》，胡惠林著，广州：广东人民出版社
⊙《文化产业概论》，胡惠林主编，昆明：云南大学出版社
⊙《文化产业竞争力》，花建等著，广州：广东人民出版社
⊙《文化产业理论与实践》，孙安民著，北京：北京出版社
⊙《文化产业论文集》，何立宁主编，济南：山东文艺出版社
⊙《文化产业学》，刘吉发、岳红记、陈怀平著，北京：经济管理出版社
⊙《文化产业与文化管理》，李军著，北京：经济日报出版社
⊙《文化传播学通论》，周鸿铎主编，北京：中国纺织出版社
⊙《文化发展论》，许明、花建主编，北京：北京大学出版社
⊙《文化发展战略论坛文集》，中共中央宣传部文化体制改革和发展办公室、中共深圳市委宣传部编，广州：广东人民出版社
⊙《文化活动的策划与操作》，朱希祥等著，上海：东华大学出版社
⊙《文化经济学思维：物质与文化均衡发展分析》，孟晓驷著，北京：人民文学出版社
⊙《文化经营与 S 理论》，吴声怡著，北京：中国文史出版社
⊙《文化精英创富揭秘》，陈昌照、姜晓霞编著，北京：人民出版社
⊙《文化巨无霸：当代美国文化产业研究》，李怀亮、刘悦笛主编，广州：广东人民出版社
⊙《文化链》，林竹盛编著，北京：企业管理出版社
⊙《文化领域投融资知识讲座》，中共中央宣传部文化体制改革和发展办公室编，沈阳：辽宁人民出版社

出版社
⊙《知识产权与竞争优势：区域知识产权战略研究》，盛世豪、徐竹青等著，北京：中国社会科学出版社
⊙《知识产权与市场竞争》，张玉敏主编，北京：法律出版社
⊙《制播体制改革与电视业发展问题研究》，唐世鼎、黎斌等编著，北京：中国传媒大学出版社
⊙《制度、文化与经济发展》，王跃生著，北京：北京大学出版社
⊙《中国报刊媒体产业经营趋势》，黄升民、周艳主编，北京：中国传媒大学出版社
⊙《中国报业年鉴．2004》，宋建武主编，北京：中华工商联合出版社
⊙《中国出境旅游发展年度报告．2004》，杜江等著，北京：旅游教育出版社
⊙《中国传媒经济（第2辑）》，昝廷全主编，北京：科学出版社
⊙《中国当代书画市场圈点》，齐建秋著，北京：中国文联出版社
⊙《中国电视广告经营模式创新研究》，黎斌、蒋淑媛等编著，北京：中国传媒大学出版社
⊙《中国电视媒体产业经营新动向》，黄升民、周艳、何晗冰主编，北京：中国传媒大学出版社
⊙《中国电影产业史》，沈芸著，北京：中国电影出版社
⊙《中国非物质文化遗产．第九辑》，叶春生主编，广州：中山大学出版社
⊙《中国广播产业报告：产业发展与经营管理创新》，丁俊杰、黄升民主编 北京：中国传媒大学出版社
⊙《中国广播产业制度创新》，刘斌著，北京：北京广播学院出版社
⊙《中国广播电视业发展战略》，朱金玉、巢立明著，上海：上海人民出版社
⊙《中国广告产业发展研究：一个关于广告业的经济分析框架》，卢山冰著，西安：陕西人民出版社
⊙《中国红色旅游发展报告》，全国红色旅游工作协调小组办公室主编，北京：中国旅游出版社
⊙《中国竞技体育产业市场研究》，唐豪、魏农建著，上海：学林出版社，
⊙《中国旅游策划导论》，欧阳斌著，北京：中国旅游出版社
⊙《中国旅游产业转型年度报告：2004》。张辉著，北京：旅游教育出版社
⊙《中国旅游景区发展报告（2005）》，国家旅游局规划发展与财务司编著，北京：中国旅游出版社
⊙《中国旅游目的地发展研究报告．2004》，张文主编，北京：旅游教育出版社
⊙《中国旅游投资报告2005》，国家旅游局规划发展与财务司主编，北京：中国旅游出版社
⊙《中国旅游文化》，康玉庆、何乔锁主编，北京：中国科学技术出版社
⊙《中国旅游文化》，潘宝明主编，北京：中国旅游出版社
⊙《中国旅游资源学》，陈福义、范保宁主编，北京：中国旅游出版社
⊙《中国媒介经济的发展规律与趋势》，宋建武等著，北京：中国人民大学出版社
⊙《中国媒体发展研究报告2003－2004年卷》，罗以澄、张金海、单波主编，武汉：武汉出版社
⊙《中国民营书业调查：中国民营出版蓝皮书》，刘革学、刘芳编著，北京：中国社会科学出版社
⊙《中国民营书业发展研究报告．2004》，余敏主编，北京：中国书籍出版社
⊙《中国民营影视企业现状与发展：第十三届中国金鸡百花电影节学术研讨会论文集》，佳明、浩东主编，北京：中国电影出版社
⊙《中国农家乐》，甄先尧主编，成都：成都时代出版社
⊙《中国期刊产业发展报告：市场分析与方法求索》，李频主编，北京：社会科学文献出版社
⊙《中国少数民族地区旅游经济研究》，马艳霞、范钛著，成都：四川人民出版社
⊙《中国数字电视报告．2005》，黄升民、王兰柱、周艳主编，北京：中国传媒大学出版社
⊙《中国网络媒体的第一个十年》，彭兰著，北京：清华大学出版社
⊙《中国文化产业年度发展报告．2005》，北京大学文化产业研究所、国家文化产业创新与发展研究基地主编，长沙：湖南人民出版社
⊙《中国文化产业评论．第三卷》，叶取源、王永章、陈昕主编，上海：上海人民出版社
⊙《中国文化服务业质量管理体系实施指南》，中华社会文化发展基金会等编，北京：中国文联出版社
⊙《中国文化市场发展报告（2004）》，刘玉珠主编，北京：民族出版社
⊙《中国新时期动漫产业与动漫营销》，刘轶、张琰著，北京：中国戏剧出版社
⊙《中国休闲经济》，魏小安著，北京：社会科学文献出版社
⊙《中国艺术品市场导航》，宋建文主编，北京：中国水利水电出版社
⊙《中国艺术品收藏鉴赏百科全书（传统工艺品卷）》，史树青总主编，北京：北京出版社
⊙《中国艺术品收藏鉴赏百科全书（家具卷）》，史树青总主编，北京：北京出版社
⊙《中国艺术品收藏鉴赏百科全书（书画卷）》，史树青总主编，北京：北京出版社
⊙《中国艺术品收藏鉴赏百科全书（陶瓷卷）》，史树青总主编，北京：北京出版社
⊙《中国艺术品收藏鉴赏百科全书（铜器卷）》，史树青总主编，北京：北京出版社
⊙《中国艺术品收藏鉴赏百科全书（玉器卷）》，史树青总主编，北京：北京出版社
⊙《中美新闻传媒比较：生态·产业·实务》，薛中军著，上海：复旦大学出版社
⊙《珠江上游地区旅游经济文化》，朱谷生编著，昆明：云南科技出版社
⊙《主题公园营销模式与技术》，郑维、董观志编著，北京：中国旅游出版社
⊙《主题公园营运力管理："六员一体"解决方案》，董观志、苏影著，北京：中国旅游出版社
⊙《转型时期中国旅游产业环境、制度与模式研究》，张辉著，北京：旅游教育出版社
⊙《转制重组：中国广播影视产业改革发展的核心》，魏文楷著，北京：中国广播电视出版社
⊙《资源型城市旅游业开发的初步探索》，林越英著，北京：中国水利水电出版社

2006年

⊙《2002－2006中国民族文化产业的现状与未来：走出去战略》，陈忱主编，北京：国际文化出版公司
⊙《2004～2005国际出版业状况及预测：国际出版蓝皮书》，郝振省主编，北京：中国书籍出版社

⊙《2004～2005年厦门文化体制改革与文化发展蓝皮书》，林起主编，厦门：厦门大学出版社
⊙《2004～2005中国出版业发展报告：中国出版蓝皮书》，郝振省主编，北京：中国书籍出版社
⊙《2004－2005年厦门文化体制改革与文化发展蓝皮书》，林起主编，厦门：厦门大学出版社
⊙《2004－2006年中国旅游发展：分析与预测》，张广瑞、刘德谦、魏小安著，北京：社会科学文献出版社
⊙《2005～2006云南旅游发展报告》，杨福泉等主编，昆明：云南大学出版社
⊙《2005～2006云南文化发展蓝皮书》，黄峻、纳麒主编，昆明：云南大学出版社
⊙《2005～2006中国新兴媒体发展与研究蓝皮书》，CTR市场研究著，北京：中国传媒大学出版社
⊙《2005成都文化产业发展报告》，蔡少远、刘从政主编，成都：成都时代出版社
⊙《2005年北京文化发展报告》，刘川生、郑师渠主编，北京：同心出版社
⊙《2005年成都文化产业发展报告》，蔡少远、刘从政主编，成都：成都时代出版社
⊙《2005年湖北发展蓝皮书　文化产业卷》，赵凌云著，武汉：湖北人民出版社
⊙《2005中国广播电视品牌蓝皮书》，何振虎、张君昌主编，北京：中国广播电视出版社
⊙《2005中国民营书业发展研究报告》，郝振省主编，北京：中国书籍出版社
⊙《2005中国文化市场发展报告》，刘玉珠主编，北京：中央民族大学出版社
⊙《2006－2007年：中国广告主营销推广趋势报告》，黄升民、杜国清、邵华冬等著，北京：社会科学文献出版社
⊙《2006－2007年河北省文化产业形势分析与预测》，薛维君主编，石家庄：河北人民出版社
⊙《2006年：中国传媒产业发展报告》，崔保国主编，北京：社会科学文献出版社
⊙《2006年：中国文化产业发展报告》，张晓明主编，北京：社会科学文献出版社
⊙《2006年成都文化产业发展报告》，尹建华主编，成都：四川人民出版社
⊙《2006年中国传媒产业发展报告》，崔保国主编，北京：社会科学文献出版社
⊙《2006年中国广播影视发展报告》，黄勇主编，北京：社会科学文献出版社
⊙《2006上海创意产业发展报告》，王荣华主编，上海：上海科学技术文献出版社
⊙《2006中国文化品牌报告》，欧阳友权、柏定国主编，北京：中国市场出版社
⊙《2008与首都文化发展》，袁懋栓主编，北京：中国经济出版社
⊙《21世纪电视文化生存》，高鑫、贾秀清著，北京：中国国际广播出版社
⊙《21世纪首都文化发展研究》，申建军、李丽娜主编，北京：社会科学文献出版社
⊙《21世纪文化产业前沿丛书》，陈家泽主编，成都：四川大学出版社
⊙《C产业：创意型经济的引擎：上海创意产业的业态观察》，上海文化发展基金会办公室编著，上海：上海三联书店
⊙《奥林匹克营销》，邱招义著，北京：人民体育出版社
⊙《报刊发行学》，章玉兴著，兰州：甘肃科学技术出版社
⊙《报业创新与博弈》，赵曙光主编，石家庄：河北人民出版社
⊙《报业核心竞争力：理论与案例》，刘年辉著，北京：中国广播电视出版社
⊙《报业集团的创新与发展》，中华全国新闻工作者协会、广州日报报业集团编，广州：广州出版社
⊙《报业集团经营管理概念》，温治铭著，广州：南方日报出版社
⊙《报业旗舰的航程》，王雄主编，兰州：兰州大学出版社
⊙《北大文化产业.2006年卷》，陈少峰主编，长沙：湖南文艺出版社
⊙《北大文化产业．第二辑》，陈少峰主编，长沙：湖南教育出版社
⊙《北大文化产业研究丛书》，陈少峰主编，长沙：湖南文艺出版社
⊙《北京出版产业与文化研究报告．2006》，曲德森主编，北京：同心出版社
⊙《北京国际出版论坛演讲录：2004～2005年卷》，国家新闻出版总署对外交流与合作司编，济南：山东友谊出版社
⊙《北京会展业发展研究》，文魁、储祥银主编，北京：首都经济贸易大学出版社
⊙《北京旅游发展研究报告》，戴斌主编，北京：同心出版社
⊙《北京密云休闲产业发展研究》，齐瑞岳、郭焕成主编，北京：中国旅游出版社
⊙《北京体育赛事管理与营销研究报告2006》，王守恒主编，北京：同心出版社
⊙《北京文化发展蓝皮书2006：改革与首都文化生产力素质》，朱明德主编，北京：中国文联出版社
⊙《北京文化发展研究报告》，北京市哲学社会科学规划办公室、北京市教育委员会、北京文化发展研究基地编，北京：同心出版社
⊙《北京影视艺术研究报告2006》，王海洲主编，北京：同心出版社
⊙《编辑出版效益》，李继峰著，呼和浩特：内蒙古人民出版社
⊙《变迁中的中国大陆报业制度图像（海外中文图书）》，张裕亮著，台北县：晶典文化事业出版社
⊙《参展营销实务》，刘松萍主编，北京：中国劳动社会保障出版社
⊙《产权安排与消费行为：激励消费的产权机制分析》，陶伟军著，北京：经济科学出版社
⊙《长线价值——艺术品市场大势》，张志雄著，上海：上海财经大学出版社
⊙《朝阳产业走向辉煌：蓬勃发展的中国旅游业：1996～2005》，何光暐著，北京：中国旅游出版社
⊙《朝阳艺术与朝阳产业：音乐剧在中国的命运》，居其宏著，北京：中央音乐学院出版社
⊙《城市电视媒体经营与策划》，陈接锋著，南京：东南大学出版社
⊙《城市旅游的发展与实践：20个命题研究》，崔凤军著，北京：中国旅游出版社
⊙《城市文化产业与发展模式创新：2006年深圳文化蓝皮书》，彭立勋主编，北京：中国社会科学出版社
⊙《城市文化竞争力问题研究》，郭晓君等著，北京：中国人事出版社
⊙《城市休闲旅游》，叶文著，天津：南开大学出版社
⊙《出版传播策划学概论》，阎现章著，开封：河南大学出版社
⊙《出版发行业管理实践与思考》，张训智著，长沙：湖南人民出版社
⊙《出版工作研究2006》，人民交通出版社编，北京：人民交通出版社
⊙《出版管理研究》，刘瑛编著，银川：宁夏人民教育出版社
⊙《出版学研究进展》，黄先蓉主编，武汉：武汉大学出版社
⊙《传播·文化·社会：英国大众传播理论透视》，杨击著，上海：复旦大学出版社
⊙《传播学视野中的中国影视艺术》，林吕建著，北京：光明日报出版社
⊙《传媒榜样：高层权威解读文化体制改革》，王永亮、刘延娜、傅立新著，北京：中国传媒大学出版社
⊙《传媒并购新论》，董璐著，上海：复旦大学出版社

⊙《传媒方家：高层权威解读传媒》，王永亮等编著，北京：中国传媒大学出版社
⊙《传媒集团公司治理》，常永新著，北京：中国传媒大学出版社
⊙《传媒经济“三论说”》，周鸿铎著，北京：社会科学文献出版社
⊙《传媒经济学》，张辉锋著，广州：南方日报出版社
⊙《传媒业行业分析与面试指南》，翟涛、王淑梅主编，北京：中国经济出版社
⊙《传媒资本运营》，谢耘耕编著，上海：复旦大学出版社
⊙《创建品牌学校》，林日青主编，北京：华龄出版社
⊙《创意产业》，乐景彭主编，上海：上海科学技术文献出版社
⊙《创意产业导论》，厉无畏主编，上海：学林出版社
⊙《创意产业和知识产权管理》，上海市协力律师事务所知识产权事务中心编著，上海：学林出版社
⊙《创意产业系列丛书》，厉无畏主编，上海：学林出版社
⊙《创意产业知识产权管理》，游闽键主编，上海：学林出版社
⊙《创意工业时代的媒介品牌塑造》，张静民、陶细泉编著，广州：广东新世纪出版社
⊙《创意经济：如何点石成金》，霍金斯．J．著，洪庆福、孙薇薇、刘茂玲译，上海：上海三联书店
⊙《创意经济》，（美）理查德·弗罗里达著，方海萍、魏清江译，北京：中国人民大学出版社
⊙《创意经济新论－中国蓝海风暴》，周子琰、姜奇平著，北京：新星出版社
⊙《创意上海》，蒯大申、叶辛主编，北京：社会科学文献出版社
⊙《打造畅销书》，（美）希尔、（美）鲍尔著，陈希林译，北京：中国人民大学出版社
⊙《大芬油画村：中国文化产业的奇迹》，何小培主编，广州：花城出版社
⊙《大趋势：文化产业解构传统产业》，冯子标著，北京：社会科学文献出版社
⊙《大学生旅游开发与规划创新文集》，刘沛林主编，北京：华龄出版社
⊙《大众传播与美利坚帝国》，（美）赫伯特·席勒著，刘晓红译，上海：上海译文出版社
⊙《大众传媒新闻信息资源增值研究》，吴海荣著，南宁：广西民族出版社
⊙《大众媒介公信力测评研究》，靳一著，北京：人民出版社
⊙《丹霞山旅游发展概念规划》，陈江南等著，广州：广东旅游出版社
⊙《当代广播电视概论》，吕萌、左靖著，合肥：合肥工业大学出版社
⊙《当代广播电视运营与创新》，中国广播电视协会编，北京：中国广播电视出版社
⊙《当代中国旅游发展研究》，宋振春著，北京：经济管理出版社
⊙《地方文化资源保护与开发研究丛书》，四川省教育厅地方文化资源保护与开发研究中心编，成都：巴蜀书社
⊙《电视产业价值链：理论与个案》，李岚著，北京：社会科学文献出版社
⊙《电视广告：视听形象与创意表现》，刘波著，太原：山西人民出版社
⊙《电视节目策划学》，胡智锋主编，上海：复旦大学出版社
⊙《电视剧制片管理艺术》，高福安等主编，北京：中国传媒大学出版社
⊙《电视频道品牌包装艺术》，郭蔓蔓、世纪工场著，北京：中国广播电视出版社
⊙《电视品牌建构》，陈兵著，北京：中国传媒大学出版社
⊙《电视收视率解析——调查分析与应用》，刘燕南著，北京：北京广播学院出版社
⊙《电影市场营销》，于丽主编，北京：中国电影出版社
⊙《电子商务与网络经济》，史达编著，大连：东北财经大学出版社
⊙《动画产业经营与管理》，王冀中著，北京：中国传媒大学出版社
⊙《动漫产业》，谭玲、殷俊编著，成都：四川大学出版社
⊙《动漫行销》，林资敏著，沈阳：辽宁教育出版社
⊙《俄罗斯传媒体制创新》，吴非、胡逢瑛著，广州：南方日报出版社
⊙《非物质文化遗产概论》，王文章主编，北京：文化艺术出版社
⊙《浮华的盛宴：好莱坞电影产业揭秘》，（美）瓦斯科著，毕香玲、迟志娟译，北京：中信出版社
⊙《福建出版科学论集第4辑》，福建省出版工作协会编，福州：福建人民出版社
⊙《甘南旅游业发展战略研究：现状、问题与对策》，贡保南杰著，兰州：兰州大学出版社
⊙《高等教育市场化改革与机会均等》，范元伟著，上海：上海教育出版社
⊙《构筑品牌竞争力》，王学评、孙班军、孙芳著，北京：中国财政经济出版社
⊙《广播电视广告艺术》，廖秉宜编著，上海：上海外语教育出版社
⊙《广播电视节目评估概论》，张君昌主编，北京：中国广播电视出版社
⊙《广播电视节目营销》，鲁佑文编著，长沙：湖南大学出版社
⊙《广播电视经营管理》，刘立刚著，北京：中国广播电视出版社
⊙《广播电视经营与管理》，严三九编著，上海：上海外语教育出版社
⊙《广播电视精品研究》，吴煜著，北京：中国广播电视出版社
⊙《广播电视新闻学》，蔡尚伟等著，上海：复旦大学出版社
⊙《广播新闻报道与节目创新研究》，王宇、金梦玉主编，北京：中国传媒大学出版社
⊙《广播新闻策划》，礼桂华著，沈阳：东北大学出版社
⊙《广电产业调研报告》，中央党校一年制中青班广电产业课题组编，北京：中国统计出版社
⊙《广东文化产业调研报告集》，方健宏主编，广州：南方日报出版社
⊙《广东文化产业投资指南》，方健宏主编，北京：人民出版社
⊙《广东园艺产业发展战略研究》，蔡汉雄、彭成绩主编，广州：广东科技出版社
⊙《广告策划》，纪华强主编，北京：高等教育出版社
⊙《广告策划创意（2版）》，卫军英著，杭州：浙江大学出版社
⊙《广告策划与策略》，吴柏林著，广州：广东经济出版社
⊙《广告策划与创意》，黎青、孙丰国编著，长沙：湖南大学出版社
⊙《广告策划与管理》，严学军、汪涛主编，北京：高等教育出版社
⊙《广告经营与管理》，张金海、程明著，北京：高等教育出版社
⊙《广告媒体策划：媒体策划人的行业标准参考》，（美）杰克·西瑟斯、（美）罗杰·巴隆，闾佳、、邓瑞锁译，北京：中国人民大学出版社
⊙《广告思谋与运作》，魏炬编著，长沙：中南大学出版社
⊙《广告湘军：优秀论文、案例汇编》，梅金华、黄朝晖、夏甫临主编，北京：中南大学出版社
⊙《广告与促销：整合营销传播视角》，（美）乔治·贝尔奇、（美）迈克儿·贝尔奇著，张红霞、庞隽译，北京：中国人民大学出版社
⊙《广告与整合营销传播原理：第二版》，（美）邓肯著，廖以臣等译，北京：机械工业出版社
⊙《广西文化发展新探索．2005》，容小宁主编，南宁：广西人民出版社
⊙《广州消费文化与社会变迁》，蒋建国著，广州：广东人民出版社
⊙《贵州旅游文化集萃　黔南卷》，贵州旅游文化集萃编委会编，贵阳：贵州人民出版社
⊙《国际化进程中的中国旅游业：首届“上海旅游论坛”论文集》，夏林根主编，上海：上海三联书店
⊙《国际文化贸易概论》，李怀亮著，北京：高等教育出版社
⊙《海洋旅游产业理论及实践创新》，马丽卿著，杭州：浙江科学技术出版社
⊙《韩国传媒体制创新》，郎劲松著，广州：南方日报出版社
⊙《韩剧全解密》，北京：中信出版社
⊙《杭州蓝皮书：2006年杭州发展报告文化卷》，史及伟主编，杭州：杭州出版社
⊙《好莱坞电影机制研究》，何建平著，上海：上海三联书店
⊙《河南旅游产业发展报告》，戴松成、龚绍方主编，郑州：河南人民出

版社

⊙《黑龙江文化蓝皮书2005－2006年：文化产业发展报告》，艾书琴主编，哈尔滨：黑龙江人民出版社

⊙《衡山旅游研究》，谢莉著，北京：中国文史出版社

⊙《红色旅游开发管理与营销》，吴必虎、余青主编，北京：中国建筑工业出版社

⊙《红色之旅井冈山》，肖国详编著，长沙：湖南地图出版社

⊙《湖北省科技期刊研究第13辑》，田胜立、赵春城主编，北京：中国大百科全书出版社

⊙《湖南文化产业发展报告（2006年）》，蒋建国主编，长沙：湖南人民出版社

⊙《湖南乡村旅游研究》，杨载田著，北京：华龄出版社

⊙《会展策划》，许传宏主编，上海：复旦大学出版社

⊙《会展策划与管理》，丁霞主编，北京：高等教育出版社

⊙《会展策划与实务》，周彬主编，上海：立信会计出版社

⊙《会展场馆经营与管理》，郑建瑜主编，上海：上海人民出版社

⊙《会展导论》，过聚荣著，上海：上海交通大学出版社

⊙《会展概论》，刘颖主编，北京：中国广播电视出版社

⊙《会展概论》，杨春兰主编，上海：上海财经大学出版社

⊙《会展概论》，张红主编，北京：高等教育出版社

⊙《会展管理》，马勇、冯玮编著，北京：机械工业出版社

⊙《会展管理概论》，胡平主编，上海：华东师范大学出版社

⊙《会展经济：运营·管理·模式》，施昌奎著，北京：中国经济出版社

⊙《会展经济》，陈来生编著，上海：复旦大学出版社

⊙《会展经济理论与实务》，刘大可编著，北京：首都经济贸易大学出版社

⊙《会展经济学》，孙明贵主编，北京：机械工业出版社

⊙《会展经济与管理丛书》，王方华主编，上海：上海交通大学出版社

⊙《会展经营策划师》，郑建瑜著，北京：中国劳动社会保障出版社

⊙《会展经营策划员》，胡斌著，北京：中国劳动社会保障出版社

⊙《会展经营与管理》，王保伦主编，北京：北京大学出版社

⊙《会展旅游概论（2版）》，胡平主编，上海：立信会计出版社

⊙《会展旅游实务》，邓玲主编，北京：中国劳动社会保障出版社

⊙《会展信息管理》，戴聚岭、卢文芳编著，上海：上海人民出版社

⊙《会展信息交流研究》，俞华著，北京：中国商务出版社

⊙《会展营销》，毛金凤主编，北京：机械工业出版社

⊙《会展营销教程》，刘大可著，北京：高等教育出版社

⊙《会展营销实务》，惠雯、刘东磊主编，北京：高等教育出版社

⊙《会展营销与策划》，刘松萍主编，北京：首都经济贸易大学出版社

⊙《会展营销与筹办实训》，谭红翔编著，北京：中国劳动社会保障出版社

⊙《会展营销与服务》，丁萍萍主编，北京：高等教育出版社

⊙《会展政策与法规》，周利方、沈全主编，上海：立信会计出版社

⊙《机械复制时代的艺术：在文化工业时代哀悼"灵光"消逝》，（德）瓦尔特·本雅明著，李伟、郭东编译，重庆：重庆出版社

⊙《机遇与挑战：电视专业化频道的营销策略》，彭吉象著，北京：中国广播电视出版社

⊙《基于顾客导向的高等教育营销》，袁国华编著，北京：清华大学出版社

⊙《基于网络结构视角的产业集群演化和创新》，夏兰、周钟山等著，北京：中国市场出版社

⊙《加强规制－中国自然文化遗产资源保护管理与利用》，张晓主编，北京：社会科学文献出版社

⊙《加入世界贸易组织后中国文化产业政策与立法研究》，潘嘉玮著，北京：人民出版社

⊙《讲"好故事"与"讲好"故事：从电视叙事看电视节目的策划》，潘知常、孔德明主编，北京：中国广播电视出版社

⊙《节事活动策划与管理》，卢晓编著，上海：上海人民出版社

⊙《解构旅游》，苏洪宇著，天津：南开大学出版社

⊙《经营电视》，姚嘉著，北京：中国传媒大学出版社

⊙《竞争时代的报纸策略：趋势与对策》，刘鹏著，济南：山东人民出版社

⊙《聚焦好莱坞：文化与市场对接》，（美）卢燕主编，北京：北京大学出版社

⊙《凯洛格品牌论》，（美）泰伯特、（美）卡尔金斯编，刘凤瑜译，北京：人民邮电出版社

⊙《科学发展观与区域旅游开发研究》，马波主编，北京：地质出版社

⊙《可口可乐全攻略》，杨延著，深圳：海天出版社

⊙《可移动文化遗产保护策略》，周耀林著，北京：北京图书馆出版社

⊙《跨媒介经营》，殷俊、代静编著，成都：四川大学出版社

⊙《昆明文化产业发展纪实》，施惟达主编，昆明：云南大学出版社

⊙《旅游案例分析》，（英）华德著，曾萍等译，昆明：云南大学出版社

⊙《旅游产品设计与操作手册》，张道顺编著，北京：旅游教育出版社

⊙《旅游产品设计与开发》，冯卫红著，北京：中国科学技术出版社

⊙《旅游产业经济学》，王起静编著，北京：北京大学出版社

⊙《旅游地品牌研究》，梁明珠等著，北京：经济科学出版社

⊙《旅游地学与地质公园建设：旅游地学论文集第12集》，姜建军、赵逊、陈安泽主编，北京：中国林业出版社

⊙《旅游发展战略规划理论与实践》，刘滨谊著，南京：东南大学出版社

⊙《旅游规划的价值维度：民族文化与可持续旅游开发》，叶文著，北京：中国环境科学出版社

⊙《旅游规划的艺术：地方文脉原理及应用》，于希贤等著，重庆：重庆出版社

⊙《旅游规划与开发（2版）》，马勇、李玺编著，北京：高等教育出版社

⊙《旅游规划与开发：理论·案例》，陈家刚编著，天津：南开大学出版社

⊙《旅游规划与开发》，简王华著，武汉：华中师范大学出版社

⊙《旅游规划原理》，陆林编著，北京：高等教育出版社

⊙《旅游经济、产业与政策》，宁泽群主编，北京：中国旅游出版社

⊙《旅游经济学：模型与方法》，李仲广编著，北京：中国旅游出版社

⊙《旅游经济学》，厉新建、张辉、厉新权编著，北京：中国人民大学出版社

⊙《旅游经济学》，石变珍主编，郑州：郑州大学出版社

⊙《旅游经济学》，宋伟良主编，武汉：华中师范大学出版社

⊙《旅游经济学》，田孝蓉主编，郑州：郑州大学出版社

⊙《旅游经济学》，赵贤松、王书宽、常永翔编著，北京：旅游教育出版社

⊙《旅游景区管理》，马勇、李玺著，北京：中国旅游出版社

⊙《旅游景区管理》，杨桂华主编，北京：科学出版社

⊙《旅游景区管理》，张帆主编，福州：福建人民出版社

⊙《旅游景区管理》，章平、李晓光主编，北京：科学出版社

⊙《旅游景区经营管理》，周玲强等编著，杭州：浙江大学出版社

⊙《旅游景区经营与管理》，王庆国主编，郑州：郑州大学出版社

⊙《旅游景区开发与管理（第二版）》，（英）斯沃布鲁克著，龙江智、李淼译，北京：旅游教育出版社

⊙《旅游景区市场营销》，李红、郝振文著，北京：旅游教育出版社

⊙《旅游景区营销》，刘锋、董四化著，北京：中国旅游出版社

⊙《旅游决策分析方法》，（英）史密斯著，李天元等译，天津：南开大学出版社

⊙《旅游开发与文化变迁：以云南省丽江县纳西族文化为例》，宗晓莲著，北京：中国旅游出版社

⊙《旅游目的地的经营与管理》，（英）豪伊著，丁宁、姜婷婷、马瑾译，沈阳：辽宁科学技术出版社

⊙《旅游目的地竞争力管理》，（加）里奇著，李天元、徐虹译，天津：南开大学出版社

⊙《旅游目的地品牌管理》，（英）摩根等主编，杨桂华等译，天津：南开大学出版社

⊙《旅游目的地形象策划：理论与实务》，李蕾蕾著，广州：广东旅游出

版社
⊙《旅游目的地形象策划》，尹隽主编，北京：人民邮电出版社
⊙《旅游社区战略管理：弥合旅游差距》，（澳）Peter、Eurphy、（澳）Ann，E. Murphy著，陶犁、邓衡、张兵译，天津：南开大学出版社
⊙《旅游市场营销：第4版》，（美）科勒、（美）保文、（美）迈肯斯著，谢彦君主译，大连：东北财经大学出版社
⊙《旅游市场营销》，程林、朱生东编著，合肥：合肥工业大学出版社
⊙《旅游市场营销》，郭英之编著，大连：东北财经大学出版社
⊙《旅游市场营销》，李丰生、蔡平主编，北京：中国财政经济出版社
⊙《旅游市场营销》，李肇荣、陈学清、张显春主编，武汉：武汉大学出版社
⊙《旅游市场营销》，梁骥主编，大连：大连理工大学出版社
⊙《旅游市场营销》，梁昭主编，北京：中国人民大学出版社
⊙《旅游市场营销》，彭萍主编，北京：高等教育出版社
⊙《旅游市场营销》，俞慧君编著，天津：南开大学出版社
⊙《旅游市场营销》，袁平主编，郑州：郑州大学出版社
⊙《旅游市场营销学：原理·方法·案例》，赵西萍等编著，北京：科学出版社
⊙《旅游市场营销学》，苟自钧主编，郑州：郑州大学出版社
⊙《旅游市场营销学》，韩勇、丛庆著，北京：北京大学出版社
⊙《旅游市场营销学》，马勇主编，北京：科学出版社
⊙《旅游市场营销学》，杨志熙主编，武汉：华中师范大学出版社
⊙《旅游市场营销学》，于由等编著，杭州：浙江大学出版社
⊙《旅游市场营销与管理》，任昕竺主编，北京：人民邮电出版社
⊙《旅游体验研究：一种现象学的视角》，谢彦君著，天津：南开大学出版社
⊙《旅游文化》，黄成林主编，合肥：安徽人民出版社
⊙《旅游文化》，孙全治、林占生主编，郑州：郑州大学出版社
⊙《旅游文化概论》，方志远主编，广州：华南理工大学出版社
⊙《旅游文化学》，李伟主编，北京：科学出版社
⊙《旅游文化学导论》，沈祖祥主编，福州：福建人民出版社
⊙《旅游消费者行为学》，吴清津编著，北京：旅游教育出版社
⊙《旅游休闲》，（英）史蒂芬·威廉姆斯著，昆明：云南大学出版社
⊙《旅游休闲》，（英）威廉姆斯著，杜靖川等译，昆明：云南大学出版社
⊙《旅游宣传促销绩效评估：方法与案例》，崔凤军主编，北京：中国旅游出版社
⊙《旅游研究与策划》，卢云亭著，北京：中国旅游出版社
⊙《旅游业管理》，张红等编著，北京：科学出版社
⊙《旅游业经营策划与管理》，颜醒华编著，厦门：厦门大学出版社
⊙《旅游营销学（第四版）》，（英）霍洛韦著，北京：旅游教育出版社
⊙《旅游营销学》，方光罗主编，北京：中国商业出版社
⊙《旅游营销学》，王成慧、陶虎编著，北京：高等教育出版社
⊙《旅游与遗产保护：政府治理视角的理论与实证》，张朝枝著，北京：中国旅游出版社
⊙《旅游资源开发》，梁朝信著，郑州：郑州大学出版社
⊙《旅游资源开发案例》，郭建平、梁爽编著，北京：中国社会出版社
⊙《旅游资源开发及管理》，全华主编，北京：旅游教育出版社
⊙《旅游资源开发与规划》，赖良杰主编，北京：高等教育出版社
⊙《旅游资源开发与规划的探究》，金荣、赵红梅著，哈尔滨：哈尔滨地图出版社
⊙《论北京旅游产业安全与成长要素》，戴斌等著，北京：旅游教育出版社
⊙《论说浙江报业》，浙江省报业协会编，杭州：浙江人民出版社
⊙《媒介产权制度：英美广播电视产权制度变迁及其对我国的启示》，鞠宏磊著，成都：四川大学出版社
⊙《媒介产业经济分析》，王桂科著，广州：广东人民出版社
⊙《媒介经济学：原理及其在中国的实践》，宋建武著，北京：中国人民大学出版社
⊙《媒介经济学》，邓向阳编著，长沙：湖南大学出版社
⊙《媒介营销管理》，张宏著，北京：北京大学出版社
⊙《媒介与文化研究方法》，（英）斯托克斯著，黄红宇、曾妮译，上海：复旦大学出版社
⊙《媒体策划与营销》，蒙南生著，北京：中国传媒大学出版社
⊙《媒体管理案例研究》，冷述美编著，北京：中国传媒大学出版社
⊙《媒体管理概论》，高福安、孙江华等编著，北京：中国传媒大学出版社
⊙《媒体与娱乐产业》，（美）格雷柯编著，饶文靖等译，北京：清华大学出版社
⊙《媒体战略策划》，李建新著，上海：复旦大学出版社
⊙《媒体战略管理》，宋培义等编著，北京：中国传媒大学出版社
⊙《美国传媒体制》，辜晓进著，广州：南方日报出版社
⊙《面向战略变革的广播电视集团信息系统构建》，丘创主编，广州：广东人民出版社
⊙《民间世界：理论与存在：民俗民间文化保护开发研究》，陈华文著，哈尔滨：黑龙江人民出版社
⊙《民俗旅游学》，邱扶东著，上海：立信会计出版社
⊙《民俗旅游与民族文化变迁（桂北壮瑶三村考察）》，徐赣丽，北京：民族出版社
⊙《南方报业战略：解密中国一流报业传媒集团》，范以锦著，广州：南方日报出版社
⊙《农家乐经营手册》，杨桂华、王秀红编著，北京：中国旅游出版社
⊙《农家乐旅游与管理》，李海平主编，杭州：浙江大学出版社
⊙《欧盟电影版权》，（英）帕斯卡尔·卡米纳著，籍之伟、俞剑红、林晓霞译，北京：中国电影出版社
⊙《品牌成就梦想：东方卫视发展之路新探》，东方卫视编，上海：文汇出版社
⊙《品牌管理》，万后芬、周建设主编，北京：清华大学出版社
⊙《品牌论》，乔春洋编著，广州：中山大学出版社
⊙《品牌文化》，乔春洋编著，广州：中山大学出版社
⊙《品牌文化战略研究＝Researchonbrandculturestrategy》，朱立著，北京：经济科学出版社
⊙《品牌战：全球化留给中国的最后机会》，李光斗著，北京：清华大学出版社
⊙《品牌中国电视》，李岭涛、吴秀娥著，北京：中国广播电视出版社
⊙《苹果传奇》，（美）林茨迈尔著，毛尧飞译，北京：清华大学出版社
⊙《企业与传媒：竞合之道：财富精英访谈录》，李良荣主编，上海：复旦大学出版社
⊙《碛口旅游发展》，刘沛林、张世满、霍耀中著，太原：山西人民出版社
⊙《青岛市文化产业理论与实践文集》，亢清泉主编，山东：山东画报出版社
⊙《区域旅游规划：原理与实践》，刘沛林主编，北京：华龄出版社
⊙《区域文化产业实证研究》，向勇、喻文益著，深圳：海天出版社
⊙《区域文化产业研究》，向勇、喻文益著，深圳：海天出版社
⊙《区域文化产业研究方法》，向勇、喻文益著，深圳：海天出版社
⊙《区域文化经济发展研究：陕西文化产业发展战略》，刘吉发著，西安：西北大学出版社
⊙《全球创意产业的盛会：联合国全球创意产业研讨会（上海）纪实》，贺寿昌主编，上海：学林出版社
⊙《全球化背景下中国文化产业论》，蒋晓丽著，成都：四川大学出版社
⊙《全球化与中国文化产业发展》，邹广文著，北京：中央编译出版社
⊙《全球品牌大战略：品牌先生施振荣观点》，施振荣著、萧富元整理，北京：中信出版社
⊙《缺席与在场的辩证图景：新时期中国电影观众问题研究》，冯锦芳著，北京：中国传媒大学出版社

⊙《文化产业学》，胡惠林著，北京：高等教育出版社
⊙《文化产业学概论》，胡惠林、单世联著，太原：书海出版社
⊙《文化产业研究．第1辑》，顾江主编，南京：南京大学出版社
⊙《文化产业研究：战略与对策》，熊澄宇等著，北京：清华大学出版社
⊙《文化产业与政策导论》，张玉国著，北京：高等教育出版社
⊙《文化产业战略与商业模式》，陈少峰著，长沙：湖南文艺出版社
⊙《文化产业政策汇编》，文化部文化产业司编，北京：文化部文化产业司
⊙《文化产业政策与法规》，陈杰、闵瑞武编著，青岛：中国海洋大学出版社
⊙《文化传媒业政策法规精解》，李德成主编，北京：法律出版社
⊙《文化创意产业研究》，蒋三庚著，北京：首都经济贸易大学出版社
⊙《文化的诉求：全球化与可持续发展道路上的文化建设》，晓蔚、李远强著，成都：巴蜀书社
⊙《文化多样性与人类全面发展——世界文化与发展委员会报告》，联合国教科文组织、世界文化与发展委员会编，广州：广东人民出版社
⊙《文化发展战略论坛文集．二》，中宣部文化体制改革和发展办公室编，广州：广东人民出版社
⊙《文化管理学》，刘德忠主编，哈尔滨：黑龙江人民出版社
⊙《文化管理学》，孙萍主编，北京：中国人民大学出版社
⊙《文化管理学概论》，田川流著，昆明：云南大学出版社
⊙《文化建设论：王能宪演讲集》，王能宪著，北京：人民出版社
⊙《文化经纪人》，汪京主编，北京：中国经济出版社
⊙《文化经济：时代的坐标——社会发展战略研究》，谢名家著，广州：广东人民出版社
⊙《文化经济学》，胡惠林著，山西：书海出版社
⊙《文化竞争战略》，曹世潮著，北京：中国人民大学出版社
⊙《文化旅游与文化遗产管理》，BobmcKercher（加）、HilaryduCros（澳）著，朱路平译，天津：南开大学出版社
⊙《文化麦当劳》，王晓渔著，长沙：湖南文艺出版社
⊙《文化企业管理》，王晨编著，长沙：湖南文艺出版社
⊙《文化生产及产品分析》，何群著，北京：高等教育出版社
⊙《文化生产力：一种社会文明驱动源流的个人观》，方伟著，石家庄：河北教育出版社
⊙《文化市场营销学》，李康化著，太原：书海出版社
⊙《文化市场与先进文化》，章剑华主编，南京：南京出版社
⊙《文化体制改革》，赵凌云著，武汉：湖北人民出版社
⊙《文化营销战略：历史，景观，民俗和文化的价值如何实现》，曹世潮著，北京：中国人民大学出版社
⊙《文化与市场营销》，周本存著，合肥：合肥工业大学出版社
⊙《文化政策学》，胡惠林著，太原：书海出版社
⊙《文化资源的产业开发》，吕庆华著，北京：经济日报出版社
⊙《我国高等教育资源管理配置的市场化研究》，姚晓东、孙钰著，长春：吉林人民出版社
⊙《舞台艺术市场营销》，周红著，北京：华龄出版社
⊙《西部民族地区体育旅游开发研究》，周道平等著，北京：北京体育大学出版社
⊙《西方文化管理概论》，陈鸣著，太原：书海出版社
⊙《西方新闻事业概论（3版）》，李良荣著，上海：复旦大学出版社
⊙《县级图书馆生存发展启示录》，中国图书馆学会编，北京：北京图书馆出版社
⊙《现场：中国电影对话世界："金爵"国际电影论坛》，陈晓萌主编，上海：学林出版社
⊙《现代出版：理论与实务．第四辑》，华中师范大学编辑学研究中心编，武汉：华中师范大学出版社
⊙《现代出版业资本运营》，徐建华、谭华苓、陈伟著，北京：中国传媒大学出版社
⊙《现代传播新技术与广播发展》，潘力、董晓平编著，北京：中国传媒大学出版社
⊙《现代广告经营与管理》，张金海、黄玉波编著，北京：首都经济贸易大学出版社
⊙《现代体育促销研究》，陈宏、徐伟著，合肥：合肥工业大学出版社
⊙《乡村旅游：促进人的发展》，杨胜明主编，贵阳：贵州人民出版社
⊙《乡村旅游发展规划：以衡阳县为例》，刘沛林主编，北京：华龄出版社
⊙《乡村旅游开发理论与实践》，杨达源等编著，南京：江苏科学技术出版社
⊙《乡村旅游研究与实践：桂北乡村旅游开发示范》，李丰生等著，北京：中国旅游出版社
⊙《乡村旅游与传统文化》，何丽芳著，北京：地震出版社
⊙《新编旅游市场营销学》，赵毅、叶红主编，北京：清华大学出版社
⊙《新华社产业发展战略研究》，方政军著，北京：新华出版社
⊙《新媒体导论》，蒋宏、徐剑主编，上海：上海交通大学出版社
⊙《新时期广东报业发展研究》，蔡铭泽主编，福州：福建人民出版社
⊙《星巴克：未曾公诸于世的33个经营奥秘》，王孝明编著，北京：经济科学出版社
⊙《行销电影》，程予诚著，台北：亚太图书出版社
⊙《形象品牌竞争力：电视包装实战攻略》，于丹著，北京：中国广播电视出版社
⊙《休闲娱乐业经营300问答》，汪岩著，北京：中国纺织出版社
⊙《寻找回来的文明：夜郎文化资源的开发与利用》，熊宗仁著，贵阳：贵州民族出版社
⊙《亚非文化旅游》，朱耀廷主编，北京：北京大学出版社
⊙《衍生品市场发展与宏观调控研究》，安毅著，北京：中国市场出版社
⊙《演出中介实务》，李小芳编著，上海：上海人民出版社
⊙《扬州市旅游发展总体规划：2002－2020》，东南大学旅游学系等编著，南京：东南大学出版社
⊙《遗产保护与避暑山庄：中国·承德世界文化遗产国际论坛：1703～2003：中英对照》，赵玲主编，沈阳：辽宁民族出版社
⊙《艺术管理与经营研究论集》，曹林、于建刚主编，北京：新华出版社
⊙《艺术经济学》，林日葵著，北京：中国商业出版社
⊙《艺术品拍卖与投资实战教程》，祝君波著，上海：上海人民美术出版社
⊙《音像电子和网络出版工作探讨》，王晓辉著，北京：中国文史出版社
⊙《英国出版业》，理查森、袁方著，北京：世界图书出版公司
⊙《盈利与成长：迪斯尼的关键策略》，董观志、李立志著，北京：清华大学出版社
⊙《影视营销：中小企业营销突破的杀手锏》，郑新安著，北京：中国传媒大学出版社
⊙《影戏百年：电影藏品的收藏投资》，沈泓著，上海：上海科技教育出版社
⊙《有法无天：18位广告界领导人物破解战略、管理、品牌、创意、营销迷局》，方立军主编，北京：中国市场出版社
⊙《娱乐财富密码：引爆传媒心经济》，张小争著，上海：复旦大学出版社
⊙《玉溪旅游业发展研究》，方增福著，昆明：云南大学出版社
⊙《云南旅游"二次创业"发展战略及规划》，罗明义著，昆明：云南大学出版社
⊙《运动俱乐部经营管理》，吕银益著，台北：华格那企业有限公司
⊙《运用资本市场推进高等教育：中国高等教育发展速度、规模与资本市场关系研究》，李进才等著，北京：中国社会科学出版社
⊙《杂志产业》，（美）约翰逊、（美）普里杰特尔著，王海译，北京：中国人民大学出版社
⊙《怎样开办农家乐：农家乐经营必读》，李诗宇、弋福林主编，成都：四川科学技术出版社
⊙《展览会策划与管理》，王春雷、陈震著，北京：中国旅游出版社

⊙《战略品牌管理：第2版》，（美）凯勒著，李乃和等译，北京：中国人民大学出版社

⊙《浙江旅游与文化》，林正秋著，北京：中国文史出版社

⊙《浙江休闲观光农业一百例》，朱志泉主编，北京：中国农业科学技术出版社

⊙《知识产权——理论与战略研究》，刘斌斌著，兰州：甘肃人民出版社

⊙《知识产权与软件产业市场结构》，刘晓东著，杭州：浙江大学出版社

⊙《知识产权制度与战略：他山之石》，叶京生主编，上海：立信会计出版社

⊙《知识经济发展理论：科技教育经济协同发展机理与实证分析》，李忠民著，北京：中国社会科学出版社

⊙《知识经济时代的艺术及其传播》，宋蒙著，北京：文化艺术出版社

⊙《知识经济时代与数字图书馆》，马玉珍等著，兰州：甘肃人民出版社

⊙《职业竞技体育经济分析与制度安排》，杨年松著，北京：经济管理出版社

⊙《制片管理》，黄一峰等编著，北京：中国电影出版社

⊙《中国报业发展战略》，刘海贵主编，上海：上海人民出版社

⊙《中国报业年鉴.2005》，宋建武主编，北京：中华工商联合出版社

⊙《中国出版产业竞争力评价问题研究》，廖建军著，长沙：湖南师范大学出版社

⊙《中国出版产业论稿》，陈昕著，上海：复旦大学出版社

⊙《中国出版企业集团发展研究》，朱静雯著，沈阳：辽宁人民出版社

⊙《中国出版体制改革研究》，尹章池著，武汉：湖北人民出版社

⊙《中国创意产业发展报告.2006》，张京成主编，北京：中国经济出版社

⊙《中国电视媒体的管理和经营》，郑蔚著，北京：中国广播电视出版社

⊙《中国电视业资本运营系统分析》，黎斌著，北京：中国传媒大学出版社

⊙《中国电影产业年报：2005－2006》，张会军、俞剑红编著，北京：中国电影出版社

⊙《中国电影新百年：合作与发展：第十四届中国金鸡百花电影节学术研讨会论文集》，浩东、王丹主编，北京：中国电影出版社

⊙《中国－东盟博览会的机遇和策略：广西会展业发展研究》，龙裕伟等著，成都：电子科技大学出版社

⊙《中国动画产业年报（2004－2005）》，动画产业年报课题组编，北京：海洋出版社

⊙《中国动画产业年报.2006》，侯克明主编，北京：海洋出版社

⊙《中国动画片的产业经济学研究》，秦喜杰著，北京：中国市场出版社

⊙《中国儿童电影的现状与发展》，侯克明主编，北京：中国广播电视出版社

⊙《中国非物质文化遗产保护与开发全书》，中国非物质文化遗产研究中心编，北京：长城出版社

⊙《中国工艺品杂项投资与鉴藏：彩图版》，张荣主编，郑州：大象出版社

⊙《中国雇主品牌传播实录：CCTV<绝对挑战>的理念和探索》，詹未主编，北京：人民邮电出版社

⊙《中国广播电影电视运营与创新实务》，北京：中国传媒大学出版社

⊙《中国广播影视的改革与创新》，徐光春著，北京：作家出版社

⊙《中国海外旅游客源市场概况》，段光达、容作信主编，哈尔滨：哈尔滨工业大学出版社

⊙《中国红色旅游发展报告2005》，全国红色旅游工作协调小组办公室主编，北京：中国旅游出版社

⊙《中国互联网管理与体制创新》，钟瑛、刘瑛著，广州：南方日报出版社

⊙《中国会展经济发展报告.2005》，中国国际贸易促进委员会编，北京：中国经济出版社

⊙《中国纪录片年鉴》，王敬松主编，北京：中国广播电视出版社

⊙《中国竞技体育制度创新》，许永刚、孙民治著，北京：人民体育出版社

⊙《中国旅游策划导论》，欧阳斌著，北京：中国旅游出版社

⊙《中国旅游产业的开放、竞争与发展》，北京：中国经济出版社

⊙《中国旅游产业政策研究》，高舜礼著，北京：中国旅游出版社

⊙《中国旅游产业转型年度报告.2005》，张辉编著，北京：旅游教育出版社

⊙《中国旅游景区管理模式研究》，邹统钎著，天津：南开大学出版社

⊙《中国旅游目的地发展研究报告2005》，张文编，北京：旅游教育出版社

⊙《中国旅游文化》，陈锋仪主编，西安：陕西人民出版社

⊙《中国旅游文化》，刘秀峰主编，北京：人民邮电出版社

⊙《中国旅游文化》，邱德玉主编，北京：科学出版社

⊙《中国旅游文化》，韦燕生主编，北京：旅游教育出版社

⊙《中国旅游文化》，周健、甄尽忠主编，郑州：郑州大学出版社

⊙《中国旅游研究.2005》，戴斌主编，北京：旅游教育出版社

⊙《中国旅游研究2005》，北京：旅游教育出版社

⊙《中国旅游研究年刊·2005》，北京：社会科学文献出版社

⊙《中国旅游研究年刊·2006》，赵鹏著，北京：社会科学文献出版社

⊙《中国旅游业发展及创新研究：以分时度假为突破口》，王婉飞著，北京：经济科学出版社

⊙《中国旅游业发展十一五规划纲要》，国家旅游局编，北京：中国旅游出版社

⊙《中国旅游业发展重大课题调研成果汇编.2005年度》，国家旅游局编，北京：中国旅游出版社

⊙《中国旅游资源概论》，肖星主编，北京：清华大学出版社

⊙《中国民俗旅游：新编》，巴兆祥主编，福州：福建人民出版社

⊙《中国民族文化产业的现状与未来——走出去战略：2006第三届中国文化产业（国际）论坛论文集》，陈忱主编，北京：国际文化出版公司

⊙《中国品牌之道》，刘阳著，北京：工人出版社

⊙《中国书画艺术市场》，叶子著，上海：上海人民美术出版社

⊙《中国数字新媒体发展报告》，骁亚冰等著，北京：中国传媒大学出版社

⊙《中国体育产业发展报告》，鲍明晓著，北京：人民体育出版社

⊙《中国体育用品产业与市场实证研究》，席玉宝、郜贻红、陈永军、魏万珍著，北京：北京体育大学出版社

⊙《中国图书出版产业报告.2003－2004》，新闻出版总署图书出版管理司编，北京：中国人民大学出版社

⊙《中国卫星电视产业经营20年》，黄升民等著，北京：中国传媒大学出版社

⊙《中国文化产业》，天海翔主编，北京：中央编译出版社

⊙《中国文化产业发展报告2006年》，张晓明、胡惠林、章建刚主编，北京：社会科学文献出版社

⊙《中国文化产业发展模式解析：云南文化产业发展启示录》，唐嘉荣、陈真、李常林著，昆明：云南民族出版社

⊙《中国文化产业年度发展报告2006》，北京大学文化产业研究所、国家文化产业创新与发展研究基地主编，长沙：湖南人民出版社

⊙《中国文化产业评论.第四卷》，叶取源主编，上海：上海人民出版社

⊙《中国文化产业史》，李向民著，长沙：湖南文艺出版社

⊙《中国文化产业与管理》，王仲尧著，北京：中国书店出版社

⊙《中国文化设施建设与经营管理研究》，郭沫勤、孙若风主编，北京：中国文联出版社

⊙《中国文化市场发展报告2005》，刘玉珠主编，北京：中央民族大学出版社

⊙《中国文化事业与产业发展研究系列丛书》，北京：中国文联出版社，

⊙《中国武术散打市场化运作模式的研究》，李士英著，北京：北京体育大学出版社

⊙《中国消费文化调查报告》，零点调查编著，北京：光明日报出版社

⊙《中国艺术品市场年鉴2006》，北京：中国水利水电出版社

⊙《中国影视投融资的产业透视》，赵子忠等编著，北京：中国传媒大学出版社

⊙《中国油画拍卖情报》，大运河主编，厦门：鹭江出版社
⊙《中国游戏产业突围》，李新科著，北京：朝华出版社
⊙《中国展览概论》，沈丹阳主编，北京：中国劳动社会保障出版社
⊙《中国知识产权评论.第二卷》，刘春田主编，北京：商务印书馆
⊙《中华旅游文化》，胡幸福著，银川：宁夏人民出版社
⊙《中外会展述论》，张文建、金辉著，上海：上海人民出版社
⊙《中外俱乐部经营与管理经典案例》，邹统钎著，北京：旅游教育出版社
⊙《转型期的报业广告经营》，张勤耘著，武汉：湖北人民出版社

文化产业年度博士、硕士学位论文索引

博士学位论文

2002 年

⊙“文化研究”思潮中的反权力话语研究/于文秀//黑龙江大学
⊙奥运会对举办城市经济的影响/董杰//北京体育大学
⊙奥运会影响研究：经济和旅游/付磊//中国社会科学院研究生院
⊙都市化进程中的上海出版业/陈昌文//苏州大学
⊙对职业篮球产权制度的研究/杜丛新//北京体育大学
⊙海滨生态旅游地的开发模式研究/黄震方//南京师范大学
⊙黑龙江省望奎县生态旅游系统规划研究与案例分析/李宇宏//东北林业大学
⊙旅游业对中国农村和农民的影响的研究/操建华//中国社会科学院研究生
⊙南洞庭湖湿地生态旅游资源的数字化和开发研究/王保忠//中南林学院
⊙我国夏季奥运项目市场开发的研究/彭贻海//上海体育学院
⊙中国媒体产业创新论/向东//四川大学

2003 年

⊙北京胡同的社会文化变迁与旅游开发/崔敬昊//中央民族大学
⊙成都、重庆的城市文化与报业/蔡尚伟//四川大学
⊙大众传媒产业研究/叶乐阳//中央民族大学
⊙当代中国新闻媒介的整合与改革/林晖//复旦大学
⊙电视下乡：社会转型期大众传媒与少数民族社区——独龙江个案的民族志阐释/郭建斌//复旦大学
⊙镀金时代的美国报业研究/韩亚辉//华东师范大学
⊙多维视野中的网络新闻业/张咏华//复旦大学
⊙二十世纪九十年代中国传媒文化转型研究/蔡敏//四川大学
⊙理解报纸大众化——关于我国20余年报业改革的思考/杜成会//复旦大学
⊙临安市生态旅游发展及其评价/何艺玲//中国林业科学研究院
⊙论中国体育社团/黄亚玲//北京体育大学
⊙美国大学竞技体育管理体系的研究/池建//北京体育大学
⊙青藏高原东缘藏区旅游业发展及其社会文化影响研究/杨振之//四川大学
⊙区域体育资源研究/谢英//上海体育学院
⊙全球化背景下中国电视业可持续发展研究/朱金玉//复旦大学
⊙全球化时代的跨国传媒集团/王学成//复旦大学
⊙生态旅游：多目标多主体的共生/宋瑞//中国社会科学院研究生院
⊙生态旅游区绩效评价及模型构建/程道品//中南林学院
⊙市场经济体制下中国体育经济发展研究/杨越//中国社会科学院研究生院
⊙试论云南历史名人旅游资源及其保护与开发/冯昆思//中央民族大学
⊙四大名山佛教文化及其现代意义/李桂红//四川大学
⊙体育赛事运作研究/叶庆晖//北京体育大学
⊙透视传媒信誉资本/沈荟//复旦大学
⊙网络时代版权法律保护问题研究/段维//华中师范大学
⊙新时期中国文艺管理体制研究/周建平//暨南大学
⊙职业竞技体育的经济学分析/杨年松//华南师范大学
⊙中国出版产业发展研究/曾庆宾//暨南大学
⊙中国电视商业广告文化价值模式研究/王慧//复旦大学
⊙中国动画传播状况研究/郭虹//复旦大学
⊙中国分时度假的经济学分析/张国安//复旦大学
⊙中国竞技篮球发展战略研究/白喜林//北京体育大学
⊙中国旅游购物研究/石美玉//中国社会科学院研究生院
⊙中国生态旅游业研究/吴易明//江西财经大学
⊙中国体育产业价值链管理模式研究/肖淑红//北京体育大学
⊙中国武术散打市场化运作模式的研究/李士英//北京体育大学

2004 年

⊙“科技奥运”的困境与消解/董传升//东北大学
⊙《申报》广告与上海市民的消费主义意识形态/王儒年//上海师范大学
⊙20世纪90年代女性都市小说与消费主义文化研究/程箐//华东师范大学
⊙20世纪90年代中国报纸副刊发展研究/陈叙//四川大学
⊙90年代中国文学与出版关系研究/潘大春//南京师范大学
⊙e时代旅游产业纵向交易关系研究/马梅//复旦大学
⊙奥林匹克视觉形象的历史研究/王军//北京体育大学
⊙奥运会营销策略的理论与实践研究/赵长杰//北京体育大学
⊙奥运会志愿者管理研究/宋玉芳//北京体育大学
⊙北京市郊区可持续景观生态规划及优化生态生产范式研究——以昌平区为例/张峰//中国科学院研究生院
⊙变迁与反思：转型期俄罗斯大众传媒研究/严功军//四川大学
⊙产业化旋流中的艺术生产——当代中国艺术产业化问题的理论诠释和实践探索/张冬梅//复旦大学
⊙成就卓越：传媒产品创新研究——一种行为与能力的分析范式/朱春阳//复旦大学
⊙城市旅游产业竞争力研究/宿倩//大连理工大学
⊙城市旅游流的空间结构与集散研究/丁正山//南京师范大学
⊙城市园林复合生态系统研究——以杭州市为例/祁素萍//浙江大学
⊙传播与发展——我国大众传播现状调查与分析/徐晖明//复旦大学
⊙大众媒体与文学传播/曹怀明//山东师范大学
⊙大众文化理论的后现代转向/姜华//黑龙江大学
⊙傣族水文化研究/艾菊红//中央民族大学
⊙当代中国传媒的受众策略研究——从社会转型中受众身份衍变的角度/张春林//四川大学
⊙当代中国旅游规划思想演变研究/许春晓//湖南师范大学
⊙风景名胜资源产权的经济分析/胡敏//浙江大学
⊙福建近代出版业的兴衰——以政治变迁为视角/张雪峰//福建师范大学
⊙公共利益与广播电视规制/夏倩芳//武汉大学
⊙共谋与斗争：“视觉文化”时代的影视风景/丁莉丽//浙江大学
⊙广东报业竞争战略与竞争优势研究/林如鹏//复旦大学
⊙基于GIS的西部地区生态旅游规划体系研究/陈焱//东北林业大学
⊙基于价值创造的中国传媒集团管理研究/郭富//天津大学
⊙基于生态城市建设的产业转型理论与方法研究/郭丕斌//天津大学
⊙近代化进程中的汉口文化娱乐业（1861—1949）/傅才武//华中师范大学
⊙竞技体育服务交易理论与实证研究/黄勇潮//北京体育大学
⊙开发我国大学生体育市场的相关理论与实践研究/王朝军//北京体育大学
⊙崂山风景区森林景观动态变化及其生态效益评价/耿叙武//东北林业大学

⊙ 两岸进入 WTO 后的都市有线电视经营/林崇能//复旦大学
⊙ 两岸流行文化的消费与传播/谢慧铃//复旦大学
⊙ 流媒体内容分发网络的研究/罗治国//中国科学院研究生院
⊙ 旅游业可持续发展的理论与实践/万幼清//华中科技大学
⊙ 旅游业跨区域联合发展的理论与实证研究——机理、模式与协调机制/秦学//华东师范大学
⊙ 旅游资源经营权论/叶浪//四川大学
⊙ 明下叶吴越城市娱乐文化与市民文学/戴健//扬州大学
⊙ 青岛历史文化名城价值评价与文化生态保护更新/刘敏//重庆大学
⊙ 区域经济发展与体育人才培养/周建梅//北京体育大学
⊙ 赛博空间与网际互动——从网络技术到人的生活世界/刘丹鹤//复旦大学
⊙ 三都澳海岸带区域资源开发利用与经济发展研究/赵怡本//福建师范大学
⊙ 上海城市娱乐研究（1930—1939）/楼嘉军//华东师范大学
⊙ 晚清新政时期出版业研究/黄林//湖南师范大学
⊙ 网络化营销系统研究/杨鸿章//天津大学
⊙ 网络日志中用户兴趣的挖掘及利用/郭岩//中国科学院研究生院
⊙ 文化资本与企业发展研究/李丽//华中农业大学
⊙ 我国报业产业组织研究/肖光华//中南大学
⊙ 我国报业发展研究/赵曙光//天津大学
⊙ 我国传媒市场运行机制研究/强月新//武汉大学
⊙ 我国电视业制度变迁中的路径选择研究/张锐//中国传媒大学
⊙ 我国竞技体育赛事组合系统结构的优化与应用/袁守龙//北京体育大学
⊙ 我国青少年体育俱乐部运营模式研究/陆作生//北京体育大学
⊙ 我国职业体育与大众传媒互动研究/刘卫军//北京体育大学
⊙ 婺源县森林景观美学评价及其对生态旅游影响的研究/欧阳勋志//南京林业大学
⊙ 消费文化与中国 20 世纪 90 年代美术/杨斌//首都师范大学
⊙ 心理学范式的旅游决策研究/邱扶东//华东师范大学
⊙ 新数字媒介发展分析/程洁//复旦大学
⊙ 休闲消费的经济分析/郭鲁芳//浙江大学
⊙ 扬州城市森林发展研究/蔡春菊//中国林业科学研究院
⊙ 张家界现代旅游发展史研究/夏赞才//湖南师范大学
⊙ 枕顶绣的文化意蕴及象征符号研究/李宏复//中央民族大学
⊙ 知识生产的经济分析/李建华//复旦大学
⊙ 中国报业规制问题研究/陶志峰//复旦大学
⊙ 中国大众影像生产研究/韩鸿//四川大学
⊙ 中国会展经济研究/王新刚//吉林大学
⊙ 中国竞技体育制度创新中政府与垄断问题研究/许永刚//苏州大学
⊙ 中国晚报文化研究——作为个案的《北京晚报》文化/操慧//四川大学

2005 年

⊙ 1978－2003 年间中国城市流行音乐发展和社会文化环境互动关系研究/王思琦//福建师范大学
⊙ CVA（中国排球协会）联赛品牌打造/李国东//北京体育大学
⊙ NBA 制衡机制的研究/王建国//北京体育大学
⊙ WTO 与中国文化产业发展研究/雷光华//湖南大学
⊙ 奥运会赞助企业营销策略的理论与实证研究/胡斌//北京体育大学
⊙ 奥运投资对北京市的环境与经济影响/庞军//中国人民大学
⊙ 大都市旅游房地产发展与布局/胡浩//华东师范大学
⊙ 大众文化：意义的生成与理论的张力/刘水平//华中师范大学
⊙ 电视娱乐产业战略发展研究/田明//复旦大学
⊙ 电视娱乐内容产品的增值管理/周笑//复旦大学
⊙ 风景名胜区旅游竞争力研究/黄远水//天津大学
⊙ 干旱地区区域旅游可持续发展的理论与实践/韩春鲜//新疆大学
⊙ 基于社区参与的我国生态旅游研究/佟敏//东北林业大学
⊙ 基于项目管理的县域文化产业研究/柏定国//中南大学
⊙ 基于执政安全视野的新闻出版规制问题研究/姚德权//湖南师范大学
⊙ 竞争环境下的广告策略研究/张庶萍//天津大学
⊙ 开发中国乒乓球市场的基本理论与实践/钟宇静//北京体育大学
⊙ 可移动文化遗产保护策略研究/周耀林//武汉大学
⊙ 旅游景区经营权转让研究/阎友兵//天津大学
⊙ 旅游体验研究/谢彦君//东北财经大学
⊙ 论体育竞技表演业的内部分工/靳厚忠//北京体育大学
⊙ 论文化利益/张怡//复旦大学
⊙ 论中国媒体的危机报道/赵士林//复旦大学
⊙ 媒介垄断与文化渗透：冷战后美国传播霸权研究/程雪峰//吉林大学
⊙ 媒介品牌战略研究/宋祖华//复旦大学
⊙ 美国数字经济研究/何枭吟//吉林大学
⊙ 品牌文化战略研究/朱立//中南财经政法大学
⊙ 全球化进程中的国家文化安全问题研究/沈洪波//山东大学
⊙ 入世以来中国传媒市场生态研究/王国珍//复旦大学
⊙ 三江并流世界自然遗产保护中的旅游地质问题研究/王嘉学//昆明理工大学
⊙ 生态旅游环境承载力研究/李丰生//中南林学院
⊙ 生态旅游品牌规划的基础理论研究/秦安臣//北京林业大学
⊙ 生态旅游区认证标准及推广过程中政府行为研究/周玲强//浙江大学
⊙ 生态旅游者环境态度与行为差异及其绿色营销管理研究/袁新华//中南林学院
⊙ 数字指纹及其在多媒体版权保护中的应用研究/朱岩//哈尔滨工程大学
⊙ 台湾休闲农业游客行为与市场细分之研究/翁廷樊//中南大学
⊙ 体育赛事门票经营开发策略的研究/王晓东//北京体育大学
⊙ 网络知识管理研究/李进华//武汉大学
⊙ 网络传播与公众表达/陈红梅//复旦大学
⊙ 网络广告及其影响研究/阮丽华//华中科技大学
⊙ 文化产业若干重要关系问题研究/冯潮华//福建师范大学
⊙ 文化产业政策法规研究/周斌//南京师范大学
⊙ 文化生存与发展的空间/康澄//南京师范大学
⊙ 文化与商业困境中的电视品牌建构/陈兵//浙江大学
⊙ 文化资本导论/陈锋//中共中央党校
⊙ 文艺消费研究/何志钧//四川大学
⊙ 我国出版物对外贸易知识产权问题及对策研究/李洪武//武汉大学
⊙ 我国出版业的横向战略并购研究/林松//天津大学
⊙ 我国教育电视台发展模式之研究/饶钢//复旦大学
⊙ 我国竞技体育职业化进程中的经纪人管理与培养体系研究/靳勇//苏州大学
⊙ 我国媒介业的产业视角分析/王桂科//暨南大学
⊙ 我国森林旅游资源管理体制与政策研究/李若凝//北京林业大学
⊙ 我国数字电视产业发展路径研究/郑大勇//清华大学
⊙ 我国体育报刊经营策略研究/郭晓勇//北京体育大学
⊙ 我国网络传媒的文化产业经营研究/詹恂//四川大学
⊙ 我国网上书店发展研究/陈颖//武汉大学
⊙ 物质生产与文化生产均衡发展分析/孟晓驷//中共中央党校
⊙ 西部中小历史文化名城可持续保护的现实困境与对策研究/安定//天津大学
⊙ 西藏林芝地区生态旅游资源区划与评价研究/方怀龙//北京林业大学
⊙ 新疆文化遗产的保护与利用/樊传庚//中央民族大学
⊙ 休闲服务的经济学分析/卿前龙//华南师范大学
⊙ 中国报业集团市场化发展模式研究/张海明//华中科技大学
⊙ 中国出版体制改革研究/尹章池//武汉大学

- 中国传媒集团组织转型研究/傅平//复旦大学
- 中国大众媒介可信度指标研究/李晓静//复旦大学
- 中国当代公共艺术研究/吴士新//中国艺术研究院
- 中国第一本旅行类刊物/黄芳//湖南师范大学
- 中国高尔夫球俱乐部发展战略研究/郁小平//暨南大学
- 中国广播电视产业核心竞争力研究/巢立明//复旦大学
- 中国广告产业发展研究/卢山冰//西北大学
- 中国媒介产业化进程中政府行为研究/刘洁//华中科技大学
- 中国省级卫视发展研究/熊忠辉//复旦大学
- 中国体育产业投入产出的研究/周毅//北京体育大学

2006 年

- 1980 年后日韩影视剧在中国的传播/温朝霞//暨南大学
- 90 年代以来中国传媒变革研究/张朝阳//吉林大学
- 北京市会展业产业组织理论分析/李新玉//首都经济贸易大学
- 长江三角洲会展业空间格局研究/付桦//华东师范大学
- 城市会展业竞争力评价指标体系研究/赵丽//华东师范大学
- 城市居民对旅游影响的感知研究/王丽华//南京师范大学
- 城市历史遗产保护的文化变迁与价值冲突/李将//同济大学
- 城市区大遗址保护中外部性治理的理论与实证研究/赵宇鸣//西北大学
- 城市休闲产业集群化发展理论与创新研究/王晔//天津大学
- 传媒崇拜：现代人与传媒的异态关系/樊葵//浙江大学
- 传媒治理的结构与过程/张天莉//复旦大学
- 从当代西方艺术展览看绘画回归/冯燕//中国艺术研究院
- 大连会展业东北亚目标市场产品策略研究/隋长庆//大连理工大学
- 大众传播的文化断裂论当代中国媒介的身份危机/邱戈//浙江大学
- 大众文化视野中历史电视剧的叙述策略/李鹏飞//复旦大学
- 大众文化语境下的上海职业话剧（1937－1945）/李涛//上海戏剧学院
- 当代博物馆展示设计艺术研究/毛建雄//武汉理工大学
- 当代艺术展览的公共性研究/张颉//中央美术学院
- 当代中韩大众文化比较研究/申师明//中央民族大学
- 当前地方电视台经营战略研究/郭光照//四川大学
- 电视产业的经济规制研究/李志//华中科技大学
- 动画产品国际贸易模式研究/苏锋//哈尔滨工业大学
- 都市休闲空间的整合与调控研究/张建//华东师范大学
- 二胡艺术与江南文化/李祖胜//福建师范大学
- 非物质文化景观旅游规划设计/廖嵘//同济大学
- 复杂网络的演化模型研究/章忠志//大连理工大学
- 伯明翰学派的文化观念与通俗文化理论研究/杨东篱//山东大学
- 格雷厄姆·默多克文化—经济思想研究/庞璃//山东大学
- 广播电视产业之法律规制研究/于斌//对外经济贸易大学
- 国产动画电影的传统美学风格及其文化探源/肖路//华东师范大学
- 国际艺术展览模式/王然//中国艺术研究院
- 国内电视媒体制度变迁与绩效评估研究/陈信凌//南昌大学
- 海滨旅游城市可持续发展研究/陶晓燕//河海大学
- 海外华文传媒与华人文化认同研究/颜春龙//四川大学
- 江苏省花卉流通市场及其组织研究/李俊龙//南京农业大学
- 近代福建基督教图书出版事业之研究（1842－1949）/陈林//福建师范大学
- 跨文化视角中的旅游客主交互与客地关系研究/梁旺兵//陕西师范大学
- 利用展览会开拓国际市场—效用和策略研究/王凤娥//对外经济贸易大学
- 两岸电视观众收视行为之研究/黄聿清//复旦大学
- 辽宁省文化产业竞争力研究/宋彦麟//哈尔滨工程大学
- 旅游发展战略规划研究/张国忠//同济大学
- 旅游经济效应的理论与实证研究/张滢//新疆大学
- 旅游目的地形象的提升研究/王晞//华东师范大学
- 论会展旅游的营销策略/蔡洁//西南大学
- 论旅游资源开发与四川经济发展/毋涛//四川大学
- 媒介产业投资机会研究/吴为民//同济大学
- 媒介生态的失衡与调适/张健康//浙江大学
- 美术批评和美术展览对中国绘画市场价格的影响/刘晓丹//首都师范大学
- 蒙古村落仪式表演："呼图克沁"/董波//中国艺术研究院
- 欧洲体育文化研究/花勇民//北京体育大学
- 品牌资产动态模型及增长机理研究/高松//上海交通大学
- 浦东新区展览业直接经济效应实证研究/武晓芳//华东师范大学
- 青岛景观环境与建筑设计艺术/韩勇//中国海洋大学
- 区域旅游合作的系统学分析及应用研究/张正国//同济大学
- 三峡库区旅游业的环境影响研究/秦远好//西南大学
- 山东大学展示资源与博物馆陈列探索/高震//山东大学
- 少数民族地区旅游形象设计中的景观色彩设计/付爱民//中央民族大学
- 社会的结构性断裂与中国体育产业发展的目标模式之研究/亓昕//北京体育大学
- 社会转型期大众传媒在农村社区的角色分析/尤游//上海大学
- 生态旅游脆弱区利益相关者和谐发展研究/程励//电子科技大学
- 生态旅游社区居民旅游影响感知与参与行为研究/卢小丽//大连理工大学
- 图书电子商务供应链的网络营销研究/黄丽娟//南昌大学
- 网络广告品供应链上各主体间的行为策略与协调机制设计研究/陈跃刚//南昌大学
- 网络社会的伦理问题探究/杨礼富//苏州大学
- 文化消费对中国文化发展的影响/杨晓光//吉林大学
- 文化遗产保护立法基础理论研究/朱祥贵//中央民族大学
- 文化资本论/李沛新//中央民族大学
- 我国大众传媒建构的"拟态环境"研究/郭赫男//四川大学
- 我国竞技体育服务产品的有效供给研究/卢文云//北京体育大学
- 我国林业休闲产业发展问题研究/陶萍//东北林业大学
- 我国旅游需求侧的理论和实践研究/王龙天//河海大学
- 我国小康社会休闲教育研究/刘海春//中山大学
- 现代会展与区域经济发展/曾武佳//四川大学
- 消费时代的中国传媒文化研究/董天策//四川大学
- 新工艺经济时代的文化创意产业研究/邓晓辉//复旦大学
- 沿海城市旅游环境承载力研究/王辉//大连海事大学
- 一山一水一圣人/尹柱角//山东大学
- 永远的"他者"：跨文化视野中的金山客形象/南平//苏州大学
- 中国"世界自然遗产"可持续利用法律保护对策研究/李华明//中央民族大学
- 中国餐饮业老字号的民族文化研究/李相五//中央民族大学
- 中国城市体育休闲服务组织体系研究/朱寒笑//北京体育大学
- 中国出版产业集团化及其国际竞争力研究/赵立涛//哈尔滨工程大学
- 中国出版企业核心能力研究/应中伟//暨南大学
- 中国大众文化之"日常生活"研究/张贞//华中师范大学
- 中国电视产业做强做大的路径选择/谢春林//复旦大学
- 中国电视节目类型化生产问题研究/马茜//北京师范大学
- 中国电影艺术的现代转型/王丽娟//南京师范大学
- 中国广电产业发展及空间布局的经济学研究/董春//复旦大学
- 中国会展产业链及运作模式研究/仇其能//上海社会科学院
- 中国会展经济发展研究/辛宏艳//东北师范大学
- 中国媒介组织绩效评估研究/林洪美//厦门大学
- 中国山岳型"世界自然—文化遗产"的人地和谐论/孟华//河南大学

- 中国特色社会主义文化中的网络文化研究/田贵平//天津师范大学
- 中国体育经济活动的信任研究/成会君//北京体育大学
- 中国文物大遗址保护利用与区域经济发展研究/刘军民//西北大学
- 中国展览行业的品牌研究/任海涛//内蒙古大学
- 主题旅游规划的理论与实践研究/刘琴//同济大学
- 转型期江南古镇保护制度变迁研究/李昕//同济大学
- 自然保护区生态旅游可持续性评价指标体系研究/于玲//北京林业大学

硕士学位论文

2002年

- 报业、电视等大众传媒核心竞争力分析研究/张海涛//大连理工大学
- 报业集团经营模式研究/陈冬艳//重庆大学
- 报纸经营市场化问题研究/何生英//浙江大学
- 长春都市旅游发展研究/唐顺英//东北师范大学
- 城郊旅游开发研究/孟明浩//中南林学院
- 城市旅游竞争力的系统分析与评价研究/杨英宝//河南大学
- 传媒产业发展研究/吴皓//武汉理工大学
- 传统城镇街巷空间探析/胡月萍//昆明理工大学
- 从"科博会"看会展经济对北京的影响/王黎东//对外经济贸易大学
- 大连旅游景点的发展对策研究/张玲//大连理工大学
- 大媒介背景下电子出版的新探讨/史建华//北京印刷学院
- 大众传媒的文化反思/李春媚//扬州大学
- 单一频道城市电视台如何谋求自身发展/陈琳//南京师范大学
- 当代大众文化批判/刁新艳//厦门大学
- 当代动画片研究/徐正军//南京师范大学
- 当代美国广播电视产业重组探析/叶琦//四川大学
- 当代中国大众文化及其建设研究/李建中//大连理工大学
- 当代中国图书发行管理体制改革探析/方平//华中师范大学
- 地方旅游节庆策划研究/李国平//云南师范大学
- 地图出版企业价值链分析与竞争优势/朱伟//对外经济贸易大学
- 电视综艺节目的创新研究/向梦龙//暨南大学
- 动画：全球化语境下的视听童话/朱清华//华中师范大学
- 对我国发展特许经营模式的探讨/丁红艺//昆明理工大学
- 风景名胜旅游产品的价值评价/谷明//东北财经大学
- 高等教育产业化与教育筹资分析/徐军辉//暨南大学
- 关于阿多诺"文化工业"及现代主义艺术理论的反思/杨雄//陕西师范大学
- 关于历史文化遗产的哲学思考/鲍展斌//浙江大学
- 关于我国文化产业化发展研究/闵光辉//西南交通大学
- 广电传媒产业化进程及国际市场拓展研究/李江峰//湖南大学
- 广东居民体育消费与体育市场的调查研究/李培//华南师范大学
- 广告文化导论/龚明辉//苏州大学
- 广告语言创意与社会文化心理/苏永青//华中师范大学
- 广州旅游营销研究/张莉雅//广东工业大学
- 国际传媒巨头对当代中国传媒文化的影响/刘菊花//中国社会科学院研究生院
- 国际商业展览公司营销模式研究/张艺//对外经济贸易大学
- 国内报纸发行业面对入世的挑战与对策/张云宽//华中师范大学
- 杭州市体育健身娱乐市场的供需结构问题研究/何培森//浙江大学
- 河北省城市居民中年群体体育消费的现状与对策研究/李丽//河北师范大学
- 黑龙江省旅游发展战略与对策研究/李庆江//东北农业大学
- 湖北旅游产业发展战略研究/刘俊刚//武汉理工大学
- 湖南电视台危机分析及管理对策研究/欧阳国忠//湖南大学
- 互联网广告研究/李亚杰//中国社会科学院研究生院
- 会展旅游研究——以苏州为例/周春发//苏州大学
- 基于度假旅游者消费行为模式的产品创新研究/冯晓虹//浙江大学
- 济南市健身休闲产品市场分析暨万年青营销战略规划/范玉存//大连理工大学
- 加入WTO后我国职业俱乐部发展研究/许思东//浙江大学
- 教育产业的涵义及相关问题探析/田虎伟//华东师范大学
- 教育产业化与中学办学体制改革/孙宁东//华中师范大学
- 精品图书相关问题研究/杨秀峰//广西大学
- 竞技体育管理体制及其创新研究/陈立华//大连理工大学
- 开放经济条件下我国高等教育产业政策研究/廖东升//湖南师范大学
- 跨国公司中国市场广告的跨文化传播策略研究/蔡春影//暨南大学
- 跨国广告公司核心竞争力问题初探/高运锋//厦门大学
- 历史名城传统商业环境艺术设计/黄斌斌//武汉理工大学
- 历史文化名城旅游规划中文化氛围营造研究/文斌//中南林学院
- 庐山旅游市场开发研究/计斌//武汉理工大学
- 旅游产业区域竞争力的理论研究与实证分析/张欣//青岛大学
- 旅游企业的文化营销研究/何谨然//武汉理工大学
- 旅游消费对新疆国民经济的影响/周源//新疆大学
- 旅游业发展中的注意力研究/马鹤丹//东北财经大学
- 绿洲历史文化名城张掖持续发展与保护开发研究/常晓舟//西北师范大学
- 略论电视品牌战略/张海楠//华中师范大学
- 论21世纪中国传统媒体的发展策略/彭昌林//华中师范大学
- 论电视谈话节目在我国兴起的意义及其走向/刘庆传//南京师范大学
- 论加入世贸组织对中国体育服务业的影响/吴泽涛//北京体育大学
- 论经济信息与图书营销/胡发智//华中师范大学
- 论旅游产业与珠海经济发展/傅荣//对外经济贸易大学
- 论旅游规划中的旅游形象策划/黄波//广西大学
- 论图书出版资本经营/王宏波//南京师范大学
- 论我国九十年代大众传媒发展的总体特征/李献东//华中师范大学
- 论我国休闲产业的发展及其文化建设/毛冬宝//中南大学
- 论展览市场的发展与全国农业展览馆经营战略/唐志强//对外经济贸易大学
- 论中国出版业提升整体竞争力的必要性/沈玲//苏州大学
- 论中国大众文化生产和消费的错位现象/秦海英//曲阜师范大学
- 民族文化旅游资源保护性开发的理论与实践/郭颖//四川大学
- 期刊经营中的品牌竞争战略刍议/唐敏//南京师范大学
- 区域旅游发展规划模式的初步研究/钱益春//中南林学院
- 区域旅游商品研究/彭蝶飞//中南林学院
- 全球化视野中的文化互动与中国先进文化建设的战略选择/赵学琳//东北师范大学
- 全球品牌的广告创意策略/金萍华//南京师范大学
- 如何面对开放后的图书发行市场——我国图书发行业生存发展战略研究

/来斌//对外经济贸易大学
⊙ 入世后西部开发中旅游服务贸易的对外开放以及陕西、西安的对策/杜耀武//对外经济贸易大学
⊙ 入世后中国期刊走势分析与应对措施/李清学//华中师范大学
⊙ 森林公园旅游开发研究/高春亮//南京师范大学
⊙ 商业文化语境下的电影艺术/于丽娜//山东师范大学
⊙ 深圳市数字电视技术研究与产业化发展战略/张红//浙江大学
⊙ 时尚类杂志的专业化运作及相关的运营规范/李玉洁//天津工业大学
⊙ 试论我国高等教育产业化/刘璐//黑龙江大学
⊙ 收视率调查在电视媒体优势策略中的应用及意义/潘涛//四川大学
⊙ 收视率在电视台节目经营管理中的作用研究/梁帆//四川大学
⊙ 受众收视行为分析在电视节目编排中的应用/陈蕾//暨南大学
⊙ 苏南乡村旅游发展论纲/郑庚//苏州大学
⊙ 体育旅游开发研究/孙东敏//河北师范大学
⊙ 天健网营销战略研究/侯海燕//大连理工大学
⊙ 通俗文化与中国电影的发展/吴青青//福建师范大学
⊙ 通往成功广告创意的大道/李歌//河南大学
⊙ 童趣出版有限公司发展战略研究/宋欣欣//对外经济贸易大学
⊙ 网络版权侵权问题探讨/严莉莉//华中师范大学
⊙ 网络化：我国度假旅游的选择/王崧//浙江大学
⊙ 网络时代报纸的发展思路/吴雅娟//华中师范大学
⊙ 网络时代电视传媒的发展态势与战略对策研究/韩砺//郑州大学
⊙ 网络文化的勃兴与嬗变/闫勇//郑州大学
⊙ 网络资源的开发、利用和管理研究/王成武//华中师范大学
⊙ 文化霸权：美国霸权的挑战与启示/姜延迪//东北师范大学
⊙ 文化产业发展与管理体制创新/胡熠//福建师范大学
⊙ 文化研究与中国当代电影的文化解读/唐盈//北京语言文化大学
⊙ 我国出版业的发展与改革研究/陈洪波//华中师范大学
⊙ 我国传媒产业化若干问题的研究/李伟//西北大学
⊙ 我国传媒产业资本运营探析/刘菁//暨南大学
⊙ 我国传媒业（报业）市场化探索/周卫东//西南财经大学
⊙ 我国当代休闲娱乐产业发展研究/殷志平//武汉理工大学
⊙ 我国东部各省市体育产业发展的社会经济外环境的比较研究/童莹娟//浙江大学
⊙ 我国服务贸易的国际竞争力研究/张晓莉//暨南大学
⊙ 我国建筑类图书市场营销渠道研究——建立具有竞争优势的图书营销渠道/崔贺贤//对外经济贸易大学
⊙ 我国旅游度假区的开发现状、问题及发展构想——以苏南地区为例/唐继刚//南京师范大学
⊙ 我国旅游饭店的品牌经营研究/马飞//西北大学
⊙ 我国旅游节庆市场化运作研究/任国才//浙江大学
⊙ 我国收藏市场发展思路探讨/王立//西南交通大学
⊙ 我国展览业发展研究/施文//上海海运学院
⊙ 我国中小出版社生存发展战略研究/陈云峰//对外经济贸易大学
⊙ 武当山旅游经济突破性发展研究/潘新萍//华中师范大学
⊙ 武汉文博事业发展的对策研究/高万娥//武汉理工大学
⊙ 西安城市旅游发展的研究/席岳婷//陕西师范大学
⊙ 西部大开发中的旅游产业发展研究/王大明//贵州师范大学
⊙ 西部旅游产业发展战略探讨/阎明//上海海运学院
⊙ 西双版纳傣族民俗文化生态旅游规划研究/黄烨勍//昆明理工大学
⊙ 现代传媒环境下的中国当代电视文化现象研究/韦映//广西师范大学
⊙ 现代旅游活动与文化遗产保护/吴晓隽//浙江大学
⊙ 湘西民俗文化旅游开发的研究/于德珍//中南林学院
⊙ 新华书店连锁经营研究/叶冰//对外经济贸易大学
⊙ 新时期新华书店市场营销战略研究/王喜凯//对外经济贸易大学
⊙ 新天使——沃尔特·本雅明和他对文化工业的思考/蒲秀美//四川大学
⊙ 新闻集团的经营战略及对中国传媒的启示/王生智//南京师范大学
⊙ 信息全球化时代的国际传播与文化主权问题/李瑛//郑州大学
⊙ 信息社会条件下的电视传播与地方经济/杨于明//昆明理工大学
⊙ 徐州市旅游产品的形象定位与开发研究/滕春惠//陕西师范大学
⊙ 业外资本对报业经营的影响及存在问题研究/李少林//广西大学
⊙ 有形资源的旅游价值及评价体系研究/任建定//浙江大学
⊙ 张家界旅游市场价格分析与定位/刘亚萍//中南林学院
⊙ 知识经济时代的报业发展趋势/丁时照//华中师范大学
⊙ 知识经济时代数字图书馆的建设与管理相关问题分析/严韧//南京理工大学
⊙ 中国报纸娱乐新闻研究/马黎萍//南京师范大学
⊙ 中国出版对外贸易总公司中文图书出口营销策略分析/王自强//对外经济贸易大学
⊙ 中国出口商品交易会发展战略研究/吴江//暨南大学
⊙ 中国传媒业入世后所处的环境及应对措施/孔鸥洋//郑州大学
⊙ 中国传媒业与资本市场互动研究/孙慧英//厦门大学
⊙ 中国高等教育产业化研究/刘金磊//西北农林科技大学
⊙ 中国高等教育市场营销策略研究/李雪岩//中南林学院
⊙ 中国广播电视集团化发展战略探析/陈秀清//福建师范大学
⊙ 中国广电产业研究/唐小兵//暨南大学
⊙ 中国旅游产业组织发展研究/赵波//青岛大学
⊙ 中国旅游业发展探析——兼论以旅游业发展来促进国际服务贸易增长/黄晓勤//浙江大学
⊙ 中国民俗旅游的可持续发展研究/顾涛//广西师范大学
⊙ 中国图书配销渠道研究/杨伯勋//对外经济贸易大学
⊙ 中国西部旅游产业空间布局和发展研究/廖瑾//西南财经大学
⊙ 中小专业出版社发展的战略研究/王立群//对外经济贸易大学
⊙ 重庆民俗旅游资源开发研究/刘建//西南师范大学
⊙ 重庆市文化产业发展中存在的问题及对策研究/漆飞//西南农业大学
⊙ 珠海市体育产业发展现状和前景研究/陈驰//对外经济贸易大学
⊙ 主流报纸市场化的困境与出路/刘光金//暨南大学
⊙ 转型时期文化传播中电视媒体的发展趋势/古鹏//华中师范大学
⊙ 资本经营与产业化经营——加入 WTO 后中国传统媒体的改革发展之路/孙聚成//郑州大学

2003 年

⊙“文化地域主义”民俗博物馆形态设计探索/廖屿荻//重庆大学
⊙《TRIPs 协议》下中国传媒的版权问题研究/罗静//湖南师范大学
⊙《大河报》特色研究与分析/张玉川//四川大学
⊙《观察》周刊研究（1946－1948）——现代自由主义刊物的个案/付祥喜//暨南大学
⊙ 1928 年中华国货展览会研究/洪振强//华中师范大学
⊙ WTO 对中国报业的影响与对策研究/吴维忠//河海大学
⊙ 澳门各旅游点的时间地图及与其周边地区的时空关系的研究/曾少莹//华南师范大学
⊙ 澳门旅行社行业发展策略研究/刘慧芳//华侨大学
⊙ 版权产业与版权贸易的发展：从美国经验看中国/张勤//对外经济贸易大学
⊙ 报社经营战略研究/陈小瑜//武汉大学
⊙ 报业“会员制”发行模式研究/屈凌云//河南大学
⊙ 报业竞争的四种模式/陈翔//四川大学
⊙ 北京都市类报纸核心竞争能力研究/张庆//对外经济贸易大学
⊙ 北京海淀体育中心非赛时利用研究/刘志鹏//清华大学
⊙ 北京南城旧城改造实践研究/刘苗苗//清华大学
⊙ 北京市 CBA（甲 A）竞赛表演市场现实消费者调查研究/张纳新//北京

体育大学
⊙ 北京市会展业的发展现状和对策研究/吴煌森//对外经济贸易大学
⊙ 北京体育大学开设体育经纪人专业方向的研究/王相周//北京体育大学
⊙ 北京天行健文化广告公司商业计划书/刘继成//四川大学
⊙ 壁画与公共环境艺术/郭庆红//武汉理工大学
⊙ 博物馆旅游发展研究/于萍//苏州大学
⊙ 博物馆展示的生态设计研究/张浩//武汉理工大学
⊙ 财经报刊的市场空间和发展趋势/周曙波//郑州大学
⊙ 畅销书运作研究/范琳娜//北京印刷学院
⊙ 成都杜甫草堂发展对策研究/方伟//西南财经大学
⊙ 城市化与环城市旅游度假带互动关系研究/杨京波//山东师范大学
⊙ 城市景观形成的规划设计控制比较研究/李冬//天津大学
⊙ 城市旅游形象的策划/梁海燕//福建师范大学
⊙ 城乡旅游互动开发研究/廖世超//重庆师范大学
⊙ 赤峰市旅游产品深度开发研究/王文丽//东北师范大学
⊙ 重庆都市旅游目的地品牌营销研究/张颖//重庆师范大学
⊙ 重庆都市旅游研究与开发/熊伟//重庆师范大学
⊙ 重庆都市圈旅游系统开发研究/韩百娟//重庆师范大学
⊙ 重庆广播媒体经营战略研究/王娟//重庆大学
⊙ 重庆假日港湾项目计划书/蔡恒//四川大学
⊙ 重庆农村景观生态旅游开发优化模式研究/罗琼//重庆师范大学
⊙ 重庆市民习俗文化与街巷休闲空间研究/赵强//重庆大学
⊙ 重庆市区县旅游规划规范性问题研究/叶仰蓬//重庆师范大学
⊙ 重庆文化旅游市场定位策略研究/牟松//西南师范大学
⊙ 出版品牌研究/包韫慧//北京印刷学院
⊙ 出版企业并购分析/肖新兵//武汉理工大学
⊙ 出版社的知识管理/张新宇//郑州大学
⊙ 出版社网站功能开发研究/陈振//北京印刷学院
⊙ 传媒产业资本运营研究/欧尚辉//哈尔滨工程大学
⊙ 传统聚落文化的旅游规划研究/黄平//武汉理工大学
⊙ 传统山地窑居聚落旅游度假村发展模式初探/张建//西安建筑科技大学
⊙ 创新是报业发展之魂——《南方都市报》研究/袁国荣//暨南大学
⊙ 从财经新闻的崛起看我国经济报道体系的多元化发展/于璐娜//广西大学
⊙ 从东莞报业变局看报业集团跨地区发展/虞清萍//暨南大学
⊙ 从跨文化传播的角度论跨国公司（在华）国际广告策略/胡泉//对外经济贸易大学
⊙ 从美国新闻周刊模式探析中国新闻周刊的发展之路/陈晓//四川大学
⊙ 从人类劳动方式演进审视体育的发展/耿业进//华南师范大学
⊙ 从益智游戏类节目论我国电视娱乐节目的发展/王惠//南京师范大学
⊙ 从造园到现代景观设计/王栋//南京艺术学院
⊙ 大别山生态旅游发展问题的管理学思考/何东英//华中师范大学
⊙ 大昌古镇的历史文化与传统建筑研究/陈日飙//重庆大学
⊙ 大连城市旅游发展研究/赵福海//辽宁师范大学
⊙ 当代中国电影文化格局的形态特征及其发展趋势/杨菊//上海师范大学
⊙ 当代中国肥皂剧的文化研究/郑彩//湖南师范大学
⊙ 当前我国大众媒介新闻娱乐化现象剖析/罗映纯//暨南大学
⊙ 地方历史文化博物馆设计研究/粟憬维//合肥工业大学
⊙ 电广传媒的公司价值研究/苏朝勃//湖南大学
⊙ 电视媒介资源整合/罗鑫//北京印刷学院
⊙ 电视内容产业经营论述/林娟娟//暨南大学
⊙ 电影的新思路——视频游戏改编影片的历史与启示/李延祺//中国艺术研究院
⊙ 电子工业出版社内涵式出版传媒集团市场营销战略研究/李新社//对外经济贸易大学
⊙ 电子图书整合营销策略研究/周秀霞//东北师范大学
⊙ 读图时代与符号消费/毛丽芳//浙江师范大学
⊙ 对我国 CBA 甲 A 联赛与 NBA 职业联赛的比较研究——从俱乐部外援引进、后备人才两方面的探讨/刘汉平//上海师范大学
⊙ 对我国体育报道中四种新闻媒介关系的研究/王芳//北京体育大学
⊙ 对我国职业运动俱乐部运行机制的模式研究/陈璐//东北师范大学
⊙ 敦煌旅游圈空间结构优化研究/武传震//西北师范大学
⊙ 风景名胜区保护、监测与管理对策的研究/罗靖//重庆大学
⊙ 伏牛山地区旅游资源整体开发研究/卜书朋//河南大学
⊙ 服务于城市旅游形象的景观规划研究/刘琴//南京师范大学
⊙ 福州市北峰生态旅游资源评价与开发研究/陆相林//福建农林大学
⊙ 阜康市生态旅游规划研究/李永东//新疆大学
⊙ 甘肃民族地区旅游支柱产业培育研究/王生鹏//西北师范大学
⊙ 甘肃榆中高原训练基地及其周边体育资源现状与开发研究/张正红//西北师范大学
⊙ 公路交通与旅游发展适应性分析研究/杜晓凯//长安大学
⊙ 古村落旅游地旅游环境容量及客流特性研究/卢松//安徽师范大学
⊙ 观光农业发展战略研究/陶雨芳//西北大学
⊙ 关于发展我国文化旅游的几个问题/郭静//湖南师范大学
⊙ 关于区域旅游产业发展环境及其战略的研究/陈旭阳//武汉理工大学
⊙ 关于我国大众体育发展趋势的预测研究/李宏权//东北师范大学
⊙ 关中盆地东部全新世环境演变及其对人类文化的影响/贾耀锋//陕西师范大学
⊙ 广播电视报的生存现状与发展趋势/何苗//四川大学
⊙ 广东省旅游经济影响力及其地区差异分析/周志红//华南师范大学
⊙ 广告媒体组合的影响因素分析及模型研究/钟颖//中南大学
⊙ 广西篮球传统学校建立篮球俱乐部的可行性研究/李敏华//广西师范大学
⊙ 广西旅游业竞争力现状分析与对策探讨/费莉雅//广西大学
⊙ 广州及其周边地区高尔夫俱乐部现状调查/梁健//华南师范大学
⊙ 桂林民俗文化旅游开发研究/陈芳//中南林学院
⊙ 桂林市城镇发展与城镇化研究/龙海//广西师范大学
⊙ 桂林市国际旅游业实践与探讨/陈德荣//中南林学院
⊙ 贵州喀斯特地区民族文化生态旅游开发与保护研究/高红艳//贵州师范大学
⊙ 贵州喀斯特文化旅游资源的开发研究/杜芳娟//贵州师范大学
⊙ 国内医学电子音像出版物市场研究/石雄//对外经济贸易大学
⊙ 韩城城隍庙建筑研究/王少锐//西安建筑科技大学
⊙ 河北省体育运动的媒介传播者现状分析与研究/王兴一//河北师范大学
⊙ 和平古镇保护规划研究/曹蓬//华侨大学
⊙ 和谐管理理论在商业健身俱乐部管理中运用的理论研究/张文慧//东北师范大学
⊙ 黑龙江省森林公园产业化经营研究/傅晶//东北林业大学
⊙ 湖南国际会展中心项目管理研究/苗维华//中南大学
⊙ 湖南民间皮影戏研究/龙开义//湘潭大学
⊙ 湖南民间土地歌研究/李达仁//湘潭大学
⊙ 湖南省国际展览业发展策略研究/黄忠荣//湖南大学
⊙ 互联网环境下的广告发展研究/陆健//华东师范大学
⊙ 华山风景名胜区华麓区规划研究——特点·问题·对策/岳邦瑞//西安建筑科技大学
⊙ 黄河壶口瀑布地质遗迹资源及其旅游开发利用研究/孟彩萍//陕西师范大学
⊙ 黄河兰州段滨河地区景观设计研究/穆钧//西安建筑科技大学
⊙ 黄山风景区负离子旅游资源分布、成因及开发利用的研究/王层林//安徽农业大学
⊙ 黄土风情旅游深度开发研究/王秀兰//陕西师范大学
⊙ 会展企业核心能力与多元化发展研究/周素芬//暨南大学

2004 年

⊙成都宽窄巷子历史文化保护区保护与利用研究/佘龙//西南交通大学
⊙成都六合会展策划有限责任公司创业方案计划书/何明芮//四川大学
⊙承德旅游产业国际化进程研究/徐楠//陕西师范大学
⊙城市历史地段景观设计研究/印冰//江南大学
⊙城市历史文化风貌区保护与发展初探/丁晓鹏//东南大学
⊙城市色彩文化与色彩控制导向/尚磊//华中科技大学
⊙城市商业与旅游业联动发展研究/王娟//山东师范大学
⊙城市社区文化建设探讨/仲红岩//河海大学
⊙传统村镇旅游地居民态度与开发策略研究/王莉//安徽师范大学
⊙传统节日民俗与戏曲文化的传播/刘兴武//河北大学
⊙传统与现代的迷离——论卧龙生武侠小说的文化内涵/刘全宗//苏州大学
⊙创建民营文化型企业/田跃//苏州大学
⊙从“生活世界”看哈贝马斯大众文化思想/王正祥//苏州大学
⊙从IT的特征看信息产业的发展道路/曹泽//东南大学
⊙从巴黎工美博览会到米勒花园——西方现代景观的空间构成/郭巍//北京林业大学
⊙从凤凰卫视传媒明星制看大陆电视媒体对传媒明星的打造工作/苏征//华中科技大学
⊙从前云南红塔足球俱乐部分析我国俱乐部后备梯队运动员安置状况/罗林//北京体育大学
⊙从文化角度看品牌名称/原静//广西师范大学
⊙大城市环城游憩带旅游开发与土地利用研究——以西安市为例/张红//陕西师范大学
⊙大连开发区五彩城商业旅游区城市形态变迁研究/李相杰//大连理工大学
⊙大连旅游资源开发初步研究/王辉//西南师范大学
⊙大连英华学校留学预科教育市场营销策略研究/张燚//大连理工大学
⊙大陆影视广告创意的制约因素及发展思路/李斌//苏州大学
⊙大西南旅游圈旅游竞争与合作研究/沈娅//云南师范大学
⊙大学生消费文化现状及高校德育的导向研究/万劲//西南师范大学
⊙大学生消费行为的研究/张千群//苏州大学
⊙大众社会的装修文化研究/岳峰//清华大学
⊙大众文化与媒介/韩玉洁//郑州大学
⊙大众语言艺术与现代视听媒体/岳丽//山东师范大学
⊙当代大众文化的美学阐释/张剑萍//江西师范大学
⊙当代大众文化与电视传媒/孙妮娜//华中师范大学
⊙当代大众文化中的人格建设/傅松雪//山东师范大学
⊙当代高层建筑地域文化建构探索/杜娟//重庆大学
⊙当代广告传播中的东西方文化对流现象研究/庄鹏//南京师范大学
⊙当代视觉文化传播的问题与对策/黄云鹤//吉林大学
⊙当代消费伦理的困境与出路/牛小侠//东北师范大学
⊙当代中国大众文化合理性的思考/白晶//内蒙古大学
⊙当代住区景观设计的文化表达/翁达来//东南大学
⊙当下动画艺术的兴盛与儿童审美心理/刘润润//华中师范大学
⊙当下中国电影的迷失：叙述的破碎/刘华//山东师范大学
⊙道文化与奥林匹克精神/梁巧英//四川大学
⊙地级市电视台的生存与发展/金雪飞//南京师范大学
⊙地区主义下休闲性旅游宾馆的景观设计——以都江堰地区为例/李明融//西南交通大学
⊙地域文化特色的城市街道景观设计研究/王颖//西安建筑科技大学
⊙地主庄园的保护与旅游开发基础研究/郭小辉//天津大学
⊙电脑游戏造型对产品形态的影响及应用研究/刘迎蒸//湖南大学
⊙电视传播的本土化策略研究/曾志华//华中科技大学
⊙电视广告与现代都市女性/张律//南京师范大学
⊙电视竞争的差异化：思想与战略/简满屯//河北大学
⊙电视媒体核心竞争力研究/曹冬梅//湖南师范大学
⊙电视媒体营销管理/孔炯//西北大学
⊙电影的天性：产业化/杨康贤//上海师范大学
⊙电影艺术卡通论/孙阳//河北大学
⊙东芝公司在华跨文化营销研究/唐思伟//四川大学
⊙侗族传统建筑及其文化内涵解析/程艳//重庆大学
⊙洞庭湖区旅游产业发展策略研究/蒋天海//湖南大学
⊙杜琪峰电影世界初探/杜红玲//南京师范大学
⊙对奥运会开幕式表演作品若干艺术装饰的研究/张虹//华南师范大学
⊙对北京市体育公司体育经纪活动的研究/汤钟波//北京体育大学
⊙对北京市体育图书出版现状的调查与分析/吴文峰//北京体育大学
⊙对电视节目策划的研究/胡晓静//南京师范大学
⊙对广东地区经营型羽毛球俱乐部现状的研究/朱剑华//北京体育大学
⊙对深圳市健身俱乐部经营现状调查与分析/陈作锦//华中师范大学
⊙对厦门市体育健身俱乐部现状的研究/邹京//北京体育大学
⊙对浙江文化产业和公益性文化事业发展的政策研究/楼军//浙江大学
⊙对中国电影产业化发展的思考/刘双印//河北大学
⊙对中国西部大开发中旅游业的文化思考/朴千荣//中央民族大学
⊙多媒体短信的研究与实现/胡春雨//电子科技大学
⊙法兰克福学派与中国大众文化研究/江怡//华东师范大学
⊙泛希腊节庆与古希腊城邦政治文化：以“奥林匹亚节”为中心的分析/王邵励//东北师范大学
⊙饭店营销文化主要构成因素与绩效研究/章琳琪//浙江大学
⊙风景旅游区游人中心建筑设计/张华宾//西南交通大学
⊙冯小刚电影研究/胡泊//南京师范大学
⊙凤凰卫视“三名战略”初探/赵琳//河北大学
⊙凤凰卫视中文台与江苏新闻综合频道之比较/茹希佳//南京师范大学
⊙符号互动理论与旅游形象的确立/邵兰//苏州大学
⊙福建省旅游农业资源开发研究/颜双波//福建农林大学
⊙福建省美食旅游开发研究/翁毅//福建师范大学
⊙福建省生态旅游产品开发研究/林水富//福建农林大学
⊙福建永春西部山地旅游资源开发研究/钟静//南京师范大学
⊙福州市文化旅游开发初探/谢吉红//福建师范大学
⊙高等院校教师家庭文化消费及其影响因素的社会学研究/罗晓玲//华中农业大学
⊙高速公路环境设计中景观与生态、文化的整合研究/林瑛//华中科技大学
⊙工业旅游对名牌企业发展的影响/于波//对外经济贸易大学
⊙公共旅游资源“三权分离”管理模式的构建/杨瑞芹//青岛大学
⊙公共旅游资源经营模式研究/寇敏//青岛大学
⊙构建图书馆与IT业的新型行业关系/韩宇//东北师范大学
⊙古希腊奥运会衰落对现代奥林匹克运动潜在危机的启示/房晓伟//东北师范大学
⊙古丈生态旅游发展研究/高文化//湖南农业大学
⊙关锦鹏电影现象研究/蒋乃珺//南京师范大学
⊙关于长春净月潭旅游经济开发区发展休闲产业的思考/刘燕翀//吉林大学
⊙关于出版物的网络化经营模式的研究/方雷//武汉大学
⊙关于我国发展会展旅游的思考/付明莹//西北大学
⊙关于我国教育培训市场形成和发展的研究/董兵//华中师范大学
⊙关于我国乒乓球消费的研究/李克非//北京体育大学
⊙关于我国文化产业市场发展空间研究/岳红记//西北工业大学
⊙关于在广西有条件中小学校创建足球俱乐部的可行性研究/蓝政//广西师范大学
⊙广电产业集团化运作研究/方瑛//浙江大学
⊙广东地区企业组织文化及其对企业效能影响的探讨/何立//暨南大学

- 广告文化的哲学解读——当代文化批判视野中的广告形象/孙守安//清华大学
- 广西边境旅游发展研究——以广西东兴市为例/刘小蓓//四川大学
- 广西瑶族文化与设计研究/任立昭//湖南大学
- 贵州青岩古镇及其建筑探析/金湛林//重庆大学
- 国家重点风景名胜区旅游核心竞争力研究/曲薇薇//华侨大学
- 国内外奖励旅游发展比较研究/高静//上海师范大学
- 海岛文化旅游开发的对策研究——以嵊泗为例/刘宏明//浙江大学
- 海洋旅游理论解析与方法论研究/高书军//中国海洋大学
- 韩国网络游戏产业与其进入中国市场的分析/闵成基//清华大学
- 杭州西湖风景名胜区的历史沿革与发展研究（1949－）/吴文//清华大学
- 河北省图书市场研究及图书发行企业营销对策/孙录印//天津大学
- 河南旅游业经济效应分析/孙艳敏//郑州大学
- 河南省旅游营销研究/邵筱叶//河南大学
- 黑龙江省旅游特色纪念品的开发及营销策略研究/郑丽娟//哈尔滨理工大学
- 黑龙江省特色旅游发展分析/高翔//电子科技大学
- 弘扬和培育民族精神的途径与方法研究/张晓平//武汉大学
- 洪泽湖区湿地生态旅游资源开发模式的初步研究/庄秀琴//南京师范大学
- 侯孝贤电影研究/赵倩琳//武汉大学
- 湖北楚文化旅游资源开发/袁悦蓉//武汉大学
- 湖北旅游产业发展的SWOT分析/邓学龙//武汉理工大学
- 湖北省青少年业余体育训练的发展及改革对策研究/李明//华中师范大学
- 湖北省青少年业余体育训练现状与发展对策研究/张辉//华中师范大学
- 湖南出版集团经营战略研究/易维//中南大学
- 湖南交通频道的品牌提升策略研究/欧阳纯//中南大学
- 湖南旅游产业组织研究/邓永亮//长沙理工大学
- 互联网时代电影文化的发展/魏巧俐//福建师范大学
- 徽州传统聚落空间影响因素研究——以明清西递为例/张晓冬//东南大学
- 会展旅游的理论与实践模式——以上海为例/胡燕雯//华东师范大学
- 会展旅游的系统分析与评价/汤蕾//河南大学
- 基于产业组织视角的湖南文化产业集群发展研究/向洪光//长沙理工大学
- 基于城市经营思想的滨水地区开发建设研究/王冀//武汉大学
- 基于构件理论的会展管理系统的研究设计/钱丽//浙江大学
- 基于人地关系的自然文化遗产保护与开发/包广静//云南师范大学
- 基于生态博物馆理论下的生态旅游开发与实证研究/刘艳//西北师范大学
- 基于受众的旅游广告效果评价模型研究/程爽//浙江大学
- 基于信息规则的网络游戏产业竞争战略研究/余弢//电子科技大学
- 吉林省科普旅游资源开发研究/李绍刚//东北师范大学
- 吉林省文化产业发展对策研究/高月//吉林大学
- 济南城市历史街区的保护与开发研究/田芸//山东大学
- 济南泉城广场周边及泉城路商业街地区整治改造研究/邓翔宇//清华大学
- 建国初私营影业体制转轨之概观/顾倩//西南师范大学
- 江南古典园林旅游功能缺失研究/茅昊//东南大学
- 江南水乡古镇文化旅游策划研究/蒋志杰//上海师范大学
- 江南乡土住区环境景观调研及设计探索/董巧巧//清华大学
- 节事旅游活动的市场化研究/李帅男//武汉大学
- 解读文化商人王朔/刘开武//华中师范大学
- 金卷文化图书营销体系设计研究/龚黎明//中南大学
- 金融行业应用手机短信服务市场研究报告/吴亮//清华大学
- 近现代济南城市形态的演变与发展研究/汪坚强//清华大学
- 晋陕、闽赣地域传统堡寨聚落比较研究/李蕾//天津大学
- 禁忌与逍遥——中国独立电影研究/杨抒//南京师范大学
- 经济全球化背景下的我国文化建设/邵大伟//华中科技大学
- 经济与文化的因果/戍晓辉//山东师范大学
- 经营流行——对服饰流行传播的研究/邵文艳//东华大学
- 景观文化及其可持续设计初探/张群//华中农业大学
- 竞技体育社会评价理论研究初探/赵烜民//北京体育大学
- 酒泉丝路文化旅游开发研究/于志远//新疆师范大学
- 旧城区传统商业街改造研究与实践/钟军立//重庆大学
- 喀斯特旅游地的系统定位与开发研究——以贵州为例/冯长明//贵州师范大学
- 喀斯特旅游地开发时序评价模型与应用研究/陶玉国//贵州师范大学
- 开放条件下中国广告公司的竞争战略/黄东泽//福州大学
- 科普期刊出版产业化研究/张品纯//中国农业大学
- 可作为文化遗产的古村落保护与旅游开发研究/刘华领//华中科技大学
- 跨国企业的跨文化管理研究/李建欣//哈尔滨工程大学
- 跨媒体发展——打造中国的强势媒体/周良逸//华中师范大学
- 跨文化视野中的中国世界/蒋利春//西南师范大学
- 栏目化纪录片的艺术和社会属性/沈竹//上海戏剧学院
- 阆中古城文化的保护与旅游开发研究/廖佰翠//四川师范大学
- 历史城镇的整体性保护方法研究/张春艳//重庆大学
- 历史文化古城游憩利用及非利用价值评估方法与案例研究/许抄军//湖南大学
- 历史叙述与观念阐释：发展期中国电影（1929—1937）重考/叶宇//西南师范大学
- 立足优势　大力发展西部特色旅游业/刘建强//中央民族大学
- 丽江古城城市生态旅游开发研究/唐跃军//武汉大学
- 利用奥运经济发展天津主要非货物贸易行业的研究/马涛//天津工业大学
- 两周时期旅游文化探析/刘现同//陕西师范大学
- 聊城网通市场竞争战略研究/张志辉//天津大学
- 流行产品价值感变化之研究——以手机为例/严伟//江南大学
- 流行文化视角下的广告视觉中心研究/张笑//河北大学
- 柳江古镇保护与更新研究/刘哲夫//西南交通大学
- 龙门古镇古村落研究/冯楠//西安建筑科技大学
- 庐山旅游文化深度开发研究/李文明//中南林学院
- 旅行社出境游服务质量影响因素研究/黄晶晶//浙江大学
- 旅游度假区可持续规划方法初探/邵颖莹//东南大学
- 旅游非优区旅游资源的评价与开发模式研究/王香鸽//陕西师范大学
- 旅游概念规划的理论与实践研究/孙淑英//河南大学
- 旅游规划核心内容动态分析/李经龙//安徽师范大学
- 旅游规划研究的“空间－阶段”模型/李亮//清华大学
- 旅游环境承载力及其调控研究/郭静//南京师范大学
- 旅游纪念品地域文化特色的形成之研究/杨从锋//江南大学
- 旅游景观规划设计概念及方法初探/代琦//重庆师范大学
- 旅游开发对风景区可持续发展的影响及对策/周虹//北京林业大学
- 旅游企业并购模式研究/郑辉//西北大学
- 旅游企业动态联盟研究/郑超//华东师范大学
- 旅游文化资源与旅游规划——以西藏阿里地区为例/易小力//四川大学
- 旅游项目策划研究/吴宝昌//广西大学
- 旅游宣传材料中文化因素的功能翻译/和珊//西安电子科技大学
- 旅游业发展中的政府主导研究/熊鹤群//华中师范大学
- 旅游业环境中建筑历史遗存的适应性更新/林玉娟//清华大学
- 旅游资源市场价值影响因素研究/俞莹//浙江大学

⊙ 市场经济条件下历史小城镇的保护研究——以巴蜀山地历史小城镇为例/林立勇//重庆大学
⊙ 事件旅游的基础理论及城市事件旅游研究/杨强//四川大学
⊙ 视觉文化时代的传统媒体与新媒体版式设计研究/陈虹//江南大学
⊙ 试论我国电视媒介网络传播的现状与发展趋势/马炳新//广西大学
⊙ 试论游戏文章/蒋树霞//青岛大学
⊙ 手机的符号与符号消费/徐伟峰//江南大学
⊙ 手机媒体初探/鲍成城//北京印刷学院
⊙ 手机行业产业结构变化与企业战略/付向东//清华大学
⊙ 数字图书馆运营模式电子商务化研究/王宇东//吉林大学
⊙ 数字图书馆著作权风险规避研究/罗宏//四川大学
⊙ 四川广播电视集团组织结构研究/邓显福//电子科技大学
⊙ 四川历史文化名镇文化旅游资源研究/杨方琳//四川师范大学
⊙ 四川旅游营销问题研究/刘庆蓉//西南交通大学
⊙ 四川省甘孜藏族自治州八美生态旅游区旅游产品深度开发探讨/李娴//成都理工大学
⊙ 苏南宗教旅游资源开发研究/苏勇军//苏州大学
⊙ 苏州地区外资企业职工体育现状调查与分析——以苏州工业园区为例/杨莉//苏州大学
⊙ 塑造城市灵魂/张泽群//天津大学
⊙ 谈旅游产业的爱国主义教育功能/杨慧//山东师范大学
⊙ 体验经济视野中的节事类旅游产品设计研究/刘宁宁//华东师范大学
⊙ 体验型旅游产品开发初探/马剑瑜//华东师范大学
⊙ 体育产业的发展与政府行为界入相关问题研究/王玲//东北师范大学
⊙ 体育产业投资基金研究/胡波//清华大学
⊙ 体育电视转播权问题研究/王一川//南京师范大学
⊙ 体育新闻江湖故事化现象分析/倪沫//苏州大学
⊙ 体育运动全球化对现代人存在方式的影响/刘成海//四川大学
⊙ 天府水镇旅游资源的项目评估/邱建明//西南交通大学
⊙ 天津大学图书馆品牌战略研究/王旭//天津大学
⊙ 天津生态城市建设中的水环境研究/周超//天津大学
⊙ 天津市古文化街旅游商贸区的战略发展研究/马莲//天津师范大学
⊙ 天津市广播电视公共媒介产业化体制改革的研究/王彦//天津大学
⊙ 天津市旅游业的发展研究/顾蓓//天津大学
⊙ 透过《时尚》杂志看消费社会的时尚元素及消费群体/王昆//四川大学
⊙ 图书出版经营研究/尹杰//西南交通大学
⊙ 图书出版社发展网络出版的策略研究/张新智//北京印刷学院
⊙ 图书馆核心竞争力及竞合战略的实施研究/孙欣//天津大学
⊙ 图书价格政策研究/毛娟//武汉大学
⊙ 图书连锁经营与信息管理问题研究/关开//电子科技大学
⊙ 图书市场中盘格局研究/周斌//南京师范大学
⊙ 皖南古村落旅游发展若干问题研究/刘昌雪//安徽师范大学
⊙ 皖南古村镇遗产保护的真实性研究/成斌//武汉大学
⊙ 网络环境下电子出版的发展方向研究/杜丽敏//河北大学
⊙ 网络文化负效应及其控制/任湘云//西南师范大学
⊙ 网络信息资源知识产权法律关系研究/冉从敬//武汉大学
⊙ 网络隐私权保障问题之研究/刘建龙//苏州大学
⊙ 网络游戏产业发展导向及服务管理研究/谢勇//西南交通大学
⊙ 网络游戏企业核心竞争力初探/梁栩//西南交通大学
⊙ 网络游戏中的人际交往探析/杨莹//华中科技大学
⊙ 网上书店系统的研究与设计/刘洁//吉林大学
⊙ 为电视游戏节目辩护/徐玉芳//苏州大学
⊙ 未来文化发展有限公司营销渠道研究/李映红//清华大学
⊙ 文化部“全国文化信息资源共享工程”中的 PKI 应用研究/毕涛//重庆大学
⊙ 文化差异下的中国旅游营销研究/麦晓霜//广西师范大学
⊙ 文化产业及发展趋势研究/黄雅丽//内蒙古师范大学
⊙ 文化工业时代的艺术生产/陈鹏//陕西师范大学
⊙ 文化古村落：一类独立的旅游资源/曹国新//江西师范大学
⊙ 文化事业与文化产业的界定：一个经济学分析/徐斌//江西财经大学
⊙ 文化遗产保护与城市协调发展初探/段勇//天津大学
⊙ 文化园林、文学园林与美学园林/张大力//天津大学
⊙ 文江寺庙重建/兰世辉//中央民族大学
⊙ 文脉与历史建筑的旅游开发研究/张宏瑞//山东师范大学
⊙ 文学与商业的联姻/刘卫华//山东师范大学
⊙ 我国部分高校研究生休闲体育现状及发展对策研究/吕红芳//河南大学
⊙ 我国城市会展业发展动力系统研究/胡斌//上海师范大学
⊙ 我国的 CDMA 手机市场分析与营销对策研究/康田//对外经济贸易大学
⊙ 我国电视媒体产业改革研究/旷会祥//华中科技大学
⊙ 我国电视媒体广告主行为研究/郑铎//大连理工大学
⊙ 我国电信服务贸易若干法律问题研究/白文妍//大连海事大学
⊙ 我国广播电视集团网站建设研究/陈曦//河北大学
⊙ 我国旅游景区管理体制改革的方向与对策/吴耀宇//南京师范大学
⊙ 我国旅游业引入电子商务机制的框架性研究/孙建军//黑龙江大学
⊙ 我国省级卫星电视的生存环境与发展策略研究/潘瑛//暨南大学
⊙ 我国数字付费电视发展研究/陶元//华中科技大学
⊙ 我国体育产业发展战略研究/梁香青//河海大学
⊙ 我国体育产业结构研究/朱维娜//西南师范大学
⊙ 我国体育行政管理体制的变迁/叶楠//苏州大学
⊙ 我国图书出版社的读者诚信问题及发展策略研究/吴温//河北大学
⊙ 我国图书出版业存在的问题分析及发展对策研究/张晶昱//吉林大学
⊙ 我国图书出版业存在的问题及发展对策研究/张歌燕//东北师范大学
⊙ 我国图书出版业资本市场战略研究/李国华//河北大学
⊙ 乌鲁木齐城市旅游发展研究/唐晓兵//新疆师范大学
⊙ 乌鲁木齐地区体育旅游现状调查与发展对策/姜涛//北京体育大学
⊙ 无锡市旅游环境问题及其保护研究/宋蕾//南京师范大学
⊙ 武汉会展旅游发展研究/毛小岗//武汉大学
⊙ 武汉市水上旅游战略研究/叶历才//武汉大学
⊙ 武术表演市场经营现状与发展对策研究/邓杰//河南大学
⊙ 武术发展现状和趋势的研究/吴秀云//山东师范大学
⊙ 西安碑林博物馆展示环境研究/王慧//西安建筑科技大学
⊙ 西安碑林文化遗产价值及其保护初探/蔡蕾//西安建筑科技大学
⊙ 西安城隍庙历史街区保护与更新研究/袁晓东//西安建筑科技大学
⊙ 西安会展经济发展研究/张汶//西北工业大学
⊙ 西安旅游城市竞争力研究/刘迎辉//西北大学
⊙ 西安市莲湖历史街区旅游开发模式研究/刘洁//西北工业大学
⊙ 西北丝绸之路旅游的文化价值及其开发/王啸//陕西师范大学
⊙ 西藏生态旅游发展对策研究/章奇志//天津大学
⊙ 西方文化产业扩张与当前中西文化关系/高兵强//上海外国语大学
⊙ 西方现代景观设计理论研究/金纹青//天津大学
⊙ 西南山地城市滨水地带规划设计策略研究及方法探索/郑瑜//重庆大学
⊙ 现代茶文化现象研究/张琳洁//浙江大学
⊙ 现代金属纪念币研究/郑可新//清华大学
⊙ 现代旅游审美论/谢璐//山东师范大学
⊙ 现代主义的寓言文本——中国文化语境中的本雅明研究/黄春燕//广西师范大学
⊙ 现阶段我国体育产业发展状况研究/陈萍//华中师范大学
⊙ 乡村旅游社区参与机制研究/王敏娴//浙江大学
⊙ 项目后评价方法及其在主题公园的应用/言丹//西北工业大学
⊙ 消费社会文化背景下我国快餐书研究/马爽//河北大学
⊙ 小康社会的体育休闲娱乐产业研究/孙莹//华南师范大学
⊙ 新疆旅游业发展分析与对策研究/古丽布斯坦//中央民族大学

- 新疆伊犁伊斯兰建筑文化研究/范庭刚//重庆大学
- 新媒介格局下中国广播业发展策略/张子龙//南京师范大学
- 新三峡库区旅游资源研究/曹迎曼//武汉大学
- 新时期图书馆管理艺术研究/刘海梅//华中师范大学
- 新时期中国大陆电影体制变革述略/刘帆//西南师范大学
- 新世纪新阶段中国政府文化职能转变/樊非//河海大学
- 新闻出版行政管理部门绩效评估指标体系的设计与测定/后毅//国防科学技术大学
- 新闻娱乐化根源探析/柯涛//郑州大学
- 新中国电视播音主持业务发展研究/王轶菁//四川大学
- 新中国武术发展部分特征研究/刘会宾//河南大学
- 休闲垂钓旅游地开发研究——以株洲神农生态园为例/贺春艳//中南林学院
- 休闲农业旅游研究/黄蓉//中南林学院
- 选题策划：出版业核心竞争力提升的关键/季峰//苏州大学
- 寻找新的艺术生存形态——论电视戏曲的改编与创新/张帆//吉林大学
- 延安市旅游形象研究/杨延凤//陕西师范大学
- 延边地区发展会展经济研究/全勇旭//延边大学
- 延边地区民俗旅游开发研究/王慧玲//延边大学
- 延边地区文化产业发展战略研究/孙钟远//延边大学
- 延边旅游资源及其评价/黄虎国//延边大学
- 炎帝文化与炎帝陵区旅游资源开发研究/刘艳//国防科学技术大学
- 一体化：美国主流电视媒体的选择/胡华龙//南京师范大学
- 宜兴紫砂设计创新和文化传承的相关性研究/夏云杉//江南大学
- 遗址博物馆建筑研究/张男//天津大学
- 颐和园保护初探/张宇//北京林业大学
- 以丽江模式四（合作机制）论述丽江古城、安平聚落、西门町红楼与淡水老镇之保护策略/杨德鸿//清华大学
- 意识形态对迪士尼电影《花木兰》字幕翻译中归化策略的操纵/梁静璧//广东外语外贸大学
- 英国足球文化/王敏//上海外国语大学
- 英山县旅游业发展战略研究/李国强//华中科技大学
- 营销渠道结构分析——以中国手机行业为例/张宇//清华大学
- 影像暴力——落向大地的果实/杨洁//四川大学
- 影像文化的新宠—动画研究/段运冬//西南师范大学
- 由南岳衡山管窥中国古代旅游文化/陈兆忠//湖南师范大学
- 犹太人与二十世纪上半叶美国电影业的繁荣/彭垒//武汉大学
- 游乐与党化：1921－1936 年的汕头市中山公园/陈海忠//汕头大学
- 游戏赛博空间的文学/严军//华中师范大学
- 与历史环境相协调的酒店建筑设计/徐伟楠//西安建筑科技大学
- 原真性原则及其在重庆历史城镇保护中的应用初探/邓琳//重庆大学
- 源于文脉和生态的现代城市公园设计初探/刘洪//天津大学
- 枣庄市旅游业发展战略研究/李玉保//西安理工大学
- 张杨电影研究/曹霁//中国电影艺术研究中心
- 浙江省特色产业群竞争力提升机制和支撑系统研究/周邦瑶//浙江工业大学
- 郑和下西洋对明代工艺美术的影响/赵新图//清华大学
- 政府职能转变与文化体制创新/虞汉胤//浙江大学
- 职业足球俱乐部文化之研究/于溪海//山东师范大学
- 中国白酒包装中文化的传承与发展/冯彬//四川大学
- 中国包装设计新形象文化探究/胡艳珍//河南大学
- 中国北方古建筑群保护规划对策研究/刘剑//中国建筑设计研究院
- 中国畅销书的发展及其研究/李金宝//南京师范大学
- 中国城郊旅游发展研究/王林//广西师范大学
- 中国城市滨水景观发展研究/吴文生//武汉大学
- 中国传媒产业集团化发展研究/张天赋//哈尔滨理工大学
- 中国传统建筑装饰的形式内涵分析/刘冠//清华大学
- 中国传统园林之文化关联探析/戴秋思//重庆大学
- 中国传统装饰要素的文化分析及其在现代环境艺术设计中的运用/叶青//武汉理工大学
- 中国当代流行音乐音像制品包装风格及其文化属性的研究/孙明//中央民族大学
- 中国电视包装研究——以中央电视台经济频道为个案/杨芳秀//暨南大学
- 中国电视法治文化批判/冯宇//四川大学
- 中国电视节目经营前景分析/何铁巍//四川大学
- 中国电视节目市场竞争力研究/周宁//四川大学
- 中国电视媒体品牌节目及其构建与运营战略研究/张超//河北大学
- 中国电视新闻平民化刍议/方翔文//华中师范大学
- 中国电影商业模式分析及实证研究/蒲元瀛//重庆大学
- 中国动画片的审美情趣/韩克//南京艺术学院
- 中国古代帝王陵寝旅游开发中的保护——以湖北钟祥明显陵为例/刘中燕//武汉大学
- 中国古代建筑艺术与旅游开发/王玉成//河北大学
- 中国桂花文化研究/刘伟龙//南京林业大学
- 中国国际旅游业服务营销研究/张秋英//天津财经学院
- 中国会展业发展研究/叶洪涛//武汉大学
- 中国教育服务贸易的发展研究/孙雅玲//浙江大学
- 中国连环画出版研究/曹新哲//武汉大学
- 中国旅游企业集团发展对策研究/佘素丽//湘潭大学
- 中国旅游行业战略分析——以首旅集团为例/汪鑫//首都经济贸易大学
- 中国女性期刊的生存与发展研究/李应红//四川大学
- 中国期刊产业的企业化运作研究/郭丽琴//华中师范大学
- 中国期刊产业发展策略研究/杨闯//武汉大学
- 中国企业品牌文化建设的战略思考/戴筱筱//哈尔滨工程大学
- 中国企业品牌文化战略研究/刘文意//哈尔滨工程大学
- 中国企业营销文化战略研究/闫金红//哈尔滨工程大学
- 中国入境商务旅游研究/旦蕊//首都经济贸易大学
- 中国手机市场的品牌战略研究/陈方永//西南交通大学
- 中国体育产业发展及其金融支持/唐越//四川大学
- 中国图书版权贸易分析研究/夏卡莉//武汉大学
- 中国图书版税制度研究/汤林弟//北京师范大学
- 中国网络出版产业发展状况及对策研究/田璟//武汉理工大学
- 中国网络游戏产业的运营问题研究/吴涛//华中科技大学
- 中国文化产业发展初探/曲晓燕//首都经济贸易大学
- 中国舞蹈演出市场：基本利益群之间博弈关系的分析/李屹亚//中国艺术研究院
- 中国戏曲与市场流变/郭妍琳//东南大学
- 中国现代艺术设计教育的萌发——民国工艺美术教育研究/田君//清华大学
- 中国新时期电视纪录片的美学进展/舒媛媛//苏州大学
- 中国学术图书出版发展研究/孙玉玲//武汉大学
- 中文电子期刊数据库改进策略研究/侯延香//东北师范大学
- 中西"游"和"游戏说"之比较/洪琼//中国人民大学
- 中小足球俱乐部生存与发展初探/许光平//郑州大学
- 主题公园竞争力因素及评价体系研究/张韬//西北工业大学
- 转型时期的中国都市报研究/李红//郑州大学
- 自贡会馆建筑文化研究/谢岚//重庆大学
- 自由亚洲电台研究/王积龙//四川大学
- 走向发信期的日本茶道/高晓钢//四川大学
- 走向市场化的体育报初探/张明//广西大学
- 足球俱乐部整体运营方案及分析/丰光//郑州大学

2005 年

⊙“休闲城市”研究/俞来雷//武汉大学
⊙《Elite 城市精英》DM 杂志营销计划书/韩勇//东南大学
⊙《大河报》风格嬗变探析/李建波//河南大学
⊙《东方时空·百姓故事》栏目研究/余锐//河南大学
⊙《南方日报》：高度决定影响力/周萃//暨南大学
⊙《南方周末》品牌策略研究/胡建斌//华中科技大学
⊙《武汉晚报》营销运作分析/邓杨//华中科技大学
⊙《消费文化影响下的娱乐新闻报道》/彭莲萍//暨南大学
⊙《中国图书年鉴》研究/赖洁玉//武汉大学
⊙《中国文物古迹保护准则》研究/叶扬//清华大学
⊙1994－2004 我国关于电子商务研究的期刊论文统计分析与思考/殷丽//东北师范大学
⊙1996－2004：中国大陆网络传播研究的历史和现状/吴瑾//华中科技大学
⊙1997－2003 香港喜剧电影的类型嬗变/黄建东//北京电影学院
⊙2010 世博会对上海会展业发展的影响研究/王翌//电子科技大学
⊙20 世纪 80 年代后上海油画在市场中的发展浅析/章琍娜//华东师范大学
⊙20 世纪 90 年代畅销书研究/刘佳//南京大学
⊙20 世纪 90 年代中国经济新闻话语变迁究/王舒怀//北京大学
⊙20 世纪八九十年代蒙古族小说中的民间文化资源/彭春梅//内蒙古师范大学
⊙90 年代中国都市喜剧电影论/雷瑛//中国艺术研究院
⊙BBS 与主流报纸的议题互动/陈映//暨南大学
⊙E 时代重庆旅游网络营销策略探讨/龙雨萍//西南师范大学
⊙JL 出版社集团化发展研究/王仕军//广西大学
⊙P2P 技术与音乐著作权的冲突及解决方式研究/鲍艳丹//中国政法大学
⊙TOM 户外集团并购过程中的人力资源整合/刘桂芳//清华大学
⊙WTO《服务贸易总协定》对我国国际旅游服务贸易的影响及法律对策/林贤瑛//南昌大学
⊙安徽省旅游业竞争力研究/王娟//安徽师范大学
⊙安踏运动休闲系列产品营销策略研究/汪朝东//电子科技大学
⊙安阳市老年体育旅游现状调查研究/张相安//北京体育大学
⊙按需印刷在我国传统出版社的发展探究/刘振敏//北京印刷学院
⊙奥运经济与北京城市发展研究/王心//河北大学
⊙奥运物流研究及其对 2008 年北京奥运物流的启示/潘霞//北京体育大学
⊙奥运物流运作模式研究/温卫娟//北京物资学院
⊙澳大利亚私人基金会与艺术赞助/宁琤//中央美术学院
⊙澳门旅游对台湾客源市场的吸引力研究/林仲璟//华侨大学
⊙澳门旅游形象的定位与推广/史占霞//华侨大学
⊙巴黎历史风貌保护对北京城市建设的借鉴/李瑛//对外经济贸易大学
⊙巴文化与三峡旅游/杨柳//四川师范大学
⊙版权贸易：出版业持续发展的新机遇/王燚//苏州大学
⊙版权贸易合同研究/彭心倩//湖南大学
⊙包头市历史文化遗产在城市建设中的作用/车红//西安建筑科技大学
⊙包头市五当召风景旅游区的规划研究/徐境//西安建筑科技大学
⊙保定市道馆式跆拳道运营模式的研究/付超//北京体育大学
⊙保健食品广告定位策略分析/孙越//中国农业大学
⊙报业产业结构与内容关联度探析/林曦//武汉大学
⊙报业集团党报与都市报社会舆论控制的比较/张海源//华中农业大学
⊙报业集团人才激励问题研究/叶红//国防科学技术大学
⊙报纸发行营销策略研究/周文旭//中国海洋大学
⊙报纸副刊在新媒介环境下的发展思路/宋丽娟//武汉大学
⊙报纸品牌传播模式初探/谢莎//华中科技大学
⊙报纸品牌经营/焦丽君//郑州大学
⊙报纸评论专栏品牌经营研究/徐宁//华中科技大学
⊙北京国安足球俱乐部会员与非会员球迷主场球赛消费行为的调查研究/徐波//北京体育大学
⊙北京旧城历史文化保护区地下空间开发利用研究/张悦//北京工业大学
⊙北京市顺义区杨镇苇塘湿地生物多样性与生态旅游规划研究/蒋政权//首都师范大学
⊙北京中文华纳文化有限公司经营战略研究/翟琳琳//西安理工大学
⊙标志性事件对城市旅游的影响研究/李红艳//东北财经大学
⊙博客：打开话语权垄断的闸门/曾猛//四川大学
⊙博物馆旅游地的生命周期研究/李尘//陕西师范大学
⊙博物馆文化产业发展研究/张艺军//武汉大学
⊙步入移动阅读时代——试论电子书发展趋势问题/李响//北京师范大学
⊙长春－吉林旅游区域合作与政府作用/张立军//吉林大学
⊙长岛县旅游可持续发展研究/张文萍//青岛大学
⊙长江三角洲无障碍旅游区发展模式研究/徐露农//华东师范大学
⊙长江三角洲自驾车旅游市场开发研究/吴巧新//南京师范大学
⊙长三角地区科普报刊现状研究/张艳容//河海大学
⊙长三角区域旅游资源整合研究/杨晓燕//上海师范大学
⊙长沙会展经济发展中的政府行为优化研究/刘飞跃//中南大学
⊙长影世纪城电影主题公园营销策略研究/黄立志//吉林大学
⊙长株潭的休闲旅游研究/杨鹏//中南林学院
⊙畅销书的可持续发展对策研究/陈颖//四川大学
⊙畅销书的文化趋向研究/王燕//北京印刷学院
⊙超星数字图书馆的营销战略研究/刘婷//北京化工大学
⊙成都地区体育旅游资源现状调查及开发设想/张易//北京体育大学
⊙成都会展旅游发展研究/张力源//西南财经大学
⊙成都市健身俱乐部市场消费者行为调查研究/伍钰//北京体育大学
⊙城市滨海地区城市设计研究/胡伟//武汉大学
⊙城市滨河景观的地区性设计策略初探/曹旭//昆明理工大学
⊙城市滨水景观特色的挖掘与塑造/袁凤宾//武汉大学
⊙城市滨水区景观恢复性设计研究/陶欣//华中农业大学
⊙城市滨水区景观设计的生态策略研究/潘宏图//西南交通大学
⊙城市电视台产业化经营战略分析/郎建国//合肥工业大学
⊙城市会展业竞争力及其提升的研究/吴子瑛//南京工业大学
⊙城市居民休闲生活方式阶层差异研究/陈晓煌//福建师范大学
⊙城市历史池段景观环境设计研究/陈晓有//西安建筑科技大学
⊙城市历史文化街区保护及其数字化研究方法初探/刘松//武汉大学
⊙城市历史文化遗产整体性保护探讨/彭俊//武汉大学
⊙城市旅游发展规划特殊性研究/赵志霞//东南大学
⊙城市旅游街区开发模式研究/张岚//南京师范大学
⊙城市旅游竞争力研究/鄢慧丽//华中师范大学
⊙城市旅游目的地的整合营销/王岩//东北财经大学
⊙城市生态化滨水休闲空间研究/杨子辉//重庆大学
⊙城市生态住区景观规划设计研究/高蕾//昆明理工大学
⊙城市休闲文化特征的比较研究/王越平//云南师范大学
⊙城市园林灯光环境景观规划设计研究/何疏悦//合肥工业大学
⊙重庆“湖广填四川”移民博物馆立项建设与营运思路个案研究/张莉//重庆师范大学
⊙重庆国际高尔夫俱乐部营销策略研究/杜向阳//重庆大学
⊙重庆旅游产业链的培植与优化对策研究/黎霞//西南师范大学
⊙重庆体育产业发展问题的研究/代玉梅//西南师范大学
⊙重庆文化产业发展战略研究/刘二强//重庆大学
⊙出版策划及其运作研究/马北海//武汉大学
⊙出版集团化现象研究/朱华//郑州大学
⊙出版经纪人发展研究/夏红军//武汉大学

⊙ 出版企业交互式特许加盟连锁制度研究/唐小兵//武汉大学
⊙ 出版企业融资问题研究/王云凤//武汉大学
⊙ 出版社跨媒体经营研究/王洁//武汉大学
⊙ 出版业行业协会研究/胡鹏//武汉大学
⊙ 穿越私网的下一代多媒体流和网络管理研究/苏同岩//山东大学
⊙ 传播学视野下的我国出版社网站建设研究/张弛//华中科技大学
⊙ 传媒产业化中的人力资源整合研究/靳华//四川大学
⊙ 传媒经济及其在中国的发展研究/徐航//四川大学
⊙ 传媒品牌运作研究/马二伟//武汉大学
⊙ 传统出版企业发展网络出版研究/王隽//华中科技大学
⊙ 传统民间游戏开发利用研究/王蔚//山东大学
⊙ 从《北京晨报》看京城早报市场的发展/邱成军//中央民族大学
⊙ 从《孽子》效应看电视媒介对受众的涵化作用/余榕//武汉大学
⊙ 从《体坛周报》看体育类报纸发展/金泽//四川大学
⊙ 从《新潮生活周刊》看生活类周报的竞争策略/陈亦寒//四川大学
⊙ 从北京音乐台发展看中国广播商业化的特点/刘菁//中国艺术研究院
⊙ 从电广传媒看以股抵债/王雪生//吉林大学
⊙ 从电影受众分析看中国电影产业化道路/杨智//山东大学
⊙ 从绘画艺术到新媒体艺术/石献琮//山西大学
⊙ 从精英走向大众/刘轶//东北师范大学
⊙ 从区域经济学视角看两大经济三角区中心城市报业反差/陶克菲//华中科技大学
⊙ 从受众期待研究我国电视主持人节目的发展策略/张梅//华东师范大学
⊙ 从受众与媒介的互动探讨中国当代电视“低俗化”的特征、成因及对策/刘琮//湖南师范大学
⊙ 从文化产业视角看中国动画产业化的困境与出路/陈赛//北京大学
⊙ 从文化贸易看我国文化产业的发展/高洁//首都经济贸易大学
⊙ 从文化因素看我国大众传媒的表现及实质/冯琼//四川大学
⊙ 从央视经济频道改版谈经济频道专业化建设/王莉红//郑州大学
⊙ 从一个县级电视台的生存现状看我国地方电视媒体体制改革的方向与路径/张弛//西南师范大学
⊙ 大慈寺历史街区保护与利用研究/陈洁//西南交通大学
⊙ 大都市旅游功能强度研究/臧冠荣//华东师范大学
⊙ 大力发展我国会展经济的对策/吴瑕//哈尔滨工程大学
⊙ 大连宝瑞恒利公司 NIKE 运动休闲产品营销策略研究/杨昕//电子科技大学
⊙ 大连会展旅游发展之探析/张英//辽宁师范大学
⊙ 大连市度假旅游发展对策研究/刘岩//东北财经大学
⊙ 大连市工业遗产旅游开发研究/胡江路//东北财经大学
⊙ 大连市乡村旅游开发研究/范明月//辽宁师范大学
⊙ 大庆市旅游市场研究/王曼//天津大学
⊙ 大湘西傩文化旅游开发的市场分析和战略构想/刘冰清//湖南师范大学
⊙ 大学生体育消费行为的研究/宋亨国//华南师范大学
⊙ 大众传播媒介与体育产业的行业互动/莫菲//吉林大学
⊙ 大众传播与隐私权保护/闫杰//山东大学
⊙ 大众传媒和意识形态/李娜//河北师范大学
⊙ 大众传媒与农民话语权/卫夙瑾//武汉大学
⊙ 大众化杂志媒介对大学生流行文化的影响研究/毛晓丹//华中农业大学
⊙ 大众文化到消费文化：“神话”向世俗化的转向/王冠伟//黑龙江大学
⊙ 大众文化的时间策略——评大众文化对当代时间危机的应对/钟文伟//北京师范大学
⊙ 大众文化对青少年自我认同的意义/李寒梅//山东师范大学
⊙ 大众文化消费背景下我国图书传播的变化与发展/安静//吉林大学
⊙ 大众消费时代的文学消费/朱姝//四川大学
⊙ 丹东市地域文化与旅游开发研究/郑辽吉//东北师范大学
⊙ 当代报纸副刊变革及其发展趋势研究/金星//中央民族大学
⊙ 当代城市社区音乐文化研究/裴培//中国艺术研究院
⊙ 当代都市报新闻的庸俗化倾向研究/赵颖//南京师范大学
⊙ 当代广西壮族自治区报业的发展/植凤寅//中央民族大学
⊙ 当代文学类畅销书研究/赖桂香//南昌大学
⊙ 当代中国大众文化的实践特点研究/王涛//清华大学
⊙ 当代中国电影的“第六代”现象研究/李阳//北京大学
⊙ 当代中国电影全球化理论与策略研究/王勐//南京师范大学
⊙ 当代中国消费主义对电视媒介传播的影响/吴卫华//江西师范大学
⊙ 当前报纸专刊专版的采编特点及发展趋势/叶红菱//暨南大学
⊙ 当前国内房地产广告的误区及其二维批判/陈秀华//暨南大学
⊙ 当前媒介生态环境下电视新闻评论的发展方向/郑午阳//河北大学
⊙ 当前我国报纸“杂志化”研究/董侠//河北大学
⊙ 地方文化产业发展与政府行为选择/魏道航//厦门大学
⊙ 地市级广播电台新闻频率核心竞争力研究/李瑞苓//河北大学
⊙ 电视“脱口秀”即讯息/吕琪//四川大学
⊙ 电视创新与西部民族文化的现代化/毛绎瑄//四川大学
⊙ 电视纪录片栏目发展趋势研究/朱伟//南京师范大学
⊙ 电视媒体网络在线调查差异性研究/钟亮亮//汕头大学
⊙ 电视媒体在网络时代的话语权/刘奇伟//江西师范大学
⊙ 电视频道专业化的受众分析及发展策略/房芳//山东大学
⊙ 电视谈话节目竞争战略研究/陈睿//武汉大学
⊙ 电视文化的大众娱乐功能/王艳//广西大学
⊙ 电视湘军品牌战略研究/李水平//湖南师范大学
⊙ 电视选秀节目研究/刘颖//武汉大学
⊙ 电视业人力资源管理模式的探索与构建/李海中//南京师范大学
⊙ 电影作品著作权及反盗版初探/薄怀涛//中国政法大学
⊙ 电子商务环境下图书分销渠道研究/张霞//武汉大学
⊙ 东北地区旅游商品开发研究/师瑞娟//东北师范大学
⊙ 东方卫视影响力评估研究/朱雯//南京师范大学
⊙ 东信公司手机销售渠道研究/侯崴//西北大学
⊙ 动画与儿童动画教学/肖弋//湖南师范大学
⊙ 侗族文化旅游开发利用研究/潘善环//广西师范大学
⊙ 都市报品牌营销战略研究/汪绍文//华中科技大学
⊙ 都市报体育版赛事淡季之应对策略/何颖//四川大学
⊙ 都市类报纸新型传播模式探析/李冬明//南昌大学
⊙ 都市旅游发展中的主题公园开发研究/米冰//东北师范大学
⊙ 对广西普通高校体育俱乐部开展状况及影响因素的研究/谷礼燕//北京体育大学
⊙ 对韩国电视剧在中国流行现象的跨文化解读/林洁琛//苏州大学
⊙ 对青少年体育俱乐部管理的研究/李罗季//四川大学
⊙ 对苏南城市健身俱乐部现状的研究/缪慧梅//苏州大学
⊙ 对我国部分发达地区体育经纪人培训状况的调查研究/穆瑞玲//河南大学
⊙ 对我国网球俱乐部联赛无形资产开发的研究/和庆华//北京体育大学
⊙ 对我国文化产业化及其重大关系问题与发展之路的探索/张雪瑞//内蒙古大学
⊙ 对消费时尚从现代到后现代的比较研究/莫国芳//四川大学
⊙ 对中国当前体育新闻娱乐化的理论解读及个案分析/罗晓//北京体育大学
⊙ 对中国电视谈话类节目的理性思考/廖燕//南昌大学
⊙ 多媒体时代的广播传播发展策略研究/程前//四川大学
⊙ 多媒体时代广播技术与中国广播发展特征研究/谭先虎//四川大学
⊙ 峨眉山风景名胜区旅游发展战略研究/费玉芳//西南交通大学
⊙ 峨眉山旅游环境和营销组合分析/罗强//西南财经大学
⊙ 二十世纪九十年代以来中国油画市场化倾向探析/范明正//清华大学
⊙ 发展我国从属版权贸易研究/陈懿//华中科技大学

⊙ 纪录片传播文化论/裴申燕//南京师范大学
⊙ 加快我国文化产业发展研究/李芳//山东师范大学
⊙ 加入 WTO 对中国电影发展的影响/谭梅//对外经济贸易大学
⊙ 江西入境旅游客源市场现状与开拓/曾丽//江西师范大学
⊙ 江西省体育产业区域性比较评价及发展对策研究/詹新寰//江西师范大学
⊙ 江油市生态旅游可持续发展研究/王元勇//西南交通大学
⊙ 焦作市旅游产品系统开发研究/李振新//河南大学
⊙ 接力出版社发展战略研究/陈景浩//广西大学
⊙ 节事旅游研究/刘慧贞//广西大学
⊙ 解读意识形态广告/钱正//武汉大学
⊙ 解构电视谈话节目的传播过程/魏芳//华东师范大学
⊙ 解析大众传媒对性别的刻板印象化表现/戴婷婷//郑州大学
⊙ 解析国产情景喜剧/吕晓懿//南京师范大学
⊙ 解析新华网的成功轨迹/刘君//河北大学
⊙ 解析中国电视民生新闻/王珂//郑州大学
⊙ 金牌的想象：解读奥运语境下的电视广告/胡朝阳//苏州大学
⊙ 近代传媒与观念变迁/陈留根//华中师范大学
⊙ 近年来羊城晚报版面风格研究/李祥//暨南大学
⊙ 近现代北京传统工艺美术文化传承价值和经济价值探析/王莉//首都师范大学
⊙ 近现代中国画拍卖市场价格研究/董建辉//华东师范大学
⊙ 京冀非城市儿童图书媒介接触行为调查与分析/王佳//河北大学
⊙ 经济全球化背景下中国出版业发展的对策选择/耿昕一//东北财经大学
⊙ 九江区域文脉与旅游形象定位研究/熊亚丹//南昌大学
⊙ 九寨沟核心景区旅游服务质量评价及要素体系分析/姜凌//西南交通大学
⊙ 旧城历史街区型游憩商业区形成机制及规划设计研究/张杉//四川师范大学
⊙ 居住区室外公共空间的人性化设计研究/罗洋//西安建筑科技大学
⊙ 可移动文化遗产保护策略研究/周耀林//武汉大学
⊙ 跨文化传播中华文媒体的生存空间研究/顾东黎//中央民族大学
⊙ 跨文化交际中的文化冲突/张琳娜//东北财经大学
⊙ 跨文化营销的思考/夏晴川//华东师范大学
⊙ 廊坊市会展经济研究/李毅超//天津大学
⊙ 老字号品牌形象设计研究/高飞//江南大学
⊙ 李宁 vs 耐克：对中国体育用品行业的启示/甘泉//清华大学
⊙ 历史街区的可持续性更新研究/刘军华//武汉大学
⊙ 历史名城局部形象要素与城市整体特色的关系初探/聂毅宁//东南大学
⊙ 历史文化村落的保护与利用/赵志芳//太原理工大学
⊙ 历史文化名城长沙保护与旅游开发研究/文伟//湘潭大学
⊙ 历史文化名城长沙人文环境的延续与变迁探析/吴科帆//湖南大学
⊙ 历史文化名城大同交通问题研究/游锦龙//华中科技大学
⊙ 历史文化名城开封的保护与发展研究/刘汉州//河南大学
⊙ 历史文化名城旅游开发研究/卢小琴//中南林学院
⊙ 历史文化视野中的福建坊刻本/李艳华//福建师范大学
⊙ 丽江电视台硬盘播出系统/李怡//昆明理工大学
⊙ 联合体——旅游饭店集团竞争的路径选择/于伟//山东大学
⊙ 凉山体育旅游资源开发及对策研究/孙德朝//四川大学
⊙ 两岸广告比较与研究/胡雪婷//华东师范大学
⊙ 辽宁省旅游市场研究/贾茹//辽宁师范大学
⊙ 临沂市农业旅游现状分析及发展对策研究/解东//中国农业大学
⊙ 零团费现象及其治理研究/贾跃千//山东师范大学
⊙ 流媒体服务的研究与应用/耿筠//大连海事大学
⊙ 旅游产品生命周期理论视野下湄洲岛妈祖文化旅游资源开发研究/蔡加珍//华侨大学
⊙ 旅游产业发展战略研究/王耀东//天津大学
⊙ 旅游产业集群研究/庄军//华中师范大学
⊙ 旅游度假区中的线形游憩空间设计研究/王淑华//华中农业大学
⊙ 旅游饭店市场营销策略研究/叶欣//长春理工大学
⊙ 旅游购物市场开发研究/曾兰君//中南林学院
⊙ 旅游合同若干法律问题研究/李娜//武汉大学
⊙ 旅游合同若干法律问题研究/刘彦//东北财经大学
⊙ 旅游合同研究/王虎//西南政法大学
⊙ 旅游合同中的旅行社责任问题研究/郑玉梅//中国政法大学
⊙ 旅游节庆策划研究/范晓君//中南林学院
⊙ 旅游节庆活动的危机预警系统构建/付岩//东北财经大学
⊙ 旅游开发对九寨沟景观生态体系和民族文化多样性的影响研究/刘婕//四川大学
⊙ 旅游开发与民族文化变迁/伍锦昌//广西师范大学
⊙ 旅游客源地与目的地的文化交流和互动研究/王晓辉//四川大学
⊙ 旅游目的地客源市场的开发与营销模式研究/胡宇//武汉大学
⊙ 旅游投资环境评价研究/郭敏//华中师范大学
⊙ 旅游文化营销运作模式研究/程艳//华东师范大学
⊙ 旅游线路设计研究/龚军姣//湖南师范大学
⊙ 旅游业对扩大就业、资源节约和环境保护贡献的评价体系研究/王伟//黑龙江大学
⊙ 旅游主导城市可持续发展的探索性研究/李鹏//青岛大学
⊙ 论“大湘南”旅游圈的构建/胡湘兰//湘潭大学
⊙ 论“中国学派”动画电影/朱可//南京师范大学
⊙ 论《广州日报》厚报时代的新闻策划/黄熙灯//暨南大学
⊙ 论 MTV 著作权及其保护/张亚宁//对外经济贸易大学
⊙ 论报纸专刊及其策划运作/牙米娜//广西大学
⊙ 论地方电视媒体的核心竞争力/刘晓琳//山东大学
⊙ 论电视频道专业化/于溢//中央民族大学
⊙ 论发展国家文化利益的几个问题/徐兵//中共中央党校
⊙ 论互联网与手机的联姻及其对大众传播的影响/曾超//广西大学
⊙ 论技术措施的版权保护/范莉莉//中国海洋大学
⊙ 论冷战后美国的文化扩张/贾礼伟//云南师范大学
⊙ 论旅游合同中的损害赔偿责任/杨振宏//中国政法大学
⊙ 论媒介构建的世界遗产奇观/黄宇//苏州大学
⊙ 论民俗文化的经济价值/谢科//广西师范大学
⊙ 论侵犯著作权罪/刘敬新//中国政法大学
⊙ 论侵犯著作权罪/张鹏//黑龙江大学
⊙ 论体育产业内部的专业化分工/汪重麟//北京体育大学
⊙ 论网络服务商的版权侵权责任/林高连//湘潭大学
⊙ 论网络时代美国的文化霸权主义/王茚//吉林大学
⊙ 论我国畅销书的市场运作及其机制革新/高欣//南京师范大学
⊙ 论我国电视少儿频道可持续发展的生态位战略/李倩倩//武汉大学
⊙ 论我国对外贸易中的版权保护/宋亮//湖南大学
⊙ 论我国会展企业发展的战略选择/詹芬萍//华侨大学
⊙ 论我国旅游业的跨国经营/龙梅//四川大学
⊙ 论我国书业连锁经营跨区域发展问题/李静//南京师范大学
⊙ 论我国文化安全问题及对策/关振国//东北师范大学
⊙ 论我国休闲产业的发展/徐晓飞//东北财经大学
⊙ 论新闻媒体的公共利益和商业利益的平衡/刘新利//西北大学
⊙ 论新闻媚俗化/彭潇潇//武汉大学
⊙ 论新闻期刊核心竞争力的建立/李伟娜//广西大学
⊙ 论新闻热线对新闻资源的开拓/叶志卫//武汉大学
⊙ 论信息网络传播权/吴勇//中国政法大学
⊙ 论休闲时代体育俱乐部的经营/张军献//华南师范大学
⊙ 论政府在促进文化产业发展中的作用/房贵新//东北大学

- 论质量管理体系在电视节目质量管理中的应用/徐啸寒//华中科技大学
- 论中国60年代初喜剧电影/李舜//南京大学
- 论中国报业经济制度创新/徐明君//东南大学
- 论中国电视新闻的历史演进/全燕//湖南师范大学
- 论中国话剧产业的市场细分/王晶//中国艺术研究院
- 论中国省级卫星电视频道专业化/尹金凤//湖南师范大学
- 论中国现代报业经营的发展轨迹与特色/黄丽丘//广西大学
- 论中国英文报纸的发展现状及发展策略/李晨//暨南大学
- 论中世纪向近代转型时期西欧市民的航海探险旅游/亓佩成//湖南师范大学
- 论中心城市新闻出版管理机构建设/蔡健//南京大学
- 论主题公园建设与城市旅游竞争力的提升/王忠丽//河南大学
- 论转型期我国政府与文化市场建设/王海生//吉林大学
- 论宗教改革时代欧洲大众传媒的发展/陈颖//四川大学
- 马尔库塞文化批判研究/叶娌燕//广西师范大学
- 梅山文化旅游资源分析与开发研究/伍丽霞//广西师范大学
- 媒介人力资源管理研究/王薇//上海财经大学
- 媒介生态学视角下的新闻频道研究/吉强//南京师范大学
- 媒介与社会变迁/侯蓉英//苏州大学
- 媒体品牌管理之策略分析/苏新力//武汉大学
- 美国公共新闻理论探析/王玉英//武汉大学
- 门户网站竞争力研究/黄琳达//华中科技大学
- 蒙文报纸深度报道研究/格日乐//内蒙古大学
- 民间文学艺术的法律保护/李超//山东大学
- 民间文学艺术的知识产权保护研究/程慧钊//黑龙江大学
- 民间文学艺术作品的知识产权保护/赵冉//山东大学
- 民营电视节目制作公司营销策略探讨/肖三五//华中科技大学
- 民营会展公司客户关系营销策略研究/於立红//对外经济贸易大学
- 民营经济旅游投资行为研究/来逢波//山东师范大学
- 民族地区旅游商品创新开发研究/车婷婷//西北师范大学
- 民族文化旅游主题式开发研究/陆军//广西师范大学
- 民族主题公园景观设计研究/罗艳艳//昆明理工大学
- 明代中晚期绘画交易方式及特点之研究/高鹏//首都师范大学
- 内蒙古电视台自办栏目的培育方向和管理模式/赵菁//内蒙古大学
- 内容计费系统的研究与设计/黄丹霞//中国农业大学
- 男性时尚期刊经营研究/王嘉萌//武汉大学
- 南昌的文脉与旅游形象塑造研究/彭燕//南昌大学
- 南充市文化产业发展中存在的问题及对策研究/周阿涛//西南石油学院
- 南方都市报定位发展探析/彭姣时//暨南大学
- 南京古城空间格局保护研究/尹超//东南大学
- 南京会展业发展现状研究及对策分析/李娜//东南大学
- 南宁国际会展中心战略发展研究/何放//广西大学
- 南岳衡山风景名胜景区保护开发与总体规划实施管理研究/李志军//湖南大学
- 农家乐旅游发展模式研究/温芳//南京师范大学
- 品牌——电影的名片/陈宝莹//上海师范大学
- 鄱阳湖区旅游客源市场分析/陶春峰//南昌大学
- 齐江市新华书店的经营对策/王维//哈尔滨工程大学
- 浅谈卡通形象的个性化创造/周靖//武汉理工大学
- 浅谈中国电视纪录片的市场化生存/张媛媛//武汉大学
- 秦兵马俑游客消费、体验分析与旅游拓展研究/张宏//西北大学
- 青岛报业的改革方向与发展策略/李蕾//中国海洋大学
- 青岛市全民体育健身现状分析与对策研究/刘大勇//北京体育大学
- 青岛市体育旅游发展研究/白静//青岛大学
- 青海湖旅游资源开发研究/李强//西北大学
- 区域报业的经营研究/罗程//四川大学
- 区域报业发展影响因素研究/张超//四川大学
- 区域传媒机制创新与资源整合研究/申阿勇//湖南大学
- 区域党报市场营销整合策略研究/杨卫//湘潭大学
- 区域旅游集团的转型与变革研究/吴三忙//西北大学
- 区域旅游市场营销规划研究/祁洪玲//东北师范大学
- 区域文化与地方经济发展/姚鸣琪//厦门大学
- 区域文化与乡村旅游可持续发展研究/周艳丽//上海师范大学
- 区域中心城市旅游业发展研究/袁宇杰//青岛大学
- 全包旅游服务研究/韩鹏//华中科技大学
- 全球化背景下中国后电影市场开发初探/肖良生//厦门大学
- 全球化背景下中国文化发展问题研究/谢玉亮//贵州师范大学
- 全球化时代的广告：作为文化观念的图景/王志成//吉林大学
- 全球化态势下的媒介帝国主义/秦靓//武汉大学
- 全球化语境下的视觉文化传播/张洁//南京师范大学
- 群件技术分析及在广告行业中的应用研究/邓勇//湖南大学
- 人民网“强国论坛”意见传播研究/刘艳红//河北大学
- 人文奥运和中国文化产业“走出去”战略/杨春//北京工业大学
- 日本《文化财保护法》与我国相关法律法规比较研究/胡秀梅//浙江大学
- 日本动漫的特性及其对中国动漫发展的启示/冯硕//对外经济贸易大学
- 软件产业若干问题的经济学研究/张强//东北财经大学
- 沙湖、沙坡头旅游区合作开发研究/马明德//宁夏大学
- 山地城市旅游发展探析/谭彩荷//重庆师范大学
- 山东民间泥塑玩具传统产地调查与研究/孙冬宁//中央美术学院
- 山东省历史名人资源的旅游开发研究/冯小叶//山东大学
- 山东省体育旅游市场开发与管理的现状调查及对策研究/谢经良//曲阜师范大学
- 山西省文物建筑资源信息系统初探/王思萌//太原理工大学
- 陕西省旅游中心城市体系构建研究/郑秀娟//陕西师范大学
- 嬗变与发展：90年代中国报纸副刊的变革/郑春荣//华中师范大学
- 商业广告策划与设计系统研究/魏群//武汉理工大学
- 商业广告的人文关怀研究/杨雪晶//东北师范大学
- 商业广告诸民事法律问题研究/巩飘//四川大学
- 上海白领旅游消费偏好研究/仲红梅//华东师范大学
- 上海都市博物馆研究/俞文君//华东师范大学
- 上海历史街区旅游开发研究/贾洁//上海师范大学
- 上海潜在旅游业人力资源研究/张小琴//华东师范大学
- 上海市会展形象的定位与构筑研究/赵宁//上海师范大学
- 上海市民休闲方式研究/陈允文//华东师范大学
- 上海市区画廊的空间格局及其演变机制研究/张利红//华东师范大学
- 少数民族题材电影轨迹审视与探索/杨伟//西北民族大学
- 少数民族题材与中国西部电影创作之研究/马雪娟//西北民族大学
- 涉外版权许可合同法律问题研究/陈彬//西北大学
- 深化广播电视台人事制度改革研究/周利斌//浙江大学
- 沈阳城市旅游形象设计与传播研究/赵慧姝//东北师范大学
- 生活服务类报纸的现状和发展趋势/刘敏//中央民族大学
- 生态旅游消费者行为研究/杨波//西北大学
- 生态旅游与生物多样性保护法律问题研究/赵静//东北林业大学
- 生态学观照下的中国媒介产业/李萌//华中科技大学
- 省级卫视产业经营论/张沭宁//南京师范大学
- 省级卫视生存环境及发展战略分析/洪艳//四川大学
- 时事新闻著作权保护问题研究/徐东沂//清华大学
- 世纪之交韩国电影研究/刘震//山东大学
- 世界遗产海洋项目价值体现及其发展趋势研究/葛云健//南京师范大学
- 世界知识产权组织版权条约（WCT）与邻接权条约（WPPT）研究/刘文晶//大连海事大学

- 市场开放科普期刊的应对策略/张竞//对外经济贸易大学
- 市场形态中广告创意的差异性诉求/邓亚楠//内蒙古师范大学
- 视觉奥运/李军晶//北京师范大学
- 视觉文化语境中的电视/唐亚蕾//华中科技大学
- 视觉文化语境中的电视女性形象/金霞//武汉大学
- 试比较法兰克福学派与当代学者的大众文化理论/苏斌//山东大学
- 试论大众传播媒介与名誉权冲突的法律控制/马忆原//清华大学
- 试论当代中国艺术体制下的油画评价标准/程家遐//西南师范大学
- 试论二十世纪九十年代以来我国新闻传播策略的嬗变/李敏//四川大学
- 试论法国大众传媒与法兰西文化保护政策的互动关系/谢明//中国社会科学院研究生院
- 试论泛经济类报纸的市场对策/陈静//武汉大学
- 试论民族地域题材纪录片新闻及文化价值的资源利用/马骐//河北大学
- 试论全球化背景下的中国文化安全/殷文龙//首都师范大学
- 试论体育旅游开发的思路与对策/孙丰念//南京师范大学
- 试论我国报业跨地区经营的发展路径/刘艳子//武汉大学
- 试论我国企业的奥运赞助营销策略/王威//上海财经大学
- 试论消费文化与广告传播/张豫//中国人民大学
- 试析《今日美国》的办报策略与实践/李奕//四川大学
- 试析美国的软权力外交（1920－1930）/杨乔娜//武汉大学
- 手机短信传播的社会影响研究/涂燕平//武汉大学
- 手机短信的新闻传播学解读/徐海玲//南京师范大学
- 手机广告可行性及其模式探讨/漆乐融//华中科技大学
- 手机媒体大众传播功能探析/彭健//华中科技大学
- 手机媒体与媒介生态重塑/王玲//西北大学
- 手机游戏中的移动广告效果/吴兆卿//清华大学
- 殊途同归：传媒广告收入提升与传媒业的多元化发展/范琼//华中师范大学
- 数字版权管理（DRM）系统的研究、设计和实现/肖文彬//四川大学
- 数字电视对媒介生态系统的影响研究/左曙光//重庆大学
- 数字电视广告初探/刘剑//华中科技大学
- 数字电视运作模式研究/门书均//武汉大学
- 数字时代中国电视媒体经营模式创新/王琳//对外经济贸易大学
- 数字水印及其在网络版权保护中的应用研究/何宏//武汉大学
- 数字图书馆的版权保护问题研究/高琳//西北大学
- 数字图书馆中的著作权问题/曹凌云//西南政法大学
- 数字资源产业化发展研究/梁世敏//东北师范大学
- 双星集团四川地区零售营销战略研究/张建中//西南交通大学
- 丝网版画的发展考证及对当代艺术发展的思考/张又立//四川大学
- 司法与传媒：在冲突中寻求平衡/刘寿堂//西南政法大学
- 斯皮尔伯格艺术论/王珠银//南京师范大学
- 四川电视台经营管理现状与策略研究/刘忠义//电子科技大学
- 四川旅游业可持续发展对策/王培贵//西南交通大学
- 松山自然保护区旅游开发的生态环境影响研究/柳丽//首都师范大学
- 宋元时期的商业广告/张艳//陕西师范大学
- 搜索引擎：版权合理使用制度在数字环境中的新挑战/龙井琼//西北大学
- 搜索引擎营销/陈懋//清华大学
- 苏州的城市发展与古城保护研究/沈惠萍//同济大学
- 苏州付费数字电视产业化发展及对策研究/杜晓红//苏州大学
- 台湾新电影研究/张琼//武汉大学
- 泰山保护管理的历史、现状和前景/曹玉楼//山东大学
- 泰山旅游发展战略研究/陈春晓//天津大学
- 唐代旅游研究/李松//安徽师范大学
- 提升无锡创意产业竞争力研究/丁宁//东南大学
- 体现旅游形象的城市旅游支撑体系规划研究/柳旭//东北财经大学
- 体验经济时代的消费需求与营销研究/马骏//南京理工大学
- 体验经济时代电影的“表演”/张亮//武汉大学
- 体育产业促进南京城市发展的对策研究/蒋良骏//南京航空航天大学
- 体育产业化研究/李舸//西南财经大学
- 体育冠名权的法理透析/武光前//湖南师范大学
- 体育节事旅游研究/李文秀//武汉大学
- 体育旅游开发研究/张志//重庆师范大学
- 体育旅游资源开发研究/于素梅//河南大学
- 体育营销初探/邓飞//武汉大学
- 天津日报报业集团品牌营销战略研究/张金钰//天津财经学院
- 天音电子音像出版社营销渠道研究/刘焰红//武汉大学
- 通用电视节目管理平台/李遂//湖南大学
- 同里古镇旅游感知调查及旅游保护与开发研究/刘莉//安徽师范大学
- 同质化竞争下新闻网站信息资源经营策略探析/陈未//汕头大学
- 图们江增长三角旅游产业集群发展研究/李凤霞//东北师范大学
- 图书发行高效探析/韦江//广西大学
- 图书馆版权利益平衡的理论与实践分析/袁芳//河北大学
- 图书馆与非物质文化遗产/方允璋//武汉大学
- 图书馆资源数字化建设及应用研究/张福俊//山东科技大学
- 图像与动画设计/吴志勇//武汉大学
- 吐鲁番旅游客源市场分析及市场开发战略/杨莉//新疆师范大学
- 外资进入中国旅游业的现状、趋向及对策研究/农雪明//广西大学
- 晚明“杂志类”消闲文艺读物研究/吴潇//上海师范大学
- 晚清海关与世博会/宋茂萃//中国人民大学
- 万绿湖生态旅游市场研究/徐洋//华南师范大学
- 网络安全产品分销渠道研究/高岫//吉林大学
- 网络报纸：概念、功能、发展对策研究/杨小龙//郑州大学
- 网络出版标准若干问题研究/马艳霞//郑州大学
- 网络服务商在网络隐私权侵权中的民事责任/宋莉//安徽大学
- 网络服务提供者著作权侵权问题研究/张红兵//华东政法学院
- 网络广告不正当竞争的法律问题研究/张凤//华东政法学院
- 网络广告不正当竞争行为的现行法规制/李武峰//武汉大学
- 网络广告心理特性与网络广告创作/张信和//暨南大学
- 网络广告形式及研究/沈蕾//东华大学
- 网络广告研究/刘佳璐//华中师范大学
- 网络环境下版权法律问题研究/张迎//郑州大学
- 网络环境下的版权保护法律问题研究/吕泰//四川大学
- 网络环境下的广播电视教育/李国仁//西北师范大学
- 网络环境下的著作权合理使用制度/汪洋//西南政法大学
- 网络环境下我国图书出版经营模式研究/石晶//黑龙江大学
- 网络时代国内教育电视台定位及发展模式研究/王克//西北师范大学
- 网络受众反馈运用研究/申雪凤//广西大学
- 网络图书出版研究/张炯//华中师范大学
- 网络文化产业研究/陈蓉//武汉大学
- 网络小说的离线营销/李潇//华中师范大学
- 网络新闻评论的现状及前瞻性研究/殷瑜//四川大学
- 网络新闻评论及其发展趋向研究/凤飞伟//南昌大学
- 网络新闻评论研究/吕凤霞//暨南大学
- 网络信息编目研究/龚蛟腾//湘潭大学
- 网络影音著作权侵权研究/黄亚菲//四川大学
- 网络游戏产业发展研究/朱稻//中南大学
- 网络游戏产业供应链契约协调研究/张艳龙//中南大学
- 网络中的卡通符号/曾俊奕//四川大学
- 网络作品的版权与保护/潘志玉//西南政法大学
- 网上书店电子商务系统的设计与实现/丁毅//山东大学
- 网上书店应用系统的研究与设计/金秀丽//吉林大学

2006 年

⊙“八景”文化的景象表现与比较/耿欣//北京林业大学
⊙“电视音乐选秀”节目探析/周慧玲//广西大学
⊙“东方远景”园林景观公司经营策略研究/闫少春//对外经济贸易大学
⊙“红色文化”的价值及其实现/王以第//山东大学
⊙“球土化”语境下中国电视媒体发展策略研究/李娟//华中科技大学
⊙“三江并流”区旅游资源保护的政策法规研究/鲁芬//云南师范大学
⊙“三农”背景下大众传媒与缩小城乡“数字鸿沟”之研究/张玲//华中科技大学
⊙“三农”图书出版探析/颜璐//河南大学
⊙“碎片化”背景下的手机媒体广告运作模式探究/吴凡//苏州大学
⊙“体育、艺术2+1项目”中排球项目开展的现状及对策分析/朱欣华//华中师范大学
⊙“新印刷时代”阅读消费方式的变迁及其与文化的互动/刘莉//华东师范大学
⊙“休闲城市”理念下杭州城市空间环境问题及其理论思考/孙啸野//浙江大学
⊙“休闲城市”理念下杭州老城区空间环境问题研究/颜晓强//浙江大学
⊙“休闲城市”理念下杭州自然风貌区空间环境问题研究/方晔//浙江大学
⊙“主旋律”影视文化的女性书写/周琳//山东大学
⊙《北京晚报》手机报纸广告内容分析/程宏红//厦门大学
⊙《财经》杂志成功因素探析/罗才盛//兰州大学
⊙《超级女声》的后现代解读/汪宴卿//暨南大学
⊙《超级女声》节目探析/刘丹//暨南大学
⊙《超级女声》类文艺娱乐节目研究/郑琼芳//暨南大学
⊙《超级女声》现象解读/徐兰兰//四川大学
⊙《大河报》品牌建设研究/段乐川//河南大学
⊙《大连晚报》品牌提升策略研究/孙佳//大连理工大学
⊙《读者》经营策略与未来发展研究/梁舞//兰州大学
⊙《贵州都市报》影响力提升的对策研究/申晓春//贵州大学
⊙《哈利·波特》的认知文体分析/杨颖//苏州大学
⊙《河南日报》改扩版的分析与思考/张静//河南大学.
⊙《机械复制时代的艺术作品》文化传播思想研究/毕晓梅//兰州大学
⊙《老友记》汉语字幕幽默翻译之分析/于宁//华中科技大学
⊙《瞭望》新闻周刊研究/高磊//兰州大学
⊙《领航者》DM 杂志营销策划方案/白灵//四川大学
⊙《南方都市报》转型研究/危曙荣//暨南大学
⊙《南方日报》的改版对提升我国党报核心竞争力的启示/王灏//暨南大学
⊙《南方周末》品牌营销研究/刘学军//暨南大学
⊙《三联生活周刊》的品牌传播研究/张莹//四川大学
⊙《申报》与戏曲传播/付德雷//东南大学
⊙《现代》杂志研究/周玉敏//陕西师范大学
⊙《新周报》存亡现象暨中国舆论环境分析/沈明涛//华中科技大学
⊙《音乐爱好者》杂志研究/王晓晴//武汉音乐学院
⊙《长江日报》近期头版革新暨党报新闻改革研究/张桂芳//华中科技大学
⊙《中国财经报道》品牌资产研究/邱丽丽//厦门大学
⊙1981-2005，中国广告关键词解析/杨婷//上海师范大学
⊙20世纪90年代以来副刊消费文化研究/冯远顺//暨南大学
⊙20世纪90年代中国女装设计流变探析/徐志丽//苏州大学
⊙20世纪后期中美广告设计主导观念的比较研究/王苑丞//湘潭大学
⊙20世纪前期山东省图书馆发展历史探讨/路红//首都师范大学
⊙AOP 应用于游戏开发的研究与实现/胡盛行//北京邮电大学
⊙BBC 公共体制改革成果及问题初探/蔡文波//河北大学
⊙DH 传媒集团户外广告业务大客户管理研究/许长志//南京理工大学
⊙DM 杂志研究/赵静//河南大学
⊙e 龙旅行网搜索引擎营销策略研究/雷雪冰//对外经济贸易大学
⊙FLASH 动画与电视节目创作/吴娟//山东师范大学
⊙GIS 技术在古镇保护管理中的应用/焦德杰//重庆大学
⊙KJAVA 手机游戏的设计与开发/孙志勇//天津大学
⊙LN 体育用品公司战略性绩效管理的设计/苗伽//对外经济贸易大学
⊙MPEG-4 流媒体数字版权保护系统的研究/王全文//华中科技大学
⊙MTV 全球音乐电视网在中国市场的经营战略分析/赵茹//西北大学
⊙T 恤衫的感性评价与消费行为研究/王宇宏//苏州大学
⊙WTO 框架下中国文化产业发展研究/宋清涛//东北财经大学
⊙安徽电视台核心竞争力研究/王璐璐//合肥工业大学
⊙安徽新华发行集团发展战略研究/章莹莹//合肥工业大学
⊙安康茶叶产业发展战略研究/查林//西安理工大学
⊙安庆旧城空间结构的调整与优化研究/张帆//东南大学
⊙奥尔公司出版文化业务商业模式设计/房力//对外经济贸易大学
⊙澳门旅游业发展的新思维/黎班泰//暨南大学
⊙澳门旅游业发展的研究/陈彤//暨南大学
⊙澳门文化遗产旅游开发研究/吴宗岳//华侨大学
⊙奥运会电视直播节目的多维度思考/张玫//四川大学
⊙奥运旅游的影响因素及其对北京奥运旅游发展的启示/刘芳梅//广西师范大学
⊙奥运视觉艺术的设计探析/曹建中//武汉理工大学
⊙巴山舞的文化背景及价值研究/牛丽丽//华中师范大学
⊙八十年代以来休闲体育发展研究/杨娜//北京体育大学
⊙巴蜀书院建筑特色研究/彭丽莉//重庆大学
⊙白裤瑶铜鼓文化的传承与保护研究/刘莉//广西民族大学
⊙版画概念在当代艺术中的延伸/罗凡//南京艺术学院
⊙报社内容生产管理研究/姚婧//华中科技大学
⊙报业集团内部媒体竞合/王金龙//山东大学
⊙报业危机管理/邓柯//四川大学
⊙报纸体育报道的新闻策划研究/胡琦//南京师范大学
⊙报纸娱乐新闻研究/林孜//中央民族大学
⊙北戴河近代建筑保护规划研究/戴利华//天津大学
⊙北京奥运电视转播研究/李彤//四川大学
⊙北京地区城市健康住宅室内空间环境设计研究/刘钊//西安建筑科技大学.
⊙北京地区节庆旅游开发初步研究/吕敏//中国地质大学（北京）
⊙北京会展企业融资方式研究/陈辉//河北大学
⊙北京会展业功能结构设计研究/陈俊芳//北京化工大学
⊙北京旧城传统居住街区小规模渐进式有机更新模式研究/刘蔓靓//清华大学
⊙北京旧城区名人故居保护与利用研究/成志芬//首都师范大学
⊙北京品牌折扣店营销组合与市场定位内在关联的实证研究/安乐乐//北京化工大学
⊙北京齐鲁饭店品牌建设研究/许新生//山东大学
⊙北京赛迪三维动漫培训中心成长战略框架研究/贺聂//中南大学
⊙北京市和首尔市公园管理比较/吴海泳//北京林业大学
⊙北京市会展业产业组织理论分析/李新玉//首都经济贸易大学
⊙北京市经济型酒店发展对策研究/张薇薇//首都师范大学
⊙北京市试点社区体育俱乐部运营模式研究/赵军//北京体育大学
⊙北京政府时期的文化政策研究/刘信玉//山东师范大学
⊙北宋东京寺院旅游吸引物及旅游活动研究/杨俊博//河南大学
⊙博客（blog）及其在图书馆中的应用研究/王成栋//吉林大学
⊙博客的新闻传播功能研究/张颖//山东大学
⊙博客的兴起及其对新闻传播的影响/吴强华//中央民族大学
⊙博客网站的内容倾向及其社会影响/钱培//华中科技大学

- 道家思想与旅游文化的构建/傅生生//福建师范大学
- 第12届欧洲足球锦标赛攻防战术研究及启示/冷际伟//四川大学
- 地方广电产业发展之路初探/方轶//南京师范大学
- 地区旅游产业发展模式评价指标体系的研究和应用/赵佶//东华大学
- 地域文化特色的校园环境设计研究/汪玥//西北工业大学
- 地质博物馆陈列艺术设计探析/曹颖//华中科技大学
- 地质旅游资源的开发与规划/黄丽丽//中国地质大学（北京）
- 滇中南主要园林植物景观研究/白成元//四川农业大学
- 电广传媒股份公司资本运作研究/周竟东//湖南大学
- 电广传媒企业集团财务控制研究/颜进//湖南大学
- 电脑游戏的设计与实现/郭粹//电子科技大学
- 电脑游戏的视觉界面分析/高庆刚//哈尔滨工业大学
- 电视“信息娱乐化”节目研究/蒋方//南京师范大学
- 电视创新与西部历史文化的现代化/钟玉//四川大学
- 电视的教育功能及其受众分析/王雪雪//西北师范大学
- 电视动了网络的奶酪/杨艳妮//华中师范大学
- 电视行业从业人员胜任能力模型研究/杨磊//首都经济贸易大学
- 电视节目生命周期的品牌策略研究/戴钰//武汉理工大学
- 电视节目制作项目化管理研究/侯欣//山东大学
- 电视媒体广告营销策略研究/李日伟//大连理工大学
- 电视媒体品牌塑造与广告经营/王悦璐//河北大学
- 电视民生新闻传播研究/田新玲//郑州大学
- 电视民生新闻的解读及误区应对/魏加晓//广西大学
- 电视民生新闻媒介生态环境与受众分析/范叶妮//重庆大学
- 电视民生新闻与社区文化传播研究/张萍//华中科技大学
- 电视台电视剧类节目的经营/谷频//厦门大学
- 电视谈话类栏目的品牌策略/陈莹//南昌大学
- 电视体育报道与电视体育传播人初探/任佳//四川大学
- 电视体育赛事传播研究/弓慧敏//暨南大学
- 电视新闻栏目品牌战略/葛海燕//南京师范大学
- 电视新闻侵权若干法律问题研究/方志//福建师范大学
- 电视新闻杂志《东方时空》特色解析/王艳//山东师范大学
- 电视硬新闻的娱乐化建构/张秋霞//华东师范大学
- 电视娱乐节目“平民造星运动”对青少年主体性的影响/张爱莲//华中科技大学
- 电视娱乐节目审视/龚奕莎//南昌大学
- 电视娱乐节目受众心理意识研究/李颖仪//华中科技大学
- 电视娱乐营销初探/易非//厦门大学
- 电影：在“观众”与“艺术”之间/钱才芙//四川师范大学
- 电子商务在图书营销中的应用领域研究/王伟伟//河北大学
- 电子游戏与艺术设计的相互影响与促进/张渊//吉林大学
- 东北地区历史文化名城文化旅游发展研究/齐兰兰//东北师范大学
- 东北电视艺术中的本土化性格内涵/王继阳//东北师范大学
- 东方美学体系下的王家卫电影/梁倩//重庆大学
- 东方卫视的媒介影响力研究/梁红娟//大连理工大学
- 东亚旅游发展与合作研究/薛刚//暨南大学
- 动画产品国际贸易模式研究/苏锋//哈尔滨工业大学
- 动画角色视觉形象研究/王红//武汉理工大学
- 动画片的品牌延伸策略初探/熊娟//厦门大学
- 动画片对儿童文学的秉承与发展/陈明//上海师范大学
- 动画片中的影视性/石虹//武汉理工大学
- 动漫产业营销传播研究/熊洁芬//武汉理工大学
- 动漫文化投射下的电影/俞李华//上海戏剧学院
- 动起来的商业绘画/温雅//西北大学
- 都市报广告增值服务研究/关雪峰//暨南大学
- 都市旅游和谐环境的系统构建初探/应梦漪//华东师范大学
- 都市门户网站的广告经营/张世良//华中科技大学
- 读图时代中国报纸新闻摄影的发展研究/刘建光//湖南师范大学
- 对当代我国发展文化生产力的哲学思考/任海彬//福建师范大学
- 对当前中国媒体品牌战略的思考/何娟//华中科技大学
- 对都市平民电视剧热播现象的文化分析/田静//东北师范大学
- 对高校体育俱乐部的探索/包雪鸣//华东师范大学
- 对公共体育场馆建设、经营和管理模式的探析/裘荣//北京体育大学
- 对花溪旅游资源的美学思考/何丹//贵州大学
- 对日照农民画创作培训的研究/王德聚//中央美术学院
- 对外汉语教育市场发展研究/赵莉//厦门大学
- 对我国城市化与体育产业协调发展的研究/刘凤云//安徽师范大学
- 对我国第三次体育消费浪潮的理论研究/徐晖//安徽师范大学
- 对我国体育用品业垄断与竞争现状的分析/李晓天//北京体育大学
- 对中国大众文化兴起及文化结构变迁的理性思考/吴建良//天津师范大学
- 对重庆磁器口古镇“特色旅游纪念品”研发与设计的思考/李佳//重庆大学
- 多媒体产品投资机会研究/何峥//同济大学
- 多媒体艺术设计研究/韦艳丽//合肥工业大学
- 多厅影城区位选择评估模式的研究/宋建萍//浙江大学
- 峨眉山景区旅游环境游客满意度测评研究/范英//西南交通大学
- 二十世纪九十年代之后苏州别墅建筑设计中商业化与传统居住文化的关系研究/刘长飞//西安建筑科技大学
- 法兰克福学派大众文化理论与当代中国大众文化的审视/张弘强//内蒙古大学
- 翻译出版的品牌打造/龚华静//华中师范大学
- 饭店文化营销运作模式研究/孙凌//四川大学
- 非物质文化遗产保护与旅游开发的互动研究/肖曾艳//湖南师范大学
- 费斯克的大众文化理论研究/黄继刚//新疆大学
- 风景名胜区风景林规划研究/王琦//南京林业大学
- 风景名胜区文化景观变迁之解读/吴晓晖//同济大学
- 风景区景观桥梁设计研究/于松楠//东北林业大学
- 冯小刚电影的文化生产模式/万靖//华中师范大学
- 凤凰古城景观特质探析/龙曦//重庆大学
- 凤凰宽频的市场营销组合研究/常燃//贵州大学
- 符号消费和美国后现代生存危机/吴玲//广西师范大学
- 符号消费意义建构的实证研究/徐远峰//中南大学
- 符号学在壁面设计中的应用/李天林//延边大学
- 福建滨海生态旅游产品开发研究/戴丽芳//福建师范大学
- 福建竞技篮球发展现状与对策研究/黄健泽//福建师范大学
- 福建省广播影视集团有线数字电视发展战略研究/张翔//厦门大学
- 福建省休闲体育资源的现状与开发研究/周红妹//福建师范大学
- 福清石竹湖旅游资源开发研究/丁丽英//福建师范大学
- 福州地区古村镇的历史考察/洪珍//福建师范大学
- 福州市居民休闲体育活动方式的阶层差异研究/陈钦//福建师范大学
- 福州市旅游区位及其对旅游发展影响的研究/喻秀莲//福建师范大学
- 甘肃礼县旅游电子商务发展研究/巫江//西安理工大学
- 甘肃省红色旅游资源开发研究/苏丽娟//兰州大学
- 甘肃省节庆旅游发展研究/陆凤英//西北师范大学
- 甘肃天水明清民居研究/侯秋凤//西安建筑科技大学
- 高校学生休闲体育发展研究/范保国//苏州大学
- 高职院校品牌文化建设研究/邓战军//江西师范大学
- 个性化数字图书馆研究/雷刚//四川大学
- 公共关系视野下的会展品牌研究/杨志慧//湖南师范大学
- 公共领域与网络传媒/郭俊敏//四川大学
- 构建大学生休闲体育服务体系的研究/刘丽娟//重庆大学

⊙ 古镇黄龙溪的保护与整体景观设计研究/周伟//四川大学
⊙ 古镇文化旅游规划研究/刘建//四川农业大学
⊙ 顾客感知价值与品牌资产关系研究/廖鹏涛//湖南大学
⊙ 拐点：中国体育报业的危机现状与发展态势/苏常//暨南大学
⊙ 观光农业园区儿童活动空间设计研究/刘煜//西北农林科技大学
⊙ 关于城市街道景观设计的探讨/唐毅//重庆大学
⊙ 关于当代中国大众艺术产业化经营的若干思考/王瑞//河北大学
⊙ 关于东方文化旅行社品牌营销刍议/刘水//吉林大学
⊙ 关于泉州地区群众性篮球运动的开展现状及启示研究/王东升//福建师范大学
⊙ 关于手机媒体若干问题的研究/李艺多//东北师范大学
⊙ 关于网络技术与网络文化关系的系统思考/黄文玲//武汉科技大学
⊙ 关于网络游戏设计的研究/周冉璺//吉林大学
⊙ 关于我国当前电视传媒品牌传播策略的分析/刘莉//东北师范大学
⊙ 关于在现代城市中建设和发展开放式民俗文化主题公园的探讨与研究/于娜//西北农林科技大学
⊙ 关于长宁区会展业发展的对策研究/郑韵清//华东师范大学
⊙ 关于著作权侵权行为的法律思考/徐晓辉//吉林大学
⊙ 广东报纸娱乐评论研究/杨纯//暨南大学
⊙ 广东广播电视改革的历史脉络与现状分析/林怡如//暨南大学
⊙ 广东省体育彩票营销策略与管理模式研究/林瑛//中南大学
⊙ 广东体育用品企业实施品牌战略研究/许建平//中南大学
⊙ 广告：技术制造的视觉盛宴/孙永//扬州大学
⊙ 广告创意“非常态”思维研究/饶鉴//湖北工业大学
⊙ 广告的文化内涵研究/王春媚//河海大学
⊙ 广告及其文化价值/刘红//中国地质大学（北京）
⊙ 广告媒体战略决策研究/朱强//四川大学
⊙ 广西书院文化研究/周玲//广西师范大学
⊙ 广州、长沙城市植物造景对比研究/刘晔//中南林业科技大学
⊙ 广州白云山西麓居住区景观建构设想/俞明海//中南林业科技大学
⊙ 广州老字号的现状分析和品牌传播策略初探/岑姗//暨南大学
⊙ 广州历史文化遗产的传承与价值评估/李莉莉//广州大学
⊙ 广州三剑电影学社发展史评/李艺//西南大学
⊙ 桂林江头洲村明清建筑群的文化透视研究/梁钟荣//广西师范大学
⊙ 桂林历史文化旅游资源开发研究/任嫒嫒//广西师范大学
⊙ 贵阳市花溪区星级旅游饭店发展战略研究/李俊梅//贵州大学
⊙ 贵州传统山地小城镇外部公共空间建构研究/周坚//昆明理工大学
⊙ 贵州喀斯特山区农村社区参与乡村旅游开发模式研究/王茂强//贵州师范大学
⊙ 贵州隆里古镇保护研究/陈波//重庆大学
⊙ 贵州旅游业品牌营销研究/董飞//贵州大学
⊙ 贵州黔东南苗族传统山地村寨及住宅初探/王媛//天津大学
⊙ 国产体育用品网络营销现状及对策研究/高沫//东北师范大学
⊙ 国际上广告研究30多年来的发展状况及趋势研究/李丽丽//厦门大学
⊙ 国际生态旅游标准视野下的我国生态脆弱地区旅游发展研究/赵萍//四川大学
⊙ 国际营销战略的文化差异研究/丁建勇//华东师范大学
⊙ 国内女性时尚杂志现状与发展策略研究/项盈//暨南大学
⊙ 国内期刊广告经营研究/刘杨//厦门大学
⊙ 国内体育电视市场研究/潘霏//南昌大学
⊙ 国内网络多元环境中的媒体把关模式研究/高慧芳//东北师范大学
⊙ 哈报集团《都市资讯报》整合战略/栾庆久//哈尔滨工程大学
⊙ 哈尔滨冰灯艺术探究/董丽娜//南京师范大学
⊙ 哈尔滨会展经济发展研究/林金枫//哈尔滨工程大学
⊙ 哈尔滨市城市公园使用状况评价初步研究/张妤//东北林业大学
⊙ 海景酒店发展战略研究/焦裕群//大连理工大学
⊙ 海派园林设计风格研究/龙渡江//中南林业科技大学
⊙ 海峡西岸经济区文化产业发展战略研究/陈祖祺//福建师范大学
⊙ 韩国电视剧成功进入我国的传播学分析/顾广欣//兰州大学
⊙ 韩国文化产业的发展及其对中国的启示/金禅智//对外经济贸易大学
⊙ 韩国文化产业在中国市场传播的研究/金银河//对外经济贸易大学
⊙ 韩中文化产业合作研究/河惠柱//对外经济贸易大学
⊙ 韩中影视作品翻译研究/许萌//对外经济贸易大学
⊙ 汉晋龙亢桓氏家族文化研究/熊星萍//华中师范大学
⊙ 汉族民歌歌词的文化内涵研究/王博//天津师范大学
⊙ 行业博物馆展示设计中视觉语言的研究/汪滋淞//同济大学
⊙ 行者无疆—浅析中国动画的艺术表现形式/刘雨眠//辽宁师范大学
⊙ 杭州背街小巷整治改造工程的意义解析/毛丽敏//浙江大学
⊙ 杭州城市广场空间形态及景观研究/何丛芊//浙江大学
⊙ 杭州农耕文化旅游开发利用研究/王丹//中南林业科技大学
⊙ 杭州西湖园林变迁研究/李功成//南京林业大学
⊙ 杭州中山中路近代商贸历史街区的保护与更新研究/钱涛//浙江大学
⊙ 河北出版业图书版权贸易研究/张薇//河北大学
⊙ 河北出版业选题特色研究/康超//河北大学
⊙ 河北省东北部四地市田径市场影响因素分析及发展对策研究/崔五僧//河北师范大学
⊙ 河北省邢台地区农村广播状况调查与研究/孙英华//河北大学
⊙ 河北徐水县迁民庄南乐会研究/谢穗//中国艺术研究院
⊙ 合肥市“十一五”建成安徽省旅游中心城市的对策研究/邹幼明//合肥工业大学
⊙ 合肥市“十一五”旅游市场营销策略研究/胡伟//合肥工业大学
⊙ 河南晋商会馆建筑研究/马骁//河南大学
⊙ 河南历史文化名镇的景观构成分析/宋霞//郑州大学
⊙ 河南旅游形象传播研究/宋楠//河南大学
⊙ 河南省大学生接触大众传媒体育信息现状调查与分析/季新涛//河南大学
⊙ 河南省大学生体育消费现状调查研究/关金永//河南大学
⊙ 河南省广播电视产业发展创新研究/常虹//郑州大学
⊙ 河南省小城镇发展研究/孟德锋//河南农业大学
⊙ 河南卫视生存环境与改革展望/翟欣//郑州大学
⊙ 河南文化体制改革研究/刘晓峰//郑州大学
⊙ 河西走廊戈壁绿洲水体景观设计研究/贾小非//西安建筑科技大学
⊙ 贺岁片现象研究/魏方//黑龙江大学
⊙ 黑龙江广电局企业化管理模式研究/刘玉平//哈尔滨工业大学
⊙ 黑龙江省安邦河湿地自然保护区生态旅游资源评价/戴放//东北林业大学
⊙ 黑龙江省交互式网络电视系统的研究和应用/尹航//大连理工大学
⊙ 黑龙江省旅游产业发展的对策研究/吴雪莹//哈尔滨工程大学
⊙ 黑龙江省文化产业发展现状与对策研究/杨晶//哈尔滨工业大学
⊙ 黑龙江省五个国家级自然保护区鸟类观赏性分析及观鸟管理/王俫//东北林业大学
⊙ 红色景区的景观文化/王娟//福建师范大学
⊙ 红色旅游发展与农民经济生活变迁/贾浩华//江西师范大学
⊙ 红色旅游开发研究/付晓刚//云南师范大学
⊙ 红色旅游开发研究/王亚娟//华侨大学
⊙ 红色旅游可持续发展研究/李雪琴//华中师范大学
⊙ 红色旅游目的地游客满意度测评研究/蔡燕宾//浙江大学
⊙ 红色旅游区域协作系统研究/李晖//湘潭大学
⊙ 后现代冲击下的中国当代电影/冯岭//华中科技大学
⊙ 后现代语境下的冯小刚电影特色/钱晓田//扬州大学
⊙ 湖北崇阳白霓古镇研究/陈丹//武汉理工大学
⊙ 湖北省城市居民中年群体体育消费的现状与对策研究/秦小平//华中师

- 论当前我国文化现代化建构问题及其优化途径/魏晓波//云南师范大学
- 论当下港台言情小说的大众文化生产体制/杜若松//东北师范大学
- 论当下中国电视纪实类节目的叙事趋向/林茵茵//东北师范大学
- 论电视对儿童的涵化作用/杨静//湖南师范大学
- 论电视剧《汉武大帝》/陈海玲//中国传媒大学
- 论电视文化多元性与民族性的统一/吴莺//山东大学
- 论电视娱乐产业价值链的形成及增值/曾未//暨南大学
- 论雕塑公园/王鹤//天津大学
- 论对民间文学艺术作品的法律保护/张阳//中国政法大学
- 论风景名胜区的法律保护/曾亦茗//中南林业科技大学
- 论服装会展营销的交流艺术/孙健//天津工业大学
- 论古镇文化旅游资源的保护与开发/林茂//四川大学
- 论国内娱乐电视传媒的现状与发展/刘莎//南昌大学
- 论好莱坞对海明威小说的电影式解读/王艺丞//山东大学
- 论会展旅游的营销策略/蔡洁//西南大学
- 论近代衡阳城市文化与城市发展/沈伟//湖南师范大学
- 论经济全球化与我国体育用品业的发展/贾咏翠//北京体育大学
- 论卡通文化与青少年价值观教育/赵海霞//河南大学
- 论科技进步条件下的休闲缺失及其克服路径的选择/施坚//南京农业大学
- 论历史街区的非物质文化遗产保护/胡颖//华东师范大学
- 论旅游风景名胜区管理体制的改革/王珏//厦门大学
- 论媒介技术对跨文化传播的影响/侯微//吉林大学
- 论美国文化产业的全球霸权/况莹//上海外国语大学
- 论蒙古族风情在旅游度假村设计中的体现/袁园//内蒙古师范大学
- 论民间文学艺术的版权保护/郑重//西南政法大学
- 论民俗旅游/刘芳//四川大学
- 论民俗旅游节庆活动与当代娱乐文化的关系/杨丽娟//四川师范大学
- 论民俗陶艺/杨志//西安美术学院
- 论民俗文化的产业开发/许慧宏//福建农林大学
- 论南京云锦艺术的传承与发展/周海燕//东南大学
- 论品牌的视觉传播策略/丁琳//华中科技大学
- 论品牌化的公共图书馆发展之路/李玉梅//东北师范大学
- 论清代广州十三行商人对岭南文化的贡献/彭丹//暨南大学
- 论全球化时代的文化霸权与国家安全/申晓玲//陕西师范大学
- 论泉州传统建筑装饰的多元化特征/陈清//苏州大学
- 论商务印书馆早期的文化产业运作（1902—1932）/林君//华中师范大学
- 论上海当代艺术的文化符码特征/周丹燕//华东师范大学
- 论生态旅游与中国旅游业的可持续发展/兀晶//成都理工大学
- 论生态文明与理性生态人的塑造/张海云//南京林业大学
- 论时尚期刊的产业链规律/周玲//上海社会科学院
- 论丝网版画在复数性艺术中的优势/张黎//中央美术学院
- 论体育的价值选择/马景芹//山东师范大学
- 论网络博客的优化传播/柯小艳//华中科技大学
- 论网络传播对武术发展的影响及对策研究/张奇娟//武汉体育学院
- 论网络交际给跨文化交际带来的冲击/李婷//武汉理工大学
- 论网络匿名隐私权的法律保护/叶佳昌//华侨大学
- 论网络深度报道/余利花//暨南大学
- 论网络文学的游戏审美特质/王璞//吉林大学
- 论微观经济视野中的电视媒介定位/姜慧//湖南师范大学
- 论我国传媒公共话语空间的拓展/丁智擘//华中科技大学
- 论我国工业遗产旅游的开发/刘静江//湘潭大学
- 论我国会计软件产业化的社会形成/杨涛//东南大学
- 论我国民间文学艺术作品的法律保护/李锋//河南大学
- 论我国世界遗产地周边环境资源开发中存在的问题及对策/赵晓宁//四川大学
- 论我国体育赞助营销存在的主要问题与对策/徐燕军//华东师范大学
- 论我国文物旅游资源开发与保护法制的完善/裴巧玲//山西大学
- 论我国县级市广播电视媒体的现状和发展/高坤//华中科技大学
- 论武侠电影中的民族文化精神/陈霞//东南大学
- 论现阶段我国出版集团财务管理模式/梁峰//厦门大学
- 论消费文化视野下的广告与符号消费/秦伟//兰州大学
- 论新疆俄罗斯族传统文化的保护与转型/邓娟//新疆大学
- 论新旧媒体的竞争与融合/吴云//暨南大学
- 论新媒体时代报媒的现状及发展趋势/孟秀玲//山东大学
- 论新生代电影的美学特征/刘晴//扬州大学
- 论新时期中国晚报的现状、问题及趋势/郑晖//安徽大学
- 论新武侠电影的发展与嬗变/乔洁琼//河北大学
- 论新中国体育电影的发展/杨清琼//北京体育大学
- 论信息网络传播权的权利限制/熊邦蓉//中国人民大学
- 论学校品牌形象塑造/王奇//首都师范大学
- 论因特网对图书出版的影响/韦铀//广西大学
- 论影视服饰的艺术特征和文化内涵/刘芳//天津美术学院
- 论影视文化对大学生价值观的影响及对策/匡尔峰//湖南师范大学
- 论影像与大众文化建构/郝松//南京师范大学
- 论中国传媒产业价值链的建构—兼与国外传媒产业比较/宋晓沛//吉林大学
- 论中国传统文化元素在艺术设计中的创新应用/孙晓毅//吉林大学
- 论中国传统文化在现代创意产业中的传播/赵娅军//山东大学
- 论中国动漫产业链条始端到中端的合理发展过程/周舟//四川大学
- 论中国画市场营销策略/徐兰生//对外经济贸易大学
- 论中国生肖邮票设计中的民俗性/王红梅//苏州大学
- 论中央电视台一套节目变迁（1990－2004）/潘勇//暨南大学
- 论转型时期我国电视传媒业的制度创新/刘清//湖南师范大学
- 旅华大洋洲游客旅游行为模式研究/焦维军//陕西师范大学
- 旅游产品生命周期理论研究/张运生//河南大学
- 旅游城市的审美研究/许雁冰//武汉理工大学
- 旅游城市空间竞争力分析/刘国锋//华中师范大学
- 旅游地居民对旅游的感知与态度研究/黄玉理//北京第二外国语学院
- 旅游地品牌形象视觉设计地域性研究/黄军//江南大学
- 旅游电子商务的发展及其信任研究/于建红//华中科技大学
- 旅游动机和限制因素对大型体育事件参与程度的影响研究/王钰//天津商学院
- 旅游对接待地文化生态的影响/吴东荣//广西师范大学
- 旅游对目的地社会文化影响的比较研究/贺琛//华中师范大学
- 旅游对目的地社会文化影响的实证研究/曾嵘//新疆师范大学
- 旅游对南岳衡山自然保护区节肢动物多样性的影响研究/杨芳//中南林业科技大学
- 旅游景观设计及其文化研究/张琴//武汉理工大学
- 旅游景区公关传播策略研究/童玲//华中科技大学
- 旅游景区品牌之整合传播策略研究/李明//华中科技大学
- 旅游可持续发展支撑体系研究/张慧//西南交通大学
- 旅游目的地的跨文化交流与可持续发展/陆佳//浙江大学
- 旅游目的地竞争力指标体系及评价研究/张东亮//浙江大学
- 旅游目的地空间结构研究以平遥为例/张熙//首都师范大学
- 旅游目的地社区居民对旅游影响的态度研究/寇敏//天津师范大学
- 旅游目的地项目策划的初步研究/王晓冬//福建师范大学
- 旅游手册中文化意象的移植/张美伦//苏州大学
- 旅游项目投资的综合效益分析/段二丽//天津大学
- 旅游业对旅游地居民的社会影响/李志鹏//苏州大学
- 旅游业危机管理研究/韩笑飞//华中师范大学

◎ 视觉文化时代与中国当代艺术中的架上油画/谢一帆//首都师范大学
◎ 视觉文化语境下的广告艺术/张玲玲//厦门大学
◎ 视觉文化语境中的文学教育探析/喻玲//江西师范大学
◎ 视觉文化语境中电影和文学/张岩//新疆大学
◎ 视觉文化与中西方人文时尚杂志的视觉场构建/杨雪//华中科技大学
◎ 视觉游戏与设计创意/何佳//南京艺术学院
◎ 世界文化遗产保护与旅游开发研究/高洁//山东大学
◎ 世界文化遗产地旅游解说系统研究/钟行明//东南大学
◎ 世界文化遗产宏村古村落空间解析/揭鸣浩//东南大学
◎ 世界遗产地/李亚丽//辽宁师范大学
◎ 试论会展业的功能与特点及其发展对策/李里//对外经济贸易大学
◎ 试论会展业与旅游业的产业对接/魏中京//东南大学
◎ 试论李渔的文化产业思想/陈海敏//扬州大学
◎ 试论旅游活动中的人际传播/杨丽//河北大学
◎ 试论全球化进程中我国的文化建设/朱毅洁//大连海事大学
◎ 试论网络著作权及其法律保护/杨晨岑//辽宁师范大学
◎ 试论我国电视人物访谈节目的特色与价值/易钟林//暨南大学
◎ 试论我国广告传播的社会控制/王光宪//广西大学
◎ 试论我国男性时尚杂志生存空间及发展出路/王琳//河北大学
◎ 试论我国数字图书馆之版权许可/张若思//华中科技大学
◎ 室内设计与区域文化/杨清平//湖南师范大学
◎ 试析我国大众媒体新闻传播的媚俗化倾向/闫翠萍//广西大学
◎ 手工文化的传承/张毅//天津美术学院
◎ 手机　报业突围新机遇/李旭//四川大学
◎ 手机：新媒介对传播格局与社会形态的影响/刘君//厦门大学
◎ 手机出版：21 世纪出版的新样态/郭瑞佳//四川大学
◎ 手机电视，借助于流媒体的时尚传播方式/卢圆媛//四川大学
◎ 手机电视初探/廖志慧//华中科技大学
◎ 手机媒体的现状及发展研究/李东平//四川大学
◎ 手机媒体广告研究/王贵文//北京邮电大学
◎ 手机三维游戏引擎研究与实现/吴海宾//河海大学
◎ 手机视频业务的商业模式研究/欧阳坤//北京邮电大学
◎ 手机游戏开发平台的研究与实现/何国辉//上海理工大学
◎ 寿县古城研究/黄云峰//华侨大学
◎ 受众取向与分众化电视媒体的品牌经营/何新华//厦门大学
◎ 书业连锁企业经营模式问题研究/张锋//南京理工大学
◎ 数码产品设计文化研究/余森林//武汉理工大学
◎ 数字化设计艺术审美探析/夏进军//武汉理工大学
◎ 数字环境下出版传播的变迁研究/汪曙华//北京印刷学院
◎ 数字内容产业特征、现状和发展策略研究/胡再华//华中师范大学
◎ 数字时代的电影奇观现象探析/李少强//中国传媒大学
◎ 数字时代的商业展示视觉语言表达研究/刘东峰//同济大学
◎ 数字图书馆的著作权问题研究/刘晶//中国海洋大学
◎ 数字图书馆发展引发的著作权法律问题研究/陆怡//中国政法大学
◎ 数字图书馆涉及的著作权法律问题研究/赵婧//四川大学
◎ 数字图书馆与著作权法合理使用制度/雷若寒//四川大学
◎ 数字图书馆运营分析/何小峰//山西大学
◎ 数字图书馆著作权合理使用问题研究/沈丽红//中国政法大学
◎ 数字影视艺术的范式转换/唐忠会//东南大学
◎ 丝绸之路旅游可持续性研究/孙浩捷//华东师范大学
◎ 四川剑门关地质公园旅游产品开发与可持续发展研究/韦跃龙//成都理工大学
◎ 四川旅游消费影响因素的计量分析研究/田力//电子科技大学
◎ 四川农家乐园林景观规划设计研究/温云峰//四川农业大学
◎ 四川射洪旅游营销策略研究/李云//西南交通大学
◎ 四川省优势产业区域集聚人才战略研究/吴晓曦//西南交通大学
◎ 四川西南地区碉房建筑文化微探/尹浩英//四川大学
◎ 四川县域旅游可持续发展研究/张培//四川师范大学
◎ 搜索引擎传播与盈利模式研究/黄薇//四川大学
◎ 搜索引擎广告的经营对策研究/朱瑜//华中科技大学
◎ 苏州历史水街区旅游可持续发展研究/顾永红//苏州大学
◎ 苏州评弹艺术生存状态初探/陈洁//南京艺术学院
◎ 台湾电视综艺节目研究/项缪//厦门大学
◎ 泰国与中国大众传播媒介中女性形象及后女性主义叙事解析/徐佩玲//重庆大学
◎ 泰山地质公园地质遗迹保护与利用协调性研究/谢萍//中国地质大学（北京）
◎ 泰山旅游资源可持续利用研究/金磊//山东师范大学
◎ 太原市城市文脉形象分析/高祥冠//山西大学
◎ 谈大众传媒与女性主体意识的建构/范晋榕//福州大学
◎ 唐人神休闲食品营销战略研究/崔太平//合肥工业大学
◎ 唐人神休闲食品营销战略与实施策略研究/于红清//湖南大学
◎ 特色旅游产业与新型聚落模式/郭文辉//清华大学
◎ 腾冲和顺古镇旅游开发中的保护问题及其对策研究/朱佳//云南师范大学
◎ 腾冲火山地热国家地质公园价值及其实现途径研究/李培英//云南师范大学
◎ 体验经济时代的旅游产品研究/张源//福建师范大学
◎ 体验经济下工业设计新理念/周仕参//重庆大学
◎ 体验型旅游产品的开发设计研究/陈娟//大连海事大学
◎ 体育彩票之立法研究/沈明学//重庆大学
◎ 体育场馆室外景观规划设计与建设管理初探/李倩中//南京农业大学
◎ 体育媒介市场分析/李国庆//华中师范大学
◎ 体育赛事旅游研究/陈松//华东师范大学
◎ 体育赛事市场化研究/徐伟//江西师范大学
◎ 体育休闲空间景观设计研究/李伟红//南京林业大学
◎ 天津地铁广告媒体的开发及经营方案设计/贾强//天津大学
◎ 天津市历史建筑保护与再开发管理模式研究/高秀玲//天津大学
◎ 天津有线数字电视营销策略研究/陈立伟//天津大学
◎ 天津中心公园地区城市空间形态量化分析与持续发展研究/潘磊//天津大学
◎ 天津租界园林与保护/李在辉//天津大学
◎ 田汉大剧院经营管理模式研究/刘逶迤//湖南大学
◎ 同里古镇现代发展路径之研究/陈玮//苏州大学
◎ 同里历史文化名镇保护实践研究/王卓娃//同济大学
◎ 透析中国图书跟风出版现象/胡艳红//湖南师范大学
◎ 图书出版市场中存在问题的社会分析/宋晓//河北大学
◎ 图书出版项目管理研究/李新妞//北京印刷学院
◎ 图书出版业的电子商务策略/李光昊//北京邮电大学
◎ 图书传播知识产权保护研究/李文林//大连理工大学
◎ 图书数字化传播版权授权模式研究/王萃//东北师范大学
◎ 图书营销策划中的“金点子”研究/刘华//华中师范大学
◎ 图像·时尚·情感/周同//天津大学
◎ 图像叙事：当代文化的视觉转向/刘琛//北京语言大学
◎ 图形创意与品牌推广/毛秋惠//天津美术学院
◎ 土地庙与乡村环境景观的研究/张莎//湖南大学
◎ 吐鲁番市旅游环境现状及其可持续发展初探/朱艳芬//新疆师范大学
◎ 外国游客消费行为研究/苏黎//暨南大学
◎ 外滩历史建筑保护及再利用的策略与技术研究/蒲仪军//同济大学
◎ 网络安全与网络安全文化/张卫清//南华大学
◎ 网络财经媒体品牌战略/吴加录//南昌大学
◎ 网络产品病毒式营销研究/刘丽丽//对外经济贸易大学

⊙ 我国体育彩票产业的现状与对策研究/周嵩//华中师范大学
⊙ 我国体育彩票业的管理体制及运作模式的研究/鲁建仁//安徽师范大学
⊙ 我国体育彩票业市场结构现状及其优化模式构建/张昆//曲阜师范大学
⊙ 我国体育产业发展研究/施俊香//西北农林科技大学
⊙ 我国体育产业风险投资退出机制的研究/李平//苏州大学
⊙ 我国体育产业行业协会研究/黄涌//武汉体育学院
⊙ 我国体育产业资本运营体系的探析/刘远祥//南京师范大学
⊙ 我国体育核心期刊的国际交流与合作研究/李爱玲//武汉体育学院
⊙ 我国体育旅游企业竞争优势研究/张建双//北京体育大学
⊙ 我国体育赛事赞助效果评估现状及评估体系/黎琦//北京体育大学
⊙ 我国体育无形财产权初探/郑丹丹//中国政法大学
⊙ 我国体育舞蹈竞赛市场化运作模式的理论研究/熊建设//武汉体育学院
⊙ 我国体育知识产权保护与研究/秦大魁//西南大学
⊙ 我国图书出版业跨媒体经营探析/江宁//北京印刷学院
⊙ 我国网络游戏产业发展策略分析/孙超//西南财经大学
⊙ 我国温泉旅游开发研究/朱东国//湘潭大学
⊙ 我国文物法律保护存在的问题与思考/朱晓娟//苏州大学
⊙ 我国西部地区文化资源开发问题研究/张腾飞//大连海事大学
⊙ 我国现代城市街道公共艺术研究/孙建华//东南大学
⊙ 我国乡村旅游可持续发展研究/肖湘君//湘潭大学
⊙ 我国新闻类期刊的发展探析/徐增展//广西大学
⊙ 我国新闻期刊品牌化运营现状及对策研究/邹陶嘉//兰州大学
⊙ 我国业外资本导入媒介业博弈分析/顾春光//大连理工大学
⊙ 我国长三角城市居民假日体育消费现状分析与对策研究/沈喆//华东师范大学
⊙ 我国自然遗产保护的法律机制研究/晋曦//中国地质大学
⊙ 我国综合类报纸体育新闻版研究/谭晚兰//暨南大学
⊙ 乌鲁木齐地域性建筑形式与文化研究/李俊新//西安建筑科技大学
⊙ 武汉"1+8"城市圈竞技体育市场开发的研究/高丽//武汉体育学院
⊙ 武汉城市圈旅游业可持续发展战略研究/胡细涓//华中师范大学
⊙ 武汉历史街区再生式保护、更新研究/李慧蓉//华中科技大学
⊙ 武陵山区土家族文化生态圈建设的战略思考/徐铜柱//重庆大学
⊙ 武术与中国武侠电影/贾亮//河南大学
⊙ 午夜时段电视新闻节目研究/宋荣华//山东大学
⊙ 武夷山风景区国内旅游者人口学、时空分布及行为特征研究/王萍兰//福建农林大学
⊙ 西安城墙环城绿带游憩行为与空间规划设计研究/于超//西安建筑科技大学
⊙ 西安城墙内侧历史地段保护规划体系研究/陈曦//西安建筑科技大学
⊙ 西安城墙内侧历史地段保护规划研究/吕楠//西安建筑科技大学
⊙ 西安传统民居装饰、色彩与西安传统民间文化的关系研究/童敏//西安建筑科技大学
⊙ 西安地区城镇旅游发展规划研究/王浩//西安建筑科技大学
⊙ 西安古代园林发展历史对构建人文化和生态化西安的影响/陈永欣//西北农林科技大学
⊙ 西安老城历史街区的保护与更新研究/朱文龙//西安建筑科技大学
⊙ 西安市浐灞生态区总体规划实施策略研究/强永//西安建筑科技大学
⊙ 西安市商品住宅小区文化设施现状调查与对策研究/潘华//西安建筑科技大学
⊙ 西安市住区儿童日常生活的户外活动场所规划设计研究/肖哲涛//西安建筑科技大学
⊙ 西安文化景点交通导航系统设计研究/郭磊//西北工业大学
⊙ 西安总体城市设计框架性研究/谢晖//西安建筑科技大学
⊙ 西班牙模式对中国发展会展及奖励旅游的启示/许维力//对外经济贸易大学
⊙ 西班牙世界文化遗产保护工作及其启示/肖锡维//对外经济贸易大学
⊙ 西北中小城镇传统商业街的保护与更新/马凌//西安建筑科技大学
⊙ 西藏生态环境与自然资源保护立法研究/班洪光//中国政法大学
⊙ 西方文化霸权主义对我国影响之研究/朱旭峰//东南大学
⊙ 西方文化对近代上海公园的影响/张哲//中南林业科技大学
⊙ 西南丝绸之路的保护与发展/范宇//昆明理工大学
⊙ 锡剧在常州传承现状的考察/夏葳//南京师范大学
⊙ 歙县牌坊艺术与思想探论/王晓露//东南大学
⊙ 先秦至秦汉家居设计文化观念之演变/陈曦//南京理工大学
⊙ 县(市)级广电网络公司运营模式研究/苏卫平//郑州大学
⊙ 现代城市步行商业街景观设计研究/孙得东//东北林业大学
⊙ 现代城市节庆对我国城市发展拉动效应研究/张小梅//兰州大学
⊙ 现代城市文化的比较研究/李曼//辽宁师范大学
⊙ 现代会展业空间布局分析/田甜//四川大学
⊙ 现代景观设计价值取向研究的思考/季岚//武汉理工大学
⊙ 现代景园对传统景园的继承与拓展/吴义曲//武汉理工大学
⊙ 现代居住区环境设计研究/何倩//北京林业大学
⊙ 现代展示博览会中的观众行为研究/曾曦//武汉理工大学
⊙ 县级广播电视业民营化战略探析/梅三义//同济大学
⊙ 线性公共空间与城市景观研究/王芳//西安建筑科技大学
⊙ 乡村旅游发展理论与实践研究/谢泽氡//云南师范大学
⊙ 湘鄂西红色文化的形成及开发/汤红兵//华中师范大学
⊙ 襄樊历史文化名城保护规划研究/王慧媛//内蒙古工业大学
⊙ 湘西凤凰古城的景观保护和旅游发展/刘畅//北京林业大学
⊙ 项目管理在图书出版中的应用/杨芳//广西大学
⊙ 消费社会背景下中国电视公益广告的生存和发展/吕鹏//四川大学
⊙ 消费时代的"审美救世"与艺术人格/张园园//南京师范大学
⊙ 消费时代的叙事艺术/马萍//四川师范大学
⊙ 消费时代的艺术生产/杨建刚//陕西师范大学
⊙ 消费时代文学与影视的合谋/王东明//华中师范大学
⊙ 消费文化背景下户外广告视觉形态的研究/谢秋莎//河南大学
⊙ 消费文化的建筑美景/唐雪静//天津大学
⊙ 消费文化的一面旗帜/刘琼//华中师范大学
⊙ 消费文化浪潮下的"李敖现象"/叶德诚//福建师范大学
⊙ 消费文化时代的身体叙事/李彦东//吉林大学
⊙ 消费文化视野下的传媒娱乐新理念/罗晴//暨南大学
⊙ 消费文化下我国都市报社会新闻现状及走向分析/胡绳//四川大学
⊙ 消费者国家文化特征对其网上购物接受行为影响的实证研究/赵志刚//中南大学
⊙ 消费中的精神困境/容媛媛//厦门大学
⊙ 消费主义思潮下上海历史文化风貌区的空间效应演进研究/杨海//同济大学
⊙ 消费主义文化语境下的中国电视传媒/罗金辉//华中科技大学
⊙ 消费主义文化与中国当代艺术/杜曦云//四川美术学院
⊙ 消费主义影响下的大学生消费形态研究/郑军//华中师范大学
⊙ 消费主义与审美生活转向/粟世来//华中师范大学
⊙ 消费主义与我国传媒的"消费时代"/王莹//华中科技大学
⊙ 消费主义与中国消费文化模式的构建/邵婉//辽宁师范大学
⊙ 小城镇城市设计初探/朱少华//西安建筑科技大学
⊙ 小城镇旅游景观保护性设计与研究/张婧//武汉理工大学
⊙ 小城镇生态环境的发展及景观规划/彭艳//武汉理工大学
⊙ 小城镇形象设计战略的探索与研究/陈斌//同济大学
⊙ 小区户外休闲娱乐空间合理性设计研究/张剑//苏州大学
⊙ 校园 DV 影像的文化精神与话语障碍/刘倩//重庆大学
⊙ 新财经报纸特色研究/于正凯//郑州大学
⊙ 新华社社办报刊的困境与出路/陈立敏//兰州大学
⊙ 新剪纸研究/韩慧荣//中央美术学院

峰//河南大学
◎ 制度经济学视角下报业集团管理体制创新研究/仇宝红//大连理工大学
◎ 中国"假日电视"发展策略研究/唐晓丹//华中科技大学
◎ 中国"世界自然遗产"可持续利用法律保护对策研究/李华明//中央民族大学
◎ 中国报业科学发展问题研究/吴作江//大连理工大学
◎ 中国餐饮业老字号的民族文化研究/李相五//中央民族大学
◎ 中国城市街道特色创新研究/姚桃//武汉理工大学
◎ 中国出版文化体系建构/姚慧//北京印刷学院
◎ 中国出版业产业化背景下的人才发展分析/普娜//东北师范大学
◎ 中国出版业的现状与战略选择/李胜利//对外经济贸易大学
◎ 中国出版业集团发展模式研究/杜薇//四川大学
◎ 中国出版业转型及其城市—区域空间格局演变的研究/朱河因//华东师范大学
◎ 中国出版业走出去发展战略初探/任志茜//河北大学
◎ 中国创意产业的统计方法研究/陈隽//上海社会科学院
◎ 中国大陆传媒与境外公司合作模式探析/高源//华东师范大学
◎ 中国大陆电视节目主持人培养模式研究/熊蓓蓓//华中科技大学
◎ 中国大陆电视娱乐节目"伪收视"现象分析/刘坤//中国传媒大学
◎ 中国大陆流行歌曲研究（1980－2005）/岳春梅//西南大学
◎ 中国大陆少儿电视频道发展之问题研究/叶可可//上海外国语大学
◎ 中国大陆手机报纸研究/何明//西北大学
◎ 中国当代广告事业研究：大陆部分（1979－2005）/公克迪//厦门大学
◎ 中国当下院线制问题研究/何君凝//西南大学
◎ 中国电视法治节目发展研究/赵雪杉//四川大学
◎ 中国电视纪录片的市场化研究/滕晋//山东大学
◎ 中国电视竞争分析/兰尼华//暨南大学
◎ 中国电视剧题材与市场分析研究/于远洋//东北师范大学
◎ 中国电视旅游节目发展研究/胡艳//四川大学
◎ 中国电视体育新闻及其国际传播/文宇//四川大学
◎ 中国电视新闻节目娱乐化倾向探析/陈琦//西北大学
◎ 中国电视娱乐化现状研究/宋艳//华中科技大学
◎ 中国电视娱乐节目流变/李曦//南京师范大学
◎ 中国电视综艺节目的现状及策划/战锐//东北师范大学
◎ 中国电影产业化道路探析/郑代玉//山东大学
◎ 中国电影产业竞争力研究/陈盛璋//福建师范大学
◎ 中国动画产业发展研究/张黎明//对外经济贸易大学
◎ 中国动画产业链研究/郭金波//华东师范大学
◎ 中国动画产业现状及发展战略分析/宋薇薇//北京交通大学
◎ 中国动画营销传播策略研究/余意华//暨南大学
◎ 中国非物质文化遗产保护性旅游开发问题研究/罗茜//湘潭大学
◎ 中国风景名胜区破坏性开发的法律规制研究/王凡//中央民族大学
◎ 中国公共图书馆营销研究/冯熏//四川大学
◎ 中国古村落旅游"公社化"开发模式及其权力关系研究/应天煜//浙江大学
◎ 中国古代城市设计山水限定因素考量/张弓//清华大学
◎ 中国古代灯具演变中传统文化元素在西安南门广场灯饰造型艺术的可行性研究/蔡媛媛//西安建筑科技大学
◎ 中国古代儿童游戏研究/吕逸//陕西师范大学
◎ 中国广播电视产业化研究/刘冰峰//吉林大学
◎ 中国广告代理制发展问题及对策研究/朱霞//兰州大学
◎ 中国国际新闻摄影赛事研究/延婧//华中科技大学
◎ 中国会展产业链及运作模式研究/仇其能//上海社会科学院
◎ 中国会展旅游业发展研究/王瑛//中国海洋大学
◎ 中国会展业潜在比较优势研究/方敏//对外经济贸易大学
◎ 中国纪录片的国际化/姚文建//东北师范大学
◎ 中国近期后现代电影叙事/吴玲玲//东南大学
◎ 中国景观艺术发展初探/王静//河北大学
◎ 中国老年电视节目现状与发展研究/代长征//郑州大学
◎ 中国历史题材电视剧的文化意义及其受众研究/钟颖//四川大学
◎ 中国免费直投杂志（DM）发展研究/薛冰妮//暨南大学
◎ 中国民营电视制作机构运营状况分析/张丽//华中科技大学
◎ 中国民营影视现象探析/耿蕊//广西大学
◎ 中国民族声乐节目在现代媒体中的现状和思考/袁玥//华中师范大学
◎ 中国女性时尚杂志运作模式探/唐凯芹//湖南师范大学
◎ 中国日报营销策略研究/胡启华//对外经济贸易大学
◎ 中国石化报社发展战略研究/吴泳//对外经济贸易大学
◎ 中国世界遗产旅游开发与规划管理研究/曲忠生//山东大学
◎ 中国手机网络游戏发展策略研究/梁泉//北京邮电大学
◎ 中国水墨动画的文化解读/吕江//苏州大学
◎ 中国体育媒体服务系统的建构/范帆//北京体育大学
◎ 中国图书版权贸易的"内忧外患"/陈爱芳//苏州大学
◎ 中国图书版权贸易分析研究/魏婷//对外经济贸易大学
◎ 中国网络电视内容供应商解析/邹虎//郑州大学
◎ 中国网络广告现状与策略研究/胡承志//山东大学
◎ 中国网络媒体发展的现实契机/董萍//暨南大学
◎ 中国网络媒体经营发展的困境和出路探寻研究/郑鸣镝//四川大学
◎ 中国网络文化产业的发展战略研究/高旭琳//华中师范大学
◎ 中国网络游戏运营商的营销策略分析/刘健//对外经济贸易大学
◎ 中国网球公开赛文化营销战略探析/高宏图//北京体育大学
◎ 中国文化产业比较优势研究/李庭新//南昌大学
◎ 中国文化产业国际竞争力评价/尹海燕//山东大学
◎ 中国文化产业国际竞争力研究/吴庄莹//福建师范大学
◎ 中国西部电影西部形象的文化想象/黄冲//暨南大学
◎ 中国戏剧（话剧）市场及市场营销/陶然//中国艺术研究院
◎ 中国现代城市景观设计的"原创性"问题解读/习丽//南昌大学
◎ 中国现代家具设计的文化传承与创新/姚震宇//苏州大学
◎ 中国消费文化中的女性身份的话语构建/朱春飞//浙江大学
◎ 中国新媒体艺术刍议/陈瑜//厦门大学
◎ 中国新媒体艺术的兴起和演变/朱其//中国艺术研究院
◎ 中国新闻周刊封面报道研究/韩笑//华中科技大学
◎ 中国兴文世界地质公园保护与开发整合模式研究/刘维丽//中国地质大学（北京）
◎ 中国演艺民俗品牌的更新与传播/张巧玲//华中科技大学
◎ 中国音乐产业价值链问题研究/刘刚//中国地质大学（北京）
◎ 中国影像行业柯达连锁店经营战略研究/陈冠宇//对外经济贸易大学
◎ 中国娱乐传媒产业运营研究/苏珊珊//首都经济贸易大学
◎ 中国娱乐新闻现状探析/章颖//广西大学
◎ 中国园林和伊斯兰园林的比较与启示/唐燕//福建农林大学
◎ 中国园林与英国自然风景园园林文化背景研究/王胜霞//天津大学
◎ 中国园林与英国自然风景园园林艺术比较研究/陈春红//天津大学
◎ 中国真人秀娱乐节目的文化解读/陶凌//华中科技大学
◎ 中国中产阶层消费文化及其品牌传播研究/赵九州//华中科技大学
◎ 中国竹乡旅游纪念品开发研究/赵磊//北京第二外国语学院
◎ 中韩企业体育营销行为研究/金大鸿//天津大学
◎ 中美传媒网站交互性比较/袁瑾//上海外国语大学
◎ 中美分时度假产品市场营销比较研究/薛小川//华东师范大学
◎ 中美数字图书馆电子商务比较研究/郝飞//天津工业大学
◎ 中美体育经纪人经纪行为的比较研究/宋岷源//山东师范大学
◎ 中美网络广告的广告诉求与技术运用的比较研究/林海//华中科技大学
◎ 中美文化产业比较研究/李微//重庆大学
◎ 中美主题娱乐公园营销策略对比研究/姜国芳//对外经济贸易大学

◎ 中西媒介集团化比较研究/邵娜//南京师范大学
◎ 中西园林文化与现代居住景观设计的关系/郑智聪//福建农林大学
◎ 中小城市道路入口景观规划设计的研究/郑素兰//福建农林大学
◎ 中央电视台新闻直播常规化发展研究/吕艳//厦门大学
◎ 中英自然式园林艺术之比较研究/熊媛//北京林业大学
◎ 中元节民俗仪式研究/周惠英//华中师范大学
◎ 珠江三角洲村镇住区环境艺术设计研究/傅方煜//华中科技大学
◎ 珠三角报业跨地域经营现状分析/许蓓//暨南大学
◎ 竹文化在环境艺术中的运用与研究/童茜//湖南大学
◎ 主题公园与历史文化名城互动发展研究/侯新冬//华东师范大学
◎ 主题公园与区域经济的互动关系研究/陈静//西北大学
◎ 住区新技术景观设施研究/包伊玲//江南大学
◎ 注意力经济时代的快感文化与传媒关系研究/金丹//华中科技大学
◎ 注意力经济下的报纸广告/陈昊//内蒙古师范大学
◎ 转型背景下甘肃文化出版社发展战略研究/石蓉蓉//兰州大学
◎ 转型中的传统老字号设计管理问题研究/叶芳//中央美术学院
◎ 壮泰民族文化与旅游研究/覃许学//广西师范大学
◎ 准公共物品与游览参观点门票价格研究/时慧来//首都经济贸易大学
◎ 梓潼县民俗旅游开发研究/吴光芬//四川大学
◎ 自贡工业遗产旅游研究/袁霜凌//四川师范大学
◎ 综艺类娱乐电视节目分析/刘晓欢//上海社会科学院
◎ 族群记忆、文化认同与非物质文化遗产的保护/平锋//广西师范大学
◎ 组件式城市旅游地理信息系统的应用/袁浩涛//昆明理工大学
◎ 作为消费品的建筑/徐健//同济大学

户外广告产业与典范运营商选登

【关于户外广告产业的权威描述】

户外广告业务近几年在中国市场发展很快。这种“快”不仅体现在行业规模短时间之内的不断扩大上，还体现在新兴户外媒体形式的“快速”推出及被市场认可、接受上。而与“快”相伴相生的就是“高”，户外广告业的高利润、投资的高回报、整体行业的高增长。加之中国经济在全球经济中的“一枝独秀”，越来越多的跨国公司大举进入中国、各行业竞争的激烈程度越来越强，种种因素激发着户外广告行业的超速增长。

随着传播环境的日渐复杂，各种大众传播渠道的竞争激烈，户外广告的竞争也逐渐浮出水面。一方面，传统大众媒介成本不断增高却面临着效果有所下降的趋势，而相比于传统的大众媒体广告，户外广告以较低的成本和较好的传播效果日益赢得了广告客户和广告公司的青睐；另一方面，由于户外广告开发和经营的丰厚的利润潜力使得户外广告成为广告公司的热门的经营项目，专业运营户外广告的广告公司迅即出现并迅猛地进行资本运作，依托其强大的资金支持及社会关系背景不断开发新的户外广告形式。

【典范运营商的资料依据】

①《中国广告风云榜》所公布的相关资料。《中国广告风云榜》是国内较具影响的行业评选之一，由《广告导报》杂志、智慧工场传播集团、中国传媒大学广告学院联合主办，目前已连续举办三届，在业内拥有极为重要的影响力和指导性。评选方式在综合调研数据的基础上，引入专家观察团联席评议，使得整个榜单更为中立、全面。

② 相关户外广告公司公布的资料。

③ 山东大学历史文化学院文化产业管理学系、山东省文化产业研究基地所积累的相关资料。

④《中国文化产业学术年鉴》按相关学术原则对这些资料进行了甄别和整合。

【选登宗旨与考量重心】

《中国文化产业学术年鉴》的宗旨：① 反映学术理论界的相关研究成果；② 关注文化产业发展中“具有引领意义”的企业/项目/区域，强化理论源于实践的学术张力。

根据上述宗旨，《中国文化产业学术年鉴》在考量中国本土典范户外广告运营公司成就的同时，更为关注公司领导人在相关问题上的文化视野、理论洞察力和决策思路等，以凸显理论、政策、实践之间的综合互动。

TOM户外传媒集团

TOM户外传媒集团是中国大陆领先的户外广告公司，TOM集团辖下的户外媒体旗舰拥有规模冠称全国的广告牌及单立柱，覆盖中国大陆各大城市的黄金地段。TOM户外以上海为总部，子公司分布全国12个重点经济城市，经营的媒体资产超过30万平方米，广告发布广遍全国60多个主要城市。致力于为本地及跨国企业提供户外广告解决方案和相关服务。

TOM户外已成功在中国大陆建立了一个覆盖超过30个主要城市的全国性户外媒体网络。TOM户外传媒集团于2002年1月成立，是中国最大的户外广告公司，拥有19万平方米的广告位，单立柱和大型广告牌的媒体资产超过15万平方米，覆盖市中心、主要高速路及主要交通枢纽，是中国最大的单立柱和大型广告牌经营商。

集团旗下资产分布在北京、上海、深圳等一线城市以及成都、昆明、重庆及沈阳等二线和三线城市，其中的多个市场占据第一、第二的位置。TOM户外媒体资产的特点还在于多样性的媒体资产组合，广纳位于一线和主要二线城市的不同类别优良的交通工具及街道家俱广告，提供客户多样性的媒体组合。

TOM户外传媒集团在北京、上海建立了大客户服务中心，为主要客户提供媒体购买、咨询、项目管理、广告评估等一站式服务，进一步运用征地媒体资源的优势，为客户提供网络化的服务。集团和海内外广告代理公司同时建立了合作关系，透过整个网络销售，以及有效的销售集成，提高集团针对国际及本地客户的服务和销售。

TOM户外一直重视户外广告的创新和创意，坚持为客户提供量身定制的解决方案，通过创意提升户外广告价值与投放效果，并将创意与城市和谐发展完美融合，结合更多的城市现代元素，达到真正的广告和城市双赢价值。

TOM户外在国内屡获殊荣，在历届中国国际广告节上获得金、银、铜奖，是中国户外广告公司获奖最多的公司。2008年所获奖项有：

2008新媒体十大影响力创新品牌；

2008户外新媒体行业十强；

2003—2008促进中国户外广告行业繁荣的杰出企业。

TOM户外将藉以领先科技的创新性户外媒体形式，进一步拓展在中国大陆的媒体网络优势，通过跨媒体合作，TOM户外传媒将为客户提供更全面的媒体传播策略并提升城市形象。

主要领导人的
文化视野、前瞻意识和发展思路

TOM户外传媒集团总裁 陈晓彤

■ 中国的户外广告市场是一个极其分散的市场，约80%的户外媒体资源掌握在小型企业手中，每个这样的广告公司所占份额不足1%。于是，过多的个人、企业参与到投资户外媒体中，由于资源开发过度，以及每个户外媒体经营商的资金实力、管理经验和能力等参差不齐，致使去年有20%左右的媒体资源空置。

■ 现在户外广告行业的生态环境已经发生了明显的改变，行业竞争进入新的拐点，户外广告行业的竞争正在从靠关系转向拼资本和专业，转向一个能为客户提供高品质产品和服务竞争，转向与城市和谐发展的时代，户外广告的单纯发布将会受到越来越多的发展障碍和限制，只有附加更多的城市功能，结合更多的现代城市元素，才能更融合于未来的城市之中，这也正是TOM户外未来发展的方向。

■ 未来的2-3年中国的户外广告市场将是品牌集中度日益提高的时期，强者恒强，这需要一个过程，从欧美成熟的户外广告市场来看，这是该行业发展的规律。

分 时 传 媒 集 团

分时传媒集团是具有美国凯雷集团和美洲银行投资背景的，集媒介策略、整合、购买、执行于一体的专业户外媒体运营机构。分时传媒依托先进的e—TSM电子商务交易平台，以全球创新的户外广告投放模式、现代经营价值理念，将定时、固定、单一、感性化的传统户外传播改变为具有分时、移动、多点、网络化、理性化的现代户外传播。

在全国设有近100个业务中心，整合国内户外媒体资源覆盖率达92%，媒体网络覆盖中国近300个城市。拥有一支本、硕、博学历结构合理且执行力很强的专业户外广告团队。是迄今为止中国最大的户外广告媒体运营商之一。

分时传媒经过十年的努力，赢得了客户、业界、媒体、专家的高度认同。被誉为中国户外媒体超级市场。并成功地为微软、联想等国内外100多个知名品牌提供了服务，缔造了分时传媒在企业界和广告行业的品牌重要地位。

北京大学光华管理学院院长、著名经济学家张维迎说：分时传媒以时间的角度切入，运用网络技术建设信息平台，大量的供应与需求信息通过这个平台得到了对接与对称，最终使交易成为可能，这一创新是对户外广告行业原来分散的供应资源在全国范围内的强势整合，是对户外广告行业价值的全面提升。衷心祝福分时传媒和它的投资者，在未来的市场经营中获取成功。

分时传媒以大视野、大格局的视角培养大思维、大智慧，开拓大气魄、大气象的户外广告天地。分时传媒所创造的由固定传播走向移动传播，由单点传播走向多点传播的新模式，根本变革了户外广告的传统属性，释放了户外广告的价值潜力。

公司文化

一支军队：一支忠诚且具狼性的军队

一所学校：一所历练广告精英的学校

一个家庭：一个团结和谐关爱的家庭

获得荣誉

■ 2006年度最佳商业模式企业

■ 2006中国广告新媒体贡献大奖

■ 2006中国广告突出贡献人物

■ 2007第三届中国最具投资价值媒体

■ 2007中国传媒产业模式创新大奖

■ 2007东亚青年经济人自主创新奖

主要领导人的 文化视野、前瞻意识和发展思路

分时广告传媒有限公司总裁 何吉伦

■ 分时媒体突破户外媒体发布对时间、地点的限制，把户外媒体的发布时间划分为等长的多个时段，根据客户的不同投放需求，将“多块、分时、分地”的媒体科学组合，套装发布，实现分时间、换地点、多点位、大范围、高频次的户外媒体投放模式。

■ 形象地说，分时媒体就像是一个升级化的超市，把市场上各种商品进行配置组合，提供一系列可选的商品套装。所有的交易可以通过分时媒体最重要的竞争武器e-TSM电子商务平台迅速、有效、透明地完成，并以比以往更加便宜的价格卖给客户，在顾客买到适合自己的套装之后，分时媒体还能够提供一系列的评估来证明顾客买这个产品是正确的决定，以及对市场精准独到的了解和分析，针对这种分析所挖掘的市场潜力，以及强大的执行力。

■ 我的目标是没有一块广告牌，就是专做渠道。一家好的广告公司要有大师级的人，出大师级的作品，辅助成就大师级的品牌，首先要有诚实可靠的品格，为此我们选择并且忠诚。

■ 跟国际广告公司相比，也许分时的优势仅仅在于对更加了解中国市场，但是在更多的方面我们不如国际公司，而且要赶上他们难度很大。分时最大的优势还是户外广告。

永达户外传媒集团

永达户外传媒集团是具有中国一级广告企业资质的户外广告公司。自公司成立伊始，秉承“客户成功，永达成功”的公司宗旨和“专业化、网络化、规范化、差异化、集团化、国际化”的经营理念，致力于“五纵七横”高速公路广告媒体的开发、构建和发布，为国内外知名企业的品牌建设、形象推广提供策略性、个性化高速公路户外广告解决方案，具备专业化水准的工作群体倾心为客户服务，最大限度地发挥强劲的名桥名路、国际机场路、旅游景区媒体优势，为企业迅速启动市场和提升品牌形象提供户外广告媒体平台，增加企业户外广告投放理性保障。

永达坚持“客户资源，媒体资源”两手抓的发展策略，不断投入，闯出了一条可持续发展的永达之路。

公司有丹阳永达公司、南京永达公司、上海雅致公司、杭州永达公司、江西永达公司、武汉永达公司、郑州永达公司、合肥永达公司、沈阳雅致公司等九个子公司，公司承接华东地区丰富的媒体和客户网络资源之基础，在华北、华南、东北、西南、西部地区的主要高速公路和城市拥有媒体面积达30万平方米。多年来，永达广告以健全的运作体系、灵活的运营机制与近500家国内外企业携手，形成了良好的合作关系。

■ 2005年，公司被评定为“中国一级广告企业”。

■ 据中国广告协会统计显示，公司位列2006年中国百强广告企业第28位。

■ 当选“2006—2007年度全国广告行业文明单位”、“中国十大户外媒体供应商”。

■ 2007年被认定为媒体资源类“中国广告一级企业”。

■ 公司总经理周志强先生在由国家工商行政管理总局和中央精神文明建设指导委员会办公室联合举办的“第七届全国优秀公益广告评选活动”中荣获“先进个人”称号。

■ 董事长、总经理周志强先生获“中国广告30年突出贡献奖”这一广告行业最高荣誉称号。

■ 董事长、总经理周志强先生荣获“2006中国广告年度人物”户外广告业唯一当选人。

主要领导人的文化视野、前瞻意识和发展思路

集团董事长 周志强

■ 兴办实业是振兴民族工业，为国为民作贡献，并不是为了个人的荣华富贵和安逸生活，也就是这样带有“很传统”的民族信念，支持着永达一步步地走到现在，虽然过程是那样的艰辛和困难。

■ 现在户外媒体不仅要卖自己的牌子还要卖解决方案，也就是说你要卖的产品能够帮助客户解决问题，创造价值，市场研究是产品开发的必要前提，在市场调研的基础上开发出有客户需求的产品并找准产品的独特卖点以吸引优秀顾客，这个“产品”包含全新的资源整合观念。通过资源整合，永达能够为客户提供从产品开发、制作到销售、售后服务的网络化“一站式”服务。

■ 在户外媒体行业兼并、收购的浪潮中，永达不为所动，始终以“先做专、做实、做强企业，不为套现而上市”为原则，坚持依靠自身积累、不断投入实现企业的自我滚动发展，为企业可持续发展奠定了坚实基础。

■ “不投入，就会失去市场”，永达做的是高端媒体，高端媒体意味着更大的资本吸收量，尤其在目前城市户外广告整改、规范等政府行为影响下，企业每失去一块广告牌，企业的盈利能力都会下滑。换言之，在户外媒体市场里，媒体为王、资本担纲，不解决资本问题就没办法创新资源，就没有新的赢利点，企业也无从谈论持续发展。

■ 正确认识挑战，创新广告表现形式，运用高科技。传统的广告体量比较大，形式灵活多样，视觉冲击力强烈，而且广告持续时

间比即时性的传播媒体要长得多，所以有效到达率高。永达充分认识了这一点，首先是通过创新形式，让传统媒体的作用得到更大发挥，让其表现出无可比拟的魅力。其次，高科技的应用，也是重要策略之一。此外，他们还给客户量身定做广告产品，彰显出产品特色，提高了产品附加值。

■ 对于户外广告公司，要生存，要发展，就要转变营销思路。具体来说，一是要做到供应商和客户两个方面的整合。过去永达在实际运作中仅做客户公关，而现在还要做供应商的公关，来满足较大范围内产品链的需求，也使供应商提供的产品物美而且价廉，同时为客户得到优质周到的广告服务打下坚实基础，最终实现供求双方的完美结合。二是要做到内部营销资源的整合。目前，户外广告的终端已经出现向地级市发展的趋势，为了便于管理，整合显得越来越重要。作为规模较大的户外广告公司，各区域或地市都有自己的分支机构或代理组织，除了管理和运作好自有媒体外，整合内部合作资源，缩小管理跨度，也是提高运营效率的关键。

■ 奥运会以后，全国经济增长速度会降一些，对户外广告也会有一些影响，但是不会产生太大冲击。比如房地产业，目前市场遭遇了一股寒流，大家都说该行业要洗牌了，地产广告要受到冲击了，但是大型地产公司在合并了一些中小公司后，广告投入却有增无减。可能要经过一个阶段后才能逐渐表现出放缓的趋势。另外，就算房地产行业广告投放额下降了，也还会有如家居、装饰等新兴行业的广告投放填补其空白。中国的现状是中小型民营企业比较多，尤其在江浙一带，这些企业对广告宣传带来的甜头体会较深刻，比较愿意做企业形象和品牌宣传，他们会在今后一如既往地加大品牌宣传力度。就目前的市场形势看，与永达合作的中小型企业非常多，而且呈逐年攀升的势头。

网络游戏产业与典范运营商选登

【网络游戏产业的权威描述：定义、政策与行业状况】

加快发展旅游休闲消费，扩大文化娱乐、体育健身等服务消费，积极发展网络动漫等新型消费。——温家宝总理十一届全国人大二次会议的《政府工作报告》

网络游戏是指通过网络传播和实现的互动娱乐形式，是一种网络与文化相结合的产业。网络游戏中所说的“网络”，不仅仅包括我们通常所说的计算机国际互联网，它所指的信息网络是包括电信网、移动互联网、有线电视网以及卫星通信、微波通信、光纤通信等各种以IP协议为基础的能够实现互动的智能化网络的互联。因此，网络游戏是网络产业与游戏产业、信息产业与娱乐产业的融合和跨越发展的产物，既是文化产业又是信息产业。——《文化部和信息产业部关于网络游戏发展和管理的若干意见》。

近年来，新闻出版总署等有关政府管理部门，积极鼓励、引导、扶持民族网络游戏产业发展，规范网络游戏研发、运营、销售行为，陆续出台和落实了一系列政策措施：开展“中国民族网络游戏出版工程”；建设北京、上海、广东、四川四个国家级网络游戏动漫产业发展基地；开展打击私服、外挂违规游戏出版等专项行动。这些政策和措施的施行使我国的网络游戏在研发、运营、营销、产业发展环境等各方面都得到明显改善，在形成相对完整的产业链基础上对市场和后续的发展做出了规划。

2008年7月，在上海举办的第六届中国国际数码互动娱乐产业高峰论坛上，新闻出版总署副署长邬书林表示：从2000年开始，中国网络游戏产业已走过了9年历程，每年都保持了50%以上的增长速度，发展速度和规模都令人瞩目。中国网络游戏出版产业正面临着难得的发展机遇，网络游戏出版已被纳入了国家文化建设的总体规划当中，中国网络游戏企业的原创能力迅速增强。中国民族网络游戏产业已连续3年占国内网络游戏60%以上的份额，呈现出强有力的竞争优势，从根本上扭转了国外网络游戏在中国市场一统天下的局面。而盛大、网易等游戏领军企业带领中国网游产品冲向世界，迄今已将20多款中国网络游戏销往全球的20多个国家和地区，增长幅度达到175%。

【典范运营商的资料依据】

①中国游戏产业年会、新闻出版总署、信息产业部、中国出版工作者协会、中国出版工作者协会游戏工作委员会、中国电子信息产业发展研究院《数字时代》周刊等所公布的中国优秀游戏运营商的相关资料。

②相关游戏运营商网站所公布的相关资料。

③山东大学历史文化学院文化产业管理系、山东省文化产业研究基地所收集的资料。

④《中国文化产业学术年鉴》按照相关学术原则，对相关资料进行了甄别、整合。

【选登宗旨与考量的重心】

《中国文化产业学术年鉴》的宗旨：反映学术理论界的相关研究成果。关注文化产业领域中“具有引领意义”的企业/项目/区域，强化理论源于实践的学术张力。

根据上述宗旨，《中国文化产业学术年鉴》在考量相关网络游戏运营商业绩的同时，更为关注各集团、公司负责人在网络游戏产业与中国文化产业发展问题上的理论洞察力、学术观点、文化视野、前瞻意识及其决策思路，以凸显理论、政策、实践之间的综合互动。

金山软件有限公司

金山软件创建于1988年，目前是国内最知名的软件企业之一，是中国领先的应用软件产品和互联网服务供应商。十六年来，金山一直不断地为客户带来创新性的技术和产品，树立了中国软件产业最耀眼的品牌。

今天，金山软件已经运行在全世界超过5000万台个人、政府、企业的电脑上。其产品线覆盖了桌面办公、信息安全、实用工具、游戏娱乐和行业应用等诸多领域，自主研发了适用于个人用户和企业级用户的WPS Office、金山词霸、金山毒霸、剑侠情缘等系列知名产品。

金山在应用软件领域的技术实力和市场营销能力方面一直保持着领先地位，营业规模持续高速增长。1998年8月，中国最大的IT企业联想集团入股金山，IT界最知名的软硬件厂商的联姻使金山软件的发展有了腾飞的基石。2002年，金山通过了世界权威的CMM2级认证，建立了标准的软件开发流程和质量体系，同年也通过ISO9001质量体系认证，建立起科学规范的供应链质量、生产、商务管理体系。这标志着金山向规模化软件企业的转变。

2004年，为了整合公司资源，提高产品的市场竞争力，金山改变原有按产品划分的事业部结构，重新进行资源整合。在公司整体平台上形成以OAG（办公软件及电子政务业务群）、SUG(信息安全和工具软件业务群)和DEG（数字娱乐软件业务群）三大业务为重心，研发总部和营销总部为支持的战略平台。在业务群和子公司的体制下，金山软件每项业务都将拥有更强的自主性和持续发展空间。目前，金山软件的研发总部和营销总部分别设立在珠海和北京，营销网络已经遍布全国乃至世界各地。

公司与北美、日本、香港、台湾等数十家代理商和祖国大陆数千家代理分销网点拥有良好合作关系。公司通过OEM方式与联想、方正、同方、TCL、IBM、DELL、HP、NOKIA等国际、国内知名IT企业建立了紧密的合作伙伴关系。金山已经发展成为具有国际影响力的大型专业化软件公司。

2003年7月　在涿州影视基地召开千人古装大会，隆重推出耗资1500万三年研发的首款“中华武侠网络游戏”——《剑侠情缘网络版》。9月金山软件公司正式发布十年来第11款游戏作品《剑侠情缘网络版2》。游戏于9月28日正式公测。公测同时在线最高突破30万人。

2004年9月　即时战略网游《封神榜》内测火爆开始。金山公司一举获得2004年度中国网络游戏年会4项大奖。

2006年10月，金山携三大原创网游《剑侠》、《封神》、《春秋》集体亮相Chinajoy；《剑侠》获“最佳原创网络游戏”金翎奖。

2007年9月20日，九次跳票、三载研发、三易其名的《春秋Q传》正式公测。

公司领导人的
文化视野、学术观点和发展思路

■ 求伯君1984年毕业于中国人民解放军国防科技大学，1988年，加入香港金山公司在深圳从事软件开发，1989年转到珠海，开发成功国内第一套文字处理软件WPS。1997年，金山公司在求伯君的领导下成功地发布了WPS 97，引起世人广泛关注。2000年底，出任金山软件股份有限公司董事长。

董事长求伯君说：

■ 世界上没有哪一个民族愿意把作为信息产业灵魂的软件产业完全建立在他人的智慧上。全世界优秀软件的决战更是一种文化的碰撞，一场智慧的较量！

■ 造成行业浮躁有两个方面原因。一是行业太容易成功，很多人想借网游迅速创造新的神话。二是资本市场热钱涌入游戏行业。“3-5个人只要有热情，就能很快找到投资，但是产品生命力短，制约行业发展，造成很多公司之间恶性竞争和炒作。我们是为了游戏而游戏，不是为了赚钱而游戏。”

久 游 网

久游网(www.9you.com)是中国第一家集各类网络游戏服务、游戏资讯、搜索、图形化互动社区、游戏移动增值服务及其他特色增值服务于一体的综合性网络游戏门户网站，代表了国内的网络互动娱乐方式和网络游戏需求。久游网成为中国第一家实现网络游戏服务整体商业化(一号通)运作的网络游戏运营商。

2004年11月，全球最大私募基金美国凯雷投资集团(The Carlyle Group)、香港招商局集团招商富鑫资产管理有限公司(China Merchant Fortune Ventures)及由韩国政府出资的中韩移动投资基金(Sino—Korean Wireless Fund)等3家国际著名风险投资机构联合向久游网注资1400万美元,成为久游网新的股东，久游网本项融资的实际规模在同年国内IT行业国际风险投资案中名列前茅，也是国内网络游戏产业内自软银基础投资基金注资盛大网络以来最大的一项风险投资案例。经过融资重组，久之游信息技术(上海)有限公司(Nineyou Information Technology (Shanghai) Co. Ltd.)正式成立，并称为久游网新的事业主体。

久游网所提供的，是一个面向全球华文用户的强大的网络互动娱乐平台。它将游戏资讯、全球搜索、大型在线游戏、时尚休闲网络游戏、棋牌类网络游戏、手机短信、彩信服务、电子贺卡、网游论坛、随心秀(图形换装系统AVATAR)、在线聊天等融于一炉。为各年龄层次的广大男女网友，广大专业及非专业级游戏玩家提供最全、最佳、最快、最酷的多平台在线娱乐服务。除了网络游戏资讯、久游论坛、游戏搜索、移动服务等服务已陆续上线外，久游网在2005年事业年度内陆续推出多款各种类型的大型网络游戏产品和各类门户社区服务，以精彩纷呈的内容奉献给国内广大玩家。

2007年1月，第三届中国游戏产业年会久游网获得七项大奖。其中久游网董事局主席兼总裁王子杰先生荣获“2006年度中国游戏产业最具影响力人物奖”；久游网荣获“2006年度中国十佳游戏运营商”、“2006年度中国十佳游戏开发商”、“2006年度中国民族游戏海外拓展奖”、“2006年度中国游戏优秀营销企业”；久游网旗下《劲舞团》获“2006年度十大最受欢迎的网络游戏”，《超级舞者》手机版获“2006年度中国十佳民族手机游戏”。

久游网的愿景：打造三网合一时代世界领先的生活化互动娱乐虚拟社区运营商及互动娱乐媒体公司。

久游网的使命：通过数字互动娱乐提升人们的生活，为全球华文各年龄层次的网民提供快速、稳定、人性化、有特色的多平台在线互动娱乐服务；持续关注并积极探索新的用户需求、提供创新的业务来提高用户的生活品质；通过互联网的数字娱乐服务，让人们的生活更丰富多彩，从而促进社会的和谐进步。

企业领导人的
文化视野、学术观点和发展思路

■ 创始人兼总裁王子杰，毕业于上海复旦大学数学系并获学士学位，90年代初留学日本并获工学硕士学位。现任上海市信息服务业行业协会网络游戏专业委员会副主任委员，中国软件行业协会游戏软件分会理事。王子杰先生在国际和国内互动游戏业界具有近15年的全方位从业经验，系亚洲地区知名的互动游戏市场专家及资深经营管理人。

王子杰说：

■ 虚拟社区将成为互动娱乐产业下一阶段发展的核心趋势。在下一阶段的发展中，开发出能够实现网络游戏用户间的社会关系、经济关系和服务关系的统一兼容和共享的社区化机制，才能真正地拥有用户。

■ 互动娱乐产业本质上是一种创新型的服务产业，既具有内容为主的一面，也具有用户为上帝、服务决定成败的重要特征。在下一阶段的发展中，我认为如何从内容需求层面、服务需求层面和消费需求层面深入了解用户需求，从网络游戏的初期设计阶段就充分调研用户需要，变目前的以被动服务为主的方式为主动出击、主动服务的模式，将是我们实现可持续发展的一个核心要素。

上海盛大网络发展有限公司

盛大（SNDA)是目前中国最大的网络游戏运营商。盛大提供一系列网络游戏供用户在线娱乐，这些游戏包括自主研发和代理运营的产品，其中由盛大运营的《传奇2》在IDC进行的用户调查中被评为中国最受欢迎的网络游戏，另外盛大推出了自主研发的第一款网络游戏《传奇世界》。

盛大运营的游戏包括大型多人在线游戏(包括大型多人在线角色扮演类游戏，即MMORPG游戏)和休闲游戏。这些游戏的互动形式在用户中营造了强烈的社区感。盛大游戏庞大的用户群不仅提高了用户的忠诚度，并且有利于吸引新的用户。盛大的MMORPG游戏使得用户通过扮演某一特定角色或以某种特定身份在虚拟世界中与其他用户进行互动交流。随着游戏情节的不断发展，用户可以不断积累经验，扮演不同的角色，并与其他玩家进行即时沟通交流。由于MMORPG游戏需要相当长的时间来积累角色经验和增强自身能力，因此这类游戏的粘性较大，也就是说用户会花更长的时间来玩这些游戏。与MMORPG游戏相比，盛大的休闲游戏就较为简单且不需要耗费很长时间，因此也吸引了更为广泛的用户尤其是家庭用户。

盛大游戏之所以受到如此广泛的欢迎，除了游戏本身所具有的特色以外，更重要的原因在于盛大的游戏运营能力以及盛大所提供的服务极大地丰富了用户的游戏体验，这些方面包括：盛大的每一款游戏都有专门的团队管理，他们负责制定运营计划、调配内部资源，并且为虚拟社区进行每小时定时维护；盛大不仅具备独立研发能力，也具备游戏本地化运营的丰富经验；盛大已经建成了一个全国性的销售和收费网络；盛大已经建立了一个遍布全国的服务器网络；盛大拥有一个完善的客户服务体系，包括一个24小时呼叫中心。

盛大的目标是保持并不断提高在中国网络游戏产业中的地位。盛大将采取如下的策略来达到这一目标：通过自主研发、战略合资或合作、兼并收购以及引进代理产品，来丰富盛大的游戏产品线；增加基础设施投资，进一步增强盛大的游戏运营平台；利用现有用户群、销售和收费网络，进一步丰富盛大的收入来源；积极拓展其他的在线娱乐平台。

2008年，在世界品牌实验室举办的《中国500最具价值品牌排行榜》评选活动中，基于财务分析、消费者行为分析和品牌强度分析而获得的中国品牌国家队中，盛大网络以33.07亿元的品牌价值为唯一入选互联网企业。

盛大成立九年以来的发展，已经使其成为网络游戏和中国互联网的标杆性企业。——2008年12月16日第六届中国游戏行业年会评价

盛大在发展企业的同时，开发健康网游、倡导绿色运营、真情回报社会，把企业的成绩与社会共享，促进社会进步，为行业做出了表率作用。——2008年10月23日第六届中国国际网络文化博览会组委会对盛大的评价

公司领导人的文化视野、学术观点和发展思路

■ 董事长兼首席执行官陈天桥，毕业于复旦大学，并取得经济学学士学位。第十一届全国政协委员、共青团中央第十五届候补中央委员，并担任上海市工商联执委、中国游戏工作委员会副理事长、上海游戏专委会主任委员、上海青少年发展基金会副会长、上海信息服务业协会副理事长、复旦大学校董等社会职务。

陈天桥说：

■ 网络游戏不仅要看它的画面好不好，而且要看内涵好不好，要看这种内涵和中国传统文化的契合度，还要看在什么背景下把这种契合度淋漓尽致地挖掘出来。所谓的好游戏，我想应该用刚才所讲的两个标准去衡量它，一个就是产品本身的质量，另外一个就是运营水平的质量。

■ 其实中国网络游戏的自主研发，最难的还不是技术，而是策划。同样的游戏生产出来，有人就是觉得不如国外的好玩。像日本、美国这些国家……对玩家的心理、游戏的程式设置，比如难度环节的安排等等，都已经有了非常成熟的、系统的把握。国产游戏正在朝这个方向去做，尽量把我们自己优秀的传统文化融入到游戏中去。

■ 对盛大来说，表象可能是暴富，但我们认为每一次的发展，都是在慎重的战略考虑，然后通过自己的努力，把握住机遇，才得到了发展。我的目标是把盛大打造成一个互动娱乐媒体公司，就像迪士尼那样多元化的媒体帝国。

■ 一个企业发展要经历五个阶段，一是战略上寻找突破点，二是要专注，三是要进行整个产业链的整合，四是适度多元化，五是变成社会企业，承担适度的社会责任。

■ 喜欢吃红烧肉的厨师未必能调理出附和顾客口味的红烧肉。我的长处在于，能了解到顾客的口味，跳出游戏去抓住用户千变万化的感觉。我喜欢看毛主席关于战术的论述，“集中优势兵力，歼灭敌人”。我要的是一点突破，全面繁荣，这是我的“一元论”。

■ 从创业经验上来说，我就两个字——“专注”。如果你要存活，你可以做多元化，但如果你要成功，就必然要专注。盛大不是一个希望存活的公司，盛大是一个希望成功的公司。

■ 世界上没有做错的事情，错误的永远是时间上的错误。同样做互动娱乐企业，你也可以有多种走法。但是这几种路你都得走，哪个先走哪个后走？什么时候走？我觉得这个东西对于一个企业的发展来说，非常至关重要，它可以使你的效率成倍提高。

■ 棋牌游戏在中国还没有形成一个成熟的商业模式，盛大能够在这个产业里找到新的盈利模式，这也是我们为这个产业所作出的贡献。

■ 盛大起了个主动出击和引导青少年发展的这样一个作用，从这一点来说我们有着很大的成就感。

■ 以前我总以为，钱能证明一个人的价值，我并不在意金钱本身，我只是觉得如果我能挣到更多的钱，就能够证明我比别人有能力。30岁的时候，我感到非常茫然，就好像爬山，我已经爬到了顶峰，然后还有什么奔头呢？当时，我太太对我说：有些人，一辈子只能爬一座山，但是也许你能爬三座、四座甚至更多的山。现在我作为企业家成功了，也许有一天，我是不是能够做一个教育家？一个慈善家？甚至一个艺术家？人生的领域没有限止，财富本身并不代表什么，但是创造财富可以让我去帮助更多的人。

搜 狐 公 司

1995年11月1日，张朝阳博士从美国麻省理工学院回归祖国。次年8月，依据风险投资创办搜狐的前身“爱特信信息技术有限公司”。1998年2月，爱特信推出搜狐，中国首家大型分类查询搜索引擎横空出世，搜狐品牌由此诞生。“出门靠地图，上网找搜狐”，搜狐由此打开了中国网民通往互联网世界的神奇大门。1999年，搜狐推出新闻及内容频道，奠定了综合门户网站的雏形，开启了中国互联网门户时代。由于张朝阳先生对互联网在中国的传播及商业实践作出的杰出贡献，被美国《时代周刊》评为“全球50位数字英雄”之一，并先后登上“财富”论坛和《亚洲周刊》封面。

2000年7月12日，搜狐公司正式在美国纳斯达克挂牌上市(NASDAQ:SOHU)，从一个国内知名企业发展成为一个国际品牌。2000年，搜狐收购中国最大的年青人社区ChinaRen校友录，树立国内最大的中文网站地位。2002年第3季度，搜狐公司在国内互联网行业首次实现全面盈利，这是中国互联网发展进程中一个划时代的里程碑，带动了中国概念股在纳斯达克的全面飙红。2005年11月，搜狐签约成为2008年北京奥运会互联网内容sogou.com国内领先服务赞助商。

作为中文世界最大的网络资产，搜狐门户矩阵包括中国最领先的门户网站sohu.com、华人最大的青年社区ChinaRen.com、中国最大的网络游戏信息和社区网站17173.com、北京最具影响力的房地产网站focus.cn、国内领先的手机WAP门户goodfeel.com.cn、具有最领先技术的搜索搜狗的地图服务网站图行天下go2map.com七大网站，日浏览量7亿。目前，搜狐新闻和内容频道已成为主流人群获取资讯的最大平台；搜狐庞大的社区体系，包括搜狐社区和ChinaRen社区，是年轻人休闲娱乐的主要平台；搜狗也已成为新近崛起的拥有最新技术的搜索引擎。目前，搜狐已经初步实现了从创立伊始确立的“让网络成为中国人民生活中不可缺少的一部分”的理想。

搜狐畅游现有员工500多人，平均年龄26岁，这个团队做出了同时在线人数70万的在线网络游戏《天龙八部》，研发和运营了全球首款动作格斗网络游戏《刀剑英雄》。这是搜狐最年轻的团队，同时也是一支充满活力，卓具创意，以敏锐的视角潜心挖掘游戏娱乐本质，引领数字娱乐的最前沿的团队。在搜狐畅游成立之初，他就定下了创造第一精品、第一在线的目标，立志让每个部分的品质和档次都领先世界。《刀剑英雄》自2004年7月4日公测，至今已度过4周年。在2006年12月19日宣布永久免费之后，接连推出《干戚重生》、《浴火重生》、《天降神兵》、《禹王神骑》等资料片，同时在线人数接连攀高，再一次掀起国产格斗网游风潮。

未来，搜狐畅游将致力于从目前两年推出一款新游戏，提速至今后每年两款到三款的水平，并开始考虑代理国内外具有优秀品质的网游产品，进一步丰富游戏产品线。

公司领导人的
文化视野、学术观点和发展思路

■ 董事局主席兼CEO张朝阳，1986年毕业于清华大学物理系，同年考取李政道奖学金赴美留学。1993年底在美国麻省理工学院(MIT)获得博士学位，并继续在MIT从事博士后研究。1996年在MIT媒体实验室主任尼葛洛庞帝教授和MIT斯隆商学院爱德华·罗伯特教授的风险投资支持下创建了爱特信公司，成为中国第一家以风险投资资金建立的互联网公司。后更名搜狐公司，纳斯达克上市后，张朝阳任董事局主席。

张朝阳说：

■ 互联网企业和传统的行业是不一样的,它是一个新文化运动,是一种生活习惯的改变,当营销变成一种文化变成一个生活习惯的话,是任何行业都无法达到的,互联网是一个“眼球经济”,在信息时代,无限的信息爆炸和有限的注意力,让互联网成了“注意力经济”,这是必然的。比如10+50+*=100的公式,也许成本只有10,但投到吸引注意力的成本可能需要50,而这50就是给媒体的,这是信息时代的特点。 互联网的发展是一场消费者媒体平台的革命，只有把握这一点公司才能有生存下去的机会。

■ 互联网可以说是走过了第一个十年，在第一次浪潮1996年

萌动到1997年开始形成商业模式的探索到1998年、1999年高潮，这是第一个浪潮，产生了相当多的企业，当然有很多很多企业失败了。比较幸运能够捷足先登获得资本市场青睐的只有三大门户，稍微晚一些可能机会少一些，但是也能够产生一些企业。经过多少年以后，最初的三大门户形成相当的规模，有了足够的资金在品牌上获得发展。第二次资产浪潮到来以后，1998年、1999年产生的企业大批死亡了，但是剩下的几个顽强的，除了三大门户以外还有一些顽强的企业一直活下来，终于迎来资本市场第二次浪潮，第二次浪潮可以说是资本市场的第二次浪潮。但是互联网的应用和实践使网民数量越来越多，每个人上网的各种行为从简单的读新闻到发邮件到年轻人上网有多种多样跟互联网的亲密接触，这是市场上的进展。活下来渡过资本严冬的企业现在逐渐融得大量风险资金获得上市，表现出来的就是资本的第二次浪潮，中国互联网企业突然有了很多钱，商业模式比较清晰，但很多方面还需要探索。

腾讯公司

腾讯公司成立于1998年11月，是目前中国最大的互联网综合服务提供商之一，也是中国服务用户最多的互联网企业之一。成立十年多以来，腾讯一直秉承一切以用户价值为依归的经营理念，始终处于稳健、高速发展的状态。2004年6月16日，腾讯公司在香港联交所主板公开上市（股票代号700）。

用互联网的先进技术提升人类的生活品质是腾讯公司的使命。腾讯QQ的发展深刻地影响和改变着数以亿计网民的沟通方式和生活习惯，它为用户提供了一个巨大的便捷沟通平台，在人们生活中实践着各种生活功能、社会服务功能及商务应用功能；并正以前所未有的速度改变着人们的生活方式，创造着更广阔的互联网应用前景。

目前，腾讯以“为用户提供一站式在线生活服务”作为自己的战略目标，并基于此完成了业务布局，构建了QQ、腾讯网（QQ.com）、QQ游戏以及拍拍网这四大网络平台，形成中国规模最大的网络社区。在满足用户信息传递与知识获取的需求方面，腾讯拥有门户网站腾讯网（QQ.com）、QQ即时通讯工具、QQ邮箱以及SOSO搜索；满足用户群体交流和资源共享方面，腾讯推出的QQ空间（Qzone）已成为中国最大的个人空间，并与我们访问量极大的论坛、聊天室、QQ群相互协同；在满足用户个性展示和娱乐需求方面，腾讯拥有非常成功的虚拟形象产品QQShow、QQ宠物、QQ游戏和QQMusic/Radio/Live （音乐/电台/电视直播）等产品，同时，还为手机用户提供了多种无线增值业务；在满足用户的交易需求方面，c2c电子商务平台——拍拍网已经上线，并完成了和整个社区平台的无缝整合。截至2008年4月31日，腾讯即时通讯工具QQ的注册帐户数已经超过7.834亿，活跃账户数超过3.179亿，QQ游戏的同时在线人数达到400万，腾讯网（QQ.com）已经成为了中国浏览量第一的综合门户网站，电子商务平台拍拍网也已经成为了中国第二大的电子商务交易平台。

面向未来，坚持自主创新，树立民族品牌是腾讯公司的长远发展规划。目前，腾讯60%以上员工为研发人员。腾讯在即时通信、电子商务、在线支付、搜索引擎、信息安全以及游戏方面等都拥有了相当数量的专利申请。2007年，腾讯投资过亿元在北京、上海和深圳三地设立了中国互联网首家研究院——腾讯研究院，进行互联网核心基础技术的自主研发。腾讯的自主创新工作已经进入到企业开发、运营、销售等各个环节当中。腾讯正逐步走上自主创新的民族产业发展之路。

成为最受尊敬的互联网企业是腾讯公司的远景目标。因此，腾讯一直积极参与公益事业、努力承担企业社会责任，推动网络文明。2006年，腾讯成立了中国互联网首家慈善公益基金会——腾讯慈善公益基金会，并建立了腾讯公益网（gongyi.qq.com），专注于辅助青少年教育、贫困地区发展、关爱弱势群体和救灾扶贫工作。目前，腾讯已经在全国各地陆续开展了多项公益项目。腾讯正以自身努力去不断为和谐社会建设做出贡献，成为一个优秀的企业公民。

公司领导人的文化视野、学术观点和发展思路

■ 马化腾，执行董事、董事会主席兼首席执行官，全面负责集团的策略规划、定位和管理。

马化腾说：

■ 腾讯的成功是一连串偶然机会的集合，靠的是在探索路上，善于接招。专注做自己擅长的事情。在前进的过程中，发现机会就要立刻去把握它，要有敏锐的市场感觉，这给过我们压力，却也是我们成功的契机。

■ 我和丁磊走上了一种创业道路，从技术入手，后来多学了很多商业的东西；而马云走的是另一个方向。不同的道路都可以成功。

■ 腾讯的价值观是正直、尽责、合作、创新，人品很重要，我有点偏执地超级强调这一点：人品第一。

■ 公司上市意义有多大?对所有腾讯的员工、股东和创始人都非常重要，能够提高品牌形象，员工得到了期权。对于我个人来说也就是完成一个历史阶段。

■ 我们这些本土出身创业者管理能力也许不足，因此要引入职业经理人，但是创业者拥有职业经理人不同的能力，我们可能是土的，但我们一针见血地知道产品的关键。

北京完美时空网络有限公司

北京完美时空网络技术有限公司是中国最大的网络游戏开发商和运营商之一。自2004年成立至今，完美时空公司已从一个单纯开发网络游戏产品的软件企业，成长为集研发、运营、销售、服务于一体的网络游戏平台服务提供商。并将继续保持高速的发展势头，最终发展成为以自主研发为基础，面向海内外，涵盖产品出口、海外合作、代理运营等多领域的多元化国际游戏软件出口商。

北京完美时空网络技术有限公司所提供的服务涵盖数字互动娱乐领域的各个方面。凭借技术领先的3D引擎和精英级的运营团队，在国内3D网络游戏市场，完美时空的旗下产品一直保有很高的市场占有率。与此同时，完美时空凭借领先的技术和强大的市场推广，在2006年已经在全世界展开自己的海外业务，其中中国台湾、日本、韩国、越南、菲律宾、马来西亚等国家与地区的业务更是取得非常大的成功，完美时空已经成长为世界知名游戏研发和运营公司之一。

在完美时空不断创新和发展的历程中，技术创新永远是最重要的环节。完美时空前身为号称中国第一3D网游开发团队“祖龙工作室”，一直都以领先的技术实力、优秀的运营管理和高素质的国际合作而闻名业界。完美时空现有员工600余名，硕士及博士占其中的17%。我们将依靠技术优势继续保持高速稳定的产品研发进度，在完备公司产品链建设的同时，不断加大公司在3D领域的知名度和领先地位。

完美时空以游戏开发和制作为基础，以技术和服务为支撑，以网络游戏运营为主要依托，公司成立伊始就树立了“服务至上，玩家为本”的经营理念，努力塑造优秀的品牌形象和良好的市场信誉，强大的技术实力成为保证公司健康发展的坚实基础。北京完美时空网络技术有限公司所提供的服务涵盖数字互动娱乐领域的各个方面，公司严格依照国家的法律法规，本着“绿色、原创、完美”的宗旨，充分发挥自身优势，为用户与玩家提供优质、高效的专业数字互动娱乐服务。

展望未来，任重而道远，北京完美时空网络技术有限公司将致力于具有中国特色的互动娱乐产品开发、运营。依靠严谨踏实的技术积累，在更多领域内开发出具有国际竞争力的产品，同时凭借深厚的国际影响力，通过更广泛的国际合作，令中国互动娱乐产品走向全世界。

公司领导人的文化视野、学术观点和发展思路

■ 董事长池宇峰，1993年毕业于清华大学化学系。1994年，自闯深圳开创洪恩实业公司。1996年，创办北京金洪恩科技发展公司。从事开发、生产多媒体教育软件。2000年3月，开通“12亿中国人的网上大学”———洪恩在线。

池宇峰说：

■ 中国原创网游取得辉煌的更深层原因在于，中国原创游戏企业在艰难的创业过程中，意识到不能再以代工、加工为主，仅仅满足于“中国制造”的老路子。中国企业要想在市场中取得更多“话语权”，必须力拼产业链上游，必须树立自己的品牌，必须创造自主知识产权，必须开发附加值更高的产品，由传统的“中国制造”上升到更高境界的“中国创造”。

■ 没有奇特经历、奇特想法的人，不可能有奇特的成就。

■ 在《完美世界》的推广中有两个目标，一是如何让更多的用户知道游戏；二是如何让玩家顺利、方便地买到点卡。在实现第一个目标方面，除线上线下的媒体宣传及广告外，《完美世界》还采用了明星效应，签约内地著名影星刘亦菲为游戏代言人。值得一提的是，《完美世界》游戏中的背景音效均是电影《英雄》、《十面埋伏》的原班创作人马制作。此外，《完美世界》还签约水木年华为游戏推广大使，并创作了游戏主题MTV。目前，这部MTV在国内各大电台和电视台火热打榜中，排名一直名列前茅。在整个业界范围内，这种将游戏音乐拍摄成MTV并全国打榜的事例，《完美世界》尚属第一家。在其他异业合作方面，《完美世界》还与国内著名的紫光耗材有着良好的合作。不久，《完美世界》还即将与国内某知名矿泉水品牌达成合作。在实现第二个目标方面，《完美世界》已与骏网强力合作，并推出了骏网一卡通。诸如银行卡在线直冲等其他充值方式，完美时空也将不断为玩家推出。

网 易

网易 (NASDAQ：NTES)是中国领先的互联网技术公司，在开发互联网应用、服务及其它技术方面，网易始终保持国内业界的领先地位。网易对中国互联网的发展具有强烈的使命感，网易利用最先进的互联网技术，加强人与人之间信息的交流和共享，实现“网聚人的力量”。

1997年6月创立以来，凭借先进的技术和优质的服务，网易深受广大网民欢迎，曾两次被中国互联网络信息中心（CNNIC）评选为中国十佳网站之首。在开发互联网应用、服务及其它技术方面，网易始终保持业界的领先地位，并取得了中国互联网行业多项第一：第一家中文全文检索，第一家提供全中文大容量的免费邮件系统，第一个无限容量免费的网络相册，第一个免费电子贺卡站，第一个网上虚拟社区，第一个网上拍卖平台，第一个24小时客户服务中心，第一个成功运营自主研发国产网络游戏并取得白金地位。

2001年12月，网易率先推出了首款自主研发的大型网络角色扮演游戏《大话西游 Online》， 2002年8月，在原作的基础上开发了《大话西游 Online Ⅱ》，成为国内第一个成功运营的国产网络游戏，运营至今创造了最高同时在线60万的良好业绩。2004年1月，推出大型Q版网络游戏《梦幻西游Online》，目前《梦幻西游》的最高同时在线人数已经超过232万，注册人数超过1.85亿，保持了同类产品中同时在线人数第一的记录。

网易互动娱乐(Netease Interactive Entertainment)有限公司隶属于网易公司，前身为网易在线游戏事业部，2002年正式挂牌成为独立公司。网易互动娱乐有限公司秉承网易公司在国内开发互联网应用、服务及其它技术方面的领先优势，有针对性地开发最合适的游戏产品。目前通过高素质的精英团队及先进的网络技术，专业经营网络娱乐及相关产业。

在国内众多网络游戏供应商中，网易互动娱乐有限公司是其中少数拥有自主研发能力的公司。因此，我们能更贴近国内网络游戏玩家的需求，网易游戏已占据国内网游市场最大份额，成为国内自主研发和自主运营能力最强的网络游戏厂商。

2006年5月31日，网易自主研发的3D游戏《大唐豪侠》正式公测，当天创下同时在线人数17万的纪录。2007年9月12日，《大话西游Ⅲ》正式运营，网易自主研发的引擎技术支持了多种2D回合制游戏的水平，成为国内2D游戏顶峰之作。2008年2月29日，全3D产品《天下贰》开始内测，6月6日开放内测以来在线人数稳定，成为2008年国产3D网游的扛鼎之作。

公司领导人的文化视野、学术观点和发展思路

■ 丁磊，毕业于中国电子科技大学，获工学学士学位。1997年6月创立网易公司，凭借敏锐的市场洞察力和扎扎实实的工作，网易公司为推动中国互联网的发展做出了重要贡献，同时丁先生也将网易从一个十几个人的私企发展到今天拥有超过1000多名员工、在美国公开上市的知名互联网技术企业。

丁磊说：

■ 企业最后是被谁打死的，是自已把自己打死的。

■ 做企业的时候，一些优秀的人才对公司非常重要。我认为虚心求教和咨询很重要。同时，我认为公司人才储备很重要。公司人不是越多越好，而是优秀的人才越多越好，一个出色的人才能顶好几个人。

■ 做梦都没想到我有朝一日会掌握一家赢利超过2.5亿人民币的公司，我也是一路跌跌撞撞、边打边学的走过来的。我最后要送给同学们两句话，是句英语的：stay hungry 保持饥饿的状态，stay fulish 保持充实、保持求知状态，因为只有这样，你在人生的路上才能不停地进步。

■ 动作可以慢，但战略一定要正确，看准了再跟上去，这样风险比较小，这样别人犯过的错误就不会再犯。

■ 人生是个积累的过程,你总会有摔倒,即使跌倒了,你也要懂得抓一把沙子在手里。

中国文化产业“新业态”：核心理论、权威数据、技术进步与业内典范

网络音乐产业

【“网络音乐产业”的权威描述：定义、分类、行业政策与行业状况】

■ “运用高新技术创新文化生产方式，培育新的文化业态”，是党的十七大政治报告中提出的中国文化产业的发展方向。

■ “新的文化业态”就是指网络技术与数字信息技术推动下不断衍生的新的文化行业，包括文化产品的制作方式、产品形态、营销模式以及消费模式等。

■ “网络音乐产业”即文化产业新业态之一。

■ 网络音乐是指音乐产品通过互联网、移动通信网等各种有线和无线方式传播的，表现为数字化的音乐产品的制作、传播和消费模式。

网络音乐主要由两部分组成：

一是通过电信互联网提供在电脑终端下载或者播放的互联网在线音乐。在线音乐娱乐基本上是通过网络音乐播放器进行的。网络音乐播放器的核心技术是软件的编码设计，软件编码技术的高低决定着播放器的使用范围。

二是无线网络运营商通过无线增值服务提供在手机终端播放的无线音乐，又被称为移动音乐。

■ 《文化部关于网络音乐发展和管理的若干意见》指出：近年来，我国网络音乐市场发展迅速，音乐产品通过互联网、移动通信网等各种有线或者无线方式的传播，形成了数字化的音乐产品制作、传播和消费模式，促进了我国网络文化产业的发展，丰富了人民群众的文化娱乐生活。

加快推进富有民族风格和时代特点的优秀音乐产品的数字化、网络化，鼓励扶持国内网络服务提供商、网络运营商、音乐内容提供商创作、推广和传播贴近实际、贴近生活、贴近群众，体现民族精神，反映时代特点的原创网络音乐产品，努力打造一批具有中国风格和国际影响的民族原创网络音乐品牌。

■ 第22次中国互联网络发展状况统计报告显示，在中国目前排名前十位的网络应用中，网络音乐以84.5%的使用率，以2.14亿人的用户量位居榜首，也成为中国网民的第一大互联网应用。同时根据文化部文化市场司公布的数据统计，2007年我国数字音乐市场规模达120亿元，同2006年（42.9亿元）相比增长了近200%。

■ 新华信国际信息咨询公司发布的《2008年数字音乐产业调研报告》显示，2008年，一般无法控制收费的中国在线音乐市场规模有望超过2亿元。2009年，这一数字将达4.5亿元。待2010年左右版权问题完全解决后，中国在线音乐市场将步入成熟阶段，届时在线音乐潜藏的巨大空间将充分释放。

■ 近年来，我国网络音乐市场呈现迅猛增长的态势，网络音乐的浪潮正在推动唱片公司、互联网企业、电信运营商加入到这个阵营，以多样化的商业模式拓宽产业链。网络音乐业已成为文化产业新业态中的亮点。

【“网络音乐产业”业内典范的评选】

■ “网络音乐产业”业内典范，来自各类权威专业排行榜中所提供的排名资料。主要有：

① 2008年10月搜狐IT发起的Pchome“你最喜欢的网络音乐播放器”排行榜；

② 2008年太平洋年度常用软件评选；

③ 华军、天空等软件网站的音频播放类下载排名。

网络音乐公司的在线音乐播放器：技术进程中的的四大典范

一、酷我科技公司及其“酷我音乐盒”

北京酷我科技有限公司(http://www.koowo.com)是一家以音乐为核心的数字娱乐服务公司，致力于用先进的技术整合互联网上的娱乐信息，为互联网用户提供个性化和一站式的数字娱乐体验。

2005年8月，雷鸣（前百度首席架构师，被李彦宏称为“中国最优秀的工程师”）和怀奇从斯坦福MBA毕业归国创建了酷我公司，公司得到美国和亚洲资深风险投资家的数百万美金投资（投资人包括被评为全美16名最佳风险投资商之一Gary Rieschel，微软前全球市场副总裁 Richard Tong等人）。公司成立之初，迅速建立了一支以北大清华的硕士和博士为核心的研发队伍。公司目前已经推出“酷我音乐盒”、“酷我歌词”、“酷我星吧”、“酷我音乐社区”和“酷我MV”等产品，并在音频检索和信息展现方面拥有专利技术。尽管公司成立时间不长，但在国外风投及其本身高素质研发团队的帮助下很快成为了业界翘楚。

公司于2006年底推出了其拳头产品——酷我音乐盒，实现了即点即播的在线听歌功能，在国内率先解决了网民的这一第一上网需求（第22次中国互联网络发展状况统计报告显示，网络音乐以84.5%的使用率，已经成为中国网民的第一大互联网应用）。除基本的听歌体验外，酷我音乐盒同时提供在线MV、同步歌词、明星图片秀、明星新闻和个性歌曲推荐等增值服务，扩展了用户的视听享受，博得了广大互联网用户的喜爱。酷我音乐盒本着以用户体验为中心的产品设计理念，凭借多项专利技术，不仅开创了在线音乐播放器的新方向，而且带动了在线音乐的新风潮。在2008年初国内多家专业IT媒体举办的软件评选活动中酷我音乐盒屡获好评。

酷我科技始终把用户需求放在首位，注重对产品的不断创新以满足用户所需，酷我音乐盒的同步歌词、MV、图片、K歌、明星皮肤等都属业界首推。

酷我音乐盒2.0/8.7已经日臻完善为一款融歌曲和MV搜索、下载、在线播放、歌词同步显示为一体的音乐资源聚合器与播放器；

具有“全”、“快”、“炫”三大特点，整合了互联网资源里上百万的音乐歌曲、MV、歌词，并且每日更新；

应用多资源超线程技术，歌曲和MV在线即时点播，无需等待；

卡拉ok一样的同步动感歌词，像电影一样的同步跟踪图片，展现了网络个性，彰显“酷我”新定义。

酷我音乐盒可以说是开创了网络和音频播放器结合的先例，出现伊始就成为独一无二的音乐资源聚合播放器。经过2007年仅一年多的综合发展和大力推广，以其新颖的软件模式，人性化的亲切设计，贴近和符合网络用户需求，在积聚了广泛的网络音乐爱好者人气的同时也奠定了网络音乐时代的开拓者地位。它的出现，带动和影响了其他诸如QQ音乐、酷狗音乐等的产生和转型，为传统播放器开拓了网络音乐的新兴市场，并引领了这一行业的发展。

此外，酷我公司创业伊始开发出专利“音频指纹技术”。音频指纹技术（Audio fingerprinting technology）是酷我独有的音频处理技术。它能根据旋律准确识别歌名、歌手、专辑等信息。识别后的歌曲无论在音乐播放软件中，还是在MP3播放器中都会显示正确信息。应用这项技术可以为每一首歌曲编制特征码，从而实现歌曲的精确匹配和识别。酷我公司应用该技术结合专门的索引算法建立了一套音频指纹数据库系统（简称音频指纹库），为广大互联网网民提供音乐识别服务，该技术目前处于国际领先地位。

“目前我们的技术还比较独家，而且申请了专利，叫音频指纹技术。我们想从音乐入手来做这种个性化的信息服务，因为音乐也是一种信息……我们开发这个就希望让机器像人耳一样去听歌，找出清楚的对应，然后基于这些信息，帮用户找到他们喜欢的音乐，提升他们的体验。”

——酷我科技公司创始人之一怀奇

在2008年10月底搜狐IT发起的Pchome软件调查“你最喜欢的音乐播放器”中，酷我音乐盒达到了35.1%的最高支持率。

——搜狐IT2008年度软件点评

二、百度公司及其“千千静听”播放器

千千静听最初是由上海的一位IT工程师郑南岭独立开发的一款在线音乐播放器，有简体中文和繁体中文两种语言版本。最初软件名称为“MP3随身听”。后来改成“芊芊静听”，来源于软件作者喜欢歌手陈慧娴演唱的歌曲《千千阙歌》，最后定名为“千千静听”。2006年，百度公司收购了千千静听，为其提供服务器和带宽资源。

千千静听（TTplayer）是一款支持多种音频格式的免费的纯音频媒体播放软件，漂亮流行的皮肤界面，标准化又人性化的操作方式，而且真正免费且无需注册，不存在任何功能或时间限制，因此深得网络用户尤其是年轻网民的喜爱，被网友评为中国十大优秀软件之一。

千千静听播放器已经拥有自主研发的全新音频引擎，具有资源占用低、运行效率高、扩展能力强等优点。采用高保真、高性能的DirectSound音频回放技术，拥有先进的音频播放核心，支持DirectSound、Kernel Streaming和ASIO音频流输出，从而能够以极少的资源占用率来获得高效的播放性能。

千千静听支持MP/mp3PRO、AAC/AAC+、M4A/MP4、WMA、APE、MPC、OGG、WAVE、CD、FLAC、RM、TTA、AIFF、AU等几乎所有常见的音频格式，以及多种MOD和MIDI音乐；

支持CUE音轨索引文件，能够提供所有格式到WAVE、MP3、APE、WMA等格式的转换，而且通过基于COM接口的AddIn插件可以支持更多格式的播放和转换；

同时支持高级采样频率转换和多种比特输出方式，支持回放增益和10波段均衡器、多级杜比环绕、淡入淡出音效，兼容并可同时激活多个Winamp2的音效插件，能将不同文件的音量自动调适到使用者喜欢的状态；

支持ID3v1/v2、WMA、RM、APE和Vorbis标签以及批量修改标签和以标签重命名文件。支持同步歌词滚动显示和拖动定位播放，并且支持歌词下载和歌词编辑功能；

支持多播放列表、音频文件搜索和多种视觉效果，采用XML格式的ZIP压缩的皮肤，同时具有磁性窗口、半透明/淡入淡出窗口、窗口阴影、任务栏图标、自定义快捷键、信息滚动、菜单功能提示等功能。

如此一款音乐软件，在国内同类软件中堪称精品。以140369的票数，获得39%的支持率，位居榜首。

——2008年太平洋年度常用软件评选

千千静听是一款完全免费的音乐播放软件，集播放、音效、转换、歌词等众多功能于一身。因其小巧精致、操作简捷、功能强大的特点，千千静听播放器深得用户喜爱，曾被网友评为中国十大优秀软件之一，且是目前国内最受欢迎的音乐播放软件。

——新华网 www.news.cn

软件使用起来简洁、快速，没有太多累赘的功能。皮肤资源库精品很多，很多作品令人耳目一新。新近加入的千千静听网络音乐播放的功能，令我们不再仅限于播放本地音乐，更能接触更多新的潮流音乐，让我们保持一双时尚的耳朵。

——太平洋电脑网软件主编林纪雄

熟悉的音乐播放界面，紧凑的千千音乐窗，拥有众多用户的千千静听，早已成为当今网友最喜欢的网络音乐软件之一。

——腾讯下载站主编老才

三、酷狗科技公司及其“酷狗音乐”

继酷我公司成功创业之后，一批新的网络音乐开发公司如雨后春笋般破土而出，其中KuGoo（酷狗）公司以其在数字音乐上的大胆尝试和发展以及提供的优质产品和服务逐渐成为年轻用户最受欢迎的互联网公司之一。

作为中国领先的数字音乐交互服务的提供商，酷狗科技（KuGou Networks）一直致力于为互联网用户和数字音乐产业发展提供最佳的解决方案。其中，酷狗音乐(kugoo)便是其代表作。

酷狗音乐(KuGou) 2008 正式版5.322在继承前期版本“酷狗2007”和“迷你酷狗”全部优点的基础上，融合多项创新技术，因其高速、稳定，成为网络音乐的多元选择之一，是一款集中了音乐搜索、下载、播放，以及创作管理于一体，同时又具备了卡拉OK动态歌词功能、铃声制作、文件格式转换等具体实用功能的多功能音频播放软件。

在技术推动领域，KuGoo公司创造了多项国际领先的技术。先进的共享交互网络数据传输方案使得用户点击歌曲试听时，只需保持1–3秒的缓冲时间，就可进行歌曲播放，利用这一速度，用户在音乐体验过程中，几乎无需等待，这将大大地满足了用户对极速音乐播放的需求；

高效的分布式无集中化搜索、独特的歌曲识别技术使得歌曲搜索的准确率达到98%以上；

音乐推荐管理系统引领了新一代互联网络构架技术的发展。酷狗音乐的音乐空间功能是一个存储酷狗软件“播放列表”的个人空间，它可以将用户的播放列表自动上传，当你下次启动酷狗音乐2008软件时，软件自动将你的播放列表与音乐空间进行匹配，并下载最新的播放列表（使用同一账号登陆）；音乐空间将完整地存储你的音乐轨迹——当你本地播放的歌曲文件在网络上不能找到时，酷狗音乐2008会自动将该音乐文件完整地上传到音乐空间内。使用音乐空间后，用户再也无需担心至爱歌曲的丢失，只需开通属于你个人的音乐空间即可永久保留。

精确动感卡拉OK歌词功能填补了国内技术空白，满足了当前对于个性化的需求。酷狗动感歌词的格式为KRC文件(Kugou ResourCe，酷狗资源文件)，使用了国内首创的逐字定位技术，比普通LRC歌词更加准确，且兼容传统的LRC歌词。歌词显示时间精确到每一个字，KRC歌词不仅可以包含歌曲、歌手信息，还可以包含歌词制作人签名，且别人不能随便修改，绝对保证制作者的歌词所有权。同时，动感歌词在显示时非常绚丽，可以自己设定丰富的显示格式，如颜色、字体、大小等。

酷狗音乐提供的服务还包括有全天候在线直播的音乐电台以及手机音乐播放器等，资讯、视听、互动，使用户能够在KuGou软件里更加充分享受到一体化的娱乐服务。

炫酷歌词，超酷超个性！酷狗音乐，音你而酷！

——2008年度“网络推荐”奖推荐辞

四、腾讯公司及其QQ音乐播放器

腾讯公司自1998年成立以来，一直以“通过互联网服务提升人类生活品质”为使命，信奉“一切以用户价值为依归，发展安全健康活跃平台”的经营理念，坚持打造文明、健康、绿色的文化产业，为用户提供全业务、一站式的在线文化生活服务，是目前中国最大的互联网综合服务提供商之一。腾讯公司拥有行业领先的自主创新能力，专利授权数高居全国第一，目前已经发展成为全国市值、收入及利润方面均排名第一的互联网综合企业。

2008年文化部根据《国家文化产业示范基地评选命名管理办法》评选第三批“国家文化产业示范基地”，深圳市腾讯公司以“有自主创新能力、有知名品牌、有自主知识产权的文化企业和企业集团”荣膺其中，成为获此殊荣的唯一一家互联网综合服务企业。此前，腾讯公司已经分别获得了广东省及深圳市的“文化产业示范基地”称号。

2009年1月5日，在北京举行的文化部优秀网络文化企业评选工作总结会上，深圳市腾讯计算机系统有限公司入选文化部评选的136家“2008年优秀网络文化企业”。

腾讯公司作为国内最大的网络综合服务商之一，在在线音乐的开发方面也有其独到之处。与百度进行直接收购的方式不同，腾讯自主开发了QQ音乐播放器，并依靠其广泛的网络综合能力及影响力迅速赢得了市场。和上述几款播放器一样，带有随身网络音乐收集下载播放的功能，同时支持在线音乐和本地音乐的播放。歌词也实现了同步加载、自动滚动、卡拉OK模式及歌词色彩自由变换等。

QQ音乐播放器的特色之一是带有精彩音乐推荐功能，其独特的音乐搜索和推荐功能，可以让网络用户及时享受到当前最流行的音乐；

QQ音乐歌词采用单双行滚动方式，歌词从播放器窗口独立出来，看起来效果不错，同时支持列表窗口模式；

QQ音乐曲库相对于其他音乐播放器来说分类要更细一些。特别是排行榜一类，全球各大排行榜尽在其中；

在QQ音乐群体的共享和传播的基础上，QQ音乐播放器与QQ播客、SOSO音乐、QQ电台等进行联合，可以进行视频搜索、网络音乐搜索、电台精选等各种网络活动，这也在一定程度上弥补了QQ音乐播放器与上述播放器之间在音乐播放功能本身上的差距；

QQ音乐播放器的歌曲下载是通过收费申请QQ绿钻来获得权限的，这也是QQ播放器与其他主流在线音乐播放器的重要区别。伴随着腾讯娱乐的不断扩展，QQ播放器也理所当然的成为时尚前沿的QQ一族的热门选择。

作为中国互联网领域领先的正版数字音乐服务提供商。QQ音乐正在通过贴心的设计、海量的曲库、最新的流行音乐、最丰富的音乐分享等内容，向广大用户提供方便流畅的在线音乐和丰富多彩的音乐社区服务，始终带给人们独有的网络音乐体验，成为中国最大的网络音乐平台。

腾讯公司董事长马化腾曾说：“腾讯走的方向是为用户提供更多综合性的服务……在未来，我们会提出更综合性的一站式服务：通信、娱乐、商用三大领域的拓展。”

腾讯数字音乐部总经理朱达欣在腾讯QQ音乐的全新产品V7.1beta07版发布时表示：“此次V7.1beta07的发布，充分考虑了用户的切身需求。从用户的使用习惯、功能要求、应用体验等，我们都进行了深入研究。随着QQ音乐播放器的日益完善，我们将带给用户更多美好的音乐体验。”

移动、电信、联通：三大网络音乐运营商的典范运作

无线运营商的网络音乐产品开发

在城市中，也许人人都有电脑还是一个有待实现的梦，但是人人都有手机则几乎是一个事实。因此，从网络音乐的覆盖面而言，无线运营商可谓是目前最大的网络音乐传播者。

在电信业的“百宝箱”（众多的增值服务）中，“彩信”最早被寄予厚望，一度被看作是继短信之后下一个杀手级应用，不料却表现平平，而包含了丰富音乐元素的“彩铃/炫铃”却出人意料地受到了用户的追捧，其中有许多SP提供的音乐并没有得到版权许可，却不妨碍它们大发其财，这刺激了广大无线运营商。电信业内人士表示：“急于向综合信息服务提供商转型的电信运营商其实是看上了SP手中的奶酪。”

于是，运营商纷纷选择直接与唱片公司等CP直接合作。

2007年11月中国电信宣布与华纳、百代、环球、索尼&博德曼、滚石唱片、华友世纪、太合麦田、大国文化等八大国内外唱片公司合作，联合发布了旗下全新的“爱音乐（I music）”数字音乐系列，包括七彩铃音、电话振铃、网络试听、网络下载、音乐资讯、在线搜索、会员服务等多种音乐服务功能，正式宣布进军网络在线音乐领域。

“爱音乐”数字音乐业务主要面向中国电信广大互联网用户以及小灵通和固定电话家庭用户。“爱音乐”服务区别于其他运营商的特色和优势是通过多种终端为用户提供“一站式”数字音乐服务，将融入更多体现数字音乐的活力元素，利用自身优势，打造中国电信独特的“爱音乐（I music）”网络音乐品牌。

中国电信集团副总经理冷荣泉介绍说，“爱音乐”数字音乐平台实现了对音乐内容版权的统一集中管理、对版权所有方透明运营、音乐内容一点接入、全网自动分发，以及音乐服务的多终端支持，先期开通的服务包括铃音试听、下载、赠送、音乐资讯等。

此次“爱音乐”的推出是中国电信战略转型的一项重要举措，中国电信目前是国内最大的综合信息服务提供商，拥有2亿多的固定电话和小灵通用户、近4000万的互联网用户。

中国电信近年不断陆续推出了我的e家、号码百事通、商务领航等综合信息服务品牌。此次推出的“爱音乐”融入了更多体现音乐的活力元素，更加符合受众群体年轻、活力、热情、感性的消费行为特征。在这个平台，除了可以享受到与音乐相关的服务外，还有机会获取与喜爱明星相关的纪念品及不定期的大型活动，直接与明星面对面。

中国电信负责人表示，中国电信打造“爱音乐”的核心目标是建立并推广统一的音乐服务品牌，为用户提供融合新技术、海量、正版、高价值音乐资源的超值综合音乐服务。“爱音乐”所提供的服务内容除了现在的七彩铃音、点送、全曲试听、音乐资讯以及会员服务等，还将遵循数字音乐发展方向，结合电信的网络资源优势，将“爱音乐”与其他业务品牌进行有效的搭载捆绑，进一步发挥平台网络资源方面的优势，开拓出具有电信特色的数字音乐商业模式。中国电信已经与国内外的多家唱片公司、版权公司建立了良好的合作关系，将秉承“优势互补、合作共赢”的理念，与更多的合作伙伴在数字音乐领域开展深层次、全方位的战略合作。

其实，早在2004年9月28日,中国联通就为其广大的手机用户开通了一项网络音乐新业务——丽音街，其主要功能是点歌。用户可以通过拨打电话和发短信的方式给自己和他人点播歌曲。在当时，这项业务的推出在年轻一族当中产生了一定的影响力。

至2007年，中国联通选择和超过23家唱片公司签订合约，在全

国推出名为“炫曲”的手机音乐整曲下载业务，开创了国内通过无线方式整曲下载的先河。“炫曲”业务的试运行得益于中国联通手机音乐业务及手机音乐平台的成功打造，通过这个平台，用户可以通过SMS、IVR、WEB、WAP等多种方式进行整曲音乐下载。而其亮点之一就是“定时下载”。“用户可以自己设定时间，让手机在网络闲时诸如夜间自己下载被选定的歌曲，这样的过程完全不影响用户对手机的使用。”中国联通增值业务部童晓渝说，“最近，联通有意推出8元套餐，用户可以在闲时进行无限量的下载”。

同时，中国联通建立了首个全国统一的在线音乐下载平台“10155音乐门户”，进一步完善了其网络音乐运营商的服务。但过去几年，国内的付费数字音乐下载网站，几乎可以说没有成功的案例。在目前我国网络音乐发展的大环境下，付费数字音乐下载模式是否行得通还是一个值得研究的问题。

作为中国最大的电信运营商，中国移动也已经开始涉足这一市场。

2006年11月，中国移动与星空传媒集团共同推出了“[V]无线原创音乐”，提供基于无线网络的原创音乐上传和下载。该平台将面向超过2.87亿户的中国移动客户，旨在为这一全球最大的移动客户群体打造和推广全新的原创中国音乐。“[V]无线原创音乐”是继当年6月中国移动与新闻集团和星空传媒集团建立战略伙伴关系后的首次合作，根据协议，中国移动将在其无线平台移动梦网上建立“[V]无线原创音乐”专区。“[V]无线原创音乐”将不限年龄，不设国界，广邀全球音乐爱好者创作中文原创歌曲，上传至专设网站www.vgongshe.com，并通过网友投票和专家点评，依靠人气排名定乾坤。优秀的作品将被拍摄成专业MV，并在Channel[V]、星空卫视及全国多家电视频道播出。移动客户将能够直接通过手机下载歌曲，并投票选出自己最喜爱的作品。而人气最高的原创歌手将获得年度“全球华语音乐榜中榜”最佳原创音乐大奖。

2007年9月13日中国移动通信有限公司与上海文广新闻传媒集团（SMG）在北京举行了战略合作新闻发布会，宣布将联手主办《中国移动无线音乐排行榜》，这是中国迄今为止第一个以销售数据作为依据的音乐排行榜品牌。而依据这一排行榜而举行的音乐典礼将由东方卫视平台呈现，各方承诺将调动整合集团资源共同打造这一中国音乐界的盛典，使其成为中国音乐界的数字第一榜“中国的Billboard”。

此外，中国移动无线音乐俱乐部自2006年推出以来，得到了广大用户，尤其是动感地带用户的热烈追捧。截至2008年11月，该无线音乐俱乐部会员已经超过8000万，其中高级会员超过了5000万。

同中国联通一样，中国移动也建立了自己的音乐门户网站“12530音乐门户”，作为一项数字音乐服务的补充，其试水性质更大于盈利功能。2008年度中国移动无线音乐累计下载次数高达11.97亿次，这意味着中国移动已占据中国无线音乐市场绝大部分的份额。

品牌的市场推广

2008年8月2日晚8时，由中国电信重磅推出“爱音乐（I MUSIC）”大型巡回演出活动在广州中山纪念堂盛大开幕，本次演

出众星云集，港、台、马来西亚等地华人明星璀璨助阵。本次“爱音乐”的巡回演出活动，历时半年之久，横跨广州、福州、成都、南京、长沙、西安六市，其覆盖面之广尚属首次。本次演出采取的是积分换票或者下载指定铃音即可获赠门票的形式，并且参加抽奖，获得喜爱明星的签名CD。

中国电信推出本次巡回演出活动，意在让更多的用户了解并切身体验“爱音乐”的服务和便利，今后活动中还将陆续包括电视、平面、广播、网络互动、演唱会、歌友会等多种形式，并以多种赠票方式回馈电信用户。本次巡回演出每一个巡演城市的助阵明星都不一样，同时现场设置了多种互动方式让用户和歌迷与明星零距离接触。

在此之前，2008年 1月13日，由中国移动和SMG共同主办的“第二届中国移动无线音乐年度盛典”在上海举行，东方卫视进行了全程直播。当红流行歌手周杰伦、王力宏、蔡依林、黄晓明、潘玮柏、陈奕迅、S.H.E等入围者都受邀参加，吴宗宪、方文山、田亮、安以轩、韩雪、周笔畅等也作为嘉宾出席。客观地说，此次活动还是非常成功的。对进一步扩大“中国移动无线音乐排行榜”的影响力起到了正面的推动作用。

在此基础上，作为对前两届无线音乐盛典的创新升级之作，“音乐爱”2008中国移动无线音乐咪咕汇于12月28日在北京工人体育馆举行。

其实，从2008年第四季度开始，中国移动无线音乐俱乐部就掀起了规模庞大的会员权益回馈活动。1100万份精美的礼品，100场全国巡演歌友会，5000首免费内容，每月100万份的《咪咕》杂志，都让会员感受到了“惊喜”。而无线音乐咪咕汇，则是此次会员权益回馈活动的高潮。

2008中国移动无线音乐咪咕汇作为中国移动在无线音乐市场推广方面迄今为止规模最大的一项活动，以及2008年流行乐坛的压轴大戏，参选人员囊括了众多流行乐坛的顶尖人物。活动继续沿袭了前两届“用数字说话”的评判标准，所设21项大奖中，歌曲类奖项（10项）归属均以2008年1–11月中国移动全网无线音乐合计下载量作为唯一依据进行评定，而歌手类奖项（11项）归属均以2008年度歌手综合表现评定，其中数据统计基础为2008年1–11月中国移动全网无线音乐合计下载量。

在此次典礼上，中国移动无线音乐俱乐部的代言卡通——“咪咕”受到了格外的推崇，其活泼、时尚、可爱的形象为此次活动增色不少。而且与以往不同的是2008年的中国移动无线音乐咪咕汇承载了当年流行音乐中关于音乐和爱的主题的温暖记忆，通过音乐重温了这一年中各个历史画面中关于爱的点滴回忆，为这一商业化的活动增添了浓浓的感情色彩。无论是从典礼本身还是从观众参与度来说，此次活动无疑取得了成功，并且进一步奠定了“中国移动无线音乐排行榜”在国内无线音乐方面的权威地位。

与唱片公司的合作

在这场新的“合纵连横”中有一个共同的特点，那就是电信运营商在推出自己的网络音乐产品过程中都与多家唱片公司进行了不同程度的合作，而唱片公司也显示出了较高的合作意愿和热情。

目前盗版猖獗，唱片公司深受其害，选择与运营商“结盟”，有利于通过运营商的渠道控制盗版。鉴于此，运营商与唱片公司之间将很有可能产生一种新的固定合作模式，就是在能够充分保护版权的前提下，唱片公司与运营商签订版权协议，唱片公司因此能够获得更好的利益分配。如果这种新的合作模式能够成立，市场将得到进一步规范，运营商对市场的控制能力将逐渐加大。唱片公司普遍认为，在数字音乐正版化呼声日益高涨的今天，电信运营商直接参与到数字音乐产业链中，通过直接与内容提供商合作，为用户提供海量正版的音乐内容资源，将进一步推动数字音乐市场健康、和谐的发展。

空中网：网络音乐无线增值服务的典范

无线增值服务提供商，顾名思义就是指提供多种无线附加服务的运营商。他们提供的服务内容五花八门，侧重也各有不同，但无线音乐是他们共同的必选项。与在线网络音乐公司不同，他们往往是为手机用户等提供配套的增值服务，而不开发诸如音乐播放器等互联网产品。这其中最有代表性的公司应属空中网(Nasdaq:KONG)。

2004年12月1日空中网宣布该公司已经与多家唱片公司签署了唱片许可协议，签约的公司包括百代(香港)唱片公司(EMIpuorgHong Kong Ltd)、索尼/ATV音乐(香港)出版公司、华纳/Chappell香港有限公司、BMG音乐出版公司、环球音乐出版公司。根据签署的协议，空中网将可以在多种无线增值服务中使用这些公司的音乐作品。如空中网可以在其彩铃服务中使用百代唱片的音乐，并在其彩铃服务、移动卡拉OK、音乐视频流和下载服务中使用索尼/ATV音乐(香港)出版公司、华纳/Chappell香港有限公司、BMG音乐出版公司、环球音乐出版公司的音乐。

2006年，空中网与电视频道CHANNELV达成合作协议。空中网已成为其在中国内地唯一授权的无线互联网领域战略合作伙伴。

空中网总裁杨宁表示，双方在无线互联网（WAP）门户Kong.net推出合作频道“空中网CHANNELV音乐频道”，内容涵盖音乐类资讯、活动专区、唱片专区及相应的搜索、论坛、音频视频视听等音乐内容，共同打造无线互联网领域的音乐品牌。2008年1月24日索雅（Sony/ATV）音乐版权与空中网宣布，双方达成全面战略合作，共同拓展中国数字音乐市场。

根据协议，索雅授权空中使用其所有中外歌曲版权资源，供消费者在其无线互联网门户网站Kong.net上使用，产品形式包括彩铃、IVR、Midi、TureTone，同时，双方还承诺通过交换双方在音乐和渠道方面的资源，进一步探讨在新媒体技术支持下对音乐的宣传、推广及收益模式。

作为全球主要音乐版权公司之一Sony/ATV Music Publishing在中国大陆的全资子公司，索雅音乐版权公司代理授权国内外不同类型音乐词曲著作，旗下包括Beatles、Oasis、王力宏、光良、李焯雄、五月天、缪森、王海涛等众多优秀音乐人的词曲作品。

而空中网作为中国最大的海外上市无线增值业务运营商，拥有国内最知名的无线互联网门户品牌kong.net。2007年，空中网在手机用户首选市场份额已经达到17%，kong.net的访问量更是因为内容的丰富和体验的多样化而直线攀升。空中网致力于通过与中国移动、移动终端、上游版权提供商紧密协作，为消费者打造一个有价值的完全开放的娱乐时尚生活平台。作为同时拥有国内最大的无线增值业务和无线互联网业务的运营商，空中网总裁杨宁表示：“我们将继续与像Sony/ATV一样优秀的内容提供商紧密合作，加快无线营销的步伐，以保持空中网在这两个领域的旗舰地位。”

“希望我们的合作，能让更多的音乐爱好者更迅速、更便捷的听到Sony/ATV全球音乐人的优秀音乐。我们也相信通过与空中网的合作，营造出音乐用户、音乐版权公司和SP间的多赢局面。”索雅公司亚太区总裁叶丽玲女士表示。

2006年山东(国际)文化产业博览会

2006年山东(国际)文化产业博览会于2006年6月16日至18日在济南举行。这是山东省举办的首届综合性、国际性文化产业博览会，由山东省人民政府主办，国家文化部、国家广电总局、新闻出版总署、全国侨联、中国贸促会为支持单位，山东省文化厅、省广电局、省新闻出版局、大众报业集团、山东出版集团、济南市人民政府承办。

文博会以“文化的盛会、人民的节日”为理念，以“文化·创意·财富”为主题，安排了博览交易、项目招商、文艺演出和文化论坛等重点活动59项，来自海内外的535家客商应邀参展。（摘自《山东省人民政府公告》）

文博会主题词：文化 创意 财富

为了更广泛地宣传文博会，引领人民群众参与文博会，文博会组委会自2006年1月23日面向社会征集文博会主题词，在40天的征集时间里，共收到来自全国30个省、市、自治区的应征主题词5856条。经过专家公平公正地评审，评选出10件入围作品。

2006年2月24日，经过专家公平公正地评审，评选出的10件入围作品面向社会公示，在20天的公示期内，来自省内外的上万名公众分别通过网络和手机短信参与了投票。3月15日文博会主题词从10件入围作品中评出，1号作品“文化　创意　财富”以最高票当选。（摘自《文博会主题词昨评出》，《生活日报》2006年3月16日）

来自省内的专家对当选的1号作品给予高度评价。

山东师范大学文学院副院长吴义勤教授说：“‘文化 创意 财富’短短6个字，完整地表达了文化产业的内涵和特征，尤其是张扬‘财富’旗帜，强调了文化创造财富的主题，符合现代市场经济特征，具有强烈的时代气息。”

山东省作家协会巡视员、资深编辑马恒祥从语言上肯定了主题词，他说：“这条主题词语言简练、鲜明，具有很强的概括性。”马恒祥还认为，主题词切中文化产业的主题，如果切实做到这一点，必将推动我省文化产业的发展。（摘自2006年3月16日《齐鲁晚报》）

近日评选出的文博会主题词“文化·创意·财富”，被专家和群众认为很好地表述了文化产业。专家说：这条主题词一针见血，直奔主题，道出了文化产业的内涵和特征。普通群众说：这条主题词就像用快刀切白菜，一刀下去，直见菜心，说出了文化产业的内核和要领。山东工艺美术学院院长潘鲁生认为，文化产业是出售文化、信息、智慧的经济活动，它以文化为基础，以创意为手段，以市场为目标，经过创新性的脑力劳动，来创造财富。“文化　创意　财富”，正是按这种逻辑关系表述了文化产业。这也是国内许多学者将“文化产业”理解为“创意产业”的原因。（摘自《创意：文化产业的核心要素》，《生活日报》2006年3月29日）

A3 大事·省内

聚焦文博会

文博会主题词昨评出

重点新闻 | 要闻 A5

山大师生畅谈文博会主题词

山东画报

文化 创意 财富：
文博会在创新中打造财富盛宴

山东画报

文化产业：学术阐释的原则与目的
——代本专栏主持辞

文博会主题词：文化 创意 财富

山东大学历史文化学院与山东省文化产业研究基地的专家学者是“文化 创意 财富”这一主题词的主要倡议者。主题词评出后，文博会组委会副主任、省委宣传部副部长徐向红，省委宣传部文化体制改革办公室主任王世农专门安排记者采写了《山大师生畅谈文博会主题词》。2006年4月9日，山东大学相关学者和文化产业的博士研究生召开校内小型研讨会，围绕着“文化 创意 财富”开展学术讨论。《东岳论丛》2006年第3期集中选登了包括唐建军等3位博士研究生在内的8位与会者的发言，引起学术界和媒体的广泛关注。

山东大学历史文化学院院长、山东省文化产业研究基地首席专家王育济教授认为，文化产业是在经济社会、科学技术发展到一定程度后出现的一种经济文化形态，它以文化为基础，以“文化创意”为核心，以创造财富为目的，通过技术的介入和产业化的方式，制造、营销不同形态的文化产品。“文化 创意 财富”，准确地体现了文化产业的内涵和特征，将文化产业完整地表述了出来。

山东大学文化产业管理学系主任韩英教授说，主题词短小精悍、内涵丰富，让人产生无限遐想，颇具灵性和灵动之美。在文意表达上准确、鲜明，直奔主题，直白无误地将文化产业的核心要领告诉人们。

山东省文化产业研究基地副主任王广振博士在接受采访时，先给记者画了一个圆，他解释说，文化产业是这个圆的圆心，文化、创意、财富是圆周上的三个点，三点围绕着圆心转，本身又互相推动，形成一个互动连贯的整体。山东是经济、文化大省，也是公共历史文化资源大省，各地应当梳理当地文化资源、包装文化产业项目，以此招商引资，通过文化创意，变资源优势为产业优势，创造最大效益。主题词反映了发展文化产业的这个思路。

山东大学历史文化学院学生张运春、金郸说，主题词犹如一篇关于文化产业论文的三个关键词，将发展文化产业的要领悉尽道来,星空闪烁,连缀成篇，能让人一下子记住。（摘自《山大师生畅谈文博会主题词》，《齐鲁晚报》2006年3月21日）

山东大学校报主编唐锡光教授：很少有一个会展的口号像文博会的主题词这样得到众口一词的好评，寥寥六个字，生动地点出了文化产业的核心内容，同时也含蓄地点出了三者之间的互动关系。我们应当准确把握文化与财富之间复杂互动的情景。文化不是道学先生，它本身具有巨大的经济可能性，它也从未拒绝通过消费和流通的环节进行传播；财富也不是慈善家，它选择与文化共舞首先是为了获取利益，但这并不影响它客观上促进文化的交流与发展，至少，正是由于资本的介入，大规模的、现代化的文化产品生产和流通体系才得以形成，文化的传播才更加快速、便捷。（摘自《东岳论坛》2006年第3期）

“文化•创意•财富”——文博会的主题，简短六个字，道出了文化创造财富的重要理念。它昭示，用创意架起文化与财富之间的桥梁，它展示了产业导向性、本土原创性和文化观赏性，代表了当今文化产业的发展方向。（摘自：www.CCTV.com 2006年6月16日）

文博会主题词：文化 创意 财富

2006年4月29日，山东航空集团第4981次航班刚一降落，一张印有文博会标志的宣传牌就被张贴进了机舱。从今天起，山航集团与文博会组委会正式展开协作，让天南海北空中陆路来山东的客人都了解文博会、参与文博会。

山东航空集团拥有的30多架飞机，110多条航线，每周600多个航班，都将参加这一活动。即日起，山航将在指定的飞机上张贴文博会标志，公司乘务员也将佩戴印有“相约文博会，欢乐空中行”、“文化济南，魅力泉城”、“文化、创意、财富”等字样的绶带，在客舱中迎宾和服务。飞机上的广播，也将向乘客介绍文博会的相关知识。同时，乘客还将得到公司赠送的文博会纪念品——文博会会徽及纪念章。（摘自《文博会宣传直入蓝天》，《济南时报》2006年4月30日）

文博会主题词：文化 创意 财富

2006年首届文博会主题词，在2008年第二届文博会中继续使用并广泛张挂，图为2008年文博会主会场的部分场景。

文博会会徽：齐 鲁 风
文博会吉祥娃：山东大嫚

山东省委宣传部副部长徐向红说，本届文博会是齐鲁文化的全面展示、山东文化产业发展成果的整体亮相。以青岛为中心的滨海文化产业集聚区，以济南为中心的山泉文化产业集聚区，以济宁为中心的儒家文化及运河文化、黄河文化产业带集聚区，将在展会上集中展示文化产业发展的创新成果。特别是文博会会徽“齐鲁风”和“吉祥娃”——“山东大嫚”，作为齐鲁文化符号，具有浓郁的山东特色，受到省内外的广泛关注和喜爱。另外，文博会从内容设计到产品交易、项目招商，都体现了“文化齐鲁、风扬天下”的整体形象。（摘自《新华网》2006年6月15日）

齐鲁风、山东大嫚（山东工艺美术学院设计）

文博会开幕式及活动剪影

2006年6月16日上午9时，2006山东（国际）文化产业博览会在济南舜耕国际会展中心隆重开幕。中共中央政治局委员、中央书记处书记、中宣部部长刘云山，全国人大常委会副委员长、民进中央主席许嘉璐，全国政协副主席、致公党中央主席罗豪才分别发来贺信。全国政协副主席阿不来提•阿不都热西提出席开幕式。

省委书记、省人大常委会主任张高丽宣布2006山东（国际）文化产业博览会开幕。省委副书记、省长韩寓群致辞。省政协主席孙淑义，济南军区副司令员钟声琴，省委副书记、济南市委书记姜大明，省委副书记、省纪委书记赵春兰，省委副书记高新亭出席。省委常委、宣传部长、文博会组委会主任王敏主持开幕式。

出席开幕式的领导有：中宣部副部长欧阳坚，文化部副部长赵维绥，国家广电总局副局长雷元亮，国家版权局副局长阎晓宏，中国侨联副主席林淑娘，中国文联副主席李牧，云南省委副书记丹增。

出席开幕式的香港主要嘉宾有：香港立法会主席范徐丽泰，香港大公报社长王国华。

出席开幕式的外国主要嘉宾有：韩国前副总理赵淳，古巴驻华大使阿鲁菲，越南驻华大使陈文律，泰国驻华大使祝立鹏，韩中亲善协会会长李世基，荷兰王国北荷兰省常务副省长胡吉玛，美国花旗集团执行董事、美国国际管理集团高级合伙人库恩，意大利当代艺术大师奥马尔，意大利文化中心主席维秦佐 · 桑弗，美国内华达州旅游局局长、美国国家旅游协会国际旅游策划委员会主席布鲁斯。

出席开幕式的文化名人有：著名书法家欧阳中石，中国音乐文学学会会长乔羽，中国美协常务副主席、秘书长刘大为，著名作家莫言，原中央歌剧舞剧院院长、著名作曲家、指挥家刘文金先生。（摘自2006年6月17日《大众日报》）

文博会开幕式及活动剪影

首届山东文博会以“文化的盛会、人民的节日”为理念，以“文化·创意·财富”为主题，遵循“政府支持、社会参与、市场运作、规范管理”原则，经营文博会、开发文博会，开展文化项目招商、文化产品展销、文艺节目展演、文化信息交流，努力构建大型文化交流和经贸合作的平台，推动文化产业在新的基础上实现新发展、大发展。（摘自王敏：《打造文化产业腾飞的平台》，《山东画报》2006山东（国际）文化产业博览会专刊创意•财富卷）

山东省委常委、宣传部长、文博会组委会主任王敏主持开幕式

文博会既是一个文化商品和服务的交易会，更是一个商业资本和文化资源对接的平台。打造文化市场，为资源寻找资本，让资本发现资源，是文博会核心的价值所在。

文博会设置六个主展区：山东文化产业成果展示区、山东区域文化产业文化资源展示区、文化产业集团风采展示区、高科技及信息产业展示区、省外及港澳台文化产业展示区、国外文化产业展示区。

山东省委书记张高丽观看文博会

文博会开幕式及活动剪影

文博会上安排了文艺演出、高层论坛、艺术展出以及招商签约等59项重点活动。

其中，文艺演出包括开幕式鲁信之夜——齐风鲁韵大型文艺晚会、泰山魂——刘文金作品大型民族音乐会、银座之夜——走进文博会大型演唱会、大羽华裳——中国戏曲服饰展演、闭幕式大型乐舞《杏坛圣梦》等5场大型演出和18场广场演出。

高层论坛包括孔子文化与文化产业高层论坛，保护利用文化资源、促进文化产业发展高层论坛，山东广播影视发展战略论坛，出版发展论坛，中国工艺美术产业论坛，书法论坛，摄影论坛，2006山东民间文化发展论坛，山东美术发展论坛，论语纵谈等10大论坛。

艺术展出包括故宫珍宝——清代帝后御用金银器特展、霓裳银饰——贵州少数民族服饰展、山东省馆藏历代瓷器精品展、馆藏历代书画珍品展、奥马尔当代艺术及潘鲁生彩墨艺术展、动漫艺术作品展、山东美术书法摄影精品展、山东省图书展等十余项。

文博会开幕式及活动剪影

如果搞个售报量评比，文博会主会场舜耕国际会展中心大众报业集团展区里“酣睡的卖报人”肯定要得冠军。开展两天来，“他”每天售出的《大众日报》、《齐鲁晚报》、《生活日报》等报纸高达5000份，另外文博会期间，还将免费赠送2万份文博会特刊。

奥秘在于，这个特别的卖报人是个完全可以以假乱真的假人，因为太像了，加之睡态又非常生动可爱，这随时吸引着大批的参观者来围观。而这个卖报人又“接到”大众报业集团的指示，展会期间这个报摊上的所有报纸统统免费。于是参观者们争抢阅读大众报业集团的报纸，往往是刚放上一大摞报纸转眼就被参观者拿完了。（摘自2006年6月18日《齐鲁晚报》）

文博会高层学术论坛

文博会高层学术论坛包括孔子文化与文化产业高层论坛，保护利用文化资源、促进文化产业发展高层论坛，山东广播影视发展战略论坛，出版发展论坛，中国工艺美术产业论坛，书法论坛，摄影论坛，2006山东民间文化发展论坛，山东美术发展论坛，论语纵谈等10大论坛。

著名词曲作家乔羽：此次文博会的主题是“文化 创意 财富”，创意就是创新的意思，创新是文化发展的动力。只要谈文化，只要它是活的、有生命力的文化，它都是有创意的。（摘自2006年6月18日《齐鲁晚报》）

云南省委副书记丹增：目前文化产业的发展还处于初级阶段，全国各地都在大力推广文化产业的建设，在这个过程中，山东有着其它地方无法比拟的自然优势，有充分的理由走在全国文化产业建设的前列。齐鲁文化是中华民族的文化之根；孔子创立的儒家思想被认为是中华民族文化的核心，它作为东方文化的代表深远影响了整个世界；除此之外，曲阜等旅游景点都是承载着历史文化发展脉络的圣地，作为发展文化产业的重要资源，他们对文化产业的辐射作用将是不可估量的。当然，有着天然的优势并不代表文化产业就自然而然地取得领先地位，关键是通过各种方法利用好这些资源。正如此次文博会的主题——“文化 创意 财富”，其中的“创意”起着承前启后的作用，只有“创意”适合，“文化”才能源源不断地转化成“财富”。（摘自《云南省委副书记丹增泉城纵论文化产业》，《生活日报》2006年6月17日）

文博会高层学术论坛

“南有深圳‘国际文化产业博览交易会’，北有山东‘东北亚国际文化产业博览交易会’。”建议山东省应在今年举办文化产业博览会的基础上，积极申请承办“2008年中日韩文化产业合作论坛”，同时在2008年将“山东省文化产业博览会”升格为“东北亚国际文化产业博览交易会”，与深圳“国际文化产业博览交易会”形成一南一北相互呼应的态势。文博会期间，一则建议山东文博会“升格”的消息见诸省内媒体。

坊间的新闻网站有论坛论者认为，“这一建议首先是对本届文博会成就的首肯甚至是高度评价，其次更该是对山东大力培育发展文化产业未来方向看好。”

提出这一建议者是国家发改委文化产业研究中心主任、研究员齐勇锋博士。作为“山东省文化产业研究基地首席顾问”，文博会期间，他的很多有见地的观点被媒体追捧，“升格”一说更为人关注。(摘自《山东画报》2006年第7期)

山东广播影视发展战略论坛（2006年6月）16日举行。中国人民大学新闻学院教授喻国明、中国传媒大学传媒经济研究所所长周鸿铎教授、清华大学新闻与传播学院教授尹鸿、中国传媒大学广告管理学院教授黄升民演讲并与观众交流。4位专家一致认为，山东省的历史文化优势是广播影视发展的最大“资本”。

“山东广播影视事业的发展脉络应该充分融合自己独特的自然、人文资源。”在今天举行的山东广播影视发展战略论坛上，周鸿铎说，山东是五千年文化的发祥地之一，人们常讲“一山一水一圣人”，可见山东省文化底蕴之深厚。

有了这些资源，山东广播电视事业的发展就有了基础。如果利用媒介手段充分开发山东省的民俗资源，将使文化底蕴得到升华的同时，还将有助于提升广播影视事业的核心竞争力。

周鸿铎建议，山东广播影视事业的发展，应在开发山东广播电视媒介现有资源基础上，根据自身的实力，将山东历史人文文化资源，自然资源，以及其他可利用的资源捆绑在一起来进行有效的经营。（摘自《文化资源是最大的资本》，《大众网》2006年6月17

文博会高层学术论坛

库恩参加文博会论坛后接受记者采访

罗伯特·劳伦斯·库恩博士是大脑科学家，著名国际投资银行家，企业战略家，电视节目制作人兼主持人。长期以来他对中国的改革开放和社会的发展与进步十分关注，曾多次到中国访问。

作为作家，他的大型传记著作《他改变了中国——江泽民传》轰动了中国和世界。美国国际管理集团（IMG）创立于1960年，2004年被福斯特曼·利特公司收购，在全球30个国家设立有70个分支机构，是一家世界领先的体育、娱乐及传媒公司，世界最佳和规模最大的有关体育和生活方式的营销和管理公司，也是世界上最庞大的体育节目转播权独立代理机构、最大的体育节目独立制片商和发行商。

记者：您的《中国文化产业国际化》的演讲非常成功，也让我们深受启发。但是令我们困惑的一点是，中国许多优秀的民族传统文化无法在当今社会实现其当年的辉煌。那么您怎么来理解这个问题?

库恩：首先要了解文化的定义是什么，在西方文化的定义有两个，一个是很广泛的定义，也就是社会上发生的一切事情都是文化；另一个定义是西方比较常用的，也就是指音乐和艺术。在中国，我认为文化的定义和理解是指很多和传播、媒体相关的事物。在做文化产业时，我们要非常理性，要通过数字分析的方法研究和发展文化产业，使其得到有效的发展。但有一个问题，中国的一些传统文化，不一定适合我们这种商业发展的模式，要通过缜密的思维来分析如何把传统文化和商业化、国际化、产业化结合起来。我们以往做文化产业，一般是考虑市场驱动，注重经济效益，但文化产业不一定靠商业化运作，有很多非商业化、非官方的组织、基金会也可以运作文化产业。所以我们在做文化产业的时候，不一定要遵循一种模式，应该是多种模式并存发展。（摘自《山东画报》2006年第7期）